Sartorius – Schnellübersicht

Stand Mai 2026
(E = Ergänzungsband)

Sartorius – Schnellübersicht

Stand Mai 2026
(E = Ergänzungsband)

Sartorius – Schnellübersicht

Stand Mai 2026
(E = Ergänzungsband)

Sartorius – Schnellübersicht

Stand Mai 2026
(E = Ergänzungsband)

Eingeordnete Lieferungen	Stand der Lieferung	eingeordnet am	von
_____ Ergänzungslieferung			
_____ Ergänzungslieferung			
_____ Ergänzungslieferung			
_____ Ergänzungslieferung			
_____ Ergänzungslieferung			
_____ Ergänzungslieferung			
_____ Ergänzungslieferung			
_____ Ergänzungslieferung			
_____ Ergänzungslieferung			
_____ Ergänzungslieferung			
_____ Ergänzungslieferung			
_____ Ergänzungslieferung			
_____ Ergänzungslieferung			
_____ Ergänzungslieferung			
_____ Ergänzungslieferung			
_____ Ergänzungslieferung			

Eingeordnete Lieferungen	Stand der Lieferung	eingeordnet am	von
___ Ergänzungslieferung			
___ Ergänzungslieferung			
___ Ergänzungslieferung			
___ Ergänzungslieferung			
___ Ergänzungslieferung			
___ Ergänzungslieferung			
___ Ergänzungslieferung			
___ Ergänzungslieferung			
___ Ergänzungslieferung			
___ Ergänzungslieferung			
___ Ergänzungslieferung			
___ Ergänzungslieferung			
___ Ergänzungslieferung			
___ Ergänzungslieferung			
___ Ergänzungslieferung			
___ Ergänzungslieferung			
___ Ergänzungslieferung			

Hinweise zur Einsortierung der Ergänzungslieferungen

1. Prüfen Sie bitte vor dem Einordnen einer Lieferung anhand des Titelblatts Ihres Grundwerks, ob die vorangehende Lieferung einsortiert wurde. Nur bei lückenlosem Einordnen aller Lieferungen haben die Blätter den jeweils richtigen Anschluss. Jede Lieferung enthält zur weiteren Kontrolle auf dem Deckblatt und dem neuen Titelblatt zudem einen Hinweis, an welche frühere sie anschließt.

2. Nehmen Sie den oberen Teil der Steckmechanik heraus und stellen Sie diesen nebenan auf.

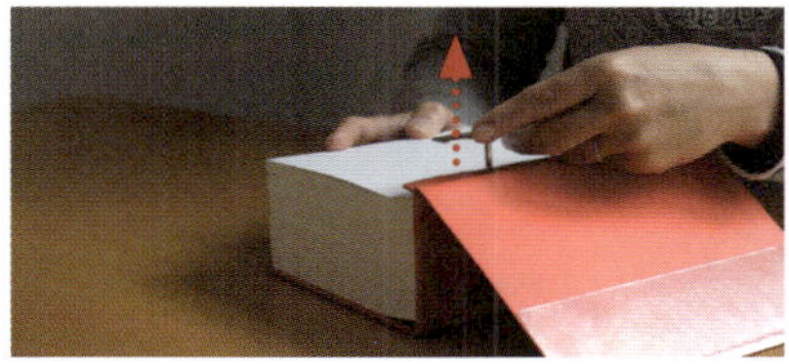

3. Ordnen Sie danach die oberen Blätter des sich im Ordner befindlichen Buchblocks (im Folgenden Buchblock alt) bis zu dem Blatt, das nach der Einordnungsanweisung herauszunehmen ist, in die Steckmechanik ein (im Folgenden Buchblock neu).

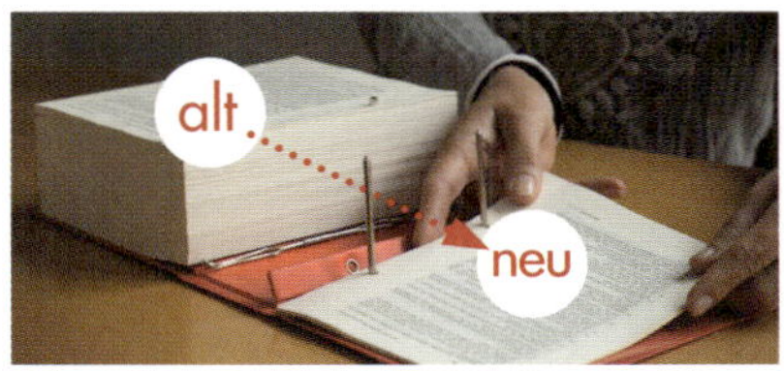

4. Sortieren Sie dann die herauszunehmenden Blätter des Buchblocks alt zum späteren Entsorgen aus.

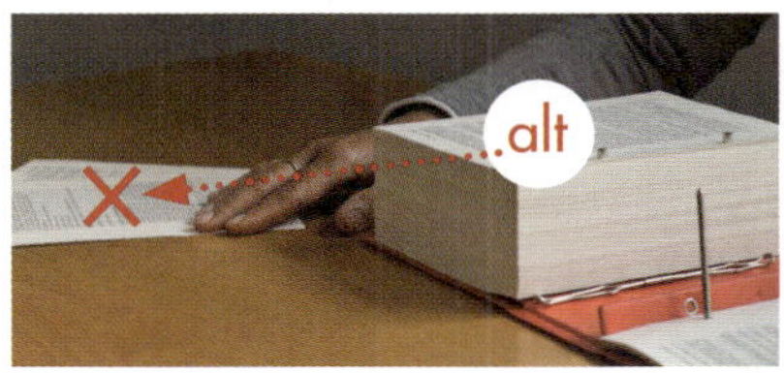

5. Ordnen Sie die stattdessen neu einzufügenden Blätter der Ergänzungslieferung auf die Blätter, die sich bereits in der Steckmechanik befinden (Buchblock neu).

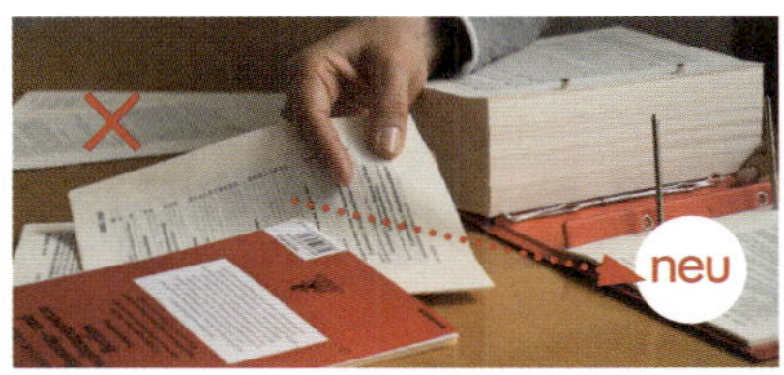

6. Sortieren Sie die weiteren Blätter des Buchblocks alt in den Buchblock neu, wiederum bis zu dem Blatt, das nach der Einordnungsanweisung als nächstes herauszunehmen ist.

7. Das weitere Einsortieren gestaltet sich so, wie dies oben unter 3. bis 5. beschrieben ist.

8. Sind alle Blätter ein- bzw. aussortiert, nehmen Sie den gesamten Buchblock neu mit der Steckmechanik und stecken Sie diesen in die Röhren des Ordners zurück.

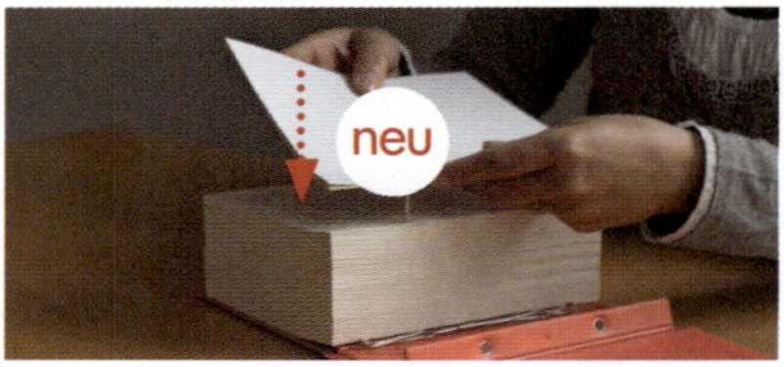

9. Zur Sicherheit vergewissern Sie sich bitte, dass keines der aussortierten Blätter unten in der Fußzeile das Kennzeichen der neuen Lieferung trägt.

10. Zur späteren Kontrolle tragen Sie auf der vorne eingehefteten Tabelle die soeben eingeordnete Lieferung ein.

11. Für den seltenen Fall des Fehlens einzelner Blätter wenden Sie sich bitte an unsere Loseblatt-Reklamation im Internet unter http://www.becksche.de/de/Loseblatt_Service.html.

Ihre Verlage C.H.BECK und Vahlen

SARTORIUS

Verfassungs- und Verwaltungsgesetze

SARTORIUS

Verfassungs- und Verwaltungsgesetze

Textausgabe

Begründet von Dr. Carl Sartorius

Stand: 31. Mai 2026
(150. Ergänzungslieferung)

C.H.BECK

Dieses Titelblatt entstammt der 150. Ergänzungslieferung Mai 2026
(Anschluss an die 149. Ergänzungslieferung März 2026)
ISBN 978 3 406 84265 8

Redaktioneller Hinweis:

Paragraphenüberschriften in eckigen Klammern sind nicht amtlich.
Sie sind ebenso wie die Fußnoten urheber- und wettbewerbsgeschützt.
Die Angaben zum Stand der Sammlung auf dem Titelblatt beziehen sich auf das Verkündungsdatum der maßgebenden Gesetzes-, Verordnungs- und Amtsblätter.
Anregungen und Hinweise zur Gestaltung der Textsammlung bitte an den Verlag oder an

sartorius.redaktion@beck.de

beck.de

ISBN 978 3 406 45645 9 (Grundwerk zur Fortsetzung für 12 Monate)
ISBN 978 3 406 63600 4 (Grundwerk ohne Fortsetzung)

Wilhelmstraße 9, 80801 München
info@beck.de
Satz, Druck und Bindung: Druckerei C.H.Beck Nördlingen
(Adresse wie Verlag)

chbeck.de/nachhaltig
produktsicherheit.beck.de

Gedruckt auf säurefreiem, alterungsbeständigem Papier
(hergestellt aus chlorfrei gebleichtem Zellstoff)

Vorwort

Im Jahr 1903 erschien im Verlag C.H.BECK erstmals die „Sammlung von Reichsgesetzen staats- und verwaltungsrechtlichen Inhalts", herausgegeben von *Carl Sartorius* (1865–1945), damals noch Professor in Greifswald, von 1908 bis zu seiner Emeritierung im Jahr 1933 Professor für Kirchen-, Staats- und Verwaltungsrecht an der Universität Tübingen. Die Sammlung erschien zunächst in gebundener Form, ab der 12. Auflage 1935 dann als Loseblattsammlung. Mit der Neuausgabe 1963 erhielt das Werk die im Wesentlichen noch heute bestehende systematische Gliederung, die sich unter anderem an der bereinigten Sammlung des Bundesrechts (Bundesgesetzblatt Teil III) bzw. dem jährlich vom Bundesministerium der Justiz herausgegebenen Fundstellennachweis A des geltenden Bundesrechts (FNA) orientiert. Auch die derzeitige Zählung der – nunmehr 143 – Ergänzungslieferungen begann mit der 25. Auflage des Werkes im Jahr 1963.

Im Zuge des beginnenden europäischen Einigungsprozesses wurde dem „Hauptband" zunächst 1959 der „Sartorius II – Europa-Recht und andere internationale Verträge" (inwischen aufgrund geänderter Schwerpunkte unter dem Titel „Internationale Verträge. Europarecht") zur Seite gestellt. Der „Sartorius III" erschien 1990 erstmals, noch vor der Wiedervereinigung zunächst als „DDR-Sartorius" konzipiert, recht bald aber in „Verwaltungsgesetze. *Ergänzungsband für die neuen Bundesländer*" umbenannt. Auch dieser Zusatz entfiel allerdings, nachdem die nur für die neuen Länder geltenden spezifischen Regelungen nach und nach verschwanden. 2003 erschien schließlich der „Sartorius Ergänzungsband", mit dem vor allem auf vielfache Kundenwünsche nach Aufnahme neuer Vorschriften oder gänzlich neuer Materien reagiert wurde, die im Rahmen des einbändigen Hauptbandes aus Umfanggründen nicht erfüllt werden konnten. Jetzt im Sommer 2024 kommen die vier Bände der Sartorius-Familie auf über 18.000 Seiten Gesamtumfang, was sich beim Erscheinen der 1. Auflage des Ur-Sartorius mit ihren rund 500 Seiten wohl kaum jemand hätte vorstellen können.

Die Sammlung soll den Kernbestand des öffentlichen Rechts des Bundes so umfassend wie möglich wiedergeben und so vor allem den Anforderungen des Lehrbetriebs an den Universitäten und Fachhochschulen und der Ausbildung der Referendare gerecht werden. Daneben soll das Werk aber auch der Praxis der inneren Verwaltung, der Justiz und aller sonst mit dem öffentlichen Recht Befassten als handliches tägliches Arbeitsmittel dienen. Da schon die bereits enthaltenen Gesetze und Verordnungen erfahrungsgemäß mit jeder Änderung umfangreicher werden, können Wünsche nach Neuaufnahmen nur in wenigen Ausnahmefällen erfüllt werden – und das in der Regel nur um den Preis der Entnahme anderer Vorschriften. Entsprechende Vorschläge werden von der Redaktion jedoch in jedem Einzelfall eingehend geprüft.

Die Angaben zum Stand der Sammlung auf dem Titelblatt beziehen sich auf das *Verkündungs*datum der maßgebenden Gesetzes-, Verordnungs- und Amtsblätter (im Sinne eines „Redaktionsschlusses"). Mit größerem zeitlichem Vorlauf verkündete Änderungen oder neuen Vorschriften werden allerdings in der Regel erst in derjenigen Ergänzungslieferung berücksichtigt, die dem Inkrafttretensdatum unmittelbar vorausgeht.

Paragraphenüberschriften in eckigen Klammern sind nicht amtlich. Kursiv gedruckte Textstellen sind von der Redaktion eingefügt und ebenfalls nicht amtlich. Fußnoten sind grundsätzlich redaktionell, sollten sie vom Gesetzgeber eingefügt sein, wird dies durch die vorangestellte Formulierung „Amtl. Anm.:" ausdrücklich vermerkt.

Der Verlag ist seit einiger Zeit dazu übergegangen, nach dem Vorbild von „Habersack, Deutsche Gesetze" in den abgedruckten Vorschriften Satzzähler anzubringen. Dies soll die Benutzbarkeit vor allem von umfangreichen Texten erleichtern. Da Satzzähler nur dort eingefügt werden können, wo Blätter aus einem sachlichen Grund – z. B. wegen einer Gesetzesänderung – ohnehin ausgetauscht werden müssen, ist das Erscheinungsbild der in der Sammlung abgedruckten Texte bis auf weiteres uneinheitlich. Wir bitten dafür um Verständnis.

Für Anregungen zur weiteren Ausgestaltung der Textammlung, für Verbesserungsvorschläge und Hinweise auf trotz aller Sorgfalt leider nicht vollständig auszuschließende Druckfehler sind wir allen Nutzerinnen und Nutzern dieser Sammlung jederzeit dankbar.

München, im Februar 2025
Verlag C.H.BECK

Sartorius aktuell 150. EL

„Sartorius aktuell" ist ein Service der Sartorius-Redaktion, der zum einen den Inhalt der jeweiligen Ergänzungslieferung beschreibt und zum anderen in einer Vorschau wichtige gesetzgeberische Vorhaben darstellt, um bereits sehr frühzeitig eine Orientierungshilfe für die Praxis zu geben.

Inhalt der Ergänzungslieferung

Die vorliegende 150. Ergänzungslieferung bringt die Textsammlung auf den aktuellen Stand der Gesetzgebung vom 29. Mai 2026. Sie beinhaltet alle seit der letzten Lieferung mit Stand vom 3. März 2026 bis einschließlich 29. Mai 2026 verkündeten Änderungen sowie bereits früher verkündete Änderungen, die bis 1. Juli 2026 in Kraft treten.

Umfangreich geändert wurde das Aufenthaltsgesetz (Nr. **565**) durch jeweils kleinere Änderungen durch

- das **Gesetz zur Umsetzung der Richtlinie (EU) 2017/541 zur Terrorismusbekämpfung und zur Anpassung des Strafrahmens bei geheimdienstlicher Agententätigkeit** v. 20.3.2026 (BGBl. 2026 I Nr. 95),
- das **Dreizehntes Gesetz zur Änderung des Zweiten Buches Sozialgesetzbuch und anderer Gesetze** v. 16.4.2026 (BGBl. 2026 I Nr. 107) und das
- das **Gesetz zur Anpassung des nationalen Rechts an die Reform des Gemeinsamen Europäischen Asylsystems (GEAS-Anpassungsgesetz)** v. 23.4.2026 (BGBl. 2026 I Nr. 111).

Ebenfalls kleinere Änderungen gab es

- im Personenstandsgesetz (Nr. **260**) durch das **Gesetz zur Umsetzung des Urteils des Bundesverfassungsgerichts zur Vaterschaftsanfechtung** v. 29.3.2026 (BGBl. 2026 I Nr. 83);
- im Bundeskriminalamtgesetz (Nr. **450**) durch das **Gesetz zur Umsetzung der Richtlinie (EU) 2017/541 zur Terrorismusbekämpfung und zur Anpassung des Strafrahmens bei geheimdienstlicher Agententätigkeit** v. 20.3.2026 (BGBl. 2026 I Nr. 95) und durch das **Gesetz zur Anpassung des nationalen Rechts an die Reform des Gemeinsamen Europäischen Asylsystems (GEAS-Anpassungsgesetz)** v. 23.4.2026 (BGBl. 2026 I Nr. 111);
- in der Aufenthaltsverordnung (Nr. **566**) ebenfalls durch das **Gesetz zur Anpassung des nationalen Rechts an die Reform des Gemeinsamen Europäischen Asylsystems (GEAS-Anpassungsgesetz)** v. 23.4.2026 (BGBl. 2026 I Nr. 111) und durch die Zwanzigste Verordnung zur Änderung der Aufenthaltsverordnung v. 8.5.2026 (BGBl. 2026 I Nr. 129);
- in der Verwaltungsgerichtsordnung (Nr. **600**) durch das **Gesetz zur weiteren Digitalisierung der Zwangsvollstreckung** v. 20.5.2026 (BGBl. 2026 I Nr. 152);
- im Wasserhaushaltsgesetz (Nr. **845**) durch das **Gesetz zur Beschleunigung der Verfügbarkeit von Wasserstoff und zur Änderung weiterer rechtlicher Rahmenbedingungen für den Wasserstoffhochlauf und weiterer energierechtlicher Vorschriften** v. 29.3.2026 (BGBl. 2026 I Nr. 84);

- im Bundesnaturschutzgesetz (Nr. **880**) und im Bundesjagdgesetz (Nr. **890**) durch das **Gesetz zur Änderung des Bundesjagdgesetzes und zur Änderung des Bundesnaturschutzgesetzes** v. 29.3.2026 (BGBl. 2026 I Nr. 87).

Kleine Änderungen gab es im Gesetz zur Beschränkung des Brief-, Post- und Fernmeldegeheimnisses (Artikel 10-Gesetz – G 10) (Nr. **7**), in der Sonderurlaubsverordnung (Nr. **173**), im Bundesdatenschutzgesetz (Nr. **245**), in der Datenschutz-Grundverordnung (Nr. **246**), im Bundesmeldegesetz (Nr. **256**), in der Personenstandsverordnung (Nr. **261**), im Betäubungsmittelgesetz (Nr. **275**), im Bundes-Immissionsschutzgesetz (Nr. **296**), im Baugesetzbuch (Nr. **300**), im Wohnraumförderungsgesetz (Nr. **355**), im Wohngeldgesetz (Nr. **385**), im Bundesausbildungsförderungsgesetz (Nr. **420**), im Haushaltsgrundsätzegesetz (Nr. **699**), in der Bundeshaushaltsordnung (Nr. **700**), in der Gewerbeordnung (Nr. **800**), im Waffengesetz (Nr. **820**), im Bundesfernstraßengesetz (Nr. **932**) und im Personenbeförderungsgesetz (Nr. **950**).

Neu gefasst wurde die Bundeslaufbahnverordnung (Nr. **180**) v. 11.3.2026 (BGBl. 2026 I Nr. 67, S. 2) und das Tiergesundheitsgesetz (Nr. **870**).

An EU-Recht angepasst wurde das
Asylgesetz (**Nr. 567**) durch das **Gesetz zur Anpassung des nationalen Rechts an die Reform des Gemeinsamen Europäischen Asylsystems (GEAS-Anpassungsgesetz)** v. 23.4.2026 (BGBl. 2026 I Nr. 111).

Dieses Gesetz dient der Umsetzung der
- Richtlinie 2008/115/EG des Europäischen Parlaments und des Rates vom 16. Dezember 2008 über gemeinsame Normen und Verfahren in den Mitgliedstaaten zur Rückführung illegal aufhältiger Drittstaatsangehöriger (ABl. L 348 vom 24.12.2008, S. 98) und der
- Richtlinie (EU) 2024/1346 des Europäischen Parlaments und des Rates vom 14. Mai 2024 zur Festlegung von Normen für die Aufnahme von Personen, die internationalen Schutz beantragen (ABl. L, 2024/1346, 22.5.2024).

Ebenfalls an EU-Recht angepasst wurde das Güterkraftverkehrsgesetz (GüKG) (Nr. **952**) durch Artikel 1 des **Zweiten Gesetzes zur Änderung des Güterkraftverkehrsgesetzes und des Personenbeförderungsgesetzes** v. 23.2.2026 (BGBl. 2026 I Nr. 47).
Artikel 1 dient der Umsetzung

- von Artikel 1 Nummer 2 und 3 der Richtlinie (EU) 2022/738 des Europäischen Parlaments und des Rates vom 6. April 2022 zur Änderung der Richtlinie 2006/1/EG über die Verwendung von ohne Fahrer gemieteten Fahrzeugen im Güterkraftverkehr (ABl. L 137 vom 16.5.2022, S. 1),
- von Artikel 9 der Richtlinie 2006/22/EG des Europäischen Parlaments und des Rates vom 15. März 2006 über Mindestbedingungen für die Durchführung der Verordnungen (EG) Nr. 561/2006 und (EU) Nr. 165/2014 und der Richtlinie 2002/15/EG über Sozialvorschriften für Tätigkeiten im Kraftverkehr sowie zur Aufhebung der Richtlinie 88/599/EWG des Rates (ABl. L 102 vom 11.4.2006, S. 35), die zuletzt durch die Delegierte Richtlinie (EU) 2024/846 der Kommission vom 14. März 2024 (ABl. L, 2024/846, *31.5.2024) geändert worden ist,*
- der Delegierten Richtlinie (EU) 2024/846 der Kommission vom 14. März 2024 zur Änderung der Richtlinie 2006/22/EG des Europäischen Parlaments und des Rates über Min-

destbedingungen für die Durchführung der Verordnungen (EG) Nr. 561/2006 und (EU) Nr. 165/2014 und der Richtlinie 2002/15/EG über Sozialvorschriften für Tätigkeiten im Kraftverkehr (ABl. L, 2024/846, 31.5.2024).

Vorschau

Die kommende 151. Ergänzungslieferung wird sämtliche Änderungen enthalten, die nach dem 29. Mai 2026 verkündet und bis zum Erscheinungstermin der 151. EL in Kraft treten werden.

Bei dieser Gelegenheit wollen wir uns für die Anregungen und Fehlerhinweise durch unsere Bezieher bedanken, die uns auf diese Weise eine wertvolle Hilfestellung bei der Gestaltung der Textsammlung leisten. Zudem möchten wir darauf aufmerksam machen, dass wir unter der eigens für diese Textsammlung eingerichteten E-Mail-Adresse sartorius.redaktion@beck.de erreichbar sind; die Adresse ist auch auf der Rückseite des Titelblattes vermerkt.

München, im Mai 2026 **Verlag C.H.Beck**

Systematische Gliederung

Gliederung

I. Inhaltsverzeichnis
Systematisch geordnet

Hinweis: Gesetze und Verordnungen mit einem der Systemziffer vorangestelten (E) befinden sich im Ergänzungsband

Klimaschutz

Umweltschutz

Energierecht

Wasserwirtschaft

Geld- und Kreditwesen

Lebensmittel, Bedarfsgegenstände und Futtermittel

Land-, Forst- und Ernährungswirtschaft

Luftverkehr, Fluglärm

Europarecht

II. Inhaltsverzeichnis
Alphabetisch geordnet

Abkürzungsverzeichnis

Hinweis: Gesetze und Verordnungen mit einem der Systemziffer vorangestelltem (E) befinden sich im Ergänzungsband

1. NamÄndVO	Erste Verordnung zur Durchführung des Gesetzes über die Änderung von Familiennamen und Vornamen (Nr. **266**)
II. BV	II. Berechnungsverordnung (Nr. **E 357**)
aaO	am am angeführten/angegebenen Ort
AbgG	Abgeordnetengesetz (Nr. **48**)
Abk.	Abkommen
ABl.	Amtsblatt
Abs.	Absatz/Absätze
abschl.	abschließend
Abschn.	Abschnitt(e)
AbwAG	Abwasserabgabengesetz (Nr. **E 846**)
AbwV	Abwasserverordnung (Nr. **E 845a**)
AEG	Allgemeines Eisenbahngesetz (Nr. **962**)
AEUV	Vertrag über die Arbeitsweise der Europäischen Union (Nr. **1001**)
AG	Ausführungsgesetz/Gesetz zur Ausführung
AgrarAbsFDG	Agrarabsatzförderungsdurchführungsgesetz (Nr. **E 868**)
Aichberger	Aichberger, Sozialgesetzbuch. Loseblatt-Textausgabe
Alg II-V	Arbeitslosengeld II/Sozialgeld-Verordnung (Nr. **E 402a**)
allg.	allgemein
AllMBl.	Allgemeines Ministerialblatt
AltfahrzeugV	Altfahrzeug-Verordnung (Nr. **E 298b**)
AMG	Arzneimittelgesetz (Nr. **E 272**)
amtl.	amtlich
Amtsbl.	Amtsblatt
ÄndAO	Änderungsanordnung
ÄndG	Änderungsgesetz
ÄndV/VO	Änderungsverordnung
angef.	angefügt
Anh.	Anhang
Anl.	Anlage
Anm.	Anmerkung
AnO/AO	Anordnung
AnpG	Anpassungsgesetz

ApoG	Apothekengesetz (Nr. **E 271**)
APrO/APO	Ausbildungs- und Prüfungs(ver)ordnung
ArbSchG	Arbeitsschutzgesetz (Nr. **E 801**)
ArbStättV	Arbeitsstättenverordnung (Nr. **E 801a**)
Art.	Artikel
ASiG	Gesetz über Betriebsärzte, Sicherheitsingenieure und andere Fachkräfte für Arbeitssicherheit (Nr. **E 802**)
AsylbLG	Asylbewerberleistungsgesetz (Nr. **E 418**)
AsylG	Asylgesetz (Nr. **567**)
AsylZBV	Asylzuständigkeitsbestimmungsverordnung (Nr. **567a**)
ATDG	Antiterrordateigesetz (Nr. **82**)
AtG	Atomgesetz (Nr. **E 835**)
AtVfV	Atomrechtliche Verfahrensordnung
AufenthG	Aufenthaltsgesetz (Nr. **565**)
AufenthV	Aufenthaltsverordnung (Nr. **566**)
aufgeh.	aufgehoben
AusfBest.	Ausführungsbestimmungen
AVO	Ausführungsverordnung/Verordnung zur Ausführung
AVV	Abfallverzeichnisverordnung (Nr. **E 298a**)
AVV/AVwV	Allgemeine Verwaltungsvorschrift
AZRG	Gesetz über das Ausländerzentralregister (Nr. **E 569**)
AZV	Arbeitszeitverordnung (Nr. **170**)
II. BV	II. Berechnungsverordnung (Nr. **E 357**)
BAföG	Bundesausbildungsförderungsgesetz (Nr. **420**)
BAföG-TeilerlaßV	Verordnung über den leistungsabhängigen Teilerlaß von Ausbildungsförderungsdarlehen (Nr. **E 420b**)
BAnz.	Bundesanzeiger
BarBetrV	Verordnung zur Durchführung des § 90 Abs. 2 Nr. 9 des Zwölften Buches Sozialgesetzbuch (Nr. **E 412c**)
BauGB	Baugesetzbuch (Nr. **300**)
BauNVO	Baunutzungsverordnung (Nr. **311**)
BauSparkG	Gesetz über Bausparkassen (Nr. **E 857**)
BaustellV	Baustellenverordnung (Nr. **E 801b**)
BayRS	Bereinigte Sammlung des bayerischen Landesrechts
BBankG	Bundesbankgesetz (Nr. **E 855**)
BBesG	Bundesbesoldungsgesetz (Nr. **230**)
BBG	Bundesbeamtengesetz (Nr. **160**)
BBiG	Berufsbildungsgesetz (Nr. **E 422**)
BBodSchG	Bundes-Bodenschutzgesetz (Nr. **299**)
BBodSchV	Bundes-Bodenschutzverordnung (Nr. **299a**)

BDG .... Bundesdisziplinargesetz (Nr. **220**)
BDSG .... Bundesdatenschutzgesetz (Nr. **245**)
BeamtStG .... Beamtenstatusgesetz (Nr. **150**)
BeamtVG .... Beamtenversorgungsgesetz (Nr. **155**)
BefBezG .... Gesetz über befriedete Bezirke für Verfassungsorgane des Bundes (Nr. **434**)
Beil. .... Beilage
Bek. .... Bekanntmachung
Ber., ber. .... Berichtigung, berichtigt
BeschG .... Beschussgesetz (Nr. **E 821**)
Beschl. .... Beschluss
BeschV .... Beschäftigungsverordnung (Nr. **E 566a**)
BesVNG .... Gesetz zur Vereinheitlichung und Neuregelung des Besoldungsrechts in Bund und Ländern
BetrKV .... Betriebskostenverordnung (Nr. **E 359**)
BetrSichV .... Betriebssicherheitsverordnung (Nr. **E 801c**)
BEVVG .... Bundeseisenbahnverkehrsverwaltungsgesetz (Nr. **965**)
BFDG .... Bundesfreiwilligendienstgesetz (Nr. **627**)
BGB .... Bürgerliches Gesetzbuch
BGBl. .... Bundesgesetzblatt (des Norddeutschen Bundes, ab 1949 der Bundesrepublik Deutschland; Teil III: Bereinigte Sammlung des Bundesrechts gem. Gesetz über die Sammlung des Bundesrechts vom 10. Juli 1958, abgeschlossen am 31. 12. 1968, in Nachweisform fortgeführt durch FNA)
BGebG .... Bundesgebührengesetz (Nr. **120**)
BGH .... Bundesgerichtshof
BHO .... Bundeshaushaltsordnung (Nr. **700**)
BildscharbV .... Bildschirmarbeitsverordnung (Nr. **E 801d**)
BImSchG .... Bundes-Immissionsschutzgesetz (Nr. **296**)
BImSchV .... Verordnung zur Durchführung des Bundes-Immissionsschutzgesetzes
bish. .... bisherig
BJagdG .... Bundesjagdgesetz (Nr. **890**)
BKA .... Bundeskriminalamt
BKAG .... Gesetz über das Bundeskriminalamt (Nr. **450**)
BKleingG .... Bundeskleingartengesetz (Nr. **E 350**)
BLV .... Bundeslaufbahnverordnung (Nr. **180**)
BMG .... Bundesmeldegesetz (Nr. **256**)
BMinG .... Bundesministergesetz (Nr. **45**)
BNAG .... Gesetz über die Bundesnetzagentur für Elektrizität, Gas, Telekommunikation, Post und Eisenbahnen (Nr. **E 901**)
BNatSchG .... Bundesnaturschutzgesetz (Nr. **880**)

BNichtrSchG .... Bundesnichtraucherschutzgesetz (Nr. **276**)
BNV .... Bundesnebentätigkeitsverordnung (Nr. **177**)
BPersVG .... Bundespersonalvertretungsgesetz (Nr. **240**)
BPolBG .... Bundespolizeibeamtengesetz (Nr. **200**)
BPolG .... Gesetz über die Bundespolizei (Nr. **90**)
BR .... Bundesrat
BremGBl. .... Gesetzblatt der Freien Hansestadt Bremen
BRHG .... Gesetz über den Bundesrechnungshof (Nr. **705**)
BRKG .... Bundesreisekostengesetz (Nr. **235**)
BRRG .... Beamtenrechtsrahmengesetz (Nr. **150a**)
BT .... Bundestag
BtMG .... Betäubungsmittelgesetz (Nr. **275**)
Buchst. .... Buchstabe
Bundesbeamtengesetze .... Bundesbeamtengesetze. Loseblatt-Textsammlung
BundeswaldG .... Bundeswaldgesetz (Nr. **875**)
BVerfG .... Bundesverfassungsgericht
BVerfGG .... Bundesverfassungsgerichtsgesetz (Nr. **40**)
BVerfSchG .... Bundesverfassungsschutzgesetz (Nr. **80**)
BVerslG .... Gesetz über die Wahl des Bundespräsidenten durch die Bundesversammlung (Nr. **33**)
BVG .... Bundesversorgungsgesetz
BWG .... Bundeswahlgesetz (Nr. **30**)
BWO .... Bundeswahlordnung (Nr. **31**)

DarlehensV .... Verordnung über die Einziehung der nach dem Bundesausbildungsförderungsgesetz geleisteten Darlehen (Nr. **E 420a**)
DB .... Deutsche Bahn
DDG .... Digitale-Dienste-Gesetz (DDG) (Nr. **922**)
DDR .... Deutsche Demokratische Republik
DepV .... Deponieverordnung (Nr. **298h**)
DVO .... Durchführungsverordnung
DVO-JuSchG .... Verordnung zur Durchführung des Jugendschutzgesetzes (Nr. **400a**)

(E) .... Ergänzungsband (im Inhaltsverzeichnis iVbdg. mit Systemziff als Hinweis auf Inhalt des Ergänzungsbandes)
EEG 2014 .... Erneuerbare-Energien-Gesetz (Nr. **E 833**)
EG .... Europäische Gemeinschaften, Einführungsgesetz (iVm anderen Gesetzesabkürzungen)
EGV .... EG-Vertrag
eingef. .... eingefügt
einl. .... einleitend
EKreuzG .... Eisenbahnkreuzungsgesetz (Nr. **936**)
EMASPrivilegV .... EMAS-Privilegierungs-Verordnung (Nr. **E 297**)

EMRK	Europäische Menschenrechtskonvention (Nr. **1003**)
EnVKG	Energieverbrauchskennzeichnungsgesetz (Nr. **E 831**)
EnVKV	Energieverbrauchskennzeichnungsverordnung (Nr. **E 831a**)
EnWG	Energiewirtschaftsgesetz (Nr. **E 830**)
erg.	ergänzt
ErgBd.	Ergänzungsband (zu Sartorius bzw. Schönfelder)
Erl.	Erlass
EuGH VfO	Verfahrensordnung des Gerichtshofs (Nr. **1006**)
EU-GR-Charta	Charta der Grundrechte der Europäischen Union (Nr. **1002**)
EUrlV	Erholungsurlaubsverordnung (Nr. **172**)
EUV	Vertrag über die Europäische Union (Nr. **1000**)
EUZBBG	Gesetz über die Zusammenarbeit von Bundesregierung und Deutschem Bundestag in Angelegenheiten der Europäischen Union (Nr. **96**)
EUZusG	Gesetz über die Zusammenarbeit von Bund und Ländern in Angelegenheiten der Europäischen Union (Nr. **97**)
EVertr.	Einigungsvertrag
EVPG	Energieverbrauchsrelevante-Produkte-Gesetz (Nr. **E 837**)
FAG	Finanzausgleichsgesetz (Nr. **E 751**)
ff.	folgende
FGebV	Frequenzgebührenverordnung (Nr. **E 920b**)
FlaggAO	Anordnung über die deutschen Flaggen (Nr. **52**)
FluglSchG	Gesetz zum Schutz gegen Fluglärm (Nr. **E 980**)
FNA	Bundesgesetzblatt Teil I, Fundstellennachweis A (Bundesrecht ohne völkerrechtl. Vereinbarungen)
FPackV	Fertigpackungsverordnung (Nr. **E 825a**)
FreistellVO	Freistellungs-Verordnung (Nr. **951**)
FreizügG/EU	Freizügigkeitsgesetz/EU (Nr. **560**)
FStrG	Bundesfernstraßengesetz (Nr. **932**)
FStrKrV	Bundesfernstraßenkreuzungsverordnung (Nr. **935**)
FStrVermG	Gesetz über die vermögensrechtlichen Verhältnisse der Bundesautobahnen und sonstigen Bundesstraßen des Fernverkehrs (Nr. **930**)
FVG	Finanzverwaltungsgesetz (Nr. **E 698**)
G, Ges.	Gesetz
G 10	Gesetz zur Beschränkung des Brief-, Post- und Fernmeldegeheimnisses (Artikel 10-Gesetz) (Nr. **7**)
GaststättenG	Gaststättengesetz (Nr. **810**)
GBl.	Gesetzblatt

geänd.	geändert
GEG	Gebäudeenergiegesetz
Gem. RdErl.	Gemeinsamer Runderlass
Genfer Flüchtlingskonvention	Abkommen über die Rechtsstellung der Flüchtlinge (Nr. **568**)
gestr.	gestrichen
GewAbfV	Gewerbeabfallverordnung (Nr. **E 298e**)
GewinnungsAbfV	Gewinnungsabfallverordnung (Nr. **E 298g**)
GewO	Gewerbeordnung (Nr. **800**)
GG	Grundgesetz für die Bundesrepublik Deutschland (Nr. **1**)
GMBl.	Gemeinsames Ministerialblatt des Bundesministers des Innern u.a.
GnadenAO	Anordnung des Bundespräsidenten über die Ausübung des Begnadigungsrechts des Bundes (Nr. **615**)
GO	Gemeindeordnung, Geschäftsordnung
GO BR	Geschäftsordnung des Bundesrates (Nr. **37**)
GO BReg	Geschäftsordnung der Bundesregierung (Nr. **38**)
GO BT	Geschäftsordnung des Bundestages (Nr. **35**)
GO GemAussch	Geschäftsordnung für den Gemeinsamen Ausschuß (Nr. **39**)
GO VermAussch	Gemeinsame Geschäftsordnung des Bundestages und des Bundesrates für den Ausschuß nach Artikel 77 des Grundgesetzes (Vermittlungsausschuß) (Nr. **36**)
GO-VertF	Geschäftsordnung für das Verfahren nach Artikel 115 d des Grundgesetzes (Nr. **34**)
GrwV	Grundwasserverordnung (Nr. **E 845b**)
GS NW	Sammlung des bereinigten Landesrechts Nordrhein-Westfalen
GS Schl.-H.	Sammlung des schleswig-holsteinischen Landesrechts
GüKG	Güterkraftverkehrsgesetz (Nr. **952**)
GV. NRW	Gesetz- und Verordnungsblatt für das Land Nordrhein-Westfalen
GVBl., GVOBl.	Gesetz- und Verordnungsblatt
GVBl. LSA	Gesetz- und Verordnungsblatt für das Land Sachsen-Anhalt
GVOBl. M-V	Gesetz- und Verordnungsblatt für Mecklenburg-Vorpommern
GVOBl. Schl.-H.	Gesetz- und Verordnungsblatt für Schleswig-Holstein
HambSLR	Sammlung des bereinigten hamburgischen Landesrechts
HandwO	Handwerksordnung (Nr. **E 815**)

HeimatlAuslG .... Gesetz über die Rechtsstellung heimatloser Ausländer im Bundesgebiet (Nr. **563**)
HeimG .... Heimgesetz (Nr. **E 419**)
HeimMindBauV .... Heimmindestbauverordnung (Nr. **E 419a**)
HeimPersV .... Heimpersonalverordnung (Nr. **E 419b**)
HeizkostenV .... Verordnung über Heizkostenabrechnung (Nr. **E 832b**)
HGB .... Handelsgesetzbuch
HGrG .... Haushaltsgrundsätzegesetz (Nr. **699**)
HmbGVBl. .... Hamburgisches Gesetz- und Verordnungsblatt Teil I
HRG .... Hochschulrahmengesetz (Nr. **500**)
HWG .... Heilmittelwerbegesetz (Nr. **E 277**)
HWO .... Handwerksordnung (Nr. **815**)
idF .... in der Fassung
IFG .... Informationsfreiheitsgesetz (Nr. **113**)
IfSG .... Infektionsschutzgesetz (Nr. **E 285**)
IHK-G .... Gesetz zur vorläufigen Regelung des Rechts der Industrie- und Handelskammern (Nr. **818**)
ImmoWertV .... Immobilienwertermittlungsverordnung (Nr. **E 310**)
IntVG .... Integrationsverantwortungsgesetz (Nr. **98**)
iVm .... in Verbindung mit
JFDG .... Jugendfreiwilligendienstgesetz (Nr. **390**)
JuSchG .... Jugendschutzgesetz (Nr. **400**)
KDVG .... Kriegsdienstverweigerungsgesetz (Nr. **626**)
KrWaffG .... Gesetz über die Kontrolle von Kriegswaffen (Nr. **823**)
KrWG .... Kreislaufwirtschaftsgesetz (Nr. **298**)
KWG .... Kreditwesengesetz (Nr. **E 856**)
KWKG .... Kraft-Wärme-Kopplungsgesetz (Nr. **E 834**)
LadSchlG .... Gesetz über den Ladenschluss (Nr. **805**)
LFGB .... Lebensmittel- und Futtermittelgesetzbuch (Nr. **E 862**)
LKonV .... Lebensmittelkontrolleur-Verordnung (Nr. **E 861c**)
LMHV .... Lebensmittelhygiene-Verordnung (Nr. **E 861b**)
LMIDV .... Lebensmittelinformations-Durchführungsverordnung (Nr. **E 861a**)
LuftSiG .... Luftsicherheitsgesetz (Nr. **E 976**)
LuftVG .... Luftverkehrsgesetz (Nr. **E 975**)
MABl. .... Ministerialamtsblatt
MaßStG .... Maßstäbegesetz (Nr. **E 750**)
MBl. .... Ministerialblatt
MessEG .... Mess- und Eichgesetz (Nr. **E 825**)

MOG	Gesetz zur Durchführung der gemeinsamen Marktorganisation und der Direktzahlungen (Nr. **E 867**)
MüG	Marktüberwachungsgesetz (Nr. **E 869**)
MuSchEltZV	Mutterschutz- und Elternzeitverordnung (Nr. **171**)
mWv	mit Wirkung vom
NamÄndG	Gesetz über die Änderung von Familiennamen und Vornamen (Nr. **265**)
NAV	Niederspannungsanschlussverordnung (Nr. **E 830b**)
NDAV	Niederdruckanschlussverordnung (Nr. **E 830c**)
Nds. GVBl.	Niedersächsisches Gesetz- und Verordnungsblatt
neu gef.	neu gefasst
Nipperdey I	Nipperdey I, Arbeitsrecht. Loseblatt-Textsammlung
NMV 1970	Neubaumietenverordnung 1970 (Nr. **E 353**)
Nr.	Nummer
Öffentliches Wirtschaftsrecht	Öffentliches Wirtschaftsrecht. Loseblatt-Textsammlung
OrdenG	Gesetz über Titel, Orden und Ehrenzeichen (Nr. **60**)
ParteiG	Parteiengesetz (Nr. **58**)
PaßG	Paßgesetz (Nr. **250**)
PassV	Passverordnung (Nr. **251**)
PAuswG	Personalausweisgesetz (Nr. **255**)
PBefG	Personenbeförderungsgesetz (Nr. **950**)
PetAG	Gesetz über die Befugnisse des Petitionsausschusses des Deutschen Bundestages (Nr. **5**)
PflSchG	Pflanzenschutzgesetz (Nr. **863**)
PKGrG	Kontrollgremiumgesetz (Nr. **81**)
PlanZV	Planzeichenverordnung (Nr. **E 312**)
PostG	Gesetz über das Postwesen (Nr. **E 910**)
ProdSG	Produktsicherheitsgesetz (Nr. **E 803**)
ProdSV	Verordnung zum Produktsicherheitsgesetz
PStG	Personenstandsgesetz (Nr. **260**)
PStV	Personenstandsverordnung (Nr. **261**)
PTSG	Post- und Telekommunikationssicherstellungsgesetz (Nr. **E 905**)
PUAG	UntersuchungsausschussG (Nr. **6**)
PUDLV	Post-Universaldienstleistungsverordnung (Nr. **E 910a**)
RBEG	Regelbedarf-Ermittlungsgesetz (Nr. **E 412a**)
RBHG	Gesetz über die Haftung des Reichs für seine Beamten (Nr. **210**)
RdErl.	Runderlass
RdSchr.	Rundschreiben
RGBl.	Reichsgesetzblatt

RiWG	Richterwahlgesetz (Nr. **610**)
RL	Richtlinie
ROG	Raumordnungsgesetz (Nr. **340**)
RohrFLVO	Rohrfernleitungsverordnung (Nr. **295a**)
RoV	Raumordnungsverordnung (Nr. **340a**)
RVO	Reichsversicherungsordnung
S.	Seite
SaBremR	Sammlung des bremischen Rechts
SächsGVBl.	Sächsisches Gesetz- und Verordnungsblatt
Sartorius II	Sartorius II, Internationale Verträge – Europarecht. Loseblatt-Textsammlung
Sartorius III	Sartorius III, Verwaltungsgesetze – Ergänzungsband für die neuen Bundesländer. Loseblatt-Textsammlung
Schönfelder	Schönfelder, Deutsche Gesetze. Loseblatt-Textsammlung
SGB	Sozialgesetzbuch
SGG	Sozialgerichtsgesetz (Nr. **E 415**)
SigG	Signaturgesetz (Nr. **E 924**)
SonntagVerkVO	Verordnung über den Verkauf bestimmter Waren an Sonn- und Feiertagen (Nr. **806**)
SprengG	Sprengstoff (Nr. **E 822**)
StabG	Gesetz zur Förderung der Stabilität und des Wachstums der Wirtschaft (Nr. **720**)
StAG	Staatsangehörigkeitsgesetz (Nr. **15**)
StAnz	Staatsanzeiger
Steuergesetze	Steuergesetze. Loseblatt-Textsammlung
StGB	Strafgesetzbuch
StPO	Strafprozeßordnung
StV	Staatsvertrag
SUrlV	Sonderurlaubsverordnung (Nr. **173**)
TA Lärm	Technische Anleitung zum Schutz gegen Lärm (Nr. **E 296/100**)
TA Luft	Technische Anleitung zur Reinhaltung der Luft (Nr. **E 296/101**)
TabakerzG	Tabakerzeugnisgesetz (Nr. **E 861**)
TierGesG	Tiergesundheitsgesetz (Nr. **870**)
TierSchG	Tierschutzgesetz (Nr. **873**)
TKG	Telekommunikationsgesetz (Nr. **E 920**)
TMG	Telemediengesetz (Nr. **E 922**)
TPG	Transplantationsgesetz (Nr. **E 280**)
UAbs.	Unterabsatz
Übk.	Übereinkommen

UIG	Umweltinformationsgesetz (Nr. **294**)
UmwRG	Umwelt-Rechtsbehelfsgesetz (Nr. **293**)
Urt.	Urteil
UVPG	Gesetz über die Umweltverträglichkeitsprüfung (Nr. **295**)
UZwG	Gesetz über den unmittelbaren Zwang bei Ausübung öffentlicher Gewalt durch Vollzugsbeamte des Bundes (Nr. **115**)
UZwGBw	Gesetz über die Anwendung unmittelbaren Zwanges und die Ausübung besonderer Befugnisse durch Soldaten der Bundeswehr und verbündeter Streitkräfte sowie zivile Wachpersonen (Nr. **117**)
v.	von, vom
V, VO	Verordnung
VDG	Vertrauensdienstegesetz (Nr. **924**)
VereinsG	Vereinsgesetz (Nr. **425**)
VereinsG-DVO	Verordnung zur Durchführung des Gesetzes zur Regelung des öffentlichen Vereinsrechts (Vereinsgesetz) (Nr. **426**)
VerpackG	Verpackungsgesetz (Nr. **E 299**)
VerpackGZustVO	Verordnung zur Bestimmung von Zuständigkeiten nach dem Verpackungsgesetz (Nr. **E 299a**)
VersammlG	Gesetz über Versammlungen und Aufzüge (Nr. **E 299a**)
Vertr.	Vertrag
VIG	Verbraucherinformationsgesetz (Nr. **E 862a**)
VkBkmG	Verkündungs- und Bekanntmachungsgesetz (Nr. **70**)
VkBl.	Amtsblatt des Bundesministers für Verkehr
VMBl.	Ministerialblatt des Bundesministeriums der Verteidigung
VO	Verordnung
VwAbk.	Verwaltungsabkommen
VwGO	Verwaltungsgerichtsordnung (Nr. **600**)
VwV/ VV	Verwaltungsvorschrift
VwVfG	Verwaltungsverfahrensgesetz (Nr. **100**)
VwVG	Verwaltungs-Vollstreckungsgesetz (Nr. **112**)
VwZG	Verwaltungszustellungsgesetz (Nr. **110**)
WaffG	Waffengesetz (Nr. **820**)
WahlPrüfG	Wahlprüfungsgesetz (Nr. **32**)
WaStrG	Bundeswasserstraßengesetz (Nr. **971**)
WaStrVermG	Gesetz über die vermögensrechtlichen Verhältnisse der Bundeswasserstraßen (Nr. **970**)

WBeauftrG	Gesetz über den Wehrbeauftragten des Deutschen Bundestages (Gesetz zu Artikel 45b des Grundgesetzes) (Nr. **635**)
Wehrrecht	Wehrrecht. Loseblatt-Textausgabe.
WHG	Wasserhaushaltsgesetz (Nr. **845**)
WoBindG	Wohnungsbindungsgesetz (Nr. **387**)
WoFG	Wohnraumförderungsgesetz (Nr. **355**)
....	Wohnflächenverordnung (Nr. **E 358**)
WoGG	Wohngeldgesetz (Nr. **385**)
WoGV	Wohngeldverordnung (Nr. **386**)
WPflG	Wehrpflichtgesetz (Nr. **620**)
ZDG	Zivildienstgesetz (Nr. **625**)
ZSKG	Zivilschutz- und Katastrophenhilfegesetz (Nr. **680**)
ZuAO/ZuAnO/ ZustAnO	Zuständigkeitsanordnung/Anordnung über die Zuständigkeit(en) nach/Anordnung zur Bestimmung der zuständigen Behörden nach
ZuVO/ZustVO	Zuständigkeitsverordnung / Verordnung über die Zuständigkeit(en) nach

1. Grundgesetz für die Bundesrepublik Deutschland

Vom 23. Mai 1949
(BGBl. S. 1)

FNA 100-1

Lfd. Nr.	Änderndes Gesetz	Datum	Fundstelle	Betroffen	Hinweis
1.	Art. 7 StrafrechtsÄndG	30. 8. 1951	BGBl. I S. 739	Art. 143	
2.	Art. 1 G zur Einfügung eines Art. 120 a in das GG	14. 8. 1952	BGBl. I S. 445	Art. 120 a	
3.	Art. 1 G zur Änd. des Art. 107	20. 4. 1953	BGBl. I S. 130	Art. 107	
4.	Art. 1 G zur Ergänzung des GG	26. 3. 1954	BGBl. I S. 45	Art. 73, 79, 142 a	
5.	Art. 1 Zweites G zur Änd. des Art. 107	25. 12. 1954	BGBl. I S. 517	Art. 107	
6.	§ 1 FinanzverfassungsG	23. 12. 1955	BGBl. I S. 817	Art. 106, 107	
7.	Art. 1 G zur Ergänzung des GG	19. 3. 1956	BGBl. I S. 111	Art. 1, 12, 17 a, 36, 45 a, 45 b, 49, 59 a, 60, 65 a, 87 a, 87 b, 96, 96 a, 137, 143	
8.	Art. 1 G zur Änd. und Ergänzung des Art. 106	24. 12. 1956	BGBl. I S. 1077	Art. 106	
9.	§ 1 G zur Einfügung eines Art. 135 a in das GG	22. 10. 1957	BGBl. I S. 1745	Art. 135 a	
10.	Art. 1 G zur Ergänzung des GG	23. 12. 1959	BGBl. I S. 813	Art. 74, 87 c	
11.	§ 1 Elftes ÄndG	6. 2. 1961	BGBl. I S. 65	Art. 87 d	
12.	Art. 1 Zwölftes ÄndG	6. 3. 1961	BGBl. I S. 141	Art. 96, 96 a	
13.	Art. 1 Dreizehntes ÄndG	16. 6. 1965	BGBl. I S. 513	Art. 74	
14.	Art. 1 Vierzehntes ÄndG	30. 7. 1965	BGBl. I S. 649	Art. 120	
15.	Art. 1 Fünfzehntes ÄndG	8. 6. 1967	BGBl. I S. 581	Art. 109	
16.	Art. 1 Sechzehntes ÄndG	18. 6. 1968	BGBl. I S. 657	Art. 92, 95, 96 a, 99, 100	
17.	Art. 1 Siebzehntes ÄndG	24. 6. 1968	BGBl. I S. 709	Art. 9, 10, 11, 12, 12 a, 19, 20, 35, Abschn. IVa, Art. 53 a, 59 a, 65 a, 73, 80 a, 87 a, 91, Abschn. Xa, Art. 115 a–115 l, 142 a, 143	
18.	Art. 1 Achtzehntes ÄndG (Art. 76 und 77)	15. 11. 1968	BGBl. I S. 1177	Art. 76, 77	
19.	Art. 1 Neunzehntes ÄndG	29. 1. 1969	BGBl. I S. 97	Art. 93, 94	
20.	Art. 1 Zwanzigstes ÄndG	12. 5. 1969	BGBl. I S. 357	Art. 109, 110, 112, 113, 114, 115	
21.	Art. 1 Einundzwanzigstes ÄndG (FinanzreformG)	12. 5. 1969	BGBl. I S. 359	Art. 91 a, 91 b, 104 a, 105, 106, 107, 108, 115 c, 115 k	
22.	Art. 1 Zweiundzwanzigstes ÄndG	12. 5. 1969	BGBl. I S. 363	Art. 74, 75, 96	
23.	Art. 1 Dreiundzwanzigstes ÄndG	17. 7. 1969	BGBl. I S. 817	Art. 76	
24.	Art. 1 Vierundzwanzigstes ÄndG	28. 7. 1969	BGBl. I S. 985	Art. 120	
25.	Art. 1 Fünfundzwanzigstes ÄndG	19. 8. 1969	BGBl. I S. 1241	Art. 29	
26.		26. 8. 1969	BGBl. I S. 1357	Art. 96	

Lfd. Nr.	Änderndes Gesetz	Datum	Fundstelle	Betroffen	Hinweis
	Art. 1 Sechsundzwanzigstes ÄndG (Art. 96)				
27.	Art. 1 Siebenundzwanzigstes ÄndG	31. 7. 1970	BGBl. I S. 1161	Art. 38, 91 a	
28.	Art. 1 Achtundzwanzigstes ÄndG (Art. 74 a)	18. 3. 1971	BGBl. I S. 206	Art. 74 a, 75, 98	
29.	Art. 1 Neunundzwanzigstes ÄndG	18. 3. 1971	BGBl. I S. 207	Art. 74	
30.	Art. 1 Dreißigstes ÄndG (Art. 74 – Umweltschutz)	12. 4. 1972	BGBl. I S. 593	Art. 74	
31.	Art. 1 Einunddreißigstes ÄndG	12. 4. 1972	BGBl. I S. 1305	Art. 35, 73, 74, 87	
32.	Art. 1 Zweiunddreißigstes ÄndG (Art. 45 c)	15. 7. 1975	BGBl. I S. 1901	Art. 45 c	
33.	Art. 1 Dreiunddreißigstes ÄndG (Art. 29 und 39)	23. 8. 1976	BGBl. I S. 2381	Art. 29, 39, 45, 45 a, 49	
34.	Art. 1 Vierunddreißigstes ÄndG (Art. 74 Nr. 4 a)	23. 8. 1976	BGBl. I S. 2383	Art. 74	
35.	Art. 1 Fünfunddreißigstes ÄndG (Art. 21 Abs. 1)	21. 12. 1983	BGBl. I S. 1481	Art. 21	
36.	Art. 1 EVertr.	31. 8. 1990	BGBl. II S. 889	Präambel, Art. 23, 51, 135 a, 143, 146	
37.	Art. 1 ÄndG	14. 7. 1992	BGBl. I S. 1254	Art. 87 d	
38.	Art. 1 ÄndG	21. 12. 1992	BGBl. I S. 2086	Art. 23, 24, 28, 45, 50, 52, 88, 115 e	
39.	Art. 1 ÄndG (Art. 16 und 18)	28. 6. 1993	BGBl. I S. 1002	Art. 16, 16 a, 18	
40.	Art. 1 ÄndG	20. 12. 1993	BGBl. I S. 2089	Art. 73, 74, 80, 87, 87 e, 106 a, 143 a	
41.	Art. 1 ÄndG	30. 8. 1994	BGBl. I S. 2245	Art. 73, 80, 87, 87 f, 143 b	
42.	Art. 1 ÄndG (Art. 3, 20 a, 28, 29, 72, 74, 75, 76, 77, 80, 87, 93, 118 a und 125 a)	27. 10. 1994	BGBl. I S. 3146	Art. 3, 20 a, 28, 29, 72, 74, 75, 76, 77, 80, 87, 93, 118 a, 125 a	
43.	Art. 1 ÄndG	3. 11. 1995	BGBl. I S. 1492	Art. 106	
44.	Art. 1 ÄndG (Art. 28 und 106)	20. 10. 1997	BGBl. I S. 2470	Art. 28, 106	
45.	Art. 1 ÄndG (Art. 13)	26. 3. 1998	BGBl. I S. 610	Art. 13	
46.	Art. 1 ÄndG (Art. 39)	16. 7. 1998	BGBl. I S. 1822	Art. 39	
47.	Art. 1 ÄndG (Art. 16)	29. 11. 2000	BGBl. I S. 1633	Art. 16	
48.	Art. 1 ÄndG (Art. 12 a)	19. 12. 2000	BGBl. I S. 1755	Art. 12 a	
49.	Art. 1 ÄndG (Art. 108)	26. 11. 2001	BGBl. I S. 3219	Art. 108	
50.	Art. 1 ÄndG (Staatsziel Tierschutz)	26. 7. 2002	BGBl. I S. 2862	Art. 20 a	
51.	Art. 1 ÄndG (Art. 96)	26. 7. 2002	BGBl. I S. 2863	Art. 96	
52.	Art. 1 ÄndG (Artikel 22, 23, 33, 52, 72, 73, 74, 74 a, 75, 84, 85, 87 c, 91 a, 91 b, 93, 98, 104 a, 104 b, 105, 107, 109, 125 a, 125 b, 125 c, 143 c)	28. 8. 2006	BGBl. I S. 2034	Art. 22, 23, 33, 52, 72, 73, 74, 74 a, 75, 84, 85, 87 c, 91 a, 91 b, 93, 98, 104 a, 104 b, 105, 107, 109, 125 a, 125 b, 125 c, 143 c	
53.	Art. 1 ÄndG (Artikel 23, 45 und 93)	8. 10. 2008	BGBl. I S. 1926	Art. 23, 45, 93	geänd. mWv 1. 12. 2009
54.	Art. 1 ÄndG (Art. 106, 106 b, 107, 108)	19. 3. 2009	BGBl. I S. 606	Art. 106, 106 b, 107, 108	
55.	Art. 1 ÄndG (Art. 45 d)	17. 7. 2009	BGBl. I S. 1977	Art. 45 d	eingef. mWv 23. 7. 2009
56.	Art. 1 ÄndG (Art. 87 d)	29. 7. 2009	BGBl. I S. 2247	Art. 87 d	geänd. mWv 1. 8. 2009

Lfd. Nr.	Änderndes Gesetz	Datum	Fundstelle	Betroffen	Hinweis
57.	Art. 1 ÄndG (Art. 87d)	29.7.2009	BGBl. I S. 2247	Art. 87d	geänd. mWv 1.8.2009
58.	Art. 1 ÄndG (Art. 91c, 91d, 104b, 109, 109a, 115, 143d)	29.7.2009	BGBl. I S. 2248	Überschrift Abschnitt VIIIa, Art. 104b, 109, 115	geänd. mWv 1.8.2009
				Art. 91c, 91d, 109a, 143d	eingef. mWv 1.8.2009
59.	Art. 1 ÄndG (Art. 91e)	21.7.2010	BGBl. I S. 944	Art. 91e	eingef. mWv 27.7.2010
60.	Art. 1 ÄndG (Art. 93)	11.7.2012	BGBl. I S. 1478	Art. 93	geänd. mWv 17.7.2012
61.	Art. 1 ÄndG (Art. 91b)	23.12.2014	BGBl. I S. 2438	Art. 91b	geänd. mWv 1.1.2015
62.	Art. 1 ÄndG (Art. 21)	13.7.2017	BGBl. I S. 2346	Art. 21	geänd. mWv 20.7.2017
63.	Art. 1 ÄndG (Art. 90, 91c, 104b, 104c, 107, 108, 109a, 114, 125c, 143d, 143e, 143f, 143g)	13.7.2017	BGBl. I S. 2347	Art. 90, 91c, 104b, 107, 108, 109a, 114, 125c, 143d	geänd. mWv 20.7.2017
				Art. 104c, 143e, 143f, 143g	eingef. mWv 20.7.2017
64.	Art. 1 ÄndG (Art. 104b, 104c, 104d, 125c, 143e)	28.3.2019	BGBl. I S. 404	Art. 104b, 125c, 143e	geänd. mWv 4.4.2019
				Art. 104c	neu gef. mWv 4.4.2019
				Art. 104d	eingef. mWv 4.4.2019
65.	Art. 1 ÄndG (Art. 72, 105, 125b)	15.11.2019	BGBl. I S. 1546	Art. 72, 105, 125b	geänd. mWv 21.11.2019
66.	Art. 1 und 2 ÄndG (Art. 104a, 143h)	29.9.2020	BGBl. I S. 2048	Art. 104a	geänd. mWv 8.10.2020
				Art. 143h	eingef. mWv 8.10.2020–31.12.2020
67.	Art. 1 ÄndG (Art. 87a)	28.6.2022	BGBl. I S. 968	Art. 87a	geänd. mWv 1.7.2022
68.	Art. 1 ÄndG (Art. 82)	19.12.2022	BGBl. I S. 2478	Art. 82	geänd. mWv 24.12.2022
69.	Art. 1 ÄndG (Art. 93, 94)	20.12.2024	BGBl. 2024 I Nr. 439	Art. 93, 94	neu gef. mWv 28.12.2024
70.	Art. 1 ÄndG (Art. 109, 115, 143h)	22.3.2025	BGBl. 2025 I Nr. 94	Art. 109, 115	geänd. mWv 25.3.2025
				Art. 143h	eingef. mWv 25.3.2025

Nichtamtliche Gliederungsübersicht

[Verkündungsformel]

Der Parlamentarische Rat hat am 23. Mai 1949 in Bonn am Rhein in öffentlicher Sitzung festgestellt, daß das am 8. Mai des Jahres 1949 vom Parlamentarischen Rat beschlossene Grundgesetz für die Bundesrepublik Deutschland in der Woche vom 16. bis 22. Mai 1949 durch die Volksvertretungen von mehr als Zweidritteln der beteiligten deutschen Länder angenommen worden ist.

Auf Grund dieser Feststellung hat der Parlamentarische Rat, vertreten durch seine Präsidenten, das Grundgesetz ausgefertigt und verkündet.

Das Grundgesetz wird hiermit gemäß Artikel 145 Abs. 3 im Bundesgesetzblatt veröffentlicht:

Präambel[1)]

[1] Im Bewußtsein seiner Verantwortung vor Gott und den Menschen,

von dem Willen beseelt, als gleichberechtigtes Glied in einem vereinten Europa dem Frieden der Welt zu dienen, hat sich das Deutsche Volk kraft seiner verfassungsgebenden Gewalt dieses Grundgesetz gegeben.

[2] Die Deutschen[2)] in den Ländern Baden-Württemberg, Bayern, Berlin, Brandenburg, Bremen, Hamburg, Hessen, Mecklenburg-Vorpommern, Niedersachsen, Nordrhein-Westfalen, Rheinland-Pfalz, Saarland, Sachsen, Sachsen-Anhalt, Schleswig-Holstein und Thüringen haben in freier Selbstbestimmung die Einheit und Freiheit Deutschlands vollendet. [3] Damit gilt dieses Grundgesetz für das gesamte Deutsche Volk.

I.[3)] Die Grundrechte

Art. 1[4) 5)] [Schutz der Menschenwürde, Menschenrechte, Grundrechtsbindung] (1) [1] Die Würde des Menschen ist unantastbar. [2] Sie zu achten und zu schützen ist Verpflichtung aller staatlichen Gewalt.

(2) Das Deutsche Volk bekennt sich darum zu unverletzlichen und unveräußerlichen Menschenrechten als Grundlage jeder menschlichen Gemeinschaft, des Friedens und der Gerechtigkeit in der Welt.

(3) Die nachfolgenden Grundrechte binden Gesetzgebung, vollziehende Gewalt und Rechtsprechung als unmittelbar geltendes Recht.

Art. 2 [Freie Entfaltung der Persönlichkeit, Recht auf Leben, körperliche Unversehrtheit, Freiheit der Person] (1) Jeder hat das Recht auf die freie Entfaltung seiner Persönlichkeit, soweit er nicht die Rechte anderer verletzt und nicht gegen die verfassungsmäßige Ordnung oder das Sittengesetz verstößt.

---

1) Präambel neu gef. mWv 29.9.1990 durch EVertr. v. 31.8.1990 (BGBl. II S. 885, 889).
2) Zum Begriff des „Deutschen" siehe Art. 116 Abs. 1.
3) Siehe hierzu auch die Konvention zum Schutz der Menschenrechte und Grundfreiheiten (Nr. **1003**).
4) Art. 1 Abs. 3 neu gef. mWv 22.3.1956 durch G v. 19.3.1956 (BGBl. I S. 111).
5) Zur Unzulässigkeit der Änderung des Art. 1 siehe Art. 79 Abs. 3.

(2) [1]Jeder hat das Recht auf Leben und körperliche Unversehrtheit. [2]Die Freiheit der Person ist unverletzlich.[1)] [3]In diese Rechte darf nur auf Grund eines Gesetzes eingegriffen werden.[2)]

Art. 3[3) 4)] **[Gleichheit vor dem Gesetz]** (1) Alle Menschen sind vor dem Gesetz gleich.

(2) [1]Männer und Frauen sind gleichberechtigt. [2]Der Staat fördert die tatsächliche Durchsetzung der Gleichberechtigung von Frauen und Männern und wirkt auf die Beseitigung bestehender Nachteile hin.

(3)[5)] [1]Niemand darf wegen seines Geschlechtes, seiner Abstammung, seiner Rasse, seiner Sprache, seiner Heimat und Herkunft, seines Glaubens, seiner religiösen oder politischen Anschauungen benachteiligt oder bevorzugt werden. [2]Niemand darf wegen seiner Behinderung benachteiligt werden.

Art. 4 [Glaubens-, Gewissens- und Bekenntnisfreiheit, Kriegsdienstverweigerung] (1) Die Freiheit des Glaubens, des Gewissens und die Freiheit des religiösen und weltanschaulichen Bekenntnisses sind unverletzlich.

(2)[6)] Die ungestörte Religionsausübung wird gewährleistet.

(3) [1]Niemand darf gegen sein Gewissen zum Kriegsdienst mit der Waffe gezwungen werden. [2]Das Nähere regelt ein Bundesgesetz.[7)]

Art. 5 [Recht der freien Meinungsäußerung, Medienfreiheit, Kunst- und Wissenschaftsfreiheit] (1) [1]Jeder hat das Recht, seine Meinung in Wort, Schrift und Bild frei zu äußern und zu verbreiten und sich aus allgemein zugänglichen Quellen ungehindert zu unterrichten. [2]Die Pressefreiheit und die Freiheit der Berichterstattung durch Rundfunk und Film werden gewährleistet. [3]Eine Zensur findet nicht statt.

(2) Diese Rechte finden ihre Schranken in den Vorschriften der allgemeinen Gesetze, den gesetzlichen Bestimmungen zum Schutze der Jugend und in dem Recht der persönlichen Ehre.

(3) [1]Kunst und Wissenschaft, Forschung und Lehre sind frei. [2]Die Freiheit der Lehre entbindet nicht von der Treue zur Verfassung.

Art. 6[8)] **[Ehe, Familie, nicht eheliche Kinder]** (1) Ehe und Familie stehen unter dem besonderen Schutze der staatlichen Ordnung.

(2) [1]Pflege und Erziehung der Kinder sind das natürliche Recht der Eltern und die zuvörderst ihnen obliegende Pflicht. [2]Über ihre Betätigung wacht die staatliche Gemeinschaft.

[1)] Zur Freiheitsentziehung siehe Art. 104.

[2)] Siehe hierzu ua Buch 7 (§§ 415 ff. – Verfahren in Freiheitsentziehungssachen) des G über das Verfahren in Familiensachen und in den Angelegenheiten der freiwilligen Gerichtsbarkeit (FamFG) **(Habersack Nr. 112)**.

[3)] Art. 3 Abs. 2 Satz 2 und Abs. 3 Satz 2 angef. mWv 15.11.1994 durch G v. 27.10.1994 (BGBl. I S. 3146).

[4)] Siehe hierzu auch Art. 33 Abs. 2 GG sowie Art. 136 Abs. 1 und 2 WRV, wiedergegeben im Anschluss an Art. 146.

[5)] Siehe hierzu das Allgemeine GleichbehandlungsG **(Habersack Nr. 34)**.

[6)] Siehe hierzu auch Art. 136 Abs. 3 und 4 WRV, wiedergegeben im Anschluss an Art. 146.

[7)] Siehe das WehrpflichtG (Nr. **620**), KriegsdienstverweigerungsG (Nr. **626**) und das ZivildienstG (Nr. **625**).

[8)] Siehe hierzu das G über die rechtliche Stellung der nichtehelichen Kinder v. 19.8.1969 (BGBl. I S. 1243), zuletzt geänd. durch G v. 12.4.2011 (BGBl. I S. 615).

(3) Gegen den Willen der Erziehungsberechtigten dürfen Kinder nur auf Grund eines Gesetzes von der Familie getrennt werden, wenn die Erziehungsberechtigten versagen oder wenn die Kinder aus anderen Gründen zu verwahrlosen drohen.

(4) Jede Mutter hat Anspruch auf den Schutz und die Fürsorge der Gemeinschaft.

(5) Den unehelichen[1] Kindern sind durch die Gesetzgebung die gleichen Bedingungen für ihre leibliche und seelische Entwicklung und ihre Stellung in der Gesellschaft zu schaffen wie den ehelichen Kindern.

Art. 7 [Schulwesen] (1) Das gesamte Schulwesen steht unter der Aufsicht des Staates.

(2) Die Erziehungsberechtigten haben das Recht, über die Teilnahme des Kindes am Religionsunterricht zu bestimmen.

(3) [1] Der Religionsunterricht ist in den öffentlichen Schulen mit Ausnahme der bekenntnisfreien Schulen ordentliches Lehrfach.[2] [2] Unbeschadet des staatlichen Aufsichtsrechtes wird der Religionsunterricht in Übereinstimmung mit den Grundsätzen der Religionsgemeinschaften erteilt. [3] Kein Lehrer darf gegen seinen Willen verpflichtet werden, Religionsunterricht zu erteilen.

(4) [1] Das Recht zur Errichtung von privaten Schulen wird gewährleistet. [2] Private Schulen als Ersatz für öffentliche Schulen bedürfen der Genehmigung des Staates und unterstehen den Landesgesetzen. [3] Die Genehmigung ist zu erteilen, wenn die privaten Schulen in ihren Lehrzielen und Einrichtungen sowie in der wissenschaftlichen Ausbildung ihrer Lehrkräfte nicht hinter den öffentlichen Schulen zurückstehen und eine Sonderung der Schüler nach den Besitzverhältnissen der Eltern nicht gefördert wird. [4] Die Genehmigung ist zu versagen, wenn die wirtschaftliche und rechtliche Stellung der Lehrkräfte nicht genügend gesichert ist.

(5) Eine private Volksschule ist nur zuzulassen, wenn die Unterrichtsverwaltung ein besonderes pädagogisches Interesse anerkennt oder, auf Antrag von Erziehungsberechtigten, wenn sie als Gemeinschaftsschule, als Bekenntnis- oder Weltanschauungsschule errichtet werden soll und eine öffentliche Volksschule dieser Art in der Gemeinde nicht besteht.

(6) Vorschulen bleiben aufgehoben.

Art. 8[3] [Versammlungsfreiheit] (1) Alle Deutschen[4] haben das Recht, sich ohne Anmeldung oder Erlaubnis friedlich und ohne Waffen zu versammeln.

(2) Für Versammlungen unter freiem Himmel kann dieses Recht durch Gesetz oder auf Grund eines Gesetzes beschränkt werden.

Art. 9[5] [6] [Vereinigungsfreiheit] (1) Alle Deutschen[4] haben das Recht, Vereine und Gesellschaften zu bilden.

(2) Vereinigungen, deren Zwecke oder deren Tätigkeit den Strafgesetzen zuwiderlaufen oder die sich gegen die verfassungsmäßige Ordnung oder gegen den Gedanken der Völkerverständigung richten, sind verboten.

---

[1] Der Begriff „unehelich“ ist durch Art. 9 § 2 G zur Neuregelung des Rechts der elterlichen Sorge v. 18.7.1979 (BGBl. I S. 1061) in allen Bundesgesetzen mit Ausnahme des GG durch den Begriff „nicht ehelich“ ersetzt worden.

[2] Siehe hierzu Art. 141.

[3] Siehe hierzu das VersammlungsG (Nr. **435**).

[4] Zum Begriff des „Deutschen“ siehe Art. 116 Abs. 1.

[5] Art. 9 Abs. 3 Satz 3 angef. mWv 28.6.1968 durch G v. 24.6.1968 (BGBl. I S. 709).

[6] Siehe hierzu auch Art. 21 und das VereinsG (Nr. **425**).

(3) [1]Das Recht, zur Wahrung und Förderung der Arbeits- und Wirtschaftsbedingungen Vereinigungen zu bilden, ist für jedermann und für alle Berufe gewährleistet. [2]Abreden, die dieses Recht einschränken oder zu behindern suchen, sind nichtig, hierauf gerichtete Maßnahmen sind rechtswidrig. [3]Maßnahmen nach den Artikeln 12a, 35 Abs. 2 und 3, Artikel 87a Abs. 4 und Artikel 91 dürfen sich nicht gegen Arbeitskämpfe richten, die zur Wahrung und Förderung der Arbeits- und Wirtschaftsbedingungen von Vereinigungen im Sinne des Satzes 1 geführt werden.

Art. 10[1)] [Brief-, Post- und Fernmeldegeheimnis] (1) Das Briefgeheimnis sowie das Post- und Fernmeldegeheimnis sind unverletzlich.

(2) [1]Beschränkungen dürfen nur auf Grund eines Gesetzes[2)] angeordnet werden. [2]Dient die Beschränkung dem Schutze der freiheitlichen demokratischen Grundordnung oder des Bestandes oder der Sicherung des Bundes oder eines Landes, so kann das Gesetz bestimmen, daß sie dem Betroffenen nicht mitgeteilt wird und daß an die Stelle des Rechtsweges die Nachprüfung durch von der Volksvertretung bestellte Organe und Hilfsorgane tritt.

Art. 11[3)] [Freizügigkeit] (1) Alle Deutschen[4)] genießen Freizügigkeit im ganzen Bundesgebiet.

(2) Dieses Recht darf nur durch Gesetz[5)] oder auf Grund eines Gesetzes und nur für die Fälle eingeschränkt werden, in denen eine ausreichende Lebensgrundlage nicht vorhanden ist und der Allgemeinheit daraus besondere Lasten entstehen würden oder in denen es zur Abwehr einer drohenden Gefahr für den Bestand oder die freiheitliche demokratische Grundordnung des Bundes oder eines Landes, zur Bekämpfung von Seuchengefahr, Naturkatastrophen oder besonders schweren Unglücksfällen, zum Schutze der Jugend vor Verwahrlosung oder um strafbaren Handlungen vorzubeugen, erforderlich ist.

Art. 12[6)] [Berufsfreiheit] (1) [1]Alle Deutschen[4)] haben das Recht, Beruf, Arbeitsplatz und Ausbildungsstätte frei zu wählen. [2]Die Berufsausübung kann durch Gesetz oder auf Grund eines Gesetzes geregelt werden.

(Fortsetzung nächstes Blatt)

[1)] Art. 10 neu gef. mWv 28.6.1968 durch G v. 24.6.1968 (BGBl. I S. 709).

[2)] Siehe hierzu ua das G zur Beschränkung des Brief-, Post- und Fernmeldegeheimnisses (Nr. **7**) und das G zur Überwachung strafrechtl. und anderer Verbringungsverbote v. 24.5.1961 (BGBl. I S. 607), zuletzt geänd. durch G v. 8.7.2016 (BGBl. I S. 1594).

[3)] Art. 11 Abs. 2 neu gef. mWv 28.6.1968 durch G v. 24.6.1968 (BGBl. I S. 709).

[4)] Zum Begriff des „Deutschen" siehe Art. 116 Abs. 1.

[5)] Siehe hierzu ua § 51 WehrpflichtG (Nr. **620**) und § 39 ArbeitssicherstellungsG **(Loseblatt-Textsammlung Arbeitsrecht Nr. 101)**.

[6)] Art. 12 neu gef. mWv 22.3.1956 durch G v. 19.3.1956 (BGBl. I S. 111); neu gef. mWv 28.6.1968 durch G v. 24.6.1968 (BGBl. I S. 709).

(2) Niemand darf zu einer bestimmten Arbeit gezwungen werden, außer im Rahmen einer herkömmlichen allgemeinen, für alle gleichen öffentlichen Dienstleistungspflicht.[1]

(3) Zwangsarbeit ist nur bei einer gerichtlich angeordneten Freiheitsentziehung zulässig.

Art. 12 a[2] [Dienstverpflichtungen] (1) Männer können vom vollendeten achtzehnten Lebensjahr an zum Dienst in den Streitkräften, im Bundesgrenzschutz oder in einem Zivilschutzverband verpflichtet werden.

(2) [1] Wer aus Gewissensgründen den Kriegsdienst mit der Waffe verweigert, kann zu einem Ersatzdienst verpflichtet werden. [2] Die Dauer des Ersatzdienstes darf die Dauer des Wehrdienstes nicht übersteigen. [3] Das Nähere regelt ein Gesetz,[3] das die Freiheit der Gewissensentscheidung nicht beeinträchtigen darf und auch eine Möglichkeit des Ersatzdienstes vorsehen muß, die in keinem Zusammenhang mit den Verbänden der Streitkräfte und des Bundesgrenzschutzes steht.

(3) [1] Wehrpflichtige, die nicht zu einem Dienst nach Absatz 1 oder 2 herangezogen sind, können im Verteidigungsfalle durch Gesetz oder auf Grund eines Gesetzes zu zivilen Dienstleistungen für Zwecke der Verteidigung einschließlich des Schutzes der Zivilbevölkerung in Arbeitsverhältnisse verpflichtet werden; Verpflichtungen in öffentlich-rechtliche Dienstverhältnisse sind nur zur Wahrnehmung polizeilicher Aufgaben oder solcher hoheitlichen Aufgaben der öffentlichen Verwaltung, die nur in einem öffentlich-rechtlichen Dienstverhältnis erfüllt werden können, zulässig. [2] Arbeitsverhältnisse nach Satz 1 können bei den Streitkräften, im Bereich ihrer Versorgung sowie bei der öffentlichen Verwaltung begründet werden; Verpflichtungen in Arbeitsverhältnisse im Bereiche der Versorgung der Zivilbevölkerung sind nur zulässig, um ihren lebensnotwendigen Bedarf zu decken oder ihren Schutz sicherzustellen.

(4) [1] Kann im Verteidigungsfalle der Bedarf an zivilen Dienstleistungen im zivilen Sanitäts- und Heilwesen sowie in der ortsfesten militärischen Lazarettorganisation nicht auf freiwilliger Grundlage gedeckt werden, so können Frauen vom vollendeten achtzehnten bis zum vollendeten fünfundfünfzigsten Lebensjahr durch Gesetz oder auf Grund eines Gesetzes zu derartigen Dienstleistungen herangezogen werden. [2] Sie dürfen auf keinen Fall zum Dienst mit der Waffe verpflichtet werden.

(5) [1] Für die Zeit vor dem Verteidigungsfalle können Verpflichtungen nach Absatz 3 nur nach Maßgabe des Artikels 80 a Abs. 1 begründet werden. [2] Zur Vorbereitung auf Dienstleistungen nach Absatz 3, für die besondere Kenntnisse oder Fertigkeiten erforderlich sind, kann durch

---

[1] Siehe §§ 25 ff. WehrpflichtG (Nr. **620**) und das ArbeitssicherstellungsG (siehe Anm. zu Art. 11 Abs. 2).

[2] Art. 12 a eingef. durch G v. 24. 6. 1968 (BGBl. I S. 709), Abs. 4 Satz 2 neugef. durch G v. 19. 12. 2000 (BGBl. I S. 1755).

[3] Siehe das KriegsdienstverweigerungsG (Nr. **626**) und das ZivildienstG (Nr. **625**).

Gesetz oder auf Grund eines Gesetzes die Teilnahme an Ausbildungsveranstaltungen zur Pflicht gemacht werden. [3]Satz 1 findet insoweit keine Anwendung.

(6) [1]Kann im Verteidigungsfalle der Bedarf an Arbeitskräften für die in Absatz 3 Satz 2 genannten Bereiche auf freiwilliger Grundlage nicht gedeckt werden, so kann zur Sicherung dieses Bedarfs die Freiheit der Deutschen, die Ausübung eines Berufs oder den Arbeitsplatz aufzugeben, durch Gesetz oder auf Grund eines Gesetzes eingeschränkt werden. [2]Vor Eintritt des Verteidigungsfalles gilt Absatz 5 Satz 1 entsprechend.

Art. 13[1)] **[Unverletzlichkeit der Wohnung]** (1) Die Wohnung ist unverletzlich.

(2) Durchsuchungen dürfen nur durch den Richter, bei Gefahr im Verzuge auch durch die in den Gesetzen vorgesehenen anderen Organe angeordnet und nur in der dort vorgeschriebenen Form durchgeführt werden.

(3) [1]Begründen bestimmte Tatsachen den Verdacht, daß jemand eine durch Gesetz einzeln bestimmte besonders schwere Straftat begangen hat, so dürfen zur Verfolgung der Tat auf Grund richterlicher Anordnung technische Mittel zur akustischen Überwachung von Wohnungen, in denen der Beschuldigte sich vermutlich aufhält, eingesetzt werden, wenn die Erforschung des Sachverhalts auf andere Weise unverhältnismäßig erschwert oder aussichtlos wäre. [2]Die Maßnahme ist zu befristen. [3]Die Anordnung erfolgt durch einen mit drei Richtern besetzten Spruchkörper. [4]Bei Gefahr im Verzuge kann sie auch durch einen einzelnen Richter getroffen werden.

(4) [1]Zur Abwehr dringender Gefahren für die öffentliche Sicherheit, insbesondere einer gemeinen Gefahr oder einer Lebensgefahr, dürfen technische Mittel zur Überwachung von Wohnungen nur auf Grund richterlicher Anordnung eingesetzt werden. [2]Bei Gefahr im Verzuge kann die Maßnahme auch durch eine andere gesetzlich bestimmte Stelle angeordnet werden; eine richterliche Entscheidung ist unverzüglich nachzuholen.

(5) [1]Sind technische Mittel ausschließlich zum Schutze der bei einem Einsatz in Wohnungen tätigen Personen vorgesehen, kann die Maßnahme durch eine gesetzlich bestimmte Stelle angeordnet werden. [2]Eine anderweitige Verwertung der hierbei erlangten Erkenntnisse ist nur zum Zwecke der Strafverfolgung oder der Gefahrenabwehr und nur zulässig, wenn zuvor die Rechtmäßigkeit der Maßnahme richterlich festgestellt ist; bei Gefahr im Verzuge ist die richterliche Entscheidung unverzüglich nachzuholen.

(6) [1]Die Bundesregierung unterrichtet den Bundestag jährlich über den nach Absatz 3 sowie über den im Zuständigkeitsbereich des Bundes nach Absatz 4 und, soweit richterlich überprüfungsbedürftig, nach

---

[1)] Art. 13 Abs. 3 bis 6 eingef., bish. Abs. 3 wird Abs. 7 durch G v. 26. 3. 1998 (BGBl. I S. 610).

Absatz 5 erfolgten Einsatz technischer Mittel. [2]Ein vom Bundestag gewähltes Gremium übt auf der Grundlage dieses Berichts die parlamentarische Kontrolle aus. [3]Die Länder gewährleisten eine gleichwertige parlamentarische Kontrolle.

(7) Eingriffe und Beschränkungen dürfen im übrigen nur zur Abwehr einer gemeinen Gefahr oder einer Lebensgefahr für einzelne Personen, auf Grund eines Gesetzes[1)] auch zur Verhütung dringender Gefahren für die öffentliche Sicherheit und Ordnung, insbesondere zur Behebung der Raumnot, zur Bekämpfung von Seuchengefahr oder zum Schutze gefährdeter Jugendlicher vorgenommen werden.

Art. 14 [Eigentumsgarantie und Erbrecht] (1) [1]Das Eigentum und das Erbrecht werden gewährleistet. [2]Inhalt und Schranken werden durch die Gesetze bestimmt.

(2) [1]Eigentum verpflichtet. [2]Sein Gebrauch soll zugleich dem Wohle der Allgemeinheit dienen.

(3) [1]Eine Enteignung ist nur zum Wohle der Allgemeinheit zulässig. [2]Sie darf nur durch Gesetz oder auf Grund eines Gesetzes erfolgen, das Art und Ausmaß der Entschädigung regelt. [3]Die Entschädigung ist unter gerechter Abwägung der Interessen der Allgemeinheit und der Beteiligten zu bestimmen. [4]Wegen der Höhe der Entschädigung steht im Streitfalle der Rechtsweg vor den ordentlichen Gerichten offen.

Art. 15 [Sozialisierung, Überführung in Gemeineigentum] [1]Grund und Boden, Naturschätze und Produktionsmittel können zum Zwecke der Vergesellschaftung durch ein Gesetz, das Art und Ausmaß der Entschädigung regelt, in Gemeineigentum oder in andere Formen der Gemeinwirtschaft überführt werden. [2]Für die Entschädigung gilt Artikel 14 Abs. 3 Satz 3 und 4 entsprechend.

Art. 16[2)] [Ausbürgerung, Auslieferung] (1) [1]Die deutsche Staatsangehörigkeit[3)] darf nicht entzogen werden. [2]Der Verlust der Staatsangehörigkeit darf nur auf Grund eines Gesetzes und gegen den Willen des Betroffenen nur dann eintreten, wenn der Betroffene dadurch nicht staatenlos wird.[4)]

(2) [1]Kein Deutscher[5)] darf an das Ausland ausgeliefert werden. [2]Durch Gesetz[6)] kann eine abweichende Regelung für Auslieferungen an einen Mitgliedstaat der Europäischen Union oder an einen internationalen Gerichtshof getroffen werden, soweit rechtsstaatliche Grundsätze gewahrt sind.

[1)] Siehe z. B. JugendschutzG (Nr. **400**), das Lebensmittel- und Futtermittelgesetzbuch **(Sartorius ErgBd Nr. 862)** und das InfektionsschutzG **(Sartorius ErgBd Nr. 285)**.

[2)] Art. 16 Abs. 2 Satz 2 aufgeh. durch G v. 28. 6. 1993 (BGBl. I S. 1002), Abs. 2 Satz 2 angef. durch G v. 29. 11. 2000 (BGBl. I S. 1633).

[3)] Siehe das Staatsangehörigkeitsgesetz (Nr. **15**).

[4)] Über Wiedererlangung verlorener deutscher Staatsangehörigkeit siehe Art. 116 Abs. 2.

[5)] Über den Begriff des „Deutschen" siehe Art. 116 Abs. 1.

[6)] Siehe dazu G zu dem Übereinkommen vom 27. 9. 1996 über die Auslieferung zwischen den Mitgliedstaaten der Europäischen Union v. 7. 9. 1998 (BGBl. II S. 2253).

Art. 16 a[1)] [Asylrecht] (1) Politisch Verfolgte genießen Asylrecht.

(2) [1] Auf Absatz 1 kann sich nicht berufen, wer aus einem Mitgliedstaat der Europäischen Gemeinschaften oder aus einem anderen Drittstaat einreist, in dem die Anwendung des Abkommens über die Rechtsstellung der Flüchtlinge und der Konvention zum Schutze der Menschenrechte und Grundfreiheiten sichergestellt ist. [2] Die Staaten außerhalb der Europäischen Gemeinschaften, auf die die Voraussetzungen des Satzes 1 zutreffen, werden durch Gesetz, das der Zustimmung des Bundesrates bedarf, bestimmt. [3] In den Fällen des Satzes 1 können aufenthaltsbeendende Maßnahmen unabhängig von einem hiergegen eingelegten Rechtsbehelf vollzogen werden.

(3) [1] Durch Gesetz,[2)] das der Zustimmung des Bundesrates bedarf, können Staaten bestimmt werden, bei denen auf Grund der Rechtslage, der Rechtsanwendung und der allgemeinen politischen Verhältnisse gewährleistet erscheint, daß dort weder politische Verfolgung noch unmenschliche oder erniedrigende Bestrafung oder Behandlung stattfindet. [2] Es wird vermutet, daß ein Ausländer aus einem solchen Staat nicht verfolgt wird, solange er nicht Tatsachen vorträgt, die die Annahme begründen, daß er entgegen dieser Vermutung politisch verfolgt wird.

(4) [1] Die Vollziehung aufenthaltsbeendender Maßnahmen wird in den Fällen des Absatzes 3 und in anderen Fällen, die offensichtlich unbegründet sind oder als offensichtlich unbegründet gelten, durch das Gericht nur ausgesetzt, wenn ernstliche Zweifel an der Rechtmäßigkeit der Maßnahme bestehen; der Prüfungsumfang kann eingeschränkt werden und verspätetes Vorbringen unberücksichtigt bleiben. [2] Das Nähere ist durch Gesetz zu bestimmen.

(5) Die Absätze 1 bis 4 stehen völkerrechtlichen Verträgen von Mitgliedstaaten der Europäischen Gemeinschaften untereinander und mit dritten Staaten nicht entgegen, die unter Beachtung der Verpflichtungen aus dem Abkommen über die Rechtsstellung der Flüchtlinge und der Konvention zum Schutze der Menschenrechte und Grundfreiheiten, deren Anwendung in den Vertragsstaaten sichergestellt sein muß, Zuständigkeitsregelungen für die Prüfung von Asylbegehren einschließlich der gegenseitigen Anerkennung von Asylentscheidungen treffen.

Art. 17 [Petitionsrecht] Jedermann hat das Recht, sich einzeln oder in Gemeinschaft mit anderen schriftlich mit Bitten oder Beschwerden an die zuständigen Stellen und an die Volksvertretung zu wenden.

Art. 17 a[3)] [Grundrechtseinschränkungen bei Wehr- und Ersatzdienst] (1) Gesetze über Wehrdienst und Ersatzdienst können bestimmen, daß für die Angehörigen der Streitkräfte und des Ersatzdienstes während der Zeit des Wehr- oder Ersatzdienstes das Grund-

---

[1)] *Art. 16 a eingef. durch G v. 28. 6. 1993 (BGBl. I S. 1002).*
[2)] Siehe dazu das AsylverfahrensG (Nr. **567**).
[3)] Art. 17 a eingef. durch G v. 19. 3. 1956 (BGBl. I S. 111).

recht, seine Meinung in Wort, Schrift und Bild frei zu äußern und zu verbreiten (Artikel 5 Abs. 1 Satz 1 erster Halbsatz), das Grundrecht der Versammlungsfreiheit (Artikel 8) und das Petitionsrecht (Artikel 17), soweit es das Recht gewährt, Bitten oder Beschwerden in Gemeinschaft mit anderen vorzubringen, eingeschränkt werden.

(2) Gesetze, die der Verteidigung einschließlich des Schutzes der Zivilbevölkerung dienen, können bestimmen, daß die Grundrechte der Freizügigkeit (Artikel 11) und der Unverletzlichkeit der Wohnung (Artikel 13) eingeschränkt werden.

Art. 18[1) 2)] **[Verwirkung von Grundrechten]** [1] Wer die Freiheit der Meinungsäußerung, insbesondere die Pressefreiheit (Artikel 5 Abs. 1), die Lehrfreiheit (Artikel 5 Abs. 3), die Versammlungsfreiheit (Artikel 8), die Vereinigungsfreiheit (Artikel 9), das Brief-, Post- und Fernmeldegeheimnis (Artikel 10), das Eigentum (Artikel 14) oder das Asylrecht (Artikel 16a) zum Kampfe gegen die freiheitliche demokratische Grundordnung mißbraucht, verwirkt diese Grundrechte. [2] Die Verwirkung und ihr Ausmaß werden durch das Bundesverfassungsgericht ausgesprochen.

Art. 19[3)] **[Einschränkung von Grundrechten; Grundrechtsträger; Rechtsschutz]** (1) [1] Soweit nach diesem Grundgesetz ein Grundrecht durch Gesetz oder auf Grund eines Gesetzes eingeschränkt werden kann, muß das Gesetz allgemein und nicht nur für den Einzelfall gelten. [2] Außerdem muß das Gesetz das Grundrecht unter Angabe des Artikels nennen.

(2) In keinem Falle darf ein Grundrecht in seinem Wesensgehalt angetastet werden.

(3) Die Grundrechte gelten auch für inländische juristische Personen, soweit sie ihrem Wesen nach auf diese anwendbar sind.

(4) [1] Wird jemand durch die öffentliche Gewalt in seinen Rechten verletzt, so steht ihm der Rechtsweg offen. [2] Soweit eine andere Zuständigkeit nicht begründet ist, ist der ordentliche Rechtsweg gegeben.[4)] [3] Artikel 10 Abs. 2 Satz 2 bleibt unberührt.

II. Der Bund und die Länder

Art. 20[5) 6)] **[Bundesstaatliche Verfassung; Widerstandsrecht]** (1) Die Bundesrepublik Deutschland ist ein demokratischer und sozialer Bundesstaat.

(2) [1] Alle Staatsgewalt geht vom Volke aus. [2] Sie wird vom Volke in Wahlen und Abstimmungen[7)] und durch besondere Organe der Gesetzgebung, der vollziehenden Gewalt und der Rechtsprechung ausgeübt.

(3) Die Gesetzgebung ist an die verfassungsmäßige Ordnung, die vollziehende Gewalt und die Rechtsprechung sind an Gesetz und Recht gebunden.[8)]

---

1) Art. 18 Satz 1 geänd. mWv 30.6.1993 durch G v. 28.6.1993 (BGBl. I S. 1002).

2) Siehe hierzu § 13 Nr. 1 und §§ 36 ff. BundesverfassungsgerichtsG (Nr. **40**); zum Verwirkungsverfahren gegen Abgeordnete siehe Art. 46 Abs. 3.

3) Art. 19 Abs. 4 Satz 3 angef. mWv 28.6.1968 durch G v. 24.6.1968 (BGBl. I S. 709).

4) Zur Schadensersatzpflicht des Staates bei Amtspflichtverletzungen siehe Art. 34.

5) Art. 20 Abs. 4 angef. mWv 28.6.1968 durch G v. 24.6.1968 (BGBl. I S. 709).

6) Zur Unzulässigkeit der Änderung des Art. 20 siehe Art. 79 Abs. 3.

7) Zu Wahlen siehe Art. 28 und 38, zu Abstimmungen siehe Art. 29 und 118.

8) Siehe hierzu Art. 1 Abs. 3.

(4) Gegen jeden, der es unternimmt, diese Ordnung zu beseitigen, haben alle Deutschen[1] das Recht zum Widerstand, wenn andere Abhilfe nicht möglich ist.

Art. 20a[2] **[Schutz der natürlichen Lebensgrundlagen]** Der Staat schützt auch in Verantwortung für die künftigen Generationen die natürlichen Lebensgrundlagen und die Tiere im Rahmen der verfassungsmäßigen Ordnung durch die Gesetzgebung und nach Maßgabe von Gesetz und Recht durch die vollziehende Gewalt und die Rechtsprechung.

Art. 21[3] **[Parteien]** (1) [1]Die Parteien wirken bei der politischen Willensbildung des Volkes mit. [2]Ihre Gründung ist frei. [3]Ihre innere Ordnung muß demokratischen Grundsätzen entsprechen. [4]Sie müssen über die Herkunft und Verwendung ihrer Mittel sowie über ihr Vermögen öffentlich Rechenschaft geben.

(2)[4] Parteien, die nach ihren Zielen oder nach dem Verhalten ihrer Anhänger darauf ausgehen, die freiheitliche demokratische Grundordnung zu beeinträchtigen oder zu beseitigen oder den Bestand der Bundesrepublik Deutschland zu gefährden, sind verfassungswidrig.

(3) [1]Parteien, die nach ihren Zielen oder dem Verhalten ihrer Anhänger darauf ausgerichtet sind, die freiheitliche demokratische Grundordnung zu beeinträchtigen oder zu beseitigen oder den Bestand der Bundesrepublik Deutschland zu gefährden, sind von staatlicher Finanzierung ausgeschlossen. [2]Wird der Ausschluss festgestellt, so entfällt auch eine steuerliche Begünstigung dieser Parteien und von Zuwendungen an diese Parteien.

(4) Über die Frage der Verfassungswidrigkeit nach Absatz 2 sowie über den Ausschluss von staatlicher Finanzierung nach Absatz 3 entscheidet das Bundesverfassungsgericht.

(5) Das Nähere regeln Bundesgesetze.[5]

Art. 22[6] **[Bundeshauptstadt, Bundesflagge]** (1) [1]Die Hauptstadt der Bundesrepublik Deutschland ist Berlin. [2]Die Repräsentation des Gesamtstaates in der Hauptstadt ist Aufgabe des Bundes. [3]Das Nähere wird durch Bundesgesetz geregelt.

(2) Die Bundesflagge ist schwarz-rot-gold.[7]

---

[1] Zum Begriff des „Deutschen" siehe Art. 116 Abs. 1.

[2] Art. 20a eingef. mWv 15.11.1994 durch G v. 27.10.1994 (BGBl. I S. 3146); geänd. mWv 1.8.2002 durch G v. 26.7.2002 (BGBl. I S. 2862).

[3] Art. 21 Abs. Satz 4 neu gef. mWv 1.1.1984 durch G v. 21.12.1983 (BGBl. I S. 1481); Abs. 2 Satz 2 aufgeh., Abs. 3 und 4 eingef., bish. Abs. 3 wird Abs. 5 mWv 20.7.2017 durch G v. 13.7.2017 (BGBl. I S. 2346).

[4] Siehe hierzu § 13 Nr. 2 und §§ 43 ff. BundesverfassungsgerichtsG (Nr. **40**).

[5] Siehe ua das ParteienG (Nr. **58**)

[6] Art. 22 Abs. 1 eingef., bish. Wortlaut wird Abs. 2 mWv 1.9.2006 durch G v. 28.8.2006 (BGBl. I S. 2034).

[7] Siehe hierzu die AnO über die deutschen Flaggen (Nr. **52**), das FlaggenrechtsG idF der Bek. v. 26.10. 1994 (BGBl. I S. 3140), zuletzt geänd. durch G v. 10.8.2021 (BGBl. I S. 3436), die Bek. betr. das Bundeswappen und den Bundesadler v. 20.1.1950 (BGBl. I S. 26), den Erl. über die Dienstsiegel v. 20.1. 1950 (BGBl. I S. 26) und den Erl. über die Amtsschilder der Bundesbehörden v. 25.9.1951 (BGBl. I S. 927), geänd. durch Erlass v. 8.6.2021 (BAnz AT 17.06.2021 B2).

Art. 23[1] [Verwirklichung der Europäischen Union; Beteiligung des Bundesrates, der Bundesregierung] (1) [1] Zur Verwirklichung eines vereinten Europas wirkt die Bundesrepublik Deutschland bei der Entwicklung der Europäischen Union mit, die demokratischen, rechtsstaatlichen, sozialen und föderativen Grundsätzen und dem Grundsatz der Subsidiarität verpflichtet ist und einen diesem Grundgesetz im wesentlichen vergleichbaren Grundrechtsschutz gewährleistet. [2] Der Bund kann hierzu durch Gesetz[2] mit Zustimmung des Bundesrates Hoheitsrechte übertragen. [3] Für die Begründung der Europäischen Union sowie für Änderungen ihrer vertraglichen Grundlagen und vergleichbare Regelungen, durch die dieses Grundgesetz seinem Inhalt nach geändert oder ergänzt wird oder solche Änderungen oder Ergänzungen ermöglicht werden, gilt Artikel 79 Abs. 2 und 3.

(1 a) [1] Der Bundestag und der Bundesrat haben das Recht, wegen Verstoßes eines Gesetzgebungsakts der Europäischen Union gegen das Subsidiaritätsprinzip vor dem Gerichtshof der Europäischen Union Klage zu erheben. [2] Der Bundestag ist hierzu auf Antrag eines Viertels seiner Mitglieder verpflichtet. [3] Durch Gesetz, das der Zustimmung des Bundesrates bedarf, können für die Wahrnehmung der Rechte, die dem Bundestag und dem Bundesrat in den vertraglichen Grundlagen der Europäischen Union eingeräumt sind, Ausnahmen von Artikel 42 Abs. 2 Satz 1 und Artikel 52 Abs. 3 Satz 1 zugelassen werden.

(2) [1] In Angelegenheiten der Europäischen Union wirken der Bundestag und durch den Bundesrat die Länder mit. [2] Die Bundesregierung hat den Bundestag und den Bundesrat umfassend und zum frühestmöglichen Zeitpunkt zu unterrichten.

(3) [1] Die Bundesregierung gibt dem Bundestag Gelegenheit zur Stellungnahme vor ihrer Mitwirkung an Rechtsetzungsakten der Europäischen Union. [2] Die Bundesregierung berücksichtigt die Stellungnahmen des Bundestages bei den Verhandlungen. [3] Das Nähere regelt ein Gesetz[3].

(4) Der Bundesrat ist an der Willensbildung des Bundes zu beteiligen, soweit er an einer entsprechenden innerstaatlichen Maßnahme mitzuwirken hätte oder soweit die Länder innerstaatlich zuständig wären.

(5) [1] Soweit in einem Bereich ausschließlicher Zuständigkeiten des Bundes Interessen der Länder berührt sind oder soweit im übrigen der Bund das Recht zur Gesetzgebung hat, berücksichtigt die Bundesregierung die Stellungnahme des Bundesrates. [2] Wenn im Schwerpunkt Gesetzgebungsbefugnisse der Länder, die Einrichtung ihrer Behörden oder ihre Verwaltungsverfahren betroffen sind, ist bei der Willensbildung des Bundes insoweit die Auffassung des Bundesrates maßgeblich zu berücksichtigen; dabei ist die gesamtstaatliche Verantwortung des Bundes zu wahren. [3] In Angelegenheiten, die zu Ausgabenerhöhungen oder Einnahmeminderungen für den Bund führen können, ist die Zustimmung der Bundesregierung erforderlich.

(6) [1] *Wenn im Sch*werpunkt ausschließliche Gesetzgebungsbefugnisse der Länder auf den Gebieten der schulischen Bildung, der Kultur oder des Rund-

---

[1] Art. 23 eingef. durch G v. 21. 12. 1992 (BGBl. I S. 2086); Abs. 6 Satz 1 neu gef. mWv 1. 9. 2006 durch G v. 28. 8. 2006 (BGBl. I S. 2034); Abs. 1 a eingef. mWv 1. 12. 2009 durch G v. 8. 10. 2008 (BGBl. I S. 1926).

[2] Siehe das IntegrationsverantwortungsG (Nr. **98**).

[3] Siehe das G über die Zusammenarbeit von Bundesregierung und Deutschem Bundestag in Angelegenheiten der Europäischen Union (Nr. **96**).

funks betroffen sind, wird die Wahrnehmung der Rechte, die der Bundesrepublik Deutschland als Mitgliedstaat der Europäischen Union zustehen, vom Bund auf einen vom Bundesrat benannten Vertreter der Länder übertragen. [2] Die Wahrnehmung der Rechte erfolgt unter Beteiligung und in Abstimmung mit der Bundesregierung; dabei ist die gesamtstaatliche Verantwortung des Bundes zu wahren.

(7) Das Nähere zu den Absätzen 4 bis 6 regelt ein Gesetz[1)], das der Zustimmung des Bundesrates bedarf.

Art. 24[2)] [Kollektives Sicherheitssystem] (1) Der Bund kann durch Gesetz Hoheitsrechte auf zwischenstaatliche Einrichtungen übertragen.

(1 a) Soweit die Länder für die Ausübung der staatlichen Befugnisse und die Erfüllung der staatlichen Aufgaben zuständig sind, können sie mit Zustimmung der Bundesregierung Hoheitsrechte auf grenznachbarschaftliche Einrichtungen übertragen.

(2) Der Bund kann sich zur Wahrung des Friedens einem System gegenseitiger kollektiver Sicherheit einordnen; er wird hierbei in die Beschränkungen seiner Hoheitsrechte einwilligen, die eine friedliche und dauerhafte Ordnung in Europa und zwischen den Völkern der Welt herbeiführen und sichern.

(3) Zur Regelung zwischenstaatlicher Streitigkeiten wird der Bund Vereinbarungen über eine allgemeine, umfassende, obligatorische, internationale Schiedsgerichtsbarkeit beitreten.

Art. 25 [Allgemeines Völkerrecht als Bestandteil des Bundesrechts] [1] Die allgemeinen Regeln des Völkerrechtes sind Bestandteil des Bundesrechtes.[3)] [2] Sie gehen den Gesetzen vor und erzeugen Rechte und Pflichten unmittelbar für die Bewohner des Bundesgebietes.

Art. 26 [Verbot des Angriffskrieges] (1) [1] Handlungen, die geeignet sind und in der Absicht vorgenommen werden, das friedliche Zusammenleben der Völker zu stören, insbesondere die Führung eines Angriffskrieges vorzubereiten, sind verfassungswidrig. [2] Sie sind unter Strafe zu stellen.

(2) [1] Zur Kriegführung bestimmte Waffen dürfen nur mit Genehmigung der Bundesregierung hergestellt, befördert und in Verkehr gebracht werden. [2] Das Nähere regelt ein Bundesgesetz[4)].

Art. 27 [Handelsflotte] Alle deutschen Kauffahrteischiffe bilden eine einheitliche Handelsflotte.

Art. 28[5)] [Verfassung der Länder] (1) [1] Die verfassungsmäßige Ordnung in den Ländern muß den Grundsätzen des republikanischen, demokratischen und sozialen Rechtsstaates im Sinne dieses Grundgesetzes entsprechen. [2] In

---

[1)] Siehe das G über die Zusammenarbeit von Bund und Ländern in Angelegenheiten der Europäischen Union (Nr. **97**).

[2)] Art. 24 Abs. 1 a eingef. durch G v. 21. 12. 1992 (BGBl. I S. 2086).

[3)] Siehe hierzu auch Art. 100 Abs. 2.

[4)] Siehe das G über die Kontrolle von Kriegswaffen (Nr. **823**).

[5)] Art. 28 Abs. 1 Satz 3 eingef., bish. Satz 3 wird Satz 4 durch G v. 21. 12. 1992 (BGBl. I S. 2086); Abs. 2 Satz 3 angef. durch G v. 27. 10. 1994 (BGBl. I S. 3146); Abs. 2 Satz 3 zweiter Halbs. angef. durch Art. 1 G v. 20. 10. 1997 (BGBl. I S. 2470).

den Ländern, Kreisen und Gemeinden muß das Volk eine Vertretung haben, die aus allgemeinen, unmittelbaren, freien, gleichen und geheimen Wahlen hervorgegangen ist. [3] Bei Wahlen in Kreisen und Gemeinden sind auch Personen, die die Staatsangehörigkeit eines Mitgliedstaates der Europäischen Gemeinschaft besitzen, nach Maßgabe von Recht der Europäischen Gemeinschaft wahlberechtigt und wählbar. [4] In Gemeinden kann an die Stelle einer gewählten Körperschaft die Gemeindeversammlung treten.

(2) [1] Den Gemeinden muß das Recht gewährleistet sein, alle Angelegenheiten der örtlichen Gemeinschaft im Rahmen der Gesetze in eigener Verantwortung zu regeln. [2] Auch die Gemeindeverbände haben im Rahmen ihres gesetzlichen Aufgabenbereiches nach Maßgabe der Gesetze das Recht der Selbstverwaltung. [3] Die Gewährleistung der Selbstverwaltung umfaßt auch die Grundlagen der finanziellen Eigenverantwortung; zu diesen Grundlagen gehört eine den Gemeinden mit Hebesatzrecht zustehende wirtschaftskraftbezogene Steuerquelle.

(3) Der Bund gewährleistet, daß die verfassungsmäßige Ordnung der Länder den Grundrechten und den Bestimmungen der Absätze 1 und 2 entspricht.

Art. 29[1)] [Neugliederung des Bundesgebietes] (1) [1] Das Bundesgebiet kann neu gegliedert werden, um zu gewährleisten, daß die Länder nach Größe und Leistungsfähigkeit die ihnen obliegenden Aufgaben wirksam erfüllen können. [2] Dabei sind die landsmannschaftliche Verbundenheit, die geschichtlichen und kulturellen Zusammenhänge, die wirtschaftliche Zweckmäßigkeit sowie die Erfordernisse der Raumordnung und der Landesplanung zu berücksichtigen.

(2) [1] Maßnahmen zur Neugliederung des Bundesgebietes ergehen durch Bundesgesetz, das der Bestätigung durch Volksentscheid bedarf. [2] Die betroffenen Länder sind zu hören.

(3) [1] Der Volksentscheid findet in den Ländern statt, aus deren Gebieten oder Gebietsteilen ein neues oder neu umgrenztes Land gebildet werden soll (betroffene Länder). [2] Abzustimmen ist über die Frage, ob die betroffenen Länder wie bisher bestehenbleiben sollen oder ob das neue oder neu umgrenzte Land gebildet werden soll. [3] Der Volksentscheid für die Bildung eines neuen oder neu umgrenzten Landes kommt zustande, wenn in dessen künftigem Gebiet und insgesamt in den Gebieten oder Gebietsteilen eines betroffenen Landes, deren Landeszugehörigkeit im gleichen Sinne geändert werden soll, jeweils eine Mehrheit der Änderung zustimmt. [4] Er kommt nicht zustande, wenn im Gebiet eines der betroffenen Länder eine Mehrheit die Änderung ablehnt; die Ablehnung ist jedoch unbeachtlich, wenn in einem Gebietsteil, dessen Zugehörigkeit zu dem betroffenen Land geändert werden soll, eine Mehrheit von zwei Dritteln der Änderung zustimmt, es sei denn, daß im Gesamtgebiet des betroffenen Landes eine Mehrheit von zwei Dritteln die Änderung ablehnt.

(4) *Wird in einem* zusammenhängenden, abgegrenzten Siedlungs- und Wirtschaftsraum, dessen Teile in mehreren Ländern liegen und der mindestens eine Million Einwohner hat, von einem Zehntel der in ihm zum Bundestag Wahlberechtigten durch Volksbegehren gefordert, daß für diesen Raum eine einheitliche Landeszugehörigkeit herbeigeführt werde, so ist durch Bundesgesetz innerhalb von zwei Jahren entweder zu bestimmen, ob die Landeszugehörigkeit gemäß

[1)] Art. 29 neu gef. mWv 23.8.1969 durch G v. 19.8.1969 (BGBl. I S. 1241); neu gef. mWv 28.8.1976 durch G v. 23.8.1976 (BGBl. I S. 2381); Abs. 7 Satz 1 geänd. und Abs. 8 angef. durch G v. 27.10.1994 (BGBl. I S. 3146).

Absatz 2 geändert wird, oder daß in den betroffenen Ländern eine Volksbefragung stattfindet.

(5) [1] Die Volksbefragung ist darauf gerichtet festzustellen, ob eine in dem Gesetz vorzuschlagende Änderung der Landeszugehörigkeit Zustimmung findet. [2] Das Gesetz kann verschiedene, jedoch nicht mehr als zwei Vorschläge der Volksbefragung vorlegen. [3] Stimmt eine Mehrheit einer vorgeschlagenen Änderung der Landeszugehörigkeit zu, so ist durch Bundesgesetz innerhalb von zwei Jahren zu bestimmen, ob die Landeszugehörigkeit gemäß Absatz 2 geändert wird. [4] Findet ein der Volksbefragung vorgelegter Vorschlag eine den Maßgaben des Absatzes 3 Satz 3 und 4 entsprechende Zustimmung, so ist innerhalb von zwei Jahren nach der Durchführung der Volksbefragung ein Bundesgesetz zur Bildung des vorgeschlagenen Landes zu erlassen, das der Bestätigung durch Volksentscheid nicht mehr bedarf.

(6) [1] Mehrheit im Volksentscheid und in der Volksbefragung ist die Mehrheit der abgegebenen Stimmen, wenn sie mindestens ein Viertel der zum Bundestag Wahlberechtigten umfaßt. [2] Im übrigen wird das Nähere über Volksentscheid, Volksbegehren und Volksbefragung durch ein Bundesgesetz[1)] geregelt; dieses kann auch vorsehen, daß Volksbegehren innerhalb eines Zeitraumes von fünf Jahren nicht wiederholt werden können.

(7) [1] Sonstige Änderungen des Gebietsbestandes der Länder können durch Staatsverträge der beteiligten Länder oder durch Bundesgesetz mit Zustimmung des Bundesrates erfolgen, wenn das Gebiet, dessen Landeszugehörigkeit geändert werden soll, nicht mehr als 50 000 Einwohner hat. [2] Das Nähere regelt ein Bundesgesetz[2)], das der Zustimmung des Bundesrates und der Mehrheit[3)] der Mitglieder des Bundestages bedarf. [3] Es muß die Anhörung der betroffenen Gemeinden und Kreise vorsehen.

(8) [1] Die Länder können eine Neugliederung für das jeweils von ihnen umfaßte Gebiet oder für Teilgebiete abweichend von den Vorschriften der Absätze 2 bis 7 durch Staatsvertrag regeln. [2] Die betroffenen Gemeinden und Kreise sind zu hören. [3] Der Staatsvertrag bedarf der Bestätigung durch Volksentscheid in jedem beteiligten Land. [4] Betrifft der Staatsvertrag Teilgebiete der Länder, kann die Bestätigung auf Volksentscheide in diesen Teilgebieten beschränkt werden; Satz 5 zweiter Halbsatz findet keine Anwendung. [5] Bei einem Volksentscheid entscheidet die Mehrheit der abgegebenen Stimmen, wenn sie mindestens ein Viertel der zum Bundestag Wahlberechtigten umfaßt; das Nähere regelt ein Bundesgesetz. [6] Der Staatsvertrag bedarf der Zustimmung des Bundestages.

Art. 30 [Funktionen der Länder] Die Ausübung der staatlichen Befugnisse und die Erfüllung der staatlichen Aufgaben ist Sache der Länder, soweit dieses Grundgesetz keine andere Regelung trifft oder zuläßt.[4)]

Art. 31 [Vorrang des Bundesrechts] Bundesrecht bricht Landesrecht.[5)]

[1)] Siehe das G über das Verfahren bei Volksentscheid, Volksbegehren und Volksbefragung v. 30.7.1979 (BGBl. I S. 1317), geänd. durch VO v. 19.6.2020 (BGBl. I S. 1328) und die NeugliederungsdurchführungsVO v. 12.11.1984 (BGBl. I S. 1342), geänd. durch VO v. 19.6.2020 (BGBl. I S. 1328).

[2)] Siehe das G über das Verfahren bei sonstigen Änderungen des Gebietsbestandes der Länder v. 30.7. 1979 (BGBl. I S. 1325), geänd. durch VO v. 19.6.2020 (BGBl. I S. 1328).

[3)] Zum Begriff der Mehrheit siehe Art. 121.

[4)] Zur Ausführung der Bundesgesetze durch die Länder siehe Art. 83–85.

[5)] Gem. Art. 142 bleiben mit den Art. 1–18 übereinstimmende Grundrechtsbestimmungen in Landesverfassungen in Kraft.

Art. 32 [Auswärtige Beziehungen] (1) Die Pflege der Beziehungen zu auswärtigen Staaten ist Sache des Bundes.[1)]

(2) Vor dem Abschlusse eines Vertrages, der die besonderen Verhältnisse eines Landes berührt, ist das Land rechtzeitig zu hören.

(3) Soweit die Länder für die Gesetzgebung zuständig sind, können sie mit Zustimmung der Bundesregierung mit auswärtigen Staaten Verträge abschließen.

Art. 33[2)] [Staatsbürgerliche Rechte] (1) Jeder Deutsche[3)] hat in jedem Lande die gleichen staatsbürgerlichen Rechte und Pflichten.

(2) Jeder Deutsche[3)] hat nach seiner Eignung, Befähigung und fachlichen Leistung gleichen Zugang zu jedem öffentlichen Amte.

(3) [1] Der Genuß bürgerlicher und staatsbürgerlicher Rechte, die Zulassung zu öffentlichen Ämtern sowie die im öffentlichen Dienste erworbenen Rechte sind unabhängig von dem religiösen Bekenntnis. [2] Niemandem darf aus seiner Zugehörigkeit oder Nichtzugehörigkeit zu einem Bekenntnisse oder einer Weltanschauung ein Nachteil erwachsen.[4)]

(4) Die Ausübung hoheitsrechtlicher Befugnisse ist als ständige Aufgabe in der Regel Angehörigen des öffentlichen Dienstes zu übertragen, die in einem öffentlich-rechtlichen Dienst- und Treueverhältnis stehen.

(5)[5)] Das Recht des öffentlichen Dienstes ist unter Berücksichtigung der hergebrachten Grundsätze des Berufsbeamtentums zu regeln und fortzuentwickeln.

Art. 34[6)] [Haftung bei Amtspflichtverletzung] [1] Verletzt jemand in Ausübung eines ihm anvertrauten öffentlichen Amtes die ihm einem Dritten gegenüber obliegende Amtspflicht, so trifft die Verantwortlichkeit grundsätzlich den Staat oder die Körperschaft, in deren Dienst er steht. [2] Bei Vorsatz oder grober Fahrlässigkeit bleibt der Rückgriff vorbehalten. [3] Für den Anspruch auf Schadensersatz und für den Rückgriff darf der ordentliche Rechtsweg nicht ausgeschlossen werden.

Art. 35[7)] [Rechts- und Amtshilfe] (1) Alle Behörden des Bundes und der Länder leisten sich gegenseitig Rechts- und Amtshilfe.

(2) [1] Zur Aufrechterhaltung oder Wiederherstellung der öffentlichen Sicherheit oder Ordnung kann ein Land in Fällen von besonderer Bedeutung Kräfte und Einrichtungen des Bundesgrenzschutzes[8)] zur Unterstützung seiner Polizei anfordern, wenn die Polizei ohne diese Unterstützung eine Aufgabe nicht oder nur unter erheblichen Schwierigkeiten erfüllen könnte. [2] Zur Hilfe bei einer Naturkatastrophe oder bei einem besonders schweren Unglücksfall kann ein Land Polizeikräfte anderer Länder, Kräfte und Einrichtungen anderer Verwaltungen sowie des Bundesgrenzschutzes[8)] und der Streitkräfte anfordern.

[1)] *Zur Fortgeltung* der vom Deutschen Reich abgeschlossenen Verträge siehe Art. 123.

[2)] Art. 33 Abs. 5 geänd. mWv 1.9.2006 durch G v. 28.8.2006 (BGBl. I S. 2034).

[3)] Zum Begriff des „Deutschen" siehe Art. 116 Abs. 1.

[4)] Siehe hierzu auch Art. 3 GG und Art. 136 Abs. 3 WRV, wiedergegeben im Anschluss an Art. 146.

[5)] Siehe hierzu ua das BeamtenstatusG (Nr. **150**), das BeamtenrechtsrahmenG (Nr. **150a**), das BundesbeamtenG (Nr. **160**), das BundesdisziplinarG (Nr. **220**), das BeamtenversorgungsG (Nr. **155**) und das SoldatenG **(Sartorius III Nr. 850)**.

[6)] Siehe hierzu ua § 75 BundesbeamtenG (Nr. **160**), § 24 SoldatenG **(Sartorius III Nr. 850)** und das G über die Haftung des Reichs für seine Beamten (Nr. **210**).

[7)] Art. 35 Abs. 2 und 3 angef. mWv 28.6.1968 durch G v. 24.6.1968 (BGBl. I S. 709); Abs. 2 neu gef. mWv 3.8.1972 durch G v. 28.7.1972 (BGBl. I S. 1305).

[8)] Bezeichnung ab 1.7.2005: „Bundespolizei".

(3) [1] Gefährdet die Naturkatastrophe oder der Unglücksfall das Gebiet mehr als eines Landes, so kann die Bundesregierung, soweit es zur wirksamen Bekämpfung erforderlich ist, den Landesregierungen die Weisung erteilen, Polizeikräfte anderen Ländern zur Verfügung zu stellen, sowie Einheiten des Bundesgrenzschutzes[1)] und der Streitkräfte zur Unterstützung der Polizeikräfte einsetzen. [2] Maßnahmen der Bundesregierung nach Satz 1 sind jederzeit auf Verlangen des Bundesrates, im übrigen unverzüglich nach Beseitigung der Gefahr aufzuheben.

Art. 36[2)] [Beamte der Bundesbehörden] (1) [1] Bei den obersten Bundesbehörden sind Beamte aus allen Ländern in angemessenem Verhältnis zu verwenden. [2] Die bei den übrigen Bundesbehörden beschäftigten Personen sollen in der Regel aus dem Lande genommen werden, in dem sie tätig sind.

(2) Die Wehrgesetze haben auch die Gliederung des Bundes in Länder und ihre besonderen landsmannschaftlichen Verhältnisse zu berücksichtigen.

Art. 37 [Bundeszwang] (1) Wenn ein Land die ihm nach dem Grundgesetze oder einem anderen Bundesgesetze obliegenden Bundespflichten nicht erfüllt, kann die Bundesregierung mit Zustimmung des Bundesrates die notwendigen Maßnahmen treffen, um das Land im Wege des Bundeszwanges zur Erfüllung seiner Pflichten anzuhalten.

(2) Zur Durchführung des Bundeszwanges hat die Bundesregierung oder ihr Beauftragter das Weisungsrecht gegenüber allen Ländern und ihren Behörden.

III. Der Bundestag

Art. 38[3)] [Wahl] (1) [1] Die Abgeordneten des Deutschen Bundestages werden in allgemeiner, unmittelbarer, freier, gleicher und geheimer Wahl gewählt. [2] Sie sind Vertreter des ganzen Volkes, an Aufträge und Weisungen nicht gebunden und nur ihrem Gewissen unterworfen.

(2) Wahlberechtigt ist, wer das achtzehnte Lebensjahr vollendet hat; wählbar ist, wer das Alter erreicht hat, mit dem die Volljährigkeit eintritt.

(3) Das Nähere bestimmt ein Bundesgesetz.[4)]

Art. 39[5)] [Zusammentritt und Wahlperiode] (1) [1] Der Bundestag wird vorbehaltlich der nachfolgenden Bestimmungen auf vier Jahre gewählt. [2] Seine Wahlperiode endet mit dem Zusammentritt eines neuen Bundestages. [3] Die Neuwahl findet frühestens sechsundvierzig, spätestens achtundvierzig Monate nach Beginn der Wahlperiode statt. [4] Im Falle einer Auflösung des Bundestages findet die Neuwahl innerhalb von sechzig Tagen statt.

(2) Der Bundestag tritt spätestens am dreißigsten Tage nach der Wahl zusammen.

(3) [1] Der Bundestag bestimmt den Schluß und den Wiederbeginn seiner Sitzungen. [2] Der Präsident des Bundestages kann ihn früher einberufen. [3] Er ist hierzu

---

[1)] Bezeichnung ab 1.7.2005: „Bundespolizei".

[2)] Art. 36 neu gef. mWv 22.3.1956 durch G v. 19.3.1956 (BGBl. I S. 111).

[3)] *Art. 38 Abs. 2 neu gef.* mWv 6.8.1970 durch G v. 31.7.1970 (BGBl. I S. 1161).

[4)] Siehe hierzu ua das BundeswahlG (Nr. **30**), die BundeswahlO (Nr. **31**) und die BundeswahlgeräteVO v. 3.9.1975 (BGBl. I S. 2459), zuletzt geänd. durch Entsch. v. 3.3.2009 (BGBl. I S. 525).

[5)] Art. 39 Abs. 1 und 2 neu gef. mWv 14.12.1976 durch G v. 23.8.1976 (BGBl. I S. 2381); Abs. 1 Sätze 1 und 3 geänd. mWv 27.10.1998 durch G v. 16.7.1998 (BGBl. I S. 1822).

verpflichtet, wenn ein Drittel der Mitglieder, der Bundespräsident oder der Bundeskanzler es verlangen.

Art. 40 [Präsident; Geschäftsordnung] (1) [1]Der Bundestag wählt seinen Präsidenten, dessen Stellvertreter und die Schriftführer. [2]Er gibt sich eine Geschäftsordnung.[1)]

(2) [1]Der Präsident übt das Hausrecht und die Polizeigewalt im Gebäude des Bundestages aus. [2]Ohne seine Genehmigung darf in den Räumen des Bundestages keine Durchsuchung oder Beschlagnahme stattfinden.

Art. 41 [Wahlprüfung] (1) [1]Die Wahlprüfung ist Sache des Bundestages. [2]Er entscheidet auch, ob ein Abgeordneter des Bundestages die Mitgliedschaft verloren hat.[2)]

(2)[3)] Gegen die Entscheidung des Bundestages ist die Beschwerde an das Bundesverfassungsgericht zulässig.

(3) Das Nähere regelt ein Bundesgesetz.[4)]

Art. 42 [Öffentlichkeit der Sitzungen; Mehrheitsprinzip] (1) [1]Der Bundestag verhandelt öffentlich. [2]Auf Antrag eines Zehntels seiner Mitglieder oder auf Antrag der Bundesregierung kann mit Zweidrittelmehrheit die Öffentlichkeit ausgeschlossen werden. [3]Über den Antrag wird in nichtöffentlicher Sitzung entschieden.

(2) [1]Zu einem Beschlusse des Bundestages ist die Mehrheit der abgegebenen Stimmen erforderlich, soweit dieses Grundgesetz nichts anderes bestimmt. [2]Für die vom Bundestage vorzunehmenden Wahlen kann die Geschäftsordnung Ausnahmen zulassen.

(3) Wahrheitsgetreue Berichte über die öffentlichen Sitzungen des Bundestages und seiner Ausschüsse bleiben von jeder Verantwortlichkeit frei.

Art. 43 [Anwesenheit der Bundesregierung] (1) Der Bundestag und seine Ausschüsse können die Anwesenheit jedes Mitgliedes der Bundesregierung verlangen.

(2) [1]Die Mitglieder des Bundesrates und der Bundesregierung sowie ihre Beauftragten haben zu allen Sitzungen des Bundestages und seiner Ausschüsse Zutritt. [2]Sie müssen jederzeit gehört werden.

Art. 44 [Untersuchungsausschüsse] (1) [1]Der Bundestag hat das Recht und auf Antrag eines Viertels seiner Mitglieder die Pflicht, einen Untersuchungsausschuß einzusetzen, der in öffentlicher Verhandlung die erforderlichen Beweise erhebt. [2]Die Öffentlichkeit kann ausgeschlossen werden.

(2) [1]Auf Beweiserhebungen finden die Vorschriften über den Strafprozeß sinngemäß Anwendung. [2]Das Brief-, Post- und Fernmeldegeheimnis[5)] bleibt unberührt.

(3) Gerichte und Verwaltungsbehörden sind zur Rechts- und Amtshilfe verpflichtet.

[1)] Siehe die GeschäftsO des Deutschen Bundestages (Nr. **35**).
[2)] Siehe §§ 46, 47 BundeswahlG (Nr. **30**).
[3)] Siehe § 13 Nr. 3 und § 48 BundesverfassungsgerichtsG (Nr. **40**).
[4)] Siehe das WahlprüfungsG (Nr. **32**).
[5)] Siehe Art. 10.

(4) [1] Die Beschlüsse der Untersuchungsausschüsse sind der richterlichen Erörterung entzogen. [2] In der Würdigung und Beurteilung des der Untersuchung zugrunde liegenden Sachverhaltes sind die Gerichte frei.

Art. 45[1)] [Ausschuss für die Angelegenheiten der Europäischen Union]

[1] Der Bundestag bestellt einen Ausschuß für die Angelegenheiten der Europäischen Union. [2] Er kann ihn ermächtigen, die Rechte des Bundestages gemäß Artikel 23 gegenüber der Bundesregierung wahrzunehmen. [3] Er kann ihn auch ermächtigen, die Rechte wahrzunehmen, die dem Bundestag in den vertraglichen Grundlagen der Europäischen Union eingeräumt sind.

Art. 45a[2)] [Ausschüsse für auswärtige Angelegenheiten und für Verteidigung] (1) Der Bundestag bestellt einen Ausschuß für auswärtige Angelegenheiten und einen Ausschuß für Verteidigung.

(2) [1] Der Ausschuß für Verteidigung hat auch die Rechte eines Untersuchungsausschusses. [2] Auf Antrag eines Viertels seiner Mitglieder hat er die Pflicht, eine Angelegenheit zum Gegenstand seiner Untersuchung zu machen.

(3) Artikel 44 Abs. 1 findet auf dem Gebiet der Verteidigung keine Anwendung.

Art. 45b[3)] [Wehrbeauftragter des Bundestages] [1] Zum Schutz der Grundrechte und als Hilfsorgan des Bundestages bei der Ausübung der parlamentarischen Kontrolle wird ein Wehrbeauftragter des Bundestages berufen. [2] Das Nähere regelt ein Bundesgesetz.[4)]

Art. 45c[5)] [Petitionsausschuss des Bundestages] (1) Der Bundestag bestellt einen Petitionsausschuß, dem die Behandlung der nach Artikel 17 an den Bundestag gerichteten Bitten und Beschwerden obliegt.

(2) Die Befugnisse des Ausschusses zur Überprüfung von Beschwerden regelt ein Bundesgesetz[6)].

Art. 45d[7)] Parlamentarisches Kontrollgremium. (1) Der Bundestag bestellt ein Gremium zur Kontrolle der nachrichtendienstlichen Tätigkeit des Bundes.

(2) Das Nähere regelt ein Bundesgesetz.

Art. 46 [Indemnität und Immunität der Abgeordneten] (1) [1] Ein Abgeordneter darf zu keiner Zeit wegen seiner Abstimmung oder wegen einer Äußerung, die er im Bundestage oder in einem seiner Ausschüsse getan hat, gerichtlich oder dienstlich verfolgt oder sonst außerhalb des Bundestages zur Verantwortung gezogen werden. [2] Dies gilt nicht für verleumderische Beleidigungen.

(2) Wegen einer mit Strafe bedrohten Handlung darf ein Abgeordneter nur mit Genehmigung des Bundestages zur Verantwortung gezogen oder verhaftet werden,

---

[1)] Art. 45 eingef. mWv 25.12.1992 durch G v. 21.12.1992 (BGBl. I S. 2086); Satz 3 angef. mWv 1.12. 2009 durch G v. 8.10.2008 (BGBl. I S. 1926).

[2)] Art. 45a eingef. mWv 22.3.1956 durch G v. 19.3.1956 (BGBl. I S. 111); Abs. 1 Satz 2 aufgeh. mWv 14.12.1976 durch G v. 23.8.1976 (BGBl. I S. 2381).

[3)] Art. 45b eingef. mWv 22.3.1956 durch G v. 19.3.1956 (BGBl. I S. 111).

[4)] Siehe das G über den Wehrbeauftragten des Deutschen Bundestages (Nr. **635**).

[5)] Art. 45c eingef. mWv 19.7.1975 durch G v. 15.7.1975 (BGBl. I S. 1901).

[6)] Siehe das G über die Befugnisse des Petitionsausschusses des Deutschen Bundestages (Nr. **5**).

[7)] Art. 45d eingef. mWv 23.7.2009 durch G v. 17.7.2009 (BGBl. I S. 1977).

es sei denn, daß er bei Begehung der Tat oder im Laufe des folgenden Tages festgenommen wird.

(3) Die Genehmigung des Bundestages ist ferner bei jeder anderen Beschränkung der persönlichen Freiheit eines Abgeordneten oder zur Einleitung eines Verfahrens gegen einen Abgeordneten gemäß Artikel 18 erforderlich.

(4) Jedes Strafverfahren und jedes Verfahren gemäß Artikel 18 gegen einen Abgeordneten, jede Haft und jede sonstige Beschränkung seiner persönlichen Freiheit sind auf Verlangen des Bundestages auszusetzen.

Art. 47 [Zeugnisverweigerungsrecht der Abgeordneten] [1]Die Abgeordneten sind berechtigt, über Personen, die ihnen in ihrer Eigenschaft als Abgeordnete oder denen sie in dieser Eigenschaft Tatsachen anvertraut haben, sowie über diese Tatsachen selbst das Zeugnis zu verweigern. [2]Soweit dieses Zeugnisverweigerungsrecht reicht, ist die Beschlagnahme von Schriftstücken unzulässig.

Art. 48 [Ansprüche der Abgeordneten] (1) Wer sich um einen Sitz im Bundestage bewirbt, hat Anspruch auf den zur Vorbereitung seiner Wahl erforderlichen Urlaub.

(2) [1]Niemand darf gehindert werden, das Amt eines Abgeordneten zu übernehmen und auszuüben. [2]Eine Kündigung oder Entlassung aus diesem Grunde ist unzulässig.[1)]

(3) [1]Die Abgeordneten haben Anspruch auf eine angemessene, ihre Unabhängigkeit sichernde Entschädigung. [2]Sie haben das Recht der freien Benutzung aller staatlichen Verkehrsmittel. [3]Das Nähere regelt ein Bundesgesetz.[2)]

Art. 49[3)] *(aufgehoben)*

IV. Der Bundesrat

Art. 50[4)] **[Aufgabe]** Durch den Bundesrat wirken die Länder bei der Gesetzgebung und Verwaltung des Bundes und in Angelegenheiten der Europäischen Union mit.

Art. 51[5)] **[Zusammensetzung]** (1) [1]Der Bundesrat besteht aus Mitgliedern der Regierungen der Länder, die sie bestellen und abberufen. [2]Sie können durch andere Mitglieder ihrer Regierungen vertreten werden.

(2) Jedes Land hat mindestens drei Stimmen, Länder mit mehr als zwei Millionen Einwohnern haben vier, Länder mit mehr als sechs Millionen Einwohnern fünf, Länder mit mehr als sieben Millionen Einwohnern sechs Stimmen.

(3) [1]Jedes Land kann so viele Mitglieder entsenden, wie es Stimmen hat. [2]Die Stimmen eines Landes können nur einheitlich und nur durch anwesende Mitglieder oder deren Vertreter abgegeben werden.

[1)] Zur Beschränkung der Wählbarkeit von Beamten, Richtern usw siehe Art. 137 Abs. 1.

[2)] Siehe das AbgeordnetenG (Nr. **48**).

[3)] Art. 49 neu gef. mWv 22.3.1956 durch G v. 19.3.1956 (BGBl. I S. 111); aufgeh. mWv 14.12.1976 durch G v. 23.8.1976 (BGBl. I S. 2381).

[4)] Art. 50 neu gef. mWv 25.12.1992 durch G v. 21.12.1992 (BGBl. I S. 2086).

[5)] Art. 51 Abs. 2 neu gef. mWv 29.9.1990 durch EVertr v. 31.8.1990 (BGBl. 1990 II S. 885, 889).

Art. 52[1)] **[Präsident; Beschlussfassung; Bildung einer Europakammer]**

(1) Der Bundesrat wählt seinen Präsidenten auf ein Jahr.

(2) [1] Der Präsident beruft den Bundesrat ein. [2] Er hat ihn einzuberufen, wenn die Vertreter von mindestens zwei Ländern oder die Bundesregierung es verlangen.

(3) [1] Der Bundesrat faßt seine Beschlüsse mit mindestens der Mehrheit seiner Stimmen. [2] Er gibt sich eine Geschäftsordnung.[2)] [3] Er

(Fortsetzung nächstes Blatt)

[1)] Art. 52 Abs. 3a eingef. mWv 25.12.1992 durch G v. 21.12.1992 (BGBl. I S. 2086); Abs. 3a letzter Satzteil neu gef. mWv 1.9.2006 durch G v. 28.8.2006 (BGBl. I S. 2034).

[2)] Siehe die GeschäftsO des Bundesrates (Nr. **37**).

verhandelt öffentlich. [4] Die Öffentlichkeit kann ausgeschlossen werden.

(3 a) Für Angelegenheiten der Europäischen Union kann der Bundesrat eine Europakammer bilden, deren Beschlüsse als Beschlüsse des Bundesrates gelten; die Anzahl der einheitlich abzugebenden Stimmen der Länder bestimmt sich nach Artikel 51 Abs. 2.

(4) Den Ausschüssen des Bundesrates können andere Mitglieder oder Beauftragte der Regierungen der Länder angehören.

Art. 53 [Teilnahme der Bundesregierung] [1] Die Mitglieder der Bundesregierung haben das Recht und auf Verlangen die Pflicht, an den Verhandlungen des Bundesrates und seiner Ausschüsse teilzunehmen. [2] Sie müssen jederzeit gehört werden. [3] Der Bundesrat ist von der Bundesregierung über die Führung der Geschäfte auf dem laufenden zu halten.

IVa.[1)] Gemeinsamer Ausschuß

Art. 53 a[1)] [Gemeinsamer Ausschuss] (1) [1] Der Gemeinsame Ausschuß besteht zu zwei Dritteln aus Abgeordneten des Bundestages, zu einem Drittel aus Mitgliedern des Bundesrates. [2] Die Abgeordneten werden vom Bundestage entsprechend dem Stärkeverhältnis der Fraktionen bestimmt; sie dürfen nicht der Bundesregierung angehören. [3] Jedes Land wird durch ein von ihm bestelltes Mitglied des Bundesrates vertreten; diese Mitglieder sind nicht an Weisungen gebunden. [4] Die Bildung des Gemeinsamen Ausschusses und sein Verfahren werden durch eine Geschäftsordnung[2)] geregelt, die vom Bundestage zu beschließen ist und der Zustimmung des Bundesrates bedarf.

(2) [1] Die Bundesregierung hat den Gemeinsamen Ausschuß über ihre Planungen für den Verteidigungsfall zu unterrichten. [2] Die Rechte des Bundestages und seiner Ausschüsse nach Artikel 43 Abs. 1 bleiben unberührt.

V. Der Bundespräsident[3)]

Art. 54 [Wahl durch die Bundesversammlung] (1) [1] Der Bundespräsident wird ohne Aussprache von der Bundesversammlung gewählt. [2] Wählbar ist jeder Deutsche[4)], der das Wahlrecht zum Bundestage besitzt und das vierzigste Lebensjahr vollendet hat.

(2) [1] Das Amt des Bundespräsidenten dauert fünf Jahre. [2] Anschließende Wiederwahl ist nur einmal zulässig.

(3) Die Bundesversammlung besteht aus den Mitgliedern des Bundestages und einer gleichen Anzahl von Mitgliedern, die von den Volksvertretungen der Länder nach den Grundsätzen der Verhältniswahl gewählt werden.

---

1) Abschnitt IVa (Art. 53 a) eingef. durch G v. 24. 6. 1968 (BGBl. I S. 709).

2) Siehe die GeschäftsO für den Gemeinsamen Ausschuß (Nr. **39**).

3) Siehe hierzu das G über die Wahl des Bundespräsidenten durch die Bundesversammlung (Nr. **33**) und das G über die Ruhebezüge des Bundespräsidenten v. 17. 6. 1953 (BGBl. I S. 406), zuletzt geänd. durch G v. 5. 2. 2009 (BGBl. I S. 160).

4) Zum Begriff des „Deutschen" siehe Art. 116 Abs. 1.

(4) [1] Die Bundesversammlung tritt spätestens dreißig Tage vor Ablauf der Amtszeit des Bundespräsidenten, bei vorzeitiger Beendigung spätestens dreißig Tage nach diesem Zeitpunkt zusammen. [2] Sie wird von dem Präsidenten des Bundestages einberufen.

(5) Nach Ablauf der Wahlperiode beginnt die Frist des Absatzes 4 Satz 1 mit dem ersten Zusammentritt des Bundestages.

(6) [1] Gewählt ist, wer die Stimmen der Mehrheit[1)] der Mitglieder der Bundesversammlung erhält. [2] Wird diese Mehrheit in zwei Wahlgängen von keinem Bewerber erreicht, so ist gewählt, wer in einem weiteren Wahlgang die meisten Stimmen auf sich vereinigt.

(7) Das Nähere regelt ein Bundesgesetz[2)].

Art. 55 [Berufs- und Gewerbeverbot] (1) Der Bundespräsident darf weder der Regierung noch einer gesetzgebenden Körperschaft des Bundes oder eines Landes angehören.

(2) Der Bundespräsident darf kein anderes besoldetes Amt, kein Gewerbe und keinen Beruf ausüben und weder der Leitung noch dem Aufsichtsrate eines auf Erwerb gerichteten Unternehmens angehören.[3)]

Art. 56 [Amtseid] [1] Der Bundespräsident leistet bei seinem Amtsantritt vor den versammelten Mitgliedern des Bundestages und des Bundesrates folgenden Eid:
„Ich schwöre, daß ich meine Kraft dem Wohle des deutschen Volkes widmen, seinen Nutzen mehren, Schaden von ihm wenden, das Grundgesetz und die Gesetze des Bundes wahren und verteidigen, meine Pflichten gewissenhaft erfüllen und Gerechtigkeit gegen jedermann üben werde. So wahr mir Gott helfe."
[2] Der Eid kann auch ohne religiöse Beteuerung geleistet werden.

Art. 57 [Vertretung] Die Befugnisse des Bundespräsidenten werden im Falle seiner Verhinderung oder bei vorzeitiger Erledigung des Amtes durch den Präsidenten des Bundesrates wahrgenommen.

Art. 58 [Gegenzeichnung] [1] Anordnungen und Verfügungen des Bundespräsidenten bedürfen zu ihrer Gültigkeit der Gegenzeichnung durch den Bundeskanzler oder durch den zuständigen Bundesminister.

(Fortsetzung nächstes Blatt)

[1)] Zum Begriff der Mehrheit siehe Art. 121.
[2)] Siehe das G über die Wahl des Bundespräsidenten durch die Bundesversammlung (Nr. **33**).
[3)] *Die Ruhebezüge des Bundespräsidenten* werden geregelt durch das G über die Ruhebezüge des Bundespräsidenten v. 17. 6. 1953 (BGBl. I S. 406), zuletzt geänd. durch G v. 5. 2. 2009 (BGBl. I S. 160).

[2]Dies gilt nicht für die Ernennung und Entlassung des Bundeskanzlers, die Auflösung des Bundestages gemäß Artikel 63 und das Ersuchen gemäß Artikel 69 Abs. 3.

Art. 59 [Völkerrechtliche Vertretungsmacht] (1) [1]Der Bundespräsident vertritt den Bund völkerrechtlich. [2]Er schließt im Namen des Bundes die Verträge[1)] mit auswärtigen Staaten. [3]Er beglaubigt und empfängt die Gesandten.

(2) [1]Verträge, welche die politischen Beziehungen des Bundes regeln oder sich auf Gegenstände der Bundesgesetzgebung beziehen, bedürfen der Zustimmung oder der Mitwirkung der jeweils für die Bundesgesetzgebung zuständigen Körperschaften in der Form eines Bundesgesetzes. [2]Für Verwaltungsabkommen gelten die Vorschriften über die Bundesverwaltung entsprechend.

Art. 59 a[2)] *(aufgehoben)*

Art. 60[3)] **[Ernennung der Bundesbeamten und Soldaten]**
(1) Der Bundespräsident ernennt und entläßt die Bundesrichter, die Bundesbeamten, die Offiziere und Unteroffiziere, soweit gesetzlich nichts anderes bestimmt ist.[4)]

(2) Er übt im Einzelfalle für den Bund das Begnadigungsrecht aus.[5)]

(3) Er kann diese Befugnisse auf andere Behörden übertragen.

(4) Die Absätze 2 bis 4 des Artikels 46 finden auf den Bundespräsidenten entsprechende Anwendung.

Art. 61[6)] **[Anklage vor dem Bundesverfassungsgericht]** (1) [1]Der Bundestag oder der Bundesrat können den Bundespräsidenten wegen vorsätzlicher Verletzung des Grundgesetzes oder eines anderen Bundesgesetzes vor dem Bundesverfassungsgericht anklagen. [2]Der Antrag auf Erhebung der Anklage muß von mindestens einem Viertel der Mitglieder des Bundestages oder einem Viertel der Stimmen des Bundesrates gestellt werden. [3]Der Beschluß auf Erhebung der Anklage bedarf der Mehrheit von zwei Dritteln der Mitglieder des Bundestages oder von zwei Dritteln der Stimmen des Bundesrates. [4]Die Anklage wird von einem Beauftragten der anklagenden Körperschaft vertreten.

---

1) Für Verträge, die die besonderen Verhältnisse eines Landes berühren, siehe Art. 32 Abs. 2; über das Recht der Länder zum Abschluss von Verträgen mit auswärtigen Staaten siehe Art. 32 Abs. 3.

2) Art. 59 a eingef. durch G v. 19. 3. 1956 (BGBl. I S. 111) und aufgeh. durch G v. 24. 6. 1968 (BGBl. I S. 709).

3) Art. 60 Abs. 1 neugef. durch G v. 19. 3. 1956 (BGBl. I S. 111).

4) Siehe dazu AO des Bundespräsidenten über die Ernennung und Entlassung der Beamtinnen, Beamten, Richterinnen und Richter des Bundes v. 23. 6. 2004 (BGBl. I S. 1286) und die AO über die Ernennung und Entlassung der Soldaten v. 10. 7. 1969 (BGBl. I S. 775, geänd. durch AO v. 17. 3. 1972, BGBl. I S. 499).

5) Siehe hierzu AO des Bundespräsidenten über die Ausübung des Begnadigungsrechts des Bundes (Nr. **615**).

6) Siehe hierzu § 13 Nr. 4 und §§ 49 ff. BundesverfassungsgerichtsG (Nr. **40**).

(2) [1] Stellt das Bundesverfassungsgericht fest, daß der Bundespräsident einer vorsätzlichen Verletzung des Grundgesetzes oder eines anderen Bundesgesetzes schuldig ist, so kann es ihn des Amtes für verlustig erklären. [2] Durch einstweilige Anordnung kann es nach der Erhebung der Anklage bestimmen, daß er an der Ausübung seines Amtes verhindert ist.

VI. Die Bundesregierung

Art. 62 [Zusammensetzung] Die Bundesregierung besteht aus dem Bundeskanzler und aus den Bundesministern.[1)]

Art. 63 [Wahl des Bundeskanzlers] (1) Der Bundeskanzler wird auf Vorschlag des Bundespräsidenten vom Bundestage ohne Aussprache gewählt.

(2) [1] Gewählt ist, wer die Stimmen der Mehrheit[2)] der Mitglieder des Bundestages auf sich vereinigt. [2] Der Gewählte ist vom Bundespräsidenten zu ernennen.

(3) Wird der Vorgeschlagene nicht gewählt, so kann der Bundestag binnen vierzehn Tagen nach dem Wahlgange mit mehr als der Hälfte seiner Mitglieder einen Bundeskanzler wählen.

(4) [1] Kommt eine Wahl innerhalb dieser Frist nicht zustande, so findet unverzüglich ein neuer Wahlgang statt, in dem gewählt ist, wer die meisten Stimmen erhält. [2] Vereinigt der Gewählte die Stimmen der Mehrheit der Mitglieder des Bundestages auf sich, so muß der Bundespräsident ihn binnen sieben Tagen nach der Wahl ernennen. [3] Erreicht der Gewählte diese Mehrheit nicht, so hat der Bundespräsident binnen sieben Tagen entweder ihn zu ernennen oder den Bundestag aufzulösen.

Art. 64 [Ernennung der Bundesminister] (1) Die Bundesminister werden auf Vorschlag des Bundeskanzlers vom Bundespräsidenten ernannt und entlassen.

(2) Der Bundeskanzler und die Bundesminister leisten bei der Amtsübernahme vor dem Bundestage den in Artikel 56 vorgesehenen Eid.

Art. 65 [Verantwortung] [1] Der Bundeskanzler bestimmt die Richtlinien der Politik und trägt dafür die Verantwortung. [2] Innerhalb dieser Richtlinien leitet jeder Bundesminister seinen Geschäftsbereich selbständig und unter eigener Verantwortung. [3] Über Meinungsverschiedenheiten zwischen den Bundesministern entscheidet die Bundesregierung. [4] Der Bundeskanzler leitet ihre Geschäfte nach einer von der Bundesregierung beschlossenen und vom Bundespräsidenten genehmigten Geschäftsordnung.[3)]

---

1) Siehe ferner das Gesetz über die Rechtsverhältnisse der Parlamentarischen Staatssekretäre *(Nr. 47)*.

2) Über den Begriff der Mehrheit siehe Art. 121.

3) Siehe die GeschäftsO der Bundesregierung (Nr. **38**).

Art. 65a[1] **[Befehls- und Kommandogewalt über die Streitkräfte]**

Der Bundesminister für Verteidigung hat die Befehls- und Kommandogewalt über die Streitkräfte.

Art. 66[2] **[Berufs- und Gewerbeverbot]** Der Bundeskanzler und die Bundesminister dürfen kein anderes besoldetes Amt, kein Gewerbe und keinen Beruf ausüben und weder der Leitung noch ohne Zustimmung des Bundestages dem Aufsichtsrate eines auf Erwerb gerichteten Unternehmens angehören.

Art. 67 [Misstrauensvotum] (1) [1] Der Bundestag kann dem Bundeskanzler das Mißtrauen nur dadurch aussprechen, daß er mit der Mehrheit[3] seiner Mitglieder einen Nachfolger wählt und den Bundespräsidenten ersucht, den Bundeskanzler zu entlassen. [2] Der Bundespräsident muß dem Ersuchen entsprechen und den Gewählten ernennen.

(2) Zwischen dem Antrage und der Wahl müssen achtundvierzig Stunden liegen.

Art. 68 [Auflösung des Bundestages] (1) [1] Findet ein Antrag des Bundeskanzlers, ihm das Vertrauen auszusprechen, nicht die Zustimmung der Mehrheit[3] der Mitglieder des Bundestages, so kann der Bundespräsident auf Vorschlag des Bundeskanzlers binnen einundzwanzig Tagen den Bundestag auflösen. [2] Das Recht zur Auflösung erlischt, sobald der Bundestag mit der Mehrheit seiner Mitglieder einen anderen Bundeskanzler wählt.

(2) Zwischen dem Antrage und der Abstimmung müssen achtundvierzig Stunden liegen.

Art. 69 [Stellvertreter des Bundeskanzlers] (1) Der Bundeskanzler ernennt einen Bundesminister zu seinem Stellvertreter.

(2) Das Amt des Bundeskanzlers oder eines Bundesministers endigt in jedem Falle mit dem Zusammentritt eines neuen Bundestages, das Amt eines Bundesministers auch mit jeder anderen Erledigung des Amtes des Bundeskanzlers.

(3) Auf Ersuchen des Bundespräsidenten ist der Bundeskanzler, auf Ersuchen des Bundeskanzlers oder des Bundespräsidenten ein Bundesminister verpflichtet, die Geschäfte bis zur Ernennung seines Nachfolgers weiterzuführen.

VII. Die Gesetzgebung des Bundes

Art. 70 [Gesetzgebung des Bundes und der Länder] (1) Die Länder haben das Recht der Gesetzgebung, soweit dieses Grundgesetz nicht dem Bunde Gesetzgebungsbefugnisse verleiht.

(2) Die Abgrenzung der Zuständigkeit zwischen Bund und Ländern bemißt sich nach den Vorschriften dieses Grundgesetzes über die ausschließliche und die konkurrierende Gesetzgebung.

---

[1] Art. 65a eingef. durch G v. 19.3.1956 (BGBl. I S. 111); Abs. 2 aufgeh., bish. Abs. 1 wird alleiniger Wortlaut durch G v. 24.6.1968 (BGBl. I S. 709).

[2] Siehe hierzu auch das BundesministerG (Nr. **45**).

[3] Zum Begriff der Mehrheit siehe Art. 121.

Art. 71 [Ausschließliche Gesetzgebung] Im Bereiche der ausschließlichen Gesetzgebung des Bundes haben die Länder die Befugnis zur Gesetzgebung nur, wenn und soweit sie hierzu in einem Bundesgesetze ausdrücklich ermächtigt werden.

Art. 72[1)] [Konkurrierende Gesetzgebung] (1) Im Bereich der konkurrierenden Gesetzgebung haben die Länder die Befugnis zur Gesetzgebung, solange und soweit der Bund von seiner Gesetzgebungszuständigkeit nicht durch Gesetz Gebrauch gemacht hat.

(2) Auf den Gebieten des Artikels 74 Abs. 1 Nr. 4, 7, 11, 13, 15, 19a, 20, 22, 25 und 26 hat der Bund das Gesetzgebungsrecht, wenn und soweit die Herstellung gleichwertiger Lebensverhältnisse im Bundesgebiet oder die Wahrung der Rechts- oder Wirtschaftseinheit im gesamtstaatlichen Interesse eine bundesgesetzliche Regelung erforderlich macht.

(3) [1] Hat der Bund von seiner Gesetzgebungszuständigkeit Gebrauch gemacht, können die Länder durch Gesetz hiervon abweichende Regelungen treffen über:

1. das Jagdwesen (ohne das Recht der Jagdscheine);
2. den Naturschutz und die Landschaftspflege (ohne die allgemeinen Grundsätze des Naturschutzes, das Recht des Artenschutzes oder des Meeresnaturschutzes);
3. die Bodenverteilung;
4. die Raumordnung;
5. den Wasserhaushalt (ohne stoff- oder anlagenbezogene Regelungen);
6. die Hochschulzulassung und die Hochschulabschlüsse;
7. die Grundsteuer.

[2] Bundesgesetze auf diesen Gebieten treten frühestens sechs Monate nach ihrer Verkündung in Kraft, soweit nicht mit Zustimmung des Bundesrates anderes bestimmt ist. [3] Auf den Gebieten des Satzes 1 geht im Verhältnis von Bundes- und Landesrecht das jeweils spätere Gesetz vor.

(4) Durch Bundesgesetz kann bestimmt werden, daß eine bundesgesetzliche Regelung, für die eine Erforderlichkeit im Sinne des Absatzes 2 nicht mehr besteht, durch Landesrecht ersetzt werden kann.

(Fortsetzung nächstes Blatt)

---

1) *Art. 72 neu gef. durch G v. 27.10.1994* (BGBl. I S. 3146); Abs. 2 geänd. und Abs. 3 eingef., bish. Abs. 3 wird Abs. 4 mWv 1.9.2006 durch G v. 28.8.2006 (BGBl. I S. 2034); Abs. 3 Satz 1 Nr. 6 geänd., Nr. 7 angef. mWv 21.11.2019 durch G v. 15.11.2019 (BGBl. I S. 1546).

Art. 73[1] **[Gegenstände der ausschließlichen Gesetzgebung]** (1) Der Bund hat die ausschließliche Gesetzgebung[2] über:

1. die auswärtigen Angelegenheiten sowie die Verteidigung einschließlich des Schutzes der Zivilbevölkerung;
2. die Staatsangehörigkeit im Bunde;
3. die Freizügigkeit, das Paßwesen, das Melde- und Ausweiswesen, die Ein- und Auswanderung und die Auslieferung;
4. das Währungs-, Geld- und Münzwesen, Maße und Gewichte sowie die Zeitbestimmung;
5. die Einheit des Zoll- und Handelsgebietes, die Handels- und Schiffahrtsverträge, die Freizügigkeit des Warenverkehrs und den Waren- und Zahlungsverkehr mit dem Auslande einschließlich des Zoll- und Grenzschutzes;

5 a. den Schutz deutschen Kulturgutes gegen Abwanderung ins Ausland;

6. den Luftverkehr;

6 a. den Verkehr von Eisenbahnen, die ganz oder mehrheitlich im Eigentum des Bundes stehen (Eisenbahnen des Bundes), den Bau, die Unterhaltung und das Betreiben von Schienenwegen der Eisenbahnen des Bundes sowie die Erhebung von Entgelten für die Benutzung dieser Schienenwege;

7. das Postwesen und die Telekommunikation;
8. die Rechtsverhältnisse der im Dienste des Bundes und der bundesunmittelbaren Körperschaften des öffentlichen Rechtes stehenden Personen;
9. den gewerblichen Rechtsschutz, das Urheberrecht und das Verlagsrecht;

9 a. die Abwehr von Gefahren des internationalen Terrorismus durch das Bundeskriminalpolizeiamt in Fällen, in denen eine länderübergreifende Gefahr vorliegt, die Zuständigkeit einer Landespolizeibehörde nicht erkennbar ist oder die oberste Landesbehörde um eine Übernahme ersucht;

10. die Zusammenarbeit des Bundes und der Länder
    a) in der Kriminalpolizei,
    b) zum Schutze der freiheitlichen demokratischen Grundordnung, des Bestandes und der Sicherheit des Bundes oder eines Landes (Verfassungsschutz) und
    c) zum Schutze gegen Bestrebungen im Bundesgebiet, die durch Anwendung von Gewalt oder darauf gerichtete Vorbereitungshandlungen auswärtige Belange der Bundesrepublik Deutschland gefährden,

    sowie die Einrichtung eines Bundeskriminalpolizeiamtes und die internationale Verbrechensbekämpfung;
11. die Statistik für Bundeszwecke;
12. das Waffen- und das Sprengstoffrecht;

---

[1] Art. 73 Nr. 1 neu gef. durch G v. 26. 3. 1954 (BGBl. I S. 45) und geänd. durch G v. 24. 6. 1968 (BGBl. I S. 709); Nr. 10 neu gef. durch G v. 28. 7. 1972 (BGBl. I S. 1305); Nr. 6 geänd. und Nr. 6 a eingef. durch G v. 20. 12. 1993 (BGBl. I S. 2089); Nr. 7 neu gef. durch G v. 30. 8. 1994 (BGBl. I S. 2245); Abs. 2 angef., bish. Wortlaut wird Abs. 1 und Nr. 3 und 11 geänd., Nr. 5 a und 9 a eingef. sowie Nr. 12–14 angef. mWv 1. 9. 2006 durch G v. 28. 8. 2006 (BGBl. I S. 2034).

[2] Zur Gesetzgebungskompetenz auf dem Gebiet des Finanzwesens siehe Art. 104 a–107.

13. die Versorgung der Kriegsbeschädigten und Kriegshinterbliebenen und die Fürsorge für die ehemaligen Kriegsgefangenen;
14. die Erzeugung und Nutzung der Kernenergie zu friedlichen Zwecken, die Errichtung und den Betrieb von Anlagen, die diesen Zwecken dienen, den Schutz gegen Gefahren, die bei Freiwerden von Kernenergie oder durch ionisierende Strahlen entstehen, und die Beseitigung radioaktiver Stoffe.

(2) Gesetze nach Absatz 1 Nr. 9 a bedürfen der Zustimmung des Bundesrates.

Art. 74[1] [Gegenstände der konkurrierenden Gesetzgebung] (1) Die konkurrierende Gesetzgebung[2] erstreckt sich auf folgende Gebiete:

1. das bürgerliche Recht, das Strafrecht, die Gerichtsverfassung, das gerichtliche Verfahren (ohne das Recht des Untersuchungshaftvollzugs), die Rechtsanwaltschaft, das Notariat und die Rechtsberatung;
2. das Personenstandswesen;
3. das Vereinsrecht;
4. das Aufenthalts- und Niederlassungsrecht der Ausländer;

4 a. *(aufgehoben)*

5. *(aufgehoben)*
6. die Angelegenheiten der Flüchtlinge und Vertriebenen;
7. die öffentliche Fürsorge (ohne das Heimrecht);
8. *(aufgehoben)*
9. die Kriegsschäden und die Wiedergutmachung;
10. die Kriegsgräber und Gräber anderer Opfer des Krieges und Opfer von Gewaltherrschaft;
11. das Recht der Wirtschaft (Bergbau, Industrie, Energiewirtschaft, Handwerk, Gewerbe, Handel, Bank- und Börsenwesen, privat-

(Fortsetzung nächstes Blatt)

---

[1] Art. 74 Nr. 11 a eingef. durch G v. 23. 12. 1959 (BGBl. I S. 813); Nr. 10 geänd. und Nr. 10 a eingef. durch G v. 16. 6. 1965 (BGBl. I S. 513); Nr. 13 geänd., Nr. 19 a eingef. und Nr. 22 neu gef. durch G v. 12. 5. 1969 (BGBl. I S. 363); Nr. 24 angef. durch G v. 12. 4. 1972 (BGBl. I S. 593); Nr. 4 a eingef. durch G v. 28. 7. 1972 (BGBl. I S. 1305); Nr. 4 a neu gef. durch G v. 23. 8. 1976 (BGBl. I S. 2383); Nr. 23 neu gef. durch G v. 20. 12. 1993 (BGBl. I S. 2089); Abs. 2 angef., bish. Wortlaut wird Abs. 1 und Nr. 5 und 8 aufgeh., Nr. 18 und 24 geänd. sowie Nr. 25 und 26 angef. durch G v. 27. 10. 1994 (BGBl. I S. 3146); Abs. 1 Nr. 1, 11, 17, 22 und 26 und Abs. 2 geänd. sowie *Abs. 1 Nr. 3, 7, 18, 19, 20* und *24* neu gef., Nr. 4 a, 10 und 11 a aufgeh., bish. Nr. 10 a wird Nr. 10 und Nr. 27–33 angef. mWv 1. 9. 2006 durch G v. 28. 8. 2006 (BGBl. I S. 2034).

[2] Zur Gesetzgebungskompetenz auf dem Gebiet des Finanzwesens siehe Art. 104 a–107.

rechtliches Versicherungswesen) ohne das Recht des Ladenschlusses, der Gaststätten, der Spielhallen, der Schaustellung von Personen, der Messen, der Ausstellungen und der Märkte;

11a. *(aufgehoben)*

12. das Arbeitsrecht einschließlich der Betriebsverfassung, des Arbeitsschutzes und der Arbeitsvermittlung sowie die Sozialversicherung einschließlich der Arbeitslosenversicherung;

13. die Regelung der Ausbildungsbeihilfen und die Förderung der wissenschaftlichen Forschung;

14. das Recht der Enteignung, soweit sie auf den Sachgebieten der Artikel 73 und 74 in Betracht kommt;

15. die Überführung von Grund und Boden, von Naturschätzen und Produktionsmitteln in Gemeineigentum oder in andere Formen der Gemeinwirtschaft;

16. die Verhütung des Mißbrauchs wirtschaftlicher Machtstellung;

17. die Förderung der land- und forstwirtschaftlichen Erzeugung (ohne das Recht der Flurbereinigung), die Sicherung der Ernährung, die Ein- und Ausfuhr land- und forstwirtschaftlicher Erzeugnisse, die Hochsee- und Küstenfischerei und den Küstenschutz;

18. den städtebaulichen Grundstücksverkehr, das Bodenrecht (ohne das Recht der Erschließungsbeiträge) und das Wohngeldrecht, das Altschuldenhilferecht, das Wohnungsbauprämienrecht, das Bergarbeiterwohnungsbaurecht und das Bergmannssiedlungsrecht;

19. Maßnahmen gegen gemeingefährliche oder übertragbare Krankheiten bei Menschen und Tieren, Zulassung zu ärztlichen und anderen Heilberufen und zum Heilgewerbe, sowie das Recht des Apothekenwesens, der Arzneien, der Medizinprodukte, der Heilmittel, der Betäubungsmittel und der Gifte;

19a. die wirtschaftliche Sicherung der Krankenhäuser und die Regelung der Krankenhauspflegesätze;

20. das Recht der Lebensmittel einschließlich der ihrer Gewinnung dienenden Tiere, das Recht der Genussmittel, Bedarfsgegenstände und Futtermittel sowie den Schutz beim Verkehr mit land- und forstwirtschaftlichem Saat- und Pflanzgut, den Schutz der Pflanzen gegen Krankheiten und Schädlinge sowie den Tierschutz;

21. die Hochsee- und Küstenschiffahrt sowie die Seezeichen, die Binnenschiffahrt, den Wetterdienst, die Seewasserstraßen und die dem allgemeinen Verkehr dienenden Binnenwasserstraßen;

22. den Straßenverkehr, das Kraftfahrwesen, den Bau und die Unterhaltung von Landstraßen für den Fernverkehr sowie die Erhebung und Verteilung von Gebühren oder Entgelten für die Benutzung öffentlicher Straßen mit Fahrzeugen;

23. die Schienenbahnen, die nicht Eisenbahnen des Bundes sind, mit Ausnahme der Bergbahnen;

24. die Abfallwirtschaft, die Luftreinhaltung und die Lärmbekämpfung (ohne Schutz vor verhaltensbezogenem Lärm);

25. die Staatshaftung;

26. die medizinisch unterstützte Erzeugung menschlichen Lebens, die Untersuchung und die künstliche Veränderung von Erbinformationen sowie Regelungen zur Transplantation von Organen, Geweben und Zellen;

27. die Statusrechte und -pflichten der Beamten der Länder, Gemeinden und anderen Körperschaften des öffentlichen Rechts sowie der Richter in den Ländern mit Ausnahme der Laufbahnen, Besoldung und Versorgung;
28. das Jagdwesen;
29. den Naturschutz und die Landschaftspflege;
30. die Bodenverteilung;
31. die Raumordnung;
32. den Wasserhaushalt;
33. die Hochschulzulassung und die Hochschulabschlüsse.

(2) Gesetze nach Absatz 1 Nr. 25 und 27 bedürfen der Zustimmung des Bundesrates.

Art. 74a, 75[1)] *(aufgehoben)*

Art. 76[2)] **[Gesetzesvorlagen]** (1) Gesetzesvorlagen werden beim Bundestage durch die Bundesregierung, aus der Mitte des Bundestages oder durch den Bundesrat eingebracht.

(2) [1] Vorlagen der Bundesregierung sind zunächst dem Bundesrat zuzuleiten. [2] Der Bundesrat ist berechtigt, innerhalb von sechs Wochen zu diesen Vorlagen Stellung zu nehmen. [3] Verlangt er aus wichtigem Grunde, insbesondere mit Rücksicht auf den Umfang einer Vorlage, eine Fristverlängerung, so beträgt die Frist neun Wochen. [4] Die Bundesregierung kann eine Vorlage, die sie bei der Zuleitung an den Bundesrat ausnahmsweise als besonders eilbedürftig bezeichnet hat, nach drei Wochen oder, wenn der Bundesrat ein Verlangen nach Satz 3 geäußert hat, nach sechs Wochen dem Bundestag zuleiten, auch wenn die Stellungnahme des Bundesrates noch nicht bei ihr eingegangen ist; sie hat die Stellungnahme des Bundesrates unverzüglich nach Eingang dem Bundestag nachzureichen. [5] Bei Vorlagen zur Änderung dieses Grundgesetzes und zur Übertragung von Hoheitsrechten nach Artikel 23 oder Artikel 24 beträgt die Frist zur Stellungnahme neun Wochen; Satz 4 findet keine Anwendung.

(3) [1] Vorlagen des Bundesrates sind dem Bundestag durch die Bundesregierung innerhalb von sechs Wochen zuzuleiten. [2] Sie soll hierbei ihre Auffassung darlegen. [3] Verlangt sie aus wichtigem Grunde, insbesondere mit Rücksicht auf den Umfang einer Vorlage, eine Fristverlän-

(Fortsetzung nächstes Blatt)

[1)] Art. 74a und 75 aufgeh. mWv 1.9.2006 durch G v. 28.8.2006 (BGBl. I S. 2034).

[2)] Art. 76 Abs. 2 Satz 2 geänd., Satz 3 angef. mWv 20.11.1968 durch G v. 15.11.1968 (BGBl. I S. 1177); Abs. 3 Satz 1 neu gef. mWv 23.7.1969 durch G v. 17.7.1969 (BGBl. I S. 817); Abs. 2 und 3 neu gef. mWv 15.11.1994 durch G v. 27.10.1994 (BGBl. I S. 3146).

gerung, so beträgt die Frist neun Wochen. [4] Wenn der Bundesrat eine Vorlage ausnahmsweise als besonders eilbedürftig bezeichnet hat, beträgt die Frist drei Wochen oder, wenn die Bundesregierung ein Verlangen nach Satz 3 geäußert hat, sechs Wochen. [5] Bei Vorlagen zur Änderung dieses Grundgesetzes und zur Übertragung von Hoheitsrechten nach Artikel 23 oder Artikel 24 beträgt die Frist neun Wochen; Satz 4 findet keine Anwendung. [6] Der Bundestag hat über die Vorlagen in angemessener Frist zu beraten und Beschluß zu fassen.

Art. 77[1)] [Verfahren bei Gesetzesbeschlüssen] (1) [1] Die Bundesgesetze werden vom Bundestage beschlossen. [2] Sie sind nach ihrer Annahme durch den Präsidenten des Bundestages unverzüglich dem Bundesrate zuzuleiten.

(2) [1] Der Bundesrat kann binnen drei Wochen nach Eingang des Gesetzesbeschlusses verlangen, daß ein aus Mitgliedern des Bundestages und des Bundesrates für die gemeinsame Beratung von Vorlagen gebildeter Ausschuß einberufen wird. [2] Die Zusammensetzung und das Verfahren dieses Ausschusses regelt eine Geschäftsordnung[2)], die vom Bundestag beschlossen wird und der Zustimmung des Bundesrates bedarf. [3] Die in diesen Ausschuß entsandten Mitglieder des Bundesrates sind nicht an Weisungen gebunden. [4] Ist zu einem Gesetze die Zustimmung des Bundesrates erforderlich, so können auch der Bundestag und die Bundesregierung die Einberufung verlangen. [5] Schlägt der Ausschuß eine Änderung des Gesetzesbeschlusses vor, so hat der Bundestag erneut Beschluß zu fassen.

(2 a) Soweit zu einem Gesetz die Zustimmung des Bundesrates erforderlich ist, hat der Bundesrat, wenn ein Verlangen nach Absatz 2 Satz 1 nicht gestellt oder das Vermittlungsverfahren ohne einen Vorschlag zur Änderung des Gesetzesbeschlusses beendet ist, in angemessener Frist über die Zustimmung Beschluß zu fassen.

(3) [1] Soweit zu einem Gesetze die Zustimmung des Bundesrates nicht erforderlich ist, kann der Bundesrat, wenn das Verfahren nach Absatz 2 beendigt ist, gegen ein vom Bundestage beschlossenes Gesetz binnen zwei Wochen Einspruch einlegen. [2] Die Einspruchsfrist beginnt im Falle des Absatzes 2 letzter Satz mit dem Eingange des vom Bundestage erneut gefaßten Beschlusses, in allen anderen Fällen mit dem Eingange der Mitteilung des Vorsitzenden des in Absatz 2 vorgesehenen Ausschusses, daß das Verfahren vor dem Ausschusse abgeschlossen ist.

(4) [1] Wird der Einspruch mit der Mehrheit der Stimmen des Bundesrates beschlossen, so kann er durch Beschluß der Mehrheit[3)] der Mitglieder des Bundestages zurückgewiesen werden. [2] Hat der Bundesrat den Einspruch mit einer Mehrheit von mindestens zwei Dritteln seiner Stimmen beschlossen, so bedarf die Zurückweisung durch den Bundestag einer Mehrheit von zwei Dritteln, mindestens der Mehrheit der Mitglieder des Bundestages.

Art. 78 [Zustandekommen von Bundesgesetzen] Ein vom Bundestage beschlossenes Gesetz kommt zustande, wenn der Bundesrat zustimmt, den

---

[1)] Art. 77 Abs. 2 Satz 1 und Abs. 3 Satz 1 geänd., Abs. 3 Satz 2 neu gef. durch G v. 15. 11. 1968 (BGBl. I S. 1177), Abs. 2 a eingef. durch G v. 27. 10. 1994 (BGBl. I S. 3146).

[2)] Siehe die Gemeinsame GeschäftsO des Bundestages und des Bundesrates für den Vermittlungsausschuß (Nr. **36**).

[3)] Zum Begriff der Mehrheit siehe Art. 121.

Antrag gemäß Artikel 77 Abs. 2 nicht stellt, innerhalb der Frist des Artikels 77 Abs. 3 keinen Einspruch einlegt oder ihn zurücknimmt oder wenn der Einspruch vom Bundestage überstimmt wird.

Art. 79[1] **[Änderungen des Grundgesetzes]** (1) [1]Das Grundgesetz kann nur durch ein Gesetz geändert werden, das den Wortlaut des Grundgesetzes ausdrücklich ändert oder ergänzt.[2] [2]Bei völkerrechtlichen Verträgen, die eine Friedensregelung, die Vorbereitung einer Friedensregelung oder den Abbau einer besatzungsrechtlichen Ordnung zum Gegenstand haben oder der Verteidigung der Bundesrepublik zu dienen bestimmt sind, genügt zur Klarstellung, daß die Bestimmungen des Grundgesetzes dem Abschluß und dem Inkraftsetzen der Verträge nicht entgegenstehen, eine Ergänzung des Wortlautes des Grundgesetzes, die sich auf diese Klarstellung beschränkt.

(2) Ein solches Gesetz bedarf der Zustimmung von zwei Dritteln der Mitglieder des Bundestages und zwei Dritteln der Stimmen des Bundesrates.

(3) Eine Änderung dieses Grundgesetzes, durch welche die Gliederung des Bundes in Länder, die grundsätzliche Mitwirkung der Länder bei der Gesetzgebung oder die in den Artikeln 1 und 20 niedergelegten Grundsätze berührt werden, ist unzulässig.

Art. 80[3] **[Erlass von Rechtsverordnungen]** (1) [1]Durch Gesetz können die Bundesregierung, ein Bundesminister oder die Landesregierungen ermächtigt werden, Rechtsverordnungen zu erlassen.[4] [2]Dabei müssen Inhalt, Zweck und Ausmaß der erteilten Ermächtigung im Gesetze bestimmt werden. [3]Die Rechtsgrundlage ist in der Verordnung anzugeben. [4]Ist durch Gesetz vorgesehen, daß eine Ermächtigung weiter übertragen werden kann, so bedarf es zur Übertragung der Ermächtigung einer Rechtsverordnung.

(2) Der Zustimmung des Bundesrates bedürfen, vorbehaltlich anderweitiger bundesgesetzlicher Regelung, Rechtsverordnungen der Bundesregierung oder eines Bundesministers über Grundsätze und Gebühren für die Benutzung der Einrichtungen des Postwesens und der Telekommunikation, über die Grundsätze der Erhebung des Entgelts für die Benutzung der Einrichtungen der Eisenbahnen des Bundes, über den Bau und Betrieb der Eisenbahnen, sowie Rechtsverordnungen auf

(Fortsetzung nächste Seite)

---

[1] Art. 79 Abs. 1 Satz 2 angef. durch G v. 26. 3. 1954 (BGBl. I S. 45).
[2] Beachte hierzu auch Art. 81 Abs. 4.
[3] *Art. 80 Abs. 2 geänd. durch* G v. 20. 12. 1993 (BGBl. I S. 2089); Abs. 2 geänd. durch G v. 30. 8. 1994 (BGBl. I S. 2245); Abs. 3 und 4 angef. durch G v. 27. 10. 1994 (BGBl. I S. 3146).
[4] Zur Fortgeltung bestehender Ermächtigungen siehe Art. 129.

Grund von Bundesgesetzen, die der Zustimmung des Bundesrates bedürfen oder die von den Ländern im Auftrage des Bundes oder als eigene Angelegenheit ausgeführt werden.

(3) Der Bundesrat kann der Bundesregierung Vorlagen für den Erlaß von Rechtsverordnungen zuleiten, die seiner Zustimmung bedürfen.

(4) Soweit durch Bundesgesetz oder auf Grund von Bundesgesetzen Landesregierungen ermächtigt werden, Rechtsverordnungen zu erlassen, sind die Länder zu einer Regelung auch durch Gesetz befugt.

Art. 80a[1)] **[Spannungsfall]** (1) [1] Ist in diesem Grundgesetz oder in einem Bundesgesetz über die Verteidigung einschließlich des Schutzes der Zivilbevölkerung bestimmt, daß Rechtsvorschriften nur nach Maßgabe dieses Artikels angewandt werden dürfen, so ist die Anwendung außer im Verteidigungsfalle nur zulässig, wenn der Bundestag den Eintritt des Spannungsfalles festgestellt oder wenn er der Anwendung besonders zugestimmt hat. [2] Die Feststellung des Spannungsfalles und die besondere Zustimmung in den Fällen des Artikels 12a Abs. 5 Satz 1 und Abs. 6 Satz 2 bedürfen einer Mehrheit von zwei Dritteln der abgegebenen Stimmen.[2)]

(2) Maßnahmen auf Grund von Rechtsvorschriften nach Absatz 1 sind aufzuheben, wenn der Bundestag es verlangt.

(3) [1] Abweichend von Absatz 1 ist die Anwendung solcher Rechtsvorschriften auch auf der Grundlage und nach Maßgabe eines Beschlusses zulässig, der von einem internationalen Organ im Rahmen eines Bündnisvertrages mit Zustimmung der Bundesregierung gefaßt wird. [2] Maßnahmen nach diesem Absatz sind aufzuheben, wenn der Bundestag es mit der Mehrheit[3)] seiner Mitglieder verlangt.

Art. 81 [Gesetzgebungsnotstand] (1) [1] Wird im Falle des Artikels 68 der Bundestag nicht aufgelöst, so kann der Bundespräsident auf Antrag der Bundesregierung mit Zustimmung des Bundesrates für eine Gesetzesvorlage den Gesetzgebungsnotstand erklären, wenn der Bundestag sie ablehnt, obwohl die Bundesregierung sie als dringlich bezeichnet hat. [2] Das gleiche gilt, wenn eine Gesetzesvorlage abgelehnt worden ist, obwohl der Bundeskanzler mit ihr den Antrag des Artikels 68 verbunden hatte.

(2) [1] Lehnt der Bundestag die Gesetzesvorlage nach Erklärung des Gesetzgebungsnotstandes erneut ab oder nimmt er sie in einer für die Bundesregierung als unannehmbar bezeichneten Fassung an, so gilt das Gesetz als zustande gekommen, soweit der Bundesrat ihm zustimmt. [2] Das gleiche gilt, wenn die Vorlage vom Bundestage nicht innerhalb von vier Wochen nach der erneuten Einbringung verabschiedet wird.

(3) [1] Während der Amtszeit eines Bundeskanzlers kann auch jede andere vom Bundestage abgelehnte Gesetzesvorlage innerhalb einer Frist von sechs Monaten nach der ersten Erklärung des Gesetzgebungsnotstandes gemäß Absatz 1 und 2 verabschiedet werden. [2] Nach Ablauf der Frist ist während der Amtszeit des gleichen Bundeskanzlers eine weitere Erklärung des Gesetzgebungsnotstandes unzulässig.

(4) Das Grundgesetz darf durch ein Gesetz, das nach Absatz 2 zustande kommt, weder geändert, noch ganz oder teilweise außer Kraft oder außer Anwendung gesetzt werden.

---

1) Art. 80a eingef. mWv 28.6.1968 durch G v. 24.6.1968 (BGBl. I S. 709).
2) Siehe hierzu das Verkündungs- und BekanntmachungsG (Nr. **70**).
3) Zum Begriff der Mehrheit siehe Art. 121.

Art. 82[1] [Verkündung und Inkrafttreten der Gesetze] (1) [1]Die nach den Vorschriften dieses Grundgesetzes zustande gekommenen Gesetze werden vom Bundespräsidenten nach Gegenzeichnung ausgefertigt und im Bundesgesetzblatt verkündet[2]. [2]Das Bundesgesetzblatt kann in elektronischer Form geführt werden. [3]Rechtsverordnungen werden von der Stelle, die sie erlässt, ausgefertigt. [4]Das Nähere zur Verkündung und zur Form von Gegenzeichnung und Ausfertigung von Gesetzen und Rechtsverordnungen regelt ein Bundesgesetz.

(2) [1]Jedes Gesetz und jede Rechtsverordnung soll den Tag des Inkrafttretens bestimmen. [2]Fehlt eine solche Bestimmung, so treten sie mit dem vierzehnten Tage nach Ablauf des Tages in Kraft, an dem das Bundesgesetzblatt ausgegeben worden ist.

VIII. Die Ausführung der Bundesgesetze und die Bundesverwaltung

Art. 83 [Grundsatz der Landeseigenverwaltung] Die Länder führen die Bundesgesetze als eigene Angelegenheit aus, soweit dieses Grundgesetz nicht anderes bestimmt oder zuläßt.

Art. 84[3] [Landeseigenverwaltung und Bundesaufsicht] (1) [1]Führen die Länder die Bundesgesetze als eigene Angelegenheit aus, so regeln sie die Einrichtung der Behörden und das Verwaltungsverfahren. [2]Wenn Bundesgesetze etwas anderes bestimmen, können die Länder davon abweichende Regelungen treffen. [3]Hat ein Land eine abweichende Regelung nach Satz 2 getroffen, treten in diesem Land hierauf bezogene spätere bundesgesetzliche Regelungen der Einrichtung der Behörden und des Verwaltungsverfahrens frühestens sechs Monate nach ihrer Verkündung in Kraft, soweit nicht mit Zustimmung des Bundesrates anderes bestimmt ist. [4]Artikel 72 Abs. 3 Satz 3 gilt entsprechend. [5]In Ausnahmefällen kann der Bund wegen eines besonderen Bedürfnisses nach bundeseinheitlicher Regelung das Verwaltungsverfahren ohne Abweichungsmöglichkeit für die Länder regeln. [6]Diese Gesetze bedürfen der Zustimmung des Bundesrates. [7]Durch Bundesgesetz dürfen Gemeinden und Gemeindeverbänden Aufgaben nicht übertragen werden.

(2) Die Bundesregierung kann mit Zustimmung des Bundesrates allgemeine Verwaltungsvorschriften erlassen.

(3) [1]Die Bundesregierung übt die Aufsicht darüber aus, daß die Länder die Bundesgesetze dem geltenden Rechte gemäß ausführen. [2]Die Bundesregierung kann zu diesem Zwecke Beauftragte zu den obersten Landesbehörden

(Fortsetzung nächstes Blatt)

---

[1] Art. 82 Abs. 1 neu gef. mWv 24.12.2022 durch G v. 19.12.2022 (BGBl. I S. 2478).
[2] Siehe hierzu das Verkündungs- und BekanntmachungsG (Nr. **70**).
[3] Art. 84 Abs. 1 neu gef. mWv 1.9.2006 durch G v. 28.8.2006 (BGBl. I S. 2034).

entsenden, mit deren Zustimmung und, falls diese Zustimmung versagt wird, mit Zustimmung des Bundesrates auch zu den nachgeordneten Behörden.

(4) [1] Werden Mängel, die die Bundesregierung bei der Ausführung der Bundesgesetze in den Ländern festgestellt hat, nicht beseitigt, so beschließt auf Antrag der Bundesregierung oder des Landes der Bundesrat, ob das Land das Recht verletzt hat. [2] Gegen den Beschluß des Bundesrates kann das Bundesverfassungsgericht angerufen werden.[1)]

(5) [1] Der Bundesregierung kann durch Bundesgesetz, das der Zustimmung des Bundesrates bedarf, zur Ausführung von Bundesgesetzen die Befugnis verliehen werden, für besondere Fälle Einzelweisungen zu erteilen. [2] Sie sind, außer wenn die Bundesregierung den Fall für dringlich erachtet, an die obersten Landesbehörden zu richten.

Art. 85[2)] [Landesverwaltung im Bundesauftrag] (1) [1] Führen die Länder die Bundesgesetze im Auftrage des Bundes aus, so bleibt die Einrichtung der Behörden Angelegenheit der Länder, soweit nicht Bundesgesetze mit Zustimmung des Bundesrates etwas anderes bestimmen. [2] Durch Bundesgesetz dürfen Gemeinden und Gemeindeverbänden Aufgaben nicht übertragen werden.

(2) [1] Die Bundesregierung kann mit Zustimmung des Bundesrates allgemeine Verwaltungsvorschriften erlassen. [2] Sie kann die einheitliche Ausbildung der Beamten und Angestellten regeln. [3] Die Leiter der Mittelbehörden sind mit ihrem Einvernehmen zu bestellen.

(3) [1] Die Landesbehörden unterstehen den Weisungen der zuständigen obersten Bundesbehörden. [2] Die Weisungen sind, außer wenn die Bundesregierung es für dringlich erachtet, an die obersten Landesbehörden zu richten. [3] Der Vollzug der Weisung ist durch die obersten Landesbehörden sicherzustellen.

(4) [1] Die Bundesaufsicht erstreckt sich auf Gesetzmäßigkeit und Zweckmäßigkeit der Ausführung. [2] Die Bundesregierung kann zu diesem Zwecke Bericht und Vorlage der Akten verlangen und Beauftragte zu allen Behörden entsenden.

Art. 86 [Bundesverwaltung] [1] Führt der Bund die Gesetze durch bundeseigene Verwaltung oder durch bundesunmittelbare Körperschaften oder Anstalten des öffentlichen Rechtes aus, so erläßt die Bundesregierung, soweit nicht das Gesetz Besonderes vorschreibt, die allgemeinen Verwaltungsvorschriften. [2] Sie regelt, soweit das Gesetz nichts anderes bestimmt, die Einrichtung der Behörden.

Art. 87[3) 4)] [Gegenstände der Bundesverwaltung] (1) [1] In bundeseigener Verwaltung mit eigenem Verwaltungsunterbau werden geführt der Auswärtige Dienst, die Bundesfinanzverwaltung und nach Maßgabe des Artikels 89 die Verwaltung der Bundeswasserstraßen und der Schiffahrt. [2] Durch Bundesgesetz können Bundesgrenzschutzbehörden[5) 6)], Zentralstellen für das polizeiliche Auskunfts- und Nachrichtenwesen, für die Kriminalpolizei[7)] und zur Sammlung von Unterlagen

---

[1)] Siehe hierzu § 13 Nr. 7 und §§ 68 ff. BundesverfassungsgerichtsG (Nr. **40**).

[2)] Art. 85 Abs. 1 Satz 2 angef. mWv 1.9.2006 durch G v. 28.8.2006 (BGBl. I S. 2034).

[3)] Art. 87 Abs. 1 Satz 2 neu gef. mWv 3.8.1972 durch G v. 28.7.1972 (BGBl. I S. 1305); Abs. 1 Satz 1 geänd. mWv 23.12.1993 durch G v. 20.12.1993 (BGBl. I S. 2089); Abs. 1 Satz 1 geänd. mWv 3.9.1994 durch G v. 30.8.1994 (BGBl. I S. 2245); Abs. 2 Satz 2 angef. mWv 15.11.1994 durch G v. 27.10.1994 (BGBl. I S. 3146).

[4)] Siehe hierzu auch Art. 130.

[5)] Bezeichnung ab 1.7.2005: „Bundespolizei".

[6)] Siehe das BundespolizeiG (Nr. **90**).

[7)] Siehe das BundeskriminalamtG (Nr. **450**).

für Zwecke des Verfassungsschutzes[1)] und des Schutzes gegen Bestrebungen im Bundesgebiet, die durch Anwendung von Gewalt oder darauf gerichtete Vorbereitungshandlungen auswärtige Belange der Bundesrepublik Deutschland gefährden, eingerichtet werden.

(2) [1] Als bundesunmittelbare Körperschaften des öffentlichen Rechtes werden diejenigen sozialen Versicherungsträger geführt, deren Zuständigkeitsbereich sich über das Gebiet eines Landes hinaus erstreckt. [2] Soziale Versicherungsträger, deren Zuständigkeitsbereich sich über das Gebiet eines Landes, aber nicht über mehr als drei Länder hinaus erstreckt, werden abweichend von Satz 1 als landesunmittelbare Körperschaften des öffentlichen Rechtes geführt, wenn das aufsichtsführende Land durch die beteiligten Länder bestimmt ist.

(3) [1] Außerdem können für Angelegenheiten, für die dem Bunde die Gesetzgebung zusteht, selbständige Bundesoberbehörden und neue bundesunmittelbare Körperschaften und Anstalten des öffentlichen Rechtes durch Bundesgesetz errichtet werden. [2] Erwachsen dem Bunde auf Gebieten, für die ihm die Gesetzgebung zusteht, neue Aufgaben, so können bei dringendem Bedarf bundeseigene Mittel- und Unterbehörden mit Zustimmung des Bundesrates und der Mehrheit[2)] der Mitglieder des Bundestages errichtet werden.

Art. 87a[3) 4)] [Streitkräfte] (1) [1] Der Bund stellt Streitkräfte zur Verteidigung auf. [2] Ihre zahlenmäßige Stärke und die Grundzüge ihrer Organisation müssen sich aus dem Haushaltsplan ergeben.

(1a) [1] Zur Stärkung der Bündnis- und Verteidigungsfähigkeit kann der Bund ein Sondervermögen für die Bundeswehr mit eigener Kreditermächtigung in Höhe von einmalig bis zu 100 Milliarden Euro errichten. [2] Auf die Kreditermächtigung sind Artikel 109 Absatz 3 und Artikel 115 Absatz 2 nicht anzuwenden. [3] Das Nähere regelt ein Bundesgesetz.

(2) Außer zur Verteidigung dürfen die Streitkräfte nur eingesetzt werden, soweit dieses Grundgesetz es ausdrücklich zuläßt.

(3) [1] Die Streitkräfte haben im Verteidigungsfalle und im Spannungsfalle die Befugnis, zivile Objekte zu schützen und Aufgaben der Verkehrsregelung wahrzunehmen, soweit dies zur Erfüllung ihres Verteidigungsauftrages erforderlich ist. [2] Außerdem kann den Streitkräften im Verteidigungsfalle und im Spannungsfalle der Schutz ziviler Objekte auch zur Unterstützung polizeilicher Maßnahmen übertragen werden; die Streitkräfte wirken dabei mit den zuständigen Behörden zusammen.

(Fortsetzung nächstes Blatt)

[1)] Siehe das BundesverfassungsschutzG (Nr. **80**).
[2)] *Zum Begriff der Mehrheit siehe Art. 121.*
[3)] Art. 87a eingef. mWv 22.3.1956 durch G v. 19.3.1956 (BGBl. I S. 111); neu gef. mWv 28.6.1968 durch G v. 24.6.1968 (BGBl. I S. 709); Abs. 1a eingef. mWv 1.7.2022 durch G v. 28.6.2022 (BGBl. I S. 968).
[4)] Siehe hierzu das ParlamentsbeteiligungsG v. 18.3.2005 (BGBl. I S. 775).

(4) 1 Zur Abwehr einer drohenden Gefahr für den Bestand oder die freiheitliche demokratische Grundordnung des Bundes oder eines Landes kann die Bundesregierung, wenn die Voraussetzungen des Artikels 91 Abs. 2 vorliegen und die Polizeikräfte sowie der Bundesgrenzschutz[1] nicht ausreichen, Streitkräfte zur Unterstützung der Polizei und des Bundesgrenzschutzes[1] beim Schutze von zivilen Objekten und bei der Bekämpfung organisierter und militärisch bewaffneter Aufständischer einsetzen. 2 Der Einsatz von Streitkräften ist einzustellen, wenn der Bundestag oder der Bundesrat es verlangen.

Art. 87b[2] **[Bundeswehrverwaltung]** (1) 1 Die Bundeswehrverwaltung wird in bundeseigener Verwaltung mit eigenem Verwaltungsunterbau geführt. 2 Sie dient den Aufgaben des Personalwesens und der unmittelbaren Deckung des Sachbedarfs der Streitkräfte. 3 Aufgaben der Beschädigtenversorgung und des Bauwesens können der Bundeswehrverwaltung nur durch Bundesgesetz, das der Zustimmung des Bundesrates bedarf, übertragen werden. 4 Der Zustimmung des Bundesrates bedürfen ferner Gesetze, soweit sie die Bundeswehrverwaltung zu Eingriffen in Rechte Dritter ermächtigen; das gilt nicht für Gesetze auf dem Gebiete des Personalwesens.

(2) 1 Im übrigen können Bundesgesetze, die der Verteidigung einschließlich des Wehrersatzwesens und des Schutzes der Zivilbevölkerung dienen, mit Zustimmung des Bundesrates bestimmen, daß sie ganz oder teilweise in bundeseigener Verwaltung mit eigenem Verwaltungsunterbau oder von den Ländern im Auftrage des Bundes ausgeführt werden. 2 Werden solche Gesetze von den Ländern im Auftrage des Bundes ausgeführt, so können sie mit Zustimmung des Bundesrates bestimmen, daß die der Bundesregierung und den zuständigen obersten Bundesbehörden auf Grund des Artikels 85 zustehenden Befugnisse ganz oder teilweise Bundesoberbehörden übertragen werden; dabei kann bestimmt werden, daß diese Behörden beim Erlaß allgemeiner Verwaltungsvorschriften gemäß Artikel 85 Abs. 2 Satz 1 nicht der Zustimmung des Bundesrates bedürfen.

Art. 87c[3] **[Bestimmungen über Erzeugung und Nutzung der Kernenergie]** Gesetze, die auf Grund des Artikels 73 Abs. 1 Nr. 14 ergehen, können mit Zustimmung des Bundesrates bestimmen, daß sie von den Ländern im Auftrage des Bundes ausgeführt werden.

Art. 87d[4] **[Luftverkehrsverwaltung]** (1) 1 Die Luftverkehrsverwaltung wird in Bundesverwaltung geführt. 2 Aufgaben der Flugsicherung können auch durch ausländische Flugsicherungsorganisationen wahrgenommen werden, die nach Recht der Europäischen Gemeinschaft zugelassen sind. 3 Das Nähere regelt ein Bundesgesetz.

(2) Durch Bundesgesetz, das der Zustimmung des Bundesrates bedarf, können Aufgaben der Luftverkehrsverwaltung den Ländern als Auftragsverwaltung übertragen werden.

---

[1] Bezeichnung ab 1.7.2005: „Bundespolizei".

[2] Art. 87b eingef. mWv 22.3.1956 durch G v. 19.3.1956 (BGBl. I S. 111).

[3] Art. 87c eingef. mWv 1.1.1960 durch G v. 23.12.1959 (BGBl. I S. 813); geänd. mWv 1.9.2006 durch G v. 28.8.2006 (BGBl. I S. 2034).

[4] Art. 87d eingef. mWv 16.2.1961 durch G v. 6.2.1961 (BGBl. I S. 65); Abs. 1 neu gef. mWv 22.7.1992 durch G v. 14.7.1992 (BGBl. I S. 1254); Abs. 1 neu gef. mWv 1.8.2009 durch G v. 29.7.2009 (BGBl. I S. 2247).

Art. 87e[1) 2)] [Eisenbahnen des Bundes] (1) [1]Die Eisenbahnverkehrsverwaltung für Eisenbahnen des Bundes wird in bundeseigener Verwaltung geführt. [2]Durch Bundesgesetz können Aufgaben der Eisenbahnverkehrsverwaltung den Ländern als eigene Angelegenheit übertragen werden.

(2) Der Bund nimmt die über den Bereich der Eisenbahnen des Bundes hinausgehenden Aufgaben der Eisenbahnverkehrsverwaltung wahr, die ihm durch Bundesgesetz übertragen werden.

(3) [1]Eisenbahnen des Bundes werden als Wirtschaftsunternehmen in privatrechtlicher Form geführt. [2]Diese stehen im Eigentum des Bundes, soweit die Tätigkeit des Wirtschaftsunternehmens den Bau, die Unterhaltung und das Betreiben von Schienenwegen umfaßt. [3]Die Veräußerung von Anteilen des Bundes an den Unternehmen nach Satz 2 erfolgt auf Grund eines Gesetzes; die Mehrheit der Anteile an diesen Unternehmen verbleibt beim Bund. [4]Das Nähere wird durch Bundesgesetz geregelt.

(4) [1]Der Bund gewährleistet, daß dem Wohl der Allgemeinheit, insbesondere den Verkehrsbedürfnissen, beim Ausbau und Erhalt des Schienennetzes der Eisenbahnen des Bundes sowie bei deren Verkehrsangeboten auf diesem Schienennetz, soweit diese nicht den Schienenpersonennahverkehr betreffen, Rechnung getragen wird. [2]Das Nähere wird durch Bundesgesetz geregelt.

(5) [1]Gesetze auf Grund der Absätze 1 bis 4 bedürfen der Zustimmung des Bundesrates. [2]Der Zustimmung des Bundesrates bedürfen ferner Gesetze, die die Auflösung, die Verschmelzung und die Aufspaltung von Eisenbahnunternehmen des Bundes, die Übertragung von Schienenwegen der Eisenbahnen des Bundes an Dritte sowie die Stillegung von Schienenwegen der Eisenbahnen des Bundes regeln oder Auswirkungen auf den Schienenpersonennahverkehr haben.

Art. 87f[3) 4)] [Post und Telekommunikation] (1) Nach Maßgabe eines Bundesgesetzes, das der Zustimmung des Bundesrates bedarf, gewährleistet der Bund im Bereich des Postwesens und der Telekommunikation flächendeckend angemessene und ausreichende Dienstleistungen.

(2) [1]Dienstleistungen im Sinne des Absatzes 1 werden als privatwirtschaftliche Tätigkeiten durch die aus dem Sondervermögen Deutsche Bundespost hervorgegangenen Unternehmen und durch andere private Anbieter erbracht. [2]Hoheitsaufgaben im Bereich des Postwesens und der Telekommunikation werden in bundeseigener Verwaltung ausgeführt.

(3) Unbeschadet des Absatzes 2 Satz 2 führt der Bund in der Rechtsform einer bundesunmittelbaren Anstalt des öffentlichen Rechts einzelne Aufgaben in bezug auf die aus dem Sondervermögen Deutsche Bundespost hervorgegangenen Unternehmen nach Maßgabe eines Bundesgesetzes aus.

---

1) Art. 87e eingef. mWv 23.12.1993 durch G v. 20.12.1993 (BGBl. I S. 2089).

2) Siehe hierzu das EisenbahnneuordnungsG **(Loseblatt-Textsammlung Arbeitsrecht Nr. 635c)**.

3) Art. 87f eingef. mWv 3.9.1994 durch G v. 30.8.1994 (BGBl. I S. 2245).

4) Siehe hierzu auch das PostneuordnungsG v. 14.9.1994 (BGBl. I S. 2325, ber. 1996 S. 103), durch das *weitere Bestimmungen im Zuge* der Privatisierung der Post erlassen wurden, zB in Art. 1 das Bundesanstalt Post-G v. 14.9.1994 (BGBl. I S. 2325), zuletzt geänd. durch G v. 16.7.2021 (BGBl. I S. 3372), in Art. 3 das PostumwandlungsG v. 14.9.1994 (BGBl. I S. 2325), zuletzt geänd. durch G v. 5.2.2009 (BGBl. I S. 160) und (urspr. in Art. 10) das Post- und TelekommunikationssicherstellungsG v. 24.3.2011 (BGBl. I S. 506, 941), aufgeh. durch G v. 15.7.2024 (BGBl. 2024 I Nr. 236).

Art. 88[1] [2] **[Bundesbank]** [1]Der Bund errichtet eine Währungs- und Notenbank als Bundesbank. [2]Ihre Aufgaben und Befugnisse können im Rahmen der Europäischen Union der Europäischen Zentralbank übertragen werden, die unabhängig ist und dem vorrangigen Ziel der Sicherung der Preisstabilität verpflichtet.

Art. 89[3] **[Bundeswasserstraßen]** (1) Der Bund ist Eigentümer der bisherigen Reichswasserstraßen.

(2) [1]Der Bund verwaltet die Bundeswasserstraßen durch eigene Behörden. [2]Er nimmt die über den Bereich eines Landes hinausgehenden staatlichen Aufgaben der Binnenschiffahrt und die Aufgaben der Seeschiffahrt wahr, die ihm durch Gesetz[4] übertragen werden. [3]Er kann die Verwaltung von Bundeswasserstraßen, soweit sie im Gebiete eines Landes liegen, diesem Lande auf Antrag als Auftragsverwaltung übertragen. [4]Berührt eine Wasserstraße das Gebiet mehrerer Länder, so kann der Bund das Land beauftragen, für das die beteiligten Länder es beantragen.

(3) Bei der Verwaltung, dem Ausbau und dem Neubau von Wasserstraßen sind die Bedürfnisse der Landeskultur und der Wasserwirtschaft im Einvernehmen mit den Ländern zu wahren.

Art. 90[5] **[Bundesautobahnen und Bundesstraßen]** (1) [1]Der Bund bleibt Eigentümer der Bundesautobahnen und sonstigen Bundesstraßen des Fernverkehrs. [2]Das Eigentum ist unveräußerlich.

(2) [1]Die Verwaltung der Bundesautobahnen wird in Bundesverwaltung geführt. [2]Der Bund kann sich zur Erledigung seiner Aufgaben einer Gesellschaft privaten Rechts bedienen. [3]Diese Gesellschaft steht im unveräußerlichen Eigentum des Bundes. [4]Eine unmittelbare oder mittelbare Beteiligung Dritter an der Gesellschaft und deren Tochtergesellschaften ist ausgeschlossen. [5]Eine Beteiligung Privater im Rahmen von Öffentlich-Privaten Partnerschaften ist ausgeschlossen für Streckennetze, die das gesamte Bundesautobahnnetz oder das gesamte Netz sonstiger Bundesfernstraßen in einem Land oder wesentliche Teile davon umfassen. [6]Das Nähere regelt ein Bundesgesetz.

(3) Die Länder oder die nach Landesrecht zuständigen Selbstverwaltungskörperschaften verwalten die sonstigen Bundesstraßen des Fernverkehrs im Auftrage des Bundes.

(4) Auf Antrag eines Landes kann der Bund die sonstigen Bundesstraßen des Fernverkehrs, soweit sie im Gebiet dieses Landes liegen, in Bundesverwaltung übernehmen.

Art. 91[6] **[Abwehr von Gefahren für den Bestand des Bundes oder eines Landes]** (1) Zur Abwehr einer drohenden Gefahr für den Bestand oder die freiheitliche demokratische Grundordnung des Bundes oder eines Landes kann ein

[1] Art. 88 Satz 2 angef. mWv 25.12.1992 durch G v. 21.12.1992 (BGBl. I S. 2086).

[2] Siehe hierzu das G über die Deutsche Bundesbank **(Sartorius ErgBd. Nr. 855)**.

[3] Siehe hierzu das G über die vermögensrechtlichen Verhältnisse der Bundeswasserstraßen (Nr. **970**) und das BundeswasserstraßenG (Nr. **971**).

[4] Siehe das BinnenschifffahrtsaufgabenG idF der Bek. v. 20.3.2023 (BGBl. 2023 I Nr. 82; 2023 I Nr. 126), zuletzt geänd. durch G v. 22.12.2023 (BGBl. 2023 I Nr. 409) und das SeeaufgabenG idF der Bek. v. 17.6.2016 (BGBl. I S. 1489), zuletzt geänd. durch G v. 23.10.2024 (BGBl. 2024 I Nr. 323).

[5] Siehe hierzu das G über die vermögensrechtlichen Verhältnisse der Bundesautobahnen und sonstigen Bundesstraßen des Fernverkehrs (Nr. **930**), das BundesfernstraßenG (Nr. **932**) und die BundesfernstraßenkreuzungsVO (Nr. **935**).

[6] Art. 91 neu gef. mWv 28.6.1968 durch G v. 24.6.1968 (BGBl. I S. 709).

Land Polizeikräfte anderer Länder sowie Kräfte und Einrichtungen anderer Verwaltungen und des Bundesgrenzschutzes[1] anfordern.

(2) [1] Ist das Land, in dem die Gefahr droht, nicht selbst zur Bekämpfung der Gefahr bereit oder in der Lage, so kann die Bundesregierung die Polizei in diesem Lande und die Polizeikräfte anderer Länder ihren Weisungen unterstellen sowie Einheiten des Bundesgrenzschutzes[1] einsetzen. [2] Die Anordnung ist nach Beseitigung der Gefahr, im übrigen jederzeit auf Verlangen des Bundesrates aufzuheben. [3] Erstreckt sich die Gefahr auf das Gebiet mehr als eines Landes, so kann die Bundesregierung, soweit es zur wirksamen Bekämpfung erforderlich ist, den Landesregierungen Weisungen erteilen; Satz 1 und Satz 2 bleiben unberührt.

VIIIa.[2] Gemeinschaftsaufgaben, Verwaltungszusammenarbeit

Art. 91a[3] [Mitwirkungsbereiche des Bundes bei Länderaufgaben]

(1) Der Bund wirkt auf folgenden Gebieten bei der Erfüllung von Aufgaben der Länder mit, wenn diese Aufgaben für die Gesamtheit bedeutsam sind und die Mitwirkung des Bundes zur Verbesserung der Lebensverhältnisse erforderlich ist (Gemeinschaftsaufgaben):

1. Verbesserung der regionalen Wirtschaftsstruktur,
2. Verbesserung der Agrarstruktur und des Küstenschutzes.

(2) Durch Bundesgesetz[4] mit Zustimmung des Bundesrates werden die Gemeinschaftsaufgaben sowie Einzelheiten der Koordinierung näher bestimmt.

(3) [1] Der Bund trägt in den Fällen des Absatzes 1 Nr. 1 die Hälfte der Ausgaben in jedem Land. [2] In den Fällen des Absatzes 1 Nr. 2 trägt der Bund mindestens die Hälfte; die Beteiligung ist für alle Länder einheitlich festzusetzen. [3] Das Nähere regelt das Gesetz. [4] Die Bereitstellung der Mittel bleibt der Feststellung in den Haushaltsplänen des Bundes und der Länder vorbehalten.

Art. 91b[5] [Bildungsplanung und Forschungsförderung] (1) [1] Bund und Länder können auf Grund von Vereinbarungen in Fällen überregionaler Bedeutung bei der Förderung von Wissenschaft, Forschung und Lehre zusammenwirken. [2] Vereinbarungen, die im Schwerpunkt Hochschulen betreffen, bedürfen der Zustimmung aller Länder. [3] Dies gilt nicht für Vereinbarungen über Forschungsbauten einschließlich Großgeräten.

---

[1] Bezeichnung ab 1.7.2005: „Bundespolizei".

[2] Abschnitt VIIIa (Art. 91a und 91b) eingef. mWv 1.1.1970 durch G v. 12.5.1969 (BGBl. I S. 359); Überschrift neu gef. mWv 1.8.2009 durch G v. 29.7.2009 (BGBl. I S. 2248).

[3] Art. 91a eingef. mWv 1.1.1970 durch G v. 12.5.1969 (BGBl. I S. 359); Abs. 1 Nr. 1 neu gef. mWv 6.8.1970 durch G v. 31.7.1970 (BGBl. I S. 1161); Abs. 1 Nr. 1, Abs. 3 und 5 aufgeh., Abs. 1 bish. Nr. 2 und 3 werden Nr. 1 und 2, bish. Abs. 4 wird Abs. 3 und Sätze 1 und 2 geänd. sowie Abs. 2 neu gef. mWv 1.9.2006 durch G v. 28.8.2006 (BGBl. I S. 2034).

[4] Siehe die Gesetze über die Gemeinschaftsaufgaben
– „Verbesserung der Agrarstruktur und des Küstenschutzes" idF der Bek. v. 21.7.1988 (BGBl. I S. 1055), zuletzt geänd. durch G v. 11.10.2016 (BGBl. I S. 2231) und
– „Verbesserung der regionalen Wirtschaftsstruktur" v. 6.10.1969 (BGBl. I S. 1861), zuletzt geänd. durch G v. 13.4.2021 (BGBl. I S. 770).

[5] Art. 91b eingef. mWv 1.1.1970 durch G v. 12.5.1969 (BGBl. I S. 359); neu gef. mWv 1.9.2006 durch G v. 28.8.2006 (BGBl. I S. 2034); Abs. 1 neu gef. mWv 1.1.2015 durch G v. 23.12.2014 (BGBl. I S. 2438).

(2) Bund und Länder können auf Grund von Vereinbarungen zur Feststellung der Leistungsfähigkeit des Bildungswesens im internationalen Vergleich und bei diesbezüglichen Berichten und Empfehlungen zusammenwirken.

(3) Die Kostentragung wird in der Vereinbarung geregelt.

Art. 91c[1)] [Informationstechnische Systeme] (1) Bund und Länder können bei der Planung, der Errichtung und dem Betrieb der für ihre Aufgabenerfüllung benötigten informationstechnischen Systeme zusammenwirken.

(2) [1]Bund und Länder können auf Grund von Vereinbarungen die für die Kommunikation zwischen ihren informationstechnischen Systemen notwendigen Standards und Sicherheitsanforderungen festlegen. [2]Vereinbarungen über die Grundlagen der Zusammenarbeit nach Satz 1 können für einzelne nach Inhalt und Ausmaß bestimmte Aufgaben vorsehen, dass nähere Regelungen bei Zustimmung einer in der Vereinbarung zu bestimmenden qualifizierten Mehrheit für Bund und Länder in Kraft treten. [3]Sie bedürfen der Zustimmung des Bundestages und der Volksvertretungen der beteiligten Länder; das Recht zur Kündigung dieser Vereinbarungen kann nicht ausgeschlossen werden. [4]Die Vereinbarungen regeln auch die Kostentragung.

(3) Die Länder können darüber hinaus den gemeinschaftlichen Betrieb informationstechnischer Systeme sowie die Errichtung von dazu bestimmten Einrichtungen vereinbaren.

(4) [1]Der Bund errichtet zur Verbindung der informationstechnischen Netze des Bundes und der Länder ein Verbindungsnetz. [2]Das Nähere zur Errichtung und zum Betrieb des Verbindungsnetzes regelt ein Bundesgesetz mit Zustimmung des Bundesrates.

(5) Der übergreifende informationstechnische Zugang zu den Verwaltungsleistungen von Bund und Ländern wird durch Bundesgesetz mit Zustimmung des Bundesrates geregelt.

Art. 91d[2)] [Leistungsvergleich] Bund und Länder können zur Feststellung und Förderung der Leistungsfähigkeit ihrer Verwaltungen Vergleichsstudien durchführen und die Ergebnisse veröffentlichen.

Art. 91e[3)] [Zusammenwirken hinsichtlich der Grundsicherung für Arbeitsuchende] (1) Bei der Ausführung von Bundesgesetzen auf dem Gebiet der Grundsicherung für Arbeitsuchende wirken Bund und Länder oder die nach Landesrecht zuständigen Gemeinden und Gemeindeverbände in der Regel in gemeinsamen Einrichtungen zusammen.

(2) [1]Der Bund kann zulassen, dass eine begrenzte Anzahl von Gemeinden und Gemeindeverbänden auf ihren Antrag und mit Zustimmung der obersten Landesbehörde die Aufgaben nach Absatz 1 allein wahrnimmt. [2]Die notwendigen Ausgaben einschließlich der Verwaltungsausgaben trägt der Bund, soweit die Aufgaben bei einer Ausführung von Gesetzen nach Absatz 1 vom Bund wahrzunehmen sind.

(3) Das Nähere regelt ein Bundesgesetz, das der Zustimmung des Bundesrates bedarf.

---

1) Art. 91c eingef. mWv 1.8.2009 durch G v. 29.7.2009 (BGBl. I S. 2248); Abs. 5 angef. mWv 20.7.2017 durch G v. 13.7.2017 (BGBl. I S. 2347).

2) Art. 91d eingef. mWv 1.8.2009 durch G v. 29.7.2009 (BGBl. I S. 2248).

3) Art. 91e eingef. mWv 27.7.2010 durch G v. 21.7.2010 (BGBl. I S. 944).

IX. Die Rechtsprechung

Art. 92[1] **[Gerichtsorganisation]** Die rechtsprechende Gewalt ist den Richtern anvertraut; sie wird durch das Bundesverfassungsgericht, durch die in diesem Grundgesetze vorgesehenen Bundesgerichte und durch die Gerichte der Länder ausgeübt.

Art. 93[2] **[Zusammensetzung des Bundesverfassungsgerichts]** (1) Das Bundesverfassungsgericht ist ein allen übrigen Verfassungsorganen gegenüber selbständiger und unabhängiger Gerichtshof des Bundes.

(2) [1]Das Bundesverfassungsgericht besteht aus Bundesrichtern und anderen Mitgliedern; es gliedert sich in zwei Senate. [2]In jeden Senat werden je zur Hälfte vom Bundestag und vom Bundesrat acht Richter gewählt; sie dürfen weder dem Bundestag, dem Bundesrat, der Bundesregierung noch entsprechenden Organen eines Landes angehören. [3]Durch Bundesgesetz nach Absatz 5 kann vorgesehen werden, dass das Wahlrecht vom anderen Wahlorgan ausgeübt werden kann, wenn innerhalb einer zu bestimmenden Frist nach dem Ende der Amtszeit oder dem vorzeitigen Ausscheiden eines Richters eine Wahl seines Nachfolgers nicht zustande kommt.

(3) [1]Die Amtszeit der Mitglieder des Bundesverfassungsgerichts dauert zwölf Jahre, längstens bis zum Ende des Monats, in dem das Mitglied das 68. Lebensjahr vollendet. [2]Nach Ablauf der Amtszeit führen die Richter ihre Amtsgeschäfte bis zur Ernennung des Nachfolgers fort. [3]Eine anschließende oder spätere Wiederwahl ist ausgeschlossen.

(4) Das Bundesverfassungsgericht gibt sich eine Geschäftsordnung[3], die das Plenum beschließt.

(5) [1]Ein Bundesgesetz[4] regelt die Verfassung und das Verfahren des Bundesverfassungsgerichts. [2]Es kann für Verfassungsbeschwerden die vorherige Erschöpfung des Rechtsweges zur Voraussetzung machen und ein besonderes Annahmeverfahren vorsehen.

Art. 94[5] [6] **[Zuständigkeit des Bundesverfassungsgerichts]** (1) Das Bundesverfassungsgericht entscheidet:

1. über die Auslegung dieses Grundgesetzes aus Anlass von Streitigkeiten über den Umfang der Rechte und Pflichten eines obersten Bundesorgans oder anderer Beteiligter, die durch dieses Grundgesetz oder in der Geschäftsordnung eines obersten Bundesorgans mit eigenen Rechten ausgestattet sind;
2. bei Meinungsverschiedenheiten oder Zweifeln über die förmliche und sachliche Vereinbarkeit von Bundesrecht oder Landesrecht mit diesem Grundgesetz oder die Vereinbarkeit von Landesrecht mit sonstigem Bundesrecht auf Antrag

---

[1] Art. 92 geänd. mWv 23.6.1968 durch G v. 18.6.1968 (BGBl. I S. 657).

[2] Art. 93 Abs. 1 Nr. 4a und 4b eingef. mWv 2.2.1969 durch G v. 29.1.1969 (BGBl. I S. 97); Abs. 1 Nr. 2a eingef. mWv 15.11.1994 durch G v. 27.10.1994 (BGBl. I S. 3146); Abs. 2 eingef., bish. Abs. 2 wird Abs. 3 mWv 1.9.2006 durch G v. 28.8.2006 (BGBl. I S. 2034); Abs. 1 Nr. 2 geänd. mWv 1.12.2009 durch G v. 8.10.2008 (BGBl. I S. 1926); Abs. 1 Nr. 4c eingef. mWv 17.7.2012 durch G v. 11.7.2012 (BGBl. I S. 1478); Art. 93 neu gef. mWv 28.12.2024 durch G v. 20.12.2024 (BGBl. 2024 I Nr. 439).

[3] *Siehe die Geschäftsordnung* des Bundesverfassungsgerichts v. 19.11.2014 (BGBl. 2015 I S. 286).

[4] Siehe das BundesverfassungsgerichtsG (Nr. **40**).

[5] Art. 94 Abs. 2 Satz 2 angef. durch G v. 29.1.1969 (BGBl. I S. 97); Art. 94 neu gef. mWv 28.12.2024 durch G v. 20.12.2024 (BGBl. 2024 I Nr. 439).

[6] Siehe hierzu auch § 13 Nr. 5 ff. und §§ 63 ff. BundesverfassungsgerichtsG (Nr. **40**).

der Bundesregierung, einer Landesregierung oder eines Viertels der Mitglieder des Bundestages;

2a. bei Meinungsverschiedenheiten, ob ein Gesetz den Voraussetzungen des Artikels 72 Absatz 2 entspricht, auf Antrag des Bundesrates, einer Landesregierung oder der Volksvertretung eines Landes;

3. bei Meinungsverschiedenheiten über Rechte und Pflichten des Bundes und der Länder, insbesondere bei der Ausführung von Bundesrecht durch die Länder und bei der Ausübung der Bundesaufsicht;

4. in anderen öffentlich-rechtlichen Streitigkeiten zwischen dem Bund und den Ländern, zwischen verschiedenen Ländern oder innerhalb eines Landes, soweit nicht ein anderer Rechtsweg gegeben ist;

4a. über Verfassungsbeschwerden, die von jedermann mit der Behauptung erhoben werden können, durch die öffentliche Gewalt in einem seiner Grundrechte oder in einem seiner in Artikel 20 Absatz 4, 33, 38, 101, 103 und 104 enthaltenen Rechte verletzt zu sein;

4b. über Verfassungsbeschwerden von Gemeinden und Gemeindeverbänden wegen Verletzung des Rechts auf Selbstverwaltung nach Artikel 28 durch ein Gesetz, bei Landesgesetzen jedoch nur, soweit nicht Beschwerde beim Landesverfassungsgericht erhoben werden kann;

4c. über Beschwerden von Vereinigungen gegen ihre Nichtanerkennung als Partei für die Wahl zum Bundestag;

5. in den übrigen in diesem Grundgesetz vorgesehenen Fällen.

(2) [1] Das Bundesverfassungsgericht entscheidet außerdem auf Antrag des Bundesrates, einer Landesregierung oder der Volksvertretung eines Landes, ob im Falle des Artikels 72 Absatz 4 die Erforderlichkeit für eine bundesgesetzliche Regelung nach Artikel 72 Absatz 2 nicht mehr besteht oder Bundesrecht in den Fällen des Artikels 125a Absatz 2Satz 1 nicht mehr erlassen werden könnte. [2] Die Feststellung, dass die Erforderlichkeit entfallen ist oder Bundesrecht nicht mehr erlassen werden könnte, ersetzt ein Bundesgesetz nach Artikel 72 Absatz 4 oder nach Artikel 125a Absatz 2 Satz 2. [3] Der Antrag nach Satz 1 ist nur zulässig, wenn eine Gesetzesvorlage nach Artikel 72 Absatz 4 oder nach Artikel 125a Absatz 2 Satz 2 im Bundestag abgelehnt oder über sie nicht innerhalb eines Jahres beraten und Beschluss gefasst oder wenn eine entsprechende Gesetzesvorlage im Bundesrat abgelehnt worden ist.

(3) Das Bundesverfassungsgericht wird ferner in den ihm sonst durch Bundesgesetz zugewiesenen Fällen tätig.

(4) [1] Die Entscheidungen des Bundesverfassungsgerichts binden die Verfassungsorgane des Bundes und der Länder sowie alle Gerichte und Behörden. [2] Ein Bundesgesetz[1)] bestimmt, in welchen Fällen seine Entscheidungen Gesetzeskraft haben.

Art. 95[2)] [Oberste Gerichtshöfe des Bundes] (1) Für die Gebiete der ordentlichen, der Verwaltungs-, der Finanz-, der Arbeits- und der Sozialgerichtsbarkeit errichtet der Bund als oberste Gerichtshöfe den Bundesgerichtshof[3)], das Bundes-

[1)] Siehe das BundesverfassungsgerichtsG (Nr. **40**).
[2)] Art. 95 neu gef. mWv 23.6.1968 durch G v. 18.6.1968 (BGBl. I S. 657).
[3)] BGH in Karlsruhe, siehe §§ 12 und 123 GerichtsverfassungsG **(Habersack Nr. 95)**.

verwaltungsgericht[1], den Bundesfinanzhof[2], das Bundesarbeitsgericht[3] und das Bundessozialgericht[4].

(2) Über die Berufung der Richter dieser Gerichte entscheidet der für das jeweilige Sachgebiet zuständige Bundesminister gemeinsam mit einem Richterwahlausschuß, der aus den für das jeweilige Sachgebiet zuständigen Ministern der Länder und einer gleichen Anzahl von Mitgliedern besteht, die vom Bundestage gewählt werden.[5]

(3) [1] Zur Wahrung der Einheitlichkeit der Rechtsprechung ist ein Gemeinsamer Senat der in Absatz 1 genannten Gerichte zu bilden. [2] Das Nähere regelt ein Bundesgesetz.[6]

Art. 96[7] **[Weitere Bundesgerichte]** (1) Der Bund kann für Angelegenheiten des gewerblichen Rechtsschutzes ein Bundesgericht[8] errichten.

(2) [1] Der Bund kann Wehrstrafgerichte für die Streitkräfte als Bundesgerichte errichten. [2] Sie können die Strafgerichtsbarkeit nur im Verteidigungsfalle sowie über Angehörige der Streitkräfte ausüben, die in das Ausland entsandt oder an Bord von Kriegsschiffen eingeschifft sind. [3] Das Nähere regelt ein Bundesgesetz. [4] Diese Gerichte gehören zum Geschäftsbereich des Bundesjustizministers. [5] Ihre hauptamtlichen Richter müssen die Befähigung zum Richteramt haben.

(3) Oberster Gerichtshof für die in Absatz 1 und 2 genannten Gerichte ist der Bundesgerichtshof.

(4) Der Bund kann für Personen, die zu ihm in einem öffentlich-rechtlichen Dienstverhältnis stehen, Bundesgerichte zur Entscheidung in Disziplinarverfahren und Beschwerdeverfahren errichten.[9]

(5) Für Strafverfahren auf den folgenden Gebieten kann ein Bundesgesetz mit Zustimmung des Bundesrates vorsehen, dass Gerichte der Länder Gerichtsbarkeit des Bundes ausüben:

1. Völkermord;
2. völkerstrafrechtliche Verbrechen gegen die Menschlichkeit;
3. Kriegsverbrechen;
4. andere Handlungen, die geeignet sind und in der Absicht vorgenommen werden, das friedliche Zusammenleben der Völker zu stören (Artikel 26 Abs. 1);
5. Staatsschutz.

---

[1] BVerwG in Leipzig, siehe § 2 VerwaltungsgerichtsO (Nr. **600**).

[2] BFH in München, siehe § 2 FinanzgerichtsO idF der Bek. v. 28.3.2001 (BGBl. I S. 442, 2262; 2002 I S. 679), zuletzt geänd. durch G v. 24.10.2024 (BGBl. 2024 I Nr. 328).

[3] BAG in Erfurt, siehe § 40 ArbeitsgerichtsG **(Habersack Nr. 83)**.

[4] BSG in Kassel, siehe § 38 SozialgerichtsG **(Sartorius ErgBd. Nr. 415)**.

[5] Siehe das RichterwahlG (Nr. **610**).

[6] Siehe das G zur Wahrung der Einheitlichkeit der Rechtsprechung der obersten Gerichtshöfe des Bundes **(Habersack ErgBd. Nr. 95b)**.

[7] Früherer Art. 96a eingef. mWv 22.3.1956 durch G v. 19.3.1956 (BGBl. I S. 111); neu gef. mWv 12.3.1961 durch G v. 6.3.1961 (BGBl. I S. 141); Art. 96 aufgeh., bish. Art 96a wird Art. 96 und Abs. 3 geänd. mWv 23.6.1968 durch G v. 18.6.1968 (BGBl. I S. 657); Abs. 4 neu gef. mWv 15.5.1969 durch G v. 12.5.1969 (BGBl. I S. 363); Abs. 5 angef. mWv 30.8.1969 durch G v. 26.8.1969 (BGBl. I S. 1357); *Abs. 5 neu gef. mWv 1.8.2002 durch G* v. 26.7.2002 (BGBl. I S. 2863).

[8] Bundespatentgericht (BPatG) in München, siehe § 65 PatentG **(Habersack ErgBd. Nr. 70)**.

[9] Siehe hierzu das BundesdisziplinarG (Nr. **220**), die Wehrdisziplinarordnung v. 16.8.2001 (BGBl. I S. 2093), aufgeh. durch G v. 17.12.2024 (BGBl. 2024 I Nr. 424) sowie die Wehrbeschwerdeordnung idF der Bek. v. 22.1.2009 (BGBl. I S. 81), zuletzt geänd. durch G v. 17.12.2024 (BGBl. 2024 I Nr. 424).

Art. 97 [Unabhängigkeit der Richter] (1) Die Richter sind unabhängig und nur dem Gesetze unterworfen.

(2) 1 Die hauptamtlich und planmäßig endgültig angestellten Richter können wider ihren Willen nur kraft richterlicher Entscheidung und nur aus Gründen und unter den Formen, welche die Gesetze bestimmen, vor Ablauf ihrer Amtszeit entlassen oder dauernd oder zeitweise ihres Amtes enthoben oder an eine andere Stelle oder in den Ruhestand versetzt werden. 2 Die Gesetzgebung kann Altersgrenzen festsetzen, bei deren Erreichung auf Lebenszeit angestellte Richter in den Ruhestand treten. 3 Bei Veränderung der Einrichtung der Gerichte oder ihrer Bezirke können Richter an ein anderes Gericht versetzt oder aus dem Amte entfernt werden, jedoch nur unter Belassung des vollen Gehaltes.

Art. 98[1)] [Rechtsstellung der Richter] (1) Die Rechtsstellung der Bundesrichter ist durch besonderes Bundesgesetz[2)] zu regeln.

(2)[3)] 1 Wenn ein Bundesrichter im Amte oder außerhalb des Amtes gegen die Grundsätze des Grundgesetzes oder gegen die verfassungsmäßige Ordnung eines Landes verstößt, so kann das Bundesverfassungsgericht mit Zweidrittelmehrheit auf Antrag des Bundestages anordnen, daß der Richter in ein anderes Amt oder in den Ruhestand zu versetzen ist. 2 Im Falle eines vorsätzlichen Verstoßes kann auf Entlassung erkannt werden.

(3) Die Rechtsstellung der Richter in den Ländern ist durch besondere Landesgesetze zu regeln, soweit Artikel 74 Abs. 1 Nr. 27 nichts anderes bestimmt.

(4) Die Länder können bestimmen, daß über die Anstellung der Richter in den Ländern der Landesjustizminister gemeinsam mit einem Richterwahlausschuß entscheidet.

(5)[3)] 1 Die Länder können für Landesrichter eine Absatz 2 entsprechende Regelung treffen. 2 Geltendes Landesverfassungsrecht bleibt unberührt. 3 Die Entscheidung über eine Richteranklage steht dem Bundesverfassungsgericht zu.

Art. 99[4)][5)] [Landesrechtliche Zuweisung von Streitigkeiten an das Bundesverfassungsgericht oder die obersten Gerichtshöfe des Bundes] Dem Bundesverfassungsgerichte kann durch Landesgesetz die Entscheidung von Verfassungsstreitigkeiten innerhalb eines Landes, den in Artikel 95 Abs. 1 genannten obersten Gerichtshöfen für den letzten Rechtszug die Entscheidung in solchen Sachen zugewiesen werden, bei denen es sich um die Anwendung von Landesrecht handelt.

Art. 100[6)] [Verfassungswidrigkeit von Gesetzen] (1)[7)] 1 Hält ein Gericht ein Gesetz, auf dessen Gültigkeit es bei der Entscheidung ankommt, für verfassungswidrig, so ist das Verfahren auszusetzen und, wenn es sich um die Verletzung der Verfassung eines Landes handelt, die Entscheidung des für Verfassungsstreitigkeiten zuständigen Gerichtes des Landes, wenn es sich um die Verletzung dieses Grundgesetzes handelt, die Entscheidung des Bundesverfassungsgerichtes einzuholen.

---

1) Art. 98 Abs. 3 neu gef. mWv 21.3.1971 durch G v. 18.3.1971 (BGBl. I S. 206); Abs. 3 neu gef. mWv 1.9.2006 durch G v. 28.8.2006 (BGBl. I S. 2034).

2) Siehe das Deutsche RichterG **(Habersack ErgBd. Nr. 97)**.

3) Siehe hierzu § 13 Nr. 9 und §§ 58 ff. BundesverfassungsgerichtsG (Nr. **40**).

4) Art. 99 geänd. mWv 23.6.1968 durch G v. 18.6.1968 (BGBl. I S. 657).

5) Siehe hierzu § 13 Nr. 10 und §§ 73 ff. BundesverfassungsgerichtsG (Nr. **40**).

6) Art. 100 Abs. 3 geänd. mWv 23.6.1968 durch G v. 18.6.1968 (BGBl. I S. 657).

7) Siehe hierzu § 13 Nr. 11–13 und §§ 80 ff. BundesverfassungsgerichtsG (Nr. **40**).

[2]Dies gilt auch, wenn es sich um die Verletzung dieses Grundgesetzes durch Landesrecht oder um die Unvereinbarkeit eines Landesgesetzes mit einem Bundesgesetze handelt.

(2) Ist in einem Rechtsstreite zweifelhaft, ob eine Regel des Völkerrechtes Bestandteil des Bundesrechtes ist und ob sie unmittelbar Rechte und Pflichten für den Einzelnen erzeugt (Artikel 25), so hat das Gericht die Entscheidung des Bundesverfassungsgerichtes einzuholen.

(3) Will das Verfassungsgericht eines Landes bei der Auslegung des Grundgesetzes von einer Entscheidung des Bundesverfassungsgerichtes oder des Verfassungsgerichtes eines anderen Landes abweichen, so hat das Verfassungsgericht die Entscheidung des Bundesverfassungsgerichtes einzuholen.

Art. 101 [Ausnahmegerichte] (1) [1]Ausnahmegerichte sind unzulässig. [2]Niemand darf seinem gesetzlichen Richter entzogen werden.

(2) Gerichte für besondere Sachgebiete können nur durch Gesetz errichtet werden.

Art. 102 [Abschaffung der Todesstrafe] Die Todesstrafe ist abgeschafft.

Art. 103 [Grundrechte vor Gericht] (1) Vor Gericht hat jedermann Anspruch auf rechtliches Gehör.

(2) Eine Tat kann nur bestraft werden, wenn die Strafbarkeit gesetzlich bestimmt war, bevor die Tat begangen wurde.

(3) Niemand darf wegen derselben Tat auf Grund der allgemeinen Strafgesetze mehrmals bestraft werden.

Art. 104[1)] [Rechtsgarantien bei Freiheitsentziehung] (1) [1]Die Freiheit der Person kann nur auf Grund eines förmlichen Gesetzes und nur unter Beachtung der darin vorgeschriebenen Formen beschränkt werden. [2]Festgehaltene Personen dürfen weder seelisch noch körperlich mißhandelt werden.

(2) [1]Über die Zulässigkeit und Fortdauer einer Freiheitsentziehung hat nur der Richter zu entscheiden. [2]Bei jeder nicht auf richterlicher Anordnung beruhenden Freiheitsentziehung ist unverzüglich eine richterliche Entscheidung herbeizuführen. [3]Die Polizei darf aus eigener Machtvollkommenheit niemanden länger als bis zum Ende des Tages nach dem Ergreifen in eigenem Gewahrsam halten. [4]Das Nähere ist gesetzlich[2)] zu regeln.

(3) [1]Jeder wegen des Verdachtes einer strafbaren Handlung vorläufig Festgenommene ist spätestens am Tage nach der Festnahme dem Richter vorzuführen, der ihm die Gründe der Festnahme mitzuteilen, ihn zu vernehmen und ihm Gelegenheit zu Einwendungen zu geben hat. [2]Der Richter hat unverzüglich entweder einen mit Gründen versehenen schriftlichen Haftbefehl zu erlassen oder die Freilassung anzuordnen.

(4) Von jeder richterlichen Entscheidung über die Anordnung oder Fortdauer einer Freiheitsentziehung ist unverzüglich ein Angehöriger des Festgehaltenen oder eine Person seines Vertrauens zu benachrichtigen.

[1)] Zu den Voraussetzungen der Festnahme von Abgeordneten siehe Art. 46 Abs. 2–4, zu denen der Festnahme des Bundespräsidenten siehe Art. 60 Abs. 4 iVm Art. 46 Abs. 2–4; siehe ferner Art. 5 der Konvention zum Schutz der Menschenrechte und Grundfreiheiten (Nr. **1003**).

[2)] Siehe hierzu Buch 7 (§§ 415 ff. – Verfahren in Freiheitsentziehungssachen) des G über das Verfahren in Familiensachen und in den Angelegenheiten der freiwilligen Gerichtsbarkeit (FamFG) **(Habersack Nr. 112)**.

X. Das Finanzwesen[1)]

Art. 104a[2)] [Ausgabenverteilung; Lastenverteilung] (1) Der Bund und die Länder tragen gesondert die Ausgaben, die sich aus der Wahrnehmung ihrer Aufgaben ergeben, soweit dieses Grundgesetz nichts anderes bestimmt.

(2) Handeln die Länder im Auftrage des Bundes, trägt der Bund die sich daraus ergebenden Ausgaben.

(3) [1] Bundesgesetze, die Geldleistungen gewähren und von den Ländern ausgeführt werden, können bestimmen, daß die Geldleistungen ganz oder zum Teil vom Bund getragen werden. [2] Bestimmt das Gesetz, daß der Bund die Hälfte der Ausgaben oder mehr trägt, wird es im Auftrage des Bundes durchgeführt. [3] Bei der Gewährung von Leistungen für Unterkunft und Heizung auf dem Gebiet der Grundsicherung für Arbeitsuchende wird das Gesetz im Auftrage des Bundes ausgeführt, wenn der Bund drei Viertel der Ausgaben oder mehr trägt.

(4) Bundesgesetze, die Pflichten der Länder zur Erbringung von Geldleistungen, geldwerten Sachleistungen oder vergleichbaren Dienstleistungen gegenüber Dritten begründen und von den Ländern als eigene Angelegenheit oder nach Absatz 3 Satz 2 im Auftrag des Bundes ausgeführt werden, bedürfen der Zustimmung des Bundesrates, wenn daraus entstehende Ausgaben von den Ländern zu tragen sind.

(5) [1] Der Bund und die Länder tragen die bei ihren Behörden entstehenden Verwaltungsausgaben und haften im Verhältnis zueinander für eine ordnungsmäßige Verwaltung. [2] Das Nähere bestimmt ein Bundesgesetz, das der Zustimmung des Bundesrates bedarf.

(6) [1] Bund und Länder tragen nach der innerstaatlichen Zuständigkeits- und Aufgabenverteilung die Lasten einer Verletzung von supranationalen oder völkerrechtlichen Verpflichtungen Deutschlands.[3)] [2] In Fällen länderübergreifender Finanzkorrekturen der Europäischen Union tragen Bund und Länder diese Lasten

---

[1)] Siehe für die Zeit nach der Herstellung der Einheit Deutschlands Art. 7 EVertr. v. 31.8.1990 (BGBl. II S. 885, 889):

„**Art. 7 Finanzverfassung.** (1) Die Finanzverfassung der Bundesrepublik Deutschland wird auf das in Artikel 3 genannte Gebiet erstreckt, soweit in diesem Vertrag nichts anderes bestimmt ist.

(2), (3) *(nicht mehr wiedergegebene Maßgaben für die Anwendung der Art. 106 und 107 GG bis zum 31.12. 1994 bzw. 31.12.1996)*

(4) Das in Artikel 3 genannte Gebiet wird in die Regelungen der Artikel 91a, 91b und 104a Abs. 3 und 4 des Grundgesetzes einschließlich der hierzu ergangenen Ausführungsbestimmungen nach Maßgabe dieses Vertrags mit Wirkung vom 1. Januar 1991 einbezogen.

(5) Nach Herstellung der deutschen Einheit werden die jährlichen Leistungen des Fonds „Deutsche Einheit"

1. zu 85 vom Hundert als besondere Unterstützung den Ländern Brandenburg, Mecklenburg-Vorpommern, Sachsen, Sachsen-Anhalt und Thüringen sowie dem Land Berlin zur Deckung ihres allgemeinen Finanzbedarfs gewährt und auf diese Länder im Verhältnis ihrer Einwohnerzahl ohne Berücksichtigung der Einwohnerzahl von Berlin (West) verteilt sowie
2. zu 15 vom Hundert zur Erfüllung zentraler öffentlicher Aufgaben auf dem Gebiet der vorgenannten Länder verwendet.

(6) Bei grundlegender Veränderung der Gegebenheiten werden die Möglichkeiten weiterer Hilfe zum angemessenen Ausgleich der Finanzkraft für die Länder in dem Artikel 3 genannten Gebiet von Bund und Ländern gemeinsam geprüft."

[2)] Art. 104a eingef. mWv 1.1.1970 durch G v. 12.5.1969 (BGBl. I S. 359); Abs. 3 Satz 3 aufgeh., Abs. 4 neu gef. und Abs. 6 angef. mWv 1.9.2006 durch G v. 28.8.2006 (BGBl. I S. 2034); Abs. 3 Satz 3 angef. mWv 8.10.2020 durch G v. 29.9.2020 (BGBl. I S. 2048).

[3)] Siehe auch das G zur Lastentragung im Bund-Länder-Verhältnis bei Verletzung von supranationalen oder völkerrechtlichen Verpflichtungen (Lastentragungsgesetz – LastG) **(Sartorius III Nr. 103)**.

im Verhältnis 15 zu 85. [3]Die Ländergesamtheit trägt in diesen Fällen solidarisch 35 vom Hundert der Gesamtlasten entsprechend einem allgemeinen Schlüssel; 50 vom Hundert der Gesamtlasten tragen die Länder, die die Lasten verursacht haben, anteilig entsprechend der Höhe der erhaltenen Mittel. [4]Das Nähere regelt ein Bundesgesetz, das der Zustimmung des Bundesrates bedarf.

Art. 104b[1)] [Finanzhilfen für bedeutsame Investitionen der Länder]

(1) [1]Der Bund kann, soweit dieses Grundgesetz ihm Gesetzgebungsbefugnisse verleiht, den Ländern Finanzhilfen für besonders bedeutsame Investitionen der Länder und der Gemeinden (Gemeindeverbände) gewähren, die

1. zur Abwehr einer Störung des gesamtwirtschaftlichen Gleichgewichts oder
2. zum Ausgleich unterschiedlicher Wirtschaftskraft im Bundesgebiet oder
3. zur Förderung des wirtschaftlichen Wachstums

erforderlich sind. [2]Abweichend von Satz 1 kann der Bund im Falle von Naturkatastrophen oder außergewöhnlichen Notsituationen, die sich der Kontrolle des Staates entziehen und die staatliche Finanzlage erheblich beeinträchtigen, auch ohne Gesetzgebungsbefugnisse Finanzhilfen gewähren.

(2) [1]Das Nähere, insbesondere die Arten der zu fördernden Investitionen, wird durch Bundesgesetz, das der Zustimmung des Bundesrates bedarf, oder auf Grund des Bundeshaushaltsgesetzes durch Verwaltungsvereinbarung[2)] geregelt. [2]Das Bundesgesetz oder die Verwaltungsvereinbarung kann Bestimmungen über die Ausgestaltung der jeweiligen Länderprogramme zur Verwendung der Finanzhilfen vorsehen. [3]Die Festlegung der Kriterien für die Ausgestaltung der Länderprogramme erfolgt im Einvernehmen mit den betroffenen Ländern. [4]Zur Gewährleistung der zweckentsprechenden Mittelverwendung kann die Bundesregierung Bericht und Vorlage der Akten verlangen und Erhebungen bei allen Behörden durchführen. [5]Die Mittel des Bundes werden zusätzlich zu eigenen Mitteln der Länder bereitgestellt. [6]Sie sind befristet zu gewähren und hinsichtlich ihrer Verwendung in regelmäßigen Zeitabständen zu überprüfen. [7]Die Finanzhilfen sind im Zeitablauf mit fallenden Jahresbeträgen zu gestalten.

(3) Bundestag, Bundesregierung und Bundesrat sind auf Verlangen über die Durchführung der Maßnahmen und die erzielten Verbesserungen zu unterrichten.

Art. 104c[3)] [Finanzhilfen für bedeutsame Investitionen der Länder im Bereich der kommunalen Bildungsinfrastruktur] [1]Der Bund kann den Ländern Finanzhilfen für gesamtstaatlich bedeutsame Investitionen sowie besondere, mit diesen unmittelbar verbundene, befristete Ausgaben der Länder und Gemeinden (Gemeindeverbände) zur Steigerung der Leistungsfähigkeit der kommunalen Bildungsinfrastruktur gewähren. [2]Artikel 104b Absatz 2 Satz 1 bis 3, 5, 6 und Absatz 3 gilt entsprechend. [3]Zur Gewährleistung der zweckentsprechenden Mit-

---

[1)] Art. 104b eingef. mWv 1.9.2006 durch G v. 28.8.2006 (BGBl. I S. 2034); Abs. 1 Satz 2 angef. mWv 1.8.2009 durch G v. 29.7.2009 (BGBl. I S. 2248); Abs. 2 Sätze 2–4 eingef., bish. Sätze 2 und 3 werden Sätze 5 und 6 mWv 20.7.2017 durch G v. 13.7.2017 (BGBl. I S. 2347); Abs. 2 Satz 5 eingef., bish. Sätze 5 und 6 werden Sätze 6 und 7, Satz 6 geänd. mWv 4.4.2019 durch G v. 28.3.2019 (BGBl. I S. 404).

[2)] Siehe hierzu ua:
VV Städtebauförderung 2022 v. 29.6.2022 (BAnz AT 17.11.2022 B6, 2)
VV Städtebauförderung 2023/2024 v. 21.3.2023 S. 1, 2.

[3)] Art. 104c eingef. mWv 20.7.2017 durch G v. 13.7.2017 (BGBl. I S. 2347); neu gef. mWv 4.4.2019 durch G v. 28.3.2019 (BGBl. I S. 404).

telverwendung kann die Bundesregierung Berichte und anlassbezogen die Vorlage von Akten verlangen.

Art. 104d[1)] [Finanzhilfen für bedeutsame Investitionen der Länder im Bereich des sozialen Wohnungsbaus] [1] Der Bund kann den Ländern Finanzhilfen für gesamtstaatlich bedeutsame Investitionen der Länder und Gemeinden (Gemeindeverbände) im Bereich des sozialen Wohnungsbaus gewähren. [2] Artikel 104b Absatz 2 Satz 1 bis 5 sowie Absatz 3 gilt entsprechend.

Art. 105[2)] [Gesetzgebungsrecht] (1) Der Bund hat die ausschließliche Gesetzgebung über die Zölle und Finanzmonopole.

(2) [1] Der Bund hat die konkurrierende Gesetzgebung über die Grundsteuer. [2] Er hat die konkurrierende Gesetzgebung über die übrigen Steuern, wenn ihm das Aufkommen dieser Steuern ganz oder zum Teil zusteht oder die Voraussetzungen des Artikels 72 Abs. 2 vorliegen.

(2a) [1] Die Länder haben die Befugnis zur Gesetzgebung über die örtlichen Verbrauch- und Aufwandsteuern, solange und soweit sie nicht bundesgesetzlich geregelten Steuern gleichartig sind. [2] Sie haben die Befugnis zur Bestimmung des Steuersatzes bei der Grunderwerbsteuer.

(3) Bundesgesetze über Steuern, deren Aufkommen den Ländern oder den Gemeinden (Gemeindeverbänden) ganz oder zum Teil zufließt, bedürfen der Zustimmung des Bundesrates.

Art. 106[3)] [Verteilung des Steueraufkommens und des Ertrages der Finanzmonopole] (1) Der Ertrag der Finanzmonopole und das Aufkommen der folgenden Steuern stehen dem Bund zu:

1. die Zölle,
2. die Verbrauchsteuern, soweit sie nicht nach Absatz 2 den Ländern, nach Absatz 3 Bund und Ländern gemeinsam oder nach Absatz 6 den Gemeinden zustehen,
3. die Straßengüterverkehrsteuer, die Kraftfahrzeugsteuer und sonstige auf motorisierte Verkehrsmittel bezogene Verkehrsteuern,
4. die Kapitalverkehrsteuern, die Versicherungsteuer und die Wechselsteuer,
5. die einmaligen Vermögensabgaben und die zur Durchführung des Lastenausgleichs erhobenen Ausgleichsabgaben,
6. die Ergänzungsabgabe zur Einkommensteuer und zur Körperschaftsteuer,
7. Abgaben im Rahmen der Europäischen Gemeinschaften.

(2) Das Aufkommen der folgenden Steuern steht den Ländern zu:

1. die Vermögensteuer,

[1)] Art. 104d eingef. mWv 4.4.2019 durch G v. 28.3.2019 (BGBl. I S. 404).

[2)] Art. 105 Abs. 2 neu gef. und Abs. 2a eingef. mWv 1.1.1970 durch G v. 12.5.1969 (BGBl. I S. 359); Abs. 2a Satz 2 angef. mWv 1.9.2006 durch G v. 28.8.2006 (BGBl. I S. 2034); Abs. 2 Satz 1 eingef., Satz 2 geänd. mWv 21.11.2019 durch G v. 15.11.2019 (BGBl. I S. 1546).

[3)] Art. 106 neu gef. mWv 1.4.1955 durch G v. 23.12.1955 BGBl. I S. 817); Abs. 2 Nr. 7 aufgeh., bish. Nr. 8 wird Nr. 7, Abs. 6 und Abs. 7 eingef., bish. Abs. 6 wird Abs. 8 und Satz 2 aufgeh. mWv 1.4.1957 (Vorschriften über die verbundene Steuerwirtschaft mWv 1.4.1958) durch G. v. 24.12.1956 (BGBl. I S. 1077); neu gef. mWv 1.1.1970 durch G v. 12.5.1969 (BGBl. I S. 359); Abs. 3 Sätze 5 und 6 angef., Abs. 4 Satz 1 geänd. mWv 11.11.1995 durch G v. 3.11.1995 (BGBl. I S. 1492); Abs. 3 Satz 1 und Abs. 6 Sätze 1–3 und 6 neu gef., Abs. 5a eingef. mWv 25.10.1997 durch G v. 20.10.1997 (BGBl. I S. 2470); Abs. 1 Nr. 3 neu gef., Abs. 2 Nr. 3 aufgeh., Nr. 4–6 werden Nr. 3–5 mWv 1.7.2009 durch G v. 19.3.2009 (BGBl. I S. 606).

2. die Erbschaftsteuer,
3. die Verkehrsteuern, soweit sie nicht nach Absatz 1 dem Bund oder nach Absatz 3 Bund und Ländern gemeinsam zustehen,
4. die Biersteuer,
5. die Abgabe von Spielbanken.

(3) [1] Das Aufkommen der Einkommensteuer, der Körperschaftsteuer und der Umsatzsteuer steht dem Bund und den Ländern gemeinsam zu (Gemeinschaftsteuern), soweit das Aufkommen der Einkommensteuer nicht nach Absatz 5 und das Aufkommen der Umsatzsteuer nicht nach Absatz 5a den Gemeinden zugewiesen wird. [2] Am Aufkommen der Einkommensteuer und der Körperschaftsteuer sind der Bund und die Länder je zur Hälfte beteiligt. [3] Die Anteile von Bund und Ländern an der Umsatzsteuer werden durch Bundesgesetz, das der Zustimmung des Bundesrates bedarf, festgesetzt. [4] Bei der Festsetzung ist von folgenden Grundsätzen auszugehen:

1. [1] Im Rahmen der laufenden Einnahmen haben der Bund und die Länder gleichmäßig Anspruch auf Deckung ihrer notwendigen Ausgaben. [2] Dabei ist der Umfang der Ausgaben unter Berücksichtigung einer mehrjährigen Finanzplanung zu ermitteln.
2. Die Deckungsbedürfnisse des Bundes und der Länder sind so aufeinander abzustimmen, daß ein billiger Ausgleich erzielt, eine Überbelastung der Steuerpflichtigen vermieden und die Einheitlichkeit der Lebensverhältnisse im Bundesgebiet gewahrt wird.

[5] Zusätzlich werden in die Festsetzung der Anteile von Bund und Ländern an der Umsatzsteuer Steuermindereinnahmen einbezogen, die den Ländern ab 1. Januar 1996 aus der Berücksichtigung von Kindern im Einkommensteuerrecht entstehen. [6] Das Nähere bestimmt das Bundesgesetz nach Satz 3.

(4) [1] Die Anteile von Bund und Ländern an der Umsatzsteuer sind neu festzusetzen, wenn sich das Verhältnis zwischen den Einnahmen und Ausgaben des Bundes und der Länder wesentlich anders entwickelt; Steuermindereinnahmen, die nach Absatz 3 Satz 5 in die Festsetzung der Umsatzsteueranteile zusätzlich einbezogen werden, bleiben hierbei unberücksichtigt. [2] Werden den Ländern durch Bundesgesetz zusätzliche Ausgaben auferlegt oder Einnahmen entzogen, so kann die Mehrbelastung durch Bundesgesetz, das der Zustimmung des Bundesrates bedarf, auch mit Finanzzuweisungen des Bundes ausgeglichen werden, wenn sie auf einen kurzen Zeitraum begrenzt ist. [3] In dem Gesetz sind die Grundsätze für die Bemessung dieser Finanzzuweisungen und für ihre Verteilung auf die Länder zu bestimmen.

(5) [1] Die Gemeinden erhalten einen Anteil an dem Aufkommen der Einkommensteuer, der von den Ländern an ihre Gemeinden auf der Grundlage der Einkommensteuerleistungen ihrer Einwohner weiterzuleiten ist. [2] Das Nähere bestimmt ein Bundesgesetz[1)], das der Zustimmung des Bundesrates bedarf. [3] Es kann bestimmen, daß die Gemeinden Hebesätze für den Gemeindeanteil festsetzen.

(5a) [1] Die Gemeinden erhalten ab dem 1. Januar 1998 einen Anteil an dem Aufkommen der Umsatzsteuer. [2] Er wird von den Ländern auf der Grundlage eines orts- und wirtschaftsbezogenen Schlüssels an ihre Gemeinden weitergeleitet. [3] Das Nähere wird durch Bundesgesetz, das der Zustimmung des Bundesrates bedarf, bestimmt.

[1)] Siehe das GemeindefinanzreformG **(Sartorius III Nr. 41)**.

(6) [1]Das Aufkommen der Grundsteuer und Gewerbesteuer steht den Gemeinden, das Aufkommen der örtlichen Verbrauch- und Aufwandsteuern steht den Gemeinden oder nach Maßgabe der Landesgesetzgebung den Gemeindeverbänden zu. [2]Den Gemeinden ist das Recht einzuräumen, die Hebesätze der Grundsteuer und Gewerbesteuer im Rahmen der Gesetze festzusetzen. [3]Bestehen in einem Land keine Gemeinden, so steht das Aufkommen der Grundsteuer und Gewerbesteuer sowie der örtlichen Verbrauch- und Aufwandsteuern dem Land zu. [4]Bund und Länder können durch eine Umlage an dem Aufkommen der Gewerbesteuer beteiligt werden. [5]Das Nähere über die Umlage bestimmt ein Bundesgesetz, das der Zustimmung des Bundesrates bedarf. [6]Nach Maßgabe der Landesgesetzgebung können die Grundsteuer und Gewerbesteuer sowie der Gemeindeanteil vom Aufkommen der Einkommensteuer und der Umsatzsteuer als Bemessungsgrundlagen für Umlagen zugrunde gelegt werden.

(7) [1]Von dem Länderanteil am Gesamtaufkommen der Gemeinschaftsteuern fließt den Gemeinden und Gemeindeverbänden insgesamt ein von der Landesgesetzgebung zu bestimmender Hundertsatz zu. [2]Im übrigen bestimmt die Landesgesetzgebung, ob und inwieweit das Aufkommen der Landessteuern den Gemeinden (Gemeindeverbänden) zufließt.

(8) [1]Veranlaßt der Bund in einzelnen Ländern oder Gemeinden (Gemeindeverbänden) besondere Einrichtungen, die diesen Ländern oder Gemeinden (Gemeindeverbänden) unmittelbar Mehrausgaben oder Mindereinnahmen (Sonderbelastungen) verursachen, gewährt der Bund den erforderlichen Ausgleich, wenn und soweit den Ländern oder Gemeinden (Gemeindeverbänden) nicht zugemutet werden kann, die Sonderbelastungen zu tragen. [2]Entschädigungsleistungen Dritter und finanzielle Vorteile, die diesen Ländern oder Gemeinden (Gemeindeverbänden) als Folge der Einrichtungen erwachsen, werden bei dem Ausgleich berücksichtigt.

(9) Als Einnahmen und Ausgaben der Länder im Sinne dieses Artikels gelten auch die Einnahmen und Ausgaben der Gemeinden (Gemeindeverbände).

Art. 106a[1)] [Bundeszuschuss für öffentlichen Personennahverkehr] [1]Den Ländern steht ab 1. Januar 1996 für den öffentlichen Personennahverkehr ein Betrag aus dem Steueraufkommen des Bundes zu. [2]Das Nähere regelt ein Bundesgesetz, das der Zustimmung des Bundesrates bedarf. [3]Der Betrag nach Satz 1 bleibt bei der Bemessung der Finanzkraft nach Artikel 107 Abs. 2 unberücksichtigt.

Art. 106b[2)] [Länderanteil an der Kraftfahrzeugsteuer] [1]Den Ländern steht ab dem 1. Juli 2009 infolge der Übertragung der Kraftfahrzeugsteuer auf den Bund ein Betrag aus dem Steueraufkommen des Bundes zu. [2]Das Nähere regelt ein Bundesgesetz, das der Zustimmung des Bundesrates bedarf.

Art. 107[3)] [4)] [Finanzausgleich; Ergänzungszuweisungen] (1) [1]Das Aufkommen der Landessteuern und der Länderanteil am Aufkommen der Einkommensteuer und der Körperschaftsteuer stehen den einzelnen Ländern insoweit zu, als

---

1) Art. 106a eingef. mWv 23.12.1993 durch G v. 20.12.1993 (BGBl. I S. 2089).

2) Art. 106b eingef. mWv 26.3.2009 durch G v. 19.3.2009 (BGBl. I S. 606).

3) Art. 107 Satz 1 geänd. mWv 23.4.1953 durch G v. 20.4.1953 (BGBl. I S. 130); Satz 1 geänd. mWv 31.12.1954 durch G v. 25.12.1954 (BGBl. I S. 517); neu gef. mWv 1.1.1970 durch G v. 12.5.1969 (BGBl. I S. 359); Abs. 1 Satz 4 neu gef. mWv 1.9.2006 durch G v. 28.8.2006 (BGBl. I S. 2034); Abs. 1 Satz 4 geänd. mWv 26.3.2009 durch G v. 19.3.2009 (BGBl. I S. 606); Abs. 1 Satz 4 und Abs. 2 neu gef. mWv 20.7.2017 durch G v. 13.7.2017 (BGBl. I S. 2347).

4) Zur Anwendung von Art. 107 siehe Art. 143g GG.

die Steuern von den Finanzbehörden in ihrem Gebiet vereinnahmt werden (örtliches Aufkommen). [2] Durch Bundesgesetz, das der Zustimmung des Bundesrates bedarf, sind für die Körperschaftsteuer und die Lohnsteuer nähere Bestimmungen über die Abgrenzung sowie über Art und Umfang der Zerlegung des örtlichen Aufkommens zu treffen. [3] Das Gesetz kann auch Bestimmungen über die Abgrenzung und Zerlegung des örtlichen Aufkommens anderer Steuern treffen. [4] Der Länderanteil am Aufkommen der Umsatzsteuer steht den einzelnen Ländern, vorbehaltlich der Regelungen nach Absatz 2, nach Maßgabe ihrer Einwohnerzahl zu.

(2) [1] Durch Bundesgesetz, das der Zustimmung des Bundesrates bedarf, ist sicherzustellen, dass die unterschiedliche Finanzkraft der Länder angemessen ausgeglichen wird; hierbei sind die Finanzkraft und der Finanzbedarf der Gemeinden (Gemeindeverbände) zu berücksichtigen. [2] Zu diesem Zweck sind in dem Gesetz Zuschläge zu und Abschläge von der jeweiligen Finanzkraft bei der Verteilung der Länderanteile am Aufkommen der Umsatzsteuer zu regeln. [3] Die Voraussetzungen für die Gewährung von Zuschlägen und für die Erhebung von Abschlägen sowie die Maßstäbe für die Höhe dieser Zuschläge und Abschläge sind in dem Gesetz zu bestimmen. [4] Für Zwecke der Bemessung der Finanzkraft kann die bergrechtliche Förderabgabe mit nur einem Teil ihres Aufkommens berücksichtigt werden. [5] Das Gesetz kann auch bestimmen, dass der Bund aus seinen Mitteln leistungsschwachen Ländern Zuweisungen zur ergänzenden Deckung ihres allgemeinen Finanzbedarfs (Ergänzungszuweisungen) gewährt. [6] Zuweisungen können unabhängig von den Maßstäben nach den Sätzen 1 bis 3 auch solchen leistungsschwachen Ländern gewährt werden, deren Gemeinden (Gemeindeverbände) eine besonders geringe Steuerkraft aufweisen (Gemeindesteuerkraftzuweisungen), sowie außerdem solchen leistungsschwachen Ländern, deren Anteile an den Fördermitteln nach Artikel 91b ihre Einwohneranteile unterschreiten.

Art. 108[1)] [Finanzverwaltung] (1) [1] Zölle, Finanzmonopole, die bundesgesetzlich geregelten Verbrauchsteuern einschließlich der Einfuhrumsatzsteuer, die Kraftfahrzeugsteuer und sonstige auf motorisierte Verkehrsmittel bezogene Verkehrsteuern ab dem 1. Juli 2009 sowie die Abgaben im Rahmen der Europäischen Gemeinschaften werden durch Bundesfinanzbehörden verwaltet. [2] Der Aufbau dieser Behörden wird durch Bundesgesetz[2)] geregelt. [3] Soweit Mittelbehörden eingerichtet sind, werden deren Leiter im Benehmen mit den Landesregierungen bestellt.

(2) [1] Die übrigen Steuern werden durch Landesfinanzbehörden verwaltet. [2] Der Aufbau dieser Behörden und die einheitliche Ausbildung der Beamten können durch Bundesgesetz[3)] mit Zustimmung des Bundesrates geregelt werden. [3] Soweit Mittelbehörden eingerichtet sind, werden deren Leiter im Einvernehmen mit der Bundesregierung bestellt.

(3) [1] Verwalten die Landesfinanzbehörden Steuern, die ganz oder zum Teil dem Bund zufließen, so werden sie im Auftrage des Bundes tätig. [2] Artikel 85 Abs. 3

[1)] Art. 108 neu gef. mWv 1.1.1970 durch G v. 12.5.1969 (BGBl. I S. 359); Abs. 1 Satz 3 und Abs. 2 Satz 3 neu gef. mWv 30.11.2001 durch G v. 26.11.2001 (BGBl. I S. 3219); Abs. 1 Satz 1 neu gef. mWv 26.3.2009 durch G v. 19.3.2009 (BGBl. I S. 606); Abs. 4 Satz 3 angef., Abs. 4a eingef. mWv 20.7.2017 durch G v. 13.7.2017 (BGBl. I S. 2347).

[2)] Siehe das FinanzverwaltungsG **(Sartorius ErgBd. Nr. 698)**.

[3)] Siehe das Steuerbeamten-AusbildungsG idF der Bek. v. 29.10.1996 (BGBl. I S. 1577), zuletzt geänd. durch G v. 9.7.2021 (BGBl. I S. 2442).

und 4 gilt mit der Maßgabe, daß an die Stelle der Bundesregierung der Bundesminister der Finanzen tritt.

(4) [1]Durch Bundesgesetz, das der Zustimmung des Bundesrates bedarf, kann bei der Verwaltung von Steuern ein Zusammenwirken von Bundes- und Landesfinanzbehörden sowie für Steuern, die unter Absatz 1 fallen, die Verwaltung durch Landesfinanzbehörden und für andere Steuern die Verwaltung durch Bundesfinanzbehörden vorgesehen werden, wenn und soweit dadurch der Vollzug der Steuergesetze erheblich verbessert oder erleichtert wird. [2]Für die den Gemeinden (Gemeindeverbänden) allein zufließenden Steuern kann die den Landesfinanzbehörden zustehende Verwaltung durch die Länder ganz oder zum Teil den Gemeinden (Gemeindeverbänden) übertragen werden. [3]Das Bundesgesetz nach Satz 1 kann für ein Zusammenwirken von Bund und Ländern bestimmen, dass bei Zustimmung einer im Gesetz genannten Mehrheit Regelungen für den Vollzug von Steuergesetzen für alle Länder verbindlich werden.

(4a) [1]Durch Bundesgesetz, das der Zustimmung des Bundesrates bedarf, können bei der Verwaltung von Steuern, die unter Absatz 2 fallen, ein Zusammenwirken von Landesfinanzbehörden und eine länderübergreifende Übertragung von Zuständigkeiten auf Landesfinanzbehörden eines oder mehrerer Länder im Einvernehmen mit den betroffenen Ländern vorgesehen werden, wenn und soweit dadurch der Vollzug der Steuergesetze erheblich verbessert oder erleichtert wird. [2]Die Kostentragung kann durch Bundesgesetz geregelt werden.

(5) [1]Das von den Bundesfinanzbehörden anzuwendende Verfahren wird durch Bundesgesetz geregelt. [2]Das von den Landesfinanzbehörden und in den Fällen des Absatzes 4 Satz 2 von den Gemeinden (Gemeindeverbänden) anzuwendende Verfahren kann durch Bundesgesetz mit Zustimmung des Bundesrates geregelt werden.

(6) Die Finanzgerichtsbarkeit wird durch Bundesgesetz[1)] einheitlich geregelt.

(7) Die Bundesregierung kann allgemeine Verwaltungsvorschriften erlassen, und zwar mit Zustimmung des Bundesrates, soweit die Verwaltung den Landesfinanzbehörden oder Gemeinden (Gemeindeverbänden) obliegt.

Art. 109[2)] [Haushaltswirtschaft in Bund und Ländern] (1) Bund und Länder sind in ihrer Haushaltswirtschaft selbständig und voneinander unabhängig.

(2) Bund und Länder erfüllen gemeinsam die Verpflichtungen der Bundesrepublik Deutschland aus Rechtsakten der Europäischen Gemeinschaft auf Grund des Artikels 104 des Vertrags zur Gründung der Europäischen Gemeinschaft zur Einhaltung der Haushaltsdisziplin und tragen in diesem Rahmen den Erfordernissen des gesamtwirtschaftlichen Gleichgewichts Rechnung.

(3) [1]Die Haushalte von Bund und Ländern sind grundsätzlich ohne Einnahmen aus Krediten auszugleichen. [2]Bund und Länder können Regelungen zur im Auf- und Abschwung symmetrischen Berücksichtigung der Auswirkungen einer von der Normallage abweichenden konjunkturellen Entwicklung sowie eine Ausnah-

---

[1)] Siehe die FinanzgerichtsO idF der Bek. v. 28.3.2001 (BGBl. I S. 442, 2262; 2002 I S. 679), zuletzt geänd. durch G v. 24.10.2024 (BGBl. 2024 I Nr. 328).

[2)] Art. 109 neu gef. mWv 14.6.1967 durch G v. 8.6.1967 (BGBl. I S. 581); Abs. 3 neu gef. mWv 15.5.1969 durch G v. 12.5.1969 (BGBl. I S. 357); Abs. 5 angef. mWv 1.9.2006 durch G v. 28.8.2006 (BGBl. I S. 2034); Abs. 2 neu gef., Abs. 3 eingef., bish. Abs. 3 wird Abs. 4, bish. Abs. 4, Abs. 5 Satz 1 aufgeh., bish. Sätze 2 bis 4 werden Sätze 1 bis 3, neuer Satz 1 neu gef. mWv 1.8.2009 durch G v. 29.7.2009 (BGBl. I S. 2248); Abs. 3 Satz 5 neu gef., Sätze 6–9 angef. mWv 25.3.2025 durch G v. 22.3.2025 (BGBl. 2025 I Nr. 94).

meregelung für Naturkatastrophen oder außergewöhnliche Notsituationen, die sich der Kontrolle des Staates entziehen und die staatliche Finanzlage erheblich beeinträchtigen, vorsehen. 3 Für die Ausnahmeregelung ist eine entsprechende Tilgungsregelung vorzusehen. 4 Die nähere Ausgestaltung regelt für den Haushalt des Bundes Artikel 115 mit der Maßgabe, dass Satz 1 entsprochen ist, wenn die Einnahmen aus Krediten 0,35 vom Hundert im Verhältnis zum nominalen Bruttoinlandsprodukt nicht überschreiten. 5 Von den zu berücksichtigenden Einnahmen aus Krediten ist der Betrag abzuziehen, um den die Verteidigungsausgaben, die Ausgaben des Bundes für den Zivil- und Bevölkerungsschutz sowie für die Nachrichtendienste, für den Schutz der informationstechnischen Systeme und für die Hilfe für völkerrechtswidrig angegriffene Staaten 1 vom Hundert im Verhältnis zum nominalen Bruttoinlandsprodukt übersteigen. 6 Die Gesamtheit der Länder entspricht Satz 1, wenn die durch sie erzielten Einnahmen aus Krediten 0,35 vom Hundert im Verhältnis zum nominalen Bruttoinlandsprodukt nicht überschreiten. 7 Die Aufteilung der für die Gesamtheit der Länder zulässigen Kreditaufnahme nach Satz 6 auf die einzelnen Länder regelt ein Bundesgesetz mit Zustimmung des Bundesrates. 8 Die nähere Ausgestaltung für die Haushalte der Länder regeln diese im Rahmen ihrer verfassungsrechtlichen Kompetenzen. 9 Bestehende landesrechtliche Regelungen, die hinter der gemäß Satz 7 festgelegten Kreditobergrenze zurückbleiben, treten außer Kraft.

(4) Durch Bundesgesetz[1], das der Zustimmung des Bundesrates bedarf, können für Bund und Länder gemeinsam geltende Grundsätze für das Haushaltsrecht, für eine konjunkturgerechte Haushaltswirtschaft und für eine mehrjährige Finanzplanung aufgestellt werden.

(5) 1 Sanktionsmaßnahmen der Europäischen Gemeinschaft im Zusammenhang mit den Bestimmungen in Artikel 104 des Vertrags zur Gründung der Europäischen Gemeinschaft zur Einhaltung der Haushaltsdisziplin tragen Bund und Länder im Verhältnis 65 zu 35. 2 Die Ländergesamtheit trägt solidarisch 35 vom Hundert der auf die Länder entfallenden Lasten entsprechend ihrer Einwohnerzahl; 65 vom Hundert der auf die Länder entfallenden Lasten tragen die Länder entsprechend ihrem Verursachungsbeitrag. 3 Das Nähere regelt ein Bundesgesetz, das der Zustimmung des Bundesrates bedarf.

Art. 109a[2] **[Haushaltsnotlagen]** (1) Zur Vermeidung von Haushaltsnotlagen regelt ein Bundesgesetz, das der Zustimmung des Bundesrates bedarf,

1. die fortlaufende Überwachung der Haushaltswirtschaft von Bund und Ländern durch ein gemeinsames Gremium (Stabilitätsrat),
2. die Voraussetzungen und das Verfahren zur Feststellung einer drohenden Haushaltsnotlage,
3. die Grundsätze zur Aufstellung und Durchführung von Sanierungsprogrammen zur Vermeidung von Haushaltsnotlagen.

(2) 1 Dem Stabilitätsrat obliegt ab dem Jahr 2020 die Überwachung der Einhaltung der Vorgaben des Artikels 109 Absatz 3 durch Bund und Länder. 2 Die Überwachung orientiert sich an den Vorgaben und Verfahren aus Rechtsakten auf Grund des Vertrages über die Arbeitsweise der Europäischen Union zur Einhaltung der Haushaltsdisziplin.

---

[1] Siehe das HaushaltsgrundsätzeG (Nr. **699**) und das G zur Förderung der Stabilität und des Wachstums der Wirtschaft (Nr. **720**).

[2] Art. 109a eingef. mWv 1.8.2009 durch G v. 29.7.2009 (BGBl. I S. 2248); Abs. 1 Satz 2 aufgeh., Abs. 2 und 3 angef. mWv 20.7.2017 durch G v. 13.7.2017 (BGBl. I S. 2347).

(3) Die Beschlüsse des Stabilitätsrats und die zugrunde liegenden Beratungsunterlagen sind zu veröffentlichen.

Art. 110[1) 2)] **[Haushaltsplan des Bundes]** (1) [1] Alle Einnahmen und Ausgaben des Bundes sind in den Haushaltsplan einzustellen; bei Bundesbetrieben und bei Sondervermögen brauchen nur die Zuführungen oder die Ablieferungen eingestellt zu werden. [2] Der Haushaltsplan ist in Einnahme und Ausgabe auszugleichen.

(2) [1] Der Haushaltsplan wird für ein oder mehrere Rechnungsjahre, nach Jahren getrennt, vor Beginn des ersten Rechnungsjahres durch das Haushaltsgesetz festgestellt. [2] Für Teile des Haushaltsplanes kann vorgesehen werden, daß sie für unterschiedliche Zeiträume, nach Rechnungsjahren getrennt, gelten.

(3) Die Gesetzesvorlage nach Absatz 2 Satz 1 sowie Vorlagen zur Änderung des Haushaltsgesetzes und des Haushaltsplanes werden gleichzeitig mit der Zuleitung an den Bundesrat beim Bundestage eingebracht; der Bundesrat ist berechtigt, innerhalb von sechs Wochen, bei Änderungsvorlagen innerhalb von drei Wochen, zu den Vorlagen Stellung zu nehmen.

(4) [1] In das Haushaltsgesetz dürfen nur Vorschriften aufgenommen werden, die sich auf die Einnahmen und die Ausgaben des Bundes und auf den Zeitraum beziehen, für den das Haushaltsgesetz beschlossen wird. [2] Das Haushaltsgesetz kann vorschreiben, daß die Vorschriften erst mit der Verkündung des nächsten Haushaltsgesetzes oder bei Ermächtigung nach Artikel 115 zu einem späteren Zeitpunkt außer Kraft treten.

Art. 111 [Ausgaben vor Beschluss des Haushaltsplans] (1) Ist bis zum Schluß eines Rechnungsjahres der Haushaltsplan für das folgende Jahr nicht durch Gesetz festgestellt, so ist bis zu seinem Inkrafttreten die Bundesregierung ermächtigt, alle Ausgaben zu leisten, die nötig sind,

a) um gesetzlich bestehende Einrichtungen zu erhalten und gesetzlich beschlossene Maßnahmen durchzuführen,
b) um die rechtlich begründeten Verpflichtungen des Bundes zu erfüllen,
c) um Bauten, Beschaffungen und sonstige Leistungen fortzusetzen oder Beihilfen für diese Zwecke weiter zu gewähren, sofern durch den Haushaltsplan eines Vorjahres bereits Beträge bewilligt worden sind.

(2) Soweit nicht auf besonderem Gesetze beruhende Einnahmen aus Steuern, Abgaben und sonstigen Quellen oder die Betriebsmittelrücklage die Ausgaben unter Absatz 1 decken, darf die Bundesregierung die zur Aufrechterhaltung der Wirtschaftsführung erforderlichen Mittel bis zur Höhe eines Viertels der Endsumme des abgelaufenen Haushaltsplanes im Wege des Kredits flüssig machen.

Art. 112[3)] **[Überplanmäßige und außerplanmäßige Ausgaben]** [1] Überplanmäßige und außerplanmäßige Ausgaben bedürfen der Zustimmung des Bundesministers der Finanzen. [2] Sie darf nur im Falle eines unvorhergesehenen und unabweisbaren Bedürfnisses erteilt werden. [3] Näheres kann durch Bundesgesetz bestimmt werden.

Art. 113[3)] **[Ausgabenerhöhungen; Einnahmeminderungen]** (1) [1] Gesetze, welche die von der Bundesregierung vorgeschlagenen Ausgaben des Haushalts-

---

1) Art. 110 neu gef. mWv 15.5.1969 durch G v. 12.5.1969 (BGBl. I S. 357).
2) Siehe die BundeshaushaltsO (Nr. **700**).
3) Art. 112, 113 neu gef. mWv 15.5.1969 durch G v. 12.5.1969 (BGBl. I S. 357).

planes erhöhen oder neue Ausgaben in sich schließen oder für die Zukunft mit sich bringen, bedürfen der Zustimmung der Bundesregierung. [2]Das gleiche gilt für Gesetze, die Einnahmeminderungen in sich schließen oder für die Zukunft mit sich bringen. [3]Die Bundesregierung kann verlangen, daß der Bundestag die Beschlußfassung über solche Gesetze aussetzt. [4]In diesem Fall hat die Bundesregierung innerhalb von sechs Wochen dem Bundestage eine Stellungnahme zuzuleiten.

(2) Die Bundesregierung kann innerhalb von vier Wochen, nachdem der Bundestag das Gesetz beschlossen hat, verlangen, daß der Bundestag erneut Beschluß faßt.

(3) [1]Ist das Gesetz nach Artikel 78 zustande gekommen, kann die Bundesregierung ihre Zustimmung nur innerhalb von sechs Wochen und nur dann versagen, wenn sie vorher das Verfahren nach Absatz 1 Satz 3 und 4 oder nach Absatz 2 eingeleitet hat. [2]Nach Ablauf dieser Frist gilt die Zustimmung als erteilt.

Art. 114[1)] [Rechnungslegung; Bundesrechnungshof] (1) Der Bundesminister der Finanzen hat dem Bundestage und dem Bundesrate über alle Einnahmen und Ausgaben sowie über das Vermögen und die Schulden im Laufe des nächsten Rechnungsjahres zur Entlastung der Bundesregierung Rechnung zu legen.

(2) [1]Der Bundesrechnungshof, dessen Mitglieder richterliche Unabhängigkeit besitzen, prüft die Rechnung sowie die Wirtschaftlichkeit und Ordnungsmäßigkeit der Haushalts- und Wirtschaftsführung des Bundes. [2]Zum Zweck der Prüfung nach Satz 1 kann der Bundesrechnungshof auch bei Stellen außerhalb der Bundesverwaltung Erhebungen vornehmen; dies gilt auch in den Fällen, in denen der Bund den Ländern zweckgebundene Finanzierungsmittel zur Erfüllung von Länderaufgaben zuweist. [3]Er hat außer der Bundesregierung unmittelbar dem Bundestage und dem Bundesrate jährlich zu berichten. [4]Im übrigen werden die Befugnisse des Bundesrechnungshofes durch Bundesgesetz[2)] geregelt.

Art. 115[3)] [Kreditbeschaffung] (1) Die Aufnahme von Krediten sowie die Übernahme von Bürgschaften, Garantien oder sonstigen Gewährleistungen, die zu Ausgaben in künftigen Rechnungsjahren führen können, bedürfen einer der Höhe nach bestimmten oder bestimmbaren Ermächtigung durch Bundesgesetz.

(2) [1]Einnahmen und Ausgaben sind grundsätzlich ohne Einnahmen aus Krediten auszugleichen. [2]Diesem Grundsatz ist entsprochen, wenn die Einnahmen aus Krediten 0,35 vom Hundert im Verhältnis zum nominalen Bruttoinlandsprodukt nicht überschreiten. [3]Zusätzlich sind bei einer von der Normallage abweichenden konjunkturellen Entwicklung die Auswirkungen auf den Haushalt im Auf- und Abschwung symmetrisch zu berücksichtigen. [4]Von den zu berücksichtigenden Einnahmen aus Krediten ist der Betrag abzuziehen, um den die Verteidigungsausgaben, die Ausgaben des Bundes für den Zivil- und Bevölkerungsschutz sowie für die Nachrichtendienste, für den Schutz der informationstechnischen Systeme und für die Hilfe für völkerrechtswidrig angegriffene Staaten 1 vom Hundert im

---

[1)] Art. 114 neu gef. mWv 15.5.1969 durch G v. 12.5.1969 (BGBl. I S. 357); Abs. 2 Satz 1 geänd., Satz 2 eingef., bish. Sätze 2 und 3 werden Sätze 3 und 4 mWv 20.7.2017 durch G v. 13.7.2017 (BGBl. I S. 2347).

[2)] Siehe das BundesrechnungshofG (Nr. **705**).

[3)] Art. 115 neu gef. mWv 15.5.1969 durch G v. 12.5.1969 (BGBl. I S. 357); Abs. 1 Sätze 2 und 3 aufgeh., Abs. 2 neu gef. mWv 1.8.2009 durch G v. 29.7.2009 (BGBl. I S. 2248); Abs. 2 Satz 4 eingef., bish. Sätze 4–8 werden Sätze 5–9 und neue Sätze 5, 6 und 9 geänd. mWv 25.3.2025 durch G v. 22.3.2025 (BGBl. 2025 I Nr. 94).

Verhältnis zum nominalen Bruttoinlandsprodukt übersteigen. 5 Abweichungen der tatsächlichen Kreditaufnahme von der nach den Sätzen 1 bis 4 zulässigen Kreditobergrenze werden auf einem Kontrollkonto erfasst; Belastungen, die den Schwellenwert von 1,5 vom Hundert im Verhältnis zum nominalen Bruttoinlandsprodukt überschreiten, sind konjunkturgerecht zurückzuführen. 6 Näheres, insbesondere die Bereinigung der Einnahmen und Ausgaben um finanzielle Transaktionen und um Verteidigungsausgaben, die Ausgaben des Bundes für den Zivil- und Bevölkerungsschutz sowie für die Nachrichtendienste, für den Schutz der informationstechnischen Systeme und für die Hilfe für völkerrechtswidrig angegriffene Staaten oberhalb von 1 vom Hundert im Verhältnis zum nominalen Bruttoinlandsprodukt sowie das Verfahren zur Berechnung der Obergrenze der jährlichen Nettokreditaufnahme unter Berücksichtigung der konjunkturellen Entwicklung auf der Grundlage eines Konjunkturbereinigungsverfahrens sowie die Kontrolle und den Ausgleich von Abweichungen der tatsächlichen Kreditaufnahme von der Regelgrenze, regelt ein Bundesgesetz. 7 Im Falle von Naturkatastrophen oder außergewöhnlichen Notsituationen, die sich der Kontrolle des Staates entziehen und die staatliche Finanzlage erheblich beeinträchtigen, können diese Kreditobergrenzen auf Grund eines Beschlusses der Mehrheit der Mitglieder des Bundestages überschritten werden. 8 Der Beschluss ist mit einem Tilgungsplan zu verbinden. 9 Die Rückführung der nach Satz 7 aufgenommenen Kredite hat binnen eines angemessenen Zeitraumes zu erfolgen.

Xa.[1] Verteidigungsfall

Art. 115a[1] [Feststellung des Verteidigungsfalles] (1) 1 Die Feststellung, daß das Bundesgebiet mit Waffengewalt angegriffen wird oder ein solcher Angriff unmittelbar droht (Verteidigungsfall), trifft der Bundestag mit Zustimmung des Bundesrates. 2 Die Feststellung erfolgt auf Antrag der Bundesregierung und bedarf einer Mehrheit von zwei Dritteln der abgegebenen Stimmen, mindestens der Mehrheit[2] der Mitglieder des Bundestages.

(2) Erfordert die Lage unabweisbar ein sofortiges Handeln und stehen einem rechtzeitigen Zusammentritt des Bundestages unüberwindliche Hindernisse entgegen oder ist er nicht beschlußfähig, so trifft der Gemeinsame Ausschuß diese Feststellung mit einer Mehrheit von zwei Dritteln der abgegebenen Stimmen, mindestens der Mehrheit seiner Mitglieder.

(3) 1 Die Feststellung wird vom Bundespräsidenten gemäß Artikel 82 im Bundesgesetzblatte verkündet. 2 Ist dies nicht rechtzeitig möglich, so erfolgt die Verkündung in anderer Weise[3]; sie ist im Bundesgesetzblatte nachzuholen, sobald die Umstände es zulassen.

(4) 1 Wird das Bundesgebiet mit Waffengewalt angegriffen und sind die zuständigen Bundesorgane außerstande, sofort die Feststellung nach Absatz 1 Satz 1 zu treffen, so gilt diese Feststellung als getroffen und als zu dem Zeitpunkt verkündet, in dem der Angriff begonnen hat. 2 Der Bundespräsident gibt diesen Zeitpunkt bekannt, sobald die Umstände es zulassen.

(5) 1 Ist die Feststellung des Verteidigungsfalles verkündet und wird das Bundesgebiet mit Waffengewalt angegriffen, so kann der Bundespräsident völkerrecht-

---

[1] Abschnitt Xa (Art. 115a–115l) eingef. mWv 28.6.1968 durch G v. 24.6.1968 (BGBl. I S. 709).

[2] Zum Begriff der Mehrheit siehe Art. 121.

[3] Siehe das G über vereinfachte Verkündungen und Bekanntgaben v. 18.7.1975 (BGBl. I S. 1919), aufgeh. durch G v. 20.12.2022 (BGBl. I S. 2752).

liche Erklärungen über das Bestehen des Verteidigungsfalles mit Zustimmung des Bundestages abgeben. [2] Unter den Voraussetzungen des Absatzes 2 tritt an die Stelle des Bundestages der Gemeinsame Ausschuß.

Art. 115b[1)] [Übergang der Befehls- und Kommandogewalt] Mit der Verkündung des Verteidigungsfalles geht die Befehls- und Kommandogewalt über die Streitkräfte auf den Bundeskanzler über.

Art. 115c[2)] [Erweiterte Bundesgesetzgebungskompetenz] (1) [1] Der Bund hat für den Verteidigungsfall das Recht der konkurrierenden Gesetzgebung auch auf den Sachgebieten, die zur Gesetzgebungszuständigkeit der Länder gehören. [2] Diese Gesetze bedürfen der Zustimmung des Bundesrates.

(2) Soweit es die Verhältnisse während des Verteidigungsfalles erfordern, kann durch Bundesgesetz für den Verteidigungsfall

1. bei Enteignungen abweichend von Artikel 14 Abs. 3 Satz 2 die Entschädigung vorläufig geregelt werden,

(Fortsetzung nächstes Blatt)

[1)] Abschnitt Xa (Art. 115a–115l) eingef. mWv 28.6.1968 durch G v. 24.6.1968 (BGBl. I S. 709).

[2)] Art. 115c eingef. mWv 28.6.1968 durch G v. 24.6.1968 (BGBl. I S. 709); Abs. 3 neu gef. mWv 1.1. 1970 durch G v. 12.5.1969 (BGBl. I S. 359).

2. für Freiheitsentziehungen eine von Artikel 104 Abs. 2 Satz 3 und Abs. 3 Satz 1 abweichende Frist, höchstens jedoch eine solche von vier Tagen, für den Fall festgesetzt werden, daß ein Richter nicht innerhalb der für Normalzeiten geltenden Frist tätig werden konnte.

(3) Soweit es zur Abwehr eines gegenwärtigen oder unmittelbar drohenden Angriffs erforderlich ist, kann für den Verteidigungsfall durch Bundesgesetz mit Zustimmung des Bundesrates die Verwaltung und das Finanzwesen des Bundes und der Länder abweichend von den Abschnitten VIII, VIII a und X geregelt werden, wobei die Lebensfähigkeit der Länder, Gemeinden und Gemeindeverbände, insbesondere auch in finanzieller Hinsicht, zu wahren ist.

(4) Bundesgesetze nach den Absätzen 1 und 2 Nr. 1 dürfen zur Vorbereitung ihres Vollzuges schon vor Eintritt des Verteidigungsfalles angewandt werden.

Art. 115 d[1)] [Vereinfachtes Bundesgesetzgebungsverfahren]

(1) Für die Gesetzgebung des Bundes gilt im Verteidigungsfalle abweichend von Artikel 76 Abs. 2, Artikel 77 Abs. 1 Satz 2 und Abs. 2 bis 4, Artikel 78 und Artikel 82 Abs. 1 die Regelung der Absätze 2 und 3.

(2) [1] Gesetzesvorlagen der Bundesregierung, die sie als dringlich bezeichnet, sind gleichzeitig mit der Einbringung beim Bundestage dem Bundesrate zuzuleiten. [2] Bundestag und Bundesrat beraten diese Vorlagen unverzüglich gemeinsam. [3] Soweit zu einem Gesetze die Zustimmung des Bundesrates erforderlich ist, bedarf es zum Zustandekommen des Gesetzes der Zustimmung der Mehrheit seiner Stimmen. [4] Das Nähere regelt eine Geschäftsordnung,[2)] die vom Bundestage beschlossen wird und der Zustimmung des Bundesrates bedarf.

(3) Für die Verkündung der Gesetze gilt Artikel 115 a Abs. 3 Satz 2 entsprechend.

Art. 115 e[3)] [Aufgaben des Gemeinsamen Ausschusses] (1) Stellt der Gemeinsame Ausschuß im Verteidigungsfalle mit einer Mehrheit von zwei Dritteln der abgegebenen Stimmen, mindestens mit der Mehrheit seiner Mitglieder fest, daß dem rechtzeitigen Zusammentritt des Bundestages unüberwindliche Hindernisse entgegenstehen oder daß dieser nicht beschlußfähig ist, so hat der Gemeinsame Ausschuß die Stellung von Bundestag und Bundesrat und nimmt deren Rechte einheitlich wahr.

(2) [1] Durch ein Gesetz des Gemeinsamen Ausschusses darf das Grundgesetz weder geändert noch ganz oder teilweise außer Kraft oder außer Anwendung gesetzt werden. [2] Zum Erlaß von Gesetzen nach Artikel 23 Abs. 1 Satz 2, Artikel 24 Abs. 1 oder Artikel 29 ist der Gemeinsame Ausschuß nicht befugt.

---

1) Art. 115 d eingef. durch G v. 24. 6. 1968 (BGBl. I S. 709).

2) Siehe die Bek. der Geschäftsordnung für das Verfahren nach Art. 115 d GG v. 23. 7. 1969 (BGBl. I S. 1100).

3) Art. 115 e eingef. durch G v. 24. 6. 1968 (BGBl. I S. 709) u. Abs. 2 Satz 2 neugef. durch G v. 21. 12. 1992 (BGBl. I S. 2086).

Art. 115 f[1] **[Erweiterte Befugnisse der Bundesregierung]** (1) Die Bundesregierung kann im Verteidigungsfalle, soweit es die Verhältnisse erfordern,

1. den Bundesgrenzschutz im gesamten Bundesgebiete einsetzen;
2. außer der Bundesverwaltung auch den Landesregierungen und, wenn sie es für dringlich erachtet, den Landesbehörden Weisungen erteilen und diese Befugnis auf von ihr zu bestimmende Mitglieder der Landesregierungen übertragen.

(2) Bundestag, Bundesrat und der Gemeinsame Ausschuß sind unverzüglich von den nach Absatz 1 getroffenen Maßnahmen zu unterrichten.

Art. 115 g[1] **[Stellung des Bundesverfassungsgerichts]** [1]Die verfassungsmäßige Stellung und die Erfüllung der verfassungsmäßigen Aufgaben des Bundesverfassungsgerichtes und seiner Richter dürfen nicht beeinträchtigt werden. [2]Das Gesetz über das Bundesverfassungsgericht darf durch ein Gesetz des Gemeinsamen Ausschusses nur insoweit geändert werden, als dies auch nach Auffassung des Bundesverfassungsgerichtes zur Aufrechterhaltung der Funktionsfähigkeit des Gerichtes erforderlich ist. [3]Bis zum Erlaß eines solchen Gesetzes kann das Bundesverfassungsgericht die zur Erhaltung der Arbeitsfähigkeit des Gerichtes erforderlichen Maßnahmen treffen. [4]Beschlüsse nach Satz 2 und Satz 3 faßt das Bundesverfassungsgericht mit der Mehrheit der anwesenden Richter.

Art. 115 h[1] **[Wahlperioden und Amtszeiten]** (1) [1]Während des Verteidigungsfalles ablaufende Wahlperioden des Bundestages oder der Volksvertretungen der Länder enden sechs Monate nach Beendigung des Verteidigungsfalles. [2]Die im Verteidigungsfalle ablaufende Amtszeit des Bundespräsidenten sowie bei vorzeitiger Erledigung seines Amtes die Wahrnehmung seiner Befugnisse durch den Präsidenten des Bundesrates enden neun Monate nach Beendigung des Verteidigungsfalles. [3]Die im Verteidigungsfalle ablaufende Amtszeit eines Mitgliedes des Bundesverfassungsgerichtes endet sechs Monate nach Beendigung des Verteidigungsfalles.

(2) [1]Wird eine Neuwahl des Bundeskanzlers durch den Gemeinsamen Ausschuß erforderlich, so wählt dieser einen neuen Bundeskanzler mit der Mehrheit seiner Mitglieder; der Bundespräsident macht dem Gemeinsamen Ausschuß einen Vorschlag. [2]Der Gemeinsame Ausschuß kann dem Bundeskanzler das Mißtrauen nur dadurch aussprechen, daß er mit der Mehrheit von zwei Dritteln seiner Mitglieder einen Nachfolger wählt.

(3) Für die Dauer des Verteidigungsfalles ist die Auflösung des Bundestages ausgeschlossen.

---

[1] Art. 115 f bis 115 h eingef. durch G v. 24. 6. 1968 (BGBl. I S. 709).

Art. 115 i[1)] [Erweiterte Befugnisse der Landesregierungen]

(1) Sind die zuständigen Bundesorgane außerstande, die notwendigen Maßnahmen zur Abwehr der Gefahr zu treffen, und erfordert die Lage unabweisbar ein sofortiges selbständiges Handeln in einzelnen Teilen des Bundesgebietes, so sind die Landesregierungen oder die von ihnen bestimmten Behörden oder Beauftragten befugt, für ihren Zuständigkeitsbereich Maßnahmen im Sinne des Artikels 115 f Abs. 1 zu treffen.

(2) Maßnahmen nach Absatz 1 können durch die Bundesregierung, im Verhältnis zu Landesbehörden und nachgeordneten Bundesbehörden auch durch die Ministerpräsidenten der Länder, jederzeit aufgehoben werden.

Art. 115 k[1)·2)] [Geltung von Gesetzen und Rechtsverordnungen des Verteidigungsfalls] (1) [1]Für die Dauer ihrer Anwendbarkeit setzen Gesetze nach den Artikeln 115 c, 115 e und 115 g und Rechtsverordnungen, die auf Grund solcher Gesetze ergehen, entgegenstehendes Recht außer Anwendung. [2]Dies gilt nicht gegenüber früherem Recht, das auf Grund der Artikel 115 c, 115 e und 115 g erlassen worden ist.

(2) Gesetze, die der Gemeinsame Ausschuß beschlossen hat, und Rechtsverordnungen, die auf Grund solcher Gesetze ergangen sind, treten spätestens sechs Monate nach Beendigung des Verteidigungsfalles außer Kraft.

(3) [1]Gesetze, die von den Artikeln 91 a, 91 b, 104 a, 106 und 107 abweichende Regelungen enthalten, gelten längstens bis zum Ende des zweiten Rechnungsjahres, das auf die Beendigung des Verteidigungsfalles folgt. [2]Sie können nach Beendigung des Verteidigungsfalles durch Bundesgesetz mit Zustimmung des Bundesrates geändert werden, um zu der Regelung gemäß den Abschnitten VIII a und X überzuleiten.

Art. 115 l[1)] [Aufhebung von Maßnahmen und Beendigung des Verteidigungsfalls] (1) [1]Der Bundestag kann jederzeit mit Zustimmung des Bundesrates Gesetze des Gemeinsamen Ausschusses aufheben. [2]Der Bundesrat kann verlangen, daß der Bundestag hierüber beschließt. [3]Sonstige zur Abwehr der Gefahr getroffene Maßnahmen des Gemeinsamen Ausschusses oder der Bundesregierung sind aufzuheben, wenn der Bundestag und der Bundesrat es beschließen.

(2) [1]Der Bundestag kann mit Zustimmung des Bundesrates jederzeit durch einen vom Bundespräsidenten zu verkündenden Beschluß den Verteidigungsfall für beendet erklären. [2]Der Bundesrat kann verlangen, daß der Bundestag hierüber beschließt. [3]Der Verteidigungsfall ist unverzüglich für beendet zu erklären, wenn die Voraussetzungen für seine Feststellung nicht mehr gegeben sind.

(3) Über den Friedensschluß wird durch Bundesgesetz entschieden.

---

1) Art. 115 i bis 115 l eingef. durch G v. 24. 6. 1968 (BGBl. I S. 709).
2) Art. 115 k Abs. 3 geänd. durch G v. 12. 5. 1969 (BGBl. I S. 359).

XI. Übergangs- und Schlußbestimmungen

Art. 116[1] **[Begriff des „Deutschen"; nationalsozialistische Ausbürgerung]** (1) Deutscher im Sinne dieses Grundgesetzes ist vorbehaltlich anderweitiger gesetzlicher Regelung, wer die deutsche Staatsangehörigkeit besitzt oder als Flüchtling oder Vertriebener deutscher Volkszugehörigkeit oder als dessen Ehegatte oder Abkömmling in dem Gebiete des Deutschen Reiches nach dem Stande vom 31. Dezember 1937 Aufnahme gefunden hat.

(2) [1]Frühere deutsche Staatsangehörige, denen zwischen dem 30. Januar 1933 und dem 8. Mai 1945 die Staatsangehörigkeit aus politischen, rassischen oder religiösen Gründen entzogen worden ist, und ihre Abkömmlinge sind auf Antrag wieder einzubürgern. [2]Sie gelten als nicht ausgebürgert, sofern sie nach dem 8. Mai 1945 ihren Wohnsitz in Deutschland genommen haben und nicht einen entgegengesetzten Willen zum Ausdruck gebracht haben.

Art. 117[2] **[Übergangsregelung zu Art. 3 Abs. 2 und Art. 11]** (1) Das dem Artikel 3 Absatz 2 entgegenstehende Recht bleibt bis zu seiner Anpassung an diese Bestimmung des Grundgesetzes in Kraft, jedoch nicht länger als bis zum 31. März 1953.

(2) Gesetze, die das Recht der Freizügigkeit mit Rücksicht auf die gegenwärtige Raumnot einschränken, bleiben bis zu ihrer Aufhebung durch Bundesgesetz in Kraft.

Art. 118 [Neugliederung der badischen und württembergischen Länder] [1]Die Neugliederung in dem die Länder Baden, Württemberg-Baden und Württemberg-Hohenzollern umfassenden Gebiete kann abweichend von den Vorschriften des Artikels 29 durch Vereinbarung der beteiligten Länder erfolgen. [2]Kommt eine Vereinbarung nicht zustande, so wird die Neugliederung durch Bundesgesetz[3] geregelt, das eine Volksbefragung vorsehen muß.

Art. 118a[4] **[Neugliederung Berlins und Brandenburgs]** Die Neugliederung in dem die Länder Berlin und Brandenburg umfassenden Gebiet kann abweichend von den Vorschriften des Artikels 29 unter Beteiligung ihrer Wahlberechtigten durch Vereinbarung beider Länder erfolgen.

---

[1] Siehe auch das StaatsangehörigkeitsG (Nr. **15**).

[2] Art. 117 Abs. 1 insoweit wirksam, als er das dem Art. 3 Abs. 2 GG entgegenstehende bürgerliche Recht auf dem Gebiet v. Ehe und Familie mit Ablauf des 31. 3. 1953 außer Kraft setzt (BVerfGE Bd. 3 S. 225 v. 18. 12. 1953, BGBl. 1954 I S. 10). Siehe auch das GleichberechtigungsG v. 18. 6. 1957 (BGBl. I S. 609, zuletzt geänd. durch G v. 19. 4. 2006, BGBl. I S. 866).

[3] So geschehen durch das 2. Gesetz über die Neugliederung in den Ländern Baden, *Württemberg-Baden* und Württemberg-Hohenzollern vom 4. 5. 1951 (BGBl. I S. 284). (Siehe auch Anm. zu Art. 23 GG).

[4] Art. 118 a eingef. durch G v. 27. 10. 1994 (BGBl. I S. 3146).

Art. 119 [Flüchtlinge und Vertriebene] [1] In Angelegenheiten der Flüchtlinge und Vertriebenen, insbesondere zu ihrer Verteilung auf die Länder, kann bis zu einer bundesgesetzlichen Regelung die Bundesregierung mit Zustimmung des Bundesrates Verordnungen mit Gesetzeskraft erlassen. [2] Für besondere Fälle kann dabei die Bundesregierung ermächtigt werden, Einzelweisungen zu erteilen. [3] Die Weisungen sind außer bei Gefahr im Verzuge an die obersten Landesbehörden zu richten.

Art. 120[1)] [Kriegsfolge- und Sozialversicherungslasten; Ertragshoheit] (1) [1] Der Bund trägt die Aufwendungen für Besatzungskosten und die sonstigen inneren und äußeren Kriegsfolgelasten nach näherer Bestimmung von Bundesgesetzen[2)]. [2] Soweit diese Kriegsfolgelasten bis zum 1. Oktober 1969 durch Bundesgesetze geregelt worden sind, tragen Bund und Länder im Verhältnis zueinander die Aufwendungen nach Maßgabe dieser Bundesgesetze. [3] Soweit Aufwendungen für Kriegsfolgelasten, die in Bundesgesetzen weder geregelt worden sind noch geregelt werden, bis zum 1. Oktober 1965 von den Ländern, Gemeinden (Gemeindeverbänden) oder sonstigen Aufgabenträgern, die Aufgaben von Ländern oder Gemeinden erfüllen, erbracht worden sind, ist der Bund zur Übernahme von Aufwendungen dieser Art auch nach diesem Zeitpunkt nicht verpflichtet. [4] Der Bund trägt die Zuschüsse zu den Lasten der Sozialversicherung mit Einschluß der Arbeitslosenversicherung und der Arbeitslosenhilfe. [5] Die durch diesen Absatz geregelte Verteilung der Kriegsfolgelasten auf Bund und Länder läßt die gesetzliche Regelung von Entschädigungsansprüchen für Kriegsfolgen unberührt.

(2) Die Einnahmen gehen auf den Bund zu demselben Zeitpunkte über, an dem der Bund die Ausgaben übernimmt.

Art. 120 a[3)] [Lastenausgleich] (1) [1] Die Gesetze, die der Durchführung des Lastenausgleichs dienen, können mit Zustimmung des Bundesrates bestimmen, daß sie auf dem Gebiete der Ausgleichsleistungen teils durch den Bund, teils im Auftrage des Bundes durch die Länder ausgeführt werden und daß die der Bundesregierung und den zuständigen obersten Bundesbehörden auf Grund des Artikels 85 insoweit zustehenden Befugnisse ganz oder teilweise dem Bundesausgleichsamt übertragen werden. [2] Das Bundesausgleichsamt bedarf bei Ausübung dieser Befugnisse nicht der Zustimmung des Bundesrates; seine Weisungen sind, abgesehen von den Fällen der Dringlichkeit, an die obersten Landesbehörden (Landesausgleichsämter) zu richten.

(2) Artikel 87 Abs. 3 Satz 2 bleibt unberührt.

Art. 121 [Begriff der Mehrheit] Mehrheit der Mitglieder des Bundestages und der Bundesversammlung im Sinne dieses Grundgesetzes ist die Mehrheit ihrer gesetzlichen Mitgliederzahl.

---

1) Art. 120 Abs. 1 neu gef. durch G v. 30. 7. 1965 (BGBl. I S. 649), Abs. 1 Satz 2 geänd. durch G v. 28. 7. 1969 (BGBl. I S. 985).

2) Siehe das Erste G zur Überleitung von Lasten und Deckungsmitteln auf den Bund v. 28. 4. 1955 (BGBl. I S. 193), zuletzt geänd. durch G v. 20. 12. 1991 (BGBl. I S. 2317).

3) Art. 120 a eingef. durch G v. 14. 8. 1952 (BGBl. I S. 445).

Art. 122 [Bisherige Gesetzgebungskompetenzen] (1) Vom Zusammentritt des Bundestages an werden die Gesetze ausschließlich von den in diesem Grundgesetze anerkannten gesetzgebenden Gewalten beschlossen.

(2) Gesetzgebende und bei der Gesetzgebung beratend mitwirkende Körperschaften, deren Zuständigkeit nach Absatz 1 endet, sind mit diesem Zeitpunkt aufgelöst.

Art. 123 [Fortgeltung des alten Rechts] (1) Recht aus der Zeit vor dem Zusammentritt des Bundestages gilt fort, soweit es dem Grundgesetze nicht widerspricht.

(2) Die vom Deutschen Reich abgeschlossenen Staatsverträge, die sich auf Gegenstände beziehen, für die nach diesem Grundgesetze die Landesgesetzgebung zuständig ist, bleiben, wenn sie nach allgemeinen Rechtsgrundsätzen gültig sind und fortgelten, unter Vorbehalt aller Rechte und Einwendungen der Beteiligten in Kraft, bis neue Staatsverträge durch die nach diesem Grundgesetze zuständigen Stellen abgeschlossen werden oder ihre Beendigung auf Grund der in ihnen enthaltenen Bestimmungen anderweitig erfolgt.

Art. 124 [Altes Recht auf dem Gebiet der ausschließlichen Gesetzgebung] Recht, das Gegenstände der ausschließlichen Gesetzgebung des Bundes[1] betrifft, wird innerhalb seines Geltungsbereiches Bundesrecht.

Art. 125 [Altes Recht auf dem Gebiet der konkurrierenden Gesetzgebung] Recht, das Gegenstände der konkurrierenden Gesetzgebung des Bundes[2] betrifft, wird innerhalb seines Geltungsbereiches Bundesrecht,

1. soweit es innerhalb einer oder mehrerer Besatzungszonen einheitlich gilt,
2. soweit es sich um Recht handelt, durch das nach dem 8. Mai 1945 früheres Reichsrecht abgeändert worden ist.

Art. 125 a[3] [Fortgeltung von Bundesrecht; Ersetzung durch Landesrecht] (1) [1]Recht, das als Bundesrecht erlassen worden ist, aber wegen der Änderung des Artikels 74 Abs. 1, der Einfügung des Artikels 84 Abs. 1 Satz 7, des Artikels 85 Abs. 1 Satz 2 oder des Artikels 105 Abs. 2 a Satz 2 oder wegen der Aufhebung der Artikel 74 a, 75 oder 98 Abs. 3 Satz 2 nicht mehr als Bundesrecht erlassen werden könnte, gilt als Bundesrecht fort. [2]Es kann durch Landesrecht ersetzt werden.

(2) [1]Recht, das auf Grund des Artikels 72 Abs. 2 in der bis zum 15. November 1994 geltenden Fassung erlassen worden ist, aber wegen Änderung des Artikels 72 Abs. 2 nicht mehr als Bundesrecht erlassen

(Fortsetzung nächste Seite)

---

[1] Siehe Art. 73 und 105 Abs. 1.

[2] *Siehe Art. 74 und 105 Abs. 2.*

[3] Art. 125 a eingef. durch G v. 27. 10. 1994 (BGBl I S. 3146); neu gef. mWv 1. 9. 2006 durch G v. 28. 8. 2006 (BGBl. I S. 2034).

werden könnte, gilt als Bundesrecht fort. [2]Durch Bundesgesetz kann bestimmt werden, dass es durch Landesrecht ersetzt werden kann.

(3) [1]Recht, das als Landesrecht erlassen worden ist, aber wegen Änderung des Artikels 73 nicht mehr als Landesrecht erlassen werden könnte, gilt als Landesrecht fort. [2]Es kann durch Bundesrecht ersetzt werden.

Art. 125b[1)] [Fortgeltung von Bundesrecht; abweichende Regelungen durch die Länder] (1) [1]Recht, das auf Grund des Artikels 75 in der bis zum 1. September 2006 geltenden Fassung erlassen worden ist und das auch nach diesem Zeitpunkt als Bundesrecht erlassen werden könnte, gilt als Bundesrecht fort. [2]Befugnisse und Verpflichtungen der Länder zur Gesetzgebung bleiben insoweit bestehen. [3]Auf den in Artikel 72 Abs. 3 Satz 1 genannten Gebieten können die Länder von diesem Recht abweichende Regelungen treffen, auf den Gebieten des Artikels 72 Abs. 3 Satz 1 Nr. 2, 5 und 6 jedoch erst, wenn und soweit der Bund ab dem 1. September 2006 von seiner Gesetzgebungszuständigkeit Gebrauch gemacht hat, in den Fällen der Nummern 2 und 5 spätestens ab dem 1. Januar 2010, im Falle der Nummer 6 spätestens ab dem 1. August 2008.

(2) Von bundesgesetzlichen Regelungen, die auf Grund des Artikels 84 Abs. 1 in der vor dem 1. September 2006 geltenden Fassung erlassen worden sind, können die Länder abweichende Regelungen treffen, von Regelungen des Verwaltungsverfahrens bis zum 31. Dezember 2008 aber nur dann, wenn ab dem 1. September 2006 in dem jeweiligen Bundesgesetz Regelungen des Verwaltungsverfahrens geändert worden sind.

(3) Auf dem Gebiet des Artikels 72 Absatz 3 Satz 1 Nummer 7 darf abweichendes Landesrecht der Erhebung der Grundsteuer frühestens für Zeiträume ab dem 1. Januar 2025 zugrunde gelegt werden.

Art. 125c[2)] [Fortgeltung von Bundesrecht auf dem Gebiet der Gemeindeverkehrsfinanzierung und der sozialen Wohnraumförderung]

(1) Recht, das auf Grund des Artikels 91a Abs. 2 in Verbindung mit Abs. 1 Nr. 1 in der bis zum 1. September 2006 geltenden Fassung erlassen worden ist, gilt bis zum 31. Dezember 2006 fort.

(2) [1]Die nach Artikel 104a Abs. 4 in der bis zum 1. September 2006 geltenden Fassung in den Bereichen der Gemeindeverkehrsfinanzierung und der sozialen Wohnraumförderung geschaffenen Regelungen gelten bis zum 31. Dezember 2006 fort. [2]Die im Bereich der Gemeindeverkehrsfinanzierung für die besonderen Programme nach § 6 Absatz 1 des Gemeindeverkehrsfinanzierungsgesetzes[3)] sowie die mit dem Gesetz über Finanzhilfen des Bundes nach Artikel 104a Absatz 4 des Grundgesetzes an die Länder Bremen, Hamburg, Mecklenburg-Vorpommern, Niedersachsen sowie Schleswig-Holstein *für Seehäfen vom 20. Dezember* 2001 nach Artikel 104a Absatz 4 in der bis zum 1. September 2006 geltenden Fassung geschaffenen Regelungen gelten bis

---

[1)] Art. 125b eingef. mWv 1.9.2006 durch G v. 28.8.2006 (BGBl. I S. 2034); Abs. 3 angef. mWv 21.11.2019 durch G v. 15.11.2019 (BGBl. I S. 1546).

[2)] Art. 125c eingef. mWv 1.9.2006 durch G v. 28.8.2006 (BGBl. I S. 2034); Abs. 2 Satz 2 neu gef., Sätze 3 und 4 angef. mWv 20.7.2017 durch G v. 13.7.2017 (BGBl. I S. 2347); Abs. 2 Satz 3 geänd., Satz 5 und Abs. 3 angef. mWv 4.4.2019 durch G v. 28.3.2019 (BGBl. I S. 404).

[3)] **Sartorius III Nr. 140.**

zu ihrer Aufhebung fort. [3] Eine Änderung des Gemeindeverkehrsfinanzierungsgesetzes durch Bundesgesetz ist zulässig. [4] Die sonstigen nach Artikel 104a Absatz 4 in der bis zum 1. September 2006 geltenden Fassung geschaffenen Regelungen gelten bis zum 31. Dezember 2019 fort, soweit nicht ein früherer Zeitpunkt für das Außerkrafttreten bestimmt ist oder wird. [5] Artikel 104b Absatz 2 Satz 4 gilt entsprechend.

(3) Artikel 104b Absatz 2 Satz 5 ist erstmals auf nach dem 31. Dezember 2019 in Kraft getretene Regelungen anzuwenden.

Art. 126[1)] [Streit über das Fortgelten des alten Rechts] Meinungsverschiedenheiten über das Fortgelten von Recht als Bundesrecht entscheidet das Bundesverfassungsgericht.

Art. 127 [Recht des Vereinigten Wirtschaftsgebietes] Die Bundesregierung kann mit Zustimmung der Regierungen der beteiligten Länder Recht der Verwaltung des Vereinigten Wirtschaftsgebietes, soweit es nach Artikel 124 oder 125 als Bundesrecht fortgilt, innerhalb eines Jahres nach Verkündung dieses Grundgesetzes in den Ländern Baden, Groß-Berlin, Rheinland-Pfalz und Württemberg-Hohenzollern in Kraft setzen.

Art. 128 [Fortbestehen von Weisungsrechten] Soweit fortgeltendes Recht Weisungsrechte im Sinne des Artikels 84 Abs. 5 vorsieht, bleiben sie bis zu einer anderweitigen gesetzlichen Regelung bestehen.

Art. 129 [Fortgeltung von Ermächtigungen zu Rechtsverordnungen]

(1) [1] Soweit in Rechtsvorschriften, die als Bundesrecht fortgelten, eine Ermächtigung zum Erlasse von Rechtsverordnungen oder allgemeinen Verwaltungsvorschriften sowie zur Vornahme von Verwaltungsakten enthalten ist, geht sie auf die nunmehr sachlich zuständigen Stellen über. [2] In Zweifelsfällen entscheidet die Bundesregierung im Einvernehmen mit dem Bundesrate; die Entscheidung ist zu veröffentlichen.

(2) Soweit in Rechtsvorschriften, die als Landesrecht fortgelten, eine solche Ermächtigung enthalten ist, wird sie von den nach Landesrecht zuständigen Stellen ausgeübt.

(3) Soweit Rechtsvorschriften im Sinne der Absätze 1 und 2 zu ihrer Änderung oder Ergänzung oder zum Erlaß von Rechtsvorschriften anstelle von Gesetzen ermächtigen, sind diese Ermächtigungen erloschen.

(4) Die Vorschriften der Absätze 1 und 2 gelten entsprechend, soweit in Rechtsvorschriften auf nicht mehr geltende Vorschriften oder nicht mehr bestehende Einrichtungen verwiesen ist.

Art. 130 [Überleitung von Verwaltungs- und Rechtspflegeeinrichtungen] (1) [1] Verwaltungsorgane und sonstige der öffentlichen Verwaltung oder Rechtspflege dienende Einrichtungen, die nicht auf Landesrecht oder Staatsverträgen zwischen Ländern beruhen, sowie die Betriebsvereinigung der südwestdeutschen Eisenbahnen und der Verwaltungsrat für das Post- und Fernmeldewesen für das französische Besatzungsgebiet unterstehen der Bundesregie-

[1)] Siehe hierzu § 13 Nr. 14 und §§ 86 ff. BundesverfassungsgerichtsG (Nr. **40**).

rung. [2] Diese regelt mit Zustimmung des Bundesrates die Überführung, Auflösung oder Abwicklung.

(2) Oberster Disziplinarvorgesetzter der Angehörigen dieser Verwaltungen und Einrichtungen ist der zuständige Bundesminister.

(3) Nicht landesunmittelbare und nicht auf Staatsverträgen zwischen den Ländern beruhende Körperschaften und Anstalten des öffentlichen Rechtes unterstehen der Aufsicht der zuständigen obersten Bundesbehörde.

(Fortsetzung nächstes Blatt)

Art. 131[1] **[Frühere Angehörige des öffentlichen Dienstes]** [1]Die Rechtsverhältnisse von Personen einschließlich der Flüchtlinge und Vertriebenen, die am 8. Mai 1945 im öffentlichen Dienste standen, aus anderen als beamten- oder tarifrechtlichen Gründen ausgeschieden sind und bisher nicht oder nicht ihrer früheren Stellung entsprechend verwendet werden, sind durch Bundesgesetz[2] zu regeln. [2]Entsprechendes gilt für Personen einschließlich der Flüchtlinge und Vertriebenen, die am 8. Mai 1945 versorgungsberechtigt waren und aus anderen als beamten- oder tarifrechtlichen Gründen keine oder keine entsprechende Versorgung mehr erhalten. [3]Bis zum Inkrafttreten des Bundesgesetzes können vorbehaltlich anderweitiger landesrechtlicher Regelung Rechtsansprüche nicht geltend gemacht werden.

Art. 132[3] **[Ausschluss aus dem Öffentlichen Dienst]** (1) [1]*Beamte und Richter, die im Zeitpunkte des Inkrafttretens dieses Grundgesetzes auf Lebenszeit angestellt sind, können binnen sechs Monaten nach dem ersten Zusammentritt des Bundestages in den Ruhestand oder Wartestand oder in ein Amt mit niedrigerem Diensteinkommen versetzt werden, wenn ihnen die persönliche oder fachliche Eignung für ihr Amt fehlt.* [2]*Auf Angestellte, die in einem unkündbaren Dienstverhältnis stehen, findet diese Vorschrift entsprechende Anwendung.* [3]*Bei Angestellten, deren Dienstverhältnis kündbar ist, können über die tarifmäßige Regelung hinausgehende Kündigungsfristen innerhalb der gleichen Frist aufgehoben werden.*

(2) *Diese Bestimmung findet keine Anwendung auf Angehörige des öffentlichen Dienstes, die von den Vorschriften über die „Befreiung von Nationalsozialismus und Militarismus" nicht betroffen oder die anerkannte Verfolgte des Nationalsozialismus sind, sofern nicht ein wichtiger Grund in ihrer Person vorliegt.*

(3) *Den Betroffenen steht der Rechtsweg gemäß Artikel 19 Absatz 4 offen.*

(4) *Das Nähere bestimmt eine Verordnung der Bundesregierung, die der Zustimmung des Bundesrates bedarf.*

Art. 133 [Rechtsnachfolge, Vereinigtes Wirtschaftsgebiet] Der Bund tritt in die Rechte und Pflichten der Verwaltung des Vereinigten Wirtschaftsgebietes ein.

Art. 134 [Rechtsnachfolge in das Reichsvermögen] (1) Das Vermögen des Reiches wird grundsätzlich Bundesvermögen.

(2) [1]Soweit es nach seiner ursprünglichen Zweckbestimmung überwiegend für Verwaltungsaufgaben bestimmt war, die nach diesem Grundgesetze nicht Verwaltungsaufgaben des Bundes sind, ist es unentgeltlich auf die nunmehr zuständigen Aufgabenträger und, soweit es nach seiner gegenwärtigen, nicht nur vorübergehenden Benutzung

---

[1] Art. 131 wird gem. Art. 6 EVertr. v. 31. 8. 1990 (BGBl. II S. 889) im Gebiet der ehem. DDR vorerst nicht in Kraft gesetzt.

[2] Siehe hierzu G zur Regelung der Rechtverhältnisse der unter Art. 131 GG fallenden Personen idF v. 13. 10. 1965 (BGBl. I S. 1686). Das G u. alle DVOen sind mWv. 1. 10. 1994 durch G v. 20. 9. 1994 aufgehoben worden.

[3] Infolge Zeitablaufs gegenstandslos.

Verwaltungsaufgaben dient, die nach diesem Grundgesetze nunmehr von den Ländern zu erfüllen sind, auf die Länder zu übertragen. [2]Der Bund kann auch sonstiges Vermögen den Ländern übertragen.

(3) Vermögen, das dem Reich von den Ländern und Gemeinden (Gemeindeverbänden) unentgeltlich zur Verfügung gestellt wurde, wird wiederum Vermögen der Länder und Gemeinden (Gemeindeverbände), soweit es nicht der Bund für eigene Verwaltungsaufgaben benötigt.

(4) Das Nähere regelt ein Bundesgesetz,[1] das der Zustimmung des Bundesrates bedarf.

Art. 135 [Vermögen bei Änderung des Gebietsstandes] (1) Hat sich nach dem 8. Mai 1945 bis zum Inkrafttreten[2] dieses Grundgesetzes die Landeszugehörigkeit eines Gebietes geändert, so steht in diesem Gebiete das Vermögen des Landes, dem das Gebiet angehört hat, dem Lande zu, dem es jetzt angehört.

(2) Das Vermögen nicht mehr bestehender Länder und nicht mehr bestehender anderer Körperschaften und Anstalten des öffentlichen Rechtes geht, soweit es nach seiner ursprünglichen Zweckbestimmung überwiegend für Verwaltungsaufgaben bestimmt war, oder nach seiner gegenwärtigen, nicht nur vorübergehenden Benutzung überwiegend Verwaltungsaufgaben dient, auf das Land oder die Körperschaft oder Anstalt des öffentlichen Rechtes über, die nunmehr diese Aufgaben erfüllen.

(3) Grundvermögen nicht mehr bestehender Länder geht einschließlich des Zubehörs, soweit es nicht bereits zu Vermögen im Sinne des Absatzes 1 gehört, auf das Land über, in dessen Gebiet es belegen ist.

(4) Sofern ein überwiegendes Interesse des Bundes oder das besondere Interesse eines Gebietes es erfordert, kann durch Bundesgesetz eine von den Absätzen 1 bis 3 abweichende Regelung getroffen werden.

(5) Im übrigen wird die Rechtsnachfolge und die Auseinandersetzung, soweit sie nicht bis zum 1. Januar 1952 durch Vereinbarung zwischen den beteiligten Ländern oder Körperschaften oder Anstalten des öffentlichen Rechtes erfolgt, durch Bundesgesetz geregelt, das der Zustimmung des Bundesrates bedarf.

(6) [1]Beteiligungen des ehemaligen Landes Preußen an Unternehmen des privaten Rechtes gehen auf den Bund über. [2]Das Nähere regelt ein Bundesgesetz, das auch Abweichendes bestimmen kann.

(7) Soweit über Vermögen, das einem Lande oder einer Körperschaft oder Anstalt des öffentlichen Rechtes nach den Absätzen 1 bis 3 zufallen würde, von dem danach Berechtigten durch ein Landesgesetz, auf

---

[1] Siehe das G zur Regelung der Rechtsverhältnisse des Reichsvermögens und der preußischen Beteiligungen v. 16. 5. 1961 (BGBl. I S. 597); ferner das G ü.d. vermögensrechtlichen Verhältnisse der Deutschen Bundesbahn v. 2. 3. 1951 (BGBl. I S. 155) – gilt in der ehem. DDR einschl. Berlin/Ost nach Maßgabe d. Anl. I Kap. XI Sachgeb. A *Abschn. III Nr. 2 iVm Nr. 11 EVertr.* v. 31. 8. 1990 (BGBl. II S. 889, 1098) –, der Bundesautobahnen und sonstigen Bundesstraßen des Fernverkehrs (Nr. **930**).

[2] Siehe Art. 145.

Grund eines Landesgesetzes oder in anderer Weise bei Inkrafttreten des Grundgesetzes verfügt worden war, gilt der Vermögensübergang als vor der Verfügung erfolgt.

Art. 135 a[1)] [2)] **[Verbindlichkeiten des Reichs und anderer Körperschaften]** (1) Durch die in Artikel 134 Abs. 4 und Artikel 135 Abs. 5 vorbehaltene Gesetzgebung des Bundes kann auch bestimmt werden, daß nicht oder nicht in voller Höhe zu erfüllen sind

1. Verbindlichkeiten des Reiches sowie Verbindlichkeiten des ehemaligen Landes Preußen und sonstiger nicht mehr bestehender Körperschaften und Anstalten des öffentlichen Rechts,
2. Verbindlichkeiten des Bundes oder anderer Körperschaften und Anstalten des öffentlichen Rechts, welche mit dem Übergang von Vermögenswerten nach Artikel 89, 90, 134 und 135 im Zusammenhang stehen, und Verbindlichkeiten dieser Rechtsträger, die auf Maßnahmen der in Nummer 1 bezeichneten Rechtsträger beruhen,
3. Verbindlichkeiten der Länder und Gemeinden (Gemeindeverbände), die aus Maßnahmen entstanden sind, welche diese Rechtsträger vor dem 1. August 1945 zur Durchführung von Anordnungen der Besatzungsmächte oder zur Beseitigung eines kriegsbedingten Notstandes im Rahmen dem Reich obliegender oder vom Reich übertragener Verwaltungsaufgaben getroffen haben.

(2) Absatz 1 findet entsprechende Anwendung auf Verbindlichkeiten der Deutschen Demokratischen Republik oder ihrer Rechtsträger sowie auf Verbindlichkeiten des Bundes oder anderer Körperschaften und Anstalten des öffentlichen Rechts, die mit dem Übergang von Vermögenswerten der Deutschen Demokratischen Republik auf Bund, Länder und Gemeinden im Zusammenhang stehen, und auf Verbindlichkeiten, die auf Maßnahmen der Deutschen Demokratischen Republik oder ihrer Rechtsträger beruhen.

Art. 136[3)] **[Erster Zusammentritt des Bundesrates]** (1) *Der Bundesrat tritt erstmalig am Tage des ersten Zusammentrittes des Bundestages zusammen.*

(2) [1] *Bis zur Wahl des ersten Bundespräsidenten werden dessen Befugnisse von dem Präsidenten des Bundesrates ausgeübt.* [2] *Das Recht der Auflösung des Bundestages steht ihm nicht zu.*

Art. 137[4)] **[Wählbarkeit von Angehörigen des Öffentlichen Dienstes u.a.]** (1)[5)] Die Wählbarkeit von Beamten, Angestellten des öffentlichen Dienstes, Berufssoldaten, freiwilligen Soldaten auf Zeit und Richtern im

---

1) Art. 135 a eingef. durch G v. 22. 10. 1957 (BGBl. I S. 1745); Abs. 2 angef., bish. Wortlaut wird *Abs. 1 durch EVertr. v. 31. 8. 1990 (BGBl.* II S. 889).

2) Siehe hierzu auch das Allgemeine KriegsfolgenG v. 5. 11. 1957 (BGBl. I S. 1747), zuletzt geänd. durch G v. 31. 7. 2009 (BGBl. I S. 2512), das G zur Regelung der Verbindlichkeiten nationalsozialist. Einrichtungen und der Rechtsverhältnisse an deren Vermögen v. 17. 3. 1965 (BGBl. I S. 79), zuletzt geänd. durch G v. 12. 8. 2005 (BGBl. I S. 2354) und das Rechtsträger-AbwicklungsG v. 6. 9. 1965 (BGBl. I S. 1065), zuletzt geänd. durch G v. 5. 10. 1994 (BGBl. I S. 2911).

3) Gegenstandslos durch Zeitablauf.

4) Art. 137 Abs. 1 neu gef. durch G v. 19. 3. 1956 (BGBl. I S. 111).

5) Siehe hierzu auch das AbgeordnetenG (Nr. **48**).

Bund, in den Ländern und den Gemeinden kann gesetzlich beschränkt werden.

(2)[1] *Für die Wahl des ersten Bundestages, der ersten Bundesversammlung und des ersten Bundespräsidenten der Bundesrepublik gilt das vom Parlamentarischen Rat zu beschließende Wahlgesetz.*

(3)[1] *Die dem Bundesverfassungsgerichte gemäß Artikel 41 Absatz 2 zustehende Befugnis wird bis zu seiner Errichtung von dem Deutschen Obergericht für das Vereinigte Wirtschaftsgebiet wahrgenommen, das nach Maßgabe seiner Verfahrensordnung entscheidet.*

Art. 138 [Süddeutsches Notariat] Änderungen der Einrichtungen des jetzt bestehenden Notariats in den Ländern *Baden*[2], Bayern, *Württemberg-Baden*[2] und *Württemberg-Hohenzollern*[2] bedürfen der Zustimmung der Regierungen dieser Länder.

Art. 139 [Entnazifizierungsvorschriften] Die zur „Befreiung des deutschen Volkes vom Nationalsozialismus und Militarismus" erlassenen Rechtsvorschriften werden von den Bestimmungen dieses Grundgesetzes nicht berührt.

Art. 140 [Übernahme von Glaubensbestimmungen der Weimarer Reichsverfassung] Die Bestimmungen der Artikel 136, 137, 138, 139 und 141 der deutschen Verfassung vom 11. August 1919[3] sind Bestandteil dieses Grundgesetzes.

Art. 141 [Religionsunterricht] Artikel 7 Abs. 3 Satz 1 findet keine Anwendung in einem Lande, in dem am 1. Januar 1949 eine andere landesrechtliche Regelung bestand.

Art. 142 [Grundrechte in Landesverfassungen] Ungeachtet der Vorschrift des Artikels 31 bleiben Bestimmungen der Landesverfassungen auch insoweit in Kraft, als sie in Übereinstimmung mit den Artikeln 1 bis 18 dieses Grundgesetzes Grundrechte gewährleisten.

Art. 142 a[4] *(aufgehoben)*

Art. 143[5] **[Sondervorschriften für neue Bundesländer und Ost-Berlin]** (1)[6] [1] Recht in dem in Artikel 3 des Einigungsvertrags genannten Gebiet kann längstens bis zum 31. Dezember 1992 von Bestimmungen dieses Grundgesetzes abweichen, soweit und solange infolge der unterschiedlichen Verhältnisse die völlige Anpassung an die grundgesetzliche Ordnung noch nicht

---

[1] Gegenstandslos durch Zeitablauf.

[2] Nach Vereinigung der drei Länder durch das 2. NeugliederungsG v. 4. 5. 1951 (BGBl. I S. 284) seit dem 25. 4 1952 „Baden-Württemberg".

[3] Die Artikel 136, 137, 138, 139 und 141 der Weimarer Reichsverfassung sind im Anschluss an Art. 146 wiedergegeben.

[4] Art. 142 a aufgeh. durch G v. 24. 6. 1968 (BGBl. I S. 709).

[5] *Art. 143 eingef. durch EVertr. v. 31. 8.* 1990 (BGBl. II S. 889).

[6] Art. 143 Abs. 1 und 2 haben gem. Unterzeichnungsprotokoll zum EVertr. „[...] nur zeitliche Bedeutung; sie sind deshalb keine Vorgabe für die künftige Gesetzgebung."

erreicht werden kann. [2]Abweichungen dürfen nicht gegen Artikel 19 Abs. 2 verstoßen und müssen mit den in Artikel 79 Abs. 3 genannten Grundsätzen vereinbar sein.

(2)[1] Abweichungen von den Abschnitten II, VIII, VIIIa, IX, X und XI sind längstens bis zum 31. Dezember 1995 zulässig.

(3) Unabhängig von Absatz 1 und 2 haben Artikel 41 des Einigungsvertrags und Regelungen zu seiner Durchführung auch insoweit Bestand, als sie vorsehen, daß Eingriffe in das Eigentum auf dem in Artikel 3 dieses Vertrags genannten Gebiet nicht mehr rückgängig gemacht werden.

Art. 143a[2] **[Übergangsvorschriften für Bundeseisenbahnen]** (1) [1]Der Bund hat die ausschließliche Gesetzgebung über alle Angelegenheiten, die sich aus der Umwandlung der in bundeseigener Verwaltung geführten Bundeseisenbahnen in Wirtschaftsunternehmen ergeben.[3] [2]Artikel 87e Abs. 5 findet entsprechende Anwendung. [3]Beamte der Bundeseisenbahnen können durch Gesetz unter Wahrung ihrer Rechtsstellung und der Verantwortung des Dienstherrn einer privatrechtlich organisierten Eisenbahn des Bundes zur Dienstleistung zugewiesen werden.

(2) Gesetze nach Absatz 1 führt der Bund aus.

(3)[4] [1]Die Erfüllung der Aufgaben im Bereich des Schienenpersonennahverkehrs der bisherigen Bundeseisenbahnen ist bis zum 31. Dezember 1995 Sache des Bundes. [2]Dies gilt auch für die entsprechenden Aufgaben der Eisenbahnverkehrsverwaltung. [3]Das Nähere wird durch Bundesgesetz geregelt, das der Zustimmung des Bundesrates bedarf.

Art. 143b[5] **[Umwandlung der Deutschen Bundespost]** (1) [1]Das Sondervermögen Deutsche Bundespost wird nach Maßgabe eines Bundesgesetzes in Unternehmen privater Rechtsform umgewandelt. [2]Der Bund hat die ausschließliche Gesetzgebung über alle sich hieraus ergebenden Angelegenheiten.

(2) [1]Die vor der Umwandlung bestehenden ausschließlichen Rechte des Bundes können durch Bundesgesetz für eine Übergangszeit den aus der Deutschen Bundespost POSTDIENST und der Deutschen Bundespost TELEKOM hervorgegangenen Unternehmen verliehen werden. [2]Die Kapitalmehrheit am Nachfolgeunternehmen der Deutschen Bundespost POSTDIENST darf der Bund frühestens fünf Jahre nach Inkrafttreten des Gesetzes aufgeben. [3]Dazu bedarf es eines Bundesgesetzes mit Zustimmung des Bundesrates.

(3) [1]Die bei der Deutschen Bundespost tätigen Bundesbeamten werden unter Wahrung ihrer Rechtsstellung und der Verantwortung des Dienstherrn bei den privaten Unternehmen beschäftigt. [2]Die Unternehmen üben Dienstherrenbefugnisse aus. [3]Das Nähere bestimmt ein Bundesgesetz.

Art. 143c[6] [4] **[Übergangsvorschriften wegen Wegfalls der Finanzhilfen durch den Bund]** (1) [1]Den Ländern stehen ab dem 1. Januar 2007 bis zum 31. Dezember 2019 für den durch die Abschaffung der Gemeinschaftsaufgaben

---

[1] Art. 143 Abs. 1 und 2 haben gem. Unterzeichnungsprotokoll zum EVertr. „[...] nur zeitliche Bedeutung; sie sind deshalb keine Vorgabe für die künftige Gesetzgebung."

[2] Art. 143a eingef. mWv 23.12.1993 durch G v. 20.12.1993 (BGBl. I S. 2089).

[3] Siehe das EisenbahnneuordnungsG **(Loseblatt-Textsammlung Arbeitsrecht Nr. 635c)**.

[4] Gegenstandslos durch Zeitablauf.

[5] Art. 143b eingef. mWv 3.9.1994 durch G v. 30.8.1994 (BGBl. I S. 2245).

[6] Art. 143c eingef. mWv 1.9.2006 durch G v. 28.8.2006 (BGBl. I S. 2034).

Ausbau und Neubau von Hochschulen einschließlich Hochschulkliniken und Bildungsplanung sowie für den durch die Abschaffung der Finanzhilfen zur Verbesserung der Verkehrsverhältnisse der Gemeinden und zur sozialen Wohnraumförderung bedingten Wegfall der Finanzierungsanteile des Bundes jährlich Beträge aus dem Haushalt des Bundes zu. [2]Bis zum 31. Dezember 2013 werden diese Beträge aus dem Durchschnitt der Finanzierungsanteile des Bundes im Referenzzeitraum 2000 bis 2008 ermittelt.

(2) Die Beträge nach Absatz 1 werden auf die Länder bis zum 31. Dezember 2013 wie folgt verteilt:

1. als jährliche Festbeträge, deren Höhe sich nach dem Durchschnittsanteil eines jeden Landes im Zeitraum 2000 bis 2003 errechnet;
2. jeweils zweckgebunden an den Aufgabenbereich der bisherigen Mischfinanzierungen.

(3) [1]Bund und Länder überprüfen bis Ende 2013, in welcher Höhe die den Ländern nach Absatz 1 zugewiesenen Finanzierungsmittel zur Aufgabenerfüllung der Länder noch angemessen und erforderlich sind. [2]Ab dem 1. Januar 2014 entfällt die nach Absatz 2 Nr. 2 vorgesehene Zweckbindung der nach Absatz 1 zugewiesenen Finanzierungsmittel; die investive Zweckbindung des Mittelvolumens bleibt bestehen. [3]Die Vereinbarungen aus dem Solidarpakt II bleiben unberührt.

(4) Das Nähere regelt ein Bundesgesetz, das der Zustimmung des Bundesrates bedarf.

Art. 143d[1)] [Übergangsvorschriften zu Konsolidierungs- und Sanierungshilfen] (1)[2)] [1]Artikel 109 und 115 in der bis zum 31. Juli 2009 geltenden Fassung sind letztmals auf das Haushaltsjahr 2010 anzuwenden. [2]Artikel 109 und 115 in der ab dem 1. August 2009 geltenden Fassung sind erstmals für das Haushaltsjahr 2011 anzuwenden; am 31. Dezember 2010 bestehende Kreditermächtigungen für bereits eingerichtete Sondervermögen bleiben unberührt. [3]Die Länder dürfen im Zeitraum vom 1. Januar 2011 bis zum 31. Dezember 2019 nach Maßgabe der geltenden landesrechtlichen Regelungen von den Vorgaben des Artikels 109 Absatz 3 abweichen. [4]Die Haushalte der Länder sind so aufzustellen, dass im Haushaltsjahr 2020 die Vorgabe aus Artikel 109 Absatz 3 Satz 5 erfüllt wird. [5]Der Bund kann im Zeitraum vom 1. Januar 2011 bis zum 31. Dezember 2015 von der Vorgabe des Artikels 115 Absatz 2 Satz 2 abweichen. [6]Mit dem Abbau des bestehenden Defizits soll im Haushaltsjahr 2011 begonnen werden. [7]Die jährlichen Haushalte sind so aufzustellen, dass im Haushaltsjahr 2016 die Vorgabe aus Artikel 115 Absatz 2 Satz 2 erfüllt wird; das Nähere regelt ein Bundesgesetz.

(2)[2)] [1]Als Hilfe zur Einhaltung der Vorgaben des Artikels 109 Absatz 3 ab dem 1. Januar 2020 können den Ländern Berlin, Bremen, Saarland, Sachsen-Anhalt und Schleswig-Holstein für den Zeitraum 2011 bis 2019 Konsolidierungshilfen aus dem Haushalt des Bundes in Höhe von insgesamt 800 Millionen Euro jährlich gewährt werden. [2]Davon entfallen auf Bremen 300 Millionen Euro, auf das Saarland 260 Millionen Euro und auf Berlin, Sachsen-Anhalt und Schleswig-Holstein jeweils 80 Millionen Euro. [3]Die Hilfen werden auf der Grundlage einer Ver-

---

[1)] Art. 143d eingef. mWv 1.8.2009 durch G v. 29.7.2009 (BGBl. I S. 2248); Abs. 4 angef. mWv 20.7.2017 durch G v. 13.7.2017 (BGBl. I S. 2347).

[2)] Gegenstandslos durch Zeitablauf.

waltungsvereinbarung nach Maßgabe eines Bundesgesetzes mit Zustimmung des Bundesrates geleistet. 4 Die Gewährung der Hilfen setzt einen vollständigen Abbau der Finanzierungsdefizite bis zum Jahresende 2020 voraus. 5 Das Nähere, insbesondere die jährlichen Abbauschritte der Finanzierungsdefizite, die Überwachung des Abbaus der Finanzierungsdefizite durch den Stabilitätsrat sowie die Konsequenzen im Falle der Nichteinhaltung der Abbauschritte, wird durch Bundesgesetz mit Zustimmung des Bundesrates und durch Verwaltungsvereinbarung geregelt. 6 Die gleichzeitige Gewährung der Konsolidierungshilfen und Sanierungshilfen auf Grund einer extremen Haushaltsnotlage ist ausgeschlossen.

(3)[1] 1 Die sich aus der Gewährung der Konsolidierungshilfen ergebende Finanzierungslast wird hälftig von Bund und Ländern, von letzteren aus ihrem Umsatzsteueranteil, getragen. 2 Das Nähere wird durch Bundesgesetz mit Zustimmung des Bundesrates geregelt.

(4) 1 Als Hilfe zur künftig eigenständigen Einhaltung der Vorgaben des Artikels 109 Absatz 3 können den Ländern Bremen und Saarland ab dem 1. Januar 2020 Sanierungshilfen in Höhe von jährlich insgesamt 800 Millionen Euro aus dem Haushalt des Bundes gewährt werden. 2 Die Länder ergreifen hierzu Maßnahmen zum Abbau der übermäßigen Verschuldung sowie zur Stärkung der Wirtschafts- und Finanzkraft. 3 Das Nähere regelt ein Bundesgesetz, das der Zustimmung des Bundesrates bedarf. 4 Die gleichzeitige Gewährung der Sanierungshilfen und Sanierungshilfen auf Grund einer extremen Haushaltsnotlage ist ausgeschlossen.

Art. 143e[2] [Übergangsvorschrift wegen Umwandlung der Auftragsverwaltung für die Bundesautobahnen und Bundesstraßen in Bundesverwaltung] (1)[1] 1 Die Bundesautobahnen werden abweichend von Artikel 90 Absatz 2 längstens bis zum 31. Dezember 2020 in Auftragsverwaltung durch die Länder oder die nach Landesrecht zuständigen Selbstverwaltungskörperschaften geführt. 2 Der Bund regelt die Umwandlung der Auftragsverwaltung in Bundesverwaltung nach Artikel 90 Absatz 2 und 4 durch Bundesgesetz mit Zustimmung des Bundesrates.

(2)[1] Auf Antrag eines Landes, der bis zum 31. Dezember 2018 zu stellen ist, übernimmt der Bund abweichend von Artikel 90 Absatz 4 die sonstigen Bundesstraßen des Fernverkehrs, soweit sie im Gebiet dieses Landes liegen, mit Wirkung zum 1. Januar 2021 in Bundesverwaltung.

(3) Durch Bundesgesetz mit Zustimmung des Bundesrates kann geregelt werden, dass ein Land auf Antrag die Aufgabe der Planfeststellung und Plangenehmigung für den Bau und für die Änderung von Bundesautobahnen und von sonstigen Bundesstraßen des Fernverkehrs, die der Bund nach Artikel 90 Absatz 4 oder Artikel 143e Absatz 2 in Bundesverwaltung übernommen hat, im Auftrage des Bundes übernimmt und unter welchen Voraussetzungen eine Rückübertragung erfolgen kann.

Art. 143f[3] [Bedingtes Außerkrafttreten des Art. 143d GG, des FAG und sonstiger aufgrund von Art. 107 Abs. 2 GG erlassener Gesetze] 1 Artikel 143d, das Gesetz über den Finanzausgleich zwischen Bund und Ländern sowie sonstige auf der Grundlage von Artikel 107 Absatz 2 in seiner ab dem 1. Januar 2020 geltenden Fassung erlassene Gesetze treten außer Kraft, wenn nach dem

---

[1] Gegenstandslos durch Zeitablauf.

[2] Art. 143e eingef. mWv 20.7.2017 durch G v. 13.7.2017 (BGBl. I S. 2347); Abs. 3 angef. mWv 4.4. 2019 durch G v. 28.3.2019 (BGBl. I S. 404).

[3] Art. 143f eingef. mWv 20.7.2017 durch G v. 13.7.2017 (BGBl. I S. 2347).

31. Dezember 2030 die Bundesregierung, der Bundestag oder gemeinsam mindestens drei Länder Verhandlungen über eine Neuordnung der bundesstaatlichen Finanzbeziehungen verlangt haben und mit Ablauf von fünf Jahren nach Notifikation des Verhandlungsverlangens der Bundesregierung, des Bundestages oder der Länder beim Bundespräsidenten keine gesetzliche Neuordnung der bundesstaatlichen Finanzbeziehungen in Kraft getreten ist. [2] Der Tag des Außerkrafttretens ist im Bundesgesetzblatt bekannt zu geben.

Art. 143g[1) 2)] **[Anwendung des Art. 107 GG]** Für die Regelung der Steuerertragsverteilung, des Länderfinanzausgleichs und der Bundesergänzungszuweisungen bis zum 31. Dezember 2019 ist Artikel 107 in seiner bis zum Inkrafttreten des Gesetzes zur Änderung des Grundgesetzes vom 13. Juli 2017 geltenden Fassung weiter anzuwenden.

Art. 143h[3)] **[Sondervermögen für zusätzliche Investitionen in die Infrastruktur]** (1) [1] Der Bund kann ein Sondervermögen mit eigener Kreditermächtigung für zusätzliche Investitionen in die Infrastruktur und für zusätzliche Investitionen zur Erreichung der Klimaneutralität bis zum Jahr 2045 mit einem Volumen von bis zu 500 Milliarden Euro errichten. [2] Zusätzlichkeit liegt vor, wenn im jeweiligen Haushaltsjahr eine angemessene Investitionsquote im Bundeshaushalt erreicht wird. [3] Auf die Kreditermächtigung sind Artikel 109 Absatz 3 und Artikel 115 Absatz 2 nicht anzuwenden. [4] Investitionen aus dem Sondervermögen können innerhalb einer Laufzeit von zwölf Jahren bewilligt werden. [5] Zuführungen aus dem Sondervermögen in den Klima- und Transformationsfonds werden in Höhe von 100 Milliarden Euro vorgenommen. [6] Das Nähere regelt ein Bundesgesetz.

(2) [1] Aus dem Sondervermögen nach Absatz 1 Satz 1 stehen den Ländern 100 Milliarden Euro auch für Investitionen der Länder in deren Infrastruktur zur Verfügung. [2] Die Länder haben dem Bund über die Mittelverwendung Bericht zu erstatten. [3] Der Bund ist zur Prüfung der zweckentsprechenden Mittelverwendung berechtigt. [4] Das Nähere regelt ein Bundesgesetz mit Zustimmung des Bundesrates.

Art. 144[4)] **[Annahme des Grundgesetzes; Beschränkungen in der Anwendung des Grundgesetzes]** (1) Dieses Grundgesetz bedarf der Annahme durch die Volksvertretungen in zwei Dritteln der deutschen Länder, in denen es zunächst gelten soll.

(2) Soweit die Anwendung dieses Grundgesetzes in einem der in Artikel 23[5)] aufgeführten Länder oder in einem Teile eines dieser Länder Beschränkungen unterliegt, hat das Land oder der Teil des Landes das Recht, gemäß Artikel 38 Vertreter in den Bundestag und gemäß Artikel 50 Vertreter in den Bundesrat zu entsenden.

---

1) Gegenstandslos durch Zeitablauf.

2) Art. 143g eingef. mWv 20.7.2017 durch G v. 13.7.2017 (BGBl. I S. 2347).

3) Art. 143h eingef. mWv 8.10.2020–31.12.2020 durch G v. 29.9.2020 (BGBl. I S. 2048); erneut eingef. mWv 25.3.2025 durch G v. 22.3.2025 (BGBl. 2025 I Nr. 94).

4) Gegenstandslos durch Vollzug.

5) Bezieht sich auf Art. 23 in der durch Art. 4 Nr. 2 EVertr. v. 31.8.1990 (BGBl. 1990 II S. 885, 889) aufgehobenen Fassung.

Art. 145 [Inkrafttreten des Grundgesetzes] (1) Der Parlamentarische Rat stellt in öffentlicher Sitzung unter Mitwirkung der Abgeordneten Groß-Berlins die Annahme dieses Grundgesetzes fest, fertigt es aus und verkündet es.

(2) Dieses Grundgesetz tritt mit Ablauf des Tages der Verkündung[1)] in Kraft.

(3) Es ist im Bundesgesetzblatte zu veröffentlichen.

Art. 146[2)] [Geltungsdauer des Grundgesetzes] Dieses Grundgesetz, das nach Vollendung der Einheit und Freiheit Deutschlands für das gesamte deutsche Volk gilt, verliert seine Gültigkeit an dem Tage, an dem eine Verfassung in Kraft tritt, die von dem deutschen Volke in freier Entscheidung beschlossen worden ist.

[Anhang: Gemäß Art. 140 GG weitergeltende Artikel der Weimarer Reichsverfassung]

Art. 136 WRV [Religionsunabhängigkeit von Rechten und Pflichten]

(1) Die bürgerlichen und staatsbürgerlichen Rechte und Pflichten werden durch die Ausübung der Religionsfreiheit weder bedingt noch beschränkt.

(2) Der Genuß bürgerlicher und staatsbürgerlicher Rechte sowie die Zulassung zu öffentlichen Ämtern sind unabhängig von dem religiösen Bekenntnis.

(3) [1] Niemand ist verpflichtet, seine religiöse Überzeugung zu offenbaren. [2] Die Behörden haben nur soweit das Recht, nach der Zugehörigkeit zu einer Religionsgesellschaft zu fragen, als davon Rechte und Pflichten abhängen oder eine gesetzlich angeordnete statistische Erhebung dies erfordert.

(4) Niemand darf zu einer kirchlichen Handlung oder Feierlichkeit oder zur Teilnahme an religiösen Übungen oder zur Benutzung einer religiösen Eidesform gezwungen werden.

Art. 137 WRV [Religionsgesellschaften] (1) Es besteht keine Staatskirche.

(2) [1] Die Freiheit der Vereinigung zu Religionsgesellschaften wird gewährleistet. [2] Der Zusammenschluß von Religionsgesellschaften innerhalb des Reichsgebiets unterliegt keinen Beschränkungen.

(3) [1] Jede Religionsgesellschaft ordnet und verwaltet ihre Angelegenheiten selbständig innerhalb der Schranken des für alle geltenden Gesetzes. [2] Sie verleiht ihre Ämter ohne Mitwirkung des Staates oder der bürgerlichen Gemeinde.

(4) Religionsgesellschaften erwerben die Rechtsfähigkeit nach den allgemeinen Vorschriften des bürgerlichen Rechtes.

(5) [1] Die Religionsgesellschaften bleiben Körperschaften des öffentlichen Rechtes, soweit sie solche bisher waren. [2] Anderen Religionsgesellschaften sind auf ihren Antrag gleiche Rechte zu gewähren, wenn sie durch ihre Verfassung und die Zahl ihrer Mitglieder die Gewähr der Dauer bieten. [3] Schließen sich mehrere derartige öffentlich-rechtliche Religionsgesellschaften zu einem Verbande zusammen, so ist auch dieser Verband eine öffentlich-rechtliche Körperschaft.

(6) Die Religionsgesellschaften, welche Körperschaften des öffentlichen Rechtes sind, sind berechtigt, auf Grund der bürgerlichen Steuerlisten nach Maßgabe der landesrechtlichen Bestimmungen Steuern zu erheben.

(7) Den Religionsgesellschaften werden die Vereinigungen gleichgestellt, die sich die gemeinschaftliche Pflege einer Weltanschauung zur Aufgabe machen.

[1)] Verkündet am 23.5.1949.
[2)] Art. 146 neu gef. mWv 29.9.1990 durch EVertr. v. 31.8.1990 (BGBl. 1990 II S. 885, 889).

(8) Soweit die Durchführung dieser Bestimmungen eine weitere Regelung erfordert, liegt diese der Landesgesetzgebung ob.

Art. 138 WRV [Staatsleistungen; Kirchengut] (1) [1]Die auf Gesetz, Vertrag oder besonderen Rechtstiteln beruhenden Staatsleistungen an die Religionsgesellschaften werden durch die Landesgesetzgebung abgelöst. [2]Die Grundsätze hierfür stellt das Reich auf.

(2) Das Eigentum und andere Rechte der Religionsgesellschaften und religiösen Vereine an ihren für Kultus-, Unterrichts- und Wohltätigkeitszwecke bestimmten Anstalten, Stiftungen und sonstigen Vermögen werden gewährleistet.

Art. 139 WRV [Sonn- und Feiertagsruhe] Der Sonntag und die staatlich anerkannten Feiertage bleiben als Tage der Arbeitsruhe und der seelischen Erhebung gesetzlich geschützt.

Art. 141 WRV [Religiöse Handlungen in öffentlichen Anstalten] Soweit das Bedürfnis nach Gottesdienst und Seelsorge im Heer, in Krankenhäusern, Strafanstalten oder sonstigen öffentlichen Anstalten besteht, sind die Religionsgesellschaften zur Vornahme religiöser Handlungen zuzulassen, wobei jeder Zwang fernzuhalten ist.

5. Gesetz über die Befugnisse des Petitionsausschusses des Deutschen Bundestages (Gesetz nach Artikel 45 c des Grundgesetzes)

Vom 19. Juli 1975

(BGBl. I S. 1921), geänd. durch Art. 4 Abs. 5 KostenrechtsmodernisierungsG (KostRMoG) v. 5. 5. 2004 (BGBl. I S. 718)

FNA 190-3

Der Bundestag hat das folgende Gesetz beschlosssen:

§ 1. Zur Vorbereitung von Beschlüssen über Beschwerden nach Artikel 17 des Grundgesetzes haben die Bundesregierung und die Behörden des Bundes dem Petitionsauschuß des Deutschen Bundestages Akten vorzulegen, Auskunft zu erteilen und Zutritt zu ihren Einrichtungen zu gestatten.

§ 2. Für die bundesunmittelbaren Körperschaften, Anstalten und Stiftungen des öffentlichen Rechts gilt § 1 entsprechend in dem Umfang, in dem sie der Aufsicht der Bundesregierung unterstehen.

§ 3. (1) Aktenvorlage, Auskunft sowie der Zutritt zu Einrichtungen dürfen nur verweigert werden, wenn der Vorgang nach einem Gesetz geheimgehalten werden muß oder sonstige zwingende Geheimhaltungsgründe bestehen.

(2) Über die Verweigerung entscheidet die zuständige oberste Aufsichtsbehörde des Bundes. Die Entscheidung ist zu begründen.

§ 4. Der Petitionsausschuß ist berechtigt, den Petenten, Zeugen und Sachverständige anzuhören.

§ 5[1]**.** Der Petent, Zeugen und Sachverständige, die vom Ausschuß geladen worden sind, erhalten eine Entschädigung oder Vergütung nach dem Justizvergütungs- und -entschädigungsgesetz.[2]

§ 6. Der Petitionsausschuß kann nach Maßgabe der Geschäftsordnung des Deutschen Bundestages die Ausübung seiner Befugnisse nach diesem Gesetz im Einzelfall auf eines oder mehrere seiner Mitglieder übertragen.

§ 7. Gerichte und Verwaltungsbehörden sind verpflichtet, dem Petitionsausschuß und den von ihm beauftragten Mitgliedern Amtshilfe zu leisten.

---

[1] § 5 geänd. durch G v. 5. 5. 2004 (BGBl. I S. 718).
[2] **Schönfelder Nr. 116.**

§ 8. *(gegenstandslos)*

§ 9. Dieses Gesetz tritt am Tage nach seiner Verkündung[1] in Kraft.

[1] Das G ist am 23. 7. 1975 verkündet worden.

6. Gesetz zur Regelung des Rechts der Untersuchungsausschüsse des Deutschen Bundestages (Untersuchungsausschussgesetz – PUAG)[1)]

Vom 19. Juni 2001
(BGBl. I S. 1142)

FNA 1101-10

geänd. durch Art. 4 Abs. 1 KostenrechtsmodernisierungsG v. 5.5.2004 (BGBl. I S. 718), Art. 12 Abs. 1 KostenrechtsänderungsG 2021 v. 21.12.2020 (BGBl. I S. 3229) und Art. 2 G zur Änd. des BundesverfassungsgerichtsG und des UntersuchungsausschussG v. 20.12.2024 (BGBl. 2024 I Nr. 440)

§ 1 Einsetzung. (1) Der Bundestag hat das Recht und auf Antrag eines Viertels seiner Mitglieder die Pflicht, einen Untersuchungsausschuss einzusetzen.

(2) Die Einsetzung erfolgt durch Beschluss des Bundestages.

(3) Ein Untersuchungsverfahren ist zulässig im Rahmen der verfassungsmäßigen Zuständigkeit des Bundestages.

§ 2 Rechte der qualifizierten Minderheit bei der Einsetzung. (1) Ist die Einsetzung von einem Viertel der Mitglieder des Bundestages beantragt, so hat der Bundestag sie unverzüglich zu beschließen.

(2) Der Einsetzungsbeschluss darf den in dem Einsetzungsantrag bezeichneten Untersuchungsgegenstand nicht ändern, es sei denn, die Antragstellenden stimmen der Änderung zu.

(3) [1] Hält der Bundestag den Einsetzungsantrag für teilweise verfassungswidrig, so ist der Untersuchungsausschuss mit der Maßgabe einzusetzen, dass dessen Untersuchungen auf diejenigen Teile des Untersuchungsgegenstandes zu beschränken sind, die der Bundestag für nicht verfassungswidrig hält. [2] Das Recht der Antragstellenden, wegen der teilweisen Ablehnung des Einsetzungsantrages das Bundesverfassungsgericht anzurufen, bleibt unberührt.

§ 3 Gegenstand der Untersuchung. [1] Der Untersuchungsausschuss ist an den ihm erteilten Untersuchungsauftrag gebunden. [2] Eine nachträgliche Änderung des Untersuchungsauftrages bedarf eines Beschlusses des Bundestages; § 2 Abs. 2 ist entsprechend anzuwenden.

§ 4 Zusammensetzung. [1] Der Bundestag bestimmt bei der Einsetzung die Zahl der ordentlichen und die gleich große Zahl der stellvertretenden Mitglieder des Untersuchungsausschusses. [2] Die Bemessung der Zahl hat einerseits die Mehrheitsverhältnisse widerzuspiegeln und andererseits die Aufgabenstellung und die Arbeitsfähigkeit des Untersuchungsausschusses zu berücksichtigen. [3] Jede Fraktion *muss vertreten sein.* [4] Die Berücksichtigung von Gruppen richtet sich nach den allgemeinen Beschlüssen des Bundestages. [5] Die Zahl der auf die Fraktionen entfallenden Sitze wird nach dem Verfahren der mathematischen Proportion (St. Lague/Schepers) berechnet.

§ 5 Mitglieder. Die ordentlichen und stellvertretenden Mitglieder werden von den Fraktionen benannt und abberufen.

[1)] Verkündet als Art. 1 UntersuchungsausschussG v. 19.6.2001 (BGBl. I S. 1142); Inkrafttreten gem. Art. 3 Satz 1 dieses G am 26.6.2001.

§ 6 Vorsitz. (1) [1] Für den Vorsitz der Untersuchungsausschüsse sind die Fraktionen im Verhältnis ihrer Stärke zu berücksichtigen. [2] Der Untersuchungsausschuss bestimmt das Mitglied, das den Vorsitz führt, aus seiner Mitte nach den Vereinbarungen im Ältestenrat.

(2) Der oder die Vorsitzende leitet das Untersuchungsverfahren und ist dabei an den Einsetzungsbeschluss des Bundestages und an die Beschlüsse des Untersuchungsausschusses gebunden.

§ 7 Stellvertretender Vorsitz. (1) Der Untersuchungsausschuss bestimmt nach den Vereinbarungen im Ältestenrat ein Mitglied für den stellvertretenden Vorsitz; dieses Mitglied muss einer anderen Fraktion als der oder die Vorsitzende angehören.

(2) Der oder die stellvertretende Vorsitzende besitzt alle Rechte und Pflichten des oder der abwesenden Vorsitzenden.

§ 8 Einberufung. (1) Der oder die Vorsitzende beruft den Untersuchungsausschuss unter Angabe der Tagesordnung ein.

(2) Er oder sie ist zur Einberufung einer Sitzung zum nächstmöglichen Termin innerhalb des Zeitplanes verpflichtet, wenn dies von einem Viertel der Mitglieder des Untersuchungsausschusses unter Angabe der Tagesordnung verlangt wird.

(3) Zur Einberufung einer Sitzung außerhalb des Zeitplanes oder außerhalb des ständigen Sitzungsortes des Bundestages ist der oder die Vorsitzende nur berechtigt, wenn ein entsprechendes Verlangen eines Viertels der Mitglieder des Untersuchungsausschusses unter Angabe der Tagesordnung vorliegt und der Präsident oder die Präsidentin des Bundestages hierzu die Genehmigung erteilt hat.

§ 9 Beschlussfähigkeit. (1) [1] Der Untersuchungsausschuss ist beschlussfähig, wenn die Mehrheit seiner Mitglieder anwesend ist. [2] Er gilt solange als beschlussfähig, wie nicht auf Antrag die Beschlussunfähigkeit festgestellt wird.

(2) [1] Ist die Beschlussunfähigkeit festgestellt, so unterbricht der oder die Vorsitzende sofort die Sitzung auf bestimmte Zeit. [2] Ist der Untersuchungsausschuss auch nach Ablauf dieser Zeit noch nicht beschlussfähig, so ist unverzüglich eine neue Sitzung anzuberaumen. [3] In dieser Sitzung ist der Untersuchungsausschuss beschlussfähig, auch wenn nicht die Mehrheit seiner Mitglieder anwesend ist; hierauf ist in der Einladung hinzuweisen.

(Fortsetzung nächstes Blatt)

(3) Bei Beschlussunfähigkeit darf der Untersuchungsausschuss keine Untersuchungshandlungen durchführen.

(4) [1] Soweit in diesem Gesetz nichts anderes bestimmt ist, beschließt der Untersuchungsausschuss mit der Mehrheit der abgegebenen Stimmen. [2] Bei Stimmengleichheit ist der Antrag abgelehnt.

§ 10 Ermittlungsbeauftragte. (1) [1] Der Untersuchungsausschuss hat jederzeit das Recht und auf Antrag eines Viertels seiner Mitglieder die Pflicht, zu seiner Unterstützung eine Untersuchung zu beschließen, die von einem oder einer Ermittlungsbeauftragten durchgeführt wird. [2] Der Ermittlungsauftrag soll zeitlich auf höchstens sechs Monate begrenzt werden.

(2) [1] Der oder die Ermittlungsbeauftragte wird innerhalb von drei Wochen nach Beschlussfassung gemäß Absatz 1 mit einer Mehrheit von zwei Dritteln der anwesenden Mitglieder bestimmt. [2] Erfolgt diese Bestimmung nicht fristgemäß, bestimmt der oder die Vorsitzende im Einvernehmen mit der Stellvertretung und im Benehmen mit den Obleuten der Fraktionen im Untersuchungsausschuss innerhalb weiterer drei Wochen die Person des oder der Ermittlungsbeauftragten.

(3) [1] Ermittlungsbeauftragte bereiten in der Regel die Untersuchung durch den Untersuchungsausschuss vor. [2] Sie beschaffen und sichten die erforderlichen sächlichen Beweismittel. [3] Sie haben entsprechend § 18 das Recht auf Vorlage von Beweismitteln sowie entsprechend § 19 das Recht der Augenscheineinnahme. [4] Sie können Herausgabeansprüche entsprechend § 30 geltend machen. [5] Werden ihnen die Rechte gemäß Satz 3 oder 4 nicht freiwillig gewährt, bedarf es eines Beweisbeschlusses gemäß § 17 Abs. 1. [6] Ermittlungsbeauftragte können Personen informatorisch anhören. [7] Sie sind dem gesamten Untersuchungsausschuss verantwortlich. [8] Die Ergebnisse ihrer Tätigkeit stehen allen Mitgliedern des Untersuchungsausschusses zur Verfügung. [9] Nach Abschluss ihrer Untersuchung erstatten Ermittlungsbeauftragte dem Untersuchungsausschuss über das Ergebnis einen schriftlichen und mündlichen Bericht. [10] Darin unterbreiten sie dem Untersuchungsausschuss einen Vorschlag über die weitere Vorgehensweise. [11] Im Verkehr nach außen haben sie die gebührende Zurückhaltung zu wahren; öffentliche Erklärungen geben sie nicht ab.

(4) [1] Ermittlungsbeauftragte sind im Rahmen ihres Auftrages unabhängig. [2] Sie können jederzeit mit einer Mehrheit von zwei Dritteln der anwesenden Mitglieder abberufen werden. [3] Sie haben das Recht, für ihren Ermittlungsauftrag in angemessenem Umfang Hilfskräfte einzusetzen.

§ 11 Protokollierung. (1) Über die Sitzungen des Untersuchungsausschusses wird ein Protokoll angefertigt.

(2) [1] Beweiserhebungen werden wörtlich protokolliert. [2] Zum Zwecke der Protokollierung darf die Beweisaufnahme auf Tonträger aufgenommen werden.

(3) Über die Art der Protokollierung der Beratungen entscheidet der Untersuchungsausschuss.

§ 12 Sitzungen zur Beratung. (1) Die Beratungen und Beschlussfassungen des Untersuchungsausschusses sind nicht öffentlich.

(2) Der Untersuchungsausschuss kann den benannten Mitarbeitern und Mitarbeiterinnen der Fraktionen den Zutritt gestatten.

(3) Über Art und Umfang von Mitteilungen an die Öffentlichkeit aus nicht öffentlichen Sitzungen entscheidet der Untersuchungsausschuss.

§ 13 Sitzungen zur Beweisaufnahme. (1) [1] Die Beweiserhebung erfolgt in öffentlicher Sitzung. [2] Ton- und Filmaufnahmen sowie Ton- und Bildübertragungen sind nicht zulässig. [3] Der Untersuchungsausschuss kann Ausnahmen von Satz 1 zulassen. [4] Ausnahmen von Satz 2 bedürfen einer Mehrheit von zwei Dritteln der anwesenden Mitglieder sowie der Zustimmung der zu vernehmenden oder anzuhörenden Personen.

(2) Die §§ 176 bis 179 des Gerichtsverfassungsgesetzes[1)] über die Aufrechterhaltung der Ordnung in der Sitzung finden entsprechende Anwendung.

§ 14 Ausschluss der Öffentlichkeit. (1) Der Untersuchungsausschuss schließt die Öffentlichkeit aus, wenn

1. Umstände aus dem persönlichen Lebensbereich von Zeugen oder Dritten zur Sprache kommen, deren öffentliche Erörterung überwiegende schutzwürdige Interessen verletzen würde;
2. eine Gefährdung des Lebens, des Leibes oder der Freiheit von einzelnen Zeugen oder einer anderen Person zu besorgen ist;
3. ein Geschäfts-, Betriebs-, Erfindungs- oder Steuergeheimnis zur Sprache kommt, durch dessen öffentliche Erörterung überwiegende schutzwürdige Interessen verletzt würden;
4. besondere Gründe des Wohls des Bundes oder eines Landes entgegenstehen, insbesondere wenn Nachteile für die Sicherheit der Bundesrepublik Deutschland oder ihrer Beziehungen zu anderen Staaten zu besorgen sind.

(2) Der Untersuchungsausschuss kann einzelnen Personen zu nicht öffentlichen Beweisaufnahmen den Zutritt gestatten; § 12 Abs. 2 gilt entsprechend.

(3) Zur Stellung eines Antrages auf Ausschluss oder Beschränkung der Öffentlichkeit sind berechtigt:

1. anwesende Mitglieder des Untersuchungsausschusses,
2. Mitglieder des Bundesrates, der Bundesregierung und ihre Beauftragten,
3. Zeugen, Sachverständige und sonstige Auskunftspersonen.

(4) [1] Über den Ausschluss oder die Beschränkung der Öffentlichkeit entscheidet der Untersuchungsausschuss. [2] Der oder die Vorsitzende begründet auf Beschluss des Untersuchungsausschusses die Entscheidung in öffentlicher Sitzung.

(Fortsetzung nächstes Blatt)

[1)] **Schönfelder Nr. 95.**

§ 15 Geheimnisschutz. (1) [1]Beweismittel, Beweiserhebungen und Beratungen kann der Untersuchungsausschuss mit einem Geheimhaltungsgrad versehen. [2]Vor einer Entscheidung nach Satz 1 kann der oder die Vorsitzende eine vorläufige Einstufung vornehmen.

(2) [1]Die Entscheidung über die Einstufung richtet sich nach der Geheimschutzordnung des Bundestages.[1)] [2]§ 14 Abs. 3 ist entsprechend anzuwenden.

(3) Soweit dieses Gesetz nichts Abweichendes bestimmt, gilt für die Behandlung der Verschlusssachen sowie für streng geheime, geheime und vertrauliche Sitzungen und deren Protokollierung die Geheimschutzordnung des Bundestages.

§ 16 Zugang zu Verschlusssachen und Amtsverschwiegenheit. (1) [1]Verschlusssachen des Geheimhaltungsgrades VS-VERTRAULICH und höher, die der Untersuchungsausschuss eingestuft oder von einer anderen herausgebenden Stelle erhalten hat, dürfen nur den Mitgliedern des Untersuchungsausschusses, den Mitgliedern des Bundesrates und der Bundesregierung sowie ihren Beauftragten zugänglich gemacht werden. [2]Ermittlungsbeauftragten, den von ihnen eingesetzten Hilfskräften sowie den Mitarbeitern und Mitarbeiterinnen der Mitglieder des Untersuchungsausschusses, des Sekretariats und der Fraktionen im Untersuchungsausschuss dürfen sie zugänglich gemacht werden, soweit diese zum Umgang mit Verschlusssachen ermächtigt und zur Geheimhaltung förmlich verpflichtet sind.

(2) [1]Die Mitglieder des Untersuchungsausschusses, Ermittlungsbeauftragte und die in Absatz 1 bezeichneten Mitarbeiter und Mitarbeiterinnen und Hilfskräfte sind auch nach Auflösung des Ausschusses verpflichtet, über die ihnen bekannt gewordenen, in Absatz 1 bezeichneten Verschlusssachen Verschwiegenheit zu bewahren. [2]Ohne Genehmigung des Präsidenten oder der Präsidentin des Bundestages dürfen sie weder vor Gericht noch außergerichtlich aussagen. [3]§ 44 c Abs. 2 Satz 2 und Abs. 3 des Abgeordnetengesetzes[2)] gilt entsprechend.

(3) [1]Wird einem Mitglied des Ausschusses ein fremdes Geheimnis, namentlich ein zum persönlichen Lebensbereich gehörendes Geheimnis oder ein Betriebs- oder Geschäftsgeheimnis im Rahmen der Untersuchungshandlung bekannt, darf es dieses Geheimnis nur offenbaren, wenn es dazu von der berechtigten Person ermächtigt worden ist. [2]Dies gilt nicht, wenn die Offenlegung des Geheimnisses gesetzlich geboten ist.

§ 17 Beweiserhebung. (1) Der Untersuchungsausschuss erhebt die durch den Untersuchungsauftrag gebotenen Beweise aufgrund von Beweisbeschlüssen.

(2) Beweise sind zu erheben, wenn sie von einem Viertel der Mitglieder des Untersuchungsausschusses beantragt sind, es sei denn, die Be-

---

1) Anl. 3 der GO des Bundestages (Nr. **35**).
2) Nr. **48**.

weiserhebung ist unzulässig oder das Beweismittel ist auch nach Anwendung der in diesem Gesetz vorgesehenen Zwangsmittel unerreichbar.

(3) [1]Die Reihenfolge der Vernehmung von Zeugen und Sachverständigen soll im Untersuchungsausschuss möglichst einvernehmlich festgelegt werden. [2]Bei Widerspruch eines Viertels der Mitglieder des Untersuchungsausschusses gelten die Vorschriften der Geschäftsordnung des Bundestages[1)] zur Reihenfolge der Reden entsprechend.

(4) Lehnt der Untersuchungsausschuss die Erhebung bestimmter Beweise oder die Anwendung beantragter Zwangsmittel nach den § 21 Abs. 1, § 27 Abs. 1, § 28 Abs. 6 und § 29 Abs. 2 Satz 1 ab, so entscheidet auf Antrag eines Viertels der Mitglieder der Ermittlungsrichter oder die Ermittlungsrichterin des Bundesgerichtshofes über die Erhebung der Beweise oder über die Anordnung des Zwangsmittels.

§ 18 Vorlage von Beweismitteln. (1) Die Bundesregierung, die Behörden des Bundes sowie die bundesunmittelbaren Körperschaften, Anstalten und Stiftungen des öffentlichen Rechts sind vorbehaltlich verfassungsrechtlicher Grenzen auf Ersuchen verpflichtet, dem Untersuchungsausschuss sächliche Beweismittel, insbesondere die Akten, die den Untersuchungsgegenstand betreffen, vorzulegen.

(2) [1]Die Entscheidung über das Ersuchen nach Absatz 1 trifft der zuständige Bundesminister oder die zuständige Bundesministerin, soweit sie nicht durch Gesetz der Bundesregierung vorbehalten ist. [2]Wird das Ersuchen abgelehnt oder werden sächliche Beweismittel als Verschlusssache eingestuft vorgelegt, ist der Untersuchungsausschuss über die Gründe der Ablehnung oder der Einstufung schriftlich zu unterrichten. [3]Die Vorlage ist mit einer Erklärung über die Vollständigkeit zu verbinden.

(3) Auf Antrag des Untersuchungsausschusses oder eines Viertels seiner Mitglieder entscheidet das Bundesverfassungsgericht über die Rechtmäßigkeit der Ablehnung eines Ersuchens, der Ermittlungsrichter oder die Ermittlungsrichterin des Bundesgerichtshofes über die Rechtmäßigkeit einer Einstufung.

(4) [1]Gerichte und Verwaltungsbehörden sind zur Rechts- und Amtshilfe, insbesondere zur Vorlage sächlicher Beweismittel, verpflichtet. [2]Über Streitigkeiten entscheidet auf Antrag des Untersuchungsausschusses oder eines Viertels seiner Mitglieder der Ermittlungsrichter oder die Ermittlungsrichterin des Bundesgerichtshofes.

§ 19 Augenschein. Für die Einnahme eines Augenscheins gilt § 18 Abs. 1 bis 3 erster Halbsatz und Abs. 4 entsprechend.

§ 20 Ladung der Zeugen. (1) [1]Zeugen sind verpflichtet, auf Ladung des Untersuchungsausschusses zu erscheinen. [2]§ 50 der Strafprozessordnung[2)] findet keine Anwendung.

(2) In der Ladung sind Zeugen über das Beweisthema zu unterrichten, über ihre Rechte zu belehren und auf die gesetzlichen Folgen des

---

[1)] Nr. **35**.
[2)] **Schönfelder Nr. 90.**

Ausbleibens sowie darauf hinzuweisen, dass sie einen rechtlichen Beistand ihres Vertrauens zu der Vernehmung hinzuziehen dürfen.

§ 21 Folgen des Ausbleibens von Zeugen. (1) [1]Erscheinen ordnungsgemäß geladene Zeugen nicht, so kann der Untersuchungsausschuss ihnen die durch ihr Ausbleiben verursachten Kosten auferlegen, gegen sie ein Ordnungsgeld bis zu 10 000 Euro festsetzen und ihre zwangsweise Vorführung anordnen. [2]Im Falle wiederholten Ausbleibens kann das Ordnungsgeld noch einmal festgesetzt werden. [3]§ 135 Satz 2 der Strafprozessordnung[1)] ist anzuwenden.

(2) [1]Maßnahmen nach Absatz 1 unterbleiben, wenn Zeugen ihr Ausbleiben rechtzeitig genügend entschuldigen. [2]Wird das Ausbleiben nachträglich genügend entschuldigt, so sind die nach Absatz 1 getroffenen Anordnungen aufzuheben, wenn die Zeugen glaubhaft machen, dass sie an der Verspätung kein Verschulden trifft.

§ 22 Zeugnis- und Auskunftsverweigerungsrecht. (1) Die Vorschriften der §§ 53 und 53 a der Strafprozessordnung[1)] gelten entsprechend.

(2) Zeugen können die Auskunft auf Fragen verweigern, deren Beantwortung ihnen oder Personen, die im Sinne des § 52 Abs. 1 der Strafprozessordnung ihre Angehörigen sind, die Gefahr zuziehen würde, einer Untersuchung nach einem gesetzlich geordneten Verfahren ausgesetzt zu werden.

(3) Über die in den Absätzen 1 und 2 bestimmten Rechte sind Zeugen bei Beginn der ersten Vernehmung zur Sache zu belehren.

(4) Die Tatsachen, auf die einzelne Zeugen die Verweigerung ihres Zeugnisses stützen, sind auf Verlangen glaubhaft zu machen.

§ 23 Vernehmung von Amtsträgern. (1) § 54 der Strafprozessordnung[1)] ist anzuwenden.

(2) Die Bundesregierung ist verpflichtet, die erforderlichen Aussagegenehmigungen zu erteilen; § 18 Abs. 1 bis 3 erster Halbsatz gilt entsprechend.

§ 24 Vernehmung der Zeugen. (1) Zeugen sind einzeln und in Abwesenheit der später zu hörenden Zeugen zu vernehmen.

(2) Eine Gegenüberstellung mit anderen Zeugen ist zulässig, wenn es für den Untersuchungszweck geboten ist.

(3) Vor der Vernehmung hat der oder die Vorsitzende die Zeugen zur Wahrheit zu ermahnen, ihnen den Gegenstand der Vernehmung zu erläutern und sie über die strafrechtlichen Folgen einer unrichtigen oder unvollständigen Aussage zu belehren.

(4) [1]Der oder die Vorsitzende vernimmt die Zeugen zur Person. [2]Zu Beginn der Vernehmung zur Sache ist den Zeugen Gelegenheit zu

---

[1)] **Schönfelder Nr. 90**

geben, das, was ihnen von dem Gegenstand ihrer Vernehmung bekannt ist, im Zusammenhang darzulegen.

(5) [1]Zur Aufklärung und zur Vervollständigung der Aussage sowie zur Erforschung des Grundes, auf dem das Wissen der Zeugen beruht, kann zunächst der oder die Vorsitzende weitere Fragen stellen. [2]Anschließend erhalten die übrigen Mitglieder das Wort zu Fragen. [3]Für die Festlegung der Reihenfolge und der Dauer der Ausübung des Fragerechts der einzelnen Fraktionen sind die Vorschriften der Geschäftsordnung und die Praxis des Bundestages zur Reihenfolge der Reden und zur Gestaltung von Aussprachen entsprechend anzuwenden, sofern der Untersuchungsausschuss nicht einstimmig Abweichendes beschließt.

(6) § 136 a der Strafprozessordnung[1)] ist entsprechend anzuwenden.

§ 25 Zulässigkeit von Fragen an Zeugen. (1) [1]Der oder die Vorsitzende hat ungeeignete oder nicht zur Sache gehörende Fragen zurückzuweisen. [2]Zeugen können den Vorsitzenden oder die Vorsitzende auffordern, Fragen zurückzuweisen. [3]Bei Zweifeln über die Zulässigkeit von Fragen sowie über die Rechtmäßigkeit ihrer Zurückweisung entscheidet der Untersuchungsausschuss auf Antrag seiner Mitglieder; die Zurückweisung einer Frage bedarf einer Mehrheit von zwei Dritteln der anwesenden Mitglieder.

(2) Beschließt der Untersuchungsausschuss die Unzulässigkeit einer Frage, auf die bereits eine Antwort gegeben worden ist, darf im Bericht des Untersuchungsausschusses auf die Frage und die Antwort nicht Bezug genommen werden.

§ 26 Abschluss der Vernehmung. (1) Den einzelnen Zeugen ist das Protokoll über ihre Vernehmung zuzustellen.

(2) [1]Der Untersuchungssausschuss stellt durch Beschluss fest, dass die Vernehmung der jeweiligen Zeugen abgeschlossen ist. [2]Die Entscheidung darf erst ergehen, wenn nach Zustellung des Vernehmungsprotokolls zwei Wochen verstrichen sind oder auf die Einhaltung dieser Frist verzichtet worden ist.

(3) Zeugen sind von dem oder der Vorsitzenden des Untersuchungsausschusses am Ende ihrer Vernehmung darüber zu belehren, unter welchen Voraussetzungen diese gemäß Absatz 2 abgeschlossen ist.

§ 27 Grundlose Zeugnisverweigerung. (1) Wird das Zeugnis ohne gesetzlichen Grund verweigert, so kann der Untersuchungsausschuss Zeugen die durch ihre Weigerung verursachten Kosten auferlegen und gegen sie ein Ordnungsgeld bis zu 10 000 Euro festsetzen.

(2) Unter der in Absatz 1 bestimmten Voraussetzung kann der Ermittlungsrichter oder die Ermittlungsrichterin des Bundesgerichtshofes auf Antrag des Untersuchungsausschusses oder eines Viertels seiner Mitglieder zur Erzwingung des Zeugnisses die Haft anordnen, jedoch nicht über die Zeit der Beendigung des Untersuchungsverfahrens, auch nicht über die Zeit von sechs Monaten hinaus.

---

1) Schönfelder Nr. 90.

(3) § 70 Abs. 4 der Strafprozessordnung[1)] ist entsprechend anzuwenden.

§ 28 Sachverständige. (1) Auf Sachverständige sind die Vorschriften der §§ 20, 22 bis 26 entsprechend anzuwenden, soweit nicht nachfolgend abweichende Regelungen getroffen sind.

(2) Die Auswahl der zuzuziehenden Sachverständigen erfolgt durch den Untersuchungsausschuss; § 74 der Strafprozessordnung[1)] findet keine Anwendung.

(3) Der Untersuchungsausschuss soll mit Sachverständigen eine Absprache treffen, innerhalb welcher Frist das Gutachten erstellt wird.

(4) [1] Sachverständige haben das Gutachten innerhalb der vereinbarten Frist unparteiisch, vollständig und wahrheitsgemäß zu erstatten. [2] Auf Verlangen des Untersuchungsausschusses ist das Gutachten schriftlich zu erstellen und mündlich näher zu erläutern.

(5) Die Vorschriften des § 76 der Strafprozessordnung[1)] über das Gutachtensverweigerungsrecht sind entsprechend anzuwenden.

(6) [1] Weigern sich die zur Erstattung des Gutachtens verpflichteten Sachverständigen, nach Absatz 3 eine angemessene Frist abzusprechen, oder versäumen sie die abgesprochene Frist, so kann der Untersuchungsausschuss gegen sie ein Ordnungsgeld bis zu 10 000 Euro festsetzen. [2] Dasselbe gilt, wenn die ordnungsgemäß geladenen Sachverständigen nicht erscheinen oder sich weigern, ihr Gutachten zu erstatten oder zu erläutern; in diesen Fällen kann der Untersuchungsausschuss zugleich den Sachverständigen die durch ihre Säumnis oder Weigerung verursachten Kosten auferlegen. [3] § 21 Abs. 2 gilt entsprechend.

§ 29 Herausgabepflicht. (1) [1] Wer einen Gegenstand, der als Beweismittel für die Untersuchung von Bedeutung sein kann, in seinem Gewahrsam hat, ist verpflichtet, ihn auf Verlangen des Untersuchungsausschusses vorzulegen und auszuliefern. [2] Diese Pflicht besteht nicht, soweit das Beweismittel Informationen enthält, deren Weitergabe wegen ihres streng persönlichen Charakters für die Betroffenen unzumutbar ist.

(2) [1] Im Falle der Weigerung kann der Untersuchungsausschuss gegen die Person, die den Gewahrsam hat, ein Ordnungsgeld bis zu 10 000 Euro festsetzen. [2] Der Ermittlungsrichter oder die Ermittlungsrichterin des Bundesgerichtshofes kann auf Antrag des Untersuchungsausschusses oder eines Viertels seiner Mitglieder zur Erzwingung der Herausgabe die Haft anordnen. [3] § 27 Abs. 2 und 3 gilt entsprechend. [4] Die in diesem Absatz bestimmten Ordnungs- und Zwangsmittel dürfen gegen Personen, die nach § 22 Abs. 1 und 2 zur Verweigerung des Zeugnisses oder der Auskunft berechtigt sind, nicht verhängt werden.

(3) [1] Werden Gegenstände nach Absatz 1 nicht freiwillig vorgelegt, so entscheidet auf Antrag des Untersuchungsausschusses oder eines Viertels seiner Mitglieder der Ermittlungsrichter oder die Ermittlungsrichterin des Bundesgerichtshofes über die Beschlagnahme und die

---

[1)] **Schönfelder Nr. 90.**

Herausgabe an den Untersuchungsausschuss; § 97 der Strafprozessordnung[1] gilt entsprechend. [2]Zur Beschlagnahme der in Absatz 1 bezeichneten Gegenstände kann der Ermittlungsrichter oder die Ermittlungsrichterin des Bundesgerichtshofes auch die Durchsuchung anordnen, wenn Tatsachen vorliegen, aus denen zu schließen ist, dass der gesuchte Gegenstand sich in den zu durchsuchenden Räumen befindet. [3]Die §§ 104, 105 Abs. 2 und 3, §§ 106, 107 und 109 der Strafprozessordnung sind entsprechend anzuwenden.

§ 30 Verfahren bei der Vorlage von Beweismitteln. (1) Wenn die Person, die den Gewahrsam hat, einwendet, verlangte Beweismittel seien für die Untersuchung nicht bedeutsam oder beträfen ein in § 14 Abs. 1 Nr. 1 bis 4 bezeichnetes Geheimnis, so dürfen die in § 29 Abs. 2 bestimmten Ordnungs- und Zwangsmittel und die in § 29 Abs. 3 Satz 1 bezeichnete Herausgabe nur dann angeordnet werden, wenn das Beweismittel keine Informationen enthält, deren Weitergabe wegen ihres streng vertraulichen Charakters für die Betroffenen unzumutbar ist, und der Untersuchungsausschuss für dieses Beweismittel den Geheimhaltungsgrad GEHEIM beschlossen hat.

(2) [1]Die Durchsicht und die Prüfung der Beweiserheblichkeit der vorgelegten Beweismittel steht dem Untersuchungsausschuss zu. [2]Beweismittel, die sich nach einmütiger Auffassung des Untersuchungsausschusses für die Untersuchung als unerheblich erweisen, sind der Person, die den Gewahrsam hatte, unverzüglich zurückzugeben.

(3) [1]Nach Durchsicht und Prüfung der in Absatz 1 bezeichneten Beweismittel kann der Untersuchungsausschuss die Aufhebung der Einstufung in den Geheimhaltungsgrad GEHEIM beschließen, soweit die Beweismittel für die Untersuchung erheblich sind. [2]Betreffen sie ein in § 14 Abs. 1 Nr. 1 bis 4 bezeichnetes Geheimnis, so darf der Untersuchungsausschuss den Beschluss nach Satz 1 nur dann fassen, wenn ihre öffentliche Verwendung zur Erfüllung des Untersuchungsauftrages unerlässlich und nicht unverhältnismäßig ist.

(4) [1]Vor der Beschlussfassung nach Absatz 3 Satz 1 ist die Person, die über das Beweismittel verfügungsberechtigt ist, zu hören. [2]Widerspricht sie der Aufhebung des Geheimhaltungsgrades GEHEIM, so hat die Aufhebung zu unterbleiben, wenn nicht der Ermittlungsrichter oder die Ermittlungsrichterin des Bundesgerichtshofes auf Antrag des Untersuchungsausschusses oder eines Viertels seiner Mitglieder sie für zulässig erklärt.

§ 31 Verlesung von Protokollen und Schriftstücken. (1) Die Protokolle über Untersuchungshandlungen von anderen Untersuchungsausschüssen, Gerichten und Behörden sowie Schriftstücke, die als Beweismittel dienen, sind vor dem Untersuchungsausschuss zu verlesen.

(2) Der Untersuchungsausschuss kann beschließen, von einer Verlesung Abstand zu nehmen, wenn die Protokolle oder Schriftstücke allen Mitgliedern des Untersuchungsausschusses zugänglich gemacht worden sind.

---

[1] **Schönfelder Nr. 90.**

(3) Eine Verlesung der Protokolle und Schriftstücke oder die Bekanntgabe ihres wesentlichen Inhalts in öffentlicher Sitzung findet nicht statt, wenn die Voraussetzungen des § 14 Abs. 1 vorliegen.

§ 32 Rechtliches Gehör. (1) Personen, die durch die Veröffentlichung des Abschlussberichtes in ihren Rechten erheblich beeinträchtigt werden können, ist vor Abschluss des Untersuchungsverfahrens Gelegenheit zu geben, zu den sie betreffenden Ausführungen im Entwurf des Abschlussberichtes innerhalb von zwei Wochen Stellung zu nehmen, soweit diese Ausführungen nicht mit ihnen in einer Sitzung zur Beweisaufnahme erörtert worden sind.

(2) Der wesentliche Inhalt der Stellungnahme ist in dem Bericht wiederzugeben.

§ 33 Berichterstattung. (1) [1] Nach Abschluss der Untersuchung erstattet der Untersuchungsausschuss dem Bundestag einen schriftlichen Bericht. [2] Der Bericht hat den Gang des Verfahrens, die ermittelten Tatsachen und das Ergebnis der Untersuchung wiederzugeben.

(2) Kommt der Untersuchungsausschuss nicht zu einem einvernehmlichen Bericht, sind Sondervoten in den Bericht aufzunehmen.

(3) Ist abzusehen, dass der Untersuchungsausschuss seinen Untersuchungsauftrag nicht vor Ende der Wahlperiode erledigen kann, hat er dem Bundestag rechtzeitig einen Sachstandsbericht über den bisherigen Gang des Verfahrens sowie über das bisherige Ergebnis der Untersuchungen vorzulegen.

(4) Auf Beschluss des Bundestages hat der Untersuchungsausschuss dem Bundestag einen Zwischenbericht vorzulegen.

§ 34 Rechte des Verteidigungsausschusses als Untersuchungsausschuss.

(1) [1] Beschließt der Verteidigungsausschuss, eine Angelegenheit zum Gegenstand seiner Untersuchung zu machen, hat er bei seinen Untersuchungen die Rechte eines Untersuchungsausschusses. [2] Der Verteidigungsausschuss hat sich auf Verlangen von einem Viertel seiner Mitglieder als Untersuchungsausschuss zu konstituieren. [3] Die §§ 1 bis 3 gelten entsprechend.

(2) Den Vorsitz führt der oder die Vorsitzende des Verteidigungsausschusses.

(3) Macht der Verteidigungsausschuss eine Angelegenheit zum Gegenstand seiner Untersuchung, kann er zu deren Durchführung einen Unterausschuss einsetzen, in den auch stellvertretende Mitglieder des Verteidigungsausschusses entsandt werden können.

(4) [1] Für das Verfahren des Verteidigungsausschusses als Untersuchungsausschuss gelten die Vorschriften dieses Gesetzes. [2] Über das Ergebnis seiner Untersuchung hat der Verteidigungsausschuss dem Bundestag einen Bericht zu erstatten; eine Aussprache darf sich nur auf den veröffentlichten Bericht beziehen.

§ 35[1)] Kosten und Auslagen. (1) Die Kosten des Untersuchungsverfahrens trägt der Bund.

(2) [1] Zeugen, Sachverständige und Ermittlungsbeauftragte erhalten eine Entschädigung oder Vergütung nach dem Justizvergütungs- und -entschädigungsgesetz[2)]. [2] Der Untersuchungsausschuss kann auf Antrag beschließen, dass Gebüh-

---

[1)] § 35 Abs. 2 Satz 1 und Abs. 3 geänd. sowie Abs. 2 Satz 3 neu gef. mWv 1.7.2004 durch G v. 5.5.2004 (BGBl. I S. 718); Abs. 2 Satz 3 neu gef. mWv 1.1.2021 durch G v. 21.12.2020 (BGBl. I S. 3229).

[2)] **Habersack Nr. 116.**

ren des rechtlichen Beistandes den Zeugen erstattet werden. [3] Ermittlungsbeauftragte erhalten eine Vergütung auf der Grundlage des höchsten Stundensatzes nach der Anlage 1 zum Justizvergütungs- und -entschädigungsgesetz.

(3) Die Entschädigung, die Vergütung und die Erstattung der Auslagen setzt der Präsident oder die Präsidentin des Bundestages fest.

§ 36[1)] Gerichtliche Zuständigkeiten. (1) Zuständiges Gericht für Streitigkeiten nach diesem Gesetz ist der Bundesgerichtshof, soweit Artikel 94 des Grundgesetzes[2)] sowie § 13 des Bundesverfassungsgerichtsgesetzes[3)] und die Vorschriften dieses Gesetzes nichts Abweichendes bestimmen.

(2) [1] Hält der Bundesgerichtshof den Einsetzungsbeschluss für verfassungswidrig und kommt es für die Entscheidung auf dessen Gültigkeit an, so ist das Verfahren auszusetzen und die Entscheidung des Bundesverfassungsgerichtes einzuholen. [2] Satz 1 gilt für den Ermittlungsrichter oder die Ermittlungsrichterin des Bundesgerichtshofes entsprechend.

(3) Gegen Entscheidungen des Ermittlungsrichters oder der Ermittlungsrichterin des Bundesgerichtshofes ist die Beschwerde statthaft, über die der Bundesgerichtshof entscheidet.

[1)] § 36 Abs. 1 geänd. mWv 31.12.2024 durch G v. 20.12.2024 (BGBl. 2024 I Nr. 440).
[2)] Nr. **1**.
[3)] Nr. **40**.

7. Gesetz zur Beschränkung des Brief-, Post- und Fernmeldegeheimnisses (Artikel 10-Gesetz – G 10)[1) 2)]

Vom 26. Juni 2001

(BGBl. I S. 1254, 2298; 2017 I S. 154)

FNA 190-4

geänd. durch Art. 4 TerrorismusbekämpfungsG v. 9.1.2002 (BGBl. I S. 361, ber. S. 3142, geänd. 2007 I S. 2), Art. 11 Nr. 5 ZuwanderungsG v. 20.6.2002 (BGBl. I S. 1946, nichtig gem. Urt. des BVerfG v. 18.12.2002 – 2 BvF 1/02 –), Art. 5 Abs. 1 34. StrafrechtsÄndG v. 22.8.2002 (BGBl. I S. 3390), Art. 4 G zur Umsetzung des Rahmenbeschlusses des Rates vom 13. Juni 2002 zur Terrorismusbekämpfung und zur Änd. anderer Gesetze v. 22.12.2003 (BGBl. I S. 2836), Art. 4 Abs. 6 KostenrechtsmodernisierungsG v. 5.5.2004 (BGBl. I S. 718), § 151 Abs. 2 TelekommunikationsG v. 22.6.2004 (BGBl. I S. 1190), Art. 11 Nr. 5 ZuwanderungsG v. 30.7.2004 (BGBl. I S. 1950), Art. 3 Abs. 1 37. StrafrechtsÄndG v. 11.2.2005 (BGBl. I S. 239), Art. 5 und 10 Abs. 4 TerrorismusbekämpfungsergänzungsG v. 5.1.2007 (BGBl. I S. 2, Art. 10 Abs. 4 aufgeh. durch G v. 3.12.2020, BGBl. I S. 2667), Art. 1 G zur Änd. telekommunikationsrechtlicher Vorschriften v. 18.2.2007 (BGBl. I S. 106), Art. 78 Abs. 1 Zweites G über die Bereinigung von Bundesrecht im Zuständigkeitsbereich des BMJ v. 23.11.2007 (BGBl. I S. 2614), Art. 5 Telekommunikationsüberwachung-NeuregelungsG v. 21.12.2007 (BGBl. I S. 3198), Art. 2 TK-Entschädigungs-NeuordnungsG v. 29.4.2009 (BGBl. I S. 994), Art. 3 Abs. 1 G zur Fortentwicklung der parlamentarischen Kontrolle der Nachrichtendienste des Bundes v. 29.7.2009 (BGBl. I S. 2346), Art. 4 Abs. 1 G zur Verfolgung der Vorbereitung von schweren staatsgefährdenden Gewalttaten v. 30.7.2009 (BGBl. I S. 2437), Art. 1 Erstes G zur Änd. des Artikel 10-G v. 31.7.2009 (BGBl. I S. 2499), Art. 5 G zur Änd. des BundesverfassungsschutzG v. 7.12.2011 (BGBl. I S. 2576), Art. 2 Abs. 4 G zur Modernisierung des

---

[1)] Verkündet als Art. 1 Artikel 10-NeuregelungsG v. 26.6.2001 (BGBl. I S. 1254, ber. S. 2298, 2017 S. 154); Inkrafttreten gem. Art. 5 Satz 1 dieses G am 29.6.2001.

[2)] U.a. haben folgende Länder Durch- bzw. Ausführungsbestimmungen zum Artikel 10-Gesetz erlassen:
- **Baden-Württemberg:** Gesetz zur Ausführung des Artikel 10-Gesetzes (Ausführungsgesetz zum Artikel 10-Gesetz – AG G10) v. 13.5.1969 (GBl. S. 79), zuletzt geänd. durch G v. 18.11.2025 (GBl. Nr. 120),
- **Bayern:** Gesetz über die Aufgaben der G10-Kommission im Bayerischen Landtag und zur Ausführung des Art. 10-Gesetzes (Ausführungsgesetz Art. 10-Gesetz – AGG 10) v. 11.12.1984 (GVBl. S. 522), zuletzt geänd. durch V v. 26.3.2019 (GVBl. S. 98),
- **Berlin:** Gesetz zur Ausführung des Artikel 10-Gesetzes (AG G 10) idF der Bek. v. 25.6.2001 (GVBl. S. 251), zuletzt geänd. durch G v. 5.12.2003 (GVBl. S. 571),
- **Brandenburg:** Gesetz zur Ausführung des Artikel 10-Gesetzes v. 14.12.1995 (GVBl. I S. 286), zuletzt geänd. durch G v. 27.2.2020 (GVBl. I Nr. 4),
- **Bremen:** Gesetz zur Ausführung des Gesetzes zur Beschränkung des Brief-, Post- und Fernmeldegeheimnisses v. 14.10.1969 (Brem.GBl. S. 131), zuletzt geänd. durch Bek. v. 2.9.2025 (Brem.GBl. S. 674),
- **Hamburg:** Gesetz zur Ausführung des Artikel 10-Gesetzes v. 17.1.1969 (HmbGVBl. S. 5), zuletzt geänd. durch G v. 22.1.2025 (HmbGVBl. S. 192),
- **Hessen:** Hessisches Ausführungsgesetz zum Artikel 10-Gesetz v. 16.12.1969 (GVBl. I S. 303), zuletzt geänd. durch G v. 12.12.2023 (GVBl. S. 798),
- **Mecklenburg-Vorpommern:** Gesetz zur Ausführung des Artikel 10-Gesetzes v. 17.7.1992 (GVOBl. M-V S. 486), zuletzt geänd. durch G v. 30.7.2007 (GVOBl. M-V S. 278),
- **Niedersachsen:** Niedersächsisches Gesetz zur Ausführung des Artikel 10-Gesetzes v. 27.1.2004 (Nds. GVBl. S. 38), zuletzt geänd. durch G v. 16.12.2025 (Nds. GVBl. Nr. 103),
- **Rheinland-Pfalz:** Landesgesetz zur parlamentarischen Kontrolle von Beschränkungen des Brief-, Post- und Fernmeldegeheimnisses v. 16.12.2002 (GVBl. S. 477), zuletzt geänd. durch G v. 22.12.2015 (GVBl. S. 461),
- **Saarland:** Gesetz zur Durchführung des Artikel 10-Gesetzes (G 10-Durchführungsgesetz) v. 19.3.2003 (Amtsbl. S. 1350), zuletzt geänd. durch G v. 18.4.2018 (Amtsbl. I S. 332),
- **Sachsen:** Gesetz zur Ausführung des Artikel 10-Gesetzes im Freistaat Sachsen (SächsAG G 10) v. 16.10.1992 (SächsGVBl. S. 464), zuletzt geänd. durch G v. 3.5.2019 (SächsGVBl. S. 312)
- **Sachsen-Anhalt:** Gesetz zur Ausführung des Artikel 10-Gesetzes (AG G 10-LSA) v. 26.1.2006 (GVBl. LSA S. 25), zuletzt geänd. durch G v. 21.10.2020 (GVBl. LSA S. 596),
- **Thüringen:** Thüringer Gesetz zur Ausführung des Artikel 10-Gesetzes v. 16.7.2008 (GVBl. S. 245), zuletzt geänd. durch G v. 11.3.2025 (GVBl. S. 29).

Außenwirtschaftsrechts v. 6.6.2013 (BGBl. I S. 1482), Art. 2 Abs. 1 GVVG-ÄnderungsG v. 12.6.2015 (BGBl. I S. 926), Art. 6 G zur Verbesserung der Zusammenarbeit im Bereich des Verfassungsschutzes v. 17.11.2015 (BGBl. I S. 1938), Art. 5 G zum besseren Informationsaustausch bei der Bekämpfung des internationalen Terrorismus v. 26.7.2016 (BGBl. I S. 1818), Art. 2 G zur weiteren Fortentwicklung der parlamentarischen Kontrolle der Nachrichtendienste des Bundes v. 30.11.2016 (BGBl. I S. 2746), Art. 2 Abs. 1 G zur Änd. des Völkerstrafgesetzbuches v. 22.12.2016 (BGBl. I S. 3150), Art. 3 Abs. 3 G zur Ausland-Ausland-Fernmeldeaufklärung des Bundesnachrichtendienstes v. 23.12.2016 (BGBl. I S. 3346), Art. 2 Abs. 2 Erstes G zur Änd. des SicherheitsüberprüfungsG v. 16.6.2017 (BGBl. I S. 1634), Art. 6 Datenschutz-Anpassungs- und -UmsetzungsG EU v. 30.6.2017 (BGBl. I S. 2097), Art. 12 G zur effektiveren und praxistauglicheren Ausgestaltung des Strafverfahrens v. 17.8.2017 (BGBl. I S. 3202), Art. 38 Elfte ZuständigkeitsanpassungsVO v. 19.6.2020 (BGBl. I S. 1328), Art. 2 Abs. 3 G zur Neustrukturierung des Zollfahndungsdienstgesetzes v. 30.3.2021 (BGBl. I S. 402), Art. 5 G zur Anpassung der Regelungen über die Bestandsdatenauskunft an die Vorgaben aus der Entscheidung des BVerfG v. 27.5.2020 v. 30.3. 2021 (BGBl. I S. 448), Art. 2 G zur Änd. des BND-G zur Umsetzung der Vorgaben des Bundesverfassungsgerichts sowie des Bundesverwaltungsgerichts v. 19.4.2021 (BGBl. I S. 771), Art. 7 TelekommunikationsmodernisierungsG v. 23.6.2021 (BGBl. I S. 1858), Art. 5, Art. 6 Abs. 4 Verfassungsschutzrechts-AnpassungsG v. 5.7.2021 (BGBl. I S. 2274), Art. 2 G zur Änd. des BND-G v. 22.12.2023 (BGBl. 2023 I Nr. 410), Art. 4 G zum ersten Teil der Reform des Nachrichtendienstrechts v. 22.12.2023 (BGBl. 2023 I Nr. 413), Beschl. des BVerfG – 1 BvR 1743/16, 1 BvR 2539/16 – v. 8.10.2024 (BGBl. 2024 I Nr. 398), Art. 3 G zur effektiveren Ahndung und Bekämpfung von Straftaten im Zusammenhang mit explosionsgefährlichen Stoffen v. 9.1.2026 (BGBl. 2026 I Nr. 3), Art. 2 G zur Modernisierung des SicherheitsüberprüfungsG und zur Änd. beamtenrechtlicher Vorschriften v. 11.1.2026 (BGBl. 2026 I Nr. 6) und Art. 2 Abs. 5 G zur Umsetzung der RL (EU) 2017/541 zur Terrorismusbekämpfung und zur Anpassung des Strafrahmens bei geheimdienstlicher Agententätigkeit v. 20.3.2026 (BGBl. 2026 I Nr. 95)

Nichtamtliche Inhaltsübersicht

Der Bundestag hat das folgende Gesetz beschlossen:

Abschnitt 1. Allgemeine Bestimmungen

§ 1[1)] Gegenstand des Gesetzes. (1) Es sind

1. die Verfassungsschutzbehörden des Bundes und der Länder, der Militärische Abschirmdienst und der Bundesnachrichtendienst zur Abwehr von drohenden Gefahren für die freiheitliche demokratische Grundordnung oder den Bestand oder die Sicherheit des Bundes oder eines Landes einschließlich der Sicherheit der in der Bundesrepublik Deutschland stationierten Truppen der nichtdeutschen Vertragsstaaten des Nordatlantikvertrages,
2. der Bundesnachrichtendienst im Rahmen seiner Aufgaben nach § 1 Abs. 2 des BND-Gesetzes[2)] auch zu den in § 5 Abs. 1 Satz 3 Nr. 2 bis 8 und § 8 Abs. 1 Satz 1 bestimmten Zwecken

berechtigt, die Telekommunikation zu überwachen und aufzuzeichnen, in den Fällen der Nummer 1 auch die dem Brief- oder Postgeheimnis unterliegenden Sendungen zu öffnen und einzusehen.

(2) Soweit Maßnahmen nach Absatz 1 von Behörden des Bundes durchgeführt werden, unterliegen sie der Kontrolle durch das Parlamentarische Kontrollgremium und durch eine besondere Kommission (G 10-Kommission).

§ 2[3)] Pflichten der Anbieter von Post- und Telekommunikationsdiensten; Verordnungsermächtigung. (1) [1] Wer geschäftsmäßig Postdienste erbringt oder an der Erbringung solcher Dienste mitwirkt, hat der berechtigten Stelle auf Anordnung Auskunft über die näheren Umstände des Postverkehrs zu erteilen und Sendungen, die ihm zum Einsammeln, Weiterleiten oder Ausliefern anvertraut sind, auszuhändigen. [2] Der nach Satz 1 Verpflichtete hat der berechtigten Stelle auf Verlangen die zur Vorbereitung einer Anordnung erforderlichen Auskünfte zu Postfächern zu erteilen, ohne dass es hierzu einer gesonderten Anordnung bedarf.

(1a) [1] Wer geschäftsmäßig Telekommunikationsdienste erbringt oder an der Erbringung solcher Dienste mitwirkt, hat der berechtigten Stelle auf Anordnung

1. Auskunft über die näheren Umstände der nach Wirksamwerden der Anordnung durchgeführten Telekommunikation zu erteilen,
2. Inhalte, die ihm zur Übermittlung auf dem Telekommunikationsweg anvertraut sind, auszuleiten,

---

[1)] § 1 Abs. 1 Nr. 2 geänd. mWv 5.8.2009 durch G v. 31.7.2009 (BGBl. I S. 2499); Abs. 1 Nr. 2 geänd. mWv 21.11.2015 durch G v. 17.11.2015 (BGBl. I S. 1938).

[2)] **Sartorius III Nr. 805.**

[3)] § 2 Abs. 1 Satz 4 geänd. mWv 26.6.2004 durch G v. 22.6.2004 (BGBl. I S. 1190); Abs. 1 Satz 4 eingef., bish. Satz 4 wird Satz 5 mWv 11.1.2007 durch G v. 5.1.2007 (BGBl. I S. 2); Abs. 1 Satz 4 geänd., Abs. 2 Satz 1 neu gef., Satz 3 eingef., bish. Satz 3 wird Satz 4, Abs. 3 Satz 1 geänd. mWv 5.8.2009 durch G v. 31.7.2009 (BGBl. I S. 2499); Abs. 1 Satz 4 geänd. mWv 10.1.2012 durch G v. 7.12.2011 (BGBl. I S. 2576); Abs. 2 Satz 3 geänd. mWv 21.11.2015 durch G v. 17.11.2015 (BGBl. I S. 1938); Abs. 1 Satz 4 geänd. mWv 31.12.2016 durch G v. 23.12.2016 (BGBl. I S. 3346); Abs. 2 Satz 4 neu gef. mWv 21.6.2017 durch G v. 16.6.2017 (BGBl. I S. 1634); Abs. 2 Satz 3 und Abs. 3 Satz 3 geänd. mWv 27.6.2020 durch VO v. 19.6.2020 (BGBl. I S. 1328); Abs. 1 Satz 4 geänd. mWv 2.4.2021 durch G v. 30.3.2021 (BGBl. I S. 448); Abs. 1 Satz 5 geänd. mWv 1.12.2021 durch G v. 23.6.2021 (BGBl. I S. 1858); Überschrift neu gef., Abs. 1 Satz 3–5 aufgeh., Abs. 1a und 1b eingef., Abs. 2 Satz 1 einl. Satzteil, Satz 3 und 4 geänd. mWv 9.7.2021 und Abs. 1a Satz 2 geänd. mWv 1.12.2021 durch G v. 5.7.2021 (BGBl. I S. 2274); Abs. 2 Satz 2 eingef., bish. Sätze 2 bis 4 werden Sätze 3 bis 5 mWv 16.1.2026 durch G v. 11.1.2026 (BGBl. 2026 I Nr. 6).

3. die Überwachung und Aufzeichnung der Telekommunikation zu ermöglichen, auch durch Zugangsgewährung zu seinen Einrichtungen während seiner üblichen Geschäftszeiten, sowie
4. die Einbringung von technischen Mitteln zur Durchführung einer Maßnahme nach § 11 Absatz 1a durch Unterstützung bei der Umleitung von Telekommunikation durch die berechtigte Stelle zu ermöglichen
   a) durch Mitteilung der zur Erbringung in den umgeleiteten Datenstrom erforderlichen Informationen über die Strukturen der von ihm betriebenen Telekommunikationsnetze und Telekommunikationsanlagen sowie die von ihm erbrachten Telekommunikationsdienste;
   b) durch sonstige Unterstützung bei der Umleitung einschließlich der Gewährung des Zugangs zu seinen Einrichtungen während seiner üblichen Geschäftszeiten sowie der Ermöglichung der Aufstellung und des Betriebs von Geräten für die Durchführung der Maßnahme.

[2]Das Nähere zur technischen und organisatorischen Umsetzung der Mitwirkungspflichten nach Satz 1 Nummer 1 bis 3 bestimmt sich nach § 170 des Telekommunikationsgesetzes[1)] und der dazu erlassenen Rechtsverordnung. [3]In den Fällen des Satzes 1 Nummer 1 bleiben § 8a Absatz 1 Satz 1 Nummer 4 des Bundesverfassungsschutzgesetzes[2)], § 4a des MAD-Gesetzes[3)] und § 3 des BND-Gesetzes[4)] unberührt. [4]Satz 1 Nummer 4 Buchstabe b gilt nur für denjenigen, der eine Telekommunikationsanlage betreibt, mit der öffentlich zugängliche Internetzugangsdienste oder öffentlich zugängliche Dienste, die ganz oder überwiegend in der Übertragung von Signalen bestehen, erbracht werden.

(1b) Das Bundesministerium des Innern, für Bau und Heimat wird ermächtigt, durch Rechtsverordnung im Einvernehmen mit dem Bundeskanzleramt, dem Bundesministerium für Wirtschaft und Energie, dem Bundesministerium für Verkehr und digitale Infrastruktur, dem Bundesministerium der Justiz und für Verbraucherschutz und dem Bundesministerium der Verteidigung mit Zustimmung des Bundesrates das Nähere zur technischen und organisatorischen Umsetzung der Mitwirkungspflichten nach Absatz 1a Satz 1 Nummer 4 zu bestimmen.

(2) [1]Der nach Absatz 1 oder Absatz 1a Verpflichtete hat vor Durchführung einer beabsichtigten Beschränkungsmaßnahme unverzüglich die Personen, die mit der Durchführung der Maßnahme betraut werden sollen,

1. auszuwählen,
2. einer einfachen Sicherheitsüberprüfung unterziehen zu lassen und
3. über Mitteilungsverbote nach § 17 sowie die Strafbarkeit eines Verstoßes nach § 18 zu belehren; die Belehrung ist aktenkundig zu machen.

[2]Der nach Absatz 1 Satz 1 oder Absatz 1a Satz 1 Verpflichtete hat sicherzustellen, dass in seinem Betrieb geeignetes Personal vorhanden ist, das dazu bereit ist, sich einer einfachen Sicherheitsüberprüfung nach Maßgabe des Satzes 1 Nummer 2 zu unterziehen. [3]Mit der Durchführung einer Beschränkungsmaßnahme dürfen nur Personen betraut werden, die nach Maßgabe des Satzes 1 überprüft und belehrt worden sind. [4]Nach Zustimmung des Bundesministeriums des Innern, für Bau und Heimat, bei Beschränkungsmaßnahmen einer Landesbehörde des zuständigen Landesministeriums, kann der Behördenleiter der berechtigten Stelle oder dessen

---

[1)] **Sartorius ErgBd. Nr. 920.**
[2)] Nr. **80.**
[3)] **Sartorius III Nr. 806.**
[4)] **Sartorius III Nr. 805.**

Stellvertreter die nach Absatz 1 oder Absatz 1a Verpflichteten schriftlich auffordern, die Beschränkungsmaßnahme bereits vor Abschluss der Sicherheitsüberprüfung durchzuführen. [5]Der nach Absatz 1 oder Absatz 1a Verpflichtete hat sicherzustellen, dass die Geheimschutzmaßnahmen zum Schutz als VS-NUR FÜR DEN DIENSTGEBRAUCH eingestufter Informationen gemäß der nach § 35 Absatz 1 des Sicherheitsüberprüfungsgesetzes[1)] zu erlassenden allgemeinen Verwaltungsvorschrift zum materiellen Geheimschutz in der jeweils geltenden Fassung getroffen werden.

(3) [1]Die Sicherheitsüberprüfung nach Absatz 2 Satz 1 Nr. 2 ist entsprechend dem Sicherheitsüberprüfungsgesetz durchzuführen. [2]Für Beschränkungsmaßnahmen einer Landesbehörde gilt dies nicht, soweit Rechtsvorschriften des Landes vergleichbare Bestimmungen enthalten; in diesem Fall sind die Rechtsvorschriften des Landes entsprechend anzuwenden. [3]Zuständig ist bei Beschränkungsmaßnahmen von Bundesbehörden das Bundesministerium des Innern, für Bau und Heimat; im Übrigen sind die nach Landesrecht bestimmten Behörden zuständig. [4]Soll mit der Durchführung einer Beschränkungsmaßnahme eine Person betraut werden, für die innerhalb der letzten fünf Jahre bereits eine gleich- oder höherwertige Sicherheitsüberprüfung nach Bundes- oder Landesrecht durchgeführt worden ist, soll von einer erneuten Sicherheitsüberprüfung abgesehen werden.

Abschnitt 2. Beschränkungen in Einzelfällen

§ 3[2)] Voraussetzungen. (1) [1]Beschränkungen nach § 1 Abs. 1 Nr. 1 dürfen unter den dort bezeichneten Voraussetzungen angeordnet werden, wenn tatsächliche Anhaltspunkte für den Verdacht bestehen, dass jemand

1. Straftaten des Friedensverrats oder des Hochverrats (§§ 80a bis 83 des Strafgesetzbuches[3)]),
2. Straftaten der Gefährdung des demokratischen Rechtsstaates (§§ 84 bis 86, 87 bis 89b, 89c Absatz 1 bis 4 und 8 des Strafgesetzbuches, § 20 Abs. 1 Nr. 1 bis 4 des Vereinsgesetzes[4)]),
3. Straftaten des Landesverrats und der Gefährdung der äußeren Sicherheit (§§ 94 bis 96, 97a bis 100a des Strafgesetzbuches),
4. Straftaten gegen die Landesverteidigung (§§ 109e bis 109g des Strafgesetzbuches),
5. Straftaten gegen die Sicherheit der in der Bundesrepublik Deutschland stationierten Truppen der nichtdeutschen Vertragsstaaten des Nordatlantikvertrages (§§ 87, 89, 94 bis 96, 98 bis 100, 109e bis 109g des Strafgesetzbuches in Verbindung mit § 1 des NATO-Truppen-Schutzgesetzes),

---

[1)] **Sartorius III Nr. 810.**

[2)] § 3 Abs. 1 Satz 1 Nr. 6 Buchst. a geänd. mWv 30.8.2002 durch G v. 22.8.2002 (BGBl. I S. 3390); Abs. 1 Satz 1 Nr. 7 geänd. mWv 1.1.2005 durch G v. 30.7.2004 (BGBl. I S. 1950); Abs. 1 Satz 1 Nr. 5 geänd. mWv 30.11.2007 durch G v. 23.11.2007 (BGBl. I S. 2614); Abs. 1 Satz 1 Nr. 2 geänd. mWv 4.8.2009 durch G v. 30.7.2009 (BGBl. I S. 2437); Abs. 1a eingef. mWv 5.8.2009 durch G v. 31.7.2009 (BGBl. I S. 2499); Abs. 1 Satz 1 Nr. 2 geänd. mWv 20.6.2015 durch G v. 12.6.2015 (BGBl. I S. 926); Abs. 1 Satz 1 Nr. 6 Buchst. b und Nr. 7 geänd., Nr. 8 angef. mWv 21.11.2015 durch G v. 17.11.2015 (BGBl. I S. 1938); Abs. 1 Satz 1 Nr. 1, 7 und 8 geänd., Nr. 9 angef. mWv 1.1.2017 durch G v. 22.12.2016 (BGBl. I S. 3150); Abs. 1a geänd. mWv 2.4.2021 durch G v. 30.3.2021 (BGBl. I S. 402); Abs. 1 Satz 1 Nr. 6 Buchst. b geänd. mWv 15.1.2026 durch G v. 9.1.2026 (BGBl. 2026 I Nr. 3); Abs. 1 Satz 1 Nr. 2 geänd. mWv 2.4.2026 durch G v. 20.3.2026 (BGBl. 2026 I Nr. 95).

[3)] **Habersack Nr. 85.**

[4)] Nr. **425**.

6. Straftaten nach
   a) den §§ 129a bis 130 des Strafgesetzbuches sowie
   b) den §§ 211, 212, 239a, 239b, 306 bis 306c, 308 Absatz 1 bis 4, § 315 Abs. 3, § 316b Abs. 3 und § 316c Abs. 1 und 3 des Strafgesetzbuches, soweit diese sich gegen die freiheitliche demokratische Grundordnung, den Bestand oder die Sicherheit des Bundes oder eines Landes richten,
7. Straftaten nach § 95 Abs. 1 Nr. 8 des Aufenthaltsgesetzes[1)],
8. Straftaten nach den §§ 202a, 202b und 303a, 303b des Strafgesetzbuches, soweit sich die Straftat gegen die innere oder äußere Sicherheit der Bundesrepublik Deutschland, insbesondere gegen sicherheitsempfindliche Stellen von lebenswichtigen Einrichtungen richtet, oder
9. Straftaten nach § 13 des Völkerstrafgesetzbuches[2)]

plant, begeht oder begangen hat. [2] Gleiches gilt, wenn tatsächliche Anhaltspunkte für den Verdacht bestehen, dass jemand Mitglied einer Vereinigung ist, deren Zwecke oder deren Tätigkeit darauf gerichtet sind, Straftaten zu begehen, die gegen die freiheitliche demokratische Grundordnung, den Bestand oder die Sicherheit des Bundes oder eines Landes gerichtet sind.

(1a) Beschränkungen nach § 1 Abs. 1 Nr. 1 dürfen unter den dort bezeichneten Voraussetzungen für den Bundesnachrichtendienst auch für Telekommunikationsanschlüsse, die sich an Bord deutscher Schiffe außerhalb deutscher Hoheitsgewässer befinden, angeordnet werden, wenn tatsächliche Anhaltspunkte bestehen, dass jemand eine der in § 72 Absatz 1 und 3 des Zollfahndungsdienstgesetzes genannten Straftaten plant, begeht oder begangen hat.

(2) [1] Die Anordnung ist nur zulässig, wenn die Erforschung des Sachverhalts auf andere Weise aussichtslos oder wesentlich erschwert wäre. [2] Sie darf sich nur gegen den Verdächtigen oder gegen Personen richten, von denen auf Grund bestimmter Tatsachen anzunehmen ist, dass sie für den Verdächtigen bestimmte oder von ihm herrührende Mitteilungen entgegennehmen oder weitergeben oder dass der Verdächtige ihren Anschluss benutzt. [3] Maßnahmen, die sich auf Sendungen beziehen, sind nur hinsichtlich solcher Sendungen zulässig, bei denen Tatsachen die Annahme rechtfertigen, dass sie von dem, gegen den sich die Anordnung richtet, herrühren oder für ihn bestimmt sind. [4] Abgeordnetenpost von Mitgliedern des Deutschen Bundestages und der Parlamente der Länder darf nicht in eine Maßnahme einbezogen werden, die sich gegen einen Dritten richtet.

§ 3a[3)] Schutz des Kernbereichs privater Lebensgestaltung. (1) [1] Beschränkungen nach § 1 Abs. 1 Nr. 1 sind unzulässig, soweit tatsächliche Anhaltspunkte für die Annahme vorliegen, dass durch sie allein Erkenntnisse aus dem Kernbereich privater Lebensgestaltung erfasst würden. [2] Soweit im Rahmen von Beschränkungen nach § 1 Abs. 1 Nr. 1 neben einer automatischen Aufzeichnung eine unmittelbare Kenntnisnahme erfolgt, ist die Maßnahme unverzüglich zu unterbrechen, soweit sich während der Überwachung tatsächliche Anhaltspunkte dafür ergeben, dass Inhalte, die dem Kernbereich privater Lebensgestaltung zuzurechnen sind, erfasst werden. [3] Bestehen insoweit Zweifel, darf nur eine automatische Aufzeichnung fortgesetzt werden. [4] Automatische Aufzeichnungen nach Satz 3 sind unverzüglich einem bestimmten Mitglied der G10-Kommission oder seinem Stellver-

---

1) *Nr. 565.*

2) **Habersack ErgBd. Nr. 85g.**

3) § 3a eingef. mWv 5.8.2009 durch G v. 31.7.2009 (BGBl. I S. 2499); Abs. 1 Satz 12 neu gef. und Abs. 2 angef. mWv 9.7.2021 durch G v. 5.7.2021 (BGBl. I S. 2274).

treter zur Entscheidung über die Verwertbarkeit oder Löschung der Daten vorzulegen. [5] Das Nähere regelt die Geschäftsordnung. [6] Die Entscheidung des Mitglieds der Kommission, dass eine Verwertung erfolgen darf, ist unverzüglich durch die Kommission zu bestätigen. [7] Ist die Maßnahme nach Satz 2 unterbrochen worden, so darf sie für den Fall, dass sie nicht nach Satz 1 unzulässig ist, fortgeführt werden. [8] Erkenntnisse aus dem Kernbereich privater Lebensgestaltung, die durch

(Fortsetzung nächstes Blatt)

eine Beschränkung nach § 1 Abs. 1 Nr. 1 erlangt worden sind, dürfen nicht verwertet werden. 9 Aufzeichnungen hierüber sind unverzüglich zu löschen. 10 Die Tatsachen der Erfassung der Daten und der Löschung sind zu dokumentieren. 11 Die Dokumentation darf ausschließlich für Zwecke der Datenschutzkontrolle verwendet werden. 12 Sie ist sechs Monate nach der Mitteilung nach § 12 Absatz 1 Satz 1 oder der Feststellung nach § 12 Absatz 1 Satz 5 zu löschen.

(2) 1 Bei Gefahr im Verzug können Aufzeichnungen nach Absatz 1 Satz 3 unter Aufsicht eines Bediensteten, der die Befähigung zum Richteramt hat, gesichtet werden. 2 Der Bedienstete entscheidet im Benehmen mit dem nach § 5 des Bundesdatenschutzgesetzes[1)] oder entsprechenden landesrechtlichen Vorschriften benannten Datenschutzbeauftragten oder einem von diesem beauftragten Beschäftigten, für den § 6 Absatz 3 des Bundesdatenschutzgesetzes insoweit entsprechend gilt, über eine vorläufige Nutzung.

§ 3b[2)] Schutz zeugnisverweigerungsberechtigter Personen. (1) 1 Maßnahmen nach § 1 Abs. 1 Nr. 1, die sich gegen eine in § 53 Absatz 1 Satz 1 Nummer 1, 2, 3 oder Nummer 4 der Strafprozessordnung[3)] genannte Person, im Falle von § 53 Absatz 1 Satz 1 Nummer 3 der Strafprozessordnung beschränkt auf Rechtsanwälte und Kammerrechtsbeistände, richten und voraussichtlich Erkenntnisse erbringen würden, über die diese Person das Zeugnis verweigern dürfte, sind unzulässig. 2 Dennoch erlangte Erkenntnisse dürfen nicht verwertet werden. 3 Aufzeichnungen hierüber sind unverzüglich zu löschen. 4 Die Tatsache ihrer Erlangung und Löschung ist zu dokumentieren. 5 Die Sätze 2 bis 3 gelten entsprechend, wenn durch eine Maßnahme, die sich nicht gegen eine in Satz 1 genannte Person richtet, von einer dort genannten Person Erkenntnisse erlangt werden, über die sie das Zeugnis verweigern dürfte.

(2) 1 Soweit durch eine Beschränkung eine in § 53 Abs. 1 Satz 1 Nr. 3 bis 3b oder Nr. 5 der Strafprozessordnung genannte Person, im Falle von § 53 Absatz 1 Satz 1 Nummer 3 der Strafprozessordnung mit Ausnahme von Rechtsanwälten und Kammerrechtsbeiständen, betroffen wäre und dadurch voraussichtlich Erkenntnisse erlangt würden, über die diese Person das Zeugnis verweigern dürfte, ist dies im Rahmen der Prüfung der Verhältnismäßigkeit unter Würdigung des öffentlichen Interesses an den von dieser Person wahrgenommenen Aufgaben und des Interesses an der Geheimhaltung der dieser Person anvertrauten oder bekannt gewordenen Tatsachen besonders zu berücksichtigen. 2 Soweit hiernach geboten, ist die Maßnahme zu unterlassen oder, soweit dies nach der Art der Maßnahme möglich ist, zu beschränken.

(3) Die Absätze 1 und 2 gelten entsprechend, soweit die in § 53a der Strafprozessordnung Genannten das Zeugnis verweigern dürften.

(4) Die Absätze 1 bis 3 gelten nicht, sofern die zeugnisverweigerungsberechtigte Person Verdächtiger im Sinne des § 3 Abs. 2 Satz 2 ist oder tatsächliche Anhaltspunkte den Verdacht begründen, dass sie dessen in § 3 Abs. 1 bezeichnete Bestrebungen durch Entgegennahme oder Weitergabe von Mitteilungen bewusst unterstützt.

---

1) Nr. **245**.

2) § 3b eingef. mWv 5.8.2009 durch G v. 31.7.2009 (BGBl. I S. 2499); Abs. 1 Satz 1 und 5, Abs. 2 Satz 1 geänd. mWv 9.7.2021 durch G v. 5.7.2021 (BGBl. I S. 2274).

3) **Habersack Nr. 90.**

§ 4[1)] Prüf-, Kennzeichnungs- und Löschungspflichten, Übermittlungen, Zweckbindung. (1) [1]Die erhebende Stelle prüft unverzüglich und sodann in Abständen von höchstens sechs Monaten, ob die erhobenen personenbezogenen Daten im Rahmen ihrer Aufgaben allein oder zusammen mit bereits vorliegenden Daten für die in § 1 Abs. 1 Nr. 1 bestimmten Zwecke erforderlich sind. [2]Soweit die Daten für diese Zwecke nicht erforderlich sind und nicht für eine Übermittlung an andere Stellen benötigt werden, sind sie unverzüglich unter Aufsicht eines Bediensteten, der die Befähigung zum Richteramt hat, zu löschen. [3]Die Löschung ist zu protokollieren. [4]Die Protokolldaten dürfen ausschließlich zur Durchführung der Datenschutzkontrolle verwendet werden. [5]Die Protokolldaten sind am Ende des Kalenderjahres, das dem Jahr der Protokollierung folgt, zu löschen. [6]Die Löschung der Daten unterbleibt, soweit die Daten für eine Mitteilung nach § 12 Abs. 1 oder für eine gerichtliche Nachprüfung der Rechtmäßigkeit der Beschränkungsmaßnahme von Bedeutung sein können. [7]In diesem Fall ist die Verarbeitung der Daten einzuschränken; sie dürfen nur zu diesen Zwecken verwendet werden.

(2) [1]Die verbleibenden Daten sind zu kennzeichnen. [2]Nach einer Übermittlung ist die Kennzeichnung durch den Empfänger aufrechtzuerhalten. [3]Die Daten dürfen nur zu den in § 1 Abs. 1 Nr. 1 und den in Absatz 4 genannten Zwecken verwendet werden.

(3) [1]Der Behördenleiter oder sein Stellvertreter kann anordnen, dass bei der Übermittlung auf die Kennzeichnung verzichtet wird, wenn dies unerlässlich ist, um die Geheimhaltung einer Beschränkungsmaßnahme nicht zu gefährden, und die G 10-Kommission oder, soweit es sich um die Übermittlung durch eine Landesbehörde handelt, die nach Landesrecht zuständige Stelle zugestimmt hat. [2]Bei Gefahr im Verzuge kann die Anordnung bereits vor der Zustimmung getroffen werden. [3]Wird die Zustimmung versagt, ist die Kennzeichnung durch den Übermittlungsempfänger unverzüglich nachzuholen; die übermittelnde Behörde hat ihn hiervon zu unterrichten.

(4) Die Daten dürfen an andere als die nach § 1 Absatz 1 Nummer 1 berechtigten Stellen nur übermittelt werden

1. zur Verhinderung oder Aufklärung von Straftaten, wenn
   a) tatsächliche Anhaltspunkte für den Verdacht bestehen, dass jemand eine der in § 3 Abs. 1 und 1a genannten Straftaten plant oder begeht,
   b) bestimmte Tatsachen den Verdacht begründen, dass jemand eine sonstige in § 7 Absatz 2 genannte Straftat plant oder begeht,
2. zur Verfolgung von Straftaten, wenn bestimmte Tatsachen den Verdacht begründen, dass jemand eine in Nummer 1 bezeichnete Straftat begeht oder begangen hat, oder
3. zur Vorbereitung und Durchführung eines Verfahrens nach Artikel 21 Abs. 2 Satz 2 des Grundgesetzes[2)] oder einer Maßnahme nach § 3 Abs. 1 Satz 1 des Vereinsgesetzes[3)],

---

[1)] § 4 Abs. 1 Sätze 4 und 5 eingef., bish. Sätze 4 und 5 werden Sätze 6 und 7, neuer Satz 6 geänd., Abs. 4 Nr. 1 Buchst. a geänd. mWv 5.8.2009 durch G v. 31.7.2009 (BGBl. I S. 2499); Abs. 1 Satz 7 neu gef., Abs. 4 Satz 1 einl. Satzteil geänd., Satz 2 angef. mWv 25.5.2018 durch G v. 30.6.2017 (BGBl. I S. 2097); Abs. 4 Satz 1 Nr. 1 Buchst. b geänd. mWv 1.1.2024 durch G v. 22.12.2023 (BGBl. 2023 I Nr. 410); Abs. 4 *Satz 1 abschl. Satzteil* geänd., Satz 2 aufgeh. mWv 30.12.2023 durch G v. 22.12.2023 (BGBl. 2023 I Nr. 413).

[2)] Nr. **1**.

[3)] Nr. **425**.

soweit sie zur Erfüllung der Aufgaben des Empfängers erforderlich sind und in den Fällen der Nummern 1 und 2 daneben die Voraussetzungen der Vorschriften vorliegen, die Übermittlungen der übermittelnden Stelle für die Verhinderung, Aufklärung oder Verfolgung von Straftaten allgemein regeln.

(5) [1] Sind mit personenbezogenen Daten, die übermittelt werden dürfen, weitere Daten des Betroffenen oder eines Dritten in Akten so verbunden, dass eine Trennung nicht oder nur mit unvertretbarem Aufwand möglich ist, ist die Übermittlung auch dieser Daten zulässig; eine Verwendung dieser Daten ist unzulässig. [2] Über die Übermittlung entscheidet ein Bediensteter der übermittelnden Stelle, der die Befähigung zum Richteramt hat. [3] Die Übermittlung ist zu protokollieren.

(6) [1] Der Empfänger darf die übermittelten Daten nur für die Zwecke verwenden, zu deren Erfüllung sie ihm übermittelt worden sind. [2] Er prüft unverzüglich und sodann in Abständen von höchstens sechs Monaten, ob die übermittelten Daten für diese Zwecke erforderlich sind. [3] Absatz 1 Satz 2 und 3 gilt entsprechend. [4] Der Empfänger unterrichtet die übermittelnde Stelle unverzüglich über die erfolgte Löschung.

§ 4a[1)] Weiterverarbeitung von Verkehrsdaten durch den Bundesnachrichtendienst. (1) Der Bundesnachrichtendienst darf erhobene Verkehrsdaten, bei denen für einen Teilnehmer der Kommunikation eine Beschränkung nach § 3 angeordnet ist, zur Erfüllung seiner Aufgaben auch weiterverarbeiten, um

1. Personen zu erkennen, die einen Deutschlandbezug aufweisen und über die Informationen erlangt werden können, die für die Aufgabenerfüllung des Bundesnachrichtendienstes relevant sind, oder
2. geeignete Übertragungswege im Sinne des § 10 Absatz 4 Satz 2 zu bestimmen.

(2) [1] Spätestens drei Monate nach ihrer Erhebung sind die nach Absatz 1 gespeicherten Verkehrsdaten daraufhin zu prüfen, ob die weitere Speicherung zur Erfüllung der Aufgaben des Bundesnachrichtendienstes erforderlich ist. [2] Spätestens sechs Monate nach ihrer Erhebung sind diese Daten zu löschen, es sei denn, es wurde im Einzelfall festgestellt, dass eine weitere Speicherung für die Zwecke des Absatzes 1 erforderlich ist. [3] Ist im Einzelfall festgestellt worden, dass eine weitere Speicherung für die Zwecke nach Absatz 1 erforderlich ist, prüft der Bundesnachrichtendienst sodann regelmäßig in Abständen von höchstens sechs Monaten, ob die weitere Speicherung der Verkehrsdaten für diese Zwecke erforderlich ist.

(3) [1] Die Erfüllung der in den Absätzen 1 und 2 genannten Voraussetzungen wird regelmäßig stichprobenartig durch eine hierzu beauftragte Bedienstete oder einen hierzu beauftragten Bediensteten des Bundesnachrichtendienstes, die oder der die Befähigung zum Richteramt hat, überprüft. [2] Soweit die Überprüfung eine unzulässige Verarbeitung ergibt, sind die Daten unverzüglich unter Aufsicht einer Bediensteten oder eines Bediensteten des Bundesnachrichtendienstes, die oder der die Befähigung zum Richteramt hat, zu löschen. [3] § 4 Absatz 1 Satz 3 bis 5 gilt entsprechend.

[1)] § 4a eingef. mWv 1.1.2022 durch G v. 19.4.2021 (BGBl. I S. 771).

Abschnitt 3. Strategische Beschränkungen

§ 5[1] Voraussetzungen. (1) [1] Auf Antrag des Bundesnachrichtendienstes dürfen Beschränkungen nach § 1 für internationale Telekommunikationsbeziehungen, soweit eine gebündelte Übertragung erfolgt, angeordnet werden. [2] Die jeweiligen Telekommunikationsbeziehungen werden von dem nach § 10 Abs. 1 zuständigen Bundesministerium mit Zustimmung des Parlamentarischen Kontrollgremiums bestimmt. [3] Beschränkungen nach Satz 1 sind nur zulässig zur Sammlung von Informationen über Sachverhalte, deren Kenntnis notwendig ist, um die Gefahr

1. eines bewaffneten Angriffs auf die Bundesrepublik Deutschland,
2. der Begehung internationaler terroristischer Anschläge mit unmittelbarem Bezug zur Bundesrepublik Deutschland,
3. der internationalen Verbreitung von Kriegswaffen im Sinne des Gesetzes über die Kontrolle von Kriegswaffen[2] sowie des unerlaubten Außenwirtschaftsverkehrs mit Waren, Datenverarbeitungsprogrammen und Technologien in Fällen von erheblicher Bedeutung,
4. der unbefugten gewerbs- oder bandenmäßig organisierten Verbringung von Betäubungsmitteln in das Gebiet der Europäischen Union in Fällen von erheblicher Bedeutung mit Bezug zur Bundesrepublik Deutschland,
5. der Beeinträchtigung der Geldwertstabilität im Euro-Währungsraum durch im Ausland begangene Geldfälschungen,
6. der international organisierten Geldwäsche in Fällen von erheblicher Bedeutung,
7. des gewerbs- oder bandenmäßig organisierten Einschleusens von ausländischen Personen in das Gebiet der Europäischen Union in Fällen von erheblicher Bedeutung mit Bezug zur Bundesrepublik Deutschland
   a) bei unmittelbarem Bezug zu den Gefahrenbereichen nach Nr. 1 bis 3 oder
   b) in Fällen, in denen eine erhebliche Anzahl geschleuster Personen betroffen ist, insbesondere wenn durch die Art der Schleusung von einer Gefahr für ihr Leib oder Leben auszugehen ist, oder
   c) in Fällen von unmittelbarer oder mittelbarer Unterstützung oder Duldung durch ausländische öffentliche Stellen oder

8.[3] *des internationalen kriminellen, terroristischen oder staatlichen Angriffs mittels Schadprogrammen oder vergleichbaren schädlich wirkenden informationstechnischen Mitteln*

---

[1] § 5 Abs. 1 Satz 3 Nr. 4 neu gef., Nr. 5 und 6 geänd., Nr. 7 angef., Abs. 2 Satz 2 neu gef. mWv 5.8. 2009 durch G v. 31.7.2009 (BGBl. I S. 2499); Abs. 1 Satz 3 Nr. 6 und Nr. 7 Buchst. c geänd., Nr. 8 angef. mWv 21.11.2015 durch G v. 17.11.2015 (BGBl. I S. 1938).

[2] Nr. **823**.

[3] § 5 Abs. 1 Satz 3 Nr. 8 ist gem. Beschl. des BVerfG – 1 BvR 1743/16, 1 BvR 2539/16 – v. 8.10.2024 (BGBl. 2024 I Nr. 398) mit Art. 10 Abs. 1 GG unvereinbar und nichtig.

Bis zu einer Neuregelung, längstens jedoch bis zum 31.12.2026 gilt die für mit dem Grundgesetz unvereinbar erklärte Vorschrift mit der folgenden Maßgabe fort:

a) Maßnahmen gem. § 5 Abs. 1 Satz 3 Nr. 8 dürfen nur getroffen werden, wenn durch den Einsatz automatisierter Filter – soweit technisch möglich – dafür gesorgt wird, dass Daten aus rein inländischen Telekommunikationsverkehren herausgefiltert und unverzüglich automatisiert gelöscht werden, und entsprechende Daten, die trotz dieser automatisierten Filterung erhoben werden, unverzüglich gelöscht werden.

b) § 5 Abs. 2 Satz 3 findet in Bezug auf § 5 Abs. 2 Satz 2 Nr. 2 keine Anwendung.

c) Auf die Protokolldaten gem. § 5 Abs. 2 Satz 5 findet statt § 5 Abs. 2 Satz 6 die Regelung aus § 6 Abs. 1 Sätze 6 und 7 Anwendung.

auf die Vertraulichkeit, Integrität oder Verfügbarkeit von IT-Systemen in Fällen von erheblicher Bedeutung mit Bezug zur Bundesrepublik Deutschland

rechtzeitig zu erkennen und einer solchen Gefahr zu begegnen. [4] In den Fällen von Satz 3 Nr. 1 dürfen Beschränkungen auch für Postverkehrsbeziehungen angeordnet werden; Satz 2 gilt entsprechend.

(2) [1] Bei Beschränkungen von Telekommunikationsbeziehungen darf der Bundesnachrichtendienst nur Suchbegriffe verwenden, die zur Aufklärung von Sachverhalten über den in der Anordnung bezeichneten Gefahrenbereich bestimmt und geeignet sind. [2] Es dürfen keine Suchbegriffe verwendet werden, die

(Fortsetzung nächstes Blatt)

1. Identifizierungsmerkmale enthalten, die zu einer gezielten Erfassung bestimmter Telekommunikationsanschlüsse führen, oder
2. den Kernbereich der privaten Lebensgestaltung betreffen.

[3] Dies gilt nicht für Telekommunikationsanschlüsse im Ausland, sofern ausgeschlossen werden kann, dass Anschlüsse, deren Inhaber oder regelmäßige Nutzer deutsche Staatsangehörige sind, gezielt erfasst werden. [4] Die Durchführung ist zu protokollieren. [5] Die Protokolldaten dürfen ausschließlich zu Zwecken der Datenschutzkontrolle verwendet werden. [6] Sie sind am Ende des Kalenderjahres, das dem Jahr der Protokollierung folgt, zu löschen.

§ 5a[1)] Schutz des Kernbereichs privater Lebensgestaltung. [1] Durch Beschränkungen nach § 1 Abs. 1 Nr. 2 dürfen keine Kommunikationsinhalte aus dem Kernbereich privater Lebensgestaltung erfasst werden. [2] Sind durch eine Beschränkung nach § 1 Abs. 1 Nr. 2 Kommunikationsinhalte aus dem Kernbereich privater Lebensgestaltung erfasst worden, dürfen diese nicht verwertet werden. [3] Sie sind unverzüglich unter Aufsicht eines Bediensteten, der die Befähigung zum Richteramt hat, zu löschen. [4] § 3a Absatz 1 Satz 2 bis 7 und Absatz 2 gilt entsprechend. [5] Die Tatsache der Erfassung der Daten und ihrer Löschung ist zu protokollieren. [6] Die Protokolldaten dürfen ausschließlich zum Zwecke der Durchführung der Datenschutzkontrolle verwendet werden. [7] Sie sind sechs Monate nach der Mitteilung oder der Feststellung nach § 12 Absatz 2 zu löschen.

§ 5b[2)] Schutz zeugnisverweigerungsberechtigter Personen. Für den Schutz zeugnisverweigerungsberechtigter Personen gilt § 3b entsprechend.

§ 6[3)] Prüf-, Kennzeichnungs- und Löschungspflichten, Zweckbindung.

(1) [1] Der Bundesnachrichtendienst prüft unverzüglich und sodann in Abständen von höchstens sechs Monaten, ob die erhobenen personenbezogenen Daten im Rahmen seiner Aufgaben allein oder zusammen mit bereits vorliegenden Daten für die in § 5 Abs. 1 Satz 3 bestimmten Zwecke erforderlich sind. [2] Soweit die Daten für diese Zwecke nicht erforderlich sind und nicht für eine Übermittlung an andere Stellen benötigt werden, sind sie unverzüglich unter Aufsicht eines Bediensteten, der die Befähigung zum Richteramt hat, zu löschen. [3] Die Löschung ist zu protokollieren. [4] Die Protokolldaten dürfen ausschließlich zur Durchführung von Kontrollen der Datenverarbeitung, einschließlich der Datenschutzkontrolle, verwendet werden. [5] Die Protokolldaten sind am Ende des Kalenderjahres zu löschen, das dem Jahr der Protokollierung folgt. [6] Außer in den Fällen der erstmaligen Prüfung nach Satz 1 unterbleibt die Löschung, soweit die Daten für eine Mitteilung nach § 12 Abs. 2 oder für eine gerichtliche Nachprüfung der Rechtmäßigkeit der Beschränkungsmaßnahme von Bedeutung sein können. [7] In diesem Fall ist die Verarbeitung der Daten einzuschränken; sie dürfen nur zu diesen Zwecken verwendet werden.

[1)] § 5a eingef. mWv 5.8.2009 durch G v. 31.7.2009 (BGBl. I S. 2499); Satz 4 geänd., Satz 7 neu gef. mWv 9.7.2021 durch G v. 5.7.2021 (BGBl. I S. 2274).

[2)] § 5b eingef. mWv 1.1.2024 durch G v. 22.12.2023 (BGBl. 2023 I Nr. 410).

[3)] § 6 Abs. 1 Sätze 4 und 5 eingef., bish. Sätze 4 und 5 werden Sätze 6 und 7, Abs. 2 Satz 3 geänd., Abs. 3 angef. mWv 5.8.2009 durch G v. 31.7.2009 (BGBl. I S. 2499); Abs. 2 Satz 3 geänd. mWv 21.11.2015 durch G v. 17.11.2015 (BGBl. I S. 1938); Abs. 1 Satz 7 neu gef. mWv 25.5.2018 durch G v. 30.6.2017 (BGBl. I S. 2097); Abs. 1 Satz 4, Abs. 3 Satz 5 geänd., Abs. 4–6 angef. mWv 1.1.2022 durch G v. 19.4.2021 (BGBl. I S. 771).

(2) [1]Die verbleibenden Daten sind zu kennzeichnen. [2]Nach einer Übermittlung ist die Kennzeichnung durch den Empfänger aufrechtzuerhalten. [3]Die Daten dürfen nur zu den in § 5 Abs. 1 Satz 3 genannten Zwecken und für Übermittlungen nach § 7 Abs. 1 bis 4a und § 7a verwendet werden.

(3) [1]Auf Antrag des Bundesnachrichtendienstes dürfen zur Prüfung der Relevanz erfasster Telekommunikationsverkehre auf Anordnung des nach § 10 Abs. 1 zuständigen Bundesministeriums die erhobenen Daten in einem automatisierten Verfahren mit bereits vorliegenden Rufnummern oder anderen Kennungen bestimmter Telekommunikationsanschlüsse abgeglichen werden, bei denen tatsächliche Anhaltspunkte dafür bestehen, dass sie in einem Zusammenhang mit dem Gefahrenbereich stehen, für den die Überwachungsmaßnahme angeordnet wurde. [2]Zu diesem Abgleich darf der Bundesnachrichtendienst auch Rufnummern oder andere Kennungen bestimmter Telekommunikationsanschlüsse im Inland verwenden. [3]Die zu diesem Abgleich genutzten Daten dürfen nicht als Suchbegriffe im Sinne des § 5 Abs. 2 Satz 1 verwendet werden. [4]Der Abgleich und die Gründe für die Verwendung der für den Abgleich genutzten Daten sind zu protokollieren. [5]Die Protokolldaten dürfen ausschließlich zur Durchführung von Kontrollen der Datenverarbeitung, einschließlich der Datenschutzkontrolle, verwendet werden. [6]Sie sind am Ende des Kalenderjahres, das dem Jahr der Protokollierung folgt, zu vernichten.

(4) [1]Unabhängig von Absatz 1 Satz 1 und 2 darf der Bundesnachrichtendienst auf den nach § 5 Absatz 1 in Verbindung mit § 10 Absatz 4 Satz 2 angeordneten Übertragungswegen zur Erfüllung seiner Aufgaben Verkehrsdaten erheben und unter den Voraussetzungen des Satzes 3 weiterverarbeiten, sofern diejenigen Verkehrsdaten, die eine Identifizierung von deutschen Staatsangehörigen, von inländischen juristischen Personen oder von sich im Bundesgebiet aufhaltenden Personen ermöglichen, im Falle ihrer Erhebung unverzüglich automatisiert unkenntlich gemacht werden. [2]Die automatisierte Unkenntlichmachung ist so durchzuführen, dass

1. die Eindeutigkeit der Daten erhalten bleibt und
2. eine rückwirkende Identifizierung der in Satz 1 genannten Personen unmöglich oder nur mit unvertretbar hohem Aufwand möglich ist.

[3]Der Bundesnachrichtendienst darf Verkehrsdaten, die nach den Sätzen 1 und 2 unkenntlich gemacht wurden, zur Erfüllung seiner Aufgaben weiterverarbeiten, um

1. Personen außerhalb des in Satz 1 genannten Personenkreises zu erkennen, die einen Deutschlandbezug aufweisen und über die Informationen erlangt werden können, die für die Aufgabenerfüllung des Bundesnachrichtendienstes relevant sind, sowie
2. geeignete Übertragungswege im Sinne des § 10 Absatz 4 Satz 2 zu bestimmen.

[4]Die in Satz 1 genannten Verkehrsdaten sind spätestens sechs Monate nach ihrer Erhebung zu löschen, es sei denn, es wurde im Einzelfall festgestellt, dass eine weitere Speicherung für die Zwecke nach Satz 3 erforderlich ist. [5]Ist im Einzelfall festgestellt worden, dass eine weitere Speicherung für die Zwecke nach Satz 3 erforderlich ist, prüft der Bundesnachrichtendienst bei der Einzelfallbearbeitung *und nach festgesetzten Fristen*, spätestens nach zehn Jahren, ob die unkenntlich gemachten Verkehrsdaten weiterhin für diese Zwecke erforderlich sind.

(5) [1] Unabhängig von Absatz 1 Satz 1 und 2 darf der Bundesnachrichtendienst erhobene Verkehrsdaten, die auf der Grundlage eines Suchbegriffs nach § 5 Absatz 2 erfasst worden sind, zur Erfüllung seiner Aufgaben weiterverarbeiten, um

1. Personen zu erkennen, die einen Deutschlandbezug aufweisen und über die Informationen erlangt werden können, die für die Aufgabenerfüllung des Bundesnachrichtendienstes relevant sind, sowie
2. geeignete Übertragungswege im Sinne des § 10 Absatz 4 Satz 2 zu identifizieren.

[2] Wird bei der Weiterverarbeitung nach Satz 1 erkannt, dass eine darüber hinausgehende Weiterverarbeitung der Verkehrsdaten durch den Bundesnachrichtendienst erforderlich ist, um Straftaten im Sinne des § 3 Absatz 1 oder Gefahren im Sinne des § 5 Absatz 1 Satz 3 oder des § 8 Absatz 1 zu erkennen und einer solchen Gefahr zu begegnen, darf der Bundesnachrichtendienst diese Daten auch zu diesen Zwecken weiterverarbeiten. [3] Spätestens drei Monate nach ihrer Erhebung sind die in den Sätzen 1 und 2 genannten Verkehrsdaten daraufhin zu prüfen, ob die weitere Speicherung zur Erfüllung der Aufgaben des Bundesnachrichtendienstes erforderlich ist. [4] Spätestens sechs Monate nach ihrer Erhebung sind die in den Sätzen 1 und 2 genannten Daten zu löschen, es sei denn, es wurde im Einzelfall festgestellt, dass eine weitere Speicherung für die Zwecke nach den Sätzen 1 und 2 erforderlich ist. [5] Ist im Einzelfall festgestellt worden, dass eine weitere Speicherung für die Zwecke nach den Sätzen 1 und 2 erforderlich ist, prüft der Bundesnachrichtendienst sodann regelmäßig in Abständen von höchstens sechs Monaten, ob die weitere Speicherung der Verkehrsdaten für diese Zwecke nach den Sätzen 1 und 2 erforderlich ist.

(6) [1] Die Erfüllung der in Absatz 5 genannten Voraussetzungen wird regelmäßig stichprobenartig durch eine hierzu beauftragte Bedienstete oder einen hierzu beauftragten Bediensteten des Bundesnachrichtendienstes, die oder der die Befähigung zum Richteramt hat, überprüft. [2] Soweit die Überprüfung eine unzulässige Verarbeitung ergibt, sind die Daten unverzüglich unter Aufsicht einer Bediensteten oder eines Bediensteten des Bundesnachrichtendienstes, die oder der die Befähigung zum Richteramt hat, zu löschen. [3] Absatz 1 Satz 3 bis 5 gilt entsprechend.

§ 7[1)] Übermittlungen durch den Bundesnachrichtendienst. (1) Durch Beschränkungen nach § 5 erhobene personenbezogene Daten dürfen an die Verfassungsschutzbehörden des Bundes und der Länder sowie an das Bundesamt für den Militärischen Abschirmdienst unter den Voraussetzungen des § 11 des BND-Gesetzes[2)] übermittelt werden.

[1)] § 7 Abs. 4 Satz 1 Nr. 2 ber. BGBl. 2017 I S. 154; Abs. 2 Nr. 1 geänd. mWv 1.1.2002 durch G v. 9.1. 2002 (BGBl. I S. 361); Abs. 4 Satz 1 Nr. 1 Buchst. a neu gef. mWv 30.8.2002 durch G v. 22.8.2002 (BGBl. I S. 3390); Abs. 4 Satz 1 Nr. 2 Buchst. b neu gef. mWv 28.12.2003 durch G v. 22.12.2003 (BGBl. I S. 2836); Abs. 4 Satz 1 Nr. 2 Buchst. b geänd. mWv 19.2.2005 durch G v. 11.2.2005 (BGBl. I S. 239); Abs. 4 Satz 1 Nr. 1 Buchst. a geänd. mWv 4.8.2009 durch G v. 30.7.2009 (BGBl. I S. 2437); Abs. 4 Satz 1 Nr. 2 Buchst. a und b geänd., Buchst. c angef., Abs. 6 Satz 3 neu gef. mWv 5.8.2009 durch G v. 31.7. 2009 (BGBl. I S. 2499); Abs. 4 Satz 1 Nr. 1 Buchst. b geänd. mWv 1.9.2013 durch G v. 6.6.2013 (BGBl. I S. 1482); Abs. 4 Satz 1 Nr. 1 Buchst. a geänd. mWv 20.6.2015 durch G v. 12.6.2015 (BGBl. I S. 926); Abs. 2 Nr. 1 und 2 geänd., Nr. 3 angef., Abs. 4 Satz 1 Nr. 2 neu gef., Abs. 4a eingef. mWv 21.11.2015 durch G v. 17.11.2015 (BGBl. I S. 1938); Abs. 4 Satz 1 Nr. 2 geänd. mWv 1.1.2017 durch G v. 22.12. 2016 (BGBl. I S. 3150); Abs. 1 geänd. mWv 31.12.2016 durch G v. 23.12.2016 (BGBl. I S. 3346); Abs. 1 geänd. mWv 1.1.2022 durch G v. 19.4.2021 (BGBl. I S. 771); Abs. 1–3 neu gef., Abs. 4 und 4a aufgeh. mWv 1.1.2024 durch G v. 22.12.2023 (BGBl. 2023 I Nr. 410).

[2)] **Sartorius III Nr. 805.**

(2) Durch Beschränkungen nach § 5 erhobene personenbezogene Daten dürfen an inländische Strafverfolgungsbehörden unter den Voraussetzungen des § 11a des BND-Gesetzes übermittelt werden.

(3) Durch Beschränkungen nach § 5 erhobene personenbezogene Daten dürfen an inländische öffentliche Stellen unter den Voraussetzungen des § 11b des BND-Gesetzes übermittelt werden.

(4) *(aufgehoben)*

(5) [1]Die Übermittlung ist nur zulässig, soweit sie zur Erfüllung der Aufgaben des Empfängers erforderlich ist. [2]Sind mit personenbezogenen Daten, die übermittelt werden dürfen, weitere Daten des Betroffenen oder eines Dritten in Akten so verbunden, dass eine Trennung nicht oder nur mit unvertretbarem Aufwand möglich ist, ist die Übermittlung auch dieser Daten zulässig; eine Verwendung dieser Daten ist unzulässig. [3]Über die Übermittlung entscheidet ein Bediensteter des Bundesnachrichtendienstes, der die Befähigung zum Richteramt hat. [4]Die Übermittlung ist zu protokollieren.

(6) [1]Der Empfänger darf die Daten nur für die Zwecke verwenden, zu deren Erfüllung sie ihm übermittelt worden sind. [2]Er prüft unverzüglich und sodann in Abständen von höchstens sechs Monaten, ob die übermittelten Daten für diese Zwecke erforderlich sind. [3]§ 4 Abs. 6 Satz 4 und § 6 Abs. 1 Satz 2 und 3 gelten entsprechend.

§ 7a[1)] Übermittlungen durch den Bundesnachrichtendienst an ausländische öffentliche Stellen. (1) Der Bundesnachrichtendienst darf durch Beschränkungen nach § 5 Absatz 1 Satz 3 Nummer 2, 3, 7 und 8 erhobene personenbezogene Daten unter den Voraussetzungen des § 11e des BND-Gesetzes[2)] an die mit nachrichtendienstlichen Aufgaben betrauten ausländischen öffentlichen Stellen übermitteln.

(2) Die Übermittlung bedarf der Zustimmung des Bundeskanzleramtes.

(3) [1]Über die Übermittlung entscheidet ein Bediensteter des Bundesnachrichtendienstes, der die Befähigung zum Richteramt hat. [2]Die Übermittlung ist zu protokollieren. [3]Der Bundesnachrichtendienst führt einen Nachweis über den Zweck, die Veranlassung, die Aktenfundstelle und die Empfänger der Übermittlungen nach Absatz 1 und 2. [4]Die Nachweise sind gesondert aufzubewahren, gegen unberechtigten Zugriff zu sichern und am Ende des Kalenderjahres, das dem Jahr ihrer Erstellung folgt, zu vernichten.

(4) Der Empfänger ist zu verpflichten,

1. die übermittelten Daten nur zu dem Zweck zu verwenden, zu dem sie ihm übermittelt wurden,
2. eine angebrachte Kennzeichnung beizubehalten und
3. dem Bundesnachrichtendienst auf Ersuchen Auskunft über die Verwendung zu erteilen.

(5) Das Bundeskanzleramt unterrichtet monatlich die G10-Kommission über Übermittlungen nach Absatz 1.

[1)] § 7a eingef. mWv 5.8.2009 durch G v. 31.7.2009 (BGBl. I S. 2499); Abs. 1 Satz 1 einl. Satzteil und Abs. 2 geänd. mWv 21.11.2015 durch G v. 17.11.2015 (BGBl. I S. 1938); Abs. 1, 2 und 5 neu gef. mWv 1.1.2024 durch G v. 22.12.2023 (BGBl. 2023 I Nr. 410).

[2)] **Sartorius III Nr. 805.**

(6) Das Parlamentarische Kontrollgremium ist in Abständen von höchstens sechs Monaten über die vorgenommenen Übermittlungen nach Absatz 1 und 2 zu unterrichten.

§ 8[1] Gefahr für Leib oder Leben einer Person im Ausland. (1) Auf Antrag des Bundesnachrichtendienstes dürfen Beschränkungen nach § 1 für internationale Telekommunikationsbeziehungen im Sinne des § 5 Abs. 1 Satz 1 angeordnet werden, wenn dies erforderlich ist, um eine im Einzelfall bestehende Gefahr für Leib oder Leben einer Person im Ausland rechtzeitig zu erkennen oder ihr zu begegnen und dadurch Belange der Bundesrepublik Deutschland unmittelbar in besonderer Weise berührt sind.

(2) [1] Die jeweiligen Telekommunikationsbeziehungen werden von dem nach § 10 Abs. 1 zuständigen Bundesministerium mit Zustimmung des Parlamentarischen Kontrollgremiums bestimmt. [2] Die Zustimmung bedarf der Mehrheit von zwei Dritteln seiner Mitglieder. [3] Die Bestimmung tritt spätestens nach zwei Monaten außer Kraft. [4] Eine erneute Bestimmung ist zulässig, soweit ihre Voraussetzungen fortbestehen.

(3) [1] Die Anordnung ist nur zulässig, wenn die Erforschung des Sachverhalts auf andere Weise aussichtslos oder wesentlich erschwert wäre. [2] Der Bundesnachrichtendienst darf nur Suchbegriffe verwenden, die zur Erlangung von Informationen über die in der Anordnung bezeichnete Gefahr bestimmt und geeignet sind. [3] § 5 Abs. 2 Satz 2 bis 6 gilt entsprechend. [4] Ist die Überwachungsmaßnahme erforderlich, um einer im Einzelfall bestehenden Gefahr für Leib oder Leben einer Person zu begegnen, dürfen die Suchbegriffe auch Identifizierungsmerkmale enthalten, die zu einer gezielten Erfassung der Rufnummer oder einer anderen Kennung des Telekommunikationsanschlusses dieser Person im Ausland führen.

(4) [1] Der Bundesnachrichtendienst prüft unverzüglich und sodann in Abständen von höchstens sechs Monaten, ob die erhobenen personenbezogenen Daten im Rahmen seiner Aufgaben allein oder zusammen mit bereits vorliegenden Daten zu dem in Absatz 1 bestimmten Zweck erforderlich sind. [2] Soweit die Daten für diesen Zweck nicht erforderlich sind, sind sie unverzüglich unter Aufsicht eines Bediensteten, der die Befähigung zum Richteramt hat, zu löschen. [3] Die Löschung ist zu protokollieren. [4] § 6 Absatz 1 Satz 4 und 5, Absatz 2 Satz 1 und 2 und Absatz 5 und 6 gilt entsprechend mit der Maßgabe, dass die Weiterverarbeitung nach § 6 Absatz 5 Satz 2 nur zur Erkennung und Begegnung von Gefahren im Sinne des § 8 Absatz 1 zulässig ist. [5] Die Daten dürfen nur zu den in den Absätzen 1, 5 und 6 genannten Zwecken verwendet werden.

(5) Die erhobenen personenbezogenen Daten dürfen unter den Voraussetzungen der §§ 11 und 11b des BND-Gesetzes[2] übermittelt werden, wenn zudem tatsächliche Anhaltspunkte den Verdacht begründen, dass jemand eine Straftat plant oder begeht, die geeignet ist, zu der Entstehung oder Aufrechterhaltung der in Absatz 1 bezeichneten Gefahr beizutragen.

(6) Die erhobenen personenbezogenen Daten dürfen an Strafverfolgungsbehörden unter den Voraussetzungen des § 11a des BND-Gesetzes übermittelt werden,

---

[1] § 8 Abs. 1 Satz 2 aufgeh., Abs. 2 neu gef., Abs. 3 Satz 4 angef., Abs. 6 Satz 3 neu gef. mWv 5.8.2009 durch G v. 31.7.2009 (BGBl. I S. 2499); Abs. 5 geänd. mWv 31.12.2016 durch G v. 23.12.2016 (BGBl. I S. 3346); Abs. 4 Satz 4 neu gef., Abs. 5 geänd. mWv 1.1.2022 durch G v. 19.4.2021 (BGBl. I S. 771); Abs. 5 und 6 neu gef., Abs. 7 angef. mWv 1.1.2024 durch G v. 22.12.2023 (BGBl. 2023 I Nr. 410).

[2] **Sartorius III Nr. 805.**

wenn zudem bestimmte Tatsachen den Verdacht begründen, dass jemand eine in Absatz 5 bezeichnete Straftat begeht oder begangen hat.

(7) § 7 Absatz 5 und 6 sowie § 7a gelten entsprechend.

Abschnitt 4. Verfahren

§ 9[1)] Antrag. (1) Beschränkungsmaßnahmen nach diesem Gesetz dürfen nur auf Antrag angeordnet werden.

(2) Antragsberechtigt sind im Rahmen ihres Geschäftsbereichs

1. das Bundesamt für Verfassungsschutz,
2. die Verfassungsschutzbehörden der Länder,
3. der Militärische Abschirmdienst und
4. der Bundesnachrichtendienst

(Fortsetzung nächstes Blatt)

[1)] § 9 Abs. 2 Nr. 3 geänd. mWv 21.11.2015 durch G v. 17.11.2015 (BGBl. I S. 1938); Abs. 3 Satz 2 neu gef. mWv 9.7.2021 durch G v. 5.7.2021 (BGBl. I S. 2274).

durch den Behördenleiter oder seinen Stellvertreter.

(3) [1] Der Antrag ist schriftlich zu stellen und zu begründen. [2] Er muss alle für die Anordnung erforderlichen Angaben enthalten; im Falle der Durchführung nach § 11 Absatz 1a auch eine möglichst genaue Bezeichnung des informationstechnischen Systems, in das zur Datenerhebung eingegriffen werden soll. [3] In den Fällen der §§ 3 und 8 hat der Antragsteller darzulegen, dass die Erforschung des Sachverhalts auf andere Weise aussichtslos oder wesentlich erschwert wäre.

§ 10[1)] Anordnung. (1) Zuständig für die Anordnung von Beschränkungsmaßnahmen ist bei Anträgen der Verfassungsschutzbehörden der Länder die zuständige oberste Landesbehörde, im Übrigen das Bundesministerium des Innern, für Bau und Heimat.

(2) [1] Die Anordnung ergeht schriftlich. [2] In ihr sind der Grund der Anordnung und die zur Überwachung berechtigte Stelle anzugeben sowie Art, Umfang und Dauer der Beschränkungsmaßnahme zu bestimmen.

(3) [1] In den Fällen des § 3 muss die Anordnung denjenigen bezeichnen, gegen den sich die Beschränkungsmaßnahme richtet. [2] Bei einer Überwachung der Telekommunikation ist auch die Rufnummer oder eine andere Kennung des Telekommunikationsanschlusses oder die Kennung des Endgerätes, wenn diese allein diesem Endgerät zuzuordnen ist, anzugeben.

(4) [1] In den Fällen der §§ 5 und 8 sind die Suchbegriffe in der Anordnung zu benennen. [2] Ferner sind das Gebiet, über das Informationen gesammelt werden sollen, und die Übertragungswege, die der Beschränkung unterliegen, zu bezeichnen. [3] Weiterhin ist festzulegen, welcher Anteil der auf diesen Übertragungswegen zur Verfügung stehenden Übertragungskapazität überwacht werden darf. [4] In den Fällen des § 5 darf dieser Anteil höchstens 20 vom Hundert betragen.

(5) [1] In den Fällen der §§ 3 und 5 ist die Anordnung auf höchstens drei Monate zu befristen. [2] Verlängerungen um jeweils nicht mehr als drei weitere Monate sind auf Antrag zulässig, soweit die Voraussetzungen der Anordnung fortbestehen.

(6) [1] Die Anordnung ist dem nach § 2 Absatz 1 Satz 1 oder Absatz 1a Verpflichteten insoweit mitzuteilen, als dies erforderlich ist, um ihm die Erfüllung seiner Verpflichtungen zu ermöglichen. [2] Die Mitteilung entfällt, wenn die Anordnung ohne seine Mitwirkung ausgeführt werden kann.

(7) [1] Das Bundesamt für Verfassungsschutz unterrichtet die jeweilige Landesbehörde für Verfassungsschutz über die in deren Bereich getroffenen Beschränkungsanordnungen. [2] Die Landesbehörden für Verfassungsschutz teilen dem Bundesamt für Verfassungsschutz die in ihrem Bereich getroffenen Beschränkungsanordnungen mit.

§ 11[2)] Durchführung. (1) Die aus der Anordnung sich ergebenden Beschränkungsmaßnahmen sind unter Verantwortung der Behörde, auf deren Antrag die Anordnung ergangen ist, und unter Aufsicht eines Bediensteten vorzunehmen, der die Befähigung zum Richteramt hat.

(1a) [1] Die Überwachung und Aufzeichnung der laufenden Telekommunikation, die nach dem Zeitpunkt der Anordnung übertragen worden ist, darf auch in der

[1)] § 10 Abs. 3 Satz 2 geänd. mWv 5.8.2009 durch G v. 31.7.2009 (BGBl. I S. 2499); Abs. 1 geänd. mWv 10.1.2012 durch G v. 7.12.2011 (BGBl. I S. 2576); Abs. 1 geänd. mWv 27.6.2020 durch VO v. 19.6.2020 (BGBl. I S. 1328); Abs. 6 Satz 1 geänd. mWv 9.7.2021 durch G v. 5.7.2021 (BGBl. I S. 2274).

[2)] § 11 Abs. 1a und 1b eingef., Abs. 2 Satz 2 geänd. mWv 9.7.2021 durch G v. 5.7.2021 (BGBl. I S. 2274).

Art und Weise erfolgen, dass in ein von dem Betroffenen genutztes informationstechnisches System eingegriffen wird, wenn dies notwendig ist, um die Überwachung und Aufzeichnung insbesondere in unverschlüsselter Form zu ermöglichen. [2] Auf dem informationstechnischen System des Betroffenen ab dem Zeitpunkt der Anordnung gespeicherte Inhalte und Umstände der Kommunikation dürfen überwacht und aufgezeichnet werden, wenn sie auch während des laufenden Übertragungsvorgangs im öffentlichen Telekommunikationsnetz in verschlüsselter Form hätten überwacht und aufgezeichnet werden können. [3] Bei den Maßnahmen nach den Sätzen 1 und 2 ist technisch sicherzustellen, dass

1. ausschließlich überwacht und aufgezeichnet werden können:
   a) die laufende Kommunikation (Satz 1) und
   b) Inhalte und Umstände der Kommunikation, die auch während des laufenden Kommunikationsvorgangs ab dem Zeitpunkt der Anordnung im öffentlichen Telekommunikationsnetz hätten überwacht und aufgezeichnet werden können (Satz 2),
2. an dem informationstechnischen System nur Veränderungen vorgenommen werden, die für die Datenerhebung unerlässlich sind,
3. die vorgenommenen Veränderungen bei Beendigung der Maßnahme, soweit technisch möglich, automatisiert rückgängig gemacht werden.

[4] Das eingesetzte Mittel ist nach dem Stand der Technik gegen unbefugte Nutzung zu schützen. [5] Kopierte Daten sind nach dem Stand der Technik gegen Veränderung, unbefugte Löschung und unbefugte Kenntnisnahme zu schützen. [6] Bei jedem Einsatz sind zu protokollieren:

1. die Bezeichnung des technischen Mittels und der Zeitpunkt seines Einsatzes,
2. die Angaben zur Identifizierung des informationstechnischen Systems und die daran vorgenommenen nicht nur flüchtigen Veränderungen,
3. die Angaben, die die Feststellung der erhobenen Daten ermöglichen, und
4. die Organisationseinheit, die die Maßnahme durchführt.

(1b) [1] Werden nach der Anordnung weitere Kennungen von Telekommunikationsanschlüssen der Person, gegen die sich die Anordnung richtet, bekannt, darf die Durchführung der Beschränkungsmaßnahme auch auf diese Kennungen erstreckt werden. [2] Satz 1 findet keine Anwendung auf weitere Kennungen von Telekommunikationsanschlüssen von Personen, gegen die sich die Anordnung richtet, weil auf Grund bestimmter Tatsachen anzunehmen ist, dass der Verdächtige ihren Anschluss benutzt (§ 3 Absatz 2 Satz 2 Variante 3).

(2) [1] Die Maßnahmen sind unverzüglich zu beenden, wenn sie nicht mehr erforderlich sind oder die Voraussetzungen der Anordnung nicht mehr vorliegen. [2] Die Beendigung ist der Stelle, die die Anordnung getroffen hat, und dem nach § 2 Absatz 1 Satz 1 oder Absatz 1a Verpflichteten, dem die Anordnung mitgeteilt worden ist, anzuzeigen. [3] Die Anzeige an den Verpflichteten entfällt, wenn die Anordnung ohne seine Mitwirkung ausgeführt wurde.

(3) [1] Postsendungen, die zur Öffnung und Einsichtnahme ausgehändigt worden sind, sind dem Postverkehr unverzüglich wieder zuzuführen. [2] Telegramme dürfen dem Postverkehr nicht entzogen werden. [3] Der zur Einsichtnahme berechtigten Stelle ist eine Abschrift des Telegramms zu übergeben.

§ 12[1] **Mitteilungen an Betroffene.** (1) [1]Beschränkungsmaßnahmen nach § 3 sind dem Betroffenen nach ihrer Einstellung mitzuteilen. [2]Die Mitteilung unterbleibt, solange eine Gefährdung des Zwecks der Beschränkung nicht ausgeschlossen werden kann oder solange der Eintritt übergreifender Nachteile für das Wohl des Bundes oder eines Landes absehbar ist. [3]Erfolgt die nach Satz 2 zurückgestellte Mitteilung nicht binnen zwölf Monaten nach Beendigung der Maßnahme, bedarf die weitere Zurückstellung der Zustimmung der G10-Kommission. [4]Die G10-Kommission bestimmt die Dauer der weiteren Zurückstellung. [5]Einer Mitteilung bedarf es nicht, wenn die G10-Kommission einstimmig festgestellt hat, dass

1. eine der Voraussetzungen in Satz 2 auch nach fünf Jahren nach Beendigung der Maßnahme noch vorliegt,
2. sie mit an Sicherheit grenzender Wahrscheinlichkeit auch in Zukunft vorliegt und
3. die Voraussetzungen für eine Löschung sowohl bei der erhebenden Stelle als auch beim Empfänger vorliegen.

(2) [1]Absatz 1 gilt entsprechend für Beschränkungsmaßnahmen nach den §§ 5 und 8, sofern die personenbezogenen Daten nicht unverzüglich gelöscht wurden. [2]Die Frist von fünf Jahren beginnt mit der Erhebung der personenbezogenen Daten.

(3) [1]Die Mitteilung obliegt der Behörde, auf deren Antrag die Anordnung ergangen ist. [2]Wurden personenbezogene Daten übermittelt, erfolgt die Mitteilung im Benehmen mit dem Empfänger.

§ 13 Rechtsweg. Gegen die Anordnung von Beschränkungsmaßnahmen nach den §§ 3 und 5 Abs. 1 Satz 3 Nr. 1 und ihren Vollzug ist der Rechtsweg vor der Mitteilung an den Betroffenen nicht zulässig.

Abschnitt 5. Kontrolle

§ 14[2] **Parlamentarisches Kontrollgremium.** (1) [1]Das nach § 10 Abs. 1 für die Anordnung von Beschränkungsmaßnahmen zuständige Bundesministerium unterrichtet in Abständen von höchstens sechs Monaten das Parlamentarische Kontrollgremium über die Durchführung dieses Gesetzes. [2]Dabei ist gesondert auf Anordnungen einzugehen, die nach § 11 Absatz 1a durchgeführt werden. [3]Das Gremium erstattet dem Deutschen Bundestag jährlich einen Bericht über Durchführung sowie Art und Umfang der Maßnahmen nach den §§ 3, 5, 7a und 8; dabei sind die Grundsätze des § 10 Absatz 1 des Kontrollgremiumgesetzes zu beachten.

(2) [1]Bei Gefahr im Verzug kann das zuständige Bundesministerium die Bestimmungen nach den §§ 5 und 8 vorläufig treffen und das Parlamentarische Kontrollgremium durch seinen Vorsitzenden und dessen Stellvertreter vorläufig zustimmen. [2]Die Zustimmung des Parlamentarischen Kontrollgremiums ist unverzüglich einzuholen. [3]Die Bestimmung tritt außer Kraft, wenn die vorläufige Zustimmung nicht binnen drei Werktagen und die Zustimmung nicht binnen zwei Wochen erfolgt.

---

[1] § 12 Abs. 1 neu gef. mWv 5.8.2009 durch G v. 31.7.2009 (BGBl. I S. 2499).

[2] § 14 Abs. 1 Satz 2 2. Halbs. geänd. mWv 4.8.2009 durch G v. 29.7.2009 (BGBl. I S. 2346); Abs. 1 Satz 2 geänd. mWv 5.8.2009 durch G v. 31.7.2009 (BGBl. I S. 2499); Abs. 2 Sätze 1 und 3 neu gef. mWv 21.11.2015 durch G v. 17.11.2015 (BGBl. I S. 1938); Abs. 1 Satz 2 eingef., bish. Satz 2 wird Satz 3, Abs. 2 Satz 3 geänd. mWv 9.7.2021 durch G v. 5.7.2021 (BGBl. I S. 2274).

§ 15[1)] G 10-Kommission. (1) [1]Die G 10-Kommission besteht aus dem Vorsitzenden und vier Beisitzern sowie fünf stellvertretenden Mitgliedern, die an den Sitzungen mit Rede- und Fragerecht teilnehmen können. [2]Mindestens drei Mitglieder und drei stellvertretende Mitglieder müssen die Befähigung zum Richteramt besitzen. [3]Die Mitglieder der G 10-Kommission sind in ihrer Amtsführung unabhängig und Weisungen nicht unterworfen. [4]Sie nehmen ein öffentliches Ehrenamt wahr und werden von dem Parlamentarischen Kontrollgremium nach Anhörung der Bundesregierung für die Dauer einer Wahlperiode des Deutschen Bundestages mit der Maßgabe bestellt, dass ihre Amtszeit erst mit der Neubestimmung der Mitglieder der Kommission endet. [5]Die oder der Ständige Bevollmächtigte des Parlamentarischen Kontrollgremiums nimmt regelmäßig an den Sitzungen der G 10-Kommission teil.

(2) [1]Die Beratungen der G 10-Kommission sind geheim. [2]Die Mitglieder der Kommission sind zur Geheimhaltung der Angelegenheiten verpflichtet, die ihnen bei ihrer Tätigkeit in der Kommission bekannt geworden sind. [3]Dies gilt auch für die Zeit nach ihrem Ausscheiden aus der Kommission.

(3) [1]Der G 10-Kommission ist die für die Erfüllung ihrer Aufgaben notwendige Personal- und Sachausstattung zur Verfügung zu stellen; sie ist im Einzelplan des Deutschen Bundestages gesondert im Kapitel für die parlamentarische Kontrolle der Nachrichtendienste auszuweisen. [2]Der Kommission sind Mitarbeiter mit technischem Sachverstand zur Verfügung zu stellen.

(4) [1]Die G 10-Kommission tritt mindestens einmal im Monat zusammen. [2]Sie gibt sich eine Geschäftsordnung, die der Zustimmung des Parlamentarischen Kontrollgremiums bedarf. [3]Vor der Zustimmung ist die Bundesregierung zu hören.

(5) [1]Die G 10-Kommission entscheidet von Amts wegen oder auf Grund von Beschwerden über die Zulässigkeit und Notwendigkeit von Beschränkungsmaßnahmen. [2]Die Kontrollbefugnis der Kommission erstreckt sich auf die gesamte Verarbeitung der nach diesem Gesetz erlangten personenbezogenen Daten durch Nachrichtendienste des Bundes einschließlich der Entscheidung über die Mitteilung an Betroffene. [3]Der Kommission und ihren Mitarbeitern ist dabei insbesondere

1. Auskunft zu ihren Fragen zu erteilen,
2. Einsicht in alle Unterlagen, insbesondere in die gespeicherten Daten und in die Datenverarbeitungsprogramme, zu gewähren, die im Zusammenhang mit der Beschränkungsmaßnahme stehen, und
3. jederzeit Zutritt in alle Diensträume zu gewähren.

[4]Nummer 2 schließt ein, während einer Kontrolle beim Nachrichtendienst des Bundes dort Daten aus automatisierten Dateien selbst abrufen zu können. [5]Die Kommission kann dem Bundesbeauftragten für den Datenschutz Gelegenheit zur Stellungnahme in Fragen des Datenschutzes geben.

(6) [1]Das zuständige Bundesministerium holt die Zustimmung der G 10-Kommission zu den von ihm angeordneten Beschränkungsmaßnahmen ein. [2]Die An-

---

[1)] § 15 Abs. 6 Sätze 4 und 5 neu gef. mWv 5.8.2009 durch G v. 31.7.2009 (BGBl. I S. 2499); Abs. 6 *Sätze 3–5 eingef., bish.* Sätze 3–5 werden Sätze 6–8 mWv 30.7.2016 durch G v. 26.7.2016 (BGBl. I S. 1818); Abs. 1 Satz 5 angef., Abs. 3 Satz 1 geänd., Abs. 8 angef. mWv 7.12.2016 durch G v. 30.11.2016 (BGBl. I S. 2746); Abs. 5 Satz 2 geänd. mWv 25.5.2018 durch G v. 30.6.2017 (BGBl. I S. 2097); Abs. 1 Satz 1 und 2 neu gef., Satz 4 geänd., Abs. 5 Satz 4 eingef., bish. Satz 4 wird Satz 5, Abs. 6 neu gef. mWv 9.7.2021 durch G v. 5.7.2021 (BGBl. I S. 2274).

ordnung darf erst vollzogen werden, wenn die G 10-Kommission der angeordneten Beschränkungsmaßnahme nach Prüfung der Zulässigkeit und Notwendigkeit zugestimmt hat. 3 Stimmt die G 10-Kommission der angeordneten Beschränkungsmaßnahme nicht zu, hat das zuständige Bundesministerium die Anordnung unverzüglich aufzuheben.

(7) 1 Das zuständige Bundesministerium unterrichtet monatlich die G 10-Kommission über Mitteilungen von Bundesbehörden nach § 12 Abs. 1 und 2 oder über die Gründe, die einer Mitteilung entgegenstehen. 2 Hält die Kommission eine Mitteilung für geboten, ist diese unverzüglich vorzunehmen. 3 § 12 Abs. 3 Satz 2 bleibt unberührt, soweit das Benehmen einer Landesbehörde erforderlich ist.

(8) Die G 10-Kommission und das Parlamentarische Kontrollgremium tauschen sich regelmäßig unter Wahrung der jeweils geltenden Geheimhaltungsvorschriften über allgemeine Angelegenheiten ihrer Kontrolltätigkeit aus.

§ 15a[1] **Eilanordnung.** (1) Das zuständige Bundesministerium kann bei Gefahr im Verzug in der Anordnung bestimmen, dass die Beschränkungsmaßnahme abweichend von § 15 Absatz 6 Satz 2 auch bereits vor der Zustimmung der G 10-Kommission vollzogen werden darf (Eilanordnung).

(2) 1 Wird die Eilanordnung nicht innerhalb von drei Werktagen vom Vorsitzenden der G 10-Kommission, von seinem Stellvertreter oder einem vom Vorsitzenden dazu bestimmten Mitglied bestätigt, so ist unverzüglich

1. der Vollzug der Eilanordnung auszusetzen und
2. die Eilanordnung durch das zuständige Bundesministerium aufzuheben.

2 Die mit der Beschränkungsmaßnahme erhobenen Daten sind zudem unverzüglich unter Aufsicht eines Beamten, der die Befähigung zum Richteramt hat, zu löschen; § 4 Absatz 1 Satz 3 bis 7 gilt entsprechend. 3 Eine Bestätigung der Eilanordnung kann unter Auflagen erfolgen.

(3) 1 Wird die Eilanordnung bestätigt, so hat die G 10-Kommission die Zulässigkeit und die Notwendigkeit der durch die Eilanordnung angeordneten Beschränkungsmaßnahme unverzüglich zu prüfen. 2 Erteilt die G 10-Kommission nach Prüfung der Zulässigkeit und Notwendigkeit ihre Zustimmung nicht, so ist die Beschränkungsmaßnahme vom zuständigen Bundesministerium unverzüglich aufzuheben und die mit der Beschränkungsmaßnahme erhobenen Daten sind unverzüglich unter Aufsicht eines Beamten, der die Befähigung zum Richteramt hat, zu löschen; § 4 Absatz 1 Satz 3 bis 7 gilt entsprechend.

(4) 1 Bei Gefahr im Verzug ist am Tag der Beantragung der Anordnung der Beschränkungsmaßnahme bereits vor der Anordnung durch das zuständige Bundesministerium eine automatische Aufzeichnung der zu überwachenden Telekommunikation durch die den Antrag stellende Behörde zulässig. 2 Diese Aufzeichnung darf von der antragstellenden Behörde weiterverarbeitet werden, wenn eine Eilanordnung des zuständigen Bundesministeriums innerhalb von 24 Stunden nach Beantragung erfolgt. 3 Anderenfalls ist die technische Aufzeichnung unverzüglich automatisiert zu löschen; § 4 Absatz 1 Satz 3 bis 7 gilt entsprechend.

§ 16[2] **Parlamentarische Kontrolle in den Ländern.** 1 Durch den Landesgesetzgeber wird die parlamentarische Kontrolle der nach § 10 Abs. 1 für die Anordnung von Beschränkungsmaßnahmen zuständigen obersten Landesbehörden

---

[1] § 15a eingef. mWv 9.7.2021 durch G v. 5.7.2021 (BGBl. I S. 2274).

[2] § 16 Satz 2 geänd. mWv 25.5.2018 durch G v. 30.6.2017 (BGBl. I S. 2097).

und die Überprüfung der von ihnen angeordneten Beschränkungsmaßnahmen geregelt. [2]Personenbezogene Daten dürfen nur dann an Landesbehörden übermittelt werden, wenn die Kontrolle ihrer Verarbeitung durch den Landesgesetzgeber geregelt ist.

Abschnitt 6. Straf- und Bußgeldvorschriften

§ 17[1)] Mitteilungsverbote. (1) Wird die Telekommunikation nach diesem Gesetz oder nach den §§ 100a, 100e der Strafprozessordnung[2)] überwacht, darf diese Tatsache von Personen, die Telekommunikationsdienste erbringen oder an der Erbringung solcher Dienste mitwirken, anderen nicht mitgeteilt werden.

(2) Wird die Aushändigung von Sendungen nach § 2 Absatz 1 Satz 1 angeordnet, darf diese Tatsache von Personen, die zur Aushändigung verpflichtet oder mit der Sendungsübermittlung betraut sind oder hieran mitwirken, anderen nicht mitgeteilt werden.

(3) Erfolgt ein Auskunftsersuchen oder eine Auskunftserteilung nach § 2 Absatz 1 oder Absatz 1a Satz 1, darf diese Tatsache oder der Inhalt des Ersuchens oder der erteilten Auskunft von Personen, die zur Beantwortung verpflichtet oder mit der Beantwortung betraut sind oder hieran mitwirken, anderen nicht mitgeteilt werden.

§ 18[3)] Strafvorschriften. Mit Freiheitsstrafe bis zu zwei Jahren oder mit Geldstrafe wird bestraft, wer entgegen § 17 eine Mitteilung macht.

§ 19[4)] Bußgeldvorschriften. (1) Ordnungswidrig handelt, wer
1. einer vollziehbaren Anordnung nach § 2 Absatz 1 Satz 1 oder Absatz 1a Satz 1 zuwiderhandelt,
2. entgegen § 2 Absatz 2 Satz 2 nicht sicherstellt, dass dort genanntes Personal vorhanden ist,
3. entgegen § 2 Absatz 2 Satz 3 eine Person betraut,
4. entgegen § 2 Absatz 2 Satz 4 nicht sicherstellt, dass eine Geheimschutzmaßnahme getroffen wird.

(2) Die Ordnungswidrigkeit kann mit einer Geldbuße von bis zu fünfzigtausend Euro geahndet werden.

(3) Verwaltungsbehörde im Sinne des § 36 Absatz 1 Nummer 1 des Gesetzes über Ordnungswidrigkeiten[5)] ist die nach § 10 Absatz 1 zuständige Stelle.

Abschnitt 7. Schlussvorschriften

§ 20[6)] Entschädigung. [1]Die nach § 1 Abs. 1 berechtigten Stellen haben für die Leistungen nach § 2 Absatz 1 und 1a eine Entschädigung zu gewähren, deren

[1)] § 17 Abs. 1 geänd. mWv 1.1.2008 durch G v. 21.12.2007 (BGBl. I S. 3198); Abs. 1 geänd. mWv 24.8.2017 durch G v. 17.8.2017 (BGBl. I S. 3202); Abs. 2 und 3 geänd. mWv 9.7.2021 durch G v. 5.7.2021 (BGBl. I S. 2274).

[2)] **Habersack Nr. 90.**

[3)] § 18 Überschrift neu gef. mWv 16.1.2026 durch G v. 11.1.2026 (BGBl. 2026 I Nr. 6).

[4)] § 19 neu gef. mWv 16.1.2026 durch G v. 11.1.2026 (BGBl. 2026 I Nr. 6).

[5)] **Habersack Nr. 94.**

[6)] § 20 neu gef. mWv 1.7.2009 durch G v. 29.4.2009 (BGBl. I S. 994); Satz 1 geänd. mWv 9.7.2021 durch G v. 5.7.2021 (BGBl. I S. 2274).

Umfang sich nach § 23 des Justizvergütungs- und -entschädigungsgesetzes[1] bemisst. [2] In den Fällen der §§ 5 und 8 ist eine Entschädigung zu vereinbaren, deren Höhe sich an den nachgewiesenen tatsächlichen Kosten orientiert.

§ 21 Einschränkung von Grundrechten. Das Grundrecht des Brief-, Post- und Fernmeldegeheimnisses (Artikel 10 des Grundgesetzes[2]) wird durch dieses Gesetz eingeschränkt.

§ 22[3] Übergangsregelung. Bis zur Neubestellung der G 10-Kommission nach § 15 Absatz 1 Satz 4 ist

1. § 15 Absatz 1 Satz 1 und 2 und Absatz 6 in der bis zum 8. Juli 2021 geltenden Fassung weiter anzuwenden,
2. § 15a nicht anzuwenden.

---

[1] **Habersack Nr. 116.**
[2] Nr. **1**.
[3] § 22 angef. mWv 9.7.2021 durch G v. 5.7.2021 (BGBl. I S. 2274).

15. Staatsangehörigkeitsgesetz (StAG)[1) 2) 3)]

Vom 22. Juli 1913
(RGBl. I S. 583)

FNA 102-1

geänd. durch Art. 1 ÄndG v. 8.9.1969 (BGBl. I S. 1581), Art. 1 KostenermächtigungsÄndG v. 23.6.1970 (BGBl. I S. 805), BVerfG Beschluss v. 21.5.1974 (BGBl. I S. 1933), Art. 1 RustAÄndG 1974 v. 20.12. 1974 (BGBl. I S. 3714), Art. 1 ZuständigkeitslockerungsG v. 10.3.1975 (BGBl. I S. 685), Art. 9 AdoptionsG v. 2.7.1976 (BGBl. I S. 1749), Art. 4 G zur Verminderung der Staatenlosigkeit v. 29.6.1977 (BGBl. I S. 1101), Art. 9 § 2 G zur Neuregelung des Rechts der elterlichen Sorge v. 18.7.1979 (BGBl. I S. 1061), Art. 6 § 5 G zur Neuregelung des Internat. Privatrechts v. 25.7.1986 (BGBl. I S. 1142), Art. 4 G zur Änd. asylverfahrensrechtl., ausländer- und staatsangehörigkeitsrechtl. Vorschriften v. 30.6.1993 (BGBl. I S. 1062), Art. 2 JuMiG v. 18.6.1997 (BGBl. I S. 1430), Art. 5 § 1 BeistandschaftsG v. 4.12.1997 (BGBl. I S. 2846), Art. 2 KindschaftsrechtsreformG v. 16.12.1997 (BGBl. I S. 2942), Art. 1 StaatsangehörigkeitsreformG v. 15.7.1999 (BGBl. I S. 1618), Art. 3 § 1 LebenspartnerschaftsG v. 16.2.2001 (BGBl. I S. 266), Art. 18 Sechstes Euro-EinführungsG v. 3.12.2001 (BGBl. I S. 3306), Art. 5 ZuwanderungsG v. 20.6.2002 (BGBl. I S. 1946, nichtig gem. Urt. des BVerfG v. 18.12.2002 – 2 BvF 1/02 –), Art. 5 Drittes Verwaltungsverfahrensrechts-ÄndG v. 21.8.2002 (BGBl. I S. 3322), Art. 5 ZuwanderungsG v. 30.7.2004 (BGBl. I S. 1950), Art. 6 Nr. 9 G zur Änd. des AufenthaltsG und weiterer G v. 14.3.2005 (BGBl. I S. 721), Art. 2 Abs. 1 PersonenstandsrechtsreformG v. 19.2.2007 (BGBl. I S. 122), Art. 5 EU-Aufenthalts- und AsylrechtsRL-UmsetzungsG v. 19.8.2007 (BGBl. I S. 1970), Art. 3 FGG-ReformG v. 17.12.2008 (BGBl. I S. 2586), Art. 1 ÄndG v. 5.2.2009 (BGBl. I S. 158), Art. 1 Bundesrecht-BereinigungsG v. 8.12.2010 (BGBl. I S. 1864), Art. 2 G zur Umsetzung aufenthaltsrechtl. RL der EU und zur Anp. nationaler Rechtsvorschr. an den EU-Visakodex v. 22.11.2011 (BGBl. I S. 2258), Art. 2 G zur Ums. der HochqualifiziertenRL der EU v. 1.6.2012 (BGBl. I S. 1224), Art. 1 G zum Ausbau der Hilfen für Schwangere und zur Regelung der vertraulichen Geburt v. 28.8.2013 (BGBl. I S. 3458), Art. 1 Zweites ÄndG v. 13.11.2014 (BGBl. I S. 1714), Art. 5 G zur Neubestimmung des Bleiberechts und der Aufenthaltsbeendigung v. 27.7.2015 (BGBl. I S. 1386), Art. 3 G zur Verbesserung der Unterbringung, Versorgung und Betreuung ausländischer Kinder und Jugendlicher v. 28.10.2015 (BGBl. I S. 1802), Art. 3 Erstes G zur Änd. des BundesmeldeG und weiterer Vorschriften v. 11.10.2016 (BGBl. I S. 2218), Art. 1 Drittes ÄndG v. 4.8.2019 (BGBl. I S. 1124), Art. 44 FachkräfteeinwanderungsG v. 15.8.2019 (BGBl. I S. 1307), Art. 1 Zweites Datenschutz-Anpassungs- und UmsetzungsG EU v. 20.11.2019 (BGBl. I S. 1626), Art. 4 Elfte ZuständigkeitsanpassungsVO v. 19.6.2020 (BGBl. I S. 1328), Art. 10 RegistermodernisierungsG v. 28.3.2021 (BGBl. I S. 591), Art. 1 Viertes ÄndG v. 12.8.2021 (BGBl. I S. 3538), Art. 2 G zur Einführung eines Chancen-Aufenthaltsrechts v. 21.12.2022 (BGBl. I S. 2847), Art. 5 G zur Weiterentwicklung der Fachkräfteeinwanderung v. 16.8.2023 (BGBl. 2023 I Nr. 217), Art. 1, 2 Staatsangehörigkeitsrecht-ModernisierungsG v. 22.3.2024 (BGBl. 2024 I Nr. 104; 2025 I Nr. 98), Art. 1 G zur Änd. des StaatsangehörigkeitsG sowie weiterer Vorschriften v. 27.10.2025 (BGBl. 2025 I Nr. 256) und Art. 3 G zur Bestimmung sicherer Herkunftsstaaten durch RechtsVO und zur Abschaffung des anwaltlichen Vertreters bei Abschiebehaft und Ausreisegewahrsam v. 22.12.2025 (BGBl. 2025 I Nr. 364)

§ 1[4)] [„Deutscher"] Deutscher im Sinne dieses Gesetzes ist, wer die deutsche Staatsangehörigkeit besitzt.

§ 2[5)] *(aufgehoben)*

[1)] *Titel* neu gef. mWv 1.1.2000 durch G v. 15.7.1999 (BGBl. I S. 1618).

[2)] Die Änderungen durch G v. 28.3.2021 (BGBl. I S. 591) treten gem. Art. 22 Satz 3 dieses G an dem Tag in Kraft, an dem das Bundesministerium des Innern, für Bau und Heimat im Bundesgesetzblatt jeweils bekannt gibt, dass die technischen Voraussetzungen für die Verarbeitung der Identifikationsnummer nach § 139b der Abgabenordnung nach den jeweils geänderten Gesetzen vorliegen.

[3)] Die Änderungen durch G v. 22.3.2024 (BGBl. 2024 I Nr. 104) treten teilweise erst **an dem Tag in Kraft**, an dem gem. Art. 6 Abs. 3 dieses G das Bundesministerium des Innern und für Heimat im Bundesgesetzblatt bekannt gibt, dass die technischen Voraussetzungen für die Datenübermittlung nach § 37 des Staatsangehörigkeitsgesetzes in der Fassung des Artikels 2 Nummer 3 gegeben sind. Sie sind insoweit im Text noch nicht berücksichtigt.

[4)] § 1 neu gef. mWv 1.1.2005 durch G v. 30.7.2004 (BGBl. I S. 1950).

[5)] § 2 aufgeh. mWv 28.8.2007 durch G v. 19.8.2007 (BGBl. I S. 1970).

§ 3[1)] **[Erwerb der Staatsangehörigkeit]** (1) Die deutsche Staatsangehörigkeit wird erworben

1. durch Geburt (§ 4),
2. durch Erklärung (§ 5),
3. durch Annahme als Kind (§ 6),
4. durch Ausstellung der Bescheinigung nach § 15 Absatz 1 oder 2 des Bundesvertriebenengesetzes[2)] (§ 7),
5. durch Einbürgerung (§§ 8 bis 16 und 40a).

(2) [1] Die Staatsangehörigkeit erwirbt auch, wer seit zwölf Jahren von deutschen Stellen als deutscher Staatsangehöriger behandelt worden ist und dies nicht zu vertreten hat. [2] Als deutscher Staatsangehöriger wird insbesondere behandelt, wem ein Staatsangehörigkeitsausweis, Reisepass oder Personalausweis ausgestellt wurde. [3] Der Erwerb der Staatsangehörigkeit wirkt auf den Zeitpunkt zurück, zu dem bei Behandlung als Staatsangehöriger der Erwerb der Staatsangehörigkeit angenommen wurde. [4] Er erstreckt sich auf Abkömmlinge, die seither ihre Staatsangehörigkeit von dem nach Satz 1 Begünstigten ableiten.

§ 4[3)] **[Geburt]** (1) [1] Durch die Geburt erwirbt ein Kind die deutsche Staatsangehörigkeit, wenn ein Elternteil die deutsche Staatsangehörigkeit besitzt. [2] Ist bei der Geburt des Kindes nur der Vater deutscher Staatsangehöriger und ist zur Begründung der Abstammung nach den deutschen Gesetzen die Anerkennung oder Feststellung der Vaterschaft erforderlich, so bedarf es zur Geltendmachung des Erwerbs einer nach den deutschen Gesetzen wirksamen Anerkennung oder Feststellung der Vaterschaft; die Anerkennungserklärung muß abgegeben oder das Feststellungsverfahren muß eingeleitet sein, bevor das Kind das 23. Lebensjahr vollendet hat.

(2) [1] Ein Kind, das im Inland aufgefunden wird (Findelkind), gilt bis zum Beweis des Gegenteils als Kind eines Deutschen. [2] Satz 1 ist auf ein vertraulich geborenes Kind nach § 25 Absatz 1 des Schwangerschaftskonfliktgesetzes[4)] entsprechend anzuwenden.

(3) [1] Durch die Geburt im Inland erwirbt ein Kind ausländischer Eltern die deutsche Staatsangehörigkeit, wenn ein Elternteil

1. seit fünf Jahren rechtmäßig seinen gewöhnlichen Aufenthalt im Inland hat und

---

[1)] § 3 Nr. 3 aufgeh. durch G v. 8.9.1969 (BGBl. I S. 1581); neu eingef. durch G v. 2.7.1976 (BGBl. I S. 1749); Nr. 2 neu gef. durch G v. 16.12.1997 (BGBl. I S. 2942); Nr. 4 neu gef., Nr. 4a eingef. mWv 1.8. 1999, Nr. 5 geänd. mWv 1.1.2000 durch G v. 15.7.1999 (BGBl. I S. 1618); einl. Satzteil und Nr. 5 geänd. mWv 1.1.2005 durch G v. 30.7.2004 (BGBl. I S. 1950); Abs. 2 angef., bish. Wortlaut wird Abs. 1 mWv 28.8.2007 durch G v. 19.8.2007 (BGBl. I S. 1970); Abs. 1 neu gef. mWv 20.8.2021 durch G v. 12.8.2021 (BGBl. I S. 3538); Abs. 1 Nr. 5 geänd. mWv 27.6.2024 durch G v. 22.3.2024 (BGBl. 2024 I Nr. 104).

[2)] **Sartorius III Nr. 955.**

[3)] § 4 Abs. 1 neu gef. durch G v. 30.6.1993 (BGBl. I S. 1062); Abs. 1 Satz 2 neu gef. durch G v. 16.12. 1997 (BGBl. I S. 2942); Abs. 3 und 4 angef. mWv. 1.1.2000, Abs. 3 Satz 3 mWv 24.7.1999 durch G v. 15.7.1999 (BGBl. I S. 1618); Abs. 2, Abs. 3 Satz 1 Nr. 2 neu gef. mWv 1.1.2005 durch G v. 30.7.2004 (BGBl. I S. 1950); Abs. 3 Satz 1 Nr. 2 neu gef. mWv 18.3.2005 durch G v. 14.3.2005 (BGBl. I S. 721); Abs. 3 Satz 2 neu gef. mWv 1.1.2009 durch G v. 19.2.2007 (BGBl. I S. 122); Abs. 3 Satz 1 Nr. 2 neu gef. mWv 28.8.2007 durch G v. 19.8.2007 (BGBl. I S. 1970); Abs. 4 Satz 2 geänd. mWv 15.12.2010 durch G *v. 8.12.2010 (BGBl. I S. 1864);* Abs. 2 Satz 2 angef. mWv 1.5.2014 durch G v. 28.8.2013 (BGBl. I S. 3458); Abs. 3 Satz 3 geänd. mWv 27.6.2020 durch VO v. 19.6.2020 (BGBl. I S. 1328); Abs. 4 Satz 4 und Abs. 5 angef. mWv 20.8.2021 durch G v. 12.8.2021 (BGBl. I S. 3538); Abs. 3 Satz 1 Nr. 1 geänd. mWv 27.6.2024 durch G v. 22.3.2024 (BGBl. 2024 I Nr. 104).

[4)] **Habersack ErgBd. Nr. 85e.**

2. ein unbefristetes Aufenthaltsrecht oder als Staatsangehöriger der Schweiz oder dessen Familienangehöriger eine Aufenthaltserlaubnis auf Grund des Abkommens vom 21. Juni 1999 zwischen der Europäischen Gemeinschaft und ihren Mitgliedstaaten einerseits und der Schweizerischen Eidgenossenschaft andererseits über die Freizügigkeit (BGBl. 2001 II S. 810) besitzt.

2 Der Erwerb der deutschen Staatsangehörigkeit wird in dem Geburtenregister, in dem die Geburt des Kindes beurkundet ist, eingetragen. 3 Das Bundesministerium des Innern, für Bau und Heimat wird ermächtigt, mit Zustimmung des Bundesrates durch Rechtsverordnung Vorschriften über das Verfahren zur Eintragung des Erwerbs der Staatsangehörigkeit nach Satz 1 zu erlassen.

(4) 1 Die deutsche Staatsangehörigkeit wird nicht nach Absatz 1 erworben bei Geburt im Ausland, wenn der deutsche Elternteil nach dem 31. Dezember 1999 im Ausland geboren wurde und dort seinen gewöhnlichen Aufenthalt hat, es sei denn, das Kind würde sonst staatenlos. 2 Die Rechtsfolge nach Satz 1 tritt nicht ein, wenn innerhalb eines Jahres nach der Geburt des Kindes ein Antrag nach § 36 des Personenstandsgesetzes[1)] auf Beurkundung der Geburt im Geburtenregister gestellt wird; zur Fristwahrung genügt es auch, wenn der Antrag in dieser Frist bei der zuständigen Auslandsvertretung eingeht. 3 Sind beide Elternteile deutsche Staatsangehörige, so tritt die Rechtsfolge des Satzes 1 nur ein, wenn beide die dort genannten Voraussetzungen erfüllen. 4 Für den Anspruch nach Artikel 116 Absatz 2 des Grundgesetzes[2)] und nach § 15 ist die Rechtsfolge nach Satz 1 unbeachtlich.

(5) Absatz 4 Satz 1 gilt nicht

1. für Abkömmlinge eines deutschen Staatsangehörigen, der die deutsche Staatsangehörigkeit nach Artikel 116 Absatz 2 des Grundgesetzes oder nach § 15 erworben hat, und
2. für Abkömmlinge eines deutschen Staatsangehörigen, wenn dieser ohne den Erwerb der deutschen Staatsangehörigkeit einen Anspruch nach Artikel 116 Absatz 2 des Grundgesetzes oder nach § 15 gehabt hätte.

§ 5[3)] [Erklärungsrecht des Kindes] (1) 1 Durch die Erklärung, deutsche Staatsangehörige werden zu wollen, erwerben die nach dem Inkrafttreten des Grundgesetzes geborenen

1. Kinder eines deutschen Elternteils, die durch Geburt nicht die deutsche Staatsangehörigkeit erworben haben,
2. Kinder einer Mutter, die vor der Kindesgeburt durch Eheschließung mit einem Ausländer die deutsche Staatsangehörigkeit verloren hat,
3. Kinder, die ihre durch Geburt erworbene deutsche Staatsangehörigkeit durch eine von einem Ausländer bewirkte und nach den deutschen Gesetzen wirksame Legitimation verloren haben, und
4. Abkömmlinge der Kinder nach Nummer 1 bis 3

die deutsche Staatsangehörigkeit, wenn sie handlungsfähig nach § 34 Satz 1 oder gesetzlich vertreten sind, es sei denn, dass sie wegen einer oder mehrerer vorsätzlicher Straftaten rechtskräftig zu einer Freiheits- oder Jugendstrafe von zwei Jahren oder mehr verurteilt worden sind oder bei der letzten rechtskräftigen Verurteilung Sicherungsverwahrung angeordnet worden ist oder ein Ausschluss-

---

1) Nr. **260**.
2) Nr. **1**.
3) § 5 neu gef. mWv 20.8.2021 durch G v. 12.8.2021 (BGBl. I S. 3538); Abs. 1 Satz 1 abschl. Satzteil geänd., Satz 2 neu gef. mWv 27.6.2024 durch G v. 22.3.2024 (BGBl. 2024 I Nr. 104).

grund nach § 11 vorliegt. [2] § 4 Absatz 1 Satz 2, § 12a Absatz 2 bis 4, § 33 Absatz 5 und § 37 gelten entsprechend. [3] Das Erklärungsrecht nach Satz 1 besteht auch, wenn unter denselben Voraussetzungen die Rechtsstellung nach Artikel 116 Absatz 1 des Grundgesetzes[1)] nicht erworben worden oder verloren gegangen ist.

(2) Erklärungsberechtigt nach Absatz 1 ist nicht, wer die deutsche Staatsangehörigkeit

1. nach seiner Geburt oder nach deren Verlust auf Grund einer nach den deutschen Gesetzen wirksamen Legitimation durch einen Ausländer besessen, aber wieder aufgegeben oder verloren oder ausgeschlagen hat oder nach deren Aufgabe, Verlust oder Ausschlagung als dessen Abkömmling geboren oder als Kind angenommen worden ist, oder
2. nach § 4 Absatz 4 Satz 2 in Verbindung mit Absatz 1 erwerben konnte, aber nicht erworben hat oder noch erwerben kann.

(3) Das Erklärungsrecht nach Absatz 1 kann nur innerhalb von zehn Jahren nach Inkrafttreten dieses Gesetzes ausgeübt werden.

(4) Über den Erwerb der deutschen Staatsangehörigkeit durch Erklärung wird eine Urkunde ausgestellt.

§ 6[2)] [Annahme als Kind] [1] Mit der nach den deutschen Gesetzen wirksamen Annahme als Kind durch einen Deutschen erwirbt das Kind, das im Zeitpunkt des Annahmeantrags das achtzehnte Lebensjahr noch nicht vollendet hat, die deutsche Staatsangehörigkeit. [2] Der Erwerb der deutschen Staatsangehörigkeit erstreckt sich auf die Abkömmlinge des Kindes. [3] Beruht die Annahme als Kind auf einer ausländischen Entscheidung, setzt der Erwerb der deutschen Staatsangehörigkeit voraus, dass das Eltern-Kind-Verhältnis des Kindes zu seinen bisherigen Eltern durch die Annahme erloschen ist und das Annahmeverhältnis einem nach den deutschen Sachvorschriften begründeten Annahmeverhältnis gleichsteht. [4] Liegen die Voraussetzungen des Satzes 3 nicht vor und wird eine Umwandlung des Annahmeverhältnisses nach § 3 des Adoptionswirkungsgesetzes[3)] ausgesprochen, gilt Satz 1 entsprechend.

§ 7[4)] [Erwerb durch Flüchtlinge und Vertriebene] Spätaussiedler und die in den Aufnahmebescheid einbezogenen Familienangehörigen erwerben mit der Ausstellung der Bescheinigung nach § 15 Abs. 1 oder Abs. 2 des Bundesvertriebenengesetzes[5)] die deutsche Staatsangehörigkeit.

§ 8[6)] [Einbürgerung eines Ausländers] (1) Ein Ausländer, der rechtmäßig seinen gewöhnlichen Aufenthalt im Inland hat, kann auf seinen Antrag eingebürgert werden, wenn seine Identität und Staatsangehörigkeit geklärt sind und er

---

1) Nr. 1.

2) § 6 aufgeh. durch G v. 8.9.1969 (BGBl. I S. 1581); neu eingef. durch G v. 2.7.1976 (BGBl. I S. 174); Satz 1 geänd. durch G v. 25.7.1986 (BGBl. I S. 1142); Sätze 1 und 2 geänd., Sätze 3 und 4 angef. mWv 20.8.2021 durch G v. 12.8.2021 (BGBl. I S. 3538).

3) **Habersack ErgBd. Nr. 45j.**

4) § 7 neu gef. mWv 28.8.2007 durch G v. 19.8.2007 (BGBl. I S. 1970).

5) **Sartorius III Nr. 955.**

6) *§ 8 neu gef.* mWv 1.1.2005 durch G v. 30.7.2004 (BGBl. I S. 1950); Abs. 1 Satz 2 neu gef. mWv 18.3.2005 durch G v. 14.3.2005 (BGBl. I S. 721); Abs. 1 Satz 2 aufgeh., bish. Satz 1 wird alleiniger Wortlaut und Nr. 2 neu gef. sowie Abs. 2 geänd. mWv 28.8.2007 durch G v. 19.8.2007 (BGBl. I S. 1970); Abs. 1 Nr. 1 geänd. mWv 1.11.2015 durch G v. 28.10.2015 (BGBl. I S. 1802); Abs. 1 einl. Satzteil, Nr. 3 und 4 geänd., abschl. Satzteil angef. mWv 9.8.2019 durch G v. 4.8.2019 (BGBl. I S. 1124); Abs. 2 geänd. →

1. handlungsfähig nach § 34 Satz 1 oder gesetzlich vertreten ist,
2. weder wegen einer rechtswidrigen Tat zu einer Strafe verurteilt noch gegen ihn auf Grund seiner Schuldunfähigkeit eine Maßregel der Besserung und Sicherung angeordnet worden ist,
3. eine eigene Wohnung oder ein Unterkommen gefunden hat und
4. sich und seine Angehörigen zu ernähren imstande ist.

(2) Von den Voraussetzungen des Absatzes 1 Nummer 2 und 4 kann aus Gründen des öffentlichen Interesses oder zur Vermeidung einer besonderen Härte abgesehen werden.

§ 9[1)] [Einbürgerung von Ehegatten oder Lebenspartnern Deutscher]

(1) [1]Ehegatten oder eingetragene Lebenspartner Deutscher sollen unter den Voraussetzungen des § 10 Absatz 1 eingebürgert werden, wenn sie seit drei Jahren ihren rechtmäßigen gewöhnlichen Aufenthalt im Inland haben und die Ehe oder eingetragene Lebenspartnerschaft seit zwei Jahren besteht. [2]Die Aufenthaltsdauer nach Satz 1 kann aus Gründen des öffentlichen Interesses verkürzt werden, wenn die Ehe oder eingetragene Lebenspartnerschaft seit drei Jahren besteht. [3]Minderjährige Kinder von Ehegatten oder eingetragenen Lebenspartnern Deutscher können unter den Voraussetzungen des § 10 Absatz 1 mit eingebürgert werden, auch wenn sie sich noch nicht seit drei Jahren rechtmäßig im Inland aufhalten. [4]§ 10 Absatz 4, 4a, 5 und 6 gilt entsprechend.

(2) Die Regelung des Absatzes 1 gilt auch, wenn die Einbürgerung bis zum Ablauf eines Jahres nach dem Tod des deutschen Ehegatten oder eingetragenen Lebenspartners oder nach der Rechtskraft des die Ehe oder eingetragene Lebenspartnerschaft beendenden Beschlusses beantragt wird und der Antragsteller als sorgeberechtigter Elternteil mit einem minderjährigen Kind aus der Ehe oder eingetragenen Lebenspartnerschaft in einer familiären Gemeinschaft lebt, das bereits die deutsche Staatsangehörigkeit besitzt.

§ 10[2)] [Einbürgerung] (1) [1]Ein Ausländer, der seit fünf Jahren rechtmäßig seinen gewöhnlichen Aufenthalt im Inland hat und handlungsfähig nach § 34 Satz 1

(Fortsetzung der Anm. von voriger Seite)
mWv 20.8.2021 durch G v. 12.8.2021 (BGBl. I S. 3538); Abs. 1 Nr. 1, 3 und 4 geänd., abschl. Satzteil aufgeh. mWv 27.6.2024 durch G v. 22.3.2024 (BGBl. 2024 I Nr. 104).

[1)] § 9 neu gef. mWv 20.8.2021 durch G v. 12.8.2021 (BGBl. I S. 3538); Abs. 1 Satz 4 geänd. mWv 27.6.2024 durch G v. 22.3.2024 (BGBl. 2024 I Nr. 104).

[2)] § 10 eingef. mWv 1.1.2005 durch G v. 30.7.2004 (BGBl. I S. 1950); Abs. 1 Satz 1 Nr. 2 neu gef. mWv 18.3.2005 durch G v. 14.3.2005 (BGBl. I S. 721); Abs. 1 und 3 neu gef., Abs. 4–7 angef. mWv 28.8.2007, Abs. 1 Nr. 7 und Abs. 5 eingef. mWv 1.9.2008 durch G v. 19.8.2007 (BGBl. I S. 1970); Abs. 1 Satz 1 Nr. 2 geänd. mWv 1.8.2012 durch G v. 1.6.2012 (BGBl. I S. 1224); Abs. 1 Satz 1 Nr. 2 geänd. mWv 1.8.2015 durch G v. 27.7.2015 (BGBl. I S. 1386); Abs. 1 Satz 1 einl. Satzteil und Satz 2 geänd. mWv 1.11.2015 durch G v. 28.10.2015 (BGBl. I S. 1802); Abs. 1 Satz 1 einl. Satzteil, Nr. 6 und 7 geänd., abschl. Satzteil angef. mWv 9.8.2019 durch G v. 4.8.2019 (BGBl. I S. 1124); Abs. 1 Satz 1 Nr. 2 geänd. mWv 1.3.2020 durch G v. 15.8.2019 (BGBl. I S. 1307); Abs. 7 geänd. mWv 27.6.2020 durch VO v. 19.6. 2020 (BGBl. I S. 1328); Abs. 1 Satz 1 Nr. 2 und Abs. 2 geänd., Abs. 3 Satz 2 neu gef., Abs. 3a eingef., Abs. 4 Satz 1 geänd. mWv 20.8.2021 durch G v. 12.8.2021 (BGBl. I S. 3538); Abs. 1 Satz 1 Nr. 2 geänd. mWv 31.12.2022 durch G v. 21.12.2022 (BGBl. I S. 2847); Abs. 1 Satz 1 Nr. 2 geänd. mWv 1.6.2024 durch G v. 16.8.2023 (BGBl. 2023 I Nr. 217); Abs. 1 Satz 1 einl. Satzteil geänd., Nr. 1a eingef., Nr. 2 und 3 geänd., Nr. 4 aufgeh., Nr. 6 und 7 geänd., abschl. Satzteil aufgeh., Satz 2 neu gef., Satz 3 angef., Abs. 2 geänd., Abs. 3 neu gef., Abs. 3a aufgeh., Abs. 4 Satz 3 angef., Abs. 4a eingef., Abs. 6 Satz 2 angef. mWv 27.6.2024 durch G v. 22.3.2024 (BGBl. 2024 I Nr. 104; 2025 I Nr. 98); Abs. 3 aufgeh. mWv 30.10.2025 durch G v. 27.10.2025 (BGBl. 2025 I Nr. 256).

oder gesetzlich vertreten ist, ist auf Antrag einzubürgern, wenn seine Identität und Staatsangehörigkeit geklärt sind und er

1. sich zur freiheitlichen demokratischen Grundordnung des Grundgesetzes[1] für die Bundesrepublik Deutschland bekennt und erklärt, dass er keine Bestrebungen verfolgt oder unterstützt oder verfolgt oder unterstützt hat, die
   a) gegen die freiheitliche demokratische Grundordnung, den Bestand oder die Sicherheit des Bundes oder eines Landes gerichtet sind oder
   b) eine ungesetzliche Beeinträchtigung der Amtsführung der Verfassungsorgane des Bundes oder eines Landes oder ihrer Mitglieder zum Ziele haben oder
   c) durch Anwendung von Gewalt oder darauf gerichtete Vorbereitungshandlungen auswärtige Belange der Bundesrepublik Deutschland gefährden,

   oder glaubhaft macht, dass er sich von der früheren Verfolgung oder Unterstützung derartiger Bestrebungen abgewandt hat,

1a. sich zur besonderen historischen Verantwortung Deutschlands für die nationalsozialistische Unrechtsherrschaft und ihre Folgen, insbesondere für den Schutz jüdischen Lebens, sowie zum friedlichen Zusammenleben der Völker und dem Verbot der Führung eines Angriffskrieges bekennt,

2. ein unbefristetes Aufenthaltsrecht oder als Staatsangehöriger der Schweiz oder dessen Familienangehöriger eine Aufenthaltserlaubnis auf Grund des Abkommens vom 21. Juni 1999 zwischen der Europäischen Gemeinschaft und ihren Mitgliedstaaten einerseits und der Schweizerischen Eidgenossenschaft andererseits über die Freizügigkeit, eine Blaue Karte EU oder einen Aufenthaltstitel für andere als die in den §§ 16a, 16b, 16d, 16e, 16f, 17, 18f, 19, 19b, 19e, 20, 20a, 22, 23a, 24, 25 Absatz 3 bis 5 und § 104c des Aufenthaltsgesetzes[2] aufgeführten Aufenthaltszwecke besitzt,

3. den Lebensunterhalt für sich und seine unterhaltsberechtigten Familienangehörigen ohne Inanspruchnahme von Leistungen nach dem Zweiten[3] oder Zwölften Buch Sozialgesetzbuch[4] bestreiten kann; von dieser Voraussetzung wird abgesehen, wenn der Ausländer
   a) auf Grund eines Abkommens zur Anwerbung und Vermittlung von Arbeitskräften bis zum 30. Juni 1974 in das Gebiet der Bundesrepublik Deutschland nach dem Stand vom 2. Oktober 1990 oder als Vertragsarbeitnehmer bis zum 13. Juni 1990 in das in Artikel 3 des Einigungsvertrages[5] genannte Gebiet eingereist oder als dessen Ehegatte im zeitlichen Zusammenhang nachgezogen ist und die Inanspruchnahme von Leistungen nach dem Zweiten oder Zwölften Buch Sozialgesetzbuch nicht zu vertreten hat,
   b) in Vollzeit erwerbstätig ist und dies innerhalb der letzten 24 Monate mindestens 20 Monate war oder
   c) als Ehegatte oder eingetragener Lebenspartner mit einer nach Maßgabe von Buchstabe b erwerbstätigen Person und einem minderjährigen Kind in familiärer Gemeinschaft lebt,

4. *(aufgehoben)*

---

[1] *Nr.* **1.**
[2] Nr. **565.**
[3] **Sartorius ErgBd. Nr. 402.**
[4] **Sartorius ErgBd. Nr. 412.**
[5] **Sartorius III Nr. 2.**

5. weder wegen einer rechtswidrigen Tat zu einer Strafe verurteilt noch gegen ihn auf Grund seiner Schuldunfähigkeit eine Maßregel der Besserung und Sicherung angeordnet worden ist,
6. über ausreichende Kenntnisse der deutschen Sprache verfügt und
7.[1] über Kenntnisse der Rechts- und Gesellschaftsordnung und der Lebensverhältnisse in Deutschland verfügt.

[2] Die Voraussetzungen nach Satz 1 Nummer 1 und 7 muss ein Ausländer nicht erfüllen, der nicht handlungsfähig nach § 34 Satz 1 ist. [3] Antisemitisch, rassistisch oder sonstige menschenverachtend motivierte Handlungen sind mit der Menschenwürdegarantie des Grundgesetzes für die Bundesrepublik Deutschland unvereinbar und verstoßen gegen die freiheitliche demokratische Grundordnung im Sinne dieses Gesetzes.

(2) Der Ehegatte oder eingetragene Lebenspartner und die minderjährigen Kinder des Ausländers können nach Maßgabe des Absatzes 1 mit eingebürgert werden, auch wenn sie sich noch nicht seit fünf Jahren rechtmäßig im Inland aufhalten.

(3) *(aufgehoben)*

(4) [1] Die Voraussetzungen des Absatzes 1 Satz 1 Nr. 6 liegen vor, wenn der Ausländer die Anforderungen einer Sprachprüfung der Stufe B 1 des Gemeinsamen Europäischen Referenzrahmens für Sprachen erfüllt. [2] Bei einem minderjährigen Kind, das im Zeitpunkt der Einbürgerung das 16. Lebensjahr noch nicht vollendet hat, sind die Voraussetzungen des Absatzes 1 Satz 1 Nr. 6 bei einer altersgemäßen Sprachentwicklung erfüllt. [3] Für einen Ausländer, der auf Grund eines Abkommens zur Anwerbung und Vermittlung von Arbeitskräften bis zum 30. Juni 1974 in das Gebiet der Bundesrepublik Deutschland nach dem Stand vom 2. Oktober 1990 oder als Vertragsarbeitnehmer bis zum 13. Juni 1990 in das in Artikel 3 des Einigungsvertrages genannte Gebiet eingereist oder als dessen Ehegatte im zeitlichen Zusammenhang nachgezogen ist, ist es zur Erfüllung der Voraussetzungen nach Absatz 1 Satz 1 Nummer 6 ausreichend, wenn er sich ohne nennenswerte Probleme im Alltagsleben in deutscher Sprache mündlich verständigen kann.

(4a) Zur Vermeidung einer Härte kann die Voraussetzung des Absatzes 1 Satz 1 Nummer 6 darauf beschränkt werden, dass sich der Ausländer ohne nennenswerte Probleme im Alltagsleben in deutscher Sprache mündlich verständigen kann, wenn er nachweist, dass ihm der Erwerb ausreichender Kenntnisse der deutschen Sprache nach Absatz 4 Satz 1 trotz ernsthafter und nachhaltiger Bemühungen nicht möglich ist oder dauerhaft wesentlich erschwert ist.

(5)[2] [1] Die Voraussetzungen des Absatzes 1 Satz 1 Nr. 7 sind in der Regel durch einen erfolgreichen Einbürgerungstest nachgewiesen. [2] Zur Vorbereitung darauf werden Einbürgerungskurse angeboten; die Teilnahme daran ist nicht verpflichtend.

(6) [1] Von den Voraussetzungen des Absatzes 1 Satz 1 Nr. 6 und 7 wird abgesehen, wenn der Ausländer sie wegen einer körperlichen, geistigen oder seelischen Krankheit oder Behinderung oder altersbedingt nicht erfüllen kann. [2] Von der Voraussetzung des Absatzes 1 Satz 1 Nummer 7 wird ferner in den Fällen des Absatzes 4 Satz 3 und des Absatzes 4a abgesehen.

---

[1] § 10 Abs. 1 Satz 1 Nr. 7 ist gem. Art. 10 Abs. 4 G v. 19.8.2007 (BGBl. I S. 1970) am 1.9.2008 in Kraft getreten.

[2] § 10 Abs. 5 ist gem. Art. 10 Abs. 4 G v. 19.8.2007 (BGBl. I S. 1970) am 1.9.2008 in Kraft getreten.

(7) Das Bundesministerium des Innern, für Bau und Heimat wird ermächtigt, die Prüfungs- und Nachweismodalitäten des Einbürgerungstests sowie die Grundstruktur und die Lerninhalte des Einbürgerungskurses nach Absatz 5 auf der Basis der Themen des Orientierungskurses nach § 43 Abs. 3 Satz 1 des Aufenthaltsgesetzes durch Rechtsverordnung[1], die nicht der Zustimmung des Bundesrates bedarf, zu regeln.

§ 11[2] [Ausschluss der Einbürgerung] [1] Die Einbürgerung ist ausgeschlossen, wenn

1. tatsächliche Anhaltspunkte die Annahme rechtfertigen, dass der Ausländer Bestrebungen verfolgt oder unterstützt oder verfolgt oder unterstützt hat, die gegen die freiheitliche demokratische Grundordnung, den Bestand oder die Sicherheit des Bundes oder eines Landes gerichtet sind oder eine ungesetzliche Beeinträchtigung der Amtsführung der Verfassungsorgane des Bundes oder eines Landes oder ihrer Mitglieder zum Ziele haben oder die durch die Anwendung von Gewalt oder darauf gerichtete Vorbereitungshandlungen auswärtige Belange der Bundesrepublik Deutschland gefährden, es sei denn, der Ausländer macht glaubhaft, dass er sich von der früheren Verfolgung oder Unterstützung derartiger Bestrebungen abgewandt hat,

1a. tatsächliche Anhaltspunkte die Annahme rechtfertigen, dass das Bekenntnis, das der Ausländer nach § 10 Absatz 1 Satz 1 Nummer 1 oder nach Nummer 1a abgegeben hat, inhaltlich unrichtig ist,

2. nach § 54 Absatz 1 Nummer 2 oder 4 des Aufenthaltsgesetzes[3] ein besonders schwerwiegendes Ausweisungsinteresse vorliegt oder

3. der Ausländer
   a) gleichzeitig mit mehreren Ehegatten verheiratet ist oder
   b) durch sein Verhalten zeigt, dass er die im Grundgesetz[4] festgelegte Gleichberechtigung von Mann und Frau missachtet.

[2] Satz 1 Nr. 2 gilt entsprechend für Ausländer im Sinne des § 1 Abs. 2 des Aufenthaltsgesetzes und auch für Staatsangehörige der Schweiz und deren Familienangehörige, die eine Aufenthaltserlaubnis auf Grund des Abkommens vom 21. Juni 1999 zwischen der Europäischen Gemeinschaft und ihren Mitgliedstaaten einerseits und der Schweizerischen Eidgenossenschaft andererseits über die Freizügigkeit besitzen.

§ 12[5] *(aufgehoben)*

---

[1] Siehe die EinbürgerungstestVO v. 5.8.2008 (BGBl. I S. 1649), zuletzt geänd. durch VO v. 21.6.2024 (BGBl. 2024 I Nr. 211).

[2] § 11 eingef. mWv 1.1.2005 durch G v. 30.7.2004 (BGBl. I S. 1950); neu gef. mWv 28.8.2007 durch G v. 19.8.2007 (BGBl. I S. 1970); Satz 1 Nr. 2 neu gef. mWv 1.8.2015 durch G v. 27.7.2015 (BGBl. I S. 1386); Satz 1 Nr. 1 geänd., Nr. 1a eingef., Nr. 2 geänd., Nr. 3 angef. mWv 27.6.2024 durch G v. 22.3.2024 (BGBl. 2024 I Nr. 104).

[3] Nr. **565**.

[4] Nr. **1**.

[5] § 12 aufgeh. mWv 27.6.2024 durch G v. 22.3.2024 (BGBl. 2024 I Nr. 104).

§ 12a[1)] [Verurteilungen] (1) [1] Bei der Einbürgerung bleiben außer Betracht:

1. die Verhängung von Erziehungsmaßregeln oder Zuchtmitteln nach dem Jugendgerichtsgesetz[2)],
2. Verurteilungen zu Geldstrafe bis zu 90 Tagessätzen und
3. Verurteilungen zu Freiheitsstrafe bis zu drei Monaten, die zur Bewährung ausgesetzt und nach Ablauf der Bewährungszeit erlassen worden ist.

[2] Satz 1 findet keine Anwendung, wenn der Ausländer wegen einer rechtswidrigen antisemitischen, rassistischen oder sonstigen menschenverachtenden Tat im Sinne von § 46 Absatz 2 Satz 2 des Strafgesetzbuches[3)] zu einer Freiheits-, Geld- oder Jugendstrafe verurteilt und ein solcher Beweggrund im Rahmen des Urteils festgestellt worden ist. [3] Bei mehreren Verurteilungen zu Geld- oder Freiheitsstrafen im Sinne des Satzes 1 Nr. 2 und 3 sind diese zusammenzuzählen, es sei denn, es wird eine niedrigere Gesamtstrafe gebildet; treffen Geld- und Freiheitsstrafe zusammen, entspricht ein Tagessatz einem Tag Freiheitsstrafe. [4] Übersteigt die Strafe oder die Summe der Strafen geringfügig den Rahmen nach den Sätzen 1 und 3, so wird im Einzelfall entschieden, ob diese außer Betracht bleiben kann. [5] Ist eine Maßregel der Besserung und Sicherung nach § 61 Nr. 5 oder 6 des Strafgesetzbuches angeordnet worden, so wird im Einzelfall entschieden, ob die Maßregel der Besserung und Sicherung außer Betracht bleiben kann.

(2) [1] Ausländische Verurteilungen zu Strafen sind zu berücksichtigen, wenn die Tat im Inland als strafbar anzusehen ist, die Verurteilung in einem rechtsstaatlichen Verfahren ausgesprochen worden ist und das Strafmaß verhältnismäßig ist. [2] Eine solche Verurteilung kann nicht mehr berücksichtigt werden, wenn sie nach dem Bundeszentralregistergesetz[4)] zu tilgen wäre. [3] Absatz 1 gilt entsprechend.

(3) [1] Wird gegen einen Ausländer, der die Einbürgerung beantragt hat, wegen des Verdachts einer Straftat ermittelt, ist die Entscheidung über die Einbürgerung bis zum Abschluss des Verfahrens, im Falle der Verurteilung bis zum Eintritt der Rechtskraft des Urteils auszusetzen. [2] Das Gleiche gilt, wenn die Verhängung der Jugendstrafe nach § 27 des Jugendgerichtsgesetzes ausgesetzt ist.

(4) Im Ausland erfolgte Verurteilungen und im Ausland anhängige Ermittlungs- und Strafverfahren sind im Einbürgerungsantrag aufzuführen.

§ 12b[5)] [Auslandsaufenthalte] (1) [1] Der gewöhnliche Aufenthalt im Inland wird durch Aufenthalte bis zu sechs Monaten im Ausland nicht unterbrochen. [2] Bei längeren Auslandsaufenthalten besteht er fort, wenn der Ausländer innerhalb der von der Ausländerbehörde bestimmten Frist wieder eingereist ist. [3] Gleiches gilt, wenn die Frist lediglich wegen Erfüllung der gesetzlichen Wehrpflicht im Herkunftsstaat überschritten wird und der Ausländer innerhalb von drei Monaten nach der Entlassung aus dem Wehr- oder Ersatzdienst wieder einreist. [4] Anstelle von Satz 1 bis 3 gilt für Staatsangehörige eines anderen Mitgliedstaates der Europäischen Union, für Staatsangehörige der EWR-Staaten, für ihre jeweiligen Famili-

---

1) § 12a eingef. mWv 1.1.2005 durch G v. 30.7.2004 (BGBl. I S. 1950); Abs. 1 neu gef. mWv 28.8. 2007 durch G v. 19.8.2007 (BGBl. I S. 1970); Abs. 1 Satz 2 eingef., bish. Sätze 2–4 werden Sätze 3–5 und neuer Satz 4 geänd. mWv 20.8.2021 durch G v. 12.8.2021 (BGBl. I S. 3538); Abs. 1 Satz 2 geänd. mWv 27.6.2024 durch G v. 22.3.2024 (BGBl. 2024 I Nr. 104).

2) **Habersack Nr. 89.**

3) **Habersack Nr. 85.**

4) **Habersack Nr. 92.**

5) § 12b eingef. mWv 1.1.2005 durch G v. 30.7.2004 (BGBl. I S. 1950); Abs. 1 Satz 4 angef., Abs. 2 geänd., Abs. 3 Satz 2 angef. mWv 20.8.2021 durch G v. 12.8.2021 (BGBl. I S. 3538); Abs. 1 Satz 5 angef., Abs. 2 Satz 1 geänd., Satz 2 angef. mWv 27.6.2024 durch G v. 22.3.2024 (BGBl. 2024 I Nr. 104).

enangehörigen und für die ihnen jeweils nahestehenden Personen mit einem Aufenthaltsrecht nach § 3a des Freizügigkeitsgesetzes/EU[1] sowie für Personen, die ein unionsrechtliches Aufenthaltsrecht nach § 12a des Freizügigkeitsgesetzes/EU besitzen, und Personen mit einem in § 16 des Freizügigkeitsgesetzes/EU bezeichneten Aufenthaltsrecht, § 4a Absatz 6 des Freizügigkeitsgesetzes/EU entsprechend. [5] Der gewöhnliche Aufenthalt im Inland besteht abweichend von den Sätzen 1 bis 4 in der Regel nicht mehr fort, wenn die Auslandsaufenthalte die Hälfte der Aufenthaltsdauer, die im Fall des § 4 Absatz 3 Satz 1 Nummer 1 oder für eine Einbürgerung jeweils erforderlich ist, überschreiten.

(2) [1] Hat der Ausländer sich länger als sechs Monate im Ausland aufgehalten und liegt keine der Voraussetzungen des Absatzes 1 Satz 2 bis 4 vor, kann die frühere Aufenthaltszeit im Inland bis zu drei Jahren auf die für die Einbürgerung erforderliche Aufenthaltsdauer angerechnet werden. [2] Dies gilt entsprechend im Fall des Absatzes 1 Satz 5.

(3) [1] Unterbrechungen der Rechtmäßigkeit des Aufenthalts bleiben außer Betracht, wenn sie darauf beruhen, dass der Ausländer nicht rechtzeitig die erstmals erforderliche Erteilung oder die Verlängerung des Aufenthaltstitels beantragt hat. [2] Für Unterbrechungen der Rechtmäßigkeit des Aufenthalts aus anderen Gründen gilt Absatz 2 entsprechend.

§ 13[2] [Einbürgerung eines ehemaligen Deutschen] Ein ehemaliger Deutscher und seine minderjährigen Kinder, die ihren gewöhnlichen Aufenthalt im Ausland haben, können auf Antrag eingebürgert werden, wenn ihre Identität und Staatsangehörigkeit geklärt sind und sie die Voraussetzungen des § 8 Absatz 1 Nummer 1 und 2 erfüllen.

§ 14[3] [Einbürgerung eines nicht im Inland niedergelassenen Ausländers]

[1] Ein Ausländer, der seinen gewöhnlichen Aufenthalt im Ausland hat, kann unter den Voraussetzungen des § 8 eingebürgert werden, wenn Bindungen an Deutschland bestehen, die eine Einbürgerung rechtfertigen. [2] Ist der Ausländer Ehegatte oder eingetragener Lebenspartner eines Deutschen, kann er nach Satz 1 auch eingebürgert werden, wenn der Auslandsaufenthalt eines der Ehegatten oder eingetragenen Lebenspartner im öffentlichen Interesse liegt.

§ 15[4] [Einbürgerungsanspruch für von nationalsozialistischen Verfolgungsmaßnahmen betroffene Personen und deren Abkömmlinge] [1] Personen, die im Zusammenhang mit Verfolgungsmaßnahmen aus den in Artikel 116 Absatz 2 Satz 1 des Grundgesetzes[5] aufgeführten Gründen in der Zeit vom 30. Januar 1933 bis zum 8. Mai 1945

1. die deutsche Staatsangehörigkeit vor dem 26. Februar 1955 aufgegeben oder verloren haben,
2. von einem gesetzlichen Erwerb der deutschen Staatsangehörigkeit durch Eheschließung, Legitimation oder Sammeleinbürgerung deutscher Volkszugehöriger ausgeschlossen waren,

---

[1] Nr. **560**.

[2] § 13 neu gef. mWv 28.8.2007 durch G v. 19.8.2007 (BGBl. I S. 1970); geänd. mWv 9.8.2019 durch *G v. 4.8.2019 (BGBl. I S. 1124)*.

[3] § 14 neu gef. mWv 20.8.2021 durch G v. 12.8.2021 (BGBl. I S. 3538).

[4] § 15 eingef. mWv 20.8.2021 durch G v. 12.8.2021 (BGBl. I S. 3538); Satz 1 abschl. Satzteil geänd. mWv 27.6.2024 durch G v. 22.3.2024 (BGBl. 2024 I Nr. 104).

[5] Nr. **1**.

3. nach Antragstellung nicht eingebürgert worden sind oder allgemein von einer Einbürgerung, die bei einer Antragstellung sonst möglich gewesen wäre, ausgeschlossen waren oder
4. ihren gewöhnlichen Aufenthalt in Deutschland, wenn dieser bereits vor dem 30. Januar 1933 oder als Kind auch nach diesem Zeitpunkt begründet worden war, aufgegeben oder verloren haben,

und ihre Abkömmlinge sind auf Antrag einzubürgern, wenn sie handlungsfähig nach § 34 Satz 1 oder gesetzlich vertreten sind, es sei denn, dass sie wegen einer oder mehrerer vorsätzlicher Straftaten rechtskräftig zu einer Freiheits- oder Jugendstrafe von zwei Jahren oder mehr verurteilt worden sind oder bei der letzten rechtskräftigen Verurteilung Sicherungsverwahrung angeordnet worden ist; § 12a Absatz 1 findet keine Anwendung. [2] Einbürgerungsberechtigt nach Satz 1 ist nicht, wer nach dem 8. Mai 1945 die deutsche Staatsangehörigkeit bereits erworben, aber wieder aufgegeben oder verloren hat, oder nach deren Aufgabe oder Verlust als dessen Abkömmling geboren oder als Kind angenommen worden ist. [3] Dem Einbürgerungsanspruch steht der Verlust der nach dem 8. Mai 1945 erworbenen deutschen Staatsangehörigkeit nicht entgegen, wenn dieser durch die Eheschließung mit einem Ausländer oder eine nach den deutschen Gesetzen wirksame Legitimation durch einen Ausländer eingetreten ist.

§ 16[1)] [Einbürgerungsurkunde] [1] Die Einbürgerung wird wirksam mit der Aushändigung der von der zuständigen Staatsangehörigkeitsbehörde ausgefertigten Einbürgerungsurkunde. [2] Vor der Aushändigung ist folgendes feierliches Bekenntnis abzugeben: „Ich erkläre feierlich, dass ich das Grundgesetz[2)] und die Gesetze der Bundesrepublik Deutschland achten und alles unterlassen werde, was ihr schaden könnte.“; § 10 Abs. 1 Satz 2 gilt entsprechend. [3] Die Einbürgerungsurkunde soll im Rahmen einer öffentlichen Einbürgerungsfeier ausgehändigt werden.

§ 17[3)] [Verlust der Staatsangehörigkeit] (1) Die deutsche Staatsangehörigkeit geht verloren

1. durch Verzicht (§ 26),
2. durch Eintritt in die Streitkräfte oder einen vergleichbaren bewaffneten Verband eines ausländischen Staates oder durch konkrete Beteiligung an Kampfhandlungen einer terroristischen Vereinigung im Ausland (§ 28) oder
3. durch Rücknahme eines rechtswidrigen Verwaltungsaktes (§ 35).

(2) [1] Die deutsche Staatsangehörigkeit verliert auch ein Kind, rückwirkend zum Zeitpunkt des Erwerbs nach § 4 Absatz 1, 2 oder Absatz 3 Satz 1 oder nach § 6, wenn die Voraussetzungen für diesen Erwerb nicht mehr erfüllt sind. [2] Die Rechtsfolge nach Satz 1 tritt ein, wenn

1. die rückwirkende Entscheidung unanfechtbar ist über
   a) eine nach den deutschen Gesetzen wirksame Feststellung des Nichtbestehens der Vaterschaft,

[1)] § 16 neu gef. mWv 28.8.2007 durch G v. 19.8.2007 (BGBl. I S. 1970); Satz 1 geänd., Satz 3 angef. mWv 27.6.2024 durch G v. 22.3.2024 (BGBl. 2024 I Nr. 104).

[2)] Nr. **1**.

[3)] § 17 neu gef. mWv 27.6.2024 durch G v. 22.3.2024 (BGBl. 2024 I Nr. 104).

b) den Wegfall des in § 4 Absatz 3 Satz 1 Nummer 2 aufgeführten Aufenthaltsrechts des Elternteils, der für den Erwerb der deutschen Staatsangehörigkeit des Kindes maßgeblich ist,

c) die Unwirksamkeit der Annahme als Kind oder

d) den Verlust der deutschen Staatsangehörigkeit eines Elternteils nach § 35 Absatz 6

oder

2. eine nach den deutschen Gesetzen wirksame Anerkennung der Vaterschaft eines Dritten, die das rückwirkende Nichtbestehen der bisherigen Vaterschaft zur Folge hat, wirksam wird oder

3. der Beweis des Gegenteils nach § 4 Absatz 2 erbracht ist.

[3] Die deutsche Staatsangehörigkeit geht nicht verloren, wenn das Kind

1. bei der Unanfechtbarkeit der Entscheidung, dem Wirksamwerden der Anerkennung der Vaterschaft eines Dritten oder dem Beweis des Gegenteils nach Satz 2 das fünfte Lebensjahr bereits vollendet hat,

2. mit einem deutschen Elternteil verwandt bleibt

3. sonst die deutsche Staatsangehörigkeit nach § 4 Absatz 3 Satz 1 erworben hätte oder

4. sonst staatenlos würde.

§§ 18-25[1)] *(aufgehoben)*

§ 26[2)] **[Verzicht auf Staatsangehörigkeit]** (1) [1] Ein Deutscher kann auf seine Staatsangehörigkeit verzichten, wenn er mehrere Staatsangehörigkeiten besitzt. [2] Der Verzicht ist schriftlich zu erklären.

(2) [1] Die Verzichtserklärung bedarf der Genehmigung der zuständigen Staatsangehörigkeitsbehörde. [2] Die Genehmigung ist zu versagen:

1. Beamten, Richtern, Soldaten der Bundeswehr und sonstigen Personen, die in einem öffentlich-rechtlichen Dienst- oder Amtsverhältnis stehen, solange ihr Dienst- oder Amtsverhältnis nicht beendet ist, mit Ausnahme der ehrenamtlich tätigen Personen,

2. Wehrpflichtigen, solange nicht das Bundesministerium der Verteidigung oder die von ihm bezeichnete Stelle erklärt hat, dass keine Bedenken gegen die Genehmigung der Verzichtserklärung bestehen.

[3] Satz 2 findet keine Anwendung, wenn der Verzichtende

(Fortsetzung nächstes Blatt)

---

1) *§§ 18, 19, 22-25 aufgeh.* mWv 27.6.2024 durch G v. 22.3.2024 (BGBl. 2024 I Nr. 104), §§ 20 und 21 aufgeh. durch VO v. 5.2.1934 (RGBl. I S. 85).

2) § 26 eingef. durch G v. 20.12.1974 (BGBl. I S. 3714); Abs. 2 Satz 2 einl. Satzteil und Nr. 2 geänd. mWv 28.8.2007 durch G v. 19.8.2007 (BGBl. I S. 1970); Abs. 2 neu gef., Abs. 3 geänd., Abs. 4 neu gef. mWv 27.6.2024 durch G v. 22.3.2024 (BGBl. 2024 I Nr. 104).

1. seit mindestens zehn Jahren seinen gewöhnlichen Aufenthalt im Ausland hat oder
2. als Wehrpflichtiger im Sinne des Satzes 2 Nummer 2 in einem der Staaten, deren Staatsangehörigkeit er besitzt, Wehrdienst geleistet hat.

(3) Der Verlust der Staatsangehörigkeit tritt ein mit der Aushändigung der von der zuständigen Staatsangehörigkeitsbehörde ausgefertigten Verzichtsurkunde.

(4) [1] Der Verzicht eines volljährigen Deutschen, der nach Maßgabe des Bürgerlichen Gesetzbuches[1)] geschäftsunfähig ist oder für den in dieser Angelegenheit ein Betreuer bestellt und ein Einwilligungsvorbehalt nach § 1825 des Bürgerlichen Gesetzbuches angeordnet ist, kann nur von einer vertretungsberechtigten Person und nur mit Genehmigung des deutschen Betreuungsgerichts erklärt werden. [2] Der Verzicht eines minderjährigen Deutschen kann nur von seinem gesetzlichen Vertreter und nur mit Genehmigung des deutschen Familiengerichts erklärt werden. [3] Ist der Minderjährige handlungsfähig nach § 34 Satz 1, bedarf die Verzichtserklärung seiner Zustimmung.

§ 27[2)] *(aufgehoben)*

§ 28[3)] **[Verlust der Staatsangehörigkeit bei Wehrdienst in fremden Streitkräften]** (1) Ein Deutscher, der

1. auf Grund freiwilliger Verpflichtung ohne eine Zustimmung des Bundesministeriums der Verteidigung oder der von ihm bezeichneten Stelle in die Streitkräfte oder einen vergleichbaren bewaffneten Verband eines ausländischen Staates, dessen Staatsangehörigkeit er besitzt, eintritt oder
2. sich an Kampfhandlungen einer terroristischen Vereinigung im Ausland konkret beteiligt,

verliert die deutsche Staatsangehörigkeit, es sei denn, er würde sonst staatenlos.

(2) Der Verlust nach Absatz 1 tritt nicht ein,

1. wenn der Deutsche noch minderjährig ist oder,
2. im Falle des Absatzes 1 Nummer 1, wenn der Deutsche auf Grund eines zwischenstaatlichen Vertrages zum Eintritt in die Streitkräfte oder in den bewaffneten Verband berechtigt ist.

(3) [1] Der Verlust ist im Falle des Absatzes 1 Nummer 2 nach § 30 Absatz 1 Satz 3 von Amts wegen festzustellen. [2] Die Feststellung trifft bei gewöhnlichem Aufenthalt des Betroffenen im Inland die oberste Landesbehörde oder die von ihr nach Landesrecht bestimmte Behörde. [3] Befindet sich der Betroffene noch im Ausland, findet gegen die Verlustfeststellung kein Widerspruch statt; die Klage hat keine aufschiebende Wirkung.

§ 29[2)] *(aufgehoben)*

§ 30[4)] **[Bestehen der deutschen Staatsangehörigkeit]** (1) [1] Das Bestehen oder Nichtbestehen der deutschen Staatsangehörigkeit wird bei Glaubhaftmachung eines berechtigten Interesses auf Antrag von der Staatsangehörigkeitsbehör-

---

[1)] **Habersack Nr. 20.**

[2)] §§ 27 und 29 aufgeh. mWv 26.6.2024 durch G v. 22.3.2024 (BGBl. 2024 I Nr. 104).

[3)] § 28 neu gef. mWv 9.8.2019 durch G v. 4.8.2019 (BGBl. I S. 1124).

[4)] § 30 neu gef. mWv 28.8.2007 durch G v. 19.8.2007 (BGBl. I S. 1970); Abs. 1 Satz 1 geänd. mWv 20.8.2021 durch G v. 12.8.2021 (BGBl. I S. 3538); Abs. 1 Sätze 4 und 5 angef. mWv 26.6.2024 durch G v. 22.3.2024 (BGBl. 2024 I Nr. 104).

de festgestellt. [2] Die Feststellung ist in allen Angelegenheiten verbindlich, für die das Bestehen oder Nichtbestehen der deutschen Staatsangehörigkeit rechtserheblich ist. [3] Bei Vorliegen eines öffentlichen Interesses kann die Feststellung auch von Amts wegen erfolgen. [4] Das Nichtbestehen der deutschen Staatsangehörigkeit darf bei Vorliegen der Voraussetzungen für einen gesetzlichen Verlust der deutschen Staatsangehörigkeit, der zugleich den Verlust der Unionsbürgerschaft zur Folge hätte, nur dann festgestellt werden, wenn der Verlust auch der Unionsbürgerschaft verhältnismäßig ist. [5] Dies gilt nicht, wenn kein Antrag zur Abwendung des gesetzlichen Verlusts der deutschen Staatsangehörigkeit gestellt oder einem solchen Antrag nicht entsprochen worden ist.

(2) [1] Für die Feststellung des Bestehens der deutschen Staatsangehörigkeit ist es erforderlich, aber auch ausreichend, wenn durch Urkunden, Auszüge aus den Melderegistern oder andere schriftliche Beweismittel mit hinreichender Wahrscheinlichkeit nachgewiesen ist, dass die deutsche Staatsangehörigkeit erworben worden und danach nicht wieder verloren gegangen ist. [2] § 3 Abs. 2 bleibt unberührt.

(3) [1] Wird das Bestehen der deutschen Staatsangehörigkeit auf Antrag festgestellt, stellt die Staatsangehörigkeitsbehörde einen Staatsangehörigkeitsausweis aus. [2] Auf Antrag stellt die Staatsangehörigkeitsbehörde eine Bescheinigung über das Nichtbestehen der deutschen Staatsangehörigkeit aus.

§ 31[1)] [Datenerhebung] [1] Staatsangehörigkeitsbehörden und Auslandsvertretungen dürfen personenbezogene Daten verarbeiten, soweit dies zur Erfüllung ihrer Aufgaben nach diesem Gesetz oder nach staatsangehörigkeitsrechtlichen Bestimmungen in anderen Gesetzen erforderlich ist. [2] Personenbezogene Daten, deren Verarbeitung nach Artikel 9 Absatz 1 der Verordnung (EU) 2016/679[2)] des Europäischen Parlaments und des Rates vom 27. April 2016 zum Schutz natürlicher Personen bei der Verarbeitung personenbezogener Daten, zum freien Datenverkehr und zur Aufhebung der Richtlinie 95/46/EG (Datenschutz-Grundverordnung) (ABl. L 119 vom 4.5.2016, S. 1; L 314 vom 22.11.2016, S. 72; L 127 vom 23.5.2018, S. 2) in der jeweils geltenden Fassung untersagt ist, dürfen verarbeitet werden, soweit die personenbezogenen Daten nach § 37 Satz 2 zur Ermittlung von Ausschlussgründen nach § 11 Satz 1 Nummer 1 oder 2 von den Verfassungsschutzbehörden an die Staatsangehörigkeitsbehörden übermittelt worden sind oder die Verarbeitung sonst im Einzelfall zur Aufgabenerfüllung erforderlich ist. [3] Dies gilt im Rahmen der Entscheidung über die Staatsangehörigkeit nach Artikel 116 Absatz 2 des Grundgesetzes[3)] auch in Bezug auf Daten, die sich auf die politischen, rassischen oder religiösen Gründe beziehen, wegen derer zwischen dem 30. Januar 1933 und dem 8. Mai 1945 die deutsche Staatsangehörigkeit entzogen worden ist. [4] Satz 3 gilt für Einbürgerungsverfahren nach § 15 entsprechend.

§ 32[4)] [Mitwirkungspflicht] (1) [1] Öffentliche Stellen haben den in § 31 genannten Stellen auf Ersuchen personenbezogene Daten zu übermitteln, soweit die

---

[1)] § 31 neu gef. mWv 28.8.2007 durch G v. 19.8.2007 (BGBl. I S. 1970); Satz 1 geänd., Satz 2 neu gef., Satz 3 angef. mWv 26.11.2019 durch G v. 20.11.2019 (BGBl. I S. 1626); Satz 2 geänd., Satz 4 angef. mWv 26.6.2024 durch G v. 22.3.2024 (BGBl. 2024 I Nr. 104).

[2)] *Nr. **246**.*

[3)] Nr. **1**.

[4)] § 32 neu gef. mWv 28.8.2007 durch G v. 19.8.2007 (BGBl. I S. 1970); Abs. 1 Satz 3 neu gef. mWv 26.11.2011 durch G v. 22.11.2011 (BGBl. I S. 2258); Abs. 2 geänd. mWv 26.11.2019 durch G v. 20.11.2019 (BGBl. I S. 1626).

Kenntnis dieser Daten zur Erfüllung der in § 31 genannten Aufgaben erforderlich ist. [2] Öffentliche Stellen haben der zuständigen Staatsangehörigkeitsbehörde diese Daten auch ohne Ersuchen zu übermitteln, soweit die Übermittlung aus Sicht der öffentlichen Stelle für die Entscheidung der Staatsangehörigkeitsbehörde über ein anhängiges Einbürgerungsverfahren oder den Verlust oder Nichterwerb der deutschen Staatsangehörigkeit erforderlich ist. [3] Dies gilt bei Einbürgerungsverfahren insbesondere für die den Ausländerbehörden nach § 87 Absatz 4 des Aufenthaltsgesetzes[1)] bekannt gewordenen Daten über die Einleitung von Straf- und Auslieferungsverfahren sowie die Erledigung von Straf-, Bußgeld- und Auslieferungsverfahren. [4] Die Daten nach Satz 3 sind unverzüglich an die zuständige Staatsangehörigkeitsbehörde zu übermitteln.

(2) Die Übermittlung personenbezogener Daten nach Absatz 1 unterbleibt, soweit besondere gesetzliche Verarbeitungsregelungen entgegenstehen.

§ 32a[2)] [Dem Steuergeheimnis unterliegende personenbezogene Daten]

§ 88 Absatz 3 Satz 1 des Aufenthaltsgesetzes[1)] gilt für Einbürgerungsverfahren entsprechend.

§ 32b[3)] [Staatsbürgerschaft bei rechtskräftiger Verurteilung] [1] In den Fällen einer rechtskräftigen Verurteilung nach den §§ 86, 86a, 102, 104, 111, 125, 126, 126a, 130, 140, 166, 185 bis 189, 192a, 223, 224, 240, 241, 303, 304 und 306 bis 306c des Strafgesetzbuches[4)], die sonst nach § 12a Absatz 1 Satz 1 bei der Einbürgerung außer Betracht bleiben würde, ersucht die Staatsangehörigkeitsbehörde zur Feststellung der Voraussetzungen des § 12a Absatz 1 Satz 2 die zuständige Staatsanwaltschaft um Mitteilung, ob im Rahmen des Urteils antisemitische, rassistische oder sonstige menschenverachtende Beweggründe im Sinne von § 46 Absatz 2 Satz 2 des Strafgesetzbuches festgestellt worden sind oder nicht. [2] Die zuständige Staatsanwaltschaft teilt dies der ersuchenden Staatsangehörigkeitsbehörde unverzüglich mit.

§ 32c[5)] [Übermittlung personenbezogener Daten *(noch nicht in Kraft)***]**

§ 33[6)] [Register] (1) [1] Das Bundesverwaltungsamt (Registerbehörde) führt ein Register der Entscheidungen in Staatsangehörigkeitsangelegenheiten. [2] In das Register werden eingetragen:

1. Entscheidungen zu Staatsangehörigkeitsurkunden,
2. Entscheidungen zum Bestand und gesetzlichen Verlust der deutschen Staatsangehörigkeit,
3. Entscheidungen, die eine Sperrfrist nach § 35a auslösen,
4. Entscheidungen zu Erwerb, Bestand und Verlust der deutschen Staatsangehörigkeit, die nach dem 31. Dezember 1960 und vor dem 28. August 2007 getroffen worden sind.

---

1) Nr. **565**.

2) § 32a eingef. mWv 20.8.2021 durch G v. 12.8.2021 (BGBl. I S. 3538).

3) § 32b eingef. mWv 27.6.2024 durch G v. 22.3.2024 (BGBl. 2024 I Nr. 104).

4) **Habersack Nr. 85.**

5) § 32c eingef. mit unbestimmtem Inkrafttreten durch G v. 22.3.2024 (BGBl. 2024 I Nr. 104).

6) § 33 neu gef. mWv 28.8.2007 durch G v. 19.8.2007 (BGBl. I S. 1970); Abs. 1 Satz 2 Nr. 2 und Abs. 2 Nr. 1 geänd., Abs. 2 Nr. 2 neu gef. mWv 1.11.2016 durch G v. 11.10.2016 (BGBl. I S. 2218); Abs. 2 Nr. 1 geänd., Abs. 4 Satz 3 angef. mWv 26.11.2019 durch G v. 20.11.2019 (BGBl. I S. 1626); Abs. 2 Nr. 1 geänd. mWv 27.6.2024 durch G v. 22.3.2024 (BGBl. 2024 I Nr. 104); Abs. 1 Satz 2 Nr. 3 eingef., bish. Nr. 3 wird Nr. 4, Abs. 2 Nr. 2 neu gef. mWv 24.12.2025 durch G v. 22.12.2025 (BGBl. 2025 I Nr. 364).

(2) Im Einzelnen dürfen in dem Register gespeichert werden:

1. die Grundpersonalien der betroffenen Person (Familienname, Geburtsname, frühere Namen, Vornamen, Tag und Ort der Geburt, Geschlecht sowie die Anschrift im Zeitpunkt der Entscheidung),
2. Rechtsgrund und Datum der Urkunde oder der Entscheidung sowie Rechtsgrund und der Tag des Erwerbs oder Verlusts der Staatsangehörigkeit, im Fall des § 3 Absatz 2 auch der Zeitpunkt, auf den der Erwerb zurückwirkt und im Fall des § 35a der Beginn und das Ende der Sperrfrist,
3. Bezeichnung, Anschrift und Aktenzeichen der Behörde, die die Entscheidung getroffen hat.

(3) Die Staatsangehörigkeitsbehörden sind verpflichtet, die in Absatz 2 genannten personenbezogenen Daten zu den Entscheidungen nach Absatz 1 Satz 2 Nr. 1 und 2, die sie nach dem 28. August 2007 treffen, unverzüglich an die Registerbehörde zu übermitteln.

(4) [1] Die Registerbehörde übermittelt den Staatsangehörigkeitsbehörden und Auslandsvertretungen auf Ersuchen die in Absatz 2 genannten Daten, soweit die Kenntnis der Daten für die Erfüllung der staatsangehörigkeitsrechtlichen Aufgaben dieser Stellen erforderlich ist. [2] Für die Übermittlung an andere öffentliche Stellen und für Forschungszwecke gelten die Bestimmungen des Bundesdatenschutzgesetzes[1)]. [3] Die Übermittlung von Angaben nach Absatz 1 zu Forschungszwecken ist nur in anonymisierter Form oder dann zulässig, wenn das wissenschaftliche Interesse an der Durchführung des Forschungsvorhabens das Interesse der betroffenen Person an dem Ausschluss der Verarbeitung erheblich überwiegt.

(5) Die Staatsangehörigkeitsbehörde teilt nach ihrer Entscheidung, dass eine Person eingebürgert worden ist oder die deutsche Staatsangehörigkeit weiterhin besitzt, verloren, aufgegeben oder nicht erworben hat, der zuständigen Meldebehörde oder Auslandsvertretung die in Absatz 2 genannten Daten unverzüglich mit.

§ 34[2)] [Vornahme von Verfahrenshandlungen] [1] Fähig zur Vornahme von Verfahrenshandlungen nach diesem Gesetz ist, wer das 16. Lebensjahr vollendet hat, sofern er nicht nach Maßgabe des Bürgerlichen Gesetzbuches[3)] geschäftsunfähig ist oder für ihn in dieser Angelegenheit ein Betreuer bestellt und ein Einwilligungsvorbehalt nach § 1825 des Bürgerlichen Gesetzbuches angeordnet ist. [2] § 80 Absatz 3 und § 82 des Aufenthaltsgesetzes[4)] gelten entsprechend.

§ 35[5)] [Rücknahme einer rechtswidrigen Einbürgerung] (1) Eine rechtswidrige Einbürgerung kann nur zurückgenommen werden, wenn der Verwaltungsakt durch arglistige Täuschung, Drohung oder Bestechung oder durch vorsätzlich unrichtige oder unvollständige Angaben, die wesentlich für seinen Erlass gewesen sind, erwirkt worden ist.

(2) Dieser Rücknahme steht in der Regel nicht entgegen, dass der Betroffene dadurch staatenlos wird.

---

1) Nr. **245**.
2) § 34 neu gef. mWv 27.6.2024 durch G v. 22.3.2024 (BGBl. 2024 I Nr. 104).
3) ***Habersack Nr. 20.***
4) Nr. **565**.
5) § 35 eingef. mWv 12.2.2009 durch G v. 5.2.2009 (BGBl. I S. 158); Abs. 3 geänd. mWv 9.8.2019 durch G v. 4.8.2019 (BGBl. I S. 1124); Abs. 1 und 3 geänd., Abs. 6 angef. mWv 27.6.2024 durch G v. 22.3.2024 (BGBl. 2024 I Nr. 104).

(3) Die Rücknahme darf nur bis zum Ablauf von zehn Jahren nach der Bekanntgabe der Einbürgerung erfolgen.

(4) Die Rücknahme erfolgt mit Wirkung für die Vergangenheit.

(5) [1] Hat die Rücknahme Auswirkungen auf die Rechtmäßigkeit von Verwaltungsakten nach diesem Gesetz gegenüber Dritten, so ist für jede betroffene Person eine selbständige Ermessensentscheidung zu treffen. [2] Dabei ist insbesondere eine Beteiligung des Dritten an der arglistigen Täuschung, Drohung oder Bestechung oder an den vorsätzlich unrichtigen oder unvollständigen Angaben gegen seine schutzwürdigen Belange, insbesondere auch unter Beachtung des Kindeswohls, abzuwägen.

(6) [1] Die deutsche Staatsangehörigkeit geht rückwirkend verloren, wenn die Rücknahmeentscheidung unanfechtbar ist. [2] Bei Rücknahme einer rechtswidrigen Bescheinigung nach § 15 Absatz 1 oder 2 des Bundesvertriebenengesetzes, die nach § 15 Absatz 4 des Bundesvertriebenengesetzes mit Wirkung für die Vergangenheit erfolgt ist, gelten Absatz 2 sowie Satz 1 entsprechend.

§ 35a[1)] Sperrfrist. [1] Die Einbürgerung ist für die Dauer von zehn Jahren ausgeschlossen, wenn

1. die Einbürgerung nach § 35 unanfechtbar zurückgenommen worden ist oder
2. die zuständige Staatsangehörigkeitsbehörde im Einbürgerungsverfahren feststellt, dass ein Antragsteller, um für sich oder einen anderen eine Einbürgerung zu erwirken, arglistig getäuscht, gedroht oder bestochen hat oder unrichtige oder unvollständige Angaben zu wesentlichen Voraussetzungen der Einbürgerung gemacht oder benutzt hat.

[2] Die Feststellungsentscheidung nach Nummer 2 ist sofort vollziehbar; Widerspruch und Klage haben keine aufschiebende Wirkung.

§ 36[2)] [Einbürgerungsstatistik] (1) Über die Einbürgerungen werden jährliche Erhebungen, jeweils für das vorausgegangene Kalenderjahr, beginnend 2000, als Bundesstatistik durchgeführt.

(2) Die Erhebungen erfassen für jede eingebürgerte Person folgende Erhebungsmerkmale:

1. Geburtsjahr,
2. Geschlecht,
3. Familienstand,
4. Wohnort zum Zeitpunkt der Einbürgerung,
5. Aufenthaltsdauer im Bundesgebiet nach Jahren,
6. Rechtsgrundlage der Einbürgerung und
7. bisherige Staatsangehörigkeiten.

(2a) [1] Über die Anträge auf Einbürgerung werden jährliche Erhebungen, jeweils für das vorausgegangene Kalenderjahr, beginnend 2025, als Bundesstatistik durchgeführt. [2] Die Erhebungen erfassen für jeden Antragsteller die in Absatz 2 Nummer 1 bis 3, 5 und 7 genannten Erhebungsmerkmale sowie als zusätzliches Erhebungsmerkmal den Wohnort zum Zeitpunkt der Antragstellung.

---

1) § 35a eingef. mWv 24.12.2025 durch G v. 22.12.2025 (BGBl. 2025 I Nr. 364).

2) § 36 neu gef. mWv 1.1.2000 durch G v. 15.7.1999 (BGBl. I S. 1618); Abs. 2 Nr. 6 und 7 geänd., Nr. 8 aufgeh., Abs. 2a und 2b eingef., Abs. 3 Nr. 3 neu gef., Abs. 4 Sätze 2 und 3 geänd. mWv 27.6.2024 durch G v. 22.3.2024 (BGBl. 2024 I Nr. 104).

(2b) [1] Über die Verfahrenserledigungen werden jährliche Erhebungen, jeweils für das vorausgegangene Kalenderjahr, beginnend 2025, als Bundesstatistik durchgeführt. [2] Die Erhebungen erfassen für jeden Antragsteller die in Absatz 2 Nummer 1 bis 3, 5 und 7 genannten Erhebungsmerkmale sowie als zusätzliche Erhebungsmerkmale den Wohnort zum Zeitpunkt der Verfahrenserledigung und die Art der Verfahrenserledigung.

(3) Hilfsmerkmale der Erhebungen sind:

1. Bezeichnung und Anschrift der nach Absatz 4 Auskunftspflichtigen,
2. Name und Telekommunikationsnummern der für Rückfragen zur Verfügung stehenden Person und
3. Registriernummer der antragstellenden oder der eingebürgerten Person bei der Staatsangehörigkeitsbehörde.

(4) [1] Für die Erhebungen besteht Auskunftspflicht. [2] Auskunftspflichtig sind die Staatsangehörigkeitsbehörden. [3] Die Staatsangehörigkeitsbehörden haben die Auskünfte den zuständigen statistischen Ämtern der Länder jeweils zum 1. März zu erteilen. [4] Die Angaben zu Absatz 3 Nr. 2 sind freiwillig.

(5) An die fachlich zuständigen obersten Bundes- und Landesbehörden dürfen für die Verwendung gegenüber den gesetzgebenden Körperschaften und für Zwecke der Planung, nicht jedoch für die Regelung von Einzelfällen, vom Statistischen Bundesamt und den statistischen Ämtern der Länder Tabellen mit statistischen Ergebnissen übermittelt werden, auch soweit Tabellenfelder nur einen einzigen Fall ausweisen.

§ 37[1)] [Ermittlung der Einbürgerungsvoraussetzungen] [1] Die Staatsangehörigkeitsbehörden übermitteln den Verfassungsschutzbehörden zur Ermittlung von Ausschlussgründen nach § 11 Satz 1 Nummer 1 und 2 die bei ihnen gespeicherten personenbezogenen Daten der Antragsteller, die das 16. Lebensjahr vollendet haben. [2] Die Verfassungsschutzbehörden unterrichten die anfragende Stelle unverzüglich nach Maßgabe der insoweit bestehenden besonderen gesetzlichen Verarbeitungsregelungen.

§ 38[2)] [Gebühren und Auslagen] (1) Für individuell zurechenbare öffentliche Leistungen in Staatsangehörigkeitsangelegenheiten werden, soweit gesetzlich nichts anderes bestimmt ist, Gebühren und Auslagen erhoben.

(2) [1] Gebühren werden erhoben für:

1.	die Einbürgerung in Höhe von	255 Euro
2.	die Feststellung des Bestehens oder Nichtbestehens der deutschen Staatsangehörigkeit auf Antrag und in Höhe von	51 Euro
3.	die Ausstellung einer sonstigen Bescheinigung in Höhe von	mindestens 5 Euro
	und	höchstens 51 Euro.

[1)] § 37 neu gef. mWv 1.1.2005 durch G v. 30.7.2004 (BGBl. I S. 1950); Abs. 2 Satz 1 geänd. mWv 28.8.2007 durch G v. 19.8.2007 (BGBl. I S. 1970); Abs. 1 neu gef. mWv 1.11.2015 durch G v. 28.10.2015 (BGBl. I S. 1802); Abs. 2 Satz 2 geänd. mWv 26.11.2019 durch G v. 20.11.2019 (BGBl. I S. 1626); Abs. 1 aufgeh., bish. Abs. 2 Satz 1 geänd. mWv 27.6.2024 durch G v. 22.3.2024 (BGBl. 2024 I Nr. 104).

[2)] § 38 neu gef. mWv 20.8.2021 durch G v. 12.8.2021 (BGBl. I S. 3538); Abs. 2 Satz 1 Nr. 2 und 3 aufgeh., bish. Nr. 4 und 5 werden Nr. 2 und 3, Abs. 3 Nr. 5 geänd., Nr. 6 neu gef., Nr. 7 aufgeh. mWv 27.6.2024 durch G v. 22.3.2024 (BGBl. 2024 I Nr. 104).

[2] Die Gebühr ermäßigt sich für ein minderjähriges Kind, das miteingebürgert wird und das keine eigenen Einkünfte im Sinne des Einkommensteuergesetzes hat, auf 51 Euro. [3] Für den Widerruf oder die Rücknahme einer beantragten Leistung nach Satz 1, soweit der Betroffene dazu Anlass gegeben hat, die Ablehnung oder die Rücknahme eines Antrages auf Vornahme einer solchen Leistung nach Beginn der sachlichen Bearbeitung sowie die Zurückweisung oder die Rücknahme des Widerspruchs nach Beginn der sachlichen Bearbeitung wird eine Gebühr in Höhe von 25 Euro bis zu dem Betrag erhoben, der als Gebühr für die Vornahme der beantragten Leistung vorgesehen ist oder zu erheben wäre.

(3) Gebührenfrei sind:

1. die Einbürgerung nach Artikel 116 Absatz 2 Satz 1 des Grundgesetzes[1] sowie die Bescheinigung der Staatsangehörigkeit nach Artikel 116 Absatz 2 Satz 2 des Grundgesetzes,
2. die Einbürgerung nach § 15,

(Fortsetzung nächstes Blatt)

[1] Nr. **1**.

3. die Einbürgerung von ehemaligen Deutschen, die durch Eheschließung mit einem Ausländer die deutsche Staatsangehörigkeit verloren haben,
4. der Erklärungserwerb nach § 5,
5. der Verzicht und
6. die Feststellung des Bestehens oder Nichtbestehens der deutschen Staatsangehörigkeit von Amts wegen nach § 30 Absatz 1 Satz 3.

(4) Von den Gebühren nach Absatz 2 kann aus Gründen der Billigkeit oder des öffentlichen Interesses Gebührenermäßigung oder -befreiung gewährt werden.

§ 38a[1] **[Ausstellung von Urkunden]** Eine Ausstellung von Urkunden in Staatsangehörigkeitssachen in elektronischer Form ist ausgeschlossen.

§ 39[2] **[Verordnungsermächtigung]** Das Bundesministerium des Innern und für Heimat wird ermächtigt, durch Rechtsverordnung mit Zustimmung des Bundesrates Regelungen zu erlassen über die formalen Anforderungen an die Einbürgerungs- und die Verzichtsurkunde, die Urkunde über den Erwerb der deutschen Staatsangehörigkeit durch Erklärung sowie den Staatsangehörigkeitsausweis.

§ 40[3] *(aufgehoben)*

§ 40a[4] **[Rückwirkung]** Auf Einbürgerungsanträge, die bis zum 23. August 2023 gestellt worden sind, ist § 10 Absatz 1 Satz 1 Nummer 3 in der vor dem 27. Juni 2024 geltenden Fassung anzuwenden, soweit er günstigere Bestimmungen enthält.

§§ 40b, 40c[5] *(aufgehoben)*

§ 41[6] **[Verwaltungsverfahren]** Von den in diesem Gesetz in den §§ 32, 33 und 37 getroffenen Regelungen des Verwaltungsverfahrens der Länder kann nicht durch Landesrecht abgewichen werden.

§ 42[7] **[Strafvorschrift]** Mit Freiheitsstrafe bis zu fünf Jahren oder mit Geldstrafe wird bestraft, wer unrichtige oder unvollständige Angaben zu wesentlichen Voraussetzungen der Einbürgerung macht oder benutzt, um für sich oder einen anderen eine Einbürgerung zu erschleichen.

---

[1] § 38a eingef. mWv 1.2.2003 durch G v. 21.8.2002 (BGBl. I S. 3322).
[2] § 39 neu gef. mWv 26.6.2024 durch G v. 22.3.2024 (BGBl. 2024 I Nr. 104).
[3] § 40 aufgeh. mWv 1.1.2005 durch G v. 30.7.2004 (BGBl. I S. 1950).
[4] § 40a neu gef. mWv 26.6.2024 durch G v. 22.3.2024 (BGBl. 2024 I Nr. 104).
[5] §§ 40b, 40c aufgeh. mWv 26.6.2024 durch G v. 22.3.2024 (BGBl. 2024 I Nr. 104).
[6] § 41 neu gef. mWv 20.12.2014 durch G v. 13.11.2014 (BGBl. I S. 1714); geänd. mWv 26.6.2024 durch G v. 22.3.2024 (BGBl. 2024 I Nr. 104).
[7] § 42 angef. mWv 12.2.2009 durch G v. 5.2.2009 (BGBl. I S. 158).

30. Bundeswahlgesetz

In der Fassung der Bekanntmachung vom 23. Juli 1993[1)]

(BGBl. I S. 1288, 1594)

FNA 111-1

geänd. durch Art. 2 Sechstes G zur Änd. des ParteienG und anderer Gesetze v. 28.1.1994 (BGBl. I S. 142), Bek. zur Wahlkreiseinteilung v. 30.3.1994 (BGBl. I S. 680), Art. 1 Zwölftes ÄndG v. 10.5.1994 (BGBl. I S. 993), Zweite Bek. zur Wahlkreiseinteilung v. 15.9.1994 (BGBl. I S. 2417), Art. 1 13. ÄndG v. 15.11.1996 (BGBl. I S. 1712), Bek. zur Wahlkreiseinteilung v. 9.7.1997 (BGBl. I S. 1691), Zweite Bek. zur Wahlkreiseinteilung v. 1.12.1997 (BGBl. I S. 2772), Art. 1 14. ÄndG v. 20.4.1998 (BGBl. I S. 706), Art. 1 WahlkreisneueinteilungsG v. 1.7.1998 (BGBl. I S. 1698), Art. 1 G zur Aussetzung der Vorschriften über die repräsentative Wahlstatistik für die Wahl zum 14. Deutschen Bundestag v. 25.8.1998 (BGBl. I S. 2430), Art. 2 WahlstatistikG v. 21.5.1999 (BGBl. I S. 1023), Art. 1 15. ÄndG v. 27.4.2001 (BGBl. I S. 698), Art. 1 16. ÄndG v. 27.4.2001 (BGBl. I S. 701, ber. BGBl. 2002 I S. 1848), Art. 12 Sechstes Euro-EinführungsG v. 3.12.2001 (BGBl. I S. 3306), Art. 1a Behindertengleichstellungs-EinführungsG v. 27.4.2002 (BGBl. I S. 1467), Art. 1 Post- und telekommunikationsrechtliches BereinigungsG v. 7.5.2002 (BGBl. I S. 1529), Art. 11 Nr. 2 ZuwanderungsG v. 20.6.2002 (BGBl. I S. 1946; nichtig gem. Urt. des BVerfG v. 18.12.2002 – 2 BvF 1/02 –), Bek. zur Wahlkreiseinteilung v. 31.7.2002 (BGBl. I S. 2964), Art. 2 Achte ZuständigkeitsanpassungsVO v. 25.11.2003 (BGBl. I S. 2304), Art. 11 Nr. 2 ZuwanderungsG v. 30.7.2004 (BGBl. I S. 1950), Art. 1 17. ÄndG v. 11.3.2005 (BGBl. I S. 674), § 1 VO über die Abkürzung von Fristen im BWG für die Wahl zum 16. Deutschen Bundestag v. 21.7.2005 (BGBl. I S. 2179), Bek. zur Wahlkreiseinteilung für die Wahl zum Deutschen Bundestag v. 21.7.2005 (BGBl. I S. 2180), Art. 5 Neunte ZuständigkeitsanpassungsVO v. 31.10.2006 (BGBl. I S. 2407), Art. 1 18. ÄndG v. 17.3.2008 (BGBl. I S. 316), Art. 1 G zur Änd. des Wahl- und Abgeordnetenrechts v. 17.3.2008 (BGBl. I S. 394), Urt. des BVerfG – 2 BvC 1/07, 2 BvC 7/07 – v. 3.7.2008 (BGBl. I S. 1286), Bek. zur Wahlkreiseinteilung für die Wahl zum Deutschen Bundestag v. 5.8.2009 (BGBl. I S. 2687), Art. 1 19. ÄndG v. 25.11.2011 (BGBl. I S. 2313), Art. 1 20. ÄndG v. 12.4.2012 (BGBl. I S. 518), Art. 1 G zur Verbesserung des Rechtsschutzes in Wahlsachen v. 12.7.2012 (BGBl. I S. 1501), Beschluss des BVerfG – 2 BvC 1/11, 2 BvC 2/11 – v. 4.7.2012 (BGBl. I S. 1769), Urteil des BVerfG – 2 BvF 3/11, 2 BvR 2670/11, 2 BvE 9/11 – v. 25.7.2012 (BGBl. I S. 1769), Art. 1 21. ÄndG v. 27.4.2013 (BGBl. I S. 962), Art. 1, 2 Abs. 2 22. ÄndG v. 3.5.2013 (BGBl. I S. 1082), Art. 2 Abs. 1 G zur Fortentwicklung des Meldewesens v. 3.5.2013 (BGBl. I S. 1084, geänd. durch G v. 20.11.2014, BGBl. I S. 1738), Art. 9 Zehnte ZuständigkeitsanpassungsVO v. 31.8.2015 (BGBl. I S. 1474), Art. 1 23. ÄndG v. 3.5.2016 (BGBl. I S. 1062), Art. 4 G zu bereichsspezifischen Regelungen der Gesichtsverhüllung und zur Änd. weiterer dienstrechtlicher Vorschriften v. 8.6.2017 (BGBl. I S. 1570), Bek. zur Wahlkreiseinteilung für die Wahl zum Deutschen Bundestag v. 30.8.2017 (BGBl. I S. 3339), Art. 2 G zur Änd. des ParteienG und anderer Gesetze v. 10.7.2018 (BGBl. I S. 1116), Beschluss des BVerfG – 2 BvC 62/14 – v. 29.1.2019 (BGBl. I S. 368), Art. 1 G zur Änd. des BundeswahlG und anderer Gesetze v. 18.6.2019 (BGBl. I S. 834), Art. 9 Elfte ZuständigkeitsanpassungsVO v. 19.6.2020 (BGBl. I S. 1328), Art. 1 24. ÄndG v. 25.6.2020 (BGBl. I S. 1409), Art. 1 G zur Änd. des BundeswahlG und des Gesetzes über Maßnahmen im Gesellschafts-, Genossenschafts-, Vereins-, Stiftungs- und Wohnungseigentumsrecht zur Bekämpfung der Auswirkungen der COVID-19-Pandemie v. 28.10.2020 (BGBl. I S. 2264), Art. 1 25. ÄndG v. 14.11.2020 (BGBl. I S. 2395, geänd. durch Art. 1 G v. 8.6.2023, BGBl. 2023 I Nr. 147), Art. 1 und 2 26. ÄndG v. 3.6.2021 (BGBl. I S. 1482), Art. 2 G zur Änd. des BundeswahlG und des Fünfundzwanzigsten G zur Änd. des BundeswahlG v. 8.6.2023 (BGBl. 2023 I Nr. 147, Nr. 198), Art. 1 27. G zur Änd. des BundeswahlG v. 7.3.2024 (BGBl. 2024 I Nr. 91), Urt. des BVerfG – 2 BvF 1/23, 2 BvF 3/23, 2 BvE 2/23, 2 BvE 9/23, 2 BvE 10/23, 2 BvR 1523/23, 2 BvR 1547/23 – v. 30.7.2024 (BGBl. 2024 I Nr. 281) und Bek. zur Wahlkreiseinteilung für die Wahl zum Deutschen Bundestag v. 27.12.2024 (BGBl. 2024 I Nr. 437)

[1)] Neubekanntmachung des BundeswahlG idF der Bek. v. 21.9.1990 (BGBl. I S. 2059) in der ab 28.7.1993 geltenden Fassung.

Inhaltsübersicht[1)]

Erster Abschnitt. Wahlsystem (§§ 1 bis 7)

Zweiter Abschnitt. Wahlorgane (§§ 8 bis 11)

Dritter Abschnitt. Wahlrecht und Wählbarkeit (§§ 12 bis 15)

Vierter Abschnitt. Vorbereitung der Wahl (§§ 16 bis 30)

Fünfter Abschnitt. Wahlhandlung (§§ 31 bis 36)

Sechster Abschnitt. Feststellung des Wahlergebnisses (§§ 37 bis 42)

[1)] *Inhaltsübersicht geänd. mWv 21.3.2008* durch G v. 17.3.2008 (BGBl. I S. 394); mWv 1.7.2019 durch G v. 18.6.2019 (BGBl. I S. 834); mWv 30.6.2020 durch G v. 25.6.2020 (BGBl. I S. 1409); mWv 19.11.2020 durch G v. 14.11.2020 (BGBl. I S. 2395); mWv 10.6.2021 und mWv 1.1.2022 durch G v. 3.6.2021 (BGBl. I S. 1482); geänd. mWv 14.6.2023 durch G v. 8.6.2023 (BGBl. 2023 I Nr. 147); sie wurde nichtamtlich an die Änderungen des Gesetzeswortlauts durch G v. 28.1.1994 (BGBl. I S. 142) und G v. 27.4.2001 (BGBl. I S. 698) angepasst.

Erster Abschnitt. Wahlsystem

§ 1[1)] Zusammensetzung des Deutschen Bundestages und Wahlrechtsgrundsätze. (1) [1] Der Deutsche Bundestag besteht aus 630 Abgeordneten. [2] Sie werden in allgemeiner, unmittelbarer, freier, gleicher und geheimer Wahl von den wahlberechtigten Deutschen gewählt.

(2) [1] Für die Wahl zum Deutschen Bundestag gelten die Grundsätze der Verhältniswahl. [2] Jeder Wähler hat zwei Stimmen, eine Erststimme für die Wahl nach Kreiswahlvorschlägen und eine Zweitstimme für die Wahl nach Landeswahlvorschlägen, auf denen die zur Wahl zugelassenen Parteien ihre Bewerber benennen (Landeslisten).

(3) [1] Für die Vergabe der auf die Landeslisten entfallenden Sitze werden, vorbehaltlich der Regelungen des § 6, vorrangig Bewerber berücksichtigt, die in einer Wahl nach Kreiswahlvorschlägen in 299 Wahlkreisen ermittelt werden. [2] Jede Partei erhält in jedem Land für diejenigen ihrer Bewerber, die in den Wahlkreisen in diesem Land die meisten Erststimmen erhalten haben, die Sitzzahl, die von den auf die Partei entfallenden Zweitstimmen gedeckt ist (Zweitstimmendeckung).

(4) Die Wahl in den Wahlkreisen steht Bewerbern, die nicht von einer Partei vorgeschlagen werden, nach den sich aus diesem Gesetz ergebenden Anforderungen offen.

§ 2[2)] Gliederung des Wahlgebietes. (1) Wahlgebiet ist das Gebiet der Bundesrepublik Deutschland.

(2) Die Einteilung des Wahlgebietes in Wahlkreise ergibt sich aus der Anlage 2 zu diesem Gesetz.

(3) Jeder Wahlkreis wird für die Stimmabgabe in Wahlbezirke eingeteilt.

§ 3[3)] Wahlkreiskommission und Wahlkreiseinteilung. (1) [1] Bei der Wahlkreiseinteilung sind folgende Grundsätze zu beachten:

[1)] § 1 neu gef. mWv 14.6.2023 durch G v. 8.6.2023 (BGBl. 2023 I Nr. 147, Nr. 198).

[2)] § 2 Abs. 2 geänd. mWv 30.6.2020 durch G v. 25.6.2020 (BGBl. I S. 1409).

[3)] § 3 Abs. 1 eingef., bish. Abs. 1 wird Abs. 2 sowie Abs. 3 eingef., bish. Abs. 3 und 4 werden Abs. 4 und 5 durch G v. 15.11.1996 (BGBl. I S. 1712); Abs. 1 Satz 2 geänd. mWv 1.1.2005 durch G v. 30.7.2004 (BGBl. I →

1. Die Ländergrenzen sind einzuhalten.
2. [1]Die Zahl der Wahlkreise in den einzelnen Ländern muß deren Bevölkerungsanteil soweit wie möglich entsprechen. [2]Sie wird entsprechend § 5 ermittelt.
3. Die Bevölkerungszahl eines Wahlkreises soll von der durchschnittlichen Bevölkerungszahl der Wahlkreise nicht um mehr als 10 vom Hundert nach oben oder unten abweichen; beträgt die Abweichung mehr als 15 vom Hundert, ist eine Neuabgrenzung vorzunehmen.
4. Der Wahlkreis soll ein zusammenhängendes Gebiet bilden.
5. Die Grenzen der Gemeinden, Kreise und kreisfreien Städte sollen nach Möglichkeit eingehalten werden.

[2]Bei Ermittlung der Bevölkerungszahlen bleiben Ausländer (§ 2 Abs. 1 des Aufenthaltsgesetzes[1)]) unberücksichtigt.

(2) [1]Der Bundespräsident ernennt eine ständige Wahlkreiskommission. [2]Sie besteht aus dem Präsidenten des Statistischen Bundesamtes, einem Richter des Bundesverwaltungsgerichts und fünf weiteren Mitgliedern.

(3) [1]Die Wahlkreiskommission hat die Aufgabe, über Änderungen der Bevölkerungszahlen im Wahlgebiet zu berichten und darzulegen, ob und welche Änderungen der Wahlkreiseinteilung sie im Hinblick darauf für erforderlich hält. [2]Sie kann in ihrem Bericht auch aus anderen Gründen Änderungsvorschläge machen. [3]Bei ihren Vorschlägen zur Wahlkreiseinteilung hat sie die in Absatz 1 genannten Grundsätze zu beachten; ergeben sich nach der Berechnung in Absatz 1 Nr. 2 mehrere mögliche Wahlkreiszuteilungen, erarbeitet sie hierzu Vorschläge.

(4) [1]Der Bericht der Wahlkreiskommission ist dem Bundesministerium des Innern und für Heimat innerhalb von fünfzehn Monaten nach Beginn der Wahlperiode des Deutschen Bundestages zu erstatten. [2]Das Bundesministerium des Innern und für Heimat leitet ihn unverzüglich dem Deutschen Bundestag zu und veröffentlicht einen Hinweis auf die Veröffentlichung als Bundestagsdrucksache im Bundesanzeiger. [3]Auf Ersuchen des Bundesministeriums des Innern und für Heimat hat die Wahlkreiskommission einen ergänzenden Bericht zu erstatten; für diesen Fall gilt Satz 2 entsprechend.

(5) [1]Werden Landesgrenzen nach den gesetzlichen Vorschriften über das Verfahren bei sonstigen Änderungen des Gebietsbestandes der Länder nach Artikel 29 Abs. 7 des Grundgesetzes[2)] geändert, so ändern sich entsprechend auch die Grenzen der betroffenen Wahlkreise. [2]Werden im aufnehmenden Land zwei oder mehrere Wahlkreise berührt oder wird eine Exklave eines Landes gebildet, so bestimmt sich die Wahlkreiszugehörigkeit des neuen Landesteiles nach der Wahlkreiszugehörigkeit der Gemeinde, des Gemeindebezirks oder des gemeindefreien Gebietes, denen er zugeschlagen wird. [3]Änderungen von Landesgrenzen, die nach

(Fortsetzung nächstes Blatt)

(Fortsetzung der Anm. von voriger Seite)
S. 1950); Abs. 1 Satz 1 Nr. 2 Satz 2 angef. und Abs. 3 Satz 3 geänd. mWv 21.3.2008 durch G v. 17.3.2008 (BGBl. I S. 394); Abs. 4 Satz 2 geänd. mWv 10.5.2016 durch G v. 3.5.2016 (BGBl. I S. 1062); Abs. 4 Sätze 1–3 geänd. mWv 27.6.2020 durch VO v. 19.6.2020 (BGBl. I S. 1328); Abs. 1 Satz 1 Nr. 2 Satz 2 neu gef. mWv 14.6. 2023, Nr. 3 geänd. mWv 1.1.2026 durch G v. 8.6.2023 (BGBl. 2023 I Nr. 147); Abs. 4 Sätze 1–3 geänd. mWv 14.3.2024 durch G v. 7.3.2024 (BGBl. 2024 I Nr. 91).

[1)] Nr. **565**.

[2)] Nr. **1**.

Ablauf des 32. Monats nach Beginn der Wahlperiode vorgenommen werden, wirken sich auf die Wahlkreiseinteilung erst in der nächsten Wahlperiode aus.

§ 4[1)] Grundsätze der Verteilung der Sitze auf Parteien. (1) [1] Die Gesamtzahl der Sitze (§ 1 Absatz 1) wird nach den Grundsätzen der Verhältniswahl zunächst auf die Parteien in Bezug auf das ganze Wahlgebiet und dann auf die Landeslisten jeder Partei verteilt. [2] Von der Gesamtzahl der Sitze wird die Zahl der nach § 6 Absatz 2 erfolgreichen Wahlkreisbewerber abgezogen.

(2) [1] Zwischen den Parteien werden die Sitze im Verhältnis der Zahl der Zweitstimmen, die im Wahlgebiet für die Landeslisten der Partei abgegeben wurden, nach § 5 verteilt (Oberverteilung). [2] Nicht berücksichtigt werden dabei

1. die Zweitstimmen derjenigen Wähler, die ihre Erststimme für einen Bewerber abgegeben haben, der gemäß § 6 Absatz 2 erfolgreich ist, und

2.[2)] *Parteien, die weniger als 5 Prozent der im Wahlgebiet abgegebenen gültigen Zweitstimmen erhalten haben.*

[3] Satz 2 Nummer 2 findet keine Anwendung auf Listen, die von Parteien nationaler Minderheiten eingereicht wurden.

(3) Für jede Partei werden die auf sie nach Absatz 2 entfallenden Sitze auf ihre Landeslisten im Verhältnis der Zahl der Zweitstimmen der Landeslisten nach § 5 verteilt (Unterverteilung).

(4) [1] Erhält bei der Verteilung der Sitze eine Partei, auf die mehr als die Hälfte der Gesamtzahl der Zweitstimmen aller zu berücksichtigenden Parteien entfallen ist, nicht mehr als die Hälfte der Sitze, werden ihr weitere Sitze zugeteilt, bis auf sie ein Sitz mehr als die Hälfte der Sitze entfällt. [2] In einem solchen Fall erhöht sich die Gesamtzahl der Sitze (§ 1 Absatz 1) um die Unterschiedszahl.

§ 5[3)] Berechnung der Sitzverteilung. (1) [1] Zur Ermittlung der Oberverteilung wird die Zahl der zu berücksichtigenden Zweitstimmen im Wahlgebiet durch den nach Absatz 2 zu bestimmenden Zuteilungsdivisor geteilt und das Teilungsergebnis gemäß Absatz 3 gerundet. [2] Zur Ermittlung der Unterverteilung wird für jede Partei die Zahl der auf ihre Landeslisten jeweils entfallenden Zweitstimmen durch den nach Absatz 2 zu bestimmenden Zuteilungsdivisor geteilt und das Teilungsergebnis gemäß Absatz 3 gerundet.

(2) [1] Der Zuteilungsdivisor wird so bestimmt, dass alle verfügbaren Sitze verteilt werden. [2] Zur Bestimmung des Zuteilungsdivisors wird die Summe der jeweils zugrunde liegenden Stimmenzahlen durch die Anzahl der verfügbaren Sitze geteilt. [3] Werden mit diesem Zuteilungsdivisor insgesamt mehr Sitze vergeben als verfügbar sind, ist der Zuteilungsdivisor so heraufzusetzen, dass bei erneuter Zuteilung sich die Anzahl der verfügbaren Sitze ergibt; entfallen zu wenig Sitze auf die Parteien, ist der Zuteilungsdivisor entsprechend herunterzusetzen.

[1)] § 4 neu gef. mWv 14.6.2023 durch G v. 8.6.2023 (BGBl. 2023 I Nr. 147).

[2)] Nach dem **Urt. des BVerfG v. 30.7.2024** – 2 BvF 1/23, 2 BvF 3/23, 2 BvE 2/23, 2 BvE 9/23, 2 BvE 10/23, 2 BvR 1523/23, 2 BvR 1547/23 – (BGBl. 2024 I Nr. 281) ist § 4 Abs. 2 Satz 2 Nr. 2 idF des G v. 8.6.2023 (BGBl. 2023 I Nr. 147, Nr. 198) nach Maßgabe der Entscheidungsgründe mit Art. 21 Abs. 1 und Art. 38 Abs. 1 Satz 1 GG unvereinbar. Bis zu einer Neuregelung gilt § 4 Abs. 2 Satz 2 Nr. 2 mit der Maßgabe fort, dass bei der Sitzverteilung Parteien, die weniger als 5 Prozent der im Wahlgebiet abgegebenen gültigen Zweitstimmen erhalten haben, nur dann nicht berücksichtigt werden, wenn ihre Bewerber in weniger als drei Wahlkreisen die meisten Erststimmen auf sich vereinigt haben.

[3)] § 5 neu gef. mWv 14.6.2023 durch G v. 8.6.2023 (BGBl. 2023 I Nr. 147).

(3) [1] Die Teilungsergebnisse bei der Berechnung nach Absatz 1 werden gerundet, indem Zahlenbruchteile unter 0,5 zur darunterliegenden ganzen Zahl abgerundet und solche über 0,5 zur darüber liegenden ganzen Zahl aufgerundet werden. [2] Zahlenbruchteile, die gleich 0,5 sind, werden so ab- oder aufgerundet, dass die Anzahl der verfügbaren Sitze eingehalten wird; ergeben sich dabei mehrere mögliche Sitzzuteilungen, so entscheidet das vom Bundeswahlleiter zu ziehende Los.

§ 6[1)] Vergabe der Sitze an Bewerber. (1) [1] Ein Wahlkreisbewerber einer Partei (§ 20 Absatz 2) ist dann als Abgeordneter gewählt, wenn er die meisten Erststimmen auf sich vereinigt und im Verfahren der Zweitstimmendeckung (Satz 4) einen Sitz erhält. [2] In jedem Land werden die Bewerber einer Partei, die in den Wahlkreisen die meisten Erststimmen erhalten haben, nach fallendem Erststimmenanteil gereiht. [3] Der Erststimmenanteil ergibt sich aus der Teilung der Zahl der Erststimmen des Bewerbers durch die Gesamtzahl der gültigen Erststimmen in diesem Wahlkreis. [4] Die nach § 4 Absatz 3 für die Landesliste einer Partei ermittelten Sitze werden in der nach Satz 2 gebildeten Reihenfolge an die Wahlkreisbewerber vergeben (Verfahren der Zweitstimmendeckung).

(2) Ein Bewerber, der nach § 20 Absatz 3 vorgeschlagen ist, ist als Abgeordneter eines Wahlkreises dann gewählt, wenn er die meisten Erststimmen auf sich vereinigt.

(3) [1] Bei Stimmengleichheit und bei gleichen Erststimmenanteilen entscheidet das Los. [2] Es ist zwischen Bewerbern in einem Wahlkreis (Absatz 1 Satz 1, Absatz 2) vom Kreiswahlleiter, zwischen Bewerbern im Verfahren der Zweitstimmendeckung (Absatz 1 Satz 4) vom Bundeswahlleiter zu ziehen.

(4) [1] Ein Listenbewerber ist dann als Abgeordneter gewählt, wenn er bei der Vergabe der Sitze der Landesliste (§ 4 Absatz 3), die nach dem Verfahren der Zweitstimmendeckung verbleiben, einen Sitz erhält; die Vergabe erfolgt in der Reihenfolge der Landesliste. [2] Bewerber, die nach Absatz 1 Satz 1 gewählt sind, bleiben auf der Landesliste unberücksichtigt. [3] Entfallen auf eine Landesliste mehr Sitze als Bewerber benannt sind, so bleiben diese Sitze unbesetzt.

§ 7[2)] *(aufgehoben)*

Zweiter Abschnitt. Wahlorgane

§ 8[3)] Gliederung der Wahlorgane. (1) [1] Wahlorgane sind der Bundeswahlleiter und der Bundeswahlausschuß für das Wahlgebiet, ein Landeswahlleiter und ein Landeswahlausschuß für jedes Land, ein Kreiswahlleiter und ein Kreiswahlausschuß für jeden Wahlkreis, ein Wahlvorsteher und ein Wahlvorstand für jeden Wahlbezirk und mindestens ein Wahlvorsteher und ein Wahlvorstand für jeden Wahlkreis zur Feststellung des Briefwahlergebnisses. [2] Wieviel Briefwahlvorstände zu bilden sind, um das Ergebnis der Briefwahl noch am Wahltage feststellen zu können, bestimmt der Kreiswahlleiter.

(2) Für mehrere benachbarte Wahlkreise kann ein gemeinsamer Kreiswahlleiter bestellt und ein gemeinsamer Kreiswahlausschuß gebildet werden; die Anordnung trifft der Landeswahlleiter.

---

1) § 6 neu gef. mWv 14.6.2023 durch G v. 8.6.2023 (BGBl. 2023 I Nr. 147).
2) § 7 aufgeh. mWv 3.12.2011 durch G v. 25.11.2011 (BGBl. I S. 2313).
3) § 8 Abs. 3 geänd. mWv 5.5.2001 durch G v. 27.4.2001 (BGBl. I S. 698).

(3) Zur Feststellung des Briefwahlergebnisses können Wahlvorsteher und Wahlvorstände statt für jeden Wahlkreis für einzelne oder mehrere Gemeinden oder für einzelne Kreise innerhalb des Wahlkreises eingesetzt werden; die Anordnung trifft die Landesregierung oder die von ihr bestimmte Stelle.

§ 9[1)] Bildung der Wahlorgane. (1) Der Bundeswahlleiter und sein Stellvertreter werden vom Bundesministerium des Innern und für Heimat, die Landeswahl-

(Fortsetzung nächstes Blatt)

[1)] § 9 Abs. 2 Satz 3 geänd. sowie Abs. 4 und 5 angef. mWv 5.5.2001 durch G v. 27.4.2001 (BGBl. I S. 698); Abs. 2 Sätze 1 und 2 geänd. mWv 19.7.2012 durch G v. 12.7.2012 (BGBl. I S. 1501); Abs. 1 geänd. mWv 27.6.2020 durch VO v. 19.6.2020 (BGBl. I S. 1328); Abs. 1 geänd. mWv 14.3.2024 durch G v. 7.3.2024 (BGBl. 2024 I Nr. 91).

leiter, Kreiswahlleiter und Wahlvorsteher sowie ihre Stellvertreter von der Landesregierung oder der von ihr bestimmten Stelle ernannt.

(2) [1]Der Bundeswahlausschuß besteht aus dem Bundeswahlleiter als Vorsitzendem sowie acht von ihm berufenen Wahlberechtigten als Beisitzern und zwei Richtern des Bundesverwaltungsgerichts. [2]Die übrigen Wahlausschüsse bestehen aus dem Wahlleiter als Vorsitzendem und sechs von ihm berufenen Wahlberechtigten als Beisitzern; in die Landeswahlausschüsse sind zudem zwei Richter des Oberverwaltungsgerichts des Landes zu berufen. [3]Die Wahlvorstände bestehen aus dem Wahlvorsteher als Vorsitzendem, seinem Stellvertreter und weiteren drei bis sieben vom Wahlvorsteher berufenen Wahlberechtigten als Beisitzern; die Landesregierung oder die von ihr bestimmte Stelle kann anordnen, daß die Beisitzer des Wahlvorstandes von der Gemeindebehörde und die Beisitzer des Wahlvorstandes zur Feststellung des Briefwahlergebnisses vom Kreiswahlleiter, im Falle einer Anordnung nach § 8 Abs. 3 von der Gemeindebehörde oder von der Kreisverwaltungsbehörde allein oder im Einvernehmen mit dem Wahlvorsteher berufen werden. [4]Bei Berufung der Beisitzer sind die in dem jeweiligen Bezirk vertretenen Parteien nach Möglichkeit zu berücksichtigen.

(3) [1]Niemand darf in mehr als einem Wahlorgan Mitglied sein. [2]Wahlbewerber, Vertrauenspersonen für Wahlvorschläge und stellvertretende Vertrauenspersonen dürfen nicht zu Mitgliedern eines Wahlorgans bestellt werden.

(4) [1]Die Gemeindebehörden sind befugt, personenbezogene Daten von Wahlberechtigten zum Zweck ihrer Berufung zu Mitgliedern von Wahlvorständen zu erheben und zu verarbeiten. [2]Zu diesem Zweck dürfen personenbezogene Daten von Wahlberechtigten, die zur Tätigkeit in Wahlvorständen geeignet sind, auch für künftige Wahlen verarbeitet werden, sofern der Betroffene der Verarbeitung nicht widersprochen hat. [3]Der Betroffene ist über das Widerspruchsrecht zu unterrichten. [4]Im Einzelnen dürfen folgende Daten erhoben und verarbeitet werden: Name, Vorname, Geburtsdatum, Anschrift, Telefonnummern, Zahl der Berufungen zu einem Mitglied der Wahlvorstände und die dabei ausgeübte Funktion.

(5) [1]Auf Ersuchen der Gemeindebehörden sind zur Sicherstellung der Wahldurchführung die Behörden des Bundes, der bundesunmittelbaren Körperschaften, Anstalten und Stiftungen des öffentlichen Rechts, der Länder, der Gemeinden, der Gemeindeverbände sowie der sonstigen der Aufsicht des Landes unterstehenden juristischen Personen des öffentlichen Rechts verpflichtet, aus dem Kreis ihrer Bediensteten unter Angabe von Name, Vorname, Geburtsdatum und Anschrift zum Zweck der Berufung als Mitglieder der Wahlvorstände Personen zu benennen, die im Gebiet der ersuchenden Gemeinde wohnen. [2]Die ersuchte Stelle hat den Betroffenen über die übermittelten Daten und den Empfänger zu benachrichtigen.

§ 10[1)] Tätigkeit der Wahlausschüsse und Wahlvorstände. (1) [1]Die Wahlausschüsse und Wahlvorstände verhandeln, beraten und entscheiden in öffentlicher Sitzung. [2]Soweit nicht in diesem Gesetz etwas anderes bestimmt ist, entscheidet bei den Abstimmungen Stimmenmehrheit; bei Stimmengleichheit gibt die Stimme des Vorsitzenden den Ausschlag.

(2) [1]Die Mitglieder der Wahlorgane, ihre Stellvertreter und die Schriftführer sind zur unparteiischen Wahrnehmung ihres Amtes und zur Verschwiegenheit über die ihnen bei ihrer amtlichen Tätigkeit bekannt gewordenen Angelegenheiten verpflichtet. [2]Sie dürfen in Ausübung ihres Amtes ihr Gesicht nicht verhüllen.

[1)] § 10 Abs. 2 Satz 2 angef. mWv 15.6.2017 durch G v. 8.6.2017 (BGBl. I S. 1570).

§ 11 Ehrenämter. (1) [1] Die Beisitzer der Wahlausschüsse und die Mitglieder der Wahlvorstände üben ihre Tätigkeit ehrenamtlich aus. [2] Zur Übernahme dieses Ehrenamtes ist jeder Wahlberechtigte verpflichtet. [3] Das Ehrenamt darf nur aus wichtigen Gründen abgelehnt werden.

(2) (weggefallen)

(3) (weggefallen)

Dritter Abschnitt. Wahlrecht und Wählbarkeit

§ 12[1)] Wahlrecht. (1) Wahlberechtigt sind alle Deutschen im Sinne des Artikels 116 Abs. 1 des Grundgesetzes[2)], die am Wahltage

1. das achtzehnte Lebensjahr vollendet haben,
2. seit mindestens drei Monaten in der Bundesrepublik Deutschland eine Wohnung innehaben oder sich sonst gewöhnlich aufhalten,
3. nicht nach § 13 vom Wahlrecht ausgeschlossen sind.

(2) [1] Wahlberechtigt sind bei Vorliegen der sonstigen Voraussetzungen auch diejenigen Deutschen im Sinne des Artikels 116 Absatz 1 des Grundgesetzes, die am Wahltag außerhalb der Bundesrepublik Deutschland leben, sofern sie

1. nach Vollendung ihres vierzehnten Lebensjahres mindestens drei Monate ununterbrochen in der Bundesrepublik Deutschland eine Wohnung innegehabt oder sich sonst gewöhnlich aufgehalten haben und dieser Aufenthalt nicht länger als 25 Jahre zurückliegt oder
2. aus anderen Gründen persönlich und unmittelbar Vertrautheit mit den politischen Verhältnissen in der Bundesrepublik Deutschland erworben haben und von ihnen betroffen sind.

[2] Als Wohnung oder gewöhnlicher Aufenthalt im Sinne von Satz 1 gilt auch eine frühere Wohnung oder ein früherer Aufenthalt in dem in Artikel 3 des Einigungsvertrages[3)] genannten Gebiet. [3] Bei Rückkehr eines nach Satz 1 Wahlberechtigten in die Bundesrepublik Deutschland gilt die Dreimonatsfrist des Absatzes 1 Nr. 2 nicht.

(3) [1] Wohnung im Sinne des Gesetzes ist jeder umschlossene Raum, der zum Wohnen oder Schlafen benutzt wird. [2] Wohnwagen und Wohnschiffe sind jedoch nur dann als Wohnungen anzusehen, wenn sie nicht oder nur gelegentlich fortbewegt werden.

(4) Sofern sie in der Bundesrepublik Deutschland keine Wohnung innehaben oder innegehabt haben, gilt als Wohnung im Sinne des Absatzes 1 Nr. 2 oder des Absatzes 2 Satz 1

1. für Seeleute sowie für die Angehörigen ihres Hausstandes das von ihnen bezogene Schiff, wenn dieses nach dem Flaggenrechtsgesetz in der jeweils geltenden Fassung die Bundesflagge zu führen berechtigt ist,
2. für Binnenschiffer sowie für die Angehörigen ihres Hausstandes das von ihnen bezogene Schiff, wenn dieses in einem Schiffsregister in der Bundesrepublik Deutschland eingetragen ist,

---

1) *§ 12 Abs. 2 Satz 1 Nr. 3 geänd. durch G v. 20.4.1998* (BGBl. I S. 706); Abs. 2 neu gef., Abs. 4 einl. Satzteil und Nr. 1 sowie Abs. 5 geänd. mWv 21.3.2008 durch G v. 17.3.2008 (BGBl. I S. 394); Abs. 2 Satz 1 neu gef. mWv 3.5.2013 durch G v. 27.4.2013 (BGBl. I S. 962).

2) Nr. 1.

3) **Sartorius III Nr. 2.**

3. für im Vollzug gerichtlich angeordneter Freiheitsentziehung befindliche Personen sowie für andere Untergebrachte die Anstalt oder die entsprechende Einrichtung.

(5) Bei der Berechnung der Dreimonatsfrist nach Absatz 1 Nr. 2 und Absatz 2 Satz 1 ist der Tag der Wohnungs- oder Aufenthaltsnahme in die Frist einzubeziehen.

§ 13[1)] Ausschluss vom Wahlrecht. Ausgeschlossen vom Wahlrecht ist, wer infolge Richterspruchs das Wahlrecht nicht besitzt.

§ 14[2)] Ausübung des Wahlrechts. (1) Wählen kann nur, wer in ein Wählerverzeichnis eingetragen ist oder einen Wahlschein hat.

(2) Wer im Wählerverzeichnis eingetragen ist, kann nur in dem Wahlbezirk wählen, in dessen Wählerverzeichnis er geführt wird.

(3) Wer einen Wahlschein hat, kann an der Wahl des Wahlkreises, in dem der Wahlschein ausgestellt ist,

a) durch Stimmabgabe in einem beliebigen Wahlbezirk dieses Wahlkreises oder

b) durch Briefwahl

teilnehmen.

(4) [1] Jeder Wahlberechtigte kann sein Wahlrecht nur einmal und nur persönlich ausüben. [2] Eine Ausübung des Wahlrechts durch einen Vertreter anstelle des Wahlberechtigten ist unzulässig.

(5) [1] Ein Wahlberechtigter, der des Lesens unkundig oder wegen einer Behinderung an der Abgabe seiner Stimme gehindert ist, kann sich hierzu der Hilfe einer anderen Person bedienen. [2] Die Hilfeleistung ist auf technische Hilfe bei der Kundgabe einer vom Wahlberechtigten selbst getroffenen und geäußerten Wahlentscheidung beschränkt. [3] Unzulässig ist eine Hilfeleistung, die unter missbräuchlicher Einflussnahme erfolgt, die selbstbestimmte Willensbildung oder Entscheidung des Wahlberechtigten ersetzt oder verändert oder wenn ein Interessenkonflikt der Hilfsperson besteht.

§ 15[3)] Wählbarkeit. (1) Wählbar ist, wer am Wahltage

1. Deutscher im Sinne des Artikels 116 Abs. 1 des Grundgesetzes[4)] ist und
2. das achtzehnte Lebensjahr vollendet hat.

(2) Nicht wählbar ist,

1. wer nach § 13 vom Wahlrecht ausgeschlossen ist oder
2. wer infolge Richterspruchs die Wählbarkeit oder die Fähigkeit zur Bekleidung öffentlicher Ämter nicht besitzt.

Vierter Abschnitt. Vorbereitung der Wahl

§ 16 Wahltag. [1] Der Bundespräsident bestimmt den Tag der Hauptwahl (Wahltag). [2] Wahltag muß ein Sonntag oder gesetzlicher Feiertag sein.

[1)] § 13 neu gef. mWv 1.7.2019 durch G v. 18.6.2019 (BGBl. I S. 834).

[2)] § 14 Abs. 4 Satz 2 und Abs. 5 angef. mWv 1.7.2019 durch G v. 18.6.2019 (BGBl. I S. 834).

[3)] § 15 Abs. 1 Nr. 1 geänd. mWv 5.5.2001 durch G v. 27.4.2001 (BGBl. I S. 698); Abs. 2 Nr. 1 und 2 geänd. sowie Nr. 3 aufgeh. mWv 21.3.2008 durch G v. 17.3.2008 (BGBl. I S. 394).

[4)] Nr. **1**.

§ 17[1] Wählerverzeichnis und Wahlschein. (1) [1]Die Gemeindebehörden führen für jeden Wahlbezirk ein Verzeichnis der Wahlberechtigten. [2]Jeder Wahlberechtigte hat das Recht, an den Werktagen vom 20. bis zum 16. Tag vor der Wahl während der allgemeinen Öffnungszeiten die Richtigkeit oder Vollständigkeit der zu seiner Person im Wählerverzeichnis eingetragenen Daten zu überprüfen. [3]Zur Überprüfung der Richtigkeit oder Vollständigkeit der Daten von anderen im Wählerverzeichnis eingetragenen Personen haben Wahlberechtigte während des in Satz 2 genannten Zeitraumes nur dann ein Recht auf Einsicht in das Wählerverzeichnis, wenn sie Tatsachen glaubhaft machen, aus denen sich eine Unrichtigkeit oder Unvollständigkeit des Wählerverzeichnisses ergeben kann. [4]Das Recht zur Überprüfung gemäß Satz 3 besteht nicht hinsichtlich der Daten von Wahlberechtigten, für die im Melderegister ein Sperrvermerk gemäß § 51 Absatz 1 des Bundesmeldegesetzes[2] eingetragen ist.

(2) Ein Wahlberechtigter, der im Wählerverzeichnis eingetragen ist, oder der aus einem von ihm nicht zu vertretenden Grund in das Wählerverzeichnis nicht aufgenommen worden ist, erhält auf Antrag einen Wahlschein.

§ 18[3] Wahlvorschlagsrecht, Beteiligungsanzeige. (1) Wahlvorschläge können von Parteien und von Wahlberechtigten nach Maßgabe des § 20 eingereicht werden.

(2) [1]Parteien, die im Deutschen Bundestag oder einem Landtag seit deren letzter Wahl nicht auf Grund eigener Wahlvorschläge ununterbrochen mit mindestens fünf Abgeordneten vertreten waren, können als solche einen Wahlvorschlag nur einreichen, wenn sie spätestens am siebenundneunzigsten Tage vor der Wahl bis 18 Uhr dem Bundeswahlleiter ihre Beteiligung an der Wahl schriftlich angezeigt haben und der Bundeswahlausschuß ihre Parteieigenschaft festgestellt hat. [2]In der Anzeige ist anzugeben, unter welchem Namen sich die Partei an der Wahl beteiligen will. [3]Die Anzeige muß von mindestens drei Mitgliedern des Bundesvorstandes, darunter dem Vorsitzenden oder seinem Stellvertreter, persönlich und handschriftlich unterzeichnet sein. [4]Hat eine Partei keinen Bundesvorstand, so tritt der Vorstand der jeweils obersten Parteiorganisation an die Stelle des Bundesvorstandes. [5]Die schriftliche Satzung und das schriftliche Programm der Partei sowie ein Nachweis über die satzungsgemäße Bestellung des Vorstandes sind der Anzeige beizufügen. [6]Der Anzeige sollen Nachweise über die Parteieigenschaft nach § 2 Absatz 1 Satz 1 des Parteiengesetzes[4] beigefügt werden.

(3) [1]Der Bundeswahlleiter hat die Anzeige nach Absatz 2 unverzüglich nach Eingang zu prüfen. [2]Stellt er Mängel fest, so benachrichtigt er sofort den Vorstand und fordert ihn auf, behebbare Mängel zu beseitigen. [3]Nach Ablauf der Anzeigefrist können nur noch Mängel an sich gültiger Anzeigen behoben werden. [4]Eine gültige Anzeige liegt nicht vor, wenn

1. die Form oder Frist des Absatzes 2 nicht gewahrt ist,

---

[1] § 17 Abs. 1 neu gef. mWv 5.5.2001 durch G v. 27.4.2001 (BGBl. I S. 698); Abs. 2 geänd. mWv 21.3.2008 durch G v. 17.3.2008 (BGBl. I S. 394); Abs. 1 Satz 4 geänd. mWv 1.11.2015 durch G v. 3.5.2013 (BGBl. I S. 1084, geänd. durch G v. 20.11.2014, BGBl. I S. 1738); Abs. 1 Satz 4 geänd. mWv 10.5.2016 durch G v. 3.5.2016 (BGBl. I S. 1062).

[2] Nr. **256**.

[3] § 18 Abs. 2 Satz 1 und Abs 4 einl. Satzteil geänd. für die Wahl zum 16. Deutschen Bundestag durch VO v. 21.7.2005 (BGBl. I S. 2179); Abs. 2 Satz 1 geänd., Satz 6 angef., Abs. 4 einl. Satzteil geänd., Nr. 2 neu gef., Sätze 2 und 3 angef., Abs. 4a eingef. mWv 19.7.2012 durch G v. 12.7.2012 (BGBl. I S. 1501); Abs. 1 neu gef. mWv 14.6.2023 durch G v. 8.6.2023 (BGBl. 2023 I Nr. 147).

[4] Nr. **58**.

2. die Parteibezeichnung fehlt,
3. die nach Absatz 2 erforderlichen gültigen Unterschriften und die der Anzeige beizufügenden Anlagen fehlen, es sei denn, diese Anlagen können infolge von Umständen, die die Partei nicht zu vertreten hat, nicht rechtzeitig vorgelegt werden,
4. die Vorstandsmitglieder mangelhaft bezeichnet sind, so daß ihre Person nicht feststeht.

[5] Nach der Entscheidung über die Feststellung der Parteieigenschaft ist jede Mängelbeseitigung ausgeschlossen. [6] Gegen Verfügungen des Bundeswahlleiters im Mängelbeseitigungsverfahren kann der Vorstand den Bundeswahlausschuß anrufen.

(4) [1] Der Bundeswahlausschuß stellt spätestens am neunundsiebzigsten Tage vor der Wahl für alle Wahlorgane verbindlich fest,
1. welche Parteien im Deutschen Bundestag oder in einem Landtag seit deren letzter Wahl auf Grund eigener Wahlvorschläge ununterbrochen mit mindestens fünf Abgeordneten vertreten waren,
2. welche Vereinigungen, die nach Absatz 2 ihre Beteiligung angezeigt haben, für die Wahl als Parteien anzuerkennen sind; für die Ablehnung der Anerkennung als Partei für die Wahl ist eine Zweidrittelmehrheit erforderlich.

[2] Die Feststellung ist vom Bundeswahlleiter in der Sitzung des Bundeswahlausschusses bekannt zu geben. [3] Sie ist öffentlich bekannt zu machen.

(4a) [1] Gegen eine Feststellung nach Absatz 4, die sie an der Einreichung von Wahlvorschlägen hindert, kann eine Partei oder Vereinigung binnen vier Tagen nach Bekanntgabe Beschwerde zum Bundesverfassungsgericht erheben. [2] In diesem Fall ist die Partei oder Vereinigung von den Wahlorganen bis zu einer Entscheidung des Bundesverfassungsgerichts, längstens bis zum Ablauf des neunundfünfzigsten Tages vor der Wahl wie eine wahlvorschlagsberechtigte Partei zu behandeln.

(5) Eine Partei kann in jedem Wahlkreis nur einen Kreiswahlvorschlag und in jedem Land nur eine Landesliste einreichen.

§ 19[1)] Einreichung der Wahlvorschläge. Kreiswahlvorschläge sind dem Kreiswahlleiter, Landeslisten dem Landeswahlleiter spätestens am neunundsechzigsten Tage vor der Wahl bis 18 Uhr schriftlich einzureichen.

§ 20[2)] Inhalt und Form der Kreiswahlvorschläge. (1) [1] Der Kreiswahlvorschlag darf nur den Namen eines Bewerbers enthalten. [2] Jeder Bewerber kann nur in einem Wahlkreis und hier nur in einem Kreiswahlvorschlag benannt werden. [3] Als Bewerber kann nur vorgeschlagen werden, wer seine Zustimmung dazu schriftlich erteilt hat; die Zustimmung ist unwiderruflich.

(2) [1] Kreiswahlvorschläge von Parteien müssen von dem Vorstand des Landesverbandes oder, wenn Landesverbände nicht bestehen, von den Vorständen der nächstniedrigen Gebietsverbände, in deren Bereich der Wahlkreis liegt, persönlich und handschriftlich unterzeichnet sein. [2] Sie können nur dann zugelassen werden, wenn für die Partei in dem betreffenden Land eine Landesliste zugelassen wird. [3] Kreiswahlvorschläge der in § 18 Abs. 2 genannten Parteien müssen außerdem von

---

[1)] § 19 geänd. geänd. für die Wahl zum 16. Deutschen Bundestag durch VO v. 21.7.2005 (BGBl. I S. 2179); geänd. mWv 19.7.2012 durch G v. 12.7.2012 (BGBl. I S. 1501).

[2)] § 20 Abs. 2 Satz 1 geänd. mWv 5.5.2001 durch G v. 27.4.2001 (BGBl. I S. 698); Abs. 2 Satz 2 eingef., bish. Sätze 2 und 3 werden Sätze 3 und 4 mWv 14.6.2023 durch G v. 8.6.2023 (BGBl. 2023 I Nr. 147); Abs. 3 Satz 2 geänd. mWv 14.3.2024 durch G v. 7.3.2024 (BGBl. 2024 I Nr. 91).

mindestens 200 Wahlberechtigten des Wahlkreises persönlich und handschriftlich unterzeichnet sein; die Wahlberechtigung muß im Zeitpunkt der Unterzeichnung gegeben sein und ist bei Einreichung des Kreiswahlvorschlages nachzuweisen. [4]Das Erfordernis von 200 Unterschriften gilt nicht für Kreiswahlvorschläge von Parteien nationaler Minderheiten.

(3) [1]Andere Kreiswahlvorschläge müssen von mindestens 200 Wahlberechtigten des Wahlkreises persönlich und handschriftlich unterzeichnet sein. [2]Absatz 2 Satz 3 zweiter Halbsatz gilt entsprechend.

(4) Kreiswahlvorschläge von Parteien müssen den Namen der einreichenden Partei und, sofern sie eine Kurzbezeichnung verwendet, auch diese, andere Kreiswahlvorschläge ein Kennwort enthalten.

§ 21[1)] Aufstellung von Parteibewerbern. (1) [1]Als Bewerber einer Partei kann in einem Kreiswahlvorschlag nur benannt werden, wer nicht Mitglied einer anderen Partei ist und in einer Mitgliederversammlung zur Wahl eines Wahlkreisbewerbers oder in einer besonderen oder allgemeinen Vertreterversammlung hierzu gewählt worden ist. [2]Mitgliederversammlung zur Wahl eines Wahlkreisbewerbers ist eine Versammlung der im Zeitpunkt ihres Zusammentritts im Wahlkreis zum Deutschen Bundestag wahlberechtigten Mitglieder der Partei. [3]Besondere Vertreterversammlung ist eine Versammlung der von einer derartigen Mitgliederversammlung aus ihrer Mitte gewählten Vertreter. [4]Allgemeine Vertreterversammlung ist eine nach der Satzung der Partei (§ 6 des Parteiengesetzes[2)]) allgemein für bevorstehende Wahlen von einer derartigen Mitgliederversammlung aus ihrer Mitte bestellte Versammlung.

(2) In Kreisen und kreisfreien Städten, die mehrere Wahlkreise umfassen, können die Bewerber für diejenigen Wahlkreise, deren Gebiet die Grenze des Kreises oder der kreisfreien Stadt nicht durchschneidet, in einer gemeinsamen Mitglieder- oder Vertreterversammlung gewählt werden.

(3) [1]Die Bewerber und die Vertreter für die Vertreterversammlungen werden in geheimer Abstimmung gewählt. [2]Jeder stimmberechtigte Teilnehmer der Versammlung ist hierbei vorschlagsberechtigt. [3]Den Bewerbern ist Gelegenheit zu geben, sich und ihr Programm der Versammlung in angemessener Zeit vorzustellen. [4]Die Wahlen dürfen frühestens 32 Monate, für die Vertreterversammlungen frühestens 29 Monate nach Beginn der Wahlperiode des Deutschen Bundestages stattfinden; dies gilt nicht, wenn die Wahlperiode vorzeitig endet.

(4) [1]Der Vorstand des Landesverbandes oder, wenn Landesverbände nicht bestehen, die Vorstände der nächstniedrigen Gebietsverbände, in deren Bereich der Wahlkreis liegt oder eine andere in der Parteisatzung hierfür vorgesehene Stelle können gegen den Beschluß einer Mitglieder- oder Vertreterversammlung Einspruch erheben. [2]Auf einen solchen Einspruch ist die Abstimmung zu wiederholen. [3]Ihr Ergebnis ist endgültig.

(5) Das Nähere über die Wahl der Vertreter für die Vertreterversammlung, über die Einberufung und Beschlußfähigkeit der Mitglieder- oder Vertreterversammlung sowie über das Verfahren für die Wahl des Bewerbers regeln die Parteien durch ihre Satzungen.

[1)] § 21 Abs. 3 Sätze 2 und 3 eingef., bish. Satz 2 wird Satz 4 sowie Abs. 4 Satz 1 und Abs. 6 Satz 2 geänd. mWv 5.5.2001 durch G v. 27.4.2001 (BGBl. I S. 698); Abs. 3 Satz 4 geänd. mWv 17.10.2002 durch G v. 27.4.2001 (BGBl. I S. 698) iVm Bek. v. 29.11.2002 (BGBl. I S. 4501); Abs. 1 Satz 1 geänd. mWv 21.3.2008 durch G v. 17.3.2008 (BGBl. I S. 394).

[2)] Nr. **58**.

(6) [1] Eine Ausfertigung der Niederschrift über die Wahl des Bewerbers mit Angaben über Ort und Zeit der Versammlung, Form der Einladung, Zahl der erschienenen Mitglieder und Ergebnis der Abstimmung ist mit dem Kreiswahlvorschlag einzureichen. [2] Hierbei haben der Leiter der Versammlung und zwei von dieser bestimmte Teilnehmer gegenüber dem Kreiswahlleiter an Eides Statt zu versichern, dass die Anforderungen gemäß Absatz 3 Satz 1 bis 3 beachtet worden sind. [3] Der Kreiswahlleiter ist zur Abnahme einer solchen Versicherung an Eides Statt zuständig; er gilt als Behörde im Sinne des § 156 des Strafgesetzbuches[1)].

§ 22 Vertrauensperson. (1) [1] In jedem Kreiswahlvorschlag sollen eine Vertrauensperson und eine stellvertretende Vertrauensperson bezeichnet werden. [2] Fehlt diese Bezeichnung, so gilt die Person, die als erste unterzeichnet hat, als Vertrauensperson, und diejenige, die als zweite unterzeichnet hat, als stellvertretende Vertrauensperson.

(2) Soweit in diesem Gesetz nichts anderes bestimmt ist, sind nur die Vertrauensperson und die stellvertretende Vertrauensperson, jede für sich, berechtigt, verbindliche Erklärungen zum Kreiswahlvorschlag abzugeben und entgegenzunehmen.

(3) Die Vertrauensperson und die stellvertretende Vertrauensperson können durch schriftliche Erklärung der Mehrheit der Unterzeichner des Kreiswahlvorschlages an den Kreiswahlleiter abberufen und durch andere ersetzt werden.

§ 23 Zurücknahme von Kreiswahlvorschlägen. [1] Ein Kreiswahlvorschlag kann durch gemeinsame schriftliche Erklärung der Vertrauensperson und der stellvertretenden Vertrauensperson zurückgenommen werden, solange nicht über seine Zulassung entschieden ist. [2] Ein von mindestens 200 Wahlberechtigten unterzeichneter Kreiswahlvorschlag kann auch von der Mehrheit der Unterzeichner durch eine von ihnen persönlich und handschriftlich vollzogene Erklärung zurückgenommen werden.

§ 24 Änderung von Kreiswahlvorschlägen. [1] Ein Kreiswahlvorschlag kann nach Ablauf der Einreichungsfrist nur durch gemeinsame schriftliche Erklärung der Vertrauensperson und der stellvertretenden Vertrauensperson und nur dann geändert werden, wenn der Bewerber stirbt oder die Wählbarkeit verliert. [2] Das Verfahren nach § 21 braucht nicht eingehalten zu werden, der Unterschriften nach § 20 Abs. 2 und 3 bedarf es nicht. [3] Nach der Entscheidung über die Zulassung eines Kreiswahlvorschlages (§ 26 Abs. 1 Satz 1) ist jede Änderung ausgeschlossen.

§ 25[2)] Beseitigung von Mängeln. (1) [1] Der Kreiswahlleiter hat die Kreiswahlvorschläge unverzüglich nach Eingang zu prüfen. [2] Stellt er bei einem Kreiswahlvorschlag Mängel fest, so benachrichtigt er sofort die Vertrauensperson und fordert sie auf, behebbare Mängel rechtzeitig zu beseitigen.

(2) [1] Nach Ablauf der Einreichungsfrist können nur noch Mängel an sich gültiger Wahlvorschläge behoben werden. [2] Ein gültiger Wahlvorschlag liegt nicht vor, wenn

1. die Form oder Frist des § 19 nicht gewahrt ist,
2. die nach § 20 Absatz 2 Satz 1 und 3 sowie Absatz 3 erforderlichen gültigen Unterschriften mit dem Nachweis der Wahlberechtigung der Unterzeichner fehlen, es sei denn, der Nachweis kann infolge von Umständen, die der Wahlvorschlagsberechtigte nicht zu vertreten hat, nicht rechtzeitig erbracht werden,

---

[1)] **Habersack Nr. 85.**

[2)] § 25 Abs. 2 Satz 2 Nr. 2 geänd. mWv 14.6.2023 durch G v. 8.6.2023 (BGBl. 2023 I Nr. 147).

3. bei einem Parteiwahlvorschlag die Parteibezeichnung fehlt, die nach § 18 Abs. 2 erforderliche Feststellung der Parteieigenschaft abgelehnt ist oder die Nachweise des § 21 nicht erbracht sind,
4. der Bewerber mangelhaft bezeichnet ist, so daß seine Person nicht feststeht oder
5. die Zustimmungserklärung des Bewerbers fehlt.

(3) Nach der Entscheidung über die Zulassung eines Kreiswahlvorschlages (§ 26 Abs. 1 Satz 1) ist jede Mängelbeseitigung ausgeschlossen.

(4) Gegen Verfügungen des Kreiswahlleiters im Mängelbeseitigungsverfahren kann die Vertrauensperson den Kreiswahlausschuß anrufen.

§ 26[1)] Zulassung der Kreiswahlvorschläge. (1) [1] Der Kreiswahlausschuß entscheidet am achtundfünfzigsten Tage vor der Wahl über die Zulassung der Kreiswahlvorschläge. [2] Er hat Kreiswahlvorschläge zurückzuweisen, wenn sie

1. verspätet eingereicht sind oder
2. den Anforderungen nicht entsprechen, die durch dieses Gesetz und die Bundeswahlordnung[2)] aufgestellt sind, es sei denn, daß in diesen Vorschriften etwas anderes bestimmt ist.

[3] Die Zulassung eines Kreiswahlvorschlags einer Partei erfolgt unter der Bedingung, dass die Landesliste der einreichenden Partei nach § 28 zugelassen wird. [4] Die Entscheidung ist in der Sitzung des Kreiswahlausschusses bekanntzugeben.

(2) [1] Weist der Kreiswahlausschuß einen Kreiswahlvorschlag zurück, so kann binnen drei Tagen nach Bekanntgabe der Entscheidung Beschwerde an den Landeswahlausschuß eingelegt werden. [2] Beschwerdeberechtigt sind die Vertrauensperson des Kreiswahlvorschlages, der Bundeswahlleiter und der Kreiswahlleiter. [3] Der Bundeswahlleiter und der Kreiswahlleiter können auch gegen eine Entscheidung, durch die ein Kreiswahlvorschlag zugelassen wird, Beschwerde erheben. [4] In der Beschwerdeverhandlung sind die erschienenen Beteiligten zu hören. [5] Die Entscheidung über die Beschwerde muß spätestens am zweiundfünfzigsten Tage vor der Wahl getroffen werden.

(3) [1] Der Bedingungseintritt des Absatzes 1 Satz 3 wird durch den Kreiswahlleiter festgestellt. [2] Der Kreiswahlleiter macht die zugelassenen Kreiswahlvorschläge spätestens am achtundvierzigsten Tage vor der Wahl öffentlich bekannt.

§ 27[3)] Landeslisten. (1) [1] Landeslisten können nur von Parteien eingereicht werden. [2] Sie müssen von dem Vorstand des Landesverbandes oder, wenn Landesverbände nicht bestehen, von den Vorständen der nächstniedrigen Gebietsverbände, die im Bereich des Landes liegen, bei den in § 18 Abs. 2 genannten Parteien außerdem von 1 vom Tausend der Wahlberechtigten des Landes bei der letzten Bundestagswahl, jedoch höchstens 2 000 Wahlberechtigten, persönlich und handschriftlich unterzeichnet sein. [3] Die Wahlberechtigung der Unterzeichner eines Wahlvorschlages einer der in § 18 Abs. 2 genannten Parteien muß im Zeitpunkt der Unterzeichnung gegeben sein und ist bei Einreichung der Landesliste nachzuweisen. [4] Das Erfordernis zusätzlicher Unterschriften gilt nicht für Landeslisten von Parteien nationaler Minderheiten.

---

1) § 26 Abs 1 Satz 1 einl. Satzteil, Abs. 2 Satz 5 und Abs. 3 geänd. für die Wahl zum 16. Deutschen Bundestag durch VO v. 21.7.2005 (BGBl. I S. 2179); Abs. 1 Satz 3 eingef., bish. Satz 3 wird Satz 4, Abs. 3 Satz 1 eingef., bish. Wortlaut wird Satz 2 mWv 14.6.2023 durch G v. 8.6.2023 (BGBl. 2023 I Nr. 147).

2) Nr. **31**.

3) § 27 Abs. 1 Satz 2 geänd. mWv 5.5.2001 durch G v. 27.4.2001 (BGBl. I S. 698); Abs. 4 Satz 2 eingef., bish. Satz 2 wird Satz 3 mWv 14.6.2023 durch G v. 8.6.2023 (BGBl. 2023 I Nr. 147).

(2) Landeslisten müssen den Namen der einreichenden Partei und, sofern sie eine Kurzbezeichnung verwendet, auch diese enthalten.

(3) Die Namen der Bewerber müssen in erkennbarer Reihenfolge aufgeführt sein.

(4) [1] Ein Bewerber kann nur in einem Land und hier nur in einer Landesliste vorgeschlagen werden. [2] Als Bewerber einer Landesliste kann nur vorgeschlagen werden, wer nicht als Bewerber nach § 20 Absatz 3 vorgeschlagen ist. [3] In einer Landesliste kann nur benannt werden, wer seine Zustimmung dazu schriftlich erklärt hat; die Zustimmung ist unwiderruflich.

(5) § 21 Abs. 1, 3, 5 und 6 sowie die §§ 22 bis 25 gelten entsprechend mit der Maßgabe, daß die Versicherung an Eides Statt nach § 21 Abs. 6 Satz 2 sich auch darauf zu erstrecken hat, daß die Festlegung der Reihenfolge der Bewerber in der Landesliste in geheimer Abstimmung erfolgt ist.

§ 28[1)] Zulassung der Landeslisten. (1) [1] Der Landeswahlausschuß entscheidet am achtundfünfzigsten Tage vor der Wahl über die Zulassung der Landeslisten. [2] Er hat Landeslisten zurückzuweisen, wenn sie

1. verspätet eingereicht sind oder
2. den Anforderungen nicht entsprechen, die durch dieses Gesetz und die Bundeswahlordnung[2)] aufgestellt sind, es sei denn, daß in diesen Vorschriften etwas anderes bestimmt ist.

[3] Sind die Anforderungen nur hinsichtlich einzelner Bewerber nicht erfüllt, so werden ihre Namen aus der Landesliste gestrichen. [4] Die Entscheidung ist in der Sitzung des Landeswahlausschusses bekanntzugeben.

(2) [1] Weist der Landeswahlausschuß eine Landesliste ganz oder teilweise zurück, so kann binnen drei Tagen nach Bekanntgabe der Entscheidung Beschwerde an den Bundeswahlausschuß eingelegt werden. [2] Beschwerdeberechtigt sind die Vertrauensperson der Landesliste und der Landeswahlleiter. [3] Der Landeswahlleiter kann auch gegen eine Entscheidung, durch die eine Landesliste zugelassen wird, Beschwerde erheben. [4] In der Beschwerdeverhandlung sind die erschienenen Beteiligten zu hören. [5] Die Entscheidung über die Beschwerde muß spätestens am zweiundfünfzigsten Tage vor der Wahl getroffen werden.

(3) Der Landeswahlleiter macht die zugelassenen Landeslisten spätestens am achtundvierzigsten Tage vor der Wahl öffentlich bekannt.

§ 29[3)] *(aufgehoben)*

§ 30[4)] Stimmzettel. (1) Die Stimmzettel und die zugehörigen Umschläge für die Briefwahl (§ 36 Abs. 1) werden amtlich hergestellt.

(2) Der Stimmzettel enthält

1. für die Wahl in den Wahlkreisen die Namen der Bewerber der zugelassenen Kreiswahlvorschläge, bei Kreiswahlvorschlägen von Parteien außerdem die Namen der Parteien und, sofern sie eine Kurzbezeichnung verwenden, auch diese, bei anderen Kreiswahlvorschlägen außerdem das Kennwort,

---

[1)] § 28 Abs. 1 Satz 1 einl. Satzteil, Abs. 2 Satz 5 und Abs. 3 geänd. geänd. für die Wahl zum 16. Deutschen Bundestag durch VO v. 21.7.2005 (BGBl. I S. 2179).

[2)] Nr. **31**.

[3)] § 29 aufgeh. mWv 3.12.2011 durch G v. 25.11.2011 (BGBl. I S. 2313).

[4)] § 30 Abs. 1 neu gef. und Abs. 3 Satz 1 geänd. mWv 5.5.2001 durch G v. 27.4.2001 (BGBl. I S. 698).

2. für die Wahl nach Landeslisten die Namen der Parteien und, sofern sie eine Kurzbezeichnung verwenden, auch diese, sowie die Namen der ersten fünf Bewerber der zugelassenen Landeslisten.

(3) [1] Die Reihenfolge der Landeslisten von Parteien richtet sich nach der Zahl der Zweitstimmen, die sie bei der letzten Bundestagswahl im Land erreicht haben. [2] Die übrigen Landeslisten schließen sich in alphabetischer Reihenfolge der Namen der Parteien an. [3] Die Reihenfolge der Kreiswahlvorschläge richtet sich nach der Reihenfolge der entsprechenden Landeslisten. [4] Sonstige Kreiswahlvorschläge schließen sich in alphabetischer Reihenfolge der Namen der Parteien oder der Kennwörter an.

Fünfter Abschnitt. Wahlhandlung

§ 31 Öffentlichkeit der Wahlhandlung. [1] Die Wahlhandlung ist öffentlich. [2] Der Wahlvorstand kann Personen, die die Ordnung und Ruhe stören, aus dem Wahlraum verweisen.

§ 32 Unzulässige Wahlpropaganda und Unterschriftensammlung, unzulässige Veröffentlichung von Wählerbefragungen. (1) Während der Wahlzeit sind in und an dem Gebäude, in dem sich der Wahlraum befindet, sowie unmittelbar vor dem Zugang zu dem Gebäude jede Beeinflussung der Wähler durch Wort, Ton, Schrift oder Bild sowie jede Unterschriftensammlung verboten.

(2) Die Veröffentlichung von Ergebnissen von Wählerbefragungen nach der Stimmabgabe über den Inhalt der Wahlentscheidung ist vor Ablauf der Wahlzeit unzulässig.

§ 33[1] Wahrung des Wahlgeheimnisses. (1) [1] Es sind Vorkehrungen dafür zu treffen, dass der Wähler den Stimmzettel unbeobachtet kennzeichnen und falten kann. [2] Für die Aufnahme der Stimmzettel sind Wahlurnen zu verwenden, die die Wahrung des Wahlgeheimnisses sicherstellen.

(2) [1] Die nach § 14 Absatz 5 zulässige Hilfe bei der Stimmabgabe bleibt unberührt. [2] Die Hilfsperson ist zur Geheimhaltung der Kenntnisse verpflichtet, die sie bei der Hilfeleistung von der Wahl einer anderen Person erlangt hat.

§ 34[2] Stimmabgabe mit Stimmzetteln. (1) Gewählt wird mit amtlichen Stimmzetteln.

(2) [1] Der Wähler gibt

1. seine Erststimme in der Weise ab, daß er durch ein auf den Stimmzettel gesetztes Kreuz oder auf andere Weise eindeutig kenntlich macht, welchem Bewerber sie gelten soll,
2. seine Zweitstimme in der Weise ab, daß er durch ein auf den Stimmzettel gesetztes Kreuz oder auf andere Weise eindeutig kenntlich macht, welcher Landesliste sie gelten soll.

[2] Der Wähler faltet daraufhin den Stimmzettel in der Weise, dass seine Stimmabgabe nicht erkennbar ist, und wirft ihn in die Wahlurne.

---

[1] § 33 Abs. 1 Sätze 1 und 2 geänd. sowie Abs. 2 neu gef. mWv 5.5.2001 durch G v. 27.4.2001 (BGBl. I S. 698); Abs. 2 geänd. mWv 21.3.2008 durch G v. 17.3.2008 (BGBl. I S. 394); Abs. 1 Satz 1 geänd., Abs. 2 neu gef. mWv 1.7.2019 durch G v. 18.6.2019 (BGBl. I S. 834).

[2] § 34 Abs. 1 geänd. und Abs. 2 Satz 2 angef. mWv 5.5.2001 durch G v. 27.4.2001 (BGBl. I S. 698).

§ 35[1)] Stimmabgabe mit Wahlgeräten. (1) Zur Erleichterung der Abgabe und Zählung der Stimmen können anstelle von Stimmzetteln und Wahlurnen Wahlgeräte benutzt werden.

(2) [1] Wahlgeräte im Sinne von Absatz 1 müssen die Geheimhaltung der Stimmabgabe gewährleisten. [2] Ihre Bauart muß für die Verwendung bei Wahlen zum Deutschen Bundestag amtlich für einzelne Wahlen oder allgemein zugelassen sein. [3] Über die Zulassung entscheidet das Bundesministerium des Innern und für Heimat auf Antrag des Herstellers des Wahlgerätes. [4] Die Verwendung eines amtlich zugelassenen Wahlgerätes bedarf der Genehmigung durch das Bundesministerium des Innern und für Heimat. [5] Die Genehmigung kann für einzelne Wahlen oder allgemein ausgesprochen werden.

(3) [1] Das Bundesministerium des Innern und für Heimat wird ermächtigt, durch Rechtsverordnung[2)], die nicht der Zustimmung des Bundesrates bedarf, nähere Bestimmungen zu erlassen über

1. die Voraussetzungen für die amtliche Zulassung der Bauart von Wahlgeräten sowie für die Rücknahme und den Widerruf der Zulassung,
2. das Verfahren für die amtliche Zulassung der Bauart,
3. das Verfahren für die Prüfung eines Wahlgerätes auf die der amtlich zugelassenen Bauart entsprechende Ausführung,
4. die öffentliche Erprobung eines Wahlgerätes vor seiner Verwendung,
5. das Verfahren für die amtliche Genehmigung der Verwendung sowie für die Rücknahme und den Widerruf der Genehmigung,
6. die durch die Verwendung von Wahlgeräten bedingten Besonderheiten im Zusammenhang mit der Wahl.

[2] Die Rechtsverordnung ergeht in den Fällen der Nummern 1 und 3 im Einvernehmen mit dem Bundesministerium für Wirtschaft und Energie.

(4) Für die Betätigung eines Wahlgerätes gilt § 33 Abs. 1 Satz 1 und Abs. 2 entsprechend.

§ 36[3)] Briefwahl. (1) [1] Bei der Briefwahl hat der Wähler dem Kreiswahlleiter des Wahlkreises, in dem der Wahlschein ausgestellt worden ist, im verschlossenen Wahlbriefumschlag

a) seinen Wahlschein
b) in einem besonderen verschlossenen Stimmzettelumschlag seinen Stimmzettel

so rechtzeitig zu übersenden, daß der Wahlbrief spätestens am Wahltage bis 18 Uhr eingeht. [2] § 33 Abs. 2 gilt entsprechend.

(2) [1] Auf dem Wahlschein hat der Wähler oder die Hilfsperson gegenüber dem Kreiswahlleiter an Eides Statt zu versichern, daß der Stimmzettel persönlich oder

---

[1)] § 35 Abs. 1 und Abs. 3 Satz 2 geänd. durch G v. 21.5.1999 (BGBl. I S. 1023); Abs. 1 geänd. mWv 5.5.2001 durch G v. 27.4.2001 (BGBl. I S. 698); Abs. 3 Satz 2 geänd. mWv 28.11.2003 durch VO v. 25.11.2003 (BGBl. I S. 2304); Abs. 3 Satz 2 geänd. mWv 8.11.2006 durch VO v. 31.10.2006 (BGBl. I S. 2407); Abs. 3 Satz 2 geänd. mWv 8.9.2015 durch VO v. 31.8.2015 (BGBl. I S. 1474); Abs. 2 Sätze 3 und 4, Abs. 3 Satz 1 einl. Satzteil geänd. mWv 27.6.2020 durch VO v. 19.6.2020 (BGBl. I S. 1328); Abs. 2 Satz 3 und 4, Abs. 3 Satz 1 einl. Satzteil geänd. mWv 14.3.2024 durch G v. 7.3.2024 (BGBl. 2024 I Nr. 91).

[2)] Siehe die BundeswahlgeräteVO v. 3.9.1975 (BGBl. I S. 2459), zuletzt geänd. durch Entsch. v. 3.3. 2009 (BGBl. I S. 525).

[3)] § 36 Abs. 4 Sätze 1 und 3 neu gef. mWv 11.5.2002 durch G v. 7.5.2002 (BGBl. I S. 1529); Abs. 1 Satz 1 Buchst. b geänd. und Abs. 4 neu gef. mWv 21.3.2008 durch G v. 17.3.2008 (BGBl. I S. 394).

gemäß dem erklärten Willen des Wählers gekennzeichnet worden ist. [2] Der Kreiswahlleiter ist zur Abnahme einer solchen Versicherung an Eides Statt zuständig; er gilt als Behörde im Sinne des § 156 des Strafgesetzbuches[1)].

(3) Im Falle einer Anordnung der Landesregierung oder der von ihr bestimmten Stelle nach § 8 Abs. 3 tritt an die Stelle des Kreiswahlleiters in Absatz 1 Satz 1 und in Absatz 2 die Gemeindebehörde, die den Wahlschein ausgestellt hat, oder die Verwaltungsbehörde des Kreises, in dem diese Gemeinde liegt.

(4) [1] Wahlbriefe können von den Absendern bei einem vor der Wahl amtlich bekannt gemachten Postunternehmen als Briefsendungen ohne besondere Versendungsform unentgeltlich eingeliefert werden, wenn sie sich in amtlichen Wahlbriefumschlägen befinden. [2] Bei Inanspruchnahme einer besonderen Versendungsform hat der Absender den das jeweils für die Briefbeförderung gültige Leistungsentgelt übersteigenden Betrag zu tragen. [3] Der Bund trägt die Kosten für die unentgeltliche Wahlbriefbeförderung.

Sechster Abschnitt. Feststellung des Wahlergebnisses

§ 37 Feststellung des Wahlergebnisses im Wahlbezirk. Nach Beendigung der Wahlhandlung stellt der Wahlvorstand fest, wieviel Stimmen im Wahlbezirk auf die einzelnen Kreiswahlvorschläge und Landeslisten abgegeben worden sind.

§ 38 Feststellung des Briefwahlergebnisses. Der für die Briefwahl eingesetzte Wahlvorstand stellt fest, wieviel durch Briefwahl abgegebene Stimmen auf die einzelnen Kreiswahlvorschläge und Landeslisten entfallen.

§ 39[2)] Ungültige Stimmen, Zurückweisung von Wahlbriefen, Auslegungsregeln. (1) [1] Ungültig sind Stimmen, wenn der Stimmzettel

1. nicht amtlich hergestellt ist,
2. keine Kennzeichnung enthält,
3. für einen anderen Wahlkreis gültig ist,
4. den Willen des Wählers nicht zweifelsfrei erkennen läßt,
5. einen Zusatz oder Vorbehalt enthält.

[2] In den Fällen der Nummern 1 und 2 sind beide Stimmen ungültig; im Fall der Nummer 3 ist nur die Erststimme ungültig, wenn der Stimmzettel für einen anderen Wahlkreis in demselben Land gültig ist. [3] Bei der Briefwahl sind außerdem beide Stimmen ungültig, wenn der Stimmzettel nicht in einem amtlichen Stimmzettelumschlag oder in einem Stimmzettelumschlag abgegeben worden ist, der offensichtlich in einer das Wahlgeheimnis gefährdenden Weise von den übrigen abweicht oder einen deutlich fühlbaren Gegenstand enthält, jedoch eine Zurückweisung gemäß Absatz 4 Nr. 7 oder 8 nicht erfolgt ist. [4] Enthält der Stimmzettel nur eine Stimmabgabe, so ist die nicht abgegebene Stimme ungültig.

(2) Mehrere in einem Stimmzettelumschlag enthaltene Stimmzettel gelten als ein Stimmzettel, wenn sie gleich lauten oder nur einer von ihnen gekennzeichnet ist; sonst zählen sie als ein Stimmzettel mit zwei ungültigen Stimmen.

[1)] **Habersack Nr. 85.**

[2)] § 39 Abs. 1 Satz 1 Nr. 1 und 2 und Abs. 3 Satz 2 aufgeh., Abs. 1 Satz 2 und Abs. 4 Satz 1 Nr. 6 geänd., Abs. 1 Sätze 3 und 4 angef., Abs. 1 Satz 1 bish. Nr. 3–6 werden Nr. 1–4 mWv 5.5.2001 durch G v. 27.4.2001 (BGBl. I S. 698); Abs. 1 Satz 1 Nr. 1, Satz 3, Abs. 2, 3 und Abs. 4 Satz 1 Nr. 3, 4, 5, 7 und 8 geänd., Abs. 1 Satz 1 Nr. 3 eingef., bish. Nr. 3 und 4 werden Nr. 4 und 5 sowie Satz 2 neu gef. mWv 21.3.2008 durch G v. 17.3.2008 (BGBl. I S. 394).

(3) Ist der Stimmzettelumschlag leer abgegeben worden, so gelten beide Stimmen als ungültig.

(4) [1] Bei der Briefwahl sind Wahlbriefe zurückzuweisen, wenn
1. der Wahlbrief nicht rechtzeitig eingegangen ist,
2. dem Wahlbriefumschlag kein oder kein gültiger Wahlschein beiliegt,
3. dem Wahlbriefumschlag kein Stimmzettelumschlag beigefügt ist,
4. weder der Wahlbriefumschlag noch der Stimmzettelumschlag verschlossen ist,
5. der Wahlbriefumschlag mehrere Stimmzettelumschläge, aber nicht eine gleiche Anzahl gültiger und mit der vorgeschriebenen Versicherung an Eides Statt versehener Wahlscheine enthält,
6. der Wähler oder die Hilfsperson die vorgeschriebene Versicherung an Eides Statt zur Briefwahl auf dem Wahlschein nicht unterschrieben hat,
7. kein amtlicher Stimmzettelumschlag benutzt worden ist,
8. ein Stimmzettelumschlag benutzt worden ist, der offensichtlich in einer das Wahlgeheimnis gefährdenden Weise von den übrigen abweicht oder einen deutlich fühlbaren Gegenstand enthält.

[2] Die Einsender zurückgewiesener Wahlbriefe werden nicht als Wähler gezählt; ihre Stimmen gelten als nicht abgegeben.

(5) Die Stimmen eines Wählers, der an der Briefwahl teilgenommen hat, werden nicht dadurch ungültig, daß er vor dem oder am Wahltage stirbt oder sein Wahlrecht nach § 13 verliert.

§ 40 Entscheidung des Wahlvorstandes. [1] Der Wahlvorstand entscheidet über die Gültigkeit der abgegebenen Stimmen und über alle bei der Wahlhandlung und bei der Ermittlung des Wahlergebnisses sich ergebenden Anstände. [2] Der Kreiswahlausschuß hat das Recht der Nachprüfung.

§ 41[1)] Feststellung des Wahlergebnisses im Wahlkreis. Der Kreiswahlausschuß stellt fest, wieviel Stimmen im Wahlkreis für die einzelnen Kreiswahlvorschläge und Landeslisten abgegeben worden sind.

§ 42[2)] Feststellung des Ergebnisses der Landeslistenwahl. (1) [1] Der Landeswahlausschuß stellt fest, wieviel Stimmen im Land für die einzelnen Landeslisten abgegeben worden sind. [2] Der Bundeswahlausschuss stellt fest, wie viele Sitze auf die einzelnen Landeslisten entfallen.

(2) [1] Der Landeswahlausschuss stellt vorläufig fest, welche Bewerber gewählt sind. [2] Der Landeswahlleiter benachrichtigt die gewählten Bewerber und weist sie darauf hin, dass sie nach der abschließenden Feststellung des Ergebnisses für das Wahlgebiet durch den Bundeswahlausschuss nach Absatz 3 Satz 1 die Mitgliedschaft im Deutschen Bundestag mit Eröffnung der ersten Sitzung nach der Wahl erlangen und eine Ablehnung des Erwerbs der Mitgliedschaft gegenüber dem Landeswahlleiter erfolgen muss.

---

1) § 41 Abs. 2 aufgeh., bish. Abs. 1 wird alleiniger Wortlaut und Satz 2 angef. mWv 21.3.2008 durch G v. 17.3.2008 (BGBl. I S. 394); Satz 1 geänd., Satz 2 aufgeh. mWv 14.6.2023 durch G v. 8.6.2023 (BGBl. 2023 I Nr. 147).

2) § 42 Abs. 2 Satz 2 angef. und Abs. 3 aufgeh. mWv 21.3.2008 durch G v. 17.3.2008 (BGBl. I S. 394); Abs. 1 Satz 2 angef., Abs. 2 Satz 1 neu gef., Satz 2 geänd. und Abs. 3 angef. mWv 14.6.2023 durch G v. 8.6.2023 (BGBl. 2023 I Nr. 147).

(3) [1]Der Bundeswahlausschuss trifft die Feststellung des Wahlergebnisses und stellt abschließend fest, welche Bewerber gewählt sind. [2]Der Bundeswahlleiter benachrichtigt sie.

Siebenter Abschnitt. Besondere Vorschriften für Nachwahlen und Wiederholungswahlen

§ 43[1)] Nachwahl. (1) Eine Nachwahl findet statt,

1. wenn in einem Wahlkreis oder in einem Wahlbezirk die Wahl nicht durchgeführt worden ist,
2. wenn ein Wahlkreisbewerber nach der Zulassung des Kreiswahlvorschlages, aber noch vor der Wahl stirbt.

(2) [1]Die Nachwahl soll im Fall des Absatzes 1 Nr. 1 spätestens drei Wochen nach dem Tag der Hauptwahl stattfinden. [2]Im Fall des Absatzes 1 Nr. 2 kann sie am Tag der Hauptwahl stattfinden; sie soll spätestens sechs Wochen nach dem Tag der Hauptwahl stattfinden. [3]Den Tag der Nachwahl bestimmt der Landeswahlleiter.

(3) Die Nachwahl findet nach denselben Vorschriften und auf denselben Grundlagen wie die Hauptwahl statt.

(4) Im Fall einer Nachwahl ist das vorläufige Ergebnis der Hauptwahl unmittelbar im Anschluss an die Wahlhandlung der Hauptwahl auf der Grundlage der erfolgten Stimmabgaben zu ermitteln, festzustellen und bekannt zu geben.

§ 44[2)] Wiederholungswahl. (1) Wird im Wahlprüfungsverfahren eine Wahl ganz oder teilweise für ungültig erklärt, so ist sie nach Maßgabe der Entscheidung zu wiederholen.

(2) Die Wiederholungswahl findet nach denselben Vorschriften, denselben Wahlvorschlägen und, wenn seit der Hauptwahl noch nicht sechs Monate verflossen sind, auf Grund derselben Wählerverzeichnisse wie die Hauptwahl statt, soweit nicht die Entscheidung im Wahlprüfungsverfahren hinsichtlich der Wahlvorschläge und Wählerverzeichnisse Abweichungen vorschreibt.

(3) [1]Die Wiederholungswahl muß spätestens sechzig Tage nach Rechtskraft der Entscheidung stattfinden, durch die die Wahl für ungültig erklärt worden ist. [2]Ist die Wahl nur teilweise für ungültig erklärt worden, so unterbleibt die Wiederholungswahl, wenn feststeht, daß innerhalb von sechs Monaten ein neuer Deutscher Bundestag gewählt wird. [3]Den Tag der Wiederholungswahl bestimmt der Landeswahlleiter, im Falle einer Wiederholungswahl für das ganze Wahlgebiet der Bundespräsident.

(4) [1]Auf Grund der Wiederholungswahl wird das Wahlergebnis nach den Vorschriften des Sechsten Abschnittes neu festgestellt. [2]Die nach § 42 Absatz 2 Satz 2 und Absatz 3 Satz 2 zuständigen Wahlleiter benachrichtigen die gewählten Bewerber und fordern sie auf, binnen einer Woche schriftlich zu erklären, ob sie die Wahl annehmen.

[1)] § 43 Abs. 2 neu gef. und Abs. 4 angef. mWv 21.3.2008 durch G v. 17.3.2008 (BGBl. I S. 394).

[2)] § 44 Abs. 4 Satz 2 neu gef. mWv 21.3.2008 durch G v. 17.3.2008 (BGBl. I S. 394); Abs. 4 Satz 2 geänd. mWv 14.6.2023 durch G v. 8.6.2023 (BGBl. 2023 I Nr. 147).

Achter Abschnitt. Erwerb und Verlust der Mitgliedschaft im Deutschen Bundestag

§ 45[1)] Erwerb der Mitgliedschaft im Deutschen Bundestag. (1) [1] Ein gewählter Bewerber erwirbt die Mitgliedschaft im Deutschen Bundestag nach der abschließenden Feststellung des Ergebnisses für das Wahlgebiet durch den Bundeswahlausschuss (§ 42 Absatz 3 Satz 1) mit der Eröffnung der ersten Sitzung des Deutschen Bundestages nach der Wahl. [2] Eine Ablehnung des Erwerbs der Mitgliedschaft muss vor der ersten Sitzung gegenüber dem Landeswahlleiter schriftlich erklärt werden. [3] Eine Erklärung unter Vorbehalt gilt als Ablehnung. [4] Die Erklärung kann nicht widerrufen werden.

(2) [1] Bei einer Nachfolge (§ 48 Abs. 1) oder einer Wiederholungswahl (§ 44) wird die Mitgliedschaft im Deutschen Bundestag mit dem frist- und formgerechten Eingang der auf die Benachrichtigung erfolgenden Annahmeerklärung beim zuständigen Wahlleiter, jedoch nicht vor Ausscheiden des ursprünglich gewählten Abgeordneten erworben. [2] Liegt bei Ablehnung des Erwerbs der Mitgliedschaft im Deutschen Bundestag durch einen gewählten Bewerber die Annahmeerklärung des Nachfolgers bereits vor der ersten Sitzung des Deutschen Bundestages nach der Wahl vor, erwirbt der Nachfolger das Mandat mit der Eröffnung dieser Sitzung. [3] Gibt der Nachfolger oder durch Wiederholungswahl gewählte Bewerber bis zum Ablauf der Frist keine oder keine formgerechte Erklärung ab, so gilt die Nachfolge oder Wahl zu diesem Zeitpunkt als angenommen. [4] Absatz 1 Satz 3 und 4 gilt entsprechend.

§ 46[2)] Verlust der Mitgliedschaft im Deutschen Bundestag. (1) [1] Ein Abgeordneter verliert die Mitgliedschaft im Deutschen Bundestag bei

1. Ungültigkeit des Erwerbs der Mitgliedschaft,
2. Neufeststellung des Wahlergebnisses,
3. Wegfall einer Voraussetzung seiner jederzeitigen Wählbarkeit,
4. Verzicht,
5. Feststellung der Verfassungswidrigkeit der Partei oder der Teilorganisation einer Partei, der er angehört, durch das Bundesverfassungsgericht nach Artikel 21 Absatz 4 des Grundgesetzes[3)].

[2] Verlustgründe nach anderen gesetzlichen Vorschriften bleiben unberührt.

(2) Bei Ungültigkeit seiner Wahl im Wahlkreis bleibt der Abgeordnete Mitglied des Deutschen Bundestages, wenn er zugleich auf einer Landesliste gewählt war, aber nach § 6 Absatz 4 Satz 2 unberücksichtigt geblieben ist.

(3) [1] Der Verzicht ist nur wirksam, wenn er zur Niederschrift des Präsidenten des Deutschen Bundestages, eines deutschen Notars, der seinen Sitz im Geltungsbereich dieses Gesetzes hat, oder eines zur Vornahme von Beurkundungen ermächtigten Bediensteten einer deutschen Auslandsvertretung erklärt wird. [2] Die

---

1) § 45 neu gef. mWv 21.3.2008 durch G v. 17.3.2008 (BGBl. I S. 394); Abs. 1 Satz 1 geänd., Abs. 2 aufgeh., bish. Abs. 3 wird Abs. 2 und Sätze 1–3 geänd. mWv 14.6.2023 durch G v. 8.6.2023 (BGBl. 2023 I Nr. 147).

2) § 46 Abs. 2 geänd. mWv 9.5.2013 durch G v. 3.5.2013 (BGBl. I S. 1082); Abs. 2 geänd. mWv 19.11. 2020 durch G v. 14.11.2020 (BGBl. I S. 2395); Abs. 2 und Abs. 4 Satz 1 geänd. mWv 14.6.2023 durch G v. 8.6.2023 (BGBl. 2023 I Nr. 147); Abs. 1 Satz 1 Nr. 5, Abs. 4 Satz 1 geänd. mWv 14.3.2024 durch G v. 7.3.2024 (BGBl. 2024 I Nr. 91).

3) Nr. 1.

notarielle oder bei einer Auslandsvertretung abgegebene Verzichtserklärung hat der Abgeordnete dem Bundestagspräsidenten zu übermitteln. [3] Der Verzicht kann nicht widerrufen werden.

(4) [1] Wird eine Partei oder die Teilorganisation einer Partei durch das Bundesverfassungsgericht nach Artikel 21 Absatz 4 des Grundgesetzes für verfassungswidrig erklärt, verlieren die Abgeordneten ihre Mitgliedschaft im Deutschen Bundestag und die Nachfolger ihre Anwartschaft, sofern sie dieser Partei oder Teilorganisation in der Zeit zwischen der Antragstellung (§ 43 des Gesetzes über das Bundesverfassungsgericht[1)]) und der Verkündung der Entscheidung (§ 46 des Gesetzes über das Bundesverfassungsgericht) angehört haben. [2] Soweit Abgeordnete, die nach Satz 1 ihre Mitgliedschaft verloren haben, in Wahlkreisen gewählt waren, wird die Wahl eines Wahlkreisabgeordneten in diesen Wahlkreisen bei entsprechender Anwendung des § 44 Abs. 2 bis 4 wiederholt; hierbei dürfen die Abgeordneten, die nach Satz 1 ihre Mitgliedschaft verloren haben, nicht als Bewerber auftreten. [3] Soweit Abgeordnete, die nach Satz 1 ihre Mitgliedschaft verloren haben, nach einer Landesliste der für verfassungswidrig erklärten Partei oder Teilorganisation der Partei gewählt waren, bleiben die Sitze unbesetzt. [4] Im übrigen gilt § 48 Abs. 1.

§ 47 Entscheidung über den Verlust der Mitgliedschaft. (1) Über den Verlust der Mitgliedschaft nach § 46 Abs. 1 wird entschieden

1. im Falle der Nummer 1 im Wahlprüfungsverfahren,
2. im Falle der Nummern 2 und 5 durch Beschluß des Ältestenrates des Deutschen Bundestages,
3. im Falle der Nummer 3, wenn der Verlust der Wählbarkeit durch rechtskräftigen Richterspruch eingetreten ist, durch Beschluß des Ältestenrates des Deutschen Bundestages, im übrigen im Wahlprüfungsverfahren,
4. im Falle der Nummer 4 durch den Präsidenten des Deutschen Bundestages in der Form der Erteilung einer Bestätigung der Verzichtserklärung.

(2) Wird über den Verlust der Mitgliedschaft im Wahlprüfungsverfahren entschieden, so scheidet der Abgeordnete mit der Rechtskraft der Entscheidung aus dem Deutschen Bundestag aus.

(3) [1] Entscheidet der Ältestenrat oder der Präsident des Deutschen Bundestages über den Verlust der Mitgliedschaft, so scheidet der Abgeordnete mit der Entscheidung aus dem Deutschen Bundestag aus. [2] Die Entscheidung ist unverzüglich von Amts wegen zu treffen. [3] Innerhalb von zwei Wochen nach Zustellung der Entscheidung kann der Betroffene die Entscheidung des Deutschen Bundestages über den Verlust der Mitgliedschaft im Wahlprüfungsverfahren beantragen. [4] Die Zustellung erfolgt nach den Vorschriften des Verwaltungszustellungsgesetzes[2)].

§ 48[3)] Berufung von Nachfolgern. (1) [1] Wenn ein nach § 6 Absatz 1 oder 4 gewählter Bewerber stirbt oder dem Landeswahlleiter schriftlich die Ablehnung des Erwerbs der Mitgliedschaft erklärt oder wenn ein nach § 6 Absatz 1 oder 4

[1)] Nr. **40**.

[2)] Nr. **110**.

[3)] § 48 Abs. 1 und Abs. 2 Satz 6 neu gef. mWv 21.3.2008 durch G v. 17.3.2008 (BGBl. I S. 394); Abs. 1 Satz 2 aufgeh., bish. Sätze 3–7 werden Sätze 2–6 mWv 9.5.2013 durch G v. 3.5.2013 (BGBl. I S. 1082); *Abs. 1 Satz 2* eingef., bish. Sätze 2–6 werden Sätze 3–7 mWv 19.11.2020 durch G v. 14.11.2020 (BGBl. I S. 2395); Überschrift und Abs. 1 Satz 1 neu gef., Abs. 1 Satz 2 aufgeh., bish. Satz 3 wird Satz 2, Satz 3 eingef., Sätze 6 und 7 geänd. und Abs. 2 neu gef. mWv 18.3.2023 durch G v. 8.6.2023 (BGBl. 2023 I Nr. 147).

gewählter Abgeordneter stirbt oder sonst nachträglich aus dem Deutschen Bundestag ausscheidet, so wird der Sitz mit dem nach den Grundsätzen des § 6 Absatz 1, 3 und 4 nachfolgenden Bewerber der Partei besetzt, für die der gewählte Bewerber oder ausgeschiedene Abgeordnete bei der Wahl aufgetreten ist. 2 Bei der Nachfolge bleiben diejenigen Listenbewerber unberücksichtigt, die seit dem Zeitpunkt der Aufstellung der Landesliste aus dieser Partei ausgeschieden oder Mitglied einer anderen Partei geworden sind. 3 Entsprechendes gilt für Bewerber, die als Kreiswahlvorschlag dieser Partei aufgestellt wurden. 4 Unberücksichtigt bleiben ebenso Listenbewerber, die als gewählte Bewerber im Wahlkreis ihren Mitgliedschaftserwerb abgelehnt oder als Abgeordnete auf ihre Mitgliedschaft im Deutschen Bundestag verzichtet haben. 5 Ist die Liste erschöpft, so bleibt der Sitz unbesetzt. 6 Die Feststellung, wer als Nachfolger eintritt, trifft der Landeswahlleiter. 7 Er benachrichtigt den Nachfolger und fordert ihn auf, binnen einer Woche schriftlich zu erklären, ob er die Nachfolge annimmt.

(2) Ist der Ausgeschiedene nach § 6 Absatz 2 gewählt, bleibt der Sitz unbesetzt.

Neunter Abschnitt. Schlußbestimmungen

§ 49 Anfechtung. Entscheidungen und Maßnahmen, die sich unmittelbar auf das Wahlverfahren beziehen, können nur mit den in diesem Gesetz und in der Bundeswahlordnung[1)] vorgesehenen Rechtsbehelfen sowie im Wahlprüfungsverfahren angefochten werden.

§ 49a[2)] Ordnungswidrigkeiten. (1) Ordnungswidrig handelt, wer

1. entgegen § 11 ohne wichtigen Grund ein Ehrenamt ablehnt oder sich ohne genügende Entschuldigung den Pflichten eines solchen entzieht oder
2. entgegen § 32 Abs. 2 Ergebnisse von Wählerbefragungen nach der Stimmabgabe über den Inhalt der Wahlentscheidung vor Ablauf der Wahlzeit veröffentlicht.

(2) Die Ordnungswidrigkeit nach Absatz 1 Nr. 1 kann mit einer Geldbuße bis zu fünfhundert Euro, die Ordnungswidrigkeit nach Absatz 1 Nr. 2 mit einer Geldbuße bis zu fünfzigtausend Euro geahndet werden.

(3) Verwaltungsbehörde im Sinne des § 36 Abs. 1 Nr. 1 des Gesetzes über Ordnungswidrigkeiten[3)] ist

1. bei Ordnungswidrigkeiten nach Absatz 1 Nr. 1
   a) der Kreiswahlleiter, wenn ein Wahlberechtigter das Amt eines Wahlvorstehers, stellvertretenden Wahlvorstehers oder eines Beisitzers im Wahlvorstand oder im Kreiswahlausschuß,
   b) der Landeswahlleiter, wenn ein Wahlberechtigter das Amt eines Beisitzers im Landeswahlausschuß,
   c) der *Bundeswahlleiter*, wenn ein Wahlberechtigter das Amt eines Beisitzers im Bundeswahlausschuß unberechtigt ablehnt oder sich ohne genügende Entschuldigung den Pflichten eines solchen Amtes entzieht,
2. bei Ordnungswidrigkeiten nach Absatz 1 Nr. 2 der Bundeswahlleiter.

---

1) Nr. **31.**
2) § 49a Abs. 2 geänd. mWv 1.1.2002 durch G v. 3.12.2001 (BGBl. I S. 3306).
3) **Habersack Nr. 94.**

§ 49b[1)] Staatliche Mittel für andere Kreiswahlvorschläge. (1) [1] Bewerber eines nach Maßgabe der §§ 18 und 20 von Wahlberechtigten eingereichten Wahlvorschlages, die mindestens 10 vom Hundert der in einem Wahlkreis abgegebenen gültigen Erststimmen erreicht haben, erhalten je gültige Stimme das Vierfache des in § 18 Absatz 3 Satz 1 Nummer 1 des Parteiengesetzes[2)] genannten und nach § 18 Absatz 3 Satz 3 des Parteiengesetzes bis zum Zeitpunkt der Wahl erhöhten Betrages. [2] Die Mittel sind im Bundeshaushaltsplan auszubringen.

(2) [1] Die Festsetzung und die Auszahlung der staatlichen Mittel sind von dem Bewerber innerhalb von zwei Monaten nach dem Zusammentritt des Deutschen Bundestages beim Präsidenten des Deutschen Bundestages schriftlich zu beantragen; danach eingehende Anträge bleiben unberücksichtigt. [2] Der Betrag wird von dem Präsidenten des Deutschen Bundestages festgesetzt und ausgezahlt.

(3) Die Vorschriften des Parteiengesetzes über die absolute und relative Obergrenze finden keine Anwendung.

§ 50[3)] Wahlkosten. (1) Der Bund erstattet den Ländern zugleich für ihre Gemeinden (Gemeindeverbände) die durch die Wahl veranlassten notwendigen Ausgaben.

(2) [1] Die Kosten für die Versendung der Wahlbenachrichtigungen und der Briefwahlunterlagen sowie die Erfrischungsgelder für die Mitglieder der Wahlvorstände werden den Ländern im Wege der Einzelabrechnung ersetzt. [2] Bei zeitgleicher Durchführung von Landtags- oder Kommunalwahlen sowie von Abstimmungen mit Wahlen zum Deutschen Bundestag werden diese Kosten dem jeweiligen Land anteilig ersetzt.

(3) [1] Die übrigen Kosten werden durch einen festen Betrag je Wahlberechtigten erstattet. [2] Er beträgt für Gemeinden bis zu 100 000 Wahlberechtigten 0,56 Euro und für Gemeinden mit mehr als 100 000 Wahlberechtigten 0,87 Euro. [3] Der Präsident des Statistischen Bundesamtes legt in jedem Jahr bis zum 30. April dem Bundesministerium des Innern und für Heimat einen Bericht über die Entwicklung des Wahlkostenindexes mit einer Fortrechnung gemäß der Anlage 1 zu diesem Gesetz vor. [4] Dementsprechende Steigerungen der festen Beträge gelten ab Beginn des Jahres des Berichts und werden vom Bundesministerium des Innern und für Heimat im Bundesanzeiger veröffentlicht; Bruchteile eines Cents ab 0,5 werden dabei aufgerundet, ansonsten abgerundet.

(4) Der Bund erstattet den Blindenvereinen, die ihre Bereitschaft zur Herstellung von Stimmzettelschablonen erklärt haben, die durch die Herstellung und die Verteilung der Stimmzettelschablonen veranlassten notwendigen Ausgaben.

§ 51[4)] *(aufgehoben)*

[1)] § 49b eingef. durch G v. 28.1.1994 (BGBl. I S. 142); Abs. 1 Satz 1 geänd. mWv 18.9.2005 durch G v. 17.3.2008 (BGBl. I S. 394); Abs. 1 Satz 1 geänd. mWv 14.7.2018 durch G v. 10.7.2018 (BGBl. I S. 1116).

[2)] Nr. **58**.

[3)] § 50 *neu gef.* mWv 5.5.2001 durch G v. 27.4.2001 (BGBl. I S. 698); Abs. 4 angef. mWv 1.1.2003 durch G v. 27.4.2002 (BGBl. I S. 1467); Abs. 3 Satz 2 geänd., Satz 3 neu gef., Satz 4 angef. mWv 30.6.2020 durch G v. 25.6.2020 (BGBl. I S. 1409); Abs. 3 Satz 3 und 4 geänd. mWv 14.3.2024 durch G v. 7.3.2024 (BGBl. 2024 I Nr. 91).

[4)] § 51 aufgeh. mWv 1.1.2014 durch G v. 3.5.2013 (BGBl. I S. 1082).

§ 52[1)] Erlass von Rechtsverordnungen. (1) [1]Das Bundesministerium des Innern und für Heimat erlässt die zur Durchführung dieses Gesetzes erforderliche Bundeswahlordnung[2)].[3)] [2]Es trifft darin insbesondere Rechtsvorschriften über

1. die Bestellung der Wahlleiter und Wahlvorsteher, die Bildung der Wahlausschüsse und Wahlvorstände sowie über die Tätigkeit, Beschlussfähigkeit und das Verfahren der Wahlorgane,
2. die Berufung in ein Wahlehrenamt, über den Ersatz von Auslagen für Inhaber von Wahlehrenämtern und über das Bußgeldverfahren,
3. die Wahlzeit,
4. die Bildung der Wahlbezirke und ihre Bekanntmachung,
5. die einzelnen Voraussetzungen für die Aufnahme in die Wählerverzeichnisse, deren Führung, Berichtigung und Abschluss, über die Einsicht in Wählerverzeichnisse, über den Einspruch und die Beschwerde gegen das Wählerverzeichnis sowie über die Benachrichtigung der Wahlberechtigten,
6. die einzelnen Voraussetzungen für die Erteilung von Wahlscheinen, deren Ausstellung, über den Einspruch und die Beschwerde gegen die Ablehnung von Wahlscheinen,
7. den Nachweis der Wahlrechtsvoraussetzungen,
8. das Verfahren der Wahlorgane nach § 18 Absatz 2 bis 4a,
9. Einreichung, Inhalt und Form der Wahlvorschläge sowie der dazugehörigen Unterlagen, über ihre Prüfung, die Beseitigung von Mängeln, ihre Zulassung, die Beschwerde gegen Entscheidungen des Kreiswahlausschusses und des Landeswahlausschusses sowie die Bekanntgabe der Wahlvorschläge,
10. Form und Inhalt des Stimmzettels und über den Stimmzettelumschlag,
11. Bereitstellung, Einrichtung und Bekanntmachung der Wahlräume sowie über Wahlschutzvorrichtungen und Wahlkabinen,
12. die Stimmabgabe, auch soweit besondere Verhältnisse besondere Regelungen erfordern,
13. die Briefwahl,
14. die Abgabe und Aufnahme von Versicherungen an Eides statt,
15. die Wahl in Kranken- und Pflegeanstalten, Klöstern, gesperrten Wohnstätten sowie sozialtherapeutischen und Justizvollzugsanstalten,
16. die Feststellung der Wahlergebnisse, ihre Weitermeldung und Bekanntgabe sowie die Benachrichtigung der Gewählten,
17. die Durchführung von Nachwahlen und Wiederholungswahlen sowie die Berufung von Nachfolgern.

(2) Die Rechtsvorschriften bedürfen nicht der Zustimmung des Bundesrates.

[1)] § 52 Abs. 1 Satz 2 Nr. 5 neu gef. mWv 5.5.2001 durch G v. 27.4.2001 (BGBl. I S. 698); Abs. 1 Satz 2 Nr. 10 geänd. und Nr. 14 eingef., bish. Nr. 14–16 werden Nr. 15–17 mWv 21.3.2008 durch G v. 17.3. 2008 (BGBl. I S. 394); Abs. 1 Satz 2 Nr. 8 geänd. mWv 19.7.2012 durch G v. 12.7.2012 (BGBl. I S. 1501); Abs. 1 Satz 1 und Abs. 3 geänd. mWv 27.6.2020 durch VO v. 19.6.2020 (BGBl. I S. 1328); Überschrift neu gef., Abs. 1 Satz 1, Satz 2 Nr. 1 und 11 geänd., Abs. 4 angef. mWv 6.11.2020 durch G v. 28.10.2020 (BGBl. I S. 2264); Abs. 4 aufgeh. mWv 1.1.2022 durch G v. 3.6.2021 (BGBl. I S. 1482); Abs. 1 Satz 2 Nr. 17 geänd. mWv 14.6.2023 durch G v. 8.6.2023 (BGBl. 2023 I Nr. 147); Abs. 1 Satz 1, Abs. 3 geänd. mWv 14.3.2024 durch G v. 7.3.2024 (BGBl. 2024 I Nr. 91).

[2)] Nr. **31**.

[3)] Siehe hierzu auch die BundeswahlgeräteVO v. 3.9.1975 (BGBl. I S. 2459), zuletzt geänd. durch Entsch. v. 3.3.2009 (BGBl. I S. 525).

(3) Das Bundesministerium des Innern und für Heimat wird ermächtigt, im Falle einer Auflösung des Deutschen Bundestages die in dem Bundeswahlgesetz und in der Bundeswahlordnung bestimmten Fristen und Termine durch Rechtsverordnung ohne Zustimmung des Bundesrates abzukürzen.

§ 52a[1] *(aufgehoben)*

§ 53[2] **Übergangsregelung.** Ausschlüsse vom Wahlrecht und Ausschlüsse von der Wählbarkeit, die nicht auf einem Richterspruch im Sinne von § 13 in der ab dem 1. Juli 2019 geltenden Fassung oder auf einem Richterspruch im Sinne von § 15 Absatz 2 Nummer 2 beruhen, sind nicht nach § 3 Absatz 2 Nummer 1 Buchstabe a des Bundesmeldegesetzes[3] im Melderegister zu speichern.

§ 54[4] **Fristen, Termine und Form.** (1) [1]Die in diesem Gesetz und in der auf Grund dieses Gesetzes erlassenen Bundeswahlordnung[5] vorgesehenen Fristen und Termine verlängern oder ändern sich nicht dadurch, daß der letzte Tag der Frist oder ein Termin auf einen Sonnabend, einen Sonntag, einen gesetzlichen oder staatlich geschützten Feiertag fällt. [2]Eine Wiedereinsetzung in den vorigen Stand ist ausgeschlossen.

(2) Soweit in diesem Gesetz oder in der auf Grund dieses Gesetzes erlassenen Bundeswahlordnung nichts anderes bestimmt ist, müssen vorgeschriebene Erklärungen persönlich und handschriftlich unterzeichnet sein und bei der zuständigen Stelle im Original vorliegen.

§ 55[6] **Reformkommission.** [1]Beim Deutschen Bundestag wird eine Reformkommission eingesetzt, die sich mit Fragen des Wahlrechts befasst und Empfehlungen erarbeitet. [2]Sie befasst sich auch mit der Frage des Wahlrechts ab 16 Jahren, der Dauer der Legislaturperiode und entwickelt Vorschläge zur Modernisierung der Parlamentsarbeit. [3]Die Reformkommission wird darüber hinaus Maßnahmen empfehlen, um eine gleichberechtigte Repräsentanz von Frauen und Männern auf den Kandidatenlisten und im Deutschen Bundestag zu erreichen. [4]Die Kommission soll spätestens bis zum 30. Juni 2023 ihre Ergebnisse vorlegen. [5]Das Nähere regelt ein vom Deutschen Bundestag unverzüglich zu verabschiedender Einsetzungsbeschluss.

Anlagen 1, 2
(vom Abdruck wurde abgesehen)

---

[1] § 52a aufgeh. mWv 1.1.2022 durch G v. 3.6.2021 (BGBl. I S. 1482).
[2] § 53 neu gef. mWv 1.7.2019 durch G v. 18.6.2019 (BGBl. I S. 834).
[3] Nr. **256**.
[4] § 54 Überschrift geänd. und Abs. 2 angef., Abs. 1 Satz 1 geänd. mWv 21.3.2008 durch G v. 17.3. 2008 (BGBl. I S. 394).
[5] Nr. **31**.
[6] § 55 neu gef. mWv 19.11.2020 durch G v. 14.11.2020 (BGBl. I S. 2395).

31. Bundeswahlordnung (BWO)

In der Fassung der Bekanntmachung vom 19. April 2002[1)]
(BGBl. I S. 1376)

FNA 111-1-5

geänd. durch Art. 2 BehindertengleichstellungsEinführungsG v. 27.4.2002 (BGBl. I S. 1467), Art. 1 Achte ÄndVO v. 27.8.2002 (BGBl. I S. 3429), Art. 3 G zur Reform des Reisekostenrechts v. 26.5.2005 (BGBl. I S. 1418), Art. 50 G zur Umbenennung des Bundesgrenzschutzes in Bundespolizei v. 21.6.2005 (BGBl. I S. 1818), Art. 1 Neunte ÄndVO v. 30.6.2005 (BGBl. I S. 1951), Art. 1 ÄndVO v. 27.3.2008 (BGBl. I S. 476), Art. 1 Zweite VO zur Änd. der BundeswahlO und der EuropawahlO v. 3.12.2008 (BGBl. I S. 2378), Art. 2 Abs. 2 G zur Fortentwicklung des Meldewesens v. 3.5.2013 (BGBl. I S. 1084, geänd. durch G v. 20.11.2014, BGBl. I S. 1738), Art. 1 Zehnte ÄndVO v. 13.5.2013 (BGBl. I S. 1255), Art. 1 Elfte ÄndVO v. 24.3.2017 (BGBl. I S. 585), Art. 5 G zu bereichsspezifischen Regelungen der Gesichtsverhüllung und zur Änd. weiterer dienstrechtlicher Vorschriften v. 8.6.2017 (BGBl. I S. 1570), Art. 2 G zur Änd. des BundeswahlG und anderer Gesetze v. 18.6.2019 (BGBl. I S. 834), Art. 1 Zwölfte ÄndVO v. 13.2.2020 (BGBl. I S. 199), Art. 10 Elfte ZuständigkeitsanpassungsVO v. 19.6.2020 (BGBl. I S. 1328) und Art. 1 13. ÄndVO v. 12.9.2024 (BGBl. 2024 I Nr. 283)

Inhaltsübersicht[2)]

---

1) Neubekanntmachung der BWO idF der Bek. v. 8.3.1994 (BGBl. I S. 495) in der ab 21.2.2002 geltenden Fassung.

2) Inhaltsübersicht geänd. mWv 1.4.2008 durch VO v. 27.3.2008 (BGBl. I S. 476); geänd. mWv 11.12.2008 durch VO v. 3.12.2008 (BGBl. I S. 2378); geänd. mWv 18.5.2013 durch VO v. 13.5.2013 (BGBl. I S. 1255); geänd. mWv 31.3.2017 durch VO v. 24.3.2017 (BGBl. I S. 585); geänd. mWv 22.2.2020 durch VO v. 13.2.2020 (BGBl. I S. 199); geänd. mWv 18.9.2024 durch VO v. 12.9.2024 (BGBl. 2024 I Nr. 283).

[1)] **Amtl. Anm.:** Der Anhang wird als Anlageband zu dieser Ausgabe des Bundesgesetzblattes ausgegeben. Abonnenten des Bundesgesetzblattes Teil I wird der Anlageband auf Anforderung gemäß den Bezugsbedingungen des Verlags übersandt.

Erster Abschnitt. Wahlorgane

§ 1[1]) Bundeswahlleiter. [1]Der Bundeswahlleiter und sein Stellvertreter werden auf unbestimmte Zeit ernannt. [2]Das Bundesministerium des Innern und für Heimat macht die Namen des Bundeswahlleiters und seines Stellvertreters sowie die Anschriften ihrer Dienststellen mit Telekommunikationsanschlüssen öffentlich bekannt.

§ 2 Landeswahlleiter. [1]Der Landeswahlleiter und sein Stellvertreter werden auf unbestimmte Zeit ernannt. [2]Die ernennende Stelle teilt die Namen des Landeswahlleiters und seines Stellvertreters sowie die Anschriften ihrer Dienststellen mit Telekommunikationsanschlüssen dem Bundeswahlleiter mit und macht sie öffentlich bekannt.

§ 3[2]) Kreiswahlleiter. (1) [1]Die Kreiswahlleiter und deren Stellvertreter werden vor jeder Wahl ernannt. [2]Die Ernennung erfolgt zu dem Termin, zu dem nach § 21 Absatz 3 des Bundeswahlgesetzes[3]) die Vertreterversammlungen zur Aufstellung von Wahlkreisbewerbern frühestens stattfinden dürfen, spätestens alsbald nach der Bestimmung des Tages der Hauptwahl. [3]Die ernennende Stelle teilt die Namen und Anschriften ihrer Dienststellen mit Telekommunikationsanschlüssen dem Landeswahlleiter und dem Bundeswahlleiter mit und macht sie öffentlich bekannt.

(2) Die Kreiswahlleiter und deren Stellvertreter üben ihr Amt auch nach der Hauptwahl, längstens bis zum Ablauf der Wahlperiode, aus.

---

[1]) § 1 Satz 2 geänd. mWv 27.6.2020 durch VO v. 19.6.2020 (BGBl. I S. 1328); Satz 2 geänd. mWv 18.9.2024 durch VO v. 12.9.2024 (BGBl. 2024 I Nr. 283).
[2]) § 3 Abs. 1 Satz 2 neu gef. mWv 18.5.2013 durch VO v. 13.5.2013 (BGBl. I S. 1255).
[3]) Nr. **30**.

§ 4[1)] Bildung der Wahlausschüsse. (1) [1]Der Bundeswahlleiter, die Landeswahlleiter und die Kreiswahlleiter berufen alsbald nach der Bestimmung des Tages der Hauptwahl die Beisitzer der Wahlausschüsse und für jeden Beisitzer einen Stellvertreter. [2]Die Beisitzer der Landeswahlausschüsse und der Kreiswahlausschüsse sind aus den Wahlberechtigten des jeweiligen Gebietes zu berufen; sie sollen möglichst am Sitz des Wahlleiters wohnen.

(2) Bei der Auswahl der Beisitzer der Wahlausschüsse sollen in der Regel die Parteien in der Reihenfolge der bei der letzten Bundestagswahl in dem jeweiligen Gebiet errungenen Zahlen der Zweitstimmen angemessen berücksichtigt und die von ihnen rechtzeitig vorgeschlagenen Wahlberechtigten berufen werden.

(3) [1]Der Bundeswahlleiter beruft zwei Richter des Bundesverwaltungsgerichts, die Landeswahlleiter berufen je zwei Richter des Oberverwaltungsgerichts des Landes und jeweils einen Stellvertreter. [2]Die Berufung erfolgt auf Vorschlag des Gerichtspräsidenten. [3]Die Vorschriften über die Beisitzer der Wahlausschüsse in § 11 Absatz 1 des Bundeswahlgesetzes[2)] sowie in den §§ 5 und 10 dieser Verordnung gelten entsprechend.

(4) Die Wahlausschlüsse bestehen auch nach der Hauptwahl, längstens bis zum Ablauf der Wahlperiode, fort.

§ 5[3)] Tätigkeit der Wahlausschüsse. (1) Die Wahlausschüsse sind ohne Rücksicht auf die Zahl der erschienenen Beisitzer beschlussfähig.

(2) [1]Der Vorsitzende bestimmt Ort und Zeit der Sitzungen. [2]Er lädt die Beisitzer zu den Sitzungen und weist dabei darauf hin, dass der Ausschuss ohne Rücksicht auf die Zahl der erschienenen Beisitzer beschlussfähig ist. [3]Die Beisitzer sollen Gelegenheit erhalten, die zu beratenden Unterlagen vor der Sitzung zur Kenntnis zu nehmen.

(3) Zeit, Ort und Gegenstand der Verhandlungen sind öffentlich bekannt zu machen.

(4) Der Vorsitzende bestellt einen Schriftführer; dieser ist nur stimmberechtigt, wenn er zugleich Beisitzer ist.

(5) Der Vorsitzende weist die Beisitzer und den Schriftführer auf ihre Verpflichtung zur unparteiischen Wahrnehmung ihres Amtes und zur Verschwiegenheit über die ihnen bei ihrer amtlichen Tätigkeit bekannt gewordenen Angelegenheiten hin.

(6) Der Vorsitzende ist befugt, Personen, die die Ruhe und Ordnung stören, aus dem Sitzungsraum zu verweisen.

(7) Über jede Sitzung ist vom Schriftführer eine Niederschrift zu fertigen; sie ist vom Vorsitzenden, von den Beisitzern und vom Schriftführer zu unterzeichnen.

§ 6[4)] Wahlvorsteher und Wahlvorstand. (1) Vor jeder Wahl sind, nach Möglichkeit aus den Wahlberechtigten der Gemeinde, für jeden Wahlbezirk ein Wahlvorsteher und sein Stellvertreter, im Falle des § 46 Abs. 2 mehrere Wahlvorsteher und Stellvertreter zu ernennen.

[1)] § 4 Abs. 3 eingef., bish. Abs. 3 wird Abs. 4 mWv 18.5.2013 durch VO v. 13.5.2013 (BGBl. I S. 1255).

[2)] Nr. **30**.

[3)] § 5 Abs. 2 Satz 3 angef. mWv 18.5.2013 durch VO v. 13.5.2013 (BGBl. I S. 1255).

[4)] § 6 Abs. 4 Satz 2 angef., Abs. 8 Satz 1 geänd., Abs. 9 Satz 1 neu gef. mWv 18.5.2013 durch VO v. 13.5.2013 (BGBl. I S. 1255).

(2) [1]Die Beisitzer des Wahlvorstandes sollen möglichst aus den Wahlberechtigten der Gemeinde, nach Möglichkeit aus den Wahlberechtigten des Wahlbezirks berufen werden. [2]Der Stellvertreter des Wahlvorstehers ist zugleich Beisitzer des Wahlvorstandes.

(3) [1]Der Wahlvorsteher und sein Stellvertreter werden von der Gemeindebehörde vor Beginn der Wahlhandlung auf ihre Verpflichtung zur unparteiischen Wahrnehmung ihres Amtes und zur Verschwiegenheit über die ihnen bei ihrer amtlichen Tätigkeit bekannt gewordenen Angelegenheiten hingewiesen. [2]Die Mitglieder des Wahlvorstandes dürfen während ihrer Tätigkeit kein auf eine politische Überzeugung hinweisendes Zeichen sichtbar tragen.

(4) [1]Der Wahlvorsteher bestellt aus den Beisitzern den Schriftführer und dessen Stellvertreter. [2]Ist nach § 9 Absatz 2 Satz 3 des Bundeswahlgesetzes[1)] angeordnet, dass die Beisitzer des Wahlvorstandes von der Gemeindebehörde berufen werden, so kann diese auch den Schriftführer und dessen Stellvertreter bestellen.

(5) Die Gemeindebehörde hat die Mitglieder des Wahlvorstandes vor der Wahl so über ihre Aufgaben zu unterrichten, dass ein ordnungsmäßiger Ablauf der Wahlhandlung sowie der Ermittlung und Feststellung des Wahlergebnisses gesichert ist.

(6) [1]Der Wahlvorstand wird von der Gemeindebehörde oder in ihrem Auftrag vom Wahlvorsteher einberufen. [2]Er tritt am Wahltage rechtzeitig vor Beginn der Wahlzeit im Wahlraum zusammen.

(7) [1]Der Wahlvorstand sorgt für die ordnungsmäßige Durchführung der Wahl. [2]Der Wahlvorsteher leitet die Tätigkeit des Wahlvorstandes.

(8) [1]Während der Wahlhandlung müssen immer der Wahlvorsteher und der Schriftführer oder ihre Stellvertreter sowie mindestens ein Beisitzer anwesend sein. [2]Bei der Ermittlung und Feststellung des Wahlergebnisses sollen alle Mitglieder des Wahlvorstandes anwesend sein.

(9) [1]Der Wahlvorstand ist beschlussfähig, wenn der Wahlvorsteher und der Schriftführer oder ihre Stellvertreter sowie während der Wahlhandlung mindestens ein Beisitzer, bei der Ermittlung und Feststellung des Wahlergebnisses mindestens drei Beisitzer anwesend sind. [2]Fehlende Beisitzer sind vom Wahlvorsteher durch Wahlberechtigte zu ersetzen, wenn es mit Rücksicht auf die Beschlussfähigkeit des Wahlvorstandes erforderlich ist. [3]Sie sind vom Wahlvorsteher nach Absatz 3 auf ihre Verpflichtung hinzuweisen.

(10) Bei Bedarf stellt die Gemeindebehörde dem Wahlvorstand die erforderlichen Hilfskräfte zur Verfügung.

§ 7[2)] Briefwahlvorsteher und Briefwahlvorstand. Für die Briefwahlvorsteher und Briefwahlvorstände gilt § 6 entsprechend mit folgenden Maßgaben:

1. Bei der Bildung mehrerer Briefwahlvorstände nach § 8 Abs. 1 des Bundeswahlgesetzes[1)] für einen Wahlkreis und bei der Bildung von Briefwahlvorständen nach § 8 Abs. 3 des Bundeswahlgesetzes für einzelne oder mehrere Gemeinden oder für einzelne Kreise innerhalb eines Wahlkreises darf die Zahl der auf einen Briefwahlvorstand entfallenden Wahlbriefe nicht so gering sein, dass erkennbar wird, wie einzelne Wahlberechtigte gewählt haben; auf einen Briefwahlvorstand *sollen mindestens 50* Wahlbriefe entfallen.

[1)] Nr. **30**.
[2)] § 7 Nr. 1–3 geänd. mWv 11.12.2008 durch VO v. 3.12.2008 (BGBl. I S. 2378).

2. Wieviel Briefwahlvorstände im Falle einer Anordnung nach § 8 Abs. 3 des Bundeswahlgesetzes zu bilden sind, um das Ergebnis der Briefwahl noch am Wahltage feststellen zu können, entscheidet die Landesregierung oder die von ihr bestimmte Stelle.
3. Wird im Rahmen einer Anordnung nach § 8 Abs. 3 des Bundeswahlgesetzes für mehrere Gemeinden ein Briefwahlvorstand gebildet, ist eine dieser Gemeinden mit der Durchführung der Briefwahl zu betrauen.
4. Die Mitglieder der Briefwahlvorstände für die einzelnen Wahlkreise sind nach Möglichkeit aus den Wahlberechtigten des jeweiligen Wahlkreises zu berufen, die am Sitz des Kreiswahlleiters wohnen, bei Bildung von Briefwahlvorständen für einzelne oder für mehrere Gemeinden oder für einzelne Kreise innerhalb eines Wahlkreises nach Möglichkeit aus den Wahlberechtigten, die in den jeweiligen Gemeinden oder Kreisen wohnen.
5. Der Kreiswahlleiter macht Ort und Zeit des Zusammentritts des Briefwahlvorstandes öffentlich bekannt, weist den Briefwahlvorsteher und seinen Stellvertreter auf ihre Verpflichtung zur unparteiischen Wahrnehmung ihrer Aufgaben und zur Verschwiegenheit über die ihnen bei ihrer amtlichen Tätigkeit bekannt gewordenen Angelegenheiten hin, unterrichtet den Briefwahlvorstand über seine Aufgaben und beruft ihn ein; Entsprechendes gilt bei der Einsetzung mehrerer Briefwahlvorstände für einen Wahlkreis. Werden Briefwahlvorstände für einzelne oder mehrere Gemeinden oder für einzelne Kreise innerhalb eines Wahlkreises gebildet, nimmt die jeweilige oder die nach Nummer 3 betraute Gemeindebehörde oder die Verwaltungsbehörde des jeweiligen Kreises diese Aufgaben wahr.
6. Der Briefwahlvorstand ist beschlussfähig bei der Zulassung oder Zurückweisung der Wahlbriefe nach § 75 Abs. 1 und 2, wenn mindestens drei Mitglieder, bei der Ermittlung und Feststellung des Briefwahlergebnisses nach § 75 Abs. 3, wenn mindestens fünf Mitglieder, darunter jeweils der Wahlvorsteher und der Schriftführer oder ihre Stellvertreter, anwesend sind.

§ 8 Beweglicher Wahlvorstand. [1] Für die Stimmabgabe in kleineren Krankenhäusern, kleineren Alten- oder Pflegeheimen, Klöstern, sozialtherapeutischen Anstalten und Justizvollzugsanstalten sollen bei entsprechendem Bedürfnis und soweit möglich bewegliche Wahlvorstände gebildet werden. [2] Der bewegliche Wahlvorstand besteht aus dem Wahlvorsteher des zuständigen Wahlbezirks oder seinem Stellvertreter und zwei Beisitzern des Wahlvorstandes. [3] Die Gemeindebehörde kann jedoch auch den beweglichen Wahlvorstand eines anderen Wahlbezirks der Gemeinde mit der Entgegennahme der Stimmzettel beauftragen.

§ 9[1)] Ehrenämter. Die Übernahme eines Wahlehrenamtes können ablehnen

1. *Mitglieder der Bundesregierug oder einer Landesregierung,*
2. Mitglieder des Europäischen Parlaments, des Deutschen Bundestages oder eines Landtages,
3. Wahlberechtigte, die am Wahltage das 67. Lebensjahr vollendet haben,
4. Wahlberechtigte, die glaubhaft machen, dass ihnen die Fürsorge für ihre Familie die Ausübung des Amtes in besonderer Weise erschwert,

---

[1)] § 9 Nr. 5 geänd. mWv 11.12.2008 durch VO v. 3.12.2008 (BGBl. I S. 2378); Nr. 3 geänd. mWv 18.9.2024 durch VO v. 12.9.2024 (BGBl. 2024 I Nr. 283).

5. Wahlberechtigte, die glaubhaft machen, dass sie aus dringenden beruflichen Gründen oder durch Krankheit oder Behinderung oder aus einem sonstigen wichtigen Grunde gehindert sind, das Amt ordnungsmäßig auszuüben.

§ 10[1] Auslagenersatz für Inhaber von Wahlämtern, Erfrischungsgeld.

(1) [1] Wahlleiter, Beisitzer der Wahlausschüsse und Mitglieder der Wahlvorstände erhalten, wenn sie außerhalb ihres Wahlbezirks tätig werden, Ersatz ihrer notwendigen Fahrkosten in entsprechender Anwendung der §§ 4 und 5 Abs. 1 des Bundesreisekostengesetzes[2]; wenn sie außerhalb ihres Wohnortes tätig werden, erhalten sie außerdem Tage- und Übernachtungsgelder nach dem Bundesreisekostengesetz. [2] Die Stadtstaaten Berlin, Bremen und Hamburg können abweichende Regelungen zum Zwecke einer pauschalierten Auslagenerstattung treffen.

(2) [1] Den Mitgliedern der Wahlausschüsse kann für die Teilnahme an einer nach § 5 einberufenen Sitzung und den Mitgliedern der Wahlvorstände für den Wahltag ein Erfrischungsgeld von je 35 Euro für den Vorsitzenden und je 25 Euro für die übrigen Mitglieder gewährt werden. [2] Es ist auf ein Tagegeld nach Absatz 1 anzurechnen.

§ 11[3] Geldbußen. Geldbußen nach § 49a Abs. 1 Nr. 1 des Bundeswahlgesetzes[4] fließen in die Kasse der Gemeinde, in der der Betroffene in das Wählerverzeichnis einzutragen ist, Geldbußen nach § 49a Abs. 1 Nr. 2 des Bundeswahlgesetzes in die Kasse des Bundes.

Zweiter Abschnitt. Vorbereitung der Wahl

Erster Unterabschnitt. Wahlbezirke

§ 12[5] Allgemeine Wahlbezirke. (1) [1] Gemeinden mit nicht mehr als 2 500 Einwohnern bilden in der Regel einen Wahlbezirk. [2] Größere Gemeinden werden in mehrere Wahlbezirke eingeteilt. [3] Die Gemeindebehörde bestimmt, welche Wahlbezirke zu bilden sind.

(2) [1] Die Wahlbezirke sollen nach den örtlichen Verhältnissen so abgegrenzt werden, dass allen Wahlberechtigten die Teilnahme an der Wahl möglichst erleichtert wird. [2] Kein Wahlbezirk soll mehr als 2 500 Einwohner umfassen. [3] Die Zahl der Wahlberechtigten eines Wahlbezirks darf nicht so gering sein, dass erkennbar wird, wie einzelne Wahlberechtigte gewählt haben.

(3) Die Wahlberechtigten in Gemeinschaftsunterkünften wie Lagern, Unterkünften der Bundeswehr, der Bundespolizei oder der Polizei sollen nach festen Abgrenzungsmerkmalen auf mehrere Wahlbezirke verteilt werden.

(4) [1] Der Kreiswahlleiter kann kleine Gemeinden und Teile von Gemeinden des gleichen Verwaltungsbezirks zu einem Wahlbezirk und Teile von Gemeinden, die von Wahlkreisgrenzen durchschnitten werden, mit benachbarten Gemeinden oder

---

[1] § 10 Abs. 1 geänd. mWv 1.9.2005 durch G v. 26.5.2005 (BGBl. I S. 1418); Abs. 2 geänd. mWv 11.12.2008 durch VO v. 3.12.2008 (BGBl. I S. 2378); Abs. 2 neu gef. mWv 31.3.2017 durch VO v. 24.3. 2017 (BGBl. I S. 585); Abs. 1 Satz 2 angef. mWv 22.2.2020 durch VO v. 13.2.2020 (BGBl. I S. 199).

[2] Nr. **235**.

[3] § 11 geänd. mWv 11.12.2008 durch VO v. 3.12.2008 (BGBl. I S. 2378).

[4] Nr. **30**.

[5] § 12 Abs. 3 Satz 1 geänd. mWv 1.7.2005 durch G v. 21.6.2005 (BGBl. I S. 1818); Abs. 3 Satz 2 aufgeh. mWv 8.7.2005 durch VO v. 30.6.2005 (BGBl. I S. 1951).

Teilen von Gemeinden eines anderen Verwaltungsbezirks zu einem Wahlbezirk vereinigen. 2 Dabei bestimmt er, welche Gemeinde die Wahl durchführt.

§ 13 Sonderwahlbezirke. (1) Für Krankenhäuser, Altenheime, Altenwohnheime, Pflegeheime, Erholungsheime und gleichartige Einrichtungen mit einer größeren Anzahl von Wahlberechtigten, die keinen Wahlraum außerhalb der Einrichtung aufsuchen können, soll die Gemeindebehörde bei entsprechendem Bedürfnis Sonderwahlbezirke zur Stimmabgabe für Wahlscheininhaber bilden.

(2) Mehrere Einrichtungen können zu einem Sonderwahlbezirk zusammengefasst werden.

(3) Wird ein Sonderwahlbezirk nicht gebildet, gilt § 8 entsprechend.

Zweiter Unterabschnitt. Wählerverzeichnis

§ 14[1] Führung des Wählerverzeichnisses. (1) 1 Die Gemeindebehörde legt vor jeder Wahl für jeden allgemeinen Wahlbezirk (§ 12) ein Verzeichnis der Wahlberechtigten nach Familiennamen und Vornamen, Geburtsdatum und Wohnung an. 2 Das Wählerverzeichnis kann auch im automatisierten Verfahren geführt werden.

(2) 1 Das Wählerverzeichnis wird unter fortlaufender Nummer in der Buchstabenfolge der Familiennamen, bei gleichen Familiennamen der Vornamen, angelegt. 2 Es kann auch nach Ortsteilen, Straßen und Hausnummern gegliedert werden. 3 Es enthält je eine Spalte für Vermerke über die Stimmabgabe und für Bemerkungen.

(3) Die Gemeindebehörde sorgt dafür, dass die Unterlagen für die Wählerverzeichnisse jederzeit so vollständig vorhanden sind, dass diese vor Wahlen rechtzeitig angelegt werden können.

(4) Besteht ein Wahlbezirk aus mehreren Gemeinden oder Teilen mehrerer Gemeinden, so legt jede Gemeindebehörde das Wählerverzeichnis für ihren Teil des Wahlbezirks an.

§ 15 (weggefallen)

§ 16[2] Eintragung der Wahlberechtigten in das Wählerverzeichnis.

(1) Von Amts wegen sind in das Wählerverzeichnis alle Wahlberechtigten einzutragen, die am 42. Tage vor der Wahl (Stichtag) bei der Meldebehörde gemeldet sind

1. für eine Wohnung,
2. auf Grund eines Anstellungs-, Heuer- oder Ausbildungsverhältnisses als Kapitän oder Besatzungsmitglied für ein Seeschiff, das berechtigt ist, die Bundesflagge zu führen (§ 12 Abs. 4 Nr. 1 des Bundeswahlgesetzes[3]),
3. für ein Binnenschiff, das in einem Schiffsregister in der Bundesrepublik Deutschland eingetragen ist (§ 12 Abs. 4 Nr. 2 des Bundeswahlgesetzes),

---

[1] § 14 Abs. 1 Satz 1 geänd. mWv 11.12.2008 durch VO v. 3.12.2008 (BGBl. I S. 2378).

[2] § 16 Abs. 2 Nr. 2 neu gef. mWv 8.7.2005 durch VO v. 30.6.2005 (BGBl. I S. 1951); Abs. 1 Nr. 2–4, Abs. 2 Nr. 1 und 2, Abs. 3 Satz 1 und Abs. 7 Satz 1 geänd. mWv 11.12.2008 durch VO v. 3.12.2008 (BGBl. I S. 2378); Abs. 6 und 9 geänd. mWv 1.11.2015 durch G v. 3.5.2013 (BGBl. I S. 1084, geänd. durch G v. 20.11.2014, BGBl. I S. 1738); Abs. 1 einl. Satzteil geänd., Abs. 7 Satz 2 eingef., bish. Satz 2 wird Satz 3 mWv 31.3.2017 durch VO v. 24.3.2017 (BGBl. I S. 585); Abs. 3 Sätze 1 und 2 geänd. mWv 18.9.2024 durch VO v. 12.9.2024 (BGBl. 2024 I Nr. 283).

[3] Nr. **30**.

4. für eine Justizvollzugsanstalt oder die entsprechende Einrichtung (§ 12 Abs. 4 Nr. 3 des Bundeswahlgesetzes).

(2) Auf Antrag sind in das Wählerverzeichnis einzutragen Wahlberechtigte

1. nach § 12 Abs. 1 des Bundeswahlgesetzes,
   a) (weggefallen)
   b) die ohne eine Wohnung innezuhaben sich im Wahlgebiet sonst gewöhnlich aufhalten,
   c) die sich in einer Justizvollzugsanstalt oder entsprechenden Einrichtung befinden und nicht nach Absatz 1 Nr. 4 von Amts wegen in das Wählerverzeichnis einzutragen sind,
2. nach § 12 Abs. 2 Satz 1 des Bundeswahlgesetzes, die nicht nach Absatz 1 Nr. 1 von Amts wegen in das Wählerverzeichnis einzutragen sind.

(3) [1] Verlegt ein Wahlberechtigter, der nach Absatz 1 in das Wählerverzeichnis eingetragen ist, seine Wohnung und meldet er sich vor Beginn der Einsichtsfrist für das Wählerverzeichnis (§ 17 Abs. 1 Satz 2 des Bundeswahlgesetzes) bei der Meldebehörde des Zuzugsortes an, so wird er in das Wählerverzeichnis des Wahlbezirks des Zuzugsortes nur auf Antrag eingetragen. [2] Ein nach Absatz 1 in das Wählerverzeichnis eingetragener Wahlberechtigter, der sich innerhalb derselben Gemeinde für eine Wohnung anmeldet, die im selben Wahlkreis liegt, bleibt in dem Wählerverzeichnis des Wahlbezirks eingetragen, für den er am Stichtag gemeldet war. [3] Der Wahlberechtigte ist bei der Anmeldung über die Regelung in den Sätzen 1 und 2 zu belehren. [4] Erfolgt die Eintragung auf Antrag, benachrichtigt die Gemeindebehörde des Zuzugsortes hiervon unverzüglich die Gemeindebehörde des Fortzugsortes, die den Wahlberechtigten in ihrem Wählerverzeichnis streicht. [5] Wenn im Falle des Satzes 1 bei der Gemeindebehörde des Fortzugsortes eine Mitteilung über den Ausschluss vom Wahlrecht vorliegt oder nachträglich eingeht, benachrichtigt sie hiervon unverzüglich die Gemeindebehörde des Zuzugsortes, die den wahlberechtigten in ihrem Wählerverzeichnis streicht; der Betroffene ist von der Streichung zu unterrichten.

(4) Für Wahlberechtigte, die am Stichtag nicht für eine Wohnung gemeldet sind und sich vor dem Beginn der Einsichtsfrist für das Wählerverzeichnis bei der Meldebehörde für eine Wohnung anmelden, gilt Absatz 3 Satz 1 und 3 entsprechend.

(5) Bezieht ein Wahlberechtigter, der nach Absatz 1 in das Wählerverzeichnis eingetragen ist, in einer anderen Gemeinde eine weitere Wohnung, die seine Hauptwohnung wird, oder verlegt er seine Hauptwohnung in eine andere Gemeinde, so gilt, wenn er sich vor Beginn der Einsichtsfrist für das Wählerverzeichnis bei der Meldebehörde anmeldet, Absatz 3 entsprechend.

(6) Welche von mehreren Wohnungen eines Wahlberechtigten seine Hauptwohnung ist, bestimmt sich nach § 21 Absatz 2 des Bundesmeldegesetzes[1)].

(7) [1] Bevor eine Person in das Wählerverzeichnis eingetragen wird, ist zu prüfen, ob sie die Wahlrechtsvoraussetzungen des § 12 des Bundeswahlgesetzes erfüllt und ob sie nicht nach § 13 des Bundeswahlgesetzes vom Wahlrecht ausgeschlossen ist. [2] Soweit dies für die Prüfung der Wahlberechtigung eines Rückkehrers im Sinne des § 12 Absatz 2 Satz 3 Bundeswahlgesetz erforderlich ist, kann die Gemeindebehörde die Abgabe einer Versicherung an Eides statt zum Nachweis der Wahlberechtigung des Rückkehrers entsprechend § 18 Absatz 6 Satz 1 verlangen. [3] Er-

1) Nr. **256**.

folgt die Eintragung in das Wählerverzeichnis nur auf Antrag, ist außerdem zu prüfen, ob ein frist- und formgerechter Antrag gestellt ist.

(8) [1] Gibt eine Gemeindebehörde einem Eintragungsantrag nicht statt oder streicht sie eine in das Wählerverzeichnis eingetragene Person, hat sie den Betroffenen unverzüglich zu unterrichten. [2] Gegen die Entscheidung kann der Betroffene Einspruch einlegen; er ist auf diese Möglichkeit hinzuweisen. [3] § 22 Abs. 2, 4 und 5 gilt entsprechend. [4] Die Frist für die Zustellung der Entscheidung (§ 22 Abs. 4 Satz 1) und für die Beschwerdeentscheidung (§ 22 Abs. 5 Satz 4) gilt nur, wenn der Einspruch vor dem zwölften Tage vor der Wahl eingelegt worden ist.

(9) Die Gemeindebehörde hat spätestens am Stichtag den Leiter der sich in ihrem Gemeindebezirk befindenden Justizvollzugsanstalt oder der entsprechenden Einrichtung auf Absatz 2 Nr. 1 Buchstabe c und die Notwendigkeit der Unterrichtung der betroffenen Personen hinzuweisen, wenn nach § 27 Absatz 4 des Bundesmeldegesetzes eine Meldepflicht für die sich in den Einrichtungen aufhaltenden Personen nicht besteht.

§ 17[1)] Zuständigkeiten für die Eintragung in das Wählerverzeichnis.

(1) Zuständig für die Eintragung in das Wählerverzeichnis ist in den Fällen des

1. § 16 Abs. 1 Nr. 1 die für die Wohnung zuständige Gemeinde, bei mehreren Wohnungen die für die Hauptwohnung zuständige Gemeinde,
2. § 16 Abs. 1 Nr. 2 die für den Sitz des Reeders zuständige Gemeinde,
3. § 16 Abs. 1 Nr. 3 die für den Heimatort des Binnenschiffes zuständige Gemeinde,
4. § 16 Abs. 1 Nr. 4 die für die Justizvollzugsanstalt oder die entsprechende Einrichtung zuständige Gemeinde.

(2) Zuständig für die Eintragung in das Wählerverzeichnis ist in den Fällen des

1. (weggefallen)
2. § 16 Abs. 2 Nr. 1 Buchstabe b die Gemeinde, in der der Wahlberechtigte seinen Antrag stellt,
3. § 16 Abs. 2 Nr. 1 Buchstabe c die für die Justizvollzugsanstalt oder die entsprechende Einrichtung zuständige Gemeinde,
4. *(aufgehoben)*
5. § 16 Abs. 2 Nr. 2 die Gemeinde in der Bundesrepublik Deutschland, in der der Wahlberechtigte nach seiner Erklärung vor seinem Fortzug aus dem Wahlgebiet zuletzt gemeldet war, wenn er im Wahlgebiet nie gemeldet war, die Gemeinde, der er nach seiner Erklärung im Sinne des § 12 Absatz 2 Satz 1 Nummer 2 des Bundeswahlgesetzes[2)] am engsten verbunden ist. Satz 1 gilt auch für Seeleute, die seit dem Fortzug aus dem Wahlgebiet auf Schiffen unter fremder Flagge fahren, sowie für Binnenschiffer, deren Schiff nicht in einem Schiffsregister in der Bundesrepublik Deutschland eingetragen ist, und für die Angehörigen ihres Hausstandes. Für Seeleute, die von einem Seeschiff, das die Bundesflagge zu führen berechtigt war, abgemustert haben und im Anschluss daran auf einem Seeschiff unter fremder Flagge fahren, ist die Gemeinde am Sitz des ehemaligen Reeders zuständig. Für Binnenschiffer, die zuletzt auf einem in der Bundesrepublik Deutschland im Schiffsregister eingetragenen Binnenschiff gefahren

---

[1)] § 17 Abs. 2 Nr. 4 aufgeh., Nr. 5 geänd. mWv 8.7.2005 durch VO v. 30.6.2005 (BGBl. I S. 1951); Abs. 2 Nr. 5 geänd. mWv 18.5.2013 durch VO v. 13.5.2013 (BGBl. I S. 1255).

[2)] Nr. **30**.

sind und im Anschluss daran auf einem Binnenschiff, das nicht im Schiffsregister in der Bundesrepublik Deutschland eingetragen ist, oder auf einem Seeschiff unter fremder Flagge fahren, ist die Gemeinde nach Absatz 1 Nr. 3 zuständig.

(3) Zuständig für die Eintragung in das Wählerverzeichnis ist in den Fällen des

1. § 16 Abs. 3 die Gemeinde des Zuzugsortes,
2. § 16 Abs. 4 die Gemeinde, in der sich der Wahlberechtigte für eine Wohnung, bei mehreren Wohnungen für die Hauptwohnung, gemeldet hat,
3. § 16 Abs. 5 die Gemeinde der neuen Hauptwohnung.

§ 18[1] Verfahren für die Eintragung in das Wählerverzeichnis auf Antrag.

(1) [1]Der Antrag auf Eintragung in das Wählerverzeichnis ist schriftlich bis spätestens zum 21. Tage vor der Wahl bei der zuständigen Gemeindebehörde zu stellen. [2]Er muss den Familiennamen, die Vornamen, das Geburtsdatum und die genaue Anschrift des Wahlberechtigten enthalten. [3]Sammelanträge sind, abgesehen von den Fällen der Absätze 4 und 5, zulässig; sie müssen von allen aufgeführten Wahlberechtigten persönlich und handschriftlich unterzeichnet sein. [4]Ein Wahlberechtigter mit Behinderungen kann sich hierbei der Hilfe einer anderen Person bedienen; § 57 gilt entsprechend.

(2) [1]In den Fällen des § 16 Absatz 2 Nummer 1 sind Wahlberechtigte bis zum Wahltage im Wählerverzeichnis der Gemeinde zu führen, die nach § 17 Absatz 2 Nummer 2 oder 3 zuständig ist, auch wenn nach dem Stichtag eine Neuanmeldung bei einer anderen Meldebehörde des Wahlgebietes erfolgt. [2]Sie sind bei der Anmeldung entsprechend zu unterrichten.

(3) [1]In den Fällen des § 16 Absatz 2 Nummer 1 Buchstabe b ist der Bundeswahlleiter von der Eintragung in das Wählerverzeichnis unverzüglich zu unterrichten. [2]Erhält der Bundeswahlleiter Mitteilungen verschiedener Gemeindebehörden über die Eintragung desselben Antragstellers in das Wählerverzeichnis, so hat er diejenige Gemeindebehörde, deren Unterrichtung über die Eintragung in das Wählerverzeichnis nach der ersten Mitteilung eingeht, unverzüglich von der Eintragung des Wahlberechtigten in das Wählerverzeichnis der zuerst mitteilenden Gemeinde zu benachrichtigen. [3]Die vom Bundeswahlleiter benachrichtigte Gemeindebehörde hat den Wahlberechtigten im Wählerverzeichnis zu streichen.

(4) [1]In den Fällen des § 16 Absatz 2 Nummer 2 in Verbindung mit § 12 Absatz 2 Satz 1 Nummer 1 des Bundeswahlgesetzes[2] haben Wahlberechtigte im Antrag auf Eintragung in das Wählerverzeichnis nach Anlage 2 der Gemeindebehörde gegenüber zu versichern, dass die Voraussetzungen der Wahlberechtigung erfüllt sind und in keiner anderen Gemeinde im Wahlgebiet ein Antrag auf Eintragung in das Wählerverzeichnis gestellt wurde. [2]Die Schriftform des Antrags gilt auch durch Telefax, E-Mail oder durch sonstige dokumentierbare elektronische Übermittlung als gewahrt.

(5) In den Fällen des § 16 Absatz 2 Nummer 2 in Verbindung mit § 12 Absatz 2 Satz 1 Nummer 2 des Bundeswahlgesetzes hat der Wahlberechtigte in seinem

---

[1] § 18 Abs. 4 aufgeh. und Abs. 5 Satz 1 geänd. mWv 8.7.2005 durch VO v. 30.6.2005 (BGBl. I S. 1951); Abs. 1 Satz 2, Abs. 6 Satz 1 geänd. mWv 11.12.2008 durch VO v. 3.12.2008 (BGBl. I S. 2378); Abs. 1 Satz 2 geänd. mWv 18.5.2013 durch VO v. 13.5.2013 (BGBl. I S. 1255); Abs. 1 Satz 4 und Abs. 6 Satz 3 geänd., Abs. 6 Satz 1 neu gef. mWv 31.3.2017 durch VO v. 24.3.2017 (BGBl. I S. 585); Abs. 5 Satz 4 und Abs. 6 Satz 3 geänd. mWv 22.2.2020 durch VO v. 13.2.2020 (BGBl. I S. 199); Abs. 1 Satz 3 geänd., Abs. 2–4 neu gef., Abs. 5 Satz 1 geänd., Sätze 2–6 aufgeh., Abs. 5a eingef., Abs. 6 Sätze 3 und 4 neu gef., Satz 5 sowie Abs. 7 angef. mWv 18.9.2024 durch VO v. 12.9.2024 (BGBl. 2024 I Nr. 283).

[2] Nr. **30**.

Antrag auf Eintragung in das Wählerverzeichnis nach Anlage 2a der Gemeindebehörde gegenüber durch Abgabe einer Versicherung an Eides statt den Nachweis für seine Wahlberechtigung zu erbringen und zu erklären, dass er in keiner anderen Gemeinde im Wahlgebiet einen Antrag auf Eintragung in das Wählerverzeichnis gestellt hat.

(5a) [1] Vordrucke und Merkblätter für die Antragstellung nach § 16 Absatz 2 Nummer 2 können auch bei den diplomatischen und berufskonsularischen Vertretungen der Bundesrepublik Deutschland im Ausland, beim Bundeswahlleiter und bei den Kreiswahlleitern angefordert werden. [2] Bestehen Zweifel an Angaben des Antragstellers, hat die Gemeindebehörde den Sachverhalt unverzüglich aufzuklären. [3] Der Bundeswahlleiter ist von der Eintragung in das Wählerverzeichnis unverzüglich mit den Informationen des Antrags nach Anlage 2 oder Anlage 2a über den Antragsteller zu unterrichten. [4] Absatz 3 Satz 2 gilt entsprechend. [5] Die vom Bundeswahlleiter benachrichtigte Gemeindebehörde hat den Wahlberechtigten im Wählerverzeichnis zu streichen und ihn davon zu unterrichten.

(6) [1] Kehrt ein Wahlberechtigter nach § 12 Absatz 2 Satz 1 des Bundeswahlgesetzes in das Wahlgebiet zurück und meldet er sich dort nach dem Stichtag nach § 16 Absatz 1, aber vor Beginn der Einsichtsfrist für das Wählerverzeichnis nach § 17 Absatz 1 Satz 2 Bundeswahlgesetz für eine Wohnung an, so wird er in das Wählerverzeichnis der Gemeinde des Zuzugsortes nur auf Antrag nach Anlage 1 eingetragen, mit dem er der Gemeindebehörde gegenüber durch Abgabe einer Versicherung an Eides statt den Nachweis für seine Wahlberechtigung erbringt und erklärt, dass er noch keinen anderen Antrag auf Eintragung in das Wählerverzeichnis gestellt hat. [2] Der Wahlberechtigte ist bei der Anmeldung darüber zu belehren. [3] Die Gemeindebehörde hat den Bundeswahlleiter unverzüglich von der Eintragung eines solchen Wahlberechtigten in das Wählerverzeichnis mit den Informationen des Antrages nach Anlage 1 über den Antragsteller, auf der die Eintragung in das Wählerverzeichnis vermerkt ist, zu unterrichten. [4] Absatz 3 Satz 2 gilt entsprechend. [5] Die vom Bundeswahlleiter benachrichtigte Gemeindebehörde hat den Wahlberechtigten im Wählerverzeichnis zu streichen und ihn davon zu unterrichten.

(7) [1] Die Unterrichtungen nach Absatz 3 Satz 1, Absatz 5a Satz 3 und Absatz 6 Satz 3 erfolgen durch elektronische Übermittlung in einem durch den Bundeswahlleiter zur Verfügung gestellten Verfahren. [2] Es sind geeignete technische und organisatorische Maßnahmen zum Schutz vor unbefugtem Zugriff auf die Daten zu treffen.

§ 19[1)] Benachrichtigung der Wahlberechtigten. (1) [1] Spätestens am Tage vor der Bereithaltung des Wählerverzeichnisses zur Einsichtnahme benachrichtigt die Gemeindebehörde jeden Wahlberechtigten, der in das Wählerverzeichnis eingetragen ist, nach dem Muster der Anlage 3. [2] Die äußerlich als amtliche Wahlunterlage erkennbare Mitteilung soll enthalten

1. den Familiennamen, die Vornamen und die Wohnung des Wahlberechtigten,
2. die Angabe des Wahlraumes und ob dieser barrierefrei ist,
3. die Angabe der Wahlzeit,

[1)] § 19 Abs. 4 angef. mWv 31.8.2002 durch VO v. 27.8.2002 (BGBl. I S. 3429); Abs. 1 Satz 2 Nr. 1 und 2 geänd., Nr. 7 eingef., bish. Nr. 7 wird Nr. 8, Abs. 2 geänd. mWv 18.5.2013 durch VO v. 13.5.2013 (BGBl. I S. 1255); Abs. 1 Satz 2 Nr. 5a eingef. mWv 31.3.2017 durch VO v. 24.3.2017 (BGBl. I S. 585); Abs. 1 Satz 2 einl. Satzteil geänd. mWv 18.9.2024 durch VO v. 12.9.2024 (BGBl. 2024 I Nr. 283).

4. die Nummer, unter der der Wahlberechtigte in das Wählerverzeichnis eingetragen ist,
5. die Aufforderung, die Wahlbenachrichtigung zur Wahl mitzubringen und den Personalausweis oder Reisepass bereitzuhalten,

5a. die Belehrung, dass nach § 14 Absatz 4 des Bundeswahlgesetzes[1)] jeder Wahlberechtigte sein Wahlrecht nur einmal und nur persönlich ausüben kann,

6. die Belehrung, dass die Wahlbenachrichtigung einen Wahlschein nicht ersetzt und daher nicht zur Wahl in einem anderen als dem angegebenen Wahlraum berechtigt,
7. einen Hinweis, wo Wahlberechtigte Informationen über barrierefreie Wahlräume und Hilfsmittel erhalten können,
8. die Belehrung über die Beantragung eines Wahlscheines und über die Übersendung von Briefwahlunterlagen. Sie muss mindestens Hinweise darüber enthalten,
   a) dass der Wahlscheinantrag nur auszufüllen ist, wenn der Wahlberechtigte in einem anderen Wahlraum seines Wahlkreises oder durch Briefwahl wählen will,
   b) unter welchen Voraussetzungen ein Wahlschein erteilt wird (§ 25 Abs. 1 und § 27 Abs. 4 Satz 3) und
   c) dass der Wahlschein von einem anderen als dem Wahlberechtigten nur beantragt werden kann, wenn die Berechtigung zur Antragstellung durch Vorlage einer schriftlichen Vollmacht nachgewiesen wird (§ 27 Abs. 3).

[3] Erfolgt die Eintragung eines Wahlberechtigten, der nach § 16 Abs. 2 bis 5 auf Antrag in das Wählerverzeichnis eingetragen wird, nach der Versendung der Benachrichtigungen gemäß Satz 1, hat dessen Benachrichtigung unverzüglich nach der Eintragung zu erfolgen.

(2) Auf die Rückseite der Benachrichtigung nach Absatz 1 ist ein Vordruck für einen Antrag auf Ausstellung eines Wahlscheines mit Briefwahlunterlagen nach dem Muster der Anlage 4 aufzudrucken.

(3) Auf Wahlberechtigte, die nach § 16 Abs. 2 nur auf Antrag in das Wählerverzeichnis eingetragen werden und bereits einen Wahlschein und Briefwahlunterlagen beantragt haben, finden die Absätze 1 und 2 keine Anwendung.

(4) [1] Stellt ein Landeswahlleiter fest, dass die fristgemäße Benachrichtigung nach Absatz 1 infolge von Naturkatastrophen oder ähnlichen Ereignissen höherer Gewalt gestört ist, bestimmt er, dass sie in dem betroffenen Gebiet später erfolgen kann. [2] Wenn zu besorgen ist, dass die Benachrichtigung nach Absatz 1 nicht bis zum sechsten Tag vor der Wahl erfolgen kann, bestimmt er, dass die Wahlberechtigten in anderer geeigneter Weise über die Angaben nach Absatz 1 Satz 2 Nr. 2, 3, 5 bis 7 zu benachrichtigen sind. [3] Der Landeswahlleiter kann hierzu im Einzelfall ergänzende Regelungen zur Anpassung an die besonderen Verhältnisse treffen. [4] Er macht die Gründe für die Störung, das betroffene Gebiet, die von ihm für den Einzelfall getroffenen Regelungen und die Art der Benachrichtigung in geeigneter Weise bekannt

[1)] Nr. **30**.

§ 20[1] Bekanntmachung über das Recht auf Einsicht in das Wählerverzeichnis und die Erteilung von Wahlscheinen. (1) Die Gemeindebehörde macht spätestens am 24. Tage vor der Wahl nach dem Muster der Anlage 5 öffentlich bekannt,

1. von wem, zu welchen Zwecken und unter welchen Voraussetzungen, wo, wie lange und zu welchen Tagesstunden das Wählerverzeichnis eingesehen werden kann und ob der Ort der Einsichtnahme barrierefrei ist,
2. dass bei der Gemeindebehörde innerhalb der Einsichtsfrist schriftlich oder durch Erklärung zur Niederschrift Einspruch gegen das Wählerverzeichnis eingelegt werden kann (§ 22),
3. dass Wahlberechtigten, die in das Wählerverzeichnis eingetragen sind, bis spätestens zum 21. Tage vor der Wahl eine Wahlbenachrichtigung zugeht und dass Wahlberechtigte, die nur auf Antrag in das Wählerverzeichnis eingetragen werden und bereits einen Wahlschein mit Briefwahlunterlagen beantragt haben, keine Wahlbenachrichtigung erhalten,
4. wo, in welcher Zeit und unter welchen Voraussetzungen Wahlscheine beantragt werden können (§§ 25 ff.),
5. wie durch Briefwahl gewählt wird (§ 66).

(2) [1] Die diplomatischen Vertretungen der Bundesrepublik Deutschland im Ausland machen unverzüglich nach der Bestimmung des Wahltages öffentlich bekannt,

1. unter welchen Voraussetzungen im Ausland lebende Deutsche an der Wahl zum Deutschen Bundestag teilnehmen können,
2. wo, in welcher Form und in welcher Frist dieser Personenkreis, um an der Wahl teilnehmen zu können, die Eintragung in ein Wählerverzeichnis in der Bundesrepublik Deutschland beantragen muss.

[2] Die Bekanntmachung ist nach Anlage 6 auf den Internetseiten der Botschaften und Berufskonsulate vorzunehmen und bis zum Ablauf des Wahltages bereitzustellen. [3] Der Inhalt der Bekanntmachung wird zusätzlich auf der Internetseite des Auswärtigen Amtes veröffentlicht. [4] Kann die Bekanntmachung in begründeten Einzelfällen nicht erfolgen oder erscheint sie nicht gerechtfertigt, so ist sie durch Aushang im Dienstgebäude der Vertretung und, soweit möglich, durch Unterrichtung der einzelnen bekannten Betroffenen vorzunehmen.

§ 21[2] Einsicht in das Wählerverzeichnis. (1) [1] Die Gemeindebehörde hält das Wählerverzeichnis mindestens am Ort der Gemeindeverwaltung an den Werktagen vom 20. bis zum 16. Tag vor der Wahl während der allgemeinen Öffnungszeiten zur Einsichtnahme bereit. [2] Wird das Wählerverzeichnis im automatisierten Verfahren geführt, kann die Einsichtnahme durch ein Datensichtgerät ermöglicht werden. [3] Es ist sicherzustellen, dass Bemerkungen (§ 23 Abs. 3) im Klartext gelesen werden können. [4] Das Datensichtgerät darf nur von einem Bediensteten der Gemeindebehörde bedient werden.

(2) (weggefallen)

---

[1] § 20 Abs. 1 Nr. 1 geänd. mWv 18.5.2013 durch VO v. 13.5.2013 (BGBl. I S. 1255); Abs. 2 Satz 1 einl. Satzteil geänd., Satz 2 neu gef. mWv 31.3.2017 durch VO v. 24.3.2017 (BGBl. I S. 585); Abs. 2 Satz 2 neu gef., Satz 3 eingef., bish. Satz 3 wird Satz 4 mWv 18.9.2024 durch VO v. 12.9.2024 (BGBl. 2024 I Nr. 283).

[2] § 21 Abs. 1 Satz 1 geänd. mWv 18.9.2024 durch VO v. 12.9.2024 (BGBl. 2024 I Nr. 283).

(3) [1]Innerhalb der Einsichtsfrist ist das Anfertigen von Auszügen aus dem Wählerverzeichnis durch Wahlberechtigte zulässig, soweit dies im Zusammenhang mit der Prüfung des Wahlrechts einzelner bestimmter Personen steht. [2]Die Auszüge dürfen nur für diesen Zweck verwendet und unbeteiligten Dritten nicht zugänglich gemacht werden.

§ 22[1)] Einspruch gegen das Wählerverzeichnis und Beschwerde. (1) Wer das Wählerverzeichnis für unrichtig oder unvollständig hält, kann innerhalb der Einsichtsfrist Einspruch einlegen.

(2) [1]Der Einspruch ist schriftlich oder zur Niederschrift bei der Gemeindebehörde einzulegen. [2]Soweit die behaupteten Tatsachen nicht offenkundig sind, hat der Einspruchsführer die erforderlichen Beweismittel beizubringen. [3]Ein Wahlberechtigter mit Behinderungen kann sich hierbei der Hilfe einer anderen Person bedienen; § 57 gilt entsprechend.

(3) Will die Gemeindebehörde einem Einspruch gegen die Eintragung eines anderen stattgeben, so hat sie diesem vor der Entscheidung Gelegenheit zur Äußerung zu geben.

(4) [1]Die Gemeindebehörde hat ihre Entscheidung dem Einspruchsführer und dem Betroffenen spätestens am 10. Tage vor der Wahl zuzustellen und auf den zulässigen Rechtsbehelf hinzuweisen. [2]Einem auf Eintragung gerichteten Einspruch gibt die Gemeindebehörde in der Weise statt, dass sie dem Wahlberechtigten nach Berichtigung des Wählerverzeichnisses die Wahlbenachrichtigung zugehen lässt. [3]In den Fällen des § 18 Absatz 3 bis 6 unterrichtet sie unverzüglich die zuständigen Stellen von der Eintragung.

(5) [1]Gegen die Entscheidung der Gemeindebehörde kann binnen zwei Tagen nach Zustellung Beschwerde an den Kreiswahlleiter eingelegt werden. [2]Die Beschwerde ist schriftlich oder zur Niederschrift bei der Gemeindebehörde einzulegen; Absatz 2 Satz 3 gilt entsprechend. [3]Die Gemeindebehörde legt die Beschwerde mit den Vorgängen unverzüglich dem Kreiswahlleiter vor. [4]Der Kreiswahlleiter hat über die Beschwerde spätestens am vierten Tage vor der Wahl zu entscheiden; Absatz 3 gilt entsprechend. [5]Die Beschwerdeentscheidung ist den Beteiligten und der Gemeindebehörde bekannt zu geben. [6]Sie ist vorbehaltlich anderer Entscheidung im Wahlprüfungsverfahren endgültig.

§ 23[2)] Berichtigung des Wählerverzeichnisses. (1) [1]Nach Beginn der Einsichtsfrist ist die Eintragung oder Streichung von Personen sowie die Vornahme sonstiger Änderungen im Wählerverzeichnis nur noch auf rechtzeitigen Einspruch zulässig. [2]§ 16 Absatz 2 bis 5, § 18 Absatz 3 Satz 3, Absatz 5a Satz 5 und Absatz 6 Satz 4 sowie § 30 bleiben unberührt.

(2) [1]Ist das Wählerverzeichnis offensichtlich unrichtig oder unvollständig, so kann die Gemeindebehörde den Mangel auch von Amts wegen beheben. [2]Dies gilt nicht für Mängel, die Gegenstand eines Einspruchsverfahrens sind. [3]§ 22 Abs. 3 bis 5 gilt entsprechend. [4]Die Frist für die Zustellung der Entscheidung (§ 22 Abs. 4 Satz 1) und für die Beschwerdeentscheidung (§ 22 Abs. 5 Satz 4) gilt nur, wenn die von Amts wegen behebbaren Mängel vor dem zwölften Tage vor der Wahl bekannt werden.

[1)] § 22 Abs. 2 Satz 3 angef. mWv 22.2.2020 durch VO v. 13.2.2020 (BGBl. I S. 199); Abs. 4 Satz 3 und Abs. 5 Satz 2 geänd. mWv 18.9.2024 durch VO v. 12.9.2024 (BGBl. 2024 I Nr. 283).

[2)] § 23 Abs. 1 Satz 2 geänd. mWv 18.9.2024 durch VO v. 12.9.2024 (BGBl. 2024 I Nr. 283).

(3) Alle vom Beginn der Einsichtsfrist ab vorgenommenen Änderungen sind in der Spalte „Bemerkungen" zu erläutern und mit Datum und Unterschrift des vollziehenden Bediensteten, im automatisierten Verfahren anstelle der Unterschrift mit einem Hinweis auf den verantwortlichen Bediensteten zu versehen.

(4) Nach Abschluss des Wählerverzeichnisses können Änderungen mit Ausnahme der in Absatz 2 und § 53 Abs. 2 vorgesehenen Berichtigungen nicht mehr vorgenommen werden.

§ 24 Abschluss des Wählerverzeichnisses. (1) [1] Das Wählerverzeichnis ist spätestens am Tage vor der Wahl, jedoch nicht früher als am dritten Tage vor der Wahl, durch die Gemeindebehörde abzuschließen. [2] Sie stellt dabei die Zahl der Wahlberechtigten des Wahlbezirks fest. [3] Der Abschluss wird nach dem Muster der Anlage 8 beurkundet. [4] Bei automatisierter Führung des Wählerverzeichnisses ist vor der Beurkundung ein Ausdruck herzustellen.

(2) Wählerverzeichnisse mehrerer Gemeinden oder Gemeindeteile, die zu einem Wahlbezirk vereinigt sind, werden von der Gemeindebehörde, die die Wahl im Wahlbezirk durchführt, zum Wählerverzeichnis des Wahlbezirks verbunden und abgeschlossen.

Dritter Unterabschnitt. Wahlscheine

§ 25[1] Voraussetzungen für die Erteilung von Wahlscheinen. (1) Ein Wahlberechtigter, der in das Wählerverzeichnis eingetragen ist, erhält auf Antrag einen Wahlschein.

(2) Ein Wahlberechtigter, der nicht in das Wählerverzeichnis eingetragen ist, erhält auf Antrag einen Wahlschein,

1. wenn er nachweist, dass er ohne Verschulden die Antragsfrist nach § 18 Abs. 1 oder die Einspruchsfrist nach § 22 Abs. 1 versäumt hat,
2. wenn sein Recht auf Teilnahme an der Wahl erst nach Ablauf der Fristen nach § 18 Abs. 1 oder § 22 Abs. 1 entstanden ist,
3. wenn sein Wahlrecht im Einspruchsverfahren festgestellt worden und die Feststellung erst nach Abschluss des Wählerverzeichnisses zur Kenntnis der Gemeindebehörde gelangt ist.

§ 26 Zuständige Behörde, Form des Wahlscheines. Der Wahlschein wird nach dem Muster der Anlage 9 von der Gemeindebehörde erteilt, in deren Wählerverzeichnis der Wahlberechtigte eingetragen ist oder hätte eingetragen werden müssen.

§ 27[2] Wahlscheinanträge. (1) [1] Die Erteilung eines Wahlscheines kann schriftlich oder mündlich bei der Gemeindebehörde beantragt werden. [2] Die Schriftform gilt auch durch Telefax, E-Mail oder durch sonstige dokumentierbare elektronische Übermittlung als gewahrt. [3] Eine telefonische Antragstellung ist unzulässig. [4] Ein Wahlberechtigter mit Behinderungen kann sich bei der Antragstellung der Hilfe einer anderen Person bedienen; § 57 gilt entsprechend.

---

[1] § 25 Abs. 1 neu gef. mWv 11.12.2008 durch VO v. 3.12.2008 (BGBl. I S. 2378).

[2] § 27 Abs. 1 Sätze 2 und 3 geänd., Abs. 2 neu gef. mWv 11.12.2008 durch VO v. 3.12.2008 (BGBl. I S. 2378); Abs. 2 geänd. mWv 18.5.2013 durch VO v. 13.5.2013 (BGBl. I S. 1255); Abs. 1 Satz 4 geänd. mWv 31.3.2017 durch VO v. 24.3.2017 (BGBl. I S. 585); Abs. 1 Satz 2 und Abs. 4 Satz 1 geänd. mWv 18.9.2024 durch VO v. 12.9.2024 (BGBl. 2024 I Nr. 283).

(2) Der Antragsteller muss den Familiennamen, die Vornamen, das Geburtsdatum und seine Wohnanschrift (Straße, Hausnummer, Postleitzahl, Ort) angeben.

(3) Wer den Antrag für einen anderen stellt, muss durch Vorlage einer schriftlichen Vollmacht nachweisen, dass er dazu berechtigt ist.

(4) [1] Wahlscheine können bis zum zweiten Tage vor der Wahl, 15.00 Uhr, beantragt werden. [2] In den Fällen des § 25 Abs. 2 können Wahlscheine noch bis zum Wahltage, 15.00 Uhr, beantragt werden. [3] Gleiches gilt, wenn bei nachgewiesener plötzlicher Erkrankung der Wahlraum nicht oder nur unter nicht zumutbaren Schwierigkeiten aufgesucht werden kann; in diesem Fall hat die Gemeindebehörde vor Erteilung des Wahlscheines den für den Wahlbezirk des Wahlberechtigten zuständigen Wahlvorsteher davon zu unterrichten, der entsprechend § 53 Abs. 2 zu verfahren hat.

(5) Bei Wahlberechtigten, die nach § 16 Abs. 2 nur auf Antrag in das Wählerverzeichnis eingetragen werden, gilt der Antrag zugleich als Antrag auf Erteilung eines Wahlscheines, es sei denn, der Wahlberechtigte will vor dem Wahlvorstand seines Wahlbezirks wählen.

(6) Verspätet eingegangene schriftliche Anträge sind unbearbeitet mit den dazugehörigen Briefumschlägen zu verpacken und vorläufig aufzubewahren.

§ 28[1] Erteilung von Wahlscheinen. (1) Wahlscheine dürfen nicht vor Zulassung der Wahlvorschläge durch den Landes- und den Kreiswahlausschuss nach den §§ 26 und 28 des Bundeswahlgesetzes[2] erteilt werden.

(2) [1] Der Wahlschein muss von dem mit der Erteilung beauftragten Bediensteten eigenhändig unterschrieben werden und mit dem Dienstsiegel versehen sein. [2] Das Dienstsiegel kann eingedruckt werden. [3] Wird der Wahlschein mit Hilfe automatischer Einrichtungen erstellt, kann abweichend von Satz 1 die Unterschrift fehlen; stattdessen kann der Name des beauftragten Bediensteten eingedruckt werden.

(3) [1] Dem Wahlschein sind beizufügen

1. ein amtlicher Stimmzettel des Wahlkreises nach dem Muster der Anlage 26,
2. ein amtlicher Stimmzettelumschlag nach dem Muster der Anlage 10,
3. ein amtlicher Wahlbriefumschlag nach dem Muster der Anlage 11, auf dem die vollständige Anschrift, wohin der Wahlbrief zu übersenden ist (Wahlbriefempfänger gemäß § 66 Absatz 2), sowie die Bezeichnung der Gemeindebehörde, die den Wahlschein ausgestellt hat (Ausgabestelle), und die Wahlscheinnummer oder der Wahlbezirk von der Ausgabestelle voreingetragen sind, und
4. ein Merkblatt zur Briefwahl nach dem Muster der Anlage 12.

[2] Satz 1 gilt nicht in den Fällen des § 29 Absatz 1.

(4) [1] Wahlschein und Briefwahlunterlagen werden äußerlich erkennbar als amtliche Wahlunterlagen gekennzeichnet und dem Wahlberechtigten an seine Wohnanschrift übersandt oder amtlich überbracht, soweit sich aus dem Antrag keine andere Anschrift oder die Abholung der Unterlagen ergibt. [2] Wird die Versendung an eine andere Anschrift in einer Form nach § 27 Absatz 1 Satz 2 beantragt, gehört

---

[1] § 28 Abs. 1 und 3 Satz 1 geänd., Abs. 1 Satz 2, Abs. 4 und 5 neu gef., Abs. 7 Satz 1 und Abs. 8 Satz 4 *geänd. mWv 11.12.2008* durch VO v. 3.12.2008 (BGBl. I S. 2378); Abs. 3 Satz 1 Nr. 3 und Satz 2 geänd., Abs. 4 Satz 2 eingef., bish. Sätze 2 und 3 werden Sätze 3 und 4 mWv 18.5.2013 durch VO v. 13.5.2013 (BGBl. I S. 1255); Abs. 4 Satz 1 und Abs. 7 Satz 2 geänd., Abs. 10 Satz 1 aufgeh., bish. Satz 2 wird alleiniger Wortlaut und neu gef. mWv 18.9.2024 durch VO v. 12.9.2024 (BGBl. 2024 I Nr. 283).

[2] Nr. **30**.

zur Versendung der Briefwahlunterlagen die gleichzeitige Versendung einer Mitteilung an die Wohnanschrift. [3] Postsendungen sind von der Gemeindebehörde freizumachen. [4] Die Gemeindebehörde übersendet dem Wahlberechtigten Wahlschein und Briefwahlunterlagen mit Luftpost, wenn sich aus seinem Antrag ergibt, dass er aus einem außereuropäischen Gebiet wählen will, oder wenn dieses sonst geboten erscheint.

(5) [1] Holt der Wahlberechtigte persönlich den Wahlschein und die Briefwahlunterlagen bei der Gemeindebehörde ab, so soll ihm Gelegenheit gegeben werden, die Briefwahl an Ort und Stelle auszuüben. [2] Es ist sicherzustellen, dass der Stimmzettel unbeobachtet gekennzeichnet und in den Stimmzettelumschlag gelegt werden kann. [3] An einen anderen als den Wahlberechtigten persönlich dürfen Wahlschein und Briefwahlunterlagen nur ausgehändigt werden, wenn die Berechtigung zur Empfangnahme durch Vorlage einer schriftlichen Vollmacht nachgewiesen wird. [4] § 27 Abs. 1 Satz 4 gilt entsprechend. [5] Von der Vollmacht kann nur Gebrauch gemacht werden, wenn die bevollmächtigte Person nicht mehr als vier Wahlberechtigte vertritt; dies hat sie der Gemeindebehörde vor der Empfangnahme der Unterlagen schriftlich zu versichern. [6] Auf Verlangen hat sich die bevollmächtigte Person auszuweisen.

(6) [1] Über die erteilten Wahlscheine führt die Gemeindebehörde ein Wahlscheinverzeichnis, in dem die Fälle des § 25 Abs. 1 und die des Absatzes 2 getrennt gehalten werden. [2] Das Verzeichnis wird als Liste oder als Sammlung der Durchschriften der Wahlscheine geführt. [3] Auf dem Wahlschein wird die Nummer eingetragen, unter der er im Wahlscheinverzeichnis vermerkt ist, sowie die Nummer, unter der der Wahlberechtigte im Wählerverzeichnis geführt wird, oder der vorgesehene Wahlbezirk. [4] Bei nicht in das Wählerverzeichnis eingetragenen Wahlberechtigten wird auf dem Wahlschein vermerkt, dass dessen Erteilung nach § 25 Abs. 2 erfolgt ist und welchem Wahlbezirk der Wahlberechtigte zugeordnet wird. [5] Werden nach Abschluss des Wählerverzeichnisses noch Wahlscheine erteilt, so ist darüber ein besonderes Verzeichnis nach den Sätzen 1 bis 3 zu führen.

(7) [1] Wird einem Wahlberechtigten ein Wahlschein nach § 25 Abs. 2 erteilt, hat die Gemeindebehörde bei Wahlberechtigten nach § 12 Abs. 2 Satz 1 des Bundeswahlgesetzes unverzüglich den Bundeswahlleiter zu unterrichten. [2] § 18 Absatz 5a Satz 4 und 5 gilt entsprechend.

(8) [1] Wird ein Wahlberechtigter, der bereits einen Wahlschein erhalten hat, im Wählerverzeichnis gestrichen, so ist der Wahlschein für ungültig zu erklären. [2] Die Gemeindebehörde führt darüber ein Verzeichnis, in das der Name des Wahlberechtigten und die Nummer des für ungültig erklärten Wahlscheines aufzunehmen ist; sie hat das Wahlscheinverzeichnis zu berichtigen. [3] Die Gemeindebehörde verständigt den Kreiswahlleiter, der alle Wahlvorstände des Wahlkreises über die Ungültigkeit des Wahlscheines unterrichtet. [4] In den Fällen des § 39 Abs. 5 des Bundeswahlgesetzes ist im Wahlscheinverzeichnis und im Verzeichnis der für ungültig erklärten Wahlscheine in geeigneter Form zu vermerken, dass die Stimme eines Wählers, der bereits an der Briefwahl teilgenommen hat, nicht ungültig ist.

(9) [1] Nach Abschluss des Wählerverzeichnisses übersendet die Gemeindebehörde, sofern sie nicht selbst oder eine andere Gemeindebehörde oder die Verwaltungsbehörde des Kreises für die Durchführung der Briefwahl zuständig ist, dem Kreiswahlleiter auf schnellstem Wege das Verzeichnis nach Absatz 8 Satz 2 und Nachträge zu diesem Verzeichnis oder eine Mitteilung, dass Wahlscheine nicht für ungültig erklärt worden sind, so rechtzeitig, dass sie dort spätestens am Wahltage vormittags eingehen. [2] Ist eine andere Gemeindebehörde nach § 7 Nr. 3 mit der Durchführung der Briefwahl betraut worden oder ist die Verwaltungsbehörde des

Kreises zuständig, hat die Gemeindebehörde das Verzeichnis und die Nachträge oder eine Mitteilung entsprechend Satz 1 der beauftragten Gemeindebehörde oder der Verwaltungsbehörde des Kreises zu übersenden.

(10) Versichert ein Wahlberechtigter glaubhaft, dass ihm der beantragte Wahlschein nicht zugegangen ist oder er ihn verloren hat, kann ihm bis zum Tage vor der Wahl, 12.00 Uhr, ein neuer Wahlschein erteilt werden; Absatz 8 Satz 1 bis 3 und Absatz 9 gelten entsprechend.

§ 29[1)] Erteilung von Wahlscheinen an bestimmte Personengruppen.

(1) [1] Die Gemeindebehörde fordert spätestens am achten Tage vor der Wahl von den Leitungen

1. der Einrichtungen, für die ein Sonderwahlbezirk gebildet worden ist (§ 13),
2. der kleineren Krankenhäuser, kleineren Alten- oder Pflegeheime, Klöster, sozialtherapeutischen Anstalten und Justizvollzugsanstalten, für deren Wahlberechtigte die Stimmabgabe vor einem beweglichen Wahlvorstand vorgesehen ist (§§ 8 und 62 bis 64),

ein Verzeichnis der wahlberechtigten Personen aus der Gemeinde, die sich in der Einrichtung befinden oder dort beschäftigt sind und die am Wahltage in der Einrichtung wählen wollen. [2] Sie erteilt diesen Wahlberechtigten Wahlscheine ohne Briefwahlunterlagen und übersendet sie unmittelbar an diese.

(2) Die Gemeindebehörde veranlasst die Leitungen der Einrichtungen spätestens am 13. Tage vor der Wahl,

1. die wahlberechtigten Personen, die sich in der Einrichtung befinden oder dort beschäftigt sind und die in Wählerverzeichnissen anderer Gemeinden des gleichen Wahlkreises geführt werden, zu verständigen, dass sie in der Einrichtung nur wählen können, wenn sie sich von der Gemeindebehörde, in deren Wählerverzeichnis sie eingetragen sind, einen Wahlschein beschafft haben,
2. die wahlberechtigten Personen, die sich in der Einrichtung befinden oder dort beschäftigt sind und die in Wählerverzeichnissen von Gemeinden anderer Wahlkreise geführt werden, zu verständigen, dass sie ihr Wahlrecht nur durch Briefwahl in ihrem Heimatwahlkreis ausüben können und sich dafür von der Gemeindebehörde, in deren Wählerverzeichnis sie eingetragen sind, einen Wahlschein mit Briefwahlunterlagen beschaffen müssen.

(3) Die Gemeindebehörde ersucht spätestens am 13. Tage vor der Wahl die Truppenteile, die ihren Standort im Gemeindegebiet haben, die wahlberechtigten Soldaten entsprechend Absatz 2 Nr. 2 zu verständigen.

§ 30 Vermerk im Wählerverzeichnis. Hat ein Wahlberechtigter einen Wahlschein erhalten, so wird im Wählerverzeichnis in der Spalte für den Vermerk über die Stimmabgabe „Wahlschein" oder „W" eingetragen.

§ 31 Einspruch gegen die Versagung des Wahlscheines und Beschwerde.

[1] Wird die Erteilung eines Wahlscheines versagt, so kann dagegen Einspruch eingelegt werden. [2] § 22 Abs. 2, 4 und 5 gilt entsprechend. [3] Die Frist für die Zustellung der Entscheidung (§ 22 Abs. 4 Satz 1) und für die Beschwerdeentscheidung (§ 22 Abs. 5 Satz 4) gilt nur, wenn der Einspruch vor dem zwölften Tage vor der Wahl eingelegt worden ist.

---

1) § 29 Abs. 1 Satz 2 neu gef. mWv 11.12.2008 durch VO v. 3.12.2008 (BGBl. I S. 2378).

Vierter Unterabschnitt. Wahlvorschläge, Stimmzettel

§ 32[1)] Aufforderung zur Einreichung von Wahlvorschlägen. [1] Nachdem der Wahltag bestimmt ist, fordern die Kreis- und Landeswahlleiter durch öffentliche Bekanntmachung zur möglichst frühzeitigen Einreichung der Wahlvorschläge auf und weisen auf die Voraussetzungen für die Einreichung von Wahlvorschlägen nach § 18 Abs. 2 des Bundeswahlgesetzes[2)] hin. [2] Sie geben bekannt, wo und bis zu welchem Zeitpunkt die Anzeigen nach § 18 Abs. 2 des Bundeswahlgesetzes und die Wahlvorschläge eingereicht werden müssen und weisen auf die Bestimmungen über Inhalt und Form der Wahlvorschläge, auf die Zahl der in bestimmten Fällen beizubringenden Unterschriften und Nachweise sowie auf die mit den Wahlvorschlägen vorzulegenden Erklärungen, Niederschriften und Versicherungen hin (§§ 20, 21 und 27 des Bundeswahlgesetzes).

§ 33[3)] Beteiligungsanzeige der in § 18 Abs. 2 des Bundeswahlgesetzes[2)] genannten Parteien, Beseitigung von Mängeln. (1) [1] Der Bundeswahlleiter vermerkt auf jeder Beteiligungsanzeige den Tag des Eingangs und prüft unverzüglich, ob sie den Anforderungen des Bundeswahlgesetzes entspricht. [2] Stellt er Mängel fest, so benachrichtigt er sofort den Vorstand der Partei und fordert ihn auf, behebbare Mängel rechtzeitig zu beseitigen; dabei hat er darauf hinzuweisen, dass nach der Bestimmung des § 18 Abs. 3 des Bundeswahlgesetzes

1. nach Ablauf der Anzeigefrist nur noch Mängel an sich gültiger Anzeigen behoben werden können,
2. nach der Entscheidung über die Feststellung der Parteieigenschaft jede Mängelbeseitigung ausgeschlossen ist,
3. der Vorstand der Partei gegen Verfügungen des Bundeswahlleiters den Bundeswahlausschuss anrufen kann.

(2) [1] Der Bundeswahlleiter lädt die Vereinigungen, die ihre Beteiligung an der Wahl angezeigt haben, zu der Sitzung, in der über ihre Anerkennung als Partei für die Wahl entschieden wird. [2] In der Ladung weist er auf die Bekanntgabe der Entscheidung in der Sitzung und die Rechtsfolgen hin. [3] Er legt dem Bundeswahlausschuss die Beteiligungsanzeigen vor und berichtet über das Ergebnis der Vorprüfung. [4] Geben die Namen mehrerer Parteien oder deren Kurzbezeichnungen zu Verwechselungen Anlass, so legt der Bundeswahlausschuss eine Unterscheidungsbezeichnung fest, die einem oder mehreren Wahlvorschlägen bei Zulassung beizufügen ist. [5] Vor der Beschlussfassung ist den erschienenen Beteiligten Gelegenheit zur Äußerung zu geben.

(3) [1] Im Anschluss an die Feststellung nach § 18 Abs. 4 des Bundeswahlgesetzes gibt der Bundeswahlleiter die Entscheidung des Bundeswahlausschusses in der Sitzung unter kurzer Angabe der Gründe bekannt. [2] Ist eine Partei oder Vereinigung wegen der Feststellung an der Einreichung von Wahlvorschlägen gehindert, weist er dabei auf den Rechtsbehelf der Beschwerde nach § 18 Absatz 4a des Bundeswahlgesetzes, die hierfür geltende Frist und die Rechtsfolgen einer Be-

---

[1)] § 32 Abs. 1 Sätze 1 und 2, Abs. 2 geänd. mWv 11.12.2008 durch VO v. 3.12.2008 (BGBl. I S. 2378); Absatzbez. (1) und Abs. 2 aufgeh. mWv 18.5.2013 durch VO v. 13.5.2013 (BGBl. I S. 1255).

[2)] Nr. **30**.

[3)] § 33 Überschrift, Abs. 1 Sätze 1 und 2, Abs. 3 Satz 1 geänd. mWv 11.12.2008 durch VO v. 3.12.2008 (BGBl. I S. 2378); Abs. 2 Satz 2 eingef., bish. Sätze 2 und 3 werden Sätze 3 und 4, Abs. 3 Satz 2 eingef., bish. Satz 2 wird Satz 3, Abs. 4 angef. mWv 18.5.2013 durch VO v. 13.5.2013 (BGBl. I S. 1255); Abs. 2 Satz 4 eingef., bish. Satz 4 wird Satz 5 mWv 18.9.2024 durch VO v. 12.9.2024 (BGBl. 2024 I Nr. 283).

schwerde hin. [3]Die Entscheidung ist vom Bundeswahlleiter öffentlich bekanntzumachen.

(4) [1]Die Niederschrift über die Sitzung (§ 5 Absatz 7) ist unverzüglich auszufertigen. [2]In der Niederschrift sind die tragenden Gründe darzustellen. [3]Der Bundeswahlleiter übermittelt Parteien oder Vereinigungen, die durch die Feststellung des Bundeswahlausschusses an der Einreichung von Wahlvorschlägen gehindert sind, unverzüglich, spätestens am Tag nach der Sitzung des Bundeswahlausschusses auf schnellstem Wege eine Ausfertigung des sie betreffenden Teils der Niederschrift mit den nach Absatz 3 Satz 2 erforderlichen Hinweisen.

§ 34[1)] Inhalt und Form der Kreiswahlvorschläge. (1) [1]Der Kreiswahlvorschlag soll nach dem Muster der Anlage 13 eingereicht werden. [2]Er muss enthalten

1. den Familiennamen, die Vornamen, den Beruf oder Stand, das Geburtsdatum, den Geburtsort und die Anschrift (Hauptwohnung) des Bewerbers,
2. den Namen der einreichenden Partei und, sofern sie eine Kurzbezeichnung verwendet, auch diese, bei anderen Kreiswahlvorschlägen (§ 20 Abs. 3 des Bundeswahlgesetzes[2)]) deren Kennwort.

[3]Er soll ferner Namen, Anschrift, Telefonnummer und E-Mail-Adresse der Vertrauensperson und der stellvertretenden Vertrauensperson enthalten.

(2) [1]Kreiswahlvorschläge von Parteien sind von mindestens drei Mitgliedern des Vorstandes des Landesverbandes, darunter dem Vorsitzenden oder seinem Stellvertreter, persönlich und handschriftlich zu unterzeichnen. [2]Hat eine Partei in einem Land keinen Landesverband oder keine einheitliche Landesorganisation, so müssen die Kreiswahlvorschläge von den Vorständen der nächstniedrigen Gebietsverbände, in deren Bereich der Wahlkreis liegt, dem Satz 1 gemäß unterzeichnet sein. [3]Die Unterschriften des einreichenden Vorstandes genügen, wenn er innerhalb der Einreichungsfrist nachweist, dass dem Landeswahlleiter eine schriftliche, dem Satz 1 entsprechende Vollmacht der anderen beteiligten Vorstände vorliegt.

(3) [1]Bei anderen Kreiswahlvorschlägen haben drei Unterzeichner des Wahlvorschlages ihre Unterschriften auf dem Kreiswahlvorschlag (Anlage 13) selbst zu leisten. [2]Absatz 4 Nr. 3 und 4 gilt entsprechend.

(4) Muss ein Kreiswahlvorschlag von mindestens 200 Wahlberechtigten des Wahlkreises unterzeichnet sein, so sind die Unterschriften auf amtlichen Formblättern nach Anlage 14 unter Beachtung folgender Vorschriften zu erbringen:

1. [1]Der Kreiswahlleiter liefert die Formblätter auf Anforderung kostenfrei; er kann sie auch als Druckvorlage oder elektronisch bereitstellen. [2]Bei der Anforderung sind Familienname, Vornamen und Anschrift (Hauptwohnung) des vorzuschlagenden Bewerbers anzugeben. [3]Wird bei der Anforderung der Nachweis erbracht, dass für den Bewerber im Melderegister eine Auskunftssperre gemäß

[1)] § 34 Abs. 1 Satz 2 Nr. 1 und Abs. 4 Nr. 2 Sätze 1 und 2 geänd., Abs. 4 Nr. 1 Satz 1 und Abs. 5 Nr. 3 neu gef. sowie Abs. 4 Nr. 1 Satz 3 eingef., bish. Sätze 3–5 werden Sätze 4–6 und Satz 6 geänd. mWv 1.4. 2008 durch VO v. 27.3.2008 (BGBl. I S. 476); Abs. 1 Satz 2 Nr. 2, Abs. 4 Nr. 1 Satz 5 und Nr. 2 Satz 2, Abs. 5 Nr. 3a und 3b geänd. mWv 11.12.2008 durch VO v. 3.12.2008 (BGBl. I S. 2378); Abs. 4 Nr. 1 Satz 3 geänd. mWv 1.11.2015 durch G v. 3.5.2013 (BGBl. I S. 1084, geänd. durch G v. 20.11.2014, *BGBl. I S. 1738)*; Abs. 1 Satz 2 Nr. 1 und Abs. 4 Nr. 4 geänd. mWv 18.5.2013 durch VO v. 13.5.2013 (BGBl. I S. 1255); Abs. 7 Satz 1 geänd. mWv 27.6.2020 durch VO v. 19.6.2020 (BGBl. I S. 1328); Abs. 1 Satz 3 geänd., Abs. 4 Nr. 1 Satz 6 neu gef., Satz 7 angef., Nr. 2 Satz 2 geänd., Satz 3 angef., Abs. 7 Satz 1 geänd. mWv 18.9.2024 durch VO v. 12.9.2024 (BGBl. 2024 I Nr. 283).

[2)] Nr. **30**.

§ 51 Absatz 1 des Bundesmeldegesetzes[1)] eingetragen ist, wird anstelle seiner Anschrift (Hauptwohnung) eine Erreichbarkeitsanschrift verwendet; die Angabe eines Postfachs genügt nicht. [4] Als Bezeichnung des Trägers des Wahlvorschlages, der den Kreiswahlvorschlag einreichen will, sind außerdem bei Parteien deren Namen und, sofern sie eine Kurzbezeichnung verwenden, auch diese, bei anderen Kreiswahlvorschlägen deren Kennwort anzugeben. [5] Parteien haben ferner die Aufstellung des Bewerbers in einer Mitglieder- oder einer besonderen oder allgemeinen Vertreterversammlung nach § 21 des Bundeswahlgesetzes zu bestätigen. [6] Der Kreiswahlleiter hat im Kopf der Formblätter die in Nummer 1 Satz 4 genannten Angaben sowie Familienname, Vorname und Wohnort (Ort der Hauptwohnung) des vorzuschlagenden Bewerbers zu vermerken. [7] Wird der Nachweis erbracht, dass für den Bewerber im Melderegister eine Auskunftssperre gemäß § 51 Absatz 1 des Bundesmeldegesetzes eingetragen ist, wird anstelle seines Wohnortes der Ort seiner Erreichbarkeitsanschrift verwendet; die Angabe eines Postfachs genügt nicht.

2. [1] Die Wahlberechtigten, die einen Kreiswahlvorschlag unterstützen, müssen die Erklärung auf dem Formblatt persönlich und handschriftlich unterzeichnen; neben der Unterschrift sind Familienname, Vornamen, Geburtsdatum und Anschrift (Hauptwohnung) des Unterzeichners sowie der Tag der Unterzeichnung anzugeben. [2] Von Wahlberechtigten im Sinne des § 12 Absatz 2 Satz 1 Nummer 1 des Bundeswahlgesetzes ist der Nachweis für die Wahlberechtigung durch die Angaben gemäß Anlage 2 und die Abgabe einer Versicherung zu erbringen. [3] Von Wahlberechtigten nach § 12 Absatz 2 Satz 1 Nummer 2 des Bundeswahlgesetzes ist der Nachweis für die Wahlberechtigung durch die Angaben gemäß Anlage 2a und die Abgabe einer Versicherung an Eides statt zu erbringen.
3. [1] Für jeden Unterzeichner ist auf dem Formblatt oder gesondert eine Bescheinigung der Gemeindebehörde, bei der er im Wählerverzeichnis einzutragen ist, beizufügen, dass er im Zeitpunkt der Unterzeichnung in dem betreffenden Wahlkreis wahlberechtigt ist. [2] Gesonderte Bescheinigungen des Wahlrechts sind vom Träger des Wahlvorschlages bei der Einreichung des Kreiswahlvorschlages mit den Unterstützungsunterschriften zu verbinden. [3] Wer für einen anderen eine Bescheinigung des Wahlrechts beantragt, muss nachweisen, dass der Betreffende den Kreiswahlvorschlag unterstützt.
4. Ein Wahlberechtigter darf nur einen Kreiswahlvorschlag unterzeichnen; hat jemand mehrere Kreiswahlvorschläge unterzeichnet, so ist seine Unterschrift auf allen weiteren Kreiswahlvorschlägen ungültig.
5. [1] Kreiswahlvorschläge von Parteien dürfen erst nach Aufstellung des Bewerbers durch eine Mitglieder- oder Vertreterversammlung unterzeichnet werden. [2] Vorher geleistete Unterschriften sind ungültig.

(5) Dem Kreiswahlvorschlag sind beizufügen

1. die Erklärung des vorgeschlagenen Bewerbers nach dem Muster der Anlage 15, dass er seiner Aufstellung zustimmt und für keinen anderen Wahlkreis seine Zustimmung zur Benennung als Bewerber gegeben hat,
2. eine Bescheinigung der zuständigen Gemeindebehörde nach dem Muster der Anlage 16, dass der vorgeschlagene Bewerber wählbar ist,
3. bei Kreiswahlvorschlägen von Parteien
   a) eine Ausfertigung der Niederschrift über die Beschlussfassung der Mitglieder- oder Vertreterversammlung, in der der Bewerber aufgestellt worden ist, im

---

[1)] Nr. **256**.

Falle eines Einspruchs nach § 21 Abs. 4 des Bundeswahlgesetzes auch eine Ausfertigung der Niederschrift über die wiederholte Abstimmung, mit der nach § 21 Abs. 6 Satz 2 des Bundeswahlgesetzes vorgeschriebenen Versicherung an Eides statt; die Niederschrift soll nach dem Muster der Anlage 17 gefertigt, die Versicherung an Eides statt nach dem Muster der Anlage 18 abgegeben werden;

b) eine Versicherung an Eides statt des vorgeschlagenen Bewerbers gegenüber dem Kreiswahlleiter nach dem Muster der Anlage 15, dass er nicht Mitglied einer anderen als der den Wahlvorschlag einreichenden Partei ist; für die Abnahme der Versicherung an Eides statt gilt § 21 Abs. 6 Satz 3 des Bundeswahlgesetzes entsprechend,

4. die erforderliche Zahl von Unterstützungsunterschriften nebst Bescheinigungen des Wahlrechts der Unterzeichner (Absatz 4 Nr. 2 und 3), sofern der Kreiswahlvorschlag von mindestens 200 Wahlberechtigten des Wahlkreises unterzeichnet sein muss.

(6) [1] Die Bescheinigung des Wahlrechts (Absatz 4 Nr. 3) und die Bescheinigung der Wählbarkeit (Absatz 5 Nr. 2) sind kostenfrei zu erteilen. [2] Die Gemeindebehörde darf für jeden Wahlberechtigten die Bescheinigung des Wahlrechts nur einmal zu einem Kreiswahlvorschlag erteilen; dabei darf sie nicht festhalten, für welchen Wahlvorschlag die erteilte Bescheinigung bestimmt ist.

(7) [1] Für Bewerber, die keine Wohnung in der Bundesrepublik Deutschland innehaben und sich dort auch sonst nicht gewöhnlich aufhalten, erteilt das Bundesministerium des Innern und für Heimat die Wählbarkeitsbescheinigung. [2] Sie ist bei der für den Wohnort des Bewerbers zuständigen diplomatischen oder berufskonsularischen Vertretung der Bundesrepublik Deutschland, sonst unmittelbar unter Vorlage der erforderlichen Nachweise zu beantragen.

§ 35[1)] Vorprüfung der Kreiswahlvorschläge durch den Kreiswahlleiter.

(1) [1] Der Kreiswahlleiter vermerkt auf jedem Kreiswahlvorschlag den Tag und bei Eingang am letzten Tage der Einreichungsfrist außerdem die Uhrzeit des Eingangs. [2] Er prüft unverzüglich, ob die eingegangenen Kreiswahlvorschläge vollständig sind und den Erfordernissen des Bundeswahlgesetzes und dieser Verordnung entsprechen. [3] Die von ihm geprüften Kreiswahlvorschläge übersendet der Kreiswahlleiter in einem durch den Bundeswahlleiter zur Verfügung gestellten elektronischen Verfahren dem Landeswahlleiter und dem Bundeswahlleiter. [4] Es sind geeignete technische und organisatorische Maßnahmen zum Schutz vor unbefugtem Zugriff auf die Daten zu treffen.

(2) Wird dem Kreiswahlleiter bekannt, dass ein im Wahlkreis vorgeschlagener Bewerber noch in einem anderen Wahlkreis vorgeschlagen worden ist, so weist er den Kreiswahlleiter des anderen Wahlkreises auf die Doppelbewerbung hin.

(3) [1] Wird der Kreiswahlausschuss nach § 25 Abs. 4 des Bundeswahlgesetzes[2)] im Mängelbeseitigungsverfahren angerufen, hat er über die Verfügung des Kreiswahlleiters unverzüglich zu entscheiden. [2] Der Vertrauensperson des betroffenen Kreiswahlvorschlages ist Gelegenheit zur Äußerung zu geben.

[1)] § 35 Abs. 1 Satz 2 und Abs. 3 Satz 1 geänd. mWv 11.12.2008 durch VO v. 3.12.2008 (BGBl. I S. 2378); Abs. 1 Satz 1 geänd., Sätze 3 und 4 angef. mWv 18.9.2024 durch VO v. 12.9.2024 (BGBl. 2024 I Nr. 283).

[2)] Nr. **30**.

§ 36[1] Zulassung der Kreiswahlvorschläge. (1) Der Kreiswahlleiter lädt die Vertrauenspersonen der Kreiswahlvorschläge zu der Sitzung, in der über die Zulassung der Kreiswahlvorschläge entschieden wird.

(2) Der Kreiswahlleiter legt dem Kreiswahlausschuss alle eingegangenen Kreiswahlvorschläge vor und berichtet ihm über das Ergebnis der Vorprüfung.

(3) [1] Der Kreiswahlausschuss prüft die eingegangenen Kreiswahlvorschläge und beschließt über ihre Zulassung oder Zurückweisung. [2] Vor einer Entscheidung ist der erschienenen Vertrauensperson des betroffenen Wahlvorschlages Gelegenheit zur Äußerung zu geben.

(4) [1] Der Kreiswahlausschuss stellt die zugelassenen Kreiswahlvorschläge mit den in § 34 Abs. 1 Satz 2 bezeichneten Angaben und unter der Bedingung, dass die Landesliste der einreichenden Partei nach § 28 des Bundeswahlgesetzes[2] zugelassen wird, fest. [2] Fehlt bei einem anderen Kreiswahlvorschlag (§ 20 Abs. 3 des Bundeswahlgesetzes) das Kennwort oder erweckt es den Eindruck, als handele es sich um den Kreiswahlvorschlag einer Partei, oder ist es geeignet, Verwechslungen mit einem früher eingereichten Kreiswahlvorschlag hervorzurufen, so erhält der Kreiswahlvorschlag den Namen des Bewerbers als Kennwort.

(5) Der Kreiswahlleiter gibt die Entscheidung des Kreiswahlausschusses in der Sitzung im Anschluss an die Beschlussfassung unter kurzer Angabe der Gründe bekannt und weist auf den zulässigen Rechtsbehelf hin.

(6) Die Niederschrift über die Sitzung (§ 5 Abs. 7) ist nach dem Muster der Anlage 19 zu fertigen; der Niederschrift sind die zugelassenen Kreiswahlvorschläge in der vom Kreiswahlausschuss festgestellten Fassung beizufügen.

(7) [1] Nach der Sitzung übersendet der Kreiswahlleiter dem Landeswahlleiter und dem Bundeswahlleiter sofort die geprüften Kreiswahlvorschläge in einem durch den Bundeswahlleiter zur Verfügung gestellten elektronischen Verfahren sowie eine Ausfertigung der Niederschrift. [2] Es sind geeignete technische und organisatorische Maßnahmen zum Schutz vor unbefugtem Zugriff auf die Daten zu treffen. [3] Der Kreiswahlleiter weist bei der Übermittlung auf ihm bedenklich erscheinende Entscheidungen besonders hin. [4] Er ist verpflichtet, dem Bundeswahlleiter auf Verlangen alle für die Einlegung einer Beschwerde erforderlichen Auskünfte zu erteilen und Feststellungen zu treffen.

§ 37[3] Beschwerde gegen Entscheidungen des Kreiswahlausschusses.

(1) [1] Die Beschwerde gegen eine Entscheidung des Kreiswahlausschusses ist schriftlich oder zur Niederschrift beim Kreiswahlleiter einzulegen. [2] Der Bundeswahlleiter hat seine Beschwerde beim Kreiswahlleiter, der Kreiswahlleiter seine Beschwerde beim Landeswahlleiter einzulegen. [3] Die Schriftform gilt auch durch Telefax als gewahrt. [4] Der Kreiswahlleiter unterrichtet unverzüglich den Landeswahlleiter und den Bundeswahlleiter über die eingegangenen Beschwerden und verfährt nach den Anweisungen des Landeswahlleiters.

(2) [1] Der Landeswahlleiter lädt die Beschwerdeführer, die Vertrauenspersonen der betroffenen Kreiswahlvorschläge sowie den Kreiswahlleiter und den Bundes-

---

[1] § 36 Abs. 4 Satz 2 und 3 geänd. mWv 11.12.2008 durch VO v. 3.12.2008 (BGBl. I S. 2378); Abs. 4 Satz 1 geänd., Satz 3 aufgeh., Abs. 7 neu gef. mWv 18.9.2024 durch VO v. 12.9.2024 (BGBl. 2024 I Nr. 283).

[2] Nr. **30**.

[3] § 37 Abs. 1 Satz 3 geänd. mWv 1.4.2008 durch VO v. 27.3.2008 (BGBl. I S. 476); Abs. 1 Satz 3 geänd. mWv 18.9.2024 durch VO v. 12.9.2024 (BGBl. 2024 I Nr. 283).

wahlleiter zu der Sitzung, in der über die Beschwerde entschieden wird. [2]Den Vertrauenspersonen ist Gelegenheit zur Äußerung zu geben.

(3) Der Landeswahlleiter gibt die Entscheidung des Landeswahlausschusses in der Sitzung im Anschluss an die Beschlussfassung unter kurzer Angabe der Gründe bekannt und teilt sie sofort dem Bundeswahlleiter mit.

§ 38[1)] Bekanntmachung der Kreiswahlvorschläge. [1]Der Kreiswahlleiter stellt vor der öffentlichen Bekanntmachung der zugelassenen Kreiswahlvorschläge den Bedingungseintritt des § 26 Absatz 1 Satz 3 des Bundeswahlgesetzes[2)] nach dem Muster der Anlage 19a fest. [2]Er ordnet die zugelassenen Kreiswahlvorschläge unter fortlaufenden Nummern in der Reihenfolge, wie sie durch § 30 Abs. 3 Satz 3 und 4 des Bundeswahlgesetzes und durch die Mitteilung des Landeswahlleiters nach § 43 Abs. 2 bestimmt ist, und macht sie öffentlich bekannt. [3]Parteien, für die eine Landesliste, aber kein Kreiswahlvorschlag zugelassen ist, erhalten eine Leernummer. [4]Die Bekanntmachung enthält für jeden Kreiswahlvorschlag die in § 34 Abs. 1 Satz 2 bezeichneten Angaben; statt des Geburtsdatums ist jedoch jeweils nur das Geburtsjahr und statt der Anschrift nur der Wohnort (Ort der Hauptwohnung) des Bewerbers anzugeben. [5]Weist ein Bewerber bis zum Ablauf der Einreichungsfrist gegenüber dem Kreiswahlleiter nach, dass für ihn im Melderegister eine Auskunftssperre gemäß § 51 Absatz 1 des Bundesmeldegesetzes[3)] eingetragen ist, ist anstelle seines Wohnortes der Ort seiner Erreichbarkeitsanschrift zu verwenden; die Angabe eines Postfachs genügt nicht. [6]Der Kreiswahlleiter unterrichtet unverzüglich den Landeswahlleiter und den Bundeswahlleiter über die Erreichbarkeitsanschrift. [7]Der Bundeswahlleiter veröffentlicht den Inhalt der öffentlichen Bekanntmachungen der Kreiswahlleiter im Wahlgebiet.

§ 39[4)] Inhalt und Form der Landeslisten. (1) [1]Die Landesliste soll nach dem Muster der Anlage 20 eingereicht werden. [2]Sie muss enthalten

1. den Namen der einreichenden Partei und, sofern sie eine Kurzbezeichnung verwendet, auch diese,
2. den Familiennamen, die Vornamen, den Beruf oder Stand, das Geburtsdatum, den Geburtsort und die Anschrift (Hauptwohnung) der Bewerber.

[3]Sie soll ferner Namen und Anschriften der Vertrauensperson und der stellvertretenden Vertrauensperson enthalten.

(2) [1]Die Landesliste ist von mindestens drei Mitgliedern des Vorstandes des Landesverbandes der Partei, darunter dem Vorsitzenden oder seinem Stellvertreter, persönlich und handschriftlich zu unterzeichnen. [2]Hat eine Partei in einem Land keinen Landesverband oder keine einheitliche Landesorganisation, so ist die Landesliste von den Vorständen der nächstniedrigen Gebietsverbände, die im Bereich

---

1) § 38 Satz 3 geänd. mWv 1.4.2008 durch VO v. 27.3.2008 (BGBl. I S. 476); Satz 1 geänd. mWv 11.12.2008 durch VO v. 3.12.2008 (BGBl. I S. 2378); Satz 4 geänd. mWv 1.11.2015 durch G v. 3.5.2013 (BGBl. I S. 1084, geänd. durch G v. 20.11.2014, BGBl. I S. 1738); Satz 6 angef. mWv 18.5.2013 durch VO v. 13.5.2013 (BGBl. I S. 1255); Satz 1 eingef., bish. Sätze 1–6 werden Sätze 2–7, neue Sätze 2 und 4 geänd., neuer Satz 5 neu gef. mWv 18.9.2024 durch VO v. 12.9.2024 (BGBl. 2024 I Nr. 283).

2) Nr. **30**.

3) Nr. **256**.

4) *§ 39 Abs. 1 Satz 2 Nr. 2* und Abs. 4 Nr. 3 geänd. sowie Abs. 3 Satz 2 und Abs. 4 Nr. 1 neu gef. mWv 1.4.2008 durch VO v. 27.3.2008 (BGBl. I S. 476); Abs. 3 Satz 1, Abs. 4 Nr. 1, 3 und 4 geänd. mWv 11.12.2008 durch VO v. 3.12.2008 (BGBl. I S. 2378); Abs. 1 Satz 2 Nr. 2 geänd. mWv 18.5.2013 durch VO v. 13.5.2013 (BGBl. I S. 1255); Abs. 4 Nr. 1 geänd. mWv 18.9.2024 durch VO v. 12.9.2024 (BGBl. 2024 I Nr. 283).

des Landes liegen, dem Satz 1 gemäß zu unterzeichnen. [3]Die Unterschriften des einreichenden Vorstandes genügen, wenn er innerhalb der Einreichungsfrist eine schriftliche, dem Satz 1 entsprechende Vollmacht der anderen beteiligten Vorstände beibringt.

(3) [1]Die in § 18 Abs. 2 des Bundeswahlgesetzes[1)] genannten Parteien haben die nach § 27 Abs. 1 des Bundeswahlgesetzes weiter erforderliche Zahl von Unterschriften auf amtlichen Formblättern nach Anlage 21 zu erbringen. [2]Der Landeswahlleiter liefert die Formblätter auf Anforderung kostenfrei; er kann sie auch als Druckvorlage oder elektronisch bereitstellen. [3]Bei der Anforderung ist der Name der Partei, die die Landesliste einreichen will, und, sofern sie eine Kurzbezeichnung verwendet, auch diese anzugeben. [4]Der Landeswahlleiter hat diese Angaben im Kopf der Formblätter zu vermerken. [5]Im Übrigen gilt § 34 Abs. 4 entsprechend.

(4) Der Landesliste sind beizufügen

1. die Erklärungen der vorgeschlagenen Bewerber, dass sie ihrer Aufstellung zustimmen und für keine andere Landesliste ihre Zustimmung zur Benennung als Bewerber gegeben haben, sowie eine Versicherung an Eides statt gegenüber dem Landeswahlleiter, dass sie nicht Mitglied einer anderen als der den Wahlvorschlag einreichenden Partei sind und es sich bei ihnen nicht um einen Bewerber in einem anderen Kreiswahlvorschlag nach § 20 Absatz 3 des Bundeswahlgesetzes handelt, jeweils nach dem Muster der Anlage 22; für die Abnahme der Versicherung an Eides statt gilt § 21 Abs. 6 Satz 3 des Bundeswahlgesetzes entsprechend,
2. die Bescheinigungen der zuständigen Gemeindebehörden nach dem Muster der Anlage 16, dass die vorgeschlagenen Bewerber wählbar sind,
3. eine Ausfertigung der Niederschrift über die Beschlussfassung der Mitglieder- oder Vertreterversammlung, in der die Bewerber aufgestellt worden sind und ihre Reihenfolge auf der Landesliste festgelegt worden ist, mit der nach § 21 Abs. 6 des Bundeswahlgesetzes vorgeschriebenen Versicherung an Eides statt, wobei sich die Versicherung an Eides statt auch darauf zu erstrecken hat, dass die Festlegung der Reihenfolge der Bewerber in der Landesliste in geheimer Abstimmung erfolgt ist; die Niederschrift soll nach dem Muster der Anlage 23 gefertigt, die Versicherung an Eides statt nach dem Muster der Anlage 24 abgegeben werden,
4. die erforderliche Zahl von Unterstützungsunterschriften nebst Bescheinigungen des Wahlrechts der Unterzeichner (Absatz 3 Satz 5), sofern es sich um einen Landeswahlvorschlag einer in § 18 Abs. 2 des Bundeswahlgesetzes genannten Partei handelt.

(5) § 34 Abs. 6 und 7 gilt entsprechend.

§ 40[2)] Vorprüfung der Landeslisten durch den Landeswahlleiter. (1) [1]Der *Landeswahlleiter* vermerkt auf jeder Landesliste den Tag und bei Eingang am letzten Tage der Einreichungsfrist außerdem die Uhrzeit des Eingangs. [2]Er prüft unverzüglich, ob die eingegangenen Landeslisten vollständig sind und den Erfordernissen des Bundeswahlgesetzes und dieser Verordnung entsprechen. [3]Die von ihm geprüften Landeslisten übersendet der Landeswahlleiter in einem durch den

---

[1)] Nr. **30**.

[2)] § 40 Abs. 1 Satz 2 und Abs. 3 geänd. mWv 11.12.2008 durch VO v. 3.12.2008 (BGBl. I S. 2378); Abs. 1 Satz 1 geänd., Sätze 3 und 4 angef., Abs. 2 geänd. mWv 18.9.2024 durch VO v. 12.9.2024 (BGBl. 2024 I Nr. 283).

Bundeswahlleiter zur Verfügung gestellten elektronischen Verfahren dem Bundeswahlleiter. [4]Es sind geeignete technische und organisatorische Maßnahmen zum Schutz vor unbefugtem Zugriff auf die Daten zu treffen.

(2) Wird dem Landeswahlleiter bekannt, dass ein auf einer Landesliste vorgeschlagener Bewerber noch auf einer anderen Landesliste oder als Bewerber in einem anderen Kreiswahlvorschlag nach § 20 Absatz 3 des Bundeswahlgesetzes[1)] vorgeschlagen worden ist, so weist er den Landeswahlleiter des anderen Landes auf die Doppelbewerbung hin.

(3) Wird der Landeswahlausschuss nach § 27 Abs. 5 des Bundeswahlgesetzes in Verbindung mit § 25 Abs. 4 des Bundeswahlgesetzes im Mängelbeseitigungsverfahren angerufen, gilt § 35 Abs. 3 entsprechend.

§ 41[2)] Zulassung der Landeslisten. (1) Der Landeswahlausschuss stellt die zugelassenen Landeslisten mit den in § 39 Abs. 1 Satz 2 bezeichneten Angaben und mit der maßgebenden Bewerberreihenfolge fest.

(2) [1]Für das Verfahren gilt § 36 Abs. 1 bis 3, 5 und 6 entsprechend. [2]Der Niederschrift sind die zugelassenen Landeslisten in der vom Landeswahlausschuss festgestellten Fassung beizufügen. [3]Der Landeswahlleiter übersendet dem Bundeswahlleiter sofort eine Ausfertigung der Niederschrift und ihrer Anlagen sowie die zugelassenen Landeslisten in einem durch den Bundeswahlleiter zur Verfügung gestellten elektronischen Verfahren eine Ausfertigung der Niederschrift und ihrer Anlagen. [4]Es sind geeignete technische und organisatorische Maßnahmen zum Schutz vor unbefugtem Zugriff auf die Daten zu treffen.

§ 42[3)] Beschwerde gegen Entscheidungen des Landeswahlausschusses.

(1) [1]Die Beschwerde gegen eine Entscheidung des Landeswahlausschusses ist schriftlich oder zur Niederschrift beim Landeswahlleiter einzulegen; der Landeswahlleiter hat seine Beschwerde beim Bundeswahlleiter einzulegen. [2]Die Schriftform gilt auch durch Telefax als gewahrt. [3]Der Landeswahlleiter unterrichtet unverzüglich den Bundeswahlleiter über die eingegangenen Beschwerden und verfährt nach dessen Anweisungen.

(2) [1]Der Bundeswahlleiter lädt die Beschwerdeführer, die Vertrauenspersonen der betroffenen Landeslisten und den Landeswahlleiter zu der Sitzung, in der über die Beschwerde entschieden wird. [2]Den Vertrauenspersonen ist Gelegenheit zur Äußerung zu geben.

(3) Der Bundeswahlleiter gibt die Entscheidung des Bundeswahlausschusses in der Sitzung im Anschluss an die Beschlussfassung unter kurzer Angabe der Gründe bekannt.

§ 43[4)] Bekanntmachung der Landeslisten. (1) [1]Der Landeswahlleiter ordnet die endgültig zugelassenen Landeslisten in der durch § 30 Abs. 3 Satz 1 und 2 des

---

[1)] Nr. **30**.

[2)] § 41 Abs. 1 Satz 2 aufgeh., Abs. 2 Satz 3 geänd., Satz 4 angef. mWv 18.9.2024 durch VO v. 12.9.2024 (BGBl. 2024 I Nr. 283).

[3)] § 42 Abs. 1 Satz 2 geänd. mWv 1.4.2008 durch VO v. 27.3.2008 (BGBl. I S. 476); Abs. 1 Satz 2 geänd. mWv 18.9.2024 durch VO v. 12.9.2024 (BGBl. 2024 I Nr. 283).

[4)] § 43 Abs. 1 Satz 2 geänd. mWv 1.4.2008 durch VO v. 27.3.2008 (BGBl. I S. 476); Abs. 1 Satz 1 geänd. mWv 11.12.2008 durch VO v. 3.12.2008 (BGBl. I S. 2378); Abs. 1 Satz 3 geänd. mWv 1.11.2015 durch G v. 3.5.2013 (BGBl. I S. 1084, geänd. durch G v. 20.11.2014, BGBl. I S. 1738); Abs. 1 Satz 5 angef. mWv 18.5.2013 durch VO v. 13.5.2013 (BGBl. I S. 1255); Abs. 1 Satz 2 geänd., Satz 3 neu gef. mWv 18.9.2024 durch VO v. 12.9.2024 (BGBl. 2024 I Nr. 283).

Bundeswahlgesetzes[1] bestimmten Reihenfolge unter fortlaufenden Nummern und macht sie öffentlich bekannt. [2] Die Bekanntmachung enthält für jede Landesliste die in § 39 Abs. 1 Satz 2 bezeichneten Angaben; statt des Geburtsdatums ist jedoch nur das Geburtsjahr der Bewerber und statt der Anschrift nur der Wohnort (Ort der Hauptwohnung) anzugeben. [3] Weist ein Bewerber bis zum Ablauf der Einreichungsfrist gegenüber dem Landeswahlleiter nach, dass für ihn im Melderegister eine Auskunftssperre gemäß § 51 Absatz 1 des Bundesmeldegesetzes[2] eingetragen ist, ist anstelle seines Wohnortes der Ort seiner Erreichbarkeitsanschrift zu verwenden; die Angabe eines Postfachs genügt nicht. [4] Der Landeswahlleiter unterrichtet unverzüglich den Bundeswahlleiter über die Erreichbarkeitsanschrift. [5] Der Bundeswahlleiter veröffentlicht den Inhalt der öffentlichen Bekanntmachungen der Landeswahlleiter im Wahlgebiet.

(2) Gleichzeitig teilt der Landeswahlleiter den Kreiswahlleitern die Reihenfolge der Landeslisten und die Familiennamen und Vornamen der ersten fünf Bewerber mit.

§ 44[3] *(aufgehoben)*

§ 45[4] **Stimmzettel, Umschläge für die Briefwahl.** (1) [1] Der Stimmzettel ist mindestens 21 x 29,7 cm (DIN A 4) groß und aus weißem oder weißlichem Papier. [2] Das Papier muss so beschaffen sein, dass nach Kennzeichnung und Faltung durch den Wähler andere Personen nicht erkennen können, wie er gewählt hat. [3] Der Stimmzettel enthält nach dem Muster der Anlage 26 je in der Reihenfolge und unter der Nummer ihrer Bekanntmachung

1. für die Wahl im Wahlkreis in schwarzem Druck die zugelassenen Kreiswahlvorschläge unter Angabe des Familiennamens, Vornamens, Berufs oder Standes und des Wohnortes (Hauptwohnung) des Bewerbers sowie des Namens der Partei, sofern sie eine Kurzbezeichnung und Zusatzbezeichnung verwendet, auch diese, oder des Kennworts bei anderen Kreiswahlvorschlägen (§ 20 Abs. 3 des Bundeswahlgesetzes[1]) und rechts von dem Namen jedes Bewerbers einen Kreis für die Kennzeichnung; bei einem Nachweis nach § 38 Satz 5 ist anstelle des Wohnortes (Hauptwohnung) der Ort der Erreichbarkeitsanschrift anzugeben,
2. für die Wahl nach Landeslisten in blauem Druck die zugelassenen Landeslisten unter Angabe des Namens der Partei, sofern sie eine Kurzbezeichnung und Zusatzbezeichnung verwendet, auch diese, sowie der Familiennamen und Vornamen der ersten fünf Bewerber und links von der Parteibezeichnung einen Kreis für die Kennzeichnung.

---

[1] Nr. **30**.
[2] Nr. **256**.
[3] § 44 aufgeh. mWv 18.5.2013 durch VO v. 13.5.2013 (BGBl. I S. 1255).
[4] § 45 Abs. 5 Satz 1 neu gef., bish. Sätze 1 und 2 werden Sätze 2 und 3 mWv 1.5.2002 durch G v. 27.4. 2002 (BGBl. I S. 1467); Überschrift, Abs. 1 Satz 3 Nr. 1, Abs. 3 und 5 Satz 3 geänd. mWv 11.12.2008 durch VO v. 3.12.2008 (BGBl. I S. 2378); Abs. 1 Satz 3 Nr. 1 geänd., Satz 4 eingef., bish. Sätze 4 und 5 werden Sätze 5 und 6, Abs. 5 Satz 1 eingef., bish. Satz 1 wird Satz 2, bish. Sätze 2 und 3 werden Abs. 6 Sätze 1 und 2 mWv 18.5.2013 durch VO v. 13.5.2013 (BGBl. I S. 1255); Abs. 2 neu gef., Abs. 4 geänd. und Abs. 5 Satz 2 aufgeh. mWv 31.3.2017 durch VO v. 24.3.2017 (BGBl. I S. 585); Abs. 1 Satz 3 Nr. 1 und 2 geänd., Satz 4 neu gef., Sätze 5 und 6 eingef., bish. Sätze 5 und 6 werden Sätze 7 und 8, Abs. 3 Satz 1 geänd., Sätze 2–4 angef., Abs. 4 Satz 1 geänd., Satz 2 angef. mWv 18.9.2024 durch VO v. 12.9. 2024 (BGBl. 2024 I Nr. 283).

⁴Zusätzlich können nur ein eingetragener Doktorgrad (§ 5 Absatz 2 Nummer 3 des Personalausweisgesetzes[1]), § 4 Absatz 1 Satz 2 Nummer 3 des Passgesetzes[2]) und ein eingetragener Ordens- oder Künstlername (§ 5 Absatz 2 Nummer 12 des Personalausweisgesetzes, § 4 Absatz 1 Satz 2 Nummer 4 des Passgesetzes) angegeben werden. ⁵Familiennamen sind vollständig anzugeben. ⁶Bei mehreren Vornamen kann ein Rufname bestimmt werden. ⁷Jeder Wahlkreisbewerber und jede Landesliste erhält ein abgegrenztes Feld. ⁸Die Stimmzettel müssen in jedem Wahlbezirk von gleicher Farbe und Beschaffenheit sein.

(2) ¹Zur Verwendung von Stimmzettelschablonen wird die rechte obere Ecke des Stimmzettels gelocht oder abgeschnitten. ²Muster der Stimmzettel werden unverzüglich nach ihrer Fertigstellung den Blindenvereinen, die ihre Bereitschaft zur Herstellung von Stimmzettelschablonen erklärt haben, zur Verfügung gestellt.

(3) ¹Die Stimmzettelumschläge für die Briefwahl sollen weiß, blickdicht und nach dem Muster der Anlage 10 beschriftet sein. ²Bei zeitgleicher Durchführung von Wahlen oder Abstimmungen dürfen die Stimmzettelumschläge der Bundestagswahl nicht für die anderen Wahlen oder Abstimmungen mitbenutzt werden. ³Die Stimmzettelumschläge der Bundestagswahl sollen sich von Stimmzettelumschlägen zeitgleicher Wahlen oder Abstimmungen farblich unterscheiden. ⁴Ist eine farbliche Unterscheidung nicht möglich, sind Unterscheidungsmerkmale auf den Stimmzettelumschlägen der Bundestagswahl anzubringen.

(4) ¹Die Wahlbriefumschläge sollen hellrot und nach dem Muster der Anlage 11 beschriftet sein. ²Bei zeitgleicher Durchführung von Wahlen oder Abstimmungen dürfen die Wahlbriefumschläge der Bundestagswahl mitbenutzt werden; § 50 Absatz 2 Satz 2 des Bundeswahlgesetzes gilt entsprechend.

(5) Schriftart, Schriftgröße und Kontrast sollen so gewählt werden, dass die Lesbarkeit erleichtert wird.

(6) ¹Der Kreiswahlleiter weist den Gemeindebehörden die Stimmzettel zur Weitergabe an die Wahlvorsteher zu. ²Er liefert den Gemeindebehörden die erforderlichen Wahlbriefumschläge und Stimmzettelumschläge für die Briefwahl.

Fünfter Unterabschnitt. Wahlräume, Wahlzeit

§ 46[3]) Wahlräume. (1) ¹Die Gemeindebehörde bestimmt für jeden Wahlbezirk einen Wahlraum. ²Soweit möglich, stellen die Gemeinden Wahlräume in Gemeindegebäuden zur Verfügung. ³Die Wahlräume sollen nach den örtlichen Verhältnissen so ausgewählt und eingerichtet werden, dass allen Wahlberechtigten, insbesondere Menschen mit Behinderungen und anderen Menschen mit Mobilitätsbeeinträchtigung, die Teilnahme an der Wahl möglichst erleichtert wird. ⁴Die Gemeindebehörden teilen frühzeitig und in geeigneter Weise mit, welche Wahlräume barrierefrei sind.

(2) ¹In größeren Wahlbezirken, in denen sich die Wählerverzeichnisse teilen lassen, kann gleichzeitig in verschiedenen Gebäuden oder in verschiedenen Räumen desselben Gebäudes oder an verschiedenen Tischen des Wahlraumes gewählt werden; § 68 Absatz 2 gilt entsprechend. ²Für jeden Wahlraum oder Tisch wird ein Wahlvorstand gebildet. ³Sind mehrere Wahlvorstände in einem Wahlraum

---

[1]) Nr. **255**.

[2]) Nr. **250**.

[3]) § 46 Abs. 1 Sätze 3 und 4 angef. mWv 1.5.2002 durch G v. 27.4.2002 (BGBl. I S. 1467); Abs. 1 Satz 3 geänd. mWv 31.3.2017 durch VO v. 24.3.2017 (BGBl. I S. 585); Abs. 2 Satz 1 geänd. mWv 18.9.2024 durch VO v. 12.9.2024 (BGBl. 2024 I Nr. 283).

tätig, so bestimmt die Gemeindebehörde, welcher Vorstand für Ruhe und Ordnung im Wahlraum sorgt.

§ 47 Wahlzeit. (1) Die Wahl dauert von 8.00 bis 18.00 Uhr.

(2) Der Landeswahlleiter kann im Einzelfall, wenn besondere Gründe es erfordern, die Wahlzeit mit einem früheren Beginn festsetzen.

§ 48[1)] Wahlbekanntmachung der Gemeindebehörde. (1) [1] Die Gemeindebehörde macht spätestens am sechsten Tage vor der Wahl nach dem Muster der Anlage 27 Beginn und Ende der Wahlzeit sowie die Wahlbezirke und Wahlräume öffentlich bekannt; anstelle der Aufzählung der Wahlbezirke mit ihrer Abgrenzung und ihren Wahlräumen kann auf die Angaben in der Wahlbenachrichtigung verwiesen werden. [2] Dabei weist die Gemeindebehörde darauf hin,

1. dass der Wähler eine Erststimme und eine Zweitstimme hat,
2. dass die Stimmzettel amtlich hergestellt und im Wahlraum bereitgehalten werden,
3. welchen Inhalt der Stimmzettel hat und wie er zu kennzeichnen ist,
4. in welcher Weise mit Wahlschein und insbesondere durch Briefwahl gewählt werden kann,
5. dass nach § 14 Abs. 4 des Bundeswahlgesetzes[2)] jeder Wahlberechtigte sein Wahlrecht nur einmal und nur persönlich ausüben kann und eine Ausübung des Wahlrechts durch einen Vertreter anstelle des Wahlberechtigten unzulässig ist,

5a. dass nach § 14 Absatz 5 des Bundeswahlgesetzes ein Wahlberechtigter, der des Lesens unkundig oder wegen einer Behinderung an der Abgabe seiner Stimme gehindert ist, sich zur Stimmabgabe der Hilfe einer anderen Person bedienen kann, die Hilfeleistung auf technische Hilfe bei der Kundgabe einer vom Wahlberechtigten selbst getroffenen und geäußerten Wahlentscheidung beschränkt und eine Hilfeleistung unzulässig ist, die unter missbräuchlicher Einflussnahme erfolgt, die selbstbestimmte Willensbildung oder Entscheidung des Wahlberechtigten ersetzt oder verändert oder wenn ein Interessenkonflikt der Hilfsperson besteht,

6. dass nach § 107a Absatz 1 des Strafgesetzbuches[3)] mit Freiheitsstrafe bis zu fünf Jahren oder mit Geldstrafe bestraft wird, wer unbefugt wählt oder sonst ein unrichtiges Ergebnis einer Wahl herbeiführt oder das Ergebnis verfälscht und unbefugt auch wählt, wer im Rahmen zulässiger Assistenz entgegen der Wahlentscheidung des Wahlberechtigten oder ohne eine geäußerte Wahlentscheidung des Wahlberechtigten eine Stimme abgibt, sowie dass nach § 107a Absatz 3 des Strafgesetzbuches auch der Versuch strafbar ist.

(2) [1] Die Wahlbekanntmachung oder ein Auszug aus ihr mit den Nummern 1, 3, 4 und 6 der Anlage 27 ist vor Beginn der Wahlhandlung am oder im Eingang des Gebäudes, in dem sich der Wahlraum befindet, anzubringen. [2] Dem Auszug ist ein Stimmzettel als Muster beizufügen.

[1)] § 48 Abs. 1 Satz 2 Nr. 5 geänd. mWv 11.12.2008 durch VO v. 3.12.2008 (BGBl. I S. 2378); Abs. 1 Satz 2 Nr. 5 geänd., Nr. 5a eingef., Nr. 6 geänd. mWv 1.7.2019 durch G v. 18.6.2019 (BGBl. I S. 834).

[2)] Nr. **30**.

[3)] **Habersack Nr. 85.**

Dritter Abschnitt. Wahlhandlung

Erster Unterabschnitt. Allgemeine Bestimmungen

§ 49[1] Ausstattung des Wahlvorstandes. Die Gemeindebehörde übergibt dem Wahlvorsteher eines jeden Wahlbezirks vor Beginn der Wahlhandlung

1. das abgeschlossene Wählerverzeichnis,
2. das Verzeichnis der eingetragenen Wahlberechtigten, denen nach Abschluss des Wählerverzeichnisses noch Wahlscheine erteilt worden sind,
3. amtliche Stimmzettel in genügender Zahl,
4. Vordruck der Wahlniederschrift,
5. Vordruck der Schnellmeldung,
6. Abdrucke des Bundeswahlgesetzes[2] und dieser Verordnung, die die Anlagen zu diesen Vorschriften nicht zu enthalten brauchen,
7. Abdruck der Wahlbekanntmachung oder Auszug aus ihr mit den Nummern 1, 3, 4 und 6 der Anlage 27,
8. Verschlussmaterial für die Wahlurne,
9. Verpackungs- und Siegelmaterial zum Verpacken der Stimmzettel und Wahlscheine.

§ 50[3] Wahlkabinen. (1) [1]In jedem Wahlraum richtet die Gemeindebehörde eine Wahlkabine oder mehrere Wahlkabinen mit Tischen ein, in denen der Wähler seinen Stimmzettel unbeobachtet kennzeichnen und falten kann. [2]Die Wahlkabinen müssen vom Tisch des Wahlvorstandes aus überblickt werden können. [3]Als Wahlkabine kann auch ein nur durch den Wahlraum zugänglicher Nebenraum dienen, wenn dessen Eingang vom Tisch des Wahlvorstandes aus überblickt werden kann.

(2) In der Wahlkabine soll ein Schreibstift bereitliegen.

§ 51 Wahlurnen. (1) Die Gemeindebehörde sorgt für die erforderlichen Wahlurnen.

(2) [1]Die Wahlurne muss mit einem Deckel versehen sein. [2]Ihre innere Höhe soll in der Regel 90 cm, der Abstand jeder Wand von der gegenüberliegenden mindestens 35 cm betragen. [3]Im Deckel muss die Wahlurne einen Spalt haben, der nicht weiter als 2 cm sein darf. [4]Sie muss verschließbar sein.

(3) Für die Stimmabgabe in Sonderwahlbezirken und vor einem beweglichen Wahlvorstand können kleinere Wahlurnen verwendet werden.

§ 52 Wahltisch. [1]Der Tisch, an dem der Wahlvorstand Platz nimmt, muss von allen Seiten zugänglich sein. [2]An oder auf diesen Tisch wird die Wahlurne gestellt.

§ 53[4] Eröffnung der Wahlhandlung. (1) [1]Der Wahlvorsteher eröffnet die Wahlhandlung damit, dass er die anwesenden Beisitzer auf ihre Verpflichtung zur unparteiischen Wahrnehmung ihres Amtes und zur Verschwiegenheit über die ihnen bei ihrer amtlichen Tätigkeit bekanntgewordenen Angelegenheiten hin-

---

[1] § 49 Nr. 9 geänd. mWv 18.5.2013 durch VO v. 13.5.2013 (BGBl. I S. 1255).
[2] Nr. **30**.
[3] § 50 Überschrift, Abs. 1 Sätze 1, 2 und 3 und Abs. 2 geänd. mWv 18.5.2013 durch VO v. 13.5.2013 (BGBl. I S. 1255).
[4] § 53 Abs. 1 Satz 1 geänd., Satz 2 angef. mWv 11.12.2008 durch VO v. 3.12.2008 (BGBl. I S. 2378).

weist. [2]Er stellt sicher, dass der Hinweis allen Beisitzern vor Aufnahme ihrer Tätigkeit erteilt wird.

(2) [1]Vor Beginn der Stimmabgabe berichtigt der Wahlvorsteher das Wählerverzeichnis nach dem Verzeichnis der etwa nachträglich ausgestellten Wahlscheine (§ 28 Abs. 6 Satz 5), indem er bei den in diesem Verzeichnis aufgeführten Wahlberechtigten in der Spalte für den Stimmabgabevermerk „Wahlschein" oder „W" einträgt. [2]Er berichtigt dementsprechend die Abschlussbescheinigung des Wählerverzeichnisses in der daneben vorgesehenen Spalte und bescheinigt das an der vorgesehenen Stelle. [3]Erhält der Wahlvorsteher später die Mitteilung von der Ausstellung von Wahlscheinen nach § 27 Abs. 4 Satz 3, verfährt er entsprechend den Sätzen 1 und 2.

(3) [1]Der Wahlvorstand überzeugt sich vor Beginn der Stimmabgabe davon, dass die Wahlurne leer ist. [2]Der Wahlvorsteher verschließt die Wahlurne. [3]Sie darf bis zum Schluss der Wahlhandlung nicht mehr geöffnet werden.

§ 54 Öffentlichkeit. Während der Wahlhandlung sowie der Ermittlung und Feststellung des Wahlergebnisses hat jedermann zum Wahlraum Zutritt, soweit das ohne Störung des Wahlgeschäfts möglich ist.

§ 55 Ordnung im Wahlraum. [1]Der Wahlvorstand sorgt für Ruhe und Ordnung im Wahlraum. [2]Er ordnet bei Andrang den Zutritt zum Wahlraum.

§ 56[1)] Stimmabgabe. (1) [1]Wenn der Wähler den Wahlraum betritt, erhält er einen amtlichen Stimmzettel. [2]Der Wahlvorstand kann anordnen, dass er hierzu seine Wahlbenachrichtigung vorzeigt.

(2) [1]Der Wähler begibt sich in die Wahlkabine, kennzeichnet dort seinen Stimmzettel und faltet ihn dort in der Weise, dass seine Stimmabgabe nicht erkennbar ist. [2]In der Wahlkabine darf nicht fotografiert oder gefilmt werden. [3]Der Wahlvorstand achtet darauf, dass sich immer nur ein Wähler und dieser nur so lange wie notwendig in der Wahlkabine aufhält.

(3) [1]Danach tritt der Wähler an den Tisch des Wahlvorstandes. [2]Auf Verlangen hat er seine Wahlbenachrichtigung abzugeben und, insbesondere wenn er seine Wahlbenachrichtigung nicht vorlegt, sich über seine Person auszuweisen.

(4) [1]Sobald der Schriftführer den Namen des Wählers im Wählerverzeichnis gefunden hat, die Wahlberechtigung festgestellt ist und kein Anlass zur Zurückweisung des Wählers nach den Absätzen 6 und 7 besteht, gibt der Wahlvorsteher die Wahlurne frei. [2]Der Wähler wirft den gefalteten Stimmzettel in die Wahlurne. [3]Der Schriftführer vermerkt die Stimmabgabe im Wählerverzeichnis in der dafür bestimmten Spalte. [4]Die Mitglieder des Wahlvorstandes sind dabei, wenn nicht die Feststellung der Wahlberechtigung es erfordert, nicht befugt, Angaben zur Person des Wählers so zu verlautbaren, dass sie von sonstigen im Wahlraum Anwesenden zur Kenntnis genommen werden können.

(5) (weggefallen)

(6) [1]Der Wahlvorstand hat einen Wähler zurückzuweisen, der

1. nicht in das Wählerverzeichnis eingetragen ist und keinen Wahlschein besitzt,

---

[1)] § 56 Abs. 3 neu gef., Abs. 4 Satz 3 und Abs. 6 Satz 1 Nr. 3 geänd. mWv 11.12.2008 durch VO v. 3.12.2008 (BGBl. I S. 2378); Abs. 2 Sätze 1, 2 und Abs. 6 Nr. 4 geänd. mWv 18.5.2013 durch VO v. 13.5.2013 (BGBl. I S. 1255); Abs. 2 Satz 2 eingef., bish. Satz 2 wird Satz 3, Abs. 6 Satz 1 Nr. 4 und 5 geänd., Nr. 5a eingef. mWv 31.3.2017 durch VO v. 24.3.2017 (BGBl. I S. 585); Abs. 6 Satz 1 Nr. 1a eingef. mWv 15.6.2017 durch G v. 8.6.2017 (BGBl. I S. 1570).

1a. sich auf Verlangen des Wahlvorstandes nicht ausweisen kann oder die zur Feststellung der Identität erforderlichen Mitwirkungshandlungen verweigert,

2. keinen Wahlschein vorlegt, obwohl sich im Wählerverzeichnis ein Wahlscheinvermerk (§ 30) befindet, es sei denn, es wird festgestellt, dass er nicht im Wahlscheinverzeichnis eingetragen ist,

3. bereits einen Stimmabgabevermerk im Wählerverzeichnis hat, es sei denn, er weist nach, dass er noch nicht gewählt hat,

4. seinen Stimmzettel außerhalb der Wahlkabine gekennzeichnet oder gefaltet hat,

5. seinen Stimmzettel so gefaltet hat, dass seine Stimmabgabe erkennbar ist, oder ihn mit einem äußerlich sichtbaren, das Wahlgeheimnis offensichtlich gefährdenden Kennzeichen versehen hat,

5a. für den Wahlvorstand erkennbar in der Wahlkabine fotografiert oder gefilmt hat oder

6. für den Wahlvorstand erkennbar mehrere oder einen nicht amtlich hergestellten Stimmzettel abgeben oder mit dem Stimmzettel einen weiteren Gegenstand in die Wahlurne werfen will.

[2] Ein Wähler, bei dem die Voraussetzungen des Satzes 1 Nr. 1 vorliegen und der im Vertrauen auf die ihm übersandte Benachrichtigung, dass er im Wählerverzeichnis eingetragen ist, keinen Einspruch eingelegt hat, ist gegebenenfalls bei der Zurückweisung darauf hinzuweisen, dass er bei der Gemeindebehörde bis 15.00 Uhr einen Wahlschein beantragen kann.

(7) [1] Glaubt der Wahlvorsteher, das Wahlrecht einer im Wählerverzeichnis eingetragenen Person beanstanden zu müssen oder werden sonst aus der Mitte des Wahlvorstandes Bedenken gegen die Zulassung eines Wählers zur Stimmabgabe erhoben, so beschließt der Wahlvorstand über die Zulassung oder Zurückweisung. [2] Der Beschluss ist in der Wahlniederschrift zu vermerken.

(8) Hat der Wähler seinen Stimmzettel verschrieben oder versehentlich unbrauchbar gemacht oder wird der Wähler nach Absatz 6 Nr. 4 bis 6 zurückgewiesen, so ist ihm auf Verlangen ein neuer Stimmzettel auszuhändigen, nachdem er den alten Stimmzettel im Beisein eines Mitglieds des Wahlvorstandes vernichtet hat.

§ 57[1)] Stimmabgabe von Wählern mit Behinderungen. (1) [1] Ein Wähler, der des Lesens unkundig ist oder der wegen einer Behinderung gehindert ist, den Stimmzettel zu kennzeichnen, zu falten oder selbst in die Wahlurne zu werfen, bestimmt eine andere Person, deren Hilfe er sich bei der Stimmabgabe bedienen will, und gibt dies dem Wahlvorstand bekannt. [2] Hilfsperson kann auch ein vom Wähler bestimmtes Mitglied des Wahlvorstandes sein.

(2) [1] Die Hilfeleistung ist auf technische Hilfe bei der Kundgabe einer vom Wahlberechtigten selbst getroffenen Wahlentscheidung beschränkt. [2] Unzulässig ist eine Hilfeleistung, die unter missbräuchlicher Einflussnahme erfolgt, die selbstbestimmte Willensbildung oder Entscheidung des Wahlberechtigten ersetzt oder verändert oder wenn ein Interessenkonflikt der Hilfsperson besteht.

[1)] § 57 Abs. 1 Satz 1 geänd., Abs. 4 angef. mWv 1.5.2002 durch G v. 27.4.2002 (BGBl. I S. 1467); Abs. 2 Satz 2 geänd. mWv 18.5.2013 durch VO v. 13.5.2013 (BGBl. I S. 1255); Überschrift geänd. mWv 31.3.2017 durch VO v. 24.3.2017 (BGBl. I S. 585); Abs. 1 Satz 1 geänd., Abs. 2 eingef., bish. Abs. 2 wird Abs. 3 und neu gef., bish. Abs. 3 aufgeh. mWv 1.7.2019 durch G v. 18.6.2019 (BGBl. I S. 834).

(3) [1]Die Hilfsperson darf gemeinsam mit dem Wähler die Wahlkabine aufsuchen, soweit das zur Hilfeleistung erforderlich ist. [2]Die Hilfsperson ist zur Geheimhaltung der Kenntnisse verpflichtet, die sie bei der Hilfeleistung von der Wahl eines anderen erlangt hat.

(4) Ein blinder oder sehbehinderter Wähler kann sich zur Kennzeichnung des Stimmzettels auch einer Stimmzettelschablone bedienen.

§ 58[1)] *(aufgehoben)*

§ 59 Stimmabgabe von Inhabern eines Wahlscheines. [1]Der Inhaber eines Wahlscheines nennt seinen Namen, weist sich aus und übergibt den Wahlschein dem Wahlvorsteher. [2]Dieser prüft den Wahlschein. [3]Entstehen Zweifel über die Gültigkeit des Wahlscheines oder über den rechtmäßigen Besitz, so klärt sie der Wahlvorstand nach Möglichkeit und beschließt über die Zulassung oder Zurückweisung des Inhabers. [4]Der Vorgang ist in der Wahlniederschrift zu vermerken. [5]Der Wahlvorsteher behält den Wahlschein auch im Falle der Zurückweisung ein.

§ 60[2)] **Schluss der Wahlhandlung.** [1]Ist die Wahlzeit (§ 47) abgelaufen, wird dies vom Wahlvorsteher bekanntgegeben. [2]Von da ab sind nur noch die Wahlberechtigten zur Stimmabgabe zuzulassen, die vor Ablauf der Wahlzeit erschienen sind und sich im Wahlraum oder aus Platzgründen davor befinden. [3]Nach Ablauf der Wahlzeit eintreffenden Personen ist der Zutritt zur Stimmabgabe zu sperren. [4]Nachdem die vor Ablauf der Wahlzeit erschienenen Wähler ihre Stimme abgegeben haben, erklärt der Wahlvorsteher die Wahlhandlung für geschlossen.

Zweiter Unterabschnitt. Besondere Regelungen

§ 61[3)] **Wahl in Sonderwahlbezirken.** (1) Zur Stimmabgabe in Sonderwahlbezirken (§ 13) wird jeder in der Einrichtung anwesende Wahlberechtigte zugelassen, der einen für den Wahlkreis gültigen Wahlschein hat.

(2) Es ist zulässig, für die verschiedenen Teile eines Sonderwahlbezirks verschiedene Personen als Beisitzer des Wahlvorstandes zu bestellen.

(3) [1]Die Gemeindebehörde bestimmt im Einvernehmen mit der Leitung der Einrichtung einen geeigneten Wahlraum. [2]Für die verschiedenen Teile eines Sonderwahlbezirks können verschiedene Wahlräume bestimmt werden. [3]Die Gemeindebehörde richtet den Wahlraum her.

(4) Die Gemeindebehörde bestimmt die Wahlzeit für den Sonderwahlbezirk im Einvernehmen mit der Leitung der Einrichtung im Rahmen der allgemeinen Wahlzeit nach dem tatsächlichen Bedürfnis.

(5) Die Leitung der Einrichtung gibt den Wahlberechtigten den Wahlraum und die Wahlzeit am Tage vor der Wahl bekannt und weist auf die Möglichkeit der Stimmabgabe nach Absatz 6 hin.

(6) [1]Der Wahlvorsteher oder sein Stellvertreter und zwei Beisitzer können sich unter Mitnahme einer verschlossenen Wahlurne und der erforderlichen Stimmzettel auch in die Krankenzimmer und an die Krankenbetten begeben. [2]Dort nehmen sie die Wahlscheine entgegen und verfahren nach den §§ 59 und 56 Abs. 4 bis 8. [3]Dabei muss auch bettlägerigen Wählern Gelegenheit gegeben werden, ihre

---

[1)] § 58 aufgeh. mWv 11.12.2008 durch VO v. 3.12.2008 (BGBl. I S. 2378).

[2)] § 60 neu gef. mWv 22.2.2020 durch VO v. 13.2.2020 (BGBl. I S. 199); Sätze 1 und 2 neu gef. mWv 18.9.2024 durch VO v. 12.9.2024 (BGBl. 2024 I Nr. 283).

[3)] § 61 Abs. 8 neu gef. mWv 11.12.2008 durch VO v. 3.12.2008 (BGBl. I S. 2378).

Stimmzettel unbeobachtet zu kennzeichnen und zu falten. [4]Der Wahlvorsteher oder sein Stellvertreter weist Wähler, die sich bei der Stimmabgabe der Hilfe einer anderen Person bedienen wollen, darauf hin, dass sie auch ein von ihnen bestimmtes Mitglied des Wahlvorstandes als Hilfsperson in Anspruch nehmen können. [5]Nach Schluss der Stimmabgabe sind die verschlossene Wahlurne und die Wahlscheine unverzüglich in den Wahlraum des Sonderwahlbezirks zu bringen. [6]Dort ist die Wahlurne bis zum Schluss der allgemeinen Stimmabgabe unter Aufsicht des Wahlvorstandes verschlossen zu verwahren. [7]Danach wird ihr Inhalt mit dem Inhalt der allgemeinen Wahlurne vermengt und zusammen mit den übrigen Stimmen des Sonderwahlbezirks ausgezählt. [8]Der Vorgang ist in der Wahlniederschrift zu vermerken.

(7) Die Öffentlichkeit der Wahlhandlung sowie der Ermittlung und Feststellung des Wahlergebnisses soll nach Möglichkeit durch die Anwesenheit anderer Wahlberechtigter gewährleistet werden.

(8) Die Leitung der Einrichtung hat bei Kranken mit ansteckenden Krankheiten insbesondere § 30 Abs. 1 des Infektionsschutzgesetzes[1)] zu beachten.

(9) Das Wahlergebnis des Sonderwahlbezirks darf nicht vor Schluss der allgemeinen Wahlzeit ermittelt werden.

(10) Im Übrigen gelten die allgemeinen Bestimmungen.

§ 62 Stimmabgabe in kleineren Krankenhäusern und kleineren Alten- oder Pflegeheimen. (1) Die Gemeindebehörde soll bei entsprechendem Bedürfnis und soweit möglich im Benehmen mit der Leitung eines kleineren Krankenhauses oder eines kleineren Alten- oder Pflegeheimes zulassen, dass dort anwesende Wahlberechtigte, die einen für den Wahlkreis gültigen Wahlschein besitzen, vor einem beweglichen Wahlvorstand (§ 8) wählen.

(2) [1]Die Gemeindebehörde vereinbart mit der Leitung der Einrichtung die Zeit der Stimmabgabe innerhalb der allgemeinen Wahlzeit. [2]Die Leitung der Einrichtung stellt, soweit erforderlich, einen geeigneten Wahlraum bereit. [3]Die Gemeindebehörde richtet ihn her. [4]Die Leitung der Einrichtung gibt den Wahlberechtigten Ort und Zeit der Stimmabgabe bekannt.

(3) [1]Der bewegliche Wahlvorstand begibt sich unter Mitnahme einer verschlossenen Wahlurne und der erforderlichen Stimmzettel in das Krankenhaus oder in das Alten- oder Pflegeheim, nimmt die Wahlscheine entgegen und verfährt nach den §§ 59 und 56 Abs. 4 bis 8. [2]Der Wahlvorsteher oder sein Stellvertreter weist Wähler, die sich bei der Stimmabgabe der Hilfe einer anderen Person bedienen wollen, darauf hin, dass sie auch ein von ihnen bestimmtes Mitglied des Wahlvorstandes als Hilfsperson in Anspruch nehmen können. [3]Nach Schluss der Stimmabgabe sind die verschlossene Wahlurne und die Wahlscheine unverzüglich in den Wahlraum des Wahlbezirks zu bringen. [4]Dort ist die Wahlurne bis zum Schluss der allgemeinen Stimmabgabe unter Aufsicht des Wahlvorstandes verschlossen zu verwahren. [5]Danach wird ihr Inhalt mit dem Inhalt der allgemeinen Wahlurne vermengt und zusammen mit den Stimmen des Wahlbezirks ausgezählt. [6]Der Vorgang ist in der Wahlniederschrift zu vermerken.

(4) [1]§ 61 Abs. 6 bis 8 gilt entsprechend. [2]Im Übrigen gelten die allgemeinen *Bestimmungen.*

---

1) Sartorius ErgBd. Nr. 285.

§ 63 Stimmabgabe in Klöstern. Die Gemeindebehörde soll bei entsprechendem Bedürfnis und soweit möglich im Benehmen mit der Leitung eines Klosters die Stimmabgabe im Kloster entsprechend § 62 regeln.

§ 64 Stimmabgabe in sozialtherapeutischen Anstalten und Justizvollzugsanstalten. (1) In sozialtherapeutischen Anstalten und Justizvollzugsanstalten soll die Gemeindebehörde bei entsprechendem Bedürfnis und soweit möglich Gelegenheit geben, dass die in der Anstalt anwesenden Wahlberechtigten, die einen für den Wahlkreis gültigen Wahlschein besitzen, in der Anstalt vor einem beweglichen Wahlvorstand (§ 8) wählen.

(2) [1] Die Gemeindebehörde vereinbart mit der Leitung der Anstalt die Zeit der Stimmabgabe innerhalb der allgemeinen Wahlzeit. [2] Die Anstaltsleitung stellt einen Wahlraum bereit. [3] Die Gemeindebehörde richtet ihn her. [4] Die Anstaltsleitung gibt den Wahlberechtigten Ort und Zeit der Stimmabgabe bekannt und sorgt dafür, dass sie zur Stimmabgabe den Wahlraum aufsuchen können.

(3) [1] § 62 Abs. 3 und § 61 Abs. 6 bis 8 gelten entsprechend. [2] Im Übrigen gelten die allgemeinen Bestimmungen.

§ 65 (weggefallen)

§ 66[1)] Briefwahl. (1) [1] Wer durch Briefwahl wählt, kennzeichnet persönlich den Stimmzettel, legt ihn in den amtlichen Stimmzettelumschlag und verschließt diesen, unterzeichnet die auf dem Wahlschein vorgedruckte Versicherung an Eides statt zur Briefwahl unter Angabe des Tages, steckt den verschlossenen amtlichen Stimmzettelumschlag und den unterschriebenen Wahlschein in den amtlichen Wahlbriefumschlag, verschließt den Wahlbriefumschlag und übersendet den Wahlbrief durch ein Postunternehmen rechtzeitig an die nach Absatz 2 zuständige, auf dem Wahlbriefumschlag angegebene Stelle. [2] Der Wahlbrief kann bei dieser Stelle auch abgegeben werden. [3] Nach Eingang des Wahlbriefes bei der zuständigen Stelle darf er nicht mehr zurückgegeben werden.

(2) [1] Die Wahlbriefe müssen bei dem Kreiswahlleiter des Wahlkreises, für den der Wahlschein gültig ist, eingehen. [2] Sind auf Grund einer Anordnung nach § 8 Abs. 3 des Bundeswahlgesetzes[2)] Briefwahlvorstände für einzelne oder mehrere Gemeinden innerhalb eines Wahlkreises gebildet, müssen die Wahlbriefe bei der Gemeindebehörde eingehen, die die Wahlscheine ausgestellt hat; sind Briefwahlvorstände für einzelne Kreise innerhalb eines Wahlkreises gebildet, müssen die Wahlbriefe bei der Verwaltungsbehörde des Kreises eingehen, in dem die Gemeinden liegen, die die Wahlscheine ausgestellt haben.

(3) [1] Der Stimmzettel ist unbeobachtet zu kennzeichnen und in den Stimmzettelumschlag zu legen; § 56 Abs. 8 gilt entsprechend. [2] Für die Stimmabgabe von Wählern mit Behinderungen gilt § 57 entsprechend. [3] Hat der Wähler den Stimmzettel durch eine Hilfsperson kennzeichnen lassen, so hat diese durch Unterschreiben der Versicherung an Eides statt zur Briefwahl zu bestätigen, dass sie den Stimmzettel gemäß dem erklärten Willen des Wählers gekennzeichnet hat; die Hilfsperson muss das 16. Lebensjahr vollendet haben.

(4) [1] In Krankenhäusern, Altenheimen, Altenwohnheimen, Pflegeheimen, Erholungsheimen, sozialtherapeutischen Anstalten und Justizvollzugsanstalten sowie

---

[1)] § 66 Abs. 1 Satz 1, Abs. 2 Satz 2, Abs. 3 Sätze 1 und 3, Abs. 4 Satz 1 geänd. mWv 11.12.2008 durch VO v. 3.12.2008 (BGBl. I S. 2378); Abs. 1 Satz 1 geänd. mWv 18.5.2013 durch VO v. 13.5.2013 (BGBl. I S. 1255); Abs. 3 Satz 2 geänd. mWv 31.3.2017 durch VO v. 24.3.2017 (BGBl. I S. 585).

[2)] Nr. **30**.

Gemeinschaftsunterkünften ist Vorsorge zu treffen, dass der Stimmzettel unbeobachtet gekennzeichnet und in den Stimmzettelumschlag gelegt werden kann. 2 Die Leitung der Einrichtung bestimmt einen geeigneten Raum, veranlasst dessen Ausstattung und gibt den Wahlberechtigten bekannt, in welcher Zeit der Raum für die Ausübung der Briefwahl zur Verfügung steht. 3 § 56 Abs. 8 gilt entsprechend.

(5) Die Gemeindebehörde weist die Leitungen der Einrichtungen in ihrem Gemeindegebiet spätestens am 13. Tage vor der Wahl auf die Regelung des Absatzes 4 hin.

Vierter Abschnitt. Ermittlung und Feststellung der Wahlergebnisse

§ 67[1)] Ermittlung und Feststellung des Wahlergebnisses im Wahlbezirk. Im Anschluss an die Wahlhandlung ermittelt der Wahlvorstand vorbehaltlich § 68 Absatz 2 ohne Unterbrechung das Wahlergebnis im Wahlbezirk und stellt fest

1. die Zahl der Wahlberechtigten,
2. die Zahl der Wähler,
3. die Zahlen der gültigen und ungültigen Erststimmen,
4. die Zahlen der gültigen und ungültigen Zweitstimmen,
5. die Zahlen der für die einzelnen Bewerber abgegebenen gültigen Erststimmen,
6. die Zahlen der für die einzelnen Landeslisten abgegebenen gültigen Zweitstimmen.

§ 68[2)] Zählung der Wähler. (1) 1 Vor dem Öffnen der Wahlurne werden alle nicht benutzten Stimmzettel vom Wahltisch entfernt. 2 Zunächst werden die Zahl der Stimmabgabevermerke im Wählerverzeichnis und die Zahl der eingenommenen Wahlscheine festgestellt. 3 Sodann werden die Stimmzettel der Wahlurne entnommen, entfaltet und gezählt. 4 Ergibt sich dabei auch nach wiederholter Zählung keine Übereinstimmung, so ist dies in der Wahlniederschrift zu vermerken und soweit möglich zu erläutern.

(2) 1 Ergibt die Feststellung nach Absatz 1 Satz 2, dass weniger als 30 Wähler ihre Stimme abgegeben haben, ordnet der Kreiswahlleiter an, dass der Wahlvorstand dieses Wahlbezirks als abgebender Wahlvorstand die verschlossene Wahlurne oder die Stimmzettel in einem verschlossenen und versiegelten Umschlag, das Wählerverzeichnis, die Abschlussbeurkundung und die eingenommenen Wahlscheine dem Wahlvorstand eines bestimmten anderen Wahlbezirks des gleichen Wahlkreises als aufnehmender Wahlvorstand zur gemeinsamen Ermittlung und Feststellung des Wahlergebnisses unverzüglich zu übergeben hat. 2 Am Wahlraum des abgebenden Wahlvorstands ist ein Hinweis anzubringen, wo die gemeinsame Ermittlung und Feststellung des Wahlergebnisses stattfindet. 3 Der Transport der nach Satz 1 zu übergebenden Gegenstände erfolgt in Anwesenheit des Wahlvorstehers und des Schriftführers, eines weiteren Mitglieds des Wahlvorstands und soweit möglich weiterer gemäß § 54 anwesender Personen. 4 Der aufnehmende Wahlvorstand verfährt entsprechend § 61 Absatz 6 Satz 7 und 8. 5 Die Übergabe der Wahlurne und der Wahlunterlagen ist in den Wahlniederschriften des abgebenden und des aufnehmenden Wahlvorstands zu vermerken.

---

1) § 67 einl. Satzteil geänd. mWv 22.2.2020 durch VO v. 13.2.2020 (BGBl. I S. 199).

2) § 68 neu gef. mWv 22.2.2020 durch VO v. 13.2.2020 (BGBl. I S. 199); Abs. 2 Satz 1 neu gef., Satz 2 geänd. mWv 18.9.2024 durch VO v. 12.9.2024 (BGBl. 2024 I Nr. 283).

§ 69[1)] Zählung der Stimmen. (1) [1] Nachdem die Stimmzettel sowie die Stimmabgabevermerke und die Wahlscheine gezählt worden sind, bilden mehrere Beisitzer unter Aufsicht des Wahlvorstehers folgende Stimmzettelstapel, die sie unter Aufsicht behalten:

1. nach Landeslisten getrennte Stapel mit den Stimmzetteln, auf denen die Erst- und Zweitstimme zweifelsfrei gültig für den Bewerber und die Landesliste derselben Partei abgegeben worden ist,
2. einen Stapel mit den Stimmzetteln, auf denen die Erst- und Zweitstimme zweifelsfrei gültig für Bewerber und Landeslisten verschiedener Träger von Wahlvorschlägen abgegeben worden ist, sowie mit den Stimmzetteln, auf denen nur die Erst- oder Zweitstimme jeweils zweifelsfrei gültig und die andere Stimme nicht abgegeben worden ist,
3. einen Stapel mit den ungekennzeichneten Stimmzetteln.

[2] Alle übrigen Stimmzettel werden ausgesondert und von einem vom Wahlvorsteher hierzu bestimmten Beisitzer in Verwahrung genommen.

(2) [1] Die Beisitzer, die die nach Landeslisten geordneten Stimmzettel (Absatz 1 Satz 1 Nr. 1) unter ihrer Aufsicht haben, übergeben die einzelnen Stapel nacheinander zu einem Teil dem Wahlvorsteher, zum anderen Teil seinem Stellvertreter. [2] Diese prüfen, ob die Kennzeichnung der Stimmzettel eines jeden Stapels gleichlautet, und sagen zu jedem Stapel laut an, für welchen Bewerber und für welche Landesliste er Stimmen enthält. [3] Gibt ein Stimmzettel dem Wahlvorsteher oder seinem Stellvertreter Anlass zu Bedenken, so fügen sie diesen den nach Absatz 1 Satz 2 ausgesonderten Stimmzetteln bei.

(3) [1] Hierauf prüft der Wahlvorsteher die ungekennzeichneten Stimmzettel (Absatz 1 Satz 1 Nr. 3), die ihm hierzu von dem Beisitzer, der sie in Verwahrung hat, übergeben werden. [2] Der Wahlvorsteher sagt an, dass hier beide Stimmen ungültig sind.

(4) [1] Danach zählen je zwei vom Wahlvorsteher bestimmte Beisitzer nacheinander die vom Wahlvorsteher und seinem Stellvertreter nach den Absätzen 2 und 3 geprüften Stimmzettelstapel unter gegenseitiger Kontrolle durch und ermitteln die Zahl der für die einzelnen Wahlvorschläge abgegebenen gültigen Stimmen sowie die Zahl der ungültigen Stimmen. [2] Die Zahlen werden als Zwischensummen in die Wahlniederschrift übertragen.

(5) [1] Sodann übergibt der Beisitzer, der den nach Absatz 1 Satz 1 Nr. 2 gebildeten Stimmzettelstapel unter Aufsicht hat, diesen Stapel dem Wahlvorsteher. [2] Der Wahlvorsteher legt die Stimmzettel zunächst getrennt nach Zweitstimmen für die einzelnen Landeslisten und liest bei jedem Stimmzettel laut vor, für welche Landesliste die Zweitstimme abgegeben worden ist. [3] Bei den Stimmzetteln, auf denen nur die Erststimme abgegeben worden ist, sagt er an, dass die nicht abgegebene Zweitstimme ungültig ist. [4] Gibt ein Stimmzettel dem Wahlvorsteher Anlass zu Bedenken, fügt er diesen den nach Absatz 1 Satz 2 ausgesonderten Stimmzetteln bei. [5] Dann werden die vom Wahlvorsteher gebildeten Stapel entsprechend Absatz 4 gezählt. [6] Anschließend ordnet der Wahlvorsteher die Stimmzettel nach abgegebenen Erststimmen neu, und es wird entsprechend den Sätzen 2 bis 5 verfahren. [7] Die jeweiligen Stimmenzahlen werden als Zwischensummen in die Wahlniederschrift übertragen.

[1)] § 69 Abs. 1 Satz 2 und Abs. 8 Nr. 4 neu gef. mWv 18.9.2024 durch VO v. 12.9.2024 (BGBl. 2024 I Nr. 283).

(6) [1]Zum Schluss entscheidet der Wahlvorstand über die Gültigkeit der Stimmen, die auf den ausgesonderten Stimmzetteln abgegeben worden sind. [2]Der Wahlvorsteher gibt die Entscheidung mündlich bekannt und sagt bei gültigen Stimmen an, für welchen Bewerber oder für welche Landesliste die Stimme abgegeben worden ist. [3]Er vermerkt auf der Rückseite jedes Stimmzettels, ob beide Stimmen oder nur die Erststimme oder nur die Zweitstimme für gültig oder ungültig erklärt worden sind und versieht die Stimmzettel mit fortlaufenden Nummern. [4]Die jeweiligen Stimmenzahlen werden als Zwischensummen in die Wahlniederschrift übertragen.

(7) [1]Die nach den Absätzen 4 bis 6 ermittelten Zahlen der ungültigen und für die einzelnen Wahlvorschläge abgegebenen Stimmen werden vom Schriftführer in der Wahlniederschrift zusammengezählt. [2]Zwei vom Wahlvorsteher bestimmte Beisitzer überprüfen die Zusammenzählung. [3]Beantragt ein Mitglied des Wahlvorstandes vor der Unterzeichnung der Wahlniederschrift eine erneute Zählung der Stimmen, so ist diese nach den Absätzen 1 bis 6 zu wiederholen. [4]Die Gründe für die erneute Zählung sind in der Wahlniederschrift zu vermerken.

(8) Die vom Wahlvorsteher bestimmten Beisitzer sammeln

1. die Stimmzettel, auf denen die Erststimme und die Zweitstimme oder nur die Erststimme abgegeben worden sind, getrennt nach den Bewerbern, denen die Erststimme zugefallen ist,
2. die Stimmzettel, auf denen nur die Zweitstimme abgegeben worden ist,
3. die ungekennzeichneten Stimmzettel,
4. die übrigen Stimmzettel

je für sich und behalten sie unter Aufsicht.

§ 70 Bekanntgabe des Wahlergebnisses. [1]Im Anschluss an die Feststellungen nach § 67 gibt der Wahlvorsteher das Wahlergebnis im Wahlbezirk mit den in dieser Vorschrift bezeichneten Angaben mündlich bekannt. [2]Es darf vor Unterzeichnung der Wahlniederschrift (§ 72) anderen als den in § 71 genannten Stellen durch die Mitglieder des Wahlvorstandes nicht mitgeteilt werden.

§ 71[1)] Schnellmeldungen, vorläufige Wahlergebnisse. (1) [1]Sobald das Wahlergebnis im Wahlbezirk festgestellt ist, meldet es der Wahlvorsteher der Gemeindebehörde, die die Wahlergebnisse aller Wahlbezirke der Gemeinde zusammenfasst und dem Kreiswahlleiter meldet. [2]Ist in der Gemeinde nur ein Wahlbezirk gebildet, meldet der Wahlvorsteher das Wahlergebnis dem Kreiswahlleiter. [3]Der Landeswahlleiter kann anordnen, dass die Wahlergebnisse in den kreisangehörigen Gemeinden über die Verwaltungsbehörde des Kreises gemeldet werden.

(2) [1]Die Meldung wird auf schnellstem Wege (z.B. telefonisch oder auf sonstigem elektronischem Wege) erstattet. [2]Sie enthält die Zahlen

1. der Wahlberechtigten,
2. der Wähler,
3. der gültigen und ungültigen Erststimmen,
4. der gültigen und ungültigen Zweitstimmen,
5. der für jeden Bewerber abgegebenen gültigen Erststimmen,
6. der für jede Landesliste abgegebenen gültigen Zweitstimmen.

[1)] § 71 Abs. 5 geänd. mWv 18.5.2013 durch VO v. 13.5.2013 (BGBl. I S. 1255); Abs. 3 Satz 2 geänd., Satz 3 eingef., bish. Satz 3 wird Satz 4 mWv 18.9.2024 durch VO v. 12.9.2024 (BGBl. 2024 I Nr. 283).

(3) [1]Der Kreiswahlleiter ermittelt nach den Schnellmeldungen der Gemeindebehörden das vorläufige Wahlergebnis im Wahlkreis. [2]Er teilt unter Einbeziehung der Ergebnisse der Briefwahl (§ 75 Abs. 4) das vorläufige Wahlergebnis auf schnellstem Wege dem Landeswahlleiter mit. [3]Hat bei der Wahl im Wahlkreis der Bewerber eines anderen Kreiswahlvorschlages (§ 20 Absatz 3 des Bundeswahlgesetzes[1)]) die meisten Erststimmen auf sich vereinigt, stellt er dies fest. [4]Der Landeswahlleiter meldet dem Bundeswahlleiter die eingehenden Wahlkreisergebnisse sofort und laufend weiter.

(4) Der Landeswahlleiter ermittelt nach den Schnellmeldungen der Kreiswahlleiter das vorläufige zahlenmäßige Wahlergebnis im Land und meldet es auf schnellstem Wege dem Bundeswahlleiter.

(5) Der Bundeswahlleiter ermittelt nach den Schnellmeldungen der Landeswahlleiter entsprechend § 78 das vorläufige Wahlergebnis im Wahlgebiet.

(6) Die Wahlleiter geben nach Durchführung der ohne Vorliegen der Wahlniederschriften möglichen Überprüfungen die vorläufigen Wahlergebnisse mündlich oder in geeigneter anderer Form bekannt.

(7) [1]Die Schnellmeldungen der Wahlvorsteher, Gemeindebehörden und Kreiswahlleiter werden nach dem Muster der Anlage 28 erstattet. [2]Der Landeswahlleiter kann Anordnungen zur Art und Weise der Übermittlung treffen. [3]Er kann auch anordnen, dass die Wahlergebnisse der Wahlbezirke und der Gemeinden gleichzeitig dem Kreiswahlleiter und ihm mitzuteilen sind. [4]Die mitgeteilten Ergebnisse darf der Landeswahlleiter erst dann bei der Ermittlung des vorläufigen Wahlergebnisses im Land berücksichtigen, wenn die Mitteilung des Kreiswahlleiters nach Absatz 3 Satz 2 vorliegt.

§ 72 Wahlniederschrift. (1) [1]Über die Wahlhandlung sowie die Ermittlung und Feststellung des Wahlergebnisses ist vom Schriftführer eine Niederschrift nach dem Muster der Anlage 29 zu fertigen. [2]Die Niederschrift ist von den Mitgliedern des Wahlvorstandes zu genehmigen und zu unterzeichnen. [3]Verweigert ein Mitglied des Wahlvorstandes die Unterschrift, so ist der Grund hierfür in der Wahlniederschrift zu vermerken. [4]Beschlüsse nach § 56 Abs. 7, § 59 Satz 3 und § 69 Abs. 6 sowie Beschlüsse über Anstände bei der Wahlhandlung oder bei der Ermittlung und Feststellung des Wahlergebnisses sind in der Wahlniederschrift zu vermerken. [5]Der Wahlniederschrift sind beizufügen die Stimmzettel, über die der Wahlvorstand nach § 69 Abs. 6 besonders beschlossen hat, sowie die Wahlscheine, über die der Wahlvorstand nach § 59 Satz 3 besonders beschlossen hat.

(2) Der Wahlvorsteher hat die Wahlniederschrift mit den Anlagen unverzüglich der Gemeindebehörde zu übergeben.

(3) [1]Die Gemeindebehörde übersendet dem Kreiswahlleiter die Wahlniederschriften ihrer Wahlvorstände mit den Anlagen auf schnellstem Wege. [2]Besteht die Gemeinde aus mehreren Wahlbezirken, so fügt sie eine Zusammenstellung der Wahlergebnisse der einzelnen Wahlbezirke nach dem Muster der Anlage 30 bei.

(4) Wahlvorsteher, Gemeindebehörden und Verwaltungsbehörden der Kreise sowie Kreiswahlleiter haben sicherzustellen, dass die Wahlniederschriften mit den Anlagen Unbefugten nicht zugänglich sind.

§ 73 Übergabe und Verwahrung der Wahlunterlagen. (1) [1]Hat der Wahlvorstand seine Aufgaben erledigt, so verpackt der Wahlvorsteher je für sich

[1)] Nr. **30**.

1. die Stimmzettel, geordnet und gebündelt nach Wahlkreisbewerbern, nach Stimmzetteln, auf denen nur die Zweitstimme abgegeben worden ist, und nach ungekennzeichneten Stimmzetteln,
2. (weggefallen)
3. die eingenommenen Wahlscheine,

soweit sie nicht der Wahlniederschrift beigefügt sind, versiegelt die einzelnen Pakete, versieht sie mit Inhaltsangabe und übergibt sie der Gemeindebehörde. [2] Bis zur Übergabe an die Gemeindebehörde hat der Wahlvorsteher sicherzustellen, dass die unter den Nummern 1 bis 3 aufgeführten Unterlagen Unbefugten nicht zugänglich sind.

(2) [1] Die Gemeindebehörde hat die Pakete zu verwahren, bis die Vernichtung der Wahlunterlagen zugelassen ist (§ 90). [2] Sie hat sicherzustellen, dass die Pakete Unbefugten nicht zugänglich sind.

(3) Der Wahlvorsteher gibt der Gemeindebehörde die ihm nach § 49 zur Verfügung gestellten Unterlagen und Ausstattungsgegenstände sowie die eingenommenen Wahlbenachrichtigungen zurück.

(4) [1] Die Gemeindebehörde hat die in Absatz 1 bezeichneten Unterlagen auf Anforderung dem Kreiswahlleiter vorzulegen. [2] Werden nur Teile eines Pakets angefordert, so bricht die Gemeindebehörde das Paket in Gegenwart von zwei Zeugen auf, entnimmt ihm den angeforderten Teil und versiegelt das Paket erneut. [3] Über den Vorgang ist eine Niederschrift zu fertigen, die von allen Beteiligten zu unterzeichnen ist.

§ 74 Behandlung der Wahlbriefe, Vorbereitung der Ermittlung und Feststellung des Briefwahlergebnisses. (1) [1] Die für den Eingang der Wahlbriefe zuständige Stelle (§ 66 Abs. 2) sammelt die Wahlbriefe ungeöffnet und hält sie unter Verschluss. [2] Sie vermerkt auf jedem am Wahltage nach Schluss der Wahlzeit eingegangenen Wahlbrief Tag und Uhrzeit des Eingangs, auf den vom nächsten Tag an eingehenden Wahlbriefen nur den Eingangstag.

(2) (weggefallen)

(3) Die zuständige Stelle, in den Fällen der Bildung eines Briefwahlvorstandes für mehrere Gemeinden nach § 7 Nr. 3 die mit der Durchführung der Briefwahl betraute Gemeindebehörde, verteilt die Wahlbriefe auf die einzelnen Briefwahlvorstände, übergibt jedem Briefwahlvorstand das Verzeichnis über die für ungültig erklärten Wahlscheine sowie die Nachträge dazu oder die Mitteilung, dass keine Wahlscheine für ungültig erklärt worden sind (§ 28 Abs. 9), sorgt für die Bereitstellung und Ausstattung des Wahlraumes und stellt dem Briefwahlvorstand etwa notwendige Hilfskräfte zur Verfügung.

(4) Ist für mehrere Gemeinden ein Briefwahlvorstand gebildet, haben die Gemeindebehörden der mit der Durchführung der Briefwahl betrauten Gemeindebehörde alle bis zum Tage vor der Wahl bei ihnen eingegangenen Wahlbriefe bis 12.00 Uhr am Wahltage zuzuleiten und alle anderen noch vor Schluss der Wahlzeit bei ihnen eingegangenen Wahlbriefe auf schnellstem Wege nach Schluss der Wahlzeit zuzuleiten.

(5) [1] Verspätet eingegangene Wahlbriefe werden von der zuständigen Stelle angenommen, mit den in Absatz 1 vorgeschriebenen Vermerken versehen und ungeöffnet verpackt. [2] Das Paket wird von ihr versiegelt, mit Inhaltsangabe versehen und verwahrt, bis die Vernichtung der Wahlbriefe zugelassen ist (§ 90). [3] Sie hat sicherzustellen, dass das Paket Unbefugten nicht zugänglich ist.

§ 75[1)] Zulassung der Wahlbriefe, Ermittlung und Feststellung des Briefwahlergebnisses. (1) [1]Ein vom Briefwahlvorsteher bestimmtes Mitglied des Briefwahlvorstandes öffnet die Wahlbriefe nacheinander und entnimmt ihnen den Wahlschein und den Stimmzettelumschlag. [2]Ist der Wahlschein in einem Verzeichnis für ungültig erklärter Wahlscheine aufgeführt oder werden Bedenken gegen die Gültigkeit des Wahlscheines erhoben, so sind die betroffenen Wahlbriefe samt Inhalt unter Kontrolle des Briefwahlvorstehers auszusondern und später entsprechend Absatz 2 zu behandeln. [3]Die aus den übrigen Wahlbriefen entnommenen Stimmzettelumschläge werden ungeöffnet in die Wahlurne geworfen; die Wahlscheine werden gesammelt.

(2) [1]Werden gegen einen Wahlbrief Bedenken erhoben, so beschließt der Briefwahlvorstand über die Zulassung oder Zurückweisung. [2]Der Wahlbrief ist vom Briefwahlvorstand zurückzuweisen, wenn ein Tatbestand nach § 39 Abs. 4 Satz 1 Nr. 2 bis 8 des Bundeswahlgesetzes[2)] vorliegt. [3]Die Zahl der beanstandeten, der nach besonderer Beschlussfassung zugelassenen und die Zahl der zurückgewiesenen Wahlbriefe sind in der Wahlniederschrift zu vermerken. [4]Die zurückgewiesenen Wahlbriefe sind samt Inhalt auszusondern, mit einem Vermerk über den Zurückweisungsgrund zu versehen, wieder zu verschließen und fortlaufend zu nummerieren. [5]Die Einsender zurückgewiesener Wahlbriefe werden nicht als Wähler gezählt; ihre Stimmen gelten als nicht abgegeben (§ 39 Abs. 4 Satz 2 des Bundeswahlgesetzes).

(3) [1]Nachdem die Stimmzettelumschläge den Wahlbriefen entnommen und in die Wahlurne geworfen worden sind, jedoch nicht vor Schluss der allgemeinen Wahlzeit, ermittelt und stellt der Briefwahlvorstand das Wahlergebnis mit den in § 67 unter den Nummern 2 bis 6 bezeichneten Angaben fest. [2]§§ 68 bis 70 gelten entsprechend mit der Maßgabe, dass die Stimmzettelumschläge zunächst ungeöffnet zu zählen sind und leere Stimmzettelumschläge entsprechend § 69 Abs. 1 Satz 1 Nr. 3, Abs. 3 und 8 Nr. 3 sowie Stimmzettelumschläge, die mehrere Stimmzettel enthalten oder Anlass zu Bedenken geben, entsprechend § 69 Abs. 1 Satz 2, Abs. 6 und 8 Nr. 4 zu behandeln sind.

(4) [1]Sobald das Briefwahlergebnis festgestellt ist, meldet es der Briefwahlvorsteher auf schnellstem Wege dem Kreiswahlleiter. [2]Sind auf Grund einer Anordnung nach § 8 Abs. 3 des Bundeswahlgesetzes Briefwahlvorstände für einzelne oder mehrere Gemeinden gebildet worden, meldet der Briefwahlvorsteher das Briefwahlergebnis der für ihn zuständigen Gemeindebehörde, die es in die Schnellmeldung für den Bereich der Gemeinde übernimmt; sind Briefwahlvorstände für einzelne Kreise innerhalb eines Wahlkreises gebildet worden, meldet es der Briefwahlvorsteher der Verwaltungsbehörde des Kreises, die die Briefwahlergebnisse zusammenfasst und dem Kreiswahlleiter weitermeldet. [3]Die Schnellmeldungen werden nach dem Muster der Anlage 28 erstattet.

(5) [1]Über die Zulassung der Wahlbriefe sowie die Ermittlung und Feststellung *des Briefwahlergebnisses* ist vom Schriftführer eine Niederschrift nach dem Muster der Anlage 31 zu fertigen. [2]Dieser sind beizufügen

1. die Stimmzettel und Stimmzettelumschläge, über die der Briefwahlvorstand entsprechend § 69 Abs. 6 besonders beschlossen hat,
2. die Wahlbriefe, die der Briefwahlvorstand zurückgewiesen hat,

---

1) § 75 Abs. 1 Sätze 1 und 3, Abs. 2 Sätze 2 und 5, Abs. 3 Sätze 1 und 2, Abs. 4 Satz 2, Abs. 5 Satz 2 Nr. 1 geänd. mWv 11.12.2008 durch VO v. 3.12.2008 (BGBl. I S. 2378).

2) Nr. **30**.

3. die Wahlscheine, über die der Briefwahlvorstand beschlossen hat, ohne dass die Wahlbriefe zurückgewiesen wurden.

(6) [1]Der Briefwahlvorsteher übergibt die Wahlniederschrift mit den Anlagen unverzüglich dem Kreiswahlleiter. [2]Sind Briefwahlvorstände für einzelne oder mehrere Gemeinden oder für einzelne Kreise innerhalb eines Wahlkreises gebildet worden, ist die Wahlniederschrift mit den Anlagen der Gemeindebehörde oder der mit der Durchführung der Briefwahl betrauten Gemeindebehörde oder der Verwaltungsbehörde des Kreises zu übergeben. [3]Die zuständige Gemeindebehörde oder die Verwaltungsbehörde des Kreises übersendet dem Kreiswahlleiter die Wahlniederschriften der Briefwahlvorstände mit den Anlagen und fügt, soweit erforderlich, Zusammenstellungen der Briefwahlergebnisse nach dem Muster der Anlage 30 bei. [4]§ 72 Abs. 4 gilt entsprechend.

(7) [1]Der Briefwahlvorsteher verpackt die Wahlunterlagen entsprechend § 73 Abs. 1 und übergibt sie dem Kreiswahlleiter, der sie verwahrt, bis ihre Vernichtung zugelassen ist (§ 90). [2]Sind Briefwahlvorstände für einzelne oder mehrere Gemeinden oder für einzelne Kreise innerhalb eines Wahlkreises gebildet worden, übergibt der Briefwahlvorsteher die Unterlagen der Stelle, die den Briefwahlvorstand einberufen hat. [3]Diese verfährt nach § 73 Abs. 2 bis 4. [4]§ 72 Abs. 4 gilt entsprechend.

(8) Im Übrigen gelten für die Tätigkeit des Briefwahlvorstandes die für den Wahlvorstand geltenden Bestimmungen entsprechend.

(9) Das Wahlergebnis der Briefwahl wird vom Kreiswahlleiter in die Schnellmeldung nach § 71 Abs. 3 und in die Zusammenstellung des endgültigen Wahlergebnisses des Wahlkreises nach § 76 übernommen.

(10) [1]Stellt der Bundeswahlleiter fest, dass im Wahlgebiet die regelmäßige Beförderung von Wahlbriefen infolge von Naturkatastrophen oder ähnlichen Ereignissen höherer Gewalt gestört war, gelten die dadurch betroffenen Wahlbriefe, die nach Behebung des Ereignisses, spätestens aber am 22. Tag nach der Wahl bei der zuständigen Stelle (§ 66 Abs. 2) eingehen, als rechtzeitig eingegangen, wenn sie ohne die Störung spätestens am Wahltag bis 18 Uhr eingegangen wären. [2]Dabei gelten im Wahlgebiet abgesandte Wahlbriefe mit einem Poststempel spätestens vom zweiten Tag vor der Wahl als rechtzeitig eingegangen. [3]Die als rechtzeitig eingegangen geltenden Wahlbriefe sind auf schnellstem Wege dem zuständigen Briefwahlvorstand zur nachträglichen Feststellung des Briefwahlergebnisses zu überweisen, sofern der Kreiswahlleiter feststellt, dass die nach § 7 Nr. 1 erforderliche Zahl von Wahlbriefen erreicht ist. [4]Wird diese Zahl für einzelne Briefwahlvorstände unterschritten, bestimmt der Kreiswahlleiter, welchem Briefwahlvorstand des Wahlkreises die durch das Ereignis betroffenen Wahlbriefe überwiesen werden; wird die nach § 7 Nr. 1 erforderliche Zahl von Wahlbriefen im Wahlkreis unterschritten, bestimmt der Kreiswahlleiter, welcher Briefwahlvorstand über die Zulassung oder Zurückweisung der Wahlbriefe entscheidet und welcher Briefwahlvorstand des Wahlkreises über die Gültigkeit der abgegebenen Stimmen entscheidet und die nachträgliche Feststellung des Briefwahlergebnisses trifft. [5]Im Übrigen kann der Landeswahlleiter Regelungen zur Anpassung an die besonderen Verhältnisse im Einzelfall treffen.

§ 76[1] Ermittlung und Feststellung des Wahlergebnisses im Wahlkreis.

(1) [1]Der Kreiswahlleiter prüft die Wahlniederschriften der Wahlvorstände auf Vollständigkeit und Ordnungsmäßigkeit. [2]Er stellt nach den Wahlniederschriften das endgültige Ergebnis der Wahl im Wahlkreis und der Wahl nach Landeslisten wahlbezirksweise und nach Briefwahlvorständen geordnet nach dem Muster der Anlage 30 zusammen. [3]Dabei bildet der Kreiswahlleiter für die Gemeinden und Kreise Zwischensummen, im Falle einer Anordnung nach § 8 Abs. 3 des Bundeswahlgesetzes[2] auch für die Briefwahlergebnisse. [4]Ergeben sich aus der Wahlniederschrift oder aus sonstigen Gründen Bedenken gegen die Ordnungsmäßigkeit des Wahlgeschäfts, so klärt sie der Kreiswahlleiter soweit wie möglich auf. [5]Im Falle einer Nachzählung von Stimmzetteln macht der Kreiswahlleiter die Nachzählung durch Aushang am oder im Eingang des Sitzungsgebäudes bekannt. [6]Dabei ist die Nummer des Wahlbezirks der nachzuzählenden Stimmzettel anzugeben und auf die Öffentlichkeit der Nachzählung hinzuweisen. [7]Die Wahlniederschrift des Wahlvorstands des betroffenen Wahlbezirks und die Niederschrift über die Prüfung der Stimmzettelbündel legt der Kreiswahlleiter dem Kreiswahlausschuss vor.

(2) [1]Nach Berichterstattung durch den Kreiswahlleiter ermittelt der Kreiswahlausschuss das Wahlergebnis des Wahlkreises und stellt fest

1. die Zahl der Wahlberechtigten,
2. die Zahl der Wähler,
3. die Zahlen der gültigen und ungültigen Erststimmen,
4. die Zahlen der gültigen und ungültigen Zweitstimmen,
5. die Zahlen der für die einzelnen Bewerber abgegebenen gültigen Erststimmen,
6. die Zahlen der für die einzelnen Landeslisten abgegebenen gültigen Zweitstimmen.

[2]Der Kreiswahlausschuss ist berechtigt, Feststellungen des Wahlvorstandes zu berichtigen und dabei auch über die Gültigkeit abgegebener Stimmen abweichend zu beschließen. [3]Ungeklärte Bedenken vermerkt er in der Niederschrift.

(3) *(aufgehoben)*

(4) [1]Hat bei der Wahl im Wahlkreis der Bewerber eines anderen Kreiswahlvorschlages (§ 20 Absatz 3 des Bundeswahlgesetzes) die meisten Erststimmen auf sich vereinigt, so fordert der Kreiswahlleiter von allen Gemeindebehörden die für diesen Bewerber abgegebenen Stimmzettel ein und fügt ihnen die durch Briefwahl abgegebenen sowie die bei den Wahlniederschriften befindlichen, auf diesen Bewerber lautenden Stimmzettel bei. [2]Der Kreiswahlausschuss stellt fest, wie viele Zweitstimmen nach § 4 Absatz 2 Satz 2 Nummer 1 des Bundeswahlgesetzes unberücksichtigt bleiben und bei welchen Landeslisten sie abzusetzen sind.

(5) Im Anschluss an die Feststellung gibt der Kreiswahlleiter das Wahlergebnis mit den in Absatz 2 Satz 1 bezeichneten Angaben mündlich bekannt.

(6) [1]Die Niederschrift über die Sitzung (§ 5 Abs. 7) ist nach dem Muster der Anlage 32 zu fertigen. [2]Die Niederschrift und die ihr beigefügte Zusammenstellung des Wahlergebnisses nach dem Muster der Anlage 30 sind von allen

[1] § 76 Abs. 1 Satz 3 geänd., Abs. 2 Satz 2 neu gef., Abs. 4 Sätze 1 und 2 geänd., Abs. 7 und 9 neu gef. mWv 11.12.2008 durch VO v. 3.12.2008 (BGBl. I S. 2378); Abs. 4 Satz 2 eingef., bish. Satz 2 wird Satz 3 mWv 18.5.2013 durch VO v. 13.5.2013 (BGBl. I S. 1255); Abs. 1 Sätze 5–7 angef., Abs. 3 aufgeh., Abs. 4 neu gef., Abs. 5 geänd., Abs. 7 und 9 aufgeh. mWv 18.9.2024 durch VO v. 12.9.2024 (BGBl. 2024 I Nr. 283).

[2] Nr. **30**.

Mitgliedern des Kreiswahlausschusses, die an der Verhandlung teilgenommen haben, und von dem Schriftführer zu unterzeichnen.

(7) *(aufgehoben)*

(8) Der Kreiswahlleiter übersendet dem Landeswahlleiter und dem Bundeswahlleiter auf schnellstem Wege eine Ausfertigung der Niederschrift des Kreiswahlausschusses mit der dazugehörigen Zusammenstellung.

§ 77[1)] Ermittlung und Feststellung des Zweitstimmenergebnisses im Land. (1) Der Landeswahlleiter prüft die Wahlniederschriften der Kreiswahlausschüsse und stellt danach die endgültigen Wahlergebnisse in den einzelnen Wahlkreisen des Landes (§ 76 Absatz 2) nach dem Muster der Anlage 30 zum Wahlergebnis des Landes zusammen.

(2) [1] Nach Berichterstattung durch den Landeswahlleiter ermittelt der Landeswahlausschuss das Zweitstimmenergebnis im Land und stellt fest

1. die Zahl der Wahlberechtigten,
2. die Zahl der Wähler,
3. die Zahlen der gültigen und ungültigen Zweitstimmen,
4. die Zahlen der für die einzelnen Landeslisten abgegebenen gültigen Zweitstimmen,
5. im Falle des § 4 Absatz 2 Satz 2 Nummer 1 des Bundeswahlgesetzes[2)] die Zahlen der für die Sitzverteilung zu berücksichtigenden Zweitstimmen der einzelnen Landeslisten (bereinigte Zahlen) und
6. welche Bewerber vorläufig als gewählt festzustellen sind.

[2] Der Landeswahlausschuss ist berechtigt, rechnerische Berichtigungen an den Feststellungen der Wahlvorstände und Kreiswahlausschüsse vorzunehmen.

(3) Im Anschluss an die Feststellung gibt der Landeswahlleiter das Wahlergebnis mit den in Absatz 2 Satz 1 bezeichneten Angaben mündlich bekannt.

(3a) Der Landeswahlleiter benachrichtigt die vorläufig als gewählt festgestellten Bewerber und weist sie auf das Erfordernis der abschließenden Feststellung ihrer Wahl durch den Bundeswahlausschuss hin sowie darauf, dass sie nach der abschließenden Feststellung des Ergebnisses durch den Bundeswahlleiter nach § 42 Absatz 3 Satz 1 des Bundeswahlgesetzes die Mitgliedschaft im Deutschen Bundestag mit Eröffnung der ersten Sitzung nach der Wahl erlangen und eine Ablehnung des Erwerbs der Mitgliedschaft gegenüber dem Landeswahlleiter erfolgen muss.

(4) [1] Die Niederschrift über die Sitzung (§ 5 Abs. 7) ist nach dem Muster der Anlage 33 zu fertigen. [2] § 76 Abs. 6 Satz 2 gilt entsprechend.

(5) Der Landeswahlleiter übersendet dem Bundeswahlleiter eine Ausfertigung der Niederschrift mit der Feststellung des Zweitstimmenergebnisses, der vorläufig als gewählt festgestellten Bewerber sowie eine Zusammenstellung der Wahlergebnisse in den einzelnen Wahlkreisen des Landes (Absatz 1).

[1)] § 77 Abs. 2 Satz 1 Nr. 5 geänd. mWv 11.12.2008 durch VO v. 3.12.2008 (BGBl. I S. 2378); Abs. 1, Abs. 2 Satz 1 Nr. 4 und 5 geänd., Nr. 6 angef., Abs. 3a eingef., Abs. 5 geänd. mWv 18.9.2024 durch VO v. 12.9.2024 (BGBl. 2024 I Nr. 283).

[2)] Nr. **30**.

§ 78[1] Abschließende Ermittlung und Feststellung des Ergebnisses.

(1) [1]Der Bundeswahlleiter prüft die Wahlniederschriften der Landeswahlausschüsse. [2]Er ermittelt nach den Niederschriften der Landes- und Kreiswahlausschüsse

1. die Zahlen der Zweitstimmen der Landeslisten jeder Partei,
2. die Gesamtzahl der im Wahlgebiet abgegebenen gültigen Zweitstimmen,
3. den Prozentsatz des Stimmenanteils der einzelnen Parteien im Wahlgebiet an der Gesamtzahl der gültigen Zweitstimmen,
4. die Zahl der von den einzelnen Parteien im Wahlgebiet errungenen Wahlkreissitze sowie
5. die bereinigten Zweitstimmenzahlen der Landeslisten und jeder Partei.

[3]Er berechnet nach Maßgabe der §§ 4 und 6 des Bundeswahlgesetzes[2] die Stimmenzahlen der einzelnen Parteien und Landeslisten, verteilt die Sitze auf die Parteien und deren Landeslisten und reiht die Bewerber einer Partei nach Land und fallendem Erststimmenanteil nach § 6 des Bundeswahlgesetzes.

(2) [1]Nach Berichterstattung durch den Bundeswahlleiter ermittelt der Bundeswahlausschuss das Gesamtergebnis der Landeslistenwahl und stellt für das Wahlgebiet abschließend fest

1. die Zahl der Wahlberechtigten,
2. die Zahl der Wähler,
3. die Zahlen der gültigen und ungültigen Zweitstimmen,
4. die Zahlen der auf die einzelnen Parteien entfallenen gültigen Zweitstimmen,
5. die Parteien, die nach § 4 Absatz 2 des Bundeswahlgesetzes
   a) an der Verteilung der Listensitze teilnehmen,
   b) bei der Verteilung der Listensitze unberücksichtigt bleiben,
6. die bereinigten Zahlen der auf die einzelnen Parteien entfallenen Zweitstimmen,
7. die Zahl der Sitze, die auf die einzelnen Parteien und Landeslisten entfallen,
8. die Zahl der erfolgreichen Wahlkreisbewerber gemäß § 6 Absatz 2 des Bundeswahlgesetzes und
9. welche Bewerber gewählt sind.

[2]Der Bundeswahlausschuss ist berechtigt, rechnerische Berichtigungen an den Feststellungen der Landeswahlausschüsse vorzunehmen.

(3) [1]Im Anschluss an die Ermittlung und Feststellung gibt der Bundeswahlleiter das Wahlergebnis mit den in Absatz 2 Satz 1 Nummer 1 bis 8 bezeichneten Angaben mündlich bekannt. [2]Gleichzeitig weist er darauf hin, dass er die Feststellung nach Absatz 2 Satz 1 Nummer 9 durch Aushang im Sitzungsraum bekanntgibt.

(4) § 76 Abs. 6 findet entsprechende Anwendung.

---

[1] § 78 Abs. 1 Satz 2 Nr. 6, Sätze 3 und 4, Abs. 2 Satz 1 Nr. 5 geänd. mWv 11.12.2008 durch VO v. 3.12.2008 (BGBl. I S. 2378); Abs. 1 Satz 2 einl. Satzteil, Nr. 1, 3, 5 und Nr. 6 geänd., Nr. 7 angef., Sätze 3 und 4 neu gef., Abs. 2 Satz 1 Nr. 5, 6 und Nr. 7 geänd. mWv 18.5.2013 durch VO v. 13.5.2013 (BGBl. I S. 1255); Abs. 1 Satz 2 Nr. 7 geänd. mWv 31.3.2017 durch VO v. 24.3.2017 (BGBl. I S. 585); Überschrift und Abs. 1 Satz 2 Nr. 4 und 5 geänd., Nr. 6 und 7 aufgeh., Satz 3 neu gef., Satz 4 aufgeh., Abs. 2 Satz 1 einl. Satzteil und Nr. 5 geänd., Nr. 8 neu gef., Nr. 9 angef., Abs. 3 Sätze 1 und 2 sowie Abs. 5 geänd. mWv 18.9.2024 durch VO v. 12.9.2024 (BGBl. 2024 I Nr. 283).

[2] Nr. **30**.

(5) Der Bundeswahlleiter teilt den Landeswahlleitern mit, welche Bewerber gewählt sind.

§ 79[1] **Bekanntmachung der endgültigen Wahlergebnisse.** (1) Sobald die Feststellungen aller Wahlausschüsse abgeschlossen sind, machen

1. der Kreiswahlleiter das endgültige Wahlergebnis für den Wahlkreis mit den in § 76 Abs. 2 Satz 1 bezeichneten Angaben,
2. der Landeswahlleiter das endgültige Wahlergebnis für das Land mit den in § 76 Abs. 2 Satz 1 unter den Nummern 3 und 5 und in § 77 Abs. 2 Satz 1 bezeichneten Angaben, gegliedert nach Wahlkreisen, und den Namen der im Land gewählten Bewerber,
3. der Bundeswahlleiter das endgültige Wahlergebnis für das Wahlgebiet mit den in § 78 Abs. 2 Satz 1 unter den Nummern 1 bis 7 bezeichneten Angaben, der Verteilung der Sitze auf die Parteien und anderen Träger von Wahlvorschlägen, gegliedert nach Ländern, sowie den Namen der im Wahlgebiet gewählten Bewerber

öffentlich bekannt.

(2) Eine Ausfertigung ihrer Bekanntmachungen übersenden der Landeswahlleiter dem Bundeswahlleiter und der Bundeswahlleiter dem Präsidenten des Deutschen Bundestages.

§ 80[2] **Benachrichtigung der gewählten Bewerber.** (1) [1]Der Bundeswahlleiter benachrichtigt die vom Bundeswahlausschuss abschließend für gewählt festgestellten Bewerber nach seiner mündlichen Bekanntgabe des endgültigen Wahlergebnisses und weist sie auf die Vorschriften des § 42 Absatz 2 Satz 2 und § 45 Absatz 1 des Bundeswahlgesetzes[3] hin. [2]Bei einer Wiederholungswahl (§ 44 des Bundeswahlgesetzes) benachrichtigt er die Gewählten mittels Zustellung (§ 87 Absatz 1) und weist sie auf die Vorschriften des § 45 Absatz 2 des Bundeswahlgesetzes hin.

(2) [1]Der Landeswahlleiter benachrichtigt den Bundeswahlleiter und den Präsidenten des Deutschen Bundestages sofort, wenn ein gewählter Bewerber die Wahl abgelehnt hat. [2]Bei einer Wiederholungswahl (§ 44 des Bundeswahlgesetzes) teilt er sofort nach Ablauf der Frist des § 44 Abs. 4 Satz 2 des Bundeswahlgesetzes mit, an welchen Tagen die Annahmeerklärungen der gewählten Bewerber eingegangen sind und welche Bewerber die Wahl abgelehnt haben. [3]In den Fällen des § 45 Absatz 2 Satz 3 des Bundeswahlgesetzes teilt er mit, an welchen Tagen die Benachrichtigungen zugestellt worden sind.

§ 81 Überprüfung der Wahl durch die Landeswahlleiter und den Bundeswahlleiter. (1) [1]Die Landeswahlleiter und der Bundeswahlleiter prüfen, ob die Wahl nach den Vorschriften des Bundeswahlgesetzes[3], dieser Verordnung und der Bundeswahlgeräteverordnung vom 3. September 1975 (BGBl. I S. 2459) in der jeweils geltenden Fassung durchgeführt worden ist. [2]Nach dem Ergebnis ihrer

---

[1] § 79 Abs. 1 einl. Satzteil geänd. mWv 18.5.2013 durch VO v. 13.5.2013 (BGBl. I S. 1255); Abs. 1 *Nr. 1 geänd.* mWv 18.9.2024 durch VO v. 12.9.2024 (BGBl. 2024 I Nr. 283).

[2] § 80 neu gef. mWv 11.12.2008 durch VO v. 3.12.2008 (BGBl. I S. 2378); Überschrift geänd., Abs. 1 Satz 1 neu gef., Satz 2 und Abs. 2 Satz 3 geänd. mWv 18.9.2024 durch VO v. 12.9.2024 (BGBl. 2024 I Nr. 283).

[3] Nr. **30**.

Prüfung entscheiden sie, ob Einspruch gegen die Wahl einzulegen ist (§ 2 Abs. 2 des Wahlprüfungsgesetzes[1)]).

(2) [1] Auf Anforderung haben die Kreiswahlleiter dem Landeswahlleiter und über diesen dem Bundeswahlleiter die bei ihnen, den Gemeinden und Verwaltungsbehörden der Kreise vorhandenen Wahlunterlagen zu übersenden. [2] Der Bundeswahlleiter kann verlangen, dass ihm die Landeswahlleiter die bei ihnen vorhandenen Wahlunterlagen übersenden.

Fünfter Abschnitt.[2)] Nachwahl, Wiederholungswahl, Berufung von Nachfolgern

§ 82[3)] Nachwahl. (1) [1] Sobald feststeht, dass die Wahl wegen Todes eines Wahlkreisbewerbers, infolge höherer Gewalt oder aus sonstigem Grunde nicht durchgeführt werden kann, sagt der Kreiswahlleiter die Wahl ab und macht öffentlich bekannt, dass eine Nachwahl stattfinden wird. [2] Er unterrichtet unverzüglich den Landeswahlleiter und dieser den Bundeswahlleiter.

(2) [1] Stirbt der Bewerber eines zugelassenen Kreiswahlvorschlags vor der Wahl, so fordert der Kreiswahlleiter die Vertrauensperson auf, binnen einer zu bestimmenden Frist schriftlich einen anderen Bewerber zu benennen. [2] Der Ersatzvorschlag muss von der Vertrauensperson und der stellvertretenden Vertrauensperson persönlich und handschriftlich unterzeichnet sein. [3] Das Verfahren nach § 21 des Bundeswahlgesetzes[4)] braucht nicht eingehalten zu werden; der Unterschriften nach § 20 Abs. 2 und 3 des Bundeswahlgesetzes bedarf es nicht.

(3) Bei der Nachwahl wird mit den für die Hauptwahl aufgestellen Wählerverzeichnissen, vorbehaltlich der Bestimmungen in Absatz 2 nach den für die Hauptwahl zugelassenen Wahlvorschlägen, in den für die Hauptwahl bestimmten Wahlbezirken und Wahlräumen und vor den für die Hauptwahl gebildeten Wahlvorständen gewählt.

(4) [1] Findet die Nachwahl wegen Todes eines Wahlkreisbewerbers statt, so haben die für die Hauptwahl erteilten Wahlscheine für die Nachwahl keine Gültigkeit. [2] Sie werden von Amts wegen ersetzt. [3] § 28 Abs. 3 ist anzuwenden. [4] Neue Wahlscheine werden nach den allgemeinen Vorschriften erteilt. [5] Wahlbriefe mit alten Wahlscheinen, die bei den nach § 66 Abs. 2 zuständigen Stellen eingegangen sind, werden von diesen gesammelt und unter Beachtung des Wahlgeheimnisses vernichtet.

(5) [1] Findet die Nachwahl statt, weil die Wahl infolge höherer Gewalt oder aus sonstigem Grund nicht durchgeführt werden konnte, so behalten die für die Hauptwahl erteilten Wahlscheine für die Nachwahl Gültigkeit. [2] Neue Wahlscheine dürfen nur von Gemeinden des Gebietes, in dem die Nachwahl stattfindet, erteilt werden.

(6) Der Landeswahlleiter kann im Einzelfall Regelungen zur Anpassung an besondere Verhältnisse treffen.

(7) Der Landeswahlleiter macht den Tag der Nachwahl öffentlich bekannt.

---

1) Nr. **32**.

2) Fünfter Abschnitt Überschrift neu gef. mWv 18.9.2024 durch VO v. 12.9.2024 (BGBl. 2024 I Nr. 283).

3) § 82 Abs. 2 Satz 3 geänd. mWv 11.12.2008 durch VO v. 3.12.2008 (BGBl. I S. 2378).

4) Nr. **30**.

§ 83[1] Wiederholungswahl. (1) Das Wahlverfahren ist nur insoweit zu erneuern, als das nach der Entscheidung im Wahlprüfungsverfahren erforderlich ist.

(2) [1] Wird die Wahl nur in einzelnen Wahlbezirken wiederholt, so darf die Abgrenzung dieser Wahlbezirke nicht geändert werden. [2] Auch sonst soll die Wahl möglichst in denselben Wahlbezirken wie bei der Hauptwahl wiederholt werden. [3] Wahlvorstände können neu gebildet und Wahlräume neu bestimmt werden.

(3) Findet die Wiederholungswahl infolge von Unregelmäßigkeiten bei der Aufstellung und Behandlung von Wählerverzeichnissen statt, so ist in den betroffenen Wahlbezirken das Verfahren der Aufstellung, Einsichtnahme, Berichtigung und des Abschlusses des Wählerverzeichnisses neu durchzuführen, sofern sich aus der Wahlprüfungsentscheidung keine Einschränkungen ergeben.

(4) [1] Wähler, die seit der Hauptwahl ihr Wahlrecht verloren haben, sind im Wählerverzeichnis zu streichen. [2] Wird die Wahl vor Ablauf von sechs Monaten nach der Hauptwahl nur in einzelnen Wahlbezirken wiederholt, so können Wahlberechtigte, denen für die Hauptwahl ein Wahlschein erteilt wurde, nur dann an der Wahl teilnehmen, wenn sie ihren Wahlschein in den Wahlbezirken abgegeben haben, für die die Wahl wiederholt wird.

(5) [1] Wahlscheine dürfen nur von Gemeinden in dem Gebiet, in dem die Wiederholungswahl stattfindet, erteilt werden. [2] Wird die Wahl vor Ablauf von sechs Monaten nach der Hauptwahl nur in einzelnen Wahlbezirken wiederholt, so erhalten Personen, die bei der Hauptwahl in diesen Wahlbezirken mit Wahlschein gewählt haben, auf Antrag ihren Wahlschein mit Gültigkeitsvermerk für die Wiederholungswahl zurück, wenn sie inzwischen aus dem Gebiet der Wiederholungswahl verzogen sind.

(6) [1] Wahlvorschläge können geändert werden, wenn sich dies aus der Wahlprüfungsentscheidung ergibt oder wenn ein Bewerber gestorben oder nicht mehr wählbar ist. [2] Eine Änderung der Wahlvorschläge ist außerdem möglich bei:

1. Änderungen des Namens einer Partei,
2. Änderungen der Kurzbezeichnung einer Partei, wenn eine Partei eine solche verwendet,
3. Änderungen des Namens eines Bewerbers,
4. Zusatzbezeichnungen, sofern sie im Wahlverfahren verwendet werden sollen,
5. einem zwischenzeitlich eingetragenen Doktorgrad (§ 5 Absatz 2 Nummer 3 des Personalausweisgesetzes[2], § 4 Absatz 1 Satz 2 Nummer 3 des Passgesetzes[3]) und
6. einem zwischenzeitlich eingetragenen Ordens- oder Künstlernamen (§ 5 Absatz 2 Nummer 12 des Personalausweisgesetzes, § 4 Absatz 1 Satz 2 Nummer 4 des Passgesetzes).

[3] Über die Zulässigkeit von Änderungen nach den Sätzen 1 und 2 beschließen die jeweils zuständigen Wahlausschüsse.

(7) Der Landeswahlleiter kann im Rahmen der Wahlprüfungsentscheidung Regelungen zur Anpassung des Wiederholungswahlverfahrens an besondere Verhältnisse treffen.

---

[1] § 83 Abs. 6 Satz 1 geänd., Sätze 2 und 3 angef. mWv 18.9.2024 durch VO v. 12.9.2024 (BGBl. 2024 I Nr. 283).

[2] Nr. **255**.

[3] Nr. **250**.

§ 84[1] **Berufung von Nachfolgern.** (1) [1] Liegen die Voraussetzungen für eine Nachfolge vor, so benachrichtigt der Landeswahlleiter den gemäß § 48 Absatz 1 Sätze 1 bis 4 des Bundeswahlgesetzes[2] nachfolgenden Bewerber der Partei mittels Zustellung (§ 87 Abs. 1) und weist ihn auf die Vorschrift des § 45 Absatz 2 des Bundeswahlgesetzes hin. [2] Er fordert ihn auf, ihm innerhalb einer Woche schriftlich zu erklären, ob er die Nachfolge annimmt, und an Eides statt zu versichern, dass er nicht aus der Partei ausgeschieden oder Mitglied einer anderen Partei geworden ist. [3] Für die Abnahme der Versicherung an Eides statt gilt § 21 Abs. 6 Satz 3 des Bundeswahlgesetzes entsprechend.

(2) [1] Der Landeswahlleiter teilt dem Bundeswahlleiter und dem Präsidenten des Deutschen Bundestages Familiennamen, Vornamen, Beruf oder Stand und Anschrift (Hauptwohnung) des Nachfolgers sowie den Tag, an dem seine Annahmeerklärung eingegangen ist, sofort mit. [2] Der Landeswahlleiter verfährt entsprechend, wenn ein Abgeordneter ausscheidet und kein Bewerber nachfolgt. [3] Im Falle des § 45 Absatz 2 Satz 3 des Bundeswahlgesetzes teilt er mit, an welchem Tag die Benachrichtigung zugestellt worden ist.

(3) [1] Der Bundeswahlleiter macht entsprechend § 79 Absatz 1 öffentlich bekannt, welcher Bewerber in den Deutschen Bundestag eingetreten ist, und übersendet eine Abschrift der Bekanntmachung an den Präsidenten des Deutschen Bundestages. [2] Der Bundeswahlleiter verfährt entsprechend, wenn ein Abgeordneter ausscheidet und kein Bewerber nachfolgt.

(4) [1] Ein nicht gewählter Bewerber verliert seine Anwartschaft als Nachfolger, wenn er dem Landeswahlleiter schriftlich seine Ablehnung erklärt. [2] Die Ablehnung kann nicht widerrufen werden.

Sechster Abschnitt. Übergangs- und Schlussbestimmungen

§ 85[3] **Datenschutzrechtliche Spezialregelungen.** (1) Hinsichtlich der im Wählerverzeichnis enthaltenen personenbezogenen Daten besteht abweichend von Artikel 15 Absatz 1 und Absatz 3 der Verordnung (EU) 2016/679[4] des Europäischen Parlaments und des Rates vom 27. April 2016 zum Schutz natürlicher Personen bei der Verarbeitung personenbezogener Daten, zum freien Datenverkehr und zur Aufhebung der Richtlinie 95/46/EG (Datenschutz-Grundverordnung) (ABl. L 119 vom 4.5.2016, S. 1; L 314 vom 22.11.2016, S. 72; L 127 vom 23.5.2018, S. 2) das Recht auf Auskunft und das Recht auf Erhalt einer Kopie abschließend durch das unter den Voraussetzungen des § 17 Absatz 1 des Bundeswahlgesetzes[2] in Verbindung mit § 21 gewährleistete Recht auf Einsicht in das Wählerverzeichnis und das Recht auf Anfertigen von Auszügen aus dem Wählerverzeichnis.

---

[1] § 84 Abs. 1 eingef., bish. Abs. 1–3 werden Abs. 2–4 sowie Abs. 2 Satz 3 und Abs. 4 Sätze 1 und 2 geänd. mWv 1.4.2008 durch VO v. 27.3.2008 (BGBl. I S. 476); Abs. 1 Sätze 1 und 3, Abs. 2 Sätze 1 und 3 geänd. mWv 11.12.2008 durch VO v. 3.12.2008 (BGBl. I S. 2378); Abs. 3 Satz 3 geänd. mWv 1.11.2015 durch G v. 3.5.2013 (BGBl. I S. 1084, geänd. durch G v. 20.11.2014, BGBl. I S. 1738); Abs. 3 Satz 1 geänd., Satz 3 aufgeh. mWv 18.5.2013 durch VO v. 13.5.2013 (BGBl. I S. 1255); Überschrift, Abs. 1 Sätze 1 und 2, Abs. 2 Satz 1 geänd., Sätze 2 und 3 neu gef., Abs. 3 Satz 2 und Abs. 4 geänd. mWv 18.9.2024 durch VO v. 12.9.2024 (BGBl. 2024 I Nr. 283).

[2] Nr. **30**.

[3] § 85 neu gef. mWv 22.2.2020 durch VO v. 13.2.2020 (BGBl. I S. 199); Abs. 1–4 geänd., Abs. 5 angef. mWv 18.9.2024 durch VO v. 12.9.2024 (BGBl. 2024 I Nr. 283).

[4] Nr. **246**.

(2) Hinsichtlich der im Wählerverzeichnis enthaltenen personenbezogenen Daten besteht abweichend von Artikel 16 und Artikel 18 der Verordnung (EU) 2016/679 das Recht auf Berichtigung und das Recht auf Einschränkung der Verarbeitung abschließend durch die unter den Voraussetzungen des § 17 Absatz 1 des Bundeswahlgesetzes in Verbindung mit § 16 Absatz 8 und des § 17 Absatz 1 des Bundeswahlgesetzes in Verbindung mit § 22 gewährleisteten Einspruchsrechte.

(3) Hinsichtlich der in Wahlvorschlägen enthaltenen personenbezogenen Daten besteht im Zeitraum vom Ablauf der Frist für die Einreichung der Wahlvorschläge bis zum Ablauf des Wahltages abweichend von Artikel 16 und Artikel 18 der Verordnung (EU) 2016/679 das Recht auf Berichtigung und das Recht auf Einschränkung der Verarbeitung abschließend durch die unter den Voraussetzungen des § 25 des Bundeswahlgesetzes und des § 27 Absatz 5 des Bundeswahlgesetzes in Verbindung mit § 25 des Bundeswahlgesetzes gewährleisteten Mängelbeseitigungsverfahren.

(4) Hinsichtlich der für die Führung des Wählerverzeichnisses und für die Erteilung eines Wahlscheines verarbeiteten personenbezogenen Daten erfolgt die Information der betroffenen Person abweichend von Artikel 13 der Verordnung (EU) 2016/679 abschließend durch die Bekanntmachung nach §§ 14, 17, 36 des Bundeswahlgesetzes in Verbindung mit § 20.

(5) Hinsichtlich der Ansprüche nach Artikel 15 Absatz 1 und Absatz 3, Artikel 16 und Artikel 18 sowie Artikel 13 der Verordnung (EU) 2016/679 gegenüber den Wahlorganen nach § 8 Absatz 1 Satz 1 des Bundeswahlgesetzes gelten die Absätze 1 bis 4 entsprechend.

§ 86[1)] Öffentliche Bekanntmachungen. (1) Die nach dem Bundeswahlgesetz und dieser Verordnung vorgeschriebenen öffentlichen Bekanntmachungen erfolgen durch das Bundesministerium des Innern und für Heimat im Bundesanzeiger, den Bundeswahlleiter im Bundesanzeiger, die Landeswahlleiter im Staatsanzeiger oder Ministerial- oder Amtsblatt der Landesregierung oder des Innenministeriums, die Kreiswahlleiter und Verwaltungsbehörden des Kreises in der Art und Weise, die allgemein für Bekanntmachungen der Kreise und kreisfreien Städte des Wahlkreises bestimmt sind, die Gemeindebehörden in ortsüblicher Weise.

(2) Für die öffentliche Bekanntmachung nach § 5 Abs. 3 genügt Aushang am oder im Eingang des Sitzungsgebäudes mit dem Hinweis, dass jedermann Zutritt zu der Sitzung hat.

(3) [1]Der Inhalt der nach dem Bundeswahlgesetz und dieser Verordnung vorgeschriebenen öffentlichen Bekanntmachungen kann zusätzlich im Internet veröffentlicht werden. [2]Dabei sind die Unversehrtheit, Vollständigkeit und Ursprungszuordnung der Veröffentlichung nach aktuellem Stand der Technik zu gewährleisten. [3]Personenbezogene Daten in Internetveröffentlichungen von öffentlichen Bekanntmachungen nach § 38 und § 43 Absatz 1 sind spätestens sechs Monate nach Bekanntgabe des endgültigen Wahlergebnisses, von öffentlichen Bekanntmachungen nach § 79 Absatz 1 und § 84 Absatz 3 spätestens sechs Monate nach dem Ende der Wahlperiode zu löschen.

[1)] § 86 Abs. 1 geänd. mWv 11.12.2008 durch VO v. 3.12.2008 (BGBl. I S. 2378); Abs. 3 angef. mWv 18.5.2013 durch VO v. 13.5.2013 (BGBl. I S. 1255); Abs. 1 geänd. mWv 27.6.2020 durch VO v. 19.6. 2020 (BGBl. I S. 1328); Abs. 1 geänd., Abs. 3 Satz 3 aufgeh., bish. Satz 4 wird Satz 3, Abs. 4 angef. mWv 18.9.2024 durch VO v. 12.9.2024 (BGBl. 2024 I Nr. 283).

(4) Der Bundeswahlleiter übermittelt dem Deutschen Bundestag die Anschriften oder Erreichbarkeitsanschriften sowie Geburtsdaten der zugelassenen Bewerber, der vorläufig Gewählten sowie der Gewählten.

§ 87[1] Zustellungen, Versicherungen an Eides statt. (1) Für Zustellungen gilt das Verwaltungszustellungsgesetz[2] des Bundes in der jeweils geltenden Fassung.

(2) Für die nach §§ 16 Absatz 7 Satz 2, 18 Absatz 5 Satz 1, 18 Absatz 6 Satz 1 und § 34 Absatz 4 Nummer 2 Satz 2 abzugebende Versicherung an Eides statt ist die jeweilige Gemeindebehörde zur Abnahme zuständig.

§ 88[3] Beschaffung von Stimmzetteln und Vordrucken. (1) Der Kreiswahlleiter beschafft

1. die Wahlscheinvordrucke (Anlage 9), soweit nicht die Gemeindebehörde diese im Benehmen mit dem Kreiswahlleiter beschafft,
2. die Stimmzettelumschläge für die Briefwahl (Anlage 10),
3. die Wahlbriefumschläge (Anlage 11), wenn nur an seinem Sitz das Briefwahlergebnis festzustellen ist,
4. die Merkblätter für die Briefwahl (Anlage 12),
5. die Vordrucke für die Einreichung der Kreiswahlvorschläge (Anlage 13),
6. die Formblätter für Unterstützungsunterschriften für Kreiswahlvorschläge (Anlage 14),
7. die Vordrucke für Zustimmungserklärungen der vorgeschlagenen Wahlkreisbewerber (Anlage 15),
8. die Stimmzettel (Anlage 26),
9. die Vordrucke für Schnellmeldungen (Anlage 28),
10. die Vordrucke für die Zusammenstellung der endgültigen Wahlergebnisse (Anlage 30),
11. die Vordrucke für die Wahlniederschriften zur Ermittlung und Feststellung des Briefwahlergebnisses (Anlage 31),

für seinen Wahlkreis, soweit nicht der Landeswahlleiter die Beschaffung übernimmt.

(2) Der Landeswahlleiter beschafft

1. (weggefallen)
2. die Vordrucke für die Einreichung der Landeswahlvorschläge (Anlage 20),
3. die Formblätter für Unterstützungsunterschriften für Landeswahlvorschläge (Anlage 21),
4. die Vordrucke für Zustimmungserklärungen der vorgeschlagenen Landeslistenbewerber (Anlage 22),
5. die Vordrucke für die Bescheinigung der Wählbarkeit der vorgeschlagenen Bewerber (Anlage 16),

---

[1] § 87 Abs. 2 neu gef. mWv 31.3.2017 durch VO v. 24.3.2017 (BGBl. I S. 585).

[2] Nr. **110**.

[3] § 88 Abs. 2a eingef. mWv 8.7.2005 durch VO v. 30.6.2005 (BGBl. I S. 1951); Abs. 1 geänd. und Abs. 5 angef. mWv 1.4.2008 durch VO v. 27.3.2008 (BGBl. I S. 476); Abs. 1 Nr. 2 geänd. mWv 11.12. 2008 durch VO v. 3.12.2008 (BGBl. I S. 2378); Abs. 3 geänd. mWv 18.5.2013 durch VO v. 13.5.2013 (BGBl. I S. 1255); Abs. 5 geänd. mWv 31.3.2017 durch VO v. 24.3.2017 (BGBl. I S. 585); Abs. 3 und 5 neu gef. mWv 18.9.2024 durch VO v. 12.9.2024 (BGBl. 2024 I Nr. 283).

6. die Vordrucke für die Niederschriften über die Aufstellung der Bewerber (Anlagen 17 und 23),
7. die Vordrucke für die Versicherung an Eides statt zur Bewerberaufstellung (Anlagen 18 und 24).

(2a) [1] Der Landeswahlleiter kann zur Kosteneinsparung den Druck oder den Versand der Wahlbenachrichtigung oder beides nach § 19 Abs. 1 Satz 1 ganz oder teilweise übernehmen. [2] Die Gemeindebehörden übermitteln dem Landeswahlleiter oder der von ihm benannten Stelle rechtzeitig die hierfür benötigten Daten und Unterlagen.

(3) Der Bundeswahlleiter stellt elektronisch ausfüllbare Vordrucke und Formblätter nach den Anlagen 1, 2, noch Anlage 2, 2a, noch Anlage 2a, 29, 31, 32 und 33 zur Verfügung.

(4) Die Gemeindebehörde beschafft die für die Wahlbezirke und Gemeinden erforderlichen Vordrucke, soweit nicht Bundes-, Landes- oder Kreiswahlleiter die Lieferung übernehmen.

(5) Die Beschaffung der Vordrucke und Formblätter nach den Anlagen 5, 8, 9, 13 bis 25, 27 und 28 kann auch durch elektronische Bereitstellung erfolgen.

§ 89 Sicherung der Wahlunterlagen. (1) Die Wählerverzeichnisse, die Wahlscheinverzeichnisse, die Verzeichnisse nach § 28 Abs. 8 Satz 2 und § 29 Abs. 1, die Formblätter mit Unterstützungsunterschriften für Wahlvorschläge sowie eingenommene Wahlbenachrichtigungen sind so zu verwahren, dass sie gegen Einsichtnahme durch Unbefugte geschützt sind.

(2) [1] Auskünfte aus Wählerverzeichnissen, Wahlscheinverzeichnissen und Verzeichnissen nach § 28 Abs. 8 Satz 2 und § 29 Abs. 1 dürfen nur Behörden, Gerichten und sonstigen amtlichen Stellen des Wahlgebiets und nur dann erteilt werden, wenn sie für den Empfänger im Zusammenhang mit der Wahl erforderlich sind. [2] Ein solcher Anlass liegt insbesondere bei Verdacht von Wahlstraftaten, bei Wahlprüfungsangelegenheiten und bei wahlstatistischen Arbeiten vor.

(3) Mitglieder von Wahlorganen, Amtsträger und für den öffentlichen Dienst besonders Verpflichtete dürfen Auskünfte über Unterstützungsunterschriften für Wahlvorschläge nur Behörden, Gerichten und sonstigen amtlichen Stellen des Wahlgebiets und nur dann erteilen, wenn die Auskunft zur Durchführung der Wahl oder eines Wahlprüfungsverfahrens oder zur Aufklärung des Verdachts einer Wahlstraftat erforderlich ist.

§ 90 Vernichtung von Wahlunterlagen. (1) Die eingenommenen Wahlbenachrichtigungen sind unverzüglich zu vernichten.

(2) Wählerverzeichnisse, Wahlscheinverzeichnisse, Verzeichnisse nach § 28 Abs. 8 Satz 2 und § 29 Abs. 1 sowie Formblätter mit Unterstützungsunterschriften für Wahlvorschläge sind nach Ablauf von sechs Monaten seit der Wahl zu vernichten, wenn nicht der Bundeswahlleiter mit Rücksicht auf ein schwebendes Wahlprüfungsverfahren etwas anderes anordnet oder sie für die Strafverfolgungsbehörde zur Ermittlung einer Wahlstraftat von Bedeutung sein können.

(3) [1] Die übrigen Wahlunterlagen können 60 Tage vor der Wahl des neuen *Deutschen Bundestages vernichtet* werden. [2] Der Landeswahlleiter kann zulassen, dass die Unterlagen früher vernichtet werden, soweit sie nicht für ein schwebendes Wahlprüfungsverfahren oder für die Strafverfolgungsbehörde zur Ermittlung einer Wahlstraftat von Bedeutung sein können.

§ 91 Stadtstaatklausel. In den Ländern Berlin, Bremen und Hamburg bestimmt der Senat, welche Stellen die Aufgaben wahrnehmen, die im Gesetz und in dieser Verordnung der Gemeindebehörde übertragen sind.

§ 92 (Änderung der Bundeswahlgeräteverordnung)

§ 93 (Inkrafttreten, Außerkrafttreten)

Anlagen 1 bis 33
(vom Abdruck wurde abgesehen)

32. Wahlprüfungsgesetz

Vom 12. März 1951

(BGBl. I S. 166)

FNA 111-2

geänd. durch Art. 1 ÄndG v. 24.8.1965 (BGBl. I S. 977), Art. 3 G zur Änd. des BundeswahlG v. 24.6.1975 (BGBl. I S. 1593), Art. 9 Fünftes G zur Änd. des BundesverfassungsgerichtsG v. 2.8.1993 (BGBl. I S. 1442), Art. 1 G zur Änd. von Vorschriften über parlamentarische Gremien v. 28.4.1995 (BGBl. I S. 582), Art. 1 ÄndG v. 6.6.2008 (BGBl. I S. 994), Art. 2 G zur Verbesserung des Rechtsschutzes in Wahlsachen v. 12.7.2012 (BGBl. I S. 1501) und Art. 11 Elfte ZuständigkeitsanpassungsVO v. 19.6.2020 (BGBl. I S. 1328)

Der Bundestag hat das folgende Gesetz beschlossen:

§ 1[1)] [Zuständigkeit für die Entscheidung über die Gültigkeit der Wahlen zum Bundestag] (1) Über die Gültigkeit der Wahlen zum Bundestag und die Verletzung von Rechten bei der Vorbereitung oder Durchführung der Wahl, soweit sie der Wahlprüfung nach Artikel 41 des Grundgesetzes[2)] unterliegen, entscheidet vorbehaltlich der Beschwerde gemäß Artikel 41 Abs. 2 des Grundgesetzes der Bundestag.

(2) [1] Soweit eine Wahl für ungültig erklärt wird, sind die sich daraus ergebenden Folgerungen festzustellen. [2] Sofern bei der Vorbereitung oder Durchführung der Wahl Rechte einer einsprechenden Person oder einer Gruppe einsprechender Personen verletzt wurden, stellt der Bundestag die Rechtsverletzung fest, wenn er die Wahl nicht für ungültig erklärt.

§ 2[3)] [Einspruch; Einspruchsberechtigter; Form und Frist] (1) Die Prüfung erfolgt nur auf Einspruch.

(2) Den Einspruch kann jeder Wahlberechtigte, jede Gruppe von Wahlberechtigten und in amtlicher Eigenschaft jeder Landeswahlleiter, der Bundeswahlleiter und der Präsident des Bundestages einlegen.

(3) Der Einspruch ist schriftlich beim Bundestag einzureichen und zu begründen; bei gemeinschaftlichen Einsprüchen soll ein Bevollmächtigter benannt werden.

(4) [1] Der Einspruch muß binnen einer Frist von zwei Monaten nach dem Wahltag beim Bundestag eingehen. [2] Werden dem Präsidenten des Bundestages nach Ablauf dieser Frist in amtlicher Eigenschaft Umstände bekannt, die einen Wahlmangel begründen könnten, kann er innerhalb eines Monats nach Bekanntwerden dieser Umstände Einspruch einlegen.

(5) Die Vorschriften gelten entsprechend beim späteren Erwerb der Mitgliedschaft.

(6) Wird der Einspruch zurückgenommen, kann der Bundestag das Verfahren einstellen.

[1)] § 1 Abs. 1 geänd., Abs. 2 Satz 2 angef. mWv 19.7.2012 durch G v. 12.7.2012 (BGBl. I S. 1501).

[2)] Nr. **1**.

[3)] § 2 Abs. 6 angef. durch G v. 24.8.1965 (BGBl. I S. 977); Abs. 4 Satz 1 neu gef. durch G v. 2.8. 1993 (BGBl. I S. 1442).

§ 3[1)] [Wahlprüfungsausschuss] (1) Die Entscheidung des Bundestages wird durch den Wahlprüfungsausschuß vorbereitet.

(2) [1] Der Wahlprüfungsausschuß besteht aus neun ordentlichen Mitgliedern, neun Stellvertretern und je einem ständigen beratenden Mitglied der Fraktionen, die in ihm nicht durch ordentliche Mitglieder vertreten sind. [2] Der Bundestag kann aus der Mitte einer Vereinigung von Mitgliedern des Bundestages, die nach der Geschäftsordnung des Bundestages[2)] als parlamentarische Gruppe anerkannt ist, zusätzlich ein beratendes Mitglied wählen. [3] Der Wahlprüfungsausschuß wird vom Bundestag für die Dauer der Wahlperiode gewählt.

(3) [1] Der Wahlprüfungsausschuß wählt mit Stimmenmehrheit aus seiner Mitte den Vorsitzenden und seinen Stellvertreter. [2] Bei Stimmengleichheit entscheidet die Stimme des ältesten Mitglieds.

§ 4 [Beschlussfähigkeit] [1] Der Wahlprüfungsausschuß ist beschlußfähig, wenn mindestens die Hälfte der Mitglieder anwesend ist. [2] Er beschließt mit Stimmenmehrheit; bei Stimmengleichheit ist ein Antrag abgelehnt.

§ 5[3)] [Berichterstatter] (1) Der Vorsitzende bestimmt für jeden Einspruch einen Berichterstatter.

(2) [1] Der Ausschuss tritt in eine Vorprüfung ein, insbesondere darüber, ob der Einspruch form- und fristgerecht eingelegt ist und ob Termin zur mündlichen Verhandlung anzuberaumen ist. [2] Findet eine mündliche Verhandlung statt, so ist der Verhandlungstermin durch die Vorprüfung so vorzubereiten, dass möglichst nach einem einzigen Verhandlungstermin die Schlussentscheidung erfolgen kann.

(3) [1] Im Rahmen der Vorprüfung ist der Ausschuß berechtigt, Auskünfte einzuziehen und nach Absatz 4 Zeugen und Sachverständige vernehmen und beeidigen zu lassen, soweit deren Anwesenheit im Verhandlungstermin nicht erforderlich ist oder nicht zweckmäßig erscheint. [2] Zur Prüfung der Feststellung, dass bei der Vorbereitung oder Durchführung der Wahl Rechte einer einsprechenden Person oder einer Gruppe einsprechender Personen verletzt wurden, führt der Wahlprüfungsausschuss Ermittlungen, die über die Einholung von Auskünften hinausgehen, in der Regel nur dann durch, wenn eine Auswirkung der Rechtsverletzung auf die Verteilung der Sitze im Bundestag nicht auszuschließen ist.

(4) [1] Alle Gerichte und Verwaltungsbehörden haben dem Ausschuß Rechts- und Amtshilfe zu leisten. [2] Bei Vernehmung von Zeugen und Sachverständigen sind die Beteiligten des § 6 Abs. 2 eine Woche vorher zu benachrichtigen; sie haben das Recht, Fragen stellen zu lassen und den Vernommenen Vorhalte zu machen.

[1)] § 3 Abs. 2 Satz 1 geänd. und Satz 2 eingef., bish. Satz 2 wird Satz 3 und neu gef. durch G v. 28.4. 1995 (BGBl. I S. 582).

[2)] *Nr. 35.*

[3)] § 5 Abs. 2 neu gef. mWv 17.6.2008 durch G v. 6.6.2008 (BGBl. I S. 994); Abs. 3 Satz 2 angef. mWv 19.7.2012 durch G v. 12.7.2012 (BGBl. I S. 1501).

§ 6[1)] [Mündliche Verhandlung] (1) Vor der Schlussentscheidung wird Termin zur mündlichen Verhandlung nur dann anberaumt, wenn die Vorprüfung ergibt, dass davon eine weitere Förderung des Verfahrens zu erwarten ist.

(2) [1] Zu den Verhandlungsterminen sind mindestens eine Woche vorher derjenige, der den Einspruch eingelegt hat, und der Abgeordnete, dessen Wahl angefochten ist, zu laden. [2] Wenn mehrere Personen gemeinschaftlich Einspruch eingelegt haben, genügt die Ladung eines Bevollmächtigten (§ 2 Abs. 3) oder eines der Antragsteller.

(3) Von dem Verhandlungstermin sind gleichzeitig zu benachrichtigen:

a) der Präsident des Bundestages,

b) der Bundesminister des Innern, für Bau und Heimat,

c) der Bundeswahlleiter,

d) der zuständige Landeswahlleiter,

e) die Fraktion des Bundestages, der der Abgeordnete angehört, dessen Wahl angefochten ist.

(4) [1] Die nach den Absätzen 2 und 3 genannten Personen sind Beteiligte an dem Verfahren. [2] Sie haben ein selbständiges Antragsrecht.

(5) Alle Beteiligten haben das Recht auf Akteneinsicht im Büro des Bundestages.

§ 7 [Verfahren] (1) [1] Zu Beginn der mündlichen Verhandlung trägt der Berichterstatter die Sachlage vor und berichtet über das Ergebnis der Vorprüfung. [2] Alsdann erhalten auf Verlangen der Einsprechende (bei mehreren der Bevollmächtigte gemäß § 2 Abs. 3), die sonstigen Beteiligten und der Abgeordnete, dessen Wahl angefochten ist, das Wort.

(2) [1] Etwa geladene Zeugen und Sachverständige sind zu hören und, falls der Ausschuß dies für geboten hält, zu beeidigen. [2] Die Beteiligten haben das Recht, Zeugen und Sachverständigen Fragen vorlegen zu lassen. [3] Nach Abschluß einer etwaigen Beweisaufnahme ist den Beteiligten Gelegenheit zu Ausführungen zu geben. [4] Das Schlußwort gebührt dem Anfechtenden.

(3) Über die Verhandlung ist eine Niederschrift aufzunehmen, in der die Aussagen der Zeugen und Sachverständigen wiederzugeben sind.

§ 8 [Öffentlichkeit] (1) Die mündliche Verhandlung findet öffentlich statt.

(2) Für die mündliche Verhandlung gilt § 4, doch sollen an ihr alle Mitglieder oder ihre Stellvertreter teilnehmen.

(3) Der Vorsitzende hat in der mündlichen Verhandlung die Befugnisse, die sich aus der sinngemäßen Anwendung der für den Zivilprozeß geltenden Bestimmungen ergeben.

§ 9 [Entsprechende Anwendung der ZPO] Für das gesamte Verfahren sind die für den Zivilprozeß geltenden Bestimmungen entsprechend anzuwenden auf Fristen, Ladungen, Zustellungen, Vereidigungen und die Rechte und Pflichten von Zeugen und Sachverständigen.

[1)] § 6 Abs. 1a eingef. durch G v. 24.8.1965 (BGBl. I S. 977); Abs. 1 neu gef., Abs. 1a aufgeh. mWv 17.6.2008 durch G v. 6.6.2008 (BGBl. I S. 994); Abs. 3 Buchst. b geänd. mWv 27.6.2020 durch VO v. 19.6.2020 (BGBl. I S. 1328).

§ 10 [Geheime Beratung] (1) Der Wahlprüfungsausschuß berät geheim über das Ergebnis der Verhandlung.

(2) An der Schlußberatung können nur diejenigen ordentlichen und beratenden Mitglieder des Ausschusses oder ihre Stellvertreter teilnehmen, die der mündlichen Verhandlung beigewohnt haben.

(3) Bei der Schlußentscheidung gilt Stimmenthaltung als Ablehnung.

§ 11[1)] [Schriftform] [1]Der Beschluß des Ausschusses ist schriftlich niederzulegen; er muß dem Bundestag eine Entscheidung vorschlagen. [2]Diese muß über die Gültigkeit der angefochtenen Wahl und die sich aus einer Ungültigkeit ergebenden Folgerungen bestimmen. [3]Wurden bei der Vorbereitung oder Durchführung der Wahl Rechte der einsprechenden Person oder der einsprechenden Personen verletzt, wird dies in dem Beschluss festgestellt. [4]Der Beschluß hat die wesentlichen Tatsachen und Gründe, auf denen die Entscheidung beruht, anzugeben. [5]Wegen der Einzelheiten ist eine Bezugnahme auf den Akteninhalt zulässig.

§ 12 [Zuleitung an Bundestag] [1]Der Beschluß ist als Antrag des Wahlprüfungsausschusses an den Bundestag zu leiten und spätestens drei Tage vor der Beratung im Bundestag an sämtliche Abgeordnete zu verteilen. [2]Bei der Beratung kann der Antrag durch mündliche Ausführungen des Berichterstatters ergänzt werden.

§ 13[2)] [Beschluss durch den Bundestag] (1) [1]Der Bundestag beschließt über den Antrag des Ausschusses mit einfacher Mehrheit. [2]Soweit er ihm nicht zustimmt, gilt er als an den Ausschuß zurückverwiesen. [3]Dabei kann der Bundestag dem Ausschuß die Nachprüfung bestimmter tatsächlicher oder rechtlicher Umstände aufgeben.

(2) [1]Der Ausschuß hat nach neuer Schlussentscheidung dem Bundestag einen neuen Antrag vorzulegen. [2]Dieser Antrag kann nur abgelehnt werden durch Annahme eines anderen Antrags, der den Vorschriften des § 11 genügt.

(3) Der Beschluß des Bundestages ist den Beteiligten (§ 6 Abs. 2 und 3) mit einer Rechtsmittelbelehrung zuzustellen.

§ 14 [Einspruch des Bundestagspräsidenten] [1]Ergeben sich Zweifel, ob ein Abgeordneter im Zeitpunkt der Wahl wählbar war, so kann auch nach Ablauf der Einspruchsfrist (§ 2 Abs. 4) der Präsident des Bundestages Einspruch gegen die Gültigkeit der Wahl einlegen. [2]Er muß dies tun, wenn eine Minderheit von einhundert Abgeordneten es verlangt.

§ 15[3)] [Nachträglicher Verlust der Mitgliedschaft im Bundestag] [1]Nach den Vorschriften dieses Gesetzes ist auch zu verfahren, wenn darüber zu entscheiden ist, ob ein Abgeordneter des Bundestages die Mitgliedschaft nachträglich verloren hat (Artikel 41 Abs. 1 Satz 2 des Grundgesetzes[4)]). [2]Der

---

[1)] § 11 Satz 3 eingef., bish. Sätze 3 und 4 werden Sätze 4 und 5 mWv 19.7.2012 durch G v. 12.7.2012 (BGBl. I S. 1501).

[2)] *§ 13 Abs. 2 Satz 1* geänd. mWv 17.6.2008 durch G v. 6.6.2008 (BGBl. I S. 994).

[3)] § 15 Satz 2 neu gef. durch G v. 24.6.1975 (BGBl. I S. 1593).

[4)] Nr. 1.

Antrag auf Entscheidung des Bundestages kann mit Ausnahme der Fälle, in denen der Ältestenrat oder der Präsident des Bundestages über den Verlust der Mitgliedschaft entschieden hat (§ 47 Abs. 1 und 3 des Bundeswahlgesetzes[1]), jederzeit gestellt werden.

§ 16[2] **[Stellung des Abgeordneten]** (1) Stellt der Bundestag in den Fällen, in denen über den Verlust der Mitgliedschaft im Wahlprüfungsverfahren zu entscheiden ist (§ 47 Abs. 1 Nr. 1 und 3 des Bundeswahlgesetzes[1]), den Verlust fest, so behält der Abgeordnete seine Rechte und Pflichten bis zur Rechtskraft der Entscheidung.

(2) Der Bundestag kann jedoch mit einer Mehrheit von zwei Dritteln seiner Mitglieder beschließen, daß der Abgeordnete bis zur Rechtskraft der Entscheidung nicht an den Arbeiten des Bundestages teilnehmen kann.

(3) Wird gegen die gemäß Absatz 1 ergangene Entscheidung des Bundestages Beschwerde eingelegt, so kann das Bundesverfassungsgericht auf Antrag des Beschwerdeführers den gemäß Absatz 2 ergangenen Beschluß durch einstweilige Anordnung aufheben oder, falls ein solcher Beschluß nicht gefaßt worden ist, auf Antrag einer Minderheit des Bundestages, die wenigstens ein Zehntel seiner Mitglieder umfaßt, eine Anordnung gemäß Absatz 2 treffen.

§ 17 [Ausschluss] (1) Von der Beratung und Beschlußfassung im Wahlprüfungsverfahren ist der Abgeordnete ausgeschlossen, dessen Wahl zur Prüfung steht.

(2) Dies gilt nicht, wenn in einem Verfahren die Wahl von mindestens zehn Abgeordneten angefochten wird.

§ 18 [Beschwerde] Für die Beschwerde an das Bundesverfassungsgericht gelten die Vorschriften des Gesetzes über das Bundesverfassungsgericht[3].

§ 19[4] **[Kosten, Auslagen]** (1) [1] Die Kosten des Verfahrens beim Bundestag trägt der Bund. [2] Dem in nichtamtlicher Eigenschaft Einsprechenden können notwendige Auslagen erstattet werden, wenn dem Einspruch stattgegeben oder der Einspruch nur deshalb zurückgewiesen wurde, weil der geltend gemachte Mangel keinen Einfluß auf das Wahlergebnis gehabt hat.

(2) Über die Erstattung von Auslagen nach Absatz 1 Satz 2 ist in dem Beschluß des Bundestages zu entscheiden.

§ 20[5] *(aufgehoben)*

§ 21 [Inkrafttreten] Dieses Gesetz tritt am Tage nach seiner Verkündung[6] in Kraft.

---

[1] Nr. **30**.
[2] § 16 Abs. 1 neu gef. durch G v. 24. 6. 1975 (BGBl. I S. 1593).
[3] Nr. **40**.
[4] § 19 neu gef. durch G v. 24. 8. 1965 (BGBl. I S. 977).
[5] § 20 aufgeh. durch G v. 24. 8. 1965 (BGBl. I S. 977).
[6] Verkündet am 14. 3. 1951.

33. Gesetz über die Wahl des Bundespräsidenten durch die Bundesversammlung

Vom 25. April 1959

(BGBl. I S. 230), geänd. durch Art. 2 G v. 24. 6. 1975 (BGBl. I S. 1593) und Art. 11 Nr. 1 ZuwanderungsG v. 20. 6. 2002 (BGBl. I S. 1946, 2003 I S. 126), Art. 11 Nr. 1 ZuwanderungsG v. 30. 7. 2004 (BGBl. I S. 1950) und ÄndG v. 12. 7. 2007 (BGBl. I S. 1326)

FNA 1100-1

Der Bundestag hat das folgende Gesetz beschlossen:

Erster Abschnitt. Die Bundesversammlung

§ 1 Der Präsident des Bundestages bestimmt Ort und Zeit des Zusammentrittes der Bundesversammlung.

§ 2[1] (1) [1]Die Bundesregierung stellt rechtzeitig fest, wieviel Mitglieder die einzelnen Landtage zur Bundesversammlung zu wählen haben. [2]Dabei sind die gesetzliche Mitgliederzahl des Bundestages im Zeitpunkt der Beschlußfassung der Bundesregierung und das Verhältnis der letzten amtlichen Bevölkerungszahlen der Länder zugrunde zu legen. [3]Bei Ermittlung der Bevölkerungszahlen bleiben Ausländer (§ 2 Abs. 1 des Aufenthaltsgesetzes[2]) unberücksichtigt. [4]Die Bundesregierung macht die Zahl der von den einzelnen Landtagen zu wählenden Mitglieder im Bundesgesetzblatt bekannt.

(2) [1]Die Landtage haben die Wahl unverzüglich vorzunehmen. [2]Besteht am Tage der Bekanntmachung nach Absatz 1 Satz 3 kein Landtag oder hat ein Landtag vor Ablauf seiner Wahlperiode die Wahl nicht mehr vorgenommen, so wählt der neue Landtag die Mitglieder. [3]Kann der neue Landtag die Wahl nicht mehr rechtzeitig vornehmen, so tritt an seine Stelle der Ausschuß, der verfassungsgemäß die Rechte des Landtages gegenüber der Regierung bis zum Zusammentritt des neuen Landtages wahrnimmt, oder ein vom Landtage für die Wahl der Mitglieder der Bundesversammlung gebildeter Ausschuß. [4]Kommt eine rechtzeitige Wahl nicht zustande, so bleiben die auf das Land entfallenden Sitze unbesetzt.

§ 3 Zur Bundesversammlung ist wählbar, wer zum Bundestage wählbar ist.

§ 4 (1) [1]Der Landtag wählt die auf das Land entfallenden Mitglieder nach Vorschlagslisten. [2]Bei der Wahl sind die Bestimmungen der Geschäftsordnung des Landtages entsprechend anzuwenden.

---

[1] § 2 Abs. 1 Satz 3 eingef. durch G v. 24. 6. 1975 (BGBl. I S. 1593), Abs. 1 Satz 3 Verweisung geänd. mWv 1. 1. 2005 durch G v. 30. 7. 2004 (BGBl. I S. 1950).

[2] Nr. **565**.

(2) Jeder Abgeordnete hat eine Stimme.

(3) 1Die Sitze werden, wenn mehrere Vorschlagslisten vorliegen, den Listen nach der Zahl der ihnen zugefallenen Stimmen im Höchstzahlverfahren d'Hondt zugeteilt. 2Über die Zuteilung des letzten Sitzes entscheidet bei gleichen Höchstzahlen das vom Präsidenten des Landtages zu ziehende Los. 3Die Sitze werden den Bewerbern in der Reihenfolge ihrer Namen auf den Vorschlagslisten zugewiesen. 4Entfallen auf eine Liste mehr Sitze, als Bewerber benannt sind, so gehen die Sitze in der Reihenfolge der nächsten Höchstzahlen auf die anderen Listen über.

(4) 1Der Präsident des Landtages fordert die Gewählten auf, binnen zwei Tagen schriftlich zu erklären, ob sie die Wahl annehmen. 2Die Gewählten erwerben die Mitgliedschaft in der Bundesversammlung mit dem Eingang der schriftlichen Annahmeerklärung bei dem Präsidenten des Landtages. 3Gibt der Gewählte bis zum Ablauf der gesetzten Frist keine Erklärung ab, so gilt die Wahl als zu diesem Zeitpunkt angenommen.

(5) 1Nimmt ein Gewählter die Wahl nicht an oder scheidet ein Mitglied aus, so tritt der nächste nicht gewählte Bewerber der gleichen Vorschlagsliste ein. 2Ist die Vorschlagsliste erschöpft, so geht der Sitz auf die Liste über, auf die die nächste Höchstzahl entfällt. 3Die Feststellung, wer als Listennachfolger eintritt, trifft der Präsident des Landtages. 4Absatz 4 gilt entsprechend.

(6) Der Präsident des Landtages übermittelt das Ergebnis der Wahl dem Präsidenten des Bundestages.

§ 5 1Jedes Mitglied des Landtages und jeder in eine Vorschlagsliste aufgenommene Bewerber kann binnen zwei Tagen nach Verkündung des Wahlergebnisses beim Präsidenten des Landtages Einspruch gegen die Gültigkeit der Wahl erheben. 2Über den Einspruch entscheidet der Landtag unverzüglich, spätestens jedoch eine Woche vor dem Zusammentritt der Bundesversammlung. 3Ergeht bis dahin keine Entscheidung, so entscheidet die Bundesversammlung. 4Der Präsident des Bundestages bereitet die Entscheidung der Bundesversammlung vor.

§ 6 Wird die Wahl nach § 2 Abs. 2 Satz 3 von einem Landtagsausschuß vorgenommen, so gelten §§ 4 und 5 entsprechend.

§ 7[1)] 1Artikel 46, 47, 48 Abs. 2 des Grundgesetzes finden auf die Mitglieder der Bundesversammlung entsprechende Anwendung. 2Für Immunitätsangelegenheiten ist der Bundestag zuständig; die vom Bundestag oder seinem zuständigen Ausschuss erlassenen Regelungen in Immunitätsangelegenheiten gelten entsprechend. 3Die Mitglieder sind an Aufträge und Weisungen nicht gebunden.

---

1) § 7 Satz 2 eingef., bish. Satz 2 wird Satz 3 durch G v. 12. 7. 2007 (BGBl. I S. 1326).

Zweiter Abschnitt. Wahl des Bundespräsidenten

§ 8 [1]Der Präsident des Bundestages leitet die Sitzungen und Geschäfte der Bundesversammlung. [2]Auf ihren Geschäftsgang findet die Geschäftsordnung des Bundestages sinngemäße Anwendung, sofern sich nicht die Bundesversammlung eine eigene Geschäftsordnung gibt.

§ 9 (1) [1]Wahlvorschläge für die Wahl des Bundespräsidenten kann jedes Mitglied der Bundesversammlung beim Präsidenten des Bundestages schriftlich einreichen. [2]Für den zweiten und dritten Wahlgang können neue Wahlvorschläge eingebracht werden. [3]Die Wahlvorschläge dürfen nur die zur Bezeichnung des Vorgeschlagenen erforderlichen Angaben enthalten; die schriftliche Zustimmungserklärung des Vorgeschlagenen ist beizufügen.

(2) [1]Der Sitzungsvorstand prüft, ob die Wahlvorschläge den gesetzlichen Voraussetzungen entsprechen. [2]Über die Zurückweisung eines Wahlvorschlages entscheidet die Bundesversammlung.

(3) [1]Gewählt wird mit verdeckten amtlichen Stimmzetteln. [2]Stimmzettel, die auf andere als in den zugelassenen Wahlvorschlägen benannte Personen lauten, sind ungültig.

(4) [1]Der Präsident des Bundestages teilt dem Gewählten die Wahl mit und fordert ihn auf, ihm binnen zwei Tagen zu erklären, ob er die Wahl annimmt. [2]Gibt der Gewählte innerhalb dieser Frist keine Erklärung ab, so gilt die Wahl als abgelehnt.

(5) Der Präsident des Bundestages erklärt die Bundesversammlung für beendet, nachdem der Gewählte die Wahl angenommen hat.

§ 10 Das Amt des Bundespräsidenten beginnt mit dem Ablauf der Amtszeit seines Vorgängers, jedoch nicht vor Eingang der Annahmeerklärung beim Präsidenten des Bundestages.

§ 11 Der Präsident des Bundestages veranlaßt die Eidesleistung des Bundespräsidenten.

Dritter Abschnitt. Schlußvorschriften

§ 12 Die Mitglieder der Bundesversammlung erhalten eine Entschädigung, deren Höhe der Präsident des Bundestages in sinngemäßer Anwendung der für die Mitglieder des Bundestages geltenden Bestimmungen festsetzt.

§ 13[1] *(aufgehoben)*

---

[1] § 13 aufgeh. durch G v. 12. 7. 2007 (BGBl. I S. 1326).

§ 14 [1]Dieses Gesetz tritt am Tage nach seiner Verkündung[1)] in Kraft. [2]Gleichzeitig tritt der Zweite Teil des Wahlgesetzes zum zweiten Bundestag und zur Bundesversammlung vom 8. Juli 1953 (Bundesgesetzbl. I S. 470) außer Kraft.

---

1) Das Gesetz wurde am 29. 4. 1959 verkündet.

34. Geschäftsordnung für das Verfahren nach Artikel 115 d des Grundgesetzes

Vom 23. Juli 1969

(BGBl. I S. 1100)

BGBl. III/FNA 1101–5

Zur Ausführung des Artikels 115 d des Grundgesetzes[1] hat der Bundestag mit Zustimmung des Bundesrates für die Beratung dringlicher Gesetzesvorlagen im Verteidigungsfalle die folgende Geschäftsordnung beschlossen:

§ 1 Einberufung. (1) Der Präsident des Bundestages beruft den Bundestag und der Präsident des Bundesrates den Bundesrat unverzüglich zur gemeinsamen Beratung ein, wenn die Bundesregierung eine Gesetzesvorlage bei der gleichzeitigen Zuleitung an Bundestag und Bundesrat als dringlich bezeichnet hat.

(2) Gleichzeitig ist die vom Präsidenten des Bundestages und vom Präsidenten des Bundesrates gemeinsam aufgestellte Tagesordnung bekanntzugeben.

(3) [1] Zwischen der Absendung der Einladung und der gemeinsamen Beratung soll eine Frist von drei Tagen liegen. [2] Die Frist ist auf Verlangen der Bundesregierung abzukürzen.

§ 2 Vorsitz. (1) Bei den gemeinsamen Beratungen von Bundestag und Bundesrat führt der Präsident des Bundestages den Vorsitz.

(2) Finden in der gemeinsamen Beratung Abstimmungen des Bundesrates statt, so führt dabei der Präsident des Bundesrates den Vorsitz.

§ 3 Beratung. [1] Es findet nur eine Beratung statt. [2] Diese ist auf Beschluß des Bundestages oder des Bundesrates für Ausschußberatungen zu unterbrechen.

§ 4 Ausschußberatung. (1) [1] Sofern eine Beratung der Gesetzesvorlage im Ausschuß beschlossen wird, soll diese nur an jeweils einen Ausschuß des Bundestages und des Bundesrates überwiesen werden. [2] Diese Ausschüsse beraten in der Regel gemeinsam.

(2) In den gemeinsamen Ausschußberatungen führt der Vorsitzende des Bundestagsausschusses den Vorsitz.

(3) Die Vertreter des Bundesrates in den Ausschüssen brauchen nicht Mitglieder des Bundesrates zu sein.

(4) [1] Die Abstimmungen werden getrennt vorgenommen. [2] Abweichende Beschlüsse der Vertreter des Bundesrates gelten als Änderungs-

[1] Nr. **1**.

anträge für die Fortsetzung der gemeinsamen Beratung von Bundestag und Bundesrat.

§ 5 Schlußberatung und Schlußabstimmung. (1) Ist die Rednerliste erschöpft und meldet sich niemand mehr zu Wort, so erklärt der Präsident des Bundestages die Beratung für geschlossen.

(2) Über einen Antrag auf Vertagung oder Schluß der Beratung, der von 30 anwesenden Abgeordneten gestellt wird, darf nur abgestimmt werden, wenn ihm der Bundesrat nicht mit der Mehrheit seiner Stimmen widerspricht.

(3) [1] Die Schlußabstimmung erfolgt in gemeinsamer Sitzung. [2] Zuerst stimmt der Bundestag, dann der Bundesrat ab.

(4) Für die Zustimmung des Bundesrates ist die Mehrheit seiner Stimmen erforderlich, sofern nicht nach dem Grundgesetz eine Mehrheit von zwei Dritteln der Stimmen erforderlich ist.

(5) [1] Lehnt der Bundesrat einen Gesetzesbeschluß, der nicht seiner Zustimmung bedarf, ab, so wird die Beratung wieder eröffnet. [2] Der Bundestag kann das Gesetz mit der Mehrheit seiner Mitglieder bestätigen.

§ 6 Entsprechende Anwendung der Geschäftsordnungen des Bundestages und des Bundesrates. [1] Im übrigen findet auf das Verfahren die Geschäftsordnung des Bundestages[1)] entsprechende Anwendung. [2] Für die Abstimmungen der Mitglieder des Bundesrates und für die Abstimmungen der Vertreter in den Ausschüssen gelten die entsprechenden Bestimmungen der Geschäftsordnung des Bundesrates.[2)]

---

1) Nr. **35**.
2) Nr. **37**.

35. Geschäftsordnung des Deutschen Bundestages[1)]

Vom 16. Oktober 2025

(BGBl. 2025 I Nr. 250, S. 2)

FNA 1101-1

Nichtamtliche Gliederungsübersicht

I. Wahl des Präsidenten, der Vizepräsidenten und Schriftführer

§ 1 Konstituierung. (1) Der neugewählte Bundestag wird zu seiner ersten Sitzung vom bisherigen Präsidenten spätestens zum dreißigsten Tag nach der Wahl (Artikel 39 des Grundgesetzes[2)]) einberufen.

(2) Bis der neugewählte Präsident oder einer der Vizepräsidenten das Amt übernimmt, führt das am längsten dem Bundestag angehörende Mitglied, das hierzu bereit ist, den Vorsitz (Alterspräsident); bei gleicher Dauer der Zugehörigkeit zum Bundestag entscheidet das höhere Lebensalter.

(3) Der Alterspräsident ernennt Mitglieder des Bundestages zu vorläufigen Schriftführern.

(4) [1] Der Bundestag gibt sich eine Geschäftsordnung (Artikel 40 des Grundgesetzes). [2] Hierauf folgt die Wahl des Präsidenten (§ 2), die mit dem Namensaufruf der Mitglieder des Bundestages und der Feststellung der Beschlussfähigkeit verbunden wird. [3] Im Anschluss wird die Wahl der Vizepräsidenten vorgenommen (§ 2a).

§ 2 Wahl des Präsidenten. (1) [1] Der Bundestag wählt den Präsidenten ohne Aussprache mit verdeckten Stimmzetteln (§ 49) für die Dauer der Wahlperiode. [2] Nur Fraktionen steht das Recht zu, einen Bewerber vorzuschlagen.

[1)] In Kraft getreten am 1.11.2025; vgl. hierzu Bek. v. 17.10.2025 (BGBl. 2025 I Nr. 250).

[2)] Nr. 1.

(2) [1] Gewählt ist, wer im ersten Wahlgang die Stimmen der Mehrheit der Mitglieder des Bundestages erhält. [2] Ergibt sich im ersten Wahlgang keine Mehrheit, können für einen zweiten Wahlgang neue Wahlvorschläge nach Maßgabe des Absatzes 1 Satz 2 gemacht werden. [3] Satz 1 findet auf den zweiten Wahlgang Anwendung. [4] Ergibt sich auch im zweiten Wahlgang keine Mehrheit der Stimmen der Mitglieder des Bundestages, findet ein dritter Wahlgang statt. [5] Für diesen können keine neuen Wahlvorschläge gemacht werden. [6] Bei nur einem Wahlvorschlag ist gewählt, wer mehr Ja- als Nein-Stimmen erhält. [7] Bei mehreren Wahlvorschlägen kommen die beiden Wahlvorschläge des zweiten Wahlgangs mit den meisten Ja-Stimmen in die engere Wahl. [8] Gewählt ist dann, wer die meisten Ja-Stimmen auf sich vereint. [9] Bei Stimmengleichheit entscheidet das Los durch die Hand des Alterspräsidenten.

(3) [1] Weitere Wahlgänge mit im dritten Wahlgang erfolglosen Bewerbern sind nur nach Vereinbarung im Ältestenrat zulässig. [2] Werden nach erfolglosem Ablauf des Verfahrens nach Absatz 3 neue Wahlvorschläge gemacht, ist neu in das Verfahren nach den Absätzen 1 und 2 einzutreten.

§ 2a Wahl der Vizepräsidenten. (1) [1] Der Bundestag beschließt die Anzahl der Vizepräsidenten, wobei jede Fraktion mindestens für ein Amt zu berücksichtigen ist. [2] Er legt fest, welche Fraktion jeweils für welches Amt einen Wahlvorschlag unterbreiten kann.

(2) [1] Die Vizepräsidenten werden in gesonderten Wahlverfahren ohne Aussprache mit verdeckten Stimmzetteln (§ 49) gewählt. [2] Gewählt ist, wer im ersten oder im zweiten Wahlgang die Stimmen der Mehrheit der Mitglieder des Bundestages erhält. [3] Im dritten Wahlgang des Wahlverfahrens ist gewählt, wer mehr Ja- als Nein-Stimmen auf sich vereinigt. [4] Weitere Wahlgänge nach einem erfolglosen dritten Wahlgang sind mit diesem Bewerber nur nach Vereinbarung im Ältestenrat zulässig.

(3) [1] Ist in der konstituierenden Sitzung das Wahlverfahren nach Absatz 2 erfolglos oder hat die vorschlagsberechtigte Fraktion in dieser Sitzung auf weitere Wahlgänge verzichtet, findet § 20 Absatz 4 auf sämtliche nachfolgende Wahlgänge Anwendung. [2] Wird ein neuer Bewerber vorgeschlagen, ist in ein neues Wahlverfahren nach Absatz 2 einzutreten. [3] Mit der Einbringung eines neuen Wahlvorschlages gilt das bisherige Wahlverfahren als erfolglos. [4] Nach drei erfolglosen Wahlverfahren bedarf ein neuer Wahlvorschlag der Unterstützung von mindestens einem Viertel der Mitglieder des Bundestages.

(4) [1] Auf Antrag mindestens der Hälfte der Mitglieder des Bundestages kann ein Vizepräsident abgewählt werden. [2] Der Vizepräsident ist abgewählt, wenn mindestens zwei Drittel der Mitglieder des Bundestages für die Abwahl stimmen. [3] Die Abwahl erfolgt in gesonderten Wahlverfahren ohne Aussprache mit verdeckten Stimmzetteln (§ 49) frühestens drei Wochen nach Antragstellung.

(5) [1] Scheidet ein Vizepräsident aus oder wird er abgewählt, verbleibt das Vorschlagsrecht bei der berechtigten Fraktion. [2] Auf die Nachwahl finden die Absätze 2 und 3 entsprechende Anwendung. [3] Ein abgewählter Vizepräsident kann nicht erneut vorgeschlagen werden.

§ 3 Wahl der Schriftführer. [1] Der Bundestag beschließt die Zahl der Schriftführer. [2] *Sie können* gemeinsam aufgrund eines Vorschlages der Fraktionen gewählt werden. [3] Bei der Festlegung der Zahl der Schriftführer und ihrer Verteilung auf die Fraktionen ist § 12 zu beachten. [4] Bei der Abwahl eines Schriftführers ist § 2a Absatz 4 und 5 entsprechend anzuwenden.

II. Wahl des Bundeskanzlers

§ 4 Wahl des Bundeskanzlers. (1) Die Wahl des Bundeskanzlers (Artikel 63 des Grundgesetzes[1)]) erfolgt mit verdeckten Stimmzetteln (§ 49).

(2) [1] Wahlvorschläge zu Wahlgängen gemäß Artikel 63 Absatz 3 und 4 des Grundgesetzes sind von einem Viertel der Mitglieder des Bundestages oder einer Fraktion, die mindestens ein Viertel der Mitglieder des Bundestages umfasst, zu unterzeichnen. [2] § 78 Absatz 5 findet keine Anwendung.

(3) Erreicht zu dem Wahlgang gemäß Artikel 63 Absatz 4 des Grundgesetzes kein Wahlvorschlag die notwendige Anzahl an Unterzeichnungen, steht jedem Mitglied des Bundestages das Wahlvorschlagsrecht zu, es sei denn, ein Vorschlag ist von einer Fraktion oder von fünf vom Hundert der Mitglieder des Bundestages unterzeichnet.

(4) § 45 findet auf den Wahlgang gemäß Artikel 63 Absatz 4 des Grundgesetzes keine Anwendung.

III. Präsident, Präsidium und Ältestenrat

§ 5 Präsidium. (1) Der Präsident und die Vizepräsidenten bilden das Präsidium.

(2) [1] Das Präsidium unterstützt und berät den Präsidenten bei der Führung der parlamentarischen Geschäfte und in Angelegenheiten der Verwaltung. [2] Der Präsident kann im Einzelfall die Erledigung von Aufgaben auf die Vizepräsidenten übertragen.

(3) [1] Das Präsidium legt die Delegationsstärke sowie den Delegationsschlüssel für Delegationsreisen der Ausschüsse und Gremien fest. [2] Das Präsidium ist bei den Entscheidungen des Präsidenten über Delegationsreisen beteiligt. [3] Die Beteiligung des Präsidiums bei Personalmaßnahmen richtet sich nach § 7.

(4) Für die Sitzungen des Präsidiums gilt der Grundsatz der Vertraulichkeit.

§ 6 Ältestenrat. (1) [1] Der Ältestenrat besteht aus dem Präsidenten, den Vizepräsidenten und dreiundzwanzig weiteren von den Fraktionen gemäß § 12 zu benennenden Mitgliedern. [2] Die Einberufung obliegt dem Präsidenten. [3] Er muss ihn einberufen, wenn eine Fraktion oder fünf vom Hundert der Mitglieder des Bundestages es verlangen.

(2) [1] Der Ältestenrat unterstützt den Präsidenten bei der Führung der Geschäfte. [2] Er führt eine Verständigung zwischen den Fraktionen über die Besetzung der Stellen der Ausschussvorsitzenden und ihrer Stellvertreter sowie über den Arbeitsplan des Bundestages herbei. [3] Bei der Wahrnehmung dieser Aufgaben ist der Ältestenrat kein Beschlussorgan.

(3) [1] Der Ältestenrat beschließt über die inneren Angelegenheiten des Bundestages, soweit sie nicht dem Präsidenten oder dem Präsidium vorbehalten sind. [2] Er verfügt über die Verwendung der dem Bundestag vorbehaltenen Räume. [3] Er stellt den Voranschlag für den Haushaltseinzelplan des Bundestages auf, von dem der Haushaltsausschuss nur im Benehmen mit dem Ältestenrat abweichen kann.

(4) [1] Zur Vorbereitung und Erfüllung seiner Aufgaben kann der Ältestenrat ständige Kommissionen einsetzen, denen auch Mitglieder des Bundestages, die

[1)] Nr. 1.

nicht Mitglied des Ältestenrates sind, angehören können. [2]Entscheidungen der Kommissionen kann der Ältestenrat jederzeit an sich ziehen.

(5) Für die Sitzungen des Ältestenrates gilt der Grundsatz der Vertraulichkeit.

§ 7 Aufgaben des Präsidenten. (1) [1]Der Präsident vertritt den Bundestag und regelt seine Geschäfte. [2]Er wahrt die Würde und die Rechte des Bundestages, fördert seine Arbeiten, leitet die Verhandlungen gerecht und unparteiisch und wahrt die Ordnung im Hause. [3]Er hat beratende Stimme in allen Ausschüssen.

(2) [1]Dem Präsidenten stehen das Hausrecht und die Polizeigewalt in allen der Verwaltung des Bundestages unterstehenden Gebäuden, Gebäudeteilen und Grundstücken zu. [2]Der Präsident erlässt im Benehmen mit dem Ausschuss für Wahlprüfung, Immunität und Geschäftsordnung eine Hausordnung.

(3) [1]Der Präsident schließt die Verträge, die für die Bundestagsverwaltung von erheblicher Bedeutung sind, im Benehmen mit den anderen Mitgliedern des Präsidiums ab. [2]Ausgaben im Rahmen des Haushaltsplans weist der Präsident an.

(4) [1]Der Präsident ist die oberste Dienstbehörde der Bundestagsbeamten. [2]Er ernennt und stellt die Bundestagsbeamten nach den gesetzlichen und allgemeinen Verwaltungsvorschriften ein und versetzt sie in den Ruhestand. [3]Auch die nichtbeamteten Bediensteten des Bundestages werden von dem Präsidenten eingestellt und entlassen. [4]Maßnahmen nach den Sätzen 2 und 3 trifft der Präsident, soweit Beamte des höheren Dienstes oder entsprechend eingestufte Angestellte betroffen sind, im Benehmen mit den Vizepräsidenten, soweit leitende Beamte (Besoldungsgruppe A 16 und höher) oder entsprechend eingestufte Angestellte eingestellt, befördert bzw. höhergestuft werden, mit Zustimmung des Präsidiums.

(5) [1]Absatz 4 gilt auch für die dem Wehrbeauftragten beigegebenen Beschäftigten. [2]Maßnahmen nach Absatz 4 Satz 4 erfolgen im Benehmen mit dem Wehrbeauftragten. [3]Für die Bestellung, Ernennung, Umsetzung, Versetzung und Zurruhesetzung des Leitenden Beamten ist das Einvernehmen mit dem Wehrbeauftragten erforderlich. [4]Der Wehrbeauftragte hat das Recht, für alle Entscheidungen nach Absatz 4 Vorschläge zu unterbreiten.

(6) [1]Ist der Präsident verhindert, wird er von einem anderen Mitglied des Präsidiums vertreten. [2]Der Präsident bestimmt die Vertretung für den Einzelfall. [3]Ist eine Vertretung im Einzelfall aufgrund längerer Verhinderung der Amtsausübung nicht möglich, erfolgt die Vertretung durch die Mitglieder des Präsidiums entsprechend der Reihenfolge der Fraktionen (§ 11). [4]Gehören Mitglieder des Präsidiums derselben Fraktion an, gilt § 1 Absatz 2 entsprechend.

§ 8 Sitzungsvorstand. (1) In den Sitzungen des Bundestages bilden der sitzungsleitende Präsident und zwei Schriftführer den Sitzungsvorstand.

(2) [1]Der Präsident bestimmt im Einvernehmen mit den anderen Mitgliedern des Präsidiums die Reihenfolge der Vertretung. [2]Sind die Mitglieder des Präsidiums gleichzeitig verhindert, so übernimmt der Alterspräsident die Leitung.

(3) Stehen die gewählten Schriftführer für eine Sitzung des Bundestages nicht in ausreichender Zahl zur Verfügung, so bestellt der sitzungsleitende Präsident andere Mitglieder des Bundestages als Stellvertreter.

§ 9 Aufgaben der Schriftführer. [1]Die Schriftführer unterstützen den Präsidenten. [2]Sie haben insbesondere die Rednerlisten zu führen, die Namen aufzurufen, die Stimmzettel zu sammeln und zu zählen sowie andere Angelegenheiten des Bundestages nach den Weisungen des Präsidenten zu besorgen. [3]Der Präsident verteilt die Geschäfte.

IV. Fraktionen

§ 10 Bildung der Fraktionen. (1) [1]Die Fraktionen sind Vereinigungen von mindestens fünf vom Hundert der Mitglieder des Bundestages, die derselben Partei angehören oder von derselben Partei als Wahlbewerber aufgestellt worden sind oder solchen Parteien angehören, die aufgrund gleichgerichteter politischer Ziele in keinem Land miteinander im Wettbewerb stehen. [2]Schließen sich Mitglieder des Bundestages abweichend von Satz 1 zusammen, bedarf die Anerkennung als Fraktion der Zustimmung des Bundestages.

(2) Die Bildung einer Fraktion, ihre Bezeichnung, die Namen der Vorsitzenden, Mitglieder und Gäste sind dem Präsidenten schriftlich mitzuteilen.

(3) Fraktionen können Gäste aufnehmen, die bei der Bestimmung der Reihenfolge der Fraktionen (§ 11) nicht mitzählen, jedoch bei der Bemessung der Stellenanteile (§ 12) zu berücksichtigen sind.

§ 10a Gruppen. (1) [1]Mitglieder des Bundestages, die sich zusammenschließen wollen, ohne Fraktionsmindeststärke zu erreichen, können als Gruppe anerkannt werden. [2]Für sie gilt § 10 Absatz 2 und 3 entsprechend. [3]Über die der Gruppe im Einzelnen zukommenden Rechte entscheidet der Bundestag.

(2) [1]Eine Gruppe ist anzuerkennen, wenn nach dem Berechnungssystem für die Fraktionen (§ 12) ein Stellenanteil für einen Ausschuss oder ein parlamentarisches Gremium auf die Gruppe entfallen würde. [2]In diesem Fall stehen der Gruppe und ihren Mitgliedern die Rechte einer Fraktion und der fraktionsangehörigen Mitglieder in dem betreffenden Ausschuss oder Gremium zu. [3]Über weitergehende Rechte der Gruppe entscheidet der Bundestag.

§ 11 Reihenfolge der Fraktionen. [1]Nach der Stärke der Fraktionen bestimmt sich ihre Reihenfolge. [2]Bei gleicher Fraktionsstärke entscheidet das Los, das vom Präsidenten in einer Sitzung des Bundestages gezogen wird. [3]Verliert ein Mitglied des Bundestages sein Mandat, wird dieses bis zur Nachbesetzung bei der Fraktion mitgezählt, zu der es bisher zählte.

§ 12 Stellenanteile der Fraktionen. [1]Die Zusammensetzung des Ältestenrates und der Ausschüsse sowie die Regelung des Vorsitzes in den Ausschüssen ist im Verhältnis der Stärke der einzelnen Fraktionen vorzunehmen. [2]Derselbe Grundsatz wird bei Wahlen, die der Bundestag vorzunehmen hat, angewandt.

V. Die Mitglieder des Bundestages

§ 13 Rechte und Pflichten der Mitglieder des Bundestages. (1) Jedes Mitglied des Bundestages folgt bei Reden, Handlungen, Abstimmungen und Wahlen seiner Überzeugung und seinem Gewissen.

(2) [1]Die Mitglieder des Bundestages sind verpflichtet, an den Arbeiten des Bundestages teilzunehmen. [2]An jedem Sitzungstag wird eine Anwesenheitsliste ausgelegt, in die sich die Mitglieder des Bundestages einzutragen haben. [3]Die Folgen der Nichteintragung und der Nichtbeteiligung an einer namentlichen Abstimmung ergeben sich aus dem Abgeordnetengesetz[1)].

§ 14 (weggefallen)

[1)] Nr. **48**.

§ 15 Anfechtung und Verlust der Mitgliedschaft. [1]Die Rechte eines Mitgliedes des Bundestages, dessen Mitgliedschaft angefochten ist, regeln sich nach den Bestimmungen des Wahlprüfungsgesetzes[1)]. [2]Nach diesem Gesetz richtet sich auch der Verlust der Mitgliedschaft.

§ 16 Akteneinsicht und -abgabe. (1) [1]Die Mitglieder des Bundestages sind berechtigt, alle Akten einzusehen, die sich in der Verwahrung des Bundestages oder eines Ausschusses befinden; die Arbeiten des Bundestages oder seiner Ausschüsse, ihrer Vorsitzenden oder Berichterstatter dürfen dadurch nicht behindert werden. [2]Die Einsichtnahme in persönliche Akten und Abrechnungen, die beim Bundestag über seine Mitglieder geführt werden, ist nur dem betreffenden Mitglied des Bundestages möglich. [3]Wünschen andere Mitglieder des Bundestages etwa als Berichterstatter oder Ausschussvorsitzende oder Persönlichkeiten außerhalb des Hauses Einsicht in diese Akten, dann kann dies nur mit Genehmigung des Präsidenten und des betreffenden Mitgliedes des Bundestages geschehen. [4]Akten des Bundestages, die ein Mitglied des Bundestages persönlich betreffen, kann es jederzeit einsehen.

(2) [1]Zum Gebrauch außerhalb der Liegenschaften des Deutschen Bundestages werden Akten nur an die Vorsitzenden oder Berichterstatter der Ausschüsse für ihre Arbeiten abgegeben. [2]Ausnahmen kann der Präsident genehmigen.

(3) Für Verschlusssachen gelten die Bestimmungen der Geheimschutzordnung des Deutschen Bundestages (§ 17).

§ 17 Geheimschutzordnung. [1]Der Bundestag beschließt eine Geheimschutzordnung, die Bestandteil dieser Geschäftsordnung ist (Anlage 1). [2]Sie regelt die Behandlung aller Angelegenheiten, die durch besondere Sicherungsmaßnahmen gegen die Kenntnisnahme durch Unbefugte geschützt werden müssen.

§ 18 (weggefallen)

VI. Tagesordnung, Einberufung, Leitung der Sitzung und Ordnungsmaßnahmen

§ 19 Sitzungen. [1]Die Sitzungen des Bundestages sind öffentlich. [2]Die Öffentlichkeit kann nach Artikel 42 Absatz 1 des Grundgesetzes[2)] ausgeschlossen werden.

§ 20 Tagesordnung. (1) Termin und Tagesordnung jeder Sitzung des Bundestages werden im Ältestenrat vereinbart, es sei denn, dass der Bundestag vorher darüber beschließt oder der Präsident sie nach § 21 Absatz 1 selbständig festsetzt.

(2) [1]Die Tagesordnung wird den Mitgliedern des Bundestages, dem Bundesrat und der Bundesregierung mitgeteilt. [2]Sie gilt, wenn kein Widerspruch erfolgt, mit Aufruf des Punktes 1 als festgestellt. [3]Nach Eröffnung jeder Plenarsitzung kann vor Eintritt in die jeweilige Tagesordnung jedes Mitglied des Bundestages eine Änderung der Tagesordnung beantragen, wenn es diesen Antrag bis spätestens 18 Uhr des Vortages dem Präsidenten vorgelegt hat.

(3) [1]Nach Feststellung der Tagesordnung dürfen andere Verhandlungsgegenstände nur beraten werden, wenn nicht von einer Fraktion oder von anwesenden fünf vom Hundert der Mitglieder des Bundestages widersprochen wird oder diese *Geschäftsordnung die Beratung* außerhalb der Tagesordnung zulässt. [2]Der Bundes-

[1)] Nr. **32**.
[2)] Nr. **1**.

tag kann jederzeit einen Verhandlungsgegenstand von der Tagesordnung absetzen, soweit diese Geschäftsordnung nichts anderes bestimmt.

(4) Vorlagen von Mitgliedern des Bundestages müssen auf Verlangen der Antragsteller auf die Tagesordnung der nächsten Sitzung gesetzt und beraten werden, wenn seit der Verteilung der Drucksache (§ 123) mindestens drei Wochen vergangen sind.

§ 21 Einberufung durch den Präsidenten. (1) Selbständig setzt der Präsident Termin und Tagesordnung fest, wenn der Bundestag ihn dazu ermächtigt oder aus einem anderen Grunde als dem der Beschlussunfähigkeit nicht entscheiden kann.

(2) Der Präsident ist zur Einberufung des Bundestages verpflichtet, wenn ein Drittel der Mitglieder des Bundestages, der Bundespräsident oder der Bundeskanzler es verlangen (Artikel 39 Absatz 3 des Grundgesetzes[1)]).

(3) Hat der Präsident in anderen Fällen selbständig eine Sitzung anberaumt oder Nachträge zur Tagesordnung festgesetzt, so muss er bei Beginn der Sitzung die Genehmigung des Bundestages einholen.

§ 22 Leitung der Sitzungen. [1]Der Präsident eröffnet, leitet und schließt die Sitzungen. [2]Vor Schluss der Sitzung gibt der Präsident nach den Vereinbarungen im Ältestenrat oder nach Beschluss des Bundestages den Termin der nächsten Sitzung bekannt.

§ 23 Eröffnung der Aussprache. Der Präsident hat über jeden Verhandlungsgegenstand, der auf der Tagesordnung steht, die Aussprache zu eröffnen, wenn diese nicht unzulässig oder an besondere Bedingungen geknüpft ist.

§ 24 Verbindung der Beratung. Die gemeinsame Beratung gleichartiger oder im Sachzusammenhang stehender Verhandlungsgegenstände kann jederzeit beschlossen werden.

§ 25 Vertagung der Beratung oder Schluss der Aussprache. (1) Ist die Rednerliste erschöpft oder meldet sich niemand zum Wort, so erklärt der Präsident die Aussprache für geschlossen.

(2) [1]Der Bundestag kann auf Antrag einer Fraktion oder von anwesenden fünf vom Hundert der Mitglieder des Bundestages die Beratung vertagen oder die Aussprache schließen. [2]Der Antrag auf Schluss der Aussprache geht bei der Abstimmung dem Antrag auf Vertagung vor. [3]Ein Antrag auf Schluss der Aussprache darf erst zur Abstimmung gestellt werden, wenn jede Fraktion mindestens einmal zu Wort gekommen ist.

§ 26 Vertagung der Sitzung. Die Sitzung kann nur vertagt werden, wenn es der Bundestag auf Vorschlag des Präsidenten oder auf Antrag einer Fraktion oder von anwesenden fünf vom Hundert der Mitglieder des Bundestages beschließt.

§ 27 Worterteilung und Wortmeldung. (1) Der Präsident erteilt das Wort.

(2) Will der Präsident selbst sich als Redner an der Aussprache beteiligen, so hat er während dieser Zeit den Vorsitz abzugeben.

(3) Mitglieder des Bundestages, die zur Sache sprechen wollen oder anderweitig das Wort erhalten möchten, haben in der Regel ihren Redewunsch bei dem Schriftführer, der die Rednerliste führt, anzumelden.

[1)] Nr. **1**.

§ 27a Zwischenfragen, -bemerkungen, Kurzinterventionen. (1) [1]Während der Aussprache über einen Verhandlungsgegenstand kann der Präsident mit Einverständnis des Redners das Wort für Zwischenfragen oder -bemerkungen, die kurz und präzise sein müssen, erteilen. [2]Die Mitglieder des Bundestages melden sich hierzu über die Saalmikrofone zu Wort.

(2) [1]Im Anschluss an einen Debattenbeitrag kann der Präsident einem Mitglied des Bundestages das Wort zu einer Kurzintervention von höchstens zwei Minuten erteilen. [2]Er kann das Mitglied, sofern es noch für einen Debattenbeitrag gemeldet ist, auch auf diesen verweisen. [3]Der Redner darf auf eine Kurzintervention noch einmal kurz antworten. [4]Wenn es um die Zurückweisung von Äußerungen gegen die eigene Person oder um die Richtigstellung eigener Äußerungen geht, soll das Wort nach Satz 1 erteilt werden. [5]Dieser Anlass ist dem Präsidenten bei der Wortmeldung vorab mitzuteilen.

§ 28 Reihenfolge der Redner. (1) [1]Der Präsident bestimmt die Reihenfolge der Redner. [2]Dabei sollen ihn die Sorge für sachgemäße Erledigung und zweckmäßige Gestaltung der Beratung, die Rücksicht auf die verschiedenen Parteirichtungen, auf Rede und Gegenrede und auf die Stärke der Fraktionen leiten; insbesondere sollen vor einer Rede eines weiteren Mitgliedes einer Fraktion zunächst alle anderen Fraktionen das Wort erhalten haben und nach der Rede eines Mitgliedes oder Beauftragten der Bundesregierung eine abweichende Meinung zu Wort kommen.

(2) [1]Bei einer Aussprache zu einer Vorlage in erster Beratung soll der erste Redner der einbringenden Fraktion oder fünf vom Hundert der Mitglieder des Bundestages angehören. [2]Entsprechendes gilt für Vorlagen der Bundesregierung und des Bundesrates. [3]Bei der Beratung von Beschlussempfehlungen der Ausschüsse soll der erste Redner kein Mitglied oder Beauftragter der Bundesregierung sein.

§ 29 Zur Geschäftsordnung. (1) [1]Zu einem Geschäftsordnungsantrag erteilt der Präsident vorrangig das Wort. [2]Der Antrag muss sich auf den zur Beratung stehenden Verhandlungsgegenstand oder auf die Tagesordnung beziehen.

(2) Der Präsident kann die Worterteilung bei Geschäftsordnungsanträgen, denen entsprochen werden muss (Verlangen), auf den Antragsteller, bei anderen Anträgen auf einen Sprecher jeder Fraktion beschränken.

(3) Meldet sich ein Mitglied des Bundestages zur Geschäftsordnung zum Wort, ohne zu einem Geschäftsordnungsantrag sprechen oder einen solchen stellen zu wollen, so erteilt der Präsident das Wort nach seinem Ermessen.

(4) Zur Geschäftsordnung darf der einzelne Redner grundsätzlich nicht länger als drei Minuten sprechen.

§ 30 (weggefallen)

§ 31 Erklärung zur Abstimmung. (1) [1]Zu einer mündlichen Erklärung zur abschließenden Abstimmung, die nicht länger als drei Minuten dauern darf, kann der Präsident jedem Mitglied des Bundestages vor oder nach der Abstimmung das *Wort erteilen.* [2]*Jedes Mitglied* des Bundestages kann eine entsprechende schriftliche Erklärung abgeben, die in das Plenarprotokoll aufzunehmen ist.

(2) Zu einer Erklärung nach Absatz 1 zählt auch die Erklärung, nicht an der Abstimmung teilzunehmen.

§ 32 Erklärung außerhalb der Tagesordnung. [1]Zu einer dringlichen Erklärung tatsächlicher oder persönlicher Art außerhalb der vereinbarten oder beschlossenen Tagesordnungen erteilt der Präsident vor Eintritt in die jeweilige Tagesordnung, nach Schluss, Unterbrechung oder Vertagung einer Aussprache nach seinem Ermessen das Wort. [2]Der Anlass ist ihm vorab mitzuteilen. [3]Die Erklärung darf nicht länger als drei Minuten dauern.

§ 33 Die Rede. (1) [1]Die Redner sprechen grundsätzlich in freiem Vortrag. [2]Sie können hierbei Aufzeichnungen benutzen.

(2) [1]Außerhalb der Kernzeiten können Redner ihre Reden mit Zustimmung des Präsidenten schriftlich zu Protokoll geben. [2]Der Umfang der Redetexte hat sich an den zugeteilten Redezeiten zu orientieren. [3]Die Regelungen der §§ 36 bis 38 finden bei Verletzungen der Ordnung oder der Würde des Bundestages auf schriftliche Reden sinngemäß Anwendung.

(3) Die Rede sowie alle anderen Beiträge zur Beratung sollen von gegenseitigem Respekt und der Achtung der anderen Mitglieder des Bundestages sowie der Fraktionen geprägt sein.

§ 34 Platz des Redners. Die Redner sprechen von den dafür bestimmten Saalmikrofonen oder vom Rednerpult aus.

§ 35 Rededauer. (1) [1]Die Dauer der Aussprache und die Verteilung der Redezeit über einen Verhandlungsgegenstand erfolgen nach Vereinbarung des Ältestenrates oder auf Beschluss des Bundestages. [2]Kommt es im Ältestenrat nicht zu einer Vereinbarung gemäß Satz 1 oder beschließt der Bundestag nichts anderes, entscheidet der Präsident. [3]Dabei soll die Aussprache nicht länger als 60 Minuten betragen und sich die Verteilung der Redezeit an dem Stärkeverhältnis der Fraktionen orientieren.

(2) Spricht ein Mitglied der Bundesregierung, des Bundesrates oder einer ihrer Beauftragten außerhalb einer vereinbarten oder beschlossenen Verteilung der Redezeit länger als 20 Minuten, kann die Fraktion, die eine abweichende Meinung vortragen lassen will, für einen ihrer Redner eine entsprechende Redezeit verlangen.

(3) Überschreitet ein Mitglied des Bundestages seine Redezeit, so soll ihm der Präsident nach einmaliger Mahnung das Wort entziehen.

(4) Über die den fraktionslosen Mitgliedern des Bundestages zu gewährende Redezeit entscheidet der Präsident im Einzelfall nach Maßgabe des Verhandlungsgegenstandes, der Gesamtdauer der Aussprache und unter Berücksichtigung gleichgerichteter politischer Ziele anderer fraktionsloser Mitglieder des Bundestages sowie der der kleinsten Fraktion oder Gruppe zustehenden Redezeit.

§ 36 Sach- und Ordnungsruf, Wortentziehung. (1) [1]Der sitzungsleitende Präsident kann den Redner, der vom Verhandlungsgegenstand abschweift oder eine Erklärung zur Geschäftsordnung, zur Abstimmung oder außerhalb der Tagesordnung zweckwidrig nutzt, zur Sache verweisen. [2]Ist ein Redner während einer Rede dreimal zur Sache gerufen worden, muss ihm der sitzungsleitende Präsident das Wort entziehen und darf es ihm zum selben Verhandlungsgegenstand nicht wieder erteilen.

(2) [1]Der sitzungsleitende Präsident kann Mitglieder des Bundestages, wenn sie die Ordnung oder die Würde des Bundestages verletzen, mit Nennung des Namens zur Ordnung rufen. [2]Der Ordnungsruf und der Anlass hierzu dürfen nach-

folgend nicht behandelt werden. [3]Ist ein Mitglied des Bundestages dreimal während einer Sitzung zur Ordnung gerufen worden, verweist es der sitzungsleitende Präsident für die Dauer der Sitzung aus dem Saal. [4]§ 38 Absatz 1 Satz 3 bis 5 sowie Absatz 3 bis 5 gilt entsprechend.

(3) Ein Ordnungsruf kann im Einzelfall auch nachträglich bis zum Ende des auf die Verletzung der Ordnung oder der Würde des Bundestages folgenden dritten Sitzungstages erlassen werden.

§ 37 Ordnungsgeld. (1) [1]Ist ein Mitglied des Bundestages innerhalb von drei Sitzungswochen gemäß § 36 Absatz 2 oder 3 dreimal zur Ordnung gerufen worden, setzt der sitzungsleitende Präsident mit dem Erlass des dritten Ordnungsrufes zugleich ein Ordnungsgeld gegen das Mitglied fest. [2]Dies gilt nicht, sofern gegen das Mitglied bereits eine Maßnahme nach § 36 Absatz 2 Satz 3 ausgesprochen wurde.

(2) [1]Unbeschadet der Regelungen in Absatz 1 kann der sitzungsleitende Präsident wegen einer nicht nur geringfügigen Verletzung der Ordnung oder der Würde des Bundestages gegen ein Mitglied des Bundestages, auch ohne dass ein Ordnungsruf ergangen ist, ein Ordnungsgeld festsetzen. [2]§ 36 Absatz 3 gilt entsprechend.

(3) [1]Die Höhe des jeweils nach Absatz 1 oder 2 festgesetzten Ordnungsgeldes beträgt 2 000 Euro. [2]Im jeweiligen Wiederholungsfall erhöht sich das Ordnungsgeld auf 4 000 Euro.

§ 38 Ausschluss von Mitgliedern des Bundestages. (1) [1]Wegen gröblicher Verletzung der Ordnung oder der Würde des Bundestages kann der sitzungsleitende Präsident ein Mitglied des Bundestages, auch ohne dass ein Ordnungsruf ergangen oder ein Ordnungsgeld festgesetzt worden ist, für die Dauer der Sitzung aus dem Saal verweisen. [2]Bis zum Schluss der Sitzung muss der sitzungsleitende Präsident bekanntgeben, für wie viele Sitzungstage das betroffene Mitglied ausgeschlossen wird. [3]Ein Mitglied des Bundestages kann bis zu dreißig Sitzungstage ausgeschlossen werden. [4]Der sitzungsleitende Präsident kann im begründeten Einzelfall dem ausgeschlossenen Mitglied die Teilnahme an geheimen Wahlen und namentlichen Abstimmungen ermöglichen.

(2) § 36 Absatz 3 gilt entsprechend.

(3) [1]Das betroffene Mitglied hat den Sitzungssaal unverzüglich zu verlassen. [2]Kommt es der Aufforderung nicht nach, wird es vom sitzungsleitenden Präsidenten darauf hingewiesen, dass es sich durch sein Verhalten eine Verlängerung des Ausschlusses zuzieht. [3]Kommt das betroffene Mitglied auch dann nicht der Aufforderung nach, unterbricht der sitzungsleitende Präsident die Sitzung und lässt den Ausschluss durchsetzen. [4]Nach Wiedereröffnung der Sitzung hat der sitzungsleitende Präsident über die Dauer der Verlängerung des Ausschlusses zu befinden. [5]Eine Begrenzung des Ausschlusses nach Absatz 1 Satz 5 ist in diesem Fall nicht möglich.

(4) Versucht das betroffene Mitglied, widerrechtlich an den Sitzungen des Bundestages oder seiner Ausschüsse teilzunehmen, findet Absatz 3 entsprechend *Anwendung.*

(5) [1]Das betroffene Mitglied darf während der Dauer seines Ausschlusses nicht an Ausschusssitzungen teilnehmen. [2]Es gilt als nicht entschuldigt und darf sich nicht in die Anwesenheitsliste eintragen.

§ 39 Einspruch gegen Ordnungsmaßnahmen. [1]Gegen den Ordnungsruf (§ 36), das Ordnungsgeld (§ 37) und den Sitzungsausschluss (§ 38) kann das betroffene Mitglied des Bundestages bis zum Beginn der nächsten Plenarsitzung beim Präsidenten schriftlich begründeten Einspruch einlegen. [2]Der Einspruch ist spätestens auf die Tagesordnung der übernächsten Sitzung zu setzen, sofern der sitzungsleitende Präsident dem Einspruch nicht abhilft. [3]Der Bundestag entscheidet ohne Aussprache. [4]Der Einspruch hat keine aufschiebende Wirkung.

§ 40 Unterbrechung der Sitzung. [1]Wenn im Bundestag störende Unruhe entsteht, die den Fortgang der Verhandlungen in Frage stellt, kann der sitzungsleitende Präsident die Sitzung auf bestimmte Zeit unterbrechen oder aufheben. [2]Kann er sich kein Gehör verschaffen, so verlässt er den Präsidentenstuhl; die Sitzung wird dadurch unterbrochen. [3]Zur Fortsetzung der Sitzung beruft der sitzungsleitende Präsident ein.

§ 41 Weitere Ordnungsmaßnahmen. (1) Sitzungsteilnehmer, die nicht Mitglieder des Bundestages sind, und Zuhörer unterstehen der Ordnungsgewalt des sitzungsleitenden Präsidenten.

(2) [1]Wer auf den Tribünen Beifall oder Missbilligung äußert oder Ordnung und Anstand verletzt, kann auf Anordnung des sitzungsleitenden Präsidenten sofort entfernt werden. [2]Der sitzungsleitende Präsident kann die Tribüne wegen störender Unruhe räumen lassen.

§ 42 Herbeirufung eines Mitgliedes der Bundesregierung. Der Bundestag kann auf Antrag einer Fraktion oder von anwesenden fünf vom Hundert der Mitglieder des Bundestages die Herbeirufung eines Mitgliedes der Bundesregierung beschließen.

§ 43 Recht auf jederzeitiges Gehör. Die Mitglieder der Bundesregierung und des Bundesrates sowie ihre Beauftragten müssen nach Artikel 43 Absatz 2 des Grundgesetzes[1)] auf ihr Verlangen jederzeit gehört werden.

§ 44 Wiedereröffnung der Aussprache. (1) Ergreift nach Schluss der Aussprache oder nach Ablauf der beschlossenen Redezeit ein Mitglied der Bundesregierung, des Bundesrates oder einer ihrer Beauftragten zu dem Verhandlungsgegenstand das Wort, so ist die Aussprache wieder eröffnet.

(2) Erhält während der Aussprache ein Mitglied der Bundesregierung, des Bundesrates oder einer ihrer Beauftragten zu dem Verhandlungsgegenstand das Wort, so haben die Fraktionen, deren Redezeit zu diesem Tagesordnungspunkt bereits ausgeschöpft ist, das Recht, noch einmal ein Viertel ihrer Redezeit in Anspruch zu nehmen.

(3) [1]Ergreift ein Mitglied der Bundesregierung, des Bundesrates oder einer ihrer Beauftragten das Wort außerhalb der Tagesordnung, so wird auf Verlangen einer Fraktion oder von anwesenden fünf vom Hundert der Mitglieder des Bundestages die Aussprache über seine Ausführungen eröffnet. [2]In dieser Aussprache dürfen keine Sachanträge gestellt werden.

§ 45 Feststellung der Beschlussfähigkeit, Folgen der Beschlussunfähigkeit. (1) Der Bundestag ist beschlussfähig, wenn mehr als die Hälfte seiner Mitglieder im Sitzungssaal anwesend ist.

[1)] Nr. 1.

(2) [1]Wird vor Beginn einer Abstimmung die Beschlussfähigkeit von einer Fraktion oder von anwesenden fünf vom Hundert der Mitglieder des Bundestages bezweifelt und auch vom Sitzungsvorstand nicht zweifelsfrei bejaht oder wird die Beschlussfähigkeit vom Sitzungsvorstand im Einvernehmen mit den Fraktionen bezweifelt, so ist in Verbindung mit der Abstimmung die Beschlussfähigkeit durch Zählung der Stimmen nach § 51 festzustellen, sofern nicht eine Fraktion namentliche Abstimmung verlangt. [2]§ 52 Satz 1 und § 53 finden keine Anwendung. [3]Stimmenthaltungen und ungültige Stimmen zählen bei der Feststellung der Beschlussfähigkeit mit. [4]Der sitzungsleitende Präsident kann die Abstimmung auf kurze Zeit aussetzen.

(3) Nach Feststellung der Beschlussunfähigkeit hebt der sitzungsleitende Präsident die Sitzung sofort auf.

(4) [1]Der Präsident kann im Fall der Sitzungsaufhebung für denselben Tag einmal eine weitere Sitzung mit derselben Tagesordnung einberufen. [2]Innerhalb dieser Tagesordnung kann er den Zeitpunkt für die Wiederholung der erfolglosen Abstimmung oder Wahl festlegen oder sie von der Tagesordnung absetzen, es sei denn, dass von einer Fraktion oder von anwesenden fünf vom Hundert der Mitglieder des Bundestages widersprochen wird. [3]Ein Verlangen auf namentliche Abstimmung bleibt dabei in Kraft.

(5) Der Bundestag kann im Übrigen zu Beginn der auf die Beschlussunfähigkeit folgenden Sitzung beschließen, Verhandlungsgegenstände, deren Beratung infolge der Beschlussunfähigkeit nicht abgeschlossen oder entfallen ist, auch ohne Einhaltung der Frist des § 20 Absatz 2 Satz 3 als letzte Verhandlungsgegenstände zur Beratung auf die Tagesordnung zu setzen.

§ 46 Fragestellung. [1]Der Präsident stellt die Fragen so, dass sie sich mit „Ja" oder „Nein" beantworten lassen. [2]Sie sind in der Regel so zu fassen, dass gefragt wird, ob die Zustimmung erteilt wird oder nicht. [3]Über die Fassung kann das Wort zur Geschäftsordnung verlangt werden. [4]Bei Widerspruch gegen die vorgeschlagene Fassung entscheidet der Bundestag.

§ 47 Teilung der Abstimmung. [1]Eine Fraktion kann oder fünf vom Hundert der Mitglieder des Bundestages können vor der Abstimmung über eine Vorlage von Mitgliedern des Bundestages schriftlich die Teilung des Abstimmungsgegenstandes verlangen, sofern der Unterzeichner der Vorlage nicht widerspricht. [2]Bei Abstimmungen zu anderen Vorlagen kann auf schriftlichen Antrag einer Fraktion oder von fünf vom Hundert der Mitglieder des Bundestages die Teilung der Frage beschlossen werden. [3]Unmittelbar vor der Abstimmung ist die Frage auf Verlangen vorzulesen.

§ 48 Abstimmungsregeln. (1) [1]Abgestimmt wird durch Handzeichen oder durch Aufstehen oder Sitzenbleiben. [2]Bei der Schlussabstimmung über Gesetzentwürfe (§ 86) erfolgt die Abstimmung durch Aufstehen oder Sitzenbleiben.

(2) [1]Soweit nicht das Grundgesetz[1)], ein Bundesgesetz oder diese Geschäftsordnung andere Vorschriften enthalten, entscheidet die einfache Mehrheit. [2]Stimmengleichheit verneint die Frage. [3]Stimmenthaltungen und ungültige Stimmen *zählen zur Feststellung der Beschlussfähigkeit* mit, im Übrigen bleiben sie bei der Ermittlung der einfachen Mehrheit außer Betracht.

[1)] Nr. 1.

(3) Wird durch das Grundgesetz, ein Bundesgesetz oder diese Geschäftsordnung für einen Beschluss oder eine Wahl eine bestimmte Mehrheit vorgeschrieben, stellt der Präsident ausdrücklich fest, dass die Zustimmung der erforderlichen Mehrheit vorliegt.

(4) [1] Abstimmungen über den Schluss der Aussprache gehen Abstimmungen über eine Vertagung derselben vor. [2] Abstimmungen über Überweisungen gehen Abstimmungen über Entscheidungen in der Sache vor.

§ 49 Wahlen. (1) [1] Wahlen finden durch Handzeichen oder durch Abgabe von Stimmzetteln statt. [2] Soweit in einem Bundesgesetz oder in dieser Geschäftsordnung Wahlen durch den Bundestag mit verdeckten amtlichen Stimmzetteln vorgeschrieben sind oder der Bundestag auf Antrag einer Fraktion oder von fünf vom Hundert seiner Mitglieder eine solche Wahl beschließt, findet die Wahl geheim statt.

(2) [1] Ist die Wahl geheim, werden die Stimmzettel erst vor Betreten der Wahlkabine ausgehändigt. [2] Der Stimmzettel ist in der Wahlkabine zu kennzeichnen, dort in einen Wahlumschlag zu legen und sodann in die dafür vorgesehenen Wahlurnen einzuwerfen. [3] In der Wahlkabine darf nicht fotografiert oder gefilmt werden. [4] Der Nachweis der Teilnahme an einer geheimen Wahl erfolgt durch Abgabe eines Wahlausweises. [5] Die Schriftführer können in den entsprechenden Fällen des § 56 Absatz 6 der Bundeswahlordnung[1)] ein Mitglied des Bundestages von der Wahl zurückweisen. [6] In Zweifelsfällen entscheidet der sitzungsleitende Präsident.

(3) [1] Ein Verstoß gegen Absatz 2 Satz 2 und 3 stellt eine Verletzung der Ordnung des Bundestages dar. [2] Dieser kann auch nachträglich geahndet werden, wenn der Präsident hiervon erst zu einem späteren Zeitpunkt Kenntnis erhält. [3] § 36 Absatz 3 findet im Hinblick auf den Zeitpunkt dieser Kenntnisnahme entsprechende Anwendung.

(4) Soweit eine Aussprache nicht verfassungsrechtlich oder kraft Bundesgesetzes ausgeschlossen ist, findet diese bei Wahlen nur aufgrund eines Beschlusses des Bundestages statt.

§ 50 Abstimmungen in besonderen Fällen. (1) [1] Berät der Bundestag über mehrere, alternativ zur Entscheidung anstehende Vorlagen, ohne dass der federführende Ausschuss einen bestimmten Beschluss in der Sache empfohlen hat, bemisst sich, sofern nichts anderes beschlossen wird, die Reihenfolge der Abstimmungen nach der inhaltlichen Reichweite einer Vorlage, beginnend mit der am weitesten reichenden Vorlage. [2] Bei der Bestimmung der Reichweite einer Vorlage, die auf eine Änderung der bestehenden Rechtslage abzielt, ist auf den Umfang der rechtlichen Änderungen abzustellen. [3] Ist die Reihenfolge nach diesen Maßgaben uneindeutig, bestimmt sich die Reihenfolge nach dem Zeitpunkt der Einbringung. [4] Hat eine Vorlage die erforderliche Mehrheit erhalten, hat sich die Abstimmung über die weiteren Vorlagen erledigt.

(2) [1] In dem in Absatz 1 genannten Fall kann der Bundestag die Abstimmung auch mittels Stimmzetteln durchführen. [2] Im ersten Durchgang sind alle Vorlagen auf dem Stimmzettel aufzuführen. [3] Dabei hat jedes Mitglied des Bundestages eine Stimme. [4] Hat nach diesem Durchgang eine Vorlage mehr Ja-Stimmen als alle anderen Ja- und Nein-Stimmen zusammen erhalten, ist diese angenommen. [5] Ansonsten erfolgt ein zweiter Durchgang ohne die Vorlage mit den wenigsten Ja-

[1)] Nr. **31**.

Stimmen aus dem ersten Durchgang. [6]Die Durchgänge sind entsprechend zu wiederholen, bis lediglich noch über eine Vorlage abzustimmen ist.

(3) Die in den Absätzen 1 und 2 beschriebenen Verfahren erfolgen vor einer Schlussabstimmung.

§ 51 Zählung der Stimmen. (1) [1]Ist der Sitzungsvorstand über das Ergebnis der Abstimmung nicht einig, so wird die Gegenprobe gemacht. [2]Bleibt er auch nach ihr uneinig, so werden die Stimmen gezählt. [3]Auf Anordnung des Sitzungsvorstandes erfolgt die Zählung gemäß Absatz 2.

(2) [1]Nachdem die Mitglieder des Bundestages auf Aufforderung des sitzungsleitenden Präsidenten den Sitzungssaal verlassen haben, werden die Türen bis auf drei Abstimmungstüren geschlossen. [2]An jeder dieser Türen stellen sich zwei Schriftführer auf. [3]Auf ein Zeichen des sitzungsleitenden Präsidenten betreten die Mitglieder des Bundestages durch die mit „Ja", „Nein" oder „Enthaltung" bezeichnete Tür wieder den Sitzungssaal und werden von den Schriftführern laut gezählt. [4]Zur Beendigung der Zählung gibt der sitzungsleitende Präsident ein Zeichen. [5]Mitglieder des Bundestages, die später eintreten, werden nicht mitgezählt. [6]Der sitzungsleitende Präsident und die diensttuenden Schriftführer geben ihre Stimme öffentlich ab. [7]Der sitzungsleitende Präsident verkündet das Ergebnis.

§ 52 Namentliche Abstimmung. [1]Namentliche Abstimmung kann bis zum Beginn der Sitzung von einer Fraktion oder von anwesenden fünf vom Hundert der Mitglieder des Bundestages verlangt werden. [2]Schriftführer sammeln in Urnen die Abstimmungskarten, die den Namen des Abstimmenden und die Erklärung „Ja" oder „Nein" oder „Enthalte mich" tragen. [3]Nach beendeter Einsammlung erklärt der sitzungsleitende Präsident die Abstimmung für geschlossen und verkündet nach Zählung der Stimmen durch die Schriftführer das Ergebnis.

§ 53 Unzulässigkeit der namentlichen Abstimmung. Namentliche Abstimmung ist unzulässig über

a) die Stärke des Ausschusses,
b) die Abkürzung der Fristen,
c) die Sitzungszeit und die Tagesordnung,
d) die Vertagung der Sitzung,
e) die Vertagung der Beratung sowie über einen Antrag auf Aussprache oder Schluss der Aussprache,
f) die Teilung der Frage,
g) die Überweisung an einen Ausschuss,
h) einen Einspruch nach § 39,
i) die Durchführung geheimer Wahlen und
j) sonstige, ausschließlich in dieser Geschäftsordnung geregelte Verfahrensanträge.

VII. Ausschüsse

§ 54 *Ständige Ausschüsse und Sonderausschüsse.* (1) [1]Zur Vorbereitung der Verhandlungen setzt der Bundestag ständige Ausschüsse ein. [2]Für einzelne Angelegenheiten kann er Sonderausschüsse einsetzen.

(2) Soweit das Grundgesetz[1)] oder Bundesgesetze die Einsetzung von Ausschüssen vorschreiben oder zulassen, richten sich die Einsetzung und das Verfahren nach den Bestimmungen dieser Geschäftsordnung, es sei denn, dass im Grundgesetz, in den Bundesgesetzen oder in besonderen Geschäftsordnungen etwas anderes bestimmt ist.

§ 55 Einsetzung von Unterausschüssen. (1) [1] Zur Vorbereitung seiner Arbeiten kann jeder Ausschuss aus seiner Mitte Unterausschüsse mit bestimmten Aufträgen einsetzen, es sei denn, dass ein Drittel seiner Mitglieder widerspricht. [2] In Ausnahmefällen können die Fraktionen auch Mitglieder des Bundestages benennen, die nicht dem Ausschuss angehören. [3] Der Unterausschuss hat seinen Bericht und seine Empfehlungen dem Ausschuss vorzulegen. [4] Der Ausschuss kann den Unterausschuss mit den Stimmen der Mehrheit seiner Mitglieder jederzeit auflösen.

(2) Der Ausschuss soll sich bei der Bestimmung des Wahlvorschlagsrechts für den Vorsitz des Unterausschusses nach dem Stärkeverhältnis der einzelnen Fraktionen richten (§ 12).

(3) [1] In einem Unterausschuss muss jede Fraktion, die im Ausschuss vertreten ist, auf ihr Verlangen mindestens mit einem Mitglied vertreten sein. [2] Im Übrigen sind die Grundsätze des § 12 zu berücksichtigen.

(4) Ist eine Vorlage mehreren Ausschüssen zur Beratung überwiesen worden oder fällt ein Verhandlungsgegenstand in den Geschäftsbereich mehrerer Ausschüsse, können diese einen gemeinsamen Unterausschuss bilden.

§ 56 Enquete-Kommission. (1) [1] Zur Vorbereitung von Entscheidungen über umfangreiche und bedeutsame Sachkomplexe kann der Bundestag eine Enquete-Kommission einsetzen. [2] Auf Antrag eines Viertels seiner Mitglieder ist er dazu verpflichtet. [3] Der Antrag muss den Auftrag der Kommission bezeichnen.

(2) [1] Die Mitglieder der Kommission werden im Einvernehmen der Fraktionen benannt und vom Präsidenten berufen. [2] Kann ein Einvernehmen nicht hergestellt werden, so benennen die Fraktionen die Mitglieder im Verhältnis ihrer Stärke. [3] Die Mitgliederzahl der Kommission soll, mit Ausnahme der in Absatz 3 genannten Mitglieder der Fraktionen, neun nicht übersteigen.

(3) Jede Fraktion kann ein Mitglied, auf Beschluss des Bundestages auch mehrere Mitglieder, in die Kommission entsenden.

(4) [1] Die Enquete-Kommission hat ihren Bericht so rechtzeitig vorzulegen, dass bis zum Ende der Wahlperiode eine Aussprache darüber im Bundestag stattfinden kann. [2] Sofern ein abschließender Bericht nicht erstattet werden kann, ist ein Zwischenbericht vorzulegen, auf dessen Grundlage der Bundestag entscheidet, ob die Enquete-Kommission ihre Arbeit fortsetzen oder einstellen soll.

§ 56a Technikfolgenanalysen. (1) [1] Dem Ausschuss für Forschung, Technologie, Raumfahrt und Technikfolgenabschätzung obliegt es, Technikfolgenanalysen zu veranlassen und für den Deutschen Bundestag aufzubereiten und auszuwerten. [2] Er kann mit der wissenschaftlichen Durchführung von Technikfolgenanalysen Institutionen außerhalb des Deutschen Bundestages beauftragen.

(2) Der Ausschuss für Forschung, Technologie, Raumfahrt und Technikfolgenabschätzung hat Grundsätze über die Erstellung von Technikfolgenanalysen auf-

[1)] Nr. **1**.

zustellen und diese Grundsätze zum Ausgangspunkt seiner Entscheidung im Einzelfall zu machen.

§ 57 Mitgliederzahl der Ausschüsse. (1) [1]Das System für eine dem § 12 entsprechende Zusammensetzung der Ausschüsse und die Zahl der Mitglieder bestimmt der Bundestag. [2]Jedes Mitglied des Bundestages soll grundsätzlich einem Ausschuss angehören.

(2) [1]Die Fraktionen benennen die Ausschussmitglieder und deren Stellvertreter. [2]Der Präsident benennt fraktionslose Mitglieder des Bundestages als beratende Ausschussmitglieder.

(3) Der Präsident gibt die erstmalig benannten Mitglieder und die späteren Änderungen dem Bundestag bekannt.

(4) Zur Unterstützung der Mitglieder kann die Teilnahme eines Fraktionsmitarbeiters jeder Fraktion zu den Ausschusssitzungen zugelassen werden.

§ 58 Vorsitz und Stellvertretung. (1) [1]Nach Maßgabe des Stärkeverhältnisses der Fraktionen legt der Ältestenrat fest, welche Fraktion in welchem Ausschuss das Vorschlagsrecht für die Wahl des Vorsitzes und der Stellvertretung hat. [2]Wird im Ältestenrat keine entsprechende Einigung erzielt, erfolgt die Festlegung der jeweiligen Wahlvorschlagsrechte unter Zugrundelegung des Stärkeverhältnisses im Zugriffsverfahren. [3]Eine Fraktion soll in demselben Ausschuss nicht das Wahlvorschlagsrecht für den Vorsitz und die Stellvertretung erhalten.

(2) [1]Die vorschlagsberechtigte Fraktion schlägt zur Wahl des Vorsitzes und der Stellvertretung ein Mitglied vor. [2]Der Ausschuss wählt den Vorsitz sowie die Stellvertretung mit Stimmenmehrheit. [3]Die erste Wahl des Vorsitzes soll in der konstituierenden Sitzung des Ausschusses erfolgen. [4]Die Wahl der Stellvertretung kann zeitnah auch in einer der folgenden Sitzungen stattfinden. [5]Bis zur Wahl des Vorsitzes oder der Stellvertretung leitet die Sitzung ein Mitglied des Präsidiums oder das am längsten dem Bundestag angehörende ordentliche Mitglied des Ausschusses (§ 1 Absatz 2).

(3) [1]Hat der Vorschlag der vorschlagsberechtigten Fraktion nicht die Stimmenmehrheit erhalten, so kann diese einen zweiten Wahlgang verlangen. [2]Dabei kann der Wahlvorschlag ausgetauscht werden. [3]Auf Verlangen einer Fraktion wird dieser Wahlgang in der folgenden Sitzung durchgeführt.

(4) [1]Hat auch nach Absatz 3 weiterhin kein Vorschlag der vorschlagsberechtigten Fraktion die Mehrheit der abgegebenen Stimmen erhalten, findet auf weitere Wahlvorschläge das Verfahren nach Absatz 3 entsprechende Anwendung. [2]Nach insgesamt drei erfolglosen Wahlvorschlägen bedürfen neue Wahlvorschläge der Unterstützung von mindestens einem Viertel der Mitglieder des Ausschusses. [3]In diesem Fall können auch bereits erfolglose Vorschläge erneut unterbreitet werden.

§ 58a Abwahl und Folgen des Ausscheidens. (1) [1]Auf die Abwahl des Vorsitzenden durch die Mitglieder des Ausschusses ist § 2a Absatz 4 und 5 entsprechend anzuwenden. [2]Die Abwahl erfolgt in nichtöffentlicher Sitzung.

(2) Wird der Vorsitzende abgewählt oder scheidet er aus anderen Gründen aus, findet auf die Wahl des neuen Vorsitzenden § 58 Absatz 2 bis 4 entsprechende Anwendung.

(3) Die Absätze 1 und 2 gelten für die Abwahl und das Ausscheiden der Stellvertretung entsprechend.

§ 59 Rechte und Pflichten des Vorsitzenden. (1) [1] Dem Vorsitzenden obliegen die Vorbereitung, Einberufung und Leitung der Ausschusssitzungen sowie die Durchführung der Ausschussbeschlüsse. [2] Er ist bei der Leitung der Ausschussgeschäfte vom Willen der Ausschussmehrheit abhängig, soweit ihm nicht diese Geschäftsordnung eigenständige Rechte zuweist. [3] Die Vereinbarungen, die die Fraktionen im Ausschuss zur Abwicklung der Ausschussgeschäfte erzielt haben, sind zu beachten.

(2) [1] Der Vorsitzende erteilt das Wort in der Reihenfolge der Wortmeldungen unter Berücksichtigung des Grundsatzes des § 28 Absatz 1 Satz 2. [2] Die Verteilung der Redezeiten durch den Vorsitzenden wird von den Fraktionen im Ausschuss einvernehmlich festgelegt. [3] Kommt zur Verteilung der Redezeit kein Einvernehmen zu Stande, soll der Vorsitzende bei der Verteilung der Redezeit das Stärkeverhältnis der Fraktionen und das Prinzip von Rede und Gegenrede beachten.

(3) Sitzungsteilnehmer, die nicht Mitglieder des Bundestages sind, und Zuhörer unterstehen während der Sitzung der Ordnungsgewalt des Vorsitzenden.

(4) [1] Der Vorsitzende kann im Bedarfsfall jedes Mitglied zur Einhaltung der parlamentarischen Ordnung und zur Achtung der Würde des Bundestages auffordern. [2] Ist der ordnungsgemäße Ablauf einer Sitzung nicht mehr gewährleistet, kann der Vorsitzende die Sitzung unterbrechen oder im Einvernehmen mit den Fraktionen im Ausschuss beenden. [3] Wurde die Sitzung aufgrund einer gröblichen Verletzung der Ordnung oder der Würde des Bundestages durch ein Mitglied des Bundestages unterbrochen, kann der Vorsitzende mit Zustimmung von mindestens zwei Dritteln der anwesenden Mitglieder des Ausschusses das Mitglied des Bundestages von der Sitzung ausschließen. [4] § 39 findet mit der Maßgabe Anwendung, dass der Einspruch beim Präsidenten einzulegen ist.

§ 60 Einberufung der Ausschusssitzungen. (1) Der Vorsitzende kann im Rahmen der vom Ältestenrat festgelegten Tagungsmöglichkeiten für Ausschüsse (Zeitplan) Ausschusssitzungen selbständig einberufen, es sei denn, dass der Ausschuss im Einzelfall etwas anderes beschließt.

(2) Der Vorsitzende ist zur Einberufung zum nächstmöglichen Termin innerhalb des Zeitplans verpflichtet, wenn es eine Fraktion im Ausschuss oder mindestens ein Drittel der Mitglieder des Ausschusses unter Angabe der Tagesordnung verlangt.

(3) Zur Einberufung einer dringlichen Sitzung außerhalb des Zeitplans oder einer Sitzung außerhalb des ständigen Sitzungsortes des Bundestages ist der Vorsitzende nur berechtigt, wenn ein entsprechendes Verlangen einer Fraktion oder von fünf vom Hundert der Mitglieder des Bundestages oder ein einstimmiger Beschluss des Ausschusses vorliegt und die Genehmigung des Präsidenten erteilt worden ist.

(4) [1] In begründeten Ausnahmefällen ist die Einberufung einer Sitzung, an der Mitglieder eines Ausschusses über elektronische Kommunikationsmittel teilnehmen können, möglich. [2] Die Einberufung erfolgt für diese Fälle nach Maßgabe eines Beschlusses des Ausschusses.

§ 61 Tagesordnung der Ausschüsse. (1) [1] Termin und Tagesordnung werden vom Vorsitzenden festgesetzt, es sei denn, dass der Ausschuss vorher darüber beschließt. [2] Die Tagesordnung soll den Ausschussmitgliedern in der Regel drei Tage vor der Sitzung zugeleitet werden.

(2) Nach Eintritt in die Tagesordnung kann der Ausschuss die Tagesordnung mit Mehrheit ändern; erweitern kann er sie nur, wenn nicht eine Fraktion oder ein Drittel der Ausschussmitglieder widerspricht.

(3) Die Tagesordnung jeder Ausschusssitzung ist mit Angabe des Ortes, des Termins und, soweit vereinbart, der Dauer der Sitzung den beteiligten Bundesministerien und dem Bundesrat mitzuteilen.

§ 62 Aufgaben der Ausschüsse. (1) [1] Die Ausschüsse sind zu baldiger Erledigung der ihnen überwiesenen Aufgaben verpflichtet. [2] Als vorbereitende Beschlussorgane des Bundestages haben sie die Pflicht, dem Bundestag bestimmte Beschlüsse zu empfehlen, die sich nur auf die ihnen überwiesenen Vorlagen oder mit diesen in unmittelbarem Sachzusammenhang stehenden Fragen beziehen dürfen. [3] Sie können sich jedoch mit anderen Fragen aus ihrem Geschäftsbereich befassen; mit Angelegenheiten der Europäischen Union, die ihre Zuständigkeit betreffen, sollen sie sich auch unabhängig von Überweisungen zeitnah befassen. [4] Weitergehende Rechte, die einzelnen Ausschüssen durch Grundgesetz[1)], Bundesgesetz, diese Geschäftsordnung oder durch Beschluss des Bundestages übertragen sind, bleiben unberührt.

(2) [1] Zehn Sitzungswochen nach Überweisung einer Vorlage können eine Fraktion oder fünf vom Hundert der Mitglieder des Bundestages verlangen, dass der Ausschuss durch den Vorsitzenden oder Berichterstatter dem Bundestag einen Bericht über den Stand der Beratungen erstattet. [2] Wenn sie es verlangen, ist der Bericht auf die Tagesordnung des Bundestages zu setzen.

§ 63 Federführender Ausschuss. (1) Den Bericht an den Bundestag gemäß § 66 kann nur der federführende Ausschuss erstatten.

(2) Werden Vorlagen an mehrere Ausschüsse überwiesen (§ 80), ist die Stellungnahme des mitberatenden Ausschusses in die Beschlussempfehlung des federführenden Ausschusses einzubeziehen.

(3) Beraten mehrere Ausschüsse in gemeinsamer Sitzung über denselben Verhandlungsgegenstand, stimmen die Ausschüsse getrennt ab.

§ 64 Verhandlungsgegenstände. (1) Verhandlungsgegenstände sind die dem Ausschuss überwiesenen Vorlagen und Fragen aus dem Geschäftsbereich des Ausschusses (§ 62 Absatz 1 Satz 3).

(2) [1] Sind dem Ausschuss mehrere Vorlagen zum selben Gegenstand überwiesen worden, beschließt der Ausschuss, welche Vorlage als Verhandlungsgegenstand für seine Beschlussempfehlung an den Bundestag dienen soll. [2] Andere Vorlagen zum selben Gegenstand können, auch wenn sie bei der Beratung nicht oder nur teilweise berücksichtigt wurden, für erledigt erklärt werden. [3] Wird der Erledigterklärung von einer Fraktion im Ausschuss widersprochen, muss über die Vorlagen abgestimmt werden. [4] Die Beschlussempfehlung, die Vorlagen für erledigt zu erklären oder abzulehnen, ist dem Bundestag vorzulegen.

§ 65 Berichterstatterbenennung. Vorbehaltlich der Entscheidung des Ausschusses benennt der Vorsitzende einen oder mehrere Berichterstatter für jeden Verhandlungsgegenstand.

---

1) Nr. **1**.

§ 66 Berichterstattung. (1) [1]Ausschussberichte an den Bundestag über Vorlagen sind in der Regel schriftlich zu erstatten. [2]Sie können mündlich ergänzt werden.

(2) Die Berichte müssen die Beschlussempfehlung des federführenden Ausschusses mit Begründung sowie die Ansicht der Minderheit und die Stellungnahmen der beteiligten Ausschüsse enthalten.

§ 67 Beschlussfähigkeit und Abstimmungen im Ausschuss. (1) [1]Der Ausschuss ist beschlussfähig, wenn die Mehrheit der Mitglieder anwesend ist. [2]Als anwesend gelten auch diejenigen Mitglieder, die im Fall der Einberufung gemäß § 60 Absatz 4 über elektronische Kommunikationsmittel an der Sitzung teilnehmen.

(2) [1]Der Ausschuss gilt so lange als beschlussfähig, wie nicht vor einer Abstimmung ein Mitglied verlangt, die Beschlussfähigkeit durch Auszählen festzustellen. [2]Der Vorsitzende kann die Abstimmung, vor der die Feststellung der Beschlussfähigkeit verlangt wurde, auf bestimmte Zeit verschieben und, wenn kein Widerspruch erfolgt, die Aussprache fortsetzen oder einen anderen Tagesordnungspunkt aufrufen. [3]Ist nach Feststellung der Beschlussunfähigkeit die Sitzung auf bestimmte Zeit unterbrochen worden und nach Wiedereröffnung die Beschlussfähigkeit noch nicht gegeben, gilt Satz 2.

(3) Für Abstimmungen können in Abweichung von § 48 Absatz 1 Satz 1 im Fall der Einberufung gemäß § 60 Absatz 4 auch elektronische Kommunikationsmittel genutzt werden.

§ 68 Herbeirufung eines Mitgliedes der Bundesregierung zu den Ausschusssitzungen. Das Recht des Ausschusses, die Anwesenheit eines Mitgliedes der Bundesregierung zu verlangen, gilt auch, wenn es in einer öffentlichen Sitzung gehört werden soll.

§ 69 Öffentliche Ausschusssitzungen und Zutritt. (1) [1]Die Ausschüsse beschließen, ob und inwieweit sie in öffentlicher Sitzung beraten. [2]Sie berücksichtigen hierbei insbesondere das Interesse der Öffentlichkeit an öffentlichen Sitzungen, die Besonderheit der Beratungsgegenstände und etwaige Erfahrungen mit öffentlichen Sitzungen. [3]Der Beschluss erfolgt in nichtöffentlicher Sitzung. [4]Er kann auf Dauer, für einzelne Sitzungen, für bestimmte Verhandlungsgegenstände oder Teile derselben gefasst werden. [5]Bei öffentlichen Sitzungen ist der Presse und sonstigen Zuhörern im Rahmen der Raumverhältnisse der Zutritt zu gestatten. [6]Öffentliche Sitzungen sollen grundsätzlich im Internet übertragen werden.

(2) [1]Soweit ein Ausschuss noch keinen Beschluss nach Absatz 1 Satz 1 gefasst hat, finden dessen Sitzungen nichtöffentlich statt. [2]Hat der Bundestag das Zutrittsrecht zu einem Ausschuss vollständig oder für Teile seines Geschäftsbereichs auf die ordentlichen Mitglieder und deren namentlich benannte Stellvertreter beschränkt (geschlossener Ausschuss), tagt dieser Ausschuss nach Maßgabe der Zutrittsbeschränkung grundsätzlich nichtöffentlich. [3]Im Einzelfall kann dieser Ausschuss hiervon Ausnahmen beschließen.

(3) [1]Die Beratungen eines Ausschusses zu einer Vorlage, die als Verschlusssache eingestuft ist, erfolgen in nichtöffentlicher Sitzung. [2]Es gelten die Vorschriften der Geheimschutzordnung des Deutschen Bundestages.

(4) [1]Vorbehaltlich gesetzlicher Beschränkungen des Zutrittsrechts haben die Fraktionsvorsitzenden jeweils beratende Stimme in allen Ausschüssen und Sonderausschüssen (§ 54). [2]Sie können ein Mitglied ihrer Fraktion beauftragen, sie zu

vertreten. [3]An Sitzungen nicht geschlossener Ausschüsse können Mitglieder des Bundestages, die nicht dem Ausschuss angehören, als Zuhörer teilnehmen. [4]Bei den Beratungen geschlossener Ausschüsse kann einer der Antragsteller, der nicht Mitglied des Ausschusses ist, zur Begründung der Vorlage mit beratender Stimme teilnehmen. [5]Darüber hinaus können geschlossene Ausschüsse im Einzelfall Ausnahmen von der Beschränkung des Zutritts beschließen.

(5) [1]Berät ein nicht geschlossener Ausschuss, dessen Verhandlungen nicht mindestens VS-VERTRAULICH sind, eine Vorlage von Mitgliedern des Bundestages, so ist dem Erstunterzeichner, wenn er nicht Mitglied des Ausschusses ist, die Tagesordnung zuzuleiten. [2]Er kann insoweit mit beratender Stimme an der Sitzung teilnehmen oder sich von einem der anderen Antragsteller vertreten lassen. [3]In besonderen Fällen soll der Ausschuss auch andere Mitglieder des Bundestages zu seinen Verhandlungen mit beratender Stimme hinzuziehen oder zulassen.

§ 69a Besondere Beteiligungsrechte Dritter. (1) [1]Berät ein Ausschuss einen ihm federführend überwiesenen Gesetzentwurf, durch den wesentliche Belange von Gemeinden und Gemeindeverbänden berührt werden, ist den auf Bundesebene bestehenden kommunalen Spitzenverbänden vor Beschlussfassung im Ausschuss Gelegenheit zur Stellungnahme zu geben. [2]Hiervon kann bei Regierungsvorlagen abgesehen werden, wenn aus der Begründung der Vorlagen die Auffassungen der kommunalen Spitzenverbände ersichtlich sind. [3]Wesentliche Belange im Sinne des Satzes 1 werden durch Gesetze berührt, die ganz oder teilweise von den Gemeinden oder Gemeindeverbänden auszuführen sind, ihre öffentlichen Finanzen unmittelbar betreffen oder auf ihre Verwaltungsorganisation einwirken.

(2) [1]Betrifft eine Anhörung gemäß § 70 Absatz 1 durch den federführenden Ausschuss Gesetzentwürfe gemäß Absatz 1 Satz 3, ist den auf Bundesebene bestehenden kommunalen Spitzenverbänden Gelegenheit zur Teilnahme an der Anhörung zu geben. [2]Absatz 1 Satz 2 gilt entsprechend. [3]Im Fall einer Teilnahme unterbleibt eine Anrechnung nach § 70 Absatz 2 Satz 3. [4]Die Stellungnahmen der kommunalen Spitzenverbände sollen in ihren wesentlichen Punkten im Bericht wiedergegeben werden.

(3) [1]Betrifft eine Anhörung gemäß § 70 Absatz 1 durch den federführenden Ausschuss Gesetzentwürfe, die in erheblicher Weise die Rechte und Freiheiten natürlicher Personen in Bezug auf die Verarbeitung personenbezogener Daten betreffen, ist auf Beschluss des Ausschusses oder auf Verlangen eines Viertels seiner Mitglieder dem Bundesbeauftragten für den Datenschutz und die Informationsfreiheit Gelegenheit zur Teilnahme an der Anhörung zu geben. [2]Absatz 2 Satz 3 und 4 gilt entsprechend.

§ 70 Anhörungssitzungen. (1) [1]Zur Information über einen Gegenstand seiner Beratung kann ein Ausschuss öffentliche Anhörungen von Sachverständigen, Interessenvertretern und anderen Auskunftspersonen vornehmen. [2]Bei überwiesenen Vorlagen ist der federführende Ausschuss auf Verlangen eines Viertels seiner Mitglieder dazu verpflichtet; bei nicht überwiesenen Verhandlungsgegenständen im Rahmen des § 62 Absatz 1 Satz 3 erfolgt eine Anhörung auf Beschluss des Ausschusses. [3]Die Beschlussfassung ist nur zulässig, wenn ein entsprechender Antrag auf der Tagesordnung des Ausschusses steht. [4]Öffentliche Anhörungen *sollen grundsätzlich* im Internet übertragen werden.

(2) [1]Wird gemäß Absatz 1 die Durchführung einer Anhörung von einer Minderheit der Mitglieder des Ausschusses verlangt, ist die Anhörung innerhalb von zehn Sitzungswochen nach Beschlussfassung durchzuführen. [2]Die von der Min-

derheit benannten Auskunftspersonen müssen gehört werden. [3]Beschließt der Ausschuss eine Begrenzung der Anzahl der anzuhörenden Personen, kann von der Minderheit nur der ihrem Stärkeverhältnis im Ausschuss entsprechende Anteil an der Gesamtzahl der anzuhörenden Auskunftspersonen benannt werden.

(3) [1]Der mitberatende Ausschuss kann beschließen, im Einvernehmen mit dem federführenden Ausschuss eine Anhörung durchzuführen, soweit der federführende Ausschuss von der Möglichkeit des Absatzes 1 keinen Gebrauch macht oder seine Anhörung auf Teilfragen der Vorlage, die nur seinen Geschäftsbereich betreffen, beschränkt. [2]Dem federführenden Ausschuss sind Ort und Termin sowie der zu hörende Personenkreis mitzuteilen. [3]Mitglieder des federführenden Ausschusses haben während der Anhörung Fragerecht; dieses kann im Einvernehmen mit dem federführenden Ausschuss auf einzelne seiner Mitglieder beschränkt werden.

(4) [1]Mit Ausnahme der Bediensteten von obersten Bundes- oder Landesbehörden, die den gesetzlichen Auftrag haben, den Bundestag zu beraten, oder sich von Verfassungs oder von Gesetzes wegen auf Unabhängigkeit berufen können, der Richterinnen und Richter sowie der Bereiche von Forschung und Lehre ist eine Einladung von Bundes- oder Landesbediensteten als Sachverständige oder Auskunftspersonen zu Anhörungen außer in berechtigten Ausnahmefällen nicht erlaubt. [2]Der Ausschuss kann die Expertise dieser Personengruppe durch eine Teilnahme an regulären Beratungssitzungen oder schriftliche Stellungnahme einbeziehen. [3]Im Übrigen ist mit der Tagesordnung zu veröffentlichen, auf Vorschlag welcher Fraktionen die einzelnen Sachverständigen oder Auskunftspersonen zu einer öffentlichen Anhörung eingeladen wurden.

(5) [1]Der Ausschuss kann in eine allgemeine Aussprache mit den Auskunftspersonen eintreten, soweit dies zur Klärung des Sachverhalts erforderlich ist. [2]Hierbei ist die Redezeit zu begrenzen. [3]Der Ausschuss kann einzelne seiner Mitglieder beauftragen, die Anhörung durchzuführen; dabei ist jede im Ausschuss vertretene Fraktion zu berücksichtigen.

(6) [1]Zur Vorbereitung einer öffentlichen Anhörung soll der Ausschuss den Auskunftspersonen die jeweilige Fragestellung übermitteln. [2]Er kann sie um Einreichung einer schriftlichen Stellungnahme bitten. [3]Auskunftspersonen haben im Vorfeld ihrer mündlichen oder schriftlichen Stellungnahme etwaige finanzielle Interessenverknüpfungen in Bezug auf den Gegenstand der Beratungen offenzulegen.

(7) Ersatz von Auslagen an Sachverständige und Auskunftspersonen erfolgt nur aufgrund von Ladungen durch Beschluss des Ausschusses mit vorheriger Zustimmung des Präsidenten.

(8) Absatz 1 Satz 1 bis 3 sowie die Absätze 2 bis 7 gelten auch für Anhörungen in nichtöffentlicher Sitzung.

§ 71 Antragstellung im Ausschuss, Schluss der Aussprache. (1) [1]Antragsberechtigt sind die Ausschussmitglieder, deren Stellvertreter im Fall der Vertretung eines Ausschussmitgliedes aus ihrer Fraktion sowie beratende Ausschussmitglieder. [2]Ein schriftlicher Antrag eines nicht anwesenden Mitgliedes des Ausschusses darf nur zur Abstimmung gestellt werden, wenn ein anwesendes stimmberechtigtes Mitglied ihn übernimmt.

(2) [1]Mitglieder des Bundestages, die nicht Ausschussmitglieder sind, können Änderungsanträge zu überwiesenen Vorlagen an den federführenden Ausschuss stellen. [2]Die Antragsteller können insoweit mit beratender Stimme an der Sitzung des Ausschusses teilnehmen.

(3) Ein Antrag auf Schluss der Aussprache darf frühestens zur Abstimmung gestellt werden, wenn jede Fraktion Gelegenheit hatte, zur Sache zu sprechen, und wenn von der jeweiligen Fraktionsauffassung abweichende Meinungen vorgetragen werden konnten.

§ 72 Abstimmung außerhalb einer Sitzung. [1] Der Ausschuss kann den Vorsitzenden einstimmig ermächtigen, auch außerhalb einer Sitzung über bestimmte Fragen in besonderen Eilfällen eine schriftliche Abstimmung durchführen zu lassen. [2] § 122a Absatz 1 findet entsprechende Anwendung. [3] Macht der Ausschuss von dieser Möglichkeit Gebrauch, hat der Vorsitzende den Mitgliedern des Ausschusses den Entwurf einer Beschlussempfehlung zuzuleiten, über die innerhalb einer bestimmten Frist in entsprechender Anwendung des § 46 Satz 1 abgestimmt werden kann. [4] Eine schriftliche Abstimmung entfällt, wenn eine Sitzung des Ausschusses aufgrund der Bestimmungen des § 60 Absatz 2 oder 3 stattfindet.

§ 73 Ausschussprotokolle. (1) [1] Über jede Ausschusssitzung ist ein schriftliches Protokoll anzufertigen. [2] Es muss mindestens alle Ausschussdrucksachen, die Gegenstand der Beratung waren, und die Beschlüsse des Ausschusses enthalten sowie den wesentlichen Verlauf der Ausschussberatung zusammenfassen.

(2) [1] Ausschussprotokolle sind grundsätzlich unverzüglich zu veröffentlichen, soweit sie nicht als Verschlusssache eingestuft sind. [2] Soweit der Ausschuss das Protokoll mit dem Vermerk „Nur zur dienstlichen Verwendung" versehen hat oder es sich um ein Protokoll über eine nichtöffentliche Sitzung handelt, erfolgt die Veröffentlichung spätestens ein Jahr nach der entsprechenden Ausschusssitzung. [3] Protokolle von Sitzungen geschlossener Ausschüsse, des Ausschusses für Wahlprüfung, Immunität und Geschäftsordnung in Immunitätsangelegenheiten, des Petitionsausschusses, des Haushaltsausschusses einschließlich des Rechnungsprüfungsausschusses, des Richterwahlausschusses und des Wahlausschusses für die Richter des Bundesverfassungsgerichts werden nur auf Beschluss des Ausschusses veröffentlicht.

(3) Der Präsident kann im Benehmen mit dem Ältestenrat ergänzende Richtlinien erlassen.

(4) [1] Für die Protokollierung der Sitzungen der Untersuchungsausschüsse gilt § 11 des Untersuchungsausschussgesetzes[1)]. [2] Für die Behandlung der Protokolle von Untersuchungsausschüssen, die keine Verschlusssachen sind, hat der Untersuchungsausschuss vor Beendigung seines Auftrags Empfehlungen zu geben. [3] Über Abweichungen von diesen Empfehlungen entscheidet nach Auflösung des Untersuchungsausschusses der Präsident.

(5) [1] Stenographische Aufnahmen von Ausschusssitzungen bedürfen der Genehmigung des Präsidenten. [2] Technische Aufzeichnungen von nichtöffentlichen Sitzungen sind eine Woche nach Verteilung des entsprechenden Protokolls zu löschen, es sei denn, dass der Ausschuss etwas anderes beschlossen hat.

§ 74 Anwendbarkeit der Bestimmungen der Geschäftsordnung. Soweit die Verfahrensregeln für die Ausschüsse nichts anderes bestimmen, gelten für Ausschüsse und Enquete-Kommissionen die übrigen Bestimmungen der Geschäftsordnung, mit Ausnahme des § 126, entsprechend.

[1)] Nr. **6**.

VIII. Vorlagen und ihre Behandlung

§ 75 Vorlagen. (1) Folgende Vorlagen können als Verhandlungsgegenstand auf die Tagesordnung des Bundestages gesetzt werden (selbständige Vorlagen):

a) Gesetzentwürfe,
b) Beschlussempfehlungen des Ausschusses nach Artikel 77 Absatz 2 des Grundgesetzes[1)] (Vermittlungsausschuss),
c) Anträge auf Zurückweisung von Einsprüchen des Bundesrates,
d) Anträge,
e) Berichte und Materialien zur Unterrichtung des Bundestages (Unterrichtungen),
f) Große Anfragen an die Bundesregierung und ihre Beantwortung,
g) Wahlvorschläge, soweit sie als Drucksachen verteilt worden sind,
h) Beschlussempfehlungen und Berichte in Wahlprüfungs-, Immunitäts- und Geschäftsordnungsangelegenheiten,
i) Beschlussempfehlungen und Berichte über Petitionen,
j) Beschlussempfehlungen und Berichte des Rechtsausschusses über Streitsachen vor dem Bundesverfassungsgericht,
k) Beschlussempfehlungen und Berichte von Untersuchungsausschüssen,
l) Zwischenberichte der Ausschüsse,
m) Rechtsverordnungen, soweit sie aufgrund gesetzlicher Grundlagen dem Bundestag zuzuleiten sind.

(2) Vorlagen zu Verhandlungsgegenständen sind (unselbständige Vorlagen):

a) Beschlussempfehlungen und Berichte der Ausschüsse,
b) Änderungsanträge,
c) Entschließungsanträge zu Gesetzentwürfen, Unterrichtungen, Regierungserklärungen, Großen Anfragen, Entschließungen des Europäischen Parlaments, Unionsdokumenten, Stabilitätsvorlagen und Rechtsverordnungen sowie im Rahmen vereinbarter Debatten,
d) Unterrichtungen über Stellungnahmen des Bundesrates und Gegenäußerungen der Bundesregierung (Artikel 76 Absatz 2 des Grundgesetzes).

(3) Als Vorlagen im Sinne des § 76 gelten auch Kleine Anfragen; sie können nicht als Verhandlungsgegenstand auf die Tagesordnung gesetzt werden.

§ 76 Vorlagen von Mitgliedern des Bundestages. (1) Vorlagen von Mitgliedern des Bundestages (§ 75) müssen von einer Fraktion oder von fünf vom Hundert der Mitglieder des Bundestages unterzeichnet sein, es sei denn, dass die Geschäftsordnung etwas anderes vorschreibt oder zulässt.

(2) [1]Gesetzentwürfe müssen, Anträge können mit einer kurzen Begründung versehen werden. [2]Gesetzentwürfen zur Änderung geltender Gesetze soll eine Synopse beigefügt werden, die die Entwurfsfassung dem geltenden Gesetz gegenüberstellt.

---

1) Nr. **1**.

§ 77 Behandlung der Vorlagen. (1) [1]Vorlagen werden an die Mitglieder des Bundestages, des Bundesrates und an die Bundesministerien in der Regel auf elektronischem Weg verteilt. [2]Eine Verteilung in Papierform ist weiterhin zulässig.

(2) [1]Bei Vorlagen gemäß § 75 Absatz 1 Buchstabe e, die der Unterrichtung des Bundestages dienen (Berichte, Denkschriften, Programme, Gutachten, Nachweisungen und Ähnliches), kann der Präsident, soweit sie nicht auf gesetzlichen Vorschriften oder Beschlüssen des Bundestages beruhen, im Benehmen mit dem Ältestenrat ganz oder teilweise von der Verteilung absehen. [2]In diesen Fällen werden der Eingang dieser Vorlagen und im Benehmen mit dem Ältestenrat die Art ihrer Behandlung als amtliche Mitteilung durch den Präsidenten bekanntgegeben. [3]Sie werden als Übersicht in einer Drucksache zusammengestellt, in der auch anzugeben ist, in welchen Räumen des Bundestages die Vorlagen eingesehen werden können.

(3) Vorlagen gemäß § 75 Absatz 2 Buchstabe d gelten als an die Ausschüsse überwiesen, denen die den Vorlagen zu Grunde liegenden Gesetzentwürfe überwiesen worden sind.

§ 78 Beratungen. (1) [1]Gesetzentwürfe werden in drei Beratungen, Verträge mit auswärtigen Staaten und ähnliche Verträge, welche die politischen Beziehungen des Bundes regeln oder sich auf Gegenstände der Bundesgesetzgebung beziehen (Artikel 59 Absatz 2 des Grundgesetzes[1)]), grundsätzlich in zwei Beratungen und nur auf Beschluss des Bundestages in drei Beratungen, alle anderen Vorlagen grundsätzlich in einer Beratung behandelt. [2]Für Nachtragshaushaltsvorlagen gilt § 95 Absatz 1 Satz 6.

(2) [1]Anträge können ohne Aussprache einem Ausschuss überwiesen werden. [2]Auch wenn sie nicht verteilt sind, kann über sie abgestimmt werden, es sei denn, dass von einer Fraktion oder von anwesenden fünf vom Hundert der Mitglieder des Bundestages widersprochen wird. [3]Im Übrigen gelten für Anträge sinngemäß die Vorschriften über die Beratung von Gesetzentwürfen.

(3) Werden Vorlagen gemäß Absatz 1 in zwei Beratungen behandelt, so finden für die Schlussberatung neben den Bestimmungen für die zweite Beratung (§§ 81, 82 und 83 Absatz 3) die Bestimmung über die Schlussabstimmung (§ 86) entsprechende Anwendung.

(4) Werden Vorlagen in einer Beratung behandelt, findet für Änderungsanträge § 82 Absatz 1 Satz 2 Anwendung.

(5) Soweit die Geschäftsordnung nichts anderes vorschreibt oder zulässt, beginnen die Beratungen der Vorlagen frühestens am dritten Tag nach Verteilung der Drucksachen (§ 123).

(6) [1]Wird im Ältestenrat vorab vereinbart, anstelle einer Aussprache die schriftlichen Redetexte zu Protokoll zu nehmen, werden die betreffenden Punkte in der Tagesordnung kenntlich gemacht. [2]Eine Aussprache findet abweichend davon statt, wenn sie bis 18 Uhr des Vortages von einer Fraktion oder von fünf vom Hundert der Mitglieder des Bundestages verlangt wird. [3]Je Fraktion kann im Regelfall ein Redebeitrag in angemessenem Umfang zu Protokoll gegeben werden. [4]Der Umfang je Fraktion soll sich an den auf die Fraktionen entfallenden Redezeiten bei einer Aussprache von 30 Minuten orientieren. [5]Die Redetexte *sollen dem Sitzungsvorstand* spätestens bis zum Aufruf des Tagesordnungspunktes vorliegen.

[1)] Nr. **1**.

§ 79 Erste Beratung von Gesetzentwürfen. [1] In der ersten Beratung findet eine allgemeine Aussprache nur statt, wenn es vom Ältestenrat empfohlen, bis zum Aufruf des betreffenden Punktes der Tagesordnung von einer Fraktion oder von anwesenden fünf vom Hundert der Mitglieder des Bundestages verlangt oder gemäß § 80 Absatz 4 beschlossen wird. [2] In der Aussprache werden nur die Grundsätze der Vorlagen besprochen. [3] Sachanträge dürfen nicht gestellt werden.

§ 80 Überweisung an einen Ausschuss. (1) [1] Am Schluss der ersten Beratung wird der Gesetzentwurf vorbehaltlich einer abweichenden Entscheidung gemäß Absatz 2 einem Ausschuss überwiesen; er kann nur in besonderen Fällen gleichzeitig mehreren Ausschüssen überwiesen werden, wobei der federführende Ausschuss zu bestimmen ist. [2] Weitere Ausschüsse können sich im Benehmen mit dem federführenden Ausschuss an der Beratung bestimmter Fragen der Vorlage gutachtlich beteiligen.

(2) [1] Auf Antrag einer Fraktion oder von fünf vom Hundert der Mitglieder des Bundestages kann der Bundestag mit einer Zweidrittelmehrheit der anwesenden Mitglieder beschließen, ohne Ausschussüberweisung in die zweite Beratung einzutreten. [2] Für den Antrag gilt die Frist des § 20 Absatz 2 Satz 3. [3] Bei Finanzvorlagen soll vor Eintritt in die zweite Beratung dem Haushaltsausschuss Gelegenheit gegeben werden, die Vorlage gemäß § 96 Absatz 4 zu prüfen. [4] Die Fristenregelung des § 96 Absatz 8 Satz 2 findet keine Anwendung.

(3) [1] Vorlagen gemäß § 75 Absatz 1 Buchstabe e kann der Präsident, ohne sie auf die Tagesordnung zu setzen, nach Vereinbarung im Ältestenrat einem Ausschuss überweisen. [2] Eine Berichterstattung an den Bundestag erfolgt nur, wenn der Ausschuss einen über die Kenntnisnahme hinausgehenden Beschluss empfehlen will. [3] Erhebt der Haushaltsausschuss gegen eine Unionsvorlage (§ 93), deren Finanzierung nicht durch den jeweiligen jährlichen Eigenmittelansatz der Europäischen Union gedeckt ist oder erkennbar nicht gedeckt sein wird, Bedenken zu seiner Vereinbarkeit mit dem laufenden oder mit künftigen Haushalten des Bundes, hat der federführende Ausschuss Bericht zu erstatten.

(4) [1] Vorlagen, die nach Vereinbarung im Ältestenrat im vereinfachten Verfahren behandelt werden sollen, werden in einem gemeinsamen Tagesordnungspunkt zusammengefasst. [2] Über die Überweisung dieser Vorlagen wird ohne Aussprache in einer einzigen Abstimmung insgesamt abgestimmt. [3] Wird die Teilung der Abstimmung beantragt (§ 47), bedarf es einer Abtrennung der Abstimmung über den Überweisungsvorschlag zu einer Vorlage nicht, falls dem Antrag eines Mitgliedes des Bundestages zur Änderung des Überweisungsvorschlages des Ältestenrates nicht widersprochen wird. [4] Auf einen Antrag eines Mitgliedes des Bundestages auf Aussprache zu einer Vorlage, für die das vereinfachte Verfahren vorgesehen ist, findet § 20 Absatz 2 Satz 3 Anwendung.

§ 80a Überprüfung von Gesetzentwürfen auf sprachliche Richtigkeit und Verständlichkeit. (1) [1] Ein beim Bundestag eingerichteter oder angesiedelter Redaktionsstab soll auf Beschluss des federführenden Ausschusses einen Gesetzentwurf auf sprachliche Richtigkeit und Verständlichkeit prüfen und bei Bedarf Empfehlungen an den Ausschuss richten. [2] Der federführende Ausschuss kann den Redaktionsstab im gesamten Verlauf seines Beratungsverfahrens hinzuziehen und um Prüfung bitten. [3] Dies gilt insbesondere für die Prüfung von Änderungsanträgen, deren Annahme zu erwarten ist.

(2) Darüber hinaus bietet der Redaktionsstab auch sonstige sprachliche Beratung an.

§ 81 Zweite Beratung von Gesetzentwürfen. (1) [1]Die zweite Beratung wird mit einer allgemeinen Aussprache eröffnet, wenn sie vom Ältestenrat empfohlen oder von einer Fraktion oder von anwesenden fünf vom Hundert der Mitglieder des Bundestages verlangt wird. [2]Sie beginnt am zweiten Tag nach Verteilung der Beschlussempfehlung und des Ausschussberichts, früher nur, wenn auf Antrag einer Fraktion oder von fünf vom Hundert der Mitglieder des Bundestages zwei Drittel der anwesenden Mitglieder des Bundestages es beschließen; bei Gesetzentwürfen der Bundesregierung, die für dringlich erklärt worden sind (Artikel 81 des Grundgesetzes[1)]), kann die Fristverkürzung mit der Mehrheit der Mitglieder des Bundestages beschlossen werden. [3]Für den Antrag gilt die Frist des § 20 Absatz 2 Satz 3.

(2) [1]Über alle Teile des Gesetzentwurfs wird vorbehaltlich der Regelungen des § 47 gemeinsam abgestimmt, sofern der Bundestag nichts anderes bestimmt. [2]Über Verträge mit auswärtigen Staaten und ähnliche Verträge gemäß Artikel 59 Absatz 2 des Grundgesetzes wird nur im Ganzen abgestimmt.

§ 82 Änderungsanträge und Zurückverweisung in zweiter Beratung.

(1) [1]Änderungen zu Gesetzentwürfen in zweiter Beratung können beantragt werden, solange die Beratung des Gegenstandes, auf den sie sich beziehen, noch nicht abgeschlossen ist. [2]Die Anträge müssen von mindestens einem Mitglied des Bundestages unterzeichnet sein und können mit einer kurzen Begründung versehen werden; wenn sie noch nicht verteilt sind, werden sie verlesen.

(2) Zu Verträgen mit auswärtigen Staaten und ähnlichen Verträgen, welche die politischen Beziehungen des Bundes regeln oder sich auf Gegenstände der Bundesgesetzgebung beziehen (Artikel 59 Absatz 2 des Grundgesetzes[1)]), sind Änderungsanträge nicht zulässig.

(3) Solange über die Vorlage nicht abschließend abgestimmt ist, kann sie ganz oder teilweise auch an einen anderen Ausschuss zurückverwiesen werden; dies gilt auch für bereits beratene Teile.

§ 83 Zusammenstellung der Änderungen. (1) Wurden in der zweiten Beratung Änderungen beschlossen, so lässt sie der Präsident zusammenstellen.

(2) Die Beschlüsse der zweiten bilden die Grundlage der dritten Beratung.

(3) Sind in der zweiten Beratung alle Teile eines Gesetzentwurfs abgelehnt worden, so ist die Vorlage abgelehnt und jede weitere Beratung unterbleibt.

§ 84 Dritte Beratung von Gesetzentwürfen. [1]Die dritte Beratung erfolgt,

a) wenn in zweiter Beratung keine Änderungen beschlossen worden sind, anschließend,

b) wenn Änderungen beschlossen sind, am zweiten Tag nach Verteilung der Drucksachen mit den beschlossenen Änderungen, früher nur, wenn auf Antrag einer Fraktion oder von fünf vom Hundert der Mitglieder des Bundestages zwei Drittel der anwesenden Mitglieder des Bundestages es beschließen; bei Gesetzentwürfen der Bundesregierung, die für dringlich erklärt worden sind (Artikel 81 des Grundgesetzes[1)]), kann die Fristverkürzung mit der Mehrheit der Mitglieder des Bundestages beschlossen werden. Für den Antrag gilt die Frist des § 20 *Absatz 2 Satz 3.*

[1)] Nr. **1**.

[2] Die dritte Beratung beginnt mit einer allgemeinen Aussprache nur dann, wenn in zweiter Beratung keine allgemeine Aussprache stattgefunden hat und sie vom Ältestenrat empfohlen oder von anwesenden fünf vom Hundert der Mitglieder des Bundestages verlangt wird.

§ 85 Änderungsanträge und Zurückverweisung in dritter Beratung.

(1) [1] Änderungsanträge zu Gesetzentwürfen in dritter Beratung müssen von einer Fraktion oder von fünf vom Hundert der Mitglieder des Bundestages unterzeichnet sein und können mit einer kurzen Begründung versehen werden. [2] Sie dürfen sich nur auf diejenigen Bestimmungen beziehen, zu denen in zweiter Beratung Änderungen beschlossen wurden. [3] Die Einzelberatung ist auf diese Bestimmungen beschränkt.

(2) [1] Vor der Schlussabstimmung kann die Vorlage ganz oder teilweise auch an einen anderen Ausschuss zurückverwiesen werden; § 80 Absatz 1 findet Anwendung. [2] Schlägt der Ausschuss Änderungen gegenüber den Beschlüssen des Bundestages in zweiter Beratung vor, wird die Beschlussempfehlung erneut in zweiter Beratung behandelt.

§ 86 Schlussabstimmung. [1] Nach Schluss der dritten Beratung wird über den Gesetzentwurf abgestimmt. [2] Sind die Beschlüsse der zweiten Beratung unverändert geblieben, so folgt die Schlussabstimmung unmittelbar. [3] Wurden Änderungen vorgenommen, so muss die Schlussabstimmung auf Verlangen einer Fraktion oder von anwesenden fünf vom Hundert der Mitglieder des Bundestages ausgesetzt werden, bis die Beschlüsse zusammengestellt und verteilt sind. [4] Über Verträge mit auswärtigen Staaten und ähnliche Verträge findet keine besondere Schlussabstimmung statt.

§ 87 Verfahren zu Artikel 113 des Grundgesetzes[1]. (1) [1] Macht die Bundesregierung von Artikel 113 Absatz 1 Satz 3 des Grundgesetzes Gebrauch, so ist die Beschlussfassung auszusetzen. [2] Der Gesetzentwurf darf frühestens nach Eingang der Stellungnahme der Bundesregierung oder sechs Wochen nach Zugang des Verlangens der Bundesregierung beim Präsidenten auf die Tagesordnung gesetzt werden.

(2) Verlangt die Bundesregierung nach Artikel 113 Absatz 2 des Grundgesetzes, dass der Bundestag erneut Beschluss fasst, gilt der Gesetzentwurf als an den federführenden Ausschuss und an den Haushaltsausschuss zurückverwiesen.

(3) [1] Ist das beschlossene Gesetz dem Bundesrat gemäß § 122 bereits zugeleitet worden, hat der Präsident den Bundesrat von dem Verlangen der Bundesregierung in Kenntnis zu setzen. [2] In diesem Fall gilt die Zuleitung als nicht erfolgt.

§ 88 Behandlung von Entschließungsanträgen. (1) Anträge auf Entschließungen enthalten Meinungen, Anregungen, Empfehlungen oder Ersuchen, die mit dem Verhandlungsgegenstand im Zusammenhang stehen.

(2) [1] Über Entschließungsanträge (§ 75 Absatz 2 Buchstabe c) wird nach der Schlussabstimmung über den Verhandlungsgegenstand oder, wenn keine Schlussabstimmung möglich ist, nach Schluss der Aussprache abgestimmt. [2] Über Entschließungsanträge zu Teilen des Haushaltsplans kann während der dritten Beratung abgestimmt werden.

---

[1] Nr. 1.

(3) [1]Entschließungsanträge können einem Ausschuss überwiesen werden. [2]Bei Entschließungsanträgen zu Aussprachen, zu denen Vorlagen gemäß § 75 Absatz 1 eingebracht worden sind, ist die Überweisung nur zulässig, wenn die Antragsteller nicht widersprechen; auf Verlangen einer Fraktion oder von anwesenden fünf vom Hundert der Mitglieder des Bundestages ist die Abstimmung auf den nächsten Sitzungstag zu verschieben.

§ 89 Einberufung des Vermittlungsausschusses. Auf Antrag einer Fraktion oder von fünf vom Hundert der Mitglieder des Bundestages kann der Bundestag beschließen, zu Gesetzen, die der Zustimmung des Bundesrates bedürfen, die Einberufung des Vermittlungsausschusses zu verlangen (Artikel 77 Absatz 2 Satz 4 des Grundgesetzes[1]), § 75 Absatz 1 Buchstabe d).

§ 90 Beratung von Beschlussempfehlungen des Vermittlungsausschusses. (1) Sieht der Einigungsvorschlag des Vermittlungsausschusses eine Änderung des vom Bundestag beschlossenen Gesetzes vor, gilt für die Behandlung des Einigungsvorschlages im Bundestag § 10 der Geschäftsordnung des Vermittlungsausschusses.

(2) [1]Die Beratung der Beschlussempfehlung des Vermittlungsausschusses beginnt am zweiten Tag nach der Verteilung als Drucksache, früher nur, wenn auf Antrag einer Fraktion oder von fünf vom Hundert der Mitglieder des Bundestages zwei Drittel der anwesenden Mitglieder des Bundestages es beschließen. [2]Für den Antrag gilt die Frist des § 20 Absatz 2 Satz 3.

§ 91 Einspruch des Bundesrates. [1]Über den Antrag auf Zurückweisung eines Einspruchs des Bundesrates gegen ein vom Bundestag beschlossenes Gesetz (Artikel 77 Absatz 4 des Grundgesetzes[1])) wird ohne Begründung und Aussprache abgestimmt. [2]Vor der Abstimmung können lediglich Erklärungen abgegeben werden. [3]Über den Antrag wird durch Zählung der Stimmen gemäß § 51 abgestimmt, wenn nicht namentliche Abstimmung verlangt wird (§ 52).

§ 92 Rechtsverordnungen. [1]Rechtsverordnungen der Bundesregierung, die der Zustimmung des Bundestages bedürfen oder deren Aufhebung der Bundestag innerhalb einer bestimmten Frist verlangen kann, überweist der Präsident im Benehmen mit dem Ältestenrat unmittelbar an die zuständigen Ausschüsse. [2]Dabei hat er eine Frist zu bestimmen, innerhalb der der federführende Ausschuss dem Bundestag einen Bericht vorzulegen hat. [3]Der Bericht des Ausschusses ist auf die Tagesordnung der nächsten Sitzung des Bundestages zu setzen. [4]Legt der Ausschuss diesen Bericht nicht rechtzeitig vor, ist die Vorlage auch ohne Ausschussbericht zur Beschlussfassung auf die Tagesordnung der nächsten Sitzung des Bundestages zu setzen.

§ 93 Zuleitung und Überweisung von Unionsdokumenten. (1) Dokumente, Berichte, Unterrichtungen, Mitteilungen und sonstige Informationen in Angelegenheiten der Europäischen Union, die dem Bundestag von der Bundesregierung oder Organen der Europäischen Union übermittelt werden, sowie Unterrichtungen des Europäischen Parlaments (Unionsdokumente) dienen dem Bundestag als Grundlage zur Wahrnehmung seiner Rechte aus Artikel 23 des Grundgesetzes[1]) und zur Mitwirkung in Angelegenheiten der Europäischen Union.

---

[1]) Nr. **1**.

(2) Ein Verzicht gegenüber der Bundesregierung auf die Zuleitung von Unionsdokumenten scheidet bei Widerspruch einer Fraktion oder von fünf vom Hundert der Mitglieder des Bundestages aus.

(3) [1] Unionsdokumente, die Vorhaben oder Unterrichtungen im Sinne der §§ 5 und 7 des Gesetzes über die Zusammenarbeit von Bundesregierung und Deutschem Bundestag in Angelegenheiten der Europäischen Union[1)] sowie Entschließungen des Europäischen Parlaments beinhalten, kommen für eine Überweisung grundsätzlich in Betracht. [2] Bei der Vorbereitung der Überweisungsentscheidung wird die Beratungsrelevanz des Dokuments in Abstimmung mit den Fraktionen bewertet (Priorisierung). [3] Andere Unionsdokumente werden in geeigneter Form für eine Kenntnisnahme angeboten; auf Verlangen einer Fraktion oder von fünf vom Hundert der Mitglieder des Bundestages findet auch insoweit eine Überweisung statt.

(4) [1] Die zuständigen Ausschüsse können Unionsdokumente, die ihnen nicht oder noch nicht überwiesen sind, zum Verhandlungsgegenstand erklären. [2] Die Ausschüsse haben dem Vorsitzenden des Ausschusses für die Angelegenheiten der Europäischen Union anzuzeigen, welche Unionsdokumente sie zum Verhandlungsgegenstand erklärt haben.

(5) [1] Der Vorsitzende des Ausschusses für die Angelegenheiten der Europäischen Union legt dem Präsidenten in Abstimmung mit den anderen Ausschüssen einen Überweisungsvorschlag für die eingegangenen Unionsdokumente und für die von den Ausschüssen zum Verhandlungsgegenstand erklärten Unionsdokumente vor. [2] Der Präsident überweist die Unionsdokumente im Benehmen mit den Fraktionen unverzüglich an einen Ausschuss federführend und an andere Ausschüsse zur Mitberatung. [3] Wird der vorgesehenen oder erfolgten Überweisung von einem Ausschuss oder einer Fraktion widersprochen, entscheidet der Ältestenrat.

(6) [1] Die Titel der überwiesenen Unionsdokumente werden in eine Sammelübersicht aufgenommen, die verteilt wird und aus der ersichtlich ist, welchen Ausschüssen die Vorlagen überwiesen worden sind. [2] Unionsdokumente im Sinne des Absatzes 3 Satz 1, zu denen von keiner Fraktion eine Beratungsrelevanz angemeldet bzw. eine Überweisung vorgeschlagen wird, werden in der Sammelübersicht gesondert aufgeführt.

(7) [1] Ein Unionsdokument wird als Drucksache verteilt, wenn es der Vorsitzende des Ausschusses für die Angelegenheiten der Europäischen Union bei seinem Überweisungsvorschlag vorsieht oder wenn der federführende Ausschuss eine über die Kenntnisnahme hinausgehende Beschlussempfehlung vorlegt. [2] Andere als in Absatz 3 Satz 1 aufgeführte Unionsdokumente werden nicht als Drucksache verteilt; bezieht sich eine Beschlussempfehlung auf ein derartiges Unionsdokument, wird unter Wahrung der Vertraulichkeit nur über dessen wesentlichen Inhalt berichtet.

(8) *Schriftliche* Unterrichtungen der Bundesregierung nach § 8 Absatz 5 des Gesetzes über die Zusammenarbeit von Bundesregierung und Deutschem Bundestag in Angelegenheiten der Europäischen Union müssen auf Verlangen einer Fraktion oder von fünf vom Hundert der Mitglieder des Bundestages innerhalb von drei Sitzungswochen nach Eingang auf die Tagesordnung der Sitzung des Bundestages gesetzt und beraten werden.

[1)] Nr. **96**.

§ 93a Ausschussberatung von Unionsdokumenten. (1) [1]Bei der Beratung von Unionsdokumenten prüfen die Ausschüsse auch die Einhaltung der Grundsätze der Subsidiarität und Verhältnismäßigkeit. [2]Wird beabsichtigt, insoweit eine Verletzung zu rügen, ist unverzüglich der Ausschuss für die Angelegenheiten der Europäischen Union zu informieren, um diesem zunächst Gelegenheit zur Stellungnahme zu geben. [3]Beabsichtigt der federführende Ausschuss nur eine Kenntnisnahme, ist dennoch dem Bundestag zu berichten, falls der Ausschuss für die Angelegenheiten der Europäischen Union Bedenken wegen einer Verletzung der Grundsätze der Subsidiarität und Verhältnismäßigkeit geltend macht. [4]Die Ausschüsse berücksichtigen bei ihrer Beschlussfassung die auf der Ebene der Europäischen Union maßgeblichen Fristvorgaben.

(2) [1]Die Ausschüsse können ihren Beratungen und einer Beschlussempfehlung ein Folgedokument zu dem ihnen überwiesenen Unionsdokument zugrunde legen. [2]Ebenso kann ein federführender Ausschuss wiederholt eine Beschlussempfehlung vorlegen, insbesondere um neueren Entwicklungen Rechnung zu tragen. [3]Die mitberatenden Ausschüsse sind zu unterrichten und erhalten Gelegenheit, innerhalb einer vom federführenden Ausschuss festgelegten Frist eine bereits abgegebene Stellungnahme zu ergänzen oder erneut eine Stellungnahme abzugeben.

(3) [1]Ein für ein bestimmtes Unionsdokument federführender Ausschuss ist auch nach Abgabe einer Stellungnahme des Bundestages für die Behandlung eines Bemühens der Bundesregierung zur Erzielung eines Einvernehmens mit dem Bundestag nach Einlegung eines Parlamentsvorbehalts zuständig. [2]Absatz 2 Satz 3 gilt entsprechend. [3]Der federführende Ausschuss hat dem Bundestag eine erneute Beschlussempfehlung vorzulegen.

(4) Absatz 3 gilt entsprechend für das Einvernehmen zwischen Bundestag und Bundesregierung über die Aufnahme von Verhandlungen über Beitritte und Vertragsänderungen nach § 9 des Gesetzes über die Zusammenarbeit von Bundesregierung und Deutschem Bundestag in Angelegenheiten der Europäischen Union[1)].

(5) [1]Die Ausschüsse können Mitglieder des Europäischen Parlaments sowie Mitglieder des Rates und der Kommission der Europäischen Union oder deren Beauftragte zu ihren Beratungen in Europaangelegenheiten hinzuziehen. [2]Sie können Unionsdokumente gemeinsam mit Ausschüssen des Europäischen Parlaments gleicher Zuständigkeit beraten.

(6) Die Ausschüsse können zur Vorbereitung von Entscheidungen über Unionsdokumente Delegationen zu einem Ausschuss des Europäischen Parlaments mit gleicher Zuständigkeit oder zu anderen Organen der Europäischen Union entsenden.

§ 93b Ausschuss für die Angelegenheiten der Europäischen Union.

(1) Dem gemäß Artikel 45 des Grundgesetzes[2)] vom Bundestag zu bestellenden Ausschuss für die Angelegenheiten der Europäischen Union obliegt nach Maßgabe der Geschäftsordnung und der Beschlüsse des Bundestages die Behandlung der Unionsdokumente gemäß § 93 Absatz 1.

(2) [1]Der Bundestag kann auf Antrag einer Fraktion oder von fünf vom Hundert der Mitglieder des Bundestages den Ausschuss für die Angelegenheiten der Europäischen Union ermächtigen, zu bestimmt bezeichneten Unionsdokumenten oder

[1)] Nr. **96**.
[2)] Nr. **1**.

hierauf bezogenen Vorlagen die Rechte des Bundestages gemäß Artikel 23 des Grundgesetzes gegenüber der Bundesregierung sowie die Rechte, die dem Bundestag in den vertraglichen Grundlagen der Europäischen Union eingeräumt sind, wahrzunehmen. [2]Soweit die Rechte im Integrationsverantwortungsgesetz[1)] ausgestaltet sind, kommt eine Ermächtigung nur in Betracht, wenn die Beteiligung des Bundestages nicht in der Form eines Gesetzes erfolgen muss. [3]Auch ohne eine Ermächtigung nach Satz 1 kann der Ausschuss für die Angelegenheiten der Europäischen Union die Rechte des Bundestages gemäß Satz 1 gegenüber der Bundesregierung wahrnehmen, sofern nicht einer der beteiligten Ausschüsse widerspricht. [4]Satz 3 gilt nicht im Bereich der Gemeinsamen Außen- und Sicherheitspolitik sowie für Beschlüsse nach § 9 Absatz 1 des Integrationsverantwortungsgesetzes. [5]Die Rechte des Bundestages nach Artikel 45 Satz 3 des Grundgesetzes kann der Ausschuss für die Angelegenheiten der Europäischen Union nach Maßgabe der nachfolgenden Regelungen wahrnehmen. [6]Das Recht des Bundestages, über eine Angelegenheit der Europäischen Union jederzeit selbst zu beschließen, bleibt unberührt.

(3) [1]Der Ausschuss für die Angelegenheiten der Europäischen Union hat im Fall einer Ermächtigung gemäß Absatz 2 Satz 1 vor der Abgabe einer Stellungnahme gegenüber der Bundesregierung zu dem Unionsdokument eine Stellungnahme der beteiligten Ausschüsse einzuholen. [2]Will er von der Stellungnahme eines oder mehrerer Ausschüsse abweichen, soll eine gemeinsame Sitzung mit den mitberatenden Ausschüssen anberaumt werden. [3]In eilbedürftigen Fällen können die Vorsitzenden der mitberatenden Ausschüsse entsprechend § 72 Satz 3 schriftlich abstimmen lassen.

(4) [1]Will der Ausschuss für die Angelegenheiten der Europäischen Union von seinem Recht gemäß Absatz 2 Satz 3 Gebrauch machen, gilt für das Verfahren Absatz 3 entsprechend. [2]Ein federführender Ausschuss kann unter Angabe einer Begründung verlangen, dass der Ausschuss für die Angelegenheiten der Europäischen Union prüft, ob er von seinem Recht gemäß Absatz 2 Satz 2 Gebrauch macht; bei Ablehnung gilt Absatz 6 entsprechend. [3]Mitberatende Ausschüsse sind zu beteiligen, wenn der federführende Ausschuss und der Ausschuss für die Angelegenheiten der Europäischen Union dies für erforderlich halten; Absatz 3 Satz 3 gilt entsprechend.

(5) Zur Einberufung einer Sitzung des Ausschusses für die Angelegenheiten der Europäischen Union außerhalb des Zeitplans oder außerhalb des ständigen Sitzungsortes des Bundestages ist der Vorsitzende des Ausschusses abweichend von § 60 auch berechtigt, wenn es die Terminplanung der zuständigen Organe der Europäischen Union erfordert und die Genehmigung des Präsidenten erteilt worden ist.

(6) [1]Über den Inhalt und die Begründung der vom Ausschuss für die Angelegenheiten der Europäischen Union beschlossenen Stellungnahme gegenüber der Bundesregierung zu einem Unionsdokument erstattet der Ausschuss für die Angelegenheiten der Europäischen Union einen Bericht, der als Drucksache verteilt wird und innerhalb von drei Sitzungswochen nach der Verteilung auf die Tagesordnung zu setzen ist. [2]Eine Aussprache findet jedoch nur statt, wenn diese von einer Fraktion oder von anwesenden fünf vom Hundert der Mitglieder des Bundestages verlangt wird.

[1)] Nr. **98**.

(7) Der Ausschuss für die Angelegenheiten der Europäischen Union kann bei einem Unionsdokument, das ihm zur Mitberatung überwiesen worden ist, Änderungsanträge zur Beschlussempfehlung des federführenden Ausschusses stellen; der Änderungsantrag muss bis spätestens 18 Uhr des Vortages der Beratung der Beschlussempfehlung zu dem Unionsdokument dem Präsidenten vorgelegt werden.

(8) [1] Zu den Sitzungen des Ausschusses für die Angelegenheiten der Europäischen Union erhalten deutsche Mitglieder des Europäischen Parlaments Zutritt; weitere deutsche Mitglieder des Europäischen Parlaments sind als Vertreter zur Teilnahme berechtigt. [2] Die mitwirkungsberechtigten Mitglieder des Europäischen Parlaments werden vom Präsidenten des Deutschen Bundestages auf Vorschlag der Fraktionen des Bundestages, aus deren Parteien deutsche Mitglieder in das Europäische Parlament gewählt worden sind, bis zur Neuwahl des Europäischen Parlaments, längstens bis zum Ende der Wahlperiode des Deutschen Bundestages berufen. [3] Die berufenen Mitglieder des Europäischen Parlaments sind befugt, die Beratung von Verhandlungsgegenständen anzuregen sowie während der Beratungen des Ausschusses für die Angelegenheiten der Europäischen Union Auskünfte zu erteilen und Stellung zu nehmen.

§ 93c Subsidiaritätsrüge. Die Entscheidung, gemäß Artikel 6 des Protokolls über die Anwendung der Grundsätze der Subsidiarität und der Verhältnismäßigkeit eine Subsidiaritätsrüge zu erheben, wird grundsätzlich vom Bundestag getroffen; nach Maßgabe des § 93b Absatz 2 bis 4 kann hierüber auch der Ausschuss für die Angelegenheiten der Europäischen Union entscheiden.

§ 93d Subsidiaritätsklage. (1) [1] Beschließt der Bundestag die Erhebung einer Klage nach Artikel 8 des Protokolls über die Anwendung der Grundsätze der Subsidiarität und der Verhältnismäßigkeit (Subsidiaritätsklage), ist für deren Durchführung einschließlich der Prozessführung vor dem Europäischen Gerichtshof der Ausschuss für die Angelegenheiten der Europäischen Union zuständig. [2] Dies schließt die Formulierung der Klageschrift und die Benennung eines Prozessbevollmächtigten ein, falls dies nicht bereits durch den Bundestag beschlossen wurde.

(2) [1] Verlangt mindestens ein Viertel der Mitglieder des Bundestages die Erhebung der Klage (Artikel 23 Absatz 1a Satz 2 des Grundgesetzes[1)]), ist der Antrag so rechtzeitig zu stellen, dass innerhalb der Klagefrist eine angemessene Beratung im Bundestag gesichert ist. [2] Der Antrag hat mindestens die wesentlichen Klagegründe zu benennen. [3] Absatz 1 gilt mit der Maßgabe, dass die Benennung eines Prozessbevollmächtigten im Einvernehmen mit den Antragstellern erfolgt und bei der Formulierung der Klageschrift sowie der Durchführung des Klageverfahrens die Antragsteller angemessen zu beteiligen sind. [4] Diese haben einen Bevollmächtigten zu benennen. [5] § 69 Absatz 5 Satz 3 ist anzuwenden.

(3) [1] Abweichende Auffassungen, die gemäß § 12 Absatz 1 Satz 2 des Integrationsverantwortungsgesetzes[2)] von mindestens einem Viertel der Mitglieder des Bundestages vertreten werden, sind ebenfalls in die Klageschrift aufzunehmen. [2] Absatz 2 Satz 3 zweiter Halbsatz, Satz 4 und 5 gilt entsprechend.

(4) [1] Fällt der Ablauf der Frist für die Einreichung einer Subsidiaritätsklage auf einen Zeitpunkt außerhalb des Zeitplans des Bundestages, ist der Ausschuss für die Angelegenheiten der Europäischen Union zur Erhebung der Klage ermächtigt,

---

[1)] Nr. **1**.
[2)] Nr. **98**.

sofern nicht der Bundestag zuvor hierüber entschieden hat. [2] § 93b Absatz 2 Satz 3 gilt entsprechend.

§ 94 Stabilitätsvorlagen. [1] Vorlagen der Bundesregierung gemäß § 8 Absatz 1 des Gesetzes zur Förderung der Stabilität und des Wachstums der Wirtschaft[1)] (Stabilitätsvorlagen) werden vom Präsidenten unmittelbar dem Haushaltsausschuss überwiesen. [2] Der Haushaltsausschuss hat die Vorlage spätestens innerhalb der auf den Eingang der Stellungnahme des Bundesrates folgenden Sitzungswoche zu beraten. [3] Der Bericht des Haushaltsausschusses ist spätestens einen Tag vor Ablauf von vier Wochen nach Eingang der Vorlage beim Bundestag auf die Tagesordnung zu setzen. [4] Hat der Haushaltsausschuss bis zu diesem Zeitpunkt keine Beschlussempfehlung vorgelegt, ist die Vorlage ohne Ausschussbericht auf die Tagesordnung der nächsten Sitzung des Bundestages zu setzen. [5] Änderungsanträge zu Stabilitätsvorlagen dürfen nur auf eine Kürzung der Ausgaben gerichtet sein (§ 42 der Bundeshaushaltsordnung[2)]).

§ 95 Haushaltsvorlagen. (1) [1] Haushaltsvorlagen sind der Entwurf des Haushaltsgesetzes und des Haushaltsplans, Änderungsvorlagen zu diesen Entwürfen (Ergänzungsvorlagen), Vorlagen zur Änderung des Haushaltsgesetzes und des Haushaltsplans (Nachtragshaushaltsvorlagen) sowie sonstige den Haushalt betreffende Vorlagen. [2] Alle Haushaltsvorlagen sind dem Haushaltsausschuss zu überweisen; auf ihr Verlangen sind die Fachausschüsse gutachtlich zu hören. [3] § 63 Absatz 2 gilt entsprechend. [4] Der Haushaltsausschuss soll die Stellungnahmen der beteiligten Ausschüsse wiedergeben. [5] Ergänzungsvorlagen überweist der Präsident grundsätzlich ohne erste Beratung. [6] Nachtragshaushaltsvorlagen können auf Vorschlag des Ältestenrates durch den Präsidenten ohne erste Beratung überwiesen und in einer Beratung abschließend behandelt werden.

(2) Die zweite Beratung des Entwurfs des Haushaltsgesetzes und des Haushaltsplans darf frühestens sechs Wochen, die abschließende Beratung von Nachtragshaushaltsvorlagen frühestens drei Wochen nach Zuleitung erfolgen, es sei denn, die Stellungnahme des Bundesrates geht vor Ablauf der in Artikel 110 Absatz 3 des Grundgesetzes[3)] vorgesehenen Frist ein.

(3) Für die abschließende Beratung von Nachtragshaushaltsvorlagen findet neben den Bestimmungen für die zweite Beratung (§§ 81, 82) die Bestimmung über die Schlussabstimmung (§ 86) entsprechende Anwendung.

(4) [1] Nachtragshaushaltsvorlagen hat der Haushaltsausschuss spätestens innerhalb der auf den Eingang der Stellungnahme des Bundesrates folgenden Sitzungswoche zu beraten. [2] Der Bericht des Haushaltsausschusses ist auf die Tagesordnung der nächsten Sitzung des Bundestages zu setzen. [3] Hat der Haushaltsausschuss seine Beratungen nicht innerhalb der Frist abgeschlossen, ist die Vorlage ohne Ausschussbericht auf die Tagesordnung der nächsten Sitzung des Bundestages zu setzen.

§ 96 Finanzvorlagen. (1) [1] Finanzvorlagen sind alle Vorlagen, die wegen ihrer grundsätzlichen Bedeutung oder ihres finanziellen Umfangs geeignet sind, auf die öffentlichen Finanzen des Bundes oder der Länder erheblich einzuwirken und die nicht Haushaltsvorlagen im Sinne des § 95 sind. [2] Bei Zweifeln über den Charakter der Vorlagen entscheidet der Bundestag nach Anhörung des Haushaltsausschusses.

---

1) Nr. **720**.
2) Nr. **700**.
3) Nr. **1**.

(2) [1] Finanzvorlagen werden nach der ersten Beratung dem Haushaltsausschuss und dem Fachausschuss überwiesen. [2] Werden Gesetzentwürfe durch die Annahme eines Änderungsantrags im Ausschuss zu Finanzvorlagen, hat der Ausschuss den Präsidenten hiervon in Kenntnis zu setzen. [3] Dieser überweist die vom Ausschuss beschlossene Fassung dem Haushaltsausschuss; die Überweisung kann mit einer Fristsetzung verbunden sein.

(3) [1] Finanzvorlagen von Mitgliedern des Bundestages müssen in der Begründung die finanziellen Auswirkungen darlegen. [2] Der Präsident gibt der Bundesregierung Gelegenheit, innerhalb von vier Wochen zu den Auswirkungen auf die öffentlichen Finanzen des Bundes und der Länder Stellung zu nehmen. [3] Der Bericht des Haushaltsausschusses darf erst nach Eingang der Stellungnahme der Bundesregierung oder nach vier Wochen auf die Tagesordnung gesetzt werden.

(4) [1] Soweit die Finanzvorlage auf die öffentlichen Finanzen des Bundes einwirkt, prüft der Haushaltsausschuss ihre Vereinbarkeit mit dem laufenden Haushalt und künftigen Haushalten. [2] Ergibt die Prüfung des Haushaltsausschusses, dass die Vorlage Auswirkungen auf den laufenden Haushalt hat, legt er zugleich mit dem Bericht an den Bundestag einen Vorschlag zur Deckung der Mindereinnahmen oder Mehrausgaben vor; hat sie Auswirkungen auf die künftigen Haushalte, äußert sich der Haushaltsausschuss in seinem Bericht zu den Möglichkeiten künftiger Deckung. [3] Hat die Bundesregierung zu der Vorlage Stellung genommen, äußert sich der Haushaltsausschuss in seinem Bericht zu dieser Stellungnahme. [4] Kann der Haushaltsausschuss keinen Deckungsvorschlag machen, wird die Vorlage dem Bundestag vorgelegt, der nach Begründung durch einen Antragsteller lediglich über die Möglichkeit einer Deckung berät und beschließt. [5] Wird die Möglichkeit zur Deckung auch vom Bundestag verneint, gilt die Vorlage als erledigt.

(5) Soweit die Finanzvorlage auf die öffentlichen Finanzen der Länder einwirkt, teilt der Haushaltsausschuss in seinem Bericht Art und Umfang der Einwirkungen mit.

(6) [1] Ergibt der Bericht des Haushaltsausschusses, dass Mitglieder oder Beauftragte der Bundesregierung Bedenken gegen die finanziellen Auswirkungen der Vorlage, der Beschlüsse des federführenden Ausschusses oder des Deckungsvorschlages erheben, gibt der Präsident der Bundesregierung Gelegenheit zur Stellungnahme, soweit diese nicht bereits vorliegt. [2] In diesem Fall kann der Bericht erst nach Eingang der Stellungnahme oder nach vier Wochen auf die Tagesordnung gesetzt werden. [3] Hat die Bundesregierung Stellung genommen, soll der Haushaltsausschuss sich zu dieser Stellungnahme dem Bundestag gegenüber äußern.

(7) Werden in der zweiten Beratung Änderungen mit finanziellen Auswirkungen von grundsätzlicher Bedeutung oder erheblichem finanziellen Umfang beschlossen, erfolgt die dritte Beratung – nach vorheriger Beratung im Haushaltsausschuss – erst in der zweiten Woche nach der Beschlussfassung.

(8) [1] Berichte des Haushaltsausschusses, die einen Deckungsvorschlag enthalten, können ohne Einhaltung der für die zweite Beratung von Gesetzentwürfen vorgeschriebenen Frist (§ 81 Absatz 1 Satz 2) beraten werden. [2] Für Berichte, die keinen Deckungsvorschlag enthalten, kann die für die zweite Beratung vorgeschriebene Frist weder verkürzt noch aufgehoben werden, es sei denn, dass der Bundestag beschließt, gemäß § 80 Absatz 2 zu verfahren.

§ 96a Verfahren nach dem Parlamentsbeteiligungsgesetz. (1) Der Vorsitzende eines Ausschusses ist zur Einberufung einer Sitzung außerhalb des Zeitplans zur Beratung über einen Antrag gemäß § 4 Absatz 1 oder § 7 Absatz 1 in

Verbindung mit § 4 Absatz 1 des Parlamentsbeteiligungsgesetzes verpflichtet, wenn es eine Fraktion im Ausschuss oder mindestens ein Drittel der Mitglieder des Ausschusses verlangt und die Genehmigung des Präsidenten erteilt worden ist.

(2) [1] Ein Verlangen auf Befassung des Bundestages gemäß § 4 Absatz 1 Satz 4 oder § 7 Absatz 1 in Verbindung mit § 4 Absatz 1 des Parlamentsbeteiligungsgesetzes muss binnen sieben Tagen seit der Verteilung der Drucksache beim Präsidenten eingehen. [2] Nach Eingang des Verlangens unterrichtet der Präsident die Fraktionen und die Bundesregierung hierüber unverzüglich.

(3) [1] Unterrichtet die Bundesregierung den Bundestag gemäß § 6 Absatz 1 des Parlamentsbeteiligungsgesetzes durch einen schriftlichen Bericht, wird dieser als Drucksache verteilt. [2] Das Gleiche gilt für sonstige schriftliche Unterrichtungen des Bundestages. [3] In Fällen des § 5 Absatz 1 des Parlamentsbeteiligungsgesetzes werden gemäß Absatz 2 grundsätzlich die Vorsitzenden und Obleute des Auswärtigen Ausschusses und des Verteidigungsausschusses außerhalb einer Ausschusssitzung unterrichtet. [4] Hat der Bundestag einem Antrag gemäß § 5 Absatz 3 des Parlamentsbeteiligungsgesetzes zugestimmt, gelten für weitere Unterrichtungen die allgemeinen Regelungen.

(4) Die Geheimschutzordnung des Deutschen Bundestages (Anlage 1) findet Anwendung.

§ 97 Misstrauensantrag gegen den Bundeskanzler. (1) [1] Der Bundestag kann auf Antrag gemäß Artikel 67 Absatz 1 des Grundgesetzes[1)] dem Bundeskanzler das Misstrauen aussprechen. [2] Der Antrag ist von einem Viertel der Mitglieder des Bundestages oder einer Fraktion, die mindestens ein Viertel der Mitglieder des Bundestages umfasst, zu unterzeichnen und in der Weise zu stellen, dass dem Bundestag ein namentlich benannter Kandidat als Nachfolger zur Wahl vorgeschlagen wird. [3] Anträge, die diesen Voraussetzungen nicht entsprechen, dürfen nicht auf die Tagesordnung gesetzt werden.

(2) [1] Ein Nachfolger ist, auch wenn mehrere Wahlvorschläge gemacht sind, in einem Wahlgang mit verdeckten Stimmzetteln (§ 49) zu wählen. [2] Er ist nur dann gewählt, wenn er die Stimmen der Mehrheit der Mitglieder des Bundestages auf sich vereinigt.

(3) Für den Zeitpunkt der Wahl gilt Artikel 67 Absatz 2 des Grundgesetzes.

§ 98 Vertrauensantrag des Bundeskanzlers. (1) Der Bundeskanzler kann gemäß Artikel 68 des Grundgesetzes[1)] beantragen, ihm das Vertrauen auszusprechen; für den Zeitpunkt der Abstimmung über den Antrag gilt Artikel 68 Absatz 2 des Grundgesetzes.

(2) Findet der Antrag nicht die Zustimmung der Mehrheit der Mitglieder des Bundestages, kann der Bundestag binnen einundzwanzig Tagen auf Antrag eines Viertels der Mitglieder des Bundestages gemäß § 97 Absatz 2 einen anderen Bundeskanzler wählen.

§ 99 Dringliche Gesetzentwürfe der Bundesregierung nach Artikel 81 des Grundgesetzes[1)]. (1) [1] Gesetzentwürfe der Bundesregierung, die im Rahmen des Artikels 81 des Grundgesetzes von der Bundesregierung als dringlich bezeichnet oder nach Erklärung des Gesetzgebungsnotstandes dem Bundestag erneut vorgelegt worden sind, müssen auf Verlangen der Bundesregierung auf die Tages-

[1)] Nr. 1.

ordnung der nächsten Sitzung gesetzt werden. [2] Absetzen von der Tagesordnung ist nur einmal möglich.

(2) Der Gesetzentwurf gilt auch dann als abgelehnt, wenn zweimal in der zweiten oder dritten Beratung bei einer Einzel- oder Schlussabstimmung wegen Beschlussunfähigkeit ergebnislos abgestimmt worden ist.

§ 100 Große Anfragen. [1] Große Anfragen an die Bundesregierung (§ 75 Absatz 1 Buchstabe f) sind dem Präsidenten einzureichen; sie müssen kurz und bestimmt gefasst sein und können mit einer kurzen Begründung versehen werden. [2] Wird in der Begründung auf andere Materialien verwiesen, findet § 77 Absatz 2 entsprechende Anwendung.

§ 101 Beantwortung und Beratung von Großen Anfragen. [1] Der Präsident teilt der Bundesregierung die Große Anfrage mit und fordert zur Erklärung auf, ob und wann sie antworten werde. [2] Nach Eingang der Antwort wird die Große Anfrage auf die Tagesordnung gesetzt. [3] Die Beratung muss erfolgen, wenn sie von einer Fraktion oder von fünf vom Hundert der Mitglieder des Bundestages verlangt wird.

§ 102 Ablehnung der Beantwortung der Großen Anfragen. [1] Lehnt die Bundesregierung überhaupt oder für die nächsten drei Wochen die Beantwortung der Großen Anfrage ab, so kann der Bundestag die Große Anfrage zur Beratung auf die Tagesordnung setzen. [2] Sie muss erfolgen, wenn sie von einer Fraktion oder von fünf vom Hundert der Mitglieder des Bundestages verlangt wird. [3] Vor der Aussprache kann einer der Anfragenden das Wort zu einer zusätzlichen mündlichen Begründung erhalten.

§ 103 Beschränkung der Beratung über Große Anfragen. [1] Gehen Große Anfragen so zahlreich ein, dass sie die ordnungsgemäße Erledigung der Geschäfte gefährden, so kann der Bundestag zeitweilig die Beratungen darüber auf einen bestimmten wöchentlichen Sitzungstag beschränken. [2] Auch in diesem Fall kann der Bundestag die Beratung über einzelne Große Anfragen an einem anderen Sitzungstag beschließen.

§ 104 Kleine Anfragen. (1) [1] In Kleinen Anfragen (§ 75 Absatz 3) kann von der Bundesregierung Auskunft über bestimmt bezeichnete Bereiche verlangt werden. [2] Die Fragen sind dem Präsidenten einzureichen; sie dürfen keine unsachlichen Feststellungen oder Wertungen enthalten. [3] Eine kurze Begründung kann angefügt werden.

(2) Der Präsident fordert die Bundesregierung auf, die Fragen innerhalb von vierzehn Tagen schriftlich zu beantworten; er kann diese Frist im Benehmen mit dem Fragesteller verlängern.

§ 105 Fragen einzelner Mitglieder des Bundestages. [1] Jedes Mitglied des Bundestages ist berechtigt, kurze Einzelfragen zur mündlichen oder schriftlichen Beantwortung an die Bundesregierung zu richten. [2] Das Nähere wird in Richtlinien geregelt (Anlage 2).

***§ 106 Aktuelle Stunde* und Befragung der Bundesregierung.** (1) Für die Aussprache über ein bestimmt bezeichnetes Thema von allgemeinem aktuellen Interesse in Kurzbeiträgen von fünf Minuten (Aktuelle Stunde) gelten, soweit diese Geschäftsordnung nichts anderes vorschreibt, die Richtlinien (Anlage 3).

(2) [1] In Sitzungswochen findet eine Befragung der Bundesregierung statt, bei der die Mitglieder des Bundestages Fragen von aktuellem Interesse an die Bundesregierung im Rahmen ihrer Verantwortlichkeit stellen können. [2] Das Nähere wird in Richtlinien geregelt (Anlage 4).

§ 107 Immunitätsangelegenheiten. (1) Ersuchen in Immunitätsangelegenheiten sind vom Präsidenten unmittelbar an den Ausschuss für Wahlprüfung, Immunität und Geschäftsordnung weiterzuleiten.

(2) Dieser hat Grundsätze über die Behandlung von Ersuchen auf Aufhebung der Immunität von Mitgliedern des Bundestages aufzustellen (Anlage 5) und diese Grundsätze zum Ausgangspunkt seiner in Einzelfällen zu erarbeitenden Beschlussempfehlungen an den Bundestag zu machen.

(3) [1] Die Beratung über eine Beschlussempfehlung ist an Fristen nicht gebunden. [2] Auf Ersuchen des Ausschusses für Wahlprüfung, Immunität und Geschäftsordnung wird die Beschlussempfehlung unverzüglich auf die Tagesordnung gesetzt und beraten. [3] Ist die Beschlussempfehlung noch nicht verteilt, wird sie verlesen. [4] Eine Aussprache findet nicht statt.

(4) Vor der Konstituierung des Ausschusses für Wahlprüfung, Immunität und Geschäftsordnung kann der Präsident dem Bundestag in Immunitätsangelegenheiten unmittelbar eine Beschlussempfehlung vorlegen.

IX. Behandlung von Petitionen

§ 108 Zuständigkeit des Petitionsausschusses. (1) [1] Dem gemäß Artikel 45c des Grundgesetzes[1)] vom Bundestag zu bestellenden Petitionsausschuss obliegt die Behandlung der nach Artikel 17 des Grundgesetzes an den Bundestag gerichteten Bitten und Beschwerden. [2] Aufgaben und Befugnisse des Wehrbeauftragten des Bundestages bleiben unberührt.

(2) Soweit sich aus dem Gesetz über die Befugnisse des Petitionsausschusses des Deutschen Bundestages[2)] nichts anderes ergibt, werden die Petitionen gemäß den nachfolgenden Bestimmungen behandelt.

§ 109 Überweisung der Petitionen. (1) [1] Der Präsident überweist die Petitionen an den Petitionsausschuss. [2] Dieser holt eine Stellungnahme der Fachausschüsse ein, wenn die Petitionen einen Gegenstand der Beratung in diesen Fachausschüssen betreffen.

(2) Mitglieder des Bundestages, die eine Petition überreichen, sind auf ihr Verlangen zu den Ausschussverhandlungen mit beratender Stimme zuzuziehen.

§ 110 Rechte des Petitionsausschusses. (1) Der Petitionsausschuss hat Grundsätze über die Behandlung von Bitten und Beschwerden aufzustellen und diese Grundsätze zum Ausgangspunkt seiner Entscheidung im Einzelfall zu machen.

(2) Soweit Ersuchen um Aktenvorlage, Auskunft oder Zutritt zu Einrichtungen unmittelbar an Behörden des Bundes, bundesunmittelbare Körperschaften, Anstalten und Stiftungen des öffentlichen Rechts gerichtet werden, ist das zuständige Mitglied der Bundesregierung zu verständigen.

---

1) Nr. **1**.
2) Nr. **5**.

(3) Von der Anhörung des Petenten, Zeugen oder Sachverständigen ist das zuständige Mitglied der Bundesregierung rechtzeitig zu unterrichten.

§ 111 Übertragung von Befugnissen auf einzelne Mitglieder des Petitionsausschusses. [1]Die Übertragung von Befugnissen nach dem Gesetz nach Artikel 45c des Grundgesetzes[1)] auf eines oder mehrere seiner Mitglieder muss der Petitionsausschuss im Einzelfall beschließen. [2]Inhalt und Umfang der Übertragung sind im Beschluss zu bestimmen.

§ 112 Beschlussempfehlung und Bericht des Petitionsausschusses.

(1) [1]Der Bericht über die vom Petitionsausschuss behandelten Petitionen wird mit einer Beschlussempfehlung dem Bundestag in einer Sammelübersicht vorgelegt. [2]Der Bericht soll monatlich vorgelegt werden. [3]Darüber hinaus erstattet der Petitionsausschuss dem Bundestag jährlich einen schriftlichen Bericht über seine Tätigkeit.

(2) [1]Die Berichte werden verteilt und innerhalb von drei Sitzungswochen nach der Verteilung auf die Tagesordnung gesetzt; sie können vom Berichterstatter mündlich ergänzt werden. [2]Eine Aussprache findet jedoch nur statt, wenn diese von einer Fraktion oder von anwesenden fünf vom Hundert der Mitglieder des Bundestages verlangt wird.

(3) [1]Den Einsendern wird die Art der Erledigung ihrer Petition mitgeteilt. [2]Diese Mitteilung soll mit Gründen versehen sein.

X. Der Wehrbeauftragte des Bundestages

§ 113 Wahl des Wehrbeauftragten. Die Wahl des Wehrbeauftragten erfolgt mit verdeckten Stimmzetteln (§ 49).

§ 114 Berichte des Wehrbeauftragten. (1) Die Berichte des Wehrbeauftragten überweist der Präsident dem Verteidigungsausschuss, es sei denn, dass eine Fraktion oder fünf vom Hundert der Mitglieder des Bundestages verlangen, ihn auf die Tagesordnung zu setzen.

(2) Der Verteidigungsausschuss hat dem Bundestag Bericht zu erstatten.

§ 115 Beratung der Berichte des Wehrbeauftragten. (1) Der Präsident erteilt dem Wehrbeauftragten in der Aussprache über die von ihm vorgelegten Berichte das Wort, wenn es von einer Fraktion oder von anwesenden fünf vom Hundert der Mitglieder des Bundestages verlangt worden ist.

(2) Die Herbeirufung des Wehrbeauftragten zu den Sitzungen des Bundestages kann von einer Fraktion oder von anwesenden fünf vom Hundert der Mitglieder des Bundestages verlangt werden; Absatz 1 findet entsprechende Anwendung.

XI. Beurkundung und Vollzug der Beschlüsse des Bundestages

§ 116 Plenarprotokolle. (1) Über jede Sitzung wird ein Stenographischer Bericht (Plenarprotokoll) angefertigt.

(2) Die Plenarprotokolle werden an die Mitglieder des Bundestages verteilt.

(3) Alle anderen Aufnahmen der Verhandlungen des Bundestages, zum Beispiel Tonbandaufnahmen, sind im Parlamentsarchiv niederzulegen.

[1)] Nr. 5.

§ 117 Prüfung der Niederschrift durch den Redner. [1]Jeder Redner erhält die Niederschrift seiner Rede zur Prüfung. [2]Sie ist innerhalb von zwei Stunden an den Stenographischen Dienst zurückzugeben. [3]Die Niederschrift wird in Druck gegeben, wenn der Redner sie nicht fristgerecht zurückgibt. [4]Niederschriften von Reden dürfen vor ihrer Prüfung durch den Redner einem anderen als dem Präsidenten nur mit Zustimmung des Redners zur Einsicht überlassen werden.

§ 118 Korrektur der Niederschrift. (1) [1]Durch Korrekturen, die der Redner an der Niederschrift vornimmt, darf der Sinn der Rede oder ihrer einzelnen Teile nicht geändert werden. [2]Ergeben sich hinsichtlich der Zulässigkeit einer Korrektur Zweifel und wird keine Verständigung zwischen dem Redner und dem Leiter des Stenographischen Dienstes erzielt, so ist die Entscheidung des sitzungsleitenden Präsidenten einzuholen.

(2) Der Präsident kann alle Beweismittel heranziehen.

§ 119 Niederschrift von Zwischenrufen. Ein Zwischenruf, der in die Niederschrift aufgenommen worden ist, wird Bestandteil des Plenarprotokolls, es sei denn, dass er mit Zustimmung des Präsidenten und der Beteiligten gestrichen wird.

§ 120 Beurkundung der Beschlüsse. [1]Außer dem Plenarprotokoll wird über jede Sitzung ein Beschlussprotokoll (Amtliches Protokoll) gefertigt, das vom Präsidenten unterzeichnet wird. [2]Das Amtliche Protokoll wird an die Mitglieder des Bundestages verteilt und gilt als genehmigt, wenn bis zu dem auf die Verteilung folgenden Sitzungstag kein Einspruch erhoben wird.

§ 121 Einspruch gegen das Amtliche Protokoll. [1]Wird gegen das Amtliche Protokoll Einspruch erhoben und dieser nicht durch den Präsidenten erledigt, so befragt er den Bundestag. [2]Wird der Einspruch für begründet erachtet, so ist die neue Fassung der beanstandeten Stelle dem nächsten Amtlichen Protokoll beizufügen.

§ 122 Übersendung beschlossener Gesetze. (1) Der Präsident übersendet das beschlossene Gesetz unverzüglich dem Bundesrat (Artikel 77 Absatz 1 Satz 2 des Grundgesetzes[1]).

(2) Je einen Abdruck des Gesetzesbeschlusses übersendet der Präsident an den Bundeskanzler und an den federführenden Minister und teilt dabei mit, wann die Zuleitung des beschlossenen Gesetzes an den Bundesrat nach Artikel 77 Absatz 1 Satz 2 des Grundgesetzes erfolgt ist.

(3) [1]Werden vor Übersendung nach Absatz 1 in der vom Bundestag in der Schlussabstimmung angenommenen Fassung des Gesetzes Druckfehler oder andere offenbare Unrichtigkeiten festgestellt, kann der Präsident im Einvernehmen mit dem federführenden Ausschuss eine Berichtigung veranlassen. [2]Ist das Gesetz gemäß Absatz 1 bereits übersandt, macht der Präsident nach Einwilligung des federführenden Ausschusses den Präsidenten des Bundesrates auf die Druckfehler oder andere offenbare Unrichtigkeiten mit der Bitte aufmerksam, sie im weiteren Gesetzgebungsverfahren zu berichtigen. [3]Von dieser Bitte ist dem Bundeskanzler und dem federführenden Minister Mitteilung zu machen.

---

[1] Nr. **1**.

§ 122a Elektronische Dokumente. (1) Soweit für die Einbringung von Vorlagen Schriftform vorgesehen ist, genügt dieser Form die Aufzeichnung als elektronisches Dokument, wenn dieses für die weitere Bearbeitung geeignet ist.

(2) [1] Das Dokument muss mit einer elektronischen Signatur nach der Verordnung (EU) Nr. 910/2014[1)] des Europäischen Parlaments und des Rates vom 23. Juli 2014 über elektronische Identifizierung und Vertrauensdienste für elektronische Transaktionen im Binnenmarkt und zur Aufhebung der Richtlinie 1999/93/EG (ABl. L 257 vom 28.8.2014, S. 73; L 23 vom 29.1.2015, S. 19; L 155 vom 14.6.2016, S. 44) versehen sein. [2] Das Nähere regeln Ausführungsbestimmungen, die vom Ältestenrat zu erlassen sind.

§ 123 Fristberechnung. (1) Bei Fristen wird der Tag der Verteilung der Drucksache nicht eingerechnet; sie gilt als verteilt, wenn sie für die Mitglieder des Bundestages elektronisch abrufbar oder in ihre Fächer verteilt worden ist.

(2) Die Fristen gelten auch dann als gewahrt, wenn infolge technischer Schwierigkeiten oder aus zufälligen Gründen für einzelne Mitglieder des Bundestages eine Drucksache erst nach der allgemeinen Verteilung elektronisch abrufbar oder in ihre Fächer verteilt worden ist.

§ 124 Wahrung der Frist. [1] Bei Berechnung einer Frist, innerhalb der eine Erklärung gegenüber dem Bundestag abzugeben oder eine Leistung zu bewirken ist, wird der Tag, an dem die Erklärung oder Leistung erfolgt, nicht mitgerechnet. [2] Ist danach die Erklärung oder Leistung an einem Sonnabend, Sonntag oder einem am Sitz des Bundestages gesetzlich anerkannten Feiertag zu bewirken, so tritt an dessen Stelle der nächstfolgende Werktag. [3] Die Erklärung oder Leistung ist während der üblichen Dienststunden, spätestens aber um 18 Uhr, zu bewirken.

§ 125 Unerledigte Gegenstände. [1] Am Ende der Wahlperiode des Bundestages gelten alle Vorlagen als erledigt. [2] Dies gilt nicht für Petitionen und für Vorlagen, die keiner Beschlussfassung bedürfen.

XII. Abweichungen und Auslegung dieser Geschäftsordnung

§ 126 Abweichungen von dieser Geschäftsordnung. Abweichungen von den Vorschriften dieser Geschäftsordnung können im einzelnen Fall mit Zweidrittelmehrheit der anwesenden Mitglieder des Bundestages beschlossen werden, wenn die Bestimmungen des Grundgesetzes[2)] dem nicht entgegenstehen.

§ 127 Auslegung dieser Geschäftsordnung. (1) [1] Während einer Sitzung des Bundestages auftretende Zweifel über die Auslegung dieser Geschäftsordnung entscheidet der Präsident für den Einzelfall. [2] Im Übrigen obliegt die Auslegung dieser Geschäftsordnung dem Ausschuss für Wahlprüfung, Immunität und Geschäftsordnung. [3] Der Präsident, eine Fraktion oder fünf vom Hundert der Mitglieder des Bundestages, ein Ausschuss oder ein Viertel der Mitglieder des Ausschusses für Wahlprüfung, Immunität und Geschäftsordnung können eine Auslegungsentscheidung dieser Geschäftsordnung beantragen. [4] Die hierzu Berechtigten können verlangen, dass die Auslegungsentscheidung dem Bundestag zur abschließenden Entscheidung vorgelegt wird.

[1)] **Sartorius III Nr. 741.**
[2)] Nr. **1.**

(2) Wird ein entsprechendes Verlangen gemäß Absatz 1 Satz 4 nicht vorgebracht, entscheidet der Ausschuss für Wahlprüfung, Immunität und Geschäftsordnung, in welcher Form seine Auslegung bekanntzumachen ist.

§ 128 Rechte des Ausschusses für Wahlprüfung, Immunität und Geschäftsordnung. Der Ausschuss für Wahlprüfung, Immunität und Geschäftsordnung kann Fragen aus seinem Geschäftsbereich beraten und dem Bundestag Empfehlungen unterbreiten (§ 75 Absatz 1 Buchstabe h).

Anlage 1

Geheimschutzordnung des Deutschen Bundestages

§ 1 Anwendungsbereich. (1) [1]Diese Geheimschutzordnung gilt für Verschlusssachen (VS), die innerhalb des Bundestages entstehen oder dem Bundestag, seinen Ausschüssen oder Mitgliedern des Bundestages zugeleitet wurden. [2]Die für die Ausschüsse geltenden Vorschriften finden Anwendung auf andere Gremien, die vom Bundestag bzw. den Ausschüssen eingesetzt sind oder auf gesetzlicher Grundlage beruhen.

(2) VS sind Angelegenheiten aller Art, die durch besondere Sicherheitsmaßnahmen gegen die Kenntnis durch Unbefugte geschützt werden müssen.

(3) [1]VS können alle Formen der Darstellung von Kenntnissen und Erkenntnissen sein. [2]Zwischenmaterial (z.B. Vorentwürfe, Aufzeichnungen auf Tonträger, Stenogramme, Kohlepapier, Schablonen, Fehldrucke, u.U. auch Löschpapier) ist wie eine VS zu behandeln.

§ 2 Geheimhaltungsgrade. (1) VS werden je nach dem Schutz, dessen sie bedürfen, in folgende Geheimhaltungsgrade eingestuft:

STRENG GEHEIM	Abkürzung: str. geh.
GEHEIM	Abkürzung: geh.
VS-VERTRAULICH	Abkürzung: VS-Vertr.
VS-NUR FÜR DEN DIENSTGEBRAUCH	Abkürzung: VS-NfD.

(2) Als STRENG GEHEIM eingestuft werden VS, deren Kenntnis durch Unbefugte den Bestand der Bundesrepublik Deutschland oder eines ihrer Länder gefährden würde.

(3) Als GEHEIM eingestuft werden VS, deren Kenntnis durch Unbefugte die Sicherheit der Bundesrepublik Deutschland oder eines ihrer Länder gefährden, ihren Interessen oder ihrem Ansehen schweren Schaden zufügen oder für einen fremden Staat von großem Vorteil sein würde.

(4) Als VS-VERTRAULICH eingestuft werden VS, deren Kenntnis durch Unbefugte den Interessen oder dem Ansehen der Bundesrepublik Deutschland oder eines ihrer Länder abträglich oder für einen fremden Staat von Vorteil sein könnte.

(5) [1]VS, die nicht unter die Geheimhaltungsgrade STRENG GEHEIM, GEHEIM oder VS-VERTRAULICH fallen, aber nicht für die Öffentlichkeit bestimmt sind, erhalten den Geheimhaltungsgrad VS-NUR FÜR DEN DIENSTGEBRAUCH. [2]Protokolle über nichtöffentliche Sitzungen der Ausschüsse (vgl. § 69 Absatz 1 und 2 der Geschäftsordnung) sind grundsätzlich keine Verschlusssachen im Sinne dieser Geheimschutzordnung (§ 73 der Geschäftsordnung).

(6) Die Kennzeichnung von VS erfolgt unter entsprechender Anwendung der Verschlusssachenanweisung für die Bundesbehörden.

§ 2a Private Geheimnisse. (1) Als GEHEIM können auch wichtige Geschäfts-, Betriebs-, Erfindungs-, Steuer- oder sonstige private Geheimnisse oder Umstände des persönlichen Lebensbereichs eingestuft werden, deren Kenntnis durch Unbefugte dem Berechtigten schweren Schaden zufügen würde.

(2) Als VS-VERTRAULICH können die in Absatz 1 bezeichneten Geheimnisse oder Umstände eingestuft werden, deren Kenntnis durch Unbefugte dem Interesse des Berechtigten abträglich sein könnte.

§ 3 Wahl und Änderung der Geheimhaltungsgrade. (1) [1]Von Geheimeinstufungen ist nur der unbedingt notwendige Gebrauch zu machen. [2]VS sind nicht höher einzustufen, als es ihr Inhalt erfordert.

(2) [1]Den Geheimhaltungsgrad der VS bestimmt die herausgebende Stelle. [2]Sie teilt die Änderung oder Aufhebung des Geheimhaltungsgrades einer VS dem Empfänger schriftlich mit.

(3) Herausgebende Stelle im Sinne des Absatzes 2 sind bei VS, die innerhalb des Bundestages entstehen,

a) der Präsident,

b) die Vorsitzenden der Ausschüsse,

c) weitere vom Präsidenten ermächtigte Stellen.

§ 3a Einsichtnahme in VS. [1]VS der Geheimhaltungsgrade STRENG GEHEIM oder GEHEIM dürfen nur in den Räumen der Geheimregistratur eingesehen werden. [2]Abweichend hiervon können VS Mitgliedern von Untersuchungsausschüssen sowie von Gremien, die aufgrund rechtlicher Grundlage regelmäßig geheim tagen, zur Einsichtnahme in ihren Büroräumen ausgegeben werden, sofern diese mit VS-Verwahrgelassen ausgestattet und die VS dem Bundestag zum Zwecke der Auftragserledigung dieses Gremiums zugeleitet worden sind. [3]Satz 2 gilt für Personen entsprechend, die vom Präsidenten hierzu ermächtigt werden.

§ 4 Kenntnis und Weitergabe einer VS. (1) Über den Inhalt einer VS des Geheimhaltungsgrades VS-VERTRAULICH und höher darf nicht umfassender und früher unterrichtet werden, als dies aus Gründen der parlamentarischen Arbeit unerlässlich ist.

(2) Im Rahmen des Absatzes 1 darf ein Mitglied des Bundestages, dem eine VS des Geheimhaltungsgrades VS-VERTRAULICH und höher zugänglich gemacht worden ist, andere Mitglieder des Bundestages davon in Kenntnis setzen.

(3) [1]Fraktionsangestellten und Mitarbeitern von Mitgliedern des Bundestages dürfen VS des Geheimhaltungsgrades VS-VERTRAULICH und höher in diesem Rahmen nur zugänglich gemacht werden, wenn sie vom Präsidenten zum Umgang mit VS ermächtigt und zur Geheimhaltung förmlich verpflichtet sind. [2]Satz 1 gilt für einen Ermittlungsbeauftragten gemäß § 10 des Untersuchungsausschussgesetzes[1)] und seine Hilfskräfte entsprechend.

(4) Anderen Personen dürfen VS des Geheimhaltungsgrades VS-VERTRAULICH und höher nur mit Zustimmung der herausgebenden Stelle zugänglich gemacht werden, wenn sie zum Umgang mit VS ermächtigt und zur Geheimhaltung förmlich verpflichtet sind.

§ 5 Ferngespräche über VS. [1]Über Angelegenheiten des Geheimhaltungsgrades VS-VERTRAULICH oder höher dürfen Ferngespräche nur in außergewöhnlichen und dringenden Fällen geführt werden. [2]In diesen Fällen sind die Gespräche so vorsichtig zu führen, dass der Sachverhalt Dritten nicht verständlich wird. [3]Ist der Gesprächspartner nicht mit Sicherheit festzustellen, so ist ein Kontrollanruf erforderlich.

§ 6 Herstellung von Duplikaten. [1]Der Empfänger von VS der Geheimhaltungsgrade VS-VERTRAULICH und höher darf weitere Exemplare (Abschriften, Abdrucke, Ablichtungen und dergleichen) sowie Auszüge nur von der Geheimregistratur herstellen lassen; für VS des Geheimhaltungsgrades STRENG GEHEIM ist außerdem die Zustimmung der herausgebenden Stelle erforderlich. [2]Sie sind wie die Original-VS zu behandeln.

§ 7 Behandlung von VS in Ausschüssen. (1) [1]Die Ausschüsse können für einen Beratungsgegenstand oder für Teile desselben einen Geheimhaltungsgrad beschließen (§ 69 Absatz 3 der Geschäftsordnung). [2]Wird über VS der Geheimhaltungsgrade VS-VERTRAULICH und höher beraten, führt der Vorsitzende die entsprechende Beschlussfassung unverzüglich in derselben Sitzung herbei und stellt vor Beginn der Beratungen fest, dass sich keine unbefugten Personen im Sitzungssaal aufhalten.

(2) [1]Bei Beratungen über STRENG GEHEIM- oder GEHEIM-Angelegenheiten dürfen nur die Beschlüsse protokolliert werden. [2]Der Ausschuss kann beschließen, dass die Beratungen dem Inhalt nach festgehalten werden; in diesem Fall hat er über Auflage und Verteilung der Protokolle zu beschließen.

(3) [1]Bei Beratungen über VS-VERTRAULICH-Angelegenheiten kann ein Protokoll angefertigt werden; Absatz 2 Satz 2 zweiter Halbsatz gilt entsprechend. [2]Der Ausschuss kann jedoch beschließen, dass nur die Beschlüsse festgehalten werden.

(4) [1]Werden VS des Geheimhaltungsgrades VS-VERTRAULICH oder höher einem Ausschuss zugeleitet, dürfen sie nur in der Sitzung und längstens für deren Dauer ausgegeben werden. [2]Bei Unterbrechung der Sitzung kann die Rückgabe unterbleiben, wenn die Überwachung des Sitzungsraumes durch die Hausinspektion sichergestellt ist. [3]Der Ausschussvorsitzende kann bestimmen, dass VS der Geheimhaltungsgrade GEHEIM und VS-VERTRAULICH an die Berichterstatter des Ausschusses und in besonderen Fällen anderen Mitgliedern des Ausschusses bis zum Abschluss der Ausschussberatungen über den Beratungsgegenstand, auf den sich die VS bezieht, ausgegeben und in den dafür zulässigen VS-Behältnissen aufbewahrt werden.

(5) Für VS des Geheimhaltungsgrades VS-VERTRAULICH kann der Ausschuss in Fällen des Absatzes 4 anders beschließen.

[1)] Nr. 6.

(6) [1]VS des Geheimhaltungsgrades VS-VERTRAULICH und GEHEIM können, sofern sie im Ausschuss entstanden sind, mit Genehmigung des Ausschussvorsitzenden nach Registrierung in der Geheimregistratur in den dafür vorgesehenen VS-Behältnissen des Ausschusses zeitweilig aufbewahrt werden. [2]Sie sind an die Geheimregistratur zurückzugeben, sobald sie im Ausschuss nicht mehr benötigt werden.

(7) Stellt sich erst im Laufe oder am Schluss der Beratungen heraus, dass die Beratungen als VS-VERTRAULICH oder höher zu bewerten sind, kann der Ausschuss die erforderlichen Sicherheitsmaßnahmen nachträglich beschließen.

§ 8 Registrierung und Verwaltung von VS. (1) Werden VS der Geheimhaltungsgrade VS-VERTRAULICH oder höher dem Bundestag, seinen Ausschüssen oder Mitgliedern des Bundestages zugeleitet, sind sie, soweit sie nicht über die Geheimregistratur geleitet worden sind, grundsätzlich dieser zur Registrierung und Verwaltung zuzuleiten.

(2) Im Bundestag entstehende VS der Geheimhaltungsgrade VS-VERTRAULICH und höher sind grundsätzlich ebenfalls der Geheimregistratur zur Registrierung und Verwaltung zuzuleiten.

(3) Der Empfang von VS des Geheimhaltungsgrades VS-VERTRAULICH oder höher ist schriftlich zu bestätigen.

(4) VS der Geheimhaltungsgrade VS-VERTRAULICH und höher sind in der Geheimregistratur oder den hierfür vom Präsidenten bestimmten Räumen aufzubewahren.

(5) VS des Geheimhaltungsgrades VS-NUR FÜR DEN DIENSTGEBRAUCH sind unter Verschluss aufzubewahren; dieses ist nicht notwendig, wenn sie in Räumen aufbewahrt werden, zu denen Außenstehende keinen Zugang haben.

§ 9 Vernichtung von VS. [1]VS einschließlich des im Bundestag entstehenden Zwischenmaterials sind, wenn sie nicht mehr benötigt werden, der Geheimregistratur zuzuleiten. [2]Soweit die VS nicht aufzubewahren sind, werden sie durch die Geheimregistratur vernichtet.

§ 10 Weiterleitung von VS. (1) [1]VS der Geheimhaltungsgrade STRENG GEHEIM und GEHEIM sind bei Beförderung innerhalb des Hauses grundsätzlich über die Geheimregistratur zu leiten. [2]Sie dürfen nur durch entsprechend ermächtigte Personen weitergeleitet werden. [3]Ist aus dringendem Grund eine Von-Hand-zu-Hand-Übergabe erfolgt, ist die Geheimregistratur nachträglich in Kenntnis zu setzen.

(2) VS des Geheimhaltungsgrades VS-VERTRAULICH können unter Benachrichtigung der Geheimregistratur von Hand zu Hand an zum Empfang berechtigte Personen weitergegeben werden.

(3) Die Versendung von VS der Geheimhaltungsgrade VS-VERTRAULICH und höher wird von der Geheimregistratur nach den Bestimmungen der Verschlusssachenanweisung für die Bundesbehörden vorgenommen.

§ 11 Mitnahme von VS. (1) [1]Die Mitnahme von VS der Geheimhaltungsgrade STRENG GEHEIM und GEHEIM aus den der Verwaltung des Bundestages unterstehenden Räumen ist unzulässig. [2]Der Präsident kann die Mitnahme zulassen, wenn unabweisbare Gründe dies erfordern. [3]Er legt gleichzeitig fest, wie die VS zu befördern sind.

(2) [1]Bei der Mitnahme von VS der Geheimhaltungsgrade VS-VERTRAULICH oder höher ist für die ununterbrochene sichere Aufbewahrung zu sorgen. [2]Steht für VS der Geheimhaltungsgrade STRENG GEHEIM oder GEHEIM kein Stahlschrank mit Kombinations- und Sicherheitsschloss zur Verfügung, muss der Inhaber die VS ständig bei sich führen. [3]Die Zurücklassung in Kraftwagen, die Verwahrung in Hotelsafes oder auf Bahnhöfen und dergleichen ist unzulässig. [4]Bei Aufenthalten im Ausland ist die VS nach Möglichkeit bei den deutschen Vertretungen aufzubewahren.

(3) In der Öffentlichkeit dürfen VS der Geheimhaltungsgrade VS-VERTRAULICH oder höher nicht gelesen und erörtert werden.

§ 12 Mitteilungspflicht. Jeder Verdacht, jede Wahrnehmung oder jeder Vorfall, der auf Anbahnungsversuche fremder Nachrichtendienste oder darauf schließen lässt, dass Unbefugte Kenntnis vom Inhalt von VS erhalten haben, sowie der Verlust von VS der Geheimhaltungsgrade VS-VERTRAULICH oder höher oder der Verlust von Sicherheitsschlüsseln ist unverzüglich dem Präsidenten oder dem Geheimschutzbeauftragten der Verwaltung des Deutschen Bundestages mitzuteilen.

§ 13 Ausführungsbestimmungen. Der Präsident ist ermächtigt, Ausführungsbestimmungen zu erlassen.

Anlage 2

Richtlinien für die Fragestunde und für die schriftlichen Einzelfragen

I. Fragerecht

1. In jeder Sitzungswoche wird eine Fragestunde mit einer Dauer von höchstens 45 Minuten durchgeführt.
   Jedes Mitglied des Bundestages ist berechtigt, für die Fragestunden einer Sitzungswoche bis zu zwei Fragen zur mündlichen Beantwortung an die Bundesregierung zu richten.
   Die Fragen müssen kurz gefasst sein und eine kurze Beantwortung ermöglichen. Sie dürfen keine unsachlichen Feststellungen oder Wertungen enthalten. Jede Frage darf in zwei Unterfragen unterteilt sein.
   Die Fragen werden nach den Geschäftsbereichen der Bundesregierung in einer Drucksache zusammengestellt.
   Der Präsident bestimmt, in welcher Reihenfolge die Geschäftsbereiche aufgerufen werden.
2. Zulässig sind Fragen aus den Bereichen, für die die Bundesregierung unmittelbar oder mittelbar verantwortlich ist.
   Fragen von offenbar lokaler Bedeutung werden vom Präsidenten zur schriftlichen Beantwortung der Bundesregierung übermittelt. Die Nummern 14 und 15 finden Anwendung.
3. Der Fragesteller ist berechtigt, bis zu zwei Zusatzfragen zu stellen, wenn die Frage mündlich beantwortet wird. Für Zusatzfragen gilt Nummer 1 Absatz 3 entsprechend.
4. Der Präsident soll weitere Zusatzfragen durch andere Mitglieder des Bundestages zulassen, soweit dadurch die ordnungsgemäße Abwicklung der Fragestunde nicht gefährdet wird.
5. Zusatzfragen, die nicht in einem unmittelbaren Zusammenhang mit der Hauptfrage stehen, weist der Präsident zurück.

II. Die Einreichung der Fragen

6. Die Fragen sind dem Präsidenten (Parlamentssekretariat) einzureichen.
7. Fragen werden erst in die Drucksache zur Fragestunde aufgenommen, wenn sie der Nummer 1 Absatz 3 und Nummer 2 Absatz 1 entsprechen.
8. Mündliche Fragen müssen vor der Sitzungswoche bis Freitag, 10.00 Uhr, beim Präsidenten und bis Freitag, 12.00 Uhr, bei der Bundesregierung vorliegen.

III. Durchführung der Fragestunde

9. Der Präsident ruft die Nummer der Frage und den Namen des Fragestellers auf.
   Fragen dürfen nur beantwortet werden, wenn der Fragesteller anwesend ist. Ist der Fragesteller nicht anwesend, wird seine Frage nur dann schriftlich beantwortet, wenn er aufgrund der Teilnahme an der Sitzung eines Ausschusses diese nicht mündlich stellen kann und er bis zum Aufruf des Geschäftsbereichs beim Präsidenten um schriftliche Beantwortung gebeten hat.
10. Ist der zuständige Bundesminister oder sein Vertreter nicht anwesend, so kann der Fragesteller verlangen, dass seine Fragen zu Beginn der Fragestunde aufgerufen werden, in der der Bundesminister oder sein Vertreter anwesend ist; sein Fragerecht darf hierdurch nicht eingeschränkt werden.
11. Fragen, die in den Fragestunden einer Woche aus Zeitmangel nicht beantwortet werden, beantwortet die Bundesregierung schriftlich, sofern der Fragesteller nicht vor Schluss der letzten Fragestunde einer Woche gegenüber dem Sitzungsvorstand seine Fragen zurückzieht. Die schriftlichen Antworten werden in den Anhang zum Plenarprotokoll aufgenommen.

IV. Schriftliche Fragen

12. Jedes Mitglied des Bundestages ist berechtigt, in jedem Monat bis zu vier Fragen zur schriftlichen Beantwortung an die Bundesregierung zu richten. Für die Zulässigkeit der Fragen gilt die Nummer 1 Absatz 3 und Nummer 2 Absatz 1 entsprechend.
13. Die Fragen werden von der Bundesregierung binnen einer Woche nach Eingang beim Bundeskanzleramt beantwortet.
    Die während einer Woche eingegangenen Antworten werden in der folgenden Woche zusammen mit den Fragen in einer Drucksache veröffentlicht.
14. Ist die Antwort nicht innerhalb der Wochenfrist beim Präsidenten (Parlamentssekretariat) eingegangen, kann der Fragesteller verlangen, dass seine Frage in der ersten Fragestunde der Sitzungswoche, die auf den Fristablauf folgt, zur mündlichen Beantwortung aufgerufen wird.

Das Verlangen ist bis spätestens 12.00 Uhr des Vortages der Fragestunde beim Präsidenten (Parlamentssekretariat) geltend zu machen.
Ist die Frage inzwischen schriftlich beantwortet, kann der Fragesteller nur fragen, warum die Antwort nicht innerhalb der Wochenfrist gegeben wurde.

15. Fragen aufgrund der Nummer 14 werden auf sonstige mündliche Fragen für diese Sitzungswoche nicht angerechnet. Sie werden zu Beginn der Fragestunde aufgerufen. Zu einer Frage aufgrund der Nummer 14 kann nur der Fragesteller Zusatzfragen stellen.

Anlage 3

Richtlinien für Aussprachen zu Themen von allgemeinem aktuellen Interesse

I. Voraussetzungen der Aktuellen Stunde

1. Eine Aktuelle Stunde (§ 106) findet statt, wenn sie
   a) im Ältestenrat vereinbart wurde,
   b) von einer Fraktion oder von anwesenden fünf vom Hundert der Mitglieder des Bundestages zu der Antwort der Bundesregierung auf eine mündliche Anfrage oder
   c) unabhängig von einer für die Fragestunde eingereichten Frage von einer Fraktion oder von fünf vom Hundert der Mitglieder des Bundestages

   verlangt wird.
2. a) Die Aussprache nach I.1.b) muss unmittelbar nach Schluss der Fragestunde verlangt und durchgeführt werden.
   b) Das Verlangen auf eine Aussprache nach I.1.c) ist dem Präsidenten unter Angabe des Themas bis spätestens 12.00 Uhr des Vortages vorzulegen. Ist die Tagesordnung bereits verteilt, wird ihre Ergänzung durch den Präsidenten mitgeteilt.

II. Rangfolge der Aussprache

3. An einem Sitzungstag des Bundestages wird nur eine Aussprache durchgeführt.
4. Ist eine Aussprache nach I.1.a) vereinbart worden, kann eine weitere Aussprache für diesen Sitzungstag nicht verlangt werden.
5. Eine Fraktion kann oder fünf vom Hundert der Mitglieder des Bundestages können in einer Sitzungswoche nur ein Verlangen nach I.1.b) oder nach I.1.c) geltend machen. Im Übrigen wird eine nach I.1.c) verlangte Aussprache auf den nachfolgenden Sitzungstag vertagt, wenn eine Aussprache nach I.1.b) verlangt wird. Die vertagte Aussprache geht dann den anderen Möglichkeiten zur Aussprache vor.

III. Dauer der Aussprache

6. a) Die Aussprache soll höchstens eine Stunde dauern. Sprechen weniger Mitglieder einer Fraktion, als aus deren Mitte das Wort erhalten können, verkürzt sich die Aussprache um die ihnen zustehende Redezeit.
   b) Die von Mitgliedern der Bundesregierung, des Bundesrates oder ihren Beauftragten in Anspruch genommene Redezeit bleibt unberücksichtigt. Überschreitet die von Mitgliedern der Bundesregierung, des Bundesrates oder ihren Beauftragten in Anspruch genommene Redezeit 30 Minuten, so verlängert sich die Dauer der Aussprache um 30 Minuten.
   c) Ergreift ein Mitglied der Bundesregierung, des Bundesrates oder einer ihrer Beauftragten nach Ablauf der vorgeschriebenen Dauer der Aussprache oder in der Aussprache so spät das Wort, dass eine Erwiderung von fünf Minuten nicht mehr möglich ist, so erhält auf Verlangen einer Fraktion oder von anwesenden fünf vom Hundert der Mitglieder des Bundestages erneut je ein Sprecher der Fraktionen das Wort. Bei einer Aussprache auf Verlangen nach I.1.b) oder I.1.c) erhält als erster Redner eines der Mitglieder des Bundestages das Wort, die die Aussprache verlangt haben.
7. a) Der einzelne Redner darf nicht länger als fünf Minuten sprechen. Spricht ein Redner kürzer als fünf Minuten, verkürzt sich die Aussprache um die nicht in Anspruch genommene Redezeit.
   b) Spricht ein Mitglied der Bundesregierung, des Bundesrates oder einer ihrer Beauftragten länger als zehn Minuten, so findet § 44 Absatz 3 Anwendung.
8. Für die Reihenfolge der Worterteilung gilt § 28 mit der Maßgabe, dass die Aussprache von einem der Mitglieder eröffnet wird, die die Aussprache verlangt haben.
9. Anträge zur Sache können nicht gestellt werden.

10. § 27a Absatz 1 und 2 finden Anwendung.

Anlage 4

Richtlinien für die Befragung der Bundesregierung

1. Eine Befragung der Bundesregierung findet in Sitzungswochen mittwochs um 14.00 Uhr statt. Die Befragung dauert 90 Minuten. Eine Verlängerung ist nicht möglich.
2. Die Bundesregierung übermittelt den Fraktionen die Tagesordnung des Kabinetts, nachdem diese festgestellt worden ist.
3. Die Mitglieder des Bundestages können an die Bundesregierung Fragen von aktuellem Interesse im Rahmen ihrer Verantwortlichkeit stellen. Die Fragen können durch Bemerkungen eingeleitet werden. Sie müssen kurz gefasst sein und kurze Antworten ermöglichen. Zu jeder Frage ist eine Nachfrage durch den Fragesteller möglich.
4. An der Befragung nehmen mindestens zwei Mitglieder der Bundesregierung teil, um Fragen von aktuellem Interesse zu beantworten. Die Bundesregierung bestimmt unbeschadet von Artikel 43 Absatz 1 des Grundgesetzes[1], an welchen Befragungen die jeweiligen Regierungsmitglieder abwechselnd teilnehmen. Fragen zu den Fachthemen anderer Bundesministerien können durch weitere anwesende Mitglieder der Bundesregierung oder durch Parlamentarische Staatssekretäre des zuständigen Bundesministeriums beantwortet werden.
5. Zu Beginn der Befragung erhalten die anwesenden Mitglieder der Bundesregierung auf Verlangen insgesamt für bis zu acht Minuten das Wort zu einleitenden Ausführungen zu Themen von aktuellem Interesse.
6. Der Präsident erteilt das Wort unter Berücksichtigung der Regeln des § 28 Absatz 1 der Geschäftsordnung und kann die gemeldeten Fragewünsche thematisch gliedern. In einem ersten Abschnitt sollen Fragen zum Bericht und zum Geschäftsbereich der anwesenden Mitglieder der Bundesregierung aufgerufen werden, gefolgt von Fragen zum Geschäftsbereich der weiteren Mitglieder der Bundesregierung sowie zu den vorangegangenen Kabinettssitzungen und allgemeinen Fragen.
7. Dreimal jährlich findet zu dem Termin der Regierungsbefragung eine Befragung des Bundeskanzlers statt. Die Befragung soll in den letzten Sitzungswochen vor Ostern, vor der Sommerpause und vor Weihnachten stattfinden. Die Befragung dauert 60 Minuten. Eine Verlängerung ist nicht möglich. Im Übrigen gelten die vorstehenden Regelungen, mit Ausnahme von Nummer 4 Satz 1, entsprechend.

Anlage 5

Beschluss des Deutschen Bundestages betreffend die Aufhebung der Immunität von Mitgliedern des Bundestages

1. Der Deutsche Bundestag genehmigt bis zum Ablauf dieser Wahlperiode die Durchführung von Ermittlungsverfahren gegen Mitglieder des Bundestages wegen Straftaten, es sei denn, dass es sich um Beleidigungen (§§ 185, 186, 188 Absatz 1 und 2 erste Alternative des Strafgesetzbuches[2]) politischen Charakters handelt.
   Vor Einleitung eines Ermittlungsverfahrens ist dem Präsidenten des Deutschen Bundestages und, soweit nicht Gründe der Wahrheitsfindung entgegenstehen, dem betroffenen Mitglied des Bundestages Mitteilung zu machen; unterbleibt eine Mitteilung an das Mitglied des Bundestages, so ist der Präsident auch hiervon unter Angabe der Gründe zu unterrichten. Das Recht des Deutschen Bundestages, die Aussetzung des Verfahrens zu verlangen (Artikel 46 Absatz 4 des Grundgesetzes[1]), bleibt unberührt.
   Das Ermittlungsverfahren darf im Einzelfall frühestens 48 Stunden nach Zugang der Mitteilung beim Präsidenten des Deutschen Bundestages eingeleitet werden. Bei der Berechnung der Frist werden Sonntage, allgemeine Feiertage und Sonnabende nicht mitgerechnet. Der Präsident des Deutschen Bundestages kann im Einvernehmen mit dem Vorsitzenden des Ausschusses für Wahlprüfung, Immunität und Geschäftsordnung die Frist angemessen verlängern.
2. Diese Genehmigung umfasst nicht
   a) die Erhebung der öffentlichen Klage wegen einer Straftat und den Antrag auf Erlass eines Strafbefehls,

---

[1] Nr. 1.
[2] **Habersack Nr. 85.**

b) im Verfahren nach dem Gesetz über Ordnungswidrigkeiten[1] den Hinweis des Gerichts, dass über die Tat auch aufgrund eines Strafgesetzes entschieden werden kann (§ 81 Absatz 1 Satz 2 des Gesetzes über Ordnungswidrigkeiten[1]),

c) freiheitsentziehende und freiheitsbeschränkende Maßnahmen im Ermittlungsverfahren,

d) die Fortsetzung eines Ermittlungsverfahrens, zu dem der Bundestag in der vorausgegangenen Wahlperiode die Aussetzung der Ermittlungen gemäß Artikel 46 Absatz 4 des Grundgesetzes[2] verlangt hat.

3. Zur Vereinfachung des Geschäftsganges wird der Ausschuss für Wahlprüfung, Immunität und Geschäftsordnung beauftragt, bei Verkehrsdelikten eine Vorentscheidung über die Genehmigung in den Fällen der Nummer 2 zu treffen. Dasselbe gilt für Straftaten, die nach Auffassung des Ausschusses für Wahlprüfung, Immunität und Geschäftsordnung als Bagatellangelegenheiten zu betrachten sind. Die Ermächtigung zur Strafverfolgung gemäß § 90b des Strafgesetzbuches[3] – Verfassungsfeindliche Verunglimpfung des Deutschen Bundestages – sowie § 194 Absatz 4 des Strafgesetzbuches[3] – Beleidigung des Deutschen Bundestages – kann im Wege der Vorentscheidung erteilt werden.
Ist zu Beginn einer Wahlperiode die Fortsetzung eines Strafverfahrens gegen ein Mitglied des Bundestages zu genehmigen, gegen das der vorhergehende Bundestag die Durchführung dieses Strafverfahrens bereits genehmigt hat, kann im Wege der Vorentscheidung verfahren werden.

4. Die Vollstreckung einer Freiheitsstrafe oder einer Erzwingungshaft (§§ 96, 97 des Gesetzes über Ordnungswidrigkeiten[1]) bedürfen der Genehmigung des Deutschen Bundestages. Zur Vereinfachung des Geschäftsganges wird der Ausschuss für Wahlprüfung, Immunität und Geschäftsordnung beauftragt, eine Vorentscheidung über die Genehmigung der Vollstreckung zu treffen, bei Freiheitsstrafen nur, soweit nicht auf eine höhere Freiheitsstrafe als drei Monate erkannt ist oder bei einer Gesamtstrafenbildung (§§ 53 bis 55 des Strafgesetzbuches[3], § 460 der Strafprozessordnung[4]) keine der erkannten Einzelstrafen drei Monate übersteigt.

5. Ist der Vollzug einer angeordneten Durchsuchung oder Beschlagnahme gegen ein Mitglied des Bundestages genehmigt, ist der Präsident beauftragt, die Genehmigung mit der Auflage zu verbinden, dass beim Vollzug der Zwangsmaßnahme ein anderes Mitglied des Bundestages und – falls die Vollstreckung in Räumen des Bundestages erfolgen soll – ein zusätzlicher Vertreter des Präsidenten anwesend sind; das Mitglied des Bundestages wird von der Fraktion des Mitgliedes des Bundestages, gegen das der Vollzug von Zwangsmaßnahmen genehmigt ist, ausgewählt.

6. Der Ausschuss für Wahlprüfung, Immunität und Geschäftsordnung kann im Wege der Vorentscheidung das Verlangen des Bundestages auf Aussetzung eines Verfahrens gemäß Artikel 46 Absatz 4 des Grundgesetzes[2] herbeiführen.

6a. Der Deutsche Bundestag genehmigt die Anordnungen von freiheitsbeschränkenden Maßnahmen nach dem Infektionsschutzgesetz[5] gegen Mitglieder des Bundestages. Die zuständigen Behörden sind verpflichtet, den Präsidenten des Deutschen Bundestages unverzüglich über die gegen ein Mitglied des Bundestages angeordneten Maßnahmen zu unterrichten. Der Ausschuss für Wahlprüfung, Immunität und Geschäftsordnung ist berechtigt, zu prüfen, ob es sich um nach dem Infektionsschutzgesetz[5] gerechtfertigte Maßnahmen handelt und ob die Maßnahme die Funktionsfähigkeit des Deutschen Bundestages unverhältnismäßig beeinträchtigt. Hält er sie in diesem Sinne für nicht oder nicht mehr vertretbar, so kann der Ausschuss im Wege der Vorentscheidung (Nummer 7 dieser Anlage) die Aussetzung der angeordneten Maßnahmen verlangen. Kann der Ausschuss innerhalb von zwei Tagen nach Eingang einer Mitteilung der zuständigen Behörden nicht zusammentreten, so hat der Präsident des Bundestages insoweit die Rechte des Ausschusses für Wahlprüfung, Immunität und Geschäftsordnung. Er hat den Ausschuss unverzüglich über seine Entscheidung in Kenntnis zu setzen. Im Übrigen dürfen durch allgemeine Maßnahmen nach dem Infektionsschutzgesetz[5], wie etwa Ausgangssperren, Abgeordnete nicht an der Ausübung ihres Mandats, insbesondere der Anreise zu Sitzungen des Deutschen Bundestages, gehindert werden.

7. Bei Vorentscheidungen werden die Beschlüsse des Ausschusses dem Bundestag durch den Präsidenten schriftlich mitgeteilt, ohne auf die Tagesordnung gesetzt zu werden. Sie gelten als Entscheidung des Deutschen Bundestages, wenn nicht innerhalb von sieben Tagen nach Mitteilung schriftlich beim Präsidenten Widerspruch erhoben wird.

---

[1] **Habersack Nr. 94.**
[2] Nr. 1.
[3] **Habersack Nr. 85.**
[4] **Habersack Nr. 90.**
[5] **Sartorius ErgBd. Nr. 285.**

Grundsätze in Immunitätsangelegenheiten und in Fällen der Genehmigung gemäß § 50 Absatz 3 StPO[1] und § 382 Absatz 3 ZPO[2] sowie bei Ermächtigungen gemäß § 90b Absatz 2, § 194 Absatz 4 StGB[3] [4]

A. Grundsätze in Immunitätsangelegenheiten

1. Antragsberechtigung
Berechtigt zur Stellung eines Antrages auf Aufhebung der Immunität sind
   a) die Staatsanwaltschaften, Gerichte, Ehren- und Berufsgerichte öffentlich-rechtlichen Charakters sowie berufsständische Einrichtungen, die kraft Gesetzes Standesaufsicht ausüben,
   b) im Privatklageverfahren das Gericht, bevor es nach § 383 StPO[1] das Hauptverfahren eröffnet,
   c) der Gläubiger im Vollstreckungsverfahren, soweit das Gericht nicht auch ohne dessen Antrag tätig werden kann,
   d) der Ausschuss für Wahlprüfung, Immunität und Geschäftsordnung.
2. Mitteilung an den Präsidenten des Bundestages und Einreichen der Anträge
   a) Hat der Bundestag für die Dauer einer Wahlperiode die Durchführung von Ermittlungsverfahren gegen Mitglieder des Bundestages wegen Straftaten genehmigt, so ist vor der Einleitung eines Ermittlungsverfahrens dem Präsidenten des Bundestages und, soweit nicht Gründe der Wahrheitsfindung entgegenstehen, dem betroffenen Mitglied des Bundestages Mitteilung zu machen; unterbleibt eine Mitteilung an das Mitglied des Bundestages, so ist der Präsident auch hiervon unter Angabe der Gründe zu unterrichten. Das Recht des Bundestages, die Aussetzung des Verfahrens zu verlangen (Artikel 46 Absatz 4 des Grundgesetzes[5]), bleibt unberührt.
   b) Die Staatsanwaltschaften und Gerichte richten ihre Anträge an den Präsidenten des Bundestages auf dem Dienstweg über den Bundesminister der Justiz, der sie mit der Bitte vorlegt, eine Entscheidung herbeizuführen, ob die Genehmigung zur Strafverfolgung oder Beschränkung der persönlichen Freiheit eines Mitgliedes des Bundestages oder der sonst beabsichtigten Maßnahme erteilt wird.
   c) Der Gläubiger (Nummer 1 Buchstabe c) kann seinen Antrag unmittelbar an den Bundestag richten.
3. Stellung der betroffenen Mitglieder des Bundestages
In Immunitätsangelegenheiten soll das betroffene Mitglied des Bundestages im Bundestag das Wort zur Sache nicht erhalten; von ihm gestellte Anträge auf Aufhebung seiner Immunität bleiben unberücksichtigt. Der Ausschuss für Wahlprüfung, Immunität und Geschäftsordnung kann auf Antrag einer Fraktion im Ausschuss dem betroffenen Mitglied Gelegenheit zur Äußerung geben.
4. Entscheidungen in Immunitätsangelegenheiten
Das Immunitätsrecht bezweckt vornehmlich, die Arbeits- und Funktionsfähigkeit des Bundestages sicherzustellen; der einzelne Abgeordnete hat einen Anspruch auf eine von sachfremden, willkürlichen Motiven freie Entscheidung. Die Entscheidung über die Aufhebung oder Wiederherstellung der Immunität trifft der Bundestag in eigener Verantwortung unter Abwägung der Belange des Parlaments und der anderen hoheitlichen Gewalten unter Berücksichtigung der Belange des betroffenen Abgeordneten. In eine Beweiswürdigung wird nicht eingetreten; die Entscheidung beinhaltet keine Feststellung von Recht oder Unrecht, Schuld oder Nichtschuld.
5. Beleidigungen politischen Charakters
Beleidigungen politischen Charakters sollen in der Regel nicht zur Aufhebung der Immunität führen. Die Staatsanwaltschaft darf zur Vorbereitung einer Entscheidung darüber, ob ein Antrag auf Entscheidung über die Genehmigung zur Durchführung eines Strafverfahrens gestellt werden soll, dem Mitglied des Bundestages die Anschuldigung mitteilen und ihm anheimstellen, hierzu Stellung zu nehmen. Feststellungen der Staatsanwaltschaft über die Persönlichkeit des Anzeigeerstatters sowie über andere für die Beurteilung der Ernsthaftigkeit einer Anzeige wichtige Umstände bedeuten kein „zur Verantwortung ziehen“ im Sinne des Artikels 46 Absatz 2 des Grundgesetzes.
Artikel 46 Absatz 1 des Grundgesetzes bestimmt, dass ein Mitglied des Bundestages wegen einer Abstimmung oder einer Äußerung, die es im Bundestage oder in einem seiner Ausschüsse getan hat, gerichtlich oder dienstlich nicht zur Verantwortung gezogen werden kann, mit Ausnahme bei verleumderischen Beleidigungen (Indemnität). Das bedeutet aber, dass es z.B. wegen einfacher Beleidigung, die im Parlament erfolgt ist, nicht strafrechtlich verfolgt werden kann. Hieraus wird der Grund-

---

[1] **Habersack Nr. 90.**
[2] ***Habersack Nr. 100.***
[3] **Habersack Nr. 85.**
[4] **Amtl. Anm.:** Die Grundsätze gemäß § 107 Absatz 2 werden vom Ausschuss für Wahlprüfung, Immunität und Geschäftsordnung jeweils zu Beginn einer Wahlperiode beschlossen.
[5] Nr. **1**.

satz hergeleitet, dass bei einfachen Beleidigungen, die außerhalb des Bundestages vorgekommen sind, auch die Immunität nicht aufgehoben werden soll, soweit die Beleidigung politischen Charakters ist und keine Verleumdung darstellt. Als „außerhalb des Bundestages" gilt auch eine beleidigende Äußerung, die ein Mitglied des Bundestages als Zeuge vor einem Untersuchungsausschuss getan hat, da das Mitglied des Bundestages hier jedem anderen Staatsbürger, der als Zeuge vernommen wird, gleichgestellt ist.

6. Festnahme eines Mitgliedes des Bundestages bei Begehung der Tat
   Bei Festnahme eines Mitgliedes des Bundestages bei Begehung der Tat oder im Laufe des folgenden Tages bedarf die Durchführung des Strafverfahrens oder eine Verhaftung, soweit sie bis spätestens „im Laufe des folgenden Tages" erfolgt, keiner Genehmigung (Artikel 46 Absatz 2 des Grundgesetzes).
   Eine erneute Vorführung oder Verhaftung nach vorheriger Freilassung und Verstreichen des der Tat folgenden Tages bedarf dann wieder der Genehmigung des Bundestages; denn hierin liegt eine Beschränkung der persönlichen Freiheit (Artikel 46 Absatz 2 des Grundgesetzes), die in keinem Zusammenhang mit der Festnahme „auf frischer Tat" steht.
7. Verhaftung eines Mitgliedes des Bundestages
   a) Die für die Dauer einer Wahlperiode erteilte Genehmigung zur Durchführung von Ermittlungsverfahren gegen Mitglieder des Bundestages wegen Straftaten sowie die Genehmigung zur Erhebung der öffentlichen Klage wegen einer Straftat umfasst nicht zugleich auch die Genehmigung zur Verhaftung (Artikel 46 Absatz 2 des Grundgesetzes) oder zwangsweisen Vorführung.
   b) Unter Verhaftung (Artikel 46 Absatz 2 des Grundgesetzes) ist nur die Untersuchungshaft zu verstehen; die Verhaftung zur Strafvollstreckung bedarf wieder einer besonderen Genehmigung.
   c) Die Genehmigung zur Verhaftung schließt die Genehmigung zur zwangsweisen Vorführung ein.
   d) Die Genehmigung zur zwangsweisen Vorführung schließt nicht die Genehmigung zur Verhaftung ein.
8. Vollstreckung von Freiheitsstrafen oder von Erzwingungshaft (§§ 96, 97 OWiG[1])
   Die Genehmigung zur Erhebung der öffentlichen Klage wegen einer Straftat berechtigt nicht zur Vollstreckung einer Freiheitsstrafe.
   Die Vollstreckung einer Freiheitsstrafe oder einer Erzwingungshaft (§§ 96, 97 OWiG) bedürfen der Genehmigung des Bundestages. Zur Vereinfachung des Geschäftsganges ist der Ausschuss für Wahlprüfung, Immunität und Geschäftsordnung beauftragt, eine Vorentscheidung über die Genehmigung der Vollstreckung zu treffen, bei Freiheitsstrafen jedoch nur, soweit nicht auf eine höhere Freiheitsstrafe als drei Monate erkannt ist, oder bei einer Gesamtstrafenbildung (§§ 53 bis 55 StGB[2], § 460 StPO) keine der erkannten Einzelstrafen drei Monate übersteigt.
9. Disziplinarverfahren
   Die Aufhebung der Immunität zur Durchführung eines Disziplinarverfahrens gilt nicht zur Durchführung eines Strafverfahrens durch die Staatsanwaltschaft wegen des gleichen Sachverhalts. Umgekehrt gilt die Aufhebung der Immunität zur Durchführung eines Strafverfahrens nicht für die Durchführung eines Disziplinarverfahrens.
   Die Vollstreckung von Disziplinarmaßnahmen bedarf keiner erneuten Genehmigung des Bundestages.
10. Ehren- und Berufsgerichtsverfahren
    Verfahren vor Ehren- und Berufsgerichten, die öffentlich-rechtlichen Charakter haben, können nur nach Aufhebung der Immunität durchgeführt werden.
11. Verfahren bei Verkehrsdelikten
    Bei Verkehrsdelikten soll die Genehmigung grundsätzlich erteilt werden. Zur Vereinfachung des Geschäftsganges ist der Ausschuss für Wahlprüfung, Immunität und Geschäftsordnung beauftragt, bei allen Fällen von Verkehrsdelikten eine Vorentscheidung zu treffen.
12. Verfahren bei Bagatellsachen
    Bei Anträgen, die nach Auffassung des Ausschusses für Wahlprüfung, Immunität und Geschäftsordnung eine Bagatellsache zum Gegenstand haben, ist der Ausschuss beauftragt, eine Vorentscheidung (Nummer 13) zu treffen.
13. Vereinfachtes Verfahren (Vorentscheidung)
    Hat der Ausschuss auf Grund der ihm erteilten Ermächtigung (Nummern 8, 11, 12, B. und C.) eine Vorentscheidung getroffen, wird diese dem Bundestag durch den Präsidenten schriftlich mitgeteilt, ohne auf die Tagesordnung gesetzt zu werden. Sie gilt als Entscheidung des Bundestages, wenn nicht innerhalb von sieben Tagen nach Mitteilung Widerspruch erhoben wird.
14. Genehmigungspflicht in besonderen Fällen

---

[1] **Habersack Nr. 94.**
[2] **Habersack Nr. 85.**

Die Genehmigung des Bundestages ist erforderlich:

a) Zur Vollstreckung von Ordnungshaft zur Erzwingung einer Unterlassung oder Duldung (§ 890 ZPO[1]).
Wird in einem Urteil oder einer einstweiligen Verfügung, gerichtet auf eine Unterlassung oder Duldung, für den Fall der Zuwiderhandlung eine Strafe angedroht, so stellt die Androhung die Festsetzung einer Norm dar. Die Prüfung, ob diese Norm, die den Schuldner zur künftigen Erfüllung der Unterlassungspflicht anhalten soll, verletzt ist, bedeutet daher ein „zur Verantwortung ziehen" im Sinne des Artikels 46 Absatz 2 des Grundgesetzes wegen Verletzung „einer mit Strafe bedrohten Handlung". Dabei ist es unerheblich, ob in dem Verfahren Ordnungshaft oder -geld angestrebt wird.

b) Zur Vollstreckung der Haft zur Erzwingung der Vermögensauskunft des Schuldners (§ 802g ZPO).
Da lediglich die Vollstreckung des Haftbefehls eine Beschränkung der persönlichen Freiheit im Sinne des Artikels 46 Absatz 2 des Grundgesetzes ist und daher der Genehmigung des Deutschen Bundestages bedarf, steht der Ausschuss für Wahlprüfung, Immunität und Geschäftsordnung auf dem Standpunkt, dass die Durchführung des Verfahrens zur Erzwingung der eidesstattlichen Versicherung gegen ein Mitglied des Bundestages als Schuldner und auch die Anordnung der Haft durch das Gericht zur Erzwingung der Leistung der eidesstattlichen Versicherung noch kein „zur Verantwortung ziehen" bedeuten und daher keiner Genehmigung des Deutschen Bundestages bedürfen.

c) Zur Vollstreckung der Ordnungshaft oder zur zwangsweisen Vorführung wegen Ausbleibens als Zeuge (§ 51 StPO und § 380 ZPO).

d) Zur Vollstreckung der Ordnungshaft oder der Haft wegen grundloser Zeugnisverweigerung (§ 70 StPO und § 390 ZPO).

e) Zur Vollstreckung der Zwangshaft zur Erwirkung unvertretbarer Handlungen (§ 888 ZPO).

f) Zur Vollstreckung der Haft oder sonstigen Freiheitsbeschränkung zur Vollziehung des persönlichen Sicherheitsarrestes (§ 933 ZPO).

g) Zur Vollstreckung der Ordnungshaft wegen Ungebühr (§ 178 GVG[2]).

h) Zur zwangsweisen Vorführung des Schuldners und zur Vollstreckung der Haft im Insolvenzverfahren (§ 21 Absatz 3 und § 98 Absatz 2 InsO[3]).

i) Zur einstweiligen Unterbringung in einer Heil- oder Pflegeanstalt (§ 126a StPO).

j) Zu freiheitsentziehenden Maßregeln der Besserung und Sicherung (§§ 61 ff. StGB).

k) Zur zwangsweisen Vorführung (§§ 134, 230, 236, 329 und 387 StPO).

l) Zur Verhaftung auf Grund Haftbefehls nach §§ 114, 125, 230, 236 und 329 StPO.

15. weggefallen

16. Anhängige Strafverfahren
Bei Übernahme des Abgeordnetenmandats anhängige Strafverfahren sowie jede angeordnete Haft, Vollstreckung einer Freiheitsstrafe oder sonstige Beschränkung der persönlichen Freiheit (vgl. Nummer 14) sind von Amts wegen auszusetzen.
Soll ein Verfahren fortgesetzt werden, so ist vorher eine Entscheidung des Bundestages einzuholen, soweit nicht bereits die Genehmigung zur Durchführung von Ermittlungsverfahren wegen einer Straftat erteilt ist.

17. Behandlung von Amnestiefällen
Der Ausschuss für Wahlprüfung, Immunität und Geschäftsordnung ist ermächtigt, in allen Fällen, in denen eine gerichtliche Strafverfolgung gegen ein Mitglied des Bundestages infolge einer bereits ausgesprochenen Amnestie nicht zur Durchführung kommen würde, die gerichtliche Einstellung des Verfahrens auf Grund der Amnestie dadurch zu ermöglichen, dass er in solchen Fällen erklärt, der Bundestag werde gegen die Anwendung des Straffreiheitsgesetzes keine Einwendungen erheben. Solche Fälle bedürfen nicht der Vorlage an das Plenum des Bundestages.

B. Ermächtigung zur Strafverfolgung nach § 90b Abs. 2, § 194 Abs. 4 StGB[4]

Die Ermächtigung zur Strafverfolgung nach § 90b Abs. 2 StGB – verfassungsfeindliche Verunglimpfung des Bundestages – sowie nach § 194 Abs. 4 StGB – Beleidigung des Bundestages – kann im Wege der Vorentscheidung gemäß Nummer 13 der Grundsätze in Immunitätsangelegenheiten erteilt werden. Die

[1] **Habersack Nr. 100.**
[2] **Habersack Nr. 95.**
[3] **Habersack Nr. 110.**
[4] **Habersack Nr. 85.**

Staatsanwaltschaften richten ihre Anträge nach Maßgabe der Richtlinien für das Strafverfahren und das Bußgeldverfahren[1] an den Bundesminister der Justiz, der sie mit der Bitte vorlegt, eine Entscheidung herbeizuführen, ob die Ermächtigung zur Strafverfolgung nach § 90b Abs. 2 oder § 194 Abs. 4 StGB erteilt wird.

C. Genehmigung zur Zeugenvernehmung nach § 50 Abs. 3 StPO[2] und § 382 Abs. 3 ZPO[3]

Die Genehmigung zu einer Abweichung von § 50 Abs. 1 StPO und § 382 Abs. 2 ZPO, wonach die Mitglieder des Bundestages am Sitz der Versammlung zu vernehmen sind, kann im Wege der Vorentscheidung gemäß Nummer 13 der Grundsätze in Immunitätsangelegenheiten erteilt werden. Die Staatsanwaltschaften und Gerichte richten ihre Anträge unmittelbar an den Präsidenten des Bundestages. Einer Genehmigung bedarf es nicht, wenn der Termin zur Vernehmung außerhalb der Sitzungswochen des Bundestages liegt.

Anlage 6

Verhaltenskodex für Interessenvertreterinnen und Interessenvertreter im Rahmen des Lobbyregistergesetzes

Wer Interessenvertretung im Sinne des Lobbyregistergesetzes betreibt und nach diesem Gesetz der Registrierungspflicht unterliegt oder sich freiwillig hat registrieren lassen, wird tätig auf der Basis von Offenheit, Transparenz, Ehrlichkeit und Integrität und akzeptiert mit der Eintragung in das Register für sich und seine Beschäftigten folgende Grundsätze und Verhaltensregeln:

(1) Interessenvertretung erfolgt bei jedem Kontakt im Anwendungsbereich des Lobbyregistergesetzes transparent. Dazu legen Interessenvertreterinnen und Interessenvertreter ihre Identität und ihr Anliegen sowie gegebenenfalls die Identität und das Anliegen ihrer Auftraggeberin oder ihres Auftraggebers offen und machen über sich und ihren Auftrag bei der Interessenvertretung zutreffende Angaben.

(2) Darüber hinaus wird beim erstmaligen zweckgerichteten Kontakt auf die Eintragung in das Lobbyregister hingewiesen unter Angabe der Verhaltenskodizes, auf deren Grundlage Interessenvertretung betrieben wird. Dabei ist z.B. bei einem Amts- oder Funktionswechsel auf die Person und nicht das Amt oder die Funktion der Adressatinnen oder Adressaten der Interessenvertretung abzustellen.

(3) Es werden keine Vereinbarungen geschlossen, durch die eine Vergütung oder ihre Höhe vom Erfolg der Interessenvertretung abhängig gemacht wird (Erfolgshonorar).

(4) Informationen werden niemals auf unlautere Art und Weise beschafft. Dazu zählt insbesondere das Gewähren oder In-Aussicht-Stellen direkter oder indirekter finanzieller Anreize gegenüber Adressatinnen und Adressaten der Interessenvertretung, wenn diese dadurch ihre Pflichten verletzen würden.

(5) Vertrauliche Informationen, die Interessenvertreterinnen oder Interessenvertreter oder ihre Beschäftigten im Rahmen der Interessenvertretung gegenüber dem Deutschen Bundestag oder gegenüber der Bundesregierung erhalten, werden nur in zulässiger und jeweils vereinbarter Weise verwendet oder weitergegeben.

(6) Die Bezeichnung „registrierte Interessenvertreterin" oder „registrierter Interessenvertreter" wird nur verwendet, wenn die Eintragung in das Lobbyregister ordnungsgemäß erfolgt ist, die Eintragung keine Kennzeichnung „nicht aktualisiert" enthält und im Register kein Hinweis auf einen Verstoß gegen diesen Verhaltenskodex veröffentlicht ist.

(7) Sollten Interessenvertreterinnen und Interessenvertreter zu einer öffentlichen Anhörung im Deutschen Bundestag eingeladen oder gemäß § 47 Absatz 3 und 5 Satz 2 der Gemeinsamen Geschäftsordnung der Bundesministerien beteiligt werden, obwohl die Eintragung die Kennzeichnung „nicht aktualisiert" enthält oder ein Verstoß gegen diesen Verhaltenskodex in das Lobbyregister eingetragen ist, wird dieses der für die Einladung bzw. Beteiligung zuständigen Stelle unverzüglich und unaufgefordert durch die betreffende Interessenvertreterin oder den betreffenden Interessenvertreter mitgeteilt.

(8) Im Kontakt mit Auftraggeberinnen oder Auftraggebern sowie Kundinnen oder Kunden oder sonstigen Dritten unterlassen es Interessenvertreterinnen und Interessenvertreter, ein nicht bestehendes Auftrags-, Nähe- oder Beratungsverhältnis zu den im Lobbyregistergesetz genannten Adressatinnen und Adressaten der Interessenvertretung zu behaupten.

(9) Interessenvertreterinnen und Interessenvertreter sind für die Richtigkeit und Vollständigkeit der Angaben bei der Eintragung und bei der Aktualisierung selbst verantwortlich. Die registerführende Stelle überwacht nach § 4 Absatz 3 Satz 1 des Lobbyregistergesetzes den Inhalt des Registers. Daher akzeptieren

---

[1] **Habersack ErgBd. Nr. 90e.**
[2] **Habersack Nr. 90.**
[3] **Habersack Nr. 100.**

die Interessenvertreterinnen und Interessenvertreter, dass die Angaben im Lobbyregister durch die registerführende Stelle überprüft werden und diese darauf hinwirkt, dass Registereinträge durch die Interessenvertreterinnen und Interessenvertreter gegebenenfalls überarbeitet werden. Die Interessenvertreterinnen und Interessenvertreter stellen der registerführenden Stelle die nach § 4 Absatz 3 Satz 3 des Lobbyregistergesetzes angeforderten Nachweise unverzüglich zur Verfügung. Sie kommen Aufforderungen der registerführenden Stelle, insbesondere im Rahmen von Prüfverfahren nach § 5 Absatz 8 des Lobbyregistergesetzes, unverzüglich nach.

36. Gemeinsame Geschäftsordnung des Bundestages und des Bundesrates für den Ausschuß nach Artikel 77 des Grundgesetzes (Vermittlungsausschuß)

Vom 19. April 1951

Bek. v. 5. 5. 1951 (BGBl. II S. 103), geänd. durch Bek. v. 11. 2. 1970 (BGBl. I S. 184), Bek. v. 12. 11. 1990 (BGBl. I S. 2557), Bek. v. 16. 5. 1995 (BGBl. I S. 742) u. Bek. v. 30. 4. 2003 (BGBl. I S. 677)

FNA 1101-2

Zur Ausführung des Artikels 77 des Grundgesetzes hat der Bundestag mit Zustimmung des Bundesrates für den Vermittlungsausschuß die folgende Geschäftsordnung beschlossen:

§ 1[1)] Ständige Mitglieder. Bundestag und Bundesrat entsenden je 16 ihrer Mitglieder, die den ständigen Vermittlungsausschuß bilden.

§ 2 Vorsitz. Der Ausschuß wählt je ein Mitglied des Bundestages und des Bundesrates, die im Vorsitz vierteljährlich sich abwechseln und einander vertreten.

§ 3 Vertretung. [1]Für jedes Mitglied ist sein Vertreter zu bestellen. [2]Auch die Vertreter müssen Mitglieder der entsendenden Körperschaft sein. [3]Sie dürfen an den Sitzungen nur teilnehmen, soweit eine Vertretung notwendig ist.

§ 4 Wechsel der Mitglieder und Stellvertreter. Die Mitglieder und ihre Stellvertreter können abberufen werden, jedoch ist der Wechsel eines Mitgliedes oder seines Stellvertreters im Wege der Abberufung nur viermal innerhalb der gleichen Wahlperiode des Bundestages zulässig.

§ 5 Bundesregierung. Die Mitglieder der Bundesregierung haben das Recht und auf Beschluß des Ausschusses die Pflicht, an den Sitzungen teilzunehmen.

§ 6 Teilnahme anderer Personen. Anderen Personen kann die Teilnahme an den Sitzungen nur durch Beschluß des Ausschusses gestattet werden.

§ 7[2)] Beschlußfähigkeit. (1) Der Ausschuß ist beschlußfähig, wenn die Mitglieder unter Mitteilung der Tagesordnung mit einer Frist von

[1)] § 1 geänd. durch Bek. v. 12. 11. 1990 (BGBl. I S. 2557).

[2)] § 7 Abs. 1 u. 3 geänd. durch Bek. v. 12. 11. 1990 (BGBl. I S. 2557), Abs. 2 neugef. durch Bek. v. 30. 4. 2003 (BGBl. I S. 677).

mindestens fünf Tagen geladen und mindestens zwölf Mitglieder anwesend sind.

(2) Die Ladungsfrist beginnt mit der Abgabe der Ladung bei den für die Postverteilung zuständigen Stellen von Bundestag und Bundesrat.

(3) Ein Einigungsvorschlag kann nur beschlossen werden, wenn mindestens je sieben Mitglieder des Bundestages und des Bundesrates anwesend sind.

§ 8 Mehrheit. Der Ausschuß faßt seine Beschlüsse mit der Mehrheit der Stimmen seiner anwesenden Mitglieder.

§ 9 Unterausschüsse. Der Ausschuß kann Unterausschüsse einsetzen.

§ 10[1] **Verfahren im Bundestag.** (1) [1]Ein Einigungsvorschlag auf Änderung oder Aufhebung des vom Bundestag beschlossenen Gesetzes ist alsbald auf die Tagesordnung des Bundestages zu setzen. [2]Ein vom Ausschuß bestimmtes Mitglied berichtet im Bundestag und im Bundesrat.

(2) [1]Der Bundestag stimmt nur über den Einigungsvorschlag ab. [2]Zu dem Vorschlag können vor der Abstimmung Erklärungen abgegeben werden. [3]Ein anderer Antrag zur Sache ist nicht zulässig.

(3) [1]Sieht der Einigungsvorschlag mehrere Änderungen des Gesetzesbeschlusses vor, so ist in ihm zu bestimmen, ob und inwieweit im Bundestag über Änderungen gemeinsam abzustimmen ist. [2]Enthält der Einigungsvorschlag Änderungen des Grundgesetzes, ist über jede Abweichung des Einigungsvorschlages vom Wortlaut des vom Bundestag gemäß Artikel 79 Abs. 2 des Grundgesetzes beschlossenen Gesetzes einzeln abzustimmen. [3]Erfolgt eine Einzelabstimmung über mehrere Änderungen, so ist eine Schlußabstimmung über den Einigungsvorschlag im ganzen erforderlich.

§ 11[2] **Verfahren im Falle eines Einigungsvorschlages auf Bestätigung des Gesetzesbeschlusses.** [1]Sieht der Einigungsvorschlag eine Bestätigung des vom Bundestag beschlossenen Gesetzes vor, so bedarf es keiner erneuten Beschlußfassung durch den Bundestag. [2]Der Vorsitzende des Ausschusses hat den Vorschlag unverzüglich dem Präsidenten des Bundestages und des Bundesrates mitzuteilen.

§ 12[2] **Abschluß des Verfahrens.** (1) Wird in der zweiten wegen der gleichen Sache einberufenen Sitzung ein Einigungsvorschlag nicht beschlossen, so kann jedes Mitglied den Abschluß des Verfahrens beantragen.

(2) Das Verfahren ist abgeschlossen, wenn in der folgenden Sitzung sich keine Mehrheit für einen Einigungsvorschlag findet.

(3) Auf andere Weise kann das Verfahren ohne Einigungsvorschlag nicht abgeschlossen werden.

(4) Der Vorsitzende hat den Abschluß des Verfahrens festzustellen und unverzüglich dem Präsidenten des Bundestages und des Bundesrates mitzuteilen.

---

[1] § 10 Abs. 3 Satz 2 eingef. durch Bek. v. 16. 5. 1995 (BGBl. I S. 742).
[2] § 11 Satz 2 und § 12 Abs. 4 geänd. durch Bek. v. 11. 2. 1970 (BGBl. I S. 184).

§ 13 Außerkrafttreten. Diese Geschäftsordnung tritt, wenn Bundestag oder Bundesrat ihre Aufhebung beschließen, sechs Monate nach der Beschlußfassung außer Kraft, es sei denn, daß der Bundestag vorher mit Zustimmung des Bundesrates eine Änderung beschließt.

37. Geschäftsordnung des Bundesrates

Vom 23. Mai 2025
(BGBl. 2025 I Nr. 134)

FNA 1102-2

Der Bundesrat hat gemäß Artikel 52 Absatz 3 Satz 2 des Grundgesetzes[1] durch Beschluss in seiner 1054. Sitzung am 23. Mai 2025 seine Geschäftsordnung in der Fassung der Bekanntmachung vom 26. November 1993 (BGBl. I S. 2007), die zuletzt durch Beschluss des Bundesrates vom 16. September 2022 (BGBl. I S. 1513) geändert worden ist, wie folgt neu gefasst:

Inhaltsübersicht

I. Allgemeine Bestimmungen

II. Organe und Einrichtungen des Bundesrates

III. Die Sitzungen des Bundesrates

1. Vorbereitung der Sitzungen

2. Allgemeine Verfahrensgrundsätze

3. Der Geschäftsgang im Bundesrat

---

[1] Nr. **1**.

I. Allgemeine Bestimmungen

§ 1 Mitglieder. Die Regierungen der Länder teilen der Präsidentin oder dem Präsidenten des Bundesrates die Namen der Mitglieder des Bundesrates, den Zeitpunkt ihrer Bestellung als Mitglieder des Bundesrates und der Landesregierungen und den Zeitpunkt des Erlöschens ihrer Mitgliedschaft mit.

§ 2 Inkompatibilität. [1] Die Mitglieder des Bundesrates dürfen nicht gleichzeitig dem Bundestag angehören. [2] Wird ein Mitglied des Bundesrates in den Bundestag gewählt, so muss es der Präsidentin oder dem Präsidenten des Bundesrates in angemessener Frist mitteilen, welches der beiden Ämter es niederlegt.

§ 3 Geschäftsjahr. Das Geschäftsjahr des Bundesrates beginnt am 1. November eines jeden Jahres und endet am 31. Oktober des folgenden Jahres.

§ 4 Ausweise, Fahrkarten. (1) [1]Jedes Mitglied erhält vom Bundesrat einen Ausweis über seine Eigenschaft als Bundesratsmitglied. [2]Die Mitglieder des Bundesrates erhalten außerdem Fahrkarten für die Deutsche Bahn AG.

(2) Ausweise und Fahrkarten sind eine Woche nach Erlöschen der Mitgliedschaft zurückzugeben.

II. Organe und Einrichtungen des Bundesrates

§ 5 Wahl der Präsidentin oder des Präsidenten und der Vizepräsidentinnen oder der Vizepräsidenten. (1) Der Bundesrat wählt ohne Aussprache für ein Jahr aus seinen Mitgliedern eine Präsidentin oder einen Präsidenten und zwei Vizepräsidentinnen oder Vizepräsidenten.

(2) [1]Der Bundesrat kann auf Antrag der Mehrheit seiner Stimmen die Präsidentin, den Präsidenten, eine Vizepräsidentin oder einen Vizepräsidenten abberufen. [2]Der Antrag muss spätestens am sechsten Tag vor der Sitzung schriftlich eingebracht werden. [3]Der Bundesrat entscheidet in dieser Sitzung über den Antrag ohne Ausschussüberweisung. [4]Eine Aussprache findet nicht statt. [5]Der Beschluss bedarf der Mehrheit von zwei Dritteln der Stimmen des Bundesrates und ist in Abweichung von § 32 Satz 1 sofort wirksam.

(3) Endet das Amt der Präsidentin, des Präsidenten, einer Vizepräsidentin oder eines Vizepräsidenten vorzeitig, so soll innerhalb von vier Wochen eine Nachwahl stattfinden.

§ 6 Stellung der Präsidentin oder des Präsidenten. (1) [1]Die Präsidentin oder der Präsident vertritt die Bundesrepublik Deutschland in allen Angelegenheiten des Bundesrates. [2]Sie oder er ist oberste Dienstbehörde für die Beamtinnen und Beamten des Bundesrates.

(2) Beamtinnen und Beamte des höheren Dienstes werden mit vorheriger Zustimmung des Ständigen Beirats, die Direktorin oder der Direktor und die Stellvertretende Direktorin oder der Stellvertretende Direktor mit vorheriger Zustimmung des Bundesrates von der Präsidentin oder dem Präsidenten eingestellt, befördert, entlassen und in den Ruhestand versetzt; Gleiches gilt für die Einstellung, Höhergruppierung und Entlassung der Tarifbeschäftigten, die entsprechend einer Beamtin oder eines Beamten des höheren Dienstes eingruppiert sind.

(3) Die Präsidentin oder der Präsident übt das Hausrecht für die der Verwaltung des Bundesrates unterstehenden Gebäude, Gebäudeteile und Grundstücke aus.

§ 7 Stellung der Vizepräsidentinnen und Vizepräsidenten. (1) [1]Die Vizepräsidentinnen oder Vizepräsidenten vertreten die Präsidentin oder den Präsidenten im Falle ihrer oder seiner Verhinderung oder bei vorzeitiger Beendigung ihres oder seines Amtes nach Maßgabe ihrer Reihenfolge. [2]Ein Fall der Verhinderung liegt auch vor, solange die Präsidentin oder der Präsident des Bundesrates nach Artikel 57 des Grundgesetzes[1)] die Befugnisse der Bundespräsidentin oder des Bundespräsidenten wahrnimmt.

(2) Die Vizepräsidentinnen oder Vizepräsidenten beraten und unterstützen die Präsidentin oder den Präsidenten bei der Erledigung ihrer oder seiner Aufgaben.

§ 8 Präsidium. (1) Die Präsidentin oder der Präsident und die Vizepräsidentinnen oder Vizepräsidenten bilden das Präsidium.

[1)] Nr. **1**.

(2) [1]Das Präsidium stellt nach Beratung im Ständigen Beirat den Entwurf des Haushaltsplanes für den Bundesrat auf. [2]Es entscheidet über die inneren Angelegenheiten des Bundesrates, soweit die Befugnis zur Entscheidung weder dem Bundesrat vorbehalten ist noch der Präsidentin oder dem Präsidenten obliegt. [3]Der Bundesrat kann das Präsidium mit der Ausführung seiner Beschlüsse beauftragen.

(3) [1]Die Präsidentin oder der Präsident beruft das Präsidium ein und leitet dessen Sitzungen. [2]Sie oder er hat das Präsidium einzuberufen, wenn eine Vizepräsidentin oder ein Vizepräsident es verlangt.

(4) In dringenden Fällen kann die Präsidentin oder der Präsident Beschlüsse des Präsidiums im Wege der Umfrage herbeiführen.

(5) [1]Über jede Sitzung des Präsidiums ist eine Niederschrift zu fertigen. [2]Diese muss mindestens die Namen der Teilnehmenden, die Anträge, das Ergebnis der Beratungen und bei Beschlüssen das Stimmverhältnis enthalten.

§ 9 Ständiger Beirat. (1) [1]Beim Präsidium besteht ein Ständiger Beirat. [2]Ihm gehören die Bevollmächtigten der Länder an. [3]Er tritt in der Regel einmal wöchentlich zusammen.

(2) [1]Der Ständige Beirat berät und unterstützt die Präsidentin oder den Präsidenten und das Präsidium bei der Vorbereitung der Sitzungen und der Führung der Verwaltungsgeschäfte des Bundesrates. [2]Er entscheidet in den in § 6 Absatz 2 genannten Personalangelegenheiten. [3]Seine Beschlüsse werden in eine Niederschrift aufgenommen.

(3) [1]Der Ständige Beirat wirkt bei der Aufrechterhaltung der laufenden Verbindung zwischen Bundesrat und Bundesregierung mit. [2]Die oder der für die Angelegenheiten des Bundesrates und der Länder zuständige Bundesministerin oder Bundesminister kann insoweit an den Sitzungen des Ständigen Beirats teilnehmen und muss jederzeit gehört werden.

(4) Die Direktorin oder der Direktor des Bundesrates nimmt an den Sitzungen des Ständigen Beirats teil.

(5) Der Vorsitz im Ständigen Beirat steht in folgender Reihenfolge zu:

1. einem Mitglied des Präsidiums,
2. der oder dem Bevollmächtigten, die oder der zugleich Mitglied des Bundesrates ist,
3. jeder und jedem anderen Bevollmächtigten.

(6) Kommen nach Absatz 5 Nummer 2 oder 3 mehrere Personen als Vorsitzende in Betracht, so führt das Mitglied des Ständigen Beirats den Vorsitz, das ihm ohne Unterbrechung am längsten angehört.

§ 10 Schriftführung. (1) Der Bundesrat wählt aus seinen Mitgliedern für jedes Geschäftsjahr zwei Schriftführerinnen oder Schriftführer.

(2) [1]Eine Schriftführerin oder ein Schriftführer unterstützt die Präsidentin oder den Präsidenten in der Sitzung. [2]Sind beide Schriftführerinnen oder Schriftführer zu einer Sitzung des Bundesrates nicht erschienen, so bestellt die Präsidentin oder der Präsident ein anderes Mitglied des Bundesrates für diese Sitzung zur Schriftführerin oder zum Schriftführer.

§ 11 Ausschüsse. *(1)* [1]*Der* Bundesrat bildet ständige Ausschüsse. [2]Er kann für besondere Angelegenheiten weitere Ausschüsse einsetzen.

(2) Die Länder sind in jedem Ausschuss durch ein oder mehrere Mitglieder des Bundesrates oder Beauftragte ihrer Regierung vertreten.

(3) [1] Die Regierungen der Länder teilen der Präsidentin oder dem Präsidenten den Zeitpunkt der Bestellung und Abberufung der Ausschussmitglieder schriftlich mit. [2] Diese Mitteilungen werden den Ausschüssen bekanntgegeben.

(4) [1] Absatz 3 Satz 1 gilt auch für die Entsendung der Mitglieder des Vermittlungsausschusses. [2] Die Präsidentin oder der Präsident oder in ihrem oder seinem Auftrag die Direktorin oder der Direktor des Bundesrates teilt die Namen der Mitglieder und der Stellvertreterinnen und Stellvertreter der oder dem Vorsitzenden des Vermittlungsausschusses mit.

§ 12 Wahl der Vorsitzenden der Ausschüsse. (1) [1] Der Bundesrat wählt für jedes Geschäftsjahr die Vorsitzenden der Ausschüsse aus deren Mitgliedern. [2] Die Ausschüsse sollen vor der Wahl gehört werden.

(2) Die Ausschüsse wählen aus ihren Mitgliedern stellvertretende Vorsitzende.

(3) Für die Abberufung einer oder eines Ausschussvorsitzenden gilt § 5 Absatz 2 entsprechend.

(4) Endet das Amt einer oder eines Vorsitzenden oder einer oder eines stellvertretenden Vorsitzenden vorzeitig, so soll für den Rest ihrer oder seiner Amtszeit eine Nachfolgerin oder ein Nachfolger gewählt werden.

§ 13 Vertreterinnen und Vertreter des Bundesrates in anderen Organen. Bestellt der Bundesrat Mitglieder von Organen einer juristischen Person des öffentlichen oder des privaten Rechts, von Beiräten einer Dienststelle der Bundesregierung, von Verwaltungsräten oder ähnlichen Einrichtungen, so können der Bundesrat oder seine Ausschüsse verlangen, dass diese Mitglieder über ihre Tätigkeit berichten.

§ 14 Sekretariat. (1) Beim Bundesrat besteht ein Sekretariat, dem alle Bediensteten des Bundesrates angehören.

(2) [1] Die Direktorin oder der Direktor des Bundesrates leitet das Sekretariat im Auftrag der Präsidentin oder des Präsidenten mit Unterstützung der Stellvertretenden Direktorin oder des Stellvertretenden Direktors. [2] Die Direktorin oder der Direktor unterstützt die Präsidentin oder den Präsidenten bei der Führung ihrer oder seiner Amtsgeschäfte.

III. Die Sitzungen des Bundesrates

1. Vorbereitung der Sitzungen

§ 15 Einberufung und Bekanntgabe. (1) [1] Die Präsidentin oder der Präsident hat den Bundesrat unverzüglich einzuberufen, wenn mindestens zwei Länder oder die Bundesregierung es verlangen. [2] Beratungsgegenstände, wegen derer die Einberufung der Sitzung verlangt wird, setzt die Präsidentin oder der Präsident auf die Tagesordnung.

(2) [1] Die Präsidentin oder der Präsident bereitet die Sitzungen vor. [2] Zur Vorbereitung der Sitzungen werden die zu beratenden Vorlagen in vorläufigen Tagesordnungen zusammengestellt.

(3) Die vorläufige Tagesordnung, die Vorlagen sowie die Niederschriften und Empfehlungen der Ausschüsse sollen den Vertretungen der Länder so früh wie möglich zugestellt werden.

(4) [1] Ort, Zeit und die vorläufige Tagesordnung jeder Sitzung werden der Bundesregierung mitgeteilt. [2] Die Sitzungen des Bundesrates werden durch Veröffentlichung auf der Internetseite des Bundesrates bekanntgegeben.

§ 16 Anwesenheitsliste. Für jede Sitzung des Bundesrates wird eine Anwesenheitsliste ausgelegt, in die sich die Teilnehmenden der Sitzung eintragen.

2. Allgemeine Verfahrensgrundsätze

§ 17 Ausschluss der Öffentlichkeit. (1) [1] Über den Ausschluss der Öffentlichkeit für einen Beratungsgegenstand wird in nicht öffentlicher Sitzung beraten und beschlossen. [2] Die Wiederherstellung der Öffentlichkeit ist bekanntzugeben.

(2) Die Verhandlungen in nicht öffentlicher Sitzung sind vertraulich, soweit der Bundesrat nichts anderes beschließt.

§ 18 Teilnahme an den Verhandlungen. (1) An den Verhandlungen des Bundesrates können auch die Berichterstatterinnen und Berichterstatter des Vermittlungsausschusses und die Staatssekretärinnen und Staatssekretäre des Bundes teilnehmen; andere Personen nur, wenn die Präsidentin oder der Präsident dies zulässt.

(2) Zur Unterstützung der Mitglieder des Bundesrates und der Bundesregierung sowie der anderen Teilnehmenden an den Verhandlungen können Beauftragte der Länder und des Bundes zugezogen werden.

§ 19 Fragerecht. (1) Jedes Mitglied des Bundesrates kann in der Sitzung zu den Gegenständen der Tagesordnung Fragen an die Bundesregierung oder deren Mitglieder richten.

(2) [1] Jedes Land kann außerdem an die Bundesregierung Fragen stellen, die nicht im Zusammenhang mit einem Gegenstand der Tagesordnung stehen. [2] Diese Fragen sind der Präsidentin oder dem Präsidenten spätestens zwei Wochen vor der Sitzung, in der sie beantwortet werden sollen, schriftlich mitzuteilen. [3] Die Präsidentin oder der Präsident leitet sie an die Bundesregierung weiter und setzt sie auf die Tagesordnung.

(3) [1] Das fragestellende Land kann seine Frage nach Absatz 2 in der Sitzung mündlich begründen. [2] Auf Antrag des fragestellenden Landes stellt die Präsidentin oder der Präsident fest, ob die Frage von der Mehrheit des Bundesrates übernommen wird.

(4) [1] Bezieht sich die Frage auf einen Gegenstand, hinsichtlich dessen die Bundesregierung nach Artikel 53 Satz 3 des Grundgesetzes[1)] verpflichtet ist, den Bundesrat auf dem Laufenden zu halten, so ist auf Verlangen der Bundesregierung die Öffentlichkeit für die Dauer der Behandlung der Frage auszuschließen. [2] § 17 findet entsprechend Anwendung.

(5) [1] Die Behandlung einer Frage in der Sitzung unterbleibt, wenn sich das fragestellende Land mit schriftlicher Beantwortung einverstanden erklärt hat. [2] Die Antwort der Bundesregierung ist allen Ländern mitzuteilen.

§ 20 Leitung der Sitzung. (1) Die Präsidentin oder der Präsident leitet die Sitzungen des Bundesrates.

[1)] Nr. **1**.

(2) Sind die Mitglieder des Präsidiums gleichzeitig verhindert, eine Sitzung zu leiten, so übernimmt die Leitung der Sitzung die Regierungschefin oder der Regierungschef, die oder der dem Bundesrat am längsten angehört und zur Leitung der Sitzung bereit ist.

§ 21 Beteiligung der Präsidentin oder des Präsidenten an den Verhandlungen. Beabsichtigt die Präsidentin oder der Präsident, sich als Rednerin oder Redner an den Verhandlungen zu beteiligen, so gibt sie oder er für diese Zeit die Leitung der Sitzung ab.

§ 22 Ordnungsbefugnis der Präsidentin oder des Präsidenten. (1) Sitzungsteilnehmende, die nicht Mitglieder des Bundesrates sind, und Zuhörerinnen und Zuhörer unterstehen der Ordnungsbefugnis der Präsidentin oder des Präsidenten.

(2) [1] Wer auf den Tribünen Beifall oder Missbilligung äußert oder die Ordnung oder die Würde des Bundesrates verletzt, kann auf Anordnung der Präsidentin oder des Präsidenten sofort entfernt werden. [2] Die Präsidentin oder der Präsident kann die Tribüne wegen störender Unruhe räumen lassen.

§ 22a Dauer der Rede. (1) Sofern der Bundesrat nichts anderes beschließt, beträgt die Regelredezeit für Rednerinnen und Redner je Beratungsgegenstand fünf Minuten; die maximale Redezeit von 15 Minuten soll nicht überschritten werden.

(2) Die Präsidentin oder der Präsident kann die Redezeiten verlängern, wenn der Beratungsgegenstand oder der Verlauf der Verhandlungen dies nahelegt.

§ 22b Sachruf. Die Präsidentin oder der Präsident kann eine Rednerin oder einen Redner, die oder der vom Beratungsgegenstand abschweift, zur Sache verweisen.

§ 22c Ordnungsruf. (1) [1] Die Präsidentin oder der Präsident kann ein Mitglied des Bundesrates, das die Ordnung oder die Würde des Bundesrates verletzt, unter Nennung des Namens zur Ordnung rufen. [2] Dies kann auch in der nächstfolgenden Sitzung geschehen.

(2) Der Ordnungsruf oder der Anlass hierzu dürfen in den folgenden Redebeiträgen nicht zum Gegenstand von Erörterungen gemacht werden.

§ 22d Entziehung des Wortes. (1) Überschreitet ein Mitglied des Bundesrates die maximal festgesetzte Redezeit, so kann ihm die Präsidentin oder der Präsident nach zweimaliger Mahnung das Wort entziehen.

(2) Ist ein Mitglied des Bundesrates während einer Rede dreimal zur Sache oder zur Ordnung gerufen und beim zweiten Mal auf die Folgen eines dritten Rufes zur Sache oder zur Ordnung hingewiesen worden, so hat die Präsidentin oder der Präsident ihm das Wort zu entziehen.

(3) Bei einer schwerwiegenden Verletzung der Ordnung oder der Würde des Bundesrates kann die Präsidentin oder der Präsident einem Mitglied das Wort sofort entziehen.

(4) [1] Das Wort darf dem Mitglied zu demselben Beratungsgegenstand in derselben Sitzung nicht wieder erteilt werden. [2] Ausführungen nach Entziehung des Wortes werden in den Stenografischen Sitzungsbericht nicht aufgenommen.

§ 22e Ausschluss von Mitgliedern des Bundesrates. (1) [1]Wegen einer schwerwiegenden Verletzung der Ordnung oder der Würde des Bundesrates kann die Präsidentin oder der Präsident, auch ohne dass ein Sach- oder Ordnungsruf ergangen ist, ein Mitglied des Bundesrates von der Sitzung ausschließen. [2]Das Gleiche gilt, wenn ein Mitglied in derselben Sitzung dreimal zur Sache oder zur Ordnung gerufen und beim zweiten Mal auf die Folgen eines dritten Rufes hingewiesen worden ist. [3]Bis zum Schluss der Sitzung muss die Präsidentin oder der Präsident bekanntgeben, für wie viele Sitzungen das betroffene Mitglied ausgeschlossen wird. [4]Ein Mitglied des Bundesrates kann von bis zu fünf Plenarsitzungen ausgeschlossen werden.

(2) [1]Ein Sitzungsausschluss kann auch nachträglich, spätestens in der auf die schwerwiegende Verletzung der Ordnung oder der Würde des Bundesrates folgenden Sitzung ausgesprochen werden, wenn die Präsidentin oder der Präsident während der Sitzung ausdrücklich eine Verletzung der Ordnung oder der Würde des Hauses festgestellt und sich einen nachträglichen Sitzungsausschluss vorbehalten hat. [2]Ein bereits erteilter Ordnungsruf schließt einen nachträglichen Sitzungsausschluss nicht aus. [3]Absatz 1 Satz 3 und 4 gilt entsprechend.

(3) [1]Das ausgeschlossene Mitglied hat den Sitzungssaal sofort zu verlassen. [2]Kommt das Mitglied dieser Aufforderung nicht nach, so unterbricht die Präsidentin oder der Präsident die Sitzung. [3]Das Mitglied ist damit ohne Weiteres von den nächsten drei Sitzungen ausgeschlossen. [4]Die Präsidentin oder der Präsident stellt dies nach Wiedereintritt in die Sitzung fest.

(4) Das betroffene Mitglied darf während der Dauer des Ausschlusses auch nicht an Sitzungen der Europakammer oder der Ausschüsse teilnehmen.

§ 22f Einspruch gegen Ordnungsmaßnahmen. [1]Gegen den Sachruf nach § 22b, den Ordnungsruf nach § 22c sowie den Sitzungsausschluss nach § 22e kann das betroffene Mitglied des Bundesrates binnen drei Werktagen schriftlich begründeten Einspruch bei der Präsidentin oder dem Präsidenten einlegen. [2]Der Einspruch hat keine aufschiebende Wirkung. [3]Er ist auf die Tagesordnung der nächsten Sitzung zu setzen. [4]Über den Einspruch entscheidet der Bundesrat mit der Mehrheit seiner Stimmen in dieser Sitzung ohne Beratung.

§ 22g Unterbrechung der Sitzung. [1]Wenn im Bundesrat störende Unruhe entsteht, kann die Präsidentin oder der Präsident die Sitzung unterbrechen. [2]Kann sich die Präsidentin oder der Präsident kein Gehör verschaffen, verlässt sie oder er den Präsidentinnen- oder Präsidentenstuhl. [3]Hierdurch wird die Sitzung für eine halbe Stunde unterbrochen.

3. Der Geschäftsgang im Bundesrat

§ 23 Feststellung und Durchführung der Tagesordnung. (1) Die Präsidentin oder der Präsident gibt zu Beginn der Sitzung Änderungen in der Zusammensetzung des Bundesrates bekannt.

(2) [1]Vor Eintritt in die Verhandlungen stellt der Bundesrat durch Beschluss die Tagesordnung fest. [2]Davon unberührt bleibt die Aufnahme von Beratungsgegenständen, die aufgrund eines Verlangens nach § 15 Absatz 1, § 19 Absatz 2 oder § 23 Absatz 3 auf die Tagesordnung gesetzt werden.

(3) Hat ein Land unter Berufung auf seine Rechte aus § 15 Absatz 1 spätestens zwei Wochen vor der Sitzung verlangt, dass ein Beratungsgegenstand auf die Tagesordnung gesetzt wird, so muss diesem Verlangen entsprochen werden, wenn das Land nicht auf die Behandlung in dieser Sitzung verzichtet.

(4) [1] Sind die Vorlage, die vorläufige Tagesordnung oder die Empfehlungen der Ausschüsse bezüglich eines Gegenstandes, der dem Beschluss nach Absatz 2 Satz 1 unterfällt, nicht spätestens am sechsten Tag vor der Sitzung gemäß § 15 Absatz 3 zugestellt worden, so darf dieser Gegenstand nicht auf die Tagesordnung gesetzt werden, wenn ein Land widerspricht. [2] Dies gilt nicht, wenn eine für die Beschlussfassung des Bundesrates vorgesehene gesetzliche Frist in weniger als sieben Tagen abläuft oder wenn es sich um einen Eilfall einer EU-Vorlage gemäß § 45d Absatz 1 handelt.

(5) Über Gegenstände, die nicht auf der Tagesordnung stehen, darf nicht verhandelt und beschlossen werden, wenn ein Land widerspricht.

§ 24 Redebeiträge. [1] Die Redebeiträge sind grundsätzlich in freiem Vortrag vom Redepult aus zu halten. [2] Es können Aufzeichnungen benutzt werden.

§ 25 (weggefallen)

§ 26 Anträge und Empfehlungen. (1) Jedes Land hat das Recht, im Bundesrat Anträge zu stellen.

(2) Das Präsidium kann Anträge zu den inneren Angelegenheiten des Bundesrates stellen.

(3) [1] Die Ausschüsse legen dem Bundesrat zu den ihnen überwiesenen Beratungsgegenständen Empfehlungen vor. [2] Empfiehlt ein Ausschuss dem Bundesrat die Änderung oder Ablehnung einer Vorlage, so hat er eine Begründung mit vorzulegen.

§ 27 Anzahl der Stimmen. Die Anzahl der Stimmen, die dem Land nach Artikel 51 Absatz 2 des Grundgesetzes[1)] zusteht, bemisst sich nach den Ergebnissen der amtlichen Bevölkerungsfortschreibung, sofern nicht die Ergebnisse einer amtlichen Volkszählung vorliegen.

§ 28 Beschlussfähigkeit. (1) Der Bundesrat ist beschlussfähig, wenn die Mehrheit seiner Stimmen vertreten ist.

(2) Bei Beschlussunfähigkeit hat die Präsidentin oder der Präsident die Sitzung aufzuheben und den Zeitpunkt der nächsten Sitzung bekanntzugeben.

(3) Bei der Beschlussfassung des Bundesrates gemäß Artikel 37, Artikel 84 Absatz 3 und 4 und Artikel 91 Absatz 2 des Grundgesetzes[1)] ist das betroffene Land stimmberechtigt.

§ 29 Abstimmung. (1) [1] Abgestimmt wird durch Handaufheben. [2] Auf Verlangen eines Landes wird durch Aufruf der Länder abgestimmt. [3] Die Länder werden in alphabetischer Reihenfolge aufgerufen.

(2) [1] Soweit eine Abstimmung über die Empfehlungen der Ausschüsse nicht beantragt ist und keine einander widersprechenden Empfehlungen, keine Anträge oder Wortmeldungen vorliegen, kann die Präsidentin oder der Präsident feststellen, dass der Bundesrat gemäß den Empfehlungen der Ausschüsse beschlossen hat; sie oder er kann die Abstimmung über mehrere Beratungsgegenstände zusammenfassen. [2] Satz 1 gilt für die Feststellung der Tagesordnung nach § 23 Absatz 2 entsprechend.

---

1) Nr. **1**.

(3) [1]Die Präsidentin oder der Präsident kann die Abstimmung über einen Gegenstand der Tagesordnung oder dazu vorliegende Anträge bis spätestens zum Schluss der Sitzung zurückstellen. [2]Die Abstimmung muss zurückgestellt werden, wenn mindestens zwei Länder es verlangen.

§ 30 Abstimmungsregeln. (1) [1]Im Gesetzgebungsverfahren nach den Artikeln 76 bis 78 des Grundgesetzes[1)] sind die Abstimmungsfragen so zu fassen, dass sich aus der Abstimmung zweifelsfrei ergibt, ob der Bundesrat mit der Mehrheit seiner Stimmen beschlossen hat,

- eine Gesetzesvorlage beim Bundestag einzubringen (Artikel 76 Absatz 1 des Grundgesetzes),
- zu einer Gesetzesvorlage der Bundesregierung Stellung zu nehmen und welchen Inhalt diese Stellungnahme hat (Artikel 76 Absatz 2 des Grundgesetzes),
- einem vom Bundestag beschlossenen Gesetz zuzustimmen (Artikel 78 des Grundgesetzes),
- wegen eines vom Bundestag beschlossenen Gesetzes die Einberufung des Vermittlungsausschusses zu verlangen (Artikel 77 Absatz 2 Satz 1 des Grundgesetzes) oder
- gegen ein vom Bundestag beschlossenes Gesetz Einspruch einzulegen oder ihn zurückzunehmen (Artikel 77 Absatz 3 Satz 1 und Artikel 78 des Grundgesetzes).

[2]Auch in allen anderen Fällen, in denen eine Zustimmung des Bundesrates erforderlich ist, muss die Abstimmung eindeutig ergeben, ob der Bundesrat mit der Mehrheit seiner Stimmen die Zustimmung erteilt. [3]Mit der Abstimmung über die Erteilung der Zustimmung wird über Anträge, die Zustimmung zu verweigern, mitentschieden.

(2) [1]Sind zu demselben Gegenstand mehrere Anträge gestellt, so ist über den weitestgehenden Antrag zuerst abzustimmen. [2]Entscheidend ist der Grad der Abweichung von der Vorlage. [3]In Zweifelsfällen entscheidet der Bundesrat. [4]Bei zustimmungsbedürftigen Gesetzen ist über einen Antrag gemäß Artikel 77 Absatz 2 Satz 1 des Grundgesetzes vor der Beschlussfassung über die Zustimmung abzustimmen.

(3) Absatz 1 Satz 3 und Absatz 2 gelten für die Empfehlungen der Ausschüsse entsprechend.

§ 31 Verfahren bei Beschlüssen nach Artikel 77 Absatz 2 Satz 1 des Grundgesetzes. [1]Im Verfahren nach Artikel 77 Absatz 2 Satz 1 des Grundgesetzes[1)] stellt die Präsidentin oder der Präsident, sofern über mehrere Anrufungsgründe zu einem Gesetz abzustimmen ist, zunächst allgemein fest, ob eine Mehrheit für die Anrufung des Vermittlungsausschusses vorhanden ist. [2]Ist dies der Fall, so lässt sie oder er über die Einzelanträge beraten und abstimmen. [3]Anschließend kann sie oder er nach erneuter Beratung darüber abstimmen lassen, ob der Vermittlungsausschuss unter Zugrundelegung aller gefassten Einzelbeschlüsse angerufen werden soll; sie oder er hat abstimmen zu lassen, wenn ein Land es verlangt.

§ 32 Wirksamwerden der Beschlüsse. [1]Die Beschlüsse des Bundesrates werden mit dem Ende der Sitzung wirksam. [2]Über Gegenstände, deren Behandlung *abgeschlossen ist, darf nicht* erneut beraten und abgestimmt werden, wenn ein Land widerspricht.

[1)] Nr. **1**.

§ 33 Teilnahme an den Verhandlungen des Bundestages. [1] Der Bundesrat kann seine Mitglieder beauftragen, seine Beschlüsse im Bundestag und in dessen Ausschüssen zu vertreten. [2] Die Ausschüsse können Vorschläge hierzu machen.

§ 34 Sitzungsbericht. (1) Über die Sitzungen des Bundesrates wird ein wörtlicher Bericht aufgenommen.

(2) [1] Der Bericht ist vertraulich, soweit die Verhandlungen vertraulich sind (§ 17 Absatz 2). [2] Der Bundesrat kann bestimmen, dass über eine nicht öffentliche Sitzung ein Bericht nicht aufgenommen wird.

(3) [1] Der Bericht gilt als genehmigt, wenn nicht innerhalb von zwei Wochen nach seiner Ausgabe Einspruch bei der Präsidentin oder dem Präsidenten eingelegt wird. [2] Gibt die Präsidentin oder der Präsident dem Einspruch nicht statt, so entscheidet der Bundesrat.

§ 35 Vereinfachtes Verfahren. Bei Vorlagen, die dem Bundesrat lediglich zur Kenntnisnahme zugeleitet werden, gelten die Empfehlungen der zuständigen Ausschüsse, der Bundesrat möge von der Vorlage Kenntnis nehmen oder gegen die Vorlage keine Bedenken erheben, als Stellungnahme des Bundesrates, sofern bis zur nächsten Sitzung des Bundesrates kein Land den Antrag auf Behandlung dieser Vorlage stellt.

IV. Das Verfahren in den Ausschüssen

§ 36 Zuweisung der Vorlagen. (1) [1] Die Präsidentin oder der Präsident weist die Vorlagen den zuständigen Ausschüssen zu und bestimmt den federführenden Ausschuss. [2] Die Beteiligung mehrerer Ausschüsse an der Beratung einer Vorlage soll möglichst beschränkt werden. [3] Die Präsidentin oder der Präsident kann die Direktorin oder den Direktor des Bundesrates mit der Zuweisung der Vorlagen und der Bestimmung des federführenden Ausschusses beauftragen.

(2) Die Präsidentin oder der Präsident hat Vorlagen eines Landes auf dessen Verlangen unmittelbar auf die vorläufige Tagesordnung des Bundesrates zu setzen.

§ 37 Tagungsort, Öffentlichkeit, Anwesenheitsliste. (1) [1] Die Ausschüsse tagen am Sitz des Bundesrates. [2] Ausnahmen bedürfen der vorherigen Zustimmung der Präsidentin oder des Präsidenten. [3] Für die Bekanntgabe der Sitzungen gilt § 15 Absatz 4 entsprechend.

(2) [1] Die Sitzungen der Ausschüsse sind nicht öffentlich. [2] Die Verhandlungen sind vertraulich, soweit der Ausschuss nichts anderes beschließt.

(3) Für jede Ausschusssitzung wird eine Anwesenheitsliste ausgelegt, in die sich die Teilnehmenden der Sitzung eintragen.

§ 37a Zulässigkeit von Ausschusssitzungen als Videokonferenz aus wichtigem Grund. (1) [1] Ausschusssitzungen finden grundsätzlich in Präsenz statt. [2] Aus wichtigem Grund kann die Präsidentin oder der Präsident nach Befassung des Ständigen Beirats entscheiden, dass Ausschusssitzungen ausnahmsweise für einen bestimmten Zeitraum als Videokonferenz stattfinden dürfen.

(2) Die Anwesenheit ist zu Beginn der Sitzung festzustellen.

(3) § 37 Absatz 1 Satz 3 und Absatz 2 und die §§ 38 bis 45 sind entsprechend anzuwenden.

§ 38 Einberufung, Leitung, Tagesordnung. (1) [1]Die oder der Vorsitzende beruft den Ausschuss ein. [2]Sie oder er hat ihn unverzüglich einzuberufen, wenn mindestens zwei Länder es verlangen. [3]Die oder der Vorsitzende bereitet die Sitzungen des Ausschusses vor und leitet sie.

(2) [1]Die Tagesordnung wird den Vertretungen der Länder so früh wie möglich, spätestens am sechsten Tag vor der Sitzung, zugestellt. [2]Kann diese Frist nicht eingehalten werden, so ist die Tagesordnung den Vertretungen der Länder und gleichzeitig fernschriftlich den Mitgliedern des Ausschusses mitzuteilen.

(3) Soweit der Ausschuss nicht federführend ist, soll die Tagesordnung den Zweck der Beratung der einzelnen Gegenstände angeben.

§ 39 Beratung. (1) Die Ausschüsse bereiten die Beschlussfassung des Bundesrates vor.

(2) Die Präsidentin oder der Präsident kann die Ausschüsse mit der Ausarbeitung gutachtlicher Stellungnahmen beauftragen.

(3) [1]Mehrere Ausschüsse können gemeinsam beraten. [2]Ist ein Beratungsgegenstand für die Fachgebiete mehrerer Ausschüsse von gleicher Bedeutung, so kann die Präsidentin oder der Präsident gemeinsame Beratung anordnen.

(4) Die Ausschüsse können Unterausschüsse einsetzen.

(5) Die Ausschüsse sollen ihre Beratungen am achten Tag vor der nächsten Sitzung des Bundesrates abgeschlossen haben.

§ 40 Teilnahme und Fragerecht. (1) Mitglieder des Bundesrates und Beauftragte der Landesregierungen sowie Mitglieder und Beauftragte der Bundesregierung können an den Verhandlungen der Ausschüsse und Unterausschüsse teilnehmen.

(2) In den Sitzungen können die Mitglieder der Ausschüsse sowie die Beauftragten der Landesregierungen an die Mitglieder der Bundesregierung und deren Beauftragte Fragen stellen.

(3) Die Ausschüsse können Sachverständige oder andere Personen, deren Teilnahme sie für erforderlich halten, anhören.

§ 41 Berichterstattung im Ausschuss. [1]Der Ausschuss bestellt, soweit dies für seine Beratungen erforderlich ist, für die einzelnen Beratungsgegenstände Berichterstatterinnen oder Berichterstatter. [2]Die Berichte werden mündlich erstattet, soweit der Ausschuss nichts anderes beschließt.

§ 42 Beschlüsse, Stimmberechtigung. (1) Die Ausschüsse sind beschlussfähig, wenn mehr als die Hälfte der Länder vertreten ist.

(2) Jedes Land hat in den Ausschüssen eine Stimme.

(3) Die Ausschüsse fassen ihre Beschlüsse mit einfacher Mehrheit.

(4) [1]Stimmberechtigt sind die an der Sitzung teilnehmenden Mitglieder des Bundesrates und Beauftragten der Landesregierungen. [2]Sind mehrere stimmberechtigte Personen eines Landes anwesend, regelt das Land die Stimmabgabe intern.

§ 43 Umfrageverfahren. [1]Hält die oder der Vorsitzende die mündliche Beratung einer Vorlage für entbehrlich, so kann die Stellungnahme der Mitglieder des Ausschusses im Wege der Umfrage eingeholt werden. [2]Die Umfrage soll so frühzeitig erfolgen, dass auf Antrag eines Landes noch rechtzeitig eine Sitzung einberufen werden kann.

§ 44 Sitzungsniederschrift. (1) [1]Über jede Sitzung eines Ausschusses fertigt die Sekretärin oder der Sekretär eine Niederschrift. [2]Diese muss mindestens die Namen der Teilnehmenden, die Anträge, das Ergebnis der Beratungen und bei Beschlüssen das Stimmverhältnis sowie das Abstimmungsergebnis nach Ländern enthalten. [3]Die Aufschlüsselung des Abstimmungsergebnisses nach Ländern in einer Niederschrift über eine Sitzung eines Unterausschusses kann unterbleiben, wenn der Unterausschuss im Einzelfall entsprechend beschließt.

(2) Die Niederschrift ist vertraulich, soweit nicht der Ausschuss gemäß § 37 Absatz 2 Satz 2 die Vertraulichkeit der Verhandlungen aufgehoben hat.

(3) Der Wortlaut der von einem Ausschuss gefassten Beschlüsse und die dazu formulierten Begründungen können der Öffentlichkeit zugänglich gemacht werden, soweit der Ausschuss nichts anderes beschließt.

§ 45 Mitteilung der Empfehlungen der Ausschüsse. Die Sekretärin oder der Sekretär des federführenden Ausschusses stellt die Empfehlungen der Ausschüsse zu jeder Vorlage zusammen und leitet sie den Vertretungen der Länder zu.

IVa. Das Verfahren in Angelegenheiten der Europäischen Union

§ 45a Zuweisung von Unterrichtungen über Vorhaben im Rahmen der Europäischen Union an die Ausschüsse. (1) [1]Die Präsidentin oder der Präsident wählt aus den Unterrichtungen über Vorhaben im Rahmen der Europäischen Union diejenigen aus, welche für eine Beratung im Bundesrat in Betracht kommen, und weist sie den Ausschüssen zu. [2]Die Präsidentin oder der Präsident kann die Direktorin oder den Direktor mit der Auswahl und der Zuweisung der Unterrichtungen beauftragen. [3]Jedes Land und jeder Ausschuss können verlangen, dass weitere Unterrichtungen den Ausschüssen zugewiesen werden.

(2) [1]Die Beteiligung mehrerer Ausschüsse an der Beratung einer Unterrichtung soll möglichst beschränkt werden. [2]Dies gilt insbesondere für Unterrichtungen, deren Eilbedürftigkeit (§ 45d Absatz 2) bereits zum Zeitpunkt der Zuweisung absehbar ist.

(3) [1]Die Zuweisung wirkt bis zum Abschluss des Vorhabens in der Europäischen Union. [2]Sind mehrere Ausschüsse beteiligt, so sollen diese ihre Beratungen über Empfehlungen an den Bundesrat oder die Europakammer zeitlich abgestimmt durchführen, soweit dies möglich ist.

(4) Die beteiligten Ausschüsse haben während des Entscheidungsverfahrens in den Gremien der Europäischen Union die Aufgabe, die Vertreterinnen und Vertreter der Länder fachlich zu begleiten, zu den Stellungnahmen des Bundesrates die Erfolgskontrolle durchzuführen und dem Bundesrat etwa notwendige Folgebeschlüsse vorzuschlagen.

§ 45b Europakammer. (1) Der Bundesrat bildet eine Europakammer, deren Beschlüsse als Beschlüsse des Bundesrates gelten.

(2) [1]Jedes Land entsendet ein Mitglied oder ein stellvertretendes Mitglied des Bundesrates als Mitglied in die Europakammer. [2]Seine weiteren Mitglieder und stellvertretenden Mitglieder des Bundesrates sind stellvertretende Mitglieder der Europakammer.

(3) [1]Die Regierungen der Länder teilen der Präsidentin oder dem Präsidenten den Zeitpunkt der Bestellung und Abberufung des Mitgliedes der Europakammer schriftlich mit. [2]Die Mitteilung wird der Europakammer bekanntgegeben.

§ 45c Vorsitzende der Europakammer. (1) Der Bundesrat wählt ohne Aussprache die Vorsitzende oder den Vorsitzenden, die erste und die zweite stellvertretende Vorsitzende oder den ersten und den zweiten stellvertretenden Vorsitzenden der Europakammer für ein Jahr aus der Mitte der Mitglieder der Europakammer.

(2) Endet das Amt einer oder eines Vorsitzenden oder einer oder eines stellvertretenden Vorsitzenden vorzeitig, so soll für den Rest ihrer oder seiner Amtszeit eine Nachfolgerin oder ein Nachfolger gewählt werden.

§ 45d Zuständigkeit der Europakammer. (1) Die Europakammer ist in Eilfällen oder bei zu wahrender Vertraulichkeit nach Zuweisung eines Beratungsgegenstandes zuständig für die Wahrnehmung der Mitwirkungsrechte des Bundesrates in Angelegenheiten der Europäischen Union.

(2) Ein Eilfall liegt vor, wenn die Beschlussfassung des Bundesrates im Hinblick auf den Beratungsstand in den Gremien der Europäischen Union keinen Aufschub bis zur nächsten bereits einberufenen Sitzung des Bundesrates duldet.

(3) Ein Fall, in dem die Vertraulichkeit zu wahren ist, kann insbesondere vorliegen, wenn

1. dies in einschlägigen Vorschriften der Europäischen Union vorgesehen ist;
2. die Bundesregierung die vertrauliche Behandlung des Beratungsgegenstandes für erforderlich erklärt;
3. ein Land oder ein Ausschuss die vertrauliche Behandlung eines Beratungsgegenstandes anregt.

(4) [1] Stellt die Präsidentin oder der Präsident fest, dass die Zuständigkeit der Europakammer gegeben ist, weist sie oder er dieser den betreffenden Beratungsgegenstand zu, wenn sie oder er nicht den Bundesrat einberuft. [2] Die Präsidentin oder der Präsident kann die Direktorin oder den Direktor damit beauftragen, im Einvernehmen mit der oder dem Vorsitzenden des Ausschusses für Fragen der Europäischen Union Beratungsgegenstände der Europakammer zuzuweisen.

(5) Die Zuweisung eines Beratungsgegenstandes an die Europakammer steht bis zu deren Beschlussfassung der Beratung in den Ausschüssen und der Verhandlung und Beschlussfassung durch den Bundesrat nicht entgegen.

§ 45e Vorbereitung der Sitzungen der Europakammer. (1) Die Sitzungen der Europakammer sollen durch die Ausschüsse vorbereitet werden, soweit dies zeitlich möglich ist.

(2) [1] Die oder der Vorsitzende beruft die Europakammer zu einem ihr zugewiesenen Beratungsgegenstand ein. [2] Sie oder er hat die Europakammer einzuberufen, wenn mindestens zwei Länder es verlangen.

(3) [1] Die Einberufungsfrist beträgt eine Woche. [2] Sie kann in Eilfällen so verkürzt werden, wie es der Beratungsstand erfordert. [3] Die Einberufung erfolgt durch Übermittlung der vorläufigen Tagesordnung.

§ 45f Öffentlichkeit. (1) [1] Die Europakammer verhandelt öffentlich. [2] Die Öffentlichkeit kann ausgeschlossen werden. [3] Soweit die Zuständigkeit der Europakammer auf der Wahrung der Vertraulichkeit beruht, beschließt sie über den Ausschluss der Öffentlichkeit. [4] Im Übrigen ist § 17 entsprechend anzuwenden.

(2) Beschlüsse der Europakammer und ihre Begründungen werden veröffentlicht, soweit die Europakammer nichts anderes beschließt.

§ 45g Teilnahme an den Verhandlungen. An den Verhandlungen der Europakammer können auch Mitglieder und Beauftragte der Bundesregierung und Beauftragte der Landesregierungen teilnehmen; andere Personen nur, soweit die oder der Vorsitzende dies zulässt.

§ 45h Anzahl der Stimmen, Beschlussfähigkeit, Beschlussfassung.

(1) Zur Stimmabgabe in der Europakammer sind die Mitglieder und stellvertretenden Mitglieder der Europakammer berechtigt.

(2) [1]Die Europakammer ist beschlussfähig, wenn die Mehrheit ihrer Stimmen vertreten ist. [2]Bei Beschlussunfähigkeit hat die oder der Vorsitzende die Sitzung aufzuheben.

(3) Die Europakammer fasst ihre Beschlüsse mit mindestens der Mehrheit ihrer Stimmen.

§ 45i Umfrageverfahren. (1) [1]Hält die oder der Vorsitzende die mündliche Beratung einer EU-Vorlage für entbehrlich, kann die Beschlussfassung im Wege der Umfrage herbeigeführt werden. [2]Über die Umfrage ist ein Bericht zu fertigen.

(2) Wird die Sitzung der Europakammer wegen Beschlussunfähigkeit aufgehoben, leitet die oder der Vorsitzende ein Umfrageverfahren ein.

(3) Außer im Fall des Absatzes 2 kann jedes Land der Beschlussfassung im Umfrageverfahren widersprechen.

§ 45j Sitzungsbericht. [1]Über die Sitzungen der Europakammer ist eine Niederschrift zu fertigen. [2]Diese muss mindestens die Namen der Teilnehmenden, die Anträge und das Ergebnis der Beratungen enthalten. [3]Der Bericht ist vertraulich, soweit die Verhandlungen vertraulich sind (§ 45f Absatz 1 Satz 2 bis 4).

§ 45k Anwendung von Verfahrensvorschriften. [1]§ 15 Absatz 3 und 4, die §§ 16, 18 Absatz 2, § 19 Absatz 1, die §§ 22, 22a, 22b, 22c Absatz 1 Satz 1 und Absatz 2, die §§ 22d, 22e Absatz 1 Satz 1 und 2 und Absatz 3 Satz 1 und 2, § 22f Satz 1 und 2, die §§ 22g, 23 Absatz 2 Satz 1 und Absatz 5, § 26 Absatz 3, die §§ 29, 30 und 32 sind entsprechend anzuwenden. [2]§ 22f Satz 3 und 4 ist mit der Maßgabe entsprechend anzuwenden, dass über den Einspruch in der nächsten Sitzung des Bundesrates entschieden wird.

§ 45l Vertreterinnen und Vertreter der Länder. (1) [1]Benennt der Bundesrat Vertreterinnen oder Vertreter zu Verhandlungen über Vorhaben im Rahmen der Europäischen Union, so sind diese Vertreterinnen oder Vertreter an Beschlüsse des Bundesrates gebunden. [2]Das die Vertreterin oder den Vertreter stellende Land soll auf weitere Beschlüsse hinwirken, sofern im Hinblick auf den Fortgang der Verhandlungen hierzu Anlass besteht. [3]Auch jedes andere Land kann weitere Beschlüsse beantragen. [4]Das Gleiche kann ein Ausschuss empfehlen, dem der entsprechende Beratungsgegenstand zugewiesen ist.

(2) [1]Die Vertreterinnen oder Vertreter berichten unverzüglich im Anschluss an eine Sitzung des jeweiligen Gremiums über die die Länder insbesondere interessierenden Gesichtspunkte. [2]Die Berichte werden in der Regel schriftlich erstattet. [3]Die Vertreterinnen oder Vertreter berichten darüber hinaus, wenn im Hinblick auf die Verhandlungen erneuter Beratungsbedarf besteht oder wenn ein Land oder ein beteiligter Ausschuss dies verlangt.

V. Schlussbestimmungen

§ 46 Stellvertretung. Mitglieder des Bundesrates und seiner Ausschüsse im Sinne dieser Geschäftsordnung sind auch die stellvertretenden Mitglieder.

§ 47 Auslegung der Geschäftsordnung. (1) Während einer Sitzung entscheidet die Präsidentin oder der Präsident Meinungsverschiedenheiten über die Auslegung der Geschäftsordnung für diese Sitzung.

(2) Im Übrigen entscheidet auf Verlangen der Präsidentin oder des Präsidenten oder eines Landes der Bundesrat.

§ 48 Abweichung von der Geschäftsordnung. Will der Bundesrat im einzelnen Fall von der Geschäftsordnung abweichen, so bedarf es eines einstimmigen Beschlusses.

§ 49 Inkrafttreten. [1]Diese Geschäftsordnung tritt am 23. Mai 2025 zu dem Zeitpunkt in Kraft, in dem der Beschluss des Bundesrates über diese Fassung der Geschäftsordnung wirksam wird. [2]Gleichzeitig tritt die Geschäftsordnung des Bundesrates in der Fassung der Bekanntmachung vom 26. November 1993 (BGBl. I S. 2007), die zuletzt durch Beschluss des Bundesrates vom 16. September 2022 (BGBl. I S. 1513) geändert worden ist, außer Kraft.

38. Geschäftsordnung der Bundesregierung

Vom 11. Mai 1951

(GMBl. S. 137), geänd. durch Bek. v. 29. 3. 1967 (GMBl. S. 130), Bek. v. 12. 9. 1967 (GMBl. S. 430), Bek. v. 6. 1. 1970 (GMBl. S. 14), Bek. v. 23. 1. 1970 (GMBl. S. 50), Bek. v. 29. 4. 1976 (GMBl. S. 174), Bek. v. 12. 7. 1976 (GMBl. S. 354), Bek. v. 17. 7. 1987 (GMBl. S. 382) und Bek. v. 21. 11. 2002 (GMBl. S. 848)

Die Bundesregierung hat nach Artikel 65 des Grundgesetzes folgende, von dem Bundespräsidenten genehmigte Geschäftsordnung beschlossen:

I. Der Bundeskanzler

§ 1 [Bestimmung der Richtlinien der Politik] (1) [1]Der Bundeskanzler bestimmt die Richtlinien der inneren und äußeren Politik. [2]Diese sind für die Bundesminister verbindlich und von ihnen in ihrem Geschäftsbereich selbständig und unter eigener Verantwortung zu verwirklichen. [3]In Zweifelsfällen ist die Entscheidung des Bundeskanzlers einzuholen.

(2) Der Bundeskanzler hat das Recht und die Pflicht, auf die Durchführung der Richtlinien zu achten.

§ 2 [Einheitlichkeit der Geschäftsführung] Neben der Bestimmung der Richtlinien der Politik hat der Bundeskanzler auch auf die Einheitlichkeit der Geschäftsführung in der Bundesregierung hinzuwirken.

§ 3 [Unterrichtung des Bundeskanzlers] Der Bundeskanzler ist aus dem Geschäftsbereich der einzelnen Bundesminister über Maßnahmen und Vorhaben zu unterrichten, die für die Bestimmung der Richtlinien der Politik und die Leitung der Geschäfte der Bundesregierung von Bedeutung sind.

§ 4 [Erweiterung und Änderung der Richtlinien] Hält ein Bundesminister eine Erweiterung oder Änderung der Richtlinien der Politik für erforderlich, so hat er dem Bundeskanzler unter Angabe der Gründe hiervon Mitteilung zu machen und seine Entscheidung zu erbitten.

§ 5 [Unterrichtung des Bundespräsidenten] Der Bundeskanzler unterrichtet den Bundespräsidenten laufend über seine Politik und die Geschäftsführung der einzelnen Bundesminister durch Übersendung der wesentlichen Unterlagen, durch schriftliche Berichte über Angelegenheiten von besonderer Bedeutung sowie nach Bedarf durch persönlichen Vortrag.

§ 6 [Leitung der Geschäfte der Bundesregierung] Der Bundeskanzler leitet die Geschäfte der Bundesregierung nach Maßgabe des IV. Abschnittes.

§ 7 [Staatssekretär des Bundeskanzleramtes] (1) Der Staatssekretär des Bundeskanzleramtes nimmt zugleich die Geschäfte eines Staatssekretärs der Bundesregierung wahr.

(2) [1] Er kann die an den Bundeskanzler gerichteten oder ihm von dem Bundespräsidenten überwiesenen Schreiben unmittelbar an den zuständigen Bundesminister weiterleiten. [2] Empfiehlt der zuständige Bundesminister eine Beantwortung durch den Bundeskanzler, so legt er dem Bundeskanzler einen entsprechenden Entwurf vor.

II. Stellvertretung des Bundeskanzlers

§ 8 [Vertretung des Bundeskanzlers] [1] Ist der Bundeskanzler an der Wahrnehmung der Geschäfte allgemein verhindert, so vertritt ihn der gemäß Artikel 69 des Grundgesetzes zu seinem Stellvertreter ernannte Bundesminister in seinem gesamten Geschäftsbereich. [2] Im übrigen kann der Bundeskanzler den Umfang seiner Vertretung näher bestimmen.

III. Die Bundesminister

§ 9 [Geschäftsbereich der Bundesminister] [1] Der Geschäftsbereich der einzelnen Bundesminister wird in den Grundzügen durch den Bundeskanzler[1)] festgelegt. [2] Bei Überschneidungen und sich daraus ergebenden Meinungsverschiedenheiten zwischen den einzelnen Bundesministern entscheidet die Bundesregierung durch Beschluß.

§ 10 [Empfang von Deputationen] (1) [1] Abordnungen (Deputationen) sollen in der Regel nur von dem federführenden Fachminister oder seinem Vertreter empfangen werden. [2] Sie sind vorher um Angabe des Verhandlungsgegenstandes zu ersuchen. Erscheint ein gemeinsamer Empfang angezeigt, so benachrichtigt der angegangene Bundesminister die außer ihm noch in Frage kommenden Bundesminister.

(2) Der Bundeskanzler empfängt Abordnungen nur in besonderen Fällen.

§ 11[2)] [Verhandlungen mit dem Ausland] (1) Mitglieder und Vertreter auswärtiger Regierungen sowie Vertreter zwischenstaatlicher Einrichtungen sollen nur nach vorherigem Benehmen mit dem Auswärtigen Amt empfangen werden.

(2) Verhandlungen mit dem Ausland oder im Ausland dürfen nur mit Zustimmung des Auswärtigen Amtes, auf sein Verlangen auch nur unter seiner Mitwirkung geführt werden.

---

1) Siehe den Organisationserlass der Bundeskanzlerin v. 22. 11. 2005 (BGBl. S. 3197).
2) § 11 Abs. 3 aufgeh. durch Bek. v. 21. 11. 2002 (GMBl. S. 848).

§ 12 [Äußerungen in der Öffentlichkeit] Äußerungen eines Bundesministers, die in der Öffentlichkeit erfolgen oder für die Öffentlichkeit bestimmt sind, müssen mit den vom Bundeskanzler gegebenen Richtlinien der Politik in Einklang stehen.

§ 13 [Abwesenheit] (1) [1]Jeder Bundesminister macht, bevor er den Sitz der Bundesregierung länger als 1 Tag verläßt, dem Bundeskanzler Mitteilung. [2]Bei Abwesenheit von mehr als 3 Tagen und bei Auslandsreisen ist das Einvernehmen mit dem Bundeskanzler herzustellen.

(2) Zur Annahme von Einladungen in das Ausland ist die Zustimmung des Bundeskanzlers erforderlich.

(3) Bevor ein Bundesminister den Sitz der Bundesregierung verläßt, gibt er dem Bundeskanzler die Anschrift an, unter der er während seiner Abwesenheit zu erreichen ist.

§ 14[1)] [Vertretung] (1) Ist ein Bundesminister verhindert, so wird er in der Regierung durch den dazu bestimmten Bundesminister vertreten.

(2) [1]Für Erklärungen vor dem Bundestag, vor dem Bundesrat und in den Sitzungen der Bundesregierung wird der Bundesminister durch den Parlamentarischen Staatssekretär vertreten. [2]Der Bundesminister kann für Einzelfälle anordnen, daß solche Erklärungen durch den Staatssekretär abgegeben werden.

(3) Als Leiter einer obersten Bundesbehörde wird ein Bundesminister im Falle seiner Verhinderung durch den Staatssekretär und in dem Aufgabenbereich, der dem Parlamentarischen Staatssekretär nach § 14a übertragen worden ist, sowie in den von ihm bestimmten Einzelfällen von diesem vertreten.

§ 14a[1)] [Aufgaben der Parlamentarischen Staatssekretäre] Der Bundesminister bestimmt im einzelnen, welche Aufgaben der Parlamentarische Staatssekretär wahrnehmen soll.

IV. Die Bundesregierung

§ 15[2)] [Gegenstände der Beratung und Beschlußfassung] (1) Der Bundesregierung sind zur Beratung und Beschlußfassung zu unterbreiten alle Angelegenheiten von allgemeiner innen- oder außenpolitischer, wirtschaftlicher, sozialer, finanzieller oder kultureller Bedeutung, insbesondere

a) alle Gesetzentwürfe,

b) alle Entwürfe von Verordnungen der Bundesregierung,

c) sonstige Verordnungsentwürfe, wenn sie von besonderer politischer Bedeutung sind,

---

1) §§ 14 u. 14a neugef. durch Bek. v. 6. 1. 1970 (GMBl. S. 14).

2) § 15 Abs. 1 Buchst. f neugef. durch Bek. v. 23. 1. 1970 (GMBl. S. 50), Abs. 2 geänd. durch Bek. v. 29. 4. 1976 (GMBl. S. 174).

d) die Stellungnahme des Bundesrates zu den Vorlagen der Bundesregierung,
e) alle Angelegenheiten, für welche Grundgesetz oder Gesetz dieses vorschreiben,
f) Meinungsverschiedenheiten zwischen verschiedenen Bundesministern; Meinungsverschiedenheiten über die Entwürfe der Finanzplanung, des Haushaltsgesetzes und des Haushaltsplans, wenn es sich um Angelegenheiten von grundsätzlicher Bedeutung für den betroffenen Bundesminister oder erheblicher finanzieller Bedeutung handelt.

(2) Ihr sind außerdem zu unterbreiten:

a) Vorschläge zur Ernennung von Beamten, die jederzeit in den einstweiligen Ruhestand versetzt werden können, von sonstigen Beamten, die nach der Besoldungsordnung feste Gehälter beziehen, sowie von Ministerialräten und Ministerialbeamten gleichen Ranges,
b) Vorschläge zur Einstellung oder Eingruppierung von Angestellten bei obersten Bundesbehörden nach Vergütungsgruppe I BAT oder zur Vereinbarung einer höheren Vergütung,
c) zur Beratung ohne Beschlußfassung: Vorschläge für die Zustimmung des zuständigen Bundesministers zur Ernennung von Richtern bei den obersten Gerichtshöfen des Bundes.

§ 15 a[1)] [Angelegenheiten von frauenpolitischer Bedeutung]

(1) Im Einvernehmen mit dem Bundeskanzler kann die Bundesministerin für Familie, Senioren, Frauen und Jugend verlangen, daß Angelegenheiten von frauenpolitischer Bedeutung der Bundesregierung zur Beratung und Beschlußfassung unterbreitet werden, auch wenn diese zum Geschäftsbereich eines anderen Bundesministers gehören; die Vorlage an die Bundesregierung erfolgt durch den federführenden Bundesminister.

(2) [1] In Angelegenheiten von besonderer frauenpolitischer Bedeutung kann die Bundesministerin für Familie, Senioren, Frauen und Jugend im Benehmen mit dem federführenden Bundesminister Gesetzesvorhaben vor Bundestag und Bundesrat einschließlich deren Ausschüsse neben dem federführenden Bundesminister vertreten. [2] § 15 Abs. 1 Buchstabe f, §§ 17 und 28 bleiben unberührt.

(3) Entsprechendes gilt in verbraucherschutzpolitischen Angelegenheiten für die Bundesministerin für Verbraucherschutz, Ernährung und Landwirtschaft.

§ 16 [Beratung unter den Bundesministerien] (1) Alle Angelegenheiten, die der Bundesregierung unterbreitet werden, sind vorher zwischen den beteiligten Bundesministerien zu beraten, sofern nicht im Einzelfalle die Dringlichkeit der Entscheidung eine Ausnahme notwendig macht.

(2) Die bei den Beratungen strittig gebliebenen Punkte sind in dem Anschreiben an den Staatssekretär des Bundeskanzleramtes (§ 21 Abs. 2)

[1)] § 15 a eingef. durch Bek. v. 17. 7. 1987 (GMBl. S. 382), Abs. 1 u. Abs. 2 Satz 1 geänd., Abs. 3 angef. durch Bek. v. 21. 11. 2002 (GMBl. S. 848).

oder in sonst geeigneter Weise mit kurzer Begründung der vorgeschlagenen Lösung aufzuführen.

(3) [1] Bei der Vorlage von Gesetzentwürfen ist mitzuteilen, daß die Ausführung des Gesetzes Bund, Länder und Gemeinden nicht mit Kosten belastet oder, wenn dies der Fall ist, ob der Bundesminister der Finanzen nach Kenntnis von dem Plane des Gesetzes Widerspruch erhoben hat. [2] Fehlt der Vermerk, so sorgt der Staatssekretär des Bundeskanzleramtes dafür, daß er nachgeholt wird.

(4) Ist keine mündliche Erörterung im Kabinett erforderlich, so ist bei der Vorlage zu bemerken, daß ein Beschluß auf schriftlichem Wege ausreichen wird (§ 20 Abs. 2).

§ 17 [Meinungsverschiedenheiten] (1) Meinungsverschiedenheiten zwischen den Bundesministern sind der Bundesregierung erst zu unterbreiten, wenn ein persönlicher Verständigungsversuch zwischen den beteiligten Bundesministern oder im Falle ihrer Behinderung zwischen ihren Vertretern ohne Erfolg geblieben ist.

(2) Der Bundeskanzler kann Meinungsverschiedenheiten vor der Beratung im Kabinett zunächst in einer Ministerbesprechung mit den beteiligten Bundesministern unter seinem Vorsitz erörtern.

§ 18[1)] [Ernennung von Beamten und Einstellung von Angestellten]

(1) Vorschläge zur Ernennung von Beamten und zur Einstellung oder Eingruppierung von Angestellten sind in den Fällen des § 15 Abs. 2 Buchstabe a und b vor jeder entscheidenden oder verpflichtenden Maßnahme oder Mitteilung der Bundesregierung zu unterbreiten; im übrigen sind, sofern es sich um Beamte des höheren Dienstes (Besoldungsgruppe A 13 BBesO[2)] und höher) und die ihnen gleichgestellten Angestellten in den Ministerien handelt, Ernennungen, Einstellungen und Eingruppierungen dem Bundeskanzler nachträglich zur Kenntnis mitzuteilen.

(2) Ernennungen dürfen erst nach Vollziehung der Urkunde durch den Bundespräsidenten veröffentlicht werden.

§ 19[3)] [Beendigung von Beamtenverhältnissen] [1] Soll ein Beamter der Besoldungsgruppe B 9 BBesO[2)] oder höherer Besoldungsgruppen entlassen, in den einstweiligen Ruhestand oder in den Ruhestand versetzt werden, so ist vor entscheidenden und verpflichtenden Maßnahmen oder Mitteilungen die Stellungnahme des Bundeskanzlers einzuholen. [2] Alsdann ist vor solchen Maßnahmen oder Mitteilungen die Angelegenheit dem Bundespräsidenten zur Entscheidung zu unterbreiten.

§ 20 [Beschlussfassung] (1) Die Bundesregierung faßt ihre Beschlüsse in der Regel in gemeinschaftlicher Sitzung.

(2) [1] Ist die mündliche Beratung einer Angelegenheit nicht erforderlich so soll der Staatssekretär des Bundeskanzleramtes die Zustimmung der Mitglieder der Bundesregierung auf schriftlichem Wege einholen (Umlaufsache). [2] Bestehen

---

1) § 18 Abs. 1 neu gef. durch Bek. v. 29. 4. 1976 (GMBl S. 174).
2) Siehe die Anl. I zum BundesbesoldungsG (Nr. **230**).
3) § 19 Satz 1 geänd. durch Bek. v. 29. 4. 1976 (GMBl S. 174).

über die Notwendigkeit einer mündlichen Beratung Zweifel, so hat er die Entscheidung des Bundeskanzlers herbeizuführen.

§ 21[1)] **[Einberufung und Vorbereitung der Sitzungen]** (1) [1] Die Sitzungen der Bundesregierung werden durch den Staatssekretär des Bundeskanzleramtes nach näherer Anweisung des Bundeskanzlers festgesetzt. [2] Er veranlaßt die Einladung zu den Sitzungen unter Beifügung einer Tagesordnung.

(2) Die von den Bundesministern vorgelegten Entwürfe und Ausführungen sind dem Staatssekretär des Bundeskanzleramtes in der gewünschten Zahl von Abdrucken einzureichen; sie sind gleichzeitig sämtlichen Bundesministern und dem Chef des Bundespräsidialamtes unmittelbar zuzuleiten.

(3) [1] Die Übersendung von Kabinettsvorlagen hat so zeitig zu erfolgen, daß für eine sachliche Prüfung vor der Beratung noch ausreichend Zeit bleibt. [2] Zwischen der Zustellung der Vorlage an den Staatssekretär des Bundeskanzleramtes und die Bundesminister und der Beratung soll mindestens eine Woche liegen. [3] Handelt es sich um umfangreichere Gesetzesvorlagen oder sonstige Vorlagen von weittragender Bedeutung und ist die Frist nicht eingehalten, so ist auf Antrag von zwei Bundesministern oder deren Vertretern die Angelegenheit von der Tagesordnung abzusetzen, es sei denn, daß der Bundeskanzler die sofortige Beratung für notwendig hält.

(4) Die Bundesministerin für Familie, Senioren, Frauen und Jugend oder *dessen*[2)] Vertreter kann die Absetzung von der Tagesordnung verlangen, wenn es sich um eine frauenpolitische Angelegenheit von besonderer Tragweite handelt und *er*[3)] bei der Vorbereitung der Kabinettvorlage nicht hinreichend beteiligt worden ist, es sei denn, daß der Bundeskanzler die sofortige Beratung für notwendig hält.

§ 22 [Vorsitz, Beginn und Vertraulichkeit der Sitzungen] (1) [1] Die Sitzungen der Bundesregierung finden unter dem Vorsitz des Bundeskanzlers, im Falle seiner Behinderung unter dem Vorsitz des Stellvertreters des Bundeskanzlers statt. [2] Ist auch der Stellvertreter verhindert, so führt den Vorsitz der vom Bundeskanzler oder seinem Stellvertreter besonders bezeichnete Bundesminister oder mangels solcher Bezeichnungen der Bundesminister, der am längsten ununterbrochen der Bundesregierung angehört; bei mehreren Bundesministern mit gleicher Amtszeit übernimmt den Vorsitz der an Lebensjahren älteste Bundesminister.

(2) [1] Die Sitzungen beginnen pünktlich zu der in der Einladung angegebenen Zeit. [2] Behinderte Bundesminister haben für ihre Vertretung zu sorgen.

(3) [1] Die Sitzungen der Bundesregierung sind vertraulich. [2] Insbesondere sind Mitteilungen über Ausführungen einzelner Bundesminister, über das Stimmenverhältnis und über den Inhalt der Niederschrift ohne besondere Ermächtigung des Bundeskanzlers unzulässig.

(Fortsetzung nächstes Blatt)

---

1) § 21 Abs. 4 angef. durch Bek. v. 17. 7. 1987 (GMBl S. 382); Abs. 4 geänd. mWv 1. 11. 2002 durch *Bek. v. 22. 10. 2002 (GMBl S. 848).*

2) Richtig wohl: „deren".

3) Richtig wohl: „sie".

§ 23[1] **[Teilnahme]** (1) An den Sitzungen der Bundesregierung nehmen außer den Bundesministern und dem Chef des Bundeskanzleramtes sowie dem Parlamentarischen Staatssekretär beim Bundeskanzler regelmäßig teil:

der Chef des Bundespräsidialamtes,
der Bundespressechef,
der Persönliche Referent des Bundeskanzlers,
der Schriftführer.

(2) [1] Ist der Bundesminister an der Teilnahme an einer Sitzung der Bundesregierung verhindert, so nimmt für ihn der Parlamentarische Staatssekretär an der Sitzung teil. [2] Der Bundesminister kann für Einzelfälle anordnen, daß der Staatssekretär an der Sitzung teilnimmt.

(3) [1] Hält ein Bundesminister die Zuziehung eines Beamten seines Ministeriums außer dem Staatssekretär für erwünscht, so hat er dies unter Benennung des Beamten schriftlich anzuzeigen. [2] Über die Zulassung zur Sitzung entscheidet der Vorsitzende. [3] Der Beamte nimmt an der Sitzung nur für die Dauer der Verhandlungen über den Punkt, zu dem er zugezogen ist, teil.

(4) Der Bundeskanzler kann die Sitzung auf die Bundesminister beschränken.

§ 24 [Beschlussfähigkeit] (1) Die Bundesregierung ist beschlußfähig, wenn einschließlich des Vorsitzenden die Hälfte der Bundesminister anwesend ist.

(2) [1] Die Bundesregierung faßt ihre Beschlüsse mit Stimmenmehrheit. [2] Bei Stimmengleichheit entscheidet die Stimme des Vorsitzenden.

§ 25 [Wortlaut der Beschlüsse] Der Wortlaut der Beschlüsse der Bundesregierung wird von dem Vorsitzenden jeweils im Anschluß an die mündliche Beratung eines Gegenstandes festgelegt.

§ 26[2] **[Widerspruch]** (1) [1] Beschließt die Bundesregierung in einer Frage von finanzieller Bedeutung gegen oder ohne die Stimme des Bundesministers der Finanzen, so kann dieser gegen den Beschluß ausdrücklich Widerspruch erheben. [2] Wird Widerspruch nach Satz 1 oder in gesetzlich vorgesehenen Fällen erhoben, so ist über die Angelegenheit in einer weiteren Sitzung der Bundesregierung erneut abzustimmen. [3] Die Durchführung der Angelegenheit, der der Bundesminister der Finanzen widersprochen hat, muß unterbleiben, wenn sie nicht in der neuen Abstimmung in Anwesenheit des Bundesministers der Finanzen oder seines Vertreters von der Mehrheit sämtlicher Bundesminister beschlossen wird und der Bundeskanzler mit der Mehrheit gestimmt hat.

(2) Entsprechendes gilt, wenn der Bundesminister der Justiz oder der Bundesminister des Innern gegen einen Gesetz- oder Verordnungsentwurf oder eine Maßnahme der Bundesregierung wegen ihrer Unvereinbarkeit mit geltendem Recht Widerspruch erhebt.

---

[1] § 23 neu gef. durch Bek. v. 12. 9. 1967 (GMBl S. 430); Abs. 2 neu gef. durch Bek. v. 6. 1. 1970 (GMBl S. 14).

[2] § 26 Abs. 1 Sätze 1 und 2 neu gef. durch Bek. v. 23. 1. 1970 (GMBl S. 50).

§ 27 [Niederschrift] (1) [1] Über die Sitzungen der Bundesregierung wird eine Niederschrift aufgenommen, die von dem Schriftführer unterzeichnet wird. [2] Eine Abschrift der Niederschrift wird den Bundesministern umgehend zugesandt. [3] Der Chef des Bundespräsidialamtes und der Bundespressechef erhalten nachrichtlich eine Abschrift der Niederschrift.

(2) Die Niederschrift gilt als genehmigt, wenn die beteiligten Bundesminister nicht innerhalb 3 Tagen nach ihrer Zustellung Einwendungen gegen den Inhalt oder die Fassung erheben.

(3) In Zweifelsfällen ist die Angelegenheit nochmals der Bundesregierung zu unterbreiten.

§ 28 [Vertretung der Regierungsvorlagen] (1) Die von der Bundesregierung beschlossenen Vorlagen werden den gesetzgebenden Körperschaften durch den Bundeskanzler zugeleitet und vor ihnen durch den in der Sache zuständigen Bundesminister vertreten.

(2) [1] Die Vertretung hat einheitlich zu erfolgen, auch wenn einzelne Bundesminister anderer Auffassung sein sollten. [2] Gegen die Auffassung der Bundesregierung zu wirken, ist den Bundesministern nicht gestattet.

(3) [1] Bevor das Einverständnis mit wesentlichen Änderungen einer Gesetzesvorlage im Bundestag oder Bundesrat oder in den Ausschüssen erklärt wird, ist die Bundesregierung zu befragen. [2] Ist dies aus Zeitmangel nicht möglich und doch eine Stellungnahme geboten, so soll wenigstens eine Einigung mit den erreichbaren Ministerien gesucht werden.

§ 29 [Gegenzeichnung] (1) [1] Gesetze sind dem Bundespräsidenten erst nach der Gegenzeichnung durch den Bundeskanzler und den zuständigen Bundesminister zur Vollziehung vorzulegen. [2] Berührt der Inhalt des Gesetzes den Geschäftsbereich mehrerer Bundesminister, so zeichnen diese in der Regel auch die Ausfertigung.

(2) [1] Verfügungen und Anordnungen sind dem Bundespräsidenten erst nach der Gegenzeichnung durch den zuständigen Bundesminister zur Vollziehung vorzulegen. [2] Absatz 1 Satz 2 gilt entsprechend.

§ 30 [Unterzeichnung von Verordnungen] (1) [1] Verordnungen der Bundesregierung werden nach Gegenzeichnung durch den zuständigen Fachminister vom Bundeskanzler gezeichnet. [2] Sonstige Verordnungen werden – auch wenn sie der Bundesregierung vorgelegen haben – grundsätzlich von dem zuständigen Bundesminister allein gezeichnet.

(2) Unter der ausdrücklichen Bezeichnung „Die Bundesregierung" sollen – abgesehen von Fällen besonderer Ermächtigung durch die Bundesregierung – nur der Bundeskanzler oder mit ihm der zuständige oder alle Bundesminister zeichnen.

§ 31 [Einladung von Mitgliedern der Landesregierungen] Die präsidierenden Mitglieder der Landesregierungen sollen mehrmals im Jahre persönlich zu gemeinsamen Besprechungen mit der Bundesregierung vom Bundeskanzler eingeladen werden, um wichtige politische, wirtschaftliche, soziale und finanzielle Fragen zu erörtern und in persönlicher Fühlungnahme zu einer verständnisvollen einheitlichen Politik in Bund und Ländern beizutragen.

39. Geschäftsordnung für den Gemeinsamen Ausschuß

Vom 23. Juli 1969

(BGBl. I S. 1102), geänd. durch Bek. v. 25. 3. 1991 (BGBl. I S. 868) und Bek. v. 20. 7. 1993 (BGBl. I S. 1500)

BGBl. III/FNA 1101-6

Zur Ausführung des Artikels 53 a des Grundgesetzes[1)] hat der Bundestag mit Zustimmung des Bundesrates für den Gemeinsamen Ausschuß die folgende Geschäftsordnung beschlossen:

I. Abschnitt. Zusammensetzung und Einberufung

§ 1[2)] Zusammensetzung. (1) Der Gemeinsame Ausschuß besteht aus 32 vom Bundestag aus seiner Mitte bestimmten Abgeordneten und 16 Mitgliedern des Bundesrates.

(2) Für die Mitglieder des Gemeinsamen Ausschusses sind in gleicher Anzahl Stellvertreter aus den Reihen der Mitglieder des Bundestages und des Bundesrates zu bestimmen.

(3) [1]Kann der Gemeinsame Ausschuß auch unter Einbeziehung der Stellvertreter nicht mehr vollzählig zusammentreten, so wird die Zahl der Abgeordneten des Bundestages entsprechend dem Stärkeverhältnis der Fraktionen nach deren Vorschlägen aus den anwesenden oder erreichbaren Abgeordneten ergänzt. [2]Der Vorsitzende ersucht für diesen Fall die betroffenen Landesregierungen, weitere Mitglieder zu bestimmen.

§ 2 Bestimmung der Mitglieder des Bundestages. (1) [1]Die dem Gemeinsamen Ausschuß angehörenden Abgeordneten und ihre Stellvertreter werden zu Beginn jeder Wahlperiode vom Bundestag durch Beschluß entsprechend dem Stärkeverhältnis der Fraktionen bis zu einer erneuten Bestellung bestimmt. [2]Jede Fraktion schlägt aus ihren Reihen eine entsprechende Anzahl von Mitgliedern und Stellvertretern vor.

(2) [1]Der Präsident des Bundestages ist von Amts wegen Mitglied des Gemeinsamen Ausschusses. [2]Er ist der Fraktion, der er angehört, anzurechnen.

§ 3 Ausscheiden von Abgeordneten. Ein dem Gemeinsamen Ausschuß angehörender Abgeordneter scheidet aus diesem zu dem Zeitpunkt aus, zu dem er den Verzicht auf seine Mitgliedschaft im Gemeinsamen Ausschuß dem Präsidenten des Bundestages gegenüber erklärt, die Mitgliedschaft im Bundestag verliert oder aus der Fraktion ausscheidet, die ihn vorgeschlagen hat.

---

1) Nr. 1.

2) § 1 Abs. 1 geänd. durch Bek. v. 25. 3. 1991 (BGBl. I S. 868).

§ 4 Bestimmung der Mitglieder des Bundesrates. (1) [1]Jede Landesregierung bestimmt aus ihren Mitgliedern und stellvertretenden Mitgliedern des Bundesrates eines zum Mitglied des Gemeinsamen Ausschusses und weitere Mitglieder zu Stellvertretern. [2]Sie teilt diese und jeden Wechsel dem Präsidenten des Bundesrates mit.

(2) Der Präsident des Bundesrates teilt dem Präsidenten des Bundestages die vom Bundesrat entsandten Mitglieder, deren Stellvertreter und jeden Wechsel mit.

§ 5 Rechte der Vertreter. (1) Die Stellvertreter haben die gleichen Rechte und Pflichten wie die Mitglieder des Gemeinsamen Ausschusses; Stimm- und Antragsrecht haben sie nur im Falle der Vertretung.

(2) [1]Die vom Bundestag bestimmten Stellvertreter können nur Mitglieder ihrer Fraktion vertreten. [2]Die Stellvertreter treten in der Reihenfolge ein, in der sie von der Fraktion vorgeschlagen worden sind.

§ 6 Präsenzpflicht. (1) Die Mitglieder des Gemeinsamen Ausschusses und die Stellvertreter haben sicherzustellen, daß sie jederzeit durch den Präsidenten des Bundestages erreichbar sind und auch an kurzfristig einberufenen Sitzungen des Gemeinsamen Ausschusses teilnehmen können.

(2) Das Nähere regeln die Präsidenten des Bundestages und des Bundesrates jeweils für ihren Bereich.

§ 7 Vorsitz des Gemeinsamen Ausschusses. (1) Der Präsident des Bundestages ist Vorsitzender des Gemeinsamen Ausschusses.

(2) [1]Der Gemeinsame Ausschuß wählt ein Mitglied, das dem Bundesrat angehört, zum ersten stellvertretenden Vorsitzenden. [2]Der Gemeinsame Ausschuß kann weitere stellvertretende Vorsitzende wählen.

(3) Die Stellvertreter vertreten den Vorsitzenden nach Maßgabe ihrer Reihenfolge.

§ 8[1] Einberufung. (1) Der Vorsitzende beruft den Gemeinsamen Ausschuß zu Informationssitzungen (Artikel 53 a Abs. 2 des Grundgesetzes) ein.

(2) Der Vorsitzende hat den Gemeinsamen Ausschuß einzuberufen, wenn der Bundespräsident, der Bundeskanzler oder sechs Mitglieder des Gemeinsamen Ausschusses es verlangen oder wenn die Voraussetzungen des Artikels 115 a Abs. 2 des Grundgesetzes[2] vorliegen.

(3) Der Vorsitzende des Gemeinsamen Ausschusses unterrichtet die Bundesregierung unverzüglich über die Einberufung.

§ 9 Feststellung nach Artikel 115 a Abs. 2 und 115 e Abs. 1 des Grundgesetzes. Der Gemeinsame Ausschuß soll eine Feststellung nach Artikel 115 a Abs. 2 oder Artikel 115 e Abs. 1 des Grundgesetzes[2] erst treffen, nachdem der amtierende Präsident des Bundestages mitge-

[1] § 8 neugef. durch Bek. v. 20. 7. 1993 (BGBl. I S. 1500).
[2] Nr. **1**.

teilt hat, daß einem rechtzeitigen Zusammentritt des Bundestages unüberwindliche Hindernisse entgegenstehen oder daß dieser nicht beschlußfähig ist.

II. Abschnitt. Verfahrensbestimmungen

§ 10[1] Nichtöffentlichkeit. [1]Die Beratungen des gemeinsamen Ausschusses sind nicht öffentlich. [2]§ 69 Abs. 2 Satz 1 und Abs. 7 der Geschäftsordnung des Bundestages,[2] die Geheimschutzordnung des Bundestages[3] und die Ausführungsbestimmungen dazu finden entsprechende Anwendung.

§ 11 Teilnahme an den Sitzungen. (1) Der Bundespräsident hat das Recht, an allen Sitzungen des Gemeinsamen Ausschusses teilzunehmen.

(2) [1]Die Mitglieder der Bundesregierung haben das Recht und auf Beschluß des Auschusses die Pflicht, an allen Sitzungen des Gemeinsamen Ausschusses teilzunehmen. [2]Sie müssen jederzeit gehört werden.

(3) [1]Hat der Gemeinsame Ausschuß nach § 10 geheime Beratung beschlossen, können nur die Mitglieder und die Stellvertreter an der Sitzung teilnehmen. [2]Dasselbe gilt für Informationssitzungen (Artikel 53a Abs. 2 des Grundgesetzes[4]).

(4) Der Gemeinsame Ausschuß kann anderen Personen die Teilnahme an seinen Sitzungen gestatten.

§ 12 Beschlußfähigkeit. Der Gemeinsame Ausschuß ist beschlußfähig, wenn mehr als die Hälfte der Mitglieder oder der Stellvertreter anwesend ist.

§ 13 Beschlußmehrheiten. (1) Der Gemeinsame Ausschuß faßt seine Beschlüsse mit der Mehrheit der abgegebenen Stimmen, soweit nicht das Grundgesetz etwas anderes bestimmt.

(2) Bei Schlußabstimmungen über Gesetze ist das Ergebnis der Abstimmung durch Zählen der Stimmen festzustellen.

§ 14 Beratung von Gesetzentwürfen. [1]Gesetzentwürfe werden in einer Beratung verabschiedet. [2]Mindestens sechs Mitglieder können verlangen, daß die Beratung um mindestens zwölf Stunden ausgesetzt wird, es sei denn, daß die Mehrheit der Mitglieder des Gemeinsamen Ausschusses die sofortige Beratung beschließt. [3]Beschlossene Gesetze leitet der Vorsitzende unverzüglich dem Bundeskanzler zu.

§ 15 Wahlen. Wahlen werden mit verdeckten Stimmzetteln durchgeführt.

---

[1] § 10 Satz 2 Verweisung geänd. durch Bek. v. 25. 3. 1991 (BGBl. I S. 868).
[2] Nr. **35**.
[3] Abgedruckt als Anl. 3 zur GO des Bundestages (Nr. **35**).
[4] Nr. **1**.

§ 16 Anträge nach Artikel 115h Abs. 2 des Grundgesetzes (Mißtrauensvotum). Ein Antrag nach Artikel 115h Abs. 2 Satz 2 des Grundgesetzes[1] muß von mindestens neun Mitgliedern des Gemeinsamen Ausschusses gestellt werden.

§ 17 Sitzungsprotokolle. (1) [1]Über jede Sitzung des Gemeinsamen Ausschusses wird ein Protokoll angefertigt, das mindestens die Anträge und die Beschlüsse enthalten und den wesentlichen Verlauf der Beratung wiedergeben muß. [2]Das Protokoll wird vom Vorsitzenden unterzeichnet. [3]Es liegt während der der Unterzeichnung folgenden Sitzung zur Einsicht auf und gilt als genehmigt, wenn bis zum Schluß dieser Sitzung kein Einspruch erhoben wird. [4]Die Geheimschutzordnung des Bundestages[2] findet entsprechende Anwendung.

(2) Über Einsprüche gegen das Protokoll entscheidet der Gemeinsame Ausschuß.

§ 18 Anwendbarkeit der Geschäftsordnung des Bundestages. (1) Im übrigen finden auf das Verfahren des Ausschusses die Vorschriften der Geschäftsordnung des Bundestages[3] über das Verfahren im Bundestag entsprechende Anwendung.

(2) Können nach den nach Absatz 1 anwendbaren Vorschriften der Geschäftsordnung des Bundestages bestimmte Rechte nur von einer Mehrzahl von Mitgliedern ausgeübt werden, so können diese Rechte im Gemeinsamen Ausschuß von zwei Mitgliedern ausgeübt werden.

§ 19 Änderung der Geschäftsordnung und Abweichungen von der Geschäftsordnung. Ist die Feststellung nach Artikel 115e Abs. 1 des Grundgesetzes[1] getroffen, kann der Gemeinsame Ausschuß diese Geschäftsordnung ändern und im Einzelfall mit einer Mehrheit von zwei Dritteln seiner Mitglieder von den Bestimmungen dieser Geschäftsordnung abweichen.

---

[1] Nr. **1**.
[2] Abgedruckt als Anl. 3 zur GO des Bundestages (Nr. **35**).
[3] Nr. **35**.

40. Gesetz über das Bundesverfassungsgericht (Bundesverfassungsgerichtsgesetz – BVerfGG)[1)]

In der Fassung der Bekanntmachung vom 11. August 1993[2)]
(BGBl. I S. 1473)

FNA 1104-1

geänd. durch Art. 1 G zur Änd. des BundesverfassungsgerichtsG und des G über das Amtsgehalt der Mitglieder des Bundesverfassungsgerichts v. 16.7.1998 (BGBl. I S. 1823), Art. 3 § 3 G zur Beendigung der Diskriminierung gleichgeschlechtlicher Gemeinschaften: Lebenspartnerschaften v. 16.2.2001 (BGBl. I S. 266), Art. 8 Abs. 1 G zur Umstellung des Kostenrechts und der SteuerberatergebührenVO auf Euro v. 27.4.2001 (BGBl. I S. 751), Art. 11 SGB IX – Rehabilitation und Teilhabe behinderter Menschen – v. 19.6.2001 (BGBl. I S. 1046), Art. 1 Sechstes ÄndG v. 22.8.2002 (BGBl. I S. 3386), Art. 1 Siebtes ÄndG v. 13.12.2003 (BGBl. I S. 2546), Art. 5 Abs. 2 G zur Überarbeitung des Lebenspartnerschaftsrechts v. 15.12.2004 (BGBl. I S. 3396), Art. 1 Föderalismusreform-BegleitG v. 5.9.2006 (BGBl. I S. 2098), Art. 7 Abs. 12 G zur Stärkung der Selbstverwaltung der Rechtsanwaltschaft v. 26.3.2007 (BGBl. I S. 358), Art. 5 Zweites G über die Bereinigung von Bundesrecht im Zuständigkeitsbereich des BMJ v. 23.11.2007 (BGBl. I S. 2614), Art. 15 Abs. 5 DienstrechtsneuordnungsG v. 5.2.2009 (BGBl. I S. 160), Art. 2 G zur Fortentwicklung der parlamentarischen Kontrolle der Nachrichtendienste des Bundes v. 29.7.2009 (BGBl. I S. 2346), Art. 2 G zur Umsetzung der GrundGÄnd. für die Ratifizierung des Vertrags von Lissabon v. 1.12.2009 (BGBl. I S. 3822), Art. 11 G zur Umsetzung der DienstleistungsRL in der Justiz und zur Änd. weiterer Vorschriften v. 22.12.2010 (BGBl. I S. 2248), Art. 2 G über den Rechtsschutz bei überlangen Gerichtsverfahren und strafrechtlichen Ermittlungsverfahren v. 24.11.2011 (BGBl. I S. 2302), Art. 3 G zur Verbesserung des Rechtsschutzes in Wahlsachen v. 12.7.2012 (BGBl. I S. 1501), Art. 1 ÄndG v. 29.8.2013 (BGBl. I S. 3463), Art. 1 Neuntes ÄndG v. 24.6.2015 (BGBl. I S. 973), Art. 8 Zehnte ZuständigkeitsanpassungsVO v. 31.8.2015 (BGBl. I S. 1474), Art. 1 G zum Ausschluss verfassungsfeindlicher Parteien von der Parteienfinanzierung v. 18.7.2017 (BGBl. I S. 2730), Art. 2 G über die Erweiterung der Medienöffentlichkeit in Gerichtsverfahren v. 8.10.2017 (BGBl. I S. 3546), Art. 4 G zur Umsetzung der RL (EU) 2016/680 im Strafverfahren sowie zur Anpassung datenschutzrechtl. Bestimmungen an die VO (EU) 2016/679 v. 20.11.2019 (BGBl. I S. 1724), Art. 1 Zehntes G zur Änd. des BundesverfassungsgerichtsG – Einführung des elektronischen Rechtsverkehrs mit dem Bundesverfassungsgericht v. 12.4. 2024 (BGBl. 2024 I Nr. 121; Nr. 234), Art. 46, Art. 47, Art. 48 G zur weiteren Digitalisierung der Justiz v. 12.7.2024 (BGBl. 2024 I Nr. 234), Art. 1 G zur Änd. des BundesverfassungsgerichtsG und des UntersuchungsausschussG v. 20.12.2024 (BGBl. 2024 I Nr. 440) und Art. 3 G zur Entwicklung und Erprobung eines Online-Verfahrens in der Zivilgerichtsbarkeit v. 22.12.2025 (BGBl. 2025 I Nr. 349)

Nichtamtliche Gliederungsübersicht

[1)] Die Änderungen durch G v. 12.7.2024 (BGBl. 2024 I Nr. 234) treten teilweise erst **mWv 1.1.2036** in Kraft und sind insoweit im Text noch nicht berücksichtigt.

[2)] Neubekanntmachung des BVerfGG idF der Bek. v. 12.12.1985 (BGBl. I S. 2229) in der ab 11.8.1993 geltenden Fassung.

I. Teil. Verfassung und Zuständigkeit des Bundesverfassungsgerichts

§ 1 [Stellung und Sitz des Gerichts] (1) Das Bundesverfassungsgericht ist ein allen übrigen Verfassungsorganen gegenüber selbständiger und unabhängiger Gerichtshof des Bundes.

(2) Der Sitz des Bundesverfassungsgerichts ist Karlsruhe.

(3) Das Bundesverfassungsgericht gibt sich eine Geschäftsordnung, die das Plenum beschließt.

§ 2 [Senate] (1) Das Bundesverfassungsgericht besteht aus zwei Senaten.

(2) In jeden Senat werden acht Richter gewählt.

(3) [1] Drei Richter jedes Senats werden aus der Zahl der Richter an den obersten Gerichtshöfen des Bundes gewählt. [2] Gewählt werden sollen nur Richter, die wenigstens drei Jahre an einem obersten Gerichtshof des Bundes tätig gewesen sind.

§ 3[1)] [Qualifikation für das Richteramt] (1) Die Richter müssen das 40. Lebensjahr vollendet haben, zum Bundestag wählbar sein und sich schriftlich bereit erklärt haben, Mitglied des Bundesverfassungsgerichts zu werden.

(2) Sie müssen die Befähigung zum Richteramt nach dem Deutschen Richtergesetz[2)] besitzen oder bis zum 3. Oktober 1990 in dem in Artikel 3 des Einigungsvertrages genannten Gebiet die Befähigung als Diplomjurist erworben haben und nach Maßgabe des Einigungsvertrages einen gesetzlich geregelten juristischen Beruf aufnehmen dürfen.

(3) [1] Sie können weder dem Bundestag, dem Bundesrat, der Bundesregierung noch den entsprechenden Organen eines Landes angehören. [2] Mit ihrer Ernen*nung scheiden sie aus solchen* Organen aus.

[1)] § 3 Abs. 2 geänd. mWv 30.11.2007 durch G v. 23.11.2007 (BGBl. I S. 2614).
[2)] Habersack ErgBd. Nr. 97.

(4) [1] Mit der richterlichen Tätigkeit ist eine andere berufliche Tätigkeit als die eines Lehrers des Rechts an einer deutschen Hochschule unvereinbar. [2] Die Tätigkeit als Richter des Bundesverfassungsgerichts geht der Tätigkeit als Hochschullehrer vor.

§ 4 [Amtszeit] (1) Die Amtszeit der Richter dauert zwölf Jahre, längstens bis zur Altersgrenze.

(2) Eine anschließende oder spätere Wiederwahl der Richter ist ausgeschlossen.

(3) Altersgrenze ist das Ende des Monats, in dem der Richter das 68. Lebensjahr vollendet.

(4) Nach Ablauf der Amtszeit führen die Richter ihre Amtsgeschäfte bis zur Ernennung des Nachfolgers fort.

§ 5 [Wahlorgane] (1) [1] Die Richter jedes Senats werden je zur Hälfte vom Bundestag und vom Bundesrat gewählt. [2] Von den aus der Zahl der Richter an den obersten Gerichtshöfen des Bundes zu berufenden Richtern werden einer von dem einen, zwei von dem anderen Wahlorgan, von den übrigen Richtern drei von dem einen, zwei von dem anderen Wahlorgan in die Senate gewählt.

(2) Die Richter werden frühestens drei Monate vor Ablauf der Amtszeit ihrer Vorgänger oder, wenn der Bundestag in dieser Zeit aufgelöst ist, innerhalb eines Monats nach dem ersten Zusammentritt des Bundestages gewählt.

(3) Scheidet ein Richter vorzeitig aus, so wird der Nachfolger innerhalb eines Monats von demselben Bundesorgan gewählt, das den ausgeschiedenen Richter gewählt hat.

§ 6[1)] [Wahlverfahren im Bundestag] (1) [1] Die vom Bundestag zu berufenden Richter werden auf Vorschlag des Wahlausschusses nach Absatz 2 ohne Aussprache mit verdeckten Stimmzetteln gewählt. [2] Zum Richter ist gewählt, wer eine Mehrheit von zwei Dritteln der abgegebenen Stimmen, mindestens die Mehrheit der Stimmen der Mitglieder des Bundestages auf sich vereinigt.

(2) [1] Der Bundestag wählt nach den Regeln der Verhältniswahl einen Wahlausschuß für die Richter des Bundesverfassungsgerichts, der aus zwölf Mitgliedern des Bundestages besteht. [2] Jede Fraktion kann einen Vorschlag einbringen. [3] Aus den Summen der für jeden Vorschlag abgegebenen Stimmen wird nach dem Höchstzahlverfahren (d'Hondt) die Zahl der auf jeden Vorschlag gewählten Mitglieder errechnet. [4] Gewählt sind die Mitglieder in der Reihenfolge, in der ihr Name auf dem Vorschlag erscheint. [5] Scheidet ein Mitglied des Wahlausschusses aus oder ist es verhindert, so wird es durch das nächste auf der gleichen Liste vorgeschlagene Mitglied ersetzt.

(3) Das älteste Mitglied des Wahlausschusses beruft die Mitglieder des Wahlausschusses unverzüglich unter Einhaltung einer Ladungsfrist von einer Woche ein und leitet die Sitzung, die fortgesetzt wird, bis Vorschläge über alle zu wählenden Richter beschlossen sind.

(4) Die Mitglieder des Wahlausschusses sind zur Verschwiegenheit über die ihnen durch ihre Tätigkeit im Wahlausschuß bekanntgewordenen persönlichen Verhältnisse der Bewerber sowie über die hierzu im Wahlausschuß gepflogenen Erörterungen und über die Abstimmung verpflichtet.

---

1) § 6 Abs. 1 und 5 neu gef., Abs. 3 geänd. mWv 30.6.2015 durch G v. 24.6.2015 (BGBl. I S. 973).

(5) Ein Wahlvorschlag wird mit mindestens acht Stimmen der Mitglieder des Wahlausschusses beschlossen.

§ 7 [Wahlverfahren im Bundesrat] Die vom Bundesrat zu berufenden Richter werden mit zwei Dritteln der Stimmen des Bundesrates gewählt.

§ 7a[1)] [Wahlverfahren in besonderen Fällen] (1) Kommt innerhalb von zwei Monaten nach dem Ablauf der Amtszeit oder dem vorzeitigen Ausscheiden eines Richters die Wahl eines Nachfolgers auf Grund der Vorschriften des § 6 nicht zustande, so hat das älteste Mitglied des Wahlausschusses unverzüglich das Bundesverfassungsgericht aufzufordern, Vorschläge für die Wahl zu machen.

(2) [1] Das Plenum des Bundesverfassungsgerichts beschließt mit einfacher Mehrheit, wer zur Wahl als Richter vorgeschlagen wird. [2] Ist nur ein Richter zu wählen, so hat das Bundesverfassungsgericht drei Personen vorzuschlagen; sind gleichzeitig mehrere Richter zu wählen, so hat das Bundesverfassungsgericht doppelt so viele Personen vorzuschlagen, als Richter zu wählen sind. [3] § 16 Abs. 2 gilt entsprechend.

(3) Ist der Richter vom Bundesrat zu wählen, so gelten die Absätze 1 und 2 mit der Maßgabe, daß an die Stelle des ältesten Mitglieds des Wahlausschusses der Präsident des Bundesrates oder sein Stellvertreter tritt.

(4) Das Recht des Wahlorgans, einen nicht vom Bundesverfassungsgericht Vorgeschlagenen zu wählen, bleibt unberührt.

(5) [1] Hat das zuständige Wahlorgan innerhalb von drei Monaten, nachdem ihm das Bundesverfassungsgericht einen Wahlvorschlag gemacht hat, keinen Nachfolger gewählt, kann sein Wahlrecht auch vom anderen Wahlorgan ausgeübt werden. [2] Ein so gewählter Richter gilt als vom ursprünglich zuständigen Wahlorgan gewählt.

§ 8[2)] [Vorschlagslisten] (1) Das Bundesministerium der Justiz und für Verbraucherschutz stellt eine Liste aller Bundesrichter auf, die die Voraussetzungen des § 3 Abs. 1 und 2 erfüllen.

(2) Das Bundesministerium der Justiz und für Verbraucherschutz führt eine weitere Liste, in die alle Personen aufzunehmen sind, die von einer Fraktion des Bundestages, der Bundesregierung oder einer Landesregierung für das Amt eines Richters am Bundesverfassungsgericht vorgeschlagen werden und die die Voraussetzungen des § 3 Abs. 1 und 2 erfüllen.

(3) Die Listen sind laufend zu ergänzen und spätestens eine Woche vor einer Wahl den Präsidenten des Bundestages und des Bundesrates zuzuleiten.

§ 9 [Wahl des Präsidenten und seines Stellvertreters] (1) [1] Bundestag und Bundesrat wählen im Wechsel den Präsidenten des Bundesverfassungsgerichts und den Vizepräsidenten. [2] Der Vizepräsident ist aus dem Senat zu wählen, dem der Präsident nicht angehört.

(2) Bei der ersten Wahl wählt der Bundestag den Präsidenten, der Bundesrat den Vizepräsidenten.

(3) Die Vorschriften der §§ 6 und 7 gelten entsprechend.

(Fortsetzung nächstes Blatt)

---

1) § 7a Abs. 5 angef. mWv 31.12.2024 durch G v. 20.12.2024 (BGBl. 2024 I Nr. 440).
2) § 8 Abs. 1 und 2 geänd. mWv 8.9.2015 durch VO v. 31.8.2015 (BGBl. I S. 1474).

§ 10 [Ernennung des Gewählten] Der Bundespräsident ernennt die Gewählten.

§ 11 [Vereidigung der Richter] (1) [1]Die Richter des Bundesverfassungsgerichts leisten bei Antritt ihres Amtes vor dem Bundespräsidenten folgenden Eid:

„Ich schwöre, daß ich als gerechter Richter allezeit das Grundgesetz[1)] der Bundesrepublik Deutschland getreulich wahren und meine richterlichen Pflichten gegenüber jedermann gewissenhaft erfüllen werde. So wahr mir Gott helfe."

[2]Wird der Eid durch eine Richterin geleistet, so treten an die Stelle der Worte „als gerechter Richter" die Worte „als gerechte Richterin".

(2) Bekennt sich der Richter zu einer Religionsgemeinschaft, deren Angehörigen das Gesetz die Verwendung einer anderen Beteuerungsformel gestattet, so kann er diese gebrauchen.

(3) Der Eid kann auch ohne religiöse Beteuerungsformel geleistet werden.

§ 12 [Recht auf jederzeitige Entlassung] [1]Die Richter des Bundesverfassungsgerichts können jederzeit ihre Entlassung aus dem Amt beantragen. [2]Der Bundespräsident hat die Entlassung auszusprechen.

§ 13[2)] [Zuständigkeit des Gerichts] Das Bundesverfassungsgericht entscheidet

1. über die Verwirkung von Grundrechten (Artikel 18 des Grundgesetzes[1)]),
2. über die Verfassungswidrigkeit von Parteien (Artikel 21 Abs. 2 des Grundgesetzes),

2a. über den Ausschluss von Parteien von staatlicher Finanzierung (Artikel 21 Absatz 3 des Grundgesetzes),

3. über Beschwerden gegen Entscheidungen des Bundestages, die die Gültigkeit einer Wahl oder den Erwerb oder Verlust der Mitgliedschaft eines Abgeordneten beim Bundestag betreffen (Artikel 41 Abs. 2 des Grundgesetzes),

3a. über Beschwerden von Vereinigungen gegen ihre Nichtanerkennung als Partei für die Wahl zum Bundestag (Artikel 94 Absatz 1 Nummer 4c des Grundgesetzes),

4. über Anklagen des Bundestages oder des Bundesrates gegen den Bundespräsidenten (Artikel 61 des Grundgesetzes),
5. über die Auslegung des Grundgesetzes aus Anlaß von Streitigkeiten über den Umfang der Rechte und Pflichten eines obersten Bundesorgans oder anderer Beteiligter, die durch das Grundgesetz oder in der Geschäftsordnung eines obersten Bundesorgans mit eigenen Rechten ausgestattet sind (Artikel 94 Absatz 1 Nummer 1 des Grundgesetzes),
6. bei Meinungsverschiedenheiten oder Zweifeln über die förmliche oder sachliche Vereinbarkeit von Bundesrecht oder Landesrecht mit dem Grundgesetz oder die Vereinbarkeit von Landesrecht mit sonstigem Bundesrecht auf Antrag der Bundesregierung, einer Landesregierung oder eines Viertels der Mitglieder des Bundestages (Artikel 94 Absatz 1 Nummer 2 des Grundgesetzes),

---

[1)] Nr. 1.

[2)] § 13 Nr. 6a eingef. durch G v. 16.7.1998 (BGBl. I S. 1823); einl. Satzteil geänd. und Nr. 11a eingef. mWv 30.8.2002 durch G v. 22.8.2002 (BGBl. I S. 3386); Nr. 6b eingef. und Nr. 15 geänd. mWv 12.9. 2006 durch G v. 5.9.2006 (BGBl. I S. 2098); Nr. 6 geänd. mWv 4.12.2009 durch G v. 1.12.2009 (BGBl. I S. 3822); Nr. 3a eingef. mWv 19.7.2012 durch G v. 12.7.2012 (BGBl. I S. 1501); Nr. 2a eingef. mWv 29.7.2017 durch G v. 18.7.2017 (BGBl. I S. 2730); Nr. 3a, 5–8a, 15 geänd. mWv 31.12.2024 durch G v. 20.12.2024 (BGBl. 2024 I Nr. 440).

6a. bei Meinungsverschiedenheiten, ob ein Gesetz den Voraussetzungen des Artikels 72 Abs. 2 des Grundgesetzes entspricht, auf Antrag des Bundesrates, einer Landesregierung oder der Volksvertretung eines Landes (Artikel 94 Absatz 1 Nummer 2a des Grundgesetzes),

6b. darüber, ob im Falle des Artikels 72 Abs. 4 die Erforderlichkeit für eine bundesgesetzliche Regelung nach Artikel 72 Abs. 2 nicht mehr besteht oder Bundesrecht in den Fällen des Artikels 125a Abs. 2 Satz 1 nicht mehr erlassen werden könnte, auf Antrag des Bundesrates, einer Landesregierung oder der Volksvertretung eines Landes (Artikel 94 Absatz 2 des Grundgesetzes),

7. bei Meinungsverschiedenheiten über Rechte und Pflichten des Bundes und der Länder, insbesondere bei der Ausführung von Bundesrecht durch die Länder und bei der Ausübung der Bundesaufsicht (Artikel 94 Absatz 1 Nummer 3 und Artikel 84 Abs. 4 Satz 2 des Grundgesetzes),

8. in anderen öffentlich-rechtlichen Streitigkeiten zwischen dem Bund und den Ländern, zwischen verschiedenen Ländern oder innerhalb eines Landes, soweit nicht ein anderer Rechtsweg gegeben ist (Artikel 94 Absatz 1 Nummer 4 des Grundgesetzes),

8a. über Verfassungsbeschwerden (Artikel 94 Absatz 1 Nummer 4a und 4b des Grundgesetzes),

9. über Richteranklagen gegen Bundesrichter und Landesrichter (Artikel 98 Abs. 2 und 5 des Grundgesetzes),

10. über Verfassungsstreitigkeiten innerhalb eines Landes, wenn diese Entscheidung durch Landesgesetz dem Bundesverfassungsgericht zugewiesen ist (Artikel 99 des Grundgesetzes),

11. über die Vereinbarkeit eines Bundesgesetzes oder eines Landesgesetzes mit dem Grundgesetz oder die Vereinbarkeit eines Landesgesetzes oder sonstigen Landesrechts mit einem Bundesgesetz auf Antrag eines Gerichts (Artikel 100 Abs. 1 des Grundgesetzes),

11a. über die Vereinbarkeit eines Beschlusses des Deutschen Bundestages zur Einsetzung eines Untersuchungsausschusses mit dem Grundgesetz auf Vorlage nach § 36 Abs. 2 des Untersuchungsausschussgesetzes[1)],

12. bei Zweifeln darüber, ob eine Regel des Völkerrechts Bestandteil des Bundesrechts ist und ob sie unmittelbar Rechte und Pflichten für den einzelnen erzeugt, auf Antrag des Gerichts (Artikel 100 Abs. 2 des Grundgesetzes),

13. wenn das Verfassungsgericht eines Landes bei der Auslegung des Grundgesetzes von einer Entscheidung des Bundesverfassungsgerichts oder des Verfassungsgerichts eines anderen Landes abweichen will, auf Antrag dieses Verfassungsgerichts (Artikel 100 Abs. 3 des Grundgesetzes),

14. bei Meinungsverschiedenheiten über das Fortgelten von Recht als Bundesrecht (Artikel 126 des Grundgesetzes),

15. in den ihm sonst durch Bundesgesetz zugewiesenen Fällen (Artikel 94 Absatz 3 des Grundgesetzes).

§ 14[2)] [Zuständigkeit der Senate] (1) [1]Der Erste Senat des Bundesverfassungsgerichts ist zuständig für Normenkontrollverfahren (§ 13 Nr. 6 und 11), in denen

---

[1)] Nr. 6.

[2)] § 14 Abs. 2 geänd. durch G v. 16.7.1998 (BGBl. I S. 1823); Abs. 1 Satz 2 angef., Abs. 2 geänd. mWv 19.12.2003 durch G v. 13.12.2003 (BGBl. I S. 2546); Abs. 1 Satz 2 geänd. mWv 12.9.2006 durch G v. 5.9.2006 (BGBl. I S. 2098).

überwiegend die Unvereinbarkeit einer Vorschrift mit Grundrechten oder Rechten aus den Artikeln 33, 101, 103 und 104 des Grundgesetzes[1)] geltend gemacht wird, sowie für Verfassungsbeschwerden mit Ausnahme der Verfassungsbeschwerden nach § 91 und der Verfassungsbeschwerden aus dem Bereich des Wahlrechts. [2]Das Gleiche gilt, wenn eine Landesregierung zusammen mit einem Normenkontrollantrag (§ 13 Nr. 6) nach Satz 1 einen Antrag nach § 13 Nr. 6a oder 6b stellt.

(2) Der Zweite Senat des Bundesverfassungsgerichts ist zuständig in den Fällen des § 13 Nr. 1 bis 5, 6a bis 9, 11a, 12 und 14, ferner für Normenkontrollverfahren und Verfassungsbeschwerden, die nicht dem Ersten Senat zugewiesen sind.

(3) In den Fällen des § 13 Nr. 10 und 13 bestimmt sich die Zuständigkeit der Senate nach der Regel der Absätze 1 und 2.

(4)[2)] [1]Das Plenum des Bundesverfassungsgerichts kann mit Wirkung vom Beginn des nächsten Geschäftsjahres die Zuständigkeit der Senate abweichend von den Absätzen 1 bis 3 regeln, wenn dies infolge einer nicht nur vorübergehenden Überlastung eines Senats unabweislich geworden ist. [2]Die Regelung gilt auch für anhängige Verfahren, bei denen noch keine mündliche Verhandlung oder Beratung der Entscheidung stattgefunden hat. [3]Der Beschluß wird im Bundesgesetzblatt bekanntgemacht.

(5) [1]Wenn zweifelhaft ist, welcher Senat für ein Verfahren zuständig ist, so entscheidet darüber ein Ausschuß, der aus dem Präsidenten, dem Vizepräsidenten und vier Richtern besteht, von denen je zwei von jedem Senat für die Dauer des Geschäftsjahres berufen werden. [2]Bei Stimmengleichheit gibt die Stimme des Vorsitzenden den Ausschlag.

§ 15[3)] [Vorsitz und Beschlussfähigkeit] (1) [1]Der Präsident des Bundesverfassungsgerichts und der Vizepräsident führen den Vorsitz in ihrem Senat. [2]Sie werden von dem dienstältesten, bei gleichem Dienstalter von dem lebensältesten anwesenden Richter des Senats vertreten.

(2) [1]Jeder Senat ist beschlußfähig, wenn mindestens sechs Richter anwesend sind. [2]Ist ein Senat in einem Verfahren von besonderer Dringlichkeit nicht beschlußfähig, ordnet der Vorsitzende ein Losverfahren an, durch das so lange Richter des anderen Senats als Vertreter bestimmt werden, bis die Mindestzahl erreicht ist. [3]Die Vorsitzenden der Senate können nicht als Vertreter bestimmt werden. [4]Das Nähere regelt die Geschäftsordnung.

(3) [1]Nach Beginn der Beratung einer Sache können weitere Richter nicht hinzutreten. [2]Wird der Senat beschlußunfähig, muß die Beratung nach seiner Ergänzung neu begonnen werden.

(4) [1]Im Verfahren gemäß § 13 Nummer 1, 2, 2a, 4 und 9 bedarf es zu einer dem Antragsgegner nachteiligen Entscheidung in jedem Fall einer Mehrheit von zwei Dritteln der Mitglieder des Senats. [2]Im übrigen entscheidet die Mehrheit der an der Entscheidung mitwirkenden Mitglieder des Senats, soweit nicht das Gesetz etwas anderes bestimmt. [3]Bei Stimmengleichheit kann ein Verstoß gegen das Grundgesetz[1)] oder sonstiges Bundesrecht nicht festgestellt werden.

[1)] Nr. **1**.

[2)] Siehe hierzu ua den Beschl. des Plenums des BVerfG idF der Bek. v. 2.12.2025 (BGBl. 2026 I Nr. 13).

[3)] § 15 Abs. 3 eingef., bish. Abs. 3 wird Abs. 4 durch G v. 16.7.1998 (BGBl. I S. 1823); Abs. 4 Satz 1 geänd. mWv 29.7.2017 durch G v. 18.7.2017 (BGBl. I S. 2730).

§ 15a [Berufung von Kammern; Verteilung der Verfassungsbeschwerden] (1) [1]Die Senate berufen für die Dauer eines Geschäftsjahres mehrere Kammern. [2]Jede Kammer besteht aus drei Richtern. [3]Die Zusammensetzung einer Kammer soll nicht länger als drei Jahre unverändert bleiben.

(2) Der Senat beschließt vor Beginn eines Geschäftsjahres für dessen Dauer die Verteilung der Anträge nach § 80 und der Verfassungsbeschwerden nach den §§ 90 und 91 auf die Berichterstatter, die Zahl und Zusammensetzung der Kammern sowie die Vertretung ihrer Mitglieder.

§ 16 [Plenarentscheidungen] (1) Will ein Senat in einer Rechtsfrage von der in einer Entscheidung des anderen Senats enthaltenen Rechtsauffassung abweichen, so entscheidet darüber das Plenum des Bundesverfassungsgerichts.

(2) Es ist beschlußfähig, wenn von jedem Senat zwei Drittel seiner Richter anwesend sind.

II. Teil.[1)] Verfassungsgerichtliches Verfahren

Erster Abschnitt.[2)] Allgemeine Verfahrensvorschriften

§ 17 [Anwendung von Vorschriften des Gerichtsverfassungsgesetzes]

Soweit in diesem Gesetz nichts anderes bestimmt ist, sind hinsichtlich der Öffentlichkeit, der Sitzungspolizei, der Gerichtssprache, der Beratung und Abstimmung die Vorschriften der Titel 14 bis 16 des Gerichtsverfassungsgesetzes[3)] entsprechend anzuwenden.

§ 17a[4)] [Zulässigkeit von Ton- und Fernseh-Rundfunkaufnahmen]

(1) [1]Die Verhandlung vor dem Bundesverfassungsgericht einschließlich der Verkündung von Entscheidungen ist öffentlich. [2]Ton- und Fernseh-Rundfunkaufnahmen sowie Ton- und Filmaufnahmen zum Zwecke der öffentlichen Vorführung oder der Veröffentlichung ihres Inhalts sind nur zulässig

1. in der mündlichen Verhandlung, bis das Gericht die Anwesenheit der Beteiligten festgestellt hat,
2. bei der öffentlichen Verkündung von Entscheidungen.

(Fortsetzung nächstes Blatt)

[1)] II. Teil Überschrift neu gef. durch G v. 16.7.1998 (BGBl. I S. 1823).
[2)] II. Teil 1. Abschnitt Überschrift eingef. durch G v. 16.7.1998 (BGBl. I S. 1823).
[3)] **Habersack Nr. 95.**
[4)] § 17a neu gef. mWv 18.4.2018 durch G v. 8.10.2017 (BGBl. I S. 3546).

[3] Die Tonübertragung in einen Arbeitsraum für Personen, die für Presse, Hörfunk, Fernsehen oder für andere Medien berichten, kann durch Anordnung des oder der Vorsitzenden zugelassen werden.

(2) Zur Wahrung schutzwürdiger Interessen der Beteiligten oder Dritter sowie eines ordnungsgemäßen Ablaufs des Verfahrens kann der oder die Vorsitzende die Aufnahmen nach Absatz 1 Satz 2 oder deren Übertragung sowie die Übertragung nach Absatz 1 Satz 3 ganz oder teilweise untersagen oder von der Einhaltung von Auflagen abhängig machen.

(3) [1] Tonaufnahmen der Verhandlung vor dem Bundesverfassungsgericht einschließlich der Verkündung von Entscheidungen können zu wissenschaftlichen und historischen Zwecken durch Senatsbeschluss zugelassen werden, wenn es sich um ein Verfahren von herausragender zeitgeschichtlicher Bedeutung für die Bundesrepublik Deutschland handelt. [2] Zur Wahrung schutzwürdiger Interessen der Beteiligten oder Dritter oder zur Wahrung eines ordnungsgemäßen Ablaufs des Verfahrens können die Aufnahmen durch den Vorsitzenden oder die Vorsitzende teilweise untersagt werden. [3] Die Aufnahmen sind nicht zu den Akten zu nehmen und dürfen weder herausgegeben noch für Zwecke des aufgenommenen oder eines anderen Verfahrens genutzt oder verwertet werden. [4] Die Aufnahmen sind vom Gericht nach Abschluss des Verfahrens dem Bundesarchiv zur Übernahme anzubieten, das nach dem Bundesarchivgesetz[1)] festzustellen hat, ob den Aufnahmen ein bleibender Wert zukommt. [5] Nimmt das Bundesarchiv die Aufnahmen nicht an, sind die Aufnahmen durch das Gericht zu löschen. [6] § 25a Satz 2 bleibt unberührt.

(4) Gegen die Anordnungen des oder der Vorsitzenden kann der Senat angerufen werden.

§ 18[2)] **[Ausschließung eines Richters]** (1) Ein Richter des Bundesverfassungsgerichts ist von der Ausübung seines Richteramtes ausgeschlossen, wenn er

1. an der Sache beteiligt oder mit einem Beteiligten verheiratet ist oder war, eine Lebenspartnerschaft führt oder führte, in gerader Linie verwandt oder verschwägert oder in der Seitenlinie bis zum dritten Grade verwandt oder bis zum zweiten Grade verschwägert ist oder
2. in derselben Sache bereits von Amts oder Berufs wegen tätig gewesen ist.

(2) Beteiligt ist nicht, wer auf Grund seines Familienstandes, seines Berufs, seiner Abstammung, seiner Zugehörigkeit zu einer politischen Partei oder aus einem ähnlich allgemeinen Gesichtspunkt am Ausgang des Verfahrens interessiert ist.

(3) Als Tätigkeit im Sinne des Absatzes 1 Nr. 2 gilt nicht

1. die Mitwirkung im Gesetzgebungsverfahren,
2. die Äußerung einer wissenschaftlichen Meinung zu einer Rechtsfrage, die für das Verfahren bedeutsam sein kann.

§ 19 [Ablehnung eines Richters wegen Besorgnis der Befangenheit; Bestimmung eines Vertreters] (1) Wird ein Richter des Bundesverfassungsgerichts wegen Besorgnis der Befangenheit abgelehnt, so entscheidet das Gericht unter Ausschluß des Abgelehnten; bei Stimmengleichheit gibt die Stimme des Vorsitzenden den Ausschlag.

[1)] **Sartorius III Nr. 834.**

[2)] § 18 Abs. 1 Nr. 1 geänd. mWv 1.1.2005 durch G v. 15.12.2004 (BGBl. I S. 3396).

(2) [1]Die Ablehnung ist zu begründen. [2]Der Abgelehnte hat sich dazu zu äußern. [3]Die Ablehnung ist unbeachtlich, wenn sie nicht spätestens zu Beginn der mündlichen Verhandlung erklärt wird.

(3) Erklärt sich ein Richter, der nicht abgelehnt ist, selbst für befangen, so gilt Absatz 1 entsprechend.

(4) [1]Hat das Bundesverfassungsgericht die Ablehnung oder Selbstablehnung eines Richters für begründet erklärt, wird durch Los ein Richter des anderen Senats als Vertreter bestimmt. [2]Die Vorsitzenden der Senate können nicht als Vertreter bestimmt werden. [3]Das Nähere regelt die Geschäftsordnung.

§ 20 [Akteneinsicht] Die Beteiligten haben das Recht der Akteneinsicht.

§ 21 [Wahrung von Terminen durch Beauftragte von Personengruppen]

Wenn das Verfahren von einer Personengruppe oder gegen eine Personengruppe beantragt wird, kann das Bundesverfassungsgericht anordnen, daß sie ihre Rechte, insbesondere das Recht auf Anwesenheit im Termin, durch einen oder mehrere Beauftragte wahrnehmen läßt.

§ 22[1)] [Prozessvertretung] (1) [1]Die Beteiligten können sich in jeder Lage des Verfahrens durch einen Rechtsanwalt oder einen Rechtslehrer an einer staatlichen oder staatlich anerkannten Hochschule eines Mitgliedstaates der Europäischen Union, eines anderen Vertragsstaates des Abkommens über den Europäischen Wirtschaftsraum oder der Schweiz, der die Befähigung zum Richteramt besitzt, als Bevollmächtigten vertreten lassen; in der mündlichen Verhandlung vor dem Bundesverfassungsgericht müssen sie sich in dieser Weise vertreten lassen. [2]Gesetzgebende Körperschaften und Teile von ihnen, die in der Verfassung oder in der Geschäftsordnung mit eigenen Rechten ausgestattet sind, können sich auch durch ihre Mitglieder vertreten lassen. [3]Der Bund, die Länder und ihre Verfassungsorgane können sich außerdem durch ihre Beamten vertreten lassen, soweit sie die Befähigung zum Richteramt besitzen oder auf Grund der vorgeschriebenen Staatsprüfungen die Befähigung zum höheren Verwaltungsdienst erworben haben. [4]Das Bundesverfassungsgericht kann auch eine andere Person als Beistand eines Beteiligten zulassen.

(2) [1]Die Vollmacht ist schriftlich zu erteilen. [2]Sie muß sich ausdrücklich auf das Verfahren beziehen.

(3) Ist ein Bevollmächtigter bestellt, so sind alle Mitteilungen des Gerichts an ihn zu richten.

§ 23[2)] [Einleitung des Verfahrens] (1) [1]Anträge, die das Verfahren einleiten, sind schriftlich beim Bundesverfassungsgericht einzureichen. [2]Sie sind zu begründen; die erforderlichen Beweismittel sind anzugeben.

(2) Der Vorsitzende oder, wenn eine Entscheidung nach § 93c in Betracht kommt, der Berichterstatter stellt den Antrag dem Antragsgegner, den übrigen Beteiligten sowie den Dritten, denen nach § 27a Gelegenheit zur Stellungnahme gegeben wird, unverzüglich mit der Aufforderung zu, sich binnen einer zu bestimmenden Frist dazu zu äußern.

[1)] § 22 Abs. 1 Satz 1 erster Halbs. geänd. mWv 1.6.2007 durch G v. 26.3.2007 (BGBl. I S. 358); Abs. 1 Satz 1 neu gef. mWv 28.12.2010 durch G v. 22.12.2010 (BGBl. I S. 2248).

[2)] § 23 Abs. 2 neu gef. durch G v. 16.7.1998 (BGBl. I S. 1823); Abs. 3 Satz 2 angef. mWv 1.8.2024 durch G v. 12.4.2024 (BGBl. 2024 I Nr. 121).

(3) [1] Der Vorsitzende oder der Berichterstatter kann jedem Beteiligten aufgeben, binnen einer zu bestimmenden Frist die erforderliche Zahl von Abschriften seiner Schriftsätze und der angegriffenen Entscheidungen für das Gericht und für die übrigen Beteiligten nachzureichen. [2] Das gilt nicht für elektronisch übermittelte Dokumente.

§ 23a[1)] [Maßgabe für die Einreichung beim Bundesverfassungsgericht als elektronische Dokumente] (1) Schriftlich einzureichende Anträge und Erklärungen sowie sonstige Schriftsätze und deren Anlagen können nach Maßgabe der folgenden Absätze als elektronische Dokumente beim Bundesverfassungsgericht eingereicht werden.

(2) [1] Das elektronische Dokument muss für die Bearbeitung durch das Bundesverfassungsgericht geeignet sein. [2] Für die Übermittlung und die Eignung zur Bearbeitung durch das Bundesverfassungsgericht gelten die in der Elektronischer-Rechtsverkehr-Verordnung geregelten technischen Rahmenbedingungen des elektronischen Rechtsverkehrs entsprechend.

(3) [1] Das elektronische Dokument muss mit einer qualifizierten elektronischen Signatur der verantwortenden Person versehen sein oder von der verantwortenden Person signiert und auf einem sicheren Übermittlungsweg eingereicht werden. [2] Satz 1 gilt nicht für Anlagen. [3] Soll ein schriftlich einzureichender Antrag oder eine schriftlich einzureichende Erklärung eines Beteiligten oder eines Dritten als elektronisches Dokument eingereicht werden, so kann der unterschriebene Antrag oder die unterschriebene Erklärung in ein elektronisches Dokument übertragen und durch den Bevollmächtigten, den Vertreter oder den Beistand nach Satz 1 übermittelt werden.

(4) [1] Sichere Übermittlungswege sind

1. der Übermittlungsweg zwischen den besonderen elektronischen Anwaltspostfächern nach den §§ 31a und 31b der Bundesrechtsanwaltsordnung[2)] oder einem entsprechenden, auf gesetzlicher Grundlage errichteten elektronischen Postfach und der elektronischen Poststelle des Bundesverfassungsgerichts,
2. der Übermittlungsweg zwischen einem nach Durchführung eines Identifizierungsverfahrens eingerichteten Postfach einer Behörde oder einer juristischen Person des öffentlichen Rechts und der elektronischen Poststelle des Bundesverfassungsgerichts,
3. der Übermittlungsweg zwischen einem nach Durchführung eines Identifizierungsverfahrens eingerichteten elektronischen Postfach einer natürlichen oder juristischen Person oder einer sonstigen Vereinigung und der elektronischen Poststelle des Bundesverfassungsgerichts,
4. der Übermittlungsweg zwischen einem nach Durchführung eines Identifizierungsverfahrens genutzten Postfach- und Versanddienst eines Nutzerkontos im Sinne des § 2 Absatz 5 des Onlinezugangsgesetzes[3)] und der elektronischen Poststelle des Bundesverfassungsgerichts,
5. sonstige bundeseinheitliche Übermittlungswege, die durch Rechtsverordnung der Bundesregierung mit Zustimmung des Bundesrates festgelegt werden, bei

---

[1)] § 23a eingef. mWv 1.8.2024 durch G v. 12.4.2024 (BGBl. 2024 I Nr. 121); Abs. 3 Satz 3 angef. mWv 1.8.2024 durch G v. 12.7.2024 (BGBl. 2024 I Nr. 234); Abs. 4 Satz 1 Nr. 1 aufgeh., bish. Nr. 2–6 werden Nr. 1–5, Satz 2 geänd. mWv 23.12.2025 durch G v. 22.12.2025 (BGBl. 2025 I Nr. 349).

[2)] **Habersack ErgBd. Nr. 98.**

[3)] **Sartorius III Nr. 718.**

denen die Authentizität und Integrität der Daten sowie die Barrierefreiheit gewährleistet sind.

[2]Für die Übermittlungswege gemäß Satz 1 Nummer 2 bis 4 gelten die näheren Regelungen der Elektronischer-Rechtsverkehr-Verordnung entsprechend.

(5) [1]Ein elektronisches Dokument ist eingegangen, sobald es auf der für den Empfang bestimmten Einrichtung des Bundesverfassungsgerichts gespeichert ist. [2]Dem Absender ist eine automatisierte Bestätigung über den Zeitpunkt des Eingangs zu erteilen.

(6) [1]Ist ein elektronisches Dokument für das Bundesverfassungsgericht zur Bearbeitung nicht geeignet, ist dies dem Absender unter Hinweis auf die Unwirksamkeit des Eingangs unverzüglich mitzuteilen. [2]Das Dokument gilt als zum Zeitpunkt der früheren Einreichung eingegangen, sofern der Absender es unverzüglich in einer für das Bundesverfassungsgericht zur Bearbeitung geeigneten Form nachreicht und glaubhaft macht, dass es mit dem zuerst eingereichten Dokument inhaltlich übereinstimmt.

§ 23b[1)] [Qualifizierte elektronische Signatur] [1]Soweit die handschriftliche Unterzeichnung durch den Richter, den Rechtspfleger oder den Urkundsbeamten der Geschäftsstelle vorgeschrieben ist, genügt dieser Form die Aufzeichnung als elektronisches Dokument, wenn die verantwortenden Personen am Ende des Dokuments ihren Namen hinzufügen und das Dokument mit einer qualifizierten elektronischen Signatur versehen. [2]Der in Satz 1 genannten Form genügt auch ein elektronisches Dokument, in welches das handschriftlich unterzeichnete Schriftstück gemäß § 23e Absatz 2 Satz 4 übertragen worden ist.

§ 23c[2)] [Übermittlung als elektronische Dokumente] (1) [1]Schriftlich einzureichende Anträge und Erklärungen sowie sonstige Schriftsätze und deren Anlagen, die durch einen Rechtsanwalt, durch einen nach § 22 Absatz 1 Satz 1 vertretungsberechtigten Rechtslehrer, durch eine Behörde oder durch eine juristische Person des öffentlichen Rechts einschließlich der von ihr zur Erfüllung ihrer öffentlichen Aufgaben gebildeten Zusammenschlüsse eingereicht werden, sind als elektronische Dokumente zu übermitteln. [2]Ist dies aus technischen Gründen vorübergehend nicht möglich, bleibt die Übermittlung nach den allgemeinen Vorschriften zulässig. [3]Die vorübergehende Unmöglichkeit ist bei der Ersatzeinreichung oder unverzüglich danach glaubhaft zu machen; auf Anforderung ist ein elektronisches Dokument nachzureichen.

(2) [1]Dokumente und Aktenteile, die nach den Verschlusssachenanweisungen des Bundes oder der Länder als Verschlusssache VS-NUR FÜR DEN DIENSTGEBRAUCH oder höher eingestuft sind, dürfen bis zum 31. Dezember 2035 in Papierform übermittelt werden. [2]Die für die Handhabung von Verschlusssachen geltenden Geheimschutzvorschriften bleiben unberührt.

(Fortsetzung nächstes Blatt)

---

1) § 23b eingef. mWv 1.8.2024 durch G v. 12.4.2024 (BGBl. 2024 I Nr. 121).

2) § 23c eingef. mWv 1.8.2024 durch G v. 12.4.2024 (BGBl. 2024 I Nr. 121; Nr. 234); Abs. 2 angef. mWv 1.8.2024, Abs. 1 Satz 1 neu gef. mWv 1.1.2026 durch G v. 12.7.2024 (BGBl. 2024 I Nr. 234).

§ 23d[1)] [Ausdrucke für Akten in Papierform] (1) [1] Werden die Akten in Papierform geführt, ist von einem elektronischen Dokument ein Ausdruck für die Akte zu fertigen. [2] Kann dies bei Anlagen nicht oder nur mit unverhältnismäßigem Aufwand erfolgen, so kann ein Ausdruck unterbleiben. [3] Die Daten sind in diesem Fall dauerhaft zu speichern; der Speicherort ist aktenkundig zu machen.

(2) Wird das elektronische Dokument auf einem sicheren Übermittlungsweg eingereicht, so ist dies aktenkundig zu machen.

(3) Ist das elektronische Dokument mit einer qualifizierten elektronischen Signatur versehen und nicht auf einem sicheren Übermittlungsweg eingereicht, muss der Ausdruck einen Vermerk darüber enthalten,

1. welches Ergebnis die Integritätsprüfung des Dokumentes ausweist,
2. wen die Signaturprüfung als Inhaber der Signatur ausweist,
3. welchen Zeitpunkt die Signaturprüfung für die Anbringung der Signatur ausweist.

(4) Ein eingereichtes elektronisches Dokument kann nach Ablauf von sechs Monaten gelöscht werden.

§ 23e[2)] [Elektronische Führung der Verfahrensakten] (1) [1] Die Verfahrensakten können elektronisch geführt werden. [2] Sie können auch teilweise elektronisch geführt werden.

(2) [1] Werden die Verfahrensakten elektronisch geführt, sind in Papierform vorliegende Schriftstücke und sonstige Unterlagen nach dem Stand der Technik zur Ersetzung der Urschrift in ein elektronisches Dokument zu übertragen. [2] Es ist sicherzustellen, dass das elektronische Dokument mit den vorliegenden Schriftstücken und sonstigen Unterlagen bildlich und inhaltlich übereinstimmt. [3] Das elektronische Dokument ist mit einem Übertragungsnachweis zu versehen, der das bei der Übertragung angewandte Verfahren und die bildliche und inhaltliche Übereinstimmung dokumentiert. [4] Wird ein von den verantwortenden Personen handschriftlich unterzeichnetes gerichtliches Schriftstück übertragen, ist der Übertragungsnachweis mit einer qualifizierten elektronischen Signatur des Urkundsbeamten der Geschäftsstelle zu versehen. [5] Die in Papierform vorliegenden Schriftstücke und sonstigen Unterlagen können sechs Monate nach der Übertragung vernichtet werden, sofern sie nicht rückgabepflichtig sind.

§ 24 [A-Limine-Abweisung] [1] Unzulässige oder offensichtlich unbegründete Anträge können durch einstimmigen Beschluß des Gerichts verworfen werden. [2] Der Beschluß bedarf keiner weiteren Begründung, wenn der Antragsteller vorher auf die Bedenken gegen die Zulässigkeit oder Begründetheit seines Antrags hingewiesen worden ist.

§ 25 [Grundsätze mündlicher Verhandlung; Urteil, Beschluss] (1) Das Bundesverfassungsgericht entscheidet, soweit nichts anderes bestimmt ist, auf Grund mündlicher Verhandlung, es sei denn, daß alle Beteiligten ausdrücklich auf sie verzichten.

(Fortsetzung nächstes Blatt)

[1)] § 23d eingef. mWv 1.8.2024 durch G v. 12.4.2024 (BGBl. 2024 I Nr. 121).

[2)] § 23e eingef. mWv 1.8.2024 durch G v. 12.4.2024 (BGBl. 2024 I Nr. 121); Abs. 1 Satz 2 angef. mWv 1.8.2024 durch G v. 12.7.2024 (BGBl. 2024 I Nr. 234).

(2) Die Entscheidung auf Grund mündlicher Verhandlung ergeht als Urteil, die Entscheidung ohne mündliche Verhandlung als Beschluß.

(3) Teil- und Zwischenentscheidungen sind zulässig.

(4) Die Entscheidungen des Bundesverfassungsgerichts ergehen „im Namen des Volkes".

§ 25a [Protokoll und Tonbandaufnahme] [1] Über die mündliche Verhandlung wird ein Protokoll geführt. [2] Darüber hinaus wird sie in einer Tonbandaufnahme festgehalten; das Nähere regelt die Geschäftsordnung.

§ 26 [Beweiserhebung] (1) [1] Das Bundesverfassungsgericht erhebt den zur Erforschung der Wahrheit erforderlichen Beweis. [2] Es kann damit außerhalb der mündlichen Verhandlung ein Mitglied des Gerichts beauftragen oder mit Begrenzung auf bestimmte Tatsachen und Personen ein anderes Gericht darum ersuchen.

(2) Auf Grund eines Beschlusses mit einer Mehrheit von zwei Dritteln der Stimmen des Gerichts kann die Beiziehung einzelner Urkunden unterbleiben, wenn ihre Verwendung mit der Staatssicherheit unvereinbar ist.

§ 27 [Rechts- und Amtshilfe] [1] Alle Gerichte und Verwaltungsbehörden leisten dem Bundesverfassungsgericht Rechts- und Amtshilfe. [2] Fordert das Bundesverfassungsgericht Akten eines Ausgangsverfahrens an, werden ihm diese unmittelbar vorgelegt.

§ 27a[1)] [Stellungnahme durch sachkundige Dritte] Das Bundesverfassungsgericht kann sachkundigen Dritten Gelegenheit zur Stellungnahme geben.

§ 28[2)] [Zeugen und Sachverständige] (1) Für die Vernehmung von Zeugen und Sachverständigen gelten in den Fällen des § 13 Nummer 1, 2, 2a, 4 und 9 die Vorschriften der Strafprozeßordnung[3)], in den übrigen Fällen die Vorschriften der Zivilprozeßordnung[4)] entsprechend.

(2) [1] Soweit ein Zeuge oder Sachverständiger nur mit Genehmigung einer vorgesetzten Stelle vernommen werden darf, kann diese Genehmigung nur verweigert werden, wenn es das Wohl des Bundes oder eines Landes erfordert. [2] Der Zeuge oder Sachverständige kann sich nicht auf seine Schweigepflicht berufen, wenn das Bundesverfassungsgericht mit einer Mehrheit von zwei Dritteln der Stimmen die Verweigerung der Aussagegenehmigung für unbegründet erklärt.

§ 29 *[Beweistermin]* [1] Die Beteiligten werden von allen Beweisterminen benachrichtigt und können der Beweisaufnahme beiwohnen. [2] Sie können an Zeugen und Sachverständige Fragen richten. [3] Wird eine Frage beanstandet, so entscheidet das Gericht.

---

1) § 27a eingef. durch G v. 16.7.1998 (BGBl. I S. 1823).
2) § 28 Abs. 1 geänd. mWv 29.7.2017 durch G v. 18.7.2017 (BGBl. I S. 2730).
3) **Schönfelder Nr. 90.**
4) **Schönfelder Nr. 100.**

§ 30 [Form der Verkündung und Entscheidung] (1) [1] Das Bundesverfassungsgericht entscheidet in geheimer Beratung nach seiner freien, aus dem Inhalt der Verhandlung und dem Ergebnis der Beweisaufnahme geschöpften Überzeugung. [2] Die Entscheidung ist schriftlich abzufassen, zu begründen und von den Richtern, die bei ihr mitgewirkt haben, zu unterzeichnen. [3] Sie ist sodann, wenn eine mündliche Verhandlung stattgefunden hat, unter Mitteilung der wesentlichen Entscheidungsgründe öffentlich zu verkünden. [4] Der Termin zur Verkündung einer Entscheidung kann in der mündlichen Verhandlung bekanntgegeben oder nach Abschluß der Beratungen festgelegt werden; in diesem Fall ist er den Beteiligten unverzüglich mitzuteilen. [5] Zwischen dem Abschluß der mündlichen Verhandlung und der Verkündung der Entscheidung sollen nicht mehr als drei Monate liegen. [6] Der Termin kann durch Beschluß des Bundesverfassungsgerichts verlegt werden.

(2) [1] Ein Richter kann seine in der Beratung vertretene abweichende Meinung zu der Entscheidung oder zu deren Begründung in einem Sondervotum niederlegen; das Sondervotum ist der Entscheidung anzuschließen. [2] Die Senate können in ihren Entscheidungen das Stimmenverhältnis mitteilen. [3] Das Nähere regelt die Geschäftsordnung.

(3) Alle Entscheidungen sind den Beteiligten bekanntzugeben.

§ 31[1)] [Verbindlichkeit der Entscheidungen] (1) Die Entscheidungen des Bundesverfassungsgerichts binden die Verfassungsorgane des Bundes und der Länder sowie alle Gerichte und Behörden.

(2) [1] In den Fällen des § 13 Nr. 6, 6a, 11, 12 und 14 hat die Entscheidung des Bundesverfassungsgerichts Gesetzeskraft. [2] Das gilt auch in den Fällen des § 13 Nr. 8a, wenn das Bundesverfassungsgericht ein Gesetz als mit dem Grundgesetz[2)] vereinbar oder unvereinbar oder für nichtig erklärt. [3] Soweit ein Gesetz als mit dem Grundgesetz oder sonstigem Bundesrecht vereinbar oder unvereinbar oder für nichtig erklärt wird, ist die Entscheidungsformel durch das Bundesministerium der Justiz und für Verbraucherschutz im Bundesgesetzblatt zu veröffentlichen. [4] Entsprechendes gilt für die Entscheidungsformel in den Fällen des § 13 Nr. 12 und 14.

§ 32 [Einstweilige Anordnungen] (1) Das Bundesverfassungsgericht kann im Streitfall einen Zustand durch einstweilige Anordnung vorläufig regeln, wenn dies zur Abwehr schwerer Nachteile, zur Verhinderung drohender Gewalt oder aus einem anderen wichtigen Grund zum gemeinen Wohl dringend geboten ist.

(2) [1] Die einstweilige Anordnung kann ohne mündliche Verhandlung ergehen. [2] Bei besonderer Dringlichkeit kann das Bundesverfassungsgericht davon absehen, den am Verfahren zur Hauptsache Beteiligten, zum Beitritt Berechtigten oder Äußerungsberechtigten Gelegenheit zur Stellungnahme zu geben.

(3) Wird die einstweilige Anordnung durch Beschluß erlassen oder abgelehnt, so kann Widerspruch erhoben werden. [2] Das gilt nicht für den Be-

---

[1)] *§ 31 Abs. 2* Satz 1 geänd. mWv 19.12.2003 durch G v. 13.12.2003 (BGBl. I S. 2546); Abs. 2 Satz 3 geänd. mWv 8.9.2015 durch VO v. 31.8.2015 (BGBl. I S. 1474).

[2)] Nr. **1**.

schwerdeführer im Verfahren der Verfassungsbeschwerde. [3] Über den Widerspruch entscheidet das Bundesverfassungsgericht nach mündlicher Verhandlung. [4] Diese muß binnen zwei Wochen nach dem Eingang der Begründung des Widerspruchs stattfinden.

(4) [1] Der Widerspruch gegen die einstweilige Anordnung hat keine aufschiebende Wirkung. [2] Das Bundesverfassungsgericht kann die Vollziehung der einstweiligen Anordnung aussetzen.

(5) [1] Das Bundesverfassungsgericht kann die Entscheidung über die einstweilige Anordnung oder über den Widerspruch ohne Begründung bekanntgeben. [2] In diesem Fall ist die Begründung den Beteiligten gesondert zu übermitteln.

(6) [1] Die einstweilige Anordnung tritt nach sechs Monaten außer Kraft. [2] Sie kann mit einer Mehrheit von zwei Dritteln der Stimmen wiederholt werden.

(7) [1] Ist ein Senat nicht beschlußfähig, so kann die einstweilige Anordnung bei besonderer Dringlichkeit erlassen werden, wenn mindestens drei Richter anwesend sind und der Beschluß einstimmig gefaßt wird. [2] Sie tritt nach einem Monat außer Kraft. [3] Wird sie durch den Senat bestätigt, so tritt sie sechs Monate nach ihrem Erlaß außer Kraft.

§ 33 [Aussetzung des Verfahrens] (1) Das Bundesverfassungsgericht kann sein Verfahren bis zur Erledigung eines bei einem anderen Gericht anhängigen Verfahrens aussetzen, wenn für seine Entscheidung die Feststellungen oder die Entscheidung dieses anderen Gerichts von Bedeutung sein können.

(2) Das Bundesverfassungsgericht kann seiner Entscheidung die tatsächlichen Feststellungen eines rechtskräftigen Urteils zugrunde legen, das in einem Verfahren ergangen ist, in dem die Wahrheit von Amts wegen zu erforschen ist.

§ 34[1)] [Kosten des Verfahrens; Auferlegung einer Gebühr] (1) Das Verfahren des Bundesverfassungsgerichts ist kostenfrei.

(2) Das Bundesverfassungsgericht kann eine Gebühr bis zu 2 600 Euro auferlegen, wenn die Einlegung der Verfassungsbeschwerde oder der Beschwerde nach Artikel 41 Abs. 2 des Grundgesetzes[2)] einen Mißbrauch darstellt oder wenn ein Antrag auf Erlaß einer einstweiligen Anordnung (§ 32) mißbräuchlich gestellt ist.

(3) Für die Einziehung der Gebühr gilt § 59 Abs. 1 der Bundeshaushaltsordnung[3)] entsprechend.

§ 34a [Erstattung der Auslagen] (1) Erweist sich der Antrag auf Verwirkung der Grundrechte (§ 13 Nr. 1), die Anklage gegen den Bundespräsidenten (§ 13 Nr. 4) oder einen Richter (§ 13 Nr. 9) als unbegründet, so sind dem Antragsgegner oder dem Angeklagten die notwendigen Auslagen einschließlich der Kosten der Verteidigung zu ersetzen.

(2) Erweist sich eine Verfassungsbeschwerde als begründet, so sind dem Beschwerdeführer die notwendigen Auslagen ganz oder teilweise zu erstatten.

(3) In den übrigen Fällen kann das Bundesverfassungsgericht volle oder teilweise Erstattung der Auslagen anordnen.

---

1) § 34 Abs. 2 geänd. mWv 1.1.2002 durch G v. 27.4.2001 (BGBl. I S. 751).
2) Nr. **1**.
3) Nr. **700**.

§ 35 [Regelung der Vollstreckung] Das Bundesverfassungsgericht kann in seiner Entscheidung bestimmen, wer sie vollstreckt; es kann auch im Einzelfall die Art und Weise der Vollstreckung regeln.

Zweiter Abschnitt.[1] Akteneinsicht außerhalb des Verfahrens

§ 35a[2] [Auskunft über personenbezogene Daten] [1] Betreffen außerhalb des Verfahrens gestellte Anträge auf Auskunft aus oder Einsicht in Akten des Bundesverfassungsgerichts personenbezogene Daten, so gelten die allgemeinen datenschutzrechtlichen Vorschriften, soweit die nachfolgenden Bestimmungen keine abweichende Regelung treffen. [2] Übermittelt das Bundesverfassungsgericht einer öffentlichen Stelle auf deren Ersuchen personenbezogenen Daten, so trägt die öffentliche Stelle die Verantwortung für die Zulässigkeit der Übermittlung. [3] In diesem Fall prüft das Bundesverfassungsgericht nur, ob das Übermittlungsersuchen im Rahmen der Aufgaben der ersuchenden Stelle liegt, es sei denn, dass besonderer Anlass zur Prüfung der Zulässigkeit der Übermittlung besteht.

§ 35b[3] [Zur Einsicht Berechtigte; Auskunft aus beigezogenen Akten; Versendung von Akten] (1) [1] Auskunft aus oder Einsicht in Akten des Bundesverfassungsgerichts kann gewährt werden

1. öffentlichen Stellen, soweit dies für Zwecke der Rechtspflege erforderlich ist oder die in § 23 Absatz 1 Nummer 2 bis 5 des Bundesdatenschutzgesetzes[4] genannten Voraussetzungen vorliegen oder soweit dies zur Durchführung wissenschaftlicher Forschung erforderlich ist, das wissenschaftliche Interesse an der Durchführung des Forschungsvorhabens das Interesse des Betroffenen an dem Ausschluss der Zweckänderung erheblich überwiegt und der Zweck der Forschung auf andere Weise nicht oder nur mit unverhältnismäßigem Aufwand erreicht werden kann,
2. Privatpersonen und anderen nichtöffentlichen Stellen einschließlich früherer Beteiligter nach Abschluss ihres Verfahrens, soweit sie ein berechtigtes Interesse darlegen und die datenschutzrechtlichen Belange Dritter gewahrt bleiben.

[2] Einer Unterrichtung des Betroffenen von der Übermittlung seiner Daten bedarf es nicht; die Erteilung der Auskunft und die Gewährung der Akteneinsicht sind in der Akte zu vermerken. [3] Auskunft oder Akteneinsicht kann auch gewährt werden, soweit der Betroffene eingewilligt hat.

(2) Akteneinsicht kann nur gewährt werden, wenn unter Angabe von Gründen dargelegt wird, daß die Erteilung einer Auskunft zur Erfüllung der Aufgaben der die Akteneinsicht begehrenden öffentlichen Stelle (Absatz 1 Satz 1 Nummer 1) oder zur Wahrnehmung des berechtigten Interesses der die Akteneinsicht begehrenden Privatperson oder anderen nicht-öffentlichen Stelle (Absatz 1 Satz 1 Nummer 2) nicht ausreichen würde oder die Erteilung einer Auskunft einen unverhältnismäßigen Aufwand erfordern würde.

---

[1] II. Teil 2. Abschnitt (§§ 35a bis 35c) eingef. durch G v. 16.7.1998 (BGBl. I S. 1823).

[2] § 35a eingef. durch G v. 16.7.1998 (BGBl. I S. 1823); Satz 1 geänd., Sätze 2 und 3 angef. mWv 26.11.2019 durch G v. 20.11.2019 (BGBl. I S. 1724).

[3] *§ 35b eingef. durch G v. 16.7.1998* (BGBl. I S. 1823); Abs. 5–7 angef. mWv 4.9.2013 durch G v. 29.8.2013 (BGBl. I S. 3463); Abs. 1 Satz 1 neu gef., Satz 2 eingef., bish. Satz 2 wird Satz 3, Abs. 2 geänd. mWv 26.11.2019 durch G v. 20.11.2019 (BGBl. I S. 1724); Abs. 5 Satz 2 2. HS angef. mWv 18.4.2024 durch G v. 12.4.2024 (BGBl. 2024 I Nr. 121).

[4] Nr. **245**.

(3) Aus beigezogenen Akten, die nicht Aktenbestandteil sind, dürfen Auskünfte nur erteilt werden, wenn der Antragsteller die Zustimmung der Stelle nachweist, um deren Akten es sich handelt; gleiches gilt für die Akteneinsicht.

(4) [1] Die Akten des Bundesverfassungsgerichts werden nicht übersandt. [2] An öffentliche Stellen können sie übersandt werden, wenn diesen gemäß Absatz 2 Akteneinsicht gewährt werden kann oder wenn einer Privatperson auf Grund besonderer Umstände dort Akteneinsicht gewährt werden soll.

(5) [1] Für die Einsicht in die Akten des Bundesverfassungsgerichts, die beim Bundesarchiv oder durch das Bundesarchiv als Zwischenarchivgut aufbewahrt werden, gelten nach Ablauf von 30 Jahren seit Abschluss des Verfahrens die archivgesetzlichen Regelungen. [2] Für Entwürfe von Urteilen, Beschlüssen und Verfügungen, Arbeiten zu ihrer Vorbereitung und Dokumente, die Abstimmungen betreffen, gilt dies nach Ablauf von 60 Jahren; soweit die Einsicht zur Durchführung eines Forschungsvorhabens unerlässlich ist, das im Schwerpunkt mögliche Auswirkungen des Nationalsozialismus auf das Bundesverfassungsgericht einschließlich seiner Mitglieder zum Gegenstand hat, gilt dies nach Ablauf von 50 Jahren. [3] Das Bundesverfassungsgericht behält für das abgegebene Schriftgut, das beim Bundesarchiv aufbewahrt wird, zu gerichtsinternen und prozessualen Zwecken das jederzeitige und vorrangige Rückgriffsrecht. [4] Zu diesem Zweck ist es ihm auf Anforderung umgehend zu übersenden.

(6) Die Akten zu Kammerentscheidungen, die nicht zur Veröffentlichung bestimmt sind, einschließlich der Entwürfe von Beschlüssen und Verfügungen, Arbeiten zu ihrer Vorbereitung und Dokumente, die Abstimmungen betreffen, können mit Einverständnis des Bundesarchivs nach Ablauf von 30 Jahren vernichtet werden.

(7) Die Akten zu den im Allgemeinen Register eingetragenen Vorgängen, die nicht in das Verfahrensregister übertragen worden sind, können mit Einverständnis des Bundesarchivs fünf Jahre nach der letzten die Sache betreffenden Verfügung vernichtet werden.

§ 35c[1)] [Nutzung personenbezogener Daten für andere Verfahren] Das Bundesverfassungsgericht darf in einem verfassungsgerichtlichen Verfahren zu den Akten gelangte personenbezogene Daten für ein anderes verfassungsgerichtliches Verfahren verarbeiten.

III. Teil.[2)] Einzelne Verfahrensarten

Erster Abschnitt. Verfahren in den Fällen des § 13 Nr. 1 [Verwirkung von Grundrechten]

§ 36 [Antragsberechtigte] Der Antrag auf Entscheidung gemäß Artikel 18 Satz 2 des Grundgesetzes[3)] kann vom Bundestag, von der Bundesregierung oder von einer Landesregierung gestellt werden.

§ 37 [Vorverfahren] Das Bundesverfassungsgericht gibt dem Antragsgegner Gelegenheit zur Äußerung binnen einer zu bestimmenden Frist und beschließt dann,

---

[1)] § 35c eingef. durch G v. 16.7.1998 (BGBl. I S. 1823); geänd. mWv 26.11.2019 durch G v. 20.11. 2019 (BGBl. I S. 1724).

[2)] III. Teil Überschrift neu gef. durch G v. 16.7.1998 (BGBl. I S. 1823).

[3)] Nr. **1**.

ob der Antrag als unzulässig oder als nicht hinreichend begründet zurückzuweisen oder ob die Verhandlung durchzuführen ist.

§ 38 [Beschlagnahme und Durchsuchung] (1) Nach Eingang des Antrags kann das Bundesverfassungsgericht eine Beschlagnahme oder Durchsuchung nach den Vorschriften der Strafprozeßordnung[1)] anordnen.

(2) [1] Das Bundesverfassungsgericht kann zur Vorbereitung der mündlichen Verhandlung eine Voruntersuchung anordnen. [2] Die Durchführung der Voruntersuchung ist einem Richter des nicht zur Entscheidung in der Hauptsache zuständigen Senats zu übertragen.

§ 39 [Entscheidung über Verwirkung von Grundrechten] (1) [1] Erweist sich der Antrag als begründet, so stellt das Bundesverfassungsgericht fest, welche Grundrechte der Antragsgegner verwirkt hat. [2] Es kann die Verwirkung auf einen bestimmten Zeitraum, mindestens auf ein Jahr, befristen. [3] Es kann dem Antragsgegner auch nach Art und Dauer genau bezeichnete Beschränkungen auferlegen, soweit sie nicht andere als die verwirkten Grundrechte beeinträchtigen. [4] Insoweit bedürfen die Verwaltungsbehörden zum Einschreiten gegen den Antragsgegner keiner weiteren gesetzlichen Grundlage.

(2) Das Bundesverfassungsgericht kann dem Antragsgegner auf die Dauer der Verwirkung der Grundrechte das Wahlrecht, die Wählbarkeit und die Fähigkeit zur Bekleidung öffentlicher Ämter aberkennen und bei juristischen Personen ihre Auflösung anordnen.

§ 40 [Aufhebung der Verwirkung] [1] Ist die Verwirkung zeitlich nicht befristet oder für einen längeren Zeitraum als ein Jahr ausgesprochen, so kann das Bundesverfassungsgericht, wenn seit dem Ausspruch der Verwirkung zwei Jahre verflossen sind, auf Antrag des früheren Antragstellers oder Antragsgegners die Verwirkung ganz oder teilweise aufheben oder die Dauer der Verwirkung abkürzen. [2] Der Antrag kann wiederholt werden, wenn seit der letzten Entscheidung des Bundesverfassungsgerichts ein Jahr verstrichen ist.

§ 41 [Wiederholung eines Antrags] Hat das Bundesverfassungsgericht über einen Antrag sachlich entschieden, so kann er gegen denselben Antragsgegner nur wiederholt werden, wenn er auf neue Tatsachen gestützt wird.

§ 42 (weggefallen)

Zweiter Abschnitt.[2)] Verfahren in den Fällen des § 13 Nummer 2 und 2a [Parteiverbot]

§ 43[3)] [Antragsberechtigte] (1) [1] Der Antrag auf Entscheidung, ob eine Partei verfassungswidrig (Artikel 21 Absatz 2 des Grundgesetzes[4)]) oder von staatlicher Finanzierung ausgeschlossen ist (Artikel 21 Absatz 3 des Grundgesetzes), kann von dem Bundestag, dem Bundesrat oder von der Bundesregierung gestellt werden. [2] Der Antrag auf Entscheidung über den Ausschluss

(Fortsetzung nächstes Blatt)

1) **Habersack Nr. 90.**
2) 2. Abschnitt Überschrift geänd. mWv 29.7.2017 durch G v. 18.7.2017 (BGBl. I S. 2730).
3) § 43 Abs. 1 neu gef. mWv 29.7.2017 durch G v. 18.7.2017 (BGBl. I S. 2730).
4) Nr. **1**.

von staatlicher Finanzierung kann hilfsweise zu einem Antrag auf Entscheidung, ob eine Partei verfassungswidrig ist, gestellt werden.

(2) Eine Landesregierung kann den Antrag nur gegen eine Partei stellen, deren Organisation sich auf das Gebiet ihres Landes beschränkt.

§ 44 [Vertretung der Partei] [1]Die Vertretung der Partei bestimmt sich nach den gesetzlichen Vorschriften, hilfsweise nach ihrer Satzung. [2]Sind die Vertretungsberechtigten nicht feststellbar oder nicht vorhanden oder haben sie nach Eingang des Antrags beim Bundesverfassungsgericht gewechselt, so gelten als vertretungsberechtigt diejenigen Personen, die die Geschäfte der Partei während der Tätigkeit, die den Antrag veranlaßt hat, zuletzt tatsächlich geführt haben.

§ 45 [Vorverfahren] Das Bundesverfassungsgericht gibt dem Vertretungsberechtigten (§ 44) Gelegenheit zur Äußerung binnen einer zu bestimmenden Frist und beschließt dann, ob der Antrag als unzulässig oder als nicht hinreichend begründet zurückzuweisen oder ob die Verhandlung durchzuführen ist.

§ 46[1)] [Entscheidung über Verfassungswidrigkeit einer politischen Partei] (1) Erweist sich der Antrag auf Entscheidung gemäß Artikel 21 Absatz 2 des Grundgesetzes[2)] als begründet, so stellt das Bundesverfassungsgericht fest, daß die politische Partei verfassungswidrig ist.

(2) Die Feststellung kann auf einen rechtlich oder organisatorisch selbständigen Teil einer Partei beschränkt werden.

(3) [1]Mit der Feststellung ist die Auflösung der Partei oder des selbständigen Teiles der Partei und das Verbot, eine Ersatzorganisation zu schaffen, zu verbinden. [2]Das Bundesverfassungsgericht kann in diesem Fall außerdem die Einziehung des Vermögens der Partei oder des selbständigen Teiles der Partei zugunsten des Bundes oder des Landes zu gemeinnützigen Zwecken aussprechen.

§ 46a[3)] [Entscheidung über den Ausschluss von der staatlichen Parteienfinanzierung] (1) [1]Erweist sich der Antrag auf Entscheidung gemäß Artikel 21 Absatz 3 des Grundgesetzes[2)] als begründet, so stellt das Bundesverfassungsgericht fest, dass die Partei für sechs Jahre von der staatlichen Finanzierung nach § 18 des Parteiengesetzes[4)] ausgeschlossen ist. [2]Die Feststellung ist auf Ersatzparteien zu erstrecken. [3]Dass eine Partei die Bestrebungen einer nach Satz 1 von der staatlichen Finanzierung ausgeschlossenen Partei als Ersatzpartei an deren Stelle weiter verfolgt oder fortführt, stellt das Bundesverfassungsgericht entsprechend Satz 1 fest. [4]Die Feststellung erfolgt auf Antrag eines Berechtigten nach § 43 Absatz 1 Satz 1; § 45 ist auf das Verfahren nicht anzuwenden.

(2) [1]Beantragt einer der Antragsberechtigten spätestens sechs Monate vor Ablauf der Frist nach Absatz 1 Satz 1 ihre Verlängerung, bleibt die Partei bis

---

1) § 46 Abs. 1 geänd. mWv 29.7.2017 durch G v. 18.7.2017 (BGBl. I S. 2730).
2) Nr. **1**.
3) § 46a eingef. mWv 29.7.2017 durch G v. 18.7.2017 (BGBl. I S. 2730).
4) Nr. **58**.

zur Entscheidung über diesen Antrag von staatlicher Finanzierung ausgeschlossen. [2] § 45 ist auf das Verfahren nicht anzuwenden. [3] Das Bundesverfassungsgericht kann ohne mündliche Verhandlung entscheiden. [4] Für die Entscheidung gilt Absatz 1 entsprechend. [5] Erneute Verlängerungsanträge sind statthaft.

§ 47 [Beschlagnahme, Durchsuchung] Die Vorschriften der §§ 38 und 41 gelten entsprechend.

Dritter Abschnitt. Verfahren in den Fällen des § 13 Nr. 3 [Wahlprüfung]

§ 48[1)] [Zulässigkeit des Antrags] (1) Die Beschwerde gegen den Beschluß des Bundestages über die Gültigkeit einer Wahl, die Verletzung von Rechten bei der Vorbereitung oder Durchführung der Wahl, soweit sie der Wahlprüfung nach Artikel 41 des Grundgesetzes[2)] unterliegen, oder den Verlust der Mitgliedschaft im Bundestag kann der Abgeordnete, dessen Mitgliedschaft bestritten ist, eine wahlberechtigte Person oder eine Gruppe von wahlberechtigten Personen, deren Einspruch vom Bundestag verworfen worden ist, eine Fraktion oder eine Minderheit des Bundestages, die wenigstens ein Zehntel der gesetzlichen Mitgliederzahl umfaßt, binnen einer Frist von zwei Monaten seit der Beschlußfassung des Bundestages beim Bundesverfassungsgericht erheben; die Beschwerde ist innerhalb dieser Frist zu begründen.

(2) Das Bundesverfassungsgericht kann von einer mündlichen Verhandlung absehen, wenn von ihr keine weitere Förderung des Verfahrens zu erwarten ist.

(3) Erweist sich bei Prüfung der Beschwerde einer wahlberechtigten Person oder einer Gruppe von wahlberechtigten Personen, dass deren Rechte verletzt wurden, stellt das Bundesverfassungsgericht diese Verletzung fest, wenn es nicht die Wahl für ungültig erklärt.

Vierter Abschnitt. Verfahren in den Fällen des § 13 Nr. 4 [Präsidentenanklage]

§ 49 [Anklageschrift] (1) Die Anklage gegen den Bundespräsidenten wegen vorsätzlicher Verletzung des Grundgesetzes[2)] oder eines ande-

(Fortsetzung nächstes Blatt)

[1)] *§ 48 Abs. 1* geänd., *Abs. 2* aufgeh., bish. Abs. 3 wird Abs. 2, Abs. 3 angef. mWv 19.7.2012 durch G v. 12.7.2012 (BGBl. I S. 1501).
[2)] Nr. **1**.

ren Bundesgesetzes wird durch Einreichung einer Anklageschrift beim Bundesverfassungsgericht erhoben.

(2) Auf Grund des Beschlusses einer der beiden gesetzgebenden Körperschaften (Artikel 61 Abs. 1 des Grundgesetzes) fertigt deren Präsident die Anklageschrift und übersendet sie binnen eines Monats dem Bundesverfassungsgericht.

(3) [1] Die Anklageschrift muß die Handlung oder Unterlassung, wegen der die Anklage erhoben wird, die Beweismittel und die Bestimmung der Verfassung oder des Gesetzes, die verletzt sein soll, bezeichnen. [2] Sie muß die Feststellung enthalten, daß der Beschluß auf Erhebung der Anklage mit der Mehrheit von zwei Dritteln der gesetzlichen Mitgliederzahl des Bundestages oder von zwei Dritteln der Stimmen des Bundesrates gefaßt worden ist.

§ 50 [Frist für Anklageerhebung] Die Anklage kann nur binnen drei Monaten, nachdem der ihr zugrunde liegende Sachverhalt der antragsberechtigten Körperschaft bekannt geworden ist, erhoben werden.

§ 51 [Durchführung des Verfahrens] Die Einleitung und Durchführung des Verfahrens wird durch den Rücktritt des Bundespräsidenten, durch sein Ausscheiden aus dem Amt oder durch Auflösung des Bundestages oder den Ablauf seiner Wahlperiode nicht berührt.

§ 52 [Zurücknahme der Anklage] (1) [1] Die Anklage kann bis zur Verkündung des Urteils auf Grund eines Beschlusses der antragstellenden Körperschaft zurückgenommen werden. [2] Der Beschluß bedarf der Zustimmung der Mehrheit der gesetzlichen Mitgliederzahl des Bundestages oder der Mehrheit der Stimmen des Bundesrates.

(2) Die Anklage wird vom Präsidenten der antragstellenden Körperschaft durch Übersendung einer Ausfertigung des Beschlusses an das Bundesverfassungsgericht zurückgenommen.

(3) Die Zurücknahme der Anklage wird unwirksam, wenn ihr der Bundespräsident binnen eines Monats widerspricht.

§ 53 [Einstweilige Anordnung] Das Bundesverfassungsgericht kann nach Erhebung der Anklage durch einstweilige Anordnung bestimmen, daß der Bundespräsident an der Ausübung seines Amtes verhindert ist.

§ 54 [Voruntersuchung] (1) Das Bundesverfassungsgericht kann zur Vorbereitung der mündlichen Verhandlung eine Voruntersuchung anordnen; es muß sie anordnen, wenn der Vertreter der Anklage oder der Bundespräsident sie beantragt.

(2) Die Durchführung der Voruntersuchung ist einem Richter des nicht zur Entscheidung in der Hauptsache zuständigen Senats zu übertragen.

§ 55 [Mündliche Verhandlung] (1) Das Bundesverfassungsgericht entscheidet auf Grund mündlicher Verhandlung.

(2) [1] Zur Verhandlung ist der Bundespräsident zu laden. [2] Dabei ist er darauf hinzuweisen, daß ohne ihn verhandelt wird, wenn er unentschuldigt ausbleibt oder ohne ausreichenden Grund sich vorzeitig entfernt.

(3) In der Verhandlung trägt der Beauftragte der antragstellenden Körperschaft zunächst die Anklage vor.

(4) Sodann erhält der Bundespräsident Gelegenheit, sich zur Anklage zu erklären.

(5) Hierauf findet die Beweiserhebung statt.

(6) [1] Zum Schluß wird der Vertreter der Anklage mit seinem Antrag und der Bundespräsident mit seiner Verteidigung gehört. [2] Er hat das letzte Wort.

§ 56 [Urteil] (1) Das Bundesverfassungsgericht stellt im Urteil fest, ob der Bundespräsident einer vorsätzlichen Verletzung des Grundgesetzes[1)] oder eines genau zu bezeichnenden Bundesgesetzes schuldig ist.

(2) [1] Im Falle der Verurteilung kann das Bundesverfassungsgericht den Bundespräsidenten seines Amtes für verlustig erklären. [2] Mit der Verkündung des Urteils tritt der Amtsverlust ein.

§ 57 [Ausfertigung des Urteils] Eine Ausfertigung des Urteils samt Gründen ist dem Bundestag, dem Bundesrat und der Bundesregierung zu übersenden.

Fünfter Abschnitt. Verfahren in den Fällen des § 13 Nr. 9 [Richteranklage]

§ 58[2)] [Richteranklage] (1) Stellt der Bundestag gegen einen Bundesrichter den Antrag nach Artikel 98 Abs. 2 des Grundgesetzes[1)], so sind die Vorschriften der §§ 49 bis 55 mit Ausnahme des § 49 Abs. 3 Satz 2, der §§ 50 und 52 Abs. 1 Satz 2 entsprechend anzuwenden.

(2) [1] Wird dem Bundesrichter ein Verstoß im Amt vorgeworfen, so beschließt der Bundestag nicht vor rechtskräftiger Beendigung des gerichtlichen Verfahrens oder, wenn vorher wegen desselben Verstoßes ein förmliches Disziplinarverfahren eingeleitet worden ist, nicht vor der Eröffnung dieses Verfahrens. [2] Nach Ablauf von einem Jahr seit der rechtskräftigen Beendigung des gerichtlichen Verfahrens, in dem der Bundesrichter sich des Verstoßes schuldig gemacht haben soll, ist der Antrag nicht mehr zulässig.

(3) Abgesehen von den Fällen des Absatzes 2 ist ein Antrag gemäß Absatz 1 nicht mehr zulässig, wenn seit dem Verstoß fünf Jahre verflossen sind.

(4) Der Antrag wird vor dem Bundesverfassungsgericht von einem Beauftragten des Bundestages vertreten.

§ 59 [Urteil] (1) Das Bundesverfassungsgericht erkennt auf eine der im Artikel 98 Abs. 2 des Grundgesetzes[1)] vorgesehenen Maßnahmen oder auf Freispruch.

(2) Erkennt das Bundesverfassungsgericht auf Entlassung, so tritt der Amtsverlust mit der Verkündung des Urteils ein.

(3) Wird auf Versetzung in ein anderes Amt oder in den Ruhestand erkannt, so obliegt der Vollzug der für die Entlassung des Bundesrichters zuständigen Stelle.

(4) Eine Ausfertigung des Urteils mit Gründen ist dem Bundespräsidenten, dem Bundestag und der Bundesregierung zu übersenden.

§ 60 [Aussetzung eines Disziplinarverfahrens] [1] Solange ein Verfahren vor dem Bundesverfassungsgericht anhängig ist, wird das wegen desselben Sachverhalts bei einem Disziplinargericht anhängige Verfahren ausgesetzt. [2] Erkennt das Bundesverfassungsgericht auf Entlassung aus dem Amt oder auf Anordnung der Versetzung in ein anderes Amt oder in den Ruhestand, so wird das Disziplinarverfahren eingestellt; im anderen Falle wird es fortgesetzt.

[1)] Nr. 1.

[2)] § 58 Abs. 2 Satz 2 und Abs. 3 geänd. mWv 1.8.2024 durch G v. 12.4.2024 (BGBl. 2024 I Nr. 121).

§ 61[1] **[Wiederaufnahme des Verfahrens]** (1) [1]Die Wiederaufnahme des Verfahrens findet nur zugunsten des Verurteilten und nur auf seinen Antrag oder nach seinem Tode auf Antrag seines Ehegatten, Lebenspartners oder eines seiner Abkömmlinge unter den Voraussetzungen der §§ 359 und 364 der Strafprozeßordnung[2] statt. [2]In dem Antrag müssen der gesetzliche Grund der Wiederaufnahme sowie die Beweismittel angegeben werden. [3]Durch den Antrag auf Wiederaufnahme wird die Wirksamkeit des Urteils nicht gehemmt.

(2) [1]Über die Zulassung des Antrages entscheidet das Bundesverfassungsgericht ohne mündliche Verhandlung. [2]Die Vorschriften der §§ 368, 369 Abs. 1, 2 und 4 und der §§ 370 und 371 Abs. 1 bis 3 der Strafprozeßordnung gelten entsprechend.

(3) In der erneuten Hauptverhandlung ist entweder das frühere Urteil aufrechtzuerhalten oder auf eine mildere Maßnahme oder auf Freispruch zu erkennen.

§ 62 [Verfahren gegen Landesrichter] Soweit gemäß Artikel 98 Abs. 5 Satz 2 des Grundgesetzes[3] fortgeltendes Landesverfassungsrecht nichts Abweichendes bestimmt, gelten die Vorschriften dieses Abschnitts auch, wenn das Gesetz eines Landes für Landesrichter eine dem Artikel 98 Abs. 2 des Grundgesetzes entsprechende Regelung trifft.

Sechster Abschnitt. Verfahren in den Fällen des § 13 Nr. 5 [Organstreitigkeiten]

§ 63 [Antragsteller und Antragsgegner] Antragsteller und Antragsgegner können nur sein: der Bundespräsident, der Bundestag, der Bundesrat, die Bundesregierung und die im Grundgesetz[3] oder in den Geschäftsordnungen des Bundestages[4] und des Bundesrates[5] mit eigenen Rechten ausgestatteten Teile dieser Organe.

§ 64 [Antragsbefugnis] (1) Der Antrag ist nur zulässig, wenn der Antragsteller geltend macht, daß er oder das Organ, dem er angehört, durch eine Maßnahme oder Unterlassung des Antragsgegners in seinen ihm durch das Grundgesetz[3] übertragenen Rechten und Pflichten verletzt oder unmittelbar gefährdet ist.

(2) Im Antrag ist die Bestimmung des Grundgesetzes zu bezeichnen, gegen die durch die beanstandete Maßnahme oder Unterlassung des Antragsgegners verstoßen wird.

(3) Der Antrag muß binnen sechs Monaten, nachdem die beanstandete Maßnahme oder Unterlassung dem Antragsteller bekannt geworden ist, gestellt werden.

(4) Soweit die Frist bei Inkrafttreten dieses Gesetzes verstrichen ist, kann der Antrag noch binnen drei Monaten nach Inkrafttreten gestellt werden.

§ 65 [Beitritt zum Verfahren] (1) Dem Antragsteller und dem Antragsgegner können in jeder Lage des Verfahrens andere in § 63 genannte Antragsberechtigte beitreten, wenn die Entscheidung auch für die Abgrenzung ihrer Zuständigkeiten von Bedeutung ist.

---

[1] § 61 Abs. 1 Satz 1 geänd. mWv 1.8.2001 durch G v. 16.2.2001 (BGBl. I S. 266).
[2] **Habersack Nr. 90.**
[3] Nr. **1**.
[4] Nr. **35**.
[5] Nr. **37**.

(2) Das Bundesverfassungsgericht gibt von der Einleitung des Verfahrens dem Bundespräsidenten, dem Bundestag, dem Bundesrat und der Bundesregierung Kenntnis.

§ 66 [Verbindung und Trennung von Verfahren] Das Bundesverfassungsgericht kann anhängige Verfahren verbinden und verbundene trennen.

§ 66a[1)] [Entscheidung nach dem Untersuchungsausschussgesetz] [1] In Verfahren nach § 13 Nr. 5 in Verbindung mit § 2 Abs. 3 des Untersuchungsausschussgesetzes[2)] sowie in Verfahren nach § 18 Abs. 3 des Untersuchungsausschussgesetzes, auch in Verbindung mit den §§ 19 und 23 Abs. 2 des Untersuchungsausschussgesetzes, kann das Bundesverfassungsgericht ohne mündliche Verhandlung entscheiden. [2] Gleiches gilt bei Anträgen gemäß § 14 des Gesetzes über die parlamentarische Kontrolle nachrichtendienstlicher Tätigkeit des Bundes[3)] in Verbindung mit § 63.

§ 67 [Entscheidung] [1] Das Bundesverfassungsgericht stellt in seiner Entscheidung fest, ob die beanstandete Maßnahme oder Unterlassung des Antragsgegners gegen eine Bestimmung des Grundgesetzes[4)] verstößt. [2] Die Bestimmung ist zu bezeichnen. [3] Das Bundesverfassungsgericht kann in der Entscheidungsformel zugleich eine für die Auslegung der Bestimmung des Grundgesetzes erhebliche Rechtsfrage entscheiden, von der die Feststellung gemäß Satz 1 abhängt.

Siebenter Abschnitt. Verfahren in den Fällen des § 13 Nr. 7 [Streitigkeiten zwischen Bund und Ländern]

§ 68 [Antragsteller und Antragsgegner] Antragsteller und Antragsgegner können nur sein:
für den Bund die Bundesregierung,
für ein Land die Landesregierung.

§ 69 [Verweisung auf Organstreitigkeiten] Die Vorschriften der §§ 64 bis 67 gelten entsprechend.

§ 70 [Anfechtungsfrist] Der Beschluß des Bundesrates nach Artikel 84 Abs. 4 Satz 1 des Grundgesetzes[4)] kann nur binnen eines Monats nach der Beschlußfassung angefochten werden.

Achter Abschnitt. Verfahren in den Fällen des § 13 Nr. 8 [Andere öffentlich-rechtliche Streitigkeiten zwischen dem Bund und den Ländern, zwischen verschiedenen Ländern oder innerhalb eines Landes]

§ 71[5)] [Antragsteller und Antragsgegner] (1) Antragsteller und Antragsgegner können nur sein

1. bei öffentlich-rechtlichen Streitigkeiten gemäß Artikel 94 Absatz 1 Nummer 4 des Grundgesetzes[4)] zwischen dem Bund und den Ländern:
   die Bundesregierung und die Landesregierungen;

---

1) § 66a eingef. mWv 30.8.2002 durch G v. 22.8.2002 (BGBl. I S. 3386); Satz 2 angef. mWv 4.8.2009 *durch G v. 29.7.2009 (BGBl. I S. 2346).*

2) Nr. **6**.

3) Nr. **81**.

4) Nr. **1**.

5) § 71 Abs. 1 Nr. 1–3 geänd. mWv 31.12.2024 durch G v. 20.12.2024 (BGBl. 2024 I Nr. 440).

2. bei öffentlich-rechtlichen Streitigkeiten gemäß Artikel 94 Absatz 1 Nummer 4 des Grundgesetzes zwischen den Ländern:
   die Landesregierungen;
3. bei öffentlich-rechtlichen Streitigkeiten gemäß Artikel 94 Absatz 1 Nummer 4 des Grundgesetzes innerhalb eines Landes:
   die obersten Organe des Landes und die in der Landesverfassung oder in der Geschäftsordnung eines obersten Organs des Landes mit eigenen Rechten ausgestatteten Teile dieser Organe, wenn sie durch den Streitgegenstand in ihren Rechten oder Zuständigkeiten unmittelbar berührt sind.

(2) Die Vorschrift des § 64 Abs. 3 gilt entsprechend.

§ 72 [Entscheidung] (1) Das Bundesverfassungsgericht kann in seiner Entscheidung erkennen auf

1. die Zulässigkeit oder Unzulässigkeit einer Maßnahme,
2. die Verpflichtung des Antragsgegners, eine Maßnahme zu unterlassen, rückgängig zu machen, durchzuführen oder zu dulden,
3. die Verpflichtung, eine Leistung zu erbringen.

(2) [1] In dem Verfahren nach § 71 Abs. 1 Nr. 3 stellt das Bundesverfassungsgericht fest, ob die beanstandete Maßnahme oder Unterlassung des Antragsgegners gegen eine Bestimmung der Landesverfassung verstößt. [2] Die Vorschriften des § 67 Satz 2 und 3 gelten entsprechend.

Neunter Abschnitt. Verfahren in den Fällen des § 13 Nr. 10 [Verfassungsstreitigkeiten innerhalb eines Landes]

§ 73 [Beteiligte] (1) An einer Verfassungsstreitigkeit innerhalb eines Landes können nur die obersten Organe dieses Landes und die in der Landesverfassung oder in der Geschäftsordnung eines obersten Organs des Landes mit eigenen Rechten ausgestatteten Teile dieser Organe beteiligt sein.

(2) Die Vorschrift des § 64 Abs. 3 gilt entsprechend, sofern das Landesrecht nichts anderes bestimmt.

§ 74 [Entscheidung] Bestimmt das Landesrecht nicht, welchen Inhalt und welche Wirkung die Entscheidung des Bundesverfassungsgerichts haben kann, so gilt § 72 Abs. 2 entsprechend.

§ 75 [Verfahren] Für das Verfahren gelten die allgemeinen Vorschriften des II. Teiles dieses Gesetzes entsprechend.

Zehnter Abschnitt.[1)] Verfahren in den Fällen des § 13 Nr. 6 und 6a [Abstrakte Normenkontrolle]

§ 76[2)] [Zulässigkeit des Antrags] (1) Der Antrag der Bundesregierung, einer Landesregierung oder eines Viertels der Mitglieder des Bundestages gemäß Artikel 94 Absatz 1 Nummer 2 des Grundgesetzes[3)] ist nur zulässig, wenn der Antragsteller Bundes- oder Landesrecht

---

[1)] III. Teil 10. Abschnitt Überschrift neu gef. durch G v. 16.7.1998 (BGBl. I S. 1823).

[2)] § 76 Abs. 1 geänd., Abs. 2 angef. durch G v. 16.7.1998 (BGBl. I S. 1823); Abs. 1 einl. Satzteil geänd. mWv 4.12.2009 durch G v. 1.12.2009 (BGBl. I S. 3822); Abs. 1 einl. Satzteil, Abs. 2 geänd. mWv 31.12. 2024 durch G v. 20.12.2024 (BGBl. 2024 I Nr. 440).

[3)] Nr. **1**.

1. wegen seiner förmlichen oder sachlichen Unvereinbarkeit mit dem Grundgesetz oder dem sonstigen Bundesrecht für nichtig hält oder
2. für gültig hält, nachdem ein Gericht, eine Verwaltungsbehörde oder ein Organ des Bundes oder eines Landes das Recht als unvereinbar mit dem Grundgesetz oder sonstigem Bundesrecht nicht angewendet hat.

(2) Der Antrag des Bundesrates, einer Landesregierung oder der Volksvertretung eines Landes gemäß Artikel 94 Absatz 1 Nummer 2a des Grundgesetzes ist nur zulässig, wenn der Antragsteller ein Bundesgesetz wegen Nichterfüllung der Voraussetzungen des Artikels 72 Abs. 2 des Grundgesetzes für nichtig hält; der Antrag kann auch darauf gestützt werden, daß der Antragsteller das Bundesgesetz wegen Nichterfüllung der Voraussetzungen des *Artikels 75 Abs. 2*[1] des Grundgesetzes für nichtig hält.

§ 77[2] **[Äußerungsberechtigte Bundes- und Landesorgane]** Das Bundesverfassungsgericht gibt

1. in den Fällen des § 76 Abs. 1 dem Bundestag, dem Bundesrat, der Bundesregierung, bei Meinungsverschiedenheiten über die Gültigkeit von Bundesrecht auch den Landesregierungen und bei Meinungsverschiedenheiten über die Gültigkeit einer landesrechtlichen Norm der Volksvertretung und der Regierung des Landes, in dem die Norm verkündet wurde,
2. in den Fällen des § 76 Abs. 2 dem Bundestag, dem Bundesrat, der Bundesregierung sowie den Volksvertretungen und Regierungen der Länder

binnen einer zu bestimmenden Frist Gelegenheit zur Äußerung.

§ 78 [Nichtigerklärung von Gesetzen] [1] Kommt das Bundesverfassungsgericht zu der Überzeugung, daß Bundesrecht mit dem Grundgesetz[3] oder Landesrecht mit dem Grundgesetz oder dem sonstigen Bundesrecht unvereinbar ist, so erklärt es das Gesetz für nichtig. [2] Sind weitere Bestimmungen des gleichen Gesetzes aus denselben Gründen mit dem Grundgesetz oder sonstigem Bundesrecht unvereinbar, so kann sie das Bundesverfassungsgericht gleichfalls für nichtig erklären.

§ 79 [Wirkung der Entscheidung] (1) Gegen ein rechtskräftiges Strafurteil, das auf einer mit dem Grundgesetz[3] für unvereinbar oder nach § 78 für nichtig erklärten Norm oder auf der Auslegung einer Norm beruht, die vom Bundesverfassungsgericht für unvereinbar mit dem Grundgesetz erklärt worden ist, ist die Wiederaufnahme des Verfahrens nach den Vorschriften der Strafprozeßordnung[4] zulässig.

(2) [1] Im übrigen bleiben vorbehaltlich der Vorschrift des § 95 Abs. 2 oder einer besonderen gesetzlichen Regelung die nicht mehr anfechtbaren Entscheidungen, die auf einer gemäß § 78 für nichtig erklärten Norm beruhen, unberührt. [2] Die Vollstreckung aus einer solchen Entscheidung ist unzulässig. [3] Soweit die Zwangsvollstreckung nach den Vorschriften der Zivilprozeßordnung[5] durchzuführen ist, gilt die Vorschrift des § 767 der Zivilprozeßordnung entsprechend. [4] Ansprüche aus ungerechtfertigter Bereicherung sind ausgeschlossen.

---

[1] ***Aufgehoben mWv 1.9.2006*** *durch G v.* 28.8.2006 (BGBl. I S. 2034).
[2] § 77 neu gef. durch G v. 16.7.1998 (BGBl. I S. 1823).
[3] Nr. **1**.
[4] **Habersack Nr. 90.**
[5] **Habersack Nr. 100.**

Elfter Abschnitt.[1] Verfahren in den Fällen des § 13 Nr. 11 und 11a [Nachprüfung von Gesetzen; Nachprüfung von Beschlüssen zur Einsetzung eines Untersuchungsausschusses]

§ 80 [Vorlage – Beschluss] (1) Sind die Voraussetzungen des Artikels 100 Abs. 1 des Grundgesetzes[2] gegeben, so holen die Gerichte unmittelbar die Entscheidung des Bundesverfassungsgerichts ein.

(2) [1] Die Begründung muß angeben, inwiefern von der Gültigkeit der Rechtsvorschrift die Entscheidung des Gerichts abhängig ist und mit welcher übergeordneten Rechtsnorm sie unvereinbar ist. [2] Die Akten sind beizufügen.

(3) Der Antrag des Gerichts ist unabhängig von der Rüge der Nichtigkeit der Rechtsvorschrift durch einen Prozeßbeteiligten.

§ 81 [Entscheidung über die Rechtsfrage] Das Bundesverfassungsgericht entscheidet nur über die Rechtsfrage.

§ 81a [Feststellung der Unzulässigkeit eines Antrags] [1] Die Kammer kann durch einstimmigen Beschluß die Unzulässigkeit eines Antrages nach § 80 feststellen. [2] Die Entscheidung bleibt dem Senat vorbehalten, wenn der Antrag von einem Landesverfassungsgericht oder von einem obersten Gerichtshof des Bundes gestellt wird.

§ 82 [Beitritts- und Äußerungsberechtigte] (1) Die Vorschriften der §§ 77 bis 79 gelten entsprechend.

(2) Die in § 77 genannten Verfassungsorgane können in jeder Lage des Verfahrens beitreten.

(3) Das Bundesverfassungsgericht gibt auch den Beteiligten des Verfahrens vor dem Gericht, das den Antrag gestellt hat, Gelegenheit zur Äußerung; es lädt sie zur mündlichen Verhandlung und erteilt den anwesenden Prozeßbevollmächtigten das Wort.

(4) [1] Das Bundesverfassungsgericht kann oberste Gerichtshöfe des Bundes oder oberste Landesgerichte um die Mitteilung ersuchen, wie und auf Grund welcher Erwägungen sie das Grundgesetz[2] in der streitigen Frage bisher ausgelegt haben, ob und wie sie die in ihrer Gültigkeit streitige Rechtsvorschrift in ihrer Rechtsprechung angewandt haben und welche damit zusammenhängenden Rechtsfragen zur Entscheidung anstehen. [2] Es kann sie ferner ersuchen, ihre Erwägungen zu einer für die Entscheidung erheblichen Rechtsfrage darzulegen. [3] Das Bundesverfassungsgericht gibt den Äußerungsberechtigten Kenntnis von der Stellungnahme.

§ 82a[3] [Verfahren nach dem Untersuchungsausschussgesetz] (1) Die §§ 80 bis 82 gelten vorbehaltlich der Absätze 2 und 3 sinngemäß für die Überprüfung der Vereinbarkeit eines Beschlusses des Deutschen Bundestages zur Einsetzung eines Untersuchungsausschusses mit dem Grundgesetz[2] auf Vorlage nach § 36 Abs. 2 des Untersuchungsausschussgesetzes[4].

(2) [1] Äußerungsberechtigt sind der Bundestag und die qualifizierte Minderheit nach Artikel 44 Abs. 1 des Grundgesetzes, auf deren Antrag der Einsetzungsbeschluss beruht. [2] Ferner kann das Bundesverfassungsgericht der Bundesregie-

---

[1] III. Teil 11. Abschnitt Überschrift neu gef. mWv 30.8.2002 durch G v. 22.8.2002 (BGBl. I S. 3386).
[2] Nr. **1**.
[3] § 82a eingef. mWv 30.8.2002 durch G v. 22.8.2002 (BGBl. I S. 3386).
[4] Nr. **6**.

rung, dem Bundesrat, Landesregierungen, der qualifizierten Minderheit nach § 18 Abs. 3 des Untersuchungsausschussgesetzes und Personen Gelegenheit zur Äußerung geben, soweit sie von dem Einsetzungsbeschluss berührt sind.

(3) Das Bundesverfassungsgericht kann ohne mündliche Verhandlung entscheiden.

Zwölfter Abschnitt. Verfahren in den Fällen des § 13 Nr. 12 [Nachprüfung von Völkerrecht]

§ 83 [Entscheidung; Beitritt des Bundestages, des Bundesrates, der Bundesregierung zum Verfahren] (1) Das Bundesverfassungsgericht stellt in den Fällen des Artikels 100 Abs. 2 des Grundgesetzes[1)] in seiner Entscheidung fest, ob die Regel des Völkerrechts Bestandteil des Bundesrechts ist und ob sie unmittelbar Rechte und Pflichten für den einzelnen erzeugt.

(2) [1] Das Bundesverfassungsgericht hat vorher dem Bundestag, dem Bundesrat und der Bundesregierung Gelegenheit zur Äußerung binnen einer zu bestimmenden Frist zu geben. [2] Sie können in jeder Lage des Verfahrens beitreten.

§ 84 [Entsprechende Geltung anderer Verfahrensvorschriften] Die Vorschriften der §§ 80 und 82 Abs. 3 gelten entsprechend.

Dreizehnter Abschnitt. Verfahren in den Fällen des § 13 Nr. 13 [Vorlagebeschluss eines Landesverfassungsgerichts]

§ 85 [Verfahren; Entscheidung] (1) Ist die Entscheidung des Bundesverfassungsgerichts gemäß Artikel 100 Abs. 3 Satz 1 des Grundgesetzes[1)] einzuholen, so legt das Verfassungsgericht des Landes unter Darlegung seiner Rechtsauffassung die Akten vor.

(2) Das Bundesverfassungsgericht gibt dem Bundesrat, der Bundesregierung und, wenn es von einer Entscheidung des Verfassungsgerichts eines Landes abweichen will, diesem Gericht Gelegenheit zur Äußerung binnen einer zu bestimmenden Frist.

(3) Das Bundesverfassungsgericht entscheidet nur über die Rechtsfrage.

Vierzehnter Abschnitt. Verfahren in den Fällen des § 13 Nr. 14 [Fortgeltung von Recht als Bundesrecht]

§ 86 [Antragsberechtigte] (1) Antragsberechtigt sind der Bundestag, der Bundesrat, die Bundesregierung und die Landesregierungen.

(2) Wenn in einem gerichtlichen Verfahren streitig und erheblich ist, ob ein Gesetz als Bundesrecht fortgilt, so hat das Gericht in sinngemäßer Anwendung des § 80 die Entscheidung des Bundesverfassungsgerichts einzuholen.

§ 87 [Zulässigkeit des Antrags] (1) Der Antrag des Bundesrates, der Bundesregierung oder einer Landesregierung ist nur zulässig, wenn von der Entscheidung die Zulässigkeit einer bereits vollzogenen oder unmittelbar bevorstehenden Maßnahme eines Bundesorgans, einer Bundesbehörde oder des Organs oder der Behörde eines Landes abhängig ist.

(2) Aus der Begründung des Antrags muß sich das Vorliegen der in Absatz 1 bezeichneten Voraussetzung ergeben.

---

1) Nr. 1.

§ 88 [Beitritt anderer Beteiligter] Die Vorschrift des § 82 gilt entsprechend.

§ 89 [Entscheidung] Das Bundesverfassungsgericht spricht aus, ob das Gesetz ganz oder teilweise in dem gesamten Bundesgebiet oder einem bestimmten Teil des Bundesgebiets als Bundesrecht fortgilt.

Fünfzehnter Abschnitt. Verfahren in den Fällen des § 13 Nr. 8a [Verfassungsbeschwerde]

§ 90 [Aktivlegitimation] (1) Jedermann kann mit der Behauptung, durch die öffentliche Gewalt in einem seiner Grundrechte oder in einem seiner in Artikel 20 Abs. 4, Artikel 33, 38, 101, 103 und 104 des Grundgesetzes[1)] enthaltenen Rechte verletzt zu sein, die Verfassungsbeschwerde zum Bundesverfassungsgericht erheben.

(2) [1] Ist gegen die Verletzung der Rechtsweg zulässig, so kann die Verfassungsbeschwerde erst nach Erschöpfung des Rechtswegs erhoben werden. [2] Das Bundesverfassungsgericht kann jedoch über eine vor Erschöpfung des Rechtswegs eingelegte Verfassungsbeschwerde sofort entscheiden, wenn sie von allgemeiner Bedeutung ist oder wenn dem Beschwerdeführer ein schwerer und unabwendbarer Nachteil entstünde, falls er zunächst auf den Rechtsweg verwiesen würde.

(3) Das Recht, eine Verfassungsbeschwerde an das Landesverfassungsgericht nach dem Recht der Landesverfassung zu erheben, bleibt unberührt.

§ 91 [Aktivlegitimation der Gemeinden] [1] Gemeinden und Gemeindeverbände können die Verfassungsbeschwerde mit der Behauptung erheben, daß ein Gesetz des Bundes oder des Landes die Vorschrift des Artikels 28 des Grundgesetzes[1)] verletzt. [2] Die Verfassungsbeschwerde zum Bundesverfassungsgericht ist ausgeschlossen, soweit eine Beschwerde wegen Verletzung des Rechtes auf Selbstverwaltung nach dem Rechte des Landes beim Landesverfassungsgericht erhoben werden kann.

§ 91a (weggefallen)

§ 92 [Begründung der Beschwerde] In der Begründung der Beschwerde sind das Recht, das verletzt sein soll, und die Handlung oder Unterlassung des Organs oder der Behörde, durch die der Beschwerdeführer sich verletzt fühlt, zu bezeichnen.

§ 93 [Einlegungsfrist] (1) [1] Die Verfassungsbeschwerde ist binnen eines Monats zu erheben und zu begründen. [2] Die Frist beginnt mit der Zustellung oder formlosen Mitteilung der in vollständiger Form abgefaßten Entscheidung, wenn diese nach den maßgebenden verfahrensrechtlichen Vorschriften von Amts wegen vorzunehmen ist. [3] In anderen Fällen beginnt die Frist mit der Verkündung der Entscheidung oder, wenn diese nicht zu verkünden ist, mit ihrer sonstigen Bekanntgabe an den Beschwerdeführer; wird dabei dem Beschwerdeführer eine Abschrift der Entscheidung in vollständiger Form nicht erteilt, so wird die Frist des Satzes 1 dadurch unterbrochen, daß der Beschwerdeführer schriftlich oder zu Protokoll der Geschäftsstelle die Erteilung einer in vollständiger Form abgefaßten Entscheidung beantragt. [4] Die Unterbrechung dauert fort, bis die Entscheidung in vollständiger Form dem Beschwerdeführer von dem Gericht erteilt oder von Amts wegen oder von einem an dem Verfahren Beteiligten zugestellt wird.

[1)] Nr. **1**.

(2) [1] War ein Beschwerdeführer ohne Verschulden verhindert, diese Frist einzuhalten, ist ihm auf Antrag Wiedereinsetzung in den vorigen Stand zu gewähren. [2] Der Antrag ist binnen zwei Wochen nach Wegfall des Hindernisses zu stellen. [3] Die Tatsachen zur Begründung des Antrags sind bei der Antragstellung oder im Verfahren über den Antrag glaubhaft zu machen. [4] Innerhalb der Antragsfrist ist die versäumte Rechtshandlung nachzuholen; ist dies geschehen, kann die Wiedereinsetzung auch ohne Antrag gewährt werden. [5] Nach einem Jahr seit dem Ende der versäumten Frist ist der Antrag unzulässig. [6] Das Verschulden des Bevollmächtigten steht dem Verschulden eines Beschwerdeführers gleich.

(3) Richtet sich die Verfassungsbeschwerde gegen ein Gesetz oder gegen einen sonstigen Hoheitsakt, gegen den ein Rechtsweg nicht offensteht, so kann die Verfassungsbeschwerde nur binnen eines Jahres seit dem Inkrafttreten des Gesetzes oder dem Erlaß des Hoheitsaktes erhoben werden.

(4) Ist ein Gesetz vor dem 1. April 1951 in Kraft getreten, so kann die Verfassungsbeschwerde bis zum 1. April 1952 erhoben werden.

§ 93a [Annahme zur Entscheidung] (1) Die Verfassungsbeschwerde bedarf der Annahme zur Entscheidung.

(2) Sie ist zur Entscheidung anzunehmen,

a) soweit ihr grundsätzliche verfassungsrechtliche Bedeutung zukommt,

(Fortsetzung nächstes Blatt)

b) wenn es zur Durchsetzung der in § 90 Abs. 1 genannten Rechte angezeigt ist; dies kann auch der Fall sein, wenn dem Beschwerdeführer durch die Versagung der Entscheidung zur Sache ein besonders schwerer Nachteil entsteht.

§ 93b [Befugnisse der Kammer] [1] Die Kammer kann die Annahme der Verfassungsbeschwerde ablehnen oder die Verfassungsbeschwerde im Falle des § 93c zur Entscheidung annehmen. [2] Im übrigen entscheidet der Senat über die Annahme.

§ 93c [Stattgabe der Beschwerde durch die Kammer] (1) [1] Liegen die Voraussetzungen des § 93a Abs. 2 Buchstabe b vor und ist die für die Beurteilung der Verfassungsbeschwerde maßgebliche verfassungsrechtliche Frage durch das Bundesverfassungsgericht bereits entschieden, kann die Kammer der Verfassungsbeschwerde stattgeben, wenn sie offensichtlich begründet ist. [2] Der Beschluß steht einer Entscheidung des Senats gleich. [3] Eine Entscheidung, die mit der Wirkung des § 31 Abs. 2 ausspricht, daß ein Gesetz mit dem Grundgesetz[1)] oder sonstigem Bundesrecht unvereinbar oder nichtig ist, bleibt dem Senat vorbehalten.

(2) Auf das Verfahren finden § 94 Abs. 2 und 3 und § 95 Abs. 1 und 2 Anwendung.

§ 93d [Verfahren vor der Kammer] (1) [1] Die Entscheidung nach § 93b und § 93c ergeht ohne mündliche Verhandlung. [2] Sie ist unanfechtbar. [3] Die Ablehnung der Annahme der Verfassungsbeschwerde bedarf keiner Begründung.

(2) [1] Solange und soweit der Senat nicht über die Annahme der Verfassungsbeschwerde entschieden hat, kann die Kammer alle das Verfassungsbeschwerdeverfahren betreffenden Entscheidungen erlassen. [2] Eine einstweilige Anordnung, mit der die Anwendung eines Gesetzes ganz oder teilweise ausgesetzt wird, kann nur der Senat treffen; § 32 Abs. 7 bleibt unberührt. [3] Der Senat entscheidet auch in den Fällen des § 32 Abs. 3.

(3) [1] Die Entscheidungen der Kammer ergehen durch einstimmigen Beschluß. [2] Die Annahme durch den Senat ist beschlossen, wenn mindestens drei Richter ihr zustimmen.

§ 94 [Anhörung Dritter] (1) Das Bundesverfassungsgericht gibt dem Verfassungsorgan des Bundes oder des Landes, dessen Handlung oder Unterlassung in der Verfassungsbeschwerde beanstandet wird, Gelegenheit, sich binnen einer zu bestimmenden Frist zu äußern.

(2) Ging die Handlung oder Unterlassung von einem Minister oder einer Behörde des Bundes oder des Landes aus, so ist dem zuständigen Minister Gelegenheit zur Äußerung zu geben.

(3) Richtet sich die Verfassungsbeschwerde gegen eine gerichtliche Entscheidung, so gibt das Bundesverfassungsgericht auch dem durch die Entscheidung Begünstigten Gelegenheit zur Äußerung.

(4) Richtet sich die Verfassungsbeschwerde unmittelbar oder mittelbar gegen ein Gesetz, so ist § 77 entsprechend anzuwenden.

(5) [1] Die in den Absätzen 1, 2 und 4 genannten Verfassungsorgane können dem Verfahren beitreten. [2] Das Bundesverfassungsgericht kann von mündlicher Verhandlung absehen, wenn von ihr keine weitere Förderung des Verfahrens zu

---

[1)] Nr. **1**.

erwarten ist und die zur Äußerung berechtigten Verfassungsorgane, die dem Verfahren beigetreten sind, auf mündliche Verhandlung verzichten.

§ 95 [Entscheidung] (1) [1] Wird der Verfassungsbeschwerde stattgegeben, so ist in der Entscheidung festzustellen, welche Vorschrift des Grundgesetzes[1)] und durch welche Handlung oder Unterlassung sie verletzt wurde. [2] Das Bundesverfassungsgericht kann zugleich aussprechen, daß auch jede Wiederholung der beanstandeten Maßnahme das Grundgesetz verletzt.

(2) Wird der Verfassungsbeschwerde gegen eine Entscheidung stattgegeben, so hebt das Bundesverfassungsgericht die Entscheidung auf, in den Fällen des § 90 Abs. 2 Satz 1 verweist es die Sache an ein zuständiges Gericht zurück.

(3) [1] Wird der Verfassungsbeschwerde gegen ein Gesetz stattgegeben, so ist das Gesetz für nichtig zu erklären. [2] Das gleiche gilt, wenn der Verfassungsbeschwerde gemäß Absatz 2 stattgegeben wird, weil die aufgehobene Entscheidung auf einem verfassungswidrigen Gesetz beruht. [3] Die Vorschrift des § 79 gilt entsprechend.

§ 95a (weggefallen)

Sechzehnter Abschnitt.[2)] Verfahren in den Fällen des § 13 Nr. 6b [Prüfung der Erforderlichkeit von Bundesrecht]

§ 96[3)] **[Verfahren in den Fällen des § 13 Nr. 6b]** (1) Aus der Begründung eines Antrags nach Artikel 94 Absatz 2 Satz 1 des Grundgesetzes[1)] muss sich das Vorliegen der in Artikel 94 Absatz 2 Satz 3 des Grundgesetzes bezeichneten Voraussetzung ergeben.

(2) Das Bundesverfassungsgericht gibt den anderen Antragsberechtigten sowie dem Bundestag und der Bundesregierung binnen einer zu bestimmenden Frist Gelegenheit zur Äußerung.

(3) Ein Äußerungsberechtigter nach Absatz 2 kann in jeder Lage des Verfahrens beitreten.

Siebzehnter Abschnitt.[4)] Verfahren in den Fällen des § 13 Nummer 3a

§ 96a[4)] **[Beschwerdeberechtigte; Fristen]** (1) Beschwerdeberechtigt sind Vereinigungen und Parteien, denen die Anerkennung als wahlvorschlagsberechtigte Partei nach § 18 Absatz 4 des Bundeswahlgesetzes[5)] versagt wurde.

(Fortsetzung nächstes Blatt)

[1)] Nr. **1**.

[2)] 16. Abschnitt (früherer § 97) neu gef. mWv 12.9.2006 durch G v. 5.9.2006 (BGBl. I S. 2098).

[3)] *Früherer § 97 neu gef.* mWv 12.9.2006 durch G v. 5.9.2006 (BGBl. I S. 2098); bish. § 97 wird § 96 mWv 19.7.2012 durch G v. 12.7.2012 (BGBl. I S. 1501); Abs. 1 geänd. mWv 31.12.2024 durch G v. 20.12.2024 (BGBl. 2024 I Nr. 440).

[4)] 17. Abschnitt (§§ 96a–96d) eingef. mWv 19.7.2012 durch G v. 12.7.2012 (BGBl. I S. 1501).

[5)] Nr. **30**.

(2) Die Beschwerde ist binnen einer Frist von vier Tagen nach Bekanntgabe der Entscheidung in der Sitzung des Bundeswahlausschusses nach § 18 Absatz 4 Satz 2 des Bundeswahlgesetzes zu erheben und zu begründen.

(3) § 32 findet keine Anwendung.

§ 96 b[1)] **[Anhörung des Bundeswahlauschusses]** Dem Bundeswahlausschuss ist Gelegenheit zur Äußerung zu geben.

§ 96 c[1)] **[Entscheidung ohne mündliche Verhandlung]** Das Bundesverfassungsgericht kann ohne Durchführung einer mündlichen Verhandlung entscheiden.

§ 96 d[1)] **[Entscheidungsbekanntgabe ohne Begründung]** [1] Das Bundesverfassungsgericht kann seine Entscheidung ohne Begründung bekanntgeben. [2] In diesem Fall ist die Begründung der Beschwerdeführerin und dem Bundeswahlausschuss gesondert zu übermitteln.

§ 97[2)] *(nicht mehr belegt)*

IV. Teil.[3)] Verzögerungsbeschwerde

§ 97 a[3)] **[Angemessenheit der Verfahrensdauer]** (1) [1] Wer infolge unangemessener Dauer eines Verfahrens vor dem Bundesverfassungsgericht als Verfahrensbeteiligter oder als Beteiligter in einem zur Herbeiführung einer Entscheidung des Bundesverfassungsgerichts ausgesetzten Verfahren einen Nachteil erleidet, wird angemessen entschädigt. [2] Die Angemessenheit der Verfahrensdauer richtet sich nach den Umständen des Einzelfalles unter Berücksichtigung der Aufgaben und der Stellung des Bundesverfassungsgerichts.

(2) [1] Ein Nachteil, der nicht Vermögensnachteil ist, wird vermutet, wenn ein Verfahren vor dem Bundesverfassungsgericht unangemessen lange gedauert hat. [2] Hierfür kann Entschädigung nur beansprucht werden, soweit nicht nach den Umständen des Einzelfalles Wiedergutmachung auf andere Weise, insbesondere durch die Feststellung der Unangemessenheit der Verfahrensdauer, ausreichend ist. [3] Die Entschädigung gemäß Satz 2 beträgt 1 200 Euro für jedes Jahr der Verzögerung. [4] Ist der Betrag gemäß Satz 3 nach den Umständen des Einzelfalles unbillig, kann das Bundesverfassungsgericht einen höheren oder niedrigeren Betrag festsetzen.

§ 97 b[3)] **[Verzögerungsbeschwerde, Verzögerungsrüge]** (1) [1] Über Entschädigung und Wiedergutmachung wird auf Grund einer Beschwerde zum Bundesverfassungsgericht entschieden (Verzögerungsbeschwerde). [2] Die Verzögerungsbeschwerde ist nur zulässig, wenn der Beschwerdeführer beim Bundesverfassungsgericht die Dauer des Verfahrens gerügt hat (Verzögerungsrüge). [3] Die Verzögerungsrüge ist schriftlich und unter Darlegung der Umstände, die die Unangemessenheit der Verfahrensdauer begründen, einzulegen. [4] Sie ist

---

1) 17. Abschn. (§§ 96 a–96 d) eingef. mWv 19. 7. 2012 durch G v. 12. 7. 2012 (BGBl. I S. 1501).
2) Bish. § 97 wird § 96 mWv 19. 7. 2012 durch G v. 12. 7. 2012 (BGBl. I S. 1501).
3) IV. Teil (§§ 97 a–97 e) eingef. mWv 3. 12. 2011 durch G v. 24. 11. 2011 (BGBl. I S. 2302).

frühestens zwölf Monate nach Eingang des Verfahrens beim Bundesverfassungsgericht zulässig. [5] Einer Bescheidung der Verzögerungsrüge bedarf es nicht.

(2) [1] Die Verzögerungsbeschwerde kann frühestens sechs Monate nach Erheben einer Verzögerungsrüge erhoben werden; ist eine Entscheidung des Bundesverfassungsgerichts ergangen oder das Verfahren anderweitig erledigt worden, ist die Verzögerungsbeschwerde binnen drei Monaten zu erheben. [2] Sie ist schriftlich einzulegen und gleichzeitig zu begründen. [3] Bis zur rechtskräftigen Entscheidung über die Verzögerungsbeschwerde ist der Anspruch nicht übertragbar.

§ 97 c[1)] [Zuständigkeit] (1) [1] Über die Verzögerungsbeschwerde entscheidet die Beschwerdekammer, in die das Plenum zwei Richter aus jedem Senat beruft. [2] Die regelmäßige Amtszeit beträgt zwei Jahre.

(2) Für den Fall, dass der Berichterstatter des beanstandeten Verfahrens Mitglied der Beschwerdekammer ist, ist er von der Mitwirkung am Beschwerdeverfahren ausgeschlossen.

(3) Das Nähere, insbesondere die Bestimmung des Vorsitzes und die Gewährleistung eines kontinuierlichen Nachrückens für ausscheidende Kammermitglieder sowie die Vertretung in der Kammer, regelt die Geschäftsordnung.

§ 97 d[1)] [Stellungnahme] (1) Der Berichterstatter des beanstandeten Verfahrens soll binnen eines Monats nach Eingang der Begründung der Verzögerungsbeschwerde eine Stellungnahme vorlegen.

(2) [1] Die Beschwerdekammer entscheidet mit Mehrheit. [2] Bei Stimmengleichheit gilt die Verzögerungsbeschwerde als zurückgewiesen. [3] Die Beschwerdekammer entscheidet ohne mündliche Verhandlung. [4] Der Beschluss über die Verzögerungsbeschwerde bedarf keiner Begründung.

(3) Die Entscheidung ist unanfechtbar.

§ 97 e[1)] [Geltungsdauer] [1] Die §§ 97 a bis 97 d gelten auch für Verfahren, die am 3. Dezember 2011 bereits anhängig waren, sowie für abgeschlossene Verfahren, deren Dauer am 3. Dezember 2011 Gegenstand einer Beschwerde beim Europäischen Gerichtshof für Menschenrechte ist oder noch werden kann. [2] Für abgeschlossene Verfahren nach Satz 1 gilt § 97 b Absatz 1 Satz 2 bis 5 nicht; § 97 b Absatz 2 gilt mit der Maßgabe, dass die Verzögerungsbeschwerde sofort erhoben werden kann und spätestens am 3. März 2012 erhoben werden muss.

V. Teil.[2)] Schlußvorschriften

§ 98[3)] [Versetzung in den Ruhestand] (1) Ein Richter des Bundesverfassungsgerichts tritt mit Ablauf der Amtszeit (§ 4 Abs. 1, 3 und 4) in den Ruhestand.

[1)] *IV. Teil (§§ 97 a–97 e) eingef.* mWv 3. 12. 2011 durch G v. 24. 11. 2011 (BGBl. I S. 2302).
[2)] Bish. IV. Teil wird V. Teil mWv 3. 12. 2011 durch G v. 24. 11. 2011 (BGBl. I S. 2302).
[3)] § 98 Abs. 3 Nr. 2 geänd. mWv 1. 7. 2001 durch G v. 19. 6. 2001 (BGBl. I S. 1046).

(2) Ein Richter des Bundesverfassungsgerichts ist bei dauernder Dienstunfähigkeit in den Ruhestand zu versetzen.

(3) Ein Richter des Bundesverfassungsgerichts ist auf Antrag ohne Nachweis der Dienstunfähigkeit in den Ruhestand zu versetzen, wenn er sein Amt als Richter des Bundesverfassungsgerichts wenigstens sechs Jahre bekleidet hat und wenn er

1. das 65. Lebensjahr vollendet hat oder
2. schwerbehinderter Mensch im Sinne des § 2 Abs. 2 des Neunten Buches Sozialgesetzbuch[1)] ist und das 60. Lebensjahr vollendet hat.

(4) In den Fällen des Absatzes 3 gilt § 4 Abs. 4 sinngemäß.

(5) [1] Ein Richter im Ruhestand erhält Ruhegehalt. [2] Das Ruhegehalt wird auf der Grundlage der Bezüge berechnet, die dem Richter nach dem Gesetz über das Amtsgehalt der Mitglieder des Bundesverfassungsgerichts[2)] zuletzt zugestanden haben. [3] Entsprechendes gilt für die Hinterbliebenenversorgung.

(6) § 70 des Beamtenversorgungsgesetzes[3)] gilt entsprechend.

§ 99 (weggefallen)

§ 100 [Übergangsgeld] (1) [1] Endet das Amt eines Richters des Bundesverfassungsgerichts nach § 12, so erhält er, wenn er sein Amt wenigstens zwei Jahre bekleidet hat, für die Dauer eines Jahres ein Übergangsgeld in Höhe seiner Bezüge nach Maßgabe des Gesetzes über das Amtsgehalt der Mitglieder des Bundesverfassungsgerichts[2)]. [2] Dies gilt nicht für den Fall des Eintritts in den Ruhestand nach § 98.

(2) Die Hinterbliebenen eines früheren Richters des Bundesverfassungsgerichts, der zur Zeit seines Todes Übergangsgeld bezog, erhalten Sterbegeld sowie für den Rest der Bezugsdauer des Übergangsgeldes Witwen- und Waisengeld; Sterbegeld, Witwen- und Waisengeld werden aus dem Übergangsgeld berechnet.

§ 101 [Ausscheiden aus dem bisherigen Amt] (1) [1] Ein zum Richter des Bundesverfassungsgerichts gewählter Beamter oder Richter scheidet vorbehaltlich der Vorschrift des § 70 des Deutschen Richtergesetzes[4)] mit der Ernennung aus seinem bisherigen Amt aus. [2] Für die Dauer des Amtes als Richter des Bundesverfassungsgerichts ruhen die in dem Dienstverhältnis als Beamter oder Richter begründeten Rechte und Pflichten. [3] Bei unfallverletzten Beamten oder Richtern bleibt der Anspruch auf das Heilverfahren unberührt.

(2) [1] Endet das Amt als Richter des Bundesverfassungsgerichts, so tritt der Beamte oder Richter, wenn ihm kein anderes Amt übertragen wird, aus *seinem Dienstverhältnis* als Beamter oder Richter in den Ruhestand und erhält das Ruhegehalt, das er in seinem früheren Amt unter Hinzurechnung der Dienstzeit als Richter des Bundesverfassungsgerichts erhalten hätte. [2] Soweit es sich um Beamte oder Richter handelt, die nicht Bundesbeamte oder

---

1) **Gewerberecht Nr. 750.**
2) **Bundesbeamtengesetze Nr. 142.**
3) Nr. **155.**
4) **Schönfelder ErgBd. Nr. 97.**

Bundesrichter sind, erstattet der Bund dem Dienstherrn das Ruhegehalt sowie die Hinterbliebenenbezüge.

(3) [1] Die Absätze 1 und 2 gelten nicht für beamtete Lehrer des Rechts an einer deutschen Hochschule. [2] Für die Dauer ihres Amtes als Richter am Bundesverfassungsgericht ruhen grundsätzlich ihre Pflichten aus dem Dienstverhältnis als Hochschullehrer. [3] Von den Dienstbezügen aus dem Dienstverhältnis als Hochschullehrer werden zwei Drittel auf die ihnen als Richter des Bundesverfassungsgerichts zustehenden Bezüge angerechnet. [4] Der Bund erstattet dem Dienstherrn des Hochschullehrers die durch seine Vertretung erwachsenden tatsächlichen Ausgaben bis zur Höhe der angerechneten Beträge.

§ 102 [Verhältnis mehrerer Bezüge] (1) Steht einem früheren Richter des Bundesverfassungsgerichts ein Anspruch auf Ruhegehalt nach § 101 zu, so ruht dieser Anspruch für den Zeitraum, für den ihm Ruhegehalt oder Übergangsgeld nach § 98 oder § 100 zu zahlen ist, bis zur Höhe des Betrages dieser Bezüge.

(2) Wird ein früherer Richter des Bundesverfassungsgerichts, der Übergangsgeld nach § 100 bezieht, im öffentlichen Dienst wiederverwendet, so wird das Einkommen aus dieser Verwendung auf das Übergangsgeld angerechnet.

(3) Bezieht ein früherer Richter des Bundesverfassungsgerichts Dienstbezüge, Emeritenbezüge oder Ruhegehalt aus einem vor oder während seiner Amtszeit als Bundesverfassungsrichter begründeten Dienstverhältnis als Hochschullehrer, so ruhen neben den Dienstbezügen das Ruhegeld oder das Übergangsgeld aus dem Richteramt insoweit, als sie zusammen das um den nach § 101 Abs. 3 Satz 3 anrechnungsfreien Betrag erhöhte Amtsgehalt übersteigen; neben den Emeritenbezügen oder dem Ruhegehalt aus dem Dienstverhältnis als Hochschullehrer werden das Ruhegehalt oder das Übergangsgeld aus dem Richteramt bis zur Erreichung des Ruhegehalts gewährt, das sich unter Zugrundelegung der gesamten ruhegehaltfähigen Dienstzeit und des Amtsgehalts zuzüglich des anrechnungsfreien Betrages nach § 101 Abs. 3 Satz 3 ergibt.

(4) [1] Die Absätze 1 bis 3 gelten entsprechend für die Hinterbliebenen. [2] § 54 Abs. 3 und Abs. 4 Satz 2 des Beamtenversorgungsgesetzes[1)] gilt sinngemäß.

§ 103[2)] [Anwendung der Vorschriften für Bundesrichter] [1] Soweit in den §§ 98 bis 102 nichts anderes bestimmt ist, finden auf die Richter des Bundesverfassungsgerichts die für Bundesrichter geltenden versorgungsrechtlichen und beihilferechtlichen Vorschriften Anwendung; Zeiten einer Tätigkeit, die für die Wahrnehmung des Amts des Richters des Bundesverfassungsgerichts dienlich ist, sind Zeiten im Sinne des § 11 Abs. 1 Nr. 3 Buchstabe a des Beamtenversorgungsgesetzes[1)]. [2] Die versorgungsrechtlichen Entscheidungen trifft der Präsident des Bundesverfassungsgerichts.

---

1) Nr. **155**.

2) § 103 Satz 1 geänd. mWv 12. 2. 2009 durch G v. 5. 2. 2009 (BGBl. I S. 160).

§ 104 [Rechtsanwälte und Notare als Richter am Bundesverfassungsgericht] (1) Wird ein Rechtsanwalt zum Richter am Bundesverfassungsgericht ernannt, so ruhen seine Rechte aus der Zulassung für die Dauer seines Amtes.

(2) Wird ein Notar zum Richter am Bundesverfassungsgericht ernannt, so gilt § 101 Abs. 1 Satz 2 entsprechend.

§ 105 [Versetzung in den Ruhestand bzw. Entlassung von Richtern am Bundesverfassungsgericht] (1) Das Bundesverfassungsgericht kann den Bundespräsidenten ermächtigen,

1. wegen dauernder Dienstunfähigkeit einen Richter des Bundesverfassungsgerichts in den Ruhestand zu versetzen;
2. einen Richter des Bundesverfassungsgerichts zu entlassen, wenn er wegen einer entehrenden Handlung oder zu einer Freiheitsstrafe von mehr als sechs Monaten rechtskräftig verurteilt worden ist oder wenn er sich einer so groben Pflichtverletzung schuldig gemacht hat, daß sein Verbleiben im Amt ausgeschlossen ist.

(2) Über die Einleitung des Verfahrens nach Absatz 1 entscheidet das Plenum des Bundesverfassungsgerichts.

(3) Die allgemeinen Verfahrensvorschriften sowie die Vorschriften des § 54 Abs. 1 und § 55 Abs. 1, 2, 4 bis 6 gelten entsprechend.

(4) Die Ermächtigung nach Absatz 1 bedarf der Zustimmung von zwei Dritteln der Mitglieder des Gerichts.

(5) [1] Nach Einleitung des Verfahrens gemäß Absatz 2 kann das Plenum des Bundesverfassungsgerichts den Richter vorläufig seines Amtes entheben. [2] Das gleiche gilt, wenn gegen den Richter wegen einer Straftat das Hauptverfahren eröffnet worden ist. [3] Die vorläufige Enthebung vom Amt bedarf der Zustimmung von zwei Dritteln der Mitglieder des Gerichts.

(6) Mit der Entlassung nach Absatz 1 Nr. 2 verliert der Richter alle Ansprüche aus seinem Amt.

§ 106 (Inkrafttreten)

§ 107 (weggefallen)

Nichtamtlicher Anhang zu § 14 Abs. 4:
Beschluss des Plenums des Bundesverfassungsgerichts vom 24. November 2015 gemäß § 14 Absatz 4 des Gesetzes über das Bundesverfassungsgericht

idF der Bek. v. 24.11.2015 (BGBl. 2016 I S. 118)
zuletzt geänd. durch Beschl. v. 2.12.2025 (BGBl. 2026 I Nr. 13)
FNA 1104-1-1-5

Das Plenum des Bundesverfassungsgerichts hat am 24. November 2015 gemäß § 14 Absatz 4 des Gesetzes über das Bundesverfassungsgericht[1)] in der Fassung der Bekanntmachung vom 11. August 1993 (BGBl. I S. 1473), das zuletzt durch Artikel 8 der Verordnung vom 31. August 2015 (BGBl. I S. 1474) geändert worden ist, beschlossen:

A.[2)] [Zuständigkeit des Zweiten Senats]

Mit Wirkung vom 1. Januar 2026 ist abweichend von § 14 Absatz 1 bis 3 des Gesetzes über das Bundesverfassungsgericht[1)] der Zweite Senat des Bundesverfassungsgerichts auch zuständig:

I. Für Normenkontrollverfahren (§ 13 Nummer 6 und Nummer 11 BVerfGG) und Verfassungsbeschwerden aus den Rechtsbereichen

---

[1)] Nr. **40**.
[2)] Abschnitt A neu gef. mWv 1.1.2026 durch Beschl. v. 2.12.2025 (BGBl. 2026 I Nr. 13).

1. des Asylrechts;
2. des Aufenthaltsrechts und der internationalen Rechtshilfe in Strafsachen;
3. des Staatsangehörigkeitsrechts;
4. des öffentlichen Dienstes und der Dienstverhältnisse zu Religionsgesellschaften, deren Recht dem Recht des öffentlichen Dienstes nachgebildet ist, einschließlich des jeweiligen Disziplinarrechts;
5. des Wehr- und Ersatzdienstes einschließlich des diesen Bereich betreffenden Disziplinarrechts;
6. des Strafrechts und des Strafverfahrensrechts mit Ausnahme von
   a) Verfahren, in denen Fragen der Auslegung und Anwendung des Artikels 5 oder des Artikels 8 GG[1] überwiegen und
   b) Verfahren aus dem Rechtsbereich des Ersten Buchs, Achter Abschnitt der Strafprozessordnung (StPO)[2];
7. des Vollzugs von Untersuchungs- und Strafhaft und von freiheitsentziehenden Maßregeln der Sicherung und Besserung sowie der Anordnung und des Vollzugs anderer Freiheitsentziehungen;
8. des Bußgeldverfahrens;
9. des Einkommensteuerrechts einschließlich des Kirchensteuerrechts;
10 des Rechts des Versicherungswesens;
11. des Glücksspielrechts;
12. grundstücks- und unternehmensbezogene Vermögensfragen im Zusammenhang mit der Herstellung der Deutschen Einheit;
13. des Kreditrechts einschließlich des Rechts der Sicherungen;
14. Dienst- und Werkvertragsrecht;
15. Kaufrecht,

jeweils einschließlich der dazugehörigen Amtshaftungs-, Kostenrechts-, Prozesskostenhilfe-, Beratungshilfe- und Verzögerungsverfahren sowie Verfahren zu Befangenheitsanträgen.

II. Für Normenkontrollverfahren und Verfassungsbeschwerden, die ab dem Geschäftsjahr 2026 eingehen, aus den Rechtsbereichen

1. des Vertriebenenrechts;
2. des Körperschaftsteuerrechts und des Umwandlungssteuerrechts;
3. des Waffenrechts;
4. des Petitionsrechts;
5. des Rechts der Zwangsversteigerung und der Zwangsvollstreckung im Sinne des Achten Buchs der Zivilprozessordnung (ZPO)[3], wenn der angegriffene Hoheitsakt durch das Vollstreckungsgericht erlassen wurde und dieses nicht nur in unmittelbarer oder entsprechender Anwendung von § 769 Absatz 2 ZPO tätig geworden ist;
6. des Insolvenzrechts (ausgenommen Verfahren, in denen eine Verletzung von Artikel 12 GG gerügt wird);
7. des sonstigen Deliktsrechts,

jeweils einschließlich der dazugehörigen Amtshaftungs-, Kostenrechts-, Prozesskostenhilfe-, Beratungshilfe- und Verzögerungsverfahren sowie Verfahren zu Befangenheitsanträgen.

III. Für Verfassungsbeschwerden, die ab dem Geschäftsjahr 2026 eingehen, aus dem Bereich der Zivilgerichtsbarkeit mit Ausnahme der Rechtsbereiche

1. Allgemeines Persönlichkeitsrecht;
2. Recht der Glaubens- und Bekenntnisfreiheit (Artikel 4 Absatz 1 und 2 GG);
3. Recht der freien Meinungsäußerung, Informations-, Rundfunk- und Pressefreiheit (Artikel 5 GG);
4. Familienrecht (einschließlich Betreuungs-, Namens-, Personenstands- und Transsexuellenrecht);
5. Recht des geistigen Eigentums;
6. Recht des Datenschutzes;
7. Kunst- und Wissenschaftsfreiheit (Artikel 5 Absatz 3 GG);

---

[1] Nr. 1.
[2] **Habersack Nr. 90.**
[3] **Habersack Nr. 100.**

8. Versammlungsfreiheit (Artikel 8 GG);
9. Vereinigungsfreiheit (Artikel 9 GG);
10. Recht der selbständig und vorwiegend persönlich ausgeübten Berufe (einschließlich Recht der berufsständischen Versorgungseinrichtungen);
11. Erbrecht;
12. Miet- und Pachtrecht;
13. Wettbewerbsrecht;
14. Bau- und Bodenrecht einschließlich Erschließungs- und Enteignungsrecht;
15. Gesellschaftsrecht einschließlich des Genossenschaftsrechts;
16. Bank-, Börsen- und Wertpapierrecht;
17 Recht der Finanzmarktstabilisierung einschließlich Enteignungen;
18. Regulierungsrecht;
19. Anwaltsvertragsrecht;
20. wirtschaftsrechtliche Fragen der gesetzlichen Krankenversicherung;
21. Vollstreckung öffentlich-rechtlicher Forderungen;
22. Wohnungseigentumsrecht,

jeweils einschließlich der dazugehörigen Amtshaftungs-, Kostenrechts-, Prozesskostenhilfe-, Beratungshilfe- und Verzögerungsverfahren sowie Verfahren zu Befangenheitsanträgen.

IV. Im Übrigen für Normenkontrollverfahren und Verfassungsbeschwerden

1. bei denen die Auslegung und Anwendung von Völkerrecht oder der Artikel 23, 24 und 59 GG, mit Ausnahme der einzelnen menschenrechtlichen Gewährleistungen, überwiegen;
2. bei denen andere Fragen als solche der Auslegung und Anwendung der Artikel 1 bis 17, 19, 101 und 103 Absatz 1 GG (auch in Verbindung mit dem Rechtsstaatsprinzip) überwiegen.

B.[1] [Maßgeblicher Rechtsbereich]

Im Verfassungsbeschwerdeverfahren bestimmt sich der maßgebliche Rechtsbereich anhand des Verfahrensgegenstands des dem angegriffenen Hoheitsakt zugrundeliegenden Ausgangsverfahrens, es sei denn, der Schwerpunkt liegt erkennbar auf einem Rechtsgebiet, das dem anderen Senat zugewiesen ist.

C.[1] [Außerkrafttreten]

Dieser Beschluss tritt am 1. Januar 2026 in Kraft.

[1] Abschnitt B und C neu gef. mWv 1.1.2026 durch Beschl. v. 2.12.2025 (BGBl. 2026 I Nr. 13).

45. Gesetz über die Rechtsverhältnisse der Mitglieder der Bundesregierung (Bundesministergesetz – BMinG)[1)]

In der Fassung der Bekanntmachung vom 27. Juli 1971[2)]
(BGBl. I S. 1166)

FNA 1103-1

geänd. durch Art. VII Siebentes G zur Änd. beamtenrechtlicher und besoldungsrechtlicher Vorschriften v. 20.12.1974 (BGBl. I S. 3716), Art. V Siebentes G über die Erhöhung von Dienst- und Versorgungsbezügen in Bund und Ländern v. 20.10.1979 (BGBl. I S. 357), Art. 3 Elftes G zur Änd. des AbgeordnetenG v. 18.12.1989 (BGBl. I S. 2210), Art. 4 G zur Änd. des BeamtenversorgungsG und sonstiger dienst- und versorgungsrechtlicher Vorschriften v. 18.12.1989 (BGBl. I S. 2218), Art. 1 Zweites ÄndG v. 5.12.1997 (BGBl. I S. 2851), Art. 3 VersorgungsÄndG 2001 v. 20.12.2001 (BGBl. I S. 3926), Art. 6 Drittes VerwaltungsverfahrensrechtsÄndG v. 21.8.2002 (BGBl. I S. 3322), Art. 3 AnpassungsausschlussG v. 15.12.2004 (BGBl. I S. 3390), Art. 1 Drittes ÄndG v. 23.10.2008 (BGBl. I S. 2018), Art. 1 G zur Änd. des BundesministerG und des G über die Rechtsverhältnisse der Parlamentarischen Staatssekretäre v. 17.7. 2015 (BGBl. I S. 1322), Art. 7 Elfte ZuständigkeitsanpassungsVO v. 19.6.2020 (BGBl. I S. 1328) und Art. 3 und 4 G zur Anpassung der Bundesbesoldung und -versorgung für die Jahre 2023 und 2024 sowie zur Änd. weiterer dienstrechtlicher Vorschriften v. 22.12.2023 (BGBl. 2023 I Nr. 414)

§ 1 [Öffentlich-rechtliches Amtsverhältnis] Die Mitglieder der Bundesregierung stehen nach Maßgabe dieses Gesetzes zum Bund in einem öffentlich-rechtlichen Amtsverhältnis.

§ 2[3)] [Ernennungsurkunde und Beginn des Amtsverhältnisses] (1) [1]Die Mitglieder der Bundesregierung erhalten eine vom Bundespräsidenten vollzogene Urkunde über ihre Ernennung. [2]Die Urkunde für die Bundesminister ist vom Bundeskanzler gegenzuzeichnen; die Urkunde für den Bundeskanzler bedarf keiner Gegenzeichnung. [3]Eine Ernennung in elektronischer Form ist ausgeschlossen.

(2) Das Amtsverhältnis beginnt mit der Aushändigung der Urkunde oder, falls der Eid vorher geleistet worden ist (§ 3), mit der Vereidigung.

(3) In der Urkunde für die Bundesminister soll der übertragene Geschäftszweig angegeben sein.

§ 3 [Eidesleistung] Die Mitglieder der Bundesregierung leisten bei der Übernahme ihres Amtes vor dem Bundestag den in Artikel 56 des Grundgesetzes[4)] vorgesehenen Eid.

§ 4 [Unzulässigkeit der Mitgliedschaft bei einer Landesregierung] Ein Mitglied der Bundesregierung kann nicht zugleich Mitglied einer Landesregierung sein.

§ 5 [Verbot einer anderen Berufsausübung] (1) [1]Die Mitglieder der Bundesregierung dürfen neben ihrem Amt kein anderes besoldetes Amt, kein Gewerbe und keinen Beruf ausüben. Sie dürfen während ihrer Amtszeit auch nicht dem Vorstand, Aufsichtsrat oder Verwaltungsrat eines auf Erwerb gerichteten Unternehmens angehören oder gegen Entgelt als Schiedsrichter tätig sein oder außerge-

---

[1)] Überschr. geänd. mWv 25.7.2015 durch G v. 17.7.2015 (BGBl. I S. 1322).
[2)] Neubekanntmachung des BundesministerG v. 17.6.1953 (BGBl. I S. 407) in der ab 1.8.1971 geltenden Fassung.
[3)] § 2 Abs. 1 Satz 3 angef. mWv 1.2.2003 durch G v. 21.8.2002 (BGBl. I S. 3322).
[4)] Nr. **1**.

richtliche Gutachten abgeben. [2]Der Bundestag kann Ausnahmen von dem Verbot der Zugehörigkeit zu einem Aufsichtsrat oder Verwaltungsrat zulassen.

(2) [1]Die Mitglieder der Bundesregierung sollen während ihrer Amtszeit kein öffentliches Ehrenamt bekleiden. [2]Die Bundesregierung kann hiervon Ausnahmen zulassen.

(3) [1]Die Mitglieder und ehemaligen Mitglieder der Bundesregierung haben dieser über Geschenke Mitteilung zu machen, die sie in bezug auf ihr Amt erhalten. [2]Die Bundesregierung entscheidet über die Verwendung der Geschenke.

§ 6[1)] [Geheimhaltungspflicht] (1) [1]Die Mitglieder der Bundesregierung sind, auch nach Beendigung ihres Amtsverhältnisses, verpflichtet, über die ihnen amtlich bekannt gewordenen Angelegenheiten Verschwiegenheit zu bewahren. [2]Dies gilt nicht für Mitteilungen im dienstlichen Verkehr oder über Tatsachen, die offenkundig sind oder ihrer Bedeutung nach keiner Geheimhaltung bedürfen.

(2) Die Mitglieder der Bundesregierung dürfen, auch wenn sie nicht mehr im Amt sind, über solche Angelegenheiten ohne Genehmigung der Bundesregierung weder vor Gericht noch außergerichtlich aussagen oder Erklärungen abgeben.

(3) Unberührt bleibt die gesetzlich begründete Pflicht, Straftaten anzuzeigen und bei Gefährdung der freiheitlichen demokratischen Grundordnung für deren Erhaltung einzutreten.

§ 6a[2)] [Anzeigepflicht einer Erwerbstätigkeit oder sonstigen Beschäftigung] (1) [1]Mitglieder der Bundesregierung, die beabsichtigen, innerhalb der ersten 18 Monate nach ihrem Ausscheiden aus dem Amt eine Erwerbstätigkeit oder sonstige Beschäftigung außerhalb des öffentlichen Dienstes aufzunehmen, haben dies der Bundesregierung schriftlich anzuzeigen. [2]Satz 1 gilt für ehemalige Mitglieder der Bundesregierung entsprechend.

(2) [1]Die Anzeigepflicht entsteht, sobald ein Mitglied oder ehemaliges Mitglied der Bundesregierung mit Vorbereitungen für die Aufnahme einer Beschäftigung beginnt oder ihm eine Beschäftigung in Aussicht gestellt wird. [2]Die Anzeige soll mindestens einen Monat vor Aufnahme der Tätigkeit erfolgen. [3]Wird die Frist nicht eingehalten, kann die Bundesregierung die Aufnahme der Tätigkeit bis zur Dauer von höchstens einem Monat vorläufig untersagen.

§ 6b[2)] [Untersagung der Erwerbstätigkeit oder sonstigen Beschäftigung]

(1) [1]Die Bundesregierung kann die Erwerbstätigkeit oder sonstige Beschäftigung für die Zeit der ersten 18 Monate nach dem Ausscheiden aus dem Amt ganz oder teilweise untersagen, soweit zu besorgen ist, dass durch die Beschäftigung öffentliche Interessen beeinträchtigt werden. [2]Von einer Beeinträchtigung ist insbesondere dann auszugehen, wenn die angestrebte Beschäftigung

1. in Angelegenheiten oder Bereichen ausgeübt werden soll, in denen das ehemalige Mitglied der Bundesregierung während seiner Amtszeit tätig war, oder
2. das Vertrauen der Allgemeinheit in die Integrität der Bundesregierung beeinträchtigen kann.

[3]Die Untersagung ist zu begründen.

[1)] § 6 Abs. 3 geänd. durch G v. 2.3.1974 (BGBl. I S. 469).
[2)] §§ 6a, 6b eingef. mWv 25.7.2015 durch G v. 17.7.2015 (BGBl. I S. 1322).

(2) [1] Eine Untersagung soll in der Regel die Dauer von einem Jahr nicht überschreiten. [2] In Fällen, in denen öffentliche Interessen schwer beeinträchtigt wären, kann eine Untersagung für die Dauer von bis zu 18 Monaten ausgesprochen werden.

(3) [1] Die Bundesregierung trifft ihre Entscheidung über eine Untersagung auf Empfehlung eines aus drei Mitgliedern bestehenden beratenden Gremiums. [2] Das beratende Gremium hat seine Empfehlung zu begründen. [3] Es gibt seine Empfehlung nicht öffentlich ab.

(4) Die Entscheidung ist unter Mitteilung der Empfehlung des beratenden Gremiums zu veröffentlichen.

§ 6c[1)] [Mitglieder des beratenden Gremiums] (1) [1] Die Mitglieder des beratenden Gremiums sollen Funktionen an der Spitze staatlicher oder gesellschaftlicher Institutionen wahrgenommen haben oder über Erfahrungen in einem wichtigen politischen Amt verfügen. [2] Sie werden auf Vorschlag der Bundesregierung jeweils zu Beginn einer Wahlperiode des Deutschen Bundestages vom Bundespräsidenten berufen und sind ehrenamtlich tätig.

(2) Die Mitglieder des beratenden Gremiums sind auch nach ihrem Ausscheiden zur Verschwiegenheit über die ihnen bei oder bei Gelegenheit ihrer Tätigkeit bekannt gewordenen Angelegenheiten verpflichtet.

(3) [1] Die Mitglieder des beratenden Gremiums erhalten eine pauschale Entschädigung sowie Ersatz ihrer Reisekosten. [2] Diese werden vom Chef des Bundeskanzleramtes im Einvernehmen mit dem Bundesministerium des Innern, für Bau und Heimat festgesetzt.

(4) [1] Die Mitglieder des beratenden Gremiums üben ihre Tätigkeit so lange aus, bis neue Mitglieder nach Absatz 1 Satz 2 berufen worden sind. [2] Wiederberufungen sind zulässig.

(5) Für die Erfüllung seiner Aufgabe ist dem beratenden Gremium das notwendige Personal und die notwendige Sachausstattung zur Verfügung zu stellen.

§ 6d[2)] [Übergangsgeld] Wird die Aufnahme einer Erwerbstätigkeit oder sonstigen Beschäftigung nach § 6b Absatz 1 Satz 1 untersagt, so wird das Übergangsgeld für die Dauer der Untersagung gewährt, sofern sich nicht aus § 14 Absatz 2 Satz 1 ein weitergehender Anspruch ergibt.

§ 7 [Genehmigung zur Zeugenaussage und Gutachtenerstattung]

(1) Die Genehmigung, als Zeuge auszusagen, soll nur versagt werden, wenn die Aussage dem Wohle des Bundes oder eines deutschen Landes Nachteile bereiten oder die Erfüllung öffentlicher Aufgaben ernstlich gefährden oder erheblich erschweren würde.

(2) Die Genehmigung, ein Gutachten zu erstatten, kann versagt werden, wenn die Erstattung den dienstlichen Interessen Nachteile bereiten würde.

(3) § 28 des Gesetzes über das Bundesverfassungsgericht[3)] in der Fassung der Bekanntmachung vom 3. Februar 1971 (Bundesgesetzbl. I S. 105) bleibt unberührt.

[1)] § 6c eingef. mWv 25.7.2015 durch G v. 17.7.2015 (BGBl. I S. 1322); Abs. 3 Satz 2 geänd. mWv 27.6.2020 durch VO v. 19.6.2020 (BGBl. I S. 1328).
[2)] § 6d eingef. mWv 25.7.2015 durch G v. 17.7.2015 (BGBl. I S. 1322).
[3)] Nr. **40**.

§ 8 [Unzulässigkeit eines Disziplinarverfahrens] Ein Disziplinarverfahren gegen Mitglieder der Bundesregierung findet nicht statt.

§ 9 [Beendigung des Amtsverhältnisses] (1) Das Amtsverhältnis der Mitglieder der Bundesregierung endet

1. mit der Entlassung des Bundeskanzlers, wenn der Bundestag ihm nach Artikel 67 des Grundgesetzes[1] das Mißtrauen ausgesprochen hat,
2. mit dem Zusammentritt eines neuen Bundestages,
3. mit jeder anderen Erledigung des Amtes des Bundeskanzlers.

(2) [1] Das Amtsverhältnis der einzelnen Bundesminister endet außerdem mit ihrer Entlassung. [2] Die Bundesminister können jederzeit entlassen werden und ihre Entlassung jederzeit verlangen.

§ 10 [Beendigungsurkunde] [1] Im Falle der Beendigung des Amtsverhältnisses der Mitglieder der Bundesregierung finden die Vorschriften des § 2 Abs. 1 entsprechende Anwendung. [2] Eine Entlassung wird mit der Aushändigung der Urkunde wirksam; die Aushändigung kann durch amtliche Veröffentlichung ersetzt werden.

§ 11[2] [Amtsbezüge] (1) [1] Die Mitglieder der Bundesregierung erhalten vom Beginn des Kalendermonats an, in dem das Amtsverhältnis beginnt, bis zum Schluß des Kalendermonats, in dem das Amtsverhältnis endet, folgende Amtsbezüge:

a) ein Amtsgehalt, und zwar
der Bundeskanzler in Höhe von einzweidrittel,
die Bundesminister in Höhe von eineindrittel
des Grundgehalts der Besoldungsgruppe B 11 einschließlich zum Grundgehalt allgemein gewährter Zulagen,

b) einen Ortszuschlag in Höhe von eineindrittel des in der Besoldungsgruppe B 11 zustehenden Ortszuschlags,

c) eine Dienstaufwandsentschädigung,
und zwar der Bundeskanzler von jährlich 24 000 DM,
die Bundesminister von jährlich 7 200 DM,

d) bei Unmöglichkeit der Verlegung des eigenen Hausstandes nach dem Sitz der Bundesregierung für die Dauer seiner Fortführung am bisherigen Wohnort eine Entschädigung von jährlich 3 600 DM.

[2] Die Amtsbezüge werden monatlich im voraus gezahlt.

(2) [1] Für den gleichen Zeitraum werden Amtsbezüge nur einmal gewährt. [2] Sind die Bezüge nicht gleich hoch, so stehen die höheren Bezüge zu.

(3) Wird ein Mitglied der Bundesregierung nach Artikel 69 Abs. 3 des Grundgesetzes[1] ersucht, die Geschäfte weiterzuführen, so werden die Amtsbezüge bis zum Schluß des Kalendermonats weitergewährt, in dem die Geschäftsführung endet.

---

[1] Nr. 1.

[2] § 11 Abs. 1 Satz 2 aufgeh., bish. Satz 3 wird Satz 2 durch G v. 20.12.1974 (BGBl. I S. 3716); Abs. 5 angef. mWv 1.6.2023 und aufgeh. mWv 1.1.2025 durch G v. 22.12.2023 (BGBl. 2023 I Nr. 414).

(4) *§ 83a des Bundesbeamtengesetzes*[1] einschließlich der dazu ergangenen Übergangsvorschriften und § 87a des Bundesbeamtengesetzes[2] sind sinngemäß anzuwenden.

§ 12[3] [Amtswohnungen und Entschädigungen] (1) [1] Der Bundeskanzler hat Anspruch auf eine Amtswohnung mit Ausstattung. [2] Den Bundesministern kann eine Amtswohnung zugewiesen werden. [3] Ist eine Amtswohnung zur Verfügung gestellt, entfällt der Ortszuschlag (§ 11 Abs. 1 Buchstabe b).

(2) [1] Die Mitglieder der Bundesregierung, die eine Amtswohnung bezogen haben, sind berechtigt, sie nach Beendigung des Amtsverhältnisses noch für die Dauer von drei Monaten unter denselben Bedingungen wie bisher zu benutzen, es sei denn, daß ihnen schon früher eine angemessene Wohnung nachgewiesen wird. [2] Der Monat, in dem das Amtsverhältnis endet, wird hierbei nicht mitgerechnet.

(3) Den Mitgliedern der Bundesregierung werden für die infolge ihrer Ernennung oder der Beendigung ihres Amtsverhältnisses erforderlich werdenden Umzüge Entschädigungen gewährt.

(4) Bei amtlicher Tätigkeit außerhalb des Sitzes der Bundesregierung erhalten sie Tagegelder und Entschädigungen für Reisekosten.

(5) Die weiteren Bestimmungen über Amtswohnungen, Umzugskostenentschädigung, Tagegelder und Entschädigung für Reisekosten erläßt das Bundesministerium des Innern, für Bau und Heimat nach gutachtlicher Äußerung des Präsidenten des Bundesrechnungshofes.

(6) Mitglieder der Bundesregierung und Versorgungsempfänger nach diesem Gesetz erhalten, soweit kein Anspruch nach § 27 des Abgeordnetengesetzes[4] besteht, Beihilfe in sinngemäßer Anwendung der für Bundesbeamte geltenden Vorschriften.

§ 13 [Versorgung nach Beendigung des Amtsverhältnisses] (1) Die Mitglieder der Bundesregierung und ihre Hinterbliebenen erhalten nach Beendigung des Amtsverhältnisses Versorgung nach den Vorschriften der §§ 14 bis 17.

(2) Soweit nichts anderes bestimmt ist, sind die für die Bundesbeamten geltenden versorgungsrechtlichen Vorschriften sinngemäß anzuwenden.

§ 14[5] [Übergangsgeld] (1) Ein ehemaliges Mitglied der Bundesregierung erhält von dem Zeitpunkt an, in dem seine Amtsbezüge aufhören, Übergangsgeld.

(2) [1] Das Übergangsgeld wird für die gleiche Anzahl von Monaten gezahlt, für die der Berechtigte ohne Unterbrechung Amtsbezüge als Mitglied der Bundesregierung erhalten hat, jedoch mindestens für sechs Monate und höchstens für zwei Jahre. [2] Treffen Übergangsgeld und Ruhegehalt nach § 15 oder § 17 zusammen, wird das Übergangsgeld um das Ruhegehalt gemindert,

(Fortsetzung nächstes Blatt)

---

[1] § 83a BundesbeamtenG aufgeh. mWv 1.7.1975 durch G v. 23.5.1975 (BGBl. I S. 1173); siehe nunmehr § 8 BundesbesoldungsG (Nr. **230**).

[2] Nr. **160**.

[3] § 12 Abs. 6 angef. mWv 29.10.2008 durch G v. 23.10.2008 (BGBl. I S. 2018); Abs. 5 geänd. mWv 27.6.2020 durch VO v. 19.6.2020 (BGBl. I S. 1328).

[4] Nr. **48**.

[5] § 14 Abs. 5 angef. durch G v. 24.7.1974 (BGBl. I S. 1538); Abs. 3 Satz 2 aufgeh., bish. Satz 3 wird Satz 2 durch G v. 20.12.1974 (BGBl. I S. 3716); Abs. 2 Satz 2 neu gef. und Abs. 6 angef. durch G v. 5.12. 1997 (BGBl. I S. 2851); Abs. 2 Satz 1 geänd. mWv 29.10.2008 durch G v. 23.10.2008 (BGBl. I S. 2018).

bevor auf das Übergangsgeld und das Ruhegehalt sonstige Anrechnungs- und Ruhensvorschriften angewandt werden.

(3) [1] Als Übergangsgeld werden gewährt

1. für die ersten drei Monate das Amtsgehalt und der Ortszuschlag in voller Höhe,
2. für den Rest der Bezugsdauer die Hälfte dieser Bezüge.

[2] Das Übergangsgeld wird monatlich im voraus gezahlt.

(4) [1] Bei mehreren unterbrochenen Amtszeiten eines Mitgliedes der Bundesregierung wird das Übergangsgeld für jede zusammenhängende Amtszeit besonders berechnet. [2] Wird ein ehemaliges Mitglied der Bundesregierung vor Ablauf der Zeit, für die ihm Übergangsgeld zusteht, wieder ernannt, so wird nach der Wiederentlassung an Stelle des sich aus der späteren Amtszeit ergebenden Übergangsgeldes das frühere Übergangsgeld gewährt, wenn dieses noch für eine längere Dauer zustand als das Übergangsgeld aus der späteren Amtszeit. [3] Die Höhe des früheren Übergangsgeldes bestimmt sich für die auf die Wiederentlassung folgenden ersten sechs Monate nach Absatz 3 Nr. 1 und 2, und zwar stets nach den Amtsbezügen des letzten Amtes, für die anschließende Zeit jedoch nur dann, wenn das letzte Amt höher war als das frühere Amt.

(5) [1] Die Absätze 2 und 4 gelten bei einem Wechsel zwischen dem Amt eines Mitgliedes der Bundesregierung und dem eines Parlamentarischen Staatssekretärs bei einem Mitglied der Bundesregierung entsprechend. [2] Eine Zeit im Amt eines Parlamentarischen Staatssekretärs vor dem 15. Dezember 1972 wird nicht berücksichtigt.

(6) Auf das nach Anwendung sonstiger Anrechnungs- und Ruhensvorschriften verbleibende Übergangsgeld werden ab dem zweiten Monat alle Erwerbseinkünfte aus einer privaten Berufstätigkeit angerechnet.

§ 15[1)] [Ruhegehalt] (1) [1] Ein ehemaliges Mitglied der Bundesregierung hat von dem Zeitpunkt an, in dem die Amtsbezüge aufhören, Anspruch auf Ruhegehalt, wenn es der Bundesregierung mindestens vier Jahre angehört hat; eine Zeit im Amt eines Parlamentarischen Staatssekretärs bei einem Mitglied der Bundesregierung sowie Zeiten einer vorausgegangenen Mitgliedschaft in einer Landesregierung, die zu keinem Anspruch auf Versorgung nach Landesrecht geführt haben wird berücksichtigt. [2] Bei einer Beendigung des Amtsverhältnisses aus den in § 9 Abs. 1 Nr. 1 und 3 genannten Gründen oder im Falle einer Auflösung des Bundestages und einer ununterbrochenen Zugehörigkeit zur Bundesregierung von mehr als zwei Jahren gilt dies als Amtszeit von vier Jahren.

(2) Ruhegehaltfähig ist die Zeit der Mitgliedschaft in der Bundesregierung, im Amt eines Parlamentarischen Staatssekretärs bei einem Mitglied der Bundesregierung und einer vorausgegangenen Mitgliedschaft in einer Landesregierung.

[1)] § 15 geänd. durch G v. 24. 7. 1974 (BGBl. I S. 1538); Abs. 3 Sätze 1 und 3 geänd., Sätze 3 und 4 angef., Abs. 4 Satz 2 und Abs. 5 Satz 1 geänd. mWv 1. 1. 1992 durch G v. 18. 12. 1989 (BGBl. I S. 2218); Abs. 3 Sätze 1 und 2 geänd., Abs. 3 Sätze 3 und 4 aufgeh. mWv 1. 1. 2003 durch G v. 20. 12. 2001 (BGBl. I S. 3926); Abs. 1 Satz 1 geänd., Satz 2 und Abs. 3 neu gef., Abs. 3 a eingef., Abs. 4 Satz 2 geänd. mWv 29. 10. 2008 durch G v. 23. 10. 2008 (BGBl. I S. 2018).

(3) [1] Der Anspruch auf Ruhegehalt ruht bis zum Ende des Monats, in dem

1. die für Beamte geltende Regelaltersgrenze erreicht oder
2. das Ruhegehalt auf Antrag vorzeitig ab Vollendung des 60. Lebensjahres in Anspruch genommen

wird. [2] Das Ruhegehalt beträgt nach Vollendung einer Amtszeit von vier Jahren 27,74 vom Hundert des Amtsgehalts und des Ortszuschlags. [3] Es steigt mit jedem weiteren Amtsjahr um 2,39167 vom Hundert bis zum Höchstsatz von 71,75 vom Hundert. [4] In den Fällen des Satzes 1 Nr. 2 vermindert sich das Ruhegehalt um 3,6 vom Hundert für jedes Jahr, um das das ehemalige Mitglied der Bundesregierung das Ruhegehalt vor Ende des Monats, in dem es die für Beamte geltende Regelaltersgrenze erreicht, vorzeitig in Anspruch nimmt. [5] Die Minderung des Ruhegehalts darf 14,4 vom Hundert nicht überschreiten.

(3 a) [1] Ein ehemaliges Mitglied der Bundesregierung, das die Voraussetzung des Absatzes 1 nicht erfüllt, wird auf Antrag in sinngemäßer Anwendung der Vorschriften des Sechsten Buches Sozialgesetzbuch[1)] über die Nachversicherung für die Dauer seiner Amtszeit nachversichert. [2] Dies gilt nicht, wenn und soweit die Amtszeit in einer öffentlich-rechtlichen Versicherung oder in einer Versorgung nach dienstrechtlichen Grundsätzen berücksichtigt ist oder berücksichtigt wird.

(4) [1] Eine Zeit im Amt eines Parlamentarischen Staatssekretärs bei einem Mitglied der Bundesregierung vor dem 15. Dezember 1972 wird bei der Anwendung der Absätze 1 und 2 nicht berücksichtigt. [2] Bei der Berechnung der Amtszeit nach Absatz 1 und Absatz 3 Satz 2 gilt ein Rest von mehr als zweihundertdreiundsiebzig Tagen als volles Amtsjahr.

(5) [1] Hat ein Mitglied der Bundesregierung bei Ausübung seines Amtes oder im Zusammenhang mit seiner Amtsführung ohne sein Verschulden eine Gesundheitsschädigung erlitten, die seine Arbeitskraft dauernd und so wesentlich beeinträchtigt, daß es nach Beendigung des Amtsverhältnisses zur Übernahme seiner früheren Tätigkeit oder einer ihr gleichwertigen Beschäftigung nicht mehr in der Lage ist, so erhält es auch ohne das Vorliegen der Voraussetzungen nach Absatz 1 lebenslänglich Ruhegehalt in Höhe von mindestens neunundzwanzig vom Hundert des Amtsgehalts und des Ortszuschlags. [2] Die Bundesregierung stellt fest, ob die Voraussetzungen vorliegen.

§ 16[2)] [Hinterbliebenenversorgung] [1] Die Hinterbliebenen eines Mitgliedes der Bundesregierung erhalten Hinterbliebenenversorgung (§ 13 Abs. 2). [2] § 15 Abs. 1 gilt nicht für die Versorgung der Hinterbliebenen eines Mitgliedes der Bundesregierung; der Bemessung ihrer Versorgung ist ein Ruhegehalt in Höhe von mindestens fünfunddreißig vom Hundert des Amtsgehalts und des Ortszuschlags zugrunde zu legen. [3] Satz 1 gilt auch für die Hinterbliebenen eines ehemaligen Mitgliedes der Bundesregierung, das zur Zeit seines Todes einen Anspruch auf Ruhegehalt hatte.

[1)] **Aichberger, SGB Nr. 6.**

[2)] § 16 Abs. 2 aufgeh. mWv 20. 12. 1990 durch G v. 18. 12. 1989 (BGBl. I S. 2210).

§ 16 a[1)] **[Überbrückungsgeld]** (1) [1] Die Hinterbliebenen eines Mitglieds der Bundesregierung erhalten ein Überbrückungsgeld in Höhe des Amtsgehalts und des Ortszuschlages. [2] Das Überbrückungsgeld beträgt bei einer Amtszeit von mindestens vier Jahren das Eineinhalbfache des Amtsgehalts und des Ortszuschlages. [3] Sind Hinterbliebene nicht vorhanden, wird sonstigen Personen, die die Kosten der letzten Krankheit oder der Bestattung getragen haben, das Überbrückungsgeld bis zur Höhe ihrer Aufwendungen gewährt.

(2) Das gleiche gilt beim Tod eines ehemaligen Mitglieds der Bundesregierung, das die Voraussetzungen des § 15 Abs. 1 Satz 1 erfüllt und noch kein Ruhegehalt erhält.

(3) Die Hinterbliebenen eines ehemaligen Mitglieds der Bundesregierung, das zur Zeit seines Todes Übergangsgeld bezog, ohne Anspruch auf Ruhegehalt zu haben, erhalten ein Überbrückungsgeld in Höhe des Eineinhalbfachen des Übergangsgeldes im Sterbemonat sowie für den Rest der Bezugsdauer des Übergangsgeldes Witwen- und Waisengeld; das Witwen- und Waisengeld wird aus dem Übergangsgeld nach § 14 Abs. 3 Nr. 2 berechnet.

(4) Wird Überbrückungsgeld nach den Absätzen 1 bis 3 gezahlt, entfallen Leistungen nach den für die Bundesbeamten geltenden versorgungsrechtlichen Vorschriften aus Anlaß des Todes.

§ 17 [Unfallfürsorge] (1) Wird ein Mitglied der Bundesregierung durch einen Dienstunfall verletzt, so wird ihm und seinen Hinterbliebenen Unfallfürsorge gewährt.

(2) Unfälle aus Anlaß einer aus politischen Rücksichten erfolgten Teilnahme an Veranstaltungen gelten im Zweifel als Dienstunfälle.

(3) Die Unfallfürsorge besteht

1. in einem Heilverfahren für den Verletzten,
2. in einem Ruhegehalt, wenn das Mitglied der Bundesregierung dienstunfähig geworden ist und sein Amtsverhältnis endet,
3. in einer Hinterbliebenenversorgung, wenn das Mitglied der Bundesregierung infolge des Unfalls verstorben ist.

§ 18 [Ausscheiden und Wiedereintritt in das Beamtenverhältnis]

(1) [1] Wird ein Beamter oder Richter des Bundes zum Mitglied der Bundesregierung ernannt, so scheidet er mit dem Beginn des Amtsverhältnisses (§ 2 Abs. 2) aus seinem Amt als Beamter oder Richter aus. [2] Für die Dauer der Mitgliedschaft ruhen die in dem Dienstverhältnis begründeten Rechte und Pflichten mit Ausnahme der Pflicht zur Amtsverschwiegenheit und des Verbots der Annahme von Belohnungen oder Geschenken. [3] Bei unfallverletzten Beamten oder Richtern bleibt der Anspruch auf das Heilverfahren unberührt.

(2) Endet das Amtsverhältnis als Mitglied der Bundesregierung, so tritt der Beamte oder Richter, wenn ihm nicht innerhalb dreier Monate mit seinem Einverständnis ein anderes Amt übertragen wird, mit Ablauf dieser Frist aus dem Dienstverhältnis als Beamter oder Richter in den Ruhestand und erhält das Ruhegehalt, das er in seinem früheren Amt unter Hinzurechnung der Amtszeit als Mitglied der Bundesregierung verdient hätte.

---

1) § 16 a eingef. mWv 20. 12. 1990 durch G v. 18. 12. 1989 (BGBl. I S. 2210).

(3) [1] Die Absätze 1 und 2 gelten entsprechend für die zu Mitgliedern der Bundesregierung ernannten Beamten oder Richter eines Landes, einer Gemeinde (Gemeindeverbandes) oder einer sonstigen Körperschaft, Anstalt oder Stiftung des öffentlichen Rechts. [2] Das Ruhegehalt wird vom Bund übernommen. [3] Entsprechendes gilt für die Hinterbliebenenbezüge.

(4) Scheidet ein Mitglied einer Landesregierung wegen der Übernahme des Amtes als Mitglied der Bundesregierung (§ 4) aus und steht ihm aus seinem Amtsverhältnis als Mitglied einer Landesregierung ein Anspruch auf Versorgung zu, so wird diese vom Bund übernommen.

§ 19 [Ruhen anderweitigen Einkommens aus öffentlichem Dienst] Bezieht ein Mitglied der Bundesregierung für einen Zeitraum, für den Amtsbezüge (§ 11) zu zahlen sind, ein Einkommen aus einer Verwendung im öffentlichen Dienst, so ruht der Anspruch auf dieses Einkommen bis zur Höhe des Betrages der Amtsbezüge.

§ 20[1)] [Ruhen des Ruhegehalts und der Versorgungsbezüge] (1) Steht einem Mitglied oder einem ehemaligen Mitglied der Bundesregierung auf Grund eines früheren Dienstverhältnisses als Beamter oder Richter oder eines früheren Amtsverhältnisses als Landesminister (§ 18 Abs. 4) ein Anspruch auf Ruhegehalt oder auf eine ruhegehaltähnliche Versorgung zu, so ruht dieser Anspruch für einen Zeitraum, für den Amtsbezüge (§ 11), Übergangsgeld oder Ruhegehalt aus dem Amtsverhältnis (§§ 14, 15, 17) zu zahlen sind, bis zur Höhe des Betrages dieser Bezüge.

(2) [1] Wird ein ehemaliges Mitglied der Bundesregierung, das Übergangsgeld oder Ruhegehalt aus dem Amtsverhältnis bezieht, im öffentlichen Dienst wiederverwendet, so erhält es diese Bezüge nur insoweit, als das Einkommen aus der Verwendung hinter dem für denselben Zeitraum zustehenden Übergangsgeld oder Ruhegehalt zurückbleibt. [2] Das gleiche gilt für ein Ruhegehalt oder eine ruhegehaltähnliche Versorgung auf Grund der Wiederverwendung.

(2 a) [1] Ruhegehalt wird neben Erwerbs- und Erwerbsersatzeinkommen, das nicht nach Absatz 2 berücksichtigt wird, oder neben Renten nur in der Höhe gewährt, die sich bei sinngemäßer Anwendung der §§ 53 und 55 des Beamtenversorgungsgesetzes[2)] ergibt. [2] § 55 des Beamtenversorgungsgesetzes ist mit der Maßgabe anzuwenden, dass an die Stelle der Höchstgrenze nach § 55 Abs. 2 Satz 1 Nr. 1 des Beamtenversorgungsgesetzes ein sich unter Berücksichtigung des Höchstsatzes nach § 15 Abs. 3 Satz 3 ergebendes Ruhegehalt tritt; § 21 a Abs. 5 Satz 1 dieses Gesetzes sowie § 69 e Abs. 3 Satz 3 des Beamtenversorgungsgesetzes gelten entsprechend. [3] Auf das Übergangsgeld nach § 14 ist § 55 des Beamtenversorgungsgesetzes ab dem zweiten Monat mit der Maßgabe anzuwenden, dass an die Stelle der Höchstgrenze des § 55

[1)] § 20 Abs. 1 geänd. durch G v. 24. 7. 1974 (BGBl. I S. 1538); Abs. 3 Satz 2 angef. mWv 1. 11. 1977 durch G v. 20. 3. 1979 (BGBl. I S. 357); Abs. 5 angef. mWv 1. 1. 1992 durch G v. 18. 12. 1989 (BGBl. I S. 2218); Abs. 2 a eingef., Abs. 3 Satz 1 geänd., Abs. 5 aufgeh. mWv 29. 10. 2008 durch G v. 23. 10. 2008 (BGBl. I S. 2018). Beachte Art. VIII § 1 Abs. 2 G v. 20. 3. 1979, wonach die Änderungen auch für die Zeit vor dem 1. 11. 1977 gelten, wenn der Anspruch auf eine sich hiernach ergebende Versorgung vor diesem Zeitpunkt geltend gemacht und darüber nicht auf Grund des damals geltenden Rechts bereits eine nicht mehr anfechtbare Entscheidung getroffen wurde.

[2)] Nr. **155**.

Abs. 2 Satz 1 Nr. 1 des Beamtenversorgungsgesetzes der jeweilige Betrag nach § 14 Abs. 3 Satz 1 oder der nach Anwendung des § 14 Abs. 2 Satz 2 sich ergebende Betrag tritt. [4] Der sich nach Anwendung der Sätze 1 und 2 ergebende Ruhensbetrag darf zusammen mit dem Anrechnungsbetrag nach § 14 Abs. 6 und dem Ruhensbetrag nach Satz 3 die nach Satz 1 zu berücksichtigenden Leistungen nicht übersteigen. [5] Die Sätze 1 bis 4 sind nur auf Versorgungsfälle anzuwenden, denen ein nach dem 21. November 2005 begründetes öffentlich-rechtliches Amtsverhältnis zugrunde liegt.

(3) [1] Die Absätze 1 bis 2 a finden auf die Hinterbliebenen (§ 16) entsprechende Anwendung. [2] § 54 Abs. 3 und Abs. 4 Satz 2 des Beamtenversorgungsgesetzes gilt sinngemäß.

(4) Für ein ehemaliges Mitglied der Bundesregierung oder seine Hinterbliebenen gilt § 160 b des Bundesbeamtengesetzes[1] einschließlich der dazu ergangenen Übergangsvorschriften sinngemäß.

§ 21[2] [Ehemalige Mitglieder des Verwaltungsrates des Vereinigten Wirtschaftsgebietes] (1) Die Vorschriften dieses Gesetzes finden auf die ehemaligen Mitglieder des Verwaltungsrates des Vereinigten Wirtschaftsgebietes (den Vorsitzenden des Verwaltungsrates und die Direktoren der Verwaltungen) entsprechende Anwendung.

(2) Ist ein ehemaliges Mitglied des Verwaltungsrates des Vereinigten Wirtschaftsgebietes im unmittelbaren Anschluß an seine Amtszeit zum Mitglied der Bundesregierung ernannt worden, so gelten die Amtszeiten als Mitglied des Verwaltungsrates und als Mitglied der Bundesregierung im Sinne des § 15 Abs. 1 bis 4 als einheitliche Amtszeit.

(3) Dieses Gesetz ist auf die Mitglieder des Ministerrats der ehemaligen Deutschen Demokratischen Republik, die diesem im Zeitraum ab dem 12. April 1990 angehört haben, mit folgenden Maßgaben anzuwenden:
[1] Das Ruhegehalt wird vom Ende des Monats, in dem das ehemalige Mitglied des Ministerrats das 55. Lebensjahr vollendet hat, gewährt. [2] Es beträgt für die Zeit der Zugehörigkeit zum Ministerrat in dem Zeitraum ab dem 12. April 1990 für

1. den Ministerpräsidenten fünf vom Hundert des Amtsgehalts und des Ortszuschlags des Bundeskanzlers,
2. die Minister fünf vom Hundert des Amtsgehalts und des Ortszuschlags eines Bundesministers

nach § 11 in Verbindung mit dem Gesetz über die Nichtanpassung von Amtsgehalt und Ortszuschlag der Mitglieder der Bundesregierung und der Parlamentarischen Staatssekretäre. [3] § 20 Abs. 2 a ist nur hinsichtlich der Berücksichtigung von Renten anzuwenden. [4] Versorgungsbezüge werden auf Antrag ab dem 1. November 2008 gewährt. [5] Die Sätze 1 bis 5 gelten nicht, wenn der Berechtigte oder derjenige, von dem er seine Berechtigung herleitet, gegen die Grundsätze der Menschlichkeit und Rechtsstaatlichkeit verstoßen oder in schwerwiegendem Maße die Stellung zum eigenen Vorteil oder Nachteil anderer missbraucht hat.

---

[1] Nr. **160**.
[2] § 21 Abs. 3 und 4 angef. mWv 29. 10. 2008 durch G v. 23. 10. 2008 (BGBl. I S. 2018).

(4) Für ehemalige Mitglieder der Bundesregierung, die die Voraussetzungen des Absatzes 3 erfüllen, gilt die Zeit der Zugehörigkeit zum Ministerrat als volles Amtsjahr.

§ 21 a[1] **[Ehemalige Mitglieder der Bundesregierung]** (1) Die Rechtsverhältnisse der am 1. Januar 1992 vorhandenen ehemaligen Mitglieder der Bundesregierung sowie der Hinterbliebenen eines ehemaligen Mitgliedes der Bundesregierung regeln sich nach dem bis zum 31. Dezember 1991 geltenden Recht mit folgenden Maßgaben:

1. § 20 Abs. 5 in der vor dem 29. Oktober 2008 geltenden Fassung findet Anwendung. Dies gilt nicht, solange eine am 31. Dezember 1991 über diesen Zeitpunkt hinaus bestehende Beschäftigung oder Tätigkeit eines ehemaligen Mitgliedes der Bundesregierung andauert.
2. Die Rechtsverhältnisse der Hinterbliebenen eines ehemaligen Mitgliedes der Bundesregierung, das nach dem 31. Dezember 1991 verstorben ist, regeln sich nach den ab dem 1. Januar 1992 geltenden Vorschriften, jedoch unter Zugrundelegung des bisherigen Ruhegehaltes.

(2) Besteht ein Amtsverhältnis über den 31. Dezember 1991 hinaus fort und hat zu diesem Zeitpunkt eine Mitgliedschaft in der Bundesregierung einschließlich einer Zeit im Amt eines Parlamentarischen Staatssekretärs bei einem Mitglied der Bundesregierung insgesamt mindestens zwei Jahre bestanden, so gilt § 15 Abs. 3 in der bis zum 31. Dezember 1991 geltenden Fassung.

(3) Wird ein ehemaliges Mitglied der Bundesregierung nach dem 31. Dezember 1991 erneut Mitglied der Bundesregierung, bleibt der nach Absatz 1 oder Absatz 2 dem früheren Ruhegehalt zugrunde gelegte Vomhundertsatz gewahrt, wenn der Vomhundertsatz für das neue Ruhegehalt hinter dem Vomhundertsatz für das frühere Ruhegehalt zurückbleibt.

(4) Hat das Amtsverhältnis als Mitglied der Bundesregierung vor dem Inkrafttreten des Zweiten Gesetzes zur Änderung des Bundesministergesetzes vom 5. Dezember 1997 (BGBl. I S. 2851) geendet, findet § 14 in der bis zu diesem Zeitpunkt geltenden Fassung Anwendung.

(5) [1] Für Versorgungsfälle, in denen die Voraussetzungen des § 15 Abs. 1 vor dem Inkrafttreten der achten auf den 31. Dezember 2002 folgenden Anpassung der Versorgungsbezüge aus der Besoldungsgruppe B 11 nach § 70 des Beamtenversorgungsgesetzes[2] eingetreten sind, gilt unbeschadet der Absätze 1 bis 3 § 15 Abs. 3 Satz 1 und 2 in der bis zum 31. Dezember 2002 geltenden Fassung. [2] § 69 e Abs. 3 Satz 1 und 5 und Abs. 4 des Beamtenversorgungsgesetzes ist entsprechend anzuwenden; dies gilt nicht für den gemäß § 15 Abs. 3 Satz 2 nach vier Jahren Amtszeit erreichten und den in § 15 Abs. 5 Satz 1 festgelegten Mindestruhegehaltssatz sowie den in § 21 Abs. 3 festgelegten Ruhegehaltssatz und das danach ermittelte Ruhegehalt. [3] Auf die Rechtsverhältnisse derjenigen ehemaligen Mitglieder der Bundesregierung, deren Amtszeit vor dem 23. November 2005 geendet hat und die danach

---

[1] § 21 a eingef. mWv 1. 1. 1992 durch G v. 18. 12. 1989 (BGBl. I S. 2218); Abs. 4 angef. durch G v. 5. 12. 1997 (BGBl. I S. 2851); Abs. 5 angef. mWv 1. 1. 2003 durch G v. 20. 12. 2001 (BGBl. I S. 3926); Abs. 5 Satz 2 geänd. mWv 1. 1. 2005 durch G v. 15. 12. 2004 (BGBl. I S. 3390); Abs. 1 *Satz 1 Nr. 1 geänd., Abs. 5 Satz 2 neu gef.*, Sätze 3–5 angef. mWv 29. 10. 2008 durch G v. 23. 10. 2008 (BGBl. I S. 2018).

[2] Nr. **155**.

nicht wieder Mitglieder der Bundesregierung geworden sind, sind § 14 Abs. 2, § 15 und § 20 Abs. 5 in der vor dem 29. Oktober 2008 geltenden Fassung anzuwenden. [4]Auf die Rechtsverhältnisse derjenigen ehemaligen Mitglieder der Bundesregierung, die der Bundesregierung in Zeiträumen sowohl vor als auch nach dem 22. November 2005 angehört haben, ist § 15 in der vor dem 29. Oktober 2008 geltenden Fassung anzuwenden; dabei werden bis zum Ende des Monats, in dem sie die für Beamte geltende Regelaltersgrenze erreichen, Amtszeiten und Amtsverhältnisse nach dem 22. November 2005 nicht berücksichtigt. [5]Satz 4 gilt nicht, wenn am 22. November 2005 ein Anspruch auf Ruhegehalt nach diesem Gesetz nicht gegeben war.

§ 22[1)] [Erlaß von Verwaltungsvorschriften] Das Bundesministerium des Innern, für Bau und Heimat wird ermächtigt, die zur Durchführung dieses Gesetzes erforderlichen Verwaltungsvorschriften zu erlassen.

§ 23 *(gegenstandslos)*

§ 24[2)] [Inkrafttreten] (1) Dieses Gesetz tritt mit Wirkung vom 20. September 1949, § 11 jedoch erst vom 1. April 1953 ab in Kraft.

(2) Für die Zeit vor dem 1. April 1953 verbleibt es bei den geleisteten Zahlungen.

[1)] § 22 geänd. mWv 27.6.2020 durch VO v. 19.6.2020 (BGBl. I S. 1328).

[2)] **Amtl. Anm.:** Die Vorschrift betrifft das Inkrafttreten des Gesetzes in der ursprünglichen Fassung vom 17. Juni 1953. Der Zeitpunkt des Inkrafttretens der späteren Änderungen ergibt sich aus den in der vorangestellten Bekanntmachung näher bezeichneten Vorschriften.

48. Gesetz über die Rechtsverhältnisse der Mitglieder des Deutschen Bundestages (Abgeordnetengesetz – AbgG)

In der Fassung der Bekanntmachung vom 21. Februar 1996[1)]

(BGBl. I S. 326)

FNA 1101-8

geänd. durch Art. 4 G zum Inkraftsetzen der 2. Stufe der Pflegeversicherung v. 31.5.1996 (BGBl. I S. 718), Art. 1 20. ÄndG v. 19.6.1996 (BGBl. I S. 843), Art. 18 RentenreformG 1999 v. 16.12.1997 (BGBl. I S. 2998, aufgeh. durch Art. 22 G v. 20.12.2000, BGBl. I S. 1827), Art. 1 20. ÄndG v. 20.7.2000 (BGBl. I S. 1037, ber. 2002 I S. 4029), Art. 1 22. ÄndG v. 19.12.2000 (BGBl. I S. 1754), Art. 13 G zur Reform der Renten wegen verminderter Erwerbsfähigkeit v. 20.12.2000 (BGBl. I S. 1827), Art. 3 § 2 Lebenspartnerschafts-EinführungsG v. 16.2.2001 (BGBl. I S. 266), Art. 1 23. ÄndG v. 10.11.2001 (BGBl. I S. 2990, ber. 2002 I S. 4029), Art. 4 Fünftes HochschulrahmenG-ÄndG v. 16.2.2002 (BGBl. I S. 693, nichtig gem. Urt. des BVerfG v. 27.7.2004 – 2 BvF 2/02 –), Art. 1 24. ÄndG v. 25.3.2004 (BGBl. I S. 459), Art. 12 G zur Organisationsreform in der gesetzlichen Rentenversicherung v. 9.12.2004 (BGBl. I S. 3242), Art. 5 Abs. 1 G zur Überarbeitung des Lebenspartnerschaftsrechts v. 15.12.2004 (BGBl. I S. 3396), Art. 1 25. ÄndG v. 21.12.2004 (BGBl. I S. 3590), Art. 4 G zur Änd. dienst- und arbeitsrechtlicher Vorschriften im Hochschulbereich v. 27.12.2004 (BGBl. I S. 3835), Art. 1 26. ÄndG v. 22.8.2005 (BGBl. I S. 2482, 3007), Art. 1 27. ÄndG v. 22.12.2007 (BGBl. I S. 3212), Art. 3 G zur Änd. des Wahl- und Abgeordnetenrechts v. 17.3.2008 (BGBl. I S. 394), Art. 2 22. G zur Änd. des EuAbgG und 28. G zur Änd. des AbgG v. 23.10.2008 (BGBl. I S. 2020), Art. 12a DienstrechtsneuordnungsG v. 5.2.2009 (BGBl. I S. 160), Art. 7 G zur Strukturreform des Versorgungsausgleichs v. 3.4.2009 (BGBl. I S. 700), Art. 2 G zur Änd. des ParteienG und des AbgeordnetenG v. 23.8.2011 (BGBl. I S. 1748, ber. S. 3141), 29. ÄndG v. 8.11.2011 (BGBl. I S. 2218), Art. 1 30. G zur Änd. des AbgeordnetenG und 23. G zur Änd. des Europaabgeordnetengesetzes v. 11.7.2014 (BGBl. I S. 906 iVm Bek. v. 26.10.2017, BGBl. I S. 3737), Art. 12 G zur Änd. des VersorgungsrücklageG und weiterer dienstrechtlicher Vorschriften v. 5.1.2017 (BGBl. I S. 17), Art. 2 AnpassungsverfahrensaussetzungsG 2020 v. 27.5.2020 (BGBl. I S. 1161), Art. 1 31. ÄndG v. 14.11.2020 (BGBl. I S. 2394), Art. 1 32. ÄndG – Einführung eines Ordnungsgeldes v. 9.4.2021 (BGBl. I S. 741), Art. 1 G zur Verbesserung der Transparenzregeln für die Mitglieder des Deutschen Bundestages und zur Anhebung des Strafrahmens des § 108e des Strafgesetzbuches v. 8.10.2021 (BGBl. I S. 4650), Art. 1 33. ÄndG v. 23.12.2024 (BGBl. 2024 I Nr. 450) und Art. 1 G zur Änd. des AbgeordnetenG – Kürzung der Kostenpauschale und Erhöhung der Ordnungsgelder v. 28.10.2025 (BGBl. 2025 I Nr. 258)

Erster Abschnitt. Erwerb und Verlust der Mitgliedschaft im Bundestag

§ 1[2)] Erwerb und Verlust der Mitgliedschaft im Bundestag. Erwerb und Verlust der Mitgliedschaft im Bundestag regeln sich nach den Vorschriften des Bundeswahlgesetzes[3)].

Zweiter Abschnitt. Mitgliedschaft im Bundestag und Beruf

§ 2[4)] Schutz der freien Mandatsausübung. (1) Niemand darf gehindert werden, sich um ein Mandat im Bundestag zu bewerben, es zu erwerben, anzunehmen oder auszuüben.

---

1) Neubekanntmachung des AbgG v. 18.2.1977 (BGBl. I S. 297) in der ab 22.12.1995 geltenden Fassung.

2) § 1 neu gef. durch G v. 19.6.1996 (BGBl. I S. 843).

3) Nr. **30**.

4) § 2 Abs. 1, 2 und Abs. 3 Satz 1 geänd. mWv 21.3.2008 durch G v. 17.3.2008 (BGBl. I S. 394).

(2) Benachteiligungen am Arbeitsplatz im Zusammenhang mit der Bewerbung um ein Mandat sowie dem Erwerb, der Annahme und Ausübung eines Mandats sind unzulässig.

(3) [1] Eine Kündigung oder Entlassung wegen des Erwerbs, der Annahme oder Ausübung des Mandats ist unzulässig. [2] Eine Kündigung ist im übrigen nur aus wichtigem Grunde zulässig. [3] Der Kündigungsschutz beginnt mit der Aufstellung des Bewerbers durch das dafür zuständige Organ der Partei oder mit der Einreichung des Wahlvorschlags. [4] Er gilt ein Jahr nach Beendigung des Mandats fort.

§ 3 Wahlvorbereitungsurlaub. [1] Einem Bewerber um einen Sitz im Bundestag ist zur Vorbereitung seiner Wahl innerhalb der letzten zwei Monate vor dem Wahltag auf Antrag Urlaub von bis zu zwei Monaten zu gewähren. [2] Ein Anspruch auf Fortzahlung seiner Bezüge besteht für die Dauer der Beurlaubung nicht.

§ 4[1)] Berufs- und Betriebszeiten. (1) Die Zeit der Mitgliedschaft im Bundestag ist nach Beendigung des Mandats auf die Berufs- und Betriebszugehörigkeit anzurechnen.

(2) Im Rahmen einer bestehenden betrieblichen oder überbetrieblichen Altersversorgung wird die Anrechnung nach Absatz 1 nur im Hinblick auf die Erfüllung der Unverfallbarkeitsfristen des § 1 des Gesetzes zur Verbesserung der betrieblichen Altersversorgung[2)] vorgenommen.

Dritter Abschnitt. Rechtsstellung der in den Bundestag gewählten Angehörigen des öffentlichen Dienstes

§ 5[3)] Ruhen der Rechte und Pflichten aus einem öffentlich-rechtlichen Dienstverhältnis. (1) [1] Die Rechte und Pflichten aus dem Dienstverhältnis eines in den Bundestag gewählten Beamten mit Dienstbezügen ruhen vom Tage der Feststellung des Bundeswahlausschusses (§ 42 Absatz 3 Satz 1 des Bundeswahlgesetzes[4)]) oder der Annahme des Mandats für die Dauer der Mitgliedschaft mit Ausnahme der Pflicht zur Amtsverschwiegenheit und des Verbots der Annahme von Belohnungen und Geschenken. [2] Das gleiche gilt, wenn ein Mitglied des Bundestages in ein solches Dienstverhältnis berufen wird, von dem Tage an, mit dem seine Ernennung wirksam wird. [3] Der Beamte hat das Recht, seine Amts- oder Dienstbezeichnung mit dem Zusatz „außer Dienst" („a.D.") zu führen. [4] Bei unfallverletzten Beamten bleiben die Ansprüche auf das Heilverfahren und einen Unfallausgleich unberührt. [5] Satz 1 gilt längstens bis zum Eintritt oder bis zur Versetzung in den Ruhestand.

(2) Für den in den einstweiligen Ruhestand versetzten Beamten gilt Absatz 1 längstens bis zum Eintritt oder bis zur Versetzung in den dauernden Ruhestand sinngemäß.

(3) [1] Einem in den Bundestag gewählten Beamten auf Widerruf im Vorbereitungsdienst ist auf seinen Antrag Urlaub ohne Anwärterbezüge zu gewähren. [2] Wird der Beamte nach Bestehen der Laufbahnprüfung zum Beamten auf Probe

---

1) § 4 Abs. 2 neu gef. durch G v. 19.6.1996 (BGBl. I S. 843); Abs. 2 geänd. mWv 26.7.2000 durch G v. 20.7.2000 (BGBl. I S. 1037).

2) **Loseblatt-Textsammlung Arbeitsrecht Nr. 180.**

3) § 5 Abs. 1 Satz 1 geänd. mWv 21.3.2008 durch G v. 17.3.2008 (BGBl. I S. 394); Abs. 1 Satz 1 geänd. mWv 31.12.2024 durch G v. 23.12.2024 (BGBl. 2024 I Nr. 450).

4) Nr. **30**.

ernannt, so ruhen seine Rechte und Pflichten aus diesem Dienstverhältnis nach Absatz 1 von dem Tage an, mit dem die Ernennung wirksam wird.

§ 6 Wiederverwendung nach Beendigung des Mandats. (1) [1] Nach der Beendigung der Mitgliedschaft im Bundestag ruhen die in dem Dienstverhältnis eines Beamten begründeten Rechte und Pflichten für längstens weitere sechs Monate. [2] Der Beamte ist auf seinen Antrag, der binnen drei Monaten seit der Beendigung der Mitgliedschaft zu stellen ist, spätestens drei Monate nach Antragstellung wieder in das frühere Dienstverhältnis zurückzuführen. [3] Das ihm zu übertragende Amt muß derselben oder einer gleichwertigen Laufbahn angehören wie das zuletzt bekleidete Amt und mit mindestens demselben Endgrundgehalt ausgestattet sein. [4] Vom Tage der Antragstellung an erhält er die Dienstbezüge des zuletzt bekleideten Amtes.

(2) [1] Stellt der Beamte nicht binnen drei Monaten seit der Beendigung der Mitgliedschaft im Bundestag einen Antrag nach Absatz 1, so ruhen die in dem Dienstverhältnis begründeten Rechte und Pflichten (§ 5 Abs. 1) weiter bis zum Eintritt oder bis zur Versetzung in den Ruhestand. [2] Die oberste Dienstbehörde kann den Beamten jedoch, wenn er weder dem Bundestag mindestens zwei Wahlperioden angehört noch bei Beendigung der Mitgliedschaft im Bundestag das 55. Lebensjahr vollendet hat, unter Übertragung eines Amtes im Sinne des Absatzes 1 Satz 3 wieder in das frühere Dienstverhältnis zurückführen; lehnt der Beamte die Rückführung ab oder folgt er ihr nicht, so ist er entlassen. [3] Satz 2 ist nicht anzuwenden, wenn der Beamte während der Dauer seiner Mitgliedschaft im Bundestag Mitglied der Bundesregierung gewesen ist.

§ 7[1)] Dienstzeiten im öffentlichen Dienst. (1) Abweichend von § 27 Abs. 3 Satz 3 des Bundesbesoldungsgesetzes[2)] und unbeschadet des § 23 Abs. 5 verzögert die Zeit der Mitgliedschaft im Bundestag den Aufstieg eines Bundesbeamten in den Grundgehaltsstufen in dem Umfang, der sich bei entsprechender Anwendung des § 28 Abs. 1 und 2 des Bundesbesoldungsgesetzes in der bis zum 30. Juni 2009 geltenden Fassung ergibt.

(2) [1] Wird der Beamte nicht nach § 6 in das frühere Dienstverhältnis zurückgeführt, so wird das Besoldungsdienstalter um die Zeit nach Beendigung der Mitgliedschaft im Bundestag bis zum Eintritt des Versorgungsfalles hinausgeschoben. [2] Wird der Bundesbeamte nicht nach § 6 in das frühere Dienstverhältnis zurückgeführt, verbleibt er bis zum Eintritt des Versorgungsfalles in der sich nach Absatz 1 ergebenden Stufe des Grundgehaltes.

(3) [1] Die Zeit der Mitgliedschaft im Bundestag gilt unbeschadet der Regelung des § 23 Abs. 5 nicht als Dienstzeit im Sinne des Versorgungsrechts. [2] Das gleiche gilt für die Zeit nach der Beendigung der Mitgliedschaft im Bundestag, wenn der Beamte nicht nach § 6 in das frühere Dienstverhältnis zurückgeführt wird.

(4) Nach Beendigung der Mitgliedschaft im Bundestag ist die Zeit der Mitgliedschaft auf laufbahnrechtliche Dienstzeiten, mit Ausnahme der Probezeit, anzurechnen.

(5) Nach Beendigung der Mitgliedschaft im Bundestag ist die Zeit der Mitgliedschaft auf Dienst- und Beschäftigungszeiten bei Arbeitnehmern des öffentlichen Dienstes anzurechnen; im Rahmen einer bestehenden zusätzlichen Alters-

[1)] § 7 Abs. 1 neu gef., Abs. 2 Satz 2 angef. mWv 12.2.2009 durch G v. 5.2.2009 (BGBl. I S. 160).
[2)] Nr. **230**.

und Hinterbliebenenversorgung gilt dies nur im Hinblick auf Vorschriften, die die Anwartschaft oder den Anspruch dem Grunde nach regeln.

§ 8 Beamte auf Zeit, Richter, Soldaten und Angestellte des öffentlichen Dienstes. (1) Die §§ 5 bis 7 gelten für Richter, Berufssoldaten und Soldaten auf Zeit entsprechend.

(2) Die Rechte und Pflichten aus dem Dienstverhältnis eines Soldaten auf Zeit ruhen längstens für die Dauer der Verpflichtungszeit und eines Beamten auf Zeit längstens für die Zeit, für die er in das Beamtenverhältnis berufen worden ist.

(3) [1] Absatz 2 und die Vorschriften der §§ 5, 6 und 7 Abs. 1 bis 4 gelten sinngemäß für Angestellte des öffentlichen Dienstes. [2] Öffentlicher Dienst im Sinne dieser Vorschrift ist die Tätigkeit im Dienste des Bundes, eines Landes, einer Gemeinde oder anderer Körperschaften, Anstalten oder Stiftungen des öffentlichen Rechts oder ihrer Verbände mit Ausnahme der öffentlich-rechtlichen Religionsgesellschaften und ihrer Verbände.

§ 9[1] Hochschullehrer. (1) Für die Rechtsstellung der in den Deutschen Bundestag gewählten Hochschullehrer im Sinne des § 42 des Hochschulrahmengesetzes[2] findet § 6 mit der Maßgabe Anwendung, dass sie in ihrem bisherigen Amt an der gleichen Hochschule wiederverwendet werden müssen.

(2) [1] Hochschullehrer können eine Tätigkeit in Forschung und Lehre sowie die Betreuung von Doktoranden und Habilitanden während der Mitgliedschaft im Bundestag wahrnehmen. [2] Die Vergütung für diese Tätigkeit ist entsprechend den tatsächlich erbrachten Leistungen zu bemessen. [3] Die Vergütung darf 25 vom Hundert der Bezüge, die aus dem Dienstverhältnis als Hochschullehrer zu zahlen wären, nicht übersteigen. [4] Im Übrigen sind die für Bundesbeamte geltenden Vorschriften anzuwenden.

§ 10 Wahlbeamte auf Zeit. Die Länder können durch Gesetz für Wahlbeamte auf Zeit von § 6 abweichende Regelungen treffen.

Vierter Abschnitt. Leistungen an Mitglieder des Bundestages

§ 11[3] Abgeordnetenentschädigung. (1) [1] Die monatliche Entschädigung eines Mitglieds des Deutschen Bundestages orientiert sich an den Bezügen eines Richters an einem obersten Gerichtshof des Bundes (Besoldungsgruppe R 6 gemäß der Anlage IV des Bundesbesoldungsgesetzes[4] mit Zulage für Richter und Staatsanwälte bei obersten Gerichtshöfen des Bundes). [2] Die Abgeordnetenentschädigung beträgt 10 083,47 Euro. [3] Für die Anpassung der Entschädigung gilt das in den Absätzen 4 und 5 geregelte Verfahren.

(2) Der Präsident erhält eine monatliche Amtszulage in Höhe eines Monatsbetrages nach Absatz 1, seine Stellvertreter in Höhe der Hälfte des Monatsbetrages nach Absatz 1 und die Vorsitzenden der Ausschüsse, der Untersuchungsausschüsse, der Enquete-Kommissionen sowie des Parlamentarischen Kontrollgremiums in Höhe von 15 vom Hundert des Monatsbetrages nach Absatz 1.

---

[1] § 9 neu gef. mWv 31.12.2004 durch G v. 27.12.2004 (BGBl. I S. 3835).

[2] Nr. **500**.

[3] § 11 neu gef. mWv 16.7.2014 durch G v. 11.7.2014 (BGBl. I S. 906); Abs. 2 geänd. mWv 11.1.2017 durch G v. 5.1.2017 (BGBl. I S. 17); Abs. 1 Satz 2, Abs. 4 Satz 1 geänd. mWv 6.6.2020 durch G v. 27.5.2020 (BGBl. I S. 1161).

[4] Nr. **230**.

(3) Der Auszahlungsbetrag der Abgeordnetenentschädigung und der Amtszulage vermindert sich in Ansehung der zu den Kosten in Pflegefällen nach § 27 gewährten Zuschüsse vom 1. Januar 1995 an um ein Dreihundertfünfundsechzigstel.

(4) [1] Die monatliche Entschädigung nach Absatz 1 wird jährlich zum 1. Juli angepasst. [2] Grundlage ist die Entwicklung des vom Statistischen Bundesamt ermittelten Nominallohnindex, den der Präsident des Statistischen Bundesamtes jährlich bis zum 31. März an den Präsidenten des Deutschen Bundestages übermittelt. [3] Dieser veröffentlicht den angepassten Betrag der Entschädigung in einer Bundestagsdrucksache.

(5) [1] Das Anpassungsverfahren nach Absatz 4 bleibt für eine neue Wahlperiode nur wirksam, wenn der Deutsche Bundestag innerhalb von drei Monaten nach der konstituierenden Sitzung einen entsprechenden Beschluss fasst. [2] Wird innerhalb dieser Frist kein Beschluss gefasst, gilt für die Entschädigung der letzte nach Absatz 4 ermittelte Betrag, bis der Deutsche Bundestag das Anpassungsverfahren in einem Gesetz bestätigt oder ändert.

§ 12[1)] Amtsausstattung. (1) [1] Ein Mitglied des Bundestages erhält zur Abgeltung seiner durch das Mandat veranlaßten Aufwendungen eine Amtsausstattung als Aufwandsentschädigung. [2] Die Amtsausstattung umfaßt Geld- und Sachleistungen.

(2) [1] Ein Mitglied des Bundestages erhält eine monatliche Kostenpauschale für den Ausgleich insbesondere von

1. Bürokosten zur Einrichtung und Unterhaltung von Wahlkreisbüros außerhalb des Sitzes des Deutschen Bundestages, einschließlich Miete und Nebenkosten, Inventar und Büromaterial, Literatur und Medien sowie Porto,
2. Mehraufwendungen am Sitz des Bundestages und bei Reisen mit Ausnahme von Auslandsdienstreisen,
3. Fahrtkosten für Fahrten in Ausübung des Mandats innerhalb der Bundesrepublik Deutschland unbeschadet der Regelungen in den §§ 16 und 17 und
4. sonstigen Kosten für andere mandatsbedingte Kosten (Repräsentation, Einladungen, Wahlkreisbetreuung usw.), die auch sonst nicht aus dem der Lebensführung dienenden beruflichen Einkommen zu bestreiten sind.

[2] Die Kostenpauschale[2)] wird zum 1. Januar eines jeden Jahres der Entwicklung der allgemeinen Lebenshaltungsausgaben aller privaten Haushalte im vorvergangenen Kalenderjahr angepaßt. [3] Das Nähere über die Höhe der am tatsächlichen Aufwand orientierten pauschalierten Einzelansätze und die Anpassung regeln das Haushaltsgesetz und Ausführungsbestimmungen, die vom Ältestenrat zu erlassen sind.

(3) [1] Ein Mitglied des Bundestages erhält Aufwendungen für die Beschäftigung von Mitarbeitern zur Unterstützung bei der Erledigung seiner parlamentarischen Arbeit gegen Nachweis ersetzt. [2] Der Ersatzanspruch ist nicht auf ein anderes Mitglied des Bundestages übertragbar. [3] Der Ersatz von Aufwendungen für Arbeitsverträge mit Mitarbeitern, die mit dem Mitglied des Bundestages verwandt,

---

[1)] § 12 Abs. 2 Satz 2 geänd. und Satz 4 aufgeh. durch G v. 19.6.1996 (BGBl. I S. 843); Abs. 4 neu gef. und Abs. 5 aufgeh., bish. Abs. 6 und 7 werden Abs. 5 und 6 mWv 1.1.2000 durch G v. 20.7.2000 (BGBl. I S. 1037); Abs. 3 Satz 4 eingef., bish. Sätze 4–8 werden Sätze 5–9 mWv 1.8.2001 durch G v. 16.2.2001 (BGBl. I S. 266); Abs. 5 geänd. mWv 1.1.2002 und Abs. 2 Satz 1 Nr. 1 neu gef. mWv 17.10.2002 durch G v. 10.11.2001 (BGBl. I S. 2990); Abs. 3a eingef. mWv 19.11.2020 durch G v. 14.11.2020 (BGBl. I S. 2394); Abs. 3a Satz 5 neu gef. mWv 19.10.2021 durch G v. 8.10.2021 (BGBl. I S. 4650).

[2)] Ab dem 1.1.2025 beträgt die Kostenpauschale gem. Bek. v. 10.9.2024 v. 10.9.2024 (BAnz AT 18.10.2024 B1) 5 349,58 Euro.

verheiratet oder verschwägert sind oder waren, ist grundsätzlich unzulässig. [4] Entsprechendes gilt für den Ersatz von Aufwendungen für Arbeitsverträge mit Lebenspartnern oder früheren Lebenspartnern eines Mitglieds des Bundestages. [5] Einzelheiten über den Umfang und die Voraussetzungen für den Ersatz von Aufwendungen, über nicht abdingbare Mindestvorschriften für den Arbeitsvertrag und sonstige Fragen regeln das Haushaltsgesetz und die vom Ältestenrat zu erlassenden Ausführungsbestimmungen. [6] Die Abrechnung der Gehälter und anderen Aufwendungen für Mitarbeiter erfolgt durch die Verwaltung des Bundestages. [7] Eine Haftung des Bundestages gegenüber Dritten ist ausgeschlossen. [8] Die Mitarbeiter sind nicht Angehörige des öffentlichen Dienstes. [9] Es bestehen keine arbeitsrechtlichen Beziehungen zwischen den Mitarbeitern und der Verwaltung des Bundestages.

(3a) [1] Ausgeschlossen ist die Erstattung für Tätigkeiten der Mitarbeiter, die nicht der Unterstützung bei der Erledigung der parlamentarischen Arbeit dienen und deshalb nicht in der Arbeitszeit ausgeübt werden dürfen. [2] Das Präsidium kann gegen ein Mitglied des Bundestages, das hiergegen verstößt, ein Ordnungsgeld bis zur Höhe der Hälfte der jährlichen Abgeordnetenentschädigung festsetzen. [3] Der Präsident macht das Ordnungsgeld durch Verwaltungsakt geltend. [4] § 31 bleibt unberührt. [5] Das Nähere bestimmen die Verhaltensregeln des Elften Abschnitts.

(4) [1] Zur Amtsausstattung gehören auch

1. die Bereitstellung eines eingerichteten Büros am Sitz des Bundestages,
2. die Benutzung von Verkehrsmitteln gemäß § 16,
3. die Benutzung der Dienstfahrzeuge des Bundestages,
4. die Bereitstellung und Nutzung des gemeinsamen Informations- und Kommunikationssystems des Bundestages und
5. sonstige Leistungen des Bundestages.

[2] Das Nähere regeln das Haushaltsgesetz und Ausführungsbestimmungen, die vom Ältestenrat zu erlassen sind.

(5) Der Präsident des Bundestages erhält eine monatliche Amtsaufwandsentschädigung von 1 023 Euro, seine Stellvertreter erhalten eine monatliche Amtsaufwandsentschädigung von 307 Euro.

(6) Ein Mitglied des Bundestages, dem ein Dienstwagen des Bundes zur ausschließlichen Verfügung steht, erhält eine um 25 vom Hundert verminderte Kostenpauschale.

§ 13 Wegfall des Anspruchs auf Aufwandsentschädigungen. Ein Mitglied des Bundestages, das im letzten Vierteljahr der Wahlperiode in den Bundestag eintritt, hat keinen Anspruch auf die Leistungen nach § 12 Abs. 2 und 3, wenn der Bundestag seine Tätigkeit bereits abgeschlossen hat.

§ 14[1)] Kürzung der Kostenpauschale. (1) [1] An jedem Sitzungstag wird eine Anwesenheitsliste ausgelegt. [2] Der Präsident bestimmt im Benehmen mit dem Ältestenrat, welche Tage als Sitzungstage gelten und in welcher Zeit die Anwesenheitsliste ausgelegt wird.

(2) [1] Trägt sich ein Mitglied des Bundestages nicht in die Anwesenheitsliste ein, werden ihm 200 Euro von der Kostenpauschale einbehalten. [2] Der einzubehaltende *Betrag erhöht sich auf* 300 Euro, wenn ein Mitglied an einem Plenarsitzungstag sich nicht in die Anwesenheitsliste eingetragen hat und nicht entschuldigt war.

[1)] § 14 neu gef. mWv 1.11.2025 durch G v. 28.10.2025 (BGBl. 2025 I Nr. 258).

[3] Der Kürzungsbetrag verringert sich auf 20 Euro, wenn ein Mitglied des Bundestages einen Aufenthalt in einem Krankenhaus oder in einem Sanatorium oder die Arbeitsunfähigkeit ärztlich nachweist. [4] Während der Mutterschutzfristen infolge Schwangerschaft, bis zum Ablauf von sieben Tagen nach der Geburt des Kindes für den anderen Elternteil oder wenn ein Mitglied des Bundestages ein ärztlich nachgewiesen erkranktes, in seinem Haushalt lebendes Kind, das das 14. Lebensjahr noch nicht vollendet hat, mangels anderer im Haushalt dafür zur Verfügung stehender Aufsichtspersonen persönlich betreuen muss, führt die Nichteintragung in die Anwesenheitsliste nicht zu einer Kürzung der Kostenpauschale.

(3) Die Eintragung in die Anwesenheitsliste wird vom Zeitpunkt der Auslegung an ersetzt durch

1. das Amtieren als Präsident oder als Schriftführer,
2. eine protokollierte Wortmeldung in einer Sitzung des Deutschen Bundestages,
3. die Teilnahme an einer namentlichen Abstimmung oder einer Wahl mit Namensaufruf,
4. die Eintragung in die Anwesenheitsliste eines Ausschusses oder eines sonstigen Gremiums des Bundestages,
5. eine Wortmeldung in einem Ausschuss oder einem sonstigen Gremium des Bundestages,
6. die Eintragung in die Anwesenheitsliste des Ältestenrates oder
7. eine für den Sitzungstag genehmigte und durchgeführte Dienstreise oder eine dem Präsidenten angezeigte und für die Bundesregierung durchgeführte Dienstreise.

(4) [1] Einem Mitglied des Bundestages, das an einer namentlichen Abstimmung oder einer Wahl mit Namensaufruf nicht teilnimmt, werden 200 Euro von der monatlichen Kostenpauschale abgezogen. [2] Das gilt nicht in den Fällen des Absatzes 2 und des Absatzes 3 Nummer 7.

§ 15[1)] Bezug anderer Tage- oder Sitzungsgelder. [1] Bezieht ein Mitglied des Bundestages an einem Tag, an dem es sich in die Anwesenheitsliste des Bundestages eingetragen hat, Tage- oder Sitzungsgelder aus anderen öffentlichen Kassen, so werden 20 Euro von der monatlichen Kostenpauschale einbehalten, jedoch nicht mehr als die aus anderen öffentlichen Kassen geleisteten Tage- oder Sitzungsgelder. [2] Das gleiche gilt für Auslandsdienstreisen, die auf einen Sitzungstag fallen.

§ 16[2)] Freifahrtberechtigung und Erstattung von Fahrkosten. (1) [1] Ein Mitglied des Bundestages hat das Recht auf freie Benutzung aller Verkehrsmittel der Deutschen Bahn AG. [2] Benutzt es in Ausübung des Mandats im Inland Flugzeuge, Schlafwagen oder sonstige schienengebundene Beförderungsmittel außerhalb des öffentlichen Personennahverkehrs, so werden die Kosten bis zur höchsten Klasse gegen Nachweis erstattet.

(2) [1] Für die Dauer der Berechtigung zur Freifahrt darf ein Mitglied des Bundestages die Erstattung von Fahrkosten der Deutschen Bahn AG für Reisen im Inland von anderer Seite nicht annehmen. [2] Dies gilt auch für Teilstrecken im Inland anläßlich einer Auslandsreise und wenn Kosten für die Benutzung von Flugzeugen oder Schlafwagen nach Absatz 1 erstattet werden.

[1)] § 15 Satz 1 geänd. mWv 1.1.2002 durch G v. 10.11.2001 (BGBl. I S. 2990).
[2)] § 16 Abs. 1 Satz 2 geänd. mWv 1.1.2008 durch G v. 22.12.2007 (BGBl. I S. 3212).

§ 17[1)] Dienstreisen. (1) Dienstreisen bedürfen der vorherigen Zustimmung des Präsidenten.

(2) [1] Bei Inlandsdienstreisen gelten die Tagegelder durch die Kostenpauschale als abgegolten. [2] Ein Mitglied des Bundestages erhält jedoch in entsprechender Anwendung des Bundesreisekostengesetzes[2)] auf Antrag Übernachtungsgeld sowie Fahrkostenerstattung. [3] Weist ein Mitglied des Bundestages einen außergewöhnlichen Aufwand nach, der aus dem Übernachtungsgeld nicht gedeckt werden kann, so wird der unvermeidbare Mehrbetrag erstattet.

(3) [1] Bei Auslandsdienstreisen erhält ein Mitglied auf Antrag Tage- und Übernachtungsgeld. [2] Ferner werden erstattet:

– bei Benutzung der Eisenbahn die Fahrkosten von der Bundesgrenze zum Zielort und zurück sowie Schlafwagenkosten gegen Nachweis,
– bei Benutzung von Linienflugzeugen die nachgewiesenen Kosten zum Zielort und zurück,
– notwendige Fahrkosten anderer Beförderungsmittel.

(4) [1] Auf Antrag wird in den Fällen der Absätze 2 und 3 an Stelle der Fahrkostenerstattung Wegstreckenentschädigung gewährt. [2] Sie darf die Höhe der Kosten, die bei Flugzeugbenutzung nach § 16 Abs. 1 oder § 17 Abs. 3 zu erstatten wären, nicht überschreiten. [3] Die Höhe der Wegstreckenentschädigung wird vom Ältestenrat festgesetzt.

(5) Soweit vom Ältestenrat nichts anderes bestimmt ist, finden im übrigen die Vorschriften des Bundesreisekostengesetzes in der jeweils gültigen Fassung sinngemäß Anwendung.

Fünfter Abschnitt. Leistungen an ehemalige Mitglieder des Bundestages und ihre Hinterbliebenen

§ 18[3)] Übergangsgeld. (1) [1] Ein ausscheidendes Mitglied mit einer Mitgliedschaft von mindestens einem Jahr erhält Übergangsgeld. [2] Das Übergangsgeld wird in Höhe der Abgeordnetenentschädigung nach § 11 Abs. 1 für jedes Jahr der Mitgliedschaft einen Monat geleistet, höchstens jedoch 18 Monate

(Fortsetzung nächstes Blatt)

[1)] § 17 Abs. 2 Satz 2 geänd. mWv 26.7.2000 durch G v. 20.7.2000 (BGBl. I S. 1037).
[2)] Nr. **235**.
[3)] § 18 Abs. 5 geänd. mWv 16.7.2014 durch G v. 11.7.2014 (BGBl. I S. 906).

lang. [3] Zeiten einer früheren Mitgliedschaft im Bundestag, für die bereits Übergangsgeld gezahlt worden ist, bleiben unberücksichtigt. [4] Eine Mitgliedschaft im Bundestag von mehr als einem halben Jahr gilt als volles Jahr bei der Berechnung nach Satz 2.

(2) [1] Ab dem zweiten Monat nach dem Ausscheiden aus dem Bundestag werden alle Erwerbs- und Versorgungseinkünfte auf das Übergangsgeld angerechnet. [2] Eine Anrechnung der Bezüge aus der Mitgliedschaft im Europäischen Parlament entfällt, wenn bereits seitens des Europäischen Parlaments die Anrechnung des Übergangsgeldes auf die dortigen Bezüge bestimmt ist.

(3) [1] Auf Antrag ist das Übergangsgeld nach Absatz 1 in einer Summe oder monatlich zum halben Betrag für den doppelten Zeitraum zu zahlen. [2] Absatz 1 Satz 3 gilt entsprechend.

(4) [1] Tritt das ehemalige Mitglied wieder in den Bundestag ein, ruht bei monatlicher Zahlung der Anspruch nach Absatz 1. [2] Wurde das ehemalige Mitglied in einer Summe abgefunden, ist der Betrag, der bei monatlicher Zahlung ruhen würde, zu erstatten. [3] Der Präsident bestimmt, in welchen Teilbeträgen zu erstatten ist.

(5) Stirbt ein ehemaliges Mitglied, werden die Leistungen nach Absatz 1 an den überlebenden Ehegatten, die eingetragene Lebenspartnerin/den eingetragenen Lebenspartner, die leiblichen Abkömmlinge sowie die als Kind angenommenen Kinder fortgesetzt oder ihnen belassen, wenn Versorgungsansprüche nach diesem Gesetz nicht entstehen.

(6) Ein ehemaliges Mitglied, das dem Europäischen Parlament angehört, kann den Anspruch auf Übergangsgeld erst nach seinem Ausscheiden aus dem Europäischen Parlament geltend machen.

(7) [1] Absatz 1 gilt nicht, wenn das Mitglied die Mitgliedschaft im Bundestag auf Grund des § 15 Abs. 2 Nr. 2 des Bundeswahlgesetzes[1)] verliert. [2] Der Präsident kann die Zahlungen aussetzen, wenn ein Verfahren zu erwarten ist, das die Folgen nach § 15 Abs. 2 Nr. 2 des Bundeswahlgesetzes nach sich zieht.

§ 19[2)] Anspruch auf Altersentschädigung. (1) Ein Mitglied erhält nach seinem Ausscheiden eine Altersentschädigung, wenn es das 67. Lebensjahr vollendet und dem Bundestag mindestens ein Jahr angehört hat.

(2) [1] Mitglieder des Bundestages, die vor dem 1. Januar 1947 geboren sind, erreichen die Altersgrenze mit Vollendung des 65. Lebensjahres. [2] Für Mitglieder des Bundestages, die nach dem 31. Dezember 1946 geboren sind, wird die Altersgrenze wie folgt angehoben:

Geburtsjahr	Anhebung um Monate	auf Alter	
		Jahr	Monat
1947	1	65	1
1948	2	65	2
1949	3	65	3

1) Nr. **30**.

2) § 19 neu gef. mWv 1.1.2008 durch G v. 22.12.2007 (BGBl. I S. 3212); Abs. 3 Satz 2 aufgeh., bish. Satz 3 wird Satz 2, Abs. 4 angef. mWv 24.10.2017 durch G v. 11.7.2014 (BGBl. I S. 906).

Geburtsjahr	Anhebung um Monate	auf Alter	
		Jahr	Monat
1950	4	65	4
1951	5	65	5
1952	6	65	6
1953	7	65	7
1954	8	65	8
1955	9	65	9
1956	10	65	10
1957	11	65	11
1958	12	66	0
1959	14	66	2
1960	16	66	4
1961	18	66	6
1962	20	66	8
1963	22	66	10.

(3) [1] Gehörte ein ausgeschiedenes Mitglied dem Bundestag mehrmals mit Unterbrechung an, so sind die Zeitabschnitte zusammenzurechnen. [2] § 18 Abs. 1 Satz 4 gilt entsprechend.

(4) [1] Auf Antrag kann die Altersentschädigung vorzeitig ab Vollendung des 63. Lebensjahres in Anspruch genommen werden. [2] Die Altersentschädigung vermindert sich in diesem Fall um 0,3 vom Hundert für jeden Monat, für den die Altersentschädigung vor dem in den Absätzen 1 und 2 genannten Zeitpunkt in Anspruch genommen wird. [3] Anrechnungen nach § 29 erfolgen bezogen auf den nach Satz 2 verminderten Betrag der Altersentschädigung.

§ 20[1)] Höhe der Altersentschädigung. [1] Die Altersentschädigung bemißt sich nach der monatlichen Abgeordnetenentschädigung (§ 11 Abs. 1). [2] Der Steigerungssatz beträgt vom 1. Januar 2008 an für jedes Jahr der Mitgliedschaft je 2,5 vom Hundert der Abgeordnetenentschädigung nach § 11 Abs. 1. [3] Der Höchstbemessungssatz der Altersentschädigung beträgt 65 vom Hundert. [4] Die Zeit der Wahrnehmung der Ämter des Präsidenten und seiner Stellvertreter wird der Berechnung der Altersentschädigung nach den Sätzen 1 und 2 mit der Abgeordnetenentschädigung nach § 11 Abs. 1 einschließlich der Amtszulage zugrunde gelegt. [5] § 18 Abs. 1 Satz 4 gilt entsprechend.

[1)] *§ 20 Satz 4 neu gef. durch G v. 19.6.1996* (BGBl. I S. 843); Satz 2 neu gef. und Satz 3 eingef., bish. Sätze 3 und 4 werden Sätze 4 und 5 sowie Satz 5 neu gef. mWv 1.1.2008 durch G v. 22.12.2007 (BGBl. I S. 3212); Satz 3 geänd. mWv 24.10.2017 durch G v. 11.7.2014 (BGBl. I S. 906).

§ 21[1] Berücksichtigung von Zeiten in anderen Parlamenten.

(1) [1] Zeiten der Mitgliedschaft im Parlament eines Landes der Bundesrepublik Deutschland gelten auf Antrag als Zeiten der Mitgliedschaft im Sinne des § 19. [2] Werden dadurch die Voraussetzungen für einen Anspruch nach diesem Gesetz erfüllt, so wird Altersentschädigung gezahlt.

(Fortsetzung nächstes Blatt)

[1] § 21 Überschrift neu gef. durch G v. 19.6.1996 (BGBl. I S. 843).

(2) Für die Höhe der Altersentschädigung gilt § 20 für jedes Jahr der tatsächlichen Mitgliedschaft im Bundestag entsprechend.

(3) [1] Zeiten der Mitgliedschaft in der Volkskammer der ehemaligen Deutschen Demokratischen Republik ab Annahme des Mandats nach den Wahlen zur 10. Volkskammer bis zum 2. Oktober 1990 gelten auf Antrag, der bis zum 30. Juni 1996 bei dem Präsidenten des Bundestages eingegangen sein muß (Ausschlußfrist), als Mitgliedszeit im Bundestag. [2] § 18 Abs. 1 Satz 4 gilt entsprechend. [3] Bei einer Antragstellung nach Satz 1 sind die während der dort genannten Zeit der Volkskammerzugehörigkeit auf Grund dieser Mitgliedschaft begründeten Rentenanwartschaften und -ansprüche rückabzuwickeln.

§ 22[1)] **Gesundheitsschäden.** (1) [1] Hat ein Mitglied während seiner Zugehörigkeit zum Bundestag ohne sein grobes Verschulden Gesundheitsschäden erlitten, die seine Arbeitskraft dauernd und so wesentlich beeinträchtigen, daß es sein Mandat und bei seinem Ausscheiden aus dem Bundestag die bei seiner Wahl zum Bundestag ausgeübte oder eine andere zumutbare Tätigkeit nicht mehr ausüben kann, so erhält es unabhängig von den in § 19 vorgesehenen Voraussetzungen auf Antrag vom Monat der Antragstellung an eine Altersentschädigung, deren Höhe sich nach § 20 richtet, mindestens jedoch dreißig vom Hundert der Abgeordnetenentschädigung nach § 11 Abs. 1. [2] Ist der Gesundheitsschaden infolge eines Unfalls eingetreten, so erhöht sich der Bemessungssatz nach § 20 um 20 vom Hundert bis höchstens zum Höchstbemessungssatz der Altersentschädigung.

(2) Erleidet ein ehemaliges Mitglied des Bundestages, das unabhängig vom Lebensalter die Voraussetzung der Mitgliedschaftsdauer nach § 19 erfüllt, Gesundheitsschäden im Sinne des Absatzes 1, so erhält es Altersentschädigung, deren Höhe sich nach § 20 richtet.

(3) [1] Die Gesundheitsschädigung ist durch das Gutachten einer öffentlichrechtliche Krankenanstalt nachzuweisen. [2] Das Gutachten wird ersetzt durch den Bescheid über Rente wegen Erwerbsminderung, Berufs- oder Erwerbsunfähigkeit oder durch den Bescheid über Dienstunfähigkeit im Sinne des Beamtenrechts.

§ 23[2)] **Versorgungsabfindung.** (1) [1] Ein Mitglied, das bei seinem Ausscheiden weder eine Anwartschaft noch einen Anspruch auf Altersentschädigung nach den §§ 19 bis 22 erworben hat, erhält für die Zeit der Zugehörigkeit zum Bundestag auf Antrag eine Versorgungsabfindung. [2] Sie wird für jeden angefangenen Monat der Mitgliedschaft im Bundestag in Höhe des für diesen Monat jeweils geltenden Höchstbeitrages zur allgemeinen Rentenversicherung zuzüglich 20 vom Hundert dieses Höchstbeitrages gezahlt.

(2) Mitglieder, die die Voraussetzungen des Absatzes 1 erfüllen, können an Stelle der Versorgungsabfindung auch beantragen, in sinngemäßer Anwendung der Vorschriften des Sechsten Buches Sozialgesetzbuch[3)] über die Nach-

---

[1)] § 22 Abs. 3 Satz 2 geänd. mWv 1. 1. 2001 durch G v. 20. 12. 2000 (BGBl. I S. 1827); Abs. 1 Satz 1 geänd. mWv 29. 10. 2008 durch G v. 23. 10. 2008 (BGBl. I S. 2020).

[2)] § 23 Abs. 7 eingef., bish. Abs. 7 und 8 werden Abs. 8 und 9 mWv 26. 7. 2000 durch G v. 20. 7. 2000 (BGBl. I S. 1037); Abs. 1 Satz 2 geänd. mWv 1. 1. 2005 durch G v. 9. 12. 2004 (BGBl. I S. 3242).

[3)] **Aichberger, SGB Nr. 6.**

versicherung für die Dauer ihrer Mitgliedschaft im Bundestag nachversichert zu werden.

(3) Der Absatz 2 gilt entsprechend für eine zusätzliche Alters- und Hinterbliebenenversorgung.

(4) Der Absatz 2 ist nicht anzuwenden, wenn und soweit die Zeit der Mitgliedschaft im Bundestag in einer öffentlich-rechtlichen Versicherung oder in einer Versorgung nach dienstrechtlichen Grundsätzen berücksichtigt ist oder berücksichtigt wird.

(5) Anstelle der Versorgungsabfindung nach Absatz 1 wird die Zeit der Mitgliedschaft im Bundestag auf Antrag als Dienstzeit im Sinne des Besoldungs- und Versorgungsrechts der Beamten, Richter und Soldaten berücksichtigt.

(6) Hat ein Mitglied einen Antrag nach Absatz 1 bis 3 oder Absatz 5 gestellt, so beginnen im Falle des Wiedereintritts in den Bundestag die Fristen für die Mitgliedschaftsdauer nach § 19 erneut zu laufen.

(7) Hat ein ausgeschiedenes Mitglied bis zu seinem Tod keinen Antrag auf Versorgungsabfindung gestellt, können sein überlebender Ehegatte oder, soweit ein solcher nicht vorhanden ist, die leiblichen oder die als Kind angenommenen Kinder einen Antrag nach Absatz 1 stellen.

(8) Die Absätze 2 und 4 gelten entsprechend für ein ausscheidendes Mitglied des Parlaments eines Landes, soweit landesrechtliche Vorschriften eine Versorgungsabfindung im Sinne des Absatzes 1 vorsehen.

(9) Verliert ein Mitglied des Parlaments eines Landes die Mitgliedschaft, ohne daß für die Zeit der Mitgliedschaft Anspruch oder Anwartschaft auf eine einmalige oder laufende Versorgung auf Grund seiner Parlamentszugehörigkeit besteht, so gelten die Absätze 2 und 4 entsprechend.

§ 24[1)] Überbrückungsgeld für Hinterbliebene. (1) [1] Die Hinterbliebenen eines Mitglieds des Bundestages erhalten die noch nicht abgerechneten Leistungen nach diesem Gesetz, soweit sie im Zeitpunkt des Todes fällig waren. [2] Der überlebende Ehegatte, die eingetragene Lebenspartnerin/der eingetragene Lebenspartner und die Abkömmlinge erhalten ein Überbrückungsgeld in Höhe einer Abgeordnetenentschädigung nach § 11 Abs. 1. [3] Das Überbrückungsgeld beträgt bei einer Dauer der Mitgliedschaft von mehr als acht Jahren oder von mehr als zwei Wahlperioden das Eineinhalbfache der Abgeordnetenentschädigung nach § 11 Abs. 1. [4] Sind Hinterbliebene im Sinne des Satzes 2 nicht vorhanden, wird sonstigen Personen, die die Kosten der letzten Krankheit getragen haben, das Überbrückungsgeld bis zur Höhe ihrer Aufwendungen gewährt. [5] Der Auszahlungsbetrag des Überbrückungsgeldes vermindert sich vom 31. März 2004 an um 1 050 Euro.

(2) Das gleiche gilt beim Tod eines ehemaligen Mitglieds des Bundestages, das die Voraussetzungen der Mitgliedschaftsdauer nach § 19 erfüllt und noch keine Altersentschädigung erhält.

[1)] *§ 24 Abs. 1 Satz 4 aufgeh.*, bish. Satz 5 wird Satz 4 mWv 26. 7. 2000 durch G v. 20. 7. 2000 (BGBl. I S. 1037); Abs. 1 Satz 4 geänd. und Satz 5 angef. mWv 1. 4. 2004 durch G v. 25. 3. 2004 (BGBl. I S. 459); Abs. 1 Satz 2 geänd. mWv 16. 7. 2014 durch G v. 11. 7. 2014 (BGBl. I S. 906).

§ 25[1] Hinterbliebenenversorgung. (1) Der überlebende Ehegatte oder Lebenspartner eines Mitglieds oder ehemaligen Mitglieds des Bundestages erhält 60 vom Hundert der Altersentschädigung, sofern der Verstorbene im Zeitpunkt seines Todes Anspruch auf Altersentschädigung hatte oder die Voraussetzungen für die Gewährung einer Altersentschädigung erfüllte.

(2) Der überlebende Ehegatte oder Lebenspartner eines Mitglieds oder ehemaligen Mitglieds des Bundestages, das unabhängig vom Lebensalter die Voraussetzung der Mitgliedschaftsdauer nach § 19 erfüllt, erhält 60 vom Hundert der Altersentschädigung, deren Höhe sich nach § 20 bestimmt.

(3) [1]Die leiblichen und die als Kind angenommenen Kinder eines ehemaligen Mitglieds, das zur Zeit seines Todes Altersentschädigung erhalten hätte, eines verstorbenen Mitglieds oder eines verstorbenen Empfängers von Altersentschädigung erhalten Waisengeld. [2]Es beträgt für die Vollwaise 20 und die Halbwaise 12 vom Hundert der Altersentschädigung nach den Absätzen 1 und 2.

(4) Beim Tode eines Mitglieds des Bundestages, das dem Bundestag weniger als 14 Jahre angehört hat, erhalten der überlebende Ehegatte oder Lebenspartner 60 vom Hundert, die Vollwaise 20 vom Hundert und die Halbwaise 12 vom Hundert der Altersentschädigung für eine Mitgliedschaft von 13 Jahren.

§ 25a[2] Versorgungsausgleich. (1) Anrechte auf Altersentschädigung werden intern geteilt.

(2) Für die Durchführung gilt das Gesetz über die interne Teilung beamtenversorgungsrechtlicher Ansprüche von Bundesbeamtinnen und Bundesbeamten im Versorgungsausgleich (Bundesversorgungsteilungsgesetz) entsprechend.

(3) Die Bewertung der Altersentschädigung erfolgt nach § 39 des Versorgungsausgleichsgesetzes[3] (unmittelbare Bewertung).

§ 25b[4] Maßnahmen zur Kostendämpfung bei Versorgungsansprüchen.

(1) [1]Unter den in § 25 genannten Voraussetzungen erhält der überlebende Ehegatte oder Lebenspartner 55 vom Hundert der jeweiligen Altersentschädigung. [2]Das gilt nicht für vor dem 28. Dezember 2004 geschlossene Ehen oder Lebenspartnerschaften, wenn zu diesem Zeitpunkt mindestens ein Ehegatte oder Lebenspartner das 40. Lebensjahr vollendet hatte.

(2) Leistungen nach den §§ 18, 19, 21, 22 und 25 werden bei Anspruchsberechtigten nach § 27 Abs. 1 um den hälftigen Prozentsatz nach § 55 Abs. 1 Satz 1 des Elften Buches Sozialgesetzbuch[5] der Jahresbezüge, höchstens jedoch um den hälftigen Prozentsatz nach § 55 Abs. 1 Satz 1 des Elften Buches Sozialgesetzbuch der Beitragsbemessungsgrenze in der Pflegeversicherung (§ 55 Abs. 2 des Elften Buches Sozialgesetzbuch) gemindert.

(3) Ab der ersten nach dem 28. Dezember 2004 folgenden Anpassung der Abgeordnetenentschädigung nach § 11 Abs. 1 wird der der Berechnung der Altersentschädigung zugrunde liegende, bis zum 31. Dezember 2007 erworbene

---

[1] § 25 Abs. 1, 2 und 4 geänd. mWv 1.1.2005 durch G v. 15.12.2004 (BGBl. I S. 3396).

[2] § 25a neu gef. mWv 1.9.2009 durch G v. 3.4.2009 (BGBl. I S. 700).

[3] **Habersack Nr. 48.**

[4] § 25b eingef. mWv 28.12.2004 durch G v. 21.12.2004 (BGBl. I S. 3590); Abs. 3 und 5 geänd. mWv 1.1.2008 durch G v. 22.12.2007 (BGBl. I S. 3212); Abs. 1 Sätze 1 und 2 geänd. mWv 19.11.2020 durch G v. 14.11.2020 (BGBl. I S. 2394).

[5] **Aichberger, SGB Nr. 11.**

Bemessungssatz nach § 20 bis zur vierten Anpassung einschließlich um den Faktor 0,5 gekürzt.

(4) Ab der ersten nach dem 28. Dezember 2004 folgenden Anpassung des fiktiven Bemessungsbetrages nach § 35a Abs. 2 Satz 3 wird der der Berechnung der Altersentschädigung nach dem Fünften und Neunten Abschnitt in der bis zum 22. Dezember 1995 geltenden Fassung zugrunde liegende Bemessungssatz nach § 20 bis zur achten Anpassung einschließlich um den Faktor 0,5 gekürzt.

(5) Für Mitglieder, die dem Bundestag ab der 16. Wahlperiode angehören, gilt bis zur Vollendung des in § 19 Abs. 1 und 2 jeweils genannten Alters § 29 Abs. 3 auch für private Erwerbseinkünfte entsprechend.

§ 26[1)] Anwendung beamtenrechtlicher Vorschriften. [1]Soweit in diesem Gesetz nichts anderes bestimmt ist, sind die für die Bundesbeamten geltenden versorgungsrechtlichen Vorschriften sinngemäß anzuwenden. [2]Für den Begriff der Verwendung im öffentlichen Dienst im Sinne dieses Abschnitts gilt § 53 Abs. 8 des Beamtenversorgungsgesetzes[2)] entsprechend.

Sechster Abschnitt.[3)] Zuschuss zu den Kosten in Krankheits-, Pflege- und Geburtsfällen, Unterstützungen

§ 27[4)] Zuschuss zu den Kosten in Krankheits-, Pflege- und Geburtsfällen.

(1) [1]Die Mitglieder des Bundestages erhalten einen Zuschuss zu den notwendigen Kosten in Krankheits-, Pflege- und Geburtsfällen in sinngemäßer Anwendung der für Bundesbeamte geltenden Vorschriften. [2]Das gilt auch für Versorgungsempfänger nach diesem Gesetz, soweit nicht auf Grund eines Dienstverhältnisses oder der Mitgliedschaft in einer anderen gesetzgebenden Körperschaft ein Anspruch auf Beihilfe besteht und auf den Anspruch nach diesem Gesetz gegenüber dem Bundestag schriftlich verzichtet wurde. [3]§ 76 des Bundesbeamtengesetzes[5)] ist mit der Maßgabe sinngemäß anzuwenden, dass der Schadensersatzanspruch auf die Bundesrepublik Deutschland übergeht.

(2) [1]Anstelle des Anspruchs auf den Zuschuß nach Absatz 1 erhalten die Mitglieder und Versorgungsempfänger einen Zuschuß zu ihren Krankenversicherungsbeiträgen, wenn der Arbeitgeber keine Beiträge nach § 249 des Fünften Buches Sozialgesetzbuch[6)] zahlt oder kein Anspruch auf einen Beitragszuschuß nach § 257 des Fünften Buches Sozialgesetzbuch besteht. [2]Mitglieder der gesetzlichen Krankenversicherung, die eine Rente aus der gesetzlichen Rentenversicherung beziehen und entweder den darauf entfallenden Krankenversicherungsbeitrag nach § 249a des Fünften Buches Sozialgesetzbuch nur zur Hälfte tragen oder gemäß § 106 des Sechsten Buches Sozialgesetzbuch[7)] einen Beitragszuschuß bezie-

---

1) § 26 Satz 2 neu gef. durch G v. 19.6.1996 (BGBl. I S. 843); Satz 2 geänd. mWv 26.7.2000 durch G v. 20.7.2000 (BGBl. I S. 1037).

2) Nr. **155**.

3) 6. Abschnitt Überschrift neu gef. mWv 1.4.2004 durch G v. 25.3.2004 (BGBl. I S. 459).

4) § 27 Überschrift und Abs. 1 Satz 1 neu gef., Satz 3 aufgeh. sowie Abs. 3 geänd. mWv 1.4.2004 durch G v. 25.3.2004 (BGBl. I S. 459); Abs. 4 Satz 1 geänd. mWv 21.3.2008 durch G v. 17.3.2008 (BGBl. I S. 394); Abs. 2 Sätze 3 und 4 neu gef., Abs. 3 Satz 2 angef. mWv 16.7.2014 durch G v. 11.7.2014 (BGBl. I S. 906); Abs. 4 Satz 2 geänd. mWv 19.11.2020 durch G v. 14.11.2020 (BGBl. I S. 2394); Abs. 1 Satz 3 *angef., Abs. 4 Satz 1 geänd., Sätze 2* und 3 eingef., bish. Satz 2 wird Satz 4 mWv 31.12.2024 durch G v. 23.12.2024 (BGBl. 2024 I Nr. 450).

5) Nr. **160**.

6) **Aichberger, SGB Nr. 5.**

7) **Aichberger, SGB Nr. 6.**

hen, erhalten für diesen rentenbezogenen Krankenversicherungsbeitrag keinen Zuschuß. [3] Als Zuschuss ist die Hälfte des aus eigenen Mitteln geleisteten Krankenversicherungsbeitrages in Anlehnung an § 249 des Fünften Buches Sozialgesetzbuch zu zahlen. [4] Besteht die Mitgliedschaft nicht ausschließlich in einer gesetzlichen Krankenkasse gemäß § 4 des Fünften Buches Sozialgesetzbuch, beträgt der Zuschuss höchstens die Hälfte des Beitrages nach § 249 des Fünften Buches Sozialgesetzbuch.

(3) [1] Der Anspruch auf den Zuschuß zu den Krankenversicherungsbeiträgen nach Absatz 2 schließt bei Mitgliedern des Bundestages ein den Anspruch auf einen Zuschuß in Höhe der Hälfte des aus eigenen Mitteln geleisteten Pflegeversicherungsbeitrages, höchstens jedoch die Hälfte des Höchstbeitrages der sozialen Pflegeversicherung. [2] Der Zuschuss umfasst nicht den Beitragszuschlag für Kinderlose nach § 55 des Elften Buches Sozialgesetzbuch[1)].

(4) [1] Die Entscheidung darüber, ob das Mitglied anstelle der Leistungen nach Absatz 1 den Zuschuss nach Absatz 2 in Anspruch nehmen will, ist innerhalb von vier Monaten nach Feststellung des Bundeswahlausschusses (§ 42 Absatz 3 Satz 1 des Bundeswahlgesetzes[2)]) oder Annahme des Mandats dem Präsidenten des Bundestages mitzuteilen; die Entscheidung ist für die Dauer der Wahlperiode unwiderruflich. [2] Nach Fristablauf kann die Mitteilung über die Entscheidung innerhalb einer Wahlperiode mit Wirkung zum Beginn des folgenden Kalendermonats nachgeholt werden. [3] Erwirbt ein Mitglied auch in der folgenden Wahlperiode ein Mandat, gilt die getroffene Entscheidung fort, sofern das Mitglied nicht innerhalb der in Satz 1 genannten Frist eine andere Entscheidung trifft. [4] Versorgungsempfänger haben die Entscheidung innerhalb von vier Monaten nach Bekanntgabe des Versorgungsbescheides dem Präsidenten mitzuteilen; sie bleiben an diese Entscheidung gebunden.

§ 28 Unterstützungen. Der Präsident kann in besonderen Fällen einem Mitglied des Bundestages einmalige Unterstützungen, einem ausgeschiedenen Mitglied und seinen Hinterbliebenen einmalige Unterstützungen und laufende Unterhaltszuschüsse gewähren.

Siebenter Abschnitt. Anrechnung beim Zusammentreffen mehrerer Bezüge aus öffentlichen Kassen

§ 29[3)] Anrechnung beim Zusammentreffen mehrerer Bezüge aus öffentlichen Kassen. (1) [1] Hat ein Mitglied des Bundestages neben der Abgeordnetenentschädigung nach § 11 Anspruch auf Einkommen aus einem Amtsverhältnis oder aus der Verwendung im öffentlichen Dienst, so wird die Abgeordnetenentschädigung nach § 11 um 50 vom Hundert gekürzt; der Kürzungsbetrag darf jedoch 30 vom Hundert des Einkommens nicht übersteigen. [2] Entsprechendes gilt für ein Einkommen aus einem Amtsverhältnis oder einer Verwendung im öffentlichen Dienst einer zwischen- oder überstaatlichen Einrichtung. [3] Die Abgeordnetenentschädigung ruht in voller Höhe neben einer Entschädigung nach dem

---

[1)] **Aichberger, SGB Nr. 11.**

[2)] Nr. **30.**

[3)] § 29 Abs. 2 Satz 2, Abs. 4 Satz 3 und Abs. 9 geänd., Abs. 2 Satz 3 angef. sowie Abs. 5 und 6 neu gef. mWv 26.7.2000, Abs. 1 Satz 4 aufgeh., bish. Satz 5 wird Satz 4 und geänd. und Abs. 2 neu gef. mWv 17.10.2002 durch G v. 20.7.2000 (BGBl. I S. 1037); Abs. 7 Satz 2 neu gef. mWv 28.12.2004 durch G v. 21.12.2004 (BGBl. I S. 3590); Abs. 2 Sätze 2 und 4 geänd. mWv 16.7.2014 durch G v. 11.7.2014 (BGBl. I S. 906); Abs. 7 Satz 2 geänd. mWv 19.11.2020 durch G v. 14.11.2020 (BGBl. I S. 2394).

Abgeordnetengesetz eines Landes. [4] Eine Berücksichtigung der in den Sätzen 2 und 3 genannten Bezüge entfällt dann, wenn die Anrechnung der Bezüge beziehungsweise das Ruhen der Entschädigung für die Ausübung des Landtagsmandats bereits durch landesrechtliche Vorschriften oder seitens der zwischen- oder überstaatlichen Einrichtung bestimmt wird.

(2) [1] Versorgungsansprüche aus einem Amtsverhältnis oder aus einer Verwendung im öffentlichen Dienst ruhen neben der Abgeordnetenentschädigung nach § 11 Abs. 1 um 80 vom Hundert, höchstens jedoch in Höhe der Abgeordnetenentschädigung nach § 11 Abs. 1 und 3. [2] Entsprechendes gilt in Höhe von 50 vom Hundert für Renten im Sinne des § 55 Abs. 1 Satz 2 des Beamtenversorgungsgesetzes[1)] mit Ausnahme von Renten aus einer freiwilligen Pflichtversicherung auf Antrag gemäß § 4 Abs. 2 des Sechsten Buches Sozialgesetzbuch[2)]; § 55 Abs. 3 und 4 des Beamtenversorgungsgesetzes ist sinngemäß anzuwenden. [3] Das nach Anwendung sonstiger Anrechnungs- und Ruhensvorschriften verbleibende Übergangsgeld nach dem Gesetz über die Rechtsverhältnisse der Mitglieder der Bundesregierung[3)] und nach dem Gesetz über die Rechtsverhältnisse der Parlamentarischen Staatssekretäre ruht neben der Abgeordnetenentschädigung nach § 11 ab dem zweiten Monat nach dem Ausscheiden aus dem Amt. [4] Beruht ein Versorgungsanspruch nach Satz 1 oder 2 auf Landesrecht, so tritt an die Stelle des Ruhens des Versorgungsanspruches das Ruhen der Abgeordnetenentschädigung um den sich aus Satz 1 oder Satz 2 ergebenden Betrag. [5] Entsprechendes gilt für Versorgungsansprüche aus einem Amtsverhältnis beziehungsweise einer Verwendung im öffentlichen Dienst einer zwischen- oder überstaatlichen Einrichtung.

(3) [1] Versorgungsansprüche nach diesem Gesetz ruhen neben dem Einkommen aus einem Amtsverhältnis oder einer Verwendung im öffentlichen Dienst um 50 vom Hundert des Betrages, um den sie und das Einkommen die Abgeordnetenentschädigung nach § 11 Abs. 1 übersteigen. [2] Entsprechendes gilt für ein Einkommen aus einem Amtsverhältnis oder einer Verwendung im öffentlichen Dienst einer zwischen- oder überstaatlichen Einrichtung.

(4) [1] Versorgungsansprüche nach diesem Gesetz ruhen neben Versorgungsbezügen aus einem Amtsverhältnis oder aus einer Verwendung im öffentlichen Dienst um 50 vom Hundert des Betrages, um den sie und die Versorgungsbezüge aus dem Amtsverhältnis oder der Verwendung im öffentlichen Dienst die Abgeordnetenentschädigung nach § 11 Abs. 1 übersteigen. [2] Entsprechendes gilt beim Bezug einer Versorgung aus einem Amtsverhältnis oder einer Verwendung im öffentlichen Dienst einer zwischen- oder überstaatlichen Einrichtung. [3] In gleicher Weise angerechnet werden Renten im Sinne des § 55 Abs. 1 Satz 2 des Beamtenversorgungsgesetzes mit Ausnahme von Renten aus einer freiwilligen Pflichtversicherung auf Antrag gemäß § 4 Abs. 2 des Sechsten Buches Sozialgesetzbuch; § 55 Abs. 1 Satz 4 und 5, Abs. 3, 4 und 8 des Beamtenversorgungsgesetzes gilt entsprechend.

(5) Versorgungsbezüge nach diesem Gesetz ruhen neben der Entschädigung aus der Mitgliedschaft im Bundestag, im Europäischen Parlament oder im Parlament eines Landes in Höhe des Betrages, um den diese Bezüge die Abgeordnetenentschädigung nach § 11 Abs. 1 übersteigen.

(6) [1] Versorgungsbezüge nach diesem Gesetz ruhen neben Versorgungsbezügen aus der Mitgliedschaft im Bundestag oder im Parlament eines Landes in Höhe des

---

[1)] Nr. **155**.
[2)] **Aichberger, SGB Nr. 6.**
[3)] Nr. **45**.

Betrages, um den diese Bezüge die Höchstversorgungsbezüge nach diesem Gesetz übersteigen. [2]Versorgungsbezüge nach diesem Gesetz ruhen bis zur Höhe der Versorgung des Europäischen Parlaments, soweit nicht bereits seitens des Europäischen Parlaments die Anrechnung der Versorgung nach diesem Gesetz auf die dortige Versorgung bestimmt ist.

(7) [1]Die Versorgungsbezüge mit Ausnahme der Renten gemäß Absatz 4 Satz 3 werden nur mit dem Teil in die Anrechnung einbezogen, der nicht auf eigenen Beiträgen beruht. [2]Die Absätze 1 bis 4 sind nicht auf Leistungen auf Grund landesrechtlicher oder tarifvertraglicher Regelungen zu Jahressonderzahlungen anzuwenden. [3]Bei Anwendung der Absätze 1 bis 4 sind Aufwandsentschädigungen, Unfallausgleich, Urlaubsgelder und einmalige Zahlungen außer Betracht zu lassen.

(8) Bei den Anrechnungsgrenzen der Absätze 3 bis 6 wird die Amtszulage nach § 11 Abs. 2 entsprechend berücksichtigt.

(9) Die Verwendung im öffentlichen Dienst und die nach dieser Vorschrift erfaßten zwischen- oder überstaatlichen Einrichtungen bestimmen sich nach § 53 Abs. 8 des Beamtenversorgungsgesetzes und den hierzu erlassenen Vorschriften.

Achter Abschnitt. Gemeinsame Vorschriften

§ 30[1)] *(aufgehoben)*

§ 31 Verzicht, Übertragbarkeit. [1]Ein Verzicht auf die Abgeordnetenentschädigung nach § 11 und auf die Leistungen nach § 12 sowie nach dem Fünften Abschnitt mit Ausnahme des § 18 ist unzulässig. [2]Die Ansprüche aus § 12 sind nicht übertragbar. [3]Der Anspruch auf Abgeordnetenentschädigung nach § 11 ist nur bis zur Hälfte übertragbar. [4]Im übrigen gelten die Vorschriften der §§ 850 ff. der Zivilprozeßordnung[2)].

§ 32[3)] **Beginn und Ende der Ansprüche, Zahlungsvorschriften.** (1) [1]Die in den §§ 11, 12, 16, 27 und 28 geregelten Ansprüche entstehen mit dem Tag der Feststellung des Bundeswahlausschusses (§ 42 Absatz 3 Satz 1 des Bundeswahlgesetzes[4)]) oder im Fall des § 45 Absatz 2 des Bundeswahlgesetzes mit dem Tag der Annahme des Mandats, auch wenn die Wahlperiode des letzten Bundestages noch nicht abgelaufen ist. [2]Mandatsbezogene Aufwendungen, die einem gewählten Wahlkreisbewerber oder einem gewählten Landeslistenbewerber zwischen dem Wahltag und dem Tag der Feststellung des Bundeswahlausschusses (§ 42 Absatz 3 Satz 1 des Bundeswahlgesetzes) oder im Fall des § 45 Absatz 2 des Bundeswahlgesetzes mit dem Tag der Annahme des Mandats im Hinblick auf den Zusammentritt des neuen Bundestages entstehen, werden ebenfalls erstattet.

(2) [1]Ausgeschiedene Mitglieder erhalten die Abgeordnetenentschädigung nach § 11 bis zum Ende des Monats, in dem sie ausgeschieden sind, und die Geldleistungen nach § 12 Abs. 2 bis zum Ende des darauf folgenden Monats. [2]Die Rechte nach § 16 erlöschen 14 Tage nach dem Ausscheiden aus dem Bundestag.

[1)] § 30 aufgeh. mWv 16.7.2014 durch G v. 11.7.2014 (BGBl. I S. 906).

[2)] **Habersack Nr. 100.**

[3)] § 32 Abs. 1 Satz 2 angef., Abs. 3 neu gef. mWv 26.7.2000 durch G v. 20.7.2000 (BGBl. I S. 1037); Abs. 1 Sätze 1 und 2 geänd. mWv 21.3.2008 durch G v. 17.3.2008 (BGBl. I S. 394); Abs. 8 Satz 2 geänd. mWv 19.11.2020 durch G v. 14.11.2020 (BGBl. I S. 2394); Abs. 1 geänd. mWv 31.12.2024 durch G v. 23.12.2024 (BGBl. 2024 I Nr. 450).

[4)] Nr. **30**.

(3) [1]Die Aufwendungen für die Beschäftigung von Mitarbeitern werden bis zum Ende des Monats ersetzt, in dem die Wahlperiode endet. [2]Scheidet ein Mitglied während der Wahlperiode aus, werden die Aufwendungen für die Beschäftigung von Mitarbeitern längstens bis zum Ende des fünften Monats nach dem Ausscheiden ersetzt, es sei denn, das Arbeitsverhältnis wird zu einem früheren Zeitpunkt beendet.

(4) Die Altersentschädigung wird vom Ersten des auf das anspruchsbegründende Ereignis folgenden Monats bis zum Ablauf des Monats gewährt, in dem der Berechtigte stirbt.

(5) Der Anspruch auf Altersentschädigung ruht während der Zeit, für die ein Anspruch auf Übergangsgeld besteht.

(6) [1]Altersentschädigung nach diesem Gesetz wird nicht gezahlt, wenn das Mitglied oder das ehemalige Mitglied seine Mitgliedschaft im Bundestag auf Grund des § 15 Abs. 2 Nr. 2 des Bundeswahlgesetzes verliert oder verlieren würde. [2]Für die Zeit der Mitgliedschaft im Bundestag gilt § 23.

(7) Für Mitglieder, die nach Inkrafttreten dieses Gesetzes aus dem Bundestag ausscheiden, gilt § 27 für die Dauer des Anspruchs auf Übergangsgeld nach § 18, mindestens jedoch für die Dauer von sechs Monaten.

(8) [1]Die Abgeordnetenentschädigung nach § 11 und die Geldleistungen nach § 12 Abs. 2 und den §§ 20 bis 27 werden monatlich im voraus gezahlt. [2]Ist nur ein Teil zu leisten, so wird für jeden Kalendertag ein Dreißigstel gezahlt.

§ 33[1)] *(aufgehoben)*

§ 34[2)] **Ausführungsbestimmungen.** (1) Soweit durch Bundesgesetz dazu ermächtigt, kann der Ältestenrat Ausführungsbestimmungen zur Rechtsstellung der Mitglieder des Bundestages erlassen, die vom Präsidenten veröffentlicht werden.

(2) Der Ältestenrat kann allgemeine Verwaltungsvorschriften zu diesem Gesetz erlassen.

(3) Der Präsident veröffentlicht den Betrag der Kostenpauschale.

Neunter Abschnitt. Übergangsregelungen

§ 35[3)] **Übergangsregelung zum Elften Änderungsgesetz.** (1) [1]Versorgungsansprüche und Versorgungsanwartschaften, die vor dem Inkrafttreten des Elften Änderungsgesetzes entstanden sind, bleiben unberührt. [2]§ 29 Abs. 4 findet Anwendung. [3]Die Sätze 1 und 2 gelten entsprechend für die Hinterbliebenen eines Empfängers von Altersentschädigung, wenn dieser nach Inkrafttreten des Elften Änderungsgesetzes verstirbt.

(2) [1]Versorgungsansprüche und Versorgungsanwartschaften ehemaliger Mitglieder des Bundestages, die die Voraussetzungen der Mitgliedschaftsdauer vor Inkrafttreten des Elften Änderungsgesetzes erfüllen, und ihrer Hinterbliebenen richten sich nach bisherigem Recht. [2]§ 29 Abs. 4 findet Anwendung. [3]Die Sätze 1 und 2 gelten entsprechend für Mitglieder des Bundestages, die vor Inkrafttreten des Elften Änderungsgesetzes dem Bundestag oder einem Landtag angehören, sowie für ihre Hinterbliebenen.

---

1) § 33 aufgeh. mWv 16.7.2014 durch G v. 11.7.2014 (BGBl. I S. 906).
2) § 34 Abs. 1 und 3 geänd. mWv 19.11.2020 durch G v. 14.11.2020 (BGBl. I S. 2394).
3) § 35 Abs. 2 Satz 1 und Abs. 4 geänd. mWv 26.7.2000 durch G v. 20.7.2000 (BGBl. I S. 1037).

(3) [1]Ehemalige Mitglieder des Bundestages, die nach Inkrafttreten des Elften Änderungsgesetzes erneut in den Bundestag eintreten und die Voraussetzungen der §§ 19 und 21 in der bisherigen Fassung erfüllen, erhalten Altersentschädigung nach bisherigem Recht mit der Maßgabe, daß für jedes Jahr der Mitgliedschaft nach Inkrafttreten des Elften Änderungsgesetzes 4 vom Hundert der Entschädigung nach § 11 Abs. 1 bis zum Erreichen der Höchstaltersentschädigung gewährt werden. [2]§ 29 Abs. 4 findet Anwendung. [3]Die Sätze 1 und 2 gelten für Hinterbliebene entsprechend.

(4) Die sich nach Absatz 1 bis 3 ergebende Versorgungsanwartschaft nach bisherigem Recht wird der Berechnung des Versorgungsanspruchs zugrunde gelegt, wenn sie höher ist als die Versorgungsanwartschaft, die sich nach diesem Gesetz ergibt.

(Fortsetzung nächstes Blatt)

§ 35a[1] Übergangsregelungen zum Neunzehnten Änderungsgesetz.

(1) [1] Für Mitglieder, die am 22. Dezember 1995 dem Bundestag angehören, ehemalige Mitglieder des Bundestages und ihre Hinterbliebenen gelten die Regelungen des Fünften und des Neunten Abschnitts in der bis zum 22. Dezember 1995 geltenden Fassung fort. [2] § 25b Abs. 1, 2 und 5 gilt entsprechend.

(2) [1] Statt der Abgeordnetenentschädigung nach § 11 gilt in den Fällen des Absatzes 1 ein fiktiver Bemessungsbetrag. [2] Für das Übergangsgeld wird der Bemessungsbetrag auf 5 301 Euro festgesetzt. [3] Der fiktive Bemessungsbetrag für die Altersentschädigung wird mit Wirkung vom 1. Juli 2000 auf 11 683 Deutsche Mark, vom 1. Januar 2001 auf 11 868 Deutsche Mark, vom 1. Januar 2002 auf 6 165 Euro, vom 1. Januar 2003 auf 6 263 Euro, vom 1. Januar 2008 auf 6 411 Euro, vom 1. Januar 2009 auf 6 555 Euro, vom 1. Januar 2012 auf 6 805 Euro, vom 1. Januar 2013 auf 7 055 Euro, vom 1. Juli 2014 auf 7 410 Euro und vom 1. Januar 2015 auf 7 765 Euro festgesetzt. [4] Für spätere Anpassungen wird der Anpassungsfaktor anhand des in § 11 Absatz 4 und 5 geregelten Verfahrens ermittelt.

(3) Bei der Anwendung des § 29 auf Versorgungsansprüche nach diesem Gesetz wird in den Fällen des Absatzes 1 statt der Abgeordnetenentschädigung nach § 11 ebenfalls der fiktive Bemessungsbetrag für die Altersentschädigung nach Absatz 2 zugrunde gelegt.

(4) [1] Mitglieder des 13. Deutschen Bundestages, auf die Absatz 1 Anwendung findet, können sich bis zu ihrem Ausscheiden aus dem Bundestag für eine Anwendung der Regelungen des Fünften Abschnitts in der Fassung des Neunzehnten Änderungsgesetzes entscheiden. [2] Die Entscheidung ist bindend. [3] Verstirbt das Mitglied vor Ausübung des Wahlrechts, findet die jeweils günstigere Fassung Anwendung.

§ 35b[2] Übergangsregelungen zum Siebenundzwanzigsten Änderungsgesetz. (1) [1] Auf alle bis zum 31. Dezember 2007 entstandenen Ansprüche und Anwartschaften von Mitgliedern des Bundestages, ehemaligen Mitgliedern und ihren Hinterbliebenen finden die Regelungen des Fünften und des Neunten Abschnitts in der bis zum 31. Dezember 2007 geltenden Fassung Anwendung. [2] § 19 Abs. 1 und 2, § 20 Satz 3 und § 25b Abs. 3 gelten entsprechend.

(2) [1] Statt der Abgeordnetenentschädigung nach § 11 gilt in den Fällen des Absatzes 1 ein gesonderter fiktiver Bemessungsbetrag. [2] Dieser fiktive Bemessungsbetrag wird mit Wirkung vom 1. Januar 2008 auf 7 174 Euro, vom 1. Januar 2009 auf 7 335 Euro, vom 1. Januar 2012 auf 7 615 Euro, vom 1. Januar 2013 auf 7 895 Euro, vom 1. Juli 2014 auf 8 292 Euro und vom 1. Januar 2015 auf 8 689 Euro festgesetzt. [3] § 35a bleibt unberührt. [4] Für spätere Anpassungen wird der Anpassungsfaktor anhand des in § 11 Absatz 4 und 5 geregelten Verfahrens ermittelt.

(3) Bei der Berechnung von Ansprüchen und Anwartschaften von Mitgliedern des 16. Deutschen Bundestages gemäß Absatz 1 findet die Mindestzeit nach § 19 in der bis zum Inkrafttreten des Siebenundzwanzigsten Änderungsgesetzes geltenden Fassung keine Anwendung.

---

[1] § 35a Abs. 2 Satz 3 neu gef. mWv 23.12.2000 durch G v. 19.12.2000 (BGBl. I S. 1754); Abs. 2 Satz 2 neu gef. und Satz 3 geänd. mWv 1.1.2002 durch G v. 10.11.2001 (BGBl. I S. 2990); Abs. 1 Satz 2 angef. mWv 28.12.2004 durch G v. 21.12.2004 (BGBl. I S. 3590); Abs. 2 Satz 3 geänd. mWv 1.1.2008 durch G v. 22.12.2007 (BGBl. I S. 3212); Abs. 2 Satz 3 geänd. mWv 27.8.2011 durch G v. 23.8.2011 (BGBl. I S. 1748); Abs. 2 Satz 3 geänd., Satz 4 neu gef. mWv 16.7.2014 durch G v. 11.7.2014 (BGBl. I S. 906).

[2] § 35b eingef. mWv 1.1.2008 durch G v. 22.12.2007 (BGBl. I S. 3212); Abs. 2 Satz 2 neu gef. mWv 27.8.2011 durch G v. 23.8.2011 (BGBl. I S. 1748); Abs. 2 Satz 2 geänd., Satz 4 neu gef. mWv 16.7.2014 durch G v. 11.7.2014 (BGBl. I S. 906).

(4) [1] Bei der Anwendung des § 29 auf Versorgungsansprüche nach diesem Gesetz wird in den Fällen des Absatzes 1 statt der Abgeordnetenentschädigung nach § 11 ebenfalls der fiktive Bemessungsbetrag für die Altersentschädigung nach Absatz 2 zugrunde gelegt. [2] In den Fällen, in denen sich die Versorgungsansprüche aus solchen des neuen Rechts und solchen nach Absatz 1 zusammensetzen, ist jeweils der Betrag zugrunde zu legen, der sich unter Berücksichtigung des jeweiligen prozentualen Verhältnisses ergibt, mit dem die Versorgung auf der Grundlage des fiktiven Berechnungsbetrages nach Absatz 2 und der Entschädigung nach § 11 errechnet wird.

§ 35c[1)] Übergangsregelungen zum Dreißigsten Änderungsgesetz. [1] Auf alle bis zum Tag der ersten Sitzung des 19. Deutschen Bundestages entstandenen Ansprüche und Anwartschaften von Mitgliedern des Deutschen Bundestages, ehemaligen Mitgliedern und ihren Hinterbliebenen finden die Regelungen des Fünften und des Neunten Abschnitts in der bis zum Tag der ersten Sitzung des 19. Deutschen Bundestages geltenden Fassung Anwendung. [2] Die §§ 35a und 35b bleiben unberührt.

§ 36 Übergangsregelung für die Angehörigen des öffentlichen Dienstes.

(1) [1] Der auf Grund des Gesetzes über die Rechtsstellung der in den ersten Deutschen Bundestag gewählten Angehörigen des öffentlichen Dienstes vom 11. Mai 1951 (BGBl. I S. 297) oder des Gesetzes über die Rechtsstellung der in den Deutschen Bundestag gewählten Angehörigen des öffentlichen Dienstes vom 4. August 1953 (BGBl. I S. 777), zuletzt geändert durch das Gesetz vom 21. August 1961 (BGBl. I S. 1557), sowie einer entsprechenden Regelung eines Landes in den Ruhestand getretene Beamte, der in den achten Bundestag gewählt worden ist oder in einen späteren Bundestag gewählt wird, gilt mit dem Tage der Annahme der Wahl, frühestens jedoch mit dem Inkrafttreten dieses Gesetzes, wieder als in das Beamtenverhältnis unter gleichzeitigem Ruhen der Rechte und Pflichten (§ 5 Abs. 1) berufen, sofern er die allgemeinen Voraussetzungen für die Berufung in das Beamtenverhältnis noch erfüllt. [2] Im übrigen bleiben die bis zum Inkrafttreten dieses Gesetzes nach den §§ 4 und 4a letzter Satz des Gesetzes über die Rechtsstellung der in den deutschen Bundestag gewählten Angehörigen des öffentlichen Dienstes vom 4. August 1953 begründeten Ansprüche erhalten.

(2) Absatz 1 gilt entsprechend für Richter, Berufssoldaten und Soldaten auf Zeit sowie sinngemäß für Angestellte des öffentlichen Dienstes.

(3) Für ehemalige Mitglieder des Bundestages bleiben die nach dem Gesetz über die Rechtsstellung der in den Deutschen Bundestag gewählten Angehörigen des öffentlichen Dienstes vom 4. August 1953 begründeten Rechte erhalten.

§ 37 Versorgung vor 1968 ausgeschiedener Mitglieder. Der Präsident gewährt auf Antrag einem ehemaligen Mitglied, das vor dem 1. Januar 1968 aus dem Bundestag ausgeschieden ist, sowie seinen Hinterbliebenen vom Ersten des Monats der Antragstellung an Leistungen aus der Alters- und Hinterbliebenenversorgung nach dem Diätengesetz 1968 vom 3. Mai 1968 (BGBl. I S. 334), zuletzt geändert durch Artikel VIII des Gesetzes vom 18. Februar 1977 (BGBl. I S. 297).

§ 38 *Versorgung für Zeiten vor* Inkrafttreten dieses Gesetzes. (1) Ein Mitglied des Bundestages, das in der Zeit vom 1. Januar 1968 bis zum Inkrafttreten

---

1) § 35c eingef. mWv 16.7.2014 durch G v. 11.7.2014 (BGBl. I S. 906).

dieses Gesetzes ausgeschieden ist, und seine Hinterbliebenen erhalten Versorgung nach dem Diätengesetz 1968.

(2) Ein Mitglied des Bundestages, das dem Bundestag bereits vor Inkrafttreten dieses Gesetzes angehört hat und erst nach seinem Inkrafttreten aus dem Bundestag ausscheidet, erhält Altersentschädigung nach diesem Gesetz; dabei wird die Zeit der Mitgliedschaft vor Inkrafttreten dieses Gesetzes berücksichtigt.

(3) [1] Anstelle der Altersentschädigung nach Absatz 2 werden auf Antrag die nach § 4 des Diätengesetzes 1968 geleisteten eigenen Beiträge zur Alters- und Hinterbliebenenversorgung zinslos erstattet. [2] In diesem Falle bleiben die Zeiten der Mitgliedschaft im Bundestag vor Inkrafttreten dieses Gesetzes bei der Festsetzung der Altersentschädigung nach diesem Gesetz unberücksichtigt. [3] Im Falle des § 23 wird nur die halbe Versorgungsabfindung gezahlt.

(4) [1] Anstelle der Altersentschädigung nach Absatz 2 erhält ein Mitglied des Bundestages, das die Voraussetzungen des § 5 Abs. 1 und des § 7a Abs. 1 des Diätengesetzes 1968 erfüllt, für die Zeit der Mitgliedschaft im Bundestag vor Inkrafttreten dieses Gesetzes auf Antrag Ruhegeld nach dem Diätengesetz 1968; für die Zeit nach Inkrafttreten dieses Gesetzes wird Altersentschädigung nach diesem Gesetz mit der Maßgabe gewährt, daß für jedes Jahr der Mitgliedschaft 5 vom Hundert der Entschädigung nach § 11 Abs. 1 gezahlt werden. [2] Die anrechenbaren Zeiten vor und nach Inkrafttreten dieses Gesetzes dürfen 16 Jahre nicht übersteigen. [3] Das gleiche gilt für Hinterbliebene.

(5) Der Antrag gemäß den Absätzen 3 und 4 ist innerhalb von sechs Monaten nach Inkrafttreten dieses Gesetzes beim Präsidenten des Bundestages zu stellen.

§ 38a [Versorgung vor 1977 ausgeschiedener Mitglieder] (1) [1] Versorgungsempfänger nach den §§ 37 und 38 Abs. 1 erhalten anstelle ihrer bisherigen Versorgung auf Antrag Versorgung nach dem Fünften Abschnitt. [2] Das gleiche gilt für ehemalige Mitglieder, die dem Bundestag vor Inkrafttreten dieses Gesetzes mindestens sechs Jahre angehört haben und ihre Hinterbliebenen. [3] § 18 Abs. 1 letzter Satz gilt entsprechend.

(2) [1] Für ehemalige Mitglieder, die vor dem 1. April 1977 aus dem Bundestag ausgeschieden sind und danach wieder eintreten, gilt § 38 Abs. 4 entsprechend. [2] Der Antrag ist innerhalb von sechs Monaten nach dem Wiedereintritt in den Deutschen Bundestag beim Präsidenten des Bundestages zu stellen. [3] Das gleiche gilt für Hinterbliebene.

§ 38b Hinterbliebenenversorgung bei Tod während der Mitgliedschaft im Bundestag. Hinterbliebene nach § 25 Abs. 4, deren Versorgungsfall in der Zeit vom 1. April 1977 bis zum Inkrafttreten des Siebten Änderungsgesetzes eingetreten ist, erhalten auf Antrag vom Ersten des Monats der Antragstellung an Versorgung nach § 25 Abs. 4.

§ 39 Anrechnung früherer Versorgungsbezüge. (1) Versorgungsbezüge nach dem Diätengesetz 1968 werden gemäß § 10 Diätengesetz 1968 nicht in die Anrechnung nach § 29 Abs. 3 und 4 einbezogen.

(2) [1] Versorgungsbezüge nach dem Diätengesetz 1968 werden neben einer Entschädigung oder einer Versorgung aus der Mitgliedschaft in einem Landtag (§ 29 Abs. 5 und 6) nur mit dem Teil in die Anrechnung einbezogen, der nicht auf eigenen Beiträgen beruht. [2] Angerechnete Zeiten nach § 21 des Diätengesetzes 1968 gelten als Beitragszeiten.

§ 40 Gekürzte Versorgungsabfindung. [1] Für Zeiten der Mitgliedschaft unter der Geltung des Diätengesetzes 1968 wird die halbe Versorgungsabfindung nach § 23 gezahlt. [2] In diesem Falle werden eigene Beiträge zur Versicherung nach § 4 des Diätengesetzes 1968 auf Antrag erstattet.

§ 41 Fortsetzung der Todesfallversicherung. Die bei Inkrafttreten dieses Gesetzes bestehende Todesfallversicherung wird mit der Maßgabe fortgesetzt, daß die zu zahlende Altersentschädigung und das Witwengeld entsprechend der Zahl und der Höhe der seit dem 1. Januar 1968 geleisteten monatlichen Beiträge der Versicherungsnehmerin zu der Todesfallversicherung gekürzt werden.

§ 42 Umwandlung oder Auflösung der Todesfallversicherung. (1) Ein Mitglied oder ehemaliges Mitglied des Bundestages, das sich nach § 20 des Diätengesetzes 1968 für die Fortsetzung der Versicherung auf Bundeskosten entschieden hat, kann die Todesfallversicherung umwandeln oder auflösen.

(2) Im Falle der Umwandlung besteht die Möglichkeit der Fortsetzung auf eigene Kosten oder der beitragsfreien Versicherung mit der Maßgabe, daß die zu zahlende Altersentschädigung und das Witwengeld entsprechend der Zahl und der Höhe der von der Versicherungsnehmerin in der Zeit vom 1. Januar 1968 bis zum Ablauf des Monats der Umwandlung oder bis zur Gewährung von Altersentschädigung geleisteten Beiträge gekürzt wird.

(3) Bei Auflösung der Versicherung wird dem Versicherten der auf eigenen Beiträgen beruhende Rückkaufswert erstattet.

§ 43 Weiterzahlung des Übergangsgeldes. Ein ehemaliges Mitglied des Bundestages, das beim Inkrafttreten dieses Gesetzes Aufwandsentschädigung nach dem Diätengesetz 1968 bezieht, behält diesen Anspruch.

§ 44 Anrechnung von Zeiten für das Übergangsgeld. Zeiten der Mitgliedschaft im Bundestag, die vor Inkrafttreten dieses Gesetzes liegen, werden bei der Berechnung des Zeitraumes, für den Übergangsgeld zu zahlen ist, berücksichtigt.

Zehnter Abschnitt. Unabhängigkeit des Abgeordneten

§ 44a[1)] Unabhängigkeit des Mandats. (1) [1] Die Ausübung des Mandats steht im Mittelpunkt der Tätigkeit eines Mitglieds des Bundestages. [2] Unbeschadet dieser Verpflichtung bleiben Tätigkeiten beruflicher oder anderer Art neben dem Mandat grundsätzlich zulässig.

(2) [1] Für die Ausübung des Mandats darf ein Mitglied des Bundestages keine anderen als die gesetzlich vorgesehenen Zuwendungen oder andere Vermögensvorteile annehmen. [2] Unzulässig ist insbesondere die Annahme von Geld oder von geldwerten Zuwendungen, die erkennbar deshalb gewährt werden, weil dafür die Vertretung und Durchsetzung der Interessen des Leistenden im Bundestag erwartet wird. [3] Unzulässig ist ferner die Annahme von Geld oder von geldwerten Zuwendungen, wenn diese Leistung für eine Vortragstätigkeit, die in Zusammenhang mit der Mandatsausübung steht oder ohne angemessene Gegenleistung des Mitglieds des Bundestages gewährt wird. [4] Unberührt bleibt die Entgegennahme von geldwerten Zuwendungen unter den Voraussetzungen des § 48. [5] Die Entgegennahme *von Geldspenden,* die bei der oder dem Abgeordneten verbleiben sollen, ist unzulässig.

---

1) § 44a neu gef. mWv 19.10.2021 durch G v. 8.10.2021 (BGBl. I S. 4650).

(3) [1]Unzulässig neben dem Mandat ist die entgeltliche Interessenvertretung für Dritte gegenüber dem Bundestag oder der Bundesregierung und sind entgeltliche Beratungstätigkeiten, die in unmittelbarem Zusammenhang mit der Mandatsausübung stehen. [2]Hiervon unberührt sind ehrenamtliche Tätigkeiten, für die eine jeweils verhältnismäßige Aufwandsentschädigung vorgesehen ist, die monatlich 10 vom Hundert der monatlichen Entschädigung nach § 11 Absatz 1 nicht übersteigt, oder politische Ämter. [3]Vereinbarungen, durch die das Mitglied des Bundestages erst nach dem Verlust der Mitgliedschaft Zuwendungen oder andere Vermögensvorteile für während der Mitgliedschaft getätigte Interessenvertretungs- oder Beratungstätigkeiten nach Satz 1 erhalten soll, sind unzulässig.

(4) [1]Missbräuchliche Hinweise auf die Mitgliedschaft im Bundestag in beruflichen oder geschäftlichen Angelegenheiten sind unzulässig. [2]Hinweise auf die Mitgliedschaft im Bundestag sind missbräuchlich, wenn sie geeignet sind, auf Grund der Mitgliedschaft im Bundestag einen Vorteil in beruflichen oder geschäftlichen Angelegenheiten zu erzeugen.

(5) [1]Nach den Absätzen 2 bis 4 unzulässige Zuwendungen oder Vermögensvorteile oder ihr Gegenwert sind dem Haushalt des Bundes zuzuführen. [2]Der Präsident macht den Anspruch durch Verwaltungsakt geltend, soweit der Erhalt der Zuwendung oder des Vermögensvorteils nicht länger als drei Jahre zurückliegt. [3]Der Anspruch wird durch einen Verlust der Mitgliedschaft im Bundestag nicht berührt.

§ 44b[1] *(aufgehoben)*

§ 44c[2] **Überprüfung auf Tätigkeit oder politische Verantwortung für das Ministerium für Staatssicherheit/Amt für Nationale Sicherheit der ehemaligen Deutschen Demokratischen Republik.** (1) Mitglieder des Bundestages können beim Präsidenten schriftlich die Überprüfung auf eine hauptamtliche oder inoffizielle Tätigkeit oder politische Verantwortung für den Staatssicherheitsdienst der ehemaligen Deutschen Demokratischen Republik beantragen.

(2) Eine Überprüfung findet ohne Zustimmung statt, wenn der Ausschuß für Wahlprüfung, Immunität und Geschäftsordnung das Vorliegen von konkreten Anhaltspunkten für den Verdacht einer solchen Tätigkeit oder Verantwortung festgestellt hat.

(3) Das Verfahren wird in den Fällen der Absätze 1 und 2 vom Ausschuß für Wahlprüfung, Immunität und Geschäftsordnung durchgeführt.

(4) Das Verfahren zur Feststellung einer Tätigkeit oder Verantwortung für das Ministerium für Staatssicherheit/Amt für Nationale Sicherheit der ehemaligen Deutschen Demokratischen Republik legt der Deutsche Bundestag in Richtlinien fest.

§ 44d[3] ***Verschwiegenheitspflicht und Aussagegenehmigung.*** (1) Die Abgeordneten des Deutschen Bundestages dürfen, auch nach Beendigung ihres Mandats, ohne Genehmigung weder vor Gericht noch außergerichtlich Aussagen oder Erklärungen abgeben über Angelegenheiten, die auf Grund eines Gesetzes oder nach den Bestimmungen der Geschäftsordnung des Deutschen Bundestages der Verschwiegenheit unterliegen.

---

[1] § 44b aufgeh. mWv 19.10.2021 durch G v. 8.10.2021 (BGBl. I S. 4650).
[2] Bish. § 44b wird § 44c mWv 18.10.2005 durch G v. 22.8.2005 (BGBl. I S. 2482).
[3] Bish. § 44c wird § 44d mWv 18.10.2005 durch G v. 22.8.2005 (BGBl. I S. 2482).

(2) [1] Die Genehmigung erteilt der Präsident des Deutschen Bundestages. [2] Sind Stellen außerhalb des Deutschen Bundestages an der Entstehung der geheimzuhaltenden Angelegenheiten beteiligt gewesen, kann die Genehmigung nur im Einvernehmen mit ihnen erteilt werden.

(3) Die Genehmigung darf nur versagt werden, wenn die Aussage oder Erklärung dem Wohl des Bundes oder eines Landes Nachteile bereiten oder die Erfüllung öffentlicher Aufgaben ernstlich gefährden oder erheblich erschweren würde.

§ 44e[1)] Ordnungsmaßnahmen wegen Verletzung der Ordnung oder der Würde des Bundestages. (1) [1] Wegen einer nicht nur geringfügigen Verletzung der Ordnung oder der Würde des Bundestages bei dessen Sitzungen kann der Präsident gegen ein Mitglied des Bundestages ein Ordnungsgeld in Höhe von 2000 Euro festsetzen. [2] Im Wiederholungsfall erhöht sich das Ordnungsgeld auf 4000 Euro. [3] Ist ein Mitglied des Bundestages innerhalb von drei Sitzungswochen dreimal zur Ordnung gerufen worden, setzt der sitzungsleitende Präsident mit dem Erlass des dritten Ordnungsrufes zugleich ein Ordnungsgeld gegen das Mitglied fest. [4] Dies gilt nicht, sofern gegen das Mitglied bereits eine Maßnahme nach Absatz 2 Satz 2 ausgesprochen wurde.

(2) [1] Bei gröblicher Verletzung der Ordnung oder der Würde des Bundestages kann das Mitglied für die Dauer der Sitzung aus dem Saal verwiesen und bis zu 30 Sitzungstage von der Teilnahme an Sitzungen des Bundestages und seiner Gremien ausgeschlossen werden. [2] Ist ein Mitglied des Bundestages dreimal während einer Sitzung zur Ordnung gerufen, verweist es der sitzungsleitende Präsident für die Dauer der Sitzung aus dem Saal.

(3) Das Nähere regelt die Geschäftsordnung des Bundestages.

(4) Zuständiges Gericht für Streitigkeiten über Maßnahmen und Entscheidungen nach den Absätzen 1 und 2 ist das Bundesverfassungsgericht.

§ 44f[1)] Ordnungsmaßnahmen wegen Verletzung der Hausordnung.

(1) [1] Wegen einer nicht nur geringfügigen Verletzung der Hausordnung des Bundestages kann der Präsident gegen ein Mitglied des Bundestages ein Ordnungsgeld in Höhe von 2000 Euro festsetzen. [2] Im Wiederholungsfall erhöht sich das Ordnungsgeld auf 4000 Euro; ein Wiederholungsfall liegt in der Regel vor, wenn das betroffene Mitglied innerhalb von sechs Monaten erneut Anlass für die Festsetzung eines Ordnungsgeldes wegen einer nicht nur geringfügigen Verletzung der Hausordnung gegeben hat.

(2) Zuständiges Gericht für Streitigkeiten über Maßnahmen und Entscheidungen nach Absatz 1 ist das Bundesverfassungsgericht.

Elfter Abschnitt.[2) 3)] Verhaltensregeln für die Mitglieder des Bundestages

§ 45[2)] Anzeigepflicht. (1) Ein Mitglied des Bundestages ist verpflichtet, dem Präsidenten aus der Zeit vor seiner Mitgliedschaft im Bundestag schriftlich oder in Textform anzuzeigen:

[1)] § 44e neu gef., § 44f eingef. mWv 1.11.2025 durch G v. 28.10.2025 (BGBl. 2025 I Nr. 258).
[2)] 11. Abschnitt (§§ 45–52a) eingef. mWv 19.10.2021 durch G v. 8.10.2021 (BGBl. I S. 4650).
[3)] Siehe hierzu ua die Ausführungsbestimmungen zu den Vorschriften des Zehnten und Elften Abschnitts AbgeordnetenG v. 12.5.2022 (BGBl. I S. 791).

1. die zuletzt ausgeübte Berufstätigkeit und das Bestehen eines Rückkehrrechts nach Beendigung des Mandats oder eines Kündigungsschutzes gemäß § 2 Absatz 3;
2. Tätigkeiten als Mitglied eines Vorstandes, Aufsichtsrates, Verwaltungsrates, Beirates oder eines sonstigen Gremiums einer Gesellschaft oder eines in einer anderen Rechtsform betriebenen Unternehmens;
3. Tätigkeiten als Mitglied eines Vorstandes, Aufsichtsrates, Verwaltungsrates, Beirates oder eines sonstigen Gremiums einer Körperschaft oder Anstalt des öffentlichen Rechts.

(2) [1] Ein Mitglied des Bundestages ist zusätzlich verpflichtet, dem Präsidenten schriftlich oder in Textform die folgenden Tätigkeiten und Verträge, die während der Mitgliedschaft im Bundestag ausgeübt oder aufgenommen werden beziehungsweise wirksam sind, anzuzeigen:

(Fortsetzung nächstes Blatt)

1. entgeltliche Tätigkeiten neben dem Mandat, die selbstständig oder im Rahmen eines Anstellungsverhältnisses ausgeübt werden. Darunter fallen zum Beispiel die Fortsetzung einer vor der Mitgliedschaft ausgeübten Berufstätigkeit sowie Beratungs-, Vertretungs-, Gutachter- und publizistische und Vortragstätigkeiten. Die Anzeigepflicht für die Erstattung von Gutachten und für publizistische und Vortragstätigkeiten entfällt, wenn die Höhe der jeweils vereinbarten Einkünfte den Betrag von 1 000 Euro im Monat oder, wenn dies nicht der Fall ist, von 3 000 Euro im Kalenderjahr nicht übersteigt. Sie entfällt ferner für die Tätigkeit als Mitglied der Bundesregierung, als Parlamentarischer Staatssekretär, als Staatsminister, als Beauftragter oder Koordinator der Bundesregierung oder für parlamentarische Ämter und Funktionen;
2. Tätigkeiten als Mitglied eines Vorstandes, Aufsichtsrates, Verwaltungsrates, Beirates oder eines sonstigen Gremiums einer Gesellschaft oder eines in einer anderen Rechtsform betriebenen Unternehmens;
3. Tätigkeiten als Mitglied eines Vorstandes, Aufsichtsrates, Verwaltungsrates, Beirates oder eines sonstigen Gremiums einer Körperschaft oder Anstalt des öffentlichen Rechts;
4. Tätigkeiten als Mitglied eines Vorstandes oder eines sonstigen leitenden oder beratenden Gremiums eines Vereins, Verbandes oder einer ähnlichen Organisation sowie einer Stiftung mit nicht ausschließlich lokaler Bedeutung;
5. das Bestehen beziehungsweise der Abschluss von Vereinbarungen, wonach dem Mitglied des Bundestages während oder nach Beendigung der Mitgliedschaft bestimmte Tätigkeiten übertragen oder Vermögensvorteile zugewendet werden sollen;
6. Beteiligungen an Kapital- oder Personengesellschaften, wenn der Anteil mehr als 5 vom Hundert beträgt und soweit die Tätigkeit der Personengesellschaften nicht ausschließlich die Vermietung und Verpachtung im Rahmen der privaten Vermögensverwaltung betrifft. Im Falle einer nach Satz 1 anzeigepflichtigen Beteiligung an einer Beteiligungsgesellschaft sind auch die Beteiligungen der Beteiligungsgesellschaft anzuzeigen, soweit diese jeweils mehr als 5 vom Hundert betragen.

[2] Für das Jahr der Bundestagswahl werden die Zeiträume der jeweils endenden Wahlperiode und der neuen Wahlperiode getrennt voneinander behandelt.

(3) [1] Bei einer Tätigkeit und einem Vertrag, die gemäß Absatz 2 Satz 1 Nummer 1 bis 5 anzeigepflichtig sind, ist auch die Höhe der jeweiligen Einkünfte anzugeben, wenn diese den Betrag von 1000 Euro im Monat oder, wenn dies nicht der Fall ist, den Betrag von 3000 Euro im Kalenderjahr übersteigen. [2] Einkünften gleichgestellt ist die Zuwendung von Optionen auf Einräumung von Gesellschaftsanteilen oder von vergleichbaren Finanzinstrumenten, die als Gegenleistung für eine Tätigkeit gewährt wird. [3] Bei Beteiligungen an Kapital- oder Personengesellschaften, die gemäß § 45 Absatz 2 Nummer 6 anzeigepflichtig sind, ist auch die Höhe der jeweiligen Einkünfte aus diesen Beteiligungen anzugeben. [4] Zu Grunde zu legen sind hierbei die für eine Tätigkeit zu zahlenden Bruttobeträge unter Einschluss von Entschädigungs-, Ausgleichs- und Sachleistungen. [5] Soweit die Einkünfte aus Umsatzerlösen bestehen, ist statt der Bruttobeträge der Gewinn vor Steuern anzuzeigen. [6] Soweit der Wert nicht bezifferbar ist, ist dies ebenfalls anzugeben. [7] Tatsächlich entstandene Aufwendungen, die zur Durchführung der Tätigkeit durch den Vertragspartner oder Arbeitgeber erstattet werden, gelten nicht als Einkünfte.

(4) [1] Die Anzeigepflicht umfasst nicht die Mitteilung von Tatsachen über Dritte, für die der Abgeordnete gesetzliche Zeugnisverweigerungsrechte oder Verschwiegenheitspflichten geltend machen kann. [2] In diesem Fall ist statt der Angaben zum Auftraggeber eine Branchenbezeichnung anzugeben. [3] Die Pflicht zur Angabe der Branche gilt nicht, wenn der Abgeordnete erklärt, dass die Branchenbezeichnung den Vertragspartner identifizieren würde.

(5) Anzeigen nach den Verhaltensregeln sind innerhalb einer Frist von drei Monaten nach Erwerb der Mitgliedschaft im Bundestag sowie nach Eintritt von Änderungen oder Ergänzungen während der Wahlperiode dem Präsidenten einzureichen.

§ 46[1)] Rechtsanwälte. (1) Mitglieder des Bundestages, die gegen Entgelt gerichtlich oder außergerichtlich für die Bundesrepublik Deutschland auftreten, haben dem Präsidenten die Übernahme der Vertretung anzuzeigen, wenn das Honorar den Betrag von 1000 Euro übersteigt.

(2) [1] Mitglieder des Bundestages, die gegen Entgelt zur Besorgung fremder Angelegenheiten gerichtlich oder außergerichtlich gegen die Bundesrepublik Deutschland auftreten, haben dem Präsidenten die Übernahme der Vertretung anzuzeigen, wenn das Honorar den Betrag von 1000 Euro übersteigt. [2] § 44a Absatz 3 bleibt unberührt.

(3) Die Absätze 1 und 2 gelten entsprechend bei gerichtlichem oder außergerichtlichem Auftreten insbesondere für oder gegen bundesunmittelbare Körperschaften, Anstalten oder Stiftungen des öffentlichen Rechts.

§ 47[1)] Veröffentlichung. [1] Die anzeigepflichtigen Angaben gemäß § 45 Absatz 1 Nummer 1 und Absatz 2 bis 4 werden auf den Internetseiten des Bundestages veröffentlicht. [2] Soweit der Wert der Angaben nach § 45 Absatz 3 nicht bezifferbar ist, erfolgt die Veröffentlichung unter Beschreibung der eingeräumten Rechtsposition.

§ 48[1)] Geldwerte Zuwendungen (Spenden) (1) [1] Ein Mitglied des Bundestages hat über geldwerte Zuwendungen aller Art (Spenden), die ihm im Rahmen eines ehrenamtlichen politischen Engagements oder einer Sachunterstützung des Spenders für die politische Tätigkeit des Mitglieds zur Verfügung gestellt werden, gesondert Rechnung zu führen. [2] § 44a Absatz 2 Satz 5 bleibt hiervon unberührt.

(2) Eine Spende, deren Wert in einem Kalenderjahr 1000 Euro übersteigt, ist unter Angabe des Namens und der Anschrift des Spenders sowie der Gesamthöhe dem Präsidenten anzuzeigen.

(3) Spenden sind, soweit sie in einem Kalenderjahr einzeln oder bei mehreren Spenden desselben Spenders zusammen den Wert von 3000 Euro übersteigen, vom Präsidenten unter Angabe ihrer Höhe und Herkunft auf den Internetseiten des Deutschen Bundestages zu veröffentlichen.

(4) Für Spenden an ein Mitglied des Bundestages findet § 25 Absatz 2 und 4 des Gesetzes über die politischen Parteien[2)] entsprechende Anwendung.

(5) Geldwerte Zuwendungen

1. aus Anlass der Wahrnehmung interparlamentarischer oder internationaler Bezie-*hungen,*

[1)] 11. Abschnitt (§§ 45–52a) eingef. mWv 19.10.2021 durch G v. 8.10.2021 (BGBl. I S. 4650).
[2)] Nr. **58**.

2. zur Teilnahme an Veranstaltungen zur politischen Information, zur Darstellung der Standpunkte des Deutschen Bundestages oder seiner Fraktionen oder als Repräsentant des Deutschen Bundestages

gelten nicht als Spenden im Sinne dieser Vorschrift; sie sind jedoch entsprechend Absatz 2 anzuzeigen und nach Maßgabe von Absatz 3 zu veröffentlichen.

(6) [1] Geldwerte Zuwendungen, die ein Mitglied des Bundestages als Gastgeschenk in Bezug auf sein Mandat erhält, müssen dem Präsidenten angezeigt und ausgehändigt werden, wenn der materielle Wert des Gastgeschenks 200 Euro übersteigt. [2] Das Mitglied kann beantragen, das Gastgeschenk gegen Bezahlung des Gegenwertes an die Bundeskasse zu behalten.

(7) [1] Der Präsident entscheidet über die Verwendung angezeigter Gastgeschenke und rechtswidrig angenommener Spenden. [2] Diese können versteigert oder vernichtet werden. [3] Werden sie versteigert, ist der Erlös dem Haushalt des Bundes zuzuführen.

(8) Anzeigen nach dieser Vorschrift sind schriftlich oder in Textform zu übermitteln.

§ 49[1)] Interessenverknüpfung im Ausschuss. [1] Ein Mitglied des Bundestages, das entgeltlich mit einem Beratungsgegenstand beschäftigt ist, zu dem es in einem Ausschuss des Bundestages oder innerhalb einer Fraktion die Berichterstattung übernommen hat, hat vor einer Beratung in einem Ausschuss offenzulegen, wenn eine konkrete gegenwärtige oder zukünftige Interessenverknüpfung besteht. [2] Sonstige an einer Ausschussberatung teilnehmende Mitglieder des Bundestages, die entgeltlich mit einem Beratungsgegenstand beschäftigt sind, haben eine konkrete Interessenverknüpfung offenzulegen, soweit sie nicht aus den gemäß § 47 veröffentlichten Angaben ersichtlich ist. [3] Die Angaben nach Satz 1 und Satz 2 sind der oder dem Ausschussvorsitzenden mitzuteilen und werden in der Beschlussempfehlung des Ausschusses angemerkt.

§ 50[2)] Rückfrage. In Zweifelsfragen ist das Mitglied des Bundestages verpflichtet, sich durch Rückfragen beim Präsidenten über den Inhalt seiner Pflichten nach diesen Verhaltensregeln zu vergewissern.

§ 51[2)] Verfahren bei Verstößen. (1) Bestehen Anhaltspunkte dafür, dass ein Mitglied des Bundestages seine Pflichten nach § 44a Absatz 2 bis 4 oder den Verhaltensregeln dieses Abschnitts oder Regeln der Mitarbeiterbeschäftigung nach § 12 Absatz 3a verletzt hat (Pflichtverstoß), kann der Präsident von dem betroffenen Mitglied ergänzende Auskünfte zur Erläuterung und Aufklärung des Sachverhalts verlangen und den Vorsitzenden der Fraktion, der dieses Mitglied angehört, um Stellungnahme bitten.

(2) [1] Ergibt sich nach der Überzeugung des Präsidenten, dass ein minder schwerer Fall beziehungsweise leichte Fahrlässigkeit vorliegt (zum Beispiel Überschreitung von Anzeigefristen um höchstens drei Monate), wird das betreffende Mitglied ermahnt. [2] Ansonsten teilt der Präsident das Ergebnis der Überprüfung dem Präsidium und den Vorsitzenden der Fraktionen mit. [3] Das Präsidium stellt nach Anhörung des betroffenen Mitglieds fest, ob ein Pflichtverstoß vorliegt. [4] Die Feststellung des Präsidiums, dass ein Mitglied des Bundestages gegen Pflichten verstoßen hat, wird unbeschadet weiterer Sanktionen nach § 12 Absatz 3a sowie

---

[1)] § 49 neu gef. mWv 31.12.2024 durch G v. 23.12.2024 (BGBl. 2024 I Nr. 450).
[2)] 11. Abschnitt (§§ 45–52a) eingef. mWv 19.10.2021 durch G v. 8.10.2021 (BGBl. I S. 4650).

§ 44a als Drucksache veröffentlicht. [5]Die Feststellung, dass kein Pflichtverstoß vorliegt, wird auf Wunsch des Mitglieds des Bundestages veröffentlicht.

(3) [1]Bestehen Anhaltspunkte für einen Pflichtverstoß gegen ein Mitglied des Präsidiums oder gegen einen Fraktionsvorsitzenden, nimmt das betroffene Mitglied des Bundestages an Sitzungen im Rahmen dieses Verfahrens nicht teil. [2]Anstelle eines betroffenen Fraktionsvorsitzenden wird sein Stellvertreter gemäß Absatz 1 angehört und gemäß Absatz 2 unterrichtet. [3]Bestehen Anhaltspunkte dafür, dass der Präsident gegen Pflichten verstoßen hat, hat sein Stellvertreter nach den Vorschriften der Absätze 1 und 2 zu verfahren.

(4) [1]Werden anzeigepflichtige Tätigkeiten, Einkünfte oder Unternehmensbeteiligungen nicht angezeigt oder wird gegen die Pflichten nach § 44a Absatz 2 bis 4 oder § 12 Absatz 3a Satz 1 verstoßen, kann das Präsidium nach erneuter Anhörung ein Ordnungsgeld festsetzen. [2]Die Höhe des Ordnungsgeldes bemisst sich nach der Schwere des Einzelfalles und nach dem Grad des Verschuldens. [3]Es kann bis zur Höhe der Hälfte der jährlichen Abgeordnetenentschädigung festgesetzt werden. [4]Der Präsident führt die Festsetzung aus. [5]Der Präsident macht das Ordnungsgeld durch Verwaltungsakt geltend. [6]Auf Wunsch des betreffenden Mitglieds kann eine Ratenzahlung vereinbart werden. [7]§ 31 Satz 3 und 4 gilt entsprechend.

(5) [1]In Fällen des § 12 Absatz 3a und des § 44a Absatz 5 leitet der Präsident nach Anhörung des betroffenen Mitglieds eine Prüfung in tatsächlicher und rechtlicher Hinsicht ein. [2]Dabei ist bei der Prüfung auf Vorliegen einer angemessenen Gegenleistung im Sinne des § 44a Absatz 2 Satz 3 auf die Verkehrsüblichkeit abzustellen; hilfsweise ist entscheidend, ob Leistung und Gegenleistung offensichtlich außer Verhältnis stehen. [3]Maßnahmen nach diesem Absatz setzen voraus, dass der Erhalt der Zuwendung oder des Vermögensvorteils nicht länger als drei Jahre zurückliegt. [4]Der Präsident kann von dem Mitglied ergänzende Auskünfte zur Erläuterung und Aufklärung des Sachverhalts verlangen und den Vorsitzenden der Fraktion, der dieses Mitglied angehört, um Stellungnahme bitten. [5]Ergibt sich nach der Überzeugung des Präsidenten, dass eine unzulässige Zuwendung nach § 44a Absatz 2 bis 4 oder ein Fall des § 12 Absatz 3a vorliegt, teilt er das Ergebnis der Überprüfung dem Präsidium und den Vorsitzenden der Fraktionen mit. [6]Das Präsidium stellt nach Anhörung des betroffenen Mitglieds fest, ob ein Verstoß gegen § 44a Absatz 2 bis 4 oder gegen Regeln der Mitarbeiterbeschäftigung vorliegt. [7]Der Präsident macht Ansprüche nach § 12 Absatz 3a und den Anspruch gemäß § 44a Absatz 5 durch Verwaltungsakt geltend. [8]Die Feststellung, dass ein Mitglied des Bundestages seine Pflichten nach diesem Gesetz verletzt hat, wird unbeschadet weiterer Sanktionen nach § 12 Absatz 3a und § 44a als Drucksache veröffentlicht. [9]Die Feststellung, dass kein Verstoß vorliegt, wird auf Wunsch des Mitglieds des Bundestages veröffentlicht. [10]Absatz 3 gilt entsprechend.

(6) Über die Anwendung der Vorschriften dieses Abschnitts legt der Präsident dem Bundestag zu Beginn einer Wahlperiode einen Bericht vor, der Daten über die Anzahl der eingeleiteten Prüfverfahren sowie deren Abschluss durch Einstellung des Verfahrens, Ermahnung, festgestellte Pflichtverstöße sowie geltend gemachte Sanktionen und die Höhe der Zuführungen nach § 44a Absatz 5 enthält.

§ 52[1)] Ausführungsbestimmungen. Der Ältestenrat erlässt Ausführungsbestimmungen über Inhalt und Umfang der im Zehnten und Elften Abschnitt vorgesehenen Pflichten.

[1)] 11. Abschnitt (§§ 45–52a) eingef. mWv 19.10.2021 durch G v. 8.10.2021 (BGBl. I S. 4650).

§ 52a[1] **Übergangsregelung.** Für Beteiligungen, die bei Inkrafttreten dieses Gesetzes bereits gehalten werden und für die nach bisherigem Recht keine Anzeigepflichten bestanden, entsteht eine Anzeigepflicht gemäß § 45 Absatz 2 Satz 1 Nummer 6 und Absatz 3 Satz 3 erstmals zwölf Monate nach dem Inkrafttreten.

Zwölfter Abschnitt.[2] Fraktionen

§ 53[3] **Fraktionsbildung.** (1) Mitglieder des Bundestages können sich zu Fraktionen zusammenschließen.

(2) Das Nähere regelt die Geschäftsordnung des Deutschen Bundestages[4].

§ 54[5] **Rechtsstellung.** (1) Die Fraktionen sind rechtsfähige Vereinigungen von Abgeordneten im Deutschen Bundestag.

(2) Die Fraktionen können klagen und verklagt werden.

(3) Die Fraktionen sind nicht Teil der öffentlichen Verwaltung; sie üben keine öffentliche Gewalt aus.

§ 55[6] **Aufgaben.** (1) Die Fraktionen wirken an der Erfüllung der Aufgaben des Deutschen Bundestages mit.

(2) Die Fraktionen können mit Fraktionen anderer Parlamente und parlamentarischen Einrichtungen national und international zusammenarbeiten.

(3) [1] Zu den Aufgaben der Fraktionen gehört eine eigenständige Öffentlichkeitsarbeit. [2] Sie dient der Unterrichtung der Öffentlichkeit über parlamentarische Vorgänge, Initiativen und Konzepte der Fraktionen, der Vermittlung ihrer politischen Standpunkte und dem Dialog mit Bürgerinnen und Bürgern über parlamentarisch-politische Fragen. [3] Die Fraktionen sind im Rahmen ihrer zulässigen Aufgabenwahrnehmung bei der Wahl der Mittel, des Orts, der Zeit und der Häufigkeit ihrer Unterrichtung frei. [4] Zu den Mitteln gehört insbesondere auch die digitale Kommunikation. [5] Die Öffentlichkeitsarbeit der Fraktionen unterliegt nicht dem Gebot der politischen Neutralität. [6] Die Fraktionen müssen als Urheber ausdrücklich erkennbar sein. [7] Sechs Wochen vor Wahlen zum Deutschen Bundestag oder zum Europäischen Parlament bedarf die Öffentlichkeitsarbeit eines besonderen parlamentarischen Anlasses.

§ 56[7] **Organisation.** (1) Die Fraktionen sind verpflichtet, ihre Organisation und Arbeitsweise auf den Grundsätzen der parlamentarischen Demokratie aufzubauen und an diesen auszurichten.

(2) Die Fraktionen geben sich eine eigene Geschäftsordnung.

§ 57[8] **Geheimhaltungspflicht der Fraktionsangestellten.** (1) [1] Angestellte der Fraktionen sind, auch nach Beendigung ihres Beschäftigungsverhältnisses, verpflichtet, über die ihnen bei ihrer Tätigkeit bekanntgewordenen Angelegenheiten

---

[1] 11. Abschnitt (§§ 45–52a) eingef. mWv 19.10.2021 durch G v. 8.10.2021 (BGBl. I S. 4650).

[2] Bish. 11. Abschnitt wird 12. Abschnitt mWv 19.10.2021 durch G v. 8.10.2021 (BGBl. I S. 4650).

[3] Bish. § 45 wird § 53 mWv 19.10.2021 durch G v. 8.10.2021 (BGBl. I S. 4650).

[4] Nr. **35**.

[5] Bish. § 46 wird § 54 mWv 19.10.2021 durch G v. 8.10.2021 (BGBl. I S. 4650).

[6] Bish. § 47 wird § 55 mWv 19.10.2021 durch G v. 8.10.2021 (BGBl. I S. 4650); Abs. 3 neu gef. mWv 31.12.2024 durch G v. 23.12.2024 (BGBl. 2024 I Nr. 450).

[7] Bish. § 48 wird § 56 mWv 19.10.2021 durch G v. 8.10.2021 (BGBl. I S. 4650).

[8] Bish. § 49 wird § 57 mWv 19.10.2021 durch G v. 8.10.2021 (BGBl. I S. 4650).

Verschwiegenheit zu bewahren. [2]Dies gilt nicht für Tatsachen, die offenkundig sind oder ihrer Bedeutung nach keiner Geheimhaltung bedürfen.

(2) [1]Angestellte der Fraktionen dürfen, auch nach Beendigung ihres Beschäftigungsverhältnisses, ohne Genehmigung über solche Angelegenheiten weder vor Gericht noch außergerichtlich aussagen oder Erklärungen abgeben. [2]Die Genehmigung erteilt der jeweilige Fraktionsvorsitzende.

(3) Unberührt bleibt die gesetzlich begründete Pflicht, Straftaten anzuzeigen und bei Gefährdung der freiheitlich demokratischen Grundordnung für deren Erhaltung einzutreten.

§ 58[1)] Geld- und Sachleistungen. (1) Die Fraktionen haben zur Erfüllung ihrer Aufgaben Anspruch auf Geld- und Sachleistungen aus dem Bundeshaushalt.

(2) [1]Die Geldleistungen setzen sich aus einem Grundbetrag für jede Fraktion, aus einem Betrag für jedes Mitglied und einem weiteren Zuschlag für jede Fraktion, die nicht die Bundesregierung trägt (Oppositionszuschlag), zusammen. [2]Die Höhe dieser Beträge und des Oppositionszuschlages legt der Bundestag jährlich fest. [3]Dazu erstattet der Präsident dem Bundestag im Benehmen mit dem Ältestenrat jeweils bis zum 30. September einen Bericht über die Angemessenheit der Beträge und des Oppositionszuschlages und legt zugleich einen Anpassungsvorschlag vor.

(3) Die Sachleistungen werden nach Maßgabe des Haushaltsgesetzes zur Nutzung erbracht.

(4) [1]Leistungen nach Absatz 1 dürfen die Fraktionen nur für Aufgaben verwenden, die ihnen nach dem Grundgesetz[2)], diesem Gesetz und der Geschäftsordnung des Deutschen Bundestages[3)] obliegen. [2]Eine Verwendung für Parteiaufgaben ist unzulässig.

(5) [1]Eine rechtswidrige Verwendung der Geld- und Sachleistungen stellt der Ältestenrat nach Anhörung der betroffenen Fraktion fest. [2]Die Feststellung wird als Drucksache veröffentlicht. [3]Der Ältestenrat kann den Bundesrechnungshof in Einzelfällen ersuchen, die Rechtmäßigkeit der Verwendung von Geld- und Sachleistungen zu prüfen. [4]Rechtswidrig verwendete Geld- und Sachleistungen sind an den Bundeshaushalt zurückzuführen. [5]Der zu erstattende Betrag kann mit zukünftigen Leistungen nach Absatz 1 verrechnet werden. [6]Als rechtswidrig festgestellte Maßnahmen sind unverzüglich einzustellen.

(6) Geldleistungen nach Absatz 1 können auf neue Rechnung vorgetragen werden.

§ 59[4)] Haushalts- und Wirtschaftsführung, Buchhaltung. (1) Einzelheiten der Haushalts- und Wirtschaftsführung können in Ausführungsbestimmungen geregelt werden, die der Ältestenrat nach Anhörung des Bundesrechnungshofes erläßt.

(2) [1]Die Fraktionen haben Bücher über ihre rechnungslegungspflichtigen Einnahmen und Ausgaben sowie über ihr Vermögen zu führen. [2]Dabei ist nach den

---

[1)] Bish. § 50 wird § 58 mWv 19.10.2021 durch G v. 8.10.2021 (BGBl. I S. 4650); Abs. 5 eingef., bish. Abs. 5 *wird* Abs. 6 mWv 31.12.2024 durch G v. 23.12.2024 (BGBl. 2024 I Nr. 450).

[2)] Nr. **1**.

[3)] Nr. **35**.

[4)] Bish. § 51 wird § 59 und Überschrift und Abs. 3 geänd. mWv 19.10.2021 durch G v. 8.10.2021 (BGBl. I S. 4650); Abs. 1 geänd. mWv 31.12.2024 durch G v. 23.12.2024 (BGBl. 2024 I Nr. 450).

Grundsätzen ordnungsgemäßer Buchführung unter Berücksichtigung des Gesetzeszwecks zu verfahren.

(3) Aus den Geldleistungen nach § 58 Absatz 1 beschaffte Gegenstände sind, wenn sie nicht zum kurzfristigen Verbrauch bestimmt oder nur von geringem Wert sind, zu kennzeichnen und in einem Nachweis aufzuführen.

(4) Die Rechnungsunterlagen sind fünf Jahre aufzubewahren.

§ 60[1)] Rechnungslegung. (1) Die Fraktionen haben über die Herkunft und die Verwendung der Mittel, die ihnen innerhalb eines Kalenderjahres (Rechnungsjahr) gemäß § 58 Absatz 1 zugeflossen sind, öffentlich Rechenschaft zu geben.

(2) Die Rechnung ist wie folgt zu gliedern:

1. Einnahmen:
   a) Geldleistungen nach § 58 Absatz 1,
   b) sonstige Einnahmen;
2. Ausgaben:
   a) Summe der Leistungen an Fraktionsmitglieder für die Wahrnehmung besonderer Funktionen in der Fraktion,
   b) Summe der Personalausgaben für Fraktionsmitarbeiterinnen und -mitarbeiter,
   c) Ausgaben für Veranstaltungen,
   d) Sachverständigen-, Gerichts- und ähnliche Kosten,
   e) Ausgaben für die Zusammenarbeit mit Fraktionen anderer Parlamente,
   f) Ausgaben für die Öffentlichkeitsarbeit,
   g) Ausgaben des laufenden Geschäftsbetriebes,
   h) Ausgaben für Investitionen sowie
   i) sonstige Ausgaben.

(3) [1] Die Rechnung muß das Vermögen, das mit Mitteln gemäß § 58 Absatz 1 erworben wurde, die Rücklagen, die aus diesen Mitteln gebildet werden, sowie

(Fortsetzung nächstes Blatt)

[1)] Bish. § 52 wird § 60 und Abs. 1, Abs. 2 Nr. 1 Buchst. a, Abs. 3 Satz 1, Abs. 4 Satz 2, Abs. 5 geänd. mWv 19.10.2021 durch G v. 8.10.2021 (BGBl. I S. 4650).

die Forderungen und die Verbindlichkeiten ausweisen. [2]Die Vermögensrechnung gliedert sich wie folgt:

1. Aktivseite:
   a) Geldbestände,
   b) sonstige Vermögensgegenstände,
   c) Rechnungsabgrenzung;
2. Passivseite:
   a) Rücklagen,
   b) Rückstellungen,
   c) Verbindlichkeiten gegenüber Kreditinstituten,
   d) sonstige Verbindlichkeiten,
   e) Rechnungsabgrenzung.

(4) [1]Die Rechnung muß von einem im Benehmen mit dem Bundesrechnungshof bestellten Abschlußprüfer (Wirtschaftsprüfer oder Wirtschaftsprüfungsgesellschaft) auf die Einhaltung der Anforderungen der Absätze 2 und 3 geprüft werden und einen entsprechenden Prüfungsvermerk aufweisen. [2]Die geprüfte Rechnung ist dem Präsidenten oder der Präsidentin des Deutschen Bundestages spätestens bis zum Ende des sechsten Monats nach Ablauf des Kalenderjahres oder des Monats vorzulegen, in dem die Geldleistungen nach § 58 Absatz 1 letztmals gezahlt wurden. [3]Der Präsident oder die Präsidentin des Deutschen Bundestages können die Frist aus besonderen Gründen bis zu drei Monaten verlängern. [4]Die geprüfte Rechnung wird als Bundestags-Drucksache verteilt.

(5) Solange eine Fraktion mit der Rechnungslegung in Verzug ist, sind Geld- und Sachleistungen nach § 58 Absatz 1 zurückzubehalten.

§ 61[1)] Rechnungsprüfung. (1) Der Bundesrechnungshof prüft die Rechnung sowie die den Fraktionen nach § 58 Absatz 1 zur Verfügung gestellten Geld- und Sachleistungen auf ihre wirtschaftliche und ordnungsgemäße Verwendung nach Maßgabe der Ausführungsbestimmungen gemäß § 59 Absatz 1.

(2) [1]Bei der Prüfung sind die Rechtsstellung und die Aufgaben der Fraktionen zu beachten. [2]Die politische Erforderlichkeit einer Maßnahme der Fraktionen ist nicht Gegenstand der Prüfung.

§ 62[2)] Beendigung der Rechtsstellung und Liquidation. (1) Die Rechtsstellung nach § 54 entfällt

1. bei Erlöschen des Fraktionsstatus,
2. bei Auflösung der Fraktion,
3. mit dem Ende der Wahlperiode.

(2) [1]In den Fällen des Absatzes 1 Nr. 1 und 2 findet eine Liquidation statt. [2]Die Fraktion gilt bis zur Beendigung der Liquidation als fortbestehend, soweit der Zweck der Liquidation dies erfordert. [3]Die Liquidation erfolgt durch den Vorstand, soweit die Geschäftsordnung der Fraktion nichts anderes bestimmt.

(3) [1]Die Liquidatoren haben die laufenden Geschäfte zu beenden, die Forderungen einzuziehen und die Gläubiger zu befriedigen. [2]Sie sind berechtigt, zu diesem Zweck neue Geschäfte einzugehen und das Vermögen in Geld umzuset-

[1)] Bish. § 53 wird § 61 und Abs. 1 geänd. mWv 19.10.2021 durch G v. 8.10.2021 (BGBl. I S. 4650).

[2)] Bish. § 54 wird § 62 und Abs. 1 einl. Satzteil, Abs. 3 Satz 3, Abs. 4 Sätze 1 und 3, Abs. 6 Satz 1 geänd. mWv 19.10.2021 durch G v. 8.10.2021 (BGBl. I S. 4650).

zen. [3]Die Zweckbindung gemäß § 58 Absatz 4 ist zu beachten. [4]Fällt den Liquidatoren bei der Durchführung der Liquidation ein Verschulden zur Last, so haften sie für den daraus entstehenden Schaden gegenüber den Gläubigern als Gesamtschuldner.

(4) [1]Soweit nach der Beendigung der Liquidation nach § 58 Absatz 1 gewährte Geldleistungen verbleiben, sind diese an den Bundeshaushalt zurückzuführen. [2]Das gleiche gilt für Vermögenswerte, die mit diesen Geldern angeschafft worden sind. [3]Die Sachleistungen nach § 58 Absatz 3 sind derjenigen Stelle zurückzugeben, die die Sachleistung erbracht hat.

(5) [1]Das verbleibende Vermögen der Fraktion ist dem Anfallsberechtigten zu überlassen. [2]Anfallsberechtigt sind die in der Geschäftsordnung der Fraktion bestimmten Personen oder Stellen.

(6) [1]Maßnahmen nach den Absätzen 4 und 5 dürfen erst vorgenommen werden, wenn seit dem Ereignis, das zum Verlust der Rechtsstellung nach § 54 geführt hat, sechs Monate verstrichen sind. [2]Die Sicherung der Gläubiger hat nach § 52 des Bürgerlichen Gesetzbuchs[1)] zu erfolgen.

(7) [1]Im Falle des Absatzes 1 Nr. 3 findet eine Liquidation nicht statt, wenn sich innerhalb von 30 Tagen nach Beginn der neuen Wahlperiode eine Fraktion konstituiert, deren Mitglieder einer Partei angehören, die durch eine Fraktion in der abgelaufenen Wahlperiode im Deutschen Bundestag vertreten war und die sich zur Nachfolgefraktion erklärt. [2]In diesem Falle ist die neu konstituierte Fraktion die Rechtsnachfolgerin der alten Fraktion.

[1)] **Habersack, Deutsche Gesetze Nr. 20.**

52. Anordnung über die deutschen Flaggen

Vom 13. November 1996

(BGBl. I S. 1729), geänd. durch Art. 1 AO v. 22. 11. 2005 (BGBl. I S. 3181)

FNA 1130–7

Auf Vorschlag der Bundesregierung bestimme ich zur Form und Führung der deutschen Flaggen:

I.

1. Die Bundesflagge besteht aus drei gleich breiten Querstreifen, oben schwarz, in der Mitte rot, unten goldfarben, Verhältnis der Höhe zur Länge des Flaggentuches wie 3 zu 5. Die Bundesflagge kann auch in Form eines Banners geführt werden. Das Banner besteht aus drei gleich breiten Längsstreifen, links schwarz, in der Mitte rot, rechts goldfarben.
2. Die Standarte des Bundespräsidenten oder der Bundespräsidentin ist ein gleichseitiges, rotgerändertes, goldfarbenes Rechteck, darin der Bundesadler, schwebend, nach der Stange gewendet, Verhältnis der Breite des roten Randes zur Höhe der Standarte wie 1 zu 12.
3. Die Dienstflagge der Bundesbehörden (Bundesdienstflagge) hat die gleichen Querstreifen wie die Bundesflagge darauf, etwas nach der Stange hin verschoben, in den schwarzen und den goldfarbenen Streifen je bis zu einem Fünftel übergreifend, den Bundesschild, den Adler nach der Stange gewendet, Verhältnis der Höhe zur Länge des Flaggentuches wie 3 zu 5. Wird die Bundesdienstflagge in Bannerform verwendet, ist der Bundesschild, den Adler zum schwarzen Streifen hin gewendet, parallel zu den Längsstreifen ausgerichtet, etwas nach der Stange hin verschoben, in den schwarzen und den goldfarbenen Teil je bis zu einem Fünftel übergreifend.
4. Die Muster zu den Nummern 1 bis 3 sind in Anhang 1 wiedergegeben.

II.

Alle Stellen des Bundes führen die Bundesdienstflagge. Der Bundespräsident oder die Bundespräsidentin führt die Standarte am jeweiligen Amtssitz. Dienstgebäude des Bundes können mit der Bundesflagge oder mit der Bundesdienstflagge beflaggt werden; dies gilt auch für Wasserfahrzeuge im öffentlichen Dienst des Bundes.

III.

An Dienstkraftfahrzeugen können bei dienstlichen Fahrten die in den Anhängen 2[1] und 3[1] beschriebenen Flaggen geführt werden,

[1] Hier nicht abgedruckt.

wenn sich der Amtsinhaber oder die Amtsinhaberin oder in den in Nummer 2 des Anhangs 2[1] bezeichneten Fällen der Stellvertreter oder die Stellvertreterin im Fahrzeug befindet. Die Flagge ist am rechten Kotflügel anzubringen.

IV.

Über Änderungen des Anhangs 2 sowie bei Zweifeln hinsichtlich der Berechtigung zum Führen der Bundesdienstflagge oder des anzuwendenden Musters nach Anhang 3[1] entscheidet das Bundesministerium des Innern im Benehmen mit dem jeweils zuständigen Verfassungsorgan oder Bundesministerium.

V.[2]

1. Die Führung der Bundesdienstflagge an Dienstkraftfahrzeugen der deutschen Vertretungen im Ausland regelt das Auswärtige Amt.
2. Die Flaggenführung bei der Bundeswehr und bei der Bundespolizei wird besonders geregelt.

VI.

Diese Anordnung tritt am Tage nach der Verkündung in Kraft. Gleichzeitig treten die Anordnung über die deutschen Flaggen vom 7. Juni 1950 (BGBl. S. 205) und der Erlaß zur Ausführung der Anordnung über die deutschen Flaggen vom 14. April 1964 (BGBl. I S. 285) außer Kraft.

---

[1] Hier nicht abgedruckt.
[2] Abschn. V Nr. 2 geänd. durch AO v. 22. 11. 2005 (BGBl. I S. 3181).

Anhang 1

Flaggen der Bundesrepublik Deutschland

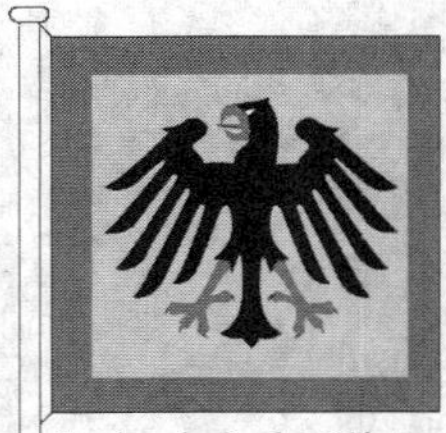

Standarte des Bundespräsidenten

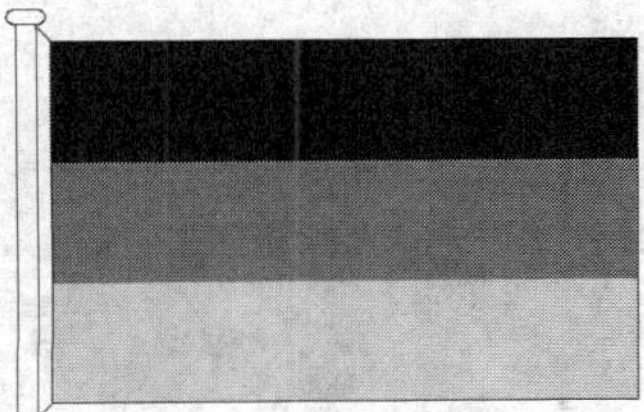

Bundesflagge

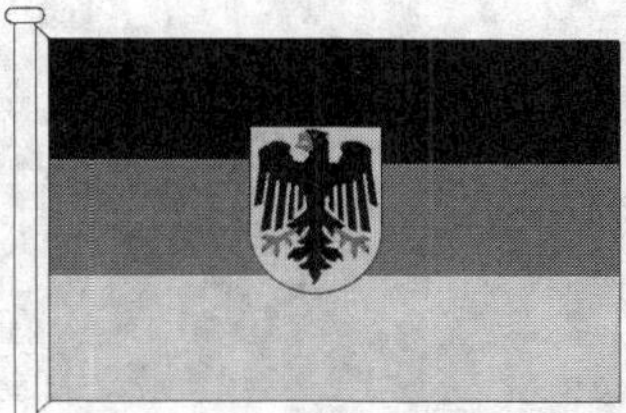

Bundesdienstflagge

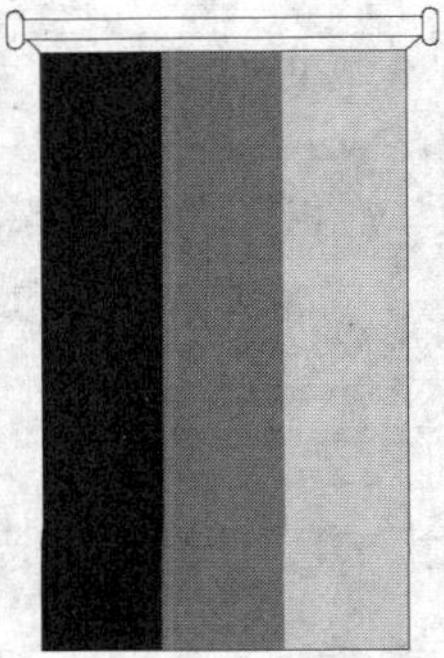

Bundesflagge in Bannerform

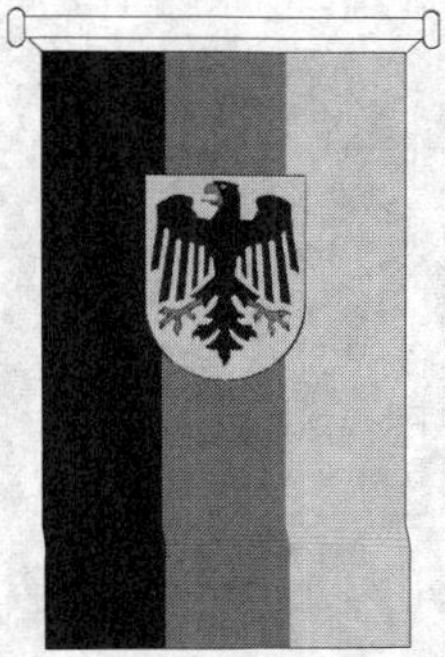

Bundesdienstflagge in Bannerform

58. Gesetz über die politischen Parteien (Parteiengesetz)

In der Fassung der Bekanntmachung vom 31. Januar 1994[1)]

(BGBl. I S. 149)

FNA 112-1

geänd. durch Art. 28 G zur Ergänzung des JahressteuerG 1996 und zur Änd. anderer Gesetze v. 18.12. 1995 (BGBl. I S. 1959), Art. 12 JustizmitteilungsG v. 18.6.1997 (BGBl. I S. 1430), Art. 1 Siebtes ÄndG v. 17.2.1999 (BGBl. I S. 146), Art. 1, 2 Achtes ÄndG v. 28.6.2002 (BGBl. I S. 2268), Art. 3 Achtes ÄndG v. 28.6.2002 (BGBl. I S. 2268, aufgeh. durch Art. 1 Neuntes ÄndG v. 22.12.2004 (BGBl. I S. 3673)), Art. 2 Neuntes ÄndG v. 22.12.2004 (BGBl. I S. 3673), Art. 5a G zur Erleichterung elektronischer Anmeldungen zum Vereinsregister und anderer vereinsrechtlicher Änd. v. 24.9.2009 (BGBl. I S. 3145), Art. 1 G zur Änd. des ParteienG und des AbgeordnetenG v. 23.8.2011 (BGBl. I S. 1748, ber. S. 3141), Art. 1 Zehntes ÄndG v. 22.12.2015 (BGBl. I S. 2563), Art. 2 G zum Ausschluss verfassungsfeindlicher Parteien von der Parteienfinanzierung v. 18.7.2017 (BGBl. I S. 2730), Art. 1 G zur Änd. des ParteienG und anderer Gesetze v. 10.7.2018 (BGBl. I S. 1116), Art. 13 Elfte ZuständigkeitsanpassungsVO v. 19.6. 2020 (BGBl. I S. 1328), Art. 4 PersonengesellschaftsrechtsmodernisierungsG (MoPeG) v. 10.8.2021 (BGBl. I S. 3436) und Art. 1 Elftes G zur Änd. des ParteienG v. 27.2.2024 (BGBl. 2024 I Nr. 70)

Erster Abschnitt. Allgemeine Bestimmungen

§ 1 Verfassungsrechtliche Stellung und Aufgaben der Parteien. (1) [1]Die Parteien sind ein verfassungsrechtlich notwendiger Bestandteil der freiheitlichen demokratischen Grundordnung. [2]Sie erfüllen mit ihrer freien, dauernden Mitwirkung an der politischen Willensbildung des Volkes eine ihnen nach dem Grundgesetz[2)] obliegende und von ihm verbürgte öffentliche Aufgabe.

(2) Die Parteien wirken an der Bildung des politischen Willens des Volkes auf allen Gebieten des öffentlichen Lebens mit, indem sie insbesondere auf die Gestaltung der öffentlichen Meinung Einfluß nehmen, die politische Bildung anregen und vertiefen, die aktive Teilnahme der Bürger am politischen Leben fördern, zur Übernahme öffentlicher Verantwortung befähigte Bürger heranbilden, sich durch Aufstellung von Bewerbern an den Wahlen in Bund, Ländern und Gemeinden beteiligen, auf die politische Entwicklung in Parlament und Regierung Einfluß nehmen, die von ihnen erarbeiteten politischen Ziele in den Prozeß der staatlichen Willensbildung einführen und für eine ständige lebendige Verbindung zwischen dem Volk und den Staatsorganen sorgen.

(3) Die Parteien legen ihre Ziele in politischen Programmen nieder.

(4) Die Parteien verwenden ihre Mittel ausschließlich für die ihnen nach dem Grundgesetz und diesem Gesetz obliegenden Aufgaben.

§ 2[3)] Begriff der Partei. (1) [1]Parteien sind Vereinigungen von Bürgern, die dauernd oder für längere Zeit für den Bereich des Bundes oder eines Landes auf die politische Willensbildung Einfluß nehmen und an der Vertretung des Volkes im Deutschen Bundestag oder einem Landtag mitwirken wollen, wenn sie nach dem Gesamtbild der tatsächlichen Verhältnisse, insbesondere nach Umfang und Festigkeit ihrer Organisation, nach der Zahl ihrer Mitglieder und nach ihrem Hervortreten in der Öffentlichkeit eine ausreichende Gewähr für die Ernsthaftig-

---

[1)] Neubekanntmachung des ParteiG idF der Bek. v. 3.3.1989 (BGBl. I S. 327) in der ab 1.1.1994 geltenden Fassung.

[2)] Nr. **1**.

[3)] § 2 Abs. 2 Satz 2 angef. mWv 1.1.2016 durch G v. 22.12.2015 (BGBl. I S. 2563).

keit dieser Zielsetzung bieten. [2] Mitglieder einer Partei können nur natürliche Personen sein.

(2) [1] Eine Vereinigung verliert ihre Rechtsstellung als Partei, wenn sie sechs Jahre lang weder an einer Bundestagswahl noch an einer Landtagswahl mit eigenen Wahlvorschlägen teilgenommen hat. [2] Gleiches gilt, wenn eine Vereinigung sechs Jahre lang entgegen der Pflicht zur öffentlichen Rechenschaftslegung gemäß § 23 keinen Rechenschaftsbericht eingereicht hat; § 19a Absatz 3 Satz 5 gilt entsprechend.

(3) Politische Vereinigungen sind nicht Parteien, wenn

1. ihre Mitglieder oder die Mitglieder ihres Vorstandes in der Mehrheit Ausländer sind oder
2. ihr Sitz oder ihre Geschäftsleitung sich außerhalb des Geltungsbereichs dieses Gesetzes befindet.

§ 3 Aktiv- und Passivlegitimation. [1] Die Partei kann unter ihrem Namen klagen und verklagt werden. [2] Das gleiche gilt für ihre Gebietsverbände der jeweils höchsten Stufe, sofern die Satzung der Partei nichts anderes bestimmt.

§ 4 Name. (1) [1] Der Name einer Partei muß sich von dem Namen einer bereits bestehenden Partei deutlich unterscheiden; das gleiche gilt für Kurzbezeichnungen. [2] In der Wahlwerbung und im Wahlverfahren darf nur der satzungsmäßige Name oder dessen Kurzbezeichnung geführt werden; Zusatzbezeichnungen können weggelassen werden.

(2) [1] Gebietsverbände führen den Namen der Partei unter Zusatz ihrer Organisationsstellung. [2] Der Zusatz für Gebietsverbände ist nur an nachfolgender Stelle zulässig. [3] In der allgemeinen Werbung und in der Wahlwerbung kann der Zusatz weggelassen werden.

(3) [1] Gebietsverbände, die aus der Partei ausscheiden, verlieren das Recht, den Namen der Partei weiterzuführen. [2] Ein neu gewählter Name darf nicht in einem bloßen Zusatz zu dem bisherigen Namen bestehen. [3] Entsprechendes gilt für Kurzbezeichnungen.

§ 5 Gleichbehandlung. (1) [1] Wenn ein Träger öffentlicher Gewalt den Parteien Einrichtungen zur Verfügung stellt oder andere öffentliche Leistungen gewährt, sollen alle Parteien gleichbehandelt werden. [2] Der Umfang der Gewährung kann nach der Bedeutung der Parteien bis zu dem für die Erreichung ihres Zweckes erforderlichen Mindestmaß abgestuft werden. [3] Die Bedeutung der Parteien bemißt sich insbesondere auch nach den Ergebnissen vorausgegangener Wahlen zu Volksvertretungen. [4] Für eine Partei, die im Bundestag in Fraktionsstärke vertreten ist, muß der Umfang der Gewährung mindestens halb so groß wie für jede andere Partei sein.

(2) Für die Gewährung öffentlicher Leistungen in Zusammenhang mit einer Wahl gilt Absatz 1 während der Dauer des Wahlkampfes nur für Parteien, die Wahlvorschläge eingereicht haben.

(3) Öffentliche Leistungen nach Absatz 1 können an bestimmte sachliche, von allen Parteien zu erfüllende Voraussetzungen gebunden werden.

(4) Der Vierte Abschnitt bleibt unberührt.

Zweiter Abschnitt. Innere Ordnung

§ 6 Satzung und Programm. (1) [1]Die Partei muß eine schriftliche Satzung und ein schriftliches Programm haben. [2]Die Gebietsverbände regeln ihre Angelegenheiten durch eigene Satzungen, soweit die Satzung des jeweils nächsthöheren Gebietsverbandes hierüber keine Vorschriften enthält.

(2) Die Satzungen müssen Bestimmungen enthalten über

1. Namen sowie Kurzbezeichnung, sofern eine solche verwandt wird, Sitz und Tätigkeitsgebiet der Partei,
2. Aufnahme und Austritt der Mitglieder,
3. Rechte und Pflichten der Mitglieder,
4. zulässige Ordnungsmaßnahmen gegen Mitglieder und ihren Ausschluß (§ 10 Abs. 3 bis 5),
5. zulässige Ordnungsmaßnahmen gegen Gebietsverbände,
6. allgemeine Gliederung der Partei,
7. Zusammensetzung und Befugnisse des Vorstandes und der übrigen Organe,
8. der Beschlußfassung durch die Mitglieder- und Vertreterversammlungen nach § 9 vorbehaltene Angelegenheiten,
9. Voraussetzung, Form und Frist der Einberufung der Mitglieder- und Vertreterversammlungen sowie Beurkundung der Beschlüsse,
10. Gebietsverbände und Organe, die zur Einreichung (Unterzeichnung) von Wahlvorschlägen für Wahlen zu Volksvertretungen befugt sind, soweit hierüber keine gesetzlichen Vorschriften bestehen,
11. eine Urabstimmung der Mitglieder und das Verfahren, wenn der Parteitag die Auflösung der Partei oder des Gebietsverbandes oder die Verschmelzung mit anderen Parteien nach § 9 Abs. 3 beschlossen hat. Der Beschluß gilt nach dem Ergebnis der Urabstimmung als bestätigt, geändert oder aufgehoben,
12. Form und Inhalt einer Finanzordnung, die den Vorschriften des Fünften Abschnittes dieses Gesetzes genügt.

(3) [1]Der Vorstand hat dem Bundeswahlleiter

1. Satzung und Programm der Partei,
2. Namen der Vorstandsmitglieder der Partei und der Landesverbände mit Angabe ihrer Funktionen,
3. Auflösung der Partei oder eines Landesverbandes

mitzuteilen. [2]Änderungen zu Satz 1 Nr. 1 und 2 sind bis zum 31. Dezember des jeweiligen Kalenderjahres anzuzeigen. [3]Die Unterlagen können beim Bundeswahlleiter von jedermann eingesehen werden. [4]Abschriften dieser Unterlagen sind auf Anforderung gebührenfrei zu erteilen.

(4) Bei Parteien, deren Organisation sich auf das Gebiet eines Landes beschränkt (Landesparteien), gelten die in diesem Gesetz für die Partei getroffenen Regelungen für den Landesverband.

§ 7 Gliederung. (1) [1]Die Parteien gliedern sich in Gebietsverbände. [2]Größe und Umfang der Gebietsverbände werden durch die Satzung festgelegt. [3]Die gebietliche Gliederung muß soweit ausgebaut sein, daß den einzelnen Mitgliedern eine angemessene Mitwirkung an der Willensbildung der Partei möglich ist. [4]Beschränkt sich die Organisation einer Partei auf das Gebiet eines Stadtstaates, braucht sie keine Gebietsverbände zu bilden; sie ist Partei im Sinne dieses Gesetzes. [5] Organisatorische Zusammenschlüsse mehrerer Gebietsverbände, die den verbandsmäßigen Aufbau der Parteiorganisation nicht wesentlich beeinträchtigen, sind zulässig.

(2) Soweit in einer Partei Landesverbände nicht bestehen, gelten die in diesem Gesetz für Landesverbände getroffenen Regelungen für die der Partei folgenden nächstniedrigen Gebietsverbände.

§ 8 Organe. (1) [1] Mitgliederversammlung und Vorstand sind notwendige Organe der Partei und der Gebietsverbände. [2] Durch die Satzung kann bestimmt werden, daß in den überörtlichen Verbänden an die Stelle der Mitgliederversammlung eine Vertreterversammlung tritt, deren Mitglieder für höchstens zwei Jahre durch Mitglieder- oder Vertreterversammlungen der nachgeordneten Verbände gewählt werden. [3] Landesparteien ohne Gebietsverbände (§ 7 Abs. 1 Satz 4) können die Mitgliederversammlung durch eine Vertreterversammlung ersetzen, wenn sie mehr als 250 Mitglieder haben. [4] Vertreterversammlungen können auch für Ortsverbände von mehr als 250 Mitgliedern oder mit großer räumlicher Ausdehnung gebildet werden.

(2) [1] Die Satzung kann weitere der Willensbildung des jeweiligen Gebietsverbandes dienende Einrichtungen (Organe) vorsehen. [2] Sie sind in der Satzung ausdrücklich als solche zu bezeichnen.

§ 9[1)] Mitglieder- und Vertreterversammlung (Parteitag, Hauptversammlung) (1) [1] Die Mitglieder- oder Vertreterversammlung (Parteitag, Hauptversammlung) ist das oberste Organ des jeweiligen Gebietsverbandes. [2] Sie führt bei Gebietsverbänden höherer Stufen die Bezeichnung „Parteitag", bei Gebietsverbänden der untersten Stufe die Bezeichnung „Hauptversammlung"; die nachfolgenden Bestimmungen über den Parteitag gelten auch für die Hauptversammlung. [3] Die Parteitage treten mindestens in jedem zweiten Kalenderjahr einmal zusammen. [4] Sie müssen in einer der folgenden Formen abgehalten werden:

1. als Präsenzversammlung an einem Ort, an dem die Mitglieder gemeinsam physisch anwesend sind,
2. als virtuelle Versammlung ohne gemeinsame physische Anwesenheit der Mitglieder an einem Ort,
3. als hybride Versammlung, an der die Mitglieder nach ihrer Wahl am Ort der Präsenzversammlung physisch anwesend oder ohne physische Anwesenheit an diesem Ort virtuell teilnehmen können, oder
4. als hybride Versammlung, bei der mehrere Teilversammlungen an verschiedenen Versammlungsorten, an denen die Mitglieder physisch anwesend sind, virtuell miteinander verbunden werden.

[5] Die Form des Parteitags wird durch den Vorstand bestimmt, soweit die Satzung nichts anderes bestimmt.

(2) Vorstandsmitglieder, Mitglieder anderer Organe des Gebietsverbandes sowie Angehörige des in § 11 Abs. 2 genannten Personenkreises können einer Vertreterversammlung kraft Satzung angehören, dürfen aber in diesem Fall nur bis zu einem Fünftel der satzungsmäßigen Gesamtzahl der Versammlungsmitglieder mit Stimmrecht ausgestattet sein.

(3) Der Parteitag beschließt im Rahmen der Zuständigkeiten des Gebietsverbandes innerhalb der Partei über die Parteiprogramme, die Satzung, die Beitrags-

---

1) § 9 Abs. 1 Sätze 4 und 5 angef. mWv 5.3.2024 durch G v. 27.2.2024 (BGBl. 2024 I Nr. 70).

ordnung, die Schiedsgerichtsordnung, die Auflösung sowie die Verschmelzung mit anderen Parteien.

(4) Der Parteitag wählt den Vorsitzenden des Gebietsverbandes, seine Stellvertreter und die übrigen Mitglieder des Vorstandes, die Mitglieder etwaiger anderer Organe und die Vertreter in den Organen höherer Gebietsverbände, soweit in diesem Gesetz nichts anderes zugelassen ist.

(5) [1] Der Parteitag nimmt mindestens alle zwei Jahre einen Tätigkeitsbericht des Vorstandes entgegen und faßt über ihn Beschluß. [2] Der finanzielle Teil des Berichts ist vor der Berichterstattung durch Rechnungsprüfer, die von dem Parteitag gewählt werden, zu überprüfen.

§ 10 Rechte der Mitglieder. (1) [1] Die zuständigen Organe der Partei entscheiden nach näherer Bestimmung der Satzung frei über die Aufnahme von Mitgliedern. [2] Die Ablehnung eines Aufnahmeantrages braucht nicht begründet zu werden. [3] Allgemeine, auch befristete Aufnahmesperren sind nicht zulässig. [4] Personen, die infolge Richterspruchs die Wählbarkeit oder das Wahlrecht nicht besitzen, können nicht Mitglieder einer Partei sein.

(2) [1] Die Mitglieder der Partei und die Vertreter in den Parteiorganen haben gleiches Stimmrecht. [2] Die Ausübung des Stimmrechts kann nach näherer Bestimmung der Satzung davon abhängig gemacht werden, daß das Mitglied seine Beitragspflicht erfüllt hat. [3] Das Mitglied ist jederzeit zum sofortigen Austritt aus der Partei berechtigt.

(3) [1] In der Satzung sind Bestimmungen zu treffen über

1. die zulässigen Ordnungsmaßnahmen gegen Mitglieder,
2. die Gründe, die zu Ordnungsmaßnahmen berechtigen,
3. die Parteiorgane, die Ordnungsmaßnahmen anordnen können.

[2] Im Falle der Enthebung von Parteiämtern oder der Aberkennung der Fähigkeit zu ihrer Bekleidung ist der Beschluß zu begründen.

(4) Ein Mitglied kann nur dann aus der Partei ausgeschlossen werden, wenn es vorsätzlich gegen die Satzung oder erheblich gegen Grundsätze oder Ordnung der Partei verstößt und ihr damit schweren Schaden zufügt.

(5) [1] Über den Ausschluß entscheidet das nach der Schiedsgerichtsordnung zuständige Schiedsgericht. [2] Die Berufung an ein Schiedsgericht höherer Stufe ist zu gewährleisten. [3] Die Entscheidungen sind schriftlich zu begründen. [4] In dringenden und schwerwiegenden Fällen, die sofortiges Eingreifen erfordern, kann der Vorstand der Partei oder eines Gebietsverbandes ein Mitglied von der Ausübung seiner Rechte bis zur Entscheidung des Schiedsgerichts ausschließen.

§ 11[1] Vorstand. (1) [1] Der Vorstand wird mindestens in jedem zweiten Kalenderjahr gewählt. [2] Er muß aus mindestens drei Mitgliedern bestehen.

(2) [1] Dem Vorstand können Abgeordnete und andere Persönlichkeiten aus der Partei kraft Satzung angehören, wenn sie ihr Amt oder ihr Mandat aus einer Wahl erhalten haben. [2] Der Anteil der nicht nach § 9 Abs. 4 gewählten Mitglieder darf ein Fünftel der Gesamtzahl der Vorstandsmitglieder nicht übersteigen. [3] Vorsitzender und Schatzmeister einer Partei dürfen nicht in einer der Partei nahestehenden politischen Stiftung vergleichbare Funktionen ausüben.

---

[1] § 11 Abs. 3 Satz 2 geänd. mWv 30.9.2009 durch G v. 24.9.2009 (BGBl. I S. 3145).

(3) [1] Der Vorstand leitet den Gebietsverband und führt dessen Geschäfte nach Gesetz und Satzung sowie den Beschlüssen der ihm übergeordneten Organe. [2] Er vertritt den Gebietsverband gemäß § 26 Absatz 1 Satz 2 und 3 des Bürgerlichen Gesetzbuchs[1)], soweit nicht die Satzung eine abweichende Regelung trifft.

(4) [1] Zur Durchführung der Beschlüsse des Vorstandes sowie zur Erledigung der laufenden und der besonders dringlichen Vorstandsgeschäfte kann aus der Mitte des Vorstandes ein geschäftsführender Vorstand (Präsidium) gebildet werden. [2] Seine Mitglieder können auch vom Vorstand gewählt oder durch die Satzung bestimmt werden.

§ 12 Allgemeine Parteiausschüsse. (1) Die Mitglieder von allgemeinen Parteiausschüssen und ähnlichen Einrichtungen, die nach der Satzung umfassende Zuständigkeiten für die Beratung oder Entscheidung politischer und organisatorischer Fragen der Partei besitzen, können auch von nachgeordneten Gebietsverbänden gewählt werden.

(2) [1] Der Vorstand und Angehörige des in § 11 Abs. 2 genannten Personenkreises können einem solchen Organ kraft Satzung angehören. [2] Der Anteil der nicht gewählten Mitglieder darf ein Drittel der Gesamtmitgliederzahl des Organs nicht übersteigen; er kann um weitere Mitglieder mit nur beratender Stimme erhöht werden, muß jedoch auch dann noch unter der Hälfte der Gesamtmitgliederzahl des Organs liegen.

(3) Das Amt der gewählten Mitglieder der in Absatz 1 genannten Organe dauert höchstens zwei Jahre.

§ 13 Zusammensetzung der Vertreterversammlungen. [1] Die Zusammensetzung einer Vertreterversammlung oder eines sonstigen Organs, das ganz oder zum Teil aus Vertretern von Gebietsverbänden besteht, ist in der Satzung festzulegen. [2] Die Zahl der Vertreter des Gebietsverbandes ist in erster Linie nach der Zahl der vertretenen Mitglieder zu bemessen. [3] Die Satzung kann bestimmen, daß die restliche Zahl der Vertreter, höchstens die Hälfte der Gesamtzahl, nach dem Verhältnis der im Bereich des Gebietsverbandes bei vorausgegangenen Wahlen zu Volksvertretungen erzielten Wählerstimmen auf die Gebietsverbände aufgeschlüsselt wird. [4] Die Ausübung des Stimmrechts kann von der Erfüllung der Beitragspflicht des Gebietsverbandes abhängig gemacht werden.

§ 14 Parteischiedsgerichte. (1) [1] Zur Schlichtung und Entscheidung von Streitigkeiten der Partei oder eines Gebietsverbandes mit einzelnen Mitgliedern und Streitigkeiten über Auslegung und Anwendung der Satzung sind zumindest bei der Partei und den Gebietsverbänden der jeweils höchsten Stufe Schiedsgerichte zu bilden. [2] Für mehrere Gebietsverbände der Kreisstufe können gemeinsame Schiedsgerichte gebildet werden.

(2) [1] Die Mitglieder der Schiedsgerichte werden für höchstens vier Jahre gewählt. [2] Sie dürfen nicht Mitglied eines Vorstandes der Partei oder eines Gebietsverbandes sein, in einem Dienstverhältnis zu der Partei oder einem Gebietsverband stehen oder von ihnen regelmäßige Einkünfte beziehen. [3] Sie sind unabhängig und an Weisungen nicht gebunden.

(3) Die Satzung kann vorsehen, daß die Schiedsgerichte allgemein oder im Einzelfall mit Beisitzern besetzt werden, die von den Streitteilen paritätisch benannt werden.

[1)] **Habersack Nr. 20.**

(4) Für die Tätigkeit des Schiedsgerichts ist eine Schiedsgerichtsordnung zu erlassen, die den Beteiligten rechtliches Gehör, ein gerechtes Verfahren und die Ablehnung eines Mitglieds des Schiedsgerichts wegen Befangenheit gewährleistet.

§ 15[1)] Willensbildung in den Organen. (1) Die Organe fassen ihre Beschlüsse mit einfacher Stimmenmehrheit, soweit nicht durch Gesetz oder Satzung erhöhte Stimmenmehrheit vorgeschrieben ist.

(2) [1] Die Wahlen der Vorstandsmitglieder und der Vertreter zu Vertreterversammlungen und zu Organen höherer Gebietsverbände sind geheim. [2] Bei den übrigen Wahlen kann offen abgestimmt werden, wenn sich auf Befragen kein Widerspruch erhebt.

(2a) [1] Der Vorstand kann entscheiden,

1. dass die Stimmabgabe unter Wahrung der Rechte aller Stimmberechtigten bei Beschlussfassungen und Wahlen ganz oder teilweise im Wege der elektronischen Kommunikation erfolgen kann, wenn dabei die Sicherheit, auch mit Blick auf den Schutz personenbezogener Daten, auf dem Stand der Technik gewährleistet ist, und
2. welche Kommunikationsmittel dabei eingesetzt werden.

[2] Dies gilt nicht, soweit die Satzung etwas anderes bestimmt.

(3) [1] Das Antragsrecht ist so zu gestalten, daß eine demokratische Willensbildung gewährleistet bleibt, insbesondere auch Minderheiten ihre Vorschläge ausreichend zur Erörterung bringen können. [2] In den Versammlungen höherer Gebietsverbände ist mindestens den Vertretern der Gebietsverbände der beiden nächstniedrigen Stufen ein Antragsrecht einzuräumen. [3] Bei Wahlen und Abstimmungen ist eine Bindung an Beschlüsse anderer Organe unzulässig.

§ 16 Maßnahmen gegen Gebietsverbände. (1) [1] Die Auflösung und der Ausschluß nachgeordneter Gebietsverbände sowie die Amtsenthebung ganzer Organe derselben sind nur wegen schwerwiegender Verstöße gegen die Grundsätze oder die Ordnung der Partei zulässig. [2] In der Satzung ist zu bestimmen,

1. aus welchen Gründen die Maßnahmen zulässig sind,
2. welcher übergeordnete Gebietsverband und welches Organ dieses Verbandes sie treffen können.

(2) [1] Der Vorstand der Partei oder eines übergeordneten Gebietsverbandes bedarf für eine Maßnahme nach Absatz 1 der Bestätigung durch ein höheres Organ. [2] Die Maßnahme tritt außer Kraft, wenn die Bestätigung nicht auf dem nächsten Parteitag ausgesprochen wird.

(3) Gegen Maßnahmen nach Absatz 1 ist die Anrufung eines Schiedsgerichts zuzulassen.

Dritter Abschnitt. Aufstellung von Wahlbewerbern

§ 17 Aufstellung von Wahlbewerbern. [1] Die Aufstellung von Bewerbern für Wahlen zu Volksvertretungen muß in geheimer Abstimmung erfolgen. [2] Die Aufstellung regeln die Wahlgesetze und die Satzungen der Parteien.

---

1) § 15 Abs. 2a eingef. mWv 5.3.2024 durch G v. 27.2.2024 (BGBl. 2024 I Nr. 70).

Vierter Abschnitt. Staatliche Finanzierung

§ 18[1] Grundsätze und Umfang der staatlichen Finanzierung. (1) [1]Die Parteien erhalten Mittel als Teilfinanzierung der allgemein ihnen nach dem Grundgesetz[2] obliegenden Tätigkeit. [2]Maßstäbe für die Verteilung der staatlichen Mittel bilden der Erfolg, den eine Partei bei den Wählern bei Europa-, Bundestags- und Landtagswahlen erzielt, die Summe ihrer Mitglieds- und Mandatsträgerbeiträge sowie der Umfang der von ihr eingeworbenen Spenden.

(2) [1]Das jährliche Gesamtvolumen staatlicher Mittel, das allen Parteien höchstens ausgezahlt werden darf, beträgt für die für das Jahr 2018 vorzunehmende Festsetzung 184 793 822 Euro (absolute Obergrenze). [2]Die absolute Obergrenze erhöht sich jährlich um den Prozentsatz, abgerundet auf ein Zehntel Prozent, um den sich der Preisindex der für eine Partei typischen Ausgaben im dem Anspruchsjahr vorangegangenen Jahr erhöht hat. [3]Grundlage des Preisindexes ist zu einem Wägungsanteil von 70 Prozent der allgemeine Verbraucherpreisindex und von 30 Prozent der Index der tariflichen Monatsgehälter der Arbeiter und Angestellten bei Gebietskörperschaften. [4]Der Präsident des Statistischen Bundesamtes legt dem Deutschen Bundestag hierzu bis spätestens 30. April jedes Jahres einen Bericht über die Entwicklung des Preisindexes bezogen auf das vorangegangene Jahr vor. [5]Der Bundestagspräsident veröffentlicht bis spätestens 31. Mai jedes Jahres die sich aus der Steigerung ergebende Summe der absoluten Obergrenze, abgerundet auf volle Eurobeträge, als Bundestagsdrucksache.

(3) [1]Die Parteien erhalten jährlich im Rahmen der staatlichen Teilfinanzierung

1. 0,83 Euro für jede für ihre jeweilige Liste abgegebene gültige Stimme oder
2. 0,83 Euro für jede für sie in einem Wahl- oder Stimmkreis abgegebene gültige Stimme, wenn in einem Land eine Liste für diese Partei nicht zugelassen war, und
3. 0,45 Euro für jeden Euro, den sie als Zuwendung (eingezahlter Mitglieds- oder Mandatsträgerbeitrag oder rechtmäßig erlangte Spende) erhalten haben; dabei werden nur Zuwendungen bis zu 3 300 Euro je natürliche Person berücksichtigt.

[2]Die Parteien erhalten abweichend von den Nummern 1 und 2 für die von ihnen jeweils erzielten bis zu vier Millionen gültigen Stimmen 1 Euro je Stimme. [3]Die in Satz 1 Nummer 1 und 2 sowie in Satz 2 genannten Beträge erhöhen sich ab dem Jahr 2017 entsprechend Absatz 2 Satz 2 bis 5.

(4) [1]Anspruch auf staatliche Mittel gemäß Absatz 3 Nr. 1 und 3 haben Parteien, die nach dem endgültigen Wahlergebnis der jeweils letzten Europa- oder Bundestagswahl mindestens 0,5 vom Hundert oder einer Landtagswahl 1,0 vom Hundert der für die Listen abgegebenen gültigen Stimmen erreicht haben; für Zahlungen nach Absatz 3 Satz 1 Nr. 1 und Satz 2 muss die Partei diese Voraussetzungen bei der jeweiligen Wahl erfüllen. [2]Anspruch auf die staatlichen Mittel gemäß Absatz 3 Nr. 2 haben Parteien, die nach dem endgültigen Wahlergebnis 10 vom Hundert

---

[1] § 18 neu gef. mWv 1.7.2002 durch G v. 28.6.2002 (BGBl. I S. 2268); Abs. 1 Satz 2 und Abs. 4 Satz 1 geänd. sowie Abs. 6 Satz 3 und Abs. 7 neu gef. mWv 29.12.2004 durch G v. 22.12.2004 (BGBl. I S. 3673); Abs. 2 neu gef., Abs. 6 aufgeh., bish. Abs. 7 und 8 werden Abs. 6 und 7 mWv 27.8.2011 durch G v. 23.8. 2011 (BGBl. I S. 1748); Abs. 3 Satz 1 Nr. 1–3 und Satz 2 geänd., Satz 3 angef. mWv 1.1.2016 durch G v. 22.12.2015 (BGBl. I S. 2563); Abs. 7 Satz 2 angef. mWv 29.7.2017 durch G v. 18.7.2017 (BGBl. I S. 2730); Abs. 2 Sätze 1 und 2 geänd. mWv 5.3.2024 durch G v. 27.2.2024 (BGBl. 2024 I Nr. 70).

[2] Nr. **1**.

der in einem Wahl- oder Stimmkreis abgegebenen gültigen Stimmen erreicht haben. [3] Die Sätze 1 und 2 gelten nicht für Parteien nationaler Minderheiten.

(5) [1] Die Höhe der staatlichen Teilfinanzierung darf bei einer Partei die Summe der Einnahmen nach § 24 Abs. 4 Nr. 1 bis 7 nicht überschreiten (relative Obergrenze). [2] Die Summe der Finanzierung aller Parteien darf die absolute Obergrenze nicht überschreiten.

(6) Der Bundespräsident kann eine Kommission unabhängiger Sachverständiger zu Fragen der Parteienfinanzierung berufen.

(Fortsetzung nächstes Blatt)

(7) [1] Löst sich eine Partei auf oder wird sie verboten, scheidet sie ab dem Zeitpunkt der Auflösung aus der staatlichen Teilfinanzierung aus. [2] Gleiches gilt bei einer Feststellung des Bundesverfassungsgerichts nach § 46a des Bundesverfassungsgerichtsgesetzes[1)] ab dem Zeitpunkt der Entscheidung.

§ 19[2)] Antragstellung für die staatliche Teilfinanzierung. (1) [1] Die Festsetzung und die Auszahlung der staatlichen Mittel für das Anspruchsjahr im Sinne des Gesetzes sind von den Parteien schriftlich zum 30. September des Anspruchsjahres beim Präsidenten des Deutschen Bundestages zu beantragen. [2] Der Antrag muss von einem für die Finanzen nach der Satzung zuständigen Vorstandsmitglied der Partei gestellt sein und die zustellungsfähige Anschrift sowie eine Bankverbindung enthalten. [3] Ein einheitlicher Antrag des Bundesverbandes für die Gesamtpartei genügt. [4] Teilanträge sind zulässig. [5] Wurden staatliche Mittel zugunsten einer Partei bereits für das dem Anspruchsjahr vorausgehende Jahr festgesetzt, erfolgt die Festsetzung durch den Präsidenten des Deutschen Bundestages ohne weiteren Antrag. [6] Änderungen, die das Festsetzungsverfahren betreffen, hat die Partei dem Präsidenten des Deutschen Bundestages unverzüglich mitzuteilen. [7] Unterbleibt eine solche Mitteilung, haftet die Partei.

(2) [1] Der Antrag auf Abschlagszahlungen ist schriftlich bei dem Präsidenten des Deutschen Bundestages bis zum 15. des jeweils der nächsten Abschlagszahlung vorangehenden Monats zu stellen. [2] Er kann für mehrere Abschläge des Jahres gleichzeitig gestellt werden. [3] Absatz 1 Sätze 5 bis 7 gilt entsprechend.

§ 19a[3)] Festsetzungsverfahren. (1) [1] Der Präsident des Deutschen Bundestages setzt jährlich zum 15. Februar die Höhe der staatlichen Mittel für jede anspruchsberechtigte Partei für das vorangegangene Jahr (Anspruchsjahr) fest. [2] Er darf staatliche Mittel für eine Partei nach den §§ 18 und 19a nur auf Grund eines Rechenschaftsberichts festsetzen und auszahlen, der den Vorschriften des Fünften Abschnitts entspricht. [3] Leitet der Präsident des Deutschen Bundestages bezüglich eines fristgerecht eingereichten Rechenschaftsberichts das Verfahren nach § 23a Abs. 2 vor der Festsetzung ein, setzt er die staatlichen Mittel für diese Partei auf der Grundlage ihres Rechenschaftsberichts nur vorläufig fest und zahlt sie gegen Sicherheitsleistung in Höhe möglicher Zahlungsverpflichtungen der Partei (§§ 31a bis 31c) aus. [4] Nach Abschluss des Verfahrens trifft er eine endgültige Festsetzung.

(2) [1] Berechnungsgrundlage für die Festsetzung der Höhe der staatlichen Mittel sind die von den anspruchsberechtigten Parteien bis einschließlich 31. Dezember des Anspruchsjahres erzielten gültigen Stimmen bei der jeweils letzten Europa- und Bundestagswahl sowie der jeweils letzten Landtagswahl und die in den Rechenschaftsberichten veröffentlichten Zuwendungen (§ 18 Abs. 3 Satz 1 Nr. 3) des jeweils vorangegangenen Jahres (Rechenschaftsjahr). [2] Der Präsident des Deutschen Bundestages fasst die erzielten, nach § 18 Abs. 4 berücksichtigungsfähigen, gültigen Stimmen jeder Partei in einem Stimmenkonto zusammen und schreibt dieses fort.

---

1) Nr. **40**.

2) § 19 neu gef. mWv 1.7.2002 durch G v. 28.6.2002 (BGBl. I S. 2268).

3) § 19a eingef. mWv 1.7.2002 durch G v. 28.6.2002 (BGBl. I S. 2268); Abs. 5 Satz 1 neu gef. mWv 27.8.2011 durch G v. 23.8.2011 (BGBl. I S. 1748); Abs. 4 Satz 2 angef., neuer Satz 1 geänd. mWv 1.1.2016 durch G v. 22.12.2015 (BGBl. I S. 2563).

(3) [1] Die Partei hat ihren Rechenschaftsbericht bis zum 30. September des dem Rechenschaftsjahr folgenden Jahres beim Präsidenten des Deutschen Bundestages einzureichen. [2] Der Präsident des Deutschen Bundestages kann die Frist um bis zu drei Monate verlängern. [3] Reicht eine Partei ihren Rechenschaftsbericht nicht fristgerecht ein, verliert sie endgültig den auf Zuwendungen bezogenen Anspruch auf staatliche Mittel (Verfall des Zuwendungsanteils). [4] Hat eine Partei ihren Rechenschaftsbericht bis zum 31. Dezember des dem Anspruchsjahr folgenden Jahres nicht eingereicht, verliert sie endgültig den Anspruch auf staatliche Mittel für das Anspruchsjahr (Verfall des Wählerstimmenanteils). [5] Die Fristen werden unabhängig von der inhaltlichen Richtigkeit gewahrt, wenn der Rechenschaftsbericht der in § 24 vorgegebenen Gliederung entspricht und den Prüfungsvermerk gemäß § 30 Abs. 2 trägt. [6] Die Festsetzungen und Zahlungen an die übrigen Parteien bleiben unverändert.

(4) [1] Der Berechnung der relativen Obergrenze (§ 18 Absatz 5) sind die in den Rechenschaftsberichten des Rechenschaftsjahres veröffentlichten Einnahmen nach § 24 Absatz 4 Nummer 1 bis 7 zugrunde zu legen. [2] Dabei sind Einnahmen aus Unternehmenstätigkeit (§ 24 Absatz 4 Nummer 5) nur in Höhe des nach Abzug der Ausgaben (§ 24 Absatz 5 Nummer 2 Buchstabe f) verbleibenden Betrages zu berücksichtigen.

(5) [1] Bei der Festsetzung ist zunächst für jede Partei die relative Obergrenze (§ 18 Absatz 5) und sodann die absolute Obergrenze (§ 18 Absatz 2) einzuhalten. [2] Überschreitet die Summe der errechneten staatlichen Mittel die absolute Obergrenze, besteht der Anspruch der Parteien auf staatliche Mittel nur in der Höhe, der ihrem Anteil an diesem Betrag entspricht.

(6) [1] Die Auszahlung der staatlichen Mittel für die bei Landtagswahlen erzielten gültigen Stimmen erfolgt an den jeweiligen Landesverband der Partei in Höhe von 0,50 Euro je Stimme; etwaige Kürzungen nach Absatz 5 bleiben außer Betracht, soweit diese bei den vom Bund zu leistenden Auszahlungen (§ 21 Abs. 1 Satz 1 Alternative 2) vorgenommen werden können. [2] Die Auszahlung der übrigen staatlichen Mittel erfolgt an den Bundesverband der Partei, bei Landesparteien an den Landesverband.

§ 20[1)] **Abschlagszahlungen.** (1) [1] Den anspruchsberechtigten Parteien sind Abschlagszahlungen auf den vom Präsidenten des Deutschen Bundestages festzusetzenden Betrag zu gewähren. [2] Berechnungsgrundlage sind die für das vorangegangene Jahr für jede Partei festgesetzten Mittel. [3] Die Abschlagszahlungen sind zum 15. Februar, zum 15. Mai, zum 15. August und zum 15. November zu zahlen; sie dürfen jeweils 25 vom Hundert der Gesamtsumme der für das Vorjahr für die jeweilige Partei festgesetzten Mittel nicht überschreiten. [4] Liegen Anhaltspunkte dafür vor, dass es zu einer Rückzahlungsverpflichtung kommen könnte, kann die Gewährung von einer Sicherheitsleistung abhängig gemacht werden.

(2) [1] Die Abschlagszahlungen sind von den Parteien unverzüglich zurückzuzahlen, soweit sie den festgesetzten Betrag überschreiten oder ein Anspruch nicht entstanden ist. [2] Ergibt sich aus der Festsetzung eine Überzahlung, stellt der Präsident des Deutschen Bundestages den Rückforderungsanspruch mit dem die Festsetzung umfassenden Verwaltungsakt fest und verrechnet diesen Betrag unmittelbar.

(3) § 19a Abs. 6 gilt entsprechend.

[1)] § 20 neu gef. mWv 1.7.2002 durch G v. 28.6.2002 (BGBl. I S. 2268).

§ 21[1)] Bereitstellung von Bundesmitteln und Auszahlungsverfahren sowie Prüfung durch den Bundesrechnungshof. (1) [1] Die Mittel nach den §§ 18 und 20 werden im Falle des § 19 a Abs. 6 Satz 1 von den Ländern, im übrigen vom Bund durch den Präsidenten des Deutschen Bundestages an die Parteien ausgezahlt. [2] Der Präsident des Deutschen Bundestages teilt den Ländern die auf die Landesverbände der Parteien entfallenden Beträge verbindlich mit.

(2) Der Bundesrechnungshof prüft, ob der Präsident des Deutschen Bundestages als mittelverwaltende Stelle die staatlichen Mittel entsprechend den Vorschriften dieses Abschnitts festgesetzt und ausgezahlt hat, sowie die ordnungsgemäße Durchführung der Verfahren gemäß § 23 a.

§ 22 Parteiinterner Finanzausgleich. Die Bundesverbände der Parteien haben für einen angemessenen Finanzausgleich für ihre Landesverbände Sorge zu tragen.

Fünfter Abschnitt. Rechenschaftslegung

§ 23[2)] Pflicht zur öffentlichen Rechenschaftslegung. (1) [1] Der Vorstand der Partei hat über die Herkunft und die Verwendung der Mittel sowie über das Vermögen der Partei zum Ende des Kalenderjahres (Rechnungsjahr) in einem Rechenschaftsbericht wahrheitsgemäß und nach bestem Wissen und Gewissen öffentlich Rechenschaft zu geben. [2] Der Rechenschaftsbericht soll vor der Zuleitung an den Präsidenten des Deutschen Bundestages im Vorstand der Partei beraten werden. [3] Der Bundesvorstand der Partei sowie die Vorstände der Landesverbände und die Vorstände der den Landesverbänden vergleichbaren Gebietsverbände sind jeweils für ihre Rechenschaftslegung verantwortlich. [4] Ihre Rechenschaftsberichte werden vom Vorsitzenden und einem vom Parteitag gewählten für die Finanzangelegenheiten zuständigen Vorstandsmitglied oder von einem für die Finanzangelegenheiten nach der Satzung zuständigen Gremium gewählten Vorstandsmitglied unterzeichnet. [5] Diese für die Finanzangelegenheiten zuständigen Vorstandsmitglieder versichern mit ihrer Unterschrift, dass die Angaben in ihren Rechenschaftsberichten nach bestem Wissen und Gewissen wahrheitsgemäß gemacht worden sind. [6] Der Rechenschaftsbericht der Gesamtpartei wird von einem vom Parteitag gewählten für die Finanzangelegenheiten zuständigen Vorstandsmitglied des Bundesvorstandes oder von einem für die Finanzangelegenheiten nach der Satzung zuständigen Gremium gewählten Mitglied des Bundesvorstandes zusammengefügt und unterzeichnet.

(2) [1] Der Rechenschaftsbericht muss von einem Wirtschaftsprüfer oder einer Wirtschaftsprüfungsgesellschaft nach den Vorschriften der §§ 29 bis 31 geprüft werden. [2] Bei Parteien, die die Voraussetzungen des § 18 Abs. 4 Satz 1 erster Halbsatz nicht erfüllen, kann der Rechenschaftsbericht auch von einem vereidigten Buchprüfer oder einer Buchprüfungsgesellschaft geprüft werden. [3] Er ist entsprechend der Frist nach § 19 a Abs. 3 Satz 1 erster Halbsatz beim Prä-

---

[1)] § 21 Abs. 1 Satz 1 geänd. mWv 1. 7. 2002 durch G v. 28. 6. 2002 (BGBl. I S. 2268); Überschr. und Abs. 2 neu gef. mWv 1. 1. 2003 durch G v. 28. 6. 2002 (BGBl. I S. 2268).

[2)] § 23 neu gef. mWv 1. 1. 2003 durch G v. 28. 6. 2002 (BGBl. I S. 2268).

sidenten des Deutschen Bundestages einzureichen und von diesem als Bundestagsdrucksache zu verteilen. [4] Erfüllt eine Partei die Voraussetzungen des § 18 Abs. 4 Satz 1 erster Halbsatz nicht und verfügt sie im Rechnungsjahr weder über Einnahmen noch über ein Vermögen von mehr als 5 000 Euro, kann sie bei dem Präsidenten des Deutschen Bundestages einen ungeprüften Rechenschaftsbericht einreichen. [5] Der Präsident des Deutschen Bundestages kann untestiert eingereichte Rechenschaftsberichte veröffentlichen. [6] Der Rechenschaftsbericht der Partei ist dem jeweils auf seine Veröffentlichung folgenden Bundesparteitag zur Erörterung vorzulegen.

(3) [1] Der Präsident des Deutschen Bundestages prüft gemäß § 23 a, ob der Rechenschaftsbericht den Vorschriften des Fünften Abschnitts entspricht. [2] Das Ergebnis der Prüfung ist in dem Bericht nach Absatz 4 aufzunehmen.

(4) [1] Der Präsident des Deutschen Bundestages erstattet dem Deutschen Bundestag alle zwei Jahre über die Entwicklung der Parteienfinanzen sowie über die Rechenschaftsberichte der Parteien Bericht. [2] Zusätzlich erstellt er vergleichende jährliche Kurzübersichten über die Einnahmen und Ausgaben sowie über die Vermögensverhältnisse der Parteien. [3] Die Berichte werden als Bundestagsdrucksache verteilt.

§ 23 a[1)] Prüfung des Rechenschaftsberichts. (1) [1] Der Präsident des Deutschen Bundestages prüft den vorgelegten Rechenschaftsbericht auf formale und inhaltliche Richtigkeit. [2] Er stellt fest, ob der Rechenschaftsbericht den Vorschriften des Fünften Abschnitts entspricht. [3] Eine erneute Prüfung ist nur vor Ablauf der in § 24 Abs. 2 bestimmten Frist zulässig.

(2) [1] Liegen dem Präsidenten des Deutschen Bundestages konkrete Anhaltspunkte dafür vor, dass im Rechenschaftsbericht einer Partei enthaltene Angaben unrichtig sind, gibt dieser der betroffenen Partei Gelegenheit zur Stellungnahme. [2] Er kann von der Partei die Bestätigung der Richtigkeit ihrer Stellungnahme durch ihren Wirtschaftsprüfer oder ihre Wirtschaftsprüfungsgesellschaft, ihren vereidigten Buchprüfer oder ihre Buchprüfungsgesellschaft verlangen.

(3) [1] Räumt die nach Absatz 2 verlangte Stellungnahme die dem Präsidenten des Deutschen Bundestages vorliegenden konkreten Anhaltspunkte für Unrichtigkeiten im Rechenschaftsbericht nicht aus, kann der Präsident des Deutschen Bundestages im Einvernehmen mit der Partei einen Wirtschaftsprüfer oder eine Wirtschaftsprüfungsgesellschaft seiner Wahl mit der Prüfung beauftragen, ob der Rechenschaftsbericht der Partei den Vorschriften des Fünften Abschnitts entspricht. [2] Die Partei hat dem vom Präsidenten des Deutschen Bundestages bestellten Wirtschaftsprüfer Zugang und Einsicht in die zur Prüfung erforderlichen Unterlagen und Belege zu gewähren. [3] Die Kosten dieses Verfahrens trägt der Präsident des Deutschen Bundestages.

(4) [1] Nach Abschluss des Verfahrens erlässt der Präsident des Deutschen Bundestages einen Bescheid, in dem er gegebenenfalls Unrichtigkeiten des Rechenschaftsberichts feststellt und die Höhe des den unrichtigen Angaben entsprechenden Betrages festsetzt. [2] In dem Bescheid ist anzugeben, ob die Unrichtigkeit auf der Verletzung der Vorschriften über die Einnahme- und

---

[1)] § 23 a neu gef. mWv 1. 1. 2003 durch G v. 28. 6. 2002 (BGBl. I S. 2268); Abs. 4 Satz 1 geänd. mWv 29. 12. 2004 durch G v. 22. 12. 2004 (BGBl. I S. 3673).

Ausgaberechnung, der Vermögensbilanz oder des Erläuterungsteils (§ 24 Abs. 7) beruht.

(5) [1] Eine Partei, in deren Rechenschaftsbericht unrichtige Angaben enthalten sind, hat den Rechenschaftsbericht zu berichtigen und nach Entscheidung des Präsidenten des Deutschen Bundestages teilweise oder ganz neu abzugeben. [2] Dieser ist von einem Wirtschaftsprüfer oder einer Wirtschaftsprüfungsgesellschaft, einem vereidigten Buchprüfer oder einer Buchprüfungsgesellschaft durch einen Vermerk zu bestätigen. [3] Übersteigt der zu berichtigende Betrag im Einzelfall nicht 10 000 Euro und im Rechnungsjahr je Partei nicht 50 000 Euro, kann abweichend von den Sätzen 1 und 2 die Berichtigung im Rechenschaftsbericht für das folgende Jahr vorgenommen werden.

(6) Berichtigte Rechenschaftsberichte sind ganz oder teilweise als Bundestagsdrucksache zu veröffentlichen.

(7) [1] Die im Rahmen dieses Verfahrens gewonnenen Erkenntnisse, die nicht die Rechnungslegung der Partei selbst betreffen, dürfen nicht veröffentlicht oder anderen staatlichen Stellen der Bundesrepublik Deutschland zugeleitet werden. [2] Sie müssen vom Präsidenten nach Beendigung der Prüfung unverzüglich vernichtet werden.

§ 23b[1)] Anzeigepflicht bei Unrichtigkeiten im Rechenschaftsbericht.

(1) Erlangt eine Partei Kenntnis von Unrichtigkeiten in ihrem bereits frist- und formgerecht beim Präsidenten des Deutschen Bundestages eingereichten Rechenschaftsbericht, hat sie diese unverzüglich dem Präsidenten des Deutschen Bundestages schriftlich anzuzeigen, wenn der Wert der anzuzeigenden Unrichtigkeit im Einzelfall 500 Euro überschreitet.

(2) [1] Bei einer von der Partei angezeigten Unrichtigkeit unterliegt die Partei nicht den Rechtsfolgen des § 31b oder des § 31c, wenn im Zeitpunkt des Eingangs der Anzeige konkrete Anhaltspunkte für diese unrichtigen Angaben öffentlich nicht bekannt waren oder weder dem Präsidenten des Deutschen Bundestages vorgelegen haben noch in einem amtlichen Verfahren entdeckt waren und die Partei den Sachverhalt umfassend offen legt und korrigiert. [2] Die zu Unrecht erlangten Finanzvorteile sind innerhalb einer vom Präsidenten des Deutschen Bundestages gesetzten Frist an diesen abzuführen.

(3) § 23a Abs. 5 und 6 gilt entsprechend.

§ 24[2)] Rechenschaftsbericht. (1) [1] Der Rechenschaftsbericht besteht aus einer Ergebnisrechnung auf der Grundlage einer den Vorschriften dieses Gesetzes entsprechenden Einnahmen- und Ausgabenrechnung, einer damit verbundenen Vermögensbilanz sowie einem Erläuterungsteil. [2] Er gibt unter Beachtung der Grundsätze ordnungsmäßiger Buchführung entsprechend den tatsächlichen Verhältnissen Auskunft über die Herkunft und Verwendung der Mittel sowie über das Vermögen der Partei.

[1)] § 23b eingef. mWv 1.7.2002 durch G v. 28.6.2002 (BGBl. I S. 2268); Abs. 1 geänd. mWv 5.3.2024 durch G v. 27.2.2024 (BGBl. 2024 I Nr. 70).

[2)] § 24 neu gef. mWv 1.1.2003 durch G v. 28.6.2002 (BGBl. I S. 2268); Abs. 1, Abs. 2 Satz 1 und Abs. 6 Nr. 2 Buchst. B neu gef., Abs. 6 Nr. 1 Buchst. B Ziff. II geänd. sowie Abs. 7 Nr. 1 aufgeh., bish. Nr. 2–4 werden Nr. 1–3 mWv 1.1.2004 durch G v. 22.12.2004 (BGBl. I S. 3673); Abs. 9 Nr. 5 neu gef. mWv 27.8.2011 durch G v. 23.8.2011 (BGBl. I S. 1748); Abs. 4 Nr. 5 geänd., Nr. 5a eingef., Abs. 5 Nr. 2 Buchst. f eingef., bish. Buchst. f wird Buchst. g mWv 1.1.2016 durch G v. 22.12.2015 (BGBl. I S. 2563); Abs. 8a eingef. mWv 1.1.2025 durch G v. 27.2.2024 (BGBl. 2024 I Nr. 70).

(2) [1] Die für alle Kaufleute geltenden handelsrechtlichen Vorschriften über die Rechnungslegung, insbesondere zu Ansatz und Bewertung von Vermögensgegenständen, sind entsprechend anzuwenden, soweit dieses Gesetz nichts anderes vorschreibt. [2] Rechnungsunterlagen, Bücher, Bilanzen und Rechenschaftsberichte sind zehn Jahre aufzubewahren. [3] Die Aufbewahrungsfrist beginnt mit Ablauf des Rechnungsjahres.

(3) [1] In den Rechenschaftsbericht der Gesamtpartei sind die Rechenschaftsberichte jeweils getrennt nach Bundesverband und Landesverband sowie die Rechenschaftsberichte der nachgeordneten Gebietsverbände je Landesverband aufzunehmen. [2] Die Landesverbände und die ihnen nachgeordneten Gebietsverbände haben ihren Rechenschaftsberichten eine lückenlose Aufstellung aller Zuwendungen je Zuwender mit Namen und Anschrift beizufügen. [3] Der Bundesverband hat diese Aufstellungen zur Ermittlung der jährlichen Gesamthöhe der Zuwendungen je Zuwender zusammenzufassen. [4] Die Landesverbände haben die Teilberichte der ihnen nachgeordneten Gebietsverbände gesammelt bei ihren Rechenschaftsunterlagen aufzubewahren.

(4) Die Einnahmerechnung umfasst:

1. Mitgliedsbeiträge,
2. Mandatsträgerbeiträge und ähnliche regelmäßige Beiträge,
3. Spenden von natürlichen Personen,
4. Spenden von juristischen Personen,
5. Einnahmen aus Unternehmenstätigkeit,

5a. Einnahmen aus Beteiligungen,

6. Einnahmen aus sonstigem Vermögen,
7. Einnahmen aus Veranstaltungen, Vertrieb von Druckschriften und Veröffentlichungen und sonstiger mit Einnahmen verbundener Tätigkeit,
8. staatliche Mittel,
9. sonstige Einnahmen,
10. Zuschüsse von Gliederungen und
11. Gesamteinnahmen nach den Nummern 1 bis 10.

(5) Die Ausgaberechnung umfasst:

1. Personalausgaben,
2. Sachausgaben
   a) des laufenden Geschäftsbetriebes,
   b) für allgemeine politische Arbeit,
   c) für Wahlkämpfe,
   d) für die Vermögensverwaltung einschließlich sich hieraus ergebender Zinsen,
   e) sonstige Zinsen,
   f) Ausgaben im Rahmen einer Unternehmenstätigkeit,
   g) sonstige Ausgaben,
3. Zuschüsse an Gliederungen und
4. Gesamtausgaben nach den Nummern 1 bis 3.

(6) Die Vermögensbilanz umfasst:

1. Besitzposten:
   A. Anlagevermögen:
      I. Sachanlagen:

1. Haus- und Grundvermögen,
2. Geschäftsstellenausstattung,

II. Finanzanlagen:

1. Beteiligungen an Unternehmen,
2. sonstige Finanzanlagen;

B. Umlaufvermögen:

I. Forderungen an Gliederungen,
II. Forderungen aus der staatlichen Teilfinanzierung,
III. Geldbestände,
IV. sonstige Vermögensgegenstände;

C. Gesamtbesitzposten (Summe aus A und B);

2. Schuldposten:

A. Rückstellungen:

I. Pensionsverpflichtungen,
II. sonstige Rückstellungen;

B. Verbindlichkeiten:

I. Verbindlichkeiten gegenüber Gliederungen,
II. Rückzahlungsverpflichtungen aus der staatlichen Teilfinanzierung,
III. Verbindlichkeiten gegenüber Kreditinstituten,
IV. Verbindlichkeiten gegenüber sonstigen Darlehensgebern,
V. sonstige Verbindlichkeiten;

C. Gesamte Schuldposten (Summe von A und B);

3. Reinvermögen (positiv oder negativ).

(7) Der Vermögensbilanz ist ein Erläuterungsteil hinzuzufügen, der insbesondere folgende Punkte umfassen muss:

1. Auflistung der Beteiligungen nach Absatz 6 Nr. 1 A II 1 sowie deren im Jahresabschluss aufgeführten unmittelbaren und mittelbaren Beteiligungen, jeweils mit Name und Sitz sowie unter Angabe des Anteils und der Höhe des Nominalkapitals; außerdem sind die Höhe des Anteils am Kapital, das Eigenkapital und das Ergebnis des letzten Geschäftsjahres dieser Unternehmen anzugeben, für das ein Jahresabschluss vorliegt. Die im Jahresabschluss dieser Unternehmen aufgeführten Beteiligungen sind mit den Angaben aus dem Jahresabschluss zu übernehmen. Beteiligungen im Sinne dieses Gesetzes sind Anteile gemäß § 271 Abs. 1 des Handelsgesetzbuchs[1]);
2. Benennung der Hauptprodukte von Medienunternehmen, soweit Beteiligungen an diesen bestehen;
3. im Abstand von fünf Jahren eine Bewertung des Haus- und Grundvermögens und der Beteiligungen an Unternehmen nach dem Bewertungsgesetz (Haus- *und Grundvermögen nach* §§ 145 ff. des Bewertungsgesetzes).

(8) Im Rechenschaftsbericht sind die Summe der Zuwendungen natürlicher Personen bis zu 3 300 Euro je Person sowie die Summe der Zuwendungen natürlicher Personen, soweit sie den Betrag von 3 300 Euro übersteigen, gesondert auszuweisen.

(8a) [1] Einnahmen aus Sponsoring gemäß § 27 Absatz 1b sind neben der Berücksichtigung als Einnahme in einem gesonderten Teil im Rechenschaftsbericht auf-

---

[1]) **Habersack Nr. 50.**

zuführen (Sponsoring-Bericht), wenn der zugewendete Bruttobetrag im Einzelfall 750 Euro oder bei mehreren Zuwendungen der gleichen Person an den gleichen Gebietsverband im Rechnungsjahr 6 000 Euro übersteigt. [2] Bei der Angabe im Rechenschaftsbericht sind Einnahmen aus Sponsoring

1. unter Angabe von Namen und Anschrift des Zuwendenden,
2. des Bruttowertes der Einnahme und
3. der Art des Sponsorings

zu verzeichnen.

(9) [1] Dem Rechenschaftsbericht ist eine Zusammenfassung voranzustellen:

1. Einnahmen der Gesamtpartei gemäß Absatz 4 Nr. 1 bis 9 und deren Summe,
2. Ausgaben der Gesamtpartei gemäß Absatz 5 Nr. 1 und 2 und deren Summe,
3. Überschuss- oder Defizitausweis,
4. Besitzposten der Gesamtpartei gemäß Absatz 6 Nr. 1 A I und II und B II bis IV und deren Summe,
5. Schuldposten der Gesamtpartei gemäß Absatz 6 Nummer 2 A I und II und B II bis V und deren Summe,
6. Reinvermögen der Gesamtpartei (positiv oder negativ),
7. Gesamteinnahmen, Gesamtausgaben, Überschüsse oder Defizite sowie Reinvermögen der drei Gliederungsebenen Bundesverband, Landesverbände und der ihnen nachgeordneten Gebietsverbände.

[2] Neben den absoluten Beträgen zu den Nummern 1 und 2 ist der Vomhundertsatz der Einnahmensumme nach Nummer 1 und der Ausgabensumme nach Nummer 2 auszuweisen. [3] Zum Vergleich sind die Vorjahresbeträge anzugeben.

(10) Die Anzahl der Mitglieder zum 31. Dezember des Rechnungsjahres ist zu verzeichnen.

(11) Die Partei kann dem Rechenschaftsbericht zusätzliche Erläuterungen beifügen.

(12) [1] Öffentliche Zuschüsse, die den politischen Jugendorganisationen zweckgebunden zugewendet werden, bleiben bei der Ermittlung der absoluten Obergrenze unberücksichtigt. [2] Sie sind im Rechenschaftsbericht der jeweiligen Partei nachrichtlich auszuweisen und bleiben bei der Einnahme- und Ausgaberechnung der Partei unberücksichtigt.

§ 25[1)] Spenden. (1) [1] Parteien sind berechtigt, Spenden anzunehmen. [2] Bis zu einem Betrag von 1 000 Euro kann eine Spende mittels Bargeld erfolgen. [3] Parteimitglieder, die Empfänger von Spenden an die Partei sind, haben diese unverzüglich an ein für Finanzangelegenheiten von der Partei satzungsmäßig bestimmtes Vorstandsmitglied weiterzuleiten. [4] Spenden sind von einer Partei erlangt, wenn sie in den Verfügungsbereich eines für die Finanzangelegenheiten zuständigen Vorstandsmitglieds oder eines hauptamtlichen Mitarbeiters der Partei gelangt sind; unverzüglich nach ihrem Eingang an den Spender zurückgeleitete Spenden gelten als nicht von der Partei erlangt.

(2) Von der Befugnis der Parteien, Spenden anzunehmen ausgeschlossen sind:

[1)] § 25 neu gef. mWv 1.7.2002 durch G v. 28.6.2002 (BGBl. I S. 2268); Abs. 3 Satz 1 geänd. mWv 1.1. 2016 durch G v. 22.12.2015 (BGBl. I S. 2563); Abs. 3 Sätze 1 und 2 geänd. mWv 5.3.2024 durch G v. 27.2.2024 (BGBl. 2024 I Nr. 70).

1. Spenden von öffentlich-rechtlichen Körperschaften, Parlamentsfraktionen und -gruppen sowie von Fraktionen und Gruppen von kommunalen Vertretungen;
2. Spenden von politischen Stiftungen, Körperschaften, Personenvereinigungen und Vermögensmassen, die nach der Satzung, dem Stiftungsgeschäft oder der sonstigen Verfassung und nach der tatsächlichen Geschäftsführung ausschließlich und unmittelbar gemeinnützigen, mildtätigen oder kirchlichen Zwecken dienen (§§ 51 bis 68 der Abgabenordnung);
3. Spenden von außerhalb des Geltungsbereiches dieses Gesetzes, es sei denn, dass
   a) diese Spenden aus dem Vermögen eines Deutschen im Sinne des Grundgesetzes[1)], eines Bürgers der Europäischen Union oder eines Wirtschaftsunternehmens, dessen Anteile sich zu mehr als 50 vom Hundert im Eigentum von Deutschen im Sinne des Grundgesetzes oder eines Bürgers der Europä-

(Fortsetzung nächstes Blatt)

[1)] Nr. **1**.

ischen Union befinden oder dessen Hauptsitz in einem Mitgliedstaat der Europäischen Union ist, unmittelbar einer Partei zufließen,

b) es sich um Spenden an Parteien nationaler Minderheiten in ihrer angestammten Heimat handelt, die diesen aus Staaten zugewendet werden, die an die Bundesrepublik Deutschland angrenzen und in denen Angehörige ihrer Volkszugehörigkeit leben oder

c) es sich um eine Spende eines Ausländers von nicht mehr als 1 000 Euro handelt;

4. Spenden von Berufsverbänden, die diesen mit der Maßgabe zugewandt wurden, sie an eine politische Partei weiterzuleiten;
5. Spenden von Unternehmen, die ganz oder teilweise im Eigentum der öffentlichen Hand stehen oder die von ihr verwaltet oder betrieben werden, sofern die direkte Beteiligung der öffentlichen Hand 25 vom Hundert übersteigt;
6. Spenden, soweit sie im Einzelfall mehr als 500 Euro betragen und deren Spender nicht feststellbar sind, oder bei denen es sich erkennbar um die Weiterleitung einer Spende eines nicht genannten Dritten handelt;
7. Spenden, die der Partei erkennbar in Erwartung oder als Gegenleistung eines bestimmten wirtschaftlichen oder politischen Vorteils gewährt werden;
8. Spenden, die von einem Dritten gegen ein von der Partei zu zahlendes Entgelt eingeworben werden, das 25 vom Hundert des Wertes der eingeworbenen Spende übersteigt.

(3) [1] Spenden, Mitgliedsbeiträge und Mandatsträgerbeiträge an eine Partei oder einen oder mehrere ihrer Gebietsverbände, deren Gesamtwert in einem Kalenderjahr (Rechnungsjahr) 10 000 Euro übersteigt, sind unter Angabe des Namens und der Anschrift des Zuwenders oder anderer Angaben, die eine Identifikation der Person vergleichbar ermöglichen, sowie der Gesamthöhe der Zuwendung im Rechenschaftsbericht zu verzeichnen. [2] Spenden, die im Einzelfall die Höhe von 35 000 Euro übersteigen, sind dem Präsidenten des Deutschen Bundestages unverzüglich anzuzeigen. [3] Dieser veröffentlicht die Zuwendung unter Angabe des Zuwenders zeitnah als Bundestagsdrucksache.

(4) Nach Absatz 2 unzulässige Spenden sind von der Partei unverzüglich, spätestens mit Einreichung des Rechenschaftsberichts für das betreffende Jahr (§ 19a Abs. 3) an den Präsidenten des Deutschen Bundestages weiterzuleiten.

§ 26[1)] Begriff der Einnahme. (1) [1] Einnahme ist, soweit für einzelne Einnahmearten (§ 24 Abs. 4) nichts besonderes gilt, jede von der Partei erlangte Geld- oder geldwerte Leistung. [2] Als Einnahmen gelten auch die Freistellung von üblicherweise entstehenden Verbindlichkeiten, die Übernahme von Veranstaltungen und Maßnahmen durch andere, mit denen unmittelbar für eine Partei geworben wird (Werbemaßnahmen), die Auflösung von Rückstellungen sowie Wertaufholungen im Anlagevermögen.

(2) Alle Einnahmen sind mit ihrem vollen Betrag an der für sie vorgesehenen Stelle einzusetzen und in der Vermögensbilanz zu berücksichtigen.

[1)] § 26 Abs. 1, 4 und 5 neu gef. sowie Abs. 2 Satz 2 aufgeh. mWv 1.1.2003 durch G v. 28.6.2002 (BGBl. I S. 2268); Abs. 1 Satz 2 und Abs. 5 neu gef. sowie Abs. 2 geänd. mWv 1.1.2004 durch G v. 22.12. 2004 (BGBl. I S. 3673); Abs. 4 Satz 2 geänd. mWv 1.1.2016 durch G v. 22.12.2015 (BGBl. I S. 2563); Abs. 1 Satz 2 geänd. mWv 5.3.2024 durch G v. 27.2.2024 (BGBl. 2024 I Nr. 70).

(3) Wirtschaftsgüter, die nicht in Geld bestehen, sind mit den im gewöhnlichen Geschäftsverkehr für gleiche oder vergleichbare Leistungen üblicherweise zu zahlenden Preisen anzusetzen.

(4) [1] Die ehrenamtliche Mitarbeit in Parteien erfolgt grundsätzlich unentgeltlich. [2] Sach-, Werk- und Dienstleistungen, die Parteien außerhalb eines Geschäftsbetriebes üblicherweise unentgeltlich zur Verfügung gestellt werden, bleiben als Einnahmen unberücksichtigt. [3] Ein Kostenersatz bleibt hiervon unberührt.

(5) Beiträge und staatliche Mittel, die von vornherein für eine schlüsselmäßige Verteilung unter mehrere Gebietsverbände bestimmt sind, werden bei der Stelle ausgewiesen, bei der sie endgültig verbleiben.

§ 26a[1)] Begriff der Ausgabe. (1) [1] Ausgabe ist, soweit für einzelne Ausgabearten (§ 24 Abs. 5) nichts Besonderes gilt, auch jede von der Partei erbrachte Geldleistung oder geldwerte Leistung sowie die Nutzung von Einnahmen nach § 26 Abs. 1 Satz 2, die die Partei erlangt hat. [2] Als Ausgabe gelten auch planmäßige und außerplanmäßige Abschreibungen auf Vermögensgegenstände und die Bildung von Rückstellungen.

(2) § 26 Abs. 2 gilt entsprechend.

(3) Vermögensgegenstände sind zum Zeitpunkt einer Veräußerung mit ihrem Buchwert als Ausgaben zu erfassen.

(4) Ausgaben aus der internen Verrechnung zwischen Gliederungen sind bei der Gliederung zu erfassen, von der sie wirtschaftlich getragen werden.

§ 27[2)] Einzelne Einnahmearten. (1) [1] Mitgliedsbeiträge sind nur solche regelmäßigen Geldleistungen, die ein Mitglied auf Grund satzungsrechtlicher Vorschriften entrichtet. [2] Mandatsträgerbeiträge sind regelmäßige Geldleistungen, die ein Inhaber eines öffentlichen Wahlamtes (Mandatsträger) über seinen Mitgliedsbeitrag hinaus leistet.

(1a) [1] Spenden sind über Absatz 1 hinausgehende Geld- oder geldwerte Leistungen an die Partei. [2] Dazu gehören auch Satz 1 entsprechende Sonderumlagen, Sammlungen und Freistellungen von üblicherweise entstehenden Verbindlichkeiten sowie geldwerte Zuwendungen aller Art einschließlich der Übernahme von Werbemaßnahmen. [3] Geldwerte Zuwendungen im Sinne der Sätze 1 und 2 liegen nicht vor, wenn derartige Zuwendungen üblicherweise unentgeltlich Parteien außerhalb eines Geschäftsbetriebes zur Verfügung gestellt werden; dies gilt auch dann, wenn eine hierfür dennoch vereinbarte Vergütung an die Partei zurückgeleitet oder auf eine solche Vergütung verzichtet wird. [4] Als Werbemaßnahmen gelten auch solche, die zwar nicht den Namen einer Partei beinhalten, aber aufgrund ihrer Gesamterscheinung nach ihrer Gestaltung oder ihrer Inhalte als Werbemaßnahme für eine bestimmte Partei aufzufassen sind. [5] Als Werbemaßnahmen gelten nicht Meinungsäußerungen oder Bekundungen zu einer Partei, deren Positionen zu einer Sachfrage oder deren Kandidaten, soweit sie sich im Rahmen der allgemeinen politischen Willensbildung halten und nicht die wirtschaftlich relevante Werbung für eine Partei im Vordergrund steht. [6] Davon ist insbesondere auszugehen, wenn der Wert einer Werbemaßnahme 500 Euro nicht übersteigt. [7] Ebenfalls nicht als Werbemaßnahme gilt die Öffentlichkeitsarbeit der

---

[1)] § 26a eingef. mWv 1.1.2004 durch G v. 22.12.2004 (BGBl. I S. 3673).

[2)] § 27 neu gef. mWv 1.1.2003 durch G v. 28.6.2002 (BGBl. I S. 2268); Abs. 1 Satz 4 geänd. mWv 1.1.2016 durch G v. 22.12.2015 (BGBl. I S. 2563); Abs. 1 Sätze 3 und 4 aufgeh., Abs. 1a und 1b eingef. mWv 5.3.2024 durch G v. 27.2.2024 (BGBl. 2024 I Nr. 70).

Fraktionen gemäß den §§ 55 und 58 des Abgeordnetengesetzes[1] und entsprechender Regelungen der Länder.

(1b) [1] Einnahmen aus Sponsoring sind Zuwendungen zur Förderung einer Partei, mit denen der Zuwendende als Gegenleistung eine Förderung eigener Ziele der Werbung oder Öffentlichkeitsarbeit verfolgt. [2] Dabei darf die Höhe der jeweiligen Zuwendung nicht außer Verhältnis zur von der Partei erbrachten Gegenleistung stehen.

(2) [1] Sonstige Einnahmen nach § 24 Abs. 4 Nr. 9 sind aufzugliedern und zu erläutern, wenn sie bei einer der in § 24 Abs. 3 aufgeführten Gliederungen mehr als 2 vom Hundert der Summe der Einnahmen nach § 24 Abs. 4 Nr. 1 bis 6 ausmachen. [2] Darüber hinaus sind Einnahmen, die im Einzelfall die Summe von 10 000 Euro übersteigen, offen zu legen. [3] Erbschaften und Vermächtnisse sind unter Angabe ihrer Höhe, des Namens und der letzten Anschrift des Erblassers im Rechenschaftsbericht zu verzeichnen, soweit der Gesamtwert 10 000 Euro übersteigt.

§ 27a[2] Werbemaßnahmen anderer. (1) [1] Personen, die beabsichtigen Werbemaßnahmen im Sinne des § 27 Absatz 1a zu Gunsten einer Partei durchzuführen, haben der Partei die Maßnahme unter Angabe von deren Wert, Inhalt, Finanzierung und Umfang so frühzeitig anzuzeigen, dass die Partei rechtzeitig vor der Durchführung über die Annahme als Spende entscheiden kann. [2] Auf ein Verlangen der Partei sind sie verpflichtet, entsprechende Werbemaßnahmen unverzüglich zu unterlassen.

(2) [1] Verlangt die Partei nicht unverzüglich, nachdem sie von einer Werbemaßnahme im Sinne des Absatzes 1 durch die Anzeige oder auf sonstigem Wege Kenntnis erlangt hat, ihre Unterlassung, so ist die Maßnahme als Spende angenommen. [2] Die Partei hat Unterlassung zu verlangen, wenn die Spende nach § 25 Absatz 2 nicht angenommen werden darf.

(3) [1] Die Pflichten des Absatzes 2 gelten nur dann, wenn der Partei ein Unterlassungsverlangen möglich und zumutbar ist. [2] Ist ihr das Unterlassungsverlangen nicht möglich oder zumutbar, hat die Partei jedoch den Vorgang dem Bundestagspräsidenten anzuzeigen und über ihn in ihrem Rechenschaftsbericht zu berichten.

(4) Für Öffentlichkeitsarbeit der Fraktionen, die nicht unter § 27 Absatz 1a Satz 7 fällt und die als Übernahme von Werbemaßnahmen für ihre Partei zu werten ist, gelten die allgemeinen Regelungen dieses Gesetzes zur Annahme von Spenden.

(5) Die Anzeige nach Absatz 1 Satz 1 muss an die Geschäftsstelle der höchsten Gliederungsebene der Partei erfolgen.

§ 28[3] Vermögensbilanz. (1) In der Vermögensbilanz sind Vermögensgegenstände mit einem Anschaffungswert von im Einzelfall mehr als 5 000 Euro (inklusive Umsatzsteuer) aufzuführen.

(2) [1] Vermögensgegenstände sind mit den Anschaffungs- und Herstellungskosten vermindert um planmäßige Abschreibungen anzusetzen. [2] Im Bereich des Haus- und Grundvermögens erfolgen keine planmäßigen Abschreibungen.

---

[1] Nr. **48**.

[2] § 27a eingef. mWv 5.3.2024 durch G v. 27.2.2024 (BGBl. 2024 I Nr. 70).

[3] § 28 neu gef. mWv 1.1.2003 durch G v. 28.6.2002 (BGBl. I S. 2268); Abs. 3 angef. mWv 1.1.2004 durch G v. 22.12.2004 (BGBl. I S. 3673).

(3) [1]Gliederungen unterhalb der Landesverbände können Einnahmen und Ausgaben im Jahr des Zu- beziehungsweise Abflusses verbuchen, auch wenn die jeweiligen Forderungen beziehungsweise Verbindlichkeiten bereits im Vorjahr entstanden sind. [2]Die §§ 249 bis 251 des Handelsgesetzbuchs[1)] können für die Aufstellung der Rechenschaftsberichte dieser Gliederungen unbeachtet bleiben.

§ 29[2)] Prüfung des Rechenschaftsberichts. (1) [1]Die Prüfung nach § 23 Abs. 2 Satz 1 erstreckt sich auf die Bundespartei, ihre Landesverbände sowie nach Wahl des Prüfers auf mindestens zehn nachgeordnete Gebietsverbände. [2]In die Prüfung ist die Buchführung einzubeziehen. [3]Die Prüfung hat sich darauf zu erstrecken, ob die gesetzlichen Vorschriften beachtet worden sind. [4]Die Prüfung ist so anzulegen, dass Unrichtigkeiten und Verstöße gegen die gesetzlichen Vorschriften bei gewissenhafter Berufsausübung erkannt werden.

(2) [1]Der Prüfer kann von den Vorständen und den von ihnen dazu ermächtigten Personen alle Aufklärungen und Nachweise verlangen, welche die sorgfältige Erfüllung seiner Prüfungspflicht erfordert. [2]Es ist ihm insoweit auch zu gestatten, die Unterlagen für die Zusammenstellung des Rechenschaftsberichts, die Bücher und Schriftstücke sowie die Kassen- und Vermögensbestände zu prüfen.

(3) [1]Der Vorstand des zu prüfenden Gebietsverbandes hat dem Prüfer schriftlich zu versichern, daß in dem Rechenschaftsbericht alle rechenschaftspflichtigen Einnahmen, Ausgaben und Vermögenswerte erfaßt sind. [2]Auf die Versicherung der Vorstände nachgeordneter Gebietsverbände kann Bezug genommen werden. [3]Es genügt die Versicherung des für die Finanzangelegenheiten zuständigen Vorstandsmitgliedes.

§ 30[3)] Prüfungsbericht und Prüfungsvermerk. (1) Das Ergebnis der Prüfung ist in einem schriftlichen Prüfungsbericht niederzulegen, der dem Vorstand der Partei und dem Vorstand des geprüften Gebietsverbandes zu übergeben ist.

(2) [1]Sind nach dem abschließenden Ergebnis der Prüfung keine Einwendungen zu erheben, so hat der Prüfer durch einen Vermerk zu bestätigen, daß nach pflichtgemäßer Prüfung auf Grund der Bücher und Schriften der Partei sowie der von den Vorständen erteilten Aufklärungen und Nachweise der Rechenschaftsbericht in dem geprüften Umfang (§ 29 Abs. 1) den Vorschriften dieses Gesetzes entspricht. [2]Sind Einwendungen zu erheben, so hat der Prüfer in seinem Prüfungsvermerk die Bestätigung zu versagen oder einzuschränken. [3]Die geprüften Gebietsverbände sind im Prüfungsvermerk namhaft zu machen.

(3) Der Prüfungsvermerk ist auf dem einzureichenden Rechenschaftsbericht anzubringen und in vollem Wortlaut nach § 23 Abs. 2 Satz 3 mit zu veröffentlichen.

§ 31[4)] Prüfer. (1) Ein Wirtschaftsprüfer oder vereidigter Buchprüfer darf nicht Prüfer sein, wenn er

1. ein Amt oder eine Funktion in der Partei oder für die Partei ausübt, oder in den letzten drei Jahren ausgeübt hat;

[1)] **Habersack Nr. 50.**

[2)] *§ 29 Abs. 1 neu gef.* mWv 1.1.2003 durch G v. 28.6.2002 (BGBl. I S. 2268).

[3)] § 30 Abs. 3 geänd. mWv 1.1.2003 durch G v. 28.6.2002 (BGBl. I S. 2268).

[4)] § 31 neu gef. mWv 1.7.2002 durch G v. 28.6.2002 (BGBl. I S. 2268); Abs. 3 Satz 2 angef. mWv 29.12.2004 durch G v. 22.12.2004 (BGBl. I S. 3673); Abs. 1 Nr. 3 und Abs. 2 Nr. 1 geänd. mWv 1.1.2024 durch G v. 10.8.2021 (BGBl. I S. 3436).

2. bei der Führung der Bücher oder der Aufstellung des zu prüfenden Rechenschaftsberichts über die Prüfungstätigkeit hinaus mitgewirkt hat;
3. gesetzlicher Vertreter, Arbeitnehmer, Mitglied des Aufsichtsrats oder Gesellschafter einer juristischen oder natürlichen Person oder einer rechtsfähigen Personengesellschaft oder Inhaber eines Unternehmens ist, sofern die juristische oder natürliche Person, die rechtsfähige Personengesellschaft oder einer ihrer Gesellschafter oder das Einzelunternehmen nach Nummer 2 nicht Prüfer der Partei sein darf;
4. bei der Prüfung eine Person beschäftigt, die nach Nummer 1 bis 3 nicht Prüfer sein darf.

(2) Eine Wirtschaftsprüfungsgesellschaft oder Buchprüfungsgesellschaft darf nicht Prüfer sein, wenn
1. sie nach Absatz 1 Nr. 3 als Gesellschafter einer juristischen Person oder einer rechtsfähigen Personengesellschaft oder nach Absatz 1 Nr. 2 oder 4 nicht Prüfer sein darf;
2. einer ihrer gesetzlichen Vertreter oder einer ihrer Gesellschafter nach Absatz 1 Nr. 2 oder 3 nicht Prüfer sein darf.

(3) [1] Die Prüfer, ihre Gehilfen und die bei der Prüfung mitwirkenden gesetzlichen Vertreter einer Prüfungsgesellschaft sind zu gewissenhafter und unparteiischer Wahrnehmung ihrer Aufgaben und zur Verschwiegenheit verpflichtet. [2] § 323 des Handelsgesetzbuchs[1)] gilt entsprechend.

Sechster Abschnitt.[2)] Verfahren bei unrichtigen Rechenschaftsberichten sowie Straf- und Bußgeldvorschriften

§ 31a[3)] Rückforderung der staatlichen Finanzierung. (1) [1] Soweit im Rechenschaftsbericht Zuwendungen (§ 18 Abs. 3 Satz 1 Nr. 3) zu Unrecht ausgewiesen worden sind und dadurch der Betrag der der Partei zustehenden staatlichen Mittel unrichtig festgesetzt worden ist, nimmt der Präsident des Deutschen Bundestages die gemäß § 19a Abs. 1 erfolgte Festsetzung der staatlichen Mittel zurück. [2] Dies gilt nicht, wenn die Berichtigung im Rechenschaftsbericht für das folgende Jahr erfolgt (§ 23a Abs. 5 Satz 3). [3] § 48 Abs. 2 des Verwaltungsverfahrensgesetzes[4)] findet keine Anwendung.

(2) Nach Ablauf der in § 24 Abs. 2 bestimmten Frist ist die Rücknahme ausgeschlossen.

(3) [1] Mit der Rücknahme setzt der Präsident des Deutschen Bundestages den von der Partei zu erstattenden Betrag durch Verwaltungsakt fest. [2] Ergibt sich im Zuge der weiteren staatlichen Finanzierung eine Verrechnungslage, ist der Unterschiedsbetrag mit der nächsten Abschlagszahlung an die Partei zu verrechnen.

(4) Die Festsetzungen und Zahlungen an die übrigen Parteien bleiben unverändert.

(5) Die Parteien sollen in die Satzungen Regelungen für den Fall aufnehmen, dass Maßnahmen nach Absatz 1 durch Landesverbände oder diesen nachgeordnete Gebietsverbände verursacht werden.

[1)] **Habersack Nr. 50.**

[2)] 6. Abschnitt (§§ 31a und 31d) eingef. mWv 1.7.2002 durch G v. 28.6.2002 (BGBl. I S. 2268); Überschrift geänd. mWv 5.3.2024 durch G v. 27.2.2024 (BGBl. 2024 I Nr. 70).

[3)] 6. Abschnitt (§§ 31a und 31d) eingef. mWv 1.7.2002 durch G v. 28.6.2002 (BGBl. I S. 2268).

[4)] Nr. **100**.

§ 31b[1)] Unrichtigkeit des Rechenschaftsberichts. [1] Stellt der Präsident des Deutschen Bundestages im Rahmen seiner Prüfung nach § 23a Unrichtigkeiten im Rechenschaftsbericht fest, entsteht gegen die Partei ein Anspruch in Höhe des Zweifachen des den unrichtigen Angaben entsprechenden Betrages, soweit kein Fall des § 31c vorliegt. [2] Betreffen Unrichtigkeiten in der Vermögensbilanz oder im Erläuterungsteil das Haus- und Grundvermögen oder Beteiligungen an Unternehmen, beträgt der Anspruch 10 vom Hundert der nicht aufgeführten oder der unrichtig angegebenen Vermögenswerte. [3] Der Präsident stellt die Verpflichtung der Partei zur Zahlung des Betrages durch Verwaltungsakt fest. [4] § 31a Abs. 2 bis 5 gilt entsprechend.

§ 31c[2)] Rechtswidrig erlangte oder nicht veröffentlichte Spenden. [1] Hat eine Partei Spenden unter Verstoß gegen § 25 Abs. 2 angenommen und nicht gemäß § 25 Abs. 4 an den Präsidenten des Deutschen Bundestages weitergeleitet, entsteht gegen sie ein Anspruch in Höhe des Dreifachen des rechtswidrig erlangten Betrages; bereits abgeführte Spenden werden angerechnet. [2] Hat eine Partei Spenden nicht den Vorschriften dieses Gesetzes entsprechend im Rechenschaftsbericht veröffentlicht (§ 25 Abs. 3), entsteht gegen sie ein Anspruch in Höhe des Zweifachen des nicht den Vorschriften dieses Gesetzes entsprechend veröffentlichten Betrages. [3] Der Präsident stellt die Verpflichtung der Partei zur Zahlung des Betrages durch Verwaltungsakt fest. [4] § 31a Abs. 2 bis 5 gilt entsprechend.

§ 31d[3)] Strafvorschriften. (1) [1] Wer in der Absicht, die Herkunft oder die Verwendung der Mittel der Partei oder des Vermögens zu verschleiern oder die öffentliche Rechenschaftslegung zu umgehen,

1. unrichtige Angaben über die Einnahmen oder über das Vermögen der Partei in einem beim Präsidenten des Deutschen Bundestages eingereichten Rechenschaftsbericht bewirkt oder einen unrichtigen Rechenschaftsbericht beim Präsidenten des Deutschen Bundestages einreicht oder
2. als Empfänger eine Spende in Teilbeträge zerlegt und verbucht oder verbuchen lässt oder
3. entgegen § 25 Abs. 1 Satz 3 eine Spende nicht weiterleitet,

wird mit Freiheitsstrafe bis zu drei Jahren oder mit Geldstrafe bestraft. [2] Nach Satz 1 wird nicht bestraft, wer unter den Voraussetzungen des § 23b Abs. 2 eine Selbstanzeige nach § 23b Abs. 1 für die Partei abgibt oder an der Abgabe mitwirkt.

(2) [1] Mit Freiheitsstrafe bis zu drei Jahren oder mit Geldstrafe wird bestraft, wer als Prüfer oder Gehilfe eines Prüfers über das Ergebnis der Prüfung eines Rechenschaftsberichts unrichtig berichtet, im Prüfungsbericht erhebliche Umstände verschweigt oder einen inhaltlich unrichtigen Bestätigungsvermerk erteilt. [2] Handelt der Täter gegen Entgelt oder in der Absicht, sich oder einen anderen zu bereichern oder einen anderen zu schädigen, so ist die Strafe Freiheitsstrafe bis zu fünf Jahren oder Geldstrafe.

§ 31e[4)] Bußgeldvorschriften. (1) Ordnungswidrig handelt, wer

---

[1)] § 31b eingef. mWv 1.1.2003 durch G v. 28.6.2002 (BGBl. I S. 2268).

[2)] *§ 31c eingef.* mWv 1.1.2003 durch G v. 28.6.2002 (BGBl. I S. 2268); Überschrift neu gef. mWv 29.12.2004 durch G v. 22.12.2004 (BGBl. I S. 3673); Abs. 2 aufgeh. mWv 1.1.2016 durch G v. 22.12.2015 (BGBl. I S. 2563).

[3)] 6. Abschnitt (§§ 31a und 31d) eingef. mWv 1.7.2002 durch G v. 28.6.2002 (BGBl. I S. 2268).

[4)] § 31e eingef. mWv 5.3.2024 durch G v. 27.2.2024 (BGBl. 2024 I Nr. 70).

1. entgegen § 27a Absatz 1 Satz 1 eine Anzeige nicht oder nicht rechtzeitig erstattet oder
2. entgegen § 27a Absatz 1 Satz 2 eine Werbemaßnahme nicht oder nicht rechtzeitig unterlässt.

(2) [1] Die Ordnungswidrigkeit kann mit einer Geldbuße bis zu hunderttausend Euro geahndet werden. [2] § 30 Absatz 2 Satz 3 des Gesetzes über Ordnungswidrigkeiten[1)] ist anzuwenden.

(3) Verwaltungsbehörde im Sinne des § 36 Absatz 1 Nummer 1 des Gesetzes über Ordnungswidrigkeiten ist der Bundestagspräsident.

Siebenter Abschnitt.[2)] Vollzug des Verbots verfassungswidriger Parteien

§ 32[3)] Vollstreckung. (1) [1] Wird eine Partei oder eine Teilorganisation einer Partei nach Artikel 21 Abs. 2 des Grundgesetzes[4)] für verfassungswidrig erklärt, so treffen die von den Landesregierungen bestimmten Behörden im Rahmen der Gesetze alle Maßnahmen, die zur Vollstreckung des Urteils und etwaiger zusätzlicher Vollstreckungsregelungen des Bundesverfassungsgerichts erforderlich sind. [2] Die obersten Landesbehörden haben zu diesem Zweck unbeschränktes Weisungsrecht gegenüber den Behörden und Dienststellen des Landes, die für die Wahrung der öffentlichen Sicherheit oder Ordnung zuständig sind.

(2) Erstreckt sich die Organisation oder die Tätigkeit der Partei oder des für verfassungswidrig erklärten Teils der Partei über das Gebiet eines Landes hinaus, so trifft das Bundesministerium des Innern, für Bau und Heimat die für eine einheitliche Vollstreckung erforderlichen Anordnungen.

(3) Das Bundesverfassungsgericht kann die Vollstreckung nach § 35 des Gesetzes über das Bundesverfassungsgericht[5)] abweichend von den Vorschriften der Absätze 1 und 2 regeln.

(4) [1] Widerspruch und Anfechtungsklage gegen Vollstreckungsmaßnahmen haben keine aufschiebende Wirkung. [2] Betrifft ein verwaltungsgerichtliches Verfahren eine Frage, die für die Vollstreckung des Urteils von grundsätzlicher Bedeutung ist, so ist das Verfahren auszusetzen und die Entscheidung des Bundesverfassungsgerichts einzuholen. [3] Das Bundesverfassungsgericht entscheidet auch über Einwendungen gegen die Art und Weise der Durchführung der von ihm angeordneten besonderen Vollstreckungsmaßnahmen.

(5) [1] Im Falle der Vermögenseinziehung werden die §§ 10 bis 13 des Vereinsgesetzes[6)] vom 5. August 1964 (BGBl. I S. 593) entsprechend angewendet. [2] Verbotsbehörde ist die oberste Landesbehörde, im Fall des Absatzes 2 das Bundesministerium des Innern, für Bau und Heimat.

§ 33 Verbot von Ersatzorganisationen. (1) Es ist verboten, Organisationen zu bilden, die verfassungswidrige Bestrebungen einer nach Artikel 21 Abs. 2 des Grundgesetzes[4)] in Verbindung mit § 46 des Gesetzes über das Bundesverfassungs-

---

1) **Habersack Nr. 94.**
2) Bish. 6. Abschnitt wird 7. Abschnitt mWv 1.7.2002 durch G v. 28.6.2002 (BGBl. I S. 2268).
3) § 32 Abs. 2 und 5 Satz 2 geänd. mWv 27.6.2020 durch VO v. 19.6.2020 (BGBl. I S. 1328).
4) Nr. **1**.
5) Nr. **40**.
6) Nr. **425**.

gericht[1] verbotenen Partei an deren Stelle weiter verfolgen (Ersatzorganisation) oder bestehende Organisationen als Ersatzorganisationen fortzuführen.

(2) Ist die Ersatzorganisation eine Partei, die bereits vor dem Verbot der ursprünglichen Partei bestanden hat oder im Bundestag oder in einem Landtag vertreten ist, so stellt das Bundesverfassungsgericht fest, daß es sich um eine verbotene Ersatzorganisation handelt; die §§ 38, 41, 43, 44 und 46 Abs. 3 des Gesetzes über das Bundesverfassungsgericht und § 32 dieses Gesetzes gelten entsprechend.

(3) Auf andere Parteien und auf Vereine im Sinne des § 2 des Vereinsgesetzes[2], die Ersatzorganisationen einer verbotenen Partei sind, wird § 8 Abs. 2 des Vereinsgesetzes entsprechend angewandt.

Achter Abschnitt.[3] Schlußbestimmungen

§ 34 (Änderung des Einkommensteuergesetzes)

§ 35 (Änderung des Körperschaftsteuergesetzes)

§ 36 (Anwendung steuerrechtlicher Vorschriften)

§ 37[4] Nichtanwendbarkeit einer Vorschrift des Bürgerlichen Gesetzbuchs. § 54 Absatz 2 des Bürgerlichen Gesetzbuchs[5] wird bei Parteien nicht angewandt.

§ 38[6] Zwangsmittel. (1) [1] Der Bundeswahlleiter kann den Vorstand der Partei zur Vornahme der Handlungen nach § 6 Abs. 3 durch ein Zwangsgeld anhalten. [2] Die Vorschriften des Verwaltungs-Vollstreckungsgesetzes[7] gelten sinngemäß; der Bundeswahlleiter handelt insoweit als Vollstreckungs- und Vollzugsbehörde. [3] Die Höhe des Zwangsgeldes beträgt mindestens 250 Euro und höchstens 1 500 Euro.

(2) [1] Der Präsident des Deutschen Bundestages kann den Vorstand der Partei zur Einreichung eines Rechenschaftsberichts, der den Vorschriften des Fünften Abschnitts entspricht, durch ein Zwangsgeld anhalten. [2] Die Vorschriften des Verwaltungs-Vollstreckungsgesetzes gelten sinngemäß; der Präsident des Deutschen Bundestages handelt insoweit als Vollstreckungs- und Vollzugsbehörde. [3] Die Höhe des Zwangsgeldes beträgt mindestens 500 Euro und höchstens 10 000 Euro.

§ 39[8] Abschluss- und Übergangsregelungen. (1) Landesgesetzliche Regelungen auf der Grundlage des bis zum 1. Januar 1994 geltenden § 22 Satz 1 dieses Gesetzes haben keine Geltung mehr.

(2) [1] Für die Berechnung der staatlichen Mittel nach § 18 Abs. 3 Nr. 3 sowie für die Errechnung der relativen Obergrenze sind bei den Festsetzungen für die Jahre

---

[1] Nr. **40**.

[2] Nr. **425**.

[3] Bish. 7. Abschnitt wird 8. Abschnitt mWv 1.7.2002 durch G v. 28.6.2002 (BGBl. I S. 2268).

[4] § 37 neu gef. mWv 1.7.2002 durch G v. 28.6.2002 (BGBl. I S. 2268); geänd. mWv 1.1.2024 durch G v. 10.8.2021 (BGBl. I S. 3436); geänd. mWv 5.3.2024 durch G v. 27.2.2024 (BGBl. 2024 I Nr. 70).

[5] **Habersack Nr. 20.**

[6] § 38 Satz 3 geänd. mWv 1.7.2002 durch G v. 28.6.2002 (BGBl. I S. 2268); Überschrift geänd., Abs. 2 angef. mWv 1.1.2016 durch G v. 22.12.2015 (BGBl. I S. 2563).

[7] Nr. **112**.

[8] § 39 neu gef. mWv 1.7.2002 durch G v. 28.6.2002 (BGBl. I S. 2268); Abs. 3 Satz 2 und Abs. 4 angef. mWv 29.12.2004 durch G v. 22.12.2004 (BGBl. I S. 3673); Abs. 5 angef. mWv 1.1.2016 durch G v. 22.12.2015 (BGBl. I S. 2563).

2003 und 2004 der Ausweis der Zuwendungen in den Rechenschaftsberichten gemäß § 24 Abs. 2 Nr. 1 und 2 dieses Gesetzes in der bis zum Ablauf des 31. Dezember 2002 geltenden Fassung zugrunde zu legen. [2] Gleiches gilt für die Erstellung der Rechenschaftsberichte über das Jahr 2002.

(3) [1] § 23a Abs. 3 findet auf die Prüfung von Rechenschaftsberichten ab dem Rechenschaftsjahr 2002 Anwendung. [2] Rechenschaftsberichte für das Jahr 2003 können auf der Grundlage der §§ 24, 26, 26a und 28 in ihrer ab 1. Januar 2004 geltenden Fassung erstellt werden.

(4) [1] Sind bei der erstmaligen Anwendung des § 28 Abs. 2 in seiner ab 1. Januar 2003 geltenden Fassung die Anschaffungs- oder Herstellungskosten eines Vermögensgegenstandes nicht ohne unverhältnismäßige Kosten oder Verzögerungen feststellbar, so dürfen die Buchwerte dieser Vermögensgegenstände aus dem Rechenschaftsbericht für das Rechnungsjahr 2002 als ursprüngliche Anschaffungs- oder Herstellungskosten übernommen und fortgeführt werden. [2] Dasselbe gilt für Vermögensgegenstände, bei denen nach § 28 Abs. 2 keine planmäßigen Abschreibungen vorzunehmen sind, sofern die Buchwerte nach handelsrechtlichen Grundlagen ermittelt worden sind. [3] Im Erläuterungsteil ist hierauf hinzuweisen.

(5) [1] § 2 Absatz 2 Satz 2 findet auf in der Frist des § 19a Absatz 3 Satz 1 und 2 einzureichende Rechenschaftsberichte ab dem Rechenschaftsjahr 2016 Anwendung. [2] § 19a Absatz 4 Satz 2 findet auf in der Frist des § 19a Absatz 3 Satz 1 und 2 einzureichende Rechenschaftsberichte ab dem Rechenschaftsjahr 2015 Anwendung. [3] Für die Berechnung des Gesamtwertes der Zuwendungen nach § 25 Absatz 3 Satz 1 sind für das Rechenschaftsjahr 2015 Zuwendungen gemäß § 25 Absatz 3 Satz 1 in der bis zum Ablauf des 31. Dezember 2015 geltenden Fassung zugrunde zu legen.

§ 40[1)] *(aufgehoben)*

§ 41 (Inkrafttreten)

[1)] § 40 aufgeh. mWv 1.7.2002 durch G v. 28.6.2002 (BGBl. I S. 2268).

60. Gesetz über Titel, Orden und Ehrenzeichen

Vom 26. Juli 1957
(BGBl. I S. 844)

FNA 1132-1

geänd. durch Art. 5 OrdnungswidrigkeitenG v. 24.5.1968 (BGBl. I S. 503), Art. 16 Erstes G zur Reform des Strafrechts (1. StrRG) v. 25.6.1969 (BGBl. I S. 645), Art. 33 EinführungsG zum Strafgesetzbuch (EGStGB) v. 2.3.1974 (BGBl. I S. 469), Art. 33 Erstes RechtsbereinigungsG v. 24.4. 1986 (BGBl. I S. 560), Vertrag vom 31. August 1990 zwischen der Bundesrepublik Deutschland und der Deutschen Demokratischen Republik über die Herstellung der Einheit Deutschlands v. 31.8.1990 (BGBl. II S. 885), JustizmitteilungsG und G zur Änd. kostenrechtlicher Vorschriften und anderer Gesetze (JuMiG) v. 18.6.1997 (BGBl. I S. 1430), Art. 10 Erstes G über die Bereinigung von Bundesrecht im Zuständigkeitsbereich des BMI v. 19.2.2006 (BGBl. I S. 334) und Art. 14 Elfte ZuständigkeitsanpassungsVO v. 19.6.2020 (BGBl. I S. 1328)

Der Bundestag hat mit Zustimmung des Bundesrates das folgende Gesetz beschlossen:

Erster Abschnitt. Grundsätze für die Verleihung von Titeln, Orden und Ehrenzeichen

§ 1 Grundsatz. (1) Für besondere Verdienste um die Bundesrepublik Deutschland können Titel, Orden und Ehrenzeichen des Bundes nach Maßgabe dieses Gesetzes verliehen werden.

(2) Die Befugnisse der Länder, Titel, Orden und Ehrenzeichen zu verleihen, werden duch dieses Gesetz nicht berüht.

§ 2 Titel. (1) [1]Titel werden durch den Bundespräsidenten verliehen, soweit gesetzlich nichts anderes bestimmt ist. [2]Die Bezeichnung der Titel und die Voraussetzungen ihrer Verleihung werden durch Gesetz festgelegt.

(2) Akademische Grade sowie Amts– und Berufsbezeichnungen werden durch dieses Gesetz nicht berührt.

§ 3 Orden und Ehrenzeichen[1)2)]. (1) [1]Orden und Ehrenzeichen können nur vom Bundespräsidenten oder mit seiner Genehmigung gestiftet und verliehen werden. [2]Der Stiftungserlaß sowie die Genehmigung sind im Bundesgesetzblatt zu verkünden.

(2) Auszeichnungen für sportliche Leistungen können durch den Bundespräsidenten als Ehrenzeichen im Sinne dieses Gesetzes anerkannt werden.

(3) [1]Die mit einer öffentlichen Dienststellung oder akademischer Würde verbundenen äußeren Abzeichen werden durch dieses Gesetz nicht berührt. [2]Das gleiche gilt für Abzeichen, die lediglich die Zugehörigkeit zu einer Vereinigung, die Teilnahme an einer Versammlung oder sonstigen Veranstaltung kennzeichnen oder als Anerkennung für eine Leistung oder für eine Geld-

[1)] Siehe hierzu ua den Erl. über die Stiftung des „Verdienstordens der Bundesrepublik Deutschland" v. 7.9.1951 (BGBl. I S. 831) mit Statut v. 8.12.1955 (BGBl. I S. 749), zuletzt geänd. durch Erlass v. 29.1.1979 (BGBl. I S. 142) idF v. 8.12.1955 (BGBl. I S. 749, geänd. durch Erl. v. 29.1.1979, BGBl. I S. 142), den Erlaß über die Stiftung des „Ehrenzeichens der Bundeswehr" v. 29.10.1980 (BGBl. I S. 2053) v. 29.10.1980 (BGBl. I S. 2053) und den Erlass über die Anerkennung als Ehrenzeichen v. 10.10.2014 (BGBl. I S. 1619).

[2)] Zu von der DDR verliehenen Auszeichnungen siehe Anm. zu § 16.

spende bestimmt sind, sofern sie nicht nach ihrer äußeren Form oder Trageweise den nach Absatz 1 gestifteten oder nach Absatz 2 und § 6 anerkannten Orden und Ehrenzeichen zum Verwechseln ähnlich sind.

§ 4[1)] Entziehung. (1) [1] Erweist sich ein Beliehener durch sein Verhalten, insbesondere durch Begehen einer entehrenden Straftat, des verliehenen Titels oder der verliehenen Auszeichnung unwürdig oder wird ein solches Verhalten nachträglich bekannt, so kann ihm der Verleihungsberechtigte den Titel oder die Auszeichnung entziehen und die Einziehung der Verleihungsurkunde anordnen. [2] Für Klagen gegen die Entziehung eines Titels oder einer Auszeichnung und die Einziehung der Verleihungsurkunde ist der Verwaltungsrechtsweg gegeben. [3] Soweit Anordnungen des Bundespräsidenten angefochten werden, ist die Klage gegen den Bundesminister des Innern, für Bau und Heimat zu richten.

(2) Erkennt ein Gericht
1. auf eine Freiheitsstrafe von mindestens einem Jahr wegen eines Verbrechens,
2. auf eine Freiheitsstrafe von mindestens sechs Monaten wegen einer vorsätzlichen Tat, die nach den Vorschriften über Friedensverrat, Hochverrat, Gefährdung des demokratischen Rechtsstaates, Landesverrat oder Gefährdung der äußeren Sicherheit strafbar ist, oder
3. auf Aberkennung der Fähigkeit, öffentliche Ämter zu bekleiden,

und ergibt sich aus dem Strafurteil, daß der Verurteilte Inhaber von Titeln, Orden oder Ehrenzeichen ist, die nach dem 8. Mai 1945 verliehen worden sind, so teilt die Strafverfolgungs- oder Strafvollstreckungsbehörde die Verurteilung mit, sobald sie rechtskräftig ist.

(3) [1] Die Mitteilung ist zu richten
1. bei Titeln, Orden oder Ehrenzeichen, die von einer Stelle innerhalb des Geltungsbereichs dieses Gesetzes verliehen worden sind, an den Verleihungsberechtigten,
2. bei Titeln, Orden oder Ehrenzeichen, die von einem ausländischen Staatsoberhaupt, einer ausländischen Regierung oder einer anderen Stelle außerhalb des Geltungsbereichs dieses Gesetzes verliehen worden sind, an das Bundespräsidialamt.

[2] Die Mitteilung umfaßt den Urteilstenor sowie den verliehenen Titel oder die verliehene Auszeichnung. [3] Der Empfänger der Mitteilung kann auch die Mitteilung der Urteilsgründe verlangen, soweit die Mitteilung des Urteilstenors für seine Entscheidung nicht ausreicht.

§ 5[2)] Genehmigung der Annahme. (1) [1] Ein Deutscher darf Titel, Orden und Ehrenzeichen von einem ausländischen Staatsoberhaupt oder einer ausländischen Regierung nur mit Genehmigung des Bundespräsidenten annehmen. [2] Dieser Genehmigung bedarf auch, wer nach dem 8. Mai 1945 einen ausländischen Titel, einen ausländischen Orden oder ein ausländisches Ehrenzeichen erhalten hat und den Titel zu führen oder die Auszeichnung zu tragen be-

---

[1)] § 4 Satz 4 aufgeh. durch G v. 25.6.1969 (BGBl. I S. 645), bish. Wortlaut wird Abs. 1, Abs. 2 und *Abs. 3 angef. durch G v.* 18.6.1997 (BGBl. I S. 1430); Abs. 1 Satz 3 geänd. mWv 27.6.2020 durch VO v. 19.6.2020 (BGBl. I S. 1328).

[2)] § 5 Abs. 1 letzter Halbsatz geänd. durch G v. 25.6.1969 (BGBl. I S. 645).

absichtigt. [3]Die Genehmigung kann widerrufen werden; § 4 Satz 2 und 3 gilt entsprechend.

(2) Das gleiche gilt für die Annahme von Titeln, Orden und Ehrenzeichen, die von anderen Stellen außerhalb des Geltungsbereichs dieses Gesetzes verliehen werden.

Zweiter Abschnitt. Besondere Vorschriften für früher verliehene Orden und Ehrenzeichen[1)]

§ 6[2)] Früher verliehene Auszeichnungen. (1) Außer den nach Maßgabe dieses Gesetzes verliehenen Orden und Ehrenzeichen dürfen getragen werden

1. Orden und Ehrenzeichen, die von einem Landesherrn, dem Kaiser, einer Landesregierung, der Reichsregierung, dem Reichspräsidenten und dem Bundespräsidenten oder mit deren Genehmigung gestiftet worden sind, sowie das Schlesische Bewährungsabzeichen (Schlesischer Adler) und das Baltenkreuz. Soweit die Auszeichnungen in der Zeit vom 30. Januar 1933 bis zum 8. Mai 1945 mit nationalsozialistischen Emblemen verliehen worden sind, dürfen sie nur in der ursprünglichen Form getragen werden;
2. Orden und Ehrenzeichen, die vom 1. August 1934 bis zum 31. August 1939 für Verdienste um die Olympischen Spiele 1936, um den Luftschutz, das Feuerwehrwesen und das Grubenwehrwesen gestiftet worden sind, sowie die in dieser Zeit gestifteten staatlichen Dienstauszeichnungen und Treudienstehrenzeichen. Sie dürfen nur ohne nationalsozialistische Embleme getragen werden; für ihre Form sind die von der Bundesregierung bestimmten und im Bundesministerium des Innern, für Bau und Heimat verwahrten Muster[*)] maßgebend;
3. Orden und Ehrenzeichen, die vom 1. September 1939 bis zum 8. Mai 1945 von den zuständigen deutschen Stellen für Verdienste im zweiten Weltkrieg gestiftet worden sind, einschließlich der Waffenabzeichen und des Verwundetenabzeichens. Nummer 2 Satz 2 gilt entsprechend;
4. Orden und Ehrenzeichen, die von einem ausländischen Staatsoberhaupt oder einer ausländischen Regierung verliehen worden sind, wenn die Annahme genehmigt worden ist. Das gleiche gilt für Auszeichnungen ehemals verbündeter Länder für Verdienste im ersten und zweiten Weltkrieg, auch soweit eine Genehmigung zur Annahme nicht erteilt oder widerrufen worden ist.

(2) [1]Orden und Ehrenzeichen, die in Absatz 1 nicht aufgeführt sind, sowie Abzeichen mit nationalsozialistischen Emblemen dürfen nicht getragen werden. [2]Sie dürfen weder hergestellt noch angeboten, feilgehalten, verkauft oder sonst in Verkehr gebracht werden.

(3) [1]*Der Bundespräsident* kann die Berechtigung, Auszeichnungen ehemals verbündeter Länder für Verdienste im ersten und zweiten Weltkrieg zu tragen (Absatz 1 Nr. 4 Satz 2), entziehen. [2]§ 4 Satz 2 und 3 gilt entsprechend.

[1)] Zu von der DDR verliehenen Auszeichnungen siehe Anm. zu § 16.

[2)] § 6 Abs. 3 Satz 2 geänd. durch G v. 25.6.1969 (BGBl. I S. 645); Abs. 1 Nr. 2 Satz 2 und Fußnote geänd. mWv 27.6.2020 durch VO v. 19.6.2020 (BGBl. I S. 1328).

[*)] **Amtl. Anm.:** Muster und Herstellungsvorschriften können vom Bundesministerium des Innern, für Bau und Heimat bezogen werden.

§ 7[1] Verwundetenabzeichen des zweiten Weltkrieges. (1) Das Verwundetenabzeichen des zweiten Weltkrieges kann von jedem, der eine Verletzung durch Kriegseinwirkungen nachweisen kann, in der Stufe getragen werden, die in der Verordnung über die Stiftung eines Verwundetenabzeichens vom 1. September 1939 (Reichsgesetzbl. I S. 1577) und den hierzu ergangenen Ausführungsbestimmungen nach Anzahl oder Schwere der Verwundungen oder Beschädigungen vorgesehen ist.

(2) Der Bundesminister des Innern, für Bau und Heimat wird ermächtigt, durch Rechtsverordnung[2] mit Zustimmung des Bundesrates zu bestimmen, wie der Nachweis der Verwundungen oder Beschädigungen zu führen ist.

Dritter Abschnitt. Besitznachweis

§ 8 Verleihungsurkunde, Besitzzeugnis. Orden und Ehrenzeichen dürfen, soweit §§ 7 und 10 nicht Abweichungen zulassen, nur getragen werden, wenn sie von der zur Verleihung befugten Stelle ordnungsgemäß verliehen worden sind und der Beliehene hierüber, soweit die Stiftungsurkunde nichts Gegenteiliges bestimmt, eine Verleihungsurkunde, ein Besitzzeugnis oder ein vorläufiges Besitzzeugnis innehat.

§ 9[3] Ersatzurkunde. (1) Soweit Verleihungsurkunden oder Besitzzeugnisse über Orden und Ehrenzeichen, die vor dem 8. Mai 1945 verliehen wurden, verlorengegangen sind, ist für den Berechtigten auf Antrag, sofern nicht auf Grund der vorhandenen Unterlagen eine Zweitausfertigung der Verleihungsurkunde oder des Besitzzeugnisses ausgestellt werden kann, eine Bescheinigung darüber auszustellen, daß der Antragsteller die Verleihung der betreffenden Auszeichnung glaubhaft nachgewiesen hat (Ersatzurkunde).

(2) [1] Voraussetzung für die Ausstellung einer Ersatzurkunde gemäß Absatz 1 ist, daß die Verleihung der Auszeichnung nachgewiesen wird. [2] Die Art des Nachweises und das Verfahren der Ausstellung einer Ersatzurkunde regelt der Bundesminister des Innern, für Bau und Heimat durch Rechtsverordnung[2], die der Zustimmung des Bundesrates bedarf.

(3) Die Ersatzurkunde nach Absatz 1 hat im Rechtsverkehr dieselbe Wirkung wie die Verleihungsurkunde oder das Besitzzeugnis.

(4) Die Länder bestimmen die für die Ausstellung von Ersatzurkunden zuständigen Behörden.

§ 10[4] Sonderbestimmungen für vor dem 8. Mai 1945 verliehene Auszeichnungen. (1) [1] Als Besitznachweis für Orden und Ehrenzeichen, die vor dem 8. Mai 1945 verliehen worden sind, gilt auch die ordnungsgemäße Eintragung der Verleihung in den Militärdienstzeitbescheinigungen, Wehrpässen und Soldbüchern sowie in anderen Militärpapieren mit Beglaubigungsvermerk. [2] Der Bundesminister des Innern, für Bau und Heimat wird ermächtigt, durch Rechtsverordnung[2], die der Zustimmung des Bundesrates bedarf, zu bestim-

---

[1] § 7 Abs. 2 geänd. mWv 27.6.2020 durch VO v. 19.6.2020 (BGBl. I S. 1328).

[2] Siehe hierzu ua die VO über den Besitznachweis für Orden und Ehrenzeichen und den Nachweis für Verwundungen und Beschädigungen v. 6.5.1959 (BGBl. I S. 247), zuletzt geänd. durch VO v. *19.6.2020 (BGBl. I S. 1328).*

[3] § 9 Abs. 2 Satz 2 geänd. mWv 27.6.2020 durch VO v. 19.6.2020 (BGBl. I S. 1328).

[4] § 10 Abs. 1 Satz 2 geänd. mWv 27.6.2020 durch VO v. 19.6.2020 (BGBl. I S. 1328).

men, daß auch Bescheinigungen anderer Art als Besitznachweis gelten, und die Stellen zu bezeichnen, die solche Bescheinigungen ausstellen; er kann dabei bestimmen, daß für die Ausstellung von Bescheinigungen durch Bundesbehörden Gebühren erhoben werden, die im Einzelfall höchstens zehn Deutsche Mark betragen dürfen.

(2) Sind Verleihungsurkunden, Besitzzeugnisse oder andere in Absatz 1 genannte Besitznachweise für Orden und Ehrenzeichen, die vor dem 8. Mai 1945 verliehen worden sind, verlorengegangen, so dürfen diese Auszeichnungen auch ohne Besitzzeugnis getragen werden, wenn die Verleihung in anderer Weise nachgewiesen werden kann.

Vierter Abschnitt. Ehrensold

§ 11[1] *(aufgehoben)*

Fünfter Abschnitt. Gemeinsame Bestimmungen

§ 12 Trageweise. (1) Orden und Ehrenzeichen sowie sonstige Auszeichnungen, die am Bande zu tragen sind, werden an der Ordensschnalle auf der linken Brustseite von rechts nach links in folgender Reihenfolge angebracht:

1. Verdienstorden der Bundesrepublik Deutschland,
2. Rettungsmedaille am Bande,
3. Eisernes Kreuz 1914,
4. Eisernes Kreuz 1939,
5. Orden und Ehrenzeichen für Verdienste im ersten Weltkrieg in der Reihenfolge ihrer Verleihung,
6. Ehrenkreuz des ersten Weltkrieges,
7. Kriegsverdienstkreuz 1939,
8. sonstige Auszeichnungen für Verdienste im zweiten Weltkrieg in der Reihenfolge ihrer Verleihung,
9. weitere deutsche Auszeichnungen in der Reihenfolge ihrer Verleihung,
10. staatlich genehmigte Auszeichnungen in der Reihenfolge ihrer Verleihung,
11. ausländische Auszeichnungen in der Reihenfolge ihres Klassenverhältnisses.

(2) Für die Trageweise von Orden, Ehrenzeichen sowie sonstigen Auszeichnungen, die nach dem Stiftungserlaß am Schulterband, am Hals oder ohne Band auf der Brust getragen werden, bleiben die Bestimmungen der Stiftungserlasse maßgebend.

(3) Orden und Ehrenzeichen dürfen auch in verkleinerter Form getragen werden.

[1] § 11 aufgeh. mWv 23.2.2006 durch G v. 19.2.2006 (BGBl. I S. 334).

§ 13 Rückgabe von Orden und Ehrenzeichen. (1) Orden und Ehrenzeichen verbleiben nach dem Tode des Inhabers im Besitz der Hinterbliebenen, soweit im Stiftungserlaß nichts anderes bestimmt ist.

(2) Ausländische Orden und Ehrenzeichen werden von dieser Vorschrift nicht berührt.

§ 14[1] Vertrieb. (1) Orden und Ehrenzeichen – auch in verkleinerter Form – und die dazugehörigen Bänder dürfen Privatpersonen gegen Entgelt nur nach Vorlegung eines ordnungsmäßigen Nachweises (§§ 8, 9) überlassen werden.

(2) [1] Absatz 1 gilt nicht für Orden und Ehrenzeichen, die vor dem 8. Mai 1945 verliehen worden sind (§ 10). [2] Die zuständige Landesbehörde kann darüber hinaus demjenigen, der ein berechtigtes Interesse nachweist, eine Genehmigung zum Erwerb auch der übrigen Orden und Ehrenzeichen ohne Vorlegung eines nach §§ 8 und 9 erforderlichen Besitznachweises erteilen.

Sechster Abschnitt.[2] Bußgeld– und Schlußbestimmungen

§ 15[3] Ordnungswidrigkeiten. (1) Ordnungswidrig handelt, wer

1. unbefugt inländische oder ausländische Orden oder Ehrenzeichen, auch in verkleinerter Form, oder dazugehörige Bänder trägt oder
2. eine Auszeichnung, die in § 6 nicht aufgeführt ist, oder ein dazugehöriges Band öffentlich trägt.

(Fortsetzung nächstes Blatt)

---

[1] § 14 Abs. 1 aufgeh., bish. Abs. 2 wurde Abs. 1 u. neugef., bish. Abs. 3 wurde Abs. 2 und geänd. durch G v. 24.4.1986 (BGBl. I S. 560).

[2] Überschrift neugef. durch G v. 2.3.1974 (BGBl. I S. 469).

[3] *Bish. §§ 15 bis 16a werden durch neuen* § 15 ersetzt durch G v. 2.3.1974 (BGBl. I S. 469), § 15 Abs. 2 Nr. 1 aufgeh., bish. Nr. 2 wird Nr. 1 und neugef., bish. Nrn. 3 und 4 werden Nrn. 2 und 3, Abs. 5 geänd. durch G v. 24.4.1986 (BGBl. I S. 560).

(2) Ordnungswidrig handelt auch, wer

1. entgegen § 14 Abs. 1 Orden, Ehrenzeichen oder dazugehörige Bänder einer Privatperson überläßt,
2. eine Auszeichnung, die in § 6 nicht aufgeführt ist, oder ein dazugehöriges Band herstellt oder in Verkehr bringt oder
3. Abzeichen mit nationalsozialistischen Emblemen herstellt.

(3) Den in den Ansätzen 1 und 2 genannten Auszeichnungen oder Bändern stehen solche gleich, die ihnen zum Verwechseln ähnlich sind.

(4) Die Ordnungswidrigkeit kann mit einer Geldbuße bis zu zehntausend Deutsche Mark geahndet werden.

(5) Gegenstände, auf die sich die Ordnungswidrigkeit bezieht, und Gegenstände, die zur Herstellung der in Absatz 2 Nr. 2 oder 3 genannten Auszeichnungen, Bänder oder Abzeichen gebraucht worden oder bestimmt gewesen sind, können eingezogen werden.

§ 16.[1), 2)] [1]Bis zum Zeitpunkt des Wirksamwerdens des Beitritts bestehende Ansprüche aus verliehenen staatlichen Auszeichnungen der Deutschen Demokratischen Republik sind erloschen. [2]Ansprüche aus solchen Auszeichnungen können vom Zeitpunkt des Wirksamwerdens des Beitritts an nicht mehr geltend gemacht werden.

§ 16a.[1)] *(aufgehoben)*

§ 17.[3)] *(hier nicht abgedruckt)*

§ 18 Berlin-Klausel. *(gegenstandslos)*

§ 19 Inkrafttreten. Das Gesetz tritt am Tage nach seiner Verkündung,[4)] § 11 mit Wirkung vom 1. Oktober 1956 in Kraft.

---

1) §§ 16 u. 16a aufgeh. durch G v. 2. 3. 1974 (BGBl. I S. 469).

2) § 16 erneut eingef. durch EVertr. v. 31. 8. 1990 (BGBl. II S. 889, 910).

Siehe hierzu den Protokollvermerk der Bundesrepublik Deutschland und der Deutschen Demokratischen Republik im Einigungsvertrag:

„Von der Deutschen Demokratischen Republik verliehene Auszeichnungen können weiter geführt oder getragen werden, es sei denn, daß dadurch der ordre public der Bundesrepublik Deutschland verletzt wird. Das gleiche gilt für von der Deutschen Demokratischen Republik zur Annahme genehmigte ausländische Auszeichnungen."

3) § 17 Aufhebungsvorschrift.

4) Das Gesetz wurde am 5. 8. 1957 verkündet.

70. Gesetz über die Verkündung von Gesetzen und Rechtsverordnungen und über Bekanntmachungen (Verkündungs- und Bekanntmachungsgesetz – VkBkmG)

Vom 20. Dezember 2022

(BGBl. I S. 2752)

FNA 114-8

Abschnitt 1. Allgemeine Vorschriften

§ 1 Verkündungs- und Bekanntmachungsorgane des Bundes. (1) [1]Das Bundesgesetzblatt ist das Verkündungsorgan des Bundes für Gesetze und Rechtsverordnungen. [2]Das Bundesgesetzblatt ist außerdem das Bekanntmachungsorgan des Bundes, wenn durch Rechtsvorschrift die amtliche Bekanntmachung im Bundesgesetzblatt vorgeschrieben ist.

(2) [1]Der Bundesanzeiger ist ein Bekanntmachungsorgan des Bundes. [2]Er hat einen amtlichen Teil. [3]Dieser ist bestimmt für

1. andere als die in Absatz 1 Satz 2 genannten amtlichen Bekanntmachungen der Behörden des Bundes, einschließlich Ausschreibungen und Hinweise, und
2. amtliche Bekanntmachungen der Behörden der Länder, sofern die Bekanntmachung im amtlichen Teil des Bundesanzeigers durch Bundesgesetz oder Rechtsverordnung des Bundes vorgeschrieben ist.

[4]Der Bundesanzeiger kann weitere Teile für andere Bekanntmachungen enthalten.

(3) Das Bundesgesetzblatt und der Bundesanzeiger werden vom Bundesministerium der Justiz herausgegeben.

§ 2 Ausgabe und dauerhafte Bereithaltung im Internet. (1) [1]Das Bundesgesetzblatt wird vom Bundesamt für Justiz auf der Internetseite www.recht.bund.de ausgegeben. [2]Es wird dort vollständig und dauerhaft bereitgehalten.

(2) [1]Der Bundesanzeiger wird vom Betreiber des Bundesanzeigers auf der Internetseite www.bundesanzeiger.de ausgegeben. [2]Er wird dort vollständig und dauerhaft bereitgehalten.

(3) § 7 des Datennutzungsgesetzes vom 16. Juli 2021 (BGBl. I S. 2941, 2942, 4114) in der jeweils geltenden Fassung ist anzuwenden.

§ 3 Verkündung und amtliche Bekanntmachung. (1) [1]Die Verkündung von Gesetzen und Rechtsverordnungen erfolgt jeweils durch die Ausgabe einer Nummer des Bundesgesetzblatts. [2]Amtliche Bekanntmachungen im Bundesgesetzblatt erfolgen jeweils durch die Ausgabe einer Nummer des Bundesgesetzblatts. [3]Jede Nummer des Bundesgesetzblatts trägt das Datum ihrer Ausgabe.

(2) [1]Die amtlichen Bekanntmachungen im Bundesanzeiger erfolgen jeweils durch Ausgabe einer Nummer des amtlichen Teils des Bundesanzeigers. [2]Absatz 1 Satz 3 gilt entsprechend.

§ 4 Freier Zugang. (1) [1]Das Bundesgesetzblatt ist jederzeit frei zugänglich. [2]Es kann unentgeltlich gelesen, ausgedruckt, gespeichert und verwertet werden.

(2) [1] Der amtliche Teil des Bundesanzeigers ist jederzeit frei zugänglich. [2] Er kann unentgeltlich gelesen, ausgedruckt und gespeichert werden.

§ 5 Benachrichtigungsdienste. [1] Für das Bundesgesetzblatt ist ein unentgeltlicher elektronischer Benachrichtigungsdienst bereitzustellen, der über jede Ausgabe einer neuen Nummer und deren Inhalt informiert. [2] Gleiches gilt für den amtlichen Teil des Bundesanzeigers.

§ 6 Änderungsverbot; Löschung personenbezogener Daten; Berichtigungen. (1) Änderungen des Bundesgesetzblatts auf der Internetseite www.recht.bund.de und des amtlichen Teils des Bundesanzeigers auf der Internetseite www.bundesanzeiger.de sind vorbehaltlich des Absatzes 2 unzulässig.

(2) Müssen personenbezogene Daten aus Gründen ihres Schutzes gelöscht werden, so werden in der betreffenden Nummer des Bundesgesetzblatts oder des amtlichen Teils des Bundesanzeigers diese Daten unkenntlich gemacht und wird ein Hinweis auf Datum und Grund der Löschung angebracht.

(3) [1] Die Berichtigung von offenbaren Unrichtigkeiten im Bundesgesetzblatt ist dort bekannt zu machen. [2] Satz 1 gilt für den Bundesanzeiger entsprechend.

§ 7 Sicherung der Echtheit und Unverfälschtheit. (1) Jede Nummer des Bundesgesetzblatts, die nach § 3 Absatz 1 oder nach § 8 Absatz 1 ausgegeben wird, und jede Nummer des amtlichen Teils des Bundesanzeigers trägt ein qualifiziertes elektronisches Siegel nach Artikel 3 Nummer 27 der Verordnung (EU) Nr. 910/2014[1)] des Europäischen Parlaments und des Rates vom 23. Juli 2014 über elektronische Identifizierung und Vertrauensdienste für elektronische Transaktionen im Binnenmarkt und zur Aufhebung der Richtlinie 1999/93/EG (ABl. L 257 vom 28.8.2014, S. 73; L 23 vom 29.1.2015, S. 19; L 155 vom 14.6.2016, S. 44).

(2) [1] Wird die Urschrift eines Gesetzes elektronisch zur Gegenzeichnung und Ausfertigung vorgelegt, so erfolgen diese jeweils durch qualifizierte elektronische Signatur nach Artikel 3 Nummer 12 der Verordnung (EU) Nr. 910/2014. [2] Gleiches gilt auch für die Ausfertigung von Rechtsverordnungen und amtlichen Bekanntmachungen.

Abschnitt 2. Verkündung und Bekanntmachung in besonderen Fällen

§ 8 Ersatzverkündungen und -bekanntmachungen des Bundesgesetzblatts. (1) [1] Ist die Ausgabe einer Nummer des Bundesgesetzblatts auf der Internetseite www.recht.bund.de nicht nur kurzfristig unmöglich, so erfolgt die Verkündung oder amtliche Bekanntmachung durch Ausgabe der Nummer des Bundesgesetzblatts auf der Internetseite www.bundesanzeiger.de. [2] Auf Anordnung des Bundesamtes für Justiz hat der Betreiber des Bundesanzeigers diese Nummer des Bundesgesetzblatts auf der Internetseite www.bundesanzeiger.de öffentlich bereitzustellen und sie dort bis zur nachträglichen Bereitstellung auf der Internetseite www.recht.bund.de bereitzuhalten.

(2) [1] Ist die Ausgabe einer Nummer des Bundesgesetzblatts auch auf der Internetseite www.bundesanzeiger.de nicht nur kurzfristig unmöglich, so erfolgt die Verkündung oder amtliche Bekanntmachung durch Ausgabe einer gedruckten Nummer des Bundesgesetzblatts. [2] Die gedruckte Nummer des Bundesgesetzblatts

[1)] **Sartorius III Nr. 741.**

ist nach einem zuvor vom Bundesministerium der Justiz im Bundesanzeiger bekannt gemachten Verteiler an Bibliotheken und Behörden auszugeben.

§ 9 Vereinfachte Verkündungen und vereinfachte amtliche Bekanntmachungen. Ist die Ausgabe einer Nummer des Bundesgesetzblatts weder nach § 3 Absatz 1 noch nach § 8 rechtzeitig möglich, so findet sie in den folgenden Fällen als vereinfachte Verkündung oder vereinfachte amtliche Bekanntmachung statt:

1. Verkündung der Feststellung des Verteidigungsfalles (Artikel 115a Absatz 3 Satz 2 des Grundgesetzes[1)]),
2. Bekanntgabe des Zeitpunktes des Eintritts des Verteidigungsfalles (Artikel 115a Absatz 4 Satz 2 des Grundgesetzes),
3. Verkündung von Bundesgesetzen im Verteidigungsfall (Artikel 115d Absatz 3 des Grundgesetzes),
4. Verkündung von Rechtsverordnungen des Bundes im Verteidigungsfall und in den Fällen des Artikels 80a Absatz 1 und 3 des Grundgesetzes,
5. Bekanntmachung von Beschlüssen des Bundestages nach Artikel 80a Absatz 1 des Grundgesetzes und
6. Bekanntmachung von Beschlüssen internationaler Organe im Rahmen eines Bündnisvertrages und der Zustimmung der Bundesregierung bei der Anwendung des Artikels 80a Absatz 3 Satz 1 des Grundgesetzes.

§ 10 Arten der vereinfachten Verkündung und der vereinfachten amtlichen Bekanntmachung. (1) Eine vereinfachte Verkündung oder vereinfachte amtliche Bekanntmachung nach § 9 erfolgt durch die Ausgabe der Nummer des Bundesgesetzblatts

1. im Rundfunk oder Fernsehen,
2. in der gedruckten oder digitalen Tagespresse,
3. als Aushang an den für amtliche Bekanntmachungen vorgesehenen Stellen bei den Verwaltungen der Gemeinden und Landkreise oder durch eine andere amtliche Bekanntmachung für das Gebiet einer Gemeinde oder eines Landkreises oder
4. in sozialen Netzwerken über die vom Presse- und Informationsamt der Bundesregierung betriebenen Profile.

(2) Die für die vereinfachte Verkündung oder vereinfachte amtliche Bekanntmachung zuständige Stelle hat den Zeitpunkt und den Wortlaut der Ausgabe der Nummer des Bundesgesetzblatts zu dokumentieren.

(3) Werden mehrere der in Absatz 1 genannten Medien genutzt, so wird die Verkündung oder amtliche Bekanntmachung durch diejenige Ausgabe bewirkt, die zuerst erfolgt ist.

(4) Die Befugnis der Bundespräsidentin oder des Bundespräsidenten, für ihren oder seinen Zuständigkeitsbereich andere Arten der vereinfachten Verkündung oder der vereinfachten amtlichen Bekanntmachung vorzusehen, bleibt unberührt.

§ 11 Duldungs- und Mitwirkungspflichten; Ausschluss der aufschiebenden Wirkung des Widerspruchs und der Klage. (1) Die für die Verkündung oder die amtliche Bekanntmachung zuständige Stelle kann

---

[1)] Nr. **1**.

1. anordnen, dass der Betreiber eines sozialen Netzwerks eine vereinfachte Verkündung oder eine vereinfachte amtliche Bekanntmachung (§§ 9 und 10 Absatz 1 Nummer 4) duldet,
2. dem Betreiber eines sozialen Netzwerks untersagen, die vereinfachte Verkündung oder vereinfachte amtliche Bekanntmachung zu löschen oder ihre öffentliche Sichtbarkeit einzuschränken,
3. anordnen, dass der Betreiber eines sozialen Netzwerks einen Hinweis auf eine bereits erfolgte vereinfachte Verkündung oder vereinfachte amtliche Bekanntmachung duldet.

(2) [1] Wer eines der in § 10 Absatz 1 Nummer 1 und 2 genannten Medien betreibt, hat auf Anordnung der für die Verkündung oder amtliche Bekanntmachung zuständigen Stelle eine vereinfachte Verkündung oder vereinfachte amtliche Bekanntmachung unverzüglich vorzunehmen. [2] Die zuständige Stelle kann in der Anordnung auch Folgendes bestimmen:

1. bei vereinfachter Verkündung oder vereinfachter amtlicher Bekanntmachung in der digitalen Tagespresse (§ 10 Absatz 1 Nummer 2):
   a) den Zeitpunkt der Verkündung oder amtlichen Bekanntmachung und
   b) die Dauer, für die der Wortlaut der Verkündung oder Bekanntmachung auf der Startseite des jeweiligen Internetauftritts angezeigt werden muss, sowie
2. bei vereinfachter Verkündung oder vereinfachter amtlicher Bekanntmachung im Rundfunk oder Fernsehen (§ 10 Absatz 1 Nummer 1):
   a) den Zeitpunkt der Verkündung oder Bekanntmachung und
   b) die Anzahl der zu sendenden Wiederholungen.

(3) Ist eine vereinfachte Verkündung oder vereinfachte amtliche Bekanntmachung bereits erfolgt, so kann die zuständige Stelle gegenüber Betreibern von Medien nach § 10 Absatz 1 Nummer 1 und 2 anordnen, auf diese Verkündung oder amtliche Bekanntmachung hinzuweisen.

(4) Verantwortlich für die Umsetzung der Anordnungen nach den Absätzen 2 und 3 sind

1. bei Rundfunkanstalten die Intendantinnen und Intendanten,
2. in Verlagsunternehmen die Verlegerinnen und Verleger, die Herausgeberinnen und Herausgeber sowie die Chefredakteurinnen und Chefredakteure.

(5) Widerspruch und Anfechtungsklage gegen Anordnungen nach den Absätzen 1 bis 3 haben keine aufschiebende Wirkung.

§ 12 Nachträgliche Bereitstellung. Sobald die Ausgabe des Bundesgesetzblatts auf der Internetseite www.recht.bund.de wieder möglich ist, werden dort die nach den §§ 8 und 9 ausgegebenen Nummern des Bundesgesetzblatts unverzüglich bereitgestellt.

§ 13 Aufwendungsersatz. Wer zur Ausführung folgender Anordnungen verpflichtet wurde, kann von der Bundesrepublik Deutschland nach Maßgabe des § 670 des Bürgerlichen Gesetzbuchs[1)] den Ersatz der Aufwendungen verlangen:

1. zur Durchführung der Ersatzverkündung oder -bekanntmachung im Bundesgesetzblatt (§ 8 Absatz 1 Satz 2),

---

[1)] **Habersack Nr. 20.**

2. zur Durchführung der vereinfachten Verkündung oder vereinfachten amtlichen Bekanntmachung (§ 11 Absatz 2 Satz 1) oder
3. zu einem Hinweis auf eine vereinfachte Verkündung oder vereinfachte amtliche Bekanntmachung (§ 11 Absatz 3).

§ 14 Ersatzbekanntmachungen des Bundesanzeigers. (1) [1] Ist die Ausgabe des Bundesanzeigers auf der Internetseite www.bundesanzeiger.de nicht nur kurzfristig unmöglich, so erfolgen Bekanntmachungen durch Ausgabe des Bundesanzeigers in gedruckter Form. [2] Die gedruckte Ausgabe des Bundesanzeigers ist nach einem zuvor vom Bundesministerium der Justiz im Bundesanzeiger bekannt gemachten Verteiler an Bibliotheken und Behörden auszugeben. [3] Bekanntmachungen in weiteren Teilen des Bundesanzeigers (§ 1 Absatz 2 Satz 4) können in den Fällen des Satzes 1 auch in einer anderen dauerhaft allgemein zugänglichen Form erfolgen.

(2) Im Fall der Ersatzbekanntmachung nach Absatz 1 Satz 1 ist, sofern diese nicht nach Absatz 1 Satz 3 erfolgt, im Bundesgesetzblatt unverzüglich bekannt zu machen,

1. dass der Bundesanzeiger in gedruckter Form ausgegeben wird,
2. wann die Unmöglichkeit eingetreten ist, den Bundesanzeiger auf der Internetseite www.bundesanzeiger.de auszugeben, und
3. an welche Bibliotheken und Behörden der gedruckte Bundesanzeiger ausgegeben wird.

(3) Sobald die Ausgabe des Bundesanzeigers auf der Internetseite www.bundesanzeiger.de wieder möglich ist, werden dort die zuvor gedruckten Bekanntmachungen (Absatz 1 Satz 1) und sonstigen Ersatzbekanntmachungen (Absatz 1 Satz 3) unverzüglich elektronisch bereitgestellt.

Abschnitt 3. Bekanntmachungen von Beschlüssen nach Artikel 80a des Grundgesetzes[1)]

§ 15 Zuständige Stelle für die amtliche Bekanntmachung von Beschlüssen nach Artikel 80a des Grundgesetzes[1)]. Zuständige Stelle für die amtliche Bekanntmachung der Beschlüsse nach Artikel 80a Absatz 1 und 3 Satz 1 des Grundgesetzes ist die Bundesregierung oder ein von ihr bestimmtes Mitglied der Bundesregierung.

§ 16 Verfahren der amtlichen Bekanntmachung von Beschlüssen nach Artikel 80a des Grundgesetzes[1)]. [1] Beschlüsse nach Artikel 80a Absatz 1 und 3 Satz 1 des Grundgesetzes sind unverzüglich im Bundesgesetzblatt bekannt zu machen. [2] In der amtlichen Bekanntmachung ist der Zeitpunkt der Beschlussfassung anzugeben. [3] Beschlüsse internationaler Organe nach Artikel 80a Absatz 3 Satz 1 des Grundgesetzes müssen nicht in ihrem vollen Wortlaut, jedoch zusammen mit der zugehörigen Zustimmung der Bundesregierung in einem Umfang bekannt gemacht werden, aus dem sich eindeutig ergibt, welche Rechtsvorschriften nach Maßgabe dieser Beschlüsse anwendbar sind. [4] Die anwendbaren Rechtsvorschriften sind jeweils genau zu bezeichnen.

---

1) Nr. 1.

Abschnitt 4. Archivierung

§ 17 Dauerhafte Aufbewahrung. (1) [1] Jede Nummer des Bundesgesetzblatts ist zusammen mit einem Nachweis über den Verkündungs- oder Bekanntmachungszeitpunkt zur dauerhaften Aufbewahrung an das digitale Zwischenarchiv (nach § 8 Absatz 1 Satz 2 des Bundesarchivgesetzes[1)]) abzugeben. [2] Im Falle des § 8 Absatz 2 Satz 1 ist die gedruckte Nummer des Bundesgesetzblatts zu digitalisieren sowie mit einem qualifizierten Siegel gemäß § 7 Absatz 1 zu versehen und in dieser Form zusammen mit einem Nachweis über den Verkündungs- oder Bekanntmachungszeitpunkt zur dauerhaften Aufbewahrung an das digitale Zwischenarchiv abzugeben. [3] Im Falle des § 9 sind die Dokumente nach § 10 Absatz 2 zu digitalisieren sowie mit einem qualifizierten Siegel gemäß § 7 Absatz 1 zu versehen und zur dauerhaften Aufbewahrung an das digitale Zwischenarchiv abzugeben. [4] In den Fällen des § 12 ist auch die auf der Internetseite www.recht.bund.de bereitgestellte Nummer des Bundesgesetzblatts, sofern noch nicht geschehen, mit einem qualifizierten Siegel gemäß § 7 Absatz 1 zu versehen und zusammen mit einem Nachweis über den Bereitstellungszeitpunkt zur dauerhaften Aufbewahrung an das digitale Zwischenarchiv abzugeben.

(2) Elektronisch ausgefertigte Urschriften der im Bundesgesetzblatt vorzunehmenden Verkündungen und amtlichen Bekanntmachungen sind zusammen mit der zugehörigen Nummer des Bundesgesetzblatts zur dauerhaften Aufbewahrung an das digitale Zwischenarchiv abzugeben.

(3) [1] Jede Nummer des amtlichen Teils des Bundesanzeigers ist zusammen mit einem Nachweis über den Bekanntmachungszeitpunkt zur dauerhaften Aufbewahrung an das digitale Zwischenarchiv abzugeben. [2] Im Falle des § 14 Absatz 1 Satz 1 ist die gedruckte Nummer des amtlichen Teils des Bundesanzeigers zu digitalisieren sowie mit einem qualifizierten Siegel gemäß § 7 Absatz 1 zu versehen und in dieser Form zusammen mit einem Nachweis über den Bekanntmachungszeitpunkt zur dauerhaften Aufbewahrung an das digitale Zwischenarchiv abzugeben. [3] Im Falle des § 14 Absatz 3 ist auch die auf der Internetseite www.bundesanzeiger.de bereitgestellte Nummer des amtlichen Teils des Bundesanzeigers, sofern noch nicht geschehen, mit einem qualifizierten Siegel gemäß § 7 Absatz 1 zu versehen und zusammen mit einem Nachweis über den Bereitstellungszeitpunkt zur dauerhaften Aufbewahrung an das digitale Zwischenarchiv abzugeben.

§ 18 Erhaltung des Beweiswerts. Enthalten die nach § 17 Absatz 1 und 3 dauerhaft aufzubewahrenden Dokumente ein qualifiziertes elektronisches Siegel, eine qualifizierte elektronische Signatur oder einen qualifizierten elektronischen Zeitstempel, sind sie im digitalen Zwischenarchiv durch geeignete Maßnahmen nach dem Stand der Technik neu zu schützen, bevor der Sicherheitswert des vorhandenen Siegels, der vorhandenen Signatur oder des vorhandenen Zeitstempels durch Zeitablauf geringer wird und ein nach dem Stand der Technik angemessenes Schutzniveau nicht mehr gewährleistet ist.

Abschnitt 5. Straf- und Bußgeldvorschriften

§ 19 Strafvorschriften. Mit Freiheitsstrafe bis zu einem Jahr oder mit Geldstrafe *wird bestraft,* wer einer vollziehbaren Anordnung nach § 11 Absatz 1 Nummer 1 oder 2 oder Absatz 2 Satz 1 zuwiderhandelt.

[1)] **Sartorius III Nr. 834.**

§ 20 Bußgeldvorschriften. (1) Ordnungswidrig handelt, wer eine in § 19 bezeichnete Handlung fahrlässig begeht.

(2) Ordnungswidrig handelt, wer vorsätzlich oder fahrlässig einer vollziehbaren Anordnung nach § 11 Absatz 1 Nummer 3 oder Absatz 3 zuwiderhandelt.

(3) Die Ordnungswidrigkeit kann mit einer Geldbuße bis zu hunderttausend Euro geahndet werden.

80. Gesetz über die Zusammenarbeit des Bundes und der Länder in Angelegenheiten des Verfassungsschutzes und über das Bundesamt für Verfassungsschutz (Bundesverfassungsschutzgesetz – BVerfSchG)[1)]

Vom 20. Dezember 1990

(BGBl. I S. 2954)

FNA 12-4

geänd. durch § 38 Abs. 2 SicherheitsüberprüfungsG v. 20.4.1994 (BGBl. I S. 867), Art. 4 G zur Änd. von Vorschr. über parlamentarische Gremien v. 17.6.1999 (BGBl. I S. 1334), Art. 11 StrafverfahrensÄndG 1999 v. 2.8.2000 (BGBl. I S. 1253), Art. 2 G zur Änd. des BundesdatenschutzG und anderer G v. 18.5. 2001 (BGBl. I S. 904), Art. 3 Abs. 2 G zur Neuregelung von Beschränkungen des Brief-, Post- und Fernmeldegeheimnisses v. 26.6.2001 (BGBl. I S. 1254, ber. S. 2298), Art. 1 G zur Bekämpfung des internationalen Terrorismus v. 9.1.2002 (BGBl. I S. 361), Art. 9 ZollfahndungsneuregelungsG v. 16.8. 2002 (BGBl. I S. 3202), Art. 2 G zur Umbenennung des Bundesgrenzschutzes in Bundespolizei v. 21.6. 2005 (BGBl. I S. 1818), Art. 2 Gemeinsame-Dateien-G v. 22.12.2006 (BGBl. I S. 3409), Art. 1 und Art. 10 Abs. 1 TerrorismusbekämpfungsergänzungsG v. 5.1.2007 (BGBl. I S. 2, Art. 10 Abs. 1 aufgeh. durch G v. 3.12.2020, BGBl. I S. 2667), Art. 6 Abs. 1 G zur Umsetzung aufenthalts- und asylrechtl. Richtlinien der EU v. 19.8.2007 (BGBl. I S. 1970), § 32 SatellitendatensicherheitsG v. 23.11.2007 (BGBl. I S. 2590), Art. 6 FGG-ReformG v. 17.12.2008 (BGBl. I S. 2586), Art. 3 SIS-II-G v. 6.6.2009 (BGBl. I S. 1226), Art. 3 Abs. 2 G zur Fortentwicklung der parlamentarischen Kontrolle der Nachrichtendienste des Bundes v. 29.7.2009 (BGBl. I S. 2346), Art. 1a Erstes G zur Änd. des Artikel 10-Gs v. 31.7. 2009 (BGBl. I S. 2499), Art. 1 G zur Änd. des BundesverfassungsschutzG v. 7.12.2011 (BGBl. I S. 2576), Art. 2 G zur Verbesserung der Bekämpfung des Rechtsextremismus v. 20.8.2012 (BGBl. I S. 1798), Art. 6 G zur Änd. des TelekommunikationsG und zur Neuregelung der Bestandsdatenauskunft v. 20.6.2013 (BGBl. I S. 1602), Art. 1 G zur Verbesserung der Zusammenarbeit im Bereich des Verfassungsschutzes v. 17.11.2015 (BGBl. I S. 1938), Art. 1 G zum besseren Informationsaustausch bei der Bekämpfung des internationalen Terrorismus v. 26.7.2016 (BGBl. I S. 1818), Art. 4 Digitale Hochgeschwindigkeitsnetze-Gesetz v. 4.11.2016 (BGBl. I S. 2473), Art. 2 Abs. 1 Erstes G zur Änd. des SicherheitsüberprüfungsG v. 16.6.2017 (BGBl. I S. 1634), Art. 2 Datenschutz-Anpassungs- und -Umsetzungsgesetz EU v. 30.6.2017 (BGBl. I S. 2097), Art. 16 Elfte ZuständigkeitsanpassungsVO v. 19.6.2020 (BGBl. I S. 1328), Beschluss des BVerfG – 1 BvR 1873/13, 1 BvR 2618/13 – v. 27.5.2020 (BGBl. I S. 1931), Art. 1 G zur Anpassung der Regelungen über die Bestandsdatenauskunft an die Vorgaben aus der Entscheidung des BVerfG v. 27.5.2020 v. 30.3.2021 (BGBl. I S. 448), Art. 7 Abs. 22 G zur Umsetzung der RL (EU) 2019/2034 über die Beaufsichtigung von Wertpapierinstituten v. 12.5.2021 (BGBl. I S. 990), Art. 2 Telekommunikationsmodernisierungsgesetz v. 23.6.2021 (BGBl. I S. 1858), Art. 5 G zur Regelung des Datenschutzes und des Schutzes der Privatsphäre in der Telekommunikation und bei Telemedien v. 23.6.2021 (BGBl. I S. 1982), Art. 1 Gesetz zur Anpassung des Verfassungsschutzrechts v. 5.7.2021 (BGBl. I S. 2274), Beschl. des BVerfG – 1 BvR 2354/13 – v. 28.9.2022 (BGBl. I S. 2096), Art. 1 SIS-III-Gesetz v. 19.12.2022 (BGBl. I S. 2632), Art. 1 G zum ersten Teil der Reform des Nachrichtendienstrechts v. 22.12.2023 (BGBl. 2023 I Nr. 413, 2024 I Nr. 187), Art. 2 G zur Durchführung der VO (EU) 2022/2065 v. 6.5.2024 (BGBl. 2024 I Nr. 149), Art. 1 G zur Verbesserung der inneren Sicherheit und des Asylsystems v. 25.10.2024 (BGBl. 2024 I Nr. 332) und Art. 3 G zur Stärkung der Militärischen Sicherheit in der Bundeswehr v. 9.1.2026 (BGBl. 2026 I Nr. 7)

[1)] Verkündet als Art. 2 des G zur Fortentwicklung der Datenverarbeitung und des Datenschutzes v. 20.12.1990 (BGBl. I S. 2954); Inkrafttreten gem. Art. 6 Abs. 1 dieses G am 30.12.1990.

Erster Abschnitt. Zusammenarbeit, Aufgaben der Verfassungsschutzbehörden

§ 1 Zusammenarbeitspflicht. (1) Der Verfassungsschutz dient dem Schutz der freiheitlichen demokratischen Grundordnung, des Bestandes und der Sicherheit des Bundes und der Länder.

(2) Der Bund und die Länder sind verpflichtet, in Angelegenheiten des Verfassungsschutzes zusammenzuarbeiten.

(3) Die Zusammenarbeit besteht auch in gegenseitiger Unterstützung und Hilfeleistung.

(Fortsetzung nächstes Blatt)

§ 2[1] Verfassungsschutzbehörden. (1) [1] Für die Zusammenarbeit des Bundes mit den Ländern unterhält der Bund ein Bundesamt für Verfassungsschutz als Bundesoberbehörde. [2] Es untersteht dem Bundesministerium des Innern, für Bau und Heimat. [3] Das Bundesamt für Verfassungsschutz darf einer polizeilichen Dienststelle nicht angegliedert werden.

(2) [1] Für die Zusammenarbeit der Länder mit dem Bund und der Länder untereinander unterhält jedes Land eine Behörde zur Bearbeitung von Angelegenheiten des Verfassungsschutzes. [2] Mehrere Länder können eine gemeinsame Behörde unterhalten.

§ 3[2] Aufgaben der Verfassungsschutzbehörden. (1) Aufgabe der Verfassungsschutzbehörden des Bundes und der Länder ist die Sammlung und Auswertung von Informationen, insbesondere von sach- und personenbezogenen Auskünften, Nachrichten und Unterlagen, über

1. Bestrebungen, die gegen die freiheitliche demokratische Grundordnung, den Bestand oder die Sicherheit des Bundes oder eines Landes gerichtet sind oder eine ungesetzliche Beeinträchtigung der Amtsführung der Verfassungsorgane des Bundes oder eines Landes oder ihrer Mitglieder zum Ziele haben,
2. sicherheitsgefährdende oder geheimdienstliche Tätigkeiten im Geltungsbereich dieses Gesetzes für eine fremde Macht,
3. Bestrebungen im Geltungsbereich dieses Gesetzes, die durch Anwendung von Gewalt oder darauf gerichtete Vorbereitungshandlungen auswärtige Belange der Bundesrepublik Deutschland gefährden,
4. Bestrebungen im Geltungsbereich dieses Gesetzes, die gegen den Gedanken der Völkerverständigung (Artikel 9 Abs. 2 des Grundgesetzes[3]), insbesondere gegen das friedliche Zusammenleben der Völker (Artikel 26 Abs. 1 des Grundgesetzes) gerichtet sind.

(2) [1] Die Verfassungsschutzbehörden des Bundes und der Länder wirken mit

1. bei der Sicherheitsüberprüfung von Personen, denen im öffentlichen Interesse geheimhaltungsbedürftige Tatsachen, Gegenstände oder Erkenntnisse anvertraut werden, die Zugang dazu erhalten sollen oder ihn sich verschaffen können,
2. bei der Sicherheitsüberprüfung von Personen, die an sicherheitsempfindlichen Stellen von lebens- oder verteidigungswichtigen Einrichtungen beschäftigt sind oder werden sollen,
3. bei technischen Sicherheitsmaßnahmen zum Schutz von im öffentlichen Interesse geheimhaltungsbedürftigen Tatsachen, Gegenständen oder Erkenntnissen gegen die Kenntnisnahme durch Unbefugte,
4. bei der Überprüfung von Personen in sonstigen gesetzlich bestimmten Fällen,
5. bei der Geheimschutzbetreuung von nichtöffentlichen Stellen durch den Bund oder durch ein Land.

---

[1] § 2 Abs. 1 Satz 2 geänd. mWv 11.1.2007 durch G v. 5.1.2007 (BGBl. I S. 2); Abs. 2 Satz 2 angef. mWv 21.11.2015 durch G v. 17.11.2015 (BGBl. I S. 1938); Abs. 1 Satz 2 geänd. mWv 27.6.2020 durch VO v. 19.6.2020 (BGBl. I S. 1328).

[2] § 3 Abs. 2 Satz 2 neu gef., Sätze 3 und 4 aufgeh. durch G v. 20.4.1994 (BGBl. I S. 867); Abs. 1 Nr. 3 und Abs. 2 Satz 2 geänd., Abs. 1 Nr. 4 angef. mWv 1.1.2002 durch G v. 9.1.2002 (BGBl. I S. 361); Abs. 2 Satz 1 Nr. 3 und Satz 2 geänd., Satz 1 Nr. 4 angef. mWv 1.12.2007 durch G v. 23.11.2007 (BGBl. I S. 2590); Abs. 2 Satz 1 Nr. 4 geänd., Nr. 5 sowie Sätze 3 und 4 angef. mWv 21.6.2017 durch G v. 16.6.2017 (BGBl. I S. 1634).

[3] Nr. **1**.

[2] Die Befugnisse des Bundesamtes für Verfassungsschutz bei der Mitwirkung nach Satz 1 Nr. 1, 2 und 4 sind im Sicherheitsüberprüfungsgesetz[1)] vom 20. April 1994 (BGBl. I S. 867) geregelt. [3] Bei der Mitwirkung nach Satz 1 Nummer 5 ist das Bundesamt für Verfassungsschutz zur sicherheitsmäßigen Bewertung der Angaben der nichtöffentlichen Stelle unter Berücksichtigung der Erkenntnisse der Verfassungsschutzbehörden des Bundes und der Länder befugt. [4] Sofern es im Einzelfall erforderlich erscheint, können bei der Mitwirkung nach Satz 1 Nummer 5 zusätzlich die Nachrichtendienste des Bundes sowie ausländische öffentliche Stellen um Übermittlung und Bewertung vorhandener Erkenntnisse und um Bewertung übermittelter Erkenntnisse ersucht werden.

(3) Die Verfassungsschutzbehörden sind an die allgemeinen Rechtsvorschriften gebunden (Artikel 20 des Grundgesetzes).

§ 4[2)] Begriffsbestimmungen. (1) [1] Im Sinne dieses Gesetzes sind

a) Bestrebungen gegen den Bestand des Bundes oder eines Landes solche politisch bestimmten, ziel- und zweckgerichteten Verhaltensweisen in einem oder für einen Personenzusammenschluß, der darauf gerichtet ist, die Freiheit des Bundes oder eines Landes von fremder Herrschaft aufzuheben, ihre staatliche Einheit zu beseitigen oder ein zu ihm gehörendes Gebiet abzutrennen;
b) Bestrebungen gegen die Sicherheit des Bundes oder eines Landes solche politisch bestimmten, ziel- und zweckgerichteten Verhaltensweisen in einem oder für einen Personenzusammenschluß, der darauf gerichtet ist, den Bund, Länder oder deren Einrichtungen in ihrer Funktionsfähigkeit erheblich zu beeinträchtigen;
c) Bestrebungen gegen die freiheitliche demokratische Grundordnung solche politisch bestimmten, ziel- und zweckgerichteten Verhaltensweisen in einem oder für einen Personenzusammenschluß, der darauf gerichtet ist, einen der in Absatz 2 genannten Verfassungsgrundsätze zu beseitigen oder außer Geltung zu setzen.

[2] Für einen Personenzusammenschluß handelt, wer ihn in seinen Bestrebungen nachdrücklich unterstützt. [3] Bestrebungen im Sinne des § 3 Absatz 1 können auch von Einzelpersonen ausgehen, die nicht in einem oder für einen Personenzusammenschluss handeln. [4] In diesem Fall gilt Satz 1 mit der Maßgabe, dass die Verhaltensweise der Einzelperson darauf gerichtet sein muss, die dort genannten Ziele zu verwirklichen. [5] Voraussetzung für die Sammlung und Auswertung von Informationen im Sinne des § 3 Abs. 1 ist das Vorliegen tatsächlicher Anhaltspunkte.

(2) Zur freiheitlichen demokratischen Grundordnung im Sinne dieses Gesetzes zählen:

a) das Recht des Volkes, die Staatsgewalt in Wahlen und Abstimmungen und durch besondere Organe der Gesetzgebung, der vollziehenden Gewalt und der Rechtsprechung auszuüben und die Volksvertretung in allgemeiner, unmittelbarer, freier, gleicher und geheimer Wahl zu wählen,
b) die Bindung der Gesetzgebung an die verfassungsmäßige Ordnung und die Bindung der vollziehenden Gewalt und der Rechtsprechung an Gesetz und Recht,
c) das Recht auf Bildung und Ausübung einer parlamentarischen Opposition,
d) die Ablösbarkeit der Regierung und ihre Verantwortlichkeit gegenüber der Volksvertretung,

---

[1)] **Sartorius III Nr. 810.**

[2)] § 4 Abs. 1 Sätze 3 und 4 eingef., bish. Satz 3 wird Satz 5, bish. Satz 4 aufgeh. mWv 9.7.2021 durch G v. 5.7.2021 (BGBl. I S. 2274).

e) die Unabhängigkeit der Gerichte,

f) der Ausschluß jeder Gewalt- und Willkürherrschaft und

g) die im Grundgesetz[1)] konkretisierten Menschenrechte.

§ 5[2)] Zuständigkeiten des Bundesamtes für Verfassungsschutz. (1) [1] Das Bundesamt für Verfassungsschutz darf in einem Lande im Benehmen mit der Landesbehörde für Verfassungsschutz Informationen, Auskünfte, Nachrichten und Unterlagen im Sinne des § 3 sammeln. [2] Bei Bestrebungen und Tätigkeiten im Sinne des § 3 Abs. 1 Nr. 1 bis 4 ist Voraussetzung, daß

1. sie sich ganz oder teilweise gegen den Bund richten,
2. sie darauf gerichtet sind, Gewalt anzuwenden, Gewaltanwendung vorzubereiten, zu unterstützen oder zu befürworten,
3. sie sich über den Bereich eines Landes hinaus erstrecken,
4. sie auswärtige Belange der Bundesrepublik Deutschland berühren oder
5. eine Landesbehörde für Verfassungsschutz das Bundesamt für Verfassungsschutz um ein Tätigwerden ersucht.

[3] Das Benehmen kann für eine Reihe gleichgelagerter Fälle hergestellt werden.

(2) [1] Das Bundesamt für Verfassungsschutz wertet unbeschadet der Auswertungsverpflichtungen der Landesbehörden für Verfassungsschutz zentral alle Erkenntnisse über Bestrebungen und Tätigkeiten im Sinne des § 3 Absatz 1 aus. [2] Es unterrichtet die Landesbehörden für Verfassungsschutz nach § 6 Absatz 1, insbesondere durch Querschnittsauswertungen in Form von Struktur- und Methodikberichten sowie regelmäßig durch bundesweite Lageberichte zu den wesentlichen Phänomenbereichen unter Berücksichtigung der entsprechenden Landeslageberichte.

(3) [1] Das Bundesamt für Verfassungsschutz koordiniert die Zusammenarbeit der Verfassungsschutzbehörden. [2] Die Koordinierung schließt insbesondere die Vereinbarung von

1. einheitlichen Vorschriften zur Gewährleistung der Zusammenarbeitsfähigkeit,
2. allgemeinen Arbeitsschwerpunkten und arbeitsteiliger Durchführung der Aufgaben sowie
3. Relevanzkriterien für Übermittlungen nach § 6 Absatz 1

ein.

(4) Das Bundesamt für Verfassungsschutz unterstützt als Zentralstelle die Landesbehörden für Verfassungsschutz bei der Erfüllung ihrer Aufgaben nach § 3 insbesondere durch

1. Bereitstellung des nachrichtendienstlichen Informationssystems (§ 6 Absatz 2),
2. zentrale Einrichtungen im Bereich besonderer technischer und fachlicher Fähigkeiten,
3. Erforschung und Entwicklung von Methoden und Arbeitsweisen im Verfassungsschutz und
4. Fortbildung in speziellen Arbeitsbereichen.

---

1) Nr. 1.

2) § 5 Abs. 2 Satz 2 geänd. mWv 1.1.2002 durch G v. 9.1.2002 (BGBl. I S. 361); Überschrift neu gef., Abs. 1 aufgeh., bish. Abs. 2 wird Abs. 1 und Satz 2 Nr. 2 eingef., bish. Nr. 2–4 werden Nr. 3–5, Abs. 2 eingef., Abs. 3 neu gef., Abs. 4 und 5 angef. mWv 21.11.2015 durch G v. 17.11.2015 (BGBl. I S. 1938).

(5) [1]Dem Bundesamt für Verfassungsschutz obliegt der für Aufgaben nach § 3 erforderliche Dienstverkehr mit zuständigen öffentlichen Stellen anderer Staaten. [2]Die Landesbehörden für Verfassungsschutz können solchen Dienstverkehr führen

1. mit den Dienststellen der in der Bundesrepublik Deutschland stationierten Streitkräfte,
2. mit den Nachrichtendiensten angrenzender Nachbarstaaten in regionalen Angelegenheiten oder
3. im Einvernehmen mit dem Bundesamt für Verfassungsschutz.

§ 6[1)] Gegenseitige Unterrichtung der Verfassungsschutzbehörden.

(1) [1]Die Landesbehörden für Verfassungsschutz und das Bundesamt für Verfassungsschutz übermitteln sich unverzüglich die für ihre Aufgaben relevanten Informationen, einschließlich der Erkenntnisse ihrer Auswertungen. [2]Wenn eine übermittelnde Behörde sich dies vorbehält, dürfen die übermittelten Daten nur mit ihrer Zustimmung an Stellen außerhalb der Behörden für Verfassungsschutz übermittelt werden.

(2) [1]Die Verfassungsschutzbehörden verarbeiten zur Erfüllung ihrer Unterrichtungspflichten nach Absatz 1 Informationen im gemeinsamen nachrichtendienstlichen Informationssystem. [2]Der Militärische Abschirmdienst kann zur Erfüllung der Unterrichtungspflichten nach § 3 Absatz 3 Satz 1 des MAD-Gesetzes[2)] am nachrichtendienstlichen Informationssystem teilnehmen. [3]Der Abruf von Daten aus dem nachrichtendienstlichen Informationssystem im automatisierten Verfahren ist im Übrigen nur entsprechend den §§ 22b und 22c zulässig. [4]Für die Verarbeitung personenbezogener Daten im nachrichtendienstlichen Informationssystem gelten die §§ 10 und 11. [5]Die Verantwortung einer speichernden Stelle im Sinne der allgemeinen Vorschriften des Datenschutzrechts trägt jede Verfassungsschutzbehörde nur für die von ihr eingegebenen Daten; nur sie darf diese Daten verändern, die Verarbeitung einschränken oder löschen. [6]Die eingebende Stelle muss feststellbar sein. [7]Eine Abfrage von Daten ist nur zulässig, soweit dies zur Erfüllung von Aufgaben, mit denen der Abfragende unmittelbar betraut ist, erforderlich ist. [8]Die Zugriffsberechtigung auf Daten, die nicht zum Auffinden von Akten und der dazu notwendigen Identifizierung von Personen erforderlich sind, ist auf Personen zu beschränken, die mit der Erfassung von Daten oder Analysen betraut sind. [9]Die Zugriffsberechtigung auf Unterlagen, die gespeicherte Angaben belegen, ist zudem auf Personen zu beschränken, die unmittelbar mit Arbeiten in diesem Anwendungsgebiet betraut sind.

(3) [1]Das Bundesamt für Verfassungsschutz trifft für die gemeinsamen Dateien die technischen und organisatorischen Maßnahmen entsprechend § 64 des Bundesdatenschutzgesetzes[3)]. [2]Es hat bei jedem Zugriff für Zwecke der Datenschutzkontrolle den Zeitpunkt, die Angaben, die die Feststellung der abgefragten Datensätze ermöglichen, sowie die abfragende Stelle zu protokollieren. [3]Die Auswertung der Protokolldaten ist nach dem Stand der Technik zu gewährleisten. [4]Die protokollierten Daten dürfen nur für Zwecke der Datenschutzkontrolle, der Datensicherung oder zur Sicherstellung eines ordnungsgemäßen Betriebs der Datenverarbeitungs-

---

[1)] § 6 neu gef. mWv 21.11.2015 durch G v. 17.11.2015 (BGBl. I S. 1938); Abs. 2 Satz 4, Abs. 3 Satz 1 geänd. mWv 25.5.2018 durch G v. 30.6.2017 (BGBl. I S. 2097); Abs. 2 Sätze 1–3 neu gef., Satz 4 eingef., bish. Sätze 4–8 werden Sätze 5–9 mWv 9.7.2021 durch G v. 5.7.2021 (BGBl. I S. 2274); Abs. 2 Satz 3, Abs. 3 Satz 5 geänd. mWv 30.12.2023 durch G v. 22.12.2023 (BGBl. 2023 I Nr. 413; 2024 I Nr. 187).

[2)] **Sartorius III Nr. 806.**

[3)] Nr. **245**.

anlage verwendet werden. [5]Die Protokolldaten sind nach Ablauf von fünf Jahren zu löschen.

§ 7 Weisungsrechte des Bundes. Die Bundesregierung kann, wenn ein Angriff auf die verfassungsmäßige Ordnung des Bundes erfolgt, den obersten Landesbehörden die für die Zusammenarbeit der Länder mit dem Bund auf dem Gebiete des Verfassungsschutzes erforderlichen Weisungen erteilen.

Zweiter Abschnitt. Bundesamt für Verfassungsschutz

§ 8[1)] Befugnisse des Bundesamtes für Verfassungsschutz. (1) [1]Das Bundesamt für Verfassungsschutz darf die zur Erfüllung seiner Aufgaben erforderlichen Informationen einschließlich personenbezogener Daten verarbeiten, soweit nicht die anzuwendenden Bestimmungen des Bundesdatenschutzgesetzes[2)] oder besondere Regelungen in diesem Gesetz entgegenstehen; die Verarbeitung ist auch zulässig, wenn der Betroffene eingewilligt hat. [2]Ein Ersuchen des Bundesamtes für Verfassungsschutz um Übermittlung personenbezogener Daten darf nur diejenigen personenbezogenen Daten enthalten, die für die Erteilung der Auskunft unerlässlich sind. [3]Schutzwürdige Interessen des Betroffenen dürfen nur in unvermeidbarem Umfang beeinträchtigt werden.

(2) [1]Das Bundesamt für Verfassungsschutz darf Methoden, Gegenstände und Instrumente zur heimlichen Informationsbeschaffung, wie den Einsatz von Vertrauensleuten und Gewährspersonen, Observationen, Bild- und Tonaufzeichnungen, Tarnpapiere und Tarnkennzeichen anwenden. [2]In Individualrechte darf nur nach Maßgabe besonderer Befugnisse eingegriffen werden. [3]Im Übrigen darf die Anwendung eines Mittels gemäß Satz 1 keinen Nachteil herbeiführen, der erkennbar außer Verhältnis zur Bedeutung des aufzuklärenden Sachverhalts steht. [4]Die Mittel nach Satz 1 sind in einer Dienstvorschrift zu benennen, die auch die Zuständigkeit für die Anordnung solcher Informationsbeschaffungen und das Nähere zu Satz 3 regelt. [5]Die Dienstvorschrift bedarf der Zustimmung des Bundesministeriums des Innern, für Bau und Heimat, das das Parlamentarische Kontrollgremium unterrichtet.

(3) Polizeiliche Befugnisse oder Weisungsbefugnisse stehen dem Bundesamt für Verfassungsschutz nicht zu; es darf die Polizei auch nicht im Wege der Amtshilfe um Maßnahmen ersuchen, zu denen es selbst nicht befugt ist.

(4) [1]Werden personenbezogene Daten beim Betroffenen mit seiner Kenntnis erhoben, so ist der Erhebungszweck anzugeben. [2]Der Betroffene ist auf die Freiwilligkeit seiner Angaben hinzuweisen.

(5) [1]Von mehreren geeigneten Maßnahmen hat das Bundesamt für Verfassungsschutz diejenige zu wählen, die den Betroffenen voraussichtlich am wenigsten beeinträchtigt. [2]Eine Maßnahme darf keinen Nachteil herbeiführen, der erkennbar *außer Verhältnis zu dem* beabsichtigten Erfolg steht.

[1)] § 8 Abs. 4 Satz 2 neu gef. durch G v. 20.4.1994 (BGBl. I S. 867); Abs. 2 Satz 3 geänd. durch G v. 17.6.1999 (BGBl. I S. 1334); Abs. 1 Sätze 2 und 3 angef., bish. Wortlaut wird Satz 1 sowie Abs. 5–12 angef., bish. Abs. 5 wird Abs. 13 mWv 1.1.2002 durch G v. 9.1.2002 (BGBl. I S. 361); Abs. 2 Satz 3 geänd. und Abs. 5–12 aufgeh., bish. Abs. 13 wird Abs. 5 mWv 11.1.2007 durch G v. 5.1.2007 (BGBl. I S. 2); Abs. 2 Sätze 2 und 3 eingef., bish. Sätze 2 und 3 werden Sätze 4 und 5 und neuer Satz 4 neu gef., neuer Satz 5 geänd. mWv 21.11.2015 durch G v. 17.11.2015 (BGBl. I S. 1938); Abs. 1 Satz 1 neu gef. mWv 25.5.2018 durch G v. 30.6.2017 (BGBl. I S. 2097); Abs. 2 Satz 5 geänd. mWv 27.6.2020 durch VO v. 19.6.2020 (BGBl. I S. 1328).

[2)] Nr. **245**.

§ 8a[1)] Besondere Auskunftsverlangen. (1) [1] Das Bundesamt für Verfassungsschutz darf im Einzelfall Auskunft einholen bei

1. Luftfahrtunternehmen sowie Betreibern von Computerreservierungssystemen und Globalen Distributionssystemen für Flüge zu Namen und Anschriften des Kunden sowie zur Inanspruchnahme und den Umständen von Transportleistungen, insbesondere zum Zeitpunkt von Abfertigung und Abflug und zum Buchungsweg,
2. Kreditinstituten, Finanzdienstleistungsinstituten, Wertpapierinstituten und Finanzunternehmen zu Konten, Konteninhabern und sonstigen Berechtigten sowie weiteren am Zahlungsverkehr Beteiligten und zu Geldbewegungen und Geldanlagen, insbesondere über Kontostand und Zahlungsein- und -ausgänge,
3. *(aufgehoben)*
4. denjenigen, die geschäftsmäßig Telekommunikationsdienste erbringen oder daran mitwirken, zu Verkehrsdaten nach § 9 Absatz 1 Satz 1 Nummer 1 bis 4 des Telekommunikation-Digitale-Dienste-Datenschutz-Gesetzes und sonstigen zum Aufbau und zur Aufrechterhaltung der Telekommunikation notwendigen Verkehrsdaten und
5. denjenigen, die geschäftsmäßig Teledienste erbringen oder daran mitwirken, zu
   a) Merkmalen zur Identifikation des Nutzers eines Teledienstes,
   b) Angaben über Beginn und Ende sowie über den Umfang der jeweiligen Nutzung und
   c) Angaben über die vom Nutzer in Anspruch genommenen Teledienste,

soweit dies zur Sammlung und Auswertung von Informationen erforderlich ist und Tatsachen die Annahme rechtfertigen, dass schwerwiegende Gefahren für die in § 3 Abs. 1 genannten Schutzgüter vorliegen. [2] Für Satz 1 Nummer 1, 4 und 5 gilt dies im Fall des § 3 Absatz 1 Nummer 1 nur für Bestrebungen, die bezwecken oder auf Grund ihrer Wirkungsweise geeignet sind,

1. zu Hass oder Willkürmaßnahmen gegen Teile der Bevölkerung aufzustacheln oder deren Menschenwürde durch Beschimpfen, böswilliges Verächtlichmachen oder Verleumden anzugreifen und dadurch die Bereitschaft zur Anwendung von Gewalt zu fördern und den öffentlichen Frieden zu stören oder
2. Gewalt anzuwenden oder vorzubereiten, einschließlich dem Befürworten, Hervorrufen oder Unterstützen von Gewaltanwendung, auch durch Unterstützen von Vereinigungen, die Anschläge gegen Personen oder Sachen veranlassen, befürworten oder androhen.

(2) [1] Soweit dies zur Sammlung und Auswertung von Informationen erforderlich ist und Tatsachen die Annahme rechtfertigen, dass schwerwiegende Gefahren für die in § 3 Absatz 1 genannten Schutzgüter vorliegen, darf das Bundesamt für

---

[1)] § 8a eingef. mWv 11.1.2007 durch G v. 5.1.2007 (BGBl. I S. 2); Abs. 6 Satz 2 Halbs. 2 geänd. mWv 4.8.2009 durch G v. 29.7.2009 (BGBl. I S. 2346); Abs. 1, Abs. 2 Satz 1 Nr. 1 und abschl. Satzteil geänd., Nr. 3 aufgeh., Abs. 2a eingef., Abs. 3 einl. Satzteil, Nr. 1 und Nr. 2 Buchst. a und b geänd., Abs. 4–9 aufgeh. mWv 10.1.2012 durch G v. 7.12.2011 (BGBl. I S. 2576); Abs. 1 aufgeh., bish. Abs. 2 und 2a werden Abs. 1 und 2, Abs. 3 einl. Satzteil, Nr. 2 Buchst. a und b geänd. mWv 2.4.2021 durch G v. 30.3.2021 (BGBl. I S. 448); Abs. 1 [im BGBl. wohl irrtümlich: Abs. 2] Satz 1 Nr. 2 geänd. mWv 26.6.2021 durch G v. 12.5.2021 (BGBl. I S. 990); Abs. 1 Satz 1 Nr. 4 geänd. mWv 1.12.2021 durch G v. 23.6.2021 (BGBl. I S. 1858); Abs. 4 angef. mWv 9.7.2021 durch G v. 5.7.2021 (BGBl. I S. 2274); Abs. 1 Satz 1 Nr. 4 geänd. mWv 14.5.2024 durch G v. 6.5.2024 (BGBl. 2024 I Nr. 149); Abs. 1 Satz 2 einl. Satzteil geänd. mWv 31.10.2024 durch G v. 25.10.2024 (BGBl. 2024 I Nr. 332).

Verfassungsschutz im Einzelfall das Bundeszentralamt für Steuern ersuchen, bei den Kreditinstituten die in § 93b Absatz 1 der Abgabenordnung bezeichneten Daten abzurufen. [2] § 93 Absatz 9 der Abgabenordnung findet keine Anwendung.

(3) Anordnungen nach den Absätzen 1 und 2 dürfen sich nur gegen Personen richten, bei denen

1. tatsächliche Anhaltspunkte dafür vorliegen, dass sie die schwerwiegenden Gefahren nach den Absätzen 1 und 2 nachdrücklich fördern, oder
2. auf Grund bestimmter Tatsachen anzunehmen ist
   a) bei Auskünften nach Absatz 1 Satz 1 Nummer 1, 2 und 5 sowie nach Absatz 2, dass sie die Leistung für eine Person nach Nummer 1 in Anspruch nehmen, oder
   b) bei Auskünften nach Absatz 1 Satz 1 Nummer 4, dass sie für eine Person nach Nummer 1 bestimmte oder von ihr herrührende Mitteilungen entgegennehmen oder weitergeben, oder dass eine Person nach Nummer 1 ihren Anschluss benutzt.

(4) Auskunft nach den Absätzen 1 und 2 darf bei Unternehmen eingeholt werden, die in Deutschland

1. eine Niederlassung haben oder
2. Leistungen erbringen oder hieran nach Absatz 2 Satz 1 Nummer 4 oder Nummer 5 mitwirken.

§ 8b[1)] Verfahrensregelungen zu besonderen Auskunftsverlangen. (1) [1] Anordnungen nach § 8a Absatz 1 und 2 werden vom Behördenleiter oder seinem Vertreter beantragt; der Antrag ist schriftlich zu stellen und zu begründen. [2] Zuständig für die Anordnungen ist das Bundesministerium des Innern, für Bau und Heimat. [3] Die Anordnung einer Auskunft über künftig anfallende Daten ist auf höchstens drei Monate zu befristen. [4] Die Verlängerung dieser Anordnung um jeweils nicht mehr als drei Monate ist auf Antrag zulässig, soweit die Voraussetzungen der Anordnung fortbestehen. [5] Auf die Anordnung der Verlängerung finden die Sätze 1 und 2 Anwendung.

(2) [1] Über Anordnungen nach § 8a Absatz 1 und 2 unterrichtet das Bundesministerium des Innern, für Bau und Heimat monatlich die G 10-Kommission (§ 1 Absatz 2 des Artikel 10-Gesetzes[2)]) vor deren Vollzug. [2] Bei Gefahr im Verzug kann es den Vollzug der Entscheidung auch bereits vor der Unterrichtung der G 10-Kommission anordnen. [3] Die G 10-Kommission prüft von Amts wegen oder auf Grund von Beschwerden die Zulässigkeit und Notwendigkeit der Einholung von Auskünften. [4] § 15 Absatz 5 des Artikel 10-Gesetzes ist mit der Maßgabe entsprechend anzuwenden, dass die Kontrollbefugnis der Kommission sich auf die gesamte Verarbeitung der nach § 8a Absatz 1 und 2 erlangten personenbezogenen Daten erstreckt. [5] Entscheidungen über Auskünfte, welche die G 10-Kommission für unzulässig oder nicht notwendig erklärt, hat das Bundesministerium des Innern, für Bau und Heimat unverzüglich aufzuheben. [6] Die Daten unterliegen in

---

[1)] § 8b eingef. mWv 10.1.2012 durch G v. 7.12.2011 (BGBl. I S. 2576); Abs. 8 Satz 1 geänd. mWv 10.11.2016 durch G v. 4.11.2016 (BGBl. I S. 2473); Abs. 2 Satz 4 geänd. mWv 25.5.2018 durch G v. 30.6.2017 (BGBl. I S. 2097); Abs. 1 Satz 2, Abs. 2 Sätze 1 und 5, Abs. 3 Satz 1 und Abs. 8 Satz 1 geänd. mWv 27.6.2020 durch VO v. 19.6.2020 (BGBl. I S. 1328); Abs. 1 Satz 1, Abs. 2 Sätze 1, 4 und 7, Abs. 3 Satz 1, Abs. 5 Satz 1, Abs. 6, Abs. 8 Sätze 1 und 4, Abs. 9, Abs. 10 Sätze 1 und 2 geänd. mWv 2.4.2021 durch G v. 30.3.2021 (BGBl. I S. 448); Abs. 8 Sätze 4 und 5 geänd. mWv 1.12.2021 durch G v. 23.6.2021 (BGBl. I S. 1858); Abs. 7 Satz 1 geänd. mWv 9.7.2021 durch G v. 5.7.2021 (BGBl. I S. 2274).

[2)] Nr. **7**.

diesem Falle einem absoluten Verwendungsverbot und sind unverzüglich zu löschen. [7] Für die Verarbeitung der nach § 8a Absatz 1 und 2 erhobenen Daten ist § 4 des Artikel 10-Gesetzes entsprechend anzuwenden.

(3) [1] Das Bundesministerium des Innern, für Bau und Heimat unterrichtet im Abstand von höchstens sechs Monaten das Parlamentarische Kontrollgremium über Anordnungen nach § 8a Absatz 1 und 2; dabei ist insbesondere ein Überblick über Anlass, Umfang, Dauer, Ergebnis und Kosten der im Berichtszeitraum durchgeführten Maßnahmen zu geben. [2] Das Gremium erstattet dem Deutschen Bundestag jährlich einen Bericht über die Durchführung sowie Art, Umfang und Anordnungsgründe der Maßnahmen; dabei sind die Grundsätze des § 10 Absatz 1 des Kontrollgremiumgesetzes[1)] zu beachten.

(4) [1] Anordnungen sind dem Verpflichteten insoweit schriftlich mitzuteilen, als dies erforderlich ist, um ihm die Erfüllung seiner Verpflichtung zu ermöglichen. [2] Anordnungen und übermittelte Daten dürfen dem Betroffenen oder Dritten vom Verpflichteten nicht mitgeteilt werden.

(5) [1] Dem Verpflichteten ist es verboten, allein auf Grund einer Anordnung nach § 8a Absatz 1 einseitige Handlungen vorzunehmen, die für den Betroffenen nachteilig sind und die über die Erteilung der Auskunft hinausgehen, insbesondere bestehende Verträge oder Geschäftsverbindungen zu beenden, ihren Umfang zu beschränken oder ein Entgelt zu erheben oder zu erhöhen. [2] Die Anordnung ist mit dem ausdrücklichen Hinweis auf dieses Verbot und darauf zu verbinden, dass das Auskunftsersuchen nicht die Aussage beinhaltet, dass sich die betroffene Person rechtswidrig verhalten hat oder ein darauf gerichteter Verdacht bestehen müsse.

(6) Die in § 8a Absatz 1 Satz 1 genannten Stellen sind verpflichtet, die Auskunft unverzüglich und vollständig und in dem Format zu erteilen, das durch die auf Grund von Absatz 8 Satz 1 bis 3 erlassene Rechtsverordnung oder in den in Absatz 8 Satz 4 und 5 bezeichneten Rechtsvorschriften vorgeschrieben ist.

(7) [1] Für Anordnungen nach § 8a findet § 12 Absatz 1 des Artikel 10-Gesetzes entsprechende Anwendung, mit der Maßgabe, dass § 12 Absatz 1 Satz 5 des Artikel 10-Gesetzes nur für Maßnahmen nach § 8a Absatz 1 Satz 1 Nummer 4 und 5 Anwendung findet. [2] Wurden personenbezogene Daten an eine andere Stelle übermittelt, erfolgt die Mitteilung im Benehmen mit dieser.

(8) [1] Das Bundesministerium des Innern, für Bau und Heimat wird ermächtigt, durch Rechtsverordnung im Einvernehmen mit dem Bundeskanzleramt, dem Bundesministerium für Wirtschaft und Energie, dem Bundesministerium für Verkehr und digitale Infrastruktur, dem Bundesministerium der Justiz und für Verbraucherschutz und dem Bundesministerium der Verteidigung ohne Zustimmung des Bundesrates zu bestimmen, dass Auskünfte nach § 8a Absatz 1 mit Ausnahme der Auskünfte nach § 8a Absatz 1 Satz 1 Nummer 4, auch soweit andere Vorschriften hierauf verweisen, ganz oder teilweise auf maschinell verwertbaren Datenträgern oder durch Datenfernübertragung übermittelt werden müssen. [2] Dabei können insbesondere geregelt werden

1. die Voraussetzungen für die Anwendung des Verfahrens,
2. das Nähere über Form, Inhalt, Verarbeitung und Sicherung der zu übermittelnden Daten,
3. die Art und Weise der Übermittlung der Daten,
4. die Zuständigkeit für die Entgegennahme der zu übermittelnden Daten,

---

[1)] Nr. **81**.

5. der Umfang und die Form der für dieses Verfahren erforderlichen besonderen Erklärungspflichten des Auskunftspflichtigen und
6. Tatbestände und Bemessung einer auf Grund der Auskunftserteilung an Verpflichtete zu leistenden Aufwandsentschädigung.

[3] Zur Regelung der Datenübermittlung kann in der Rechtsverordnung auf Veröffentlichungen sachverständiger Stellen verwiesen werden; hierbei sind das Datum der Veröffentlichung, die Bezugsquelle und eine Stelle zu bezeichnen, bei der die Veröffentlichung archivmäßig gesichert niedergelegt ist. [4] Die Vorgaben für die Erteilung von Auskünften nach § 8a Absatz 1 Satz 1 Nummer 4, insbesondere ob und in welchem Umfang die Verpflichteten hierfür Vorkehrungen für die technische und organisatorische Umsetzung der Auskunftsverpflichtung zu treffen haben, bestimmen sich nach § 170 des Telekommunikationsgesetzes[1)] und der dazu erlassenen Rechtsverordnung. [5] Die technischen Einzelheiten, die zur Auskunftserteilung sowie zur Gestaltung des Übergabepunktes zu den berechtigten Stellen erforderlich sind, insbesondere das technische Format für die Übermittlung derartiger Auskunftsverlangen an die Verpflichteten und die Rückübermittlung der zugehörigen Auskünfte an die berechtigten Stellen, richten sich nach den Festlegungen in der Technischen Richtlinie nach § 170 Absatz 6 des Telekommunikationsgesetzes.

(9) Für die Erteilung von Auskünften nach § 8a Absatz 1 Satz 1 Nummer 4 hat der Verpflichtete Anspruch auf Entschädigung entsprechend § 23 des Justizvergütungs- und -entschädigungsgesetzes[2)].

(10) [1] Die Befugnisse nach § 8a Absatz 1 Satz 1 Nummer 4 und 5 stehen den Verfassungsschutzbehörden der Länder nur dann zu, wenn das Verfahren sowie die Beteiligung der G 10-Kommission, die Verarbeitung der erhobenen Daten und die Mitteilung an den Betroffenen gleichwertig wie in Absatz 2 und ferner eine Absatz 3 gleichwertige parlamentarische Kontrolle sowie eine Verpflichtung zur Berichterstattung über die durchgeführten Maßnahmen an das Parlamentarische Kontrollgremium des Bundes unter entsprechender Anwendung des Absatzes 3 Satz 1 zweiter Halbsatz für dessen Berichte nach Absatz 3 Satz 2 durch den Landesgesetzgeber geregelt ist. [2] Die Verpflichtungen zur gleichwertigen parlamentarischen Kontrolle nach Absatz 3 gelten auch für die Befugnisse nach § 8a Absatz 1 Satz 1 Nummer 1 und 2. [3] Landesrecht kann für Auskünfte an die jeweilige Verfassungsschutzbehörde des Landes Regelungen vorsehen, die dem Absatz 5 entsprechen, und die auf Grund von Absatz 8 Satz 1 bis 3 erlassene Rechtsverordnung sowie die Vorgaben nach Absatz 8 Satz 4 und 5 für solche Auskünfte für anwendbar erklären.

§ 8c[3)] *(aufgehoben)*

§ 8d[4)] **Besondere Auskunftsverlangen zu Bestandsdaten.** (1) [1] Soweit dies auf Grund tatsächlicher Anhaltspunkte im Einzelfall zur Aufklärung bestimmter Bestrebungen oder Tätigkeiten nach § 3 Absatz 1 erforderlich ist, darf das Bundesamt für Verfassungsschutz Auskunft verlangen von demjenigen, der geschäftsmäßig

---

[1)] **Sartorius ErgBd. Nr. 920.**

[2)] **Habersack Nr. 116.**

[3)] § 8c aufgeh. mWv 9.7.2021 durch G v. 5.7.2021 (BGBl. I S. 2274).

[4)] § 8d neu gef. mWv 2.4.2021 durch G v. 30.3.2021 (BGBl. I S. 448); Abs. 1 Satz 1 Nr. 1 geänd. mWv 1.12.2021 durch G v. 23.6.2021 (BGBl. I S. 1858); Abs. 1 Satz 1 Nr. 2 geänd. mWv 1.12.2021 durch G v. 23.6.2021 (BGBl. I S. 1982); Abs. 1 Satz 1 Nr. 2 geänd. mWv 14.5.2024 durch G v. 6.5.2024 (BGBl. 2024 I Nr. 149).

1. Telekommunikationsdienste erbringt oder daran mitwirkt, über Bestandsdaten nach § 3 Nummer 6 und § 172 des Telekommunikationsgesetzes[1)],
2. digitale Dienste nach § 1 Absatz 4 Nummer 1 des Digitale-Dienste-Gesetzes erbringt oder daran mitwirkt, über Bestandsdaten nach § 2 Absatz 2 Nummer 2 des Telekommunikation-Digitale-Dienste-Datenschutz-Gesetzes.

[2] Zur Auskunft sind Unternehmen verpflichtet, die in Deutschland
1. eine Niederlassung haben oder
2. den Dienst erbringen oder daran mitwirken.

(2) [1] Die Auskunft darf auch verlangt werden anhand einer zu einem bestimmten Zeitpunkt zugewiesenen Internetprotokoll-Adresse. [2] Die Rechtsgrundlage und die tatsächlichen Anhaltspunkte, die das Auskunftsverlangen veranlassen, sind aktenkundig zu machen.

(3) [1] Die Auskunft zu Daten, mittels derer der Zugriff auf Endgeräte oder auf Speichereinrichtungen, die in diesen Endgeräten oder hiervon räumlich getrennt eingesetzt werden, geschützt wird, darf nur im Falle des Absatzes 1 Satz 1 Nummer 1 verlangt werden und nur dann verlangt werden, wenn die gesetzlichen Voraussetzungen für die Nutzung der Daten vorliegen. [2] Für diese Auskunftsverlangen gilt § 8b Absatz 1 Satz 1 und 2 und Absatz 2 entsprechend.

(4) [1] Die betroffene Person ist in den Fällen der Absätze 2 und 3 über die Auskunftserteilung zu benachrichtigen. [2] Die Benachrichtigung erfolgt, soweit und sobald eine Gefährdung des Zwecks der Auskunft und der Eintritt übergreifender Nachteile für das Wohl des Bundes oder eines Landes ausgeschlossen werden können. [3] Die Benachrichtigung unterbleibt, wenn ihr überwiegende schutzwürdige Belange Dritter oder der betroffenen Person selbst entgegenstehen. [4] Wird die Benachrichtigung nach Satz 2 zurückgestellt oder nach Satz 3 von ihr abgesehen, sind die Gründe aktenkundig zu machen.

(5) Der auf Grund eines Auskunftsverlangens Verpflichtete hat die zur Auskunftserteilung erforderlichen Daten unverzüglich und vollständig zu übermitteln.

(6) [1] Das Bundesamt für Verfassungsschutz hat den Verpflichteten für ihm erteilte Auskünfte eine Entschädigung zu gewähren. [2] Der Umfang der Entschädigung bemisst sich nach § 23 und Anlage 3 des Justizvergütungs- und -entschädigungsgesetzes[2)]; die Vorschriften über die Verjährung in § 2 Absatz 1 und 4 des Justizvergütungs- und -entschädigungsgesetzes finden entsprechend Anwendung.

(7) Das Fernmeldegeheimnis (Artikel 10 des Grundgesetzes[3)]) wird nach Maßgabe des Absatzes 2 Satz 1 eingeschränkt.

§ 9[4)] **Besondere Formen der Datenerhebung.** (1) [1] Das Bundesamt für Verfassungsschutz darf Informationen, insbesondere personenbezogene Daten, mit

---

[1)] **Sartorius ErgBd. Nr. 920.**

[2)] **Habersack Nr. 116.**

[3)] Nr. **1.**

[4)] § 9 Abs. 3 Satz 1 Nr. 2 geänd. durch G v. 17.6.1999 (BGBl. I S. 1334); Abs. 2 Sätze 3–6 angef. mWv 1.11.2000 durch G v. 2.8.2000 (BGBl. I S. 1253); Abs. 3 Satz 2 geänd. mWv 29.6.2001 durch G v. 26.6. 2001 (BGBl. I S. 1254); Abs. 2 Sätze 7–13 angef., Abs. 3 Satz 2 aufgeh. und Abs. 4 eingef. mWv 1.1.2002 *durch G v. 9.1.2002 (BGBl. I S. 361);* Abs. 4 neu gef. mWv 11.1.2007 durch G v. 5.1.2007 (BGBl. I S. 2); Abs. 2 Satz 6 geänd. mWv 1.9.2009 durch G v. 17.12.2008 (BGBl. I S. 2586); Abs. 2 Sätze 8–11 aufgeh., bish. Sätze 12 und 13 werden Sätze 8 und 9, Abs. 4 Satz 7 neu gef., Satz 8 aufgeh. mWv 10.1.2012 durch G v. 7.12.2011 (BGBl. I S. 2576); Abs. 4 Satz 1 geänd. mWv 2.4.2021 durch G v. 30.3.2021 (BGBl. I S. 448); Abs. 2 Satz 9 aufgeh. mWv 9.7.2021 durch G v. 5.7.2021 (BGBl. I S. 2274).

den Mitteln gemäß § 8 Abs. 2 erheben, wenn Tatsachen die Annahme rechtfertigen, daß

1. auf diese Weise Erkenntnisse über Bestrebungen oder Tätigkeiten nach § 3 Abs. 1 oder die zur Erforschung solcher Erkenntnisse erforderlichen Quellen gewonnen werden können oder
2. dies zum Schutz der Mitarbeiter, Einrichtungen, Gegenstände und Quellen des Bundesamtes für Verfassungsschutz gegen sicherheitsgefährdende oder geheimdienstliche Tätigkeiten erforderlich ist.

[2] Die Erhebung nach Satz 1 ist unzulässig, wenn die Erforschung des Sachverhalts auf andere, den Betroffenen weniger beeinträchtigende Weise möglich ist; eine geringere Beeinträchtigung ist in der Regel anzunehmen, wenn die Information aus allgemein zugänglichen Quellen oder durch eine Auskunft nach § 18 Abs. 3 gewonnen werden kann. [3] Die Anwendung eines Mittels gemäß § 8 Abs. 2 darf nicht erkennbar außer Verhältnis zur Bedeutung des aufzuklärenden Sachverhaltes stehen. [4] Die Maßnahme ist unverzüglich zu beenden, wenn ihr Zweck erreicht ist oder sich Anhaltspunkte dafür ergeben, daß er nicht oder nicht auf diese Weise erreicht werden kann.

(2) [1] Das in einer Wohnung nicht öffentlich gesprochene Wort darf mit technischen Mitteln nur heimlich mitgehört oder aufgezeichnet werden, wenn es im Einzelfall zur Abwehr einer gegenwärtigen gemeinen Gefahr oder einer gegenwärtigen Lebensgefahr für einzelne Personen unerläßlich ist und geeignete polizeiliche Hilfe für das bedrohte Rechtsgut nicht rechtzeitig erlangt werden kann. [2] Satz 1 gilt entsprechend für einen verdeckten Einsatz technischer Mittel zur Anfertigung von Bildaufnahmen und Bildaufzeichnungen. [3] Maßnahmen nach den Sätzen 1 und 2 werden durch den Präsidenten des Bundesamtes für Verfassungsschutz oder seinen Vertreter angeordnet, wenn eine richterliche Entscheidung nicht rechtzeitig herbeigeführt werden kann. [4] Die richterliche Entscheidung ist unverzüglich nachzuholen. [5] Zuständig ist das Amtsgericht, in dessen Bezirk das Bundesamt für Verfassungsschutz seinen Sitz hat. [6] Für das Verfahren gelten die Vorschriften des Gesetzes über das Verfahren in Familiensachen und in den Angelegenheiten der freiwilligen Gerichtsbarkeit[1)] entsprechend. [7] Die erhobenen Informationen dürfen nur nach Maßgabe des § 4 Abs. 4 des Artikel 10-Gesetzes[2)] verwendet werden. [8] § 4 Abs. 6 des Artikel 10-Gesetzes gilt entsprechend.

(3) Bei Erhebungen nach Absatz 2 und solchen nach Absatz 1, die in ihrer Art und Schwere einer Beschränkung des Brief-, Post- und Fernmeldegeheimnisses gleichkommen, wozu insbesondere das Abhören und Aufzeichnen des nicht öffentlich gesprochenen Wortes mit dem verdeckten Einsatz technischer Mittel gehören, ist

(Fortsetzung nächstes Blatt)

[1)] **Habersack Nr. 112.**
[2)] Nr. **7.**

1. der Eingriff nach seiner Beendigung dem Betroffenen mitzuteilen, sobald eine Gefährdung des Zweckes des Eingriffs ausgeschlossen werden kann, und
2. das Parlamentarische Kontrollgremium zu unterrichten.

(4) [1]Das Bundesamt für Verfassungsschutz darf unter den Voraussetzungen des § 8a Absatz 1 technische Mittel zur Ermittlung des Standortes eines aktiv geschalteten Mobilfunkendgerätes oder zur Ermittlung der Geräte- oder Kartennummer einsetzen. [2]Die Maßnahme ist nur zulässig, wenn ohne Einsatz technischer Mittel nach Satz 1 die Ermittlung des Standortes oder die Ermittlung der Geräte- oder Kartennummer aussichtslos oder wesentlich erschwert ist. [3]Sie darf sich nur gegen die in § 8a Abs. 3 Nr. 1 und 2 Buchstabe b bezeichneten Personen richten. [4]Für die Verarbeitung der Daten ist § 4 des Artikel 10-Gesetzes entsprechend anzuwenden. [5]Personenbezogene Daten eines Dritten dürfen anlässlich solcher Maßnahmen nur erhoben werden, wenn dies aus technischen Gründen zur Erreichung des Zweckes nach Satz 1 unvermeidbar ist. [6]Sie unterliegen einem absoluten Verwendungsverbot und sind nach Beendigung der Maßnahme unverzüglich zu löschen. [7]§ 8b Absatz 1 bis 3 und 7 Satz 1 gilt entsprechend.

§ 9a[1)] Verdeckte Mitarbeiter. (1) [1]Das Bundesamt für Verfassungsschutz darf eigene Mitarbeiter unter einer ihnen verliehenen und auf Dauer angelegten Legende (Verdeckte Mitarbeiter) zur Aufklärung von Bestrebungen unter den Voraussetzungen des § 9 Absatz 1 einsetzen. [2]Ein dauerhafter Einsatz zur Aufklärung von Bestrebungen nach § 3 Absatz 1 Nummer 1 und 4 ist nur bei Bestrebungen von erheblicher Bedeutung zulässig, insbesondere wenn sie darauf gerichtet sind, Gewalt anzuwenden oder Gewaltanwendung vorzubereiten.

(2) [1]Verdeckte Mitarbeiter dürfen weder zur Gründung von Bestrebungen nach § 3 Absatz 1 Nummer 1, 3 oder 4 noch zur steuernden Einflussnahme auf derartige Bestrebungen eingesetzt werden. [2]Sie dürfen in solchen Personenzusammenschlüssen oder für solche Personenzusammenschlüsse, einschließlich strafbare Vereinigungen, tätig werden, um deren Bestrebungen aufzuklären. [3]Im Übrigen ist im Einsatz eine Beteiligung an Bestrebungen zulässig, wenn sie
1. nicht in Individualrechte eingreift,
2. von den an den Bestrebungen Beteiligten derart erwartet wird, dass sie zur Gewinnung und Sicherung der Informationszugänge unumgänglich ist und
3. nicht außer Verhältnis zur Bedeutung des aufzuklärenden Sachverhalts steht.

[4]Sofern zureichende tatsächliche Anhaltspunkte dafür bestehen, dass Verdeckte Mitarbeiter rechtswidrig einen Straftatbestand von erheblicher Bedeutung verwirklicht haben, soll der Einsatz unverzüglich beendet und die Strafverfolgungsbehörde unterrichtet werden. [5]Über Ausnahmen nach Satz 4 entscheidet der Behördenleiter oder sein Vertreter.

(3) [1]Die Staatsanwaltschaft kann von der Verfolgung von im Einsatz begangenen Vergehen absehen oder eine bereits erhobene Klage in jeder Lage des Verfahrens zurücknehmen und das Verfahren einstellen, wenn
1. der Einsatz zur Aufklärung von Bestrebungen erfolgte, die auf die Begehung von in § 3 Absatz 1 des Artikel 10-Gesetzes[2)] bezeichneten Straftaten gerichtet sind, und

---

[1)] § 9a eingef. mWv 21.11.2015 durch G v. 17.11.2015 (BGBl. I S. 1938).
[2)] Nr. **7**.

2. die Tat von an den Bestrebungen Beteiligten derart erwartet wurde, dass sie zur Gewinnung und Sicherung der Informationszugänge unumgänglich war.

[2]Dabei ist das Verhältnis der Bedeutung der Aufklärung der Bestrebungen zur Schwere der begangenen Straftat und Schuld des Täters zu berücksichtigen. [3]Ein Absehen von der Verfolgung ist ausgeschlossen, wenn eine höhere Strafe als ein Jahr Freiheitsstrafe zu erwarten ist. [4]Ein Absehen von der Verfolgung ist darüber hinaus stets ausgeschlossen, wenn zu erwarten ist, dass die Strafe nicht zur Bewährung ausgesetzt werden würde. [5]Die Sätze 1 bis 4 gelten auch in Fällen der Landesbehörden für Verfassungsschutz.

§ 9b[1)] Vertrauensleute. (1) [1]Für den Einsatz von Privatpersonen, deren planmäßige, dauerhafte Zusammenarbeit mit dem Bundesamt für Verfassungsschutz Dritten nicht bekannt ist (Vertrauensleute), ist § 9a entsprechend anzuwenden. [2]Die Bundesregierung trägt dem Parlamentarischen Kontrollgremium mindestens einmal im Jahr einen Lagebericht zum Einsatz von Vertrauensleuten vor.

(2) [1]Über die Verpflichtung von Vertrauensleuten entscheidet der Behördenleiter oder sein Vertreter. [2]Als Vertrauensleute dürfen Personen nicht angeworben und eingesetzt werden, die

1. nicht voll geschäftsfähig, insbesondere minderjährig sind,
2. von den Geld- oder Sachzuwendungen für die Tätigkeit auf Dauer als alleinige Lebensgrundlage abhängen würden,
3. an einem Aussteigerprogramm teilnehmen,
4. Mitglied des Europäischen Parlaments, des Deutschen Bundestages, eines Landesparlaments oder Mitarbeiter eines solchen Mitglieds sind oder
5. im Bundeszentralregister mit einer Verurteilung wegen eines Verbrechens oder zu einer Freiheitsstrafe, deren Vollstreckung nicht zur Bewährung ausgesetzt worden ist, eingetragen sind.

[3]Der Behördenleiter kann eine Ausnahme von Nummer 5 zulassen, wenn die Verurteilung nicht als Täter eines Totschlags (§§ 212, 213 des Strafgesetzbuches[2)]) oder einer allein mit lebenslanger Haft bedrohten Straftat erfolgt ist und der Einsatz zur Aufklärung von Bestrebungen, die auf die Begehung von in § 3 Absatz 1 des Artikel 10-Gesetzes[3)] bezeichneten Straftaten gerichtet sind, unerlässlich ist. [4]Im Falle einer Ausnahme nach Satz 3 ist der Einsatz nach höchstens sechs Monaten zu beenden, wenn er zur Erforschung der in Satz 3 genannten Bestrebungen nicht zureichend gewichtig beigetragen hat. [5]Auch im Weiteren ist die Qualität der gelieferten Informationen fortlaufend zu bewerten.

§ 10[4)] Speicherung, Veränderung und Nutzung personenbezogener Daten. (1) Das Bundesamt für Verfassungsschutz darf zur Erfüllung seiner Aufgaben personenbezogene Daten in Dateien speichern, verändern und nutzen, wenn

1. tatsächliche Anhaltspunkte für Bestrebungen oder Tätigkeiten nach § 3 Abs. 1 vorliegen,
2. dies für die Erforschung und Bewertung von Bestrebungen oder Tätigkeiten nach § 3 Abs. 1 erforderlich ist oder

---

[1)] § 9b *eingef.* mWv 21.11.2015 durch G v. 17.11.2015 (BGBl. I S. 1938).
[2)] **Schönfelder Nr. 85.**
[3)] Nr. **7**.
[4)] § 10 Abs. 2 aufgeh. durch G v. 20.4.1994 (BGBl. I S. 867); Abs. 2 neu gef. mWv 21.11.2015 durch G v. 17.11.2015 (BGBl. I S. 1938).

3. das Bundesamt für Verfassungsschutz nach § 3 Abs. 2 tätig wird.

(2) [1]Unterlagen, die nach Absatz 1 gespeicherte Angaben belegen, dürfen auch gespeichert werden, wenn in ihnen weitere personenbezogene Daten Dritter enthalten sind. [2]Eine Abfrage von Daten Dritter ist unzulässig.

(3) Das Bundesamt für Verfassungsschutz hat die Speicherungsdauer auf das für seine Aufgabenerfüllung erforderliche Maß zu beschränken.

§ 11[1)] Speicherung, Veränderung und Nutzung personenbezogener Daten von Minderjährigen. (1) [1]Das Bundesamt für Verfassungsschutz darf unter den Voraussetzungen des § 10 Daten über Minderjährige vor Vollendung des 14. Lebensjahres in zu ihrer Person geführten Akten nur speichern, verändern und nutzen, wenn tatsächliche Anhaltspunkte dafür bestehen, dass der Minderjährige eine der in § 3 Abs. 1 des Artikel 10-Gesetzes[2)] genannten Straftaten plant, begeht oder begangen hat. [2]In Dateien ist eine Speicherung von Daten oder über das Verhalten Minderjähriger vor Vollendung des 14. Lebensjahres nicht zulässig.

(2) [1]In Dateien oder zu ihrer Person geführten Akten gespeicherte Daten über Minderjährige vor Vollendung des 16. Lebensjahres sind spätestens nach zwei Jahren zu löschen, es sei denn, dass weitere Erkenntnisse nach § 3 Absatz 1 angefallen sind. [2]In Dateien oder zu ihrer Person geführten Akten gespeicherte Daten über Minderjährige ab Vollendung des 16. Lebensjahres sind nach zwei Jahren auf die Erforderlichkeit der Speicherung zu überprüfen und spätestens nach fünf Jahren zu löschen, es sei denn, dass nach Eintritt der Volljährigkeit weitere Erkenntnisse nach § 3 Absatz 1 angefallen sind.

§ 12[3)] Berichtigung, Löschung und Verarbeitungseinschränkung personenbezogener Daten in Dateien. (1) Das Bundesamt für Verfassungsschutz hat die in Dateien gespeicherten personenbezogenen Daten zu berichtigen, wenn sie unrichtig sind.

(2) [1]Das Bundesamt für Verfassungsschutz hat die in Dateien gespeicherten personenbezogenen Daten zu löschen, wenn ihre Speicherung unzulässig war oder ihre Kenntnis für die Aufgabenerfüllung nicht mehr erforderlich ist. [2]Die Löschung unterbleibt, wenn Grund zu der Annahme besteht, daß durch sie schutzwürdige Interessen des Betroffenen beeinträchtigt würden. [3]In diesem Falle ist die Verarbeitung einzuschränken. [4]Sie dürfen nur noch mit Einwilligung des Betroffenen übermittelt werden.

(3) [1]Das Bundesamt für Verfassungsschutz prüft bei der Einzelfallbearbeitung und nach festgesetzten Fristen, spätestens nach fünf Jahren, ob gespeicherte personenbezogene Daten zu berichtigen oder zu löschen sind. [2]Gespeicherte personenbezogene Daten über Bestrebungen nach § 3 Absatz 1 Nummer 1, 3 und 4 sind spätestens zehn Jahre nach dem Zeitpunkt der letzten gespeicherten relevanten Information zu löschen, es sei denn, die zuständige Abteilungsleitung oder deren Vertretung trifft im Einzelfall ausnahmsweise eine andere Entscheidung.

[1)] § 11 Abs. 1 Satz 1 geänd. mWv 29.6.2001 durch G v. 26.6.2001 (BGBl. I S. 1254, ber. S. 2298); Abs. 1 neu gef. mWv 5.8.2009 durch G v. 31.7.2009 (BGBl. I S. 2499); Abs. 1 Sätze 1 und 2 geänd., Satz 3 aufgeh., Abs. 2 neu gef. mWv 30.7.2016 durch G v. 26.7.2016 (BGBl. I S. 1818).

[2)] Nr. **7**.

[3)] § 12 Abs. 3 Satz 2 neu gef. mWv 1.1.2002 durch G v. 9.1.2002 (BGBl. I S. 361); Abs. 3 Satz 2 geänd. mWv 10.1.2012 durch G v. 7.12.2011 (BGBl. I S. 2576); Abs. 3 Satz 2 geänd. mWv 21.11.2015 durch G v. 17.11.2015 (BGBl. I S. 1938); Überschrift geänd., Abs. 2 Satz 3 neu gef. mWv 25.5.2018 durch G v. 30.6.2017 (BGBl. I S. 2097).

(4) Personenbezogene Daten, die ausschließlich zu Zwecken der Datenschutzkontrolle, der Datensicherung oder zur Sicherstellung eines ordnungsgemäßen Betriebes einer Datenverarbeitungsanlage gespeichert werden, dürfen nur für diese Zwecke verwendet werden.

§ 13[1] Verwendung und Berichtigung personenbezogener Daten in Akten. (1) Stellt das Bundesamt für Verfassungsschutz fest, daß in Akten gespeicherte personenbezogene Daten unrichtig sind oder wird ihre Richtigkeit von dem Betroffenen bestritten, so ist dies in der Akte zu vermerken oder auf sonstige Weise festzuhalten.

(2) [1]Das Bundesamt für Verfassungsschutz hat die Verarbeitung personenbezogener Daten einzuschränken, wenn es im Einzelfall feststellt, dass ohne die Einschränkung schutzwürdige Interessen des Betroffenen beeinträchtigt würden und die Daten für seine künftige Aufgabenerfüllung nicht mehr erforderlich sind. [2]Verarbeitungseingeschränkte Daten sind mit einem entsprechenden Vermerk zu versehen; sie dürfen nicht mehr genutzt oder übermittelt werden. [3]Eine Aufhebung der Einschränkung ist möglich, wenn ihre Voraussetzungen nachträglich entfallen.

(3) [1]Eine Akte ist zu vernichten, wenn sie insgesamt zur Erfüllung der Aufgaben des Bundesamtes für Verfassungsschutz nicht oder nicht mehr erforderlich ist. [2]Die Erforderlichkeit ist bei der Einzelfallbearbeitung und nach festgesetzten Fristen, spätestens nach fünf Jahren, zu prüfen. [3]Für die Vernichtung einer Akte, die zu einer Person im Sinne des § 10 Absatz 1 Nummer 1 geführt wird, gilt § 12 Absatz 3 Satz 2 entsprechend. [4]Eine Vernichtung unterbleibt, wenn Grund zu der Annahme besteht, dass durch sie schutzwürdige Interessen des Betroffenen beeinträchtigt würden. [5]In diesem Fall ist die Verarbeitung der in der Akte gespeicherten personenbezogenen Daten einzuschränken und mit einem entsprechenden Vermerk zu versehen. [6]Sie dürfen nur für die Interessen nach Satz 4 verarbeitet werden oder wenn es zur Abwehr einer erheblichen Gefahr unerlässlich ist. [7]Eine Vernichtung der Akte erfolgt nicht, wenn sie nach den Vorschriften des Bundesarchivgesetzes[2] dem Bundesarchiv zur Übernahme anzubieten und zu übergeben ist.

(4) [1]Akten oder Auszüge aus Akten dürfen auch in elektronischer Form geführt werden. [2]Insoweit kommen die Regelungen über die Verwendung und Berichtigung personenbezogener Daten in Akten zur Anwendung. [3]Eine Abfrage personenbezogener Daten ist insoweit nur zulässig, wenn die Voraussetzungen des § 10 Absatz 1 Nummer 1 oder Nummer 2 vorliegen und die Person das 14. Lebensjahr vollendet hat. [4]Der automatisierte Abgleich dieser personenbezogenen Daten ist nur beschränkt auf Akten eng umgrenzter Anwendungsgebiete zulässig. [5]Bei jeder Abfrage sind für Zwecke der Datenschutzkontrolle der Zeitpunkt, die Angaben, die die Feststellung der abgefragten Daten ermöglichen, sowie Angaben zur Feststellung des Abfragenden zu protokollieren. [6]Die protokollierten Daten dürfen nur für Zwecke der Datenschutzkontrolle, der Datensicherung oder zur Sicherstellung eines ordnungsgemäßen Betriebs der Datenverarbeitungsanlage verwendet werden. [7]Die Protokolldaten sind am Ende des Kalenderjahres, das dem Jahr der Protokollierung folgt, zu löschen.

---

[1] § 13 Überschrift neu gef., Abs. 3 und 4 angef. mWv 21.11.2015 durch G v. 17.11.2015 (BGBl. I S. 1938); Abs. 2 und Abs. 3 Sätze 5 und 6 neu gef. mWv 25.5.2018 durch G v. 30.6.2017 (BGBl. I S. 2097); Abs. 4 Satz 3 geänd. mWv 9.7.2021 durch G v. 5.7.2021 (BGBl. I S. 2274).

[2] **Sartorius III Nr. 834.**

§ 14[1)] Dateianordnungen. (1) [1] Für jede automatisierte Datei beim Bundesamt für Verfassungsschutz nach § 6 oder § 10 sind in einer Dateianordnung, die der Zustimmung des Bundesministeriums des Innern, für Bau und Heimat bedarf, festzulegen:

1. Bezeichnung der Datei,
2. Zweck der Datei,
3. Voraussetzung der Speicherung, Übermittlung und Nutzung (betroffener Personenkreis, Arten der Daten),
4. Anlieferung oder Eingabe,
5. Zugangsberechtigung,
6. Überprüfungsfristen, Speicherungsdauer,
7. Protokollierung.

[2] Der Bundesbeauftragte für den Datenschutz und die Informationsfreiheit ist vor Erlaß einer Dateianordnung anzuhören. [3] Das Bundesamt für Verfassungsschutz führt ein Verzeichnis der geltenden Dateianordnungen.

(2) [1] Die Speicherung personenbezogener Daten ist auf das erforderliche Maß zu beschränken. [2] In angemessenen Abständen ist die Notwendigkeit der Weiterführung oder Änderung der Dateien zu überprüfen.

(3) [1] Ist im Hinblick auf die Dringlichkeit der Aufgabenerfüllung die vorherige Mitwirkung der in Absatz 1 genannten Stellen nicht möglich, so kann das Bundesamt für Verfassungsschutz eine Sofortanordnung treffen. [2] Das Verfahren nach Absatz 1 ist unverzüglich nachzuholen.

§ 15[2)] Auskunft an den Betroffenen. (1) [1] Das Bundesamt für Verfassungsschutz erteilt dem Betroffenen über zu seiner Person gespeicherte Daten auf Antrag unentgeltlich Auskunft, soweit er hierzu auf einen konkreten Sachverhalt hinweist und ein besonderes Interesse an einer Auskunft darlegt. [2] Zu personenbezogenen Daten in Akten erstreckt sich die Auskunft auf alle Daten, die über eine Speicherung gemäß § 10 Absatz 1 auffindbar sind.

(2) [1] Die Auskunftserteilung unterbleibt, soweit

1. eine Gefährdung der Aufgabenerfüllung durch die Auskunftserteilung zu besorgen ist,
2. durch die Auskunftserteilung Quellen gefährdet sein können oder die Ausforschung des Erkenntnisstandes oder der Arbeitsweise des Bundesamtes für Verfassungsschutz zu befürchten ist,
3. die Auskunft die öffentliche Sicherheit gefährden oder sonst dem Wohl des Bundes oder eines Landes Nachteile bereiten würde oder
4. die Daten oder die Tatsache der Speicherung nach einer Rechtsvorschrift oder ihrem Wesen nach, insbesondere wegen der überwiegenden berechtigten Interessen eines Dritten, geheimgehalten werden müssen.

[1)] § 14 Abs. 1 Satz 1 einl. Satzteil geänd. mWv 11.1.2007 durch G v. 5.1.2007 (BGBl. I S. 2); Abs. 1 Satz 2 geänd. mWv 5.8.2009 durch G v. 31.7.2009 (BGBl. I S. 2499); Abs. 3 neu gef. mWv 21.11.2015 durch G v. 17.11.2015 (BGBl. I S. 1938); Abs. 1 Satz 3 angef. mWv 25.5.2018 durch G v. 30.6.2017 (BGBl. I S. 2097); Abs. 1 Satz 1 einl. Satzteil geänd. mWv 27.6.2020 durch VO v. 19.6.2020 (BGBl. I S. 1328).

[2)] § 15 Abs. 4 Satz 4 geänd. mWv 11.1.2007 durch G v. 5.1.2007 (BGBl. I S. 2); Abs. 1 Satz 2 angef. mWv 21.11.2015 durch G v. 17.11.2015 (BGBl. I S. 1938); Abs. 4 Satz 4 geänd. mWv 27.6.2020 durch VO v. 19.6.2020 (BGBl. I S. 1328).

[2]Die Entscheidung trifft der Behördenleiter oder ein von ihm besonders beauftragter Mitarbeiter.

(3) Die Auskunftsverpflichtung erstreckt sich nicht auf die Herkunft der Daten und die Empfänger von Übermittlungen.

(4) [1]Die Ablehnung der Auskunftserteilung bedarf keiner Begründung, soweit dadurch der Zweck der Auskunftsverweigerung gefährdet würde. [2]Die Gründe der Auskunftsverweigerung sind aktenkundig zu machen. [3]Wird die Auskunftserteilung abgelehnt, ist der Betroffene auf die Rechtsgrundlage für das Fehlen der Begründung und darauf hinzuweisen, daß er sich an den Bundesbeauftragten für den Datenschutz wenden kann. [4]Dem Bundesbeauftragten für den Datenschutz ist auf sein Verlangen Auskunft zu erteilen, soweit nicht das Bundesministerium des Innern, für Bau und Heimat im Einzelfall feststellt, daß dadurch die Sicherheit des Bundes oder eines Landes gefährdet würde. [5]Mitteilungen des Bundesbeauftragten an den Betroffenen dürfen keine Rückschlüsse auf den Erkenntnisstand des Bundesamtes für Verfassungsschutz zulassen, sofern es nicht einer weitergehenden Auskunft zustimmt.

§ 16[1)] Verfassungsschutz durch Aufklärung der Öffentlichkeit. (1) Das Bundesamt für Verfassungsschutz informiert die Öffentlichkeit über Bestrebungen und Tätigkeiten nach § 3 Absatz 1, soweit hinreichend gewichtige tatsächliche Anhaltspunkte hierfür vorliegen, sowie über präventiven Wirtschaftsschutz.

(2) [1]Das Bundesministerium des Innern informiert die Öffentlichkeit über Bestrebungen und Tätigkeiten nach § 3 Absatz 1, soweit hinreichend gewichtige tatsächliche Anhaltspunkte hierfür vorliegen, mindestens einmal jährlich in einem zusammenfassenden Bericht insbesondere zu aktuellen Entwicklungen. [2]In dem Bericht sind die Zuschüsse des Bundeshaushaltes an das Bundesamt für Verfassungsschutz sowie die Gesamtzahl seiner Bediensteten anzugeben.

(3) Bei der Information nach den Absätzen 1 und 2 dürfen auch personenbezogene Daten bekanntgegeben werden, wenn die Bekanntgabe für das Verständnis des Zusammenhanges oder der Darstellung von Organisationen oder unorganisierten Gruppierungen erforderlich ist und die Interessen der Allgemeinheit das schutzwürdige Interesse des Betroffenen überwiegen.

Dritter Abschnitt. Übermittlungsvorschriften

§ 17[2)] Zulässigkeit von Ersuchen. (1) Wird nach den Bestimmungen dieses Abschnittes um Übermittlung von personenbezogenen Daten ersucht, dürfen nur die Daten übermittelt werden, die bei der ersuchten Behörde bekannt sind oder aus allgemein zugänglichen Quellen entnommen werden können.

[1)] § 16 Abs. 1 und 2 Satz 1 geänd. mWv 11.1.2007 durch G v. 5.1.2007 (BGBl. I S. 2); Überschrift, Abs. 1 und Abs. 2 Satz 1 neu gef., Satz 2 aufgeh., bish. Satz 3 wird Satz 2, Abs. 3 angef. mWv 21.11.2015 durch G v. 17.11.2015 (BGBl. I S. 1938); Abs. 2 Satz 1 geänd. mWv 27.6.2020 durch VO v. 19.6.2020 (BGBl. I S. 1328); Abs. 2 neu gef. mWv 16.1.2026 durch G v. 9.1.2026 (BGBl. 2026 I Nr. 7).

[2)] § 17 Abs. 2 Satz 3 geänd. durch G v. 17.6.1999 (BGBl. I S. 1334); Abs. 2 Sätze 2 und 3 geänd. sowie *Abs. 3 angef. mWv 11.1.2007 durch G* v. 5.1.2007 (BGBl. I S. 2); Abs. 3 Sätze 1 und 2 geänd. mWv 9.4.2013 durch G v. 6.6.2009 (BGBl. I S. 1226); Abs. 3 Satz 6 geänd. mWv 21.11.2015 durch G v. 17.11.2015 (BGBl. I S. 1938); Abs. 2 Satz 2 und Abs. 3 Satz 6 geänd. mWv 27.6.2020 durch VO v. 19.6.2020 (BGBl. I S. 1328); Abs. 3 Sätze 1 und 2 neu gef. mWv 28.12.2022 durch G v. 19.12.2022 (BGBl. I S. 2632).

(2) [1]Absatz 1 gilt nicht für besondere Ersuchen der Verfassungsschutzbehörden, des Militärischen Abschirmdienstes und des Bundesnachrichtendienstes um solche Daten, die bei der Wahrnehmung grenzpolizeilicher Aufgaben bekannt werden. [2]Die Zulässigkeit dieser besonderen Ersuchen und ihre Erledigung regelt das Bundesministerium des Innern, für Bau und Heimat im Benehmen mit dem Bundeskanzleramt und dem Bundesministerium der Verteidigung in einer Dienstanweisung. [3]Es unterrichtet das Parlamentarische Kontrollgremium über ihren Erlaß und erforderliche Änderungen. [4]Satz 2 und 3 gilt nicht für die besonderen Ersuchen zwischen Behörden desselben Bundeslandes.

(3) [1]Soweit dies für die Erfüllung der Aufgaben des Bundesamtes für Verfassungsschutz, des Militärischen Abschirmdienstes oder des Bundesnachrichtendienstes erforderlich ist, können diese Behörden eine Person, bargeldlose Zahlungsmittel oder eine der in Artikel 36 Absatz 1 der Verordnung (EU) 2018/1862 des Europäischen Parlaments und des Rates vom 28. November 2018 über die Einrichtung, den Betrieb und die Nutzung des Schengener Informationssystems (SIS) im Bereich der polizeilichen Zusammenarbeit und der justiziellen Zusammenarbeit in Strafsachen, zur Änderung und Aufhebung des Beschlusses 2007/533/JI des Rates und zur Aufhebung der Verordnung (EG) Nr. 1986/2006 des Europäischen Parlaments und des Rates und des Beschlusses 2010/261/EU der Kommission (ABl. L 312 vom 7.12.2018, S. 56) genannten Sachen nach § 33b Absatz 2 des Bundeskriminalamtgesetzes[1)] durch das Bundeskriminalamt im polizeilichen Informationsverbund zur verdeckten Kontrolle ausschreiben lassen, wenn die Voraussetzungen des Artikels 36 Absatz 4 der Verordnung (EU) 2018/1862 sowie tatsächliche Anhaltspunkte für einen grenzüberschreitenden Verkehr vorliegen. [2]Die um Mitteilung ersuchte Stelle kann der nach Satz 1 ausschreibenden Behörde die Informationen gemäß Artikel 37 der Verordnung (EU) 2018/1862 übermitteln. [3]Ausschreibungen ordnet der Behördenleiter, sein Vertreter oder ein dazu besonders beauftragter Bediensteter, der die Befähigung zum Richteramt hat, an. [4]Die Ausschreibung ist auf höchstens sechs Monate zu befristen und kann wiederholt angeordnet werden. [5]Liegen die Voraussetzungen für die Ausschreibung nicht mehr vor, ist der Zweck der Maßnahme erreicht oder zeigt sich, dass er nicht erreicht werden kann, ist die Ausschreibung unverzüglich zu löschen. [6]§ 8b Absatz 3 gilt mit der Maßgabe entsprechend, dass an die Stelle des Bundesministeriums des Innern, für Bau und Heimat für Ausschreibungen durch den Militärischen Abschirmdienst das Bundesministerium der Verteidigung und für Ausschreibungen durch den Bundesnachrichtendienst das Bundeskanzleramt tritt.

§ 18[2)] Übermittlung von Informationen an die Verfassungsschutzbehörden. (1) [1]Die Behörden des Bundes und der bundesunmittelbaren juristischen Personen des öffentlichen Rechts unterrichten von sich aus das Bundesamt für

---

[1)] Nr. **450.**

[2)] § 18 Abs. 6 Sätze 1 und 2 geänd. mWv 29.6.2001 durch G v. 26.6.2001 (BGBl. I S. 1254, ber. S. 2298); Abs. 1 Satz 1, Abs. 2 Satz 1 und Abs. 4 geänd., Abs. 1a eingef. mWv 1.1.2002 durch G v. 9.1.2002 (BGBl. I S. 361); Abs. 1 Satz 1 und Abs. 2 Satz 1 geänd. mWv 24.8.2002 durch G v. 16.8.2002 (BGBl. I S. 3202); Abs. 1 Satz 1 und Abs. 2 Satz 1 geänd. mWv 1.7.2005 durch G v. 21.6.2005 (BGBl. I S. 1818); Abs. 1a Satz 2 neu gef., Sätze 3 und 4 angef. mWv 11.1.2007 durch G v. 5.1.2007 (BGBl. I S. 2); Abs. 1a Satz 1 geänd. mWv 28.8.2007 durch G v. 19.8.2007 (BGBl. I S. 1970); Abs. 3a eingef., Abs. 6 Satz 1 geänd. mWv 5.8.2009 durch G v. 31.7.2009 (BGBl. I S. 2499); Abs. 1a Satz 5 angef. mWv 10.1.2012 durch G v. 7.12.2011 (BGBl. I S. 2576); Abs. 1 Satz 1 geänd., Satz 3 aufgeh., Abs. 1a Satz 4 geänd., Abs. 1b eingef., Abs. 2 Satz 1 neu gef., Satz 2 aufgeh., Abs. 6 Satz 1 geänd. mWv 21.11.2015 durch G v. 17.11.2015 (BGBl. I S. 1938); Abs. 1a Satz 5 geänd. mWv 27.6.2020 durch VO v. 19.6.2020 (BGBl. I S. 1328); Abs. 1a Sätze 2 und 3 geänd. mWv 30.12.2023 durch G v. 22.12.2023 (BGBl. 2023 I Nr. 413).

Verfassungsschutz oder die Verfassungsschutzbehörde des Landes über die ihnen bekanntgewordenen Tatsachen, die sicherheitsgefährdende oder geheimdienstliche Tätigkeiten für eine fremde Macht oder Bestrebungen im Geltungsbereich dieses Gesetzes erkennen lassen, die durch Anwendung von Gewalt oder darauf gerichtete Vorbereitungshandlungen gegen die in § 3 Abs. 1 Nr. 1, 3 und 4 genannten Schutzgüter gerichtet sind. 2 Über Satz 1 hinausgehende Unterrichtungspflichten nach dem Gesetz über den Militärischen Abschirmdienst oder dem Gesetz über den Bundesnachrichtendienst[1] bleiben unberührt.

(1a) 1 Das Bundesamt für Migration und Flüchtlinge übermittelt von sich aus dem Bundesamt für Verfassungsschutz, die Ausländerbehörden eines Landes übermitteln von sich aus der Verfassungsschutzbehörde des Landes ihnen bekannt gewordene Informationen einschließlich personenbezogener Daten über Bestrebungen oder Tätigkeiten nach § 3 Abs. 1, wenn tatsächliche Anhaltspunkte dafür vorliegen, dass die Übermittlung für die Erfüllung der Aufgaben der Verfassungsschutzbehörde erforderlich ist. 2 Die Übermittlung dieser personenbezogenen Daten an ausländische öffentliche Stellen sowie an über- und zwischenstaatliche Stellen nach § 25a unterbleibt auch dann, wenn überwiegende schutzwürdige Belange Dritter entgegenstehen. 3 Vor einer Übermittlung nach § 25a ist das Bundesamt für Migration und Flüchtlinge zu beteiligen. 4 Für diese Übermittlungen des Bundesamtes für Verfassungsschutz gilt § 8b Absatz 3 entsprechend. 5 Die Zuständigkeit und das Verfahren für die Entscheidung des Bundesamtes für Migration und Flüchtlinge zu Übermittlungen nach Satz 1 sind in einer Dienstvorschrift zu regeln, die der Zustimmung des Bundesministeriums des Innern, für Bau und Heimat bedarf.

(1b) 1 Die Staatsanwaltschaften und, vorbehaltlich der staatsanwaltschaftlichen Sachleitungsbefugnis, die Polizeien, die Behörden des Zollfahndungsdienstes sowie andere Zolldienststellen, soweit diese Aufgaben nach dem Bundespolizeigesetz[2] wahrnehmen, unterrichten von sich aus das Bundesamt für Verfassungsschutz oder die Verfassungsschutzbehörde des Landes über alle ihnen bekanntgewordenen Informationen einschließlich personenbezogener Daten über Bestrebungen und Tätigkeiten nach § 3 Absatz 1, wenn tatsächliche Anhaltspunkte dafür bestehen, dass die Übermittlung für die Erfüllung der Aufgaben der Verfassungsschutzbehörde erforderlich ist. 2 Auf die Übermittlung von Informationen zwischen Behörden desselben Bundeslandes findet Satz 1 keine Anwendung.

(2) Der Bundesnachrichtendienst darf von sich aus dem Bundesamt für Verfassungsschutz oder der Verfassungsschutzbehörde des Landes auch alle anderen ihm bekanntgewordenen Informationen einschließlich personenbezogener Daten über Bestrebungen nach § 3 Absatz 1 übermitteln, wenn tatsächliche Anhaltspunkte dafür bestehen, dass die Übermittlung für die Erfüllung der Aufgaben der Verfassungsschutzbehörde erforderlich ist.

(3) 1 Das Bundesamt für Verfassungsschutz darf zur Erfüllung seiner Aufgaben die Staatsanwaltschaften und, vorbehaltlich der staatsanwaltschaftlichen Sachleitungsbefugnis, die Polizeien sowie andere Behörden um Übermittlung der zur Erfüllung seiner Aufgaben erforderlichen Informationen einschließlich personenbezogener Daten ersuchen, wenn sie nicht aus allgemein zugänglichen Quellen oder nur mit übermäßigem Aufwand oder nur durch eine den Betroffenen stärker belastende Maßnahme erhoben werden können. 2 Unter den gleichen Voraussetzungen dürfen Verfassungsschutzbehörden der Länder

[1] **Sartorius III Nr. 805.**
[2] Nr. **90**.

1. Behörden des Bundes und der bundesunmittelbaren juristischen Personen des öffentlichen Rechts,
2. Staatsanwaltschaften und, vorbehaltlich der staatsanwaltschaftlichen Sachleitungsbefugnis, Polizeien des Bundes und anderer Länder um die Übermittlung solcher Informationen ersuchen.

(3a) [1] Das Bundesamt für Verfassungsschutz und die Verfassungsschutzbehörden der Länder dürfen zur Erfüllung ihrer Aufgaben die Finanzbehörden um Auskunft ersuchen, ob eine Körperschaft, Personenvereinigung oder Vermögensmasse die Voraussetzungen des § 5 Abs. 1 Nr. 9 des Körperschaftsteuergesetzes erfüllt. [2] Die Finanzbehörden haben der ersuchenden Behörde die Auskunft nach Satz 1 zu erteilen.

(4) Würde durch die Übermittlung nach Absatz 3 Satz 1 der Zweck der Maßnahme gefährdet oder der Betroffene unverhältnismäßig beeinträchtigt, darf das Bundesamt für Verfassungsschutz bei der Wahrnehmung der Aufgaben nach § 3 Abs. 1 Nr. 2 bis 4 sowie bei der Beobachtung terroristischer Bestrebungen amtliche Register einsehen.

(5) [1] Die Ersuchen nach Absatz 3 sind aktenkundig zu machen. [2] Über die Einsichtnahme nach Absatz 4 hat das Bundesamt für Verfassungsschutz einen Nachweis zu führen, aus dem der Zweck und die Veranlassung, die ersuchte Behörde und die Aktenfundstelle hervorgehen; die Nachweise sind gesondert aufzubewahren, gegen unberechtigten Zugriff zu sichern und am Ende des Kalenderjahres, das dem Jahr ihrer Erstellung folgt, zu vernichten.

(6) [1] Die Übermittlung personenbezogener Daten, die auf Grund einer Maßnahme nach § 100a der Strafprozeßordnung[1)] bekanntgeworden sind, ist nach den Vorschriften der Absätze 1b und 3 nur zulässig, wenn tatsächliche Anhaltspunkte dafür bestehen, daß jemand eine der in § 3 Abs. 1 des Artikel 10-Gesetzes[2)] genannten Straftaten plant, begeht oder begangen hat. [2] Auf die einer Verfassungsschutzbehörde nach Satz 1 übermittelten Kenntnisse und Unterlagen findet § 4 Abs. 1 und 4 des Artikel 10-Gesetzes entsprechende Anwendung.

§ 19[3)] Übermittlung an inländische öffentliche Stellen zur Gefahrenabwehr. (1) [1] Das Bundesamt für Verfassungsschutz darf personenbezogene Daten an eine inländische öffentliche Stelle übermitteln, soweit dies im Einzelfall auf Grund tatsächlicher Anhaltspunkte zur Abwehr einer zumindest konkretisierten Gefahr für ein besonders gewichtiges Rechtsgut erforderlich ist. [2] Im Falle einer unmittelbar bevorstehenden Gefahr oder einer im Einzelfall bestehenden Gefahr, die von einer Bestrebung oder Tätigkeit nach § 3 Absatz 1 ausgeht, ist das Bundesamt für Verfassungsschutz zur Übermittlung verpflichtet.

(2) Eine konkretisierte Gefahr nach Absatz 1 Satz 1 liegt vor, wenn sich der zum Schaden führende Kausalverlauf zwar noch nicht mit hinreichender Wahrscheinlichkeit vorhersehen lässt, aber bereits bestimmte Tatsachen im Einzelfall auf die Entstehung einer konkreten Gefahr für ein besonders gewichtiges Rechtsgut hinweisen.

(3) Besonders gewichtige Rechtsgüter nach Absatz 1 sind:

1. die freiheitliche demokratische Grundordnung, einschließlich des Gedankens der Völkerverständigung und des friedlichen Zusammenlebens der Völker,

---

1) **Habersack Nr. 90.**
2) Nr. **7**.
3) § 19 neu gef. mWv 30.12.2023 durch G v. 22.12.2023 (BGBl. 2023 I Nr. 413).

2. der Bestand und die Sicherheit des Bundes, der Länder sowie überstaatlicher und internationaler Organisationen, denen die Bundesrepublik Deutschland angehört,
3. sonstige Güter der Allgemeinheit, deren Bedrohung die Grundlagen der Existenz der Menschen berührt, Sachen von bedeutendem Wert und bedeutende Vermögenswerte, deren Erhaltung im besonderen öffentlichen Interesse geboten ist,
4. das Leben sowie bei einer erheblichen Gefährdung im Einzelfall die körperliche Integrität und die Freiheit einer Person.

(4) Das Bundesamt für Verfassungsschutz darf die durch eine Maßnahme nach § 9 Absatz 2 erlangten personenbezogenen Daten an eine inländische öffentliche Stelle zum Zweck des Rechtsgüterschutzes nur übermitteln, soweit dies zur Abwehr einer dringenden Gefahr für ein in Absatz 3 genanntes Rechtsgut erforderlich ist.

§ 20[1)] Übermittlung an inländische öffentliche Stellen zum administrativen Rechtsgüterschutz. (1) [1] Das Bundesamt für Verfassungsschutz darf personenbezogene Daten an eine inländische öffentliche Stelle übermitteln, soweit dies auf Grund tatsächlicher Anhaltspunkte im Einzelfall zum Schutz der in § 19 Absatz 3 genannten Rechtsgüter erforderlich ist

1. zur Überprüfung der Verfassungstreue von Bewerbern und Beschäftigten des öffentlichen Dienstes,
2. zur Vorbereitung oder Durchführung einer Maßnahme nach dem Vereinsgesetz[2)],
3. zur Vorbereitung oder Stellung eines Antrags nach Artikel 18 Satz 2 des Grundgesetzes[3)],
4. zur Vorbereitung oder Stellung eines Antrags nach Artikel 21 Absatz 4 des Grundgesetzes,
5. zur Durchführung einer Eignungs- oder Zuverlässigkeitsüberprüfung,
   a) die gesetzlich vorgesehen ist, insbesondere nach dem Waffenrecht, Jagdrecht, Sprengstoffrecht, Atomrecht, Luftsicherheitsrecht, Außenwirtschaftsrecht, Sicherheitsgewerberecht, Aufenthaltsrecht oder Staatsangehörigkeitsrecht oder den Sicherheitsüberprüfungsgesetzen,
   b) für gesetzliche Aufgaben des Objekt- oder Personenschutzes,
6. zur Vorbereitung oder Durchführung der Aufhebung eines begünstigenden Verwaltungsakts, der auf Grund einer Überprüfung im Sinne von Nummer 5 erlassen wurde,
7. zur Wahrnehmung von gesetzlichen Befugnissen des Empfängers beim aufsichtlichen Schutz vor missbräuchlicher Nutzung von Einrichtungen und Dienstleistungen der Unternehmen im Finanzsektor in Bezug auf Terrorismusfinanzierung,
8. zur Vorbereitung oder Durchführung der Strafvollstreckung, einschließlich der Vollzugsplanung, gegen die unmittelbar betroffene Person oder zur Gewährleistung der Sicherheit des Vollzugs freiheitsentziehender Maßnahmen gegen Gefährdungen durch diese Person,

---

[1)] § 20 neu gef. mWv 30.12.2023 durch G v. 22.12.2023 (BGBl. 2023 I Nr. 413).
[2)] Nr. **425**.
[3)] Nr. **1**.

9. zur Durchsetzung von im Bereich der Gemeinsamen Außen- und Sicherheitspolitik der Europäischen Union beschlossenen wirtschaftlichen Sanktionsmaßnahmen.

[2] In den Fällen des Satzes 1 Nummer 1 und 9 oder auf ein Ersuchen einer zuständigen Stelle im Rahmen eines gesetzlich besonders geregelten Anfrageverfahrens ist das Bundesamt für Verfassungsschutz zu der Übermittlung verpflichtet.

(2) [1] Das Bundesamt für Verfassungsschutz darf personenbezogene Daten, die es mit nachrichtendienstlichen Mitteln erhoben hat, an eine inländische öffentliche Stelle zur Vorbereitung, Durchführung oder Überprüfung einer begünstigenden Maßnahme übermitteln, wenn dies auf Grund tatsächlicher Anhaltspunkte im Einzelfall zum Schutz der in § 19 Absatz 3 genannten Rechtsgüter erforderlich ist. [2] Auf ein Ersuchen einer zuständigen Stelle ist das Bundesamt für Verfassungsschutz zu einer Übermittlung nach Satz 1 verpflichtet.

(3) § 19 Absatz 4 bleibt unberührt.

§ 21[1)] Übermittlung an Strafverfolgungsbehörden zur Strafverfolgung.

(1) Das Bundesamt für Verfassungsschutz übermittelt personenbezogene Daten an eine zuständige inländische Strafverfolgungsbehörde, wenn bestimmte Tatsachen den Verdacht einer besonders schweren Straftat begründen und soweit die Daten zur Verfolgung dieser Straftat erforderlich sind.

(2) Eine besonders schwere Straftat im Sinne des Absatzes 1 ist eine Straftat, die im Höchstmaß mit Freiheitsstrafe bedroht ist von

1. mindestens zehn Jahren oder
2. fünf Jahren, wenn sie aus einer Bestrebung nach § 3 Absatz 1 Nummer 1, 3 oder 4 heraus zur Durchsetzung der Ziele dieser Bestrebung, durch eine Tätigkeit nach § 3 Absatz 1 Nummer 2 oder zur Unterstützung einer solchen Bestrebung oder Tätigkeit begangen wurde.

(3) [1] Abweichend von Absatz 1 übermittelt das Bundesamt für Verfassungsschutz personenbezogene Daten, die es durch eine Maßnahme nach § 9 Absatz 2 Satz 1 erhoben hat, an eine im Einzelfall für die Strafverfolgung zuständige Behörde, wenn bestimmte Tatsachen den Verdacht einer Straftat nach § 100b Absatz 2 der Strafprozessordnung[2)] begründen und soweit die Daten zur Verfolgung dieser Straftat erforderlich sind. [2] Eine Übermittlung von personenbezogenen Daten, die das Bundesamt für Verfassungsschutz durch eine Maßnahme nach § 9 Absatz 2 Satz 2 erhoben hat, ist nicht zulässig.

§ 22[1)] Übermittlung an inländische öffentliche Stellen ohne belastende Maßnahmen mit Außenwirkung. (1) [1] Das Bundesamt für Verfassungsschutz darf personenbezogene Daten an eine inländische öffentliche Stelle übermitteln, wenn dies auf Grund tatsächlicher Anhaltspunkte zur eigenen Aufklärung einer beobachtungsbedürftigen Bestrebung oder Tätigkeit nach § 3 Absatz 1, insbesondere zur Vorbereitung oder Konkretisierung eines Auskunftsersuchens, erforderlich ist. [2] Darf das Bundesamt für Verfassungsschutz eine Maßnahme nach § 8 Absatz 2 sowie den §§ 8a bis 9b (besonderes Mittel) nur zur Aufklärung einer qualifiziert beobachtungsbedürftigen Bestrebung oder Tätigkeit einsetzen, so darf es die durch den Einsatz dieses Mittels erhobenen personenbezogenen Daten nach Satz 1 nur zur Aufklärung einer ebenso beobachtungsbedürftigen Bestrebung oder Tätigkeit übermitteln.

[1)] §§ 21, 22 neu gef. mWv 30.12.2023 durch G v. 22.12.2023 (BGBl. 2023 I Nr. 413).
[2)] **Habersack Nr. 90.**

(2) [1]Das Bundesamt für Verfassungsschutz übermittelt dem Bundesnachrichtendienst personenbezogene Daten, soweit sich aus ihnen Erkenntnisse über einen Vorgang im Ausland von außen- und sicherheitspolitischer Bedeutung ergeben. [2]Darf das Bundesamt für Verfassungsschutz ein besonderes Mittel nur zur Aufklärung einer qualifiziert beobachtungsbedürftigen Bestrebung oder Tätigkeit einsetzen, so darf es die durch den Einsatz dieses Mittels erlangten personenbezogenen Daten nach Satz 1 nur zur Weitergabe von Erkenntnissen über einen Vorgang übermitteln, zu dessen Aufklärung der Bundesnachrichtendienst dieses Mittel einsetzen dürfte.

(3) [1]Das Bundesamt für Verfassungsschutz darf personenbezogene Daten an inländische öffentliche Stellen übermitteln, wenn dies auf Grund tatsächlicher Anhaltspunkte im Einzelfall zum Schutz der Schutzgüter nach § 19 Absatz 3 vor Bestrebungen oder Tätigkeiten nach § 3 Absatz 1 für Aufgaben erforderlich ist, die die empfangende Stelle ohne unmittelbar außenwirksame Maßnahmen zu Lasten der betroffenen Person wahrnimmt. [2]Dies gilt insbesondere für die

1. Erforschung und Bewertung dieser Bedrohungen,
2. Verbesserung der Fachkompetenz und Organisation bei der Erforschung dieser Bedrohungen.

[3]Liegen die Voraussetzungen nach den §§ 19 und 20 nicht vor, darf der Empfänger die übermittelten Daten nicht für Maßnahmen nutzen, die die betroffene Person mit unmittelbarer Außenwirkung belasten.

§ 22a[1)] Übermittlung an inländische nichtöffentliche Stellen. [1]Eine Übermittlung personenbezogener Daten an nichtöffentliche inländische Stellen ist unzulässig, es sei denn, es bestehen im Einzelfall tatsächliche Anhaltspunkte, dass dies zum Schutz der Rechtsgüter nach § 19 Absatz 3 erforderlich ist

1. zur eigenen Aufklärung einer beobachtungsbedürftigen Bestrebung oder Tätigkeit nach § 3 Absatz 1, insbesondere zur Vorbereitung oder Konkretisierung eines Auskunftsersuchens,
2. zur Abwendung einer zumindest konkretisierten Gefahr für ein Rechtsgut nach § 19 Absatz 3,
3. zur Erreichung eines der folgenden Zwecke:
   a) Schutz lebenswichtiger und verteidigungsrelevanter Einrichtungen und kritischer Infrastrukturen,
   b) Schutz der Sicherheit in der Informationstechnik gegen erhebliche Gefährdungen,
   c) Schutz rechtlich gewährleisteter Geheimnisse,
   d) wissenschaftliche Erforschung und Bewertung von Bestrebungen und Tätigkeiten nach § 3 Absatz 1,
   e) Schutz konkreter Präventions-, Ausstiegs- oder Deradikalisierungsprojekte, die finanziell oder organisatorisch mit öffentlichen Stellen kooperieren,
   f) Schutz des Kindeswohls bei der Erbringung von Leistungen und Erfüllung der Aufgaben der Kinder- und Jugendhilfe,
   g) Schutz der gesetzlichen Erziehungs- und Bildungsziele der Schulen und der Einrichtungen der Kindertagesbetreuung,
   h) Schutz der zweckgemäßen Verwendung öffentlicher Fördermittel oder sonstiger öffentlicher Vorteilszuwendungen.

---

1) § 22a eingef. mWv 30.12.2023 durch G v. 22.12.2023 (BGBl. 2023 I Nr. 413).

[2] Eine nichtöffentliche Stelle, die personenbezogene Daten nach Satz 1 Nummer 3 erhalten hat, darf die Daten für Handlungen, die für die betroffene Person eine nachteilige rechtliche Wirkung entfalten oder diese Person in anderer Weise erheblich beeinträchtigen, nur verwenden, wenn dies zur Abwendung einer zumindest konkretisierten Gefahr für ein Rechtsgut nach § 19 Absatz 3 erforderlich ist und das Bundesamt für Verfassungsschutz zustimmt. [3] Bei einer unmittelbar bevorstehenden Gefahr ist die vorherige Zustimmung des Bundesamts für Verfassungsschutz entbehrlich. [4] Die nichtöffentliche Stelle hat das Bundesamt für Verfassungsschutz unverzüglich über ihre Handlungen und deren Anlass zu unterrichten.

§ 22b[1)] Projektbezogene gemeinsame Dateien. (1) [1] Das Bundesamt für Verfassungsschutz kann für die Dauer einer befristeten projektbezogenen Zusammenarbeit mit den Landesbehörden für Verfassungsschutz, dem Militärischen Abschirmdienst, dem Bundesnachrichtendienst, den Polizeibehörden des Bundes und der Länder und dem Zollkriminalamt eine gemeinsame Datei errichten. [2] Die projektbezogene Zusammenarbeit bezweckt nach Maßgabe der Aufgaben und Befugnisse der in Satz 1 genannten Behörden den Austausch und die gemeinsame Auswertung von Erkenntnissen zu Bestrebungen, die durch Anwendung von Gewalt oder darauf gerichtete Vorbereitungshandlungen gegen die in § 3 Abs. 1 Nr. 1 bis 4 genannten Schutzgüter gerichtet sind. [3] Personenbezogene Daten zu Bestrebungen nach Satz 2 dürfen unter Einsatz der gemeinsamen Datei durch die an der projektbezogenen Zusammenarbeit beteiligten Behörden im Rahmen ihrer Befugnisse verwendet werden, soweit dies in diesem Zusammenhang zur Erfüllung ihrer Aufgaben erforderlich ist. [4] Bei der weiteren Verwendung der personenbezogenen Daten finden für die beteiligten Behörden die jeweils für sie geltenden Vorschriften über die Verwendung von Daten Anwendung.

(2) [1] Für die Eingabe personenbezogener Daten in die gemeinsame Datei gelten die jeweiligen Übermittlungsvorschriften zugunsten der an der Zusammenarbeit beteiligten Behörden entsprechend mit der Maßgabe, dass die Eingabe nur zulässig ist, wenn die Daten allen an der projektbezogenen Zusammenarbeit teilnehmenden Behörden übermittelt werden dürfen. [2] Eine Eingabe ist ferner nur zulässig, wenn die Behörde, die die Daten eingegeben hat, die Daten auch in eigene Dateien speichern darf. [3] Die Behörde, die die Daten eingegeben hat, hat die Daten zu kennzeichnen.

(3) [1] Für die Führung einer projektbezogenen gemeinsamen Datei gelten § 6 Absatz 2 Satz 5 und 6 und Absatz 3 Satz 1 und § 14 Abs. 2 entsprechend. [2] § 15 ist mit der Maßgabe anzuwenden, dass das Bundesamt für Verfassungsschutz die Auskunft im Einvernehmen mit der Behörde erteilt, die die datenschutzrechtliche Verantwortung nach Satz 1 trägt und die beteiligte Behörde die Zulässigkeit der Auskunftserteilung nach den für sie geltenden Bestimmungen prüft.

(4) [1] Die gemeinsame Datei nach Absatz 1 ist auf höchstens zwei Jahre zu befristen. [2] Die Frist kann um zwei Jahre und danach um ein weiteres Jahr verlängert werden, wenn das Ziel der projektbezogenen Zusammenarbeit bei Projektende noch nicht erreicht worden ist und die Datei weiterhin für die Erreichung des Ziels erforderlich ist.

[1)] Früherer § 22a eingef. mWv 31.12.2006 durch G v. 22.12.2006 (BGBl. I S. 3409); Abs. 3 Satz 1 und Abs. 6 Satz 4 geänd. mWv 21.11.2015 durch G v. 17.11.2015 (BGBl. I S. 1938); Abs. 4 Satz 2 neu gef. mWv 30.7.2016 durch G v. 26.7.2016 (BGBl. I S. 1818); Abs. 5, Abs. 6 Satz 1 Nr. 9 geänd. mWv 25.5.2018 durch G v. 30.6.2017 (BGBl. I S. 2097); Abs. 6 Satz 2 geänd. mWv 27.6.2020 durch VO v. 19.6.2020 (BGBl. I S. 1328); Abs. 3 Satz 1 und Abs. 6 Satz 4 geänd. mWv 9.7.2021 durch G v. 5.7.2021 (BGBl. I S. 2274); bish. § 22a wird § 22b mWv 30.12.2023 durch G v. 22.12.2023 (BGBl. 2023 I Nr. 413; 2024 I Nr. 187).

(5) Für die Berichtigung, Verarbeitungseinschränkung und Löschung der Daten zu einer Person durch die Behörde, die die Daten eingegeben hat, gelten die jeweiligen, für sie anwendbaren Vorschriften über die Berichtigung, Sperrung und Löschung der Daten entsprechend.

(6) [1] Das Bundesamt für Verfassungsschutz hat für die gemeinsame Datei in einer Dateianordnung die Angaben nach § 14 Abs. 1 Satz 1 Nr. 1 bis 7 sowie weiter festzulegen:

1. die Rechtsgrundlage der Datei,
2. die Art der zu speichernden personenbezogenen Daten,
3. die Arten der personenbezogenen Daten, die der Erschließung der Datei dienen,
4. Voraussetzungen, unter denen in der Datei gespeicherte personenbezogene Daten an welche Empfänger und in welchen Verfahren übermittelt werden,
5. im Einvernehmen mit den an der projektbezogenen Zusammenarbeit teilnehmenden Behörden deren jeweilige Organisationseinheiten, die zur Eingabe und zum Abruf befugt sind,
6. die umgehende Unterrichtung der eingebenden Behörde über Anhaltspunkte für die Unrichtigkeit eingegebener Daten durch die an der gemeinsamen Datei beteiligten Behörden sowie die Prüfung und erforderlichenfalls die unverzügliche Änderung, Berichtigung oder Löschung dieser Daten durch die Behörde, die die Daten eingegeben hat,
7. die Möglichkeit der ergänzenden Eingabe weiterer Daten zu den bereits über eine Person gespeicherten Daten durch die an der gemeinsamen Datei beteiligten Behörden,
8. die Protokollierung des Zeitpunkts, der Angaben zur Feststellung des aufgerufenen Datensatzes sowie der für den Abruf verantwortlichen Behörde bei jedem Abruf aus der gemeinsamen Datei durch das Bundesamt für Verfassungsschutz für Zwecke der Datenschutzkontrolle einschließlich der Zweckbestimmung der Protokolldaten sowie deren Löschfrist und
9. die Zuständigkeit des Bundesamtes für Verfassungsschutz für Schadensersatzansprüche des Betroffenen entsprechend § 83 des Bundesdatenschutzgesetzes[1)].

[2] Die Dateianordnung bedarf der Zustimmung des Bundesministeriums des Innern, für Bau und Heimat sowie der für die Fachaufsicht über die beteiligten Behörden zuständigen obersten Bundes- oder Landesbehörden. [3] Der Bundesbeauftragte für den Datenschutz und die Informationsfreiheit ist vor Erlass einer Dateianordnung anzuhören. [4] § 6 Absatz 2 Satz 7 gilt entsprechend.

§ 22c[2)] Errichtung gemeinsamer Dateien mit ausländischen Nachrichtendiensten. (1) Das Bundesamt für Verfassungsschutz kann für die Zusammenarbeit mit ausländischen öffentlichen Stellen, die mit nachrichtendienstlichen Aufgaben betraut sind (ausländische Nachrichtendienste), zur Erforschung von Bestrebungen oder Tätigkeiten, die sich auf bestimmte Ereignisse oder Personenkreise beziehen, gemeinsame Dateien einrichten, wenn

---

[1)] Nr. **245**.

[2)] *Früherer § 22b eingef.* mWv 30.7.2016 durch G v. 26.7.2016 (BGBl. I S. 1818); Abs. 7 Sätze 1 und 2 neu gef. mWv 25.5.2018 durch G v. 30.6.2017 (BGBl. I S. 2097); Abs. 1 Nr. 4 und Abs. 2 Satz 4 geänd. mWv 27.6.2020 durch VO v. 19.6.2020 (BGBl. I S. 1328); Abs. 6 Satz 3 und Abs. 7 Satz 2 geänd. mWv 9.7. 2021 durch G v. 5.7.2021 (BGBl. I S. 2274); bish. § 22b wird § 22c mWv 30.12.2023 durch G v. 22.12.2023 (BGBl. 2023 I Nr. 413; 2024 I Nr. 187).

1. die Erforschung von erheblichem Sicherheitsinteresse für die Bundesrepublik Deutschland und den jeweils teilnehmenden Staat ist,
2. in den teilnehmenden Staaten die Einhaltung grundlegender rechtsstaatlicher Prinzipien gewährleistet ist,
3. die Festlegungen und Zusagen nach Absatz 5 Satz 1 verlässlich sind und
4. das Bundesministerium des Innern, für Bau und Heimat zugestimmt hat.

(2) [1] Der Nachrichtendienst eines Staates, der weder unmittelbar an die Bundesrepublik Deutschland angrenzt noch Mitgliedstaat der Europäischen Union oder des Nordatlantikvertrages ist, kann darüber hinaus nur teilnehmen, wenn besondere Sicherheitsinteressen dies erfordern. [2] Dies ist der Fall, wenn Bestrebungen oder Tätigkeiten erforscht werden, die auf die Begehung von schwerwiegenden Straftaten gegen den Bestand oder die Sicherheit eines Staates oder einer internationalen Organisation gerichtet sind. [3] Schwerwiegende Straftaten sind die in § 3 Absatz 1 des Artikel 10-Gesetzes[1)] genannten Straftaten. [4] Die Teilnahme eines solchen ausländischen Nachrichtendienstes bedarf der Zustimmung der Bundesministerin oder des Bundesministers des Innern, für Bau und Heimat.

(3) [1] Die Datei dient der Feststellung, ob zu Personen, Objekten oder Ereignissen bei einem der beteiligten Nachrichtendienste Informationen vorhanden sind. [2] Hierzu kann die Datei solche personenbezogene Daten enthalten, die zum Auffinden der Informationen und der dazu notwendigen Identifizierung von Personen erforderlich sind. [3] Im Falle eines Treffers wird lediglich derjenige ausländische Nachrichtendienst angezeigt, der die Daten eingegeben hat.

(4) [1] Die Datei kann auch dem Austausch und der gemeinsamen Auswertung von Informationen und Erkenntnissen dienen, wenn dies zur Wahrung besonderer Sicherheitsinteressen (Absatz 2 Satz 2) erforderlich ist. [2] Hierzu kann sie die zur Erforschung und Bewertung solcher Bestrebungen oder Tätigkeiten erforderlichen Daten enthalten und zu diesem Zweck genutzt werden.

(5) [1] Die Ziele der Zusammenarbeit und das Nähere der Datenverwendung sind vor Beginn der Zusammenarbeit zwischen den teilnehmenden Nachrichtendiensten zur Gewährleistung eines angemessenen Datenschutzniveaus und zum Ausschluss unangemessener Verwendung schriftlich festzulegen, insbesondere:
1. Zweck der Datei,
2. Voraussetzungen der Verwendungen von Daten,
3. Prüfung und erforderlichenfalls unverzügliche Änderung, Berichtigung und Löschung von Daten,
4. Zusage,
   a) die Daten ohne Zustimmung des eingebenden Nachrichtendienstes nicht für einen anderen Zweck als den nach Nummer 1 zu verwenden oder an Dritte zu übermitteln,
   b) Auskunft über die Verwendung der Daten zu geben, die vom Auskunft erbittenden Nachrichtendienst eingegeben worden sind.

[2] § 14 gilt mit der Maßgabe, dass die Festlegungen auf das Bundesamt für Verfassungsschutz beschränkt sind und der Dateianordnung die Festlegung nach Satz 1 als Anlage beizufügen ist.

(6) [1] Das Bundesamt für Verfassungsschutz darf personenbezogene Daten in der gemeinsamen Datei entsprechend § 10 Absatz 1 und 3, § 11 Absatz 1 eingeben,

[1)] Nr. 7.

wenn es die Daten allen teilnehmenden ausländischen Nachrichtendiensten übermitteln darf. [2] Für die vom Bundesamt für Verfassungsschutz eingegebenen Daten gelten für die Veränderung und Nutzung § 10 Absatz 1 und § 11 Absatz 1 und für die Überprüfung, Berichtigung, Löschung und Sperrung § 11 Absatz 2 und § 12 Absatz 1 bis 3 entsprechend. [3] Für die Verantwortung des an der Datei teilnehmenden Nachrichtendienstes gilt § 6 Absatz 2 Satz 5 und 6 entsprechend.

(7) [1] Das Bundesamt für Verfassungsschutz trifft für die Dateien die technischen und organisatorischen Maßnahmen entsprechend § 64 des Bundesdatenschutzgesetzes[1)]. [2] § 6 Absatz 3 Satz 2 bis 5 und § 28 gelten nur für die vom Bundesamt für Verfassungsschutz eingegebenen Daten sowie dessen Abrufe. [3] Das Bundesamt für Verfassungsschutz erteilt dem Betroffenen entsprechend § 15 Auskunft nur zu den vom Bundesamt für Verfassungsschutz eingegebenen Daten.

§ 22d[2)] Teilnahme an gemeinsamen Dateien mit ausländischen Nachrichtendiensten. [1] Das Bundesamt für Verfassungsschutz darf an gemeinsamen Dateien, die von ausländischen Nachrichtendiensten errichtet sind, teilnehmen. [2] § 22c Absatz 1 bis 4 und 6 gilt entsprechend. [3] Dabei gilt § 22c Absatz 1 Nummer 3 mit der Maßgabe, dass verlässlich zuzusagen ist, dass

1. die vom Bundesamt für Verfassungsschutz eingegebenen Daten ohne dessen Zustimmung nicht an Dritte übermittelt werden dürfen und nur zu dem Zweck verwendet werden dürfen, zu dem sie in die Datei eingegeben wurden, und
2. das Bundesamt für Verfassungsschutz auf Ersuchen Auskunft über die vorgenommene Verwendung der Daten erhält.

[4] Das Bundesamt für Verfassungsschutz erteilt über die von ihm eingegebenen Daten entsprechend § 15 Auskunft.

§ 23[3)] Übermittlungsverbot. (1) [1] Personenbezogene Daten dürfen nicht nach den §§ 19 bis 22a übermittelt werden, wenn

1. besondere gesetzliche Verarbeitungsregelungen entgegenstehen,
2. die schutzwürdigen Interessen der betroffenen Person das Allgemeininteresse an der Übermittlung überwiegen unter Berücksichtigung
   a) der Art der Information,
   b) ihrer Wertigkeit, auch unter Berücksichtigung eines vergangenen Zeitraums und des Alters der betroffenen Person, insbesondere bei Minderjährigen,
   c) der Art der Erhebung, insbesondere im Falle des § 8 Absatz 2,
   d) drohender, insbesondere verdachtsgegründeter Anschlussmaßnahmen,
   e) der Verfügbarkeit vorherigen Rechtsschutzes gegen drohende Folgemaßnahmen,
3. durch die Übermittlung der personenbezogenen Daten eine dringende Gefahr für ein Schutzgut nach § 19 Absatz 3 Nummer 4 zu besorgen ist; dies gilt nicht,

---

[1)] *Nr.* **245.**

[2)] Früherer § 22c eingef. mWv 30.7.2016 durch G v. 26.7.2016 (BGBl. I S. 1818); bish. § 22c wird § 22d und Satz 2 und Satz 3 einl. Satzteil geänd. mWv 30.12.2023 durch G v. 22.12.2023 (BGBl. 2023 I Nr. 413; 2024 I Nr. 187).

[3)] § 23 neu gef. mWv 30.12.2023 durch G v. 22.12.2023 (BGBl. 2023 I Nr. 413).

wenn die Übermittlung dem Schutz solcher Rechtsgüter dient und dieses Schutzinteresse überwiegt, oder

4. sonstige überwiegende Sicherheitsinteressen der Übermittlung entgegenstehen; dies ist nicht der Fall, wenn die Übermittlung unerlässlich ist zur
   a) Abwehr einer gegenwärtigen Gefahr für die Schutzgüter nach § 19 Absatz 3,
   b) Verfolgung einer auch im Einzelfall besonders schwerwiegenden Straftat, die im Höchstmaß mit einer Freiheitsstrafe von mindestens zehn Jahren bedroht ist.

[2] Die Verpflichtung zur Wahrung gesetzlicher Geheimhaltungspflichten bleibt unberührt.

(2) Das Bundesministerium des Innern und für Heimat unterrichtet das Parlamentarische Kontrollgremium mindestens einmal im Jahr über die Fälle des Absatzes 1 Satz 1 Nummer 4.

§ 24[1)] Minderjährigenschutz bei Inlandsübermittlung. [1] Das Bundesamt für Verfassungsschutz darf personenbezogene Daten, die sich auf das Verhalten Minderjähriger beziehen, vorbehaltlich der Sätze 2 und 3 nicht übermitteln. [2] Es darf die personenbezogenen Daten nur übermitteln, wenn eine Weiterverarbeitung für die Vorbereitung oder Durchführung belastender Maßnahmen mit unmittelbarer Außenwirkung für die betroffene Person ausgeschlossen ist, bei einer Übermittlung nach § 22a Satz 1 Nummer 3 beschränkt auf dessen Buchstaben e bis g. [3] Im Übrigen darf es personenbezogene Daten nur übermitteln in Bezug auf eine minderjährige Person, die

1. mindestens 14 Jahre alt ist,
   a) zur Abwehr einer Gefahr nach § 19 Absatz 1 Satz 1,
   b) zum administrativen Rechtsgüterschutz nach § 20 Absatz 1 Nummer 1 und 8 oder
   c) zur Verfolgung einer besonders schweren Straftat nach § 21,
2. noch nicht 14 Jahre alt ist, wenn nach den Umständen des Einzelfalls nicht ausgeschlossen werden kann, dass von der minderjährigen Person eine Gefahr ausgeht für
   a) Leib oder Leben einer Person oder
   b) Einrichtungen der Bundesrepublik Deutschland, der Europäischen Union oder des Nordatlantikvertrages.

§ 25[1)] Weiterverarbeitung durch den Empfänger. (1) [1] Der Empfänger prüft, ob die nach den §§ 19 bis 22a übermittelten personenbezogenen Daten für die Erfüllung seiner Aufgaben erforderlich sind. Ergibt die Prüfung, dass die Daten nicht erforderlich sind, hat er sie zu löschen. [2] Die Löschung kann unterbleiben, wenn die Trennung von anderen Informationen, die zur Erfüllung der Aufgaben erforderlich sind, nicht oder nur mit unvertretbarem Aufwand möglich ist. [3] Der Empfänger darf diese weiteren Daten jedoch nicht nutzen.

(2) [1] Der Empfänger darf die übermittelten Daten, soweit gesetzlich nichts anderes bestimmt ist, nur verarbeiten

1. zu dem Zweck, zu dem sie ihm übermittelt wurden, oder
2. zu einem anderen Zweck, wenn sie ihm auch zu diesem Zweck übermittelt werden dürften unter der Voraussetzung, dass das Bundesamt für Verfassungs-

---

[1)] §§ 24 und 25 neu gef. mWv 30.12.2023 durch G v. 22.12.2023 (BGBl. 2023 I Nr. 413).

schutz der Verarbeitung zu dem abgeänderten Zweck für den Einzelfall oder eine Reihe gleichgelagerter Fälle zustimmt.

[2] Das Bundesamt für den Verfassungsschutz hat den Empfänger auf den Zweck der Übermittlung und die Zweckbindung nach Satz 1 hinzuweisen. [3] Dies gilt nicht für Übermittlungen im Rahmen verdeckter Ermittlungen. [4] Der Empfänger ist verpflichtet, dem Bundesamt für Verfassungsschutz auf dessen Verlangen Auskunft über die weitere Verarbeitung zu geben.

(3) Hat die Übermittlung personenbezogener Daten in einem Verfahren zur vorbeugenden Personenüberprüfung nachteilige Folgen für die betroffene Person, so schließt das Auskunftsrecht der betroffenen Person auch das Recht auf Auskunft ein, dass die Folge durch eine Übermittlung des Bundesamtes für Verfassungsschutz veranlasst ist.

§ 25a[1)] Übermittlung an ausländische sowie über- und zwischenstaatliche Stellen. (1) [1] Das Bundesamt für Verfassungsschutz darf personenbezogene Daten an ausländische öffentliche Stellen sowie an über- und zwischenstaatliche Stellen zur Weiterverarbeitung ohne Folgemaßnahmen mit unmittelbarer Außenwirkung übermitteln, wenn dies auf Grund tatsächlicher Anhaltspunkte im Einzelfall zum Schutz der Schutzgüter nach § 19 Absatz 3 oder zum Schutz der Sicherheit eines anderen Staates oder einer über- und zwischenstaatlichen Einrichtung erforderlich ist. [2] Eine Übermittlung zum Schutz eines anderen Staates oder zur Aufklärung von Staatsschutzdelikten, die gegen einen anderen Staat begangen worden sind, ist unbeschadet des Absatzes 2 nur zulässig, wenn dort die grundlegenden demokratischen und rechtsstaatlichen Prinzipien sowie die elementaren Menschenrechte gewährleistet sind.

(2) [1] Die Übermittlung unterbleibt, wenn folgende Belange entgegenstehen:

1. besondere gesetzliche Regelungen zur Verarbeitung personenbezogener Daten oder
2. wesentliche auswärtige Belange der Bundesrepublik Deutschland oder
3. überwiegende schutzwürdige Interessen einer Person.

[2] Überwiegende schutzwürdige Interessen stehen insbesondere entgegen, wenn Leib, Leben oder Freiheit einer Person oder sonstige elementare Menschenrechte gefährdet würden oder Verletzungen von elementaren rechtsstaatlichen Grundsätzen drohen. [3] Bei der Prüfung, ob eine Übermittlung zu unterbleiben hat, berücksichtigt das Bundesamt für Verfassungsschutz insbesondere den bisherigen Umgang des Empfängers mit übermittelten Daten und die Gewährleistung eines zum Schutz der Menschenrechte angemessenen Datenschutzes. [4] Ein die elementaren Menschenrechte wahrender Umgang mit den übermittelten Daten ist insbesondere dann nicht gewährleistet, wenn zu besorgen ist, dass die Daten zu politischer Verfolgung oder zu unmenschlicher oder erniedrigender Bestrafung oder Behandlung verwendet werden. [5] Verbleiben auf Grund der Einschätzung Zweifel an der Vereinbarkeit der Übermittlung mit den Anforderungen nach Nummer 3, so dürfen die Daten nur auf der Grundlage einer belastbaren verbindlichen Zusicherung des Empfängers und nur mit Zustimmung des Bundesministeriums des Innern und für Heimat übermittelt werden.

(3) [1] Die übermittelten personenbezogenen Daten dürfen

1. nur zu dem Zweck, zu dem sie ihm übermittelt wurden, und

[1)] § 25a eingef. mWv 30.12.2023 durch G v. 22.12.2023 (BGBl. 2023 I Nr. 413).

2. unbeschadet des Absatzes 4 nicht für Folgemaßnahmen mit unmittelbarer Außenwirkung zu Lasten der betroffenen Person

weiterverarbeitet werden. [2]Das Bundesamt für Verfassungsschutz hat den Empfänger hierauf hinzuweisen. [3]Es hat ihn ferner darauf hinzuweisen, dass es sich vorbehält, um Auskunft über die vorgenommene Verwendung der Daten zu bitten.

(4) Das Bundesamt für Verfassungsschutz darf einer Verwendung der personenbezogenen Daten für Maßnahmen mit unmittelbarer Außenwirkung zu Lasten der betroffenen Person zustimmen

1. zur Abwehr einer zumindest konkretisierten Gefahr für ein Schutzgut, dessen Gewicht den Schutzgütern nach § 19 Absatz 3 entspricht,
2. zum administrativen Rechtsgüterschutz in Verfahren, die den in § 20 Absatz 1 benannten entsprechen,
3. auf Grund eines durch bestimmte Tatsachen begründeten Verdachts zur Verfolgung einer besonders schweren Straftat, deren Gewicht den Straftaten nach § 21 Absatz 2 entspricht.

(5) [1]Das Bundesamt für Verfassungsschutz darf personenbezogene Daten, die sich auf das Verhalten Minderjähriger beziehen, vorbehaltlich der Sätze 2 bis 4 nicht übermitteln. [2]Personenbezogene Daten einer minderjährigen Person, die mindestens 16 Jahre alt ist, darf das Bundesamt für Verfassungsschutz nur unter den Voraussetzungen des § 24 Absatz 1 Satz 3 Nummer 1 Buchstabe a und c übermitteln, zur Strafverfolgung jedoch nur bei dringendem Tatverdacht. [3]Personenbezogene Daten einer minderjährigen Person, die noch nicht 16 Jahre alt ist, darf es nur übermitteln, wenn nach den Umständen des Einzelfalls nicht ausgeschlossen werden kann, dass von der minderjährigen Person eine Gefahr ausgeht für

1. Leib oder Leben einer Person oder
2. Einrichtungen der Bundesrepublik Deutschland, der Europäischen Union oder des Nordatlantikvertrages.

[4]Bei einer Übermittlung an einen Staat, der unmittelbar an die Bundesrepublik Deutschland angrenzt oder Mitgliedstaat der Europäischen Union oder des Nordatlantikvertrages ist, ist § 24 entsprechend anzuwenden.

(6) [1]Das Bundesamt für Verfassungsschutz darf personenbezogene Daten an eine nichtöffentliche Stelle im Ausland übermitteln, wenn dies auf Grund tatsächlicher Anhaltspunkte im Einzelfall zur Abwehr einer dringenden Gefahr für ein Schutzgut nach § 19 Absatz 3 Nummer 4 unerlässlich ist und überwiegende schutzwürdige Interessen der betroffenen Person nach § 23 Absatz 1 Satz 1 Nummer 2 nicht entgegenstehen.

(7) [1]Das Bundesamt für Verfassungsschutz darf personenbezogene Daten auch an inländische Stellen übermitteln, wenn dies zur Vorbereitung einer Übermittlung nach den vorstehenden Absätzen erforderlich ist. [2]§ 25 Absatz 2 ist anzuwenden.

§ 25b[1)] Übermittlung zum Schutz der betroffenen Person. [1]Das Bundesamt für Verfassungsschutz darf personenbezogene Daten auch übermitteln, wenn offensichtlich ist, dass die Übermittlung im Interesse der betroffenen Person liegt, deren Einwilligung nicht oder nicht rechtzeitig eingeholt werden kann und kein Grund zu der Annahme besteht, dass sie in Kenntnis der Übermittlung ihre

[1)] § 25b eingef. mWv 30.12.2023 durch G v. 22.12.2023 (BGBl. 2023 I Nr. 413).

Einwilligung verweigern würde. [2] Es darf personenbezogene Daten insbesondere für Zwecke der Jugendhilfe übermitteln.

§ 25c[1)] Weitere Verfahrensregelungen. (1) [1] Das Bundesamt für Verfassungsschutz protokolliert den Empfänger, die Rechtsgrundlage sowie den Zeitpunkt der Übermittlung. [2] Die Protokolldaten müssen danach auswertbar sein, ob die Übermittlung nach den §§ 19, 20, 21, 22, 22a oder § 25a erfolgt ist. [3] Das Bundesamt für Verfassungsschutz darf Protokolldaten, die ausschließlich zu Zwecken der Datenschutzkontrolle gespeichert werden, nur für diesen Zweck verarbeiten. [4] Die Protokolldaten sind bis zum Ablauf des zweiten Kalenderjahres, das auf das Kalenderjahr der Protokollierung folgt, aufzubewahren und nach Ablauf dieser Aufbewahrungsfrist unverzüglich zu löschen.

(2) [1] Sind mit personenbezogenen Daten, die übermittelt werden dürfen, weitere Daten der betroffenen Person oder eines Dritten so verbunden, dass eine Trennung nicht oder nur mit unverhältnismäßigem Aufwand möglich ist, ist die Übermittlung auch dieser Daten zulässig, soweit nicht berechtigte Interessen der betroffenen Person oder eines Dritten an der Geheimhaltung offensichtlich überwiegen. [2] Der Empfänger darf diese Daten nicht nutzen.

(3) [1] Eine Übermittlung an nichtöffentliche Stellen bedarf der Zustimmung der Amtsleitung des Bundesamtes für Verfassungsschutz. [2] Für Übermittlungen an inländische nichtöffentliche Stellen kann die Zustimmung auch allgemein für gleichgelagerte Fälle erfolgen. [3] Die Übermittlung ist dem Betroffenen durch das Bundesamt für Verfassungsschutz mitzuteilen, sobald eine Gefährdung seiner Aufgabenerfüllung durch die Mitteilung nicht mehr zu besorgen ist.

§ 25d[2)] Übermittlung von personenbezogenen Daten aus allgemein zugänglichen Quellen. (1) [1] Das Bundesamt für Verfassungsschutz darf personenbezogene Daten, die es aus allgemein zugänglichen Quellen erhoben hat, einer anderen Stelle übermitteln, wenn dies erforderlich ist

1. zur Erfüllung seiner Aufgaben oder
2. der Aufgaben der empfangenden Stelle.

[2] Eine automatisierte Übermittlung ist zulässig.

(2) [1] Absatz 1 gilt nicht für personenbezogene Daten, die aus allgemein zugänglichen Quellen systematisch erhoben oder zusammengeführt wurden. [2] Die Übermittlung richtet sich in diesen Fällen nach den §§ 19 bis 25c.

§ 26 Nachberichtspflicht. Erweisen sich personenbezogene Daten nach ihrer Übermittlung nach den Vorschriften dieses Gesetzes als unvollständig oder unrichtig, so sind sie unverzüglich gegenüber dem Empfänger zu berichtigen, es sei denn, daß dies für die Beurteilung eines Sachverhalts ohne Bedeutung ist.

§ 26a[2)] Übermittlung durch Landesverfassungsschutzbehörden an Strafverfolgungs- und Sicherheitsbehörden. (1) [1] Die Verfassungsschutzbehörden der Länder übermitteln den Staatsanwaltschaften und, vorbehaltlich der staatsanwaltschaftlichen Sachleitungsbefugnis, den Polizeien personenbezogene Daten unter den Voraussetzungen des § 19 Absatz 1 Satz 2 und des § 21. [2] Auf die

[1)] § 25c eingef. mWv 30.12.2023 durch G v. 22.12.2023 (BGBl. 2023 I Nr. 413); Abs. 1 Satz 2 ist gem. Art. 5 Abs. 2 dieses G mWv 1.1.2025 in Kraft getreten.

[2)] § 25d und 26a eingef. mWv 30.12.2023 durch G v. 22.12.2023 (BGBl. 2023 I Nr. 413).

Übermittlung von Informationen zwischen Behörden desselben Bundeslandes findet Satz 1 keine Anwendung.

(2) Die Verfassungsschutzbehörden der Länder übermitteln dem Bundesnachrichtendienst personenbezogene Daten unter den Voraussetzungen des § 22 Absatz 2.

Vierter Abschnitt. Schlußvorschriften

§ 26b[1] Besondere Eigensicherungsbefugnisse. (1) [1] Die Eigensicherung dient dem Schutz der Beschäftigten, Einrichtungen, Gegenstände, Quellen und amtlichen Informationen des Bundesamtes für Verfassungsschutz gegen sicherheitsgefährdende oder geheimdienstliche Tätigkeiten. [2] Das Bundesamt für Verfassungsschutz hat hierzu besondere Befugnisse nach Maßgabe der folgenden Absätze.

(2) Das Bundesamt für Verfassungsschutz darf bei Personen, die seine Dienststellen, Grundstücke und sonstigen Einrichtungen (Eigensicherungsbereich) betreten oder sich dort aufhalten, und von diesen Personen mitgeführte Taschen und sonstige Gegenstände sowie von diesen Personen genutzte Fahrzeuge

1. verdachtsunabhängig kontrollieren,
2. durchsuchen, wenn tatsächliche Anhaltspunkte für sicherheitsgefährdende oder geheimdienstliche Tätigkeiten vorliegen.

(3) [1] Eine Kontrolle nach Absatz 2 Nummer 1 ist die oberflächliche Suche nach Gegenständen an Personen, an oder in Taschen, mitgeführten Gegenständen und Fahrzeugen auch unter Einsatz technischer Mittel, ohne dass ein Körperkontakt mit der betroffenen Person stattfindet. [2] Eine Durchsuchung nach Absatz 2 Nummer 2 ist die zielgerichtete und planmäßige Suche, auch unter Einsatz technischer Mittel,

1. am äußeren Körper der betroffenen Person,
2. in Kleidung und Taschen der betroffenen Person,
3. an und in Fahrzeugen einschließlich der dort befindlichen Gegenstände der betroffenen Person sowie
4. in sonstigen Gegenständen der betroffenen Person, die zur unbefugten Verbringung von amtlichen Informationen geeignet sind.

(4) [1] Gegenstände, die sich im Eigensicherungsbereich befinden, darf das Bundesamt für Verfassungsschutz sicherstellen und untersuchen, wenn

1. tatsächliche Anhaltspunkte dafür vorliegen, dass sie für eine sicherheitsgefährdende oder geheimdienstliche Tätigkeit verwendet werden oder mit solchen Tätigkeiten gewonnen worden sind, oder
2. diese keiner bestimmten Person zuzuordnen sind und die Sicherstellung und Untersuchung zum Schutz vor einer sicherheitsgefährdenden oder geheimdienstlichen Tätigkeit erforderlich ist.

[2] Bei Geräten der Informations- und Kommunikationstechnik umfasst das Untersuchen auch das Eingreifen mit technischen Mitteln sowie das Verarbeiten der auf dem Gerät gespeicherten Informationen einschließlich personenbezogener Daten.

(5) [1] Personen, die sich im Eigensicherungsbereich aufhalten, sind verpflichtet an Maßnahmen nach den Absätzen 2 und 4 mitzuwirken. [2] Entziehen sich Per-

[1] § 26b eingef. mWv 30.12.2023 durch G v. 22.12.2023 (BGBl. 2023 I Nr. 413).

sonen Maßnahmen nach den Absätzen 2 und 4 im Eigensicherungsbereich, darf das Bundesamt für Verfassungsschutz die Maßnahmen auch noch in unmittelbarer Nähe des Eigensicherungsbereichs vornehmen.

(6) [1] Das Bundesamt für Verfassungsschutz darf optisch-elektronische Einrichtungen zur offenen Überwachung des Eigensicherungsbereichs nach Maßgabe einer Dienstvorschrift einsetzen. [2] In der Dienstvorschrift sind die Voraussetzungen, das Verfahren und Grenzen der Maßnahme zu regeln. [3] Eine Überwachung höchstpersönlich genutzter Räume ist unzulässig.

(7) Das Bundesamt für Verfassungsschutz kann eine nach § 21h Absatz 3 Nummer 4 der Luftverkehrs-Ordnung unzulässige Benutzung des Luftraums seines Eigensicherungsbereichs durch unbemannte Fluggeräte durch geeignete technische Mittel gegen das unbemannte Fluggerät, dessen Steuerungseinheit oder Steuerungsverbindung aufklären und abwehren.

(8) Das Bundesamt für Verfassungsschutz darf die besonderen Mittel nach den §§ 8a, 8d und 9 Absatz 1 und 4 sowie den §§ 9a und 9b unter den dort genannten Voraussetzungen auch einsetzen, soweit dies auf Grund tatsächlicher Anhaltspunkte im Einzelfall erforderlich ist zur Aufklärung von sicherheitsgefährdenden Tätigkeiten

1. seiner Beschäftigten oder
2. von Personen, die vom Bundesamt für Verfassungsschutz beauftragt sind
   a) im Eigensicherungsbereich tätig zu sein oder
   b) sonstige sicherheitsempfindliche Tätigkeiten wahrzunehmen.

(9) [1] Bei der Durchführung von Maßnahmen nach den Absätzen 2 sowie 4 bis 8 hat das Bundesamt für Verfassungsschutz unter mehreren möglichen und geeigneten Maßnahmen diejenigen zu treffen, die den Einzelnen am wenigsten beeinträchtigen. [2] Eine Maßnahme darf nicht zu einem Nachteil führen, der zu dem erstrebten Erfolg erkennbar außer Verhältnis steht.

§ 26c[1] Verfahren; Kernbereichsschutz. (1) [1] Maßnahmen nach § 26b Absatz 2 Nummer 2 und Absatz 4 bedürfen der Anordnung der für die Eigensicherung zuständigen Abteilungsleitung oder einer von ihr bestimmten Vertretung. [2] Maßnahmen nach § 26b Absatz 6 bedürfen der Anordnung der Amtsleitung oder einer von ihr bestimmten Vertretung.

(2) [1] Ist eine Anordnung nach Absatz 1 Satz 1 auf Grund besonderer Eilbedürftigkeit nicht rechtzeitig zu erlangen, kann die Maßnahme auch ohne vorherige Anordnung durchgeführt werden, wenn ansonsten der Zweck der Maßnahme vereitelt oder wesentlich erschwert würde. [2] Bei Geräten der Informations- und Kommunikationstechnik darf in diesem Fall lediglich das Gerät sichergestellt werden. [3] Die Anordnung ist unverzüglich nachzuholen. [4] Wird die Anordnung nach Absatz 1 Satz 1 nicht nachgeholt, so hat das Bundesamt für Verfassungsschutz unverzüglich bereits erhobene Daten zu löschen und sichergestellte Gegenstände an die betroffene Person herauszugeben.

(3) [1] Sichergestellte Gegenstände sind unverzüglich an die betroffene Person herauszugeben, sobald der Zweck der Eigensicherung entfällt. [2] Satz 1 gilt nicht, wenn die Gegenstände zur Einleitung oder Durchführung eines strafrechtlichen Ermittlungsverfahrens an die Strafverfolgungsbehörden weitergegeben werden müssen.

[1] § 26c eingef. mWv 30.12.2023 durch G v. 22.12.2023 (BGBl. 2023 I Nr. 413).

(4) [1] Bei Maßnahmen nach § 26b Absatz 2 Nummer 2 hat die betroffene Person das Recht, anwesend zu sein. [2] Über eine Durchsuchung nach § 26b Absatz 2 Nummer 2 oder eine Sicherstellung nach § 26b Absatz 4 Satz 1 ist auf Verlangen eine Bescheinigung über die Maßnahme und den Grund der Maßnahme zu erteilen. [3] Maßnahmen nach § 26b Absatz 4, die in Abwesenheit der betroffenen Person durchgeführt worden sind, sind ihr schriftlich mitzuteilen, wenn hierdurch nicht der Zweck der Maßnahme gefährdet wird.

(5) [1] Bei der Untersuchung von Geräten der Informations- und Kommunikationstechnik, die nicht ausschließlich zur dienstlichen Nutzung überlassen wurden, ist sicherzustellen, dass an dem Gerät nur Veränderungen vorgenommen werden, die für die Datenverarbeitung unerlässlich sind. [2] Vorgenommene Veränderungen sind bei Beendigung der Maßnahme, soweit technisch möglich, rückgängig zu machen. [3] Sichergestellte Telekommunikationsendgeräte sind abweichend von Absatz 3 Satz 1 unabhängig von dem Abschluss der Maßnahmen nach § 26b Absatz 4 an die betroffene Person spätestens nach zwei Wochen herauszugeben. [4] Macht die betroffene Person in den Fällen des Satzes 3 Gründe glaubhaft, nach denen für sie eine Aufrechterhaltung der Sicherstellung nicht zumutbar ist, so ist das mobile Endgerät innerhalb von 48 Stunden nach Darlegung der Gründe an die betroffene Person zurückzugeben. [5] Das Bundesamt für Verfassungsschutz darf vor der Rückgabe ein Abbild der auf dem Gerät gespeicherten Informationen einschließlich personenbezogener Daten zur Datensicherung erzeugen.

(6) [1] Die Datenerhebung zum Zweck der Erlangung von Erkenntnissen über den Kernbereich privater Lebensgestaltung ist unzulässig. [2] Das Bundesamt für Verfassungsschutz darf Erkenntnisse, die den Kernbereich privater Lebensgestaltung berühren, nicht verarbeiten, weitergeben oder in anderer Weise nutzen. [3] Das Bundesamt für Verfassungsschutz hat, soweit möglich, technisch oder auf sonstige Weise sicherzustellen, dass Erkenntnisse, die den Kernbereich privater Lebensgestaltung berühren, nicht erlangt werden. [4] Soweit Erkenntnisse erlangt wurden, die den Kernbereich privater Lebensgestaltung betreffen, sind diese Daten unverzüglich zu löschen. [5] Die Tatsache ihrer Erlangung und Löschung ist zu dokumentieren. [6] Die Dokumentation darf ausschließlich für Zwecke der Datenschutzkontrolle verwendet werden. [7] Sie ist nach Ablauf von sechs Monaten zu löschen.

(7) [1] Das Bundesamt für Verfassungsschutz kann zur Durchsetzung von Maßnahmen gegenüber Personen, die nach § 26b Absatz 5 mitwirkungspflichtig sind, folgende Mittel anwenden:

1. unmittelbare Einwirkung auf die betroffene Person oder Gegenstände (körperliche Gewalt) oder Hilfsmittel der körperlichen Gewalt; eine Fesselung der betroffenen Person ist nur dann zulässig, wenn Tatsachen die Annahme rechtfertigen, dass sie die mit der Durchsetzung der Maßnahme beauftragten Personen oder Dritte angreifen, Widerstand leisten oder sich der Kontrolle entziehen wird,
2. unmittelbare Einwirkung auf Gegenstände mittels körperlicher Gewalt oder durch Hilfsmittel der körperlichen Gewalt.

[2] Mittel nach Satz 1 dürfen nur durch besonders qualifizierte und geschulte Personen angewandt werden, die durch die Behördenleitung des Bundesamtes für Verfassungsschutz hierzu besonders ermächtigt wurden. [3] Das Grundrecht auf körperliche Unversehrtheit (Artikel 2 Absatz 2 Satz 1 des Grundgesetzes[1)]) und

---

[1)] Nr. 1.

Freiheit der Person (Artikel 2 Absatz 2 Satz 2 des Grundgesetzes) wird insoweit eingeschränkt.

(8) Widerspruch und Anfechtungsklage gegen Maßnahmen nach § 26b haben keine aufschiebende Wirkung.

§ 27[1)] Anwendung des Bundesdatenschutzgesetzes. Bei der Erfüllung der Aufgaben nach § 3 durch das Bundesamt für Verfassungsschutz findet das Bundesdatenschutzgesetz[2)] wie folgt Anwendung:

1. § 1 Absatz 8, die §§ 4, 16 Absatz 1 und 4 und die §§ 17 bis 21 sowie § 85 finden keine Anwendung,
2. die §§ 46, 51 Absatz 1 bis 4 und die §§ 52 bis 54, 62, 64, 83, 84 sind entsprechend anzuwenden.

§ 28[3)] Unabhängige Datenschutzkontrolle. (1) Jedermann kann sich an die Bundesbeauftragte oder den Bundesbeauftragten für den Datenschutz und die Informationsfreiheit wenden, wenn er der Ansicht ist, bei der Verarbeitung seiner personenbezogenen Daten durch das Bundesamt für Verfassungsschutz in seinen Rechten verletzt worden zu sein.

(2) [1] Die oder der Bundesbeauftragte für den Datenschutz und die Informationsfreiheit kontrolliert beim Bundesamt für Verfassungsschutz die Einhaltung der Vorschriften über den Datenschutz. [2] Soweit die Einhaltung von Vorschriften der Kontrolle durch die G 10-Kommission unterliegt, unterliegt sie nicht der Kontrolle durch die Bundesbeauftragte oder den Bundesbeauftragten für den Datenschutz und die Informationsfreiheit, es sei denn, die G 10-Kommission ersucht die Bundesbeauftragte oder den Bundesbeauftragten für den Datenschutz und die Informationsfreiheit, die Einhaltung der Vorschriften über den Datenschutz bei bestimmten Vorgängen oder in bestimmten Bereichen zu kontrollieren und ausschließlich ihr darüber zu berichten.

(3) [1] Das Bundesamt für Verfassungsschutz ist verpflichtet, die Bundesbeauftragte oder den Bundesbeauftragten für den Datenschutz und die Informationsfreiheit und ihre oder seine schriftlich besonders Beauftragten bei der Erfüllung ihrer oder seiner Aufgaben zu unterstützen. [2] Den in Satz 1 genannten Personen ist dabei insbesondere

1. Auskunft zu ihren Fragen sowie Einsicht in alle Unterlagen, insbesondere in die gespeicherten Daten und in die Datenverarbeitungsprogramme, zu gewähren, die im Zusammenhang mit der Kontrolle nach Absatz 2 stehen,
2. jederzeit Zutritt in alle Diensträume zu gewähren.

[3] Dies gilt nicht, soweit das Bundesministerium des Innern, für Bau und Heimat im Einzelfall feststellt, dass die Auskunft oder Einsicht die Sicherheit des Bundes oder eines Landes gefährden würde.

(4) [1] Die Absätze 1 bis 3 gelten ohne Beschränkung auf die Erfüllung der Aufgaben nach § 3. [2] Sie gelten entsprechend für die Verarbeitung personenbezogener Daten durch andere Stellen, wenn diese der Erfüllung der Aufgaben von

---

1) *§ 27 neu gef.* mWv 25.5.2018 durch G v. 30.6.2017 (BGBl. I S. 2097).

2) Nr. **245**.

3) Früherer § 26a eingef. mWv 25.5.2018 durch G v. 30.6.2017 (BGBl. I S. 2097); Abs. 3 Satz 3 geänd. mWv 27.6.2020 durch VO v. 19.6.2020 (BGBl. I S. 1328); bish. § 26a wird § 28 mWv 9.7.2021 durch G v. 5.7.2021 (BGBl. I S. 2274).

Verfassungsschutzbehörden nach § 3 dient. [3] § 16 Absatz 1 und 4 des Bundesdatenschutzgesetzes[1)] findet keine Anwendung.

§ 29[2)] Einschränkung von Grundrechten. Die Grundrechte der Versammlungsfreiheit (Artikel 8 des Grundgesetzes[3)]), des Brief-, Post- und Fernmeldegeheimnisses (Artikel 10 des Grundgesetzes) und der Unverletzlichkeit der Wohnung (Artikel 13 des Grundgesetzes) werden nach Maßgabe dieses Gesetzes eingeschränkt.

[1)] Nr. **245**.
[2)] § 29 angef. mWv 9.7.2021 durch G v. 5.7.2021 (BGBl. I S. 2274).
[3)] Nr. **1**.

81. Gesetz über die parlamentarische Kontrolle nachrichtendienstlicher Tätigkeit des Bundes (Kontrollgremiumgesetz – PKGrG)[1]

Vom 29. Juli 2009
(BGBl. I S. 2346)

FNA 12-12

geänd. durch Art. 1 G zur weiteren Fortentwicklung der parlamentarischen Kontrolle der Nachrichtendienste des Bundes v. 30.11.2016 (BGBl. I S. 2746), Art. 13 G zur Änd. des VersorgungsrücklageG und weiterer dienstrechtlicher Vorschriften v. 5.1.2017 (BGBl. I S. 17), Art. 13b Besoldungsstrukturenmodernisierungsgesetz v. 9.12.2019 (BGBl. I S. 2053) und Art. 10 G zur Änd. des BND-G zur Umsetzung der Vorgaben des Bundesverfassungsgerichts sowie des Bundesverwaltungsgerichts v. 19.4.2021 (BGBl. I S. 771)

§ 1 Kontrollrahmen. (1) Die Bundesregierung unterliegt hinsichtlich der Tätigkeit des Bundesamtes für Verfassungsschutz, des Militärischen Abschirmdienstes und des Bundesnachrichtendienstes der Kontrolle durch das Parlamentarische Kontrollgremium.

(2) Die Rechte des Deutschen Bundestages, seiner Ausschüsse und der Kommission nach dem Artikel 10-Gesetz[2] bleiben unberührt.

§ 2[3] Mitgliedschaft. (1) Der Deutsche Bundestag wählt zu Beginn jeder Wahlperiode die Mitglieder des Parlamentarischen Kontrollgremiums aus seiner Mitte.

(2) Er bestimmt die Zahl der Mitglieder, die Zusammensetzung und die Arbeitsweise des Parlamentarischen Kontrollgremiums.

(3) Gewählt ist, wer die Stimmen der Mehrheit der Mitglieder des Deutschen Bundestages auf sich vereint.

(4) [1] Scheidet ein Mitglied aus dem Deutschen Bundestag oder seiner Fraktion aus oder wird es Mitglied der Bundesregierung oder Parlamentarischer Staatssekretär, so verliert es seine Mitgliedschaft im Parlamentarischen Kontrollgremium; § 3 Absatz 4 bleibt unberührt. [2] Für dieses Mitglied ist unverzüglich ein neues Mitglied zu wählen; das Gleiche gilt, wenn ein Mitglied aus dem Parlamentarischen Kontrollgremium ausscheidet.

§ 3[4] Zusammentritt. (1) [1] Das Parlamentarische Kontrollgremium tritt mindestens einmal im Vierteljahr zusammen. [2] Es wählt eine Vorsitzende oder einen Vorsitzenden und deren oder dessen Stellvertreterin oder Stellvertreter. [3] Es gibt sich eine Geschäftsordnung.

(2) Jedes Mitglied kann die Einberufung und die Unterrichtung des Parlamentarischen Kontrollgremiums verlangen.

(3) [1] Beschlüsse des Parlamentarischen Kontrollgremiums können außerhalb der Sitzungen im schriftlichen oder elektronischen Umlaufverfahren gefasst werden,

[1] Verkündet als Art. 1 des G zur Fortentwicklung der parlamentarischen Kontrolle der Nachrichtendienste des Bundes v. 29.7.2009 (BGBl. I S. 2346); Inkrafttreten gem. Art. 4 Satz 1 dieses G am 4.8.2009.

[2] Nr. 7.

[3] § 2 Abs. 4 Satz 1 geänd. mWv 1.1.2020 durch G v. 9.12.2019 (BGBl. I S. 2053).

[4] § 3 Abs. 1 Satz 2 eingef., bish. Satz 2 wird Satz 3, Abs. 3 eingef., bish. Abs. 3 wird Abs. 4 mWv 7.12. 2016 durch G v. 30.11.2016 (BGBl. I S. 2746).

sofern keine geheimhaltungsbedürftigen Sachverhalte betroffen sind. [2] Einzelheiten regelt die Geschäftsordnung.

(4) Das Parlamentarische Kontrollgremium übt seine Tätigkeit auch über das Ende einer Wahlperiode des Deutschen Bundestages hinaus so lange aus, bis der nachfolgende Deutsche Bundestag gemäß § 2 entschieden hat.

§ 4[1)] Pflicht der Bundesregierung zur Unterrichtung. (1) [1] Die Bundesregierung unterrichtet das Parlamentarische Kontrollgremium umfassend über die allgemeine Tätigkeit der in § 1 Absatz 1 genannten Behörden und über Vorgänge von besonderer Bedeutung. [2] Vorgänge von besonderer Bedeutung sind insbesondere

1. wesentliche Änderungen im Lagebild der äußeren und inneren Sicherheit,
2. behördeninterne Vorgänge mit erheblichen Auswirkungen auf die Aufgabenerfüllung,
3. Einzelvorkommnisse, die Gegenstand politischer Diskussionen oder öffentlicher Berichterstattung sind.

[3] Auf Verlangen des Parlamentarischen Kontrollgremiums hat die Bundesregierung auch über sonstige Vorgänge zu berichten.

(2) Die politische Verantwortung der Bundesregierung für die in § 1 genannten Behörden bleibt unberührt.

§ 5[2)] Befugnisse des Kontrollgremiums, Amtshilfe. (1) [1] Soweit sein Recht auf Kontrolle reicht, kann das Parlamentarische Kontrollgremium von der Bundesregierung und den in § 1 genannten Behörden verlangen, Akten oder andere in amtlicher Verwahrung befindliche Schriftstücke, gegebenenfalls auch im Original, herauszugeben und in Dateien gespeicherte Daten zu übermitteln. [2] Ihm ist jederzeit Zutritt zu sämtlichen Dienststellen der in § 1 genannten Behörden zu gewähren.

(2) [1] Es kann Angehörige der Nachrichtendienste, Mitarbeiter und Mitglieder der Bundesregierung sowie Beschäftigte anderer Bundesbehörden nach Unterrichtung der Bundesregierung befragen oder von ihnen schriftliche Auskünfte einholen. [2] Die anzuhörenden Personen sind verpflichtet, vollständige und wahrheitsgemäße Angaben zu machen.

(3) Den Verlangen des Parlamentarischen Kontrollgremiums hat die Bundesregierung unverzüglich zu entsprechen.

(4) [1] Gerichte und Behörden sind zur Rechts- und Amtshilfe, insbesondere zur Vorlage von Akten und Übermittlung von Dateien, verpflichtet. [2] Soweit personenbezogene Daten betroffen sind, dürfen diese nur für Zwecke des Parlamentarischen Kontrollgremiums übermittelt und genutzt werden.

§ 5a[3)] Ständiger Bevollmächtigter. (1) Das Parlamentarische Kontrollgremium wird durch regelmäßige und einzelfallbezogene Untersuchungen einer oder eines Ständigen Bevollmächtigten des Parlamentarischen Kontrollgremiums (die oder der Ständige Bevollmächtigte) unterstützt.

---

1) § 4 Abs. 1 Satz 2 eingef., bish. Satz 2 wird Satz 3 mWv 7.12.2016 durch G v. 30.11.2016 (BGBl. I S. 2746).
2) § 5 Abs. 1 Satz 1 geänd., Satz 2 angef. mWv 7.12.2016 durch G v. 30.11.2016 (BGBl. I S. 2746).
3) § 5a eingef. mWv 7.12.2016 durch G v. 30.11.2016 (BGBl. I S. 2746).

(2) [1] Die oder der Ständige Bevollmächtigte wird auf Weisung des Parlamentarischen Kontrollgremiums zur Prüfung von Sachverhalten tätig. [2] Die oder der Ständige Bevollmächtigte wird zur Erfüllung ihrer oder seiner Aufträge nach Satz 1 im Rahmen der Vorgaben des Parlamentarischen Kontrollgremiums nach pflichtgemäßem Ermessen tätig. [3] § 5 gilt entsprechend.

(3) [1] Das Vertrauensgremium nach § 10a der Bundeshaushaltsordnung[1)] kann im Benehmen mit dem Parlamentarischen Kontrollgremium Aufträge an die Ständige Bevollmächtigte oder den Ständigen Bevollmächtigten erteilen, soweit sein Recht auf Kontrolle nach der Bundeshaushaltsordnung reicht. [2] Absatz 2 Satz 2 und 3 gilt entsprechend.

(4) [1] Die oder der Ständige Bevollmächtigte bereitet die Sitzungen des Parlamentarischen Kontrollgremiums und dessen Berichte an das Plenum des Deutschen Bundestages vor. [2] Sie oder er nimmt regelmäßig an den Sitzungen des Parlamentarischen Kontrollgremiums, der Kommission nach dem Artikel 10-Gesetz[2)] und des Vertrauensgremiums nach § 10a der Bundeshaushaltsordnung teil.

(5) Die oder der Ständige Bevollmächtigte soll dem Parlamentarischen Kontrollgremium bei jeder Sitzung über die Ergebnisse ihrer oder seiner Untersuchungen und ihre oder seine sonstige Tätigkeit berichten.

(6) Das Parlamentarische Kontrollgremium erlässt Richtlinien für die Tätigkeit der oder des Ständigen Bevollmächtigten.

§ 5b[3)] Ernennung und Rechtsstellung. (1) [1] Die oder der Ständige Bevollmächtigte wird auf Vorschlag des Parlamentarischen Kontrollgremiums von der Präsidentin oder dem Präsidenten des Deutschen Bundestages für die Dauer von fünf Jahren ernannt. [2] Einmalig ist eine Wiederernennung zulässig. [3] An dem Vorschlag für die Ernennung einer oder eines Ständigen Bevollmächtigten wirken die gemäß § 9 Absatz 1 Satz 2 anwesenden Mitglieder des Vertrauensgremiums mit. [4] Der Vorschlag ist beschlossen, wenn die Mehrheit der Mitglieder des Kontrollgremiums ihm zustimmt.

(2) Zur oder zum Ständigen Bevollmächtigten ernannt werden kann nur, wer mindestens das 35. Lebensjahr vollendet hat, die Befähigung zum Richteramt oder zum höheren nichttechnischen Verwaltungsdienst hat sowie zum Umgang mit Verschlusssachen ermächtigt und förmlich zur Geheimhaltung verpflichtet wurde.

(3) [1] Die oder der Ständige Bevollmächtigte ist Ministerialdirektorin oder Ministerialdirektor beim Deutschen Bundestag. [2] Das Amtsverhältnis beginnt mit der Aushändigung der Ernennungsurkunde durch die Präsidentin oder den Präsidenten des Deutschen Bundestages. [3] Die oder der Ständige Bevollmächtigte leistet einen Amtseid. [4] Das Amtsverhältnis endet mit Ablauf der Amtszeit oder mit der Entbindung von ihren oder seinen Aufgaben jeweils durch Aushändigung der entsprechenden Urkunde durch die Präsidentin oder den Präsidenten des Deutschen Bundestages. [5] Die oder der Ständige Bevollmächtigte unterliegt hinsichtlich der Führung ihrer oder seiner Dienstgeschäfte ausschließlich den Weisungen des Parlamentarischen Kontrollgremiums (§ 5a).

(4) [1] Die Präsidentin oder der Präsident des Deutschen Bundestages entbindet die oder den Ständigen Bevollmächtigten von ihren oder seinen Aufgaben und

---

[1)] Nr. **700**.

[2)] Nr. **7**.

[3)] § 5b eingef. mWv 7.12.2016 durch G v. 30.11.2016 (BGBl. I S. 2746); Abs. 2 Sätze 2 und 3 aufgeh., Abs. 3 und 4 neu gef., Abs. 5 aufgeh., bish. Abs. 6 wird Abs. 5 mWv 1.1.2020 durch G v. 9.12.2019 (BGBl. I S. 2053).

versetzt sie oder ihn entsprechend § 54 des Bundesbeamtengesetzes[1] bei Ablauf der Amtszeit in den einstweiligen Ruhestand. [2]Dasselbe gilt, wenn die oder der Ständige Bevollmächtigte oder das Parlamentarische Kontrollgremium darum ersuchen; das Ersuchen müssen wenigstens drei Viertel der Mitglieder des Parlamentarischen Kontrollgremiums beschließen.

(5) [1]Über die Erteilung einer Genehmigung, als Zeugin oder Zeuge auszusagen, entscheidet die Präsidentin oder der Präsident des Deutschen Bundestages im Einvernehmen mit dem Parlamentarischen Kontrollgremium. [2]Die Genehmigung soll ihr oder ihm nur versagt werden, wenn die Aussage dem Wohl des Bundes oder eines deutschen Landes Nachteile bereiten oder die Erfüllung öffentlicher Aufgaben ernstlich gefährden oder erheblich erschweren würde. [3]Die Genehmigung, ein Gutachten zu erstatten, kann versagt werden, wenn die Erstattung den dienstlichen Interessen Nachteile bereiten würde. [4]§ 28 des Bundesverfassungsgerichtsgesetzes[2] bleibt unberührt.

§ 6[3] Umfang der Unterrichtungspflicht, Verweigerung der Unterrichtung. (1) [1]Die Verpflichtung der Bundesregierung nach den §§ 4 und 5 erstreckt sich nur auf Informationen und Gegenstände, die der Verfügungsberechtigung der Nachrichtendienste des Bundes unterliegen. [2]Soweit diese nicht besteht, informiert die Bundesregierung das Parlamentarische Kontrollgremium. [3]Auf Verlangen des Parlamentarischen Kontrollgremiums ergreift die Bundesregierung geeignete Maßnahmen, um das Parlamentarische Kontrollgremium über diese Informationen und Gegenstände unterrichten zu dürfen.

(2) [1]Soweit dies aus zwingenden Gründen des Nachrichtenzugangs oder aus Gründen des Schutzes von Persönlichkeitsrechten Dritter notwendig ist oder wenn der Kernbereich der exekutiven Eigenverantwortung betroffen ist, kann die Bundesregierung sowohl die Unterrichtung nach § 4 als auch die Erfüllung von Verlangen nach § 5 Absatz 1 verweigern sowie den in § 5 Absatz 2 genannten Personen untersagen, Auskunft zu erteilen. [2]Macht die Bundesregierung von diesen Rechten Gebrauch, so hat das für den betroffenen Nachrichtendienst zuständige Mitglied der Bundesregierung (§ 2 Absatz 1 Satz 2 des Bundesverfassungsschutzgesetzes[4], § 1 Absatz 1 Satz 1 des MAD-Gesetzes[5], § 1 Absatz 1 Satz 1 des BND-Gesetzes[6]) dies dem Parlamentarischen Kontrollgremium zu begründen.

§ 7 Beauftragung eines Sachverständigen. (1) [1]Das Parlamentarische Kontrollgremium kann mit der Mehrheit von zwei Dritteln seiner Mitglieder nach Anhörung der Bundesregierung im Einzelfall einen Sachverständigen beauftragen, zur Wahrnehmung seiner Kontrollaufgaben Untersuchungen durchzuführen. [2]Der Sachverständige hat dem Parlamentarischen Kontrollgremium über das Ergebnis seiner Untersuchungen zu berichten; die §§ 5, 6 und 10 Absatz 1 gelten entsprechend.

---

[1] Nr. **160**.
[2] Nr. **40**.
[3] § 6 Abs. 1 Sätze 2 und 3 angef. mWv 7.12.2016 durch G v. 30.11.2016 (BGBl. I S. 2746).
[4] Nr. **80**.
[5] G v. 20.12.1990 (BGBl. I S. 2954, 2977), zuletzt geänd. durch G v. 5.7.2021 (BGBl. I S. 2274), **Sartorius III Nr. 806.**
[6] G v. 20.12.1990 (BGBl. I S. 2954, 2979), zuletzt geänd. durch G v. 5.7.2021 (BGBl. I S. 2274), **Sartorius III Nr. 805.**

(2) [1] Das Parlamentarische Kontrollgremium kann mit Mehrheit von zwei Dritteln seiner Mitglieder entscheiden, dass dem Deutschen Bundestag ein schriftlicher Bericht zu den Untersuchungen erstattet wird. [2] Der Bericht hat den Gang des Verfahrens, die ermittelten Tatsachen und das Ergebnis der Untersuchungen wiederzugeben. [3] § 10 gilt entsprechend.

(3) Der Bericht darf auch personenbezogene Daten enthalten, soweit dies für eine nachvollziehbare Darstellung der Untersuchung und des Ergebnisses erforderlich ist und die Betroffenen entweder in die Veröffentlichung eingewilligt haben oder das öffentliche Interesse an der Bekanntgabe gegenüber den Belangen der Betroffenen überwiegt.

§ 8[1)] Eingaben. (1) [1] Angehörigen der Nachrichtendienste ist es gestattet, sich in dienstlichen Angelegenheiten sowie bei innerdienstlichen Missständen, jedoch nicht im eigenen oder Interesse anderer Angehöriger dieser Behörden, ohne Einhaltung des Dienstweges unmittelbar an das Parlamentarische Kontrollgremium zu wenden. [2] Wegen der Tatsache der Eingabe dürfen sie nicht dienstlich gemaßregelt oder benachteiligt werden. [3] Das Parlamentarische Kontrollgremium kann die Eingaben der Bundesregierung zur Stellungnahme übermitteln. [4] Der Ständige Bevollmächtigte untersucht Eingaben nach Satz 1 auf Weisung des Parlamentarischen Kontrollgremiums. [5] Der Name der mitteilenden Person darf nicht bekanntgegeben oder übermittelt werden.

(2) An den Deutschen Bundestag gerichtete Eingaben von Bürgern über ein sie betreffendes Verhalten der in § 1 Absatz 1 genannten Behörden können dem Parlamentarischen Kontrollgremium zur Kenntnis gegeben werden.

§ 9 Mitberatung. (1) [1] Der Vorsitzende, sein Stellvertreter und ein beauftragtes Mitglied können an den Sitzungen des Vertrauensgremiums nach § 10a der Bundeshaushaltsordnung[2)] mitberatend teilnehmen. [2] In gleicher Weise haben der Vorsitzende des Vertrauensgremiums nach § 10a der Bundeshaushaltsordnung, sein Stellvertreter und ein beauftragtes Mitglied die Möglichkeit, mitberatend an den Sitzungen des Parlamentarischen Kontrollgremiums teilzunehmen.

(2) [1] Die Entwürfe der jährlichen Wirtschaftspläne der Dienste werden dem Parlamentarischen Kontrollgremium zur Mitberatung überwiesen. [2] Die Bundesregierung unterrichtet das Parlamentarische Kontrollgremium über den Vollzug der Wirtschaftspläne im Haushaltsjahr. [3] Bei den Beratungen der Wirtschaftspläne der Dienste und deren Vollzug können die Mitglieder wechselseitig mitberatend an den Sitzungen beider Gremien teilnehmen.

§ 10[3)] Geheime Beratungen, Bewertungen, Sondervoten. (1) [1] Die Beratungen des Parlamentarischen Kontrollgremiums sind geheim. [2] Die Mitglieder des Gremiums und die an den Sitzungen teilnehmenden Mitglieder des Vertrauensgremiums nach § 10a der Bundeshaushaltsordnung[2)] sowie die oder der Ständige Bevollmächtigte sind zur Geheimhaltung der Angelegenheiten verpflichtet, die ihnen bei ihrer Tätigkeit im Parlamentarischen Kontrollgremium bekannt geworden sind. [3] Dies gilt auch für die Zeit nach ihrem Ausscheiden aus beiden Gremien. [4] Das Gleiche gilt für Angelegenheiten, die den Mitgliedern des Par-

---

[1)] § 8 Abs. 1 neu gef. mWv 7.12.2016 durch G v. 30.11.2016 (BGBl. I S. 2746); Abs. 1 Sätze 3 und 4 neu gef., Satz 5 angef. mWv 1.1.2022 durch G v. 19.4.2021 (BGBl. I S. 771).

[2)] Nr. **700**.

[3)] § 10 Abs. 1 Satz 2 geänd., Abs. 3 eingef., bish. Abs. 3 wird Abs. 4, Abs. 5 angef. mWv 7.12.2016 durch G v. 30.11.2016 (BGBl. I S. 2746).

lamentarischen Kontrollgremiums anlässlich der Teilnahme an Sitzungen des Vertrauensgremiums nach § 10a der Bundeshaushaltsordnung bekannt geworden sind.

(2) [1]Absatz 1 gilt nicht für Bewertungen bestimmter Vorgänge, wenn eine Mehrheit von zwei Dritteln der anwesenden Mitglieder des Parlamentarischen Kontrollgremiums ihre vorherige Zustimmung erteilt hat. [2]In diesem Fall ist es jedem einzelnen Mitglied des Gremiums erlaubt, eine abweichende Bewertung (Sondervotum) zu veröffentlichen.

(3) Das Parlamentarische Kontrollgremium führt einmal jährlich eine öffentliche Anhörung der Präsidentinnen und Präsidenten der Nachrichtendienste des Bundes durch.

(4) Soweit für die Bewertung des Gremiums oder die Abgabe von Sondervoten eine Sachverhaltsdarstellung erforderlich ist, sind die Belange des Geheimschutzes zu beachten.

(5) [1]Das Parlamentarische Kontrollgremium kann Berichte einer oder eines Sachverständigen nach § 7 unter Wahrung des Geheimschutzes an andere parlamentarische Gremien zur Kontrolle der Nachrichtendienste im Bund und in den Ländern sowie an parlamentarische Untersuchungsausschüsse des Deutschen Bundestages oder eines Landtages übermitteln. [2]Sofern darin als Verschlusssachen eingestufte Informationen enthalten sind, ist eine Übermittlung nur mit Zustimmung der Stelle, die die Informationen übermittelt hat, zulässig.

§ 11 Unterstützung der Mitglieder durch eigene Mitarbeiter. (1) [1]Die Mitglieder des Parlamentarischen Kontrollgremiums haben das Recht, zur Unterstützung ihrer Arbeit Mitarbeiter ihrer Fraktion nach Anhörung der Bundesregierung mit Zustimmung des Kontrollgremiums zu benennen. [2]Voraussetzung für diese Tätigkeit ist die Ermächtigung zum Umgang mit Verschlusssachen und die förmliche Verpflichtung zur Geheimhaltung.

(2) [1]Die benannten Mitarbeiterinnen und Mitarbeiter sind befugt, die vom Gremium beigezogenen Akten und Dateien einzusehen und die Beratungsgegenstände des Parlamentarischen Kontrollgremiums mit den Mitgliedern des Gremiums zu erörtern. [2]Sie haben grundsätzlich keinen Zutritt zu den Sitzungen des Kontrollgremiums. [3]Das Gremium kann im Einzelfall mit Mehrheit von zwei Dritteln seiner Mitglieder beschließen, dass Mitarbeiter der Fraktionen an bestimmten Sitzungen teilnehmen können. [4]§ 10 Absatz 1 gilt entsprechend.

§ 12[1)] Beschäftigte des Kontrollgremiums. (1) [1]Dem Parlamentarischen Kontrollgremium werden zur Unterstützung im erforderlichen Umfang Beschäftigte der Bundestagsverwaltung beigegeben. [2]Die oder den Ständigen Bevollmächtigten unterstützt eine Unterabteilungsleiterin oder ein Unterabteilungsleiter. [3]Die dafür zur Verfügung zu stellende Personal- und Sachausstattung ist im Einzelplan des Deutschen Bundestages in einem gesonderten Kapitel für die parlamentarische Kontrolle der Nachrichtendienste auszuweisen. [4]Für die Beschäftigten gelten § 10 Absatz 1 und § 11 Absatz 1 Satz 2 entsprechend.

(2) [1]Die oder der Ständige Bevollmächtigte ist Vorgesetzte oder Vorgesetzter der dem Gremium beigegebenen Beschäftigten. [2]Dies gilt auch für diejenigen Beschäftigten, die der Kommission nach dem Artikel 10-Gesetz[2)] beigegeben sind.

[1)] § 12 neu gef. mWv 7.12.2016 durch G v. 30.11.2016 (BGBl. I S. 2746); Abs. 1 Satz 2 neu gef. mWv 1.1.2020 durch G v. 9.12.2019 (BGBl. I S. 2053).

[2)] Nr. 7.

(3) [1] Die Aufträge für die Beschäftigten werden im Einzelfall durch Weisungen des Parlamentarischen Kontrollgremiums, in organisatorischen Fragen und in Eilfällen durch die Vorsitzende oder den Vorsitzenden sowie darüber hinaus – im Rahmen der Vorgaben des Parlamentarischen Kontrollgremiums – durch die Ständige Bevollmächtigte oder den Ständigen Bevollmächtigten erteilt. [2] Für die Beschäftigten gilt § 5 nach Maßgabe der Weisungen entsprechend.

§ 12a[1)] Übergangsregelung. Bei der Berechnung der Amtszeit nach § 5b Absatz 1 Satz 1 ist der bisher in dem Amt als die oder der Ständige Bevollmächtigte in einem öffentlich-rechtlichen Amtsverhältnis verbrachte Zeitraum anzurechnen.

§ 13 Berichterstattung. [1] Das Parlamentarische Kontrollgremium erstattet dem Deutschen Bundestag Bericht über seine bisherige Kontrolltätigkeit, mindestens in der Mitte und am Ende jeder Wahlperiode. [2] Dabei nimmt es auch dazu Stellung, ob die Bundesregierung gegenüber dem Gremium ihren Pflichten, insbesondere ihrer Unterrichtungspflicht zu Vorgängen von besonderer Bedeutung, nachgekommen ist.

§ 14 Gerichtliche Zuständigkeit. Das Bundesverfassungsgericht entscheidet über Streitigkeiten zwischen dem Parlamentarischen Kontrollgremium und der Bundesregierung auf Antrag der Bundesregierung oder von mindestens zwei Dritteln der Mitglieder des Parlamentarischen Kontrollgremiums.

§ 15[2)] Zusammenwirken. (1) [1] Das Parlamentarische Kontrollgremium kann sich mit den für die Kontrolle der in Absatz 1 genannten Behörden zuständigen Stellen unter Wahrung der jeweils geltenden Geheimhaltungsvorschriften im Rahmen ihrer Kontrollzuständigkeit über allgemeine Angelegenheiten ihrer Kontrolltätigkeit austauschen. [2] Dabei kann es sich insbesondere über Schwerpunkt, Methodik und Ergebnisse der Kontrolltätigkeit berichten lassen.

(2) [1] Die G 10-Kommission, der Unabhängige Kontrollrat und die oder der Bundesbeauftragte für den Datenschutz und die Informationsfreiheit können auf Anforderung des Parlamentarischen Kontrollgremiums unter Wahrung der jeweils geltenden Geheimhaltungsvorschriften Informationen an das Parlamentarische Kontrollgremium weitergeben, soweit diese für eine Untersuchung nach § 5a Absatz 2 Satz 2 erforderlich sind. [2] Die oder der Ständige Bevollmächtigte koordiniert diesen Austausch.

(3) Der Unabhängige Kontrollrat, die G 10-Kommission und die oder der Bundesbeauftragte für den Datenschutz und die Informationsfreiheit berichten dem Parlamentarischen Kontrollgremium über Fragen ihrer internationalen Zusammenarbeit vor deren Aufnahme.

[1)] § 12a neu gef. mWv 1.1.2020 durch G v. 9.12.2019 (BGBl. I S. 2053).
[2)] § 15 angef. mWv 1.1.2022 durch G v. 19.4.2021 (BGBl. I S. 771).

---

[1] § 12a eingef. mWv 11.12.2019 durch G v. 5.12.2019 (BGBl. I S. 2054).

82. Gesetz zur Errichtung einer standardisierten zentralen Antiterrordatei von Polizeibehörden und Nachrichtendiensten von Bund und Ländern (Antiterrordateigesetz – ATDG)[1]

Vom 22. Dezember 2006

(BGBl. I S. 3409)

FNA 12-11

geänd. durch Art. 5 G zur Änd. des BundespolizeiG und anderer G v. 26.2.2008 (BGBl. I S. 215), Nr. 1, Nr. 2 und Nr. 3 BVerfG, Entsch. v. 24.4.2013 – 1 BvR 1215/07 – v. 24.4.2013 (BGBl. I S. 1270), Art. 1 G zur Änd. des AntiterrordateiG und anderer Gesetze v. 18.12.2014 (BGBl. I S. 2318, ber. BGBl. I 2016, S. 48), Art. 3 G zur Neustrukturierung des BundeskriminalamtG v. 1.6.2017 (BGBl. I S. 1354), Art. 10 G zur effektiveren und praxistauglicheren Ausgestaltung des Strafverfahrens v. 17.8.2017 (BGBl. I S. 3202), Art. 4 Zweites Datenschutz-Anpassungs- und UmsetzungsG EU v. 20.11.2019 (BGBl. I S. 1626), Art. 22 Elfte ZuständigkeitsanpassungsVO v. 19.6.2020 (BGBl. I S. 1328), Beschl. des BVerfG – 1 BvR 3214/15 v. 10.11.2020 (BGBl. 2021 I S. 217) und Art. 2 Abs. 1 G zur Neustrukturierung des Zollfahndungsdienstgesetzes v. 30.3.2021 (BGBl. I S. 402)

§ 1[2] Antiterrordatei. (1) Das Bundeskriminalamt, die in der Rechtsverordnung nach § 58 Abs. 1 des Bundespolizeigesetzes bestimmte Bundespolizeibehörde, die Landeskriminalämter, die Verfassungsschutzbehörden des Bundes und der Länder, der Militärische Abschirmdienst, der Bundesnachrichtendienst und das Zollkriminalamt (beteiligte Behörden) führen beim Bundeskriminalamt zur Erfüllung ihrer jeweiligen gesetzlichen Aufgaben zur Aufklärung oder Bekämpfung des internationalen Terrorismus mit Bezug zur Bundesrepublik Deutschland eine gemeinsame standardisierte zentrale Antiterrordatei (Antiterrordatei).

(2) Der Bundesminister des Innern, für Bau und Heimat kann, bei Landesbehörden auf Ersuchen des jeweils zuständigen Landes, durch Rechtsverordnung weitere Polizeivollzugsbehörden als beteiligte Behörden zur Teilnahme an der Antiterrordatei berechtigen, soweit

1. diesen Aufgaben zur Bekämpfung des internationalen Terrorismus mit Bezug zur Bundesrepublik Deutschland nicht nur im Einzelfall besonders zugewiesen sind und
2. ihr Zugriff auf die Antiterrordatei für die Wahrnehmung der Aufgaben nach Nummer 1 erforderlich und dies unter Berücksichtigung der schutzwürdigen Interessen der Betroffenen und der Sicherheitsinteressen der beteiligten Behörden angemessen ist.

§ 2[3] Inhalt der Antiterrordatei und Speicherungspflicht. [1] Die beteiligten Behörden sind verpflichtet, bereits erhobene Daten nach § 3 Abs. 1 in der Antiterrordatei zu speichern, wenn sie gemäß den für sie geltenden Rechtsvorschriften über polizeiliche oder nachrichtendienstliche Erkenntnisse (Erkenntnisse)

---

[1] Verkündet als Art. 1 G zur Errichtung gemeinsamer Dateien von Polizeibehörden und Nachrichtendiensten des Bundes und der Länder (Gemeinsame-Dateien-Gesetz) v. 22.12.2006 (BGBl. I S. 3409, geänd. durch G v. 18.12.2014, BGBl. I S. 2318); Inkrafttreten gem. Art. 5 Abs. 1 dieses G am 31.12.2006.

[2] § 1 Abs. 1 geänd. mWv 1.3.2008 durch G v. 26.2.2008 (BGBl. I S. 215); Abs. 2 neu gef. mWv 1.1.2015 durch G v. 18.12.2014 (BGBl. I S. 2318); Abs. 2 einl. Satzteil geänd. mWv 27.6.2020 durch VO v. 19.6.2020 (BGBl. I S. 1328).

[3] § 2 Satz 1 Nr. 1 neu gef., Nr. 2 geänd., Nr. 3 aufgeh., bish. Nr. 4 wird Nr. 3 mWv 1.1.2015 durch G v. 18.12.2014 (BGBl. I S. 2318).

verfügen, aus denen sich tatsächliche Anhaltspunkte dafür ergeben, dass die Daten sich beziehen auf

1. Personen, die
   a) einer terroristischen Vereinigung nach § 129a des Strafgesetzbuchs[1)], die einen internationalen Bezug aufweist, oder einer terroristischen Vereinigung nach § 129a in Verbindung mit § 129b Absatz 1 Satz 1 des Strafgesetzbuchs mit Bezug zur Bundesrepublik Deutschland angehören oder diese unterstützen,
   b) einer Gruppierung, die eine Vereinigung nach Buchstabe a unterstützt, angehören oder
   c) eine Gruppierung nach Buchstabe b willentlich in Kenntnis der den Terrorismus unterstützenden Aktivität der Gruppierung unterstützen,
2. Personen, die rechtswidrig Gewalt als Mittel zur Durchsetzung international ausgerichteter politischer oder religiöser Belange anwenden oder eine solche Gewaltanwendung unterstützen, vorbereiten oder durch ihre Tätigkeiten, insbesondere durch Befürworten solcher Gewaltanwendungen, vorsätzlich hervorrufen, oder
3. a) Vereinigungen, Gruppierungen, Stiftungen oder Unternehmen,
   b) Sachen, Bankverbindungen, Anschriften, Telekommunikationsanschlüsse, Telekommunikationsendgeräte, Internetseiten oder Adressen für elektronische Post,

   bei denen tatsächliche Anhaltspunkte die Annahme begründen, dass sie im Zusammenhang mit einer Person nach Nummer 1 oder Nummer 2 stehen und durch sie Hinweise für die Aufklärung oder Bekämpfung des internationalen Terrorismus gewonnen werden können,

und die Kenntnis der Daten für die Aufklärung oder Bekämpfung des internationalen Terrorismus mit Bezug zur Bundesrepublik Deutschland erforderlich ist. [2]Satz 1 gilt nur für Daten, die die beteiligten Behörden nach den für sie geltenden Rechtsvorschriften automatisiert verarbeiten dürfen.

§ 3[2)] Zu speichernde Datenarten. (1) In der Antiterrordatei werden, soweit vorhanden, folgende Datenarten gespeichert:

1. zu Personen nach § 2 Satz 1 Nummer 1 und 2
   a) der Familienname, die Vornamen, frühere Namen, andere Namen, Aliaspersonalien, abweichende Namensschreibweisen, das Geschlecht, das Geburtsdatum, der Geburtsort, der Geburtsstaat, aktuelle und frühere Staatsangehörigkeiten, gegenwärtige und frühere Anschriften, besondere körperliche Merkmale, Sprachen, Dialekte, Lichtbilder, die Bezeichnung der Fallgruppe nach § 2 und, soweit keine anderen gesetzlichen Bestimmungen entgegenstehen und dies zur Identifizierung einer Person erforderlich ist, Angaben zu Identitätspapieren (Grunddaten),
   b) folgende weitere Datenarten (erweiterte Grunddaten):
      aa) eigene oder von ihnen genutzte Telekommunikationsanschlüsse und Telekommunikationsendgeräte,

---

[1)] **Schönfelder Nr. 85.**

[2)] § 3 Abs. 1 Nr. 1 einl. Satzteil, Buchst. a, Buchst. b einl. Satzteil und Doppelbuchst. oo, qq und rr geänd., Doppelbuchst. ss angef., Abs. 1 Nr. 2 geänd., Abs. 2 eingef., bish. Abs. 2 wird Abs. 3, Abs. 4 angef. mWv 1.1.2015 durch G v. 18.12.2014 (BGBl. I S. 2318); Abs. 1 Nr. 1 Buchst. b, Doppelbuchst. rr geänd. mWv 26.11.2019 durch G v. 20.11.2019 (BGBl. I S. 1626).

bb) Adressen für elektronische Post,
cc) Bankverbindungen,
dd) Schließfächer,
ee) auf die Person zugelassene oder von ihr genutzte Fahrzeuge,
ff) Familienstand,
gg) Volkszugehörigkeit,
hh) Angaben zur Religionszugehörigkeit, soweit diese im Einzelfall zur Aufklärung oder Bekämpfung des internationalen Terrorismus erforderlich sind,
ii) besondere Fähigkeiten, die nach den auf bestimmten Tatsachen beruhenden Erkenntnissen der beteiligten Behörden der Vorbereitung und Durchführung terroristischer Straftaten nach § 129a Abs. 1 und 2 des Strafgesetzbuchs[1] dienen können, insbesondere besondere Kenntnisse und Fertigkeiten in der Herstellung oder im Umgang mit Sprengstoffen oder Waffen,
jj) Angaben zum Schulabschluss, zur berufsqualifizierenden Ausbildung und zum ausgeübten Beruf,
kk) Angaben zu einer gegenwärtigen oder früheren Tätigkeit in einer lebenswichtigen Einrichtung im Sinne des § 1 Abs. 5 des Sicherheitsüberprüfungsgesetzes[2] oder einer Verkehrs- oder Versorgungsanlage oder -einrichtung, einem öffentlichen Verkehrsmittel oder Amtsgebäude,
ll) Angaben zur Gefährlichkeit, insbesondere Waffenbesitz oder zur Gewaltbereitschaft der Person,
mm) Fahr- und Flugerlaubnisse,
nn) besuchte Orte oder Gebiete, an oder in denen sich in § 2 Satz 1 Nr. 1 und 2 genannte Personen treffen,
oo) Kontaktpersonen zu den jeweiligen Personen nach § 2 Satz 1 Nr. 1 Buchstabe a oder Nr. 2,
pp) die Bezeichnung der konkreten Vereinigung oder Gruppierung nach § 2 Satz 1 Nr. 1 Buchstabe a oder b,
qq) der Tag, an dem das letzte Ereignis eingetreten ist, das die Speicherung der Erkenntnisse begründet,
rr) auf tatsächlichen Anhaltspunkten beruhende zusammenfassende besondere Bemerkungen, ergänzende Hinweise und Bewertungen zu Grunddaten und erweiterten Grunddaten, die bereits in Dateisystemen der beteiligten Behörden gespeichert sind, sofern dies im Einzelfall nach pflichtgemäßem Ermessen geboten und zur Aufklärung oder Bekämpfung des internationalen Terrorismus unerlässlich ist, und
ss) von der Person betriebene oder maßgeblich zum Zweck ihrer Aktivitäten nach § 2 Satz 1 Nummer 1 oder Nummer 2 genutzte Internetseiten,

2. Angaben zur Identifizierung der in § 2 Satz 1 Nummer 3 genannten Vereinigungen, Gruppierungen, Stiftungen, Unternehmen, Sachen, Bankverbindungen, Anschriften, Telekommunikationsanschlüsse, Telekommunikationsendgeräte, Internetseiten oder Adressen für elektronische Post, mit Ausnahme weiterer personenbezogener Daten, und

---

[1] **Schönfelder Nr. 85.**
[2] **Sartorius III Nr. 810.**

3. zu den jeweiligen Daten nach den Nummern 1 und 2 die Angabe der Behörde, die über die Erkenntnisse verfügt, sowie das zugehörige Aktenzeichen oder sonstige Geschäftszeichen und, soweit vorhanden, die jeweilige Einstufung als Verschlusssache.

(2) [1] Kontaktpersonen nach Absatz 1 Nummer 1 Buchstabe b Doppelbuchstabe oo sind Personen, bei denen tatsächliche Anhaltspunkte vorliegen, dass sie mit den in § 2 Satz 1 Nummer 1 Buchstabe a oder Nummer 2 genannten Personen nicht nur flüchtig oder in zufälligem Kontakt in Verbindung stehen und durch sie weiterführende Hinweise für die Aufklärung oder Bekämpfung des internationalen Terrorismus zu erwarten sind. [2] Angaben zu Kontaktpersonen dürfen ausschließlich als erweiterte Grunddaten nach Absatz 1 Nummer 1 Buchstabe b Doppelbuchstabe oo mit folgenden Datenarten zur Identifizierung und Kontaktaufnahme gespeichert werden: der Familienname, die Vornamen, frühere Namen, andere Namen, Aliaspersonalien, abweichende Namensschreibweisen, das Geschlecht, das Geburtsdatum, der Geburtsort, der Geburtsstaat, die aktuelle Staatsangehörigkeit, die gegenwärtige Anschrift, Lichtbilder, eigene oder von ihnen genutzte Telekommunikationsanschlüsse sowie Adressen für elektronische Post, sonstige Angaben zur beruflichen Erreichbarkeit.

(3) Soweit zu speichernde Daten aufgrund einer anderen Rechtsvorschrift zu kennzeichnen sind, ist diese Kennzeichnung bei der Speicherung der Daten in der Antiterrordatei aufrechtzuerhalten.

(4) [1] Das Bundeskriminalamt legt die Kriterien und Kategorien für die zu speichernden Datenarten in den Fällen des Absatzes 1 Nummer 1 Buchstabe b Doppelbuchstabe gg, hh, ii, kk und nn in einer Verwaltungsvorschrift fest. [2] Diese ist in der jeweils aktuellen Fassung im Bundesanzeiger zu veröffentlichen. [3] Das Bundeskriminalamt kann Kriterien für die zu speichernden Datenarten in den weiteren Fällen des Absatzes 1 in derselben Verwaltungsvorschrift vorsehen.

§ 4[1)] Beschränkte und verdeckte Speicherung. (1) [1] Soweit besondere Geheimhaltungsinteressen oder besonders schutzwürdige Interessen des Betroffenen dies ausnahmsweise erfordern, darf eine beteiligte Behörde entweder von einer Speicherung der in § 3 Abs. 1 Nr. 1 Buchstabe b genannten erweiterten Grunddaten ganz oder teilweise absehen (beschränkte Speicherung) oder alle jeweiligen Daten zu in § 2 genannten Personen, Vereinigungen, Gruppierungen, Stiftungen, Unternehmen, Sachen, Bankverbindungen, Anschriften, Telekommunikationsanschlüssen, Telekommunikationsendgeräte, Internetseiten oder Adressen für elektronische Post in der Weise eingeben, dass die anderen beteiligten Behörden im Falle einer Abfrage die Speicherung der Daten nicht erkennen und keinen Zugriff auf die gespeicherten Daten erhalten (verdeckte Speicherung). [2] Über beschränkte und verdeckte Speicherungen entscheidet der jeweilige Behördenleiter oder ein von ihm besonders beauftragter Beamter des höheren Dienstes.

(2) [1] Sind Daten, auf die sich eine Abfrage bezieht, verdeckt gespeichert, wird die Behörde, die die Daten eingegeben hat, automatisiert durch Übermittlung aller Anfragedaten über die Abfrage unterrichtet und hat unverzüglich mit der abfragenden Behörde Kontakt aufzunehmen, um zu klären, ob Erkenntnisse nach § 7 übermittelt werden können. [2] Die Behörde, die die Daten eingegeben hat, sieht

---

[1)] § 4 Abs. 3 angef. mWv 1.1.2015 durch G v. 18.12.2014 (BGBl. I S. 2318, ber. 2016 S. 48); Abs. 3 Satz 1 Nr. 1, 2, 4 und 5 geänd. mWv 25.5.2018 durch G v. 1.6.2017 (BGBl. I S. 1354); Abs. 3 Satz 1 Nr. 2 geänd. mWv 24.8.2017 durch G v. 17.8.2017 (BGBl. I S. 3202); Abs. 3 Satz 1 Nr. 8 neu gef., Nr. 9 geänd. mWv 2.4.2021 durch G v. 30.3.2021 (BGBl. I S. 402).

von einer Kontaktaufnahme nur ab, wenn Geheimhaltungsinteressen auch nach den Umständen des Einzelfalls überwiegen. [3] Die wesentlichen Gründe für die Entscheidung nach Satz 2 sind zu dokumentieren. [4] Die übermittelten Anfragedaten sowie die Dokumentation nach Satz 3 sind spätestens zu löschen oder zu vernichten, wenn die verdeckt gespeicherten Daten zu löschen sind.

(3) [1] Personenbezogene Daten, die durch

1. Maßnahmen nach § 100a der Strafprozessordnung[1)] oder § 51 des Bundeskriminalamtgesetzes,
2. Maßnahmen nach den §§ 100b und 100c der Strafprozessordnung oder § 46 des Bundeskriminalamtgesetzes,
3. Maßnahmen nach § 99 der Strafprozessordnung,
4. Maßnahmen nach § 49 des Bundeskriminalamtgesetzes,
5. Maßnahmen innerhalb von Wohnungen nach § 34 des Bundeskriminalamtgesetzes,
6. Beschränkungen nach § 1 Absatz 1 des Artikel 10-Gesetzes[2)],
7. Maßnahmen nach § 9 Absatz 2 des Bundesverfassungsschutzgesetzes[3)],
8. Maßnahmen innerhalb von Wohnungen nach § 62 Absatz 2 des Zollfahndungsdienstgesetzes,
9. Maßnahmen nach § 72 des Zollfahndungsdienstgesetzes oder

durch Maßnahmen nach entsprechenden landesrechtlichen Regelungen erlangt wurden, sind verdeckt zu speichern. [2] Sofern zu einer Person nach § 2 Satz 1 Nummer 1 und 2 oder einer Angabe nach § 2 Satz 1 Nummer 3 sowohl Daten nach Satz 1 als auch andere Daten zu speichern sind, müssen nur die Daten nach Satz 1 verdeckt gespeichert werden oder kann die einstellende Behörde von der Speicherung der Daten nach Satz 1 absehen (beschränkte Speicherung).

§ 5[4)] Zugriff auf die Daten. (1) [1] Die beteiligten Behörden dürfen die in der Antiterrordatei gespeicherten Daten im automatisierten Verfahren nutzen, soweit dies zur Erfüllung der jeweiligen Aufgaben zur Aufklärung oder Bekämpfung des internationalen Terrorismus erforderlich ist. [2] Im Falle eines Treffers erhält die abfragende Behörde Zugriff

1. a) bei einer Abfrage zu Personen auf die zu ihnen gespeicherten Grunddaten oder
   b) bei einer Abfrage zu Vereinigungen, Gruppierungen, Stiftungen, Unternehmen, Sachen, Bankverbindungen, Anschriften, Telekommunikationsanschlüssen, Telekommunikationsendgeräten, Internetseiten oder Adressen für elektronische Post nach § 2 Satz 1 Nummer 3 auf die dazu gespeicherten Daten, und
2. auf die Daten nach § 3 Abs. 1 Nr. 3.

[3] *Auf die zu Personen* gespeicherten erweiterten Grunddaten kann die abfragende Behörde im Falle eines Treffers Zugriff erhalten, wenn die Behörde, die die Daten eingegeben hat, dies im Einzelfall auf Ersuchen gewährt. [4] Die Entscheidung hierüber richtet sich nach den jeweils geltenden Übermittlungsvorschriften.

[1)] **Schönfelder Nr. 90.**
[2)] Nr. **7.**
[3)] Nr. **80.**
[4)] § 5 Abs. 1 Satz 2 Nr. 1 Buchst. b geänd., Sätze 5 und 6 angef. mWv 1.1.2015 durch G v. 18.12.2014 (BGBl. I S. 2318); Abs. 2 Satz 7 geänd. mWv 26.11.2019 durch G v. 20.11.2019 (BGBl. I S. 1626).

[5]Wenn die abfragende Behörde ohne Angabe eines Namens nach § 3 Absatz 1 Nummer 1 Buchstabe a mittels Angaben in den erweiterten Grunddaten sucht, erhält sie im Falle eines Treffers lediglich Zugriff auf die Daten nach § 3 Absatz 1 Nummer 3. [6]Satz 5 gilt entsprechend, wenn die Suche trotz Angabe eines Namens mehrere Treffer erzeugt.

(2) [1]Die abfragende Behörde darf im Falle eines Treffers unmittelbar auf die erweiterten Grunddaten zugreifen, wenn dies aufgrund bestimmter Tatsachen zur Abwehr einer gegenwärtigen Gefahr für Leib, Leben, Gesundheit oder Freiheit einer Person oder für Sachen von erheblichem Wert, deren Erhaltung im öffentlichen Interesse geboten ist, unerlässlich ist und die Datenübermittlung aufgrund eines Ersuchens nicht rechtzeitig erfolgen kann (Eilfall). [2]Ob ein Eilfall vorliegt, entscheidet der Behördenleiter oder ein von ihm besonders beauftragter Beamter des höheren Dienstes. [3]Die Entscheidung und ihre Gründe sind zu dokumentieren. [4]Der Zugriff ist unter Hinweis auf die Entscheidung nach Satz 3 zu protokollieren. [5]Die Behörde, die die Daten eingegeben hat, muss unverzüglich um nachträgliche Zustimmung ersucht werden. [6]Wird die nachträgliche Zustimmung verweigert, ist die weitere Verwendung dieser Daten unzulässig. [7]Die abfragende Behörde hat die Daten unverzüglich zu löschen oder nach § 11 Abs. 3 in ihrer Verarbeitung einzuschränken. [8]Sind die Daten einem Dritten übermittelt worden, ist dieser unverzüglich darauf hinzuweisen, dass die weitere Verwendung der Daten unzulässig ist.

(3) Innerhalb der beteiligten Behörden erhalten ausschließlich hierzu ermächtigte Personen Zugriff auf die Antiterrordatei.

(4) Bei jeder Abfrage müssen der Zweck und die Dringlichkeit angegeben und dokumentiert werden und erkennbar sein.

§ 6[1)] Weitere Verwendung der Daten. (1) [1]Die abfragende Behörde darf die Daten, auf die sie Zugriff erhalten hat, nur zur Prüfung, ob der Treffer der gesuchten Person oder der gesuchten Angabe nach § 2 Satz 1 Nummer 3 zuzuordnen ist, für ein Ersuchen um Übermittlung von Erkenntnissen zur Wahrnehmung ihrer jeweiligen Aufgabe zur Aufklärung oder Bekämpfung des internationalen Terrorismus und zu den Zwecken nach § 6a verwenden. [2]Eine Verwendung zu einem anderen Zweck als zur Wahrnehmung ihrer jeweiligen Aufgabe zur Aufklärung oder Bekämpfung des internationalen Terrorismus ist nur zulässig, soweit

1. dies zur Verfolgung einer besonders schweren Straftat oder zur Abwehr einer Gefahr für Leib, Leben, Gesundheit oder Freiheit einer Person erforderlich ist, und
2. die Behörde, die die Daten eingegeben hat, der Verwendung zustimmt.

(2) Im Eilfall darf die abfragende Behörde die Daten, auf die sie Zugriff erhalten hat, nur verwenden, soweit dies zur Abwehr der gegenwärtigen Gefahr nach § 5 Abs. 2 Satz 1 im Zusammenhang mit der Bekämpfung des internationalen Terrorismus unerlässlich ist.

(3) [1]Im Falle einer Verwendung nach Absatz 1 Satz 2 oder Absatz 2 sind die Daten zu kennzeichnen. [2]Nach einer Übermittlung ist die Kennzeichnung durch *den Empfänger* aufrechtzuerhalten; Gleiches gilt für Kennzeichnungen nach § 3 Absatz 3.

---

1) § 6 Abs. 1 Satz 1 und Abs. 3 Satz 2 geänd. mWv 1.1.2015 durch G v. 18.12.2014 (BGBl. I S. 2318).

(4) [1] Soweit das Bundeskriminalamt und die Landeskriminalämter auf Ersuchen oder im Auftrag des Generalbundesanwalts die Antiterrordatei nutzen, übermitteln sie die Daten, auf die sie Zugriff erhalten haben, dem Generalbundesanwalt für die Zwecke der Strafverfolgung. [2] Der Generalbundesanwalt darf die Daten für Ersuchen nach Absatz 1 Satz 1 verwenden. [3] § 487 Abs. 3 der Strafprozessordnung[1)] gilt entsprechend.

§ 6a[2)] Erweiterte projektbezogene Datennutzung. (1) Eine beteiligte Behörde des Bundes darf zur Erfüllung ihrer gesetzlichen Aufgaben die in der Datei nach § 3 gespeicherten Datenarten mit Ausnahme der nach § 4 verdeckt gespeicherten Daten erweitert nutzen, soweit dies im Rahmen eines bestimmten einzelfallbezogenen Projekts zur Sammlung und Auswertung von Informationen über eine internationale terroristische Bestrebung, bei der bestimmte Tatsachen die Annahme rechtfertigen, dass Straftaten des internationalen Terrorismus nach den §§ 129a, 129b und 211 des Strafgesetzbuchs[3)] begangen werden sollen und dadurch Gefahren für Leib, Leben oder Freiheit von Personen drohen, im Einzelfall erforderlich ist, um weitere Zusammenhänge des Einzelfalls aufzuklären.

(2) [1] *Eine beteiligte Behörde des Bundes darf zur Erfüllung ihrer gesetzlichen Aufgaben die in der Datei nach § 3 gespeicherten Datenarten mit Ausnahme der nach § 4 verdeckt gespeicherten Daten erweitert nutzen, soweit dies im Rahmen eines bestimmten einzelfallbezogenen Projekts für die Verfolgung qualifizierter Straftaten des internationalen Terrorismus im Einzelfall erforderlich ist, um weitere Zusammenhänge des Einzelfalls aufzuklären.*[4)] [2] Qualifizierte Straftaten des internationalen Terrorismus sind Taten des internationalen Terrorismus, die einen Straftatbestand nach den §§ 89a, 89b, 91, 102, 129a, 129b, 211 oder 212 des Strafgesetzbuchs erfüllen.

(3) [1] Eine beteiligte Behörde des Bundes darf zur Erfüllung ihrer gesetzlichen Aufgaben die in der Datei nach § 3 gespeicherten Datenarten mit Ausnahme der nach § 4 verdeckt gespeicherten Daten erweitert nutzen, soweit dies im Rahmen eines bestimmten einzelfallbezogenen Projekts für die Verhinderung von qualifizierten Straftaten des internationalen Terrorismus erforderlich ist, um weitere Zusammenhänge des Einzelfalls aufzuklären, und Tatsachen die Annahme rechtfertigen, dass eine solche Straftat begangen werden soll. [2] Absatz 2 Satz 2 gilt entsprechend.

(4) Ein Projekt ist eine gegenständlich abgrenzbare und auf bestimmte Zeiträume bezogene Aufgabe, der durch die Gefahr oder den drohenden Schaden, die am Sachverhalt beteiligten Personen, die Zielsetzung der Aufgabe oder deren Folgewirkungen eine besondere Bedeutung zukommt.

(5) [1] Eine erweiterte Nutzung sind das Herstellen von Zusammenhängen zwischen Personen, Personengruppierungen, Institutionen, Objekten und Sachen, der Ausschluss von unbedeutenden Informationen und Erkenntnissen, die Zuordnung eingehender Informationen zu bekannten Sachverhalten sowie die statistische Auswertung der gespeicherten Daten. [2] Hierzu dürfen die beteiligten Behörden des Bundes Daten auch mittels

1. phonetischer oder unvollständiger Daten,
2. der Suche über eine Mehrzahl von Datenfeldern,

[1)] **Schönfelder Nr. 90.**

[2)] § 6a eingef. mWv 1.1.2015 durch G v. 18.12.2014 (BGBl. I S. 2318).

[3)] **Schönfelder Nr. 85.**

[4)] § 6a Abs. 2 Satz 1 ist gem. Beschluss des BVerfG v. 10.11.2020 (BGBl. 2021 I S. 217) mit Art. 2 Abs. 1 iVm Art. 1 Abs. 1 GG unvereinbar und nichtig.

3. der Verknüpfung von Personen, Institutionen, Organisationen, Sachen oder
4. der zeitlichen Eingrenzung der Suchkriterien

aus der Datei abfragen sowie räumliche und sonstige Beziehungen zwischen Personen und Zusammenhänge zwischen Personen, Personengruppierungen, Institutionen, Objekten und Sachen darstellen sowie die Suchkriterien gewichten.

(6) [1] Die Zugriffsberechtigung ist im Rahmen der projektbezogenen erweiterten Nutzung auf die Personen zu beschränken, die unmittelbar mit Arbeiten auf diesem Anwendungsgebiet betraut sind. [2] Die projektbezogene erweiterte Nutzung der Datei ist auf höchstens zwei Jahre zu befristen. [3] Die Frist kann zweimalig um jeweils bis zu einem Jahr verlängert werden, wenn die Voraussetzungen für die projektbezogene erweiterte Datennutzung fortbestehen und sich aus den mit dem Projekt gewonnenen Erkenntnissen das Bedürfnis für eine Fortführung des Projekts ergibt.

(7) [1] Projektbezogene Datennutzungen dürfen nur auf Antrag angeordnet werden. [2] Der Antrag ist durch den Behördenleiter oder seinen Stellvertreter schriftlich zu stellen und zu begründen. [3] Er muss alle für die Anordnung erforderlichen Angaben enthalten. [4] Zuständig für die Anordnung ist die die Fachaufsicht über die antragstellende Behörde führende oberste Bundesbehörde. [5] Die Anordnung ergeht schriftlich. [6] In ihr sind der Grund der Anordnung, die für die projektbezogene erweiterte Datennutzung erforderlichen Datenarten nach § 3, der Funktionsumfang und die Dauer der projektbezogenen erweiterten Datennutzung anzugeben. [7] Der Funktionsumfang der projektbezogenen erweiterten Datennutzung ist auf das zur Erreichung des Projektziels erforderliche Maß zu beschränken. [8] Die Anordnung ist zu begründen. [9] Aus der Begründung müssen sich die in den Absätzen 1 bis 3 genannten Voraussetzungen ergeben, insbesondere, dass die projektbezogene erweiterte Nutzung erforderlich ist, um weitere Zusammenhänge aufzuklären. [10] Die anordnende Behörde hält Antrag und Anordnung für datenschutzrechtliche Kontrollzwecke zwei Jahre, mindestens jedoch für die Dauer der projektbezogenen erweiterten Nutzung vor.

(Fortsetzung nächstes Blatt)

(8) [1] Eine nach Absatz 7 angeordnete erweiterte Nutzung darf nur mit Zustimmung der G 10-Kommission (§ 15 Absatz 1 bis 4 des Artikel 10-Gesetzes[1)]) vollzogen werden. [2] Bei Gefahr im Verzug kann die nach Absatz 7 Satz 4 zuständige Behörde den Vollzug auch bereits vor der Zustimmung der Kommission anordnen. [3] Anordnungen, die die Kommission für unzulässig oder nicht notwendig erklärt, hat die nach Absatz 7 Satz 4 zuständige Behörde unverzüglich aufzuheben. [4] Die aus der erweiterten Datennutzung gewonnenen Daten und Erkenntnisse unterliegen in diesem Fall einem absoluten Verwendungsverbot und sind unverzüglich zu löschen.

(9) Für Verlängerungen nach Absatz 6 Satz 3 gelten die Absätze 7 und 8 entsprechend.

(10) [1] Die alleinige datenschutzrechtliche Verantwortung für die Durchführung des Projekts trägt die antragstellende Behörde. [2] Die Übermittlung von aus einem Projekt gewonnenen Erkenntnissen richtet sich nach den allgemeinen Übermittlungsvorschriften. [3] § 6 Absatz 4 Satz 1 gilt für aus einem Projekt nach Absatz 1 gewonnene Erkenntnisse entsprechend.

(11) [1] Die nach § 1 Absatz 1 berechtigten Landesbehörden sind nach Maßgabe landesrechtlicher Regelungen, die den Vorgaben der Absätze 1 bis 10 entsprechen, befugt, die in der Datei nach § 3 gespeicherten Datenarten mit Ausnahme der nach § 4 verdeckt gespeicherten Daten zu den in den Absätzen 1 bis 3 genannten Zwecken erweitert zu nutzen. [2] Satz 1 gilt auch für Landesbehörden, die durch eine Rechtsverordnung nach § 1 Absatz 2 zur Teilnahme an der Datei berechtigt werden.

§ 7 Übermittlung von Erkenntnissen. Die Übermittlung von Erkenntnissen aufgrund eines Ersuchens nach § 6 Abs. 1 Satz 1 zwischen den beteiligten Behörden richtet sich nach den jeweils geltenden Übermittlungsvorschriften.

§ 8[2)] Datenschutzrechtliche Verantwortung. (1) [1] Die datenschutzrechtliche Verantwortung für die in der Antiterrordatei gespeicherten Daten, namentlich für die Rechtmäßigkeit der Erhebung, die Zulässigkeit der Eingabe sowie die Richtigkeit und Aktualität der Daten trägt die Behörde, die die Daten eingegeben hat. [2] Die Behörde, die die Daten eingegeben hat, muss erkennbar sein. [3] Die Verantwortung für die Zulässigkeit der Abfrage trägt die abfragende Behörde.

(2) Nur die Behörde, die die Daten eingegeben hat, darf diese Daten ändern, berichtigen, in ihrer Verarbeitung einschränken oder löschen.

(3) Hat eine Behörde Anhaltspunkte dafür, dass Daten, die eine andere Behörde eingegeben hat, unrichtig sind, teilt sie dies umgehend der Behörde, die die Daten eingegeben hat, mit, die diese Mitteilung unverzüglich prüft und erforderlichenfalls die Daten unverzüglich berichtigt.

§ 9[3)] Protokollierung, technische und organisatorische Maßnahmen.

(1) [1] Das Bundeskriminalamt hat bei jedem Zugriff für Zwecke der Datenschutzkontrolle den Zeitpunkt, die Angaben, die die Feststellung der aufgerufe-

---

[1)] Nr. 7.

[2)] § 8 Abs. 2 geänd. mWv 26.11.2019 durch G v. 20.11.2019 (BGBl. I S. 1626).

[3)] § 9 Abs. 1 Satz 3 geänd., Abs. 3 angef. mWv 1.1.2015 durch G v. 18.12.2014 (BGBl. I S. 2318); Abs. 2 geänd. mWv 26.11.2019 durch G v. 20.11.2019 (BGBl. I S. 1626).

nen Datensätze ermöglichen, sowie die für den Zugriff verantwortliche Behörde und den Zugriffszweck nach § 5 Abs. 4 zu protokollieren. [2]Die Protokolldaten dürfen nur verwendet werden, soweit ihre Kenntnis für Zwecke der Datenschutzkontrolle, der Datensicherung, zur Sicherstellung eines ordnungsgemäßen Betriebs der Datenverarbeitungsanlage oder zum Nachweis der Kenntnisnahme bei Verschlusssachen erforderlich ist. [3]Die ausschließlich für Zwecke nach Satz 1 gespeicherten Protokolldaten sind nach zwei Jahren zu löschen.

(2) Das Bundeskriminalamt hat die nach § 64 des Bundesdatenschutzgesetzes[1)] erforderlichen technischen und organisatorischen Maßnahmen zu treffen.

(3) [1]Das Bundeskriminalamt berichtet dem Deutschen Bundestag alle drei Jahre, erstmalig zum 1. August 2017, über den Datenbestand und die Nutzung der Antiterrordatei. [2]Der Bericht ist zeitgleich mit der Zuleitung an den Deutschen Bundestag über den Internetauftritt des Bundeskriminalamts zu veröffentlichen.

§ 10[2)] Datenschutzrechtliche Kontrolle, Auskunft an den Betroffenen.

(1) [1]Die Kontrolle der Durchführung des Datenschutzes obliegt nach § 9 Absatz 1 des Bundesdatenschutzgesetzes[1)] der oder dem Bundesbeauftragten für den Datenschutz und die Informationsfreiheit. [2]Die von den Ländern in die Antiterrordatei eingegebenen Datensätze können auch von den jeweiligen Landesbeauftragten für den Datenschutz im Zusammenhang mit der Wahrnehmung ihrer Prüfungsaufgaben in den Ländern kontrolliert werden, soweit die Länder nach § 8 Absatz 1 verantwortlich sind. [3]Die oder der Bundesbeauftragte für den Datenschutz und die Informationsfreiheit arbeitet insoweit mit den Landesbeauftragten für den Datenschutz zusammen.

(2) Die in Absatz 1 genannten Stellen sind im Rahmen ihrer jeweiligen Zuständigkeiten verpflichtet, mindestens alle zwei Jahre die Durchführung des Datenschutzes zu kontrollieren.

(3) [1]Über die nicht verdeckt gespeicherten Daten erteilt das Bundeskriminalamt die Auskunft nach § 57 des Bundesdatenschutzgesetzes im Einvernehmen mit der Behörde, die die datenschutzrechtliche Verantwortung nach § 8 Abs. 1 Satz 1 trägt und die Zulässigkeit der Auskunftserteilung nach den für sie geltenden Rechtsvorschriften prüft. [2]Die Auskunft zu verdeckt gespeicherten Daten richtet sich nach den für die Behörde, die die Daten eingegeben hat, geltenden Rechtsvorschriften.

§ 11[3)] Berichtigung, Löschung und Einschränkung der Verarbeitung von Daten. (1) Unrichtige Daten sind zu berichtigen.

(2) [1]Personenbezogene Daten sind zu löschen, wenn ihre Speicherung unzulässig ist oder ihre Kenntnis für die Aufklärung oder Bekämpfung des internationalen Terrorismus nicht mehr erforderlich ist. [2]Sie sind spätestens zu

---

[1)] Nr. **245**.

[2)] § 10 Abs. 1 Satz 2 neu gef., Satz 3 angef., Abs. 2 eingef., bish. Abs. 2 wird Abs. 3 mWv 1.1.2015 durch G v. 18.12.2014 (BGBl. I S. 2318); Abs. 1 Sätze 1 und 3, Abs. 3 Satz 1 geänd. mWv 26.11.2019 *durch G v. 20.11.2019 (BGBl. I S. 1626)*.

[3)] § 11 Überschrift und Abs. 3 Sätze 1 und 2 geänd. mWv 26.11.2019 durch G v. 20.11.2019 (BGBl. I S. 1626).

löschen, wenn die zugehörigen Erkenntnisse nach den für die beteiligten Behörden jeweils geltenden Rechtsvorschriften zu löschen sind.

(3) [1] An die Stelle einer Löschung tritt eine Einschränkung der Verarbeitung, wenn Grund zu der Annahme besteht, dass durch die Löschung schutzwürdige Interessen eines Betroffenen beeinträchtigt würden. [2] In der Verarbeitung eingeschränkte Daten dürfen nur für den Zweck abgerufen und genutzt werden, für den die Löschung unterblieben ist; sie dürfen auch abgerufen und genutzt werden, soweit dies zum Schutz besonders hochwertiger Rechtsgüter unerlässlich ist und die Aufklärung des Sachverhalts ansonsten aussichtslos oder wesentlich erschwert wäre oder der Betroffene einwilligt.

(4) Die eingebenden Behörden prüfen nach den Fristen, die für die Erkenntnisdaten gelten, und bei der Einzelfallbearbeitung, ob personenbezogene Daten zu berichtigen oder zu löschen sind.

§ 12[1)] Festlegungen für die gemeinsame Datei. [1] Das Bundeskriminalamt hat für die gemeinsame Datei im Einvernehmen mit den beteiligten Behörden Einzelheiten festzulegen zu:

1. den Bereichen des erfassten internationalen Terrorismus mit Bezug zur Bundesrepublik Deutschland,
2. den weiteren beteiligten Polizeivollzugsbehörden nach § 1 Abs. 2,
3. der Art der zu speichernden Daten nach § 3 Abs. 1,
4. der Eingabe der zu speichernden Daten,
5. den zugriffsberechtigten Organisationseinheiten der beteiligten Behörden,
6. den Einteilungen der Zwecke und der Dringlichkeit einer Abfrage und
7. der Protokollierung

[2] Die Festlegungen bedürfen der Zustimmung des Bundesministeriums des Innern, für Bau und Heimat, des Bundeskanzleramts, des Bundesministeriums der Verteidigung, des Bundesministeriums der Finanzen und der für die beteiligten Behörden der Länder zuständigen obersten Landesbehörden. [3] Die oder der Bundesbeauftragte für den Datenschutz und die Informationsfreiheit ist vor den Festlegungen anzuhören.

§ 13 Einschränkung von Grundrechten. Die Grundrechte des Brief-, Post- und Fernmeldegeheimnisses (Artikel 10 des Grundgesetzes[2)]) und der Unverletzlichkeit der Wohnung (Artikel 13 des Grundgesetzes) werden nach Maßgabe dieses Gesetzes eingeschränkt.

[1)] § 12 Überschrift neu gef., Sätze 1–3 geänd. mWv 26.11.2019 durch G v. 20.11.2019 (BGBl. I S. 1626); Satz 2 geänd. mWv 27.6.2020 durch VO v. 19.6.2020 (BGBl. I S. 1328).

[2)] Nr. **1**.

90. Gesetz über die Bundespolizei (Bundespolizeigesetz – BPolG)[1] [2]

Vom 19. Oktober 1994

(BGBl. I S. 2978)

FNA 13-7-2

geänd. durch Art. 3 BundeskriminalamtG v. 7.7.1997 (BGBl. I S. 1650), Art. 1 Erstes ÄndG v. 25.8.1998 (BGBl. I S. 2486, geänd. 2003 I S. 2770 und 2007 I S. 1142), Art. 4 Abs. 3 G zur Änd. von Vorschr. über parlamentar. Gremien v. 17.6.1999 (BGBl. I S. 1334), Art. 1 HaushaltssanierungsG v. 22.12.1999 (BGBl. I S. 2534), Art. 6 BundesdatenschutzG-ÄndG v. 18.5.2001 (BGBl. I S. 904), Art. 6 TerrorismusbekämpfungsG v. 9.1.2002 (BGBl. I S. 361), Art. 11 Nr. 3 ZuwanderungsG v. 20.6.2002 (BGBl. I S. 1946, nichtig gem. Urt. des BVerfG v. 18.12.2002 – 2 BvF 1/02 –), Art. 10 Abs. 1 Zweites Schadensersatzrechts-ÄndG v. 19.7.2002 (BGBl. I S. 2674), Art. 4 Abs. 2 KostenrechtsmodernisierungsG v. 5.5.2004 (BGBl. I S. 718), Art. 11 Nr. 3 ZuwanderungsG v. 30.7.2004 (BGBl. I S. 1950), Art. 12g Abs. 1 Erstes JustizmodernisierungsG v. 24.8.2004 (BGBl. I S. 2198), Art. 3 Luftsicherheitsaufgaben-NeuregelungsG v. 11.1.2005 (BGBl. I S. 78), Art. 1 G zur Umbenennung des Bundesgrenzschutzes in Bundespolizei v. 21.6.2005 (BGBl. I S. 1818), Art. 8 Neunte ZuständigkeitsanpassungsVO v. 31.10.2006 (BGBl. I S. 2407), Art. 3 Zweites G zur Änd. des FinanzverwaltungsG und anderer G v. 13.12.2007 (BGBl. I S. 2897), Art. 1 Drittes ÄndG v. 22.12.2007 (BGBl. I S. 3214, geänd. 2008 I S. 215), Art. 1 G zur Änd. des Bundespolizeigesetzes und anderer Gesetze v. 26.2.2008 (BGBl. I S. 215), Art. 7 FGG-ReformG v. 17.12.2008 (BGBl. I S. 2586), Art. 2 G zur Umsetzung des Beschlusses des Rates 2008/615/JI vom 23. Juni 2008 zur Vertiefung der grenzüberschreitenden Zusammenarbeit, insbesondere zur Bekämpfung des Terrorismus und der grenzüberschreitenden Kriminalität v. 31.7.2009 (BGBl. I S. 2507), Art. 4 G über die Vereinfachung des Austauschs von Informationen und Erkenntnissen zwischen den Strafverfolgungsbehörden der Mitgliedstaaten der EU v. 21.7.2012 (BGBl. I S. 1566), Art. 4 G zur Änd. des TelekommunikationsG und zur Neuregelung der Bestandsdatenauskunft v. 20.6.2013 (BGBl. I S. 1602), Art. 14 Zehnte ZuständigkeitsanpassungsVO v. 31.8.2015 (BGBl. I S. 1474), Art. 14 Nr. 9 AsylverfahrensbeschleunigungsG v. 20.10.2015 (BGBl. I S. 1722), Art. 3 G zum besseren Informationsaustausch bei der Bekämpfung des internationalen Terrorismus v. 26.7.2016 (BGBl. I S. 1818), Art. 2 Erstes G zur Änd. des LuftsicherheitsG v. 23.2.2017 (BGBl. I S. 298), Art. 5 Abs. 1 G zur Neuregelung des Bundesarchivrechts v. 10.3.2017 (BGBl. I S. 410), Art. 2 G zur Einbeziehung der Bundespolizei in den Anwendungsbereich des BundesgebührenG v. 10.3.2017 (BGBl. I S. 417), Art. 1 G zur Verbesserung der Fahndung bei besonderen Gefahrenlagen und zum Schutz von Beamtinnen und Beamten der Bundespolizei durch den Einsatz von mobiler Videotechnik v. 5.5.2017 (BGBl. I S. 1066), Art. 26 Abs. 1 G zur Umsetzung der RL (EU) 2016/680 im Strafverfahren sowie zur Anp. datenschutzrechtl. Bestimmungen an die VO (EU) 2016/679 v. 20.11.2019 (BGBl. I S. 1724), Art. 26 Elfte ZuständigkeitsanpassungsVO v. 19.6.2020 (BGBl. I S. 1328), Beschluss des BVerfG – 1 BvR 1873/13, 1 BvR 2618/13 – v. 27.5.2020 (BGBl. I S. 1931), Art. 6 G zur Anpassung der Regelungen über die Bestandsdatenauskunft an die Vorgaben aus der Entscheidung des BVerfG v. 27.5.2020 v. 30.3.2021 (BGBl. I S. 448, ber. S. 1380), Art. 6 TelekommunikationsmodernisierungsG v. 23.6.2021 (BGBl. I S. 1858), Art. 8 G zur Regelung des Datenschutzes und des Schutzes der Privatsphäre in der Telekommunikation und bei Telemedien v. 23.6.2021 (BGBl. I S. 1982), Art. 2 SIS-III-Gesetz v. 19.12.2022 (BGBl. I S. 2632), Art. 5 G zur Durchführung der VO (EU) 2022/2065 v. 6.5.2024 (BGBl. 2024 I Nr. 149) und Art. 8 G über den Informationsaustausch zwischen den Strafverfolgungsbehörden der Mitgliedstaaten der EU v. 10.2.2026 (BGBl. 2026 I Nr. 39)

---

[1] Verkündet als Art. 1 BundesgrenzschutzneuregelungsG v. 19.10.1994 (BGBl. I S. 2978); Inkrafttreten gem. Art. 3 Abs. 1 Satz 1 dieses G am 1.11.1994.

[2] Titel neu gef. mWv 1.7.2005 durch G v. 21.6.2005 (BGBl. I S. 1818); bis 30.6.2005: „Gesetz über den Bundesgrenzschutz (Bundesgrenzschutzgesetz – BGSG)".

Inhaltsübersicht[1)]

[1)] Inhaltsübersicht geänd. mWv 1.7.2005 durch G v. 21.6.2005 (BGBl. I S. 1818); geänd. mWv 26.7.2012 durch G v. 21.7.2012 (BGBl. I S. 1566); geänd. mWv 16.5.2017 durch G v. 5.5.2017 (BGBl. I S. 1066); geänd. mWv 2.4.2021 durch G v. 30.3.2021 (BGBl. I S. 448); geänd. mWv 28.12.2022 durch G v. *19.12.2022 (BGBl. I S. 2632)*; geänd. mWv 14.2.2026 durch G v. 10.2.2026 (BGBl. 2026 I Nr. 39).

Die Inhaltsübersicht wurde redaktionell an die Änderungen durch G v. 9.1.2002 (BGBl. I S. 361), G v. 22.12.2007 (BGBl. I S. 3214), G v. 20.6.2013 (BGBl. I S. 1602), G v. 26.7.2016 (BGBl. I S. 1818) und G v. 10.3.2017 (BGBl. I S. 417) angepasst.

(Fortsetzung nächstes Blatt)

Abschnitt 1. Aufgaben und Verwendungen

§ 1[1)] Allgemeines. (1) [1] Die Bundespolizei wird in bundeseigener Verwaltung geführt. [2] Sie ist eine Polizei des Bundes im Geschäftsbereich des Bundesministeriums des Innern, für Bau und Heimat.

(2) Der Bundespolizei obliegen die Aufgaben, die ihr entweder durch dieses Gesetz übertragen werden oder ihr bis zum 1. November 1994 durch ein anderes Bundesgesetz oder auf Grund eines Bundesgesetzes zugewiesen worden sind.

(3) [1] Die Bundespolizei sichert ihre Behörden, Verbände, Einheiten und sonstigen Einrichtungen gegen Gefahren, die die Durchführung ihrer Aufgaben beeinträchtigen, in eigener Zuständigkeit. [2] Die Sicherung beschränkt sich auf die in Satz 1 bezeichneten Einrichtungen sowie auf die Grundstücke, auf denen diese Einrichtungen untergebracht sind.

(4) Der Schutz privater Rechte obliegt der Bundespolizei im Rahmen ihrer Aufgaben nur dann, wenn gerichtlicher Schutz nicht rechtzeitig zu erlangen ist und ohne Hilfe der Bundespolizei die Verwirklichung des Rechts vereitelt oder wesentlich erschwert würde.

(5) Die der Bundespolizei obliegenden Aufgaben der Gefahrenabwehr umfassen auch die Verhütung von Straftaten nach Maßgabe dieses Gesetzes.

---

1) § 1 Abs. 1 Sätze 1 und 2, Abs. 2, Abs. 3 Satz 1, Abs. 4 und 5, Abs. 6 Satz 1 und Abs. 7 geänd. mWv 1.7.2005 durch G v. 21.6.2005 (BGBl. I S. 1818); Abs. 1 Satz 2 geänd. mWv 27.6.2020 durch VO v. 19.6.2020 (BGBl. I S. 1328).

(6) [1] Werden bei der Erfüllung von Aufgaben der Bundespolizei Zuständigkeiten anderer Behörden des Bundes oder der Länder berührt, handeln die Bundespolizeibehörden im Benehmen mit den zuständigen Behörden. [2] Ist dies nicht möglich, weil Gefahr im Verzug ist, sind die zuständigen Behörden über die getroffenen Maßnahmen unverzüglich zu unterrichten.

(7) Die Zuständigkeit der Polizei des Landes bleibt auch in den in Absatz 3 sowie in den in den §§ 2 bis 5 bezeichneten räumlichen Zuständigkeitsbereichen der Bundespolizei unberührt.

§ 2[1)] Grenzschutz. (1) Der Bundespolizei obliegt der grenzpolizeiliche Schutz des Bundesgebietes (Grenzschutz), soweit nicht ein Land im Einvernehmen mit dem Bund Aufgaben des grenzpolizeilichen Einzeldienstes mit eigenen Kräften wahrnimmt.

(2) [1] Der Grenzschutz umfaßt

1. die polizeiliche Überwachung der Grenzen,
2. die polizeiliche Kontrolle des grenzüberschreitenden Verkehrs einschließlich
   a) der Überprüfung der Grenzübertrittspapiere und der Berechtigung zum Grenzübertritt,
   b) der Grenzfahndung,
   c) der Abwehr von Gefahren,
3. im Grenzgebiet bis zu einer Tiefe von 30 Kilometern und von der seewärtigen Begrenzung an bis zu einer Tiefe von 50 Kilometern die Abwehr von Gefahren, die die Sicherheit der Grenze beeinträchtigen.

[2] Das Bundesministerium des Innern, für Bau und Heimat wird ermächtigt, zur Sicherung des Grenzraumes das in Satz 1 Nr. 3 bezeichnete Gebiet von der seewärtigen Begrenzung an durch Rechtsverordnung mit Zustimmung des Bundesrates auszudehnen, soweit die Grenzüberwachung im deutschen Küstengebiet dies erfordert. [3] In der Rechtsverordnung ist der Verlauf der rückwärtigen Begrenzungslinie des erweiterten Grenzgebietes genau zu bezeichnen. [4] Von der seewärtigen Begrenzung an darf diese Linie eine Tiefe von 80 Kilometern nicht überschreiten.

(3) [1] Das Einvernehmen nach Absatz 1 ist in einer schriftlichen Vereinbarung zwischen dem Bundesministerium des Innern, für Bau und Heimat und dem beteiligten Land herzustellen, die im Bundesanzeiger bekanntzugeben ist. [2] In der Vereinbarung ist die Zusammenarbeit zwischen der Bundespolizei und der Polizei des Landes zu regeln.

(4) Nimmt die Polizei eines Landes Aufgaben nach Absatz 1 im Einvernehmen mit dem Bund mit eigenen Kräften wahr, richtet sich die Durchführung der Aufgaben nach dem für die Polizei des Landes geltenden Recht.

§ 3[2)] Bahnpolizei. (1) Die Bundespolizei hat die Aufgabe, auf dem Gebiet der Bahnanlagen der Eisenbahnen des Bundes Gefahren für die öffentliche Sicherheit oder Ordnung abzuwehren, die

---

[1)] § 2 Abs. 2 Sätze 2–4 angef., bish. Wortlaut wird Satz 1 und Nr. 3 neu gef. mWv 1.1.2002 durch G v. 9.1.2002 (BGBl. I S. 361); Abs. 1 und Abs. 3 Satz 2 geänd. mWv 1.7.2005 durch G v. 21.6.2005 (BGBl. I S. 1818); Abs. 2 Satz 2 und Abs. 3 Satz 1 geänd. mWv 27.6.2020 durch VO v. 19.6.2020 *(BGBl. I S. 1328).*

[2)] § 3 Abs. 2 angef., bish. Wortlaut wird Abs. 1 mWv 1.1.2000 durch G v. 22.12.1999 (BGBl. I S. 2534); Abs. 1 einl. Satzteil sowie Abs. 2 Sätze 1, 2 und 5 geänd. mWv 1.7.2005 durch G v. 21.6.2005

1. den Benutzern, den Anlagen oder dem Betrieb der Bahn drohen oder
2. beim Betrieb der Bahn entstehen oder von den Bahnanlagen ausgehen.

(2) [1] Die durch die Erfüllung der Aufgaben nach Absatz 1 begünstigten Verkehrsunternehmen sind verpflichtet, der Bundespolizei für die erlangten Vorteile einen angemessenen Ausgleich zu leisten. [2] Das Bundesministerium des Innern, für Bau und Heimat wird ermächtigt, durch Rechtsverordnung[1)] im Einvernehmen mit dem Bundesministerium für Verkehr und digitale Infrastruktur für den zu leistenden Ausgleich einen Prozentsatz festzusetzen, der 50 Prozent des Gesamtaufwandes der Bundespolizei für die Erfüllung der Aufgaben nach Absatz 1 nicht überschreiten darf. [3] Dabei sind insbesondere die erlangten Vorteile und die wirtschaftliche Leistungsfähigkeit des Verkehrsunternehmens zu berücksichtigen. [4] Sind mehrere Verkehrsunternehmen begünstigt, ist für jedes Unternehmen nach Maßgabe des Satzes 3 gesondert ein Prozentsatz festzusetzen, die Summe dieser Prozentsätze darf 50 Prozent des Gesamtaufwandes nicht überschreiten. [5] Die Ausgleichsbeträge werden durch die in der Rechtsverordnung nach § 58 Abs. 1 bestimmte Bundespolizeibehörde erhoben.

§ 4[2)] Luftsicherheit. [1] Der Bundespolizei obliegt der Schutz vor Angriffen auf die Sicherheit des Luftverkehrs nach den §§ 3, 5, 9 Absatz 1a und § 10a Absatz 2 des Luftsicherheitsgesetzes[3)], soweit diese Aufgaben nach § 16 Absatz 3a und 3b des Luftsicherheitsgesetzes in bundeseigener Verwaltung ausgeführt werden. [2] In den Fällen des § 16 Absatz 3b des Luftsicherheitsgesetzes gilt dies nur, soweit ihr die Aufgaben durch das Bundesministerium für Verkehr und digitale Infrastruktur im Einvernehmen mit dem Bundesministerium des Innern, für Bau und Heimat übertragen worden sind.

§ 4a[4)] Sicherheitsmaßnahmen an Bord von Luftfahrzeugen. [1] Die Bundespolizei kann zur Aufrechterhaltung oder Wiederherstellung der Sicherheit oder Ordnung an Bord deutscher Luftfahrzeuge eingesetzt werden. [2] § 12 Abs. 1 Satz 1 des Luftsicherheitsgesetzes[3)] bleibt unberührt. [3] Maßnahmen nach Satz 1 müssen stets im Einklang mit den Anforderungen an die Sicherheit des Luftfahrzeugs und der Passagiere stehen und sind daher grundsätzlich in enger Abstimmung mit dem Luftfahrzeugführer zu treffen.

§ 5[5)] Schutz von Bundesorganen. (1) [1] Die Bundespolizei kann Verfassungsorgane des Bundes und Bundesministerien gegen Gefahren, die die Durchführung ihrer Aufgaben beeinträchtigen, schützen, wenn diese darum ersuchen und

---

(Fortsetzung der Anm. von voriger Seite)
(BGBl. I S. 1818); Abs. 2 Satz 2 geänd. mWv 8.11.2006 durch VO v. 31.10.2006 (BGBl. I S. 2407); Abs. 2 Satz 5 geänd. mWv 1.3.2008 durch G v. 26.2.2008 (BGBl. I S. 215); Abs. 2 Satz 2 geänd. mWv 8.9.2015 durch VO v. 31.8.2015 (BGBl. I S. 1474); Abs. 2 Satz 2 geänd. mWv 27.6.2020 durch VO v. 19.6.2020 (BGBl. I S. 1328).

1) *Siehe die VO zur Festsetzung* des Ausgleichs für die Erfüllung bahnpolizeil. Aufgaben der Bundespolizei v. 6.12.2000 (BGBl. I S. 1683), geänd. durch G v. 21.6.2005 (BGBl. I S. 1818).

2) § 4 neu gef. mWv 4.3.2017 durch G v. 23.2.2017 (BGBl. I S. 298).; Satz 2 geänd. mWv 27.6.2020 durch VO v. 19.6.2020 (BGBl. I S. 1328)

3) **Sartorius ErgBd. Nr. 976.**

4) § 4a eingef. mWv 1.1.2002 durch G v. 9.1.2002 (BGBl. I S. 361); Satz 2 geänd. mWv 15.1.2005 durch G v. 11.1.2005 (BGBl. I S. 78); Satz 1 geänd. mWv 1.7.2005 durch G v. 21.6.2005 (BGBl. I S. 1818).

5) § 5 Abs. 1 Sätze 1 und 2 und Abs. 2 geänd. mWv 1.7.2005 durch G v. 21.6.2005 (BGBl. I S. 1818); Abs. 1 Sätze 1 und 2 geänd. mWv 27.6.2020 durch VO v. 19.6.2020 (BGBl. I S. 1328).

Einvernehmen zwischen dem Bundesministerium des Innern, für Bau und Heimat und dem beteiligten Land besteht, daß deren angemessener Schutz anderweitig nicht gewährleistet werden kann. [2] Über die Übernahme des Schutzes durch die Bundespolizei entscheidet das Bundesministerium des Innern, für Bau und Heimat. [3] Die Übernahme ist im Bundesanzeiger bekanntzugeben.

(2) Der Schutz durch die Bundespolizei beschränkt sich auf die Grundstücke, auf denen die Verfassungsorgane oder die Bundesministerien ihren Amtssitz haben.

§ 6[1)] Aufgaben auf See. [1] Unbeschadet der Zuständigkeit anderer Behörden oder der Streitkräfte hat die Bundespolizei auf See außerhalb des deutschen Küstenmeers die Maßnahmen zu treffen, zu denen die Bundesrepublik Deutschland nach dem Völkerrecht befugt ist. [2] Dies gilt nicht für Maßnahmen, die durch Rechtsvorschriften des Bundes anderen Behörden oder Dienststellen zugewiesen oder die ausschließlich Kriegsschiffen vorbehalten sind.

§ 7[2)] Aufgaben im Notstands- und Verteidigungsfall. (1) Setzt die Bundesregierung die Bundespolizei nach Artikel 91 Abs. 2 des Grundgesetzes[3)] zur Abwehr einer drohenden Gefahr für den Bestand oder die freiheitliche demokratische Grundordnung des Bundes oder eines Landes ein, so hat die Bundespolizei bei diesem Einsatz Gefahren von der Allgemeinheit oder dem einzelnen abzuwehren.

(2) Absatz 1 gilt entsprechend, wenn die Bundespolizei nach Artikel 115f Abs. 1 Nr. 1 oder nach Artikel 115i Abs. 1 des Grundgesetzes eingesetzt wird.

§ 8[4)] Verwendung im Ausland. (1) [1] Die Bundespolizei kann zur Mitwirkung an polizeilichen oder anderen nichtmilitärischen Aufgaben im Rahmen von internationalen Maßnahmen auf Ersuchen und unter Verantwortung

1. der Vereinten Nationen
2. einer regionalen Abmachung oder Einrichtung gemäß Kapitel VIII der Charta der Vereinten Nationen, der die Bundesrepublik Deutschland angehört,
3. der Europäischen Union oder
4. der Westeuropäischen Union

im Ausland verwendet werden. [2] Die Verwendung der Bundespolizei darf nicht gegen den Willen des Staates erfolgen, auf dessen Hoheitsgebiet die Maßnahme stattfinden soll. [3] Die Entscheidung über die Verwendung nach Satz 1 trifft die Bundesregierung. [4] Der Deutsche Bundestag ist über die beabsichtigte Verwendung zu unterrichten. [5] Er kann durch Beschluß verlangen, daß die Verwendung beendet wird.

(2) [1] Die Bundespolizei kann ferner im Einzelfall zur Rettung von Personen aus einer gegenwärtigen Gefahr für Leib oder Leben im Ausland verwendet werden. [2] Die Verwendung ist nur für humanitäre Zwecke oder zur Wahrnehmung dringender Interessen der Bundesrepublik Deutschland und im Einvernehmen mit dem Staat, auf dessen Hoheitsgebiet die Maßnahme stattfinden soll,

---

1) § 6 Satz 1 geänd. mWv 1.7.2005 durch G v. 21.6.2005 (BGBl. I S. 1818).

2) § 7 Abs. 1 und 2 geänd. mWv 1.7.2005 durch G v. 21.6.2005 (BGBl. I S. 1818).

3) Nr. 1.

4) *§ 8 Abs. 1 Satz 1 einl. Satzteil* und Satz 2, Abs. 2 Satz 1 und Abs. 3 geänd. mWv 1.7.2005 durch G v. 21.6.2005 (BGBl. I S. 1818); Abs. 2 Satz 3 geänd. mWv 27.6.2020 durch VO v. 19.6.2020 (BGBl. I S. 1328).

zulässig. [3]Die Entscheidung trifft der Bundesminister des Innern, für Bau und Heimat im Einvernehmen mit dem Auswärtigen Amt.

(3) Die Wahrnehmung der in den Absätzen 1 und 2 bezeichneten Aufgaben durch die Bundespolizei richtet sich nach den dafür geltenden völkerrechtlichen Vereinbarungen oder den auf Grund solcher Vereinbarungen getroffenen Regelungen.

§ 9[1)] Verwendung zur Unterstützung anderer Bundesbehörden.

(1) [1]Die Bundespolizei unterstützt

1. den Präsidenten des Deutschen Bundestages bei der Wahrnehmung des Hausrechts und der Polizeigewalt im Gebäude des Bundestages,
2. das Auswärtige Amt bei der Wahrnehmung von Aufgaben zum Schutz deutscher Auslandsvertretungen,
3. das Bundeskriminalamt bei der Wahrnehmung seiner Schutzaufgaben nach § 5 des Bundeskriminalamtgesetzes[2)].

[2]Die Unterstützung durch die Bundespolizei richtet sich nach dem für die unterstützte Stelle maßgebenden Recht.

(2) [1]Die Entscheidung über die Unterstützung nach Absatz 1 trifft das Bundesministerium des Innern, für Bau und Heimat. [2]Die Polizeivollzugsbeamten der Bundespolizei unterliegen bei Wahrnehmung dieser Unterstützungsaufgaben den fachlichen Weisungen der unterstützten Stelle. [3]Übernimmt die Bundespolizei im Rahmen des Absatzes 1 Nr. 3 Aufgaben zur eigenständigen Wahrnehmung, richtet das Bundeskriminalamt seine fachlichen Weisungen an die von der Bundespolizei hierfür benannte Stelle.

(3) Die Verpflichtung zur Amtshilfe bleibt unberührt.

§ 10[3)] Verwendung zur Unterstützung des Bundesamtes für Verfassungsschutz auf dem Gebiet der Funktechnik. (1) Die Bundespolizei nimmt für das Bundesamt für Verfassungsschutz auf dessen Anforderung Aufgaben nach § 3 Abs. 1 des Bundesverfassungsschutzgesetzes[4)] auf dem Gebiet der Funktechnik und funkbetrieblichen Auswertung wahr, soweit der Funkverkehr nicht dem Fernmeldegeheimnis unterliegt, durch

1. Erfassung des Betriebs von Funkanlagen durch fremde Nachrichtendienste oder die vom Bundesamt für Verfassungsschutz beobachteten Personenzusammenschlüsse und Einzelpersonen,
2. funkbetriebliche Auswertung der Funkverkehre fremder Nachrichtendienste oder der vom Bundesamt für Verfassungsschutz beobachteten Personenzusammenschlüsse und Einzelpersonen,
3. funkbetriebliche Auswertung von Unterlagen, Geräten und Aufzeichnungen, die bei dem Betrieb von Funkanlagen durch fremde Nachrichtendienste oder

---

[1)] § 9 Abs. 1 Satz 1 Nr. 3 neu gef. durch G v. 7.7.1997 (BGBl. I S. 1650); Abs. 1 Satz 1 einl. Satzteil und Satz 2 sowie Abs. 2 Sätze 2 und 3 geänd. mWv 1.7.2005 durch G v. 21.6.2005 (BGBl. I S. 1818); Abs. 2 Satz 1 geänd. mWv 27.6.2020 durch VO v. 19.6.2020 (BGBl. I S. 1328).

[2)] Nr. **450**.

[3)] § 10 Abs. 3 geänd. durch G v. 17.6.1999 (BGBl. I S. 1334); Abs. 1 einl. Satzteil, Abs. 2 Sätze 2–4 und Abs. 3 geänd. mWv 1.7.2005 durch G v. 21.6.2005 (BGBl. I S. 1818); Abs. 3 geänd. mWv 27.6.2020 durch VO v. 19.6.2020 (BGBl. I S. 1328).

[4)] Nr. **80**.

die vom Bundesamt für Verfassungsschutz beobachteten Personenzusammenschlüsse und Einzelpersonen verwendet werden.

(2) [1]Die Wahrnehmung der Aufgaben nach Absatz 1 richtet sich nach dem Bundesverfassungsschutzgesetz; sie darf nicht mit der Erfüllung polizeilicher Aufgaben verbunden werden. [2]Die Bundespolizei darf Befugnisse des Bundesamtes für Verfassungsschutz nur so weit in Anspruch nehmen, als dies zur Wahrnehmung dieser Aufgaben erforderlich ist. [3]Sie darf die bei der Aufgabenwahrnehmung nach Absatz 1 erlangten personenbezogenen Daten nur für den dort bezeichneten Zweck verwenden. [4]Die Daten dürfen bei der Bundespolizei nur solange aufbewahrt werden, wie dies zur Aufgabenwahrnehmung nach Absatz 1 erforderlich ist.

(3) Das Bundesministerium des Innern, für Bau und Heimat regelt die Einzelheiten der Aufgabenwahrnehmung nach Absatz 1, insbesondere Art und Umfang der Aufgaben sowie die erforderliche technische und organisatorische Abgrenzung zu den sonstigen Aufgabenbereichen der Bundespolizei, in einer Dienstanweisung und unterrichtet hierüber sowie über erforderliche Änderungen das Parlamentarische Kontrollgremium.

§ 11[1)] Verwendung zur Unterstützung eines Landes. (1) Die Bundespolizei kann zur Unterstützung eines Landes verwendet werden

1. zur Aufrechterhaltung oder Wiederherstellung der öffentlichen Sicherheit oder Ordnung in Fällen von besonderer Bedeutung nach Artikel 35 Abs. 2 Satz 1 des Grundgesetzes[2)],
2. zur Hilfe bei einer Naturkatastrophe oder bei einem besonders schweren Unglücksfall nach Artikel 35 Abs. 2 Satz 2 und Abs. 3 des Grundgesetzes,
3. zur Abwehr einer drohenden Gefahr für den Bestand oder die freiheitliche demokratische Grundordnung des Bundes oder eines Landes nach Artikel 91 Abs. 1 des Grundgesetzes,

soweit das Land ohne diese Unterstützung eine Aufgabe nicht oder nur unter erheblichen Schwierigkeiten erfüllen kann.

(2) [1]Die Unterstützung eines Landes durch die Bundespolizei nach Absatz 1 richtet sich nach dem für das Land geltenden Recht. [2]Vorbehaltlich des Artikels 35 Abs. 3 des Grundgesetzes unterliegt die Bundespolizei dabei den fachlichen Weisungen des Landes.

(3) [1]Die Entscheidung über eine Verwendung der Bundespolizei nach Absatz 1 trifft im Fall des Artikels 35 Abs. 3 des Grundgesetzes die Bundesregierung, im übrigen das Bundesministerium des Innern, für Bau und Heimat auf Anforderung des Landes. [2]Das Bundesministerium des Innern, für Bau und Heimat kann seine Entscheidungsbefugnis in bestimmten Fällen durch Verwaltungsvorschrift auf eine Bundespolizeibehörde übertragen.

(4) [1]Einer Anforderung der Bundespolizei ist zu entsprechen, soweit nicht eine Verwendung der Bundespolizei für Bundesaufgaben dringender ist als die Unterstützung des Landes. [2]Die Anforderung soll alle für die Entscheidung wesentlichen Merkmale des Einsatzauftrages enthalten. [3]Die durch eine Unter-

---

[1)] § 11 Abs. 1 einl. Satzteil, Abs. 2 Sätze 1 und 2, Abs. 3 Sätze 1 und 2, Abs. 4 Satz 1 geänd. mWv 1.7.2005 durch G v. 21.6.2005 (BGBl. I S. 1818); Abs. 3 Satz 2 geänd. mWv 1.3.2008 durch G v. 26.2. *2008 (BGBl. I S. 215); Abs. 3* Sätze 1 und 2 geänd. mWv 27.6.2020 durch VO v. 19.6.2020 (BGBl. I S. 1328).

[2)] Nr. **1**.

stützung eines Landes nach Absatz 1 entstehenden Mehrkosten trägt das Land, sofern nicht im Einzelfall aus besonderen Gründen in einer Verwaltungsvereinbarung etwas anderes bestimmt wird.

(5) Die Verpflichtung zur Amtshilfe bleibt unberührt.

§ 12[1] **Verfolgung von Straftaten.** (1) [1] Die Bundespolizei nimmt die polizeilichen Aufgaben auf dem Gebiet der Strafverfolgung (§§ 161, 163 der Strafprozeßordnung[2]) wahr, soweit der Verdacht eines Vergehens (§ 12 Abs. 2 des Strafgesetzbuches[3]) besteht, das

1. gegen die Sicherheit der Grenze oder die Durchführung ihrer Aufgaben nach § 2 gerichtet ist,
2. nach den Vorschriften des Paßgesetzes[4], des Aufenthaltsgesetzes[5] oder des Asylgesetzes[6] zu verfolgen ist, soweit es durch den Grenzübertritt oder in unmittelbarem Zusammenhang mit diesem begangen wurde,
3. einen Grenzübertritt mittels Täuschung, Drohung, Gewalt oder auf sonst rechtswidrige Weise ermöglichen soll, soweit es bei der Kontrolle des grenzüberschreitenden Verkehrs festgestellt wird,
4. das Verbringen einer Sache über die Grenze ohne behördliche Erlaubnis als gesetzliches Tatbestandsmerkmal der Strafvorschrift verwirklicht, sofern der Bundespolizei durch oder auf Grund eines Gesetzes die Aufgabe der Überwachung des Verbringungsverbotes zugewiesen ist,
5. auf dem Gebiet der Bahnanlagen der Eisenbahnen des Bundes begangen wurde und gegen die Sicherheit eines Benutzers, der Anlagen oder des Betriebes der Bahn gerichtet ist oder das Vermögen der Bahn oder ihr anvertrautes Vermögen betrifft,
6. dem deutschen Strafrecht unterliegt und Strafverfolgungsmaßnahmen auf See außerhalb des deutschen Küstenmeers im Rahmen des § 6 erforderlich macht,

darüber hinaus, soweit der Verdacht eines Verbrechens nach Nummer 2 oder nach § 315 Abs. 3 Nr. 1 des Strafgesetzbuches besteht sowie in Fällen der Nummer 6. [2] Das Bundesministerium des Innern, für Bau und Heimat bestimmt das Nähere über die unter Satz 1 fallenden Straftaten durch Rechtsverordnung im Einvernehmen mit dem Bundesministerium der Justiz und für Verbraucherschutz und mit Zustimmung des Bundesrates. [3] Soweit Satz 1 Nr. 4 betroffen ist, ist auch das Einvernehmen mit dem Bundesministerium der Finanzen herzustellen.

(2) [1] Die Bundespolizei ist vorbehaltlich besonderer gesetzlicher Zuständigkeitsregelungen für die polizeilichen Aufgaben auf dem Gebiet der Strafverfolgung in den Fällen des Absatzes 1 örtlich zuständig, wenn die Straftat in ihrem

---

[1] § 12 Abs. 1 Satz 1 Nr. 2 geänd. mWv 1.1.2005 durch G v. 30.7.2004 (BGBl. I S. 1950); Abs. 5 Satz 1 geänd. mWv 1.9.2004 durch G v. 24.8.2004 (BGBl. I S. 2198); Abs. 1 Satz 1 einl. Satzteil, Nr. 1 und Nr. 4, Abs. 2 Sätze 1 und 3, Abs. 3 Sätze 2 und 3, Abs. 4 und Abs. 5 Satz 1 geänd. mWv 1.7.2005 durch G v. 21.6.2005 (BGBl. I S. 1818); Abs. 2 Satz 1 geänd. mWv 1.3.2008 durch G v. 26.2 2008 (BGBl. I S. 215); Abs. 1 Satz 2 geänd. mWv 8.9.2015 durch VO v. 31.8.2015 (BGBl. I S. 1474); Abs. 1 Satz 1 Nr. 2 (im BGBl. wohl irrtümlich: „Nr. 1") geänd. mWv 24.10.2015 durch G v. 20.10.2015 (BGBl. I S. 1722); Abs. 1 Satz 2 geänd. mWv 27.6.2020 durch VO v. 19.6.2020 (BGBl. I S. 1328).

[2] **Schönfelder Nr. 90.**

[3] **Schönfelder Nr. 85.**

[4] Nr. **250**.

[5] Nr. **565**.

[6] Nr. **567**.

räumlichen Zuständigkeitsbereich (§ 1 Abs. 7) begangen wurde. [2]Im übrigen bleibt die Zuständigkeit anderer Polizeibehörden für die Strafverfolgung auch in den Fällen des Absatzes 1 unberührt. [3]Die Staatsanwaltschaft kann im Benehmen mit der Bundespolizei die Ermittlungen einer anderen sonst zuständigen Polizeibehörde übertragen.

(3) [1]Bei Straftaten, die nicht dem Absatz 1 unterfallen, ist die Sache unverzüglich an die zuständige Strafverfolgungsbehörde abzugeben. [2]Die Verpflichtung der Bundespolizei nach § 163 Abs. 1 der Strafprozeßordnung, alle keinen Aufschub gestattenden Anordnungen zu treffen, um die Verdunkelung der Sache zu verhüten, bleibt unberührt. [3]Die Sätze 1 und 2 gelten für Straftaten im Sinne des Absatzes 1 entsprechend, wenn diese im Zusammenhang mit weiteren Straftaten stehen und das Schwergewicht der Straftaten insgesamt außerhalb der Zuständigkeit der Bundespolizei liegt oder wenn bei Straftaten außerhalb des Küstenmeers nach Absatz 1 Satz 1 Nr. 6 oder Absatz 1 Satz 1 letzter Halbsatz Ermittlungshandlungen im deutschen Hoheitsgebiet erforderlich sind. [4]Die Staatsanwaltschaft kann in Zweifelsfällen die zuständige Polizeibehörde bestimmen.

(4) Sind Ermittlungshandlungen außerhalb der in § 1 Abs. 7 bezeichneten Bereiche erforderlich, trifft die Bundespolizei ihre Maßnahmen im Benehmen mit der Polizei des Landes.

(5) [1]Die Beamten im Polizeivollzugsdienst der Bundespolizei, die mindestens vier Jahre dem Polizeivollzugsdienst angehören, sind Ermittlungspersonen der Staatsanwaltschaft (§ 152 des Gerichtsverfassungsgesetzes[1)]) und haben die Rechte und Pflichten der Polizeibeamten nach der Strafprozeßordnung. [2]In den Fällen des Absatzes 1 Satz 1 Nr. 6 und des Absatzes 1 Satz 1 letzter Halbsatz gelten auf See außerhalb des deutschen Küstenmeers bei der Verfolgung von Straftaten zur Erfüllung völkerrechtlicher Verpflichtungen oder zur Wahrnehmung völkerrechtlicher Befugnisse die Vorschriften der Strafprozeßordnung entsprechend.

§ 13[2)] Verfolgung und Ahndung von Ordnungswidrigkeiten. (1) [1]Die Bundespolizei nimmt im Rahmen der ihr obliegenden Aufgaben die polizeilichen Aufgaben nach dem Gesetz über Ordnungswidrigkeiten[3)] wahr. [2]§ 12 Abs. 2 Satz 1 und 2 sowie Abs. 4 gilt entsprechend.

(2) Verwaltungsbehörde im Sinne des § 36 Abs. 1 Nr. 1 des Gesetzes über Ordnungswidrigkeiten ist für Ordnungswidrigkeiten nach den §§ 111 und 113 des Gesetzes über Ordnungswidrigkeiten, die im Aufgabenbereich der Bundespolizei begangen wurden, die in der Rechtsverordnung nach § 58 Abs. 1 bestimmte Bundespolizeibehörde.

(Fortsetzung nächstes Blatt)

[1)] **Schönfelder Nr. 95.**

[2)] *§ 13 Abs. 1 Satz 1* sowie Abs. 2 und 3 geänd. mWv 1.7.2005 durch G v. 21.6.2005 (BGBl. I S. 1818); Abs. 2 geänd. mWv 1.3.2008 durch G v. 26.2.2008 (BGBl. I S. 215).

[3)] **Schönfelder Nr. 94.**

(3) Die durch oder auf Grund anderer Bundesgesetze übertragene Zuständigkeit von Bundespolizeibehörden für die Verfolgung und Ahndung von Ordnungswidrigkeiten als Verwaltungsbehörde im Sinne des § 36 Abs. 1 Nr. 1 und 2 des Gesetzes über Ordnungswidrigkeiten bleibt unberührt.

(4) Die Beamten im Polizeivollzugsdienst der Bundespolizei, die mindestens vier Jahre dem Polizeivollzugsdienst angehören, sind im Rahmen ihrer Aufgaben ermächtigt, Verwarnungen zu erteilen und Verwarnungsgelder zu erheben.

Abschnitt 2. Befugnisse

Unterabschnitt 1. Allgemeine Befugnisse und allgemeine Vorschriften

§ 14[1)] Allgemeine Befugnisse. (1) Die Bundespolizei kann zur Erfüllung ihrer Aufgaben nach den §§ 1 bis 7 die notwendigen Maßnahmen treffen, um eine Gefahr abzuwehren, soweit nicht dieses Gesetz die Befugnisse der Bundespolizei besonders regelt.

(2) [1] Gefahr im Sinne dieses Abschnitts ist eine im Einzelfall bestehende Gefahr für die öffentliche Sicherheit oder Ordnung im Bereich der Aufgaben, die der Bundespolizei nach den §§ 1 bis 7 obliegen. [2] Eine erhebliche Gefahr im Sinne dieses Abschnitts ist eine Gefahr für ein bedeutsames Rechtsgut, wie Bestand des Staates, Leben, Gesundheit, Freiheit, wesentliche Vermögenswerte oder andere strafrechtlich geschützte Güter von erheblicher Bedeutung für die Allgemeinheit.

(3) [1] Zur Erfüllung der Aufgaben, die der Bundespolizei durch andere Rechtsvorschriften des Bundes zugewiesen sind, hat sie die dort vorgesehenen Befugnisse. [2] Soweit solche Rechtsvorschriften Befugnisse nicht oder nicht abschließend regeln, hat die Bundespolizei die Befugnisse, die ihr nach diesem Gesetz zustehen. [3] Satz 2 gilt auch für die Befugnisse der Bundespolizei im Rahmen der Aufgaben zum Schutz vor Angriffen auf die Sicherheit des Luftverkehrs nach § 4, soweit § 5 des Luftsicherheitsgesetzes[2)] keine Regelungen enthält.

§ 15 Grundsatz der Verhältnismäßigkeit. (1) Von mehreren möglichen und geeigneten Maßnahmen ist diejenige zu treffen, die den einzelnen und die Allgemeinheit voraussichtlich am wenigsten beeinträchtigt.

(2) Eine Maßnahme darf nicht zu einem Nachteil führen, der zu dem erstrebten Erfolg erkennbar außer Verhältnis steht.

(3) Eine Maßnahme ist nur solange zulässig, bis ihr Zweck erreicht ist oder sich zeigt, daß er nicht erreicht werden kann.

§ 16[3)] Ermessen, Wahl der Mittel. (1) Die Bundespolizei trifft ihre Maßnahmen nach pflichtgemäßem Ermessen.

[1)] § 14 Abs. 3 Satz 3 geänd. mWv 15.1.2005 durch G v. 11.1.2005 (BGBl. I S. 78). Abs. 1, Abs. 2 Satz 1 und Abs. 3 Sätze 1–3 geänd. mWv 1.7.2005 durch G v. 21.6.2005 (BGBl. I S. 1818); Abs. 3 Satz 3 geänd. mWv 1.3.2008 durch G v. 26.2.2008 (BGBl. I S. 215).

[2)] **Sartorius ErgBd. Nr. 976.**

[3)] § 16 Abs. 1 geänd. mWv 1.7.2005 durch G v. 21.6.2005 (BGBl. I S. 1818).

(2) [1]Kommen zur Abwehr einer Gefahr mehrere Mittel in Betracht, so genügt es, wenn eines davon bestimmt wird. [2]Dem Betroffenen ist auf Antrag zu gestatten, ein anderes ebenso wirksames Mittel anzuwenden, sofern die Allgemeinheit dadurch nicht stärker beeinträchtigt wird.

§ 17 Verantwortlichkeit für das Verhalten von Personen. (1) Verursacht eine Person eine Gefahr, so sind die Maßnahmen gegen sie zu richten.

(2) [1]Ist die Person noch nicht vierzehn Jahre alt, so können die Maßnahmen auch gegen die Person gerichtet werden, die zur Aufsicht über sie verpflichtet ist. [2]Ist für die Person ein Betreuer bestellt, so können die Maßnahmen auch gegen den Betreuer im Rahmen seines Aufgabenbereichs gerichtet werden.

(3) Verursacht eine Person, die zu einer Verrichtung bestellt ist, die Gefahr in Ausführung der Verrichtung, so können Maßnahmen auch gegen die Person gerichtet werden, die andere zu der Verrichtung bestellt hat.

§ 18 Verantwortlichkeit für das Verhalten von Tieren oder den Zustand von Sachen. (1) [1]Geht von einem Tier oder einer Sache eine Gefahr aus, so sind die Maßnahmen gegen den Inhaber der tatsächlichen Gewalt zu richten. [2]Die nachfolgenden für Sachen geltenden Vorschriften sind auf Tiere entsprechend anzuwenden.

(2) [1]Maßnahmen können auch gegen den Eigentümer oder einen anderen Berechtigten gerichtet werden. [2]Dies gilt nicht, wenn der Inhaber der tatsächlichen Gewalt diese ohne den Willen des Eigentümers oder Berechtigten ausübt.

(3) Geht die Gefahr von einer herrenlosen Sache aus, so können die Maßnahmen gegen denjenigen gerichtet werden, der das Eigentum an der Sache aufgegeben hat.

§ 19[1)] Unmittelbare Ausführung einer Maßnahme. [1]Die Bundespolizei kann eine Maßnahme selbst oder durch einen Beauftragten unmittelbar ausführen, wenn der Zweck der Maßnahme durch Inanspruchnahme der nach § 17 oder § 18 Verantwortlichen nicht oder nicht rechtzeitig erreicht werden kann. [2]Der von der Maßnahme Betroffene ist unverzüglich zu unterrichten.

(Fortsetzung nächstes Blatt)

[1)] § 19 Abs. 1 Satz 1 und Abs. 2 Satz 1 geänd. mWv 1.7.2005 durch G v. 21.6.2005 (BGBl. I S. 1818); Abs. 2 aufgeh. mWv 1.10.2019 durch G v. 10.3.2017 (BGBl. I S. 417).

§ 20[1)] **Inanspruchnahme nicht verantwortlicher Personen.**

(1) [1]Die Bundespolizei kann Maßnahmen gegen andere Personen als die nach § 17 oder § 18 Verantwortlichen richten, wenn

1. eine gegenwärtige erhebliche Gefahr abzuwehren ist,
2. Maßnahmen gegen die nach § 17 oder § 18 Verantwortlichen nicht oder nicht rechtzeitig möglich sind oder keinen Erfolg versprechen,
3. der Bundesgrenzschutz die Gefahr nicht oder nicht rechtzeitig selbst oder durch einen Beauftragten abwehren kann und
4. die Personen ohne erhebliche eigene Gefährdung und ohne Verletzung höherwertiger Pflichten in Anspruch genommen werden können.

[2]Die Maßnahmen dürfen nur aufrechterhalten werden, solange die Abwehr der Gefahr nicht auf andere Weise möglich ist.

(2) Die Bundespolizei kann ferner Maßnahmen gegen andere Personen als die nach § 17 oder § 18 Verantwortlichen richten, soweit sich dies aus den nachfolgenden Vorschriften dieses Abschnitts ergibt.

Unterabschnitt 2. Besondere Befugnisse

Teil 1. Datenerhebung

§ 21[1)] **Erhebung personenbezogener Daten.** (1) Die Bundespolizei kann, sofern in diesem Abschnitt nichts anderes bestimmt ist, personenbezogene Daten erheben, soweit dies zur Erfüllung einer *ihr* obliegenden Aufgabe erforderlich ist.

(2) Zur Verhütung von Straftaten ist eine Erhebung personenbezogener Daten nur zulässig, soweit Tatsachen die Annahme rechtfertigen, daß

1. die Person Straftaten im Sinne des § 12 Abs. 1 mit erheblicher Bedeutung begehen will und die Daten zur Verhütung solcher Straftaten erforderlich sind oder
2. die Person mit einer in Nummer 1 genannten Person in einer Weise in Verbindung steht oder eine solche Verbindung hergestellt wird, die erwarten läßt, daß die Maßnahme zur Verhütung von Straftaten im Sinne der Nummer 1 führen wird und dies auf andere Weise aussichtslos oder wesentlich erschwert wäre.

(3) [1]Personenbezogene Daten sind offen und beim Betroffenen zu erheben. [2]Sie können bei anderen öffentlichen oder bei nicht-öffentlichen Stellen erhoben werden, wenn die Erhebung beim Betroffenen nicht möglich ist oder durch sie die Erfüllung der der Bundespolizei obliegenden Aufgaben gefährdet oder erheblich erschwert würde. [3]Eine Datenerhebung, die nicht als Maßnahme der Bundespolizei erkennbar sein soll, ist nur zulässig, wenn auf andere Weise die Erfül-

---

[1)] § 20 Abs. 1 Satz 1, Abs. 2 u. § 21 Abs. 1, 3 Sätze 2 u. 3, Abs. 4 Satz 2 gänd. durch G v. 21. 6. 2005 (BGBl. I S. 1818).

lung der der Bundespolizei obliegenden Aufgaben erheblich gefährdet wird oder wenn anzunehmen ist, daß dies dem überwiegenden Interesse der betroffenen Person entspricht.

(4) [1]Werden personenbezogene Daten beim Betroffenen oder bei nicht-öffentlichen Stellen erhoben, sind diese auf Verlangen auf dem Umfang ihrer Auskunftspflicht und auf die Rechtsgrundlage der Datenerhebung hinzuweisen. [2]Der Hinweis kann unterbleiben, wenn durch ihn die Erfüllung der Aufgaben der Bundespolizei gefährdet oder erheblich erschwert würde. [3]Sofern eine Auskunftspflicht nicht besteht, ist auf die Freiwilligkeit der Auskunft hinzuweisen.

§ 22[1)] Befragung und Auskunftspflicht. (1) [1]Die Bundespolizei kann eine Person befragen, wenn Tatsachen die Annahme rechtfertigen, daß die Person sachdienliche Angaben für die Erfüllung einer bestimmten der Bundespolizei obliegenden Aufgabe machen kann. [2]Zum Zwecke der Befragung kann die Person angehalten werden. [3]Auf Verlangen hat die Person mitgeführte Ausweispapiere zur Prüfung auszuhändigen.

(1 a) Zur Verhinderung oder Unterbindung unerlaubter Einreise in das Bundesgebiet kann die Bundespolizei in Zügen und auf dem Gebiet der Bahnanlagen der Eisenbahnen des Bundes (§ 3), soweit auf Grund von Lageerkenntnissen oder grenzpolizeilicher Erfahrung anzunehmen ist, daß diese zur unerlaubten Einreise genutzt werden, sowie in einer dem Luftverkehr dienenden Anlage oder Einrichtung eines Verkehrsflughafens (§ 4) mit grenzüberschreitendem Verkehr jede Person kurzzeitig anhalten, befragen und verlangen, daß mitgeführte Ausweispapiere oder Grenzübertrittspapiere zur Prüfung ausgehändigt werden, sowie mitgeführte Sachen in Augenschein nehmen.

(2) [1]Die befragte Person ist verpflichtet, Namen, Vornamen, Tag und Ort der Geburt, Wohnanschrift und Staatsangehörigkeit anzugeben, soweit dies zur Erfüllung der Aufgaben der Bundespolizei erforderlich ist. [2]Eine weitergehende Auskunftspflicht besteht nur für die nach den §§ 17 und 18 Verantwortlichen und unter den Voraussetzungen des § 20 Abs. 1 für die dort bezeichneten Personen, sowie für die Personen, für die gesetzliche Handlungspflichten bestehen, soweit die Auskunft zur Abwehr einer Gefahr erforderlich ist.

(3) [1]Unter den in den §§ 52 bis 55 der Strafprozeßordnung bezeichneten Voraussetzungen ist der Betroffene zur Verweigerung der Auskunft berechtigt. [2]Dies gilt nicht, soweit die Auskunft zur Abwehr einer Gefahr für Leib, Leben oder Freiheit einer Person erforderlich ist. [3]Die betroffene Person ist über ihr Recht zur Verweigerung der Auskunft zu belehren. [4]Auskünfte, die gemäß Satz 2 erlangt wurden, dürfen nur für den dort bezeichneten Zweck verwendet werden.

[1)] *§ 22 Abs. 1 a eingef. durch G v.* 25. 8. 1998 (BGBl. I S. 2486, BGBl. 2003 I S. 2770, BGBl. 2007 I S. 1142), Abs. 1 Satz 3 angef. durch G v. 9. 1. 2002 (BGBl. I S. 361), Abs. 1 Satz 1, Abs. 1 a u. Abs. 2 Satz 1 geänd. durch G v. 21. 6. 2005 (BGBl. I S. 1818).

(4) [1] § 136a der Strafprozeßordnung gilt entsprechend. [2] § 12 des Verwaltungsvollstreckungsgesetzes[1)] findet keine Anwendung.

§ 22a[2)] Bestandsdatenauskunft. (1) [1] Die Bundespolizei darf Auskunft verlangen

1. über Bestandsdaten gemäß § 3 Nummer 6 des Telekommunikationsgesetzes[3)] und über die nach § 172 des Telekommunikationsgesetzes erhobenen Daten (§ 174 Absatz 1 Satz 1 des Telekommunikationsgesetzes) von demjenigen, der geschäftsmäßig Telekommunikationsdienste erbringt oder daran mitwirkt, und
2. über Bestandsdaten gemäß § 2 Absatz 2 Nummer 2 des Telekommunikation-Digitale-Dienste-Datenschutz-Gesetzes (§ 22 Absatz 1 Satz 1 und § 23 Absatz 1 Satz 1 des Telekommunikation-Digitale-Dienste-Datenschutz-Gesetzes) von demjenigen, der geschäftsmäßig eigene oder fremde digitale Dienste nach § 1 Absatz 4 Nummer 1 des Digitale-Dienste-Gesetzes zur Nutzung bereithält oder den Zugang zur Nutzung vermittelt.

[2] Die Auskunft nach Satz 1 darf nur verlangt werden, soweit die zu erhebenden Daten im Einzelfall erforderlich sind

1. zur Abwehr einer Gefahr für die öffentliche Sicherheit oder
2. zum Schutz von Leib, Leben, Freiheit sowie sexueller Selbstbestimmung der Person, dem Bestand und der Sicherheit des Bundes oder eines Landes, der freiheitlich demokratischen Grundordnung, Gütern der Allgemeinheit, deren Bedrohung die Grundlagen der Existenz der Menschen berührt sowie nicht unerheblichen Sachwerten, wenn Tatsachen den Schluss auf ein wenigstens seiner Art nach konkretisiertes und zeitlich absehbares Geschehen zulassen, an dem bestimmte Personen beteiligt sein werden, oder
3. zum Schutz von Leib, Leben, Freiheit sowie sexueller Selbstbestimmung der Person, dem Bestand und der Sicherheit des Bundes oder eines Landes, der freiheitlich demokratischen Grundordnung sowie Gütern der Allgemeinheit, deren Bedrohung die Grundlagen der Existenz der Menschen berührt, wenn das individuelle Verhalten einer Person die konkrete Wahrscheinlichkeit begründet, dass sie eine Straftat gegen ein solches Rechtsgut in einem übersehbaren Zeitraum begehen wird.

(2) [1] Bezieht sich das Auskunftsverlangen nach Absatz 1 auf Daten nach § 174 Absatz 1 Satz 2 des Telekommunikationsgesetzes, mittels derer der Zugriff auf Endgeräte oder auf Speichereinrichtungen, die in diesen Endgeräten oder hiervon räumlich getrennt eingesetzt werden, geschützt wird, darf die Auskunft nur verlangt werden, wenn im Einzelfall die gesetzlichen Voraussetzungen für die Nutzung der Daten vorliegen. [2] Bezieht sich das Auskunftsverlangen nach Absatz 1 auf nach als Bestandsdaten erhobene Passwörter oder auf andere Daten, mittels derer der Zugriff auf Endgeräte oder auf Speichereinrichtungen, die in diesen Endgeräten oder hiervon räumlich getrennt eingesetzt werden, geschützt wird (§ 23 Absatz 1 Satz 1 des Telekommunikation-Digitale-Dienste-Datenschutz-Gesetzes),

---

[1)] Nr. **112**.

[2)] § 22a neu gef. mWv 2.4 2021 durch G v. 30.3.2021 (BGBl. I S. 448, ber. S. 1380); Abs. 1 Satz 1 Nr. 1, Abs. 2 Satz 1 geänd., Abs. 2 Sätze 4 und 5 eingef., bish. Sätze 4–8 werden Sätze 6–10, Abs. 3 Satz 1 einl. Satzteil geänd. mWv 1.12.2021 durch G v. 23.6.2021 (BGBl. I S. 1858); Abs. 1 Satz 1 Nr. 2, Abs. 2 Satz 2, Abs. 3 Satz 1 einl. Satzteil und Satz 3 geänd. mWv 1.12.2021 durch G v. 23.6.2021 (BGBl. I S. 1982); Abs. 1 Satz 1 Nr. 2, Abs. 2 Satz 2, Abs. 3 Satz 1 einl. Satzteil und Satz 3 geänd. mWv 14.5.2024 durch G v. 6.5.2024 (BGBl. 2024 I Nr. 149).

[3)] **Sartorius ErgBd. Nr. 920.**

darf die Auskunft nur verlangt werden zur Abwehr einer konkreten Gefahr für Leib, Leben, Freiheit oder die sexuelle Selbstbestimmung einer Person oder für den Bestand des Bundes oder eines Landes sowie Güter der Allgemeinheit, deren Bedrohung die Grundlagen der Existenz der Menschen berührt, und wenn die gesetzlichen Voraussetzungen für die Nutzung der Daten vorliegen. [3] Auskunftsverlangen nach den Sätzen 1 und 2 dürfen nur auf Antrag des Präsidenten des Bundespolizeipräsidiums, seines Vertreters oder des Leiters einer Abteilung des Bundespolizeipräsidiums durch das Gericht angeordnet werden. [4] Bei Gefahr im Verzug kann die Anordnung durch die Präsidentin oder den Präsidenten des Bundespolizeipräsidiums oder ihre oder seine Vertretung getroffen werden. [5] In diesem Fall ist die gerichtliche Entscheidung unverzüglich nachzuholen. [6] In den Fällen des Satzes 1 ist Satz 3 nicht anzuwenden, wenn

1. die betroffene Person vom Auskunftsverlangen bereits Kenntnis hat oder haben muss oder
2. die Verarbeitung der Daten bereits durch eine gerichtliche Entscheidung gestattet wird.

[7] Das Vorliegen der Voraussetzungen nach Satz 4 ist aktenkundig zu machen. [8] Zuständig ist das Amtsgericht, in dessen Bezirk das Bundespolizeipräsidium seinen Sitz hat. [9] Für das Verfahren gelten die Vorschriften des Gesetzes über das Verfahren in Familiensachen und in den Angelegenheiten der freiwilligen Gerichtsbarkeit[1)] entsprechend. [10] Werden der Bundespolizei aufgrund eines Auskunftsersuchens nach Satz 2 Passwörter oder andere Daten unverschlüsselt beauskunftet, so informiert die Bundespolizei hierüber die jeweils zuständige Datenschutzaufsichtsbehörde.

(3) [1] Die Auskunft nach den Absätzen 1 und 2 darf auch anhand einer zu einem bestimmten Zeitpunkt zugewiesenen Internetprotokoll-Adresse verlangt werden (§ 174 Absatz 1 Satz 3, § 177 Absatz 1 Nummer 3 des Telekommunikationsgesetzes und § 22 Absatz 1 Satz 3 und 4 des Telekommunikation-Digitale-Dienste-Datenschutz-Gesetzes) in den Fällen von

1. Absatz 1 Satz 2 Nummer 1 zum Schutz von Leib, Leben, Freiheit oder sexueller Selbstbestimmung der Person, dem Bestand und der Sicherheit des Bundes oder eines Landes, der freiheitlich demokratischen Grundordnung, Gütern der Allgemeinheit, deren Bedrohung die Grundlagen der Existenz der Menschen berührt, sowie nicht unerheblicher Sachwerte oder zur Verhütung einer Straftat oder
2. Absatz 1 Satz 2 Nummer 2 und 3 zum Schutz von Leib, Leben, Freiheit oder sexueller Selbstbestimmung der Person, dem Bestand und der Sicherheit des Bundes oder eines Landes, der freiheitlich demokratischen Grundordnung sowie Gütern der Allgemeinheit, deren Bedrohung die Grundlagen der Existenz der Menschen berührt.

[2] Absatz 2 Satz 2 bleibt unberührt. [3] Die Auskunft nach den Absätzen 1 und 2 anhand einer zu einem bestimmten Zeitpunkt zugewiesenen Internetprotokoll-Adresse nach § 22 Absatz 1 Satz 3 und 4 des Telekommunikation-Digitale-Dienste-Datenschutz-Gesetzes darf darüber hinaus nur verlangt werden, wenn tatsächliche Anhaltspunkte dafür vorliegen, dass die betroffene Person Nutzer des digitalen Dienstes ist, bei dem die Daten erhoben werden sollen. [4] Die rechtlichen

---

[1)] **Habersack Nr. 112.**

und tatsächlichen Grundlagen des Auskunftsverlangens sind aktenkundig zu machen.

(4) [1]Die betroffene Person ist in den Fällen der Absätze 2 und 3 über die Auskunftserteilung zu benachrichtigen. [2]Die Benachrichtigung erfolgt, soweit und sobald hierdurch der Zweck der Auskunft nicht vereitelt wird. [3]Die Benachrichtigung unterbleibt, wenn ihr überwiegende schutzwürdige Belange Dritter oder der betroffenen Person selbst entgegenstehen. [4]Wird die Benachrichtigung nach Satz 2 zurückgestellt oder nach Satz 3 von ihr abgesehen, sind die Gründe aktenkundig zu machen.

(5) Der auf Grund eines Auskunftsverlangens Verpflichtete hat die zur Auskunftserteilung erforderlichen Daten unverzüglich und vollständig zu übermitteln.

(6) [1]Die Bundespolizei hat den Verpflichteten für ihr erteilte Auskünfte eine Entschädigung zu gewähren. [2]Der Umfang der Entschädigung bemisst sich nach § 23 und Anlage 3 des Justizvergütungs- und -entschädigungsgesetzes[1]; die Vorschriften über die Verjährung in § 2 Absatz 1 und 4 des Justizvergütungs- und -entschädigungsgesetzes finden entsprechend Anwendung.

§ 23[2] Identitätsfeststellung und Prüfung von Berechtigungsscheinen.

(1) Die Bundespolizei kann die Identität einer Person feststellen

1. zur Abwehr einer Gefahr,
2. zur polizeilichen Kontrolle des grenzüberschreitenden Verkehrs,
3. im Grenzgebiet bis zu einer Tiefe von dreißig Kilometern zur Verhinderung oder Unterbindung unerlaubter Einreise in das Bundesgebiet oder zur Verhütung von Straftaten im Sinne des § 12 Abs. 1 Nr. 1 bis 4,
4. wenn die Person sich in einer Einrichtung der Bundespolizei (§ 1 Abs. 3), einer Anlage oder Einrichtung der Eisenbahnen des Bundes (§ 3), einer dem Luftverkehr dienenden Anlage oder Einrichtung eines Verkehrsflughafens (§ 4), dem Amtssitz eines Verfassungsorgans oder eines Bundesministeriums (§ 5) oder an einer Grenzübergangsstelle (§ 61) oder in unmittelbarer Nähe hiervon aufhält und Tatsachen die Annahme rechtfertigen, daß dort Straftaten begangen werden sollen, durch die in oder an diesen Objekten befindliche Personen oder diese Objekte selbst unmittelbar gefährdet sind, und die Feststellung der Identität auf Grund der Gefährdungslage oder auf die Person bezogener Anhaltspunkte erforderlich ist, oder
5. zum Schutz privater Rechte.

(1a) Das in Absatz 1 Nr. 3 genannte Grenzgebiet erstreckt sich im Küstengebiet von der seewärtigen Begrenzung an bis zu einer Tiefe von 50 Kilometern; darüber hinaus nur nach Maßgabe der Rechtsverordnung zu § 2 Abs. 2 Satz 2

(2) Zur Erfüllung der Aufgaben nach § 7 kann die Bundespolizei ferner die *Identität einer* Person feststellen, wenn sie

1. sich an einem Ort aufhält, in bezug auf den Tatsachen die Annahme rechtfertigen, daß dort
   a) Personen Straftaten verabreden, vorbereiten oder verüben oder

---

[1] **Habersack Nr. 116.**

[2] § 23 Abs. 1 neu gef. durch G v. 25.8.1998 (BGBl. I S. 2486); Abs. 1a eingef. mWv 1.1.2002 durch G v. 9.1.2002 (BGBl. I S. 361) Abs. 1 einl. Satzteil und Nr. 4, Abs. 2 einl. Satzteil und Nr. 3 einl. Satzteil, Abs. 3 Sätze 1–3, Abs. 4 sowie Abs. 5 Satz 1 geänd. mWv 1.7.2005 durch G v. 21.6.2005 (BGBl. I S. 1818).

b) sich Straftäter verbergen,

2. sich in einer Verkehrs- oder Versorgungsanlage oder -einrichtung, einem öffentlichen Verkehrsmittel, Amtsgebäude oder einem anderen besonders gefährdeten Objekt oder in unmittelbarer Nähe hiervon aufhält und Tatsachen die Annahme rechtfertigen, daß dort Straftaten begangen werden sollen, durch die in oder an diesen Objekten befindliche Personen oder diese Objekte selbst unmittelbar gefährdet sind, und die Feststellung der Identität auf Grund der Gefährdungslage oder auf die Person bezogener Anhaltspunkte erforderlich ist, oder

3. an einer Kontrollstelle angetroffen wird, die von der Bundespolizei eingerichtet worden ist, um

   a) Straftaten von erheblicher Bedeutung oder

   b) Straftaten im Sinne des § 27 des Versammlungsgesetzes[1)]

   zu verhindern, für deren Begehung Tatsachen sprechen.

(Fortsetzung nächstes Blatt)

[1)] Nr. **435**.

(3) [1] Die Bundespolizei kann zur Feststellung der Identität die erforderlichen Maßnahmen treffen. [2] Sie kann den Betroffenen insbesondere anhalten, ihn nach seinen Personalien befragen und verlangen, daß er Ausweispapiere zur Prüfung aushändigt. [3] Bei der polizeilichen Kontrolle des grenzüberschreitenden Verkehrs kann die Bundespolizei ferner verlangen, daß der Betroffene Grenzübertrittspapiere vorlegt. [4] Der Betroffene kann festgehalten und zur Dienststelle mitgenommen werden, wenn seine Identität oder seine Berechtigung zum Grenzübertritt auf andere Weise nicht oder nur unter erheblichen Schwierigkeiten festgestellt werden kann. [5] Unter den Voraussetzungen des Satzes 4 können der Betroffene sowie die von ihm mitgeführten Sachen nach Gegenständen, die der Identitätsfeststellung dienen, durchsucht werden.

(4) Die Bundespolizei kann, soweit es zur Erfüllung ihrer Aufgaben erforderlich ist, verlangen, daß Berechtigungsscheine, Bescheinigungen. Nachweise oder sonstige Urkunden zur Prüfung ausgehändigt werden, wenn der Betroffene auf Grund einer Rechtsvorschrift verpflichtet ist, diese Urkunden mitzuführen.

(5) [1] Die Bundespolizei kann verlangen, daß sich Personen ausweisen, die eine Einrichtung der Bundespolizei (§ 1 Abs. 3) oder den Amtssitz eines Verfassungsorganes oder eines Bundesministeriums (§ 5) betreten wollen oder darin angetroffen werden. [2] Von den in Satz 1 bezeichneten Personen mitgeführte Sachen können bei der Einlaßkontrolle durchsucht werden, wenn dies auf Grund der Gefährdungslage oder auf die Person bezogener Anhaltspunkte erforderlich ist.

§ 24[1)] Erkennungsdienstliche Maßnahmen. (1) Die Bundespolizei kann erkennungsdienstliche Maßnahmen vornehmen, wenn

1. eine nach § 23 Abs. 1 oder 2 zulässige Identitätsfeststellung auf andere Weise nicht oder nur unter erheblichen Schwierigkeiten möglich ist oder
2. dies zur Verhütung von Straftaten im Sinne des § 12 Abs. 1 erforderlich ist, weil der Betroffene verdächtig ist, eine solche Straftat begangen zu haben und wegen der Art oder Ausführung der Tat die Gefahr einer Wiederholung besteht.

(2) [1] Ist in den Fällen des Absatzes 1 Nr. 1 die Identität festgestellt, sind die im Zusammenhang mit der Feststellung angefallenen Unterlagen zu vernichten, es sei denn, ihre weitere Aufbewahrung ist nach Absatz 1 Nr. 2 erforderlich oder nach anderen Rechtsvorschriften zulässig. [2] Sind die Unterlagen an andere Stellen übermittelt worden, sind diese über die erfolgte Vernichtung zu unterrichten.

(3) Erkennungsdienstliche Maßnahmen sind insbesondere

1. die Abnahme von Finger- und Handflächenabdrücken,
2. die Aufnahme von Lichtbildern einschließlich Bildaufzeichnungen,
3. die Feststellungen äußerer körperlicher Merkmale,
4. Messungen und
5. mit Wissen des Betroffenen erfolgte Stimmaufzeichnungen.

---

1) § 24 Abs. 1 einl. Satzteil geänd. mWv 1.7.2005 durch G v. 21.6.2005 (BGBl. I S. 1818).

§ 25[1] Vorladung. (1) Die Bundespolizei kann eine Person schriftlich oder mündlich vorladen, wenn

1. Tatsachen die Annahme rechtfertigen, daß die Person sachdienliche Angaben machen kann, die für die Erfüllung einer bestimmten der Bundespolizei obliegenden Aufgabe erforderlich sind, oder
2. dies zur Durchführung erkennungsdienstlicher Maßnahmen erforderlich ist.

(2) [1] Bei der Vorladung ist deren Grund anzugeben. [2] Bei der Festsetzung des Zeitpunkts soll auf den Beruf und die sonstigen Lebensverhältnisse des Betroffenen Rücksicht genommen werden.

(3) Leistet ein Betroffener der Vorladung ohne hinreichenden Grund keine Folge, kann sie zwangsweise durchgesetzt werden, wenn

1. die Angaben zur Abwehr einer Gefahr für Leib, Leben oder Freiheit einer Person erforderlich sind, oder
2. dies zur Durchführung erkennungsdienstlicher Maßnahmen erforderlich ist.

(4) Für die Entschädigung oder Vergütung von Personen, die auf Vorladung als Zeugen erscheinen oder die als Sachverständige herangezogen werden, gilt das Justizvergütungs- und -entschädigungsgesetz[2] entsprechend.

§ 26[3] Datenerhebung bei öffentlichen Veranstaltungen oder Ansammlungen. (1) [1] Die Bundespolizei kann bei oder im Zusammenhang mit öffentlichen Veranstaltungen oder Ansammlungen an der Grenze oder den in § 23 Abs. 1 Nr. 4 bezeichneten Objekten personenbezogene Daten auch durch Anfertigung von Bild- und Tonaufzeichnungen von Teilnehmern erheben, wenn Tatsachen die Annahme rechtfertigen, daß bei oder im Zusammenhang mit einer solchen Veranstaltung oder Ansammlung erhebliche Gefahren für die öffentliche Sicherheit an der Grenze oder die Sicherheit der in § 23 Abs. 1 Nr. 4 bezeichneten Objekten entstehen. [2] Die Erhebung kann auch durchgeführt werden, wenn Dritte unvermeidbar betroffen werden.

(2) In den Fällen des § 7 hat die Bundespolizei die in Absatz 1 bezeichneten Befugnisse bei oder im Zusammenhang mit öffentlichen Veranstaltungen oder Ansammlungen auch außerhalb der in Absatz 1 Satz 1 bezeichneten Örtlichkeiten und Objekte, wenn Tatsachen die Annahme rechtfertigen, daß bei oder im Zusammenhang mit öffentlichen Veranstaltungen oder Ansammlungen Ordnungswidrigkeiten von erheblicher Bedeutung oder Straftaten begangen werden.

(3) [1] Nach den Absätzen 1 und 2 entstandene Aufzeichnungen sowie daraus gefertigte Unterlagen sind unverzüglich nach Beendigung der Veranstaltung oder Ansammlung zu vernichten, soweit sie nicht benötigt werden

1. zur Verfolgung einer Ordnungswidrigkeit von erheblicher Bedeutung oder einer Straftat oder
2. zur Verhütung von Straftaten bei oder im Zusammenhang mit Versammlungen, öffentlichen Veranstaltungen oder Ansammlungen, weil die betroffene Person verdächtig ist, solche Straftaten vorbereitet oder begangen zu haben

---

[1] § 25 Abs. 4 geänd. mWv 1.7.2004 durch G v. 5.5.2004 (BGBl. I S. 718); Abs. 1 einl. Satzteil und Nr. 1 geänd. mWv 1.7.2005 durch G v. 21.6.2005 (BGBl. I S. 1818).

[2] *Schönfelder Nr. 116.*

[3] § 26 Abs. 1 Satz 1 geänd. durch G v. 25.8.1998 (BGBl. I S. 2486); Abs. 1 Satz 1 und Abs. 2 geänd. mWv 1.7.2005 durch G v. 21.6.2005 (BGBl. I S. 1818).

und deshalb Grund zu der Annahme besteht, daß sie auch künftig solche Straftaten begehen wird.

[2] Die Vernichtung kann ferner unterbleiben, wenn eine Störung der öffentlichen Sicherheit bei oder im Zusammenhang mit der Veranstaltung oder Ansammlung eingetreten ist und die Aufzeichnungen ausschließlich zum Zwecke der polizeilichen Aus- und Fortbildung oder zur befristeten Dokumentation des polizeilichen Handelns verwendet werden. [3] Personenbezogene Daten sind zum frühestmöglichen Zeitpunkt zu anonymisieren. [4] Sofern eine Anonymisierung nicht möglich ist, sind Aufzeichnungen, die ausschließlich zum Zweck der Dokumentation verwendet werden, nach spätestens zwei Monaten zu vernichten.

(4) Die §§ 12 a und 19 a des Versammlungsgesetzes[1)] bleiben unberührt.

§ 27[2)] Selbsttätige Bildaufnahme- und Bildaufzeichnungsgeräte. [1] Die Bundespolizei kann selbsttätige Bildaufnahme- und Bildaufzeichnungsgeräte einsetzen, um

1. unerlaubte Grenzübertritte oder Gefahren für die Sicherheit an der Grenze oder
2. Gefahren für die in § 23 Abs. 1 Nr. 4 bezeichneten Objekte oder für dort befindliche Personen oder Sachen

zu erkennen. [2] In den Fällen des Satzes 1 Nr. 2 muß der Einsatz derartiger Geräte erkennbar sein. [3] Werden auf diese Weise personenbezogene Daten aufgezeichnet, sind diese Aufzeichnungen in den Fällen des Satzes 1 Nr. 1 spätestens nach zwei Tagen und in den Fällen des Satzes 1 Nr. 2 spätestens nach 30 Tagen zu vernichten, soweit sie nicht zur Abwehr einer gegenwärtigen Gefahr oder zur Verfolgung einer Straftat oder Ordnungswidrigkeit benötigt werden.

§ 27 a[3)] Mobile Bild- und Tonaufzeichnungsgeräte. (1) Die Bundespolizei kann an öffentlich zugänglichen Orten personenbezogene Daten durch die offene Anfertigung von Bild- und Tonaufzeichnungen mittels körpernah getragener Bild- und Tonaufzeichnungsgeräte erheben, wenn tatsächliche Anhaltspunkte bestehen, dass dies erforderlich ist

1. zum Schutz von Beamtinnen und Beamten der Bundespolizei oder Dritten gegen eine Gefahr für Leib, Leben, Freiheit oder Eigentum oder
2. zur Verfolgung von
   a) Straftaten oder
   b) Ordnungswidrigkeiten von auch im Einzelfall erheblicher Bedeutung.

(2) [1] Die Erhebung personenbezogener Daten kann auch dann erfolgen, wenn Dritte unvermeidbar betroffen sind. [2] Auf Maßnahmen nach Absatz 1 ist in geeigneter Form hinzuweisen; bei Gefahr im Verzug kann der Hinweis unterbleiben.

---

1) Nr. **435**.

2) § 27 Satz 1 Nr. 2 geänd. durch G v. 25. 8. 1998 (BGBl. I S. 2486); Satz 1 einl. Satzteil geänd. mWv 1. 7. 2005 durch G v. 21. 6. 2005 (BGBl. I S. 1818); Satz 3 geänd. mWv 1. 4. 2008 durch G v. 22. 12. 2007 (BGBl. I S. 3214).

3) § 27 a eingef. mWv 16. 5. 2017 durch G v. 5. 5. 2017 (BGBl. I S. 1066).

(3) [1] Die Bild- und Tonaufzeichnungsgeräte dürfen im Bereitschaftsbetrieb in ihrem Zwischenspeicher kurzzeitig Daten erfassen. [2] Diese Daten sind automatisch nach höchstens 30 Sekunden spurenlos zu löschen, es sei denn, es erfolgt eine Aufnahme nach Absatz 1. [3] In diesem Fall dürfen die nach Satz 1 erfassten Daten bis zu einer Dauer von 30 Sekunden vor dem Beginn der Aufzeichnung nach Absatz 1 gespeichert werden.

(4) [1] Werden nach Absatz 1 personenbezogene Daten aufgezeichnet, sind die Bild- und Tonaufzeichnungen 30 Tage aufzubewahren. [2] Im Anschluss sind die Aufzeichnungen unverzüglich zu vernichten, soweit sie nicht benötigt werden

1. für die Verfolgung von
   a) Straftaten oder
   b) Ordnungswidrigkeiten von auch im Einzelfall erheblicher Bedeutung,
2. im Einzelfall zur Gefahrenabwehr oder
3. im Einzelfall, insbesondere auf Verlangen des Betroffenen, für die Überprüfung der Rechtmäßigkeit von aufgezeichneten polizeilichen Maßnahmen.

[3] Aufzeichnungen, die aus den in Satz 2 Nummer 2 aufgeführten Gründen nicht vernichtet wurden, sind in jedem Fall spätestens nach Ablauf von sechs Monaten nach ihrer Entstehung zu vernichten, es sei denn, sie werden inzwischen für Zwecke des Satzes 2 Nummer 1 Buchstabe a oder Nummer 3 benötigt.

§ 27 b[1)] Anlassbezogene automatische Kennzeichenerfassung. (1) Die Bundespolizei kann zur Erfüllung ihrer Aufgaben nach § 2 Absatz 2 im öffentlichen Verkehrsraum vorübergehend und nicht flächendeckend die Kennzeichen von Fahrzeugen ohne Wissen der Person durch den Einsatz technischer Mittel automatisch erheben, wenn

1. dies zur Abwehr einer gegenwärtigen Gefahr für Leib, Leben oder Freiheit einer Person erforderlich ist,
2. dies auf Grund von tatsächlichen Anhaltspunkten für Straftaten von erheblicher Bedeutung, die gegen die Sicherheit der Grenze gerichtet sind, erfolgt oder
3. eine Person oder ein Fahrzeug durch die Bundespolizei oder eine andere Behörde ausgeschrieben wurde und die Begehung einer Straftat von erheblicher Bedeutung durch diese Person oder mittels des ausgeschriebenen Fahrzeugs unmittelbar bevorsteht oder andauert.

(2) Die nach Absatz 1 erhobenen Daten können mit dem Fahndungsbestand nach § 34 Absatz 1 Satz 2 automatisch abgeglichen werden.

(3) [1] Im Trefferfall ist unverzüglich die Übereinstimmung zwischen den erfassten Daten und den Daten aus dem Fahndungsbestand zu überprüfen. [2] Die übereinstimmenden Daten können verarbeitet und zusammen mit den gewonnenen Erkenntnissen an die ausschreibende Stelle übermittelt werden.

(4) Liegt kein Treffer vor, sind die Daten sofort und spurenlos zu löschen.

[1)] § 27 b eingef. mWv 16. 5. 2017 durch G v. 5. 5. 2017 (BGBl. I S. 1066).

(5) Sofern der Abgleich der erhobenen Daten mit dem Fahndungsbestand nach § 34 Absatz 1 Satz 2 zwar einen Treffer ergibt, die Ausschreibung im Fahndungsbestand jedoch nicht im Zusammenhang mit der Verfolgung der Zwecke des Absatzes 1 Nummer 1 bis 3 steht, sind die Daten sofort und spurenlos zu löschen, es sei denn, sie werden benötigt, um die Begehung einer Straftat von erheblicher Bedeutung zu verfolgen.

§ 27 c[1)] Gesprächsaufzeichnung. (1) Die Bundespolizei kann bei Einsatzleitstellen eingehende Telefonanrufe aufzeichnen, soweit dies zur Erfüllung ihrer Aufgaben notwendig ist.

(2) Die Aufzeichnungen sind sofort und spurenlos zu löschen, sobald sie nicht mehr zur Aufgabenerfüllung erforderlich sind, spätestens jedoch nach 30 Tagen, es sei denn, sie werden im Einzelfall zur Verfolgung von Straftaten oder zur Gefahrenabwehr weiter benötigt.

§ 28[2)] Besondere Mittel der Datenerhebung. (1) [1] Die Bundespolizei kann unter Beachtung des § 70 Satz 2 personenbezogene Daten mit den besonderen Mitteln nach Absatz 2 erheben über

1. die nach § 17 oder § 18 Verantwortlichen oder unter den Voraussetzungen des § 20 Abs. 1 über die dort bezeichneten Personen zur Abwehr einer Gefahr für den Bestand oder die Sicherheit des Staates oder für Leib, Leben oder Freiheit einer Person oder für Sachen von erheblichem Wert, deren Erhaltung im öffentlichen Interesse geboten ist, oder
2. die in § 21 Abs. 2 bezeichneten Personen zur Verhütung von Straftaten im Sinne des § 12 Abs. 1 mit erheblicher Bedeutung, wenn Tatsachen die Annahme rechtfertigen, daß eine solche Straftat gewerbs-, gewohnheits-, bandenmäßig oder von einer kriminellen Vereinigung begangen werden soll,

und die Abwehr der Gefahr oder die Verhütung der Straftat auf andere Weise aussichtslos ist oder wesentlich erschwert würde. [2] Die Erhebung kann auch durchgeführt werden, wenn Dritte unvermeidbar betroffen werden.

(2) Besondere Mittel der Datenerhebung sind

1. die planmäßig angelegte Beobachtung einer Person, die durchgehend länger als vierundzwanzig Stunden dauern oder an mehr als zwei Tagen stattfinden soll (längerfristige Observation),
2. der Einsatz technischer Mittel in einer für den Betroffenen nicht erkennbaren Weise
   a) zur Anfertigung von Bildaufnahmen oder -aufzeichnungen,
   b) zum Abhören oder Aufzeichnen des nicht öffentlich gesprochenen Wortes,

---

[1)] § 27 c eingef. mWv 16. 5. 2017 durch G v. 5. 5. 2017 (BGBl. I S. 1066).

[2)] § 28 Abs. 1 Satz 1 einl. Satzteil, Abs. 2 Nr. 3, Abs. 3 Sätze 1 und 5 sowie Abs. 5 Satz 2 geänd. mWv 1. 7. 2005 durch G v. 21. 6. 2005 (BGBl. I S. 1818); Abs. 3 Sätze 1 und 5 geänd. mWv 1. 3. 2008 durch G v. 26. 2. 2008 (BGBl. I S. 215); Abs. 3 Satz 6 geänd. mWv 1. 9. 2009 durch G v. 17. 12. 2008 (BGBl. I S. 2586); Abs. 2 Nr. 2 Buchst. b und Nr. 3 geänd., Nr. 4 angef., Abs. 3 a eingef., Abs. 6–9 angef. mWv 30. 7. 2016 durch G v. 26. 7. 2016 (BGBl. I S. 1818).

3. der Einsatz von Personen, die nicht der Bundespolizei angehören und deren Zusammenarbeit mit der Bundespolizei Dritten nicht bekannt ist und
4. der Einsatz von Polizeivollzugsbeamten unter einer ihnen auf Dauer angelegten Legende (Verdeckter Ermittler).

(3) [1] Der Einsatz von besonderen Mitteln nach Absatz 2 darf, außer bei Gefahr im Verzug, nur durch den Leiter der in der Rechtsverordnung nach § 58 Abs. 1 *bestimmte*[1)] Bundespolizeibehörde oder seinen Vertreter angeordnet werden. [2] Die Anordnung ist unter Angabe der maßgeblichen Gründe aktenkundig zu machen und auf höchstens einen Monat zu befristen. [3] Die Verlängerung der Maßnahme bedarf einer neuen Anordnung. [4] Die Entscheidung über die Verlängerung der Maßnahme darf in Fällen des Absatzes 2 Nr. 1 und 2 Buchstabe b nur durch den Richter getroffen werden. [5] Zuständig ist das Amtsgericht, in dessen Bezirk die Bundespolizeibehörde nach Satz 1 ihren Sitz hat. [6] Für das Verfahren gelten die Vorschriften des Gesetzes über das Verfahren in Familiensachen und in den Angelegenheiten der freiwilligen Gerichtsbarkeit[2)] entsprechend.

(3 a) [1] Maßnahmen nach Absatz 2 Nummer 4, die sich gegen eine bestimmte Person richten oder bei denen der Verdeckte Ermittler eine Wohnung betritt, die nicht allgemein zugänglich ist, dürfen nur durch das Gericht angeordnet werden. [2] Bei Gefahr im Verzug dürfen Maßnahmen nach Satz 1 durch den Präsidenten des Bundespolizeipräsidiums, seinen Vertreter oder durch den Leiter einer Abteilung des Bundespolizeipräsidiums angeordnet werden. [3] In diesem Fall ist die gerichtliche Entscheidung unverzüglich nachzuholen. [4] Soweit die Anordnung nicht binnen drei Tagen durch das Gericht bestätigt wird, tritt sie außer Kraft. [5] Die Anordnung ist unter Angabe der maßgeblichen Gründe aktenkundig zu machen und auf höchstens drei Monate zu befristen. [6] Die Verlängerung einer Maßnahme um jeweils einen Monat ist bei erneuter Anordnung durch ein Gericht möglich. [7] Zuständig ist das Amtsgericht, in dessen Bezirk das Bundespolizeipräsidium seinen Sitz hat. [8] Absatz 3 Satz 6 gilt entsprechend.

(4) Unterlagen, die durch Maßnahmen der in Absatz 2 genannten Art erlangt worden sind, sind unverzüglich zu vernichten, soweit sie für den der Anordnung zugrunde liegenden Zweck oder nach Maßgabe der Strafprozeßordnung[3)] zur Verfolgung einer Straftat nicht oder nicht mehr erforderlich sind.

(5) [1] Nach Abschluß der in Absatz 2 Nr. 1 und 2 Buchstabe b bezeichneten Maßnahmen ist die Person, gegen die die Maßnahme angeordnet worden ist, zu unterrichten, sobald dies ohne Gefährdung des Zwecks der Maßnahme oder der öffentlichen Sicherheit geschehen kann. [2] Die Unterrichtung durch die Bundespolizei unterbleibt, wenn wegen des auslösenden Sachverhalts ein strafrechtliches Ermittlungsverfahren gegen den Betroffenen durchgeführt wird und durch die Unterrichtung der Untersuchungszweck gefährdet würde; die Entscheidung trifft die Staatsanwaltschaft.

(6) [1] Verdeckte Ermittler dürfen unter einer Legende

1. zur Erfüllung ihres Auftrages am Rechtsverkehr teilnehmen und

---

[1)] *Richtig wohl: „bestimmten".*
[2)] **Schönfelder Nr. 112.**
[3)] **Schönfelder Nr. 90.**

2. mit Einverständnis des Berechtigten dessen Wohnung betreten; das Einverständnis darf nicht durch ein über die Nutzung der Legende hinausgehendes Vortäuschen eines Zutrittsrechts herbeigeführt werden.

[2] Soweit es für den Aufbau und die Aufrechterhaltung der Legende von Verdeckten Ermittlern unerlässlich ist, dürfen entsprechende Urkunden hergestellt, verändert oder gebraucht werden.

(7) [1] Über eine Maßnahme nach Absatz 2 Nummer 4 sind zu benachrichtigen

1. die Zielperson,
2. die erheblich mitbetroffenen Personen sowie
3. die Personen, deren nicht allgemein zugängliche Wohnung der Verdeckte Ermittler betreten hat.

[2] Die Benachrichtigung unterbleibt, wenn ihr überwiegende schutzwürdige Belange einer betroffenen Person entgegenstehen. [3] Nachforschungen zur Feststellung der Identität einer in Satz 1 bezeichneten Person sind nur vorzunehmen, wenn dies unter Berücksichtigung der Eingriffsintensität der Maßnahme gegenüber dieser Person, des Aufwands für die Feststellung ihrer Identität sowie der daraus für diese oder andere Personen folgenden Beeinträchtigungen geboten ist.

(8) [1] Die Benachrichtigung über eine Maßnahme nach Absatz 2 Nummer 4 erfolgt, sobald dies möglich ist ohne Gefährdung

1. des Zwecks der Maßnahme,
2. des Bestandes des Staates,
3. von Leib, Leben oder Freiheit einer Person,
4. von Sachen von bedeutendem Wert, deren Erhaltung im öffentlichen Interesse geboten ist, oder
5. der Möglichkeit der weiteren Verwendung des Verdeckten Ermittlers.

[2] Wird wegen des zugrunde liegenden Sachverhaltes ein strafrechtliches Ermittlungsverfahren geführt, erfolgt die Benachrichtigung durch die Strafverfolgungsbehörde entsprechend den Vorschriften des Strafverfahrensrechts. [3] Wird die Benachrichtigung aus einem der vorgenannten Gründe zurückgestellt, ist dies aktenkundig zu machen.

(9) [1] Erfolgt die nach Absatz 8 zurückgestellte Benachrichtigung nicht binnen zwölf Monaten nach Beendigung der Maßnahme, bedarf die weitere Zurückstellung der gerichtlichen Zustimmung. [2] Das Gericht bestimmt die Dauer der weiteren Zurückstellung, jedoch nicht länger als zwölf Monate. [3] Verlängerungen der Zurückstellungsdauer sind zulässig. [4] Fünf Jahre nach Beendigung der Maßnahme kann mit gerichtlicher Zustimmung endgültig von der Benachrichtigung abgesehen werden, wenn die Voraussetzungen für die Benachrichtigung mit an Sicherheit grenzender Wahrscheinlichkeit auch in Zukunft nicht eintreten werden.

§ 28a[1)] Einsatz technischer Mittel zur Eigensicherung. (1) Werden Verdeckte Ermittler im Rahmen der Gefahrenabwehr nach § 28 Absatz 2 Nummer 4 oder aus Gründen der Strafverfolgung tätig, dürfen, soweit dies zur Abwehr von

[1)] § 28a eingef. mWv 30.7.2016 durch G v. 26.7.2016 (BGBl. I S. 1818); Abs. 4 Satz 1 geänd. mWv 26.11.2019 durch G v. 20.11 2019 (BGBl. I S. 1724).

Gefahren für deren Leib, Leben oder Freiheit unerlässlich ist, ohne Wissen der Betroffenen im Beisein oder in unmittelbarem zeitlichen Zusammenhang mit dem Einsatz des Verdeckten Ermittlers das innerhalb oder außerhalb einer Wohnung nicht öffentlich gesprochene Wort mit technischen Mitteln abgehört, aufgezeichnet und Lichtbilder sowie Bildaufzeichnungen hergestellt werden.

(2) [1] Ist der Kernbereich privater Lebensgestaltung betroffen, ist die Maßnahme unverzüglich zu unterbrechen, sobald dies ohne Gefährdung des Verdeckten Ermittlers möglich ist. [2] Bereits erfasste Daten, die den Kernbereich privater Lebensgestaltung betreffen, sind unverzüglich zu löschen. [3] Erkenntnisse über solche Vorgänge dürfen nicht verwertet werden. [4] Die Tatsache der Erfassung der Daten und ihrer Löschung ist aktenkundig zu machen. [5] Diese Daten dürfen ausschließlich zu Zwecken der Datenschutzkontrolle verwendet werden. [6] Sie sind zu löschen, wenn sie für diese Zwecke nicht mehr erforderlich sind, spätestens jedoch am Ende des zweiten Kalenderjahres, das dem Jahr der Dokumentierung folgt.

(3) [1] Maßnahmen nach Absatz 1 dürfen nur durch den Präsidenten des Bundespolizeipräsidiums, seinen Vertreter oder durch den Leiter einer Abteilung des Bundespolizeipräsidiums angeordnet werden. [2] Bei Gefahr im Verzug dürfen Maßnahmen auch durch Beamte des höheren Dienstes des Bundespolizeipräsidiums angeordnet werden.

(4) [1] Die Zulässigkeit der Verwendung von personenbezogenen Daten, die durch den Einsatz technischer Mittel zur Eigensicherung erlangt werden, richtet sich für Zwecke der Strafverfolgung nach der Strafprozessordnung[1)]. [2] Im Übrigen dürfen diese Daten außer für die in Absatz 1 genannten Zwecke nur zur Gefahrenabwehr verwendet werden. [3] Wurden diese Daten in oder aus einer Wohnung erlangt, so ist die Verwendung zur Gefahrenabwehr nur zulässig nach Feststellung der Rechtmäßigkeit der Maßnahme durch das Amtsgericht, in dessen Bezirk das Bundespolizeipräsidium seinen Sitz hat; bei Gefahr im Verzug ist die gerichtliche Entscheidung unverzüglich nachzuholen.

(5) [1] Nach Abschluss der Maßnahme sind die nach Absatz 1 hergestellten Aufzeichnungen unverzüglich zu löschen, es sei denn, sie werden für die in Absatz 4 genannten Zwecke noch benötigt. [2] § 28 Absatz 7 bis 9 gilt entsprechend.

Teil 2. Datenverarbeitung und Datennutzung

§ 29[2)] Speicherung, Veränderung und Nutzung personenbezogener Daten. (1) [1] Die Bundespolizei kann personenbezogene Daten speichern, verändern und nutzen, soweit dies zur Erfüllung ihrer jeweiligen Aufgabe erforderlich ist. [2] Sie kann ferner personenbezogene Daten speichern, verändern und nutzen, soweit dies zur Erledigung besonderer Ersuchen nach § 17 Abs. 2 des Bundesverfassungsschutzgesetzes[3)] erforderlich ist. [3] Die Speicherung, Veränderung und Nutzung darf nur für den Zweck erfolgen, für den

(Fortsetzung nächstes Blatt)

[1)] **Schönfelder Nr. 90.**

[2)] *§ 29 Abs. 1 Sätze 1, 2 und 4, Abs. 2 Satz 1,* Satz 2 einl. Satzteil und Nr. 2, Satz 3 einl. Satzteil, Abs. 3 Satz 1, Abs. 5 Satz 1 sowie Abs. 6 Satz 1 geänd. mWv 1.7.2005 durch G v. 21.6.2005 (BGBl. I S. 1818).

[3)] Nr. **80**.

die Daten erlangt worden sind. [4] Die Speicherung, Veränderung und Nutzung für einen anderen Zweck ist zulässig, soweit die Bundespolizei die Daten für diesen Zweck nach diesem Gesetz oder einer anderen Rechtsvorschrift erheben dürfte. [5] Sind personenbezogene Daten mit den besonderen Mitteln des § 28 Abs. 2 erhoben worden, ist ihre Verwendung für einen anderen Zweck nur zulässig, soweit dies zur Abwehr einer erheblichen Gefahr erforderlich ist; die Vorschriften der Strafprozeßordnung[1)] bleiben unberührt.

(2) [1] Die Bundespolizei kann, soweit gesetzlich nichts anderes bestimmt ist, personenbezogene Daten, die sie bei Wahrnehmung der polizeilichen Aufgaben auf dem Gebiet der Strafverfolgung über eine einer Straftat verdächtige Person erlangt hat, in Dateien speichern, verändern und nutzen, soweit dies zur Abwehr von Gefahren im Rahmen der der Bundespolizei obliegenden Aufgaben oder für Zwecke künftiger Strafverfahren wegen Straftaten im Sinne des § 12 Abs. 1 erforderlich ist. [2] Nach Maßgabe des Satzes 1 kann die Bundespolizei

1. die Personendaten und, soweit erforderlich, andere zur Identifizierung geeignete Merkmale,
2. die kriminalaktenführende Dienststelle der Bundespolizei und die Kriminalaktennummer,
3. die Tatzeiten und Tatorte und
4. die Tatvorwürfe durch Angabe der gesetzlichen Vorschriften und die nähere Bezeichnung der Straftaten

in Dateien speichern, verändern und nutzen. [3] Weitere personenbezogene Daten kann die Bundespolizei nach Satz 1 nur speichern, verändern und nutzen, soweit dies erforderlich ist,

1. zur Eigensicherung von Beamten oder zum Schutz des Betroffenen oder
2. weil wegen der Art oder Ausführung der Tat, der Persönlichkeit des Betroffenen oder sonstiger Erkenntnisse Grund zu der Annahme besteht, daß weitere Strafverfahren gegen ihn wegen Straftaten im Sinne des § 12 Abs. 1 zu führen sind.

[4] Wird der Beschuldigte rechtskräftig freigesprochen, die Eröffnung des Hauptverfahrens gegen ihn unanfechtbar abgelehnt oder das Verfahren nicht nur vorläufig eingestellt, ist die Speicherung, Veränderung und Nutzung unzulässig, wenn sich aus den Gründen der Entscheidung ergibt, daß er die Tat nicht oder nicht rechtswidrig begangen hat.

(3) [1] Die Bundespolizei kann personenbezogene Daten solcher Personen, die bei einer künftigen Strafverfolgung als Zeugen in Betracht kommen, sowie von den in § 21 Abs. 2 Nr. 2 bezeichneten Personen, Hinweisgebern und sonstigen Auskunftspersonen außer zur Abwehr einer Gefahr nur dann in Dateien speichern, verändern und nutzen, wenn Anhaltspunkte dafür vorliegen, daß dies zur Verhütung von Straftaten im Sinne des § 12 Abs. 1 mit erheblicher Bedeutung oder für Zwecke künftiger Strafverfahren wegen solcher Straftaten erforderlich ist. [2] Die Speicherung nach Satz 1 ist zu beschränken auf die in Absatz 2 Satz 2 Nr. 1 und 2 bezeichneten Daten sowie auf die Angabe, in welcher Eigenschaft der Person und in bezug auf welchen Sachverhalt die

---

[1)] **Schönfelder Nr. 90.**

Speicherung der Daten erfolgt. [3] Personenbezogene Daten über Zeugen nach Satz 1 dürfen nur mit Einwilligung des Betroffenen gespeichert werden.

(4) Werden Bewertungen in Dateien gespeichert, muß feststellbar sein, bei welcher Stelle die Unterlagen geführt werden, die der Bewertung zugrunde liegen.

(5) [1] Die Bundespolizei kann personenbezogene Daten zur Vorgangsverwaltung oder zur befristeten Dokumentation des polizeilichen Handelns speichern und ausschließlich zu diesem Zweck nutzen. [2] Die Absätze 1 bis 3 finden keine Anwendung.

(6) [1] Die Bundespolizei kann nach den Absätzen 1 bis 5 gespeicherte personenbezogene Daten zur polizeilichen Aus- und Fortbildung nutzen. [2] Die Daten sind zum frühestmöglichen Zeitpunkt zu anonymisieren. [3] Die Anonymisierung kann unterbleiben, wenn sie nur mit unverhältnismäßigem Aufwand möglich ist oder der Aus- und Fortbildungszweck mit anonymisierten Daten nicht erreicht werden kann und jeweils die berechtigten Interessen des Betroffenen an der Geheimhaltung der Daten nicht offensichtlich überwiegen.

§ 30[1)] Ausschreibung zur Fahndung. (1) [1] Die Bundespolizei kann personenbezogene Daten, insbesondere die Personalien einer Person, das amtliche Kennzeichen des von ihr benutzten oder eingesetzten Kraftfahrzeuges und, soweit gesetzlich nichts anderes bestimmt ist, die Seriennummer des von ihr verwendeten Ausweisdokuments oder Sichtvermerks ausschreiben und hierfür in einer für die Grenzfahndung geführten Datei speichern (Ausschreibung zur Grenzfahndung). [2] Das Bundesministerium des Innern, für Bau und Heimat bestimmt das Nähere über die Art der Daten, die nach Satz 1 bei der Ausschreibung zur Grenzfahndung gespeichert werden dürfen, durch Rechtsverordnung.

(2) Die Ausschreibung zur Grenzfahndung ist zulässig zum Zwecke

1. der Ingewahrsamnahme, wenn die Person nach § 39 in Gewahrsam genommen werden kann, ihr Aufenthalt nicht bekannt ist und angenommen werden kann, daß sie bei der Kontrolle des grenzüberschreitenden Verkehrs angetroffen wird,
2. der grenzpolizeilichen Überprüfung, wenn Tatsachen die Annahme rechtfertigen, daß die Überprüfung der Person bei der Kontrolle des grenzüberschreitenden Verkehrs erforderlich ist, um
   a) eine erhebliche Gefahr abzuwehren,
   b) begründete Zweifel an der Berechtigung der Person zum Grenzübertritt auszuräumen oder zu bestätigen oder
   c) das Antreffen der als vermißt geltenden Person festzustellen, oder
3. der Zurückweisung oder Ausreiseuntersagung, sofern diese Maßnahmen auf Grund ausländerrechtlicher Rechtsvorschriften zulässig sind.

(3) [1] Die Bundespolizei kann auf Veranlassung einer anderen öffentlichen Stelle eine Person oder eine Sache zur Grenzfahndung zu den in Absatz 2 bezeichneten Zwecken ausschreiben, wenn die veranlassende Stelle nach dem

---

1) § 30 Abs. 1 Satz 1, Abs. 3 Satz 1, Abs. 4 Satz 1 und Abs. 5 geänd. mWv 1.7.2005 durch G v. 21.6. *2005 (BGBl. I S. 1818)*; Abs. 4 Satz 1 geänd. mWv 1.3.2008 durch G v. 26.2.2008 (BGBl. I S. 215); Abs. 5 geänd. mWv 16.5.2017 durch G v. 5.5.2017 (BGBl. I S. 1066); Abs. 1 Satz 2 geänd. mWv 27.6.2020 durch VO v. 19.6.2020 (BGBl. I S. 1328).

für sie geltenden Recht befugt ist, die mit der Ausschreibung bezweckte Maßnahme vorzunehmen oder durch eine Polizeibehörde vornehmen zu lassen. [2] Die veranlassende Stelle trägt die Verantwortung für die Zulässigkeit der Maßnahme. [3] Sie hat die bezweckte Maßnahme sowie Umfang und Dauer der Ausschreibung zu bezeichnen.

(4) [1] Die Speicherung in der für die Grenzfahndung geführten Datei erfolgt durch die in der Rechtsverordnung nach § 58 Abs. 1 bestimmte Bundespolizeibehörde. [2] Die Berechtigung zum Abruf von Daten im automatisierten Verfahren aus der für die Grenzfahndung geführten Datei darf nur den mit der Wahrnehmung der polizeilichen Kontrollen des grenzüberschreitenden Verkehrs beauftragten Behörden eingeräumt werden.

(5) Die Bundespolizei kann ferner personenbezogene Daten der in Absatz 1 bezeichneten Art im automatisierten Verfahren in den Fahndungsbestand des polizeilichen Informationssystems zum Zwecke der Einreiseverweigerung, Ingewahrsamnahme, Aufenthaltsermittlung oder Überprüfung der Person eingeben, wenn sie nach den Vorschriften dieses Gesetzes befugt ist, die mit der Ausschreibung bezweckte Maßnahme selbst vorzunehmen oder durch eine zum Abruf der Daten im automatisierten Verfahren berechtigte Stelle vornehmen zu lassen.

§ 30a[1)] Ausschreibung zur verdeckten Kontrolle, Ermittlungsanfrage oder gezielten Kontrolle. (1) Die Bundespolizei kann zur Erfüllung ihrer Aufgaben nach § 1 Absatz 3 sowie nach den §§ 2 bis 7 eine Person, eine Sache oder bargeldlose Zahlungsmittel zur verdeckten Kontrolle, Ermittlungsanfrage oder gezielten Kontrolle im polizeilichen Informationsverbund ausschreiben, wenn die Voraussetzungen des Artikels 36 Absatz 1 und 3 Buchstabe a und c der Verordnung (EU) 2018/1862 des Europäischen Parlaments und des Rates vom 28. November 2018 über die Einrichtung, den Betrieb und die Nutzung des Schengener Informationssystems (SIS) im Bereich der polizeilichen Zusammenarbeit und der justiziellen Zusammenarbeit in Strafsachen, zur Änderung und Aufhebung des Beschlusses 2007/533/JI des Rates und zur Aufhebung der Verordnung (EG) Nr. 1986/2006 des Europäischen Parlaments und des Rates und des Beschlusses 2010/261/EU der Kommission (ABl. L 312 vom 7.12.2018, S. 56) vorliegen.

(2) [1] Die Ausschreibung zur verdeckten Kontrolle darf nur durch die Präsidentin oder den Präsidenten des Bundespolizeipräsidiums oder einer Bundespolizeidirektion, ihrer oder seiner Vertretung, oder durch die Leiterin oder den Leiter einer Abteilung des Bundespolizeipräsidiums angeordnet werden. [2] Bei Gefahr im Verzug darf die Ausschreibung nach Satz 1 auch durch Beamte des höheren Dienstes des Bundespolizeipräsidiums angeordnet werden.

(3) Die Ausschreibung ist unter Angabe der maßgeblichen Gründe zu dokumentieren.

(4) [1] Die Anordnung einer Personenausschreibung nach Absatz 1 ist auf höchstens ein Jahr zu befristen. [2] Spätestens nach Ablauf von sechs Monaten ist zu prüfen, ob die Voraussetzungen für die Anordnung noch bestehen. [3] Das Ergebnis dieser Prüfung ist zu dokumentieren. [4] Eine Verlängerung der Anordnung um jeweils nicht mehr als ein Jahr ist zulässig, sofern die Voraussetzungen der Anordnung weiterhin vorliegen; bei einer Personenausschreibung zur verdeckten Kontrolle bedarf die Verlängerung einer richterlichen Anordnung. [5] Zuständig ist das Amtsgericht, in dessen Bezirk die Bundespolizeibehörde nach Absatz 2 Satz 1 ihren Sitz hat. [6] Für das Verfahren gelten die Vorschriften des Gesetzes über das

1) § 30a eingef. mWv 28.12.2022 durch G v. 19.12.2022 (BGBl. I S. 2632).

Verfahren in Familiensachen und in den Angelegenheiten der freiwilligen Gerichtsbarkeit[1]) entsprechend.

(5) Liegen die Voraussetzungen für die Anordnung nicht mehr vor, ist der Zweck der Maßnahme erreicht oder zeigt sich, dass er nicht mehr erreicht werden kann, ist die Ausschreibung unverzüglich zu löschen.

(6) [1] Über die Personenausschreibung zur verdeckten Kontrolle sind die Zielperson und die Personen, deren personenbezogene Daten gemeldet worden sind, zu benachrichtigen. [2] Die Benachrichtigung unterbleibt, wenn ihr überwiegende schutzwürdige Belange einer betroffenen Person entgegenstehen. [3] Nachforschungen zur Feststellung der Identität einer in Satz 2 bezeichneten Person sind nur vorzunehmen, wenn dies unter Berücksichtigung der Eingriffsintensität der Maßnahme gegenüber dieser Person, des Aufwands für die Feststellung ihrer Identität sowie der daraus für diese oder andere Personen folgenden Beeinträchtigungen geboten ist. [4] Die Benachrichtigung erfolgt, sobald dies ohne Gefährdung des Zwecks der Maßnahme, des Bestandes des Staates, von Leib, Leben oder Freiheit einer Person oder Sachen von bedeutendem Wert, deren Erhaltung im öffentlichen Interesse liegt, möglich ist. [5] Wird wegen des zugrundeliegenden Sachverhaltes ein strafrechtliches Ermittlungsverfahren geführt, entscheidet die Strafverfolgungsbehörde entsprechend den Vorschriften des Strafverfahrensrechts, ob eine Benachrichtigung vorgenommen wird. [6] Die Benachrichtigung erfolgt durch die Bundespolizeibehörde, die die Maßnahme veranlasst hat. [7] Wird die Benachrichtigung aus einem der vorgenannten Gründe zurückgestellt, ist dies zu dokumentieren. [8] Erfolgt die nach Satz 4 zurückgestellte Benachrichtigung nicht binnen zwölf Monaten nach Beendigung der Maßnahme, bedarf die weitere Zurückstellung der gerichtlichen Zustimmung. [9] Das Gericht bestimmt die Dauer der weiteren Zurückstellung. [10] Verlängerungen der Zurückstellungsdauer sind zulässig. [11] Fünf Jahre nach Beendigung der Maßnahme kann mit gerichtlicher Zustimmung endgültig von der Benachrichtigung abgesehen werden, wenn die Voraussetzungen für die Benachrichtigung mit an Sicherheit grenzender Wahrscheinlichkeit auch in Zukunft nicht eintreten werden, eine weitere Verwendung der Daten gegen den Betroffenen ausgeschlossen ist und die Daten gelöscht werden. [12] Sind mehrere Maßnahmen in einem engen zeitlichen Zusammenhang durchgeführt worden, beginnt die in Satz 8 genannte Frist mit der Beendigung der letzten Maßnahme.

§ 31[2]) Ausschreibung zur grenzpolizeilichen Beobachtung. (1) [1] Die Bundespolizei kann personenbezogene Daten der in § 30 Abs. 1 Satz 1 bezeichneten Art ausschreiben und hierfür in der für die Grenzfahndung geführten Datei speichern, damit die mit der Wahrnehmung der polizeilichen Kontrolle des grenzüberschreitenden Verkehrs beauftragten Behörden Erkenntnisse über Ort und Zeit des Antreffens der Person, etwaiger Begleiter, des Kraftfahrzeugs und des Führers des Kraftfahrzeugs sowie über Reiseweg und Reiseziel, mitgeführte Sachen und Umstände des Antreffens melden, wenn diese bei Gelegenheit der grenzpolizeilichen Kontrolle festgestellt werden (Ausschreibung zur grenzpolizeilichen Beobachtung). [2] Das Bundesministerium des Innern, für Bau und Heimat bestimmt das Nähere über die Art der Daten, die nach Satz 1 bei der Ausschreibung zur

[1]) ***Habersack* Nr. 112.**

[2]) § 31 Abs. 1 Satz 1, Abs. 3 Satz 1, Abs. 4 Satz 5 und Abs. 7 Satz 1 geänd. mWv 1.7.2005 durch G v. 21.6.2005 (BGBl. I S. 1818); Abs. 3 Satz 1, Abs. 4 Satz 5 und Abs. 7 Satz 1 geänd. mWv 1.3.2008 durch G v. 26.2.2008 (BGBl. I S. 215); Abs. 1 Satz 2 geänd. mWv 27.6.2020 durch VO v. 19.6.2020 (BGBl. I S. 1328).

grenzpolizeilichen Beobachtung gespeichert werden dürfen, durch Rechtsverordnung.

(2) Die Ausschreibung zur grenzpolizeilichen Beobachtung ist nur zulässig, wenn

1. die Gesamtwürdigung der Person und ihrer bisher begangenen Straftaten erwarten läßt, daß sie auch künftig Straftaten im Sinne des § 12 Abs. 1 mit erheblicher Bedeutung begehen wird, oder
2. Tatsachen die Annahme rechtfertigen, daß die Person solche Straftaten begehen wird,

und die grenzpolizeiliche Beobachtung zur Verhütung dieser Straftaten erforderlich ist.

(3) [1]Die Ausschreibung zur grenzpolizeilichen Beobachtung darf nur durch den Leiter der in der Rechtsverordnung nach § 58 Abs. 1 bestimmten Bundespolizeibehörde oder seinen Vertreter angeordnet werden. [2]Die Anordnung ist unter Angabe der maßgeblichen Gründe aktenkundig zu machen.

(4) [1]Die Anordnung ist auf höchstens sechs Monate zu befristen. [2]Spätestens nach Ablauf von drei Monaten ist zu prüfen, ob die Voraussetzungen für die Anordnung noch bestehen. [3]Das Ergebnis dieser Prüfung ist aktenkundig zu machen. [4]Die Verlängerung der Laufzeit über insgesamt sechs Monate hinaus bedarf einer richterlichen Anordnung. [5]Zuständig ist das Amtsgericht, in dessen Bezirk die Bundespolizeibehörde nach Absatz 3 Satz 1 ihren Sitz hat. [6]§ 28 Abs. 3 Satz 6 findet Anwendung.

(5) Liegen die Voraussetzungen für die Anordnung nicht mehr vor, ist der Zweck der Maßnahme erreicht oder zeigt sich, daß er nicht mehr erreicht werden kann, ist die Ausschreibung unverzüglich zu löschen.

(6) § 30 Abs. 4 findet Anwendung.

(7) [1]Soweit in besonderen Ersuchen nach § 17 Abs. 2 des Bundesverfassungsschutzgesetzes[1)] Personen benannt sind, können deren Daten entsprechend Absatz 1 für Meldungen an die ersuchende Behörde durch die in der Rechtsverordnung nach § 58 Abs. 1 bestimmte Bundespolizeibehörde ausgeschrieben und hierfür in der für die Grenzfahndung geführten Datei gespeichert werden; § 30 Abs. 4 Satz 2 findet Anwendung. [2]Die Ausschreibungen sind auf höchstens sechs Monate zu befristen. [3]Die Verlängerung der Laufzeit bedarf eines erneuten Ersuchens.

§ 31a[2)] Übermittlung von Fluggastdaten. (1) [1]Zum Zwecke der Erfüllung der Aufgaben nach § 2 Abs. 2 Satz 1 Nr. 2 und § 12 Abs. 1 Satz 1 Nr. 1 bis 3 haben Luftfahrtunternehmen, die Fluggäste über die Schengen-Außengrenzen in das Bundesgebiet befördern, auf Anordnung der in der Rechtsverordnung nach § 58 Abs. 1 bestimmten Bundespolizeibehörde die in Absatz 3 genannten Daten in den von den Fluggästen mitgeführten Dokumenten zu erheben. [2]Sobald die Annahme der Fluggäste für den betreffenden Flug geschlossen ist, haben die Luftfahrtunternehmen die erhobenen Daten unverzüglich an die die in der Rechtsverordnung nach § 58 Abs. 1 bestimmte Bundespolizeibehörde zu übermitteln.

(2) [1]Anordnung und Übermittlung erfolgen mittels Datenfernübertragung; das Datenformat legt die in der Rechtsverordnung nach § 58 Abs. 1 bestimmte

---

[1)] Nr. **80**.

[2)] § 31a eingef. mWv 1.4 2008 durch G v. 22.12.2007 (BGBl. I S. 3214, geänd. durch G v. 26.2.2008, BGBl. I S. 215).

Bundespolizeibehörde fest. [2]Eine Übermittlung auf anderem Weg ist ausnahmsweise nur zulässig, wenn eine Datenfernübertragung im Einzelfall nicht gelingt.

(3) [1]Für den betreffenden Flug ist die Gesamtzahl der beförderten Fluggäste zu übermitteln. [2]Ferner sind für jeden Fluggast folgende Daten zu erheben und zu übermitteln:

1. der Familienname und die Vornamen,
2. das Geburtsdatum,
3. das Geschlecht,
4. die Staatsangehörigkeit,
5. die Nummer und die Art des mitgeführten Reisedokuments,
6. die Nummer und der ausstellende Staat des erforderlichen Aufenthaltstitels oder Flughafentransitvisums,
7. die für die Einreise in das Bundesgebiet vorgesehene Grenzübergangsstelle,
8. die Flugnummer,
9. die planmäßige Abflug- und Ankunftszeit und
10. der ursprüngliche Abflugort sowie die gebuchte Flugroute, soweit sich dies aus den vorgelegten oder vorhandenen Buchungsunterlagen ergibt.

(4) Bei der Annahme haben die Luftfahrtunternehmen die Fluggäste jeweils darüber zu informieren, dass die vorgenannten Daten zum Zwecke der Grenzkontrolle der der in der Rechtsverordnung nach § 58 Abs. 1 bestimmten Bundespolizeibehörde vorab elektronisch übermittelt und nach Maßgabe des Absatzes 5 gespeichert werden.

(Fortsetzung nächstes Blatt)

(5) [1] Die Daten werden bei den Luftfahrtunternehmen 24 Stunden nach ihrer Übermittlung gelöscht. [2] Die bei der in der Rechtsverordnung nach § 58 Abs. 1 bestimmten Bundespolizeibehörde eingegangenen Daten werden 24 Stunden nach der Einreise der Fluggäste des betreffenden Fluges gelöscht, sofern sie nicht zur Erfüllung von Aufgaben nach § 2 Abs. 2 Satz 1 Nr. 2 und § 12 Abs. 1 Satz 1 Nr. 1 bis 3 benötigt werden.

(6) Die §§ 63 und 64 des Aufenthaltsgesetzes[1)] bleiben unberührt.

§ 32[2)] Übermittlung personenbezogener Daten. (1) [1] Die Bundespolizei kann Behörden des Polizeivollzugsdienstes und, wenn sie Aufgaben nach § 2 Abs. 2 oder Aufgaben auf dem Gebiet der Strafverfolgung wahrnehmen, Behörden der Zollverwaltung personenbezogene Daten übermitteln, soweit dies zur Erfüllung polizeilicher Aufgaben erforderlich ist. [2] Dies gilt auch für die Übermittlung personenbezogener Daten zwischen den Behörden der Bundespolizei.

(2) Die Bundespolizei kann personenbezogene Daten an andere inländische öffentliche Stellen übermitteln, soweit dies erforderlich ist zur

1. Erfüllung einer ihr obliegenden Aufgabe,
2. Abwehr von Gefahren,
3. Abwehr einer schwerwiegenden Beeinträchtigung der Rechte einzelner,
4. Verfolgung von Straftaten oder Ordnungswidrigkeiten, zur Strafvollstreckung und zum Strafvollzug oder
5. Erledigung besonderer Ersuchen nach § 17 Abs. 2 des Bundesverfassungsschutzgesetzes[3)].

(3) Die Bundespolizei kann personenbezogene Daten an öffentliche Stellen anderer Staaten sowie an über- oder zwischenstaatliche Stellen übermitteln, soweit dies erforderlich ist zur

1. Erfüllung einer ihr obliegenden Aufgabe oder
2. Abwehr einer erheblichen Gefahr oder zur Verhütung von Straftaten mit erheblicher Bedeutung durch den Empfänger.

(4) Die Bundespolizei kann personenbezogene Daten an nicht-öffentliche Stellen übermitteln, soweit dies unerläßlich ist zur

1. Erfüllung einer ihr obliegenden Aufgabe oder
2. Abwehr einer schwerwiegenden Beeinträchtigung der Rechte einzelner.

(5) Besondere Rechtsvorschriften über die Übermittlung personenbezogener Daten bleiben unberührt.

§ 32 a[4)] Übermittlung personenbezogener Daten an Mitgliedstaaten der Europäischen Union. (1) [1] Auf ein Ersuchen einer Polizeibehörde oder einer sonstigen für die Verhütung und Verfolgung von Straftaten zuständigen öffentlichen Stelle eines Mitgliedstaates der Europäischen Union kann die Bundespolizei personenbezogene Daten zum Zweck der Verhütung von Straftaten übermitteln. [2] Für die Übermittlung dieser Daten gelten die Vorschriften über die Datenübermittlung im innerstaatlichen Bereich entsprechend.

---

1) Nr. **565**.

2) § 32 Abs. 1 Sätze 1 und 2 sowie Abs. 2–4 jeweils einl. Satzteil und Nr. 1 geänd. mWv 1. 7. 2005 durch G v. 21. 6. 2005 (BGBl. I S. 1818); Abs. 2 einl. Satzteil geänd. mWv 26. 7. 2012 durch G v. 21. 7. 2012 (BGBl. I S. 1566).

3) Nr. **80**.

4) § 32 a eingef. mWv 26. 7. 2012 durch G v. 21. 7. 2012 (BGBl. I S. 1566).

(2) Die Übermittlung personenbezogener Daten nach Absatz 1 ist nur zulässig, wenn das Ersuchen mindestens folgende Angaben enthält:

1. die Bezeichnung und die Anschrift der ersuchenden Behörde,
2. die Bezeichnung der Straftat, zu deren Verhütung die Daten benötigt werden,
3. die Beschreibung des Sachverhalts, der dem Ersuchen zugrunde liegt,
4. die Benennung des Zwecks, zu dem die Daten erbeten werden,
5. den Zusammenhang zwischen dem Zweck, zu dem die Informationen oder Erkenntnisse erbeten werden, und der Person, auf die sich diese Informationen beziehen,
6. Einzelheiten zur Identität der betroffenen Person, sofern sich das Ersuchen auf eine bekannte Person bezieht, und
7. Gründe für die Annahme, dass sachdienliche Informationen und Erkenntnisse im Inland vorliegen.

(3) [1] Die Bundespolizei kann auch ohne Ersuchen personenbezogene Daten an eine Polizeibehörde oder eine sonstige für die Verhütung und Verfolgung von Straftaten zuständige öffentliche Stelle eines Mitgliedstaates der Europäischen Union übermitteln, wenn im Einzelfall die Gefahr der Begehung einer Straftat im Sinne des Artikels 2 Absatz 2 des Rahmenbeschlusses 2002/584/JI des Rates vom 13. Juni 2002 über den Europäischen Haftbefehl und die Übergabeverfahren zwischen den Mitgliedstaaten (ABl. L 190 vom 18. 7. 2002, S. 1), der zuletzt durch den Rahmenbeschluss 2009/299/JI (ABl. L 81 vom 27. 3. 2009, S. 24) geändert worden ist, besteht und konkrete Anhaltspunkte dafür vorliegen, dass die Übermittlung dieser personenbezogenen Daten dazu beitragen könnte, eine solche Straftat zu verhindern. [2] Für die Übermittlung dieser Daten gelten die Vorschriften über die Datenübermittlung im innerstaatlichen Bereich entsprechend.

(4) Die Zulässigkeit der Übermittlung personenbezogener Daten durch die Bundespolizei an eine Polizeibehörde oder eine sonstige für die Verhütung und Verfolgung von Straftaten zuständige öffentliche Stelle eines Mitgliedstaates der Europäischen Union auf der Grundlage von § 32 Absatz 3 oder besonderer völkerrechtlicher Vereinbarungen bleibt unberührt.

(5) Als Polizeibehörde oder sonstige für die Verhütung und Verfolgung von Straftaten zuständige öffentliche Stelle eines Mitgliedstaates der Europäischen Union im Sinne der Absätze 1 und 3 gilt jede Stelle, die von diesem Staat gemäß Artikel 2 Buchstabe a des Rahmenbeschlusses 2006/960/JI des Rates vom 18. Dezember 2006 über die Vereinfachung des Austauschs von Informationen und Erkenntnissen zwischen den Strafverfolgungsbehörden der Mitgliedstaaten der Europäischen Union (ABl. L 386 vom 29. 12. 2006, S. 89, L 75 vom 15. 3. 2007, S. 26) benannt wurde.

(6) Die Absätze 1 bis 5 finden auch Anwendung auf die Übermittlung von personenbezogenen Daten an Polizeibehörden oder sonstige für die Verhütung und Verfolgung von Straftaten zuständige öffentliche Stellen eines Schengen-assoziierten Staates im Sinne von § 91 Absatz 3 des Gesetzes über die internationale Rechtshilfe in Strafsachen[1)].

[1)] **Schönfelder ErgBd. Nr. 90 h.**

§ 33[1)] Ergänzende Regelungen für die Übermittlung. (1) [1] Die Verantwortung für die Zulässigkeit der Übermittlung trägt die Bundespolizei. [2] Erfolgt die Übermittlung auf Grund eines Ersuchens einer öffentlichen Stelle der Bundesrepublik Deutschland, trägt diese die Verantwortung. [3] In diesem Fall prüft die Bundespolizei nur, ob das Ersuchen im Rahmen der Aufgaben des Empfängers liegt, es sei denn, daß besonderer Anlaß zur Prüfung der Zulässigkeit der Übermittlung besteht.

(2) [1] Die Bundespolizei hat Anlaß, Inhalt, Empfänger und Tag der Übermittlung festzuhalten [2] In Fällen des § 32 Abs. 4 hat die Bundespolizei einen Nachweis zu führen, aus dem die in Satz 1 bezeichneten Angaben sowie die Aktenfundstelle ersichtlich sind. [3] Die Nachweise sind gesondert aufzubewahren, gegen unberechtigten Zugriff zu sichern und am Ende des Kalenderjahres, das dem Jahr ihrer Erstellung folgt, zu vernichten. [4] Die Vernichtung unterbleibt, solange der Nachweis für Zwecke der Datenschutzkontrolle benötigt wird oder Grund zu der Annahme besteht, daß im Fall einer Vernichtung schutzwürdige Interessen des Betroffenen beeinträchtigt würden. [5] § 35 Abs. 6 Satz 2 gilt entsprechend.

(3) [1] Die Übermittlung unterbleibt, wenn für die Bundespolizei erkennbar ist, daß unter Berücksichtigung der Art der Daten und ihrer Erhebung die schutzwürdigen Interessen des Betroffenen das Allgemeininteresse an der Übermittlung überwiegen. [2] Die Übermittlung in den in § 32 Absatz 3 bezeichneten Fällen unterbleibt ferner, soweit, auch unter Berücksichtigung des besonderen öffentlichen Interesses an der Datenübermittlung, im Einzelfall schutzwürdige Interessen der betroffenen Person an dem Ausschluss der Übermittlung überwiegen. [3] Zu den schutzwürdigen Interessen der betroffenen Person gehört auch das Vorhandensein eines angemessenen Datenschutzniveaus im Empfängerstaat. [4] Die schutzwürdigen Interessen der betroffenen Person können auch dadurch gewahrt werden, dass der Empfängerstaat oder die empfangende zwischen- oder überstaatliche Stelle im Einzelfall einen angemessenen Schutz der übermittelten Daten garantiert. [5] Werden Bewertungen übermittelt, muß für den Empfänger feststellbar sein, bei welcher Stelle die Unterlagen geführt werden, die der Bewertung zugrunde liegen.

(3 a) Die Datenübermittlung nach § 32 a Absatz 1 und 3 unterbleibt über die in Absatz 3 genannten Gründe hinaus auch dann, wenn

1. hierdurch wesentliche Sicherheitsinteressen des Bundes oder der Länder beeinträchtigt würden,
2. die Übermittlung der Daten zu den in Artikel 6 des Vertrages über die Europäische Union enthaltenen Grundsätzen in Widerspruch stünde,
3. die zu übermittelnden Daten bei der ersuchten Behörde nicht vorhanden sind und nur durch das Ergreifen von Zwangsmaßnahmen erlangt werden können oder
4. die Übermittlung der Daten unverhältnismäßig wäre oder die Daten für die Zwecke, für die sie übermittelt werden sollen, nicht erforderlich sind.

---

1) § 33 Abs. 1 Sätze 1 und 3, Abs. 2 Sätze 1 und 2, Abs. 3 Satz 1, Abs. 6 Sätze 2–4 Abs. 7 Satz 1 sowie Abs. 8 Sätze 1 und 4 geänd. mWv 1. 7. 2005 durch G v. 21. 6. 2005 (BGBl. I S. 1818); Abs. 3 Satz 2 neu gef., Sätze 3 und 4 eingef., bish. Satz 3 wird Satz 5, Abs. 3 a und 3 b eingef. mWv 26. 7. 2012 durch G v. 21. 7. 2012 (BGBl. I S. 1566); Abs. 8 Satz 3 geänd. mWv 1. 7. 2013 durch G v. 20. 6. 2013 (BGBl. I S. 1602).

(3 b) Die Datenübermittlung nach § 32 a Absatz 1 und 3 kann darüber hinaus auch dann unterbleiben, wenn

1. die zu übermittelnden Daten bei der Bundespolizei nicht vorhanden sind, jedoch ohne das Ergreifen von Zwangsmaßnahmen erlangt werden können,
2. hierdurch der Erfolg laufender Ermittlungen oder Leib, Leben oder Freiheit einer Person gefährdet würde oder
3. die Tat, zu deren Verhütung die Daten übermittelt werden sollen, nach deutschem Recht mit einer Freiheitsstrafe von im Höchstmaß einem Jahr oder weniger bedroht ist.

(4) [1] Sind mit personenbezogenen Daten, die nach § 32 Abs. 1 und 2 übermittelt werden dürfen, weitere personenbezogene Daten des Betroffenen oder eines Dritten in Akten so verbunden, daß eine Trennung nicht oder nur mit unverhältnismäßigem Aufwand möglich ist, so ist die Übermittlung auch dieser Daten zulässig, soweit nicht berechtigte Interessen des Betroffenen oder eines Dritten an der Geheimhaltung offensichtlich überwiegen. [2] Eine Verwendung dieser Daten ist unzulässig.

(5) [1] In den Fällen des § 32 Abs. 2 bis 4 darf die Übermittlung von Daten, die § 41 oder § 61 des Bundeszentralregistergesetzes[1)] unterfallen, nicht zu einer Erweiterung des Kreises der dort bezeichneten Stellen führen. [2] Die Verwertungsverbote nach den §§ 51, 52 und 63 des Bundeszentralregistergesetzes sind zu beachten.

(6) [1] Der Empfänger darf die übermittelten personenbezogenen Daten nur für den Zweck verwenden, zu dessen Erfüllung sie ihm übermittelt worden sind. [2] Die Bundespolizei hat bei Übermittlungen nach § 32 Abs. 3 und 4 den Empfänger darauf hinzuweisen. [3] In den in § 32 Abs. 3 bezeichneten Fällen ist ihm der bei der Bundespolizei vorgesehene Löschungszeitpunkt mitzuteilen. [4] Eine Verwendung für einen anderen Zweck ist zulässig, soweit die Daten auch für diesen Zweck hätten übermittelt werden dürfen und in den in § 32 Abs. 3 und 4 bezeichneten Fällen die Bundespolizei zugestimmt hat.

(7) [1] Die Einrichtung eines automatisierten Verfahrens, das die Übermittlung personenbezogener Daten aus einer von der Bundespolizei geführten Datei durch Abruf ermöglicht, ist nach Maßgabe des § 10 Abs. 2 bis 4 des Bundesdatenschutzgesetzes[2)] zulässig, soweit diese Form der Datenübermittlung unter Berücksichtigung der schutzwürdigen Interessen der Betroffenen wegen der Vielzahl der Übermittlungen oder wegen ihrer besonderen Eilbedürftigkeit angemessen ist. [2] Die Berechtigung zum Abruf darf, soweit gesetzlich nichts anderes bestimmt ist, nur den in § 32 Abs. 1 bezeichneten Stellen eingeräumt werden.

(8) [1] Erfolgt die Einrichtung eines automatisierten Abrufverfahrens nach Absatz 7 für eine Laufzeit von mehr als drei Monaten, hat die Bundespolizei bei durchschnittlich jedem zehnten Abruf für Zwecke der Datenschutzkontrolle den Zeitpunkt, die Angaben, die die Feststellung der abgerufenen Datensätze ermöglichen, sowie die für den Abruf verantwortliche Dienststelle zu protokollieren. [2] Die protokollierten Daten dürfen nur für Zwecke der Datenschutzkontrolle, der Datensicherung oder zur Sicherstellung eines ordnungsgemäßen Betriebs der Datenverarbeitungsanlage verwendet werden, es

[1)] **Schönfelder Nr. 92.**
[2)] Nr. **245**.

sei denn, es liegen Anhaltspunkte dafür vor, daß ohne ihre Verwendung die Verhinderung oder Verfolgung einer schwerwiegenden Straftat gegen Leib, Leben oder Freiheit einer Person aussichtslos oder wesentlich erschwert wäre. [3]Die Protokolldaten sind nach zwölf Monaten zu löschen. [4]Die Bundespolizei trifft die technischen und organisatorischen Maßnahmen nach § 9 des Bundesdatenschutzgesetzes.

§ 33a[1)] Verwendung von nach dem Rahmenbeschluss 2006/960/JI des Rates übermittelten Daten. (1) [1]Daten, die nach dem Rahmenbeschluss 2006/960/JI an die Bundespolizei übermittelt worden sind, dürfen nur für die Zwecke, für die sie übermittelt wurden, oder zur Abwehr einer gegenwärtigen und erheblichen Gefahr für die öffentliche Sicherheit verwendet werden. [2]Für einen anderen Zweck oder als Beweismittel in einem gerichtlichen Verfahren dürfen sie nur verwendet werden, wenn der übermittelnde Staat zugestimmt hat. [3]Von dem übermittelnden Staat für die Verwendung der Daten gestellte Bedingungen sind zu beachten.

(2) Die Bundespolizei erteilt dem übermittelnden Staat auf dessen Ersuchen zu Zwecken der Datenschutzkontrolle Auskunft darüber, wie die übermittelten Daten verwendet wurden.

§ 33b[2)] Datenübermittlung und -bereitstellung an Mitgliedstaaten der Europäischen Union und Schengen-assoziierte Staaten gemäß der Richtlinie (EU) 2023/977. (1) [1]Für die Übermittlung von Daten an Polizeibehörden oder sonstige für die Verhütung oder Verfolgung von Straftaten zuständige öffentliche Stellen in den Mitgliedstaaten der Europäischen Union und der in § 32a Absatz 6 genannten Staaten gelten im Anwendungsbereich der Richtlinie (EU) 2023/977 ergänzend zu den §§ 32, 32a, 33, 33a die nachstehenden Regelungen. [2]Im Rahmen der Wahrnehmung der Aufgabe nach § 12 bleiben die Vorschriften über die internationale Rechtshilfe in strafrechtlichen Angelegenheiten unberührt. [3]§ 3 des Bundeskriminalamtgesetzes[3)] bleibt unberührt.

(2) Eine für die Übermittlung von Daten nach deutschem Recht erforderliche Erlaubnis durch eine Justizbehörde ist unverzüglich einzuholen.

(3) [1]Bei der Übermittlung oder Bereitstellung von Daten ist mitzuteilen, dass die Verwendung als Beweismittel in einem Gerichtsverfahren unzulässig ist, es sei denn,

1. es liegt eine Zustimmung derjenigen Stelle vor, die für eine Zustimmung der Verwendung als Beweismittel zuständig ist, oder
2. die Verwendung als Beweismittel ist durch eine anwendbare völkerrechtliche Vereinbarung oder einen unmittelbar anwendbaren Rechtsakt der Europäischen Union zugelassen.

[2]Die Zuständigkeit für die Zustimmung einer Verwendung als Beweismittel nach Satz 1 Nummer 1 richtet sich nach den Vorschriften über die internationale Rechtshilfe in Strafsachen.

(4) [1]Ersucht die Bundespolizei als benannte Stelle im Sinne von Artikel 4 Absatz 1 der Richtlinie (EU) 2023/977 Daten bei einer zentralen Kontaktstelle eines anderen Mitgliedstaates der Europäischen Union oder eines der in § 32a

---

[1)] § 33a eingef. mWv 26.7.2012 durch G v. 21.7.2012 (BGBl. I S. 1566).
[2)] § 33b eingef. mWv 14.2.2026 durch G v. 10.2.2026 (BGBl. 2026 I Nr. 39).
[3)] Nr. **450**.

Absatz 6 genannten Staaten, erfolgt dies in einer Sprache, die der Staat für diese Zwecke zugelassen hat. [2]Dem Bundeskriminalamt als zentrale Kontaktstelle ist eine Kopie zu übermitteln.

(5) Ein an eine zentrale Kontaktstelle gerichtetes Ersuchen muss mindestens die folgenden Angaben enthalten:

1. die Angabe, ob das Ersuchen dringend ist und, wenn dies der Fall ist, Angabe der Gründe für die Dringlichkeit,
2. eine Präzisierung der angeforderten Informationen, die so detailliert ist, wie dies unter den gegebenen Umständen in angemessener Weise möglich ist,
3. die Beschreibung des Zwecks, zu dem die Informationen angefordert werden, einschließlich einer Beschreibung des Sachverhalts und der zugrunde liegenden Straftat, und
4. etwaige Beschränkungen einer Verwendung der in dem Ersuchen enthaltenen Informationen zu anderen Zwecken als denen, für die sie übermittelt wurden.

(6) Bei der Übermittlung von Daten an Polizeibehörden oder sonstige für die Verhütung oder Verfolgung von Straftaten zuständige öffentliche Stellen, die nicht zugleich zentrale Kontaktstellen sind, ist dem Bundeskriminalamt sowie der zentralen Kontaktstelle des jeweiligen Staats gleichzeitig eine Kopie der Daten zu übermitteln.

(7) Daten, welche die Bundespolizei selbst erhoben hat, sind unter den Voraussetzungen von § 32 in Verbindung mit § 32a aus eigener Initiative den Mitgliedstaaten oder zuständigen Strafverfolgungsbehörden zu übermitteln oder bereitzustellen, wenn tatsächliche Anhaltspunkte dafür vorliegen, dass diese Daten für einen anderen Mitgliedstaat der Europäischen Union oder einen der in § 32a Absatz 6 genannten Staaten zum Zwecke der Verhütung von Straftaten nach Artikel 2 Absatz 3 der Richtlinie (EU) 2023/977 relevant sein können und diese Daten dem Mitgliedstaat nicht bereits anderweitig übermittelt oder bereitgestellt wurden.

§ 34[1)] Abgleich personenbezogener Daten. (1) [1]Die Bundespolizei kann personenbezogene Daten mit dem Inhalt von Dateien abgleichen, die sie zur Erfüllung der ihr obliegenden Aufgaben führt oder für die sie Berechtigung zum Abruf hat,

1. zur polizeilichen Kontrolle des grenzüberschreitenden Verkehrs oder,
2. wenn Grund zu der Annahme besteht, daß dies zur Erfüllung einer sonstigen Aufgabe der Bundespolizei erforderlich ist.

[2]Die Bundespolizei kann ferner im Rahmen ihrer Aufgabenerfüllung erlangte personenbezogene Daten mit dem Fahndungsbestand abgleichen. [3]Der Betroffene kann für die Dauer des Abgleichs angehalten werden.

(2) Rechtsvorschriften über den Datenabgleich in anderen Fällen bleiben unberührt.

[1)] § 34 Abs. 1 Satz 1 einl. Satzteil und Nr. 2 sowie Satz 2 geänd. mWv 1.7.2005 durch G v. 21.6.2005 (BGBl. I S. 1818).

§ 35[1)] Berichtigung, Löschung und Sperrung personenbezogener Daten.

(1) [1] Die Bundespolizei hat in Dateien gespeicherte personenbezogene Daten zu berichtigen, wenn sie unrichtig sind. [2] Stellt sie die Unrichtigkeit personenbezogener Daten in Akten fest, ist dies in der Akte zu vermerken oder auf sonstige Weise festzuhalten. [3] Bestreitet der Betroffene die Richtigkeit gespeicherter Daten und läßt sich weder die Richtigkeit noch die Unrichtigkeit feststellen, sind die Daten entsprechend zu kennzeichnen.

(2) Die Bundespolizei hat in Dateien gespeicherte personenbezogene Daten zu löschen, wenn

1. die Speicherung der Daten unzulässig ist oder
2. bei der nach bestimmten Fristen vorzunehmenden Überprüfung oder aus Anlaß einer Einzelfallbearbeitung festgestellt wird, daß die Kenntnis der Daten zur Erfüllung der der Bundespolizei obliegenden Aufgaben nicht mehr erforderlich ist.

(3) [1] Die in Absatz 2 Nr. 2 bezeichneten Fristen sind in der Errichtungsanordnung (§ 36) festzulegen. [2] Sie dürfen bei Erwachsenen zehn Jahre, bei Jugendlichen fünf Jahre und bei Kindern zwei Jahre nicht überschreiten, wobei nach Zweck der Speicherung sowie Art und Schwere des Sachverhalts zu unterscheiden ist. [3] Die Fristen beginnen mit dem Tag, an dem das letzte Ereignis eingetreten ist, das zur Speicherung geführt hat, jedoch nicht vor Entlassung des Betroffenen aus einer Justizvollzugsanstalt oder Beendigung einer mit Freiheitsentziehung verbundenen Maßregel der Besserung und Sicherung.

(4) [1] Personenbezogene Daten der in § 21 Abs. 2 Nr. 2 bezeichneten Personen, Hinweisgeber und sonstiger Auskunftspersonen können nur für die Dauer eines Jahres gespeichert werden. [2] Die Speicherung für jeweils ein weiteres Jahr ist zulässig, soweit die Voraussetzungen des § 29 Abs. 3 weiterhin vorliegen. [3] Die maßgeblichen Gründe für die Aufrechterhaltung der Speicherung sind aktenkundig zu machen. [4] Die Speicherung darf insgesamt drei Jahre nicht überschreiten.

(5) [1] Stellt die Bundespolizei einen Löschungsgrund gemäß Absatz 2 bei personenbezogenen Daten in Akten fest, hat sie die Daten durch Anbringen eines entsprechenden Vermerks zu sperren. [2] Die Akte ist zu vernichten, wenn sie insgesamt zur Erfüllung der Aufgaben der Bundespolizei nicht mehr erforderlich ist.

(6) [1] Die Löschung und Vernichtung unterbleiben, wenn

1. Grund zu der Annahme besteht, daß anderenfalls schutzwürdige Interessen des Betroffenen beeinträchtigt würden,
2. die Daten für laufende Forschungsarbeiten benötigt werden oder
3. eine Löschung wegen der besonderen Art der Speicherung oder eine Vernichtung der Akte nicht oder nur mit unverhältnismäßigem Aufwand möglich ist.

[2] In diesen Fällen sind die Daten zu sperren und die Unterlagen mit einem entsprechenden Sperrvermerk zu versehen. [3] Für Fälle des Satzes 1 Nr. 2 gilt § 29 Abs. 6 Satz 2 entsprechend.

(7) Gesperrte Daten dürfen nur für den Zweck verwendet werden, für den sie gesperrt worden sind oder soweit dies zur Behebung einer bestehenden Beweisnot oder zur Abwehr einer erheblichen Gefahr unerläßlich ist.

[1)] § 35 Abs. 1 Sätze 1 und 2, Abs. 2 einl. Satzteil und Nr. 2 sowie Abs. 5 Sätze 1 und 2 geänd. mWv 1.7. 2005 durch G v. 21.6.2005 (BGBl. I S. 1818); Abs. 9 geänd. mWv 16.3.2017 durch G v. 10.3.2017 (BGBl. I S. 410).

(8) Wird festgestellt, daß unrichtige, wegen Unzulässigkeit der Speicherung zu löschende oder zu sperrende personenbezogene Daten übermittelt worden sind, ist dem Empfänger die Berichtigung, Löschung oder Sperrung mitzuteilen, wenn dies zur Wahrung schutzwürdiger Interessen des Betroffenen erforderlich ist.

(9) Anstelle der Löschung und Vernichtung nach Absatz 2 Nr. 2 und Absatz 5 Satz 2 sind die Datenträger an das zuständige Archiv abzugeben, sofern diesen Unterlagen bleibender Wert im Sinne des § 1 Nummer 10 des Bundesarchivgesetzes[1] zukommt.

§ 36[2] Errichtungsanordnung. (1) Die Bundespolizei hat für jede zur Erfüllung der Aufgaben nach den §§ 1 bis 7 geführte automatisierte Datei mit personenbezogenen Daten in einer Errichtungsanordnung, die der Zustimmung des Bundesministeriums des Innern, für Bau und Heimat bedarf, festzulegen:

1. Bezeichnung der Datei,
2. Rechtsgrundlage und Zweck der Datei,
3. Personenkreis, über den Daten gespeichert werden,
4. Arten der zu speichernden personenbezogenen Daten,
5. Arten der personenbezogenen Daten, die der Erschließung der Datei dienen,
6. Anlieferung oder Eingabe der zu speichernden Daten,
7. Voraussetzungen, unter denen gespeicherte personenbezogene Daten an welche Empfänger und in welchem Verfahren übermittelt werden,
8. Prüffristen und Speicherungsdauer,
9. Protokollierung.

(2) [1] Vor Erlaß der Errichtungsanordnung ist der Bundesbeauftragte für den Datenschutz anzuhören. [2] Die Errichtungsanordnung kann vorläufig ergehen, wenn wegen der Dringlichkeit der Aufgabenerfüllung die vorherige Anhörung nicht möglich ist.

(3) In angemessenen Abständen ist die Notwendigkeit der Weiterführung oder Änderung der Dateien zu überprüfen.

§ 37[3] Geltung des Bundesdatenschutzgesetzes. Bei der Erfüllung der der Bundespolizei nach den §§ 1 bis 7 obliegenden Aufgaben finden § 3 Abs. 2 und 8 Satz 1, § 4 Abs. 2 und 3, §§ 4b, 4c, 10 Abs. 1, §§ 13, 14 Abs. 1, 2 und 5, §§ 15, 16, 18 Abs. 2 Satz 2 und 3 sowie §§ 19a und 20 des Bundesdatenschutzgesetzes[4] keine Anwendung.

Teil 3. Platzverweisung, Gewahrsam, Durchsuchung

§ 38[5] Platzverweisung. Die Bundespolizei kann zur Abwehr einer Gefahr eine Person vorübergehend von einem Ort verweisen oder ihr vorübergehend das Betreten eines Ortes verbieten.

---

[1] **Sartorius III Nr. 834.**

[2] § 36 Abs. 1 einl. Satzteil geänd. mWv 1.7.2005 durch G v. 21.6.2005 (BGBl. I S. 1818); Abs. 1 einl. Satzteil geänd. mWv 27.6.2020 durch VO v. 19.6.2020 (BGBl. I S. 1328).

[3] § 37 neu gef. mWv 23.5.2001 durch G v. 18.5.2001 (BGBl. I S. 904); geänd. mWv 1.7.2005 durch G v. 21.6.2005 (BGBl. I S. 1818).

[4] Nr. **245**.

[5] § 38 geänd. mWv 1.7.2005 durch G v. 21.6.2005 (BGBl. I S. 1818).

§ 39[1] Gewahrsam. (1) Die Bundespolizei kann eine Person in Gewahrsam nehmen, wenn dies

1. zum Schutz der Person gegen eine Gefahr für Leib oder Leben erforderlich ist, insbesondere weil die Person sich erkennbar in einem die freie Willensbestimmung ausschließenden Zustand oder sonst in hilfloser Lage befindet,
2. unerläßlich ist, um eine Platzverweisung nach § 38 durchzusetzen, oder
3. unerläßlich ist, um die unmittelbar bevorstehende Begehung oder Fortsetzung einer Straftat oder einer Ordnungswidrigkeit von erheblicher Bedeutung für die Allgemeinheit zu verhindern.

(2) Die Bundespolizei kann Minderjährige, die der Obhut des Personensorgeberechtigten widerrechtlich entzogen wurden oder sich dieser entzogen haben, in Gewahrsam nehmen, damit sie dem Sorgeberechtigten oder dem Jugendamt zugeführt werden können.

(3) Die Bundespolizei kann eine Person, die aus dem Vollzug von Untersuchungshaft, Freiheitsstrafen, Jugendstrafen oder freiheitsentziehenden Maßregeln der Besserung und Sicherung entwichen ist oder sich sonst ohne Erlaubnis außerhalb der Justizvollzugsanstalt oder einer Anstalt nach den §§ 63 und 64 des Strafgesetzbuches[2] aufhält, in Gewahrsam nehmen, damit sie in die Anstalt zurückgebracht werden kann.

(4) Die Bundespolizei kann eine Person in Gewahrsam nehmen, um einem Ersuchen, das eine Freiheitsentziehung zum Inhalt hat, nachzukommen.

§ 40[3] Richterliche Entscheidung. (1) Wird eine Person auf Grund des § 23 Abs. 3 Satz 4, § 25 Abs. 3, § 39 Abs. 1 oder 2 oder § 43 Abs. 5 festgehalten, hat die Bundespolizei unverzüglich eine richterliche Entscheidung über Zulässigkeit und Fortdauer der Freiheitsentziehung herbeizuführen, es sei denn, die Herbeiführung der richterlichen Entscheidung würde voraussichtlich längere Zeit in Anspruch nehmen, als zur Durchführung der Maßnahme notwendig wäre.

(2) [1] Für die Entscheidung nach Absatz 1 ist das Amtsgericht zuständig, in dessen Bezirk die Person festgehalten wird. [2] Das Verfahren richtet sich nach Buch 7 des Gesetzes über das Verfahren in Familiensachen und in den Angelegenheiten der freiwilligen Gerichtsbarkeit[4].

(3) [1] Im Fall des § 39 Abs. 4 hat die ersuchende Behörde der Bundespolizei mit dem Ersuchen auch die richterliche Entscheidung über die Zulässigkeit der Freiheitsentziehung vorzulegen. [2] Ist eine vorherige richterliche Entscheidung nicht ergangen, hat die Bundespolizei die festgehaltene Person zu entlassen, wenn die ersuchende Behörde diese nicht übernimmt oder die richterliche Entscheidung nicht unverzüglich nachträglich beantragt.

§ 41[5] Behandlung festgehaltener Personen. (1) Wird eine Person auf Grund des § 23 Abs. 3 Satz 4 § 25 Abs. 3, § 39 oder § 43 Abs. 5 festgehalten, sind ihr unverzüglich der Grund dieser Maßnahme und die zulässigen Rechtsbehelfe bekanntzugeben.

---

[1] § 39 Abs. 1 einl. Satzteil und Abs. 2–4 geänd. mWv 1.7.2005 durch G v. 21.6.2005 (BGBl. I S. 1818).

[2] **Habersack Nr. 85.**

[3] § 40 Abs. 1 und Abs. 3 Sätze 1 und 2 geänd. mWv 1.7.2005 durch G v. 21.6.2005 (BGBl. I S. 1818); Abs. 2 Satz 2 neu gef. mWv 1.9.2009 durch G v. 17.12.2008 (BGBl. I S. 2586).

[4] **Habersack Nr. 112.**

[5] § 41 Abs. 2 Satz 2 geänd. mWv 1.7.2005 durch G v. 21.6.2005 (BGBl. I S. 1818).

(2) [1]Der festgehaltenen Person ist unverzüglich Gelegenheit zu geben, einen Angehörigen oder eine Person ihres Vertrauens zu benachrichtigen, soweit dadurch der Zweck der Freiheitsentziehung nicht gefährdet wird. [2]Die Bundespolizei hat die Benachrichtigung zu übernehmen, wenn die festgehaltene Person nicht in der Lage ist, von dem Recht nach Satz 1 Gebrauch zu machen und die Benachrichtigung ihrem mutmaßlichen Willen nicht widerspricht. [3]Ist die festgehaltene Person minderjährig oder ist für sie ein Betreuer bestellt, so ist in jedem Falle unverzüglich derjenige zu benachrichtigen, dem die Sorge für die Person oder die Betreuung der Person nach dem ihm übertragenen Aufgabenkreis obliegt. [4]Die Benachrichtigungspflicht bei einer richterlichen Freiheitsentziehung bleibt unberührt.

(3) [1]Die festgehaltene Person soll gesondert, insbesondere ohne ihre Einwilligung nicht in demselben Raum mit Straf- oder Untersuchungsgefangenen untergebracht werden. [2]Männer und Frauen sollen getrennt untergebracht werden. [3]Der festgehaltenen Person dürfen nur solche Beschränkungen auferlegt werden, die der Zweck der Freiheitsentziehung oder die Ordnung im Gewahrsam erfordert.

§ 42 Dauer der Freiheitsentziehung. (1) [1]Die festgehaltene Person ist zu entlassen,

1. sobald der Grund für die Maßnahme weggefallen ist,
2. wenn die Fortdauer der Freiheitsentziehung durch richterliche Entscheidung für unzulässig erklärt wird,
3. in jedem Falle spätestens bis zum Ende des Tages nach dem Ergreifen, wenn nicht vorher die Fortdauer der Freiheitsentziehung durch richterliche Entscheidung angeordnet ist.

[2]Die Fortdauer der Freiheitsentziehung kann auf Grund dieses Gesetzes nur in den Fällen des § 39 Abs. 1 Nr. 3 durch richterliche Entscheidung angeordnet werden, wenn eine Straftat nach den §§ 125, 125a des Strafgesetzbuches[1)] oder eine gemeinschaftlich begangene Nötigung nach § 240 des Strafgesetzbuches begangen worden ist und Anhaltspunkte dafür vorliegen, daß der Betroffene sich an einer solchen Straftat beteiligt hat oder beteiligen wollte und ohne die Freiheitsentziehung eine Fortsetzung dieser Verhaltensweise zu erwarten ist. [3]In der Entscheidung ist die höchstzulässige Dauer der Freiheitsentziehung zu bestimmen; sie darf nicht mehr als vier Tage betragen.

(2) Eine Freiheitsentziehung zum Zwecke der Feststellung der Identität darf die Dauer von insgesamt zwölf Stunden nicht überschreiten.

§ 43[2)] Durchsuchung von Personen. (1) Die Bundespolizei kann außer in den Fällen des § 23 Abs. 3 Satz 5 eine Person durchsuchen, wenn

(Fortsetzung nächstes Blatt)

[1)] **Habersack Nr. 85.**

[2)] § 43 Abs. 1 Nr. 4 geänd. mWv 1.9.1998 durch G v. 25.8.1998 (BGBl. I S. 2486); Abs. 1 und 2 jeweils einl. Satzteil sowie Abs. 3 geänd. mWv 1.7.2005 durch G v. 21.6.2005 (BGBl. I S. 1818).

1. sie nach diesem Gesetz oder anderen Rechtsvorschriften festgehalten werden kann,
2. Tatsachen die Annahme rechtfertigen, daß sie Sachen mit sich führt, die sichergestellt werden dürfen,
3. sie sich erkennbar in einem die freie Willensbestimmung ausschließenden Zustand oder sonst in hilfloser Lage befindet oder
4. sie sich in einem Objekt im Sinne des § 23 Abs. 1 Nr. 4 oder in dessen unmittelbarer Nähe aufhält und Tatsachen die Annahme rechtfertigen, daß dort Straftaten begangen werden sollen, durch die in oder an diesen Objekten befindliche Personen oder diese Objekte selbst unmittelbar gefährdet sind, und die Durchsuchung auf Grund der Gefährdungslage oder auf die Person bezogener Anhaltspunkte erforderlich ist.

(2) Zur Erfüllung der Aufgaben nach § 7 kann die Bundespolizei ferner eine Person durchsuchen, wenn sie
1. sich an einem der in § 23 Abs. 2 Nr. 1 bezeichneten Orte aufhält oder
2. sich in einem Objekt im Sinne des § 23 Abs. 2 Nr. 2 oder in dessen unmittelbarer Nähe aufhält und Tatsachen die Annahme rechtfertigen, daß in oder an diesen Objekten Straftaten begangen werden sollen, durch die in oder an diesen Objekten befindliche Personen oder diese Objekte selbst unmittelbar gefährdet sind, und die Durchsuchung auf Grund der Gefährdungslage oder auf die Person bezogener Anhaltspunkte erforderlich ist.

(3) Die Bundespolizei kann eine Person, deren Identität nach diesem Gesetz oder anderen Rechtsvorschriften festgestellt werden soll, nach Waffen, Explosionsmitteln und anderen gefährlichen Gegenständen durchsuchen, wenn dies nach den Umständen zum Schutz des Beamten der Bundespolizei, der Person selbst oder eines Dritten gegen eine Gefahr für Leib oder Leben erforderlich ist.

(4) Personen dürfen nur von Personen gleichen Geschlechts oder von Ärzten durchsucht werden; dies gilt nicht, wenn die sofortige Durchsuchung zum Schutz gegen eine Gefahr für Leib oder Leben erforderlich ist.

(5) Die Person kann festgehalten und zur Dienststelle mitgenommen werden, wenn die Durchsuchung auf andere Weise nicht oder nur unter erheblichen Schwierigkeiten durchgeführt werden kann.

§ 44[1] Durchsuchung von Sachen. (1) Die Bundespolizei kann außer in den Fällen des § 23 Abs. 3 Satz 5 und Abs. 5 Satz 2 eine Sache durchsuchen, wenn
1. sie von einer Person mitgeführt wird, die nach § 43 durchsucht werden darf,
2. Tatsachen die Annahme rechtfertigen, daß sich in ihr eine Person befindet, die

---

[1] § 44 Abs. 1 Nr. 4 Verweisung geänd., Abs. 2 eingef., bish. Abs. 2 u. 3 werden Abs. 3 u. 4 durch G v. 25. 8. 1998 (BGBl. I S. 2486), Abs. 2 Satz 2 angef. durch G v. 9. 1. 2002 (BGBl. I S. 361), Abs. 1 u. 3 Einleitungssatz u. Abs. 2 Satz 1 geänd. durch G v. 21. 6. 2005 (BGBl. I S. 1818).

a) in Gewahrsam genommen werden darf,

b) widerrechtlich festgehalten wird oder

c) hilflos ist,

3. Tatsachen die Annahme rechtfertigen, daß sich in ihr eine andere Sache befindet, die sichergestellt werden darf, oder
4. sie sich in einem Objekt im Sinne des § 23 Abs. 1 Nr. 4 oder in dessen unmittelbarer Nähe befindet und Tatsachen die Annahme rechtfertigen, daß in oder an diesen Objekten Straftaten begangen werden sollen, durch die in oder an diesen Objekten befindliche Personen oder diese Objekte selbst unmittelbar gefährdet sind, und die Durchsuchung auf Grund der Gefährdungslage oder auf die Sache bezogener Anhaltspunkte erforderlich ist.

(2) [1]Im Grenzgebiet bis zu einer Tiefe von dreißig Kilometern kann die Bundespolizei eine Sache auch zur Verhinderung oder Unterbindung unerlaubter Einreise in das Bundesgebiet oder zur Verhütung von Straftaten im Sinne des § 12 Abs. 1 Nr. 1 bis 4 durchsuchen. [2]Das in Satz 1 genannte Grenzgebiet erstreckt sich im Küstengebiet von der seewärtigen Begrenzung an bis zu einer Tiefe von 50 Kilometern; darüber hinaus nur nach Maßgabe der Rechtsverordnung zu § 2 Abs. 2 Satz 2.

(3) Zur Erfüllung der Aufgaben nach § 7 kann die Bundespolizei ferner eine Sache durchsuchen, wenn

1. sie sich an einem der in § 23 Abs. 2 Nr. 1 bezeichneten Orte befindet,
2. sie sich in einem Objekt im Sinne des § 23 Abs. 2 Nr. 2 oder in dessen unmittelbarer Nähe befindet und Tatsachen die Annahme rechtfertigen, daß dort Straftaten begangen werden sollen, durch die in oder an diesen Objekten befindliche Personen oder diese Objekte selbst unmittelbar gefährdet sind, und die Durchsuchung auf Grund der Gefährdungslage oder auf die Sache bezogener Anhaltspunkte erforderlich ist, oder
3. es sich um ein Land-, Wasser- oder Luftfahrzeug handelt, in dem sich eine Person befindet, deren Identität nach § 23 Abs. 2 Nr. 3 festgestellt werden darf; die Durchsuchung kann sich auch auf die in dem Fahrzeug enthaltenen Sachen erstrecken.

(4) [1]Bei der Durchsuchung von Sachen hat der Inhaber der tatsächlichen Gewalt das Recht, anwesend zu sein. [2]Ist er abwesend, so soll sein Vertreter oder ein anderer Zeuge hinzugezogen werden. [3]Dem Inhaber der tatsächlichen Gewalt ist auf Verlangen eine Bescheinigung über die Durchsuchung und ihren Grund zu erteilen.

§ 45[1)] Betreten und Durchsuchung von Wohnungen. (1) [1]Die Bundespolizei kann eine Wohnung ohne Einwilligung des Inhabers betreten und durchsuchen, wenn

---

[1)] § 45 Abs. 3 Nr. 3 geänd. mWv 1. 1. 2005 durch G v. 30. 7. 2004 (BGBl. I S. 1950), Abs. 1 Satz 1 u. 4 Einleitungssatz u. Abs. 5 geänd. durch G v. 21. 6. 2005 (BGBl. I S. 1818).

1. Tatsachen die Annahme rechtfertigen, daß sich in ihr eine Person befindet, die nach § 25 Abs. 3 vorgeführt oder nach § 39 in Gewahrsam genommen werden darf,
2. Tatsachen die Annahme rechtfertigen, daß sich in ihr eine Sache befindet, die nach § 47 Nr. 1 sichergestellt werden darf, oder
3. dies zur Abwehr einer gegenwärtigen Gefahr für Leib, Leben oder Freiheit einer Person oder für Sachen von bedeutendem Wert erforderlich ist.

[2] Die Wohnung umfaßt die Wohn- und Nebenräume, Arbeits-, Betriebs- und Geschäftsräume sowie anderes befriedetes Besitztum.

(2) Während der Nachtzeit (§ 104 Abs. 3 der Strafprozeßordnung[1)]) ist das Betreten und Durchsuchen einer Wohnung nur in den Fällen des Absatzes 1 Nr. 3 zulässig.

(3) Wohnungen dürfen jedoch zur Verhütung oder Unterbindung unerlaubter Einreise in das Bundesgebiet jederzeit betreten werden, wenn Tatsachen die Annahme rechtfertigen, daß dort erfahrungsgemäß

1. Personen Straftaten im Sinne des § 12 Abs. 1 Nr. 2 und 3 verabreden, vorbereiten oder verüben,
2. sich Personen verbergen, die solche Straftaten begangen haben, oder
3. sich Personen ohne erforderlichen Aufenthaltstitel treffen.

(4) Zur Erfüllung der Aufgaben nach § 7 kann die Bundespolizei Wohnungen zur Abwehr dringender Gefahren jederzeit betreten, wenn Tatsachen die Annahme rechtfertigen, daß dort erfahrungsgemäß

1. Personen Straftaten verabreden, vorbereiten, verüben oder
2. sich Straftäter verbergen.

(5) Arbeits-, Betriebs- und Geschäftsräume sowie andere Räume und Grundstücke, die der Öffentlichkeit zugänglich sind, dürfen zum Zwecke der Gefahrenabwehr im Rahmen der der Bundespolizei zugewiesenen Aufgaben während der Arbeits- Geschäfts- oder Aufenthaltszeit betreten werden.

§ 46[2)] Verfahren bei der Durchsuchung von Wohnungen. (1) [1] Durchsuchungen dürfen, außer bei Gefahr im Verzug, nur durch den Richter angeordnet werden. [2] Zuständig ist das Amtsgericht, in dessen Bezirk die Wohnung liegt. [3] Für das Verfahren gelten die Vorschriften des Gesetzes über das Verfahren in Familiensachen und in den Angelegenheiten der freiwilligen Gerichtsbarkeit entsprechend.

(2) [1] Bei der Durchsuchung einer Wohnung hat der Wohnungsinhaber das Recht, anwesend zu sein. [2] Ist er abwesend, so ist, wenn möglich, sein Vertreter oder ein erwachsener Angehöriger, Hausgenosse oder Nachbar hinzuzuziehen.

(3) Dem Wohnungsinhaber oder seinem Vertreter ist der Grund der Durchsuchung unverzüglich bekanntzugeben, soweit dadurch der Zweck der Maßnahmen nicht gefährdet wird.

(4) [1] Über die Durchsuchung ist eine Niederschrift zu fertigen. [2] Sie muß die verantwortliche Dienststelle, Grund, Zeit und Ort der Durchsuchung

---

[1)] **Schönfelder Nr. 90.**

[2)] § 46 Abs. 1 Satz 3 geänd. mWv 1. 9. 2009 durch G v. 17. 12. 2008 (BGBl. I S. 2586).

enthalten. [3] Die Niederschrift ist von einem durchsuchenden Beamten und dem Wohnungsinhaber oder der zugezogenen Person zu unterzeichnen. [4] Wird die Unterschrift verweigert, so ist hierüber ein Vermerk aufzunehmen. [5] Dem Wohnungsinhaber oder seinem Vertreter ist auf Verlangen eine Abschrift der Niederschrift auszuhändigen.

(5) Ist die Anfertigung der Niederschrift oder die Aushändigung einer Abschrift nach den besonderen Umständen des Falles nicht möglich oder würde sie den Zweck der Durchsuchung gefährden, so sind dem Wohnungsinhaber oder der hinzugezogenen Person lediglich die Durchsuchung unter Angabe der verantwortlichen Dienststelle sowie Zeit und Ort der Durchsuchung schriftlich zu bestätigen.

Teil 4. Ergänzende Vorschriften

§ 47[1)] Sicherstellung. Die Bundespolizei kann eine Sache sicherstellen,

1. um eine gegenwärtige Gefahr abzuwehren,
2. um den Eigentümer oder den rechtmäßigen Inhaber der tatsächlichen Gewalt vor Verlust oder Beschädigung einer Sache zu schützen oder
3. wenn sie von einer Person mitgeführt wird, die nach diesem Gesetz oder anderen Rechtsvorschriften festgehalten wird, und die Sache verwendet werden kann, um
   a) sich zu töten oder zu verletzen,
   b) Leben oder Gesundheit anderer zu schädigen,
   c) fremde Sachen zu beschädigen oder
   d) sich oder einem anderen die Flucht zu ermöglichen oder zu erleichtern.

§ 48[2)] Verwahrung. (1) [1] Sichergestellte Sachen sind in Verwahrung zu nehmen. [2] Läßt die Beschaffenheit der Sachen das nicht zu oder erscheint die Verwahrung bei der Bundespolizei unzweckmäßig, sind die Sachen auf andere geeignete Weise aufzubewahren oder zu sichern. [3] In diesem Falle kann die Verwahrung auch einem Dritten übertragen werden.

(2) [1] Dem Betroffenen ist eine Bescheinigung auszustellen, die den Grund der Sicherstellung erkennen läßt und die sichergestellten Sachen bezeichnet. [2] Kann nach den Umständen des Falles eine Bescheinigung nicht ausgestellt werden, so ist über die Sicherstellung eine Niederschrift aufzunehmen, die auch erkennen läßt, warum eine Bescheinigung nicht ausgestellt worden ist. [3] Der Eigentümer oder der rechtmäßige Inhaber der tatsächlichen Gewalt ist unverzüglich zu unterrichten.

---

1) *§ 47 einl. Satzteil geänd.* mWv 1. 7. 2005 durch G v. 21. 6. 2005 (BGBl. I S. 1818).

2) § 48 Abs. 1 Satz 2 und Abs. 3 Satz 1 geänd. mWv 1. 7. 2005 durch G v. 21. 6. 2005 (BGBl. I S. 1818).

(3) [1] Wird eine sichergestellte Sache verwahrt, so hat die Bundespolizei nach Möglichkeit Wertminderungen vorzubeugen. [2] Das gilt nicht, wenn die Sache durch den Dritten auf Verlangen eines Berechtigten verwahrt wird.

(4) Die verwahrten Sachen sind zu verzeichnen und so zu kennzeichnen, daß Verwechslungen vermieden werden.

§ 49 Verwertung, Vernichtung. (1) Die Verwertung einer sichergestellten Sache ist zulässig, wenn

1. ihr Verderb oder eine wesentliche Wertminderung droht,
2. ihre Verwahrung, Pflege oder Erhaltung mit unverhältnismäßig hohen Kosten oder Schwierigkeiten verbunden ist,
3. sie infolge ihrer Beschaffenheit nicht so verwahrt werden kann, daß weitere Gefahren für die öffentliche Sicherheit oder Ordnung ausgeschlossen sind,
4. sie nach einer Frist von einem Jahr nicht an einen Berechtigten herausgegeben werden kann, ohne daß die Voraussetzungen der Sicherstellung erneut eintreten würden, oder
5. der Berechtigte sie nicht innerhalb einer ausreichend bemessenen Frist abholt, obwohl ihm eine Mitteilung über die Frist mit dem Hinweis zugestellt worden ist, daß die Sache verwertet wird, wenn sie nicht innerhalb der Frist abgeholt wird.

(2) [1] Der Betroffene, der Eigentümer und andere Personen, denen ein Recht an der Sache zusteht, sollen vor der Verwertung gehört werden. [2] Die Anordnung sowie Zeit und Ort der Verwertung sind ihnen mitzuteilen, soweit die Umstände und der Zweck der Maßnahmen es erlauben.

(3) [1] Die Sache wird durch öffentliche Versteigerung verwertet; § 979 Abs. 1 des Bürgerlichen Gesetzbuchs[1)] gilt entsprechend. [2] Bleibt die Versteigerung erfolglos, erscheint sie von vornherein aussichtslos oder würden die Kosten der Versteigerung voraussichtlich den zu erwartenden Erlös übersteigen, so kann die Sache freihändig verkauft werden. [3] Der Erlös tritt an die Stelle der verwerteten Sache. [4] Läßt sich innerhalb angemessener Frist kein Käufer finden, so kann die Sache einem gemeinnützigen Zweck zugeführt werden.

(4) [1] Sichergestellte Sachen können unbrauchbar gemacht oder vernichtet werden, wenn

1. im Falle einer Verwertung die Gründe, die zu ihrer Sicherstellung berechtigten, fortbestehen oder Sicherstellungsgründe erneut entstehen würden oder
2. die Verwertung aus anderen Gründen nicht möglich ist.

[2] Absatz 2 gilt entsprechend.

§ 50[2)] Herausgabe sichergestellter Sachen oder des Erlöses, Gebühren und Auslagen. (1) [1] Sobald die Voraussetzungen für die Sicherstellung weggefallen sind, sind die Sachen an denjenigen herauszugeben, bei dem sie sichergestellt worden sind. [2] Ist die Herausgabe an ihn nicht möglich, können sie an einen anderen herausgegeben werden, der seine Berechtigung glaubhaft macht.

---

1) **Schönfelder Nr. 20.**

2) § 50 Überschrift geänd., Abs. 3 neu gef. mWv 1.10.2019 durch G v. 10.3.2017 (BGBl. I S. 417).

[3] Die Herausgabe ist ausgeschlossen, wenn dadurch erneut die Voraussetzungen für eine Sicherstellung eintreten würden.

(2) [1] Sind die Sachen verwertet worden, ist der Erlös herauszugeben. [2] Ist ein Berechtigter nicht vorhanden oder nicht zu ermitteln, ist der Erlös nach den Vorschriften des Bürgerlichen Gesetzbuchs[1)] zu hinterlegen. [3] Der Anspruch auf Herausgabe des Erlöses erlischt drei Jahre nach Ablauf des Jahres, in dem die Sache verwertet worden ist.

(3) [1] Die Herausgabe der Sache kann davon abhängig gemacht werden, ob die Gebühren und Auslagen gezahlt worden sind, die für die Sicherstellung und Verwahrung der Sache erhoben werden. [2] Ist eine Sache verwertet worden, können die Gebühren und Auslagen aus dem Erlös gedeckt werden.

(4) § 983 des Bürgerlichen Gesetzbuchs bleibt unberührt.

Abschnitt 3. Schadensausgleich

§ 51[2)] Zum Ausgleich verpflichtende Tatbestände. (1) Erleidet jemand
1. infolge einer rechtmäßigen Inanspruchnahme nach § 20 Abs. 1 oder
2. durch eine Maßnahme auf Grund des § 62 Abs. 1

einen Schaden, so ist ihm ein angemessener Ausgleich zu gewähren.

(2) Absatz 1 gilt entsprechend, wenn jemand
1. infolge einer rechtswidrigen Maßnahme oder
2. als unbeteiligter Dritter

bei der Erfüllung von Aufgaben der Bundespolizei einen Schaden erleidet.

(3) Der Ausgleich des Schadens wird auch Personen gewährt,
1. die mit Zustimmung der zuständigen Behörde freiwillig bei der Erfüllung von Aufgaben der Bundespolizei mitgewirkt oder Sachen zur Verfügung gestellt haben,
2. die nach § 63 Abs. 2 zu Hilfspolizeibeamten bestellt worden sind

und dadurch einen Schaden erlitten haben.

(4) Weitergehende Ersatzansprüche, insbesondere aus Amtspflichtverletzung, bleiben unberührt.

§ 52[3)] Inhalt, Art und Umfang des Ausgleichs. (1) [1] Der Ausgleich nach § 51 wird grundsätzlich nur für Vermögensschaden ge-

(Fortsetzung nächstes Blatt)

[1)] **Schönfelder Nr. 20.**

[2)] *§ 51 Abs. 2 abschl. Satzteil und* Abs. 3 Nr. 1 geänd. mWv 1.7.2005 durch G v. 21.6.2005 (BGBl. I S. 1818).

[3)] § 52 Abs. 2 neu gef. mWv 1.8.2002 durch G v. 19.7.2002 (BGBl. I S. 2674).

währt. [2] Für entgangenen Gewinn, der über den Ausfall des gewöhnlichen Verdienstes oder Nutzungsentgeltes hinausgeht, und für Nachteile, die nicht in unmittelbarem Zusammenhang mit der behördlichen Maßnahme stehen, ist ein Ausgleich nur zu gewähren, wenn und soweit dies zur Abwendung unbilliger Härten geboten erscheint.

(2) Bei einer Verletzung des Körpers, der Gesundheit oder der Freiheit ist auch der Schaden, der nicht Vermögensschaden ist, durch eine billige Entschädigung auszugleichen.

(3) [1] Der Ausgleich wird in Geld gewährt. [2] Hat die zum Ausgleich verpflichtende Maßnahme die Aufhebung oder Minderung der Erwerbsfähigkeit oder eine Vermehrung der Bedürfnisse oder den Verlust oder die Beeinträchtigung eines Rechtes auf Unterhalt zur Folge, so ist der Ausgleich durch Entrichtung einer Rente zu gewähren. [3] § 760 des Bürgerlichen Gesetzbuchs[1)] ist anzuwenden. [4] Statt der Rente kann eine Abfindung in Kapital verlangt werden, wenn ein wichtiger Grund vorliegt. [5] Der Anspruch wird nicht dadurch ausgeschlossen, daß ein anderer dem Geschädigten Unterhalt zu gewähren hat.

(4) Stehen dem Geschädigten Ansprüche gegen Dritte zu, so ist, soweit diese Ansprüche nach dem Inhalt und Umfang dem Ausgleichsanspruch entsprechen, der Ausgleich nur gegen Abtretung dieser Ansprüche zu gewähren.

(5) [1] Bei der Bemessung des Ausgleichs sind alle Umstände zu berücksichtigen, insbesondere Art und Vorhersehbarkeit des Schadens und ob der Geschädigte oder sein Vermögen durch die Maßnahme der Behörde geschützt worden ist. [2] Haben Umstände, die der Geschädigte zu vertreten hat, auf die Entstehung oder Verschlimmerung des Schadens eingewirkt, so hängt die Verpflichtung zum Ausgleich sowie der Umfang des Ausgleichs insbesondere davon ab, inwieweit der Schaden vorwiegend von dem Geschädigten oder durch die Behörde verursacht worden ist.

§ 53 Ausgleich im Todesfall. (1) Im Falle der Tötung sind im Rahmen des § 52 Abs. 5 die Kosten der Bestattung demjenigen auszugleichen, dem die Verpflichtung obliegt, diese Kosten zu tragen.

(2) [1] Stand der Getötete zur Zeit der Verletzung zu einem Dritten in einem Verhältnis, auf Grund dessen er diesem gegenüber kraft Gesetzes unterhaltspflichtig war oder unterhaltspflichtig werden konnte, und ist dem Dritten infolge der Tötung das Recht auf den Unterhalt entzogen, so kann der Dritte im Rahmen des § 52 Abs. 5 insoweit einen angemessenen Ausgleich verlangen, als der Getötete während der mutmaßlichen Dauer seines Lebens zur Gewährung des Unterhalts verpflichtet gewesen wäre. [2] § 52 Abs. 3 Satz 3 bis 5 ist entsprechend anzuwenden. [3] Der Ausgleich kann auch dann verlangt werden, wenn der Dritte zur Zeit der Verletzung gezeugt, aber noch nicht geboren war.

§ 54 Verjährung des Ausgleichsanspruchs. Der Anspruch auf den Ausgleich verjährt in drei Jahren von dem Zeitpunkt an, in welchem der Geschädigte, im Falle des § 53 der Anspruchsberechtigte, von dem Schaden und dem zum Ausgleich Verpflichteten Kenntnis erlangt, ohne Rücksicht auf diese Kenntnis in dreißig Jahren von dem Eintritt des schädigenden Ereignisses an.

[1)] **Schönfelder Nr. 20.**

§ 55 Ausgleichspflichtiger, Ersatzansprüche. (1) [1] Ausgleichspflichtig ist die Bundesrepublik Deutschland. [2] Dies gilt auch für Amtshandlungen eines Beamten der Polizei des Landes gemäß § 64 Abs. 1.

(2) [1] Die Bundesrepublik Deutschland kann von den nach den §§ 17 und 18 verantwortlichen Personen Ersatz ihrer Aufwendungen verlangen, wenn sie auf Grund des § 51 Abs. 1, Abs. 2 Nr. 2 oder Abs. 3 einen Ausgleich gewährt hat. [2] Sind mehrere Personen nebeneinander verantwortlich, so haften sie als Gesamtschuldner.

(3) Wurde ein Ausgleich auf Grund einer Amtshandlung eines Beamten der Polizei des Landes gemäß § 64 Abs. 1 nur wegen der Art und Weise der Durchführung einer Maßnahme gewährt, so kann die Bundesrepublik Deutschland von dem Land, in dessen Dienst der Beamte steht, Ersatz ihrer Aufwendungen verlangen, es sei denn, daß sie selbst die Verantwortung für die Art und Weise der Durchführung trägt.

§ 56 Rechtsweg. Für Ansprüche auf Schadensausgleich ist der ordentliche Rechtsweg, für Ansprüche auf Aufwendungsersatz nach § 55 Abs. 2 und 3 der Verwaltungsrechtsweg gegeben.

Abschnitt 4. Organisation und Zuständigkeiten

§ 57[1)] Bundespolizeibehörden. (1) Bundespolizeibehörden sind das Bundespolizeipräsidium, die Bundespolizeidirektionen und die Bundespolizeiakademie.

(2) [1] Dem Bundespolizeipräsidium als Oberbehörde unterstehen die Bundespolizeidirektionen als Unterbehörden und die Bundespolizeiakademie. [2] Das Bundespolizeipräsidium untersteht dem Bundesministerium des Innern, für Bau und Heimat unmittelbar.

(3) *(aufgehoben)*

(4) Die Bundespolizeiakademie ist die zentrale Aus- und Fortbildungsstätte der Bundespolizei.

(5) Zahl und Sitz der Bundespolizeibehörden bestimmt das Bundesministerium des Innern, für Bau und Heimat, den Sitz nach Anhörung des beteiligten Landes.

(6) Die zahlenmäßige Stärke der Bundespolizei ergibt sich aus dem Haushaltsplan.

§ 58[2)] Sachliche und örtliche Zuständigkeit. (1) Das Bundesministerium des Innern, für Bau und Heimat regelt durch Rechtsverordnung[3)] die sachliche und örtliche Zuständigkeit der einzelnen Bundespolizeibehörden.

[1)] § 57 Überschrift, Abs. 1, Abs. 2 Sätze 1–3, Abs. 3 Satz 1, Satz 2 einl. Satzteil und Nr. 2, Satz 3, Abs. 4 Satz 1 sowie Abs. 5 und 6 geänd. mWv 1.7.2005 durch G v. 21.6.2005 (BGBl. I S. 1818); Abs. 1 geänd., Abs. 2 neu gef. sowie Abs. 3 und Abs. 4 Satz 2 aufgeh., Abs. 4 bish. Satz 1 wird alleiniger Wortlaut mWv 1.3.2008 durch G v. 26.2.2008 (BGBl. I S. 215); Abs. 2 Satz 2 und Abs. 5 geänd. mWv 27.6.2020 durch VO v. 19.6.2020 (BGBl. I S. 1328).

[2)] § 58 Abs. 1, Abs. 2 Satz 1 und Abs. 3 geänd. mWv 1.7.2005 durch G v. 21.6.2005 (BGBl. I S. 1818); Abs. 1 geänd. mWv 27.6.2020 durch VO v. 19.6.2020 (BGBl. I S. 1328).

[3)] Siehe die VO über die Zuständigkeit der Bundespolizeibehörden v. 22.2.2008 (BGBl. I S. 250), zuletzt geänd. durch VO v. 19.6.2020 (BGBl. I S. 1328).

(2) [1]Beamte der Bundespolizei können Amtshandlungen im gesamten Zuständigkeitsbereich der Bundespolizei vornehmen. [2]Sie sollen in der Regel im Zuständigkeitsbereich ihrer Behörde tätig werden.

(3) Beamte der Bundespolizei können die Verfolgung eines Flüchtigen auch über die in § 1 Abs. 7 und § 6 bezeichneten räumlichen Zuständigkeitsbereiche der Bundespolizei hinaus fortsetzen und den Flüchtigen ergreifen.

§ 59[1)] Verbandspolizeiliche Aufgabenwahrnehmung. (1) Die Bundespolizei setzt Kräfte der Verbände und Einheiten der Bundespolizei vornehmlich für Maßnahmen ein, die den Einsatz geschlossener Verbände oder Einheiten erfordern.

(2) Erfordert die Abwehr einer Gefahr im Zuständigkeitsbereich der Bundespolizei den Einsatz geschlossener Verbände oder Einheiten, sind die erforderlichen Maßnahmen im Benehmen mit der Polizei des Landes zu treffen.

§ 60[2)] Einsatz von Hubschraubern. [1]Die Bundespolizei verfügt nach Maßgabe des Haushaltsplans über Hubschrauber als polizeiliches Einsatz- und Transportmittel sowie zur Beförderung von Mitgliedern der Verfassungsorgane des Bundes, Angehörigen der Bundesregierung und deren Gästen. [2]Das Bundesministerium des Innern, für Bau und Heimat bestimmt durch Verwaltungsvorschrift Voraussetzungen und Verfahren für die Beförderung von Personen durch Hubschrauber der Bundespolizei, soweit es sich nicht um die Verwendung von Hubschraubern als polizeiliches Einsatz- und Transportmittel handelt.

§ 61[3)] Grenzübergangsstellen, Grenzerlaubnis. (1) [1]Das Bundesministerium des Innern, für Bau und Heimat entscheidet im Benehmen mit dem Bundesministerium der Finanzen über die Zulassung und Schließung von Grenzübergangsstellen. [2]Es gibt diese Entscheidungen im Bundesanzeiger bekannt.

(2) Die Bundespolizei setzt im Benehmen mit dem Hauptzollamt die Verkehrsstunden für die einzelnen Grenzübergangsstellen entsprechend dem Verkehrsbedürfnis fest und *machen*[4)] sie durch Aushang an der Grenzübergangsstelle bekannt.

(3) [1]Die Bundespolizei kann Personen oder Personengruppen die Erlaubnis erteilen, die Grenze außerhalb der zugelassenen Grenzübergangsstellen, außerhalb der festgesetzten Verkehrsstunden oder mit anderen als den zugelassenen Verkehrsarten zu überschreiten, wenn ein besonderes Bedürfnis dafür besteht und öffentliche Belange nicht entgegenstehen. [2]Die Grenzerlaubnis kann unter

---

[1)] § 59 Abs. 1 und Abs. 2 Sätze 1 und 2 geänd. mWv 1.7.2005 durch G v. 21.6.2005 (BGBl. I S. 1818); Abs. 1 geänd. und Abs. 2 Satz 1 aufgeh., bish. Satz 2 wird alleiniger Wortlaut und geänd. mWv 1.3.2008 durch G v. 26.2.2008 (BGBl. I S. 215); Überschrift geänd. mWv 26.7.2012 durch G v. 21.7.2012 (BGBl. I S. 1566).

[2)] § 60 Sätze 1 und 2 geänd. mWv 1.7.2005 durch G v. 21.6.2005 (BGBl. I S. 1818); Satz 2 geänd. mWv 27.6.2020 durch VO v. 19.6.2020 (BGBl. I S. 1328).

[3)] § 61 Abs. 2, Abs. 3 Satz 1 sowie Abs. 4 und 5 geänd. mWv 1.7.2005 durch G v. 21.6.2005 (BGBl. I S. 1818); Abs. 2 geänd. mWv 1.1.2008 durch G v. 13.12.2007 (BGBl. I S. 2897); Abs. 2, Abs. 3 Satz 1 sowie Abs. 4 und 5 geänd. mWv 1.3.2008 durch G v. 26.2.2008 (BGBl. I S. 215); Abs. 1 Satz 1 geänd. mWv 27.6.2020 durch VO v. 19.6.2020 (BGBl. I S. 1328).

[4)] Richtig wohl: „macht".

Bedingungen erteilt und auch nachträglich mit Auflagen versehen und befristet werden; sie kann jederzeit widerrufen werden.

(4) Soweit ein Land im Einvernehmen mit dem Bund Aufgaben des grenzpolizeilichen Einzeldienstes mit eigenen Kräften wahrnimmt, kann in der Vereinbarung gemäß § 2 Abs. 3 bestimmt werden, daß Behörden oder Dienststellen der Polizei des Landes anstelle der Bundespolizei nach den Absätzen 2 und 3 tätig werden.

(5) Soweit der Zollverwaltung Aufgaben nach § 2 durch Rechtsverordnung nach § 68 Satz 1 zur Ausübung übertragen sind, kann in der Rechtsverordnung bestimmt werden, daß Behörden der Zollverwaltung anstelle der Bundespolizei nach Absatz 3 tätig werden.

§ 62[1)] Unterstützungspflichten. (1) Die Bundespolizei kann, soweit es zur Wahrnehmung ihrer Aufgaben nach § 2 erforderlich ist,

1. Grundstücke mit Ausnahme von Gebäuden betreten und befahren,
2. verlangen, daß Grundstückseigentümer und -besitzer einen Grenzpfad freilassen, an Einfriedungen Durchlässe oder Übergänge einrichten, Wassergräben überbrücken oder das Anbringen von Grenzmarkierungen oder Warnhinweisen dulden,
3. auf eigene Kosten Grenzmarkierungen oder Warnhinweise setzen, Grenzpfade, Durchlässe, Übergänge oder Brücken einrichten oder verbessern.

(2) Die im grenzüberschreitenden Reiseverkehr tätigen Verkehrsunternehmen sowie die Betreiber von Unternehmen, auf deren Betriebsgelände die Bundespolizei Aufgaben nach den §§ 2 bis 4a wahrzunehmen hat, sind verpflichtet,

1. den mit der Wahrnehmung dieser Aufgaben betrauten Beamten den Zutritt zu ihren Anlagen und Beförderungsmitteln unentgeltlich zu gestatten,
2. sie bei der Wahrnehmung dieser Aufgaben unentgeltlich zu befördern,
3. den für die Wahrnehmung dieser Aufgaben zuständigen Dienststellen Fahr- und Flugpläne sowie die tatsächlichen Verkehrsbewegungen rechtzeitig und unentgeltlich mitzuteilen.

(3) [1] Die in Absatz 2 genannten Unternehmen stellen den für die Wahrnehmung der Aufgaben nach den §§ 2 bis 4a zuständigen Dienststellen der Bundespolizei die erforderlichen Diensträume sowie Parkplätze für die Dienstkraftfahrzeuge zur Verfügung und halten diese Einrichtungen in gutem Zustand. [2] Die Bundespolizei vergütet den Unternehmen auf Antrag ihre Selbstkosten, soweit sie diese Einrichtungen nicht ohnehin benötigen. [3] Soweit ein Aufwand über das Maß hinausgeht, das für Einrichtungen der Bundespolizei üblich ist, wird er nicht vergütet.

(4) [1] Die Bundespolizei kann von den in Absatz 2 genannten Unternehmen weitere Einrichtungen und Leistungen verlangen, die mit der Wahrnehmung von Aufgaben der Bundespolizei nach den §§ 2 bis 4a zusammenhängen und die ihnen nach den Umständen zugemutet werden können. [2] § 8 Abs. 1 Satz 1

[1)] § 62 Abs. 4 Satz 2 geänd. durch G v. 7.7.1997 (BGBl. I S. 1650); Abs. 2 einl. Satzteil, Abs. 3 Satz 1 und Abs. 4 Satz 1 geänd. mWv 1.1.2002 durch G v. 9.1.2002 (BGBl. I S. 361); Abs. 4 Satz 2 geänd. mWv 15.1.2005 durch G v. 11.1.2005 (BGBl. I S. 78); Abs. 1 und 2 jeweils einl. Satzteil, Abs. 3 Sätze 1–3, Abs. 4 Satz 1 sowie Abs. 5 geänd. mWv 1.7.2005 durch G v. 21.6.2005 (BGBl. I S. 1818).

Nr. 1 zweiter Halbsatz des Luftsicherheitsgesetzes[1] bleibt unberührt. [3]Die in Absatz 2 genannten Unternehmen können dafür Vergütung ihrer Selbstkosten verlangen.

(5) Für die von der Bundespolizei zu zahlende Vergütung kann eine Pauschale vereinbart werden.

(6) Verkehrsverwaltungen des Bundes gelten als Unternehmen im Sinne der vorstehenden Absätze.

§ 63[2] **Vollzugsdienst, Hilfspolizeibeamte.** (1) Tätigkeiten des Vollzugsdienstes in der Bundespolizei sind in der Regel Polizeivollzugsbeamten zu übertragen.

(2) [1]Die Bundespolizei kann geeignete Personen zur Wahrnehmung bestimmter Aufgaben

1. bei der Überwachung der Grenzen und bei der Kontrolle des grenzüberschreitenden Verkehrs (§ 2 Abs. 2 Nr. 1 und 2),
2. bei der Abwehr von Gefahren auf dem Gebiet der Bahnanlagen der Eisenbahnen des Bundes (§ 3),
3. zum Schutz vor Angriffen auf die Sicherheit des Luftverkehrs (§ 4) oder
4. zum Schutz von Verfassungsorganen des Bundes und Bundesministerien (§ 5) sowie zur Sicherung von Einrichtungen der Bundespolizei (§ 1 Abs. 3)

zu Hilfspolizeibeamten bestellen, soweit hierfür ein Bedürfnis besteht. [2]Die Bestellung kann jederzeit widerrufen werden.

(3) [1]Die Hilfspolizeibeamten haben im Rahmen der ihnen übertragenen Aufgaben die Befugnisse von Beamten der Bundespolizei. [2]Sie sind jedoch nicht befugt, unmittelbaren Zwang nach den §§ 9 bis 14 des Gesetzes über den unmittelbaren Zwang[3] bei Ausübung öffentlicher Gewalt durch Vollzugsbeamte des Bundes anzuwenden.

(4) Das Bundesministerium des Innern, für Bau und Heimat bestimmt die für die Aufsicht über die Hilfspolizeibeamten und ihre Bestellung zuständigen Bundespolizeibehörden.

§ 64[4] **Amtshandlungen von Polizeivollzugsbeamten der Länder sowie von Vollzugsbeamten anderer Bundesbehörden oder anderer Staaten im Zuständigkeitsbereich der Bundespolizei.** (1) [1]Polizeivollzugsbeamte eines Landes können Amtshandlungen zur Wahrnehmung von Aufgaben der Bundespolizei vornehmen

1. auf Anforderung oder mit Zustimmung der zuständigen Bundespolizeibehörde,
2. zur Abwehr einer gegenwärtigen Gefahr, zur Verfolgung von Straftaten im Sinne des § 12 Abs. 1 auf frischer Tat sowie zur Verfolgung und Wiederergreifung von aus dem Gewahrsam der Bundespolizei Entwichenen, wenn

---

[1] **Sartorius ErgBd. Nr. 976.**

[2] § 63 Abs. 1, Abs. 2 einl. Satzteil und Nr. 4, Abs. 3 Satz 1 sowie Abs. 4 geänd. mWv 1.7.2005 durch G v. 21.6.2005 (BGBl. I S. 1818); Abs. 4 geänd. mWv 27.6.2020 durch VO v. 19.6.2020 (BGBl. I S. 1328).

[3] Nr. **115**.

[4] § 64 Überschrift, Abs. 1 Satz 1 einl. Satzteil und Nr. 1 und 2, Satz 2, Abs. 3 Sätze 2–4 sowie Abs. 4 Sätze 1 und 3 geänd. mWv 1.7.2005 durch G v. 21.6.2005 (BGBl. I S. 1818); Abs. 4 Sätze 1 und 2 geänd. mWv 5.8.2009 durch G v. 31.7.2009 (BGBl. I S. 2507).

die zuständige Bundespolizeibehörde die erforderlichen Maßnahmen nicht rechtzeitig treffen kann.

[2] In den Fällen der Nummer 2 ist die zuständige Bundespolizeibehörde unverzüglich zu unterrichten.

(2) Werden Polizeivollzugsbeamte eines Landes nach Absatz 1 tätig, so richten sich ihre Befugnisse nach dem für die Polizei des Landes geltenden Recht.

(3) [1] Absatz 1 gilt für Vollzugsbeamte anderer Bundesbehörden entsprechend. [2] Die Vollzugsbeamten haben insoweit dieselben Befugnisse wie die Bundespolizei. [3] Ihre Maßnahmen gelten als Maßnahmen der Bundespolizei. [4] Sie unterliegen insoweit den Weisungen der zuständigen Bundespolizeibehörde.

(4) [1] Vollzugsbeamte anderer Staaten mit polizeilichen Aufgaben können im Zuständigkeitsbereich der Bundespolizei Amtshandlungen vornehmen, soweit völkerrechtliche Vereinbarungen oder der Beschluss des Rates 2008/615/JI vom 23. Juni 2008 zur Vertiefung der grenzüberschreitenden Kriminalität (ABl. L 210 vom 6.8.2008, S. 1) dies vorsehen. [2] Die Ausübung hoheitlicher Befugnisse durch Vollzugsbeamte anderer Staaten nach Satz 1 ist nur auf Grund eines völkerrechtlichen Vertrages, der der Mitwirkung der gesetzgebenden Körperschaften gemäß Artikel 59 Abs. 2 des Grundgesetzes[1)] bedarf oder auf Grund des Beschlusses des Rates 2008/615/JI vom 23. Juni 2008 (ABl. L 210 vom 6.8.2008, S. 1), zulässig. [3] Vollzugsbeamte anderer Staaten der Europäischen Union können im Einvernehmen mit den zuständigen Stellen des anderen Staates nach Maßgabe der für die Bestellung von Hilfspolizeibeamten geltenden Vorschriften des § 63 Abs. 2 bis 4 mit Aufgaben des Vollzugsdienstes in der Bundespolizei betraut werden.

§ 65[2)] Amtshandlungen von Beamten der Bundespolizei im Zuständigkeitsbereich eines Landes oder Tätigkeiten in anderen Staaten.

(1) Polizeivollzugsbeamte der Bundespolizei dürfen im Zuständigkeitsbereich eines Landes tätig werden, wenn das jeweilige Landesrecht es vorsieht.

(2) Polizeivollzugsbeamte der Bundespolizei dürfen außerhalb der Bundesrepublik Deutschland tätig werden, soweit völkerrechtliche Vereinbarungen oder der Beschluss des Rates 2008/615/JI vom 23. Juni 2008 (ABl. L 210 vom 6.8.2008, S. 1) dies vorsehen oder das Bundesministerium des Innern, für Bau und Heimat im Einvernehmen mit den zuständigen Stellen des anderen Staates einer Tätigkeit von Beamten der Bundespolizei im Ausland allgemein oder im Einzelfall zustimmt.

§ 66[3)] Amtshandlungen von Beamten der Zollverwaltung im Zuständigkeitsbereich der Bundespolizei. (1) Das Bundesministerium des Innern, für Bau und Heimat kann im Einvernehmen mit dem Bundesministerium der Finanzen Beamte der Zollverwaltung mit der Wahrnehmung von Aufgaben der polizeilichen Kontrolle des grenzüberschreitenden Verkehrs (§ 2 Abs. 2 Nr. 2)

[1)] Nr. 1.

[2)] § 65 Überschrift sowie Abs. 1 und 2 geänd. mWv 1.7.2005 durch G v. 21.6.2005 (BGBl. I S. 1818); Abs. 2 geänd. mWv 5.8.2009 durch G v. 31.7.2009 (BGBl. I S. 2507); Abs. 2 geänd. mWv *27.6.2020 durch VO v. 19.6.2020 (BGBl. I S. 1328).*

[3)] § 66 Überschrift und Abs. 2 Sätze 1–3 geänd. mWv 1.7.2005 durch G v. 21.6.2005 (BGBl. I S. 1818); Abs. 1 und 2 Satz 3 geänd. mWv 27.6.2020 durch VO v. 19.6.2020 (BGBl. I S. 1328).

an einzelnen Grenzübergangsstellen betrauen, soweit dadurch die Abfertigung des grenzüberschreitenden Reiseverkehrs vereinfacht wird.

(2) [1] Nehmen Beamte der Zollverwaltung Aufgaben nach Absatz 1 wahr, so haben sie dieselben Befugnisse wie Beamte der Bundespolizei. [2] Ihre Maßnahmen gelten als Maßnahmen der Bundespolizei. [3] Das Bundesministerium des Innern, für Bau und Heimat und die nachgeordneten Bundespolizeibehörden üben ihnen gegenüber insoweit die Fachaufsicht aus.

§ 67[1)] Amtshandlungen von Beamten der Bundespolizei im Zuständigkeitsbereich der Zollverwaltung. (1) Das Bundesministerium der Finanzen kann im Einvernehmen mit dem Bundesministerium des Innern, für Bau und Heimat Beamte der Bundespolizei mit der Wahrnehmung von Aufgaben der Zollverwaltung an einzelnen Grenzzollstellen betrauen, soweit dadurch die Abfertigung des grenzüberschreitenden Reiseverkehrs vereinfacht wird.

(2) [1] Nehmen Beamte der Bundespolizei Aufgaben nach Absatz 1 wahr, so haben sie dieselben Befugnisse wie Beamte der Zollverwaltung. [2] Ihre Maßnahmen gelten als Maßnahmen der Zollverwaltung. [3] Das Bundesministerium der Finanzen und die nachgeordneten Zolldienststellen üben ihnen gegenüber insoweit die Fachaufsicht aus.

§ 68[2)] Wahrnehmung von Aufgaben durch die Zollverwaltung. [1] Das Bundesministerium des Innern, für Bau und Heimat kann im Einvernehmen mit dem Bundesministerium der Finanzen durch Rechtsverordnung auf die Zollverwaltung zur Ausübung übertragen

1. die polizeiliche Kontrolle des grenzüberschreitenden Verkehrs (§ 2 Abs. 2 Nr. 2) an einzelnen Grenzübergangsstellen,
2. sonstige Aufgaben nach § 2.

[2] Nimmt die Zollverwaltung Aufgaben nach Satz 1 wahr, gilt § 66 Abs. 2 entsprechend.

Abschnitt 5. Schlußbestimmungen

§ 69[3)] Verwaltungsvorschriften. Das Bundesministerium des Innern, für Bau und Heimat erläßt die zur Durchführung dieses Gesetzes im Bereich der Bundesverwaltung erforderlichen allgemeinen Verwaltungsvorschriften.

§ 69a[4)] Bußgeldvorschriften. (1) Ordnungswidrig handelt, wer vorsätzlich oder fahrlässig einer vollziehbaren Anordnung nach § 31a Abs. 1 zuwiderhandelt.

(2) Die Ordnungswidrigkeit kann mit einer Geldbuße bis zu fünfzigtausend Euro geahndet werden.

(3) [1] Verwaltungsbehörde im Sinne des § 36 Abs. 1 Nr. 1 des Gesetzes über Ordnungswidrigkeiten[5)] ist die in der Rechtsverordnung nach § 58 Abs. 1

[1)] § 67 Überschrift sowie Abs. 1 und Abs. 2 Satz 1 geänd. mWv 1.7.2005 durch G v. 21.6.2005 (BGBl. I S. 1818); Abs. 1 geänd. mWv 27.6.2020 durch VO v. 19.6.2020 (BGBl. I S. 1328).

[2)] § 68 Satz 1 einl. Satzteil geänd. mWv 27.6.2020 durch VO v. 19.6.2020 (BGBl. I S. 1328).

[3)] § 69 geänd. mWv 27.6.2020 durch VO v. 19.6.2020 (BGBl. I S. 1328).

[4)] § 69a eingef. mWv 1.4.2008 durch G v. 22.12.2007 (BGBl. I S. 3214, geänd. durch G v. 26.2.2008, BGBl. I S. 215).

[5)] **Schönfelder Nr. 94.**

bestimmte Bundespolizeibehörde. [2] Sie teilt dem Luftfahrt-Bundesamt die Verhängung eines Bußgeldes nach Absatz 1 mit.

§ 70[1] Einschränkung von Grundrechten. [1] Die Grundrechte der körperlichen Unversehrtheit (Artikel 2 Abs. 2 Satz 1 des Grundgesetzes[2]), der Freiheit der Person (Artikel 2 Abs. 2 Satz 2 des Grundgesetzes), des Fernmeldegeheimnisses (Artikel 10 des Grundgesetzes) und der Freizügigkeit (Artikel 11 Abs. 1 des Grundgesetzes) werden nach Maßgabe dieses Gesetzes eingeschränkt. [2] Das Grundrecht der Unverletzlichkeit der Wohnung (Artikel 13 des Grundgesetzes) wird durch die §§ 28a, 45 und 46 eingeschränkt.

[1] *§ 70 Satz 1 geänd. mWv 1.7.2013* durch G v. 20.6.2013 (BGBl. I S. 1602); Satz 2 geänd. mWv 30.7.2016 durch G v. 26.7.2016 (BGBl. I S. 1818).
[2] Nr. 1.

96. Gesetz über die Zusammenarbeit von Bundesregierung und Deutschem Bundestag in Angelegenheiten der Europäischen Union (EUZBBG)

Vom 4. Juli 2013
(BGBl. I S. 2170)

FNA 170-10

Der Bundestag hat das folgende Gesetz beschlossen:

§ 1 Mitwirkung des Bundestages. (1) [1] In Angelegenheiten der Europäischen Union wirkt der Bundestag an der Willensbildung des Bundes mit und hat das Recht zur Stellungnahme. [2] Die Bundesregierung hat ihn umfassend und zum frühestmöglichen Zeitpunkt zu unterrichten.

(2) [1] Angelegenheiten der Europäischen Union im Sinne von Artikel 23 des Grundgesetzes[1)] sind insbesondere Vertragsänderungen und entsprechende Änderungen auf der Ebene des Primärrechts sowie Rechtsetzungsakte der Europäischen Union. [2] Um eine Angelegenheit der Europäischen Union handelt es sich auch bei völkerrechtlichen Verträgen und intergouvernementalen Vereinbarungen, wenn sie in einem Ergänzungs- oder sonstigen besonderen Näheverhältnis zum Recht der Europäischen Union stehen.

§ 2 Ausschuss für die Angelegenheiten der Europäischen Union. [1] Der Bundestag bestellt einen Ausschuss für die Angelegenheiten der Europäischen Union. [2] Der Bundestag kann den Ausschuss ermächtigen, für ihn Stellungnahmen abzugeben. [3] Er kann ihn ermächtigen, die Rechte des Bundestages gemäß Artikel 23 des Grundgesetzes[1)] gegenüber der Bundesregierung wahrzunehmen. [4] Er kann ihn auch ermächtigen, die Rechte wahrzunehmen, die dem Bundestag in den vertraglichen Grundlagen der Europäischen Union eingeräumt sind.

§ 3 Grundsätze der Unterrichtung. (1) [1] Die Bundesregierung unterrichtet den Bundestag in Angelegenheiten der Europäischen Union umfassend, zum frühestmöglichen Zeitpunkt und fortlaufend. [2] Diese Unterrichtung erfolgt grundsätzlich schriftlich durch die Weiterleitung von Dokumenten oder die Abgabe von eigenen Berichten der Bundesregierung, darüber hinaus mündlich. [3] Der mündlichen Unterrichtung kommt lediglich eine ergänzende und erläuternde Funktion zu. [4] Die Bundesregierung stellt sicher, dass diese Unterrichtung die Befassung des Bundestages ermöglicht.

(2) [1] Die Unterrichtung erstreckt sich insbesondere auf die Willensbildung der Bundesregierung, die Vorbereitung und den Verlauf der Beratungen innerhalb der Organe der Europäischen Union, die Stellungnahmen des Europäischen Parlaments, der Europäischen Kommission und der anderen

---

[1)] Nr. 1.

Mitgliedstaaten der Europäischen Union sowie die getroffenen Entscheidungen. [2] Dies gilt auch für alle vorbereitenden Gremien und Arbeitsgruppen.

(3) [1] Die Pflicht zur Unterrichtung umfasst auch die Vorbereitung und den Verlauf der Beratungen der informellen Ministertreffen, des Eurogipfels, der Eurogruppe sowie vergleichbarer Institutionen, die auf Grund völkerrechtlicher Verträge und sonstiger Vereinbarungen, die in einem Ergänzungs- oder sonstigen besonderen Näheverhältnis zum Recht der Europäischen Union stehen, zusammentreten. [2] Dies gilt auch für alle vorbereitenden Gremien und Arbeitsgruppen.

(4) Der Kernbereich exekutiver Eigenverantwortung der Bundesregierung bleibt von den Unterrichtungspflichten unberührt.

(5) Der Bundestag kann auf einzelne Unterrichtungen verzichten, es sei denn, dass eine Fraktion oder fünf Prozent der Mitglieder des Bundestages widersprechen.

§ 4 Übersendung von Dokumenten und Berichtspflichten. (1) [1] Die Unterrichtung des Bundestages nach § 3 erfolgt insbesondere durch Übersendung von allen bei der Bundesregierung eingehenden

1. Dokumenten
   a) der Organe der Europäischen Union, der informellen Ministertreffen, des Ausschusses der Ständigen Vertreter und sonstiger Ausschüsse und Arbeitsgruppen des Rates,
   b) des Eurogipfels, der Eurogruppe und vergleichbarer Institutionen, die auf der Grundlage von völkerrechtlichen Verträgen und sonstigen Vereinbarungen, die in einem Ergänzungs- oder sonstigen besonderen Näheverhältnis zum Recht der Europäischen Union stehen, zusammentreten,
   c) aller die Institutionen nach den Buchstaben a und b vorbereitenden Gremien und Arbeitsgruppen;
2. Berichten der Ständigen Vertretung der Bundesrepublik Deutschland bei der Europäischen Union beziehungsweise der Bundesregierung zu
   a) Sitzungen der in Nummer 1 genannten Institutionen,
   b) Sitzungen des Europäischen Parlaments und seiner Ausschüsse,
   c) Einberufungen, Verhandlungen und Ergebnissen von Trilogen,
   d) Beschlüssen der Europäischen Kommission.

[2] Der Bundestag muss bereits im Voraus und so rechtzeitig informiert werden, dass er sich über den Gegenstand der Sitzungen sowie die Position der Bundesregierung eine Meinung bilden und auf die Verhandlungslinie und das Abstimmungsverhalten der Bundesregierung Einfluss nehmen kann. [3] Berichte über Sitzungen müssen zumindest die von der Bundesregierung und von anderen Staaten vertretenen Positionen, den Verlauf der Verhandlungen und Zwischen- und Endergebnisse darstellen sowie über eingelegte Parlamentsvorbehalte unterrichten.

(2) [1] Die Bundesregierung übersendet dem Bundestag zudem

1. Dokumente und Informationen über Initiativen, Stellungnahmen, Konsultationsbeiträge, Programmentwürfe und Erläuterungen der Bundesregierung für Organe der Europäischen Union, informelle Ministertreffen sowie den Eurogipfel, die Eurogruppe und vergleichbare Institutionen auf der Grundlage von völkerrechtlichen Verträgen und sonstigen Vereinbarungen,

die in einem Ergänzungs- oder sonstigen besonderen Näheverhältnis zum Recht der Europäischen Union stehen,

2. entsprechende Initiativen, Stellungnahmen, Konsultationsbeiträge und Erläuterungen der Regierungen von Mitgliedstaaten der Europäischen Union,
3. entsprechende Initiativen, Stellungnahmen, Konsultationsbeiträge und Erläuterungen des Bundesrates und der Länder sowie
4. Sammelweisungen für den deutschen Vertreter im Ausschuss der Ständigen Vertreter.

[2] Dies gilt auch für alle vorbereitenden Gremien und Arbeitsgruppen.

(3) Die Bundesregierung gibt Auskunft über ihr vorliegende inoffizielle Dokumente zu Angelegenheiten der Europäischen Union und stellt diese auf Anforderung frühestmöglich zur Verfügung.

(4) [1] Vor Tagungen des Europäischen Rates, des Rates, der informellen Ministertreffen, des Eurogipfels, der Eurogruppe und vergleichbarer Institutionen auf der Grundlage von völkerrechtlichen Verträgen und sonstigen Vereinbarungen, die in einem Ergänzungs- oder sonstigen besonderen Näheverhältnis zum Recht der Europäischen Union stehen, unterrichtet die Bundesregierung den Bundestag schriftlich und mündlich zu jedem Beratungsgegenstand. [2] Diese Unterrichtung umfasst die Grundzüge des Sach- und Verhandlungsstandes sowie die Verhandlungslinie der Bundesregierung sowie deren Initiativen. [3] Nach den Tagungen unterrichtet die Bundesregierung schriftlich und mündlich über die Ergebnisse.

(5) Die Bundesregierung übersendet dem Bundestag regelmäßig, mindestens vierteljährlich, Frühwarnberichte über aktuelle politische Entwicklungen in Angelegenheiten der Europäischen Union.

(6) Die Bundesregierung unterrichtet den Bundestag ferner

1. über die Einleitung von Vertragsverletzungsverfahren nach den Artikeln 258 und 260 des Vertrags über die Arbeitsweise der Europäischen Union[1)] durch Übermittlung von Mahnschreiben und mit Gründen versehenen Stellungnahmen sowie erläuternden Informationen und Dokumenten, insbesondere der Antwortschreiben der Bundesregierung, soweit diese Verfahren die ausgebliebene, unvollständige oder fehlerhafte Umsetzung von Richtlinien durch den Bund betreffen,
2. über Verfahren vor dem Gerichtshof der Europäischen Union, bei denen die Bundesrepublik Deutschland Verfahrensbeteiligte ist. Zu Verfahren, an denen sich die Bundesregierung beteiligt, übermittelt sie die entsprechenden Dokumente, und
3. auf Anforderung über weitere Verfahren vor dem Gerichtshof der Europäischen Union und übermittelt die entsprechenden Dokumente, soweit sie ihr vorliegen.

§ 5 Vorhaben der Europäischen Union. (1) Vorhaben der Europäischen Union (Vorhaben) im Sinne dieses Gesetzes sind insbesondere

1. Vorschläge und Initiativen für Beschlüsse zur Aufnahme von Verhandlungen zu Änderungen der vertraglichen Grundlagen der Europäischen Union,

---

[1)] Nr. **1001**.

2. Vorschläge und Initiativen für Beschlüsse zur Aufnahme von Verhandlungen zur Vorbereitung von Beitritten zur Europäischen Union,
3. Vorschläge und Initiativen für Beschlüsse gemäß Artikel 140 Absatz 2 des Vertrages über die Arbeitsweise der Europäischen Union[1)] zur Einführung des Euro,
4. Vorschläge für Gesetzgebungsakte der Europäischen Union,
5. Verhandlungsmandate für die Europäische Kommission zu Verhandlungen über völkerrechtliche Verträge der Europäischen Union,
6. Beratungsgegenstände, Initiativen sowie Verhandlungsmandate und Verhandlungsrichtlinien für die Europäische Kommission im Rahmen der gemeinsamen Handelspolitik und der Welthandelsrunden,
7. Mitteilungen, Stellungnahmen, Grün- und Weißbücher sowie Empfehlungen der Europäischen Kommission,
8. Berichte, Aktionspläne und Politische Programme der Organe der Europäischen Union,
9. Interinstitutionelle Vereinbarungen der Organe der Europäischen Union,
10. Haushalts- und Finanzplanung der Europäischen Union,
11. Entwürfe zu völkerrechtlichen Verträgen und sonstigen Vereinbarungen, wenn sie in einem Ergänzungs- oder sonstigen besonderen Näheverhältnis zum Recht der Europäischen Union stehen,
12. Beratungsgegenstände, Vorschläge und Initiativen, die im Rahmen von völkerrechtlichen Verträgen und Vereinbarungen im Sinne von Nummer 11 behandelt werden.

(2) Vorhaben im Sinne dieses Gesetzes sind auch Vorschläge und Initiativen der Europäischen Union, bei denen eine Mitwirkung des Bundestages nach dem Integrationsverantwortungsgesetz[2)] vom 22. September 2009 (BGBl. I S. 3022) in der jeweils geltenden Fassung erforderlich ist.

(3) Für Angelegenheiten

1. des Europäischen Stabilitätsmechanismus gelten unbeschadet der §§ 1 bis 4 die Bestimmungen des ESM-Finanzierungsgesetzes vom 13. September 2012 (BGBl. I S. 1918) in der jeweils geltenden Fassung,
2. der Europäischen Finanzstabilisierungsfazilität gelten unbeschadet der §§ 1 bis 4 die Bestimmungen des Stabilisierungsmechanismusgesetzes vom 22. Mai 2010 (BGBl. I S. 627) in der jeweils geltenden Fassung,
3. der Gemeinsamen Außen- und Sicherheitspolitik und der Gemeinsamen Sicherheits- und Verteidigungspolitik gilt § 7.

§ 6 Förmliche Zuleitung, Berichtsbogen und Umfassende Bewertung, Abschluss von EU-Gesetzgebungsverfahren. (1) [1]Die Bundesregierung übersendet dem Bundestag alle Vorhaben mit einem Zuleitungsschreiben (förmliche Zuleitung). [2]Das Zuleitungsschreiben enthält auf der Grundlage des zuzuleitenden Dokuments die folgenden Hinweise:

---

1) Nr. **1001**.
2) Nr. **98**.

1. den wesentlichen Inhalt und die Zielsetzung des Vorhabens,
2. das Datum des Erscheinens des betreffenden Dokuments in deutscher Sprache,
3. die Rechtsgrundlage,
4. das anzuwendende Verfahren und
5. die Benennung des federführenden Bundesministeriums.

(2) [1] Die Bundesregierung übermittelt binnen zwei Wochen nach förmlicher Zuleitung eines Vorhabens einen Bericht gemäß der Anlage (Berichtsbogen). [2] Dieser enthält insbesondere die Bewertung des Vorhabens hinsichtlich seiner Vereinbarkeit mit den Grundsätzen der Subsidiarität und der Verhältnismäßigkeit.

(3) [1] Zu Vorschlägen für Gesetzgebungsakte der Europäischen Union übermittelt die Bundesregierung zudem binnen zwei Wochen nach Überweisung an die Ausschüsse des Bundestages, spätestens jedoch zu Beginn der Beratungen in den Ratsgremien, eine Umfassende Bewertung. [2] Neben Angaben zur Zuständigkeit der Europäischen Union zum Erlass des vorgeschlagenen Gesetzgebungsaktes und zu dessen Vereinbarkeit mit den Grundsätzen der Subsidiarität und Verhältnismäßigkeit enthält diese Bewertung im Rahmen einer umfassenden Abschätzung der Folgen für die Bundesrepublik Deutschland Aussagen insbesondere in rechtlicher, wirtschaftlicher, finanzieller, sozialer und ökologischer Hinsicht zu Regelungsinhalt, Alternativen, Kosten, Verwaltungsaufwand und Umsetzungsbedarf. [3] Zu anderen Vorhaben im Sinne von § 5 Absatz 1 erfolgt die Erstellung einer entsprechenden Umfassenden Bewertung nur auf Anforderung.

(4) [1] Bei eilbedürftigen Vorhaben verkürzen sich die Fristen der Absätze 2 und 3 so, dass eine rechtzeitige Unterrichtung und die Gelegenheit zur Stellungnahme nach § 8 Absatz 1 Satz 1 für den Bundestag gewährleistet sind. [2] Ist eine besonders umfangreiche Bewertung erforderlich, kann die Frist verlängert werden.

(5) Darüber hinaus erstellt die Bundesregierung zu besonders komplexen oder bedeutsamen Vorhaben auf Anforderung vertiefende Berichte.

(6) Die Bundesregierung unterrichtet den Bundestag über den Abschluss eines Gesetzgebungsverfahrens der Europäischen Union; diese Unterrichtung enthält auch eine Bewertung, ob die Bundesregierung den Gesetzgebungsakt mit den Grundsätzen der Subsidiarität und Verhältnismäßigkeit für vereinbar hält; bei Richtlinien informiert die Bundesregierung über die zu berücksichtigenden Fristen für die innerstaatliche Umsetzung und den Umsetzungsbedarf.

§ 7 Gemeinsame Außen- und Sicherheitspolitik und Gemeinsame Sicherheits- und Verteidigungspolitik. (1) [1] Im Bereich der Gemeinsamen Außen- und Sicherheitspolitik und der Gemeinsamen Sicherheits- und Verteidigungspolitik unterrichtet die Bundesregierung umfassend, fortlaufend und zum frühestmöglichen Zeitpunkt. [2] Die Unterrichtung erfolgt in der Regel schriftlich. [3] Sie umfasst die Zuleitung einer Übersicht der absehbar zur Beratung anstehenden Rechtsakte, deren Bewertung und eine Einschätzung über den weiteren Beratungsverlauf. [4] Über Tagungen des Europäischen Rates und des Rates, die Beschlüsse und Schlussfolgerungen im Bereich der Gemeinsamen Außen- und Sicherheitspolitik und der Gemeinsamen Sicherheits- und Verteidigungspolitik zum Gegenstand haben, gilt § 4 Absatz 4 entsprechend.

(2) [1] Ergänzend leitet die Bundesregierung dem Bundestag auf Anforderung Dokumente von grundsätzlicher Bedeutung nach Maßgabe des § 6 Absatz 1 zu. [2] § 6 Absatz 2 gilt entsprechend.

(3) Zudem unterrichtet die Bundesregierung fortlaufend und zeitnah mündlich über alle relevanten Entwicklungen im Bereich der Gemeinsamen Außen- und Sicherheitspolitik und der Gemeinsamen Sicherheits- und Verteidigungspolitik.

(4) Über die Sitzungen des Politischen und Sicherheitspolitischen Komitees unterrichtet die Bundesregierung die zuständigen Ausschüsse des Bundestages mündlich.

§ 8 Stellungnahmen des Bundestages. (1) [1] Vor ihrer Mitwirkung an Vorhaben gibt die Bundesregierung dem Bundestag Gelegenheit zur Stellungnahme. [2] Hierzu übermittelt die Bundesregierung dem Bundestag fortlaufend aktualisierte Informationen über den Beratungsablauf, die es ermöglichen, den für eine Stellungnahme geeigneten Zeitpunkt zu bestimmen, und teilt mit, bis zu welchem Zeitpunkt auf Grund des Beratungsverlaufs eine Stellungnahme angemessen erscheint.

(2) [1] Gibt der Bundestag eine Stellungnahme ab, legt die Bundesregierung diese ihren Verhandlungen zugrunde. [2] Die Bundesregierung unterrichtet fortlaufend über die Berücksichtigung der Stellungnahme in den Verhandlungen.

(3) [1] Der Bundestag kann seine Stellungnahme im Verlauf der Beratung des Vorhabens anpassen und ergänzen. [2] Absatz 2 Satz 1 gilt entsprechend.

(4) [1] Macht der Bundestag von der Gelegenheit zur Stellungnahme gemäß Artikel 23 Absatz 3 Satz 1 des Grundgesetzes[1)] Gebrauch, legt die Bundesregierung in den Verhandlungen einen Parlamentsvorbehalt ein, wenn der Beschluss des Bundestages in einem seiner wesentlichen Belange nicht durchsetzbar ist. [2] Die Bundesregierung unterrichtet den Bundestag in einem gesonderten Bericht unverzüglich darüber. [3] Dieser Bericht muss der Form und dem Inhalt nach angemessen sein, um eine Beratung in den Gremien des Bundestages zu ermöglichen. [4] Vor der abschließenden Entscheidung bemüht sich die Bundesregierung, Einvernehmen mit dem Bundestag herzustellen. [5] Dies gilt auch dann, wenn der Bundestag bei Vorhaben der Europäischen Union zu Fragen der kommunalen Daseinsvorsorge Stellung nimmt. [6] Das Recht der Bundesregierung, in Kenntnis der Stellungnahme des Bundestages aus wichtigen außen- oder integrationspolitischen Gründen abweichende Entscheidungen zu treffen, bleibt unberührt.

(5) [1] Nach der abschließenden Beschlussfassung unterrichtet die Bundesregierung den Bundestag unverzüglich schriftlich, insbesondere über die Durchsetzung seiner Stellungnahme. [2] Sollten nicht alle Belange der Stellungnahme berücksichtigt worden sein, benennt die Bundesregierung auch die Gründe hierfür. [3] Auf Verlangen eines Viertels der Mitglieder des Bundestages erläutert die Bundesregierung diese Gründe im Rahmen einer Plenardebatte.

[1)] Nr. 1.

§ 9 Aufnahme von Verhandlungen über Beitritte und Vertragsänderungen. (1) Mit der Unterrichtung über Vorschläge und Initiativen für Beschlüsse zur Aufnahme von Verhandlungen

1. zur Vorbereitung eines Beitritts zur Europäischen Union oder
2. zu Änderungen der vertraglichen Grundlagen der Europäischen Union

weist die Bundesregierung den Bundestag auf sein Recht zur Stellungnahme nach § 8 hin.

(2) [1] Vor der abschließenden Entscheidung im Rat oder im Europäischen Rat soll die Bundesregierung Einvernehmen mit dem Bundestag herstellen. [2] Das Recht der Bundesregierung, in Kenntnis der Stellungnahme des Bundestages aus wichtigen außen- oder integrationspolitischen Gründen abweichende Entscheidungen zu treffen, bleibt unberührt.

§ 9a Einführung des Euro in einem Mitgliedstaat. (1) Mit der Unterrichtung über Vorschläge und Initiativen für Beschlüsse des Rates gemäß Artikel 140 Absatz 2 des Vertrages über die Arbeitsweise der Europäischen Union[1)] zur Einführung des Euro in einem weiteren Mitgliedstaat weist die Bundesregierung den Bundestag auf sein Recht zur Stellungnahme nach § 8 hin.

(2) [1] Vor der abschließenden Entscheidung im Rat soll die Bundesregierung mit dem Bundestag Einvernehmen herstellen. [2] Das Recht der Bundesregierung, in Kenntnis der Stellungnahme des Bundestages aus wichtigen außen- oder integrationspolitischen Gründen abweichende Entscheidungen zu treffen, bleibt unberührt.

§ 10 Zugang zu Datenbanken, vertrauliche Behandlung von Dokumenten. (1) Die Bundesregierung eröffnet dem Bundestag im Rahmen der Datenschutzvorschriften Zugang zu Dokumentendatenbanken der Europäischen Union, die ihr zugänglich sind.

(2) [1] Die Dokumente der Europäischen Union werden grundsätzlich offen weitergegeben. [2] Die Sicherheitseinstufung der Organe der Europäischen Union über eine besondere Vertraulichkeit wird vom Bundestag beachtet. [3] Eine für diese Dokumente oder für andere im Rahmen dieses Gesetzes an den Bundestag zu übermittelnden Informationen, Berichte und Mitteilungen eventuell erforderliche nationale Einstufung als vertraulich wird vor Versendung von der Bundesregierung vorgenommen und vom Bundestag beachtet. [4] Die Gründe für die Einstufung sind auf Anforderung zu erläutern.

(3) Dem besonderen Schutzbedürfnis laufender vertraulicher Verhandlungen trägt der Bundestag durch eine vertrauliche Behandlung Rechnung.

§ 11 Verbindungsbüro des Bundestages. (1) [1] Der Bundestag kann über ein Verbindungsbüro unmittelbare Kontakte zu Einrichtungen der Europäischen Union pflegen, soweit dies der Wahrnehmung seiner Mitwirkungsrechte in Angelegenheiten der Europäischen Union dient. [2] Die Fraktionen des Bundestages entsenden Vertreter in das Verbindungsbüro.

[1)] Nr. **1001**.

(2) Die Bundesregierung unterstützt über die Ständige Vertretung der Bundesrepublik Deutschland bei der Europäischen Union und die bilaterale Botschaft der Bundesrepublik Deutschland beim Königreich Belgien das Verbindungsbüro des Bundestages im Hinblick auf seine fachlichen Aufgaben.

§ 12 Inkrafttreten, Außerkrafttreten. [1] Dieses Gesetz tritt am Tag nach der Verkündung[1)] in Kraft. [2] Gleichzeitig tritt das Gesetz über die Zusammenarbeit von Bundesregierung und Deutschem Bundestag in Angelegenheiten der Europäischen Union vom 12. März 1993 (BGBl. I S. 311, 1780), das zuletzt durch Artikel 2 des Gesetzes vom 13. September 2012 (BGBl. 2012 II S. 1006) geändert worden ist, außer Kraft.

Anlage
(zu § 6 Absatz 2)
(Anlage hier nicht abgedruckt)

[1)] Verkündet am 12. 7. 2013.

97. Gesetz über die Zusammenarbeit von Bund und Ländern in Angelegenheiten der Europäischen Union

Vom 12. März 1993
(BGBl. I S. 313)

FNA 170-3

geänd. durch Art. 2 Abs. 2 G über die Ausweitung und Stärkung der Rechte des BT und des BR in Angelegenheiten der EU v. 17. 11. 2005 (BGBl. I S. 3178, aufgeh. durch BGBl. I S. 3022), Art. 2 Föderalismusreform-BegleitG v. 5. 9. 2006 (BGBl. I S. 2098) und Art. 1 ÄndG v. 22. 9. 2009 (BGBl. I S. 3031)

Der Bundestag hat mit Zustimmung des Bundesrates das folgende Gesetz beschlossen:

§ 1 [Mitwirkung durch Bundesrat] In Angelegenheiten der Europäischen Union wirken die Länder durch den Bundesrat mit.

§ 2 [Umfassende und frühzeitige Unterrichtung des Bundesrates] Die Bundesregierung unterrichtet den Bundesrat unbeschadet des Artikels 2 des Gesetzes zu den Verträgen vom 25. März 1957 zur Gründung der Europäischen Wirtschaftsgemeinschaft und der Europäischen Atomgemeinschaft vom 27. Juli 1957 (BGBl. II S. 753) umfassend und zum frühestmöglichen Zeitpunkt über alle Vorhaben im Rahmen der Europäischen Union, die für die Länder von Interesse sein könnten.

§ 3 [Gelegenheit zur Stellungnahme] Vor der Festlegung der Verhandlungsposition zu einem Vorhaben der Europäischen Union gibt die Bundesregierung dem Bundesrat rechtzeitig Gelegenheit zur Stellungnahme binnen angemessener Frist, soweit Interessen der Länder berührt sind.

§ 4 [Beteiligung von Ländervertretern an Beratungen der Bundesregierung] (1) Soweit der Bundesrat an einer entsprechenden innerstaatlichen Maßnahme mitzuwirken hätte oder soweit die Länder innerstaatlich zuständig wären, beteiligt die Bundesregierung vom Bundesrat benannte Vertreter der Länder an Beratungen zur Festlegung der Verhandlungsposition zu dem Vorhaben.

(2) [1] Gegenstand der Beratungen nach Absatz 1 ist auch die Anwendung *der §§ 5 und 6 auf das Vorhaben.* [2] Dabei ist zwischen Bund und Ländern ein Einvernehmen anzustreben.

§ 5[1)] [Berücksichtigung der Stellungnahme des Bundesrates] (1) Soweit in einem Bereich ausschließlicher Zuständigkeiten des Bundes Interessen der Länder berührt sind oder soweit im übrigen der Bund das Recht zur

---

1) § 5 Abs. 3 aufgeh. mWv 25. 9. 2009 durch G v. 22. 9. 2009 (BGBl. I S. 3031).

Gesetzgebung hat, berücksichtigt die Bundesregierung die Stellungnahme des Bundesrates bei der Festlegung der Verhandlungsposition zu dem Vorhaben.

(2) [1] Wenn bei einem Vorhaben im Schwerpunkt Gesetzgebungsbefugnisse der Länder betroffen sind und der Bund kein Recht zur Gesetzgebung hat oder ein Vorhaben im Schwerpunkt die Einrichtung der Behörden der Länder oder ihre Verwaltungsverfahren betrifft, ist insoweit bei Festlegung der Verhandlungsposition durch die Bundesregierung die Stellungnahme des Bundesrates maßgeblich zu berücksichtigen; im übrigen gilt Absatz 1. [2] Die gesamtstaatliche Verantwortung des Bundes, einschließlich außen-, verteidigungs- und integrationspolitisch zu bewertender Fragen, ist zu wahren. [3] Stimmt die Auffassung der Bundesregierung nicht mit der Stellungnahme des Bundesrates überein, ist ein Einvernehmen anzustreben. [4] Zur Herbeiführung dieses Einvernehmens erfolgt erneute Beratung der Bundesregierung mit Vertretern der Länder. [5] Kommt ein Einvernehmen nicht zustande und bestätigt der Bundesrat daraufhin seine Auffassung mit einem mit zwei Dritteln seiner Stimmen gefaßten Beschluß, so ist die Auffassung des Bundesrates maßgebend. [6] Die Zustimmung der Bundesregierung ist erforderlich, wenn Entscheidungen zu Ausgabenerhöhungen oder Einnahmeminderungen für den Bund führen können.

§ 6[1)] [Beteiligung von Ländervertretern an Verhandlungen in Beratungsgremien der Kommission und des Rates] (1) [1] Bei einem Vorhaben, bei dem der Bundesrat an einer entsprechenden innerstaatlichen Maßnahme mitzuwirken hätte oder bei dem die Länder innerstaatlich zuständig wären oder das sonst wesentliche Interessen der Länder berührt, zieht die Bundesregierung auf Verlangen Vertreter der Länder zu den Verhandlungen in den Beratungsgremien der Kommission und des Rates hinzu, soweit ihr dies möglich ist. [2] Die Verhandlungsführung liegt bei der Bundesregierung; Vertreter der Länder können mit Zustimmung der Verhandlungsführung Erklärungen abgeben.

(2) [1] Wenn im Schwerpunkt ausschließliche Gesetzgebungsbefugnisse der Länder auf den Gebieten der schulischen Bildung, der Kultur oder des Rundfunks betroffen sind, überträgt die Bundesregierung die Verhandlungsführung in den Beratungsgremien der Kommission und des Rates und bei Ratstagungen in der Zusammensetzung der Minister auf einen Vertreter der Länder. [2] Für diese Ratstagungen kann vom Bundesrat nur ein Mitglied einer Landesregierung im Ministerrang benannt werden. [3] Die Ausübung der Rechte durch den Vertreter der Länder erfolgt unter Teilnahme von und in Abstimmung mit dem Vertreter der Bundesregierung. [4] Die Abstimmung der Verhandlungsposition mit dem Vertreter der Bundesregierung im Hinblick auf eine sich ändernde Verhandlungslage erfolgt entsprechend den für die interne Willensbildung geltenden Regeln und Kriterien. [5] Der Bundesrat kann für Ratstagungen in der Zusammensetzung der Minister, bei denen Vorhaben behandelt werden, die nicht im Schwerpunkt ausschließliche Gesetzgebungsbefugnisse der Länder in den Bereichen schulische Bildung, Kultur oder Rundfunk, jedoch sonstige ausschließliche Gesetzgebungsbefugnisse der Länder betreffen, als Vertreter der Länder Mitglieder von Landesregierungen im Ministerrang benennen, die berechtigt sind, in Abstimmung mit dem Vertreter der Bundesregierung Erklärungen abzugeben. [6] Betrifft ein Vorhaben aus-

---

1) § 6 Abs. 2 neu gef. mWv 12. 9. 2006 durch G v. 5. 9. 2006 (BGBl. I S. 2098).

schließliche Gesetzgebungsbefugnisse der Länder, jedoch nicht im Schwerpunkt die Bereiche schulische Bildung, Kultur oder Rundfunk, so übt die Bundesregierung die Verhandlungsführung in den Beratungsgremien der Kommission und des Rates und bei Ratstagungen in der Zusammensetzung der Minister in Abstimmung mit dem Vertreter der Länder aus.

(3) [1] Absatz 2 gilt nicht für Rechte, die der Bundesrepublik Deutschland als Vorsitz im Rat zustehen. [2] Bei der Ausübung dieser Rechte setzt sich die Bundesregierung, soweit Vorhaben im Sinne des Absatzes 2 Satz 1 betroffen sind, mit dem Vertreter der Länder ins Benehmen.

(4) Auf Tagesordnungspunkte der Ratstagungen, die der Rat ohne Aussprache genehmigt, findet Absatz 2 keine Anwendung, wenn diese Behandlung mit dem Vertreter der Länder abgestimmt worden ist.

§ 7[1)] [Klageerhebung im Interesse der Länder] (1) [1] Die Bundesregierung macht auf Verlangen des Bundesrates unbeschadet eigener Klagerechte der Länder von dem im Vertrag über die Europäische Union vorgesehenen Klagemöglichkeiten Gebrauch, soweit die Länder durch ein Handeln oder Unterlassen von Organen der Union in Bereichen ihrer Gesetzgebungsbefugnisse betroffen sind und der Bund kein Recht zur Gesetzgebung hat. [2] Dabei ist die gesamtstaatliche Verantwortung des Bundes, einschließlich außen-, verteidigungs- und integrationspolitisch zu bewertender Fragen, zu wahren.

(2) Absatz 1 gilt entsprechend, wenn die Bundesregierung im Verfahren vor dem Europäischen Gerichtshof Gelegenheit zur Stellungnahme hat.

(3) Hinsichtlich der Prozeßführung vor dem Europäischen Gerichtshof stellt die Bundesregierung in den in den Absätzen 1 und 2 genannten Fällen sowie für Vertragsverletzungsverfahren, in denen die Bundesrepublik Deutschland Partei ist, mit dem Bundesrat Einvernehmen her, soweit Gesetzgebungsbefugnisse der Länder betroffen sind und der Bund kein Recht zur Gesetzgebung hat.

(4) [1] Über die Einlegung des zulässigen Rechtsmittels beim Europäischen Gerichtshof gegen eine länderübergreifende Finanzkorrektur der Europäischen Gemeinschaften stellt die Bundesregierung mit den betroffenen Ländern Einvernehmen her. [2] Wird das Einvernehmen nicht erzielt, ist die Bundesregierung auf ausdrückliches Verlangen betroffener Länder zur Einlegung des Rechtsmittels verpflichtet. [3] In diesem Fall werden die Kosten des Rechtsmittelverfahrens von den Ländern getragen, welche die Einlegung des Rechtsmittels verlangt haben.

§ 8 [Befugnisse und Status der Länderbüros] [1] Die Länder können unmittelbar zu Einrichtungen der Europäischen Union ständige Verbindungen unterhalten, soweit dies zur Erfüllung ihrer staatlichen Befugnisse und Aufgaben nach dem Grundgesetz dient. [2] Die Länderbüros erhalten keinen diplomatischen Status. [3] Stellung und Aufgaben der Ständigen Vertretung in Brüssel als Vertretung der Bundesrepublik Deutschland bei den Europäischen Gemeinschaften gelten uneingeschränkt auch in den Fällen, in denen die Wahrnehmung der Rechte, die der Bundesrepublik Deutschland als Mitgliedstaat der Europäischen Union zustehen, auf einen Vertreter der Länder übertragen wird.

---

1) § 7 Abs. 4 angef. mWv 12. 9. 2006 durch G v. 5. 9. 2006 (BGBl. I S. 2098).

§ 9[1)] **[Vereinbarung zwischen Bund und Ländern]** [1] Einzelheiten der Unterrichtung und Beteiligung der Länder nach diesem Gesetz sowie nach dem Integrationsverantwortungsgesetz[2)] vom 22. September 2009 (BGBl. I S. 3022) sind in der Anlage geregelt. [2] Weitere Einzelheiten bleiben einer Vereinbarung zwischen Bund und Ländern vorbehalten.

§ 10[1)] **[Wahrung der Rechte von Gemeinden und Gemeindeverbänden]** (1) Bei Vorhaben der Europäischen Union ist das Recht der Gemeinden und Gemeindeverbände zur Regelung der Angelegenheiten der örtlichen Gemeinschaft zu wahren und sind ihre Belange zu schützen.

(2) [1] Nimmt der Bundesrat bei Vorhaben der Europäischen Union zu Fragen der kommunalen Daseinsvorsorge Stellung, ist die Stellungnahme von der Bundesregierung unter den Voraussetzungen des § 5 zu berücksichtigen. [2] Die Beteiligungsrechte des Bundesrates gemäß § 5 Absatz 2 bleiben unberührt.

§ 11 [Geltungsbereich] Dieses Gesetz gilt nicht für der Bereich der Gemeinsamen Außen- und Sicherheitspolitik der Europäischen Union.

§ 12 [Geltungsbereich] Dieses Gesetz gilt auch für Vorhaben, die auf Beschlüsse des Rates und der im Rat vereinigten Vertreter der Regierungen der Mitgliedstaaten gerichtet sind.

§ 13 [Erweiterte Mitwirkungsbefugnisse] Die in § 9 genannte Vereinbarung kann weitere Fälle vorsehen, in denen die Länder entsprechend diesem Gesetz mitwirken.

§ 14[3)] **[Ländervertreter, Gemeindevertreter]** (1) [1] Vor der Zustimmung zu einem Beschluss über die Zusammensetzung des Ausschusses der Regionen nach Artikel 305 Absatz 2 des Vertrags über die Arbeitsweise der Europäischen Union[4)] stellt die Bundesregierung das Einvernehmen mit dem Bundesrat her. [2] Die gesamtstaatliche Verantwortung des Bundes ist zu wahren.

(2) [1] Die Bundesregierung schlägt dem Rat als Mitglieder des Ausschusses der Regionen und deren Stellvertreter die von den Ländern benannten Vertreter vor. [2] Die Länder regeln ein Beteiligungsverfahren für die Gemeinden und Gemeindeverbände, das sichert, daß diese auf Vorschlag der kommunalen Spitzenverbände mit drei gewählten Vertretern im Regionalausschuß vertreten sind.

§ 15 [Außerkrafttreten] Artikel 2 des Gesetzes vom 19. Dezember 1986 zur Einheitlichen Europäischen Akte vom 28. Februar 1986 (BGBl. II S. 1102) tritt mit Inkrafttreten dieses Gesetzes außer Kraft.

§ 16 [Inkrafttreten] [1] Dieses Gesetz tritt mit dem Tage der Gründung der Europäischen Union in Kraft.[5)] [2] Dieser Tag ist im Bundesgesetzblatt bekanntzugeben. [3] Abweichend von Satz 1 tritt § 5 Abs. 3 am 1. Januar 1993 in Kraft.

[1)] §§ 9 und 10 neu gef. mWv 25. 9. 2009 durch G v. 22. 9. 2009 (BGBl. I S. 3031).

[2)] Nr. **98**.

[3)] § 14 Abs. 1 eingef., bish. Wortlaut wird Abs. 2 mWv 25. 9. 2009 durch G v. 22. 9. 2009 *(BGBl. I S. 3031)*.

[4)] Nr. **1001**.

[5)] Inkrafttreten gemäß Bek. v. 25. 10. 1993 (BGBl. I S. 1780) am 1. 11. 1993.

Anlage[1)]
(zu § 9)

[Einzelheiten der Unterrichtung und Beteiligung der Länder]

I. Allgemeine Bestimmungen

1. Die Regierungen von Bund und Ländern stellen durch geeignete institutionelle und organisatorische Vorkehrungen sicher, dass die Handlungsfähigkeit der Bundesrepublik Deutschland und eine flexible Verhandlungsführung in Angelegenheiten der Europäischen Union gewährleistet sind. Bund und Länder setzen sich bei Gesprächen auf Ebene der Europäischen Union nicht in Widerspruch zu abgestimmten Positionen. Im Sinne einer Frühwarnung unterrichten Bund und Länder einander über Entwicklungen in Angelegenheiten der Europäischen Union, die in beidseitigem Interesse liegen.
2. Die Informations- und Mitwirkungsrechte der Länder im Hinblick auf Vorhaben der Europäischen Union beschränken sich nicht auf rechtsverbindliche Handlungsinstrumente der Europäischen Union, sondern erstrecken sich auch auf Grünbücher, Weißbücher, Aktionsprogramme, Mitteilungen und Empfehlungen. Vorhaben sind auch so genannte Gemischte Beschlüsse und die Vorbereitung und der Abschluss völkerrechtlicher Abkommen.
3. Unterrichtet die Bundesregierung den Bundestag oder die deutschen Mitglieder des Europäischen Parlaments schriftlich über Vorhaben der Europäischen Union in Bereichen in denen die Länder die Verhandlungsführung haben, erfolgt diese Unterrichtung in Absprache mit den vom Bundesrat benannten Vertretern der Länder.

II. Unterrichtung des Bundesrates

1. Die Bundesregierung unterrichtet den Bundesrat nach Maßgabe dieses Gesetzes umfassend, zum frühestmöglichen Zeitpunkt, fortlaufend und in der Regel schriftlich über alle Vorhaben, die für die Länder von Interesse sein könnten. Dies geschieht insbesondere durch Übersendung von der Bundesregierung vorliegenden

   a) Dokumenten

      aa) der Europäischen Kommission, soweit sie an den Rat gerichtet oder der Bundesregierung auf sonstige Weise offiziell zugänglich gemacht worden sind. Die Bundesregierung trägt dafür Sorge, dass bei Vorhaben, die ausschließliche Gesetzgebungsmaterien der Länder betreffen oder deren wesentliche Interessen berühren, dem Bundesrat auch der Bundesregierung vorliegende vorbereitende Papiere der Kommission zur Verfügung gestellt werden, die für die Meinungsbildung des Bundesrates von Bedeutung sein können. Dies gilt auch für inoffizielle Dokumente (so genannte „non papers");

      bb) des Europäischen Rates, des Rates, der informellen Ministertreffen und der Ratsgremien.

   b) Berichten und Mitteilungen von Organen der Europäischen Union über Sitzungen

      aa) des Europäischen Rates, des Rates und der informellen Ministertreffen;

      bb) des Ausschusses der Ständigen Vertreter und sonstiger Ausschüsse oder Arbeitsgruppen des Rates;

      cc) der Beratungsgremien bei der Europäischen Kommission.

   c) Berichten der Ständigen Vertretung der Bundesrepublik Deutschland bei der Europäischen Union über

      aa) Sitzungen des Rates und der Ratsgruppen (einschließlich der Berichte über Sitzungen der Freunde der Präsidentschaft sowie der Antici-Gruppe), der informellen Ministertreffen und des Ausschusses der Ständigen Vertreter;

      bb) Sitzungen des Europäischen Parlaments und seiner Ausschüsse;

      cc) Entscheidungen der Europäischen Kommission;

      dd) geplante Rechtsakte.

   Die Empfänger haben dafür Sorge zu tragen, dass diese Berichte nur an einen begrenzten Personenkreis in den jeweils zuständigen obersten Landesbehörden weitergeleitet werden.

[1)] Anl. angef. mWv 25. 9. 2009 durch G v. 22. 9. 2009 (BGBl. I S. 3031).

d) Dokumenten und Informationen über Initiativen, Stellungnahmen und Erläuterungen der Bundesregierung für Organe der Europäischen Union, einschließlich der Sammelweisung für den deutschen Vertreter im Ausschuss der Ständigen Vertreter sowie Initiativen der Regierungen von Mitgliedstaaten der Europäischen Union gegenüber Rat und Europäischer Kommission, die der Bundesregierung offiziell zugänglich gemacht werden und die für die Meinungsbildung der Länder von Bedeutung sind.
Die Unterrichtung umfasst auch Vorhaben, die auf Beschlüsse der im Rat vereinigten Vertreter der Regierungen der Mitgliedstaaten gerichtet sind.
Im Übrigen erfolgt die Unterrichtung mündlich.

2. Mit der Unterrichtung nach § 2 und nach dieser Anlage übermittelt die Bundesregierung dem Bundesrat die Angaben der Europäischen Kommission und die ihr vorliegenden Angaben der Mitgliedstaaten im Rahmen der Gesetzesfolgenabschätzung zu den Folgen des Vorhabens insbesondere in rechtlicher, wirtschaftlicher, finanzieller, sozialer und ökologischer Hinsicht.

3. Die Berichtsbögen zu Vorhaben der Europäischen Union und die Umfassenden Bewertungen zu Gesetzgebungsakten, die dem Bundestag nach § 7 des Gesetzes über die Zusammenarbeit von Bundesregierung und Deutschem Bundestag in Angelegenheiten der Europäischen Union[1] übermittelt werden, lässt die Bundesregierung dem Bundesrat gleichzeitig zukommen.

4. Die Ministerien des Bundes und der Länder eröffnen sich untereinander und dem Bundesrat im Rahmen der geltenden Datenschutzvorschriften Zugang zu ressortübergreifenden Dokumentendatenbanken zu Vorhaben im Rahmen der Europäischen Union. Die Bundesregierung wird sich bemühen, dass Dokumentendatenbanken der Europäischen Union, die den Regierungen der Mitgliedstaaten zugänglich sind, auch dem Bundesrat und den Regierungen der Länder zugänglich gemacht werden. Einzelheiten müssen gesondert geregelt werden.

5. Die Dokumente der Europäischen Union werden grundsätzlich offen weitergegeben. Die Sicherheitseinstufung der Organe der Europäischen Union über eine besondere Vertraulichkeit wird vom Bundesrat beachtet. Eine für diese Dokumente oder für andere im Rahmen dieses Gesetzes an den Bundesrat zu übermittelnde Informationen, Berichte und Mitteilungen eventuell erforderliche nationale Einstufung als vertraulich wird vor Versendung von der Bundesregierung vorgenommen und vom Bundesrat beachtet. Die Gründe für die Einstufung sind auf Anforderung zu erläutern.

III. Vorbereitende Beratungen

1. Die Bundesregierung lädt die Ländervertreter zu Beratungen zur Festlegung der Verhandlungsposition zu Vorhaben ein, soweit der Bundesrat an einer entsprechenden innerstaatlichen Maßnahme mitzuwirken hätte oder soweit die Länder innerstaatlich zuständig wären. Dabei soll auch Einvernehmen über die Anwendung von den §§ 5 und 6 auf ein Vorhaben angestrebt werden.

2. Bei der Einordnung eines Vorhabens unter die Regelungen dieses Gesetzes ist auf den konkreten Inhalt der Vorlage der Europäischen Union abzustellen. Die Zuordnung der Zuständigkeit des Bundes oder der Länder folgt aus der innerstaatlichen Kompetenzordnung.
Bei Beurteilung der Frage, ob bei einem Vorhaben der Bund im nationalen Bereich das Recht zur Gesetzgebung hat, ist in den in Artikel 72 Absatz 2 des Grundgesetzes[2] genannten Gebieten der konkurrierenden Gesetzgebung auch darauf abzustellen, ob eine Erforderlichkeit bundesgesetzlicher Regelung im Sinne von Artikel 72 Absatz 2 des Grundgesetzes bestehen würde.
In den Bereichen, in denen die Länder das Recht der Abweichungsgesetzgebung nach Artikel 72 Absatz 3 des Grundgesetzes haben, berücksichtigt die Bundesregierung die Stellungnahme des Bundesrates bei der Festlegung der Verhandlungsposition. Stimmt die Auffassung der Bundesregierung nicht mit der Stellungnahme des Bundesrates überein, unterrichtet die Bundesregierung den Bundesrat und lädt die vom Bundesrat benannten Ländervertreter zur Beratung ein, um eine übereinstimmende Haltung anzustreben.
Hinsichtlich des Regelungsschwerpunkts des Vorhabens ist darauf abzustellen, ob eine Materie im Mittelpunkt des Vorhabens steht oder ganz überwiegend Regelungsgegenstand ist. Das ist nicht nur quantitativ bestimmbar, sondern auch das Ergebnis einer qualitativen Beurteilung.
Stimmt die Auffassung der Bundesregierung darüber, ob bei einem Vorhaben der Europäischen Union im Schwerpunkt Gesetzgebungsbefugnisse der Länder, die Einrichtung ihrer Behörden oder ihre Verwaltungsverfahren betroffen sind, nicht mit der Haltung des Bundesrates überein,

---

[1] Nr. **96**.
[2] Nr. **1**.

unterrichtet die Bundesregierung den Bundesrat und lädt unverzüglich die vom Bundesrat benannten Ländervertreter zur Beratung ein, um eine übereinstimmende Haltung zu erzielen.

3. In den Fällen, in denen innerstaatlich eine Zusammenarbeit von Bund und Ländern vorgesehen ist, ist bei der Festlegung der Verhandlungsposition – auch auf Ebene der Europäischen Union – ein gemeinsames Vorgehen anzustreben; Bund und Länder streben im Bereich der Forschungspolitik entsprechend der Regelung des Artikels 91 b des Grundgesetzes[1] auch im Rahmen der Europäischen Union ein gemeinsames Vorgehen an. Entsprechend wird bei Festlegung der Verhandlungsposition verfahren, wenn der Regelungsschwerpunkt des Vorhabens nur schwer feststellbar ist.
4. Bund und Länder nutzen regelmäßige Sitzungen des Ausschusses für Fragen der Europäischen Union des Bundesrates – bei Bedarf beziehungsweise Verlangen einer Seite auch in politischer Besetzung – zu einem frühzeitigen Austausch über aktuelle Entwicklungen auf Ebene der Europäischen Union. Die Willensbildung der Länder bleibt dem Bundesratsverfahren vorbehalten. Ein neuer Sachstand auf Ebene der Europäischen Union kann eine erneute Befassung erforderlich machen.

IV. Stellungnahme des Bundesrates

1. Um die rechtzeitige Abgabe einer Stellungnahme zu ermöglichen, informiert die Bundesregierung den Bundesrat bei allen Vorhaben, die Interessen der Länder berühren, über den zeitlichen Rahmen der Behandlung in den Ratsgremien.
   Je nach Verhandlungslage teilt die Bundesregierung dem Bundesrat auch mit, bis zu welchem Zeitpunkt eine Stellungnahme wegen der sich aus dem Verfahrensablauf der Europäischen Union ergebenden zeitlichen Vorgaben noch berücksichtigt werden kann.
   Ist aus Sicht der Bundesregierung bereits im Vorfeld von Vorhaben der Europäischen Union die Einbringung einer deutschen Position angezeigt, fordert die Bundesregierung den Bundesrat auf, Stellung zu nehmen.
2. Der Bundesrat kann seine Stellungnahme im Verlauf der Beratung des Vorhabens in den Gremien der Europäischen Union anpassen und ergänzen. Zu diesem Zweck unterrichtet die Bundesregierung den Bundesrat durch ständige Kontakte – in einer der Sache jeweils angemessenen Form – und weist darauf hin, wenn sich die Beschlussgrundlage wesentlich geändert hat und deshalb eine aktualisierte Stellungnahme des Bundesrates erforderlich ist.
3. Stimmt in den Fällen von § 5 Absatz 2 die Auffassung der Bundesregierung nicht mit der Stellungnahme des Bundesrates überein, unterrichtet sie den Bundesrat und lädt unverzüglich die vom Bundesrat benannten Ländervertreter zur erneuten Beratung ein, um möglichst Einvernehmen zu erzielen. Die Länder weisen darauf hin, dass das Einvernehmen gegebenenfalls unter den Vorbehalt einer Beschlussfassung des Bundesrates zu stellen ist. Kommt dieses Einvernehmen nicht zustande, beschließt der Bundesrat unverzüglich darüber, ob seine Stellungnahme aufrechterhalten wird.
4. Weicht die Bundesregierung von einer Stellungnahme des Bundesrates ab, so teilt sie auf Verlangen des Bundesrates nach Abschluss eines Vorhabens die maßgeblichen Gründe mit.

V. Umsetzung von Recht der Europäischen Union

1. Die Bundesregierung nimmt im Interesse einer rechtzeitigen Ergreifung der erforderlichen Verfahrensschritte für Rechtsakte der Europäischen Union, für deren Umsetzung ausschließlich die Länder zuständig sind, sowie für Rechtsakte der Europäischen Union, die von Bund und Ländern durch jeweils eigene Umsetzungsmaßnahmen gemeinsam umzusetzen sind, frühzeitig Kontakt mit den Ländern auf. Die Bundesregierung lässt die Listen mit dem aktuellen Stand der umzusetzenden Rechtsakte, die sie dem Bundestag übermittelt, dem Bundesrat gleichzeitig zukommen.
2. Die Bundesregierung unterrichtet den Bundesrat über die Einleitung von Vertragsverletzungsverfahren nach den Artikeln 258, 260 des Vertrags über die Arbeitsweise der Europäischen Union[2] durch Übermittlung von Mahnschreiben und mit Gründen versehenen Stellungnahmen, soweit diese Verfahren die Nichtumsetzung von Richtlinien durch ein Land oder mehrere Länder betreffen. In diesen Fällen fertigt die Bundesregierung ihre Stellungnahmen in Abstimmung mit den betroffenen Ländern

[1] Nr. **1**.
[2] Nr. **1001**.

VI. Verfahren vor den Europäischen Gerichten

1. Im Hinblick auf die hier zu wahrenden Verfahrensfristen unterrichtet die Bundesregierung den Bundesrat unverzüglich von allen Dokumenten und Informationen über Verfahren vor dem Europäischen Gerichtshof und dem Gericht erster Instanz, an denen die Bundesregierung beteiligt ist. Dies gilt auch für Urteile zu Verfahren, an denen sich die Bundesregierung beteiligt.
2. Macht die Bundesregierung bei Vorliegen der Voraussetzungen von § 7 Absatz 1 auf Beschluss des Bundesrates von den im Vertrag über die Europäische Union und im Vertrag über die Arbeitsweise der Europäischen Union vorgesehenen Klagemöglichkeiten Gebrauch, so fertigt sie die Klageschrift in Abstimmung mit den Ländern. Von den Ländern wird hierfür rechtzeitig eine ausführliche Stellungnahme zur Sache zur Verfügung gestellt. Die Prozessführung erfolgt in Abstimmung mit den Ländern.
   Entsprechendes gilt, wenn die Bundesregierung das zulässige Rechtsmittel beim Europäischen Gerichtshof gegen eine länderübergreifende Finanzkorrektur der Europäischen Union im Einvernehmen mit den betroffenen Ländern oder auf ausdrückliches Verlangen betroffener Länder nach § 7 Absatz 4 einlegt. Bei Vertragsverletzungsverfahren gegen die Bundesrepublik Deutschland, bei denen eine Haftung eines oder mehrerer Länder gegenüber dem Bund nach Artikel 104 a Absatz 6 Satz 1 des Grundgesetzes[1] in Betracht kommt, erfolgt die Prozessführung insoweit ebenfalls in Abstimmung mit den Ländern.
3. Nummer 2 gilt entsprechend, wenn die Bundesregierung in Verfahren vor dem Europäischen Gerichtshof Gelegenheit zur Stellungnahme hat.

VII. Vertragsrevision, Beitritt und Assoziierungsverhandlungen der Europäischen Union

1. Hinsichtlich des Artikels 48 des Vertrags über die Europäische Union gilt: Beabsichtigt der Rat, einen Beschluss zur Aufnahme von Verhandlungen zu Änderungen der vertraglichen Grundlagen der Europäischen Union zu fassen, informiert die Bundesregierung den Bundesrat und unterrichtet über ihre Willensbildung.
   Der Bundesrat wird über die Verhandlungen unterrichtet, soweit Länderinteressen betroffen sein könnten. Das gilt auch für den Fall, dass die Verhandlungen wiederum von Persönlichen Beauftragten geführt werden sollten.
   Die Bundesregierung berücksichtigt die Stellungnahme des Bundesrates bei den Verhandlungen in entsprechender Anwendung von § 5.
   Die Länder können mit einem Beobachter – maximal zwei Beobachtern, falls ausschließliche Länderkompetenzen betroffen sind – an Ressortgesprächen zur Vorbereitung der Regierungskonferenzen sowie – soweit möglich von Fall zu Fall – an den Regierungskonferenzen selbst teilnehmen.
2. Hinsichtlich des Artikels 49 des Vertrags über die Europäische Union gilt: Beabsichtigt der Rat, einen Beschluss zur Aufnahme von Verhandlungen zur Vorbereitung von Beitritten zur Europäischen Union zu fassen, informiert die Bundesregierung den Bundesrat und unterrichtet über ihre Willensbildung.
   Der Bundesrat wird über die Verhandlungen unterrichtet, soweit Länderinteressen betroffen sein könnten. Die Bundesregierung informiert auf Wunsch den Ausschuss für Fragen der Europäischen Union des Bundesrates über die Entwicklung von Beitrittsverhandlungen.
   Die Bundesregierung berücksichtigt die Stellungnahme des Bundesrates bei den Verhandlungen in entsprechender Anwendung von § 5.
   Die Länder können mit einem Ländervertreter an Ressortabstimmungen der Verhandlungsposition sowie – soweit möglich – an der Ratsarbeitsgruppe „Erweiterung" teilnehmen, wenn der konkret zu behandelnde Fragenbereich die ausschließliche Gesetzgebungskompetenz der Länder oder deren wesentliche Interessen berührt.
3. Hinsichtlich des Artikels 217 des Vertrags über die Arbeitsweise der Europäischen Union[2] sowie für die Abkommen nach Artikel 207 Absatz 3 des Vertrags über die Arbeitsweise der Europäischen Union gelten die Regelungen dieses Gesetzes mit der Ausnahme, dass sich die Teilnahme des Ländervertreters auf die Verhandlungen in der Ratsgruppe zur Aushandlung des Mandats für die Kommission beschränkt.

[1] Nr. **1**.
[2] Nr. **1001**.

98. Gesetz über die Wahrnehmung der Integrationsverantwortung des Bundestages und des Bundesrates in Angelegenheiten der Europäischen Union (Integrationsverantwortungsgesetz – IntVG)[1]

Vom 22. September 2009
(BGBl. I S. 3022)

FNA 170-9

geänd. durch Art. 1 G zur Umsetzung der GrundGänderungen für die Ratifizierung des Vertrags von Lissabon v. 1. 12. 2009 (BGBl. I S. 3822)

§ 1 Integrationsverantwortung. (1) Der Bundestag und der Bundesrat nehmen in Angelegenheiten der Europäischen Union ihre Integrationsverantwortung insbesondere nach Maßgabe der folgenden Bestimmungen wahr.

(2) Der Bundestag und der Bundesrat sollen über Vorlagen nach diesem Gesetz in angemessener Frist beraten und Beschluss fassen und dabei die für die Beschlussfassung auf der Ebene der Europäischen Union maßgeblichen Fristvorgaben berücksichtigen.

§ 2 Vereinfachtes Vertragsänderungsverfahren. Eine Zustimmung der Bundesrepublik Deutschland zu einem Beschluss des Europäischen Rates gemäß Artikel 48 Absatz 6 Unterabsatz 2 und 3 des Vertrags über die Europäische Union erfolgt durch ein Gesetz gemäß Artikel 23 Absatz 1 des Grundgesetzes[2].

§ 3 Besondere Vertragsänderungsverfahren. (1) Eine Zustimmung der Bundesrepublik Deutschland zu einem Beschluss des Rates gemäß Artikel 218 Absatz 8 Unterabsatz 2 Satz 2 oder gemäß Artikel 311 Absatz 3 des Vertrags über die Arbeitsweise der Europäischen Union[3] erfolgt durch ein Gesetz gemäß Artikel 23 Absatz 1 des Grundgesetzes.

(2) Absatz 1 gilt auch für Bestimmungen, die der Rat gemäß Artikel 25 Absatz 2, Artikel 223 Absatz 1 Unterabsatz 2 oder Artikel 262 des Vertrags über die Arbeitsweise der Europäischen Union erlässt.

(3) [1] Der deutsche Vertreter im Europäischen Rat darf einem Beschlussvorschlag gemäß Artikel 42 Absatz 2 Unterabsatz 1 Satz 2 des Vertrags über die Europäische Union nur zustimmen oder sich bei einer Beschlussfassung enthalten, nachdem der Bundestag hierzu einen Beschluss gefasst hat. [2] Einen entsprechenden Antrag im Bundestag kann auch die Bundesregierung stellen. [3] Ohne einen solchen Beschluss des Bundestages muss der deutsche Vertreter im Europäischen Rat den Beschlussvorschlag ablehnen. [4] Nachdem ein Beschluss des Europäischen Rates gemäß Artikel 42 Absatz 2 Unterabsatz 1 Satz 2 des Vertrags über die Europäische Union gefasst worden ist, erfolgt eine

---

[1] Verkündet als Art. 1 G v. 22. 9. 2009 (BGBl. I S. 3022); Inkrafttreten gem. Art. 4 dieses G am 25. 9. 2009.
[2] Nr. **1**.
[3] Nr. **1001**.

Zustimmung der Bundesrepublik Deutschland durch ein Gesetz gemäß Artikel 23 Absatz 1 des Grundgesetzes.

§ 4 Brückenklauseln. (1) [1] Der deutsche Vertreter im Europäischen Rat darf einem Beschlussvorschlag gemäß Artikel 48 Absatz 7 Unterabsatz 1 Satz 1 oder Unterabsatz 2 des Vertrags über die Europäische Union nur zustimmen oder sich bei einer Beschlussfassung enthalten, nachdem hierzu ein Gesetz gemäß Artikel 23 Absatz 1 des Grundgesetzes in Kraft getreten ist. [2] Ohne ein solches Gesetz muss der deutsche Vertreter im Europäischen Rat den Beschlussvorschlag ablehnen.

(2) [1] Der deutsche Vertreter im Rat darf einem Beschlussvorschlag gemäß Artikel 81 Absatz 3 Unterabsatz 2 des Vertrags über die Arbeitsweise der Europäischen Union nur zustimmen oder sich bei einer Beschlussfassung enthalten, nachdem hierzu ein Gesetz gemäß Artikel 23 Absatz 1 des Grundgesetzes in Kraft getreten ist. [2] Ohne ein solches Gesetz muss der deutsche Vertreter im Rat den Beschlussvorschlag ablehnen.

§ 5 Zustimmung im Europäischen Rat bei besonderen Brückenklauseln. (1) [1] Der deutsche Vertreter im Europäischen Rat darf einem Beschlussvorschlag gemäß Artikel 31 Absatz 3 des Vertrags über die Europäische Union oder gemäß Artikel 312 Absatz 2 Unterabsatz 2 des Vertrags über die Arbeitsweise der Europäischen Union nur zustimmen oder sich bei einer Beschlussfassung enthalten, nachdem der Bundestag hierzu einen Beschluss gefasst hat. [2] Einen entsprechenden Antrag im Bundestag kann auch die Bundesregierung stellen. [3] Ohne einen solchen Beschluss des Bundestages muss der deutsche Vertreter im Europäischen Rat den Beschlussvorschlag ablehnen.

(2) Zusätzlich zu dem Beschluss des Bundestages muss der Bundesrat einen entsprechenden Beschluss gefasst haben, wenn Gebiete betroffen sind,

1. für welche eine Gesetzgebungszuständigkeit des Bundes nicht besteht,
2. für welche die Länder gemäß Artikel 72 Absatz 2 des Grundgesetzes das Recht zur Gesetzgebung haben,
3. für welche die Länder gemäß Artikel 72 Absatz 3 oder Artikel 84 Absatz 1 des Grundgesetzes abweichende Regelungen treffen können oder
4. deren Regelung durch ein Bundesgesetz der Zustimmung des Bundesrates bedarf.

§ 6 Zustimmung im Rat bei besonderen Brückenklauseln. (1) [1] Der deutsche Vertreter im Rat darf einem Beschlussvorschlag gemäß Artikel 153 Absatz 2 Unterabsatz 4, Artikel 192 Absatz 2 Unterabsatz 2 oder Artikel 333 Absatz 1 oder Absatz 2 des Vertrags über die Arbeitsweise der Europäischen Union nur zustimmen oder sich bei einer Beschlussfassung enthalten, nachdem der Bundestag hierzu einen Beschluss gefasst hat. [2] § 5 Absatz 1 Satz 2 und 3 gilt entsprechend.

(2) § 5 Absatz 2 gilt entsprechend.

§ 7 Kompetenzerweiterungsklauseln. (1) [1] Der deutsche Vertreter im Rat darf einem Beschlussvorschlag gemäß Artikel 83 Absatz 1 Unterabsatz 3 oder Artikel 86 Absatz 4 des Vertrags über die Arbeitsweise der Europäischen Union nur zustimmen oder sich bei einer Beschlussfassung enthalten, nachdem hierzu ein Gesetz gemäß Artikel 23 Absatz 1 des Grundgesetzes in Kraft getreten ist. [2] Ohne ein solches Gesetz muss der deutsche Vertreter im Rat den Beschlussvorschlag ablehnen.

(2) Absatz 1 gilt entsprechend für Satzungsänderungen gemäß Artikel 308 Absatz 3 des Vertrags über die Arbeitsweise der Europäischen Union.

§ 8 Flexibilitätsklausel. [1] Der deutsche Vertreter im Rat darf einem Vorschlag zum Erlass von Vorschriften gemäß Artikel 352 des Vertrags über die Arbeitsweise der Europäischen Union nur zustimmen oder sich bei einer Beschlussfassung enthalten, nachdem hierzu ein Gesetz gemäß Artikel 23 Absatz 1 des Grundgesetzes in Kraft getreten ist. [2] Ohne ein solches Gesetz muss der deutsche Vertreter im Rat den Vorschlag zum Erlass von Vorschriften ablehnen.

§ 9 Notbremsemechanismus. (1) Der deutsche Vertreter im Rat muss in den Fällen des Artikels 48 Absatz 2 Satz 1, des Artikels 82 Absatz 3 Unterabsatz 1 Satz 1 und des Artikels 83 Absatz 3 Unterabsatz 1 Satz 1 des Vertrags über die Arbeitsweise der Europäischen Union beantragen, den Europäischen Rat zu befassen, wenn der Bundestag ihn hierzu durch einen Beschluss angewiesen hat.

(2) Wenn im Schwerpunkt Gebiete im Sinne des § 5 Absatz 2 betroffen sind, muss der deutsche Vertreter im Rat einen Antrag nach Absatz 1 auch dann stellen, wenn ein entsprechender Beschluss des Bundesrates vorliegt.

§ 10 Ablehnungsrecht bei Brückenklauseln. (1) Für die Ablehnung einer Initiative des Europäischen Rates gemäß Artikel 48 Absatz 7 Unterabsatz 3 des Vertrags über die Europäische Union gilt:

1. Wenn bei einer Initiative im Schwerpunkt ausschließliche Gesetzgebungszuständigkeiten des Bundes betroffen sind, kann der Bundestag die Ablehnung der Initiative beschließen.
2. In allen anderen Fällen kann der Bundestag oder der Bundesrat die Ablehnung der Initiative beschließen.

(2) Der Präsident des Bundestages oder der Präsident des Bundesrates unterrichtet die Präsidenten der zuständigen Organe der Europäischen Union über die Ablehnung der Initiative und setzt die Bundesregierung darüber in Kenntnis.

(3) Die Absätze 1 und 2 gelten entsprechend für einen Vorschlag der Europäischen Kommission für einen Beschluss des Rates gemäß Artikel 81 Absatz 3 Unterabsatz 3 des Vertrags über die Arbeitsweise der Europäischen Union.

§ 11 Subsidiaritätsrüge. (1) Der Bundestag und der Bundesrat können in ihren Geschäftsordnungen regeln, wie eine Entscheidung über die Abgabe einer begründeten Stellungnahme gemäß Artikel 6 des Protokolls über die Anwendung der Grundsätze der Subsidiarität und der Verhältnismäßigkeit herbeizuführen ist.

(2) Der Präsident des Bundestages oder der Präsident des Bundesrates übermittelt die begründete Stellungnahme an die Präsidenten der zuständigen

Organe der Europäischen Union und setzt die Bundesregierung darüber in Kenntnis.

§ 12[1)] Subsidiaritätsklage. (1) [1] Auf Antrag eines Viertels seiner Mitglieder ist der Bundestag verpflichtet, eine Klage gemäß Artikel 8 des Protokolls über die Anwendung der Grundsätze der Subsidiarität und der Verhältnismäßigkeit zu erheben. [2] Auf Antrag eines Viertels seiner Mitglieder, die die Erhebung der Klage nicht stützen, ist deren Auffassung in der Klageschrift deutlich zu machen.

(2) Der Bundesrat kann in seiner Geschäftsordnung regeln, wie ein Beschluss über die Erhebung einer Klage gemäß Absatz 1 herbeizuführen ist.

(3) Die Bundesregierung übermittelt die Klage im Namen des Organs, das über ihre Erhebung gemäß Absatz 1 oder gemäß Absatz 2 beschlossen hat, unverzüglich an den Gerichtshof der Europäischen Union.

(4) Das Organ, das die Erhebung der Klage gemäß Absatz 1 oder gemäß Absatz 2 beschlossen hat, übernimmt die Prozessführung vor dem Gerichtshof der Europäischen Union.

(5) Wird im Bundestag oder im Bundesrat ein Antrag zur Erhebung einer Klage gemäß Absatz 1 oder gemäß Absatz 2 gestellt, so kann das andere Organ eine Stellungnahme abgeben.

§ 13[2)] Unterrichtung. (1) [1] Die Bundesregierung hat den Bundestag und den Bundesrat in Angelegenheiten dieses Gesetzes umfassend, zum frühestmöglichen Zeitpunkt, fortlaufend und in der Regel schriftlich zu unterrichten. [2] Einzelheiten der Unterrichtungspflichten aufgrund des Gesetzes über die Zusammenarbeit von Bundesregierung und Deutschem Bundestag in Angelegenheiten der Europäischen Union[3)] vom 12. März 1993 (BGBl. I S. 311), das durch Artikel 2 Absatz 1 des Gesetzes vom 17. November 2005 (BGBl. I S. 3178) geändert worden ist, des Gesetzes über die Zusammenarbeit von Bund und Ländern in Angelegenheiten der Europäischen Union[4)] vom 12. März 1993 (BGBl. I S. 313, 1780), das zuletzt durch Artikel 2 des Gesetzes vom 5. September 2006 (BGBl. I S. 2098) geändert worden ist, und anderer Regelungen bleiben unberührt.

(2) [1] Die Bundesregierung unterrichtet den Bundestag und den Bundesrat, wenn der Rat in Vorbereitung einer Initiative des Europäischen Rates nach Artikel 48 Absatz 7 des Vertrags über die Europäische Union befasst wird. [2] Das Gleiche gilt, wenn der Europäische Rat eine derartige Initiative ergriffen hat. [3] Die Bundesregierung unterrichtet den Bundestag und den Bundesrat über einen Vorschlag der Europäischen Kommission nach Artikel 81 Absatz 3 Unterabsatz 2 des Vertrags über die Arbeitsweise der Europäischen Union.

(3) [1] Die Bundesregierung übermittelt dem Bundestag und dem Bundesrat binnen zwei Wochen nach Zuleitung von Initiativen, Vorschlägen oder Beschlüssen, auf die sich die vorstehenden Bestimmungen beziehen, eine ausführliche Erläuterung der Folgen für die vertraglichen Grundlagen der Euro-

---

[1)] § 12 eingef. mWv 4. 12. 2009 durch G v. 1. 12. 2009 (BGBl. I S. 3822).

[2)] Bish. § 12 wird § 13 und Abs. 7 angef. mWv 4. 12. 2009 durch G v. 1. 12. 2009 (BGBl. I S. 3822).

[3)] Nr. **96**.

[4)] Nr. **97**.

päischen Union sowie eine Bewertung der integrationspolitischen Notwendigkeit und Auswirkungen. [2] Ferner erläutert die Bundesregierung,

1. ob es zur Mitwirkung des Bundestages und des Bundesrates eines Gesetzes gemäß Artikel 23 Absatz 1 Satz 2 oder 3 des Grundgesetzes bedarf;
2. wenn das Verfahren nach § 9 in Betracht kommt, ob Entwürfe zu Gesetzgebungsakten gemäß
   a) Artikel 48 Absatz 1 des Vertrags über die Arbeitsweise der Europäischen Union wichtige Aspekte des deutschen Systems der sozialen Sicherheit, insbesondere dessen Geltungsbereich, Kosten oder Finanzstruktur, verletzen oder dessen finanzielles Gleichgewicht beeinträchtigen würden,
   b) Artikel 82 Absatz 2 oder Artikel 83 Absatz 1 oder 2 des Vertrags über die Arbeitsweise der Europäischen Union grundlegende Aspekte der deutschen Strafrechtsordnung berühren würden.

(4) [1] Bei eilbedürftigen Vorlagen verkürzt sich die Frist des Absatzes 3 so, dass eine der Integrationsverantwortung angemessene Behandlung in Bundestag und Bundesrat gewährleistet ist. [2] Ist eine besonders umfangreiche Bewertung erforderlich, kann die Frist verlängert werden.

(5) [1] Über einen Antrag eines anderen Mitgliedstaates im Rat gemäß Artikel 48 Absatz 2 Satz 1, Artikel 82 Absatz 3 Unterabsatz 1 Satz 1 oder Artikel 83 Absatz 3 Unterabsatz 1 Satz 1 des Vertrags über die Arbeitsweise der Europäischen Union unterrichtet die Bundesregierung den Bundestag und den Bundesrat unverzüglich schriftlich. [2] Diese Unterrichtung umfasst die Gründe des Antragstellers.

(6) [1] Zu Vorschlägen für Gesetzgebungsakte der Europäischen Union übermittelt die Bundesregierung binnen zwei Wochen nach Überweisung an die Ausschüsse des Bundestages, spätestens jedoch zu Beginn der Beratungen in den Ratsgremien, eine umfassende Bewertung. [2] Sie enthält Angaben zur Zuständigkeit der Europäischen Union zum Erlass des vorgeschlagenen Gesetzgebungsaktes und zu dessen Vereinbarkeit mit den Grundsätzen der Subsidiarität und Verhältnismäßigkeit.

(7) [1] Die Bundesregierung unterrichtet Bundestag und Bundesrat zum frühestmöglichen Zeitpunkt über den Abschluss eines Gesetzgebungsverfahrens der Europäischen Union. [2] Diese Unterrichtung enthält auch eine Bewertung, ob die Bundesregierung den Gesetzgebungsakt mit den Grundsätzen der Subsidiarität und der Verhältnismäßigkeit für vereinbar hält.

100. Verwaltungsverfahrensgesetz (VwVfG)[1)]

In der Fassung der Bekanntmachung vom 23. Januar 2003[2)]
(BGBl. I S. 102)

FNA 201-6

geänd. durch Art. 4 Abs. 8 KostenrechtsmodernisierungsG v. 5.5.2004 (BGBl. I S. 718), Art. 1 Viertes G zur Änd. verwaltungsverfahrensrechtlicher Vorschriften v. 11.12.2008 (BGBl. I S. 2418), Art. 10 FGG-ReformG v. 17.12.2008 (BGBl. I S. 2586), Art. 4a G zur Umsetzung der DienstleistungsRL im Gewerberecht und in weiteren Rechtsvorschriften v. 17.7.2009 (BGBl. I S. 2091), Art. 4 G zur Modernisierung von Verfahren im anwaltlichen und notariellen Berufsrecht, zur Errichtung einer Schlichtungsstelle der Rechtsanwaltschaft sowie zur Änd. sonstiger Vorschriften v. 30.7.2009 (BGBl. I S. 2449), Art. 2 Abs. 1 G zur Modernisierung von Verfahren im patentanwaltlichen Berufsrecht v. 14.8.2009 (BGBl. I S. 2827), Art. 1 Planfeststellungsverfahren-VereinheitlichungsG v. 31.5.2013 (BGBl. I S. 1388), Art. 3 G zur Förderung der elektronischen Verwaltung sowie zur Änd. weiterer Vorschriften v. 25.7.2013 (BGBl. I S. 2749), Art. 1 G zur Bereinigung des Rechts der Lebenspartner v. 20.11.2015 (BGBl. I S. 2010), Art. 20 G zur Modernisierung des Besteuerungsverfahrens v. 18.7.2016 (BGBl. I S. 1679), Art. 5 G zum Abbau verzichtbarer Anordnungen der Schriftform im Verwaltungsrecht des Bundes v. 29.3.2017 (BGBl. I S. 626), Art. 11 Abs. 2 eIDAS-DurchführungsG v. 18.7.2017 (BGBl. I S. 2745), Art. 7 G zur Umsetzung des G zur Einführung des Rechts auf Eheschließung für Personen gleichen Geschlechts v. 18.12.2018 (BGBl. I S. 2639), Art. 5 Abs. 25 G zur Einführung einer Karte für Unionsbürger und Angehörige des Europäischen Wirtschaftsraums mit Funktion zum elektronischen Identitätsnachweis sowie zur Änd. des PersonalausweisG und weiterer Vorschriften v. 21.6.2019 (BGBl. I S. 846, geänd. durch G v. 20.11.2019, BGBl. I S. 1626), Art. 15 Abs. 1 Vormundschafts- und Betreuungsrechts-ReformG v. 4.5.2021 (BGBl. I S. 882), Art. 24 Abs. 3 G zur Modernisierung des notariellen Berufsrechts und zur Änd. weiterer

---

[1)] Siehe zum Verwaltungsverfahren auch die folgenden Vorschriften der Länder:
- **Baden-Württemberg:** LandesverwaltungsverfahrensG – LVwVfG idF der Bek. v. 12.4.2005 (GBl. S. 350), zuletzt geänd. durch G v. 28.1.2025 (GBl. Nr. 8)
- **Bayern:** Bayerisches VerwaltungsverfahrensG – BayVwVfG v. 23.12.1976 (BayRS 2010-1-I), zuletzt geänd. durch G v. 23.12.2024 (GVBl. S. 599)
- **Berlin:** G über das Verfahren der Berliner Verwaltung v. 21.4.2016 (GVBl. S. 218), zuletzt geänd. durch G v. 11.12.2025 (GVBl. S. 590)
- **Brandenburg:** VerwaltungsverfahrensG für das Land Brandenburg – VwVfGBbg v. 7.7.2009 (GVBl. I S. 262, 264), zuletzt geänd. durch G v. 8.5.2018 (GVBl. I Nr. 8)
- **Bremen:** Bremisches VerwaltungsverfahrensG v. 13.3.2024 (Brem.GBl. S. 127)
- **Hamburg:** Hamburgisches VerwaltungsverfahrensG – HmbVwVfG v. 9.11.1977 (HmbGVBl. S. 333, 1977 S. 402), zuletzt geänd. durch G v. 5.5.2025 (HmbGVBl. S. 338)
- **Hessen:** Hessisches VerwaltungsverfahrensG – HVwVfG idF der Bek. v. 15.1.2010 (GVBl. I S. 18), zuletzt geänd. durch G v. 16.12.2025 (GVBl. Nr. 110)
- **Mecklenburg-Vorpommern:** LandesverwaltungsverfahrensG – VwVfG M-V idF der Bek. v. 6.5.2020 (GVOBl. M-V S. 410, 465)
- **Niedersachsen:** Niedersächsisches VerwaltungsverfahrensG – NVwVfG v. 3.12.1976 (Nds. GVBl. S. 311), zuletzt geänd. durch G v. 22.9.2022 (Nds. GVBl. S. 589)
- **Nordrhein-Westfalen:** VerwaltungsverfahrensG für das Land Nordrhein-Westfalen – VwVfG. NRW. idF der Bek. v. 12.11.1999 (GV. NRW. S. 602), zuletzt geänd. durch G v. 10.12.2024 (GV. NRW. S. 1184)
- **Rheinland-Pfalz:** LandesverwaltungsverfahrensG – LVwVfG v. 23.12.1976 (GVBl. S. 308), zuletzt geänd. durch G v. 22.12.2015 (GVBl. S. 487)
- ***Saarland:** Saarländisches Verwaltungsverfahrensgesetz (SVwVfG) v. 27.8.2025 (Amtsbl. I S. 854)*
- **Sachsen:** Gesetz zur Regelung des Verwaltungsverfahrens- und des Verwaltungszustellungsrechts für den Freistaat Sachsen – SächsVwVfZG v. 19.5.2010 (SächsGVBl. S. 142), zuletzt geänd. durch G v. 31.1. 2024 (SächsGVBl. S. 83)
- **Sachsen-Anhalt:** VerwaltungsverfahrensG Sachsen-Anhalt – VwVfG LSA v. 18.11.2005 (GVBl. LSA S. 698, 699), zuletzt geänd. durch G v. 27.2.2023 (GVBl. LSA S. 50)
- **Schleswig-Holstein:** Allgemeines VerwaltungsG für das Land Schleswig-Holstein – LVwG idF der Bek. v. 2.6.1992 (GVOBl. Schl.-H. S. 243), zuletzt geänd. durch G v. 10.6.2025 (GVOBl. Schl.-H. Nr. 76)
- **Thüringen:** Thüringer VerwaltungsverfahrensG – ThürVwVfG v. 2.7.2024 (GVBl. S. 277).

[2)] Neubekanntmachung des VwVfG idF der Bek. v. 21.9.1998 (BGBl. I S. 3050) in der ab 1.2.2003 geltenden Fassung.

Vorschriften v. 25.6.2021 (BGBl. I S. 2154), Art. 1 Fünftes G zur Änd. verwaltungsverfahrensrechtlicher Vorschriften sowie zur Änd. des SGB VI v. 4.12.2023 (BGBl. 2023 I Nr. 344) und Art. 2 PostrechtsmodernisierungsG v. 15.7.2024 (BGBl. 2024 I Nr. 236)

Inhaltsübersicht[1)]

[1)] Inhaltsübersicht geänd. mWv 18.12.2008 durch G v. 11.12.2008 (BGBl. I S. 2418); geänd. mWv 28.12.2009 durch G v. 17.7.2009 (BGBl. I S. 2091); geänd. mWv 7.6.2013 durch G v. 31.5.2013 (BGBl. I S. 1388); geänd. mWv 1.1.2017 durch G v. 18.7.2016 (BGBl. I S. 1679); geänd. mWv 1.1.2024 durch G v. 4.12.2023 (BGBl. 2023 I Nr. 344).

Teil I.[1] Anwendungsbereich, örtliche Zuständigkeit, elektronische Kommunikation, Amtshilfe, europäische Verwaltungszusammenarbeit

Abschnitt 1.[2] Anwendungsbereich, örtliche Zuständigkeit, elektronische Kommunikation

§ 1 Anwendungsbereich. (1) Dieses Gesetz gilt für die öffentlich-rechtliche Verwaltungstätigkeit der Behörden

1. des Bundes, der bundesunmittelbaren Körperschaften, Anstalten und Stiftungen des öffentlichen Rechts,

---

[1] Teil I Überschrift geänd. mWv 28.12.2009 durch G v. 17.7.2009 (BGBl. I S. 2091).
[2] Überschrift Abschnitt 1 eingef. mWv 28.12.2009 durch G v. 17.7.2009 (BGBl. I S. 2091).

2. der Länder, der Gemeinden und Gemeindeverbände, der sonstigen der Aufsicht des Landes unterstehenden juristischen Personen des öffentlichen Rechts, wenn sie Bundesrecht im Auftrag des Bundes ausführen,

soweit nicht Rechtsvorschriften des Bundes inhaltsgleiche oder entgegenstehende Bestimmungen enthalten.

(2) [1]Dieses Gesetz gilt auch für die öffentlich-rechtliche Verwaltungstätigkeit der in Absatz 1 Nr. 2 bezeichneten Behörden, wenn die Länder Bundesrecht, das Gegenstände der ausschließlichen oder konkurrierenden Gesetzgebung des Bundes betrifft, als eigene Angelegenheit ausführen, soweit nicht Rechtsvorschriften des Bundes inhaltsgleiche oder entgegenstehende Bestimmungen enthalten. [2]Für die Ausführung von Bundesgesetzen, die nach Inkrafttreten dieses Gesetzes erlassen werden, gilt dies nur, soweit die Bundesgesetze mit Zustimmung des Bundesrates dieses Gesetz für anwendbar erklären.

(3) Für die Ausführung von Bundesrecht durch die Länder gilt dieses Gesetz nicht, soweit die öffentlich-rechtliche Verwaltungstätigkeit der Behörden landesrechtlich durch ein Verwaltungsverfahrensgesetz geregelt ist.

(4) Behörde im Sinne dieses Gesetzes ist jede Stelle, die Aufgaben der öffentlichen Verwaltung wahrnimmt.

§ 2[1)] Ausnahmen vom Anwendungsbereich. (1) Dieses Gesetz gilt nicht für die Tätigkeit der Kirchen, der Religionsgesellschaften und Weltanschauungsgemeinschaften sowie ihrer Verbände und Einrichtungen.

(2) Dieses Gesetz gilt ferner nicht für

1. Verfahren der Bundes- oder Landesfinanzbehörden nach der Abgabenordnung,
2. die Strafverfolgung, die Verfolgung und Ahndung von Ordnungswidrigkeiten, die Rechtshilfe für das Ausland in Straf- und Zivilsachen und, unbeschadet des § 80 Abs. 4, für Maßnahmen des Richterdienstrechts,
3. Verfahren vor dem Deutschen Patent- und Markenamt und den bei diesem errichteten Schiedsstellen,
4. Verfahren nach dem Sozialgesetzbuch,
5. das Recht des Lastenausgleichs,
6. das Recht der Wiedergutmachung.

(3) Für die Tätigkeit

1. der Gerichtsverwaltungen und der Behörden der Justizverwaltung einschließlich der ihrer Aufsicht unterliegenden Körperschaften des öffentlichen Rechts gilt dieses Gesetz nur, soweit die Tätigkeit der Nachprüfung durch die Gerichte der Verwaltungsgerichtsbarkeit oder durch die in verwaltungsrechtlichen Anwalts-, Patentanwalts- und Notarsachen zuständigen Gerichte unterliegt;
2. der Behörden bei Leistungs-, Eignungs- und ähnlichen Prüfungen von Personen gelten nur die §§ 3a bis 13, 20 bis 27, 29 bis 38, 40 bis 52, 79, 80 und 96;
3. der Vertretungen des Bundes im Ausland gilt dieses Gesetz nicht.

§ 3 Örtliche Zuständigkeit. (1) Örtlich zuständig ist

1. in Angelegenheiten, die sich auf unbewegliches Vermögen oder ein ortsgebundenes Recht oder Rechtsverhältnis beziehen, die Behörde, in deren Bezirk das Vermögen oder der Ort liegt;

---

1) § 2 Abs. 3 Nr. 1 geänd. mWv 1.9.2009 durch G v. 30.7.2009 (BGBl. I S. 2449) und durch G v. 14.8. 2009 (BGBl. I S. 2827).

2. in Angelegenheiten, die sich auf den Betrieb eines Unternehmens oder einer seiner Betriebsstätten, auf die Ausübung eines Berufs oder auf eine andere dauernde Tätigkeit beziehen, die Behörde, in deren Bezirk das Unternehmen oder die Betriebsstätte betrieben oder der Beruf oder die Tätigkeit ausgeübt wird oder werden soll;
3. in anderen Angelegenheiten, die
   a) eine natürliche Person betreffen, die Behörde, in deren Bezirk die natürliche Person ihren gewöhnlichen Aufenthalt hat oder zuletzt hatte,
   b) eine juristische Person oder eine Vereinigung betreffen, die Behörde, in deren Bezirk die juristische Person oder die Vereinigung ihren Sitz hat oder zuletzt hatte;
4. in Angelegenheiten, bei denen sich die Zuständigkeit nicht aus den Nummern 1 bis 3 ergibt, die Behörde, in deren Bezirk der Anlass für die Amtshandlung hervortritt.

(2) [1] Sind nach Absatz 1 mehrere Behörden zuständig, so entscheidet die Behörde, die zuerst mit der Sache befasst worden ist, es sei denn, die gemeinsame fachlich zuständige Aufsichtsbehörde bestimmt, dass eine andere örtlich zuständige Behörde zu entscheiden hat. [2] Sie kann in den Fällen, in denen eine gleiche Angelegenheit sich auf mehrere Betriebsstätten eines Betriebs oder Unternehmens bezieht, eine der nach Absatz 1 Nr. 2 zuständigen Behörden als gemeinsame zuständige Behörde bestimmen, wenn dies unter Wahrung der Interessen der Beteiligten zur einheitlichen Entscheidung geboten ist. [3] Diese Aufsichtsbehörde entscheidet ferner über die örtliche Zuständigkeit, wenn sich mehrere Behörden für zuständig oder für unzuständig halten oder wenn die Zuständigkeit aus anderen Gründen zweifelhaft ist. [4] Fehlt eine gemeinsame Aufsichtsbehörde, so treffen die fachlich zuständigen Aufsichtsbehörden die Entscheidung gemeinsam.

(3) Ändern sich im Lauf des Verwaltungsverfahrens die die Zuständigkeit begründenden Umstände, so kann die bisher zuständige Behörde das Verwaltungsverfahren fortführen, wenn dies unter Wahrung der Interessen der Beteiligten der einfachen und zweckmäßigen Durchführung des Verfahrens dient und die nunmehr zuständige Behörde zustimmt.

(4) [1] Bei Gefahr im Verzug ist für unaufschiebbare Maßnahmen jede Behörde örtlich zuständig, in deren Bezirk der Anlass für die Amtshandlung hervortritt. [2] Die nach Absatz 1 Nr. 1 bis 3 örtlich zuständige Behörde ist unverzüglich zu unterrichten.

§ 3a[1)] Elektronische Kommunikation. (1) Die Übermittlung elektronischer Dokumente ist zulässig, soweit der Empfänger hierfür einen Zugang eröffnet.

(2) [1] Eine durch Rechtsvorschrift angeordnete Schriftform kann, soweit nicht durch Rechtsvorschrift etwas anderes bestimmt ist, durch die elektronische Form ersetzt werden. [2] Der elektronischen Form genügt ein elektronisches Dokument, das mit einer qualifizierten elektronischen Signatur versehen ist. [3] Die Signierung mit einem Pseudonym, das die Identifizierung der Person des Signaturschlüsselinhabers nicht unmittelbar durch die Behörde ermöglicht, ist nicht zulässig.

(3) Die Schriftform kann auch ersetzt werden

[1)] § 3a Abs. 2 neu gef. mWv 1.8.2013, Abs. 2 Satz 4 Nr. 2 und 3 mWv 1.7.2014 durch G v. 25.7.2013 (BGBl. I S. 2749); Abs. 2 Satz 2 geänd. mWv 29.7.2017 durch G v. 18.7.2017 (BGBl. I S. 2745); Abs. 2 Satz 5 neu gef. mWv 1.11.2019 durch G v. 21.6.2019 (BGBl. I S. 846); Abs. 2 Sätze 4 und 5 aufgeh., Abs. 3 eingef., bish. Abs. 3 wird Abs. 4, Abs. 5 angef. mWv 1.1.2024 durch G v. 4.12.2023 (BGBl. 2023 I Nr. 344).

1. durch unmittelbare Abgabe der Erklärung in einem elektronischen Formular, das von der Behörde in einem Eingabegerät oder über öffentlich zugängliche Netze zur Verfügung gestellt wird; bei einer Eingabe über öffentlich zugängliche Netze muss ein elektronischer Identitätsnachweis nach § 18 des Personalausweisgesetzes[1)], nach § 12 des eID-Karte-Gesetzes oder nach § 78 Absatz 5 des Aufenthaltsgesetzes[2)] erfolgen;
2. durch Übermittlung einer von dem Erklärenden elektronisch signierten Erklärung an die Behörde
   a) aus einem besonderen elektronischen Anwaltspostfach nach den §§ 31a und 31b der Bundesrechtsanwaltsordnung[3)] oder aus einem entsprechenden, auf gesetzlicher Grundlage errichteten elektronischen Postfach;
   b) aus einem elektronischen Postfach einer Behörde oder einer juristischen Person des öffentlichen Rechts, das nach Durchführung eines Identifizierungsverfahrens nach den Regelungen der auf Grund des § 130a Absatz 2 Satz 2 der Zivilprozessordnung[4)] erlassenen Rechtsverordnung eingerichtet wurde;
   c) aus einem elektronischen Postfach einer natürlichen oder juristischen Person oder einer sonstigen Vereinigung, das nach Durchführung eines Identifizierungsverfahrens nach den Regelungen der auf Grund des § 130a Absatz 2 Satz 2 der Zivilprozessordnung erlassenen Rechtsverordnung eingerichtet wurde;
   d) mit der Versandart nach § 5 Absatz 5 des De-Mail-Gesetzes[5)];
3. bei elektronischen Verwaltungsakten oder sonstigen elektronischen Dokumenten der Behörde,
   a) indem diese mit dem qualifizierten elektronischen Siegel der Behörde versehen werden;
   b) durch Versendung einer De-Mail-Nachricht nach § 5 Absatz 5 des De-Mail-Gesetzes, bei der die Bestätigung des akkreditierten Diensteanbieters die erlassende Behörde als Nutzer des De-Mail-Kontos erkennen lässt.

(4) [1] Ist ein der Behörde übermitteltes elektronisches Dokument für sie zur Bearbeitung nicht geeignet, teilt sie dies dem Absender unter Angabe der für sie geltenden technischen Rahmenbedingungen unverzüglich mit. [2] Macht ein Empfänger geltend, er könne das von der Behörde übermittelte elektronische Dokument nicht bearbeiten, hat sie es ihm erneut in einem geeigneten elektronischen Format oder als Schriftstück zu übermitteln.

(5) [1] Ermöglicht die Behörde die unmittelbare Abgabe einer Erklärung in einem elektronischen Formular, das von der Behörde in einem Eingabegerät oder über öffentlich zugängliche Netze zur Verfügung gestellt wird, so hat sie dem Erklärenden vor Abgabe der Erklärung Gelegenheit zu geben, die gesamte Erklärung auf Vollständigkeit und Richtigkeit zu prüfen. [2] Nach der Abgabe ist dem Erklärenden eine Kopie der Erklärung zur Verfügung zu stellen.

---

1) Nr. **255**.
2) Nr. **565**.
3) **Habersack ErgBd. Nr. 98.**
4) **Habersack Nr. 100.**
5) **Sartorius III Nr. 730.**

Abschnitt 2.[1] Amtshilfe

§ 4 Amtshilfepflicht. (1) Jede Behörde leistet anderen Behörden auf Ersuchen ergänzende Hilfe (Amtshilfe).

(2) Amtshilfe liegt nicht vor, wenn

1. Behörden einander innerhalb eines bestehenden Weisungsverhältnisses Hilfe leisten;
2. die Hilfeleistung in Handlungen besteht, die der ersuchten Behörde als eigene Aufgabe obliegen.

§ 5 Voraussetzungen und Grenzen der Amtshilfe. (1) Eine Behörde kann um Amtshilfe insbesondere dann ersuchen, wenn sie

1. aus rechtlichen Gründen die Amtshandlung nicht selbst vornehmen kann;
2. aus tatsächlichen Gründen, besonders weil die zur Vornahme der Amtshandlung erforderlichen Dienstkräfte oder Einrichtungen fehlen, die Amtshandlung nicht selbst vornehmen kann;
3. zur Durchführung ihrer Aufgaben auf die Kenntnis von Tatsachen angewiesen ist, die ihr unbekannt sind und die sie selbst nicht ermitteln kann;
4. zur Durchführung ihrer Aufgaben Urkunden oder sonstige Beweismittel benötigt, die sich im Besitz der ersuchten Behörde befinden;
5. die Amtshandlung nur mit wesentlich größerem Aufwand vornehmen könnte als die ersuchte Behörde.

(2) [1] Die ersuchte Behörde darf Hilfe nicht leisten, wenn

1. sie hierzu aus rechtlichen Gründen nicht in der Lage ist;
2. durch die Hilfeleistung dem Wohl des Bundes oder eines Landes erhebliche Nachteile bereitet würden.

[2] Die ersuchte Behörde ist insbesondere zur Vorlage von Urkunden oder Akten sowie zur Erteilung von Auskünften nicht verpflichtet, wenn die Vorgänge nach einem Gesetz oder ihrem Wesen nach geheim gehalten werden müssen.

(3) Die ersuchte Behörde braucht Hilfe nicht zu leisten, wenn

1. eine andere Behörde die Hilfe wesentlich einfacher oder mit wesentlich geringerem Aufwand leisten kann;
2. sie die Hilfe nur mit unverhältnismäßig großem Aufwand leisten könnte;
3. sie unter Berücksichtigung der Aufgaben der ersuchenden Behörde durch die Hilfeleistung die Erfüllung ihrer eigenen Aufgaben ernstlich gefährden würde.

(4) Die ersuchte Behörde darf die Hilfe nicht deshalb verweigern, weil sie das Ersuchen aus anderen als den in Absatz 3 genannten Gründen oder weil sie die mit der Amtshilfe zu verwirklichende Maßnahme für unzweckmäßig hält.

(Fortsetzung nächstes Blatt)

[1] Überschrift Abschnitt 2 eingef. mWv 28.12.2009 durch G v. 17.7.2009 (BGBl. I S. 2091).

(5) [1] Hält die ersuchte Behörde sich zur Hilfe nicht für verpflichtet, so teilt sie der ersuchenden Behörde ihre Auffassung mit. [2] Besteht diese auf der Amtshilfe, so entscheidet über die Verpflichtung zur Amtshilfe die gemeinsame fachlich zuständige Aufsichtsbehörde oder, sofern eine solche nicht besteht, die für die ersuchte Behörde fachlich zuständige Aufsichtsbehörde.

§ 6 Auswahl der Behörde. Kommen für die Amtshilfe mehrere Behörden in Betracht, so soll nach Möglichkeit eine Behörde der untersten Verwaltungsstufe des Verwaltungszweigs ersucht werden, dem die ersuchende Behörde angehört.

§ 7 Durchführung der Amtshilfe. (1) Die Zulässigkeit der Maßnahme, die durch die Amtshilfe verwirklicht werden soll, richtet sich nach dem für die ersuchende Behörde, die Durchführung der Amtshilfe nach dem für die ersuchte Behörde geltenden Recht.

(2) [1] Die ersuchende Behörde trägt gegenüber der ersuchten Behörde die Verantwortung für die Rechtmäßigkeit der zu treffenden Maßnahme. [2] Die ersuchte Behörde ist für die Durchführung der Amtshilfe verantwortlich.

§ 8 Kosten der Amtshilfe. (1) [1] Die ersuchende Behörde hat der ersuchten Behörde für die Amtshilfe keine Verwaltungsgebühr zu entrichten. [2] Auslagen hat sie der ersuchten Behörde auf Anforderung zu erstatten, wenn sie im Einzelfall 35 Euro übersteigen. [3] Leisten Behörden desselben Rechtsträgers einander Amtshilfe, so werden die Auslagen nicht erstattet.

(2) Nimmt die ersuchte Behörde zur Durchführung der Amtshilfe eine kostenpflichtige Amtshandlung vor, so stehen ihr die von einem Dritten hierfür geschuldeten Kosten (Verwaltungsgebühren, Benutzungsgebühren und Auslagen) zu.

Abschnitt 3.[1)] Europäische Verwaltungszusammenarbeit

§ 8 a[1)] Grundsätze der Hilfeleistung. (1) Jede Behörde leistet Behörden anderer Mitgliedstaaten der Europäischen Union auf Ersuchen Hilfe, soweit dies nach Maßgabe von Rechtsakten der Europäischen Gemeinschaft geboten ist.

(2) [1] Behörden anderer Mitgliedstaaten der Europäischen Union können um Hilfe ersucht werden, soweit dies nach Maßgabe von Rechtsakten der Europäischen Gemeinschaft zugelassen ist. [2] Um Hilfe ist zu ersuchen, soweit dies nach Maßgabe von Rechtsakten der Europäischen Gemeinschaft geboten ist.

(3) Die §§ 5, 7 und 8 Absatz 2 sind entsprechend anzuwenden, soweit Rechtsakte der Europäischen Gemeinschaft nicht entgegenstehen.

§ 8 b[1)] Form und Behandlung der Ersuchen. (1) [1] Ersuchen sind in deutscher Sprache an Behörden anderer Mitgliedstaaten der Europäischen Union zu richten; soweit erforderlich, ist eine Übersetzung beizufügen. [2] Die Ersu-

---

[1)] Abschn. 3 (§§ 8 a–8 e) eingef. mWv 28. 12. 2009 durch G v. 17. 7. 2009 (BGBl. I S. 2091).

chen sind gemäß den gemeinschaftsrechtlichen Vorgaben und unter Angabe des maßgeblichen Rechtsakts zu begründen.

(2) [1] Ersuchen von Behörden anderer Mitgliedstaaten der Europäischen Union dürfen nur erledigt werden, wenn sich ihr Inhalt in deutscher Sprache aus den Akten ergibt. [2] Soweit erforderlich, soll bei Ersuchen in einer anderen Sprache von der ersuchenden Behörde eine Übersetzung verlangt werden.

(3) Ersuchen von Behörden anderer Mitgliedstaaten der Europäischen Union können abgelehnt werden, wenn sie nicht ordnungsgemäß und unter Angabe des maßgeblichen Rechtsakts begründet sind und die erforderliche Begründung nach Aufforderung nicht nachgereicht wird.

(4) [1] Einrichtungen und Hilfsmittel der Kommission zur Behandlung von Ersuchen sollen genutzt werden. [2] Informationen sollen elektronisch übermittelt werden.

§ 8 c[1)] Kosten der Hilfeleistung. Ersuchende Behörden anderer Mitgliedstaaten der Europäischen Union haben Verwaltungsgebühren oder Auslagen nur zu erstatten, soweit dies nach Maßgabe von Rechtsakten der Europäischen Gemeinschaft verlangt werden kann.

§ 8 d[1)] Mitteilungen von Amts wegen. (1) [1] Die zuständige Behörde teilt den Behörden anderer Mitgliedstaaten der Europäischen Union und der Kommission Angaben über Sachverhalte und Personen mit, soweit dies nach Maßgabe von Rechtsakten der Europäischen Gemeinschaft geboten ist. [2] Dabei sollen die hierzu eingerichteten Informationsnetze genutzt werden.

(2) Übermittelt eine Behörde Angaben nach Absatz 1 an die Behörde eines anderen Mitgliedstaats der Europäischen Union, unterrichtet sie den Betroffenen über die Tatsache der Übermittlung, soweit Rechtsakte der Europäischen Gemeinschaft dies vorsehen; dabei ist auf die Art der Angaben sowie auf die Zweckbestimmung und die Rechtsgrundlage der Übermittlung hinzuweisen.

§ 8 e[1)] Anwendbarkeit. [1] Die Regelungen dieses Abschnitts sind mit Inkrafttreten des jeweiligen Rechtsaktes der Europäischen Gemeinschaft, wenn dieser unmittelbare Wirkung entfaltet, im Übrigen mit Ablauf der jeweiligen Umsetzungsfrist anzuwenden. [2] Sie gelten auch im Verhältnis zu den anderen Vertragsstaaten des Abkommens über den Europäischen Wirtschaftsraum, soweit Rechtsakte der Europäischen Gemeinschaft auch auf diese Staaten anzuwenden sind.

Teil II. Allgemeine Vorschriften über das Verwaltungsverfahren

Abschnitt 1. Verfahrensgrundsätze

§ 9 Begriff des Verwaltungsverfahrens. Das Verwaltungsverfahren im Sinne dieses Gesetzes ist die nach außen wirkende Tätigkeit der Behörden, die auf die Prüfung der Voraussetzungen, die Vorbereitung und den Erlass eines Verwaltungsaktes oder auf den Abschluss eines öffentlich-rechtlichen Vertrags

[1)] Abschn. 3 (§§ 8 a–8 e) eingef. mWv 28. 12. 2009 durch G v. 17. 7. 2009 (BGBl. I S. 2091).

gerichtet ist; es schließt den Erlass des Verwaltungsaktes oder den Abschluss des öffentlich-rechtlichen Vertrags ein.

§ 10 Nichtförmlichkeit des Verwaltungsverfahrens. [1]Das Verwaltungsverfahren ist an bestimmte Formen nicht gebunden, soweit keine besonderen Rechtsvorschriften für die Form des Verfahrens bestehen. [2]Es ist einfach, zweckmäßig und zügig durchzuführen.

§ 11 Beteiligungsfähigkeit. Fähig, am Verfahren beteiligt zu sein, sind

1. natürliche und juristische Personen,
2. Vereinigungen, soweit ihnen ein Recht zustehen kann,
3. Behörden.

§ 12[1)] Handlungsfähigkeit. (1) Fähig zur Vornahme von Verfahrenshandlungen sind

1. natürliche Personen, die nach bürgerlichem Recht geschäftsfähig sind,
2. natürliche Personen, die nach bürgerlichem Recht in der Geschäftsfähigkeit beschränkt sind, soweit sie für den Gegenstand des Verfahrens durch Vorschriften des bürgerlichen Rechts als geschäftsfähig oder durch Vorschriften des öffentlichen Rechts als handlungsfähig anerkannt sind,
3. juristische Personen und Vereinigungen (§ 11 Nr. 2) durch ihre gesetzlichen Vertreter oder durch besonders Beauftragte,
4. Behörden durch ihre Leiter, deren Vertreter oder Beauftragte.

(2) Betrifft ein Einwilligungsvorbehalt nach § 1825 des Bürgerlichen Gesetzbuchs[2)] den Gegenstand des Verfahrens, so ist ein geschäftsfähiger Betreuter nur insoweit zur Vornahme von Verfahrenshandlungen fähig, als er nach den Vorschriften des bürgerlichen Rechts ohne Einwilligung des Betreuers handeln kann oder durch Vorschriften des öffentlichen Rechts als handlungsfähig anerkannt ist.

(3) Die §§ 53 und 55 der Zivilprozessordnung[3)] gelten entsprechend.

§ 13 Beteiligte. (1) Beteiligte sind

1. Antragsteller und Antragsgegner,
2. diejenigen, an die die Behörde den Verwaltungsakt richten will oder gerichtet hat,
3. diejenigen, mit denen die Behörde einen öffentlich-rechtlichen Vertrag schließen will oder geschlossen hat,
4. diejenigen, die nach Absatz 2 von der Behörde zu dem Verfahren hinzugezogen worden sind.

(2) [1]Die Behörde kann von Amts wegen oder auf Antrag diejenigen, deren rechtliche Interessen durch den Ausgang des Verfahrens berührt werden können, als Beteiligte hinzuziehen. [2]Hat der Ausgang des Verfahrens rechtsgestaltende Wirkung für einen Dritten, so ist dieser auf Antrag als Beteiligter zu dem Verfahren hinzuzuziehen; soweit er der Behörde bekannt ist, hat diese ihn von der Einleitung des Verfahrens zu benachrichtigen.

[1)] § 12 Abs. 2 geänd. mWv 1.1.2023 durch G v. 4.5.2021 (BGBl. I S. 882).
[2)] **Habersack Nr. 20.**
[3)] **Habersack Nr. 100.**

(3) Wer anzuhören ist, ohne dass die Voraussetzungen des Absatzes 1 vorliegen, wird dadurch nicht Beteiligter.

§ 14[1)] Bevollmächtigte und Beistände. (1) [1]Ein Beteiligter kann sich durch einen Bevollmächtigten vertreten lassen. [2]Die Vollmacht ermächtigt zu allen das Verwaltungsverfahren betreffenden Verfahrenshandlungen, sofern sich aus ihrem Inhalt nicht etwas anderes ergibt. [3]Der Bevollmächtigte hat auf Verlangen seine Vollmacht schriftlich nachzuweisen. [4]Ein Widerruf der Vollmacht wird der Behörde gegenüber erst wirksam, wenn er ihr zugeht.

(2) Die Vollmacht wird weder durch den Tod des Vollmachtgebers noch durch eine Veränderung in seiner Handlungsfähigkeit oder seiner gesetzlichen Vertretung aufgehoben; der Bevollmächtigte hat jedoch, wenn er für den Rechtsnachfolger im Verwaltungsverfahren auftritt, dessen Vollmacht auf Verlangen schriftlich beizubringen.

(3) [1]Ist für das Verfahren ein Bevollmächtigter bestellt, so soll sich die Behörde an ihn wenden. [2]Sie kann sich an den Beteiligten selbst wenden, soweit er zur Mitwirkung verpflichtet ist. [3]Wendet sich die Behörde an den Beteiligten, so soll der Bevollmächtigte verständigt werden. [4]Vorschriften über die Zustellung an Bevollmächtigte bleiben unberührt.

(4) [1]Ein Beteiligter kann zu Verhandlungen und Besprechungen mit einem Beistand erscheinen. [2]Das von dem Beistand Vorgetragene gilt als von dem Beteiligten vorgebracht, soweit dieser nicht unverzüglich widerspricht.

(5) Bevollmächtigte und Beistände sind zurückzuweisen, wenn sie entgegen § 3 des Rechtsdienstleistungsgesetzes[2)] Rechtsdienstleistungen erbringen.

(6) [1]Bevollmächtigte und Beistände können vom Vortrag zurückgewiesen werden, wenn sie hierzu ungeeignet sind; vom mündlichen Vortrag können sie nur zurückgewiesen werden, wenn sie zum sachgemäßen Vortrag nicht fähig sind. [2]Nicht zurückgewiesen werden können Personen, die nach § 67 Abs. 2 Satz 1 und 2 Nr. 3 bis 7 der Verwaltungsgerichtsordnung[3)] zur Vertretung im verwaltungsgerichtlichen Verfahren befugt sind.

(7) [1]Die Zurückweisung nach den Absätzen 5 und 6 ist auch dem Beteiligten, dessen Bevollmächtigter oder Beistand zurückgewiesen wird, mitzuteilen. [2]Verfahrenshandlungen des zurückgewiesenen Bevollmächtigten oder Beistands, die dieser nach der Zurückweisung vornimmt, sind unwirksam.

§ 15[4)] Bestellung eines Empfangsbevollmächtigten. [1]Ein Beteiligter ohne Wohnsitz oder gewöhnlichen Aufenthalt, Sitz oder Geschäftsleitung im Inland hat der Behörde auf Verlangen innerhalb einer angemessenen Frist einen Empfangsbevollmächtigten im Inland zu benennen. [2]Unterlässt er dies, gilt ein an ihn gerichtetes Schriftstück am siebenten Tage nach der Aufgabe zur Post und ein elektronisch übermitteltes Dokument am vierten Tage nach

(Fortsetzung nächstes Blatt)

[1)] *§ 14 Abs. 5, Abs. 6 Satz 2 neu gef. mWv 18.12.2008 durch G v. 11.12.2008 (BGBl. I S. 2418).*
[2)] **Habersack ErgBd. Nr. 99.**
[3)] Nr. **600**.
[4)] § 15 Satz 2 geänd. mWv 1.1.2025 durch G v. 15.7.2024 (BGBl. 2024 I Nr. 236).

der Absendung als zugegangen. [3]Dies gilt nicht, wenn feststeht, dass das Dokument den Empfänger nicht oder zu einem späteren Zeitpunkt erreicht hat. [4]Auf die Rechtsfolgen der Unterlassung ist der Beteiligte hinzuweisen.

§ 16[1)] Bestellung eines Vertreters von Amts wegen. (1) Ist ein Vertreter nicht vorhanden, so hat das Betreuungsgericht, für einen minderjährigen Beteiligten das Familiengericht auf Ersuchen der Behörde einen geeigneten Vertreter zu bestellen

1. für einen Beteiligten, dessen Person unbekannt ist;
2. für einen abwesenden Beteiligten, dessen Aufenthalt unbekannt ist oder der an der Besorgung seiner Angelegenheiten verhindert ist;
3. für einen Beteiligten ohne Aufenthalt im Inland, wenn er der Aufforderung der Behörde, einen Vertreter zu bestellen, innerhalb der ihm gesetzten Frist nicht nachgekommen ist;
4. für einen Beteiligten, der infolge einer psychischen Krankheit oder körperlichen, geistigen oder seelischen Behinderung nicht in der Lage ist, in dem Verwaltungsverfahren selbst tätig zu werden;
5. bei herrenlosen Sachen, auf die sich das Verfahren bezieht, zur Wahrung der sich in Bezug auf die Sache ergebenden Rechte und Pflichten.

(2) Für die Bestellung des Vertreters ist in den Fällen des Absatzes 1 Nr. 4 das Gericht zuständig, in dessen Bezirk der Beteiligte seinen gewöhnlichen Aufenthalt hat; im Übrigen ist das Gericht zuständig, in dessen Bezirk die ersuchende Behörde ihren Sitz hat.

(3) [1]Der Vertreter hat gegen den Rechtsträger der Behörde, die um seine Bestellung ersucht hat, Anspruch auf eine angemessene Vergütung und auf die Erstattung seiner baren Auslagen. [2]Die Behörde kann von dem Vertretenen Ersatz ihrer Aufwendungen verlangen. [3]Sie bestimmt die Vergütung und stellt die Auslagen und Aufwendungen fest.

(4) Im Übrigen gelten für die Bestellung und für das Amt des Vertreters in den Fällen des Absatzes 1 Nr. 4 die Vorschriften über die Betreuung, in den übrigen Fällen die Vorschriften über die Pflegschaft entsprechend.

§ 17 Vertreter bei gleichförmigen Eingaben. (1) [1]Bei Anträgen und Eingaben, die in einem Verwaltungsverfahren von mehr als 50 Personen auf Unterschriftslisten unterzeichnet oder in Form vervielfältigter gleich lautender Texte eingereicht worden sind (gleichförmige Eingaben), gilt für das Verfahren derjenige Unterzeichner als Vertreter der übrigen Unterzeichner, der darin mit seinem Namen, seinem Beruf und seiner Anschrift als Vertreter bezeichnet ist, soweit er nicht von ihnen als Bevollmächtigter bestellt worden ist. [2]Vertreter kann nur eine natürliche Person sein.

(2) [1]Die Behörde kann gleichförmige Eingaben, die die Angaben nach Absatz 1 Satz 1 nicht deutlich sichtbar auf jeder mit einer Unterschrift versehenen Seite enthalten oder dem Erfordernis des Absatzes 1 Satz 2 nicht entsprechen, unberücksichtigt lassen. [2]Will die Behörde so verfahren, so hat sie dies durch ortsübliche Bekanntmachung mitzuteilen. [3]Die Behörde kann ferner gleichförmige Eingaben insoweit unberücksichtigt lassen, als Unter-

[1)] § 16 Abs. 1 und 2 geänd. mWv 1.9.2009 durch G v. 17.12.2008 (BGBl. I S. 2586).

zeichner ihren Namen oder ihre Anschrift nicht oder unleserlich angegeben haben.

(3) [1] Die Vertretungsmacht erlischt, sobald der Vertreter oder der Vertretene dies der Behörde schriftlich erklärt; der Vertreter kann eine solche Erklärung nur hinsichtlich aller Vertretenen abgeben. [2] Gibt der Vertretene eine solche Erklärung ab, so soll er der Behörde zugleich mitteilen, ob er seine Eingabe aufrechterhält und ob er einen Bevollmächtigten bestellt hat.

(4) [1] Endet die Vertretungsmacht des Vertreters, so kann die Behörde die nicht mehr Vertretenen auffordern, innerhalb einer angemessenen Frist einen gemeinsamen Vertreter zu bestellen. [2] Sind mehr als 50 Personen aufzufordern, so kann die Behörde die Aufforderung ortsüblich bekannt machen. [3] Wird der Aufforderung nicht fristgemäß entsprochen, so kann die Behörde von Amts wegen einen gemeinsamen Vertreter bestellen.

§ 18 Vertreter für Beteiligte bei gleichem Interesse. (1) [1] Sind an einem Verwaltungsverfahren mehr als 50 Personen im gleichen Interesse beteiligt, ohne vertreten zu sein, so kann die Behörde sie auffordern, innerhalb einer angemessenen Frist einen gemeinsamen Vertreter zu bestellen, wenn sonst die ordnungsmäßige Durchführung des Verwaltungsverfahrens beeinträchtigt wäre. [2] Kommen sie der Aufforderung nicht fristgemäß nach, so kann die Behörde von Amts wegen einen gemeinsamen Vertreter bestellen. [3] Vertreter kann nur eine natürliche Person sein.

(2) [1] Die Vertretungsmacht erlischt, sobald der Vertreter oder der Vertretene dies der Behörde schriftlich erklärt; der Vertreter kann eine solche Erklärung nur hinsichtlich aller Vertretenen abgeben. [2] Gibt der Vertretene eine solche Erklärung ab, so soll er der Behörde zugleich mitteilen, ob er seine Eingabe aufrechterhält und ob er einen Bevollmächtigten bestellt hat.

§ 19 Gemeinsame Vorschriften für Vertreter bei gleichförmigen Eingaben und bei gleichem Interesse. (1) [1] Der Vertreter hat die Interessen der Vertretenen sorgfältig wahrzunehmen. [2] Er kann alle das Verwaltungsverfahren betreffenden Verfahrenshandlungen vornehmen. [3] An Weisungen ist er nicht gebunden.

(2) § 14 Abs. 5 bis 7 gilt entsprechend.

(3) [1] Der von der Behörde bestellte Vertreter hat gegen deren Rechtsträger Anspruch auf angemessene Vergütung und auf Erstattung seiner baren Auslagen. [2] Die Behörde kann von den Vertretenen zu gleichen Anteilen Ersatz ihrer Aufwendungen verlangen. [3] Sie bestimmt die Vergütung und stellt die Auslagen und Aufwendungen fest.

§ 20[1)] Ausgeschlossene Personen. (1) [1] In einem Verwaltungsverfahren darf für eine Behörde nicht tätig werden,

1. wer selbst Beteiligter ist;

2. wer Angehöriger eines Beteiligten ist;

[1)] *§ 20 Abs. 5 Satz 1* Nr. 2a, 6a und Satz 2 Nr. 1a eingef. mWv 7.6.2013 durch G v. 31.5.2013 (BGBl. I S. 1388); Abs. 5 Satz 1 Nr. 1 geänd. mWv 26.11.2015 durch G v. 20.11.2015 (BGBl. I S. 2010); Abs. 5 Satz 1 Nr. 1 geänd. mWv 22.12.2018 durch G v. 18.12.2018 (BGBl. I S. 2639).

3. wer einen Beteiligten kraft Gesetzes oder Vollmacht allgemein oder in diesem Verwaltungsverfahren vertritt;
4. wer Angehöriger einer Person ist, die einen Beteiligten in diesem Verfahren vertritt;
5. wer bei einem Beteiligten gegen Entgelt beschäftigt ist oder bei ihm als Mitglied des Vorstands, des Aufsichtsrates oder eines gleichartigen Organs tätig ist; dies gilt nicht für den, dessen Anstellungskörperschaft Beteiligte ist;
6. wer außerhalb seiner amtlichen Eigenschaft in der Angelegenheit ein Gutachten abgegeben hat oder sonst tätig geworden ist.

[2] Dem Beteiligten steht gleich, wer durch die Tätigkeit oder durch die Entscheidung einen unmittelbaren Vorteil oder Nachteil erlangen kann. [3] Dies gilt nicht, wenn der Vor- oder Nachteil nur darauf beruht, dass jemand einer Berufs- oder Bevölkerungsgruppe angehört, deren gemeinsame Interessen durch die Angelegenheit berührt werden.

(2) Absatz 1 gilt nicht für Wahlen zu einer ehrenamtlichen Tätigkeit und für die Abberufung von ehrenamtlich Tätigen.

(3) Wer nach Absatz 1 ausgeschlossen ist, darf bei Gefahr im Verzug unaufschiebbare Maßnahmen treffen.

(4) [1] Hält sich ein Mitglied eines Ausschusses (§ 88) für ausgeschlossen oder bestehen Zweifel, ob die Voraussetzungen des Absatzes 1 gegeben sind, ist dies dem Vorsitzenden des Ausschusses mitzuteilen. [2] Der Ausschuss entscheidet über den Ausschluss. [3] Der Betroffene darf an dieser Entscheidung nicht mitwirken. [4] Das ausgeschlossene Mitglied darf bei der weiteren Beratung und Beschlussfassung nicht zugegen sein.

(5) [1] Angehörige im Sinne des Absatzes 1 Nr. 2 und 4 sind:

1. der Verlobte,
2. der Ehegatte,

2a. der Lebenspartner,

3. Verwandte und Verschwägerte gerader Linie,
4. Geschwister,
5. Kinder der Geschwister,
6. Ehegatten der Geschwister und Geschwister der Ehegatten,

6a. Lebenspartner der Geschwister und Geschwister der Lebenspartner,

7. Geschwister der Eltern,
8. Personen, die durch ein auf längere Dauer angelegtes Pflegeverhältnis mit häuslicher Gemeinschaft wie Eltern und Kind miteinander verbunden sind (Pflegeeltern und Pflegekinder).

[2] Angehörige sind die in Satz 1 aufgeführten Personen auch dann, wenn

1. in den Fällen der Nummern 2, 3 und 6 die die Beziehung begründende Ehe nicht mehr besteht;

1a. in den Fällen der Nummern 2a, 3 und 6a die die Beziehung begründende Lebenspartnerschaft nicht mehr besteht;

2. in den Fällen der Nummern 3 bis 7 die Verwandtschaft oder Schwägerschaft durch Annahme als Kind erloschen ist;

3. im Falle der Nummer 8 die häusliche Gemeinschaft nicht mehr besteht, sofern die Personen weiterhin wie Eltern und Kind miteinander verbunden sind.

§ 21 Besorgnis der Befangenheit. (1) [1] Liegt ein Grund vor, der geeignet ist, Misstrauen gegen eine unparteiische Amtsausübung zu rechtfertigen, oder wird von einem Beteiligten das Vorliegen eines solchen Grundes behauptet, so hat, wer in einem Verwaltungsverfahren für eine Behörde tätig werden soll, den Leiter der Behörde oder den von diesem Beauftragten zu unterrichten und sich auf dessen Anordnung der Mitwirkung zu enthalten. [2] Betrifft die Besorgnis der Befangenheit den Leiter der Behörde, so trifft diese Anordnung die Aufsichtsbehörde, sofern sich der Behördenleiter nicht selbst einer Mitwirkung enthält.

(2) Für Mitglieder eines Ausschusses (§ 88) gilt § 20 Abs. 4 entsprechend.

§ 22 Beginn des Verfahrens. [1] Die Behörde entscheidet nach pflichtgemäßem Ermessen, ob und wann sie ein Verwaltungsverfahren durchführt. [2] Dies gilt nicht, wenn die Behörde auf Grund von Rechtsvorschriften

1. von Amts wegen oder auf Antrag tätig werden muss;
2. nur auf Antrag tätig werden darf und ein Antrag nicht vorliegt.

§ 23[1] Amtssprache. (1) Die Amtssprache ist deutsch.

(2) [1] Werden bei einer Behörde in einer fremden Sprache Anträge gestellt oder Eingaben, Belege, Urkunden oder sonstige Dokumente vorgelegt, soll die Behörde unverzüglich die Vorlage einer Übersetzung verlangen. [2] In begründeten Fällen kann die Vorlage einer beglaubigten oder von einem öffentlich bestellten oder beeidigten Dolmetscher oder Übersetzer angefertigten Übersetzung verlangt werden. [3] Wird die verlangte Übersetzung nicht unverzüglich vorgelegt, so kann die Behörde auf Kosten des Beteiligten selbst eine Übersetzung beschaffen. [4] Hat die Behörde Dolmetscher oder Übersetzer herangezogen, erhalten diese in entsprechender Anwendung des Justizvergütungs- und -entschädigungsgesetzes[2] eine Vergütung.

(3) Soll durch eine Anzeige, einen Antrag oder die Abgabe einer Willenserklärung eine Frist in Lauf gesetzt werden, innerhalb deren die Behörde in einer bestimmten Weise tätig werden muss, und gehen diese in einer fremden Sprache ein, so beginnt der Lauf der Frist erst mit dem Zeitpunkt, in dem der Behörde eine Übersetzung vorliegt.

(4) [1] Soll durch eine Anzeige, einen Antrag oder eine Willenserklärung, die in fremder Sprache eingehen, zugunsten eines Beteiligten eine Frist gegenüber der Behörde gewahrt, ein öffentlich-rechtlicher Anspruch geltend gemacht oder eine Leistung begehrt werden, so gelten die Anzeige, der Antrag oder die Willenserklärung als zum Zeitpunkt des Eingangs bei der Behörde abgegeben, wenn auf Verlangen der Behörde innerhalb einer von dieser zu setzenden angemessenen Frist eine Übersetzung vorgelegt wird. [2] Andernfalls

(Fortsetzung nächstes Blatt)

---

[1] § 23 Abs. 2 Satz 4 geänd. mWv 1.7.2004 durch G v. 5.5.2004 (BGBl. I S. 718).
[2] **Schönfelder Nr. 116.**

ist der Zeitpunkt des Eingangs der Übersetzung maßgebend, soweit sich nicht aus zwischenstaatlichen Vereinbarungen etwas anderes ergibt. [3]Auf diese Rechtsfolge ist bei der Fristsetzung hinzuweisen.

§ 24[1)] Untersuchungsgrundsatz. (1) [1]Die Behörde ermittelt den Sachverhalt von Amts wegen. [2]Sie bestimmt Art und Umfang der Ermittlungen; an das Vorbringen und an die Beweisanträge der Beteiligten ist sie nicht gebunden. [3]Setzt die Behörde automatische Einrichtungen zum Erlass von Verwaltungsakten ein, muss sie für den Einzelfall bedeutsame tatsächliche Angaben des Beteiligten berücksichtigen, die im automatischen Verfahren nicht ermittelt würden.

(2) Die Behörde hat alle für den Einzelfall bedeutsamen, auch die für die Beteiligten günstigen Umstände zu berücksichtigen.

(3) Die Behörde darf die Entgegennahme von Erklärungen oder Anträgen, die in ihren Zuständigkeitsbereich fallen, nicht deshalb verweigern, weil sie die Erklärung oder den Antrag in der Sache für unzulässig oder unbegründet hält.

§ 25[2)] Beratung, Auskunft, frühe Öffentlichkeitsbeteiligung. (1) [1]Die Behörde soll die Abgabe von Erklärungen, die Stellung von Anträgen oder die Berichtigung von Erklärungen oder Anträgen anregen, wenn diese offensichtlich nur versehentlich oder aus Unkenntnis unterblieben oder unrichtig abgegeben oder gestellt worden sind. [2]Sie erteilt, soweit erforderlich, Auskunft über die den Beteiligten im Verwaltungsverfahren zustehenden Rechte und die ihnen obliegenden Pflichten.

(2) [1]Die Behörde erörtert, soweit erforderlich, bereits vor Stellung eines Antrags mit dem zukünftigen Antragsteller, welche Nachweise und Unterlagen von ihm zu erbringen sind und in welcher Weise das Verfahren beschleunigt werden kann. [2]Soweit es der Verfahrensbeschleunigung dient, soll sie dem Antragsteller nach Eingang des Antrags unverzüglich Auskunft über die voraussichtliche Verfahrensdauer und die Vollständigkeit der Antragsunterlagen geben.

(3) [1]Die Behörde wirkt darauf hin, dass der Träger bei der Planung von Vorhaben, die nicht nur unwesentliche Auswirkungen auf die Belange einer größeren Zahl von Dritten haben können, die betroffene Öffentlichkeit frühzeitig über die Ziele des Vorhabens, die Mittel, es zu verwirklichen, und die voraussichtlichen Auswirkungen des Vorhabens unterrichtet (frühe Öffentlichkeitsbeteiligung). [2]Die frühe Öffentlichkeitsbeteiligung soll möglichst bereits vor Stellung eines Antrags stattfinden. [3]Der betroffenen Öffentlichkeit soll Gelegenheit zur Äußerung und zur Erörterung gegeben werden. [4]Das Ergebnis der vor Antragstellung durchgeführten frühen Öffentlichkeitsbeteiligung soll der betroffenen Öffentlichkeit und der Behörde spätestens mit der Antragstellung, im Übrigen unverzüglich mitgeteilt werden. [5]Satz 1 gilt nicht, soweit die betroffene Öffentlichkeit bereits nach anderen Rechtsvorschriften vor der Antragstellung zu beteiligen ist. [6]Beteiligungsrechte nach anderen Rechtsvorschriften bleiben unberührt.

§ 26[3)] Beweismittel. (1) [1]Die Behörde bedient sich der Beweismittel, die sie nach pflichtgemäßem Ermessen zur Ermittlung des Sachverhalts für erforderlich hält. [2]Sie kann insbesondere

1. Auskünfte jeder Art einholen,

[1)] § 24 Abs. 1 Satz 3 angef. mWv 1.1.2017 durch G v. 18.7.2016 (BGBl. I S. 1679).

[2)] § 25 Abs. 2 angef. mWv 18.12.2008 durch G v. 11.12.2008 (BGBl. I S. 2418); Überschrift geänd., Abs. 3 angef. mWv 7.6.2013 durch G v. 31.5.2013 (BGBl. I S. 1388).

[3)] § 26 Abs. 3 Satz 2 geänd. mWv 1.7.2004 durch G v. 5.5.2004 (BGBl. I S. 718).

2. Beteiligte anhören, Zeugen und Sachverständige vernehmen oder die schriftliche oder elektronische Äußerung von Beteiligten, Sachverständigen und Zeugen einholen,
3. Urkunden und Akten beiziehen,
4. den Augenschein einnehmen.

(2) [1] Die Beteiligten sollen bei der Ermittlung des Sachverhalts mitwirken. [2] Sie sollen insbesondere ihnen bekannte Tatsachen und Beweismittel angeben. [3] Eine weitergehende Pflicht, bei der Ermittlung des Sachverhalts mitzuwirken, insbesondere eine Pflicht zum persönlichen Erscheinen oder zur Aussage, besteht nur, soweit sie durch Rechtsvorschrift besonders vorgesehen ist.

(3) [1] Für Zeugen und Sachverständige besteht eine Pflicht zur Aussage oder zur Erstattung von Gutachten, wenn sie durch Rechtsvorschrift vorgesehen ist. [2] Falls die Behörde Zeugen und Sachverständige herangezogen hat, erhalten sie auf Antrag in entsprechender Anwendung des Justizvergütungs- und -entschädigungsgesetzes[1)] eine Entschädigung oder Vergütung.

§ 27[2)] Versicherung an Eides statt. (1) [1] Die Behörde darf bei der Ermittlung des Sachverhalts eine Versicherung an Eides statt nur verlangen und abnehmen, wenn die Abnahme der Versicherung über den betreffenden Gegenstand und in dem betreffenden Verfahren durch Gesetz oder Rechtsverordnung vorgesehen und die Behörde durch Rechtsvorschrift für zuständig erklärt worden ist. [2] Eine Versicherung an Eides statt soll nur gefordert werden, wenn andere Mittel zur Erforschung der Wahrheit nicht vorhanden sind, zu keinem Ergebnis geführt haben oder einen unverhältnismäßigen Aufwand erfordern. [3] Von eidesunfähigen Personen im Sinne des § 393 der Zivilprozessordnung[3)] darf eine eidesstattliche Versicherung nicht verlangt werden.

(2) [1] Wird die Versicherung an Eides statt von einer Behörde zur Niederschrift aufgenommen, so sind zur Aufnahme nur der Behördenleiter, sein allgemeiner Vertreter sowie Angehörige des öffentlichen Dienstes befugt, welche die Befähigung zum Richteramt haben. [2] Andere Angehörige des öffentlichen Dienstes kann der Behördenleiter oder sein allgemeiner Vertreter hierzu allgemein oder im Einzelfall schriftlich ermächtigen.

(3) [1] Die Versicherung besteht darin, dass der Versichernde die Richtigkeit seiner Erklärung über den betreffenden Gegenstand bestätigt und erklärt: „Ich versichere an Eides statt, dass ich nach bestem Wissen die reine Wahrheit gesagt und nichts verschwiegen habe.“ [2] Bevollmächtigte und Beistände sind berechtigt, an der Aufnahme der Versicherung an Eides statt teilzunehmen.

(4) [1] Vor der Aufnahme der Versicherung an Eides statt ist der Versichernde über die Bedeutung der eidesstattlichen Versicherung und die strafrechtlichen Folgen einer unrichtigen oder unvollständigen eidesstattlichen Versicherung zu belehren. [2] Die Belehrung ist in der Niederschrift zu vermerken.

(5) [1] Die Niederschrift hat ferner die Namen der anwesenden Personen sowie den Ort und den Tag der Niederschrift zu enthalten. [2] Die Niederschrift ist demjenigen, der die eidesstattliche Versicherung abgibt, zur Genehmigung vorzulesen oder auf Verlangen zur Durchsicht vorzulegen. [3] Die erteilte Genehmigung ist zu vermerken und von dem Versichernden zu unterschreiben. [4] Die Nieder-

---

1) **Habersack Nr. 116.**
2) § 27 Abs. 2 Satz 1 geänd. mWv 1.8.2021 durch G v. 25.6.2021 (BGBl. I S. 2154).
3) **Habersack Nr. 100.**

schrift ist sodann von demjenigen, der die Versicherung an Eides statt aufgenommen hat, sowie von dem Schriftführer zu unterschreiben.

§ 27a[1)] Bekanntmachung im Internet. (1) [1] Ist durch Rechtsvorschrift eine öffentliche oder ortsübliche Bekanntmachung angeordnet, so ist diese dadurch zu bewirken, dass der Inhalt der Bekanntmachung auch auf einer Internetseite der Behörde oder ihres Verwaltungsträgers zugänglich gemacht wird. [2] Soweit durch Rechtsvorschrift nichts anderes bestimmt ist, ist für die Einhaltung einer vorgeschriebenen Frist die Zugänglichmachung im Internet nach Satz 1 maßgeblich.

(2) Absatz 1 gilt nicht, wenn eine Zugänglichmachung im Internet, insbesondere aus technischen Gründen, nicht möglich ist.

§ 27b[1)] Zugänglichmachung auszulegender Dokumente. (1) [1] Ist durch Rechtsvorschrift die Auslegung von Dokumenten zur Einsicht angeordnet, so ist sie dadurch zu bewirken, dass die Dokumente zugänglich gemacht werden

1. auf einer Internetseite der für die Auslegung zuständigen Behörde oder ihres Verwaltungsträgers und
2. auf mindestens eine andere Weise.

[2] Ist eine Veröffentlichung der auszulegenden Unterlagen im Internet, insbesondere aus technischen Gründen, nicht möglich, so wird die angeordnete Auslegung zur Einsicht durch die andere Zugangsmöglichkeit nach Satz 1 Nummer 2 bewirkt.

(2) In der Bekanntmachung der Auslegung sind anzugeben

1. der Zeitraum der Auslegung,
2. die Internetseite, auf der die Zugänglichmachung erfolgt, sowie
3. Art und Ort der anderen Zugangsmöglichkeit.

(3) Die Behörde kann verlangen, dass die Dokumente, die für die Auslegung einzureichen sind, in einem verkehrsüblichen elektronischen Format eingereicht werden.

(4) Sind in den auszulegenden Dokumenten Geheimnisse nach § 30 enthalten, so ist derjenige, der diese Dokumente einreichen muss, verpflichtet,

1. diese Geheimnisse zu kennzeichnen und
2. der Behörde zum Zwecke der Auslegung zusätzlich eine Darstellung vorzulegen, die den Inhalt der betreffenden Teile der Dokumente ohne Preisgabe der Geheimnisse beschreibt.

§ 27c[1)] Erörterung mit Verfahrensbeteiligten oder der Öffentlichkeit.

(1) Ist durch Rechtsvorschrift eine Erörterung, insbesondere ein Erörterungstermin, eine mündliche Verhandlung oder eine Antragskonferenz angeordnet, kann sie ersetzt werden

1. durch eine Onlinekonsultation oder
2. mit Einwilligung der zur Teilnahme Berechtigten durch eine Video- oder Telefonkonferenz.

(2) [1] Bei einer Onlinekonsultation ist den zur Teilnahme Berechtigten innerhalb einer vorher bekannt zu machenden Frist Gelegenheit zu geben, sich schriftlich oder elektronisch zu äußern. [2] Die Frist soll mindestens eine Woche betragen.

[1)] §§ 27a und 27b neu gef., § 27c eingef. mWv 1.1.2024 durch G v. 4.12.2023 (BGBl. 2023 I Nr. 344).

[3] Werden für die Onlinekonsultation Informationen zur Verfügung gestellt, so gilt § 27b Absatz 4 entsprechend.

(3) Sonstige Regelungen, die die Durchführung einer Erörterung nach Absatz 1 betreffen, bleiben unberührt.

§ 28 Anhörung Beteiligter. (1) Bevor ein Verwaltungsakt erlassen wird, der in Rechte eines Beteiligten eingreift, ist diesem Gelegenheit zu geben, sich zu den für die Entscheidung erheblichen Tatsachen zu äußern.

(2) Von der Anhörung kann abgesehen werden, wenn sie nach den Umständen des Einzelfalls nicht geboten ist, insbesondere wenn

1. eine sofortige Entscheidung wegen Gefahr im Verzug oder im öffentlichen Interesse notwendig erscheint;
2. durch die Anhörung die Einhaltung einer für die Entscheidung maßgeblichen Frist in Frage gestellt würde;
3. von den tatsächlichen Angaben eines Beteiligten, die dieser in einem Antrag oder einer Erklärung gemacht hat, nicht zu seinen Ungunsten abgewichen werden soll;
4. die Behörde eine Allgemeinverfügung oder gleichartige Verwaltungsakte in größerer Zahl oder Verwaltungsakte mit Hilfe automatischer Einrichtungen erlassen will;
5. Maßnahmen in der Verwaltungsvollstreckung getroffen werden sollen.

(3) Eine Anhörung unterbleibt, wenn ihr ein zwingendes öffentliches Interesse entgegensteht.

§ 29 Akteneinsicht durch Beteiligte. (1) [1] Die Behörde hat den Beteiligten Einsicht in die das Verfahren betreffenden Akten zu gestatten, soweit deren Kenntnis zur Geltendmachung oder Verteidigung ihrer rechtlichen Interessen erforderlich ist. [2] Satz 1 gilt bis zum Abschluss des Verwaltungsverfahrens nicht für Entwürfe zu Entscheidungen sowie die Arbeiten zu ihrer unmittelbaren Vorbereitung. [3] Soweit nach den §§ 17 und 18 eine Vertretung stattfindet, haben nur die Vertreter Anspruch auf Akteneinsicht.

(2) Die Behörde ist zur Gestattung der Akteneinsicht nicht verpflichtet, soweit durch sie die ordnungsgemäße Erfüllung der Aufgaben der Behörde beeinträchtigt, das Bekanntwerden des Inhalts der Akten dem Wohl des Bundes oder eines Landes Nachteile bereiten würde oder soweit die Vorgänge nach einem Gesetz oder ihrem Wesen nach, namentlich wegen der berechtigten Interessen der Beteiligten oder dritter Personen, geheim gehalten werden müssen.

(3) [1] Die Akteneinsicht erfolgt bei der Behörde, die die Akten führt. [2] Im Einzelfall kann die Einsicht auch bei einer anderen Behörde oder bei einer diplomatischen oder berufskonsularischen Vertretung der Bundesrepublik Deutschland im Ausland erfolgen; weitere Ausnahmen kann die Behörde, die die Akten führt, gestatten.

§ 30 *Geheimhaltung.* Die Beteiligten haben Anspruch darauf, dass ihre Geheimnisse, insbesondere die zum persönlichen Lebensbereich gehörenden Geheimnisse sowie die Betriebs- und Geschäftsgeheimnisse, von der Behörde nicht unbefugt offenbart werden.

Abschnitt 2. Fristen, Termine, Wiedereinsetzung

§ 31 Fristen und Termine. (1) Für die Berechnung von Fristen und für die Bestimmung von Terminen gelten die §§ 187 bis 193 des Bürgerlichen Gesetzbuchs[1)] entsprechend, soweit nicht durch die Absätze 2 bis 5 etwas anderes bestimmt ist.

(2) Der Lauf einer Frist, die von einer Behörde gesetzt wird, beginnt mit dem Tag, der auf die Bekanntgabe der Frist folgt, außer wenn dem Betroffenen etwas anderes mitgeteilt wird.

(3) [1] Fällt das Ende einer Frist auf einen Sonntag, einen gesetzlichen Feiertag oder einen Sonnabend, so endet die Frist mit dem Ablauf des nächstfolgenden Werktags. [2] Dies gilt nicht, wenn dem Betroffenen unter Hinweis auf diese Vorschrift ein bestimmter Tag als Ende der Frist mitgeteilt worden ist.

(4) Hat eine Behörde Leistungen nur für einen bestimmten Zeitraum zu erbringen, so endet dieser Zeitraum auch dann mit dem Ablauf seines letzten Tages, wenn dieser auf einen Sonntag, einen gesetzlichen Feiertag oder einen Sonnabend fällt.

(5) Der von einer Behörde gesetzte Termin ist auch dann einzuhalten, wenn er auf einen Sonntag, gesetzlichen Feiertag oder Sonnabend fällt.

(6) Ist eine Frist nach Stunden bestimmt, so werden Sonntage, gesetzliche Feiertage oder Sonnabende mitgerechnet.

(7) [1] Fristen, die von einer Behörde gesetzt sind, können verlängert werden. [2] Sind solche Fristen bereits abgelaufen, so können sie rückwirkend verlängert werden, insbesondere wenn es unbillig wäre, die durch den Fristablauf eingetretenen Rechtsfolgen bestehen zu lassen. [3] Die Behörde kann die Verlängerung der Frist nach § 36 mit einer Nebenbestimmung verbinden.

§ 32 Wiedereinsetzung in den vorigen Stand. (1) [1] War jemand ohne Verschulden verhindert, eine gesetzliche Frist einzuhalten, so ist ihm auf Antrag Wiedereinsetzung in den vorigen Stand zu gewähren. [2] Das Verschulden eines Vertreters ist dem Vertretenen zuzurechnen.

(2) [1] Der Antrag ist innerhalb von zwei Wochen nach Wegfall des Hindernisses zu stellen. [2] Die Tatsachen zur Begründung des Antrags sind bei der Antragstellung oder im Verfahren über den Antrag glaubhaft zu machen. [3] Innerhalb der Antragsfrist ist die versäumte Handlung nachzuholen. [4] Ist dies geschehen, so kann Wiedereinsetzung auch ohne Antrag gewährt werden.

(3) Nach einem Jahr seit dem Ende der versäumten Frist kann die Wiedereinsetzung nicht mehr beantragt oder die versäumte Handlung nicht mehr nachgeholt werden, außer wenn dies vor Ablauf der Jahresfrist infolge höherer Gewalt unmöglich war.

(4) Über den Antrag auf Wiedereinsetzung entscheidet die Behörde, die über die versäumte Handlung zu befinden hat.

(5) Die Wiedereinsetzung ist unzulässig, wenn sich aus einer Rechtsvorschrift ergibt, dass sie ausgeschlossen ist.

[1)] **Habersack Nr. 20.**

Abschnitt 3. Amtliche Beglaubigung

§ 33[1)] Beglaubigung von Dokumenten. (1) [1]Jede Behörde ist befugt, Abschriften von Urkunden, die sie selbst ausgestellt hat, zu beglaubigen. [2]Darüber hinaus sind die von der Bundesregierung durch Rechtsverordnung[2)] bestimmten Behörden im Sinne des § 1 Abs. 1 Nr. 1 und die nach Landesrecht zuständigen Behörden befugt, Abschriften zu beglaubigen, wenn die Urschrift von einer Behörde ausgestellt ist oder die Abschrift zur Vorlage bei einer Behörde benötigt wird, sofern nicht durch Rechtsvorschrift die Erteilung beglaubigter Abschriften aus amtlichen Registern und Archiven anderen Behörden ausschließlich vorbehalten ist; die Rechtsverordnung bedarf nicht der Zustimmung des Bundesrates.

(2) Abschriften dürfen nicht beglaubigt werden, wenn Umstände zu der Annahme berechtigen, dass der ursprüngliche Inhalt des Schriftstücks, dessen Abschrift beglaubigt werden soll, geändert worden ist, insbesondere wenn dieses Schriftstück Lücken, Durchstreichungen, Einschaltungen, Änderungen, unleserliche Wörter, Zahlen oder Zeichen, Spuren der Beseitigung von Wörtern, Zahlen und Zeichen enthält oder wenn der Zusammenhang eines aus mehreren Blättern bestehenden Schriftstücks aufgehoben ist.

(3) [1]Eine Abschrift wird beglaubigt durch einen Beglaubigungsvermerk, der unter die Abschrift zu setzen ist. [2]Der Vermerk muss enthalten

1. die genaue Bezeichnung des Schriftstücks, dessen Abschrift beglaubigt wird,
2. die Feststellung, dass die beglaubigte Abschrift mit dem vorgelegten Schriftstück übereinstimmt,
3. den Hinweis, dass die beglaubigte Abschrift nur zur Vorlage bei der angegebenen Behörde erteilt wird, wenn die Urschrift nicht von einer Behörde ausgestellt worden ist,
4. den Ort und den Tag der Beglaubigung, die Unterschrift des für die Beglaubigung zuständigen Bediensteten und das Dienstsiegel.

(4) Die Absätze 1 bis 3 gelten entsprechend für die Beglaubigung von

1. Ablichtungen, Lichtdrucken und ähnlichen in technischen Verfahren hergestellten Vervielfältigungen,
2. auf fototechnischem Wege von Schriftstücken hergestellten Negativen, die bei einer Behörde aufbewahrt werden,
3. Ausdrucken elektronischer Dokumente,
4. elektronischen Dokumenten,
   a) die zur Abbildung eines Schriftstücks hergestellt wurden,
   b) die ein anderes technisches Format als das Ausgangsdokument, das verbunden ist mit einer qualifizierten elektronischen Signatur oder einem qualifizierten elektronischen Siegel einer Behörde, erhalten haben.

(5) [1]Der Beglaubigungsvermerk muss zusätzlich zu den Angaben nach Absatz 3 Satz 2 bei der Beglaubigung

---

[1)] § 33 Abs. 7 angef. mWv 1.8.2013 durch G v. 25.7.2013 (BGBl. I S. 2749); Abs. 4 Nr. 4 Buchst. b und Abs. 5 neu gef. mWv 1.1.2024 durch G v. 4.12.2023 (BGBl. 2023 I Nr. 344).

[2)] Siehe § 1 der BeglaubigungsVO v. 13.3.2003 (BGBl. I S. 361):

„**§ 1 Zu Beglaubigungen befugte Behörden.** Alle Behörden im Sinne des § 1 Abs. 1 Nr. 1 des Verwaltungsverfahrensgesetzes sind befugt, Beglaubigungen nach den §§ 33 und 34 des Verwaltungsverfahrensgesetzes vorzunehmen."

1. des Ausdrucks eines elektronischen Dokuments, das mit einer qualifizierten elektronischen Signatur oder einem qualifizierten elektronischen Siegel einer Behörde verbunden ist, die Feststellungen enthalten,
   a) wen die Signaturprüfung als Inhaber der Signatur ausweist oder welche Behörde die Signaturprüfung als Inhaber des Siegels ausweist,
   b) welchen Zeitpunkt die Signaturprüfung für die Anbringung der Signatur oder des Siegels ausweist und
   c) welche Zertifikate mit welchen Daten dieser Signatur oder diesem Siegel zu Grunde lagen;
2. eines elektronischen Dokuments den Namen des für die Beglaubigung zuständigen Bediensteten und die Bezeichnung der Behörde, die die Beglaubigung vornimmt, enthalten; die Unterschrift des für die Beglaubigung zuständigen Bediensteten und das Dienstsiegel nach Absatz 3 Satz 2 Nummer 4 werden durch eine dauerhaft überprüfbare qualifizierte elektronische Signatur oder durch ein dauerhaft überprüfbares qualifiziertes elektronisches Siegel der Behörde ersetzt.

[2] Wird ein elektronisches Dokument, das ein anderes technisches Format erhalten hat als das Ausgangsdokument, das mit einer qualifizierten elektronischen Signatur oder mit einem qualifizierten elektronischen Siegel einer Behörde verbunden ist, nach Satz 1 Nummer 2 beglaubigt, so muss der Beglaubigungsvermerk zusätzlich die Feststellungen nach Satz 1 Nummer 1 für das Ausgangsdokument enthalten.

(6) Die nach Absatz 4 hergestellten Dokumente stehen, sofern sie beglaubigt sind, beglaubigten Abschriften gleich.

(7) Jede Behörde soll von Urkunden, die sie selbst ausgestellt hat, auf Verlangen ein elektronisches Dokument nach Absatz 4 Nummer 4 Buchstabe a oder eine elektronische Abschrift fertigen und beglaubigen.

§ 34 Beglaubigung von Unterschriften. (1) [1] Die von der Bundesregierung durch Rechtsverordnung[1)] bestimmten Behörden im Sinne des § 1 Abs. 1 Nr. 1 und die nach Landesrecht zuständigen Behörden sind befugt, Unterschriften zu beglaubigen, wenn das unterzeichnete Schriftstück zur Vorlage bei einer Behörde oder bei einer sonstigen Stelle, der auf Grund einer Rechtsvorschrift das unterzeichnete Schriftstück vorzulegen ist, benötigt wird. [2] Dies gilt nicht für
1. Unterschriften ohne zugehörigen Text,
2. Unterschriften, die der öffentlichen Beglaubigung (§ 129 des Bürgerlichen Gesetzbuchs[2)]) bedürfen.

(2) Eine Unterschrift soll nur beglaubigt werden, wenn sie in Gegenwart des beglaubigenden Bediensteten vollzogen oder anerkannt wird.

(3) [1] Der Beglaubigungsvermerk ist unmittelbar bei der Unterschrift, die beglaubigt werden soll, anzubringen. [2] Er muss enthalten
1. die Bestätigung, dass die Unterschrift echt ist,
2. die genaue Bezeichnung desjenigen, dessen Unterschrift beglaubigt wird, sowie die Angabe, ob sich der für die Beglaubigung zuständige Bedienstete Gewissheit

---

[1)] Siehe § 1 der BeglaubigungsVO v. 13.3.2003 (BGBl. I S. 361):
„**§ 1 Zu Beglaubigungen befugte Behörden.** Alle Behörden im Sinne des § 1 Abs. 1 Nr. 1 des Verwaltungsverfahrensgesetzes sind befugt, Beglaubigungen nach den §§ 33 und 34 des Verwaltungsverfahrensgesetzes vorzunehmen."

[2)] **Habersack Nr. 20.**

über diese Person verschafft hat und ob die Unterschrift in seiner Gegenwart vollzogen oder anerkannt worden ist,

3. den Hinweis, dass die Beglaubigung nur zur Vorlage bei der angegebenen Behörde oder Stelle bestimmt ist,
4. den Ort und den Tag der Beglaubigung, die Unterschrift des für die Beglaubigung zuständigen Bediensteten und das Dienstsiegel.

(4) Die Absätze 1 bis 3 gelten für die Beglaubigung von Handzeichen entsprechend.

(5) Die Rechtsverordnungen nach Absatz 1 und 4 bedürfen nicht der Zustimmung des Bundesrates.

Teil III. Verwaltungsakt

Abschnitt 1. Zustandekommen des Verwaltungsaktes

§ 35 Begriff des Verwaltungsaktes. [1] Verwaltungsakt ist jede Verfügung, Entscheidung oder andere hoheitliche Maßnahme, die eine Behörde zur Regelung eines Einzelfalls auf dem Gebiet des öffentlichen Rechts trifft und die auf unmittelbare Rechtswirkung nach außen gerichtet ist. [2] Allgemeinverfügung ist ein Verwaltungsakt, der sich an einen nach allgemeinen Merkmalen bestimmten oder bestimmbaren Personenkreis richtet oder die öffentlich-rechtliche Eigenschaft einer Sache oder ihre Benutzung durch die Allgemeinheit betrifft.

§ 35a[1)] Vollständig automatisierter Erlass eines Verwaltungsaktes. Ein Verwaltungsakt kann vollständig durch automatische Einrichtungen erlassen werden, sofern dies durch Rechtsvorschrift zugelassen ist und weder ein Ermessen noch ein Beurteilungsspielraum besteht.

§ 36 Nebenbestimmungen zum Verwaltungsakt. (1) Ein Verwaltungsakt, auf den ein Anspruch besteht, darf mit einer Nebenbestimmung nur versehen werden, wenn sie durch Rechtsvorschrift zugelassen ist oder wenn sie sicherstellen soll, dass die gesetzlichen Voraussetzungen des Verwaltungsaktes erfüllt werden.

(2) Unbeschadet des Absatzes 1 darf ein Verwaltungsakt nach pflichtgemäßem Ermessen erlassen werden mit

1. einer Bestimmung, nach der eine Vergünstigung oder Belastung zu einem bestimmten Zeitpunkt beginnt, endet oder für einen bestimmten Zeitraum gilt (Befristung);
2. einer Bestimmung, nach der der Eintritt oder der Wegfall einer Vergünstigung oder einer Belastung von dem ungewissen Eintritt eines zukünftigen Ereignisses abhängt (Bedingung);
3. einem Vorbehalt des Widerrufs

oder verbunden werden mit

4. einer Bestimmung, durch die dem Begünstigten ein Tun, Dulden oder Unterlassen vorgeschrieben wird (Auflage);
5. einem Vorbehalt der nachträglichen Aufnahme, Änderung oder Ergänzung einer Auflage.

(3) Eine Nebenbestimmung darf dem Zweck des Verwaltungsaktes nicht zuwiderlaufen.

[1)] § 35a eingef. mWv 1.1.2017 durch G v. 18.7.2016 (BGBl. I S. 1679).

§ 37[1)] Bestimmtheit und Form des Verwaltungsaktes; Rechtsbehelfsbelehrung. (1) Ein Verwaltungsakt muss inhaltlich hinreichend bestimmt sein.

(2) [1] Ein Verwaltungsakt kann schriftlich, elektronisch, mündlich oder in anderer Weise erlassen werden. [2] Ein mündlicher Verwaltungsakt ist schriftlich oder elektronisch zu bestätigen, wenn hieran ein berechtigtes Interesse besteht und der Betroffene dies unverzüglich verlangt. [3] Ein elektronischer Verwaltungsakt ist unter denselben Voraussetzungen schriftlich zu bestätigen; § 3a Absatz 2 und 3 findet insoweit keine Anwendung.

(3) [1] Ein schriftlicher oder elektronischer Verwaltungsakt muss die erlassende Behörde erkennen lassen und die Unterschrift oder die Namenswiedergabe des Behördenleiters, seines Vertreters oder seines Beauftragten enthalten. [2] Wird für einen Verwaltungsakt, für den durch Rechtsvorschrift die Schriftform angeordnet ist, die elektronische Form verwendet, muss auch das der Signatur zugrunde liegende qualifizierte Zertifikat oder ein zugehöriges qualifiziertes Attributzertifikat die erlassende Behörde erkennen lassen. [3] Im Fall des § 3a Absatz 3 Nummer 3 Buchstabe b muss die Bestätigung nach § 5 Absatz 5 des De-Mail-Gesetzes[2)] die erlassende Behörde als Nutzer des De-Mail-Kontos erkennen lassen.

(4) Für einen Verwaltungsakt kann für die nach § 3a Absatz 2 erforderliche Signatur oder für das nach § 3a Absatz 3 Nummer 3 Buchstabe a erforderliche Siegel durch Rechtsvorschrift die dauerhafte Überprüfbarkeit vorgeschrieben werden.

(5) [1] Bei einem schriftlichen Verwaltungsakt, der mit Hilfe automatischer Einrichtungen erlassen wird, können abweichend von Absatz 3 Unterschrift und Namenswiedergabe fehlen. [2] Zur Inhaltsangabe können Schlüsselzeichen verwendet werden, wenn derjenige, für den der Verwaltungsakt bestimmt ist oder der von ihm betroffen wird, auf Grund der dazu gegebenen Erläuterungen den Inhalt des Verwaltungsaktes eindeutig erkennen kann.

(6) [1] Einem schriftlichen oder elektronischen Verwaltungsakt, der der Anfechtung unterliegt, ist eine Erklärung beizufügen, durch die der Beteiligte über den Rechtsbehelf, der gegen den Verwaltungsakt gegeben ist, über die Behörde oder das Gericht, bei denen der Rechtsbehelf einzulegen ist, den Sitz und über die einzuhaltende Frist belehrt wird (Rechtsbehelfsbelehrung). [2] Die Rechtsbehelfsbelehrung ist auch der schriftlichen oder elektronischen Bestätigung eines Verwaltungsaktes und der Bescheinigung nach § 42a Absatz 3 beizufügen.

§ 38 Zusicherung. (1) [1] Eine von der zuständigen Behörde erteilte Zusage, einen bestimmten Verwaltungsakt später zu erlassen oder zu unterlassen (Zusicherung), bedarf zu ihrer Wirksamkeit der schriftlichen Form. [2] Ist vor dem Erlass des zugesicherten Verwaltungsaktes die Anhörung Beteiligter oder die Mitwirkung einer anderen Behörde oder eines Ausschusses auf Grund einer Rechtsvorschrift erforderlich, so darf die Zusicherung erst nach Anhörung der Beteiligten oder nach Mitwirkung dieser Behörde oder des Ausschusses gegeben werden.

(2) Auf die Unwirksamkeit der Zusicherung finden, unbeschadet des Absatzes 1 Satz 1, § 44, auf die Heilung von Mängeln bei der Anhörung Beteiligter und der Mitwirkung anderer Behörden oder Ausschüsse § 45 Abs. 1 Nr. 3 bis 5 sowie

---

[1)] § 37 Überschrift geänd., Abs. 6 angef. mWv 7.6.2013 durch G v. 31.5.2013 (BGBl. I S. 1388); Abs. 3 Satz 3 angef. mWv 1.8.2013 durch G v. 25.7.2013 (BGBl. I S. 2749); Abs. 2 Satz 3, Abs. 3 Satz 3 und Abs. 4 geänd. mWv 1.1.2024 durch G v. 4.12.2023 (BGBl. 2023 I Nr. 344).

[2)] **Sartorius III Nr. 730.**

Abs. 2, auf die Rücknahme § 48, auf den Widerruf, unbeschadet des Absatzes 3, § 49 entsprechende Anwendung.

(3) Ändert sich nach Abgabe der Zusicherung die Sach- oder Rechtslage derart, dass die Behörde bei Kenntnis der nachträglich eingetretenen Änderung die Zusicherung nicht gegeben hätte oder aus rechtlichen Gründen nicht hätte geben dürfen, ist die Behörde an die Zusicherung nicht mehr gebunden.

§ 39 Begründung des Verwaltungsaktes. (1) [1] Ein schriftlicher oder elektronischer sowie ein schriftlich oder elektronisch bestätigter Verwaltungsakt ist mit einer Begründung zu versehen. [2] In der Begründung sind die wesentlichen tatsächlichen und rechtlichen Gründe mitzuteilen, die die Behörde zu ihrer Entscheidung bewogen haben. [3] Die Begründung von Ermessensentscheidungen soll auch die Gesichtspunkte erkennen lassen, von denen die Behörde bei der Ausübung ihres Ermessens ausgegangen ist.

(2) Einer Begründung bedarf es nicht,

1. soweit die Behörde einem Antrag entspricht oder einer Erklärung folgt und der Verwaltungsakt nicht in Rechte eines anderen eingreift;
2. soweit demjenigen, für den der Verwaltungsakt bestimmt ist oder der von ihm betroffen wird, die Auffassung der Behörde über die Sach- und Rechtslage bereits bekannt oder auch ohne Begründung für ihn ohne weiteres erkennbar ist;
3. wenn die Behörde gleichartige Verwaltungsakte in größerer Zahl oder Verwaltungsakte mit Hilfe automatischer Einrichtungen erlässt und die Begründung nach den Umständen des Einzelfalls nicht geboten ist;
4. wenn sich dies aus einer Rechtsvorschrift ergibt;
5. wenn eine Allgemeinverfügung öffentlich bekannt gegeben wird.

§ 40 Ermessen. Ist die Behörde ermächtigt, nach ihrem Ermessen zu handeln, hat sie ihr Ermessen entsprechend dem Zweck der Ermächtigung auszuüben und die gesetzlichen Grenzen des Ermessens einzuhalten.

§ 41[1)] Bekanntgabe des Verwaltungsaktes. (1) [1] Ein Verwaltungsakt ist demjenigen Beteiligten bekannt zu geben, für den er bestimmt ist oder der von ihm betroffen wird. [2] Ist ein Bevollmächtigter bestellt, so kann die Bekanntgabe ihm gegenüber vorgenommen werden.

(2) [1] Ein schriftlicher Verwaltungsakt, der im Inland durch die Post übermittelt wird, gilt am vierten Tag nach der Aufgabe zur Post als bekannt gegeben. [2] Ein Verwaltungsakt, der im Inland oder in das Ausland elektronisch übermittelt wird, gilt am vierten Tag nach der Absendung als bekannt gegeben. [3] Dies gilt nicht, wenn der Verwaltungsakt nicht oder zu einem späteren Zeitpunkt zugegangen ist; im Zweifel hat die Behörde den Zugang des Verwaltungsaktes und den Zeitpunkt des Zugangs nachzuweisen.

(2a) [1] Mit Einwilligung des Beteiligten kann ein elektronischer Verwaltungsakt dadurch bekannt gegeben werden, dass er vom Beteiligten oder von seinem Bevollmächtigten über öffentlich zugängliche Netze abgerufen wird. [2] Die Behörde hat zu gewährleisten, dass der Abruf nur nach Authentifizierung der berechtigten Person möglich ist und der elektronische Verwaltungsakt von ihr gespeichert

[1)] § 41 Abs. 2 Satz 1 neu gef., Satz 2 eingef., bish. Satz 2 wird Satz 3 mWv 18.12.2008 durch G v. 11.12.2008 (BGBl. I S. 2418); Abs. 2a eingef. mWv 1.1.2017 durch G v. 18.7.2016 (BGBl. I S. 1679); Abs. 2 Sätze 1 und 2 geänd. mWv 1.1.2025 durch G v. 15.7.2024 (BGBl. 2024 I Nr. 236).

werden kann. [3]Der Verwaltungsakt gilt am Tag nach dem Abruf als bekannt gegeben. [4]Wird der Verwaltungsakt nicht innerhalb von zehn Tagen nach Absendung einer Benachrichtigung über die Bereitstellung abgerufen, wird diese beendet. [5]In diesem Fall ist die Bekanntgabe nicht bewirkt; die Möglichkeit einer erneuten Bereitstellung zum Abruf oder der Bekanntgabe auf andere Weise bleibt unberührt.

(3) [1]Ein Verwaltungsakt darf öffentlich bekannt gegeben werden, wenn dies durch Rechtsvorschrift zugelassen ist. [2]Eine Allgemeinverfügung darf auch dann öffentlich bekannt gegeben werden, wenn eine Bekanntgabe an die Beteiligten untunlich ist.

(4) [1]Die öffentliche Bekanntgabe eines schriftlichen oder elektronischen Verwaltungsaktes wird dadurch bewirkt, dass sein verfügender Teil ortsüblich bekannt gemacht wird. [2]In der ortsüblichen Bekanntmachung ist anzugeben, wo der Verwaltungsakt und seine Begründung eingesehen werden können. [3]Der Verwaltungsakt gilt zwei Wochen nach der ortsüblichen Bekanntmachung als bekannt gegeben. [4]In einer Allgemeinverfügung kann ein hiervon abweichender Tag, jedoch frühestens der auf die Bekanntmachung folgende Tag bestimmt werden.

(5) Vorschriften über die Bekanntgabe eines Verwaltungsaktes mittels Zustellung bleiben unberührt.

§ 42 Offenbare Unrichtigkeiten im Verwaltungsakt. [1]Die Behörde kann Schreibfehler, Rechenfehler und ähnliche offenbare Unrichtigkeiten in einem Verwaltungsakt jederzeit berichtigen. [2]Bei berechtigtem Interesse des Beteiligten ist zu berichtigen. [3]Die Behörde ist berechtigt, die Vorlage des Dokuments zu verlangen, das berichtigt werden soll.

§ 42a[1)] Genehmigungsfiktion. (1) [1]Eine beantragte Genehmigung gilt nach Ablauf einer für die Entscheidung festgelegten Frist als erteilt (Genehmigungsfiktion), wenn dies durch Rechtsvorschrift angeordnet und der Antrag hinreichend bestimmt ist. [2]Die Vorschriften über die Bestandskraft von Verwaltungsakten und über das Rechtsbehelfsverfahren gelten entsprechend.

(2) [1]Die Frist nach Absatz 1 Satz 1 beträgt drei Monate, soweit durch Rechtsvorschrift nichts Abweichendes bestimmt ist. [2]Die Frist beginnt mit Eingang der vollständigen Unterlagen. [3]Sie kann einmal angemessen verlängert werden, wenn dies wegen der Schwierigkeit der Angelegenheit gerechtfertigt ist. [4]Die Fristverlängerung ist zu begründen und rechtzeitig mitzuteilen.

(3) Auf Verlangen ist demjenigen, dem der Verwaltungsakt nach § 41 Abs. 1 hätte bekannt gegeben werden müssen, der Eintritt der Genehmigungsfiktion schriftlich zu bescheinigen.

Abschnitt 2. Bestandskraft des Verwaltungsaktes

§ 43 Wirksamkeit des Verwaltungsaktes. (1) [1]Ein Verwaltungsakt wird gegenüber demjenigen, für den er bestimmt ist oder der von ihm betroffen wird, in dem Zeitpunkt wirksam, in dem er ihm bekannt gegeben wird. [2]Der Verwaltungsakt wird mit dem Inhalt wirksam, mit dem er bekannt gegeben wird.

(2) Ein Verwaltungsakt bleibt wirksam, solange und soweit er nicht zurückgenommen, widerrufen, anderweitig aufgehoben oder durch Zeitablauf oder auf andere Weise erledigt ist.

[1)] § 42a eingef. mWv 18.12.2008 durch G v. 11.12.2008 (BGBl. I S. 2418).

(3) Ein nichtiger Verwaltungsakt ist unwirksam.

§ 44 Nichtigkeit des Verwaltungsaktes. (1) Ein Verwaltungsakt ist nichtig, soweit er an einem besonders schwerwiegenden Fehler leidet und dies bei verständiger Würdigung aller in Betracht kommenden Umstände offensichtlich ist.

(2) Ohne Rücksicht auf das Vorliegen der Voraussetzungen des Absatzes 1 ist ein Verwaltungsakt nichtig,

1. der schriftlich oder elektronisch erlassen worden ist, die erlassende Behörde aber nicht erkennen lässt;
2. der nach einer Rechtsvorschrift nur durch die Aushändigung einer Urkunde erlassen werden kann, aber dieser Form nicht genügt;
3. den eine Behörde außerhalb ihrer durch § 3 Abs. 1 Nr. 1 begründeten Zuständigkeit erlassen hat, ohne dazu ermächtigt zu sein;
4. den aus tatsächlichen Gründen niemand ausführen kann;
5. der die Begehung einer rechtswidrigen Tat verlangt, die einen Straf- oder Bußgeldtatbestand verwirklicht;
6. der gegen die guten Sitten verstößt.

(3) Ein Verwaltungsakt ist nicht schon deshalb nichtig, weil

1. Vorschriften über die örtliche Zuständigkeit nicht eingehalten worden sind, außer wenn ein Fall des Absatzes 2 Nr. 3 vorliegt;
2. eine nach § 20 Abs. 1 Satz 1 Nr. 2 bis 6 ausgeschlossene Person mitgewirkt hat;
3. ein durch Rechtsvorschrift zur Mitwirkung berufener Ausschuss den für den Erlass des Verwaltungsaktes vorgeschriebenen Beschluss nicht gefasst hat oder nicht beschlussfähig war;
4. die nach einer Rechtsvorschrift erforderliche Mitwirkung einer anderen Behörde unterblieben ist.

(4) Betrifft die Nichtigkeit nur einen Teil des Verwaltungsaktes, so ist er im Ganzen nichtig, wenn der nichtige Teil so wesentlich ist, dass die Behörde den Verwaltungsakt ohne den nichtigen Teil nicht erlassen hätte.

(5) Die Behörde kann die Nichtigkeit jederzeit von Amts wegen feststellen; auf Antrag ist sie festzustellen, wenn der Antragsteller hieran ein berechtigtes Interesse hat.

(Fortsetzung nächstes Blatt)

§ 45 Heilung von Verfahrens- und Formfehlern. (1) Eine Verletzung von Verfahrens- oder Formvorschriften, die nicht den Verwaltungsakt nach § 44 nichtig macht, ist unbeachtlich, wenn

1. der für den Erlass des Verwaltungsaktes erforderliche Antrag nachträglich gestellt wird;
2. die erforderliche Begründung nachträglich gegeben wird;
3. die erforderliche Anhörung eines Beteiligten nachgeholt wird;
4. der Beschluss eines Ausschusses, dessen Mitwirkung für den Erlass des Verwaltungsaktes erforderlich ist, nachträglich gefasst wird;
5. die erforderliche Mitwirkung einer anderen Behörde nachgeholt wird.

(2) Handlungen nach Absatz 1 können bis zum Abschluss der letzten Tatsacheninstanz eines verwaltungsgerichtlichen Verfahrens nachgeholt werden.

(3) [1] Fehlt einem Verwaltungsakt die erforderliche Begründung oder ist die erforderliche Anhörung eines Beteiligten vor Erlass des Verwaltungsaktes unterblieben und ist dadurch die rechtzeitige Anfechtung des Verwaltungsaktes versäumt worden, so gilt die Versäumung der Rechtsbehelfsfrist als nicht verschuldet. [2] Das für die Wiedereinsetzungsfrist nach § 32 Abs. 2 maßgebende Ereignis tritt im Zeitpunkt der Nachholung der unterlassenen Verfahrenshandlung ein.

§ 46 Folgen von Verfahrens- und Formfehlern. Die Aufhebung eines Verwaltungsaktes, der nicht nach § 44 nichtig ist, kann nicht allein deshalb beansprucht werden, weil er unter Verletzung von Vorschriften über das Verfahren, die Form oder die örtliche Zuständigkeit zustande gekommen ist, wenn offensichtlich ist, dass die Verletzung die Entscheidung in der Sache nicht beeinflusst hat.

§ 47 Umdeutung eines fehlerhaften Verwaltungsaktes. (1) Ein fehlerhafter Verwaltungsakt kann in einen anderen Verwaltungsakt umgedeutet werden, wenn er auf das gleiche Ziel gerichtet ist, von der erlassenden Behörde in der geschehenen Verfahrensweise und Form rechtmäßig hätte erlassen werden können und wenn die Voraussetzungen für dessen Erlass erfüllt sind.

(2) [1] Absatz 1 gilt nicht, wenn der Verwaltungsakt, in den der fehlerhafte Verwaltungsakt umzudeuten wäre, der erkennbaren Absicht der erlassenden Behörde widerspräche oder seine Rechtsfolgen für den Betroffenen ungünstiger wären als die des fehlerhaften Verwaltungsaktes. [2] Eine Umdeutung ist ferner unzulässig, wenn der fehlerhafte Verwaltungsakt nicht zurückgenommen werden dürfte.

(3) Eine Entscheidung, die nur als gesetzlich gebundene Entscheidung ergehen kann, kann nicht in eine Ermessensentscheidung umgedeutet werden.

(4) § 28 ist entsprechend anzuwenden.

§ 48 Rücknahme eines rechtswidrigen Verwaltungsaktes.
(1) [1] Ein rechtswidriger Verwaltungsakt kann, auch nachdem er unanfechtbar geworden ist, ganz oder teilweise mit Wirkung für die Zu-

kunft oder für die Vergangenheit zurückgenommen werden. [2]Ein Verwaltungsakt, der ein Recht oder einen rechtlich erheblichen Vorteil begründet oder bestätigt hat (begünstigender Verwaltungsakt), darf nur unter den Einschränkungen der Absätze 2 bis 4 zurückgenommen werden.

(2) [1]Ein rechtswidriger Verwaltungsakt, der eine einmalige oder laufende Geldleistung oder teilbare Sachleistung gewährt oder hierfür Voraussetzung ist, darf nicht zurückgenommen werden, soweit der Begünstigte auf den Bestand des Verwaltungsaktes vertraut hat und sein Vertrauen unter Abwägung mit dem öffentlichen Interesse an einer Rücknahme schutzwürdig ist. [2]Das Vertrauen ist in der Regel schutzwürdig, wenn der Begünstigte gewährte Leistungen verbraucht oder eine Vermögensdisposition getroffen hat, die er nicht mehr oder nur unter unzumutbaren Nachteilen rückgängig machen kann. [3]Auf Vertrauen kann sich der Begünstigte nicht berufen, wenn er

1. den Verwaltungsakt durch arglistige Täuschung, Drohung oder Bestechung erwirkt hat;
2. den Verwaltungsakt durch Angaben erwirkt hat, die in wesentlicher Beziehung unrichtig oder unvollständig waren;
3. die Rechtswidrigkeit des Verwaltungsaktes kannte oder infolge grober Fahrlässigkeit nicht kannte.

[4]In den Fällen des Satzes 3 wird der Verwaltungsakt in der Regel mit Wirkung für die Vergangenheit zurückgenommen.

(3) [1]Wird ein rechtswidriger Verwaltungsakt, der nicht unter Absatz 2 fällt, zurückgenommen, so hat die Behörde dem Betroffenen auf Antrag den Vermögensnachteil auszugleichen, den dieser dadurch erleidet, dass er auf den Bestand des Verwaltungsaktes vertraut hat, soweit sein Vertrauen unter Abwägung mit dem öffentlichen Interesse schutzwürdig ist. [2]Absatz 2 Satz 3 ist anzuwenden. [3]Der Vermögensnachteil ist jedoch nicht über den Betrag des Interesses hinaus zu ersetzen, das der Betroffene an dem Bestand des Verwaltungsaktes hat. [4]Der auszugleichende Vermögensnachteil wird durch die Behörde festgesetzt. [5]Der Anspruch kann nur innerhalb eines Jahres geltend gemacht werden; die Frist beginnt, sobald die Behörde den Betroffenen auf sie hingewiesen hat.

(4) [1]Erhält die Behörde von Tatsachen Kenntnis, welche die Rücknahme eines rechtswidrigen Verwaltungsaktes rechtfertigen, so ist die Rücknahme nur innerhalb eines Jahres seit dem Zeitpunkt der Kenntnisnahme zulässig. [2]Dies gilt nicht im Falle des Absatzes 2 Satz 3 Nr. 1.

(5) Über die Rücknahme entscheidet nach Unanfechtbarkeit des Verwaltungsaktes die nach § 3 zuständige Behörde; dies gilt auch dann, wenn der zurückzunehmende Verwaltungsakt von einer anderen Behörde erlassen worden ist.

§ 49 Widerruf eines rechtmäßigen Verwaltungsaktes. (1) Ein rechtmäßiger nicht begünstigender Verwaltungsakt kann, auch nachdem er unanfechtbar geworden ist, ganz oder teilweise mit Wirkung für die Zukunft widerrufen werden, außer wenn ein Verwaltungsakt gleichen Inhalts erneut erlassen werden müsste oder aus anderen Gründen ein Widerruf unzulässig ist.

(2) [1] Ein rechtmäßiger begünstigender Verwaltungsakt darf, auch nachdem er unanfechtbar geworden ist, ganz oder teilweise mit Wirkung für die Zukunft nur widerrufen werden,

1. wenn der Widerruf durch Rechtsvorschrift zugelassen oder im Verwaltungsakt vorbehalten ist;
2. wenn mit dem Verwaltungsakt eine Auflage verbunden ist und der Begünstigte diese nicht oder nicht innerhalb einer ihm gesetzten Frist erfüllt hat;
3. wenn die Behörde auf Grund nachträglich eingetretener Tatsachen berechtigt wäre, den Verwaltungsakt nicht zu erlassen, und wenn ohne den Widerruf das öffentliche Interesse gefährdet würde;
4. wenn die Behörde auf Grund einer geänderten Rechtsvorschrift berechtigt wäre, den Verwaltungsakt nicht zu erlassen, soweit der Begünstigte von der Vergünstigung noch keinen Gebrauch gemacht oder auf Grund des Verwaltungsaktes noch keine Leistungen empfangen hat, und wenn ohne den Widerruf das öffentliche Interesse gefährdet würde;
5. um schwere Nachteile für das Gemeinwohl zu verhüten oder zu beseitigen.

[2] § 48 Abs. 4 gilt entsprechend.

(3) [1] Ein rechtmäßiger Verwaltungsakt, der eine einmalige oder laufende Geldleistung oder teilbare Sachleistung zur Erfüllung eines bestimmten Zwecks gewährt oder hierfür Voraussetzung ist, kann, auch nachdem er unanfechtbar geworden ist, ganz oder teilweise auch mit Wirkung für die Vergangenheit widerrufen werden,

1. wenn die Leistung nicht, nicht alsbald nach der Erbringung oder nicht mehr für den in dem Verwaltungsakt bestimmten Zweck verwendet wird;
2. wenn mit dem Verwaltungsakt eine Auflage verbunden ist und der Begünstigte diese nicht oder nicht innerhalb einer ihm gesetzten Frist erfüllt hat.

[2] § 48 Abs. 4 gilt entsprechend.

(4) Der widerrufene Verwaltungsakt wird mit dem Wirksamwerden des Widerrufs unwirksam, wenn die Behörde keinen anderen Zeitpunkt bestimmt.

(5) Über den Widerruf entscheidet nach Unanfechtbarkeit des Verwaltungsaktes die nach § 3 zuständige Behörde; dies gilt auch dann, wenn der zu widerrufende Verwaltungsakt von einer anderen Behörde erlassen worden ist.

(6) [1] Wird ein begünstigender Verwaltungsakt in den Fällen des Absatzes 2 Nr. 3 bis 5 widerrufen, so hat die Behörde den Betroffenen auf Antrag für den Vermögensnachteil zu entschädigen, den dieser dadurch erleidet, dass er auf den Bestand des Verwaltungsaktes vertraut hat, soweit sein Vertrauen schutzwürdig ist. [2] § 48 Abs. 3 Satz 3 bis 5 gilt entsprechend. [3] Für Streitigkeiten über die Entschädigung ist der ordentliche Rechtsweg gegeben.

§ 49 a Erstattung, Verzinsung. (1) [1] Soweit ein Verwaltungsakt mit Wirkung für die Vergangenheit zurückgenommen oder widerrufen worden oder infolge Eintritts einer auflösenden Bedingung unwirksam geworden ist, sind bereits erbrachte Leistungen zu erstatten. [2] Die zu erstattende Leistung ist durch schriftlichen Verwaltungsakt festzusetzen.

(2) [1] Für den Umfang der Erstattung mit Ausnahme der Verzinsung gelten die Vorschriften des Bürgerlichen Gesetzbuchs über die Herausgabe einer ungerechtfertigten Bereicherung entsprechend. [2] Auf den Wegfall der Bereicherung kann sich der Begünstigte nicht berufen, soweit er die Umstände kannte oder infolge grober Fahrlässigkeit nicht kannte, die zur Rücknahme, zum Widerruf oder zur Unwirksamkeit des Verwaltungsaktes geführt haben.

(3) [1] Der zu erstattende Betrag ist vom Eintritt der Unwirksamkeit des Verwaltungsaktes an mit fünf Prozentpunkten über dem Basiszinssatz jährlich zu verzinsen. [2] Von der Geltendmachung des Zinsanspruchs kann insbesondere dann abgesehen werden, wenn der Begünstigte die Umstände, die zur Rücknahme, zum Widerruf oder zur Unwirksamkeit des Verwaltungsaktes geführt haben, nicht zu vertreten hat und den zu erstattenden Betrag innerhalb der von der Behörde festgesetzten Frist leistet.

(4) [1] Wird eine Leistung nicht alsbald nach der Auszahlung für den bestimmten Zweck verwendet, so können für die Zeit bis zur zweckentsprechenden Verwendung Zinsen nach Absatz 3 Satz 1 verlangt werden. [2] Entsprechendes gilt, soweit eine Leistung in Anspruch genommen wird, obwohl andere Mittel anteilig oder vorrangig einzusetzen sind. [3] § 49 Abs. 3 Satz 1 Nr. 1 bleibt unberührt.

§ 50 Rücknahme und Widerruf im Rechtsbehelfsverfahren. § 48 Abs. 1 Satz 2 und Abs. 2 bis 4 sowie § 49 Abs. 2 bis 4 und 6 gelten nicht, wenn ein begünstigender Verwaltungsakt, der von einem Dritten angefochten worden ist, während des Vorverfahrens oder während des verwaltungsgerichtlichen Verfahrens aufgehoben wird, soweit dadurch dem Widerspruch oder der Klage abgeholfen wird.

§ 51 Wiederaufgreifen des Verfahrens. (1) Die Behörde hat auf Antrag des Betroffenen über die Aufhebung oder Änderung eines unanfechtbaren Verwaltungsaktes zu entscheiden, wenn

1. sich die dem Verwaltungsakt zugrunde liegende Sach- oder Rechtslage nachträglich zugunsten des Betroffenen geändert hat;
2. neue Beweismittel vorliegen, die eine dem Betroffenen günstigere Entscheidung herbeigeführt haben würden;
3. Wiederaufnahmegründe entsprechend § 580 der Zivilprozessordnung gegeben sind.

(2) Der Antrag ist nur zulässig, wenn der Betroffene ohne grobes Verschulden außerstande war, den Grund für das Wiederaufgreifen in dem früheren Verfahren, insbesondere durch Rechtsbehelf, geltend zu machen.

(3) [1]Der Antrag muss binnen drei Monaten gestellt werden. [2]Die Frist beginnt mit dem Tage, an dem der Betroffene von dem Grund für das Wiederaufgreifen Kenntnis erhalten hat.

(4) Über den Antrag entscheidet die nach § 3 zuständige Behörde; dies gilt auch dann, wenn der Verwaltungsakt, dessen Aufhebung oder Änderung begehrt wird, von einer anderen Behörde erlassen worden ist.

(5) Die Vorschriften des § 48 Abs. 1 Satz 1 und des § 49 Abs. 1 bleiben unberührt.

§ 52 Rückgabe von Urkunden und Sachen. [1]Ist ein Verwaltungsakt unanfechtbar widerrufen oder zurückgenommen oder ist seine Wirksamkeit aus einem anderen Grund nicht oder nicht mehr gegeben, so kann die Behörde die auf Grund dieses Verwaltungsaktes erteilten Urkunden oder Sachen, die zum Nachweis der Rechte aus dem Verwaltungsakt oder zu deren Ausübung bestimmt sind, zurückfordern. [2]Der Inhaber und, sofern er nicht der Besitzer ist, auch der Besitzer dieser Urkunden oder Sachen sind zu ihrer Herausgabe verpflichtet. [3]Der Inhaber oder der Besitzer kann jedoch verlangen, dass ihm die Urkunden oder Sachen wieder ausgehändigt werden, nachdem sie von der Behörde als ungültig gekennzeichnet sind; dies gilt nicht bei Sachen, bei denen eine solche Kennzeichnung nicht oder nicht mit der erforderlichen Offensichtlichkeit oder Dauerhaftigkeit möglich ist.

Abschnitt 3. Verjährungsrechtliche Wirkungen des Verwaltungsaktes

§ 53 Hemmung der Verjährung durch Verwaltungsakt. (1) [1]Ein Verwaltungsakt, der zur Feststellung oder Durchsetzung des Anspruchs eines öffentlich-rechtlichen Rechtsträgers erlassen wird, hemmt die Verjährung dieses Anspruchs. [2]Die Hemmung endet mit Eintritt der Unanfechtbarkeit des Verwaltungsaktes oder sechs Monate nach seiner anderweitigen Erledigung.

(2) [1]Ist ein Verwaltungsakt im Sinne des Absatzes 1 unanfechtbar geworden, beträgt die Verjährungsfrist 30 Jahre. [2]Soweit der Verwaltungsakt einen Anspruch auf künftig fällig werdende regelmäßig wiederkehrende Leistungen zum Inhalt hat, bleibt es bei der für diesen Anspruch geltenden Verjährungsfrist.

Teil IV. Öffentlich-rechtlicher Vertrag

§ 54 Zulässigkeit des öffentlich-rechtlichen Vertrags. [1]Ein Rechtsverhältnis auf dem Gebiet des öffentlichen Rechts kann durch Vertrag begründet, geändert oder aufgehoben werden (öffentlich-rechtlicher Vertrag), soweit Rechtsvorschriften nicht entgegenstehen. [2]Insbesondere kann die Behörde, anstatt einen Verwaltungsakt zu erlassen, einen öffentlich-rechtlichen Vertrag mit demjenigen schließen, an den sie sonst den Verwaltungsakt richten würde.

§ 55 Vergleichsvertrag. Ein öffentlich-rechtlicher Vertrag im Sinne des § 54 Satz 2, durch den eine bei verständiger Würdigung des Sachverhalts oder der Rechtslage bestehende Ungewissheit durch gegenseitiges Nachgeben beseitigt wird (Vergleich), kann geschlossen werden, wenn die Behörde den Abschluss des Vergleichs zur Beseitigung der Ungewissheit nach pflichtgemäßem Ermessen für zweckmäßig hält.

§ 56 Austauschvertrag. (1) [1]Ein öffentlich-rechtlicher Vertrag im Sinne des § 54 Satz 2, in dem sich der Vertragspartner der Behörde zu einer Gegenleistung verpflichtet, kann geschlossen werden, wenn die Gegenleistung für einen bestimmten Zweck im Vertrag vereinbart wird und der Behörde zur Erfüllung ihrer öffentlichen Aufgaben dient. [2]Die Gegenleistung muss den gesamten Umständen nach angemessen sein und im sachlichen Zusammenhang mit der vertraglichen Leistung der Behörde stehen.

(2) Besteht auf die Leistung der Behörde ein Anspruch, so kann nur eine solche Gegenleistung vereinbart werden, die bei Erlass eines Verwaltungsaktes Inhalt einer Nebenbestimmung nach § 36 sein könnte.

§ 57 Schriftform. Ein öffentlich-rechtlicher Vertrag ist schriftlich zu schließen, soweit nicht durch Rechtsvorschrift eine andere Form vorgeschrieben ist.

§ 58 Zustimmung von Dritten und Behörden. (1) Ein öffentlich-rechtlicher Vertrag, der in Rechte eines Dritten eingreift, wird erst wirksam, wenn der Dritte schriftlich zustimmt.

(2) Wird anstatt eines Verwaltungsaktes, bei dessen Erlass nach einer Rechtsvorschrift die Genehmigung, die Zustimmung oder das Einvernehmen einer anderen Behörde erforderlich ist, ein Vertrag geschlossen, so wird dieser erst wirksam, nachdem die andere Behörde in der vorgeschriebenen Form mitgewirkt hat.

§ 59 Nichtigkeit des öffentlich-rechtlichen Vertrags. (1) Ein öffentlich-rechtlicher Vertrag ist nichtig, wenn sich die Nichtigkeit aus der entsprechenden Anwendung von Vorschriften des Bürgerlichen Gesetzbuchs ergibt.

(2) Ein Vertrag im Sinne des § 54 Satz 2 ist ferner nichtig, wenn
1. ein Verwaltungsakt mit entsprechendem Inhalt nichtig wäre;
2. ein Verwaltungsakt mit entsprechendem Inhalt nicht nur wegen eines Verfahrens- oder Formfehlers im Sinne des § 46 rechtswidrig wäre und dies den Vertragschließenden bekannt war;
3. die Voraussetzungen zum Abschluss eines Vergleichsvertrags nicht vorlagen und ein Verwaltungsakt mit entsprechendem Inhalt nicht nur wegen eines Verfahrens- oder Formfehlers im Sinne des § 46 rechtswidrig wäre;
4. sich die Behörde eine nach § 56 unzulässige Gegenleistung versprechen lässt.

(3) Betrifft die Nichtigkeit nur einen Teil des Vertrags, so ist er im Ganzen nichtig, wenn nicht anzunehmen ist, dass er auch ohne den nichtigen Teil geschlossen worden wäre.

§ 60 Anpassung und Kündigung in besonderen Fällen. (1) [1]Haben die Verhältnisse, die für die Festsetzung des Vertragsinhalts maßgebend gewesen sind, sich seit Abschluss des Vertrags so wesentlich geändert, dass einer Vertragspartei das Festhalten an der ursprünglichen vertraglichen Regelung nicht zuzumuten ist, so kann diese Vertragspartei eine Anpassung des Vertragsinhalts an die geänderten Verhältnisse verlangen oder, sofern eine Anpassung nicht möglich oder einer Vertragspartei nicht zuzumuten ist, den Vertrag kündigen. [2]Die Behörde kann den Vertrag auch kündigen, um schwere Nachteile für das Gemeinwohl zu verhüten oder zu beseitigen.

(2) [1]Die Kündigung bedarf der Schriftform, soweit nicht durch Rechtsvorschrift eine andere Form vorgeschrieben ist. [2]Sie soll begründet werden.

§ 61[1)] Unterwerfung unter die sofortige Vollstreckung. (1) [1]Jeder Vertragschließende kann sich der sofortigen Vollstreckung aus einem öffentlich-rechtlichen Vertrag im Sinne des § 54 Satz 2 unterwerfen. [2]Die Behörde muss hierbei von dem Behördenleiter, seinem allgemeinen Vertreter oder einem Angehörigen des öffentlichen Dienstes, der die Befähigung zum Richteramt hat, vertreten werden.

(2) [1]Auf öffentlich-rechtliche Verträge im Sinne des Absatzes 1 Satz 1 ist das Verwaltungs-Vollstreckungsgesetz[2)] des Bundes entsprechend anzuwenden, wenn Vertragschließender eine Behörde im Sinne des § 1 Abs. 1 Nr. 1 ist. [2]Will eine natürliche oder juristische Person des Privatrechts oder eine nichtrechtsfähige Vereinigung die Vollstreckung wegen einer Geldforderung betreiben, so ist § 170 Abs. 1 bis 3 der Verwaltungsgerichtsordnung[3)] entsprechend anzuwenden. [3]Richtet sich die Vollstreckung wegen der Erzwingung einer Handlung, Duldung oder Unterlassung gegen eine Behörde im Sinne des § 1 Abs. 1 Nr. 2, so ist § 172 der Verwaltungsgerichtsordnung entsprechend anzuwenden.

§ 62 Ergänzende Anwendung von Vorschriften. [1]Soweit sich aus den §§ 54 bis 61 nichts Abweichendes ergibt, gelten die übrigen Vorschriften dieses Gesetzes. [2]Ergänzend gelten die Vorschriften des Bürgerlichen Gesetzbuchs[4)] entsprechend.

Teil V. Besondere Verfahrensarten

Abschnitt 1. Förmliches Verwaltungsverfahren

§ 63 Anwendung der Vorschriften über das förmliche Verwaltungsverfahren. (1) Das förmliche Verwaltungsverfahren nach diesem Gesetz findet statt, wenn es durch Rechtsvorschrift angeordnet ist.

(2) Für das förmliche Verwaltungsverfahren gelten die §§ 64 bis 71 und, soweit sich aus ihnen nichts Abweichendes ergibt, die übrigen Vorschriften dieses Gesetzes.

(3) [1]Die Mitteilung nach § 17 Abs. 2 Satz 2 und die Aufforderung nach § 17 Abs. 4 Satz 2 sind im förmlichen Verwaltungsverfahren öffentlich bekannt zu machen. [2]Die öffentliche Bekanntmachung wird dadurch bewirkt, dass die Behörde die Mitteilung oder die Aufforderung in ihrem amtlichen Veröffentlichungsblatt

---

[1)] § 61 Abs. 1 Satz 2 geänd. mWv 1.8.2021 durch G v. 25.6.2021 (BGBl. I S. 2154).
[2)] Nr. **112**.
[3)] Nr. **600**.
[4)] **Schönfelder Nr. 20.**

und außerdem in örtlichen Tageszeitungen, die in dem Bereich verbreitet sind, in dem sich die Entscheidung voraussichtlich auswirken wird, bekannt macht.

§ 64 Form des Antrags. Setzt das förmliche Verwaltungsverfahren einen Antrag voraus, so ist er schriftlich oder zur Niederschrift bei der Behörde zu stellen.

§ 65[1)] Mitwirkung von Zeugen und Sachverständigen. (1) [1] Im förmlichen Verwaltungsverfahren sind Zeugen zur Aussage und Sachverständige zur Erstattung von Gutachten verpflichtet. [2] Die Vorschriften der Zivilprozessordnung[2)] über die Pflicht, als Zeuge auszusagen oder als Sachverständiger ein Gutachten zu erstatten, über die Ablehnung von Sachverständigen sowie über die Vernehmung von Angehörigen des öffentlichen Dienstes als Zeugen oder Sachverständige gelten entsprechend.

(2) [1] Verweigern Zeugen oder Sachverständige ohne Vorliegen eines der in den §§ 376, 383 bis 385 und 408 der Zivilprozessordnung bezeichneten Gründe die Aussage oder die Erstattung des Gutachtens, so kann die Behörde das für den Wohnsitz oder den Aufenthaltsort des Zeugen oder des Sachverständigen zuständige Verwaltungsgericht um die Vernehmung ersuchen. [2] Befindet sich der Wohnsitz oder der Aufenthaltsort des Zeugen oder des Sachverständigen nicht am Sitz eines Verwaltungsgerichts oder einer besonders errichteten Kammer, so kann auch das zuständige Amtsgericht um die Vernehmung ersucht werden. [3] In dem Ersuchen hat die Behörde den Gegenstand der Vernehmung darzulegen sowie die Namen und Anschriften der Beteiligten anzugeben. [4] Das Gericht hat die Beteiligten von den Beweisterminen zu benachrichtigen.

(3) Hält die Behörde mit Rücksicht auf die Bedeutung der Aussage eines Zeugen oder des Gutachtens eines Sachverständigen oder zur Herbeiführung einer wahrheitsgemäßen Aussage die Beeidigung für geboten, so kann sie das nach Absatz 2 zuständige Gericht um die eidliche Vernehmung ersuchen.

(4) Das Gericht entscheidet über die Rechtmäßigkeit einer Verweigerung des Zeugnisses, des Gutachtens oder der Eidesleistung.

(5) Ein Ersuchen nach Absatz 2 oder 3 an das Gericht darf nur von dem Behördenleiter, seinem allgemeinen Vertreter oder einem Angehörigen des öffentlichen Dienstes gestellt werden, der die Befähigung zum Richteramt hat.

§ 66 Verpflichtung zur Anhörung von Beteiligten. (1) Im förmlichen Verwaltungsverfahren ist den Beteiligten Gelegenheit zu geben, sich vor der Entscheidung zu äußern.

(2) Den Beteiligten ist Gelegenheit zu geben, der Vernehmung von Zeugen und Sachverständigen und der Einnahme des Augenscheins beizuwohnen und hierbei sachdienliche Fragen zu stellen; ein schriftlich oder elektronisch vorliegendes Gutachten soll ihnen zugänglich gemacht werden.

§ 67 Erfordernis der mündlichen Verhandlung. (1) [1] Die Behörde entscheidet nach mündlicher Verhandlung. [2] Hierzu sind die Beteiligten mit angemessener Frist schriftlich zu laden. [3] Bei der Ladung ist darauf hinzuweisen, dass bei Ausbleiben eines Beteiligten auch ohne ihn verhandelt und entschieden werden kann. [4] Sind mehr als 50 Ladungen vorzunehmen, so können sie durch öffentliche Bekanntmachung ersetzt werden. [5] Die öffentliche Bekanntmachung wird dadurch bewirkt, dass der Verhandlungstermin mindestens zwei Wochen vorher im amtli-

1) § 65 Abs. 5 geänd. mWv 1.8.2021 durch G v. 25.6.2021 (BGBl. I S. 2154).
2) **Schönfelder Nr. 100.**

chen Veröffentlichungsblatt der Behörde und außerdem in örtlichen Tageszeitungen, die in dem Bereich verbreitet sind, in dem sich die Entscheidung voraussichtlich auswirken wird, mit dem Hinweis nach Satz 3 bekannt gemacht wird. [6] Maßgebend für die Frist nach Satz 5 ist die Bekanntgabe im amtlichen Veröffentlichungsblatt.

(2) Die Behörde kann ohne mündliche Verhandlung entscheiden, wenn
1. einem Antrag im Einvernehmen mit allen Beteiligten in vollem Umfang entsprochen wird;
2. kein Beteiligter innerhalb einer hierfür gesetzten Frist Einwendungen gegen die vorgesehene Maßnahme erhoben hat;
3. die Behörde den Beteiligten mitgeteilt hat, dass sie beabsichtige, ohne mündliche Verhandlung zu entscheiden, und kein Beteiligter innerhalb einer hierfür gesetzten Frist Einwendungen dagegen erhoben hat;
4. alle Beteiligten auf sie verzichtet haben;
5. wegen Gefahr im Verzug eine sofortige Entscheidung notwendig ist.

(3) Die Behörde soll das Verfahren so fördern, dass es möglichst in einem Verhandlungstermin erledigt werden kann.

§ 68 Verlauf der mündlichen Verhandlung. (1) [1] Die mündliche Verhandlung ist nicht öffentlich. [2] An ihr können Vertreter der Aufsichtsbehörden und Personen, die bei der Behörde zur Ausbildung beschäftigt sind, teilnehmen. [3] Anderen Personen kann der Verhandlungsleiter die Anwesenheit gestatten, wenn kein Beteiligter widerspricht.

(2) [1] Der Verhandlungsleiter hat die Sache mit den Beteiligten zu erörtern. [2] Er hat darauf hinzuwirken, dass unklare Anträge erläutert, sachdienliche Anträge gestellt, ungenügende Angaben ergänzt sowie alle für die Feststellung des Sachverhalts wesentlichen Erklärungen abgegeben werden.

(3) [1] Der Verhandlungsleiter ist für die Ordnung verantwortlich. [2] Er kann Personen, die seine Anordnungen nicht befolgen, entfernen lassen. [3] Die Verhandlung kann ohne diese Personen fortgesetzt werden.

(4) [1] Über die mündliche Verhandlung ist eine Niederschrift zu fertigen. [2] Die Niederschrift muss Angaben enthalten über
1. den Ort und den Tag der Verhandlung,
2. die Namen des Verhandlungsleiters, der erschienenen Beteiligten, Zeugen und Sachverständigen,
3. den behandelten Verfahrensgegenstand und die gestellten Anträge,
4. den wesentlichen Inhalt der Aussagen der Zeugen und Sachverständigen,
5. das Ergebnis eines Augenscheins.

[3] Die Niederschrift ist von dem Verhandlungsleiter und, soweit ein Schriftführer hinzugezogen worden ist, auch von diesem zu unterzeichnen. [4] Der Aufnahme in die Verhandlungsniederschrift steht die Aufnahme in eine Schrift gleich, die ihr als Anlage beigefügt und als solche bezeichnet ist; auf die Anlage ist in der Verhandlungsniederschrift hinzuweisen.

§ 69[1)] Entscheidung. (1) Die Behörde entscheidet unter Würdigung des Gesamtergebnisses des Verfahrens.

---

1) § 69 Abs. 3 Satz 2 2. Halbs. geänd. mWv 18.12.2008 durch G v. 11.12.2008 (BGBl. I S. 2418).

(2) [1]Verwaltungsakte, die das förmliche Verfahren abschließen, sind schriftlich zu erlassen, schriftlich zu begründen und den Beteiligten zuzustellen; in den Fällen des § 39 Abs. 2 Nr. 1 und 3 bedarf es einer Begründung nicht. [2]Ein elektronischer Verwaltungsakt nach Satz 1 ist mit einer dauerhaft überprüfbaren qualifizierten elektronischen Signatur zu versehen. [3]Sind mehr als 50 Zustellungen vorzunehmen, so können sie durch öffentliche Bekanntmachung ersetzt werden. [4]Die öffentliche Bekanntmachung wird dadurch bewirkt, dass der verfügende Teil des Verwaltungsaktes und die Rechtsbehelfsbelehrung im amtlichen Veröffentlichungsblatt der Behörde und außerdem in örtlichen Tageszeitungen bekannt gemacht werden, die in dem Bereich verbreitet sind, in dem sich die Entscheidung voraussichtlich auswirken wird. [5]Der Verwaltungsakt gilt mit dem Tage als zugestellt, an dem seit dem Tage der Bekanntmachung in dem amtlichen Veröffentlichungsblatt zwei Wochen verstrichen sind; hierauf ist in der Bekanntmachung hinzuweisen. [6]Nach der öffentlichen Bekanntmachung kann der Verwaltungsakt bis zum Ablauf der Rechtsbehelfsfrist von den Beteiligten schriftlich oder elektronisch angefordert werden; hierauf ist in der Bekanntmachung gleichfalls hinzuweisen.

(3) [1]Wird das förmliche Verwaltungsverfahren auf andere Weise abgeschlossen, so sind die Beteiligten hiervon zu benachrichtigen. [2]Sind mehr als 50 Benachrichtigungen vorzunehmen, so können sie durch öffentliche Bekanntmachung ersetzt werden; Absatz 2 Satz 4 gilt entsprechend.

§ 70 Anfechtung der Entscheidung. Vor Erhebung einer verwaltungsgerichtlichen Klage, die einen im förmlichen Verwaltungsverfahren erlassenen Verwaltungsakt zum Gegenstand hat, bedarf es keiner Nachprüfung in einem Vorverfahren.

(Fortsetzung nächstes Blatt)

§ 71 Besondere Vorschriften für das förmliche Verfahren vor Ausschüssen. (1) [1] Findet das förmliche Verwaltungsverfahren vor einem Ausschuss (§ 88) statt, so hat jedes Mitglied das Recht, sachdienliche Fragen zu stellen. [2] Wird eine Frage von einem Beteiligten beanstandet, so entscheidet der Ausschuss über ihre Zulässigkeit.

(2) [1] Bei der Beratung und Abstimmung dürfen nur Ausschussmitglieder zugegen sein, die an der mündlichen Verhandlung teilgenommen haben. [2] Ferner dürfen Personen zugegen sein, die bei der Behörde, bei der der Ausschuss gebildet ist, zur Ausbildung beschäftigt sind, soweit der Vorsitzende ihre Anwesenheit gestattet. [3] Die Abstimmungsergebnisse sind festzuhalten.

(3) [1] Jeder Beteiligte kann ein Mitglied des Ausschusses ablehnen, das in diesem Verwaltungsverfahren nicht tätig werden darf (§ 20) oder bei dem die Besorgnis der Befangenheit besteht (§ 21). [2] Eine Ablehnung vor der mündlichen Verhandlung ist schriftlich oder zur Niederschrift zu erklären. [3] Die Erklärung ist unzulässig, wenn sich der Beteiligte, ohne den ihm bekannten Ablehnungsgrund geltend zu machen, in die mündliche Verhandlung eingelassen hat. [4] Für die Entscheidung über die Ablehnung gilt § 20 Abs. 4 Satz 2 bis 4.

Abschnitt 1 a.[1)] Verfahren über eine einheitliche Stelle

§ 71 a[1)] Anwendbarkeit. (1) Ist durch Rechtsvorschrift angeordnet, dass ein Verwaltungsverfahren über eine einheitliche Stelle abgewickelt werden kann, so gelten die Vorschriften dieses Abschnitts und, soweit sich aus ihnen nichts Abweichendes ergibt, die übrigen Vorschriften dieses Gesetzes.

(2) Der zuständigen Behörde obliegen die Pflichten aus § 71 b Abs. 3, 4 und 6, § 71 c Abs. 2 und § 71 e auch dann, wenn sich der Antragsteller oder Anzeigepflichtige unmittelbar an die zuständige Behörde wendet.

§ 71 b[1)] Verfahren. (1) Die einheitliche Stelle nimmt Anzeigen, Anträge, Willenserklärungen und Unterlagen entgegen und leitet sie unverzüglich an die zuständigen Behörden weiter.

(2) [1] Anzeigen, Anträge, Willenserklärungen und Unterlagen gelten am dritten Tag nach Eingang bei der einheitlichen Stelle als bei der zuständigen Behörde eingegangen. [2] Fristen werden mit Eingang bei der einheitlichen Stelle gewahrt.

(3) [1] Soll durch die Anzeige, den Antrag oder die Abgabe einer Willenserklärung eine Frist in Lauf gesetzt werden, innerhalb deren die zuständige Behörde tätig werden muss, stellt die zuständige Behörde eine Empfangsbestätigung aus. [2] In der Empfangsbestätigung ist das Datum des Eingangs bei der einheitlichen Stelle mitzuteilen und auf die Frist, die Voraussetzungen für den Beginn des Fristlaufs und auf eine an den Fristablauf geknüpfte Rechtsfolge sowie auf die verfügbaren Rechtsbehelfe hinzuweisen.

(4) [1] Ist die Anzeige oder der Antrag unvollständig, teilt die zuständige Behörde unverzüglich mit, welche Unterlagen nachzureichen sind. [2] Die Mitteilung enthält den Hinweis, dass der Lauf der Frist nach Absatz 3 erst mit

---

[1)] Abschn. 1 a (§§ 71 a–71 e) neu gef. mWv 18. 12. 2008 durch G v. 11. 12. 2008 (BGBl. I S. 2418).

Eingang der vollständigen Unterlagen beginnt. [3] Das Datum des Eingangs der nachgereichten Unterlagen bei der einheitlichen Stelle ist mitzuteilen.

(5) [1] Soweit die einheitliche Stelle zur Verfahrensabwicklung in Anspruch genommen wird, sollen Mitteilungen der zuständigen Behörde an den Antragsteller oder Anzeigepflichtigen über sie weitergegeben werden. [2] Verwaltungsakte werden auf Verlangen desjenigen, an den sich der Verwaltungsakt richtet, von der zuständigen Behörde unmittelbar bekannt gegeben.

(6) [1] Ein schriftlicher Verwaltungsakt, der durch die Post in das Ausland übermittelt wird, gilt einen Monat nach Aufgabe zur Post als bekannt gegeben. [2] § 41 Abs. 2 Satz 3 gilt entsprechend. [3] Von dem Antragsteller oder Anzeigepflichtigen kann nicht nach § 15 verlangt werden, einen Empfangsbevollmächtigten zu bestellen.

§ 71 c[1)] Informationspflichten. (1) [1] Die einheitliche Stelle erteilt auf Anfrage unverzüglich Auskunft über die maßgeblichen Vorschriften, die zuständigen Behörden, den Zugang zu den öffentlichen Registern und Datenbanken, die zustehenden Verfahrensrechte und die Einrichtungen, die den Antragsteller oder Anzeigepflichtigen bei der Aufnahme oder Ausübung seiner Tätigkeit unterstützen. [2] Sie teilt unverzüglich mit, wenn eine Anfrage zu unbestimmt ist.

(2) [1] Die zuständigen Behörden erteilen auf Anfrage unverzüglich Auskunft über die maßgeblichen Vorschriften und deren gewöhnliche Auslegung. [2] Nach § 25 erforderliche Anregungen und Auskünfte werden unverzüglich gegeben.

§ 71 d[1)] Gegenseitige Unterstützung. [1] Die einheitliche Stelle und die zuständigen Behörden wirken gemeinsam auf eine ordnungsgemäße und zügige Verfahrensabwicklung hin; alle einheitlichen Stellen und zuständigen Behörden sind hierbei zu unterstützen. [2] Die zuständigen Behörden stellen der einheitlichen Stelle insbesondere die erforderlichen Informationen zum Verfahrensstand zur Verfügung.

§ 71 e[1)] Elektronisches Verfahren. [1] Das Verfahren nach diesem Abschnitt wird auf Verlangen in elektronischer Form abgewickelt. [2] § 3 a Abs. 2 Satz 2 und 3 und Abs. 3 bleibt unberührt.

Abschnitt 2. Planfeststellungsverfahren

§ 72 Anwendung der Vorschriften über das Planfeststellungsverfahren. (1) Ist ein Planfeststellungsverfahren durch Rechtsvorschrift angeordnet, so gelten hierfür die §§ 73 bis 78 und, soweit sich aus ihnen nichts Abweichendes ergibt, die übrigen Vorschriften dieses Gesetzes; die §§ 51 und 71 a bis 71 e sind nicht anzuwenden, § 29 ist mit der Maßgabe anzuwenden, dass Akteneinsicht nach pflichtgemäßem Ermessen zu gewähren ist.

(2) [1] Die Mitteilung nach § 17 Abs. 2 Satz 2 und die Aufforderung nach § 17 Abs. 4 Satz 2 sind im Planfeststellungsverfahren öffentlich bekannt zu machen. [2] Die öffentliche Bekanntmachung wird dadurch bewirkt, dass die

---

[1)] Abschn. 1 a (§§ 71 a–71 e) neu gef. mWv 18. 12. 2008 durch G v. 11. 12. 2008 (BGBl. I S. 2418).

Behörde die Mitteilung oder die Aufforderung in ihrem amtlichen Veröffentlichungsblatt und außerdem in örtlichen Tageszeitungen, die in dem Bereich verbreitet sind, in dem sich das Vorhaben voraussichtlich auswirken wird, bekannt macht.

§ 73[1)] Anhörungsverfahren. (1) [1]Der Träger des Vorhabens hat den Plan der Anhörungsbehörde zur Durchführung des Anhörungsverfahrens einzureichen. [2]Der Plan besteht aus den Zeichnungen und Erläuterungen, die das Vorhaben, seinen Anlass und die von dem Vorhaben betroffenen Grundstücke und Anlagen erkennen lassen.

(2) Innerhalb eines Monats nach Zugang des vollständigen Plans fordert die Anhörungsbehörde die Behörden, deren Aufgabenbereich durch das Vorhaben berührt wird, zur Stellungnahme auf und veranlasst, dass der Plan in den Gemeinden, in denen sich das Vorhaben voraussichtlich auswirken wird, nach § 27b ausgelegt wird.

(3) [1]Die Gemeinden nach Absatz 2 haben den Plan innerhalb von drei Wochen nach Zugang für die Dauer eines Monats zur Einsicht auszulegen. [2]Die Anhörungsbehörde bestimmt, in welcher der Gemeinden nach Absatz 2 eine andere Zugangsmöglichkeit nach § 27b Absatz 1 Satz 1 Nummer 2 zur Verfügung zu stellen ist und legt im Benehmen mit der jeweiligen Gemeinde die Zugangsmöglichkeit fest. [3]Auf eine Auslegung kann verzichtet werden, wenn der Kreis der Betroffenen und die Vereinigungen nach Absatz 4 Satz 5 bekannt sind und ihnen innerhalb angemessener Frist Gelegenheit gegeben wird, den Plan einzusehen.

(3a) [1]Die Behörden nach Absatz 2 haben ihre Stellungnahme innerhalb einer von der Anhörungsbehörde zu setzenden Frist abzugeben, die drei Monate nicht überschreiten darf. [2]Stellungnahmen, die nach Ablauf der Frist nach Satz 1 eingehen, sind zu berücksichtigen, wenn der Planfeststellungsbehörde die vorgebrachten Belange bekannt sind oder hätten bekannt sein müssen oder für die Rechtmäßigkeit der Entscheidung von Bedeutung sind; im Übrigen können sie berücksichtigt werden.

(4) [1]Jeder, dessen Belange durch das Vorhaben berührt werden, kann bis zwei Wochen nach Ablauf der Auslegungsfrist schriftlich oder zur Niederschrift bei der Anhörungsbehörde oder bei einer Gemeinde nach Absatz 2 Einwendungen gegen den Plan erheben. [2]Im Falle des Absatzes 3 Satz 3 bestimmt die Anhörungsbehörde die Einwendungsfrist. [3]Mit Ablauf der Einwendungsfrist sind alle Einwendungen ausgeschlossen, die nicht auf besonderen privatrechtlichen Titeln beruhen. [4]Hierauf ist in der Bekanntmachung der Auslegung oder bei der Bekanntgabe der Einwendungsfrist hinzuweisen. [5]Vereinigungen, die auf Grund einer Anerkennung nach anderen Rechtsvorschriften befugt sind, Rechtsbehelfe nach der Verwaltungsgerichtsordnung gegen die Entscheidung nach § 74 einzulegen, können innerhalb der Frist nach Satz 1 Stellungnahmen zu dem Plan abgeben. [6]Die Sätze 2 *bis 4 gelten entsprechend.*

(5) [1]Die Gemeinden nach Absatz 2, in denen der Plan auszulegen ist, haben die Auslegung vorher ortsüblich bekannt zu machen. [2]In der Bekanntmachung ist darauf hinzuweisen,

---

[1)] § 73 Abs. 2 geänd., Abs. 3 Satz 2, Abs. 3a Satz 2 neu gef., Abs. 4 Sätze 5 und 6 angef., Abs. 5 Satz 2 Nr. 2 und Nr. 4 Buchst. a geänd., Abs. 6 Satz 1 und 7 neu gef., Satz 3 geänd., Abs. 8 Satz 1 neu gef., Satz 2 geänd. und Abs. 9 neu gef. mWv 7.6.2013 durch G v. 31.5.2013 (BGBl. I S. 1388); Abs. 2 geänd., Abs. 3 Satz 2 eingef., bish. Satz 2 wird Satz 3, Abs. 4 Sätze 1 und 2 und Abs. 5 Satz 1 geänd. mWv 1.1.2024 durch G v. 4.12.2023 (BGBl. 2023 I Nr. 344).

1. wo und in welchem Zeitraum der Plan zur Einsicht ausgelegt ist;
2. dass etwaige Einwendungen oder Stellungnahmen von Vereinigungen nach Absatz 4 Satz 5 bei den in der Bekanntmachung zu bezeichnenden Stellen innerhalb der Einwendungsfrist vorzubringen sind;
3. dass bei Ausbleiben eines Beteiligten in dem Erörterungstermin auch ohne ihn verhandelt werden kann;
4. dass
   a) die Personen, die Einwendungen erhoben haben, oder die Vereinigungen, die Stellungnahmen abgegeben haben, von dem Erörterungstermin durch öffentliche Bekanntmachung benachrichtigt werden können,
   b) die Zustellung der Entscheidung über die Einwendungen durch öffentliche Bekanntmachung ersetzt werden kann,

   wenn mehr als 50 Benachrichtigungen oder Zustellungen vorzunehmen sind.

[3] Nicht ortsansässige Betroffene, deren Person und Aufenthalt bekannt sind oder sich innerhalb angemessener Frist ermitteln lassen, sollen auf Veranlassung der Anhörungsbehörde von der Auslegung mit dem Hinweis nach Satz 2 benachrichtigt werden.

(6) [1] Nach Ablauf der Einwendungsfrist hat die Anhörungsbehörde die rechtzeitig gegen den Plan erhobenen Einwendungen, die rechtzeitig abgegebenen Stellungnahmen von Vereinigungen nach Absatz 4 Satz 5 sowie die Stellungnahmen der Behörden zu dem Plan mit dem Träger des Vorhabens, den Behörden, den Betroffenen sowie denjenigen, die Einwendungen erhoben oder Stellungnahmen abgegeben haben, zu erörtern. [2] Der Erörterungstermin ist mindestens eine Woche vorher ortsüblich bekannt zu machen. [3] Die Behörden, der Träger des Vorhabens und diejenigen, die Einwendungen erhoben oder Stellungnahmen abgegeben haben, sind von dem Erörterungstermin zu benachrichtigen. [4] Sind außer der Benachrichtigung der Behörden und des Trägers des Vorhabens mehr als 50 Benachrichtigungen vorzunehmen, so können diese Benachrichtigungen durch öffentliche Bekanntmachung ersetzt werden. [5] Die öffentliche Bekanntmachung wird dadurch bewirkt, dass abweichend von Satz 2 der Erörterungstermin im amtlichen Veröffentlichungsblatt der Anhörungsbehörde und außerdem in örtlichen Tageszeitungen bekannt gemacht wird, die in dem Bereich verbreitet sind, in dem sich das Vorhaben voraussichtlich auswirken wird; maßgebend für die Frist nach Satz 2 ist die Bekanntgabe im amtlichen Veröffentlichungsblatt. [6] Im Übrigen gelten für die Erörterung die Vorschriften über die mündliche Verhandlung im förmlichen Verwaltungsverfahren (§ 67 Abs. 1 Satz 3, Abs. 2 Nr. 1 und 4 und Abs. 3, § 68) entsprechend. [7] Die Anhörungsbehörde schließt die Erörterung innerhalb von drei Monaten nach Ablauf der Einwendungsfrist ab.

(7) Abweichend von den Vorschriften des Absatzes 6 Satz 2 bis 5 kann der Erörterungstermin bereits in der Bekanntmachung nach Absatz 5 Satz 2 bestimmt werden.

(8) [1] Soll ein ausgelegter Plan geändert werden und werden dadurch der Aufgabenbereich einer Behörde oder einer Vereinigung nach Absatz 4 Satz 5 oder Belange Dritter erstmals oder stärker als bisher berührt, so ist diesen die Änderung mitzuteilen und ihnen Gelegenheit zu Stellungnahmen und Einwendungen innerhalb von zwei Wochen zu geben; Absatz 4 Satz 3 bis 6 gilt entsprechend. [2] Wird sich die Änderung voraussichtlich auf das Gebiet einer anderen Gemeinde auswirken, so ist der geänderte Plan in dieser Gemeinde auszulegen; die Absätze 2 bis 6 gelten entsprechend.

(9) Die Anhörungsbehörde gibt zum Ergebnis des Anhörungsverfahrens eine Stellungnahme ab und leitet diese der Planfeststellungsbehörde innerhalb eines Monats nach Abschluss der Erörterung mit dem Plan, den Stellungnahmen der Behörden und der Vereinigungen nach Absatz 4 Satz 5 sowie den nicht erledigten Einwendungen zu.

§ 74[1)] Planfeststellungsbeschluss, Plangenehmigung. (1) [1]Die Planfeststellungsbehörde stellt den Plan fest (Planfeststellungsbeschluss). [2]Die Vorschriften über die Entscheidung und die Anfechtung der Entscheidung im förmlichen Verwaltungsverfahren (§§ 69 und 70) sind anzuwenden.

(2) [1]Im Planfeststellungsbeschluss entscheidet die Planfeststellungsbehörde über die Einwendungen, über die bei der Erörterung vor der Anhörungsbehörde keine Einigung erzielt worden ist. [2]Sie hat dem Träger des Vorhabens Vorkehrungen oder die Errichtung und Unterhaltung von Anlagen aufzuerlegen, die zum Wohl der Allgemeinheit oder zur Vermeidung nachteiliger Wirkungen auf Rechte anderer erforderlich sind. [3]Sind solche Vorkehrungen oder Anlagen untunlich oder mit dem Vorhaben unvereinbar, so hat der Betroffene Anspruch auf angemessene Entschädigung in Geld.

(3) Soweit eine abschließende Entscheidung noch nicht möglich ist, ist diese im Planfeststellungsbeschluss vorzubehalten; dem Träger des Vorhabens ist dabei aufzugeben, noch fehlende oder von der Planfeststellungsbehörde bestimmte Unterlagen rechtzeitig vorzulegen.

(4) [1]Der Planfeststellungsbeschluss ist dem Träger des Vorhabens, denjenigen, über deren Einwendungen entschieden worden ist, und den Vereinigungen, über deren Stellungnahmen entschieden worden ist, zuzustellen. [2]Eine Ausfertigung des Beschlusses ist mit einer Rechtsbehelfsbelehrung und einer Ausfertigung des festgestellten Plans in den Gemeinden zwei Wochen zur Einsicht auszulegen; die Auslegung ist ortsüblich bekannt zu machen. [3]Die Planfeststellungsbehörde bestimmt, in welcher Gemeinde eine andere Zugangsmöglichkeit nach § 27b Absatz 1 Satz 1 Nummer 2 zur Verfügung zu stellen ist und legt im Benehmen mit der jeweiligen Gemeinde die Zugangsmöglichkeit fest. [4]Mit dem Ende der Auslegungsfrist gilt der Beschluss gegenüber den übrigen Betroffenen als zugestellt; darauf ist in der Bekanntmachung hinzuweisen.

(5) [1]Sind außer an den Träger des Vorhabens mehr als 50 Zustellungen nach Absatz 4 vorzunehmen, so können diese Zustellungen durch öffentliche Bekanntmachung ersetzt werden. [2]Die öffentliche Bekanntmachung wird dadurch bewirkt, dass der verfügende Teil des Planfeststellungsbeschlusses, die Rechtsbehelfsbelehrung und ein Hinweis auf die Auslegung nach Absatz 4 Satz 2 im amtlichen Veröffentlichungsblatt der zuständigen Behörde und außerdem in örtlichen Tageszeitungen bekannt gemacht werden, die in dem Bereich verbreitet sind, in dem sich das Vorhaben voraussichtlich auswirken wird; auf Auflagen ist hinzuweisen. [3]*Mit dem Ende der Auslegungsfrist* gilt der Beschluss den Betroffenen und denjenigen gegenüber, die Einwendungen erhoben haben, als zugestellt; hierauf ist in der Bekanntmachung hinzuweisen. [4]Nach der öffentlichen Bekanntmachung kann der Planfeststellungsbeschluss bis zum Ablauf der Rechtsbehelfsfrist von den Betroffenen und von denjenigen, die Einwendungen erhoben haben, schriftlich

---

[1)] § 74 Abs. 4 Satz 1 neu gef., Abs. 6 Satz 1 Nr. 1 und 2 geänd., Nr. 3 angef., Satz 2 neu gef., Abs. 7 Satz 2 Nr. 1 und 2 geänd., Nr. 3 angef. mWv 7.6.2013 durch G v. 31.5.2013 (BGBl. I S. 1388); Abs. 5 Satz 4 geänd. mWv 5.4.2017 durch G v. 29.3.2017 (BGBl. I S. 626); Abs. 4 Satz 2 geänd., Satz 3 eingef., bish. Satz 3 wird Satz 4 mWv 1.1.2024 durch G v. 4.12.2023 (BGBl. 2023 I Nr. 344).

oder elektronisch angefordert werden; hierauf ist in der Bekanntmachung gleichfalls hinzuweisen.

(6) [1] An Stelle eines Planfeststellungsbeschlusses kann eine Plangenehmigung erteilt werden, wenn

1. Rechte anderer nicht oder nur unwesentlich beeinträchtigt werden oder die Betroffenen sich mit der Inanspruchnahme ihres Eigentums oder eines anderen Rechts schriftlich einverstanden erklärt haben,
2. mit den Trägern öffentlicher Belange, deren Aufgabenbereich berührt wird, das Benehmen hergestellt worden ist und
3. nicht andere Rechtsvorschriften eine Öffentlichkeitsbeteiligung vorschreiben, die den Anforderungen des § 73 Absatz 3 Satz 1 und Absatz 4 bis 7 entsprechen muss.

[2] Die Plangenehmigung hat die Rechtswirkungen der Planfeststellung; auf ihre Erteilung sind die Vorschriften über das Planfeststellungsverfahren nicht anzuwenden; davon ausgenommen sind Absatz 4 Satz 1 und Absatz 5, die entsprechend anzuwenden sind. [3] Vor Erhebung einer verwaltungsgerichtlichen Klage bedarf es keiner Nachprüfung in einem Vorverfahren. [4] § 75 Abs. 4 gilt entsprechend.

(7) [1] Planfeststellung und Plangenehmigung entfallen in Fällen von unwesentlicher Bedeutung. [2] Diese liegen vor, wenn

1. andere öffentliche Belange nicht berührt sind oder die erforderlichen behördlichen Entscheidungen vorliegen und sie dem Plan nicht entgegenstehen,
2. Rechte anderer nicht beeinflusst werden oder mit den vom Plan Betroffenen entsprechende Vereinbarungen getroffen worden sind und
3. nicht andere Rechtsvorschriften eine Öffentlichkeitsbeteiligung vorschreiben, die den Anforderungen des § 73 Absatz 3 Satz 1 und Absatz 4 bis 7 entsprechen muss.

§ 75[1)] Rechtswirkungen der Planfeststellung. (1) [1] Durch die Planfeststellung wird die Zulässigkeit des Vorhabens einschließlich der notwendigen Folgemaßnahmen an anderen Anlagen im Hinblick auf alle von ihm berührten öffentlichen Belange festgestellt; neben der Planfeststellung sind andere behördliche Entscheidungen, insbesondere öffentlich-rechtliche Genehmigungen, Verleihungen, Erlaubnisse, Bewilligungen, Zustimmungen und Planfeststellungen nicht erforderlich. [2] Durch die Planfeststellung werden alle öffentlich-rechtlichen Beziehungen zwischen dem Träger des Vorhabens und den durch den Plan Betroffenen rechtsgestaltend geregelt.

(1a) [1] Mängel bei der Abwägung der von dem Vorhaben berührten öffentlichen und privaten Belange sind nur erheblich, wenn sie offensichtlich und auf das Abwägungsergebnis von Einfluss gewesen sind. [2] Erhebliche Mängel bei der Abwägung oder eine Verletzung von Verfahrens- oder Formvorschriften führen nur dann zur Aufhebung des Planfeststellungsbeschlusses oder der

(Fortsetzung nächstes Blatt)

[1)] § 75 Abs. 1a Satz 2 geänd., Abs. 4 Satz 2 angef. mWv 7.6.2013 durch G v. 31.5.2013 (BGBl. I S. 1388).

Plangenehmigung, wenn sie nicht durch Planergänzung oder durch ein ergänzendes Verfahren behoben werden können; die §§ 45 und 46 bleiben unberührt.

(2) [1] Ist der Planfeststellungsbeschluss unanfechtbar geworden, so sind Ansprüche auf Unterlassung des Vorhabens, auf Beseitigung oder Änderung der Anlagen oder auf Unterlassung ihrer Benutzung ausgeschlossen. [2] Treten nicht voraussehbare Wirkungen des Vorhabens oder der dem festgestellten Plan entsprechenden Anlagen auf das Recht eines anderen erst nach Unanfechtbarkeit des Plans auf, so kann der Betroffene Vorkehrungen oder die Errichtung und Unterhaltung von Anlagen verlangen, welche die nachteiligen Wirkungen ausschließen. [3] Sie sind dem Träger des Vorhabens durch Beschluss der Planfeststellungsbehörde aufzuerlegen. [4] Sind solche Vorkehrungen oder Anlagen untunlich oder mit dem Vorhaben unvereinbar, so richtet sich der Anspruch auf angemessene Entschädigung in Geld. [5] Werden Vorkehrungen oder Anlagen im Sinne des Satzes 2 notwendig, weil nach Abschluss des Planfeststellungsverfahrens auf einem benachbarten Grundstück Veränderungen eingetreten sind, so hat die hierdurch entstehenden Kosten der Eigentümer des benachbarten Grundstücks zu tragen, es sei denn, dass die Veränderungen durch natürliche Ereignisse oder höhere Gewalt verursacht worden sind; Satz 4 ist nicht anzuwenden.

(3) [1] Anträge, mit denen Ansprüche auf Herstellung von Einrichtungen oder auf angemessene Entschädigungen nach Absatz 2 Satz 2 und 4 geltend gemacht werden, sind schriftlich an die Planfeststellungsbehörde zu richten. [2] Sie sind nur innerhalb von drei Jahren nach dem Zeitpunkt zulässig, zu dem der Betroffene von den nachteiligen Wirkungen des dem unanfechtbar festgestellten Plan entsprechenden Vorhabens oder der Anlage Kenntnis erhalten hat; sie sind ausgeschlossen, wenn nach Herstellung des dem Plan entsprechenden Zustands 30 Jahre verstrichen sind.

(4) [1] Wird mit der Durchführung des Plans nicht innerhalb von fünf Jahren nach Eintritt der Unanfechtbarkeit begonnen, so tritt er außer Kraft. [2] Als Beginn der Durchführung des Plans gilt jede erstmals nach außen erkennbare Tätigkeit von mehr als nur geringfügiger Bedeutung zur plangemäßen Verwirklichung des Vorhabens; eine spätere Unterbrechung der Verwirklichung des Vorhabens berührt den Beginn der Durchführung nicht.

§ 76 Planänderungen vor Fertigstellung des Vorhabens. (1) Soll vor Fertigstellung des Vorhabens der festgestellte Plan geändert werden, bedarf es eines neuen Planfeststellungsverfahrens.

(2) Bei Planänderungen von unwesentlicher Bedeutung kann die Planfeststellungsbehörde von einem neuen Planfeststellungsverfahren absehen, wenn die Belange anderer nicht berührt werden oder wenn die Betroffenen der Änderung zugestimmt haben.

(3) Führt die Planfeststellungsbehörde in den Fällen des Absatzes 2 oder in anderen Fällen einer Planänderung von unwesentlicher Bedeutung ein Planfeststellungsverfahren durch, so bedarf es keines Anhörungsverfahrens und keiner öffentlichen Bekanntgabe des Planfeststellungsbeschlusses.

§ 77 Aufhebung des Planfeststellungsbeschlusses. [1] Wird ein Vorhaben, mit dessen Durchführung begonnen worden ist, endgültig aufgegeben, so hat die Planfeststellungsbehörde den Planfeststellungsbeschluss aufzuheben. [2] In dem Aufhebungsbeschluss sind dem Träger des Vorhabens die Wiederherstellung des früheren Zustands oder geeignete andere Maßnahmen aufzuerlegen, soweit dies zum Wohl der Allgemeinheit oder zur Vermeidung nachteiliger Wirkungen auf Rechte anderer erforderlich ist. [3] Werden solche Maßnahmen notwendig, weil nach Abschluss des Planfeststellungsverfahrens auf einem benachbarten Grundstück Veränderungen eingetreten sind, so kann der Träger des Vorhabens durch Beschluss der Planfeststellungsbehörde zu geeigneten Vorkehrungen verpflichtet werden; die hierdurch entstehenden Kosten hat jedoch der Eigentümer des benachbarten Grundstücks zu tragen, es sei denn, dass die Veränderungen durch natürliche Ereignisse oder höhere Gewalt verursacht worden sind.

§ 78 Zusammentreffen mehrerer Vorhaben. (1) Treffen mehrere selbständige Vorhaben, für deren Durchführung Planfeststellungsverfahren vorgeschrieben sind, derart zusammen, dass für diese Vorhaben oder für Teile von ihnen nur eine einheitliche Entscheidung möglich ist, und ist mindestens eines der Planfeststellungsverfahren bundesrechtlich geregelt, so findet für diese Vorhaben oder für deren Teile nur ein Planfeststellungsverfahren statt.

(2) [1] Zuständigkeiten und Verfahren richten sich nach den Rechtsvorschriften über das Planfeststellungsverfahren, das für diejenige Anlage vorgeschrieben ist, die einen größeren Kreis öffentlich-rechtlicher Beziehungen berührt. [2] Bestehen Zweifel, welche Rechtsvorschrift anzuwenden ist, so entscheidet, falls nach den in Betracht kommenden Rechtsvorschriften mehrere Bundesbehörden in den Geschäftsbereichen mehrerer oberster Bundesbehörden zuständig sind, die Bundesregierung, sonst die zuständige oberste Bundesbehörde. [3] Bestehen Zweifel, welche Rechtsvorschrift anzuwenden ist, und sind nach den in Betracht kommenden Rechtsvorschriften eine Bundesbehörde und eine Landesbehörde zuständig, so führen, falls sich die obersten Bundes- und Landesbehörden nicht einigen, die Bundesregierung und die Landesregierung das Einvernehmen darüber herbei, welche Rechtsvorschrift anzuwenden ist.

Teil VI. Rechtsbehelfsverfahren

§ 79 Rechtsbehelfe gegen Verwaltungsakte. Für förmliche Rechtsbehelfe gegen Verwaltungsakte gelten die Verwaltungsgerichtsordnung[1)] und die zu ihrer Ausführung ergangenen Rechtsvorschriften, soweit nicht durch Gesetz etwas anderes bestimmt ist; im Übrigen gelten die Vorschriften dieses Gesetzes.

§ 80 Erstattung von Kosten im Vorverfahren. (1) [1] Soweit der Widerspruch erfolgreich ist, hat der Rechtsträger, dessen Behörde den angefochtenen Verwaltungsakt erlassen hat, demjenigen, der Widerspruch erhoben hat, die zur zweckentsprechenden Rechtsverfolgung oder Rechtsverteidigung notwendigen Aufwendungen zu erstatten. [2] Dies gilt auch, wenn der Widerspruch nur deshalb keinen Erfolg hat, weil die Verletzung einer Verfahrens-

---

1) Nr. **600**.

oder Formvorschrift nach § 45 unbeachtlich ist. [3] Soweit der Widerspruch erfolglos geblieben ist, hat derjenige, der den Widerspruch eingelegt hat, die zur zweckentsprechenden Rechtsverfolgung oder Rechtsverteidigung notwendigen Aufwendungen der Behörde, die den angefochtenen Verwaltungsakt erlassen hat, zu erstatten; dies gilt nicht, wenn der Widerspruch gegen einen Verwaltungsakt eingelegt wird, der im Rahmen

1. eines bestehenden oder früheren öffentlich-rechtlichen Dienst- oder Amtsverhältnisses oder
2. einer bestehenden oder früheren gesetzlichen Dienstpflicht oder einer Tätigkeit, die an Stelle der gesetzlichen Dienstpflicht geleistet werden kann,

erlassen wurde. [4] Aufwendungen, die durch das Verschulden eines Erstattungsberechtigten entstanden sind, hat dieser selbst zu tragen; das Verschulden eines Vertreters ist dem Vertretenen zuzurechnen.

(2) Die Gebühren und Auslagen eines Rechtsanwalts oder eines sonstigen Bevollmächtigten im Vorverfahren sind erstattungsfähig, wenn die Zuziehung eines Bevollmächtigten notwendig war.

(3) [1] Die Behörde, die die Kostenentscheidung getroffen hat, setzt auf Antrag den Betrag der zu erstattenden Aufwendungen fest; hat ein Ausschuss oder Beirat (§ 73 Abs. 2 der Verwaltungsgerichtsordnung[1]) die Kostenentscheidung getroffen, so obliegt die Kostenfestsetzung der Behörde, bei der der Ausschuss oder Beirat gebildet ist. [2] Die Kosten-

(Fortsetzung nächstes Blatt)

---

[1] Nr. **600**.

entscheidung bestimmt auch, ob die Zuziehung eines Rechtsanwalts oder eines sonstigen Bevollmächtigten notwendig war.

(4) Die Absätze 1 bis 3 gelten auch für Vorverfahren bei Maßnahmen des Richterdienstrechts.

Teil VII. Ehrenamtliche Tätigkeit, Ausschüsse

Abschnitt 1. Ehrenamtliche Tätigkeit

§ 81 Anwendung der Vorschriften über die ehrenamtliche Tätigkeit. Für die ehrenamtliche Tätigkeit im Verwaltungsverfahren gelten die §§ 82 bis 87, soweit Rechtsvorschriften nichts Abweichendes bestimmen.

§ 82 Pflicht zu ehrenamtlicher Tätigkeit. Eine Pflicht zur Übernahme ehrenamtlicher Tätigkeit besteht nur, wenn sie durch Rechtsvorschrift vorgesehen ist.

§ 83 Ausübung ehrenamtlicher Tätigkeit. (1) Der ehrenamtlich Tätige hat seine Tätigkeit gewissenhaft und unparteiisch auszuüben.

(2) [1]Bei Übernahme seiner Aufgaben ist er zur gewissenhaften und unparteiischen Tätigkeit und zur Verschwiegenheit besonders zu verpflichten. [2]Die Verpflichtung ist aktenkundig zu machen.

§ 84 Verschwiegenheitspflicht. (1) [1]Der ehrenamtlich Tätige hat, auch nach Beendigung seiner ehrenamtlichen Tätigkeit, über die ihm dabei bekannt gewordenen Angelegenheiten Verschwiegenheit zu wahren. [2]Dies gilt nicht für Mitteilungen im dienstlichen Verkehr oder über Tatsachen, die offenkundig sind oder ihrer Bedeutung nach keiner Geheimhaltung bedürfen.

(2) Der ehrenamtlich Tätige darf ohne Genehmigung über Angelegenheiten, über die er Verschwiegenheit zu wahren hat, weder vor Gericht noch außergerichtlich aussagen oder Erklärungen abgeben.

(3) Die Genehmigung, als Zeuge auszusagen, darf nur versagt werden, wenn die Aussage dem Wohl des Bundes oder eines Landes Nachteile bereiten oder die Erfüllung öffentlicher Aufgaben ernstlich gefährden oder erheblich erschweren würde.

(4) [1]Ist der ehrenamtlich Tätige Beteiligter in einem gerichtlichen Verfahren oder soll sein Vorbringen der Wahrnehmung seiner berechtigten Interessen dienen, so darf die Genehmigung auch dann, wenn die Voraussetzungen des Absatzes 3 erfüllt sind, nur versagt werden, wenn ein zwingendes öffentliches Interesse dies erfordert. [2]Wird sie versagt, so ist dem ehrenamtlich Tätigen der Schutz zu gewähren, den die öffentlichen Interessen zulassen.

(5) Die Genehmigung nach den Absätzen 2 bis 4 erteilt die fachlich zuständige Aufsichtsbehörde der Stelle, die den ehrenamtlich Tätigen berufen hat.

§ 85 Entschädigung. Der ehrenamtlich Tätige hat Anspruch auf Ersatz seiner notwendigen Auslagen und seines Verdienstausfalls.

§ 86 Abberufung. [1] Personen, die zu ehrenamtlicher Tätigkeit herangezogen worden sind, können von der Stelle, die sie berufen hat, abberufen werden, wenn ein wichtiger Grund vorliegt. [2] Ein wichtiger Grund liegt insbesondere vor, wenn der ehrenamtlich Tätige

1. seine Pflicht gröblich verletzt oder sich als unwürdig erwiesen hat,
2. seine Tätigkeit nicht mehr ordnungsgemäß ausüben kann.

§ 87 Ordnungswidrigkeiten. (1) Ordnungswidrig handelt, wer

1. eine ehrenamtliche Tätigkeit nicht übernimmt, obwohl er zur Übernahme verpflichtet ist,
2. eine ehrenamtliche Tätigkeit, zu deren Übernahme er verpflichtet war, ohne anerkennenswerten Grund niederlegt.

(2) Die Ordnungswidrigkeit kann mit einer Geldbuße geahndet werden.

Abschnitt 2. Ausschüsse

§ 88 Anwendung der Vorschriften über Ausschüsse. Für Ausschüsse, Beiräte und andere kollegiale Einrichtungen (Ausschüsse) gelten, wenn sie in einem Verwaltungsverfahren tätig werden, die §§ 89 bis 93, soweit Rechtsvorschriften nichts Abweichendes bestimmen.

§ 89 Ordnung in den Sitzungen. Der Vorsitzende eröffnet, leitet und schließt die Sitzungen; er ist für die Ordnung verantwortlich.

§ 90 Beschlussfähigkeit. (1) [1] Ausschüsse sind beschlussfähig, wenn alle Mitglieder geladen und mehr als die Hälfte, mindestens aber drei der stimmberechtigten Mitglieder anwesend sind. [2] Beschlüsse können auch im schriftlichen Verfahren gefasst werden, wenn kein Mitglied widerspricht.

(2) Ist eine Angelegenheit wegen Beschlussunfähigkeit zurückgestellt worden und wird der Ausschuss zur Behandlung desselben Gegenstands erneut geladen, so ist er ohne Rücksicht auf die Zahl der Erschienenen beschlussfähig, wenn darauf in dieser Ladung hingewiesen worden ist.

§ 91 Beschlussfassung. [1] Beschlüsse werden mit Stimmenmehrheit gefasst. [2] Bei Stimmengleichheit entscheidet die Stimme des Vorsitzenden, wenn er stimmberechtigt ist; sonst gilt Stimmengleichheit als Ablehnung.

§ 92 Wahlen durch Ausschüsse. (1) [1] Gewählt wird, wenn kein Mitglied des Ausschusses widerspricht, durch Zuruf oder Zeichen, sonst durch Stimmzettel. [2] Auf Verlangen eines Mitglieds ist geheim zu wählen.

(2) [1] Gewählt ist, wer von den abgegebenen Stimmen die meisten erhalten hat. [2] Bei Stimmengleichheit entscheidet das vom Leiter der Wahl zu ziehende Los.

(3) [1] Sind mehrere gleichartige Wahlstellen zu besetzen, so ist nach dem Höchstzahlverfahren d'Hondt zu wählen, außer wenn einstimmig etwas anderes beschlossen worden ist. [2] Über die Zuteilung der letzten Wahlstelle entscheidet bei gleicher Höchstzahl das vom Leiter der Wahl zu ziehende Los.

§ 93 Niederschrift. [1] Über die Sitzung ist eine Niederschrift zu fertigen. [2] Die Niederschrift muss Angaben enthalten über

1. den Ort und den Tag der Sitzung,
2. die Namen des Vorsitzenden und der anwesenden Ausschussmitglieder,
3. den behandelten Gegenstand und die gestellten Anträge,
4. die gefassten Beschlüsse,
5. das Ergebnis von Wahlen.

[3] Die Niederschrift ist von dem Vorsitzenden und, soweit ein Schriftführer hinzugezogen worden ist, auch von diesem zu unterzeichnen.

Teil VIII. Schlussvorschriften

§ 94 Übertragung gemeindlicher Aufgaben. [1] Die Landesregierungen können durch Rechtsverordnung die nach den §§ 73 und 74 dieses Gesetzes den Gemeinden obliegenden Aufgaben auf eine andere kommunale Gebietskörperschaft oder eine Verwaltungsgemeinschaft übertragen. [2] Rechtsvorschriften der Länder, die entsprechende Regelungen bereits enthalten, bleiben unberührt.

§ 95 Sonderregelung für Verteidigungsangelegenheiten. [1] Nach Feststellung des Verteidigungsfalles oder des Spannungsfalles kann in Verteidigungsangelegenheiten von der Anhörung Beteiligter (§ 28 Abs. 1), von der schriftlichen Bestätigung (§ 37 Abs. 2 Satz 2) und von der schriftlichen Begründung eines Verwaltungsaktes (§ 39 Abs. 1) abgesehen werden; in diesen Fällen gilt ein Verwaltungsakt abweichend von § 41 Abs. 4 Satz 3 mit dem auf die Bekanntmachung folgenden Tag als bekannt gegeben. [2] Dasselbe gilt für die sonstigen gemäß Artikel 80a des Grundgesetzes[1)] anzuwendenden Rechtsvorschriften.

§ 96 Überleitung von Verfahren. (1) Bereits begonnene Verfahren sind nach den Vorschriften dieses Gesetzes zu Ende zu führen.

(2) Die Zulässigkeit eines Rechtsbehelfs gegen die vor Inkrafttreten dieses Gesetzes ergangenen Entscheidungen richtet sich nach den bisher geltenden Vorschriften.

(3) Fristen, deren Lauf vor Inkrafttreten dieses Gesetzes begonnen hat, werden nach den bisher geltenden Rechtsvorschriften berechnet.

(4) Für die Erstattung von Kosten im Vorverfahren gelten die Vorschriften dieses Gesetzes, wenn das Vorverfahren vor Inkrafttreten dieses Gesetzes noch nicht abgeschlossen worden ist.

§§ 97–99 (weggefallen)

§ 100 Landesgesetzliche Regelungen. Die Länder können durch Gesetz

1. eine dem § 16 entsprechende Regelung treffen;

[1)] Nr. 1.

2. bestimmen, dass für Planfeststellungen, die auf Grund landesrechtlicher Vorschriften durchgeführt werden, die Rechtswirkungen des § 75 Abs. 1 Satz 1 auch gegenüber nach Bundesrecht notwendigen Entscheidungen gelten.

§ 101 Stadtstaatenklausel. Die Senate der Länder Berlin, Bremen und Hamburg werden ermächtigt, die örtliche Zuständigkeit abweichend von § 3 dem besonderen Verwaltungsaufbau ihrer Länder entsprechend zu regeln.

§ 102 Übergangsvorschrift zu § 53. Artikel 229 § 6 Abs. 1 bis 4 des Einführungsgesetzes zum Bürgerlichen Gesetzbuche[1] gilt entsprechend bei der Anwendung des § 53 in der seit dem 1. Januar 2002 geltenden Fassung.

§ 102a[2] Übergangsregelung für die Durchführung von Verwaltungsverfahren. [1] Auf alle vor dem 1. Januar 2024 begonnenen, aber nicht abgeschlossenen Verwaltungsverfahren sind dieses Gesetz in der bis zum 31. Dezember 2023 geltenden Fassung und das Planungssicherstellungsgesetz[3] weiter anzuwenden. [2] Dies gilt nicht für § 3a.

§ 103 (Inkrafttreten)

---

[1] **Habersack Nr. 21.**
[2] § 102a eingef. mWv 1.1.2024 durch G v. 4.12.2023 (BGBl. 2023 I Nr. 344).
[3] **Sartorius III Nr. 160.**

110. Verwaltungszustellungsgesetz (VwZG)[1) 2)]

Vom 12. August 2005
(BGBl. I S. 2354)

FNA 201-9

geänd. durch Art. 6b G zur Modernisierung des GmbH-Rechts und zur Bekämpfung von Missbräuchen v. 23.10.2008 (BGBl. I S. 2026), Art. 9a Viertes G zur Änd. verwaltungsverfahrensrechtl. Vorschriften v. 11.12.2008 (BGBl. I S. 2418), Art. 3 G zur Regelung von De-Mail-Diensten und zur Änd. weiterer Vorschriften v. 28.4.2011 (BGBl. I S. 666), Art. 2 Abs. 2 G zur Änd. von Vorschriften über Verkündung und Bekanntmachungen sowie der ZPO, des EGZPO und der AO v. 22.12.2011 (BGBl. I S. 3044), Art. 17 G zur Förderung des elektronischen Rechtsverkehrs mit den Gerichten v. 10.10.2013 (BGBl. I S. 3786), Art. 11 Abs. 3 eIDAS-DurchführungsG v. 18.7.2017 (BGBl. I S. 2745), Art. 15 Abs. 2 Vormundschafts- und Betreuungsrechts-ReformG v. 4.5.2021 (BGBl. I S. 882), Art. 7 G zur Neuregelung des Berufsrechts der anwaltlichen und steuerberatenden Berufsausübungsgesellschaften sowie zur Änd. weiterer Vorschriften im Bereich der rechtsberatenden Berufe v. 7.7.2021 (BGBl. I S. 2363), Art. 6 PersonengesellschaftsrechtsmodernisierungsG (MoPeG) v. 10.8.2021 (BGBl. I S. 3436), Art. 34 Abs. 5 KreditzweitmarktförderungsG v. 22.12. 2023 (BGBl. 2023 I Nr. 411) und Art. 3 PostrechtsmodernisierungsG v. 15.7.2024 (BGBl. 2024 I Nr. 236)

§ 1 Anwendungsbereich. (1) Die Vorschriften dieses Gesetzes gelten für das Zustellungsverfahren der Bundesbehörden, der bundesunmittelbaren Körperschaften, Anstalten und Stiftungen des öffentlichen Rechts und der Landesfinanzbehörden.

[1)] Verkündet als Art. 1 G zur Novellierung des Verwaltungszustellungsrechts v. 12.8.2005 (BGBl. I S. 2354); Inkrafttreten gem. Art. 4 Abs. 1 Satz 2 dieses G am 1.2.2006.

[2)] Siehe zur Verwaltungszustellung u.a. auch die folgenden Vorschriften der Länder:
- **Baden-Württemberg:** Verwaltungszustellungsgesetz für Baden-Württemberg – LVwZG v. 3.7.2007 (GBl. S. 293), zuletzt geänd. durch G v. 28.1.2025 (GBl. Nr. 8)
- **Bayern:** Bayerisches Verwaltungszustellungs- und Vollstreckungsgesetz (VwZVG) v. 11.11.1970 (BayRS 2010-2-I), zuletzt geänd. durch G v. 23.12.2024 (GVBl. S. 599)
- **Berlin:** Gesetz über das Verfahren der Berliner Verwaltung v. 21.4.2016 (GVBl. S. 218), zuletzt geänd. durch G v. 10.7.2024 (GVBl. S. 465)
- **Brandenburg:** Verwaltungszustellungsgesetz für das Land Brandenburg (BbgVwZG) v. 18.10.1991 (GVBl. S. 457), zuletzt geänd. durch G v. 28.6.2006 (GVBl. I S. 74)
- **Bremen:** Bremisches Verwaltungszustellungsgesetz (BremVwZG) v. 26.1.2006 (Brem.GBl. S. 49)
- **Hamburg:** Hamburgisches Verwaltungszustellungsgesetz (HmbVwZG) v. 21.6.1954 (BS Hbg I), zuletzt geänd. durch G v. 25.11.2010 (HmbGVBl. S. 614)
- **Hessen:** Hessisches Verwaltungszustellungsgesetz (HessVwZG) v. 14.2.1957 (GVBl. I S. 9), zuletzt geänd. durch G v. 16.2.2023 (GVBl. S. 78)
- **Mecklenburg-Vorpommern:** Verwaltungsverfahrens-, Zustellungs- und Vollstreckungsgesetz des Landes Mecklenburg-Vorpommern (Landesverwaltungsverfahrensgesetz – VwVfG M-V) idF der Bek. v. 6.5.2020 (GVOBl. M-V S. 410, 465)
- **Niedersachsen:** Niedersächsisches Verwaltungszustellungsgesetz (NVwZG) v. 23.2.2006 (Nds. GVBl. S. 72)
- **Nordrhein-Westfalen:** Verwaltungszustellungsgesetz für das Land Nordrhein-Westfalen (Landeszustellungsgesetz – LZG NRW) v. 7.3.2006 (GV. NRW. S. 94), zuletzt geänd. durch G v. 10.12.2024 (GV. NRW. S. 1184)
- **Rheinland-Pfalz:** Landesverwaltungszustellungsgesetz (LVwZG) v. 2.3.2006 (GVBl. S. 56), geänd. durch G v. 3.4.2014 (GVBl. S. 34)
- **Saarland:** Saarländisches Verwaltungszustellungsgesetz (SVwZG) v. 13.12.2005 (Amtsbl. 2006 S. 214)
- **Sachsen:** Gesetz zur Regelung des Verwaltungsverfahrens- und des Verwaltungszustellungsrechts für den Freistaat Sachsen (SächsVwVfZG) v. 19.5.2010 (SächsGVBl. S. 142), zuletzt geänd. durch G v. 31.1.2024 (SächsGVBl. S. 83)
- **Sachsen-Anhalt:** Verwaltungszustellungsgesetz des Landes Sachsen-Anhalt (VwZG-LSA) v. 9.10.1992 (GVBl. LSA S. 715), zuletzt geänd. durch G v. 17.1.2008 (GVBl. LSA S. 2)
- **Schleswig-Holstein:** Allgemeines Verwaltungsgesetz für das Land Schleswig-Holstein (LVwG) idF der Bek. v. 2.6.1992 (GVOBl. Schl.-H. S. 243), zuletzt geänd. durch G v. 10.6.2025 (GVOBl. Schl.-H. Nr. 76)
- **Thüringen:** Thüringer Verwaltungszustellungs- und Vollstreckungsgesetz (ThürVwZVG) idF der Bek. v. 5.2.2009 (GVBl. S. 24), zuletzt geänd. durch G v. 2.7.2024 (GVBl. S. 277)

(2) Zugestellt wird, soweit dies durch Rechtsvorschrift oder behördliche Anordnung bestimmt ist.

§ 2[1)] Allgemeines. (1) Zustellung ist die Bekanntgabe eines schriftlichen oder elektronischen Dokuments in der in diesem Gesetz bestimmten Form.

(2) [1] Die Zustellung wird durch einen Erbringer von Postdienstleistungen (Post), einen nach § 17 des De-Mail-Gesetzes[2)] akkreditierten Diensteanbieter oder durch die Behörde ausgeführt. [2] Daneben gelten die in den §§ 9 und 10 geregelten Sonderarten der Zustellung.

(3) [1] Die Behörde hat die Wahl zwischen den einzelnen Zustellungsarten. [2] § 5 Absatz 5 Satz 2 bleibt unberührt.

§ 3 Zustellung durch die Post mit Zustellungsurkunde. (1) Soll durch die Post mit Zustellungsurkunde zugestellt werden, übergibt die Behörde der Post den Zustellungsauftrag, das zuzustellende Dokument in einem verschlossenen Umschlag und einen vorbereiteten Vordruck einer Zustellungsurkunde.

(2) [1] Für die Ausführung der Zustellung gelten die §§ 177 bis 182 der Zivilprozessordnung[3)] entsprechend. [2] Im Fall des § 181 Abs. 1 der Zivilprozessordnung kann das zuzustellende Dokument bei einer von der Post dafür bestimmten Stelle am Ort der Zustellung oder am Ort des Amtsgerichts, in dessen Bezirk der Ort der Zustellung liegt, niedergelegt werden oder bei der Behörde, die den Zustellungsauftrag erteilt hat, wenn sie ihren Sitz an einem der vorbezeichneten Orte hat. [3] Für die Zustellungsurkunde, den Zustellungsauftrag, den verschlossenen Umschlag nach Absatz 1 und die schriftliche Mitteilung nach § 181 Abs. 1 Satz 3 der Zivilprozessordnung sind die Vordrucke nach der Zustellungsvordruckverordnung zu verwenden.

§ 4[4)] Zustellung durch die Post mittels Einschreiben. (1) Ein Dokument kann durch die Post mittels Einschreiben durch Übergabe oder mittels Einschreiben mit Rückschein zugestellt werden.

(2) [1] Zum Nachweis der Zustellung genügt der Rückschein. [2] Im Übrigen gilt das Dokument am vierten Tag nach der Aufgabe zur Post als zugestellt, es sei denn, dass es nicht oder zu einem späteren Zeitpunkt zugegangen ist. [3] Im Zweifel hat die Behörde den Zugang und dessen Zeitpunkt nachzuweisen. [4] Der Tag der Aufgabe zur Post ist in den Akten zu vermerken.

§ 5[5)] Zustellung durch die Behörde gegen Empfangsbekenntnis; elektronische Zustellung. (1) [1] Bei der Zustellung durch die Behörde händigt der zustellende Bedienstete das Dokument dem Empfänger in einem verschlossenen Umschlag aus. [2] Das Dokument kann auch offen ausgehändigt werden, wenn keine

(Fortsetzung nächstes Blatt)

[1)] § 2 Abs. 3 Satz 2 angef. mWv 18.12.2008 durch G v. 11.12.2008 (BGBl. I S. 2418); Abs. 2 Satz 1 geänd., Abs. 3 Satz 2 neu gef. mWv 3.5.2011 durch G v. 28.4.2011 (BGBl. I S. 666).

[2)] **Sartorius III Nr. 730.**

[3)] **Habersack Nr. 100.**

[4)] § 4 Abs. 2 Satz 2 geänd. mWv 1.1.2025 durch G v. 15.7.2024 (BGBl. 2024 I Nr. 236).

[5)] § 5 Abs. 4 Satz 2 aufgeh., Abs. 5 neu gef., Abs. 6 und 7 angef. mWv 18.12.2008 durch G v. 11.12.2008 (BGBl. I S. 2418); Überschrift, Abs. 5 und 7 Satz 2 und 4 neu gef., Abs. 7 Satz 3 geänd. mWv 3.5.2011 durch G v. 28.4.2011 (BGBl. I S. 666); Abs. 5 Satz 3 geänd. mWv 29.7.2017 durch G v. 18.7.2017 (BGBl. I S. 2745); Abs. 4 geänd. mWv 1.8.2022 durch G v. 7.7.2021 (BGBl. I S. 2363); Abs. 7 Satz 2 geänd. mWv 1.1.2025 durch G v. 15.7.2024 (BGBl. 2024 I Nr. 236).

schutzwürdigen Interessen des Empfängers entgegenstehen. [3]Der Empfänger hat ein mit dem Datum der Aushändigung versehenes Empfangsbekenntnis zu unterschreiben. [4]Der Bedienstete vermerkt das Datum der Zustellung auf dem Umschlag des auszuhändigenden Dokuments oder bei offener Aushändigung auf dem Dokument selbst.

(2) [1]Die §§ 177 bis 181 der Zivilprozessordnung[1)] sind anzuwenden. [2]Zum Nachweis der Zustellung ist in den Akten zu vermerken:

1. im Fall der Ersatzzustellung in der Wohnung, in Geschäftsräumen und Einrichtungen nach § 178 der Zivilprozessordnung der Grund, der diese Art der Zustellung rechtfertigt,
2. im Fall der Zustellung bei verweigerter Annahme nach § 179 der Zivilprozessordnung, wer die Annahme verweigert hat und dass das Dokument am Ort der Zustellung zurückgelassen oder an den Absender zurückgesandt wurde sowie der Zeitpunkt und der Ort der verweigerten Annahme,
3. in den Fällen der Ersatzzustellung nach den §§ 180 und 181 der Zivilprozessordnung der Grund der Ersatzzustellung sowie wann und wo das Dokument in einen Briefkasten eingelegt oder sonst niedergelegt und in welcher Weise die Niederlegung schriftlich mitgeteilt wurde.

[3]Im Fall des § 181 Abs. 1 der Zivilprozessordnung kann das zuzustellende Dokument bei der Behörde, die den Zustellungsauftrag erteilt hat, niedergelegt werden, wenn diese Behörde ihren Sitz am Ort der Zustellung oder am Ort des Amtsgerichts hat, in dessen Bezirk der Ort der Zustellung liegt.

(3) [1]Zur Nachtzeit, an Sonntagen und allgemeinen Feiertagen darf nach den Absätzen 1 und 2 im Inland nur mit schriftlicher oder elektronischer Erlaubnis des Behördenleiters zugestellt werden. [2]Die Nachtzeit umfasst die Stunden von 21 bis 6 Uhr. [3]Die Erlaubnis ist bei der Zustellung abschriftlich mitzuteilen. [4]Eine Zustellung, bei der diese Vorschriften nicht beachtet sind, ist wirksam, wenn die Annahme nicht verweigert wird.

(4) Das Dokument kann an Behörden, Körperschaften, Anstalten und Stiftungen des öffentlichen Rechts, an Rechtsanwälte, Patentanwälte, Notare, Steuerberater, Steuerbevollmächtigte, Wirtschaftsprüfer, vereidigte Buchprüfer, Berufsausübungsgesellschaften im Sinne der Bundesrechtsanwaltsordnung[2)], der Patentanwaltsordnung und des Steuerberatungsgesetzes, Wirtschaftsprüfungsgesellschaften und Buchprüfungsgesellschaften auch auf andere Weise, auch elektronisch, gegen Empfangsbekenntnis zugestellt werden.

(5) [1]Ein elektronisches Dokument kann im Übrigen unbeschadet des Absatzes 4 elektronisch zugestellt werden, soweit der Empfänger hierfür einen Zugang eröffnet. [2]Es ist elektronisch zuzustellen, wenn auf Grund einer Rechtsvorschrift ein Verfahren auf Verlangen des Empfängers in elektronischer Form abgewickelt wird. [3]Für die Übermittlung ist das Dokument mit einer qualifizierten elektronischen Signatur zu versehen und gegen unbefugte Kenntnisnahme Dritter zu schützen.

(6) [1]Bei der elektronischen Zustellung ist die Übermittlung mit dem Hinweis „Zustellung gegen Empfangsbekenntnis“ einzuleiten. [2]Die Übermittlung muss die absendende Behörde, den Namen und die Anschrift des Zustellungsadressaten

---

1) Habersack Nr. 100.
2) Habersack ErgBd. Nr. 98.

sowie den Namen des Bediensteten erkennen lassen, der das Dokument zur Übermittlung aufgegeben hat.

(7) [1] Zum Nachweis der Zustellung nach den Absätzen 4 und 5 genügt das mit Datum und Unterschrift versehene Empfangsbekenntnis, das an die Behörde durch die Post oder elektronisch zurückzusenden ist. [2] Ein elektronisches Dokument gilt in den Fällen des Absatzes 5 Satz 2 am vierten Tag nach der Absendung an den vom Empfänger hierfür eröffneten Zugang als zugestellt, wenn der Behörde nicht spätestens an diesem Tag ein Empfangsbekenntnis nach Satz 1 zugeht. [3] Satz 2 gilt nicht, wenn der Empfänger nachweist, dass das Dokument nicht oder zu einem späteren Zeitpunkt zugegangen ist. [4] Der Empfänger ist in den Fällen des Absatzes 5 Satz 2 vor der Übermittlung über die Rechtsfolgen nach den Sätzen 2 und 3 zu belehren. [5] Zum Nachweis der Zustellung ist von der absendenden Behörde in den Akten zu vermerken, zu welchem Zeitpunkt und an welchen Zugang das Dokument gesendet wurde. [6] Der Empfänger ist über den Eintritt der Zustellungsfiktion nach Satz 2 zu benachrichtigen.

§ 5a[1)] Elektronische Zustellung gegen Abholbestätigung über De-Mail-Dienste. (1) [1] Die elektronische Zustellung kann unbeschadet des § 5 Absatz 4 und 5 Satz 1 und 2 durch Übermittlung der nach § 17 des De-Mail-Gesetzes[2)] akkreditierten Diensteanbieter gegen Abholbestätigung nach § 5 Absatz 9 des De-Mail-Gesetzes an das De-Mail-Postfach des Empfängers erfolgen. [2] Für die Zustellung nach Satz 1 ist § 5 Absatz 4 und 6 mit der Maßgabe anzuwenden, dass an die Stelle des Empfangsbekenntnisses die Abholbestätigung tritt.

(2) [1] Der nach § 17 des De-Mail-Gesetzes akkreditierte Diensteanbieter hat eine Versandbestätigung nach § 5 Absatz 7 des De-Mail-Gesetzes und eine Abholbestätigung nach § 5 Absatz 9 des De-Mail-Gesetzes zu erzeugen. [2] Er hat diese Bestätigungen unverzüglich der absendenden Behörde zu übermitteln.

(3) [1] Zum Nachweis der elektronischen Zustellung genügt die Abholbestätigung nach § 5 Absatz 9 des De-Mail-Gesetzes. [2] Für diese gelten § 371 Absatz 1 Satz 2 und § 371a Absatz 3 der Zivilprozessordnung[3)].

(4) [1] Ein elektronisches Dokument gilt in den Fällen des § 5 Absatz 5 Satz 2 am vierten Tag nach der Absendung an das De-Mail-Postfach des Empfängers als zugestellt, wenn er dieses Postfach als Zugang eröffnet hat und der Behörde nicht spätestens an diesem Tag eine elektronische Abholbestätigung nach § 5 Absatz 9 des De-Mail-Gesetzes zugeht. [2] Satz 1 gilt nicht, wenn der Empfänger nachweist, dass das Dokument nicht oder zu einem späteren Zeitpunkt zugegangen ist. [3] Der Empfänger ist in den Fällen des § 5 Absatz 5 Satz 2 vor der Übermittlung über die Rechtsfolgen nach den Sätzen 1 und 2 zu belehren. [4] Als Nachweis der Zustellung nach Satz 1 dient die Versandbestätigung nach § 5 Absatz 7 des De-Mail-Gesetzes oder ein Vermerk der absendenden Behörde in den Akten, zu welchem Zeitpunkt und an welches De-Mail-Postfach das Dokument gesendet wurde. [5] Der Empfänger ist über den Eintritt der Zustellungsfiktion nach Satz 1 elektronisch zu benachrichtigen.

[1)] § 5a *eingef.* mWv 3.5.2011 durch G v. 28.4.2011 (BGBl. I S. 666); Abs. 3 Satz 2 geänd. mWv 1.7. 2014 durch G v. 10.10.2013 (BGBl. I S. 3786); Abs. 4 Satz 1 geänd. mWv 1.1.2025 durch G v. 15.7.2024 (BGBl. 2024 I Nr. 236).

[2)] **Sartorius III Nr. 730.**

[3)] **Habersack Nr. 100.**

§ 6[1)] Zustellung an gesetzliche Vertreter. (1) [1] Bei Geschäftsunfähigen oder beschränkt Geschäftsfähigen ist an ihre gesetzlichen Vertreter zuzustellen. [2] Gleiches gilt bei Personen, für die ein Betreuer bestellt ist, soweit der Aufgabenkreis des Betreuers reicht. [3] Das zugestellte Dokument ist der betreuten Person nach Wahl der Behörde abschriftlich mitzuteilen oder elektronisch zu übermitteln.

(2) [1] Bei Behörden wird an den Behördenleiter, bei juristischen Personen, nicht rechtsfähigen Personenvereinigungen und Zweckvermögen an ihre gesetzlichen Vertreter zugestellt. [2] § 34 Abs. 2 der Abgabenordnung bleibt unberührt.

(Fortsetzung nächstes Blatt)

[1)] § 6 Abs. 1 Satz 3 angef. mWv 1.1.2023 durch G v. 4.5.2021 (BGBl. I S. 882).

(3) Bei mehreren gesetzlichen Vertretern oder Behördenleitern genügt die Zustellung an einen von ihnen.

(4) Der zustellende Bedienstete braucht nicht zu prüfen, ob die Anschrift den Vorschriften der Absätze 1 bis 3 entspricht.

§ 7 Zustellung an Bevollmächtigte. (1) [1]Zustellungen können an den allgemeinen oder für bestimmte Angelegenheiten bestellten Bevollmächtigten gerichtet werden. [2]Sie sind an ihn zu richten, wenn er schriftliche Vollmacht vorgelegt hat. [3]Ist ein Bevollmächtigter für mehrere Beteiligte bestellt, so genügt die Zustellung eines Dokuments an ihn für alle Beteiligten.

(2) Einem Zustellungsbevollmächtigten mehrerer Beteiligter sind so viele Ausfertigungen oder Abschriften zuzustellen, als Beteiligte vorhanden sind.

(3) Auf § 180 Abs. 2 der Abgabenordnung beruhende Regelungen und § 183 der Abgabenordnung bleiben unberührt.

§ 8 Heilung von Zustellungsmängeln. Lässt sich die formgerechte Zustellung eines Dokuments nicht nachweisen oder ist es unter Verletzung zwingender Zustellungsvorschriften zugegangen, gilt es als in dem Zeitpunkt zugestellt, in dem es dem Empfangsberechtigten tatsächlich zugegangen ist, im Fall des § 5 Abs. 5 in dem Zeitpunkt, in dem der Empfänger das Empfangsbekenntnis zurückgesendet hat.

§ 9[1)] Zustellung im Ausland. (1) Eine Zustellung im Ausland erfolgt

1. durch Einschreiben mit Rückschein, soweit die Zustellung von Dokumenten unmittelbar durch die Post völkerrechtlich zulässig ist,
2. auf Ersuchen der Behörde durch die Behörden des fremden Staates oder durch die zuständige diplomatische oder konsularische Vertretung der Bundesrepublik Deutschland,
3. auf Ersuchen der Behörde durch das Auswärtige Amt an eine Person, die das Recht der Immunität genießt und zu einer Vertretung der Bundesrepublik Deutschland im Ausland gehört, sowie an Familienangehörige einer solchen Person, wenn diese das Recht der Immunität genießen, oder
4. durch Übermittlung elektronischer Dokumente, soweit dies völkerrechtlich zulässig ist.

(2) [1]Zum Nachweis der Zustellung nach Absatz 1 Nr. 1 genügt der Rückschein. [2]Die Zustellung nach Absatz 1 Nr. 2 und 3 wird durch das Zeugnis der ersuchten Behörde nachgewiesen. [3]Der Nachweis der Zustellung gemäß Absatz 1 Nr. 4 richtet sich nach § 5 Abs. 7 Satz 1 bis 3 und 5 sowie nach § 5a Absatz 3 und 4 Satz 1, 2 und 4.

(3) [1]Die Behörde kann bei der Zustellung nach Absatz 1 Nr. 2 und 3 anordnen, dass die Person, an die zugestellt werden soll, innerhalb einer angemessenen Frist einen Zustellungsbevollmächtigten benennt, der im Inland wohnt oder dort einen Geschäftsraum hat. [2]Wird kein Zustellungsbevollmächtigter benannt, können spätere Zustellungen bis zur nachträglichen Benennung dadurch bewirkt werden, dass das Dokument unter der Anschrift der Person, an die zugestellt werden soll, zur Post gegeben wird. [3]Das Dokument gilt am siebenten Tag nach Aufgabe zur Post als zugestellt, wenn nicht feststeht, dass es den Empfänger nicht oder zu einem

---

[1)] § 9 Abs. 2 Satz 3 neu gef. mWv 18.12.2008 durch G v. 11.12.2008 (BGBl. I S. 2418); Abs. 1 Nr. 4, Abs. 2 Satz 3 geänd., Abs. 3 Satz 7 angef. mWv 3.5.2011 durch G v. 28.4.2011 (BGBl. I S. 666).

späteren Zeitpunkt erreicht hat. [4]Die Behörde kann eine längere Frist bestimmen. [5]In der Anordnung nach Satz 1 ist auf diese Rechtsfolgen hinzuweisen. [6]Zum Nachweis der Zustellung ist in den Akten zu vermerken, zu welcher Zeit und unter welcher Anschrift das Dokument zur Post gegeben wurde. [7]Ist durch Rechtsvorschrift angeordnet, dass ein Verwaltungsverfahren über eine einheitliche Stelle nach den Vorschriften des Verwaltungsverfahrensgesetzes[1)] abgewickelt werden kann, finden die Sätze 1 bis 6 keine Anwendung.

§ 10[2)] Öffentliche Zustellung. (1) [1]Die Zustellung kann durch öffentliche Bekanntmachung erfolgen, wenn

1. der Aufenthaltsort des Empfängers unbekannt ist und eine Zustellung an einen Vertreter oder Zustellungsbevollmächtigten nicht möglich ist,
2. bei juristischen Personen, die zur Anmeldung einer inländischen Geschäftsanschrift zum Handelsregister verpflichtet sind, eine Zustellung weder unter der eingetragenen Anschrift noch unter einer im Handelsregister eingetragenen Anschrift einer für Zustellungen empfangsberechtigten Person oder einer ohne Ermittlungen bekannten anderen inländischen Anschrift möglich ist,
3. bei eingetragenen Personengesellschaften eine Zustellung weder unter der eingetragenen Anschrift noch unter einer im Handels- oder Gesellschaftsregister eingetragenen Anschrift einer für Zustellungen empfangsberechtigten Person oder einer ohne Ermittlungen bekannten anderen Anschrift innerhalb eines Mitgliedstaates der Europäischen Union möglich ist oder
4. sie im Fall des § 9 nicht möglich ist oder keinen Erfolg verspricht.

[2]Die Anordnung über die öffentliche Zustellung trifft ein zeichnungsberechtigter Bediensteter.

(2) [1]Die öffentliche Zustellung erfolgt durch Bekanntmachung einer Benachrichtigung an der Stelle, die von der Behörde hierfür allgemein bestimmt ist, oder durch Veröffentlichung einer Benachrichtigung im Bundesanzeiger. [2]Die Benachrichtigung muss

1. die Behörde, für die zugestellt wird,
2. den Namen und die letzte bekannte Anschrift des Zustellungsadressaten,
3. das Datum und das Aktenzeichen des Dokuments sowie
4. die Stelle, wo das Dokument eingesehen werden kann,

erkennen lassen. [3]Die Benachrichtigung muss den Hinweis enthalten, dass das Dokument öffentlich zugestellt wird und Fristen in Gang gesetzt werden können, nach deren Ablauf Rechtsverluste drohen können. [4]Bei der Zustellung einer Ladung muss die Benachrichtigung den Hinweis enthalten, dass das Dokument eine Ladung zu einem Termin enthält, dessen Versäumung Rechtsnachteile zur Folge haben kann. [5]In den Akten ist zu vermerken, wann und wie die Benachrichtigung bekannt gemacht wurde. [6]Das Dokument gilt als zugestellt, wenn seit dem Tag der Bekanntmachung der Benachrichtigung zwei Wochen vergangen sind.

[1)] Nr. **100**.

[2)] § 10 Abs. 1 Satz 1 Nr. 1 geänd., Nr. 2 neu gef., bish. Nr. 2 wird Nr. 3 mWv 1.11.2008 durch G v. 23.10.2008 (BGBl. I S. 2026); Abs. 2 Satz 1 geänd. mWv 1.4.2012 durch G v. 22.12.2011 (BGBl. I S. 3044); Abs. 1 Satz 1 Nr. 2 und 3 neu gef., Nr. 4 angef. mWv 1.1.2024 durch G v. 10.8.2021 (BGBl. I S. 3436).

112. Verwaltungs-Vollstreckungsgesetz (VwVG)[1) 2)]

Vom 27. April 1953

(BGBl. I S. 157)

FNA 201-4

geänd. durch § 13 Nr. 3 G über die Kosten der Zwangsvollstreckung nach der ReichsabgabenO v. 12.4. 1961 (BGBl. I S. 429), Art. 4 Kostenermächtigungs-ÄndG v. 23.6.1970 (BGBl. I S. 805), Art. 36 EinführungsG zum Strafgesetzbuch v. 2.3.1974 (BGBl. I S. 469), Art. 40 EinführungsG zur AbgabenO v. 14.12.1976 (BGBl. I S. 3341), Art. 2 Abs. 1 Zweite Zwangsvollstreckungsnovelle v. 17.12.1997 (BGBl. I S. 3039), Art. 4 Abs. 1 G zur Reform der Sachaufklärung in der Zwangsvollstreckung v. 29.7.2009 (BGBl. I S. 2258), Art. 1 Sechstes ÄndG v. 25.11.2014 (BGBl. I S. 1770), Art. 15 Abs. 1 EU-Kontopfändungsverordnung-DurchführungsG v. 21.11.2016 (BGBl. I S. 2591), Art. 3 G zur Einbeziehung der Bundespolizei in den Anwendungsbereich des BundesgebührenG v. 10.3.2017 (BGBl. I S. 417), Art. 1 G zur Verbesserung der Sachaufklärung in der Verwaltungsvollstreckung v. 30.6.2017 (BGBl. I S. 2094), Art. 42 Elfte ZuständigkeitsanpassungsVO v. 19.6.2020 (BGBl. I S. 1328), Art. 4 Abs. 1 G zur Verbesserung des Schutzes von Gerichtsvollziehern vor Gewalt sowie zur Änd. weiterer zwangsvollstreckungsrechtl. Vorschriften und zur Änd. des InfektionsschutzG v. 7.5.2021 (BGBl. I S. 850) und Art. 5 PersonengesellschaftsrechtsmodernisierungsG (MoPeG) v. 10.8.2021 (BGBl. I S. 3436)

---

1) Zur Anwendbarkeit des VwVG im Rahmen des verwaltungsgerichtl. Verfahrens siehe § 169 VwGO (Nr. **600**).

2) Siehe zur Verwaltungsvollstreckung u.a. auch die folgenden Vorschriften der Länder:

- **Baden-Württemberg:** Verwaltungsvollstreckungsgesetz für Baden-Württemberg (LVwVG) v. 12.3. 1974 (GBl. S. 93), zuletzt geänd. durch VO v. 23.2.2017 (GBl. S. 99)
- **Bayern:** Bayerisches Verwaltungszustellungs- und Vollstreckungsgesetz (VwZVG) v. 11.11.1970 (BayRS 2010-2-I), zuletzt geänd. durch G v. 23.12.2024 (GVBl. S. 599)
- **Berlin:** Gesetz über das Verfahren der Berliner Verwaltung v. 21.4.2016 (GVBl. S. 218), zuletzt geänd. durch G v. 10.7.2024 (GVBl. S. 465)
- **Brandenburg:** Verwaltungsvollstreckungsgesetz für das Land Brandenburg (VwVGBbg) v. 16.5.2013 (GVBl. I Nr. 18), zuletzt geänd. durch G v. 5.3.2024 (GVBl. I Nr. 9)
- **Bremen:** Bremisches Verwaltungsvollstreckungsgesetz – BremVwVG – idF der Bek. v. 1.4.1960 (Brem.GBl. S. 37), zuletzt geänd. durch G v. 24.11.2020 (Brem.GBl. S. 1486)
- **Hamburg:** Verwaltungsvollstreckungsgesetz (VwVG) v. 4.12.2012 (HmbGVBl. S. 510), geänd. durch G v. 21.5.2013 (HmbGVBl. S. 210)
- **Hessen:** Hessisches Verwaltungsvollstreckungsgesetz (HessVwVG) idF der Bek. v. 12.12.2008 (GVBl. 2009 I S. 2), zuletzt geänd. durch G v. 24.5.2023 (GVBl. S. 348)
- **Mecklenburg-Vorpommern:** Verwaltungsverfahrens-, Zustellungs- und Vollstreckungsgesetz des Landes Mecklenburg-Vorpommern (Landesverwaltungsverfahrensgesetz – VwVfG M-V) idF der Bek. v. 6.5.2020 (GVOBl. M-V S. 410, 465)
- **Niedersachsen:** Niedersächsisches Verwaltungsvollstreckungsgesetz (NVwVG) idF der Bek. v. 14.11. 2019 (Nds. GVBl. S. 316), zuletzt geänd. durch G v. 29.1.2025 (Nds. GVBl. Nr. 3)
- **Nordrhein-Westfalen:** Verwaltungsvollstreckungsgesetz NRW (VwVG NW) idF der Bek. v. 19.2.2003 (GV. NRW. S. 156, 570; 2005 S. 818), zuletzt geänd. durch G v. 10.12.2024 (GV. NRW. S. 1184)
- **Rheinland-Pfalz:** Landesverwaltungsvollstreckungsgesetz (LVwVG) v. 8.7.1957 (GVBl. S. 101), zuletzt geänd. durch G v. 20.12.2024 (GVBl. S. 473)
- **Saarland:** Saarländisches Verwaltungsvollstreckungsgesetz (SVwVG) v. 27.3.1974 (Amtsbl. S. 430), zuletzt geänd. durch G v. 16.6.2021 (Amtsbl. I S. 2140)
- **Sachsen:** Verwaltungsvollstreckungsgesetz für den Freistaat Sachsen (SächsVwVG) idF der Bek. v. 11.4. 2024 (SächsGVBl. S. 396, 397)
- **Sachsen-Anhalt:** Verwaltungsvollstreckungsgesetz des Landes Sachsen-Anhalt (VwVG LSA) idF der Bek. v. 20.2.2015 (GVBl. LSA S. 50), zuletzt geänd. durch G v. 6.6.2025 (GVBl. LSA S. 398)
- **Schleswig-Holstein:** Allgemeines Verwaltungsgesetz für das Land Schleswig-Holstein (LVwG) idF der Bek. v. 2.6.1992 (GVOBl. Schl.-H. S. 243), zuletzt geänd. durch G v. 10.6.2025 (GVOBl. Schl.-H. Nr. 76)
- **Thüringen:** Thüringer Verwaltungszustellungs- und Vollstreckungsgesetz (ThürVwZVG) idF der Bek. v. 5.2.2009 (GVBl. S. 24), zuletzt geänd. durch G v. 2.7.2024 (GVBl. S. 277)

Nichtamtliche Inhaltsübersicht

Der Bundestag hat mit Zustimmung des Bundesrates das folgende Gesetz beschlossen:

Erster Abschnitt. Vollstreckung wegen Geldforderungen

§ 1[1] Vollstreckbare Geldforderungen. (1) Die öffentlich-rechtlichen Geldforderungen des Bundes und der bundesunmittelbaren juristischen Personen des öffentlichen Rechts werden nach den Bestimmungen dieses Gesetzes im Verwaltungswege vollstreckt.

(2) Ausgenommen sind solche öffentlich-rechtlichen Geldforderungen, die im Wege des Parteistreites vor den Verwaltungsgerichten verfolgt werden oder für die ein anderer Rechtsweg als der Verwaltungsrechtsweg begründet ist.

(3) Die Vorschriften der Abgabenordnung, des Sozialversicherungsrechts einschließlich der Arbeitslosenversicherung und des Justizbeitreibungsgesetzes[2] bleiben unberührt.

§ 2 Vollstreckungsschuldner. (1) Als Vollstreckungsschuldner kann in Anspruch genommen werden,

a) wer eine Leistung als Selbstschuldner schuldet;

b) wer für die Leistung, die ein anderer schuldet, persönlich haftet.

[1] § 1 Abs. 3 geänd. durch G v. 14.12.1976 (BGBl. I S. 3341); Abs. 3 geänd. mWv 1.7.2017 durch G v. 21.11.2016 (BGBl. I S. 2591).

[2] **Habersack Nr. 122.**

(2) Wer zur Duldung der Zwangsvollstreckung verpflichtet ist, wird dem Vollstreckungsschuldner gleichgestellt, soweit die Duldungspflicht reicht.

§ 3 Vollstreckungsanordnung. (1) Die Vollstreckung wird gegen den Vollstreckungsschuldner durch Vollstreckungsanordnung eingeleitet; eines vollstreckbaren Titels bedarf es nicht.

(2) Voraussetzungen für die Einleitung der Vollstreckung sind:

a) der Leistungsbescheid, durch den der Schuldner zur Leistung aufgefordert worden ist;

b) die Fälligkeit der Leistung;

c) der Ablauf einer Frist von einer Woche seit Bekanntgabe des Leistungsbescheides oder, wenn die Leistung erst danach fällig wird, der Ablauf einer Frist von einer Woche nach Eintritt der Fälligkeit.

(3) Vor Anordnung der Vollstreckung soll der Schuldner ferner mit einer Zahlungsfrist von einer weiteren Woche besonders gemahnt werden.

(4) Die Vollstreckungsanordnung wird von der Behörde erlassen, die den Anspruch geltend machen darf.

§ 4[1] Vollstreckungsbehörden. Vollstreckungsbehörden sind:

a) die von einer obersten Bundesbehörde im Einvernehmen mit dem Bundesminister des Innern, für Bau und Heimat bestimmten Behörden des betreffenden Verwaltungszweiges;

b) die Vollstreckungsbehörden der Bundesfinanzverwaltung, wenn eine Bestimmung nach Buchstabe a nicht getroffen worden ist.

(Fortsetzung nächstes Blatt)

[1] § 4 Buchst. a geänd. mWv 27.6.2020 durch VO v. 19.6.2020 (BGBl. I S. 1328).

§ 5[1] **Anzuwendende Vollstreckungsvorschriften.** (1) Das Verwaltungszwangsverfahren und der Vollstreckungsschutz richten sich im Falle des § 4 nach den Vorschriften der Abgabenordnung (§§ 77, 249 bis 258, 260, 262 bis 267, 281 bis 317, 318 Abs. 1 bis 4, §§ 319 bis 327).

(2) Wird die Vollstreckung im Wege der Amtshilfe von Organen der Länder vorgenommen, so ist sie nach landesrechtlichen Bestimmungen durchzuführen.

§ 5a[2] **Ermittlung des Aufenthaltsorts des Vollstreckungsschuldners.** (1) Ist der Wohnsitz oder der gewöhnliche Aufenthaltsort des Vollstreckungsschuldners nicht durch Anfrage bei der Meldebehörde zu ermitteln, so darf die Vollstreckungsbehörde folgende Angaben erheben:

1. beim Ausländerzentralregister die Angaben zur aktenführenden Ausländerbehörde und die Angaben zum Zuzug oder Fortzug des Vollstreckungsschuldners und bei der Ausländerbehörde, die nach der Auskunft aus dem Ausländerzentralregister aktenführend ist, den Aufenthaltsort des Vollstreckungsschuldners,
2. bei den Trägern der gesetzlichen Rentenversicherung und bei einer berufsständischen Versorgungseinrichtung im Sinne des § 6 Absatz 1 Satz 1 Nummer 1 des Sechsten Buches Sozialgesetzbuch[3] die dort bekannte derzeitige Anschrift und den derzeitigen oder zukünftigen Aufenthaltsort des Vollstreckungsschuldners sowie
3. beim Kraftfahrt-Bundesamt die Halterdaten nach § 35 Absatz 4c Nummer 2 des Straßenverkehrsgesetzes[4].

(2) Die Vollstreckungsbehörde darf die gegenwärtigen Anschriften, den Ort der Hauptniederlassung oder den Sitz des Vollstreckungsschuldners erheben

1. durch Einsicht in das Handels-, Genossenschafts-, Gesellschafts-, Partnerschafts-, Unternehmens- oder Vereinsregister oder
2. durch Einholung der Anschrift bei den nach Landesrecht für die Durchführung der Aufgaben nach § 14 Absatz 1 der Gewerbeordnung[5] zuständigen Behörden.

(3) Nach Absatz 1 Nummer 2 und Absatz 2 erhobene Daten, die innerhalb der letzten drei Monate bei der Vollstreckungsbehörde eingegangen sind, dürfen von der Vollstreckungsbehörde auch einer weiteren Vollstreckungsbehörde übermittelt werden, wenn die Voraussetzungen für die Datenerhebung auch bei der weiteren Vollstreckungsbehörde vorliegen.

(4) [1] Ist der Vollstreckungsschuldner Unionsbürger, so darf die Vollstreckungsbehörde die Daten nach Absatz 1 Nummer 1 nur erheben, wenn ihr tatsächliche Anhaltspunkte für die Vermutung vorliegen, dass bei der betroffenen Person das Nichtbestehen oder der Verlust des Freizügigkeitsrechts festgestellt worden ist. [2] Eine Übermittlung der Daten nach Absatz 1 Nummer 1 an die Vollstreckungsbehörde ist ausgeschlossen, wenn der Vollstreckungsschuldner ein Unionsbürger ist, für den eine Feststellung des Nichtbestehens oder des Verlusts des Freizügigkeitsrechts nicht vorliegt. [3] Die Erhebung nach Absatz 1 Nummer 2 bei einer berufsständischen Versorgungseinrichtung darf die Vollstreckungsbehörde nur

---

[1] § 5 Abs. 1 geänd. durch G v. 14.12.1976 (BGBl. I S. 3341).

[2] § 5a eingef. mWv 6.7.2017 durch G v. 30.6.2017 (BGBl. I S. 2094); Abs. 1 Nr. 2 geänd., Abs. 4 Satz 3 angef. mWv 1.1.2022 durch G v. 7.5.2021 (BGBl. I S. 850); Abs. 2 Nr. 1 geänd. mWv 1.1.2024 durch G v. 10.8.2021 (BGBl. I S. 3436).

[3] **Aichberger, SGB Nr. 6.**

[4] **Habersack Nr. 35.**

[5] Nr. **800**.

durchführen, wenn tatsächliche Anhaltspunkte nahelegen, dass der Vollstreckungsschuldner Mitglied dieser berufsständischen Versorgungseinrichtung ist.

§ 5b[1] Auskunftsrechte der Vollstreckungsbehörde. (1) [1] Die Vollstreckungsbehörde darf vorbehaltlich der Sätze 2 und 3 folgende Maßnahmen durchführen:

1. Erhebung des Namens und der Vornamen oder der Firma sowie der Anschrift der derzeitigen Arbeitgeber des Vollstreckungsschuldners bei den Trägern der gesetzlichen Rentenversicherung und bei einer berufsständischen Versorgungseinrichtung im Sinne des § 6 Absatz 1 Satz 1 Nummer 1 des Sechsten Buches Sozialgesetzbuch[2];
2. Erhebung der Fahrzeug- und Halterdaten nach § 33 Absatz 1 des Straßenverkehrsgesetzes[3] beim Kraftfahrt-Bundesamt zu einem Fahrzeug, als dessen Halter der Vollstreckungsschuldner eingetragen ist.

[2] Maßnahmen nach Satz 1 sind nur zulässig, wenn

1. die Ladung zu dem Termin zur Abgabe der Vermögensauskunft an den Vollstreckungsschuldner nicht zustellbar ist und
   a) die Anschrift, unter der die Zustellung ausgeführt werden sollte, mit der Anschrift übereinstimmt, die von einer der in § 755 Absatz 1 und 2 der Zivilprozessordnung[4] genannten Stellen innerhalb von drei Monaten vor oder nach dem Zustellungsversuch mitgeteilt wurde, oder
   b) die Meldebehörde nach dem Zustellungsversuch die Auskunft erteilt, dass ihr keine derzeitige Anschrift des Vollstreckungsschuldners bekannt ist, oder
   c) die Meldebehörde innerhalb von drei Monaten vor Erlass der Vollstreckungsanordnung die Auskunft erteilt hat, dass ihr keine derzeitige Anschrift des Vollstreckungsschuldners bekannt ist;
2. der Vollstreckungsschuldner seiner Pflicht zur Abgabe der Vermögensauskunft in dem der Maßnahme nach Satz 1 zugrundeliegenden Vollstreckungsverfahren nicht nachkommt oder
3. bei einer Vollstreckung in die in der Vermögensauskunft aufgeführten Vermögensgegenstände eine vollständige Befriedigung der Forderung nicht zu erwarten ist.

[3] Die Erhebung nach Satz 1 Nummer 1 bei einer berufsständischen Versorgungseinrichtung ist zusätzlich zu den Voraussetzungen des Satzes 2 nur zulässig, wenn tatsächliche Anhaltspunkte nahelegen, dass der Vollstreckungsschuldner Mitglied dieser berufsständischen Versorgungseinrichtung ist.

(2) Nach Absatz 1 erhobene Daten, die innerhalb der letzten drei Monate bei der Vollstreckungsbehörde eingegangen sind, dürfen von der Vollstreckungsbehörde auch einer weiteren Vollstreckungsbehörde übermittelt werden, wenn die Voraussetzungen für die Datenerhebung auch bei der weiteren Vollstreckungsbehörde vorliegen.

---

[1] § 5b eingef. mWv 6.7.2017 durch G v. 30.6.2017 (BGBl. I S. 2094); Abs. 1 neu gef. mWv 1.1.2022 durch G v. 7.5.2021 (BGBl. I S. 850).

[2] **Aichberger, SGB Nr. 6.**

[3] **Habersack Nr. 35.**

[4] **Habersack Nr. 100.**

Zweiter Abschnitt. Erzwingung von Handlungen, Duldungen oder Unterlassungen

§ 6[1] Zulässigkeit des Verwaltungszwanges. (1) Der Verwaltungsakt, der auf die Herausgabe einer Sache oder auf die Vornahme einer Handlung oder auf Duldung oder Unterlassung gerichtet ist, kann mit den Zwangsmitteln nach § 9 durchgesetzt werden, wenn er unanfechtbar ist oder wenn sein sofortiger Vollzug angeordnet oder wenn dem Rechtsmittel keine aufschiebende Wirkung beigelegt ist.

(2) Der Verwaltungszwang kann ohne vorausgehenden Verwaltungsakt angewendet werden, wenn der sofortige Vollzug zur Verhinderung einer rechtswidrigen Tat, die einen Straf- oder Bußgeldtatbestand verwirklicht, oder zur Abwendung einer drohenden Gefahr notwendig ist und die Behörde hierbei innerhalb ihrer gesetzlichen Befugnisse handelt.

§ 7 Vollzugsbehörden. (1) Ein Verwaltungsakt wird von der Behörde vollzogen, die ihn erlassen hat; sie vollzieht auch Beschwerdeentscheidungen.

(2) Die Behörde der unteren Verwaltungsstufe kann für den Einzelfall oder allgemein mit dem Vollzug beauftragt werden.

(Fortsetzung nächstes Blatt)

[1] § 6 Abs. 2 geänd. durch G v. 2.3.1974 (BGBl. I S. 469).

§ 8 Örtliche Zuständigkeit. Muß eine Zwangsmaßnahme außerhalb des Bezirks der Vollzugsbehörde ausgeführt werden, so hat die entsprechende Bundesbehörde des Bezirks, in dem sie ausgeführt werden soll, auf Ersuchen der Vollzugsbehörde den Verwaltungszwang durchzuführen.

§ 9 Zwangsmittel. (1) Zwangsmittel sind:

a) Ersatzvornahme (§ 10),

b) Zwangsgeld (§ 11),

c) unmittelbarer Zwang (§ 12).

(2) [1] Das Zwangsmittel muß in einem angemessenen Verhältnis zu seinem Zweck stehen. [2] Dabei ist das Zwangsmittel möglichst so zu bestimmen, daß der Betroffene und die Allgemeinheit am wenigsten beeinträchtigt werden.

§ 10 Ersatzvornahme. Wird die Verpflichtung, eine Handlung vorzunehmen, deren Vornahme durch einen anderen möglich ist (vertretbare Handlung), nicht erfüllt, so kann die Vollzugsbehörde einen anderen mit der Vornahme der Handlung auf Kosten des Pflichtigen beauftragen.

§ 11[1)] Zwangsgeld. (1) [1] Kann eine Handlung durch einen anderen nicht vorgenommen werden und hängt sie nur vom Willen des Pflichtigen ab, so kann der Pflichtige zur Vornahme der Handlung durch ein Zwangsgeld angehalten werden. [2] Bei vertretbaren Handlungen kann es verhängt werden, wenn die Ersatzvornahme untunlich ist, besonders, wenn der Pflichtige außerstande ist, die Kosten zu tragen, die aus der Ausführung durch einen anderen entstehen.

(2) Das Zwangsgeld ist auch zulässig, wenn der Pflichtige der Verpflichtung zuwiderhandelt, eine Handlung zu dulden oder zu unterlassen.

(3) Die Höhe des Zwangsgeldes beträgt bis zu 25 000 Euro.

§ 12 Unmittelbarer Zwang. Führt die Ersatzvornahme oder das Zwangsgeld nicht zum Ziel oder sind sie untunlich, so kann die Vollzugsbehörde den Pflichtigen zur Handlung, Duldung oder Unterlassung zwingen oder die Handlung selbst vornehmen.

§ 13 Androhung der Zwangsmittel. (1) [1] Die Zwangsmittel müssen, wenn sie nicht sofort angewendet werden können (§ 6 Abs. 2), schriftlich angedroht werden. [2] Hierbei ist für die Erfüllung der Verpflichtung eine Frist zu bestimmen, innerhalb der der Vollzug dem Pflichtigen billigerweise zugemutet werden kann.

(2) [1] Die Androhung kann mit dem Verwaltungsakt verbunden werden, durch den die Handlung, Duldung oder Unterlassung aufgegeben wird. [2] Sie soll mit ihm verbunden werden, wenn der sofortige Vollzug angeordnet oder den Rechtsmitteln keine aufschiebende Wirkung beigelegt ist.

---

1) § 11 Abs. 3 geänd. mWv 29.11.2014 durch G v. 25.11.2014 (BGBl. I S. 1770).

(3) [1] Die Androhung muß sich auf ein bestimmtes Zwangsmittel beziehen. [2] Unzulässig ist die gleichzeitige Androhung mehrerer Zwangsmittel und die Androhung, mit der sich die Vollzugsbehörde die Wahl zwischen mehreren Zwangsmitteln vorbehält.

(4) [1] Soll die Handlung auf Kosten des Pflichtigen (Ersatzvornahme) ausgeführt werden, so ist in der Androhung der Kostenbetrag vorläufig zu veranschlagen. [2] Das Recht auf Nachforderung bleibt unberührt, wenn die Ersatzvornahme einen höheren Kostenaufwand verursacht.

(5) Der Betrag des Zwangsgeldes ist in bestimmter Höhe anzudrohen.

(6) [1] Die Zwangsmittel können auch neben einer Strafe oder Geldbuße angedroht und so oft wiederholt und hierbei jeweils erhöht oder gewechselt werden, bis die Verpflichtung erfüllt ist. [2] Eine neue Androhung ist erst dann zulässig, wenn das zunächst angedrohte Zwangsmittel erfolglos ist.

(7) [1] Die Androhung ist zuzustellen. [2] Dies gilt auch dann, wenn sie mit dem zugrunde liegenden Verwaltungsakt verbunden ist und für ihn keine Zustellung vorgeschrieben ist.

§ 14 Festsetzung der Zwangsmittel. [1] Wird die Verpflichtung innerhalb der Frist, die in der Androhung bestimmt ist, nicht erfüllt, so setzt die Vollzugsbehörde das Zwangsmittel fest. [2] Bei sofortigem Vollzug (§ 6 Abs. 2) fällt die Festsetzung weg.

§ 15 Anwendung der Zwangsmittel. (1) Das Zwangsmittel wird der Festsetzung gemäß angewendet.

(2) [1] Leistet der Pflichtige bei der Ersatzvornahme oder bei unmittelbarem Zwang Widerstand, so kann dieser mit Gewalt gebrochen werden. [2] Die Polizei hat auf Verlangen der Vollzugsbehörde Amtshilfe zu leisten.

(3) Der Vollzug ist einzustellen, sobald sein Zweck erreicht ist.

§ 16[1)] Ersatzzwangshaft. (1) [1] Ist das Zwangsgeld uneinbringlich, so kann das Verwaltungsgericht auf Antrag der Vollzugsbehörde nach Anhörung des Pflichtigen durch Beschluß Ersatzzwangshaft anordnen, wenn bei Androhung des Zwangsgeldes hierauf hingewiesen worden ist. [2] Das Grundrecht des Artikels 2 Abs. 2 Satz 2 des Grundgesetzes[2)] wird insoweit eingeschränkt.

(2) Die Ersatzzwangshaft beträgt mindestens einen Tag, höchstens zwei Wochen.

(3) Die Ersatzzwangshaft ist auf Antrag der Vollzugsbehörde von der Justizverwaltung nach den Bestimmungen der §§ 802g, 802h und 802j Abs. 2 der Zivilprozeßordnung[3)] zu vollstrecken.

§ 17 Vollzug gegen Behörden. Gegen Behörden und juristische Personen des öffentlichen Rechts sind Zwangsmittel unzulässig, soweit nicht etwas anderes bestimmt ist.

[1)] § 16 Abs. 3 geänd. durch G v. 17.12.1997 (BGBl. I S. 3039); Abs. 3 geänd. mWv 1.1.2013 durch G v. 29.7.2009 (BGBl. I S. 2258).

[2)] Nr. **1**.

[3)] **Schönfelder Nr. 100.**

§ 18 Rechtsmittel. (1) [1] Gegen die Androhung eines Zwangsmittels sind die Rechtsmittel gegeben, die gegen den Verwaltungsakt zulässig sind, dessen Durchsetzung erzwungen werden soll. [2] Ist die Androhung mit dem zugrunde liegenden Verwaltungsakt verbunden, so erstreckt sich das Rechtsmittel zugleich auf den Verwaltungsakt, soweit er nicht bereits Gegenstand eines Rechtsmittel- oder gerichtlichen Verfahrens ist. [3] Ist die Androhung nicht mit dem zugrunde liegenden Verwaltungsakt verbunden und ist dieser unanfechtbar geworden, so kann die Androhung nur insoweit angefochten werden, als eine Rechtsverletzung durch die Androhung selbst behauptet wird.

(2) Wird ein Zwangsmittel ohne vorausgehenden Verwaltungsakt angewendet (§ 6 Abs. 2), so sind hiergegen die Rechtsmittel zulässig, die gegen Verwaltungsakte allgemein gegeben sind.

Dritter Abschnitt. Kosten

§ 19[1)] Kosten. (1) [1] Für Amtshandlungen nach diesem Gesetz werden Kosten (Gebühren und Auslagen) gemäß § 337 Abs. 1, §§ 338 bis 346 der Abgabenordnung erhoben. [2] Für die Gewährung einer Entschädigung an Auskunftspflichtige, Sachverständige und Treuhänder, gelten §§ 107 und 318 Abs. 5 der Abgabenordnung.

(2) [1] Für die Mahnung nach § 3 Abs. 3 wird eine Mahngebühr erhoben. [2] Sie beträgt ein halbes Prozent des Mahnbetrages, mindestens jedoch 5 Euro und höchstens 150 Euro. [3] Die Mahngebühr wird auf volle Euro aufgerundet.

(3) Soweit die Bundespolizei nach diesem Gesetz tätig wird, werden Gebühren und Auslagen nach dem Bundesgebührengesetz[2)] erhoben.

§ 19a[3)] Vollstreckungspauschale, Verordnungsermächtigung. (1) [1] Bundesunmittelbare Körperschaften und Anstalten des öffentlichen Rechts, die den Vollstreckungsbehörden der Bundesfinanzverwaltung nach § 4 Buchstabe b Vollstreckungsanordnungen übermitteln, sind verpflichtet, für jede ab dem 1. Juli 2014 übermittelte Vollstreckungsanordnung einen Pauschalbetrag für bei den Vollstreckungsschuldnern uneinbringliche Gebühren und Auslagen (Vollstreckungspauschale) zu zahlen. [2] Dies gilt nicht für Vollstreckungsanordnungen wegen Geldforderungen nach dem Bundeskindergeldgesetz[4)].

(2) Die Vollstreckungspauschale bemisst sich nach dem Gesamtbetrag der im Berechnungszeitraum auf Grund von Vollstreckungsanordnungen der juristischen Personen nach Absatz 1 festgesetzten Gebühren und Auslagen, die bei den Vollstreckungsschuldnern nicht beigetrieben werden konnten, geteilt durch die Anzahl aller in diesem Zeitraum von diesen Anordnungsbehörden übermittelten Vollstreckungsanordnungen.

(3) Das Bundesministerium der Finanzen wird ermächtigt, im Einvernehmen mit dem Bundesministerium für Arbeit und Soziales und dem Bundesministerium für Gesundheit durch Rechtsverordnung, die nicht der Zustimmung des Bundesrates bedarf, die Höhe der Vollstreckungspauschale zu bestimmen sowie den

---

[1)] § 19 Abs. 1 neu gef. durch G v. 14.12.1976 (BGBl. I S. 3341); Abs. 2 Satz 2 neu gef., Satz 3 geänd. mWv 29.11.2014 durch G v. 25.11.2014 (BGBl. I S. 1770); Abs. 3 angef. mWv 1.10.2019 durch G v. 10.3.2017 (BGBl. I S. 417).

[2)] Nr. **120**.

[3)] § 19a eingef. mWv 1.7.2014 durch G v. 25.11.2014 (BGBl. I S. 1770).

[4)] **Schönfelder ErgBd. Nr. 45b.**

Berechnungszeitraum, die Entstehung und die Fälligkeit der Vollstreckungspauschale, den Abrechnungszeitraum, das Abrechnungsverfahren und die abrechnende Stelle zu regeln.

(4) Die Höhe der Vollstreckungspauschale ist durch das Bundesministerium der Finanzen nach Maßgabe des Absatzes 2 alle drei Jahre zu überprüfen und durch Rechtsverordnung nach Absatz 3 anzupassen, wenn die nach Maßgabe des Absatzes 2 berechnete Vollstreckungspauschale um mehr als 20 Prozent von der Vollstreckungspauschale in der geltenden Fassung abweicht.

(5) Die juristischen Personen nach Absatz 1 sind nicht berechtigt, den Vollstreckungsschuldner mit der Vollstreckungspauschale zu belasten.

Vierter Abschnitt. Übergangs- und Schlußvorschriften

§ 20 Außerkrafttreten früherer Bestimmungen. Soweit die Vollstreckung in Bundesgesetzen abweichend von diesem Gesetz geregelt ist, sind für Bundesbehörden und bundesunmittelbare juristische Personen des öffentlichen Rechts die Bestimmungen dieses Gesetzes anzuwenden; § 1 Abs. 3 bleibt unberührt.

§ 21[1] *(aufgehoben)*

§ 22 Inkrafttreten. Dieses Gesetz tritt am 1. Mai 1953 in Kraft.

[1] § 21 aufgeh. mWv 6.7.2017 durch G v. 30.6.2017 (BGBl. I S. 2094).

113. Gesetz zur Regelung des Zugangs zu Informationen des Bundes (Informationsfreiheitsgesetz – IFG)[1)]

Vom 5. September 2005

(BGBl. I S. 2722)

FNA 201-10

geänd. durch Art. 2 Abs. 6 G zur Strukturreform des Gebührenrechts des Bundes v. 7.8.2013 (BGBl. I S. 3154), Art. 9 Zweites Datenschutz-Anpassungs- und UmsetzungsG EU v. 20.11.2019 (BGBl. I S. 1626) und Art. 44 Elfte ZuständigkeitsanpassungsVO v. 19.6.2020 (BGBl. I S. 1328)

Der Bundestag hat das folgende Gesetz beschlossen:

§ 1 Grundsatz. (1) [1]Jeder hat nach Maßgabe dieses Gesetzes gegenüber den Behörden des Bundes einen Anspruch auf Zugang zu amtlichen Informationen. [2]Für sonstige Bundesorgane und -einrichtungen gilt dieses Gesetz, soweit sie öffentlich-rechtliche Verwaltungsaufgaben wahrnehmen. [3]Einer Behörde im Sinne dieser Vorschrift steht eine natürliche Person oder juristische Person des Privatrechts gleich, soweit eine Behörde sich dieser Person zur Erfüllung ihrer öffentlich-rechtlichen Aufgaben bedient.

(2) [1]Die Behörde kann Auskunft erteilen, Akteneinsicht gewähren oder Informationen in sonstiger Weise zur Verfügung stellen. [2]Begehrt der Antragsteller eine bestimmte Art des Informationszugangs, so darf dieser nur aus wichtigem Grund

---

[1)] Bislang haben folgende **Länder** Vorschriften zum IFG erlassen:
- **Baden-Württemberg:** Gesetz zur Regelung des Zugangs zu Informationen in Baden-Württemberg (Landesinformationsfreiheitsgesetz – LIFG) v. 17.12.2015 (GBl. S. 1201), zuletzt geänd. durch G v. 17.12.2024 (GBl. Nr. 114);
- **Berlin:** Gesetz zur Förderung der Informationsfreiheit im Land Berlin (Berliner Informationsfreiheitsgesetz – IFG) v. 15.10.1999 (GVBl. S. 561), zuletzt geänd. durch G v. 12.10.2020 (GVBl. S. 807);
- **Brandenburg:** Akteneinsichts- und Informationszugangsgesetz (AIG) v. 10.3.1998 (GVBl. I S. 46), zuletzt geänd. durch G v. 5.3.2024 (GVBl. I Nr. 9);
- **Bremen:** Gesetz über die Freiheit des Zugangs zu Informationen für das Land Bremen (Bremer Informationsfreiheitsgesetz – BremIFG) v. 16.5.2006 (Brem.GBl. S. 263), zuletzt geänd. durch G v. 5.3.2019 (Brem.GBl. S. 55);
- **Hamburg:** Hamburgisches Transparenzgesetz (HmbTG) v. 19.6.2012 (HmbGVBl. S. 271), zuletzt geänd. durch G v. 19.11.2024 (HmbGVBl. S. 575);
- **Hessen:** Hessisches Datenschutz- und Informationsfreiheitsgesetz (HDSIG) v. 3.5.2018 (GVBl. S. 82), zuletzt geänd. durch G v. 15.11.2021 (GVBl. S. 718);
- **Mecklenburg-Vorpommern:** Gesetz zur Regelung des Zugangs zu Informationen für das Land Mecklenburg-Vorpommern (Informationsfreiheitsgesetz – IFG M-V) v. 10.7.2006 (GVOBl. M-V S. 556), zuletzt geänd. durch G v. 22.5.2018 (GVOBl. M-V S. 193);
- **Nordrhein-Westfalen:** Gesetz über die Freiheit des Zugangs zu Informationen für das Land Nordrhein-Westfalen (Informationsfreiheitsgesetz Nordrhein-Westfalen – IFG NRW) v. 27.11.2001 (GV. NRW. S. 806), zuletzt geänd. durch G v. 19.12.2024 (GV. NRW. S. 1220);
- **Rheinland-Pfalz:** Landestransparenzgesetz (LTranspG) v. 27.11.2015 (GVBl. S. 383), zuletzt geänd. durch G v. 23.9.2020 (GVBl. S. 461);
- **Saarland:** Saarländisches Informationsfreiheitsgesetz (SIFG) v. 12.7.2006 (Amtsbl. S. 1624), zuletzt geänd. durch G v. 22.8.2018 (Amtsbl. I S. 674);
- **Sachsen:** Sächsisches Transparenzgesetz (SächsTranspG) v. 19.6.2008 (GVBl. LSA S. 242), zuletzt geänd. durch G v. 18.6.2024 (GVBl. LSA S. 156);
- **Sachsen-Anhalt:** Informationszugangsgesetz Sachsen-Anhalt (IZG LSA) v. 19.6.2008 (GVBl. LSA S. 242), zuletzt geänd. durch G v. 18.6.2024 (GVBl. LSA S. 156);
- **Schleswig-Holstein** Informationszugangsgesetz für das Land Schleswig-Holstein (IZG-SH) v. 19.1.2012 (GVOBl. Schl.-H. S. 89), zuletzt geänd. durch G v. 16.3.2022 (GVOBl. Schl.-H. S. 285);
- **Thüringen:** Thüringer Transparenzgesetz (ThürTG) v. 10.10.2019 (GVBl. S. 373), geänd. durch G v. 2.7.2024 (GVBl. S. 277).

auf andere Art gewährt werden. [3]Als wichtiger Grund gilt insbesondere ein deutlich höherer Verwaltungsaufwand.

(3) Regelungen in anderen Rechtsvorschriften über den Zugang zu amtlichen Informationen gehen mit Ausnahme des § 29 des Verwaltungsverfahrensgesetzes[1] und des § 25 des Zehnten Buches Sozialgesetzbuch[2] vor.

§ 2 Begriffsbestimmungen. Im Sinne dieses Gesetzes ist

1. amtliche Information: jede amtlichen Zwecken dienende Aufzeichnung, unabhängig von der Art ihrer Speicherung. Entwürfe und Notizen, die nicht Bestandteil eines Vorgangs werden sollen, gehören nicht dazu;
2. Dritter: jeder, über den personenbezogene Daten oder sonstige Informationen vorliegen.

§ 3 Schutz von besonderen öffentlichen Belangen. Der Anspruch auf Informationszugang besteht nicht,

1. wenn das Bekanntwerden der Information nachteilige Auswirkungen haben kann auf
   a) internationale Beziehungen,
   b) militärische und sonstige sicherheitsempfindliche Belange der Bundeswehr,
   c) Belange der inneren oder äußeren Sicherheit,
   d) Kontroll- oder Aufsichtsaufgaben der Finanz-, Wettbewerbs- und Regulierungsbehörden,
   e) Angelegenheiten der externen Finanzkontrolle,
   f) Maßnahmen zum Schutz vor unerlaubtem Außenwirtschaftsverkehr,
   g) die Durchführung eines laufenden Gerichtsverfahrens, den Anspruch einer Person auf ein faires Verfahren oder die Durchführung strafrechtlicher, ordnungswidrigkeitsrechtlicher oder disziplinarischer Ermittlungen,
2. wenn das Bekanntwerden der Information die öffentliche Sicherheit gefährden kann,
3. wenn und solange
   a) die notwendige Vertraulichkeit internationaler Verhandlungen oder
   b) die Beratungen von Behörden beeinträchtigt werden,
4. wenn die Information einer durch Rechtsvorschrift oder durch die Allgemeine Verwaltungsvorschrift zum materiellen und organisatorischen Schutz von Verschlusssachen geregelten Geheimhaltungs- oder Vertraulichkeitspflicht oder einem Berufs- oder besonderen Amtsgeheimnis unterliegt,
5. hinsichtlich vorübergehend beigezogener Information einer anderen öffentlichen Stelle, die nicht Bestandteil der eigenen Vorgänge werden soll,
6. wenn das Bekanntwerden der Information geeignet wäre, fiskalische Interessen des Bundes im Wirtschaftsverkehr oder wirtschaftliche Interessen der Sozialversicherungen zu beeinträchtigen,
7. bei vertraulich erhobener oder übermittelter Information, soweit das Interesse des Dritten an einer vertraulichen Behandlung im Zeitpunkt des Antrags auf *Informationszugang noch* fortbesteht,

[1] Nr. **100**.
[2] **Sartorius ErgBd. Nr. 410.**

8. gegenüber den Nachrichtendiensten sowie den Behörden und sonstigen öffentlichen Stellen des Bundes, soweit sie Aufgaben im Sinne des § 10 Nr. 3 des Sicherheitsüberprüfungsgesetzes[1] wahrnehmen.

§ 4 Schutz des behördlichen Entscheidungsprozesses. (1) [1]Der Antrag auf Informationszugang soll abgelehnt werden für Entwürfe zu Entscheidungen sowie Arbeiten und Beschlüsse zu ihrer unmittelbaren Vorbereitung, soweit und solange durch die vorzeitige Bekanntgabe der Informationen der Erfolg der Entscheidung oder bevorstehender behördlicher Maßnahmen vereitelt würde. [2]Nicht der unmittelbaren Entscheidungsvorbereitung nach Satz 1 dienen regelmäßig Ergebnisse der Beweiserhebung und Gutachten oder Stellungnahmen Dritter.

(2) Der Antragsteller soll über den Abschluss des jeweiligen Verfahrens informiert werden.

§ 5[2] Schutz personenbezogener Daten. (1) [1]Zugang zu personenbezogenen Daten darf nur gewährt werden, soweit das Informationsinteresse des Antragstellers das schutzwürdige Interesse des Dritten am Ausschluss des Informationszugangs überwiegt oder der Dritte eingewilligt hat. [2]Besondere Kategorien personenbezogener Daten im Sinne des Artikels 9 Absatz 1 der Verordnung (EU) 2016/679[3] des Europäischen Parlaments und des Rates vom 27. April 2016 zum Schutz natürlicher Personen bei der Verarbeitung personenbezogener Daten, zum freien Datenverkehr und zur Aufhebung der Richtlinie 95/46/EG (Datenschutz- Grundverordnung) (ABl. L 119 vom 4.5. 2016, S. 1; L 314 vom 22.11.2016, S. 72; L 127 vom 23.5.2018, S. 2) in der jeweils geltenden Fassung dürfen nur übermittelt werden, wenn der Dritte ausdrücklich eingewilligt hat.

(2) Das Informationsinteresse des Antragstellers überwiegt nicht bei Informationen aus Unterlagen, soweit sie mit dem Dienst- oder Amtsverhältnis oder einem Mandat des Dritten in Zusammenhang stehen und bei Informationen, die einem Berufs- oder Amtsgeheimnis unterliegen.

(3) Das Informationsinteresse des Antragstellers überwiegt das schutzwürdige Interesse des Dritten am Ausschluss des Informationszugangs in der Regel dann, wenn sich die Angabe auf Name, Titel, akademischen Grad, Berufs- und Funktionsbezeichnung, Büroanschrift und -telekommunikationsnummer beschränkt und der Dritte als Gutachter, Sachverständiger oder in vergleichbarer Weise eine Stellungnahme in einem Verfahren abgegeben hat.

(4) Name, Titel, akademischer Grad, Berufs- und Funktionsbezeichnung, Büroanschrift und -telekommunikationsnummer von Bearbeitern sind vom Informationszugang nicht ausgeschlossen, soweit sie Ausdruck und Folge der amtlichen Tätigkeit sind und kein Ausnahmetatbestand erfüllt ist.

§ 6 Schutz des geistigen Eigentums und von Betriebs- oder Geschäftsgeheimnissen. [1]Der Anspruch auf Informationszugang besteht nicht, soweit der Schutz geistigen Eigentums entgegensteht. [2]Zugang zu Betriebs- oder Geschäftsgeheimnissen darf nur gewährt werden, soweit der Betroffene eingewilligt hat.

---

[1] **Wehrrecht Nr. 807.**
[2] § 5 Abs. 1 Satz 2 geänd. mWv 26.11.2019 durch G v. 20.11.2019 (BGBl. I S. 1626).
[3] Nr. **246**.

§ 7 Antrag und Verfahren. (1) [1] Über den Antrag auf Informationszugang entscheidet die Behörde, die zur Verfügung über die begehrten Informationen berechtigt ist. [2] Im Fall des § 1 Abs. 1 Satz 3 ist der Antrag an die Behörde zu richten, die sich der natürlichen oder juristischen Person des Privatrechts zur Erfüllung ihrer öffentlich-rechtlichen Aufgaben bedient. [3] Betrifft der Antrag Daten Dritter im Sinne von § 5 Abs. 1 und 2 oder § 6, muss er begründet werden. [4] Bei gleichförmigen Anträgen von mehr als 50 Personen gelten die §§ 17 bis 19 des Verwaltungsverfahrensgesetzes[1)] entsprechend.

(2) [1] Besteht ein Anspruch auf Informationszugang zum Teil, ist dem Antrag in dem Umfang stattzugeben, in dem der Informationszugang ohne Preisgabe der geheimhaltungsbedürftigen Informationen oder ohne unverhältnismäßigen Verwaltungsaufwand möglich ist. [2] Entsprechendes gilt, wenn sich der Antragsteller in den Fällen, in denen Belange Dritter berührt sind, mit einer Unkenntlichmachung der diesbezüglichen Informationen einverstanden erklärt.

(3) [1] Auskünfte können mündlich, schriftlich oder elektronisch erteilt werden. [2] Die Behörde ist nicht verpflichtet, die inhaltliche Richtigkeit der Information zu prüfen.

(4) [1] Im Fall der Einsichtnahme in amtliche Informationen kann sich der Antragsteller Notizen machen oder Ablichtungen und Ausdrucke fertigen lassen. [2] § 6 Satz 1 bleibt unberührt.

(5) [1] Die Information ist dem Antragsteller unter Berücksichtigung seiner Belange unverzüglich zugänglich zu machen. [2] Der Informationszugang soll innerhalb eines Monats erfolgen. [3] § 8 bleibt unberührt.

§ 8 Verfahren bei Beteiligung Dritter. (1) Die Behörde gibt einem Dritten, dessen Belange durch den Antrag auf Informationszugang berührt sind, schriftlich Gelegenheit zur Stellungnahme innerhalb eines Monats, sofern Anhaltspunkte dafür vorliegen, dass er ein schutzwürdiges Interesse am Ausschluss des Informationszugangs haben kann.

(2) [1] Die Entscheidung nach § 7 Abs. 1 Satz 1 ergeht schriftlich und ist auch dem Dritten bekannt zu geben. [2] Der Informationszugang darf erst erfolgen, wenn die Entscheidung dem Dritten gegenüber bestandskräftig ist oder die sofortige Vollziehung angeordnet worden ist und seit der Bekanntgabe der Anordnung an den Dritten zwei Wochen verstrichen sind. [3] § 9 Abs. 4 gilt entsprechend.

§ 9 Ablehnung des Antrags; Rechtsweg. (1) Die Bekanntgabe einer Entscheidung, mit der der Antrag ganz oder teilweise abgelehnt wird, hat innerhalb der Frist nach § 7 Abs. 5 Satz 2 zu erfolgen.

(2) Soweit die Behörde den Antrag ganz oder teilweise ablehnt, hat sie mitzuteilen, ob und wann der Informationszugang ganz oder teilweise zu einem späteren Zeitpunkt voraussichtlich möglich ist.

(3) Der Antrag kann abgelehnt werden, wenn der Antragsteller bereits über die begehrten Informationen verfügt oder sich diese in zumutbarer Weise aus allgemein zugänglichen Quellen beschaffen kann.

(4) [1] Gegen die ablehnende Entscheidung sind Widerspruch und Verpflichtungsklage zulässig. [2] Ein Widerspruchsverfahren nach den Vorschriften des

[1)] Nr. **100**.

8. Abschnitts der Verwaltungsgerichtsordnung[1)] ist auch dann durchzuführen, wenn die Entscheidung von einer obersten Bundesbehörde getroffen wurde.

§ 10[2)] Gebühren und Auslagen. (1) [1] Für individuell zurechenbare öffentliche Leistungen nach diesem Gesetz werden Gebühren und Auslagen erhoben. [2] Dies gilt nicht für die Erteilung einfacher Auskünfte.

(2) Die Gebühren sind auch unter Berücksichtigung des Verwaltungsaufwandes so zu bemessen, dass der Informationszugang nach § 1 wirksam in Anspruch genommen werden kann.

(3) [1] Das Bundesministerium des Innern, für Bau und Heimat wird ermächtigt, für individuell zurechenbare öffentliche Leistungen nach diesem Gesetz die Gebührentatbestände und Gebührensätze durch Rechtsverordnung ohne Zustimmung des Bundesrates zu bestimmen. [2] § 10 des Bundesgebührengesetzes[3)] findet keine Anwendung.

§ 11 Veröffentlichungspflichten. (1) Die Behörden sollen Verzeichnisse führen, aus denen sich die vorhandenen Informationssammlungen und -zwecke erkennen lassen.

(2) Organisations- und Aktenpläne ohne Angabe personenbezogener Daten sind nach Maßgabe dieses Gesetzes allgemein zugänglich zu machen.

(3) Die Behörden sollen die in den Absätzen 1 und 2 genannten Pläne und Verzeichnisse sowie weitere geeignete Informationen in elektronischer Form allgemein zugänglich machen.

§ 12[4)] Bundesbeauftragter für die Informationsfreiheit. (1) Jeder kann den Bundesbeauftragten für die Informationsfreiheit anrufen, wenn er sein Recht auf Informationszugang nach diesem Gesetz als verletzt ansieht.

(2) Die Aufgabe des Bundesbeauftragten für die Informationsfreiheit wird von dem Bundesbeauftragten für den Datenschutz wahrgenommen.

(3) Die Bestimmungen des Bundesdatenschutzgesetzes[5)] in der am 24. Mai 2018 geltenden Fassung über die Kontrollaufgaben des Bundesbeauftragten für den Datenschutz (§ 24 Abs. 1 und 3 bis 5), über Beanstandungen (§ 25 Abs. 1 Satz 1 Nr. 1 und 4, Satz 2 und Abs. 2 und 3) sowie über weitere Aufgaben gemäß § 26 Abs. 1 bis 3 gelten entsprechend.

§ 13 Änderung anderer Vorschriften. *(hier nicht wiedergegeben)*

§ 14 Bericht und Evaluierung. [1] Die Bundesregierung unterrichtet den Deutschen Bundestag zwei Jahre vor Außerkrafttreten über die Anwendung dieses Gesetzes. [2] Der Deutsche Bundestag wird das Gesetz ein Jahr vor Außerkrafttreten auf wissenschaftlicher Grundlage evaluieren.

§ 15 Inkrafttreten. Dieses Gesetz tritt am 1. Januar 2006 in Kraft.

[1)] Nr. **600**.

[2)] § 10 Abs. 1 Satz 1, Abs. 3 Satz 1 geänd., Satz 2 neu gef. mWv 15.8.2013 durch G v. 7.8.2013 (BGBl. I S. 3154); Abs. 3 Satz 1 geänd. mWv 27.6.2020 durch VO v. 19.6.2020 (BGBl I S. 1328).

[3)] Nr. **120**.

[4)] § 12 Abs. 3 geänd. mWv 26.11.2019 durch G v. 20.11.2019 (BGBl. I S. 1626).

[5)] **Wehrrecht Nr. 800.**

115. Gesetz über den unmittelbaren Zwang bei Ausübung öffentlicher Gewalt durch Vollzugsbeamte des Bundes (UZwG)

Vom 10. März 1961
(BGBl. I S. 165)

FNA 201-5

geänd. durch Art. 17 Erstes StrafrechtsreformG v. 25.6.1969 (BGBl. I S. 645), Art. 37 und Art. 326 Abs. 5 Nr. 6 EinführungsG zum Strafgesetzbuch v. 2.3.1974 (BGBl. I S. 469, geänd. 1984 I S. 1654), Art. 5 Zehntes LuftverkehrsG-ÄndG v. 23.7.1992 (BGBl. I S. 1370), Art. 6 EisenbahnneuordnungsG v. 27.12.1993 (BGBl. I S. 2378), Art. 3 G zur Reform der Güterkraftverkehrsrechts v. 22.6.1998 (BGBl. I S. 1485), Art. 23 Siebente ZuständigkeitsanpassungsVO v. 29.10.2001 (BGBl. I S. 2785), Art. 28 Neunte ZuständigkeitsanpassungsVO v. 31.10.2006 (BGBl. I S. 2407), Art. 36 Zehnte ZuständigkeitsanpassungsVO v. 31.8.2015 (BGBl. I S. 1474), Art. 4 WSV-ZuständigkeitsanpassungsG v. 24.5.2016 (BGBl. I S. 1217), Art. 43 Elfte ZuständigkeitsanpassungsVO v. 19.6.2020 (BGBl. I S. 1328), Art. 3 G zur Anpassung von Gesetzen und Verordnungen an die neue Behördenbezeichnung des Bundesamtes für Güterverkehr v. 2.3.2023 (BGBl. 2023 I Nr. 56) und Art. 1 1. ÄndG v. 25.11.2025 (BGBl. 2025 I Nr. 281)

Inhaltsübersicht

Der Bundestag hat das folgende Gesetz beschlossen:

Erster Abschnitt. Allgemeine Vorschriften über den unmittelbaren Zwang

§ 1 Rechtliche Grundlagen. (1) Die Vollzugsbeamten des Bundes haben bei der in rechtmäßiger Ausübung ihres Dienstes zulässigen Anwendung unmittelbaren Zwanges nach den Vorschriften dieses Gesetzes zu verfahren.

(2) Soweit andere Gesetze Vorschriften über die Art der Anwendung unmittelbaren Zwanges enthalten, bleiben sie unberührt.

§ 2[1] Begriffsbestimmungen. (1) Unmittelbarer Zwang ist die Einwirkung auf Personen oder Sachen durch körperliche Gewalt, ihre Hilfsmittel und durch Waffen.

(2) Körperliche Gewalt ist jede unmittelbare körperliche Einwirkung auf Personen oder Sachen.

(3) Hilfsmittel der körperlichen Gewalt sind insbesondere Fesseln, Wasserwerfer, technische Sperren, Diensthunde, Dienstpferde und Dienstfahrzeuge.

(4) Waffen sind die dienstlich zugelassenen Hieb- und Schusswaffen, Distanz-Elektroimpulsgeräte, Reizstoffe und Explosivmittel.

§ 3 Einschränkung von Grundrechten. Soweit rechtmäßig unmittelbarer Zwang bei Ausübung öffentlicher Gewalt angewendet wird, werden die in Artikel 2 Abs. 2 Satz 1 und 2, Artikel 13 Abs. 1 des Grundgesetzes für die Bundesrepublik Deutschland[2] geschützten Grundrechte auf Leben, körperliche Unversehrtheit, Freiheit der Person und Unverletzlichkeit der Wohnung eingeschränkt.

§ 4 Grundsatz der Verhältnismäßigkeit. (1) Die Vollzugsbeamten haben bei der Anwendung unmittelbaren Zwanges unter mehreren möglichen und geeigneten Maßnahmen diejenigen zu treffen, die den einzelnen und die Allgemeinheit am wenigsten beeinträchtigen.

(2) Ein durch eine Maßnahme des unmittelbaren Zwanges zu erwartender Schaden darf nicht erkennbar außer Verhältnis zu dem beabsichtigten Erfolg stehen.

§ 5 Hilfeleistung für Verletzte. Wird unmittelbarer Zwang angewendet, ist Verletzten, soweit es nötig ist und die Lage es zuläßt, Beistand zu leisten und ärztliche Hilfe zu verschaffen.

§ 6[3] Vollzugsbeamte des Bundes. Vollzugsbeamte des Bundes nach diesem Gesetz sind

1. die Polizeivollzugsbeamten des Bundes (§ 1 des Bundespolizeibeamtengesetzes[4] vom 19. Juli 1960 – Bundesgesetzbl. I S. 569);
2. die Beamten des Zollgrenzdienstes (Grenzaufsichtsdienst und Grenzabfertigungsdienst), des Zollfahndungsdienstes, des Bewachungs- und Begleitungsdienstes und die übrigen Beamten der Bundesfinanzbehörden, die mit Vollzugsaufgaben betraut sind;
3. *(aufgehoben)*
4. die Beamten der Wasserstraßen- und Schifffahrtsverwaltung des Bundes mit strom- und schifffahrtspolizeilichen Befugnissen;
5. *(aufgehoben)*
6. die Beauftragten des Bundesamtes für Logistik und Mobilität, soweit sie mit Überwachungsaufgaben nach den §§ 11 bis 13 des Güterkraftverkehrsgesetzes betraut sind;

---

[1] § 2 Abs. 4 geänd. mWv 28.11.2025 durch G v. 25.11.2025 (BGBl. 2025 I Nr. 281).

[2] Nr. **1**.

[3] § 6 Nr. 5 aufgeh. durch G v. 23.7.1992 (BGBl. I S. 1370); Nr. 3 aufgeh. durch G v. 27.12.1993 (BGBl. I S. 2378); Nr. 6 neu gef. durch G v. 22.6.1998 (BGBl. I S. 1485); Nr. 4 geänd. mWv 1.6.2016 durch G v. 24.5.2016 (BGBl. I S. 1217); Nr. 6 geänd. mWv 9.3.2023 durch G v. 2.3.2023 (BGBl. 2023 I Nr. 56).

[4] Nr. **200**.

7. die Beamten der Bundesgerichte und der Behörden der Bundesjustizverwaltung, die mit Vollzugs- und Sicherungsaufgaben betraut sind;
8. andere Personen, die durch die zuständigen Bundesbehörden mit Aufgaben betraut sind, die den unter den Nummern 1 bis 7 aufgeführten Beamten obliegen;
9. die der Dienstgewalt von Bundesbehörden unterstehenden Personen, die mit Aufgaben der Strafverfolgung oder der Verfolgung von Ordnungswidrigkeiten im Sinne des Gesetzes über Ordnungswidrigkeiten[1)] betraut sind, wenn sie sich in Ausübung dieser Tätigkeit im Vollzugsdienst befinden.

§ 7[2)] Handeln auf Anordnung. (1) [1] Vollzugsbeamte sind verpflichtet, unmittelbaren Zwang anzuwenden, der im Vollzugsdienst von ihrem Vorgesetzten oder einer sonst dazu befugten Person angeordnet wird. [2] Dies gilt nicht, wenn die Anordnung die Menschenwürde verletzt oder nicht zu dienstlichen Zwecken erteilt worden ist.

(2) [1] Eine Anordnung darf nicht befolgt werden, wenn dadurch eine Straftat begangen würde. [2] Befolgt der Vollzugsbeamte die Anordnung trotzdem, so trifft ihn eine Schuld nur, wenn er erkennt oder wenn es nach den ihm bekannten Umständen offensichtlich ist, daß dadurch eine Straftat begangen wird.

(3) Bedenken gegen die Rechtmäßigkeit der Anordnung hat der Vollzugsbeamte dem Anordnenden gegenüber vorzubringen, soweit das nach den Umständen möglich ist.

(4) § 56 Abs. 2 und 3 des Bundesbeamtengesetzes[3)] in der Fassung der Bekanntmachung vom 17. Juli 1971 (Bundesgesetzbl. I S. 1181) ist nicht anzuwenden.

Zweiter Abschnitt. Besondere Vorschriften für Fesselung und den Gebrauch von Schußwaffen und Explosivmitteln

§ 8 Fesselung von Personen. Wer im Gewahrsam von Vollzugsbeamten ist, darf gefesselt werden, wenn

1. die Gefahr besteht, daß er die Vollzugsbeamten oder Dritte angreift, oder wenn er Widerstand leistet;
2. er zu fliehen versucht oder wenn bei Würdigung aller Tatsachen, besonders der persönlichen Verhältnisse und der Umstände, die einer Flucht entgegenstehen, zu befürchten ist, daß er sich aus dem Gewahrsam befreien wird;
3. Selbstmordgefahr besteht.

§ 9[4)] Zum Gebrauch von Schußwaffen Berechtigte. Bei Anwendung unmittelbaren Zwanges ist der Gebrauch von Schußwaffen nur gestattet

1. den Polizeivollzugsbeamten des Bundes (§ 1 des Bundespolizeibeamtengesetzes[5)] vom 19. Juli 1960 – Bundesgesetzbl. I S. 569);

[1)] **Habersack Nr. 94.**

[2)] § 7 Abs. 2 Sätze 1 und 2 und Abs. 4 geänd. durch G v. 2.3.1974 (BGBl. I S. 469).

[3)] Nr. **160**.

[4)] § 9 Nr. 5 aufgeh. durch G v. 23.7.1992 (BGBl. I S. 1370); Nr. 3 aufgeh. durch G v. 27.12.1993 (BGBl. I S. 2378); Nr. 4 geänd. mWv 7.11.2001 durch VO v. 29.10.2001 (BGBl. I S. 2785); Nr. 4 geänd. mWv 8.11.2006 durch VO v. 31.10.2006 (BGBl. I S. 2407); Nr. 4 geänd. mWv 8.9.2015 durch VO v. 31.8.2015 (BGBl. I S. 1474); Nr. 4 geänd. mWv 1.6.2016 durch G v. 24.5.2016 (BGBl. I S. 1217).

[5)] Nr. **200**.

2. den Beamten des Grenzaufsichtsdienstes und denen des Grenzabfertigungsdienstes, wenn sie Grenzaufsichtsdienst verrichten, des Zollfahndungsdienstes und des Bewachungs- und Begleitungsdienstes;
3. *(aufgehoben)*
4. den Beamten der Wasserstraßen- und Schifffahrtsverwaltung des Bundes mit strom- und schifffahrtspolizeilichen Befugnissen nach näherer Anweisung des Bundesministeriums für Verkehr und digitale Infrastruktur;
5. *(aufgehoben)*
6. den mit Vollzugs- und Sicherungsaufgaben betrauten Beamten der Bundesgerichte und der Behörden der Bundesjustizverwaltung;
7. anderen Personen, die durch die zuständigen Bundesbehörden mit Aufgaben betraut sind, die den unter den Nummern 1 bis 6 aufgeführten Beamten obliegen;
8. den der Dienstgewalt von Bundesbehörden unterstehenden Personen, die mit Aufgaben der Strafverfolgung betraut sind, wenn sie sich in Ausübung dieser Tätigkeit im Vollzugsdienst befinden.

§ 10[1)] Schußwaffengebrauch gegen Personen. (1) Schußwaffen dürfen gegen einzelne Personen nur gebraucht werden,

1. um die unmittelbar bevorstehende Ausführung oder die Fortsetzung einer rechtswidrigen Tat zu verhindern, die sich den Umständen nach
   a) als ein Verbrechen
   oder

(Fortsetzung nächstes Blatt)

[1)] § 10 Abs. 1 Nr. 1 einl. Satzteil, Nr. 2 Buchst. a und Nr. 3 Buchst. a geänd. durch G v. 2.3.1974 (BGBl. I S. 469, geänd. durch G v. 20.12.1984, BGBl. I S. 1654).

b) als ein Vergehen, das unter Anwendung oder Mitführung von Schußwaffen oder Sprengstoffen begangen werden soll oder ausgeführt wird,

darstellt;

2. um eine Person, die sich der Festnahme oder der Feststellung ihrer Person durch die Flucht zu entziehen versucht, anzuhalten, wenn sie
   a) bei einer rechtswidrigen Tat auf frischer Tat betroffen wird, die sich den Umständen nach als ein Verbrechen darstellt oder als ein Vergehen, das unter Anwendung oder Mitführung von Schußwaffen oder Sprengstoffen begangen wird,
   b) eines Verbrechens dringend verdächtig ist oder
   c) eines Vergehens dringend verdächtig ist und Anhaltspunkte befürchten lassen, daß sie von einer Schußwaffe oder einem Sprengstoff Gebrauch machen werde;
3. zur Vereitlung der Flucht oder zur Wiederergreifung einer Person, die sich in amtlichem Gewahrsam befindet oder befand
   a) zur Verbüßung einer Freiheitsstrafe wegen einer Straftat mit Ausnahme des Strafarrestes,
   b) zum Vollzug der Unterbringung in der Sicherungsverwahrung,
   c) wegen des dringenden Verdachts eines Verbrechens,
   d) auf Grund richterlichen Haftbefehls oder
   e) sonst wegen des dringenden Verdachts eines Vergehens, wenn zu befürchten ist, daß sie von einer Schußwaffe oder einem Sprengstoff Gebrauch machen werde;
4. gegen eine Person, die mit Gewalt einen Gefangenen oder jemanden, dessen Unterbringung in
   a) der Sicherungsverwahrung (§ 66 des Strafgesetzbuches[1]),
   b) einem psychiatrischen Krankenhaus (§ 63 des Strafgesetzbuches, § 126 a der Strafprozeßordnung[2]) oder
   c) einer Entziehungsanstalt (§ 64 des Strafgesetzbuches, § 126 a der Strafprozeßordnung)

   angeordnet ist, aus dem amtlichen Gewahrsam zu befreien versucht.

(2) Schußwaffen dürfen gegen eine Menschenmenge nur dann gebraucht werden, wenn von ihr oder aus ihr heraus Gewalttaten begangen werden oder unmittelbar bevorstehen und Zwangsmaßnahmen gegen einzelne nicht zum Ziele führen oder offensichtlich keinen Erfolg versprechen.

(3) Das Recht zum Gebrauch von Schußwaffen auf Grund anderer gesetzlicher Vorschriften bleibt unberührt.

§ 11 Schußwaffengebrauch im Grenzdienst. (1) [1]Die in § 9 Nr. 1, 2, 7 und 8 genannten Vollzugsbeamten können im Grenzdienst Schußwaffen auch gegen Personen gebrauchen, die sich der wiederholten Weisung, zu halten oder die Überprüfung ihrer Person oder der etwa mitgeführten Beförderungsmittel und Gegenstände zu dulden, durch die Flucht zu entziehen versuchen. [2]Ist

[1]) **Schönfelder Nr. 85.**
[2]) **Schönfelder Nr. 90.**

anzunehmen, daß die mündliche Weisung nicht verstanden wird, so kann sie durch einen Warnschuß ersetzt werden.

(2) Als Grenzdienst gilt auch die Durchführung von Bundes- und Landesaufgaben, die den in Absatz 1 bezeichneten Personen im Zusammenhang mit dem Grenzdienst übertragen sind.

§ 12 Besondere Vorschriften für den Schußwaffengebrauch.

(1) [1] Schußwaffen dürfen nur gebraucht werden, wenn andere Maßnahmen des unmittelbaren Zwanges erfolglos angewendet sind oder offensichtlich keinen Erfolg versprechen. [2] Gegen Personen ist ihr Gebrauch nur zulässig, wenn der Zweck nicht durch Waffenwirkung gegen Sachen erreicht wird.

(2) [1] Der Zweck des Schußwaffengebrauchs darf nur sein, angriffs- oder fluchtunfähig zu machen. [2] Es ist verboten, zu schießen, wenn durch den Schußwaffengebrauch für die Vollzugsbeamten erkennbar Unbeteiligte mit hoher Wahrscheinlichkeit gefährdet werden, außer wenn es sich beim Einschreiten gegen eine Menschenmenge (§ 10 Abs. 2) nicht vermeiden läßt.

(3) Gegen Personen, die sich dem äußeren Eindruck nach im Kindesalter befinden, dürfen Schußwaffen nicht gebraucht werden.

§ 13 Androhung. (1) [1] Die Anwendung von Schußwaffen ist anzudrohen. [2] Als Androhung gilt auch die Abgabe eines Warnschusses. [3] Einer Menschenmenge gegenüber ist die Androhung zu wiederholen.

(2) Der Einsatz von Wasserwerfern und Dienstfahrzeugen gegen eine Menschenmenge ist anzudrohen.

§ 14 Explosivmittel. Die Vorschriften der §§ 9 bis 13 gelten entsprechend für den Gebrauch von Explosivmitteln.

Dritter Abschnitt. Schlußvorschriften

§ 15 Notstandsfall. (1) Unterstellt die Bundesregierung die Polizei eines Landes oder mehrerer Länder nach Artikel 91 Abs. 2 des Grundgesetzes für die Bundesrepublik Deutschland[1)] ihren Weisungen, so gilt dieses Gesetz auch für die unterstellten Polizeikräfte.

(2) *(gegenstandslos)*

§ 16 Beamtenrechtliche Rahmenvorschrift. Für die Vollzugsbeamten der Länder kann durch Landesgesetz eine dem Grundsatz des § 7 dieses Gesetzes entsprechende Regelung getroffen werden.

§ 17 Vollzugsbeamte im Land Berlin. *(gegenstandslos)*

[1)] Nr. 1.

§ 18[1]) Verwaltungsvorschriften. Die allgemeinen Verwaltungsvorschriften zu diesem Gesetz erläßt das Bundesministerium des Innern, für Bau und Heimat für seinen Geschäftsbereich; die anderen Bundesministerien erlassen sie für ihre Geschäftsbereiche im Einvernehmen mit dem Bundesministerium des Innern, für Bau und Heimat.

§ 19 Berlin-Klausel. *(gegenstandslos)*

§ 20 Inkrafttreten. (1) Dieses Gesetz tritt am 1. April 1961 in Kraft.

(2) Gleichzeitig tritt das Gesetz über den Waffengebrauch des Grenzaufsichtspersonals der Reichsfinanzverwaltung vom 2. Juli 1921 (Reichsgesetzbl. S. 935) außer Kraft.

[1]) § 18 geänd. mWv 7.11 2001 durch VO v. 29.10.2001 (BGBl. I S. 2785); geänd. mWv 27.6.2020 durch VO v. 19.6.2020 (BGBl. I S. 1328).

117. Gesetz über die Anwendung unmittelbaren Zwanges und die Ausübung besonderer Befugnisse durch Soldatinnen und Soldaten der Bundeswehr und verbündeter Streitkräfte sowie durch zivile Wachpersonen (UZwGBw)[1)]

Vom 12. August 1965

(BGBl. I S. 796)

FNA 55-6

geänd. durch Art. 159 EinführungsG zum Strafgesetzbuch v. 2.3.1974 (BGBl. I S. 469), Art. 2 G zu dem Vertragswerk über die deutsch-niederländische militärische Zusammenarbeit v. 11.9.1998 (BGBl. I S. 2405), Art. 12 Telekommunikationsüberwachung-NeuregelungsG v. 21.12.2007 (BGBl. I S. 3198) und Art. 9 G zur Stärkung der Militärischen Sicherheit in der Bundeswehr v. 9.1.2026 (BGBl. 2026 I Nr. 7)

Der Bundestag hat mit Zustimmung des Bundesrates das folgende Gesetz beschlossen:

1. Abschnitt. Allgemeine Vorschriften

§ 1[2)] Berechtigte Personen. (1) Soldatinnen und Soldaten der Bundeswehr, denen militärische Wach- oder Sicherheitsaufgaben übertragen sind, sind befugt, in rechtmäßiger Erfüllung dieser Aufgaben nach den Vorschriften dieses Gesetzes

1. Personen anzuhalten, zu überprüfen, vorläufig festzunehmen und zu durchsuchen,
2. Sachen sicherzustellen und zu beschlagnahmen und
3. unmittelbaren Zwang gegen Personen und Sachen anzuwenden.

(2) Soldatinnen und Soldaten verbündeter Streitkräfte, die im Einzelfall mit der Wahrnehmung militärischer Wach- oder Sicherheitsaufgaben betraut werden können, unterstehen den von der Bundesministerin oder von dem Bundesminister der Verteidigung bestimmten und dieser oder diesem für die Wahrnehmung des Wach- oder Sicherheitsdienstes verantwortlichen Vorgesetzten; Soldatinnen und Soldaten verbündeter Streitkräfte können dann die Befugnisse nach diesem Gesetz ausüben.

(3) [1] Wer, ohne Soldatin oder Soldat zu sein, mit militärischen Wachaufgaben der Bundeswehr beauftragt ist (zivile Wachperson), hat in rechtmäßiger Erfüllung dieser Aufgaben die Befugnisse nach diesem Gesetz, soweit sie ihm durch das Bundesministerium der Verteidigung oder durch eine von diesem bestimmte Stelle übertragen werden. [2] Zivile Wachpersonen, denen Befugnisse nach diesem Gesetz übertragen werden, müssen daraufhin überprüft werden, ob sie die folgenden Voraussetzungen erfüllen:

1. persönliche Zuverlässigkeit,
2. körperliche Eignung,
3. ausreichende Vorbildung im Wachdienst und
4. gute Kenntnisse der Befugnisse nach diesem Gesetz.

[1)] Überschrift neu gef. mWv 16.1.2026 durch G v. 9.1.2026 (BGBl. 2026 I Nr. 7).

[2)] § 1 neu gef. mWv 16.1.2026 durch G v. 9.1.2026 (BGBl. 2026 I Nr. 7).

[3] Sie müssen zudem das 18. Lebensjahr vollendet und sollen das 67. Lebensjahr nicht überschritten haben.

§ 2[1)] Militärische Bereiche und Sicherheitsbereiche. (1) Militärische Bereiche im Sinne dieses Gesetzes sind Anlagen, Einrichtungen und Schiffe der Bundeswehr und der verbündeten Streitkräfte in der Bundesrepublik.

(2) [1] Militärische Sicherheitsbereiche im Sinne dieses Gesetzes sind militärische Bereiche (Absatz 1), deren Betreten durch die zuständigen Dienststellen verboten worden ist, und sonstige Örtlichkeiten, die das Bundesministerium der Verteidigung oder eine von ihm bestimmte Stelle vorübergehend gesperrt hat. [2] Sonstige Örtlichkeiten dürfen vorübergehend gesperrt werden, wenn dies aus Gründen der militärischen Sicherheit zur Erfüllung dienstlicher Aufgaben der Bundeswehr unerläßlich ist; die nächst erreichbare Polizeidienststelle ist hiervon unverzüglich zu unterrichten. [3] Militärische Sicherheitsbereiche müssen entsprechend gekennzeichnet werden.

(3) Die zuständigen Dienststellen der Bundeswehr können zur Wahrung der Sicherheit oder Ordnung in militärischen Sicherheitsbereichen für das Verhalten von Personen allgemeine Anordnungen erlassen und die nach diesem Gesetz befugten Personen ermächtigen, Einzelweisungen zu erteilen.

§ 3[2)] Straftaten gegen die Bundeswehr. (1) Straftaten gegen die Bundeswehr im Sinne dieses Gesetzes sind Straftaten gegen

1. Angehörige der Bundeswehr, zivile Wachpersonen oder Angehörige der verbündeten Streitkräfte
   a) während der rechtmäßigen Ausübung ihres Dienstes, wenn die Handlungen die Ausübung des Dienstes stören oder tätliche Angriffe sind,
   b) während ihres Aufenthalts in militärischen Bereichen oder Sicherheitsbereichen (§ 2), wenn die Handlungen tätliche Angriffe sind,
2. militärische Bereiche oder Gegenstände der Bundeswehr oder der verbündeten Streitkräfte in der Bundesrepublik,
3. die militärische Geheimhaltung in der Bundeswehr oder in den verbündeten Streitkräften.

(2) Angehörige der verbündeten Streitkräfte im Sinne des Absatzes 1 sind Soldatinnen und Soldaten sowie Beamtinnen und Beamte und mit militärischen Aufgaben, insbesondere mit Wach- oder Sicherheitsaufgaben beauftragte sonstige Zivilbedienstete der verbündeten Streitkräfte in der Bundesrepublik Deutschland.

(3) [1] Verbündete Streitkräfte sind die Streitkräfte solcher Staaten, mit denen die Bundesrepublik Deutschland zum Zwecke der Landes- und Bündnisverteidigung sowie im Einklang mit Artikel 51 der Charta der Vereinten Nationen eine Verpflichtung zum gegenseitigen Beistand oder zur gegenseitigen Hilfe und Unterstützung im Falle eines bevorstehenden oder bereits erfolgten bewaffneten Angriffs auf einen der Partner eingegangen ist. [2] Hierzu zählen insbesondere die Mitgliedstaaten der Europäischen Union und die Vertragsstaaten des Nordatlantikvertrages.

---

1) § 2 Abs. 2 Satz 1 geänd. durch G v. 11.9.1998 (BGBl. II S. 2405).

2) § 3 Abs. 1 einl Satzteil geänd. durch G v. 2.3.1974 (BGBl. I S. 469); Abs. 2 neu gef., Abs. 3 angef. mWv 16.1.2026 durch G v. 9.1.2026 (BGBl. 2026 I Nr. 7).

2. Abschnitt. Anhalten, Personenüberprüfung, vorläufige Festnahme, Durchsuchung, Beschlagnahme und Voraussetzungen des unmittelbaren Zwanges

§ 4[1] Anhalten und Überprüfen von Personen im militärischen Sicherheitsbereich. (1) Zur Feststellung seiner Person und seiner Berechtigung zum Aufenthalt in einem militärischen Sicherheitsbereich (§ 2 Abs. 2) kann angehalten und überprüft werden, wer
1. sich in einem solchen Bereich aufhält,
2. einen solchen Bereich betreten oder verlassen will.

(2) Angehalten und überprüft werden kann auch, wer unmittelbar nach dem Verlassen des militärischen Sicherheitsbereichs oder dem Versuch, ihn zu betreten, verfolgt wird, wenn den Umständen nach anzunehmen ist, daß er nicht berechtigt ist, sich in diesem Bereich aufzuhalten.

§ 5 Weitere Personenüberprüfung. (1) Wer nach § 4 der Personenüberprüfung unterliegt, kann zum Wachvorgesetzten oder zur nächsten Dienststelle der Bundeswehr gebracht werden, wenn
1. seine Person oder Aufenthaltsberechtigung nicht sofort festgestellt werden kann oder
2. er einer Straftat gegen die Bundeswehr dringend verdächtig ist und Gefahr im Verzuge ist.

(2) [1] Wer nach Absatz 1 zum Wachvorgesetzten oder zu einer Dienststelle der Bundeswehr gebracht worden ist, ist sofort zu überprüfen. [2] Er darf nur weiter festgehalten werden, wenn die Voraussetzungen der vorläufigen Festnahme vorliegen und die Festnahme erklärt wird; andernfalls ist er sofort freizulassen.

§ 6 Vorläufige Festnahme. (1) Wer nach § 5 zum Wachvorgesetzten oder zu einer Dienststelle der Bundeswehr gebracht worden ist und einer Straftat gegen die Bundeswehr dringend verdächtig ist, kann bei Gefahr im Verzug vom Wachvorgesetzten oder vom Leiter der Dienststelle oder dessen Beauftragten vorläufig festgenommen werden, wenn die Voraussetzungen eines Haftbefehls oder eines Unterbringungsbefehls nach der Strafprozeßordnung[2] vorliegen.

(2) [1] Der Festgenommene ist, sofern er nicht wieder in Freiheit gesetzt wird, unverzüglich der Polizei zu überstellen. [2] Er kann unmittelbar dem Amtsrichter des Bezirks, in dem er festgenommen worden ist, vorgeführt werden, wenn die Frist nach § 128 Abs. 1 Strafprozeßordnung abzulaufen droht oder wenn dies aus Gründen besonderer militärischer Geheimhaltung geboten ist.

§ 7[3] Durchsuchung und Beschlagnahme bei Personenüberprüfung.

(1) [1] Wer nach § 4 der Personenüberprüfung unterliegt, kann bei Gefahr im Verzug durchsucht werden, wenn gegen ihn der Verdacht einer Straftat gegen die Bundeswehr besteht und zu vermuten ist, daß die Durchsuchung zur Auffindung von Beweismitteln führen werde. [2] Die von einer solchen Person mitgeführten

---

[1] § 4 Überschrift neu gef. mWv 16.1.2026 durch G v. 9.1.2026 (BGBl. 2026 I Nr. 7).

[2] **Habersack Nr. 90.**

[3] § 7 Abs. 2 Satz 1 geänd. durch G v. 2.3.1974 (BGBl. I S. 469); Abs. 2 Satz 2 geänd. mWv 1.1.2008 durch G v. 21.12.2007 (BGBl. I S. 3198); Abs. 1 Satz 3 angef. mWv 16.1.2026 durch G v. 9.1.2026 (BGBl. 2026 I Nr. 7).

Gegenstände können gleichfalls durchsucht werden. [3] § 8a Absatz 5 gilt entsprechend.

(2) [1] Im Gewahrsam einer durchsuchten Person stehende Gegenstände können sichergestellt oder vorläufig beschlagnahmt werden, wenn sie durch eine vorsätzliche Straftat gegen die Bundeswehr hervorgebracht oder zur Begehung einer solchen Straftat geeignet sind oder als Beweismittel für die Untersuchung von Bedeutung sein können. [2] Die Vorschriften der §§ 96, 97 und 110 Abs. 1 und 2 der Strafprozeßordnung[1] sind anzuwenden.

(3) [1] Sichergestellte oder beschlagnahmte Gegenstände sind unverzüglich, spätestens binnen drei Tagen, der Polizei oder der Staatsanwaltschaft zu übergeben. [2] Die Pflicht zur Weitergabe dieser Gegenstände entfällt, wenn sie der überprüften Person vor Ablauf der Frist zurückgegeben oder zur Verfügung gestellt werden. [3] Gleiches gilt, wenn über diese Gegenstände der Bund oder die verbündeten Streitkräfte in der Bundesrepublik zu verfügen haben. [4] In diesem Fall ist der Polizei oder der Staatsanwaltschaft ein Verzeichnis dieser Gegenstände zu übersenden.

§ 8[2] Allgemeine Anordnung von Durchsuchungen. (1) Wenn es aus Gründen militärischer Sicherheit unerläßlich ist, kann das Bundesministerium der Verteidigung oder die von ihm bestimmte Stelle allgemein anordnen, daß Personen, die bestimmte militärische Sicherheitsbereiche (§ 2 Abs. 2) betreten oder verlassen, und die von ihnen mitgeführten Gegenstände durchsucht werden.

(2) Eine Anordnung nach Absatz 1 darf nur zur Feststellung von Gegenständen getroffen werden, die durch ein vorsätzliches Verbrechen oder Vergehen gegen die Bundeswehr hervorgebracht oder zur Begehung einer solchen Straftat geeignet sind oder als Beweismittel für die Untersuchung von Bedeutung sein können.

(3) § 7 Abs. 2 und 3 gilt entsprechend.

§ 8a[3] Identitätsfeststellung außerhalb eines militärischen Sicherheitsbereiches. (1) Die Feststellung der Identität einer Person und ihrer Berechtigung zum Aufenthalt in einem militärischen Bereich nach § 2 Absatz 1 kann erfolgen, wenn sich die Person

1. in einem solchen Bereich aufhält oder
2. einen solchen Bereich betreten oder verlassen will.

(2) [1] Die Feststellung der Identität einer Person im nahen Umfeld eines militärischen Sicherheitsbereiches nach § 2 Absatz 2 kann erfolgen, wenn tatsächliche Anhaltspunkte dafür vorliegen, dass durch das Verhalten der Person die Einsatzbereitschaft, Schlagkraft oder Sicherheit der Truppe gefährdet werden könnte und die Person

1. den militärischen Sicherheitsbereich oder militärische Aktivitäten in oder an dem militärischen Sicherheitsbereich mit oder ohne Hilfsmittel beobachtet oder
2. mit Gegenständen umgeht, die geeignet sind, eine solche Gefährdung herbeizuführen, insbesondere mit
   a) Waffen und ähnlich gefährlichen Gegenständen,
   b) Einbruchswerkzeugen,
   c) Beobachtungshilfen oder

---

[1] **Habersack Nr. 90.**
[2] § 8 Abs. 1 geänd. durch G v. 11.9.1998 (BGBl. II S. 2405).
[3] § 8a eingef. mWv 16.1.2026 durch G v. 9.1.2026 (BGBl. 2026 I Nr. 7).

d) unbemannten Luftfahrzeugen und Geräten zu deren Steuerung.

[2] Im nahen Umfeld eines militärischen Sicherheitsbereiches befindet sich, wer sich in Sicht- oder Rufweite dieses Bereiches aufhält. [3] § 4 Absatz 2 bleibt unberührt.

(3) [1] Die Feststellung der Identität einer Person außerhalb eines militärischen Bereiches nach § 2 Absatz 1 kann durch Soldatinnen und Soldaten mit Sicherheitsaufgaben erfolgen, wenn tatsächliche Anhaltspunkte dafür vorliegen, dass durch das Verhalten der Person die Einsatzbereitschaft, Schlagkraft oder Sicherheit der Truppe gefährdet werden könnte und die Person

1. militärische Aktivitäten mit oder ohne Hilfsmittel beobachtet oder
2. im nahen Umfeld militärischer Aktivitäten mit Gegenständen umgeht, die geeignet sind, eine solche Gefährdung herbeizuführen, insbesondere mit
   a) Waffen und ähnlich gefährlichen Gegenständen,
   b) Einbruchswerkzeugen,
   c) Beobachtungshilfen oder
   d) unbemannten Luftfahrzeugen und Geräten zu deren Steuerung.

[2] Militärische Aktivitäten sind alle dienstlichen Tätigkeiten der Streitkräfte im Geltungsbereich dieses Gesetzes.

(4) [1] Zur Feststellung der Identität nach den Absätzen 1 bis 3 können die erforderlichen Maßnahmen getroffen werden. [2] Insbesondere kann die betroffene Person angehalten, nach ihren Personalien befragt und von ihr verlangt werden, dass sie Angaben zur Feststellung ihrer Identität macht und mitgeführte Ausweispapiere zur Prüfung aushändigt. [3] Die betroffene Person kann festgehalten und zur nächstgelegenen Dienststelle der Bundeswehr oder der Polizei gebracht werden, wenn die Identität auf andere Weise nicht oder nur unter erheblichen Schwierigkeiten festgestellt werden kann. [4] § 5 Absatz 2 sowie § 6 gelten entsprechend.

(5) [1] Unter den Voraussetzungen des Absatzes 4 Satz 3 können die betroffene Person sowie die von ihr mitgeführten Gegenstände durchsucht werden. [2] Personen dürfen nur von Personen gleichen Geschlechts oder Ärzten durchsucht werden; dies gilt nicht, wenn Gefahr im Verzug vorliegt. [3] Dies ist insbesondere dann der Fall, wenn die sofortige Durchsuchung zum Schutz gegen eine Gefahr für Leib oder Leben erforderlich ist. [4] Bei der Durchsuchung von Sachen hat der Inhaber der tatsächlichen Gewalt das Recht, anwesend zu sein. [5] § 7 Absatz 2 und 3 gilt entsprechend.

§ 8b[1)] Durchsuchung zum Eigenschutz. (1) [1] Eine Person, die nach diesem Gesetz oder anderen Rechtsvorschriften der Personenüberprüfung oder der Identitätsfeststellung unterliegt, kann nach Waffen, Explosionsmitteln und anderen gefährlichen Gegenständen durchsucht werden, wenn dies nach den Umständen zum Schutz von Angehörigen der Bundeswehr, zivilen Wachpersonen oder Angehörigen der verbündeten Streitkräfte, der Person selbst oder eines Dritten gegen eine Gefahr für Leib oder Leben erforderlich ist. [2] Die von einer solchen Person mitgeführten Gegenstände können gleichfalls durchsucht werden.

(2) § 7 Absatz 2 und 3 gilt entsprechend.

§ 9 Voraussetzungen des unmittelbaren Zwanges. Unmittelbarer Zwang darf nach Maßgabe der Vorschriften des 3. Abschnittes nur angewandt werden, wenn dies den Umständen nach erforderlich ist und geschieht,

---

[1)] § 8b eingef. mWv 16.1.2026 durch G v. 9.1.2026 (BGBl. 2026 I Nr. 7).

1. um die unmittelbar bevorstehende Ausführung oder die Fortsetzung einer Straftat gegen die Bundeswehr zu verhindern,
2. um sonstige rechtswidrige Störungen der dienstlichen Tätigkeit der Bundeswehr zu beseitigen, wenn sie die Einsatzbereitschaft, Schlagkraft oder Sicherheit der Truppe gefährden,
3. um eine nach diesem Gesetz zulässige Maßnahme oder eine vorläufige Festnahme nach § 127 Abs. 1 der Strafprozeßordnung[1] wegen einer Straftat gegen die Bundeswehr zu erzwingen.

3. Abschnitt. Anwendung des unmittelbaren Zwanges

§ 10[2] Einzelmaßnahmen des unmittelbaren Zwanges. (1) Unmittelbarer Zwang ist die Einwirkung auf Personen oder Sachen durch körperliche Gewalt, ihre Hilfsmittel und durch Waffen.

(2) Körperliche Gewalt ist jede unmittelbare körperliche Einwirkung auf Personen oder Sachen.

(3) Hilfsmittel der körperlichen Gewalt sind insbesondere Fesseln, technische Sperren und Dienstfahrzeuge.

(4) Waffen sind die dienstlich zugelassenen Hieb- und Schusswaffen, Distanz-Elektroimpulsgeräte, Reizstoffe und Explosivmittel.

§ 11 Androhung der Maßnahmen des unmittelbaren Zwanges. Die Anwendung einer Maßnahme des unmittelbaren Zwanges ist anzudrohen, außer wenn es die Lage nicht zuläßt.

§ 12 Grundsatz der Verhältnismäßigkeit. (1) Bei der Anwendung unmittelbaren Zwanges ist von mehreren möglichen und geeigneten Maßnahmen diejenige zu treffen, die den einzelnen und die Allgemeinheit am wenigsten beeinträchtigt.

(2) [1]Eine Maßnahme des unmittelbaren Zwanges darf nicht durchgeführt werden, wenn der durch sie zu erwartende Schaden erkennbar außer Verhältnis zu dem beabsichtigten Erfolg steht. [2]Die Maßnahme darf nur so lange und so weit durchgeführt werden, wie ihr Zweck es erfordert.

§ 13 Hilfeleistung für Verletzte. Wird unmittelbarer Zwang angewandt, ist Verletzten, soweit es nötig ist und die Lage es zuläßt, beizustehen und ärztliche Hilfe zu verschaffen.

§ 14 Fesselung von Personen. Wer der weiteren Überprüfung nach § 5 Abs. 1 unterliegt oder vorläufig festgenommen worden ist, darf gefesselt werden, wenn
1. die Gefahr besteht, daß er Personen angreift, oder wenn er Widerstand leistet,
2. er zu fliehen versucht, oder wenn bei Würdigung aller Tatsachen, besonders der persönlichen Verhältnisse, die einer Flucht entgegenstehen, zu befürchten ist, daß er sich aus dem Gewahrsam befreien wird,
3. *Selbstmordgefahr besteht.*

---

[1] **Habersack Nr. 90.**
[2] § 10 Abs. 4 neu gef. mWv 16.1.2026 durch G v. 9.1.2026 (BGBl. 2026 I Nr. 7).

§ 15 Schußwaffengebrauch gegen Personen. (1) Schußwaffen dürfen gegen einzelne Personen nur gebraucht werden, wenn dies den Umständen nach erforderlich ist und geschieht,

1. um die unmittelbar bevorstehende Ausführung oder die Fortsetzung einer Straftat gegen die Bundeswehr zu verhindern, die sich darstellt als
   a) Verbrechen,
   b) Vergehen, das unter Anwendung oder Mitführung von Schußwaffen oder Explosivmitteln begangen werden soll oder ausgeführt wird,
   c) tätlicher Angriff gegen Leib oder Leben von Angehörigen der Bundeswehr, zivilen Wachpersonen oder Angehörigen der verbündeten Streitkräfte während der rechtmäßigen Ausübung ihres Dienstes oder ihres Aufenthalts in militärischen Bereichen oder Sicherheitsbereichen (§ 2),
   d) vorsätzliche unbefugte Zerstörung, Beschädigung, Veränderung, Unbrauchbarmachung oder Beseitigung eines Wehrmittels oder einer Anlage, einer Einrichtung oder eines Schiffes der Bundeswehr oder der verbündeten Streitkräfte, wenn dadurch die Sicherheit der Bundesrepublik Deutschland oder eines Entsendestaates einer verbündeten Streitkraft oder die Schlagkraft der deutschen oder der verbündeten Truppe oder Menschenleben gefährdet werden;
2. um eine Person anzuhalten, die sich der Personenüberprüfung nach diesem Gesetz trotz wiederholter Weisung, zu halten oder diese Überprüfung zu dulden, durch Flucht zu entziehen sucht;
3. um eine Person anzuhalten, die sich der vorläufigen Festnahme durch Flucht zu entziehen sucht, wenn sie bei einer Straftat im Sinne der Nummer 1 auf frischer Tat getroffen oder verfolgt wird;
4. um eine Person an der Flucht zu hindern oder sofort wiederzuergreifen, die sich zur Personenprüfung nach § 5 oder wegen dringenden Verdachts einer Straftat im Sinne der Nummer 1 im Gewahrsam der Bundeswehr befindet oder befand.

(2) Schußwaffen dürfen gegen eine Menschenmenge nur gebraucht werden, wenn von ihr oder aus ihr heraus Straftaten gegen die Bundeswehr unter Gewaltanwendung begangen werden oder solche Straftaten unmittelbar bevorstehen und Zwangsmaßnahmen gegen einzelne nicht zum Ziele führen oder offensichtlich keinen Erfolg versprechen.

§ 16 Besondere Vorschriften für den Schußwaffengebrauch. (1) [1] Schußwaffen dürfen nur gebraucht werden, wenn andere Maßnahmen des unmittelbaren Zwanges erfolglos angewandt sind oder offensichtlich keinen Erfolg versprechen. [2] Gegen Personen ist ihr Gebrauch nur zulässig, wenn der Zweck nicht durch Waffenwirkung gegen Sachen erreicht wird oder offensichtlich keinen Erfolg verspricht.

(2) [1] Zweck des Schußwaffengebrauchs darf nur sein, angriffs- oder fluchtunfähig zu machen. [2] Es ist verboten, zu schießen, wenn durch den Schußwaffengebrauch für den Handelnden erkennbar Unbeteiligte mit hoher Wahrscheinlichkeit gefährdet werden, außer wenn es sich beim Einschreiten gegen eine Menschenmenge (§ 15 Abs. 2) nicht vermeiden läßt.

(3) Gegen Personen, die sich dem äußeren Eindruck nach im Kindesalter befinden, dürfen Schußwaffen nicht gebraucht werden.

§ 17 Androhung des Schußwaffengebrauchs. (1) [1] Der Gebrauch von Schußwaffen ist anzudrohen. [2] Als Androhung gilt auch die Abgabe eines Warnschusses. [3] Einer Menschenmenge gegenüber ist die Androhung zu wiederholen.

(2) Schußwaffen dürfen ohne Androhung nur in den Fällen des § 15 Abs. 1 Nr. 1 Buchstabe a bis c und nur dann gebraucht werden, wenn der sofortige Gebrauch ohne Androhung das einzige Mittel ist, um eine Gefahr für Leib oder Leben eines Menschen oder die Gefahr eines besonders schweren Nachteils für Anlagen, Einrichtungen, Schiffe oder Wehrmittel der Bundeswehr oder der verbündeten Streitkräfte von bedeutendem Wert oder für die Sicherheit der Bundesrepublik Deutschland abzuwenden.

§ 18 Explosivmittel. Die Vorschriften der §§ 15 bis 17 gelten entsprechend für den Gebrauch von Explosivmitteln.

4. Abschnitt. Schlußvorschriften

§ 19 Einschränkung von Grundrechten. Die in Artikel 2 Abs. 2 Satz 1 und 2 des Grundgesetzes[1)] für die Bundesrepublik Deutschland geschützten Grundrechte auf Leben, körperliche Unversehrtheit und Freiheit der Person werden nach Maßgabe dieses Gesetzes eingeschränkt.

§ 20[2)] Entschädigung bei Sperrung sonstiger Örtlichkeiten. (1) Wird durch die vorübergehende Sperrung einer sonstigen Örtlichkeit nach § 2 Abs. 2 Satz 2 die gewöhnliche Nutzung des betroffenen Grundstücks derart beeinträchtigt, daß dadurch eine Ertragsminderung oder ein sonstiger Nutzungsausfall verursacht wird, so ist eine Entschädigung in Geld zu gewähren, die diesen Nachteil angemessen ausgleicht.

(2) Für die Entschädigung nach Absatz 1 gelten § 23 Absatz 4, die §§ 29 und 32 Absatz 2 sowie die §§ 34, 49, 58, 62, 64 und 65 des Bundesleistungsgesetzes entsprechend mit der Maßgabe, dass an die Stelle der Anforderungsbehörde das Bundesamt für Infrastruktur, Umweltschutz und Dienstleistungen der Bundeswehr tritt.

§ 20a[3)] Datenverarbeitung und Datenübermittlung. Die Verarbeitung personenbezogener Daten ist nur offen und bei der betroffenen Person durch den in § 1 benannten Personenkreis zulässig, wenn dies zur Erfüllung der durch dieses Gesetz übertragenen Befugnisse erforderlich ist.

§ 21 Inkrafttreten. Dieses Gesetz tritt drei Monate nach seiner Verkündung[4)] in Kraft.

[1)] *Nr. 1.*

[2)] § 20 Abs. 2 Satz 1 geänd. durch G v. 11.9.1998 (BGBl. II S. 2405); Abs. 2 neu gef. mWv 16.1.2026 durch G v. 9.1.2026 (BGBl. 2026 I Nr. 7).

[3)] § 20a eingef. mWv 16.1.2026 durch G v. 9.1.2026 (BGBl. 2026 I Nr. 7).

[4)] Verkündet am 17.8.1965.

120. Gesetz über Gebühren und Auslagen des Bundes (Bundesgebührengesetz – BGebG)[1)]

Vom 7. August 2013
(BGBl. I S. 3154)

FNA 202-5

geänd. durch Art. 3 G zur Einführung einer Infrastrukturabgabe für die Benutzung von Bundesfernstraßen v. 8.6.2015 (BGBl. I S. 904), Art. 3 AbschlussprüferaufsichtsreformG v. 31.3.2016 (BGBl. I S. 518), Art. 1 G zur Aktualisierung der Strukturreform des Gebührenrechts des Bundes v. 18.7.2016 (BGBl. I S. 1666), Art. 1 G zur Einbeziehung der Bundespolizei in den Anwendungsbereich des BundesgebührenG v. 10.3. 2017 (BGBl. I S. 417), Art. 1 G zur Änd. gebührenrechtlicher und weiterer Vorschriften über das Befahren der Bundeswasserstraßen durch die Schifffahrt v. 3.6.2021 (BGBl. I S. 1465), Art. 2 ÄndG zum FilmförderungsG v. 16.7.2021 (BGBl. I S. 3019) und Art. 7 Drittes G zur Änd. mautrechtlicher Vorschriften v. 21.11.2023 (BGBl. 2023 I Nr. 315)

Inhaltsübersicht

§ 1 Gebührenerhebung. Der Gebührengläubiger erhebt für individuell zurechenbare öffentliche Leistungen vom Gebührenschuldner Gebühren und Auslagen nach Maßgabe dieses Gesetzes und der Gebührenverordnungen nach § 22 Absatz 3 und 4.

§ 2[2)] Anwendungsbereich. (1) Dieses Gesetz gilt für die Gebühren und Auslagen öffentlich-rechtlicher Verwaltungstätigkeit der Behörden des Bundes und der

[1)] Verkündet als Art. 1 G v. 7.8.2013 (BGBl. I S. 3154); Inkrafttreten gem. Art. 5 Abs. 1 Satz 1 dieses G am 15.8.2013; gem. § 24 BGebG treten § 23 Abs. 2–8 am 1.10.2021 außer Kraft.

[2)] § 2 Abs. 2 Satz 2 Nr. 8 geänd. mWv 12.6.2015 durch G v. 8.6.2015 (BGBl. I S. 904); Abs. 2 Satz 2 Nr. 7 geänd. mWv 17.6.2016 durch G v. 31.3.2016 (BGBl. I S. 518); Abs. 2 Satz 2 Nr. 4 aufgeh., Nr. 5–8 werden Nr. 4–7 mWv 16.3.2017 durch G v. 10.3.2017 (BGBl. I S. 417); Abs. 2 Satz 2 Nr. 6 und 7 geänd., Nr. 8 angef. mWv 1.7.2021 durch G v. 3.6.2021 (BGBl. I S. 1465); Abs. 2 Satz 2 Nr. 4 geänd. mWv 1.10. 2021 durch G v. 16.7.2021 (BGBl. I S. 3019); Abs. 2 Satz 2 Nr. 7 geänd. mWv 25.11 2023 durch G v. 21.11.2023 (BGBl. 2023 I Nr. 315).

bundesunmittelbaren Körperschaften, Anstalten und Stiftungen des öffentlichen Rechts, soweit dieses Gesetz oder die Gebührenverordnungen nach § 22 Absatz 3 und 4 für individuell zurechenbare öffentliche Leistungen die Erhebung von Gebühren oder die Erstattung von Auslagen vorsehen.

(2) [1]Dieses Gesetz gilt auch für die Erhebung von Gebühren und Auslagen durch die in Absatz 1 genannten Behörden nach anderen Rechtsvorschriften des Bundes, soweit dort nichts anderes bestimmt ist. [2]Es gilt jedoch nicht für individuell zurechenbare öffentliche Leistungen

1. in Verfahren nach der Abgabenordnung,
2. in Verfahren nach dem Sozialgesetzbuch und der Postbeamtenkrankenkasse,
3. der Bundesbehörden der Justiz- und Gerichtsverwaltung sowie des Deutschen Patent- und Markenamtes, des Bundeskartellamtes und der Bundesnetzagentur, soweit sie als Regulierungsbehörde im Sinne des Energiewirtschaftsgesetzes[1)] auftritt,
4. der Stiftung Preußischer Kulturbesitz, der Akademie der Künste, der Deutschen Nationalbibliothek, der Stiftung zur Aufarbeitung der SED-Diktatur, der Stiftung Jüdisches Museum Berlin, der Stiftung Reichspräsident-Friedrich-Ebert-Gedenkstätte, der Stiftung Bundespräsident-Theodor-Heuss-Haus, der Stiftung Bundeskanzler-Adenauer-Haus, der Bundeskanzler-Helmut-Schmidt-Stiftung, der Otto-von-Bismarck-Stiftung, der Bundeskanzler-Willy-Brandt-Stiftung, der Bundeskanzler-Helmut-Kohl-Stiftung, der Stiftung „Haus der Geschichte der Bundesrepublik Deutschland“, der Stiftung Denkmal für die ermordeten Juden Europas, der Stiftung „Deutsches Historisches Museum“, der Stiftung Orte der deutschen Demokratiegeschichte, des Bundesinstituts für Kultur und Geschichte der Deutschen im östlichen Europa, der Filmförderungsanstalt und der Museumsstiftung Post und Telekommunikation,
5. des Deutschen Weinfonds und in Verfahren nach der Verordnung über den Klärschlamm-Entschädigungsfonds,
6. nach der Bundesrechtsanwaltsordnung[2)], der Patentanwaltsordnung, der Bundesnotarordnung[3)], der Wirtschaftsprüferordnung, dem Gesetz zur Einrichtung einer Abschlussprüferaufsichtsstelle beim Bundesamt für Wirtschaft und Ausfuhrkontrolle und dem Steuerberatungsgesetz,
7. nach dem Bundesfernstraßengesetz[4)], dem Fernstraßenbauprivatfinanzierungsgesetz[5)], dem Bundesfernstraßenmautgesetz[6)] und dem Mautsystemgesetz[7)] sowie
8. der Ermöglichung des Befahrens von Bundeswasserstraßen mit Wasserfahrzeugen.

[1)] Nr. 830.
[2)] **Habersack ErgBd. Nr. 98.**
[3)] ***Habersack ErgBd. Nr. 98a.***
[4)] Nr. 932.
[5)] **Sartorius III Nr. 148.**
[6)] **Sartorius III Nr. 270.**
[7)] **Sartorius III Nr. 271.**

(3) Dieses Gesetz findet keine Anwendung, soweit das Recht der Europäischen Union die Erhebung von Gebühren oder Auslagen für bestimmte Leistungen ausschließt.

§ 3[1] Begriffsbestimmungen. (1) Individuell zurechenbare öffentliche Leistungen sind

1. in Ausübung hoheitlicher Befugnisse erbrachte Handlungen,
2. die Ermöglichung der Inanspruchnahme von vom Bund oder von bundesunmittelbaren Körperschaften, Anstalten und Stiftungen unterhaltenen Einrichtungen und Anlagen, soweit die Ermöglichung der Inanspruchnahme öffentlich-rechtlich geregelt ist,
3. Überwachungsmaßnahmen, Prüfungen und Untersuchungen sowie
4. sonstige Handlungen, die im Rahmen einer öffentlich-rechtlichen Verwaltungstätigkeit erbracht werden,

soweit ihnen Außenwirkung zukommt.

(2) Individuell zurechenbar ist eine Leistung,

1. die beantragt oder sonst willentlich in Anspruch genommen wird,
2. die zugunsten des von der Leistung Betroffenen erbracht wird,
3. die durch den von der Leistung Betroffenen veranlasst wurde oder
4. bei der ein Anknüpfungspunkt im Pflichtenkreis des von der Leistung Betroffenen rechtlich begründet ist; für Stichprobenkontrollen gilt dies nur

(Fortsetzung nächstes Blatt)

[1] § 3 Abs. 1 Nr. 2 geänd. mWv 1.7.2021 durch G v. 3.6.2021 (BGBl. I S. 1465).

soweit diese nach anderen Gesetzen des Bundes oder Rechtsakten der Europäischen Union besonders angeordnet sind und von dem Gegenstand der Kontrolle eine erhebliche Gefahr ausgeht.

(3) [1] Kosten im Sinne dieses Gesetzes sind solche, die nach betriebswirtschaftlichen Grundsätzen als Einzel- und Gemeinkosten ansatzfähig sind, insbesondere Personal- und Sachkosten sowie kalkulatorische Kosten. [2] Zu den Gemeinkosten zählen auch die Kosten der Rechts- und Fachaufsicht.

(4) Gebühren sind öffentlich-rechtliche Geldleistungen, die der Gebührengläubiger vom Gebührenschuldner für individuell zurechenbare öffentliche Leistungen erhebt.

(5) Auslagen sind nicht von der Gebühr umfasste Kosten, die die Behörde für individuell zurechenbare öffentliche Leistungen im Einzelfall nach § 12 Absatz 1 oder 2 erhebt.

(6) Behörde im Sinne dieses Gesetzes ist jede Stelle, die Aufgaben der öffentlichen Verwaltung wahrnimmt.

§ 4 Entstehung der Gebührenschuld. (1) [1] Die Gebührenschuld entsteht mit Beendigung der individuell zurechenbaren öffentlichen Leistung. [2] Bedarf diese Leistung einer Zustellung, Eröffnung oder sonstigen Bekanntgabe, so gilt dies als deren Beendigung.

(2) Abweichend von Absatz 1 entsteht die Gebührenschuld,

1. wenn ein Antrag oder ein Widerspruch zurückgenommen wird oder sich auf sonstige Weise erledigt, mit der Zurücknahme oder der sonstigen Erledigung und
2. wenn eine individuell zurechenbare öffentliche Leistung aus Gründen, die der Betroffene zu vertreten hat, nicht zum festgesetzten Termin erbracht werden kann oder abgebrochen werden muss, im Zeitpunkt des für die Erbringung der Leistung festgesetzten Termins oder des Abbruchs der Leistung.

§ 5 Gebührengläubiger. Gebührengläubiger ist

1. der Rechtsträger der Behörde, die die individuell zurechenbare öffentliche Leistung erbringt, oder
2. der Beliehene, wenn die individuell zurechenbare öffentliche Leistung von diesem erbracht wird.

§ 6 Gebührenschuldner. (1) Zur Zahlung von Gebühren ist derjenige verpflichtet,

1. dem die öffentliche Leistung individuell zurechenbar ist,
2. der die Gebührenschuld eines anderen durch eine gegenüber der Behörde abgegebene oder ihr mitgeteilte Erklärung übernommen hat oder
3. der für die Gebührenschuld eines anderen kraft Gesetzes haftet.

(2) Mehrere Gebührenschuldner haften als Gesamtschuldner.

§ 7 Sachliche Gebührenfreiheit. Gebühren werden nicht erhoben

1. für mündliche, einfache schriftliche oder elektronische Auskünfte,
2. für einfache Auskünfte aus Registern und Dateien,
3. für einfache elektronische Kopien,
4. in Gnadensachen,

5. bei Dienstaufsichtsbeschwerden,
6. für Maßnahmen der Rechts- und Fachaufsicht gegenüber bundesunmittelbaren Körperschaften, Anstalten und Stiftungen des öffentlichen Rechts,
7. im Rahmen eines bestehenden oder früheren Dienst- oder Amtsverhältnisses,
8. im Rahmen einer bestehenden oder früheren gesetzlichen Dienstpflicht oder einer Tätigkeit, die anstelle der gesetzlichen Dienstpflicht geleistet werden kann,
9. für Entscheidungen im Rahmen der Bewilligung von Geldleistungen sowie für in diesem Zusammenhang erforderliche Abwicklungsmaßnahmen und Durchführungskontrollen,
10. für Entscheidungen über Stundung, Erlass oder Erstattung von Gebühren,
11. für Sachen im Gemeingebrauch, soweit in Gesetzen des Bundes nichts anderes bestimmt ist.

§ 8 Persönliche Gebührenfreiheit. (1) Die Bundesrepublik Deutschland und die bundesunmittelbaren Körperschaften, Anstalten und Stiftungen des öffentlichen Rechts, deren Ausgaben auf Grund gesetzlicher Verpflichtung ganz oder teilweise aus dem Haushalt des Bundes getragen werden, sind von der Zahlung der Gebühren für individuell zurechenbare öffentliche Leistungen befreit.

(2) [1] Die Länder und die landesunmittelbaren Körperschaften, Anstalten und Stiftungen des öffentlichen Rechts, deren Ausgaben auf Grund gesetzlicher Verpflichtung ganz oder teilweise aus dem Haushalt des Landes getragen werden, sowie die Gemeinden und Gemeindeverbände sind gebührenbefreit, soweit der Empfänger der individuell zurechenbaren öffentlichen Leistung dem Bund ebenfalls Gebührenfreiheit einräumt. [2] Nicht befreit sind wirtschaftliche Unternehmen der Länder sowie der Gemeinden und Gemeindeverbände. [3] Der Empfänger der individuell zurechenbaren öffentlichen Leistung hat entsprechende Angaben von Amts wegen zu machen. [4] Die Erhebung von Gebühren für die Inanspruchnahme öffentlicher Einrichtungen durch die Behörden des Bundes bleibt durch die Sätze 1 bis 3 unberührt.

(3) [1] Die Gebührenfreiheit tritt nicht ein, soweit die in Absatz 1 oder 2 Genannten gegenüber der Behörde erklären, dass sie berechtigt sind, die Gebühren Dritten aufzuerlegen oder sonst auf Dritte umzulegen. [2] Die in Absatz 1 oder 2 Genannten haben entsprechende Angaben von Amts wegen zu machen.

(4) Abweichend von Absatz 1 oder 2 bleibt die Gebührenpflicht bestehen, wenn die individuell zurechenbare öffentliche Leistung durch folgende Behörden erbracht wird:

1. Bundesanstalt für Geowissenschaften und Rohstoffe,
2. Physikalisch-Technische Bundesanstalt,
3. Bundesanstalt für Materialforschung und -prüfung,
4. Bundessortenamt,
5. Bundesamt für Seeschifffahrt und Hydrographie,
6. Berufsgenossenschaft für Transport und Verkehrswirtschaft,
7. Bundesamt für Strahlenschutz,
8. Akkreditierungsstelle,

9. die in § 31b Absatz 1 des Luftverkehrsgesetzes[1)] genannte Flugsicherungsorganisation sowie das Bundesaufsichtsamt für Flugsicherung im Aufgabenbereich der Flugsicherung,
10. Paul-Ehrlich-Institut, mit Ausnahme von individuell zurechenbaren öffentlichen Leistungen, die für die Länder, Gemeinden oder Gemeindeverbände erbracht werden,
11. Bundesinstitut für Arzneimittel und Medizinprodukte, mit Ausnahme von individuell zurechenbaren öffentlichen Leistungen, die für die Länder, Gemeinden oder Gemeindeverbände erbracht werden,
12. Bundesarchiv für die Nutzung von Archivgut im Sinne der Bundesarchiv-Benutzungsverordnung[2)].

§ 9 Grundlagen der Gebührenbemessung. (1) [1]Die Gebühr soll die mit der individuell zurechenbaren öffentlichen Leistung verbundenen Kosten aller an der Leistung Beteiligten decken, soweit die Kosten nicht als Auslagen nach § 12 Absatz 1 oder 2 abzurechnen sind. [2]In die Gebühr sind die mit der Leistung regelmäßig verbundenen Auslagen einzubeziehen. [3]Zur Ermittlung der Gebühr nach Satz 1 sind die Kosten im Sinne des § 3 Absatz 3 zu Grunde zu legen.

(2) Kommt der individuell zurechenbaren öffentlichen Leistung ein in Geld berechenbarer wirtschaftlicher Wert oder ein in Geld berechenbarer wirtschaftlicher Nutzen für den von der Leistung Betroffenen zu, kann dieser Wert oder Nutzen zusätzlich zu den Kosten angemessen berücksichtigt werden.

(3) Die nach Absatz 1 oder 2 bestimmte Gebührenhöhe darf zu der individuell zurechenbaren öffentlichen Leistung nicht außer Verhältnis stehen und insbesondere kein wesentliches Hindernis für die Inanspruchnahme der Leistung durch den Gebührenschuldner darstellen.

(4) Aus Gründen des öffentlichen Interesses oder der Billigkeit kann eine niedrigere Gebühr als die in den Absätzen 1 bis 3 vorgesehene Gebühr oder eine Gebührenbefreiung bestimmt werden.

(5) Die Behörde kann Gebührenbefreiungen oder -ermäßigungen gewähren, wenn die Festsetzung der nach den Absätzen 1 bis 4 bestimmten Gebühr im Einzelfall unbillig wäre.

(6) Unterliegt die individuell zurechenbare öffentliche Leistung der Umsatzsteuer, kann diese der Gebühr hinzugerechnet werden.

§ 10 Gebühren in besonderen Fällen. (1) [1]Die Gebühren sind nach Maßgabe der Absätze 2 bis 7 festzusetzen, wenn
1. ein Antrag abgelehnt oder ein Widerspruch zurückgewiesen wird,
2. ein Verwaltungsakt zurückgenommen oder widerrufen wird,
3. ein Antrag oder ein Widerspruch zurückgenommen wird oder sich auf sonstige Weise erledigt,
4. eine individuell zurechenbare öffentliche Leistung aus Gründen, die der Betroffene zu vertreten hat, nicht zum festgesetzten Termin erbracht werden kann oder aus diesen Gründen abgebrochen werden muss und

---

[1)] **Sartorius ErgBd. Nr. 975.**
[2)] **Sartorius III Nr. 834b.**

5. ein Verwaltungsakt nach Ablauf einer bestimmten Frist auf Grund einer Rechtsvorschrift als erlassen gilt.

[2] Bemessungsgrundlage sind die Kosten nach § 9 Absatz 1. [3] Aus Gründen des öffentlichen Interesses oder der Billigkeit kann eine niedrigere Gebühr oder eine Gebührenbefreiung bestimmt werden.

(2) [1] Wird ein Antrag ganz oder teilweise abgelehnt, ist eine Gebühr bis zu der Höhe zu erheben, die für die beantragte individuell zurechenbare öffentliche Leistung vorgesehen ist. [2] Wird der Antrag allein wegen Unzuständigkeit der Behörde abgelehnt, wird keine Gebühr erhoben.

(3) [1] Für die Entscheidung über einen Widerspruch ist, soweit dieser erfolglos geblieben ist, eine Gebühr bis zu der Höhe zu erheben, die für die angefochtene Leistung vorgesehen ist. [2] Bei einem Widerspruch, der sich allein gegen die Festsetzung von Gebühren und Auslagen richtet, beträgt die Gebühr bis zu 25 Prozent des Betrags, hinsichtlich dessen dem Widerspruch nicht abgeholfen wurde. [3] Hat der Widerspruch nur deshalb keinen Erfolg, weil die Verletzung einer Verfahrens- oder Formvorschrift nach § 45 des Verwaltungsverfahrensgesetzes[1)] unbeachtlich ist, wird keine Gebühr erhoben.

(4) Für die Rücknahme oder den Widerruf eines Verwaltungsaktes ist, soweit der Adressat dies zu vertreten hat, eine Gebühr bis zu der Höhe der für den Erlass des Verwaltungsaktes im Zeitpunkt der Rücknahme oder des Widerrufs vorgesehenen Gebühr zu erheben.

(5) [1] Wird ein Antrag zurückgenommen oder erledigt er sich auf sonstige Weise, bevor die individuell zurechenbare öffentliche Leistung vollständig erbracht ist, sind bis zu 75 Prozent der für die Leistung vorgesehenen Gebühr zu erheben. [2] Wird ein Widerspruch zurückgenommen oder erledigt er sich auf sonstige Weise, bevor der Widerspruchsbescheid erlassen ist, beträgt die Gebühr bis zu 75 Prozent des Betrags, der für die angefochtene Leistung festgesetzt wurde. [3] Keine Gebühr ist zu erheben, wenn die Behörde mit der sachlichen Bearbeitung noch nicht begonnen hat, soweit sich aus Absatz 6 nichts anderes ergibt.

(6) Kann eine individuell zurechenbare öffentliche Leistung aus Gründen, die der Betroffene zu vertreten hat, nicht zum festgesetzten Termin erbracht werden oder muss sie aus diesen Gründen abgebrochen werden, ist eine Gebühr bis zur Höhe des für die vollständige Leistung vorgesehenen Betrags zu erheben.

(7) Für einen Verwaltungsakt, der nach Ablauf einer bestimmten Frist auf Grund einer Rechtsvorschrift als erlassen gilt, beträgt die Gebühr bis zu 75 Prozent des Betrags, der für den durch den Ablauf der Frist ersetzten Verwaltungsakt vorgesehen ist.

§ 11 Gebührenarten. Die Gebühren sind wie folgt zu bestimmen:

1. durch feste Sätze (Festgebühren),
2. nach dem Zeitaufwand für die individuell zurechenbare öffentliche Leistung (Zeitgebühren) oder
3. durch Rahmensätze (Rahmengebühren).

---

1) Nr. **100**.

§ 12 Auslagen. (1) [1] Kosten, die nicht bereits nach § 9 Absatz 1 Satz 2 in die Gebühr einbezogen sind, werden als Auslagen gesondert in der tatsächlich entstandenen Höhe erhoben für

1. Zeugen, Sachverständige, Umweltgutachter, Dolmetscher oder Übersetzer,
2. Leistungen anderer Behörden und Dritter,
3. Dienstreisen und Dienstgänge,
4. Zustellung oder öffentliche Bekanntmachung und
5. Ausfertigungen und Papierkopien, die auf besonderen Antrag erstellt werden.

[2] Auslagen sind auch dann zu erheben, wenn die individuell zurechenbare öffentliche Leistung nach den §§ 7, 8, 9 Absatz 4 oder 5, § 10 Absatz 2 bis 6 gebührenfrei oder die Gebühr ermäßigt ist.

(2) Abweichend von Absatz 1 kann bestimmt werden, dass

1. bestimmte Auslagen nach Absatz 1 Satz 1 nicht gesondert erhoben werden,
2. auch andere als die in Absatz 1 Satz 1 bezeichneten Auslagen gesondert erhoben werden; dies gilt nicht für einfache elektronische Kopien,
3. Auslagen pauschal oder bis zu einem Höchstbetrag erhoben werden und
4. Auslagen nicht oder nicht in voller Höhe erhoben werden, wenn die individuell zurechenbare öffentliche Leistung gebührenfrei oder die Gebühr ermäßigt ist.

(3) Für Auslagen gelten die §§ 4 bis 6, 9 Absatz 4 bis 6, § 10 Absatz 3 sowie die §§ 13 und 14 sowie die §§ 16 bis 21 entsprechend.

§ 13 Gebührenfestsetzung. (1) [1] Gebühren werden von Amts wegen schriftlich oder elektronisch festgesetzt. [2] Die Gebührenfestsetzung soll zusammen mit der Sachentscheidung erfolgen. [3] Gebühren, die bei richtiger Behandlung der Sache durch die Behörde nicht entstanden wären, werden nicht erhoben.

(2) Bei Festsetzung einer Rahmengebühr nach § 11 Nummer 3 ist § 9 Absatz 1 bis 3 anzuwenden.

(3) [1] Die Festsetzung sowie ihre Aufhebung oder Änderung ist nicht mehr zulässig, wenn die Festsetzungsfrist abgelaufen ist. [2] Die Festsetzungsfrist beträgt vier Jahre. [3] Sie beginnt mit Ablauf des Kalenderjahres, in dem der Gebührenanspruch entstanden ist. [4] Die Festsetzungsfrist läuft nicht ab, solange

1. über einen vor Ablauf der Frist gestellten Antrag auf Aufhebung oder Änderung der Festsetzung oder einen eingelegten Rechtsbehelf nicht unanfechtbar entschieden worden ist oder
2. der Anspruch wegen höherer Gewalt innerhalb der letzten sechs Monate der Festsetzungsfrist nicht verfolgt werden kann.

§ 14 Fälligkeit. Die Gebühr wird zehn Tage nach der Bekanntgabe der Gebührenfestsetzung an den Gebührenschuldner fällig, sofern die Behörde keinen anderen Zeitpunkt festlegt.

§ 15 Vorschusszahlung und Sicherheitsleistung. (1) Die Behörde kann eine individuell zurechenbare öffentliche Leistung, die auf Antrag zu erbringen ist, von der Zahlung eines Vorschusses oder von der Leistung einer Sicherheit bis zur Höhe der voraussichtlich entstehenden Gebühren und Auslagen abhängig machen.

(2) Dem Antragsteller ist eine Frist zur Zahlung des Vorschusses oder zur Leistung der Sicherheit zu setzen.

§ 16 Säumniszuschlag. (1) [1] Werden Gebühren nicht bis zum Ablauf des Fälligkeitstages entrichtet, so ist für jeden angefangenen Monat der Säumnis ein Säumniszuschlag von 1 Prozent des abgerundeten rückständigen Betrags zu entrichten. [2] Der Säumniszuschlag wird nur erhoben, wenn der rückständige Betrag 50 Euro übersteigt und die Säumnis länger als drei Tage beträgt.

(2) Für die Berechnung des Säumniszuschlages ist der rückständige Betrag auf volle 50 Euro abzurunden.

(3) Eine wirksam geleistete Gebühr gilt als entrichtet

1. bei Übergabe oder Übersendung von Zahlungsmitteln am Tag des Eingangs bei der für den Gebührengläubiger zuständigen Kasse (Bundeskasse oder Zahlstelle); bei Hingabe oder Übersendung von Schecks jedoch drei Tage nach dem Tag des Eingangs des Schecks bei der zuständigen Kasse,
2. bei Überweisung oder Einzahlung auf ein Konto der zuständigen Kasse und bei Einzahlung mit Zahlschein oder Postanweisung an dem Tag, an dem der Betrag der Kasse gutgeschrieben wird, oder
3. bei Vorliegen einer Einzugsermächtigung am Fälligkeitstag.

(4) [1] In den Fällen der Gesamtschuld entstehen Säumniszuschläge gegenüber jedem säumigen Gesamtschuldner. [2] Insgesamt ist jedoch kein höherer Säumniszuschlag zu entrichten, als verwirkt worden wäre, wenn die Säumnis nur bei einem Gesamtschuldner eingetreten wäre.

§ 17 Stundung, Niederschlagung und Erlass. Stundung, Niederschlagung und Erlass von festgesetzten Gebühren richten sich nach § 59 der Bundeshaushaltsordnung[1)].

§ 18 Zahlungsverjährung. (1) [1] Der Anspruch auf Zahlung von Gebühren verjährt nach fünf Jahren. [2] Die Verjährung beginnt mit dem Ablauf des Kalenderjahres, in dem der Anspruch erstmals fällig geworden ist.

(2) Die Verjährung ist gehemmt, solange der Anspruch wegen höherer Gewalt innerhalb der letzten sechs Monate der Verjährungsfrist nicht verfolgt werden kann.

§ 19 Unterbrechung der Zahlungsverjährung. (1) Die Verjährung nach § 18 wird unterbrochen durch

1. schriftliche Geltendmachung des Anspruchs,
2. Zahlungsaufschub,
3. Stundung,
4. Aussetzung der Vollziehung,
5. Sicherheitsleistung,
6. Vollstreckungsaufschub,
7. eine Vollstreckungsmaßnahme,
8. Anmeldung im Insolvenzverfahren,

---

1) Nr. **700**.

9. Aufnahme in einen Insolvenzplan oder einen gerichtlichen Schuldenbereinigungsplan,
10. Einbeziehung in ein Verfahren, das die Restschuldbefreiung für den Schuldner zum Ziel hat, oder
11. Ermittlungen des Gläubigers nach dem Wohnsitz oder dem Aufenthaltsort des Gebührenschuldners.

(2) Die Unterbrechung der Verjährung durch eine der in Absatz 1 genannten Maßnahmen dauert fort bis

1. die Stundung, die Aussetzung der Vollziehung oder der Vollstreckungsaufschub beendet ist,
2. bei Sicherheitsleistung, Pfändungspfandrecht, Zwangshypothek oder einem sonstigen Vorzugsrecht auf Befriedigung das entsprechende Recht erloschen ist,
3. das Insolvenzverfahren beendet ist,
4. der Insolvenzplan oder der gerichtliche Schuldenbereinigungsplan erfüllt ist oder hinfällig wird,
5. die Restschuldbefreiung erteilt oder versagt wird oder das Verfahren, das die Restschuldbefreiung zum Ziel hat, vorzeitig beendet wird oder
6. die Ermittlung der Behörde nach dem Wohnsitz oder dem Aufenthalt des Gebührenschuldners beendet ist.

(3) Mit Ablauf des Kalenderjahres, in dem die Unterbrechung endet, beginnt eine neue Verjährungsfrist.

(4) Die Verjährung wird nur in Höhe des Betrags unterbrochen, auf den sich die Unterbrechung bezieht.

§ 20 Rechtsbehelf. (1) [1] Die Gebührenfestsetzung kann zusammen mit der Sachentscheidung oder selbständig angefochten werden. [2] Der Rechtsbehelf gegen eine Sachentscheidung erstreckt sich auch auf die Gebührenfestsetzung.

(2) Wird die Gebührenfestsetzung selbständig angefochten, so ist das Rechtsbehelfsverfahren gebührenrechtlich als selbständiges Verfahren zu behandeln.

§ 21 Erstattung. (1) Überzahlte oder zu Unrecht erhobene Gebühren sind unverzüglich zu erstatten, zu Unrecht erhobene Gebühren aber nur, solange ihre Festsetzung noch anfechtbar ist.

(2) Der Erstattungsanspruch erlischt durch Verjährung, wenn er nicht bis zum Ablauf des dritten Kalenderjahres geltend gemacht wird, das auf die Entstehung des Anspruchs folgt; die Verjährung beginnt jedoch nicht vor der Unanfechtbarkeit der Gebührenfestsetzung.

§ 22 Gebührenverordnungen. (1) [1] Durch Gebührenverordnungen nach Ab- *satz 3 oder 4 sind für individuell* zurechenbare öffentliche Leistungen Gebühren vorzusehen. [2] Die Gebühren sind nach Maßgabe des § 9 Absatz 1 bis 4, des § 10 Absatz 1 Satz 3 sowie des § 11 zu bestimmen. [3] Für Auslagen gilt § 12 Absatz 2. [4] Des Weiteren kann die Stelle bestimmt werden, die die Gebühren und Auslagen einzieht.

(2) Soweit ein Rechtsakt der Europäischen Union oder ein völkerrechtlicher Vertrag im Einzelnen inhaltlich bestimmte Vorgaben für die Erhebung von Gebühren und Auslagen enthält, die von diesem Gesetz abweichen, ist die

Erhebung von Gebühren und Auslagen nach Maßgabe des Rechtsaktes oder Vertrages durch Gebührenverordnung nach Absatz 3 oder 4 zu bestimmen.

(3) Die Bundesregierung erlässt ohne Zustimmung des Bundesrates durch Allgemeine Gebührenverordnung folgende Bestimmungen, soweit sie für den Bereich der Bundesverwaltung einheitlich gelten sollen:

1. Vorgaben zur Ermittlung der Gebühr nach § 9 Absatz 1 einschließlich der Bemessung von Zeitgebühren nach § 11 Nummer 2,
2. Gebührenregelungen für Beglaubigungen und Bescheinigungen sowie
3. Pauschalierung von Auslagen nach § 12 Absatz 2 Nummer 3.

(4) [1] Die Bundesministerien erlassen ohne Zustimmung des Bundesrates Besondere Gebührenverordnungen für ihren Zuständigkeitsbereich, soweit keine Regelungen durch die Allgemeine Gebührenverordnung nach Absatz 3 getroffen wurden. [2] Regelungen der Besonderen Gebührenverordnungen nach Satz 1 finden keine Anwendung, soweit nach Erlass einer Besonderen Gebührenverordnung inhaltsgleiche oder entgegenstehende Bestimmungen durch die Allgemeine Gebührenverordnung nach Absatz 3 getroffen wurden.

(5) [1] Die durch Gebührenverordnungen nach Absatz 3 oder 4 festgelegten Gebühren sind regelmäßig, mindestens alle fünf Jahre, zu überprüfen und, soweit erforderlich, anzupassen. [2] Bei einer Anpassung gelten für eine individuell zurechenbare öffentliche Leistung, die bereits beantragt oder begonnen, aber noch nicht vollständig erbracht wurde, die bisherigen Vorschriften fort, soweit durch Gebührenverordnungen nach Absatz 3 oder 4 nichts anderes bestimmt ist.

§ 23[1) 2)] **Übergangsregelung.** (1) Für die Erhebung von Gebühren und Auslagen für eine individuell zurechenbare öffentliche Leistung, die vor dem 15. August 2013 beantragt oder begonnen, aber noch nicht vollständig erbracht wurde, ist das Verwaltungskostengesetz[3) 4)] in der bis zum 14. August 2013 geltenden Fassung weiter anzuwenden.

(2) Für die Erhebung von Gebühren und Auslagen durch die in § 2 Absatz 1 genannten Behörden nach Rechtsvorschriften, die vor dem 15. August 2013 erlassen wurden, gilt dieses Gesetz nach Maßgabe der Absätze 3 bis 7.

(3) [1] Soweit nichts anderes bestimmt ist, sind die Gebührensätze so zu bemessen, dass zwischen der den Verwaltungsaufwand berücksichtigenden Höhe der Gebühr einerseits und der Bedeutung, dem wirtschaftlichen Wert oder dem sonstigen Nutzen der individuell zurechenbaren öffentlichen Leistung andererseits ein angemessenes Verhältnis besteht. [2] Ist gesetzlich vorgesehen, dass Gebühren nur zur Deckung des Verwaltungsaufwandes erhoben werden, sind die Gebührensätze so zu bemessen, dass die Gebühr die mit der individuell zurechenbaren öffentlichen Leistung verbundenen Kosten nicht übersteigt. [3] § 9 Absatz 1 wird nicht angewendet. [4] § 6 des Verwaltungskostengesetzes in der bis zum 14. August 2013 geltenden Fassung[5)] ist weiter anzuwenden.

---

1) § 23 Abs. 8 Satz 1 neu gef. mWv 23. 7. 2016 durch G v. 18. 7. 2016 (BGBl. I S. 1666).
2) § 23 Abs. 2–8 treten am 1. 10. 2021 außer Kraft; vgl. § 24 dieses G.
3) **Gewerberecht Nr. 940.**
4) Siehe nunmehr das Bundesgebührengesetz (BGebG) (Nr. **120**).
5) § 6 in der bis zum 14. 8. 2013 geltenden Fassung lautet:

„*§ 6 Kostenermäßigung und* **Kostenbefreiung.** Für bestimmte Arten von Amtshandlungen können aus Gründen der Billigkeit oder des öffentlichen Interesses Gebührenermäßigung und Auslagenermäßigung sowie Gebührenbefreiung und Auslagenbefreiung vorgesehen oder zugelassen werden."

(4) [1] Ist die Gebühr nach dem Wert des Gegenstandes zu berechnen, so ist der Wert zum Zeitpunkt der Beendigung der individuell zurechenbaren öffentlichen Leistung maßgeblich. [2] Sind Rahmensätze für Gebühren vorgesehen, ist § 9 Absatz 1 des Verwaltungskostengesetzes in der bis zum 14. August 2013[1)] geltenden Fassung weiter anzuwenden, soweit nichts anderes bestimmt ist. [3] § 13 Absatz 2 wird nicht angewendet.

(5) [1] § 10 wird nicht angewendet. [2] Für die Ablehnung, Rücknahme oder Erledigung eines Antrags sowie für die Rücknahme oder den Widerruf eines Verwaltungsaktes ist § 15 des Verwaltungskostengesetzes in der bis zum 14. August 2013 geltenden Fassung[2)] weiter anzuwenden, soweit nichts anderes bestimmt ist. [3] Für die Rückweisung, Zurücknahme oder Erledigung eines Widerspruchs sind die Rechtsvorschriften, die vor dem 15. August 2013 erlassen wurden, weiter anzuwenden.

(6) [1] § 12 Absatz 1 und 2 wird nicht angewendet. [2] Für die Erhebung von Auslagen ist § 10 des Verwaltungskostengesetzes in der bis zum 14. August 2013 geltenden Fassung[3)] weiter anzuwenden.

[1)] § 9 Abs. 1 in der bis zum 14. 8. 2013 geltenden Fassung lautet:

„**§ 9 Gebührenbemessung.** (1) Sind Rahmensätze für Gebühren vorgesehen, so sind bei der Festsetzung der Gebühr im Einzelfall zu berücksichtigen

1. der mit der Amtshandlung verbundene Verwaltungsaufwand, soweit Aufwendungen nicht als Auslagen gesondert berechnet werden, und
2. die Bedeutung, der wirtschaftliche Wert oder der sonstige Nutzen der Amtshandlung für den Gebührenschuldner sowie dessen wirtschaftliche Verhältnisse."

[2)] § 15 in der bis zum 14. 8. 2013 geltenden Fassung lautet:

„**§ 15 Gebühren in besonderen Fällen.** (1) Wird ein Antrag ausschließlich wegen Unzuständigkeit der Behörde abgelehnt, so wird keine Gebühr erhoben.

(2) Wird ein Antrag auf Vornahme einer Amtshandlung zurückgenommen, nachdem mit der sachlichen Bearbeitung begonnen, die Amtshandlung aber noch nicht beendet ist, oder wird ein Antrag aus anderen Gründen als wegen Unzuständigkeit abgelehnt, oder wird eine Amtshandlung zurückgenommen oder widerrufen, so ermäßigt sich die vorgesehene Gebühr um ein Viertel; sie kann bis zu einem Viertel der vorgesehenen Gebühr ermäßigt oder es kann von ihrer Erhebung abgesehen werden, wenn dies der Billigkeit entspricht."

[3)] § 10 in der bis zum 14. 8. 2013 geltenden Fassung lautet:

„**§ 10 Auslagen.** (1) Soweit die Auslagen nicht bereits in die Gebühr einbezogen sind und die Erstattung von Auslagen vorgesehen ist, die im Zusammenhang mit einer Amtshandlung entstehen, werden vom Gebührenschuldner folgende Auslagen erhoben:

1. Fernsprechgebühren im Fernverkehr, Telegrafen- und Fernschreibgebühren,
2. Aufwendungen für weitere Ausfertigungen, Abschriften und Auszüge, die auf besonderen Antrag erteilt werden; für die Berechnung der Auslagen gelten die Vorschriften der Nummer 9000 der Anlage 1 des Gerichtskostengesetzes in der jeweils geltenden Fassung,
3. Aufwendungen für Übersetzungen, die auf besonderen Antrag gefertigt werden,
4. Kosten, die durch öffentliche Bekanntmachung entstehen, mit Ausnahme der hierbei erwachsenden Postgebühren,
5. die in entsprechender Anwendung des Justizvergütungs- und -entschädigungsgesetzes zu zahlenden Beträge; erhält ein Sachverständiger auf Grund des § 1 Abs. 2 Satz 2 jenes Gesetzes keine Vergütung, so ist der Betrag zu erheben, der ohne diese Vorschrift nach dem Gesetz zu zahlen wäre,
6. die bei Geschäften außerhalb der Dienststelle den Verwaltungsangehörigen auf Grund gesetzlicher oder vertraglicher Bestimmungen gewährten Vergütungen (Reisekostenvergütung, Auslagenersatz) und die Kosten für die Bereitstellung von Räumen,
7. die Beträge, die anderen in- und ausländischen Behörden, öffentlichen Einrichtungen oder Beamten zustehen; und zwar auch dann, wenn aus Gründen der Gegenseitigkeit, der Verwaltungsvereinfachung und dergleichen an die Behörden, Einrichtungen oder Beamten keine Zahlungen zu leisten sind,
8. die Kosten für die Beförderung von Sachen, mit Ausnahme der hierbei erwachsenden Postgebühren, und die Verwahrung von Sachen."

(Fortsetzung der Anm. auf nächster Seite)

(7) Die §§ 1 bis 22 sowie die Absätze 1 bis 6 gelten nicht für Gebühren und Auslagen des Auswärtigen Amts und der Vertretungen des Bundes im Ausland.

(8) [1] Die Absätze 2 bis 7 finden keine Anwendung

1. für die durch Artikel 3 des Gesetzes zur Aktualisierung der Strukturreform des Gebührenrechts des Bundes vom 18. Juli 2016 (BGBl. I S. 1666) geänderten Regelungen nach dem 1. Oktober 2019 und
2. für die durch Artikel 4 des Gesetzes zur Aktualisierung der Strukturreform des Gebührenrechts des Bundes vom 18. Juli 2016 (BGBl. I S. 1666) geänderten Regelungen nach dem 1. Oktober 2021.

[2] Durch Besondere Gebührenverordnung nach § 22 Absatz 4 kann bestimmt werden, dass die Absätze 2 bis 7 bereits zu einem früheren als den in Satz 1 bestimmten Zeitpunkten für den jeweiligen Anwendungsbereich der Besonderen Gebührenverordnung nicht anwendbar sind.

§ 24[1)] Außerkrafttreten. § 23 Absatz 2 bis 8 tritt am 1. Oktober 2021 außer Kraft.

(Fortsetzung der Anm. von voriger Seite:

„*(2) Die Erstattung der in Absatz 1 aufgeführten Auslagen kann auch verlangt werden, wenn für eine Amtshandlung Gebührenfreiheit besteht oder von der Gebührenerhebung abgesehen wird.*"

[1)] § 24 geänd. mWv 23. 7. 2016 durch G v. 18. 7. 2016 (BGBl. I S. 1666).

150. Gesetz zur Regelung des Statusrechts der Beamtinnen und Beamten in den Ländern (Beamtenstatusgesetz – BeamtStG)

Vom 17. Juni 2008
(BGBl. I S. 1010)

FNA 2030-1-9

geänd. durch Art. 15 Abs. 16 DienstrechtsneuordnungsG v. 5.2.2009 (BGBl. I S. 160), Art. 6 Abs. 3 G zur Reform der strafrechtlichen Vermögensabschöpfung v. 13.4.2017 (BGBl. I S. 872), Art. 3 G zur Neuregelung des Mutterschutzrechts v. 23.5.2017 (BGBl. I S. 1228), Art. 2 G zu bereichsspezifischen Regelungen der Gesichtsverhüllung und zur Änd. weiterer dienstrechtlicher Vorschriften v. 8.6.2017 (BGBl. I S. 1570), Art. 1 G zur Änd. des BeamtenstatusG und des BundesbeamtenG sowie weiterer dienstrechtlicher Vorschriften v. 29.11. 2018 (BGBl. I S. 2232), Art. 10 Zweites Datenschutz-Anpassungs- und UmsetzungsG EU v. 20.11.2019 (BGBl. I S. 1626), Art. 2 G zur Regelung des Erscheinungsbilds von Beamtinnen und Beamten sowie zur Änd. weiterer dienstrechtl. Vorschriften v. 28.6.2021 (BGBl. I S. 2250), Art. 4 G für einen besseren Schutz hinweisgebender Personen sowie zur Umsetzung der RL zum Schutz von Personen, die Verstöße gegen das Unionsrecht melden v. 31.5.2023 (BGBl. 2023 I Nr 140) und Art. 5 G zur Beschleunigung von Disziplinarverfahren in der Bundesverwaltung und zur Änd. weiterer dienstrechtl. Vorschriften v. 20.12.2023 (BGBl. 2023 I Nr. 389)

Der Bundestag hat mit Zustimmung des Bundesrates das folgende Gesetz beschlossen:

Inhaltsübersicht[1)]

[1)] Inhaltsübersicht geänd. mWv 7.12.2018 durch G v. 29.11.2018 (BGBl. I S. 2232); geänd. mWv 7.7.2021 durch G v. 28.6.2021 (BGBl. I S. 2250).

Abschnitt 1. Allgemeine Vorschriften

§ 1 Geltungsbereich. Dieses Gesetz regelt das Statusrecht der Beamtinnen und Beamten der Länder, Gemeinden und Gemeindeverbände sowie der sonstigen der Aufsicht eines Landes unterstehenden Körperschaften, Anstalten und Stiftungen des öffentlichen Rechts.

§ 2 Dienstherrnfähigkeit. Das Recht, Beamtinnen und Beamte zu haben, besitzen

1. Länder, Gemeinden und Gemeindeverbände,
2. sonstige Körperschaften, Anstalten und Stiftungen des öffentlichen Rechts, die dieses Recht im Zeitpunkt des Inkrafttretens dieses Gesetzes besitzen oder

denen es durch ein Landesgesetz oder aufgrund eines Landesgesetzes verliehen wird.

Abschnitt 2. Beamtenverhältnis

§ 3 Beamtenverhältnis. (1) Beamtinnen und Beamte stehen zu ihrem Dienstherrn in einem öffentlich-rechtlichen Dienst- und Treueverhältnis (Beamtenverhältnis).

(2) Die Berufung in das Beamtenverhältnis ist nur zulässig zur Wahrnehmung

1. hoheitsrechtlicher Aufgaben oder
2. solcher Aufgaben, die aus Gründen der Sicherung des Staates oder des öffentlichen Lebens nicht ausschließlich Personen übertragen werden dürfen, die in einem privatrechtlichen Arbeitsverhältnis stehen.

§ 4 Arten des Beamtenverhältnisses. (1) [1] Das Beamtenverhältnis auf Lebenszeit dient der dauernden Wahrnehmung von Aufgaben nach § 3 Abs. 2. [2] Es bildet die Regel.

(2) Das Beamtenverhältnis auf Zeit dient

a) der befristeten Wahrnehmung von Aufgaben nach § 3 Abs. 2 oder
b) der zunächst befristeten Übertragung eines Amtes mit leitender Funktion.

(3) Das Beamtenverhältnis auf Probe dient der Ableistung einer Probezeit

a) zur späteren Verwendung auf Lebenszeit oder
b) zur Übertragung eines Amtes mit leitender Funktion.

(4) Das Beamtenverhältnis auf Widerruf dient

a) der Ableistung eines Vorbereitungsdienstes oder
b) der nur vorübergehenden Wahrnehmung von Aufgaben nach § 3 Abs. 2.

§ 5 Ehrenbeamtinnen und Ehrenbeamte. (1) Als Ehrenbeamtin oder Ehrenbeamter kann berufen werden, wer Aufgaben im Sinne des § 3 Abs. 2 unentgeltlich wahrnehmen soll.

(2) Die Rechtsverhältnisse der Ehrenbeamtinnen und Ehrenbeamten können durch Landesrecht abweichend von den für Beamtinnen und Beamte allgemein geltenden Vorschriften geregelt werden, soweit es deren besondere Rechtsstellung erfordert.

(3) Ein Ehrenbeamtenverhältnis kann nicht in ein Beamtenverhältnis anderer Art, ein solches Beamtenverhältnis nicht in ein Ehrenbeamtenverhältnis umgewandelt werden.

§ 6 Beamtenverhältnis auf Zeit. Für die Rechtsverhältnisse der Beamtinnen auf Zeit und Beamten auf Zeit gelten die Vorschriften für Beamtinnen auf Lebenszeit und Beamte auf Lebenszeit entsprechend, soweit durch Landesrecht nichts anderes bestimmt ist.

§ 7[1)] Voraussetzungen des Beamtenverhältnisses. (1) [1] In das Beamtenverhältnis darf nur berufen werden, wer

---

[1)] § 7 Abs. 1 Nr. 1 einl. Satzteil, Buchst. c und Abs. 2 geänd. mWv 7.12.2018 durch G v. 29.11.2018 (BGBl. I S. 2232); Abs. 1 Satz 2 angef. mWv 7.7.2021 durch G v. 28.6.2021 (BGBl. I S. 2250).

1. Deutsche oder Deutscher im Sinne des Artikels 116 Absatz 1 des Grundgesetzes[1)] ist oder die Staatsangehörigkeit
   a) eines anderen Mitgliedstaates der Europäischen Union oder
   b) eines anderen Vertragsstaates des Abkommens über den Europäischen Wirtschaftsraum oder
   c) eines Drittstaates, dem die Bundesrepublik Deutschland und die Europäische Union vertraglich einen entsprechenden Anspruch auf Anerkennung von Berufsqualifikationen eingeräumt haben,

   besitzt,
2. die Gewähr dafür bietet, jederzeit für die freiheitliche demokratische Grundordnung im Sinne des Grundgesetzes einzutreten, und
3. die nach Landesrecht vorgeschriebene Befähigung besitzt.

[2] In das Beamtenverhältnis darf nicht berufen werden, wer unveränderliche Merkmale des Erscheinungsbilds aufweist, die mit der Erfüllung der Pflichten nach § 34 Absatz 2 nicht vereinbar sind.

(2) Wenn die Aufgaben es erfordern, darf nur eine Deutsche oder ein Deutscher im Sinne des Artikels 116 Absatz 1 des Grundgesetzes in ein Beamtenverhältnis berufen werden.

(3) Ausnahmen von Absatz 1 Nr. 1 und Absatz 2 können nur zugelassen werden, wenn
1. für die Gewinnung der Beamtin oder des Beamten ein dringendes dienstliches Interesse besteht oder
2. bei der Berufung von Hochschullehrerinnen und Hochschullehrern und anderen Mitarbeiterinnen und Mitarbeitern des wissenschaftlichen und künstlerischen Personals in das Beamtenverhältnis andere wichtige Gründe vorliegen.

§ 8 Ernennung. (1) Einer Ernennung bedarf es zur
1. Begründung des Beamtenverhältnisses,
2. Umwandlung des Beamtenverhältnisses in ein solches anderer Art (§ 4),
3. Verleihung eines anderen Amtes mit anderem Grundgehalt oder
4. Verleihung eines anderen Amtes mit anderer Amtsbezeichnung, soweit das Landesrecht dies bestimmt.

(2) [1] Die Ernennung erfolgt durch Aushändigung einer Ernennungsurkunde. [2] In der Urkunde müssen enthalten sein
1. bei der Begründung des Beamtenverhältnisses die Wörter „unter Berufung in das Beamtenverhältnis" mit dem die Art des Beamtenverhältnisses bestimmenden Zusatz „auf Lebenszeit", „auf Probe", „auf Widerruf", „als Ehrenbeamtin" oder „als Ehrenbeamter" oder „auf Zeit" mit der Angabe der Zeitdauer der Berufung,
2. bei der Umwandlung des Beamtenverhältnisses in ein solches anderer Art die diese Art bestimmenden Worte nach Nummer 1 und
3. bei der Verleihung eines Amtes die Amtsbezeichnung.

(3) Mit der Begründung eines Beamtenverhältnisses auf Probe, auf Lebenszeit und auf Zeit wird gleichzeitig ein Amt verliehen.

[1)] Nr. 1.

(4) Eine Ernennung auf einen zurückliegenden Zeitpunkt ist unzulässig und insoweit unwirksam.

§ 9 Kriterien der Ernennung. Ernennungen sind nach Eignung, Befähigung und fachlicher Leistung ohne Rücksicht auf Geschlecht, Abstammung, Rasse oder ethnische Herkunft, Behinderung, Religion oder Weltanschauung, politische Anschauungen, Herkunft, Beziehungen oder sexuelle Identität vorzunehmen.

§ 10 Voraussetzung der Ernennung auf Lebenszeit. [1]Die Ernennung zur Beamtin auf Lebenszeit oder zum Beamten auf Lebenszeit ist nur zulässig, wenn die Beamtin oder der Beamte sich in einer Probezeit von mindestens sechs Monaten und höchstens fünf Jahren bewährt hat. [2]Von der Mindestprobezeit können durch Landesrecht Ausnahmen bestimmt werden.

§ 11[1)] Nichtigkeit der Ernennung. (1) Die Ernennung ist nichtig, wenn
1. sie nicht der in § 8 Abs. 2 vorgeschriebenen Form entspricht,
2. sie von einer sachlich unzuständigen Behörde ausgesprochen wurde oder
3. zum Zeitpunkt der Ernennung
   a) nach § 7 Absatz 1 Satz 1 Nummer 1 keine Ernennung erfolgen durfte und keine Ausnahme nach § 7 Abs. 3 zugelassen war,
   b) nicht die Fähigkeit zur Bekleidung öffentlicher Ämter vorlag oder
   c) eine ihr zu Grunde liegende Wahl unwirksam ist.

(2) Die Ernennung ist von Anfang an als wirksam anzusehen, wenn
1. im Fall des Absatzes 1 Nr. 1 aus der Urkunde oder aus dem Akteninhalt eindeutig hervorgeht, dass die für die Ernennung zuständige Stelle ein bestimmtes Beamtenverhältnis begründen oder ein bestehendes Beamtenverhältnis in ein solches anderer Art umwandeln wollte, für das die sonstigen Voraussetzungen vorliegen, und die für die Ernennung zuständige Stelle die Wirksamkeit schriftlich bestätigt; das Gleiche gilt, wenn die Angabe der Zeitdauer fehlt, durch Landesrecht aber die Zeitdauer bestimmt ist,
2. im Fall des Absatzes 1 Nr. 2 die sachlich zuständige Behörde die Ernennung bestätigt oder
3. im Fall des Absatzes 1 Nr. 3 Buchstabe a eine Ausnahme nach § 7 Abs. 3 nachträglich zugelassen wird.

§ 12[2)] Rücknahme der Ernennung. (1) Die Ernennung ist mit Wirkung für die Vergangenheit zurückzunehmen, wenn
1. sie durch Zwang, arglistige Täuschung oder Bestechung herbeigeführt wurde,
2. dem Dienstherrn zum Zeitpunkt der Ernennung nicht bekannt war, dass die ernannte Person vor ihrer Ernennung ein Verbrechen oder Vergehen begangen hat, aufgrund dessen sie vor oder nach ihrer Ernennung rechtskräftig zu einer Strafe verurteilt worden ist und das sie für die Berufung in das Beamtenverhältnis als unwürdig erscheinen lässt,
3. die Ernennung nach § 7 Abs. 2 nicht erfolgen durfte und eine Ausnahme nach § 7 Abs. 3 nicht zugelassen war und die Ausnahme nicht nachträglich erteilt wird oder

---

[1)] § 11 Abs. 1 Nr. 3 Buchst. a geänd. mWv 7.7.2021 durch G v. 28.6.2021 (BGBl. I S. 2250).

[2)] § 12 Abs. 2 Satz 2 geänd. mWv 7.12.2018 durch G v. 29.11.2018 (BGBl. I S. 2232); Abs. 1 Nr. 2 neu gef., Abs. 2 Satz 2 geänd. mWv 7.7.2021 durch G v. 28.6.2021 (BGBl. I S. 2250).

4. eine durch Landesrecht vorgeschriebene Mitwirkung einer unabhängigen Stelle oder einer Aufsichtsbehörde unterblieben ist und nicht nachgeholt wurde.

(2) [1]Die Ernennung soll zurückgenommen werden, wenn nicht bekannt war, dass gegen die ernannte Person in einem Disziplinarverfahren auf Entfernung aus dem Beamtenverhältnis oder auf Aberkennung des Ruhegehalts erkannt worden war. [2]Dies gilt auch, wenn die Entscheidung gegen eine Beamtin oder einen Beamten der Europäischen Union oder eines Staates nach § 7 Absatz 1 Satz 1 Nummer 1 ergangen ist.

Abschnitt 3. Länderübergreifender Wechsel und Wechsel in die Bundesverwaltung

§ 13[1)] Grundsatz. Die Vorschriften dieses Abschnitts gelten nur bei landesübergreifender Abordnung, Versetzung und Umbildung von Körperschaften sowie bei einer Abordnung oder Versetzung aus einem Land in die Bundesverwaltung.

§ 14 Abordnung. (1) Beamtinnen und Beamte können aus dienstlichen Gründen vorübergehend ganz oder teilweise zu einer dem übertragenen Amt entsprechenden Tätigkeit in den Bereich eines Dienstherrn eines anderen Landes oder des Bundes abgeordnet werden.

(2) [1]Aus dienstlichen Gründen ist eine Abordnung vorübergehend ganz oder teilweise auch zu einer nicht dem Amt entsprechenden Tätigkeit zulässig, wenn der Beamtin oder dem Beamten die Wahrnehmung der neuen Tätigkeit aufgrund der Vorbildung oder Berufsausbildung zuzumuten ist. [2]Dabei ist auch die Abordnung zu einer Tätigkeit, die nicht einem Amt mit demselben Grundgehalt entspricht, zulässig.

(3) [1]Die Abordnung bedarf der Zustimmung der Beamtin oder des Beamten. [2]Abweichend von Satz 1 ist die Abordnung auch ohne Zustimmung zulässig, wenn die neue Tätigkeit zuzumuten ist und einem Amt mit demselben Grundgehalt entspricht und die Abordnung die Dauer von fünf Jahren nicht übersteigt.

(4) [1]Die Abordnung wird von dem abgebenden im Einverständnis mit dem aufnehmenden Dienstherrn verfügt. [2]Soweit zwischen den Dienstherren nichts anderes vereinbart ist, sind die für den Bereich des aufnehmenden Dienstherrn geltenden Vorschriften über die Pflichten und Rechte der Beamtinnen und Beamten mit Ausnahme der Regelungen über Diensteid, Amtsbezeichnung, Zahlung von Bezügen, Krankenfürsorgeleistungen und Versorgung entsprechend anzuwenden. [3]Die Verpflichtung zur Bezahlung hat auch der Dienstherr, zu dem die Abordnung erfolgt ist.

§ 15 Versetzung. (1) Beamtinnen und Beamte können auf Antrag oder aus dienstlichen Gründen in den Bereich eines Dienstherrn eines anderen Landes oder des Bundes in ein Amt einer Laufbahn versetzt werden, für die sie die Befähigung besitzen.

(2) [1]Eine Versetzung bedarf der Zustimmung der Beamtin oder des Beamten. [2]Abweichend von Satz 1 ist die Versetzung auch ohne Zustimmung zulässig, wenn das neue Amt mit mindestens demselben Grundgehalt verbunden ist wie das bisherige Amt. [3]Stellenzulagen gelten hierbei nicht als Bestandteile des Grundgehalts.

[1)] § 13 geänd. mWv 7.12.2018 durch G v. 29.11.2018 (BGBl. I S. 2232).

(3) [1]Die Versetzung wird von dem abgebenden im Einverständnis mit dem aufnehmenden Dienstherrn verfügt. [2]Das Beamtenverhältnis wird mit dem neuen Dienstherrn fortgesetzt.

§ 16 Umbildung einer Körperschaft. (1) Beamtinnen und Beamte einer juristischen Person des öffentlichen Rechts mit Dienstherrnfähigkeit (Körperschaft), die vollständig in eine andere Körperschaft eingegliedert wird, treten mit der Umbildung kraft Gesetzes in den Dienst der aufnehmenden Körperschaft über.

(2) [1]Die Beamtinnen und Beamten einer Körperschaft, die vollständig in mehrere andere Körperschaften eingegliedert wird, sind anteilig in den Dienst der aufnehmenden Körperschaften zu übernehmen. [2]Die beteiligten Körperschaften haben innerhalb einer Frist von sechs Monaten nach der Umbildung im Einvernehmen miteinander zu bestimmen, von welchen Körperschaften die einzelnen Beamtinnen und Beamten zu übernehmen sind. [3]Solange eine Beamtin oder ein Beamter nicht übernommen ist, haften alle aufnehmenden Körperschaften für die ihr oder ihm zustehenden Bezüge als Gesamtschuldner.

(3) [1]Die Beamtinnen und Beamten einer Körperschaft, die teilweise in eine oder mehrere andere Körperschaften eingegliedert wird, sind zu einem verhältnismäßigen Teil, bei mehreren Körperschaften anteilig, in den Dienst der aufnehmenden Körperschaften zu übernehmen. [2]Absatz 2 Satz 2 ist entsprechend anzuwenden.

(4) Die Absätze 1 bis 3 gelten entsprechend, wenn eine Körperschaft mit einer oder mehreren anderen Körperschaften zu einer neuen Körperschaft zusammengeschlossen wird, wenn ein oder mehrere Teile verschiedener Körperschaften zu einem oder mehreren neuen Teilen einer Körperschaft zusammengeschlossen werden, wenn aus einer Körperschaft oder aus Teilen einer Körperschaft eine oder mehrere neue Körperschaften gebildet werden, oder wenn Aufgaben einer Körperschaft vollständig oder teilweise auf eine oder mehrere andere Körperschaften übergehen.

§ 17 Rechtsfolgen der Umbildung. (1) Tritt eine Beamtin oder ein Beamter aufgrund des § 16 Abs. 1 kraft Gesetzes in den Dienst einer anderen Körperschaft über oder wird sie oder er aufgrund des § 16 Abs. 2 oder 3 von einer anderen Körperschaft übernommen, wird das Beamtenverhältnis mit dem neuen Dienstherrn fortgesetzt.

(2) Im Fall des § 16 Abs. 1 ist der Beamtin oder dem Beamten von der aufnehmenden oder neuen Körperschaft die Fortsetzung des Beamtenverhältnisses schriftlich zu bestätigen.

(3) [1]In den Fällen des § 16 Abs. 2 und 3 wird die Übernahme von der Körperschaft verfügt, in deren Dienst die Beamtin oder der Beamte treten soll. [2]Die Verfügung wird mit der Zustellung an die Beamtin oder den Beamten wirksam. [3]Die Beamtin oder der Beamte ist verpflichtet, der Übernahmeverfügung Folge zu leisten. [4]Kommt die Beamtin oder der Beamte der Verpflichtung nicht nach, ist sie oder er zu entlassen.

(4) Die Absätze 1 bis 3 gelten entsprechend in den Fällen des § 16 Abs. 4.

§ 18 Rechtsstellung der Beamtinnen und Beamten. (1) [1]Beamtinnen und Beamten, die nach § 16 in den Dienst einer anderen Körperschaft kraft Gesetzes übertreten oder übernommen werden, soll ein gleich zu bewertendes Amt übertragen werden, das ihrem bisherigen Amt nach Bedeutung und Inhalt ohne Rücksicht auf Dienststellung und Dienstalter entspricht. [2]Wenn eine dem bisherigen

Amt entsprechende Verwendung nicht möglich ist, kann ihnen auch ein anderes Amt mit geringerem Grundgehalt übertragen werden. [3]Das Grundgehalt muss mindestens dem des Amtes entsprechen, das die Beamtinnen und Beamten vor dem bisherigen Amt innehatten. [4]In diesem Fall dürfen sie neben der neuen Amtsbezeichnung die des früheren Amtes mit dem Zusatz „außer Dienst" („a.D.") führen.

(2) [1]Die aufnehmende oder neue Körperschaft kann, wenn die Zahl der bei ihr nach der Umbildung vorhandenen Beamtinnen und Beamten den tatsächlichen Bedarf übersteigt, innerhalb einer Frist, deren Bestimmung dem Landesrecht vorbehalten bleibt, Beamtinnen und Beamte im Beamtenverhältnis auf Lebenszeit oder auf Zeit in den einstweiligen Ruhestand versetzen, wenn deren Aufgabengebiet von der Umbildung berührt wurde. [2]Bei Beamtinnen auf Zeit und Beamten auf Zeit, die nach Satz 1 in den einstweiligen Ruhestand versetzt sind, endet der einstweilige Ruhestand mit Ablauf der Amtszeit; sie gelten in diesem Zeitpunkt als dauernd in den Ruhestand versetzt, wenn sie bei Verbleiben im Amt mit Ablauf der Amtszeit in den Ruhestand getreten wären.

§ 19 Rechtsstellung der Versorgungsempfängerinnen und Versorgungsempfänger. (1) Die Vorschriften des § 16 Abs. 1 und 2 und des § 17 gelten entsprechend für die im Zeitpunkt der Umbildung bei der abgebenden Körperschaft vorhandenen Versorgungsempfängerinnen und Versorgungsempfänger.

(2) In den Fällen des § 16 Abs. 3 bleiben die Ansprüche der im Zeitpunkt der Umbildung vorhandenen Versorgungsempfängerinnen und Versorgungsempfänger gegenüber der abgebenden Körperschaft bestehen.

(3) Die Absätze 1 und 2 gelten entsprechend in den Fällen des § 16 Abs. 4.

Abschnitt 4. Zuweisung einer Tätigkeit bei anderen Einrichtungen

§ 20 Zuweisung. (1) Beamtinnen und Beamten kann mit ihrer Zustimmung vorübergehend ganz oder teilweise eine ihrem Amt entsprechende Tätigkeit zugewiesen werden

1. bei einer öffentlichen Einrichtung ohne Dienstherrneigenschaft oder bei einer öffentlich-rechtlichen Religionsgemeinschaft im dienstlichen oder öffentlichen Interesse oder
2. bei einer anderen Einrichtung, wenn öffentliche Interessen es erfordern.

(2) Beamtinnen und Beamten einer Dienststelle, die ganz oder teilweise in eine öffentlich-rechtlich organisierte Einrichtung ohne Dienstherrneigenschaft oder eine privatrechtlich organisierte Einrichtung der öffentlichen Hand umgewandelt wird, kann auch ohne ihre Zustimmung ganz oder teilweise eine ihrem Amt entsprechende Tätigkeit bei dieser Einrichtung zugewiesen werden, wenn öffentliche Interessen es erfordern.

(3) Die Rechtsstellung der Beamtinnen und Beamten bleibt unberührt.

Abschnitt 5. Beendigung des Beamtenverhältnisses

§ 21 Beendigungsgründe. Das Beamtenverhältnis endet durch

1. Entlassung,
2. Verlust der Beamtenrechte,
3. Entfernung aus dem Beamtenverhältnis nach den Disziplinargesetzen oder

4. Eintritt oder Versetzung in den Ruhestand.

§ 22[1] Entlassung kraft Gesetzes. (1) Beamtinnen und Beamte sind entlassen, wenn

1. die Voraussetzungen des § 7 Absatz 1 Satz 1 Nummer 1 nicht mehr vorliegen und eine Ausnahme nach § 7 Absatz 3 auch nachträglich nicht zugelassen wird oder
2. sie die Altersgrenze erreichen und das Beamtenverhältnis nicht durch Eintritt in den Ruhestand endet.

(2) [1] Die Beamtin oder der Beamte ist entlassen, wenn ein öffentlich-rechtliches Dienst- oder Amtsverhältnis zu einem anderen Dienstherrn oder zu einer Einrichtung ohne Dienstherrneigenschaft begründet wird, sofern nicht im Einvernehmen mit dem neuen Dienstherrn oder der Einrichtung die Fortdauer des Beamtenverhältnisses neben dem neuen Dienst- oder Amtsverhältnis angeordnet oder durch Landesrecht etwas anderes bestimmt wird. [2] Dies gilt nicht für den Eintritt in ein Beamtenverhältnis auf Widerruf oder als Ehrenbeamtin oder Ehrenbeamter.

(3) Die Beamtin oder der Beamte ist mit der Berufung in ein Beamtenverhältnis auf Zeit aus einem anderen Beamtenverhältnis bei demselben Dienstherrn entlassen, soweit das Landesrecht keine abweichenden Regelungen trifft.

(4) Das Beamtenverhältnis auf Widerruf endet mit Ablauf des Tages der Ablegung oder dem endgültigen Nichtbestehen der für die Laufbahn vorgeschriebenen Prüfung, sofern durch Landesrecht nichts anderes bestimmt ist.

(5) Das Beamtenverhältnis auf Probe in einem Amt mit leitender Funktion endet mit Ablauf der Probezeit oder mit Versetzung zu einem anderen Dienstherrn.

§ 23[2] Entlassung durch Verwaltungsakt. (1) [1] Beamtinnen und Beamte sind zu entlassen, wenn sie

1. den Diensteid oder ein an dessen Stelle vorgeschriebenes Gelöbnis verweigern,
2. nicht in den Ruhestand oder einstweiligen Ruhestand versetzt werden können, weil eine versorgungsrechtliche Wartezeit nicht erfüllt ist,
3. dauernd dienstunfähig sind und das Beamtenverhältnis nicht durch Versetzung in den Ruhestand endet,
4. die Entlassung in schriftlicher Form verlangen oder
5. nach Erreichen der Altersgrenze berufen worden sind.

[2] Im Fall des Satzes 1 Nr. 3 ist § 26 Abs. 2 entsprechend anzuwenden.

(2) Beamtinnen und Beamte können entlassen werden, wenn sie in Fällen des § 7 Abs. 2 die Eigenschaft als Deutsche oder Deutscher im Sinne des Artikels 116 Absatz 1 des Grundgesetzes[3] verlieren.

(3) [1] Beamtinnen auf Probe und Beamte auf Probe können entlassen werden,

1. wenn sie eine Handlung begehen, die im Beamtenverhältnis auf Lebenszeit mindestens eine Kürzung der Dienstbezüge zur Folge hätte,
2. wenn sie sich in der Probezeit nicht bewährt haben oder
3. wenn ihr Aufgabengebiet bei einer Behörde von der Auflösung dieser Behörde oder einer auf landesrechtlicher Vorschrift beruhenden wesentlichen Änderung

---

[1] § 22 Abs. 1 Nr. 1 neu gef. mWv 7.12.2018 durch G v. 29.11.2018 (BGBl. I S. 2232); Abs. 1 Nr. 1 geänd. mWv 7.7.2021 durch G v. 28.6.2021 (BGBl. I S. 2250).

[2] § 23 Abs. 2 geänd. mWv 7.12.2018 durch G v. 29.11.2018 (BGBl. I S. 2232).

[3] Nr. **1**.

des Aufbaus oder Verschmelzung dieser Behörde mit einer anderen oder von der Umbildung einer Körperschaft berührt wird und eine andere Verwendung nicht möglich ist.

[2] Im Fall des Satzes 1 Nr. 2 ist § 26 Abs. 2 bei allein mangelnder gesundheitlicher Eignung entsprechend anzuwenden.

(4) [1] Beamtinnen auf Widerruf und Beamte auf Widerruf können jederzeit entlassen werden. [2] Die Gelegenheit zur Beendigung des Vorbereitungsdienstes und zur Ablegung der Prüfung soll gegeben werden.

§ 24[1)] Verlust der Beamtenrechte. (1) [1] Wenn eine Beamtin oder ein Beamter im ordentlichen Strafverfahren durch das Urteil eines deutschen Gerichts

1. wegen einer vorsätzlichen Tat zu einer Freiheitsstrafe von mindestens einem Jahr oder
2. wegen einer vorsätzlichen Tat, die nach den Vorschriften über Friedensverrat, Hochverrat und Gefährdung des demokratischen Rechtsstaates, Landesverrat und Gefährdung der äußeren Sicherheit, Volksverhetzung oder, soweit sich die Tat auf eine Diensthandlung im Hauptamt bezieht, Bestechlichkeit, strafbar ist, zu einer Freiheitsstrafe von mindestens sechs Monaten

verurteilt wird, endet das Beamtenverhältnis mit der Rechtskraft des Urteils. [2] Entsprechendes gilt, wenn die Fähigkeit zur Bekleidung öffentlicher Ämter aberkannt wird oder wenn die Beamtin oder der Beamte aufgrund einer Entscheidung des Bundesverfassungsgerichts nach Artikel 18 des Grundgesetzes[2)] ein Grundrecht verwirkt hat.

(2) Wird eine Entscheidung, die den Verlust der Beamtenrechte zur Folge hat, in einem Wiederaufnahmeverfahren aufgehoben, gilt das Beamtenverhältnis als nicht unterbrochen.

§ 25 Ruhestand wegen Erreichens der Altersgrenze. Beamtinnen auf Lebenszeit und Beamte auf Lebenszeit treten nach Erreichen der Altersgrenze in den Ruhestand.

§ 26[3)] Dienstunfähigkeit. (1) [1] Beamtinnen auf Lebenszeit und Beamte auf Lebenszeit sind in den Ruhestand zu versetzen, wenn sie wegen ihres körperlichen Zustands oder aus gesundheitlichen Gründen zur Erfüllung ihrer Dienstpflichten dauernd unfähig (dienstunfähig) sind. [2] Als dienstunfähig kann auch angesehen werden, wer infolge Erkrankung innerhalb eines Zeitraums von sechs Monaten mehr als drei Monate keinen Dienst getan hat und keine Aussicht besteht, dass innerhalb einer Frist, deren Bestimmung dem Landesrecht vorbehalten bleibt, die Dienstfähigkeit wieder voll hergestellt ist. [3] In den Ruhestand wird nicht versetzt, wer anderweitig verwendbar ist. [4] Für Gruppen von Beamtinnen und Beamten können besondere Voraussetzungen für die Dienstunfähigkeit durch Landesrecht geregelt werden.

(2) [1] Eine anderweitige Verwendung ist möglich, wenn der Beamtin oder dem Beamten ein anderes Amt derselben oder einer anderen Laufbahn übertragen werden kann. [2] In den Fällen des Satzes 1 ist die Übertragung eines anderen Amtes ohne Zustimmung zulässig, wenn das neue Amt zum Bereich desselben Dienst-

---

[1)] § 24 Abs. 1 Satz 1 Nr. 2 geänd. mWv 1.4.2024 durch G v. 20.12.2023 (BGBl. 2023 I Nr. 389).
[2)] Nr. **1**.
[3)] § 26 Abs. 1 Satz 3 neu gef. mWv 7.12.2018 durch G v. 29.11.2018 (BGBl. I S. 2232).

herrn gehört, es mit mindestens demselben Grundgehalt verbunden ist wie das bisherige Amt und wenn zu erwarten ist, dass die gesundheitlichen Anforderungen des neuen Amtes erfüllt werden. [3]Beamtinnen und Beamte, die nicht die Befähigung für die andere Laufbahn besitzen, haben an Qualifizierungsmaßnahmen für den Erwerb der neuen Befähigung teilzunehmen.

(3) Zur Vermeidung der Versetzung in den Ruhestand kann der Beamtin oder dem Beamten unter Beibehaltung des übertragenen Amtes ohne Zustimmung auch eine geringerwertige Tätigkeit im Bereich desselben Dienstherrn übertragen werden, wenn eine anderweitige Verwendung nicht möglich ist und die Wahrnehmung der neuen Aufgabe unter Berücksichtigung der bisherigen Tätigkeit zumutbar ist.

§ 27[1)] Begrenzte Dienstfähigkeit. (1) Von der Versetzung in den Ruhestand wegen Dienstunfähigkeit ist abzusehen, wenn die Beamtin oder der Beamte unter Beibehaltung des übertragenen Amtes die Dienstpflichten noch während mindestens der Hälfte der regelmäßigen Arbeitszeit erfüllen kann (begrenzte Dienstfähigkeit).

(2) [1]Die Arbeitszeit ist entsprechend der begrenzten Dienstfähigkeit herabzusetzen. [2]Mit Zustimmung der Beamtin oder des Beamten ist auch eine Verwendung in einer nicht dem Amt entsprechenden Tätigkeit möglich.

§ 28 Ruhestand bei Beamtenverhältnis auf Probe. (1) Beamtinnen auf Probe und Beamte auf Probe sind in den Ruhestand zu versetzen, wenn sie infolge Krankheit, Verwundung oder sonstiger Beschädigung, die sie sich ohne grobes Verschulden bei Ausübung oder aus Veranlassung des Dienstes zugezogen haben, dienstunfähig geworden sind.

(2) Beamtinnen auf Probe und Beamte auf Probe können in den Ruhestand versetzt werden, wenn sie aus anderen Gründen dienstunfähig geworden sind.

(3) § 26 Abs. 1 Satz 3, Abs. 2 und 3 sowie § 27 sind entsprechend anzuwenden.

§ 29 Wiederherstellung der Dienstfähigkeit. (1) Wird nach der Versetzung in den Ruhestand wegen Dienstunfähigkeit die Dienstfähigkeit wiederhergestellt und beantragt die Ruhestandsbeamtin oder der Ruhestandsbeamte vor Ablauf einer Frist, deren Bestimmung dem Landesrecht vorbehalten bleibt, spätestens zehn Jahre nach der Versetzung in den Ruhestand, eine erneute Berufung in das Beamtenverhältnis, ist diesem Antrag zu entsprechen, falls nicht zwingende dienstliche Gründe entgegenstehen.

(2) [1]Beamtinnen und Beamte, die wegen Dienstunfähigkeit in den Ruhestand versetzt worden sind, können erneut in das Beamtenverhältnis berufen werden, wenn im Dienstbereich des früheren Dienstherrn ein Amt mit mindestens demselben Grundgehalt übertragen werden soll und wenn zu erwarten ist, dass die gesundheitlichen Anforderungen des neuen Amtes erfüllt werden. [2]Beamtinnen und Beamte, die nicht die Befähigung für die andere Laufbahn besitzen, haben an Qualifizierungsmaßnahmen für den Erwerb der neuen Befähigung teilzunehmen. [3]Den wegen Dienstunfähigkeit in den Ruhestand versetzten Beamtinnen und Beamten kann unter Übertragung eines Amtes ihrer früheren Laufbahn nach Satz 1 auch eine geringerwertige Tätigkeit im Bereich desselben Dienstherrn übertragen werden, wenn eine anderweitige Verwendung nicht möglich ist und die Wahr-

---

[1)] § 27 Abs. 1 geänd. mWv 7.7.2021 durch G v. 28.6.2021 (BGBl. I S. 2250).

nehmung der neuen Aufgabe unter Berücksichtigung ihrer früheren Tätigkeit zumutbar ist.

(3) Die erneute Berufung in ein Beamtenverhältnis ist auch in den Fällen der begrenzten Dienstfähigkeit möglich.

(4) Beamtinnen und Beamte, die wegen Dienstunfähigkeit in den Ruhestand versetzt worden sind, sind verpflichtet, sich geeigneten und zumutbaren Maßnahmen zur Wiederherstellung ihrer Dienstfähigkeit zu unterziehen; die zuständige Behörde kann ihnen entsprechende Weisungen erteilen.

(5) [1] Die Dienstfähigkeit der Ruhestandsbeamtin oder des Ruhestandsbeamten kann nach Maßgabe des Landesrechts untersucht werden; sie oder er ist verpflichtet, sich nach Weisung der zuständigen Behörde ärztlich untersuchen zu lassen. [2] Die Ruhestandsbeamtin oder der Ruhestandsbeamte kann eine solche Untersuchung verlangen, wenn sie oder er einen Antrag nach Absatz 1 zu stellen beabsichtigt.

(6) Bei einer erneuten Berufung gilt das frühere Beamtenverhältnis als fortgesetzt.

§ 30 Einstweiliger Ruhestand. (1) [1] Beamtinnen auf Lebenszeit und Beamte auf Lebenszeit können jederzeit in den einstweiligen Ruhestand versetzt werden, wenn sie ein Amt bekleiden, bei dessen Ausübung sie in fortdauernder Übereinstimmung mit den grundsätzlichen politischen Ansichten und Zielen der Regierung stehen müssen. [2] Die Bestimmung der Ämter nach Satz 1 ist dem Landesrecht vorbehalten.

(2) Beamtinnen und Beamte, die auf Probe ernannt sind und ein Amt im Sinne des Absatzes 1 bekleiden, können jederzeit entlassen werden.

(3) [1] Für den einstweiligen Ruhestand gelten die Vorschriften über den Ruhestand. [2] § 29 Abs. 2 und 6 gilt entsprechend. [3] Der einstweilige Ruhestand endet bei erneuter Berufung in das Beamtenverhältnis auf Lebenszeit auch bei einem anderen Dienstherrn, wenn den Beamtinnen oder Beamten ein Amt verliehen wird, das derselben oder einer gleichwertigen Laufbahn angehört wie das frühere Amt und mit mindestens demselben Grundgehalt verbunden ist.

(4) Erreichen Beamtinnen und Beamte, die in den einstweiligen Ruhestand versetzt sind, die gesetzliche Altersgrenze, gelten sie mit diesem Zeitpunkt als dauernd in den Ruhestand versetzt.

§ 31 Einstweiliger Ruhestand bei Umbildung und Auflösung von Behörden. (1) [1] Bei der Auflösung einer Behörde oder bei einer auf landesrechtlicher Vorschrift beruhenden wesentlichen Änderung des Aufbaus oder bei Verschmelzung einer Behörde mit einer oder mehreren anderen kann eine Beamtin auf Lebenszeit oder ein Beamter auf Lebenszeit in den einstweiligen Ruhestand versetzt werden, wenn das übertragene Aufgabengebiet von der Auflösung oder Umbildung berührt wird und eine Versetzung nach Landesrecht nicht möglich ist. [2] Zusätzliche Voraussetzungen können geregelt werden.

(2) [1] Die erneute Berufung der in den einstweiligen Ruhestand versetzten Beamtin oder des in den einstweiligen Ruhestand versetzten Beamten in ein Beamtenverhältnis ist vorzusehen, wenn ein der bisherigen Tätigkeit entsprechendes Amt zu besetzen ist, für das sie oder er geeignet ist. [2] Für erneute Berufungen nach Satz 1, die weniger als fünf Jahre vor Erreichen der Altersgrenze (§ 25) wirksam werden, können durch Landesrecht abweichende Regelungen getroffen werden.

(3) § 29 Abs. 6 gilt entsprechend.

§ 32 Wartezeit. Die Versetzung in den Ruhestand setzt die Erfüllung einer versorgungsrechtlichen Wartezeit voraus.

Abschnitt 6. Rechtliche Stellung im Beamtenverhältnis

§ 33 Grundpflichten. (1) [1]Beamtinnen und Beamte dienen dem ganzen Volk, nicht einer Partei. [2]Sie haben ihre Aufgaben unparteiisch und gerecht zu erfüllen und ihr Amt zum Wohl der Allgemeinheit zu führen. [3]Beamtinnen und Beamte müssen sich durch ihr gesamtes Verhalten zu der freiheitlichen demokratischen Grundordnung im Sinne des Grundgesetzes[1)] bekennen und für deren Erhaltung eintreten.

(2) Beamtinnen und Beamte haben bei politischer Betätigung diejenige Mäßigung und Zurückhaltung zu wahren, die sich aus ihrer Stellung gegenüber der Allgemeinheit und aus der Rücksicht auf die Pflichten ihres Amtes ergibt.

§ 34[2)] Wahrnehmung der Aufgaben, Verhalten und Erscheinungsbild.

(1) [1]Beamtinnen und Beamte haben sich mit vollem persönlichem Einsatz ihrem Beruf zu widmen. [2]Sie haben die übertragenen Aufgaben uneigennützig nach bestem Gewissen wahrzunehmen. [3]Ihr Verhalten innerhalb und außerhalb des Dienstes muss der Achtung und dem Vertrauen gerecht werden, die ihr Beruf erfordern.

(2) [1]Beamtinnen und Beamte haben bei der Ausübung des Dienstes oder bei einer Tätigkeit mit unmittelbarem Dienstbezug auch hinsichtlich ihres Erscheinungsbilds Rücksicht auf das ihrem Amt entgegengebrachte Vertrauen zu nehmen. [2]Insbesondere das Tragen von bestimmten Kleidungsstücken, Schmuck, Symbolen und Tätowierungen im sichtbaren Bereich sowie die Art der Haar- und Barttracht können eingeschränkt oder untersagt werden, soweit die Funktionsfähigkeit der Verwaltung oder die Pflicht zum achtungs- und vertrauenswürdigen Verhalten dies erfordert. [3]Das ist insbesondere dann der Fall, wenn Merkmale des Erscheinungsbilds nach Satz 2 durch ihre über das übliche Maß hinausgehende besonders individualisierende Art geeignet sind, die amtliche Funktion der Beamtin oder des Beamten in den Hintergrund zu drängen. [4]Religiös oder weltanschaulich konnotierte Merkmale des Erscheinungsbilds nach Satz 2 können nur dann eingeschränkt oder untersagt werden, wenn sie objektiv geeignet sind, das Vertrauen in die neutrale Amtsführung der Beamtin oder des Beamten zu beeinträchtigen. [5]Die Einzelheiten nach den Sätzen 2 bis 4 können durch Landesrecht bestimmt werden. [6]Die Verhüllung des Gesichts bei der Ausübung des Dienstes oder bei einer Tätigkeit mit unmittelbarem Dienstbezug ist stets unzulässig, es sei denn, dienstliche oder gesundheitliche Gründe erfordern dies.

§ 35[3)] Folgepflicht. (1) [1]Beamtinnen und Beamte haben ihre Vorgesetzten zu beraten und zu unterstützen. [2]Sie sind verpflichtet, deren dienstliche Anordnungen auszuführen und deren allgemeine Richtlinien zu befolgen. [3]Dies gilt nicht,

---

[1)] Nr. **1**.

[2)] § 34 Satz 4 angef. mWv 15.6.2017 durch G v. 8.6.2017 (BGBl. I S. 1570); Satz 3 neu gef. mWv 7.12.2018 durch G v. 29.11.2018 (BGBl. I S. 2232); Überschr. neu gef., Abs. 1 Satz 4 aufgeh., Abs. 2 angef. mWv 7.7.2021 durch G v. 28.6.2021 (BGBl. I S. 2250).

[3)] § 35 Überschrift neu gef., Abs. 2 angef. mWv 7.12.2018 durch G v. 29.11.2018 (BGBl. I S. 2232).

soweit die Beamtinnen und Beamten nach besonderen gesetzlichen Vorschriften an Weisungen nicht gebunden und nur dem Gesetz unterworfen sind.

(2) Beamtinnen und Beamte haben bei organisatorischen Veränderungen dem Dienstherrn Folge zu leisten.

§ 36[1] Verantwortung für die Rechtmäßigkeit. (1) Beamtinnen und Beamte tragen für die Rechtmäßigkeit ihrer dienstlichen Handlungen die volle persönliche Verantwortung.

(2) [1]Bedenken gegen die Rechtmäßigkeit dienstlicher Anordnungen haben Beamtinnen und Beamte unverzüglich auf dem Dienstweg geltend zu machen. [2]Wird die Anordnung aufrechterhalten, haben sie sich, wenn die Bedenken fortbestehen, an die nächst höhere Vorgesetzte oder den nächst höheren Vorgesetzten zu wenden. [3]Wird die Anordnung bestätigt, müssen die Beamtinnen und Beamten sie ausführen und sind von der eigenen Verantwortung befreit. [4]Dies gilt nicht, wenn das aufgetragene Verhalten die Würde des Menschen verletzt oder strafbar oder ordnungswidrig ist und die Strafbarkeit oder Ordnungswidrigkeit für die Beamtinnen oder Beamten erkennbar ist. [5]Die Bestätigung hat auf Verlangen schriftlich zu erfolgen.

(3) [1]Wird von den Beamtinnen oder Beamten die sofortige Ausführung der Anordnung verlangt, weil Gefahr im Verzug besteht und die Entscheidung der oder des höheren Vorgesetzten nicht rechtzeitig herbeigeführt werden kann, gilt Absatz 2 Satz 3 und 4 entsprechend. [2]Die Anordnung ist durch die anordnende oder den anordnenden Vorgesetzten schriftlich zu bestätigen, wenn die Beamtin oder der Beamte dies unverzüglich nach Ausführung der Anordnung verlangt.

§ 37[2] Verschwiegenheitspflicht. (1) [1]Beamtinnen und Beamte haben über die ihnen bei oder bei Gelegenheit ihrer amtlichen Tätigkeit bekannt gewordenen dienstlichen Angelegenheiten Verschwiegenheit zu bewahren. [2]Dies gilt auch über den Bereich eines Dienstherrn hinaus sowie nach Beendigung des Beamtenverhältnisses.

(2) [1]Absatz 1 gilt nicht, soweit
1. Mitteilungen im dienstlichen Verkehr geboten sind,
2. Tatsachen mitgeteilt werden, die offenkundig sind oder ihrer Bedeutung nach keiner Geheimhaltung bedürfen,
3. gegenüber der zuständigen obersten Dienstbehörde, einer Strafverfolgungsbehörde oder einer durch Landesrecht bestimmten weiteren Behörde oder außerdienstlichen Stelle ein durch Tatsachen begründeter Verdacht einer Korruptionsstraftat nach den §§ 331 bis 337 des Strafgesetzbuches[3] angezeigt wird oder
4. Informationen unter den Voraussetzungen des Hinweisgeberschutzgesetzes an eine zuständige Meldestelle weitergegeben oder offengelegt werden.

[2]Im Übrigen bleiben die gesetzlich begründeten Pflichten, geplante Straftaten anzuzeigen und für die Erhaltung der freiheitlichen demokratischen Grundordnung einzutreten, von Absatz 1 unberührt.

---

[1] § 36 Abs. 3 Satz 2 angef. mWv 7.12.2018 durch G v. 29.11.2018 (BGBl. I S. 2232).

[2] § 37 Abs. 2 Satz 1 Nr. 2 und 3 geänd., Nr. 4 angef. mWv 2.7.2023 durch G v. 31.5.2023 (BGBl. 2023 I Nr. 140).

[3] **Habersack Nr. 85.**

(3) [1] Beamtinnen und Beamte dürfen ohne Genehmigung über Angelegenheiten, für die Absatz 1 gilt, weder vor Gericht noch außergerichtlich aussagen oder Erklärungen abgeben. [2] Die Genehmigung erteilt der Dienstherr oder, wenn das Beamtenverhältnis beendet ist, der letzte Dienstherr. [3] Hat sich der Vorgang, der den Gegenstand der Äußerung bildet, bei einem früheren Dienstherrn ereignet, darf die Genehmigung nur mit dessen Zustimmung erteilt werden. [4] Durch Landesrecht kann bestimmt werden, dass an die Stelle des in den Sätzen 2 und 3 genannten jeweiligen Dienstherrn eine andere Stelle tritt.

(4) [1] Die Genehmigung, als Zeugin oder Zeuge auszusagen, darf nur versagt werden, wenn die Aussage dem Wohl des Bundes oder eines deutschen Landes erhebliche Nachteile bereiten oder die Erfüllung öffentlicher Aufgaben ernstlich gefährden oder erheblich erschweren würde. [2] Durch Landesrecht kann bestimmt werden, dass die Verweigerung der Genehmigung zur Aussage vor Untersuchungsausschüssen des Deutschen Bundestages oder der Volksvertretung eines Landes einer Nachprüfung unterzogen werden kann. [3] Die Genehmigung, ein Gutachten zu erstatten, kann versagt werden, wenn die Erstattung den dienstlichen Interessen Nachteile bereiten würde.

(5) [1] Sind Beamtinnen oder Beamte Partei oder Beschuldigte in einem gerichtlichen Verfahren oder soll ihr Vorbringen der Wahrnehmung ihrer berechtigten Interessen dienen, darf die Genehmigung auch dann, wenn die Voraussetzungen des Absatzes 4 Satz 1 erfüllt sind, nur versagt werden, wenn die dienstlichen Rücksichten dies unabweisbar erfordern. [2] Wird sie versagt, ist Beamtinnen oder Beamten der Schutz zu gewähren, den die dienstlichen Rücksichten zulassen.

(6) [1] Beamtinnen und Beamte haben, auch nach Beendigung des Beamtenverhältnisses, auf Verlangen des Dienstherrn oder des letzten Dienstherrn amtliche Schriftstücke, Zeichnungen, bildliche Darstellungen sowie Aufzeichnungen jeder Art über dienstliche Vorgänge, auch soweit es sich um Wiedergaben handelt, herauszugeben. [2] Die gleiche Verpflichtung trifft ihre Hinterbliebenen und Erben.

§ 38[1)] Diensteid. (1) [1] Beamtinnen und Beamte haben einen Diensteid zu leisten. [2] Der Diensteid hat eine Verpflichtung auf das Grundgesetz[2)] zu enthalten.

(2) In den Fällen, in denen Beamtinnen und Beamte erklären, dass sie aus Glaubens- oder Gewissensgründen den Eid nicht leisten wollen, kann für diese an Stelle des Eides ein Gelöbnis zugelassen werden.

(3) In den Fällen, in denen nach § 7 Abs. 3 eine Ausnahme von § 7 Absatz 1 Satz 1 Nummer 1 zugelassen worden ist, kann an Stelle des Eides ein Gelöbnis vorgeschrieben werden.

§ 39 Verbot der Führung der Dienstgeschäfte. [1] Beamtinnen und Beamten kann aus zwingenden dienstlichen Gründen die Führung der Dienstgeschäfte verboten werden. [2] Das Verbot erlischt, wenn nicht bis zum Ablauf von drei Monaten gegen die Beamtin oder den Beamten ein Disziplinarverfahren oder ein sonstiges auf Rücknahme der Ernennung oder auf Beendigung des Beamtenverhältnisses gerichtetes Verfahren eingeleitet worden ist.

§ 40 Nebentätigkeit. [1] Eine Nebentätigkeit ist grundsätzlich anzeigepflichtig. [2] Sie ist unter Erlaubnis- oder Verbotsvorbehalt zu stellen, soweit sie geeignet ist, dienstliche Interessen zu beeinträchtigen.

[1)] § 38 Abs. 3 geänd. mWv 7.7.2021 durch G v. 28.6.2021 (BGBl. I S. 2250).
[2)] Nr. **1**.

§ 41[1] Tätigkeit nach Beendigung des Beamtenverhältnisses. (1) [1]Ruhestandsbeamtinnen und Ruhestandsbeamte sowie frühere Beamtinnen mit Versorgungsbezügen und frühere Beamte mit Versorgungsbezügen haben die Ausübung einer Erwerbstätigkeit oder sonstigen Beschäftigung außerhalb des öffentlichen Dienstes, die mit der dienstlichen Tätigkeit innerhalb eines Zeitraums, dessen Bestimmung dem Landesrecht vorbehalten bleibt, im Zusammenhang steht und durch die dienstliche Interessen beeinträchtigt werden können, anzuzeigen. [2]Die Erwerbstätigkeit oder sonstige Beschäftigung ist zu untersagen, wenn zu besorgen ist, dass durch sie dienstliche Interessen beeinträchtigt werden. [3]Das Verbot endet spätestens mit Ablauf von sieben Jahren nach Beendigung des Beamtenverhältnisses.

(2) Durch Landesrecht können für bestimmte Gruppen der in Absatz 1 Satz 1 genannten Beamtinnen und Beamten abweichende Voraussetzungen für eine Anzeige oder Regelungen für eine Genehmigung von Tätigkeiten nach Beendigung des Beamtenverhältnisses bestimmt werden.

§ 42[2] Verbot der Annahme von Belohnungen, Geschenken und sonstigen Vorteilen. (1) [1]Beamtinnen und Beamte dürfen, auch nach Beendigung des Beamtenverhältnisses, keine Belohnungen, Geschenke oder sonstigen Vorteile für sich oder eine dritte Person in Bezug auf ihr Amt fordern, sich versprechen lassen oder annehmen. [2]Ausnahmen bedürfen der Zustimmung ihres gegenwärtigen oder letzten Dienstherrn.

(2) Wer gegen das in Absatz 1 genannte Verbot verstößt, hat das aufgrund des pflichtwidrigen Verhaltens Erlangte auf Verlangen dem Dienstherrn herauszugeben, soweit nicht die Einziehung von Taterträgen angeordnet worden oder es auf andere Weise auf den Staat übergegangen ist.

§ 43 Teilzeitbeschäftigung. Teilzeitbeschäftigung ist zu ermöglichen.

§ 44 Erholungsurlaub. Beamtinnen und Beamten steht jährlicher Erholungsurlaub unter Fortgewährung der Bezüge zu.

§ 45 Fürsorge. [1]Der Dienstherr hat im Rahmen des Dienst- und Treueverhältnisses für das Wohl der Beamtinnen und Beamten und ihrer Familien, auch für die Zeit nach Beendigung des Beamtenverhältnisses, zu sorgen. [2]Er schützt die Beamtinnen und Beamten bei ihrer amtlichen Tätigkeit und in ihrer Stellung.

§ 46[3] Mutterschutz und Elternzeit. Effektiver Mutterschutz und Elternzeit sind zu gewährleisten.

§ 47[4] Nichterfüllung von Pflichten. (1) [1]Beamtinnen und Beamte begehen ein Dienstvergehen, wenn sie schuldhaft die ihnen obliegenden Pflichten verletzen. [2]Ein Verhalten außerhalb des Dienstes ist nur dann ein Dienstvergehen, wenn es nach den Umständen des Einzelfalls in besonderem Maße geeignet ist, das Vertrauen in einer für ihr Amt bedeutsamen Weise zu beeinträchtigen.

(2) [1]Bei Ruhestandsbeamtinnen und Ruhestandsbeamten oder früheren Beamtinnen mit Versorgungsbezügen und früheren Beamten mit Versorgungsbezügen

---

[1] § 41 Abs. 1 Satz 3 geänd., Abs. 2 angef. mWv 1.4.2024 durch G v. 20.12.2023 (BGBl. 2023 I Nr. 389).

[2] § 42 Abs. 2 geänd. mWv 1.7.2017 durch G v. 13.4.2017 (BGBl. I S. 872).

[3] § 46 neu gef. mWv 1.1.2018 durch G v. 23.5.2017 (BGBl. I S. 1228).

[4] § 47 Abs. 2 Satz 1 geänd. mWv 7.12.2018 durch G v. 29.11.2018 (BGBl. I S. 2232).

gilt es als Dienstvergehen, wenn sie sich gegen die freiheitliche demokratische Grundordnung im Sinne des Grundgesetzes[1] betätigen oder an Bestrebungen teilnehmen, die darauf abzielen, den Bestand oder die Sicherheit der Bundesrepublik Deutschland zu beeinträchtigen, oder wenn sie schuldhaft gegen die in den §§ 37, 41 und 42 bestimmten Pflichten verstoßen. [2]Bei sonstigen früheren Beamtinnen und früheren Beamten gilt es als Dienstvergehen, wenn sie schuldhaft gegen die in den §§ 37, 41 und 42 bestimmten Pflichten verstoßen. [3]Für Beamtinnen und Beamte nach den Sätzen 1 und 2

(Fortsetzung nächstes Blatt)

[1] Nr. **1**.

können durch Landesrecht weitere Handlungen festgelegt werden, die als Dienstvergehen gelten.

(3) Das Nähere über die Verfolgung von Dienstvergehen regeln die Disziplinargesetze.

§ 48 Pflicht zum Schadensersatz. [1] Beamtinnen und Beamte, die vorsätzlich oder grob fahrlässig die ihnen obliegenden Pflichten verletzen, haben dem Dienstherrn, dessen Aufgaben sie wahrgenommen haben, den daraus entstehenden Schaden zu ersetzen. [2] Haben mehrere Beamtinnen oder Beamte gemeinsam den Schaden verursacht, haften sie als Gesamtschuldner.

§ 49 Übermittlungen bei Strafverfahren. (1) [1] Das Gericht, die Strafverfolgungs- oder die Strafvollstreckungsbehörde hat in Strafverfahren gegen Beamtinnen und Beamte zur Sicherstellung der erforderlichen dienstrechtlichen Maßnahmen im Fall der Erhebung der öffentlichen Klage

1. die Anklageschrift oder eine an ihre Stelle tretende Antragsschrift,
2. den Antrag auf Erlass eines Strafbefehls und
3. die einen Rechtszug abschließende Entscheidung mit Begründung

zu übermitteln. [2] Ist gegen die Entscheidung ein Rechtsmittel eingelegt worden, ist die Entscheidung unter Hinweis auf das eingelegte Rechtsmittel zu übermitteln. [3] Der Erlass und der Vollzug eines Haftbefehls oder eines Unterbringungsbefehls sind mitzuteilen.

(2) In Verfahren wegen fahrlässig begangener Straftaten werden die in Absatz 1 Satz 1 bestimmten Übermittlungen nur vorgenommen, wenn

1. es sich um schwere Verstöße handelt, namentlich Vergehen der Trunkenheit im Straßenverkehr oder der fahrlässigen Tötung, oder
2. in sonstigen Fällen die Kenntnis der Daten aufgrund der Umstände des Einzelfalls erforderlich ist, um zu prüfen, ob dienstrechtliche Maßnahmen zu ergreifen sind.

(3) [1] Entscheidungen über Verfahrenseinstellungen, die nicht bereits nach Absatz 1 oder 2 zu übermitteln sind, sollen übermittelt werden, wenn die in Absatz 2 Nr. 2 genannten Voraussetzungen erfüllt sind. [2] Dabei ist zu berücksichtigen, wie gesichert die zu übermittelnden Erkenntnisse sind.

(4) [1] Sonstige Tatsachen, die in einem Strafverfahren bekannt werden, dürfen mitgeteilt werden, wenn ihre Kenntnis aufgrund besonderer Umstände des Einzelfalls für dienstrechtliche Maßnahmen gegen eine Beamtin oder einen Beamten erforderlich ist und soweit nicht für die übermittelnde Stelle erkennbar ist, dass schutzwürdige Interessen der Beamtin oder des Beamten an dem Ausschluss der Übermittlung überwiegen. [2] Erforderlich ist die Kenntnis der Daten auch dann, wenn diese Anlass zur Prüfung bieten, ob dienstrechtliche Maßnahmen zu ergreifen sind. [3] Absatz 3 Satz 2 ist entsprechend anzuwenden.

(5) Nach den Absätzen 1 bis 4 übermittelte Daten dürfen auch für die Wahrnehmung der Aufgaben nach dem Sicherheitsüberprüfungsgesetz[1] oder einem entsprechenden Landesgesetz verwendet werden.

(6) [1] Übermittlungen nach den Absätzen 1 bis 3 sind auch zulässig, soweit sie Daten betreffen, die dem Steuergeheimnis (§ 30 der Abgabenordnung) unter-

[1] **Wehrrecht Nr. 807.**

liegen. [2] Übermittlungen nach Absatz 4 sind unter den Voraussetzungen des § 30 Abs. 4 Nr. 5 der Abgabenordnung zulässig.

§ 50[1)] Personalakte. [1] Für jede Beamtin und jeden Beamten ist eine Personalakte zu führen. [2] Zur Personalakte gehören alle Unterlagen, die die Beamtin oder den Beamten betreffen, soweit sie mit dem Dienstverhältnis in einem unmittelbaren inneren Zusammenhang stehen (Personalaktendaten). [3] Die Personalakte ist vertraulich zu behandeln. [4] Personalaktendaten dürfen ohne Einwilligung der Beamtin oder des Beamten nur für Zwecke der Personalverwaltung oder Personalwirtschaft verarbeitet werden. [5] Für Ausnahmefälle kann landesrechtlich eine von Satz 4 abweichende Verarbeitung vorgesehen werden.

§ 51 Personalvertretung. Die Bildung von Personalvertretungen zum Zweck der vertrauensvollen Zusammenarbeit zwischen der Behördenleitung und dem Personal ist unter Einbeziehung der Beamtinnen und Beamten zu gewährleisten.

§ 52 Mitgliedschaft in Gewerkschaften und Berufsverbänden. [1] Beamtinnen und Beamte haben das Recht, sich in Gewerkschaften oder Berufsverbänden zusammenzuschließen. [2] Sie dürfen wegen Betätigung für ihre Gewerkschaft oder ihren Berufsverband nicht dienstlich gemaßregelt oder benachteiligt werden.

§ 53 Beteiligung der Spitzenorganisationen. [1] Bei der Vorbereitung gesetzlicher Regelungen der beamtenrechtlichen Verhältnisse durch die obersten Landesbehörden sind die Spitzenorganisationen der zuständigen Gewerkschaften und Berufsverbände zu beteiligen. [2] Das Beteiligungsverfahren kann auch durch Vereinbarung ausgestaltet werden.

Abschnitt 7. Rechtsweg

§ 54 Verwaltungsrechtsweg. (1) Für alle Klagen der Beamtinnen, Beamten, Ruhestandsbeamtinnen, Ruhestandsbeamten, früheren Beamtinnen, früheren Beamten und der Hinterbliebenen aus dem Beamtenverhältnis sowie für Klagen des Dienstherrn ist der Verwaltungsrechtsweg gegeben.

(2) [1] Vor allen Klagen ist ein Vorverfahren nach den Vorschriften des 8. Abschnitts der Verwaltungsgerichtsordnung[2)] durchzuführen. [2] Dies gilt auch dann, wenn die Maßnahme von der obersten Dienstbehörde getroffen worden ist. [3] Ein Vorverfahren ist nicht erforderlich, wenn ein Landesgesetz dieses ausdrücklich bestimmt.

(3) [1] Den Widerspruchsbescheid erlässt die oberste Dienstbehörde. [2] Sie kann die Entscheidung für Fälle, in denen sie die Maßnahme nicht selbst getroffen hat, durch allgemeine Anordnung auf andere Behörden übertragen. [3] Die Anordnung ist zu veröffentlichen.

[1)] § 50 Satz 4 neu gef., Satz 5 geänd. mWv 26.11.2019 durch G v. 20.11.2019 (BGBl. I S. 1626).
[2)] Nr. **600**.

(4) Widerspruch und Anfechtungsklage gegen Abordnung oder Versetzung haben keine aufschiebende Wirkung.

Abschnitt 8. Spannungs- und Verteidigungsfall

§ 55 Anwendungsbereich. [1] Beschränkungen, Anordnungen und Verpflichtungen nach den §§ 56 bis 59 sind nur nach Maßgabe des Artikels 80 a des Grundgesetzes[1)] zulässig. [2] Sie sind auf Personen im Sinne des § 5 Abs. 1 des Arbeitssicherstellungsgesetzes[2)] nicht anzuwenden.

§ 56 Dienstleistung im Verteidigungsfall. (1) Beamtinnen und Beamte können für Zwecke der Verteidigung auch ohne ihre Zustimmung zu einem anderen Dienstherrn abgeordnet oder zur Dienstleistung bei über- oder zwischenstaatlichen zivilen Dienststellen verpflichtet werden.

(2) [1] Beamtinnen und Beamten können für Zwecke der Verteidigung auch Aufgaben übertragen werden, die nicht ihrem Amt oder ihrer Laufbahnbefähigung entsprechen, sofern ihnen die Übernahme nach ihrer Vor- und Ausbildung und im Hinblick auf die Ausnahmesituation zumutbar ist. [2] Aufgaben einer Laufbahn mit geringeren Zugangsvoraussetzungen dürfen ihnen nur übertragen werden, wenn dies aus dienstlichen Gründen unabweisbar ist.

(3) Beamtinnen und Beamte haben bei der Erfüllung der ihnen für Zwecke der Verteidigung übertragenen Aufgaben Gefahren und Erschwernisse auf sich zu nehmen, soweit diese ihnen nach den Umständen und den persönlichen Verhältnissen zugemutet werden können.

(4) Beamtinnen und Beamte sind bei einer Verlegung der Behörde oder Dienststelle auch in das Ausland zur Dienstleistung am neuen Dienstort verpflichtet.

§ 57 Aufschub der Entlassung und des Ruhestands. [1] Die Entlassung der Beamtinnen und Beamten auf ihren Antrag kann für Zwecke der Verteidigung hinausgeschoben werden, wenn dies im öffentlichen Interesse erforderlich ist und der Personalbedarf der öffentlichen Verwaltung im Bereich ihres Dienstherrn auf freiwilliger Grundlage nicht gedeckt werden kann. [2] Satz 1 gilt entsprechend für den Ablauf der Amtszeit bei Beamtenverhältnissen auf Zeit. [3] Der Eintritt der Beamtinnen und Beamten in den Ruhestand nach Erreichen der Altersgrenze und die vorzeitige Versetzung in den Ruhestand auf Antrag ohne Nachweis der Dienstunfähigkeit können unter den Voraussetzungen des Satzes 1 bis zum Ende des Monats hinausgeschoben werden, in dem die für Bundesbeamtinnen und Bundesbeamte geltende Regelaltersgrenze erreicht wird.

§ 58 ***Erneute Berufung*** **von Ruhestandsbeamtinnen und Ruhestandsbeamten.** [1] Ruhestandsbeamtinnen und Ruhestandsbeamte, die die für Bundesbeamtinnen und Bundesbeamte geltende Regelaltersgrenze noch nicht erreicht haben, können für Zwecke der Verteidigung erneut in ein Beamten-

---

1) Nr. **1**.

2) G v. 9. 7. 1968 (BGBl. I S. 787), zuletzt geänd. durch G v. 13. 12. 2007 (BGBl. I S. 2904), **Wehrrecht Nr. 1430.**

verhältnis berufen werden, wenn dies im öffentlichen Interesse erforderlich ist und der Personalbedarf der öffentlichen Verwaltung im Bereich ihres bisherigen Dienstherrn auf freiwilliger Grundlage nicht gedeckt werden kann. [2] Das Beamtenverhältnis endet, wenn es nicht vorher beendet wird, mit dem Ende des Monats, in dem die für Bundesbeamtinnen und Bundesbeamte geltende Regelaltersgrenze erreicht wird.

§ 59 Verpflichtung zur Gemeinschaftsunterkunft und Mehrarbeit.

(1) Wenn dienstliche Gründe es erfordern, können Beamtinnen und Beamte für Zwecke der Verteidigung verpflichtet werden, vorübergehend in einer Gemeinschaftsunterkunft zu wohnen und an einer Gemeinschaftsverpflegung teilzunehmen.

(2) [1] Beamtinnen und Beamte sind verpflichtet, für Zwecke der Verteidigung über die regelmäßige Arbeitszeit hinaus ohne besondere Vergütung Dienst zu tun. [2] Für die Mehrbeanspruchung wird ein Freizeitausgleich nur gewährt, soweit es die dienstlichen Erfordernisse gestatten.

Abschnitt 9. Sonderregelungen für Verwendungen im Ausland

§ 60 Verwendungen im Ausland. (1) [1] Beamtinnen und Beamte, die zur Wahrnehmung des ihnen übertragenen Amtes im Ausland oder außerhalb des Deutschen Hoheitsgebiets auf Schiffen oder in Luftfahrzeugen verwendet werden und dabei wegen vom Inland wesentlich abweichender Verhältnisse erhöhten Gefahren ausgesetzt sind, können aus dienstlichen Gründen verpflichtet werden,

1. vorübergehend in einer Gemeinschaftsunterkunft zu wohnen und an einer Gemeinschaftsverpflegung teilzunehmen,
2. Schutzkleidung zu tragen,
3. Dienstkleidung zu tragen und
4. über die regelmäßige Arbeitszeit hinaus ohne besondere Vergütung Dienst zu tun.

[2] In den Fällen des Satzes 1 Nr. 4 wird für die Mehrbeanspruchung ein Freizeitausgleich nur gewährt, soweit es die dienstlichen Erfordernisse gestatten.

(2) Sind nach Absatz 1 verwendete Beamtinnen und Beamte zum Zeitpunkt des vorgesehenen Eintritts in den Ruhestand nach den §§ 25 und 26 oder des vorgesehenen Ablaufs ihrer Amtszeit wegen Verschleppung, Gefangenschaft oder aus sonstigen mit dem Dienst zusammenhängenden Gründen, die sie nicht zu vertreten haben, dem Einflussbereich des Dienstherrn entzogen, verlängert sich das Dienstverhältnis bis zum Ablauf des auf die Beendigung dieses Zustands folgenden Monats.

Abschnitt 10. Sonderregelungen für wissenschaftliches Hochschulpersonal

§ 61 Hochschullehrerinnen und Hochschullehrer. [1] Abweichend von den §§ 14 und 15 können Hochschullehrerinnen und Hochschullehrer nur mit ihrer Zustimmung in den Bereich eines Dienstherrn eines anderen Landes oder des Bundes abgeordnet oder versetzt werden. [2] Abordnung und Versetzung im Sinne von Satz 1 sind auch ohne Zustimmung der Hochschullehrerinnen oder Hochschullehrer zulässig, wenn die Hochschule oder die Hochschuleinrichtung, an der sie tätig sind, aufgelöst oder mit einer anderen Hochschule zusammengeschlossen wird oder wenn die Studien- oder Fachrichtung, in der sie tätig sind ganz oder teilweise aufgehoben oder an eine andere Hochschule verlegt wird. [3] In diesen Fällen beschränkt sich eine Mitwirkung der aufnehmenden Hochschule oder Hochschuleinrichtung bei der Einstellung auf eine Anhörung. [4] Die Vorschriften über den einstweiligen Ruhestand sind auf Hochschullehrerinnen und Hochschullehrer nicht anzuwenden.

Abschnitt 11. Schlussvorschriften

§ 62 Folgeänderungen. *(hier nicht wiedergegeben)*

§ 63[1)] Inkrafttreten, Außerkrafttreten. (1) [1] Die §§ 25 und 50 treten am Tag nach der Verkündung[2)] in Kraft. [2] Gleichzeitig treten die §§ 25 und 26 Abs. 3 sowie die §§ 56 bis 56 f des Beamtenrechtsrahmengesetzes in der Fassung der Bekanntmachung vom 31. März 1999 (BGBl. I S. 654), das zuletzt durch Artikel 2 Abs. 1 des Gesetzes vom 5. Dezember 2006 (BGBl. I S. 2748) geändert worden ist, außer Kraft.

(2) § 62 Abs. 13 und 14 tritt für Bundesbeamtinnen und Bundesbeamte am 12. Februar 2009 in Kraft.

(3) [1] Im Übrigen tritt das Gesetz am 1. April 2009 in Kraft. [2] Gleichzeitig tritt das Beamtenrechtsrahmengesetz mit Ausnahme von Kapitel II und § 135 außer Kraft.

(4) [1] Die Länder können für die Zeit bis zum Inkrafttreten des § 11 Landesregelungen im Sinne dieser Vorschrift in Kraft setzen. [2] In den Ländern, die davon Gebrauch machen, ist § 8 des Beamtenrechtsrahmengesetzes nicht anzuwenden.

[1)] § 63 Abs. 2 eingef., bish. Abs. 2 und 3 werden Abs. 3 und 4 mWv 12. 2. 2009 durch G v. 5. 2. 2009 (BGBl. I S. 160).

[2)] Verkündet am 19. 6. 2008.

150a. Rahmengesetz zur Vereinheitlichung des Beamtenrechts (Beamtenrechtsrahmengesetz – BRRG)[1)]

In der Fassung der Bekanntmachung vom 31. März 1999[2)]
(BGBl. I S. 654)

FNA 2030-1

geänd. durch Art. 12 SGB IX – Rehabilitation und Teilhabe behinderter Menschen – v. 19.6.2001 (BGBl. I S. 1046), Art. 2 BundesdisziplinarrechtsNeuordnungsG v. 9.7.2001 (BGBl. I S. 1510), Art. 4 VersorgungsÄndG 2001 v. 20.12.2001 (BGBl. I S. 3926), Art. 5 Fünftes HochschulrahmenG-ÄndG v. 16.2.2002 (BGBl. I S. 693, nichtig gem. Urt. des BVerfG v. 27.7.2004 – 2 BvF 2/02 –), Art. 2 BesoldungsstrukturG v. 21.6.2002 (BGBl. I S. 2138), Art. 8 Drittes G zur Änd. verwaltungsverfahrensrechtl. Vorschr. v. 21.8.2002 (BGBl. I S. 3322), Art. 2 G zur wirkungsgleichen Übertragung von Regelungen der sozialen Pflegeversicherung in das Dienstrecht und zur Änd. sonstiger dienstrechtl. Vorschr. v. 4.11.2004 (BGBl. I S. 2686), Art. 5 G zur Änd. dienst- und arbeitsrechtl. Vorschr. im Hochschulbereich v. 27.12.2004 (BGBl. I S. 3835), Art. 5 G zur Umbenennung des Bundesgrenzschutzes in Bundespolizei v. 21.6.2005 (BGBl. I S. 1818), Art. 2 Abs. 1 Elterngeld-EinführungsG v. 5.12.2006 (BGBl. I S. 2748), §§ 63 Abs. 1 Satz 2 und Abs. 2 Satz 2 BeamtenstatusG v. 17.6.2008 (BGBl. I S. 1010), Art. 15 Abs. 14 DienstrechtsneuordnungsG v. 5.2.2009 (BGBl. I S. 160), Art. 6 G zum Abbau verzichtbarer Anordnungen der Schriftform im Verwaltungsrecht des Bundes v. 29.3.2017 (BGBl. I S. 626) und Art. 6 Abs. 1 G zur Neuregelung des Mutterschutzrechts v. 23.5.2017 (BGBl. I S. 1228)

Inhaltsübersicht[3)]

Kapitel I.[4)] *(Vorschriften für die Landesgesetzgebung)*

§§ 1–120[4)] *(aufgehoben)*

---

1) Das BRRG ist gem. § 63 Abs. 2 G v. 17.6.2008 (BGBl. I S. 1010) mit Ausnahme von Kapitel II und § 135 **mWv 1.4.2009 außer Kraft getreten**. Siehe jetzt das BeamtenstatusG.

2) Neubekanntmachung des BRRG idF der Bek. v. 27.2.1985 (BGBl. I S. 462) in der ab 1.1.1999 geltenden Fassung.

3) Inhaltsübersicht geänd. mWv 31.12.2004 durch G v. 27.12.2004 (BGBl. I S. 3835); sie wurde nichtamtlich an die nachträglichen Änderungen durch G v. 17.6.2008 (BGBl. I S. 1010) angepasst.

4) Kap. I (§§ 1–120) aufgeh. mWv 1.4.2009 durch G v. 17.6.2008 (BGBl. I S. 1010).

Kapitel II. Vorschriften, die einheitlich und unmittelbar gelten

Abschnitt I. Allgemeines

§ 121 [Dienstherrnfähigkeit] Das Recht, Beamte zu haben, besitzen außer dem Bund

1. die Länder, die Gemeinden und die Gemeindeverbände,
2. sonstige Körperschaften, Anstalten und Stiftungen des öffentlichen Rechts, die dieses Recht im Zeitpunkt des Inkrafttretens dieses Gesetzes besitzen oder denen es nach diesem Zeitpunkt durch Gesetz, Rechtsverordnung oder Satzung verliehen wird; derartige Satzungen bedürfen der Genehmigung durch eine gesetzlich hierzu ermächtigte Stelle.

§ 122 [Zulassung zum Vorbereitungsdienst; Laufbahnbefähigung]

(1) Die Zulassung zum Vorbereitungsdienst einer Laufbahn darf nicht deshalb abgelehnt werden, weil der Bewerber die für seine Laufbahn vorgeschriebene Vorbildung (§ 13) im Bereich eines anderen Dienstherrn erworben hat.

(2) [1] Wer unter den Voraussetzungen der §§ 13 bis 14c die Befähigung für eine Laufbahn erworben hat, besitzt die Befähigung für entsprechende Laufbahnen bei allen Dienstherren im Geltungsbereich dieses Gesetzes. [2] Das gleiche gilt, wenn die Befähigung auf Grund der Maßgaben in Anlage I Kapitel XIX Sachgebiet A Abschnitt III Nr. 2 Buchstabe c oder Nr. 3 Buchstabe b des Einigungsvertrages[1)] vom 31. August 1990 in Verbindung mit Artikel 1 des Gesetzes vom 23. September 1990 (BGBl. 1990 II S. 885, 1141) festgestellt worden ist und der Beamte die laufbahnrechtliche Probezeit erfolgreich abgeleistet hat.

§ 123[2)] [Abordnung oder Versetzung zu einem anderen Dienstherrn]

(1) Der Beamte kann nach Maßgabe der §§ 17 und 18 auch über den Bereich des Bundes oder eines Landes hinaus zu einem anderen Dienstherrn im Geltungsbereich dieses Gesetzes abgeordnet oder versetzt werden.

(2) [1] Die Abordnung oder Versetzung wird von dem abgebenden im Einverständnis mit dem aufnehmenden Dienstherrn verfügt; das Einverständnis ist schriftlich oder elektronisch zu erklären. [2] In der Verfügung ist zum Ausdruck zu bringen, daß das Einverständnis vorliegt.

§ 123a[3)] [Zuweisung einer vorübergehenden Tätigkeit bei einer öffentlichen Einrichtung außerhalb des BRRG, Zuweisung bei Privatisierung] (1) [1] Dem Beamten kann im dienstlichen oder öffentlichen Interesse mit seiner Zustimmung vorübergehend eine seinem Amt entsprechende Tätigkeit bei einer öffentlichen Einrichtung außerhalb des Anwendungsbereichs dieses Gesetzes zugewiesen werden. [2] Die Zuweisung einer Tätigkeit bei einer anderen Einrichtung ist zulässig, wenn dringende öffentliche Interessen dies erfordern; die Entscheidung trifft die oberste Dienstbehörde.

---

1) **Sartorius III Nr. 2.**

2) *§ 123 Abs. 2 Satz 1* geänd. mWv 5.4.2017 durch G v. 29.3.2017 (BGBl. I S. 626).

3) § 123a Abs. 2 neu gef. und Abs. 3 Satz 2 aufgeh., bish. Satz 1 wird alleiniger Wortlaut mWv 1.7. 2002 durch G v. 21.6.2002 (BGBl. I S. 2138).

(2) Dem Beamten einer Dienststelle, die ganz oder teilweise in eine öffentlich-rechtlich organisierte Einrichtung ohne Dienstherrneigenschaft oder eine privatrechtlich organisierte Einrichtung der öffentlichen Hand umgewandelt wird, kann auch ohne seine Zustimmung eine seinem Amt entsprechende Tätigkeit bei dieser Einrichtung zugewiesen werden, wenn dringende öffentliche Interessen dies erfordern.

(3) Die Rechtsstellung des Beamten bleibt unberührt.

§ 124 [Verschwiegenheitspflicht; Aussagegenehmigung] § 39 findet auch insoweit Anwendung, als seine Voraussetzungen über den Bereich des Bundes oder eines Landes hinaus gegeben sind.

§ 125[1)] [Entlassung bei Ernennung zum Soldaten] [1] Der Beamte ist entlassen, wenn er zum Berufssoldaten oder zum Soldaten auf Zeit ernannt wird. [2] Die Entlassung gilt als Entlassung auf eigenen Antrag.

§ 125a[2)] [Polizeivollzugsbeamte auf Widerruf] (1) [1] Bewirbt sich ein Polizeivollzugsbeamter auf Widerruf oder früherer Polizeivollzugsbeamter auf Widerruf, der ein Dienstverhältnis von nicht mehr als drei Jahren eingegangen ist und mindestens zwei Jahre Vollzugsdienst im Bundesgrenzschutz oder in der Bundespolizei geleistet hat, bis zum Ablauf von sechs Monaten nach Beendigung des Dienstverhältnisses als Polizeivollzugsbeamter auf Widerruf um Einstellung als Beamter und wird er in den Vorbereitungsdienst eingestellt, so darf nach Erwerb der Befähigung für die Laufbahn die Anstellung nicht über den Zeitpunkt hinausgeschoben werden, zu dem der Beamte ohne Ableisten eines Vollzugsdienstes bis zur Dauer des Grundwehrdienstes zur Anstellung herangestanden hätte. [2] Das Ableisten der vorgeschriebenen Probezeit wird dadurch nicht berührt. [3] Die Sätze 1 und 2 gelten für Beförderungen sinngemäß, sofern die dienstlichen Leistungen eine Beförderung während der Probezeit rechtfertigen.

(2) [1] Beginnt ein früherer Polizeivollzugsbeamter auf Widerruf, der ein Dienstverhältnis von nicht mehr als drei Jahren eingegangen war und mindestens zwei Jahre Vollzugsdienst im Bundesgrenzschutz oder in der Bundespolizei geleistet hat, im Anschluß an den Vollzugsdienst im Bundesgrenzschutz oder in der Bundespolizei eine für den künftigen Beruf als Beamter oder Richter vorgeschriebene Ausbildung (Hochschul-, Fachschul- oder praktische Ausbildung) oder wird diese durch den Vollzugsdienst im Bundesgrenzschutz oder in der Bundespolizei unterbrochen, so gilt Absatz 1 entsprechend, wenn er sich bis zum Ablauf von sechs Monaten nach Abschluß der Ausbildung um Einstellung als Beamter oder Richter bewirbt und auf Grund dieser Bewerbung eingestellt wird. [2] Dienstzeiten, die Voraussetzung für eine Beförderung sind, beginnen für den unter den Voraussetzungen des Satzes 1 eingestellten Richter mit dem Zeitpunkt, zu dem er ohne Ableisten eines Vollzugsdienstes bis zur Dauer des Grundwehrdienstes zur Ernennung auf Lebenszeit herangestanden hätte.

---

1) § 125 Abs. 2 Satz 2 geänd. mWv 31.12.2004 durch G v. 27.12.2004 (BGBl. I S. 3835); Abs. 2 aufgeh., Abs. 1 wird alleiniger Wortlaut und Satz 2 aufgeh., bish. Satz 3 wird Satz 2 mWv 12.2.2009 durch G v. 5.2.2009 (BGBl. I S. 160).

2) § 125a Abs. 1 Satz 1 und Abs. 2 Satz 1 geänd. mWv 1.7.2005 durch G v. 21.6.2005 (BGBl. I S. 1818).

(3) Die Absätze 1 und 2 gelten entsprechend für einen früheren Polizeivollzugsbeamten auf Widerruf, dessen Ausbildung für ein späteres Beamtenverhältnis durch eine festgesetzte mehrjährige Tätigkeit im Arbeitsverhältnis an Stelle des sonst vorgeschriebenen Vorbereitungsdienstes durchgeführt wird.

§ 125b[1)] **[Änderung der Einstellungsvoraussetzungen während des Mutterschutzes bzw. Erziehungsurlaubs]** (1) [1] Haben sich die Anforderungen an die fachliche Eignung für die Einstellung in den öffentlichen Dienst in der Zeit erhöht, in der sich die Bewerbung um Einstellung nur infolge der Geburt oder der Betreuung eines Kindes verzögert hat, und ist die Bewerbung innerhalb von drei Jahren nach der Geburt dieses Kindes oder sechs Monate nach Erfüllung der ausbildungsmäßigen Einstellungsvoraussetzungen erfolgt, so ist der Grad der fachlichen Eignung nach den Anforderungen zu prüfen, die zu einem Zeitpunkt bestanden haben, zu dem die Bewerbung ohne die Geburt oder die Betreuung des Kindes hätte erfolgen können. [2] Führt die Prüfung zu dem Ergebnis, dass der Bewerber ohne diese Verzögerung eingestellt worden wäre, kann er vor anderen Bewerbern eingestellt werden. [3] Die Zahl der Stellen, die diesen Bewerbern in einem Einstellungstermin vorbehalten werden kann, bestimmt sich nach dem zahlenmäßigen Verhältnis der Bewerber mit Verzögerung zu denjenigen ohne eine solche Verzögerung; Bruchteile von Stellen sind zu Gunsten der betroffenen Bewerber aufzurunden. [4] Für die Berechnung des Zeitraums der Verzögerung sind nur die einen Anspruch auf Elternzeit nach § 15 Abs. 1 Satz 1 und Abs. 2 des Bundeselterngeld- und Elternzeitgesetzes[2)] begründenden Zeiten sowie bei Frauen zusätzlich die Zeiten nach § 3 des Mutterschutzgesetzes[3)] zu berücksichtigen.

(2) [1] Verzögert sich die Bewerbung um Einstellung nur wegen der tatsächlichen Pflege eines nach ärztlichem Gutachten pflegebedürftigen sonstigen nahen Angehörigen im Sinne des § 12 Abs. 2, gilt Absatz 1 Satz 1 bis 3 entsprechend. [2] Der berücksichtigungsfähige Zeitraum beträgt längstens drei Jahre.

§ 125c [Übermittlungen bei Strafverfahren gegen Beamte] (1) [1] Das Gericht, die Strafverfolgungs- oder die Strafvollstreckungsbehörde hat in Strafverfahren gegen Beamte zur Sicherstellung der erforderlichen dienstrechtlichen Maßnahmen im Falle der Erhebung der öffentlichen Klage

1. die Anklageschrift oder eine an ihre Stelle tretende Antragsschrift,
2. den Antrag auf Erlaß eines Strafbefehls und
3. die einen Rechtszug abschließende Entscheidung mit Begründung

zu übermitteln; ist gegen die Entscheidung ein Rechtsmittel eingelegt worden, ist die Entscheidung unter Hinweis auf das eingelegte Rechtsmittel zu übermitteln. [2] Der Erlaß und der Vollzug eines Haftbefehls oder eines Unterbringungsbefehls sind mitzuteilen.

[1)] § 125b neu gef. mWv 1.7.2002 durch G v. 21.6.2002 (BGBl. I S. 2138); Abs. 1 Satz 4 geänd. mWv 1.1.2007 durch G v. 5.12.2006 (BGBl. I S. 2748); Abs. 1 Satz 4 geänd. mWv 1.1.2018 durch G v. *23.5.2017 (BGBl.* I S. 1228).

[2)] **Schönfelder ErgBd. Nr. 45e.**

[3)] **Nipperdey I, Arbeitsrecht Nr. 400.**

(2) In Verfahren wegen fahrlässig begangener Straftaten werden die in Absatz 1 Satz 1 bestimmten Übermittlungen nur vorgenommen, wenn

1. es sich um schwere Verstöße, namentlich Vergehen der Trunkenheit im Straßenverkehr oder der fahrlässigen Tötung, handelt oder
2. in sonstigen Fällen die Kenntnis der Daten auf Grund der Umstände des Einzelfalls erforderlich ist, um zu prüfen, ob dienstrechtliche Maßnahmen zu ergreifen sind.

(3) [1] Entscheidungen über Verfahrenseinstellungen, die nicht bereits nach Absatz 1 oder 2 zu übermitteln sind, sollen übermittelt werden, wenn die in Absatz 2 Nr. 2 genannten Voraussetzungen erfüllt sind. [2] Dabei ist zu berücksichtigen, wie gesichert die zu übermittelnden Erkenntnisse sind.

(4) [1] Sonstige Tatsachen, die in einem Strafverfahren bekannt werden, dürfen mitgeteilt werden, wenn ihre Kenntnis auf Grund besonderer Umstände des Einzelfalls für dienstrechtliche Maßnahmen gegen einen Beamten erforderlich ist und soweit nicht für die übermittelnde Stelle erkennbar ist, daß schutzwürdige Interessen des Beamten an dem Ausschluß der Übermittlung überwiegen; erforderlich ist die Kenntnis der Daten auch dann, wenn diese Anlaß zur Prüfung bieten, ob dienstrechtliche Maßnahmen zu ergreifen sind. [2] Absatz 3 Satz 2 ist entsprechend anzuwenden.

(5) Nach den Absätzen 1 bis 4 übermittelte Daten dürfen auch für die Wahrnehmung der Aufgaben nach dem Sicherheitsüberprüfungsgesetz[1)] oder einem entsprechenden Landesgesetz verwendet werden.

(6) [1] Übermittlungen nach den Absätzen 1 bis 3 sind auch zulässig, soweit sie Daten betreffen, die dem Steuergeheimnis (§ 30 der Abgabenordnung) unterliegen. [2] Übermittlungen nach Absatz 4 sind unter den Voraussetzungen des § 30 Abs. 4 Nr. 5 der Abgabenordnung zulässig.

(7) Mitteilungen sind an den zuständigen Dienstvorgesetzten oder seinen Vertreter im Amt zu richten und als „Vertrauliche Personalsache" zu kennzeichnen.

Abschnitt II. Rechtsweg

§ 126[2)] [Verwaltungsrechtsweg, Vorverfahren] (1) Für alle Klagen der Beamten, Ruhestandsbeamten, früheren Beamten und der Hinterbliebenen aus dem Beamtenverhältnis ist der Verwaltungsrechtsweg gegeben.

(2) Für Klagen des Dienstherrn gilt das gleiche.

(3) Für Klagen nach Absatz 1, einschließlich der Leistungs- und Feststellungsklagen, gelten die Vorschriften des 8. Abschnitts der Verwaltungsgerichtsordnung[3)] mit folgenden Maßgaben:

1. Eines Vorverfahrens bedarf es auch dann, wenn die Maßnahme von der obersten Dienstbehörde getroffen worden ist.
2. [1] Den Widerspruchsbescheid erläßt die oberste Dienstbehörde. [2] Sie kann die Entscheidung für Fälle, in denen sie die Maßnahme nicht selbst getroffen hat, durch allgemeine Anordnung auf andere Behörden übertragen; die Anordnung ist zu veröffentlichen.

[1)] **Sartorius III Nr. 810.**

[2)] § 126 Abs. 3 Nr. 1 und Nr. 2 Satz 2 geänd. sowie Nr. 4 angef. mWv 1.7.2002 durch G v. 21.6.2002 (BGBl. I S. 2138).

[3)] Nr. **600**.

3. Widerspruch und Anfechtungsklage gegen die Abordnung oder die Versetzung haben keine aufschiebende Wirkung.
4. Eines Vorverfahrens bedarf es nicht, wenn ein Gesetz dies bestimmt.

§ 127 [Revision] Für die Revision gegen das Urteil eines Oberverwaltungsgerichts über eine Klage aus dem Beamtenverhältnis gilt folgendes:

1. Die Revision ist außer in den Fällen des § 132 Abs. 2 der Verwaltungsgerichtsordnung[1)] zuzulassen, wenn das Urteil von der Entscheidung eines anderen Oberverwaltungsgerichts abweicht und auf dieser Abweichung beruht, solange eine Entscheidung des Bundesverwaltungsgerichts in der Rechtsfrage nicht ergangen ist.
2. Die Revision kann außer auf die Verletzung von Bundesrecht darauf gestützt werden, daß das angefochtene Urteil auf der Verletzung von Landesrecht beruht.

Abschnitt III. Rechtsstellung der Beamten und Versorgungsempfänger bei der Umbildung von Körperschaften

§ 128 [Übertritt oder Übernahme von Beamten und Versorgungsempfängern bei der Umbildung von Körperschaften] (1) Die Beamten einer Körperschaft, die vollständig in eine andere Körperschaft eingegliedert wird, treten mit der Umbildung kraft Gesetzes in den Dienst der aufnehmenden Körperschaft über.

(2) [1]Die Beamten einer Körperschaft, die vollständig in mehrere andere Körperschaften eingegliedert wird, sind anteilig in den Dienst der aufnehmenden Körperschaften zu übernehmen. [2]Die beteiligten Körperschaften haben innerhalb einer Frist von sechs Monaten nach dem Zeitpunkt, in dem die Umbildung vollzogen ist, im Einvernehmen miteinander zu bestimmen, von welchen Körperschaften die einzelnen Beamten zu übernehmen sind. [3]Solange ein Beamter nicht übernommen ist, haften alle aufnehmenden Körperschaften für die ihm zustehenden Bezüge als Gesamtschuldner.

(3) [1]Die Beamten einer Körperschaft, die teilweise in eine oder mehrere andere Körperschaften eingegliedert wird, sind zu einem verhältnismäßigen Teil, bei mehreren Körperschaften anteilig, in den Dienst der aufnehmenden Körperschaften zu übernehmen. [2]Absatz 2 Satz 2 findet Anwendung.

(4) Die Absätze 1 bis 3 gelten entsprechend, wenn eine Körperschaft mit einer oder mehreren anderen Körperschaften zu einer neuen Körperschaft

(Fortsetzung nächstes Blatt)

[1)] Nr. **600**.

zusammengeschlossen wird, wenn aus einer Körperschaft oder aus Teilen einer Körperschaft eine oder mehrere neue Körperschaften gebildet werden, oder wenn Aufgaben einer Körperschaft vollständig oder teilweise auf eine oder mehrere andere Körperschaften übergehen.

§ 129[1] [Verfahren bei Übertritt oder Übernahme in den Dienst einer anderen Körperschaft] (1) Tritt ein Beamter auf Grund des § 128 Abs. 1 kraft Gesetzes in den Dienst einer anderen Körperschaft über oder wird er auf Grund des § 128 Abs. 2 oder 3 von einer anderen Körperschaft übernommen, so gilt § 18 Abs. 4 entsprechend.

(2) Im Falle des § 128 Abs. 1 ist dem Beamten von der aufnehmenden oder neuen Körperschaft die Fortsetzung des Beamtenverhältnisses schriftlich, aber nicht in elektronischer Form zu bestätigen.

(3) [1] In den Fällen des § 128 Abs. 2 und 3 wird die Übernahme von der Körperschaft verfügt, in deren Dienst der Beamte treten soll; die Verfügung wird mit der Zustellung an den Beamten wirksam. [2] Der Beamte ist verpflichtet, der Übernahmeverfügung Folge zu leisten; kommt er der Verpflichtung nicht nach, so ist er zu entlassen.

(4) Die Absätze 1 bis 3 gelten entsprechend in den Fällen des § 128 Abs. 4.

§ 130 [Übertragung eines gleich zu bewertenden Amtes; einstweiliger Ruhestand] (1) [1] Dem nach § 128 in den Dienst einer anderen Körperschaft kraft Gesetzes übergetretenen oder von ihr übernommenen Beamten soll ein seinem bisherigen Amt nach Bedeutung und Inhalt ohne Rücksicht auf Dienststellung und Dienstalter gleichzubewertendes Amt übertragen werden. [2] Wenn eine dem bisherigen Amt entsprechende Verwendung nicht möglich ist, finden § 18 Abs. 2 Satz 2 und § 23 Abs. 3 Nr. 3 entsprechende Anwendung. [3] Bei Anwendung des § 18 Abs. 2 Satz 2 darf der Beamte neben der neuen Amtsbezeichnung die des früheren Amtes mit dem Zusatz „außer Dienst" („a.D.") führen.

(2) [1] Die aufnehmende oder neue Körperschaft kann, wenn die Zahl der bei ihr nach der Umbildung vorhandenen Beamten den tatsächlichen Bedarf übersteigt, innerhalb einer Frist von sechs Monaten die entbehrlichen Beamten auf Lebenszeit oder auf Zeit, deren Aufgabengebiet von der Umbildung berührt wurde, in den einstweiligen Ruhestand versetzen. [2] Die Frist des Satzes 1 beginnt im Falle des § 128 Abs. 1 mit dem Übertritt, in den Fällen des § 128 Abs. 2 und 3 mit der Bestimmung derjenigen Beamten, zu deren Übernahme die Körperschaft verpflichtet ist; entsprechendes gilt in den Fällen des § 128 Abs. 4. [3] § 20 Satz 3 findet Anwendung. [4] Bei Beamten auf Zeit, die nach Satz 1 in den einstweiligen Ruhestand versetzt sind, endet der einstweilige Ruhestand mit Ablauf der Amtszeit; sie gelten in diesem Zeitpunkt als dauernd in den Ruhestand versetzt, wenn sie bei Verbleiben im Amt mit Ablauf der Amtszeit in den Ruhestand getreten wären.

§ 131 [Ernennung von Beamten bei bevorstehender Umbildung] [1] Ist innerhalb absehbarer Zeit mit einer Umbildung im Sinne des § 128 zu rechnen, so können die obersten Aufsichtsbehörden der beteiligten Körper-

---

[1] § 129 Abs. 2 geänd. mWv 1. 2. 2003 durch G v. 21. 8. 2002 (BGBl. I S. 3322).

schaften anordnen, daß Beamte, deren Aufgabengebiet von der Umbildung voraussichtlich berührt wird, nur mit ihrer Genehmigung ernannt werden dürfen. 2 Die Anordnung darf höchstens für die Dauer eines Jahres ergehen. 3 Sie ist den beteiligten Körperschaften zuzustellen. 4 Die Genehmigung soll nur versagt werden, wenn durch derartige Ernennungen die Durchführung der nach den §§ 128 bis 130 erforderlichen Maßnahmen wesentlich erschwert würde.

§ 132 [Umbildung, Versorgungsempfänger] (1) Die Vorschriften des § 128 Abs. 1 und 2 und des § 129 gelten entsprechend für die im Zeitpunkt der Umbildung bei der abgebenden Körperschaft vorhandenen Versorgungsempfänger.

(2) In den Fällen des § 128 Abs. 3 bleiben die Ansprüche der im Zeitpunkt der Umbildung vorhandenen Versorgungsempfänger gegenüber der abgebenden Körperschaft bestehen.

(3) Die Absätze 1 und 2 gelten entsprechend in den Fällen des § 128 Abs. 4.

§ 133 [Körperschaft; Begriff] Als Körperschaft im Sinne der Vorschriften dieses Abschnittes gelten alle juristischen Personen des öffentlichen Rechts mit Dienstherrnfähigkeit (§ 121).

Abschnitt IV. Sonderregelungen für den Spannungs- und Verteidigungsfall

§ 133 a [Anwendungsbereich] 1 Beschränkungen, Anordnungen und Verpflichtungen nach den §§ 133 b bis 133 e sind nur nach Maßgabe des Artikels 80 a des Grundgesetzes[1] zulässig. 2 Sie finden keine Anwendung auf Personen im Sinne des § 5 Abs. 1 des Arbeitssicherstellungsgesetzes[2] vom 9. Juli 1968 (BGBl. I S. 787), zuletzt geändert durch Artikel 32 des Gesetzes vom 18. Dezember 1989 (BGBl. I S. 2261).

§ 133 b [Abordnung; Verpflichtung zu anderen nicht laufbahngerechten oder erschwerten Aufgaben; Verlegung des Dienstortes]

(1) Der Beamte kann für Zwecke der Verteidigung auch ohne seine Zustimmung zu einem anderen Dienstherrn abgeordnet oder zur Dienstleistung bei über- oder zwischenstaatlichen zivilen Dienststellen verpflichtet werden.

(2) 1 Dem Beamten können für Zwecke der Verteidigung auch Aufgaben übertragen werden, die nicht seinem Amt oder seiner Laufbahnbefähigung entsprechen, sofern ihm die Übernahme nach seiner Vor- und Ausbildung und im Hinblick auf die Ausnahmesituation zumutbar ist. 2 Aufgaben einer niedrigeren Laufbahngruppe dürfen ihm nur übertragen werden, wenn dies aus dienstlichen Gründen unabweisbar ist.

(3) Der Beamte hat bei der Erfüllung der ihm für Zwecke der Verteidigung übertragenen Aufgaben Gefahren und Erschwernisse auf sich zu nehmen,

---

[1] *Nr. 1.*

[2] G v. 9. 7. 1968 (BGBl. I S. 787), zuletzt geänd. durch G v. 13. 12. 2007 (BGBl. I S. 2904), **Wehrrecht Nr. 1430.**

soweit diese ihm nach den Umständen und seinen persönlichen Verhältnissen zugemutet werden können.

(4) Der Beamte ist bei einer Verlegung der Behörde oder Dienststelle – auch außerhalb des Geltungsbereiches dieses Gesetzes – zur Dienstleistung am neuen Dienstort verpflichtet.

§ 133 c [Aufschub der Entlassung, des Ruhestandes] [1] Die Entlassung eines Beamten auf seinen Antrag kann für Zwecke der Verteidigung hinausgeschoben werden, wenn dies im öffentlichen Interesse erforderlich ist und der Personalbedarf der öffentlichen Verwaltung im Bereich seines Dienstherrn auf freiwilliger Grundlage nicht gedeckt werden kann. [2] Satz 1 gilt entsprechend für den Ablauf der Amtszeit bei Beamtenverhältnissen auf Zeit. [3] Der Eintritt des Beamten in den Ruhestand nach Erreichen der Altersgrenze und die vorzeitige Versetzung in den Ruhestand auf Antrag ohne Nachweis der Dienstunfähigkeit können unter den Voraussetzungen des Satzes 1 bis zum Ende des Monats hinausgeschoben werden, in dem der Beamte das 65. Lebensjahr vollendet.

§ 133 d [Erneute Berufung von Ruhestandsbeamten unter 65 Jahren] [1] Ein Ruhestandsbeamter, der das 65. Lebensjahr noch nicht vollendet hat, kann für Zwecke der Verteidigung erneut in ein Beamtenverhältnis berufen werden, wenn dies im öffentlichen Interesse erforderlich ist und der Personalbedarf der öffentlichen Verwaltung im Bereich seines bisherigen Dienstherrn auf freiwilliger Grundlage nicht gedeckt werden kann. [2] Das Beamtenverhältnis endet, wenn es nicht vorher beendet wird, mit dem Ende des Monats, in dem der Beamte das 65. Lebensjahr vollendet.

§ 133 e [Verpflichtung zur Gemeinschaftsunterkunft, Teilnahme an Gemeinschaftsverpflegung und zur Mehrarbeit] (1) Wenn dienstliche Gründe es erfordern, kann der Beamte für Zwecke der Verteidigung verpflichtet werden, vorübergehend in Gemeinschaftsunterkunft zu wohnen und an Gemeinschaftsverpflegung teilzunehmen.

(2) [1] Der Beamte ist verpflichtet, für Zwecke der Verteidigung über die regelmäßige Arbeitszeit hinaus ohne besondere Vergütung Dienst zu tun. [2] Für die Mehrbeanspruchung wird ein Freizeitausgleich nur gewährt, soweit es die dienstlichen Erfordernisse gestatten.

Abschnitt V. Sonderregelungen für Verwendungen im Ausland

§ 133 f [Sonderregelungen für Verwendungen im Ausland] (1) Die Vorschriften dieses Abschnitts gelten für Beamte, die zur Wahrnehmung des ihnen übertragenen Amtes im Ausland oder außerhalb des Deutschen Hoheitsgebiets auf Schiffen oder in Luftfahrzeugen verwendet werden und dabei wegen vom Inland wesentlich abweichender Verhältnisse erhöhten Gefahren ausgesetzt sind.

(2) [1] Ein gemäß Absatz 1 verwendeter Beamter kann, soweit dienstliche Gründe es erfordern, verpflichtet werden,

1. vorübergehend in einer Gemeinschaftsunterkunft zu wohnen und an einer Gemeinschaftsverpflegung teilzunehmen,

2. Schutzkleidung zu tragen,
3. Dienstkleidung zu tragen,
4. über die regelmäßige Arbeitszeit hinaus ohne besondere Vergütung Dienst zu tun.

[2] In den Fällen der Nummer 4 wird für die Mehrbeanspruchung ein Freizeitausgleich nur gewährt, soweit es die dienstlichen Erfordernisse gestatten.

(3) Der Dienstherr hat darauf hinzuwirken, daß die erforderlichen Maßnahmen zum Schutz und zur Fürsorge für die gemäß Absatz 1 verwendeten Beamten getroffen werden.

(4) Ist ein gemäß Absatz 1 verwendeter Beamter zum Zeitpunkt des vorgesehenen Eintritts in den Ruhestand nach den §§ 25 und 26 oder des vorgesehenen Ablaufs seiner Amtszeit wegen Verschleppung, Gefangenschaft oder aus sonstigen mit dem Dienst zusammenhängenden Gründen, die er nicht zu vertreten hat, dem Einflußbereich des Dienstherrn entzogen, verlängert sich das Dienstverhältnis bis zum Ablauf des auf die Beendigung dieses Zustands folgenden Monats.

Kapitel III.[1] *(Allgemeine Schlußvorschriften)*

§ 134[2] *(aufgehoben)*

§ 135 [Keine Geltung dieses Gesetzes für öffentlich-rechtliche Religionsgesellschaften] [1] Dieses Gesetz gilt nicht für die öffentlich-rechtlichen Religionsgesellschaften und ihre Verbände. [2] Diesen bleibt es überlassen, die Rechtsverhältnisse ihrer Beamten und Seelsorger diesem Gesetz entsprechend zu regeln und die Vorschriften des Kapitels II Abschnitt II für anwendbar zu erklären.

§§ 136–142[2] *(aufgehoben)*

[1] *Kap. III mit* Ausnahme von § 135 aufgeh. mWv 1. 4. 2009 durch G v. 17. 6. 2008 (BGBl. I S. 1010).

[2] §§ 134, 136–142 aufgeh. mWv 1. 4. 2009 durch G v. 17. 6. 2008 (BGBl. I S. 1010).

155. Gesetz über die Versorgung der Beamten und Richter des Bundes (Beamtenversorgungsgesetz – BeamtVG)[1]

In der Fassung der Bekanntmachung vom 24. Februar 2010[2]

(BGBl. I S. 150)

FNA 2030-25

geänd. durch Art. 4, 4a DienstrechtsneuordnungsG v. 5.2.2009 (BGBl. I S. 160, Art. 4a geänd. durch G v. 19.11.2010, BGBl. I S. 1552, aufgeh. durch G v. 20.12.2011, BGBl. I S. 2842), Art. 2 G zum Versorgungslastenteilungs-Staatsvertrag v. 5.9.2010 (BGBl. I S. 1288 iVm Bek. v. 8.10.2010, BGBl. I S. 1404), Art. 8–10 Bundesbesoldungs- und -versorgungsanpassungsG 2010/2011 v. 19.11.2010 (BGBl. I S. 1552), Art. 14 G zur Einführung eines Bundesfreiwilligendienstes v. 28.4.2011 (BGBl. I S. 687), Art. 2 G zur Übertragung ehebezogener Regelungen im öffentl. Dienstrecht auf Lebenspartnerschaften v. 14.11.2011 (BGBl. I S. 2219), Art. 2 Einsatzversorgungs-VerbesserungsG v. 5.12.2011 (BGBl. I S. 2458), Art. 3, 5 G zur Wiedergewährung der Sonderzahlung v. 20.12.2011 (BGBl. I S. 2842), Art. 4 G zur Unterstützung der Fachkräftegewinnung im Bund und zur Änd. weiterer dienstrechtl. Vorschriften v. 15.3.2012 (BGBl. I S. 462), Art. 5 Bundeswehrreform-BegleitG v. 21.7.2012 (BGBl. I S. 1583), Art. 7–9 Bundesbesoldungs- und -versorgungsanpassungsG 2012/2013 v. 15.8.2012 (BGBl. I S. 1670), Art. 2 Abs. 5 G zur Modernisierung des Außenwirtschaftsrechts v. 6.6.2013 (BGBl. I S. 1482), Art. 2 G zur Neuregelung der Professorenbesoldung und zur Änd. weiterer dienstrechtlicher Vorschriften v. 11.6.2013 (BGBl. I S. 1514), Art. 3 G über die Gewährung eines Altersgelds für freiwillig aus dem Bundesdienst ausscheidende Beamte, Richter und Soldaten v. 28.8 2013 (BGBl. I S. 3386), Art. 4, 5 Bundesbesoldungs- und -versorgungsanpassungsG 2014/2015 v. 25.11.2014 (BGBl. I S. 1772), Art. 1 Bundeswehr-AttraktivitätssteigerungsG v. 13.5.2015 (BGBl. I S. 706), Art. 3a Siebtes BesoldungsänderungsG v. 3.12.2015 (BGBl. I S. 2163), Art. 3, 4 Bundesbesoldungs- und -versorgungsanpassungsG 2016/2017 v. 21.11.2016 (BGBl. I S. 2570), Art. 3 G zur Änd. des VersorgungsrücklageG und weiterer dienstrechtlicher Vorschriften v. 5.1.2017 (BGBl. I S. 17), Art. 11 G zu bereichsspezifischen Regelungen der Gesichtsverhüllung und zur Änd. weiterer dienstrechtlicher Vorschriften v. 8.6.2017 (BGBl. I S. 1570), Art. 5–7 Bundesbesoldungs- und -versorgungsanpassungsG 2018/2019/2020 v. 8.11.2018 (BGBl. I S. 1810), Art. 3 G zur Änd. des BeamtenstatusG und des BundesbeamtenG sowie weiterer dienstrechtlicher Vorschriften v. 29.11.2018 (BGBl. I S. 2232), Art. 2 Bundeswehr-EinsatzbereitschaftsstärkungsG v. 4.8.2019 (BGBl. I S. 1147), Art. 9 BesoldungsstrukturenmodernisierungsG v. 9.12.2019 (BGBl. I S. 2053), Art. 43 G zur Regelung des Sozialen Entschädigungsrechts v. 12.12.2019 (BGBl. I S. 2652, geänd. durch G v. 20.8.2021, BGBl. I S. 3932), Art. 3, 4 Zweites G zur Änd. des BundespersonalvertretungsG und weiterer dienstrechtl. Vorschriften aus Anlass der COVID-19-Pandemie v. 25.5.2020 (BGBl. I S. 1063), Art. 2 G über eine einmalige Sonderzahlung aus Anlass der COVID-19-Pandemie an Besoldungs- und Wehrsoldempfänger v. 21.12.2020 (BGBl. I S. 3136), Art. 6, 7 G zur Regelung des Erscheinungsbilds von Beamtinnen und Beamten sowie zur Änd. weiterer dienstrechtl. Vorschriften v. 28.6.2021 (BGBl. I S. 2250), Art. 5, 6 G zur Anpassung der Bundesbesoldung und -versorgung für 2021/2022 und zur Änd. weiterer dienstrechtl. Vorschriften v. 9.7.2021 (BGBl. I S. 2444), Art. 68, 69 G über die Entschädigung der Soldatinnen und Soldaten und zur Neuordnung des Soldatenversorgungsrechts v. 20.8.2021 (BGBl. I S. 3932, geänd. durch G v. 22.12.2023, BGBl. 2023 I Nr. 414 und G v. 18.12.2024, BGBl. 2024 I Nr. 423), Art. 20g G zur Änd. des InfektionsschutzG und weiterer G anlässlich der Aufhebung der Feststellung der epidemischen Lage von nationaler Tragweite v. 22.11.2021 (BGBl. I S. 4906), Art. 7 G zur Beschleunigung von Disziplinarverfahren in der Bundesverwaltung und zur Änd. weiterer dienstrechtl. Vorschriften v. 20.12.2023 (BGBl. 2023 I Nr. 389), Art. 2 G zur Anpassung der Bundesbesoldung und -versorgung für die Jahre 2023 und 2024 *sowie zur Änd. weiterer dienstrechtl. Vorschriften* v. 22.12.2023 (BGBl. 2023 I Nr. 414), Art. 6 GleichstellungsfortentwicklungsG militärisches Personal v. 22.1.2024 (BGBl. 2024 I Nr. 17), Art. 2 G über die Lehrverpflichtung des hauptberufl. wiss. Personals an Hochschulen des Bundes und zur Änd. weiterer dienstrechtl. Vorschriften v. 19.7.2024 (BGBl. 2024 I Nr. 247), Art. 14 G zur Änd. des SoldatenentschädigungsG und des Soldatenversorgungsrechts v. 18.12.2024 (BGBl. 2024 I Nr. 423) und Art. 11 G

[1] Die in der Neubekanntmachung v. 24.2.2010 als Fußnoten wiedergegebenen, zum 1.9.2009 in Kraft getretenen Änderungen durch das G v. 3.4.2009 (BGBl. I S. 700) wurden in den laufenden Text übernommen.

[2] Neubekanntmachung des Beamtenversorgungsgesetzes idF der Bek. v. 16.3.1999 (BGBl. I S. 322) in der ab 1.7.2009 geltenden Fassung.

zur weiteren Stärkung der personellen Einsatzbereitschaft und zur Änd. von Vorschriften für die Bundeswehr v. 27.2.2025 (BGBl. 2025 I Nr. 72)

Inhaltsübersicht[1)]

---

1) Inhaltsübersicht geänd. mWv 1.1.2010 durch G v. 19.11.2010 (BGBl. I S. 1552); mWv 1.1.2011 durch G v. 5.2.2009 (BGBl. I S. 160); mWv 1.1.2009 durch G v. 14.11.2011 (BGBl. I S. 2219); mWv 25.3.2010 durch G v. 15.3.2012 (BGBl. I S. 462); mWv 26.7.2012 durch G v. 21.7.2012 (BGBl. I S. 1583); mWv 1.1.2013 durch G v. 11.6.2013 (BGBl. I S. 1514); mWv 4.9.2013 durch G v. 28.8.2013 (BGBl. I S. 3386); mWv 23.5.2015 durch G v. 13.5.2015 (BGBl. I S. 706); mWv 1.1.2016 durch G v. 3.12.2015 (BGBl. I S. 2163); mWv 11.1.2017 durch G v. 5.1.2017 (BGBl. I S. 17); mWv 15.6.2017 durch G v. 8.6.2017 (BGBl. I S. 1570); mWv 1.1.2020 und mWv 1.7.2020 durch G v. 9.12.2019 (BGBl. I S. 2053); *mWv 1.1.2020 und* mWv 1.1.2021 durch G v. 25.5.2020 (BGBl. I S. 1063); mWv 1.1.2020 und mWv 1.8.2021 durch G v. 28.6.*2021 (BGBl. I S. 2250)*; mWv *1.1.2025 durch* G v. 20.8.2021 (BGBl. I S. 3932, durch G v. 22.12.2023, BGBl. 2023 I Nr. 414 und durch G v. 18.12.2024 (BGBl. 2024 I Nr. 423); mWv 1.6.2023 und mWv 1.1.2024 durch G v. 22.12.2023 (BGBl. 2023 I Nr. 414); mWv 1.1.2025 durch G v. 18.12.2024 (BGBl. 2024 I Nr. 423).

(Fortsetzung nächstes Blatt)

Abschnitt 1.[1] Allgemeine Vorschriften

§ 1 Geltungsbereich. (1) Dieses Gesetz regelt die Versorgung der Beamten des Bundes.

(2) Dieses Gesetz gilt nach Maßgabe des Deutschen Richtergesetzes[2] entsprechend für die Versorgung der Richter des Bundes.

(3) Dieses Gesetz gilt nicht für die öffentlich-rechtlichen Religionsgesellschaften und ihre Verbände.

§ 1a[3] Lebenspartnerschaft. Von den Vorschriften dieses Gesetzes gelten entsprechend:

1. Vorschriften, die sich auf das Bestehen oder das frühere Bestehen einer Ehe beziehen, für das Bestehen oder das frühere Bestehen einer Lebenspartnerschaft,
2. Vorschriften, die sich auf die Eheschließung oder die Heirat beziehen, für die Begründung einer Lebenspartnerschaft,
3. Vorschriften, die sich auf die Auflösung oder Scheidung einer Ehe beziehen, für die Aufhebung einer Lebenspartnerschaft,
4. Vorschriften, die sich auf den Ehegatten beziehen, für den Lebenspartner,
5. Vorschriften, die sich auf den geschiedenen Ehegatten oder früheren Ehegatten beziehen, für den früheren Lebenspartner aus einer aufgehobenen Lebenspartnerschaft und
6. Vorschriften, die sich auf die Witwe, den Witwer oder den hinterbliebenen Ehegatten beziehen, für den hinterbliebenen Lebenspartner.

§ 2[4] Arten der Versorgung. Versorgungsbezüge[5] sind

1. Ruhegehalt oder Unterhaltsbeitrag,
2. Hinterbliebenenversorgung,
3. Bezüge bei Verschollenheit,
4. Unfallfürsorge,
5. Übergangsgeld,
6. Ausgleich bei besonderen Altersgrenzen,
7. Erhöhungsbetrag nach § 14 Absatz 4 Satz 3 Halbsatz 1,
8. Unterschiedsbetrag nach § 50 Absatz 1 Satz 2 und 3,
9. Leistungen nach den §§ 50a bis 50e,
10. Ausgleichsbetrag nach § 50 Absatz 3,
11. Anpassungszuschlag nach § 69b Satz 5,

---

[1] 1. Abschnitt Überschrift geänd. mWv 1.1.2020 durch G v. 9.12.2019 (BGBl. I S. 2053).

[2] ***Schönfelder ErgBd. Nr. 97.***

[3] § 1a eingef. mWv 1.1.2009 durch G v. 14.11.2011 (BGBl. I S. 2219).

[4] § 2 Abs. 2 aufgeh., bish. Abs. 1 wird alleiniger Wortlaut mWv 1.1.2011 durch G v. 5.2.2009 (BGBl. I S. 160); Nr. 11 geänd. mWv 25.3.2010 durch G v. 15.3.2012 (BGBl. I S. 462); Nr. 12 geänd. mWv 1.1.2020 durch G v. 9.12.2019 (BGBl. I S. 2053).

[5] Beachte hierzu Art. 2 § 4 Zweites HaushaltsstrukturG v. 22.12.1981 (BGBl. I S. 1523), zuletzt geänd. durch G v. 29.6.1998 (BGBl. I S. 1666, 3128):

„**§ 4 Rückforderungsvorbehalt.** Ab 1. Januar 1982 werden die Versorgungsbezüge unter dem Vorbehalt gezahlt, daß Überzahlungen auf Grund der Rechtsänderungen durch die §§ 1 bis 3 zurückgefordert werden."

12. Einmalzahlung nach Abschnitt 11.

§ 3 Regelung durch Gesetz. (1) Die Versorgung der Beamten und ihrer Hinterbliebenen wird durch Gesetz geregelt.

(2) [1] Zusicherungen, Vereinbarungen und Vergleiche, die dem Beamten eine höhere als die ihm gesetzlich zustehende Versorgung verschaffen sollen, sind unwirksam. [2] Das Gleiche gilt für Versicherungsverträge, die zu diesem Zweck abgeschlossen werden.

(3) Auf die gesetzlich zustehende Versorgung kann weder ganz noch teilweise verzichtet werden.

Abschnitt 2.[1)] Ruhegehalt, Unterhaltsbeitrag

§ 4[2)] Entstehen und Berechnung des Ruhegehalts. (1) [1] Ein Ruhegehalt wird nur gewährt, wenn der Beamte

1. eine Dienstzeit von mindestens fünf Jahren abgeleistet hat oder
2. infolge Krankheit, Verwundung oder sonstiger Beschädigung, die er sich ohne grobes Verschulden bei Ausübung oder aus Veranlassung des Dienstes zugezogen hat, dienstunfähig geworden ist.

[2] Die Dienstzeit wird vom Zeitpunkt der ersten Berufung in das Beamtenverhältnis ab gerechnet und nur berücksichtigt, sofern sie ruhegehaltfähig ist; § 6 Absatz 1 Satz 3 und 4 ist insoweit nicht anzuwenden. [3] Zeiten, die kraft gesetzlicher Vorschrift als ruhegehaltfähig gelten oder nach § 10 als ruhegehaltfähige Dienstzeit berücksichtigt werden, sind einzurechnen; Satz 2 zweiter Halbsatz gilt entsprechend. [4] Satz 3 gilt nicht für Zeiten, die der Beamte vor dem 3. Oktober 1990 in dem in Artikel 3 des Einigungsvertrages[3)] genannten Gebiet zurückgelegt hat.

(2) Der Anspruch auf Ruhegehalt entsteht mit dem Beginn des Ruhestandes, in den Fällen des § 4 des Bundesbesoldungsgesetzes[4)] nach Ablauf der Zeit, für die Dienstbezüge gewährt werden.

(3) Das Ruhegehalt wird auf der Grundlage der ruhegehaltfähigen Dienstbezüge und der ruhegehaltfähigen Dienstzeit berechnet.

§ 5[5)] Ruhegehaltfähige Dienstbezüge. (1) [1] Ruhegehaltfähige Dienstbezüge sind

1. das Grundgehalt,
2. der Familienzuschlag (§ 50 Absatz 1) der Stufe 1,
3. sonstige Dienstbezüge, die im Besoldungsrecht als ruhegehaltfähig bezeichnet sind,
4. Leistungsbezüge nach § 33 Absatz 1 des Bundesbesoldungsgesetzes[4)], soweit sie nach § 33 Absatz 3 des Bundesbesoldungsgesetzes ruhegehaltfähig sind

---

1) 2. Abschnitt Überschrift geänd. mWv 1.1.2020 durch G v. 9.12.2019 (BGBl. I S. 2053).

2) § 4 Abs. 1 Sätze 2 und 3 geänd. mWv 11.1.2017 durch G v. 5.1.2017 (BGBl. I S. 17).

3) **Sartorius III Nr. 2.**

4) Nr. **230**.

5) § 5 Abs. 1 Satz 1 geänd. mWv 1.1.2012 durch G v. 20.12.2011 (BGBl. I S. 2842); Abs. 1 Satz 4 angef. *mWv 1.7.2009 durch G v. 15.3.2012* (BGBl. I S. 462); Abs. 1 Satz 1 Nr. 4 geänd. mWv 1.3. 2018 durch G v. 8.11.2018 (BGBl. I S. 1810); Abs. 2 und Abs. 3 Satz 2 geänd. mWv 1.1.2020 durch G v. 9.12.2019 (BGBl. I S. 2053).

oder auf Grund der nach § 33 Absatz 4 des Bundesbesoldungsgesetzes erlassenen Rechtsverordnungen für ruhegehaltfähig erklärt wurden,

die dem Beamten in den Fällen der Nummern 1 und 3 zuletzt zugestanden haben oder in den Fällen der Nummer 2 nach dem Besoldungsrecht zustehen würden; sie werden mit dem Faktor 0,9901 vervielfältigt. [2] Bei Teilzeitbeschäftigung und Beurlaubung ohne Dienstbezüge (Freistellung) gelten als ruhegehaltfähige Dienstbezüge die dem letzten Amt entsprechenden vollen ruhegehaltfähigen Dienstbezüge. [3] Satz 2 gilt entsprechend bei eingeschränkter Verwendung eines Beamten wegen begrenzter Dienstfähigkeit nach § 45 des Bundesbeamtengesetzes[1)]. [4] § 78 des Bundesbesoldungsgesetzes ist nicht anzuwenden.

(2) Ist der Beamte wegen Dienstunfähigkeit auf Grund eines Dienstunfalls im Sinne des § 31 in den Ruhestand versetzt worden, so ist das Grundgehalt der nach Absatz 1 Satz 1 Nummer 1, Absatz 3 oder 5 maßgebenden Besoldungsgruppe nach der Stufe zugrunde zu legen, die er bis zum Eintritt in den Ruhestand wegen Erreichens der Altersgrenze hätte erreichen können.

(3) [1] Ist ein Beamter aus einem Amt in den Ruhestand getreten, das nicht der Eingangsbesoldungsgruppe seiner Laufbahn oder das keiner Laufbahn angehört, und hat er die Dienstbezüge dieses oder eines mindestens gleichwertigen Amtes vor dem Eintritt in den Ruhestand nicht mindestens zwei Jahre erhalten, so sind ruhegehaltfähig nur die Bezüge des vorher bekleideten Amtes. [2] Hat der Beamte vorher ein Amt nicht bekleidet, so setzt die oberste Dienstbehörde im Einvernehmen mit dem Bundesministerium des Innern, für Bau und Heimat oder mit der von diesem bestimmten Behörde die ruhegehaltfähigen Dienstbezüge bis zur Höhe der ruhegehaltfähigen Dienstbezüge der nächstniedrigeren Besoldungsgruppe fest. [3] In die Zweijahresfrist einzurechnen ist die innerhalb dieser Frist liegende Zeit einer Beurlaubung ohne Dienstbezüge, soweit sie als ruhegehaltfähig berücksichtigt worden ist.

(4) Absatz 3 gilt nicht, wenn der Beamte vor Ablauf der Frist infolge von Krankheit, Verwundung oder sonstiger Beschädigung, die er sich ohne grobes Verschulden bei Ausübung oder aus Veranlassung des Dienstes zugezogen hat, in den Ruhestand getreten ist.

(5) [1] Das Ruhegehalt eines Beamten, der früher ein mit höheren Dienstbezügen verbundenes Amt bekleidet und diese Bezüge mindestens zwei Jahre erhalten hat, wird, sofern der Beamte in ein mit geringeren Dienstbezügen verbundenes Amt nicht lediglich auf seinen im eigenen Interesse gestellten Antrag übergetreten ist, nach den höheren ruhegehaltfähigen Dienstbezügen des früheren Amtes und der gesamten ruhegehaltfähigen Dienstzeit berechnet. [2] Absatz 3 Satz 3 und Absatz 4 gelten entsprechend. [3] Das Ruhegehalt darf jedoch die ruhegehaltfähigen Dienstbezüge des letzten Amtes nicht übersteigen.

(6) [1] Verringern sich bei einem Wechsel in ein Amt der Besoldungsordnung W die ruhegehaltfähigen Dienstbezüge, berechnet sich das Ruhegehalt aus den ruhegehaltfähigen Dienstbezügen des früheren Amtes und der gesamten ruhegehaltfähigen Dienstzeit, sofern der Beamte die Dienstbezüge des früheren Amtes mindestens zwei Jahre erhalten hat; hierbei ist die zum Zeitpunkt des Wechsels in die Besoldungsordnung W erreichte Stufe des Grundgehaltes zugrunde zu legen. [2] Auf die Zweijahresfrist wird der Zeitraum, in dem der Beamte Dienstbezüge aus einem Amt der Besoldungsordnung W erhalten hat, angerechnet. [3] Absatz 5 Satz 2 und 3 gilt entsprechend.

[1)] Nr. **160**.

§ 6[1)] Regelmäßige ruhegehaltfähige Dienstzeit. (1) [1]Ruhegehaltfähig ist die Dienstzeit, die der Beamte vom Tage seiner ersten Berufung in das Beamtenverhältnis an im Dienst eines öffentlich-rechtlichen Dienstherrn im Beamtenverhältnis zurückgelegt hat. [2]Dies gilt nicht für die Zeit

1. *(aufgehoben)*
2. in einem Amt, das die Arbeitskraft des Beamten nur nebenbei beansprucht,
3. einer Tätigkeit als Beamter, der ohne Ruhegehaltsberechtigung nur Gebühren bezieht, soweit sie nicht nach § 11 Nummer 1 Buchstabe a berücksichtigt wird,
4. einer ehrenamtlichen Tätigkeit,
5. einer Beurlaubung ohne Dienstbezüge; Zeiten einer Beurlaubung ohne Dienstbezüge, die keine Zeiten im öffentlichen Dienst einer zwischenstaatlichen oder überstaatlichen Einrichtung sind, können berücksichtigt werden, wenn
   a) spätestens bei Beendigung des Urlaubs schriftlich oder elektronisch anerkannt worden ist, dass dieser dienstlichen Interessen oder öffentlichen Belangen dient, und
   b) der Beamte für die Dauer der Beurlaubung einen Versorgungszuschlag zahlt, sofern gesetzlich nichts anderes bestimmt ist; der Versorgungszuschlag beträgt 30 Prozent der ohne Beurlaubung zustehenden ruhegehaltfähigen Dienstbezüge, wobei Leistungsbezüge nach § 5 Absatz 1 Nummer 4 von Anfang an in voller Höhe zu berücksichtigen sind; das Bundesministerium des Innern, für Bau und Heimat kann Ausnahmen zulassen,
6. eines schuldhaften Fernbleibens vom Dienst unter Verlust der Dienstbezüge,
7. für die eine Abfindung aus öffentlichen Mitteln gewährt ist.

[3]Zeiten einer Teilzeitbeschäftigung sind nur zu dem Teil ruhegehaltfähig, der dem Verhältnis der ermäßigten zur regelmäßigen Arbeitszeit entspricht; Zeiten einer Altersteilzeit nach § 93 des Bundesbeamtengesetzes[2)] sowie nach entsprechenden Bestimmungen für Richter sind zu neun Zehnteln der Arbeitszeit ruhegehaltfähig, die der Bemessung der ermäßigten Arbeitszeit während der Altersteilzeit zugrunde gelegt worden ist. [4]Zeiten der eingeschränkten Verwendung eines Beamten wegen begrenzter Dienstfähigkeit nach § 45 des Bundesbeamtengesetzes sind nur zu dem Teil ruhegehaltfähig, der dem Verhältnis der ermäßigten zur regelmäßigen Arbeitszeit entspricht, mindestens im Umfang des § 13 Absatz 1 Satz 1.

(2) [1]Nicht ruhegehaltfähig sind Dienstzeiten

1. in einem Beamtenverhältnis, das durch eine Entscheidung der in § 41 Absatz 1 des Bundesbeamtengesetzes bezeichneten Art oder durch die Entfernung aus dem Beamtenverhältnis nach dem Bundesdisziplinargesetz[3)] beendet worden ist,
2. in einem Beamtenverhältnis auf Probe oder auf Widerruf, wenn der Beamte entlassen worden ist, weil er eine Handlung begangen hat, die bei einem Beamten auf Lebenszeit mindestens eine Kürzung der Dienstbezüge zur Folge hätte,

---

[1)] § 6 Abs. 1 Satz 5 geänd. mWv 1.1.2011 durch G v. 19.11.2010 (BGBl. I S. 1552); Abs. 1 Sätze 4 und 5 aufgeh., bish. Satz 6 wird Satz 4 mWv 25.3.2010 durch G v. 15.3.2012 (BGBl. I S. 462); Abs. 1 Satz 2 Nr. 1 aufgeh., Nr. 5 neu gef. mWv 11.1.2017 durch G v. 5.1.2017 (BGBl. I S. 17); Abs. 1 Satz 2 Nr. 5 *Buchst. b geänd.* mWv 1.1.2020, Abs. 1 Satz 2 Nr. 5 und Abs. 3 Nr. 3 geänd., Abs. 3 Nr. 4 aufgeh. mWv 1.7.2020 durch G v. 9.12.2019 (BGBl. I S. 2053); Abs. 2 Satz 1 Nr. 1 geänd. mWv 1.4.2024 durch G v. 20.12.2023 (BGBl. 2023 I Nr. 389).

[2)] Nr. **160**.

[3)] Nr. **220**.

3. in einem Beamtenverhältnis, das durch Entlassung auf Antrag des Beamten beendet worden ist,
   a) wenn ihm ein Verfahren mit der Folge des Verlustes der Beamtenrechte oder der Entfernung aus dem Dienst drohte oder
   b) wenn der Beamte den Antrag gestellt hat, um einer drohenden Entlassung nach Nummer 2 zuvorzukommen.

[2] Die oberste Dienstbehörde kann Ausnahmen zulassen.

(3) Der im Beamtenverhältnis zurückgelegten Dienstzeit stehen gleich

1. die im Richterverhältnis zurückgelegte Dienstzeit,
2. die nach dem 8. Mai 1945 zurückgelegte Zeit als Mitglied der Bundesregierung oder einer Landesregierung,
3. die Zeit der Bekleidung des Amtes eines Parlamentarischen Staatssekretärs bei einem Mitglied der Bundesregierung nach dem 14. Dezember 1972 oder bei einem Mitglied einer Landesregierung, soweit entsprechende Voraussetzungen vorliegen.

§ 6a[1] Zeiten im öffentlichen Dienst einer zwischenstaatlichen oder überstaatlichen Einrichtung. (1) [1] Zeiten einer hauptberuflichen Tätigkeit, die vor Beginn des Ruhestandes im öffentlichen Dienst einer zwischenstaatlichen oder überstaatlichen Einrichtung zurückgelegt worden sind, werden auf Antrag als ruhegehaltfähige Dienstzeit berücksichtigt. [2] § 6 Absatz 1 Satz 3 gilt entsprechend.

(2) [1] Hat der Beamte bei seinem Ausscheiden aus dem öffentlichen Dienst bei einer zwischenstaatlichen oder überstaatlichen Einrichtung einen Anspruch auf eine Alterssicherungsleistung in Form eines Kapitalbetrages, ist dem Antrag nach Absatz 1 Satz 1 nur dann stattzugeben, wenn der Beamte den ihm insgesamt zustehenden Betrag innerhalb von sechs Monaten nach Antragstellung an den Dienstherrn abführt. [2] Dauerte die Verwendung nach Beginn des Ruhestandes an, bleibt der Kapitalbetrag in Höhe des auf die Dauer der Verwendung nach Beginn des Ruhestandes entfallenden Anteils unberücksichtigt. [3] Bei der Anwendung des Satzes 2 gilt § 14 Absatz 1 Satz 2 und 3 entsprechend. [4] Hat der Beamte oder Ruhestandsbeamte vor seinem Ausscheiden aus dem öffentlichen Dienst der zwischenstaatlichen oder überstaatlichen Einrichtung unmittelbar oder mittelbar Zahlungen aus der einmaligen Leistung erhalten oder hat die Einrichtung diese durch Aufrechnung oder in anderer Form verringert, ist bei der Anwendung der Sätze 1 und 2 der ungekürzte Betrag zu berücksichtigen; Entsprechendes gilt, sofern der Beamte oder Ruhestandsbeamte auf die einmalige Alterssicherungsleistung verzichtet oder diese nicht beantragt. [5] Auf freiwilligen Beiträgen beruhende Anteile, einschließlich darauf entfallender Erträge, bleiben außer Betracht.

(3) [1] Liegt die Zeit der Verwendung bei einer zwischenstaatlichen oder überstaatlichen Einrichtung vor der Berufung in das Beamtenverhältnis zum Bund oder *der Versetzung in den* Bundesdienst, ist der Kapitalbetrag vom Beginn des auf die Beendigung der Verwendung folgenden Monats bis zum Ablauf des Monats, der dem Eintritt in den Bundesdienst vorausgeht, zu verzinsen. [2] Der Zinssatz beträgt für das Jahr zwei Prozentpunkte über dem Basiszinssatz, mindestens aber 2 Prozent. [3] § 14 Absatz 1 Satz 2 und 3 gilt entsprechend.

(4) [1] Der Antrag kann im Fall des Anspruchs auf eine Alterssicherungsleistung in Form eines Kapitalbetrages (Absatz 2) nur bis zum Ablauf des zwölften Kalender-

[1] § 6a eingef. mWv 1.7.2020 durch G v. 9.12.2019 (BGBl. I S. 2053).

monats nach Beendigung der Verwendung bei einer zwischenstaatlichen oder überstaatlichen Einrichtung oder nach der Berufung in das Beamtenverhältnis gestellt werden; die Versetzung in den Bundesdienst steht dabei der Berufung in das Beamtenverhältnis gleich. [2] In den übrigen Fällen kann der Antrag nur bis zum Ablauf des zwölften Monats nach Beginn des Ruhestandes nach § 30 Nummer 4 des Bundesbeamtengesetzes[1)] gestellt werden; dauert die Verwendung über den Beginn des Ruhestandes hinaus an, tritt an die Stelle des Ruhestandsbeginns die Beendigung der Verwendung bei einer zwischenstaatlichen oder überstaatlichen Einrichtung. [3] Der Antrag wirkt ab Ruhestandsbeginn.

§ 7[2)] Erhöhung der ruhegehaltfähigen Dienstzeit. [1] Die ruhegehaltfähige Dienstzeit nach § 6 erhöht sich um die Zeit, die

1. ein Ruhestandsbeamter in einem seine Arbeitskraft voll beanspruchenden Dienstverhältnis als Beamter, Richter, Berufssoldat oder in einem Amtsverhältnis im Sinne des § 6 Absatz 3 Nummer 2 und 3 zurückgelegt hat, ohne einen neuen Versorgungsanspruch zu erlangen,
2. im einstweiligen Ruhestand zurückgelegt worden ist, bis zu drei Jahren, wenn die Versetzung in den einstweiligen Ruhestand nach dem 31. Dezember 2011 erfolgt ist.

[2] § 6 Absatz 1 Satz 2 Nummer 5 und 6 und Absatz 2 gilt entsprechend, für die Anwendung des Satzes 1 Nummer 1 außerdem § 6 Absatz 1 Satz 2 Nummer 7.

§ 8[3)] Berufsmäßiger Wehrdienst und vergleichbare Zeiten. (1) Als ruhegehaltfähig gilt die Dienstzeit, in der ein Beamter vor der Berufung in das Beamtenverhältnis berufsmäßig im Dienst der Bundeswehr, der Nationalen Volksarmee der ehemaligen Deutschen Demokratischen Republik oder im Vollzugsdienst der Polizei gestanden hat.

(2) § 6 Absatz 1 Satz 2 Nummer 5 bis 7, Satz 3 und Absatz 2 gilt entsprechend.

§ 9[4)] Nichtberufsmäßiger Wehrdienst und vergleichbare Zeiten. (1) Als ruhegehaltfähig gilt die Zeit, während der ein Beamter vor der Berufung in das Beamtenverhältnis

(Fortsetzung nächstes Blatt)

[1)] Nr. **160**.

[2)] § 7 Satz 1 neu gef. mWv 22.3.2012 durch G v. 15.3.2012 (BGBl. I S. 462); Satz 1 Nr. 1 neu gef. *mWv 1.7.2020* durch G v. 9.12.2019 (BGBl. I S. 2053).

[3)] § 8 Abs. 2 geänd. mWv 25.3.2010 durch G v. 15.3.2012 (BGBl. I S. 462); Abs. 1 geänd. mWv 11.1. 2017 durch G v. 5.1.2017 (BGBl. I S. 17).

[4)] § 9 Abs. 1 Nr. 1 neu gef. mWv 22.3.2012 durch G v. 15.3.2012 (BGBl. I S. 462); Abs. 1 einl. Satzteil geänd. mWv 11.1.2017 durch G v. 5.1.2017 (BGBl. I S. 17).

1. nichtberufsmäßigen Wehrdienst in der Bundeswehr oder der Nationalen Volksarmee der ehemaligen Deutschen Demokratischen Republik oder einen vergleichbaren zivilen Ersatzdienst oder Polizeivollzugsdienst geleistet hat oder
2. sich insgesamt länger als drei Monate in einem Gewahrsam (§ 1 Absatz 1 Nummer 1 in Verbindung mit § 9 des Häftlingshilfegesetzes in der bis zum 28. Dezember 1991 geltenden Fassung) befunden hat oder
3. sich auf Grund einer Krankheit oder Verwundung als Folge eines Dienstes nach Nummer 1 oder im Sinne des § 8 Absatz 1 im Anschluss an die Entlassung arbeitsunfähig in einer Heilbehandlung befunden hat.

(2) § 6 Absatz 1 Satz 2 Nummer 2, 5 bis 7 und Absatz 2 gilt entsprechend.

§ 10[1)] Zeiten im privatrechtlichen Arbeitsverhältnis im öffentlichen Dienst. [1]Als ruhegehaltfähig sollen auch folgende Zeiten berücksichtigt werden, in denen ein Beamter vor der Berufung in das Beamtenverhältnis im privatrechtlichen Arbeitsverhältnis im Dienst eines öffentlich-rechtlichen Dienstherrn ohne von dem Beamten zu vertretende Unterbrechung tätig war, sofern diese Tätigkeit zu seiner Ernennung geführt hat:

1. Zeiten einer hauptberuflichen in der Regel einem Beamten obliegenden oder später einem Beamten übertragenen entgeltlichen Beschäftigung oder
2. Zeiten einer für die Laufbahn des Beamten förderlichen Tätigkeit.

[2]Der Tätigkeit im Dienst eines öffentlich-rechtlichen Dienstherrn steht die Tätigkeit im Dienst von Einrichtungen gleich, die von mehreren der im Satz 1 bezeichneten Dienstherren durch Staatsvertrag oder Verwaltungsabkommen zur Erfüllung oder Koordinierung ihnen obliegender hoheitsrechtlicher Aufgaben geschaffen worden sind. [3]Zeiten mit einer geringeren als der regelmäßigen Arbeitszeit dürfen nur zu dem Teil als ruhegehaltfähig berücksichtigt werden, der dem Verhältnis der tatsächlichen zur regelmäßigen Arbeitszeit entspricht.

§ 11[2)] Sonstige Zeiten. Die Zeit, während der ein Beamter vor der Berufung in das Beamtenverhältnis

1. a) als Rechtsanwalt oder Verwaltungsrechtsrat oder als Beamter oder Notar, der ohne Ruhegehaltsberechtigung nur Gebühren bezieht, oder
   b) hauptberuflich im Dienst öffentlich-rechtlicher Religionsgesellschaften oder ihrer Verbände (Artikel 140 des Grundgesetzes[3)]) oder im öffentlichen oder nichtöffentlichen Schuldienst oder
   c) hauptberuflich im Dienst der Fraktionen des Bundestages oder der Landtage oder kommunaler Vertretungskörperschaften oder
   d) hauptberuflich im Dienst von kommunalen Spitzenverbänden oder ihren Landesverbänden sowie von Spitzenverbänden der Sozialversicherung oder ihren Landesverbänden

   tätig gewesen ist oder
2. hauptberuflich im ausländischen öffentlichen Dienst gestanden hat oder
3. a) auf wissenschaftlichem, künstlerischem, technischem oder wirtschaftlichem Gebiet besondere Fachkenntnisse erworben hat, die die notwendige Voraussetzung für die Wahrnehmung seines Amtes bilden, oder

---

[1)] § 10 Satz 1 einl. Satzteil geänd. mWv 11.1.2017 durch G v. 5.1.2017 (BGBl. I S. 17).
[2)] § 11 einl. Satzteil geänd. mWv 11.1.2017 durch G v. 5.1.2017 (BGBl. I S. 17); Nr. 3 Buchst. b geänd. mWv 1.1.2020 durch G v. 9.12.2019 (BGBl. I S. 2053).
[3)] Nr. **1**.

b) als Entwicklungshelfer im Sinne des Entwicklungshelfer-Gesetzes[1)] tätig gewesen ist,

kann als ruhegehaltfähige Dienstzeit berücksichtigt werden, die Zeit nach Nummer 1 Buchstabe a und Nummer 3 jedoch höchstens bis zur Hälfte und in der Regel nicht über zehn Jahre hinaus.

§ 12[2)] Ausbildungszeiten. (1) [1]Die verbrachte Mindestzeit

1. der außer der allgemeinen Schulbildung vorgeschriebenen Ausbildung (Fachschul-, Hochschul- und praktische Ausbildung, Vorbereitungsdienst, übliche Prüfungszeit),
2. einer praktischen hauptberuflichen Tätigkeit, die für die Übernahme in das Beamtenverhältnis vorgeschrieben ist,

kann als ruhegehaltfähige Dienstzeit berücksichtigt werden, die Zeit einer Fachschulausbildung einschließlich der Prüfungszeit bis zu 1 095 Tagen und die Zeit einer Hochschulausbildung einschließlich der Prüfungszeit bis zu 855 Tagen, insgesamt höchstens bis zu 1 095 Tagen. [2]Wird die allgemeine Schulbildung durch eine andere Art der Ausbildung ersetzt, so steht diese der Schulbildung gleich. [3]Zum Zeitpunkt des Ruhestandseintritts ist das Ruhegehalt unter Berücksichtigung von Hochschulausbildungszeiten nach Satz 1 zu berechnen. [4]Auf eine praktische hauptberufliche Tätigkeit nach Satz 1 Nummer 2 ist § 6 Absatz 1 Satz 3 entsprechend anzuwenden.

(1a) [1]Ergibt eine Berechnung des Ruhegehalts unter Berücksichtigung von Hochschulausbildungszeiten nach Absatz 1 Satz 1 in der bis zum 11. Februar 2009 geltenden Fassung gegenüber der Ruhegehaltsberechnung nach Absatz 1 Satz 3 einen Differenzbetrag, der größer ist als der Rentenbetrag, der sich durch Vervielfältigung des aktuellen Rentenwertes mit dem Faktor 2,25 ergibt, bleibt es bei der Berechnung des Ruhegehalts unter Berücksichtigung von Hochschulausbildungszeiten nach Absatz 1 Satz 1 in der bis zum 11. Februar 2009 geltenden Fassung, soweit dadurch eine ruhegehaltfähige Gesamtdienstzeit von 40 Jahren nicht überschritten wird. [2]Die der Berechnung nach Satz 1 zugrunde gelegten Hochschulausbildungszeiten sind um die Hochschulausbildungszeiten zu vermindern, die dem Rentenbetrag entsprechen, der sich durch Vervielfältigung des aktuellen Rentenwertes mit dem Faktor 2,25 ergibt.

(2) [1]Für Beamte des Vollzugsdienstes und des Einsatzdienstes der Feuerwehr können verbrachte Zeiten einer praktischen Ausbildung und einer praktischen hauptberuflichen Tätigkeit anstelle einer Berücksichtigung nach Absatz 1 bis zu einer Gesamtzeit von fünf Jahren als ruhegehaltfähige Dienstzeit berücksichtigt werden, wenn sie für die Wahrnehmung des Amtes förderlich sind. [2]Absatz 1 Satz 2 und 4 gilt entsprechend.

(3) Hat der Beamte sein Studium nach der Festsetzung von Regelstudienzeiten in dem jeweiligen Studiengang begonnen, kann die tatsächliche Studiendauer nur insoweit berücksichtigt werden, als die Regelstudienzeit einschließlich der Prüfungszeit nicht überschritten ist.

(4) [1]Bei anderen als Laufbahnbewerbern können Zeiten nach Absatz 1 als ruhegehaltfähig berücksichtigt werden, wenn und soweit sie für Laufbahnbewerber

---

[1)] **Aichberger, SGB Nr. 40/10.**

[2)] *§ 12 Abs. 1a Satz 1 geänd. mWv 12.2.2009,* Abs. 5 aufgeh. mWv 25.3.2010 durch G v. 15.3.2012 (BGBl. I S. 462); Abs. 1 Satz 1 einl. Satzteil, Abs. 2 Satz 1 geänd. mWv 11.1.2017 durch G v. 5.1.2017 (BGBl. I S. 17); Abs. 1 Satz 4 angef., Abs. 2 Satz 2 neu gef. mWv 1.8.2021 durch G v. 28.6.2021 (BGBl. I S. 2250).

vorgeschrieben sind. [2] Ist eine Laufbahn der Fachrichtung des Beamten bei einem Dienstherrn noch nicht gestaltet, so gilt das Gleiche für solche Zeiten, die bei Gestaltung der Laufbahn mindestens vorgeschrieben werden müssen.

§ 12a Nicht zu berücksichtigende Zeiten. Zeiten nach § 30 des Bundesbesoldungsgesetzes[1)] sind nicht ruhegehaltfähig.

§ 12b[2)] Zeiten in dem in Artikel 3 des Einigungsvertrages genannten Gebiet. (1) [1] Wehrdienstzeiten und vergleichbare Zeiten nach den §§ 8 und 9, Beschäftigungszeiten nach § 10 und sonstige Zeiten nach den §§ 11 und 67 Absatz 2, die der Beamte vor dem 3. Oktober 1990 in dem in Artikel 3 des Einigungsvertrages[3)] genannten Gebiet zurückgelegt hat, werden nicht als ruhegehaltfähige Dienstzeit berücksichtigt, sofern die allgemeine Wartezeit für die gesetzliche Rentenversicherung erfüllt ist und diese Zeiten als rentenrechtliche Zeiten berücksichtigungsfähig sind; Ausbildungszeiten nach § 12 sind nicht ruhegehaltfähig, soweit die allgemeine Wartezeit für die gesetzliche Rentenversicherung erfüllt ist. [2] Rentenrechtliche Zeiten sind auch solche im Sinne des Artikels 2 des Renten-Überleitungsgesetzes.

(2) Sofern die allgemeine Wartezeit für die gesetzliche Rentenversicherung nicht erfüllt ist, können die in Absatz 1 genannten Zeiten im Rahmen der dort genannten Vorschriften insgesamt höchstens bis zu fünf Jahren als ruhegehaltfähig berücksichtigt werden.

§ 13[4)] Zurechnungszeit und Zeit gesundheitsschädigender Verwendung.

(1) [1] Ist der Beamte vor Vollendung des sechzigsten Lebensjahres wegen Dienstunfähigkeit in den Ruhestand versetzt worden, wird die Zeit vom Beginn des Ruhestandes bis zum Ablauf des Monats der Vollendung des sechzigsten Lebensjahres, soweit diese nicht nach anderen Vorschriften als ruhegehaltfähig berücksichtigt wird, für die Berechnung des Ruhegehalts der ruhegehaltfähigen Dienstzeit zu zwei Dritteln hinzugerechnet (Zurechnungszeit). [2] Ist der Beamte nach § 46 des Bundesbeamtengesetzes[5)] erneut in das Beamtenverhältnis berufen worden, so wird eine der Berechnung des früheren Ruhegehalts zugrunde gelegene Zurechnungszeit insoweit berücksichtigt, als die Zahl der dem neuen Ruhegehalt zugrunde liegenden Dienstjahre hinter der Zahl der dem früheren Ruhegehalt zugrunde gelegenen Dienstjahre zurückbleibt.

(2) [1] Die Zeit der Verwendung eines Beamten in Ländern, in denen er gesundheitsschädigenden klimatischen Einflüssen ausgesetzt ist, kann bis zum Doppelten als ruhegehaltfähige Dienstzeit berücksichtigt werden, wenn sie ununterbrochen mindestens ein Jahr gedauert hat. [2] Entsprechendes gilt für einen beurlaubten Beamten, dessen Tätigkeit in den in Satz 1 genannten Gebieten öffentlichen Belangen oder dienstlichen Interessen diente, wenn dies spätestens bei Beendigung des Urlaubs anerkannt worden ist.

(3) [1] Zeiten einer besonderen Verwendung im Ausland können bis zum Doppelten als ruhegehaltfähige Dienstzeit berücksichtigt werden, wenn sie

---

1) Nr. **230**.

2) § 12b Abs. 1 Satz 1 1. und 2. Halbsatz geänd. mWv 12.2.2009 durch G v. 15.3.2012 (BGBl. I S. 462).

3) **Sartorius III Nr. 2.**

4) § 13 Abs. 2 Satz 3 angef. mWv 13.12.2011 durch G v. 5.12.2011 (BGBl. I S. 2458); Abs. 1 Satz 3 aufgeh. mWv 25.3.2010 durch G v. 15.3.2012 (BGBl. I S. 462); Abs. 2 Sätze 1 und 3 geänd. mWv 11.1.2017 durch G v. 5.1.2017 (BGBl. I S. 17); Abs. 1 Satz 1 geänd., Abs. 2 Satz 3 aufgeh., Abs. 3 eingef., bish. Abs. 3 wird Abs. 4 und geänd. mWv 1.1.2020 durch G v. 9.12.2019 (BGBl. I S. 2053); Abs. 3 Satz 2 geänd. mWv 1.1.2020 durch G v. 18.12.2024 (BGBl. 2024 I Nr. 423).

5) Nr. **160**.

1. einzeln ununterbrochen mindestens 30 Tage gedauert haben und
2. insgesamt mindestens 180 Tage gedauert haben.

[2] Eine besondere Verwendung im Ausland ist eine Verwendung nach § 31a in der während der Verwendung geltenden Fassung.

(4) Sind sowohl die Voraussetzungen des Absatzes 1 als auch die Voraussetzungen der Absätze 2 und 3 erfüllt, findet nur die für den Beamten günstigere Vorschrift Anwendung.

§ 14[1] Höhe des Ruhegehalts. (1) [1] Das Ruhegehalt beträgt für jedes Jahr ruhegehaltfähiger Dienstzeit 1,79375 Prozent, insgesamt jedoch höchstens 71,75 Prozent, der ruhegehaltfähigen Dienstbezüge. [2] Bei der Berechnung der Jahre ruhegehaltfähiger Dienstzeit werden unvollständige Jahre als Dezimalzahl angegeben. [3] Dabei wird ein Jahr mit 365 Tagen angesetzt und wird das Ergebnis kaufmännisch auf zwei Dezimalstellen gerundet. [4] Der Ruhegehaltssatz wird ebenfalls kaufmännisch auf zwei Dezimalstellen gerundet.

(2) (weggefallen)

(3) [1] Das Ruhegehalt vermindert sich um 3,6 Prozent für jedes Jahr, um das der Beamte

1. vor Ablauf des Monats, in dem er das 65. Lebensjahr vollendet, nach § 52 Absatz 1 und 2 des Bundesbeamtengesetzes[2] in den Ruhestand versetzt wird,
2. vor Ablauf des Monats, in dem er die für ihn geltende gesetzliche Altersgrenze erreicht, nach § 52 Absatz 3 des Bundesbeamtengesetzes in den Ruhestand versetzt wird,
3. vor Ablauf des Monats, in dem er das 65. Lebensjahr vollendet, wegen Dienstunfähigkeit, die nicht auf einem Dienstunfall beruht, in den Ruhestand versetzt wird;

die Minderung des Ruhegehalts darf 10,8 vom Hundert in den Fällen der Nummern 1 und 3 und 14,4 vom Hundert in den Fällen der Nummer 2 nicht übersteigen. [2] Absatz 1 Satz 2 bis 4 gilt entsprechend. [3] Gilt für den Beamten eine vor der Vollendung des 65. Lebensjahres liegende Altersgrenze, tritt sie in den Fällen des Satzes 1 Nummer 1 und 3 an die Stelle des 65. Lebensjahres. [4] Gilt für den Beamten eine nach Vollendung des 67. Lebensjahres liegende Altersgrenze, wird in den Fällen des Satzes 1 Nummer 2 nur die Zeit bis zum Ablauf des Monats berücksichtigt, in dem der Beamte das 67. Lebensjahr vollendet. [5] In den Fällen des Satzes 1 Nummer 2 ist das Ruhegehalt nicht zu vermindern, wenn der Beamte zum Zeitpunkt des Eintritts in den Ruhestand das 65. Lebensjahr vollendet und mindestens 45 Jahre mit ruhegehaltfähigen Dienstzeiten nach den §§ 6, 8 bis 10, Zeiten im Sinne des § 6a und nach § 14a Absatz 2 Satz 1 erster Halbsatz berücksichtigungsfähigen Pflichtbeitragszeiten, soweit sie nicht im Zusammenhang mit Arbeitslosigkeit stehen, und Zeiten nach § 50d sowie Zeiten einer dem Beamten zuzuordnenden Erziehung eines Kindes bis zu dessen vollendetem zehnten Le-

(Fortsetzung nächstes Blatt)

---

[1] § 14 Abs. 4 Satz 4 aufgeh. mWv 25.3.2010 durch G v. 15.3.2012 (BGBl. I S. 462); Abs. 4 Sätze 4 und 5 *angef.* mWv 11.1.2017 durch G v. 5.1.2017 (BGBl. I S. 17); Abs. 1 neu gef., Abs. 3 Satz 1, Abs. 4 Sätze 1, 2 und Abs. 6 Satz 1 geänd. mWv 1.1.2020, Abs. 3 Sätze 5 und 6 geänd., Abs. 4 Sätze 4 und 5 neu gef. mWv 1.7. 2020 durch G v. 9.12.2019 (BGBl. I S. 2053); Abs. 3 Sätze 5 und 6 geänd. mWv 1.8.2021 durch G v. 28.6. 2021 (BGBl. I S. 2250).

[2] Nr. **160**.

bensjahr zurückgelegt hat. [6] In den Fällen des Satzes 1 Nummer 3 ist das Ruhegehalt nicht zu vermindern, wenn der Beamte zum Zeitpunkt des Eintritts in den Ruhestand das 63. Lebensjahr vollendet und mindestens 40 Jahre mit ruhegehaltfähigen Dienstzeiten nach den §§ 6, 8 bis 10, Zeiten im Sinne des § 6a und nach § 14a Absatz 2 Satz 1 erster Halbsatz berücksichtigungsfähigen Pflichtbeitragszeiten, soweit sie nicht im Zusammenhang mit Arbeitslosigkeit stehen, und Zeiten nach § 50d sowie Zeiten einer dem Beamten zuzuordnenden Erziehung eines Kindes bis zu dessen vollendetem zehnten Lebensjahr zurückgelegt hat. [7] Soweit sich bei der Berechnung nach den Sätzen 5 und 6 Zeiten überschneiden, sind diese nur einmal zu berücksichtigen.

(4) [1] Das Ruhegehalt beträgt mindestens fünfunddreißig Prozent der ruhegehaltfähigen Dienstbezüge (§ 5). [2] An die Stelle des Ruhegehalts nach Satz 1 treten, wenn dies günstiger ist, fünfundsechzig Prozent der jeweils ruhegehaltfähigen Dienstbezüge aus der Endstufe der Besoldungsgruppe A 4. [3] Die Mindestversorgung nach Satz 2 erhöht sich um 30,68 Euro für den Ruhestandsbeamten und die Witwe; der Erhöhungsbetrag bleibt bei einer Kürzung nach § 25 außer Betracht. [4] Die Sätze 1 bis 3 sind nicht anzuwenden, wenn der Beamte eine ruhegehaltfähige Dienstzeit nach den §§ 6, 6a, 8 bis 10 und 67 von weniger als fünf Jahren zurückgelegt hat oder das erdiente Ruhegehalt allein wegen fehlender Berücksichtigung von Zeiten nach § 6a als ruhegehaltfähig hinter der Mindestversorgung nach den Sätzen 1 bis 3 zurückbleibt. [5] Satz 4 gilt nicht, wenn in Fällen des § 4 Absatz 1 Satz 1 Nummer 2 der Beamte wegen Dienstunfähigkeit in den Ruhestand versetzt worden ist.

(5) [1] Übersteigt beim Zusammentreffen von Mindestversorgung nach Absatz 4 mit einer Rente nach Anwendung des § 55 die Versorgung das erdiente Ruhegehalt, so ruht die Versorgung bis zur Höhe des Unterschieds zwischen dem erdienten Ruhegehalt und der Mindestversorgung; in den von § 85 erfassten Fällen gilt das nach dieser Vorschrift maßgebliche Ruhegehalt als erdient. [2] Der Erhöhungsbetrag nach Absatz 4 Satz 3 sowie der Unterschiedsbetrag nach § 50 Absatz 1 bleiben bei der Berechnung außer Betracht. [3] Die Summe aus Versorgung und Rente darf nicht hinter dem Betrag der Mindestversorgung zuzüglich des Unterschiedsbetrages nach § 50 Absatz 1 zurückbleiben. [4] Zahlbar bleibt mindestens das erdiente Ruhegehalt zuzüglich des Unterschiedsbetrages nach § 50 Absatz 1. [5] Die Sätze 1 bis 4 gelten entsprechend für Witwen und Waisen.

(6) [1] Bei einem in den einstweiligen Ruhestand versetzten Beamten beträgt das Ruhegehalt für die Dauer der Zeit, die der Beamte das Amt, aus dem er in den einstweiligen Ruhestand versetzt worden ist, innehatte, mindestens für die Dauer von sechs Monaten, längstens für die Dauer von drei Jahren, 71,75 Prozent der ruhegehaltfähigen Dienstbezüge aus der Endstufe der Besoldungsgruppe, in der sich der Beamte zur Zeit seiner Versetzung in den einstweiligen Ruhestand befunden hat. [2] Das erhöhte Ruhegehalt darf die Dienstbezüge, die dem Beamten in diesem Zeitpunkt zustanden, nicht übersteigen; das nach sonstigen Vorschriften ermittelte Ruhegehalt darf nicht unterschritten werden.

§ 14a[1)] Vorübergehende Erhöhung des Ruhegehaltssatzes. (1) Der nach § 14 Absatz 1, § 36 Absatz 3 Satz 1, § 66 Absatz 2 und § 85 Absatz 4 berechnete Ruhegehaltssatz erhöht sich vorübergehend, wenn der Beamte vor Erreichen der

---

[1)] § 14a Abs. 1 Nr. 4 Satz 2 geänd. mWv 1.1.2013 durch G v. 11.6.2013 (BGBl. I S. 1514); Abs. 1 Nr. 4 neu gef. mWv 1.1.2016; Abs. 2 Satz 1 geänd. mWv 11.1.2017 durch G v. 5.1.2017 (BGBl. I S. 17); Abs. 1 Nr. 3 geänd., Abs. 2 neu gef. mWv 1.1.2020 durch G v. 9.12.2019 (BGBl. I S. 2053).

Regelaltersgrenze nach § 51 Absatz 1 und 2 des Bundesbeamtengesetzes[1)] in den Ruhestand getreten ist und er

1. bis zum Beginn des Ruhestandes die Wartezeit von 60 Kalendermonaten für eine Rente der gesetzlichen Rentenversicherung erfüllt hat,
2. a) wegen Dienstunfähigkeit im Sinne des § 44 Absatz 1 des Bundesbeamtengesetzes in den Ruhestand versetzt worden ist oder
   b) wegen Erreichens einer besonderen Altersgrenze in den Ruhestand getreten ist,
3. einen Ruhegehaltssatz von 66,97 Prozent noch nicht erreicht hat und
4. kein Erwerbs- oder Erwerbsersatzeinkommen nach § 53 Absatz 7 bezieht, das im Durchschnitt des Kalenderjahres 525 Euro monatlich übersteigt.

(2) [1]Die Erhöhung des Ruhegehaltssatzes beträgt 0,95667 Prozent für je zwölf Kalendermonate der für die Erfüllung der Wartezeit (Absatz 1 Nummer 1) anrechnungsfähigen Pflichtbeitragszeiten, soweit sie vor Begründung des Beamtenverhältnisses zurückgelegt worden sind; unberücksichtigt bleiben

1. Pflichtbeitragszeiten, die als ruhegehaltfähig berücksichtigt worden sind,
2. Pflichtbeitragszeiten, für die Leistungen nach § 50e Absatz 1 Satz 1 vorübergehend gewährt werden.

[2]Die Erhöhung ist kaufmännisch auf zwei Dezimalstellen zu runden; der erhöhte Ruhegehaltssatz darf 66,97 Prozent nicht überschreiten. [3]In den Fällen des § 14 Absatz 3 ist das Ruhegehalt, das sich nach Anwendung der Sätze 1 und 2 ergibt, entsprechend zu vermindern. [4]Für die Berechnung nach Satz 1 wird die Gesamtzahl der Kalendermonate in Jahre umgerechnet. [5]Dabei werden unvollständige Jahre als Dezimalzahl angegeben. [6]Das Ergebnis wird kaufmännisch auf zwei Dezimalstellen gerundet.

(3) [1]Die Erhöhung fällt spätestens mit Ablauf des Monats weg, in dem der Ruhestandsbeamte die Regelaltersgrenze nach § 51 Absatz 1 und 2 des Bundesbeamtengesetzes erreicht. [2]Sie endet vorher, wenn der Ruhestandsbeamte

1. aus den anrechnungsfähigen Pflichtbeitragszeiten eine Versichertenrente einer inländischen oder ausländischen Alterssicherungseinrichtung bezieht, mit Ablauf des Tages vor dem Beginn der Rente, oder
2. in den Fällen des Absatzes 1 Nummer 2 Buchstabe a nicht mehr dienstunfähig ist, mit Ablauf des Monats, in dem ihm der Wegfall der Erhöhung mitgeteilt wird, oder
3. ein Erwerbseinkommen bezieht, mit Ablauf des Tages vor dem Beginn der Erwerbstätigkeit.

[3]§ 35 Absatz 3 Satz 2 gilt sinngemäß.

(4) [1]Die Erhöhung des Ruhegehaltssatzes wird auf Antrag vorgenommen. [2]Anträge, die innerhalb von drei Monaten nach Eintritt des Beamten in den Ruhestand gestellt werden, gelten als zum Zeitpunkt des Ruhestandseintritts gestellt. [3]Wird der Antrag zu einem späteren Zeitpunkt gestellt, so tritt die Erhöhung vom Beginn des Antragsmonats an ein.

[1)] Nr. **160**.

§ 15[1] Unterhaltsbeitrag für entlassene Beamte auf Lebenszeit und auf Probe. (1) Einem Beamten auf Lebenszeit, der vor Ableistung einer Dienstzeit von fünf Jahren (§ 4 Absatz 1 Satz 1 Nummer 1) wegen Dienstunfähigkeit oder Erreichens der Altersgrenze nach § 32 Absatz 1 Nummer 2 des Bundesbeamtengesetzes[2] entlassen ist, kann auf Antrag ein Unterhaltsbeitrag bis zur Höhe des Ruhegehalts bewilligt werden.

(2) Das Gleiche gilt für einen Beamten auf Probe, der wegen Dienstunfähigkeit oder wegen Erreichens der Altersgrenze entlassen ist (§ 34 Absatz 1 Satz 1 Nummer 3, Absatz 4 des Bundesbeamtengesetzes).

§ 15a[3] Beamte auf Zeit und auf Probe in leitender Funktion. (1) § 15 ist auf Beamtenverhältnisse auf Zeit und auf Probe in leitender Funktion nicht anzuwenden.

(2) Aus diesen Beamtenverhältnissen auf Probe und auf Zeit ergibt sich kein selbständiger Anspruch auf Versorgung; die Unfallfürsorge bleibt hiervon unberührt.

(Fortsetzung nächstes Blatt)

---

[1] § 15 Abs. 1 geänd. mWv 11.1.2017 durch G v. 5.1.2017 (BGBl. I S. 17); Abs. 1 und 2 geänd. mWv 1.1.2020 durch G v. 9.12.2019 (BGBl. I S. 2053).

[2] Nr. **160**.

[3] § 15a Überschrift neu gef. mWv 1.1.2020 durch G v. 9.12.2019 (BGBl. I S. 2053).

(3) [1] Tritt ein Beamter auf Zeit nach Ablauf der ersten Amtszeit wieder in sein vorheriges Amt im Beamtenverhältnis auf Lebenszeit oder im Richterverhältnis auf Lebenszeit ein, berechnen sich die ruhegehaltfähigen Dienstbezüge aus dem Beamtenverhältnis auf Lebenszeit oder aus dem Richterverhältnis auf Lebenszeit zuzüglich eines Unterschiedsbetrages zwischen diesen und den Dienstbezügen, die im Beamtenverhältnis auf Zeit ruhegehaltfähig wären. [2] Der Unterschiedsbetrag wird gewährt in Höhe eines Viertels, wenn dem Beamten das Amt mindestens fünf Jahre, in Höhe der Hälfte, wenn es mindestens fünf Jahre und zwei Amtszeiten übertragen war.

(4) Tritt der Beamte auf Zeit wegen Erreichens der gesetzlichen Altersgrenze in den Ruhestand, berechnen sich die ruhegehaltfähigen Dienstbezüge aus dem Beamtenverhältnis auf Zeit, wenn dem Beamten das Amt mindestens fünf Jahre übertragen war.

(5) Wird der Beamte auf Zeit während seiner Amtszeit wegen Dienstunfähigkeit in den Ruhestand versetzt, gilt Absatz 4 entsprechend.

Abschnitt 3.[1] Hinterbliebenenversorgung

§ 16 Allgemeines. Die Hinterbliebenenversorgung (§§ 17 bis 28) umfasst

1. Bezüge für den Sterbemonat,
2. Sterbegeld,
3. Witwengeld,
4. Witwenabfindung,
5. Waisengeld,
6. Unterhaltsbeiträge,
7. Witwerversorgung.

§ 17 Bezüge für den Sterbemonat. (1) [1] Den Erben eines verstorbenen Beamten, Ruhestandsbeamten oder entlassenen Beamten verbleiben für den Sterbemonat die Bezüge des Verstorbenen. [2] Dies gilt auch für eine für den Sterbemonat gewährte Aufwandsentschädigung.

(2) Die an den Verstorbenen noch nicht gezahlten Teile der Bezüge für den Sterbemonat können statt an die Erben auch an die in § 18 Absatz 1 bezeichneten Hinterbliebenen gezahlt werden.

§ 18[2] Sterbegeld. (1) [1] Beim Tode eines Beamten mit Dienstbezügen oder eines Beamten auf Widerruf im Vorbereitungsdienst erhalten der hinterbliebene Ehegatte und die Abkömmlinge des Beamten Sterbegeld. [2] Das Sterbegeld ist in Höhe des Zweifachen der Dienstbezüge oder der Anwärterbezüge des Verstorbenen ausschließlich der Zuschläge für Personen nach § 53 Absatz 4 Nummer 2 des Bundesbesoldungsgesetzes[3], des Auslandsverwendungszuschlags und der Vergütungen in einer Summe zu zahlen; § 5 Absatz 1 Satz 2 und 3 gilt entsprechend. [3] Die Sätze 1 und 2 gelten entsprechend beim Tod eines Ruhe-

---

[1] 3. Abschnitt Überschrift geänd. mWv 1.1.2020 durch G v. 9.12.2019 (BGBl. I S. 2053).

[2] § 18 Abs. 1 Satz 2 geänd. mWv 1.7.2010 durch G v. 5.2.2009 (BGBl. I S. 160); Abs. 1 Satz 1 geänd. mWv 1.1.2009 durch G v. 14.11.2011 (BGBl. I S. 2219).

[3] Nr. **230**.

standsbeamten oder eines entlassenen Beamten, der im Sterbemonat einen Unterhaltsbeitrag erhalten hat; an die Stelle der Dienstbezüge tritt das Ruhegehalt oder der Unterhaltsbeitrag zuzüglich des Unterschiedsbetrages nach § 50 Absatz 1.

(2) Sind Anspruchsberechtigte im Sinne des Absatzes 1 nicht vorhanden, ist Sterbegeld auf Antrag zu gewähren

1. Verwandten der aufsteigenden Linie, Geschwistern, Geschwisterkindern sowie Stiefkindern, wenn sie zur Zeit des Todes des Beamten mit diesem in häuslicher Gemeinschaft gelebt haben oder wenn der Verstorbene ganz oder überwiegend ihr Ernährer gewesen ist,
2. sonstigen Personen, die die Kosten der letzten Krankheit oder der Bestattung getragen haben, bis zur Höhe ihrer Aufwendungen, höchstens jedoch in Höhe des Sterbegeldes nach Absatz 1 Satz 2 und 3.

(3) [1] Stirbt eine Witwe oder eine frühere Ehefrau eines Beamten, der im Zeitpunkt des Todes Witwengeld oder ein Unterhaltsbeitrag zustand, so erhalten die in Absatz 1 genannten Kinder Sterbegeld, wenn sie berechtigt sind, Waisengeld oder einen Unterhaltsbeitrag zu beziehen und wenn sie zur Zeit des Todes zur häuslichen Gemeinschaft der Verstorbenen gehört haben. [2] Absatz 1 Satz 2 erster Halbsatz gilt entsprechend mit der Maßgabe, dass an die Stelle der Dienstbezüge das Witwengeld oder der Unterhaltsbeitrag tritt.

(4) Sind mehrere gleichberechtigte Personen vorhanden, so ist für die Bestimmung des Zahlungsempfängers die Reihenfolge der Aufzählung in den Absätzen 1 und 2 maßgebend; bei Vorliegen eines wichtigen Grundes kann von dieser Reihenfolge abgewichen oder das Sterbegeld aufgeteilt werden.

§ 19 Witwengeld. (1) [1] Die Witwe eines Beamten auf Lebenszeit, der die Voraussetzungen des § 4 Absatz 1 erfüllt hat, oder eines Ruhestandsbeamten erhält Witwengeld. [2] Dies gilt nicht, wenn

1. die Ehe mit dem Verstorbenen nicht mindestens ein Jahr gedauert hat, es sei denn, dass nach den besonderen Umständen des Falles die Annahme nicht gerechtfertigt ist, dass es der alleinige oder überwiegende Zweck der Heirat war, der Witwe eine Versorgung zu verschaffen, oder
2. die Ehe erst nach dem Eintritt des Beamten in den Ruhestand geschlossen worden ist und der Ruhestandsbeamte zur Zeit der Eheschließung die Regelaltersgrenze nach § 51 Absatz 1 und 2 des Bundesbeamtengesetzes[1] bereits erreicht hatte.

(2) Absatz 1 gilt auch für die Witwe eines Beamten auf Probe, der an den Folgen einer Dienstbeschädigung (§ 49 Absatz 1 des Bundesbeamtengesetzes) verstorben ist oder dem die Entscheidung nach § 49 Absatz 2 des Bundesbeamtengesetzes zugestellt war.

§ 20[2] Höhe des Witwengeldes. (1) [1] Das Witwengeld beträgt 55 Prozent des Ruhegehalts, das der Verstorbene erhalten hat oder hätte erhalten können, wenn er am Todestage in den Ruhestand getreten wäre. [2] Das Witwengeld beträgt nach Anwendung des § 50c mindestens 60 Prozent des Ruhegehaltes

[1] *Nr. 160.*

[2] § 20 Abs. 1 Sätze 1, 2 und Abs. 2 Sätze 1, 2 geänd. mWv 1.1.2020 durch G v. 9.12.2019 (BGBl. I S. 2053).

nach § 14 Absatz 4 Satz 2; § 14 Absatz 4 Satz 3 ist anzuwenden. [3] § 14 Absatz 6 sowie die §§ 14a und 50e sind nicht anzuwenden. [4] Änderungen des Mindestruhegehalts (§ 14 Absatz 4) sind zu berücksichtigen.

(2) [1] War die Witwe mehr als zwanzig Jahre jünger als der Verstorbene und ist aus der Ehe ein Kind nicht hervorgegangen, so wird das Witwengeld (Absatz 1) für jedes angefangene Jahr des Altersunterschiedes über zwanzig Jahre um fünf Prozent gekürzt, jedoch höchstens um fünfzig Prozent. [2] Nach fünfjähriger Dauer der Ehe werden für jedes angefangene Jahr ihrer weiteren Dauer dem gekürzten Betrag fünf Prozent des Witwengeldes hinzugesetzt, bis der volle Betrag wieder erreicht ist. [3] Das nach Satz 1 errechnete Witwengeld darf nicht hinter dem Mindestwitwengeld (Absatz 1 in Verbindung mit § 14 Absatz 4) zurückbleiben.

(3) Von dem nach Absatz 2 gekürzten Witwengeld ist auch bei der Anwendung des § 25 auszugehen.

§ 21[1)] Witwenabfindung. (1) Eine Witwe, die Anspruch auf Witwengeld oder auf einen Unterhaltsbeitrag hat, erhält im Falle einer Heirat eine Witwenabfindung.

(2) [1] Die Witwenabfindung beträgt das Vierundzwanzigfache des für den Monat, in dem die Witwe heiratet, nach Anwendung der Anrechnungs-, Kürzungs- und Ruhensvorschriften zu zahlenden Betrages des Witwengeldes oder Unterhaltsbeitrages; eine Kürzung nach § 25 und die Anwendung der §§ 53 und 54 Absatz 1 Satz 1 Nummer 3 bleiben jedoch außer Betracht. [2] Die Abfindung ist in einer Summe zu zahlen.

(3) Lebt der Anspruch auf Witwengeld oder auf Unterhaltsbeitrag nach § 61 Absatz 3 wieder auf, so ist die Witwenabfindung, soweit sie für eine Zeit berechnet ist, die nach dem Wiederaufleben des Anspruchs auf Witwengeld oder Unterhaltsbeitrag liegt, in angemessenen monatlichen Teilbeträgen einzubehalten.

§ 22[2)] Unterhaltsbeitrag für nicht witwengeldberechtigte Witwen und frühere Ehefrauen. (1) [1] In den Fällen des § 19 Absatz 1 Satz 2 Nummer 2 ist, sofern die besonderen Umstände des Falles keine volle oder teilweise Versagung rechtfertigen, ein Unterhaltsbeitrag in Höhe des Witwengeldes zu gewähren. [2] Einkünfte sind in angemessenem Umfang anzurechnen. [3] Verzichtet die Versorgungsberechtigte auf Einkünfte oder wird ihr an deren Stelle eine Kapitalleistung gezahlt, ist der Betrag anzurechnen, der ansonsten zu zahlen wäre; § 55 Absatz 1 Satz 8 und 9 gilt entsprechend.

(2) [1] Der geschiedenen Ehefrau eines verstorbenen Beamten oder Ruhestandsbeamten, die im Falle des Fortbestehens der Ehe Witwengeld erhalten hätte, ist auf Antrag ein Unterhaltsbeitrag insoweit zu gewähren, als sie im Zeitpunkt des Todes des Beamten oder Ruhestandsbeamten gegen diesen einen Anspruch auf schuldrechtlichen Versorgungsausgleich nach § 1587f Nummer 2 des Bürgerlichen Gesetzbuchs[3)] in der bis zum 31. August 2009 geltenden

---

[1)] § 21 Abs. 1, Abs. 2 Satz 1 geänd. mWv 1.1.2009 durch G v. 14.11.2011 (BGBl. I S. 2219); Abs. 2 Satz 1 geänd. mWv 1.1.2020 durch G v. 9.12.2019 (BGBl. I S. 2053).

[2)] § 22 Abs. 1 Satz 2 und Abs. 2 Satz 4 geänd., Abs. 1 Satz 3 neu gef. mWv 1.1.2020 durch G v. 9.12.2019 (BGBl. I S. 2053).

[3)] **Schönfelder Nr. 20.**

Fassung wegen einer Anwartschaft oder eines Anspruchs nach § 1587a Absatz 2 Nummer 1 des Bürgerlichen Gesetzbuchs in der bis zum 31. August 2009 geltenden Fassung hatte. [2] Der Unterhaltsbeitrag wird jedoch nur gewährt,

1. solange die geschiedene Ehefrau erwerbsgemindert im Sinne des Sechsten Buches Sozialgesetzbuch[1)] ist oder mindestens ein waisengeldberechtigtes Kind erzieht oder
2. wenn sie das sechzigste Lebensjahr vollendet hat.

[3] Der Erziehung eines waisengeldberechtigten Kindes steht die Sorge für ein waisengeldberechtigtes Kind mit körperlichen oder geistigen Gebrechen gleich. [4] Der nach Satz 1 festgestellte Betrag ist in einem Prozentsatz des Witwengeldes festzusetzen; der Unterhaltsbeitrag darf fünf Sechstel des entsprechend § 57 gekürzten Witwengeldes nicht übersteigen. [5] § 21 gilt entsprechend.

(3) Absatz 2 gilt entsprechend für die frühere Ehefrau eines verstorbenen Beamten oder Ruhestandsbeamten, deren Ehe mit diesem aufgehoben oder für nichtig erklärt war.

§ 23 Waisengeld. (1) Die Kinder eines verstorbenen Beamten auf Lebenszeit, eines verstorbenen Ruhestandsbeamten oder eines verstorbenen Beamten auf Probe, der an den Folgen einer Dienstbeschädigung (§ 49 Absatz 1 des Bundesbeamtengesetzes[2)]) verstorben ist oder dem die Entscheidung nach § 49 Absatz 2 des Bundesbeamtengesetzes zugestellt war, erhalten Waisengeld, wenn der Beamte die Voraussetzungen des § 4 Absatz 1 erfüllt hat.

(2) [1] Kein Waisengeld erhalten die Kinder eines verstorbenen Ruhestandsbeamten, wenn das Kindschaftsverhältnis durch Annahme als Kind begründet wurde und der Ruhestandsbeamte in diesem Zeitpunkt bereits im Ruhestand war und die Regelaltersgrenze nach § 51 Absatz 1 und 2 des Bundesbeamtengesetzes erreicht hatte. [2] Es kann ihnen jedoch ein Unterhaltsbeitrag bis zur Höhe des Waisengeldes bewilligt werden.

§ 24[3)] Höhe des Waisengeldes. (1) [1] Das Waisengeld beträgt für die Halbwaise zwölf Prozent und für die Vollwaise zwanzig Prozent des Ruhegehalts, das der Verstorbene erhalten hat oder hätte erhalten können, wenn er am Todestag in den Ruhestand getreten wäre. [2] § 14 Absatz 6 sowie die §§ 14a und 50e sind nicht anzuwenden. [3] Änderungen des Mindestruhegehalts (§ 14 Absatz 4) sind zu berücksichtigen.

(2) Wenn die Mutter des Kindes des Verstorbenen nicht zum Bezuge von Witwengeld berechtigt ist und auch keinen Unterhaltsbeitrag in Höhe des Witwengeldes erhält, wird das Waisengeld nach dem Satz für Vollwaisen gezahlt; es darf zuzüglich des Unterhaltsbeitrages den Betrag des Witwengeldes und des Waisengeldes nach dem Satz für Halbwaisen nicht übersteigen.

(3) Ergeben sich für eine Waise Waisengeldansprüche aus Beamtenverhältnissen mehrerer Personen, wird nur das höchste Waisengeld gezahlt.

[1)] ***Aichberger*, SGB Nr. 6.**

[2)] Nr. **160**.

[3)] § 24 Abs. 1 Satz 1 geänd. mWv 1.1.2020 durch G v. 9.12.2019 (BGBl. I S. 2053).

§ 25 Zusammentreffen von Witwengeld, Waisengeld und Unterhaltsbeiträgen. (1) [1] Witwen- und Waisengeld dürfen weder einzeln noch zusammen den Betrag des ihrer Berechnung zugrunde zu legenden Ruhegehalts übersteigen. [2] Ergibt sich an Witwen- und Waisengeld zusammen ein höherer Betrag, so werden die einzelnen Bezüge im gleichen Verhältnis gekürzt.

(2) Nach dem Ausscheiden eines Witwen- oder Waisengeldberechtigten erhöht sich das Witwen- oder Waisengeld der verbleibenden Berechtigten vom Beginn des folgenden Monats an insoweit, als sie nach Absatz 1 noch nicht den vollen Betrag nach § 20 oder § 24 erhalten.

(3) Die Absätze 1 und 2 gelten entsprechend, wenn neben Witwen- oder Waisengeld ein Unterhaltsbeitrag nach § 22 Absatz 2 oder 3 oder § 86 Absatz 1 gewährt wird.

(4) [1] Unterhaltsbeiträge nach § 22 Absatz 1 gelten für die Anwendung der Absätze 1 bis 3 als Witwengeld. [2] Unterhaltsbeiträge nach § 23 Absatz 2 dürfen nur insoweit bewilligt werden, als sie allein oder zusammen mit gesetzlichen Hinterbliebenenbezügen die in Absatz 1 Satz 1 bezeichnete Höchstgrenze nicht übersteigen.

§ 26[1)] Unterhaltsbeitrag für Hinterbliebene von Beamten auf Lebenszeit und auf Probe. (1) Der Witwe, der geschiedenen Ehefrau (§ 22 Absatz 2, 3) und den Kindern eines Beamten, dem nach § 15 ein Unterhaltsbeitrag bewilligt worden ist oder hätte bewilligt werden können, kann auf Antrag die in den §§ 19, 20 und 22 bis 25 vorgesehene Versorgung bis zu der dort bezeichneten Höhe als Unterhaltsbeitrag bewilligt werden.

(2) § 21 gilt entsprechend.

§ 27 Beginn der Zahlungen. (1) [1] Die Zahlung des Witwen- und Waisengeldes sowie eines Unterhaltsbeitrages nach § 22 Absatz 1 oder § 23 Absatz 2 beginnt mit dem Ablauf des Sterbemonats. [2] Kinder, die nach diesem Zeitpunkt geboren werden, erhalten Waisengeld vom Ersten des Geburtsmonats an.

(2) Die Zahlung eines Unterhaltsbeitrages nach § 22 Absatz 2 oder 3 beginnt mit dem Ersten des Monats, in dem eine der in § 22 Absatz 2 Satz 2 genannten Voraussetzungen eintritt, frühestens jedoch mit Ablauf des Sterbemonats.

(3) Die Absätze 1 und 2 gelten entsprechend für die Zahlung eines Unterhaltsbeitrages nach § 26.

§ 28 Witwerversorgung. [1] Die §§ 19 bis 27 gelten entsprechend für den Witwer oder den geschiedenen Ehemann (§ 22 Absatz 2, 3) einer verstorbenen Beamtin oder Ruhestandsbeamtin. [2] An die Stelle des Witwengeldes im Sinne der Vorschriften dieses Gesetzes tritt das Witwergeld, an die Stelle der Witwe der Witwer.

Abschnitt 4.[2)] Bezüge bei Verschollenheit

§ 29 Zahlung der Bezüge. (1) Ein verschollener Beamter, Ruhestandsbeamter oder sonstiger Versorgungsempfänger erhält die ihm zustehenden

---

1) § 26 Abs. 1 geänd. mWv 11.1.2017 durch G v. 5.1.2017 (BGBl. I S. 17).
2) 4. Abschnitt Überschrift geänd. mWv 1.1.2020 durch G v. 9.12.2019 (BGBl. I S. 2053).

Bezüge bis zum Ablauf des Monats, in dem die oberste Dienstbehörde oder die von ihr bestimmte Stelle feststellt, dass sein Ableben mit Wahrscheinlichkeit anzunehmen ist.

(2) [1] Vom Ersten des Monats ab, der dem in Absatz 1 bezeichneten Zeitpunkt folgt, erhalten die Personen, die im Falle des Todes des Verschollenen Witwen- oder Waisengeld erhalten würden oder einen Unterhaltsbeitrag erhalten könnten, diese Bezüge. [2] Die §§ 17 und 18 gelten nicht.

(3) [1] Kehrt der Verschollene zurück, so lebt sein Anspruch auf Bezüge, soweit nicht besondere gesetzliche Gründe entgegenstehen, wieder auf. [2] Nachzahlungen sind längstens für die Dauer eines Jahres zu leisten; die nach Absatz 2 für den gleichen Zeitraum gewährten Bezüge sind anzurechnen.

(4) Ergibt sich, dass bei einem Beamten die Voraussetzungen des § 9 des Bundesbesoldungsgesetzes[1)] vorliegen, so können die nach Absatz 2 gezahlten Bezüge von ihm zurückgefordert werden.

(5) Wird der Verschollene für tot erklärt oder die Todeszeit gerichtlich festgestellt oder eine Sterbeurkunde über den Tod des Verschollenen ausgestellt, so ist die Hinterbliebenenversorgung von dem Ersten des auf die Rechtskraft der gerichtlichen Entscheidung oder die Ausstellung der Sterbeurkunde folgenden Monats ab unter Berücksichtigung des festgestellten Todeszeitpunktes neu festzusetzen.

Abschnitt 5.[2)] Unfallfürsorge

§ 30[3)] Allgemeines. (1) [1] Wird ein Beamter durch einen Dienstunfall verletzt, so wird ihm und seinen Hinterbliebenen Unfallfürsorge gewährt. [2] Unfallfürsorge wird auch dem Kind einer Beamtin gewährt, das durch deren Dienstunfall während der Schwangerschaft unmittelbar geschädigt wurde. [3] Satz 2 gilt auch, wenn die Schädigung durch besondere Einwirkungen verursacht worden ist, die generell geeignet sind, bei der Mutter einen Dienstunfall im Sinne des § 31 Absatz 3 zu verursachen.

(2) [1] Die Unfallfürsorge umfasst
1. Erstattung von Sachschäden und besonderen Aufwendungen (§ 32),
2. Heilverfahren (§§ 33, 34),
3. Unfallausgleich (§ 35),
4. Unfallruhegehalt oder Unterhaltsbeitrag (§§ 36 bis 38),
5. Unfall-Hinterbliebenenversorgung (§§ 39 bis 42),
6. einmalige Unfallentschädigung und einmalige Entschädigung (§ 43),
7. Schadensausgleich in besonderen Fällen (§ 43a),
8. Einsatzversorgung im Sinne des § 31a.

[2] Im Fall von Absatz 1 Satz 2 und 3 erhält das Kind der Beamtin Leistungen nach den Nummern 2 und 3 sowie nach § 38a.

(3) Im Übrigen gelten die allgemeinen Vorschriften.

---

1) *Nr. 230.*
2) 5. Abschnitt Überschrift geänd. mWv 1.1.2020 durch G v. 9.12.2019 (BGBl. I S. 2053).
3) § 30 Abs. 2 Nr. 6 geänd. mWv 11.1.2017 durch G v. 5.1.2017 (BGBl. I S. 17).

§ 31[1)] Dienstunfall. (1) [1]Dienstunfall ist ein auf äußerer Einwirkung beruhendes, plötzliches, örtlich und zeitlich bestimmbares, einen Körperschaden verursachendes Ereignis, das in Ausübung des Dienstes eingetreten ist. [2]Zum Dienst gehören auch

1. Dienstreisen und die dienstliche Tätigkeit am Bestimmungsort,
2. die Teilnahme an dienstlichen Veranstaltungen und
3. Nebentätigkeiten im öffentlichen Dienst oder in dem ihm gleichstehenden Dienst, zu deren Übernahme der Beamte gemäß § 98 des Bundesbeamtengesetzes[2)] verpflichtet ist, oder Nebentätigkeiten, deren Wahrnehmung von ihm im Zusammenhang mit den Dienstgeschäften erwartet wird, sofern der Beamte hierbei nicht in der gesetzlichen Unfallversicherung versichert ist (§ 2 Siebtes Buch Sozialgesetzbuch[3)]).

(2) [1]Als Dienst gilt auch das Zurücklegen des mit dem Dienst zusammenhängenden Weges zu und von der Dienststelle. [2]Hat der Beamte wegen der Entfernung seiner ständigen Familienwohnung vom Dienstort an diesem oder in dessen Nähe eine Unterkunft, so gilt Satz 1 auch für den Weg zwischen der Familienwohnung und der Dienststelle. [3]Der Zusammenhang mit dem Dienst gilt als nicht unterbrochen, wenn der Beamte

1. von dem unmittelbaren Weg zwischen der Wohnung und der Dienststelle in vertretbarem Umfang abweicht,
   a) um ein eigenes Kind, für das ihm dem Grunde nach Kindergeld zusteht, wegen seiner eigenen Berufstätigkeit oder der Berufstätigkeit seines Ehegatten in fremde Obhut zu geben oder aus fremder Obhut abzuholen oder
   b) weil er mit anderen berufstätigen oder in der gesetzlichen Unfallversicherung versicherten Personen gemeinsam ein Fahrzeug für den Weg zu und von der Dienststelle benutzt, oder
2. in seiner Wohnung Dienst leistet und Wege zurücklegt, um ein Kind im Sinne des Satzes 3 Nummer 1 Buchstabe a in fremde Obhut zu geben oder aus fremder Obhut abzuholen.

[4]Ein Unfall, den der Verletzte bei Durchführung des Heilverfahrens (§ 33) oder auf einem hierzu notwendigen Wege erleidet, gilt als Folge eines Dienstunfalles.

(3) [1]Erkrankt ein Beamter, der wegen der Art seiner dienstlichen Verrichtungen der Gefahr der Erkrankung an einer bestimmten Krankheit besonders ausgesetzt ist, an dieser Krankheit, so gilt die Erkrankung als Dienstunfall, es sei denn, dass der Beamte sich die Krankheit außerhalb des Dienstes zugezogen hat. [2]Die Erkrankung gilt jedoch stets als Dienstunfall, wenn sie durch gesundheitsschädigende Verhältnisse verursacht worden ist, denen der Beamte am Ort seines dienstlich angeordneten Aufenthalts im Ausland besonders ausgesetzt war. [3]Als Krankheiten im Sinne des Satzes 1 kommen die in Anlage 1 zur Berufskrankheiten-Verordnung[4)] vom 31. Oktober 1997 (BGBl. I S. 2623) in der jeweils geltenden Fassung genannten Krankheiten mit den dort bezeichneten Maßgaben in Betracht. [4]Für die Feststellung einer Krankheit als Dienstunfall sind auch den Versicherungs-

---

[1)] § 31 Abs. 1 Satz 1, Abs. 2 Satz 2 geänd. mWv 11.1.2017 durch G v. 5.1.2017 (BGBl. I S. 17); Abs. 3 neu gef. mWv 9.8.2019 durch G v. 4.8.2019 (BGBl. I S. 1147); Abs. 3 Satz 3 neu gef., Abs. 5 geänd. mWv 1.1.2020 durch G v. 9.12.2019 (BGBl. I S. 2053); Abs. 2 Sätze 1 und 2 neu gef., Satz 3 eingef., bish. Satz 3 wird Satz 4 mWv 1.8.2021 durch G v. 28.6.2021 (BGBl. I S. 2250).

[2)] Nr. **160**.

[3)] **Aichberger, SGB Nr. 7.**

[4)] **Aichberger, SGB Nr. 7/10.**

schutz nach § 2, § 3 oder § 6 des Siebten Buches Sozialgesetzbuch begründende Tätigkeiten zu berücksichtigen, wenn sie ihrer Art nach geeignet waren, die Krankheit zu verursachen, und die schädigende Einwirkung überwiegend durch dienstliche Verrichtungen nach Satz 1 verursacht worden ist.

(4) [1] Dem durch Dienstunfall verursachten Körperschaden ist ein Körperschaden gleichzusetzen, den ein Beamter außerhalb seines Dienstes erleidet, wenn er im Hinblick auf sein pflichtgemäßes dienstliches Verhalten oder wegen seiner Eigenschaft als Beamter angegriffen wird. [2] Gleichzuachten ist ferner ein Körperschaden, den ein Beamter im Ausland erleidet, wenn er bei Kriegshandlungen, Aufruhr oder Unruhen, denen er am Ort seines dienstlich angeordneten Aufenthaltes im Ausland besonders ausgesetzt war, angegriffen wird.

(5) Unfallfürsorge wie bei einem Dienstunfall kann auch gewährt werden, wenn ein Beamter, der zur Wahrnehmung einer Tätigkeit, die öffentlichen Belangen oder dienstlichen Interessen dient, beurlaubt worden ist und in Ausübung dieser Tätigkeit einen Körperschaden erleidet.

§ 31a[1)] Einsatzversorgung. (1) [1] Unfallfürsorge wie bei einem Dienstunfall wird auch dann gewährt, wenn ein Beamter auf Grund eines in Ausübung des Dienstes eingetretenen Unfalls oder einer derart eingetretenen Erkrankung im Sinne des § 31 bei einer besonderen Verwendung im Ausland eine gesundheitliche Schädigung erleidet (Einsatzunfall). [2] Eine besondere Verwendung im Ausland ist eine Verwendung auf Grund eines Übereinkommens oder einer Vereinbarung mit einer über- oder zwischenstaatlichen Einrichtung oder mit einem auswärtigen Staat im Ausland oder außerhalb des deutschen Hoheitsgebietes auf Schiffen oder in Luftfahrzeugen,

1. für die ein Beschluss der Bundesregierung vorliegt oder
2. die im Rahmen von Maßnahmen nach § 56 Absatz 1 Satz 2 Nummer 4 des Bundesbesoldungsgesetzes[2)] stattfindet.

[3] Dem steht eine sonstige Verwendung im Ausland oder außerhalb des deutschen Hoheitsgebietes auf Schiffen oder in Luftfahrzeugen gleich,

1. für die ein Zuschlag gezahlt wird
   a) auf Grundlage einer Rechtsverordnung nach § 53 Absatz 7 des Bundesbesoldungsgesetzes zur Abgeltung immaterieller Belastungen wegen der Auswirkungen eines bewaffneten Konflikts oder
   b) auf Grundlage einer Rechtsverordnung nach § 56 Absatz 6 des Bundesbesoldungsgesetzes zur Abgeltung hoher immaterieller Belastungen, insbesondere durch bürgerkriegsähnliche Auseinandersetzungen, terroristische Handlungen, außerordentliche Gewaltkriminalität, Piraterie, Minen oder vergleichbare gesundheitliche Gefährdungen, oder
2. bei der eine gesteigerte Gefährdungslage, die der Gefährdungslage bei einer Verwendung nach Satz 2 vergleichbar ist, durch die oberste Dienstbehörde, die für die sonstige Verwendung im Ausland zuständig ist, im Benehmen mit dem Bundesministerium des Innern und für Heimat, dem Auswärtigen Amt und dem Bundesministerium der Verteidigung festgestellt wird.

[1)] § 31a Abs. 1 Satz 1 geänd. mWv 11.1.2017 durch G v. 5.1.2017 (BGBl. I S. 17); Abs. 1 neu gef. mWv 9.8.2019 durch G v. 4.8.2019 (BGBl. I S. 1147); Abs. 1 Satz 2 Nr. 2 geänd. mWv 1.1.2020 durch G v. 9.12.2019 (BGBl. I S. 2053); Abs. 1 Satz 3 neu gef. mWv 1.1.2025 durch G v. 27.2.2025 (BGBl. 2025 I Nr. 72).

[2)] Nr. **230**.

[4]Die Verwendung im Sinne der Sätze 2 und 3 beginnt mit dem Eintreffen im Einsatzgebiet und endet mit dem Verlassen des Einsatzgebietes.

(2) Gleiches gilt, wenn bei einem Beamten eine Erkrankung oder ihre Folgen oder ein Unfall auf gesundheitsschädigende oder sonst vom Inland wesentlich abweichende Verhältnisse bei einer Verwendung im Sinne des Absatzes 1 zurückzuführen sind oder wenn eine gesundheitliche Schädigung bei dienstlicher Verwendung im Ausland auf einen Unfall oder eine Erkrankung im Zusammenhang mit einer Verschleppung oder einer Gefangenschaft zurückzuführen ist oder darauf beruht, dass der Beamte aus sonstigen mit dem Dienst zusammenhängenden Gründen dem Einflussbereich des Dienstherrn entzogen ist.

(3) § 31 Absatz 5 gilt entsprechend.

(4) Die Unfallfürsorge ist ausgeschlossen, wenn sich der Beamte vorsätzlich oder grob fahrlässig der Gefährdung ausgesetzt oder die Gründe für eine Verschleppung,

(Fortsetzung nächstes Blatt)

Gefangenschaft oder sonstige Einflussbereichsentziehung herbeigeführt hat, es sei denn, dass der Ausschluss für ihn eine unbillige Härte wäre.

§ 32[1)] Erstattung von Sachschäden und besonderen Aufwendungen.

[1] Sind bei einem Dienstunfall Kleidungsstücke oder sonstige Gegenstände, die der Beamte zur Dienstausübung oder während der Dienstzeit benötigt und deshalb mit sich geführt hat, beschädigt oder zerstört worden oder abhanden gekommen, so kann dafür Ersatz geleistet werden. [2] Anträge auf Gewährung von Sachschadenersatz nach Satz 1 sind innerhalb einer Ausschlussfrist von drei Monaten zu stellen. [3] Sind durch eine Erste-Hilfe-Leistung nach dem Unfall besondere Kosten entstanden, so ist dem Beamten der nachweisbar notwendige Aufwand zu ersetzen.

§ 33[2)] Heilverfahren. (1) Das Heilverfahren umfasst

1. die notwendigen ärztlichen, zahnärztlichen und psychotherapeutischen Maßnahmen,
2. die notwendige Versorgung mit Arznei-, Verband-, Heil- und Hilfsmitteln, mit Geräten zur Selbstbehandlung und zur Selbstkontrolle sowie mit Körperersatzstücken, die den Erfolg der Heilbehandlung sichern oder die Unfallfolgen erleichtern sollen,
3. die notwendigen Krankenhausleistungen,
4. die notwendigen Rehabilitationsmaßnahmen,
5. die notwendige Pflege (§ 34),
6. die notwendige Haushaltshilfe und
7. die notwendigen Fahrten.

(2) Der Verletzte ist verpflichtet, sich einer Krankenhausbehandlung zu unterziehen, wenn sie nach einer Stellungnahme eines durch die Dienstbehörde bestimmten Arztes zur Sicherung des Heilerfolges notwendig ist.

(3) [1] Der Verletzte ist verpflichtet, sich einer ärztlichen Untersuchung und Behandlung zu unterziehen, es sei denn, dass sie mit einer erheblichen Gefahr für Leben oder Gesundheit des Verletzten verbunden ist. [2] Das Gleiche gilt für eine Operation dann, wenn sie keinen erheblichen Eingriff in die körperliche Unversehrtheit bedeutet. [3] Die oberste Dienstbehörde oder die von ihr bestimmte Stelle kann bestimmen, welcher Arzt die Untersuchung oder Behandlung nach Satz 1 durchführt.

(4) [1] Verursachen die Folgen des Dienstunfalles außergewöhnliche Kosten für Kleider- und Wäscheverschleiß, so sind diese in angemessenem Umfang zu ersetzen. [2] Kraftfahrzeughilfe wird gewährt, wenn die verletzte Person infolge des Dienstunfalls nicht nur vorübergehend auf die Benutzung eines Kraftfahrzeugs angewiesen ist. [3] Notwendige Aufwendungen für eine bedarfsgerechte Anpassung des Wohnumfelds werden erstattet, wenn infolge des Dienstunfalls nicht nur vorübergehend die Anpassung vorhandenen oder die Beschaffung bedarfsgerechten Wohnraums erforderlich ist. [4] Ist der Verletzte an den Folgen des Dienstunfalles

---

[1)] § 32 Satz 1 geänd. mWv 11.1.2017 durch G v. 5.1.2017 (BGBl. I S. 17); Satz 3 geänd. mWv 1.1.2020 durch G v. 9.12.2019 (BGBl. I S. 2053).

[2)] § 33 Abs. 1 Nr. 1 und 3 geänd., Nr. 4 und 5 angef., Abs. 2 Sätze 1 und 2, Abs. 3 Satz 1 geänd., Satz 3 angef. mWv 11.1.2017 durch G v. 5.1.2017 (BGBl. I S. 17); Abs. 5 geänd. mWv 1.1.2020 durch G v. 9.12.2019 (BGBl. I S. 2053); Abs. 1 neu gef., Abs. 2 Satz 1 aufgeh., Abs. 4 Sätze 2 und 3 eingef., bish. Satz 2 wird Satz 4 mWv 29.5.2020 durch G v. 25.5.2020 (BGBl. I S. 1063); Abs. 4 Satz 2 neu gef. mWv 1.1.2023 durch G v. 22.1.2024 (BGBl. 2024 I Nr. 17).

verstorben, so können auch die Kosten für die Überführung und die Bestattung in angemessener Höhe erstattet werden.

(5) Die Durchführung regelt das Bundesministerium des Innern, für Bau und Heimat im Einvernehmen mit dem Bundesministerium der Finanzen durch Rechtsverordnung[1)].

§ 34[2)] Pflegekosten. [1] Ist der Verletzte infolge des Dienstunfalles so hilflos, dass er nicht ohne fremde Hilfe und Pflege auskommen kann, so sind ihm die Kosten einer notwendigen Pflege in angemessenem Umfang zu erstatten. [2] Die Dienstbehörde kann jedoch selbst für die Pflege Sorge tragen.

§ 35[3)] Unfallausgleich. (1) [1] Ist der Verletzte infolge des Dienstunfalles in seiner Erwerbsfähigkeit länger als sechs Monate um mindestens 30 Prozent gemindert, so erhält er, solange dieser Zustand andauert, neben den Dienstbezügen, den Anwärterbezügen oder dem Ruhegehalt einen Unfallausgleich. [2] Dieser beträgt

1.	bei einer Minderung der Erwerbsfähigkeit von 30 oder 40 Prozent	400 Euro,
2.	bei einer Minderung der Erwerbsfähigkeit von 50 oder 60 Prozent	800 Euro,
3.	bei einer Minderung der Erwerbsfähigkeit von 70 oder 80 Prozent	1200 Euro,
4.	bei einer Minderung der Erwerbsfähigkeit von 90 Prozent	1600 Euro,
5.	bei einer Minderung der Erwerbsfähigkeit von 100 Prozent	2000 Euro.

[3] Wird die Minderung der Erwerbsfähigkeit bei der Feststellung gestaffelt eingeschätzt, ist der Unfallausgleich in Höhe desjenigen Grades der Minderung der Erwerbsfähigkeit zu zahlen, der wenigstens sechs Monate Bestand hat.

(2) [1] Die Minderung der Erwerbsfähigkeit ist nach der körperlichen Beeinträchtigung im allgemeinen Erwerbsleben zu beurteilen. [2] Hat bei Eintritt des Dienstunfalles eine abschätzbare Minderung der Erwerbsfähigkeit bereits bestanden, so ist für die Berechnung des Unfallausgleichs von der individuellen Erwerbsfähigkeit des Verletzten, die unmittelbar vor dem Eintritt des Dienstunfalles bestand, auszugehen und zu ermitteln, welcher Teil dieser individuellen Erwerbsfähigkeit durch den Dienstunfall gemindert wurde. [3] Beruht die frühere Erwerbsminderung auf einem Dienstunfall, so kann ein einheitlicher Unfallausgleich festgesetzt werden.

(3) [1] Der Unfallausgleich wird neu festgestellt, wenn in den Verhältnissen, die für die Feststellung maßgebend gewesen sind, eine wesentliche Änderung eingetreten ist. [2] Zu diesem Zweck ist der Beamte verpflichtet, sich auf Anordnung der obersten Dienstbehörde durch einen von ihr bestimmten Arzt untersuchen zu

---

1) Siehe die HeilverfahrensVO v. 9.11.2020 (BGBl. I S. 2349), zuletzt geänd. durch VO v. 6.3.2024 (BGBl. 2024 I Nr. 92).

2) § 34 Abs. 1 Satz 1 geänd. mWv 11.1.2017 durch G v. 5.1.2017 (BGBl. I S. 17); Überschrift neu gef., Abs. 2 aufgeh. mWv 1.8.2021 durch G v. 28.6.2021 (BGBl. I S. 2250).

3) § 35 Abs. 1 Satz 2 geänd. mWv 12.2.2009 durch G v. 15.3.2012 (BGBl. I S. 462); Abs. 1 Satz 1 geänd., Satz 2 neu gef., Satz 3 angef., Abs. 2 Satz 4 aufgeh. mWv 11.1.2017 durch G v. 5.1.2017 (BGBl. I S. 17); Abs. 1 Satz 2 neu gef. mWv 1.1.2024, Abs. 1 neu gef. mWv 1.1.2025 durch G v. 20.8.2021 (BGBl. I S. 3932).

lassen; die oberste Dienstbehörde kann diese Befugnis auf andere Stellen übertragen.

(4) Der Unfallausgleich wird auch während einer Beurlaubung ohne Dienstbezüge gewährt.

§ 36[1)] **Unfallruhegehalt.** (1) Ist der Beamte infolge des Dienstunfalles dienstunfähig geworden und deswegen in den Ruhestand versetzt worden, so erhält er Unfallruhegehalt.

(2) Für die Berechnung des Unfallruhegehalts eines vor Vollendung des 60. Lebensjahres in den Ruhestand versetzten Beamten wird der ruhegehaltfähigen Dienstzeit nur die Hälfte der Zurechnungszeit nach § 13 Absatz 1 hinzugerechnet; § 13 Absatz 4 gilt entsprechend.

(3) [1]Der Ruhegehaltssatz nach § 14 Absatz 1 erhöht sich um 20 Prozent. [2]Das Unfallruhegehalt beträgt mindestens 66,67 Prozent der ruhegehaltfähigen Dienstbezüge und darf 75 Prozent der ruhegehaltfähigen Dienstbezüge nicht übersteigen. [3]Es darf nicht hinter 75 Prozent der jeweils ruhegehaltfähigen Dienstbezüge aus der Endstufe der Besoldungsgruppe A 4 zurückbleiben; § 14 Absatz 4 Satz 3 gilt entsprechend.

§ 37[2)] **Erhöhtes Unfallruhegehalt.** (1) [1]Setzt sich ein Beamter bei Ausübung einer Diensthandlung einer damit verbundenen besonderen Lebensgefahr aus und erleidet er infolge dieser Gefährdung einen Dienstunfall, so sind bei der Bemessung des Unfallruhegehalts 80 Prozent der ruhegehaltfähigen Dienstbezüge aus der Endstufe der übernächsten Besoldungsgruppe zugrunde zu legen, wenn er infolge dieses Dienstunfalles dienstunfähig geworden und in den Ruhestand versetzt wurde und im Zeitpunkt der Versetzung in den Ruhestand infolge des Dienstunfalles in seiner Erwerbsfähigkeit um mindestens 50 Prozent beschränkt ist. [2]Satz 1 gilt mit der Maßgabe, dass sich für Beamte der Laufbahngruppe des einfachen Dienstes die ruhegehaltfähigen Dienstbezüge mindestens nach der Besoldungsgruppe A 6, für Beamte der Laufbahngruppe des mittleren Dienstes mindestens nach der Besoldungsgruppe A 9, für Beamte der Laufbahngruppe des gehobenen Dienstes mindestens nach der Besoldungsgruppe A 12 und für Beamte der Laufbahngruppe des höheren Dienstes mindestens nach der Besoldungsgruppe A 16 bemessen; die Einteilung in Laufbahngruppen gilt für die Polizeivollzugsbeamten, die sonstigen Beamten des Vollzugsdienstes und die Beamten des Einsatzdienstes der Berufsfeuerwehr entsprechend.

(2) Unfallruhegehalt nach Absatz 1 wird auch gewährt, wenn der Beamte

1. in Ausübung des Dienstes durch einen rechtswidrigen Angriff oder
2. außerhalb seines Dienstes durch einen Angriff im Sinne des § 31 Absatz 4

einen Dienstunfall mit den in Absatz 1 genannten Folgen erleidet.

(3) *Unfallruhegehalt nach* Absatz 1 wird auch gewährt, wenn ein Beamter einen Einsatzunfall oder ein diesem gleichstehendes Ereignis im Sinne des § 31a erleidet und er infolge des Einsatzunfalls oder des diesem gleichstehenden Ereignisses dienstunfähig geworden und in den Ruhestand versetzt wurde und im Zeitpunkt der Versetzung in den Ruhestand infolge des Einsatzunfalls oder des diesem gleich-

---

[1)] § 36 Abs. 1 neu gef., Abs. 2 und 3 Satz 2 geänd. mWv 11.1.2017 durch G v. 5.1.2017 (BGBl. I S. 17); Abs. 2 und Abs. 3 Sätze 1–3 geänd. mWv 1.1.2020 durch G v. 9.12.2019 (BGBl. I S. 2053).

[2)] § 37 Abs. 1 Satz 1, Abs. 3 geänd. mWv 11.1.2017 durch G v. 5.1.2017 (BGBl. I S. 17); Abs. 1 Satz 1 und Abs. 3 geänd. mWv 1.1.2020 durch G v. 9.12.2019 (BGBl. I S. 2053).

stehenden Ereignisses in seiner Erwerbsfähigkeit um mindestens 50 Prozent beschränkt ist.

§ 38[1] Unterhaltsbeitrag für frühere Beamte und frühere Ruhestandsbeamte. (1) [1] Ein durch Dienstunfall verletzter früherer Beamter, dessen Beamtenverhältnis nicht durch Eintritt oder Versetzung in den Ruhestand geendet hat, erhält neben dem Heilverfahren (§§ 33, 34) für die Dauer einer durch den Dienstunfall verursachten Erwerbsbeschränkung einen Unterhaltsbeitrag. [2] Der Anspruch erlischt ab der Gewährung von Altersgeld.

(2) Der Unterhaltsbeitrag beträgt

1. bei völliger Erwerbsunfähigkeit 66,67 Prozent der ruhegehaltfähigen Dienstbezüge nach Absatz 4,
2. bei Minderung der Erwerbsfähigkeit um wenigstens 30 Prozent den der Minderung entsprechenden Teil des Unterhaltsbeitrages nach Nummer 1.

(3) [1] Im Falle des Absatzes 2 Nummer 2 kann der Unterhaltsbeitrag, solange der Verletzte aus Anlass des Unfalles unverschuldet arbeitslos ist, bis auf den Betrag nach Nummer 1 erhöht werden. [2] Bei Hilflosigkeit des Verletzten gilt § 34 entsprechend.

(4) [1] Die ruhegehaltfähigen Dienstbezüge bestimmen sich nach § 5 Absatz 1. [2] Bei einem früheren Beamten auf Widerruf im Vorbereitungsdienst sind die Dienstbezüge zugrunde zu legen, die er bei der Ernennung zum Beamten auf Probe zuerst erhalten hätte; das Gleiche gilt bei einem früheren Polizeivollzugsbeamten auf Widerruf mit Dienstbezügen. [3] Ist der Beamte wegen Dienstunfähigkeit infolge des Dienstunfalles entlassen worden, gilt § 5 Absatz 2 entsprechend. [4] Der Unterhaltsbeitrag für einen früheren Beamten auf Widerruf, der ein Amt bekleidete, das seine Arbeitskraft nur nebenbei beanspruchte, ist nach billigem Ermessen festzusetzen.

(5) [1] Ist der Beamte wegen Dienstunfähigkeit infolge des Dienstunfalles entlassen worden, darf der Unterhaltsbeitrag nach Absatz 2 Nummer 1 nicht hinter dem Mindestunfallruhegehalt (§ 36 Absatz 3 Satz 3) zurückbleiben. [2] Ist der Beamte wegen Dienstunfähigkeit infolge eines Dienstunfalles der in § 37 bezeichneten Art entlassen worden und war er im Zeitpunkt der Entlassung infolge des Dienstunfalles in seiner Erwerbsfähigkeit um mindestens fünfzig Prozent beschränkt, treten an die Stelle des Mindestunfallruhegehalts achtzig Prozent der ruhegehaltfähigen Dienstbezüge aus der Endstufe der Besoldungsgruppe, die sich bei sinngemäßer Anwendung des § 37 ergibt. [3] Absatz 4 Satz 4 gilt entsprechend.

(6) [1] Die Minderung der Erwerbsfähigkeit ist nach der körperlichen Beeinträchtigung im allgemeinen Erwerbsleben zu beurteilen. [2] Zum Zwecke der Nachprüfung des Grades der Minderung der Erwerbsfähigkeit ist der frühere Beamte verpflichtet, sich auf Anordnung der obersten Dienstbehörde durch einen von ihr bestimmten Arzt untersuchen zu lassen; die oberste Dienstbehörde kann diese Befugnis auf andere Stellen übertragen.

(7) Die Absätze 1 bis 6 gelten entsprechend für einen durch Dienstunfall verletzten früheren Ruhestandsbeamten, der seine Rechte als Ruhestandsbeamter verloren hat oder dem das Ruhegehalt aberkannt worden ist.

---

[1] § 38 Abs. 1 Satz 2 angef. mWv 4.9.2013 durch G v. 28.8.2013 (BGBl. I S. 3386); Abs. 1 Satz 1, Abs. 2 Nr. 1 und 2 geänd. mWv 11.1.2017 durch G v. 5.1.2017 (BGBl. I S. 17); Abs. 2 Nr. 1, 2 und Abs. 5 Satz 2 geänd. mWv 1.1.2020 durch G v. 9.12.2019 (BGBl. I S. 2053); Abs. 2 Nr. 2 geänd. mWv 1.1.2025 durch G v. 20.8.2021 (BGBl. I S. 3932).

§ 38a[1)] Unterhaltsbeitrag bei Schädigung eines ungeborenen Kindes.

(1) Der Unterhaltsbeitrag wird im Fall des § 30 Absatz 1 Satz 2 und 3 für die Dauer der durch einen Dienstunfall der Mutter verursachten Minderung der Erwerbsfähigkeit gewährt

1. bei Verlust der Erwerbsfähigkeit in Höhe des Mindestunfallwaisengeldes nach § 39 Absatz 1 Nummer 2 in Verbindung mit § 36 Absatz 3 Satz 3,
2. bei Minderung der Erwerbsfähigkeit um mindestens 30 Prozent in Höhe eines der Minderung der Erwerbsfähigkeit entsprechenden Teils des Unterhaltsbeitrages nach Nummer 1.

(2) [1] § 38 Absatz 6 gilt entsprechend. [2] Bei Minderjährigen wird die Minderung der Erwerbsfähigkeit nach den Auswirkungen bemessen, die sich bei Erwachsenen mit gleichem Gesundheitsschaden ergeben würden. [3] Die Sorgeberechtigten sind verpflichtet, Untersuchungen zu ermöglichen.

(3) Der Unterhaltsbeitrag beträgt vor Vollendung des 14. Lebensjahres 30 Prozent, vor Vollendung des 18. Lebensjahres 50 Prozent der Sätze nach Absatz 1.

(4) Der Anspruch auf Unterhaltsbeitrag ruht insoweit, als während einer Heimpflege von mehr als einem Kalendermonat Pflegekosten gemäß § 34 erstattet werden.

(5) Hat ein Unterhaltsbeitragsberechtigter Anspruch auf Waisengeld nach diesem Gesetz, wird nur der höhere Versorgungsbezug gezahlt.

§ 39[2)] Unfall-Hinterbliebenenversorgung. (1) [1] Ist ein Beamter, der Unfallruhegehalt erhalten hätte, oder ein Ruhestandsbeamter, der Unfallruhegehalt bezog, an den Folgen des Dienstunfalles verstorben, so erhalten seine Hinterbliebenen Unfall-Hinterbliebenenversorgung. [2] Für diese gelten folgende besondere Vorschriften:

1. Das Witwengeld beträgt sechzig Prozent des Unfallruhegehalts (§§ 36, 37).
2. [1] Das Waisengeld beträgt für jedes waisengeldberechtigte Kind (§ 23) dreißig Prozent des Unfallruhegehalts. [2] Es wird auch elternlosen Enkeln gewährt, deren Unterhalt zur Zeit des Dienstunfalles ganz oder überwiegend durch den Verstorbenen bestritten wurde.

(2) Ist ein Ruhestandsbeamter, der Unfallruhegehalt bezog, nicht an den Folgen des Dienstunfalles verstorben, so steht den Hinterbliebenen nur Versorgung nach Abschnitt 3 zu; diese Bezüge sind aber unter Zugrundelegung des Unfallruhegehalts zu berechnen.

§ 40[3)] Unterhaltsbeitrag für Verwandte der aufsteigenden Linie. [1] Verwandten der aufsteigenden Linie, deren Unterhalt zur Zeit des Dienstunfalles ganz oder überwiegend durch den Verstorbenen (§ 39 Absatz 1) bestritten wurde, ist für die Dauer der Bedürftigkeit ein Unterhaltsbeitrag von zusammen dreißig Prozent des Unfallruhegehalts zu gewähren, mindestens jedoch vierzig Prozent des in § 36 Absatz 3 Satz 3 genannten Betrages. [2] Sind mehrere Personen dieser Art vor-

---

[1)] § 38a Abs. 1 Nr. 2 geänd. mWv 11.1.2017 durch G v. 5.1.2017 (BGBl. I S. 17); Abs. 1 Nr. 2 und Abs. 3 geänd. mWv 1.1.2020 durch G v. 9.12.2019 (BGBl. I S. 2053); Abs. 4 geänd. mWv 1.8.2021 durch G v. 28.6.2021 (BGBl. I S. 2250); Abs. 1 Nr. 2 geänd. mWv 1.1.2025 durch G v. 20.8.2021 (BGBl. I S. 3932).

[2)] § 39 Abs. 1 Satz 2 Nr. 1, 2 und Abs. 2 geänd. mWv 1.1.2020 durch G v. 9.12.2019 (BGBl. I S. 2053).

[3)] § 40 Satz 1 geänd. mWv 1.1.2020 durch G v. 9.12.2019 (BGBl. I S. 2053).

handen, so wird der Unterhaltsbeitrag den Eltern vor den Großeltern gewährt; an die Stelle eines verstorbenen Elternteiles treten dessen Eltern.

§ 41 Unterhaltsbeitrag für Hinterbliebene. (1) Ist in den Fällen des § 38 der frühere Beamte oder der frühere Ruhestandsbeamte an den Folgen des Dienstunfalles verstorben, so erhalten seine Hinterbliebenen einen Unterhaltsbeitrag in Höhe des Witwen- und Waisengeldes, das sich nach den allgemeinen Vorschriften unter Zugrundelegung des Unterhaltsbeitrages nach § 38 Absatz 2 Nummer 1 ergibt.

(2) Ist der frühere Beamte oder der frühere Ruhestandsbeamte nicht an den Folgen des Dienstunfalles verstorben, so kann seinen Hinterbliebenen ein Unterhaltsbeitrag bis zur Höhe des Witwen- und Waisengeldes bewilligt werden, das sich nach den allgemeinen Vorschriften unter Zugrundelegung des Unterhaltsbeitrages ergibt, den der Verstorbene im Zeitpunkt seines Todes bezogen hat.

(3) Für die Hinterbliebenen eines an den Unfallfolgen verstorbenen Beamten gilt Absatz 1 entsprechend, wenn nicht Unfall-Hinterbliebenenversorgung nach § 39 zusteht.

(4) § 21 gilt entsprechend.

§ 42[1] Höchstgrenzen der Hinterbliebenenversorgung. [1] Die Unfallversorgung der Hinterbliebenen (§§ 39 bis 41) darf insgesamt die Bezüge (Unfallruhegehalt oder Unterhaltsbeitrag) nicht übersteigen, die der Verstorbene erhalten hat oder hätte erhalten können. [2] Abweichend von Satz 1 sind in den Fällen des § 37 als Höchstgrenze mindestens die ruhegehaltfähigen Dienstbezüge aus der Endstufe der übernächsten anstelle der von dem Verstorbenen tatsächlich erreichten Besoldungsgruppe zugrunde zu legen. [3] § 25 ist entsprechend anzuwenden. [4] Der Unfallausgleich (§ 35) sowie der Zuschlag bei Arbeitslosigkeit (§ 38 Absatz 3 Satz 1) bleiben sowohl bei der Berechnung des Unterhaltsbeitrages nach § 41 als auch bei der vergleichenden Berechnung nach § 25 außer Betracht.

§ 43[2] Einmalige Unfallentschädigung und einmalige Entschädigung.

(1) Ein Beamter des Bundes, der einen Dienstunfall der in § 37 bezeichneten Art erleidet, erhält eine einmalige Unfallentschädigung von 150 000 Euro, wenn er nach Feststellung der obersten Dienstbehörde oder der von ihr bestimmten Stelle infolge des Unfalls in seiner Erwerbsfähigkeit dauerhaft um wenigstens 50 Prozent beeinträchtigt ist.

(2) Ist ein Beamter des Bundes an den Folgen eines Dienstunfalles der in § 37 bezeichneten Art verstorben und hat er eine einmalige Unfallentschädigung nach Absatz 1 nicht erhalten, wird seinen Hinterbliebenen eine einmalige Unfallentschädigung nach Maßgabe der folgenden Bestimmungen gewährt:

1. Die Witwe sowie die versorgungsberechtigten Kinder erhalten eine Entschädigung in Höhe von insgesamt 100 000 Euro.
2. Sind Anspruchsberechtigte im Sinne der Nummer 1 nicht vorhanden, so erhalten die Eltern und die in Nummer 1 bezeichneten, nicht versorgungsberechtigten Kinder eine Entschädigung in Höhe von insgesamt 40 000 Euro.

---

[1] § 42 Satz 4 geänd. mWv 1.8.2021 durch G v. 28.6.2021 (BGBl. I S. 2250).

[2] § 43 Abs. 1, Abs. 2 Nr. 1–3 geänd. mWv 13.12.2011 durch G v. 5.12.2011 (BGBl. I S. 2458); Abs. 1 geänd. mWv 1.1.2020 durch G v. 9.12.2019 (BGBl. I S. 2053).

3. Sind Anspruchsberechtigte im Sinne der Nummern 1 und 2 nicht vorhanden, so erhalten die Großeltern und Enkel eine Entschädigung in Höhe von insgesamt 20 000 Euro

(3) [1] Die Absätze 1 und 2 gelten entsprechend, wenn ein Beamter, der

1. als Angehöriger des besonders gefährdeten fliegenden Personals während des Flugdienstes,
2. als Helm- oder Schwimmtaucher während des besonders gefährlichen Tauchdienstes,
3. im Bergrettungsdienst während des Einsatzes und der Ausbildung oder
4. als Angehöriger des besonders gefährdeten Munitionsuntersuchungspersonals während des dienstlichen Umgangs mit Munition oder
5. als Angehöriger eines Verbandes der Bundespolizei für besondere polizeiliche Einsätze bei einer besonders gefährlichen Diensthandlung im Einsatz oder in der Ausbildung dazu oder
6. im Einsatz beim Ein- oder Aushängen von Außenlasten bei einem Drehflügelflugzeug

einen Unfall erleidet, der nur auf die eigentümlichen Verhältnisse des Dienstes nach den Nummern 1 bis 6 zurückzuführen ist. [2] Die Bundesregierung bestimmt durch Rechtsverordnung[1)] den Personenkreis des Satzes 1 und die zum Dienst im Sinne des Satzes 1 gehörenden dienstlichen Verrichtungen. [3] Die Sätze 1 und 2 gelten entsprechend für andere Angehörige des öffentlichen Dienstes, zu deren Dienstobliegenheiten Tätigkeiten der in Satz 1 Nummer 1 bis 6 bezeichneten Art gehören.

(4) (weggefallen)

(5) Absatz 1 gilt entsprechend, wenn ein Beamter oder ein anderer Angehöriger des öffentlichen Dienstes einen Einsatzunfall oder ein diesem gleichstehendes Ereignis im Sinne des § 31a erleidet.

(6) Die Hinterbliebenen erhalten eine einmalige Entschädigung nach Maßgabe des Absatzes 2, wenn ein Beamter oder ein anderer Angehöriger des öffentlichen Dienstes an den Folgen eines Einsatzunfalls oder eines diesem gleichstehenden Ereignisses im Sinne des § 31a verstorben ist.

(7) [1] Für die einmalige Entschädigung nach den Absätzen 5 und 6 gelten § 31 Absatz 5 und § 31a Absatz 4 entsprechend. [2] Besteht auf Grund derselben Ursache Anspruch sowohl auf eine einmalige Unfallentschädigung nach den Absätzen 1 bis 3 als auch auf eine einmalige Entschädigung nach Absatz 5 oder 6, wird nur die einmalige Entschädigung gewährt.

§ 43a[2)] Schadensausgleich in besonderen Fällen. (1) [1] Schäden, die einem Beamten oder anderen Angehörigen des öffentlichen Dienstes während einer Verwendung im Sinne des § 31a Absatz 1 infolge von besonderen, vom Inland *wesentlich abweichenden* Verhältnissen, insbesondere infolge von Kriegshandlungen, kriegerischen Ereignissen, Aufruhr, Unruhen oder Naturkatastrophen oder als Folge der Ereignisse nach § 31a Absatz 2 entstehen, werden ihm in angemessenem Umfang ersetzt. [2] Gleiches gilt für Schäden des Beamten oder anderen Angehörigen des öffentlichen Dienstes durch einen Gewaltakt gegen staatliche

---

[1)] Siehe die Beamten-UnfallentschädigungsVO v. 24.6.1977 (BGBl. I S. 1011), zuletzt geänd. durch G v. 21.6.2005 (BGBl. I S. 1818).

[2)] § 43a Abs. 3 Satz 3 angef. mWv 13.12.2011 durch G v. 5.12.2011 (BGBl. I S. 2458); Abs. 4 Satz 2 geänd. mWv 1.1.2025 durch G v. 20.8.2021 (BGBl. I S. 3932).

Amtsträger, Einrichtungen oder Maßnahmen, wenn der Beamte oder andere Angehörige des öffentlichen Dienstes von dem Gewaltakt in Ausübung des Dienstes oder wegen seiner Eigenschaft als Beamter oder anderer Angehöriger des öffentlichen Dienstes betroffen ist.

(2) Im Falle einer Verwendung im Sinne des § 31a Absatz 1 wird einem Beamten oder anderen Angehörigen des öffentlichen Dienstes ein angemessener Ausgleich auch für Schäden infolge von Maßnahmen einer ausländischen Regierung, die sich gegen die Bundesrepublik Deutschland richten, gewährt.

(3) [1] Ist ein Beamter oder anderer Angehöriger des öffentlichen Dienstes an den Folgen des schädigenden Ereignisses der in Absatz 1 oder 2 bezeichneten Art verstorben, wird ein angemessener Ausgleich gewährt

1. der Witwe sowie den versorgungsberechtigten Kindern,
2. den Eltern sowie den nicht versorgungsberechtigten Kindern, wenn Hinterbliebene der in Nummer 1 bezeichneten Art nicht vorhanden sind.

[2] Der Ausgleich für ausgefallene Versicherungen wird der natürlichen Person gewährt, die der Beamte oder andere Angehörige des öffentlichen Dienstes im Versicherungsvertrag begünstigt hat. [3] Sind Versicherungsansprüche zur Finanzierung des Erwerbs von Wohneigentum an eine juristische Person abgetreten worden, wird der Ausgleich für die ausgefallene Versicherung an diese juristische Person gezahlt, wenn die Abtretung durch den Beamten dazu gedient hat, eine natürliche Person von Zahlungspflichten auf Grund der Finanzierung des Wohneigentums freizustellen.

(4) [1] Der Schadensausgleich nach den Absätzen 1 bis 3 wird nur einmal gewährt. [2] Wird er auf Grund derselben Ursache nach § 86 des Soldatenversorgungsgesetzes vorgenommen, sind die Absätze 1 bis 3 nicht anzuwenden.

(5) Die Absätze 1 bis 4 sind auch auf Schäden bei dienstlicher Verwendung im Ausland anzuwenden, die im Zusammenhang mit einer Verschleppung oder einer Gefangenschaft entstanden sind oder darauf beruhen, dass der Geschädigte aus sonstigen mit dem Dienst zusammenhängenden Gründen dem Einflussbereich des Dienstherrn entzogen ist.

(6) Für den Schadensausgleich gelten § 31 Absatz 5 und § 31a Absatz 4 entsprechend.

§ 44 Nichtgewährung von Unfallfürsorge. (1) Unfallfürsorge wird nicht gewährt, wenn der Verletzte den Dienstunfall vorsätzlich herbeigeführt hat.

(2) [1] Hat der Verletzte eine die Heilbehandlung betreffende Anordnung ohne gesetzlichen oder sonstigen wichtigen Grund nicht befolgt und wird dadurch seine Dienst- oder Erwerbsfähigkeit ungünstig beeinflusst, so kann ihm die oberste Dienstbehörde oder die von ihr bestimmte Stelle die Unfallfürsorge insoweit versagen. [2] Der Verletzte ist auf diese Folgen schriftlich hinzuweisen.

(3) Hinterbliebenenversorgung nach den Unfallfürsorgevorschriften wird im Falle des § 22 Absatz 1 nicht gewährt.

§ 45[1)] Meldung und Untersuchungsverfahren. (1) [1] Unfälle, aus denen Unfallfürsorgeansprüche nach diesem Gesetz entstehen können, sind innerhalb einer Ausschlussfrist von zwei Jahren nach dem Eintritt des Unfalles schriftlich oder *elektronisch bei dem Dienst*vorgesetzten des Verletzten zu melden. [2] § 32 Satz 2

[1)] § 45 Abs. 1 Satz 3 geänd., Abs. 3 Satz 1 neu gef. mWv 11.1.2017 durch G v. 5.1.2017 (BGBl. I S. 17); Abs. 1 Satz 1 geänd. mWv 1.8.2021 durch G v. 28.6.2021 (BGBl. I S. 2250).

bleibt unberührt. [3] Die Frist nach Satz 1 gilt auch dann als gewahrt, wenn der Unfall bei der zuständigen Dienstunfallfürsorgestelle gemeldet worden ist.

(2) [1] Nach Ablauf der Ausschlussfrist wird Unfallfürsorge nur gewährt, wenn seit dem Unfall noch nicht zehn Jahre vergangen sind und gleichzeitig glaubhaft gemacht wird, dass mit der Möglichkeit einer den Anspruch auf Unfallfürsorge begründenden Folge des Unfalles nicht habe gerechnet werden können oder dass der Berechtigte durch außerhalb seines Willens liegende Umstände gehindert worden ist, den Unfall zu melden. [2] Die Meldung muss, nachdem mit der Möglichkeit einer den Anspruch auf Unfallfürsorge begründenden Folge des Unfalles gerechnet werden konnte oder das Hindernis für die Meldung weggefallen ist, innerhalb dreier Monate erfolgen. [3] Die Unfallfürsorge wird in diesen Fällen vom

(Fortsetzung nächstes Blatt)

Tage der Meldung an gewährt; zur Vermeidung von Härten kann sie auch von einem früheren Zeitpunkt an gewährt werden.

(3) [1] Der Dienstvorgesetzte hat jeden Unfall, der ihm von Amts wegen oder durch die Meldung des verletzten Beamten bekannt wird, unverzüglich zu untersuchen und das Ergebnis der zuständigen Dienstunfallfürsorgestelle mitzuteilen. [2] Die oberste Dienstbehörde oder die von ihr bestimmte Stelle entscheidet, ob ein Dienstunfall vorliegt und ob der Verletzte den Unfall vorsätzlich herbeigeführt hat. [3] Die Entscheidung ist dem Verletzten oder seinen Hinterbliebenen bekanntzugeben.

(4) [1] Unfallfürsorge nach § 30 Absatz 1 Satz 2 wird nur gewährt, wenn der Unfall der Beamtin innerhalb der Fristen nach den Absätzen 1 und 2 gemeldet und als Dienstunfall anerkannt worden ist. [2] Der Anspruch auf Unfallfürsorge nach § 30 Absatz 2 Satz 2 ist innerhalb von zwei Jahren vom Tag der Geburt an von den Sorgeberechtigten geltend zu machen. [3] Absatz 2 gilt mit der Maßgabe, dass die Zehn-Jahres-Frist am Tag der Geburt zu laufen beginnt. [4] Der Antrag muss, nachdem mit der Möglichkeit einer Schädigung durch einen Dienstunfall der Mutter während der Schwangerschaft gerechnet werden konnte oder das Hindernis für den Antrag weggefallen ist, innerhalb von drei Monaten gestellt werden.

§ 46[1)] Begrenzung der Unfallfürsorgeansprüche. (1) [1] Der verletzte Beamte und seine Hinterbliebenen haben aus Anlass eines Dienstunfalles gegen den Dienstherrn nur die in den §§ 30 bis 43a geregelten Ansprüche. [2] Ist der Beamte nach dem Dienstunfall in den Dienstbereich eines anderen öffentlich-rechtlichen Dienstherrn versetzt worden, so richten sich die Ansprüche gegen diesen; das Gleiche gilt in den Fällen des gesetzlichen Übertritts oder der Übernahme bei der Umbildung von Körperschaften. [3] Satz 2 gilt in den Fällen, in denen der Beamte aus dem Dienstbereich eines öffentlich-rechtlichen Dienstherrn außerhalb des Geltungsbereichs dieses Gesetzes zu einem Dienstherrn im Geltungsbereich dieses Gesetzes versetzt wird, mit der Maßgabe, dass dieses Gesetz angewendet wird.

(2) [1] Weitergehende Ansprüche auf Grund allgemeiner gesetzlicher Vorschriften können gegen einen öffentlich-rechtlichen Dienstherrn im Bundesgebiet oder gegen die in seinem Dienst stehenden Personen nur dann geltend gemacht werden, wenn der Dienstunfall

1. durch eine vorsätzliche unerlaubte Handlung einer solchen Person verursacht worden oder
2. bei der Teilnahme am allgemeinen Verkehr eingetreten ist.

[2] Im Fall des Satzes 1 Nummer 2 sind Leistungen, die dem Beamten und seinen Hinterbliebenen nach diesem Gesetz gewährt werden, auf die weitergehenden Ansprüche anzurechnen; der Dienstherr, der Leistungen nach diesem Gesetz gewährt, hat keinen Anspruch auf Ersatz dieser Leistungen gegen einen anderen öffentlich-rechtlichen Dienstherrn im Bundesgebiet.

(3) Ersatzansprüche gegen andere Personen bleiben unberührt.

(4) [1] Auf laufende und einmalige Geldleistungen, die nach diesem Gesetz wegen eines Körper-, Sach- oder Vermögensschadens gewährt werden, sind Geldleistungen anzurechnen, die wegen desselben Schadens von anderer Seite erbracht werden. [2] Hierzu gehören insbesondere Geldleistungen, die von Drittstaaten oder von

---

[1)] § 46 Abs. 2 Satz 1 einl. Satzteil und Satz 2 2. Halbsatz geänd. mWv 12.2.2009 durch G v. 15.3.2012 (BGBl. I S. 462); Abs. 1 Satz 3 angef. mWv 11.1.2017 durch G v. 5.1.2017 (BGBl. I S. 17); Abs. 2 Satz 2 geänd. mWv 1.1.2020 durch G v. 9.12.2019 (BGBl. I S. 2053).

zwischenstaatlichen oder überstaatlichen Einrichtungen gewährt oder veranlasst werden. [3]Nicht anzurechnen sind Leistungen privater Schadensversicherungen, die auf Beiträgen der Beamten oder anderen Angehörigen des öffentlichen Dienstes beruhen; dies gilt nicht in den Fällen des § 32.

§ 46a (weggefallen)

Abschnitt 6.[1)] Übergangsgeld, Ausgleich

§ 47[2)] Übergangsgeld. (1) [1]Ein Beamter mit Dienstbezügen, der nicht auf eigenen Antrag entlassen wird, erhält als Übergangsgeld nach vollendeter einjähriger Beschäftigungszeit das Einfache und bei längerer Beschäftigungszeit für jedes weitere volle Jahr ihrer Dauer die Hälfte, insgesamt höchstens das Sechsfache der Dienstbezüge (§ 1 Absatz 2 Nummer 1 bis 4 des Bundesbesoldungsgesetzes[3)]) des letzten Monats. [2]§ 5 Absatz 1 Satz 2 gilt entsprechend. [3]Das Übergangsgeld wird auch dann gewährt, wenn der Beamte im Zeitpunkt der Entlassung ohne Dienstbezüge beurlaubt war. [4]Maßgebend sind die Dienstbezüge, die der Beamte im Zeitpunkt der Entlassung erhalten hätte.

(2) [1]Als Beschäftigungszeit gilt die Zeit ununterbrochener hauptberuflicher entgeltlicher Tätigkeit im Dienste desselben Dienstherrn oder der Verwaltung, deren Aufgaben der Dienstherr übernommen hat, sowie im Falle der Versetzung die entsprechende Zeit im Dienste des früheren Dienstherrn; die vor einer Beurlaubung ohne Dienstbezüge liegende Beschäftigungszeit wird mit berücksichtigt. [2]Zeiten mit einer Ermäßigung der regelmäßigen Arbeitszeit sind nur zu dem Teil anzurechnen, der dem Verhältnis der ermäßigten zur regelmäßigen Arbeitszeit entspricht.

(3) Das Übergangsgeld wird nicht gewährt, wenn

1. der Beamte wegen eines Verhaltens im Sinne der §§ 31, 32 Absatz 1 Nummer 1 und 3, Absatz 2, § 34 Absatz 1 Satz 1 Nummer 1 und § 40 Absatz 2 des Bundesbeamtengesetzes[4)] entlassen wird oder
2. ein Unterhaltsbeitrag nach § 15 bewilligt wird oder
3. die Beschäftigungszeit als ruhegehaltfähige Dienstzeit angerechnet wird oder
4. der Beamte mit der Berufung in ein Richterverhältnis oder mit der Ernennung zum Beamten auf Zeit entlassen wird.

(4) [1]Das Übergangsgeld wird in Monatsbeträgen für die der Entlassung folgende Zeit wie die Dienstbezüge gezahlt. [2]Es ist längstens bis zum Ende des Monats zu zahlen, in dem der Beamte die für sein Beamtenverhältnis bestimmte gesetzliche Altersgrenze erreicht hat. [3]Beim Tode des Empfängers ist der noch nicht ausgezahlte Betrag den Hinterbliebenen in einer Summe zu zahlen.

(5) Bezieht der entlassene Beamte Erwerbs- oder Erwerbsersatzeinkommen im Sinne des § 53 Absatz 7, verringert sich das Übergangsgeld um den Betrag dieser Einkünfte.

§ 47a[5)] Übergangsgeld für entlassene politische Beamte. (1) [1]Ein Beamter, der aus einem Amt im Sinne des § 54 des Bundesbeamtengesetzes[4)] nicht auf

---

[1)] 6. Abschnitt Überschrift geänd. mWv 1.1.2020 durch G v. 9.12.2019 (BGBl. I S. 2053).
[2)] § 47 Abs. 3 Nr. 1 geänd. mWv 22.3.2012 durch G v. 15.3.2012 (BGBl. I S. 462).
[3)] Nr. **230**.
[4)] Nr. **160**.
[5)] § 47a Abs. 1 Satz 1 geänd. mWv 1.1.2020 durch G v. 9.12.2019 (BGBl. I S. 2053).

eigenen Antrag entlassen wird, erhält ein Übergangsgeld in Höhe von 71,75 Prozent der ruhegehaltfähigen Dienstbezüge aus der Endstufe der Besoldungsgruppe, in der er sich zur Zeit seiner Entlassung befunden hat. [2] § 4 des Bundesbesoldungsgesetzes[1)] gilt entsprechend.

(2) Das Übergangsgeld wird für die Dauer der Zeit, die der Beamte das Amt, aus dem er entlassen worden ist, innehatte, mindestens für die Dauer von sechs Monaten, längstens für die Dauer von drei Jahren, gewährt.

(3) § 47 Absatz 3 Nummer 1 bis 4 und Absatz 4 gilt entsprechend.

(4) Bezieht der entlassene Beamte Erwerbs- oder Erwerbsersatzeinkommen im Sinne des § 53 Absatz 7, so verringern sich die in entsprechender Anwendung des § 4 des Bundesbesoldungsgesetzes fortgezahlten Bezüge und das Übergangsgeld um den Betrag dieser Einkünfte; § 63 Nummer 10 findet keine Anwendung.

§ 48[2)] Ausgleich bei besonderen Altersgrenzen. (1) [1] Beamte des Vollzugsdienstes, Beamte des Einsatzdienstes der Feuerwehr und Beamte im Flugverkehrskontrolldienst, die vor Vollendung des 67. Lebensjahres wegen Erreichens der besonderen Altersgrenze in den Ruhestand treten, erhalten neben dem Ruhegehalt einen Ausgleich in Höhe des Fünffachen der Dienstbezüge (§ 1 Absatz 2 Nummer 1, 3 und 4 des Bundesbesoldungsgesetzes[1)]) des letzten Monats, jedoch nicht über 4 091 Euro. [2] Dieser Betrag verringert sich um jeweils ein Fünftel für jedes Jahr, das über die besondere Altersgrenze hinaus abgeleistet wird. [3] § 5 Absatz 1 Satz 2 gilt entsprechend. [4] Der Ausgleich ist bei Eintritt in den Ruhestand in einer Summe zu zahlen. [5] Der Ausgleich wird nicht neben einer einmaligen (Unfall-)Entschädigung im Sinne des § 43 gewährt.

(2) [1] Schwebt zum Zeitpunkt des Eintritts in den Ruhestand gegen den Beamten ein Verfahren auf Rücknahme der Ernennung oder ein Verfahren, das nach § 41 Absatz 1 des Bundesbeamtengesetzes[3)] zum Verlust der Beamtenrechte führen könnte, oder ein Disziplinarverfahren, in dem voraussichtlich die Entfernung aus dem Beamtenverhältnis oder die Aberkennung des Ruhegehalts erfolgen wird, darf der Ausgleich erst nach dem rechtskräftigen Abschluss des Verfahrens und nur gewährt werden, wenn kein Verlust der Versorgungsbezüge eingetreten ist. [2] Die disziplinarrechtlichen Vorschriften bleiben unberührt.

(3) Der Ausgleich wird im Falle der Bewilligung von Urlaub bis zum Eintritt in den Ruhestand nach § 95 Absatz 1 Nummer 2 des Bundesbeamtengesetzes nicht gewährt.

Abschnitt 7.[4)] Gemeinsame Vorschriften

§ 49[5)] Festsetzung und Zahlung der Versorgungsbezüge, Versorgungsauskunft. (1) [1] Die oberste Dienstbehörde setzt die Versorgungsbezüge fest, bestimmt die Person des Zahlungsempfängers und entscheidet über die Berücksichtigung von Zeiten als ruhegehaltfähige Dienstzeit sowie über die Bewilligung von

[1)] Nr. **230**.

[2)] § 48 Abs. 2 Satz 1 geänd. mWv 1.4.2024 durch G v. 20.12.2023 (BGBl. 2023 I Nr. 389).

[3)] Nr. **160**.

[4)] 7. Abschnitt Überschrift geänd. mWv 1.1.2020 durch G v. 9.12.2019 (BGBl. I S. 2053).

[5)] § 49 Abs. 7 Satz 2 geänd. mWv 1.9.2013 durch G v. 6.6.2013 (BGBl. I S. 1482); Abs. 2 Satz 2 neu gef., Sätze 3 und 4 angef. mWv 11.1.2017 durch G v. 5.1.2017 (BGBl. I S. 17); Überschrift neu gef., Abs. 1 Satz 2 und Abs. 3 geänd. mWv 1.1.2020 durch G v. 9.12.2019 (BGBl. I S. 2053); Abs. 10 Satz 1 neu gef. mWv 1.8.2021 durch G v. 28.6.2021 (BGBl. I S. 2250); Abs. 2 neu gef. mWv 1.1.2023 durch G v. 22.1.2024 (BGBl. 2024 I Nr. 17).

Versorgungsbezügen auf Grund von Kannvorschriften. [2] Sie kann diese Befugnisse im Einvernehmen mit dem Bundesministerium des Innern, für Bau und Heimat auf andere Stellen übertragen.[1)]

(2) [1] Entscheidungen über die Bewilligung von Versorgungsbezügen auf Grund von Kannvorschriften dürfen erst beim Eintritt des Versorgungsfalles getroffen werden; vorherige Zusicherungen sind unwirksam. [2] Über die Berücksichtigung von Zeiten nach den §§ 6a, 10 bis 12 und 13 Absatz 2 und 3 als ruhegehaltfähig ist auf Antrag des Beamten vorab zu entscheiden. [3] Die Entscheidungen stehen unter dem Vorbehalt des Gleichbleibens der Sach- und Rechtslage, die diesen Entscheidungen zugrunde liegt.

(3) Entscheidungen in versorgungsrechtlichen Angelegenheiten, die eine grundsätzliche, über den Einzelfall hinausgehende Bedeutung haben, sind von dem für das Versorgungsrecht zuständigen Ministerium zu treffen.

(4) Die Versorgungsbezüge sind, soweit nichts anderes bestimmt ist, für die gleichen Zeiträume und im gleichen Zeitpunkt zu zahlen wie die Dienstbezüge der Beamten.

(5) Werden Versorgungsbezüge nach dem Tag der Fälligkeit gezahlt, so besteht kein Anspruch auf Verzugszinsen.

(6) Hat ein Versorgungsberechtigter seinen Wohnsitz oder dauernden Aufenthalt außerhalb des Geltungsbereichs dieses Gesetzes, so kann die oberste Dienstbehörde oder die von ihr bestimmte Stelle die Zahlung der Versorgungsbezüge von der Bestellung eines Empfangsbevollmächtigten im Geltungsbereich dieses Gesetzes abhängig machen.

(7) [1] Für die Zahlung der Versorgungsbezüge hat der Empfänger auf Verlangen der zuständigen Behörde ein Konto anzugeben oder einzurichten, auf das die Überweisung erfolgen kann. [2] Die Übermittlungskosten mit Ausnahme der Kosten für die Gutschrift auf dem Konto des Empfängers trägt die die Versorgungsbezüge zahlende Stelle; bei einer Überweisung der Versorgungsbezüge auf ein im Ausland geführtes Konto trägt der Versorgungsempfänger die Kosten und die Gefahr der Übermittlung der Versorgungsbezüge sowie die Kosten einer Meldung nach § 11 Absatz 2 des Außenwirtschaftsgesetzes in Verbindung mit einer auf Grund dieser Vorschrift erlassenen Rechtsverordnung. [3] Die Kontoeinrichtungs-, Kontoführungs- oder Buchungsgebühren trägt der Empfänger. [4] Eine Auszahlung auf andere Weise kann nur zugestanden werden, wenn dem Empfänger die Einrichtung oder Benutzung eines Kontos aus wichtigem Grund nicht zugemutet werden kann.

(8) [1] Bei der Berechnung von Versorgungsbezügen sind die sich ergebenden Bruchteile eines Cents unter 0,5 abzurunden und ab 0,5 aufzurunden. [2] Zwischenrechnungen werden jeweils auf zwei Dezimalstellen durchgeführt. [3] Jeder Versorgungsbestandteil ist einzeln zu runden. [4] Abweichend von den Sätzen 1 und 2 sind bei der Berechnung von Leistungen nach den §§ 50a bis 50d die Regelungen des § 121 des Sechsten Buches Sozialgesetzbuch[2)] anzuwenden.

(9) Beträge von weniger als fünf Euro sind nur auf Verlangen des Empfangsberechtigten auszuzahlen.

[1)] Siehe die Beamtenversorgungs-ZuständigkeitsAnO v. 15.12.2015 (BGBl. I S. 2358), geänd. durch AO v. 25.10.2016 (BGBl. I S. 2522) sowie die BMVg-Beamtenversorgungs-ZuständigkeitsAnO v. 4.10. 2021 (BGBl. I S. 4626), geänd. durch AO v. 4.10.2021 (BGBl. I S. 4626).

[2)] **Aichberger, SGB Nr. 6.**

(10) [1] Die zuständige Dienstbehörde hat dem Beamten auf schriftlichen oder elektronischen Antrag eine Auskunft zum Anspruch auf Versorgungsbezüge nach der Sach- und Rechtslage zum Zeitpunkt der Auskunftserteilung zu erteilen. [2] Die Auskunft steht unter dem Vorbehalt künftiger Sach- und Rechtsänderungen sowie der Richtigkeit und Vollständigkeit der zugrunde liegenden Daten.

§ 50[1)] Familienzuschlag und Ausgleichsbetrag. (1) [1] Auf den Familienzuschlag finden die für die Beamten geltenden Vorschriften des Besoldungsrechts Anwendung. [2] Der Unterschiedsbetrag zwischen Stufe 1 und der nach dem Besoldungsrecht in Betracht kommenden Stufe des Familienzuschlags wird nach Anwendung des Faktors nach § 5 Absatz 1 Satz 1 neben dem Ruhegehalt gezahlt. [3] Er wird unter Berücksichtigung der nach den Verhältnissen des Beamten oder Ruhestandsbeamten für die Stufen des Familienzuschlags in Betracht kommenden Kinder neben dem Witwengeld gezahlt, soweit die Witwe Anspruch auf Kindergeld für diese Kinder hat oder ohne Berücksichtigung der §§ 64, 65 des Einkommensteuergesetzes oder der §§ 3, 4 des Bundeskindergeldgesetzes[2)] haben würde; soweit hiernach ein Anspruch auf den Unterschiedsbetrag nicht besteht, wird er neben dem Waisengeld gezahlt, wenn die Waise bei den Stufen des Familienzuschlags zu berücksichtigen ist oder zu berücksichtigen wäre, wenn der Beamte oder Ruhestandsbeamte noch lebte. [4] Sind mehrere Anspruchsberechtigte vorhanden, wird der Unterschiedsbetrag auf die Anspruchsberechtigten nach der Zahl der auf sie entfallenden Kinder zu gleichen Teilen aufgeteilt. [5] § 40 Absatz 7 des Bundesbesoldungsgesetzes[3)] gilt entsprechend.

(2) (weggefallen)

(3) [1] Neben dem Waisengeld wird ein Ausgleichsbetrag gezahlt, der dem Betrag für das erste Kind nach § 66 Absatz 1 des Einkommensteuergesetzes entspricht, wenn in der Person der Waise die Voraussetzungen des § 32 Absatz 1 bis 5 des Einkommensteuergesetzes erfüllt sind, Ausschlussgründe nach § 65 des Einkommensteuergesetzes nicht vorliegen, keine Person vorhanden ist, die nach § 62 des Einkommensteuergesetzes oder nach § 1 des Bundeskindergeldgesetzes anspruchsberechtigt ist, und die Waise keinen Anspruch auf Kindergeld nach § 1 Absatz 2 des Bundeskindergeldgesetzes hat. [2] Der Ausgleichsbetrag gilt für die Anwendung der §§ 53 und 54 nicht als Versorgungsbezug. [3] Im Falle des § 54 wird er nur zu den neuen Versorgungsbezügen gezahlt.

§ 50a[4)] Kindererziehungszuschlag. (1) [1] Das Ruhegehalt erhöht sich für jeden Monat einer dem Beamten zuzuordnenden Kindererziehungszeit um einen Kindererziehungszuschlag. [2] Dies gilt nicht, wenn der Beamte wegen der Erziehung des Kindes in der gesetzlichen Rentenversicherung versicherungspflichtig (§ 3 Satz 1 Nummer 1 Sechstes Buch Sozialgesetzbuch[5)]) war und die allgemeine Wartezeit für eine Rente der gesetzlichen Rentenversicherung erfüllt ist. [3] § 249 Absatz 4 bis 6 und § 249a des Sechsten Buches Sozialgesetzbuch gelten entsprechend.

[1)] § 50 Überschr. neu gef., Abs. 4 und 5 aufgeh. mWv 1.1.2011 durch G v. 5.2.2009 (BGBl. I S. 160); Abs. 1 Satz 1 geänd., Satz 2 neu gef., Satz 5 angef. mWv 1.1.2020 durch G v. 9.12.2019 (BGBl. I S. 2053).

[2)] **Schönfelder ErgBd. Nr. 45b.**

[3)] Nr. **230.**

[4)] § 50a Abs. 8 Satz 2 geänd. mWv 1.7.2014 durch G v. 5.1.2017 (BGBl. I S. 17); Abs. 1 Satz 1, Abs. 2 und Abs. 7 Satz 1 neu gef., Abs. 1 Satz 3 angef., Abs. 8 aufgeh. mWv 1.9.2020 durch G v. 9.12.2019 (BGBl. I S. 2053).

[5)] **Aichberger, SGB Nr. 6.**

(2) [1] Die Kindererziehungszeit beginnt mit dem ersten Kalendermonat, der auf die Geburt folgt, und endet

1. für ein vor dem 1. Januar 1992 geborenes Kind nach 30 Kalendermonaten,
2. für ein nach dem 31. Dezember 1991 geborenes Kind nach 36 Kalendermonaten.

[2] Die Kindererziehungszeit endet vorzeitig mit dem

1. Tod des Kindes,
2. Eintritt oder der Versetzung des Anspruchsberechtigten in den Ruhestand,
3. Tod des Anspruchsberechtigten oder
4. Wechsel der Zuordnung der Erziehungszeit zu einem anderen Elternteil.

[3] Wird während einer Kindererziehungszeit vom erziehenden Elternteil ein weiteres Kind erzogen, für das dem erziehenden Elternteil eine Kindererziehungszeit zuzuordnen ist, wird die Kindererziehungszeit für dieses und jedes weitere Kind um die Anzahl der Kalendermonate der gleichzeitigen Erziehung verlängert.

(3) Für die Zuordnung der Kindererziehungszeit zu einem Elternteil (§ 56 Absatz 1 Satz 1 Nummer 3 und Absatz 3 Nummer 2 und 3 Erstes Buch Sozialgesetzbuch[1)]) gilt § 56 Absatz 2 des Sechsten Buches Sozialgesetzbuch entsprechend.

(4) Die Höhe des Kindererziehungszuschlags entspricht für jeden Monat der Kindererziehungszeit dem in § 70 Absatz 2 Satz 1 des Sechsten Buches Sozialgesetzbuch bestimmten Bruchteil des aktuellen Rentenwerts.

(5) [1] Der um den Kindererziehungszuschlag erhöhte Betrag, der sich unter Berücksichtigung der ruhegehaltfähigen Dienstbezüge und der auf die Kindererziehungszeit entfallenden ruhegehaltfähigen Dienstzeit als Ruhegehalt ergeben würde, darf die Höchstgrenze nicht übersteigen. [2] Als Höchstgrenze gilt der Betrag, der sich unter Berücksichtigung des aktuellen Rentenwerts nach dem Sechsten Buch Sozialgesetzbuch und des auf die Jahre der Kindererziehungszeit entfallenden Höchstwerts an Entgeltpunkten in der Rentenversicherung nach Anlage 2b zum Sechsten Buch Sozialgesetzbuch als Rente ergeben würde.

(6) Das um den Kindererziehungszuschlag erhöhte Ruhegehalt darf nicht höher sein als das Ruhegehalt, das sich unter Berücksichtigung des Höchstruhegehaltssatzes und der ruhegehaltfähigen Dienstbezüge aus der Endstufe der Besoldungsgruppe, aus der sich das Ruhegehalt berechnet, ergeben würde.

(7) [1] Der Kindererziehungszuschlag gilt als Teil des Ruhegehalts. [2] Auf das Mindestruhegehalt ist die Erhöhung nach Absatz 1 nicht anzuwenden.

§ 50b Kindererziehungsergänzungszuschlag. (1) [1] Das Ruhegehalt erhöht sich um einen Kindererziehungsergänzungszuschlag, wenn

1. nach dem 31. Dezember 1991 liegende Zeiten der Erziehung eines Kindes bis zur Vollendung des zehnten Lebensjahres oder Zeiten der nichterwerbsmäßigen Pflege eines pflegebedürftigen Kindes (§ 3 Sechstes Buch Sozialgesetzbuch[2)]) bis zur Vollendung des 18. Lebensjahres
   a) mit entsprechenden Zeiten für ein anderes Kind zusammentreffen oder
   b) mit Zeiten im Beamtenverhältnis, die als ruhegehaltfähig berücksichtigt werden, oder Zeiten nach § 50d Absatz 1 Satz 1 zusammentreffen,

---

[1)] **Sartorius ErgBd. Nr. 401.**
[2)] **Aichberger, SGB Nr. 6.**

2. für diese Zeiten kein Anspruch nach § 70 Absatz 3a Satz 2 des Sechsten Buches Sozialgesetzbuch besteht und
3. dem Beamten die Zeiten nach § 50a Absatz 3 zuzuordnen sind.

[2] Der Kindererziehungsergänzungszuschlag wird nicht für Zeiten gewährt, für die ein Kindererziehungszuschlag zusteht.

(2) Die Höhe des Kindererziehungsergänzungszuschlags entspricht für jeden angefangenen Monat, in dem die Voraussetzungen nach Absatz 1 erfüllt waren,
1. im Fall von Absatz 1 Nummer 1 Buchstabe a dem in § 70 Absatz 3a Satz 2 Buchstabe b des Sechsten Buches Sozialgesetzbuch bestimmten Bruchteil des aktuellen Rentenwerts,
2. im Fall von Absatz 1 Nummer 1 Buchstabe b einem Bruchteil in Höhe von 0,0208 des aktuellen Rentenwerts.

(3) [1] § 50a Absatz 5 gilt entsprechend mit der Maßgabe, dass in Satz 1 neben den Kindererziehungszuschlag der Kindererziehungsergänzungszuschlag und eine Leistung nach § 50d Absatz 1 sowie bei der Ermittlung der Höchstgrenze an die Stelle des in Satz 2 genannten Höchstwerts an Entgeltpunkten für jeden Monat der Zeiten nach den §§ 50a und 50b der in § 70 Absatz 2 Satz 1 des Sechsten Buches Sozialgesetzbuch bestimmte Bruchteil des aktuellen Rentenwerts tritt. [2] § 50a Absatz 6 und 7 gilt entsprechend.

§ 50c[1)] Kinderzuschlag zum Witwengeld. (1) [1] Das Witwengeld nach § 20 Absatz 1 erhöht sich für jeden Monat einer nach § 50a Absatz 3 zuzuordnenden Kindererziehungszeit bis zum Ablauf des Monats, in dem das Kind das dritte Lebensjahr vollendet hat, um einen Kinderzuschlag. [2] Der Zuschlag ist Bestandteil der Versorgung. [3] Satz 1 gilt nicht bei Bezügen nach § 20 Absatz 1 in Verbindung mit § 14 Absatz 4 Satz 2.

(2) [1] War die Kindererziehungszeit dem vor Vollendung des dritten Lebensjahres des Kindes Verstorbenen zugeordnet, erhalten Witwen und Witwer den Kinderzuschlag anteilig mindestens für die Zeit, die bis zum Ablauf des Monats, in dem das Kind das dritte Lebensjahr vollendet hat, fehlt. [2] Stirbt ein Beamter vor der Geburt des Kindes, sind der Berechnung des Kinderzuschlags 36 Kalendermonate zugrunde zu legen, wenn das Kind innerhalb von 300 Tagen nach dem Tod geboren wird. [3] Ist das Kind später geboren, wird der Zuschlag erst nach Ablauf des in § 50a Absatz 2 Satz 1 genannten Zeitraums gewährt. [4] Verstirbt das Kind vor der Vollendung des dritten Lebensjahres, ist der Kinderzuschlag anteilig zu gewähren.

(3) Die Höhe des Kinderzuschlags entspricht für jeden Monat der Kindererziehungszeit, in dem die Voraussetzungen des Absatzes 1 erfüllt waren, 55 Prozent des in § 78a Absatz 1 Satz 3 des Sechsten Buches Sozialgesetzbuch[2)] bestimmten Bruchteils des aktuellen Rentenwerts.

(4) § 50a Absatz 7 Satz 1 gilt entsprechend.

§ 50d Pflege- und Kinderpflegeergänzungszuschlag. (1) [1] War ein Beamter nach § 3 Satz 1 Nummer 1a des Sechsten Buches Sozialgesetzbuch[2)] versicherungspflichtig, weil er einen Pflegebedürftigen nicht erwerbsmäßig gepflegt hat, erhält er für die Zeit der Pflege einen Pflegezuschlag zum Ruhegehalt. [2] Dies gilt nicht, wenn die allgemeine Wartezeit in der gesetzlichen Rentenversicherung erfüllt ist.

[1)] § 50c Abs. 3 geänd. mWv 1.1.2020 durch G v. 9.12.2019 (BGBl. I S. 2053).
[2)] **Aichberger, SGB Nr. 6.**

(2) [1]Hat ein Beamter ein ihm nach § 50a Absatz 3 zuzuordnendes pflegebedürftiges Kind nicht erwerbsmäßig gepflegt (§ 3 Sechstes Buch Sozialgesetzbuch), erhält er neben dem Pflegezuschlag einen Kinderpflegeergänzungszuschlag. [2]Dieser wird längstens für die Zeit bis zur Vollendung des 18. Lebensjahres des pflegebedürftigen Kindes und nicht neben einem Kindererziehungsergänzungszuschlag oder einer Leistung nach § 70 Absatz 3a des Sechsten Buches Sozialgesetzbuch gewährt.

(3) [1]Die Höhe des Pflegezuschlags ergibt sich aus der Vervielfältigung der nach § 166 Absatz 2 in Verbindung mit § 70 Absatz 1 des Sechsten Buches Sozialgesetzbuch für die Zeit der Pflege nach Absatz 1 ermittelten Entgeltpunkte mit dem aktuellen Rentenwert. [2]Die Höhe des Kinderpflegeergänzungszuschlags ergibt sich aus dem in § 70 Absatz 3a Satz 2 Buchstabe a und Satz 3 des Sechsten Buches Sozialgesetzbuch bestimmten Bruchteil des aktuellen Rentenwerts.

(4) [1]§ 50a Absatz 5 bis 7 gilt entsprechend. [2]§ 50a Absatz 5 gilt bei der Anwendung des Absatzes 2 mit der Maßgabe, dass bei der Ermittlung der Höchstgrenze an die Stelle des in Satz 2 genannten Höchstwerts an Entgeltpunkten für jeden Monat berücksichtigungsfähiger Kinderpflegezeit der in § 70 Absatz 2 Satz 1 des Sechsten Buches Sozialgesetzbuch bestimmte Bruchteil des aktuellen Rentenwerts tritt.

§ 50e[1)] Vorübergehende Gewährung von Zuschlägen. (1) [1]Versorgungsempfänger, die vor Erreichen der Regelaltersgrenze nach § 51 Absatz 1 und 2 des Bundesbeamtengesetzes[2)] in den Ruhestand treten, erhalten vorübergehend Leistungen entsprechend den §§ 50a, 50b und 50d, wenn

1. bis zum Beginn des Ruhestandes die allgemeine Wartezeit für eine Rente der gesetzlichen Rentenversicherung erfüllt ist,
2. a) sie wegen Dienstunfähigkeit im Sinne des § 44 Absatz 1 des Bundesbeamtengesetzes in den Ruhestand versetzt worden sind oder
   b) sie wegen Erreichens einer besonderen Altersgrenze in den Ruhestand getreten sind,
3. entsprechende Leistungen nach dem Sechsten Buch Sozialgesetzbuch[3)] dem Grunde nach zustehen, jedoch vor dem Erreichen der maßgebenden Altersgrenze noch nicht gewährt werden und
4. sie einen Ruhegehaltssatz von 66,97 Prozent noch nicht erreicht haben.

[2]Durch die Leistung nach Satz 1 darf der Betrag nicht überschritten werden, der sich bei Berechnung des Ruhegehalts mit einem Ruhegehaltssatz von 66,97 Prozent ergibt.

(2) [1]Die Leistung entfällt spätestens mit Ablauf des Monats, in dem der Versorgungsempfänger die Regelaltersgrenze nach § 51 Absatz 1 und 2 des Bundesbeamtengesetzes erreicht. [2]Sie endet vorher, wenn der Versorgungsempfänger eine Versichertenrente der gesetzlichen Rentenversicherung bezieht, mit Ablauf des Tages vor dem Beginn der Rente.

[1)] § 50e Abs. 1 Satz 1 Nr. 5 und Abs. 2 Satz Nr. 2 geänd. mWv 1.1.2013 durch G v. 11.6.2013 (BGBl. I S. 1514); Abs. 1 Satz 1 Nr 5 neu gef., Abs. 2 Satz 2 Nr. 2 geänd. mWv 1.1.2016 durch G v. 5.1.2017 *(BGBl. I S. 17); Abs. 1 Satz* 1 Nr. 4 und Satz 2 geänd. mWv 1.1.2020 durch G v. 9.12.2019 (BGBl. I S. 2053); Abs. 1 Satz 1 Nr. 3 und 4 geänd., Nr. 5 aufgeh., Abs. 2 neu gef. mWv 1.1.2023 durch G v. 22.1. 2024 (BGBl. 2024 I Nr. 17).

[2)] Nr. **160**.

[3)] **Aichberger, SGB Nr. 6.**

(3) [1]Die Leistung wird auf Antrag gewährt. [2]Anträge, die innerhalb von drei Monaten nach Eintritt des Beamten in den Ruhestand gestellt werden, gelten als zum Zeitpunkt des Ruhestandseintritts gestellt. [3]Wird der Antrag zu einem späteren Zeitpunkt gestellt, so wird die Leistung vom Beginn des Antragsmonats an gewährt.

§ 50f[1)] Abzug für Pflegeleistungen. [1]Die zu zahlenden Versorgungsbezüge vermindern sich um den hälftigen Prozentsatz nach § 55 Absatz 1 Satz 1 des Elften Buches Sozialgesetzbuch[2)], sofern eine Beihilfeberechtigung nach § 2 der Bundesbeihilfeverordnung besteht. [2]Versorgungsbezüge nach Satz 1 sind

1. Ruhegehalt, Witwengeld, Waisengeld, Unterhaltsbeitrag zuzüglich des Unterschiedsbetrages nach § 50 Absatz 1 Satz 2 bis 4,
2. Leistungen nach § 4 Absatz 2 Nummer 3 bis 7 des Gesetzes über die Gewährung einer jährlichen Sonderzuwendung in der Fassung der Bekanntmachung vom 15. Dezember 1998 (BGBl. I S. 3642), das zuletzt durch Artikel 18 des Gesetzes vom 10. September 2003 (BGBl. I S. 1798) geändert worden ist.

[3]Die Verminderung darf den Betrag, der sich aus dem hälftigen Prozentsatz nach § 55 Absatz 1 Satz 1 des Elften Buches Sozialgesetzbuch des zwölften Teils der jährlichen Beitragsbemessungsgrenze in der Pflegeversicherung (§ 55 Absatz 2 des Elften Buches Sozialgesetzbuch) errechnet, nicht übersteigen.

§ 51 Abtretung, Verpfändung, Aufrechnungs- und Zurückbehaltungsrecht. (1) Ansprüche auf Versorgungsbezüge können, wenn gesetzlich nichts anderes bestimmt ist, nur insoweit abgetreten oder verpfändet werden, als sie der Pfändung unterliegen.

(2) [1]Gegenüber Ansprüchen auf Versorgungsbezüge kann der Dienstherr ein Aufrechnungs- oder Zurückbehaltungsrecht nur in Höhe des pfändbaren Teils der Versorgungsbezüge geltend machen. [2]Dies gilt nicht, soweit gegen den Versorgungsberechtigten ein Anspruch auf Schadenersatz wegen vorsätzlicher unerlaubter Handlung besteht.

(3) [1]Ansprüche auf Sterbegeld (§ 18), auf Erstattung der Kosten des Heilverfahrens (§ 33) und der Pflege (§ 34), auf Unfallausgleich (§ 35) sowie auf eine einmalige Unfallentschädigung (§ 43) und auf Schadensausgleich in besonderen Fällen (§ 43a) können weder gepfändet noch abgetreten noch verpfändet werden. [2]Forderungen des Dienstherrn gegen den Verstorbenen aus Vorschuss- oder Darlehensgewährungen sowie aus Überzahlungen von Dienst- oder Versorgungsbezügen können auf das Sterbegeld angerechnet werden.

§ 52 Rückforderung von Versorgungsbezügen. (1) Wird ein Versorgungsberechtigter durch eine gesetzliche Änderung seiner Versorgungsbezüge mit rückwirkender Kraft schlechter gestellt, so sind die Unterschiedsbeträge nicht zu *erstatten.*

(2) [1]Im Übrigen regelt sich die Rückforderung zuviel gezahlter Versorgungsbezüge nach den Vorschriften des Bürgerlichen Gesetzbuchs[3)] über die Herausgabe einer ungerechtfertigten Bereicherung, soweit gesetzlich nichts anderes bestimmt

---

[1)] § 50f Satz 2 Nr. 2 aufgeh., bish. Nr. 3 wird Nr. 2 und geänd. mWv 22.3.2012 durch G v. 15.3.2012 (BGBl. I S. 462); Sätze 1 und 3 geänd. mWv 1.1.2020 durch G v. 9.12.2019 (BGBl. I S. 2053); Satz 1 geänd. mWv 1.8.2021 durch G v. 28.6.2021 (BGBl. I S. 2250).

[2)] **Aichberger, SGB Nr. 11.**

[3)] **Habersack Nr. 20.**

ist. [2]Der Kenntnis des Mangels des rechtlichen Grundes der Zahlung steht es gleich, wenn der Mangel so offensichtlich war, dass der Empfänger ihn hätte erkennen müssen. [3]Von der Rückforderung kann aus Billigkeitsgründen mit Zustimmung der obersten Dienstbehörde oder der von ihr bestimmten Stelle ganz oder teilweise abgesehen werden.

(3) [1]Die Rückforderung von Beträgen von weniger als fünf Euro unterbleibt. [2]Treffen mehrere Einzelbeträge zusammen, gilt die Grenze für die Gesamtrückforderung.

(4) § 118 Absatz 3 bis 5 des Sechsten Buches Sozialgesetzbuch[1)] gilt entsprechend.

§ 53[2)] Zusammentreffen von Versorgungsbezügen mit Erwerbs- und Erwerbsersatzeinkommen. (1) [1]Bezieht ein Versorgungsberechtigter Erwerbs- oder Erwerbsersatzeinkommen (Absatz 7), erhält er daneben seine Versorgungsbezüge nur bis zum Erreichen der in Absatz 2 bezeichneten Höchstgrenze. [2]Satz 1 ist nicht auf Empfänger von Waisengeld anzuwenden.

(2) Als Höchstgrenze gelten

1. für Ruhestandsbeamte und Witwen die ruhegehaltfähigen Dienstbezüge aus der Endstufe der Besoldungsgruppe, aus der sich das Ruhegehalt berechnet, mindestens ein Betrag in Höhe des Eineinhalbfachen der jeweils ruhegehaltfähigen Dienstbezüge aus der Endstufe der Besoldungsgruppe A 4, zuzüglich des jeweils zustehenden Unterschiedsbetrages nach § 50 Absatz 1,
2. *(aufgehoben)*
3. für Ruhestandsbeamte, die wegen Dienstunfähigkeit, die nicht auf einem Dienstunfall beruht, oder nach § 52 Absatz 1 und 2 des Bundesbeamtengesetzes[3)] in den Ruhestand getreten sind, bis zum Ablauf des Monats, in dem die Regelaltersgrenze nach § 51 Absatz 1 und 2 des Bundesbeamtengesetzes erreicht wird, 71,75 Prozent der ruhegehaltfähigen Dienstbezüge aus der Endstufe der Besoldungsgruppe, aus der sich das Ruhegehalt berechnet, mindestens ein Betrag in Höhe von 71,75 Prozent des Eineinhalbfachen der jeweils ruhegehaltfähigen Dienstbezüge aus der Endstufe der Besoldungsgruppe A 4, zuzüglich des jeweils zustehenden Unterschiedsbetrages nach § 50 Absatz 1 sowie eines Betrages in Höhe von vierzehn Zwölfteln der Geringfügigkeitsgrenze im Sinne des § 8 Absatz 1a des Vierten Buches Sozialgesetzbuch[4)].

(3) (weggefallen)

(4) (weggefallen)

[1)] **Aichberger, SGB Nr. 6.**

[2)] § 53 Abs. 2 Nr. 3 geänd. mWv 1.1.2013 durch G v. 11.6.2013 (BGBl. I S. 1514); Abs. 7 Satz 5 neu gef. mWv 1.1.2016 durch G v. 3.12.2015 (BGBl. I S. 2163); Abs. 1 Satz 2 angef., Abs. 2 Nr. 2 aufgeh., Nr. 3 und Abs. 5 Satz 3 geänd., Abs. 7 Sätze 2, 4 und 5 neu gef. mWv 1.1.2016 durch G v. 5.1.2017 (BGBl. I S. 17); Abs. 2 Nr. 3, Abs. 5 Sätze 1 und 2, Abs. 6 Satz 2, Abs. 8 Satz 4 und Abs. 10 geänd. mWv 1.1.2020 durch G v. 9.12.2019 (BGBl. I S. 2053); Abs. 6 Satz 2 aufgeh. mWv 1.1.2024 durch G v. 12.12. 2019 (BGBl. I S. 2652); Abs. 7 Satz 4 neu gef., Satz 5 aufgeh. mWv 1.1.2021 durch G v. 28.6.2021 (BGBl. I S. 2250); Abs. 2 Nr. 3 geänd. mWv 1.1.2023 durch G v. 22.1.2024 (BGBl. 2024 I Nr. 17); Abs. 2 Nr. 3 geänd. mWv 1.1.2024 durch G v. 19.7.2024 (BGBl. 2024 I Nr. 247).

[3)] Nr. **160**.

[4)] **Aichberger, SGB Nr. 4.**

(5) [1]Dem Versorgungsberechtigten ist mindestens ein Betrag in Höhe von 20 Prozent seines jeweiligen Versorgungsbezuges (§ 2) zu belassen. [2]Satz 1 gilt nicht beim Bezug von Verwendungseinkommen, das mindestens aus derselben Besoldungsgruppe oder einer vergleichbaren Entgeltgruppe berechnet wird, aus der sich auch die ruhegehaltfähigen Dienstbezüge bestimmen. [3]Für sonstiges in der Höhe vergleichbares Verwendungseinkommen gelten Satz 2 und Absatz 7 Satz 4 entsprechend.

(6) Bei der Ruhensberechnung für einen früheren Beamten oder früheren Ruhestandsbeamten, der Anspruch auf Versorgung nach § 38 hat, ist mindestens ein Betrag als Versorgung zu belassen, der unter Berücksichtigung seiner Minderung der Erwerbsfähigkeit infolge des Dienstunfalles dem Unfallausgleich entspricht.

(7) [1]Erwerbseinkommen sind Einkünfte aus nichtselbständiger Arbeit einschließlich Abfindungen, aus selbständiger Arbeit sowie aus Gewerbebetrieb und aus Land- und Forstwirtschaft. [2]Nicht als Erwerbseinkommen gelten

1. Aufwandsentschädigungen,
2. im Rahmen der Einkunftsarten nach Satz 1 anerkannte Betriebsausgaben und Werbungskosten nach dem Einkommensteuergesetz,
3. Jubiläumszuwendungen,
4. ein Unfallausgleich nach § 35,
5. steuerfreie Einnahmen für Leistungen zur Grundpflege oder hauswirtschaftlichen Versorgung nach § 3 Nummer 36 des Einkommensteuergesetzes,
6. Einkünfte aus Tätigkeiten, die nach Art und Umfang Nebentätigkeiten im Sinne des § 100 Absatz 1 Nummer 2 des Bundesbeamtengesetzes entsprechen,
7. als Einmalzahlung gewährte Leistungsbezüge im Sinne der Bundesleistungsbesoldungsverordnung und des § 18 (Bund) des Tarifvertrags für den öffentlichen Dienst und vergleichbare Leistungen aus einer Beschäftigung im öffentlichen Dienst sowie
8. Bezüge nach den §§ 52 bis 56 des Bundesbesoldungsgesetzes[1)], wenn ein Versorgungsberechtigter auf Grund seiner Verwendung außerhalb des Geltungsbereiches des Grundgesetzes[2)] ein Einkommen nach Absatz 8 bezieht.

[3]Erwerbsersatzeinkommen sind Leistungen, die auf Grund oder in entsprechender Anwendung öffentlich-rechtlicher Vorschriften kurzfristig erbracht werden, um Erwerbseinkommen zu ersetzen. [4]Erwerbs- und Erwerbsersatzeinkommen werden in den Monaten des Zusammentreffens mit Versorgungsbezügen mit einem Zwölftel des im Kalenderjahr erzielten Einkommens angerechnet.

(8) [1]Nach Ablauf des Monats, in dem der Versorgungsberechtigte die Regelaltersgrenze nach § 51 Absatz 1 und 2 des Bundesbeamtengesetzes erreicht, gelten die Absätze 1 bis 7 nur für Erwerbseinkommen aus einer Verwendung im öffentlichen Dienst (Verwendungseinkommen). [2]Dies ist jede Beschäftigung im Dienst von Körperschaften, Anstalten und Stiftungen des deutschen öffentlichen Rechts oder ihrer Verbände; ausgenommen ist die Beschäftigung bei öffentlich-rechtlichen Religionsgesellschaften oder ihren Verbänden. [3]Der Verwendung im öffentlichen Dienst steht gleich die Verwendung im öffentlichen Dienst einer zwischenstaatlichen oder überstaatlichen Einrichtung, an der eine Körperschaft oder ein Verband im Sinne des Satzes 2 durch Zahlung von Beiträgen oder Zuschüssen

1) Nr. **230**.
2) Nr. **1**.

oder in anderer Weise beteiligt ist. [4] Ob die Voraussetzungen zutreffen, entscheidet auf Antrag der zuständigen Stelle oder des Versorgungsberechtigten das Bundesministerium des Innern, für Bau und Heimat.

(9) [1] Bezieht ein Wahlbeamter auf Zeit im Ruhestand neben seinen Versorgungsbezügen Verwendungseinkommen nach Absatz 8, findet anstelle der Absätze 1 bis 8 § 53 in der bis zum 31. Dezember 1998 geltenden Fassung Anwendung. [2] Satz 1 gilt entsprechend für Hinterbliebene.

(10) Bezieht ein Beamter im einstweiligen Ruhestand Erwerbs- und Erwerbsersatzeinkommen nach Absatz 7, das nicht Verwendungseinkommen nach Absatz 8 ist, ruhen die Versorgungsbezüge um fünfzig Prozent des Betrages, um den sie und das Einkommen die Höchstgrenze übersteigen.

§ 53a[1)] Zusammentreffen von Versorgungsbezügen mit Altersgeld, Witwenaltersgeld oder Waisenaltersgeld. [1] Bezieht ein Versorgungsempfänger Altersgeld, Witwenaltersgeld oder Waisenaltersgeld nach dem Altersgeldgesetz vom 28. August 2013 (BGBl. I S. 3386) oder eine vergleichbare Alterssicherungsleistung, ruhen seine Versorgungsbezüge nach Anwendung des § 55 in Höhe des jeweiligen Betrages des Altersgelds, Witwenaltersgelds oder Waisenaltersgelds. [2] Satz 1 gilt nicht beim Bezug einer Mindestversorgung nach § 14 Absatz 4. [3] Beim Zusammentreffen von Ruhegehalt mit Witwenaltersgeld wird mindestens ein Betrag in Höhe des Ruhegehalts zuzüglich 20 Prozent des Witwenaltersgelds gezahlt. [4] Beim Zusammentreffen von Witwen- oder Witwergeld mit Altersgeld wird mindestens ein Betrag in Höhe des Altersgelds zuzüglich 20 Prozent des Witwen- oder Witwergelds gezahlt.

§ 54[2)] Zusammentreffen mehrerer Versorgungsbezüge. (1) [1] Erhalten aus einer Verwendung im öffentlichen Dienst (§ 53 Absatz 8) an neuen Versorgungsbezügen

1. ein Ruhestandsbeamter Ruhegehalt oder eine ähnliche Versorgung,
2. eine Witwe oder Waise aus der Verwendung des verstorbenen Beamten oder Ruhestandsbeamten Witwengeld, Waisengeld oder eine ähnliche Versorgung,
3. eine Witwe Ruhegehalt oder eine ähnliche Versorgung,

so sind neben den neuen Versorgungsbezügen die früheren Versorgungsbezüge nur bis zum Erreichen der in Absatz 2 bezeichneten Höchstgrenze zu zahlen. [2] Dabei darf die Gesamtversorgung nicht hinter der früheren Versorgung zurückbleiben.

(2) [1] Als Höchstgrenze gelten

1. für Ruhestandsbeamte (Absatz 1 Satz 1 Nummer 1) das Ruhegehalt, das sich unter Zugrundelegung der gesamten ruhegehaltfähigen Dienstzeit und der ruhegehaltfähigen Dienstbezüge aus der Endstufe der Besoldungsgruppe, aus der

(Fortsetzung nächstes Blatt)

[1)] *§ 53a neu gef.* mWv 4.9.2013 durch G v. 28.8.2013 (BGBl. I S. 3386); Sätze 3 und 4 geänd. mWv 1.1.2020 durch G v. 9.12.2019 (BGBl. I S. 2053).

[2)] § 54 Abs. 4 Satz 1 geänd. mWv 1.1.2016 durch G v. 5.1.2017 (BGBl. I S. 17); Abs. 2 Satz 1 Nr. 1–3, Sätze 3 und 5, Abs. 3, Abs. 4 Satz 2 geänd. mWv 1.1.2020 durch G v. 9.12.2019 (BGBl. I S. 2053); Abs. 4 Satz 3 angef., Abs. 4a eingef. mWv 1.8.2021 durch G v. 28.6.2021 (BGBl. I S. 2250).

sich das frühere Ruhegehalt berechnet, ergibt, zuzüglich des Unterschiedsbetrages nach § 50 Absatz 1,

2. für Witwen und Waisen (Absatz 1 Satz 1 Nummer 2) das Witwen- oder Waisengeld, das sich aus dem Ruhegehalt nach Nummer 1 ergibt, zuzüglich des Unterschiedsbetrages nach § 50 Absatz 1,

3. für Witwen (Absatz 1 Satz 1 Nummer 3) 71,75 Prozent, in den Fällen des § 36 75 Prozent, in den Fällen des § 37 80 Prozent, der ruhegehaltfähigen Dienstbezüge aus der Endstufe der Besoldungsgruppe, aus der sich das dem Witwengeld zugrunde liegende Ruhegehalt bemisst, zuzüglich des Unterschiedsbetrages nach § 50 Absatz 1.

[2] Ist bei einem an der Ruhensregelung nach Satz 1 Nummer 1 oder 2 beteiligten Versorgungsbezug das Ruhegehalt nach § 14 Absatz 3 gemindert, ist das für die Höchstgrenze maßgebende Ruhegehalt in sinngemäßer Anwendung dieser Vorschrift festzusetzen. [3] Ist bei der Ruhensregelung nach Satz 1 Nummer 3 das dem Witwengeld zugrunde liegende Ruhegehalt nach § 14 Absatz 3 gemindert, ist die Höchstgrenze entsprechend dieser Vorschrift zu berechnen, wobei dem zu vermindernden Ruhegehalt mindestens ein Ruhegehaltssatz von 71,75 Prozent zugrunde zu legen ist. [4] Ist bei einem an der Ruhensregelung nach Satz 1 Nummer 1 oder 2 beteiligten Versorgungsbezug der Ruhegehaltssatz nach § 14 Absatz 1 Satz 1 Halbsatz 2 oder 3 dieses Gesetzes in der bis zum 31. Dezember 1991 geltenden Fassung gemindert, ist der für die Höchstgrenze maßgebende Ruhegehaltssatz in sinngemäßer Anwendung dieser Vorschrift festzusetzen. [5] Ist bei der Ruhensregelung nach Satz 1 Nummer 3 der Ruhegehaltssatz des dem Witwengeld zugrunde liegenden Ruhegehalts nach § 14 Absatz 1 Satz 1 Halbsatz 2 oder 3 dieses Gesetzes in der bis zum 31. Dezember 1991 geltenden Fassung gemindert, ist die Höchstgrenze entsprechend dieser Vorschrift zu berechnen, wobei der zu vermindernde Ruhegehaltssatz mindestens 71,75 Prozent beträgt.

(3) Im Falle des Absatzes 1 Nummer 3 ist neben dem neuen Versorgungsbezug mindestens ein Betrag in Höhe von 20 Prozent des früheren Versorgungsbezuges zu belassen.

(4) [1] Erwirbt ein Ruhestandsbeamter einen Anspruch auf Witwer- oder Witwengeld oder eine ähnliche Versorgung, so erhält er daneben sein Ruhegehalt zuzüglich des Unterschiedsbetrages nach § 50 Absatz 1 nur bis zum Erreichen der in Absatz 2 Satz 1 Nummer 3 sowie Satz 3 und 5 bezeichneten Höchstgrenze; beruht das Witwengeld, das Witwergeld oder die ähnliche Versorgung auf dem Recht eines anderen Dienstherrn und gewährt dieser eine einmalige Sonderzahlung, so ist die monatliche Höchstgrenze um ein Zwölftel der tatsächlich an die Witwe oder den Witwer gewährten Sonderzahlung zu erhöhen. [2] Die Gesamtbezüge dürfen nicht hinter seinem Ruhegehalt zuzüglich des Unterschiedsbetrages nach § 50 Absatz 1 sowie eines Betrages in Höhe von 20 Prozent des neuen Versorgungsbezuges zurückbleiben. [3] Absatz 1 Satz 2 ist anzuwenden.

(4a) [1] Ist ein an der Ruhensregelung beteiligter Versorgungsbezug auf Grund eines Versorgungsausgleichs zu kürzen, bleibt die Kürzung bei der Anwendung der Absätze 1 bis 4 unberücksichtigt. [2] § 57 ist auf den nach Anwendung der Absätze 1 bis 4 verbleibenden Versorgungsbezug anzuwenden.

(5) § 53 Absatz 6 gilt entsprechend.

§ 55[1)] Zusammentreffen von Versorgungsbezügen mit Renten. (1) [1] Versorgungsbezüge werden neben Renten nur bis zum Erreichen der in Absatz 2 bezeichneten Höchstgrenze gezahlt. [2] Als Renten gelten

1. Renten aus den gesetzlichen Rentenversicherungen,

1a. Renten nach dem Gesetz über die Alterssicherung der Landwirte[2)],

2. Renten aus einer zusätzlichen Alters- oder Hinterbliebenenversorgung für Angehörige des öffentlichen Dienstes,

3. Renten aus der gesetzlichen Unfallversicherung, wobei für den Ruhegehaltsempfänger ein dem Unfallausgleich (§ 35) entsprechender Betrag, mindestens aber in Höhe des Betrages nach § 35 Absatz 1 Satz 2 Nummer 1 unberücksichtigt bleibt,

4. Leistungen aus einer berufsständischen Versorgungseinrichtung oder aus einer befreienden Lebensversicherung, zu denen der Arbeitgeber auf Grund eines Beschäftigungsverhältnisses im öffentlichen Dienst mindestens die Hälfte der Beiträge oder Zuschüsse in dieser Höhe geleistet hat.

[3] Wird eine Rente im Sinne des Satzes 2 nicht beantragt oder auf sie verzichtet oder wird an deren Stelle ein Kapitalbetrag gezahlt, so tritt an die Stelle der Rente der Betrag, der vom Leistungsträger ansonsten zu zahlen wäre. [4] Erfolgt die Zahlung eines Kapitalbetrages, weil kein Anspruch auf eine laufende Rente besteht, so ist der Betrag zugrunde zu legen, der sich bei einer Verrentung der einmaligen Zahlung ergibt. [5] Die Sätze 3 und 4 gelten nicht, wenn der Ruhestandsbeamte innerhalb von drei Monaten nach Zufluss den Kapitalbetrag zuzüglich der hierauf gewährten Zinsen an den Dienstherrn abführt. [6] Zu den Renten und den Leistungen nach Nummer 4 rechnet nicht der Kinderzuschuss. [7] Renten, Rentenerhöhungen und Rentenminderungen, die auf § 1587b des Bürgerlichen Gesetzbuchs[3)] oder § 1 des Gesetzes zur Regelung von Härten im Versorgungsausgleich, jeweils in der bis zum 31. August 2009 geltenden Fassung, beruhen, sowie übertragene Anrechte nach Maßgabe des Versorgungsausgleichsgesetzes[4)] und Zuschläge oder Abschläge beim Rentensplitting unter Ehegatten nach § 76c des Sechsten Buches Sozialgesetzbuch[5)] bleiben unberücksichtigt. [8] Der Verrentungsbetrag nach Satz 4 berechnet sich nach folgender Formel:

$$EP \times aRW = VrB.$$

[9] In dieser Formel bedeutet:

EP: Entgeltpunkte, die sich ergeben durch Multiplikation des Kapitalbetrages in Euro mit dem für dessen Auszahlungsjahr maßgeblichen Faktor zur Umrechnung von Kapitalwerten in Entgeltpunkte nach § 187 Absatz 3 des Sechsten Buches Sozialgesetzbuch und anschließende Division durch Euro; die Entgeltpunkte werden kaufmännisch auf vier Dezimalstellen gerundet;

[1)] § 55 Abs. 1 Satz 9 geänd. mWv 1.1.2009, Satz 7 geänd. mWv 1.9.2009 durch G v. 19.11.2010 (BGBl. I S. 1552); Abs. 1 Satz 4 neu gef., Abs. 2 Satz 1 Nr. 1 Buchst. b geänd., Abs. 8 Satz 2 angef. mWv 11.1.2017 durch G v. 5.1.2017 (BGBl. I S. 17); Abs. 1 Satz 2 Nr. 1a eingef. mWv 15.6.2017 durch G v. 8.6.2017 (BGBl. I S. 1570); Abs. 1 Satz 2 Nr. 3, Sätze 3, 4 und 7 geänd. mWv 1.1.2020, Abs. 1 Sätze 8 und 9 neu gef., Abs. 2 Satz 1 Nr. 1 Buchst. b geänd. mWv 1.7.2020 durch G v. 9.12.2019 (BGBl. I S. 2053); Abs. 1 Satz 3 geänd., Satz 5 neu gef., Abs. 4 Satz 1 Nr. 2 geänd., Nr. 3 angef. mWv 1.8.2021 durch G v. 28.6.2021 (BGBl. I S. 2250); Abs. 1 Satz 2 Nr. 3 neu gef. mWv 1.1.2025 durch G v. 20.8.2021 (BGBl. I S. 3932); Abs. 1 Satz 2 Nr. 3 geänd. mWv 1.1.2024 durch G v. 22.1.2024 (BGBl. 2024 I Nr. 17); Abs. 1 Satz 2 Nr. 3 neu gef. mWv 1.1.2025 durch G v. 18.12.2024 (BGBl. 2024 I Nr. 423); Abs. 9 angef. *mWv 6.3.2025 durch G v. 27.2.2025* (BGBl. 2025 I Nr. 72).

[2)] **Aichberger, SGB Nr. 30/10.**

[3)] **Habersack Nr. 20.**

[4)] **Habersack Nr. 48.**

[5)] **Aichberger, SGB Nr. 6.**

aRW: aktueller Rentenwert in Euro,
VrB: Verrentungsbetrag in Euro.

(2) [1] Als Höchstgrenze gelten

1. für Ruhestandsbeamte der Betrag, der sich als Ruhegehalt zuzüglich des Unterschiedsbetrages nach § 50 Absatz 1 ergeben würde, wenn der Berechnung zugrunde gelegt werden
   a) bei den ruhegehaltfähigen Dienstbezügen die Endstufe der Besoldungsgruppe, aus der sich das Ruhegehalt berechnet,
   b) als ruhegehaltfähige Dienstzeit die Zeit vom vollendeten siebzehnten Lebensjahr bis zum Eintritt des Versorgungsfalles abzüglich von Zeiten nach § 12a und nicht ruhegehaltfähiger Zeiten im Sinne des § 6a, zuzüglich ruhegehaltfähiger Dienstzeiten vor Vollendung des 17. Lebensjahres sowie der Zeiten, um die sich die ruhegehaltfähige Dienstzeit erhöht, und der bei der Rente berücksichtigten Zeiten einer rentenversicherungspflichtigen Beschäftigung oder Tätigkeit nach Eintritt des Versorgungsfalles,
2. für Witwen der Betrag, der sich als Witwengeld zuzüglich des Unterschiedsbetrages nach § 50 Absatz 1, für Waisen der Betrag, der sich als Waisengeld zuzüglich des Unterschiedsbetrages nach § 50 Absatz 1, wenn dieser neben dem Waisengeld gezahlt wird, aus dem Ruhegehalt nach Nummer 1 ergeben würde.

[2] Ist bei einem an der Ruhensregelung beteiligten Versorgungsbezug das Ruhegehalt nach § 14 Absatz 3 gemindert, ist das für die Höchstgrenze maßgebende Ruhegehalt in sinngemäßer Anwendung dieser Vorschrift festzusetzen. [3] Ist bei einem an der Ruhensregelung beteiligten Versorgungsbezug der Ruhegehaltssatz nach § 14 Absatz 1 Satz 1 Halbsatz 2 oder 3 dieses Gesetzes in der bis zum 31. Dezember 1991 geltenden Fassung gemindert, ist der für die Höchstgrenze maßgebende Ruhegehaltssatz in sinngemäßer Anwendung dieser Vorschrift festzusetzen.

(3) Als Renten im Sinne des Absatzes 1 gelten nicht

1. bei Ruhestandsbeamten (Absatz 2 Nummer 1) Hinterbliebenenrenten aus einer Beschäftigung oder Tätigkeit des Ehegatten,
2. bei Witwen und Waisen (Absatz 2 Nummer 2) Renten auf Grund einer eigenen Beschäftigung oder Tätigkeit.

(4) [1] Bei Anwendung der Absätze 1 und 2 bleibt außer Ansatz der Teil der Rente (Absatz 1), der

1. dem Verhältnis der Versicherungsjahre auf Grund freiwilliger Weiterversicherung oder Selbstversicherung zu den gesamten Versicherungsjahren oder, wenn sich die Rente nach Werteinheiten berechnet, dem Verhältnis der Werteinheiten *für freiwillige Beiträge zu der* Summe der Werteinheiten für freiwillige Beiträge, Pflichtbeiträge, Ersatzzeiten und Ausfallzeiten oder, wenn sich die Rente nach Entgeltpunkten berechnet, dem Verhältnis der Entgeltpunkte für freiwillige Beiträge zu der Summe der Entgeltpunkte für freiwillige Beiträge, Pflichtbeiträge, Ersatzzeiten, Zurechnungszeiten und Anrechnungszeiten entspricht,
2. auf einer Höherversicherung beruht,
3. auf Entgeltpunkten beruht, die auf Zeiten einer Verwendung bei einer Einrichtung im Sinne des § 6a zurückzuführen sind, sofern diese Zeiten nicht als ruhegehaltfähige Dienstzeiten nach § 6a berücksichtigt werden.

[2] Dies gilt nicht, soweit der Arbeitgeber mindestens die Hälfte der Beiträge oder Zuschüsse in dieser Höhe geleistet hat.

(5) Bei Anwendung des § 53 ist von der nach Anwendung der Absätze 1 bis 4 verbleibenden Gesamtversorgung auszugehen.

(6) [1] Beim Zusammentreffen von zwei Versorgungsbezügen mit einer Rente ist zunächst der neuere Versorgungsbezug nach den Absätzen 1 bis 4 und danach der frühere Versorgungsbezug unter Berücksichtigung des gekürzten neueren Versorgungsbezuges nach § 54 zu regeln. [2] Der hiernach gekürzte frühere Versorgungsbezug ist unter Berücksichtigung des gekürzten neueren Versorgungsbezuges nach den Absätzen 1 bis 4 zu regeln; für die Berechnung der Höchstgrenze nach Absatz 2 ist hierbei die Zeit bis zum Eintritt des neueren Versorgungsfalles zu berücksichtigen.

(7) § 53 Absatz 6 gilt entsprechend.

(8) [1] Den in Absatz 1 bezeichneten Renten stehen entsprechende wiederkehrende Geldleistungen gleich, die auf Grund der Zugehörigkeit zu Zusatz- oder Sonderversorgungssystemen der ehemaligen Deutschen Demokratischen Republik geleistet werden oder die von einem ausländischen Versicherungsträger nach einem für die Bundesrepublik Deutschland wirksamen zwischen- oder überstaatlichen Abkommen gewährt werden. [2] Für die Umrechnung von Renten ausländischer Versorgungsträger gilt § 17a Absatz 1 des Vierten Buches Sozialgesetzbuch[1)] entsprechend.

(9) [1] Auf Verlangen der Regelungsbehörde ist der Träger einer Leistung im Sinne des Absatzes 1 Satz 2 verpflichtet, Auskunft über die Höhe und den Anspruchszeitraum der zustehenden Leistung zu erteilen, wenn diese Daten der Regelungsbehörde nicht durch den Versorgungsberechtigten übermittelt werden. [2] Satz 1 gilt in den Fällen des Absatzes 1 Satz 3 entsprechend.

§ 55a[2)] Zusammentreffen von Versorgungsbezügen mit Versorgungsabfindungen. (1) [1] Neben einer nach Landesrecht gezahlten ergänzenden Versorgungsabfindung wird das Ruhegehalt nur bis zum Erreichen der in Absatz 2 genannten Höchstgrenzen gezahlt. [2] Auf die ergänzende Versorgungsabfindung sind dabei die Vorgaben des § 55 Absatz 1 Satz 4, 8 und 9 anzuwenden. [3] Dies gilt nicht, wenn der Beamte den erhaltenen Betrag innerhalb eines Jahres nach Berufung in den Dienst des Bundes an den Dienstherrn abführt; § 6a Absatz 3 ist entsprechend anzuwenden.

(2) Als Höchstgrenzen gelten die in § 55 Absatz 2 Satz 1 Nummer 1 bezeichneten Höchstgrenzen sinngemäß.

(3) § 55 Absatz 3 gilt entsprechend.

§ 56[3)] Zusammentreffen von Versorgungsbezügen mit einer laufenden Alterssicherungsleistung aus zwischenstaatlicher oder überstaatlicher Verwendung. (1) Steht einem Ruhestandsbeamten auf Grund einer Verwendung im öffentlichen Dienst einer zwischenstaatlichen oder überstaatlichen Einrichtung von dieser Einrichtung eine laufende Alterssicherungsleistung zu und ist die Zeit dieser Verwendung nach § 6a Absatz 1 ruhegehaltfähig, ruht sein deutsches Ruhegehalt in Höhe des in Absatz 2 bezeichneten Betrages.

[1)] **Aichberger, SGB Nr. 4.**
[2)] § 55a eingef. mWv 1.8.2021 durch G v. 28.6.2021 (BGBl. I S. 2250).
[3)] § 56 neu gef. mWv 1.7.2020 durch G v. 9.12.2019 (BGBl. I S. 2053).

(2) [1] Das Ruhegehalt ruht nach Anwendung von § 14 Absatz 3 in Höhe der aus einer Verwendung bei der zwischenstaatlichen oder überstaatlichen Einrichtung zustehenden laufenden Alterssicherungsleistung. [2] Beruht diese Leistung auch auf Zeiten nach Beginn des Ruhestandes, bleibt die laufende Alterssicherungsleistung in Höhe des auf die Dauer der Verwendung nach Beginn des Ruhestandes entfallenden Anteils unberücksichtigt; § 14 Absatz 1 Satz 2 und 3 gilt entspre-

(Fortsetzung nächstes Blatt)

chend. [3]Bei der Anwendung des Satzes 1 werden auch Ansprüche auf Alterssicherungsleistungen berücksichtigt, die der Beamte während der Zeit erworben hat, in der er, ohne ein Amt bei der zwischenstaatlichen oder überstaatlichen Einrichtung auszuüben, dort einen Anspruch auf Vergütung oder sonstige Entschädigung hat. [4]Satz 3 gilt entsprechend für nach dem Ausscheiden aus dem Dienst einer zwischenstaatlichen oder überstaatlichen Einrichtung erworbene und bei der Berechnung der Alterssicherungsleistung berücksichtigte Ansprüche. [5]Ist die Alterssicherungsleistung durch Teilkapitalisierung, Aufrechnung oder in anderer Form verringert worden, ist bei der Anwendung der Sätze 1 und 2 der ungekürzt zustehende Betrag zugrunde zu legen. [6]Satz 5 gilt entsprechend, sofern der Beamte oder Ruhestandsbeamte auf die laufende Alterssicherungsleistung verzichtet oder diese nicht beantragt. [7]Auf freiwilligen Beiträgen beruhende Anteile, einschließlich darauf entfallender Erträge, bleiben außer Betracht.

(3) Absatz 2 gilt ungeachtet der Ruhegehaltfähigkeit einer Verwendungszeit nach § 6a entsprechend, wenn der Ruhestandsbeamte Anspruch auf Invaliditätspension aus seinem Amt bei der zwischenstaatlichen oder überstaatlichen Einrichtung hat.

(4) [1]Steht der Witwe oder den Waisen eines Beamten oder Ruhestandsbeamten eine laufende Alterssicherungsleistung der zwischenstaatlichen oder überstaatlichen Einrichtung für Hinterbliebene zu und ist die Zeit der Verwendung des Beamten nach § 6a Absatz 1 ruhegehaltfähig, ruhen das deutsche Witwengeld und Waisengeld in Höhe der Alterssicherungsleistung der zwischenstaatlichen oder überstaatlichen Einrichtung. [2]Absatz 2 Satz 2 bis 7 und Absatz 3 gelten entsprechend.

(5) Der sich nach den Absätzen 1 bis 4 ergebende Ruhensbetrag ist von den nach Anwendung der §§ 53 bis 55 verbleibenden Versorgungsbezügen abzuziehen.

§ 57[1)] Kürzung der Versorgungsbezüge nach der Ehescheidung. (1) [1]Sind durch Entscheidung des Familiengerichts

1. Anwartschaften in einer gesetzlichen Rentenversicherung nach § 1587b Absatz 2 des Bürgerlichen Gesetzbuchs[2)] in der bis zum 31. August 2009 geltenden Fassung oder
2. Anrechte nach dem Versorgungsausgleichsgesetz[3)]

übertragen oder begründet worden, werden nach Wirksamkeit dieser Entscheidung die Versorgungsbezüge der ausgleichspflichtigen Person und ihrer Hinterbliebenen nach Anwendung von Ruhens-, Kürzungs- und Anrechnungsvorschriften um den nach Absatz 2 oder Absatz 3 berechneten Betrag gekürzt. [2]Das Ruhegehalt, das die ausgleichspflichtige Person im Zeitpunkt der Wirksamkeit der Entscheidung des Familiengerichts über den Versorgungsausgleich erhält, wird erst gekürzt, wenn aus der Versicherung der ausgleichsberechtigten Person eine Rente zu gewähren ist; dies gilt nur, wenn der Anspruch auf Ruhegehalt vor dem 1. September 2009 entstanden und das Verfahren über den Versorgungsausgleich zu diesem Zeitpunkt eingeleitet worden ist. [3]Das einer Vollwaise zu gewährende Waisengeld wird nicht gekürzt, wenn nach dem Recht der gesetzlichen Rentenversicherungen die Voraussetzungen für die Gewährung einer Waisenrente aus der Versicherung der ausgleichsberechtigten Person nicht erfüllt sind.

[1)] § 57 Abs. 1 Satz 1 Nr. 2, Sätze 2, 3, Abs. 2 Sätze 1, 2 und Abs. 5 geänd. mWv 1.1.2020 durch G v. 9.12.2019 (BGBl. I S. 2053).

[2)] **Schönfelder Nr. 20.**

[3)] **Schönfelder Nr. 48.**

(2) [1] Der Kürzungsbetrag für das Ruhegehalt berechnet sich aus dem Monatsbetrag der durch die Entscheidung des Familiengerichts begründeten Anwartschaften oder übertragenen Anrechte; in den Fällen des § 10 Absatz 2 des Versorgungsausgleichsgesetzes berechnet sich der Kürzungsbetrag aus dem sich nach Verrechnung ergebenden Monatsbetrag. [2] Der Monatsbetrag erhöht oder vermindert sich bei einem Beamten um die Vomhundertsätze der nach dem Ende der Ehezeit bis zum Zeitpunkt des Eintritts in den Ruhestand eingetretenen Erhöhungen oder Verminderungen der beamtenrechtlichen Versorgungsbezüge, die in festen Beträgen festgesetzt sind. [3] Vom Zeitpunkt des Eintritts in den Ruhestand an, bei einem Ruhestandsbeamten vom Tag nach dem Ende der Ehezeit an, erhöht oder vermindert sich der Kürzungsbetrag in dem Verhältnis, in dem sich das Ruhegehalt vor Anwendung von Ruhens-, Kürzungs- und Anrechnungsvorschriften durch Anpassung der Versorgungsbezüge erhöht oder vermindert.

(3) Der Kürzungsbetrag für das Witwen- und Waisengeld berechnet sich aus dem Kürzungsbetrag nach Absatz 2 für das Ruhegehalt, das der Beamte erhalten hat oder hätte erhalten können, wenn er am Todestag in den Ruhestand getreten wäre, nach den Anteilssätzen des Witwen- oder Waisengeldes.

(4) Ein Unterhaltsbeitrag nach § 22 Absatz 2 oder 3 oder nach entsprechendem bisherigen Recht und eine Abfindungsrente nach bisherigem Recht werden nicht gekürzt.

(5) In den Fällen des Absatzes 1 Satz 2 und des § 5 des Gesetzes zur Regelung von Härten im Versorgungsausgleich vom 21. Februar 1983 in der bis zum 31. August 2009 geltenden Fassung steht die Zahlung des Ruhegehalts der ausgleichspflichtigen Person für den Fall rückwirkender oder erst nachträglich bekanntwerdender Rentengewährung an die ausgleichsberechtigte Person oder deren Hinterbliebene unter dem Vorbehalt der Rückforderung.

§ 58[1] Abwendung der Kürzung der Versorgungsbezüge. (1) Die Kürzung der Versorgungsbezüge nach § 57 kann von dem Beamten oder Ruhestandsbeamten ganz oder teilweise durch Zahlung eines Kapitalbetrages an den Dienstherrn abgewendet werden.

(2) [1] Als voller Kapitalbetrag wird der Betrag angesetzt, der aufgrund der Entscheidung des Familiengerichts zu leisten gewesen wäre, erhöht oder vermindert um die Prozentsätze der nach dem Ende der Ehezeit bis zum Tag der Zahlung des Kapitalbetrages eingetretenen Erhöhungen oder Verminderungen der beamtenrechtlichen Versorgungsbezüge, die in festen Beträgen festgesetzt sind. [2] Vom Zeitpunkt des Eintritts in den Ruhestand an, bei einem Ruhestandsbeamten vom Tage nach dem Ende der Ehezeit an, erhöht oder vermindert sich der Kapitalbetrag in dem Verhältnis, in dem sich das Ruhegehalt vor Anwendung von Ruhens-, Kürzungs- und Anrechnungsvorschriften durch Anpassung der Versorgungsbezüge erhöht oder vermindert.

(3) Bei teilweiser Zahlung vermindert sich die Kürzung der Versorgungsbezüge in dem entsprechenden Verhältnis; der Betrag der teilweisen Zahlung soll den Monatsbetrag der Dienstbezüge des Beamten oder des Ruhegehalts des Ruhestandsbeamten nicht unterschreiten.

(4) Ergeht nach der Scheidung eine Entscheidung zur Abänderung des Wertausgleichs und sind Zahlungen nach Absatz 1 erfolgt, sind im Umfang der Ab-

[1] § 58 Abs. 2 Sätze 1 und 2 geänd. mWv 11.1.2017 durch G v. 5.1.2017 (BGBl. I S. 17); Abs. 2 Satz 1 geänd. mWv 1.1.2020 durch G v. 9.12.2019 (BGBl. I S. 2053).

änderung zu viel gezahlte Beiträge unter Anrechnung der nach § 57 anteilig errechneten Kürzungsbeträge zurückzuzahlen.

§ 59[1] Erlöschen der Versorgungsbezüge wegen Verurteilung. (1) [1] Ein Ruhestandsbeamter,

1. gegen den wegen einer vor Beendigung des Beamtenverhältnisses begangenen Tat eine Entscheidung ergangen ist, die nach § 41 Absatz 1 des Bundesbeamtengesetzes[2] zum Verlust der Beamtenrechte geführt hätte, oder
2. der wegen einer nach Beendigung des Beamtenverhältnisses begangenen Tat durch ein deutsches Gericht im Geltungsbereich dieses Gesetzes im ordentlichen Strafverfahren
   a) wegen einer vorsätzlichen Tat zu Freiheitsstrafe von mindestens zwei Jahren oder
   b) wegen einer vorsätzlichen Tat, die nach den Vorschriften über Friedensverrat, Hochverrat, Gefährdung des demokratischen Rechtsstaates, Volksverhetzung oder Landesverrat und Gefährdung der äußeren Sicherheit strafbar ist, zu Freiheitsstrafe von mindestens sechs Monaten

   verurteilt worden ist,

verliert mit der Rechtskraft der Entscheidung seine Rechte als Ruhestandsbeamter. [2] Entsprechendes gilt, wenn der Ruhestandsbeamte auf Grund einer Entscheidung des Bundesverfassungsgerichts gemäß Artikel 18 des Grundgesetzes[3] ein Grundrecht verwirkt hat.

(2) Die §§ 42 und 43 des Bundesbeamtengesetzes sind entsprechend anzuwenden.

§ 60 Erlöschen der Versorgungsbezüge bei Ablehnung einer erneuten Berufung. [1] Kommt ein Ruhestandsbeamter entgegen den Vorschriften des § 46 Absatz 1 und des § 57 des Bundesbeamtengesetzes[2] einer erneuten Berufung in das Beamtenverhältnis schuldhaft nicht nach, obwohl er auf die Folgen eines solchen Verhaltens schriftlich hingewiesen worden ist, so verliert er für diese Zeit seine Versorgungsbezüge. [2] Die oberste Dienstbehörde stellt den Verlust der Versorgungsbezüge fest. [3] Eine disziplinarrechtliche Verfolgung wird dadurch nicht ausgeschlossen.

§ 61[4] Erlöschen der Witwen- und Waisenversorgung. (1) [1] Der Anspruch der Witwen und Waisen auf Versorgungsbezüge erlischt

1. für jeden Berechtigten mit dem Ende des Monats, in dem er stirbt,
2. für jede Witwe außerdem mit dem Ende des Monats, in dem sie heiratet,
3. für jede Waise außerdem mit dem Ende des Monats, in dem sie das achtzehnte Lebensjahr vollendet,
4. für jeden Berechtigten, der durch ein deutsches Gericht im Geltungsbereich dieses Gesetzes im ordentlichen Strafverfahren wegen eines Verbrechens zu Freiheitsstrafe von mindestens zwei Jahren oder wegen einer vorsätzlichen Tat, die nach den Vorschriften über Friedensverrat, Hochverrat, Gefährdung des demokratischen Rechtsstaates, Volksverhetzung oder Landesverrat und Gefährdung der äußeren

---

[1] § 59 Abs. 1 Satz 1 Nr. 2 Buchst. b geänd. mWv 1.4.2024 durch G v. 20.12.2023 (BGBl. 2023 I Nr. 389).
[2] Nr. **160**.
[3] Nr. **1**.
[4] § 61 Abs. 2 Satz 4 angef. mWv 3.5.2011 durch G v. 28.4.2011 (BGBl. I S. 687); Abs. 1 Satz 1 Nr. 2, Abs. 3 Satz 1 geänd. mWv 1.1.2009 durch G v. 14.11.2011 (BGBl. I S. 2219); Abs. 2 neu gef. mWv 11.1.2017 durch G v. 5.1.2017 (BGBl. I S. 17); Abs. 2 Satz 1 einl. Satzteil geänd. mWv 1.8.2021 durch G v. 28.6.2021 (BGBl. I S. 2250); Abs. 1 Satz 1 Nr. 4 geänd. mWv 1.4.2024 durch G v. 20.12.2023 (BGBl. 2023 I Nr. 389).

Sicherheit strafbar ist, zu Freiheitsstrafe von mindestens sechs Monaten verurteilt worden ist, mit der Rechtskraft des Urteils.

[2] Entsprechendes gilt, wenn der Berechtigte auf Grund einer Entscheidung des Bundesverfassungsgerichts gemäß Artikel 18 des Grundgesetzes[1)] ein Grundrecht verwirkt hat. [3] In den Fällen des Satzes 1 Nummer 4 und des Satzes 2 gilt § 41 sinngemäß. [4] Die §§ 42 und 43 des Bundesbeamtengesetzes[2)] finden entsprechende Anwendung.

(2) [1] Waisengeld wird nach Vollendung des 18. Lebensjahres auf Antrag gewährt, solange die Waise

1. das 27. Lebensjahr noch nicht vollendet hat und
   a) sich in Schulausbildung oder Berufsausbildung befindet,
   b) sich in einer Übergangszeit von höchstens vier Kalendermonaten befindet, die zwischen zwei Ausbildungsabschnitten oder zwischen einem Ausbildungsabschnitt und der Ableistung des gesetzlichen Wehr- oder Zivildienstes oder der Ableistung eines freiwilligen Dienstes im Sinne des Buchstaben c liegt, oder
   c) einen freiwilligen Dienst im Sinne des § 32 Absatz 4 Satz 1 Nummer 2 Buchstabe d des Einkommensteuergesetzes leistet;
2. wegen körperlicher, geistiger oder seelischer Behinderung außerstande ist, sich selbst zu unterhalten; Waisengeld wird auch über das 27. Lebensjahr hinaus gewährt, wenn
   a) die Behinderung vor Vollendung des 27. Lebensjahres eingetreten ist und
   b) die Waise ledig oder verwitwet ist oder ihr Ehegatte oder früherer Ehegatte ihr keinen ausreichenden Unterhalt leisten kann oder dem Grunde nach nicht unterhaltspflichtig ist und sie auch nicht unterhält.

[2] In den Fällen des Satzes 1 Nummer 1 Buchstabe a und b sowie Nummer 2 erhöht sich die jeweilige Altersgrenze für eine Waise, die einen in § 32 Absatz 5 Satz 1 Nummer 1 oder 2 des Einkommensteuergesetzes genannten Dienst oder eine in § 32 Absatz 5 Satz 1 Nummer 3 des Einkommensteuergesetzes genannte Tätigkeit ausgeübt hat, um den Zeitraum, der der Dauer des jeweiligen Dienstes oder der jeweiligen Tätigkeit entspricht. [3] Die Altersgrenze erhöht sich jedoch höchstens um die Dauer des inländischen gesetzlichen Grundwehrdienstes oder bei anerkannten Kriegsdienstverweigerern um die Dauer des inländischen gesetzlichen Zivildienstes. [4] Die Ableistung eines freiwilligen Dienstes im Sinne des Satzes 1 Nummer 1 Buchstabe c ist kein gleichgestellter Dienst im Sinne des Satzes 2. [5] In den Fällen des Satzes 1 Nummer 2 wird Waisengeld ungeachtet der Höhe eines eigenen Einkommens dem Grunde nach gewährt. [6] Soweit ein eigenes Einkommen der Waise jedoch das Zweifache des Mindestvollwaisengeldes nach § 14 Absatz 4 Satz 2 in Verbindung mit § 24 Absatz 1 übersteigt, wird es zur Hälfte auf das Waisengeld zuzüglich des Unterschiedsbetrages nach § 50 Absatz 1 angerechnet.

(3) [1] Hat eine Witwe geheiratet und wird die Ehe aufgelöst, so lebt der Anspruch auf Witwengeld wieder auf; ein von der Witwe infolge Auflösung der Ehe erworbener neuer Versorgungs-, Unterhalts- oder Rentenanspruch ist auf das Witwengeld und den Unterschiedsbetrag nach § 50 Absatz 1 anzurechnen. [2] Wird

(Fortsetzung nächstes Blatt)

[1)] Nr. **1**.
[2)] Nr. **160**.

eine in Satz 1 genannte Leistung nicht beantragt oder wird auf sie verzichtet oder wird an ihrer Stelle eine Abfindung, Kapitalleistung oder Beitragserstattung gezahlt, ist der Betrag anzurechnen, der ansonsten zu zahlen wäre. [3]Der Auflösung der Ehe steht die Nichtigerklärung gleich.

§ 62[1)] Anzeigepflicht. (1) Die Beschäftigungsstelle hat der die Versorgungsbezüge anweisenden Stelle (Regelungsbehörde) jede Verwendung eines Versorgungsberechtigten unter Angabe der gewährten Bezüge, ebenso jede spätere Änderung der Bezüge oder die Zahlungseinstellung sowie die Gewährung einer Versorgung unverzüglich anzuzeigen.

(2) [1] Der Versorgungsberechtigte ist verpflichtet, der Regelungsbehörde

1. die Verlegung des Wohnsitzes,
2. den Bezug und jede Änderung von Einkünften nach den §§ 10, 14 Absatz 5, §§ 14a, 22 Absatz 1 Satz 2 und §§ 47, 47a sowie den §§ 53 bis 56 und 61 Absatz 2,
3. die Witwe auch die Heirat (§ 61 Absatz 1 Satz 1 Nummer 2) sowie im Falle der Auflösung dieser Ehe den Erwerb und jede Änderung eines neuen Versorgungs-, Unterhalts- oder Rentenanspruchs (§ 61 Absatz 3 Satz 1 zweiter Halbsatz),
4. die Begründung eines neuen öffentlich-rechtlichen Dienstverhältnisses oder eines privatrechtlichen Arbeitsverhältnisses im öffentlichen Dienst in den Fällen des § 47 Absatz 5 und des § 47a,
5. die Erfüllung der allgemeinen Wartezeit nach dem Sechsten Buch Sozialgesetzbuch[2)]

unverzüglich anzuzeigen. [2] Auf Verlangen der Regelungsbehörde ist der Versorgungsberechtigte verpflichtet, Nachweise vorzulegen oder der Erteilung erforderlicher Nachweise oder Auskünfte, die für die Versorgungsbezüge erheblich sind, durch Dritte zuzustimmen. [3] Die Regelungsbehörde oder die für das Bezügezahlungsverfahren zuständige Stelle darf diejenigen Daten übermitteln, die für Datenübermittlungen nach § 69 Absatz 1 Nummer 1 und 2 des Zehnten Buches Sozialgesetzbuch[3)] oder nach § 151 des Sechsten Buches Sozialgesetzbuch erforderlich sind.

(2a) [1] Wer Dienstunfallfürsorgeleistungen nach Abschnitt 5 beantragt oder erhält, hat gegenüber der obersten Dienstbehörde oder der von ihr bestimmten Stelle alle Tatsachen anzugeben, die für die Leistung erheblich sind. [2] Absatz 2 Satz 2 gilt entsprechend.

(3) [1] Kommt ein Versorgungsberechtigter der ihm nach Absatz 2 Satz 1 Nummer 2 und 3 auferlegten Verpflichtung schuldhaft nicht nach, so kann ihm die Versorgung ganz oder teilweise auf Zeit oder Dauer entzogen werden. [2] Beim Vorliegen besonderer Verhältnisse kann die Versorgung ganz oder teilweise wieder zuerkannt werden. [3] Die Entscheidung trifft die oberste Dienstbehörde oder die von ihr bestimmte Stelle.

[1)] § 62 Abs. 2 Satz 1 Nr. 3 geänd. mWv 1.1.2009 durch G v. 14.11.2011 (BGBl. I S. 2219); Abs. 1 geänd., Abs. 2 Satz 1 einl. Satzteil geänd., Satz 3 angef., Abs. 3 Satz 1 geänd. mWv 22.3.2012 durch G v. 15.3.2012 (BGBl. I S. 462); Abs. 2 Satz 1 Nr. 5 geänd., Abs. 2a eingef. mWv 11.1.2017 durch G v. 5.1. 2017 (BGBl. I S. 17); Abs. 2a Satz 1 geänd., Abs. 4 angef. mWv 1.1.2020 durch G v. 9.12.2019 (BGBl. I S. 2053).

[2)] **Aichberger, SGB Nr. 6.**

[3)] **Sartorius ErgBd. Nr. 410.**

(4) Solange ein Versorgungsberechtigter der Verpflichtung nach Absatz 2 Nummer 1 schuldhaft nicht nachkommt, kann die Auszahlung der Versorgungsbezüge vorübergehend ausgesetzt werden.

§ 62a[1] Versorgungsbericht, Mitteilungspflichten. (1) Die Bundesregierung soll dem Deutschen Bundestag in jeder Wahlperiode einen Bericht über die jeweils im Vorjahr erbrachten Versorgungsleistungen im öffentlichen Dienst, über die Entwicklung der Sondervermögen nach dem Versorgungsrücklagegesetz[2] sowie über Vorausberechnungen der zumindest in den nächsten 30 Jahren zu erwartenden Versorgungsleistungen vorlegen.

(2) [1] Öffentliche Stellen im Sinne des § 2 Absatz 1 und 2 des Bundesdatenschutzgesetzes[3], die Dienstvorgesetzte im Sinne des § 3 Absatz 2 des Bundesbeamtengesetzes[4] sind, übermitteln dem Bundesministerium des Innern, für Bau und Heimat die für die Erstellung des Berichtes erforderlichen Daten

1. zu den Gründen der Dienstunfähigkeit nach Hauptdiagnoseklassen und
2. zur Person und letzten Beschäftigung des Betroffenen, die zur statistischen Auswertung erforderlich sind.

[2] Soweit entsprechende Daten nicht vorliegen, können bei anderen als den in Satz 1 genannten Stellen, insbesondere solchen, die mit der ärztlichen Begutachtung beauftragt wurden, Angaben zu Gründen einer Versetzung in den Ruhestand erhoben werden.

§ 63[5] Gleichstellungen. Für die Anwendung dieses Abschnitts gelten

1. ein Unterhaltsbeitrag nach § 15 als Ruhegehalt,
2. ein Unterhaltsbeitrag nach § 38 als Ruhegehalt, außer für die Anwendung des § 59,
3. ein Unterhaltsbeitrag nach § 26 als Witwen- oder Waisengeld,
4. ein Unterhaltsbeitrag nach den §§ 41 und 61 Absatz 1 Satz 3 als Witwen- oder Waisengeld, außer für die Anwendung des § 61 Absatz 1 Satz 1 Nummer 4 und Satz 2,
5. ein Unterhaltsbeitrag nach § 22 Absatz 1 und § 40 als Witwengeld,
6. ein Unterhaltsbeitrag nach § 22 Absatz 2 oder 3 als Witwengeld, außer für die Anwendung des § 57,
7. ein Unterhaltsbeitrag nach § 23 Absatz 2 als Waisengeld,

7a. ein Unterhaltsbeitrag nach § 38a als Waisengeld,

8. ein Unterhaltsbeitrag nach § 43 des Bundesbeamtengesetzes[4], den §§ 59 und 61 Absatz 1 Satz 4 und § 68 als Ruhegehalt, Witwen- oder Waisengeld,
9. die Bezüge der nach § 32 des Deutschen Richtergesetzes[6] oder einer entsprechenden gesetzlichen Vorschrift nicht im Amt befindlichen Richter und Mitglieder einer obersten Rechnungsprüfungsbehörde als Ruhegehalt,

---

[1] § 62a neu gef. mWv 11.1.2017 durch G v. 5.1.2017 (BGBl. I S. 17); Abs. 2 Satz 1 geänd. mWv 1.1.2020 durch G v. 9.12.2019 (BGBl. I S. 2053).

[2] **Bundesbeamtengesetze Nr. 90.**

[3] *Nr. 245.*

[4] Nr. **160.**

[5] § 63 Überschrift neu gef., einl. Satzteil geänd. mWv 1.1.2020 durch G v. 9.12.2019 (BGBl. I S. 2053); einl. Satzteil geänd. mWv 1.7.2020 durch G v. 28.6.2021 (BGBl. I S. 2250).

[6] **Schönfelder ErgBd. Nr. 97.**

10. die Bezüge, die nach oder entsprechend § 4 Absatz 1 Satz 1 des Bundesbesoldungsgesetzes[1] gewährt werden, als Ruhegehalt;

die Empfänger dieser Versorgungsbezüge gelten als Ruhestandsbeamte, Witwen oder Waisen.

Abschnitt 8.[2] Sondervorschriften

§ 64 Entzug von Hinterbliebenenversorgung. (1) [1] Die oberste Dienstbehörde kann Empfängern von Hinterbliebenenversorgung die Versorgungsbezüge auf Zeit teilweise oder ganz entziehen, wenn sie sich gegen die freiheitliche demokratische Grundordnung im Sinne des Grundgesetzes[3] betätigt haben; § 41 gilt sinngemäß. [2] Die diese Maßnahme rechtfertigenden Tatsachen sind in einem Untersuchungsverfahren festzustellen, in dem die eidliche Vernehmung von Zeugen und Sachverständigen zulässig und der Versorgungsberechtigte zu hören ist.

(2) § 61 Absatz 1 Satz 1 Nummer 4 und Satz 2 bleibt unberührt.

§ 65 Nichtberücksichtigung der Versorgungsbezüge. [1] Werden Versorgungsberechtigte im öffentlichen Dienst (§ 53 Absatz 8) verwendet, so sind ihre Bezüge aus dieser Beschäftigung ohne Rücksicht auf die Versorgungsbezüge zu bemessen. [2] Das Gleiche gilt für eine auf Grund der Beschäftigung zu gewährende Versorgung.

Abschnitt 9.[4] Versorgung besonderer Beamtengruppen

§ 66[5] Beamte auf Zeit. (1) Für die Versorgung der Beamten auf Zeit und ihrer Hinterbliebenen gelten die Vorschriften für die Versorgung der Beamten auf Lebenszeit und ihrer Hinterbliebenen entsprechend, soweit in diesem Gesetz nichts anderes bestimmt ist.

(2) [1] Für Beamte auf Zeit, die eine ruhegehaltfähige Dienstzeit von zehn Jahren zurückgelegt haben, beträgt das Ruhegehalt, wenn es für sie günstiger ist, nach einer Amtszeit von acht Jahren als Beamter auf Zeit 33,48345 Prozent der ruhegehaltfähigen Dienstbezüge und steigt mit jedem weiteren vollen Amtsjahr als Beamter auf Zeit um 1,91333 Prozent der ruhegehaltfähigen Dienstbezüge bis zum Höchstruhegehaltssatz von 71,75 Prozent. [2] Als Amtszeit rechnet hierbei auch die Zeit bis zur Dauer von fünf Jahren, die ein Beamter auf Zeit im einstweiligen Ruhestand zurückgelegt hat. [3] § 14 Absatz 3 findet Anwendung. [4] Die Sätze 1 bis 3 finden auf zu Beamten auf Zeit ernannte Militärgeistliche keine Anwendung.

(3) Ein Übergangsgeld nach § 47 wird nicht gewährt, wenn der Beamte auf Zeit einer gesetzlichen Verpflichtung, sein Amt nach Ablauf der Amtszeit unter erneuter Berufung in das Beamtenverhältnis weiterzuführen, nicht nachkommt.

(4) [1] *Führt der Beamte auf Zeit nach Ablauf seiner Amtszeit sein bisheriges Amt unter erneuter Berufung als Beamter auf Zeit für die folgende Amtszeit weiter, gilt für die Anwendung dieses Gesetzes das Beamtenverhältnis als nicht unterbrochen. [2] Satz 1 gilt entsprechend für Beamte auf Zeit, die aus ihrem bisherigen Amt ohne

---

[1] Nr. **230**.
[2] 8. Abschnitt Überschrift geänd. mWv 1.1.2020 durch G v. 9.12.2019 (BGBl. I S. 2053).
[3] Nr. **1**.
[4] 9. Abschnitt Überschrift geänd. mWv 1.1.2020 durch G v. 9.12.2019 (BGBl. I S. 2053).
[5] § 66 Abs. 2 Satz 1 geänd. mWv 1.1.2020 durch G v. 9.12.2019 (BGBl. I S. 2053).

Unterbrechung in ein vergleichbares oder höherwertiges Amt unter erneuter Berufung als Beamter auf Zeit gewählt werden.

(5) Wird ein Beamter auf Zeit wegen Dienstunfähigkeit entlassen, gelten die §§ 15 und 26 entsprechend.

§ 67[1)] Professoren an Hochschulen, Hochschuldozenten, Oberassistenten, Oberingenieure, Wissenschaftliche und Künstlerische Assistenten mit Bezügen nach § 77 Absatz 2 des Bundesbesoldungsgesetzes sowie Professoren und hauptberufliche Leiter und Mitglieder von Leitungsgremien an Hochschulen mit Bezügen nach der Bundesbesoldungsordnung W.

(1) [1] Für die Versorgung der zu Beamten ernannten Professoren an Hochschulen, Hochschuldozenten, Oberassistenten, Oberingenieure, Wissenschaftlichen und Künstlerischen Assistenten mit Bezügen nach § 77 Absatz 2 des Bundesbesoldungsgesetzes[2)] und ihrer Hinterbliebenen gelten die Vorschriften dieses Gesetzes, soweit nachfolgend nichts anderes bestimmt ist. [2] Satz 1 gilt auch für die Versorgung der zu Beamten ernannten Professoren und der hauptberuflichen Leiter und Mitglieder von Leitungsgremien an Hochschulen mit Bezügen nach der Bundesbesoldungsordnung W und ihre Hinterbliebenen.

(2) [1] Ruhegehaltfähig ist auch die Zeit, in der die Professoren, Hochschuldozenten, Oberassistenten, Oberingenieure, Wissenschaftlichen und Künstlerischen Assistenten nach der Habilitation dem Lehrkörper einer Hochschule angehört haben. [2] Als ruhegehaltfähig gilt auch die zur Vorbereitung für die Promotion benötigte Zeit bis zu zwei Jahren. [3] Die in einer Habilitationsordnung vorgeschriebene Mindestzeit für die Erbringung der Habilitationsleistungen oder sonstiger gleichwertiger wissenschaftlicher Leistungen kann als ruhegehaltfähige Dienstzeit berücksichtigt werden; soweit die Habilitationsordnung eine Mindestdauer nicht vorschreibt, sind bis zu drei Jahre berücksichtigungsfähig. [4] Die nach erfolgreichem Abschluss eines Hochschulstudiums vor der Ernennung zum Professor, Hochschuldozenten, Oberassistenten, Oberingenieur, Wissenschaftlichen und Künstlerischen Assistenten liegende Zeit einer hauptberuflichen Tätigkeit, in der besondere Fachkenntnisse erworben wurden, die für die Wahrnehmung des Amtes förderlich sind, soll im Falle des § 44 Absatz 1 Nummer 4 Buchstabe c des Hochschulrahmengesetzes[3)] als ruhegehaltfähig berücksichtigt werden; im Übrigen kann sie bis zu fünf Jahren in vollem Umfang, darüber hinaus bis zur Hälfte als ruhegehaltfähig berücksichtigt werden. [5] Zeiten nach Satz 4 können in der Regel insgesamt nicht über zehn Jahre hinaus als ruhegehaltfähig berücksichtigt werden. [6] Zeiten mit einer geringeren als der regelmäßigen Arbeitszeit dürfen nur bis zu dem Teil als ruhegehaltfähig berücksichtigt werden, der dem Verhältnis der tatsächlichen zur regelmäßigen Arbeitszeit entspricht.

(3) [1] Bei der Einstellung eines in Absatz 1 genannten Beamten in den Dienst des Bundes ist auf Antrag zu entscheiden, ob

1. ruhegehaltfähige Zeiten nach Absatz 2 Satz 1, 2 und 4 erster Halbsatz sowie nach § 10 vorliegen und
2. Zeiten auf Grund des Absatzes 2 Satz 3 und 4 zweiter Halbsatz sowie der §§ 11 und 12 als ruhegehaltfähig berücksichtigt werden können.

[1)] § 67 Abs. 3 Satz 1 neu gef., Satz 2 eingef., bish. Satz 2 wird Satz 3 mWv 1.8.2021 durch G v. 28.6. 2021 (BGBl. I S. 2250).

[2)] Nr. **230**.

[3)] Nr. **500**.

[2] Satz 1 gilt für die Versetzung von einem anderen Dienstherrn in den Dienst des Bundes entsprechend. [3] Diese Entscheidungen stehen unter dem Vorbehalt eines Gleichbleibens der Rechtslage, die ihnen zugrunde liegt.

(4) Für Hochschuldozenten, Oberassistenten, Oberingenieure, Wissenschaftliche und Künstlerische Assistenten beträgt das Übergangsgeld abweichend von § 47 Absatz 1 Satz 1 für ein Jahr Dienstzeit das Einfache, insgesamt höchstens das Sechsfache der Dienstbezüge (§ 1 Absatz 2 Nummer 1 bis 4 des Bundesbesoldungsgesetzes) des letzten Monats.

§ 68[1)] Ehrenbeamte. [1] Erleidet der Ehrenbeamte einen Dienstunfall (§ 31), so hat er Anspruch auf ein Heilverfahren (§ 33). [2] Außerdem kann ihm Ersatz von Sachschäden (§ 32) und von der obersten Dienstbehörde oder der von ihr bestimmten Stelle im Einvernehmen mit dem Bundesministerium des Innern, für Bau und Heimat ein nach billigem Ermessen festzusetzender Unterhaltsbeitrag bewilligt werden. [3] Das Gleiche gilt für seine Hinterbliebenen.

Abschnitt 10.[2)] Übergangsvorschriften

§ 69[3)] Anwendung bisherigen und neuen Rechts für am 1. Januar 1977 vorhandene Versorgungsempfänger. (1) Die Rechtsverhältnisse der am 1. Januar 1992 vorhandenen Ruhestandsbeamten, entpflichteten Hochschullehrer, Witwen, Waisen und sonstigen Versorgungsempfänger regeln sich, sofern der Versorgungsfall oder die Entpflichtung vor dem 1. Januar 1977 eingetreten oder wirksam geworden ist, nach dem bis zum 31. Dezember 1976 geltenden Recht mit folgenden Maßgaben:

1. Die Witwenabfindung richtet sich nach diesem Gesetz.
2. [1] Die §§ 3, 9, 22 Absatz 1 Satz 2 und 3, die §§ 33, 34, 42 Satz 2, die §§ 49 bis 50a, 51, 52, 55 Absatz 1 Satz 7 und Absatz 2 bis 8, die §§ 57 bis 65, 69e Absatz 3, 4 und 7 sowie § 70 dieses Gesetzes sind anzuwenden. [2] § 6 Absatz 1 Satz 5, § 10 Absatz 2, § 14a Absatz 1, 3 und 4, § 55 Absatz 1 Satz 1 und 2

(Fortsetzung nächstes Blatt)

[1)] § 68 Satz 2 geänd. mWv 11.1.2017 durch G v. 5.1.2017 (BGBl. I S. 17); Satz 2 geänd. mWv 1.1.2020 durch G v. 9.12.2019 (BGBl. I S. 2053).
[2)] 10. Abschnitt Überschrift neu gef. mWv 1.1.2020 durch G v. 9.12.2019 (BGBl. I S. 2053).
[3)] § 69 Abs. 4 Satz 2 geänd. mWv 1.1.2020 durch G v. 9.12.2019 (BGBl. I S. 2053).

und § 56 sind in der bis zum 31. Dezember 1991 geltenden Fassung anzuwenden. [3] § 14a Absatz 2 Satz 1 bis 3, § 53 Absatz 1, 2 Nummer 1 bis 3 erste Höchstgrenzenalternative, Absatz 3 bis 10 sowie § 54 sind in der am 1. Januar 2002 geltenden Fassung anzuwenden; § 53 Absatz 2 Nummer 3 zweite Höchstgrenzenalternative dieses Gesetzes ist mit der Maßgabe anzuwenden, dass an die Stelle der Zahl „71,75" die Zahl „75" tritt. [4] In den Fällen der §§ 140 und 141a des Bundesbeamtengesetzes[1)] in der Fassung vom 28. Juli 1972 (BGBl. I S. 1288) oder des entsprechenden Landesrechts richten sich die ruhegehaltfähigen Dienstbezüge und der Ruhegehaltssatz nach den §§ 36 und 37 in der bis zum 31. Dezember 1991 geltenden Fassung; § 69e Absatz 3 und 4 ist in diesen Fällen nicht anzuwenden. [5] Satz 4 Halbsatz 2 gilt entsprechend für die Bezüge der entpflichteten Hochschullehrer sowie für die von den §§ 181a und 181b des Bundesbeamtengesetzes in der Fassung vom 28. Juli 1972 (BGBl. I S. 1288) oder entsprechenden landesrechtlichen Vorschriften erfassten Versorgungsempfänger. [6] Ist in den Fällen des § 54 dieses Gesetzes die Ruhensregelung nach dem bis zum 31. Dezember 1976 geltenden Recht für den Versorgungsempfänger günstiger, verbleibt es dabei, solange eine weitere Versorgung besteht. [7] Solange ein über den 1. Januar 1999 hinaus bestehendes Beschäftigungsverhältnis andauert, finden, wenn dies für den Versorgungsempfänger günstiger ist, die §§ 53 und 53a in der bis zum 31. Dezember 1998 geltenden Fassung, längstens für weitere sieben Jahre vom 1. Januar 1999 an, mit folgenden Maßgaben Anwendung:

a) Ist in den Fällen des § 53 die Ruhensregelung nach dem bis zum 31. Dezember 1976 geltenden Recht für den Versorgungsempfänger günstiger, verbleibt es dabei, solange ein über den 31. Dezember 1976 hinaus bestehendes Beschäftigungsverhältnis andauert.
b) Ist in den Fällen des § 53 die Ruhensregelung nach dem bis zum 31. Dezember 1991 geltenden Recht günstiger, verbleibt es dabei, solange ein über den 31. Dezember 1991 hinaus bestehendes Beschäftigungsverhältnis andauert.
c) Bei der Anwendung des § 53a Absatz 1 Satz 1 treten an die Stelle der dort genannten Vorschriften die entsprechenden Vorschriften des bis zum 31. Dezember 1976 geltenden Rechts.
d) § 53a gilt nicht, solange eine am 31. Dezember 1991 über diesen Zeitpunkt hinaus bestehende Beschäftigung oder Tätigkeit eines Ruhestandsbeamten andauert.

3. Die Mindestversorgungsbezüge (§ 14 Absatz 4 Satz 2 und 3) und die Mindestunfallversorgungsbezüge bestimmen sich nach diesem Gesetz.
4. [1] Als Ruhegehalt im Sinne der §§ 53 bis 58, 62 und 65 gelten auch die Bezüge der entpflichteten beamteten Hochschullehrer; die Empfänger dieser Bezüge gelten als Ruhestandsbeamte. [2] Die Bezüge der entpflichteten beamteten Hochschullehrer gelten unter Hinzurechnung des dem Entpflichteten zustehenden, mindestens des zuletzt zugesicherten Vorlesungsgeldes (Kolleggeldpauschale) als Höchstgrenze im Sinne des § 53 Absatz 2 Nummer 1 und 3 dieses Gesetzes und als ruhegehaltfähige Dienstbezüge im Sinne des § 53a Absatz 2 in der bis zum 31. Dezember 1998 geltenden Fassung. [3] § 65

[1)] Nr. **160**.

gilt nicht für entpflichtete Hochschullehrer, die die Aufgaben der von ihnen bis zur Entpflichtung innegehabten Stelle vertretungsweise wahrnehmen.

5. [1] Die Rechtsverhältnisse der Hinterbliebenen eines Ruhestandsbeamten, der nach dem 31. Dezember 1976 und vor dem 1. Januar 1992 verstorben ist, richten sich nach diesem Gesetz in der bis zum 31. Dezember 1991 geltenden Fassung, jedoch unter Zugrundelegung des bisherigen Ruhegehalts; § 22 Absatz 1 Satz 2 und § 55 Absatz 4 finden in der ab 1. Januar 1992 geltenden Fassung dieses Gesetzes Anwendung. [2] § 53 findet Anwendung. [3] § 53 findet, wenn dies für den Versorgungsempfänger günstiger ist, in der bis zum 31. Dezember 1998 geltenden Fassung, längstens für weitere sieben Jahre vom 1. Januar 1999 an, Anwendung, solange ein über den 1. Januar 1999 hinaus bestehendes Beschäftigungsverhältnis andauert. [4] § 53 findet, wenn dies für den Versorgungsempfänger günstiger ist, in der bis zum 31. Dezember 1991 geltenden Fassung Anwendung, solange ein über den 31. Dezember 1991 hinaus bestehendes Beschäftigungsverhältnis, längstens für weitere sieben Jahre vom 1. Januar 1999 an, andauert. [5] § 26 dieses Gesetzes ist auch auf Hinterbliebene eines früheren Beamten auf Lebenszeit oder auf Widerruf anwendbar, dem nach dem bis zum 31. Dezember 1976 geltenden Recht ein Unterhaltsbeitrag bewilligt war oder hätte bewilligt werden können. [6] Für die Hinterbliebenen eines entpflichteten Hochschullehrers, der nach dem 31. Dezember 1976 und vor dem 1. Januar 1992 verstorben ist, gilt § 91 Absatz 2 Nummer 3 in der bis zum 31. Dezember 1991 geltenden Fassung entsprechend.
6. [1] Die Rechtsverhältnisse der Hinterbliebenen eines Ruhestandsbeamten, der nach dem 31. Dezember 1991 verstorben ist, regeln sich nach diesem Gesetz, jedoch unter Zugrundelegung des bisherigen Ruhegehalts; § 56 findet in der bis zum 31. Dezember 1991 geltenden Fassung Anwendung. [2] Für die Hinterbliebenen eines entpflichteten Hochschullehrers, der nach dem 31. Dezember 1991 verstorben ist, gilt § 91 Absatz 2 Nummer 3 entsprechend.

(2) [1] Für die am 1. Januar 1977 vorhandenen früheren Beamten, früheren Ruhestandsbeamten und ihre Hinterbliebenen gelten die §§ 38, 41 und 61 Absatz 1 Satz 3; § 82 findet in der bis zum 31. Dezember 1991 geltenden Fassung Anwendung. [2] Für eine sich danach ergebende Versorgung gelten die Vorschriften des Absatzes 1, wobei § 38 Absatz 4 Satz 3 und § 38 Absatz 5 anzuwenden sind.

(3) [1] Haben nach bisherigem Recht Versorgungsbezüge nicht zugestanden, werden Zahlungen nur auf Antrag gewährt, und zwar vom Ersten des Monats, in dem der Antrag gestellt worden ist. [2] Anträge, die bis zum 31. Dezember 1977 gestellt werden, gelten als am 1. Januar 1977 gestellt.

(4) [1] Absatz 1 Nummer 2 Satz 3 ist mit dem Inkrafttreten der achten auf den 31. Dezember 2002 folgenden Anpassung nach § 70 nicht mehr anzuwenden. [2] Ab dem genannten Zeitpunkt sind § 14a Absatz 1 Satz 1 Nummer 3 und Absatz 2 Satz 1 bis 3 sowie die §§ 53 und 54 dieses Gesetzes anzuwenden; bei der Anwendung von § 56 Absatz 1 Satz 1 in der bis zum 31. Dezember 1991 geltenden Fassung gilt § 69e Absatz 4 für die Verminderung der Prozentsätze entsprechend.

§ 69a[1)] Anwendung bisherigen und neuen Rechts für am 1. Januar 1992 vorhandene Versorgungsempfänger. Die Rechtsverhältnisse der am 1. Januar 1992 vorhandenen Ruhestandsbeamten, entpflichteten Hochschullehrer, Witwen, Waisen und sonstigen Versorgungsempfänger regeln sich, sofern der Versorgungsfall oder die Entpflichtung nach dem 31. Dezember 1976 eingetreten oder wirksam geworden ist, nach dem bis zum 31. Dezember 1991 geltenden Recht mit folgenden Maßgaben:

1. [1] § 22 Absatz 1 Satz 2 und 3, § 42 Satz 2, die §§ 49, 50, 50a, 52, 55 Absatz 1 Satz 7 und Absatz 2 bis 8 sowie die §§ 57, 58, 61, 62 und 69e Absatz 3, 4, 6 und 7 dieses Gesetzes sind anzuwenden. [2] § 14a Absatz 2 Satz 1 bis 3, § 53 Absatz 1, 2 Nummer 1 bis 3 erste Höchstgrenzenalternative, Absatz 3 bis 10 sowie § 54 sind in der am 1. Januar 2002 geltenden Fassung anzuwenden. [3] § 53 Absatz 2 Nummer 3 zweite Höchstgrenzenalternative dieses Gesetzes ist mit der Maßgabe anzuwenden, dass an die Stelle der Zahl „71,75“ die Zahl „75“ tritt. [4] Auf die von § 82 in der bis zum 31. Dezember 1991 geltenden Fassung erfassten Versorgungsfälle ist § 69e Absatz 3 und 4 nicht anzuwenden.
2. Solange ein über den 1. Januar 1999 hinaus bestehendes Beschäftigungsverhältnis andauert, finden, wenn dies für den Versorgungsempfänger günstiger ist, die §§ 53 und 53a in der bis zum 31. Dezember 1998 geltenden Fassung, längstens für weitere sieben Jahre vom 1. Januar 1999 an, mit folgenden Maßgaben Anwendung:
   a) Ist in den Fällen des § 53 die Ruhensregelung nach dem bis zum 31. Dezember 1991 geltenden Recht günstiger, verbleibt es dabei, solange ein über den 31. Dezember 1991 hinaus bestehendes Beschäftigungsverhältnis andauert.
   b) Bei der Anwendung des § 53a Absatz 1 Satz 1 treten an die Stelle der dort genannten Vorschriften die entsprechenden Vorschriften des bis zum 31. Dezember 1991 geltenden Rechts.
   c) § 53a gilt nicht, solange eine am 31. Dezember 1991 über diesen Zeitpunkt hinaus bestehende Beschäftigung oder Tätigkeit eines Ruhestandsbeamten andauert.
3. [1] Die Rechtsverhältnisse der Hinterbliebenen eines Ruhestandsbeamten, der nach dem 31. Dezember 1991 verstorben ist, regeln sich nach den ab dem 1. Januar 1992 geltenden Vorschriften, jedoch unter Zugrundelegung des bisherigen Ruhegehalts. [2] § 56 findet in der bis zum 31. Dezember 1991 geltenden Fassung Anwendung. [3] Für die Hinterbliebenen eines entpflichteten Hochschullehrers, der nach dem 31. Dezember 1991 verstorben ist, gilt § 91 Absatz 2 Nummer 3 entsprechend.
4. § 69 Absatz 1 Nummer 3 gilt entsprechend.
5. [1] Nummer 1 Satz 2 und 3 ist mit dem Inkrafttreten der achten auf den 31. Dezember 2002 folgenden Anpassung nach § 70 nicht mehr anzuwenden. [2] Ab dem genannten Zeitpunkt sind § 14a Absatz 1 Satz 1 Nummer 3 und Absatz 2 Satz 1 bis 3 sowie die §§ 53 und 54 dieses Gesetzes anzuwenden. [3] Bei der Anwendung von § 56 Absatz 1 Satz 1 in der bis zum

---

[1)] § 69a Nr. 1 Satz 1 geänd. mWv 22.3.2012 durch G v. 15.3.2012 (BGBl. I S. 462); Nr. 5 Satz 3 geänd. mWv 1.1.2020 durch G v. 9.12.2019 (BGBl. I S. 2053).

31. Dezember 1991 geltenden Fassung gilt § 69e Absatz 4 für die Verringerung der Prozentsätze entsprechend.

§ 69b[1)] Übergangsregelungen für vor dem 1. Juli 1997 eingetretene Versorgungsfälle. [1] Für Versorgungsfälle, die vor dem 1. Juli 1997 eingetreten sind, finden § 5 Absatz 2, § 12 Absatz 1 Satz 1, § 13 Absatz 1 Satz 1, § 36 Absatz 2 und § 66 Absatz 7 in der bis zum 30. Juni 1997 geltenden Fassung Anwendung. [2] Satz 1 gilt entsprechend für künftige Hinterbliebene eines vor dem 1. Juli 1997 vorhandenen Versorgungsempfängers. [3] Versorgungsempfänger, die am 28. Februar 1997 einen Erhöhungsbetrag nach § 14 Absatz 2 in der an diesem Tag geltenden Fassung bezogen haben, erhalten diesen weiter mit der Maßgabe, dass sich dieser Erhöhungsbetrag bei der nächsten allgemeinen Erhöhung der Versorgungsbezüge um die Hälfte verringert; die Verringerung darf jedoch die Hälfte der allgemeinen Erhöhung nicht übersteigen. [4] Bei einer weiteren allgemeinen Erhöhung der Versorgungsbezüge entfällt der verbleibende Erhöhungsbetrag. [5] Versorgungsempfänger, die am 30. Juni 1997 einen Anpassungszuschlag gemäß § 71 in der an diesem Tag geltenden Fassung bezogen haben, erhalten diesen in Höhe des zu diesem Zeitpunkt zustehenden Betrages weiter. [6] Künftige Hinterbliebene der in den Sätzen 3 und 5 genannten Versorgungsempfänger erhalten die jeweiligen Beträge entsprechend anteilig.

§ 69c[2)] Übergangsregelungen für vor dem 1. Januar 1999 eingetretene Versorgungsfälle und für am 1. Januar 1999 vorhandene Beamte.

(1) [1] Für Versorgungsfälle, die vor dem 1. Januar 1999 eingetreten sind, finden § 4 Absatz 1 Satz 1 Nummer 3, § 5 Absatz 3 bis 5, die §§ 7, 14 Absatz 6 sowie die §§ 43 und 66 Absatz 6 in der bis zum 31. Dezember 1998 geltenden Fassung Anwendung. [2] Satz 1 gilt entsprechend für künftige Hinterbliebene eines vor dem 1. Januar 1999 vorhandenen Versorgungsempfängers.

(2) Für Beamte, die vor dem 1. Januar 2001 befördert worden sind oder denen ein anderes Amt mit höherem Endgrundgehalt verliehen worden ist, findet § 5 Absatz 3 bis 5 in der bis zum 31. Dezember 1998 geltenden Fassung Anwendung.

(3) Für Beamte, denen erstmals vor dem 1. Januar 1999 ein Amt im Sinne des § 36 des Bundesbeamtengesetzes[3)] in der bis zum 31. Dezember 1998 geltenden Fassung oder des entsprechenden Landesrechts übertragen worden war, finden § 4 Absatz 1 Satz 1 Nummer 3, die §§ 7 und 14 Absatz 6 in der bis zum 31. Dezember 1998 geltenden Fassung Anwendung.

(4) [1] Die §§ 53 und 53a in der bis zum 31. Dezember 1998 geltenden Fassung finden, wenn dies für den Versorgungsempfänger günstiger ist, längstens für weitere sieben Jahre vom 1. Januar 1999 an, Anwendung, solange eine am 31. Dezember 1998 über diesen Zeitpunkt hinaus ausgeübte Beschäftigung oder Tätigkeit des Versorgungsempfängers andauert. [2] Im Falle des Satzes 1 sind ebenfalls anzuwenden § 2 Absatz 5 Satz 4, Absatz 7 und 8 des Gesetzes zur Übernahme der Beamten und Arbeitnehmer der Bundesanstalt für Flugsicherung vom 23. Juli 1992 (BGBl. I S. 1370, 1376) in der bis zum 31. Dezember

[1)] § 69b Überschr. geänd., Abs. 1 aufgeh., bish. Abs. 2 wird alleiniger Wortlaut mWv 25.3.2010 *durch G v. 15.3.2012 (BGBl. I S. 462).*

[2)] § 69c Abs. 5 aufgeh. mWv 1.7.2020 durch G v. 9.12.2019 (BGBl. I S. 2053).

[3)] Nr. **160**.

1998 geltenden Fassung sowie § 2 Absatz 3 des Bundeswehrbeamtenanpassungsgesetzes vom 20. Dezember 1991 (BGBl. I S. 2378) in der bis zum 31. Dezember 1997 geltenden Fassung und § 2 Absatz 3 des Gesetzes zur Verbesserung der personellen Struktur in der Bundeszollverwaltung vom 11. Dezember 1990 (BGBl. I S. 2682, 2690) in der bis zum 31. Dezember 1995 geltenden Fassung.

§ 69d[1)] Übergangsregelungen für vor dem 1. Januar 2001 eingetretene Versorgungsfälle und für am 1. Januar 2001 vorhandene Beamte und Versorgungsempfänger. (1) [1]Auf Versorgungsfälle, die vor dem 1. Januar 2001 eingetreten sind, sind § 13 Absatz 1 Satz 1, § 14 Absatz 3 und § 36 Absatz 2 in der bis zum 31. Dezember 2000 geltenden Fassung anzuwenden; § 85a ist in der bis zum 31. Dezember 2000 geltenden Fassung anzuwenden, wenn dies für den Versorgungsempfänger günstiger ist. [2]Satz 1 gilt entsprechend für künftige Hinterbliebene eines vor dem 1. Januar 2001 vorhandenen Versorgungsempfängers.

(2) [1]Für am 1. Januar 2001 vorhandene Wahlbeamte auf Zeit im Ruhestand, deren Beschäftigungsverhältnis über den 1. Januar 2001 hinaus andauert, gilt § 53a in der bis zum 31. Dezember 2000 geltenden Fassung längstens bis zum 31. Dezember 2007, wenn dies für den Versorgungsempfänger günstiger ist als die Anwendung des § 53 Absatz 10. [2]Für am 1. Januar 1992 vorhandene Wahlbeamte auf Zeit im Ruhestand bleibt § 69a unberührt.

(3) Für am 1. Januar 2001 vorhandene Beamte, die bis zum 31. Dezember 2003 wegen Dienstunfähigkeit in den Ruhestand versetzt werden, gilt Folgendes:

1. § 14 Absatz 3 ist mit folgenden Maßgaben anzuwenden:

Zeitpunkt der Versetzung in den Ruhestand	Minderung des Ruhegehalts für jedes Jahr des vorgezogenen Ruhestandes (Prozent)	Höchstsatz der Gesamtminderung des Ruhegehalts (Prozent)
vor dem 1.1.2002	1,8	3,6
vor dem 1.1.2003	2,4	7,2
vor dem 1.1.2004	3,0	10,8

2. § 13 Absatz 1 Satz 1 ist mit folgenden Maßgaben anzuwenden:

Zeitpunkt der Versetzung in den Ruhestand	Umfang der Berücksichtigung als Zurechnungszeit in Zwölfteln
vor dem 1.1.2002	5
vor dem 1.1.2003	6
vor dem 1.1.2004	7

(4) Für am 1. Januar 2001 vorhandene Beamte, die vor dem 1. Januar 1942 geboren sind, wegen Dienstunfähigkeit in den Ruhestand versetzt werden und zu diesem Zeitpunkt mindestens 40 Jahre ruhegehaltfähige Dienstzeit nach § 6, § 8 oder § 9 zurückgelegt haben, gilt Absatz 1 entsprechend.

[1)] § 69d Abs. 3 Nr. 1 geänd. mWv 1.1.2020 durch G v. 9.12.2019 (BGBl. I S. 2053).

(5) Auf am 1. Januar 2001 vorhandene Beamte, die bis zum 16. November 1950 geboren und am 16. November 2000 schwerbehindert im Sinne des § 2 Absatz 2 des Neunten Buches Sozialgesetzbuch sind sowie nach § 52 Absatz 1 und 2 des Bundesbeamtengesetzes[1] in den Ruhestand versetzt werden, ist § 14 Absatz 3 nicht anzuwenden.

§ 69e[2] Übergangsregelungen aus Anlass des Versorgungsänderungsgesetzes 2001 sowie des Dienstrechtsneuordnungsgesetzes. (1) Die Rechtsverhältnisse der am 1. Januar 2002 vorhandenen Ruhestandsbeamten, entpflichteten Hochschullehrer, Witwen, Waisen und sonstigen Versorgungsempfänger regeln sich nach dem bis zum 31. Dezember 2001 geltenden Recht mit folgenden Maßgaben:

1. Die Absätze 3, 4, 6 und 7, § 22 Absatz 1 Satz 3, § 42 Satz 2, die §§ 49 bis 50a, 50b, 50d bis 50f, 52, 54 Absatz 1 Satz 2, § 55 Absatz 1 Satz 3 bis 7 sowie die §§ 57, 58, 61, 62 und 85 Absatz 11 dieses Gesetzes sind anzuwenden. Artikel 11 des Gesetzes zur Änderung des Beamtenversorgungsgesetzes, des Soldatenversorgungsgesetzes sowie sonstiger versorgungsrechtlicher Vorschriften vom 20. September 1994 (BGBl. I S. 2442) bleibt unberührt.
2. § 14a Absatz 1 Satz 1 Nummer 3 und Absatz 2 Satz 1 bis 3, § 53 Absatz 1, 2 Nummer 1 bis 3 erste Höchstgrenzenalternative, Absatz 3, 4, 5 Satz 1 und Absatz 6 bis 10 sowie § 54 Absatz 2 bis 5 sind in der am 1. Januar 2002 geltenden Fassung anzuwenden. § 50e Absatz 1 dieses Gesetzes ist mit der Maßgabe anzuwenden, dass an die Stelle der Zahl „66,97" die Zahl „70" tritt. § 53 Absatz 2 Nummer 3 zweite Höchstgrenzenalternative dieses Gesetzes ist mit der Maßgabe anzuwenden, dass an die Stelle der Zahl

(Fortsetzung nächstes Blatt)

---

[1] Nr. **160**.

[2] *§ 69e Abs. 1 Nr. 1 Satz 1* geänd. mWv 1.1.2010 durch G v. 19.11.2010 (BGBl. I S. 1552); Abs. 1 Nr. 2 Sätze 1 und 5 geänd. mWv 12.2.2009, Abs. 1 Nr. 1 Satz 1 geänd. mWv 22.3.2012 durch G v. 15.3.2012 (BGBl. I S. 462).

„71,75“ die Zahl „75“ tritt. Die Sätze 1 bis 3 sind mit dem Inkrafttreten der achten auf den 31. Dezember 2002 folgenden Anpassung nach § 70 nicht mehr anzuwenden. Ab dem genannten Zeitpunkt sind § 14a Absatz 1 Satz 1 Nummer 3 und Absatz 2 Satz 1 bis 3 sowie *die*[1)] § 53 Absatz 1, 2, 5 Satz 1 und Absatz 6 bis 10 sowie § 54 dieses Gesetzes anzuwenden.

3. Mit dem Inkrafttreten der achten auf den 31. Dezember 2002 folgenden Anpassung nach § 70 ist § 56 Absatz 1 und 6 in der bis zum 31. Dezember 2001 geltenden Fassung mit der Maßgabe anzuwenden, dass an die Stelle der Zahl „1,875“ die Zahl „1,79375“ sowie an die Stelle der Zahl „2,5“ die Zahl „2,39167“ tritt. § 69c Absatz 5 bleibt unberührt.

(2) [1] Auf Versorgungsfälle, die nach dem 31. Dezember 2001 eintreten, sind § 14 Absatz 1 und 6, § 14a Absatz 1 Satz 1 Nummer 3 und Absatz 2, § 47a Absatz 1, die §§ 50e und 53 Absatz 2 Nummer 3 erste Höchstgrenzenalternative, § 54 Absatz 2 sowie § 66 Absatz 2 und 8 in der bis zum 31. Dezember 2002 geltenden Fassung anzuwenden. [2] § 50e Absatz 1 dieses Gesetzes ist mit der Maßgabe anzuwenden, dass an die Stelle der Zahl „66,97“ jeweils die Zahl „70“ tritt. [3] § 53 Absatz 2 Nummer 3 zweite Höchstgrenzenalternative dieses Gesetzes ist mit der Maßgabe anzuwenden, dass an die Stelle der Zahl „71,75“ die Zahl „75“ tritt. [4] § 56 Absatz 1 und 6 ist mit der Maßgabe anzuwenden, dass an die Stelle der Zahl „1,79375“ die Zahl „1,875“ sowie an die Stelle der Zahl „2,39167“ die Zahl „2,5“ tritt. [5] Die Sätze 1 bis 4 sind mit dem Inkrafttreten der achten auf den 31. Dezember 2002 folgenden Anpassung nach § 70 nicht mehr anzuwenden.

(3) [1] Ab der ersten auf den 31. Dezember 2002 folgenden Anpassung nach § 70 werden die der Berechnung der Versorgungsbezüge zugrunde liegenden ruhegehaltfähigen Dienstbezüge bis zur siebten Anpassung nach § 70 durch einen Anpassungsfaktor nach Maßgabe der folgenden Tabelle vermindert:

Anpassung nach dem 31. Dezember 2002	Anpassungsfaktor
1.	0,99458
2.	0,98917
3.	0,98375
4.	0,97833
5.	0,97292
6.	0,96750
7.	0,96208

[2] Dies gilt nicht für das Ruhegehalt, das durch Anwendung des § 14 Absatz 4 Satz 1 und 2 und § 91 Absatz 2 Nummer 1 ermittelt ist. [3] Für Versorgungsbezüge, deren Berechnung ein Ortszuschlag nach dem Bundesbesoldungsgesetz[2)] in der bis zum 30. Juni 1997 geltenden Fassung nicht zugrunde liegt, und für Versorgungsbezüge, die in festen Beträgen festgesetzt sind, sowie bei der Anwendung von Ruhensvorschriften (§§ 53 bis 56) gelten die Sätze 1

[1)] Wortlaut amtlich.

[2)] Nr. **230**.

und 2 entsprechend. [4] Zu den ruhegehaltfähigen Dienstbezügen im Sinne des Satzes 1 gehören auch die Anpassungszuschläge, der Strukturausgleich sowie Erhöhungszuschläge nach den Artikeln 5 und 6 des Siebenten Gesetzes zur Änderung des Bundesbesoldungsgesetzes vom 15. April 1970 (BGBl. I S. 339). [5] Für die von den Erhöhungen 2003/2004 nach § 71 ausgenommenen Versorgungsempfänger beginnt die Verminderung nach Satz 1 am 1. Januar 2005 mit dem dritten Anpassungsfaktor.

(4) [1] In Versorgungsfällen, die vor der achten auf den 31. Dezember 2002 folgenden Anpassung nach § 70 eingetreten sind, wird der den Versorgungsbezügen zugrunde liegende Ruhegehaltssatz mit dem Inkrafttreten und vor dem Vollzug der achten Anpassung nach § 70 mit dem Faktor 0,95667 vervielfältigt; § 14 Absatz 1 Satz 2 und 3 ist anzuwenden. [2] Der nach Satz 1 verminderte Ruhegehaltssatz gilt als neu festgesetzt. [3] Er ist ab dem Tag der achten Anpassung nach § 70 der Berechnung der Versorgungsbezüge zugrunde zu legen. [4] Satz 1 gilt nicht für das Ruhegehalt, das durch Anwendung des § 14 Absatz 4 Satz 1 und 2 und § 91 Absatz 2 Nummer 1 ermittelt ist.

(4a) Für die Verteilung der Versorgungslasten bei Beamten und Richtern, die vor dem 1. Januar 2002 in den Dienst eines anderen Dienstherrn übernommen worden sind, gilt § 107b Absatz 1 in der bis zum 31. Dezember 2001 geltenden Fassung.

(5) [1] § 19 Absatz 1 Satz 2 Nummer 1 ist in der bis zum 31. Dezember 2001 geltenden Fassung anzuwenden, wenn die Ehe vor dem 1. Januar 2002 geschlossen wurde. [2] § 20 Absatz 1 Satz 1 ist in der bis zum 31. Dezember 2001 geltenden Fassung anzuwenden, wenn die Ehe vor dem 1. Januar 2002 geschlossen wurde und mindestens ein Ehegatte vor dem 2. Januar 1962 geboren ist. [3] § 50c ist in diesen Fällen nicht anzuwenden.

(6) [1] In den Fällen des § 36 Absatz 3 gilt unbeschadet des § 85 der § 14 Absatz 1 Satz 1 in der bis zum 31. Dezember 2002 geltenden Fassung. [2] In den Fällen des Satzes 1 sowie des § 37 sind die Absätze 3, 4 und 7 sowie § 85 Absatz 11 nicht anzuwenden.

(7) Die Wirkungen der Minderungen der der Berechnung der Versorgungsbezüge zugrunde liegenden ruhegehaltfähigen Dienstbezüge sind bis zum 31. Dezember 2011 unter Berücksichtigung der allgemeinen Entwicklung der Alterssicherungssysteme und der Situation in den öffentlich-rechtlichen Versorgungssystemen sowie der Entwicklung der allgemeinen wirtschaftlichen und finanziellen Verhältnisse zu prüfen.

§ 69f[1)] Übergangsregelungen zur Berücksichtigung von Hochschulausbildungszeiten. (1) Auf Versorgungsfälle, die vor dem 12. Februar 2009 eingetreten sind, ist § 12 Absatz 1 Satz 1 in der bis zum 11. Februar 2009 geltenden Fassung anzuwenden.

(2) Für Versorgungsfälle, die nach dem 11. Februar 2009 und bis zum 31. Dezember 2012 eintreten, ist § 12 Absatz 1 Satz 1 in der bis zum 11. Februar 2009 geltenden Fassung mit der Maßgabe anzuwenden, dass sich die danach höchstens anrechenbare Zeit einer Hochschulausbildung für jeden nach diesem Tag beginnenden Kalendermonat bis einschließlich des Kalendermonats, in dem der Versorgungsfall eintritt, um jeweils fünf Tage vermindert.

---

1) Siehe hierzu auch die Durchführungshinweise des BMI **(Bundesbeamtengesetze Nr. 80.5)**.

§ 69g [1)2)] Versorgungsüberleitungsregelungen aus Anlass des Dienstrechtsneuordnungsgesetzes. (1) Für Versorgungsfälle, die vor dem 1. Juli 2009 eingetreten sind, gilt Folgendes:

1. § 5 Absatz 1 dieses Gesetzes ist mit folgenden Maßgaben anzuwenden:
   a) § 2 Absatz 1 Satz 1 sowie Absatz 2 Satz 1, 2 und 4 des Besoldungsüberleitungsgesetzes[3)] gilt entsprechend. Die Zuordnung im Sinne des § 2 Absatz 3 des Besoldungsüberleitungsgesetzes erfolgt innerhalb der Besoldungsgruppe, aus der sich das Ruhegehalt berechnet, zu dem Betrag der Stufe, der dem Betrag nach § 2 Absatz 2 Satz 1, 2 und 4 des Besoldungsüberleitungsgesetzes entspricht oder unmittelbar darunter liegt. Liegt der zugeordnete Betrag nach Satz 2 unter dem Betrag nach § 2 Absatz 2 Satz 1, 2 und 4 des Besoldungsüberleitungsgesetzes, wird in Höhe der Differenz ein Überleitungsbetrag als ruhegehaltfähiger Dienstbezug gewährt. Der Überleitungsbetrag ist bei allgemeinen Erhöhungen oder Verminderungen der Versorgungsbezüge nach § 70 entsprechend anzupassen. Der Überleitungsbetrag gehört zu den der Bemessung nach § 2 der Zweiten Besoldungs-Übergangsverordnung zugrunde zu legenden Dienstbezügen. Auf die ruhegehaltfähigen Dienstbezüge nach Satz 1, die nicht von Satz 2 erfasst werden, ist § 2 Absatz 2 Satz 2 des Besoldungsüberleitungsgesetzes entsprechend anzuwenden.
   b) Für Versorgungsbezüge, deren Berechnung ruhegehaltfähige Dienstbezüge nach der Bundesbesoldungsordnung B zugrunde liegen, gelten die Beträge nach § 20 Absatz 2 des Bundesbesoldungsgesetzes.
   c) Für die nicht von den Buchstaben a und b erfassten ruhegehaltfähigen Dienstbezüge mit Ausnahme des Familienzuschlags der Stufe 1 gilt § 2 Absatz 2 Satz 2 des Besoldungsüberleitungsgesetzes entsprechend. Zu den ruhegehaltfähigen Dienstbezügen nach Satz 1 gehören auch die Anpassungszuschläge, der Strukturausgleich sowie Erhöhungszuschläge nach den Artikeln 5 und 6 des Siebenten Gesetzes zur Änderung des Bundesbesoldungsgesetzes vom 15. April 1970 (BGBl. I S. 339).
2. *(aufgehoben)*
3. Für Versorgungsbezüge, die in festen Beträgen festgesetzt sind, gelten § 2 Absatz 2 Satz 2 des Besoldungsüberleitungsgesetzes sowie der Faktor nach § 5 Absatz 1 Satz 1 entsprechend.

(2) Für Versorgungsfälle, die ab dem 1. Juli 2009 eintreten, gilt Folgendes:

1. § 5 Absatz 1 ist für Beamte, die aus einer zugeordneten Überleitungsstufe nach § 2 Absatz 3 des Besoldungsüberleitungsgesetzes in den Ruhestand treten oder versetzt werden, mit folgenden Maßgaben anzuwenden:
   Ruhegehaltfähig ist das Grundgehalt der Stufe, die unmittelbar unter der nach § 2 Absatz 3 des Besoldungsüberleitungsgesetzes zugeordneten Überleitungsstufe liegt. In Höhe der Differenz zu dem Betrag der Überleitungsstufe nach Satz 1 wird ein Überleitungsbetrag als ruhegehaltfähiger Dienstbezug gewährt. Absatz 1 Nummer 1 Buchstabe a Satz 4 und 5 ist anzuwenden.

[1)] § 69g Abs. 3 angef. mWv 1.1.2012 durch G v. 20.12.2011 (BGBl. I S. 2842); Abs. 1 Nr. 2 aufgeh., Abs. 2 Nr. 2 und Abs. 3 geänd. mWv 1.1.2020 durch G v. 9.12.2019 (BGBl. I S. 2053).

[2)] Siehe hierzu auch die Durchführungshinweise des BMI **(Bundesbeamtengesetze Nr. 80.4)**.

[3)] **Bundesbeamtengesetze Nr. 52A.**

2. Absatz 1 Nummer 3 gilt entsprechend.

(3) Für Versorgungsfälle, die vor dem 1. Januar 2012 eingetreten sind, werden die Bezüge und Bezügebestandteile nach den Absätzen 1 und 2 mit Ausnahme der Bezüge nach Absatz 1 Nummer 1 Buchstabe b und Nummer 2 sowie nach Absatz 2 Nummer 2 in Verbindung mit Absatz 1 Nummer 2 um 2,44 Prozent erhöht.

§ 69h [1)2)] Übergangsregelungen zur Anhebung des Ruhestandseintrittsalters. (1) Für Beamte, die nach dem 11. Februar 2009 nach § 52 Absatz 1 und 2 des Bundesbeamtengesetzes[3)] in den Ruhestand versetzt werden, ist § 14 Absatz 3 mit folgenden Maßgaben anzuwenden:

1. An die Stelle der Vollendung des 65. Lebensjahres tritt, wenn sie vor dem 1. Januar 1952 geboren sind, die Vollendung des 63. Lebensjahres.
2. An die Stelle der Vollendung des 65. Lebensjahres tritt, wenn sie nach dem 31. Dezember 1951 und vor dem 1. Januar 1964 geboren sind, das Erreichen folgenden Lebensalters:

Geburtsdatum bis	Lebensalter	
	Jahr	Monat
31. Januar 1952	63	1
29. Februar 1952	63	2
31. März 1952	63	3
30. April 1952	63	4
31. Mai 1952	63	5
31. Dezember 1952	63	6
31. Dezember 1953	63	7
31. Dezember 1954	63	8
31. Dezember 1955	63	9
31. Dezember 1956	63	10
31. Dezember 1957	63	11
31. Dezember 1958	64	0
31. Dezember 1959	64	2
31. Dezember 1960	64	4
31. Dezember 1961	64	6
31. Dezember 1962	64	8
31. Dezember 1963	64	10

[1)] § 69h Abs. 1 Nr. 3 und Abs. 2 Nr. 3 geänd. mWv 1.1.2010 durch G v. 19.11.2010 (BGBl. I S. 1552).
[2)] Siehe hierzu auch die Durchführungshinweise des BMI **(Bundesbeamtengesetze Nr. 80.5)**.
[3)] Nr. **160**.

3. Für am 12. Februar 2009 vorhandene Beamte, die vor dem 1. Januar 1955 geboren sind, deren Schwerbehinderung im Sinne des § 2 Absatz 2 des Neunten Buches Sozialgesetzbuch bis zum 31. Dezember 2006 anerkannt und denen Altersteilzeit nach § 93 Absatz 1 des Bundesbeamtengesetzes bewilligt wurde, sowie für Beamte, die nach den §§ 52 und 93 Absatz 2 Satz 3 des Bundesbeamtengesetzes in den Ruhestand versetzt werden, gilt § 14 Absatz 3 in der bis zum 11. Februar 2009 geltenden Fassung.

(2) Für Beamte, die nach dem 11. Februar 2009 nach § 52 Absatz 3 des Bundesbeamtengesetzes in den Ruhestand versetzt werden, ist § 14 Absatz 3 Satz 1 Nummer 2 mit folgenden Maßgaben anzuwenden:

1. An die Stelle des Erreichens der gesetzlichen Altersgrenze tritt, wenn sie vor dem 1. Januar 1949 geboren sind, die Vollendung des 65. Lebensjahres.
2. An die Stelle des Erreichens der gesetzlichen Altersgrenze tritt, wenn sie nach dem 31. Dezember 1948 und vor dem 1. Januar 1950 geboren sind, das Erreichen folgenden Lebensalters:

Geburtsdatum bis	Lebensalter	
	Jahr	Monat
31. Januar 1949	65	1
28. Februar 1949	65	2
31. Dezember 1949	65	3

3. Für am 12. Februar 2009 vorhandene Beamte, die vor dem 1. Januar 1955 geboren sind und denen Altersteilzeit nach § 93 Absatz 1 des Bundesbeamtengesetzes bewilligt wurde, tritt an die Stelle des Erreichens der für den Beamten geltenden gesetzlichen Altersgrenze die Vollendung des 65. Lebensjahres.

(3) Für Beamte, die nach dem 11. Februar 2009 wegen Dienstunfähigkeit, die nicht auf einem Dienstunfall beruht, in den Ruhestand versetzt werden, ist § 14 Absatz 3 mit folgenden Maßgaben anzuwenden:

1. An die Stelle der Vollendung des 65. Lebensjahres tritt, wenn sie vor dem 1. Januar 2012 in den Ruhestand versetzt werden, die Vollendung des 63. Lebensjahres.
2. An die Stelle der Vollendung des 65. Lebensjahres tritt, wenn sie nach dem 31. Dezember 2011 und vor dem 1. Januar 2024 in den Ruhestand versetzt werden, das Erreichen folgenden Lebensalters:

Zeitpunkt der Versetzung in den Ruhestand vor dem	Lebensalter	
	Jahr	Monat
1. Februar 2012	63	1
1. März 2012	63	2
1. April 2012	63	3
1. Mai 2012	63	4
1. Juni 2012	63	5

Zeitpunkt der Versetzung in den Ruhestand vor dem	Lebensalter	
	Jahr	Monat
1. Januar 2013	63	6
1. Januar 2014	63	7
1. Januar 2015	63	8
1. Januar 2016	63	9
1. Januar 2017	63	10
1. Januar 2018	63	11
1. Januar 2019	64	0
1. Januar 2020	64	2
1. Januar 2021	64	4
1. Januar 2022	64	6
1. Januar 2023	64	8
1. Januar 2024	64	10

3. Für Beamte, die vor dem 1. Januar 2024 in den Ruhestand versetzt werden, gilt § 14 Absatz 3 Satz 6 mit der Maßgabe, dass an die Stelle der Zahl „40“ die Zahl „35“ tritt.

§ 69i[1)] Übergangsregelung aus Anlass des Einsatzversorgungs-Verbesserungsgesetzes und des Bundeswehr-Attraktivitätssteigerungsgesetzes. [1] Ist der Anspruch nach § 43 in der Zeit vom 1. November 1991 bis zum 12. Dezember 2011 entstanden, beträgt die Unfallentschädigung

1. im Fall des § 43 Absatz 1 150 000 Euro,
2. im Fall des § 43 Absatz 2 Nummer 1 100 000 Euro,
3. im Fall des § 43 Absatz 2 Nummer 2 40 000 Euro,
4. im Fall des § 43 Absatz 2 Nummer 3 20 000 Euro.

[2] Aus gleichem Anlass bereits gewährte Leistungen nach § 43 sind anzurechnen.

§ 69j[2)] Übergangsregelung aus Anlass des Professorenbesoldungsneuregelungsgesetzes. [1] Die ruhegehaltfähigen Dienstbezüge nach § 5 Absatz 1 Satz 1 Nummer 1 und 4 der Professoren sowie der hauptberuflichen Leiter von Hochschulen und Mitglieder von Leitungsgremien an Hochschulen, die vor dem 1. Januar 2013 aus einem Amt der Besoldungsgruppe W 2 oder W 3 in den Ruhestand versetzt worden sind, werden neu festgesetzt. [2] § 77a des Bundesbesoldungsgesetzes[3)] gilt entsprechend. [3] Die ruhegehaltfähigen Dienstbezüge nach Satz 1 sind nach Maßgabe des Satzes 2 zusammen mindestens in der Höhe festzusetzen, in der sie auf der Grundlage des bis zum 31. Dezember

[1)] § 69i eingef. mWv 26.7.2012 durch G v. 21.7.2012 (BGBl. I S. 1583); Überschrift und Satz 1 *einl. Satzteil geänd. mWv 23.5.2015* durch G v. 13.5.2015 (BGBl. I S. 706).
[2)] § 69j angef. mWv 1.1.2013 durch G v. 11.6.2013 (BGBl. I S. 1514).
[3)] Nr. **230**.

2012 geltenden Rechts festgesetzt worden sind. [4]Für Hinterbliebene gelten die Sätze 1 bis 3 entsprechend.

§ 69k[1)] Übergangsregelung aus Anlass des Gesetzes zur Änderung des Versorgungsrücklagegesetzes und weiterer dienstrechtlicher Vorschriften.

[1]Für Versorgungsfälle, die vor dem 11. Januar 2017 eingetreten sind, sind § 6 Absatz 1 Satz 2 Nummer 1, § 8 Absatz 1, § 9 Absatz 1, § 10 Satz 1, die §§ 11, 12 Absatz 1 Satz 1 und Absatz 2, § 13 Absatz 2 Satz 1 und 3, § 14a Absatz 2 Satz 1, § 38 Absatz 2 Nummer 2 und § 55 Absatz 2 in der bis zum 10. Januar 2017 geltenden Fassung anzuwenden. [2]Satz 1 gilt entsprechend für künftige Hinterbliebene eines vor dem 11. Januar 2017 vorhandenen Versorgungsempfängers.

§ 69l[2)] Übergangsregelung zu § 55. [1]§ 55 Absatz 1 Satz 2 Nummer 1a gilt nicht für Versorgungsfälle, die am 14. Juni 2017 vorhanden waren. [2]Für Versorgungsfälle, die nach dem 14. Juni 2017 eintreten, sind Renten nach dem Gesetz über die Alterssicherung der Landwirte[3)] mit der Maßgabe zu berücksichtigen, dass der Teil der Rente nach dem Gesetz über die Alterssicherung der Landwirte außer Ansatz bleibt, der auf rentenrechtlichen Zeiten beruht, die bis zum 14. Juni 2017 zurückgelegt worden sind.

§ 69m[4)] Übergangsregelung aus Anlass des Besoldungsstrukturenmodernisierungsgesetzes. (1) [1]§ 6a findet auf am 30. Juni 2020 vorhandene Beamte Anwendung, wenn eine Verwendung im Sinne des § 6a Absatz 1 vor dem 1. Juli 2020

1. begonnen hat und über diesen Zeitpunkt hinaus andauert oder
2. bereits beendet war und der Beamte auf Grund dieser Verwendung einen Anspruch auf eine laufende Alterssicherungsleistung hat oder
3. bereits beendet war und der Beamte auf Grund dieser Verwendung einen Anspruch auf eine Alterssicherungsleistung in Form eines Kapitalbetrages (§ 6a Absatz 2) hat mit den Maßgaben, dass
   a) abweichend von § 6a Absatz 3 Satz 1 der Kapitalbetrag vom Beginn des auf die Beendigung der Verwendung folgenden Monats bis zum 30. Juni 2020 zu verzinsen ist und
   b) der Antrag nach § 6a Absatz 4 Satz 1 bis zum 31. Januar 2022 gestellt werden kann.

[2]Die Zeit einer vor dem 1. Juli 2020 bereits beendeten Verwendung im Dienst einer zwischenstaatlichen oder überstaatlichen Einrichtung ist ungeachtet des § 6a ruhegehaltfähig, sofern die für diese Zeit zustehende Alterssicherungsleistung im Sinne des § 6a Absatz 2 bereits vor dem 1. Juli 2020 an den Dienstherrn abgeführt worden ist.

(2) [1]Für am 30. Juni 2020 vorhandene Versorgungsempfänger gilt vorbehaltlich von Satz 2 die bisherige Rechtslage weiter, insbesondere sind § 6 Absatz 3 Nummer 4, § 7 Satz 1 Nummer 1 Buchstabe b, § 55 Absatz 1 Satz 8 und 9, die §§ 56, 69c

---

[1)] § 69k angef. mWv 11.1.2017 durch G v. 5.1.2017 (BGBl. I S. 17); Satz 1 geänd. mWv 11.1.2017 durch G v. 8.6.2017 (BGBl. I S. 1570).

[2)] § 69l angef. mWv 15.6.2017 durch G v. 8.6.2017 (BGBl. I S. 1570).

[3)] **Aichberger, SGB Nr. 30/10.**

[4)] § 69m angef. mWv 1.7.2020, Abs. 3 angef. mWv 1.9.2020 durch G v. 9.12.2019 (BGBl. I S. 2053); Abs. 2 Satz 2 geänd., Abs. 2a eingef. mWv 1.7.2020 durch G v. 28.6.2021 (BGBl. I S. 2250); Abs. 2a neu gef. mWv 1.7.2020 durch G v. 22.1.2024 (BGBl. 2024 I Nr. 17).

Absatz 5 sowie § 85 Absatz 6 Satz 2 bis 4 in der bis zum 30. Juni 2020 geltenden Fassung weiter anzuwenden; dabei bleiben § 69 Absatz 1 Nummer 2 Satz 2, Nummer 4 Satz 1, Nummer 6 Satz 1, Absatz 4 Satz 2, § 69a Nummer 3 Satz 2, Nummer 5 Satz 3 und § 69e Absatz 1 Nummer 3 Satz 1 unberührt. [2] Versorgungsempfänger nach Satz 1, deren Ruhensbetrag mittels Höchstgrenzenberechnung nach § 56 Absatz 1 Satz 1 in Verbindung mit Absatz 2 in einer zwischen dem 1. Oktober 1994 und dem 30. Juni 2020 anzuwendenden Fassung bestimmt wird, können einmalig für die Zukunft beantragen, dass ihr Ruhegehalt in Höhe von 1,79375 Prozent der ruhegehaltfähigen Dienstbezüge für jedes Jahr einer Verwendung im öffentlichen Dienst einer zwischenstaatlichen oder überstaatlichen Einrichtung ruht; der Unterschiedsbetrag nach § 50 Absatz 1 ruht für jedes Jahr einer Verwendung im öffentlichen Dienst einer zwischenstaatlichen oder überstaatlichen Einrichtung in Höhe von 2,5 Prozent. [3] Bei der Anwendung von Satz 2 ist § 69c Absatz 5 Satz 1 bis 4 in der bis zum 30. Juni 2020 geltenden Fassung vorrangig zu berücksichtigen. [4] Dienstzeiten, die über volle Jahre hinausgehen, sind einzubeziehen; § 14 Absatz 1 Satz 2 und 3 gilt entsprechend. [5] Zeiten ab Beginn des Ruhestandes sind nicht zu berücksichtigen, es sei denn, sie führen zu einer Erhöhung des Ruhegehaltssatzes. [6] Die zuständige Behörde erteilt auf schriftlichen oder elektronischen Antrag Auskunft zur Höhe des Ruhensbetrages nach Satz 2 zu dem nach Satz 7 oder 8 maßgeblichen Zeitpunkt. [7] Anträge, die bis zum 31. Juli 2021 gestellt werden, gelten als zum 1. Juli 2020 gestellt. [8] Wird der Antrag später gestellt, tritt die Änderung mit Beginn des Antragsmonats ein. [9] Vor dem Änderungszeitpunkt entstandene Ruhensbeträge bleiben unberührt. [10] Die Sätze 1 bis 9 gelten entsprechend für künftige Hinterbliebene eines vor dem 1. Juli 2020 vorhandenen Ruhestandsbeamten.

(2a) [1] Versorgungsempfänger nach Absatz 2 Satz 1, deren Ruhensbetrag nach § 56 in einer bis zum 30. September 1994 geltenden Fassung oder auf Grund der verwendungszeitbezogenen Mindestbestimmung nach § 56 Absatz 1 Satz 1 erster Teilsatz in einer zwischen dem 1. Oktober 1994 und dem 30. Juni 2020 anzuwendenden Fassung bestimmt wird, können einmalig für die Zukunft beantragen, dass bei der Ermittlung des Ruhensbetrages Zeiten ab Beginn des Ruhestandes nicht zu berücksichtigen sind. [2] Dies gilt nicht, wenn die Zeiten nach Beginn des Ruhestandes zu einer Erhöhung des Ruhegehaltssatzes führen. [3] Absatz 2 Satz 4 und 6 bis 9 gilt entsprechend. [4] Die Sätze 1 bis 3 gelten entsprechend für Hinterbliebene eines Ruhestandsbeamten nach Absatz 2 Satz 1.

(3) [1] Für am 31. August 2020 vorhandene Ruhestandsbeamte, bei denen eine ruhegehaltfähige Zeit nach § 85 Absatz 7 in der bis zum 31. August 2020 geltenden Fassung berücksichtigt worden ist, ist § 50a auf schriftlichen oder elektronischen Antrag anzuwenden. [2] Dem Antrag ist stattzugeben, wenn am 1. September 2020 das Ruhegehalt ohne Zeiten nach § 85 Absatz 7 Satz 1 in der bis zum 31. August 2020 geltenden Fassung zusammen mit dem Kindererziehungszuschlag nach § 50a Absatz 1 in Verbindung mit Absatz 2 Satz 1 Nummer 1 sowie Absatz 5 und 6 dieses Gesetzes das Ruhegehalt übersteigt, das sich unter Berücksichtigung des § 85 Absatz 7 in der bis zum 31. August 2020 geltenden Fassung ergibt. [3] Anträge, die innerhalb von drei Monaten ab dem 1. September 2020 gestellt werden, gelten als zum 1. September 2020 gestellt. [4] Wird der Antrag zu einem späteren Zeitpunkt gestellt, tritt die Änderung mit Beginn des Antragsmonats ein. [5] Wurde dem Antrag stattgegeben, ist § 85 Absatz 7 in der bis zum 31. August 2020 geltenden Fassung ab dem Zeitpunkt der Gewährung eines Kindererziehungszuschlags nach § 50a nicht mehr anzuwenden. [6] Die Sätze 1 bis 5 gelten entsprechend für vor dem 1. September 2020 vorhandene Hinterbliebene.

§ 69n[1] Übergangsregelung aus Anlass der Einführung der Ruhegehaltfähigkeit von Stellenzulagen. (1) [1]Die Stellenzulagen nach Anlage I Vorbemerkung Nummer 8 und 9 des Bundesbesoldungsgesetzes[2] gehören für diejenigen am 31. Dezember 2023 vorhandenen Ruhestandsbeamten zu den ruhegehaltfähigen Dienstbezügen,

1. deren Ruhestand nach dem 31. Dezember 2007 oder, sofern dem Ruhegehalt eine der Besoldungsgruppen A 1 bis A 9 zugrunde liegt, nach dem 31. Dezember 2010 begann, und
2. die bei Versetzung oder Eintritt in den Ruhestand die Voraussetzungen der Anlage I Vorbemerkung Nummer 3a des Bundesbesoldungsgesetzes in der ab 1. Januar 2024 geltenden Fassung erfüllt haben.

[2]In den Fällen des § 81 Satz 2 des Bundesbesoldungsgesetzes ist Nummer 1 nicht anzuwenden. [3]Der als ruhegehaltfähiger Dienstbezug zu berücksichtigende Betrag der jeweiligen Stellenzulage ergibt sich aus der zum Zeitpunkt des letztmaligen Bezuges der jeweiligen Stellenzulage geltenden Anlage IX des Bundesbesoldungsgesetzes. [4]Eine Nachzahlung für Zeiträume vor dem 1. Januar 2024 erfolgt nicht.

(2) [1]Die Berücksichtigung der Stellenzulagen nach Anlage I Vorbemerkung Nummer 8 und 9 des Bundesbesoldungsgesetzes gemäß Absatz 1 als ruhegehaltfähiger Dienstbezug erfolgt nur auf schriftlichen oder elektronischen Antrag, der bei der für die Festsetzung der Versorgungsbezüge zuständigen Stelle einzureichen ist. [2]Anträge, die bis zum 31. Dezember 2024 gestellt werden, gelten als zum 1. Januar 2024 gestellt. [3]Wird der Antrag zu einem späteren Zeitpunkt gestellt, tritt die Änderung zum Beginn des Antragsmonats ein.

§ 69o[3] Übergangsregelungen zu Unfallfürsorgeleistungen. (1) [1]Personen, die im Dezember 2024 einen Unfallausgleich nach § 35 in der bis zum 31. Dezember 2024 geltenden Fassung erhalten haben, wird diese Leistung weitergewährt, solange in den Verhältnissen, die für die Feststellung maßgebend gewesen sind, keine wesentliche Änderung eingetreten ist. [2]Eine höhere Leistung nach § 35 tritt anstelle der Leistung nach Satz 1.

(2) [1]Auf Personen mit einer Minderung der Erwerbsfähigkeit um weniger als 30 Prozent, die im Dezember 2024 einen Unterhaltsbeitrag nach § 38 oder § 38a in der jeweils bis zum 31. Dezember 2024 geltenden Fassung erhalten haben, finden die §§ 38 beziehungsweise 38a in der bis zum 31. Dezember 2024 geltenden Fassung weiter Anwendung. [2]Satz 1 gilt nur, solange in den Verhältnissen, die für die Feststellung des jeweiligen Unterhaltsbeitrags maßgebend gewesen sind, keine wesentliche Änderung eingetreten ist.

Abschnitt 11.[4] Anpassung der Versorgungsbezüge

§ 70 Allgemeine Anpassung. (1) Werden die Dienstbezüge der Besoldungsberechtigten allgemein erhöht oder vermindert, sind von demselben Zeitpunkt an die Versorgungsbezüge durch Bundesgesetz entsprechend zu regeln.

(2) Als allgemeine Änderung der Dienstbezüge im Sinne des Absatzes 1 gelten auch die Neufassung der Grundgehaltstabelle mit unterschiedlicher Änderung der

[1] § 69n angef. mWv 1.1.2024 durch G v. 22.12.2023 (BGBl. 2023 I Nr. 414).
[2] Nr. **230**.
[3] § 69o angef. mWv 1.1.2025 durch G v. 18.12.2024 (BGBl. 2024 I Nr. 423).
[4] 11. Abschnitt Überschrift geänd. mWv 1.1.2020 durch G v. 9.12.2019 (BGBl. I S. 2053).

Grundgehaltssätze und die allgemeine Erhöhung oder Verminderung der Dienstbezüge um feste Beträge.

§ 71[1] **Erhöhung der Versorgungsbezüge.** (1) [1]Bei Versorgungsempfängern gilt die Erhöhung nach § 14 Absatz 2 Nummer 1 des Bundesbesoldungsgesetzes[2] entsprechend für die

1. in § 5 Absatz 1 Satz 1 Nummer 1 dieses Gesetzes und § 84 Nummer 1 des Bundesbesoldungsgesetzes genannten Bezügebestandteile sowie
2. den Versorgungsbezügen zugrunde liegenden
   a) Grundvergütungen,
   b) Grundgehälter nach fortgeltenden oder früheren Besoldungsordnungen.

[2]Satz 1 gilt entsprechend für Empfänger von Versorgungsbezügen der weggefallenen Besoldungsgruppen A 1 und A 2.

(2) Bei Versorgungsempfängern gilt die Erhöhung nach § 14 Absatz 2 Nummer 3 des Bundesbesoldungsgesetzes entsprechend für die

1. den Versorgungsbezügen zugrunde liegenden Amtszulagen,
2. in § 84 Nummer 3 und 4 des Bundesbesoldungsgesetzes genannten Bezügebestandteile.

(3) Ab dem 1. März 2024 werden um 5,3 Prozent erhöht

1. den Versorgungsbezügen zugrunde liegende Leistungsbezüge nach § 5 Absatz 1 Satz 1 Nummer 4, soweit sie nach einer auf Grund des § 33 Absatz 4 des Bundesbesoldungsgesetzes erlassenen Rechtsverordnung an den regelmäßigen Besoldungsanpassungen teilnehmen,
2. der Überleitungsbetrag nach § 69g Absatz 1 Nummer 1 Buchstabe a Satz 3 sowie nach § 69g Absatz 2 Nummer 1 Satz 2.

(4) [1]Versorgungsbezüge, deren Berechnung ein Ortszuschlag nach dem Bundesbesoldungsgesetz in der bis zum 30. Juni 1997 geltenden Fassung nicht zugrunde liegt, werden ab dem 1. März 2024 um 5,2 Prozent erhöht, wenn der Versorgungsfall vor dem 1. Juli 1997 eingetreten ist. [2]Satz 1 gilt entsprechend für

1. Hinterbliebene eines vor dem 1. Juli 1997 vorhandenen Versorgungsempfängers,
2. Versorgungsbezüge, die in festen Beträgen festgesetzt sind,
3. den Betrag nach Artikel 13 § 2 Absatz 4 des Fünften Gesetzes zur Änderung besoldungsrechtlicher Vorschriften vom 28. Mai 1990 (BGBl. I S. 967).

§ 72[3] **Sonderzahlung zur Abmilderung der Folgen gestiegener Verbraucherpreise im Jahr 2023.** (1) [1]Zur Abmilderung der Folgen der gestiegenen Verbraucherpreise wird den am 1. Mai 2023 vorhandenen Versorgungsempfängern für den Monat Juni 2023 eine einmalige Sonderzahlung gewährt, die sich nach dem jeweils maßgeblichen Ruhegehaltssatz und den Anteilssätzen des Witwen- und Waisengeldes sowie des Unterhaltsbeitrages aus dem Betrag von 1 240 Euro ergibt. [2]Bei Empfängern von Mindestversorgungsbezügen gilt der jeweils maßgebliche Mindestruhegehaltssatz. [3]Abweichend davon wird den am 1. Mai 2023 vorhandenen Versorgungsempfängern im Sinne des § 71 Absatz 4 für den Monat Juni 2023 die einmalige Sonderzahlung gewährt in Höhe von

---

[1] § 71 neu gef. mWv 1.6.2023 durch G v. 22.12.2023 (BGBl. 2023 I Nr. 414).
[2] Nr. **230**.
[3] § 72 neu gef. mWv 1.6.2023 durch G v. 22.12.2023 (BGBl. 2023 I Nr. 414).

1. 744 Euro für Ruhegehaltsempfänger,
2. 446 Euro für Witwen und versorgungsberechtigte geschiedene Ehefrauen,
3. 149 Euro für Empfänger von Vollwaisengeld und
4. 88 Euro für Empfänger von Halbwaisengeld.

(2) [1] Zur Abmilderung der Folgen der gestiegenen Verbraucherpreise wird Empfängern von laufenden Versorgungsbezügen ferner jeweils für die Monate Juli 2023 bis Februar 2024 eine monatliche Sonderzahlung neben ihren Versorgungsbezügen gewährt. [2] Die Sonderzahlung wird in der Höhe gewährt, die sich nach dem jeweils maßgeblichen Ruhegehaltssatz und den Anteilssätzen des Witwen- und Waisengeldes sowie des Unterhaltsbeitrages aus dem Betrag von 220 Euro ergibt; Absatz 1 Satz 2 gilt entsprechend. [3] Abweichend davon wird den Versorgungsempfängern von laufenden Versorgungsbezügen im Sinne des § 71 Absatz 4 die monatliche Sonderzahlung jeweils für die Monate Juli 2023 bis Februar 2024 gewährt in Höhe von

1. 132 Euro für Ruhegehaltsempfänger,
2. 79 Euro für Witwen und versorgungsberechtigte geschiedene Ehefrauen,
3. 26 Euro für Empfänger von Vollwaisengeld und
4. 16 Euro für Empfänger von Halbwaisengeld.

(3) Die Sonderzahlung gilt nicht als Teil des Ruhegehaltes und bleibt bei der Anwendung von Ruhens-, Anrechnungs- und Kürzungsvorschriften sowie bei Vorschriften über die anteilige Kürzung außer Betracht.

(4) [1] Die Sonderzahlung wird jedem Versorgungsempfänger nur einmal gewährt. [2] Beim Zusammentreffen mit einer entsprechenden Leistung aus einem anderen Rechtsverhältnis im öffentlichen Dienst des Bundes wird die Sonderzahlung mit der Maßgabe gewährt, dass

1. der Anspruch aus einem Dienst- oder Arbeitsverhältnis dem Anspruch aus dem Rechtsverhältnis als Versorgungsempfänger vorgeht,
2. beim Zusammentreffen von Ruhegehalt mit Hinterbliebenenversorgung sich die Sonderzahlung nach dem Ruhegehalt bemisst und neben dem Ruhegehalt gewährt wird sowie
3. im Übrigen der Anspruch aus einem späteren Rechtsverhältnis als Versorgungsempfänger dem Anspruch aus einem früheren Rechtsverhältnis als Versorgungsempfänger vorgeht.

[3] Dem öffentlichen Dienst im Sinne des Satzes 2 steht der Dienst bei öffentlich-rechtlichen Religionsgesellschaften und ihren Verbänden gleich.

§§ 73–76 (weggefallen)

Abschnitt 12.[1] (weggefallen)

§§ 77–83 (weggefallen)

Abschnitt 13.[2] Übergangsvorschriften alten Rechts

§ 84[3] Ruhegehaltfähige Dienstzeit. [1] Für am 1. Januar 1977 vorhandene Beamte können zum Ausgleich von Härten Zeiten, die nach dem bis zum 31. Dezem-

[1] 12. Abschnitt Überschrift geänd. mWv 1.1.2020 durch G v. 9.12.2019 (BGBl. I S. 2053).
[2] 13. Abschnitt Überschrift geänd. mWv 1.1.2020 durch G v. 9.12.2019 (BGBl. I S. 2053).
[3] § 84 Satz 2 geänd. mWv 1.1.2020 durch G v. 9.12.2019 (BGBl. I S. 2053).

ber 1976 geltenden Recht ruhegehaltfähig waren, als ruhegehaltfähig galten oder als ruhegehaltfähig berücksichtigt werden konnten und vor dem 1. Januar 1977 zurückgelegt worden sind, im Anwendungsbereich des bis zum 31. Dezember 1976 geltenden Rechts als ruhegehaltfähig berücksichtigt werden. [2]Die Entscheidung trifft das Bundesministerium des Innern, für Bau und Heimat.

§ 85[1)] Ruhegehaltssatz für am 31. Dezember 1991 vorhandene Beamte.

(1) [1]Hat das Beamtenverhältnis, aus dem der Beamte in den Ruhestand tritt, oder ein unmittelbar vorangehendes anderes öffentlich-rechtliches Dienstverhältnis bereits am 31. Dezember 1991 bestanden, bleibt der zu diesem Zeitpunkt erreichte Ruhegehaltssatz gewahrt. [2]Dabei richtet sich die Berechnung der ruhegehaltfähigen Dienstzeit und des Ruhegehaltssatzes nach dem bis zum 31. Dezember 1991 geltenden Recht; § 14 Absatz 1 Satz 1 Halbsatz 2 und 3 findet hierbei keine Anwendung. [3]Der sich nach den Sätzen 1 und 2 ergebende Ruhegehaltssatz steigt mit jedem Jahr, das vom 1. Januar 1992 an nach dem von diesem Zeitpunkt an geltenden Recht als ruhegehaltfähige Dienstzeit zurückgelegt wird, um ein Prozent der ruhegehaltfähigen Dienstbezüge bis zum Höchstsatz von fünfundsiebzig Prozent; insoweit gilt § 14 Absatz 1 Satz 2 und 3 entsprechend. [4]Bei der Anwendung von Satz 3 bleiben Zeiten bis zur Vollendung einer zehnjährigen ruhegehaltfähigen Dienstzeit außer Betracht; § 13 Absatz 1 findet in der bis zum 31. Dezember 1991 geltenden Fassung Anwendung. [5]§ 14 Absatz 3 findet Anwendung.

(2) Für die Beamten auf Zeit, deren Beamtenverhältnis über den 31. Dezember 1991 hinaus fortbesteht, ist § 66 Absatz 2, 4 und 6 in der bis zum 31. Dezember 1991 geltenden Fassung anzuwenden.

(3) [1]Hat das Beamtenverhältnis, aus dem der Beamte in den Ruhestand tritt, oder ein unmittelbar vorangehendes anderes öffentlich-rechtliches Dienstverhältnis bereits am 31. Dezember 1991 bestanden und erreicht der Beamte vor dem 1. Januar 2002 die für ihn jeweils maßgebende gesetzliche Altersgrenze, so richtet sich die Berechnung der ruhegehaltfähigen Dienstzeit und des Ruhegehaltssatzes nach dem bis zum 31. Dezember 1991 geltenden Recht. [2]Satz 1 gilt entsprechend, wenn ein von dieser Vorschrift erfasster Beamter vor dem Zeitpunkt des Erreichens der jeweils maßgebenden gesetzlichen Altersgrenze wegen Dienstunfähigkeit oder auf Antrag in den Ruhestand versetzt wird oder verstirbt.

(4) [1]Der sich nach Absatz 1, 2 oder 3 ergebende Ruhegehaltssatz wird der Berechnung des Ruhegehalts zugrunde gelegt, wenn er höher ist als der Ruhegehaltssatz, der sich nach diesem Gesetz für die gesamte ruhegehaltfähige Dienstzeit ergibt. [2]Der sich nach Absatz 1 ergebende Ruhegehaltssatz darf den Ruhegehaltssatz, der sich nach dem bis zum 31. Dezember 1991 geltenden Recht ergäbe, nicht übersteigen.

(5) Hat das Beamtenverhältnis, aus dem der Beamte in den Ruhestand tritt, oder ein unmittelbar vorangehendes anderes öffentlich-rechtliches Dienstverhältnis bereits am 31. Dezember 1991 bestanden, ist § 14 Absatz 3 mit folgenden Maßgaben anzuwenden:

[1)] § 85 Abs. 12 angef. mWv 22.3.2012 durch G v. 15.3.2012 (BGBl. I S. 462); Abs. 1 Satz 3, Abs. 5 und *Abs. 11 geänd. mWv 1.1.2020*, Abs. 6 Sätze 2–4 aufgeh., bish. Satz 5 wird Satz 2 mWv 1.7.2020, Abs. 7 aufgeh. mWv 1.9.2020 durch G v. 9.12.2019 (BGBl. I S. 2053); Abs. 11 geänd. mWv 1.7.2020 durch G v. 28.6.2021 (BGBl. I S. 2250); Abs. 8 Satz 2 angef. mWv 1.1.2024 durch G v. 22.1.2024 (BGBl. 2024 I Nr. 17); Abs. 8 Satz 2 neu gef., Satz 3 angef. mWv 1.1.2025 durch G v. 18.12.2024 (BGBl. 2024 I Nr. 423).

Bei Erreichen der Altersgrenze nach § 42 Absatz 4 Satz 1 Nummer 2 des Bundesbeamtengesetzes oder entsprechendem Landesrecht		beträgt der Prozentsatz der Minderung für jedes Jahr
vor dem	1. Januar 1998	0,0,
nach dem	31. Dezember 1997	0,6,
nach dem	31. Dezember 1998	1,2,
nach dem	31. Dezember 1999	1,8,
nach dem	31. Dezember 2000	2,4,
nach dem	31. Dezember 2001	3,0,
nach dem	31. Dezember 2002	3,6.

(6) [1] Errechnet sich der Ruhegehaltssatz nach Absatz 1 in Verbindung mit Absatz 4 Satz 2, Absatz 2 oder 3, ist entsprechend diesen Vorschriften auch der Ruhegehaltssatz für die Höchstgrenze nach § 54 Absatz 2 und § 55 Absatz 2 zu berechnen. [2] § 14 Absatz 1 Satz 2 bis 4 gilt entsprechend.

(7) *(aufgehoben)*

(8) [1] Auf die am 31. Dezember 1991 vorhandenen Beamten, denen auf Grund eines bis zu diesem Zeitpunkt erlittenen Dienstunfalles ein Unfallausgleich gewährt wird, findet § 35 in der bis zum 31. Dezember 1991 geltenden Fassung Anwendung. [2] Anspruchsberechtigten nach Satz 1, die im Dezember 2024 einen Unfallausgleich erhalten, wird diese Leistung weitergewährt, solange in den Verhältnissen, die für die Feststellung des Unfallausgleichs maßgebend gewesen sind, keine wesentliche Änderung eingetreten ist. [3] Eine höhere Leistung nach § 35 tritt jeweils anstelle der Leistung nach Satz 2.

(9) Bei der Anwendung der Absätze 1 und 3 bleibt der am 31. Dezember 1991 erreichte Ruhegehaltssatz auch dann gewahrt, wenn dem Beamtenverhältnis, aus dem der Beamte in den Ruhestand tritt, mehrere öffentlich-rechtliche Dienstverhältnisse in unmittelbarem zeitlichen Zusammenhang mit dem am 31. Dezember 1991 bestehenden öffentlich-rechtlichen Dienstverhältnis vorangegangen sind.

(10) Einem öffentlich-rechtlichen Dienstverhältnis steht ein Beschäftigungsverhältnis im Sinne des § 5 Absatz 1 Nummer 2 und des § 6 Absatz 1 Nummer 2 des Sechsten Buches Sozialgesetzbuch[1)] gleich.

(11) Für den nach den Absätzen 1 bis 4 ermittelten Ruhegehaltssatz gilt § 69e Absatz 4 entsprechend.

(12) Die §§ 12a und 12b sind anzuwenden.

§ 85a Erneute Berufung in das Beamtenverhältnis. [1] Bei einem nach § 46 oder § 57 des Bundesbeamtengesetzes[2)] erneut in das Beamtenverhältnis berufenen Beamten bleibt der am Tag vor der erneuten Berufung in das Beamtenverhältnis vor Anwendung von Ruhens-, Kürzungs- und Anrechnungsvorschriften zustehende Betrag des Ruhegehalts gewahrt. [2] Tritt der Beamte erneut in den Ruhestand, wird die ruhgehaltfähige Dienstzeit und das Ruhegehalt nach dem im Zeitpunkt der Zurruhesetzung geltenden Recht berechnet. [3] Bei der Anwendung des § 85 Absatz 1 und 3 gilt die Zeit des Ruhestandes nicht als Unterbrechung des Beamtenverhältnisses; die Zeit im Ruhestand ist nicht ruhegehaltfähig. [4] Das höhere Ruhegehalt wird gezahlt.

[1)] **Aichberger, SGB Nr. 6.**
[2)] Nr. **160**.

§ 86 Hinterbliebenenversorgung. (1) Die Gewährung von Unterhaltsbeiträgen an geschiedene Ehegatten richtet sich nach den bis zum 31. Dezember 1976 geltenden beamtenrechtlichen Vorschriften, wenn die Ehe vor dem 1. Juli 1977 geschieden, aufgehoben oder für nichtig erklärt worden ist.

(2) [1] Die Vorschrift des § 19 Absatz 1 Satz 2 Nummer 2 über den Ausschluss von Witwengeld findet keine Anwendung, wenn die Ehe am 1. Januar 1977 bestanden und das bis zu diesem Zeitpunkt geltende Landesrecht den Ausschlussgrund nicht enthalten hat. [2] An die Stelle des fünfundsechzigsten Lebensjahres in § 19 Absatz 1 Satz 2 Nummer 2 tritt ein in der bis zum 31. Dezember 1976 geltenden landesrechtlichen Vorschrift vorgesehenes höheres Lebensalter, wenn die Ehe am 1. Januar 1977 bestanden hat.

(3) Die Vorschriften über die Kürzung des Witwengeldes bei großem Altersunterschied der Ehegatten (§ 20 Absatz 2) finden keine Anwendung, wenn die Ehe am 1. Januar 1977 bestanden und das bis zu diesem Zeitpunkt für den Beamten oder Ruhestandsbeamten geltende Landesrecht entsprechende Kürzungsvorschriften nicht enthalten hat.

(4) Die Vorschrift des § 22 Absatz 2 in der bis zum 31. Juli 1989 geltenden Fassung findet Anwendung, wenn ein Scheidungsverfahren bis zum 31. Juli 1989 rechtshängig geworden ist oder die Parteien bis zum 31. Juli 1989 eine Vereinbarung nach § 1587o des Bürgerlichen Gesetzbuchs[1)] in der bis zum 31. August 2009 geltenden Fassung getroffen haben.

§ 87[2)] Unfallfürsorge. (1) Für die am 1. Januar 1977 vorhandenen Beamten steht ein vor diesem Zeitpunkt erlittener Dienstunfall im Sinne des bisherigen Bundes- oder Landesrechts dem Dienstunfall im Sinne dieses Gesetzes gleich.

(2) *(aufgehoben)*

(3) Eine Entschädigung aus einer Unfallversicherung, für die der Dienstherr die Beiträge gezahlt hat, ist auf die Unfallentschädigung nach § 43 Absatz 3 anzurechnen.

§ 88 Abfindung. (1) Bei der Entlassung einer verheirateten Beamtin bis zum 31. August 1977 finden die bisherigen Vorschriften über die Abfindung nach § 152 des Bundesbeamtengesetzes[3)] oder dem entsprechenden bisherigen Landesrecht weiter Anwendung.

(2) [1] Eine erneut in das Beamtenverhältnis berufene Beamtin kann eine früher erhaltene Abfindung an ihren neuen Dienstherrn zurückzahlen. [2] Hierbei sind anstelle der Dienstbezüge, die der Abfindung zugrunde lagen, die Dienstbezüge nach § 1 Absatz 2 Nummer 1 bis 4 des Bundesbesoldungsgesetzes[4)] nach der Besoldungsgruppe des vor der Abfindung innegehabten Amtes zugrunde zu legen,

(Fortsetzung nächstes Blatt)

[1)] ***Habersack* Nr. 20.**
[2)] § 87 Abs. 2 aufgeh. mWv 1.8.2021 durch G v. 28.6.2021 (BGBl. I S. 2250).
[3)] Nr. **160**.
[4)] Nr. **230**.

die sich ergeben würden, wenn die im Zeitpunkt der erneuten Berufung in das Beamtenverhältnis maßgebenden Grundgehalts- und Familienzuschlagssätze im Monat vor der Entlassung gegolten hätten. [3] Der Antrag auf Rückzahlung ist innerhalb einer Ausschlussfrist von zwei Jahren nach Inkrafttreten dieses Gesetzes, bei erneuter Berufung in das Beamtenverhältnis auf Lebenszeit nach dem Inkrafttreten dieses Gesetzes innerhalb einer Ausschlussfrist von zwei Jahren nach der Berufung in das Beamtenverhältnis auf Lebenszeit zu stellen. [4] Eine teilweise Rückzahlung der Abfindung ist nicht zulässig. [5] Nach der Rückzahlung werden die Zeiten vor der Entlassung aus dem früheren Dienstverhältnis besoldungs- und versorgungsrechtlich so behandelt, als wäre eine Abfindung nicht gewährt worden. [6] Satz 5 gilt entsprechend, wenn eine Beamtin bei erneuter Berufung in das Beamtenverhältnis innerhalb der Ausschlussfrist nach Satz 3 auf eine zugesicherte aber noch nicht gezahlte Abfindungsrente verzichtet.

§ 89 (weggefallen)

§ 90[1)] Zusammentreffen von Versorgungsbezügen mit Versorgung aus zwischenstaatlicher und überstaatlicher Verwendung. (1) Bei der Anwendung des § 56 Absatz 1 bleibt die Zeit, die ein Beamter oder Ruhestandsbeamter vor dem 1. Juli 1968 im Dienst einer zwischenstaatlichen oder überstaatlichen Einrichtung tätig war, bis zu sechs Jahren außer Betracht.

(2) Auf die am 1. Juli 1968 vorhandenen Versorgungsempfänger findet § 56 Absatz 1 Satz 3 mit der Maßgabe Anwendung, dass ihnen zwölf Prozent der ruhegehaltfähigen Dienstbezüge als Versorgung verbleiben.

(3) Hat ein Beamter oder Versorgungsempfänger vor dem 1. Juli 1968 bei seinem Ausscheiden aus dem öffentlichen Dienst einer zwischenstaatlichen oder überstaatlichen Einrichtung anstelle einer Versorgung einen Kapitalbetrag als Abfindung oder Zahlung aus einem Versorgungsfonds erhalten, sind Absatz 1, § 56 Absatz 3 und § 69c Absatz 5 anzuwenden.

§ 91 Hochschullehrer, Wissenschaftliche Assistenten und Lektoren.

(1) [1] Auf die Versorgung der Hochschullehrer, Wissenschaftlichen Assistenten und Lektoren im Sinne des Kapitels I Abschnitt V, 3. Titel des Beamtenrechtsrahmengesetzes[2)] in der vor dem Inkrafttreten des Hochschulrahmengesetzes[3)] geltenden Fassung, die nicht als Professoren oder als Hochschulassistenten übernommen worden sind, und ihrer Hinterbliebenen finden die für Beamte auf Lebenszeit, auf Probe oder auf Widerruf geltenden Vorschriften dieses Gesetzes nach Maßgabe der bis zum 31. Dezember 1976 geltenden landesrechtlichen Vorschriften Anwendung. [2] § 67 Absatz 2 Satz 1 gilt entsprechend.

(2) Für Professoren, die nach dem 31. Dezember 1976 von ihren amtlichen Pflichten entbunden werden (Entpflichtung), und ihre Hinterbliebenen gilt Folgendes:

1. [1] Die §§ 53 bis 58, 62 und 65 finden Anwendung; hierbei gelten die Bezüge der entpflichteten Professoren als Ruhegehalt, die Empfänger als Ruhestandsbeamte. [2] § 65 gilt nicht für entpflichtete Hochschullehrer, die die Aufgaben der von ihnen bis zur Entpflichtung innegehabten Stelle vertretungsweise wahrnehmen.

[1)] § 90 Abs. 2 geänd. mWv 1.1.2020 durch G v. 9.12.2019 (BGBl. I S. 2053).
[2)] Nr. **150a**.
[3)] Nr. **500**.

2. Die Bezüge der entpflichteten Professoren gelten unter Hinzurechnung des dem Entpflichteten zustehenden, mindestens des zuletzt vor einer Überleitung nach dem nach § 72 des Hochschulrahmengesetzes erlassenen Landesgesetz zugesicherten Vorlesungsgeldes (Kolleggeldpauschale) als Höchstgrenze im Sinne des § 53 Absatz 2 Nummer 1 und 3 dieses Gesetzes sowie als ruhegehaltfähige Dienstbezüge im Sinne des § 53a Absatz 2 in der bis zum 31. Dezember 1998 geltenden Fassung.
3. [1] Für die Versorgung der Hinterbliebenen eines entpflichteten Hochschullehrers gilt dieses Gesetz mit der Maßgabe, dass sich die Bemessung des den Hinterbliebenenbezügen zugrunde zu legenden Ruhegehalts sowie die Bemessung des Sterbe-, Witwen- und Waisengeldes der Hinterbliebenen nach dem vor dem 1. Januar 1977 geltenden Landesrecht bestimmt. [2] Für die Anwendung des § 19 Absatz 1 Satz 2 Nummer 2 und des § 23 Absatz 2 gelten die entpflichteten Professoren als Ruhestandsbeamte.
4. [1] Für Professoren, die unter § 76 Absatz 4 des Hochschulrahmengesetzes fallen, wird abweichend von Nummer 2 das Vorlesungsgeld (Kolleggeldpauschale), das ihnen beim Fortbestand ihres letzten Beamtenverhältnisses als Professor im Landesdienst vor der Annahme des Beamtenverhältnisses an einer Hochschule der Bundeswehr zuletzt zugesichert worden wäre, der Höchstgrenze im Sinne des § 53 Absatz 2 Nummer 1 und 3 dieses Gesetzes sowie den ruhegehaltfähigen Dienstbezügen im Sinne des § 53a Absatz 2 in der bis zum 31. Dezember 1998 geltenden Fassung hinzugerechnet. [2] Für ihre Hinterbliebenen gilt in den Fällen der Nummer 3 das Landesrecht, das für das Beamtenverhältnis als Professor im Landesdienst maßgebend war.

(3) Die Versorgung der Hinterbliebenen eines nach dem nach § 72 des Hochschulrahmengesetzes erlassenen Landesgesetz übergeleiteten Professors, der einen Antrag nach § 76 Absatz 2 des Hochschulrahmengesetzes nicht gestellt hat, regelt sich nach § 67 dieses Gesetzes, wenn der Professor vor der Entpflichtung verstorben ist.

§§ 92–104 (weggefallen)

Abschnitt 14.[1)] Schlussvorschriften

§ 105 Außerkrafttreten. [1] Soweit Rechtsvorschriften den Vorschriften dieses Gesetzes entsprechen oder widersprechen, treten sie mit dem Inkrafttreten dieses Gesetzes außer Kraft. [2] Dies gilt nicht für die nachstehenden Vorschriften in der beim Inkrafttreten dieses Gesetzes geltenden Fassung:

1. § 27 Absatz 2 des Landesbesoldungsgesetzes Baden-Württemberg,
2. Artikel 77 Absatz 2, Artikel 77a, 123 des Gesetzes über kommunale Wahlbeamte des Landes Bayern,
3. § 191 des Landesbeamtengesetzes Berlin,
4. § 209 des Hamburgischen Beamtengesetzes,
5. Landesgesetze und Verwaltungsvereinbarungen über die Anwendung der Ruhensvorschriften bei Verwendung im Dienst öffentlich-rechtlicher Religionsgesellschaften und ihrer Verbände oder bei Ersatzschulen,

---

1) Bish. 15. Abschnitt (§§ 105–109) wird 14. Abschnitt mWv 1.1.2020 durch G v. 9.12.2019 (BGBl. I S. 2053).

6. Vorschriften über die Rechtsstellung der in den Bundestag oder den Landtag gewählten Beamten und Richter; solche Vorschriften können auch nach Inkrafttreten dieses Gesetzes noch erlassen werden.

§ 106 Verweisung auf aufgehobene Vorschriften. Soweit in Gesetzen und Verordnungen auf Vorschriften oder Bezeichnungen verwiesen wird, die durch dieses Gesetz außer Kraft treten oder aufgehoben werden, treten an ihre Stelle die entsprechenden Vorschriften oder die Bezeichnungen dieses Gesetzes.

§ 107[1] Ermächtigung zum Erlass von Rechtsverordnungen und Verwaltungsvorschriften. [1] Rechtsverordnungen nach diesem Gesetz bedürfen nicht der Zustimmung des Bundesrates. [2] Die zur Durchführung dieses Gesetzes erforderlichen allgemeinen Verwaltungsvorschriften erlässt das Bundesministerium des Innern, für Bau und Heimat im Einvernehmen mit dem Bundesministerium der Finanzen.[2]

§ 107a Überleitungsregelungen aus Anlass der Herstellung der Einheit Deutschlands. [1] Die Bundesregierung wird ermächtigt, durch Rechtsverordnung[3], die bis zum 31. Dezember 2009 zu erlassen ist, für die Beamtenversorgung Übergangsregelungen zu bestimmen, die den besonderen Verhältnissen in dem in Artikel 3 des Einigungsvertrages[4] genannten Gebiet Rechnung tragen. [2] Diese Verordnungsermächtigung erstreckt sich insbesondere auf Berechnungsgrundlagen, Höhe von Versorgungsleistungen und Ruhensregelungen abweichend von diesem Gesetz.

§ 107b[5] Verteilung der Versorgungslasten. (1) [1] Wird ein Beamter oder Richter im Einvernehmen mit seinem Dienstherrn in den Dienst eines anderen Dienstherrn übernommen, so tragen der aufnehmende Dienstherr und der abgebende Dienstherr bei Eintritt des Versorgungsfalles die Versorgungsbezüge anteilig nach Maßgabe der Absätze 2 bis 5, wenn der Beamte oder Richter bereits auf Lebenszeit ernannt worden ist und dem abgebenden Dienstherrn nach Ablegung der Laufbahnprüfung oder Feststellung der Befähigung mindestens fünf Jahre zur Dienstleistung zur Verfügung stand; dies gilt nicht für Beamte auf Zeit sowie für Beamte, die beim aufnehmenden Dienstherrn in ein Beamtenverhältnis auf Zeit berufen werden. [2] Bei einem bundesübergreifenden Dienstherrenwechsel gilt Satz 1 nur, wenn der Versorgungsfall vor dem Inkrafttreten des Versorgungslastenteilungs-Staatsvertrags für den Bund eingetreten ist. [3] In diesem Fall ist § 10 des Versorgungslastenteilungs-Staatsvertrags anzuwenden.

(2) [1] Versorgungsbezüge im Sinne des Absatzes 1 Satz 1 sind alle regelmäßig wiederkehrenden Leistungen aus dem Beamten- oder Richterverhältnis, die mit oder nach Eintritt des Versorgungsfalles fällig werden. [2] Ist dem Beamten oder Richter aus Anlass oder nach der Übernahme vom aufnehmenden Dienstherrn ein höherwertiges Amt verliehen worden, so bemisst sich der Anteil des abge-

---

[1] § 107 Satz 2 geänd. mWv 1.1.2020 durch G v. 9.12.2019 (BGBl. I S. 2053).

[2] Siehe die BeamtenversorgungsG-VwV v. 11.2.2021 (GMBl S. 234).

[3] Siehe die Beamtenversorgungs-ÜbergangsVO v. 19.3.1993 (BGBl. I S. 369, ber. 1998 S. 3128), zuletzt geänd. durch VO v. 8.1.2020 (BGBl. I S. 27).

[4] **Sartorius III Nr. 2.**

[5] § 107b Abs. 1 Sätze 2 und 3 angef., Abs. 2 Satz 1 geänd. mWv 1.1.2011 durch G v. 5.9.2010 (BGBl. I S. 1288 iVm Bek. v. 8.10.2010, BGBl. I S. 1404); Abs. 3 geänd. mWv 4.9.2013 durch G v. 28.8.2013 (BGBl. I S. 3386); Abs. 6 angef. mWv 1.1.2011 durch G v. 5.1.2017 (BGBl. I S. 17); Abs. 1 Satz 1 geänd. mWv 1.1.2020 durch G v. 9.12.2019 (BGBl. I S. 2053).

benden Dienstherrn so, wie wenn der Beamte oder Richter in dem beim abgebenden Dienstherrn zuletzt bekleideten Amt verblieben wäre. [3] Entsprechendes gilt für Berufungsgewinne im Hochschulbereich und für Zulagen für die Wahrnehmung einer höherwertigen Funktion.

(3) Wird der übernommene Beamte oder Richter vom aufnehmenden Dienstherrn in den einstweiligen Ruhestand versetzt, beginnt die Versorgungslastenbeteiligung des abgebenden Dienstherrn erst mit der Antragsaltersgrenze (§ 52 Absatz 3 des Bundesbeamtengesetzes[1)]) des Beamten oder Richters, spätestens jedoch mit Einsetzen der Hinterbliebenenversorgung.

(4) [1] Die Versorgungsbezüge werden in dem Verhältnis der beim abgebenden Dienstherrn abgeleisteten ruhegehaltfähigen Dienstzeiten zu den beim aufnehmenden Dienstherrn abgeleisteten ruhegehaltfähigen Dienstzeiten aufgeteilt, dabei bleiben Ausbildungszeiten (z.B. Studium, Vorbereitungsdienst) unberücksichtigt; Zeiten einer Beurlaubung, für die der beurlaubende Dienstherr die Ruhegehaltfähigkeit anerkannt oder zugesichert hat, stehen den bei ihm abgeleisteten ruhegehaltfähigen Dienstzeiten gleich. [2] Im Falle des Absatzes 3 wird die Zeit im einstweiligen Ruhestand, soweit sie ruhegehaltfähig ist, zu Lasten des aufnehmenden Dienstherrn berücksichtigt. [3] Zeiten, für die der Beamte oder Richter vor der Übernahme bereits zum aufnehmenden Dienstherrn abgeordnet war, gelten als beim abgebenden Dienstherrn abgeleistete Dienstzeiten.

(5) [1] Der aufnehmende Dienstherr hat die vollen Versorgungsbezüge auszuzahlen. [2] Ihm steht gegen den abgebenden Dienstherrn ein Anspruch auf die in den Absätzen 2 und 4 genannten Versorgungsanteile zu. [3] Zahlt an Stelle des aufnehmenden Dienstherrn eine Versorgungskasse die Versorgungsbezüge aus, hat der aufnehmende Dienstherr den ihm nach Satz 2 erstatteten Betrag an die Versorgungskasse abzuführen.

(6)[2)] [1] Ist ein Dienstherr zur Zahlung einer Abfindung nach Abschnitt 2 des Versorgungslastenteilungs-Staatsvertrages[3)] verpflichtet und hat zuvor bereits ein Dienstherrenwechsel im Sinne von Absatz 1 Satz 1 von einem anderen Dienstherrn nach § 2 des Bundesbeamtengesetzes stattgefunden, so hat der frühere Dienstherr dem abgebenden Dienstherrn die zu zahlende Abfindung vorbehaltlich des § 17 des Versorgungsrücklagegesetzes anteilig nach den bei ihm zurückgelegten Dienstzeiten zu erstatten. [2] Absatz 2 Satz 2 sowie § 6 Absatz 1 des Versorgungslastenteilungs-Staatsvertrages gelten entsprechend.

§ 107c Verteilung der Versorgungslasten bei erneuter Berufung in ein öffentlich-rechtliches Dienstverhältnis in dem in Artikel 3 des Einigungsvertrages genannten Gebiet. Erwirbt ein Ruhestandsbeamter oder Richter im Ruhestand eines Dienstherrn im Gebiet der Bundesrepublik Deutschland nach dem Stand vom 2. Oktober 1990 auf Grund einer zwischen dem 3. Oktober 1990 und dem 31. Dezember 1999 erfolgten Berufung in ein öffentlich-rechtliches Dienstverhältnis bei einem Dienstherrn in dem in Artikel 3 des Einigungsvertrages[4)] genannten Gebiet gegen diesen einen weiteren Versorgungsanspruch, so erstattet der frühere Dienstherr dem neuen Dienstherrn die Versorgungsbezüge in dem Umfang, in dem die beim früheren Dienstherrn entstandenen Versorgungs-

[1)] *Nr. 160.*

[2)] Siehe hierzu Art. 14 Abs. 2 Satz 2 G v. 5.1.2017 (BGBl. I S. 17): „Bereits abgeschlossene Vereinbarungen zur Verteilung der Versorgungslasten bleiben unberührt.".

[3)] **Sartorius III Nr. 867.**

[4)] **Sartorius III Nr. 2.**

ansprüche infolge der Ruhensvorschrift des § 54 nicht zur Auszahlung gelangen, sofern der Ruhestandsbeamte oder Richter im Ruhestand im Zeitpunkt der Berufung in das neue öffentlich-rechtliche Dienstverhältnis das fünfzigste Lebensjahr vollendet hatte.

§ 107d[1] Befristete Ausnahme für Verwendungseinkommen. [1] Für Ruhestandsbeamte, die ein Verwendungseinkommen aus einer Beschäftigung erzielen, die unmittelbar oder mittelbar

1. im Zusammenhang steht mit der Aufnahme, Betreuung oder Rückführung von Flüchtlingen und ihren Angehörigen oder
2. der Durchführung von migrationsspezifischen Sicherheitsaufgaben im Ausland dient,

beträgt die Höchstgrenze nach § 53 Absatz 2 Nummer 1 erste Alternative bis zum 31. Dezember 2023 120 Prozent der ruhegehaltfähigen Dienstbezüge aus der Endstufe der Besoldungsgruppe, aus der sich das Ruhegehalt berechnet, zuzüglich des jeweils zustehenden Unterschiedsbetrages nach § 50 Absatz 1. [2] Satz 1 gilt für Beamte, die wegen Dienstunfähigkeit oder nach § 52 des Bundesbeamtengesetzes[2] in den Ruhestand versetzt worden sind, erst nach Ablauf des Monats, in dem sie die Regelaltersgrenze nach § 51 Absatz 1 und 2 des Bundesbeamtengesetzes erreicht haben.

§ 107e[3] Sonderregelungen zur Bewältigung der COVID-19-Pandemie.

(1) [1] Für Ruhestandsbeamte, die ein Erwerbseinkommen aus einer Beschäftigung erzielen, die in unmittelbarem Zusammenhang mit der Bewältigung der Auswirkungen der COVID-19-Pandemie steht, beträgt die Höchstgrenze nach § 53 Absatz 2 Nummer 1 erste Alternative bis zum 31. Dezember 2022 150 Prozent der ruhegehaltfähigen Dienstbezüge aus der Endstufe der Besoldungsgruppe, aus der sich das Ruhegehalt berechnet, zuzüglich des jeweils zustehenden Unterschiedsbetrages nach § 50 Absatz 1. [2] § 53 Absatz 5 Satz 2 und 3 ist nicht anzuwenden. [3] Die Sätze 1 und 2 gelten nicht für Beamte, die wegen Dienstunfähigkeit oder nach § 52 Absatz 1 oder 2 des Bundesbeamtengesetzes[2] in den Ruhestand versetzt worden sind.

(2) Anspruch auf Waisengeld besteht auch dann, wenn wegen der Auswirkungen der COVID-19-Pandemie

1. eine Schul- oder Berufsausbildung oder ein freiwilliger Dienst im Sinne des § 61 Absatz 2 Satz 1 Nummer 1 Buchstabe a oder Buchstabe c nicht angetreten werden kann oder
2. die Übergangszeit nach § 61 Absatz 2 Satz 1 Nummer 1 Buchstabe b überschritten wird.

(3) Eine in der Zeit vom 1. März 2020 bis 31. März 2022 gewährte Leistung, die nach § 3 Nummer 11a des Einkommensteuergesetzes steuerfrei ist, gilt bis zu einem Betrag von 1500 Euro nicht als Erwerbseinkommen.

---

[1] § 107d neu gef. mWv 1.1.2019 durch G v. 29.11.2018 (BGBl. I S. 2232).

[2] Nr. **160**.

[3] § 107e eingef. mWv 1.1.2020 und aufgeh. mWv 1.1.2021 durch G v. 25.5.2020 (BGBl. I S. 1063); erneut eingef. mWv 1.1.2020, Abs. 2 aufgeh., bish. Abs. 3 wird Abs. 2 mWv 1.7.2021 durch G v. 28.6.2021 (BGBl. I S. 2250); Abs. 1 Satz 1 und Abs. 2 einl. Satzteil geänd., Abs. 3 angef. mWv 24.11.2021 durch G v. 22.11.2021 (BGBl. I S. 4906); Abs. 4 und 5 angef. mWv 24.11.2021 durch G v. 22.1.2024 (BGBl. 2024 I Nr. 17).

(4) Eine in der Zeit vom 18. November 2021 bis zum 31. Dezember 2022 gewährte Leistung, die nach § 3 Nummer 11b des Einkommensteuergesetzes steuerfrei ist, gilt bis zu einem Betrag von 4 500 Euro nicht als Erwerbseinkommen.

(5) Eine in der Zeit vom 26. Oktober 2022 bis zum 31. Dezember 2024 in Form von Zuschüssen und Sachbezügen gewährte Leistung, die nach § 3 Nummer 11c des Einkommensteuergesetzes steuerfrei ist, gilt bis zu einem Betrag von 3 000 Euro nicht als Erwerbseinkommen.

§ 108 Anwendungsbereich in den Ländern. (1) Für die Beamten der Länder, der Gemeinden, der Gemeindeverbände sowie der sonstigen der Aufsicht eines Landes unterstehenden Körperschaften, Anstalten und Stiftungen des öffentlichen Rechts gilt das Beamtenversorgungsgesetz in der bis zum 31. August 2006 geltenden Fassung, soweit es nicht durch Landesrecht ersetzt wurde.

(2) Nach Maßgabe des Deutschen Richtergesetzes[1] ist auf die Versorgung der Richter der Länder das Beamtenversorgungsgesetz in der bis zum 31. August 2006 geltenden Fassung entsprechend anzuwenden, soweit nichts anderes bestimmt ist.

§ 109 (Inkrafttreten)

[1] **Habersack ErgBd. Nr. 97.**

160. Bundesbeamtengesetz (BBG)[1) 2)]

Vom 5. Februar 2009

(BGBl. I S. 160)

FNA 2030-2-30

geänd. durch Art. 11 Bundesbesoldungs- und -versorgungsanpassungsG 2010/2011 v. 19.11.2010 (BGBl. I S. 1552), Art. 13 G zur Einführung eines Bundesfreiwilligendienstes v. 28.4.2011 (BGBl. I S. 687), Art. 1 G zur Übertragung ehebezogener Regelungen im öffentl. Dienstrecht auf Lebenspartnerschaften v. 14.11.2011 (BGBl. I S. 2219), Art. 7 G zur Verbesserung der Feststellung und Anerkennung im Ausland erworbener Berufsqualifikationen v. 6.12.2011 (BGBl. I S. 2515), Art. 2 G zur Unterstützung der Fachkräftegewinnung im Bund und zur Änd. weiterer dienstrechtl. Vorschriften v. 15.3.2012 (BGBl. I S. 462), Art. 4 Bundeswehrreform-BegleitG v. 21.7.2012 (BGBl. I S. 1583), Art. 1 G zur Familienpflegezeit und zum flexibleren Eintritt in den Ruhestand für Beamtinnen und Beamte des Bundes v. 3.7.2013 (BGBl. I S. 1978), Art. 2 Abs. 8, Art. 3 Abs. 4 G zur Strukturreform des Gebührenrechts des Bundes v. 7.8.2013 (BGBl. I S. 3154, geänd. durch G v. 18.7.2016 BGBl. I S. 1666), Art. 2 G über die Gewährung eines Altersgelds für freiwillig aus dem Bundesdienst ausscheidende Beamte, Richter und Soldaten v. 28.8.2013 (BGBl. I S. 3386), Art. 1 G zur Änderung des BundesbeamtenG und weiterer dienstrechtlicher Vorschriften v. 6.3.2015 (BGBl. I S. 250), Art. 7 G zur Verbesserung der Zusammenarbeit im Bereich des Verfassungsschutzes v. 17.11.2015 (BGBl. I S. 1938), Art. 2 G zur Neuorganisation der Zollverwaltung v. 3.12.2015 (BGBl. I S. 2178), Art. 3 Abs. 3 G zur Aktualisierung der Strukturreform des Gebührenrechts des Bundes v. 18.7.2016 (BGBl. I S. 1666), Art. 1 G zur besseren Vereinbarkeit von Familie, Pflege und Beruf für Beamtinnen und Beamte des Bundes und Soldatinnen und Soldaten sowie zur Änd. weiterer dienstrechtlicher Vorschriften v. 19.10. 2016 (BGBl. I S. 2362), Art. 5 Bundesbesoldungs- und -versorgungsanpassungsG 2016/2017 v. 21.11. 2016 (BGBl. I S. 2570), Art. 5 Abs. 2 G zur Neuregelung des Bundesarchivrechts v. 10.3.2017 (BGBl. I S. 410), Art. 9 G zum Abbau verzichtbarer Anordnungen der Schriftform im Verwaltungsrecht des Bundes v. 29.3.2017 (BGBl. I S. 626), Art. 6 Abs. 4 G zur Reform der strafrechtlichen Vermögensabschöpfung v. 13.4.2017 (BGBl. I S. 872), Art. 2 G zur Neuregelung des Mutterschutzrechts v. 23.5. 2017 (BGBl. I S. 1228), Art. 1 G zu bereichsspezifischen Regelungen der Gesichtsverhüllung und zur Änd. weiterer dienstrechtlicher Vorschriften v. 8.6.2017 (BGBl. I S. 1570), Art. 8 Bundesbesoldungs- und -versorgungsanpassungsG 2018/2019/2020 v. 8.11.2018 (BGBl. I S. 1810), Art. 2 G zur Änd. des BeamtenstatusG und des BundesbeamtenG sowie weiterer dienstrechtlicher Vorschriften v. 29.11.2018 (BGBl. I S. 2232), Art. 11 Zweites Datenschutz-Anpassungs- und UmsetzungsG EU v. 20.11.2019 (BGBl. I S. 1626), Art. 2 G zur Verlängerung der Geltungsdauer des PlanungssicherstellungsG und der Geltungsdauer dienstrechtl. Vorschriften v. 18.3.2021 (BGBl. I S. 353), Art. 1 G zur Regelung des Erscheinungsbilds von Beamtinnen und Beamten sowie zur Änd. weiterer dienstrechtl. Vorschriften v. 28.6.2021 (BGBl. I S. 2250), Art. 3 G für einen besseren Schutz hinweisgebender Personen sowie zur Umsetzung der RL zum Schutz von Personen, die Verstöße gegen das Unionsrecht melden v. 31.5.2023 (BGBl. 2023 I Nr. 140), Art. 5 G zur Änd. des BevölkerungsstatistikG, des InfektionsschutzG, personenstands- und dienstrechtl. Regelungen sowie der Medizinprodukte-AbgabeVO v. 17.7.2023 (BGBl. 2023 I Nr. 190), Art. 6 G zur Beschleunigung von Disziplinarverfahren in der Bundesverwaltung und zur Änd. weiterer dienstrechtl. Vorschriften v. 20.12.2023 (BGBl. 2023 I Nr. 389), Art. 1 G über die Lehrverpflichtung des hauptberufl. wiss. Personals an Hochschulen des Bundes und zur Änd. weiterer dienstrechtl. Vorschriften v. 19.7.2024 (BGBl. 2024 I Nr. 247), Art. 1 G zur weiteren Stärkung der personellen Einsatzbereitschaft und zur Änd. von Vorschriften für die Bundeswehr v. 27.2.2025 (BGBl. 2025 I Nr. 72) und Art. 7, Art. 8 G zur Modernisierung des SicherheitsüberprüfungsG und zur Änd. beamtenrechtlicher Vorschriften v. 11.1.2026 (BGBl. 2026 I Nr. 6)

[1)] Verkündet als Art. 1 DienstrechtsneuordnungsG v. 5.2.2009 (BGBl. I S. 160); Inkrafttreten gem. Art. 17 Abs. 11 dieses G am 12.2.2009.

[2)] Die Änderungen durch das G v. 11.1.2026 (BGBl. 2026 I Nr. 6) treten teilweise erst **mWv 1.1. 2030** in Kraft und sind insoweit noch nicht im Text berücksichtigt.

Inhaltsübersicht[1)]

Abschnitt 1. Allgemeine Vorschriften

Abschnitt 2. Beamtenverhältnis

Abschnitt 3. Laufbahnen

Abschnitt 4. Abordnung, Versetzung und Zuweisung

Abschnitt 5. Beendigung des Beamtenverhältnisses

Unterabschnitt 1. Entlassung

---

1) Inhaltsübersicht geänd. mWv 1.4.2012 durch G v. 6.12.2011 (BGBl. I S. 2515); mWv 11.7.2013 *durch G v. 3.7.2013* (BGBl. I S. 1978); mWv 14.3.2015 durch G v. 6.3.2015 (BGBl. I S. 250); mWv 28.10.2016 durch G v. 19.10.2016 (BGBl. I S. 2362); mWv 26.11.2019 durch G v. 20.11.2019 (BGBl. I S. 1626); mWv 7.7.2021 durch G v. 28.6.2021 (BGBl. I S. 2250); mWv 1.4.2024 durch G v. 20.12.2023 (BGBl. 2023 I Nr. 389); mWv 25.7.2024 durch G v. 19.7.2024 (BGBl. 2024 I Nr. 247); mWv 16.1.2026 durch G v. 11.1.2026 (BGBl. 2026 I Nr. 6).

(Fortsetzung nächstes Blatt)

Abschnitt 1. Allgemeine Vorschriften

§ 1 Geltungsbereich. Dieses Gesetz gilt für die Beamtinnen und Beamten des Bundes, soweit nicht gesetzlich etwas anderes bestimmt ist.

§ 2[1] Dienstherrnfähigkeit. Das Recht, Beamtinnen und Beamte zu haben, besitzen der Bund sowie bundesunmittelbare Körperschaften, Anstalten und Stiftungen des öffentlichen Rechts, die dieses Recht zum Zeitpunkt des Inkrafttretens dieses Gesetzes besitzen oder denen es danach durch Gesetz oder aufgrund eines Gesetzes verliehen wird.

§ 3 Begriffsbestimmungen. (1) Oberste Dienstbehörde der Beamtin oder des Beamten ist die oberste Behörde eines Dienstherrn, in deren Geschäftsbereich die Beamtin oder der Beamte ein Amt wahrnimmt.

(2) Dienstvorgesetzte oder Dienstvorgesetzter ist, wer für beamtenrechtliche Entscheidungen über die persönlichen Angelegenheiten der ihr oder ihm nachgeordneten Beamtinnen und Beamten zuständig ist.

(3) Vorgesetzte oder Vorgesetzter ist, wer dienstliche Anordnungen erteilen darf.

(4) Die Dienstvorgesetzten- und Vorgesetzteneigenschaft bestimmt sich nach dem Aufbau der Verwaltung.

Abschnitt 2. Beamtenverhältnis

§ 4 Beamtenverhältnis. Beamtinnen und Beamte stehen zu ihrem Dienstherrn in einem öffentlich-rechtlichen Dienst- und Treueverhältnis (Beamtenverhältnis).

§ 5 Zulässigkeit des Beamtenverhältnisses. Die Berufung in das Beamtenverhältnis ist nur zulässig zur Wahrnehmung

1. hoheitsrechtlicher Aufgaben oder
2. von Aufgaben, die zur Sicherung des Staates oder des öffentlichen Lebens nicht ausschließlich Personen übertragen werden dürfen, die in einem privatrechtlichen Arbeitsverhältnis stehen.

§ 6 Arten des Beamtenverhältnisses. (1) [1]Das Beamtenverhältnis auf Lebenszeit dient der dauernden Wahrnehmung von Aufgaben nach § 5. [2]Es bildet die Regel.

(2) [1]Das Beamtenverhältnis auf Zeit ist in gesetzlich besonders bestimmten Fällen zulässig und dient der befristeten Wahrnehmung von Aufgaben nach § 5. [2]Für das Beamtenverhältnis auf Zeit gelten die Vorschriften über das Beamten-

---

[1] § 2 geänd. mWv 14.3.2015 durch G v. 6.3.2015 (BGBl. I S. 250).

verhältnis auf Lebenszeit entsprechend, soweit nicht gesetzlich etwas anderes bestimmt ist.

(3) Das Beamtenverhältnis auf Probe dient der Ableistung einer Probezeit

1. zur späteren Verwendung auf Lebenszeit oder
2. zur Übertragung eines Amtes mit leitender Funktion.

(4) Das Beamtenverhältnis auf Widerruf dient

1. der Ableistung eines Vorbereitungsdienstes oder
2. der vorübergehenden Wahrnehmung von Aufgaben nach § 5.

(5) [1] Das Ehrenbeamtenverhältnis dient der unentgeltlichen Wahrnehmung von Aufgaben nach § 5. [2] Es kann nicht in ein Beamtenverhältnis anderer Art und ein solches kann nicht in ein Ehrenbeamtenverhältnis umgewandelt werden.

§ 7[1)] Voraussetzungen des Beamtenverhältnisses. (1) [1] In das Beamtenverhältnis darf berufen werden, wer

1. Deutsche oder Deutscher im Sinne des Artikels 116 Absatz 1 des Grundgesetzes[2)] ist oder die Staatsangehörigkeit
   a) eines anderen Mitgliedstaates der Europäischen Union oder
   b) eines anderen Vertragsstaates des Abkommens über den Europäischen Wirtschaftsraum oder
   c) eines Drittstaates, dem die Bundesrepublik Deutschland und die Europäische Union vertraglich einen entsprechenden Anspruch auf Anerkennung der Berufsqualifikationen eingeräumt haben,

   besitzt,
2. die Gewähr dafür bietet, jederzeit für die freiheitliche demokratische Grundordnung im Sinne des Grundgesetzes einzutreten, und
3. a) die für die entsprechende Laufbahn vorgeschriebene Vorbildung besitzt oder
   b) die erforderliche Befähigung durch Lebens- und Berufserfahrung erworben hat.

[2] In das Beamtenverhältnis darf nicht berufen werden, wer unveränderliche Merkmale des Erscheinungsbilds aufweist, die mit der Erfüllung der Pflichten nach § 61 Absatz 2 nicht vereinbar sind.

(2) Wenn die Aufgaben es erfordern, darf nur eine Deutsche oder ein Deutscher im Sinne des Artikels 116 Absatz 1 des Grundgesetzes in ein Beamtenverhältnis berufen werden.

(3) Das Bundesministerium des Innern und für Heimat kann Ausnahmen von Absatz 1 Nr. 1 und Absatz 2 zulassen, wenn für die Berufung der Beamtin oder des Beamten ein dringendes dienstliches Bedürfnis besteht.

§ 8[3)] Stellenausschreibung. (1) [1] Zu besetzende Stellen sind auszuschreiben. [2] Bei der Einstellung von Bewerberinnen und Bewerbern muss die Ausschreibung öffentlich sein. [3] Ausnahmen von den Sätzen 1 und 2 kann die Bundesregierung durch Rechtsverordnung regeln.

---

1) § 7 Abs. 1 Nr. 1 geänd. mWv 14.3.2015 durch G v. 6.3.2015 (BGBl. I S. 250); Abs. 2 und 3 geänd. mWv 7.12.2018 durch G v. 29.11.2018 (BGBl. I S. 2232); Abs. 1 Satz 2 angef. mWv 7.7.2021 durch G v. 28.6.2021 (BGBl. I S. 2250); Abs. 3 geänd. mWv 6.3.2025 durch G v. 27.2.2025 (BGBl. 2025 I Nr. 72).

2) Nr. **1**.

3) § 8 Abs. 2 Satz 2 angef. mWv 28.10.2016 durch G v. 19.10.2016 (BGBl. I S. 2362).

(2) [1] Die Art der Ausschreibung regelt die oberste Dienstbehörde nach Maßgabe des § 6 des Bundesgleichstellungsgesetzes[1)]. [2] Sie kann diese Befugnis auf unmittelbar nachgeordnete Behörden übertragen.

§ 9 Auswahlkriterien. [1] Die Auswahl der Bewerberinnen und Bewerber richtet sich nach Eignung, Befähigung und fachlicher Leistung ohne Rücksicht auf Geschlecht, Abstammung, Rasse oder ethnische Herkunft, Behinderung, Religion oder Weltanschauung, politische Anschauungen, Herkunft, Beziehungen oder sexuelle Identität. [2] Dem stehen gesetzliche Maßnahmen zur Durchsetzung der tatsächlichen Gleichstellung im Erwerbsleben, insbesondere Quotenregelungen mit Einzelfallprüfung sowie zur Förderung schwerbehinderter Menschen nicht entgegen.

§ 10 Ernennung. (1) Einer Ernennung bedarf es zur

1. Begründung des Beamtenverhältnisses,
2. Umwandlung des Beamtenverhältnisses in ein solches anderer Art,
3. Verleihung eines anderen Amtes mit anderem Endgrundgehalt und anderer Amtsbezeichnung oder

(Fortsetzung nächstes Blatt)

[1)] **Sartorius III Nr. 900.**

4. Verleihung eines anderen Amtes mit anderer Amtsbezeichnung beim Wechsel der Laufbahngruppe.

(2) [1] Die Ernennung erfolgt durch Aushändigung einer Ernennungsurkunde. [2] In der Urkunde müssen enthalten sein

1. bei der Begründung des Beamtenverhältnisses die Wörter „unter Berufung in das Beamtenverhältnis" mit dem die Art des Beamtenverhältnisses bestimmenden Zusatz „auf Lebenszeit", „auf Probe", „auf Widerruf" oder „als Ehrenbeamtin" oder „als Ehrenbeamter" oder „auf Zeit" mit der Angabe der Zeitdauer der Berufung,
2. bei der Umwandlung des Beamtenverhältnisses in ein solches anderer Art die diese Art bestimmenden Wörter nach Nummer 1 und
3. bei der Verleihung eines Amtes die Amtsbezeichnung.

(3) Mit der Begründung eines Beamtenverhältnisses auf Probe, auf Lebenszeit und auf Zeit wird gleichzeitig ein Amt verliehen.

§ 11[1)] Voraussetzungen der Ernennung auf Lebenszeit; Verordnungsermächtigung. (1) [1] Zur Beamtin auf Lebenszeit oder zum Beamten auf Lebenszeit darf nur ernannt werden, wer

1. die in § 7 bezeichneten Voraussetzungen erfüllt und
2. sich in einer Probezeit in vollem Umfang bewährt hat.

[2] Für die Feststellung der Bewährung gilt ein strenger Maßstab. [3] Die Probezeit dauert mindestens drei Jahre. [4] Die Anrechnung einer gleichwertigen Tätigkeit kann bis zu einer Mindestprobezeit von einem Jahr vorgesehen werden. [5] Die Bundesregierung regelt durch Rechtsverordnung die Einzelheiten, insbesondere regelt sie

1. die Kriterien und das Verfahren der Bewährungsfeststellung,
2. die Mindestprobezeit sowie Ausnahmen von der Mindestprobezeit,
3. die Verlängerung der Probezeit und die Anrechnung von Zeiten gleichwertiger Tätigkeiten auf die Probezeit.

(2) [1] Ein Beamtenverhältnis auf Probe ist spätestens nach fünf Jahren in ein solches auf Lebenszeit umzuwandeln, wenn die beamtenrechtlichen Voraussetzungen hierfür erfüllt sind. [2] Die Frist verlängert sich um die Zeit, um die sich die Probezeit wegen Elternzeit oder einer Beurlaubung unter Wegfall der Besoldung verlängert.

§ 11a[2)] Ableisten eines Vorbereitungsdienstes durch Beamtinnen auf Lebenszeit und Beamte auf Lebenszeit. (1) Eine Beamtin auf Lebenszeit oder ein Beamter auf Lebenszeit kann zur Ableistung eines fachspezifischen Vorbereitungsdienstes des Bundes zur Erlangung der Befähigung für eine höhere Laufbahn oder für eine andere Laufbahn derselben oder einer höheren Laufbahngruppe zur Beamtin auf Widerruf oder zum Beamten auf Widerruf ernannt werden, wenn die Dienstbehörde die Fortdauer des Beamtenverhältnisses auf Lebenszeit neben dem Beamtenverhältnis auf Widerruf anordnet.

(2) Hat eine Beamtin auf Lebenszeit oder ein Beamter auf Lebenszeit den Vorbereitungsdienst nach Absatz 1 abgeschlossen, kann sie oder er zur Ableistung einer Probezeit für die neue Laufbahn zur Beamtin auf Probe oder zum Beamten auf Probe ernannt werden, wenn die bisherige Dienstbehörde im Einvernehmen mit

---

[1)] § 11 Überschrift und Abs. 1 Satz 5 neu gef. mWv 7.7.2021 durch G v. 28.6.2021 (BGBl. I S. 2250).
[2)] § 11a eingef. mWv 28.10.2016 durch G v. 19.10.2016 (BGBl. I S. 2362).

der neuen Dienstbehörde die Fortdauer des Beamtenverhältnisses auf Lebenszeit neben dem Beamtenverhältnis auf Probe anordnet.

(3) Für die Dauer des Vorbereitungsdienstes und der Probezeit ruhen die Rechte und Pflichten aus dem im Beamtenverhältnis auf Lebenszeit übertragenen Amt.

(4) Vorschriften über den Wechsel in eine andere Laufbahn derselben Laufbahngruppe bleiben unberührt.

§ 12 Zuständigkeit und Wirksamwerden der Ernennung. (1) Die Bundespräsidentin oder der Bundespräsident oder eine von ihr oder ihm bestimmte Stelle[1] ernennt die Beamtinnen und Beamten, soweit gesetzlich nichts anderes bestimmt ist.

(2) [1] Die Ernennung wird mit dem Tag der Aushändigung der Ernennungsurkunde wirksam, wenn nicht in der Urkunde ausdrücklich ein späterer Zeitpunkt bestimmt ist. [2] Eine Ernennung auf einen zurückliegenden Zeitpunkt ist unzulässig und insoweit unwirksam.

(3) Mit der Ernennung erlischt ein privatrechtliches Arbeitsverhältnis zum Dienstherrn.

§ 13[2] Nichtigkeit der Ernennung. (1) Die Ernennung ist nichtig, wenn

1. sie nicht der in § 10 Abs. 2 vorgeschriebenen Form entspricht,
2. sie von einer sachlich unzuständigen Behörde ausgesprochen wurde oder
3. zum Zeitpunkt der Ernennung
   a) nach § 7 Absatz 1 Satz 1 Nummer 1 keine Ernennung erfolgen durfte und keine Ausnahme nach § 7 Abs. 3 zugelassen war oder
   b) die Fähigkeit zur Wahrnehmung öffentlicher Ämter nicht vorlag.

(2) Die Ernennung ist von Anfang an als wirksam anzusehen, wenn

1. im Fall des Absatzes 1 Nummer 1 aus der Urkunde oder aus dem Akteninhalt eindeutig hervorgeht, dass die für die Ernennung zuständige Stelle ein bestimmtes Beamtenverhältnis begründen oder ein bestehendes Beamtenverhältnis in ein solches anderer Art umwandeln wollte, für das die sonstigen Voraussetzungen vorliegen, und die oder der Dienstvorgesetzte dies schriftlich festgestellt hat; das Gleiche gilt, wenn die Angabe der Dauer fehlt, die Dauer aber durch Rechtsvorschrift bestimmt ist,
2. im Fall des Absatzes 1 Nr. 2 die sachlich zuständige Behörde die Ernennung bestätigt oder
3. im Fall des Absatzes 1 Nr. 3 Buchstabe a eine Ausnahme nach § 7 Abs. 3 nachträglich zugelassen wird.

§ 14[3] Rücknahme der Ernennung. (1) Die Ernennung ist mit Wirkung auch für die Vergangenheit zurückzunehmen, wenn

1. sie durch Zwang, arglistige Täuschung oder Bestechung herbeigeführt wurde,

---

[1] Siehe hierzu die AnO des Bundespräsidenten über die Ernennung und Entlassung der Beamtinnen, Beamten, Richterinnen und Richter des Bundes **(Bundesbeamtengesetze Nr. 10)** mit Durchführungsbestimmungen **(Bundesbeamtengesetze Nr. 10.1)**.

[2] § 13 Abs. 2 Nr. 1 neu gef. mWv 22.3.2012 durch G v. 15.3.2012 (BGBl. I S. 462); Abs. 1 Nr. 3 Buchst. a geänd. mWv 7.7.2021 durch G v. 28.6.2021 (BGBl. I S. 2250).

[3] § 14 Abs. 2 Satz 2 geänd. mWv 22.3.2012 durch G v. 15.3.2012 (BGBl. I S. 462); Abs. 1 Nr. 2 neu gef., Abs. 2 Satz 2 geänd. und Abs. 3 Satz 3 angef. mWv 7.7.2021 durch G v. 28.6.2021 (BGBl. I S. 2250).

2. dem Dienstherrn zum Zeitpunkt der Ernennung nicht bekannt war, dass die ernannte Person vor ihrer Ernennung ein Verbrechen oder ein Vergehen begangen hat, aufgrund dessen sie vor oder nach ihrer Ernennung rechtskräftig zu einer Strafe verurteilt worden ist und das sie für die Berufung in das Beamtenverhältnis als unwürdig erscheinen lässt, oder
3. die Ernennung nach § 7 Abs. 2 nicht erfolgen durfte und eine Ausnahme nach § 7 Abs. 3 nicht zugelassen war und eine Ausnahme nicht nachträglich zugelassen wird.

(2) [1] Die Ernennung soll zurückgenommen werden, wenn dem Dienstherrn nicht bekannt war, dass gegen die ernannte Person in einem Disziplinarverfahren auf Entfernung aus dem Beamtenverhältnis oder auf Aberkennung des Ruhegehalts erkannt worden war. [2] Dies gilt auch, wenn die Entscheidung gegen eine Beamtin oder einen Beamten der Europäischen Union oder eines Staates nach § 7 Absatz 1 Satz 1 Nummer 1 ergangen ist.

(3) [1] Die oberste Dienstbehörde nimmt die Ernennung innerhalb von sechs Monaten zurück, nachdem sie von ihr und dem Grund der Rücknahme Kenntnis erlangt hat. [2] Der Rücknahmebescheid wird der Beamtin oder dem Beamten zugestellt. [3] Die oberste Dienstbehörde kann die Aufgaben nach den Sätzen 1 und 2 auf unmittelbar nachgeordnete Behörden übertragen.

§ 15 Rechtsfolgen nichtiger oder zurückgenommener Ernennungen.

[1] Ist die erstmalige Ernennung nichtig oder zurückgenommen worden, hat die oder der Dienstvorgesetzte jede weitere Wahrnehmung der Dienstgeschäfte zu verbieten. [2] Bei Nichtigkeit ist das Verbot erst dann auszusprechen, wenn die sachlich zuständige Behörde es abgelehnt hat, die Ernennung zu bestätigen, oder die Ausnahme nach § 7 Abs. 3 nicht nachträglich zugelassen wird. [3] Die bis zu dem Verbot oder bis zur Zustellung der Erklärung der Rücknahme vorgenommenen Amtshandlungen sind in gleicher Weise gültig, wie wenn eine Beamtin oder ein Beamter sie ausgeführt hätte. [4] Die gezahlte Besoldung kann belassen werden.

Abschnitt 3. Laufbahnen

§ 16 Laufbahn. (1) Eine Laufbahn umfasst alle Ämter, die verwandte und gleichwertige Vor- und Ausbildungen voraussetzen.

(2) [1] Die Befähigung für die Laufbahn, in die eingestellt, gewechselt oder von einem anderen Dienstherrn versetzt werden soll, ist festzustellen und der Beamtin oder dem Beamten schriftlich mitzuteilen. [2] Gleiches gilt, wenn die Beamtin oder der Beamte infolge der Umbildung einer Körperschaft übernommen wird oder kraft Gesetzes in den Dienst der aufnehmenden Körperschaft übertritt.

§ 17[1)] Zulassung zu den Laufbahnen. (1) Für die Zulassung zu den Laufbahnen werden die Bildungsgänge und ihre Abschlüsse den Laufbahnen unter Berücksichtigung der mit der Laufbahn verbundenen Anforderungen zugeordnet.

(2) Für die Zulassung zu den Laufbahnen des einfachen Dienstes sind mindestens zu fordern

1. als Bildungsvoraussetzung

[1)] § 17 Abs. 2–5 jeweils einl. Satzteil geänd. mWv 22.3.2012 durch G v. 15.3.2012 (BGBl. I S. 462); Abs. 5 Nr. 2 Buchst. b eingef., bish Buchst. b wird Buchst. c mWv 14.3.2015 durch G v. 6.3.2015 (BGBl. I S. 250).

a) der erfolgreiche Besuch einer Hauptschule oder
b) ein als gleichwertig anerkannter Bildungsstand und
2. als sonstige Voraussetzung
a) ein Vorbereitungsdienst oder
b) eine abgeschlossene Berufsausbildung.

(3) Für die Zulassung zu den Laufbahnen des mittleren Dienstes sind mindestens zu fordern
1. als Bildungsvoraussetzung
a) der Abschluss einer Realschule oder
b) der erfolgreiche Besuch einer Hauptschule und eine abgeschlossene Berufsausbildung oder
c) der erfolgreiche Besuch einer Hauptschule und eine Ausbildung in einem öffentlich-rechtlichen Ausbildungsverhältnis oder
d) ein als gleichwertig anerkannter Bildungsstand und
2. als sonstige Voraussetzung
a) ein mit einer Laufbahnprüfung abgeschlossener Vorbereitungsdienst oder
b) eine inhaltliche dessen Anforderungen entsprechende abgeschlossene Berufsausbildung oder
c) eine abgeschlossene Berufsausbildung und eine hauptberufliche Tätigkeit.

(4) Für die Zulassung zu den Laufbahnen des gehobenen Dienstes sind mindestens zu fordern
1. als Bildungsvoraussetzung
a) eine zu einem Hochschulstudium berechtigende Schulbildung oder
b) ein als gleichwertig anerkannter Bildungsstand und
2. als sonstige Voraussetzung
a) ein mit einer Laufbahnprüfung abgeschlossener Vorbereitungsdienst oder
b) ein inhaltlich dessen Anforderungen entsprechendes mit einem Bachelor abgeschlossenes Hochschulstudium oder ein gleichwertiger Abschluss oder
c) ein mit einem Bachelor abgeschlossenes Hochschulstudium oder ein gleichwertiger Abschluss und eine hauptberufliche Tätigkeit.

(5) Für die Zulassung zu den Laufbahnen des höheren Dienstes sind mindestens zu fordern
1. als Bildungsvoraussetzung
a) ein mit einem Master abgeschlossenes Hochschulstudium oder
b) ein gleichwertiger Abschluss und
2. als sonstige Voraussetzung
a) ein mit einer Laufbahnprüfung abgeschlossener Vorbereitungsdienst oder
b) eine inhaltlich dem Vorbereitungsdienst entsprechende Ausbildung und eine inhaltlich der Laufbahnprüfung entsprechende Prüfung oder
c) eine hauptberufliche Tätigkeit.

(6) Vor- und Ausbildung, Prüfung sowie sonstige Voraussetzungen müssen geeignet sein, *die Befähigung* für die Laufbahn zu vermitteln.

(7) Die Bundesregierung kann durch Rechtsverordnung[1] Ausnahmen von den Absätzen 2 bis 5 zulassen.

§ 18[2] Anerkennung der Laufbahnbefähigung aufgrund der Richtlinie 2005/36/EG und aufgrund in Drittstaaten erworbener Berufsqualifikationen. (1) Die Laufbahnbefähigung kann auch aufgrund

1. der Richtlinie 2005/36/EG des Europäischen Parlaments und des Rates vom 7. September 2005 über die Anerkennung von Berufsqualifikationen (ABl. L 255 vom 30.9.2005, S. 22, L 271 vom 16.10.2007, S. 18, L 93 vom 4.4.2008, S. 28, L 33 vom 3.2.2009, S. 49), die zuletzt durch die Richtlinie 2013/55/EU (ABl. L 354 vom 28.12.2013, S. 132) geändert worden ist,
2. eines mit einem Drittstaat geschlossenen Vertrages, in dem die Bundesrepublik Deutschland und die Europäische Union einen entsprechenden Anspruch auf Anerkennung der Berufsqualifikationen eingeräumt haben, oder
3. einer auf eine Tätigkeit in einer öffentlichen Verwaltung vorbereitenden Berufsqualifikation, die in einem von § 7 Absatz 1 Satz 1 Nummer 1 Buchstabe c nicht erfassten Drittstaat erworben worden ist,

anerkannt werden.

(2) Die deutsche Sprache muss in dem für die Wahrnehmung der Aufgaben der Laufbahn erforderlichen Maß beherrscht werden.

(3) Das Bundesministerium des Innern und für Heimat wird ermächtigt, durch Rechtsverordnung[3] die Voraussetzungen und das Verfahren der Anerkennung zu bestimmen.

(4) Das Berufsqualifikationsfeststellungsgesetz findet mit Ausnahme des § 12 Absatz 5 Satz 2 und des § 17 keine Anwendung.

§ 19 Andere Bewerberinnen und andere Bewerber. Der Bundespersonalausschuss oder ein von ihm bestimmter unabhängiger Ausschuss stellt fest, wer die Befähigung für eine Laufbahn ohne die vorgeschriebene Vorbildung durch Lebens- und Berufserfahrung erworben hat.

§ 20[4] Einstellung. [1] Die Einstellung in ein höheres Amt als das Eingangsamt der Laufbahn ist zulässig bei entsprechenden beruflichen Erfahrungen oder sonstigen Qualifikationen, die zusätzlich zu den Abschlüssen und beruflichen Erfahrungen, die für die Anerkennung der Laufbahnbefähigung erforderlich sind, erworben wurden. [2] Das Nähere regelt die Bundesregierung durch Rechtsverordnung[1].

---

[1] Siehe die BundeslaufbahnVO (Nr. **180**) und die dazu erlassene Allg. Verwaltungsvorschrift v. 1.12. 2017 (GMBl S. 986).

[2] § 18 Überschrift neu gef., Abs. 1 Nr. 1 neu gef., Nr. 2 geänd., Nr. 3 und Abs. 5 angef. mWv 1.4. 2012 durch G v. 6.12.2011 (BGBl. I S. 2515); Abs. 3 geänd. mWv 15.8.2013 durch G v. 7.8.2013 (BGBl. I S. 3154); Abs. 1 Nr. 1 geänd. mWv 14.3.2015 durch G v. 6.3.2015 (BGBl. I S. 250); Abs. 3 aufgeh., bish. Abs. 4 wird Abs. 3 und geänd., bish. Abs. 5 wird Abs. 4 mWv 1.10.2019 durch G v. 18.7.2016 (BGBl. I S. 1666); Abs. 5 geänd. mWv 28.10.2016 durch G v. 19.10.2016 (BGBl. I S. 2362); Abs. 4 geänd. mWv 7.12.2018 durch G v. 29.11.2018 (BGBl. I S. 2232); Abs. 1 Nr. 3 geänd. mWv 7.7.2021 durch G v. 28.6. 2021 (BGBl. I S. 2250); Abs. 3 geänd. mWv 6.3.2025 durch G v. 27.2.2025 (BGBl. 2025 I Nr. 72).

[3] Siehe die LaufbahnbefähigungsanerkennungsVO v. 23.11.2009 (BGBl. I S. 3824), zuletzt geänd. durch VO v. 16.8.2021 (BGBl. I S. 3582).

[4] § 20 Satz 1 geänd. mWv 14.3.2015 durch G v. 6.3.2015 (BGBl. I S. 250).

§ 21[1)] Dienstliche Beurteilung; Verordnungsermächtigung. (1) [1] Eignung, Befähigung und fachliche Leistung der Beamtinnen und Beamten sind regelmäßig, mindestens jedoch alle drei Jahre, zu beurteilen. [2] Sie sind zusätzlich zu beurteilen, wenn es die dienstlichen oder persönlichen Verhältnisse erfordern.

(2) [1] In der dienstlichen Beurteilung sind die fachliche Leistung der Beamtin oder des Beamten nachvollziehbar darzustellen sowie Eignung und Befähigung einzuschätzen. [2] Am Schluss der dienstlichen Beurteilung ist ein zusammenfassendes Gesamturteil abzugeben.

(3) Die Bundesregierung wird ermächtigt, durch Rechtsverordnung Grundsätze für dienstliche Beurteilungen sowie für das Beurteilungsverfahren zu regeln, insbesondere über

1. den weiteren Inhalt der Beurteilung, beispielsweise die Festlegung von zu beurteilenden Merkmalen von Eignung, Befähigung und fachlicher Leistung,
2. ein Bewertungssystem für die Beurteilung,
3. die Ausgestaltung des Beurteilungsmaßstabs, beispielsweise die konkrete Festlegung von Richtwerten oder die Möglichkeit, von den Richtwerten aus Gründen der Einzelfallgerechtigkeit abzuweichen,
4. die Festlegung von Mindestanforderungen an die an der Beurteilung mitwirkenden Personen,
5. die Bekanntgabe des Ergebnisses eines Beurteilungsdurchgangs,
6. die Voraussetzungen und das Verfahren einer fiktiven Fortschreibung von Beurteilungen und
7. Ausnahmen von der Beurteilungspflicht.

§ 22[2)] Beförderungen. (1) [1] Für Beförderungen gelten die Grundsätze des § 9. [2] Erfolgt die Auswahlentscheidung auf der Grundlage dienstlicher Beurteilungen, darf das Ende des letzten Beurteilungszeitraums zum Zeitpunkt der Auswahlentscheidung höchstens drei Jahre zurückliegen.

(2) Beförderungen, die mit einer höherwertigen Funktion verbunden sind, setzen eine mindestens sechsmonatige Erprobungszeit voraus.

(3) Ämter, die nach der Gestaltung der Laufbahn regelmäßig zu durchlaufen sind, dürfen nicht übersprungen werden.

(4) Eine Beförderung ist unzulässig vor Ablauf eines Jahres

1. seit der Einstellung in das Beamtenverhältnis auf Probe oder
2. a) seit der Einstellung in das Beamtenverhältnis auf Lebenszeit oder
   b) seit der letzten Beförderung,

es sei denn, das bisherige Amt musste nicht regelmäßig durchlaufen werden.

(5) Der Bundespersonalausschuss kann Ausnahmen von den Absätzen 2 bis 4 zulassen, wenn sie die Bundesregierung nicht durch Rechtsverordnung regelt.

§ 22a[3)] Aufstieg; Verordnungsermächtigung. (1) Vor dem Wechsel in ein Amt einer höheren Laufbahngruppe (Aufstieg) ist die erforderliche Qualifikation durch eine Prüfung nachzuweisen.

[1)] § *21 neu gef.* mWv 7.7.2021 durch G v. 28.6.2021 (BGBl. I S. 2250); Abs. 2 eingef., bish. Abs. 2 wird Abs. 3 und Nr. 1 geänd. mWv 25.7.2024 durch G v. 19.7.2024 (BGBl. 2024 I Nr. 247).

[2)] § 22 Abs. 4 Nr. 2 neu gef. mWv 22.3.2012 durch G v. 15.3.2012 (BGBl. I S. 462); Abs. 5 aufgeh., bish. Abs. 6 wird Abs. 5 mWv 7.7.2021 durch G v. 28.6.2021 (BGBl. I S. 2250).

[3)] § 22a eingef. mWv 7.7.2021 durch G v. 28.6.2021 (BGBl. I S. 2250).

(2) Die Bundesregierung regelt durch Rechtsverordnung die Einzelheiten zu den Voraussetzungen und zum Verfahren des Aufstiegs, insbesondere

1. legt sie Aufstiegsverfahren für die verschiedenen Laufbahngruppen fest,
2. gestaltet sie die Auswahlverfahren für den Aufstieg aus,
3. legt sie Altersgrenzen für die Zulassung zum Auswahlverfahren fest,
4. gestaltet sie die Aufstiegsverfahren aus,
5. legt sie die Voraussetzungen für die Übertragung des Amtes der neuen Laufbahn fest und
6. legt sie die Voraussetzungen für die Erstattung von Kosten einer Aufstiegsausbildung im Fall einer Entlassung fest.

§ 23[1)] Beförderungssperre zwischen zwei Mandaten. [1] Legen Beamtinnen oder Beamte, deren Rechte und Pflichten aus dem Beamtenverhältnis ruhen oder die ohne Besoldung beurlaubt sind, ihr Mandat im Europäischen Parlament, im Deutschen Bundestag oder in der gesetzgebenden Körperschaft eines Landes nieder und bewerben sie sich zu diesem Zeitpunkt erneut um ein Mandat, ist die Übertragung eines anderen Amtes mit höherem Endgrundgehalt und die Übertragung eines anderen Amtes beim Wechsel der Laufbahngruppe nicht zulässig. [2] Satz 1 gilt entsprechend für die Zeit zwischen zwei Wahlperioden.

§ 24[2)] Führungsämter auf Probe. (1) [1] Ein Amt mit leitender Funktion wird zunächst im Beamtenverhältnis auf Probe übertragen. [2] Die regelmäßige Probezeit beträgt zwei Jahre. [3] Die oberste Dienstbehörde kann eine Verkürzung zulassen, wenn vor Ablauf der Probezeit eine höherwertige Funktion übertragen wird oder die Funktion als ständige Vertretung der Amtsinhaberin oder des Amtsinhabers mindestens sechs Monate tatsächlich wahrgenommen wurde. [4] Die Mindestprobezeit beträgt ein Jahr. [5] Angerechnet werden können Zeiten, in denen die leitende Funktion oder eine gleichwertige Funktion als Beamtin oder Beamter der Bundesbesoldungsordnungen B, W oder R oder der früheren Bundesbesoldungsordnung C oder entsprechender Landesbesoldungsordnungen oder als Richterin oder Richter bereits übertragen war. [6] Eine Verlängerung der Probezeit ist nicht zulässig, es sei denn, wegen Elternzeit konnte die Mindestprobezeit nicht geleistet werden. [7] Bei Beurlaubungen im dienstlichen Interesse kann von der Probezeit abgesehen werden. [8] § 22 Abs. 2 und 4 Nr. 1 ist nicht anzuwenden.

(2) [1] In ein Amt mit leitender Funktion darf berufen werden, wer

1. sich in einem Beamtenverhältnis auf Lebenszeit befindet und
2. in dieses Amt auch als Beamtin auf Lebenszeit oder Beamter auf Lebenszeit berufen werden könnte.

[2] Mit der Ernennung ruhen für die Dauer der Probezeit die Rechte und Pflichten aus dem zuletzt im Beamtenverhältnis auf Lebenszeit übertragenen Amt mit Ausnahme der Pflicht zur Verschwiegenheit und des Verbotes der Annahme von Belohnungen, Geschenken und sonstigen Vorteilen. [3] Das Beamtenverhältnis auf Lebenszeit besteht fort. [4] Dienstvergehen, die mit Bezug auf das Beamtenverhältnis auf Lebenszeit oder das Beamtenverhältnis auf Probe begangen worden sind, werden so verfolgt, als stünde die Beamtin oder der Beamte nur im Beamtenverhältnis auf Lebenszeit.

[1)] § 23 Satz 1 geänd. mWv 14.3.2015 durch G v. 6.3.2015 (BGBl. I S. 250).

[2)] § 24 Abs. 1 Satz 5 geänd. mWv 14.3.2015 durch G v. 6.3.2015 (BGBl. I S. 250); Abs. 1 Satz 5 neu gef. mWv 28.10.2016 durch G v. 19.10.2016 (BGBl. I S. 2362).

(3) [1]Der Bundespersonalausschuss kann Ausnahmen von Absatz 2 Satz 1 zulassen, wenn sie die Bundesregierung nicht durch Rechtsverordnung regelt. [2]Besteht nur ein Beamtenverhältnis auf Probe nach Absatz 1, beträgt die regelmäßige Probezeit drei Jahre und die Mindestprobezeit zwei Jahre. [3]Die für die Beamtinnen auf Probe und Beamten auf Probe geltenden Vorschriften des Bundesdisziplinargesetzes[1)] bleiben unberührt.

(4) [1]Mit erfolgreichem Abschluss der Probezeit soll das Amt nach Absatz 1 auf Dauer im Beamtenverhältnis auf Lebenszeit übertragen werden. [2]Eine erneute Berufung in ein Beamtenverhältnis auf Probe zur Übertragung dieses Amtes innerhalb eines Jahres ist nicht zulässig. [3]Wird das Amt nicht auf Dauer übertragen, erlischt der Anspruch auf Besoldung aus diesem Amt. [4]Weiter gehende Ansprüche bestehen nicht.

(5) [1]Ämter im Sinne des Absatzes 1 sind Ämter der Besoldungsgruppen B 6 bis B 9 in obersten Bundesbehörden sowie die der Besoldungsordnung B angehörenden Ämter der Leiterinnen und Leiter der übrigen Bundesbehörden sowie der bundesunmittelbaren Körperschaften, Anstalten und Stiftungen des öffentlichen Rechts, wenn sie keine richterliche Unabhängigkeit besitzen. [2]Ausgenommen sind das Amt der Direktorin und des Direktors beim Bundesverfassungsgericht sowie die den Funktionen der stellvertretenden Direktorin und des stellvertretenden Direktors des Bundesrates zugeordneten Ämter.

(6) [1]Beamtinnen und Beamte führen während ihrer Amtszeit im Dienst nur die Amtsbezeichnung des ihnen nach Absatz 1 übertragenen Amtes. [2]Sie dürfen nur diese auch außerhalb des Dienstes führen. [3]Wird ihnen das Amt nach Absatz 1 nicht auf Dauer übertragen, dürfen sie die Amtsbezeichnung nach Satz 1 nach dem Ausscheiden aus dem Beamtenverhältnis auf Probe nicht weiterführen.

§ 25 Benachteiligungsverbote. [1]Schwangerschaft, Mutterschutz und Elternzeit dürfen sich bei der Einstellung und dem beruflichen Fortkommen nicht nachteilig auswirken. [2]Dies gilt auch für Teilzeit, Telearbeit und familienbedingte Beurlaubung, wenn nicht zwingende sachliche Gründe vorliegen.

§ 26[2)] Ermächtigung zum Erlass von Laufbahn- und Vorbereitungsdienstverordnungen. (1) Die Bundesregierung wird ermächtigt, durch Rechtsverordnung nach Maßgabe der §§ 16 bis 25 allgemeine Vorschriften für die Laufbahnen und die Vorbereitungsdienste zu erlassen, insbesondere Vorschriften über

1. die Gestaltung der Laufbahnen, einschließlich der regelmäßig zu durchlaufenden Ämter,
2. den Erwerb und die Anerkennung der Laufbahnbefähigung, einschließlich der Festlegung gleichwertiger Abschlüsse,
3. die Rahmenregelungen für Auswahlverfahren für die Einstellung in einen Vorbereitungsdienst, insbesondere den Einsatz von Informationstechnologie und von Videokonferenztechnik,
4. die Anrechnung von Zeiten auf den Vorbereitungsdienst und die Voraussetzungen für eine Verkürzung des Vorbereitungsdienstes,
5. die Einstellungsvoraussetzungen für andere Bewerberinnen und andere Bewerber,

---

[1)] Nr. **220**.

[2)] § 26 neu gef. mWv 7.7.2021 durch G v. 28.6.2021 (BGBl. I S. 2250); Abs. 1 Nr. 3 geänd. mWv 25.7.2024 durch G v. 19.7.2024 (BGBl. 2024 I Nr. 247).

6. die Festlegung von Altersgrenzen,
7. die Voraussetzungen für den Laufbahnwechsel und
8. die Voraussetzungen für Beförderungen.

(2) [1]Die Bundesregierung wird ermächtigt, durch Rechtsverordnung nach Maßgabe der §§ 16 bis 25 besondere Vorschriften für die einzelnen Laufbahnen und Vorbereitungsdienste zu erlassen, insbesondere Vorschriften über
1. das Auswahlverfahren für die Einstellung in den Vorbereitungsdienst,
2. den Ablauf des Vorbereitungsdienstes, insbesondere über dessen Inhalte und Dauer,
3. die Prüfung und das Prüfungsverfahren, einschließlich der Prüfungsnoten, sowie
4. die Folgen der Nichtteilnahme an Prüfungen und die Folgen von Ordnungsverstößen.

[2]Die Bundesregierung kann die Befugnis nach Satz 1 durch Rechtsverordnung obersten Dienstbehörden übertragen.

Abschnitt 4. Abordnung, Versetzung und Zuweisung

§ 27[1)] Abordnung; Verordnungsermächtigungen. (1) [1]Eine Abordnung ist die vorübergehende Übertragung einer dem Amt der Beamtin oder des Beamten entsprechenden Tätigkeit bei einer anderen Dienststelle desselben oder eines anderen Dienstherrn unter Beibehaltung der Zugehörigkeit zur bisherigen Dienststelle. [2]Die Abordnung kann ganz oder teilweise erfolgen.

(2) [1]Eine Abordnung ist ganz oder teilweise aus dienstlichen Gründen auch zu einer nicht dem bisherigen Amt entsprechenden Tätigkeit möglich, wenn die Wahrnehmung der neuen Tätigkeit aufgrund der Vorbildung oder Berufsausbildung zumutbar ist. [2]Dabei ist auch die Abordnung zu einer Tätigkeit zulässig, die nicht einem Amt mit demselben Endgrundgehalt entspricht.

(3) [1]Die Abordnung bedarf der Zustimmung der Beamtin oder des Beamten, wenn sie
1. im Fall des Absatzes 2 länger als zwei Jahre dauert oder
2. zu einem anderen Dienstherrn erfolgt.

[2]Die Abordnung zu einem anderen Dienstherrn ist ohne Zustimmung zulässig, wenn die Tätigkeit einem Amt mit demselben Endgrundgehalt auch einer anderen Laufbahn entspricht und nicht länger als fünf Jahre dauert.

(4) [1]Die Abordnung zu einem anderen Dienstherrn wird von dem abgebenden im Einverständnis mit dem aufnehmenden Dienstherrn verfügt. [2]Das Einverständnis ist schriftlich oder elektronisch zu erklären.

(5) Werden Beamtinnen und Beamte des Bundes zu einem Land, einer Gemeinde, einem Gemeindeverband oder einer sonstigen nicht der Bundesaufsicht unterstehenden Körperschaft, Anstalt oder Stiftung des öffentlichen Rechts zur vorübergehenden Beschäftigung abgeordnet, sind, soweit zwischen den Dienstherren nichts anderes vereinbart ist, die für den Bereich des aufnehmenden Dienstherrn geltenden Vorschriften über die Pflichten und Rechte der Beamtinnen und Beamten entsprechend anzuwenden mit Ausnahme der Regelungen über Dienst-

[1)] § 27 Abs. 6 aufgeh., bish. Abs. 7 wird Abs. 6 mWv 22.3.2012 durch G v. 15.3.2012 (BGBl. I S. 462); Abs. 4 Satz 2 geänd. mWv 5.4.2017 durch G v. 29.3.2017 (BGBl. I S. 626); Überschrift neu gef. und Abs. 7 angef. mWv 16.1.2026 durch G v. 11.1.2026 (BGBl. 2026 I Nr. 6).

eid, Amtsbezeichnung, Zahlung von Bezügen, Krankenfürsorgeleistungen und Versorgung.

(6) Die Verpflichtung zur Zahlung der Besoldung hat auch der Dienstherr, zu dem die Abordnung erfolgt ist.

(7) [1]Die Bundesministerien werden ermächtigt, durch Rechtsverordnung ohne Zustimmung des Bundesrates für ihren jeweiligen Geschäftsbereich zu regeln, dass der Bedarf an befristet von Dritten überlassenem Personal insgesamt oder für bestimmte Bereiche ausschließlich gedeckt wird durch Abordnungen von

1. Beamten,
2. Richtern und
3. sonstigen Personen, die in einem öffentlich-rechtlichen Dienstverhältnis stehen.

[2]Die Bundesregierung wird ermächtigt, durch Rechtsverordnung ohne Zustimmung des Bundesrates die Bedarfe weiterer oberster Bundesbehörden nach Satz 1 zu regeln, wenn diese jeweils ein entsprechendes Bedürfnis dargetan haben. [3]Die Bundesregierung kann die in Satz 2 genannte Ermächtigung durch Rechtsverordnung auf oberste Bundesbehörden für eine Regelung hinsichtlich ihres jeweils eigenen Bedarfs übertragen.

§ 28[1)] Versetzung. (1) Eine Versetzung ist die auf Dauer angelegte Übertragung eines anderen Amtes bei einer anderen Dienststelle bei demselben oder einem anderen Dienstherrn.

(2) Eine Versetzung ist auf Antrag der Beamtin oder des Beamten oder aus dienstlichen Gründen ohne ihre oder seine Zustimmung zulässig, wenn das Amt mit mindestens demselben Endgrundgehalt verbunden ist wie das bisherige Amt, und die Tätigkeit aufgrund der Vorbildung oder Berufsausbildung zumutbar ist.

(3) [1]Bei der Auflösung oder einer wesentlichen Änderung des Aufbaus oder der Aufgaben einer Behörde oder der Verschmelzung von Behörden können Beamtinnen und Beamte, deren Aufgabengebiet davon berührt wird, ohne ihre Zustimmung in ein anderes Amt derselben oder einer anderen Laufbahn mit geringerem Endgrundgehalt im Bereich desselben Dienstherrn versetzt werden, wenn eine dem bisherigen Amt entsprechende Verwendung nicht möglich ist. [2]Das Endgrundgehalt muss mindestens dem des Amtes entsprechen, das die Beamtin oder der Beamte vor dem bisherigen Amt wahrgenommen hat. [3]Beamtinnen und Beamte sind verpflichtet, an Qualifizierungsmaßnahmen zum Erwerb der Befähigung für eine andere Laufbahn teilzunehmen.

(4) Im Übrigen bedarf die Versetzung der Zustimmung der Beamtin oder des Beamten.

(5) [1]Die Versetzung zu einem anderen Dienstherrn wird von dem abgebenden im Einverständnis mit dem aufnehmenden Dienstherrn verfügt. [2]Das Einverständnis ist schriftlich oder elektronisch zu erklären.

§ 29 Zuweisung. (1) [1]Beamtinnen und Beamten kann mit ihrer Zustimmung vorübergehend ganz oder teilweise eine ihrem Amt entsprechende Tätigkeit

1. bei einer öffentlichen Einrichtung ohne Dienstherrnfähigkeit im dienstlichen oder öffentlichen Interesse oder
2. bei einer anderen Einrichtung, wenn ein öffentliches Interesse es erfordert,

---

1) § 28 Abs. 5 Satz 2 geänd. mWv 5.4.2017 durch G v. 29.3.2017 (BGBl. I S. 626).

zugewiesen werden. [2] Die Entscheidung trifft die oberste Dienstbehörde oder eine von ihr bestimmte Stelle.

(2) Beamtinnen und Beamten einer Dienststelle, die ganz oder teilweise in eine öffentlich-rechtlich organisierte Einrichtung ohne Dienstherrnfähigkeit oder eine privatrechtlich organisierte Einrichtung der öffentlichen Hand umgewandelt wird, kann auch ohne ihre Zustimmung eine ihrem Amt entsprechende Tätigkeit bei dieser Einrichtung zugewiesen werden, wenn öffentliche Interessen es erfordern.

(3) Die Rechtsstellung der Beamtinnen und Beamten bleibt unberührt.

Abschnitt 5. Beendigung des Beamtenverhältnisses

Unterabschnitt 1. Entlassung

§ 30 Beendigungsgründe. Das Beamtenverhältnis endet durch

1. Entlassung,
2. Verlust der Beamtenrechte,
3. Entfernung aus dem Beamtenverhältnis nach dem Bundesdisziplinargesetz[1] oder
4. Eintritt oder Versetzung in den Ruhestand.

§ 31[2] Entlassung kraft Gesetzes. (1) [1] Beamtinnen und Beamte sind entlassen, wenn

(Fortsetzung nächstes Blatt)

[1] Nr. **220**.

[2] § 31 Abs. 1 Nr. 2 Satz 2 aufgeh., Satz 2 angef., Abs. 2 Satz 1 geänd., Satz 2 aufgeh. mWv 14.3.2015 durch G v. 6.3.2015 (BGBl. I S. 250); Abs. 1 Satz 1 Nr. 1 und 2 geänd., Nr. 3 und Abs. 2 Satz 2 angef. mWv 28.10.2016 durch G v. 19.10.2016 (BGBl. I S. 2362); Abs. 1 Satz 1 Nr. 1 geänd. mWv 7.7.2021 durch G v. 28.6.2021 (BGBl. I S. 2250).

1. die Voraussetzungen des § 7 Absatz 1 Satz 1 Nummer 1 nicht mehr vorliegen und eine Ausnahme nach § 7 Abs. 3 auch nachträglich nicht zugelassen wird,
2. sie in ein öffentlich-rechtliches Dienst- oder Amtsverhältnis zu einem anderen Dienstherrn oder zu einer Einrichtung ohne Dienstherrnfähigkeit nach deutschem Recht treten oder zur Berufssoldatin, zum Berufssoldaten, zur Soldatin auf Zeit oder zum Soldaten auf Zeit ernannt werden, sofern gesetzlich nichts anderes bestimmt ist oder
3. sie in den Fällen des § 11a Absatz 2 eine Probezeit für die neue Laufbahn abgeleistet haben und in der neuen Laufbahn zu Beamtinnen auf Lebenszeit oder zu Beamten auf Lebenszeit ernannt sind.

[2] Satz 1 Nummer 2 gilt nicht, wenn
1. die Beamtin oder der Beamte in ein Beamtenverhältnis auf Widerruf oder in ein Ehrenbeamtenverhältnis eintritt oder
2. die oberste Dienstbehörde nach ihrem Ermessen die Fortdauer des Beamtenverhältnisses angeordnet hat, bevor die Beamtin oder der Beamte in das Dienst- oder Amtsverhältnis zu dem anderen Dienstherrn oder der Einrichtung eingetreten ist; bei Dienstherren im Sinne des Beamtenstatusgesetzes[1)] kann die Fortdauer nur mit deren Einvernehmen angeordnet werden.

(2) [1] Die oberste Dienstbehörde entscheidet darüber, ob die Voraussetzungen des Absatzes 1 Satz 1 vorliegen, und stellt den Tag der Beendigung des Beamtenverhältnisses fest. [2] Die oberste Dienstbehörde kann diese Aufgaben auf unmittelbar nachgeordnete Behörden übertragen.

§ 32[2)] Entlassung aus zwingenden Gründen. (1) Beamtinnen und Beamte sind zu entlassen, wenn sie
1. den Diensteid oder ein an dessen Stelle vorgeschriebenes Gelöbnis verweigern,
2. nicht in den Ruhestand oder einstweiligen Ruhestand versetzt werden können, weil eine versorgungsrechtliche Wartezeit nicht erfüllt ist, oder
3. zur Zeit der Ernennung Inhaberin oder Inhaber eines Amtes, das kraft Gesetzes mit dem Mandat unvereinbar ist, Mitglied des Deutschen Bundestages oder des Europäischen Parlaments waren und nicht innerhalb der von der obersten Dienstbehörde gesetzten angemessenen Frist ihr Mandat niederlegen.

(2) Beamtinnen und Beamte können entlassen werden, wenn sie in den Fällen des § 7 Abs. 2 die Eigenschaft als Deutsche oder Deutscher im Sinne des Artikels 116 Absatz 1 des Grundgesetzes[3)] verlieren.

§ 33 Entlassung auf Verlangen. (1) [1] Beamtinnen und Beamte sind zu entlassen, wenn sie gegenüber der zuständigen Behörde schriftlich ihre Entlassung verlangen. [2] Die Erklärung kann, solange die Entlassungsverfügung noch nicht zugegangen ist, innerhalb von zwei Wochen nach Zugang bei der zuständigen Behörde zurückgenommen werden, mit Zustimmung der zuständigen Behörde auch nach Ablauf dieser Frist.

(2) [1] Die Entlassung kann jederzeit verlangt werden. [2] Sie ist für den beantragten Zeitpunkt auszusprechen. [3] Sie kann jedoch so lange hinausgeschoben werden, bis

---

[1)] Nr. **150**.
[2)] § 32 Abs. 2 geänd. mWv 14.3.2015 durch G v. 6.3.2015 (BGBl. I S. 250).
[3)] Nr. **1**.

die Beamtin oder der Beamte die ihr oder ihm übertragenen Aufgaben ordnungsgemäß erledigt hat, längstens drei Monate.

§ 34[1)] Entlassung von Beamtinnen auf Probe und Beamten auf Probe.

(1) [1] Beamtinnen auf Probe und Beamte auf Probe im Sinne des § 6 Absatz 3 Nummer 1 können außerdem entlassen werden, wenn einer der folgenden Entlassungsgründe vorliegt:

1. ein Verhalten, das im Beamtenverhältnis auf Lebenszeit mindestens eine Kürzung der Dienstbezüge zur Folge hätte,
2. fehlende Bewährung im Sinne des § 11 Abs. 1 Satz 1 Nr. 2,
3. Dienstunfähigkeit, ohne dass eine Versetzung in den Ruhestand erfolgt ist, oder
4. Auflösung oder wesentliche Änderung des Aufbaus oder der Aufgaben der Beschäftigungsbehörde oder deren Verschmelzung mit einer anderen Behörde, wenn das übertragene Aufgabengebiet davon berührt wird und eine anderweitige Verwendung nicht möglich ist.

[2] Im Fall des Satzes 1 Nr. 2 ist bei allein mangelnder gesundheitlicher Eignung und im Fall der Nummer 3 eine anderweitige Verwendung entsprechend zu prüfen.

(2) [1] Die Frist für die Entlassung beträgt bei einer Beschäftigungszeit

1. bis zum Ablauf von drei Monaten zwei Wochen zum Monatsschluss und
2. von mehr als drei Monaten sechs Wochen zum Schluss eines Kalendervierteljahres.

[2] Als Beschäftigungszeit gilt die Zeit ununterbrochener Tätigkeit im Beamtenverhältnis auf Probe im Bereich derselben obersten Dienstbehörde.

(3) [1] Im Fall des Absatzes 1 Nr. 1 ist eine Entlassung ohne Einhaltung einer Frist möglich. [2] Die §§ 21 bis 29 des Bundesdisziplinargesetzes[2)] sind entsprechend anzuwenden.

(4) Beamtinnen auf Probe und Beamte auf Probe sind mit dem Ende des Monats entlassen, in dem sie die im Beamtenverhältnis auf Lebenszeit geltende Altersgrenze erreichen.

§ 35 Entlassung von Beamtinnen und Beamten in Führungsämtern auf Probe. [1] Beamtinnen und Beamte in Ämtern mit leitender Funktion sind aus dem Beamtenverhältnis auf Probe nach entlassen. [2] Die §§ 31 bis 33 bleiben unberührt. [3] § 34 Abs. 1 gilt entsprechend.§ 24 Abs. 1

§ 36 Entlassung von politischen Beamtinnen auf Probe und politischen Beamten auf Probe. Politische Beamtinnen und politische Beamte, die sich in einem Beamtenverhältnis auf Probe befinden, können jederzeit aus diesem entlassen werden.

§ 37 Entlassung von Beamtinnen auf Widerruf und Beamten auf Widerruf. (1) [1] Beamtinnen auf Widerruf und Beamte auf Widerruf können jederzeit entlassen werden. [2] Die Entlassung ist ohne Einhaltung einer Frist möglich. [3] § 34 Abs. 4 gilt entsprechend.

(2) [1] Beamtinnen auf Widerruf und Beamten auf Widerruf im Vorbereitungs*dienst soll Gelegenheit* gegeben werden, den Vorbereitungsdienst abzuleisten und

---

[1)] § 34 Abs. 1 Satz 1 geänd. mWv 7.7.2021 durch G v. 28.6.2021 (BGBl. I S. 2250).
[2)] Nr. **220**.

die Prüfung abzulegen. [2]Sie sind mit Ablauf des Tages aus dem Beamtenverhältnis entlassen, an dem ihnen

1. das Bestehen oder endgültige Nichtbestehen der Prüfung oder
2. das endgültige Nichtbestehen einer vorgeschriebenen Zwischenprüfung

bekannt gegeben wird.

§ 38 Verfahren der Entlassung. [1]Soweit gesetzlich nichts anderes bestimmt ist, wird die Entlassung von der Stelle schriftlich verfügt, die für die Ernennung zuständig wäre. [2]Die Entlassung wird im Fall des § 32 Abs. 1 Nr. 1 mit der Zustellung, im Übrigen mit dem Ablauf des Monats wirksam, der auf den Monat folgt, in dem der Beamtin oder dem Beamten die Entlassungsverfügung zugestellt wird.

§ 39[1)] Folgen der Entlassung. [1]Nach der Entlassung besteht kein Anspruch auf Besoldung und Versorgung, soweit gesetzlich nichts anderes bestimmt ist. [2]Die oberste Dienstbehörde kann die Erlaubnis erteilen, die Amtsbezeichnung mit dem Zusatz „außer Dienst" oder „a.D." sowie die im Zusammenhang mit dem Amt verliehenen Titel zu führen. [3]Die Erlaubnis kann zurückgenommen werden, wenn die frühere Beamtin oder der frühere Beamte sich ihrer als nicht würdig erweist. [4]Die oberste Dienstbehörde kann die Befugnis nach den Sätzen 2 und 3 auf nachgeordnete Behörden übertragen.

§ 40[2)] Ausscheiden bei Wahlen oder Übernahme politischer Ämter.

(1) [1]Beamtinnen und Beamte müssen aus ihrem Amt ausscheiden, wenn sie die Wahl zum Europäischen Parlament oder zum Deutschen Bundestag annehmen. [2]Das Nähere bestimmt ein Gesetz. [3]Für Beamtinnen und Beamte, die in die gesetzgebende Körperschaft eines Landes gewählt worden sind und deren Amt kraft Gesetzes mit dem Mandat unvereinbar ist, gelten die für in den Deutschen Bundestag gewählte Beamtinnen und Beamte maßgebenden Vorschriften der §§ 5 bis 7, 8 Abs. 2, der §§ 9, 23 Abs. 5 und des § 36 Abs. 1 des Abgeordnetengesetzes[3)] entsprechend.

(2) [1]Werden Beamtinnen oder Beamte zum Mitglied der Regierung eines Landes ernannt, gilt § 18 Abs. 1 und 2 des Bundesministergesetzes[4)] entsprechend. [2]Dies gilt auch für den Eintritt in ein Amtsverhältnis, das dem Parlamentarischer Staatssekretärinnen oder Parlamentarischer Staatssekretäre im Sinne des Gesetzes über die Rechtsverhältnisse der Parlamentarischen Staatssekretäre entspricht.

(3) [1]Bei Eintritt in ein kommunales Wahlbeamtenverhältnis auf Zeit ist § 31 Abs. 1 Satz 1 Nr. 2 nicht anzuwenden. [2]Die Rechte und Pflichten aus dem zuletzt im Beamtenverhältnis wahrgenommenen Amt ruhen für die Dauer des Wahlbeamtenverhältnisses mit Ausnahme der Pflicht zur Verschwiegenheit und des Verbotes der Annahme von Belohnungen, Geschenken und sonstigen Vorteilen. [3]Beamtinnen und Beamte kehren nach Beendigung ihrer Amtszeit unter Übertragung ihres letzten Amtes in ihr Dienstverhältnis zurück, sofern sie zu diesem Zeitpunkt noch nicht die für sie geltende Altersgrenze erreicht haben. [4]Die Beamtinnen und Beamten erhalten nach Beendigung des Wahlbeamtenverhältnisses die Besoldung aus dem zuletzt im Beamtenverhältnis des Bundes wahr-

---

1) § 39 Satz 4 angef. mWv 14.3.2015 durch G v. 6.3.2015 (BGBl. I S. 250).
2) § 40 Abs. 1 Satz 1 und Abs. 3 Satz 1 geänd. mWv 14.3.2015 durch G v. 6.3.2015 (BGBl. I S. 250).
3) Nr. **48**.
4) Nr. **45**.

genommenen Amt. [5] Wird die Rückkehr nach Beendigung des Wahlbeamtenverhältnisses abgelehnt oder ihr nicht gefolgt, sind sie zu entlassen. [6] Die Entlassung wird von der Stelle schriftlich verfügt, die für die Ernennung zuständig wäre. [7] Die Entlassung tritt mit dem Ablauf des Monats ein, der auf den Monat folgt, in dem die Entlassungsverfügung zugestellt wird.

§ 41[1)] Verlust der Beamtenrechte. (1) [1] Werden Beamtinnen oder Beamte im ordentlichen Strafverfahren durch das Urteil eines deutschen Gerichts

1. wegen einer vorsätzlichen Tat zu einer Freiheitsstrafe von mindestens einem Jahr oder
2. wegen einer vorsätzlichen Tat, die nach den Vorschriften über Friedensverrat, Hochverrat, Gefährdung des demokratischen Rechtsstaates oder Landesverrat und Gefährdung der äußeren Sicherheit, Volksverhetzung oder, soweit sich die Tat auf eine Diensthandlung im Hauptamt bezieht, Bestechlichkeit strafbar ist, zu einer Freiheitsstrafe von mindestens sechs Monaten

verurteilt, endet das Beamtenverhältnis mit der Rechtskraft des Urteils. [2] Entsprechendes gilt, wenn die Fähigkeit zur Wahrnehmung öffentlicher Ämter aberkannt wird oder wenn Beamtinnen oder Beamte aufgrund einer Entscheidung des Bundesverfassungsgerichts nach Artikel 18 des Grundgesetzes[2)] ein Grundrecht verwirkt haben.

(2) [1] Nach Beendigung des Beamtenverhältnisses nach Absatz 1 besteht kein Anspruch auf Besoldung und Versorgung, soweit gesetzlich nichts anderes bestimmt ist. [2] Die Amtsbezeichnung und die im Zusammenhang mit dem Amt verliehenen Titel dürfen nicht weiter geführt werden.

(Fortsetzung nächstes Blatt)

[1)] § 41 Abs. 1 Satz 1 Nr. 2 geänd. mWv 1.4.2024 durch G v. 20.12.2023 (BGBl. 2023 I Nr. 389).
[2)] Nr. **1**.

§ 42 Wirkung eines Wiederaufnahmeverfahrens. (1) [1] Wird eine Entscheidung, die den Verlust der Beamtenrechte bewirkt hat, im Wiederaufnahmeverfahren durch eine Entscheidung ersetzt, die diese Wirkung nicht hat, gilt das Beamtenverhältnis als nicht unterbrochen. [2] Beamtinnen und Beamte haben, sofern sie die Altersgrenze noch nicht erreicht haben und dienstfähig sind, Anspruch auf Übertragung eines Amtes derselben oder einer mindestens gleichwertigen Laufbahn wie ihr bisheriges Amt und mit mindestens demselben Endgrundgehalt. [3] Bis zur Übertragung des neuen Amtes erhalten sie die Besoldung, die ihnen aus ihrem bisherigen Amt zugestanden hätte.

(2) [1] Ist aufgrund des im Wiederaufnahmeverfahren festgestellten Sachverhalts oder aufgrund eines rechtskräftigen Strafurteils, das nach der früheren Entscheidung ergangen ist, ein Disziplinarverfahren mit dem Ziel der Entfernung aus dem Beamtenverhältnis eingeleitet worden, verliert die Beamtin oder der Beamte die ihr oder ihm nach Absatz 1 zustehenden Ansprüche, wenn auf Entfernung aus dem Beamtenverhältnis erkannt wird. [2] Bis zur Rechtskraft der Entscheidung können die Ansprüche nicht geltend gemacht werden.

(3) Absatz 2 gilt entsprechend in Fällen der Entlassung von Beamtinnen auf Probe und Beamten auf Probe oder von Beamtinnen auf Widerruf und Beamten auf Widerruf wegen eines Verhaltens im Sinne des § 34 Abs. 1 Nr. 1.

(4) [1] Auf die Besoldung nach Absatz 1 Satz 3 wird ein anderes Arbeitseinkommen oder ein Unterhaltsbeitrag angerechnet. [2] Die Beamtinnen und Beamten sind hierüber zur Auskunft verpflichtet.

§ 43[1] Gnadenrecht. [1] Der Bundespräsidentin oder dem Bundespräsidenten oder der von ihr oder ihm bestimmten Stelle steht hinsichtlich des Verlustes der Beamtenrechte das Gnadenrecht zu. [2] Wird im Gnadenweg der Verlust der Beamtenrechte in vollem Umfang beseitigt, gilt ab diesem Zeitpunkt § 42 entsprechend.

Unterabschnitt 2.[2] Dienstunfähigkeit

§ 44[3] Dienstunfähigkeit. (1) [1] Die Beamtin auf Lebenszeit oder der Beamte auf Lebenszeit ist in den Ruhestand zu versetzen, wenn sie oder er wegen des körperlichen Zustandes oder aus gesundheitlichen Gründen zur Erfüllung der Dienstpflichten dauernd unfähig (dienstunfähig) ist. [2] Als dienstunfähig kann auch angesehen werden, wer infolge Erkrankung innerhalb von sechs Monaten mehr als drei Monate keinen Dienst getan hat, wenn keine Aussicht besteht, dass innerhalb weiterer sechs Monate die Dienstfähigkeit wieder voll hergestellt ist. [3] In den Ruhestand wird nicht versetzt, wer anderweitig verwendbar ist.

---

[1] Siehe hierzu die AnO des Bundespräsidenten über die Ausübung des Begnadigungsrechts des Bundes (Nr. **615**).

[2] Siehe hierzu die BMI-Rundschreiben – D1 – 30101/5#1 – **(Bundesbeamtengesetze Nr. 1.2)** und – D1 – 210 173/3 – **(Bundesbeamtengesetze Nr. 1.4)**.

[3] § 44 Abs. 4 Sätze 2 und 3 neu gef. mWv 14. 3. 2015 durch G v. 6. 3. 2015 (BGBl. I S. 250).

(2) [1] Eine anderweitige Verwendung ist möglich, wenn ein anderes Amt, auch einer anderen Laufbahn, übertragen werden kann. [2] Die Übertragung eines anderen Amtes ohne Zustimmung ist zulässig, wenn das neue Amt zum Bereich desselben Dienstherrn gehört, es mit mindestens demselben Endgrundgehalt verbunden ist wie das bisherige Amt und zu erwarten ist, dass die Beamtin oder der Beamte den gesundheitlichen Anforderungen des neuen Amtes genügt.

(3) Zur Vermeidung der Versetzung in den Ruhestand kann einer Beamtin oder einem Beamten unter Beibehaltung des übertragenen Amtes ohne Zustimmung auch eine geringerwertige Tätigkeit übertragen werden, wenn eine anderweitige Verwendung nicht möglich und die Wahrnehmung der neuen Aufgabe unter Berücksichtigung der bisherigen Tätigkeit zumutbar ist.

(4) [1] Zur Vermeidung einer Versetzung in den Ruhestand kann die Beamtin oder der Beamte nach dem Erwerb der Befähigung für eine neue Laufbahn auch ohne Zustimmung in ein Amt dieser Laufbahn mit geringerem Endgrundgehalt versetzt werden, wenn eine dem bisherigen Amt entsprechende Verwendung nicht möglich und die Wahrnehmung der neuen Aufgabe unter Berücksichtigung der bisherigen Tätigkeit zumutbar ist. [2] Das neue Amt muss derselben Laufbahngruppe zugeordnet sein wie das derzeitige Amt. [3] Für die Übertragung bedarf es keiner Ernennung.

(5) Die Beamtin oder der Beamte, die oder der nicht die Befähigung für eine andere Laufbahn besitzt, ist verpflichtet, an Qualifizierungsmaßnahmen für den Erwerb der neuen Befähigung teilzunehmen.

(6) Bestehen Zweifel über die Dienstunfähigkeit, besteht die Verpflichtung, sich nach Weisung der Behörde ärztlich untersuchen und, falls dies aus amtsärztlicher Sicht für erforderlich gehalten wird, auch beobachten zu lassen.

(7) Gesetzliche Vorschriften, die für einzelne Gruppen von Beamtinnen und Beamten andere Voraussetzungen für die Beurteilung der Dienstunfähigkeit bestimmen, bleiben unberührt.

§ 45[1)] Begrenzte Dienstfähigkeit. (1) [1] Von der Versetzung in den Ruhestand wegen Dienstunfähigkeit ist abzusehen, wenn die Beamtin oder der Beamte unter Beibehaltung des übertragenen Amtes die Dienstpflichten noch während mindestens der Hälfte der regelmäßigen Arbeitszeit erfüllen kann (begrenzte Dienstfähigkeit). [2] Von der begrenzten Dienstfähigkeit soll abgesehen werden, wenn der Beamtin oder dem Beamten nach § 44 Abs. 2 oder 3 ein anderes Amt oder eine geringerwertige Tätigkeit übertragen werden kann.

(2) [1] Die Arbeitszeit ist entsprechend der begrenzten Dienstfähigkeit zu verkürzen. [2] Mit Zustimmung der Beamtin oder des Beamten ist auch eine Verwendung in einer nicht dem Amt entsprechenden Tätigkeit möglich.

(3) [1] Die für die Ernennung zuständige Behörde entscheidet über die Feststellung der begrenzten Dienstfähigkeit. [2] Für das Verfahren gelten die Vorschriften über die Dienstunfähigkeit entsprechend.

---

1) Siehe hierzu das BMI-Rundschreiben – D1 – 30101/5#6 – **(Bundesbeamtengesetze Nr. 1.3).**

§ 46[1] **Wiederherstellung der Dienstfähigkeit.** (1) [1] Beamtinnen und Beamte, die wegen Dienstunfähigkeit in den Ruhestand versetzt wurden, sind verpflichtet, einer erneuten Berufung in das Beamtenverhältnis Folge zu leisten, wenn ihnen im Dienstbereich ihres früheren Dienstherrn ein Amt ihrer früheren oder einer anderen Laufbahn mit mindestens demselben Endgrundgehalt übertragen werden soll und zu erwarten ist, dass sie den gesundheitlichen Anforderungen des neuen Amtes genügen. [2] Der Dienstherr ist verpflichtet, in regelmäßigen Abständen das Vorliegen der Voraussetzungen für die Dienstunfähigkeit zu überprüfen, es sei denn, nach den Umständen des Einzelfalls kommt eine erneute Berufung in das Beamtenverhältnis nicht in Betracht.

(2) Beamtinnen und Beamten, die wegen Dienstunfähigkeit in den Ruhestand versetzt wurden, kann ferner unter Übertragung eines Amtes ihrer früheren Laufbahn nach Absatz 1 auch eine geringerwertige Tätigkeit übertragen werden, wenn eine anderweitige Verwendung nicht möglich ist und ihnen die Wahrnehmung der neuen Aufgabe unter Berücksichtigung ihrer früheren Tätigkeit zumutbar ist.

(3) Beamtinnen und Beamte, die nicht die Befähigung für die andere Laufbahn besitzen, haben an Qualifizierungsmaßnahmen für den Erwerb der neuen Befähigung teilzunehmen.

(4) [1] Beamtinnen und Beamte sind verpflichtet, zur Wiederherstellung ihrer Dienstfähigkeit an geeigneten und zumutbaren gesundheitlichen und beruflichen Rehabilitationsmaßnahmen teilzunehmen. [2] Diese Verpflichtung gilt auch zur Vermeidung einer drohenden Dienstunfähigkeit. [3] Vor der Versetzung in den Ruhestand sind sie auf diese Pflicht hinzuweisen, es sei denn, nach den Umständen des Einzelfalls kommt eine erneute Berufung in das Beamtenverhältnis nicht in Betracht. [4] Der Dienstherr hat, sofern keine anderen Ansprüche bestehen, die Kosten für diese gesundheitlichen und beruflichen Rehabilitationsmaßnahmen zu tragen.

(5) Beantragen Beamtinnen oder Beamte nach Wiederherstellung ihrer Dienstfähigkeit die erneute Berufung in das Beamtenverhältnis, ist diesem Antrag zu entsprechen, falls nicht zwingende dienstliche Gründe entgegenstehen.

(6) Die erneute Berufung in ein Beamtenverhältnis ist auch in den Fällen der begrenzten Dienstfähigkeit möglich.

(7) [1] Zur Prüfung ihrer Dienstfähigkeit sind Beamtinnen und Beamte verpflichtet, sich nach Weisung der Behörde ärztlich untersuchen zu lassen. [2] Sie können eine solche Untersuchung verlangen, wenn sie einen Antrag auf erneute Berufung in das Beamtenverhältnis stellen.

(8) Bei einer erneuten Berufung gilt das frühere Beamtenverhältnis als fortgesetzt.

§ 47[2] **Verfahren bei Dienstunfähigkeit.** (1) [1] Hält die oder der Dienstvorgesetzte die Beamtin oder den Beamten aufgrund eines ärztlichen Gutachtens über den Gesundheitszustand für dienstunfähig und ist eine anderweitige Verwendung nicht möglich oder liegen die Voraussetzungen für die begrenzte Dienstfähigkeit nicht vor, teilt sie oder er der Beamtin oder dem

[1] § 46 Abs. 4 Satz 4 geänd. mWv 28.10.2016 durch G v. 19.10.2016 (BGBl. I S. 2362).
[2] § 47 Abs. 2 Satz 2 geänd., Satz 3 angef. mWv 14.3.2015 durch G v. 6.3.2015 (BGBl. I S. 250).

Beamten mit, dass die Versetzung in den Ruhestand beabsichtigt ist. [2] Dabei sind die Gründe für die Versetzung in den Ruhestand anzugeben.

(2) [1] Die Beamtin oder der Beamte kann innerhalb eines Monats Einwendungen erheben. [2] Danach entscheidet die für die Ernennung zuständige Behörde über die Versetzung in den Ruhestand mit Zustimmung der obersten Dienstbehörde oder der von ihr bestimmten Stelle, soweit gesetzlich nichts anderes bestimmt ist. [3] Die oberste Dienstbehörde kann bestimmen, dass ihre Zustimmung nicht erforderlich ist.

(3) [1] Die Versetzungsverfügung ist der Beamtin oder dem Beamten schriftlich zuzustellen. [2] Sie kann bis zum Beginn des Ruhestands zurückgenommen werden.

(4) [1] Der Ruhestand beginnt mit dem Ende des Monats, in dem die Versetzung in den Ruhestand der Beamtin oder dem Beamten bekannt gegeben worden ist. [2] Zu diesem Zeitpunkt wird die Besoldung einbehalten, die das Ruhegehalt übersteigt.

§ 48[1)] Ärztliche Untersuchung. (1) [1] In den Fällen der §§ 44 bis 47 kann die zuständige Behörde die ärztliche Untersuchung nur einer Amtsärztin oder einem Amtsarzt übertragen oder einer Ärztin oder einem Arzt, die oder der als Gutachterin oder Gutachter nach Satz 2 zugelassen ist. [2] Die oberste Dienstbehörde bestimmt, welche Ärztin oder welcher Arzt mit der Fertigung von Gutachten beauftragt werden kann. [3] Sie kann diese Befugnis auf nachgeordnete Behörden übertragen.

(2) [1] Die Ärztin oder der Arzt teilt der Behörde auf Anforderung im Einzelfall die tragenden Gründe des Gutachtens mit, soweit deren Kenntnis für die Behörde unter Beachtung des Grundsatzes der Verhältnismäßigkeit für die von ihr zu treffende Entscheidung erforderlich ist. [2] Diese Mitteilung ist in einem gesonderten und versiegelten Umschlag zu übersenden und versiegelt zur Personalakte zu nehmen. [3] Sie darf nur für die Entscheidung der in Absatz 1 genannten Fälle verwendet werden.

(3) [1] Zu Beginn der Untersuchung ist die Beamtin oder der Beamte auf deren Zweck und die Mitteilungspflicht nach Absatz 2 hinzuweisen. [2] Die Ärztin oder der Arzt übermittelt der Beamtin oder dem Beamten oder, soweit dem ärztliche Gründe entgegenstehen, einer oder einem Bevollmächtigten ein Doppel der Mitteilung nach Absatz 2.

§ 49 Ruhestand beim Beamtenverhältnis auf Probe wegen Dienstunfähigkeit. (1) Beamtinnen auf Probe und Beamte auf Probe sind in den Ruhestand zu versetzen, wenn sie infolge Krankheit, Verwundung oder sonstiger Beschädigung, die sie sich ohne grobes Verschulden bei Ausübung oder aus Veranlassung des Dienstes zugezogen haben, dienstunfähig geworden sind.

(2) [1] Beamtinnen auf Probe und Beamte auf Probe können in den Ruhestand versetzt werden, wenn sie aus anderen Gründen dienstunfähig geworden sind. [2] Die Entscheidung trifft die oberste Dienstbehörde. [3] Die Befugnis kann auf andere Behörden übertragen werden.

(3) Die §§ 44 bis 48 mit Ausnahme des § 44 Abs. 4 sind entsprechend anzuwenden.

[1)] § 48 Abs. 1 Satz 1 geänd. mWv 7.12.2018 durch G v. 29.11.2018 (BGBl. I S. 2232).

Unterabschnitt 3. Ruhestand

§ 50 Wartezeit. Der Eintritt in den Ruhestand setzt eine versorgungsrechtliche Wartezeit voraus, soweit gesetzlich nichts anderes bestimmt ist.

§ 51 Ruhestand wegen Erreichens der Altersgrenze. (1) [1] Beamtinnen auf Lebenszeit und Beamte auf Lebenszeit treten mit dem Ende des Monats in den Ruhestand, in dem sie die für sie jeweils geltende Altersgrenze erreichen. [2] Die Altersgrenze wird in der Regel mit Vollendung des 67. Lebensjahres erreicht (Regelaltersgrenze), soweit nicht gesetzlich eine andere Altersgrenze (besondere Altersgrenze) bestimmt ist.

(2) [1] Beamtinnen auf Lebenszeit und Beamte auf Lebenszeit, die vor dem 1. Januar 1947 geboren sind, erreichen die Regelaltersgrenze mit Vollendung des 65. Lebensjahres. [2] Für Beamtinnen auf Lebenszeit und Beamte auf Lebenszeit, die nach dem 31. Dezember 1946 geboren sind, wird die Regelaltersgrenze wie folgt angehoben:

Geburtsjahr	Anhebung um Monate	Altersgrenze	
		Jahr	Monat
1947	1	65	1
1948	2	65	2
1949	3	65	3
1950	4	65	4
1951	5	65	5
1952	6	65	6
1953	7	65	7
1954	8	65	8
1955	9	65	9
1956	10	65	10
1957	11	65	11
1958	12	66	0
1959	14	66	2
1960	16	66	4
1961	18	66	6
1962	20	66	8
1963	22	66	10

(3) [1] Beamtinnen auf Lebenszeit und Beamte auf Lebenszeit im Feuerwehrdienst der Bundeswehr treten mit dem Ende des Monats in den Ruhestand, in dem sie das 62. Lebensjahr vollenden. [2] Dies gilt auch für Beamtinnen auf Lebenszeit und Beamte auf Lebenszeit in den Laufbahnen des feuerwehrtechnischen Dienstes, die 22 Jahre im Feuerwehrdienst beschäftigt waren. [3] Beam-

tinnen und Beamte im Sinne der Sätze 1 und 2 treten mit dem Ende des Monats in den Ruhestand, in dem sie das 60. Lebensjahr vollenden, wenn sie vor dem 1. Januar 1952 geboren sind. [4] Für Beamtinnen und Beamte im Sinne der Sätze 1 und 2, die nach dem 31. Dezember 1951 geboren sind, wird die Altersgrenze wie folgt angehoben:

Geburtsjahr Geburtsmonat	Anhebung um Monate	Altersgrenze	
		Jahr	Monat
1952			
Januar	1	60	1
Februar	2	60	2
März	3	60	3
April	4	60	4
Mai	5	60	5
Juni–Dezember	6	60	6
1953	7	60	7
1954	8	60	8
1955	9	60	9
1956	10	60	10
1957	11	60	11
1958	12	61	0
1959	14	61	2
1960	16	61	4
1961	18	61	6
1962	20	61	8
1963	22	61	10

(4) [1] Wer die Regelaltersgrenze oder eine gesetzlich bestimmte besondere Altersgrenze erreicht hat, darf nicht zur Beamtin oder zum Beamten ernannt werden. [2] Wer trotzdem ernannt worden ist, ist zu entlassen.

§ 52 Ruhestand auf Antrag. (1) Beamtinnen auf Lebenszeit und Beamte auf Lebenszeit können auf ihren Antrag in den Ruhestand versetzt werden, wenn

1. sie das 62. Lebensjahr vollendet haben und
2. schwerbehindert im Sinne des § 2 Abs. 2 des Neunten Buches Sozialgesetzbuch[1)] sind.

(2) [1] Beamtinnen auf Lebenszeit und Beamte auf Lebenszeit, die schwerbehindert im Sinne des § 2 Abs. 2 des Neunten Buches Sozialgesetzbuch sind und vor dem 1. Januar 1952 geboren sind, können auf ihren Antrag in den Ruhestand versetzt werden, wenn sie das 60. Lebensjahr vollendet haben.

1) Gewerberecht Nr. 750.

[2] Für Beamtinnen auf Lebenszeit und Beamte auf Lebenszeit, die schwerbehindert im Sinne des § 2 Abs. 2 des Neunten Buches Sozialgesetzbuch sind und nach dem 31. Dezember 1951 geboren sind, wird die Altersgrenze wie folgt angehoben:

Geburtsjahr Geburtsmonat	Anhebung um Monate	Altersgrenze	
		Jahr	Monat
1952			
Januar	1	60	1
Februar	2	60	2
März	3	60	3
April	4	60	4
Mai	5	60	5
Juni–Dezember	6	60	6
1953	7	60	7
1954	8	60	8
1955	9	60	9
1956	10	60	10
1957	11	60	11
1958	12	61	0
1959	14	61	2
1960	16	61	4
1961	18	61	6
1962	20	61	8
1963	22	61	10

(3) Beamtinnen auf Lebenszeit und Beamte auf Lebenszeit können auf ihren Antrag in den Ruhestand versetzt werden, wenn sie das 63. Lebensjahr vollendet haben.

§ 53[1)] Hinausschieben des Eintritts in den Ruhestand. (1) [1] Auf Antrag der Beamtin oder des Beamten kann der Eintritt in den Ruhestand bis zu drei Jahre hinausgeschoben werden, wenn

1. dies im dienstlichen Interesse liegt und
2. die Arbeitszeit mindestens die Hälfte der regelmäßigen wöchentlichen Arbeitszeit beträgt.

[2] Der Antrag ist spätestens sechs Monate vor dem Eintritt in den Ruhestand zu stellen. [3] Unter den gleichen Voraussetzungen kann der Eintritt in den Ruhestand bei einer besonderen Altersgrenze um bis zu drei Jahre hinausgeschoben werden.

(1a) [1] Dem Antrag nach Absatz 1 ist zu entsprechen, wenn

1. die Beamtin oder der Beamte familienbedingt

[1)] § 53 Abs. 4 bis 6 angef. mWv 1.1.2011 durch G v. 19.11.2010 (BGBl. I S. 1552); Überschr., Abs. 1 und 2 neu gef., Abs. 1a und 5 eingef. mWv 11.7.2013 durch G v. 3.7.2013 (BGBl. I S. 1978); Abs. 1a Nr. 2 geänd., Abs. 2 Satz 1 neu gef. mWv 14.3.2015 durch G v. 6.3.2015 (BGBl. I S. 250); Abs. 1a Satz 1 Nr. 1 neu gef., Nr. 2 und Satz 2 geänd. mWv 28.10.2016 durch G v. 19.10.2016 (BGBl. I S. 2362); Abs. 4 Satz 4 geänd. mWv 1.3.2016 durch G v. 21.11.2016 (BGBl. I S. 2570); Abs. 4 Satz 4 geänd. mWv 1.1.2019 durch G v. 8.11.2018 (BGBl. I S. 1810); Abs. 4 Satz 4 geänd. mWv 25.3.2021 durch G v. 18.3.2021 (BGBl. I S. 353).

a) teilzeitbeschäftigt oder beurlaubt nach § 92 gewesen ist,

b) Familienpflegezeit nach § 92a in Anspruch genommen hat oder

c) Pflegezeit nach § 92b in Anspruch genommen hat,

2. das Ruhegehalt, das sie oder er bei Eintritt in den Ruhestand wegen Erreichens der Altersgrenze erhalten würde, nicht die Höchstgrenze erreicht,
3. die Arbeitszeit mindestens die Hälfte der regelmäßigen wöchentlichen Arbeitszeit beträgt und
4. dienstliche Belange einem Hinausschieben nicht entgegenstehen.

[2] Den familienbedingten Abwesenheitszeiten nach Satz 1 Nummer 1 stehen entsprechende Zeiten im Beamten- oder Richterverhältnis oder als Tarifbeschäftigte beim Bund oder bei einem anderen Dienstherrn oder bei einem öffentlichen Arbeitgeber gleich. [3] Der Eintritt in den Ruhestand kann höchstens um die Dauer der familienbedingten Teilzeitbeschäftigung oder Beurlaubung oder Familienpflegezeit hinausgeschoben werden.

(1b) Dienstliche Belange stehen einem Hinausschieben des Eintritts in den Ruhestand insbesondere dann entgegen, wenn

1. die bisher wahrgenommenen Aufgaben wegfallen,
2. Planstellen eingespart werden sollen,
3. die Beamtin oder der Beamte in einem Planstellenabbaubereich beschäftigt ist,
4. die Aufgabe, die die Beamtin oder der Beamte wahrnimmt, einem festen Rotationsprinzip unterliegt,
5. andere personalwirtschaftliche Gründe gegen eine Weiterbeschäftigung sprechen oder
6. zu erwarten ist, dass sie oder er den Anforderungen des Dienstes nicht mehr gewachsen ist.

(2) [1] Der Eintritt in den Ruhestand kann im Einzelfall mit Zustimmung der Beamtin oder des Beamten um höchstens drei Jahre hinausgeschoben werden, wenn

1. die Dienstgeschäfte nur durch diese Beamtin oder diesen Beamten fortgeführt werden können und
2. die Arbeitszeit der Beamtin oder des Beamten mindestens die Hälfte der regelmäßigen Arbeitszeit beträgt.

[2] Das Gleiche gilt bei einer besonderen Altersgrenze.

(3) Die Absätze 1 und 2 gelten im Beamtenverhältnis auf Probe nach § 24 entsprechend.

(4) [1] Auf Antrag der Beamtin oder des Beamten kann der Eintritt in den Ruhestand bei Vorliegen eines dienstlichen Interesses um höchstens zwei Jahre hinausgeschoben werden. [2] Das gilt nur, wenn für einen Zeitraum von höchstens zwei Jahren vor Beginn des Monats, in dem die jeweils geltende Regelaltersgrenze oder die besondere Altersgrenze erreicht wird, und höchstens zwei Jahre danach Teilzeitbeschäftigung mit der Hälfte der regelmäßigen Arbeitszeit bewilligt wird. [3] Die Zeiträume vor und nach der jeweils geltenden Regelaltersgrenze oder der besonderen Altersgrenze müssen gleich lang sein. [4] Sie muss vor dem 1. Januar 2023 beginnen. [5] Eine Bewilligung nach § 9 Absatz 2 der Arbeitszeitverordnung[1]

[1] Nr. **170**.

ist nicht möglich. [6] Der Antrag ist spätestens sechs Monate vor dem Zeitpunkt zu stellen, zu dem die Teilzeitbeschäftigung beginnen soll.

(5) [1] Dem Antrag nach Absatz 4 darf nur entsprochen werden, wenn die Beamtin oder der Beamte sich verpflichtet, während des Bewilligungszeitraumes berufliche Verpflichtungen außerhalb des Beamtenverhältnisses nur in dem Umfang einzugehen, in dem Vollzeitbeschäftigten die Ausübung von Nebentätigkeiten gestattet ist. [2] Ausnahmen hiervon sind nur zulässig, soweit dies mit dem Beamtenverhältnis vereinbar ist. [3] Dabei ist von der regelmäßigen wöchentlichen Arbeitszeit für Vollzeitbeschäftigte auszugehen. [4] Wird der Verpflichtung nach Satz 1 schuldhaft nicht nachgekommen, soll die Bewilligung mit Wirkung für die Zukunft widerrufen werden.

(6) [1] Die Bewilligung nach Absatz 4 darf außer in den Fällen des Absatzes 5 Satz 4 mit Wirkung für die Zukunft nur widerrufen werden, wenn der Beamtin oder dem Beamten die Teilzeitbeschäftigung nicht mehr zugemutet werden kann. [2] Wird die Bewilligung widerrufen, nach dem die Regelaltersgrenze oder die besondere Altersgrenze erreicht worden ist, tritt die Beamtin oder der Beamte mit dem Ende des Monats in den Ruhestand, in dem der Widerruf bekannt gegeben worden ist. [3] Die Vorschriften über die Beendigung des Beamtenverhältnisses wegen Dienstunfähigkeit und die Feststellung der begrenzten Dienstfähigkeit bleiben unberührt.

§ 54[1)] Einstweiliger Ruhestand. (1) [1] Die Bundespräsidentin oder der Bundespräsident kann jederzeit die nachfolgend genannten politischen Beamtinnen und politischen Beamten in den einstweiligen Ruhestand versetzen, wenn sie Beamtinnen auf Lebenszeit oder Beamte auf Lebenszeit sind:

1. Staatssekretärinnen und Staatssekretäre sowie Ministerialdirektorinnen und Ministerialdirektoren,
2. sonstige Beamtinnen und Beamte des höheren Dienstes im auswärtigen Dienst von der Besoldungsgruppe B 3 an aufwärts sowie Botschafterinnen und Botschafter in der Besoldungsgruppe A 16,
3. Beamtinnen und Beamte des höheren Dienstes des Militärischen Abschirmdienstes, des Bundesamtes für Verfassungsschutz und des Bundesnachrichtendienstes von der Besoldungsgruppe B 6 an aufwärts,
4. die Chefin oder den Chef des Presse- und Informationsamtes der Bundesregierung, deren oder dessen Stellvertretung und die Stellvertretende Sprecherin oder den Stellvertretenden Sprecher der Bundesregierung,
5. die Generalbundesanwältin oder den Generalbundesanwalt beim Bundesgerichtshof,
6. *(aufgehoben)*
7. die Präsidentin oder den Präsidenten des Bundeskriminalamtes,
8. die Präsidentin oder den Präsidenten des Bundespolizeipräsidiums,
9. die Präsidentin oder den Präsidenten des Bundesamtes für das Personalmanagement der Bundeswehr,

[1)] § 54 Abs. 1 Nr. 6 aufgeh. mWv 3.5.2011 durch G v. 28.4.2011 (BGBl. I S. 687); Abs. 1 Nr. 7 und 8 geänd., Nr. 9–11 angef. mWv 26.7.2012 durch G v. 21.7.2012 (BGBl. I S. 1583); Abs. 1 Nr. 3 geänd. mWv 21.11.2015 durch G v. 17.11.2015 (BGBl. I S. 1938); Abs. 1 Nr. 10 und 11 geänd., Nr. 12 angef. mWv 1.1.2016 durch G v. 3.12.2015 (BGBl. I S. 2178); Abs. 1 Nr. 11 und 12 geänd., Nr. 13, 14 und Satz 2 angef. mWv 21.7.2023 durch G v. 17.7.2023 (BGBl. 2023 I Nr. 190).

10. die Präsidentin oder den Präsidenten des Bundesamtes für Ausrüstung, Informationstechnik und Nutzung der Bundeswehr,
11. die Präsidentin oder den Präsidenten des Bundesamtes für Infrastruktur, Umweltschutz und Dienstleistungen der Bundeswehr,
12. die Präsidentin oder den Präsidenten der Generalzolldirektion,
13. die Präsidentin oder den Präsidenten des Bundesamtes für Migration und Flüchtlinge und
14. die Präsidentin oder den Präsidenten des Bundesamtes für Sicherheit in der Informationstechnik.

[2] Satz 1 gilt nur für Beamtinnen und Beamte, deren Ernennung zu einem Zeitpunkt erfolgte, in dem das ihnen übertragene Amt in Satz 1 aufgenommen war, oder sich ein Gesetzentwurf zur Aufnahme einer entsprechenden Regelung im Gesetzgebungsverfahren befand.

(2) Gesetzliche Vorschriften, nach denen andere politische Beamtinnen und politische Beamte in den einstweiligen Ruhestand versetzt werden können, bleiben unberührt.

§ 55 Einstweiliger Ruhestand bei organisatorischen Veränderungen.

[1] Im Fall der Auflösung oder einer wesentlichen Änderung des Aufbaus oder der Aufgaben einer Behörde oder der Verschmelzung von Behörden können Beamtinnen auf Lebenszeit und Beamte auf Lebenszeit, deren Aufgabengebiet davon betroffen ist und die ein Amt der Bundesbesoldungsordnung B[1)] wahrnehmen, in den einstweiligen Ruhestand versetzt werden, wenn durch die organisatorische Änderung eine ihrem Amt entsprechende Planstelle eingespart wird und eine Versetzung nicht möglich ist. [2] Frei werdende Planstellen sollen den in den einstweiligen Ruhestand versetzten Beamtinnen und Beamten, die dafür geeignet sind, vorbehalten werden.

§ 56[2)] Beginn des einstweiligen Ruhestands; Bekenntnis zu der freiheitlichen demokratischen Grundordnung. [1] Wenn nicht im Einzelfall ausdrücklich ein späterer Zeitpunkt festgesetzt wird, beginnt der einstweilige Ruhestand mit dem Zeitpunkt, zu dem die Versetzung in den einstweiligen Ruhestand der Beamtin oder dem Beamten bekannt gegeben wird, spätestens jedoch mit dem Ende des dritten Monats, der auf den Monat der Bekanntgabe folgt. [2] Die Verfügung kann bis zum Beginn des Ruhestands zurückgenommen werden. [3] Politische Beamtinnen und politische Beamte müssen sich auch während des einstweiligen Ruhestands durch ihr gesamtes Verhalten zu der freiheitlichen demokratischen Grundordnung im Sinne des Grundgesetzes bekennen.

§ 57 Erneute Berufung. Die in den einstweiligen Ruhestand versetzten Beamtinnen und Beamten sind verpflichtet, einer erneuten Berufung in das Beamtenverhältnis auf Lebenszeit Folge zu leisten, wenn ihnen im Dienstbereich ihres früheren Dienstherrn ein Amt mit mindestens demselben Endgrundgehalt verliehen werden soll.

§ 58 Ende des einstweiligen Ruhestands. (1) Der einstweilige Ruhestand *endet bei erneuter Berufung* in das Beamtenverhältnis auf Lebenszeit.

[1)] Nr. **230**.

[2)] § 56 Überschrift geänd., Satz 3 angef. mWv 1.4.2024 durch G v. 20.12.2023 (BGBl. 2023 I Nr. 389).

(2) Die in den einstweiligen Ruhestand versetzten Beamtinnen und Beamten gelten mit Erreichen der Regelaltersgrenze als dauernd in den Ruhestand versetzt.

§ 59 Zuständigkeit bei Versetzung in den Ruhestand. [1] Die Versetzung in den Ruhestand wird von der für die Ernennung zuständigen Stelle verfügt, soweit gesetzlich nichts anderes bestimmt ist. [2] Die Versetzungsverfügung ist der Beamtin oder dem Beamten schriftlich zuzustellen. [3] Sie kann bis zum Beginn des Ruhestands zurückgenommen werden.

(Fortsetzung nächstes Blatt)

Abschnitt 6. Rechtliche Stellung im Beamtenverhältnis

Unterabschnitt 1. Allgemeine Pflichten und Rechte

§ 60[1] Grundpflichten. (1) [1] Beamtinnen und Beamte dienen dem ganzen Volk, nicht einer Partei. [2] Sie haben ihre Aufgaben unparteiisch und gerecht zu erfüllen und ihr Amt zum Wohl der Allgemeinheit zu führen. [3] Beamtinnen und Beamte müssen sich durch ihr gesamtes Verhalten zu der freiheitlichen demokratischen Grundordnung im Sinne des Grundgesetzes[2] bekennen und für deren Erhaltung eintreten.

(2) Beamtinnen und Beamte haben bei politischer Betätigung diejenige Mäßigung und Zurückhaltung zu wahren, die sich aus ihrer Stellung gegenüber der Allgemeinheit und aus der Rücksicht auf die Pflichten ihres Amtes ergeben.

§ 61[3] Wahrnehmung der Aufgaben, Verhalten und Erscheinungsbild.

(1) [1] Beamtinnen und Beamte haben sich mit vollem persönlichem Einsatz ihrem Beruf zu widmen. [2] Sie haben das ihnen übertragene Amt uneigennützig nach bestem Gewissen wahrzunehmen. [3] Ihr Verhalten innerhalb und außerhalb des Dienstes muss der Achtung und dem Vertrauen gerecht werden, die ihr Beruf erfordert.

(2) [1] Beamtinnen und Beamte haben bei Ausübung des Dienstes oder bei einer Tätigkeit mit unmittelbarem Dienstbezug auch hinsichtlich ihres Erscheinungsbilds Rücksicht auf das ihrem Amt entgegengebrachte Vertrauen zu nehmen. [2] Insbesondere das Tragen von bestimmten Kleidungsstücken, Schmuck, Symbolen und Tätowierungen im sichtbaren Bereich sowie die Art der Haar- und Barttracht können von der obersten Dienstbehörde eingeschränkt oder untersagt werden, soweit die Funktionsfähigkeit der Verwaltung oder die Pflicht zum achtungs- und vertrauenswürdigen Verhalten dies erfordert. [3] Das ist insbesondere dann der Fall, wenn Merkmale des Erscheinungsbilds nach Satz 2 durch ihre über das übliche Maß hinausgehende besonders individualisierende Art geeignet sind, die amtliche Funktion der Beamtin oder des Beamten in den Hintergrund zu drängen. [4] Religiös oder weltanschaulich konnotierte Merkmale des Erscheinungsbilds nach Satz 2 können nur dann eingeschränkt oder untersagt werden, wenn sie objektiv geeignet sind, das Vertrauen in die neutrale Amtsführung der Beamtin oder des Beamten zu beeinträchtigen. [5] Das Bundesministerium des Innern und für Heimat, das Bundesministerium der Finanzen sowie das Bundesministerium der Justiz und für Verbraucherschutz werden ermächtigt, jeweils für ihren Geschäftsbereich die Einzelheiten zu den Sätzen 2 bis 4 durch Rechtsverordnung zu regeln. [6] Die Verhüllung des Gesichts bei der Ausübung des Dienstes oder bei einer Tätigkeit mit unmittelbarem Dienstbezug ist stets unzulässig, es sei denn, dienstliche oder gesundheitliche Gründe erfordern dies.

(3) Beamtinnen und Beamte sind verpflichtet, an Maßnahmen der dienstlichen Qualifizierung zur Erhaltung oder Fortentwicklung ihrer Kenntnisse und Fähigkeiten teilzunehmen.

---

[1] § 60 Abs. 1 Satz 2 neu gef. mWv 7.12.2018 durch G v. 29.11.2018 (BGBl. I S. 2232).

[2] Nr. 1.

[3] § 61 Abs. 1 Satz 4 angef. mWv 15.6.2017 durch G v. 8.6.2017 (BGBl. I S. 1570); Überschrift neu gef., Abs. 1 Satz 4 aufgeh., Abs. 2 eingef., bish. Abs. 2 wird Abs. 3 mWv 7.7.2021 durch G v. 28.6.2021 (BGBl. I S. 2250); Abs. 2 Satz 5 geänd. mWv 6.3.2025 durch G v. 27.2.2025 (BGBl. 2025 I Nr. 72).

§ 62 Folgepflicht. (1) [1] Beamtinnen und Beamte haben ihre Vorgesetzten zu beraten und zu unterstützen. [2] Sie sind verpflichtet, deren dienstliche Anordnungen auszuführen und deren allgemeine Richtlinien zu befolgen. [3] Dies gilt nicht, soweit die Beamtinnen und Beamten nach besonderen gesetzlichen Vorschriften an Weisungen nicht gebunden und nur dem Gesetz unterworfen sind.

(2) Beamtinnen und Beamte haben bei organisatorischen Veränderungen dem Dienstherrn Folge zu leisten.

§ 63[1)] Verantwortung für die Rechtmäßigkeit. (1) Beamtinnen und Beamte tragen für die Rechtmäßigkeit ihrer dienstlichen Handlungen die volle persönliche Verantwortung.

(2) [1] Bedenken gegen die Rechtmäßigkeit dienstlicher Anordnungen haben Beamtinnen und Beamte unverzüglich bei der oder dem unmittelbaren Vorgesetzten geltend zu machen. [2] Wird die Anordnung aufrechterhalten, haben sie sich, wenn ihre Bedenken gegen deren Rechtmäßigkeit fortbestehen, an die nächsthöhere Vorgesetzte oder den nächsthöheren Vorgesetzten zu wenden. [3] Wird die Anordnung bestätigt, müssen die Beamtinnen und Beamten sie ausführen und sind von der eigenen Verantwortung befreit. [4] Dies gilt nicht, wenn das aufgetragene Verhalten die Würde des Menschen verletzt oder strafbar oder ordnungswidrig ist und die Strafbarkeit oder Ordnungswidrigkeit für die Beamtinnen und Beamten erkennbar ist. [5] Die Bestätigung hat auf Verlangen schriftlich zu erfolgen.

(3) [1] Verlangt eine Vorgesetzte oder ein Vorgesetzter die sofortige Ausführung der Anordnung, weil Gefahr im Verzug ist und die Entscheidung der oder des höheren Vorgesetzten nicht rechtzeitig herbeigeführt werden kann, gilt Absatz 2 Satz 3 und 4 entsprechend. [2] Die Anordnung ist durch die anordnende oder den anordnenden Vorgesetzten schriftlich zu bestätigen, wenn die Beamtin oder der Beamte dies unverzüglich nach Ausführung der Anordnung verlangt.

§ 64[2)] Eidespflicht, Eidesformel. (1) Beamtinnen und Beamte haben folgenden Diensteid zu leisten: „Ich schwöre, das Grundgesetz und alle in der Bundesrepublik Deutschland geltenden Gesetze zu wahren und meine Amtspflichten gewissenhaft zu erfüllen, so wahr mir Gott helfe."

(2) Der Eid kann auch ohne die Worte „so wahr mir Gott helfe" geleistet werden.

(3) Lehnt eine Beamtin oder ein Beamter aus Glaubens- oder Gewissensgründen die Ablegung des vorgeschriebenen Eides ab, können an Stelle der Worte „Ich schwöre" die Worte „Ich gelobe" oder eine andere Beteuerungsformel gesprochen werden.

(4) [1] In den Fällen, in denen nach § 7 Abs. 3 eine Ausnahme von § 7 Absatz 1 Satz 1 Nummer 1 zugelassen worden ist, kann von einer Eidesleistung abgesehen werden. [2] Sofern gesetzlich nichts anderes bestimmt ist, hat die Beamtin oder der Beamte in diesen Fällen zu geloben, ihre oder seine Amtspflichten gewissenhaft zu erfüllen.

§ 65 Befreiung von Amtshandlungen. (1) Beamtinnen und Beamte sind von Amtshandlungen zu befreien, die sich gegen sie selbst oder Angehörige richten würden, zu deren Gunsten ihnen wegen familienrechtlicher Beziehungen im *Strafverfahren das Zeugnisverweigerungsrecht* zusteht.

[1)] § 63 Abs. 3 Satz 1 geänd., Satz 2 angef. mWv 7.12.2018 durch G v. 29.11.2018 (BGBl. I S. 2232).
[2)] § 64 Abs. 4 Satz 1 geänd. mWv 7.7.2021 durch G v. 28.6.2021 (BGBl. I S. 2250).

(2) Gesetzliche Vorschriften, nach denen Beamtinnen oder Beamte von einzelnen Amtshandlungen ausgeschlossen sind, bleiben unberührt.

§ 66 Verbot der Führung der Dienstgeschäfte. [1]Die oberste Dienstbehörde oder die von ihr bestimmte Behörde kann einer Beamtin oder einem Beamten aus zwingenden dienstlichen Gründen die Führung der Dienstgeschäfte verbieten. [2]Das Verbot erlischt, wenn nicht bis zum Ablauf von drei Monaten gegen die Beamtin oder den Beamten ein Disziplinarverfahren oder ein sonstiges auf Rücknahme der Ernennung oder auf Beendigung des Beamtenverhältnisses gerichtetes Verfahren eingeleitet worden ist.

§ 67[1)] Verschwiegenheitspflicht. (1) [1]Beamtinnen und Beamte haben über die ihnen bei oder bei Gelegenheit ihrer amtlichen Tätigkeit bekannt gewordenen dienstlichen Angelegenheiten Verschwiegenheit zu bewahren. [2]Dies gilt auch über den Bereich eines Dienstherrn hinaus sowie nach Beendigung des Beamtenverhältnisses.

(2) [1]Absatz 1 gilt nicht, soweit

1. Mitteilungen im dienstlichen Verkehr geboten sind,
2. Tatsachen mitgeteilt werden, die offenkundig sind oder ihrer Bedeutung nach keiner Geheimhaltung bedürfen,
3. gegenüber der zuständigen obersten Dienstbehörde, einer Strafverfolgungsbehörde oder einer von der obersten Dienstbehörde bestimmten weiteren Behörde oder außerdienstlichen Stelle ein durch Tatsachen begründeter Verdacht einer Korruptionsstraftat nach den §§ 331 bis 337 des Strafgesetzbuches[2)] angezeigt wird oder
4. Informationen unter den Voraussetzungen des Hinweisgeberschutzgesetzes an eine zuständige Meldestelle weitergegeben oder offengelegt werden.

[2]Im Übrigen bleiben die gesetzlich begründeten Pflichten, geplante Straftaten anzuzeigen und für die Erhaltung der freiheitlichen demokratischen Grundordnung einzutreten, von Absatz 1 unberührt.

(3) [1]Beamtinnen und Beamte dürfen ohne Genehmigung über Angelegenheiten nach Absatz 1 weder vor Gericht noch außergerichtlich aussagen oder Erklärungen abgeben. [2]Die Genehmigung erteilt die oder der Dienstvorgesetzte oder, wenn das Beamtenverhältnis beendet ist, die oder der letzte Dienstvorgesetzte. [3]Hat sich der Vorgang, der den Gegenstand der Äußerung bildet, bei einem früheren Dienstherrn ereignet, darf die Genehmigung nur mit dessen Zustimmung erteilt werden.

(4) [1]Beamtinnen und Beamte haben, auch nach Beendigung des Beamtenverhältnisses, auf Verlangen der oder des Dienstvorgesetzten oder der oder des letzten Dienstvorgesetzten amtliche Schriftstücke, Zeichnungen, bildliche Darstellungen sowie Aufzeichnungen jeder Art über dienstliche Vorgänge, auch soweit es sich um Wiedergaben handelt, herauszugeben. [2]Entsprechendes gilt für ihre Hinterbliebenen und Erben.

§ 68 Versagung der Aussagegenehmigung. (1) Die Genehmigung, als Zeugin oder Zeuge auszusagen, darf nur versagt werden, wenn die Aussage dem Wohle des Bundes oder eines deutschen Landes Nachteile bereiten oder die Erfüllung öffentlicher Aufgaben ernstlich gefährden oder erheblich erschweren würde.

[1)] § 67 Abs. 2 Satz 1 Nr. 2 und 3 geänd., Nr. 4 angef. mWv 2.7.2023 durch G v. 31.5.2023 (BGBl. 2023 I Nr. 140).

[2)] **Habersack Nr. 85.**

(2) [1] Sind Beamtinnen oder Beamte Partei oder Beschuldigte in einem gerichtlichen Verfahren oder soll ihr Vorbringen der Wahrnehmung ihrer berechtigten Interessen dienen, darf die Genehmigung auch dann, wenn die Voraussetzungen des Absatzes 1 erfüllt sind, nur versagt werden, wenn die dienstlichen Rücksichten dies unabweisbar erfordern. [2] Wird die Genehmigung versagt, haben die oder der Dienstvorgesetzte der Beamtin oder dem Beamten den Schutz zu gewähren, den die dienstlichen Rücksichten zulassen.

(3) [1] Über die Versagung der Genehmigung entscheidet die oberste Dienstbehörde. [2] Sie kann diese Befugnis auf andere Behörden übertragen.

§ 69 Gutachtenerstattung. [1] Die Genehmigung, ein Gutachten zu erstatten, kann versagt werden, wenn die Erstattung den dienstlichen Interessen Nachteile bereiten würde. [2] § 68 Abs. 3 gilt entsprechend.

§ 70 Auskünfte an die Medien. Die Leitung der Behörde entscheidet, wer den Medien Auskünfte erteilt.

§ 71[1) 2)] Verbot der Annahme von Belohnungen, Geschenken und sonstigen Vorteilen. (1) [1] Beamtinnen und Beamte dürfen, auch nach Beendigung des Beamtenverhältnisses, keine Belohnungen, Geschenke oder sonstigen Vorteile für sich oder einen Dritten in Bezug auf ihr Amt fordern, sich versprechen lassen oder annehmen. [2] Ausnahmen bedürfen der Zustimmung der obersten oder der letzten obersten Dienstbehörde. [3] Die Befugnis zur Zustimmung kann auf andere Behörden übertragen werden.

(2) [1] Wer gegen das in Absatz 1 genannte Verbot verstößt, hat auf Verlangen das aufgrund des pflichtwidrigen Verhaltens Erlangte dem Dienstherrn herauszugeben, soweit nicht im Strafverfahren die Einziehung von Taterträgen angeordnet worden oder es auf andere Weise auf den Staat übergegangen ist. [2] Für den Umfang des Herausgabeanspruchs gelten die Vorschriften des Bürgerlichen Gesetzbuches[3)] über die Herausgabe einer ungerechtfertigten Bereicherung entsprechend. [3] Die Herausgabepflicht nach Satz 1 umfasst auch die Pflicht, dem Dienstherrn Auskunft über Art, Umfang und Verbleib des Erlangten zu geben.

§ 72 Wahl der Wohnung. (1) Beamtinnen und Beamte haben ihre Wohnung so zu nehmen, dass die ordnungsmäßige Wahrnehmung ihrer Dienstgeschäfte nicht beeinträchtigt wird.

(2) Die oder der Dienstvorgesetzte kann, wenn die dienstlichen Verhältnisse es erfordern, anweisen, dass die Wohnung innerhalb einer bestimmten Entfernung von der Dienststelle zu nehmen oder eine Dienstwohnung zu beziehen ist.

§ 73 Aufenthaltspflicht. Wenn besondere dienstliche Verhältnisse es dringend erfordern, kann die Beamtin oder der Beamte angewiesen werden, sich während der dienstfreien Zeit in erreichbarer Nähe des Dienstortes aufzuhalten.

---

1) § 71 Abs. 2 Satz 1 geänd. mWv 1.7.2017 durch G v. 13.4.2017 (BGBl. I S. 872).

2) Siehe hierzu das RdSchr. des BMI zum Verbot der Annahme von Belohnungen oder Geschenken in der Bundesverwaltung v. 8.11.2004 (GMBl S. 1074).

3) **Habersack Nr. 20.**

§ 74 Dienstkleidung. Die Bundespräsidentin oder der Bundespräsident oder die von ihr oder ihm bestimmte Stelle erlässt die Bestimmungen über Dienstkleidung, die bei Wahrnehmung des Amtes üblich oder erforderlich ist.

§ 75 Pflicht zum Schadensersatz. (1) [1]Beamtinnen und Beamte, die vorsätzlich oder grob fahrlässig die ihnen obliegenden Pflichten verletzt haben, haben dem Dienstherrn, dessen Aufgaben sie wahrgenommen haben, den daraus entstehenden Schaden zu ersetzen. [2]Haben zwei oder mehr Beamtinnen und Beamte gemeinsam den Schaden verursacht, haften sie gesamtschuldnerisch.

(2) Hat der Dienstherr Dritten Schadensersatz geleistet, gilt als Zeitpunkt, zu dem der Dienstherr Kenntnis im Sinne der Verjährungsvorschriften des Bürgerlichen Gesetzbuches[1)] erlangt, der Zeitpunkt, zu dem der Ersatzanspruch gegenüber Dritten vom Dienstherrn anerkannt oder dem Dienstherrn gegenüber rechtskräftig festgestellt wird.

(3) Leistet die Beamtin oder der Beamte dem Dienstherrn Ersatz und hat dieser einen Ersatzanspruch gegen Dritte, geht der Ersatzanspruch auf sie oder ihn über.

§ 76 Übergang eines Schadensersatzanspruchs gegen Dritte. [1]Werden Beamtinnen, Beamte, Versorgungsberechtigte oder ihre Angehörigen körperlich verletzt oder getötet, geht ein gesetzlicher Schadensersatzanspruch, der diesen Personen infolge der Körperverletzung oder der Tötung gegen Dritte zusteht, insoweit auf den Dienstherrn über, als dieser während einer auf der Körperverletzung beruhenden Aufhebung der Dienstfähigkeit oder infolge der Körperverletzung oder der Tötung zur Gewährung von Leistungen verpflichtet ist. [2]Ist eine Versorgungskasse zur Gewährung der Versorgung verpflichtet, geht der Anspruch auf sie über. [3]Der Übergang des Anspruchs kann nicht zum Nachteil der Verletzten oder der Hinterbliebenen geltend gemacht werden.

§ 77[2)] Nichterfüllung von Pflichten. (1) [1]Beamtinnen und Beamte begehen ein Dienstvergehen, wenn sie schuldhaft die ihnen obliegenden Pflichten verletzen. [2]Außerhalb des Dienstes ist dieses nur dann ein Dienstvergehen, wenn die Pflichtverletzung nach den Umständen des Einzelfalls in besonderem Maße geeignet ist, das Vertrauen in einer für ihr Amt oder das Ansehen des Beamtentums bedeutsamen Weise zu beeinträchtigen.

(2) [1]Bei Ruhestandsbeamtinnen und Ruhestandsbeamten sowie früheren Beamtinnen mit Versorgungsbezügen und früheren Beamten mit Versorgungsbezügen gilt es als Dienstvergehen, wenn sie

1. sich gegen die freiheitliche demokratische Grundordnung im Sinne des Grundgesetzes[3)] betätigen,
2. an Bestrebungen teilnehmen, die darauf abzielen, den Bestand oder die Sicherheit der Bundesrepublik Deutschland zu beeinträchtigen,
3. gegen die Verschwiegenheitspflicht, gegen die Anzeigepflicht oder das Verbot einer Tätigkeit nach Beendigung des Beamtenverhältnisses oder gegen das Verbot der Annahme von Belohnungen, Geschenken und sonstigen Vorteilen verstoßen oder

---

[1)] **Habersack Nr. 20.**

[2)] § 77 Abs. 2 Nr. 4 neu gef. mWv 11.7.2013 durch G v. 3.7.2013 (BGBl. I S. 1978); Abs. 2 Satz 2 angef. mWv 4.9.2013 durch G v. 28.8.2013 (BGBl. I S. 3386); Abs. 2 Satz 3 angef. mWv 1.4.2024 durch G v. 20.12.2023 (BGBl. 2023 I Nr. 389).

[3)] Nr. **1**.

4. einer Verpflichtung nach § 46 Absatz 1, 2, 4 oder 7 oder § 57 schuldhaft nicht nachkommen.

[2] Satz 1 Nummer 1 bis 3 gilt auch für frühere Beamtinnen mit Anspruch auf Altersgeld und frühere Beamte mit Anspruch auf Altersgeld. [3] Für politische Beamtinnen und politische Beamte gilt ein Verstoß gegen § 56 Satz 3 als Dienstvergehen.

(3) Die Verfolgung von Dienstvergehen richtet sich nach dem Bundesdisziplinargesetz[1)].

§ 78 Fürsorgepflicht des Dienstherrn. [1] Der Dienstherr hat im Rahmen des Dienst- und Treueverhältnisses für das Wohl der Beamtinnen und Beamten und ihrer Familien, auch für die Zeit nach Beendigung des Beamtenverhältnisses, zu sorgen. [2] Er schützt die Beamtinnen und Beamten bei ihrer amtlichen Tätigkeit und in ihrer Stellung.

§ 78a[2)] Zahlung durch den Dienstherrn bei Schmerzensgeldansprüchen.

(1) [1] Hat eine Beamtin oder ein Beamter wegen einer vorsätzlichen Verletzung des Körpers, der Gesundheit, der Freiheit oder der sexuellen Selbstbestimmung, die ihr oder ihm wegen ihrer oder seiner Eigenschaft als Amtsträgerin oder Amtsträger zugefügt worden ist, einen durch ein rechtskräftiges Endurteil eines deutschen Gerichts festgestellten Anspruch auf Schmerzensgeld gegen einen Dritten, so soll der Dienstherr auf Antrag die Zahlung auf diesen Anspruch bis zur Höhe des zuerkannten Schmerzensgeldanspruchs übernehmen, sofern dies zur Vermeidung einer unbilligen Härte notwendig ist. [2] Der rechtskräftigen Feststellung steht ein nicht oder nicht mehr widerruflicher Vergleich nach § 794 Absatz 1 Nummer 1 der Zivilprozessordnung[3)] gleich, wenn er der Höhe nach angemessen ist.

(2) Eine unbillige Härte liegt insbesondere vor, wenn ein Versuch der Vollstreckung in das Vermögen nicht zu einer vollständigen Befriedigung der Beamtin oder des Beamten geführt hat, sofern der Betrag, hinsichtlich dessen die Beamtin oder der Beamte nicht befriedigt wurde, mindestens 250 Euro erreicht.

(3) Der Dienstherr kann die Zahlung nach Absatz 1 ablehnen, wenn aufgrund desselben Sachverhalts eine einmalige Unfallentschädigung (§ 43 des Beamtenversorgungsgesetzes[4)]) oder ein Unfallausgleich (§ 35 des Beamtenversorgungsgesetzes) gezahlt wird.

(4) [1] Der Antrag nach Absatz 1 kann innerhalb einer Ausschlussfrist von zwei Jahren nach Eintritt der Rechtskraft des Urteils nach Absatz 1 Satz 1 oder nach Eintritt der Unwiderruflichkeit des Vergleichs nach Absatz 1 Satz 2 schriftlich oder elektronisch gestellt werden. [2] Dem Antrag ist ein Nachweis des Vollstreckungsversuches beizufügen. [3] Die Entscheidung trifft die oberste Dienstbehörde oder die von ihr bestimmte Behörde. [4] Für Versorgungsemp-

(Fortsetzung nächstes Blatt)

---

1) Nr. ***220***.
2) § 78a eingef. mWv 28.10.2016 durch G v. 19.10.2016 (BGBl. I S. 2362).
3) **Habersack Nr. 100.**
4) Nr. **155**.

fängerinnen und Versorgungsempfänger ist die für die Zahlung der Versorgungsbezüge verantwortliche Behörde zuständig. [5] Soweit der Dienstherr die Zahlung übernommen hat, gehen Ansprüche gegen Dritte auf ihn über. [6] Der Übergang der Ansprüche kann nicht zum Nachteil der oder des Geschädigten geltend gemacht werden.

(5) Absatz 1 ist nicht anzuwenden auf Schmerzensgeldansprüche, die im Wege des Urkundenprozesses nach den §§ 592 bis 600 der Zivilprozessordnung festgestellt worden sind.

§ 79[1)] Mutterschutz, Elternzeit und Jugendarbeitsschutz. (1) [1] Die Bundesregierung regelt durch Rechtsverordnung die der Eigenart des öffentlichen Dienstes entsprechende Anwendung der Vorschriften des Mutterschutzgesetzes[2)] auf Beamtinnen. [2] Diese Rechtsverordnung stellt für Beamtinnen hinsichtlich Inhalt, Art und Umfang den Schutz sicher, der Frauen nach dem Mutterschutzgesetz gewährleistet wird. [3] Für die Kontrolle und Überwachung der Einhaltung der dem Gesundheitsschutz dienenden mutterschutzrechtlichen Vorschriften gilt § 29 des Mutterschutzgesetzes entsprechend.

(2) [1] Die Bundesregierung regelt durch Rechtsverordnung die der Eigenart des öffentlichen Dienstes entsprechende Anwendung der Vorschriften des Bundeselterngeld- und Elternzeitgesetzes[3)] über die Elternzeit auf Beamtinnen und Beamte. [2] Das Bundesministerium des Innern und für Heimat kann in den Fällen des Artikels 91 Absatz 2 Satz 1 und des Artikels 115f Absatz 1 Nummer 1 des Grundgesetzes[4)] den Anspruch auf Elternzeit für Polizeivollzugsbeamtinnen und Polizeivollzugsbeamte in der Bundespolizei aus zwingenden Gründen der inneren Sicherheit ausschließen oder einschränken.

(3) [1] Das Jugendarbeitsschutzgesetz[5)] gilt für jugendliche Beamtinnen und jugendliche Beamte entsprechend. [2] Die Bundesregierung kann durch Rechtsverordnung Ausnahmen von den Vorschriften des Jugendarbeitsschutzgesetzes für jugendliche Polizeivollzugsbeamtinnen und jugendliche Polizeivollzugsbeamte bestimmen, soweit diese aufgrund der Eigenart des Polizeivollzugsdienstes oder aus Gründen der inneren Sicherheit erforderlich sind.

§ 80[6)] Beihilfe in Krankheits-, Pflege- und Geburtsfällen. (1) [1] Beihilfe erhalten:

1. Beamtinnen und Beamte, die Anspruch auf Besoldung haben oder die Elternzeit in Anspruch nehmen,
2. Versorgungsempfängerinnen und Versorgungsempfänger, die Anspruch auf Versorgungsbezüge haben,

---

[1)] § 79 neu gef. mWv 1.1.2018 durch G v. 23.5.2017 (BGBl. I S. 1228); Abs. 2 Satz 2 geänd. mWv 7.12.2018 durch G v. 29.11.2018 (BGBl. I S. 2232); Abs. 2 Satz 2 geänd. mWv 6.3.2025 durch G v. 27.2. 2025 (BGBl. 2025 I Nr. 72).

[2)] **Habersack ErgBd. Nr. 79.**

[3)] **Habersack ErgBd. Nr. 45e.**

[4)] Nr. **1.**

[5)] **Loseblatt-Textsammlung Arbeitsrecht Nr. 420.**

[6)] § 80 neu gef. mWv 28.10.2016 durch G v. 19.10.2016 (BGBl. I S. 2362); Abs. 6 Satz 1 geänd. mWv 7.12.2018 durch G v. 29.11.2018 (BGBl. I S. 2232); Abs. 6 Satz 1 geänd. mWv 6.3.2025 durch G v. 27.2. 2025 (BGBl. 2025 I Nr. 72).

3. frühere Beamtinnen und frühere Beamte für den Zeitraum, in dem sie einen Unterhaltsbeitrag oder Übergangsgeld nach dem Beamtenversorgungsgesetz[1] beziehen,
4. frühere Beamtinnen auf Zeit und frühere Beamte auf Zeit für den Zeitraum, in dem sie Übergangsgeld nach dem Beamtenversorgungsgesetz beziehen.

[2] Satz 1 gilt auch, wenn Bezüge aufgrund der Anwendung von Ruhens- oder Anrechnungsvorschriften nicht gezahlt werden.

(2) [1] Beihilfe wird auch gewährt für Aufwendungen

1. der Ehegattin oder des Ehegatten, der Lebenspartnerin oder des Lebenspartners, die oder der kein zur wirtschaftlichen Selbständigkeit führendes Einkommen hat, und
2. der Kinder, die beim Familienzuschlag nach dem Bundesbesoldungsgesetz[2] berücksichtigungsfähig sind.

[2] Satz 1 Nummer 2 gilt nicht für Kinder, die Waisengeld nach § 23 des Beamtenversorgungsgesetzes erhalten.

(3) [1] Beihilfefähig sind grundsätzlich nur notwendige und wirtschaftlich angemessene Aufwendungen

1. in Krankheits- und Pflegefällen,
2. für die Behandlung von Behinderungen,
3. für die Früherkennung von Krankheiten und für Schutzimpfungen,
4. in Geburtsfällen, für eine künstliche Befruchtung, für Maßnahmen zur Empfängnisregelung und -verhütung sowie in Ausnahmefällen bei Sterilisation und Schwangerschaftsabbruch sowie
5. bei Organspenden.

(4) [1] Beihilfe kann nur gewährt werden

1. als mindestens 50-prozentige Erstattung der beihilfefähigen Aufwendungen,
2. in Pflegefällen auch in Form einer Pauschale, deren Höhe sich am tatsächlichen Versorgungsaufwand orientiert, oder
3. im Wege der Beteiligung an den Kosten individueller Leistungen von Leistungserbringerinnen oder Leistungserbringern.

[2] Beihilfe darf nur gewährt werden, soweit sie zusammen mit anderen aus demselben Anlass zu gewährenden Leistungen die dem Grunde nach beihilfefähigen Aufwendungen nicht überschreitet. [3] Nicht beihilfefähig sind Aufwendungen beihilfeberechtigter Polizeivollzugsbeamtinnen und Polizeivollzugsbeamter der Bundespolizei, denen Leistungen nach § 70 Absatz 2 des Bundesbesoldungsgesetzes zustehen.

(5) [1] Steht einer beihilfeberechtigten oder berücksichtigungsfähigen Person gegen eine Leistungserbringerin oder einen Leistungserbringer wegen einer unrichtigen Abrechnung ein Anspruch auf Erstattung oder Schadensersatz zu, kann der Dienstherr durch schriftliche oder elektronische Anzeige gegenüber der Leistungserbringerin oder dem Leistungserbringer bewirken, dass der Anspruch insoweit auf ihn übergeht, als er aufgrund der unrichtigen Abrechnung zu hohe Beihilfeleistungen erbracht hat. [2] Satz 1 gilt für den Anspruch gegen eine Abrechnungsstelle der Leistungserbringerin oder des Leistungserbringers entsprechend.

---

[1] Nr. **155**.
[2] Nr. **230**.

(6) [1]Das Bundesministerium des Innern und für Heimat regelt im Einvernehmen mit dem Auswärtigen Amt, dem Bundesministerium der Finanzen, dem Bundesministerium der Verteidigung und dem Bundesministerium für Gesundheit durch Rechtsverordnung[1)] ohne Zustimmung des Bundesrates die näheren Einzelheiten, insbesondere zu den beihilfeberechtigten und berücksichtigungsfähigen Personen sowie zu Inhalt und Umfang der Beihilfen. [2]In der Rechtsverordnung können unter anderem vorgesehen werden:

1. Höchstbeträge,
2. in Anlehnung an das Fünfte Buch Sozialgesetzbuch[2)]
   a) der Ausschluss der Beihilfefähigkeit von Aufwendungen für Untersuchungen, Behandlungen, Arznei-, Heil- und Hilfsmittel, deren diagnostischer oder therapeutischer Nutzen nicht nach dem allgemein anerkannten Stand der medizinischen Erkenntnisse nachgewiesen ist,
   b) der Ausschluss der Beihilfefähigkeit von Aufwendungen für Arznei-, Heil- und Hilfsmittel, die zur Behandlung geringfügiger Erkrankungen bestimmt sind und deren Kosten geringfügig oder der allgemeinen Lebenshaltung zuzurechnen sind,
   c) die Beschränkung der Beihilfefähigkeit von Aufwendungen für Untersuchungen und Behandlungen, Arznei-, Heil- und Hilfsmittel, Geräte zur Selbstbehandlung und Körperersatzstücke, Krankenhausleistungen, häusliche Krankenpflege, Familien- und Haushaltshilfen, Fahrt- und Unterkunftskosten, Anschlussheil- und Suchtbehandlungen sowie für Rehabilitationsmaßnahmen auf bestimmte Personengruppen, Umstände oder Indikationen,
3. Eigenbehalte,
4. Belastungsgrenzen und
5. die Beihilfefähigkeit von Aufwendungen für Präventionsmaßnahmen zur Verhinderung und Verminderung von Krankheitsrisiken.

§ 80a[3) 4)] **Beihilferechtliche Verfahrenserleichterungen.** (1) [1]Hat die für die Gewährung der Beihilfe zuständige Stelle nicht innerhalb von vier Wochen nach Eingang des Beihilfeantrags über den Antrag entschieden, so gilt die beantragte Aufwendung mit Ablauf dieser Frist als erstattungsfähig. [2]Die beantragte Aufwendung gilt nicht als erstattungsfähig,

1. wenn grundsätzlich eine vorherige Anerkennung der Aufwendung erforderlich ist und die Anerkennung zum Zeitpunkt des Eingangs des Beihilfeantrags nicht erfolgt ist, oder
2. wenn und soweit kein Anspruch auf Erstattung der beantragten Aufwendung bestanden hätte und die beihilfeberechtigte Person dies wusste oder infolge grober Außerachtlassung der gebotenen Sorgfalt nicht wusste.

[3]Soweit beantragte Aufwendungen als erstattungsfähig gelten, soll die zuständige Stelle den Festsetzungsbescheid innerhalb von zwei Jahren ab Bekanntgabe überprüfen. [4]Bei Überzahlungen widerruft sie den Bescheid mit Wirkung für die

---

[1)] Siehe die BundesbeihilfeVO v. 13.2.2009 (BGBl. I S. 326), zuletzt geänd. durch VO v. 14.10.2025 (BGBl. 2025 I Nr. 240) und die dazu erlassene Allg. Verwaltungsvorschrift v. 26.6.2017 (GMBl S. 530), zuletzt geänd. durch VwV v. 5.12.2024 (GMBl S. 1147).

[2)] **Aichberger, SGB Nr. 5**

[3)] § 80a eingef. mWv 16.1.2026 durch G v. 11.1.2026 (BGBl. 2026 I Nr. 6).

[4)] Abs. 1 tritt mit Ablauf des 31.12.2029 außer Kraft (Art . 8 G v. 11.1.2026 , BGBl. 2026 I Nr. 6).

Vergangenheit. [5]Die Festsetzungsstelle hat auf die Rückzahlungspflicht als Folge eines Widerrufs im Festsetzungsbescheid hinzuweisen.

(2) [1]Die Festsetzungsstelle kann bei der elektronischen Datenverarbeitung für Zwecke einer unverzüglichen und gleichmäßigen Belegprüfung und Festsetzung automationsgestützte Systeme (Risikomanagementsysteme) einsetzen, dabei ist der Grundsatz der Wirtschaftlichkeit und Sparsamkeit zu beachten. [2]Das Risikomanagementsystem muss mindestens

1. sicherstellen, dass gegenüber einer vollständig manuellen Prüfung keine Entscheidung zu Lasten der beihilfeberechtigten Person erfolgt,
2. durch Zufallsauswahl eine hinreichende Anzahl von Fällen zur umfassenden Prüfung durch beihilfebearbeitende Personen bereitstellen,
3. die Prüfung der bereitgestellten Fälle auf die rechtmäßige Festsetzung der geltend gemachten Aufwendungen durch eine beihilfebearbeitende Person sicherstellen,
4. die Möglichkeit bieten, dass beihilfebearbeitende Personen Fälle für eine umfassende Prüfung auswählen können und
5. die regelmäßige Überprüfung des Risikomanagementsystems auf seine Zielerfüllung durch die Festsetzungsstelle ermöglichen.

[3]Einzelheiten des Risikomanagementsystems dürfen nicht veröffentlicht werden.

§ 81[1) 2)] Reisekosten. (1) [1]Beamtinnen und Beamte erhalten die notwendigen Kosten einer dienstlich veranlassten Reise (Dienstreise) vergütet. [2]Die Reisekostenvergütung umfasst die Fahrt- und Flugkosten, eine Wegstreckenentschädigung, Tage- und Übernachtungsgelder, Reisebeihilfen für Familienheimfahrten sowie sonstige Kosten, die durch die Reise veranlasst sind.

(2) [1]Die Einzelheiten zu Art und Umfang der Reisekostenvergütung sowie die Grundsätze des Abrechnungsverfahrens regelt die Bundesregierung durch Rechtsverordnung. [2]Bei der Bemessung der Reisekostenvergütung können Höchstgrenzen oder Pauschalen für eine Erstattung festgesetzt und abweichende Regelungen für besondere Fälle getroffen werden.

(3) [1]Für Reisen nach Absatz 1 im oder in das Ausland sowie vom Ausland in das Inland (Auslandsdienstreisen) kann das Bundesministerium des Innern und für Heimat im Einvernehmen mit dem Auswärtigen Amt, dem Bundesministerium der Verteidigung und dem Bundesministerium der Finanzen durch Rechtsverordnung abweichende Vorschriften erlassen. [2]Dazu gehören die Anordnung und Genehmigung von Dienstreisen sowie der Umfang der Reisekostenvergütung einschließlich zusätzlich zu erstattender notwendiger Kosten, die der Erreichung des Zwecks von Auslandsdienstreisen dienen und die die besonderen Verhältnisse im Ausland berücksichtigen.

[1)] § 81 Abs. 3 Satz 1 geänd. mWv 7.12.2018 durch G v. 29.11.2018 (BGBl. I S. 2232); Abs. 3 Satz 1 *geänd.* mWv 6.3.2025 durch G v. 27.2.2025 (BGBl. 2025 I Nr. 72).

[2)] Siehe hierzu das BundesreisekostenG (Nr. **235**) und die dazu erlassene Allg. Verwaltungsvorschrift v. 1.6.2005 (GMBl S. 830), zuletzt geänd. durch VwV v. 1.12.2022 (GMBl S. 976) sowie die AuslandsreisekostenVO v. 21.5.1991 (BGBl. I S. 1140), zuletzt geänd. durch VO v. 27.3.2021 (BGBl. I S. 660) und die dazu erlassene Allg. Verwaltungsvorschrift.

§ 82[1) 2)] **Umzugskosten.** (1) [1]Beamtinnen und Beamte sowie ihre Hinterbliebenen erhalten die notwendigen Kosten für einen Umzug vergütet (Umzugskostenvergütung), wenn die Übernahme der Umzugskosten zugesagt worden ist. [2]Die Umzugskostenzusage kann bei einem dienstlich veranlassten Umzug oder in besonderen Fällen gegeben werden. [3]Die Umzugskostenvergütung umfasst

1. Beförderungsauslagen,
2. Reisekosten,
3. Trennungsgeld,
4. Mietentschädigung und
5. sonstige Auslagen.

(2) [1]Die Einzelheiten zu Art und Umfang der Umzugskostenvergütung sowie die Grundsätze des Abrechnungsverfahrens regelt die Bundesregierung durch Rechtsverordnung. [2]Bei der Bemessung der Umzugskostenvergütung können Höchstgrenzen oder Pauschalen für eine Erstattung festgesetzt und abweichende Regelungen für besondere Fälle getroffen werden.

(3) Für Umzüge nach Absatz 1 im oder in das Ausland sowie aus dem Ausland in das Inland (Auslandsumzüge) kann das Auswärtige Amt im Einvernehmen mit dem Bundesministerium des Innern und für Heimat, dem Bundesministerium der Verteidigung und dem Bundesministerium der Finanzen durch Rechtsverordnung[3)] abweichende Vorschriften zur Umzugskostenvergütung erlassen, soweit die besonderen Bedürfnisse des Auslandsdienstes und die besonderen Verhältnisse im Ausland es erfordern.

§ 83[4) 5)] **Trennungsgeld.** (1) [1]Beamtinnen und Beamte, die an einen Ort außerhalb des Dienst- oder Wohnortes abgeordnet, versetzt, zugewiesen oder aufgrund einer anderen personellen Maßnahme an einem Ort außerhalb ihres bisherigen Dienst- oder Wohnortes beschäftigt werden, erhalten die notwendigen Kosten erstattet, die durch die häusliche Trennung oder in besonderen Fällen entstehen (Trennungsgeld). [2]Dabei sind die häuslichen Ersparnisse zu berücksichtigen.

(Fortsetzung nächstes Blatt)

[1)] § 82 Abs. 3 geänd. mWv 7.12.2018 durch G v. 29.11.2018 (BGBl. I S. 2232); Abs. 3 geänd. mWv 6.3.2025 durch G v. 27.2.2025 (BGBl. 2025 I Nr. 72).

[2)] Siehe hierzu das BundesumzugskostenG v. 11.12.1990 (BGBl. I S. 2682), zuletzt geänd. durch G v. 9.12.2019 (BGBl. I S. 2053) und die dazu erlassene Allg. Verwaltungsvorschrift idF der Bek. v. 25.10.1999 (GMBl 2000 S. 306), zuletzt geänd. durch VwV v. 25.8.2020 (GMBl S. 782).

[3)] Siehe die AuslandsumzugskostenVO v. 26.11.2012 (BGBl. I S. 2349), zuletzt geänd. durch VO v. 27.6.2018 (BGBl. I S. 891).

[4)] § 83 Abs. 4 geänd. mWv 7.12.2018 durch G v. 29.11.2018 (BGBl. I S. 2232); Abs. 4 geänd. mWv 6.3.2025 durch G v. 27.2.2025 (BGBl. 2025 I Nr. 72).

[5)] Siehe hierzu die TrennungsgeldVO idF der Bek. v. 29.6.1999 (BGBl. I S. 1533), zuletzt geänd. durch VO v. 18.9.2024 (BGBl. 2024 I Nr. 287) und die AuslandstrennungsgeldVO v. 27.6.2018 (BGBl. I S. 891), zuletzt geänd. durch VO v. 6.3.2025 (BGBl. 2025 I Nr. 78).

(2) Werden Beamtinnen auf Widerruf und Beamte auf Widerruf im Vorbereitungsdienst zum Zweck ihrer Ausbildung einer Ausbildungsstelle an einen anderen Ort als dem bisherigen Dienst- oder Wohnort zugewiesen, können ihnen die dadurch entstehenden notwendigen Mehrausgaben ganz oder teilweise erstattet werden.

(3) [1]Die Einzelheiten zu Art und Umfang des Trennungsgeldes und der Gewährung von Reisebeihilfen für Familienheimfahrten sowie die Grundsätze des Abrechnungsverfahrens regelt die Bundesregierung durch Rechtsverordnung. [2]Bei der Bemessung des Trennungsgeldes und der Reisebeihilfen für Familienheimfahrten können Höchstgrenzen und Pauschalen für eine Erstattung festgesetzt und abweichende Regelungen für besondere Fälle getroffen werden.

(4) Für Maßnahmen nach Absatz 1 im oder in das Ausland sowie vom Ausland in das Inland kann das Auswärtige Amt im Einvernehmen mit dem Bundesministerium des Innern und für Heimat, dem Bundesministerium der Verteidigung und dem Bundesministerium der Finanzen durch Rechtsverordnung abweichende Vorschriften zu Trennungsgeld und Reisebeihilfen für Familienheimfahrten erlassen, soweit die besonderen Bedürfnisse des Auslandsdienstes und die besonderen Verhältnisse im Ausland es erfordern.

§ 84 Jubiläumszuwendung. [1]Beamtinnen und Beamten wird bei Dienstjubiläen eine Zuwendung gewährt. [2]Das Nähere regelt die Bundesregierung durch Rechtsverordnung[1)].

§ 84a[2)] Rückforderung zu viel gezahlter Geldleistungen. [1]Die Rückforderung zu viel gezahlter Geldleistungen, die der Dienstherr auf Grund beamtenrechtlicher Vorschriften geleistet hat, richtet sich nach den Vorschriften des Bürgerlichen Gesetzbuchs[3)] über die Herausgabe einer ungerechtfertigten Bereicherung. [2]Der Kenntnis des Mangels des rechtlichen Grundes der Zahlung steht es gleich, wenn der Mangel so offensichtlich war, dass die Empfängerin oder der Empfänger ihn hätte erkennen müssen. [3]Von der Rückforderung kann aus Billigkeitsgründen mit Zustimmung der obersten Dienstbehörde oder der von ihr bestimmten Stelle ganz oder teilweise abgesehen werden.

§ 85 Dienstzeugnis. [1]Beamtinnen und Beamten wird auf Antrag ein Dienstzeugnis über Art und Dauer der von ihnen wahrgenommenen Ämter erteilt, wenn sie daran ein berechtigtes Interesse haben oder das Beamtenverhältnis beendet ist. [2]Das Dienstzeugnis muss auf Verlangen auch über die ausgeübte Tätigkeit und die erbrachten Leistungen Auskunft geben.

§ 86 Amtsbezeichnungen. (1) Die Bundespräsidentin oder der Bundespräsident oder eine von ihr oder ihm bestimmte Stelle setzt die Amtsbezeichnungen fest, soweit gesetzlich nichts anderes bestimmt ist.

(2) [1]Beamtinnen und Beamte führen im Dienst die Amtsbezeichnung des ihnen übertragenen Amtes. [2]Sie dürfen sie auch außerhalb des Dienstes führen. [3]Nach dem Wechsel in ein anderes Amt dürfen sie die bisherige Amtsbezeichnung nicht mehr führen. [4]Ist das neue Amt mit einem niedrigeren Endgrundgehalt verbun-

---

1) Siehe die DienstjubiläumsVO v. 18.12.2014 (BGBl. I S. 2267), geänd. durch G v. 3.12.2015 (BGBl. I S. 2163).

2) § 84a eingef. mWv 14.3.2015 durch G v. 6.3.2015 (BGBl. I S. 250).

3) **Habersack Nr. 20.**

den, darf neben der neuen Amtsbezeichnung die des früheren Amtes mit dem Zusatz „außer Dienst“ oder „a.D.“ geführt werden.

(3) [1]Ruhestandsbeamtinnen und Ruhestandsbeamte dürfen die ihnen bei der Versetzung in den Ruhestand zustehende Amtsbezeichnung mit dem Zusatz „außer Dienst“ oder „a.D.“ und die im Zusammenhang mit dem Amt verliehenen Titel weiter führen. [2]Ändert sich die Bezeichnung des früheren Amtes, darf die geänderte Amtsbezeichnung geführt werden.

Unterabschnitt 2. Arbeitszeit

§ 87 Arbeitszeit. (1) Die regelmäßige Arbeitszeit darf wöchentlich im Durchschnitt 44 Stunden nicht überschreiten.

(2) Soweit Bereitschaftsdienst besteht, kann die Arbeitszeit entsprechend den dienstlichen Bedürfnissen verlängert werden.

(3) [1]Das Nähere zur Regelung der Arbeitszeit, insbesondere zur Dauer, zu Möglichkeiten ihrer flexiblen Ausgestaltung und zur Kontrolle ihrer Einhaltung, regelt die Bundesregierung durch Rechtsverordnung[1)]. [2]Eine Kontrolle der Einhaltung der Arbeitszeit mittels automatisierter Datenverarbeitungssysteme ist zulässig, soweit diese Systeme eine Mitwirkung der Beamtinnen und Beamten erfordern. [3]Die erhobenen Daten dürfen nur für Zwecke der Arbeitszeitkontrolle, der Wahrung arbeitsschutzrechtlicher Bestimmungen und des gezielten Personaleinsatzes verwendet werden, soweit dies zur Aufgabenwahrnehmung der jeweils zuständigen Stelle erforderlich ist. [4]In der Rechtsverordnung sind Löschfristen für die erhobenen Daten vorzusehen.

§ 88[2)] Mehrarbeit. [1]Beamtinnen und Beamte sind verpflichtet, ohne Vergütung über die regelmäßige wöchentliche Arbeitszeit hinaus Dienst zu tun, wenn zwingende dienstliche Verhältnisse dies erfordern und sich die Mehrarbeit auf Ausnahmefälle beschränkt. [2]Werden sie durch eine dienstlich angeordnete oder genehmigte Mehrarbeit mehr als fünf Stunden im Monat über die regelmäßige Arbeitszeit hinaus beansprucht, ist ihnen innerhalb einer Ausschlussfrist von einem Jahr für die Mehrarbeit, die sie über die regelmäßige Arbeitszeit hinaus leisten, entsprechende Dienstbefreiung zu gewähren. [3]Bei Teilzeitbeschäftigung sind die fünf Stunden anteilig zu kürzen. [4]Der Dienstherr kann die Dienstbefreiung einseitig anordnen. [5]Ist die Dienstbefreiung aus zwingenden dienstlichen Gründen nicht möglich, können Beamtinnen und Beamte in Besoldungsgruppen mit aufsteigenden Gehältern eine Vergütung[3)] erhalten.

§ 89[4)] Erholungsurlaub. [1]Beamtinnen und Beamten steht jährlich ein Erholungsurlaub unter Fortgewährung der Besoldung zu. [2]Die Bewilligung, die Dauer und die Abgeltung des Erholungsurlaubs regelt die Bundesregierung durch Rechtsverordnung[5)]. [3]Die Dauer des zusätzlichen Urlaubs für in das Ausland entsandte Beamtinnen und Beamte des Auswärtigen Dienstes regelt das Gesetz über den Auswärtigen Dienst.

[1)] Siehe die ArbeitszeitVO (Nr. **170**).

[2)] § 88 Satz 2 geänd., Satz 4 eingef., bish. Satz 4 wird Satz 5 mWv 6.3.2025 durch G v. 27.2.2025 (BGBl. 2025 I Nr. 72).

[3)] *Siehe hierzu die BundesmehrarbeitsvergütungsVO idF der Bek. v. 4.11.2009 (BGBl. I S. 3701),* zuletzt geänd. durch G v. 27.2.2025 (BGBl. 2025 I Nr. 72).

[4)] § 89 Satz 2 geänd. mWv 14.3.2015 durch G v. 6.3.2015 (BGBl. I S. 250).

[5)] Siehe die ErholungsurlaubsVO (Nr. **172**).

§ 90[1] Urlaub aus anderen Anlässen, Mandatsträgerinnen und Mandatsträger. (1) Die Bundesregierung regelt durch Rechtsverordnung[2] die Bewilligung von Urlaub aus anderen Anlässen und bestimmt, inwieweit die Besoldung während eines solchen Urlaubs fortbesteht.

(2) Stimmen Beamtinnen und Beamte ihrer Aufstellung als Bewerberinnen oder Bewerber für die Wahl zum Europäischen Parlament oder zum Deutschen Bundestag oder zu der gesetzgebenden Körperschaft eines Landes zu, ist ihnen auf Antrag innerhalb der letzten zwei Monate vor dem Wahltag der zur Vorbereitung ihrer Wahl erforderliche Urlaub unter Wegfall der Besoldung zu gewähren.

(3) [1] Beamtinnen und Beamten, die in die gesetzgebende Körperschaft eines Landes gewählt worden sind und deren Rechte und Pflichten aus dem Beamtenverhältnis nicht nach § 40 Abs. 1 ruhen, ist zur Ausübung des Mandats auf Antrag

1. Teilzeitbeschäftigung im Umfang von mindestens 30 Prozent der regelmäßigen Arbeitszeit zu bewilligen oder
2. ein Urlaub unter Wegfall der Besoldung zu gewähren.

[2] Der Antrag soll jeweils für den Zeitraum von mindestens sechs Monaten gestellt werden. [3] § 23 Abs. 5 des Abgeordnetengesetzes[3] ist entsprechend anzuwenden. [4] Auf Beamtinnen und Beamte, denen nach Satz 1 Nr. 2 Urlaub unter Wegfall der Besoldung gewährt wird, ist § 7 Abs. 1, 3 und 4 des Abgeordnetengesetzes entsprechend anzuwenden.

(4) [1] Für die Tätigkeit als Mitglied einer kommunalen Vertretung, eines nach Kommunalverfassungsrecht gebildeten Ausschusses oder vergleichbarer Einrichtungen in Gemeindebezirken ist Beamtinnen und Beamten der erforderliche Urlaub unter Fortzahlung der Besoldung zu gewähren. [2] Satz 1 gilt auch für die von einer kommunalen Vertretung gewählten ehrenamtlichen Mitglieder von Ausschüssen, die aufgrund eines Gesetzes gebildet worden sind.

§ 91 Teilzeit. (1) Beamtinnen und Beamten, die Anspruch auf Besoldung haben, kann auf Antrag Teilzeitbeschäftigung bis zur Hälfte der regelmäßigen Arbeitszeit und bis zur jeweils beantragten Dauer bewilligt werden, soweit dienstliche Belange dem nicht entgegenstehen.

(2) [1] Dem Antrag nach Absatz 1 darf nur entsprochen werden, wenn die Beamtinnen und Beamten sich verpflichten, während des Bewilligungszeitraumes außerhalb des Beamtenverhältnisses berufliche Verpflichtungen nur in dem Umfang einzugehen, der den Vollzeitbeschäftigten für die Ausübung von Nebentätigkeiten gestattet ist. [2] Ausnahmen hiervon sind nur zulässig, soweit dies mit dem Beamtenverhältnis vereinbar ist. [3] Dabei ist von der regelmäßigen wöchentlichen Arbeitszeit ohne Rücksicht auf die Bewilligung von Teilzeitbeschäftigung auszugehen. [4] Wird die Verpflichtung nach Satz 1 schuldhaft verletzt, soll die Bewilligung widerrufen werden.

(3) [1] *Die zuständige* Dienstbehörde kann nachträglich die Dauer der Teilzeitbeschäftigung beschränken oder den Umfang der zu leistenden Arbeitszeit erhöhen, soweit zwingende dienstliche Belange dies erfordern. [2] Sie soll eine Änderung des Umfangs der Teilzeitbeschäftigung oder den Übergang zur Vollzeitbeschäftigung zulassen, wenn der Beamtin oder dem Beamten die Teilzeitbeschäftigung im

[1] § 90 Abs. 2 geänd. mWv 14.3.2015 durch G v. 6.3.2015 (BGBl. I S. 250); Abs. 3 Satz 1 Nr. 1 geänd. mWv 28.10.2016 durch G v. 19.10.2016 (BGBl. I S. 2362).
[2] Siehe die SonderurlaubsVO (Nr. **173**).
[3] Nr. **48**.

bisherigen Umfang nicht mehr zugemutet werden kann und dienstliche Belange dem nicht entgegenstehen.

§ 92[1)] Familienbedingte Teilzeit, familienbedingte Beurlaubung.

(1) [1]Beamtinnen und Beamten, die Anspruch auf Besoldung haben, wird auf Antrag Teilzeitbeschäftigung oder Urlaub ohne Besoldung bewilligt, wenn

1. sie
   a) mindestens ein Kind, das das 18. Lebensjahr noch nicht vollendet hat, tatsächlich betreuen oder pflegen oder
   b) eine sonstige Angehörige oder einen sonstigen Angehörigen tatsächlich betreuen oder pflegen, die oder der pflegebedürftig ist nach einer Bescheinigung der Pflegekasse oder des Medizinischen Dienstes der Krankenversicherung, nach einer entsprechenden Bescheinigung einer privaten Pflegeversicherung oder nach einem ärztlichen Gutachten oder an einer Erkrankung nach § 3 Absatz 6 Satz 1 des Pflegezeitgesetzes[2)] leidet, und
2. keine zwingenden dienstlichen Belange entgegenstehen.

[2]§ 91 Absatz 3 Satz 1 gilt entsprechend. [3]Teilzeitbeschäftigung, Familienpflegezeiten und Pflegezeiten mit weniger als der Hälfte der regelmäßigen wöchentlichen Arbeitszeit oder Urlaub ohne Besoldung dürfen zusammen nicht länger als 15 Jahre dauern. [4]Ausnahmen hiervon sind in besonders begründeten Fällen zulässig.

(2) [1]Die Dienststelle muss die Ablehnung von Anträgen im Einzelnen begründen. [2]Bei Beamtinnen und Beamten im Schul- und Hochschuldienst kann der Bewilligungszeitraum bis zum Ende des laufenden Schulhalbjahres oder Semesters ausgedehnt werden. [3]Der Antrag auf Verlängerung einer Beurlaubung ist spätestens sechs Monate vor Ablauf der genehmigten Beurlaubung zu stellen.

(3) Während einer Freistellung vom Dienst nach Absatz 1 dürfen nur solche Nebentätigkeiten genehmigt werden, die dem Zweck der Freistellung nicht zuwiderlaufen.

(4) [1]Die zuständige Dienststelle kann eine Rückkehr aus dem Urlaub zulassen, wenn die Fortsetzung des Urlaubs nicht zumutbar ist und dienstliche Belange dem nicht entgegenstehen. [2]Teilzeitbeschäftigte mit Familienpflichten, die eine Vollzeitbeschäftigung beantragen, und Beurlaubte mit Familienpflichten, die eine vorzeitige Rückkehr aus der Beurlaubung beantragen, müssen bei der Besetzung von Vollzeitstellen unter Beachtung des Leistungsprinzips und der Regelungen des Bundesgleichstellungsgesetzes[3)] vorrangig berücksichtigt werden.

(5) [1]Während der Zeit der Beurlaubung nach Absatz 1 besteht ein Anspruch auf Leistungen der Krankheitsfürsorge in entsprechender Anwendung der Beihilferegelungen für Beamtinnen mit Anspruch auf Besoldung und Beamte mit Anspruch auf Besoldung. [2]Dies gilt nicht, wenn die Beamtin oder der Beamte berücksichtigungsfähige Angehörige oder berücksichtigungsfähiger Angehöriger einer oder eines Beihilfeberechtigten wird oder in der gesetzlichen Krankenversicherung nach § 10 Abs. 1 des Fünften Buches Sozialgesetzbuch[4)] versichert ist.

---

1) § 92 Abs. 1 neu gef. mWv 22.3.2012 durch G v. 15.3.2012 (BGBl. I S. 462); Abs. 1 Satz 1 Nr. 1 Buchst. b und Abs. 5 Satz 1 geänd. mWv 11.7.2013 durch G v. 3.7.2013 (BGBl. I S. 1978); Überschrift und Abs. 1 neu gef. mWv 28.10.2016 durch G v. 19.10.2016 (BGBl. I S. 2362).

2) **Aichberger, SGB Nr. 11/10.**

3) **Sartorius III Nr. 900.**

4) **Aichberger, SGB Nr. 5.**

[3] Beamtinnen und Beamte, die die Voraussetzungen des § 3 Abs. 1 des Pflegezeitgesetzes erfüllen, erhalten für die Dauer der Pflegezeit nach § 4 des Pflegezeitgesetzes Leistungen entsprechend § 44a Abs. 1 des Elften Buches Sozialgesetzbuch[1)].

(6) [1] Die Dienststelle hat durch geeignete Maßnahmen den aus familiären Gründen Beurlaubten die Verbindung zum Beruf und den beruflichen Wiedereinstieg zu erleichtern. [2] Dazu gehören das Angebot von Urlaubs- und Krankheitsvertretungen, ihre rechtzeitige Unterrichtung über das Fortbildungsprogramm und das Angebot der Teilnahme an der Fortbildung während oder nach der Beurlaubung. [3] Die Teilnahme an einer Fortbildungsveranstaltung während der Beurlaubung begründet einen Anspruch auf bezahlte Dienstbefreiung nach Ende der Beurlaubung. [4] Die Dauer der bezahlten Dienstbefreiung richtet sich nach der Dauer der Fortbildung. [5] Mit den Beurlaubten sind rechtzeitig vor Ablauf einer Beurlaubung Beratungsgespräche zu führen, in denen sie über die Möglichkeiten ihrer Beschäftigung nach der Beurlaubung informiert werden.

§ 92a[2)] Familienpflegezeit mit Vorschuss. (1) Beamtinnen und Beamten, die Anspruch auf Besoldung haben, wird auf Antrag für längstens 24 Monate Teilzeitbeschäftigung mit einer regelmäßigen wöchentlichen Arbeitszeit von mindestens 15 Stunden als Familienpflegezeit bewilligt, wenn

1. sie eine nahe Angehörige oder einen nahen Angehörigen nach § 7 Absatz 3 des Pflegezeitgesetzes[3)] tatsächlich betreuen oder pflegen, die oder der pflegebedürftig ist nach einer Bescheinigung der Pflegekasse oder des Medizinischen Dienstes der Krankenversicherung, einer entsprechenden Bescheinigung einer privaten Pflegeversicherung oder einem ärztlichen Gutachten oder an einer Erkrankung nach § 3 Absatz 6 Satz 1 des Pflegezeitgesetzes leidet, und
2. keine dringenden dienstlichen Belange entgegenstehen.

(2) Ist die Familienpflegezeit für weniger als 24 Monate bewilligt worden, kann sie nachträglich bis zur Dauer von 24 Monaten verlängert werden.

(3) Familienpflegezeit und Pflegezeit dürfen zusammen nicht länger als 24 Monate je pflegebedürftigen nahen Angehörigen dauern.

(4) Die Beamtin oder der Beamte hat jede Änderung der Tatsachen mitzuteilen, die für die Bewilligung maßgeblich sind.

(5) Liegen die Voraussetzungen für die Bewilligung der Familienpflegezeit nicht mehr vor, so ist die Bewilligung zu widerrufen, und zwar mit Ablauf des zweiten Monats, der auf den Wegfall der Voraussetzungen folgt.

(6) Ist der Beamtin oder dem Beamten die Teilzeitbeschäftigung im bisherigen Umfang nicht mehr zumutbar, ist die Bewilligung zu widerrufen, wenn keine dringenden dienstlichen Belange entgegenstehen.

§ 92b[4)] Pflegezeit mit Vorschuss. (1) Unter den Voraussetzungen des § 92a Absatz 1 wird auf Antrag für längstens sechs Monate Teilzeitbeschäftigung mit einer regelmäßigen wöchentlichen Arbeitszeit von weniger als 15 Stunden oder Urlaub ohne Besoldung als Pflegezeit bewilligt.

(2) Ist die Pflegezeit für weniger als sechs Monate bewilligt worden, kann sie nachträglich bis zur Dauer von sechs Monaten verlängert werden.

[1)] **Aichberger, SGB Nr. 11.**
[2)] § 92a neu gef. mWv 28.10.2016 durch G v. 19.10.2016 (BGBl. I S. 2362).
[3)] **Aichberger, SGB Nr. 11/10.**
[4)] § 92b eingef. mWv 28.10.2016 durch G v. 19.10.2016 (BGBl. I S. 2362).

(3) § 92 Absatz 5 und § 92a Absatz 3 bis 6 gelten entsprechend.

§ 93[1)] **Altersteilzeit.** (1) Beamtinnen und Beamten, die Anspruch auf Besoldung haben, kann auf Antrag, der sich auf die Zeit bis zum Beginn des Ruhestands erstrecken muss, Teilzeitbeschäftigung als Altersteilzeit mit der Hälfte der bisherigen Arbeitszeit, höchstens der Hälfte der in den letzten zwei Jahren vor Beginn der Altersteilzeit durchschnittlich zu leistenden Arbeitszeit, bewilligt werden, wenn

1. a) sie das 60. Lebensjahr vollendet haben,
   b) das 55. Lebensjahr vollendet haben und zum Zeitpunkt der Antragstellung schwerbehindert im Sinne des § 2 Abs. 2 des Neunten Buches Sozialgesetzbuch[2)] sind oder
   c) das 55. Lebensjahr vollendet haben und in einem besonders festgelegten Stellenabbaubereich beschäftigt sind

und

2. sie in den letzten fünf Jahren vor Beginn der Altersteilzeit drei Jahre mindestens teilzeitbeschäftigt waren,
3. die Altersteilzeit vor dem 1. Januar 2010 beginnt und
4. dringende dienstliche Belange dem nicht entgegenstehen.

(2) [1] Beamtinnen und Beamten kann Altersteilzeit in Form der Blockbildung im Sinne des § 9 der Arbeitszeitverordnung[3)] nach Maßgabe des Absatzes 1 bewilligt werden, wenn sie

1. das 60. Lebensjahr vollendet haben und bei vorheriger Teilzeitbeschäftigung die Zeiten der Freistellung von der Arbeit in der Weise zusammengefasst werden, dass zuvor mit mindestens der Hälfte der regelmäßigen Arbeitszeit, im Fall des § 92 Abs. 1, der §§ 92a, 92b oder bei Teilzeitbeschäftigung während der Elternzeit mindestens im Umfang der bisherigen Teilzeitbeschäftigung Dienst geleistet wird, wobei geringfügige Unterschreitungen des notwendigen Umfangs der Arbeitszeit unberücksichtigt bleiben, oder
2. die Voraussetzungen des Absatzes 1 Nr. 1 Buchstabe c vorliegen.

[2] Beamtinnen auf Lebenszeit und Beamte auf Lebenszeit, denen vor dem 1. Januar 2010 Altersteilzeitbeschäftigung in Form der Blockbildung im Sinne des § 9 der Arbeitszeitverordnung bewilligt worden ist, erreichen die Altersgrenze mit Vollendung des 65. Lebensjahres. [3] Beim Ruhestand auf Antrag nach § 52 bleibt es bei der Altersgrenze nach § 42 Abs. 4 des Bundesbeamtengesetzes in der bis zum 11. Februar 2009 geltenden Fassung.

(3) [1] Beamtinnen und Beamten, die Anspruch auf Besoldung haben, kann auf Antrag, Teilzeitbeschäftigung als Altersteilzeit mit der Hälfte der bisherigen Arbeitszeit, höchstens der Hälfte der in den letzten zwei Jahren vor Beginn der Altersteilzeit durchschnittlich zu leistenden Arbeitszeit bewilligt werden, wenn

1. sie bei Beginn der Altersteilzeit das 60. Lebensjahr vollendet haben,

---

1) § 93 Abs. 3–5 eingef., bish. Abs. 3 und 4 werden Abs. 6 und 7 mWv 1.1.2011 durch G v. 19.11.2010 (BGBl. I S. 1552); Abs. 2 Satz 1 Nr. 1 geänd., Satz 2 neu gef. mWv 11.7.2013 durch G v. 3.7.2013 (BGBl. I S. 1978); Abs. 2 Satz 1 Nr. 1 geänd. mWv 28.10.2016 durch G v. 19.10.2016 (BGBl. I S. 2362); Abs. 3 Satz 1 Nr. 3 geänd. mWv 1.3.2016 durch G v. 21.11.2016 (BGBl. I S. 2570); Abs. 3 Satz 1 Nr. 3 geänd. mWv 1.1.2019 durch G v. 8.11.2018 (BGBl. I S. 1810); Abs. 5 geänd. mWv 7.12.2018 durch G v. 29.11.2018 (BGBl. I S. 2232); Abs. 3 Satz 1 Nr. 3 geänd. mWv 25.3.2021 durch G v. 18.3.2021 (BGBl. I S. 353); Abs. 5 geänd. mWv 6.3.2025 durch G v. 27.2.2025 (BGBl. 2025 I Nr. 72).

2) **Aichberger, SGB Nr. 9.**

3) Nr. **170**.

2. sie in den letzten fünf Jahren vor Beginn der Altersteilzeit drei Jahre mindestens teilzeitbeschäftigt waren,
3. die Altersteilzeit vor dem 1. Januar 2023 beginnt,
4. sie in einem festgelegten Restrukturierungs- oder Stellenabbaubereich beschäftigt sind und
5. dienstliche Belange dem nicht entgegenstehen.

[2]Der Antrag muss sich auf die gesamte Zeit bis zum Eintritt in den Ruhestand erstrecken. [3]Altersteilzeit nach Satz 1 kann auch im Blockmodell nach § 9 Absatz 2 der Arbeitszeitverordnung bewilligt werden.

(4) [1]Beamtinnen und Beamten ist unter den Voraussetzungen des Absatzes 3 Satz 1 mit Ausnahme des Satzes 1 Nummer 4 und 5 Altersteilzeit im Rahmen einer Quote von 2,5 Prozent der Beamtinnen und Beamten der obersten Dienstbehörden einschließlich ihrer Geschäftsbereiche zu bewilligen. [2]Die Bewilligung von Altersteilzeit ist ausgeschlossen, wenn diese Quote durch die Altersteilzeitverhältnisse nach Satz 1 und den Absätzen 1 bis 3 ausgeschöpft ist oder der Bewilligung dienstliche Belange entgegenstehen.

(5) Das Bundesministerium des Innern und für Heimat regelt im Einvernehmen mit dem Bundesministerium der Finanzen durch Rechtsverordnung[1)] die Einzelheiten der Altersteilzeitbewilligung, insbesondere die Festlegung der Restrukturierungs- und Stellenabbaubereiche nach Absatz 3 Satz 1 Nummer 4 und die Verteilung der Quote nach Absatz 4.

(6) Änderungen der regelmäßigen wöchentlichen Arbeitszeit nach den Arbeitszeitregelungen gelten für die zu leistende Arbeitszeit entsprechend.

(7) § 91 Abs. 2 gilt entsprechend.

§ 94 Hinweispflicht. Wird eine Verkürzung der Arbeitszeit oder eine langfristige Beurlaubung beantragt, sind die Beamtinnen und Beamten auf die Folgen verkürzter Arbeitszeit oder langfristiger Beurlaubungen hinzuweisen, insbesondere auf die Folgen für Ansprüche aufgrund beamtenrechtlicher Regelungen sowie auf die Möglichkeit einer Befristung mit Verlängerung und deren Folgen.

§ 95[2)] Beurlaubung ohne Besoldung. (1) Beamtinnen und Beamten, die Anspruch auf Besoldung haben, kann in Bereichen, in denen wegen der Arbeitsmarktsituation ein außergewöhnlicher Überhang an Bewerberinnen und Bewerbern besteht und deshalb ein dringendes öffentliches Interesse daran besteht, verstärkt Bewerberinnen und Bewerber im öffentlichen Dienst zu beschäftigen, auf Antrag Urlaub ohne Besoldung

1. bis zur Dauer von insgesamt sechs Jahren oder
2. für einen Zeitraum, der sich bis zum Beginn des Ruhestands erstrecken muss

bewilligt werden, wenn dienstliche Belange dem nicht entgegenstehen.

(2) Beamtinnen und Beamten, die Anspruch auf Besoldung haben, kann in Bereichen, in denen ein Stellenüberhang abgebaut werden soll, auf Antrag Urlaub ohne Besoldung bewilligt werden, wenn dienstliche Belange dem nicht entgegenstehen.

[1)] Siehe die BeamtenaltersteilzeitVO v. 6.1.2011 (BGBl. I S. 2), zuletzt geänd. durch G v. 19.10.2016 (BGBl. I S. 2362).

[2)] § 95 Abs. 4 Satz 1 geänd. mWv 22.3.2012 durch G v. 15.3.2012 (BGBl. I S. 462).

(3) [1] Dem Antrag nach den Absätzen 1 und 2 darf nur entsprochen werden, wenn die Beamtinnen und Beamten erklären, während der Dauer des Bewilligungszeitraums auf die Ausübung genehmigungspflichtiger Nebentätigkeiten zu verzichten und nicht genehmigungspflichtige Nebentätigkeiten nur in dem Umfang auszuüben, wie sie bei Vollzeitbeschäftigung ohne Verletzung dienstlicher Pflichten ausgeübt werden könnten. [2] Wird diese Verpflichtung schuldhaft verletzt, soll die Bewilligung widerrufen werden. [3] Die zuständige Dienstbehörde darf trotz der Erklärung der Beamtinnen oder Beamten nach Satz 1 Nebentätigkeiten genehmigen, soweit sie dem Zweck der Bewilligung des Urlaubs nicht zuwiderlaufen. [4] Sie kann eine Rückkehr aus dem Urlaub zulassen, wenn der Beamtin oder dem Beamten die Fortsetzung des Urlaubs nicht zugemutet werden kann und dienstliche Belange dem nicht entgegenstehen.

(4) [1] Urlaub nach den Absätzen 1 und 2 darf, auch im Zusammenhang mit Urlaub oder Teilzeitbeschäftigung mit weniger als der Hälfte der regelmäßigen Arbeitszeit nach § 92 Abs. 1, die Dauer von 15 Jahren nicht überschreiten. [2] Bei Beamtinnen im Schul- und Hochschuldienst und Beamten im Schul- und Hochschuldienst kann der Bewilligungszeitraum bis zum Ende des laufenden Schulhalbjahres oder Semesters ausgedehnt werden. [3] In den Fällen des Absatzes 1 Nr. 2 ist Satz 1 nicht anzuwenden, wenn es den Beamtinnen und Beamten nicht mehr zuzumuten ist, zur Voll- oder Teilzeitbeschäftigung zurückzukehren.

(5) In den Fällen, in denen nach § 72e Abs. 1 Nr. 2 und Abs. 4 des Bundesbeamtengesetzes in der bis zum 11. Februar 2009 geltenden Fassung Urlaub ohne Dienstbezüge bis zum Beginn des Ruhestands bewilligt worden ist, gilt § 93 Abs. 2 Satz 2 entsprechend.

§ 96 Fernbleiben vom Dienst. (1) [1] Beamtinnen und Beamte dürfen dem Dienst nicht ohne Genehmigung ihrer Dienstvorgesetzten fernbleiben. [2] Dienstunfähigkeit infolge von Krankheit ist auf Verlangen nachzuweisen.

(2) Verliert die Beamtin oder der Beamte wegen unentschuldigten Fernbleibens vom Dienst nach dem Bundesbesoldungsgesetz[1)] den Anspruch auf Besoldung, wird dadurch die Durchführung eines Disziplinarverfahrens nicht ausgeschlossen.

Unterabschnitt 3. Nebentätigkeit

§ 97 Begriffsbestimmungen. (1) Nebentätigkeit ist die Wahrnehmung eines Nebenamtes oder die Ausübung einer Nebenbeschäftigung.

(2) Nebenamt ist ein nicht zu einem Hauptamt gehörender Kreis von Aufgaben, der aufgrund eines öffentlich-rechtlichen Dienst- oder Amtsverhältnisses wahrgenommen wird.

(3) Nebenbeschäftigung ist jede sonstige, nicht zu einem Hauptamt gehörende Tätigkeit innerhalb oder außerhalb des öffentlichen Dienstes.

(4) Als Nebentätigkeit gilt nicht die Wahrnehmung öffentlicher Ehrenämter sowie einer unentgeltlichen Vormundschaft, Betreuung oder Pflegschaft.

§ 98 Nebentätigkeit im öffentlichen Dienst. Beamtinnen und Beamte sind verpflichtet, auf Verlangen ihrer Dienstbehörde eine Nebentätigkeit im öffentlichen Dienst auszuüben, sofern diese Tätigkeit ihrer Vorbildung oder Berufsausbildung entspricht und sie nicht über Gebühr in Anspruch nimmt.

[1)] Nr. **230**.

§ 99[1] Genehmigungspflichtige Nebentätigkeiten. (1) [1] Beamtinnen und Beamte bedürfen zur Ausübung jeder entgeltlichen Nebentätigkeit, mit Ausnahme der in § 100 Abs. 1 abschließend aufgeführten, der vorherigen Genehmigung, soweit sie nicht nach § 98 zu ihrer Ausübung verpflichtet sind. [2] Gleiches gilt für folgende unentgeltliche Nebentätigkeiten:

1. Wahrnehmung eines Nebenamtes,
2. gewerbliche oder freiberufliche Tätigkeiten oder die Mitarbeit bei einer dieser Tätigkeiten und
3. Eintritt in ein Organ eines Unternehmens mit Ausnahme einer Genossenschaft.

(2) [1] Die Genehmigung ist zu versagen, wenn zu besorgen ist, dass durch die Nebentätigkeit dienstliche Interessen beeinträchtigt werden. [2] Ein solcher Versagungsgrund liegt insbesondere vor, wenn die Nebentätigkeit

1. nach Art und Umfang die Arbeitskraft so stark in Anspruch nimmt, dass die ordnungsgemäße Erfüllung der dienstlichen Pflichten behindert werden kann,
2. die Beamtin oder den Beamten in einen Widerstreit mit den dienstlichen Pflichten bringen kann,
3. in einer Angelegenheit ausgeübt wird, in der die Behörde, der die Beamtin oder der Beamte angehört, tätig wird oder tätig werden kann,
4. die Unparteilichkeit oder Unbefangenheit der Beamtin oder des Beamten beeinflussen kann,
5. zu einer wesentlichen Einschränkung der künftigen dienstlichen Verwendbarkeit der Beamtin oder des Beamten führen kann oder
6. dem Ansehen der öffentlichen Verwaltung abträglich sein kann.

[3] Ein solcher Versagungsgrund liegt in der Regel auch vor, wenn sich die Nebentätigkeit wegen gewerbsmäßiger Dienst- oder Arbeitsleistung oder sonst nach Art, Umfang, Dauer oder Häufigkeit als Ausübung eines Zweitberufs darstellt.

(3) [1] Die Voraussetzung des Absatzes 2 Satz 2 Nr. 1 gilt in der Regel als erfüllt, wenn die zeitliche Beanspruchung durch eine oder mehrere Nebentätigkeiten in der Woche ein Fünftel der regelmäßigen wöchentlichen Arbeitszeit überschreitet. [2] Bei begrenzter Dienstfähigkeit ist ein Fünftel der nach § 45 Abs. 2 Satz 1 verkürzten Arbeitzeit zugrunde zu legen. [3] Soweit der Gesamtbetrag der Vergütung für eine oder mehrere Nebentätigkeiten 40 Prozent des jährlichen Endgrundgehalts des Amtes der Beamtin oder des Beamten übersteigt, liegt ein Versagungsgrund vor. [4] Die Dienstbehörde kann Ausnahmen zulassen, wenn die Beamtin oder der Beamte durch Angabe bestimmter Tatsachen nachweist, dass die zeitliche Beanspruchung ein Fünftel der regelmäßigen wöchentlichen Arbeitszeit nicht übersteigt oder die Versagung unter Berücksichtigung der Umstände des Einzelfalls nicht angemessen wäre. [5] Bei Anwendung der Sätze 1 bis 4 sind genehmigungs- und anzeigepflichtige Nebentätigkeiten zusammen zu berücksichtigen.

(4) [1] Die Genehmigung ist auf längstens fünf Jahre zu befristen. [2] Sie kann mit Auflagen und Bedingungen versehen werden. [3] Ergibt sich eine Beeinträchtigung dienstlicher Interessen nach Erteilung der Genehmigung, ist diese zu widerrufen.

---

[1] § 99 Abs. 5 Satz 5 geänd. mWv 5. 4. 2017 durch G v. 29. 3. 2017 (BGBl. I S. 626).

(5) [1] Die Genehmigung erteilt die oberste Dienstbehörde. [2] Sie kann diese Zuständigkeit auf nachgeordnete Behörden übertragen. [3] Anträge auf Erteilung einer Genehmigung sowie Entscheidungen über diese Anträge bedürfen der Schriftform. [4] Die Beamtin oder der Beamte hat dabei die für die Entscheidung erforderlichen Nachweise zu führen, insbesondere über Art und Umfang der Nebentätigkeit sowie die Entgelte und geldwerten Vorteile hieraus. [5] Jede Änderung ist unverzüglich schriftlich oder elektronisch anzuzeigen.

§ 100[1)] Nicht genehmigungspflichtige Nebentätigkeiten. (1) Nicht genehmigungspflichtig sind

1. die Verwaltung eigenen oder der Nutznießung der Beamtin oder des Beamten unterliegenden Vermögens,
2. schriftstellerische, wissenschaftliche, künstlerische oder Vortragstätigkeiten,
3. mit Lehr- oder Forschungsaufgaben zusammenhängende selbstständige Gutachtertätigkeiten von Lehrerinnen und Lehrern an öffentlichen Hochschulen und an Hochschulen der Bundeswehr sowie von Beamtinnen und Beamten an wissenschaftlichen Instituten und Anstalten und
4. Tätigkeiten zur Wahrung von Berufsinteressen in Gewerkschaften oder Berufsverbänden oder in Selbsthilfeeinrichtungen der Beamtinnen und Beamten.

(2) [1] Tätigkeiten nach Absatz 1 Nr. 2 und 3 sowie eine Tätigkeit in Selbsthilfeeinrichtungen nach Absatz 1 Nr. 4 sind der Dienstbehörde schriftlich oder elektronisch vor ihrer Aufnahme anzuzeigen, wenn für sie ein Entgelt oder ein geldwerter Vorteil geleistet wird. [2] Hierbei sind insbesondere Art und Umfang der Nebentätigkeit sowie die voraussichtliche Höhe der Entgelte und geldwerten Vorteile anzugeben. [3] Jede Änderung ist unverzüglich schriftlich oder elektronisch mitzuteilen.

(3) Die Dienstbehörde kann aus begründetem Anlass verlangen, dass über eine ausgeübte nicht genehmigungspflichtige Nebentätigkeit schriftlich oder elektronisch Auskunft erteilt wird, insbesondere über deren Art und Umfang.

(4) Eine nicht genehmigungspflichtige Nebentätigkeit ist ganz oder teilweise zu untersagen, wenn die Beamtin oder der Beamte bei ihrer Ausübung dienstliche Pflichten verletzt.

§ 101[2)] Ausübung von Nebentätigkeiten. (1) [1] Nebentätigkeiten dürfen nur außerhalb der Arbeitszeit ausgeübt werden, es sei denn, sie werden auf Verlangen der oder des Dienstvorgesetzten ausgeübt oder es besteht ein dienstliches Interesse an der Ausübung der Nebentätigkeit. [2] Das dienstliche Interesse ist aktenkundig zu machen. [3] Ausnahmen dürfen nur in besonders begründeten Fällen, insbesondere im öffentlichen Interesse, auf schriftlichen oder elektronischen Antrag zugelassen werden, wenn dienstliche Gründe dem nicht entgegenstehen und die versäumte Arbeitszeit nachgeleistet wird.

(2) [1] Bei der Ausübung von Nebentätigkeiten dürfen Einrichtungen, Personal oder Material des Dienstherrn nur bei Vorliegen eines öffentlichen oder wissenschaftlichen Interesses mit dessen Genehmigung und gegen Entrichtung eines angemessenen Entgelts in Anspruch genommen werden. [2] Das Entgelt ist nach

[1)] *§ 100 Abs. 2 Sätze 1, 3 und* Abs. 3 geänd. mWv 5. 4. 2017 durch G v. 29. 3. 2017 (BGBl. I S. 626).

[2)] § 101 Abs. 1 Satz 3 geänd. mWv 5. 4. 2017 durch G v. 29. 3. 2017 (BGBl. I S. 626).

den dem Dienstherrn entstehenden Kosten zu bemessen und muss den besonderen Vorteil berücksichtigen, der der Beamtin oder dem Beamten durch die Inanspruchnahme entsteht.

§ 102 Regressanspruch für die Haftung aus angeordneter Nebentätigkeit. [1]Beamtinnen und Beamte, die aus einer auf Verlangen, Vorschlag oder Veranlassung der oder des Dienstvorgesetzten ausgeübten Tätigkeit im Vorstand, Aufsichtsrat, Verwaltungsrat oder in einem sonstigen Organ einer Gesellschaft, Genossenschaft oder eines in einer anderen Rechtsform betriebenen Unternehmens haftbar gemacht werden, haben gegen den Dienstherrn Anspruch auf Ersatz des ihnen entstandenen Schadens. [2]Ist der Schaden vorsätzlich oder grob fahrlässig herbeigeführt, ist der Dienstherr nur dann ersatzpflichtig, wenn die Beamtin oder der Beamte auf Verlangen der oder des Vorgesetzten gehandelt hat.

§ 103 Erlöschen der mit dem Hauptamt verbundenen Nebentätigkeit.

Endet das Beamtenverhältnis, enden, wenn im Einzelfall nichts anderes bestimmt wird, auch die Nebenämter und Nebenbeschäftigungen, die im Zusammenhang mit dem Hauptamt übertragen sind oder die auf Verlangen, Vorschlag oder Veranlassung der oder des Dienstvorgesetzten ausgeübt worden sind.

§ 104 Erlass ausführender Rechtsverordnungen. [1]Die zur Ausführung der §§ 97 bis 103 notwendigen weiteren Vorschriften zu Nebentätigkeiten von Beamtinnen und Beamten erlässt die Bundesregierung durch Rechtsverordnung[1)]. [2]In ihr kann bestimmt werden,

1. welche Tätigkeiten als öffentlicher Dienst im Sinne dieser Vorschriften anzusehen sind oder ihm gleichstehen,
2. ob und inwieweit eine im öffentlichen Dienst ausgeübte oder auf Verlangen, Vorschlag oder Veranlassung der oder des Dienstvorgesetzten ausgeübte Nebentätigkeit vergütet wird oder eine Vergütung abzuführen ist,
3. unter welchen Voraussetzungen die Beamtin oder der Beamte zur Ausübung von Nebentätigkeiten Einrichtungen, Personal oder Material des Dienstherrn in Anspruch nehmen darf und in welcher Höhe hierfür ein Entgelt an den Dienstherrn zu entrichten ist; das Entgelt kann pauschaliert in einem Prozentsatz des aus der Nebentätigkeit erzielten Bruttoeinkommens festgelegt werden und bei unentgeltlich ausgeübter Nebentätigkeit entfallen,
4. dass die Beamtin oder der Beamte verpflichtet werden kann, nach Ablauf eines jeden Kalenderjahres der oder dem Dienstvorgesetzten die ihr oder ihm zugeflossenen Entgelte und geldwerten Vorteile aus Nebentätigkeiten anzugeben.

§ 105[2)] Anzeige- und Genehmigungspflicht nach Beendigung des Beamtenverhältnisses. (1) [1]Ruhestandsbeamtinnen und Ruhestandsbeamte sind verpflichtet, eine Erwerbstätigkeit oder sonstige Beschäftigung außerhalb des öffentlichen Dienstes, die mit ihrer dienstlichen Tätigkeit in den letzten fünf Jahren vor Beendigung des Beamtenverhältnisses im Zusammenhang steht und durch die dienstliche Interessen beeinträchtigt werden können, vor Aufnahme dieser Tätig-

---

[1)] Siehe hierzu die BundesnebentätigkeitsVO (Nr. **177**) sowie die VO über die Nebentätigkeit der Richter im Bundesdienst v. 15.10.1965 (BGBl. I S. 1719), zuletzt geänd. durch G v. 19.4.2006 (BGBl. I S. 866).

[2)] § 105 neu gef. mWv 1.4.2024 durch G v. 20.12.2023 (BGBl. 2023 I Nr. 389); Abs. 5 Satz 1 neu gef. mWv 25.7.2024 durch G v. 19.7.2024 (BGBl. 2024 I Nr. 247).

keit oder dieser Beschäftigung schriftlich oder elektronisch der zuständigen Behörde anzuzeigen. [2] Die Anzeigepflicht endet

1. drei Jahre nach Beendigung des Beamtenverhältnisses, wenn die Beamtin oder der Beamte mit Erreichen der Regelaltersgrenze in den Ruhestand tritt, und
2. in den übrigen Fällen fünf Jahre nach Beendigung des Beamtenverhältnisses.

(2) Zur Anzeige jeder Erwerbstätigkeit oder sonstigen Beschäftigung außerhalb des öffentlichen Dienstes verpflichtet ist eine Ruhestandsbeamtin oder ein Ruhestandsbeamter, wenn sie oder er

1. vor Eintritt in den Ruhestand politische Beamtin oder politischer Beamter nach § 54 Absatz 1 war oder
2. in den letzten fünf Jahren vor Beendigung des Beamtenverhältnisses betraut gewesen ist mit mindestens einer sicherheitsempfindlichen Tätigkeit im Sinne des § 1 Absatz 2 des Sicherheitsüberprüfungsgesetzes[1)].

(3) Die Anzeigepflicht nach Absatz 2 endet

1. fünf Jahre nach Beendigung des Beamtenverhältnisses, wenn die Beamtin oder der Beamte mit Erreichen der Regelaltersgrenze in den Ruhestand tritt, und
2. in den übrigen Fällen sieben Jahre nach Beendigung des Beamtenverhältnisses.

(4) [1] Die Anzeige nach den Absätzen 1 und 2 soll mindestens einen Monat vor Aufnahme der Tätigkeit oder Beschäftigung erfolgen. [2] Wird die Frist nicht eingehalten, so kann die zuständige Behörde die Aufnahme der Tätigkeit oder Beschäftigung bis zur Dauer von höchstens einem Monat vorläufig untersagen.

(5) [1] Ruhestandsbeamtinnen oder Ruhestandsbeamte, die in den letzten fünf Jahren vor Beendigung des Beamtenverhältnisses betraut gewesen sind mit mindestens einer sicherheitsempfindlichen Tätigkeit, die eine erweiterte Sicherheitsüberprüfung mit Sicherheitsermittlungen nach § 10 des Sicherheitsüberprüfungsgesetzes erfordert, bedürfen für die Aufnahme einer Erwerbstätigkeit oder sonstigen Beschäftigung für eine fremde Macht oder einen ihrer Mittelsmänner der vorherigen Genehmigung, sofern die beabsichtigte Erwerbstätigkeit oder sonstige Beschäftigung einen Bezug zu sicherheitsempfindlichen Belangen aufweist. [2] Die Pflicht zur Einholung einer Genehmigung endet

1. fünf Jahre nach Beendigung des Beamtenverhältnisses, wenn die Beamtin oder der Beamte mit Erreichen der Regelaltersgrenze in den Ruhestand tritt, und
2. in den übrigen Fällen sieben Jahre nach Beendigung des Beamtenverhältnisses.

(6) [1] Die Erwerbstätigkeit oder sonstige Beschäftigung ist zu untersagen, soweit zu besorgen ist, dass durch sie dienstliche Interessen beeinträchtigt werden. [2] Auch, wenn die zuständige Behörde auf anderem Weg als durch die Anzeige Kenntnis von der Erwerbstätigkeit oder sonstigen Beschäftigung erlangt, ist sie verpflichtet, diese Tätigkeit oder Beschäftigung zu untersagen, soweit zu besorgen ist, dass durch sie dienstliche Interessen beeinträchtigt werden. [3] Die Untersagung ist für den Zeitraum bis zum Ende der Anzeigepflicht auszusprechen. [4] Liegen die Voraussetzungen für eine Untersagung nur für einen kürzeren Zeitraum vor, so ist die Untersagung nur bis zum Ende dieses Zeitraums auszusprechen. [5] Entsprechendes gilt für die Versagung der Genehmigung in den Fällen des Absatzes 5.

(7) Die Absätze 1 bis 6 gelten für frühere Beamtinnen mit Versorgungsbezügen und frühere Beamte mit Versorgungsbezügen sowie für frühere Beamtinnen mit

[1)] **Sartorius III Nr. 810.**

Anspruch auf Altersgeld und frühere Beamte mit Anspruch auf Altersgeld entsprechend.

(8) [1] Zuständige Behörde ist die letzte oberste Dienstbehörde. [2] Sie kann ihre Zuständigkeit auf nachgeordnete Behörden übertragen.

Unterabschnitt 4. Personalaktenrecht

§ 106[1)] Personalakte. (1) [1] Für jede Beamtin und jeden Beamten ist eine Personalakte zu führen. [2] Sie ist vertraulich zu behandeln und durch technische und organisatorische Maßnahmen nach den Artikeln 24, 25 und 32 der Verordnung (EU) 2016/679[2)] des Europäischen Parlaments und des Rates vom 27. April 2016 zum Schutz natürlicher Personen bei der Verarbeitung personenbezogener Daten, zum freien Datenverkehr und zur Aufhebung der Richtlinie 95/46/EG (Datenschutz-Grundverordnung) (ABl. L 119 vom 4.5.2016, S. 1; L 314 vom 22.11. 2016, S. 72; L 127 vom 23.5.2018, S. 2) in der jeweils geltenden Fassung vor unbefugter Einsichtnahme zu schützen. [3] Die Akte kann in Teilen oder vollständig automatisiert geführt werden. [4] Zur Personalakte gehören alle Unterlagen, die die Beamtin oder den Beamten betreffen, soweit sie mit ihrem oder seinem Dienstverhältnis in einem unmittelbaren inneren Zusammenhang stehen (Personalaktendaten). [5] Andere Unterlagen dürfen in die Personalakte nicht aufgenommen werden. [6] Nicht Bestandteil der Personalakte sind Unterlagen, die besonderen, von der Person und dem Dienstverhältnis sachlich zu trennenden Zwecken dienen, insbesondere Prüfungs-, Sicherheits- und Kindergeldakten. [7] Kindergeldakten können mit Besoldungs- und Versorgungsakten verbunden geführt werden, wenn diese von der übrigen Personalakte getrennt sind und von einer von der Personalverwaltung getrennten Organisationseinheit bearbeitet werden.

(2) [1] Die Personalakte kann nach sachlichen Gesichtspunkten in Grundakte und Teilakten gegliedert werden. [2] Teilakten können bei der für den betreffenden Aufgabenbereich zuständigen Behörde geführt werden. [3] Nebenakten (Unterlagen, die sich auch in der Grundakte oder in Teilakten befinden) dürfen nur geführt werden, wenn die personalverwaltende Behörde nicht zugleich Beschäftigungsbehörde ist oder wenn mehrere personalverwaltende Behörden für die Beamtin oder den Beamten zuständig sind; sie dürfen nur solche Unterlagen enthalten, deren Kenntnis zur rechtmäßigen Aufgabenerledigung der betreffen-

(Fortsetzung nächstes Blatt)

---

1) § 106 Abs. 2 Satz 5 geänd. mWv 5.4.2017 durch G v. 29.3.2017 (BGBl. I S. 626); Abs. 1 Satz 2, Abs. 2 Satz 5 und Abs. 3 neu gef. mWv 26.11.2019 durch G v. 20.11.2019 (BGBl. I S. 1626).

2) Nr. **246**.

den Behörde erforderlich ist. [4] In die Grundakte ist ein vollständiges Verzeichnis aller Teil- und Nebenakten aufzunehmen. [5] Wird die Personalakte weder vollständig in Schriftform noch vollständig elektronisch geführt, so muss sich aus dem Verzeichnis nach Satz 4 ergeben, welche Teile der Personalakte in welcher Form geführt werden.

(3) Personalaktendaten dürfen ohne Einwilligung der Beamtin oder des Beamten nur für Zwecke der Personalverwaltung oder der Personalwirtschaft verarbeitet werden.

(4) Der Dienstherr darf personenbezogene Daten über Bewerberinnen, Bewerber, Beamtinnen und Beamte sowie über ehemalige Beamtinnen und ehemalige Beamte nur erheben, soweit dies zur Begründung, Durchführung, Beendigung oder Abwicklung des Dienstverhältnisses oder zur Durchführung organisatorischer, personeller oder sozialer Maßnahmen, insbesondere zu Zwecken der Personalplanung oder des Personaleinsatzes, erforderlich ist oder eine Rechtsvorschrift dies erlaubt.

§ 107[1)] Zugang zur Personalakte. (1) [1] Zugang zur Personalakte dürfen nur Beschäftigte haben, die im Rahmen der Personalverwaltung mit der Bearbeitung von Personalangelegenheiten beauftragt sind, und nur soweit dies zu Zwecken der Personalverwaltung oder der Personalwirtschaft erforderlich ist. [2] Zugang zu Personalaktendaten darf auch Beschäftigten, die Aufgaben des ärztlichen Dienstes wahrnehmen, gewährt werden, soweit die Kenntnis der Daten zur Erfüllung ihrer Aufgaben erforderlich ist. [3] Zugang zu entscheidungsrelevanten Teilen der Personalakte haben auch Gleichstellungsbeauftragte, soweit dies zur Wahrnehmung ihrer Aufgaben erforderlich ist.

(2) [1] Den mit Angelegenheiten der Innenrevision beauftragten Beschäftigten ist Einsicht in die Personalakte zu gewähren, soweit sie die zur Erfüllung ihrer Aufgaben erforderlichen Erkenntnisse nicht durch eine in sonstiger Weise erteilte Auskunft aus der Personalakte gewinnen können. [2] Jede Einsichtnahme nach Satz 1 ist zu dokumentieren.

§ 108[2)] Beihilfeakte. (1) [1] Unterlagen über Beihilfen sind als Teilakte zu führen. [2] Diese ist von der übrigen Personalakte getrennt aufzubewahren. [3] Sie soll in einer von der übrigen Personalverwaltung getrennten Organisationseinheit bearbeitet werden. [4] Zugang sollen nur Beschäftigte dieser Organisationseinheit haben.

(2) [1] Personenbezogene Daten dürfen ohne Einwilligung für Beihilfezwecke verarbeitet werden, soweit die Daten für diese Zwecke erforderlich sind; Näheres regelt die Rechtsverordnung nach § 80 Absatz 6. [2] Für andere Zwecke dürfen personenbezogene Daten aus der Beihilfeakte verarbeitet werden, wenn sie erforderlich sind

1. für die Einleitung oder Durchführung eines behördlichen oder gerichtlichen Verfahrens, das im Zusammenhang mit einem Beihilfeantrag steht, oder

---

[1)] § 107 Abs. 1 Satz 2 eingef., bish. Satz 2 wird Satz 3 mWv 14.3.2015 durch G v. 6.3.2015 (BGBl. I S. 250); Abs. 2 neu gef. mWv 26.11.2019 durch G v. 20.11.2019 (BGBl. I S. 1626).

[2)] § 108 Abs. 3 angef. mWv 22.3.2012 durch G v. 15.3.2012 (BGBl. I S. 462); Abs. 1 Sätze 5 und 6 aufgeh., Abs. 2 und 3 eingef., bish. Abs. 2 wird Abs. 4 und Satz 1 neu gef., bish. Abs. 3 wird Abs. 5 und Satz 3 geänd. mWv 14.3.2015 durch G v. 6.3.2015 (BGBl. I S. 250); Abs. 2 neu gef., Abs. 4 Satz 1 geänd. mWv 26.11.2019 durch G v. 20.11.2019 (BGBl. I S. 1626).

2. zur Abwehr erheblicher Nachteile für das Gemeinwohl, zur Abwehr einer sonst unmittelbar drohenden Gefahr für die öffentliche Sicherheit oder zur Abwehr einer schwerwiegenden Beeinträchtigung der Rechte einer anderen Person.

(3) Die Absätze 1 und 2 gelten entsprechend für Unterlagen über Heilfürsorge und Heilverfahren.

(4) [1] Personenbezogene Daten aus der Beihilfeakte dürfen ohne Einwilligung genutzt oder an eine andere Behörde übermittelt werden, soweit sie für die Festsetzung und Berechnung der Besoldung oder Versorgung oder für die Prüfung der Kindergeldberechtigung erforderlich sind. [2] Dies gilt auch für Daten aus der Besoldungsakte und der Versorgungsakte, soweit sie für die Festsetzung und Berechnung der Beihilfe erforderlich sind.

(5) [1] Die Beihilfebearbeitung sowie die Führung der Beihilfeakte können mit Zustimmung der obersten Dienstbehörde auf eine andere Stelle des Bundes übertragen werden. [2] Dieser Stelle dürfen personenbezogene Daten, einschließlich Gesundheitsangaben, übermittelt werden, soweit deren Kenntnis für die Beihilfebearbeitung erforderlich ist. [3] Die Absätze 1 bis 3 sind für diese Stelle anzuwenden.

§ 109[1)] **Anhörung.** [1] Beamtinnen und Beamte sind zu Beschwerden, Behauptungen und Bewertungen, die für sie ungünstig sind oder ihnen nachteilig werden können, vor deren Aufnahme in die Personalakte zu hören, soweit die Anhörung nicht nach anderen Rechtsvorschriften erfolgt. [2] Ihre Äußerungen sind zur Personalakte zu nehmen.

§ 110[2)] **Auskunft.** (1) [1] Das Recht der Beamtin oder des Beamten auf Auskunft gemäß Artikel 15 der Verordnung (EU) 2016/679[3)] umfasst auch das Recht auf Einsicht in die vollständige Personalakte. [2] Dies gilt auch nach Beendigung des Beamtenverhältnisses. [3] Soweit keine dienstlichen Gründe entgegenstehen, werden Kopien oder Ausdrucke aus der Personalakte angefertigt. [4] Der Beamtin oder dem Beamten ist auf Verlangen ein Ausdruck der Personalaktendaten zu überlassen, die zu ihrer oder seiner Person automatisiert gespeichert sind.

(2) [1] Die Beamtin oder der Beamte hat ein Recht auf Auskunft auch über personenbezogene Daten über sie oder ihn, die in anderen Akten enthalten sind und für ihr oder sein Dienstverhältnis verarbeitet werden, soweit gesetzlich nichts anderes bestimmt ist. [2] Das Recht auf Auskunft umfasst auch das Recht auf Einsicht in die Akten. [3] Keine Einsicht wird gewährt, soweit die anderen Akten personenbezogene Daten Dritter oder geheimhaltungsbedürftige nicht personenbezogene Daten enthalten, die mit den Daten der Beamtin oder des Beamten derart verbunden sind, dass eine Trennung nicht oder nur mit unverhältnismäßig großem Aufwand möglich ist. [4] Nicht der Auskunft unterliegen Sicherheitsakten.

(3) [1] Bevollmächtigten der Beamtin oder des Beamten ist Auskunft aus der Personalakte zu erteilen, soweit dienstliche Gründe nicht entgegenstehen. [2] Das

---

1) *§ 109 Überschrift* neu gef. mWv 26.11.2019 durch G v. 20.11.2019 (BGBl. I S. 1626).
2) § 110 neu gef. mWv 26.11.2019 durch G v. 20.11.2019 (BGBl. I S. 1626).
3) Nr. **246**.

Recht auf Auskunft umfasst auch das Recht auf Einsicht in die vollständige Personalakte. [3] Entsprechendes gilt für Hinterbliebene der Beamtin oder des Beamten und für Bevollmächtigte der Hinterbliebenen, wenn ein berechtigtes Interesse glaubhaft gemacht wird.

(4) Für Fälle der Einsichtnahme bestimmt die aktenführende Behörde, wo die Einsicht gewährt wird.

§ 111[1)] Übermittlung von Personalaktendaten und Auskünfte an Dritte. (1) [1] Ohne Einwilligung der Beamtin oder des Beamten ist es zulässig, die Personalakte der obersten Dienstbehörde oder einer im Rahmen der Dienstaufsicht weisungsbefugten Behörde zu übermitteln, soweit dies für Zwecke der Personalverwaltung oder Personalwirtschaft erforderlich ist. [2] Das Gleiche gilt für Behörden desselben Geschäftsbereichs, soweit die Übermittlung zur Vorbereitung oder Durchführung einer Personalentscheidung notwendig ist, sowie für Behörden eines anderen Geschäftsbereichs desselben Dienstherrn, soweit diese an einer Personalentscheidung mitzuwirken haben. [3] Einer Ärztin oder einem Arzt, die oder der im Auftrag der personalverwaltenden Behörde ein medizinisches Gutachten erstellt, darf die Personalakte ebenfalls ohne Einwilligung übermittelt werden. [4] Für Auskünfte aus der Personalakte gelten die Sätze 1 bis 3 entsprechend. [5] Soweit eine Auskunft ausreicht, ist von einer Übermittlung abzusehen.

(2) [1] Auskünfte an Dritte dürfen ohne Einwilligung der Beamtin oder des Beamten erteilt werden, wenn dies zwingend erforderlich ist

1. für die Abwehr einer erheblichen Beeinträchtigung des Gemeinwohls oder
2. für den Schutz berechtigter, höherrangiger Interessen der oder des Dritten.

[2] In diesen Fällen wird keine Akteneinsicht gewährt. [3] Inhalt und Empfängerin oder Empfänger der Auskunft sind der Beamtin oder dem Beamten schriftlich mitzuteilen.

§ 111a[2)] Verarbeitung von Personalaktendaten im Auftrag. (1) [1] Die Erteilung eines Auftrags zur Verarbeitung von Personalaktendaten einschließlich der Inanspruchnahme einer weiteren Auftragsverarbeiterin oder eines weiteren Auftragsverarbeiters im Sinne des Artikels 28 der Verordnung (EU) 2016/679[3)] ist nur zulässig, wenn

1. die dort genannten Voraussetzungen vorliegen und
2. die oberste Dienstbehörde der Auftragserteilung zugestimmt hat.

[2] Die personalverwaltende Behörde hat die Einhaltung der beamten- und datenschutzrechtlichen Vorschriften durch die Auftragsverarbeiterin oder den Auftragsverarbeiter regelmäßig zu kontrollieren.

(2) *Eine nichtöffentliche* Stelle darf nur beauftragt werden, wenn

---

[1)] § 111 Abs. 2 eingef., bish. Abs. 2 wird Abs. 3 mWv 14.3.2015 durch G v. 6.3.2015 (BGBl. I S. 250); Überschrift neu gef., Abs. 1 Sätze 1, 2, 3, 5 geänd., Abs. 2 aufgeh., bish. Abs. 3 wird Abs. 2 und Sätze 1 und 2 neu gef. mWv 26.11.2019 durch G v. 20.11.2019 (BGBl. I S. 1626).

[2)] § 111a eingef. mWv 14.3.2015 durch G v. 6.3.2015 (BGBl. I S. 250); neu gef. mWv 26.11.2019 durch G v. 20.11.2019 (BGBl. I S. 1626).

[3)] Nr. **246**.

1. bei der personalverwaltenden Behörde sonst Störungen im Geschäftsablauf auftreten können oder die Auftragsverarbeiterin oder der Auftragsverarbeiter die übertragenen Aufgaben erheblich kostengünstiger erledigen kann und
2. die bei der Auftragsverarbeiterin oder dem Auftragsverarbeiter zur Verarbeitung der Personalaktendaten befugten Personen besonders auf den Schutz der Personalaktendaten verpflichtet sind.

§ 111b[1] Aufgabenübertragung. (1) [1]Soweit gesetzlich nichts anderes bestimmt ist, darf die personalverwaltende Behörde mit Zustimmung der obersten Bundesbehörde Aufgaben, die ihr gegenüber Bewerberinnen und Bewerbern, Beamtinnen und Beamten sowie gegenüber ehemaligen Beamtinnen und Beamten obliegen, auf eine andere öffentliche Stelle im Sinne des § 2 Absatz 1 und 3 des Bundesdatenschutzgesetzes[2] übertragen. [2] Die oberste Bundesbehörde kann die Zuständigkeit für die Entscheidung über die Zustimmung auf die oberste Dienstbehörde übertragen.

(2) Soweit es zur Erfüllung der übertragenen Aufgaben erforderlich ist, darf die personalverwaltende Stelle der Stelle, der sie Aufgaben übertragen hat,
1. personenbezogene Daten von Bewerberinnen und Bewerbern sowie Personalaktendaten von Beamtinnen und Beamten und ehemaligen Beamtinnen und Beamten übermitteln und
2. die Führung der Personalakte übertragen.

(3) [1]Auf Vereinigungen des privaten Rechts von öffentlichen Stellen des Bundes dürfen Aufgaben nur mit Zustimmung der obersten Dienstbehörde und nur dann übertragen werden, wenn die Vereinigungen die Voraussetzungen des § 2 Absatz 3 Satz 1 des Bundesdatenschutzgesetzes erfüllen. [2]§ 2 Absatz 5 des Bundesdatenschutzgesetzes gilt insoweit nicht.

§ 112 Entfernung von Unterlagen. (1) [1]Unterlagen über Beschwerden, Behauptungen und Bewertungen, auf die § 16 Abs. 3 und 4 Satz 1 des Bundesdisziplinargesetzes[3] nicht anzuwenden ist, sind,
1. falls sie sich als unbegründet oder falsch erwiesen haben, mit Zustimmung der Beamtin oder des Beamten unverzüglich aus der Personalakte zu entfernen und zu vernichten, oder
2. falls sie für die Beamtin oder den Beamten ungünstig sind oder ihr oder ihm nachteilig werden können, auf Antrag nach zwei Jahren zu entfernen und zu vernichten; dies gilt nicht für dienstliche Beurteilungen.

[2]Die Frist nach Satz 1 Nr. 2 wird durch erneute Sachverhalte im Sinne dieser Vorschrift oder durch die Einleitung eines Straf- oder Disziplinarverfahrens unterbrochen. [3]Stellt sich der erneute Vorwurf als unbegründet oder falsch heraus, gilt die Frist als nicht unterbrochen.

(2) [1]Mitteilungen in Strafsachen, soweit sie nicht Bestandteil einer Disziplinarakte sind, sowie Auskünfte aus dem Bundeszentralregister sind mit Zustimmung der Beamtin oder des Beamten nach zwei Jahren zu entfernen und zu vernichten. [2]Absatz 1 Satz 2 und 3 gilt entsprechend.

---

[1] *§ 111b eingef. mWv 26.11.2019* durch G v. 20.11.2019 (BGBl. I S. 1626).
[2] Nr. **245**.
[3] Nr. **220**.

§ 113[1] **Aufbewahrungsfrist.** (1) [1] Personalakten sind nach ihrem Abschluss von der personalaktenführenden Behörde fünf Jahre aufzubewahren. [2] Personalakten sind abgeschlossen,

1. wenn die Beamtin oder der Beamte ohne Versorgungsansprüche aus dem öffentlichen Dienst ausgeschieden ist, mit Ablauf des Jahres des Erreichens der Regelaltersgrenze, in den Fällen des § 41 oder des § 10 des Bundesdisziplinargesetzes[2] jedoch erst, wenn mögliche Versorgungsempfängerinnen und Versorgungsempfänger nicht mehr vorhanden sind,
2. wenn die Beamtin oder der Beamte ohne versorgungsberechtigte oder altersgeldberechtigte Hinterbliebene verstorben ist, mit Ablauf des Todesjahres oder,
3. wenn nach dem Tod der Beamtin oder des Beamten versorgungsberechtigte oder altersgeldberechtigte Hinterbliebene vorhanden sind, mit Ablauf des Jahres, in dem die letzte Versorgungsverpflichtung entfallen ist.

[3] Kann der nach Satz 2 Nr. 2 und 3 maßgebliche Zeitpunkt nicht festgestellt werden, ist § 11 Absatz 2 Satz 2 und 3 des Bundesarchivgesetzes[3] entsprechend anzuwenden.

(2) [1] Unterlagen über Beihilfen, Heilfürsorge, Heilverfahren, Unterstützungen, Erkrankungen, Umzugs- und Reisekosten sind fünf Jahre, Unterlagen über Erholungsurlaub sind drei Jahre nach Ablauf des Jahres aufzubewahren, in dem die Bearbeitung des einzelnen Vorgangs abgeschlossen wurde. [2] Für zahlungsbegründende Unterlagen nach Satz 1 beträgt die Aufbewahrungsfrist sechs Jahre. [3] Unterlagen, aus denen die Art einer Erkrankung ersichtlich ist, sind unverzüglich zurückzugeben oder zu vernichten, wenn sie für den Zweck, zu dem sie vorgelegt worden sind, nicht mehr benötigt werden. [4] Als Zweck, zu dem die Unterlagen vorgelegt worden sind, gelten auch Verfahren, mit denen Rabatte oder Erstattungen geltend gemacht werden.

(3) [1] Versorgungsakten und Altersgeldakten sind zehn Jahre nach Ablauf des Jahres aufzubewahren, in dem die letzte Versorgungszahlung oder Altersgeld- oder Hinterbliebenenaltersgeldzahlung geleistet worden ist. [2] Besteht die Möglichkeit eines Wiederauflebens des Anspruchs, sind die Akten 30 Jahre aufzubewahren.

(4) Die Personalakten sind nach Ablauf der Aufbewahrungsfrist zu vernichten, sofern sie nicht nach den §§ 5 bis 7 des Bundesarchivgesetzes vom Bundesarchiv oder einem Landesarchiv übernommen werden.

§ 114 Automatisierte Verarbeitung von Personalaktendaten. (1) [1] Personalaktendaten dürfen nur für Zwecke der Personalverwaltung oder der Personalwirtschaft automatisiert verarbeitet werden. [2] Ihre Übermittlung ist nur nach Maßgabe des § 111 zulässig. [3] Ein automatisierter Datenabruf durch andere Behörden ist unzulässig, soweit durch besondere Rechtsvorschrift nichts anderes bestimmt ist.

(2) Personalaktendaten im Sinne des § 108 dürfen nur im Rahmen ihrer Zweckbestimmung und nur von den übrigen Personaldateien technisch und organisatorisch getrennt automatisiert verarbeitet werden.

---

[1] § 113 Abs. 2 Satz 3 geänd., Satz 4 angef. mWv 22.3.2012 durch G v. 15.3.2012 (BGBl. I S. 462); Abs. 1 Satz 2 Nr. 1–3 und Abs. 3 Satz 1 geänd. mWv 14.3.2015 durch G v. 6.3.2015 (BGBl. I S. 250); Abs. 1 Satz 3 und Abs. 4 geänd. mWv 16.3.2017 durch G v. 10.3.2017 (BGBl. I S. 410).

[2] Nr. **220**.

[3] **Sartorius III Nr. 834.**

(3) Von den Unterlagen über medizinische oder psychologische Untersuchungen und Tests dürfen im Rahmen der Personalverwaltung nur die Ergebnisse automatisiert verarbeitet werden, soweit sie die Eignung betreffen und ihre Verwendung dem Schutz der Beamtin oder des Beamten dient.

(4) Beamtenrechtliche Entscheidungen dürfen nicht ausschließlich auf eine automatisierte Verarbeitung personenbezogener Daten gestützt werden, die der Bewertung einzelner Persönlichkeitsmerkmale dienen.

(5) [1] Bei erstmaliger Speicherung ist der Beamtin oder dem Beamten die Art der zu ihrer oder seiner Person nach Absatz 1 gespeicherten Daten mitzuteilen, bei wesentlichen Änderungen sind sie zu benachrichtigen. [2] Ferner sind die Verarbeitungs- und Nutzungsformen automatisierter Personalverwaltungsverfahren zu dokumentieren und einschließlich des jeweiligen Verwendungszweckes sowie der regelmäßigen Empfänger und des Inhalts automatisierter Datenübermittlung allgemein bekannt zu geben.

§ 115 Übermittlungen in Strafverfahren. (1) [1] Das Gericht, die Strafverfolgungs- oder die Strafvollstreckungsbehörde hat in Strafverfahren gegen Beamtinnen und Beamte zur Sicherstellung der erforderlichen dienstrechtlichen Maßnahmen im Fall der Erhebung der öffentlichen Klage

1. die Anklageschrift oder eine an ihre Stelle tretende Antragsschrift,
2. den Antrag auf Erlass eines Strafbefehls und
3. die einen Rechtszug abschließende Entscheidung mit Begründung

zu übermitteln. [2] Ist gegen die Entscheidung ein Rechtsmittel eingelegt worden, ist die Entscheidung unter Hinweis auf das eingelegte Rechtsmittel zu übermitteln. [3] Der Erlass und der Vollzug eines Haftbefehls oder eines Unterbringungsbefehls sind mitzuteilen.

(2) In Verfahren wegen fahrlässig begangener Straftaten werden die in Absatz 1 Satz 1 bestimmten Übermittlungen nur vorgenommen, wenn

1. es sich um schwere Verstöße handelt, namentlich Vergehen der Trunkenheit im Straßenverkehr oder der fahrlässigen Tötung, oder
2. in sonstigen Fällen die Kenntnis der Daten aufgrund der Umstände des Einzelfalls erforderlich ist, um zu prüfen, ob dienstrechtliche Maßnahmen zu ergreifen sind.

(3) [1] Entscheidungen über Verfahrenseinstellungen, die nicht bereits nach Absatz 1 oder 2 zu übermitteln sind, sollen übermittelt werden, wenn die in Absatz 2 Nr. 2 genannten Voraussetzungen erfüllt sind. [2] Dabei ist zu berücksichtigen, wie gesichert die Erkenntnisse sind, die der zu übermittelnden Entscheidung zugrunde liegen.

(4) [1] Sonstige Tatsachen, die in einem Strafverfahren bekannt werden, dürfen mitgeteilt werden, wenn ihre Kenntnis aufgrund besonderer Umstände des Einzelfalls für dienstrechtliche Maßnahmen gegen eine Beamtin oder einen Beamten erforderlich ist und soweit nicht für die übermittelnde Stelle erkennbar ist, dass schutzwürdige Interessen der Beamtin oder des Beamten an dem Ausschluss der Übermittlung überwiegen. [2] Erforderlich ist die Kenntnis der Daten auch dann, wenn diese Anlass zur Prüfung bieten, ob dienstrechtliche Maßnahmen zu ergreifen sind. [3] Absatz 3 Satz 2 ist entsprechend anzuwenden.

(5) Nach den Absätzen 1 bis 4 übermittelte Daten dürfen auch für die Wahrnehmung der Aufgaben nach dem Sicherheitsüberprüfungsgesetz[1] oder einem entsprechenden Gesetz verwendet werden.

(6) [1] Übermittlungen nach den Absätzen 1 bis 3 sind auch zulässig, soweit sie Daten betreffen, die dem Steuergeheimnis (§ 30 der Abgabenordnung) unterliegen. [2] Übermittlungen nach Absatz 4 sind unter den Voraussetzungen des § 30 Abs. 4 Nr. 5 der Abgabenordnung zulässig.

(7) Mitteilungen sind an die zuständigen Dienstvorgesetzten oder deren Vertretung im Amt zu richten und als „Vertrauliche Personalsache" zu kennzeichnen.

Abschnitt 7. Beamtenvertretung

§ 116 Mitgliedschaft in Gewerkschaften und Berufsverbänden. (1) [1] Beamtinnen und Beamte haben das Recht, sich in Gewerkschaften oder Berufsverbänden zusammenzuschließen. [2] Sie können die für sie zuständigen Gewerkschaften oder Berufsverbände mit ihrer Vertretung beauftragen, soweit gesetzlich nichts anderes bestimmt ist.

(2) Keine Beamtin und kein Beamter darf wegen Betätigung für eine Gewerkschaft oder einen Berufsverband dienstlich gemaßregelt oder benachteiligt werden.

§ 117 Personalvertretung. [1] Die Personalvertretung der Beamtinnen und Beamten ist zu gewährleisten. [2] Das Nähere wird durch Gesetz[2] geregelt.

§ 118 Beteiligung der Spitzenorganisationen. Die Spitzenorganisationen der zuständigen Gewerkschaften sind bei der Vorbereitung allgemeiner Regelungen der beamtenrechtlichen Verhältnisse zu beteiligen.

Abschnitt 8. Bundespersonalausschuss

§ 119[3] Aufgaben; Verordnungsermächtigung. (1) [1] Der Bundespersonalausschuss dient der einheitlichen Handhabung beamtenrechtlicher Ausnahmevorschriften. [2] Weitere als die in diesem Gesetz vorgesehenen Aufgaben kann die Bundesregierung dem Bundespersonalausschuss durch Rechtsverordnung übertragen, insbesondere

1. die Feststellung des erfolgreichen Abschlusses von Aufstiegsverfahren,
2. der Erlass von Regelungen über die Feststellungsverfahren nach Nummer 1 und § 19.

(2) Der Bundespersonalausschuss übt seine Tätigkeit unabhängig und in eigener Verantwortung aus.

§ 120[4] Mitglieder. (1) Der Bundespersonalausschuss besteht aus acht ordentlichen und acht stellvertretenden Mitgliedern.

(2) [1] Ständige ordentliche Mitglieder sind die Präsidentin des Bundesrechnungshofes oder der Präsident des Bundesrechnungshofes als Vorsitzende oder Vorsitzender und die Leiterin der Dienstrechtsabteilung oder der Leiter der Dienstrechts-

---

[1] **Sartorius III Nr. 810.**

[2] Siehe das BundespersonalvertretungsG (Nr. **240**).

[3] § 119 Überschrift und Abs. 1 neu gef. mWv 7.7.2021 durch G v. 28.6.2021 (BGBl. I S. 2250).

[4] § 120 Abs. 2 Satz 1, Abs 3 und 4 geänd. mWv 7.12.2018 durch G v. 29.11.2018 (BGBl. I S. 2232); Abs. 2 Satz 1, Abs. 3 und 4 geänd. mWv 6.3.2025 durch G v. 27.2.2025 (BGBl. 2025 I Nr. 72).

abteilung des Bundesministeriums des Innern und für Heimat. [2] Nichtständige ordentliche Mitglieder sind die Leiterinnen der Zentralabteilungen und Leiter der Zentralabteilungen von zwei anderen obersten Bundesbehörden und vier weitere Beamtinnen und Beamte des Bundes. [3] Stellvertretende Mitglieder sind je eine Beamtin oder ein Beamter des Bundes der in Satz 1 genannten Behörden, die Leiterinnen der Zentralabteilungen und Leiter der Zentralabteilungen von zwei weiteren obersten Bundesbehörden sowie vier weitere Beamtinnen oder Beamte des Bundes.

(3) Die nichtständigen ordentlichen Mitglieder sowie die stellvertretenden Mitglieder werden von der Bundespräsidentin oder vom Bundespräsidenten auf Vorschlag der Bundesministerin des Innern und für Heimat oder des Bundesministers des Innern und für Heimat für die Dauer von vier Jahren bestellt, davon vier ordentliche und vier stellvertretende Mitglieder aufgrund einer Benennung durch die Spitzenorganisationen der zuständigen Gewerkschaften.

(4) Der Bundespersonalausschuss wird zur Durchführung seiner Aufgaben durch eine Geschäftsstelle im Bundesministerium des Innern und für Heimat unterstützt.

§ 121[1)] Rechtsstellung der Mitglieder. Die Dienstaufsicht über die Mitglieder des Bundespersonalausschusses führt im Auftrag der Bundesregierung die Bundesministerin des Innern und für Heimat oder der Bundesminister des Innern und für Heimat mit folgenden Maßgaben:

1. Die Mitglieder des Bundespersonalausschusses sind unabhängig und nur dem Gesetz unterworfen. Sie dürfen wegen ihrer Tätigkeit weder dienstlich gemaßregelt noch benachteiligt werden.
2. Sie scheiden aus ihrem Amt als Mitglied des Bundespersonalausschusses aus
   a) durch Zeitablauf,
   b) durch Ausscheiden aus dem Hauptamt oder aus der Behörde, die für ihre Mitgliedschaft maßgeblich sind,
   c) durch Beendigung des Beamtenverhältnisses oder
   d) unter den gleichen Voraussetzungen, unter denen Mitglieder einer Kammer oder eines Senats für Disziplinarsachen wegen einer rechtskräftigen Entscheidung in einem Straf- oder Disziplinarverfahren ihr Amt verlieren; § 66 ist nicht anzuwenden.

§ 122 Geschäftsordnung. Der Bundespersonalausschuss gibt sich eine Geschäftsordnung.

§ 123 Sitzungen und Beschlüsse. (1) [1] Die Sitzungen des Bundespersonalausschusses sind nicht öffentlich. [2] Der Bundespersonalausschuss kann von den Verwaltungen beauftragten Personen sowie Dritten die Anwesenheit bei der Verhandlung gestatten.

(2) [1] Die oder der Vorsitzende des Bundespersonalausschusses oder die oder der stellvertretende Vorsitzende des Bundespersonalausschusses leitet die Sitzungen. [2] Sind beide verhindert, tritt an ihre Stelle das dienstälteste Mitglied.

(3) Die von den Verwaltungen beauftragten Personen sind auf Verlangen zu *hören.*

---

1) § 121 einl. Satzteil geänd. mWv 7.12.2018 durch G v. 29.11.2018 (BGBl. I S. 2232); einl. Satzteil geänd. mWv 6.3.2025 durch G v. 27.2.2025 (BGBl. 2025 I Nr. 72).

(4) [1]Beschlüsse werden mit Stimmenmehrheit gefasst. [2]Zur Beschlussfähigkeit ist die Anwesenheit von mindestens sechs Mitgliedern erforderlich. [3]Bei Stimmengleichheit entscheidet die Stimme der oder des Vorsitzenden.

(5) [1]Beschlüsse des Bundespersonalausschusses sind bekannt zu machen, soweit sie allgemeine Bedeutung haben. [2]Art und Umfang regelt die Geschäftsordnung.

(6) Soweit dem Bundespersonalausschuss eine Entscheidungsbefugnis eingeräumt ist, binden seine Beschlüsse die beteiligten Verwaltungen.

§ 124 Beweiserhebung, Auskünfte und Amtshilfe. (1) Der Bundespersonalausschuss kann zur Durchführung seiner Aufgaben in entsprechender Anwendung der Vorschriften der Verwaltungsgerichtsordnung[1)] Beweise erheben.

(2) [1]Die beteiligten Verwaltungen haben dem Bundespersonalausschuss auf Verlangen Auskünfte zu erteilen und Akten vorzulegen, soweit dies zur Durchführung seiner Aufgaben erforderlich ist. [2]Alle Dienststellen haben dem Bundespersonalausschuss unentgeltlich Amtshilfe zu leisten.

Abschnitt 9. Beschwerdeweg und Rechtsschutz

§ 125[2)] Dienstweg bei Anträgen und Beschwerden. (1) [1]Beamtinnen und Beamte können Anträge und Beschwerden vorbringen. [2]Hierbei ist der Dienstweg einzuhalten. [3]Der Beschwerdeweg bis zur obersten Dienstbehörde steht offen.

(2) Richtet sich die Beschwerde gegen die unmittelbare Vorgesetzte oder den unmittelbaren Vorgesetzten, kann sie bei der oder dem nächsthöheren Vorgesetzten unmittelbar eingereicht werden.

(3) Beamtinnen und Beamte, die eine Meldung oder Offenlegung nach dem Hinweisgeberschutzgesetz vornehmen, sind von der Einhaltung des Dienstwegs befreit.

§ 126 Verwaltungsrechtsweg. (1) Für alle Klagen der Beamtinnen, Beamten, Ruhestandsbeamtinnen, Ruhestandsbeamten, früheren Beamtinnen, früheren Beamten und der Hinterbliebenen aus dem Beamtenverhältnis sowie für Klagen des Dienstherrn ist der Verwaltungsrechtsweg gegeben.

(2) [1]Vor allen Klagen ist ein Vorverfahren nach den Vorschriften des 8. Abschnitts der Verwaltungsgerichtsordnung[1)] durchzuführen. [2]Dies gilt auch dann, wenn die Maßnahme von der obersten Dienstbehörde getroffen worden ist.

(3) [1]Den Widerspruchsbescheid erlässt die oberste Dienstbehörde. [2]Sie kann die Entscheidung für Fälle, in denen sie die Maßnahme nicht selbst getroffen hat, durch allgemeine Anordnung anderen Behörden übertragen. [3]Die Anordnung ist zu veröffentlichen.

(4) Widerspruch und Anfechtungsklage gegen die Abordnung oder die Versetzung haben keine aufschiebende Wirkung.

§ 127[3)] Vertretung des Dienstherrn. (1) [1]Bei Klagen aus dem Beamtenverhältnis wird der Dienstherr durch die oberste Dienstbehörde vertreten, der die Beamtin oder der Beamte untersteht oder bei der Beendigung des Beamtenverhältnisses unterstanden hat. [2]Bei Ansprüchen nach den §§ 53 bis 61 des Beamten-

---

1) Nr. **600**.
2) § 125 Abs. 3 angef. mWv 2.7.2023 durch G v. 31.5.2023 (BGBl. 2023 I Nr. 140).
3) § 127 Abs. 2 geänd. mWv 7.12.2018 durch G v. 29.11.2018 (BGBl. I S. 2232); Abs. 2 geänd. mWv 6.3.2025 durch G v. 27.2.2025 (BGBl. 2025 I Nr. 72).

versorgungsgesetzes[1] wird der Dienstherr durch die oberste Dienstbehörde vertreten, deren sachlicher Weisung die Regelungsbehörde untersteht.

(2) Besteht die oberste Dienstbehörde nicht mehr und ist eine andere Dienstbehörde nicht bestimmt, tritt an ihre Stelle das Bundesministerium des Innern und für Heimat.

(3) [1] Die oberste Dienstbehörde kann die Vertretung durch eine allgemeine Anordnung anderen Behörden übertragen. [2] Die Anordnung ist im Bundesgesetzblatt zu veröffentlichen.

§ 128 Zustellung von Verfügungen und Entscheidungen. [1] Verfügungen und Entscheidungen, die Beamtinnen und Beamten oder Versorgungsberechtigten nach den Vorschriften dieses Gesetzes bekannt zu geben sind, sind zuzustellen, wenn durch sie eine Frist in Lauf gesetzt wird oder Rechte der Beamtin oder des Beamten oder der Versorgungsberechtigten durch sie berührt werden. [2] Soweit gesetzlich nichts anderes bestimmt ist, richtet sich die Zustellung nach den Vorschriften des Verwaltungszustellungsgesetzes[2].

Abschnitt 10. Besondere Rechtsverhältnisse

§ 129[3] Beamtinnen und Beamte oberster Bundesorgane. [1] Die Beamtinnen und Beamten des Bundestages, des Bundesrates und des Bundesverfassungsgerichtes sind Beamtinnen und Beamte des Bundes. [2] Die Ernennung, Entlassung und Versetzung in den Ruhestand werden durch die Präsidentin oder den Präsidenten des Bundestages, die Präsidentin oder den Präsidenten des Bundesrates oder durch die Präsidentin oder den Präsidenten des Bundesverfassungsgerichtes vorgenommen. [3] Diese sind jeweils die oberste Dienstbehörde.

§ 130 Wissenschaftliches und leitendes Personal der Hochschulen des Bundes. (1) Die beamteten Leiterinnen und beamteten Leiter, die beamteten hauptberuflichen Mitglieder von Leitungsgremien sowie die zum wissenschaftlichen Personal zählenden Beamtinnen und Beamten einer Hochschule des Bundes, die nach Landesrecht die Eigenschaft einer staatlich anerkannten Hochschule erhalten hat und deren Personal im Dienst des Bundes steht, stehen in einem Beamtenverhältnis zum Bund.

(2) Das wissenschaftliche Personal dieser Hochschulen besteht insbesondere aus den Hochschullehrerinnen und Hochschullehrern (Professorinnen und Professoren, Juniorprofessorinnen und Juniorprofessoren), den wissenschaftlichen Mitarbeiterinnen und wissenschaftlichen Mitarbeitern sowie den Lehrkräften für besondere Aufgaben.

(3) Die Hochschullehrerinnen und Hochschullehrer nehmen die ihrer Hochschule jeweils obliegenden Aufgaben in Wissenschaft, Forschung, Lehre und Weiterbildung in ihren Fächern nach näherer Ausgestaltung ihres Dienstverhältnisses selbstständig wahr.

(4) [1] Professuren und Juniorprofessuren sind öffentlich auszuschreiben. [2] Von einer Ausschreibung kann abgesehen werden, wenn

1. ein bereits bestehendes Beamtenverhältnis auf Zeit auf derselben Professur in ein Beamtenverhältnis auf Lebenszeit umgewandelt oder

---

[1] Nr. **155**.
[2] Nr. **110**.
[3] § 129 Abs. 2 aufgeh. mWv 28.10.2016 durch G v. 19.10.2016 (BGBl. I S. 2362).

2. eine Juniorprofessorin oder ein Juniorprofessor der eigenen Hochschule berufen werden soll.

(5) [1] Wissenschaftliche Mitarbeiterinnen und wissenschaftliche Mitarbeiter sind die Beamtinnen und Beamten, denen wissenschaftliche Dienstleistungen obliegen. [2] In begründeten Fällen kann ihnen auch die selbstständige Wahrnehmung von Aufgaben in Forschung und Lehre übertragen werden.

(6) Lehrkräfte für besondere Aufgaben sind, soweit sie nicht in einem privatrechtlichen Dienstverhältnis stehen, Beamtinnen und Beamte, die auch ohne Erfüllung der Einstellungsvoraussetzungen für Hochschullehrerinnen und Hochschullehrer beschäftigt werden können, sofern überwiegend die Vermittlung praktischer Fähigkeiten und Kenntnisse erforderlich ist.

§ 131 Einstellungsvoraussetzungen für Hochschullehrerinnen und Hochschullehrer sowie wissenschaftliche Mitarbeiterinnen und wissenschaftliche Mitarbeiter. (1) Einstellungsvoraussetzungen für Professorinnen und Professoren sind neben den allgemeinen dienstrechtlichen Voraussetzungen

1. ein abgeschlossenes Hochschulstudium,
2. die pädagogische Eignung,
3. eine besondere Befähigung zu wissenschaftlicher Arbeit, die in der Regel durch die Qualität einer Promotion nachgewiesen wird, und
4. je nach den Anforderungen der Stelle
   a) zusätzliche wissenschaftliche Leistungen oder
   b) besondere Leistungen bei der Anwendung oder Entwicklung wissenschaftlicher Erkenntnisse und Methoden in einer mehrjährigen beruflichen Praxis.

(2) [1] Einstellungsvoraussetzungen für Juniorprofessorinnen und Juniorprofessoren sind neben den allgemeinen dienstrechtlichen Voraussetzungen

1. ein abgeschlossenes Hochschulstudium,
2. die pädagogische Eignung und
3. eine besondere Befähigung zu wissenschaftlicher Arbeit, die in der Regel durch die herausragende Qualität einer Promotion nachgewiesen wird.

(Fortsetzung nächstes Blatt)

[2] Sofern vor oder nach der Promotion ein Beschäftigungsverhältnis als wissenschaftliche Mitarbeiterin oder wissenschaftlicher Mitarbeiter bestand, sollen Promotions- und Beschäftigungsphase zusammen nicht mehr als sechs Jahre betragen haben. [3] Verlängerungen aufgrund von Zeiten eines mutterschutzrechtlichen Beschäftigungsverbots, Inanspruchnahme von Elternzeit, Beurlaubung oder Herabsetzung der Arbeitszeit wegen Betreuung oder Pflege eines Kindes unter 18 Jahren oder einer oder eines pflegebedürftigen sonstigen Angehörigen sowie einer Freistellung bleiben hierbei unberücksichtigt. [4] Auf die Zeiten nach Satz 2 sind alle befristeten Arbeitsverhältnisse mit mehr als einem Viertel der regelmäßigen Arbeitszeit, die mit einer deutschen Hochschule oder einer Forschungseinrichtung abgeschlossen wurden, sowie entsprechende Beamtenverhältnisse auf Zeit und privatrechtliche Dienstverhältnisse anzurechnen.

(3) Einstellungsvoraussetzung für wissenschaftliche Mitarbeiterinnen und wissenschaftliche Mitarbeiter ist neben den allgemeinen dienstrechtlichen Voraussetzungen ein abgeschlossenes Hochschulstudium.

§ 132[1)] Dienstrechtliche Stellung des hauptberuflichen wissenschaftlichen und leitenden Personals der Hochschulen. (1) [1] Professorinnen und Professoren werden, soweit kein privatrechtliches Dienstverhältnis begründet wird, bei erstmaliger Berufung in das Professorenverhältnis für sechs Jahre zu Beamtinnen auf Zeit und Beamten auf Zeit ernannt. [2] Abweichend hiervon ist die sofortige Begründung eines Beamtenverhältnisses auf Lebenszeit möglich, wenn

1. Bewerberinnen und Bewerber für ein Professorenamt sonst nicht gewonnen werden können oder
2. eine Juniorprofessorin oder ein Juniorprofessor der eigenen Hochschule berufen wird.

[3] Werden Professorinnen oder Professoren aus einem Beamtenverhältnis auf Lebenszeit berufen, ruht dieses Rechtsverhältnis mit allen Rechten und Pflichten für die Dauer des Beamtenverhältnisses auf Zeit. [4] Davon ausgenommen sind die Pflicht zur Verschwiegenheit und das Verbot, Belohnungen, Geschenke und sonstige Vorteile anzunehmen. [5] Nach frühestens drei Jahren kann das Beamtenverhältnis auf Zeit in ein solches auf Lebenszeit umgewandelt werden, wenn die Hochschule zuvor ein Bewertungsverfahren mit positivem Ergebnis durchgeführt hat. [6] Erfolgt keine Umwandlung in ein Beamtenverhältnis auf Lebenszeit, sind die Professorinnen und Professoren mit Ablauf ihrer Amtszeit oder Erreichen der Altersgrenze aus dem Beamtenverhältnis auf Zeit entlassen. [7] Eine einmalige erneute Berufung in ein Beamtenverhältnis auf Zeit auf derselben Professur ist zulässig.

(2) [1] Juniorprofessorinnen und Juniorprofessoren werden, soweit kein privatrechtliches Dienstverhältnis begründet wird, für drei Jahre zu Beamtinnen auf Zeit oder Beamten auf Zeit ernannt. [2] Das Beamtenverhältnis soll im Laufe des dritten Jahres um weitere drei Jahre verlängert werden, wenn die Juniorprofessorin oder der Juniorprofessor sich als Hochschullehrerin oder Hochschullehrer bewährt hat. [3] Anderenfalls kann es um bis zu einem Jahr

---

[1)] § 132 Abs. 5 und Abs. 7 Satz 2 geänd. mWv 11. 7. 2013 durch G v. 3. 7. 2013 (BGBl. I S. 1978); Abs. 1 Sätze 3 und 4 eingef., bish. Sätze 3–5 werden Sätze 5–7, Abs. 5 geänd., Abs. 8 Satz 4 neu gef. mWv 28. 10. 2016 durch G v. 19. 10. 2016 (BGBl. I S. 2362).

verlängert werden. [4] Eine weitere Verlängerung ist, abgesehen von den Fällen des Absatzes 5, nicht zulässig. [5] Dies gilt auch für eine erneute Einstellung als Juniorprofessorin oder Juniorprofessor.

(3) [1] Wissenschaftliche Mitarbeiterinnen und wissenschaftliche Mitarbeiter, deren Stelle eine befristete Beschäftigung vorsieht, werden, soweit kein privatrechtliches Dienstverhältnis begründet wird, für die Dauer von drei Jahren zu Beamtinnen auf Zeit und Beamten auf Zeit ernannt. [2] Eine einmalige Verlängerung des Beamtenverhältnisses auf Zeit um weitere drei Jahre ist zulässig.

(4) Für beamtete Hochschuldozentinnen und beamtete Hochschuldozenten gelten die §§ 42 und 48 d, für beamtete Oberassistentinnen, beamtete Oberassistenten, beamtete Oberingenieurinnen und beamtete Oberingenieure die §§ 42 und 48 b und für beamtete wissenschaftliche und künstlerische Assistentinnen und Assistenten die §§ 42 und 48 des Hochschulrahmengesetzes[1] in der bis zum 30. Dezember 2004 geltenden Fassung entsprechend.

(5) Soweit Hochschullehrerinnen und Hochschullehrer oder wissenschaftliche Mitarbeiterinnen und wissenschaftliche Mitarbeiter Beamtinnen auf Zeit und Beamte auf Zeit sind, ist das Dienstverhältnis, sofern dienstliche Gründe dem nicht entgegenstehen, auf Antrag der Beamtin oder des Beamten um Zeiten eines mutterschutzrechtlichen Beschäftigungsverbots und der Inanspruchnahme von Elternzeit sowie, von bis zu drei Jahren, um Zeiten einer familienbedingten Teilzeit oder Beurlaubung nach § 92 und um Zeiten einer Familienpflegezeit nach § 92 a oder um Zeiten einer Pflegezeit nach § 92 b zu verlängern.

(6) [1] Der Eintritt einer Professorin oder eines Professors in den Ruhestand wegen Erreichens der Altersgrenze wird zum Ende des Semesters oder Trimesters wirksam, in dem die Regelaltersgrenze erreicht wird. [2] Eine Versetzung in den Ruhestand auf Antrag soll zum Ende des Semesters oder Trimesters ausgesprochen werden, es sei denn, dass gesundheitliche Gründe dem entgegenstehen. [3] Eine Entlassung aus dem Beamtenverhältnis auf Antrag kann bis zum Ende des Semesters oder Trimesters hinausgeschoben werden, wenn dienstliche Belange dies erfordern.

(7) [1] Auf Antrag der Professorin oder des Professors kann der Eintritt in den Ruhestand insgesamt bis zum Ende des Monats, in dem das 75. Lebensjahr vollendet wird, hinausgeschoben werden, wenn dies wegen der besonderen wissenschaftlichen Leistungen im Einzelfall im dienstlichen Interesse liegt. [2] § 53 Abs. 1 Satz 2 gilt entsprechend.

(8) [1] Beamtete Leiterinnen und beamtete Leiter und beamtete hauptberufliche Mitglieder von Leitungsgremien werden für sechs Jahre in ein Beamtenverhältnis auf Zeit berufen. [2] Sie sind mit Ablauf ihrer Amtszeit oder Erreichen der Regelaltersgrenze aus diesem Beamtenverhältnis entlassen. [3] Abweichend von Satz 2 treten sie mit Ablauf ihrer Amtszeit oder mit Erreichen der Regelaltersgrenze in den Ruhestand, wenn sie

1. eine Dienstzeit von insgesamt mindestens zehn Jahren in Beamtenverhältnissen oder in einem Dienstverhältnis als Berufssoldatin oder Berufssoldat mit Anspruch auf Besoldung zurückgelegt haben oder

---

[1] Nr. **500**.

2. aus einem Beamtenverhältnis auf Lebenszeit oder aus einem Dienstverhältnis als Berufssoldatin oder Berufssoldat in ein Beamtenverhältnis auf Zeit berufen worden waren.

[4] Handelt es sich in den Fällen des Satzes 3 Nummer 2 um ein Beamtenverhältnis auf Lebenszeit zum Bund, so gilt Absatz 1 Satz 3 und 4 entsprechend.

(9) [1] Die Vorschriften über die Laufbahnen und über den einstweiligen Ruhestand sowie die §§ 87 und 88 sind auf Hochschullehrerinnen und Hochschullehrer nicht anzuwenden. [2] Erfordert der Aufgabenbereich einer Hochschuleinrichtung eine regelmäßige oder planmäßige Anwesenheit, kann die oberste Dienstbehörde die §§ 87 und 88 für bestimmte Gruppen von Beamtinnen und Beamten für anwendbar erklären.

(10) [1] Hochschullehrerinnen und Hochschullehrer können nur mit ihrer Zustimmung abgeordnet oder versetzt werden. [2] Bei der Auflösung, der Verschmelzung oder einer wesentlichen Änderung des Aufbaues oder der Aufgaben von staatlich anerkannten Hochschulen des Bundes, deren Ausbildungsgänge ausschließlich auf den öffentlichen Dienst ausgerichtet sind, gilt § 28 Abs. 3 für beamtete Professorinnen, Professoren, Juniorprofessorinnen, Juniorprofessoren sowie Hochschuldozentinnen und Hochschuldozenten entsprechend.

§ 132a[1)] Ermächtigungen zum Erlass von Verordnungen zur Lehrverpflichtung des hauptberuflichen wissenschaftlichen Personals der Hochschulen. (1) Das Bundesministerium der Verteidigung wird ermächtigt, zur Lehrverpflichtung des hauptberuflichen wissenschaftlichen Personals der Universitäten der Bundeswehr eine Rechtsverordnung zu erlassen, die der Zustimmung des Bundesrates nicht bedarf, und in der es insbesondere Regelungen trifft

1. zum Umfang der Lehrverpflichtung,
2. zu den Anrechnungs- und Ermäßigungstatbeständen und
3. zu den Nebenpflichten, die mit der Lehrverpflichtung verbunden sind.

(2) [1] Das Bundesministerium des Innern und für Heimat erlässt durch Rechtsverordnung, die der Zustimmung des Bundesrates nicht bedarf, allgemeine Vorschriften zur Lehrverpflichtung des hauptberuflichen wissenschaftlichen Personals der Hochschule des Bundes für öffentliche Verwaltung (allgemeine Lehrverpflichtungsverordnung), insbesondere

1. zum Umfang der Lehrverpflichtung,
2. zu den Anrechnungs- und Ermäßigungstatbeständen und
3. zu den Nebenpflichten, die mit der Lehrverpflichtung verbunden sind.

[2] Soweit das Bundeskanzleramt und die Bundesministerien für einen Fachbereich oder den Zentralen Lehrbereich zuständig sind, sind sie ins Benehmen zu setzen.

(3) [1] Für jeden Fachbereich und für den Zentralen Lehrbereich der Hochschule des Bundes für öffentliche Verwaltung sind durch Rechtsverordnung, die der Zustimmung des Bundesrats nicht bedarf, besondere Vorschriften zur Lehrverpflichtung des jeweiligen hauptberuflichen wissenschaftlichen Personals zu erlassen (besondere Lehrverpflichtungsverordnungen), insbesondere

1. zu den konkreten Dienstaufgaben,
2. zur Anrechnung laufbahnrechtlicher Prüfungsleistungen,
3. zur Gewährung von Ermäßigungen auf die Lehrverpflichtung sowie

---

[1)] § 132a eingef. mWv 25.7.2024 durch G v. 19.7.2024 (BGBl. 2024 I Nr. 247).

4. zum Verfahren bei Über- und Unterschreitung der Lehrverpflichtung.

[2] Eine Abweichung von den Regelungen der allgemeinen Lehrverpflichtungsverordnung oder eine nähere Ausgestaltung dieser Regelungen in besonderen Lehrverpflichtungsverordnungen ist nur zulässig, soweit die allgemeine Lehrverpflichtungsverordnung dies ausdrücklich vorsieht.

(4) Zuständig für den Erlass einer besonderen Lehrverpflichtungsverordnung sind die Bundesministerien und das Bundeskanzleramt jeweils einzeln oder zu mehreren gemeinsam, soweit sie für den jeweiligen Fachbereich oder Zentralen Lehrbereich zuständig sind, im Benehmen mit dem Bundesministerium des Innern und für Heimat.

(5) [1] Das Bundesministerium für Arbeit und Soziales kann seine Befugnisse zum Erlass einer besonderen Lehrverpflichtungsverordnung durch Rechtsverordnung, die der Zustimmung des Bundesrates nicht bedarf, jeweils auf den Vorstand der Deutschen Rentenversicherung Bund, den Vorstand der Deutschen Rentenversicherung Knappschaft-Bahn-See oder den Vorstand der Sozialversicherung für Landwirtschaft, Forsten und Gartenbau übertragen. [2] Die Rechtsverordnungen der Vorstände bedürfen des Einvernehmens mit dem Bundesministerium für Arbeit und Soziales und des Benehmens mit dem Bundesministerium des Innern und für Heimat.

§ 133[1)] Ehrenbeamtinnen und Ehrenbeamte. (1) Für Ehrenbeamtinnen und Ehrenbeamte nach § 6 Abs. 5 gelten die Vorschriften dieses Gesetzes mit folgenden Maßgaben:

1. Nach Erreichen der Regelaltersgrenze können Ehrenbeamtinnen und Ehrenbeamte verabschiedet werden. Sie sind zu verabschieden, wenn die sonstigen Voraussetzungen für die Versetzung einer Beamtin oder eines Beamten in den Ruhestand gegeben sind.
2. Nicht anzuwenden sind die §§ 28, 53 Abs. 2, §§ 72, 76, 87, 88, 97 bis 101 und 104, auf Honorarkonsularbeamtinnen und Honorarkonsularbeamte, außerdem § 7 Absatz 1 Satz 1 Nummer 1.

(2) Die Unfallfürsorge für Ehrenbeamtinnen und Ehrenbeamte und ihre Hinterbliebenen richtet sich nach § 68 des Beamtenversorgungsgesetzes[2)].

(3) Im Übrigen regeln sich die Rechtsverhältnisse nach den besonderen für die einzelnen Gruppen der Ehrenbeamtinnen und Ehrenbeamten geltenden Vorschriften.

Abschnitt 11. Umbildung von Körperschaften

§ 134 Umbildung einer Körperschaft. (1) Beamtinnen und Beamte einer juristischen Person des öffentlichen Rechts mit Dienstherrnfähigkeit (Körperschaft), die vollständig in eine andere Körperschaft eingegliedert wird, treten mit der Umbildung kraft Gesetzes in den Dienst der aufnehmenden Körperschaft über.

(2) [1] Beamtinnen und Beamte einer Körperschaft, die vollständig in mehrere andere Körperschaften eingegliedert wird, sind anteilig in den Dienst der aufnehmenden Körperschaften zu übernehmen. [2] Die beteiligten Körperschaften haben *innerhalb einer Frist von sechs* Monaten nach dem Zeitpunkt, in dem die Um-

[1)] § 133 Abs. 1 Nr. 2 geänd. mWv 7.7.2021 durch G v. 28.6.2021 (BGBl. I S. 2250).
[2)] Nr. **155**.

bildung vollzogen ist, im Einvernehmen miteinander zu bestimmen, von welchen Körperschaften die einzelnen Beamtinnen und Beamten zu übernehmen sind. [3] Solange die Übernahme nicht erfolgt ist, haften alle beteiligten Körperschaften für die zustehenden Bezüge als Gesamtschuldner.

(3) [1] Beamtinnen und Beamte einer Körperschaft, die teilweise in eine oder mehrere andere Körperschaften eingegliedert wird, sind zu einem verhältnismäßigen Teil, bei mehreren Körperschaften anteilig, in den Dienst der aufnehmenden Körperschaften zu übernehmen. [2] Absatz 2 Satz 2 findet Anwendung.

(4) Die Absätze 1 bis 3 gelten entsprechend, wenn eine Körperschaft mit einer oder mehreren anderen Körperschaften zu einer neuen Körperschaft zusammengeschlossen wird, wenn aus einer Körperschaft oder aus Teilen einer Körperschaft eine oder mehrere neue Körperschaften gebildet werden oder wenn Aufgaben einer Körperschaft vollständig oder teilweise auf eine oder mehrere andere Körperschaften übergehen.

§ 135 Rechtsfolgen der Umbildung. (1) Tritt eine Beamtin oder ein Beamter aufgrund des § 134 Abs. 1 kraft Gesetzes in den Dienst einer anderen Körperschaft über oder wird sie oder er aufgrund des § 134 Abs. 2 oder 3 von einer anderen Körperschaft übernommen, wird das Beamtenverhältnis mit dem neuen Dienstherrn fortgesetzt.

(2) Im Fall des § 134 Abs. 1 ist der Beamtin oder dem Beamten von der aufnehmenden oder neuen Körperschaft die Fortsetzung des Beamtenverhältnisses schriftlich zu bestätigen.

(3) [1] In den Fällen des § 134 Abs. 2 und 3 wird die Übernahme von der Körperschaft verfügt, in deren Dienst die Beamtin oder der Beamte treten soll. [2] Die Verfügung wird mit der Zustellung an die Beamtin oder den Beamten wirksam. [3] Die Beamtin oder der Beamte ist verpflichtet, der Verfügung Folge zu leisten. [4] Kommt sie oder er der Verpflichtung nicht nach, wird sie oder er entlassen.

(4) Die Absätze 1 bis 3 gelten entsprechend in den Fällen des § 134 Abs. 4.

§ 136[1)] Rechtsstellung der Beamtinnen und Beamten. (1) [1] Den nach § 134 in den Dienst einer anderen Körperschaft übergetretenen oder von ihr übernommenen Beamtinnen und Beamten soll ein dem bisherigen Amt nach Bedeutung und Inhalt gleich zu bewertendes Amt übertragen werden. [2] Wenn eine dem bisherigen Amt entsprechende Verwendung nicht möglich ist, sind § 28 Abs. 3 und § 34 Abs. 1 Satz 1 Nr. 4 entsprechend anzuwenden. [3] Bei Anwendung des § 28 Abs. 3 darf die Beamtin oder der Beamte neben der neuen Amtsbezeichnung die des früheren Amtes mit dem Zusatz „außer Dienst" oder „a.D." führen.

(Fortsetzung nächstes Blatt)

[1)] § 136 Abs. 1 Satz 2 geänd. mWv 14.3.2015 durch G v. 6.3.2015 (BGBl. I S. 250).

(2) [1] Die aufnehmende oder neue Körperschaft kann, wenn die Zahl der bei ihr nach der Umbildung vorhandenen Beamtinnen und Beamten den tatsächlichen Bedarf übersteigt, innerhalb einer Frist von sechs Monaten die entbehrlichen Beamtinnen auf Lebenszeit oder auf Zeit oder die Beamten auf Lebenszeit oder auf Zeit, deren Aufgabengebiet von der Umbildung berührt wurde, in den einstweiligen Ruhestand versetzen. [2] Die Frist des Satzes 1 beginnt im Falle des § 134 Abs. 1 mit dem Übertritt, in den Fällen des § 134 Abs. 2 und 3 mit der Bestimmung derjenigen Beamtinnen und Beamten, zu deren Übernahme die Körperschaft verpflichtet ist. [3] Entsprechendes gilt in den Fällen des § 134 Abs. 4. [4] § 55 Satz 2 ist anzuwenden. [5] Bei Beamtinnen auf Zeit und Beamten auf Zeit, die nach Satz 1 in den einstweiligen Ruhestand versetzt sind, endet der einstweilige Ruhestand mit Ablauf der Amtszeit. [6] Sie gelten zu diesem Zeitpunkt als dauernd in den Ruhestand versetzt, wenn sie bei Verbleiben im Amt mit Ablauf der Amtszeit in den Ruhestand getreten wären.

§ 137 Rechtsstellung der Versorgungsempfängerinnen und Versorgungsempfänger. (1) Die Vorschriften des § 134 Abs. 1 und 2 und des § 135 gelten entsprechend für die zum Zeitpunkt der Umbildung bei der abgebenden Körperschaft vorhandenen Versorgungsempfängerinnen und Versorgungsempfänger.

(2) In den Fällen des § 134 Abs. 3 bleiben die Ansprüche der zum Zeitpunkt der Umbildung vorhandenen Versorgungsempfängerinnen und Versorgungsempfänger gegenüber der abgebenden Körperschaft bestehen.

(3) Die Absätze 1 und 2 gelten entsprechend in den Fällen des § 134 Abs. 4.

Abschnitt 12. Spannungs- und Verteidigungsfall, Verwendungen im Ausland

§ 138 Anwendungsbereich. [1] Beschränkungen, Anordnungen und Verpflichtungen nach den §§ 139 bis 142 sind nur nach Maßgabe des Artikels 80 a des Grundgesetzes[1)] zulässig. [2] Sie sind auf Personen im Sinne des § 5 Abs. 1 des Arbeitssicherstellungsgesetzes[2)] nicht anzuwenden.

§ 139 Dienstleistung im Verteidigungsfall. (1) Beamtinnen und Beamte können für Zwecke der Verteidigung auch ohne ihre Zustimmung zu einem anderen Dienstherrn abgeordnet oder zur Dienstleistung bei über- oder zwischenstaatlichen zivilen Dienststellen verpflichtet werden.

(2) [1] Beamtinnen und Beamten können für Zwecke der Verteidigung auch Aufgaben übertragen werden, die nicht ihrem Amt oder ihrer Laufbahnbefähigung entsprechen, sofern ihnen die Übernahme nach ihrer Vor- und Ausbildung und im Hinblick auf die Ausnahmesituation zumutbar ist. [2] Aufgaben einer Laufbahn mit geringeren Zugangsvoraussetzungen dürfen ihnen nur übertragen werden, wenn dies aus dienstlichen Gründen unabweisbar ist.

---

1) Nr. 1.
2) **Wehrrecht Nr. 1430.**

(3) Beamtinnen und Beamte haben bei der Erfüllung der ihnen für Zwecke der Verteidigung übertragenen Aufgaben Gefahren und Erschwernisse auf sich zu nehmen, soweit diese ihnen nach den Umständen und den persönlichen Verhältnissen zugemutet werden können.

(4) Beamtinnen und Beamte sind bei einer Verlegung ihrer Behörde oder Dienststelle auch in das Ausland zur Dienstleistung am neuen Dienstort verpflichtet.

§ 140 Aufschub der Entlassung und des Ruhestands. [1] Die Entlassung der Beamtinnen und Beamten auf ihren Antrag kann für Zwecke der Verteidigung hinausgeschoben werden, wenn dies im öffentlichen Interesse erforderlich ist und der Personalbedarf der öffentlichen Verwaltung im Bereich ihres Dienstherrn auf freiwilliger Grundlage nicht gedeckt werden kann. [2] Satz 1 gilt entsprechend für den Ablauf der Amtszeit bei Beamtenverhältnissen auf Zeit. [3] Der Eintritt in den Ruhestand nach Erreichen der Altersgrenze und die vorzeitige Versetzung in den Ruhestand auf Antrag ohne Nachweis der Dienstunfähigkeit können unter den Voraussetzungen des Satzes 1 bis zum Ende des Monats hinausgeschoben werden, in dem die Regelaltersgrenze erreicht wird.

§ 141 Erneute Berufung von Ruhestandsbeamtinnen und Ruhestandsbeamten. [1] Ruhestandsbeamtinnen und Ruhestandsbeamte, die die Regelaltersgrenze noch nicht erreicht haben, können für Zwecke der Verteidigung erneut in ein Beamtenverhältnis berufen werden, wenn dies im öffentlichen Interesse erforderlich ist und der Personalbedarf der öffentlichen Verwaltung im Bereich ihres bisherigen Dienstherrn auf freiwilliger Grundlage nicht gedeckt werden kann. [2] Das Beamtenverhältnis endet, wenn es nicht vorher beendet wird, mit dem Ende des Monats, in dem die Regelaltersgrenze erreicht wird.

§ 142 Verpflichtung zur Gemeinschaftsunterkunft und Mehrarbeit.

(1) Wenn dienstliche Gründe es erfordern, können Beamtinnen und Beamte für Zwecke der Verteidigung verpflichtet werden, vorübergehend in einer Gemeinschaftsunterkunft zu wohnen und an einer Gemeinschaftsverpflegung teilzunehmen.

(2) [1] Beamtinnen und Beamte sind verpflichtet, für Zwecke der Verteidigung über die regelmäßige Arbeitszeit hinaus ohne besondere Vergütung Dienst zu tun. [2] Für die Mehrbeanspruchung wird ein Freizeitausgleich nur gewährt, soweit es die dienstlichen Erfordernisse gestatten.

§ 143 Verwendungen im Ausland. (1) [1] Beamtinnen und Beamte, die zur Wahrnehmung des ihnen übertragenen Amts im Ausland oder außerhalb des deutschen Hoheitsgebiets auf Schiffen oder in Luftfahrzeugen verwendet werden und dabei wegen vom Inland wesentlich abweichender Verhältnisse erhöhten Gefahren ausgesetzt sind, können aus dienstlichen Gründen verpflichtet werden,

1. vorübergehend in einer Gemeinschaftsunterkunft zu wohnen und an einer Gemeinschaftsverpflegung teilzunehmen,
2. Schutzkleidung zu tragen,

3. Dienstkleidung zu tragen und
4. über die regelmäßige Arbeitszeit hinaus ohne besondere Vergütung Dienst zu tun.

[2] In den Fällen des Satzes 1 Nr. 4 wird für die Mehrbeanspruchung ein Freizeitausgleich nur gewährt, soweit es die dienstlichen Erfordernisse gestatten.

(2) Sind nach Absatz 1 verwendete Beamtinnen und Beamte zum Zeitpunkt des vorgesehenen Eintritts in den Ruhestand nach den §§ 44, 51 und 53 oder des vorgesehenen Ablaufs ihrer Amtszeit wegen Verschleppung, Gefangenschaft oder aus sonstigen mit dem Dienst zusammenhängenden Gründen, die sie nicht zu vertreten haben, dem Einflussbereich des Dienstherrn entzogen, verlängert sich das Beamtenverhältnis bis zum Ablauf des auf die Beendigung dieses Zustands folgenden Monats.

Abschnitt 13. Übergangs- und Schlussvorschriften

§ 144 Entscheidungsrecht oberster Bundesbehörden. (1) [1] Ist eine bundesunmittelbare Körperschaft, Anstalt oder Stiftung des öffentlichen Rechts Dienstherr einer Beamtin oder eines Beamten, kann die für die Aufsicht zuständige oberste Bundesbehörde in den Fällen, in denen nach diesem Gesetz oder dem Beamtenversorgungsgesetz[1)] die oberste Dienstbehörde die Entscheidung hat, sich diese Entscheidung vorbehalten oder die Entscheidung von ihrer vorherigen Zustimmung abhängig machen. [2] Sie kann auch verbindliche Grundsätze für die Entscheidung aufstellen.

(2) Für bundesunmittelbare Körperschaften, Anstalten und Stiftungen des öffentlichen Rechts, die Behörden nicht besitzen, tritt an deren Stelle für die in diesem Gesetz oder dem Beamtenversorgungsgesetz einer Behörde übertragenen oder zu übertragenden Zuständigkeiten die zuständige Verwaltungsstelle.

§ 145[2)] Rechtsverordnungen, Durchführungsvorschriften. (1) Rechtsverordnungen nach diesem Gesetz bedürfen nicht der Zustimmung des Bundesrates.

(2) Die zur Durchführung dieses Gesetzes und der auf Grund dieses Gesetzes erlassenen Rechtsverordnungen erforderlichen allgemeinen Verwaltungsvorschriften erlässt das Bundesministerium des Innern und für Heimat, soweit dieses Gesetz nichts anderes bestimmt.

§ 146 Öffentlich-rechtliche Religionsgesellschaften. [1] Dieses Gesetz gilt nicht für die öffentlich-rechtlichen Religionsgesellschaften und ihre Verbände. [2] Diesen bleibt es überlassen, die Rechtsverhältnisse ihrer Beamtinnen und Beamten und Seelsorgerinnen und Seelsorger diesem Gesetz entsprechend zu regeln oder Vorschriften dieses Gesetzes für anwendbar zu erklären.

§ 147[3)] Übergangsregelungen. (1) [1] Für Beamtinnen und Beamte, die vor Inkrafttreten dieses Gesetzes in ein Beamtenverhältnis auf Probe berufen worden sind, sind anstelle des § 10 Abs. 1 und 3 und des § 11 der § 6 Abs. 1 und der § 9 des Bundesbeamtengesetzes in der Fassung der Bekanntmachung vom 31. März

---

[1)] Nr. **155**.

[2)] § 145 Abs. 2 geänd. mWv 14.3.2015 durch G v. 6.3.2015 (BGBl. I S. 250); Abs. 2 geänd. mWv 7.12.2018 durch G v. 29.11.2018 (BGBl. I S. 2232); Abs. 2 geänd. mWv 6.3.2025 durch G v. 27.2.2025 (BGBl. 2025 I Nr. 72).

[3)] § 147 Abs. 2 Satz 2 angef. mWv 22.3.2012 durch G v. 15.3.2012 (BGBl. I S. 462); Abs. 1 aufgeh., bish. Abs. 2 und 3 werden Abs. 1 und 2 mWv 28.10.2016 durch G v. 19.10.2016 (BGBl. I S. 2362).

1999 (BGBl. I S. 675) in der bis zum 11. Februar 2009 geltenden Fassung anzuwenden. [2] Abweichend von Satz 1 werden Beamtinnen und Beamte, die vor dem 12. Februar 2009 in ein Beamtenverhältnis auf Probe berufen worden sind, auf Antrag in ein Beamtenverhältnis auf Lebenszeit berufen, wenn

1. sie sich in der Probezeit in vollem Umfang bewährt haben und
2. seit der Berufung in das Beamtenverhältnis auf Probe mindestens drei Jahre vergangen sind.

(2) Die Bundesregierung überprüft die Anhebung der Altersgrenzen nach den §§ 51 und 52 unter Beachtung des Berichts nach § 154 Abs. 4 des Sechsten Buches Sozialgesetzbuch[1)].

[1)] **Aichberger, SGB Nr. 6.**

170. Verordnung über die Arbeitszeit der Beamtinnen und Beamten des Bundes (Arbeitszeitverordnung – AZV)[1)]

Vom 23. Februar 2006
(BGBl. I S. 427)

FNA 2030-2-29

geänd. durch Art. 1 VO zur Änd. arbeitszeit- und urlaubsrechtlicher Vorschriften v. 13.8.2008 (BGBl. I S. 1684, geänd. durch VO v. 14.9.2012, BGBl. I S. 2017), Art. 1 Erste ÄndVO v. 16.12.2010 (BAnz. S. 4262, geänd. durch VO v. 11.12.2014, BGBl. I S. 2191), Art. 2 VO zur Änd. arbeitszeitrechtlicher Vorschriften v. 14.9.2012 (BGBl. I S. 2017, geänd. durch G v. 8.6.2017, BGBl. I S. 1570 und durch VO v. 8.1.2020, BGBl. I S. 27), Art. 4 VO zur Änd. von Vorschriften für Dienst zu wechselnden Zeiten v. 20.8. 2013 (BGBl. I S. 3286), Art. 1 Zweite ÄndVO v. 11.12.2014 (BGBl. I S. 2191), Art. 8 G zum Abbau verzichtbarer Anordnungen der Schriftform im Verwaltungsrecht des Bundes v. 29.3.2017 (BGBl. I S. 626), Art. 49 Elfte ZuständigkeitsanpassungsVO v. 19.6.2020 (BGBl. I S. 1328), Art. 1, 2 VO zur Weiterentwicklung dienstrechtl. Regelungen zu Arbeitszeit und Sonderurlaub v. 17.12.2020 (BGBl. I S. 3011) und Art. 1 VO zur Änd. der ArbeitszeitVO zur Erweiterung von Langzeitkonten in der Bundespolizei und der Zollverwaltung v. 19.2.2025 (BGBl. 2025 I Nr. 49)

§ 1 Geltungsbereich. [1] Diese Verordnung gilt für alle Beamtinnen und Beamten des Bundes, soweit nicht besondere Arbeitszeitregelungen gelten. [2] Sie gilt nicht für Ehrenbeamtinnen und Ehrenbeamte. [3] Für Beamtinnen auf Widerruf und Beamte auf Widerruf ist zu bestimmen, ob und inwieweit die Vorschriften dieser Verordnung anzuwenden sind.

§ 2[2)] Begriffsbestimmungen. Im Sinne dieser Verordnung ist

1. Abrechnungszeitraum bei Gleitzeit der Zeitraum, in dem ein Über- oder Unterschreiten der regelmäßigen wöchentlichen Arbeitszeit auszugleichen ist,
2. Arbeitsplatz grundsätzlich die Dienststelle oder ein von der oder dem Dienstvorgesetzten bestimmter Ort, an dem Dienst zu leisten ist,
3. Arbeitstag grundsätzlich der Werktag,
4. Bereitschaftsdienst die Pflicht, sich, ohne ständig zur Dienstleistung verpflichtet zu sein, an einer vom Dienstherrn bestimmten Stelle aufzuhalten, um im Bedarfsfall den Dienst aufzunehmen, wenn dabei Zeiten ohne Arbeitsleistung überwiegen,
5. Blockmodell die Zusammenfassung der Freistellung von der Arbeit bis zu fünf Jahren bei Teilzeitbeschäftigung,
6. Funktionszeit der Teil der regelmäßigen täglichen Arbeitszeit, in dem der Dienstbetrieb durch Absprache der Beamtinnen und Beamten sichergestellt wird,
7. Gleitzeit die Arbeitszeit, bei der Beamtinnen und Beamte Beginn und Ende der täglichen Arbeitszeit in gewissen Grenzen selbst bestimmen können,
8. Gleittag ein mit Zustimmung der oder des unmittelbaren Vorgesetzten gewährter ganztägiger Zeitausgleich im Abrechnungszeitraum bei Gleitzeit, dabei gelten tägliche Arbeitszeiten von weniger als zwei Stunden als Gleittag,

---

[1)] Verkündet als Art. 1 VO zur Neuordnung der Arbeitszeit der Beamtinnen und Beamten des Bundes und zur Änd. anderer VOen v. 23.2.2006 (BGBl. I S. 427); Inkrafttreten gem. Art. 5 Satz 1 dieser VO am 1.3.2006. Diese VO wurde erlassen auf Grund von § 72 Abs. 4, § 80 Nr. 1 sowie § 89 Abs. 1 Satz 2 und Abs. 2 Satz 1 BBG (Nr. **160**) iVm § 46 DRiG **(Habersack ErgBd. Nr. 97)**.

[2)] § 2 neu gef. mWv 1.1.2021 durch VO v. 17.12.2020 (BGBl. I S. 3011).

9. Kernarbeitszeit der Teil der regelmäßigen täglichen Arbeitszeit, in dem grundsätzlich alle Beamtinnen und Beamten in der Dienststelle anwesend sein müssen,
10. Langzeitkonto ein personenbezogenes Arbeitszeitkonto, auf dem durch erhöhten Arbeitsanfall bedingte Zeitguthaben für Freistellungszeiten angespart werden können,
11. Nachtdienst ein Dienst, der zwischen 20 Uhr und 6 Uhr zu leisten ist,
12. regelmäßige wöchentliche Arbeitszeit die innerhalb von zwölf Monaten durchschnittlich zu erbringende wöchentliche Arbeitszeit,
13. Reisezeit die Zeit ohne Wartezeit (Nummer 17), die die Beamtin oder der Beamte benötigt für den Weg zwischen
    a) der Wohnung oder der Dienststätte und der Stelle des auswärtigen Dienstgeschäfts oder der auswärtigen Unterkunft (Anreise),
    b) der Stelle des auswärtigen Dienstgeschäfts oder der auswärtigen Unterkunft und der Stelle eines weiteren auswärtigen Dienstgeschäfts oder einer weiteren auswärtigen Unterkunft,
    c) der Stelle des auswärtigen Dienstgeschäfts oder der auswärtigen Unterkunft und der Wohnung oder der Dienststätte (Abreise),
14. Rufbereitschaft die Pflicht, sich außerhalb des Arbeitsplatzes bereitzuhalten, um bei Bedarf sofort zu Dienstleistungen abgerufen werden zu können,
15. Ruhepause der Zeitraum, in dem Beamtinnen und Beamte keinen Dienst leisten,
16. Schichtdienst der Dienst nach einem Schichtplan, der einen regelmäßigen Wechsel der täglichen Arbeitszeit in Zeitabschnitten von längstens einem Monat vorsieht,
17. Wartezeit eine während einer Dienstreise anfallende Zeit ohne Dienstleistung zwischen
    a) dem Ende der Anreise und dem Beginn der dienstlichen Tätigkeit,
    b) dem Ende der dienstlichen Tätigkeit an einem Tag und dem Beginn der dienstlichen Tätigkeit an einem anderen Tag,
    c) dem Ende der dienstlichen Tätigkeit und dem Beginn der Abreise.

§ 3[1)] Regelmäßige wöchentliche Arbeitszeit. (1) [1] Die regelmäßige wöchentliche Arbeitszeit beträgt 41 Stunden. [2] Schwerbehinderte Beamtinnen und schwerbehinderte Beamte können eine Verkürzung der regelmäßigen wöchentlichen Arbeitszeit auf 40 Stunden beantragen. [3] Gleiches gilt für Beamtinnen und Beamte,
1. die für ein Kind unter zwölf Jahren Kindergeld erhalten,
2. die eine nahe Angehörige oder einen nahen Angehörigen nach § 7 Absatz 3 des Pflegezeitgesetzes[2)] im eigenen Haushalt oder im eigenen Haushalt der oder des nahen Angehörigen tatsächlich betreuen oder pflegen, die oder der
    a) pflegebedürftig ist und die Pflegebedürftigkeit nach § 18 des Elften Buches Sozialgesetzbuch[3)] durch eine Bescheinigung der Pflegekasse, des Medizinischen Dienstes der Krankenversicherung, nach einer entsprechenden Be-

---

[1)] *§ 3 Abs. 1 Satz 3 Nr. 2* neu gef. mWv 19.12.2014 durch VO v. 11.12.2014 (BGBl. I S. 2191); Abs. 1 Satz 3 Nr. 2 neu gef. mWv 1.1.2021 durch VO v. 17.12.2020 (BGBl. I S. 3011); Abs. 1 Satz 3 Nr. 2 geänd. mWv 25.2.2025 durch VO v. 19.2.2025 (BGBl. 2025 I Nr. 49).

[2)] **Aichberger, SGB Nr. 11/10.**

[3)] **Aichberger, SGB Nr. 11.**

scheinigung einer privaten Pflegeversicherung oder nach einem ärztlichen Gutachten festgestellt worden ist oder

b) an einer durch ein ärztliches Zeugnis nachgewiesenen Erkrankung nach § 3 Absatz 6 Satz 1 des Pflegezeitgesetzes leidet.

[4] Die Verkürzung beginnt bei Vorliegen der Voraussetzungen mit Beginn des Monats der Antragstellung und endet mit Ablauf des Monats, in dem ihre Voraussetzungen nicht mehr vorliegen. [5] § 116 Abs. 1 des Neunten Buches Sozialgesetzbuch[1)] bleibt unberührt. [6] Die Beamtinnen und Beamten sind verpflichtet, jede Änderung unverzüglich anzuzeigen und auf Verlangen entsprechende Nachweise zu erbringen. [7] Bei Teilzeitbeschäftigung wird die regelmäßige wöchentliche Arbeitszeit nach den Sätzen 1 bis 3 entsprechend dem Umfang der bewilligten Teilzeitbeschäftigung verkürzt.

(2) [1] Die regelmäßige wöchentliche Arbeitszeit wird bei Vollzeitbeschäftigung und Teilzeitbeschäftigung mit einer Ermäßigung der Arbeitszeit um weniger als 10 Prozent auf Montag bis Freitag verteilt. [2] Aus dienstlichen Gründen kann sie auf sechs Tage verteilt werden.

(3) [1] Die regelmäßige wöchentliche Arbeitszeit verkürzt sich für jeden gesetzlich anerkannten Feiertag sowie für Heiligabend und Silvester um die darauf entfallende Arbeitszeit. [2] Im selben Umfang wird die Arbeitszeit für Beamtinnen und Beamte, die im Schichtdienst eingesetzt sind, verkürzt. [3] Hierbei bleibt unberücksichtigt, ob und wie lange an diesen Tagen tatsächlich Dienst geleistet werden muss.

(4) Die regelmäßige wöchentliche Arbeitszeit kann ausnahmsweise verkürzt werden, soweit besondere Bedürfnisse dies erfordern.

(5) Ist ein Ausgleich der regelmäßigen wöchentlichen Arbeitszeit innerhalb von zwölf Monaten aufgrund zwingender dienstlicher Verhältnisse nicht möglich, darf die durchschnittliche Arbeitszeit hierbei 48 Stunden im Siebentageszeitraum nicht überschreiten.

§ 4[2)] Regelmäßige tägliche Arbeitszeit. [1] Die regelmäßige tägliche Arbeitszeit sowie deren Beginn und Ende sind festzulegen. [2] Hierbei dürfen 13 Stunden einschließlich der Pausen nicht überschritten werden. [3] Bei Teilzeitbeschäftigung ist die regelmäßige tägliche Arbeitszeit individuell festzulegen.

§ 5[3)] Ruhepausen und Ruhezeit. (1) [1] Die Arbeit ist spätestens nach 6 Stunden durch eine Ruhepause von mindestens 30 Minuten zu unterbrechen. [2] Nach mehr als 9 Stunden beträgt die Ruhepause mindestens 45 Minuten. [3] Ruhepausen können in Zeitabschnitte von jeweils 15 Minuten aufgeteilt werden.

(2) [1] Ruhepausen werden nicht auf die Arbeitszeit angerechnet, es sei denn, dass

1. die Voraussetzungen des § 17a der Erschwerniszulagenverordnung mit der Maßgabe erfüllt sind, dass im Kalendermonat mindestens 35 Nachtdienststunden geleistet werden, oder
2. die zuständige Behörde die Anrechnung bei operativen Tätigkeiten in Einsatzbereichen, in denen die ständige Einsatzfähigkeit gewährleistet werden muss, zum Ausgleich der damit verbundenen Belastungen zulässt.

---

1) **Aichberger, SGB Nr. 9.**
2) § 4 Satz 3 geänd. mWv 19.12.2014 durch VO v. 11.12.2014 (BGBl. I S. 2191).
3) § 5 neu gef. mWv 19.12.2014 durch VO v. 11.12.2014 (BGBl. I S. 2191).

[2] Bei Teilzeitbeschäftigung verringern sich die nach Satz 1 Nummer 1 erforderlichen Nachtdienststunden entsprechend dem Verhältnis zwischen der ermäßigten und der regelmäßigen wöchentlichen Arbeitszeit.

(3) [1] Pro 24-Stunden-Zeitraum ist eine Mindestruhezeit von 11 zusammenhängenden Stunden zu gewähren. [2] Pro 7-Tage-Zeitraum ist zusätzlich eine Mindestruhezeit von 24 zusammenhängenden Stunden zu gewähren. [3] Für die Ruhezeit nach Satz 2 gilt ein Bezugszeitraum von 14 Tagen. [4] Von den Regelungen in den Sätzen 1 bis 3 können Ausnahmen zugelassen werden, wenn dienstliche Belange im Sinne des Artikels 17 Absatz 3 Buchstabe c und e sowie Absatz 4 der Richtlinie 2003/88/EG[1)] des Europäischen Parlaments und des Rates vom 4. November 2003 über bestimmte Aspekte der Arbeitszeitgestaltung (ABl. L 299 vom 18.11. 2003, S. 9) dies erfordern.

§ 6[2)] Dienstfreie Tage. (1) [1] Sonnabend, Heiligabend und Silvester sind grundsätzlich dienstfrei. [2] Soweit dienstliche Gründe es erfordern, kann an diesen Tagen und an Sonntagen und gesetzlich anerkannten Feiertagen Dienst angeordnet werden.

(2) Mit Zustimmung der obersten Dienstbehörde und der oder des unmittelbaren Vorgesetzten kann die Beamtin oder der Beamte freiwillig sonnabends Dienst leisten.

§ 7[3)] Gleitzeit. (1) [1] Soweit dienstliche Gründe nicht entgegenstehen, kann die oberste Dienstbehörde Gleitzeit ermöglichen. [2] Die zur Erfüllung der Aufgaben jeweils erforderliche dienstliche Anwesenheit der Beamtinnen und Beamten ist durch diese und ihre Vorgesetzten sicherzustellen.

(2) Die höchstzulässige tägliche Arbeitszeit sowie der früheste Dienstbeginn und das späteste Dienstende sind festzulegen.

(3) [1] Es sind Kernarbeitszeiten oder Funktionszeiten festzulegen. [2] Soweit dienstliche Gründe es zulassen, kann auf eine solche Festlegung verzichtet werden. [3] Über die Kernarbeitszeit oder Funktionszeit hinaus ist die dienstliche Anwesenheit der Beamtinnen und Beamten durch diese und ihre Vorgesetzten sicherzustellen, soweit die Erfüllung der Aufgaben dies erfordert. [4] Die Kernarbeitszeit ist bei Teilzeitbeschäftigung individuell festzulegen.

(4) [1] Unterschreitungen der regelmäßigen wöchentlichen Arbeitszeit sind bis zu höchstens 40 Stunden zulässig. [2] Ein Über- oder Unterschreiten der regelmäßigen wöchentlichen Arbeitszeit ist grundsätzlich innerhalb des Abrechnungszeitraums auszugleichen. [3] Abrechnungszeitraum ist das Kalenderjahr oder ein anderer festgelegter Zeitraum von höchstens zwölf Monaten. [4] In den nächsten Abrechnungszeitraum dürfen höchstens 40 Stunden übertragen werden.

(5) [1] Bei automatisierter Zeiterfassung kommen bis zu zwölf Gleittage in Betracht. [2] Wenn es dienstlichen Belangen förderlich oder nach den dienstlichen Verhältnissen zweckmäßig ist, können bis zu 24 Gleittage zugelassen werden. [3] Es kann festgelegt werden, dass an bestimmten Tagen allgemein kein Dienst zu leisten und die ausfallende Zeit vor- oder nachzuarbeiten ist. [4] Für Auslandsvertretungen können Ausnahmen von der Notwendigkeit der automatisierten Zeiterfassung zugelassen werden.

[1)] **Loseblatt-Textsammlung Arbeitsrecht Nr. 893.**

[2)] § 6 Abs. 2 Satz 2 aufgeh. mWv 1.1.2021 durch VO v. 17.12.2020 (BGBl. I S. 3011).

[3)] § 7 Überschrift neu gef., Abs. 1 Satz 1 geänd., Abs. 4 Satz 3 eingef., bish. Satz 3 wird Satz 4 mWv 1.1.2021 durch VO v. 17.12.2020 (BGBl. I S. 3011).

(6) [1]Ist eine Kernarbeitszeit festgelegt, können auch halbe Gleittage zugelassen werden. [2]Außerdem können unmittelbare Vorgesetzte eine im Einzelfall aus wichtigen persönlichen Gründen erforderliche Nichteinhaltung der Kernarbeitszeit genehmigen.

(7) [1]Die dienstliche Anwesenheit der Beamtinnen und Beamten ist unter ihrer Mitwirkung automatisiert zu erfassen. [2]Von der automatisierten Erfassung können in Einzelfällen Ausnahmen zugelassen werden. [3]Die Daten sind mindestens drei Monate nach Ablauf des Kalendermonats, in dem sie erhoben wurden, aufzubewahren. [4]Die oberste Dienstbehörde legt fest, ob die Daten entweder spätestens sechs Monate nach Ablauf des Abrechnungszeitraums oder spätestens 13 Monate nach Ablauf des Kalendermonats, in dem sie erhoben wurden, zu löschen sind.

(8) [1]Verstöße gegen Gleitzeitregelungen dürfen den jeweils zuständigen Vorgesetzten mitgeteilt werden. [2]Darüber hinaus sind den unmittelbaren Vorgesetzten ausschließlich für Zwecke des gezielten Personaleinsatzes die Gleitzeitsalden ihrer Mitarbeiterinnen und Mitarbeiter mitzuteilen, sofern sich positive Salden von mehr als 20 Stunden oder negative Salden von mehr als zehn Stunden ergeben. [3]Daten nach Satz 2 dürfen nicht für eine Kontrolle oder Bewertung der Leistung oder des Verhaltens der Beamtinnen und Beamten verwendet werden.

§ 7a[1)] Langzeitkonten. (1) Die obersten Dienstbehörden können für die bei ihnen beschäftigten Beamtinnen und Beamten Langzeitkonten führen und den Behörden ihres Geschäftsbereichs die Führung von Langzeitkonten für die dort beschäftigten Beamtinnen und Beamten gestatten, soweit dienstliche Gründe nicht entgegenstehen.

(2) Langzeitkonten werden unabhängig von im Rahmen der Gleitzeit eingerichteten Gleitzeitkonten und unabhängig vom jeweils vereinbarten Arbeitszeitmodell geführt.

(3) Langzeitkonten können nicht geführt werden

1. für Beamtinnen und Beamte auf Widerruf sowie
2. für Beamtinnen und Beamte, die jederzeit in den einstweiligen Ruhestand versetzt werden können

(4) [1]Für Beamtinnen und Beamte, denen die Führung eines Langzeitkontos gestattet worden ist, wird die regelmäßige wöchentliche Arbeitszeit auf ihren Antrag um bis zu drei Stunden verlängert, wenn dies auf Grund erhöhten Arbeitsanfalls für die Erfüllung ihrer dienstlichen Aufgaben angemessen und zweckmäßig ist. [2]Dies kann bis zu vier Wochen rückwirkend erfolgen, in vom Vorgesetzten zu begründenden Ausnahmefällen mit Zustimmung der Personalverwaltung auch zwölf Wochen rückwirkend. [3]Das Vorliegen der Voraussetzungen für die Verlängerung der regelmäßigen wöchentlichen Arbeitszeit ist mindestens alle zwei Jahre sowie bei einem Wechsel der Organisationseinheit zu überprüfen.

(5) [1]Die Differenz zwischen der regelmäßigen wöchentlichen Arbeitszeit nach § 3 Absatz 1 und der tatsächlich geleisteten Arbeitszeit wird dem Langzeitkonto als Zeitguthaben bis zur Höhe der nach Absatz 4 Satz 1 vereinbarten Verlängerung gutgeschrieben. [2]Darüber hinaus geleistete Arbeitszeit ist dem Gleitzeitkonto nach § 7 oder, sofern die Voraussetzungen des § 88 des Bundesbeamtengesetzes[2)] vorliegen, dem Mehrarbeitskonto gutzuschreiben. [3]Dem Langzeitkonto können auf

---

[1)] § 7a neu gef. mWv 1.1.2021 durch VO v. 17.12.2020 (BGBl. I S. 3011); Abs. 6 und 7 eingef., bish. Abs. 6 und 7 werden Abs. 8 und 9 mWv 25.2.2025 durch VO v. 19.2.2025 (BGBl. 2025 I Nr. 49).

[2)] Nr. **160**.

Antrag auch Ansprüche auf Dienstbefreiung für dienstlich angeordnete oder genehmigte Mehrarbeit im Umfang von bis zu 40 Stunden im Jahr gutgeschrieben werden. [4] Dem Langzeitkonto kann ein Zeitguthaben bis zur Höhe von 1400 Stunden gutgeschrieben werden.

(6) [1] Den in Absatz 7 bestimmten Beamtinnen und Beamten kann die Führung eines Langzeitkontos gestattet werden, mit dem die folgenden Ansprüche als Zeitguthaben angespart werden:

1. Dienstbefreiung für dienstlich angeordnete oder genehmigte Mehrarbeit nach § 88 des Bundesbeamtengesetzes und
2. einheitlicher Freizeitausgleich bei Einsätzen und Übungen nach § 11 des Bundespolizeibeamtengesetzes[1)].

[2] Dem Langzeitkonto können auf Antrag Ansprüche im Umfang von bis zu 196 Stunden im Jahr gutgeschrieben werden. [3] Absatz 5 Satz 4 gilt entsprechend.

(7) Absatz 6 gilt für

1. Polizeivollzugsbeamtinnen und Polizeivollzugsbeamte in der Bundespolizei, die Schicht- oder Einsatzdienst leisten, und
2. Beamtinnen und Beamte der Zollverwaltung, die Schichtdienst leisten und
   a) in der Grenzabfertigung verwendet werden,
   b) in einem Bereich verwendet werden, in dem gemäß Bestimmung des Bundesministeriums der Finanzen typischerweise vollzugspolizeilich geprägte Tätigkeiten wahrgenommen werden, oder
   c) mit vollzugspolizeilichen Aufgaben betraut sind.

(8) [1] Den unmittelbaren Vorgesetzten sind ausschließlich für Zwecke des gezielten Personaleinsatzes und für die Überprüfung nach Absatz 4 Satz 3 die Salden der Langzeitkonten ihrer Mitarbeiterinnen und Mitarbeiter mitzuteilen. [2] Daten nach Satz 1 dürfen nicht für eine Kontrolle oder Bewertung der Leistung oder des Verhaltens der Beamtinnen oder Beamten verwendet werden. [3] Die Aufbewahrung und Löschung der Daten erfolgt entsprechend § 7 Absatz 7 Satz 3 und 4.

(9) Nähere Bestimmungen über das Langzeitkonto und den Zeitausgleich werden in Dienstvereinbarungen festgelegt.

§ 7b[2)] Zeitausgleich bei Langzeitkonten. (1) [1] Für das Zeitguthaben der Langzeitkonten wird der Beamtin oder dem Beamten auf Antrag Zeitausgleich gewährt. [2] Sie oder er wird unter Fortzahlung der Besoldung, auf die im Zeitraum der Entnahme entsprechend dem diesem Zeitraum zugrundeliegenden Arbeitszeitmodell ein Anspruch besteht, vom Dienst freigestellt. [3] Ein Anspruch auf Auszahlung besteht nicht. [4] Zeitguthaben sollen grundsätzlich im Inland entnommen werden. [5] Mehrarbeitsstunden nach § 88 des Bundesbeamtengesetzes[3)] sind vorrangig auszugleichen.

(2) [1] Eine Freistellung ist für einen zusammenhängenden Zeitraum von grundsätzlich höchstens drei Monaten oder einer Verkürzung der Arbeitszeit möglich. [2] Sofern die Freistellung einen zusammenhängenden Zeitraum von sechs Wochen überschreiten soll, soll diese mindestens drei Monate vor dem Datum des gewünschten Beginns der Freistellung beantragt werden.

[1)] Nr. **200**.
[2)] § 7b eingef. mWv 1.1.2021 durch VO v. 17.12.2020 (BGBl. I S. 3011).
[3)] Nr. **160**.

(3) [1]Der Zeitausgleich unmittelbar vor Eintritt in den Ruhestand ist für einen zusammenhängenden Zeitraum von höchstens drei Monaten möglich. [2]Die Kombination mit einem Hinausschieben des Ruhestandes nach § 53 des Bundesbeamtengesetzes ist ausgeschlossen.

(4) [1]Der Antrag auf Freistellung kann aus dienstlichen Gründen abgelehnt werden. [2]In diesem Fall ist in Abstimmung mit der Beamtin oder dem Beamten ein Zeitraum festzulegen, in dem eine Freistellung im beantragten Umfang möglich ist.

(5) Ein gewährter Zeitausgleich wird nur in Fällen des Mutterschutzes und Elternzeit unterbrochen.

(6) [1]Ein gewährter Zeitausgleich kann ausnahmsweise widerrufen werden, wenn bei Abwesenheit der Beamtin oder des Beamten die ordnungsgemäße Erledigung der Dienstgeschäfte nicht gewährleistet wäre. [2]Mehraufwendungen, die der Beamtin oder dem Beamten durch den Widerruf entstehen, werden nach den Bestimmungen des Reisekostenrechts ersetzt.

§ 7c[1)] Abordnung; Zuweisung; Versetzung; Beendigung des Beamtenverhältnisses. (1) [1]In den Fällen der Abordnung, Zuweisung oder einer anderen vorübergehenden Abwesenheit kann bis zur Rückkehr in die Dienststelle kein weiteres Zeitguthaben angespart werden. [2]Das Langzeitkonto bleibt bei der bisherigen Dienststelle bestehen.

(2) [1]Bei den in § 7a Absatz 7 Nummer 1 genannten Beamtinnen und Beamten im Fall einer Abordnung innerhalb der Bundespolizei und bei den in § 7a Absatz 7 Nummer 2 genannten Beamtinnen und Beamten im Fall einer Abordnung innerhalb der Zollverwaltung kann bis zur Rückkehr in die Dienststelle weiteres Zeitguthaben angespart werden. [2]Das Langzeitkonto bleibt bei der bisherigen Dienststelle bestehen. [3]Das Zeitguthaben kann bei der aufnehmenden Behörde ausgeglichen werden, sofern die dienstlichen Belange der aufnehmenden Behörde dies zulassen.

(3) [1]In den Fällen der Versetzung oder der Beendigung des Beamtenverhältnisses ist das Zeitguthaben grundsätzlich bei derjenigen Dienststelle auszugleichen, bei der es erworben worden ist. [2]Diese Dienststelle soll den Ausgleich gegebenenfalls durch Anordnung ermöglichen.

(4) [1]Im Fall einer Versetzung kann im Einvernehmen mit der Dienststelle, zu der die Beamtin oder der Beamte versetzt wird, ein Zeitguthaben übertragen werden, sofern diese Dienststelle ebenfalls Langzeitkonten führt. [2]Ein Anspruch auf Übertragung des Zeitguthabens besteht nicht.

§ 8[2)] Schichtdienst. [1]Sind die Dienststunden so festgelegt, dass die regelmäßige tägliche Arbeitszeit von Beamtinnen oder Beamten überschritten wird, sind sie durch Schichtdienst einzuhalten. [2]Von Schichtdienst soll abgesehen werden, wenn die Überschreitung im Rahmen der Gleitzeit ausgeglichen werden kann.

§ 9 Zusammenfassung der Freistellung von der Arbeit bei Teilzeitbeschäftigung. (1) [1]Wenn dienstliche Gründe nicht entgegenstehen, kann bei Teilzeitbeschäftigung die Zeit einer Freistellung bis zu drei Monaten zusammenge-

---

[1)] § 7c eingef. mWv 1.1.2021 durch VO v. 17.12.2020 (BGBl. I S. 3011); Abs. 2 eingef., bish. Abs. 2 und 3 werden Abs. 3 und 4 mWv 25.2.2025 durch VO v. 19.2.2025 (BGBl. 2025 I Nr. 49).

[2)] § 8 Satz 2 geänd. mWv 1.1.2021 durch VO v. 17.12.2020 (BGBl. I S. 3011).

fasst werden. [2] Wird die Freistellung an das Ende der bewilligten Teilzeitbeschäftigung gelegt, darf sie bis zu einem Jahr zusammengefasst werden.

(2) Eine Teilzeitbeschäftigung, die sich auf die Zeit bis zum Beginn des Ruhestandes erstreckt, kann im Blockmodell bewilligt werden, wenn die Freistellung an das Ende der bewilligten Teilzeitbeschäftigung gelegt wird und zwingende dienstliche Gründe nicht entgegenstehen.

§ 10 Arbeitsplatz. Bei mobilem Arbeiten kann von der Dienstleistungspflicht am Arbeitsplatz abgewichen werden, soweit dienstliche Gründe nicht entgegenstehen.

§ 11[1)] Dienstreisen. (1) [1] Bei Dienstreisen ist die Zeit zur Erledigung von Dienstgeschäften außerhalb der Dienststätte Arbeitszeit. [2] Bei ganz- oder mehrtägigen Dienstreisen gilt die regelmäßige Arbeitszeit des jeweiligen Tages als geleistet. [3] Reisezeiten und Wartezeiten sind keine Arbeitszeit. [4] Sie werden jedoch als Arbeitszeit berücksichtigt, soweit

1. sie innerhalb der regelmäßigen täglichen Arbeitszeit anfallen oder
2. die Arbeitszeit innerhalb eines Tages durch Dienstreisen unterbrochen wird.

(2) [1] Bei Teilzeitbeschäftigung wird die Dauer der Dienstreise bis zur Länge der regelmäßigen täglichen Arbeitszeit für Vollzeitbeschäftigung zugrunde gelegt. [2] Fällt eine Dienstreise bei Teilzeitbeschäftigung auf einen nach dem jeweiligen Arbeitszeitmodell dienstfreien Montag bis Freitag, kann dieser Tag mit einem anderen Tag zeitnah getauscht werden.

(3) [1] Bei Dienstreisen, die über die regelmäßige tägliche Arbeitszeit hinausgehen, ist ein Freizeitausgleich in Höhe von einem Drittel der nicht anrechenbaren Reisezeiten zu gewähren. [2] Dies gilt auch für Reisezeiten an Sonnabenden, Sonntagen oder gesetzlichen Feiertagen. [3] Bei Gleitzeit wird ein Drittel der nicht anrechenbaren Reisezeiten dem Gleitzeitkonto gutgeschrieben. [4] Die tatsächlichen Reisezeiten sind von der Beamtin oder dem Beamten anzuzeigen. [5] Auf Verlangen sind Nachweise über die Reisezeiten vorzulegen. [6] Wird die Dienstreise von der Wohnung angetreten oder beendet, darf höchstens die Reisezeit berücksichtigt werden, die bei einer Abreise von oder der Ankunft an der Dienststätte angefallen wäre. [7] Reisezeiten sind keine Mehrarbeit im Sinne der §§ 88 und 143 Absatz 1 Satz 1 Nummer 4 des Bundesbeamtengesetzes[2)]. [8] Absatz 2 Satz 1 gilt entsprechend. [9] Wird eine Dienstreise mit einer privaten Reise oder einer privaten Fahrt verbunden, so wird für die auf den betroffenen Reiseweg entfallene Reisezeit kein Freizeitausgleich nach Satz 1 gewährt.

§ 12[3)] Rufbereitschaft. [1] Zeiten der Rufbereitschaft sind keine Arbeitszeit. [2] Hat die Beamtin oder der Beamte jedoch über die Arbeitszeit hinaus mehr als zehn Stunden im Kalendermonat Rufbereitschaft, wird innerhalb von zwölf Monaten ein Achtel der über zehn Stunden hinausgehenden Zeit bei feststehender Arbeitszeit als Freizeitausgleich gewährt und bei Gleitzeit dem Gleitzeitkonto gutgeschrieben, soweit nicht zwingende dienstliche Gründe entgegenstehen.

[1)] § 11 Abs. 2 Satz 1 geänd. mWv 19.12.2014 durch VO v. 11.12.2014 (BGBl. I S. 2191); Abs. 1 Satz 3 und Abs. 3 neu gef. mWv 1.3.2021 durch VO v. 17.12.2020 (BGBl. I S. 3011).

[2)] Nr. **160**.

[3)] § 12 Satz 2 geänd. mWv 1.1.2021 durch VO v. 17.12.2020 (BGBl. I S. 3011).

§ 13[1)] Bereitschaftsdienst. (1) [1]Bei Bereitschaftsdienst kann die regelmäßige tägliche Arbeitszeit und die regelmäßige wöchentliche Arbeitszeit entsprechend den dienstlichen Bedürfnissen angemessen verlängert werden. [2]Hierbei darf in einem Bezugszeitraum von zwölf Monaten die durchschnittliche Arbeitszeit 48 Stunden im Siebentageszeitraum nicht überschreiten.

(2) [1]Unter Beachtung der allgemeinen Grundsätze der Sicherheit der Beschäftigten und des Gesundheitsschutzes kann die Arbeitszeit auf bis zu 54 Stunden im Siebentageszeitraum verlängert werden, wenn hierfür ein zwingendes dienstliches Bedürfnis besteht und sich die Beamtin oder der Beamte zu der Verlängerung der Arbeitszeit schriftlich oder elektronisch bereit erklärt. [2]Beamtinnen und Beamten, die sich zu der Verlängerung der Arbeitszeit nicht bereit erklären, dürfen daraus keine Nachteile entstehen. [3]Die Erklärung kann mit einer Frist von sechs Monaten widerrufen werden. [4]Die Beamtinnen und Beamten sind auf die Widerrufsmöglichkeiten schriftlich oder elektronisch hinzuweisen.

(3) [1]Die Dienstbehörden führen Listen der Beamtinnen und Beamten, die eine nach Absatz 2 Satz 1 verlängerte Arbeitszeit leisten. [2]Die Listen sind zwei Jahre nach ihrer Erstellung aufzubewahren und den zuständigen Behörden auf Ersuchen zur Verfügung zu stellen. [3]Auf Ersuchen sind die zuständigen Behörden über diese Beamtinnen und Beamten zu unterrichten. [4]Nach Ablauf der Aufbewahrungsfrist sind die Listen zu vernichten.

§ 14 Nachtdienst. (1) [1]Die Gestaltung von Nachtdienst muss der besonderen Beanspruchung der Arbeitskraft Rechnung tragen. [2]Dabei darf die Arbeitszeit in einem Bezugszeitraum von zwölf Monaten im Durchschnitt acht Stunden pro 24-Stunden-Zeitraum nicht überschreiten.

(2) Ist die Arbeit mit besonderen Gefahren oder einer erheblichen körperlichen oder geistigen Anspannung verbunden, darf in einem 24-Stunden-Zeitraum, in dem der Nachtdienst verrichtet wird, die Arbeitszeit nicht mehr als acht Stunden betragen.

§ 15 Ausnahmen bei spezifischen Tätigkeiten. [1]Soweit Besonderheiten bestimmter spezifischer Tätigkeiten, die dem Schutz der Bevölkerung oder des Allgemeinwohls zur Abwehr schwerwiegender kollektiver Gefahrensituationen dienen, der Anwendung von Regelungen dieser Verordnung zwingend entgegenstehen, kann von dieser Verordnung abgewichen werden. [2]In diesen Ausnahmefällen ist gleichwohl dafür Sorge zu tragen, dass unter Berücksichtigung der Ziele der Richtlinie 89/391/EWG des Rates vom 12. Juni 1989 über die Durchführung von Maßnahmen zur Verbesserung der Sicherheit und des Gesundheitsschutzes der Arbeitnehmer bei der Arbeit (ABl. EG Nr. L 183 S. 1) eine größtmögliche Sicherheit und ein größtmöglicher Gesundheitsschutz der Beamtinnen und Beamten gewährleistet ist.

§ 16 Zuständigkeit. [1]Zuständige Behörde im Sinne dieser Verordnung ist die oberste Dienstbehörde, soweit nichts Abweichendes bestimmt ist. [2]Die oberste Dienstbehörde kann ihre Befugnisse nach dieser Verordnung auf andere Behörden übertragen. [3]Die für Teilzeitbeschäftigung notwendigen individuellen Festsetzungen trifft die Dienstbehörde.

[1)] § 13 Abs. 2 und 3 angef. mWv 1.9.2008 durch VO v. 13.8.2008 (BGBl. I S. 1684); Abs. 2 Sätze 1 und 4 geänd. mWv 5.4.2017 durch G v. 29.3.2017 (BGBl. I S. 626); Abs. 2 und 3 neu gef. mWv 1.1.2020 durch VO v. 17.12.2020 (BGBl. I S. 3011).

§ 17[1] *(aufgehoben)*

[1] § 17 angef. mWv 1.1.2021 und aufgeh. mWv 1.8.2021 durch VO v. 17.12.2020 (BGBl. I S. 3011).

171. Verordnung über den Mutterschutz für Beamtinnen des Bundes und die Elternzeit für Beamtinnen und Beamte des Bundes (Mutterschutz- und Elternzeitverordnung – MuSchEltZV)[1)]

Vom 12. Februar 2009
(BGBl. I S. 320)

FNA 2030-2-30-2

geänd. durch Art. 9 Abs. 1 G zur Neuregelung der Professorenbesoldung und zur Änd. weiterer dienstrechtlicher Vorschriften v. 11.6.2013 (BGBl. I S. 1514), Art. 3 G zur Einführung des Elterngeld Plus mit Partnerschaftsbonus und einer flexibleren Elternzeit im BEEG v. 18.12.2014 (BGBl. I S. 2325), Art. 9 G zur besseren Vereinbarkeit von Familie, Pflege und Beruf für Beamtinnen und Beamte des Bundes und Soldatinnen und Soldaten sowie zur Änd. weiterer dienstrechtlicher Vorschriften v. 19.10.2016 (BGBl. I S. 2362), Art. 1 ÄndVO v. 9.2.2018 (BGBl. I S. 198), Art. 2 G für Maßnahmen im Elterngeld aus Anlass der COVID-19-Pandemie v. 20.5.2020 (BGBl. I S. 1061), Art. 6 Zweites G zur Änd. des Bundeselterngeld- und ElternzeitG v. 15.2.2021 (BGBl. I S. 239), Art. 5 VO zur Fortentwicklung laufbahnrechtlicher und weiterer dienstrechtlicher Vorschriften v. 16.8.2021 (BGBl. I S. 3582) und Art. 3 MutterschutzanpassungsG v. 24.2.2025 (BGBl. 2025 I Nr. 59)

Abschnitt 1.[2)] Mutterschutz

§ 1[2)] Allgemeines. Für den Mutterschutz von Personen in einem Beamtenverhältnis beim Bund sowie bei bundesunmittelbaren Körperschaften, Anstalten und Stiftungen des öffentlichen Rechts gelten die §§ 2 bis 5.

§ 2[3)] Anwendung des Mutterschutzgesetzes. (1) [1] Die folgenden Vorschriften des Mutterschutzgesetzes[4)] sind entsprechend anzuwenden:

1. zu Begriffsbestimmungen (§ 2 Absatz 1 Satz 1, Absatz 3 Satz 1, Absatz 4 und 6 des Mutterschutzgesetzes),
2. zur Gestaltung der Arbeitsbedingungen (§§ 9, 10 Absatz 1 und 2, §§ 11, 12, 13 Absatz 1 Nummer 1 des Mutterschutzgesetzes),
3. zum Arbeitsplatzwechsel (§ 13 Absatz 1 Nummer 2 des Mutterschutzgesetzes),
4. zur Dokumentation und Information durch den Arbeitgeber (§ 14 des Mutterschutzgesetzes),
5. zu Beschäftigungsverboten (§§ 3 bis 6, 10 Absatz 3, § 13 Absatz 1 Nummer 3 und § 16 des Mutterschutzgesetzes),
6. zu Mitteilungen und Nachweisen über die Schwangerschaft und das Stillen (§ 15 des Mutterschutzgesetzes),
7. zur Freistellung für Untersuchungen und zum Stillen (§ 7 des Mutterschutzgesetzes),
8. zu den Mitteilungs- und Aufbewahrungspflichten des Arbeitgebers (§ 27 Absatz 1 bis 5 des Mutterschutzgesetzes) sowie

---

1) Verkündet als Art. 1 VO v. 12.2.2009 (BGBl. I S. 320); Inkrafttreten gem. Art. 4 dieser VO am 14.2.2009. Die VO wurde erlassen auf Grund des § 79 Abs. 1 Satz 1 BBG iVm § 46 DRiG.

2) Abschnitt 1 (§§ 1–5) neu gef. mWv 1.1.2018 durch VO v. 9.2.2018 (BGBl. I S. 198).

3) § 2 neu gef. mWv 1.1.2018 durch VO v. 9.2.2018 (BGBl. I S. 198); § 2 Abs. 1 Satz 1 Nr. 1 neu gef. mWv 1.6.2025 durch G v. 24.2.2025 (BGBl. 2025 I Nr. 59).

4) **Habersack ErgBd. Nr. 79.**

9. zum behördlichen Genehmigungsverfahren für eine Beschäftigung zwischen 20 und 22 Uhr (§ 28 des Mutterschutzgesetzes).

[2] Andere Arbeitsschutzvorschriften bleiben unberührt.

(2) In jeder Dienststelle, bei der regelmäßig mehr als drei Personen tätig sind, sind ein Abdruck des Mutterschutzgesetzes sowie ein Abdruck dieser Verordnung an geeigneter Stelle zur Einsicht auszulegen, auszuhändigen oder in einem elektronischen Informationssystem jederzeit zugänglich zu machen.

§ 3[1)] Besoldung bei Beschäftigungsverbot, Untersuchungen und Stillen.

(1) [1] Durch die mutterschutzrechtlichen Beschäftigungsverbote mit Ausnahme des Verbots der Mehrarbeit wird die Zahlung der Dienst- und Anwärterbezüge nicht berührt (§§ 3 bis 6, 10 Absatz 3, § 13 Absatz 1 Nummer 3 und § 16 des Mutterschutzgesetzes). [2] Dies gilt auch für das Dienstversäumnis wegen ärztlicher Untersuchungen bei Schwangerschaft und Mutterschaft sowie während des Stillens (§ 7 des Mutterschutzgesetzes).

(2) Im Fall der vorzeitigen Beendigung einer Elternzeit nach § 16 Absatz 3 Satz 3 des Bundeselterngeld- und Elternzeitgesetzes[2)] richtet sich die Höhe der Dienst- und Anwärterbezüge nach dem Beschäftigungsumfang vor der Elternzeit oder während der Elternzeit, wobei die höheren Bezüge maßgeblich sind.

(3) Bemessungsgrundlage für die Zahlung von Erschwerniszulagen nach der Erschwerniszulagenverordnung sowie für die Vergütung nach der Vollstreckungsvergütungsverordnung in der Fassung der Bekanntmachung vom 6. Januar 2003 (BGBl. I S. 8) in der jeweils geltenden Fassung ist der Durchschnitt der Zulagen und der Vergütungen der letzten drei Monate vor Beginn des Monats, in dem die Schwangerschaft eingetreten ist.

§ 4[3)] Entlassung während der Schwangerschaft, nach einer Fehlgeburt und nach der Entbindung. (1) [1] Während der Schwangerschaft, bis zum Ablauf von vier Monaten nach einer Fehlgeburt nach der zwölften Schwangerschaftswoche und bis zum Ende der Schutzfrist nach der Entbindung, mindestens bis zum Ablauf von vier Monaten nach der Entbindung, darf die Entlassung von Beamtinnen auf Probe und von Beamtinnen auf Widerruf gegen ihren Willen nicht ausgesprochen werden, wenn der oder dem Dienstvorgesetzten die Schwangerschaft, die Fehlgeburt nach der zwölften Schwangerschaftswoche oder die Entbindung bekannt ist. [2] Eine ohne diese Kenntnis ergangene Entlassungsverfügung ist zurückzunehmen, wenn innerhalb von zwei Wochen nach ihrer Zustellung der oder dem Dienstvorgesetzten die Schwangerschaft, die Fehlgeburt nach der zwölften Schwangerschaftswoche oder die Entbindung mitgeteilt wird. [3] Das Überschreiten dieser Frist ist unbeachtlich, wenn dies auf einem von der Beamtin nicht zu vertretenden Grund beruht und die Mitteilung über die Schwangerschaft, die Fehlgeburt oder die Entbindung unverzüglich nachgeholt wird. [4] Die Sätze 1 bis 3 gelten entsprechend für Vorbereitungsmaßnahmen des Dienstherrn, die er im Hinblick auf eine Entlassung einer Beamtin trifft.

(2) Die oberste Dienstbehörde kann in besonderen Fällen, die nicht mit dem Zustand der Beamtin in der Schwangerschaft, nach einer Fehlgeburt nach der

---

[1)] *§ 3 neu gef. mWv 1.1.2018 durch* VO v. 9.2.2018 (BGBl. I S. 198); § 3 Abs. 1 Satz 1 geänd. mWv 1.9.2021 durch VO v. 16.8.2021 (BGBl. I S. 3582).

[2)] **Habersack ErgBd. Nr. 45e.**

[3)] § 4 neu gef. mWv 1.1.2018, § 4 Abs. 2 und 3 angef. mWv 16.2.2018 durch VO v. 9.2.2018 (BGBl. I S. 198).

zwölften Schwangerschaftswoche oder nach der Entbindung in Zusammenhang stehen, ausnahmsweise die Entlassung für zulässig erklären.

(Fortsetzung nächstes Blatt)

(3) Die §§ 31, 32, 34 Absatz 4, § 35 Satz 1, letzterer vorbehaltlich der Fälle des § 24 Absatz 3, sowie die §§ 36 und 37 Absatz 1 Satz 3 des Bundesbeamtengesetzes[1] bleiben unberührt.

§ 5[2] Zuschuss bei Beschäftigungsverbot während einer Elternzeit.

[1] Beamtinnen erhalten einen Zuschuss von 13 Euro für jeden Kalendertag eines Beschäftigungsverbots in den letzten sechs Wochen vor der Entbindung und eines Beschäftigungsverbots nach der Entbindung – einschließlich des Entbindungstages –, der in eine Elternzeit fällt. [2] Dies gilt nicht, wenn sie während der Elternzeit teilzeitbeschäftigt sind. [3] Der Zuschuss ist auf 210 Euro begrenzt, wenn die Dienst- oder Anwärterbezüge ohne die mit Rücksicht auf den Familienstand gewährten Zuschläge und ohne Leistungen nach Abschnitt 5 des Bundesbesoldungsgesetzes[3] die Versicherungspflichtgrenze in der gesetzlichen Krankenversicherung überschreiten oder überschreiten würden.

Abschnitt 2. Elternzeit

§ 6[4] Anwendung des Bundeselterngeld- und Elternzeitgesetzes. Beamtinnen und Beamte haben Anspruch auf Elternzeit ohne Dienst- oder Anwärterbezüge entsprechend des § 15 Absatz 1 bis 3 sowie der §§ 16 und 28 Absatz 1 Satz 1 des Bundeselterngeld- und Elternzeitgesetzes[5].

§ 7[6] Teilzeitbeschäftigung während der Elternzeit. (1) Während der Elternzeit ist Beamtinnen und Beamten, die Anspruch auf Dienst- oder Anwärterbezüge haben, auf Antrag eine Teilzeitbeschäftigung bei ihrem Dienstherrn bis zu 32 Wochenstunden im Durchschnitt eines Monats zu bewilligen, wenn zwingende dienstliche Belange nicht entgegenstehen.

(2) [1] Mit Genehmigung der zuständigen Dienstbehörde darf während der Elternzeit auch eine Teilzeitbeschäftigung außerhalb des Beamtenverhältnisses in dem in Absatz 1 genannten Umfang ausgeübt werden. [2] Die Genehmigung kann nur innerhalb von vier Wochen ab Antragstellung versagt werden, wenn dringende dienstliche Belange entgegenstehen. [3] Sie ist zu versagen, wenn einer der in § 99 Absatz 2 Satz 2 Nummer 2 bis 6 des Bundesbeamtengesetzes[1] genannten Gründe vorliegt.

§ 8[7] Entlassung während der Elternzeit. (1) [1] Während der Elternzeit darf die Entlassung von Beamtinnen und Beamten auf Probe und von Beamtinnen und Beamten auf Widerruf gegen ihren Willen nicht ausgesprochen werden. [2] Dies gilt nicht für Zeiten einer Teilzeitbeschäftigung nach § 7 Absatz 1.

(2) In besonderen Fällen kann die oberste Dienstbehörde die Entlassung ausnahmsweise für zulässig erklären.

(3) § 4 Absatz 3 gilt entsprechend.

---

[1] Nr. **160**.

[2] Abschnitt 1 (§§ 1–5) neu gef. mWv 1.1.2018 durch VO v. 9.2.2018 (BGBl. I S. 198).

[3] Nr. **230**.

[4] § 6 neu gef. mWv 1.1.2018 durch VO v. 9.2.2018 (BGBl. I S. 198); geänd. mWv 1.3.2020 durch G v. 20.5.2020 (BGBl. I S. 1061).

[5] **Habersack, Deutsche Gesetze ErgBd. Nr. 45e.**

[6] § 7 Abs. 1 geänd. mWv 1.1.2018 durch VO v. 9.2.2018 (BGBl. I S. 198); Abs. 1 geänd. mWv 1.9. 2021 durch VO v. 16.8.2021 (BGBl. I S. 3582).

[7] § 8 Abs. 2 Satz 2 angef. mWv 28.10.2016 durch G v. 19.10.2016 (BGBl. I S. 2362); Abs. 2 und 3 neu gef. mWv 16.2.2018 durch VO v. 9.2.2018 (BGBl. I S. 198).

§ 9[1)] Erstattung von Krankenversicherungsbeiträgen. (1) [1]Beamtinnen und Beamten werden für die Dauer der Elternzeit die Beiträge für ihre Kranken- und Pflegeversicherung bis zu monatlich 31 Euro erstattet, wenn ihre Dienst- oder Anwärterbezüge vor Beginn der Elternzeit die Versicherungspflichtgrenze in der gesetzlichen Krankenversicherung nicht überschritten haben oder überschritten hätten. [2]Hierbei werden die mit Rücksicht auf den Familienstand gewährten Zuschläge sowie Leistungen nach Abschnitt 5 des Bundesbesoldungsgesetzes[2)] nicht berücksichtigt. [3]Nehmen die Eltern gemeinsam Elternzeit, steht die Beitragserstattung nur dem Elternteil zu, bei dem das Kind im Familienzuschlag berücksichtigt wird oder berücksichtigt werden soll.

(2) [1]Für die Zeit, für die sie Elterngeld nach den §§ 4 und 4c des Bundeselterngeld- und Elternzeitgesetzes[3)] beziehen, werden Beamtinnen und Beamten mit Dienstbezügen bis einschließlich der Besoldungsgruppe A 8 sowie Beamtinnen und Beamten mit Anwärterbezügen auf Antrag die Beiträge für die Kranken- und Pflegeversicherung über die Erstattung nach Absatz 1 hinaus in voller Höhe erstattet, soweit sie auf einen auf den Beihilfebemessungssatz abgestimmten Prozenttarif oder einen die jeweilige Beihilfe ergänzenden Tarif einschließlich etwaiger darin enthaltener Altersrückstellungen entfallen. [2]Für andere Monate einer Elternzeit wird die Beitragserstattung nach Satz 1 weitergezahlt, solange keine Beschäftigung mit mindestens der Hälfte der regelmäßigen Arbeitszeit ausgeübt wird.

(3) Die Absätze 1 und 2 gelten entsprechend für auf die Beamtin oder den Beamten entfallende Beiträge für die freiwillige gesetzliche Krankenversicherung und Pflegeversicherung.

§ 10 Sonderregelung für Richterinnen und Richter im Bundesdienst. Während der Elternzeit ist eine Teilzeitbeschäftigung als Richterin oder Richter von mindestens der Hälfte bis zu drei Vierteln des regelmäßigen Dienstes zulässig.

Abschnitt 3. Übergangs- und Schlussvorschriften

§ 11[4)] Übergangsvorschrift. Auf die vor dem 14. Februar 2009 geborenen Kinder oder auf die vor diesem Zeitpunkt mit dem Ziel der Adoption aufgenommenen Kinder ist § 1 Absatz 2 Satz 2 und 3 der Elternzeitverordnung in der bis zum 13. Februar 2009 geltenden Fassung anzuwenden.

[1)] § 9 *Abs. 1 Satz 2* geänd. mWv 1.8.2013 durch G v. 11.6.2013 (BGBl. I S. 1514); Abs. 2 Satz 1 geänd. mWv 1.9.2021 durch G v. 15.2.2021 (BGBl. I S. 239).

[2)] Nr. **230**.

[3)] **Habersack, Deutsche Gesetze ErgBd. Nr. 45e.**

[4)] § 11 Abs. 1 aufgeh. mWv 1.1.2018 durch VO v. 9.2.2018 (BGBl. I S. 198).

172. Verordnung über den Erholungsurlaub der Beamtinnen, Beamten, Richterinnen und Richter des Bundes (Erholungsurlaubsverordnung – EUrlV)[1]

In der Fassung der Bekanntmachung vom 11. November 2004[2]
(BGBl. I S. 2831)

FNA 2030-2-3

geänd. durch Art. 7 G zur Änd. dienst- und arbeitsrechtl. Vorschriften im Hochschulbereich v. 27.12.2004 (BGBl. I S. 3835), Art. 3 VO zur Neuordnung der Arbeitszeit der Beamtinnen und Beamten des Bundes und zur Änd. anderer VO v. 23.2.2006 (BGBl. I S. 427), Art. 1 Elfte ÄndVO v. 27.4.2007 (BGBl. I S. 604), Art. 2 VO zur Änd. arbeitszeit- und urlaubsrechtl. Vorschriften v. 13.8.2008 (BGBl. I S. 1684), Art. 1 Zwölfte ÄndVO v. 21.7.2009 (BGBl. I S. 2104), Art. 1 Dreizehnte ÄndVO v. 6.12.2012 (BGBl. I S. 2568), Art. 3 VO zur Änd. von Vorschriften für Dienst zu wechselnden Zeiten[3] v. 20.8.2013 (BGBl. I S. 3286), Art. 1 Vierzehnte ÄndVO v. 24.11.2014 (BGBl. I S. 1797), Art. 6 G zur Änderung des BundesbeamtenG und weiterer dienstrechtlicher Vorschriften v. 6.3.2015 (BGBl. I S. 250), Art. 2 Siebtes BesoldungsänderungsG v. 3.12.2015 (BGBl. I S. 2163), Art. 47 Elfte ZuständigkeitsanpassungsVO v. 19.6.2020 (BGBl. I S. 1328) und Art. 6 VO zur Fortentwicklung laufbahnrechtlicher und weiterer dienstrechtlicher Vorschriften v. 16.8.2021 (BGBl. I S. 3582)

§ 1[4] Urlaubsjahr. [1] Urlaubsjahr ist das Kalenderjahr. [2] Für die bei den Postnachfolgeunternehmen beschäftigten Beamtinnen und Beamten kann die oberste Dienstbehörde eine abweichende Regelung treffen.

§ 2[5] Gewährleistung des Dienstbetriebes. (1) Der beantragte Urlaub ist nach den folgenden Vorschriften zu erteilen, sofern die ordnungsmäßige Erledigung der Dienstgeschäfte gewährleistet ist; Stellvertretungskosten sind möglichst zu vermeiden.

(2) [1] Der Erholungsurlaub kann geteilt gewährt werden, soweit dadurch der Urlaubszweck nicht gefährdet wird. [2] Es werden nur ganze Arbeitstage Erholungsurlaub gewährt.

§§ 3, 4[6] *(aufgehoben)*

§ 5[7] Urlaubsdauer. (1) Der Erholungsurlaub beträgt für Beamtinnen und Beamte, deren regelmäßige Arbeitszeit auf 5 Tage in der Kalenderwoche verteilt ist, für jedes Urlaubsjahr 30 Arbeitstage.

---

[1] Die VO wurde erlassen auf Grund von § 89 Abs. 1 Satz 2 BBG iVm § 46 DRiG.

[2] Neubekanntmachung der ErholungsurlaubsVO idF der Bek. v. 17.7.2001 (BGBl. I S. 1671) in der ab 1.1.2005 geltenden Fassung.

[3] Siehe hierzu das BMI-Rdschr. – D3 – 30200/41#10 – D2 – 30105/7#1 –.

[4] § 1 Satz 2 geänd. mWv 29.11.2014 durch VO v. 24.11.2014 (BGBl. I S. 1797).

[5] § 2 Abs. 2 Satz 2 angef. mWv 29.11.2014 durch VO v. 24.11.2014 (BGBl. I S. 1797).

[6] §§ 3, 4 aufgeh. mWv 29.11.2014 durch VO v. 24.11.2014 (BGBl. I S. 1797).

[7] § 5 Abs. 5 Satz 2 2. Halbs. geänd. und Abs. 7 Satz 1 neu gef. mWv 1.3.2006 durch VO v. 23.2.2006 (BGBl. I S. 427); Abs. 3 Nr. 2 geänd. mWv 1.9.2008 durch VO v. 13.8.2008 (BGBl. I S. 1684); Abs. 6 Satz 2 geänd., Sätze 3 und 4 angef. mWv 1.1.2009 durch VO v. 21.7.2009 (BGBl. I S. 2104); Abs. 1 neu gef. mWv 14.12.2012 durch VO v. 6.12.2012 (BGBl. I S. 2568); Abs. 1 neu gef., Abs. 4 Satz 2 geänd., Abs. 5 Satz 4 aufgeh., Abs. 5a wird Abs. 6, Abs. 7 eingef., bish. Abs. 6 wird Abs. 8 und Sätze 1 und 2 geänd., Satz 3 neu gef., Satz 4 aufgeh., bish. Abs. 7 wird Abs. 9 mWv 29.11.2014, Abs. 2 Satz 2 aufgeh. mWv 1.1.2015 durch VO v. 24.11.2014 (BGBl. I S. 1797).

(2) Beamtinnen und Beamten steht für jeden vollen Monat der Dienstleistungspflicht ein Zwölftel des Jahresurlaubs nach Absatz 1 zu, wenn

1. sie im Laufe des Urlaubsjahres in den öffentlichen Dienst eingetreten sind,
2. ein Urlaub ohne Besoldung durch Aufnahme des Dienstes vorübergehend unterbrochen wird oder
3. das Beamtenverhältnis im Laufe des Urlaubsjahres endet.

(3) [1] Der Jahresurlaub nach Absatz 1 wird für jeden vollen Kalendermonat

1. eines Urlaubs ohne Besoldung oder
2. einer Freistellung von der Arbeit nach § 9 der Arbeitszeitverordnung[1)]

um ein Zwölftel gekürzt.

(4) [1] Arbeitstage im Sinne dieser Verordnung sind alle Kalendertage, an denen die Beamtin oder der Beamte Dienst zu leisten hat. [2] Endet ein Dienst erst am folgenden Kalendertag, gilt als Arbeitstag nur der Kalendertag, an dem der Dienst begonnen hat. [3] Ein nach Absatz 1 als Erholungsurlaub zustehender Arbeitstag entspricht einem Fünftel der jeweiligen regelmäßigen Arbeitszeit der Beamtin oder des Beamten; ändert sich deren Dauer im Laufe eines Monats, ist die höhere Dauer für den ganzen Monat anzusetzen.

(5) [1] Ist die regelmäßige Arbeitszeit im Durchschnitt des Urlaubsjahres auf mehr oder weniger als fünf Tage in der Kalenderwoche verteilt, ist der Urlaubsanspruch nach Absatz 1 entsprechend umzurechnen. [2] Bei der Umrechnung auf eine Sechs-Tage-Woche gelten alle Kalendertage, die nicht Sonntage sind, als Arbeitstage; ausgenommen sind gesetzlich anerkannte Feiertage, Heiligabend und Silvester, soweit diese zu einer Verminderung der regelmäßigen Arbeitszeit führen. [3] In Verwaltungen, in denen die Verteilung der regelmäßigen Arbeitszeit häufig wechselt, kann der Erholungsurlaub generell auf der Grundlage einer Sechs-Tage-Woche berechnet werden.

(6) Die Dienststelle kann den Erholungsurlaub einschließlich eines Zusatzurlaubs nach Stunden berechnen.

(7) Ergeben sich bei der Berechnung des Urlaubsanspruchs Bruchteile eines Tages oder einer Stunde, wird kaufmännisch gerundet.

(8) [1] In einem Urlaubsjahr zu viel gewährter Erholungsurlaub ist so bald wie möglich durch Anrechnung auf einen neuen Urlaubsanspruch auszugleichen. [2] Soweit Beamtinnen oder Beamte den ihnen zustehenden Erholungsurlaub vor dem Beginn eines Urlaubs ohne Besoldung oder vor Beginn der mutterschutzrechtlichen Beschäftigungsverbote nicht in Anspruch genommen haben, ist der Resturlaub nach dem Ende dieses Urlaubs ohne Besoldung oder dieser Schutzfristen dem Erholungsurlaub des laufenden Urlaubsjahres hinzuzufügen. [3] Der übertragene Resturlaub kann in vollem Umfang nach § 7a angespart werden, soweit der Beamtin oder dem Beamten für das Kalenderjahr, in dem der Urlaubsanspruch entstanden ist, die Personensorge für ein Kind unter zwölf Jahren zusteht.

(9) [1] Für Professorinnen und Professoren sowie Juniorprofessorinnen und Juniorprofessoren an Hochschulen und Lehrerinnen und Lehrer an Bundeswehrfachschulen wird der Anspruch auf Erholungsurlaub durch die vorlesungs- oder unterrichtsfreie Zeit abgegolten. [2] Bei einer Erkrankung während der vorlesungs- *oder unterrichtsfreien* Zeit gilt § 9 entsprechend. [3] Bleiben wegen einer dienstlichen Inanspruchnahme oder einer Erkrankung die vorlesungs- oder unterrichts-

---

[1)] Nr. **170**.

freien Tage hinter der Zahl der zustehenden Urlaubstage zurück, so ist insoweit Erholungsurlaub außerhalb der vorlesungs- oder unterrichtsfreien Zeit zu gewähren.

§ 5a[1] Urlaubsdauer bei Übergang zu Teilzeit. (1) [1] Verringert sich bei einem Übergang von Vollzeit- zu Teilzeitbeschäftigung die Zahl der wöchentlichen Arbeitstage, so bleibt der bis dahin erworbene Erholungsurlaubsanspruch in Höhe des unionsrechtlich gewährleisteten Mindesturlaubsanspruchs (Artikel 7 Absatz 1 der Richtlinie 2003/88/EG[2] des Europäischen Parlaments und des Rates vom 4. November 2003 über bestimmte Aspekte der Arbeitszeitgestaltung [ABl. L 299 vom 18.11.2003, S. 9]) unberührt, soweit er aus einem der folgenden Gründe nicht erfüllt werden konnte:

1. Ablehnung oder Widerruf des Erholungsurlaubs,
2. durch ein ärztliches Zeugnis nachgewiesene Dienstunfähigkeit infolge von Krankheit (§ 96 Absatz 1 Satz 2 des Bundesbeamtengesetzes[3]),
3. Beschäftigungsverbot nach § 16 Absatz 1 des Mutterschutzgesetzes[4] in Verbindung mit § 2 Absatz 1 Satz 1 Nummer 5 der Mutterschutz- und Elternzeitverordnung[5].[6]
4. Dienstunfähigkeit nach § 44 des Bundesbeamtengesetzes,
5. begrenzte Dienstfähigkeit nach § 45 des Bundesbeamtengesetzes.

[2] Satz 1 Nummer 4 findet nur Anwendung, wenn eine erneute Berufung in das Beamtenverhältnis nach § 46 des Bundesbeamtengesetzes erfolgt.

(2) [1] Der Urlaubsanspruch, der über den Urlaubsanspruch hinausgeht, der nach Absatz 1 unberührt bleibt, ist ab dem Zeitpunkt des Übergangs im selben Verhältnis zu verringern wie die Zahl der wöchentlichen Arbeitstage. [2] Das gilt nicht, wenn der Erholungsurlaub nach Stunden berechnet wird.

§ 6[7] Anrechnung und Übertragung von Urlaub aus anderen Beschäftigungsverhältnissen. (1) [1] Erholungsurlaub, den die Beamtin oder der Beamte in einem anderen Beschäftigungsverhältnis für das laufende Urlaubsjahr in Anspruch genommen hat, ist auf den Erholungsurlaub anzurechnen. [2] Erholungsurlaub aus vorangegangenen Urlaubsjahren wird nicht angerechnet.

(2) Erholungsurlaub, den die Beamtin oder der Beamte in einem anderen Beschäftigungsverhältnis während einer Beurlaubung ohne Besoldung aus vorangegangenen Urlaubsjahren erworben und nicht in Anspruch genommen hat, wird nicht übertragen.

§ 7[8] Inanspruchnahme von Urlaub; Verfall des Urlaubs. (1) Der Urlaub soll grundsätzlich im Urlaubsjahr in Anspruch genommen werden.

---

[1] § 5a eingef. mWv 29.11.2014 durch VO v. 24.11.2014 (BGBl. I S. 1797); Abs. 1 Satz 1 einl. Satzteil neu gef. mWv 29.11.2014 durch G v. 3.12.2015 (BGBl. I S. 2163); Abs. 1 Satz 1 Nr. 3 neu gef. mWv 20.8.2021 durch VO v. 16.8.2021 (BGBl. I S. 3582).

[2] **Nipperdey I, Arbeitsrecht Nr. 893.**

[3] Nr. **160**.

[4] **Habersack, Deutsche Gesetze ErgBd. Nr. 79.**

[5] Nr. **171**.

[6] Satzzeichen amtlich.

[7] § 6 neu gef. mWv 29.11.2014 durch VO v. 24.11.2014 (BGBl. I S. 1797).

[8] § 7 neu gef. mWv 29.11.2014 durch VO v. 24.11.2014 (BGBl. I S. 1797); Abs. 3 neu gef. mWv 29.11.2014 durch G v. 3.12.2015 (BGBl. I S. 2163); Abs. 4 geänd. mWv 27.6.2020 durch VO v. 19.6.2020 (BGBl. I S. 1328).

(2) Vorbehaltlich des Absatzes 3 verfällt Urlaub, der nicht innerhalb von zwölf Monaten nach dem Ende des Urlaubsjahres in Anspruch genommen worden ist.

(3) Soweit der Erholungsurlaub in Höhe des unionsrechtlich gewährleisteten Mindesturlaubsanspruchs (Artikel 7 Absatz 1 der Richtlinie 2003/88/EG[1]) wegen vorübergehender Dienstunfähigkeit nicht genommen wird, verfällt er spätestens mit Ablauf von 15 Monaten nach dem Ende des Urlaubsjahres.

(4) Für die bei den Postnachfolgeunternehmen beschäftigten Beamtinnen und Beamten kann die oberste Dienstbehörde mit Zustimmung des Bundesministeriums des Innern, für Bau und Heimat und des Bundesministeriums der Finanzen Regelungen treffen, die von den Absätzen 2 und 3 abweichen.

§ 7a[2] Urlaubsansparung zur Kinderbetreuung. (1) Beamtinnen und Beamte können auf Antrag den Erholungsurlaub nach § 5 Abs. 1, der einen Zeitraum von vier Wochen übersteigt, ansparen, solange ihnen für mindestens ein Kind unter zwölf Jahren die Personensorge zusteht.

(2) [1]Der angesparte Erholungsurlaub wird dem Erholungsurlaub des zwölften Urlaubsjahres ab der Geburt des letzten Kindes hinzugefügt, soweit er noch nicht abgewickelt ist. [2]Eine zusammenhängende Inanspruchnahme des angesparten Erholungsurlaubs von mehr als 30 Arbeitstagen soll mindestens drei Monate vorher beantragt werden. [3]Bei der Urlaubsgewährung sind dienstliche Belange zu berücksichtigen.

(3) [1]Der angesparte Erholungsurlaub ist nach Stunden zu berechnen. [2]Bei der Berechnung ist die wöchentliche Arbeitszeit in dem Urlaubsjahr maßgeblich, aus dem Urlaub angespart werden soll.

§ 8 Widerruf und Verlegung. (1) [1]Erholungsurlaub kann ausnahmsweise widerrufen werden, wenn bei Abwesenheit der Beamtin oder des Beamten die ordnungsmäßige Erledigung der Dienstgeschäfte nicht gewährleistet wäre. [2]Mehraufwendungen, die der Beamtin oder dem Beamten durch den Widerruf entstehen, werden nach den Bestimmungen des Reisekostenrechts ersetzt.

(2) Wünscht die Beamtin oder der Beamte aus wichtigen Gründen den Urlaub hinauszuschieben oder abzubrechen, so ist dem Wunsche zu entsprechen, wenn dies mit den Erfordernissen des Dienstes vereinbar ist und die Arbeitskraft der Beamtin oder des Beamten dadurch nicht gefährdet wird.

§ 9 Erkrankung. (1) [1]Werden Beamtinnen oder Beamte während ihres Urlaubs durch Krankheit dienstunfähig und zeigen sie dies unverzüglich an, wird ihnen die Zeit der Dienstunfähigkeit nicht auf den Erholungsurlaub angerechnet. [2]Die Dienstunfähigkeit ist durch ein ärztliches, auf Verlangen durch ein amts- oder vertrauensärztliches Zeugnis nachzuweisen.

(2) Für die Inanspruchnahme von Urlaub wegen der Erkrankung über die bewilligte Zeit hinaus bedarf es einer neuen Bewilligung.

---

[1] **Nipperdey I, Arbeitsrecht Nr. 893.**

[2] § 7a Abs. 2 Satz 1 geänd. mWv 14.12.2012 durch VO v. 6.12.2012 (BGBl. I S. 2568); Abs. 3 Satz 2 angef. mWv 29.11.2014 durch VO v. 24.11.2014 (BGBl. I S. 1797).

§ 10[1] **Abgeltung.** (1) Soweit der Erholungsurlaub in Höhe des unionsrechtlich gewährleisteten Mindesturlaubsanspruchs (Artikel 7 Absatz 1 der Richtlinie 2003/88/EG[2]) vor Beendigung des Beamtenverhältnisses wegen vorübergehender Dienstunfähigkeit nicht genommen worden ist, wird er abgegolten.

(2) Im Urlaubsjahr bereits genommener Erholungsurlaub oder Zusatzurlaub ist auf den unionsrechtlich gewährleisteten Mindesturlaubsanspruch (Artikel 7 Absatz 1 der Richtlinie 2003/88/EG) anzurechnen, unabhängig davon, zu welchem Zeitpunkt der Anspruch entstanden ist.

(3) [1]Die Höhe des Abgeltungsbetrages bemisst sich nach dem Durchschnitt der Bruttobesoldung für die letzten drei Monate vor Beendigung des Beamtenverhältnisses. [2]Bruttobesoldung sind die Dienstbezüge (§ 1 Absatz 2 des Bundesbesoldungsgesetzes[3]), die während eines Erholungsurlaubs weitergezahlt worden wären.

(4) Der Abgeltungsanspruch verjährt innerhalb der regelmäßigen Verjährungsfrist von drei Jahren, beginnend mit dem Ende des Urlaubsjahres, in dem das Beamtenverhältnis beendet wird.

§ 11 *(weggefallen)*

§ 12[4] **Zusatzurlaub.** (1) [1]Beamtinnen und Beamte haben Anspruch auf einen halben Arbeitstag zusätzlichen Erholungsurlaub (Zusatzurlaub) im Kalendermonat, wenn sie

1. zu wechselnden Zeiten zum Dienst herangezogen werden und
2. im Kalendermonat mindestens 35 Stunden Dienst in der Zeit zwischen 20 Uhr und 6 Uhr (Nachtdienststunden) leisten.

[2]Dienst zu wechselnden Zeiten wird geleistet, wenn mindestens viermal im Kalendermonat die Differenz zwischen den Anfangsuhrzeiten zweier Dienste mindestens 7 und höchstens 17 Stunden beträgt. [3]Bereitschaftsdienst gilt nicht als Dienst im Sinne dieser Vorschrift. [4]Geleistete Nachtdienststunden, die nicht für einen halben Arbeitstag Zusatzurlaub ausreichen, und Nachtdienststunden, die in einem Kalendermonat über 35 Nachtdienststunden hinaus geleistet worden sind, werden jeweils in den folgenden Kalendermonat übertragen. [5]Der Übertrag ist auf 70 Nachtdienststunden begrenzt. [6]Im Urlaubsjahr werden bis zu sechs Arbeitstage Zusatzurlaub gewährt. [7]Es werden nur ganze Arbeitstage Zusatzurlaub gewährt. [8]Absatz 5 bleibt unberührt. [9]§ 5 Absatz 5 ist nicht anzuwenden.

(2) [1]Soweit Beamtinnen und Beamte die Voraussetzungen des Absatzes 1 Satz 1 nicht erfüllen, erhalten sie für jeweils 100 geleistete Nachtdienststunden einen Arbeitstag Zusatzurlaub. [2]Im Urlaubsjahr werden bis zu sechs Arbeitstage Zusatzurlaub gewährt [3]Nachtdienststunden, die nicht durch die Gewährung eines Arbeitstages Zusatzurlaub abgegolten sind, und Nachtdienststunden, die in einem Urlaubsjahr über 600 Nachtdienststunden hinaus geleistet worden

---

[1] § 10 neu gef. mWv 14.3.2015 durch G v. 6.3.2015 (BGBl. I S. 250); Abs. 1 und 2 neu gef. mWv 14.3.2015 durch G v. 3.12.2015 (BGBl. I S. 2163).

[2] **Nipperdey I, Arbeitsrecht Nr. 893.**

[3] Nr. **230**.

[4] § 12 neu gef. mWv 1.1.2014 durch VO v. 20.8.2013 (BGBl. I S. 3286); Abs. 1 Satz 1 einl. Satzteil, Satz 7, Abs. 5 Nr. 1 und 2 geänd., Abs. 3 Satz 4 neu gef. mWv 29.11.2014 durch VO v. 24.11.2014 (BGBl. I S. 1797).

sind, werden in das folgende Urlaubsjahr übertragen. [4] Der Übertrag ist auf 100 Nachtdienststunden begrenzt. [5] Absatz 5 bleibt unberührt. [6] § 5 Absatz 5 ist nicht anzuwenden.

(3) [1] Bei Teilzeitbeschäftigung verringern sich die für die Gewährung von Zusatzurlaub erforderlichen Nachtdienststunden entsprechend dem Verhältnis zwischen der ermäßigten und der regelmäßigen wöchentlichen Arbeitszeit. [2] § 5 Absatz 4 Satz 3 gilt entsprechend. [3] Der Zusatzurlaub ist nach Stunden zu berechnen. [4] Für die Umrechnung entspricht ein als Zusatzurlaub zustehender Arbeitstag der ermäßigten wöchentlichen Arbeitszeit, geteilt durch die Zahl der Wochentage, auf die die ermäßigte Arbeitszeit verteilt ist.

(4) [1] Die Absätze 1 und 2 sind nebeneinander anzuwenden. [2] Der Zusatzurlaub darf insgesamt sechs Arbeitstage je Urlaubsjahr nicht überschreiten. [3] Am Ende des Urlaubsjahres werden übertragene Nachtdienststunden nach Absatz 1 auf übertragene Nachtdienststunden nach Absatz 2 angerechnet, sofern sich hieraus ein Anspruch auf einen weiteren Arbeitstag Zusatzurlaub ergibt und der Anspruch auf maximal sechs Arbeitstage Zusatzurlaub im Urlaubsjahr noch nicht ausgeschöpft ist. [4] Absatz 5 bleibt unberührt.

(5) Der Zusatzurlaub nach den Absätzen 1 und 2 erhöht sich

1. für Beamtinnen und Beamte, die das 50. Lebensjahr im Laufe des Urlaubsjahres vollenden, um einen Arbeitstag,
2. für Beamtinnen und Beamte, die das 60. Lebensjahr im Laufe des Urlaubsjahres vollenden, um einen weiteren Arbeitstag.

§ 13[1)] Sonderregelungen für ehemals bundeseigene Unternehmen.

(1) Für den Bereich der Deutschen Bahn Aktiengesellschaft oder einer Gesellschaft, die ausgegliedert worden ist nach § 2 Absatz 1 und § 3 Absatz 3 des Deutsche Bahn Gründungsgesetzes vom 27. Dezember 1993 (BGBl. I S. 2378, 2386), das zuletzt durch Artikel 307 der Verordnung vom 31. Oktober 2006 (BGBl. I S. 2407) geändert worden ist, kann die oberste Dienstbehörde von der Anwendung des § 12 Absatz 1 absehen.

(2) Für Beamtinnen und Beamte, die bei den Postnachfolgeunternehmen beschäftigt sind, kann die oberste Dienstbehörde

1. statt des Zusatzurlaubs Freischichten in entsprechendem Umfang gewähren oder
2. von der Anwendung des § 12 Absatz 1 absehen.

§ 14[1)] Zusatzurlaub für Beamtinnen und Beamte in besonderen Verwendungen.

[1] Der Zusatzurlaub für Dienst zu wechselnden Zeiten wird nicht gewährt

1. Beamtinnen und Beamten der Feuerwehr oder des Wachdienstes, wenn sie nach einem Schichtplan eingesetzt sind, der für den Regelfall Schichten von 24 Stunden Dauer vorsieht,
2. Beamtinnen und Beamten, die sich zwischen Dienstende und nächstem Dienstbeginn an Bord von ruhenden Schiffen oder auf ruhenden schwimmenden Geräten bereithalten,

---

1) §§ 13 und 14 neu gef. mWv 1.1.2014 durch VO v. 20.8.2013 (BGBl. I S. 3286).

3. Beamtinnen und Beamten, die an Bord von Schiffen oder auf schwimmenden Geräten zur Bord- und Hafenwache oder zur Ankerwache eingesetzt sind.

²Dauert mindestens ein Viertel der Schichten, die Beamtinnen und Beamte der Feuerwehr oder des Wachdienstes leisten, weniger als 24, aber mehr als 11 Stunden, erhalten sie für je fünf Monate Schichtdienst im Urlaubsjahr einen Arbeitstag Zusatzurlaub; § 12 Absatz 5 ist nicht anzuwenden.

§ 15 Geltungsbereich. Diese Verordnung gilt auch für die Richterinnen und Richter des Bundes und die Beamtinnen und Beamten der nach Artikel 130 des Grundgesetzes[1)] der Bundesregierung unterstehenden Verwaltungsorgane und Einrichtungen.

§ 16[2)] Auslandsverwendung. (1) ¹Für im Ausland tätige Beamtinnen und Beamte, die nicht dem Auswärtigen Dienst angehören, gilt die Heimaturlaubsverordnung[3)] entsprechend. ²Soweit Beamtinnen und Beamte an Dienstorten nach § 1 der Heimaturlaubsverordnung vom 3. Juni 2002 (BGBl. I S. 1784), die zuletzt durch Artikel 1 der Verordnung vom 15. Juni 2010 (BGBl. I S. 792) geändert worden ist, tätig sind, die nicht in der Allgemeinen Verwaltungsvorschrift über zusätzliche Urlaubstage für Beamtinnen und Beamte des Auswärtigen Dienstes an ausländischen Dienstorten erfasst sind, setzt das Bundesministerium des Innern, für Bau und Heimat den Zusatzurlaub im Einvernehmen mit dem Auswärtigen Amt fest.

(2) Im Ausland tätige schwerbehinderte Beamtinnen und Beamte erhalten einen Zusatzurlaub von fünf Arbeitstagen im Jahr; bei Verteilung der regelmäßigen Arbeitszeit auf mehr oder weniger als fünf Arbeitstage in der Kalenderwoche erhöht oder vermindert sich der Zusatzurlaub entsprechend.

§ 17[4)] *(aufgehoben)*

[1)] Nr. **1**.

[2)] § 16 Abs. 1 Satz 2 neu gef. mWv 14.12.2012 durch VO v. 6.12.2012 (BGBl. I S. 2568); Abs. 1 Satz 2 geänd. mWv 27.6.2020 durch VO v. 19.6.2020 (BGBl. I S. 1328).

[3)] **Bundesbeamtengesetze Nr. 60.**

[4)] § 17 aufgeh. mWv 29.11.2014 durch VO v. 24.11.2014 (BGBl. I S. 1797).

173. Verordnung über den Sonderurlaub für Bundesbeamtinnen und Bundesbeamte sowie für Richterinnen und Richter des Bundes (Sonderurlaubsverordnung – SUrlV)[1]

Vom 1. Juni 2016
(BGBl. I S. 1284)

FNA 2030-2-30-5

geänd. durch Art. 44 G zur Regelung des Sozialen Entschädigungsrechts v. 12.12.2019 (BGBl. I S. 2652), Art. 51 Elfte ZuständigkeitsanpassungsVO v. 19.6.2020 (BGBl. I S. 1328), Art. 3, 4 VO zur Weiterentwicklung dienstrechtl. Regelungen zu Arbeitszeit und Sonderurlaub v. 17.12.2020 (BGBl. I S. 3011), Art. 1–3 Erste ÄndVO v. 3.6.2021 (BGBl. I S. 1367), Art. 7, 8 VO zur Fortentwicklung laufbahnrechtlicher und weiterer dienstrechtlicher Vorschriften v. 16.8.2021 (BGBl. I S. 3582), Art. 1–4 Zweite ÄndVO v. 22.12.2021 (BGBl. I S. 5257), Art. 1–4 VO zur Änd. der SonderurlaubsVO und der BundeslaufbahnVO v. 9.8.2022 (BGBl. I S. 1381), Art. 1–6 Dritte ÄndVO v. 16.3.2023 (BGBl. 2023 I Nr. 80), Art. 1, 2 Vierte ÄndVO v. 7.2.2024 (BGBl. 2024 I Nr. 37), Art. 1, 2 Fünfte ÄndVO v. 3.3.2026 (BGBl. 2026 I Nr. 57) und Art. 2 Abs. 3 VO zur Novellierung der BundeslaufbahnVO v. 11.3.2026 (BGBl. 2026 I Nr. 67)

Auf Grund des § 90 Absatz 1 des Bundesbeamtengesetzes[2] vom 5. Februar 2009 (BGBl. I S. 160) verordnet die Bundesregierung:

Inhaltsübersicht[3]

[1] Die Änderungen durch VO v. 3.3.2026 (BGBl. 2026 I Nr. 57) treten teilweise erst **mWv 1.1.2027** in Kraft und sind insoweit noch nicht im Text berücksichtigt.
[2] Nr. **160**.
[3] Inhaltsübersicht geänd. mWv 22.3.2023 durch VO v. 16.3.2023 (BGBl. 2023 I Nr. 80).

§ 1 Geltungsbereich. (1) [1] Diese Verordnung gilt für die Beamtinnen und Beamten des Bundes. [2] Für die Richterinnen und Richter im Bundesdienst gilt diese Verordnung nach § 46 des Deutschen Richtergesetzes[1)] entsprechend.

(2) Ansprüche auf Sonderurlaub für Beamtinnen und Beamte des Bundes sowie Richterinnen und Richter des Bundes, die sich aus anderen Rechtsvorschriften ergeben, bleiben unberührt.

§ 2 Zuständigkeit. Die Entscheidung über die Gewährung von Sonderurlaub trifft – außer in den Fällen des § 22 Absatz 1 Satz 2 und Absatz 3 Satz 2 – die personalverwaltende Dienstbehörde.

§ 3 Voraussetzungen. Sonderurlaub wird nur gewährt, wenn
1. der Anlass, für den Sonderurlaub beantragt wurde, nicht außerhalb der Arbeitszeit wahrgenommen oder erledigt werden kann,
2. dienstliche Gründe nicht entgegenstehen und
3. die jeweiligen Voraussetzungen der §§ 5 bis 22 erfüllt sind.

§ 4 Dauer. Die in den folgenden Vorschriften bestimmte Urlaubsdauer verlängert sich um erforderliche Reisezeiten.

§ 5 Sonderurlaub zur Ausübung staatsbürgerlicher Rechte und zur Erfüllung staatsbürgerlicher Pflichten. Sonderurlaub unter Fortzahlung der Besoldung ist zu gewähren
1. für die Teilnahme an öffentlichen Wahlen und Abstimmungen,
2. zur Wahrnehmung amtlicher, insbesondere gerichtlicher, staatsanwaltschaftlicher oder polizeilicher Termine, sofern sie nicht durch private Angelegenheiten der Beamtin oder des Beamten veranlasst sind, oder
3. zur Ausübung einer ehrenamtlichen Tätigkeit oder eines öffentlichen Ehrenamtes, wenn die Übernahme der Tätigkeit auf einer gesetzlichen Vorschrift beruht.

§ 6 Sonderurlaub zur Ausübung einer Tätigkeit in öffentlichen zwischenstaatlichen oder überstaatlichen Einrichtungen oder in einer öffentlichen Einrichtung eines Mitgliedstaates der Europäischen Union. (1) [1] Sonderurlaub unter Wegfall der Besoldung ist zu gewähren bei Entsendung für eine hauptberufliche Tätigkeit
1. in einer öffentlichen zwischenstaatlichen oder überstaatlichen Einrichtung,
2. in der Verwaltung eines Mitgliedstaates der Europäischen Union oder
3. in einer öffentlichen Einrichtung eines Mitgliedstaates der Europäischen Union.

[2] Die Dauer des Sonderurlaubs richtet sich nach der Dauer der Entsendung.

(2) Sonderurlaub von bis zu einem Jahr unter Wegfall der Besoldung ist auch für die Wahrnehmung einer hauptberuflichen Tätigkeit nach Absatz 1 Satz 1 zu

[1)] **Habersack ErgBd. Nr. 97.**

gewähren, wenn die Beamtin oder der Beamte zu dieser hauptberuflichen Tätigkeit nicht entsandt wird.

§ 7 Sonderurlaub zur Wahrnehmung von Aufgaben der Entwicklungszusammenarbeit. Zur Wahrnehmung von Aufgaben der Entwicklungszusammenarbeit sind bis zu fünf Jahre Sonderurlaub unter Wegfall der Besoldung zu gewähren.

§ 8[1] Sonderurlaub im Rahmen des Aufstiegs in eine Laufbahn des gehobenen oder höheren Dienstes. Mit Zustimmung des Bundesministeriums des Innern und für Heimat ist Sonderurlaub unter Fortzahlung der Besoldung zu gewähren, wenn Beamtinnen oder Beamte im Rahmen eines Aufstiegs in eine Laufbahn des gehobenen oder des höheren Dienstes nach § 47 der Bundeslaufbahnverordnung an Studiengängen außerhalb der Hochschulen des Bundes teilnehmen.

§ 9[2] Sonderurlaub für Aus- oder Fortbildung. (1) Je Kalenderjahr sind insgesamt jeweils bis zu fünf Arbeitstage Sonderurlaub unter Fortzahlung der Besoldung zu gewähren

1. für die Teilnahme an wissenschaftlichen Tagungen sowie an beruflichen Aus- und Fortbildungsveranstaltungen, die von staatlichen oder kommunalen Stellen durchgeführt werden, wenn die Teilnahme für die dienstliche Tätigkeit von Nutzen ist,
2. zum Ablegen von Abschlussprüfungen nach einer Aus- oder Fortbildung im Sinne der Nummer 1 und bei Verwaltungs- und Wirtschaftsakademien zum Ablegen von Abschlussprüfungen,
3. für die Teilnahme an Lehrgängen, die der Ausbildung zur Jugendgruppenleiterin oder zum Jugendgruppenleiter dienen, oder
4. für die Tätigkeit als ehrenamtliche Jugendgruppenleiterin oder ehrenamtlicher Jugendgruppenleiter bei Lehrgängen oder Veranstaltungen, wenn diese von Trägern der öffentlichen Jugendhilfe oder anerkannten Trägern der freien Jugendhilfe (§ 75 des Achten Buches Sozialgesetzbuch[3]) durchgeführt werden.

(2) [1] Für die Teilnahme an förderungswürdigen staatspolitischen Bildungsveranstaltungen sind bis zu zehn Arbeitstage Sonderurlaub unter Fortzahlung der Besoldung zu gewähren. [2] Wird die Bildungsveranstaltung nicht von einer staatlichen Stelle durchgeführt, so gilt dies nur, wenn die Bundeszentrale für politische Bildung die Förderungswürdigkeit anerkannt hat; das Nähere regelt das Bundesministerium des Innern und für Heimat.

(3) Weiterer Sonderurlaub nach Absatz 2 darf frühestens zwei Jahre nach Beendigung des letzten Sonderurlaubs nach Absatz 2 gewährt werden.

§ 10 Sonderurlaub für fremdsprachliche Aus- oder Fortbildung. (1) [1] Für eine *fremdsprachliche* Aus- oder Fortbildung in einem Land, in dem die zu erlernende Sprache gesprochen wird, sind bis zu drei Monate Sonderurlaub unter Fortzahlung der Besoldung zu gewähren. [2] Die Aus- oder Fortbildung muss im dienstlichen Interesse liegen.

---

[1] § 8 geänd. mWv 27.6.2020 durch VO v. 19.6.2020 (BGBl. I S. 1328); geänd. mWv 20.3.2022 durch VO v. 9.8.2022 (BGBl. I S. 1381); geänd. mWv 17.3.2026 durch VO v. 11.3.2026 (BGBl. 2026 I Nr. 67).

[2] § 9 Abs. 2 Satz 2 geänd. mWv 27.6.2020 durch VO v. 19.6.2020 (BGBl. I S. 1328); Abs. 2 Satz 2 geänd. mWv 20.3.2022 durch VO v. 9.8.2022 (BGBl. I S. 1381).

[3] **Habersack ErgBd. Nr. 46.**

(2) Weiterer Sonderurlaub nach Absatz 1 darf frühestens zwei Jahre nach Beendigung des letzten Sonderurlaubs nach Absatz 1 gewährt werden.

§ 11 Sonderurlaub für Zwecke der militärischen und zivilen Verteidigung. (1) Für die Teilnahme an Ausbildungsveranstaltungen von Organisationen der zivilen Verteidigung ist je Kalenderjahr bis zu zehn Arbeitstage Sonderurlaub unter Fortzahlung der Besoldung zu gewähren.

(2) Für die Teilnahme an dienstlichen Veranstaltungen im Sinne des § 81 Absatz 1 des Soldatengesetzes[1] oder für die Dauer eines Einsatzes als Mitglied einer Organisation der zivilen Verteidigung ist Sonderurlaub unter Fortzahlung der Besoldung zu gewähren.

(3) Sonderurlaub unter Fortzahlung der Besoldung ist bei Vorliegen eines dringenden öffentlichen Interesses zu gewähren, für die Dauer der Heranziehung

1. zum Feuerlöschdienst einschließlich der von den örtlichen Wehrleitungen angeordneten Übungen,
2. zum Wasserwehr- oder Deichdienst einschließlich der von den örtlichen Wehrleitungen angeordneten Übungen oder
3. zum Bergwacht- oder Seenotrettungsdienst zwecks Rettung von Menschenleben und zum freiwilligen Sanitätsdienst.

§ 12 Sonderurlaub für vereinspolitische Zwecke. (1) Einer Beamtin oder einem Beamten, die oder der als Mitglied des Vorstandes einer überörtlichen Selbsthilfeorganisation zur Betreuung behinderter oder suchtkranker Personen an auf Bundes- oder Landesebene stattfindenden Arbeitstagungen solcher Organisationen teilnimmt, sind je Kalenderjahr bis zu fünf Arbeitstage Sonderurlaub unter Fortzahlung der Besoldung zu gewähren.

(2) Je Kalenderjahr sind bis zu fünf Arbeitstage Sonderurlaub unter Fortzahlung der Besoldung auch zu gewähren für die Teilnahme

1. an Sitzungen eines überörtlichen Parteivorstandes, dem die Beamtin oder der Beamte angehört, oder
2. an Bundes-, Landes- oder Bezirksparteitagen, wenn die Beamtin oder der Beamte als Mitglied eines Parteivorstandes oder als Delegierte oder Delegierter teilnimmt.

§ 13 Sonderurlaub zur Ableistung von Freiwilligendiensten. Bis zu zwei Jahre Sonderurlaub unter Wegfall der Besoldung sind zu gewähren, wenn eine Beamtin oder ein Beamter

1. ein freiwilliges soziales Jahr nach § 3 oder § 6 des Jugendfreiwilligendienstegesetzes[2],
2. ein freiwilliges ökologisches Jahr nach § 4 oder § 6 des Jugendfreiwilligendienstegesetzes oder
3. einen Bundesfreiwilligendienst nach dem Bundesfreiwilligendienstgesetz[3]

ableistet.

§ 14 Sonderurlaub für eine Ausbildung zur Schwesternhelferin oder zum Pflegediensthelfer. Für eine Ausbildung zur Schwesternhelferin oder zum Pfle-

[1] **Sartorius III Nr. 850.**
[2] Nr. **390**.
[3] Nr. **627**.

gedienstheifer ist Sonderurlaub unter Fortzahlung der Besoldung für die Dauer eines geschlossenen Lehrganges, höchstens jedoch für 20 Arbeitstage im Kalenderjahr, zu gewähren.

§ 15 Sonderurlaub für gewerkschaftliche Zwecke. Sonderurlaub von jeweils bis zu fünf Arbeitstagen im Kalenderjahr unter Fortzahlung der Besoldung ist zu gewähren für die Teilnahme

1. an Sitzungen eines überörtlichen Gewerkschafts- oder Berufsverbandsvorstandes, dem die Beamtin oder der Beamte angehört, oder
2. an Tagungen von Gewerkschaften oder Berufsverbänden auf internationaler Ebene, auf Bundes- oder Landesebene oder, sofern es keine Landesebene gibt, auf Bezirksebene, wenn die Beamtin oder der Beamte als Mitglied eines Gewerkschafts- oder Berufsverbandsvorstandes oder als Delegierte oder Delegierter teilnimmt.

§ 16 Sonderurlaub für kirchliche Zwecke. Sonderurlaub von bis zu fünf Arbeitstagen im Kalenderjahr unter Fortzahlung der Besoldung ist zu gewähren für die Teilnahme

1. an Sitzungen der Verfassungsorgane oder an Sitzungen überörtlicher Verwaltungsgremien der Kirchen oder der sonstigen öffentlich-rechtlichen Religionsgesellschaften, wenn die Beamtin oder der Beamte dem Verfassungsorgan oder dem Gremium angehört,
2. an Tagungen der Kirchen oder der öffentlich-rechtlichen Religionsgesellschaften, wenn die Beamtin oder der Beamte auf Anforderung der Kirchenleitung oder der obersten Leitung der Religionsgesellschaft als Delegierte oder Delegierter oder als Mitglied eines Verwaltungsgremiums der Kirche oder der Religionsgesellschaft teilnimmt, oder
3. an Veranstaltungen des Deutschen Evangelischen Kirchentages, des Deutschen Katholikentages, des Ökumenischen Kirchentages oder des Weltjugendtages.

§ 17 Sonderurlaub für sportliche Zwecke. (1) [1] Sonderurlaub unter Fortzahlung der Besoldung ist zu gewähren

1. für die Teilnahme als aktive Sportlerin oder aktiver Sportler an
   a) Olympischen Spielen, Paralympischen Spielen, Deaflympischen Spielen, Welt- und Europameisterschaften und den dazugehörigen Vorbereitungswettkämpfen auf Bundesebene sowie den für die Qualifikation erforderlichen sonstigen internationalen Länderwettkämpfen,
   b) Weltcup- und Europacup-Veranstaltungen sowie Europapokal-Wettbewerben,

   wenn die Beamtin oder der Beamte von einem dem Deutschen Olympischen Sportbund angeschlossenen Verband als aktive Sportlerin oder aktiver Sportler benannt worden ist,
2. für die Teilnahme an Kongressen und Vorstandssitzungen internationaler Sportverbände, denen der Deutsche Olympische Sportbund oder ein ihm angeschlossener Sportverband angehört, an Mitgliederversammlungen und Vorstandssitzungen des Deutschen Olympischen Sportbundes und ihm angeschlossener Sportverbände auf Bundesebene sowie an Vorstandssitzungen solcher Verbände auf Landesebene, wenn die Beamtin oder der Beamte dem Gremium angehört.

[2] Im Fall des Satzes 1 Nummer 2 werden bis zu fünf Arbeitstage Sonderurlaub gewährt.

(2) [1] Sonderurlaub unter Fortzahlung der Besoldung ist auch Beamtinnen und Beamten zu gewähren, deren Teilnahme für den sportlichen Einsatz der Sportlerinnen und Sportler oder der Mannschaft bei Veranstaltungen im Sinne des Absatzes 1 dringend erforderlich ist. [2] Eine entsprechende Bescheinigung von einem dem Deutschen Olympischen Sportbund angeschlossenen Verband oder Verein ist vorzulegen.

§ 18[1)] Sonderurlaub für Familienheimfahrten. (1) [1] Beamtinnen und Beamten, die Trennungsgeld nach der Trennungsgeldverordnung erhalten, ist für Familienheimfahrten Sonderurlaub unter Fortzahlung der Besoldung zu gewähren, wenn die Beamtinnen oder Beamten

1. mit ihrem Ehegatten oder ihrer Ehegattin oder ihrer Lebenspartnerin oder ihrem Lebenspartner im Sinn des Lebenspartnerschaftsgesetzes[2)] in häuslicher Gemeinschaft leben oder
2. mit einer oder einem Verwandten bis zum vierten Grad, einer oder einem Verschwägerten bis zum zweiten Grad, einem Pflegekind oder Pflegeeltern in häuslicher Gemeinschaft leben und ihnen auf Grund gesetzlicher oder sittlicher Verpflichtung nicht nur vorübergehend Unterkunft und Unterhalt ganz oder überwiegend gewähren.

[2] Als Sonderurlaub wird im Kalenderjahr innerhalb eines Zeitraums von zwei Monaten ein Arbeitstag gewährt.

(2) Sonderurlaub wird nur gewährt, wenn

1. die regelmäßige Arbeitszeit auf mindestens fünf Arbeitstage in der Woche verteilt ist und
2. die kürzeste Reisestrecke zwischen der Wohnung der Familie und dem Ort der Dienstleistung an jedem Arbeitstag nach Nummer 1 mindestens 150 Kilometer beträgt.

(3) Der Beginn des Sonderurlaubs ist mit den dienstlichen Bedürfnissen abzustimmen.

(4) [1] Beamtinnen und Beamten, die im Ausland tätig sind, ist für jede Heimfahrt, für die sie eine Reisebeihilfe nach § 13 Absatz 1 der Auslandstrennungsgeldverordnung erhalten, Sonderurlaub unter Fortzahlung der Besoldung zu gewähren. [2] Sonderurlaub kann für bis zu drei Arbeitstage pro Heimfahrt gewährt werden. [3] Für Heimfahrten dürfen pro Kalenderjahr höchstens zwölf Arbeitstage Sonderurlaub gewährt werden.

(5) Für die bei den Postnachfolgeunternehmen beschäftigten Beamtinnen und Beamten kann die oberste Dienstbehörde im Einvernehmen mit dem Bundesministerium der Finanzen von Absatz 1 abweichende Regelungen treffen.

§ 19[3)] Sonderurlaub aus dienstlichen Anlässen. (1) Sonderurlaub unter Fortzahlung der Besoldung ist im nachstehend angegebenen Umfang zu gewähren:

1. zwei Arbeitstage für einen Wohnortwechsel aus dienstlichem Anlass,

---

[1)] § 18 Abs. 1 Satz 1 neu gef. mWv 1.6.2020, Abs. 2 Nr. 2 neu gef. mWv 24.12.2020 und Abs. 4 neu gef. mWv 1.1.2021 durch VO v. 17.12.2020 (BGBl. I S. 3011).

[2)] **Habersack ErgBd. Nr. 43.**

[3)] § 19 Abs. 2 Satz 1 geänd. mWv 27.6.2020 durch VO v. 19.6.2020 (BGBl. I S. 1328); Abs. 2 Satz 1 geänd. mWv 20.3.2022 durch VO v. 9.8.2022 (BGBl. I S. 1381).

2. drei Arbeitstage für einen Umzug ins Ausland oder aus dem Ausland ins Inland aus dienstlichem Anlass,
3. ein Arbeitstag aus Anlass des 25-, 40- und 50-jährigen Dienstjubiläums.

(2) [1]Für die im Bereich der Deutschen Bahn Aktiengesellschaft sowie einer nach § 2 Absatz 1 und § 3 Absatz 3 des Deutsche Bahn Gründungsgesetzes ausgegliederten Gesellschaft beschäftigten Beamtinnen und Beamten kann die oberste Dienstbehörde im Einvernehmen mit dem Bundesministerium des Innern und für Heimat von Absatz 1 abweichende Regelungen treffen. [2]Für die bei den Postnachfolgeunternehmen beschäftigten Beamtinnen und Beamten kann die oberste Dienstbehörde im Einvernehmen mit dem Bundesministerium der Finanzen von Absatz 1 abweichende Regelungen treffen.

§ 20[1)] Sonderurlaub aus medizinischen Anlässen. (1) Sonderurlaub unter Fortzahlung der Besoldung ist zu gewähren für die Dauer der notwendigen Abwesenheit
1. einer amts-, vertrauens- oder versorgungsärztlich angeordneten Untersuchung,
2. einer kurzfristigen Behandlung einschließlich der Anpassung, Wiederherstellung oder Erneuerung von Körperersatzstücken oder
3. einer ärztlich verordneten sonstigen Behandlung.

(2) Sonderurlaub unter Fortzahlung der Besoldung ist zu gewähren
1. für eine stationäre oder ambulante Rehabilitationsmaßnahme,
2. für eine Maßnahme der medizinischen Rehabilitation für Mütter und Väter nach § 41 des Fünften Buches Sozialgesetzbuch[2)],
3. für die Betreuung eines Kindes unter zwölf Jahren während einer Rehabilitationsmaßnahme als medizinisch notwendig anerkannte Begleitperson,
4. für eine ärztlich verordnete familienorientierte Rehabilitation im Fall einer Krebs-, Herz- oder Mukoviszidoseerkrankung eines Kindes oder für ein Kind, dessen Zustand im Fall einer Operation am Herzen oder einer Organtransplantation eine solche Maßnahme erfordert,
5. für ärztlich verordneten Rehabilitationssport oder Funktionstraining in Gruppen nach § 44 Absatz 1 Nummer 3 und 4 des Neunten Buches Sozialgesetzbuch[3)] oder
6. für die Durchführung einer Badekur nach § 11 Absatz 2 des Bundesversorgungsgesetzes in der am 31. Dezember 2023 geltenden Fassung.

(3) [1]Sonderurlaub nach Absatz 2 Nummer 1 bis 3 wird nur bei Vorlage des Anerkennungsbescheids der Beihilfefestsetzungsstelle oder des Bescheids der Krankenkasse über die Gewährung der Rehabilitationsleistung gewährt. [2]Die Maßnahmen müssen entsprechend den darin genannten Festlegungen zur Behandlung und zum Behandlungsort durchgeführt werden.

(4) [1]Die Notwendigkeit der Maßnahmen nach Absatz 2 Nummer 1 bis 3 muss durch eine ärztliche Bescheinigung nachgewiesen werden. [2]Die Notwendigkeit der Maßnahme nach Absatz 2 Nummer 4 muss durch ein Zeugnis des behandelnden Arztes in der Klinik nachgewiesen werden.

[1)] § 20 Abs. 2 Nr. 6 neu gef. mWv 1.1.2024 durch G v. 12.12.2019 (BGBl. I S. 2652).
[2)] **Aichberger, SGB Nr. 5.**
[3)] **Aichberger, SGB Nr. 9.**

(5) Dauer und Häufigkeit des Sonderurlaubs nach Absatz 2 Nummer 1 bis 4 und 6 bestimmen sich nach § 35 Absatz 2 Satz 2 Nummer 5 und § 36 Absatz 2 der Bundesbeihilfeverordnung.

§ 21[1)] Sonderurlaub aus persönlichen Anlässen. (1) Sonderurlaub unter Fortzahlung der Besoldung ist wie folgt zu gewähren:

	Anlass	Urlaubsdauer
1.	Niederkunft der Ehefrau, der Lebenspartnerin oder der mit der Beamtin oder dem Beamten in ehe- oder lebenspartnerschaftsähnlicher Gemeinschaft lebenden Lebensgefährtin	ein Arbeitstag
2.	Tod der Ehefrau oder des Ehemanns, der Lebenspartnerin oder des Lebenspartners, eines Kindes oder eines Elternteils der Beamtin oder des Beamten	zwei Arbeitstage
3.	bei ärztlich bescheinigter Erkrankung und bei ärztlicher Bescheinigung über die Notwendigkeit zur Pflege, Beaufsichtigung oder Betreuung einer oder eines im Haushalt der Beamtin oder des Beamten lebenden Angehörigen im Sinne des § 20 Absatz 5 Satz 1 des Verwaltungsverfahrensgesetzes	ein Arbeitstag im Urlaubsjahr
4.	bei ärztlich bescheinigter Erkrankung und bei ärztlicher Bescheinigung über die Notwendigkeit zur Pflege, Beaufsichtigung oder Betreuung eines Kindes der Beamtin oder des Beamten, das noch nicht zwölf Jahre alt ist, oder eines behinderten und auf Hilfe angewiesenen Kindes	für jedes Kind bis zu acht Arbeitstage im Urlaubsjahr
5.	Erkrankung der Betreuungsperson eines Kindes der Beamtin oder des Beamten, das noch nicht acht Jahre alt ist oder wegen körperlicher, geistiger oder seelischer Behinderung auf Hilfe angewiesen ist	bis zu vier Arbeitstage im Urlaubsjahr
6.	Fälle, in denen für eine nahe Angehörige oder einen nahen Angehörigen im Sinne des § 7 Absatz 3 des Pflegezeitgesetzes in einer akut auftretenden Pflegesituation eine bedarfsgerechte Pflege organisiert oder eine pflegerische Versorgung sichergestellt werden muss, nach Verlangen unter Vorlage einer ärztlichen Bescheinigung über die Pflegebedürftigkeit im Sinne des § 14 Absatz 1 des Elften Buches Sozialgesetzbuch	für jede pflegebedürftige Person bis zu neun Arbeitstage
7.	Spende von Organen und Geweben, die nach § 8 des Transplantationsgesetzes erfolgt, oder für eine Blutspende zur Separation von Blutstammzellen oder anderer Blutbestandteile im Sinne von § 1 des Transfusionsgesetzes, soweit eine ärztliche Bescheinigung vorgelegt wird	Dauer der notwendigen Abwesenheit

(2) Abweichend von Absatz 1 Nummer 4 beträgt die Dauer des gewährten Sonderurlaubs im Jahr 2026

1. für jedes Kind bis zu 13 Arbeitstage im Urlaubsjahr, für alle Kinder zusammen höchstens 30 Arbeitstage im Urlaubsjahr,
2. bei alleinerziehenden Beamtinnen und Beamten für jedes Kind bis zu 26 Arbeitstage im Urlaubsjahr, für alle Kinder zusammen höchstens 60 Arbeitstage im Urlaubsjahr,

---

[1)] § 21 Abs. 4 einl. Satzteil und Abs. 5 geänd. mWv 27.6.2020 durch VO v. 19.6.2020 (BGBl. I S. 1328); Abs. 1 Nr. 6a und Abs. 2a–2c eingef. mWv 15.10.2020 und aufgeh. mWv 1.1.2021 durch VO v. 17.12.2020 (BGBl. I S. 3011); Abs. 1 Nr. 6a eingef. mWv 1.1.2021, Abs. 2a, 2b eingef. mWv 5.1.2021, Abs. 1 Nr. 6a aufgeh. mWv 1.7.2021 und Abs. 2a, 2b aufgeh. mWv 1.1.2022 durch VO v. 3.6.2021 (BGBl. I S. 1367); Abs. 1 Nr. 6a eingef. mWv 1.7.2021; Abs. 1 Nr. 6a aufgeh. mWv 1.1.2022 durch VO v. 16.8.2021 (BGBl. I S. 3582); Abs. 1 Nr. 6 geänd., Nr. 6a und Abs. 2a–2c eingef. mWv 1.1.2022, Abs. 2b, 2c aufgeh. mWv 20.3.2022, Abs. 1 Nr. 6a aufgeh. mWv 1.4.2022 und Abs. 2a aufgeh. mWv 1.1.2023 durch VO v. 22.12.2021 (BGBl. I S. 5257); Abs. 2b, 2c eingef., Abs. 4 und 5 geänd. mWv 20.3.2022, Abs. 1 Nr. 6a eingef. mWv 1.4.2022, Abs. 2b, 2c aufgeh. mWv 24.9.2022, Abs. 1 Nr. 6a aufgeh. mWv 1.1.2023 *durch VO v. 9.8.2022 (BGBl. I S. 1381)*; Abs. 2b, 2c eingef. mWv 24.9.2022, Abs. 1 Nr. 6a, Abs. 2a eingef. mWv 1.1.2023, Abs. 2b, 2c aufgeh. mWv 8.4.2023, Abs. 1 Nr. 6a aufgeh. mWv 1.5.2023, Abs. 2a aufgeh. mWv 1.1.2024 durch VO v. 16.3.2023 (BGBl. 2023 I Nr. 80); Abs. 1 Nr. 4 geänd., Abs. 2 neu gef. mWv 1.1.2024, Abs. 2 aufgeh. mWv 1.1.2026 durch VO v. 7.2.2024 (BGBl. 2024 I Nr. 37); Abs. 2 neu gef. mWv 1.1.2026 durch VO v. 3.3.2026 (BGBl. 2026 I Nr. 57).

(3) [1] In den Fällen des Absatzes 1 Nummer 3 bis 5 können auch halbe Sonderurlaubstage gewährt werden. [2] Ein halber Sonderurlaubstag entspricht der Hälfte der für den jeweiligen Arbeitstag festgesetzten regelmäßigen Arbeitszeit.

(4) Die oberste Dienstbehörde kann im Einvernehmen mit dem Bundesministerium des Innern und für Heimat von den Absätzen 1 bis 3 abweichende Regelungen treffen für Beamtinnen und Beamte, die beschäftigt sind

1. im Bereich der Deutschen Bahn Aktiengesellschaft,

(Fortsetzung nächstes Blatt)

2. bei einer Gesellschaft, die nach § 2 Absatz 1 und § 3 Absatz 3 Satz 2 des Deutsche Bahn Gründungsgesetzes ausgegliedert worden ist.

(5) Für die bei den Postnachfolgeunternehmen beschäftigten Beamtinnen und Beamten kann die oberste Dienstbehörde im Einvernehmen mit dem Bundesministerium der Finanzen und dem Bundesministerium des Innern und für Heimat von den Absätzen 1 bis 3 abweichende Regelungen treffen.

§ 21a[1] Sonderurlaub bei Mitaufnahme oder ganztägiger Begleitung bei stationärer Krankenhausbehandlung. (1) Sonderurlaub ist einer Beamtin oder einem Beamten zu gewähren,

1. wenn es aus medizinischen Gründen notwendig ist, dass sie oder er bei einer stationären Krankenhausbehandlung eines Menschen, bei dem die Voraussetzungen des § 2 Absatz 1 des Neunten Buches Sozialgesetzbuch[2] vorliegen, zur Begleitung mitaufgenommen wird
   a) als nahe Angehörige oder naher Angehöriger im Sinne des § 7 Absatz 3 des Pflegezeitgesetzes[3] oder
   b) als eine Person aus dem engsten persönlichen Umfeld und
2. wenn die Voraussetzungen des § 44b Absatz 1 Nummer 1 Buchstabe c und d und Nummer 3 des Fünften Buches Sozialgesetzbuch[4] vorliegen.

(2) Der Anspruch auf den Sonderurlaub besteht für die Dauer der notwendigen Mitaufnahme.

(3) [1] Unterschreiten die Dienstbezüge oder Anwärterbezüge der Beamtin oder des Beamten die Jahresarbeitsentgeltgrenze nach § 6 Absatz 6 des Fünften Buches Sozialgesetzbuch oder sind sie gleich hoch, so erfolgt die Gewährung des Sonderurlaubs für 80 Prozent der Dauer der notwendigen Mitaufnahme unter Fortzahlung der Besoldung. [2] Für die verbleibenden 20 Prozent erfolgt die Gewährung des Sonderurlaubs unter Wegfall der Besoldung.

(4) Überschreiten die Dienstbezüge oder die Anwärterbezüge einer Beamtin oder eines Beamten die Jahresarbeitsentgeltgrenze nach § 6 Absatz 6 des Fünften Buches Sozialgesetzbuch, so erfolgt die Gewährung des Sonderurlaubs für die Dauer der notwendigen Mitaufnahme unter Wegfall der Besoldung.

(5) Der Mitaufnahme steht die ganztägige Begleitung gleich.

§ 22[5] Sonderurlaub in anderen Fällen. (1) [1] Sonderurlaub unter Wegfall der Besoldung kann gewährt werden, wenn ein wichtiger Grund vorliegt. [2] Für mehr als drei Monate kann Sonderurlaub unter Wegfall der Besoldung nur in besonders begründeten Fällen und nur durch die oberste Dienstbehörde oder die von ihr bestimmte unmittelbar nachgeordnete Behörde genehmigt werden.

(2) Mit Zustimmung des Bundesministeriums des Innern und für Heimat kann Sonderurlaub aus wichtigen persönlichen Gründen auch unter Fortzahlung der Besoldung gewährt werden.

(3) [1] Für einen in den §§ 5 bis 21 nicht genannten Zweck kann Beamtinnen und Beamten Sonderurlaub unter Fortzahlung der Besoldung gewährt werden,

---

[1] § 21a eingef. mWv 22.3.2023 durch VO v. 16.3.2023 (BGBl. 2023 I Nr. 80).
[2] **Aichberger, SGB Nr. 9.**
[3] **Aichberger, SGB Nr. 11/10.**
[4] **Aichberger, SGB Nr. 5.**
[5] § 22 Abs. 2 und Abs. 3 Satz 3 geänd. mWv 27.6.2020 durch VO v. 19.6.2020 (BGBl. I S. 1328); Abs. 2 und Abs. 3 Satz 3 geänd. mWv 20.3.2022 durch VO v. 9.8.2022 (BGBl. I S. 1381).

wenn der Sonderurlaub auch dienstlichen Zwecken dient. [2]Sonderurlaub unter Fortzahlung der Besoldung für mehr als zwei Wochen bedarf der Zustimmung der obersten Dienstbehörde oder der von ihr bestimmten unmittelbar nachgeordneten Behörde. [3]Sonderurlaub für mehr als sechs Monate bedarf der Zustimmung des Bundesministeriums des Innern und für Heimat.

§ 23 Verfahren. [1]Der Sonderurlaub ist unverzüglich nach Bekanntwerden des Anlasses zu beantragen. [2]Sonderurlaub nach § 21 ist zeitnah zu beantragen.

§ 24 Widerruf. Die Genehmigung von Sonderurlaub ist zu widerrufen, wenn

1. zwingende dienstliche Gründe dies erfordern,
2. der Sonderurlaub zu einem anderen als dem genehmigten Zweck verwendet wird,
3. andere Gründe, die die Beamtin oder der Beamte zu vertreten hat, den Widerruf erfordern.

§ 25 Ersatz von Mehraufwendungen. (1) Folgende Mehraufwendungen werden der Beamtin oder dem Beamten nach den Bestimmungen des Reisekostenrechts ersetzt:

1. Mehraufwendungen, die durch den Widerruf der Genehmigung von Sonderurlaub nach § 24 Nummer 1 entstehen,
2. Mehraufwendungen, die anlässlich der Wiederaufnahme des Dienstes nach einem Sonderurlaub zur Ausübung einer Tätigkeit in öffentlichen zwischenstaatlichen oder überstaatlichen Einrichtungen (§ 6 Absatz 1 Satz 1) oder nach einem Sonderurlaub zur Wahrnehmung von Aufgaben der Entwicklungszusammenarbeit (§ 7) entstehen, wenn die oberste Dienstbehörde oder die von ihr bestimmte Stelle spätestens bei Beendigung des Sonderurlaubs schriftlich anerkannt hat, dass der Sonderurlaub dienstlichen Interessen oder öffentlichen Belangen diente.

(2) Zuwendungen, die die Beamtin oder der Beamte von anderer Seite zur Deckung der Aufwendungen erhalten hat, sind anzurechnen.

§ 26 Besoldung. (1) Zur Besoldung im Sinne dieser Verordnung gehören die in § 1 Absatz 2 und 3 des Bundesbesoldungsgesetzes[1)] genannten Bezüge.

(2) [1]Erhält die Beamtin oder der Beamte in den Fällen des § 10 oder des § 22 Absatz 3 Zuwendungen von anderer Seite, so ist die Besoldung entsprechend zu kürzen. [2]Das gilt nicht, wenn der Wert der Zuwendungen gering ist.

(3) Dauert der Sonderurlaub unter Wegfall der Besoldung nicht länger als einen Monat, bleibt der Anspruch auf Beihilfe oder auf Heilfürsorge nach § 70 Absatz 2 des Bundesbesoldungsgesetzes unberührt.

§ 27 Inkrafttreten, Außerkrafttreten. [1]Diese Verordnung tritt am Tag nach der Verkündung[2)] in Kraft. [2]Gleichzeitig tritt die Sonderurlaubsverordnung in der Fassung der Bekanntmachung vom 11. November 2004 (BGBl. I S. 2836), die zuletzt durch Artikel 15 Absatz 22 des Gesetzes vom 5. Februar 2009 (BGBl. I S. 160) geändert worden ist, außer Kraft.

[1)] Nr. **230**.
[2)] Verkündet am 8.6.2016.

177. Verordnung über die Nebentätigkeit der Bundesbeamten, Berufssoldaten und Soldaten auf Zeit (Bundesnebentätigkeitsverordnung – BNV)[1)]

In der Fassung der Bekanntmachung vom 12. November 1987[2)]
(BGBl. I S. 2376)

FNA 2030-2-9

geänd. durch Art. 5 Sechstes Euro-EinführungsG v. 3. 12. 2001 (BGBl. I S. 3306), Art. 15 Abs. 21 DienstrechtsneuordnungsG v. 5. 2. 2009 (BGBl. I S. 160), Art. 8 G zur besseren Vereinbarkeit von Familie, Pflege und Beruf für Beamtinnen und Beamte des Bundes und Soldatinnen und Soldaten sowie zur Änd. weiterer dienstrechtlicher Vorschriften v. 19. 10. 2016 (BGBl. I S. 2362) und Art. 7 G zum Abbau verzichtbarer Anordnungen der Schriftform im Verwaltungsrecht des Bundes v. 29. 3. 2017 (BGBl. I S. 626)

Erster Abschnitt. Ausübung von Nebentätigkeiten

§ 1[3)] *(aufgehoben)*

§ 2 Nebentätigkeit im öffentlichen Dienst. (1) Nebentätigkeit im öffentlichen Dienst ist jede für den Bund, ein Land oder andere Körperschaften, Anstalten oder Stiftungen des öffentlichen Rechts im Bundesgebiet (einschließlich des Landes Berlin) oder für Verbände von solchen ausgeübte Nebentätigkeit; ausgenommen ist eine Nebentätigkeit für öffentlich-rechtliche Religionsgesellschaften oder deren Verbände.

(2) Einer Nebentätigkeit im öffentlichen Dienst steht gleich eine Nebentätigkeit für

1. Vereinigungen, Einrichtungen oder Unternehmen, deren Kapital (Grund- oder Stammkapital) sich unmittelbar oder mittelbar ganz oder überwiegend in öffentlicher Hand befindet oder die fortlaufend ganz oder überwiegend aus öffentlichen Mitteln unterhalten werden,
2. zwischenstaatliche oder überstaatliche Einrichtungen, an denen eine juristische Person oder ein Verband im Sinne des Absatzes 1 Halbsatz 1 durch Zahlung von Beiträgen oder Zuschüssen oder in anderer Weise beteiligt ist,
3. natürliche oder juristische Personen, die der Wahrung von Belangen einer juristischen Person oder eines Verbandes im Sinne des Absatzes 1 Halbsatz 1 dient.

§ 3 Zulässigkeit von Nebentätigkeiten im Bundesdienst. [1] Aufgaben, die für den Bund oder bundesunmittelbare Körperschaften, Anstalten oder Stiftungen des öffentlichen Rechts wahrgenommen werden, sind grundsätzlich in ein Hauptamt einzuordnen. [2] Sie sollen nicht als Nebentätigkeit zugelassen werden, wenn sie mit dem Hauptamt in Zusammenhang stehen.

---

1) Die VO wurde erlassen auf Grund von § 69 BBG und § 20 Abs. 4 iVm § 72 Abs. 1 Nr. 1 SoldatenG.

2) Neubekanntmachung der BundesnebentätigkeitsVO idF der Bek. v. 28. 8. 1974 (BGBl. I S. 2117) in der ab 1. 1. 1988 geltenden Fassung.

3) § 1 aufgeh. mWv 12. 2. 2009 durch G v. 5. 2. 2009 (BGBl. I S. 160).

§ 4 Vergütung. (1) Vergütung für eine Nebentätigkeit ist jede Gegenleistung in Geld oder geldwerten Vorteilen, auch wenn kein Rechtsanspruch auf sie besteht.

(2) Als Vergütung im Sinne des Absatzes 1 gelten nicht

1. der Ersatz von Fahrkosten sowie Tagegelder bis zur Höhe des Betrages, den die Reisekostenvorschriften für Beamte in der höchsten Reisekostenstufe für den vollen Kalendertag vorsehen, oder, sofern bei Anwendung dieser Vorschriften ein Zuschuß zustehen würde, bis zur Höhe des Gesamtbetrages; Entsprechendes gilt für Übernachtungsgelder,
2. der Ersatz sonstiger barer Auslagen, wenn keine Pauschalierung vorgenommen wird.

(3) Pauschalierte Aufwandsentschädigungen sind in vollem Umfang, Tage- und Übernachtungsgelder insoweit, als sie die Beträge nach Absatz 2 Nr. 1 übersteigen, als Vergütung anzusehen.

§ 5[1)] Allgemeine Erteilung, Widerruf der Genehmigung. (1) [1] Die zur Übernahme einer oder mehrerer Nebenbeschäftigungen gegen Vergütung erforderliche Genehmigung gilt allgemein als erteilt, wenn die Nebenbeschäftigungen insgesamt geringen Umfang haben, außerhalb der Dienstzeit ausgeübt werden und kein gesetzlicher Versagungsgrund vorliegt. [2] Der Umfang einer oder mehrerer Nebenbeschäftigungen ist als gering anzusehen, wenn die Vergütung hierfür insgesamt 100 Euro im Monat nicht übersteigt und die zeitliche Beanspruchung durch eine oder mehrere Nebenbeschäftigungen in der Woche ein Fünftel der regelmäßigen wöchentlichen Arbeitszeit nicht überschreitet. [3] In diesen Fällen ist die Nebenbeschäftigung dem Dienstvorgesetzten anzuzeigen, es sei denn, daß es sich um eine einmalige, gelegentliche Nebenbeschäftigung handelt.

(2) Eine als genehmigt geltende Nebenbeschäftigung ist zu untersagen, wenn ihre Ausübung dienstliche Interessen beeinträchtigt.

(3) Wird eine Genehmigung widerrufen oder eine als genehmigt geltende Nebenbeschäftigung oder eine nicht genehmigungspflichtige Nebentätigkeit untersagt, so soll dem Beamten eine angemessene Frist zur Abwicklung der Nebentätigkeit eingeräumt werden, soweit die dienstlichen Interessen dies gestatten.

§ 6[2)] Vergütungen für Nebentätigkeiten und Ablieferungspflicht. (1) [1] Für eine Nebentätigkeit im Bundesdienst (§ 3) wird grundsätzlich eine Vergütung nicht gewährt. [2] Ausnahmen können zugelassen werden für

1. Gutachtertätigkeiten und schriftstellerische Tätigkeiten,
2. Tätigkeiten, deren unentgeltliche Ausübung dem Beamten nicht zugemutet werden kann.

[3] Wird der Beamte für die Nebentätigkeit entsprechend entlastet, darf eine Vergütung nicht gewährt werden.

(2) [1] Werden Vergütungen nach Absatz 1 Satz 2 gewährt, so dürfen sie im Kalenderjahr insgesamt nicht übersteigen

---

1) § 5 Abs. 1 Satz 2 geänd. mWv 1. 1. 2002 durch G v. 3. 12. 2001 (BGBl. I S. 3306).
2) § 6 Abs. 2 Satz 1 neu gef. mWv 1. 1. 2002 durch G v. 3. 12. 2001 (BGBl. I S. 3306).

für Beamte in den Besoldungsgruppen	Euro (Bruttobetrag)
A 1 bis A 8	3 700
A 9 bis A 12	4 300
A 13 bis A 16, B 1, C 1, C 2 bis C 3, R 1 und R 2	4 900
B 2 bis B 5, C 4, R 3 bis R 5	5 500
ab B 6, ab R 6	6 100.

[2] Innerhalb des Höchstbetrages ist die Vergütung nach dem Umfang und der Bedeutung der Nebentätigkeit abzustufen. [3] Mit Ausnahme von Tage- und Übernachtungsgeldern dürfen Auslagen nicht pauschaliert werden.

(3) [1] Erhält ein Beamter Vergütungen für eine oder mehrere Nebentätigkeiten im Bundesdienst oder für sonstige Nebentätigkeiten, die er im öffentlichen oder in dem ihm gleichstehenden Dienst oder auf Verlangen, Vorschlag oder Veranlassung seines Dienstvorgesetzten ausübt, so hat er sie insoweit an seinen Dienstherrn im Hauptamt abzuliefern, als sie für die in einem Kalenderjahr ausgeübten Tätigkeiten die in Absatz 2 Satz 1 genannten Bruttobeträge übersteigen. [2] Vor der Ermittlung des abzuliefernden Betrages sind von den Vergütungen abzusetzen die im Zusammenhang mit der Nebentätigkeit entstandenen Aufwendungen für

1. Fahrkosten sowie Unterkunft und Verpflegung bis zur Höhe der in § 4 Abs. 2 Nr. 1 genannten Beträge,
2. die Inanspruchnahme von Einrichtungen, Personal oder Material des Dienstherrn (einschließlich Vorteilsausgleich),
3. sonstige Hilfeleistungen und selbst beschafftes Material.

[3] Voraussetzung ist, daß der Beamte für diese Aufwendungen keinen Auslagenersatz erhalten hat.

(4) Vergütungen im Sinne des Absatzes 3 sind abzuliefern, sobald sie den Betrag übersteigen, der dem Beamten zu belassen ist.

(5) Die Verpflichtungen nach den Absätzen 3 und 4 treffen auch Ruhestandsbeamte und frühere Beamte insoweit, als die Vergütungen für vor der Beendigung des Beamtenverhältnisses ausgeübte Nebentätigkeiten gewährt sind.

§ 7 Ausnahmen von § 6. § 6 ist mit Ausnahme des Absatzes 1 Satz 3 nicht anzuwenden auf Vergütungen für

1. Lehr-, Unterrichts-, Vortrags- oder Prüfungstätigkeiten,
2. Tätigkeiten als gerichtlicher oder staatsanwaltschaftlicher Sachverständiger,
3. Tätigkeiten auf dem Gebiet der wissenschaftlichen Forschung,
4. Gutachtertätigkeiten von Ärzten, Zahnärzten oder Tierärzten für Versicherungsträger oder für andere juristische Personen des öffentlichen Rechts sowie ärztliche, zahnärztliche oder tierärztliche Verrichtungen dieser Personen, für die nach den Gebührenordnungen Gebühren zu zahlen sind,
5. Tätigkeiten, die während eines unter Wegfall der Besoldung gewährten Urlaubs ausgeübt werden.

§ 8[1] Abrechnung über die Vergütung aus Nebentätigkeiten. [1] Die Beamten haben nach Ablauf eines jeden Kalenderjahres ihrem Dienstvorgesetzten eine Abrechnung über die ihnen zugeflossenen Vergütungen im Sinne des § 6 vorzulegen, wenn die Vergütungen 500 Euro (brutto) im Kalenderjahr übersteigen. [2] In den Fällen des § 6 Abs. 5 sind auch Ruhestandsbeamte und frühere Beamte hierzu verpflichtet.

Zweiter Abschnitt. Inanspruchnahme von Einrichtungen, Personal oder Material des Dienstherrn

§ 9 Genehmigungspflicht. (1) Der Beamte bedarf der vorherigen schriftlichen Genehmigung seiner obersten Dienstbehörde oder der von ihr beauftragten Behörde, wenn er bei der Ausübung einer Nebentätigkeit Einrichtungen, Personal oder Material seines Dienstherrn in Anspruch nehmen will.

(2) [1] Einrichtungen sind die sächlichen Mittel, insbesondere die Diensträume und deren Ausstattung einschließlich Apparate und Instrumente, mit Ausnahme von Bibliotheken. [2] Material sind die verbrauchbaren Sachen und die Energie.

(3) [1] Aus Anlaß der Mitwirkung an der Nebentätigkeit darf Mehrarbeit, Bereitschaftsdienst oder Rufbereitschaft nicht angeordnet, genehmigt und vergütet werden. [2] Vereinbarungen über eine private Mitarbeit außerhalb der Dienstzeit bleiben unberührt.

(4) [1] Die Genehmigung darf nur erteilt werden, wenn ein öffentliches oder wissenschaftliches Interesse an der Ausübung der Nebentätigkeit besteht. [2] Die Genehmigung ist widerruflich; sie kann befristet werden. [3] In dem Genehmigungsbescheid ist der Umfang der zugelassenen Inanspruchnahme anzugeben. [4] Die Genehmigung darf nur unter der Auflage erteilt werden, daß ein Entgelt für die Inanspruchnahme von Einrichtungen, Personal oder Material gezahlt wird; § 10 Abs. 1 Satz 2 bleibt unberührt.

§ 10[2] Grundsätze für die Bemessung des Entgelts. (1) [1] Für die Inanspruchnahme von Einrichtungen, Personal oder Material des Dienstherrn hat der Beamte ein angemessenes Entgelt zu entrichten. [2] Auf die Entrichtung eines Entgelts kann verzichtet werden

1. bei einer unentgeltlichen Nebentätigkeit,
2. wenn die Nebentätigkeit auf Verlangen, Vorschlag oder Veranlassung des Dienstvorgesetzten ausgeübt wird oder
3. wenn der Betrag 100 Euro im Kalenderjahr nicht übersteigt.

(2) Die Höhe des Entgelts richtet sich nach den Grundsätzen der Kostendeckung und des Vorteilsausgleichs.

(3) Nehmen mehrere Beamte Einrichtungen, Personal oder Material des Dienstherrn gemeinschaftlich in Anspruch, sind sie als Gesamtschuldner zur Entrichtung des Entgelts verpflichtet.

[1] § 8 Satz 1 geänd. mWv 1. 1. 2002 durch G v. 3. 12. 2001 (BGBl. I S. 3306).
[2] § 10 Abs. 1 Satz 2 Nr. 3 geänd. mWv 1. 1. 2002 durch G v. 3. 12. 2001 (BGBl. I S. 3306).

§ 11[1] **Allgemeines Entgelt.** (1) [1] Das Entgelt außerhalb des in § 12 geregelten Bereichs wird pauschaliert nach einem Vomhundertsatz der für die Nebentätigkeit bezogenen (Brutto-)Vergütung bemessen. [2] Es beträgt im Regelfall

5 v.H.	für die Inanspruchnahme von Einrichtungen,
10 v.H.	für die Inanspruchnahme von Personal,
5 v.H.	für den Verbrauch von Material,
10 v.H.	für den durch die Inanspruchnahme von Einrichtungen, Personal oder Material erwachsenen wirtschaftlichen Vorteil.

(2) Die oberste Dienstbehörde kann im Einvernehmen mit dem Bundesminister der Finanzen abweichend von Absatz 1 Gebührenordnungen und sonstige allgemeine Kostentarife, soweit sie die entstandenen Kosten abdecken und Vorteile ausgleichen, für anwendbar erklären; das gleiche gilt für die Aufsichtsbehörde der Träger der Sozialversicherung, soweit der zuständige Fachminister ihr diese Befugnis übertragen hat.

(3) Wird die Nebentätigkeit unentgeltlich ausgeübt, ohne daß auf ein Entgelt nach § 10 Abs. 1 Satz 2 Nr. 1 verzichtet wird, so bemißt sich die Höhe des Entgelts nach dem Wert der Inanspruchnahme von Personal, Einrichtungen oder Material; das Entgelt für den wirtschaftlichen Vorteil entfällt.

(4) [1] Wird nachgewiesen, daß das nach den Vomhundertsätzen des Absatzes 1 berechnete Entgelt offensichtlich um mehr als 25 v.H. niedriger oder höher ist als es dem Wert der Inanspruchnahme entspricht, so ist es von Amts wegen oder auf Antrag des Beamten nach dem Wert

1. der anteiligen Kosten für die Beschaffung, Unterhaltung und Verwaltung der benutzten Einrichtungen,
2. der anteiligen Kosten für das in Anspruch genommene Personal einschließlich der Personalnebenkosten und der Gemeinkosten,
3. der Beschaffungs- und anteiligen Verwaltungskosten für das Material,
4. des durch die Bereitstellung von Einrichtungen, Personal oder Material erwachsenen wirtschaftlichen Vorteils des Beamten (Vorteilsausgleich)

festzusetzen. [2] Der Beamte muß den Nachweis innerhalb einer Ausschlußfrist von drei Monaten nach Festsetzung des Entgelts erbringen. [3] Die Entscheidung trifft die oberste Dienstbehörde. [4] Sie kann diese Befugnis auf unmittelbar nachgeordnete Behörden übertragen.

§ 12[2] **Entgelt für ärztliche und zahnärztliche Nebentätigkeiten.**

(1) [1] Das Entgelt (Kostenerstattung und Vorteilsausgleich) für ärztliche und zahnärztliche Nebentätigkeiten in Krankenhäusern und in den sanitätsdienstlichen Einrichtungen der Bundeswehr ist zu pauschalieren, soweit in den Absätzen 2 und 3 nichts anderes bestimmt oder zugelassen wird. [2] Für ärztliche und zahnärztliche Nebentätigkeiten in anderen Tätigkeitsbereichen richtet sich die Höhe des Entgelts nach den allgemeinen Bestimmungen des § 11.

---

[1] § 11 Abs. 4 Satz 4 angef. mWv 28. 10. 2016 durch G v. 19. 10. 2016 (BGBl. I S. 2362).

[2] § 12 Abs. 3 Satz 1 geänd. mWv 1. 1. 2002 durch G v. 3. 12. 2001 (BGBl. I S. 3306).

(2) [1] Die Höhe der Kostenerstattung bemißt sich nach den vom zuständigen Fachminister zu erlassenden Bestimmungen, die den Grundsätzen der Kostendeckung entsprechen müssen; für die Träger der Sozialversicherung kann die Regelungsbefugnis der Aufsichtsbehörde übertragen werden. [2] Soweit Ärzte oder Zahnärzte für die in Absatz 1 Satz 1 genannten Tätigkeiten bereits nach Rechtsvorschriften des Bundes eine den Grundsätzen der Kostendeckung entsprechende Kostenerstattung leisten, entfällt eine Kostenerstattung nach Satz 1.

(3) [1] Der Vorteilsausgleich beträgt 20 vom Hundert der im Kalenderjahr aus der Nebentätigkeit erzielten Einnahmen bis 100 000 Euro, die dem Beamten nach Abzug der nach Absatz 2 zu erstattenden Kosten verbleiben, und 30 vom Hundert von dem darüber hinausgehenden Mehrbetrag. [2] Bei einem Honorarverzicht ist ein Vorteilsausgleich nicht zu entrichten.

§ 13[1)] Festsetzung des Entgelts. (1) [1] Das zu zahlende Entgelt wird von der für die Genehmigung nach § 9 Abs. 1 zuständigen oder der von ihr mit seiner Berechnung beauftragten Stelle nach dem Ende der Inanspruchnahme, mindestens jedoch halbjährlich festgesetzt. [2] Ist die Höhe des Entgelts bereits im Zeitpunkt der Genehmigung zu übersehen, so soll das Entgelt zugleich mit der Genehmigung festgesetzt werden. [3] Das Entgelt wird einen Monat nach der Festsetzung fällig, im Falle des Satzes 2 einen Monat nach dem Ende der Inanspruchnahme, mindestens jedoch halbjährlich.

(2) [1] Der Beamte ist verpflichtet, das Ende der Inanspruchnahme der nach § 9 Abs. 1 zuständigen Stelle unverzüglich schriftlich oder elektronisch anzuzeigen. [2] Er hat die für die Berechnung des Entgelts notwendigen Aufzeichnungen zu führen und mit den zur Glaubhaftmachung notwendigen Belegen unverzüglich nach Beendigung, bei fortlaufender Inanspruchnahme mindestens halbjährlich vorzulegen. [3] Diese Unterlagen sind fünf Jahre, vom Tage der Festsetzung des Entgelts an gerechnet, aufzubewahren.

Dritter Abschnitt. Geltungsbereich; Berlin-Klausel; Inkrafttreten

§ 14 Geltung für Berufssoldaten und Soldaten auf Zeit. Diese Verordnung gilt für Berufssoldaten und Soldaten auf Zeit entsprechend.

§ 15[2)] *(aufgehoben)*

§ 16 (Inkrafttreten)

[1)] § 13 Abs. 2 Satz 1 geänd. mWv 5. 4. 2017 durch G v. 29. 3. 2017 (BGBl. I S. 626).
[2)] § 15 aufgeh. mWv 12. 2. 2009 durch G v. 5. 2. 2009 (BGBl. I S. 160).

180. Verordnung über die Laufbahnen der Bundesbeamtinnen und Bundesbeamten (Bundeslaufbahnverordnung – BLV)[1)]

Vom 11. März 2026

(BGBl. 2026 I Nr. 67, S. 2; 2026 I Nr. 115)

FNA 2030-7-3-2

Inhaltsübersicht

[1)] Verkündet als Art. 1 VO v. 11.3.2026 (BGBl. 2026 I Nr. 67); Inkrafttreten gem. Art. 4 dieser VO am 17.3.2026.

Abschnitt 1. Allgemeines

§ 1 Geltungsbereich. Diese Verordnung gilt für Beamtinnen und Beamte des Bundes, soweit nicht gesetzlich etwas anderes bestimmt ist.

§ 2 Begriffsbestimmungen. (1) Einstellung im Sinne dieser Verordnung ist eine Ernennung unter Begründung eines Beamtenverhältnisses.

(2) Eignung im Sinne dieser Verordnung sind die körperlichen, psychischen und charakterlichen Eigenschaften, die für ein bestimmtes Amt von Bedeutung sind.

(3) Befähigung im Sinne dieser Verordnung sind die Fähigkeiten, Kenntnisse, Fertigkeiten und sonstigen Eigenschaften, die für eine dienstliche Verwendung wesentlich sind.

(4) Die fachliche Leistung im Sinne dieser Verordnung umfasst die im jeweiligen Statusamt erbrachten Leistungen, die nach den Arbeitsergebnissen, der praktischen Arbeitsweise, dem Arbeitsverhalten und für Beamtinnen oder Beamte, die bereits Vorgesetzte sind, nach dem Führungsverhalten zu beurteilen sind.

(5) Hauptberufliche Tätigkeit im Sinne dieser Verordnung ist eine Tätigkeit, die

1. entgeltlich ist,
2. gewolltermaßen den Schwerpunkt der beruflichen Tätigkeit darstellt und
3. in der Regel den überwiegenden Teil der Arbeitskraft beansprucht.

(6) Probezeit im Sinne dieser Verordnung ist die Zeit in einem Beamtenverhältnis auf Probe, in der sich die Beamtinnen und Beamten nach Erwerb der Laufbahnbefähigung zur späteren Verwendung auf Lebenszeit oder zur Übertragung eines Amtes mit leitender Funktion bewähren sollen.

(7) Erprobungszeit im Sinne dieser Verordnung ist die Zeit, in der die Beamtinnen und Beamten die Eignung für einen höher bewerteten Dienstposten nachweisen sollen.

(8) Beförderung im Sinne dieser Verordnung ist die Verleihung eines anderen Amtes mit höherem Endgrundgehalt.

§ 3 Mutterschutz. [1] Zeiten des Mutterschutzes sind auf diejenigen Zeiten anzurechnen, die nach dieser Verordnung Voraussetzung für eine Einstellung nach Abschnitt 2 oder für die berufliche Entwicklung nach Abschnitt 3 sind. [2] Die Verlängerung eines Vorbereitungsdienstes nach § 18 Absatz 1 Satz 1 Nummer 2 bleibt unberührt.

§ 4 Stellenausschreibungspflicht. (1) [1] Zu besetzende Stellen sind außer in den Fällen des Absatzes 2 auszuschreiben. [2] Der Einstellung von Bewerberinnen und Bewerbern muss eine öffentliche Ausschreibung vorausgehen.

(2) Die Pflicht zur Stellenausschreibung nach Absatz 1 gilt nicht bei folgenden Stellen:

1. Stellen der politischen Beamtinnen und Beamten, Leitungen anderer oberster Bundesbehörden und Leitungen anderer der den Bundesministerien unmittelbar nachgeordneten Behörden sowie der bundesunmittelbaren Körperschaften, Anstalten und Stiftungen des öffentlichen Rechts,
2. Stellen der persönlichen Referentinnen und Referenten der Leiterinnen und Leiter der obersten Bundesbehörden sowie der beamteten und Parlamentarischen Staatssekretärinnen und Staatssekretäre,
3. Stellen, die mit Beamtinnen und Beamten unmittelbar nach Abschluss ihres Vorbereitungsdienstes oder eines Aufstiegsverfahrens besetzt werden,
4. Stellen, die durch Versetzung nach vorangegangener Abordnung, nach Übertritt oder Übernahme von Beamtinnen und Beamten besetzt werden,
5. Stellen, die zur Vermeidung der Versetzung in den Ruhestand wegen Dienstunfähigkeit oder zur erneuten Berufung in das Beamtenverhältnis nach Wiederherstellung der Dienstfähigkeit besetzt werden,
6. Stellen des einfachen Dienstes, für die Bewerberinnen und Bewerber von der Bundesagentur für Arbeit vermittelt werden können.

(3) Von einer Stellenausschreibung kann darüber hinaus in folgenden Fällen abgesehen werden:

1. allgemein oder in Einzelfällen, wenn Gründe der Personalplanung oder des Personaleinsatzes entgegenstehen und es sich nicht um Einstellungen handelt,
2. in besonderen Einzelfällen auch bei einer Einstellung aus den in Nummer 1 genannten Gründen.

§ 5 Schwerbehinderte Menschen. (1) Von schwerbehinderten Menschen darf nur das Mindestmaß an körperlicher Eignung verlangt werden.

(2) In Auswahlverfahren und in Prüfungsverfahren im Sinne dieser Verordnung sind für schwerbehinderte Menschen Erleichterungen vorzusehen, die ihrer Behinderung angemessen sind.

(3) Bei der Beurteilung der Leistung schwerbehinderter Menschen ist eine etwaige Beeinträchtigung der Arbeits- und Verwendungsfähigkeit wegen der Behinderung zu berücksichtigen.

Abschnitt 2. Einstellung

Unterabschnitt 1. Gemeinsame Vorschriften

§ 6 Gestaltung der Laufbahnen. (1) [1] Die Laufbahnen sind den Laufbahngruppen des einfachen, mittleren, gehobenen und höheren Dienstes zugeordnet. [2] Die Zugehörigkeit einer Laufbahn zu einer Laufbahngruppe richtet sich nach dem im Bundesbesoldungsgesetz[1)] bestimmten Eingangsamt.

(2) In den Laufbahngruppen können jeweils folgende Laufbahnen eingerichtet werden:

1. der nichttechnische Verwaltungsdienst,
2. der technische Verwaltungsdienst,
3. der sprach- und kulturwissenschaftliche Dienst,
4. der naturwissenschaftliche Dienst,
5. der agrar-, forst- und ernährungswissenschaftliche sowie tierärztliche Dienst,
6. der ärztliche und gesundheitswissenschaftliche Dienst,
7. der sportwissenschaftliche Dienst und
8. der kunstwissenschaftliche Dienst.

§ 7 Erlangen der Laufbahnbefähigung. Bewerberinnen und Bewerber erlangen die Laufbahnbefähigung

1. durch den erfolgreichen Abschluss
   a) eines Vorbereitungsdienstes des Bundes oder
   b) eines Aufstiegsverfahrens des Bundes oder
2. durch Anerkennung, wenn sie anstelle eines in Nummer 1 genannten Vorbereitungsdienstes oder Aufstiegsverfahrens Folgendes erworben haben:
   a) die für die entsprechende Laufbahn vorgeschriebene Vorbildung oder
   b) die für die entsprechende Laufbahn erforderliche Befähigung durch Lebens- und Berufserfahrung.

[1)] Nr. **230**.

§ 8 Anerkennung und Mitteilung der Laufbahnbefähigung. (1) [1]Haben Bewerberinnen und Bewerber die für die entsprechende Laufbahn vorgeschriebene Vorbildung (§ 7 Nummer 2 Buchstabe a), so erkennt die zuständige oberste Dienstbehörde die Laufbahnbefähigung an. [2]Die zuständige oberste Dienstbehörde kann diese Befugnis auf andere Behörden übertragen.

(2) Haben Bewerberinnen und Bewerber die für die entsprechende Laufbahn erforderliche Befähigung durch Lebens- und Berufserfahrung (§ 7 Nummer 2 Buchstabe b) erworben, so erkennt der Bundespersonalausschuss oder ein von ihm zu bestimmender unabhängiger Ausschuss die Laufbahnbefähigung an.

(3) [1]Im Anschluss an die Anerkennung nach Absatz 1 oder 2 teilt die zuständige oberste Dienstbehörde der Bewerberin und dem Bewerber die Anerkennung der Laufbahnbefähigung schriftlich oder elektronisch mit. [2]Die Laufbahn und das Datum des Befähigungserwerbs sind in der Mitteilung anzugeben. [3]Die zuständige oberste Dienstbehörde kann die Mitteilungspflicht auf andere Behörden übertragen.

§ 9 Ämter und Amtsbezeichnungen der Laufbahnen. (1) [1]Die zu den Laufbahnen gehörenden Ämter sowie die dazugehörigen Amtsbezeichnungen ergeben sich aus Anlage 1. [2]Für die Dauer einer Tätigkeit im Auswärtigen Dienst können die Amtsbezeichnungen des Auswärtigen Dienstes verliehen werden.

(2) Die Ämter der Anlage I Bundesbesoldungsordnung A des Bundesbesoldungsgesetzes[1)] sind regelmäßig zu durchlaufen.

Unterabschnitt 2. Vorbereitungsdienste

§ 10 Einrichtung von Vorbereitungsdiensten; Subdelegation. (1) Die in § 26 Absatz 2 Satz 1 des Bundesbeamtengesetzes[2)] enthaltene Ermächtigung, durch Rechtsverordnung besondere Vorschriften für die einzelnen Laufbahnen und Vorbereitungsdienste zu erlassen, wird für die in Anlage 2 genannten Vorbereitungsdienste den dort genannten obersten Dienstbehörden übertragen.

(2) [1]Die Rechtsverordnungen nach Absatz 1 müssen insbesondere Inhalt und Dauer der Vorbereitungsdienste sowie die Prüfung und das Prüfungsverfahren regeln. [2]Die vorzusehenden Prüfungsnoten ergeben sich aus Anlage 3.

(3) Die Rechtsverordnungen nach Absatz 1 können vorsehen, dass mit erfolgreichem Abschluss eines Vorbereitungsdienstes für den mittleren Dienst eine Berufsbezeichnung verliehen wird.

§ 11 Voraussetzung für die Einstellung in den Vorbereitungsdienst; Auswahlverfahren. (1) Voraussetzung für die Einstellung in den Vorbereitungsdienst ist die erfolgreiche Teilnahme an einem Auswahlverfahren.

(2) [1]Zum Auswahlverfahren wird zugelassen, wer die Voraussetzungen erfüllt, die in der Ausschreibung für die Einstellung in den Vorbereitungsdienst bestimmt sind. [2]Ob diese Voraussetzungen erfüllt werden, wird durch eine Auswertung der Bewerbungsunterlagen festgestellt, insbesondere von Zeugnisnoten, Studienleistungen oder Arbeitszeugnissen. [3]Ferner können Tests zur Erfassung von kognitiver Leistungsfähigkeit, sozialen Fähigkeiten, Persönlichkeitsmerkmalen, Motivation oder Sprachkenntnissen durchgeführt werden. [4]Die Tests können unterstützt durch Informationstechnik durchgeführt werden.

---

1) Nr. **230**.
2) Nr. **160**.

(3) [1]Zum Auswahlverfahren nicht zuzulassen sind Bewerberinnen und Bewerber, die aus einem Beamtenverhältnis auf Widerruf bereits einmal entlassen worden sind wegen

1. des endgültigen Nichtbestehens der Laufbahnprüfung in diesem Vorbereitungsdienst oder
2. des endgültigen Nichtbestehens einer vorgeschriebenen Zwischenprüfung in diesem Vorbereitungsdienst.

[2]Übersteigt die Zahl der Bewerberinnen und Bewerber, die die in der Ausschreibung bestimmten Voraussetzungen erfüllen, das Dreifache der für den Vorbereitungsdienst angebotenen Plätze, so kann die Zahl derjenigen, die zum Auswahlverfahren zugelassen werden, beschränkt werden. [3]Dabei sind jedoch mindestens dreimal so viele Bewerberinnen und Bewerber zuzulassen, wie Plätze für den Vorbereitungsdienst angeboten werden. [4]Zum Auswahlverfahren wird in diesem Fall zugelassen, wer nach den Bewerbungsunterlagen und etwaigen Tests nach Absatz 2 Satz 3 am besten geeignet ist.

§ 12 Auswahlverfahren für die Einstellung in den Vorbereitungsdienst.

(1) [1]In dem Auswahlverfahren wird die Eignung und Befähigung der Bewerberinnen und Bewerber festgestellt. [2]Die Anforderungen an die Eignung und Befähigung der Bewerberinnen und Bewerber sowie die Auswahlkriterien richten sich nach den Anforderungen des Vorbereitungsdienstes. [3]Dafür kann Folgendes geprüft werden:

1. Allgemeinwissen,
2. kognitive, methodische und soziale Fähigkeiten,
3. Intelligenz,
4. Persönlichkeitsmerkmale,
5. Motivation,
6. Fachwissen,
7. Sprachkenntnisse,
8. körperliche Fähigkeiten und
9. praktische Fertigkeiten.

(2) [1]Das Auswahlverfahren für die Einstellung in den Vorbereitungsdienst besteht aus einem schriftlichen Teil und einem mündlichen Teil, wobei jeder Teil aus mehreren Abschnitten bestehen kann. [2]Wenn es für die jeweilige Laufbahn erforderlich ist, können in einem weiteren Teil die körperliche Eignung oder praktische Fertigkeiten geprüft werden. [3]Ist ein abgeschlossenes Hochschulstudium Voraussetzung für die Einstellung in den Vorbereitungsdienst, so kann das Auswahlverfahren auf einen mündlichen Teil beschränkt werden. [4]Von den in einem Teil oder in einem Abschnitt erbrachten Leistungen kann die Teilnahme am weiteren Auswahlverfahren abhängig gemacht werden.

(3) [1]Für den schriftlichen Teil ist mindestens eines der folgenden Auswahlinstrumente zu nutzen:

1. Aufsatz,
2. Leistungstest,
3. *Persönlichkeitstest*,
4. Simulationsaufgaben,
5. biographischer Fragebogen.

[2] Hat eine Laufbahn besondere Anforderungen, so kann der schriftliche Teil durch weitere Auswahlinstrumente ergänzt werden. [3] Für den schriftlichen Teil kann Informationstechnik genutzt werden. [4] In diesem Fall ist sicherzustellen, dass die dabei anfallenden Daten für den Zeitraum bis zum Ablauf der Aufbewahrungsfrist unverwechselbar und dauerhaft der Bewerberin oder dem Bewerber zugeordnet werden können.

(4) [1] Für den mündlichen Teil ist mindestens eines der folgenden Auswahlinstrumente zu nutzen:

1. strukturiertes oder halbstrukturiertes Interview,
2. Referat,
3. Präsentation,
4. Simulationsaufgaben,
5. Gruppenaufgaben,
6. Gruppendiskussion,
7. Fachkolloquium.

[2] Hat eine Laufbahn besondere Anforderungen, so kann der mündliche Teil durch weitere Auswahlinstrumente ergänzt werden. [3] Der mündliche Teil kann in einer Fremdsprache durchgeführt werden. [4] Wenn geeignete technische Einrichtungen zur Verfügung stehen, kann für den mündlichen Teil Videokonferenztechnik genutzt werden.

(5) [1] Die im Auswahlverfahren erbrachten Leistungen sind mit Punkten oder Noten zu bewerten. [2] Anhand der Bewertung ist eine Rangfolge der geeigneten Bewerberinnen und Bewerber festzulegen. [3] Die Rangfolge ist für die Einstellung in den Vorbereitungsdienst maßgeblich.

(6) In Rechtsverordnungen nach § 26 Absatz 2 Satz 1 des Bundesbeamtengesetzes[1)] ist für die einzelnen Laufbahnen und Vorbereitungsdienste jeweils Folgendes zu regeln:

1. welche wesentlichen Anforderungen an die Eignung und Befähigung der Bewerberinnen und Bewerber dem Auswahlverfahren zu Grunde liegen,
2. wie die Auswahlkommissionen zusammenzusetzen sind,
3. aus welchen Teilen und Abschnitten das Auswahlverfahren besteht,
4. welche Auswahlinstrumente angewendet werden können,
5. wie die Teile und Abschnitte bei der Gesamtbewertung der im Auswahlverfahren erbrachten Leistungen gewichtet werden,
6. wenn von der Möglichkeit nach Absatz 2 Satz 4 Gebrauch gemacht wird: wovon die weitere Teilnahme abhängig gemacht werden soll,
7. wenn von der Möglichkeit nach Absatz 4 Satz 3 Gebrauch gemacht wird: in welcher Fremdsprache der mündliche Teil durchgeführt werden kann.

§ 13 *Einstellung in den Vorbereitungsdienst; Dienstbezeichnung.*

(1) Die Bewerberinnen und Bewerber werden als Beamtinnen und Beamte auf Widerruf in den Vorbereitungsdienst eingestellt.

(2) [1] Die Beamtinnen und Beamten auf Widerruf führen als Dienstbezeichnung die Amtsbezeichnung des Eingangsamts ihrer Laufbahn mit dem Zusatz „Anwärterin" und „Anwärter", in Laufbahnen des höheren Dienstes die Dienstbezeichnung „Referendarin" und „Referendar". [2] Die für die Gestaltung des Vorbereitungs-

[1)] Nr. **160**.

dienstes zuständige oberste Dienstbehörde kann im Einvernehmen mit dem Bundesministerium des Innern andere Dienstbezeichnungen festlegen.

§ 14 Vorbereitungsdienst für den einfachen Dienst. Ein Vorbereitungsdienst für den einfachen Dienst dauert mindestens sechs Monate.

§ 15 Vorbereitungsdienst für den mittleren Dienst. (1) Ein Vorbereitungsdienst für den mittleren Dienst dauert mindestens ein Jahr, in der Regel jedoch zwei Jahre.

(2) Ein Vorbereitungsdienst für den mittleren Dienst besteht aus einer fachtheoretischen und einer berufspraktischen Ausbildung.

§ 16 Vorbereitungsdienst für den gehobenen Dienst. (1) Ein Vorbereitungsdienst für den gehobenen Dienst dauert in der Regel drei Jahre.

(2) Ein Vorbereitungsdienst für den gehobenen Dienst besteht aus Fachstudien und berufspraktischen Studienzeiten.

(3) Ein Vorbereitungsdienst für den gehobenen Dienst wird als Hochschulstudiengang durchgeführt, der mit einem Bachelor oder einem Diplomgrad mit dem Zusatz „Fachhochschule" abschließt.

(4) [1] Ein Vorbereitungsdienst für den gehobenen Dienst kann abweichend von Absatz 1 bis auf ein Jahr verkürzt werden, wenn die für die Laufbahnaufgaben erforderlichen wissenschaftlichen und methodischen Grundkenntnisse durch ein mit einem Bachelor abgeschlossenes Hochschulstudium oder durch einen gleichwertigen Abschluss nachgewiesen werden. [2] Zum Erwerb erforderlicher Spezialkenntnisse sind Fachstudien oder Lehrgänge vorzusehen, zum Erwerb erforderlicher berufspraktischer Fähigkeiten und Kenntnisse sind berufspraktische Studienzeiten und ergänzende Lehrveranstaltungen vorzusehen. [3] Eine Verkürzung lediglich auf Fachstudien oder Lehrgänge ist nicht zulässig.

§ 17 Vorbereitungsdienst für den höheren Dienst. Ein Vorbereitungsdienst für den höheren Dienst dauert mindestens 14 Monate, in der Regel jedoch zwei Jahre.

§ 18 Verlängerung der Vorbereitungsdienste. (1) [1] Der Vorbereitungsdienst ist nach Anhörung der Referendarinnen und Referendare, sowie der Anwärterinnen und Anwärter im Einzelfall zu verlängern,

1. wenn der Vorbereitungsdienst unterbrochen wurde wegen
   a) einer Erkrankung,
   b) des Mutterschutzes,
   c) einer Elternzeit,
   d) der Ableistung
      aa) eines Wehr-, Zivil-, Bundesfreiwilligen- oder Entwicklungsdienstes,
      bb) eines freiwilligen sozialen oder ökologischen Jahres,
      cc) eines nicht in den Doppelbuchstaben aa und bb genannten Dienstes im Ausland,
      dd) des Internationalen Jugendfreiwilligendienstes,
      ee) des Europäischen Freiwilligendienstes,
      ff) des Freiwilligendienstes „weltwärts" des Bundesministeriums für wirtschaftliche Zusammenarbeit und Entwicklung oder
      gg) des zivilen Friedensdienstes oder

e) nicht in den Buchstaben a bis d genannter zwingender Gründe und

2. wenn durch die Verkürzung von Ausbildungsabschnitten die zielgerechte Fortsetzung des Vorbereitungsdienstes nicht gewährleistet ist.

[2] Bei einer Verlängerung können Abweichungen vom Ausbildungs-, Lehr- oder Studienplan zugelassen werden.

(2) Bei Teilzeitbeschäftigung gilt Absatz 1 entsprechend.

(3) Der Vorbereitungsdienst kann in den Fällen des Absatzes 1 Satz 1 Nummer 1 Buchstabe a und e und bei Teilzeitbeschäftigung höchstens zweimal, insgesamt jedoch höchstens um 24 Monate verlängert werden.

§ 19 Verkürzung der Vorbereitungsdienste. (1) Der Vorbereitungsdienst kann verkürzt werden, wenn

1. das Erreichen des Ausbildungsziels nicht gefährdet ist und

2. die für die Laufbahnbefähigung erforderlichen Fähigkeiten, Kenntnisse und Fertigkeiten nachgewiesen werden durch

   a) eine geeignete, mit einer Prüfung abgeschlossene Berufsausbildung oder

   b) gleichwertige hauptberufliche Tätigkeiten, die in den Laufbahnen des höheren Dienstes nach Erwerb der Bildungsvoraussetzungen ausgeübt worden sein müssen.

(2) [1] Auf einen Vorbereitungsdienst für den mittleren Dienst und auf einen Vorbereitungsdienst für den gehobenen Dienst, der nicht als Hochschulstudiengang durchgeführt wird, können Ausbildungsleistungen im Umfang von bis zu zwei Dritteln der Regelausbildungsdauer angerechnet werden, wenn

1. die absolvierten Ausbildungsleistungen inhaltlich den Anforderungen eines Ausbildungsabschnitts oder mehrerer Ausbildungsabschnitte entsprechen und

2. die Ausbildungsleistungen durch bestandene Prüfungen nachgewiesen sind.

[2] In den Rechtsverordnungen nach § 26 Absatz 2 Satz 1 des Bundesbeamtengesetzes[1)] ist zu regeln, welche Ausbildungs- und Prüfungsleistungen des Vorbereitungsdienstes auf Grund welcher konkreten Ausbildungsleistungen als bereits erbracht gelten.

(3) [1] Auf einen Vorbereitungsdienst für den gehobenen Dienst können Studienleistungen angerechnet werden, die an einer Hochschule erbracht worden sind, wenn

1. die absolvierten Studienabschnitte inhaltlich den Anforderungen eines Abschnitts dieses Vorbereitungsdienstes entsprechen und

2. die Studienleistungen durch bestandene Prüfungen nachgewiesen werden.

[2] Die Rechtsverordnungen nach § 26 Absatz 2 Satz 1 des Bundesbeamtengesetzes können die Anrechnung weiterer Studien- und Prüfungsleistungen regeln.

(4) Der Vorbereitungsdienst dauert nach einer Verkürzung oder nach der Anrechnung von Studien- und Prüfungsleistungen mindestens sechs Monate.

(5) Bei einer Verkürzung oder bei der Anrechnung von Studien- und Prüfungsleistungen können Abweichungen vom Ausbildungs-, Lehr- oder Studienplan zugelassen werden.

[1)] Nr. **160**.

(6) Bei einer Verkürzung oder Anrechnung von Studien- und Prüfungsleistungen können die Bildungsvoraussetzungen und sonstigen Voraussetzungen nach § 17 Absatz 2 bis 5 des Bundesbeamtengesetzes nicht berücksichtigt werden.

(7) Rechtsverordnungen nach § 26 Absatz 2 Satz 1 des Bundesbeamtengesetzes können für die einzelnen Laufbahnen und Vorbereitungsdienste jeweils vorsehen, dass ein erfolgreich abgeschlossener Vorbereitungsdienst für eine Laufbahn auf den Vorbereitungsdienst für die nächsthöhere Laufbahn bis zu sechs Monaten angerechnet werden kann.

§ 20 Laufbahnprüfung und sonstige Prüfungen. (1) [1] Im Rahmen des Vorbereitungsdienstes ist eine Laufbahnprüfung abzulegen. [2] Diese kann in Form von Modulprüfungen durchgeführt werden.

(2) Ist der Vorbereitungsdienst nach § 16 Absatz 4 Satz 1 oder nach § 19 verkürzt worden, so sind die Ausbildungsinhalte des geleisteten Vorbereitungsdienstes Gegenstand der Laufbahnprüfung.

(3) Folgende Prüfungen können, wenn sie nicht bestanden worden sind, einmal wiederholt werden:

1. die Laufbahnprüfung,
2. die Zwischenprüfung, wenn deren Bestehen Voraussetzung für die Fortsetzung des Vorbereitungsdienstes ist, sowie
3. Modul- und Teilprüfungen, wenn deren Bestehen Voraussetzung für die Fortsetzung des Vorbereitungsdienstes ist.

(4) In einem Vorbereitungsdienst, der als Bachelorstudiengang durchgeführt wird, können zwei in der ersten Wiederholung nicht bestandene Modulprüfungen ein zweites Mal wiederholt werden.

(5) [1] In anderen als den Vorbereitungsdiensten nach Absatz 4 kann die oberste Dienstbehörde in begründeten Ausnahmefällen bei folgenden, in der ersten Wiederholung nicht bestandenen, Prüfungen eine zweite Wiederholung zulassen:

1. bei der Laufbahnprüfung,
2. bei der Zwischenprüfung, wenn deren Bestehen Voraussetzung für die Fortsetzung des Vorbereitungsdienstes ist, und
3. bei Modul- und Teilprüfungen, wenn deren Bestehen Voraussetzung für die Fortsetzung des Vorbereitungsdienstes ist.

[2] Die Befugnis zur Zulassung einer zweiten Wiederholung kann von der obersten Dienstbehörde auf die unmittelbar nachgeordneten Behörden übertragen werden.

Unterabschnitt 3. Anerkennung von Befähigungen

§ 21 Allgemeine Regelungen. (1) Eine Ausbildung entspricht inhaltlich den Anforderungen des jeweiligen Vorbereitungsdienstes, wenn

1. sie die wesentlichen Inhalte des Vorbereitungsdienstes in gleicher Breite und Tiefe vermittelt hat und
2. die abschließende Prüfung der entsprechenden Laufbahnprüfung gleichwertig ist.

(2) [1] Die hauptberufliche Tätigkeit muss nach Fachrichtung und Schwierigkeit *der Tätigkeit einer Beamtin* oder eines Beamten der angestrebten Laufbahn entsprechen. [2] Erfüllt die hauptberufliche Tätigkeit diese Voraussetzung, so darf sie von der nach § 8 Absatz 1 zuständigen Behörde nicht bei der Anerkennung der Befähigung ausgeschlossen werden. [3] Bei einer hauptberuflichen Tätigkeit, die im

öffentlichen Dienst ausgeübt worden ist, richtet sich die Bewertung der Schwierigkeit nach der besoldungsrechtlichen oder tarifrechtlichen Bewertung dieser Tätigkeit.

(3) Regelmäßige und verkürzte Arbeitszeiten sind gleichzubehandeln, soweit nicht zwingende sachliche Gründe entgegenstehen.

(4) [1] Elternzeit gilt als hauptberufliche Tätigkeit, wenn vor Beginn der Elternzeit eine hauptberufliche Tätigkeit von insgesamt mindestens sechs Monaten ausgeübt worden ist. [2] Ist die hauptberufliche Tätigkeit im öffentlichen Dienst ausgeübt worden, so gilt Elternzeit auch dann als ausgeübte hauptberufliche Tätigkeit, wenn die hauptberufliche Tätigkeit vor Beginn der Elternzeit weniger als sechs Monate ausgeübt worden ist.

§ 22 Einfacher Dienst. Die Anerkennung der Befähigung für eine Laufbahn des einfachen Dienstes setzt neben den Bildungsvoraussetzungen eine abgeschlossene Berufsausbildung voraus.

§ 23 Mittlerer Dienst. Die Anerkennung der Befähigung für eine Laufbahn des mittleren Dienstes setzt neben den Bildungsvoraussetzungen Folgendes voraus:

1. eine abgeschlossene Berufsausbildung, die inhaltlich den Anforderungen eines Vorbereitungsdienstes entspricht, oder
2. eine abgeschlossene Berufsausbildung und eine hauptberufliche Tätigkeit von mindestens einem Jahr und sechs Monaten.

§ 24[1)] Gehobener Dienst. (1) [1] Die Anerkennung der Befähigung für eine Laufbahn des gehobenen Dienstes setzt Folgendes voraus:

1. einen an einer Hochschule erworbenen Bachelor oder einen gleichwertigen Abschluss, wenn die jeweilige Ausbildung inhaltlich den Anforderungen eines Vorbereitungsdienstes entsprochen hat, oder
2. einen an einer Hochschule erworbenen Bachelor oder einen Abschluss, der einem Bachelor gleichwertig ist, jeweils in Verbindung mit einer hauptberuflichen Tätigkeit von mindestens einem Jahr und sechs Monaten.

[2] Die Regelstudiendauer des Studiengangs, mit dem der Bachelor oder der gleichwertige Abschluss nach Satz 1 abgeschlossen wurde, muss mindestens drei Jahre betragen haben.

(2) Die Befähigung für den gehobenen technischen Verwaltungsdienst hat auch, wer einen der folgenden Vorbereitungsdienste abgeschlossen hat:

1. den gehobenen Verwaltungsinformatikdienst des Bundes oder
2. den gehobenen nichttechnischen Verwaltungsdienst des Bundes „Fachrichtung digitale Verwaltung und IT-Sicherheit".

§ 25 Höherer Dienst. (1) Die Anerkennung der Befähigung für eine Laufbahn des höheren Dienstes setzt Folgendes voraus:

1. eine Ausbildung, die inhaltlich den Anforderungen eines Vorbereitungsdienstes entspricht, oder
2. eine hauptberufliche Tätigkeit in der nach Absatz 2 geforderten Dauer und einen der folgenden Ausbildungsabschlüsse:

[1)] § 24 Abs. 2 Nr. 1 ber. BGBl. 2026 I Nr. 115.

a) einen an einer Hochschule erworbenen Bachelor und einen an einer Hochschule erworbenen Master,
b) einen Abschluss, der einem an einer Hochschule erworbenen Bachelor gleichwertig ist, und einen an einer Hochschule erworbenen Master oder
c) einen Abschluss, der einem an einer Hochschule erworbenen Master gleichwertig ist.

(2) Als Dauer der hauptberuflichen Tätigkeit nach Absatz 1 Nummer 2 werden gefordert:

1. mindestens zwei Jahre und sechs Monate, wenn
   a) in den Studiengängen, die zum Bachelor und Master geführt haben, insgesamt mindestens 300 Leistungspunkte nach dem Europäischen System zur Übertragung und Akkumulierung von Studienleistungen erworben worden sind,
   b) die Regelstudienzeit des dem Bachelor gleichwertigen Abschlusses drei Jahre betragen hat und mit dem Studiengang, der zum Master geführt hat, mindestens 120 Leistungspunkte erworben worden sind,
   c) die Regelstudienzeit des dem Bachelor gleichwertigen Abschlusses vier Jahre betragen hat und mit dem Studiengang, der zum Master geführt hat, mindestens 60 Leistungspunkte erworben worden sind oder
   d) ein Abschluss nach Satz 1 Nummer 2 Buchstabe c vorliegt,
2. mindestens drei Jahre, wenn
   a) mit den Studiengängen, die zum Bachelor und Master geführt haben, insgesamt mindestens 270, aber weniger als 300 Leistungspunkte erworben worden sind, oder
   b) die Regelstudienzeit des dem Bachelor gleichwertigen Abschlusses drei Jahre betragen hat und mit dem Studiengang, der zum Master geführt hat, mindestens 90, aber weniger als 120 Leistungspunkte erworben worden sind, und
3. mindestens drei Jahre und sechs Monate, wenn
   a) mit den Studiengängen, die zum Bachelor und zum Master geführt haben, insgesamt mindestens 240, aber weniger als 270 Leistungspunkte erworben worden sind, oder
   b) die Regelstudienzeit des mit dem Bachelor gleichwertigen Abschlusses drei Jahre betragen hat und mit dem Studiengang, der zum Master geführt hat, mindestens 60, aber weniger als 90 Leistungspunkte erworben worden sind.

(3) Die Laufbahnbefähigung für den höheren nichttechnischen Verwaltungsdienst hat auch, wer die Befähigung zum Richteramt hat.

§ 26 Andere Bewerberinnen und Bewerber. (1) Wer nicht die Voraussetzungen des § 7 Nummer 1 oder Nummer 2 Buchstabe a erfüllt, darf nur eingestellt werden, wenn

1. keine geeigneten Bewerberinnen und Bewerber mit einer Laufbahnbefähigung für die entsprechende Laufbahn zur Verfügung stehen oder
2. die Einstellung von besonderem dienstlichen Interesse ist.

(2) [1] *Andere Bewerberinnen* und Bewerber nach Absatz 1 müssen durch ihre Lebens- und Berufserfahrung befähigt sein, im Beamtendienst die Aufgaben ihrer künftigen Laufbahn wahrzunehmen. [2] Eine bestimmte Vorbildung darf außer im Fall des Absatzes 3 von ihnen nicht gefordert werden.

(3) Ist eine bestimmte Vorbildung, Ausbildung oder Prüfung durch besondere Rechtsvorschrift vorgeschrieben oder nach ihrer Eigenart zwingend erforderlich, ist eine Einstellung als andere Bewerberin und anderer Bewerber nicht möglich.

(4) Das Verfahren zur Feststellung der Laufbahnbefähigung nach § 8 Absatz 2 regelt der Bundespersonalausschuss.

Unterabschnitt 4. Sonderregelungen

§ 27 Besondere Qualifikationen für die Zulassung zu Laufbahnen des einfachen Dienstes. Abweichend von § 17 Absatz 2 Nummer 2 Buchstabe b des Bundesbeamtengesetzes[1] können für die Zulassung zu Laufbahnen des einfachen Dienstes anstelle einer abgeschlossenen Berufsausbildung folgende Abschlüsse berücksichtigt werden:

1. Abschluss der höherqualifizierenden Berufsbildung oder
2. Abschluss eines Feststellungsverfahrens mit dem Ergebnis der vollständigen Vergleichbarkeit der individuellen beruflichen Handlungsfähigkeit mit der für die Ausübung eines anerkannten Ausbildungsberufs erforderlichen Handlungsfähigkeit nach § 1 Absatz 6 des Berufsbildungsgesetzes[2] oder nach § 41b Absatz 1 der Handwerksordnung[3].

§ 28 Besondere Qualifikationen für die Zulassung zu Laufbahnen des mittleren Dienstes. (1) Abweichend von § 17 Absatz 3 Nummer 1 Buchstabe a des Bundesbeamtengesetzes[1] können für die Zulassung zu Laufbahnen des mittleren Dienstes anstelle eines Abschlusses einer Realschule ein Hauptschulabschluss oder ein als gleichwertig anerkannter Bildungsstand berücksichtigt werden.

(2) Abweichend von § 17 Absatz 3 Nummer 2 Buchstabe c des Bundesbeamtengesetzes können für die Zulassung zu Laufbahnen des mittleren Dienstes anstelle einer abgeschlossenen Berufsausbildung folgende Abschlüsse zugelassen werden:

1. Abschluss der höherqualifizierenden Berufsbildung oder
2. Abschluss eines Feststellungsverfahrens mit dem Ergebnis der vollständigen Vergleichbarkeit der individuellen beruflichen Handlungsfähigkeit mit der für die Ausübung eines anerkannten Ausbildungsberufs erforderlichen Handlungsfähigkeit nach § 1 Absatz 6 des Berufsbildungsgesetzes[2] oder nach § 41b Absatz 1 der Handwerksordnung[3].

(3) Beamtinnen und Beamte, die bei einem anderen Dienstherrn eine Aufstiegsausbildung abgeschlossen haben, die inhaltlich den Anforderungen einer fachspezifischen Qualifizierung für den Aufstieg in eine Laufbahn des mittleren Dienstes nach § 46 entspricht, können abweichend von § 17 Absatz 3 Nummer 2 Buchstabe b des Bundesbeamtengesetzes zu Laufbahnen des mittleren Dienstes zugelassen werden.

§ 29 Besondere Qualifikationen und Zeiten für die Zulassung zu Laufbahnen des gehobenen Dienstes. (1) Bei Personen, die ein Hochschulstudium und eine hauptberufliche Tätigkeit, die für Beamtinnen und Beamte als Aufstiegsverfahren nach § 47 mit Hochschulstudium und berufspraktischer Einführung eingerichtet sind, absolviert haben, kann bei der Zulassung zu einer Laufbahn des

---

[1] Nr. **160**.
[2] **Sartorius ErgBd. Nr. 422.**
[3] Nr. **815**.

gehobenen Dienstes von der Voraussetzung der hauptberuflichen Tätigkeit nach § 17 Absatz 4 Nummer 2 Buchstabe c des Bundesbeamtengesetzes[1)] abgesehen werden.

(2) [1] Abweichend von § 17 Absatz 4 Nummer 2 Buchstabe c des Bundesbeamtengesetzes können für die Zulassung zu den Laufbahnen des gehobenen technischen Verwaltungsdienstes sowie des gehobenen naturwissenschaftlichen Dienstes anstelle eines an einer Hochschule erworbenen Bachelors berücksichtigt werden:

1. ein nach einer Fortbildungsordnung nach § 53c des Berufsbildungsgesetzes[2)] oder nach § 42c, § 45 Absatz 2 Satz 2 oder § 51a Absatz 3 Satz 3 der Handwerksordnung[3)] erworbener Bachelor Professional in Verbindung mit einer hauptberuflichen Tätigkeit von mindestens einem Jahr und sechs Monaten oder
2. ein nach einer Fortbildungsordnung nach § 53d des Berufsbildungsgesetzes oder nach § 42d der Handwerksordnung erworbener Master Professional in Verbindung mit einer hauptberuflichen Tätigkeit von mindestens einem Jahr.

[2] § 21 Absatz 2 und 3 gilt entsprechend.

(3) Beamtinnen und Beamte, die bei einem anderen Dienstherrn eine Aufstiegsausbildung abgeschlossen haben, die inhaltlich den Anforderungen einer fachspezifischen Qualifizierung für den Aufstieg in eine Laufbahn des gehobenen Dienstes nach § 46 entspricht, können abweichend von § 17 Absatz 4 Nummer 2 Buchstabe b des Bundesbeamtengesetzes zu Laufbahnen des gehobenen Dienstes zugelassen werden.

§ 30 Besondere Qualifikationen und Zeiten für die Zulassung zu Laufbahnen des höheren Dienstes. (1) [1] Abweichend von § 17 Absatz 5 Nummer 1 Buchstabe a des Bundesbeamtengesetzes[1)] können für die Zulassung zu den folgenden Laufbahnen anstelle eines an einer Hochschule erworbenen Masters ein an einer Hochschule erworbener Bachelor oder ein gleichwertiger Abschluss, jeweils in Verbindung mit einer Promotion oder einer hauptberuflichen Tätigkeit von mindestens zwei Jahren und sechs Monaten, berücksichtigt werden:

1. Laufbahn des höheren technischen Verwaltungsdienstes,
2. Laufbahn des höheren sprach- und kulturwissenschaftlichen Dienstes,
3. Laufbahn des höheren naturwissenschaftlichen Dienstes sowie
4. Laufbahn des höheren ärztlichen und gesundheitswissenschaftlichen Dienstes.

[2] Das Thema der Dissertation muss seiner Fachrichtung nach der angestrebten Laufbahn entsprechen. [3] § 21 Absatz 2 gilt entsprechend.

(2) Bei Personen, die ein Hochschulstudium und eine hauptberufliche Tätigkeit, die für Beamtinnen und Beamte als Aufstiegsverfahren nach § 47 mit Hochschulstudium und berufspraktischer Einführung eingerichtet sind, absolviert haben, kann bei der Zulassung zu einer Laufbahn des höheren Dienstes von der Voraussetzung der hauptberuflichen Tätigkeit nach § 17 Absatz 5 Nummer 2 Buchstabe c des Bundesbeamtengesetzes abgesehen werden.

(3) Beamtinnen und Beamte, die bei einem anderen Dienstherrn eine Aufstiegsausbildung abgeschlossen haben, die inhaltlich den Anforderungen einer fachspezifischen Qualifizierung für den Aufstieg in eine Laufbahn des höheren Dienstes

---

1) Nr. **160**.
2) **Sartorius ErgBd. Nr. 422.**
3) Nr. **815**.

nach § 46 entspricht, können abweichend von § 17 Absatz 5 des Bundesbeamtengesetzes zu Laufbahnen des höheren Dienstes zugelassen werden.

§ 31 Zeiten im berufsmäßigen Wehrdienst. Abweichend von § 17 des Bundesbeamtengesetzes[1)] können bei Personen, die berufsmäßigen Wehrdienst geleistet haben, anstelle des Vorbereitungsdienstes Qualifizierungen berücksichtigt werden, die inhaltlich den Anforderungen eines Vorbereitungsdienstes entsprechen.

§ 32 Besondere Qualifikationen und Zeiten für die Zulassung zu einzelnen Verwendungsbereichen. (1) Abweichend von § 17 Absatz 4 Nummer 2 Buchstabe c des Bundesbeamtengesetzes[1)] kann zur Laufbahn des gehobenen nichttechnischen Verwaltungsdienstes für eine Verwendung in der Aufsicht über die Flugsicherung auch zugelassen werden, wer anstelle eines mit einem Bachelor abgeschlossenen Hochschulstudiums eine abgeschlossene Ausbildung zur Fluglotsin oder zum Fluglotsen an der Flugsicherungsakademie der DFS Deutsche Flugsicherung GmbH besitzt.

(2) Abweichend von § 17 Absatz 4 Nummer 1 und 2 Buchstabe c des Bundesbeamtengesetzes kann anstelle eines mit einem Bachelor abgeschlossenen Hochschulstudiums auch eine Lizenz für Berufspilotinnen oder -piloten nach der Verordnung (EU) Nr. 1178/2011 für die Zulassung zur Laufbahn des gehobenen technischen Verwaltungsdienstes für eine der folgenden Verwendungen berücksichtigt werden:

1. Verwendung in der Überwachung der Flugtüchtigkeit von Luftfahrzeugen,
2. Verwendung in der Überwachung von Luftfahrtunternehmen, von Organisationen, die fliegendes Personal ausbilden, und von Unternehmen, die Luftfahrtgerät entwickeln, herstellen, instand halten oder ändern, sowie
3. Verwendung in der Flugunfalluntersuchung.

(3) Abweichend von § 17 Absatz 4 des Bundesbeamtengesetzes können Personen, die während eines berufsmäßigen Wehrdienstes bei einem anderen Dienstherrn eine Aufstiegsausbildung abgeschlossen haben, die inhaltlich den Anforderungen einer fachspezifischen Qualifizierung nach § 46 für den Aufstieg in den gehobenen technischen Verwaltungsdienst im Verwendungsbereich Brandschutz entspricht, im Verwendungsbereich Brandschutz zur Laufbahn des gehobenen technischen Verwaltungsdienstes zugelassen werden.

(4) Abweichend von § 17 Absatz 5 des Bundesbeamtengesetzes können Personen, die bei einem anderen Dienstherrn einen Ausbildungsgang abgeschlossen haben, der inhaltlich den Anforderungen des Vorbereitungsdienstes höherer technischer Verwaltungsdienst in der Bundeswehr im Verwendungsbereich Brandschutz oder einer fachspezifischen Qualifizierung nach § 46 für den Aufstieg in den höheren technischen Verwaltungsdienst im Verwendungsbereich Brandschutz entspricht, im Verwendungsbereich Brandschutz zur Laufbahn des höheren technischen Verwaltungsdienstes zugelassen werden.

(5) Abweichend von § 17 Absatz 5 Nummer 1 Buchstabe a des Bundesbeamtengesetzes kann anstelle eines mit einem Master abgeschlossenen Hochschulstudiums auch eine Lizenz für Verkehrspilotinnen oder -piloten nach der Verordnung (EU) Nr. 1178/2011 für die Zulassung zur Laufbahn des höheren technischen Verwaltungsdienstes für eine der folgenden Verwendungen berücksichtigt werden:

1. Verwendung in der Überwachung der Flugtüchtigkeit von Luftfahrzeugen,

---

[1)] Nr. **160**.

2. Verwendung in der Überwachung von Luftfahrtunternehmen, von Organisationen, die fliegendes Personal ausbilden, und von Unternehmen, die Luftfahrtgerät entwickeln, herstellen, instand halten oder ändern, sowie
3. Verwendung in der Flugunfalluntersuchung.

(6) Abweichend von § 17 Absatz 4 Nummer 2 Buchstabe c und Absatz 5 Nummer 2 Buchstabe c des Bundesbeamtengesetzes können anstelle von Zeiten einer hauptberuflichen Tätigkeit folgende Zeiten anerkannt werden:

1. bei Ärztinnen und Ärzten:
   a) Zeiten einer als Pflicht- oder Medizinalassistentin oder als Pflicht- oder Medizinalassistent und als Ärztin oder Arzt im Praktikum ausgeübten Tätigkeit und
   b) Zeiten einer Weiterbildung zur Tropenmedizinerin oder zum Tropenmediziner,
2. bei Lebensmittelchemikerinnen und Lebensmittelchemikern: Zeiten der zusätzlich vorgeschriebenen Ausbildung und
3. bei Wissenschaftlerinnen und Wissenschaftlern: Zeiten einer Habilitation.

(7) Abweichend von § 17 Absatz 5 des Bundesbeamtengesetzes können Beamtinnen und Beamte, die die Voraussetzungen des § 17 Absatz 4 des Bundesbeamtengesetzes erfüllen, zu Laufbahnen des höheren Dienstes für eine der folgenden Verwendungen zugelassen werden:

1. Verwendung im Schulaufsichtsdienst der Bundeswehrfachschulen bis zur Besoldungsgruppe A 15 der Bundesbesoldungsordnung A und
2. Verwendung als Lehrerinnen und Lehrer an Bundeswehrfachschulen bis zur Besoldungsgruppe A 14 der Bundesbesoldungsordnung A.

§ 33 Zulassung zur höheren Laufbahn bei Besitz einer Berufsausbildung, Hochschulausbildung oder sonstigen besonderen Qualifikationen.

(1) Beamtinnen und Beamte, die die für eine höhere Laufbahn erforderliche Berufsausbildung, Hochschulausbildung oder eine sonstige besondere Qualifikation nach den §§ 28 bis 32 besitzen, können für eine höhere Laufbahn zugelassen werden, wenn sie an einem für Regelbewerberinnen und Regelbewerber vorgesehenen Auswahlverfahren erfolgreich teilgenommen haben.

(2) Sie verbleiben in ihrem bisherigen beamtenrechtlichen Status, bis sie

1. folgende Voraussetzungen erfüllen:
   a) im mittleren Dienst: die sonstigen Voraussetzungen nach § 17 Absatz 3 Nummer 2 des Bundesbeamtengesetzes[1)],
   b) im gehobenen Dienst: die sonstigen Voraussetzungen nach § 17 Absatz 4 Nummer 2 des Bundesbeamtengesetzes und
   c) im höheren Dienst: die sonstigen Voraussetzungen nach § 17 Absatz 5 Nummer 2 des Bundesbeamtengesetzes und
2. sich nach Erlangung der Befähigung sechs Monate in der neuen Laufbahn bewährt haben.

(3) Kann die Bewährung nach Absatz 2 Nummer 2 wegen besonderer Umstände des Einzelfalls bis zum Ablauf der regelmäßigen Bewährungszeit nicht abschlie-

---

1) Nr. **160**.

ßend festgestellt werden, so kann die Bewährungszeit um höchstens sechs Monate verlängert werden.

(4) [1] Die Zeit einer geforderten hauptberuflichen Tätigkeit und der Bewährung darf nicht wegen Elternzeit verlängert werden. [2] Beträgt die Zeit, in der tatsächlich Dienst geleistet worden ist, wegen Elternzeit weniger als ein Jahr, so muss eine Verlängerung erfolgen. [3] Die Verlängerung erfolgt um denjenigen Zeitraum, der erforderlich ist, damit ein Jahr tatsächlich Dienst geleistet wird.

(5) [1] Nach der Bewährung wird den Beamtinnen und Beamten im Rahmen der besetzbaren Planstellen ein Amt der höheren Laufbahn verliehen. [2] Das erste Beförderungsamt darf frühestens nach Ablauf einer Dienstzeit von einem Jahr seit der ersten Verleihung eines Amtes der höheren Laufbahngruppe verliehen werden.

§ 34 Einstellung in ein Beförderungsamt. (1) [1] Eine Bewerberin oder ein Bewerber kann in ein Beförderungsamt eingestellt werden, wenn sie oder er

1. das angestrebte Amt nach dem individuellen fiktiven Werdegang erreichen kann und
2. für den Zeitraum des individuellen fiktiven Werdegangs hauptberufliche Tätigkeiten nachweist, die
   a) nach Fachrichtung und Schwierigkeit der Tätigkeit einer Beamtin oder eines Beamten in der angestrebten Laufbahn entsprochen haben und
   b) innerhalb dieses Zeitraums für eine Dauer von mindestens sechs Monaten nach ihrer Art und Bedeutung dem angestrebten Amt entsprochen haben.

[2] Liegt keine hauptberufliche Tätigkeit nach Satz 1 Nummer 2 vor, so ist die besondere Befähigung für das angestrebte Amt durch förderliche Zusatzqualifikationen nachzuweisen.

(2) [1] Der Zeitraum des individuellen fiktiven Werdegangs ist die Summe aus

1. einem Zeitraum von drei Jahren, der an die Stelle der Probezeit tritt, die von einer Beamtin oder einem Beamten zu absolvieren ist, und
2. einem Zeitraum von einem Jahr, der an die Stelle jeder Sperrfrist tritt, die bei einer Beamtin oder einem Beamten nach dem Erreichen des ersten Beförderungsamtes bis zum Erreichen des angestrebten Amtes einzuhalten ist.

[2] Wenn in der Dienstbehörde üblicherweise ein längerer Zeitraum als ein Jahr zwischen zwei Beförderungen liegt, so kann die Dienstbehörde abweichend von Satz 1 Nummer 2 diesen längeren Zeitraum festlegen.

(3) § 21 Absatz 2 Satz 3, Absatz 3 und 4 gilt entsprechend.

(4) Soweit hauptberufliche Tätigkeiten bereits auf den Vorbereitungsdienst angerechnet worden sind, dürfen sie bei der Einstellung in ein Beförderungsamt nicht einbezogen werden.

§ 35 Einstellung von Richterinnen und Richtern sowie früheren Staatsanwältinnen und Staatsanwälten in ein Beförderungsamt. (1) [1] Abweichend von § 34 können Richterinnen und Richtern, die in die Laufbahn des höheren nichttechnischen Verwaltungsdienstes wechseln, nach folgenden Zeiträumen folgende Ämter übertragen werden:

1. ein Amt der Besoldungsgruppe A 14 der Bundesbesoldungsordnung A ein Jahr nach der Ernennung zur Richterin oder zum Richter auf Lebenszeit,
2. ein Amt der Besoldungsgruppe A 15 der Bundesbesoldungsordnung A zwei Jahre nach der Ernennung zur Richterin oder zum Richter auf Lebenszeit.

[2]Einer Richterin oder einem Richter der Besoldungsgruppe R 2 der Bundesbesoldungsordnung R kann ein Amt der Besoldungsgruppe A 16 der Bundesbesoldungsordnung A übertragen werden.

(2) Absatz 1 gilt auch für frühere Richterinnen und Richter sowie frühere Staatsanwältinnen und Staatsanwälte.

§ 36 Besetzung von geeigneten Dienstposten der höheren Laufbahn durch besonders leistungsstarke Beamtinnen und Beamte. (1) [1]Abweichend von § 17 Absatz 3 bis 5 des Bundesbeamtengesetzes[1)] können geeignete Dienstposten nach entsprechender Ausschreibung auch mit Beamtinnen und Beamten besetzt werden, die

1. seit mindestens drei Jahren das Endamt ihrer bisherigen Laufbahn erreicht haben,
2. sich in mindestens zwei Verwendungen bewährt haben,
3. in den letzten zwei regelmäßigen dienstlichen Beurteilungen mit der höchsten oder zweithöchsten Note ihrer Besoldungsgruppe oder ihrer Funktionsebene beurteilt worden sind und
4. ein Auswahlverfahren nach Absatz 3 erfolgreich durchlaufen haben.

[2]Abweichend von Satz 1 Nummer 1 können die obersten Dienstbehörden für ihren nachgeordneten Geschäftsbereich anstelle des Erreichens des Endamtes der bisherigen Laufbahn das Erreichen des vorletzten Amtes als Voraussetzung festlegen.

(2) [1]Geeignet sind Dienstposten bis zum zweiten Beförderungsamt der höheren Laufbahn, bei denen eine lange berufliche Erfahrung ein wesentliches Merkmal des Anforderungsprofils ist. [2]In obersten Dienstbehörden können im Einzelfall auch Dienstposten des dritten Beförderungsamtes der höheren Laufbahn geeignet sein, wenn neben der langen beruflichen Erfahrung eines der beiden folgenden Merkmale wesentliches Merkmal des Anforderungsprofils ist:

1. eine dreijährige Verwendung auf Dienstposten nach Satz 1 oder
2. eine gleichwertige berufliche Erfahrung, die erworben worden ist, nachdem das derzeitige Amt nach Absatz 4 Satz 1 oder Satz 2 Nummer 1 oder 2 verliehen worden ist.

[3]Die obersten Dienstbehörden können über die Anforderung nach den Sätzen 1 und 2 hinausgehende Anforderungen an die Eignung der Dienstposten bestimmen.

(3) [1]Die obersten Dienstbehörden bestimmen Auswahlkommissionen, die die Auswahlverfahren durchführen. [2]Sie bestehen in der Regel aus vier Mitgliedern und sollen zu gleichen Teilen mit Frauen und Männern besetzt sein. [3]Die Mitglieder müssen einer höheren Laufbahn als die Bewerberinnen und Bewerber angehören. [4]Sie sind unabhängig und an Weisungen nicht gebunden. [5]In dem Auswahlverfahren werden, gemessen an den Anforderungen des zu besetzenden Dienstpostens, die Eignung und Befähigung der Beamtinnen und Beamten überprüft. [6]Eignung und Befähigung sind in einer Vorstellung vor einer Auswahlkommission nachzuweisen. [7]Die Vorstellung umfasst einen schriftlichen und einen mündlichen Teil. [8]Die Auswahlkommission bewertet die Ergebnisse und macht *einen Vorsch*lag für die Besetzung des Dienstpostens. [9]Die obersten Dienstbehörden können ihre Befugnisse auf andere Behörden übertragen.

[1)] Nr. **160**.

(4) [1] Den in Absatz 1 genannten Beamtinnen und Beamten wird im Rahmen der besetzbaren Planstellen das Eingangsamt der höheren Laufbahn verliehen. [2] Für die Verleihung von Beförderungsämtern gilt, dass

1. das erste Beförderungsamt frühestens ein Jahr nach der ersten Verleihung eines Amtes der höheren Laufbahn verliehen werden darf,
2. das zweite Beförderungsamt frühestens ein Jahr nach der Verleihung des ersten Beförderungsamtes verliehen werden darf und
3. das dritte Beförderungsamt frühestens zwei Jahre nach der Verleihung des zweiten Beförderungsamtes verliehen werden darf.

[3] Weitere Beförderungen sind ausgeschlossen.

(5) Beamtinnen und Beamte, die nach den Absätzen 1 bis 4 ein Amt einer höheren Laufbahn verliehen bekommen haben, können auch auf anderen geeigneten Dienstposten im Sinne des Absatzes 2 eingesetzt werden.

(6) Für Beamtinnen und Beamten, die nach den Absätzen 1 bis 4 ein Amt einer höheren Laufbahn verliehen bekommen haben und die nach erfolgreicher Teilnahme an einem Auswahlverfahren nach § 44 an einem Aufstiegsverfahren teilnehmen, gilt Folgendes:

1. sie verbleiben während des Aufstiegsverfahrens in ihrem bisherigen Amt;
2. Zeiten, die sie in einem Amt einer höheren Laufbahn nach den Absätzen 1 bis 4 verbracht haben, gelten als Zeiten der berufspraktischen Einführung nach § 46 Absatz 5, § 47 Absatz 1 Nummer 2 oder § 47 Absatz 2 Nummer 2;
3. nach dem Erwerb der Befähigung für die höhere Laufbahn verbleiben sie abweichend von § 48 in ihrem bisherigen Amt;
4. Beförderungen sind abweichend von § 48 unter den Voraussetzungen des § 40 möglich.

Abschnitt 3. Berufliche Entwicklung

Unterabschnitt 1. Probezeit

§ 37 Dauer der Probezeit und Feststellung der Bewährung. (1) [1] Die Probezeit dauert grundsätzlich drei Jahre. [2] Die Mindestprobezeit beträgt ein Jahr.

(2) Die Beamtinnen und Beamten haben sich in der Probezeit in vollem Umfang bewährt, wenn sie nach Eignung, Befähigung und fachlicher Leistung wechselnde Anforderungen ihrer Laufbahn erfüllen können.

(3) Die Beamtinnen und Beamten sind während der Probezeit in mindestens zwei Verwendungsbereichen einzusetzen, wenn nicht dienstliche Gründe entgegenstehen.

(4) [1] Eignung, Befähigung und fachliche Leistung der Beamtinnen und Beamten sind in der Probezeit wie folgt zu beurteilen:

1. erstmals spätestens nach der Hälfte der festgesetzten Probezeit und
2. mindestens ein zweites Mal vor Ablauf der festgesetzten Probezeit.

[2] Auf besondere Eignungen und auf bestehende Mängel ist in der Beurteilung hinzuweisen. [3] Die Beurteilung erfolgt in der Regel durch mindestens zwei Personen. [4] Die Zahl der Beurteilerinnen und Beurteiler sowie gegebenenfalls die Rolle und Verantwortlichkeit mitwirkender Berichterstatterinnen und Berichterstatter regeln die obersten Dienstbehörden in Richtlinien. [5] Die obersten Dienstbehörden können die Befugnis des Satzes 4 auf andere Behörden übertragen. [6] Die

Beurteilung ist in ihrem vollen Wortlaut der Beamtin oder dem Beamten zu eröffnen und auf deren beziehungsweise dessen Verlangen mit ihr oder ihm zu besprechen. 7 Die Eröffnung ist aktenkundig zu machen und mit der Beurteilung zu den Personalakten zu nehmen.

(5) Kann die Bewährung wegen besonderer Umstände des Einzelfalls bis zum Ablauf der regelmäßigen Probezeit nicht abschließend festgestellt werden, so kann die Probezeit verlängert werden.

(6) Beamtinnen und Beamte, die sich in der Probezeit nicht in vollem Umfang bewährt haben, werden spätestens mit Ablauf der Probezeit entlassen.

§ 38 Anrechnung hauptberuflicher Tätigkeiten. (1) 1 Hauptberufliche Tätigkeiten, die nach Art und Schwierigkeit mindestens der Tätigkeit in einem Amt der betreffenden Laufbahn entsprechen, können auf die Probezeit angerechnet werden. 2 Satz 1 gilt nicht für die Mindestprobezeit.

(2) Hauptberufliche Tätigkeiten nach Absatz 1 können auch auf die Mindestprobezeit angerechnet werden, wenn die hauptberufliche Tätigkeit ausgeübt worden ist

1. im berufsmäßigen Wehrdienst oder
2. in der obersten Dienstbehörde, die für die Bewährungsfeststellung zuständig ist, oder in deren Dienstbereich.

(3) 1 Auf die Probezeit sind bei früheren Beamtinnen und Beamten anderer Dienstherren die Zeiten anzurechnen, in denen sich die Beamtin oder der Beamte, nachdem sie oder er die Laufbahnbefähigung erworben hat, bei einem anderen Dienstherrn in einer gleichwertigen Laufbahn bewährt hat. 2 Auf die Mindestprobezeit können die in Satz 1 genannten Zeiten angerechnet werden.

(4) 1 Auf die Probezeit und die Mindestprobezeit sind folgende Zeiten einer Bewährung in einer Probezeit anzurechnen:

1. bei Richterinnen und Richtern: Probezeit im Bundes- oder Landesdienst,
2. bei Staatsanwältinnen und Staatsanwälten: Probezeit im Bundes- oder Landesdienst, und
3. bei verbeamteten Wissenschaftlerinnen und Wissenschaftlern im Bundes- oder Landesdienst: Zeiten in einem Beamtenverhältnis auf Zeit oder in einem Beamtenverhältnis auf Lebenszeit im Bund oder Land.

2 Die Anrechnung nach Satz 1 gilt auch für frühere Richterinnen und Richter, frühere Staatsanwältinnen und Staatsanwälte sowie frühere verbeamtete Wissenschaftlerinnen und Wissenschaftler im Bundes- oder Landesdienst.

(5) Nicht anzurechnen sind hauptberufliche Tätigkeiten,

1. die auf den Vorbereitungsdienst angerechnet worden sind oder
2. deren Ausübung Voraussetzung für die Zulassung zur Laufbahn ist.

(6) § 21 Absatz 2 Satz 3, Absatz 3 und 4 gilt entsprechend.

§ 39 Verlängerung der Probezeit. (1) 1 Die Probezeit verlängert sich um die Zeit einer Beurlaubung ohne Besoldung. 2 Dies gilt nicht, wenn die oberste Dienstbehörde bei der Gewährung der Beurlaubung festgestellt hat, dass die Beurlaubung dienstlichen Interessen oder öffentlichen Belangen dient. 3 Die obersten Dienstbehörden bestimmen im Einvernehmen mit dem Bundesministerium des Innern, unter welchen Voraussetzungen dienstliche oder öffentliche Belange anerkannt werden können.

(2) [1] Die Probezeit wird nicht verlängert durch Zeiten

1. einer Teilzeitbeschäftigung,
2. einer Kinderbetreuung bis zu drei Jahren pro Kind,
3. der Pflege von nach ärztlichem Gutachten pflegebedürftigen nahen Angehörigen nach § 7 Absatz 3 des Pflegezeitgesetzes[1)], bis zu drei Jahre Pflege pro Angehöriger oder Angehörigem, sowie
4. einer Beurlaubung nach § 24 Absatz 2 des Gesetzes über den Auswärtigen Dienst in der jeweils geltenden Fassung, bis zu drei Jahren.

[2] § 21 Absatz 3 gilt entsprechend.

Unterabschnitt 2. Beförderung

§ 40 Voraussetzungen einer Beförderung. [1] Eine Beamtin oder ein Beamter kann befördert werden, wenn

1. sie oder er nach Eignung, Befähigung und fachlicher Leistung ausgewählt worden ist,
2. im Fall der Übertragung einer höherwertigen Funktion die Eignung in einer Erprobungszeit nachgewiesen wurde und
3. kein Beförderungsverbot vorliegt.

[2] Die Beförderung erfolgt in den Fällen, in denen die Amtsbezeichnung wechselt, durch Ernennung.

§ 41 Auswahlentscheidungen. (1) [1] Feststellungen über Eignung, Befähigung und fachliche Leistung sind in der Regel auf der Grundlage aktueller dienstlicher Beurteilungen zu treffen. [2] Frühere Beurteilungen sind zusätzlich zu berücksichtigen und, soweit ihnen noch Aussagekraft für die zu treffende Auswahlentscheidung zukommt, vor Hilfskriterien heranzuziehen. [3] Zur Überprüfung der Erfüllung von Anforderungen, zu denen die dienstlichen Beurteilungen keinen Aufschluss geben, können eignungsdiagnostische Instrumente eingesetzt werden. [4] Dies kann insbesondere der Fall sein, wenn erstmals Leitungs- oder Führungsaufgaben übertragen werden sollen. [5] Eignungsdiagnostische Instrumente können auch dann eingesetzt werden, wenn eine im wesentlichen gleiche Beurteilungslage vorliegt. [6] Die §§ 8 und 9 des Bundesgleichstellungsgesetzes[2)] sind zu beachten.

(2) [1] Besonders zu berücksichtigen sind erfolgreich absolvierte Tätigkeiten

1. in einer öffentlichen zwischenstaatlichen oder überstaatlichen Einrichtung,
2. in der Verwaltung eines Mitgliedstaats der Europäischen Union und
3. in einer öffentlichen Einrichtung eines Mitgliedstaats der Europäischen Union während einer Beurlaubung nach § 6 Absatz 1 der Sonderurlaubsverordnung[3)].

[2] Langjährige Leistungen, die wechselnden Anforderungen gleichmäßig gerecht geworden sind, sind angemessen zu berücksichtigen.

(3) [1] Beamtinnen und Beamte, die zur Ausübung einer gleichwertigen hauptberuflichen Tätigkeit bei einer Fraktion des Deutschen Bundestages, eines Landtages oder des Europäischen Parlaments beurlaubt sind, sind in entsprechender Anwendung des § 21 des Bundesbeamtengesetzes[4)] von der Fraktion zu beurteilen.

[1)] **Aichberger, SGB Nr. 11/10.**
[2)] **Sartorius III Nr. 900.**
[3)] Nr. **173**.
[4)] Nr. **160**.

[2] § 59 Absatz 2 ist in diesen Fällen nicht anzuwenden. [3] Der Zeitpunkt der Erstellung der Beurteilung richtet sich nach dem Regelbeurteilungsdurchgang der beurlaubenden Dienststelle.

(4) [1] Liegt keine aktuelle dienstliche Beurteilung vor, so ist jedenfalls in folgenden Fällen die letzte regelmäßige dienstliche Beurteilung unter Berücksichtigung der Entwicklung vergleichbarer Beamtinnen und Beamten fiktiv fortzuschreiben:

1. bei Beurlaubungen nach § 6 Absatz 1 der Sonderurlaubsverordnung zur Ausübung einer gleichwertigen hauptberuflichen Tätigkeit, wenn die Vergleichbarkeit der Beurteilung der öffentlichen zwischenstaatlichen oder überstaatlichen Einrichtung, der Verwaltung eines Mitgliedstaats der Europäischen Union oder der öffentlichen Einrichtung eines Mitgliedstaats der Europäischen Union mit der dienstlichen Beurteilung nicht gegeben ist,
2. bei Elternzeit mit vollständiger Freistellung von der dienstlichen Tätigkeit und
3. bei Freistellungen von der dienstlichen Tätigkeit wegen einer Mitgliedschaft im Personalrat, als Vertrauensperson der schwerbehinderten Menschen oder bei Entlastungen als Gleichstellungsbeauftragte.

[2] In den Fällen des Satzes 1 Nummer 1 sollen für die fiktive Fortschreibung auch Beurteilungen der aufnehmenden Stelle herangezogen werden. [3] Satz 1 Nummer 3 gilt nur, wenn die dienstliche Tätigkeit weniger als 25 Prozent der Arbeitszeit beansprucht.

(5) [1] Haben sich Vorbereitungsdienst und Probezeit um Zeiten verlängert, in denen ein Dienst nach § 18 Absatz 1 Satz 1 Nummer 1 Buchstabe d abgeleistet worden ist, so sind die sich daraus ergebenden zeitlichen Verzögerungen angemessen auszugleichen. [2] Zu diesem Zweck kann während der Probezeit befördert werden, wenn die sonstigen Voraussetzungen des § 40 vorliegen. [3] Die Sätze 1 und 2 gelten entsprechend für eine Person, die einen der in § 18 Absatz 1 Satz 1 Nummer 1 Buchstabe d genannten Dienste abgeleistet hat und die aufgrund ihrer Bewerbung eingestellt worden ist, wenn diese Bewerbung wie folgt erfolgt ist:

1. innerhalb von sechs Monaten nach Beendigung des Dienstes,
2. innerhalb von sechs Monaten nach Erwerb eines berufsqualifizierenden Abschlusses, wenn ein solcher Ausbildungsgang im Anschluss an den Dienst begonnen wurde,
3. innerhalb von sechs Monaten nach Ableistung der vorgeschriebenen Tätigkeit, wenn
   a) im Anschluss an den Dienst ein Ausbildungsgang zum Erwerb eines berufsqualifizierenden Abschlusses begonnen und im Anschluss an den Erwerb des berufsqualifizierenden Abschlusses eine hauptberufliche Tätigkeit nach den §§ 21 bis 25 begonnen wurde, oder
   b) im Anschluss an den Dienst eine hauptberufliche Tätigkeit nach den §§ 21 bis 25 begonnen wurde.

[4] Nicht auszugleichen sind Zeiten eines Dienstes nach § 18 Absatz 1 Satz 1 Nummer 1 Buchstabe d, wenn diese als Voraussetzung für die Zulassung zur Laufbahn oder nach § 20 des Bundesbeamtengesetzes berücksichtigt oder auf die Probezeit angerechnet worden sind.

§ 42 Erprobungszeit. (1) [1] Die Erprobungszeit beträgt mindestens sechs Monate und soll ein Jahr nicht überschreiten. [2] § 21 Absatz 3 gilt entsprechend.

(2) [1] Die in § 41 Absatz 4 genannten Zeiten und Erprobungszeiten auf einem anderen Dienstposten gleicher Bewertung gelten als geleistete Erprobungszeit,

wenn die Beamtin oder der Beamte bei Berücksichtigung sämtlicher Erkenntnisse die Erprobung aller Voraussicht nach erfolgreich absolviert hätte. [2] Gleiches gilt für Zeiten, in denen während einer Beurlaubung gleichwertige Tätigkeiten in einer Forschungseinrichtung ausgeübt worden sind.

(3) Kann die Eignung nicht festgestellt werden, so ist von der dauerhaften Übertragung der höherwertigen Funktion abzusehen oder die Übertragung zu widerrufen.

Unterabschnitt 3. Aufstieg

§ 43 Voraussetzungen für den Aufstieg. (1) [1] Voraussetzung für den Aufstieg ist die erfolgreiche Teilnahme an einem Auswahlverfahren gemäß § 44. [2] Weitere Voraussetzungen sind:

1. für den Aufstieg in den mittleren Dienst: der erfolgreiche Abschluss eines Vorbereitungsdienstes oder einer fachspezifischen Qualifizierung,
2. für den Aufstieg in den gehobenen Dienst:
   a) der erfolgreiche Abschluss eines Vorbereitungsdienstes oder einer fachspezifischen Qualifizierung oder
   b) der erfolgreiche Abschluss eines Hochschulstudiums und eine berufspraktische Einführung in der nächsthöheren Laufbahn,
3. für den Aufstieg in den höheren Dienst:
   a) der erfolgreiche Abschluss eines Vorbereitungsdienstes oder einer fachspezifischen Qualifizierung oder
   b) der erfolgreiche Abschluss eines Hochschulstudiums und eine berufspraktische Einführung in der nächsthöheren Laufbahn.

(2) [1] Bei Auswahl und Gestaltung der Aufstiegsverfahren sind die Benachteiligungsverbote des § 25 des Bundesbeamtengesetzes[1)] zu beachten. [2] Berufsbegleitende und modularisierte Aufstiegsverfahren sind anzubieten, sofern dienstliche Gründe nicht entgegenstehen.

§ 44 Auswahlverfahren für den Aufstieg; Auswahlkommission. (1) [1] Vor der Durchführung eines Auswahlverfahrens geben die obersten Dienstbehörden in einer Ausschreibung bekannt, welche Vorbereitungsdienste, Studiengänge oder sonstigen Qualifizierungen für den Aufstieg angeboten werden. [2] Sie können diese Befugnis auf andere Behörden übertragen.

(2) Voraussetzung für die Zulassung zum Auswahlverfahren ist, dass

1. sich die Bewerberinnen und Bewerber nach Ablauf der Probezeit in einer Dienstzeit von mindestens drei Jahren bewährt haben und
2. die Bewerberinnen und Bewerber bei Ablauf der Ausschreibungsfrist das 60. Lebensjahr noch nicht vollendet haben.

(3) [1] Voraussetzung für die Zulassung zum Auswahlverfahren für die fachspezifische Qualifizierung ist neben den in Absatz 2 genannten Voraussetzungen Folgendes:

1. für den Aufstieg in den gehobenen Dienst, dass die Bewerberinnen und Bewerber bei Ablauf der Ausschreibungsfrist das erste Beförderungsamt erreicht haben,

---

[1)] Nr. **160**.

2. für den Aufstieg in den höheren Dienst, dass die Bewerberinnen und Bewerber bei Ablauf der Ausschreibungsfrist das zweite Beförderungsamt erreicht haben.

[2] § 21 Absatz 3 gilt entsprechend.

(4) [1] Die obersten Dienstbehörden bestimmen Auswahlkommissionen, die die Auswahlverfahren durchführen. [2] Die obersten Dienstbehörden können diese Befugnis auf unmittelbar nachgeordnete Behörden übertragen. [3] Die Bundesakademie für öffentliche Verwaltung, die Hochschule des Bundes oder das Bundesverwaltungsamt können mit der Durchführung der Auswahlverfahren beauftragt werden. [4] Die Auswahlkommissionen bestehen aus mindestens zwei Mitgliedern. [5] Bei gerader Mitgliederanzahl sollen die Auswahlkommissionen zu gleichen Teilen mit Frauen und Männern besetzt sein. [6] Die Mitglieder der Auswahlkommission müssen einer höheren Laufbahn als die Bewerberinnen und Bewerber angehören. [7] Der Auswahlkommission können auch Arbeitnehmerinnen oder Arbeitnehmer angehören, sofern sie Folgendes besitzen:

1. bei Auswahlverfahren für den Aufstieg in Laufbahnen des mittleren Dienstes: mindestens eine abgeschlossene Berufsausbildung oder eine gleichwertige Qualifikation,
2. bei Auswahlverfahren für den Aufstieg in Laufbahnen des gehobenen Dienstes: mindestens einen Bachelorabschluss oder eine gleichwertige Qualifikation und
3. bei Auswahlverfahren für den Aufstieg in Laufbahnen des höheren Dienstes: einen Master oder eine gleichwertige Qualifikation.

[8] Die Mitglieder der Auswahlkommission sind unabhängig und an Weisungen nicht gebunden.

(5) [1] In dem Auswahlverfahren wird, gemessen an den Anforderungen der künftigen Laufbahnaufgaben, die Eignung und Befähigung der Beamtinnen und Beamten überprüft. [2] Eignung und Befähigung sind mindestens in einem strukturierten oder halbstrukturierten Interview vor einer Auswahlkommission nachzuweisen. [3] Beim Aufstieg in eine Laufbahn des gehobenen oder des höheren Dienstes sind auch schriftliche Aufgaben zu bearbeiten. [4] Die Auswahlkommission bewertet die Ergebnisse. [5] Sie kann das weitere strukturierte oder halbstrukturierte Interview vor der Auswahlkommission von den in den schriftlichen Aufgaben erzielten Ergebnissen abhängig machen. [6] Für jedes Auswahlverfahren ist anhand der ermittelten Gesamtergebnisse eine Rangfolge der erfolgreichen Bewerberinnen und Bewerber festzulegen. [7] Die Rangfolge ist für die Entscheidung über die Zulassung zum Aufstiegsverfahren maßgeblich. [8] Die Teilnahme ist erfolglos, wenn sie nicht mit ausreichendem Ergebnis abgeschlossen wurde.

(6) Die zuständige Dienstbehörde kann auf der Grundlage der dienstlichen Beurteilungen und sonstiger Anforderungen eine Vorauswahl für die Teilnahme am Auswahlverfahren treffen.

(7) [1] Über die Zulassung zum Aufstieg entscheidet die oberste Dienstbehörde unter Berücksichtigung des Vorschlags der Auswahlkommission. [2] Die oberste Dienstbehörde kann diese Entscheidung auf eine andere Behörde übertragen.

§ 45 Vorbereitungsdienste. (1) Nehmen Beamtinnen und Beamte an einem Vorbereitungsdienst teil, so sind die Bestimmungen zu Ausbildung und Prüfung, die für Referendarinnen und Referendare sowie für Anwärterinnen und Anwärter im Vorbereitungsdienst gelten, entsprechend anzuwenden.

(2) Ist der Vorbereitungsdienst auf eine berufspraktische Studienzeit beschränkt, so regeln die Rechtsverordnungen über besondere Vorschriften für die einzelnen

Laufbahnen und Vorbereitungsdienste nach § 26 Absatz 2 Satz 1 des Bundesbeamtengesetzes[1] die Voraussetzungen des Aufstiegs.

§ 46 Fachspezifische Qualifizierungen. (1) Fachspezifische Qualifizierungen dauern

1. für den Aufstieg in den mittleren Dienst: mindestens ein Jahr und sechs Monate,
2. für den Aufstieg in den gehobenen Dienst: mindestens zwei Jahre und
3. für den Aufstieg in den höheren Dienst: mindestens zwei Jahre.

(2) Fachspezifische Qualifizierungen bestehen aus einer fachtheoretischen Ausbildung und einer berufspraktischen Einführung.

(3) [1]Die fachtheoretische Ausbildung soll folgenden Zeitraum nicht unterschreiten:

1. für den Aufstieg in den mittleren Dienst: sechs Monate,
2. für den Aufstieg in den gehobenen Dienst: acht Monate und
3. für den Aufstieg in den höheren Dienst: zwölf Monate.

[2]Sie kann für den Aufstieg in den gehobenen Dienst zum Teil berufsbegleitend und für den Aufstieg in den höheren Dienst zum Teil oder überwiegend berufsbegleitend durchgeführt werden.

(4) [1]Die fachtheoretische Ausbildung vermittelt entsprechend den Anforderungen der Laufbahn Folgendes:

1. fachspezifische Kenntnisse und Fähigkeiten sowie
2. Kenntnisse und Fähigkeiten auf folgenden Gebieten:
   a) Verfassungs- und Europarecht,
   b) allgemeines Verwaltungsrecht,
   c) Recht des öffentlichen Dienstes,
   d) Haushaltsrecht,
   e) bürgerliches Recht,
   f) Organisation der Bundesverwaltung,
   g) Aufgaben des öffentlichen Dienstes,
   h) wirtschaftliches Verwaltungshandeln sowie
   i) Verwaltungsmodernisierung und Digitalisierung.

[2]Die Teilnahme an der fachtheoretischen Ausbildung ist durch Leistungstests zu belegen. [3]Leistungstests, die vor Beginn des Aufstiegsverfahrens erworben wurden, können auf Antrag angerechnet werden. [4]Beim Aufstieg in den höheren Dienst wird die fachtheoretische Ausbildung mit einer schriftlichen Arbeit abgeschlossen. [5]Hat eine Person einen Leistungstest oder die Abschlussarbeit endgültig nicht bestanden, so ist für sie das Aufstiegsverfahren beendet.

(5) [1]Während der berufspraktischen Einführung werden die Aufgaben der nächsthöheren Laufbahn wahrgenommen. [2]Die Einführung schließt mit einer dienstlichen Beurteilung ab, aus der hervorgeht, ob sich die Beamtin oder der Beamte in der nächsthöheren Laufbahn bewährt hat. [3]Beim Aufstieg in den mittleren Dienst kann die berufspraktische Einführung verkürzt werden, wenn die Beamtinnen und Beamten während ihrer bisherigen Tätigkeit hinreichende für die neue Laufbahn qualifizierende Kenntnisse erworben haben. [4]Die Verkürzung darf höchstens sechs Monate betragen. [5]Beim Aufstieg in den höheren Dienst soll die

[1] Nr. **160**.

Beamtin oder der Beamte während der berufspraktischen Einführung in zwei Verwendungsbereichen eingesetzt werden.

(6) [1] Der Bundespersonalausschuss oder ein von ihm beauftragter unabhängiger Ausschuss stellt nach einer Vorstellung der Beamtin oder des Beamten fest, ob die fachspezifische Qualifizierung erfolgreich abgeschlossen ist. [2] Mit Zustimmung des Bundespersonalausschusses kann die oberste Dienstbehörde oder können von ihr bestimmte unmittelbar nachgeordnete Behörden das Feststellungsverfahren selbst regeln und durchführen. [3] Das Feststellungsverfahren kann einmal wiederholt werden.

§ 47 Hochschulstudium und berufspraktische Einführung; Subdelegation. (1) Der Aufstieg in den gehobenen Dienst setzt Folgendes voraus:
1. ein mit einem Bachelor abgeschlossenes Hochschulstudium oder einen gleichwertigen Abschluss sowie
2. eine berufspraktische Einführung von einem Jahr in der nächsthöheren Laufbahn.

(2) Der Aufstieg in den höheren Dienst setzt Folgendes voraus:
1. ein mit einem Master abgeschlossenes Hochschulstudium oder einen gleichwertigen Abschluss sowie
2. eine berufspraktische Einführung von einem Jahr in der nächsthöheren Laufbahn.

(3) Die berufspraktische Einführung schließt mit einer dienstlichen Beurteilung ab, aus der hervorgeht, ob sich die Beamtin oder der Beamte in der nächsthöheren Laufbahn bewährt hat.

(4) Das Aufstiegsverfahren kann auf die berufspraktische Einführung von einem Jahr beschränkt werden, wenn die Beamtin oder der Beamte die in der Ausschreibung geforderte Hochschulausbildung und das Auswahlverfahren nach § 44 erfolgreich durchlaufen hat.

(5) § 18 Absatz 1 Satz 1 gilt entsprechend.

(6) Für den Aufstieg können die obersten Dienstbehörden Studiengänge einrichten.

(7) Die in § 26 Absatz 2 Satz 1 des Bundesbeamtengesetzes[1)] enthaltene Ermächtigung, durch Rechtsverordnung besondere Vorschriften für den Aufstieg zu erlassen, wird den obersten Dienstbehörden übertragen.

§ 48 Verleihung eines Amtes der neuen Laufbahn. [1] Nach Erwerb der Befähigung für die höhere Laufbahn wird den Beamtinnen und Beamten im Rahmen der besetzbaren Planstellen ein Amt der neuen Laufbahn verliehen. [2] Das erste Beförderungsamt darf frühestens nach Ablauf einer Dienstzeit von einem Jahr seit der ersten Verleihung eines Amtes der höheren Laufbahngruppe verliehen werden.

§ 49 Erstattung der Kosten einer Aufstiegsausbildung. [1] Hat eine Beamtin oder ein Beamter an einer fachspezifischen Qualifizierung oder an einer Hochschulausbildung teilgenommen, so muss sie oder er im Fall einer Entlassung die vom Dienstherrn getragenen Kosten der fachspezifischen Qualifizierung oder der *Hochschulausbildung* erstatten, wenn sie oder er nicht eine Dienstzeit geleistet hat, die mindestens dreimal so lang war wie die fachspezifische Qualifizierung oder

---

[1)] Nr. **160**.

die Hochschulausbildung. [2] Auf die Erstattung kann auf Antrag ganz oder teilweise verzichtet werden, wenn sie für die Beamtin oder den Beamten eine besondere Härte bedeuten würde.

Unterabschnitt 4. Sonstiges

§ 50 Laufbahnwechsel. (1) Der Wechsel in eine andere Laufbahn derselben Laufbahngruppe ist aus dienstlichen Gründen zulässig, wenn die Beamtin oder der Beamte die Befähigung für die andere Laufbahn besitzt.

(2) [1] Der Erwerb der Befähigung für die andere Laufbahn setzt eine Qualifizierung voraus, die mindestens folgenden zeitlichen Umfang haben muss:
1. im einfachen Dienst: drei Monate,
2. im mittleren Dienst: ein Jahr,
3. im gehobenen und höheren Dienst: ein Jahr und sechs Monate.

[2] Während der Qualifizierung müssen der Beamtin oder dem Beamten die für die Laufbahn erforderlichen Fach-, Methoden- und sozialen Kompetenzen vermittelt werden.

§ 51 Wechsel von verbeamteten Wissenschaftlerinnen und Wissenschaftlern. Wenn verbeamtete Wissenschaftlerinnen oder Wissenschaftler die Befähigung für die vorgesehene Laufbahn besitzen, kann ihnen
1. ein Amt der Besoldungsgruppe A 13 übertragen werden, wenn sie seit mindestens sechs Monaten ein Amt der Besoldungsgruppe W 1 der Bundesbesoldungsordnung W oder C 1 der früheren Bundesbesoldungsordnung C innehaben,
2. nach vier Jahren in Ämtern der Bundesbesoldung W oder der früheren Bundesbesoldungsordnung C ein Amt der Besoldungsgruppe A 14 übertragen werden, wenn sie seit mindestens sechs Monaten ein Amt der Besoldungsgruppe W 2 der Bundesbesoldungsordnung W oder C 2 der früheren Bundesbesoldungsordnung C innehaben,
3. nach fünf Jahren in Ämtern der Bundesbesoldungsordnung W oder der früheren Bundesbesoldungsordnung C ein Amt der Besoldungsgruppe A 15 übertragen werden, wenn sie seit mindestens sechs Monaten ein Amt der Besoldungsgruppe W 2 der Bundesbesoldungsordnung W oder C 2 der früheren Bundesbesoldungsordnung C innehaben,
4. nach sechs Jahren in Ämtern der Bundesbesoldungsordnung W oder der früheren Bundesbesoldungsordnung C ein Amt der Besoldungsgruppe A 16 oder B 3 übertragen werden, wenn sie seit mindestens sechs Monaten ein Amt der Besoldungsgruppe W 2 der Bundesbesoldungsordnung W oder C 3 der früheren Bundesbesoldungsordnung C innehaben,
5. nach sieben Jahren in Ämtern der Bundesbesoldungsordnung W oder der früheren Bundesbesoldungsordnung C ein Amt der Besoldungsgruppe B 3 oder B 4 übertragen werden, wenn sie seit mindestens sechs Monaten ein Amt der Besoldungsgruppe W 3 der Bundesbesoldungsordnung W oder C 4 der früheren Bundesbesoldungsordnung C innehaben.

§ 52 Wechsel von Staatsanwältinnen und Staatsanwälten. [1] Staatsanwältinnen und Staatsanwälten, die in die Laufbahn des höheren nichttechnischen Verwaltungsdienstes wechseln, können nach folgenden Zeiträumen folgende Ämter übertragen werden:

1. ein Amt der Besoldungsgruppe A 14 der Bundesbesoldungsordnung A: ein Jahr nach der Ernennung zur Staatsanwältin oder zum Staatsanwalt auf Lebenszeit,
2. ein Amt der Besoldungsgruppe A 15 der Bundesbesoldungsordnung A: zwei Jahre nach der Ernennung zur Staatsanwältin oder zum Staatsanwalt auf Lebenszeit.

[2] Einer Staatsanwältin oder einem Staatsanwalt der Besoldungsgruppe R 2 der Bundesbesoldungsordnung R kann ein Amt der Besoldungsgruppe A 16 der Bundesbesoldungsordnung A übertragen werden.

§ 53 Wechsel in eine Laufbahn des Bundes. Beim Wechsel von Beamtinnen und Beamten und früheren Beamtinnen und Beamten anderer Dienstherren in ein Beamtenverhältnis beim Bund sowie bei bundesunmittelbaren Körperschaften, Anstalten und Stiftungen des öffentlichen Rechts sind die §§ 6 bis 9 und die §§ 21 bis 35, § 38 Absatz 3, § 51 sowie § 52 entsprechend anzuwenden.

§ 54 Internationale Verwendungen. [1] Wenn Erfahrungen und Kenntnisse im internationalen Bereich für den Dienstposten wesentlich sind, sind folgende erfolgreich absolvierte hauptberufliche Tätigkeiten besonders zu berücksichtigen:

1. Tätigkeiten in einer öffentlichen zwischenstaatlichen oder überstaatlichen Einrichtung,
2. Tätigkeiten in der Verwaltung eines Mitgliedstaats der Europäischen Union und
3. Tätigkeiten in einer öffentlichen Einrichtung eines Mitgliedstaats der Europäischen Union während einer Beurlaubung nach § 6 Absatz 1 der Sonderurlaubsverordnung[1)].

[2] Tätigkeiten nach Satz 1 dürfen sich im Übrigen nicht nachteilig auf das berufliche Fortkommen der Beamtinnen und Beamten auswirken.

Abschnitt 4. Personalentwicklung und Qualifizierung

§ 55 Personalentwicklung. (1) [1] Als Grundlage für die Personalentwicklung sind Personalentwicklungskonzepte zu erstellen. [2] Über die Gestaltung entscheidet die oberste Dienstbehörde. [3] Sie kann diese Befugnis auf andere Behörden übertragen. [4] Die Bundesakademie für öffentliche Verwaltung hat die Aufgabe, die Behörden bei der Entwicklung von Personalentwicklungskonzepten auf Anfrage fachlich zu beraten.

(2) [1] Im Rahmen der Personalentwicklungskonzepte sind Eignung, Befähigung und fachliche Leistung durch Personalführungs- und Personalentwicklungsmaßnahmen zu erhalten und zu fördern. [2] Zu diesen Maßnahmen gehören insbesondere

1. die dienstliche Qualifizierung,
2. die Führungskräfteentwicklung,
3. Kooperationsgespräche,
4. die dienstliche Beurteilung,
5. Zielvereinbarungen,
6. *die Einschätzung* der Vorgesetzten durch ihre Mitarbeiterinnen und Mitarbeiter sowie

---

[1)] Nr. **173**.

7. ein die Fähigkeiten und Kenntnisse erweiternder regelmäßiger Wechsel der Verwendung, insbesondere auch in internationalen Organisationen.

§ 56 Dienstliche Qualifizierung. (1) [1] Die dienstliche Qualifizierung ist zu fördern. [2] Qualifizierungsmaßnahmen dienen insbesondere folgenden Zwecken:

1. der Erhaltung und Fortentwicklung der Fach-, Methoden- und sozialen Kompetenzen für die Aufgaben des übertragenen Dienstpostens und
2. dem Erwerb ergänzender Qualifikationen für höher bewertete Dienstposten und für die Wahrnehmung von Führungsaufgaben.

(2) [1] Die dienstliche Qualifizierung wird durch zentral organisierte Fortbildungsmaßnahmen der Bundesregierung geregelt, soweit sie nicht besonderen Fortbildungseinrichtungen einzelner oberster Dienstbehörden obliegt. [2] Die Bundesakademie für öffentliche Verwaltung unterstützt die Behörden bei der Durchführung von Qualifizierungsmaßnahmen.

(3) Beamtinnen und Beamten sind verpflichtet, an Qualifizierungsmaßnahmen nach Absatz 1 Satz 2 Nummer 1 teilzunehmen.

(4) [1] Beamtinnen und Beamten soll ihrer Eignung entsprechend Gelegenheit gegeben werden, an Qualifizierungsmaßnahmen nach Absatz 1 Satz 2 Nummer 2 teilzunehmen, sofern das dienstliche Interesse gegeben ist. [2] Die Beamtinnen und Beamten können von der oder dem zuständigen Vorgesetzten für die Teilnahme vorgeschlagen werden oder sich selbst bewerben.

(5) [1] Bei der Gestaltung von Qualifizierungsmaßnahmen sind die besondere Situation der Beamtinnen und Beamten mit Betreuungspflichten, mit Teilzeitbeschäftigung und die Möglichkeiten des mobilen Arbeitens zu berücksichtigen. [2] Insbesondere ist die gleichberechtigte Teilnahme an Qualifizierungsmaßnahmen zu ermöglichen, wenn nicht zwingende sachliche Gründe entgegenstehen. [3] Absatz 2 Satz 2 gilt entsprechend.

(6) [1] Beamtinnen und Beamte, die ihre Fähigkeiten und fachlichen Kenntnisse durch Qualifizierungsmaßnahmen nachweislich wesentlich verbessert haben, sollen gefördert werden. [2] Vor allem ist ihnen nach Möglichkeit Gelegenheit zu geben, in Abstimmung mit der Dienstbehörde ihre Fachkenntnisse in höher bewerteten Dienstgeschäften anzuwenden und hierbei ihre besondere fachliche Eignung nachzuweisen

Abschnitt 5. Dienstliche Beurteilung

§ 57 Ausnahmen von der regelmäßigen Beurteilung. [1] Ausnahmen von der regelmäßigen Beurteilung können zugelassen werden, wenn eine dienstliche Beurteilung nicht zweckmäßig ist. [2] Dies ist insbesondere in herausgehobenen Führungsfunktionen der Fall. [3] Die §§ 37 bis 39 bleiben unberührt.

§ 58 Inhalt der dienstlichen Beurteilung. (1) [1] Die fachliche Leistung ist insbesondere nach den Arbeitsergebnissen, der praktischen Arbeitsweise, dem Arbeitsverhalten und für Beamtinnen oder Beamte, die bereits Vorgesetzte sind, nach dem Führungsverhalten zu beurteilen. [2] Soweit Zielvereinbarungen getroffen werden, soll der Grad der Zielerreichung in die Gesamtwertung der dienstlichen Beurteilung einfließen.

(2) [1] Die Beurteilung enthält neben dem zusammenfassenden Gesamturteil einen Vorschlag für die weitere dienstliche Verwendung. [2] Sie bewertet die Eignung für Leitungs- und Führungsaufgaben, wenn entsprechende Aufgaben wahrgenom-

men werden, und kann eine Aussage über die Eignung für Aufgaben der nächsthöheren Laufbahn enthalten.

§ 59 Beurteilungsverfahren und Beurteilungsmaßstab. (1) [1] Die dienstlichen Beurteilungen werden nach einem einheitlichen Beurteilungsmaßstab unter Berücksichtigung der Anforderungen des Amtes und in der Regel durch mindestens zwei Personen erstellt. [2] Einzelheiten des Beurteilungsverfahrens, insbesondere die Zahl der Beurteilerinnen und Beurteiler sowie gegebenenfalls die Rolle und Verantwortlichkeit mitwirkender Berichterstatterinnen und Berichterstatter, regeln die obersten Dienstbehörden in den Beurteilungsrichtlinien. [3] Die obersten Dienstbehörden können diese Befugnis auf andere Behörden übertragen.

(2) [1] Der Anteil der Beamtinnen und Beamten einer Besoldungsgruppe oder einer Funktionsebene, die beurteilt werden, soll bei der höchsten Note zehn Prozent und bei der zweithöchsten Note 20 Prozent nicht überschreiten. [2] Im Interesse der Einzelfallgerechtigkeit ist abweichend von Satz 1 eine Überschreitung um jeweils bis zu fünf Prozentpunkte möglich. [3] Ist die Bildung von Richtwerten wegen zu geringer Fallzahlen nicht möglich, so sind die dienstlichen Beurteilungen in geeigneter Weise entsprechend zu differenzieren.

(3) [1] Die dienstliche Beurteilung ist der Beamtin oder dem Beamten in ihrem vollen Wortlaut zu eröffnen und mit ihr oder ihm zu besprechen. [2] Die Eröffnung ist aktenkundig zu machen und mit der Beurteilung zu den Personalakten zu nehmen.

(4) [1] Das Ergebnis eines Beurteilungsdurchgangs soll den Beurteilten in Form eines Notenspiegels in geeigneter Weise bekannt gegeben werden. [2] Hierbei soll der Anteil an Frauen, Männern, Teilzeitbeschäftigten und schwerbehinderten Menschen jeweils gesondert ausgewiesen werden, wenn dabei die Anonymität der Beurteilungen gewahrt bleibt.

Abschnitt 6. Übergangs- und Schlussbestimmungen

§ 60 Überleitung der Beamtinnen und Beamten. (1) [1] Beamtinnen und Beamte, die sich am 14. Februar 2009 in einer Laufbahn befunden haben, die in § 35 Absatz 8 oder den Anlagen 1 bis 5 der Bundeslaufbahnverordnung in der Fassung der Bekanntmachung vom 2. Juli 2002 (BGBl. I S. 2459, 2671), die zuletzt durch Artikel 15 Absatz 28 des Gesetzes vom 5. Februar 2009 (BGBl. I S. 160) geändert worden ist, genannt wird, besitzen die Befähigung für die in § 6 aufgeführte entsprechende Laufbahn. [2] Welche Laufbahnen einander entsprechen, ist in Anlage 4 festgelegt. [3] Im Übrigen besitzen Beamtinnen und Beamte die Befähigung für eine in § 6 aufgeführte Laufbahn, die ihrer Fachrichtung entspricht.

(2) Beamtinnen und Beamte, die sich am 14. Februar 2009 in Laufbahnen des Post- und Fernmeldedienstes oder der ehemaligen Bundesanstalt für Flugsicherung befunden haben, besitzen auch die Befähigung für eine in § 6 aufgeführte Laufbahn, die ihrer Fachrichtung entspricht.

(3) Beamtinnen und Beamte, die sich am 26. Januar 2017 in einer der Laufbahnen des tierärztlichen Dienstes oder des agrar-, forst- und ernährungswissenschaftlichen Dienstes befunden haben, besitzen die Befähigung für die Laufbahn des *agrar-, forst-* und ernährungswissenschaftlichen sowie tierärztlichen Dienstes in ihrer bisherigen Laufbahngruppe.

(4) Amtsbezeichnungen, die am 17. März 2026 geführt werden, können bis zur Übertragung eines anderen Amtes weitergeführt werden.

(5) Beamtinnen und Beamte, die am 1. März 2020 die Amtsbezeichnung „Oberamtsgehilfin“ beziehungsweise „Oberamtsgehilfe“ oder „Wachtmeisterin“ beziehungsweise „Wachtmeister“ führen, können diese bis zur Übertragung eines anderen Amtes weiterführen.

§ 61 Vorbereitungsdienste. Bis zum Inkrafttreten der den jeweiligen Vorbereitungsdienst regelnden Verordnungen aufgrund des § 10 Absatz 1 sind die entsprechend geltenden Laufbahn-, Ausbildungs- und Prüfungsordnungen, die aufgrund des § 2 Absatz 4 der Bundeslaufbahnverordnung in der Fassung der Bekanntmachung vom 2. Juli 2002 (BGBl. I S. 2459, 2671), die zuletzt durch Artikel 15 Absatz 28 des Gesetzes vom 5. Februar 2009 (BGBl. I S. 160) geändert worden ist, erlassen wurden, in ihrer jeweils geltenden Fassung mit Ausnahme der Regelungen zu den Ämtern der Laufbahn weiter anzuwenden.

§ 62 Beamtenverhältnis auf Probe. (1) Für Beamtinnen und Beamte, die vor dem 12. Februar 2009 in ein Beamtenverhältnis auf Probe berufen worden sind, gelten anstelle der §§ 37 bis 39 die §§ 7 bis 10 und § 44 Absatz 1 Nummer 2 und 3 der Bundeslaufbahnverordnung in der Fassung der Bekanntmachung vom 2. Juli 2002 (BGBl. I S. 2459, 2671), die zuletzt durch Artikel 15 Absatz 28 des Gesetzes vom 5. Februar 2009 (BGBl. I S. 160) geändert worden ist, mit den Maßgaben, dass sich die Probezeit nicht durch Mutterschutz, Elternzeit und Teilzeit verlängert und § 21 Absatz 3 entsprechend anzuwenden ist.

(2) Auf Beamtinnen und Beamte, die vor dem 26. Februar 2013 in ein Beamtenverhältnis auf Probe berufen worden sind, ist § 29 in seiner bis dahin geltenden Fassung anzuwenden.

§ 63 Ausnahmen für besonders leistungsstarke Beamtinnen und Beamte in obersten Bundesbehörden. Abweichend von § 36 Absatz 2 Satz 2 und Absatz 4 Satz 3 können bis einschließlich 17. März 2028 in obersten Dienstbehörden im Einzelfall Dienstposten des vierten Beförderungsamtes geeignet sein.

§ 64 Ausnahmen für leistungsstarke Beamtinnen auf Probe und Beamte auf Probe im gehobenen technischen Verwaltungsdienst im Verwendungsbereich Wehrtechnik. (1) Leistungsstarke Beamtinnen auf Probe und Beamte auf Probe des gehobenen technischen Verwaltungsdienstes im Verwendungsbereich Wehrtechnik können bis zum 31. März 2032 zu einem fachspezifischen Vorbereitungsdienst für den höheren technischen Verwaltungsdienst im Verwendungsbereich Wehrtechnik, der die nach § 17 Absatz 5 Nummer 1 des Bundesbeamtengesetzes[1] erforderliche Hochschulausbildung vermittelt, zugelassen werden, wenn

1. sie die Laufbahnbefähigung durch den erfolgreichen Abschluss eines nach Nummer 32 der Anlage 2 eingerichteten Vorbereitungsdienstes erlangt haben,
2. *sie die nach* § 17 Absatz 5 Nummer 1 des Bundesbeamtengesetzes für die höhere Laufbahn erforderliche Hochschulausbildung nicht besitzen sowie
3. ein konkreter dienstlicher Bedarf im höheren technischen Verwaltungsdienst im Verwendungsbereich Wehrtechnik besteht.

(2) Leistungsstark sind Beamtinnen auf Probe und Beamte auf Probe, die die Laufbahnbefähigung für den gehobenen technischen Verwaltungsdienst im Verwendungsbereich Wehrtechnik erlangt haben

---

[1] Nr. **160**.

1. mit der höchsten oder zweithöchsten Abschlussnote in der erforderlichen Hochschulausbildung nach § 17 Absatz 4 Nummer 2 des Bundesbeamtengesetzes und
2. mit der Abschlussnote „sehr gut" oder „gut" in der Laufbahnprüfung.

(3) [1] Das Bundesministerium der Verteidigung gibt den konkreten dienstlichen Bedarf nach Absatz 1 Nummer 3 in einer Ausschreibung bekannt. [2] Es kann diese Befugnis auf unmittelbar nachgeordnete Behörden übertragen. [3] Übersteigt die Anzahl der qualifizierten Bewerbungen den Bedarf, so erfolgt die Zulassung nach der Gesamtleistung in der Laufbahnprüfung. [4] Ist diese im Wesentlichen gleich, so findet ein entsprechend § 44 Absatz 4 Satz 1 und 2, 4 bis 6 und 8 sowie Absatz 5 Satz 1 bis 6 durchzuführendes Auswahlverfahren mit der Maßgabe statt, dass mindestens ein Mitglied der Auswahlkommission dem höheren technischen Verwaltungsdienst im Verwendungsbereich Wehrtechnik angehört. [5] Ist die Gesamtleistung in der Laufbahnprüfung nach einem System von Punkten bewertet, so ist sie im Wesentlichen gleich, wenn die gleiche Punktzahl erreicht wurde.

(4) [1] Abweichend von § 13 Absatz 1 und 2 Satz 1 absolvieren die Zugelassenen den Vorbereitungsdienst als Beamtinnen auf Probe und Beamten auf Probe in dem ihnen verliehenen Amt. [2] Der Lauf der Probezeit ist für die Dauer des Vorbereitungsdienstes gehemmt.

(5) [1] Nach Erwerb der Laufbahnbefähigung für den höheren technischen Verwaltungsdienst wird den Beamtinnen auf Probe und Beamten auf Probe im Rahmen der besetzbaren Planstellen ein Amt dieser Laufbahn im Verwendungsbereich Wehrtechnik verliehen. [2] Mit der Verleihung beginnt die Probezeit in dem neuen Amt erneut. [3] Das erste Beförderungsamt darf frühestens nach Ablauf einer Dienstzeit von einem Jahr seit der ersten Verleihung eines Amtes des höheren technischen Verwaltungsdienstes verliehen werden.

§ 65 Ausnahmen für leistungsstarke Beamtinnen und Beamte im Beamtenverhältnis auf Lebenszeit im gehobenen technischen Verwaltungsdienst im Verwendungsbereich Wehrtechnik. (1) Leistungsstarke Beamtinnen und Beamte des gehobenen technischen Verwaltungsdienstes im Verwendungsbereich Wehrtechnik, die in einem Beamtenverhältnis auf Lebenszeit stehen, können bis zum 31. März 2034 abweichend von § 44 Absatz 2 Satz 1 Nummer 1 und Absatz 3 Satz 1 Nummer 2 an einem nach Nummer 44 der Anlage 2 eingerichteten Vorbereitungsdienst für den höheren technischen Verwaltungsdienst teilnehmen.

(2) Leistungsstark sind Beamtinnen und Beamte, die

1. die Laufbahnbefähigung für den gehobenen technischen Verwaltungsdienst im Verwendungsbereich Wehrtechnik erlangt haben, wobei
   a) die erforderliche Hochschulausbildung nach § 17 Absatz 4 Nummer 2 des Bundesbeamtengesetzes[1)] in den letzten zehn Jahren mit der höchsten oder zweithöchsten Abschlussnote erlangt worden ist oder
   b) die Laufbahnprüfung in den letzten fünf Jahren mit der Note „sehr gut" oder „gut" abgeschlossen worden ist und
2. in der letzten dienstlichen Beurteilung mit der höchsten Note beurteilt worden sind.

Anlagen 1–4
(Anlagen hier nicht abgedruckt)

[1)] Nr. **160**.

200. Bundespolizeibeamtengesetz (BPolBG)[1)]

In der Fassung der Bekanntmachung vom 3. Juni 1976[2)]
(BGBl. I S. 1357)

FNA 2030-6

geänd. durch § 94 BeamtenversorgungsG v. 24.8.1976 (BGBl. I S. 2485), Art. 3 Bundesbesoldungs- und -versorgungsanpassungsG 1988 v. 20.12.1988 (BGBl. I S. 2363), Art. 8 ReformG v. 24.2.1997 (BGBl. I S. 322), Art. 3 VersorgungsreformG 1998 v. 29.6.1998 (BGBl. I S. 1666), Art. 7 G zur Umbenennung des Bundesgrenzschutzes in Bundespolizei v. 21.6.2005 (BGBl. I S. 1818), Art. 24 Erstes G über die Bereinigung von Bundesrecht im Zuständigkeitsbereich des BMI v. 19.2.2006 (BGBl. I S. 334), Art. 6 DienstrechtsneuordnungsG v. 5.2.2009 (BGBl. I S. 160), Art. 3 G zur Unterstützung der Fachkräftegewinnung im Bund und zur Änd. weiterer dienstrechtl. Vorschriften v. 15.3.2012 (BGBl. I S. 462), Art. 4 G zur besseren Vereinbarkeit von Familie, Pflege und Beruf für Beamtinnen und Beamte des Bundes und Soldatinnen und Soldaten sowie zur Änd. weiterer dienstrechtlicher Vorschriften v. 19.10.2016 (BGBl. I S. 2362), Art. 12 G zu bereichsspezifischen Regelungen der Gesichtsverhüllung und zur Änd. weiterer dienstrechtlicher Vorschriften v. 8.6.2017 (BGBl. I S. 1570), Art. 52 Elfte ZuständigkeitsanpassungsVO v. 19.6.2020 (BGBl. I S. 1328) und Art. 4 G zur Regelung des Erscheinungsbilds von Beamtinnen und Beamten sowie zur Änd. weiterer dienstrechtl. Vorschriften v. 28.6.2021 (BGBl. I S. 2250)

Abschnitt I. Gemeinsame Vorschriften

§ 1[3)] Anwendungsbereich. (1) [1]Dieses Gesetz gilt für die Polizeivollzugsbeamten in der Bundespolizei, im kriminalpolizeilichen Vollzugsdienst des Bundes und für den Inspekteur der Bereitschaftspolizeien der Länder. [2]Polizeivollzugsbeamte im Sinne des Satzes 1 sind die mit polizeilichen Aufgaben betrauten und zur Anwendung unmittelbaren Zwanges befugten Beamten; welche dieser Beamtengruppen im einzelnen dazu gehören, bestimmt das Bundesministerium des Innern, für Bau und Heimat durch Rechtsverordnung[4)].

(2) Dieses Gesetz gilt auch für die Polizeivollzugsbeamten beim Deutschen Bundestag.

§ 2 Anwendung beamtenrechtlicher Vorschriften. Auf die Polizeivollzugsbeamten finden die für Bundesbeamte allgemein geltenden Vorschriften Anwendung, soweit in diesem Gesetz nichts anderes bestimmt ist.

§ 3[5)] Laufbahnen; Verordnungsermächtigung. (1) Für die in § 1 bezeichneten Polizeivollzugsbeamten bestehen folgende Laufbahnen:

1. in der Bundespolizei:
   a) die Laufbahn des mittleren Polizeivollzugsdienstes,
   b) die Laufbahn des gehobenen Polizeivollzugsdienstes,

[1)] Verkündet als Art. 1 G über die Personalstruktur des Bundesgrenzschutzes v. 3.6.1976 (BGBl. I S. 1357); Inkrafttreten gem. Art. 5 dieses G am 1.7.1976.

[2)] Neubekanntmachung des BPolBG idF der Bek. v. 12.2.1972 (BGBl. I S. 165) in der ab 1.7.1976 geltenden Fassung.

[3)] § 1 Abs. 1 Satz 1 geänd. mWv 1.7.2005 durch G v. 21.6.2005 (BGBl. I S. 1818); Abs 1 Satz 2 geänd. mWv 27.6.2020 durch VO v. 19.6.2020 (BGBl. I S. 1328).

[4)] Siehe die VO zu § 1 Abs. 1 des BPolBG **(Bundesbeamtengesetze Nr. 121)**.

[5)] § 3 Abs. 1 Nr. 3 Buchst. b geänd. und Buchst. c angef. sowie Abs. 2 neu gef. durch G v. 29.6.1998 (BGBl. I S. 1666); Abs. 1 Nr. 1 einl. Satzteil geänd. mWv 1.7.2005 durch G v. 21.6.2005 (BGBl. I S. 1818); Abs. 2 Satz 2 eingef., bish. Satz 2 wird Satz 3 mWv 28.10.2016 durch G v. 19.10.2016 (BGBl. I S. 2362); Abs. 2 Satz 3 geänd. mWv 27.6.2020 durch VO v. 19.6.2020 (BGBl. I S. 1328); Überschrift und Abs. 2 neu gef., Abs. 3 angef. mWv 7.7.2021 durch G v. 28.6.2021 (BGBl. I S. 2250).

c) die Laufbahn des höheren Polizeivollzugsdienstes;
2. im kriminalpolizeilichen Vollzugsdienst des Bundes:
a) die Laufbahn des gehobenen Kriminaldienstes,
b) die Laufbahn des höheren Kriminaldienstes;
3. beim Deutschen Bundestag:
a) die Laufbahn des mittleren Polizeivollzugsdienstes,
b) die Laufbahn des gehobenen Polizeivollzugsdienstes,
c) die Laufbahn des höheren Polizeivollzugsdienstes.

(2) Die Bundesregierung wird ermächtigt, durch Rechtsverordnung ohne Zustimmung des Bundesrates allgemeine Vorschriften für die Laufbahnen zu erlassen, insbesondere Vorschriften über
1. die Gestaltung der Laufbahnen, einschließlich der regelmäßig zu durchlaufenden Ämter,
2. die Festlegung von Altersgrenzen,
3. den Erwerb der Laufbahnbefähigung,
4. die Grundsätze der Fortbildung,
5. die Voraussetzungen und das Verfahren für den Aufstieg und
6. die Voraussetzungen für den Laufbahnwechsel.

(3) Das Bundesministerium des Innern, für Bau und Heimat wird ermächtigt, durch Rechtsverordnung ohne Zustimmung des Bundesrates besondere Vorschriften für die einzelnen Laufbahnen und Vorbereitungsdienste zu erlassen, insbesondere Vorschriften über
1. das Auswahlverfahren für die Einstellung in den Vorbereitungsdienst,
2. den Ablauf des Vorbereitungsdienstes, insbesondere über dessen Inhalte und Dauer,
3. die Prüfung und das Prüfungsverfahren, einschließlich der Prüfungsnoten, sowie
4. die Folgen der Nichtteilnahme an Prüfungen und die Folgen von Ordnungsverstößen.

§ 4[1)] Polizeidienstunfähigkeit. (1) Der Polizeivollzugsbeamte ist dienstunfähig, wenn er den besonderen gesundheitlichen Anforderungen für den Polizeivollzugsdienst nicht mehr genügt und nicht zu erwarten ist, daß er seine volle Verwendungsfähigkeit innerhalb zweier Jahre wiedererlangt (Polizeidienstunfähigkeit), es sei denn, die auszuübende Funktion erfordert bei Beamten auf Lebenszeit diese besonderen gesundheitlichen Anforderungen auf Dauer nicht mehr uneingeschränkt.

(2) Die Polizeidienstunfähigkeit wird durch den Dienstvorgesetzten auf Grund des Gutachtens eines Amtsarztes oder eines beamteten Arztes, in der Bundespolizei eines beamteten Bundespolizeiarztes, festgestellt.

(3) Die Bundesregierung kann jährlich bestimmen, in welchem Umfang für die nach § 44 Abs. 2 bis 5 des Bundesbeamtengesetzes[2)] anderweitig zu verwendenden Polizeivollzugsbeamten freie, frei werdende und neu geschaffene Planstellen für Beamte des mittleren, des gehobenen und des höheren Dienstes beim Bund und

---

[1)] § 4 Abs. 1 geänd. und Abs. 3 angef. durch G v. 24.2.1997 (BGBl. I S. 322); Abs. 2 geänd. mWv 1.7. 2005 durch G v. 21.6.2005 (BGBl. I S. 1818); Abs. 3 geänd. mWv 12.2.2009 durch G v. 5.2.2009 (BGBl. I S. 160).

[2)] Nr. **160**.

bei den bundesunmittelbaren Körperschaften, Anstalten und Stiftungen des öffentlichen Rechts vorbehalten werden.

§ 5[1] Ruhestand wegen Erreichens der Altersgrenze. (1) Polizeivollzugsbeamte auf Lebenszeit treten mit dem Ende des Monats in den Ruhestand, in dem sie das 62. Lebensjahr vollenden.

(2) [1] Polizeivollzugsbeamte auf Lebenszeit, die vor dem 1. Januar 1952 geboren sind, treten mit dem Ende des Monats in den Ruhestand, in dem sie das 60. Lebensjahr vollenden. [2] Für Polizeivollzugsbeamte, die nach dem 31. Dezember 1951 geboren sind, wird die Altersgrenze wie folgt angehoben:

Geburtsjahr Geburtsmonat	Anhebung um Monate	Altersgrenze Jahr	Altersgrenze Monat
1952			
Januar	1	60	1
Februar	2	60	2
März	3	60	3
April	4	60	4
Mai	5	60	5
Juni–Dezember	6	60	6
1953	7	60	7
1954	8	60	8
1955	9	60	9
1956	10	60	10
1957	11	60	11
1958	12	61	0
1959	14	61	2
1960	16	61	4
1961	18	61	6
1962	20	61	8
1963	22	61	10

(3) § 147 Absatz 2 des Bundesbeamtengesetzes[2] gilt entsprechend.

§ 6[3] *(aufgehoben)*

Abschnitt II.[4] Polizeivollzugsbeamte in der Bundespolizei

§ 7[5] Ausbildung. Die Polizeivollzugsbeamten erhalten eine Ausbildung, die sie für eine Verwendung im Polizeivollzugsdienst in der Bundespolizei und in den entsprechenden Laufbahnen des Polizeivollzugsdienstes der Länder befähigen soll.

---

[1] § 5 neu gef. mWv 12.2.2009 durch G v. 5.2.2009 (BGBl. I S. 160); Abs. 3 geänd. mWv 15.6.2017 durch G v. 8.6.2017 (BGBl. I S. 1570); Überschrift neu gef. mWv 7.7.2021 durch G v. 28.6.2021 (BGBl. I S. 2250).

[2] Nr. **160**.

[3] § 6 aufgeh. durch G v. 24.8.1976 (BGBl. I S. 2485).

[4] Abschn. II Überschr. geänd. mWv 1.7.2005 durch G v. 21.6.2005 (BGBl. I S. 1818).

[5] § 7 geänd. mWv 1.7.2005 durch G v. 21.6.2005 (BGBl. I S. 1818).

§ 8[1] **Versetzung.** (1) Die Versetzung eines Beamten, der noch nicht zehn Dienstjahre seit seiner Einstellung in der Bundespolizei vollendet hat, in den Polizeivollzugsdienst eines Landes bedarf nicht der Zustimmung des Beamten, wenn ein dienstliches Bedürfnis an der Versetzung besteht und das neue Amt einer gleichwertigen Laufbahn angehört wie das bisherige Amt und mit mindestens demselben Endgrundgehalt verbunden ist; zum Endgrundgehalt gehören auch Amtszulagen und ruhegehaltfähige Stellenzulagen.

(2) [1] Der Polizeivollzugsbeamte kann auch in ein Amt einer Laufbahn außerhalb des Polizeivollzugsdienstes im öffentlichen Dienst des Bundes oder einer bundesunmittelbaren Körperschaft, Anstalt oder Stiftung des öffentlichen Rechts versetzt werden, wenn er es beantragt oder ein dienstliches Bedürfnis besteht und wenn er die Befähigung für diese Laufbahn besitzt. [2] Besitzt er die Befähigung nicht, hat er die ihm gebotene Gelegenheit wahrzunehmen, während seiner Zugehörigkeit zur Bundespolizei die ergänzenden Kenntnisse und Fähigkeiten zu erwerben und die Befähigung durch erfolgreiche Unterweisung in den Aufgaben der neuen Laufbahn nachzuweisen. [3] Die für die Gestaltung der neuen Laufbahn zuständige oberste Dienstbehörde trifft im Einvernehmen mit dem Bundesministerium des Innern, für Bau und Heimat Regelungen für die Unterweisung und für die Feststellung ihres erfolgreichen Abschlusses. [4] § 28 Abs. 3 Satz 3 des Bundesbeamtengesetzes[2] bleibt unberührt.

(3) Der Beamte ist vor einer Versetzung nach Absatz 1 oder 2 zu hören.

§ 9 Stellenvorbehalt. Die Bundesregierung kann jährlich bestimmen, in welchem Umfange Beamten der Laufbahn des mittleren Polizeivollzugsdienstes in der Regel bis zur Besoldungsgruppe A 7 der Bundesbesoldungsordnung[3] freie, frei werdende und neu geschaffene Planstellen für Beamte des mittleren Dienstes beim Bund und bei den bundesunmittelbaren Körperschaften, Anstalten und Stiftungen des öffentlichen Rechts vorbehalten werden.

§ 10 Wohnen in Gemeinschaftsunterkunft und Teilnahme an der Gemeinschaftsverpflegung. (1) Die Polizeivollzugsbeamten, die noch nicht fünf Dienstjahre abgeleistet oder noch nicht das fünfundzwanzigste Lebensjahr vollendet haben, sind auf Anordnung des Dienstvorgesetzten verpflichtet, in einer Gemeinschaftsunterkunft zu wohnen und an einer Gemeinschaftsverpflegung teilzunehmen.

(2) Andere als in Absatz 1 bezeichnete Polizeivollzugsbeamte können aus Anlaß besonderer Einsätze sowie bei der Teilnahme an Lehrgängen und Übungen zum Wohnen in einer Gemeinschaftsunterkunft und zur Teilnahme an einer Gemeinschaftsverpflegung vorübergehend verpflichtet werden.

§ 11[4] **Freizeitausgleich bei Einsätzen und Übungen.** [1] Bei Einsätzen und bei Übungen von Verbänden, Einheiten oder Teileinheiten der Bundespolizei von einer Dauer von mehr als einem Tag wird anstelle einer Dienstbefreiung

(Fortsetzung nächstes Blatt)

---

[1] § 8 Abs. 1 und Abs. 2 Satz 2 geänd. mWv 1.7.2005 durch G v. 21.6.2005 (BGBl. I S. 1818); Abs. 2 Satz 4 geänd. mWv 12.2.2009 durch G v. 5.2.2009 (BGBl. 2008 I S. 160); Abs. 2 Satz 3 geänd. mWv 27.6.2020 durch VO v. 19.6.2020 (BGBl. I S. 1328).

[2] *Nr.* ***160***.

[3] Siehe Anl. I BBesG (Nr. **230**).

[4] § 11 neu gef. durch G v. 20.12.1988 (BGBl. I S. 2363); Satz 1 geänd. mWv 1.7.2005 durch G v. 21.6. 2005 (BGBl. I S. 1818); Satz 1 geänd. mWv 12.2.2009 durch G v. 5.2.2009 (BGBl. I S. 160); Satz 2 geänd. mWv 27.6.2020 durch VO v. 19.6.2020 (BGBl. I S. 1328).

nach den §§ 87 und 88 des Bundesbeamtengesetzes[1] ein einheitlicher Freizeitausgleich festgesetzt, der die Dauer des Einsatzes oder der Übung und die damit verbundene dienstliche Beanspruchung angemessen berücksichtigen muß. [2]Die Entscheidung trifft das Bundesministerium des Innern, für Bau und Heimat oder die von ihm bestimmte Dienststelle. [3]Der Freizeitausgleich soll gewährt werden, sobald die dienstlichen Verhältnisse es zulassen, möglichst innerhalb von drei Monaten.

§ 12[2] Erstattung der Kosten eines Studiums. [1]Hat ein Polizeivollzugsbeamter, der sich zum Eintritt in die Bundespolizei verpflichtet hat, auf Grund dieser Verpflichtung vor oder nach seiner Einstellung einen Studienplatz an einer Hochschule erlangt, so muß er die vom Dienstherrn getragenen Kosten des Studiums erstatten, wenn er entlassen wird, bevor er eine Dienstzeit von der dreifachen Dauer des Studiums abgeleistet hat; dies gilt nicht, wenn er wegen Polizeidienstunfähigkeit entlassen wird, die nicht auf eigenes grobes Verschulden zurückzuführen ist. [2]Auf die Erstattung kann ganz oder teilweise verzichtet werden, wenn sie für den Beamten eine besondere Härte bedeuten würde.

§ 12a[3] Erstattung der Kosten einer Fortbildung. (1) Endet das Beamtenverhältnis innerhalb von vier Jahren nach Abschluss einer Fortbildungsmaßnahme, so hat die ehemalige Beamtin oder der ehemalige Beamte die Kosten einer Fortbildung nach Maßgabe der folgenden Absätze zu erstatten, wenn die Fortbildungsmaßnahme insgesamt vier Wochen überschritten hat, die Kosten je Fortbildungstag 500 Euro überstiegen haben und das durch die Fortbildung erworbene Fachwissen außerhalb des bisherigen Tätigkeitsbereichs einsetzbar ist.

(2) [1]Zu erstatten sind die für die Fortbildungsmaßnahme angefallenen Kosten mit Ausnahme der Reisekosten und des Trennungsgeldes. [2]Der Erstattungsbetrag mindert sich für jedes volle Jahr, das die ehemalige Beamtin oder der ehemalige Beamte seit Abschluss der Fortbildungsmaßnahme bei ihrem oder seinem bisherigen Dienstherrn Dienst geleistet hat, um ein Viertel. [3]Der Erstattungsbetrag wird vom bisherigen Dienstherrn durch schriftlichen Bescheid zur Erstattung festgesetzt und einen Monat nach Bekanntgabe des Bescheids fällig.

(3) [1]Auf die Erstattung kann ganz oder teilweise verzichtet werden, wenn sie eine besondere Härte für die ehemalige Beamtin oder den ehemaligen Beamten bedeuten würde. [2]Dies ist insbesondere anzunehmen bei einer Beendigung des Beamtenverhältnisses wegen Dienstunfähigkeit der ehemaligen Beamtin oder des ehemaligen Beamten, die nicht auf eigenes grobes Verschulden zurückzuführen ist.

(4) *Die* Entscheidung trifft die oberste Dienstbehörde der ehemaligen Beamtin oder des ehemaligen Beamten.

---

[1] Nr. **160**.
[2] § 12 Satz 1 geänd. mWv 1.7.2005 durch G v. 21.6.2005 (BGBl. I S. 1818).
[3] § 12a eingef. mWv 22.3.2012 durch G v. 15.3.2012 (BGBl. I S. 462).

Abschnitt III. Übergangs- und Schlußvorschriften

§ 13[1] *(aufgehoben)*

§ 14 Verweisungen und Bezeichnungen in anderen Vorschriften.

Wird in anderen Vorschriften auf Vorschriften und Bezeichnungen verwiesen, die durch dieses Gesetz geändert worden oder weggefallen sind, treten an ihre Stelle die Vorschriften und Bezeichnungen nach den geänderten Vorschriften.

§ 15[2] **Verwaltungsvorschriften.** Das Bundesministerium des Innern, für Bau und Heimat erläßt die zur Durchführung dieses Gesetzes erforderlichen allgemeinen Verwaltungsvorschriften.

[1] § 13 aufgeh. mWv 12.2.2009 durch G v. 5.2.2009 (BGBl. I S. 160).
[2] § 15 geänd. mWv 27.6.2020 durch VO v. 19.6.2020 (BGBl. I S. 1328).

210. Gesetz über die Haftung des Reichs für seine Beamten[1)]

Vom 22. Mai 1910

(RGBl. S. 798), geänd. durch G v. 30. 6. 1933 (RGBl. I S. 433) und Art. 6 Auslandsverwendungsg – AuslVG – v. 28. 7. 1993 (BGBl. I S. 1394)

BGBl. III/FNA 2030–9

§ 1.[2)] (1) Verletzt ein *Reichsbeamter* in Ausübung der ihm anvertrauten öffentlichen Gewalt vorsätzlich oder fahrlässig die ihm einem Dritten gegenüber obliegende Amtspflicht, so trifft die im § 839 des Bürgerlichen Gesetzbuchs[3)] bestimmte Verantwortlichkeit an Stelle des Beamten das Reich.

(2) Ist die Verantwortlichkeit des Beamten deshalb ausgeschlossen, weil er den Schaden im Zustand der Bewußtlosigkeit oder in einem die freie Willensbestimmung ausschließenden Zustand krankhafter Störung der Geistestätigkeit verursacht hat, so hat gleichwohl das Reich den Schaden zu ersetzen, wie wenn dem Beamten Fahrlässigkeit zur Last fiele, jedoch nur insoweit, als die Billigkeit die Schadloshaltung erfordert.

(3) Personen des Soldatenstandes *mit Ausnahme derjenigen des Königlich Bayerischen Kontingents* stehen im Sinne dieses Gesetzes den *Reichsbeamten* gleich.

§ 2.[4)]

§ 3. (1) Für die Ansprüche, welche auf Grund dieses Gesetzes gegen das Reich erhoben werden, sind die Landgerichte ohne Rücksicht auf den Wert des Streitgegenstandes ausschließlich zuständig.

(2) In bürgerlichen Rechtsstreitigkeiten, in welchen durch Klage oder Widerklage ein Anspruch auf Grund dieses Gesetzes geltend gemacht ist, wird die Verhandlung und Entscheidung letzter Instanz im Sinne des § 8 des Einführungsgesetzes zum Gerichtsverfassungsgesetze dem Bundesgerichtshof[5)] zugewiesen.

§ 4.[6)]

§ 5. Die Vorschriften dieses Gesetzes finden keine Anwendung:

1. soweit es sich um das Verhalten solcher Beamten handelt, die, abgesehen von der Entschädigung für Dienstaufwand, auf den Bezug von Gebühren angewiesen sind;

[1)] Beachte hierzu auch Art. 34 GG (Nr. **1**).

[2)] § 1 Abs. 1 geänd. durch G v. 30. 6. 1933 (RGBl. I S. 433).

[3)] **Schönfelder Nr. 20.**

[4)] Anstelle von § 2 siehe nunmehr § 78 Abs. 2 und 3 BBG (Nr. **160**).

[5)] Bundesgerichtshof anstelle von Reichsgericht gem. Art. 8 Abschn. 3 Nr. 88 G v. 12. 9. 1950 (BGBl. S. 455).

[6)] **Amtl. Anm.** in BGBl. III 2030–9: Gegenstandslos infolge Wegfalls der vorausgesetzten Schutzgebiete und Konsulargerichtsbezirke.

2. soweit es sich um das Verhalten eines mit Angelegenheiten des auswärtigen Dienstes befaßten Beamten handelt und dieses Verhalten nach einer amtlichen Erklärung des *Reichskanzlers* politischen oder internationalen Rücksichten entsprochen hat.

§ 6. Unberührt bleiben die Vorschriften anderer Reichsgesetze, soweit sie für bestimmte Fälle die Haftung des Reichs über einen gewissen Umfang hinaus ausschließen.

§ 7.[1)] (1) [1]Die Bundesregierung kann zur Herstellung der Gegenseitigkeit durch Rechtsverordnung bestimmen, daß einem ausländischen Staat und seinen Angehörigen, die im Geltungsbereich dieses Gesetzes keinen Wohnsitz oder ständigen Aufenthalt haben, Ansprüche aus diesem Gesetz nicht zustehen, wenn der Bundesrepublik Deutschland oder Deutschen nach dem ausländischen Recht bei vergleichbaren Schädigungen kein gleichwertiger Schadensausgleich von dem ausländischen Staat geleistet wird. [2]Angehörigen eines ausländischen Staates stehen juristische Personen sowie Gesellschaften und Vereinigungen des bürgerlichen Rechts oder des Handelsrechts gleich; an die Stelle des Wohnsitzes oder des ständigen Aufenthaltsortes tritt bei ihnen der tatsächliche und, wenn ein solcher bestimmt ist, der satzungsmäßige Sitz.

(2) Absatz 1 gilt nicht für die Mitgliedstaaten der Europäischen Gemeinschaften und ihre Angehörigen und für die sonstigen Fälle, in denen kraft des Rechts der Europäischen Gemeinschaften eine Gleichbehandlung mit Deutschen erfolgen muß.

[1)] § 7 neugef. durch G v. 28. 7. 1993 (BGBl. I S. 1394).

220. Bundesdisziplinargesetz (BDG)[1]

Vom 9. Juli 2001
(BGBl. I S. 1510)

FNA 2031-4

geänd. durch Art. 33 Nr. 1 G zur Einführung des Euro in RechtspflegeG und in Gesetzen des Straf- und Ordnungswidrigkeitenrechts v. 13.12.2001 (BGBl. I S. 3574), Art. 7 VersorgungsÄndG 2001 v. 20.12.2001 (BGBl. I S. 3926), Art. 5 Abs. 7 G zur Überarbeitung des Lebenspartnerschaftsrechts v. 15.12.2004 (BGBl. I S. 3396), Art. 11 Streitkräftereserve-NeuordnungsG v. 22.4.2005 (BGBl. I S. 1106), Art. 15 Abs. 1 WehrrechtsänderungsG 2008 v. 31.7.2008 (BGBl. I S. 1629), Art. 12b DienstrechtsneuordnungsG v. 5.2.2009 (BGBl. I S. 160), Art. 3 G zur Übertragung ehebezogener Regelungen im öffentl. Dienstrecht auf Lebenspartnerschaften v. 14.11.2011 (BGBl. I S. 2219), Art. 4 G über die Besetzung der großen Straf- und Jugendkammern in der Hauptverhandlung und zur Änd. weiterer gerichtsverfassungsrechtl. Vorschriften sowie des BundesdisziplinarG v. 6.12.2011 (BGBl. I S. 2554), Art. 3 Abs. 6 G zur Strukturreform des Gebührenrechts des Bundes v. 7.8.2013 (BGBl. I S. 3154, geänd. durch G v. 18.7.2016 BGBl. I S. 1666), Art. 4 G über die Gewährung eines Altersgelds für freiwillig aus dem Bundesdienst ausscheidende Beamte, Richter und Soldaten v. 28.8.2013 (BGBl. I S. 3386), Art. 8 G zur Änderung des BundesbeamtenG und weiterer dienstrechtlicher Vorschriften v. 6.3.2015 (BGBl. I S. 250), Art. 3 Abs. 5 G zur Aktualisierung der Strukturreform des Gebührenrechts des Bundes v. 18.7. 2016 (BGBl. I S. 1666), Art. 3 G zur besseren Vereinbarkeit von Familie, Pflege und Beruf für Beamtinnen und Beamte des Bundes und Soldatinnen und Soldaten sowie zur Änd. weiterer dienstrechtlicher Vorschriften v. 19.10.2016 (BGBl. I S. 2362), Art. 62 Elfte ZuständigkeitsanpassungsVO v. 19.6.2020 (BGBl. I S. 1328), Art. 1 G zur Beschleunigung von Disziplinarverfahren in der Bundesverwaltung und zur Änd. weiterer dienstrechtl. Vorschriften v. 20.12.2023 (BGBl. 2023 I Nr. 389) und Art. 6 G über die Lehrverpflichtung des hauptberufl. wiss. Personals an Hochschulen des Bundes und zur Änd. weiterer dienstrechtl. Vorschriften v. 19.7.2024 (BGBl. 2024 I Nr. 247)

Inhaltsübersicht[2]

---

[1] Verkündet als Art. 1 G zur Neuordnung des Bundesdisziplinarrechts v. 9.7.2001 (BGBl. I S. 1510); Inkrafttreten gem. Art. 27 Abs. 1 Satz 3 dieses G am 1.1.2002.

[2] Inhaltsübersicht geänd. mWv 12.2.2009 durch G v. 5.2.2009 (BGBl. I S. 160); mWv 28.10.2016 durch G v. 19.10.2016 (BGBl. I S. 2362); mWv 1.4.2024 durch G v. 20.12.2023 (BGBl. 2023 I Nr. 389).

(Fortsetzung nächstes Blatt)

Teil 1. Allgemeine Bestimmungen

§ 1[1] **Persönlicher Geltungsbereich.** [1]Dieses Gesetz gilt für Beamte und Ruhestandsbeamte im Sinne des Bundesbeamtengesetzes[2]. [2]Frühere Beamte, die Unterhaltsbeiträge nach den Bestimmungen des Beamtenversorgungsgesetzes[3] oder entsprechender früherer Regelungen beziehen, gelten bis zum Ende dieses Bezuges als Ruhestandsbeamte, ihre Bezüge als Ruhegehalt. [3]Frühere Beamte mit Anspruch auf Altersgeld gelten, auch soweit der Anspruch ruht, als Ruhestandsbeamte; das Altersgeld gilt als Ruhegehalt.

§ 2[4] **Sachlicher Geltungsbereich.** (1) Dieses Gesetz gilt für die

1. von Beamten während ihres Beamtenverhältnisses begangenen Dienstvergehen (§ 77 Abs. 1 des Bundesbeamtengesetzes[2]) und
2. von Ruhestandsbeamten
   a) während ihres Beamtenverhältnisses begangenen Dienstvergehen (§ 77 Abs. 1 des Bundesbeamtengesetzes) und

[1] § 1 Satz 3 angef. mWv 4.9.2013 durch G v. 28.8.2013 (BGBl. I S. 3386).
[2] Nr. **160**.
[3] Nr. **155**.
[4] § 2 Abs. 3 neu gef. mWv 30.4.2005 durch G v. 22.4.2005 (BGBl. I S. 1106); Abs. 3 geänd. mWv 9.8.2008 durch G v. 31.7.2008 (BGBl. I S. 1629).

b) nach Eintritt in den Ruhestand begangenen als Dienstvergehen geltenden Handlungen (§ 77 Abs. 2 des Bundesbeamtengesetzes).

(2) [1] Für Beamte und Ruhestandsbeamte, die früher in einem anderen Dienstverhältnis als Beamte, Richter, Berufssoldaten oder Soldaten auf Zeit gestanden haben, gilt dieses Gesetz auch wegen solcher Dienstvergehen, die sie in dem früheren Dienstverhältnis oder als Versorgungsberechtigte aus einem solchen Dienstverhältnis begangen haben; auch bei den aus einem solchen Dienstverhältnis Ausgeschiedenen und Entlassenen gelten Handlungen, die in § 77 Abs. 2 des Bundesbeamtengesetzes bezeichnet sind, als Dienstvergehen. [2] Ein Wechsel des Dienstherrn steht der Anwendung dieses Gesetzes nicht entgegen.

(3) Für Beamte, die Wehrdienst im Rahmen einer Wehrübung, einer Übung, einer besonderen Auslandsverwendung, einer Hilfeleistung im Innern oder einer Hilfeleistung im Ausland leisten, gilt dieses Gesetz auch wegen solcher Dienstvergehen, die während des Wehrdienstes begangen wurden, wenn das Verhalten sowohl soldatenrechtlich als auch beamtenrechtlich ein Dienstvergehen darstellt.

§ 3 Ergänzende Anwendung des Verwaltungsverfahrensgesetzes und der Verwaltungsgerichtsordnung. Zur Ergänzung dieses Gesetzes sind die Bestimmungen des Verwaltungsverfahrensgesetzes[1)] und der Verwaltungsgerichtsordnung[2)] entsprechend anzuwenden, soweit sie nicht zu den Bestimmungen dieses Gesetzes in Widerspruch stehen oder soweit nicht in diesem Gesetz etwas anderes bestimmt ist.

§ 4 Gebot der Beschleunigung. Disziplinarverfahren sind beschleunigt durchzuführen.

Teil 2. Disziplinarmaßnahmen

§ 5[3)] Arten der Disziplinarmaßnahmen. (1) Disziplinarmaßnahmen gegen Beamte sind:

1. Verweis (§ 6)
2. Geldbuße (§ 7)
3. Kürzung der Dienstbezüge (§ 8)
4. Zurückstufung (§ 9) und
5. Entfernung aus dem Beamtenverhältnis (§ 10).

(2) Disziplinarmaßnahmen gegen Ruhestandsbeamte sind:

1. Kürzung des Ruhegehalts (§ 11) und
2. Aberkennung des Ruhegehalts (§ 12).

(3) [1] Beamten auf Probe und Beamten auf Widerruf können nur Verweise erteilt und Geldbußen auferlegt werden. [2] Für die Entlassung von Beamten auf Probe und Beamten auf Widerruf wegen eines Dienstvergehens gelten § 34 Abs. 1 Nr. 1 und Abs. 3 sowie § 37 des Bundesbeamtengesetzes[4)].

§ 6 Verweis. [1] Der Verweis ist der schriftliche Tadel eines bestimmten Verhaltens des Beamten. [2] Missbilligende Äußerungen (Zurechtweisungen, Ermahnungen

---

[1)] Nr. **100**.
[2)] Nr. **600**.
[3)] § 5 Abs. 3 Satz 2 geänd. mWv 12.2.2009 durch G v. 5.2.2009 (BGBl. I S. 160).
[4)] Nr. **160**.

oder Rügen), die nicht ausdrücklich als Verweis bezeichnet werden, sind keine Disziplinarmaßnahmen

§ 7 Geldbuße. [1] Die Geldbuße kann bis zur Höhe der monatlichen Dienst- oder Anwärterbezüge des Beamten auferlegt werden. [2] Hat der Beamte keine Dienst- oder Anwärterbezüge, darf die Geldbuße bis zu dem Betrag von 500 Euro auferlegt werden.

§ 8 Kürzung der Dienstbezüge. (1) [1] Die Kürzung der Dienstbezüge ist die bruchteilmäßige Verminderung der monatlichen Dienstbezüge des Beamten um höchstens ein Fünftel auf längstens drei Jahre. [2] Sie erstreckt sich auf alle Ämter, die der Beamte bei Eintritt der Unanfechtbarkeit der Entscheidung inne hat. [3] Hat der Beamte aus einem früheren öffentlich-rechtlichen Dienstverhältnis einen Versorgungsanspruch erworben, bleibt dieser von der Kürzung der Dienstbezüge unberührt.

(2) [1] Die Kürzung der Dienstbezüge beginnt mit dem Kalendermonat, der auf den Eintritt der Unanfechtbarkeit der Entscheidung folgt. [2] Tritt der Beamte vor Eintritt der Unanfechtbarkeit der Entscheidung in den Ruhestand, gilt eine entsprechende Kürzung des Ruhegehalts (§ 11) als festgesetzt. [3] Tritt der Beamte während der Dauer der Kürzung der Dienstbezüge in den Ruhestand, wird sein Ruhegehalt entsprechend wie die Dienstbezüge für denselben Zeitraum gekürzt. [4] Sterbegeld sowie Witwen- und Waisengeld werden nicht gekürzt.

(3) [1] Die Kürzung der Dienstbezüge wird gehemmt, solange der Beamte ohne Dienstbezüge beurlaubt ist. [2] Er kann jedoch für die Dauer seiner Beurlaubung den Kürzungsbetrag monatlich vorab an den Dienstherrn entrichten; die Dauer der Kürzung der Dienstbezüge nach der Beendigung der Beurlaubung verringert sich entsprechend.

(4) [1] Solange seine Dienstbezüge gekürzt werden, darf der Beamte nicht befördert werden. [2] Der Zeitraum kann in der Entscheidung abgekürzt werden, sofern dies im Hinblick auf die Dauer des Disziplinarverfahrens angezeigt ist.

(5) [1] Die Rechtsfolgen der Kürzung der Dienstbezüge erstrecken sich auch auf ein neues Beamtenverhältnis. [2] Hierbei steht bei Anwendung des Absatzes 4 die Einstellung oder Anstellung in einem höheren als dem bisherigen Amt der Beförderung gleich.

§ 9 Zurückstufung. (1) [1] Die Zurückstufung ist die Versetzung des Beamten in ein Amt derselben Laufbahn mit geringerem Endgrundgehalt. [2] Der Beamte verliert alle Rechte aus seinem bisherigen Amt einschließlich der damit verbundenen Dienstbezüge und der Befugnis, die bisherige Amtsbezeichnung zu führen. [3] Soweit in der Entscheidung nichts anderes bestimmt ist, enden mit der Zurückstufung auch die Ehrenämter und die Nebentätigkeiten, die der Beamte im Zusammenhang mit dem bisherigen Amt oder auf Verlangen, Vorschlag oder Veranlassung seines Dienstvorgesetzten übernommen hat.

(2) [1] Die Dienstbezüge aus dem neuen Amt werden von dem Kalendermonat an gezahlt, der dem Eintritt der Unanfechtbarkeit der Entscheidung folgt. [2] Tritt der Beamte vor Eintritt der Unanfechtbarkeit der Entscheidung in den Ruhestand, erhält er Versorgungsbezüge nach der in der Entscheidung bestimmten Besoldungsgruppe.

(3) [1] Der Beamte darf frühestens fünf Jahre nach Eintritt der Unanfechtbarkeit der Entscheidung befördert werden. [2] Der Zeitraum kann in der Entscheidung

verkürzt werden, sofern dies im Hinblick auf die Dauer des Disziplinarverfahrens angezeigt ist.

(4) [1] Die Rechtsfolgen der Zurückstufung erstrecken sich auch auf ein neues Beamtenverhältnis. [2] Hierbei steht im Hinblick auf Absatz 3 die Einstellung oder Anstellung in einem höheren Amt als dem, in welches der Beamte zurückgestuft wurde, der Beförderung gleich.

§ 10[1)] Entfernung aus dem Beamtenverhältnis. (1) [1] Mit der Entfernung aus dem Beamtenverhältnis endet das Dienstverhältnis. [2] Der Beamte verliert den Anspruch auf Dienstbezüge und Versorgung sowie die Befugnis, die Amtsbezeichnung und die im Zusammenhang mit dem Amt verliehenen Titel zu führen und die Dienstkleidung zu tragen.

(2) [1] Die Zahlung der Dienstbezüge wird mit dem Ende des Kalendermonats eingestellt, in dem die Entscheidung unanfechtbar wird. [2] Tritt der Beamte in den Ruhestand, bevor die Entscheidung über die Entfernung aus dem Beamtenverhältnis unanfechtbar wird, gilt die Entscheidung als Aberkennung des Ruhegehalts.

(3) [1] Der aus dem Beamtenverhältnis entfernte Beamte erhält für die Dauer von sechs Monaten einen Unterhaltsbeitrag in Höhe von 50 Prozent der Dienstbezüge, die ihm bei Eintritt der Unanfechtbarkeit der Entscheidung zustehen; eine Einbehaltung von Dienstbezügen nach § 38 Absatz 2 bleibt unberücksichtigt. [2] Die Gewährung des Unterhaltsbeitrags kann in der Entscheidung über sechs Monate hinaus verlängert werden, soweit dies notwendig ist, um eine unbillige Härte zu vermeiden; der Beamte hat die Umstände glaubhaft zu machen. [3] Für die Zahlung des Unterhaltsbeitrags gilt § 79. [4] Die Gewährung des Unterhaltsbeitrags ist ausgeschlossen,

1. wenn der Beamte ihrer nicht würdig ist,
2. wenn die Entfernung aus dem Beamtenverhältnis zumindest auch auf der Verletzung der Pflicht des Beamten beruht, sich durch sein gesamtes Verhalten zu der freiheitlichen demokratischen Grundordnung zu bekennen und für deren Erhaltung einzutreten, oder
3. soweit der Beamte den erkennbaren Umständen nach nicht bedürftig ist.

(4) Die Entfernung aus dem Beamtenverhältnis und ihre Rechtsfolgen erstrecken sich auf alle Ämter, die der Beamte bei Eintritt der Unanfechtbarkeit der Entscheidung inne hat.

(5) Wird ein Beamter, der früher in einem anderen Dienstverhältnis im Bundesdienst gestanden hat, aus dem Beamtenverhältnis entfernt, verliert er auch die Ansprüche aus dem früheren Dienstverhältnis, wenn diese Disziplinarmaßnahme wegen eines Dienstvergehens ausgesprochen wird, das in dem früheren Dienstverhältnis begangen wurde.

(6) Ist ein Beamter aus dem Beamtenverhältnis entfernt worden, darf er nicht wieder zum Beamten ernannt werden; es soll auch kein anderes Beschäftigungsverhältnis begründet werden.

§ 11 Kürzung des Ruhegehalts. [1] Die Kürzung des Ruhegehalts ist die bruchteilmäßige Verminderung des monatlichen Ruhegehalts des Ruhestandsbeamten *um höchstens ein* Fünftel auf längstens drei Jahre. [2] § 8 Abs. 1 Satz 2 und 3 sowie Abs. 2 Satz 1 und 4 gilt entsprechend.

[1)] § 10 Abs. 3 neu gef. mWv 1.4.2024 durch G v. 20.12.2023 (BGBl. 2023 I Nr. 389).

§ 12 Aberkennung des Ruhegehalts. (1) Mit der Aberkennung des Ruhegehalts verliert der Ruhestandsbeamte den Anspruch auf Versorgung einschließlich der Hinterbliebenenversorgung und die Befugnis, die Amtsbezeichnung und die Titel zu führen, die im Zusammenhang mit dem früheren Amt verliehen wurden.

(2) [1] Nach der Aberkennung des Ruhegehalts erhält der Ruhestandsbeamte bis zur Gewährung einer Rente auf Grund einer Nachversicherung, längstens jedoch für die Dauer von sechs Monaten, einen Unterhaltsbeitrag in Höhe von 70 Prozent des Ruhegehalts, das ihm bei Eintritt der Unanfechtbarkeit der Entscheidung zusteht; eine Kürzung des Ruhegehalts nach § 38 Abs. 3 bleibt unberücksichtigt. [2] § 10 Abs. 3 Satz 2 bis 4 gilt entsprechend.

(3) Die Aberkennung des Ruhegehalts und ihre Rechtsfolgen erstrecken sich auf alle Ämter, die der Ruhestandsbeamte bei Eintritt in den Ruhestand inne gehabt hat.

(4) § 10 Abs. 2 Satz 1 sowie Abs. 5 und 6 gilt entsprechend.

§ 13[1)] Bemessung der Disziplinarmaßnahme. (1) [1] Die Disziplinarmaßnahme ist nach der Schwere des Dienstvergehens zu bemessen. [2] Das Persönlichkeitsbild des Beamten ist angemessen zu berücksichtigen. [3] Ferner soll berücksichtigt werden, in welchem Umfang der Beamte das Vertrauen des Dienstherrn oder der Allgemeinheit beeinträchtigt hat.

(2) [1] Um den Beamten zur Pflichterfüllung anzuhalten, kann als Disziplinarmaßnahme ausgesprochen werden:

1. ein Verweis, wenn der Beamte durch ein leichtes Dienstvergehen das Vertrauen des Dienstherrn oder der Allgemeinheit in die pflichtgemäße Amtsführung geringfügig beeinträchtigt hat,
2. eine Geldbuße, wenn der Beamte durch ein leichtes bis mittelschweres Dienstvergehen das Vertrauen des Dienstherrn oder der Allgemeinheit in die pflichtgemäße Amtsführung nicht nur geringfügig beeinträchtigt hat,
3. eine Kürzung der Dienstbezüge, wenn der Beamte durch ein mittelschweres Dienstvergehen das Vertrauen des Dienstherrn oder der Allgemeinheit in die pflichtgemäße Amtsführung erheblich beeinträchtigt hat,
4. eine Kürzung des Ruhegehalts, wenn der Ruhestandsbeamte ein mittelschweres Dienstvergehen begangen hat, das geeignet ist, das Ansehen des öffentlichen Dienstes oder des Berufsbeamtentums erheblich zu beeinträchtigen,
5. eine Zurückstufung, wenn der Beamte durch ein mittelschweres bis schweres Dienstvergehen das Vertrauen des Dienstherrn oder der Allgemeinheit in die pflichtgemäße Amtsführung nachhaltig erschüttert hat.

[2] Eine Kürzung des Ruhegehalts kann auch ausgesprochen werden, wenn das Dienstvergehen ganz oder teilweise vor dem Eintritt des Beamten in den Ruhestand begangen wurde. [3] Eine Zurückstufung darf unter den Voraussetzungen des Satzes 1 Nummer 5 auch ausgesprochen werden, wenn das Verbleiben des Beamten im bisherigen Amt dem Dienstherrn oder der Allgemeinheit nicht zugemutet werden kann.

(3) Ein schweres Dienstvergehen liegt in der Regel bei einer Mitgliedschaft in einer vom Bundesverfassungsgericht für verfassungswidrig erklärten Partei oder einer unanfechtbar verbotenen Vereinigung oder einer Ersatzorganisation einer solchen Partei oder Vereinigung vor.

---

1) § 13 neu gef. mWv 1.4.2024 durch G v. 20.12.2023 (BGBl. 2023 I Nr. 389).

(4) [1]Ein Beamter, der durch ein schweres Dienstvergehen das Vertrauen des Dienstherrn oder der Allgemeinheit endgültig verloren hat, ist aus dem Beamtenverhältnis zu entfernen. [2]Dem Ruhestandsbeamten wird das Ruhegehalt aberkannt, wenn er als noch im Dienst befindlicher Beamter aus dem Beamtenverhältnis hätte entfernt werden müssen.

§ 14[1)] Zulässigkeit von Disziplinarmaßnahmen nach Straf- oder Bußgeldverfahren. (1) Ist gegen einen Beamten im Straf- oder Bußgeldverfahren unanfechtbar eine Strafe, Geldbuße oder Ordnungsmaßnahme verhängt worden oder kann eine Tat nach § 153a Abs. 1 Satz 5 oder Abs. 2 Satz 2 der Strafprozessordnung[2)] nach der Erfüllung von Auflagen und Weisungen nicht mehr als Vergehen verfolgt werden, darf wegen desselben Sachverhalts

1. ein Verweis, eine Geldbuße oder eine Kürzung des Ruhegehalts nicht ausgesprochen werden,
2. eine Kürzung der Dienstbezüge nur ausgesprochen werden, wenn dies zusätzlich erforderlich ist, um den Beamten zur Pflichterfüllung anzuhalten.

(2) Ist der Beamte im Straf- oder Bußgeldverfahren rechtskräftig freigesprochen worden, darf wegen des Sachverhalts, der Gegenstand der gerichtlichen Entscheidung gewesen ist, eine Disziplinarmaßnahme nur ausgesprochen werden, wenn dieser Sachverhalt ein Dienstvergehen darstellt, ohne den Tatbestand einer Straf- oder Bußgeldvorschrift zu erfüllen.

§ 15[3)] Disziplinarmaßnahmeverbot wegen Zeitablaufs. (1) Es darf nicht mehr ausgesprochen werden:

1. ein Verweis, wenn seit der Vollendung eines Dienstvergehens mehr als zwei Jahre vergangen sind,
2. eine Geldbuße oder eine Kürzung der Dienstbezüge oder des Ruhegehalts, wenn seit der Vollendung eines Dienstvergehens mehr als drei Jahre vergangen sind, und
3. eine Zurückstufung, wenn seit der Vollendung eines Dienstvergehens mehr als sieben Jahre vergangen sind.

(2) Bei Dienstvergehen gegen die Pflichten aus § 60 Absatz 1 Satz 3 oder Absatz 2 des Bundesbeamtengesetzes[4)] beträgt die Frist nach Absatz 1 Nummer 1 vier, nach Absatz 1 Nummer 2 sechs und nach Absatz 1 Nummer 3 acht Jahre.

(3) Die Fristen der Absätze 1 und 2 werden durch die Einleitung oder Ausdehnung des Disziplinarverfahrens, den Erlass einer Disziplinarverfügung oder die Anordnung oder Ausdehnung von Ermittlungen gegen Beamte auf Probe und Beamte auf Widerruf nach § 34 Absatz 3 Satz 2 und § 37 Absatz 1 in Verbindung mit § 34 Absatz 3 Satz 1 des Bundesbeamtengesetzes unterbrochen.

(4) [1]Die Fristen der Absätze 1 und 2 sind für die Dauer des Widerspruchsverfahrens, des gerichtlichen Verfahrens, einer Aussetzung des Disziplinarverfahrens nach § 22 oder der Mitwirkung des Personalrats gehemmt. [2]Ist vor Ablauf der Frist wegen desselben Sachverhalts ein Straf- oder Bußgeldverfahren eingeleitet oder eine Klage aus dem Beamtenverhältnis erhoben worden, ist die Frist für die Dauer dieses Verfahrens gehemmt.

[1)] § 14 Abs. 1 Nr. 2 geänd. mWv 12.2.2009 durch G v. 5.2.2009 (BGBl. I S. 160).
[2)] **Habersack Nr. 90.**
[3)] § 15 neu gef. mWv 1.4.2024 durch G v. 20.12.2023 (BGBl. 2023 I Nr. 389).
[4)] Nr. **160**.

§ 16[1] Verwertungsverbot, Entfernung aus der Personalakte. (1) [1] Ein Verweis darf nach zwei Jahren, eine Geldbuße, eine Kürzung der Dienstbezüge und eine Kürzung des Ruhegehalts dürfen nach drei Jahren und eine Zurückstufung darf nach sieben Jahren bei weiteren Disziplinarmaßnahmen und bei sonstigen Personalmaßnahmen nicht mehr berücksichtigt werden (Verwertungsverbot). [2] Bei Dienstvergehen gegen die Pflichten aus § 60 Absatz 1 Satz 3 oder Absatz 2 des Bundesbeamtengesetzes[2] gilt für die Fristen § 15 Absatz 2 entsprechend. [3] Der Beamte gilt nach dem Eintritt des Verwertungsverbots als von der Disziplinarmaßnahme nicht betroffen.

(2) [1] Die Frist für das Verwertungsverbot beginnt, sobald die Entscheidung über die Disziplinarmaßnahme unanfechtbar ist. [2] Sie endet nicht, solange ein gegen den Beamten eingeleitetes Straf- oder Disziplinarverfahren nicht unanfechtbar abgeschlossen ist, eine andere Disziplinarmaßnahme berücksichtigt werden darf, eine Entscheidung über die Kürzung der Dienstbezüge noch nicht vollstreckt ist oder ein gerichtliches Verfahren über die Beendigung des Beamtenverhältnisses oder über die Geltendmachung von Schadenersatz gegen den Beamten anhängig ist.

(3) [1] Eintragungen in der Personalakte über die Disziplinarmaßnahme sind nach Eintritt des Verwertungsverbots von Amts wegen zu entfernen und zu vernichten. [2] Der Kopfteil und die Entscheidungsformel einer abschließenden Entscheidung, mit der eine Zurückstufung ausgesprochen wurde, verbleiben in der Personalakte. [3] Dabei sind nicht erforderliche personenbezogene Daten unkenntlich zu machen. [4] Auf Antrag des Beamten unterbleibt die Entfernung oder erfolgt eine gesonderte Aufbewahrung. [5] Der Antrag ist innerhalb eines Monats zu stellen, nachdem dem Beamten die bevorstehende Entfernung mitgeteilt und er auf sein Antragsrecht und die Antragsfrist hingewiesen worden ist. [6] Wird der Antrag gestellt oder verbleiben Kopfteil und Entscheidungsformel einer abschließenden Entscheidung nach Satz 2 in der Personalakte, ist das Verwertungsverbot bei den Eintragungen zu vermerken.

(4) [1] Die Absätze 1 bis 3 gelten entsprechend für Disziplinarvorgänge, die nicht zu einer Disziplinarmaßnahme geführt haben. [2] Die Frist für das Verwertungsverbot beträgt, wenn das Disziplinarverfahren nach § 32 Abs. 1 Nr. 1 eingestellt wird, drei Monate und im Übrigen zwei Jahre. [3] Die Frist beginnt mit dem Eintritt der Unanfechtbarkeit der Entscheidung, die das Disziplinarverfahren abschließt, im Übrigen mit dem Tag, an dem der Dienstvorgesetzte, der für die Einleitung des Disziplinarverfahrens zuständig ist, zureichende tatsächliche Anhaltspunkte erhält, die den Verdacht eines Dienstvergehens rechtfertigen.

(5) Auf die Entfernung und Vernichtung von Disziplinarvorgängen, die zu einer missbilligenden Äußerung geführt haben, findet § 112 Abs. 1 Satz 1 Nr. 2, Satz 2 und 3 des Bundesbeamtengesetzes Anwendung.

---

[1] § 16 Abs. 1 Satz 1 und Abs. 5 geänd., Abs. 3 Sätze 2 und 3 eingef., bish. Sätze 2–4 werden Sätze 3–5, neuer Satz 6 neu gef. mWv 12.2.2009 durch G v. 5.2.2009 (BGBl. I S. 160); Abs. 1 Satz 2 eingef., bish. Satz 2 wird Satz 3, Abs. 3 Sätze 2 und 3 neu gef. und Satz 6 geänd. mWv 1.4.2024 durch G v. 20.12.2023 (BGBl. 2023 I Nr. 389).

[2] Nr. **160**.

Teil 3. Behördliches Disziplinarverfahren

Kapitel 1. Einleitung, Ausdehnung und Beschränkung

§ 17[1)] Einleitung von Amts wegen. (1) [1] Liegen zureichende tatsächliche Anhaltspunkte vor, die den Verdacht eines Dienstvergehens rechtfertigen, hat der Dienstvorgesetzte die Dienstpflicht, ein Disziplinarverfahren einzuleiten. [2] Der höhere Dienstvorgesetzte und die oberste Dienstbehörde stellen im Rahmen ihrer Aufsicht die Erfüllung dieser Pflicht sicher; sie können das Disziplinarverfahren jederzeit an sich ziehen. [3] Die Einleitung ist aktenkundig zu machen.

(2) [1] Ist zu erwarten, dass nach den §§ 14 und 15 eine Disziplinarmaßnahme nicht in Betracht kommt, wird ein Disziplinarverfahren nicht eingeleitet. [2] Die Gründe sind aktenkundig zu machen und dem Beamten bekannt zu geben.

(3) [1] Hat ein Beamter zwei oder mehrere Ämter inne, die nicht im Verhältnis von Haupt- zu Nebenamt stehen, und beabsichtigt der Dienstvorgesetzte, zu dessen Geschäftsbereich eines dieser Ämter gehört, ein Disziplinarverfahren gegen ihn einzuleiten, teilt er dies den Dienstvorgesetzten mit, die für die anderen Ämter zuständig sind. [2] Ein weiteres Disziplinarverfahren kann gegen den Beamten wegen desselben Sachverhalts nicht eingeleitet werden. [3] Hat ein Beamter zwei oder mehrere Ämter inne, die im Verhältnis von Haupt- zu Nebenamt stehen, kann nur der Dienstvorgesetzte ein Disziplinarverfahren gegen ihn einleiten, der für das Hauptamt zuständig ist.

(4) [1] Die Zuständigkeiten nach den Absätzen 1 bis 3 werden durch eine Beurlaubung, eine Abordnung oder eine Zuweisung nicht berührt. [2] Bei einer Abordnung geht die aus Absatz 1 sich ergebende Pflicht hinsichtlich der während der Abordnung begangenen Dienstvergehen auf den neuen Dienstvorgesetzten über, soweit dieser nicht ihre Ausübung den anderen Dienstvorgesetzten überlässt oder soweit nichts anderes bestimmt ist.

§ 18 Einleitung auf Antrag des Beamten. (1) Der Beamte kann bei dem Dienstvorgesetzten oder dem höheren Dienstvorgesetzten die Einleitung eines Disziplinarverfahrens gegen sich selbst beantragen, um sich von dem Verdacht eines Dienstvergehens zu entlasten.

(2) [1] Der Antrag darf nur abgelehnt werden, wenn keine zureichenden tatsächlichen Anhaltspunkte vorliegen, die den Verdacht eines Dienstvergehens rechtfertigen. [2] Die Entscheidung ist dem Beamten mitzuteilen.

(3) § 17 Abs. 1 Satz 2 zweiter Halbsatz und Satz 3 sowie Abs. 3 und 4 gilt entsprechend.

§ 19[2)] Ausdehnung und Beschränkung. (1) [1] Das Disziplinarverfahren kann bis zum Erlass einer Entscheidung nach § 32 oder § 33 auf neue Handlungen ausgedehnt werden, die den Verdacht eines Dienstvergehens rechtfertigen. [2] Die Ausdehnung ist aktenkundig zu machen.

(2) [1] Das Disziplinarverfahren kann bis zum Erlass einer Entscheidung nach § 32 oder § 33 oder eines Widerspruchsbescheids nach § 42 beschränkt werden, indem solche Handlungen ausgeschieden werden, die für die Art und Höhe der zu erwartenden Disziplinarmaßnahme voraussichtlich nicht ins Gewicht fallen. [2] Die

---

1) § 17 Abs. 2 Satz 1 neu gef. mWv 12.2.2009 durch G v. 5.2.2009 (BGBl. I S. 160).

2) § 19 Abs. 1 Satz 1 und Abs. 2 Satz 1 geänd. mWv 1.4.2024 durch G v. 20.12.2023 (BGBl. 2023 I Nr. 389).

Beschränkung ist aktenkundig zu machen. [3]Die ausgeschiedenen Handlungen können nicht wieder in das Disziplinarverfahren einbezogen werden, es sei denn, die Voraussetzungen für die Beschränkung entfallen nachträglich. [4]Werden die ausgeschiedenen Handlungen nicht wieder einbezogen, können sie nach dem unanfechtbaren Abschluss des Disziplinarverfahrens nicht Gegenstand eines neuen Disziplinarverfahrens sein.

Kapitel 2. Durchführung

§ 20[1)] Unterrichtung, Belehrung und Anhörung des Beamten. (1) [1]Der Beamte ist über die Einleitung des Disziplinarverfahrens unverzüglich zu unterrichten, sobald dies ohne Gefährdung der Aufklärung des Sachverhalts möglich ist. [2]Hierbei ist ihm zu eröffnen, welches Dienstvergehen ihm zur Last gelegt wird. [3]Er ist gleichzeitig darauf hinzuweisen, dass es ihm freisteht, sich mündlich oder schriftlich zu äußern oder nicht zur Sache auszusagen und sich jederzeit eines Bevollmächtigten oder Beistands zu bedienen.

(2) [1]Für die Abgabe einer schriftlichen Äußerung wird dem Beamten eine im Einzelfall angemessene Frist von höchstens einem Monat und für die Abgabe der Erklärung, sich mündlich äußern zu wollen, eine im Einzelfall angemessene Frist von höchstens zwei Wochen gesetzt. [2]Hat der Beamte rechtzeitig erklärt, sich mündlich äußern zu wollen, ist die Anhörung innerhalb von drei Wochen nach Eingang der Erklärung durchzuführen. [3]Ist der Beamte aus zwingenden Gründen gehindert, eine Frist nach Satz 1 einzuhalten oder einer Ladung zur mündlichen Verhandlung Folge zu leisten, und hat er dies unverzüglich mitgeteilt, ist die maßgebliche Frist zu verlängern oder er erneut zu laden. [4]Die Fristsetzungen und Ladungen sind dem Beamten zuzustellen.

(3) Ist die nach Absatz 1 Satz 2 und 3 vorgeschriebene Belehrung unterblieben oder unrichtig erfolgt, darf die Aussage des Beamten nicht zu seinem Nachteil verwertet werden.

§ 21 Pflicht zur Durchführung von Ermittlungen, Ausnahmen. (1) [1]Zur Aufklärung des Sachverhalts sind die erforderlichen Ermittlungen durchzuführen. [2]Dabei sind die belastenden, die entlastenden und die Umstände zu ermitteln, die für die Bemessung einer Disziplinarmaßnahme bedeutsam sind. [3]Der höhere Dienstvorgesetzte und die oberste Dienstbehörde können die Ermittlungen an sich ziehen.

(2) [1]Von Ermittlungen ist abzusehen, soweit der Sachverhalt auf Grund der tatsächlichen Feststellungen eines rechtskräftigen Urteils im Straf- oder Bußgeldverfahren oder im verwaltungsgerichtlichen Verfahren, durch das nach § 9 des Bundesbesoldungsgesetzes[2)] über den Verlust der Besoldung bei schuldhaftem Fernbleiben vom Dienst entschieden worden ist, feststeht. [2]Von Ermittlungen kann auch abgesehen werden, soweit der Sachverhalt auf sonstige Weise aufgeklärt ist, insbesondere nach der Durchführung eines anderen gesetzlich geordneten Verfahrens.

§ 22 Zusammentreffen von Disziplinarverfahren mit Strafverfahren oder anderen Verfahren, Aussetzung. (1) [1]Ist gegen den Beamten wegen des Sachverhalts, der dem Disziplinarverfahren zugrunde liegt, im Strafverfahren die öffentliche Klage erhoben worden, wird das Disziplinarverfahren ausgesetzt. [2]Die Aus-

---

[1)] § 20 Abs. 2 Satz 1 geänd. mWv 1.4.2024 durch G v. 20.12.2023 (BGBl. 2023 I Nr. 389).
[2)] Nr. **230**.

setzung unterbleibt, wenn keine begründeten Zweifel am Sachverhalt bestehen oder wenn im Strafverfahren aus Gründen nicht verhandelt werden kann, die in der Person des Beamten liegen.

(2) Das nach Absatz 1 Satz 1 ausgesetzte Disziplinarverfahren ist unverzüglich fortzusetzen, wenn die Voraussetzungen des Absatzes 1 Satz 2 nachträglich eintreten, spätestens mit dem rechtskräftigen Abschluss des Strafverfahrens.

(3) [1] Das Disziplinarverfahren kann auch ausgesetzt werden, wenn in einem anderen gesetzlich geordneten Verfahren über eine Frage zu entscheiden ist, deren Beurteilung für die Entscheidung im Disziplinarverfahren von wesentlicher Bedeutung ist. [2] Absatz 1 Satz 2 und Absatz 2 gelten entsprechend.

§ 23 Bindung an tatsächliche Feststellungen aus Strafverfahren oder anderen Verfahren. (1) Die tatsächlichen Feststellungen eines rechtskräftigen Urteils im Straf- oder Bußgeldverfahren oder im verwaltungsgerichtlichen Verfahren, durch das nach § 9 des Bundesbesoldungsgesetzes[1)] über den Verlust der Besoldung bei schuldhaftem Fernbleiben vom Dienst entschieden worden ist, sind im Disziplinarverfahren, das denselben Sachverhalt zum Gegenstand hat, bindend.

(2) Die in einem anderen gesetzlich geordneten Verfahren getroffenen tatsächlichen Feststellungen sind nicht bindend, können aber der Entscheidung im Disziplinarverfahren ohne nochmalige Prüfung zugrunde gelegt werden.

§ 24 Beweiserhebung. (1) [1] Die erforderlichen Beweise sind zu erheben. [2] Hierbei können insbesondere

1. schriftliche dienstliche Auskünfte eingeholt werden,
2. Zeugen und Sachverständige vernommen oder ihre schriftliche Äußerung eingeholt werden,
3. Urkunden und Akten beigezogen sowie
4. der Augenschein eingenommen werden.

(2) Niederschriften über Aussagen von Personen, die schon in einem anderen gesetzlich geordneten Verfahren vernommen worden sind, sowie Niederschriften über einen richterlichen Augenschein können ohne erneute Beweiserhebung verwertet werden.

(3) [1] Über einen Beweisantrag des Beamten ist nach pflichtgemäßem Ermessen zu entscheiden. [2] Dem Beweisantrag ist stattzugeben, soweit er für die Tat- oder Schuldfrage oder für die Bemessung der Art und Höhe einer Disziplinarmaßnahme von Bedeutung sein kann.

(4) [1] Dem Beamten ist Gelegenheit zu geben, an der Vernehmung von Zeugen und Sachverständigen sowie an der Einnahme des Augenscheins teilzunehmen und hierbei sachdienliche Fragen zu stellen. [2] Er kann von der Teilnahme ausgeschlossen werden, soweit dies aus wichtigen Gründen, insbesondere mit Rücksicht auf den Zweck der Ermittlungen oder zum Schutz der Rechte Dritter, erforderlich ist. [3] Ein schriftliches Gutachten ist ihm zugänglich zu machen, soweit nicht zwingende Gründe dem entgegenstehen.

§ 25 Zeugen und Sachverständige. (1) [1] Zeugen sind zur Aussage und Sachverständige zur Erstattung von Gutachten verpflichtet. [2] Die Bestimmungen der *Strafprozessordnung* über die Pflicht, als Zeuge auszusagen oder als Sachverständiger ein Gutachten zu erstatten, über die Ablehnung von Sachverständigen sowie

---

[1)] Nr. **230**.

über die Vernehmung von Angehörigen des öffentlichen Dienstes als Zeugen oder Sachverständige gelten entsprechend.

(2) [1] Verweigern Zeugen oder Sachverständige ohne Vorliegen eines der in den §§ 52 bis 55 und 76 der Strafprozessordnung[1)] bezeichneten Gründe die Aussage oder die Erstattung des Gutachtens, kann das Gericht um die Vernehmung ersucht werden. [2] In dem Ersuchen sind der Gegenstand der Vernehmung darzulegen sowie die Namen und Anschriften der Beteiligten anzugeben. [3] Das Gericht entscheidet über die Rechtmäßigkeit der Verweigerung der Aussage oder der Erstattung des Gutachtens.

(3) Ein Ersuchen nach Absatz 2 darf nur von dem Dienstvorgesetzten, seinem allgemeinen Vertreter oder einem beauftragten Beschäftigten gestellt werden, der die Befähigung zum Richteramt hat.

§ 26 Herausgabe von Unterlagen. [1] Der Beamte hat Schriftstücke, Zeichnungen, bildliche Darstellungen und Aufzeichnungen einschließlich technischer Aufzeichnungen, die einen dienstlichen Bezug aufweisen, auf Verlangen für das Disziplinarverfahren zur Verfügung zu stellen. [2] Das Gericht kann die Herausgabe auf Antrag durch Beschluss anordnen und sie durch die Festsetzung von Zwangsgeld erzwingen; für den Antrag gilt § 25 Abs. 3 entsprechend. [3] Der Beschluss ist unanfechtbar.

§ 27[2)] Beschlagnahmen und Durchsuchungen. (1) [1] Das Gericht kann auf Antrag durch Beschluss Beschlagnahmen und Durchsuchungen anordnen; § 25 Abs. 3 gilt entsprechend. [2] Die Anordnung darf nur getroffen werden, wenn der Beamte des ihm zur Last gelegten Dienstvergehens dringend verdächtig ist und die Maßnahme zu der Bedeutung der Sache und der zu erwartenden Disziplinarmaßnahme nicht außer Verhältnis steht. [3] Die Bestimmungen der Strafprozessordnung[1)] über Beschlagnahmen und Durchsuchungen gelten entsprechend, soweit nicht in diesem Gesetz etwas anderes bestimmt ist.

(2) Die Maßnahmen nach Absatz 1 dürfen nur durch die nach der Strafprozessordnung dazu berufenen Behörden durchgeführt werden.

(3) Durch Absatz 1 werden das Grundrecht der Unverletzlichkeit der Wohnung (Artikel 13 Absatz 1 des Grundgesetzes[3)]) und das Fernmeldegeheimnis (Artikel 10 Absatz 1 des Grundgesetzes) eingeschränkt.

§ 28 Protokoll. [1] Über Anhörungen des Beamten und Beweiserhebungen sind Protokolle aufzunehmen; § 168a der Strafprozessordnung[1)] gilt entsprechend. [2] Bei der Einholung von schriftlichen dienstlichen Auskünften sowie der Beiziehung von Urkunden und Akten genügt die Aufnahme eines Aktenvermerks.

§ 29 Innerdienstliche Informationen. (1) Die Vorlage von Personalakten und anderen Behördenunterlagen mit personenbezogenen Daten sowie die Erteilung von Auskünften aus diesen Akten und Unterlagen an die mit Disziplinarvorgängen befassten Stellen und die Verarbeitung oder Nutzung der so erhobenen personenbezogenen Daten im Disziplinarverfahren sind, soweit nicht andere Rechtsvorschriften dem entgegenstehen, auch gegen den Willen des Beamten oder anderer Betroffener zulässig, wenn und soweit die Durchführung des Disziplinarverfahrens

---

[1)] **Habersack Nr. 90.**
[2)] § 27 Abs. 3 neu gef. mWv 1.4.2024 durch G v. 20.12.2023 (BGBl. 2023 I Nr. 389).
[3)] Nr. **1**.

dies erfordert und überwiegende Belange des Beamten, anderer Betroffener oder der ersuchten Stellen nicht entgegenstehen.

(2) Zwischen den Dienststellen eines oder verschiedener Dienstherrn sowie zwischen den Teilen einer Dienststelle sind Mitteilungen über Disziplinarverfahren, über Tatsachen aus Disziplinarverfahren und über Entscheidungen der Disziplinarorgane sowie die Vorlage hierüber geführter Akten zulässig, wenn und soweit dies zur Durchführung des Disziplinarverfahrens, im Hinblick auf die künftige Übertragung von Aufgaben oder Ämtern an den Beamten oder im Einzelfall aus besonderen dienstlichen Gründen unter Berücksichtigung der Belange des Beamten oder anderer Betroffener erforderlich ist.

§ 29a[1)] Informationen nach Maßgabe des Artikels 56a der Richtlinie 2005/36/EG. [1] Nach Maßgabe des Artikels 56a der Richtlinie 2005/36/EG des Europäischen Parlaments und des Rates vom 7. September 2005 über die Anerkennung von Berufsqualifikationen (ABl. L 255 vom 30.9.2005, S. 22, L 271 vom 16.10.2007, S. 18, L 93 vom 4.4.2008, S. 28, L 33 vom 3.2.2009, S. 49), die zuletzt durch die Richtlinie 2013/55/EU (ABl. L 354 vom 28.12.2013, S. 132) geändert worden ist, unterrichten die Dienststellen die zuständigen Behörden der Mitgliedstaaten der Europäischen Union über Entscheidungen der Disziplinarorgane über die

1. Entfernung aus dem Beamtenverhältnis nach § 5 Absatz 1 Nummer 5 in Verbindung mit § 10 Absatz 1,
2. Einstellung eines Disziplinarverfahrens, wenn das Disziplinarverfahren wegen Beendigung des Beamtenverhältnisses nach § 41 Absatz 1 des Bundesbeamtengesetzes[2)] nicht zu Ende geführt wird, und
3. Einstellung eines Disziplinarverfahrens, wenn die Beamtin oder der Beamte auf Verlangen nach § 33 des Bundesbeamtengesetzes aus dem Beamtenverhältnis entlassen wird und das Disziplinarverfahren voraussichtlich zur Entfernung aus dem Beamtenverhältnis geführt hätte.

[2] Der Zeitraum nach Artikel 56a Absatz 2 Satz 2 Buchstabe e der Richtlinie 2005/36/EG nach Satz 1 ist der Zeitraum bis zum Erreichen der für die jeweilige Laufbahn maßgeblichen gesetzlichen Altersgrenze für den Eintritt in den Ruhestand, längstens jedoch 15 Jahre.

§ 30 Abschließende Anhörung. [1] Nach der Beendigung der Ermittlungen ist dem Beamten Gelegenheit zu geben, sich abschließend zu äußern; § 20 Abs. 2 gilt entsprechend. [2] Die Anhörung kann unterbleiben, wenn das Disziplinarverfahren nach § 32 Abs. 2 Nr. 2 oder 3 eingestellt werden soll.

§ 31 Abgabe des Disziplinarverfahrens. [1] Hält der Dienstvorgesetzte nach dem Ergebnis der Anhörungen und Ermittlungen seine Befugnisse nach den §§ 32 bis 34 nicht für ausreichend, so führt er die Entscheidung des höheren Dienstvorgesetzten oder der obersten Dienstbehörde herbei. [2] Der höhere Dienstvorgesetzte oder die oberste Dienstbehörde können das Disziplinarverfahren an den Dienstvorgesetzten zurückgeben, wenn sie weitere Ermittlungen für geboten oder dessen Befugnisse für ausreichend halten.

---

1) § 29a eingef. mWv 28.10.2016 durch G v. 19.10.2016 (BGBl. I S. 2362).
2) Nr. **160**.

Kapitel 3. Abschlussentscheidung

§ 32 Einstellungsverfügung. (1) Das Disziplinarverfahren wird eingestellt, wenn

1. ein Dienstvergehen nicht erwiesen ist,
2. ein Dienstvergehen zwar erwiesen ist, eine Disziplinarmaßnahme jedoch nicht angezeigt erscheint,
3. nach § 14 oder § 15 eine Disziplinarmaßnahme nicht ausgesprochen werden darf oder
4. das Disziplinarverfahren oder eine Disziplinarmaßnahme aus sonstigen Gründen unzulässig ist.

(2) Das Disziplinarverfahren wird ferner eingestellt, wenn

1. der Beamte stirbt,
2. das Beamtenverhältnis durch Entlassung, Verlust der Beamtenrechte oder Entfernung endet oder
3. bei einem Ruhestandsbeamten die Folgen einer gerichtlichen Entscheidung nach § 59 Abs. 1 des Beamtenversorgungsgesetzes[1] eintreten.

(3) Die Einstellungsverfügung ist zu begründen und zuzustellen.

§ 33[2] Disziplinarverfügung. (1) Disziplinarmaßnahmen werden durch Disziplinarverfügung ausgesprochen.

(2) [1] Die Disziplinarverfügung ist zu begründen und zuzustellen. [2] Die Begründung muss mindestens enthalten:

1. die Tatsachen, die ein Dienstvergehen begründen,
2. die anderen Tatsachen, die für die Entscheidung bedeutsam sind, und
3. die Beweismittel, die für die Entscheidung bedeutsam sind.

(3) Bei den Disziplinarmaßnahmen der Zurückstufung, der Entfernung aus dem Beamtenverhältnis oder der Aberkennung des Ruhegehalts muss in der Begründung zusätzlich dargestellt werden:

1. der persönliche und berufliche Werdegang des Beamten und
2. der Gang des Disziplinarverfahrens.

(4) Im Fall des § 23 Absatz 1 kann wegen der Tatsachen, in denen ein Dienstvergehen gesehen wird, auf die bindenden Feststellungen der ihnen zugrunde liegenden Urteile verwiesen werden.

§ 34[2] Disziplinarbefugnisse. (1) Jeder Dienstvorgesetzte ist zur Verhängung von Verweisen und Geldbußen gegen die ihm unterstellten Beamten befugt.

(2) Kürzungen der Dienstbezüge können festsetzen:

1. die oberste Dienstbehörde bis zum Höchstmaß und
2. die der obersten Dienstbehörde unmittelbar nachgeordneten Dienstvorgesetzten bis zu einer Kürzung um 20 Prozent auf zwei Jahre.

(3) Kürzungen des Ruhegehalts bis zum Höchstmaß können die nach § 84 zur Ausübung der Disziplinarbefugnisse zuständigen Dienstvorgesetzten festsetzen.

---

[1] Nr. **155**.
[2] §§ 33 und 34 neu gef. mWv 1.4.2024 durch G v. 20.12.2023 (BGBl. 2023 I Nr. 389).

(4) Die Zurückstufung oder die Entfernung aus dem Beamtenverhältnis wird durch die oberste Dienstbehörde, die Aberkennung des Ruhegehalts durch die nach § 84 zur Ausübung der Disziplinarbefugnisse zuständigen Dienstvorgesetzten ausgesprochen.

(5) [1] Die oberste Dienstbehörde kann durch allgemeine Anordnung ihre Befugnisse nach Absatz 2 Nummer 1 ganz oder teilweise auf nachgeordnete Dienstvorgesetzte und ihre Befugnisse nach Absatz 4 auf unmittelbar nachgeordnete Dienstvorgesetzte übertragen. [2] Die Anordnung ist im Bundesgesetzblatt zu veröffentlichen. [3] § 17 Absatz 1 Satz 2 zweiter Teilsatz sowie Absatz 3 und 4 gilt entsprechend.

§ 35[1)] Grenzen der erneuten Ausübung der Disziplinarbefugnisse.

(1) [1] Die Einstellungsverfügung und die Disziplinarverfügung sind dem höheren Dienstvorgesetzten unverzüglich zuzuleiten. [2] Hält dieser seine Befugnisse nach den Absätzen 2 und 3 nicht für ausreichend, hat er die Einstellungsverfügung oder die Disziplinarverfügung unverzüglich der obersten Dienstbehörde zuzuleiten. [3] Die oberste Dienstbehörde kann das Disziplinarverfahren an den höheren Dienstvorgesetzten zurückgeben, wenn sie weitere Ermittlungen für geboten oder seine Befugnisse für ausreichend hält.

(2) [1] Der höhere Dienstvorgesetzte oder die oberste Dienstbehörde kann ungeachtet einer Einstellung des Disziplinarverfahrens nach § 32 Abs. 1 im Rahmen ihrer Zuständigkeiten wegen desselben Sachverhalts eine Disziplinarverfügung erlassen. [2] Eine Entscheidung nach Satz 1 ist nur innerhalb von drei Monaten nach der Zustellung der Einstellungsverfügung zulässig, es sei denn, es ergeht wegen desselben Sachverhalts ein rechtskräftiges Urteil auf Grund von tatsächlichen Feststellungen, die von denjenigen tatsächlichen Feststellungen, auf denen die Entscheidung beruht, abweichen.

(3) [1] Der höhere Dienstvorgesetzte oder die oberste Dienstbehörde kann eine Disziplinarverfügung eines nachgeordneten Dienstvorgesetzten, die oberste Dienstbehörde auch eine von ihr selbst erlassene Disziplinarverfügung jederzeit aufheben. [2] Sie können im Rahmen ihrer Zuständigkeiten in der Sache neu entscheiden. [3] Eine Verschärfung der Disziplinarmaßnahme nach Art oder Höhe ist nur innerhalb von drei Monaten nach der Zustellung der Disziplinarverfügung zulässig, es sei denn, es ergeht wegen desselben Sachverhalts ein rechtskräftiges Urteil auf Grund von tatsächlichen Feststellungen, die von denjenigen tatsächlichen Feststellungen, auf denen die Entscheidung beruht, abweichen.

§ 36[2)] Wiederaufgreifen des Verfahrens. (1) [1] Ergeht nach dem Eintritt der Unanfechtbarkeit der Disziplinarverfügung in einem Straf- oder Bußgeldverfahren, das wegen desselben Sachverhalts eingeleitet worden ist, unanfechtbar eine Entscheidung, nach der gemäß § 14 die Disziplinarmaßnahme nicht zulässig wäre, ist die Disziplinarverfügung auf Antrag des Beamten von dem Dienstvorgesetzten, der sie erlassen hat, aufzuheben und das Disziplinarverfahren einzustellen. [2] Im Übrigen ist § 51 Absatz 1 und 2 des Verwaltungsverfahrensgesetzes[3)] mit der Maßgabe anzuwenden, dass der Dienstvorgesetzte, der die Disziplinarverfügung

---

[1)] § 35 Abs. 2 Satz 1 und Abs. 3 Sätze 2 und 3 geänd. mWv 1.4.2024 durch G v. 20.12.2023 (BGBl. 2023 I Nr. 389).

[2)] § 36 Überschrift neu gef., Abs. 1 Satz 2 und Abs. 3 angef. mWv 1.4.2024 durch G v. 20.12.2023 (BGBl. 2023 I Nr. 389).

[3)] Nr. **100**.

erlassen hat, über die Aufhebung oder Änderung einer unanfechtbaren Disziplinarverfügung zu entscheiden hat.

(2) [1]Die Antragsfrist beträgt drei Monate. [2]Sie beginnt mit dem Tag, an dem der Beamte von der in Absatz 1 bezeichneten Entscheidung Kenntnis erhalten hat.

(3) Wird eine unanfechtbare Disziplinarverfügung auf Antrag aufgehoben und das Disziplinarverfahren eingestellt, ist § 76 entsprechend anzuwenden.

§ 37[1)] Kostentragungspflicht. (1) [1]Dem Beamten, gegen den eine Disziplinarmaßnahme verhängt wird, können die entstandenen Auslagen auferlegt werden. [2]Bildet das Dienstvergehen, das dem Beamten zur Last gelegt wird, nur zum Teil die Grundlage für die Disziplinarverfügung oder sind durch Ermittlungen, deren Ergebnis zugunsten des Beamten ausgefallen ist, besondere Kosten entstanden, können ihm die Auslagen nur in verhältnismäßigem Umfang auferlegt werden.

(2) [1]Wird das Disziplinarverfahren eingestellt, trägt der Dienstherr die entstandenen Auslagen. [2]Erfolgt die Einstellung trotz Vorliegens eines Dienstvergehens, können die Auslagen dem Beamten auferlegt oder im Verhältnis geteilt werden.

(3) Bei einem Antrag nach § 36 gilt im Falle der Ablehnung des Antrags Absatz 1 und im Falle seiner Stattgabe Absatz 2 entsprechend.

(4) [1]Soweit der Dienstherr die entstandenen Auslagen trägt, hat er dem Beamten auch die Aufwendungen zu erstatten, die zur zweckentsprechenden Rechtsverfolgung notwendig waren. [2]Hat sich der Beamte eines Bevollmächtigten oder Beistands bedient, sind auch dessen Gebühren und Auslagen erstattungsfähig. [3]Aufwendungen, die durch das Verschulden des Beamten entstanden sind, hat dieser selbst zu tragen; das Verschulden eines Vertreters ist ihm zuzurechnen.

Kapitel 4. Vorläufige Dienstenthebung und Einbehaltung von Bezügen

§ 38[2)] Zulässigkeit. (1) [1]Die für den Erlass der Disziplinarverfügung zuständige Behörde kann einen Beamten gleichzeitig mit oder nach der Einleitung des Disziplinarverfahrens vorläufig des Dienstes entheben, wenn

1. im Disziplinarverfahren voraussichtlich die Entfernung aus dem Beamtenverhältnis oder die Aberkennung des Ruhegehalts erfolgen wird,
2. in einem wegen desselben Sachverhalts eingeleiteten Strafverfahren voraussichtlich eine Strafe verhängt wird, die den Verlust der Rechte als Beamter oder Ruhestandsbeamter zur Folge hat,
3. bei einem Beamten auf Probe oder einem Beamten auf Widerruf voraussichtlich eine Entlassung nach § 5 Absatz 3 Satz 2 dieses Gesetzes in Verbindung mit § 34 Absatz 1 Satz 1 Nummer 1 oder § 37 Absatz 1 Satz 1 des Bundesbeamtengesetzes[3)] erfolgen wird oder
4. durch sein Verbleiben im Dienst der Dienstbetrieb oder die Ermittlungen wesentlich beeinträchtigt würden und die vorläufige Dienstenthebung zu der Bedeutung der Sache und der zu erwartenden Disziplinarmaßnahme nicht außer Verhältnis steht.

[2]Spricht die Behörde die Entfernung aus dem Beamtenverhältnis oder die Entlassung aus oder wird der Beamte in einem wegen desselben Sachverhalts eingeleiteten Strafverfahren erstinstanzlich zu einer Strafe verurteilt, die den Verlust der

[1)] § 37 Abs. 5 aufgeh. mWv 1.10.2019 durch G v. 18.7.2016 (BGBl. I S. 1666).
[2)] § 38 neu gef. mWv 1.4.2024 durch G v. 20.12.2023 (BGBl. 2023 I Nr. 389).
[3)] Nr. **160**.

Rechte als Beamter zur Folge hat, so ist der Beamte vorläufig des Dienstes zu entheben, es sei denn, dass die vorläufige Dienstenthebung eine unbillige Härte für den Beamten zur Folge hätte.

(2) [1]Gleichzeitig mit oder nach einer vorläufigen Dienstenthebung nach Absatz 1 Satz 1 Nummer 1 bis 3 kann die zuständige Behörde anordnen, dass bis zu 50 Prozent der monatlichen Dienst- oder Anwärterbezüge des Beamten einbehalten werden. [2]Die Einbehaltung ist anzuordnen, wenn die vorläufige Dienstenthebung nach Absatz 1 Satz 2 erfolgt. [3]Die Einbehaltung nach Satz 2 soll in den ersten sechs Monaten mindestens 30, danach 50 Prozent der monatlichen Bezüge betragen und einen zuvor nach Satz 1 festgelegten Einbehalt nicht unterschreiten. [4]Der sich aus der Pfändungsfreigrenzenbekanntmachung nach § 850c Absatz 4 Satz 1 der Zivilprozessordnung[1)] ergebende unpfändbare Teil der monatlichen Bezüge ist jeweils zu belassen.

(3) [1]Bei einem Ruhestandsbeamten können gleichzeitig mit oder nach Einleitung eines Disziplinarverfahrens bis zu 30 Prozent seines Ruhegehalts einbehalten werden, wenn

1. im Disziplinarverfahren voraussichtlich die Aberkennung des Ruhegehalts erfolgen wird oder
2. in einem wegen desselben Sachverhalts eingeleiteten Strafverfahren voraussichtlich eine Strafe verhängt wird, die den Verlust der Rechte als Ruhestandsbeamter zur Folge hat.

[2]Die Einbehaltung ist anzuordnen, wenn die Behörde die Aberkennung des Ruhegehalts ausspricht oder der Ruhestandsbeamte in einem wegen desselben Sachverhalts eingeleiteten Strafverfahren erstinstanzlich zu einer Strafe verurteilt wird, die den Verlust der Rechte als Ruhestandsbeamter zur Folge hat. [3]Die Einbehaltung nach Satz 2 soll in den ersten sechs Monaten mindestens 20, danach 30 Prozent des monatlichen Ruhegehalts betragen und einen zuvor nach Satz 1 festgelegten Einbehalt nicht unterschreiten. [4]Absatz 2 Satz 4 gilt entsprechend.

(4) [1]Bei der Aufnahme oder der Erweiterung einer Nebentätigkeit aus Anlass der vorläufigen Einbehaltung von Bezügen ist § 99 Absatz 2 Satz 2 Nummer 1, Satz 3 und Absatz 3 des Bundesbeamtengesetzes nicht anzuwenden. [2]Einkünfte aus Nebentätigkeit, die zusammen mit den einbehaltenen Bezügen die zuletzt erhaltenen vollen Dienstbezüge übersteigen, sind auf die weiter gewährten Bezüge anzurechnen. [3]Der Beamte ist zur Auskunft über die Einnahmen aus seiner Nebentätigkeit verpflichtet.

(5) Die für den Erlass der Disziplinarverfügung zuständige Behörde kann die vorläufige Dienstenthebung, die Einbehaltung von Dienst- oder Anwärterbezügen sowie die Einbehaltung von Ruhegehalt jederzeit ganz oder teilweise aufheben.

§ 39[2)] Rechtswirkungen. (1) [1]Die vorläufige Dienstenthebung wird mit der Zustellung, die Einbehaltung von Bezügen mit dem auf die Zustellung folgenden Fälligkeitstag wirksam und vollziehbar. [2]Sie erstrecken sich auf alle Ämter, die der Beamte inne hat.

(2) Für die Dauer der vorläufigen Dienstenthebung ruhen die im Zusammenhang mit dem Amt entstandenen Ansprüche auf Aufwandsentschädigung.

[1)] **Habersack Nr. 100.**
[2)] § 39 Abs. 3 Satz 3 und Abs. 4 geänd. mWv 1.4.2024 durch G v. 20.12.2023 (BGBl. 2023 I Nr. 389).

(3) [1]Wird der Beamte vorläufig des Dienstes enthoben, während er schuldhaft dem Dienst fernbleibt, dauert der nach § 9 des Bundesbesoldungsgesetzes[1)] begründete Verlust der Bezüge fort. [2]Er endet mit dem Zeitpunkt, zu dem der Beamte seinen Dienst aufgenommen hätte, wenn er hieran nicht durch die vorläufige Dienstenthebung gehindert worden wäre. [3]Der Zeitpunkt ist von der für den Erlass der Disziplinarverfügung zuständigen Behörde festzustellen und dem Beamten mitzuteilen.

(4) Die vorläufige Dienstenthebung und die Einbehaltung von Bezügen enden mit dem unanfechtbaren Abschluss des Disziplinarverfahrens.

§ 40[2)] Verfall, Erstattung und Nachzahlung. (1) Die nach § 38 Absatz 2 und 3 einbehaltenen Bezüge verfallen, wenn

1. im Disziplinarverfahren unanfechtbar die Entfernung aus dem Beamtenverhältnis, die Aberkennung des Ruhegehalts oder eine Entlassung nach § 5 Absatz 3 Satz 2 dieses Gesetzes in Verbindung mit § 34 Absatz 1 Satz 1 Nummer 1 oder § 37 Absatz 1 Satz 1 des Bundesbeamtengesetzes[3)] erfolgt ist,
2. in einem wegen desselben Sachverhalts eingeleiteten Strafverfahren rechtskräftig eine Strafe verhängt worden ist, die den Verlust der Rechte als Beamter oder Ruhestandsbeamter zur Folge hat,
3. das Disziplinarverfahren auf Grund des § 32 Absatz 1 Nummer 3 eingestellt worden ist und ein neues Disziplinarverfahren, das innerhalb von drei Monaten nach der Einstellung wegen desselben Sachverhalts eingeleitet worden ist, zur Entfernung aus dem Beamtenverhältnis oder zur Aberkennung des Ruhegehalts geführt hat oder
4. das Disziplinarverfahren aus den Gründen des § 32 Absatz 2 eingestellt worden ist und die für den Erlass der Disziplinarverfügung zuständige Behörde festgestellt hat, dass die Entfernung aus dem Beamtenverhältnis oder die Aberkennung des Ruhegehalts gerechtfertigt gewesen wäre.

(2) [1]Verfallen die einbehaltenen Bezüge nach Absatz 1 Nummer 1 und ist die Gewährung eines Unterhaltsbeitrags nach § 10 Absatz 3 Satz 4 Nummer 1 oder Nummer 2 ausgeschlossen, so hat der Beamte oder der Ruhestandsbeamte die seit der Zustellung der Disziplinarverfügung an ihn gezahlten Bezüge zu erstatten. [2]Verfallen die einbehaltenen Bezüge nach Absatz 1 Nummer 2 und wurde in sämtlichen in dem Verfahren ergangenen Entscheidungen eine Strafe verhängt, die den Verlust der Rechte als Beamter oder Ruhestandsbeamter nach § 41 Absatz 1 Satz 1 Nummer 2 des Bundesbeamtengesetzes oder nach § 59 Absatz 1 Satz 1 Nummer 1 oder Nummer 2 Buchstabe b des Beamtenversorgungsgesetzes[4)] zur Folge hat, so hat der Beamte oder der Ruhestandsbeamte die seit der Verkündung des erstinstanzlichen Urteils an ihn gezahlten Bezüge zu erstatten. [3]Die Erstattungspflicht nach Satz 1 oder Satz 2 besteht nur, soweit die gezahlten Beträge den sich aus § 38 Absatz 2 Satz 4 ergebenden Betrag übersteigen. [4]Sie entfällt, wenn *eine Unterhaltsleistung nach* § 80 gewährt wird.

(3) [1]Wird das Disziplinarverfahren auf andere Weise als in den Fällen des Absatzes 1 unanfechtbar abgeschlossen, sind die nach § 38 Absatz 2 und 3 einbehaltenen Bezüge nachzuzahlen. [2]Auf die nachzuzahlenden Dienstbezüge können Einkünfte aus genehmigungspflichtigen Nebentätigkeiten (§ 99 des Bundes-

---

[1)] Nr. **230**.
[2)] § 40 neu gef. mWv 1.4.2024 durch G v. 20.12.2023 (BGBl. 2023 I Nr. 389).
[3)] Nr. **160**.
[4)] Nr. **155**.

beamtengesetzes) angerechnet werden, die der Beamte aus Anlass der vorläufigen Dienstenthebung ausgeübt hat, wenn eine Disziplinarmaßnahme verhängt worden ist oder die für den Erlass der Disziplinarverfügung zuständige Behörde feststellt, dass ein Dienstvergehen erwiesen ist. [3] Der Beamte ist verpflichtet, über die Höhe solcher Einkünfte Auskunft zu geben.

Kapitel 5. Widerspruchsverfahren

§ 41 Erforderlichkeit, Form und Frist des Widerspruchs. (1) [1] Vor der Erhebung der Klage des Beamten ist ein Widerspruchsverfahren durchzuführen. [2] Ein Widerspruchsverfahren findet nicht statt, wenn die angefochtene Entscheidung durch die oberste Dienstbehörde erlassen worden ist.

(2) Für die Form und die Frist des Widerspruchs gilt § 70 der Verwaltungsgerichtsordnung[1)].

§ 42 Widerspruchsbescheid. (1) [1] Der Widerspruchsbescheid wird durch die oberste Dienstbehörde, bei Ruhestandsbeamten durch den nach § 84 zuständigen Dienstvorgesetzten erlassen. [2] Die oberste Dienstbehörde kann ihre Zuständigkeit nach Satz 1 durch allgemeine Anordnung ganz oder teilweise auf nachgeordnete Behörden übertragen; die Anordnung ist im Bundesgesetzblatt zu veröffentlichen.

(2) [1] In dem Widerspruchsbescheid darf die angefochtene Entscheidung nicht zum Nachteil des Beamten abgeändert werden. [2] Die Befugnis, eine abweichende Entscheidung nach § 35 Abs. 3 zu treffen, bleibt unberührt.

§ 43[2)] Grenzen der erneuten Ausübung der Disziplinarbefugnisse. [1] Der Widerspruchsbescheid ist der obersten Dienstbehörde unverzüglich zuzuleiten. [2] Diese kann den Widerspruchsbescheid, durch den über eine Disziplinarverfügung entschieden worden ist, jederzeit aufheben. [3] Sie kann in der Sache neu entscheiden. [4] Eine Verschärfung der Disziplinarmaßnahme nach Art oder Höhe ist nur innerhalb von drei Monaten nach der Zustellung des Widerspruchsbescheids zulässig, es sei denn, es ergeht wegen desselben Sachverhalts ein rechtskräftiges Urteil auf Grund von tatsächlichen Feststellungen, die von denjenigen tatsächlichen Feststellungen, auf denen die Entscheidung beruht, abweichen.

§ 44[3)] Kostentragungspflicht. (1) [1] Im Widerspruchsverfahren trägt der unterliegende Teil die entstandenen Auslagen. [2] Hat der Widerspruch teilweise Erfolg, sind die Auslagen im Verhältnis zu teilen. [3] Wird eine Disziplinarverfügung trotz des Vorliegens eines Dienstvergehens aufgehoben, können die Auslagen ganz oder teilweise dem Beamten auferlegt werden.

(2) Nimmt der Beamte den Widerspruch zurück, trägt er die entstandenen Auslagen.

(3) Erledigt sich das Widerspruchsverfahren in der Hauptsache auf andere Weise, ist über die entstandenen Auslagen nach billigem Ermessen zu entscheiden.

(4) § 37 Abs. 4 gilt entsprechend.

---

1) Nr. **600**.
2) § 43 Sätze 3 und 4 geänd. mWv 1.4.2024 durch G v. 20.12.2023 (BGBl. 2023 I Nr. 389).
3) § 44 Abs. 4 geänd. mWv 1.10.2019 durch G v. 18.7.2016 (BGBl. I S. 1666).

Teil 4. Gerichtliches Verfahren[1)]

Kapitel 1. Disziplinargerichtsbarkeit

§ 45 Zuständigkeit der Verwaltungsgerichtsbarkeit. [1]Die Aufgaben der Disziplinargerichtsbarkeit nach diesem Gesetz nehmen die Gerichte der Verwaltungsgerichtsbarkeit wahr. [2]Hierzu werden bei den Verwaltungsgerichten Kammern und bei den Oberverwaltungsgerichten Senate für Disziplinarsachen gebildet. [3]Die Landesgesetzgebung kann die Zuweisung der in Satz 1 genannten Aufgaben an ein Gericht für die Bezirke mehrerer Gerichte anordnen. [4]Soweit nach Landesrecht für Verfahren nach dem Landesdisziplinargesetz ein Gericht für die Bezirke mehrerer Gerichte zuständig ist, ist dieses Gericht, wenn nichts anderes bestimmt wird, auch für die in Satz 1 genannten Aufgaben zuständig. [5]§ 50 Abs. 1 Nr. 4 der Verwaltungsgerichtsordnung[2)] bleibt unberührt.

§ 46[3)] Kammer für Disziplinarsachen. (1) [1]Die Kammer für Disziplinarsachen entscheidet in der Besetzung von drei Richtern und zwei Beamtenbeisitzern als ehrenamtlichen Richtern, wenn nicht ein Einzelrichter entscheidet. [2]An Beschlüssen außerhalb der mündlichen Verhandlung und an Gerichtsbescheiden wirken die Beamtenbeisitzer nicht mit. [3]Einer der Beamtenbeisitzer soll dem Verwaltungszweig und der Laufbahngruppe des Beamten angehören, gegen den sich das Disziplinarverfahren richtet.

(2) [1]Für die Übertragung des Rechtsstreits auf den Einzelrichter gilt § 6 der Verwaltungsgerichtsordnung[2)]. [2]In dem Verfahren der Klage gegen eine Disziplinarverfügung, durch die eine Zurückstufung, eine Entfernung aus dem Beamtenverhältnis oder eine Aberkennung des Ruhegehalts ausgesprochen wurde, ist eine Übertragung auf den Einzelrichter ausgeschlossen.

(3) [1]Der Vorsitzende der Kammer für Disziplinarsachen entscheidet, wenn die Entscheidung im vorbereitenden Verfahren ergeht,

1. bei Zurücknahme der Klage, des Antrags oder eines Rechtsmittels,
2. bei Erledigung des gerichtlichen Disziplinarverfahrens in der Hauptsache und
3. über die Kosten.

[2]Ist ein Berichterstatter bestellt, entscheidet er anstelle des Vorsitzenden.

(4) [1]Die Landesgesetzgebung kann die Besetzung der Kammer für Disziplinarsachen abweichend von den Absätzen 1 bis 3 regeln. [2]Soweit nach Landesrecht für die Verfahren nach dem Landesdisziplinargesetz eine andere Besetzung der Kammer für Disziplinarsachen vorgesehen ist, gilt diese Besetzung, wenn nichts anderes bestimmt wird, auch für die gerichtlichen Verfahren nach diesem Gesetz. [3]Soweit nach Landesrecht Regelungen zur Besetzung der Kammer für Disziplinarsachen im Verfahren der Disziplinarklage getroffen werden, gelten diese Regelungen auch für die in Absatz 2 Satz 2 genannten Verfahren.

§ 47[4)] Beamtenbeisitzer. (1) [1]Die Beamtenbeisitzer müssen auf Lebenszeit ernannte Beamte im Bundesdienst sein und bei ihrer Auswahl oder Bestellung ihren

---

[1)] Teil 4 Überschrift geänd. mWv 1.4.2024 durch G v. 20.12.2023 (BGBl. 2023 I Nr. 389).

[2)] Nr. **600**.

[3)] § 46 Abs. 2 Satz 2 geänd , Abs. 4 Satz 3 angef. mWv 1.4.2024 durch G v. 20.12.2023 (BGBl. 2023 I Nr. 389).

[4)] § 47 Abs. 1 Satz 1 und Abs. 3 geänd., Abs. 2 neu gef. mWv 12.2.2009 durch G v. 5.2.2009 (BGBl. I S. 160).

dienstlichen Wohnsitz (§ 15 des Bundesbesoldungsgesetzes[1]) im Bezirk des zuständigen Verwaltungsgerichts haben. [2] Ist einem Verwaltungsgericht die Zuständigkeit für die Bezirke mehrerer Verwaltungsgerichte übertragen, müssen die Beamtenbeisitzer ihren dienstlichen Wohnsitz in einem dieser Bezirke haben.

(2) Die §§ 20 bis 29 und 34 der Verwaltungsgerichtsordnung[2] sind vorbehaltlich des § 50 Abs. 3 auf die Beamtenbeisitzer nicht anzuwenden.

(3) Das Verfahren zur Auswahl oder Bestellung der Beamtenbeisitzer bestimmt sich nach Landesrecht.

§ 48[3] Ausschluss von der Ausübung des Richteramts. (1) Ein Richter oder Beamtenbeisitzer ist von der Ausübung des Richteramts kraft Gesetzes ausgeschlossen, wenn er

1. durch das Dienstvergehen verletzt ist,
2. Ehegatte, Lebenspartner oder gesetzlicher Vertreter des Beamten oder des Verletzten ist oder war,
3. mit dem Beamten oder dem Verletzten in gerader Linie verwandt oder verschwägert oder in der Seitenlinie bis zum dritten Grad verwandt oder bis zum zweiten Grad verschwägert ist oder war,
4. in dem Disziplinarverfahren gegen den Beamten tätig war oder als Zeuge gehört wurde oder als Sachverständiger ein Gutachten erstattet hat,
5. in einem wegen desselben Sachverhalts eingeleiteten Straf- oder Bußgeldverfahren gegen den Beamten beteiligt war,
6. Dienstvorgesetzter des Beamten ist oder war oder bei einem Dienstvorgesetzten des Beamten mit der Bearbeitung von Personalangelegenheiten des Beamten befasst ist oder
7. als Mitglied einer Personalvertretung in dem Disziplinarverfahren gegen den Beamten mitgewirkt hat.

(2) Ein Beamtenbeisitzer ist auch ausgeschlossen, wenn er der Dienststelle des Beamten angehört.

§ 49[4] Nichtheranziehung eines Beamtenbeisitzers. Ein Beamtenbeisitzer, gegen den eine Disziplinarmaßnahme nach § 9 oder § 10 ausgesprochen oder gegen den wegen einer vorsätzlich begangenen Straftat die öffentliche Klage erhoben oder der Erlass eines Strafbefehls beantragt oder dem die Führung seiner Dienstgeschäfte verboten worden ist, darf während dieser Verfahren oder für die Dauer des Verbots zur Ausübung seines Amts nicht herangezogen werden.

§ 50[5] Entbindung vom Amt des Beamtenbeisitzers. (1) Der Beamtenbeisitzer ist von seinem Amt zu entbinden, wenn

1. er im Strafverfahren rechtskräftig zu einer Freiheitsstrafe verurteilt worden ist,
2. im Disziplinarverfahren gegen ihn unanfechtbar eine Disziplinarmaßnahme mit Ausnahme eines Verweises ausgesprochen worden ist,

---

[1] Nr. **230**.
[2] *Nr.* ***600***.
[3] § 48 Abs. 1 Nr. 2 geänd. mWv 1.1.2005 durch G v. 15.12.2004 (BGBl. I S. 3396).
[4] § 49 geänd. mWv 1.4.2024 durch G v. 20.12.2023 (BGBl. 2023 I Nr. 389).
[5] § 50 Abs. 1 Nr. 3 und 4 geänd., Nr. 5 und Abs. 3 angef. mWv 12.2.2009 durch G v. 5.2.2009 (BGBl. I S. 160).

3. er in ein Amt außerhalb der Bezirke, für die das Gericht zuständig ist, versetzt wird,
4. das Beamtenverhältnis endet oder
5. die Voraussetzungen für das Amt des Beamtenbeisitzers nach § 47 Abs. 1 bei ihrer Auswahl oder Bestellung nicht vorlagen.

(2) In besonderen Härtefällen kann der Beamtenbeisitzer auch auf Antrag von der weiteren Ausübung des Amts entbunden werden.

(3) Für die Entscheidung gilt § 24 Abs. 3 der Verwaltungsgerichtsordnung[1)] entsprechend.

§ 51 Senate für Disziplinarsachen. (1) Für den Senat für Disziplinarsachen des Oberverwaltungsgerichts gelten § 46 Abs. 1 und 3 sowie die §§ 47 bis 50 entsprechend.

(2) Für das Bundesverwaltungsgericht gilt § 48 Abs. 1 entsprechend.

Kapitel 2. Verfahren vor dem Verwaltungsgericht[2)]

Abschnitt 1. Klageverfahren

§ 52[3)] Klageerhebung, Form und Frist der Klage. [1] Für die Form und Frist der Klagen gelten die §§ 74, 75 und 81 der Verwaltungsgerichtsordnung[1)]. [2] Abweichend von § 75 Satz 2 der Verwaltungsgerichtsordnung kann die Klage nach Ablauf von sechs Wochen seit der Einlegung des Widerspruchs erhoben werden. [3] Der Lauf der Frist des § 75 Satz 2 der Verwaltungsgerichtsordnung ist gehemmt, solange das Disziplinarverfahren nach § 22 ausgesetzt ist.

§§ 53–55[4)] *(aufgehoben)*

§ 56 Beschränkung des Disziplinarverfahrens. [1] Das Gericht kann das Disziplinarverfahren beschränken, indem es solche Handlungen ausscheidet, die für die Art und Höhe der zu erwartenden Disziplinarmaßnahme nicht oder voraussichtlich nicht ins Gewicht fallen. [2] Die ausgeschiedenen Handlungen können nicht wieder in das Disziplinarverfahren einbezogen werden, es sei denn, die Voraussetzungen für die Beschränkung entfallen nachträglich. [3] Werden die ausgeschiedenen Handlungen nicht wieder einbezogen, können sie nach dem unanfechtbaren Abschluss des Disziplinarverfahrens nicht Gegenstand eines neuen Disziplinarverfahrens sein.

§ 57[5)] Bindung an tatsächliche Feststellungen aus anderen Verfahren.

(1) [1] Die tatsächlichen Feststellungen eines rechtskräftigen Urteils im Straf- oder Bußgeldverfahren oder im verwaltungsgerichtlichen Verfahren, durch das nach § 9 des Bundesbesoldungsgesetzes[6)] über den Verlust der Besoldung bei schuldhaftem Fernbleiben vom Dienst entschieden worden ist, sind im Disziplinarverfahren, das denselben Sachverhalt zum Gegenstand hat, für das Gericht bindend. [2] Es hat

---

1) Nr. **600**.
2) Teil 4 Kapitel 2 Überschrift geänd. mWv 1.4.2024 durch G v. 20.12.2023 (BGBl. 2023 I Nr. 389).
3) § 52 Abs. 1 aufgeh., Satz 1 geänd., Satz 2 eingef., bish. Satz 2 wird Satz 3 mWv 1.4.2024 durch G v. 20.12.2023 (BGBl. 2023 I Nr. 389).
4) §§ 53–55 aufgeh. mWv 1.4.2024 durch G v. 20.12.2023 (BGBl. 2023 I Nr. 389).
5) § 57 Abs. 1 Satz 1 geänd. durch G v. 13.12.2001 (BGBl. I S. 3574).
6) Nr. **230**.

jedoch die erneute Prüfung solcher Feststellungen zu beschließen, die offenkundig unrichtig sind.

(2) Die in einem anderen gesetzlich geordneten Verfahren getroffenen tatsächlichen Feststellungen sind nicht bindend, können aber der Entscheidung ohne erneute Prüfung zugrunde gelegt werden.

§ 58[1)] Beweisaufnahme. (1) Das Gericht erhebt die erforderlichen Beweise.

(2) Die Bestimmungen der Strafprozessordnung[2)] über die Pflicht, als Zeuge auszusagen oder als Sachverständiger ein Gutachten zu erstatten, über die Ablehnung von Sachverständigen sowie über die Vernehmung von Angehörigen des öffentlichen Dienstes als Zeugen und Sachverständige gelten entsprechend.

§ 59[3)] *(aufgehoben)*

§ 60[4)] Mündliche Verhandlung, Entscheidung durch Urteil. (1) [1] Das Gericht entscheidet über die Klage, wenn das Verfahren nicht auf andere Weise abgeschlossen wird, auf Grund mündlicher Verhandlung durch Urteil. [2] § 106 der Verwaltungsgerichtsordnung[5)] wird nicht angewandt.

(2) [1] Soweit die Disziplinarverfügung rechtswidrig und der Kläger dadurch in seinen Rechten verletzt ist, hebt das Gericht die Disziplinarverfügung und den etwaigen Widerspruchsbescheid auf. [2] Ist ein Dienstvergehen erwiesen, kann das Gericht die Disziplinarverfügung unter Anwendung der Vorschriften über die Bemessung der Disziplinarmaßnahmen auch aufrechterhalten oder zu Gunsten des Klägers ändern, wenn mit der gerichtlichen Entscheidung die Rechtsverletzung beseitigt wird. [3] Im Übrigen bleibt § 113 der Verwaltungsgerichtsordnung unberührt.

§ 61[6)] Grenzen der erneuten Ausübung der Disziplinarbefugnisse. [1] Hat das Gericht unanfechtbar über die Klage gegen eine Disziplinarverfügung entschieden, ist hinsichtlich der dieser Entscheidung zugrunde liegenden Handlungen eine erneute Ausübung der Disziplinarbefugnisse nur wegen solcher erheblicher Tatsachen und Beweismittel zulässig, die keinen Eingang in das gerichtliche Verfahren gefunden haben. [2] Eine Verschärfung der Disziplinarmaßnahme nach Art oder Höhe ist nur innerhalb von drei Monaten nach der Zustellung des Urteils zulässig, es sei denn, es ergeht wegen desselben Sachverhalts ein rechtskräftiges Urteil auf Grund von tatsächlichen Feststellungen, die von denjenigen tatsächlichen Feststellungen, auf denen die Entscheidung beruht, abweichen.

Abschnitt 2. Besondere Verfahren

§ 62[7)] Antrag auf gerichtliche Fristsetzung. (1) [1] Ist ein behördliches Disziplinarverfahren nicht innerhalb von sechs Monaten seit der Einleitung durch Ein-

---

[1)] § 58 Abs. 2 aufgeh., bish. Abs. 3 wird Abs. 2 mWv 1.4.2024 durch G v. 20.12.2023 (BGBl. 2023 I Nr. 389).

[2)] **Habersack Nr. 90.**

[3)] § 59 aufgeh. mWv 1.4.2024 durch G v. 20.12.2023 (BGBl. 2023 I Nr. 389).

[4)] § 60 Abs. 1 Satz 1 geänd., Abs. 2 aufgeh., bish. Abs. 3 wird Abs. 2 und neu gef. mWv 1.4.2024 durch G v. 20.12.2023 (BGBl. 2023 I Nr. 389).

[5)] *Nr.* ***600.***

[6)] § 61 Abs. 1 aufgeh., Sätze 1 und 2 geänd. mWv 1.4.2024 durch G v. 20.12.2023 (BGBl. 2023 I Nr. 389).

[7)] § 62 Abs. 1 Satz 1 geänd., Abs. 2 Satz 3 neu gef., Sätze 4–6 angef. mWv 1.4.2024 durch G v. 20.12.2023 (BGBl. 2023 I Nr. 389).

stellung oder durch Erlass einer Disziplinarverfügung abgeschlossen worden, kann der Beamte bei dem Gericht die gerichtliche Bestimmung einer Frist zum Abschluss des Disziplinarverfahrens beantragen. 2 Die Frist des Satzes 1 ist gehemmt, solange das Disziplinarverfahren nach § 22 ausgesetzt ist.

(2) 1 Liegt ein zureichender Grund für den fehlenden Abschluss des behördlichen Disziplinarverfahrens innerhalb von sechs Monaten nicht vor, bestimmt das Gericht eine Frist, in der es abzuschließen ist. 2 Anderenfalls lehnt es den Antrag ab. 3 Die Frist kann auf Antrag des Dienstherrn verlängert werden, wenn dieser die Frist aus Gründen, die er nicht zu vertreten hat, voraussichtlich nicht einhalten kann. 4 Der Antrag ist vor Ablauf der Frist zu stellen. 5 Die Fristsetzung und ihre Verlängerung erfolgen durch Beschluss. 6 Der Beschluss ist unanfechtbar.

(3) Wird das behördliche Disziplinarverfahren innerhalb der nach Absatz 2 bestimmten Frist nicht abgeschlossen, ist es durch Beschluss des Gerichts einzustellen.

(4) Der rechtskräftige Beschluss nach Absatz 3 steht einem rechtskräftigen Urteil gleich.

§ 63 Antrag auf Aussetzung der vorläufigen Dienstenthebung und der Einbehaltung von Bezügen. (1) 1 Der Beamte kann die Aussetzung der vorläufigen Dienstenthebung und der Einbehaltung von Dienst- oder Anwärterbezügen beim Gericht beantragen; Gleiches gilt für den Ruhestandsbeamten bezüglich der Einbehaltung von Ruhegehalt. 2 Der Antrag ist bei dem Oberverwaltungsgericht zu stellen, wenn bei ihm in derselben Sache ein Disziplinarverfahren anhängig ist.

(2) Die vorläufige Dienstenthebung und die Einbehaltung von Bezügen sind auszusetzen, wenn ernstliche Zweifel an ihrer Rechtmäßigkeit bestehen.

(3) Für die Änderung oder Aufhebung von Beschlüssen über Anträge nach Absatz 1 gilt § 80 Abs. 7 der Verwaltungsgerichtsordnung[1] entsprechend.

Kapitel 3. Verfahren vor dem Oberverwaltungsgericht[2]

Abschnitt 1. Berufung

§ 64[3] Statthaftigkeit, Form und Frist der Berufung. 1 Gegen das Urteil des Verwaltungsgerichts steht den Beteiligten die Berufung zu, wenn sie von dem Verwaltungsgericht oder dem Oberverwaltungsgericht zugelassen wird. 2 Die §§ 124 und 124a der Verwaltungsgerichtsordnung[1] sind anzuwenden.

§ 65[4] Berufungsverfahren. (1) Für das Berufungsverfahren gelten die Bestimmungen über das Disziplinarverfahren vor dem Verwaltungsgericht entsprechend, soweit sich aus diesem Gesetz nichts anderes ergibt.

(2) Die durch das Verwaltungsgericht erhobenen Beweise können der Entscheidung ohne erneute Beweisaufnahme zugrunde gelegt werden.

§ 66 Mündliche Verhandlung, Entscheidung durch Urteil. 1 Das Oberverwaltungsgericht entscheidet über die Berufung, wenn das Disziplinarverfahren

---

[1] Nr. **600**.

[2] Teil 4 Kapitel 3 Überschrift geänd. mWv 1.4.2024 durch G v. 20.12.2023 (BGBl. 2023 I Nr. 389).

[3] § 64 Abs. 2 Satz 1 geänd., Satz 2 neu gef. mWv 12.2.2009 durch G v. 5.2.2009 (BGBl. I S. 160); Abs. 1 aufgeh., Satz 1 neu gef. mWv 1.4.2024 durch G v. 20.12.2023 (BGBl. 2023 I Nr. 389).

[4] § 65 Abs. 1 Satz 2 und Abs. 2 und 3 aufgeh., bish. Abs. 4 wird Abs. 2 mWv 1.4.2024 durch G v. 20.12.2023 (BGBl. 2023 I Nr. 389).

nicht auf andere Weise abgeschlossen wird, auf Grund mündlicher Verhandlung durch Urteil. ² § 106 der Verwaltungsgerichtsordnung[1)] wird nicht angewandt.

Abschnitt 2. Beschwerde

§ 67[2)] Statthaftigkeit, Form und Frist der Beschwerde. (1) Für die Statthaftigkeit, Form und Frist der Beschwerde gelten die §§ 146 und 147 der Verwaltungsgerichtsordnung[1)].

(2) Für das Beschwerdeverfahren gegen Beschlüsse des Verwaltungsgerichts über eine Aussetzung nach § 63 gilt § 146 Abs. 4 der Verwaltungsgerichtsordnung entsprechend.

§ 68 Entscheidung des Oberverwaltungsgerichts. Das Oberverwaltungsgericht entscheidet über die Beschwerde durch Beschluss.

Kapitel 4. Verfahren vor dem Bundesverwaltungsgericht[3)]

§ 69[4)] Form, Frist und Zulassung der Revision. Für die Zulassung der Revision, für die Form und Frist der Einlegung der Revision und der Einlegung der Beschwerde gegen ihre Nichtzulassung sowie für die Revisionsgründe gelten die §§ 132, 133, 137 bis 139 der Verwaltungsgerichtsordnung[1)].

§ 70 Revisionsverfahren, Entscheidung über die Revision. (1) Für das Revisionsverfahren gelten die Bestimmungen über das Disziplinarverfahren vor dem Oberverwaltungsgericht entsprechend.

(2) Für die Entscheidung über die Revision gelten die §§ 143 und 144 der Verwaltungsgerichtsordnung[1)].

Kapitel 5. Wiederaufnahme des gerichtlichen Verfahrens[5)]

§ 71[6)] Wiederaufnahmegründe. (1) Die Wiederaufnahme des durch rechtskräftiges Urteil abgeschlossenen Disziplinarverfahrens ist zulässig, wenn

1. in dem Urteil eine Disziplinarmaßnahme ausgesprochen worden ist, die nach Art oder Höhe im Gesetz nicht vorgesehen ist,
2. Tatsachen oder Beweismittel beigebracht werden, die erheblich und neu sind,
3. das Urteil auf dem Inhalt einer unechten oder verfälschten Urkunde oder auf einem vorsätzlich oder fahrlässig falsch abgegebenen Zeugnis oder Gutachten beruht,
4. ein Urteil, auf dessen tatsächlichen Feststellungen das Urteil im Disziplinarverfahren beruht, durch ein anderes rechtskräftiges Urteil aufgehoben worden ist,
5. an dem Urteil ein Richter oder Beamtenbeisitzer mitgewirkt hat, der sich in dieser Sache der strafbaren Verletzung einer Amtspflicht schuldig gemacht hat,
6. an dem Urteil ein Richter oder Beamtenbeisitzer mitgewirkt hat, der von der Ausübung des Richteramts kraft Gesetzes ausgeschlossen war, es sei denn, dass

---

[1)] Nr. **600**.

[2)] § 67 Abs. 3 neu gef. mWv 12.2.2009 durch G v. 5.2.2009 (BGBl. I S. 160); Abs. 2 aufgeh., bish. Abs. 3 wird Abs. 2 mWv 1.4.2024 durch G v. 20.12.2023 (BGBl. 2023 I Nr. 389).

[3)] *Teil 4 Kapitel 4 Überschrift* geänd. mWv 1.4.2024 durch G v. 20.12.2023 (BGBl. 2023 I Nr. 389).

[4)] § 69 geänd. mWv 12.2.2009 durch G v. 5.2.2009 (BGBl. I S. 160).

[5)] Teil 4 Kapitel 5 Überschrift geänd. mWv 1.4.2024 durch G v. 20.12.2023 (BGBl. 2023 I Nr. 389).

[6)] § 71 Abs. 1 einl. Satzteil geänd. mWv 12.2.2009 durch G v. 5.2.2009 (BGBl. I S. 160); Abs. 1 Nr. 6 und 7 geänd., Nr. 8 aufgeh. mWv 1.4.2024 durch G v. 20.12.2023 (BGBl. 2023 I Nr. 389).

die Gründe für den gesetzlichen Ausschluss bereits erfolglos geltend gemacht worden waren, oder

7. der Beamte nachträglich glaubhaft ein Dienstvergehen eingesteht, das in dem Disziplinarverfahren nicht hat festgestellt werden können.

(2) [1] Erheblich im Sinne des Absatzes 1 Nr. 2 sind Tatsachen und Beweismittel, wenn sie allein oder in Verbindung mit den früher getroffenen Feststellungen geeignet sind, eine andere Entscheidung zu begründen, die Ziel der Wiederaufnahme des Disziplinarverfahrens sein kann. [2] Neu im Sinne des Absatzes 1 Nr. 2 sind Tatsachen und Beweismittel, die dem Gericht bei seiner Entscheidung nicht bekannt gewesen sind. [3] Ergeht nach Eintritt der Rechtskraft des Urteils im Disziplinarverfahren in einem wegen desselben Sachverhalts eingeleiteten Straf- oder Bußgeldverfahren ein rechtskräftiges Urteil auf Grund von tatsächlichen Feststellungen, die von denjenigen tatsächlichen Feststellungen des Urteils im Disziplinarverfahren abweichen, auf denen es beruht, gelten die abweichenden Feststellungen des Urteils im Straf- oder Bußgeldverfahren als neue Tatsachen im Sinne des Absatzes 1 Nr. 2.

(3) In den Fällen des Absatzes 1 Nr. 3 und 5 ist die Wiederaufnahme des Disziplinarverfahrens nur zulässig, wenn wegen der behaupteten Handlung eine rechtskräftige strafgerichtliche Verurteilung erfolgt ist oder wenn ein strafgerichtliches Verfahren aus anderen Gründen als wegen Mangels an Beweisen nicht eingeleitet oder nicht durchgeführt werden kann.

§ 72 Unzulässigkeit der Wiederaufnahme. (1) Die Wiederaufnahme des durch rechtskräftiges Urteil abgeschlossenen Disziplinarverfahrens ist unzulässig, wenn nach dem Eintritt der Rechtskraft

1. ein Urteil im Straf- oder Bußgeldverfahren ergangen ist, das sich auf denselben Sachverhalt gründet und diesen ebenso würdigt, solange dieses Urteil nicht rechtskräftig aufgehoben worden ist, oder
2. ein Urteil im Strafverfahren ergangen ist, durch das der Verurteilte sein Amt oder seinen Anspruch auf Ruhegehalt verloren hat oder ihn verloren hätte, wenn er noch im Dienst gewesen wäre oder Ruhegehalt bezogen hätte.

(2) Die Wiederaufnahme des Disziplinarverfahrens zuungunsten des Beamten ist außerdem unzulässig, wenn seit dem Eintritt der Rechtskraft des Urteils drei Jahre vergangen sind.

§ 73[1)] Frist, Verfahren. (1) [1] Der Antrag auf Wiederaufnahme des Disziplinarverfahrens muss bei dem Gericht, dessen Entscheidung angefochten wird, binnen drei Monaten schriftlich oder zur Niederschrift des Urkundsbeamten der Geschäftsstelle eingereicht werden. [2] Die Frist beginnt mit dem Tag, an dem der Antragsberechtigte von dem Grund für die Wiederaufnahme Kenntnis erhalten hat. [3] In dem Antrag ist das angefochtene Urteil zu bezeichnen und anzugeben, inwieweit es angefochten wird und welche Änderungen beantragt werden; die Anträge sind unter Bezeichnung der Beweismittel zu begründen.

(2) Für das weitere Verfahren gelten die Bestimmungen über das gerichtliche Verfahren entsprechend, soweit sich aus diesem Gesetz nichts anderes ergibt.

[1)] § 73 Abs. 2 geänd. mWv 1.4.2024 durch G v. 20.12.2023 (BGBl. 2023 I Nr. 389).

§ 74[1] Entscheidung durch Beschluss. (1) Das Gericht kann den Antrag, auch nach der Eröffnung der mündlichen Verhandlung, durch Beschluss verwerfen, wenn es die gesetzlichen Voraussetzungen für seine Zulassung nicht für gegeben oder ihn für offensichtlich unbegründet hält.

(2) [1] Das Gericht kann vor der Eröffnung der mündlichen Verhandlung mit Zustimmung der zuständigen Behörde durch Beschluss das angefochtene Urteil und die Disziplinarverfügung aufheben. [2] Der Beschluss ist unanfechtbar.

(3) Der rechtskräftige Beschluss nach Absatz 1 sowie der Beschluss nach Absatz 2 stehen einem rechtskräftigen Urteil gleich.

§ 75 Mündliche Verhandlung, Entscheidung des Gerichts. (1) Das Gericht entscheidet, wenn das Wiederaufnahmeverfahren nicht auf andere Weise abgeschlossen wird, auf Grund mündlicher Verhandlung durch Urteil.

(2) Gegen das Urteil des Verwaltungsgerichts und des Oberverwaltungsgerichts kann das in dem jeweiligen Verfahren statthafte Rechtsmittel eingelegt werden.

§ 76[2] Rechtswirkungen, Entschädigung. (1) [1] Wird in einem Wiederaufnahmeverfahren das angefochtene Urteil zugunsten des Beamten aufgehoben, erhält dieser von dem Eintritt der Rechtskraft des aufgehobenen Urteils an die Rechtsstellung, die er erhalten hätte, wenn das aufgehobene Urteil der Entscheidung entsprochen hätte, die im Wiederaufnahmeverfahren ergangen ist. [2] Wurde in dem aufgehobenen Urteil die Entfernung aus dem Beamtenverhältnis oder die Aberkennung des Ruhegehalts bestätigt, gilt § 42 des Bundesbeamtengesetzes[3] entsprechend.

(2) [1] Der Beamte und die Personen, denen er kraft Gesetzes unterhaltspflichtig ist, können im Falle des Absatzes 1 neben den hiernach nachträglich zu gewährenden Bezügen in entsprechender Anwendung des Gesetzes über die Entschädigung für Strafverfolgungsmaßnahmen[4] vom 8. März 1971 (BGBl. I S. 157) in der jeweils geltenden Fassung Ersatz des sonstigen Schadens vom Dienstherrn verlangen. [2] Der Anspruch ist innerhalb von drei Monaten nach dem rechtskräftigen Abschluss des Wiederaufnahmeverfahrens bei der für den Erlass der Disziplinarverfügung zuständigen Behörde geltend zu machen.

Kapitel 6.[5] Kosten

§ 77[6] Kostentragung und erstattungsfähige Kosten. (1) Für die Kostentragungspflicht der Beteiligten und die Erstattungsfähigkeit von Kosten gelten die Bestimmungen der Verwaltungsgerichtsordnung[7] entsprechend, sofern sich aus den nachfolgenden Vorschriften nichts anderes ergibt.

(2) Wird eine Disziplinarverfügung trotz Vorliegens eines Dienstvergehens aufgehoben, können die Kosten ganz oder teilweise dem Beamten auferlegt werden.

---

[1] § 74 Abs. 2 Satz 1 geänd. mWv 1.4.2024 durch G v. 20.12.2023 (BGBl. 2023 I Nr. 389).

[2] § 76 Abs. 1 Satz 2 geänd. mWv 12.2.2009 durch G v. 5.2.2009 (BGBl. I S. 160); Abs. 1 Satz 2 und Abs. 2 Satz 2 geänd. mWv 1.4.2024 durch G v. 20.12.2023 (BGBl. 2023 I Nr. 389).

[3] *Nr. 160.*

[4] **Habersack ErgBd. Nr. 93.**

[5] Überschr. Teil 4 Kap. 6 neu gef. mWv 12.2.2009 durch G v. 5.2.2009 (BGBl. I S. 160).

[6] § 77 neu gef. mWv 12.2.2009 durch G v. 5.2.2009 (BGBl. I S. 160).

[7] Nr. **600**.

(3) In Verfahren über den Antrag auf gerichtliche Fristsetzung (§ 62) hat das Gericht zugleich mit der Entscheidung über den Fristsetzungsantrag über die Kosten des Verfahrens zu befinden.

(4) Kosten im Sinne dieser Vorschrift sind auch die Kosten des behördlichen Disziplinarverfahrens.

§ 78[1)] Gerichtskosten. [1]In gerichtlichen Disziplinarverfahren werden Gebühren nach dem Gebührenverzeichnis der Anlage zu diesem Gesetz erhoben. [2]Im Übrigen sind die für Kosten in Verfahren vor den Gerichten der Verwaltungsgerichtsbarkeit geltenden Vorschriften des Gerichtskostengesetzes[2)] entsprechend anzuwenden.

Teil 5. Unterhaltsbeitrag, Unterhaltsleistung und Begnadigung

§ 79[3)] Unterhaltsbeitrag bei Entfernung aus dem Beamtenverhältnis oder bei Aberkennung des Ruhegehalts. (1) Die Zahlung des Unterhaltsbeitrags nach § 10 Abs. 3 oder § 12 Abs. 2 beginnt, soweit in der Entscheidung nichts anderes bestimmt ist, zum Zeitpunkt des Verlusts der Dienstbezüge oder des Ruhegehalts.

(2) [1]Die Zahlung des Unterhaltsbeitrags nach § 12 Abs. 2 steht unter dem Vorbehalt der Rückforderung, wenn für denselben Zeitraum eine Rente auf Grund der Nachversicherung gewährt wird. [2]Zur Sicherung des Rückforderungsanspruchs hat der Ruhestandsbeamte eine entsprechende Abtretungserklärung abzugeben.

(3) Die für die Gewährung des Unterhaltsbeitrags zuständige Behörde kann in der Entscheidung bestimmen, dass der Unterhaltsbeitrag ganz oder teilweise an Personen gezahlt wird, zu deren Unterhalt der Beamte oder Ruhestandsbeamte verpflichtet ist; nach Unanfechtbarkeit der Entscheidung kann dies die oberste Dienstbehörde bestimmen.

(4) [1]Auf den Unterhaltsbeitrag werden Erwerbs- und Erwerbsersatzeinkommen im Sinne des § 18a Abs. 2 sowie Abs. 3 Satz 1 und 2 des Vierten Buches Sozialgesetzbuch[4)] angerechnet. [2]Der frühere Beamte oder frühere Ruhestandsbeamte ist verpflichtet, der obersten Dienstbehörde alle Änderungen in seinen Verhältnissen, die für die Zahlung des Unterhaltsbeitrags bedeutsam sein können, unverzüglich anzuzeigen. [3]Kommt er dieser Pflicht schuldhaft nicht nach, kann ihm der Unterhaltsbeitrag ganz oder teilweise mit Wirkung für die Vergangenheit entzogen werden. [4]Die Entscheidung trifft die oberste Dienstbehörde.

(5) Der Anspruch auf den Unterhaltsbeitrag erlischt, wenn der Betroffene wieder in ein öffentlich-rechtliches Amts- oder Dienstverhältnis berufen wird.

§ 80[5)] Unterhaltsleistung bei Mithilfe zur Aufdeckung von Straftaten.

(1) [1]Im Falle der Entfernung aus dem Beamtenverhältnis oder der Aberkennung des Ruhegehalts kann die zuletzt zuständige oberste Dienstbehörde dem ehemali-

---

[1)] § 78 neu gef. mWv 12.2.2009 durch G v. 5.2.2009 (BGBl. I S. 160).

[2)] **Habersack Nr. 115.**

[3)] § 79 Abs. 3 geänd. mWv 1.4.2024 durch G v. 20.12.2023 (BGBl. 2023 I Nr. 389).

[4)] **Aichberger, SGB Nr. 4.**

[5)] § 80 Abs. 4 Satz 2 geänd. mWv 2.1.2002 durch G v. 20.12.2001 (BGBl. I S. 3926); Abs. 4 Satz 2 geänd. mWv 12.2.2009 durch G v. 5.2.2009 (BGBl. I S. 160); Abs. 4 Satz 2 geänd. mWv 1.1.2009 durch G v. 14.11.2011 (BGBl. I S. 2219); Abs. 3 geänd. mWv 1.4.2024 durch G v. 20.12.2023 (BGBl. 2023 I Nr. 389).

gen Beamten oder ehemaligen Ruhestandsbeamten, der gegen das Verbot der Annahme von Belohnungen oder Geschenken verstoßen hat, die Gewährung einer monatlichen Unterhaltsleistung zusagen, wenn er sein Wissen über Tatsachen offenbart hat, deren Kenntnis dazu beigetragen hat, Straftaten, insbesondere nach den §§ 331 bis 335 des Strafgesetzbuches[1)], zu verhindern oder über seinen eigenen Tatbeitrag hinaus aufzuklären. [2]Die Nachversicherung ist durchzuführen.

(2) [1]Die Unterhaltsleistung ist als Prozentsatz der Anwartschaft auf eine Altersrente, die sich aus der Nachversicherung ergibt, oder einer entsprechenden Leistung aus der berufsständischen Alterssicherung mit folgenden Maßgaben festzusetzen:

1. Die Unterhaltsleistung darf die Höhe der Rentenanwartschaft aus der Nachversicherung nicht erreichen;
2. Unterhaltsleistung und Rentenanwartschaft aus der Nachversicherung dürfen zusammen den Betrag nicht übersteigen, der sich als Ruhegehalt nach § 14 Abs. 1 des Beamtenversorgungsgesetzes[2)] ergäbe.

[2]Die Höchstgrenzen nach Satz 1 gelten auch für die Zeit des Bezugs der Unterhaltsleistung; an die Stelle der Rentenanwartschaft aus der Nachversicherung tritt die anteilige Rente.

(3) Die Zahlung der Unterhaltsleistung an den früheren Beamten kann erst erfolgen, wenn dieser die Regelaltersgrenze erreicht hat oder eine Rente wegen Erwerbs- oder Berufsunfähigkeit aus der gesetzlichen Rentenversicherung oder eine entsprechende Leistung aus der berufsständischen Versorgung erhält.

(4) [1]Der Anspruch auf die Unterhaltsleistung erlischt bei erneutem Eintritt in den öffentlichen Dienst sowie in den Fällen, die bei einem Ruhestandsbeamten das Erlöschen der Versorgungsbezüge nach § 59 des Beamtenversorgungsgesetzes zur Folge hätten. [2]Der hinterbliebene Ehegatte oder Lebenspartner erhält 55 Prozent der Unterhaltsleistung, wenn zum Zeitpunkt der Entfernung aus dem Beamtenverhältnis oder der Aberkennung des Ruhegehalts die Ehe oder Lebenspartnerschaft bereits bestanden hatte.

§ 81[3)] Begnadigung. (1) [1]Dem Bundespräsidenten steht das Begnadigungsrecht in Disziplinarsachen nach diesem Gesetz zu. [2]Er kann es anderen Stellen übertragen.

(2) Wird die Entfernung aus dem Beamtenverhältnis oder die Aberkennung des Ruhegehalts im Gnadenweg aufgehoben, gilt § 43 Satz 2 des Bundesbeamtengesetzes[4)] entsprechend.

Teil 6. Besondere Bestimmungen für einzelne Beamtengruppen und für Ruhestandsbeamte

§ 82[5)] Polizeivollzugsbeamte des Bundes. Das Bundesministerium des Innern und für Heimat bestimmt durch Rechtsverordnung[6)], welche Vorgesetzten

---

1) **Habersack Nr. 85.**
2) Nr. **155**.
3) *§ 81 Abs. 2 geänd.* mWv 12.2.2009 durch G v. 5.2.2009 (BGBl. I S. 160).
4) Nr. **160**.
5) § 82 geänd. mWv 27.6.2020 durch VO v. 19.6.2020 (BGBl. I S. 1328); geänd. mWv 1.4.2024 durch G v. 20.12.2023 (BGBl. 2023 I Nr. 389).
6) Siehe die VO zu § 82 BDG v. 24.6.2020 (BGBl. I S. 1517).

der Polizeivollzugsbeamten des Bundes als Dienstvorgesetzte im Sinne des § 17 Absatz 1 und des § 34 Absatz 1 und 2 Nummer 2 und Absatz 5 gelten.

§ 83[1] Beamte der bundesunmittelbaren Körperschaften, Anstalten und Stiftungen des öffentlichen Rechts. (1) [1]Das für die Aufsicht zuständige Bundesministerium gilt im Sinne dieses Gesetzes als oberste Dienstbehörde der Beamten der bundesunmittelbaren Körperschaften, Anstalten und Stiftungen des öffentlichen Rechts. [2]Es kann durch Rechtsverordnung im Einvernehmen mit dem Bundesministerium des Innern und für Heimat seine Befugnisse auf nachgeordnete Behörden übertragen und bestimmen, wer als nachgeordnete Behörde, Dienstvorgesetzter und höherer Dienstvorgesetzter im Sinne dieses Gesetzes anzusehen ist. [3]Es kann durch Rechtsverordnung im Einvernehmen mit dem Bundesministerium des Innern und für Heimat darüber hinaus die Zuständigkeit für Verweise, Geldbußen und Kürzungen der Dienstbezüge abweichend von § 34 regeln.

(2) Für die in Absatz 1 bezeichneten Körperschaften, Anstalten und Stiftungen des öffentlichen Rechts gilt § 144 Abs. 2 des Bundesbeamtengesetzes[2] entsprechend.

§ 84[3] Ausübung der Disziplinarbefugnisse bei Ruhestandsbeamten.

[1]Bei Ruhestandsbeamten werden die Disziplinarbefugnisse durch die zum Zeitpunkt des Eintritts in den Ruhestand zuständige oberste Dienstbehörde ausgeübt. [2]Diese kann ihre Befugnisse durch allgemeine Anordnung ganz oder teilweise auf nachgeordnete Dienstvorgesetzte übertragen; die Anordnung ist im Bundesgesetzblatt zu veröffentlichen. [3]Besteht die zuständige oberste Dienstbehörde nicht mehr, bestimmt das Bundesministerium des Innern und für Heimat, welche Behörde zuständig ist.

Teil 7. Übergangs- und Schlussbestimmungen

§ 85[4] Übergangsbestimmungen. [1]Auf vor dem 1. April 2024 eingeleitete Disziplinarverfahren sind weiterhin das Bundesdisziplinargesetz in der bis zum 31. März 2024 geltenden Fassung sowie das Bundespersonalvertretungsgesetz[5] in der bis zum 31. März 2024 geltenden Fassung anzuwenden. [2]Maßnahmen, die nach bisherigem Recht getroffen worden sind, bleiben rechtswirksam.

§ 86[6] Verwaltungsvorschriften. Die zur Durchführung dieses Gesetzes erforderlichen Verwaltungsvorschriften erlässt das Bundesministerium des Innern und für Heimat; die Verwaltungsvorschriften sind im Gemeinsamen Ministerialblatt zu veröffentlichen.

---

[1] § 83 Abs. 2 geänd. mWv 12.2.2009 durch G v. 5.2.2009 (BGBl. I S. 160); Abs. 1 Sätze 2 und 3 geänd. mWv 27.6.2020 durch VO v. 19.6.2020 (BGBl. I S. 1328); Abs. 1 Sätze 2 und 3 geänd. mWv 1.4.2024 durch G v. 20.12.2023 (BGBl. 2023 I Nr. 389).

[2] Nr. **160**.

[3] § 84 Satz 3 geänd. mWv 27.6.2020 durch VO v. 19.6.2020 (BGBl. I S. 1328); Satz 3 geänd. mWv 1.4.2024 durch G v. 20.12.2023 (BGBl. 2023 I Nr. 389).

[4] § 85 neu gef. mWv 1.4.2024 durch G v. 20.12.2023 (BGBl. 2023 I Nr. 389); Satz 1 geänd. mWv 1.4. 2024 durch G v. 19.7.2024 (BGBl. 2024 I Nr. 247).

[5] Nr. **240**.

[6] § 86 geänd. mWv 27.6.2020 durch VO v. 19.6.2020 (BGBl. I S. 1328); geänd. mWv 1.4.2024 durch G v. 20.12.2023 (BGBl. 2023 I Nr. 389).

Anlage[1]
(zu § 78)

Gebührenverzeichnis

Gliederung

Nr.	Gebührentatbestand	Gebührenbetrag oder Satz der jeweiligen Gebühr 10 bis 17
	Vorbemerkung: Das Verfahren über den Antrag auf Wiederaufnahme gilt als neuer Rechtszug.	
	Abschnitt 1 **Klageverfahren erster Instanz**	
	Verfahren über die Klage gegen eine Disziplinarverfügung, in der als Disziplinarmaßnahme ausgesprochen worden ist	
10	– Entfernung aus dem Beamtenverhältnis	360,00 €
11	– Aberkennung des Ruhegehalts	360,00 €
12	– Zurückstufung	240,00 €
13	– Kürzung der Dienstbezüge	180,00 €
14	– Kürzung des Ruhegehalts	180,00 €
15	– Geldbuße	120,00 €
16	– Verweis	60,00 €
17	Verfahren über die Klage gegen eine Disziplinarverfügung, wenn nur eine Kostenentscheidung in der Disziplinarverfügung angegriffen wird, oder gegen eine Einstellungsverfügung (§ 32 BDG)	60,00 €
18	Beendigung des gesamten Verfahrens durch 1. Zurücknahme der Klage a) vor dem Schluss der mündlichen Verhandlung oder b) wenn eine solche nicht stattfindet, vor Ablauf des Tages, an dem die Entscheidung in der Hauptsache der Geschäftsstelle übermittelt wird, oder 2. Erledigungserklärungen, wenn keine Entscheidung über die Kosten ergeht oder die Entscheidung einer zuvor mitgeteilten Einigung der Beteiligten über die Kostentragung oder der Kostenübernahmeerklärung eines Beteiligten folgt: Die Gebühren 10 bis 17 ermäßigen sich auf	0,5
	Die Gebühr ermäßigt sich auch, wenn mehrere Ermäßigungstatbestände erfüllt sind.	
	Abschnitt 2 **Zulassung und Durchführung der Berufung**	
20	Verfahren über die Zulassung der Berufung: Soweit der Antrag abgelehnt wird	1,0
21	Verfahren über die Zulassung der Berufung: Soweit der Antrag zurückgenommen oder das Verfahren durch anderweitige Erledigung beendet wird	0,5

[1] Anl. angef. mWv 12.2.2009 durch G v. 5.2.2009 (BGBl. I S. 160); geänd. mWv 1.4.2024 durch G v. 20.12.2023 (BGBl. 2023 I Nr. 389).

Nr.	Gebührentatbestand	Gebührenbetrag oder Satz der jeweiligen Gebühr 10 bis 17
	Die Gebühr entsteht nicht, soweit die Berufung zugelassen wird.	
22	Verfahren über die Berufung im Allgemeinen	1,5
23	Beendigung des gesamten Verfahrens durch Zurücknahme der Berufung oder der Klage, bevor die Schrift zur Begründung der Berufung bei Gericht eingegangen ist: Die Gebühr 22 ermäßigt sich auf	0,5
	Erledigungserklärungen stehen der Zurücknahme gleich, wenn keine Entscheidung über die Kosten ergeht oder die Entscheidung einer zuvor mitgeteilten Einigung der Beteiligten über die Kostentragung oder der Kostenübernahmeerklärung eines Beteiligten folgt.	
24	Beendigung des gesamten Verfahrens, wenn nicht Nummer 23 erfüllt ist, durch 1. Zurücknahme der Berufung oder der Klage a) vor dem Schluss der mündlichen Verhandlung oder b) wenn eine solche nicht stattfindet, vor Ablauf des Tages, an dem die Entscheidung in der Hauptsache der Geschäftsstelle übermittelt wird, oder 2. Erledigungserklärungen, wenn keine Entscheidung über die Kosten ergeht oder die Entscheidung einer zuvor mitgeteilten Einigung der Beteiligten über die Kostentragung oder der Kostenübernahmeerklärung eines Beteiligten folgt: Die Gebühr 22 ermäßigt sich auf	1,0
	Die Gebühr ermäßigt sich auch, wenn mehrere Ermäßigungstatbestände erfüllt sind.	
	Abschnitt 3 **Revision**	
30	Verfahren über die Revision im Allgemeinen	2,0
31	Beendigung des gesamten Verfahrens durch Zurücknahme der Revision oder der Klage, bevor die Schrift zur Begründung der Revision bei Gericht eingegangen ist: Die Gebühr 30 ermäßigt sich auf	1,0
	Erledigungserklärungen stehen der Zurücknahme gleich, wenn keine Entscheidung über die Kosten ergeht oder die Entscheidung einer zuvor mitgeteilten Einigung der Beteiligten über die Kostentragung oder der Kostenübernahmeerklärung eines Beteiligten folgt.	
32	Beendigung des gesamten Verfahrens, wenn nicht Nummer 31 erfüllt ist, durch 1. Zurücknahme der Revision oder der Klage a) vor dem Schluss der mündlichen Verhandlung oder b) wenn eine solche nicht stattfindet, vor Ablauf des Tages, an dem die Entscheidung in der Hauptsache der Geschäftsstelle übermittelt wird, oder 2. Erledigungserklärungen, wenn keine Entscheidung über die Kosten ergeht oder die Entscheidung einer zuvor mitgeteilten Einigung der Beteiligten über die Kostentragung oder der Kostenübernahmeerklärung eines Beteiligten folgt: Die Gebühr 30 ermäßigt sich auf	1,5
	Die Gebühr ermäßigt sich auch, wenn mehrere Ermäßigungstatbestände erfüllt sind.	

Nr.	Gebührentatbestand	Gebührenbetrag oder Satz der jeweiligen Gebühr 40 und 41
	Abschnitt 4 Besondere Verfahren	
40	Verfahren über den Antrag auf Aussetzung der vorläufigen Dienstenthebung und der Einbehaltung von Bezügen	180,00 €
41	Verfahren über den Antrag auf gerichtliche Festsetzung einer Frist zum Abschluss des Disziplinarverfahrens einschließlich der Einstellung des Disziplinarverfahrens nach fruchtlosem Ablauf der Frist	60,00 €
42	Beendigung des gesamten Verfahrens durch 1. Zurücknahme des Antrags a) vor dem Schluss der mündlichen Verhandlung oder b) wenn eine solche nicht stattfindet, vor Ablauf des Tages, an dem die Entscheidung über den Antrag der Geschäftsstelle übermittelt wird, oder 2. Erledigungserklärungen, wenn keine Entscheidung über die Kosten ergeht oder die Entscheidung einer zuvor mitgeteilten Einigung der Beteiligten über die Kostentragung oder der Kostenübernahmeerklärung eines Beteiligten folgt: Die Gebühren 40 und 41 ermäßigen sich auf Die Gebühr ermäßigt sich auch, wenn mehrere Ermäßigungstatbestände erfüllt sind.	0,5
	Abschnitt 5 Rüge wegen Verletzung des Anspruchs auf rechtliches Gehör	
50	Verfahren über die Rüge wegen Verletzung des Anspruchs auf rechtliches Gehör: Die Rüge wird in vollem Umfang verworfen oder zurückgewiesen	50,00 €

Nr.	Gebührentatbestand	Gebührenbetrag oder Satz der jeweiligen Gebühr 10 bis 17 und 40
	Abschnitt 6 Beschwerde	
60	Verfahren über die Beschwerde gegen die Entscheidung über den Antrag auf Aussetzung der vorläufigen Dienstenthebung und der Einbehaltung von Bezügen	1,5
61	*(aufgehoben)*	
62	Verfahren über die Beschwerde gegen die Nichtzulassung der Revision: Die Beschwerde wird verworfen oder zurückgewiesen	1,5
63	Beendigung des gesamten Verfahrens durch 1. Zurücknahme der Beschwerde, der Klage oder des Antrags a) vor dem Schluss der mündlichen Verhandlung oder b) wenn eine solche nicht stattfindet, vor Ablauf des Tages, an dem die Entscheidung über die Beschwerde der Geschäftsstelle übermittelt wird, oder 2. Erledigungserklärungen, wenn keine Entscheidung über die Kosten ergeht oder die Entscheidung einer zuvor mitgeteilten Einigung der Beteiligten über die Kostentragung oder der Kostenübernahmeerklärung eines *Beteiligten folgt:* Die Gebühren 60 bis 62 ermäßigen sich auf Die Gebühr ermäßigt sich auch, wenn mehrere Ermäßigungstatbestände erfüllt sind.	0,75

Nr.	Gebührentatbestand	Gebührenbetrag oder Satz der jeweiligen Gebühr 10 bis 17 und 40
64	Verfahren über nicht besonders aufgeführte Beschwerden im disziplinargerichtlichen Verfahren, die nicht nach anderen Vorschriften gebührenfrei sind: Die Beschwerde wird verworfen oder zurückgewiesen	50,00 €

230. Bundesbesoldungsgesetz

In der Fassung der Bekanntmachung vom 19. Juni 2009[1]

(BGBl. I S. 1434)

FNA 2032-1

geänd. durch Art. 2, 2a DienstrechtsneuordnungsG v. 5.2.2009 (BGBl. I S. 160; Art. 2a geänd. durch G v. 19.11.2010, BGBl. I S. 1552, aufgeh. durch G v. 20.12.2011, BGBl. I S. 2842), Art. 8 G zur Änd. des SGB IV, zur Errichtung einer Versorgungsausgleichskasse und anderer Gesetze v. 15.7.2009 (BGBl. I S. 1939), Art. 2 G zur Änd. arzneimittelrechtl. und anderer Vorschriften v. 17.7.2009 (BGBl. I S. 1990), Art. 2 Nr. 2 Erstes G zur Änd. des G zur Regelung der Rechtsverhältnisse der Helfer der Bundesanstalt Technisches Hilfswerk v. 29.7.2009 (BGBl. I S. 2350), Art. 4 G zur Errichtung eines Bundesaufsichtsamtes für Flugsicherung und zur Änd. und Anpassung weiterer Vorschriften v. 29.7.2009 (BGBl. I S. 2424), Art. 2 Abs. 7 G zur Weiterentwicklung der Organisation der Grundsicherung für Arbeitsuchende v. 3.8.2010 (BGBl. I S. 1112), Art. 1–4 BBVAnpG 2010/2011 v. 19.11.2010 (BGBl. I S. 1552), Art. 11 Wehrrechtsänderungsgesetz 2011 v. 28.4.2011 (BGBl. I S. 678), Art. 15 G zur Einführung eines Bundesfreiwilligendienstes v. 28.4.2011 (BGBl. I S. 687), Art. 4 G zur Übertragung ehebezogener Regelungen im öffentl. Dienstrecht auf Lebenspartnerschaften v. 14.11.2011 (BGBl. I S. 2219), Art. 9a G zur Umsetzung der RL 2010/78/EU im Hinblick auf die Errichtung des Europäischen Finanzaufsichtssystems v. 4.12.2011 (BGBl. I S. 2427), Art. 1, 5 G zur Wiedergewährung der Sonderzahlung v. 20.12.2011 (BGBl. I S. 2842), Art. 28 G zur Verbesserung der Eingliederungschancen am Arbeitsmarkt v. 20.12.2011 (BGBl. I S. 2854), Urt. des BVerfG – 2 BvL 4/10 – v. 14.2.2012 (BGBl. I S. 459), Art. 1 G zur Unterstützung der Fachkräftegewinnung im Bund und zur Änd. weiterer dienstrechtl. Vorschriften v. 15.3.2012 (BGBl. I S. 462, ber. S. 1489), Art. 7 Bundeswehrreform-BegleitG v. 21.7.2012 (BGBl. I S. 1583), Art. 1–3 BBVAnpG 2012/2013 v. 15.8.2012 (BGBl. I S. 1670), Beschl. des BVerfG – 2 BvR 1397/09 – v. 19.6.2012 (BGBl. I S. 1770), Art. 1 G zur Neuregelung der Professorenbesoldung und zur Änd. weiterer dienstrechtlicher Vorschriften v. 11.6.2013 (BGBl. I S. 1514), Art. 2 G zur Familienpflegezeit und zum flexibleren Eintritt in den Ruhestand für Beamtinnen und Beamte des Bundes v. 3.7.2013 (BGBl. I S. 1978), Art. 5 Abs. 3 G zur Suche und Auswahl eines Standortes für ein Endlager für Wärme entwickelnde radioaktive Abfälle und zur Änd. anderer Gesetze v. 23.7.2013 (BGBl. I S. 2553), Art. 13–13c Bundesunfallkassen-NeuorganisationsG v. 19.10.2013 (BGBl. I S. 3836), Art. 1, 2 BBVAnpG 2014/2015 v. 25.11.2014 (BGBl. I S. 1772), Art. 2–5 G zur Änderung des BundesbeamtenG und weiterer dienstrechtlicher Vorschriften v. 6.3.2015 (BGBl. I S. 250), Art. 2 Bundeswehr-AttraktivitätssteigerungsG v. 13.5.2015 (BGBl. I S. 706), Art. 6 IT-Sicherheitsgesetz v. 17.7.2015 (BGBl. I S. 1324), Art. 43 Zehnte ZuständigkeitsanpassungsVO v. 31.8.2015 (BGBl. I S. 1474), Art. 8 G zur Verbesserung der Zusammenarbeit im Bereich des Verfassungsschutzes v. 17.11.2015 (BGBl. I S. 1938), Art. 1 Siebtes BesoldungsänderungsG v. 3.12.2015 (BGBl. I S. 2163), Art. 3 G zur Neuorganisation der Zollverwaltung v. 3.12.2015 (BGBl. I S. 2178), Art. 26 WSV-ZuständigkeitsanpassungsG v. 24.5.2016 (BGBl. I S. 1217), Art. 2 G zur besseren Vereinbarkeit von Familie, Pflege und Beruf für Beamtinnen und Beamte des Bundes und Soldatinnen und Soldaten sowie zur Änd. weiterer dienstrechtlicher Vorschriften v. 19.10.2016 (BGBl. I S. 2362), Art. 1, 2 Bundesbesoldungs- und -versorgungsanpassungsG 2016/2017 v. 21.11.2016 (BGBl. I S. 2570), Art. 6 G zur Änd. des VersorgungsrücklageG und weiterer dienstrechtlicher Vorschriften v. 5.1.2017 (BGBl. I S. 17), Art. 4 Branntweinmonopolverwaltung-AuflösungsG v. 10.3.2017 (BGBl. I S. 420), Art. 33 G zum Abbau verzichtbarer Anordnungen der Schriftform im Verwaltungsrecht des Bundes v. 29.3.2017 (BGBl. I S. 626), Art. 13–15 G zu bereichsspezifischen Regelungen der Gesichtsverhüllung und zur Änd. weiterer dienstrechtlicher Vorschriften v. 8.6.2017 (BGBl. I S. 1570), Art. 12 G zur Umsetzung der 4. EU-GeldwäscheRL, zur Ausführung der EU-GeldtransferVO und zur Neuorganisation der Zentralstelle für Finanztransaktionsuntersuchungen v. 23.6.2017 (BGBl. I S. 1822), Art. 1–4 Bundesbesoldungs- und -versorgungsanpassungsG 2018/2019/2020 v. 8.11.2018 (BGBl. I S. 1810), Art. 3 G zur Änd. des ZensusvorbereitungsG 2021 und Zweiten Dopingopfer-HilfeG sowie BundesbesoldungsG v. *27.11.2018 (BGBl. I S. 2010)*, Art. 4 G zur Änd. des BeamtenstatusG und des BundesbeamtenG sowie weiterer dienstrechtlicher Vorschriften v. 29.11.2018 (BGBl. I S. 2232), Art. 1, 2 BesoldungsstrukturenmodernisierungsG v. 9.12.2019 (BGBl. I S. 2053), Art. 3 G zur Modernisierung des Versicherungsteuerrechts und zur Änd. dienstrechtlicher Vorschriften v. 3.12.2020 (BGBl. I S. 2659), Art. 2 G über die Umwandlung des Informationstechnikzentrums Bund in eine nichtrechtsfähige Anstalt des öffentl. Rechts und zur Änd. weiterer Vorschriften v. 7.12.2020 (BGBl. I S. 2756), Art. 1 G über eine einmalige Sonderzahlung aus Anlass der COVID-19-Pandemie an Besoldungs- und Wehrsoldempfänger v. 21.12.2020 (BGBl. I S. 3136), Art. 2 Abs. 5 G zur Neustrukturierung des ZollfahndungsdienstG v. 30.3.2021 (BGBl. I S. 402), Art. 9 Siebtes G

[1] Neubekanntmachung des Bundesbesoldungsgesetzes idF der Bek. v. 6.8.2002 (BGBl. I S. 3020) in der ab 1.7.2009 geltenden Fassung.

zur Änd. von Verbrauchsteuergesetzen v. 30.3.2021 (BGBl. I S. 607), Art. 8 G zur Regelung des Erscheinungsbilds von Beamtinnen und Beamten sowie zur Änd. weiterer dienstrechtl. Vorschriften v. 28.6.2021 (BGBl. I S. 2250), Art. 1–4 G zur Anpassung der Bundesbesoldung und -versorgung für 2021/2022 und zur Änd. weiterer dienstrechtl. Vorschriften v. 9.7.2021 (BGBl. I S. 2444), Art. 72, 73 G über die Entschädigung der Soldatinnen und Soldaten und zur Neuordnung des Soldatenversorgungsrechts v. 20.8.2021 (BGBl. I S. 3932), Art. 6 G zur Änd. des BevölkerungsstatistikG, des InfektionsschutzG, personenstands- und dienstrechtlicher Regelungen sowie der Medizinprodukte-AbgabeVO v. 17.7.2023 (BGBl. 2023 I Nr. 190), Art. 1 G zur Anpassung der Bundesbesoldung und -versorgung für die Jahre 2023 und 2024 sowie zur Änd. weiterer dienstrechtl. Vorschriften v. 22.12.2023 (BGBl. 2023 I Nr. 414), Art. 7 G über die Lehrverpflichtung des hauptberufl. wiss. Personals an Hochschulen des Bundes und zur Änd. weiterer dienstrechtl. Vorschriften v. 19.7.2024 (BGBl. 2024 I Nr. 247), Art. 2 G zur weiteren Stärkung der personellen Einsatzbereitschaft und zur Änd. von Vorschriften für die Bundeswehr v. 27.2.2025 (BGBl. 2025 I Nr. 72), Art. 18 Wehrdienst-ModernisierungsG v. 22.12.2025 (BGBl. 2025 I Nr. 370) und Art. 62 Abs. 2 Standortfördergesetz v. 4.2.2026 (BGBl. 2026 I Nr. 33)

Inhaltsübersicht[1]

Abschnitt 1. Allgemeine Vorschriften

Abschnitt 2. Grundgehalt, Leistungsbezüge an Hochschulen

Unterabschnitt 1. Allgemeine Grundsätze

Unterabschnitt 2. Beamte und Soldaten

---

[1] Inhaltsübersicht neu gef. mWv 1.8.2013 durch G v. 11.6.2013 (BGBl. I S. 1514); geänd. mWv 11.7. 2013 durch G v. 3.7.2013 (BGBl. I S. 1978); mWv 14.3.2015 durch G v. 6.3.2015 (BGBl. I S. 250); mWv 23. 5.2015, mWv 1. 12.2015 und mWv 1.5.2018 durch G v. 13.5.2015 (BGBl. I S. 706); mWv 1.1.2016 *durch G v. 3.12.2015* (BGBl. I S. 2163); mWv 28.10.2016 durch G v. 19.10.2016 (BGBl. I S. 2362); mWv 1.6.2017 und mWv 1.1.2020 durch G v. 8.6.2017 (BGBl. I S. 1570); mWv 1.1.2020 durch G v. 9.12.2019 (BGBl. I S. 2053); mWv 1.1.2020 und mWv 1.8.2021 durch G v. 28.6.2021 (BGBl. I S. 2250); mWv 1.1. 2020 und mWv 1.1.2022 durch G v. 9.7.2021 (BGBl. I S. 2444); mWv 1.1.2025 durch G v. 27.2.2025 (BGBl. 2025 I Nr. 72).

Abschnitt 1. Allgemeine Vorschriften

§ 1[1] **Anwendungsbereich** (1) Dieses Gesetz regelt die Besoldung der

1. Beamten des Bundes; ausgenommen sind Ehrenbeamte,
2. Richter des Bundes; ausgenommen sind ehrenamtliche Richter,
3. Berufssoldaten und Soldaten auf Zeit.

(2) Zur Besoldung gehören folgende Dienstbezüge:

1. Grundgehalt,
2. Leistungsbezüge für Professoren sowie hauptberufliche Leiter von Hochschulen und Mitglieder von Leitungsgremien an Hochschulen,
3. Familienzuschlag,
4. Zulagen,
5. Vergütungen,

(Fortsetzung nächstes Blatt)

[1] § 1 Abs. 2 Nr. 6 geänd. mWv 1.7.2010 durch G v. 5.2.2009 (BGBl. I S. 160); Abs. 3 Nr. 2 aufgeh., bish. Nr. 3 wird Nr. 2 mWv 1.1.2012 durch G v. 20.12.2011 (BGBl. I S. 2842); Überschrift neu gef. mWv 22.3.2012 durch G v. 15.3.2012 (BGBl. I S. 462); Abs. 2 Nr. 2 geänd. mWv 1.1.2013 durch G v. 11.6.2013 (BGBl. I S. 1514).

6. Auslandsbesoldung.

(3) Zur Besoldung gehören ferner folgende sonstige Bezüge:

1. Anwärterbezüge,
2. vermögenswirksame Leistungen.

(4) Dieses Gesetz gilt nicht für die öffentlich-rechtlichen Religionsgesellschaften und ihre Verbände.

§ 2 Regelung durch Gesetz. (1) Die Besoldung der Beamten, Richter und Soldaten wird durch Gesetz geregelt.

(2) [1] Zusicherungen, Vereinbarungen und Vergleiche, die dem Beamten, Richter oder Soldaten eine höhere als die ihm gesetzlich zustehende Besoldung verschaffen sollen, sind unwirksam. [2] Das Gleiche gilt für Versicherungsverträge, die zu diesem Zweck abgeschlossen werden.

(3) Der Beamte, Richter oder Soldat kann auf die ihm gesetzlich zustehende Besoldung weder ganz noch teilweise verzichten; ausgenommen sind die vermögenswirksamen Leistungen.

§ 3 Anspruch auf Besoldung. (1) [1] Die Beamten, Richter und Soldaten haben Anspruch auf Besoldung. [2] Der Anspruch entsteht mit dem Tag, an dem ihre Ernennung, Versetzung, Übernahme oder ihr Übertritt in den Dienst des Bundes wirksam wird. [3] Bedarf es zur Verleihung eines Amtes mit anderem Endgrundgehalt (Grundgehalt) keiner Ernennung oder wird der Beamte, Richter oder Soldat rückwirkend in eine Planstelle eingewiesen, so entsteht der Anspruch mit dem Tag, der in der Einweisungsverfügung bestimmt ist.

(2) Der Anspruch auf Besoldung endet mit Ablauf des Tages, an dem der Beamte, Richter oder Soldat aus dem Dienstverhältnis ausscheidet, soweit gesetzlich nichts anderes bestimmt ist.

(3) Besteht der Anspruch auf Besoldung nicht für einen vollen Kalendermonat, so wird nur der Teil der Bezüge gezahlt, der auf den Anspruchszeitraum entfällt, soweit gesetzlich nichts Anderes bestimmt ist.

(4) [1] Die Dienstbezüge nach § 1 Absatz 2 Nr. 1 bis 3 werden monatlich im Voraus gezahlt. [2] Die anderen Bezüge werden monatlich im Voraus gezahlt, soweit nichts Anderes bestimmt ist.

(5) Werden Bezüge nach dem Tag der Fälligkeit gezahlt, so besteht kein Anspruch auf Verzugszinsen.

(6) [1] Bei der Berechnung von Bezügen nach § 1 sind die sich ergebenden Bruchteile eines Cents unter 0,5 abzurunden und Bruchteile von 0,5 und mehr aufzurunden. [2] Zwischenrechnungen werden jeweils auf zwei Dezimalstellen durchgeführt. [3] Jeder Bezügebestandteil ist einzeln zu runden.

§ 3a[1] *(aufgehoben)*

§ 4[2] **Weitergewährung der Besoldung bei Versetzung in den einstweiligen Ruhestand.** (1) [1] Der in den einstweiligen Ruhestand versetzte Beamte, Richter oder Soldat erhält für den Monat, in dem ihm die Versetzung in den einstweiligen Ruhestand mitgeteilt worden ist, und für die folgenden drei Monate die Bezüge weiter, die ihm am Tag vor der Versetzung zustanden; Änderungen

---

[1] § 3a aufgeh. mWv 1.1.2020 durch G v. 9.12.2019 (BGBl. I S. 2053).
[2] § 4 Abs. 2 Satz 3 geänd. mWv 1.1.2020 durch G v. 9.12.2019 (BGBl. I S. 2053).

beim Familienzuschlag sind zu berücksichtigen. [2] Aufwandsentschädigungen werden nur bis zum Beginn des einstweiligen Ruhestandes gezahlt.

(2) [1] Bezieht der in den einstweiligen Ruhestand versetzte Beamte, Richter oder Soldat Einkünfte aus einer Verwendung im Dienst eines öffentlich-rechtlichen Dienstherrn (§ 29 Absatz 1) oder eines Verbandes, dessen Mitglieder öffentlich-rechtliche Dienstherren sind, so werden die Bezüge um den Betrag dieser Einkünfte verringert. [2] Dem Dienst bei einem öffentlich-rechtlichen Dienstherrn steht gleich die Tätigkeit im Dienst einer zwischenstaatlichen oder überstaatlichen Einrichtung, an der ein öffentlich-rechtlicher Dienstherr oder ein Verband, dessen Mitglieder öffentlich-rechtliche Dienstherren sind, durch Zahlung von Beiträgen oder Zuschüssen oder in anderer Weise beteiligt ist. [3] Die Entscheidung, ob die Voraussetzungen erfüllt sind, trifft das Bundesministerium des Innern, für Bau und Heimat oder die von ihm bestimmte Stelle.

§ 5 Besoldung bei mehreren Hauptämtern. [1] Hat der Beamte, Richter oder Soldat mit Genehmigung der obersten Dienstbehörde gleichzeitig mehrere besoldete Hauptämter inne, so wird die Besoldung aus dem Amt mit den höheren Dienstbezügen gewährt, soweit gesetzlich nichts Anderes bestimmt ist. [2] Sind für die Ämter Dienstbezüge in gleicher Höhe vorgesehen, so werden die Dienstbezüge aus dem ihm zuerst übertragenen Amt gezahlt, soweit gesetzlich nichts anderes bestimmt ist.

§ 6[1)] Besoldung bei Teilzeitbeschäftigung. (1) [1] Bei Teilzeitbeschäftigung werden die Dienstbezüge und die Anwärterbezüge im gleichen Verhältnis wie die Arbeitszeit gekürzt. [2] Dies gilt nicht für Bezüge, die während eines Erholungsurlaubs gezahlt werden, soweit der Urlaubsanspruch in Höhe des unionsrechtlich gewährleisteten Mindesturlaubsanspruchs (Artikel 7 Absatz 1 der Richtlinie 2003/88/EG[2)] des Europäischen Parlaments und des Rates vom 4. November 2003 über bestimmte Aspekte der Arbeitszeitgestaltung [ABl. L 299 vom 18.11.2003, S. 9]) während einer Vollzeitbeschäftigung erworben wurde, aber aus den in § 5a Absatz 1 Satz 1 der Erholungsurlaubsverordnung[3)] genannten Gründen während dieser Zeit nicht erfüllt werden konnte.

(1a) [1] Abweichend von Absatz 1 Satz 1 werden bei einer Teilzeitbeschäftigung nach § 9 der Arbeitszeitverordnung[4)] oder nach § 9 der Soldatenteilzeitbeschäftigungsverordnung die folgenden Bezüge entsprechend der tatsächlich geleisteten Arbeitszeit gewährt:

1. steuerfreie Bezüge,
2. Vergütungen und
3. Stellen- und Erschwerniszulagen, deren Voraussetzung die tatsächliche Verwendung in dem zulagefähigen Bereich oder die Ausübung der zulageberechtigenden Tätigkeit ist.

[1)] § 6 Abs. 3 und 4 angef. mWv 1.1.2011 durch G v. 19.11.2010 (BGBl. I S. 1552); Abs. 2 Sätze 2, 3 und 5, Abs. 3 Satz 1 und Abs. 4 Satz 1 geänd. mWv 1.8.2013 durch G v. 11.6.2013 (BGBl. I S. 1514); Abs. 4 Satz 1 geänd., Satz 2 aufgeh. mWv 11.7.2013 durch G v. 3.7.2013 (BGBl. I S. 1978); Abs. 1 Satz 2 angef. mWv 29.11.2014 durch G v. 3.12.2015 (BGBl. I S. 2163); Abs. 1a eingef., Abs. 2 Satz 2 geänd., *Satz 5 neu gef.*, Abs. 3 Sätze 1 und 4 geänd. mWv 1.1.2020 durch G v. 9.12.2019 (BGBl. I S. 2053); Abs. 3 Satz 3 2. Halbsatz angef. mWv 1.1.2020 durch G v. 28.6.2021 (BGBl. I S. 2250).

[2)] **Nipperdey I, Arbeitsrecht Nr. 893.**

[3)] Nr. **172**.

[4)] Nr. **170**.

[2]Bei der Ermittlung der Mieteigenbelastung nach § 54 Absatz 1 sind die Dienstbezüge maßgeblich, die entsprechend der tatsächlich geleisteten Arbeitszeit zustünden. [3]§ 2a der Altersteilzeitzuschlagsverordnung[1)] in der Fassung der Bekanntmachung vom 23. August 2001 (BGBl. I S. 2239) gilt entsprechend.

(2) [1]Die Bundesregierung wird ermächtigt, durch Rechtsverordnung[2)] bei Altersteilzeit nach § 93 des Bundesbeamtengesetzes[3)] sowie nach entsprechenden Bestimmungen für Richter die Gewährung eines nichtruhegehaltfähigen Zuschlags zur Besoldung zu regeln. [2]Zuschlag und Besoldung dürfen zusammen 83 Prozent der Nettobesoldung nicht überschreiten, die nach der bisherigen Arbeitszeit, die für die Bemessung der ermäßigten Arbeitszeit während der Altersteilzeit zugrunde gelegt worden ist, zustehen würde; § 6a ist zu berücksichtigen. [3]Abweichend von Satz 2 dürfen Zuschlag und Besoldung im Geschäftsbereich des Bundesministeriums der Verteidigung zusammen 88 Prozent betragen, wenn Dienstposten infolge von Strukturmaßnahmen auf Grund der Neuausrichtung der Bundeswehr wegfallen. [4]Für den Fall der vorzeitigen Beendigung der Altersteilzeit ist ein Ausgleich zu regeln. [5]Absatz 1a Satz 1 und 2 gilt entsprechend.

(3) [1]Abweichend von Absatz 2 sowie den §§ 1 und 2 der Altersteilzeitzuschlagsverordnung wird in den Fällen des § 93 Absatz 3 und 4 des Bundesbeamtengesetzes zusätzlich zur Besoldung nach Absatz 1 ein nicht ruhegehaltfähiger Zuschlag in Höhe von 20 Prozent der Dienstbezüge gewährt, die entsprechend der während der Altersteilzeit ermäßigten Arbeitszeit zustehen; § 6a ist zu berücksichtigen. [2]Dienstbezüge im Sinne des Satzes 1 sind das Grundgehalt, der Familienzuschlag, Amtszulagen, Stellenzulagen, Zuschüsse zum Grundgehalt für Professoren an Hochschulen, die bei der Deutschen Bundesbank gewährte Bankzulage, Überleitungszulagen und Ausgleichszulagen, die wegen des Wegfalls oder der Verminderung solcher Bezüge zustehen. [3]Bezüge, die nicht der anteiligen Kürzung nach Absatz 1 unterliegen, bleiben unberücksichtigt; dies gilt nicht für Stellenzulagen im Sinne von Absatz 1a Satz 1 Nummer 3. [4]Absatz 1a Satz 1 und 2 gilt entsprechend. [5]Für den Fall, dass die Altersteilzeit vorzeitig beendet wird, ist § 2a der Altersteilzeitzuschlagsverordnung entsprechend anzuwenden.

(4) Im Fall des § 53 Absatz 4 des Bundesbeamtengesetzes wird zusätzlich zur Besoldung nach Absatz 1 ein nicht ruhegehaltfähiger Zuschlag in Höhe von 50 Prozent desjenigen nicht um einen Versorgungsabschlag geminderten Ruhegehaltes gewährt, das bei einer Versetzung in den Ruhestand am Tag vor dem Beginn der Teilzeitbeschäftigung zustünde.

§ 6a[4)] Besoldung bei begrenzter Dienstfähigkeit. (1) Bei begrenzter Dienstfähigkeit (§ 45 des Bundesbeamtengesetzes[3)]) erhält der Beamte oder Richter Dienstbezüge entsprechend § 6 Absatz 1.

(2) [1]Begrenzt Dienstfähige erhalten zusätzlich zu den Dienstbezügen nach Absatz 1 einen nicht ruhegehaltfähigen Zuschlag. [2]Der Zuschlag beträgt 50 Prozent des Unterschiedsbetrages zwischen den nach Absatz 1 gekürzten Dienstbezügen und den Dienstbezügen, die bei einer Vollzeitbeschäftigung zustünden.

(3) In die Zuschlagsberechnung nach Absatz 2 sind einzubeziehen:

[1)] **Bundesbeamtengesetze Nr. 53k.**
[2)] Siehe die AltersteilzeitzuschlagsVO **(Bundesbeamtengesetze Nr. 53k)**.
[3)] Nr. **160**.
[4)] § 6a eingef. mWv 1.1.2020 durch G v. 9.12.2019 (BGBl. I S. 2053); Abs. 3 eingef., bish. Abs. 3 wird Abs. 4, bish. Abs. 4 aufgeh., Abs. 5 Nr. 4, 5 geänd. und Nr. 6 angef. mWv 1.1.2020 durch G v. 28.6.2021 (BGBl. I S. 2250).

1. das Grundgehalt,
2. der Familienzuschlag,
3. Amts- und Stellenzulagen,
4. Überleitungs- und Ausgleichszulagen,
5. Zuschüsse und Leistungsbezüge für Professoren sowie hauptamtliche Leiter an Hochschulen und für Mitglieder von Leitungsgremien an Hochschulen.

(4) Wird die Arbeitszeit auf Grund einer Teilzeitbeschäftigung zusätzlich reduziert, verringert sich der Zuschlag nach Absatz 2 entsprechend dem Verhältnis zwischen der wegen begrenzter Dienstfähigkeit verringerten Arbeitszeit und der insgesamt reduzierten Arbeitszeit.

(5) Der Zuschlag nach Absatz 2 wird nicht gewährt neben einem Zuschlag

1. nach § 6 Absatz 2 in Verbindung mit der Altersteilzeitzuschlagsverordnung[1)],
2. nach § 6 Absatz 3 oder Absatz 4,
3. nach § 7a,
4. nach § 2 der Telekom-Beamtenaltersteilzeitverordnung[2)],
5. nach § 2 der Postbeamtenaltersteilzeitverordnung[3)] oder
6. nach § 2 der Deutsche-Bank-Beamtenaltersteilzeitverordnung.

§ 7[4)] Vorschuss während der Familienpflegezeit und Pflegezeit, Verordnungsermächtigung. (1) [1]Während einer Familienpflegezeit nach § 92a des Bundesbeamtengesetzes[5)] und einer Pflegezeit nach § 92b des Bundesbeamtengesetzes wird ein Vorschuss gewährt. [2]Dieser Vorschuss wird zusätzlich zu den Dienstbezügen nach § 6 Absatz 1 gewährt. [3]Der Vorschuss ist nach Ablauf der Familienpflegezeit oder Pflegezeit mit den laufenden Dienstbezügen zu verrechnen oder in einer Summe zurückzuzahlen.

(2) Ein Vorschuss wird nicht gewährt, wenn für eine frühere Familienpflegezeit oder Pflegezeit zusammen die Höchstdauer von 24 Monaten ausgeschöpft und der gezahlte Vorschuss noch nicht vollständig zurückgezahlt worden ist.

(Fortsetzung nächstes Blatt)

---

1) **Bundesbeamtengesetze Nr. 53k.**
2) **Bundesbeamtengesetze Nr. 63a.**
3) ***Bundesbeamtengesetze Nr. 63b.***
4) § 7 eingef. mWv 11.7.2013 durch G v. 3.7.2013 (BGBl. I S. 1978); Überschrift und Abs. 1 neu gef., Abs. 2 eingef., bish. Abs. 2 wird Abs. 3, Abs. 4 angef. mWv 28.10.2016 durch G v. 19.10.2016 (BGBl. I S. 2362).
5) Nr. **160**.

(3) Die Einzelheiten der Gewährung, Verrechnung und Rückzahlung des Vorschusses regelt die Bundesregierung durch Rechtsverordnung.[1)]

(4) Für die Familienpflegezeit nach § 30a Absatz 6 des Soldatengesetzes[2)] und die Pflegezeit nach § 30a Absatz 7 des Soldatengesetzes gelten die Absätze 1 bis 3 entsprechend.

§ 7a[3)] Zuschläge bei Hinausschieben des Eintritts in den Ruhestand.

(1) [1]Bei einem Hinausschieben des Eintritts in den Ruhestand nach § 53 Absatz 1 bis 3 des Bundesbeamtengesetzes[4)] oder nach § 44 Absatz 1 des Soldatengesetzes[2)] wird ein Zuschlag gewährt. [2]Der Zuschlag wird nicht neben einem Zuschlag nach § 6 Absatz 2 in Verbindung mit der Altersteilzeitzuschlagsverordnung und nicht neben einem Zuschlag nach § 6 Absatz 3 gewährt. [3]Der Zuschlag beträgt 10 Prozent des Grundgehalts und ist nicht ruhegehaltfähig. [4]Er wird erst gewährt ab Beginn des Kalendermonats, der auf den Zeitpunkt des Erreichens der gesetzlichen Altersgrenze folgt und wenn der Höchstsatz des Ruhegehalts nach § 14 Absatz 1 des Beamtenversorgungsgesetzes[5)] oder nach § 40 Absatz 1 des Soldatenversorgungsgesetzes erreicht ist. [5]Wird der Höchstruhegehaltssatz im Zeitraum des Hinausschiebens erreicht, wird der Zuschlag ab dem Beginn des folgenden Kalendermonats gewährt.

(2) [1]Ein weiterer, nicht ruhegehaltfähiger Zuschlag in Höhe von 5 Prozent des Grundgehalts wird gewährt, wenn die oberste Dienstbehörde oder die von ihr bestimmte Stelle entscheidet, dass die Funktion zur Herbeiführung eines im besonderen öffentlichen Interesse liegenden unaufschiebbaren und zeitgebundenen Ergebnisses im Inland wahrgenommen werden muss. [2]Absatz 1 Satz 2 gilt entsprechend. [3]Der Zuschlag wird ab dem Kalendermonat gewährt, der auf den Zeitpunkt des Erreichens der gesetzlichen Altersgrenze folgt. [4]Er wird unabhängig davon gewährt, ob der Höchstsatz des Ruhegehalts nach § 14 Absatz 1 des Beamtenversorgungsgesetzes oder nach § 40 Absatz 1 des Soldatenversorgungsgesetzes erreicht ist.

(3) [1]Bei einer Teilzeitbeschäftigung bei Hinausschieben des Eintritts in den Ruhestand nach § 53 Absatz 1 bis 3 des Bundesbeamtengesetzes wird ein nicht ruhegehaltfähiger Zuschlag gewährt, dessen Bemessungsgrundlage das Ruhegehalt ist, das bei Versetzung in den Ruhestand wegen Erreichens der gesetzlichen Altersgrenze zugestanden hätte. [2]Absatz 1 Satz 2 gilt entsprechend. [3]Die Höhe des Zuschlags entspricht dem Teil des erdienten Ruhegehalts, der sich aus dem Verhältnis der Freistellung zur regelmäßigen Arbeitszeit ergibt. [4]Die Zuschläge nach den Absätzen 1 und 2 bleiben hiervon unberührt.

§ 7b[6)] *(aufgehoben)*

[1)] *Siehe die Beamten-Pflegezeitvorschuss-VO v. 18.7.2013 (BGBl. I S. 2573), zuletzt geänd. durch G v. 19.10.2016 (BGBl. I S. 2362).*

[2)] **Sartorius III Nr. 850.**

[3)] § 7a eingef. mWv 11.7.2013 durch G v. 3.7.2013 (BGBl. I S. 1978); Abs. 1 Satz 1 geänd., Satz 2 eingef., bish. Sätze 2–4 werden Sätze 3–5, Abs. 2 Satz 1 geänd., Satz 2 eingef., bish. Sätze 2 und 3 werden Sätze 3 und 4 mWv 14.3.2015 durch G v. 6.3.2015 (BGBl. I S. 250); Überschrift, Abs. 1 Sätze 1 und 4 geänd., Abs. 2 eingef., bish. Abs. 2 wird Abs. 3 und Satz 4 neu gef. mWv 1.1.2020 durch G v. 9.12.2019 (BGBl. I S. 2053); Abs. 1 Satz 4 und Abs. 2 Satz 4 geänd. mWv 1.1.2025 durch G v. 20.8.2021 (BGBl. I S. 3932).

[4)] Nr. **160**.

[5)] Nr. **155**.

[6)] § 7b aufgeh. mWv 1.1.2020 durch G v. 9.12.2019 (BGBl. I S. 2053).

§ 8[1)] Kürzung der Besoldung bei Gewährung einer Versorgung durch eine zwischenstaatliche oder überstaatliche Einrichtung. (1) [1]Erhält ein Beamter, Richter oder Soldat aus der Verwendung im öffentlichen Dienst einer zwischenstaatlichen oder überstaatlichen Einrichtung eine Versorgung, werden seine Dienstbezüge gekürzt. [2]Die Kürzung beträgt 1,79375 Prozent für jedes im zwischenstaatlichen oder überstaatlichen Dienst vollendete Jahr; ihm verbleiben jedoch mindestens 40 Prozent seiner Dienstbezüge. [3]Erhält er als Invaliditätspension die Höchstversorgung aus seinem Amt bei der zwischenstaatlichen oder überstaatlichen Einrichtung, werden die Dienstbezüge um 60 Prozent gekürzt. [4]Der Kürzungsbetrag darf die von der zwischenstaatlichen oder überstaatlichen Einrichtung gewährte Versorgung nicht übersteigen.

(2) [1]Als Zeit im zwischenstaatlichen oder überstaatlichen Dienst wird auch die Zeit gerechnet, in welcher der Beamte, Richter oder Soldat ohne Ausübung eines Amtes bei einer zwischenstaatlichen oder überstaatlichen Einrichtung einen Anspruch auf Vergütung oder sonstige Entschädigung hat und Ruhegehaltsansprüche erwirbt. [2]Entsprechendes gilt für Zeiten nach dem Ausscheiden aus dem Dienst einer zwischenstaatlichen oder überstaatlichen Einrichtung, die dort bei der Berechnung des Ruhegehalts wie Dienstzeiten berücksichtigt werden.

(3) Dienstbezüge im Sinne des Absatzes 1 sind das Grundgehalt, der Familienzuschlag, Amtszulagen, ruhegehaltfähige Stellenzulagen und ruhegehaltfähige Leistungsbezüge für Professoren sowie hauptberufliche Leiter von Hochschulen und Mitglieder von Leitungsgremien an Hochschulen.

§ 9 Verlust der Besoldung bei schuldhaftem Fernbleiben vom Dienst.

[1]Bleibt der Beamte, Richter oder Soldat ohne Genehmigung schuldhaft dem Dienst fern, so verliert er für die Zeit des Fernbleibens seine Bezüge. [2]Dies gilt auch bei einem Fernbleiben vom Dienst für Teile eines Tages. [3]Der Verlust der Bezüge ist festzustellen.

§ 9a[2)] Anrechnung anderer Einkünfte auf die Besoldung. (1) [1]Haben Beamte, Richter oder Soldaten Anspruch auf Besoldung für eine Zeit, in der sie nicht zur Dienstleistung verpflichtet waren, kann ein infolge der unterbliebenen Dienstleistung für diesen Zeitraum erzieltes anderes Einkommen auf die Besoldung angerechnet werden. [2]Der Beamte, Richter oder Soldat ist zur Auskunft verpflichtet. [3]In den Fällen einer vorläufigen Dienstenthebung auf Grund eines Disziplinarverfahrens gelten die besonderen Vorschriften des Disziplinarrechts.

(2) [1]Erhält ein Beamter oder Richter aus einer Verwendung nach § 29 des Bundesbeamtengesetzes[3)] anderweitig Bezüge, werden diese auf die Besoldung angerechnet. [2]In besonderen Fällen kann die oberste Dienstbehörde von der Anrechnung ganz oder teilweise absehen, soweit die im Kalenderjahr gezahlten anderweitigen Bezüge den Betrag eines Anfangsgrundgehaltes der jeweiligen Besoldungsgruppe nicht übersteigen. [3]Darüber hinaus kann die oberste Dienstbehörde im Einvernehmen mit dem Bundesministerium des Innern, für Bau

(Fortsetzung nächstes Blatt)

[1)] § 8 Abs. 3 geänd. mWv 1.1.2013, Abs. 1 Sätze 2 und 3 geänd. mWv 1.8.2013 durch G v. 11.6.2013 (BGBl. I S. 1514); Abs. 3 geänd. mWv 1.1.2020 durch G v. 9.12.2019 (BGBl. I S. 2053).

[2)] § 9a Abs. 2 Satz 3 geänd. mWv 1.1.2020 durch G v. 9.12.2019 (BGBl. I S. 2053).

[3)] Nr. **160**.

und Heimat in besonderen Fällen von der Anrechnung ganz oder teilweise absehen. [4] Die Sätze 1 bis 3 gelten entsprechend für Soldaten.

§ 10 Anrechnung von Sachbezügen auf die Besoldung. Erhält ein Beamter, Richter oder Soldat Sachbezüge, so werden diese unter Berücksichtigung ihres wirtschaftlichen Wertes mit einem angemessenen Betrag auf die Besoldung angerechnet, soweit nichts anderes bestimmt ist.

§ 11 Abtretung von Bezügen, Verpfändung, Aufrechnungs- und Zurückbehaltungsrecht. (1) Der Beamte, Richter oder Soldat kann, wenn gesetzlich nichts Anderes bestimmt ist, Ansprüche auf Bezüge nur abtreten oder verpfänden, soweit sie der Pfändung unterliegen.

(2) [1] Gegenüber Ansprüchen auf Bezüge kann der Dienstherr ein Aufrechnungs- oder Zurückbehaltungsrecht nur in Höhe des pfändbaren Teils der Bezüge geltend machen. [2] Dies gilt nicht, soweit gegen den Beamten, Richter oder Soldaten ein Anspruch auf Schadenersatz wegen vorsätzlicher unerlaubter Handlung besteht.

§ 12[1)] Rückforderung von Bezügen. (1) Wird ein Beamter, Richter oder Soldat durch eine gesetzliche Änderung seiner Bezüge einschließlich der Einreihung seines Amtes in die Besoldungsgruppen der Besoldungsordnungen rückwirkend schlechter gestellt, so sind die Unterschiedsbeträge nicht zu erstatten.

(2) [1] Im Übrigen regelt sich die Rückforderung zuviel gezahlter Bezüge nach den Vorschriften des Bürgerlichen Gesetzbuchs[2)] über die Herausgabe einer ungerechtfertigten Bereicherung, soweit gesetzlich nichts Anderes bestimmt ist. [2] Der Kenntnis des Mangels des rechtlichen Grundes der Zahlung steht es gleich, wenn der Mangel so offensichtlich war, dass der Empfänger ihn hätte erkennen müssen. [3] Von der Rückforderung kann aus Billigkeitsgründen mit Zustimmung der obersten Dienstbehörde oder der von ihr bestimmten Stelle ganz oder teilweise abgesehen werden.

(3) [1] Geldleistungen, die für die Zeit nach dem Tode des Beamten, Richters oder Soldaten auf ein Konto bei einem Geldinstitut überwiesen wurden, gelten als unter Vorbehalt erbracht. [2] Das Geldinstitut hat sie der überweisenden Stelle zurück zu überweisen, wenn diese sie als zu Unrecht erbracht zurückfordert. [3] Eine Verpflichtung zur Rücküberweisung besteht nicht, soweit über den entsprechenden Betrag bei Eingang der Rückforderung bereits anderweitig verfügt wurde, es sei denn, dass die Rücküberweisung aus einem Guthaben erfolgen kann. [4] Das Geldinstitut darf den überwiesenen Betrag nicht zur Befriedigung eigener Forderungen verwenden.

(4) [1] Soweit Geldleistungen für die Zeit nach dem Tode des Beamten, Richters oder Soldaten zu Unrecht erbracht worden sind, haben die Personen, die die Geldleistung in Empfang genommen oder über den entsprechenden Betrag verfügt haben, diesen Betrag der überweisenden Stelle zu erstatten, sofern er nicht nach Absatz 3 von dem Geldinstitut zurücküberwiesen wird. [2] Ein Geldinstitut, das eine Rücküberweisung mit dem Hinweis abgelehnt hat, dass über den entsprechenden Betrag bereits anderweitig verfügt wurde, hat der überweisenden Stelle auf Verlangen Namen und Anschrift der Personen, die über den Betrag verfügt haben,

---

1) § 12 Abs. 1 geänd. mWv 1.1.2020 durch G v. 9.12.2019 (BGBl. I S. 2053).
2) **Habersack Nr. 20.**

und etwaiger neuer Kontoinhaber zu benennen. [3] Ein Anspruch gegen die Erben bleibt unberührt.

§ 13[1)] Ausgleichszulage für den Wegfall von Stellenzulagen. (1) [1] Der Wegfall einer Stellenzulage aus dienstlichen Gründen, die nicht vom Beamten, Richter oder Soldaten zu vertreten sind, wird ausgeglichen, wenn die Stellenzulage zuvor in einem Zeitraum von sieben Jahren insgesamt mindestens fünf Jahre zugestanden hat. [2] Die Ausgleichszulage wird auf den Betrag festgesetzt, der am Tag vor dem Wegfall zugestanden hat. [3] Jeweils nach Ablauf eines Jahres vermindert sich die Ausgleichszulage ab Beginn des Folgemonats um 20 Prozent des nach Satz 2 maßgebenden Betrages. [4] Erhöhen sich die Dienstbezüge wegen des Anspruchs auf eine Stellenzulage, wird diese auf die Ausgleichszulage angerechnet. [5] Zeiten des Bezugs von Stellenzulagen, die bereits zu einem Anspruch auf eine Ausgleichszulage geführt haben, bleiben für weitere Ausgleichsansprüche unberücksichtigt.

(2) Bestand innerhalb des Zeitraumes nach Absatz 1 Satz 1 ein Anspruch auf mehrere Stellenzulagen für einen Gesamtzeitraum von mindestens fünf Jahren, ohne dass eine der Stellenzulagen allein für fünf Jahre zugestanden hat, gilt Absatz 1 mit der Maßgabe, dass die Stellenzulage mit dem jeweils niedrigsten Betrag ausgeglichen wird.

(3) Ist eine Stellenzulage infolge einer Versetzung nach § 28 Absatz 3 des Bundesbeamtengesetzes[2)] weggefallen, gilt Absatz 1 mit der Maßgabe, dass sich der Zeitraum des Bezugs der Stellenzulage nach Absatz 1 Satz 1 und Absatz 2 Satz 1 auf zwei Jahre verkürzt.

(4) Die Absätze 1 bis 3 gelten entsprechend, wenn ein Ruhegehaltempfänger erneut in ein Beamten-, Richter- oder Soldatenverhältnis berufen wird oder wenn im unmittelbaren Zusammenhang mit einem Verwendungswechsel eine zuvor gewährte Stellenzulage nur noch mit einem geringeren Betrag zusteht und die jeweilige Zulagenvorschrift keinen anderweitigen Ausgleich vorsieht.

§ 14[3)] Anpassung der Besoldung. (1) Die Besoldung wird entsprechend der Entwicklung der allgemeinen wirtschaftlichen und finanziellen Verhältnisse und

---

[1)] § 13 Abs. 1 Satz 3 geänd. mWv 1.8.2013 durch G v. 11.6.2013 (BGBl. I S. 1514); Abs. 1 Satz 5 geänd., Abs. 3 neu gef. mWv 1.1.2020 durch G v. 9.12.2019 (BGBl. I S. 2053).

[2)] Nr. **160**.

[3)] § 14 Abs. 2 neu gef. mWv 1.1.2010, geänd. mWv 1.1.2011, geänd. mWv 1.8.2011, Abs. 3 angef. mWv 1.1.2010, neu gef. mWv 1.7.2010, geänd. mWv 1.1.2011, geänd. mWv 1.8.2011 durch G v. 19.11.2010 (BGBl. I S. 1552); Abs. 1 geänd., Abs. 2 und 3 aufgeh. mWv 1.1.2012 durch G v. 20.12.2011 (BGBl. I S. 2842); Abs. 2–4 angef. mWv 1.3.2012, Abs. 2 einl. und abschl. Satzteil, Abs. 3 einl. Satzteil, Nr. 1 und 2 geänd. mWv 1.1.2013 und Abs. 2, 3, jeweils einl. Satzteil, Abs. 4 geänd. mWv 1.8.2013 durch G v. 15.8.2012 (BGBl. I S. 1670); Abs. 2 und 3 geänd. mWv 1.8.2013 durch G v. 11.6.2013 (BGBl. I S. 1514); Abs. 2 einl. und abschl. Satzteil geänd. und Satz 2 angef., Abs. 3 einl. Satzteil, Nr. 1 und 2 geänd. und Satz 2 angef., Abs. 4 geänd. mWv 1.3.2014 , Abs. 2 einl. und abschl. Satzteil geänd. und Satz 2 aufgeh., Abs. 3 einl. Satzteil, Nr. 1 und 2 geänd. und Satz 2 aufgeh., Abs. 4 geänd. mWv 1.3.2015 durch G v. 25.11.2014 (BGBl. I S. 1772); Abs. 2 einl. Satzteil, Abs. 3 einl. Satzteil und Abs. 4 geänd. mWv 1.3.2016, Abs. 2 einl. und abschl. Satzteil, Abs. 3 einl. Satzteil, Nr. 1 und 2 und Abs. 4 geänd. mWv 1.2.2017 durch G v. 21.11.2016 (BGBl. I S. 2570); Abs. 2 einl. und abschl. Satzteil, Abs. 3 einl. Satzteil, Nr. 1 und 2 und Abs. 4 geänd., Abs. 5 angef. mWv 1.3.2018, Abs. 4 geänd., Abs. 5 aufgeh. mWv 1.3.2019, Abs. 2 einl. und abschl. Satzteil, Abs. 3 einl. Satzteil, Nr. 1 und 2 geänd. mWv 1.4.2019 und mWv 1.3.2020 durch G v. 8.11.2018 (BGBl. I S. 1810); Abs. 2 Nr. 2 geänd., Abs. 4 aufgeh. mWv 1.3.2020 *durch G v. 9.12.2019* (BGBl. I S. 2053); Abs. 4 angef. mWv 25.10.2020 durch G v. 21.12.2020 (BGBl. I S. 3136); Abs. 2 neu gef., Abs. 3 einl. Satzteil, Nr. 1 und 2 geänd. mWv 1.4.2021, Abs. 2 Satz 1 einl. und abschl. Satzteil geänd., Satz 2 aufgeh., Abs. 3 einl. Satzteil, Nr. 1 und 2 geänd. mWv 1.4.2022 durch G v. 9.7.2021 (BGBl. I S. 2444); Abs. 2 neu gef., Abs. 3 Nr. 1 einl. Satzteil und Nr. 1 geänd., Nr. 2 und Abs. 4 neu gef., Abs. 5–8 angef. mWv 1.6.2023 durch G v. 22.12.2023 (BGBl. 2023 I Nr. 414).

unter Berücksichtigung der mit den Dienstaufgaben verbundenen Verantwortung durch Gesetz regelmäßig angepasst.

(2) Ab dem 1. März 2024 gelten die Monatsbeträge der Anlagen IV, V, VIII und IX unter Berücksichtigung einer Erhöhung

1. des Grundgehalts um 200 Euro und sodann um 5,3 Prozent,
2. des Familienzuschlags mit Ausnahme der Erhöhungsbeträge für die Besoldungsgruppen A 3 bis A 5 um 11,3 Prozent,
3. der Amtszulagen um 11,3 Prozent sowie
4. der Anwärtergrundbeträge um den Differenzbetrag zwischen den ab dem 1. April 2022 geltenden Monatsbeträgen und 52 Prozent der nach Nummer 1 ab dem 1. März 2024 für das jeweils niedrigste Eingangsamt der entsprechenden Laufbahngruppe geltenden Monatsbeträge des Grundgehalts.

(3) Ab dem 1. März 2024 gelten für den Auslandszuschlag unter Berücksichtigung einer Erhöhung

1. der Ober- und Untergrenzen der Grundgehaltsspannen um 200 Euro und sodann um 5,3 Prozent und
2. der Monatsbeträge der Zonenstufen
   a) nach § 53 Absatz 2 Satz 1 um 160 Euro und sodann um 4,24 Prozent und
   b) nach § 53 Absatz 2 Satz 3 um 9,04 Prozent

die Monatsbeträge der Anlage VI.

(4) Zur Abmilderung der Folgen der gestiegenen Verbraucherpreise wird Beamten, Richtern und Soldaten für den Kalendermonat Juni 2023 eine einmalige Sonderzahlung in Höhe von 1 240 Euro gewährt, wenn

1. das Dienstverhältnis am 1. Mai 2023 bestanden hat und
2. im Zeitraum vom 1. Januar 2023 bis 31. Mai 2023 mindestens an einem Tag ein Anspruch auf Dienst- oder Anwärterbezüge bestanden hat.

(5) Zur Abmilderung der Folgen der gestiegenen Verbraucherpreise wird Beamten, Richtern und Soldaten ferner für die Monate Juli 2023 bis Februar 2024 eine monatliche Sonderzahlung in Höhe von jeweils 220 Euro gewährt, wenn

1. das Dienstverhältnis in dem jeweiligen Kalendermonat besteht und
2. in dem jeweiligen Kalendermonat mindestens an einem Tag ein Anspruch auf Dienst- oder Anwärterbezüge besteht.

(6) Anwärtern werden die Sonderzahlungen nach den Absätzen 4 und 5 jeweils zur Hälfte gewährt.

(7) [1] Für die Sonderzahlungen nach den Absätzen 4 und 5 gelten bei Teilzeitbeschäftigung § 6 Absatz 1 und bei begrenzter Dienstfähigkeit § 6a Absatz 1 bis 4 entsprechend. [2] Maßgebend sind jeweils

1. für die einmalige Sonderzahlung für den Kalendermonat Juni 2023 die Verhältnisse am 1. Mai 2023,
2. für die Sonderzahlungen für die Kalendermonate Juli 2023 bis Februar 2024 die jeweiligen Verhältnisse am ersten Tag des jeweiligen Kalendermonats.

(8) Leistungen aus einem anderen Rechtsverhältnis im öffentlichen Dienst des Bundes stehen den Sonderzahlungen nach den Absätzen 4 und 5 gleich und werden jedem Berechtigten nur einmal gewährt.

§ 14a[1] Versorgungsrücklage. (1) [1] Um die Versorgungsleistungen angesichts der demographischen Veränderungen und des Anstiegs der Zahl der Versorgungsempfänger sicherzustellen, wird eine Versorgungsrücklage als Sondervermögen aus der Verminderung der Besoldungs- und Versorgungserhöhungen nach Absatz 2 gebildet. [2] Dafür werden bis zum 31. Dezember 2024 Erhöhungen der Besoldung und Versorgung vermindert.

(2) [1] Jede Erhöhung nach § 14 Absatz 1 wird um 0,2 Prozentpunkte vermindert. [2] Werden Besoldung und Versorgung durch dasselbe Gesetz zeitlich gestaffelt erhöht, erfolgt die Verminderung nur bei der ersten Erhöhung. [3] Die Unterschiedsbeträge gegenüber den nicht nach Satz 1 verminderten Erhöhungen werden der Versorgungsrücklage des Bundes zugeführt. [4] Die Mittel der Versorgungsrücklage dürfen nur zur Finanzierung der Versorgungsausgaben verwendet werden.

(3) Die Unterschiedsbeträge nach Absatz 2 und 50 Prozent der Verminderung der Versorgungsausgaben durch das Versorgungsänderungsgesetz 2001 vom 20. Dezember 2001 (BGBl. I S. 3926) werden der Versorgungsrücklage jährlich, letztmalig in 2031, zugeführt.

(4) Das Nähere, insbesondere die Verwaltung und Anlage des Sondervermögens, wird durch ein besonderes Gesetz[2] geregelt.

§ 15 Dienstlicher Wohnsitz. (1) [1] Dienstlicher Wohnsitz des Beamten oder Richters ist der Ort, an dem die Behörde oder ständige Dienststelle ihren Sitz hat. [2] Dienstlicher Wohnsitz des Soldaten ist sein Standort.

(2) [1] Die oberste Dienstbehörde kann als dienstlichen Wohnsitz anweisen:

1. den Ort, der Mittelpunkt der dienstlichen Tätigkeit des Beamten, Richters oder Soldaten ist,
2. den Ort, in dem der Beamte, Richter oder Soldat mit Zustimmung der vorgesetzten Dienststelle wohnt,
3. einen Ort im Inland, wenn der Beamte oder Soldat im Ausland an der deutschen Grenze beschäftigt ist.

[2] Sie kann diese Befugnis auf nachgeordnete Stellen übertragen.

§ 16 Amt, Dienstgrad. Soweit in Vorschriften dieses Gesetzes auf das Amt verwiesen wird, steht dem Amt der Dienstgrad des Soldaten gleich.

§ 17[3] Aufwandsentschädigungen. [1] Aufwandsentschädigungen dürfen nur gewährt werden, wenn und soweit aus dienstlicher Veranlassung finanzielle Aufwendungen entstehen, deren Übernahme dem Beamten, Richter oder Soldaten nicht zugemutet werden kann, und der Haushaltsplan Mittel zur Verfügung stellt. [2] Aufwandsentschädigungen in festen Beträgen sind nur zulässig, wenn auf Grund tatsächlicher Anhaltspunkte oder tatsächlicher Erhebungen nachvollziehbar ist, dass und in welcher Höhe dienstbezogene finanzielle Aufwendungen typischerweise entstehen; sie werden im Einvernehmen mit dem Bundesministerium des Innern, für Bau und Heimat festgesetzt.

---

[1] § 14a neu gef. mWv 1.1.2018 durch G v. 5.1.2017 (BGBl. I S. 17).
[2] Siehe das VersorgungsrücklageG idF der Bek. v. 27.3.2007 (BGBl. I S. 482), zuletzt geänd. durch G v. 20.8.2021 (BGBl. I S. 3932).
[3] § 17 Satz 2 geänd. mWv 1.1.2020 durch G v. 9.12.2019 (BGBl. I S. 2053).

§ 17a[1)] Zahlungsweise. [1]Für die Zahlung der Besoldung nach § 1 Absatz 2 und 3 und von Aufwandsentschädigungen nach § 17 hat der Empfänger auf Verlangen der zuständigen Behörde ein Konto anzugeben, für das die Verordnung (EU) Nr. 260/2012 des Europäischen Parlaments und des Rates vom 14. März 2012 zur Festlegung der technischen Vorschriften und der Geschäftsanforderungen für Überweisungen und Lastschriften in Euro und zur Änderung der Verordnung (EG) Nr. 924/2009 (ABl. L 94 vom 30.3.2012, S. 22), die zuletzt durch die Verordnung (EU) 2024/886 (ABl. L, 2024/886, 19.3.2024) geändert worden ist, gilt. [2]Die Übermittlungskosten mit Ausnahme der Kosten für die Gutschrift auf dem Konto des Empfängers trägt der Dienstherr, die Kontoeinrichtungs-, Kontoführungs- oder Buchungsgebühren trägt der Empfänger. [3]Eine Auszahlung auf andere Weise kann nur zugestanden werden, wenn dem Empfänger die Einrichtung oder Benutzung eines Kontos aus wichtigem Grund nicht zugemutet werden kann.

§ 17b[2)] Lebenspartnerschaft. [1]Die Vorschriften dieses Gesetzes, die sich auf das Bestehen oder das frühere Bestehen einer Ehe beziehen, gelten entsprechend für das Bestehen oder das frühere Bestehen einer Lebenspartnerschaft. [2]Die Vorschriften dieses Gesetzes, die sich auf den Ehegatten beziehen, gelten entsprechend für den Lebenspartner.

Abschnitt 2. Grundgehalt, Leistungsbezüge an Hochschulen

Unterabschnitt 1. Allgemeine Grundsätze

§ 18[3)] Grundsatz der funktionsgerechten Besoldung. (1) [1]Die Funktionen der Beamten und Soldaten sind nach den mit ihnen verbundenen Anforderungen sachgerecht zu bewerten und Ämtern zuzuordnen. [2]Eine Funktion kann bis zu drei Ämtern einer Laufbahngruppe, in obersten Bundesbehörden allen Ämtern einer Laufbahngruppe zugeordnet werden. [3]Bei Soldaten gilt dies in der Laufbahngruppe der Mannschaften für alle Dienstgrade und in der Laufbahngruppe der Unteroffiziere für bis zu vier Dienstgrade.

(2) [1]Abweichend von Absatz 1 Satz 1 und 2 kann in der Bundesbesoldungsordnung B jede Funktion nur einem Amt zugeordnet werden. [2]Für die Zuordnung zu einem Amt der Bundesbesoldungsordnung B, das eine Grundamtsbezeichnung trägt, bedarf die zuständige oberste Bundesbehörde des Einvernehmens des Bundesministeriums des Innern, für Bau und Heimat und des Bundesministeriums der Finanzen.

§ 19[4)] Bestimmung des Grundgehaltes nach dem Amt. (1) [1]Das Grundgehalt des Beamten, Richters oder Soldaten bestimmt sich nach der Besoldungsgruppe des ihm verliehenen Amtes. [2]Ist ein Amt noch nicht in einer Bundesbesoldungsordnung enthalten oder ist es mehreren Besoldungsgruppen zugeordnet, bestimmt sich das Grundgehalt nach der Besoldungsgruppe, die in der Einweisungsverfügung bestimmt ist; die Einweisung bedarf bei Körperschaften, Anstalten und Stiftungen des öffentlichen Rechts in den Fällen, in denen das Amt in einer Bundesbesoldungsordnung

---

[1)] § 17a Satz 1 geänd. mWv 1.8.2013 durch G v. 11.6.2013 (BGBl. I S. 1514); Satz 1 geänd. mWv 10.2.2026 durch G v. 4.2.2026 (BGBl. 2026 I Nr. 33).

[2)] § 17b angef. mWv 1.1.2009 durch G v. 14.11.2011 (BGBl. I S. 2219).

[3)] § 18 Satz 1 geänd., Satz 2 neu gef. und Satz 3 angef. mWv 1.1.2013 durch G v. 11.6.2013 (BGBl. I S. 1514); Abs. 2 angef. mWv 1.1.2020 durch G v. 9.12.2019 (BGBl. I S. 2053); Abs. 2 Satz 2 geänd. mWv 1.8.2021 durch G v. 28.6.2021 (BGBl. I S. 2250).

[4)] § 19 Abs. 1 Satz 2 geänd. mWv 1.8.2013 durch G v. 11.6.2013 (BGBl. I S. 1514); Abs. 1 Satz 2 geänd. mWv 1.1.2020 durch G v. 9.12.2019 (BGBl. I S. 2053).

noch nicht enthalten ist, der Zustimmung der obersten Rechtsaufsichtsbehörde im Einvernehmen mit dem Bundesministerium des Innern, für Bau und Heimat. [3] Ist dem Beamten oder Richter noch kein Amt verliehen worden, so bestimmt sich das Grundgehalt des Beamten nach der Besoldungsgruppe seines Eingangsamtes, das Grundgehalt des Richters und des Staatsanwalts nach der Besoldungsgruppe R 1; soweit die Einstellung in einem anderen als dem Eingangsamt erfolgt ist, bestimmt sich das Grundgehalt nach der entsprechenden Besoldungsgruppe.

(2) Ist einem Amt gesetzlich eine Funktion zugeordnet oder richtet sich die Zuordnung eines Amtes zu einer Besoldungsgruppe einschließlich der Gewährung von Amtszulagen nach einem gesetzlich festgelegten Bewertungsmaßstab, insbesondere nach der Zahl der Planstellen, so gibt die Erfüllung dieser Voraussetzungen allein keinen Anspruch auf die Besoldung aus diesem Amt.

§ 19a[1)] Besoldung bei Verleihung eines anderen Amtes. [1] Verringert sich während eines Dienstverhältnisses nach § 1 Absatz 1 das Grundgehalt durch Verleihung eines anderen Amtes aus Gründen, die nicht vom Beamten, Richter oder Soldaten zu vertreten sind, ist abweichend von § 19 das Grundgehalt zu zahlen, das dem Besoldungsempfänger bei einem Verbleiben in dem bisherigen Amt zugestanden hätte. [2] Satz 1 gilt entsprechend bei einem Wechsel eines Beamten in das Dienstverhältnis eines Richters oder bei einem Wechsel eines Richters in das Dienstverhältnis eines Beamten. [3] Veränderungen in der Bewertung des bisherigen Amtes bleiben unberücksichtigt. [4] Die Sätze 1 und 2 gelten entsprechend für Amtszulagen, auch bei Übertragung einer anderen Funktion. [5] Die Sätze 1 bis 3 gelten nicht im Fall des § 24 Absatz 6 Satz 3 des Bundesbeamtengesetzes[2)] sowie im Fall der Übertragung eines Amtes in einem Dienstverhältnis auf Zeit.

§ 19b[3)] Besoldung bei Wechsel in den Dienst des Bundes. (1) [1] Verringert sich auf Grund einer Versetzung, die auf Antrag erfolgt, die Summe aus dem Grundgehalt, den grundgehaltsergänzenden Zulagen und der auf diese Beträge entfallenden Sonderzahlung, ist eine Ausgleichszulage zu gewähren. [2] Dies gilt nicht für einen Wechsel in die Besoldungsgruppe W 2 oder W 3.

(2) [1] Die Ausgleichszulage bemisst sich nach dem Unterschied zwischen den Summen nach Absatz 1 in der bisherigen Verwendung und in der neuen Verwendung zum Zeitpunkt der Versetzung. [2] Sie verringert sich bei jeder Erhöhung des Grundgehaltes um ein Drittel des Erhöhungsbetrages.

(3) [1] Bei einer Versetzung aus dienstlichen Gründen, einer Übernahme oder einem Übertritt gelten die Absätze 1 und 2 entsprechend. [2] Zur Bestimmung der Ausgleichszulage ist in diesen Fällen auch eine in der bisherigen Verwendung nach Landesrecht gewährte Ausgleichszulage oder eine andere Leistung einzubeziehen, die für die Verringerung von Grundgehalt und grundgehaltsergänzenden Zulagen zustand. [3] Die Ausgleichszulage nach den Sätzen 1 und 2 ist ruhegehaltfähig, soweit sie ruhegehaltfähige Dienstbezüge ausgleicht. [4] Als Bestandteil der Versorgungsbezüge verringert sie sich bei jeder auf das Grundgehalt bezogenen Erhöhung der Versorgungsbezüge um ein Drittel des Erhöhungsbetrages.

---

1) Bish. § 19a ersetzt durch §§ 19a, 19b mWv 22.3.2012 durch G v. 15.3.2012 (BGBl. I S. 462); Satz 1 *geänd. mWv 1.8.2013 durch* G v. 11.6.2013 (BGBl. I S. 1514).

2) Nr. **160**.

3) Bish. § 19a ersetzt durch §§ 19a, 19b mWv 22.3.2012 durch G v. 15.3.2012 (BGBl. I S. 462); Abs. 1 Satz 1 geänd., Satz 2 und Abs. 4 angef. mWv 1.8.2013 durch G v. 11.6.2013 (BGBl. I S. 1514); Abs. 1 Satz 2 geänd. mWv 1.1.2020 durch G v. 9.12.2019 (BGBl. I S. 2053).

(4) Die Absätze 1 bis 3 gelten entsprechend beim Eintritt eines Richters in ein Dienstverhältnis nach § 1 Absatz 1 Nummer 1.

Unterabschnitt 2.[1] Beamte und Soldaten

§ 20[2] Bundesbesoldungsordnungen A und B. [1] Die Ämter der Beamten und Soldaten und die Zuordnung der Ämter entsprechend ihrer Wertigkeit zu den Besoldungsgruppen sind in Anlage I Bundesbesoldungsordnungen A und B geregelt. [2] Die Grundgehälter der Besoldungsgruppen sind in Anlage IV ausgewiesen.

§§ 21, 22 (weggefallen)

§ 23[3] Eingangsämter für Beamte. (1) Die Eingangsämter für Beamte sind folgenden Besoldungsgruppen zuzuweisen:

1. in Laufbahnen des einfachen Dienstes der Besoldungsgruppe A 3 oder A 4,
2. in Laufbahnen

(Fortsetzung nächstes Blatt)

---

[1] Unterabschnitt 2 Überschrift neu gef. mWv 1.8.2013 durch G v. 11.6.2013 (BGBl. I S. 1514).

[2] § 20 neu gef. mWv 25.7.2024 durch G v. 19.7.2024 (BGBl. 2024 I Nr. 247).

[3] § 23 Abs. 2 neu gef. mWv 22.3.2012 durch G v. 15.3.2012 (BGBl. I S. 462); Abs. 2 Satz 3 geänd. mWv 1.8.2013 durch G v. 11.6.2013 (BGBl. I S. 1514); Abs. 1 Nr. 2 neu gef., Abs. 2 Satz 1 geänd., Satz 2 neu gef. und Satz 3 aufgeh. mWv 1.1.2020, Abs. 1 Nr. 1 geänd. mWv 1.3.2020 durch G v. 9.12.2019 (BGBl. I S. 2053).

a) des mittleren nichttechnischen Dienstes der Besoldungsgruppe A 6,
b) des mittleren technischen Dienstes der Besoldungsgruppe A 6 oder A 7,
c) des mittleren nichttechnischen Dienstes bei der Zollverwaltung der Besoldungsgruppe A 7,

3. in Laufbahnen des gehobenen Dienstes der Besoldungsgruppe A 9,
4. in Laufbahnen des höheren Dienstes der Besoldungsgruppe A 13.

(2) [1] Soweit für die Zulassung zu den Laufbahnen des gehobenen technischen Verwaltungsdienstes oder des gehobenen naturwissenschaftlichen Dienstes ein mit einem Bachelor abgeschlossenes Hochschulstudium oder ein gleichwertiger Abschluss gefordert wird, ist das Eingangsamt für Beamte mit einem solchen Abschluss der Besoldungsgruppe A 10 oder A 11 zuzuweisen. [2] Dies gilt auch für Beamte in technischen Fachverwendungen in Sonderlaufbahnen des gehobenen Dienstes mit einem Abschluss in einem ingenieurwissenschaftlichen oder einem naturwissenschaftlichen Studiengang oder in einem Studiengang, bei dem Inhalte aus den Bereichen der Informatik oder der Informationstechnik überwiegen.

§ 24[1)] Eingangsamt für Beamte in besonderen Laufbahnen. (1) [1] Das Eingangsamt in Sonderlaufbahnen, bei denen

1. die Ausbildung mit einer gegenüber dem nichttechnischen oder technischen Verwaltungsdienst besonders gestalteten Prüfung abgeschlossen wird oder die Ablegung einer zusätzlichen Prüfung vorgeschrieben ist und
2. im Eingangsamt Anforderungen gestellt werden, die bei sachgerechter Bewertung zwingend die Zuweisung des Eingangsamtes zu einer anderen Besoldungsgruppe als nach § 23 erfordern,

kann der höheren Besoldungsgruppe zugewiesen werden, in die gleichwertige Ämter eingereiht sind. [2] Die Festlegung als Eingangsamt ist in den Bundesbesoldungsordnungen zu kennzeichnen.

(2) Das Eingangsamt in Laufbahnen des einfachen Dienstes kann, wenn die Voraussetzung des Absatzes 1 Satz 1 Nummer 2 erfüllt ist, der höheren Besoldungsgruppe zugewiesen werden, in die gleichwertige Ämter eingereiht sind.

§§ 25, 26[2)] *(aufgehoben)*

§ 27[3)] Bemessung des Grundgehaltes. (1) [1] Das Grundgehalt wird, soweit nicht gesetzlich etwas Anderes bestimmt ist, nach Stufen bemessen. [2] Dabei erfolgt der Aufstieg in eine nächsthöhere Stufe nach bestimmten Dienstzeiten, in denen anforderungsgerechte Leistungen erbracht wurden (Erfahrungszeiten).

[1)] § 24 Abs. 1 Satz 2 geänd. mWv 1.8.2013 durch G v. 11.6.2013 (BGBl. I S. 1514).

[2)] § 25 aufgeh. mWv 1.1.2013 durch G v. 11.6.2013 (BGBl. I S. 1514), § 26 aufgeh. mWv 1.1.2020 durch G v. 9.12.2019 (BGBl. I S. 2053).

[3)] § 27 Abs. 2 Satz 4 neu gef., Abs. 4 Satz 1 2. Halbsatz angef. mWv 22.3.2012 durch G v. 15.3. 2012 (BGBl. I S. 462); Abs. 7 Satz 2 geänd. mWv 1.8.2013 durch G v. 11.6.2013 (BGBl. I S. 1514); Abs. 2 Satz 1 neu gef., Abs. 3 Satz 2 neu gef., Satz 3 geänd., Abs. 4 aufgeh., Abs. 5–10 werden Abs. 4–9, neue Abs. 7 Satz 1 und Abs. 9 Satz 2 geänd. mWv 1.1.2016 durch G v. 3.12.2015 (BGBl. I S. 2163).

(2) [1] Mit der ersten Ernennung mit Anspruch auf Dienstbezüge im Anwendungsbereich dieses Gesetzes wird ein Grundgehalt der Stufe 1 festgesetzt, soweit nicht Erfahrungszeiten nach § 28 Absatz 1 bis 3 anerkannt werden. [2] Die Stufe wird mit Wirkung vom Ersten des Monats festgesetzt, in dem die Ernennung wirksam wird. [3] Die Stufenfestsetzung ist dem Beamten oder Soldaten schriftlich mitzuteilen. [4] Die Sätze 1 bis 3 gelten entsprechend für

1. die Versetzung, die Übernahme und den Übertritt in den Dienst des Bundes,
2. den Wechsel aus einem Amt der Bundesbesoldungsordnungen B, R, W oder C in ein Amt der Bundesbesoldungsordnung A sowie
3. die Einstellung eines ehemaligen Beamten, Richters, Berufssoldaten oder Soldaten auf Zeit in ein Amt der Bundesbesoldungsordnung A.

(3) [1] Das Grundgehalt steigt nach Erfahrungszeiten von zwei Jahren in der Stufe 1, von jeweils drei Jahren in den Stufen 2 bis 4 und von jeweils vier Jahren in den Stufen 5 bis 7. [2] Abweichend von Satz 1 beträgt die Erfahrungszeit in den Stufen 5 bis 7 bei Beamten in den Laufbahnen des einfachen Dienstes und bei Soldaten in den Laufbahnen der Mannschaften jeweils drei Jahre. [3] Zeiten ohne Anspruch auf Dienstbezüge verzögern den Aufstieg um diese Zeiten, soweit in § 28 Absatz 5 nicht etwas anderes bestimmt ist. [4] Die Zeiten sind auf volle Monate abzurunden.

(4) [1] Wird festgestellt, dass die Leistungen des Beamten oder Soldaten nicht den mit dem Amt verbundenen Anforderungen entsprechen, verbleibt er in seiner bisherigen Stufe des Grundgehaltes. [2] Die Feststellung nach Satz 1 erfolgt auf der Grundlage einer geeigneten Leistungseinschätzung. [3] Ist die Leistungseinschätzung älter als zwölf Monate, ist ergänzend eine aktuelle Leistungseinschätzung zu erstellen. [4] Für die Feststellung nach Satz 1 können nur Leistungen berücksichtigt werden, auf die vor der Feststellung hingewiesen wurde.

(5) [1] Wird auf der Grundlage einer weiteren Leistungseinschätzung festgestellt, dass die Leistungen des Beamten oder Soldaten wieder den mit dem Amt verbundenen Anforderungen entsprechen, erfolgt der Aufstieg in die nächsthöhere Stufe am ersten Tag des Monats, in dem diese Feststellung erfolgt. [2] Wird in der Folgezeit festgestellt, dass der Beamte oder Soldat Leistungen erbringt, die die mit dem Amt verbundenen Anforderungen erheblich übersteigen, gilt der von dieser Feststellung erfasste Zeitraum nicht nur als laufende Erfahrungszeit, sondern wird zusätzlich so angerechnet, dass er für die Zukunft die Wirkung eines früheren Verbleibens in der Stufe entsprechend mindert oder aufhebt. [3] Die für diese Anrechnung zu berücksichtigenden Zeiten sind auf volle Monate abzurunden. [4] Maßgebender Zeitpunkt ist der Erste des Monats, in dem die entsprechende Feststellung erfolgt.

(6) [1] Bei dauerhaft herausragenden Leistungen kann Beamten und Soldaten der Bundesbesoldungsordnung A für den Zeitraum bis zum Erreichen der nächsten Stufe das Grundgehalt der nächsthöheren Stufe gezahlt werden (Leistungsstufe). [2] Die Zahl der in einem Kalenderjahr bei einem Dienstherrn vergebenen Leistungsstufen darf 15 Prozent der Zahl der bei dem Dienstherrn vorhandenen Beamten und Soldaten der Bundesbesoldungsordnung A, die das Endgrundgehalt noch nicht erreicht haben, nicht übersteigen. [3] Die Bundesregierung wird ermächtigt, nähere Regelungen durch Rechtsverordnung[1)] zu

---

[1)] Siehe die BundesleistungsbesoldungsVO **(Bundesbeamtengesetze Nr. 53q)** und die dazu erlassenen Durchführungshinweise des BMI **(Bundesbeamtengesetze Nr. 53q.1)**.

treffen. [4]In der Rechtsverordnung kann zugelassen werden, dass bei Dienstherren mit weniger als sieben Beamten im Sinne des Satzes 2 in jedem Kalenderjahr einem Beamten die Leistungsstufe gewährt wird.

(7) [1]Die Entscheidung nach den Absätzen 4 bis 6 trifft die zuständige oberste Dienstbehörde oder die von ihr bestimmte Stelle. [2]Sie ist dem Beamten oder Soldaten schriftlich mitzuteilen. [3]Widerspruch, Beschwerde nach der Wehrbeschwerdeordnung und Anfechtungsklage haben keine aufschiebende Wirkung.

(8) In der Probezeit nach § 11 Absatz 1 des Bundesbeamtengesetzes[1)] erfolgt das Aufsteigen in den Stufen entsprechend den in Absatz 3 genannten Zeiträumen.

(9) [1]Der Beamte oder Soldat verbleibt in seiner bisherigen Stufe, solange er vorläufig des Dienstes enthoben ist. [2]Führt ein Disziplinarverfahren nicht zur Entfernung aus dem Dienst oder endet das Dienstverhältnis nicht durch Entlassung auf Antrag des Beamten oder Soldaten oder infolge strafgerichtlicher Verurteilung, regelt sich das Aufsteigen im Zeitraum seiner vorläufigen Dienstenthebung nach Absatz 3.

§ 28[2)] Berücksichtigungsfähige Zeiten. (1) [1]Beamten und Soldaten werden bei der ersten Stufenfestsetzung als Erfahrungszeiten im Sinne des § 27 Absatz 2 anerkannt:

1. Zeiten einer gleichwertigen hauptberuflichen Tätigkeit außerhalb eines Soldatenverhältnisses, die für Beamte nicht Voraussetzung für den Erwerb der Laufbahnbefähigung oder für Soldaten nicht Voraussetzung für die Einstellung mit einem Dienstgrad einer Besoldungsgruppe bis A 13 sind,
2. Zeiten als Berufssoldat oder Soldat auf Zeit,
3. Zeiten von mindestens vier Monaten und insgesamt höchstens zwei Jahren, in denen Wehrdienst, soweit er nicht unter Nummer 2 fällt, Zivildienst, Bundesfreiwilligendienst, Entwicklungsdienst oder ein freiwilliges soziales oder ökologisches Jahr geleistet wurde,
4. Verfolgungszeiten nach dem Beruflichen Rehabilitierungsgesetz[3)], soweit eine Erwerbstätigkeit, die einem Dienst bei einem öffentlich-rechtlichen Dienstherrn (§ 29) entspricht, nicht ausgeübt werden konnte.

[2]Mit Zustimmung des Bundesministeriums des Innern, für Bau und Heimat kann hiervon abgewichen werden, wenn für die Zulassung zu einer Laufbahn besondere Voraussetzungen gelten. [3]Zeiten nach Satz 1 werden durch Unterbrechungszeiten nach Absatz 5 Nummer 2 bis 5 nicht vermindert. [4]Erfahrungszeiten nach Satz 1 stehen gleich:

[1)] Nr. **160**.

[2)] § 28 Abs. 1 Satz 1 Nr. 1 geänd., Nr. 2 neu gef., Satz 2 eingef., bish. Sätze 2–7 werden Sätze 3–8, neue Sätze 4–8 geänd., Abs. 2 Nr. 1 neu gef., Nr. 2 aufgeh., bish. Nr. 3–6 werden Nr. 2–5, Abs. 3 geänd. mWv 22.3.2012 durch G v. 15.3.2012 (BGBl. I S. 462); Abs. 1 Satz 7 eingef., bish. Sätze 7 und 8 werden Sätze 8 und 9 mWv 1.8.2013 durch G v. 11.6.2013 (BGBl. I S. 1514); Abs. 1 Satz 1 einl. Satzteil geänd., Nr. 1–3 neu gef., Sätze 2–4 neu gef., Sätze 5–9 aufgeh., Abs. 2–4 eingef., bish. Abs. 2 wird Abs. 5 und Nr. 1 geänd., bish. Abs. 3 wird Abs. 6 und geänd. mWv 1.1.2016 durch G v. 3.12. 2015 (BGBl. I S. 2163); Abs. 2 Satz 4 geänd. mWv 1.1.2016 durch G v. 5.1.2017 (BGBl. I S. 17); Abs. 5 Nr. 2 geänd. mWv 5.4.2017 durch G v. 29.3.2017 (BGBl. I S. 626); Abs. 1 Sätze 1 und 2 geänd. mWv 1.1.2020 durch G v. 9.12.2019 (BGBl. I S. 2053).

[3)] **Aichberger, SGB Nr. 6/23.**

1. Zeiten einer Kinderbetreuung von bis zu drei Jahren für jedes Kind (Kinderbetreuungszeiten),
2. Zeiten der tatsächlichen Pflege von Eltern, Schwiegereltern, Ehegatten, Geschwistern oder Kindern, die nach ärztlichem Gutachten pflegebedürftig sind, von bis zu drei Jahren für jeden dieser Angehörigen (Pflegezeiten).

(2) [1] Beamten können weitere hauptberufliche Zeiten, die nicht Voraussetzung für den Erwerb der Laufbahnbefähigung sind, ganz oder teilweise anerkannt werden, soweit diese für die Verwendung förderlich sind. [2] Wird für die Einstellung ein mit einem Master abgeschlossenes Hochschulstudium oder ein gleichwertiger Abschluss vorausgesetzt, sind Beamten dafür zwei Jahre als Erfahrungszeit anzuerkennen. [3] Zusätzliche Qualifikationen, die nicht im Rahmen von hauptberuflichen Zeiten erworben wurden, können Beamten in besonderen Einzelfällen, insbesondere zur Deckung des Personalbedarfs, mit bis zu drei Jahren als Erfahrungszeit im Sinne des § 27 Absatz 3 anerkannt werden. [4] Die Entscheidungen nach den Sätzen 1 und 3 trifft die oberste Dienstbehörde oder die von ihr bestimmte Stelle. [5] Absatz 1 Satz 2 und 3 gilt entsprechend.

(3) [1] Werden Soldaten auf Grund ihrer beruflichen Qualifikation mit einem höheren Dienstgrad eingestellt, können entsprechend den jeweiligen Einstellungsvoraussetzungen als Erfahrungszeiten anerkannt werden:

1. in der Laufbahngruppe der Unteroffiziere für die Einstellung mit einem Dienstgrad einer Besoldungsgruppe bis A 7 höchstens vier Jahre und
2. in der Laufbahngruppe der Offiziere für die Einstellung mit einem Dienstgrad einer Besoldungsgruppe bis A 13 höchstens sechs Jahre.

[2] Im Übrigen können hauptberufliche Zeiten ganz oder teilweise als Erfahrungszeiten anerkannt werden, soweit diese für die Verwendung förderlich sind. [3] Absatz 2 Satz 3 gilt entsprechend.

(4) [1] Derselbe Zeitraum kann nur einmal anerkannt werden. [2] Die Zeiten nach den Absätzen 1 bis 3 sind zu addieren und danach auf volle Monate aufzurunden.

(5) Abweichend von § 27 Absatz 3 Satz 3 wird der Aufstieg in den Stufen durch folgende Zeiten nicht verzögert:

1. Kinderbetreuungs- und Pflegezeiten nach Absatz 1 Satz 4,
2. Zeiten einer Beurlaubung ohne Dienstbezüge, die nach gesetzlichen Bestimmungen dienstlichen Interessen dient; dies gilt auch, wenn durch die oberste Dienstbehörde oder die von ihr bestimmte Stelle schriftlich oder elektronisch anerkannt ist, dass der Urlaub dienstlichen Interessen oder öffentlichen Belangen dient,
3. Zeiten, die nach dem Arbeitsplatzschutzgesetz[1)] nicht zu dienstlichen Nachteilen führen dürfen,
4. Zeiten einer Eignungsübung nach dem Eignungsübungsgesetz[2)] und
5. Zeiten, die in einem kommunalen Wahlbeamtenverhältnis erbracht wurden.

[1)] **Wehrrecht Nr. 470.**
[2)] **Wehrrecht Nr. 770.**

(6) Zeiten, die nach § 28 Absatz 3 Nummer 1 oder 2 des Bundesbesoldungsgesetzes in der bis zum 30. Juni 2009 geltenden Fassung berücksichtigt wurden, werden auf die Zeiten nach Absatz 5 Nummer 1 angerechnet.

§ 29[1)] Öffentlich-rechtliche Dienstherren. (1) Öffentlich-rechtliche Dienstherren im Sinne dieses Gesetzes sind der Bund, die Länder, die Gemeinden (Gemeindeverbände) und andere Körperschaften, Anstalten und Stiftungen des öffentlichen Rechts mit Ausnahme der öffentlich-rechtlichen Religionsgesellschaften und ihrer Verbände.

(2) Der Tätigkeit im Dienst eines öffentlich-rechtlichen Dienstherrn stehen gleich:

1. die gleichartige Tätigkeit
   a) im öffentlichen Dienst eines Organs, einer Einrichtung oder eines Mitgliedstaats der Europäischen Union oder
   b) bei einer öffentlichen zwischenstaatlichen oder überstaatlichen Einrichtung oder Verwaltung und
2. die von volksdeutschen Vertriebenen und Spätaussiedlern ausgeübte gleichartige Tätigkeit im Dienst eines öffentlich-rechtlichen Dienstherrn ihres Herkunftslandes.

§ 30[2)] Nicht zu berücksichtigende Dienstzeiten. (1) [1]§ 28 Absatz 1 bis 3 gilt nicht für Zeiten einer Tätigkeit für das Ministerium für Staatssicherheit oder das Amt für Nationale Sicherheit. [2]Dies gilt auch für Zeiten, die vor einer solchen Tätigkeit zurückgelegt worden sind. [3]Satz 1 gilt auch für Zeiten einer Tätigkeit als Angehöriger der Grenztruppen der ehemaligen Deutschen Demokratischen Republik.

(2) [1]Absatz 1 Satz 1 und 2 gilt auch für Zeiten einer Tätigkeit, die auf Grund einer besonderen persönlichen Nähe zum System der ehemaligen Deutschen Demokratischen Republik übertragen war. [2]Das Vorliegen dieser Voraussetzung wird insbesondere widerlegbar vermutet, wenn der Beamte oder Soldat

1. vor oder bei Übertragung der Tätigkeit eine hauptamtliche oder hervorgehobene ehrenamtliche Funktion in der Sozialistischen Einheitspartei Deutschlands, dem Freien Deutschen Gewerkschaftsbund, der Freien Deutschen Jugend oder einer vergleichbaren systemunterstützenden Partei oder Organisation innehatte oder
2. als mittlere oder obere Führungskraft in zentralen Staatsorganen, als obere Führungskraft beim Rat eines Bezirkes, als Vorsitzender des Rates eines Kreises oder einer kreisfreien Stadt oder in einer vergleichbaren Funktion tätig war oder
3. hauptamtlich Lehrender an den Bildungseinrichtungen der staatstragenden Parteien oder einer Massen- oder gesellschaftlichen Organisation war oder
4. Absolvent der Akademie für Staat und Recht oder einer vergleichbaren Bildungseinrichtung war.

---

1) § 29 Abs. 2 Nr. 1 neu gef. mWv 1.8.2013 durch G v. 11.6.2013 (BGBl. I S. 1514).

2) § 30 Abs. 1 Satz 1 geänd. mWv 1.8.2013 durch G v. 11.6.2013 (BGBl. I S. 1514); Abs. 1 Satz 1 geänd. mWv 1.1.2016 durch G v. 3.12.2015 (BGBl. I S. 2163).

§ 31 (weggefallen)

Unterabschnitt 3.[1] Professoren sowie hauptberufliche Leiter von Hochschulen und Mitglieder von Leitungsgremien an Hochschulen

§ 32 [2)3)] **Bundesbesoldungsordnung W.** [1]Die Ämter der Professoren und ihre Besoldungsgruppen sind in der Bundesbesoldungsordnung W (Anlage II) geregelt. [2]Die Grundgehaltssätze sind in Anlage IV ausgewiesen. [3]Die Sätze 1 und 2 gelten auch für hauptberufliche Leiter von Hochschulen und Mitglieder von Leitungsgremien an Hochschulen, die nicht Professoren sind, soweit ihre Ämter nicht Besoldungsgruppen der Bundesbesoldungsordnungen A und B zugewiesen sind.

§ 32a[4] **Bemessung des Grundgehaltes.** (1) [1]Das Grundgehalt wird, soweit nicht gesetzlich etwas Anderes bestimmt ist, nach Stufen bemessen. [2]Dabei erfolgt der Aufstieg in eine nächsthöhere Stufe nach bestimmten Dienstzeiten, in denen anforderungsgerechte Leistungen erbracht wurden (Erfahrungszeiten).

(2) [1]Mit der Ernennung zum Professor mit Anspruch auf Dienstbezüge wird in der Besoldungsgruppe W 2 oder W 3 ein Grundgehalt der Stufe 1 festgesetzt, soweit nicht Erfahrungszeiten nach § 32b Absatz 1 anerkannt werden. [2]Die Stufe wird mit Wirkung vom Ersten des Monats festgesetzt, in dem die Ernennung wirksam wird. [3]Die Sätze 1 und 2 gelten entsprechend für

1. die in § 27 Absatz 2 Satz 4 Nummer 1 genannten Fälle,
2. den Wechsel aus einem Amt der Bundesbesoldungsordnungen A, B, C oder R oder der Besoldungsgruppe W 1.

(3) Das Grundgehalt steigt nach Erfahrungszeiten von jeweils sieben Jahren in den Stufen 1 und 2.

(4) [1]Zeiten ohne Anspruch auf Dienstbezüge verzögern den Aufstieg in den Stufen um diese Zeiten, soweit in § 32b nicht etwas Anderes bestimmt ist. [2]Die Zeiten sind auf volle Monate abzurunden.

(5) [1]§ 27 Absatz 4, 5 und 6 Satz 1 und 2 gilt entsprechend. [2]Die Besonderheiten der Hochschulen sind zu berücksichtigen. [3]Die in § 33 Absatz 4 genannten Stellen werden ermächtigt, nach dem dort bestimmten Verfahren nähere Regelungen durch Rechtsverordnung zu treffen.

(6) [1]Die Entscheidung nach Absatz 2 trifft die oberste Dienstbehörde oder die von ihr bestimmte Stelle. [2]Die Entscheidung nach § 27 Absatz 4, 5 und 6 Satz 1 und 2 in Verbindung mit Absatz 5 Satz 1 trifft die Hochschule. [3]Satz 2 gilt nicht für Entscheidungen, die die Hochschulleitung betreffen; mit Ausnahme der Bewertung der wissenschaftlichen Leistung trifft diese Entscheidungen die oberste Dienstbehörde. [4]Entscheidungen nach den Sätzen 1 bis 3 sind dem Professor oder dem hauptamtlichen Mitglied der Hochschulleitung schriftlich mitzuteilen. [5]Gegen die Entscheidung nach § 27 Absatz 4, 5 und 6

---

1) Unterabschnitt 3 Überschrift neu gef. mWv 1.8.2013 durch G v. 11.6.2013 (BGBl. I S. 1514).

2) § 32 Satz 3 geänd. mWv 1.1.2013 durch G v. 11.6.2013 (BGBl. I S. 1514); Satz 2 geänd. mWv 1.1.2020 durch G v. 9.12.2019 (BGBl. I S. 2053).

3) *Zur Fortgeltung der Bundesbesoldungs*ordnung C siehe § 77.

4) § 32a eingef. mWv 1.1.2013 durch G v. 11.6.2013 (BGBl. I S. 1514); Abs. 5 Satz 1, Abs. 6 Sätze 2 und 5 geänd. mWv 1.1.2016 durch G v. 3.12.2015 (BGBl. I S. 2163).

Satz 1 und 2 in Verbindung mit Absatz 5 Satz 1 haben Widerspruch und Anfechtungsklage keine aufschiebende Wirkung.

§ 32b[1)] Berücksichtigungsfähige Zeiten. (1) [1] Bei der ersten Stufenfestsetzung werden als Erfahrungszeiten anerkannt:

1. Zeiten einer hauptberuflichen Tätigkeit an einer deutschen staatlichen Hochschule als
   a) Professor oder Vertretungsprofessor,
   b) Mitglied der Hochschulleitung oder Dekan,
2. Zeiten einer hauptberuflichen Tätigkeit als Professor oder Vertretungsprofessor
   a) an einer deutschen staatlich anerkannten Hochschule,
   b) an einer ausländischen Hochschule,

   sofern die Hochschule an die Berufung von Professoren und Vertretungsprofessoren Anforderungen stellt, die denen nach § 131 des Bundesbeamtengesetzes[2)] entsprechen.

[2] Zeiten einer hauptberuflichen wissenschaftlichen Tätigkeit an einer öffentlich geförderten in- oder ausländischen Forschungseinrichtung oder bei einer internationalen Forschungsorganisation können als Erfahrungszeiten anerkannt werden, wenn die Tätigkeit derjenigen eines in die Besoldungsgruppe W 2 oder W 3 eingestuften Professors gleichwertig ist und die Einrichtung oder Organisation an die Berufung Anforderungen stellt, die denen nach § 131 des Bundesbeamtengesetzes entsprechen. [3] Zeiten als Juniorprofessor werden nicht anerkannt. [4] Zeiten nach den Sätzen 1 und 2 werden durch Zeiten nach Absatz 2 nicht vermindert und werden auf volle Monate aufgerundet.

(2) Abweichend von § 32a Absatz 4 wird der Aufstieg in den Stufen durch Zeiten nach § 28 Absatz 5 nicht verzögert.

§ 33[3)] Leistungsbezüge. (1) [1] In den Besoldungsgruppen W 2 und W 3 werden nach Maßgabe der nachfolgenden Vorschriften neben dem als Mindestbezug gewährten Grundgehalt variable Leistungsbezüge vergeben:

1. aus Anlass von Berufungs- und Bleibeverhandlungen,
2. für besondere Leistungen in Forschung, Lehre, Kunst, Weiterbildung und Nachwuchsförderung sowie
3. für die Wahrnehmung von Funktionen oder besonderen Aufgaben im Rahmen der Hochschulselbstverwaltung oder der Hochschulleitung.

[2] Leistungsbezüge nach Satz 1 Nummer 1 und 2 können befristet oder unbefristet sowie als Einmalzahlung vergeben werden. [3] Leistungsbezüge nach Satz 1

[1)] § 32b eingef. mWv 1.1.2013 durch G v. 11.6.2013 (BGBl. I S. 1514); Abs. 2 geänd. mWv 1.1. 2016 durch G v. 3.12.2015 (BGBl. I S. 2163).

[2)] Nr. **160**.

[3)] § 33 Abs. 5 geänd. mWv 1.1.2012 durch G v. 20.12.2011 (BGBl. I S. 2842); Abs. 2 neu gef., Abs. 3 Satz 1 geänd., Abs. 5 aufgeh. mWv 1.1.2013, Abs. 3 Satz 3, Abs. 4 Satz 1 Nr. 2 und 3 geänd. mWv 1.8.2013 durch G v. 11.6.2013 (BGBl. I S. 1514); Abs. 4 Satz 1 geänd. mWv 1.1.2016 durch G v. 3.12.2015 (BGBl. I S. 2163); Abs. 4 neu gef. mWv 1.1.2020 durch G v. 9.12.2019 (BGBl. I S. 2053).

Nummer 3 werden für die Dauer der Wahrnehmung der Funktion oder Aufgabe gewährt.

(2) [1] Leistungsbezüge dürfen den Unterschiedsbetrag zwischen den Grundgehältern der Besoldungsgruppe W 3 und der Besoldungsgruppe B 10 übersteigen, wenn

1. dies erforderlich ist, um den Professor aus dem Bereich außerhalb der deutschen Hochschulen zu gewinnen oder um die Abwanderung des Professors in diesen Bereich abzuwenden,
2. der Professor bereits Leistungsbezüge erhält, die den Unterschiedsbetrag zwischen den Grundgehältern der Besoldungsgruppe W 3 und der Besoldungsgruppe B 10 übersteigen, und dies erforderlich ist, um den Professor für eine andere deutsche Hochschule zu gewinnen oder um seine Abwanderung an eine andere deutsche Hochschule zu verhindern,
3. die Anwendung des § 77a zu einer Überschreitung des Unterschiedsbetrages führt.

[2] Satz 1 gilt entsprechend für hauptberufliche Leiter von Hochschulen und Mitglieder von Leitungsgremien an Hochschulen, die nicht Professor sind.

(3) [1] Leistungsbezüge nach Absatz 1 Satz 1 Nummer 1 und 2 sind bis zur Höhe von zusammen 22 Prozent des jeweiligen Grundgehalts ruhegehaltfähig, soweit sie unbefristet gewährt und jeweils mindestens zwei Jahre bezogen worden sind; werden sie befristet gewährt, können sie bei wiederholter Vergabe für ruhegehaltfähig erklärt werden. [2] Für Leistungsbezüge nach Absatz 1 Satz 1 Nummer 3 gilt § 15a des Beamtenversorgungsgesetzes[1)] entsprechend mit der Maßgabe, dass der Betrag der Leistungsbezüge als Unterschiedsbetrag gilt. [3] Leistungsbezüge nach Absatz 1 Satz 1 Nummer 1 und 2 können über den Prozentsatz nach Satz 1 hinaus für ruhegehaltfähig erklärt werden. [4] Treffen ruhegehaltfähige Leistungsbezüge nach Absatz 1 Satz 1 Nummer 1 und 2 mit solchen nach Absatz 1 Satz 1 Nummer 3 zusammen, die vor Beginn des Bemessungszeitraumes nach Satz 1 vergeben worden sind, wird nur der bei der Berechnung des Ruhegehalts für den Beamten günstigere Betrag als ruhegehaltfähiger Dienstbezug berücksichtigt.

(4) [1] Das Nähere zur Gewährung der Leistungsbezüge regeln durch Rechtsverordnung ohne Zustimmung des Bundesrates

1. das Bundesministerium der Verteidigung für seinen Geschäftsbereich,
2. das Bundesministerium des Innern, für Bau und Heimat im Einvernehmen mit dem für den jeweiligen Fachbereich zuständigen Bundesministerium für die Fachbereiche der Hochschule des Bundes für öffentliche Verwaltung sowie
3. das Bundesministerium für Arbeit und Soziales im Einvernehmen mit dem Bundesministerium des Innern, für Bau und Heimat für die Hochschule der Bundesagentur für Arbeit.

[2] Insbesondere sind Bestimmungen zu treffen

1. über das Vergabeverfahren, über die Zuständigkeit für die Vergabe sowie über die Voraussetzungen und die Kriterien der Vergabe,

---

1) Nr. **155**.

2. zur Ruhegehaltfähigkeit unbefristet gewährter Leistungsbezüge, die 22 Prozent des jeweiligen Grundgehalts übersteigen (Absatz 3 Satz 3), und von befristet gewährten Leistungsbezügen (Absatz 3 Satz 1 zweiter Halbsatz) sowie
3. über die Erhöhung oder Verminderung von Leistungsbezügen aus Anlass von Besoldungsanpassungen nach § 14.

§ 34[1)] *(aufgehoben)*

§ 35[2)] **Forschungs- und Lehrzulage.** [1]Das Bundesministerium der Verteidigung für seinen Bereich, das Bundesministerium des Innern, für Bau und Heimat im Einvernehmen mit den für die jeweiligen Fachbereiche zuständigen Bundesministerien für die Hochschule des Bundes für öffentliche Verwaltung sowie das Bundesministerium für Arbeit und Soziales im Einvernehmen mit dem Bundesministerium des Innern, für Bau und Heimat für die Hochschule der Bundesagentur für Arbeit können durch Rechtsverordnung vorsehen, dass an Professoren, die Mittel privater Dritter für Forschungsvorhaben oder Lehrvorhaben der Hochschule einwerben und diese Vorhaben durchführen, für die Dauer des Drittmittelflusses aus diesen Mitteln eine nicht ruhegehaltfähige Zulage vergeben werden kann. [2]Eine Zulage für die Durchführung von Lehrvorhaben darf nur vergeben werden, wenn die entsprechende Lehrtätigkeit des Professors nicht auf seine Regellehrverpflichtung angerechnet wird. [3]Das Bundesministerium für Arbeit und Soziales kann im Einvernehmen mit dem Bundesministerium des Innern, für Bau und Heimat die Befugnis nach Satz 1 auf den Vorstand der Bundesagentur für Arbeit durch Rechtsverordnung übertragen; Rechtsverordnungen, die auf Grund der Übertragung vom Vorstand der Bundesagentur für Arbeit erlassen werden, bedürfen des Einvernehmens mit dem Bundesministerium für Arbeit und Soziales und dem Bundesministerium des Innern, für Bau und Heimat.

§ 36 (weggefallen)

Unterabschnitt 4.[3)] Richter und Staatsanwälte

§ 37[4)] **Bundesbesoldungsordnung R.** [1]Die Ämter der Richter und Staatsanwälte, mit Ausnahme der Ämter der Vertreter des öffentlichen Interesses bei den Gerichten der Verwaltungsgerichtsbarkeit, und ihre Besoldungsgruppen sind in der Bundesbesoldungsordnung R (Anlage III) geregelt. [2]Die Grundgehaltssätze der Besoldungsgruppen sind in Anlage IV ausgewiesen.

[1)] § 34 aufgeh. mWv 1.1.2013 durch G v. 11.6.2013 (BGBl. I S. 1514).

[2)] § 35 Satz 1 geänd. mWv 1.1.2016 durch G v. 3.12.2015 (BGBl. I S. 2163); Sätze 1 und 3 geänd. mWv 1.1.2020 durch G v. 9.12.2019 (BGBl. I S. 2053).

[3)] Unterabschnitt 4 Überschrift neu gef. mWv 1.8.2013 durch G v. 11.6.2013 (BGBl. I S. 1514).

[4)] § 37 Überschrift neu gef. mWv 1.8.2013 durch G v. 11.6.2013 (BGBl. I S. 1514); Satz 2 geänd. mWv 1.1.2020 durch G v. 9.12.2019 (BGBl. I S. 2053).

§ 38[1)] Bemessung des Grundgehaltes. (1) [1]Das Grundgehalt wird, soweit gesetzlich nichts Anderes bestimmt ist, nach Stufen bemessen. [2]Das Aufsteigen in den Stufen erfolgt entsprechend den in § 27 Absatz 3 Satz 1 genannten Zeiträumen. [3]Zeiten ohne Anspruch auf Dienstbezüge verzögern den Aufstieg um diese Zeiten; die Zeiten sind auf volle Monate abzurunden.

(2) [1]Mit der ersten Ernennung mit Anspruch auf Dienstbezüge im Anwendungsbereich dieses Gesetzes wird grundsätzlich ein Grundgehalt der Stufe 1 festgesetzt, soweit nicht nach Absatz 3 Zeiten anerkannt werden. [2]Die Stufe wird mit Wirkung vom Ersten des Monats festgesetzt, in dem die Ernennung wirksam wird; die Stufenfestsetzung ist dem Richter oder Staatsanwalt schriftlich mitzuteilen. [3]Die Sätze 1 und 2 gelten entsprechend für

1. die Versetzung, die Übernahme und den Übertritt in den Dienst des Bundes,
2. den Wechsel aus einem Amt der Bundesbesoldungsordnungen A, B, W oder C in ein Amt der Bundesbesoldungsordnung R sowie
3. die Einstellung eines ehemaligen Beamten, Richters, Berufssoldaten oder Soldaten auf Zeit in ein Amt der Bundesbesoldungsordnung R.

(3) Die §§ 28 und 30 sind entsprechend anzuwenden.

(4) [1]Der Anspruch auf das Aufsteigen in den Stufen ruht für die Dauer einer vorläufigen Dienstenthebung. [2]Führt ein Disziplinarverfahren zur Entfernung aus dem Dienst oder endet das Dienstverhältnis durch Entlassung auf Antrag des Richters oder Staatsanwaltes oder infolge strafgerichtlicher Verurteilung, so erlischt der Anspruch auch für die Zeit des Ruhens.

Abschnitt 3. Familienzuschlag

§ 39 Grundlage des Familienzuschlages. (1) [1]Der Familienzuschlag wird nach der Anlage V gewährt. [2]Seine Höhe richtet sich nach der Besoldungsgruppe und der Stufe, die den Familienverhältnissen des Beamten, Richters oder Soldaten entspricht. [3]Für Beamte auf Widerruf im Vorbereitungsdienst (Anwärter) ist die Besoldungsgruppe des Eingangsamtes maßgebend, in das der Anwärter nach Abschluss des Vorbereitungsdienstes unmittelbar eintritt.

(2) [1]Bei ledigen Beamten oder Soldaten, die auf Grund dienstlicher Verpflichtungen in einer Gemeinschaftsunterkunft wohnen, wird der in Anlage V ausgebrachte Betrag auf das Grundgehalt angerechnet. [2]Steht ihnen Kindergeld nach dem Einkommensteuergesetz oder nach dem Bundeskindergeldgesetz[2)] zu oder würde es ihnen ohne Berücksichtigung des § 64 oder § 65 des Einkommensteuergesetzes oder des § 3 oder § 4 des Bundeskindergeldgesetzes zustehen, so erhalten sie zusätzlich den Unterschiedsbetrag zwischen der Stufe 1 und der Stufe des Familienzuschlages, der der Anzahl der Kinder entspricht. [3]§ 40 Absatz 5 gilt entsprechend.

[1)] § 38 Abs. 2 Satz 3 neu gef., Abs. 3 Satz 2 geänd. mWv 22.3.2012 durch G v. 15.3.2012 (BGBl. I S. 462); Überschrift geänd. mWv 1.8.2013 durch G v. 11.6.2013 (BGBl. I S. 1514); Abs. 3 Satz 2 *geänd. mWv 1.1.2016 durch* G v. 3.12.2015 (BGBl. I S. 2163); Abs. 3 Satz 2 aufgeh. mWv 1.1.2020 durch G v. 9.12.2019 (BGBl. I S. 2053).

[2)] **Schönfelder ErgBd. Nr. 45b.**

§ 40[1)] Stufen des Familienzuschlages. (1) [1] Zur Stufe 1 gehören:

1. verheiratete Beamte, Richter und Soldaten,
2. verwitwete Beamte, Richter und Soldaten,
3. geschiedene Beamte, Richter und Soldaten sowie Beamte, Richter und Soldaten, deren Ehe aufgehoben oder für nichtig erklärt ist, wenn sie dem früheren Ehegatten aus der letzten Ehe zum Unterhalt verpflichtet sind,
4. andere Beamte, Richter und Soldaten, die ein Kind nicht nur vorübergehend in ihre Wohnung aufgenommen haben, für das ihnen Kindergeld nach dem Einkommensteuergesetz oder nach dem Bundeskindergeldgesetz zusteht oder ohne Berücksichtigung der §§ 64 und 65 des Einkommensteuergesetzes oder der §§ 3 und 4 des Bundeskindergeldgesetzes[2)] zustehen würde, sowie andere Beamte, Richter und Soldaten, die eine Person nicht nur vorübergehend in ihre Wohnung aufgenommen haben, weil sie aus beruflichen oder gesundheitlichen Gründen ihrer Hilfe bedürfen.

[2] Als in die Wohnung aufgenommen gilt ein Kind auch dann, wenn der Beamte, Richter oder Soldat es auf seine Kosten anderweitig untergebracht hat, ohne dass dadurch die häusliche Verbindung mit ihm aufgehoben werden soll. [3] Beanspruchen mehrere nach Satz 1 Nummer 4 Anspruchsberechtigte, Angestellte im öffentlichen Dienst oder auf Grund einer Tätigkeit im öffentlichen Dienst Versorgungsberechtigte wegen der Aufnahme einer Person oder mehrerer Personen in die gemeinsam bewohnte Wohnung einen Familienzuschlag der Stufe 1 oder eine entsprechende Leistung, wird der Betrag der Stufe 1 des für den Beamten, Richter oder Soldaten maßgebenden Familienzuschlages nach der Zahl der Berechtigten anteilig gewährt. [4] Satz 3 gilt entsprechend, wenn bei dauernd getrennt lebenden Eltern ein Kind in die Wohnungen beider Elternteile aufgenommen worden ist.

(2) [1] Zur Stufe 2 und den folgenden Stufen gehören die Beamten, Richter und Soldaten der Stufe 1, denen Kindergeld nach dem Einkommensteuergesetz oder nach dem Bundeskindergeldgesetz zusteht oder ohne Berücksichtigung des § 64 oder § 65 des Einkommensteuergesetzes oder des § 3 oder § 4 des Bundeskindergeldgesetzes zustehen würde. [2] Zur Stufe 2 und den folgenden Stufen gehören auch die Beamten, Richter und Soldaten der Stufe 1, die Kinder ihres Lebenspartners in ihren Haushalt aufgenommen haben, wenn andere Beamte, Richter oder Soldaten der Stufe 1 bei sonst gleichem Sachverhalt zur Stufe 2 oder einer der folgenden Stufen gehörten. [3] Die Stufe richtet sich nach der Anzahl der berücksichtigungsfähigen Kinder.

(3) [1] Ledige und geschiedene Beamte, Richter und Soldaten sowie Beamte, Richter und Soldaten, deren Ehe aufgehoben oder für nichtig erklärt ist, denen Kindergeld nach dem Einkommensteuergesetz oder nach dem Bundeskindergeldgesetz zusteht oder ohne Berücksichtigung des § 64 oder § 65 des Einkommensteuergesetzes oder des § 3 oder § 4 des Bundeskindergeldgesetzes zustehen würde, erhalten zusätzlich zum Grundgehalt den Unterschiedsbetrag zwischen der Stufe 1 und der Stufe des Familienzuschlages, der der Anzahl der

---

1) § 40 Abs. 2 Satz 2 eingef., bish. Satz 2 wird Satz 3, Abs. 3 Satz 2 eingef., bish. Satz 2 wird Satz 3 mWv 1.1.2009 durch G v. 14.11.2011 (BGBl. I S. 2219); Abs. 1 neu gef., Abs. 2 Satz 2 und Abs. 3 Satz 2 geänd. mWv 22.3.2012 durch G v. 15.3.2012 (BGBl. I S. 462); Abs. 1 Satz 4 angef., Abs. 4 Satz 1 geänd. mWv 1.1.2016 durch G v. 3.12.2015 (BGBl. I S. 2163).

2) **Schönfelder ErgBd. Nr. 45b.**

berücksichtigungsfähigen Kinder entspricht. [2] Dies gilt auch für Beamte, Richter und Soldaten, deren Lebenspartnerschaft aufgehoben worden ist und die Kinder ihres früheren Lebenspartners in ihren Haushalt aufgenommen haben, wenn Beamte, Richter oder Soldaten, die geschieden sind oder deren Ehe aufgehoben oder für nichtig erklärt ist, bei sonst gleichem Sachverhalt den Unterschiedsbetrag erhielten. [3] Absatz 5 gilt entsprechend.

(4) [1] Steht der Ehegatte eines Beamten, Richters oder Soldaten als Beamter, Richter, Soldat oder Angestellter im öffentlichen Dienst oder ist er auf Grund einer Tätigkeit im öffentlichen Dienst nach beamtenrechtlichen Grundsätzen versorgungsberechtigt und stünde ihm ebenfalls der Familienzuschlag der Stufe 1 oder einer der folgenden Stufen oder eine entsprechende Leistung in Höhe von mindestens der Hälfte der Stufe 1 des Familienzuschlages zu, so erhält der Beamte, Richter oder Soldat den Betrag der Stufe 1 des für ihn maßgebenden Familienzuschlages zur Hälfte; dies gilt auch für die Zeit, für die der Ehegatte Mutterschaftsgeld bezieht. [2] § 6 findet auf den Betrag keine Anwendung, wenn einer der Ehegatten vollbeschäftigt oder nach beamtenrechtlichen Grundsätzen versorgungsberechtigt ist oder beide Ehegatten in Teilzeit beschäftigt sind und dabei zusammen mindestens die regelmäßige Arbeitszeit bei Vollzeitbeschäftigung erreichen.

(5) [1] Stünde neben dem Beamten, Richter oder Soldaten einer anderen Person, die im öffentlichen Dienst steht oder auf Grund einer Tätigkeit im öffentlichen Dienst nach beamtenrechtlichen Grundsätzen oder nach einer Ruhelohnordnung versorgungsberechtigt ist, der Familienzuschlag nach Stufe 2 oder einer der folgenden Stufen zu, so wird der auf das Kind entfallende Betrag des Familienzuschlages dem Beamten, Richter oder Soldaten gewährt, wenn und soweit ihm das Kindergeld nach dem Einkommensteuergesetz oder nach dem Bundeskindergeldgesetz gewährt wird oder ohne Berücksichtigung des § 65 des Einkommensteuergesetzes oder des § 4 des Bundeskindergeldgesetzes vorrangig zu gewähren wäre; dem Familienzuschlag nach Stufe 2 oder einer der folgenden Stufen stehen der Sozialzuschlag nach den Tarifverträgen für Arbeiter des öffentlichen Dienstes, eine sonstige entsprechende Leistung oder das Mutterschaftsgeld gleich. [2] Auf das Kind entfällt derjenige Betrag, der sich aus der für die Anwendung des Einkommensteuergesetzes oder des Bundeskindergeldgesetzes maßgebenden Reihenfolge der Kinder ergibt. [3] § 6 findet auf den Betrag keine Anwendung, wenn einer der Anspruchsberechtigten im Sinne des Satzes 1 vollbeschäftigt oder nach beamtenrechtlichen Grundsätzen versorgungsberechtigt ist oder mehrere Anspruchsberechtigte in Teilzeit beschäftigt sind und dabei zusammen mindestens die regelmäßige Arbeitszeit bei Vollzeitbeschäftigung erreichen.

(6) [1] Öffentlicher Dienst im Sinne der Absätze 1, 4 und 5 ist die Tätigkeit im Dienste des Bundes, eines Landes, einer Gemeinde oder anderer Körperschaften, Anstalten und Stiftungen des öffentlichen Rechts oder der Verbände von solchen; ausgenommen ist die Tätigkeit bei öffentlich-rechtlichen Religionsgesellschaften oder ihren Verbänden, sofern nicht bei organisatorisch selbständigen Einrichtungen, insbesondere bei Schulen, Hochschulen, Krankenhäusern, Kindergärten, Altersheimen, die Voraussetzungen des Satzes 3 erfüllt sind. [2] Dem öffentlichen Dienst steht die Tätigkeit im Dienst einer zwischenstaatlichen oder überstaatlichen Einrichtung gleich, an der der Bund oder eine der in Satz 1 bezeichneten Körperschaften oder einer der dort bezeichneten Verbände durch Zahlung von Beiträgen oder Zuschüssen oder in anderer Weise beteiligt

ist. [3]Dem öffentlichen Dienst steht ferner gleich die Tätigkeit im Dienst eines sonstigen Arbeitgebers, der die für den öffentlichen Dienst geltenden Tarifverträge oder Tarifverträge wesentlich gleichen Inhaltes oder die darin oder in Besoldungsgesetzen über Familienzuschläge oder Sozialzuschläge getroffenen Regelungen oder vergleichbare Regelungen anwendet, wenn der Bund oder eine der in Satz 1 bezeichneten Körperschaften oder Verbände durch Zahlung von Beiträgen oder Zuschüssen oder in anderer Weise beteiligt ist. [4]Die Entscheidung, ob die Voraussetzungen erfüllt sind, trifft das Bundesministerium des Innern oder die von ihm bestimmte Stelle.

(7) Die Bezügestellen des öffentlichen Dienstes (Absatz 6) dürfen die zur Durchführung dieser Vorschrift erforderlichen personenbezogenen Daten erheben und untereinander austauschen.

§ 41 Änderung des Familienzuschlages. [1]Der Familienzuschlag wird vom Ersten des Monats an gezahlt, in den das hierfür maßgebende Ereignis fällt. [2]Er wird nicht mehr gezahlt für den Monat, in dem die Anspruchsvoraussetzungen an keinem Tage vorgelegen haben. [3]Die Sätze 1 und 2 gelten entsprechend für die Zahlung von Teilbeträgen der Stufen des Familienzuschlages.

Abschnitt 4.[1)] Zulagen, Prämien, Zuschläge, Vergütungen

§ 42[2)] Amtszulagen und Stellenzulagen. (1) [1]Für herausgehobene Funktionen können Amtszulagen und Stellenzulagen vorgesehen werden. [2]Sie dürfen 75 Prozent des Unterschiedsbetrages zwischen dem Endgrundgehalt der Besoldungsgruppe des Beamten, Richters oder Soldaten und dem Endgrundgehalt der nächsthöheren Besoldungsgruppe nicht übersteigen, soweit gesetzlich nichts Anderes bestimmt ist.

(2) [1]Die Amtszulagen sind unwiderruflich und ruhegehaltfähig. [2]Sie gelten als Bestandteil des Grundgehaltes.

(3) [1]Die Stellenzulagen dürfen nur für die Dauer der Wahrnehmung der herausgehobenen Funktionen gewährt werden. [2]Wird dem Beamten, Richter oder Soldaten vorübergehend eine andere Funktion übertragen, die zur Herbeiführung eines im besonderen öffentlichen Interesse liegenden unaufschiebbaren und zeitgebundenen Ergebnisses im Inland wahrgenommen werden muss, wird für die Dauer ihrer Wahrnehmung die Stellenzulage weiter gewährt; sie wird für höchstens drei Monate auch weiter gewährt, wenn die vorübergehende Übertragung einer anderen Funktion zur Sicherung der Funktionsfähigkeit des Behördenbereichs, in dem der Beamte, Richter oder Soldat eingesetzt wird, dringend erforderlich ist. [3]Daneben wird eine Stellenzulage für diese andere Funktion nur in der Höhe des Mehrbetrages gewährt. [4]Die Entscheidung, ob die Voraussetzungen des Satzes 2 vorliegen, trifft die oberste Dienstbehörde oder die von ihr bestimmte Stelle.

(4) Die Stellenzulagen sind widerruflich und nur ruhegehaltfähig, wenn dies gesetzlich bestimmt ist.

---

1) 4. Abschnitt Überschrift neu gef. mWv 22.3.2012 durch G v. 15.3.2012 (BGBl. I S. 462).
2) § 42 Abs. 1 Satz 2 geänd. mWv 1.8.2013 durch G v. 11.6.2013 (BGBl. I S. 1514).

§ 42a[1)] Prämien und Zulagen für besondere Leistungen. (1) Die Bundesregierung wird ermächtigt, durch Rechtsverordnung[2)] die Gewährung von Leistungsprämien (Einmalzahlungen) und Leistungszulagen zur Abgeltung herausragender besonderer Leistungen folgender Besoldungsempfänger in Besoldungsgruppen mit aufsteigenden Gehältern zu regeln:

1. Beamte und Soldaten,
2. Richter, die ihr Amt nicht ausüben,
3. Staatsanwälte.

(2) [1]Die Gesamtzahl der in einem Kalenderjahr bei einem Dienstherrn vergebenen Leistungsprämien und Leistungszulagen darf 15 Prozent der Zahl der bei dem Dienstherrn vorhandenen Besoldungsempfänger nach Absatz 1 nicht übersteigen. [2]Die Überschreitung des Prozentsatzes nach Satz 1 ist in dem Umfang zulässig, in dem von der Möglichkeit der Vergabe von Leistungsstufen nach § 27 Absatz 6 Satz 2 kein Gebrauch gemacht wird. [3]In der Verordnung kann zugelassen werden, dass bei Dienstherren mit weniger als sieben Besoldungsempfängern in jedem Kalenderjahr einem Besoldungsempfänger eine Leistungsprämie oder eine Leistungszulage gewährt werden kann. [4]Leistungsprämien und Leistungszulagen sind nicht ruhegehaltfähig; erneute Bewilligungen sind möglich. [5]Die Zahlung von Leistungszulagen ist zu befristen; bei Leistungsabfall sind sie zu widerrufen. [6]Leistungsprämien dürfen das Anfangsgrundgehalt der Besoldungsgruppe des Besoldungsempfängers, Leistungszulagen dürfen monatlich 7 Prozent des Anfangsgrundgehaltes nicht übersteigen. [7]Die Entscheidung über die Bewilligung trifft die zuständige oberste Dienstbehörde oder die von ihr bestimmte Stelle.

(3) [1]In der Verordnung sind Anrechnungs- oder Ausschlussvorschriften zu Zahlungen, die aus demselben Anlass geleistet werden, vorzusehen. [2]In der Verordnung kann vorgesehen werden, dass Leistungsprämien und Leistungszulagen, die an mehrere *Besoldungsempfänger*[3)] wegen ihrer wesentlichen Beteiligung an einer durch enges arbeitsteiliges Zusammenwirken erbrachten Leistung vergeben werden, zusammen nur als eine Leistungsprämie oder Leistungszulage im Sinne des Absatzes 2 Satz 1 gelten. [3]Leistungsprämien und Leistungszulagen nach Satz 2 dürfen zusammen 250 Prozent des in Absatz 2 Satz 6 geregelten Umfangs nicht übersteigen; maßgeblich ist die höchste Besoldungsgruppe der an der Leistung wesentlich beteiligten Besoldungsempfänger. [4]Für Teilprämien und Teilzulagen, die sich nach den Sätzen 2 und 3 für die einzelnen Besoldungsempfänger ergeben, gilt Absatz 2 Satz 6 entsprechend. [5]Bei Übertragung eines anderen Amtes mit höherem Endgrundgehalt (Grundgehalt) oder bei Gewährung einer Amtszulage können in der Verordnung Anrechnungs- oder Ausschlussvorschriften zu Leistungszulagen vorgesehen werden.

(4) [1]Bis zur Festlegung eines höheren Prozentsatzes entspricht das Vergabebudget für die jeweiligen Leistungsbezahlungsinstrumente mindestens 0,3 Pro-

---

[1)] § 42a Abs. 1, Abs. 2 Sätze 1, 2 und 6, Abs. 3 Satz 3 und Abs. 4 Satz 1 geänd. mWv 1.8.2013 durch G v. 11.6.2013 (BGBl. I S. 1514); Abs. 1 neu gef., Abs. 2 Sätze 1–3, 6, Abs. 3 Sätze 2–4 geänd. mWv 1.1.2016 durch G v. 3.12.2015 (BGBl. I S. 2163).

[2)] Siehe die BundesleistungsbesoldungsVO **(Bundesbeamtengesetze Nr. 53q)** und die dazu erlassenen Durchführungshinweise des BMI **(Bundesbeamtengesetze Nr. 53q.1)**.

[3)] *Die Änderungsanweisung im* G v. 3.12.2015 (BGBl. I S. 2163) bzgl. § 42a Abs. 3 Satz 1 *[die Wörter „Beamte oder Soldaten" werden durch das Wort „Besoldungsempfänger" ersetzt]*, ist nicht durchführbar und bezieht sich wohl auf Abs. 3 Satz 2.

zent der Ausgaben für die Besoldung im jeweiligen Haushalt. [2] Im Bundeshaushalt werden hiervon jährlich zentral veranschlagte Mittel in Höhe von 31 Millionen Euro zur Verfügung gestellt. [3] Für die Ermittlung der Besoldungsausgaben wird jeweils das vorangegangene Kalenderjahr zugrunde gelegt. [4] Das Vergabebudget ist zweckentsprechend zu verwenden und jährlich vollständig auszuzahlen.

§ 42b[1)] Prämie für besondere Einsatzbereitschaft. (1) Einem Beamten oder Soldaten kann für seine Verwendung bei der Herbeiführung eines im besonderen öffentlichen Interesse liegenden unaufschiebbaren und zeitgebundenen Ergebnisses im Inland eine Prämie gewährt werden.

(2) [1] Die Prämie beträgt

1. für eine Verwendung von bis zu sechs Monaten bis zu 3 000 Euro,
2. für eine weitere, darüber hinausgehende Verwendung halbjährlich bis zu 1 500 Euro.

[2] Die Höhe der Prämie bemisst sich nach der Dauer der Verwendung, der Bedeutung des Ergebnisses für das öffentliche Interesse sowie der Herausforderung für den Beamten oder Soldaten. [3] Die Auszahlung erfolgt nach erfolgreichem Abschluss der Verwendung. [4] Im Fall des Satzes 1 Nummer 2 kann die Auszahlung halbjährlich erfolgen.

(3) Die Entscheidung über die Gewährung der Prämie trifft die oberste Dienstbehörde im Einvernehmen mit dem Bundesministerium des Innern, für Bau und Heimat und dem Bundesministerium der Finanzen.

(4) Die Absätze 1 bis 3 gelten auch für Beamte auf Widerruf.

§ 43[2)] Personalgewinnungs- und Personalbindungsprämie. (1) [1] Einem zu gewinnenden Beamten oder Berufssoldaten kann eine nicht ruhegehaltfähige Personalgewinnungsprämie gewährt werden,

1. um einen oder mehrere gleichartige Dienstposten anforderungsgerecht besetzen zu können oder
2. um sicherzustellen, dass Funktionen in von den obersten Dienstbehörden bestimmten Verwendungsbereichen wahrgenommen werden können.

[2] Der Entscheidung kann eine prognostizierte Bewerberlage zugrunde gelegt werden.

(2) [1] Die Prämie wird für höchstens 48 Monate gewährt. [2] Sie wird in einem Betrag gezahlt. [3] Abweichend davon kann die Prämie in Teilbeträgen für mindestens sechs Monate gezahlt werden. [4] Nach der Erstgewährung kann die Prämie zweimal wiederholt gewährt werden, wenn – unterstellt, dass der Beamte oder Berufssoldat noch nicht gewonnen wurde – die Voraussetzungen des Absatzes 1 Satz 1 wieder oder immer noch vorlägen. [5] Der Gewährungszeitraum endet spätestens mit dem Erreichen der Altersgrenze nach § 51 Absatz 1 bis 3 des Bundesbeamtengesetzes[3)] oder nach § 45 Absatz 1 des Soldatengesetzes[4)].

[1)] § 42b eingef. mWv 1.1.2020 durch G v. 9.12.2019 (BGBl. I S. 2053).
[2)] § 43 neu gef. mWv 1.1.2020 durch G v. 9.12.2019 (BGBl. I S. 2053).
[3)] Nr. **160**.
[4)] **Wehrrecht Nr. 200.**

(3) [1]Die Prämie kann für jeden Monat der erstmaligen Gewährung bis zu 30 Prozent des Grundgehalts der jeweiligen Besoldungsgruppe betragen; bei Beamten und Berufssoldaten der Besoldungsgruppen der Bundesbesoldungsordnung A ist das jeweilige Anfangsgrundgehalt zugrunde zu legen. [2]Die Höhe der Prämie sowie Beginn und Ende des Gewährungszeitraums sind festzusetzen. [3]Bei wiederholter Gewährung der Prämie verringert sich der Höchstbetrag nach Satz 1 erster Halbsatz jeweils um ein Drittel.

(4) [1]Im dringenden dienstlichen Interesse kann eine nicht ruhegehaltfähige Personalbindungsprämie gewährt werden, um die Abwanderung eines Beamten oder Berufssoldaten aus dem Bundesdienst zu verhindern, wenn das Einstellungsangebot eines anderen Dienstherrn oder eines anderen Arbeitgebers vorliegt. [2]Absatz 1 Satz 2, Absatz 2 Satz 1 und 2 sowie Absatz 3 Satz 2 gelten entsprechend. [3]Die Höhe der Prämie kann für jeden Monat des Gewährungszeitraums bis zu 50 Prozent der Differenz zwischen dem Grundgehalt zum Zeitpunkt der Prämiengewährung und dem Gehalt des Einstellungsangebots, höchstens 75 Prozent des Grundgehalts zum Zeitpunkt der Prämiengewährung, betragen.

(5) [1]Berufssoldaten kann eine nicht ruhegehaltfähige Personalbindungsprämie auch gewährt werden, um eine längere als die eingeplante Verweildauer auf dem Dienstposten oder in dem Verwendungsbereich zu ermöglichen. [2]In diesem Fall ist die Prämie nach Absatz 3 Satz 1 zu bemessen. [3]Absatz 1 Satz 2 sowie die Absätze 2 und 3 Satz 2 gelten entsprechend.

(6) [1]Der Beamte oder Berufssoldat, dem die Prämie gewährt worden ist, ist verpflichtet, für den Gewährungszeitraum auf dem jeweiligen Dienstposten zu verbleiben oder eine Funktion im jeweiligen Verwendungsbereich wahrzunehmen. [2]Der Gewährungszeitraum wird durch Unterbrechungen, die zusammengerechnet länger als ein Zwölftel des Gewährungszeitraums andauern, entsprechend verlängert. [3]Wird die Verpflichtung nach Satz 1 nicht erfüllt, ist die Prämie in voller Höhe zurückzuzahlen. [4]Von der Rückforderung kann aus Billigkeitsgründen abgesehen werden, wenn die Verpflichtung nach Satz 1 aus Gründen, die der Beamte oder Berufssoldat nicht zu vertreten hat, nicht erfüllt werden kann. [5]Von der Rückforderung ist abzusehen, wenn der Beamte oder Berufssoldat stirbt oder wegen Dienstunfähigkeit in den Ruhestand versetzt wird.

(7) Die Prämie wird nicht gewährt neben

1. einer Prämie für Angehörige der Spezialkräfte der Bundeswehr nach § 43a,
2. einer Verpflichtungsprämie für Soldaten auf Zeit nach § 44, soweit die Personalgewinnungs- oder Personalbindungsprämie die Verpflichtungsprämie nicht übersteigt,
3. einem Zuschlag nach § 53 Absatz 1 Satz 5 zur Sicherung einer anforderungsgerechten Besetzung von Dienstposten im Ausland sowie
4. einer Auslandsverpflichtungsprämie nach § 57 Absatz 1.

(8) Die Ausgaben für die Prämien eines Dienstherrn dürfen 0,5 Prozent der im jeweiligen Einzelplan veranschlagten jährlichen Besoldungsausgaben, zuzüglich der im Rahmen einer flexibilisierten Haushaltsführung für diesen Zweck erwirtschafteten Mittel, nicht überschreiten.

(9) Die Entscheidungen nach dieser Vorschrift trifft die oberste Dienstbehörde oder die von ihr bestimmte Stelle.

§ 43a[1)] Prämien für Angehörige der Spezialkräfte der Bundeswehr.

(1) Wer als Kommandosoldat oder als Kampfschwimmer für Einsatzaufgaben der Spezialkräfte der Bundeswehr verwendet oder für eine solche Verwendung ausgebildet wird, erhält Prämien nach Maßgabe der Absätze 2 bis 4.

(2) [1] Eine Prämie in Höhe von einmalig 6 000 Euro erhält, wer ein Auswahlverfahren bei den Spezialkräften der Bundeswehr für eine Verwendung im Sinne des Absatzes 1 bestanden hat und ausgebildet wird. [2] Der Anspruch entsteht mit Beginn dieser Ausbildung. [3] Er erlischt rückwirkend, wenn die Ausbildung aus Gründen, die der Soldat zu vertreten hat, endet, bevor der Anspruch auf eine Prämie nach Absatz 3 entstanden ist.

(3) [1] Eine Prämie in Höhe von einmalig 8 000 Euro erhält, wer die Ausbildung für Einsatzaufgaben der Spezialkräfte der Bundeswehr erfolgreich abgeschlossen hat und entsprechend verwendet wird. [2] Der Anspruch entsteht mit Beginn der Verwendung. [3] Er erlischt rückwirkend, wenn die Verwendung aus Gründen, die der Soldat zu vertreten hat, vor Ablauf von sechs Jahren seit Beginn der Ausbildung für eine Verwendung nach Absatz 1 endet. [4] Satz 3 gilt entsprechend, wenn diese Verwendung aus Gründen, die der Soldat zu vertreten hat, für einen Zeitraum von mehr als drei Monaten unterbrochen und dadurch die Verwendungsdauer von insgesamt sechs Jahren nicht erreicht wird.

(4) [1] Eine jährliche Prämie erhält, wer über sechs Jahre hinaus für Einsatzaufgaben der Spezialkräfte der Bundeswehr zur Verfügung steht. [2] Der Zeitraum von sechs Jahren rechnet ab dem Beginn der Ausbildung für eine Verwendung nach Absatz 1. [3] Der Anspruch entsteht zu Beginn des siebten oder eines jeden weiteren Jahres der Verwendung. [4] Besteht die Verwendung aus Gründen, die der Soldat zu vertreten hat, nicht während des gesamten Jahres, steht nur der Teil der Prämie zu, der der Verwendungsdauer entspricht. [5] Die jährliche Prämie beträgt nach einer Dienstzeit von

1. über sechs und weniger als neun Jahren 10 000 Euro,
2. neun und weniger als zwölf Jahren 11 000 Euro,
3. zwölf und weniger als fünfzehn Jahren 12 000 Euro,
4. fünfzehn Jahren und länger 13 000 Euro.

§ 43b[2)] *(aufgehoben)*

§ 44[3)] Verpflichtungsprämie für Soldaten auf Zeit. (1) Einem Soldaten auf Zeit kann zur Sicherstellung der personellen Einsatzbereitschaft der Bundeswehr, unter Berücksichtigung militärischer Personalplanung oder militärfachlicher Erfordernisse, eine Verpflichtungsprämie gewährt werden

1. bei der Begründung eines Dienstverhältnisses,
2. bei der Weiterverpflichtung oder

[1)] Bish. § 43 wird § 43a und Abs. 8 geänd. mWv 22.3.2012 durch G v. 15.3.2012 (BGBl. I S. 462); Abs. 9 aufgeh. mWv 1.1.2016 durch G v. 3.12.2015 (BGBl. I S. 2163); Abs. 2 Satz 1, Abs. 3 Satz 1 und Abs. 4 Satz 1 geänd., Abs. 5–8 aufgeh. mWv 1.1.2020 durch G v. 9.12.2019 (BGBl. I S. 2053); Abs. 3 Satz 1 und Abs. 4 Satz 1 geänd. mWv 6.3.2025 durch G v. 27.2.2025 (BGBl. 2025 I Nr. 72); Abs. 2 Satz 1 und Abs. 4 neu gef., Abs. 3 Satz 1 geänd. mWv 1.1.2026 durch G v. 22.12.2025 (BGBl. 2025 I Nr. 370).

[2)] § 43b aufgeh. mWv 1.1.2020 durch G v. 9.12.2019 (BGBl. I S. 2053).

[3)] § 44 neu gef. mWv 1.1.2020 durch G v. 9.12.2019 (BGBl. I S. 2053); Abs. 1 neu gef., Abs. 2 aufgeh., bish. Abs. 3–5 werden Abs. 2–4, bish. Abs. 6 wird Abs. 5 und geänd., bish. Abs. 7 wird Abs. 6 und neu gef., Abs. 7 angef. mWv 6.3.2025 durch G v. 27.2.2025 (BGBl. 2025 I Nr. 72).

3. bei einem bestehenden Dienstverhältnis, um einen Dienstposten anforderungsgerecht besetzen zu können.

(2) [1] Die Prämie kann für jedes Jahr der Gewährung bis zum Zweifachen des Anfangsgrundgehalts der jeweiligen Besoldungsgruppe betragen. [2] Für die personelle Einsatzbereitschaft der Bundeswehr besonders relevantes Schlüsselpersonal kann die Prämie bis zum Dreieinhalbfachen des Anfangsgrundgehalts der jeweiligen Besoldungsgruppe betragen. [3] Die Höhe der Prämie sowie Beginn und Ende des Gewährungszeitraums sind festzusetzen.

(3) [1] Die Prämie wird frühestens nach Ablauf einer Dienstzeit von sechs Monaten gezahlt. [2] Die für die Prämienbemessung maßgebliche Dienstzeit bemisst sich unter Ausschluss der nach § 40 Absatz 6 des Soldatengesetzes[1)] in der Dienstzeitfestsetzung eingerechneten Zeiten. [3] Wird die Dienstzeit stufenweise festgesetzt, wird die Prämie anteilig entsprechend der jeweils festgesetzten Dienstzeit gewährt.

(4) [1] Mit Gewährung der Prämie besteht für den Soldaten auf Zeit die Verpflichtung, mindestens für den Gewährungszeitraum im Dienst zu verbleiben. [2] Unterbrechungen, die zusammengerechnet länger als ein Zwölftel des Gewährungszeitraums andauern, verlängern den Gewährungszeitraum entsprechend. [3] Erfüllt der Soldat auf Zeit die Verpflichtung nicht, so hat er die Prämie in voller Höhe zurückzuzahlen. [4] Von der Rückforderung kann aus Billigkeitsgründen abgesehen werden, wenn die Verpflichtung nach Satz 1 aus Gründen, die vom Soldaten auf Zeit nicht zu vertreten sind, nicht erfüllt werden kann. [5] Von der Rückforderung ist abzusehen, wenn der Soldat auf Zeit stirbt oder wegen Dienstunfähigkeit entlassen wird.

(5) [1] Die Prämie wird nicht gewährt neben

1. einer Prämie für Angehörige der Spezialkräfte der Bundeswehr nach § 43a sowie
2. einem Zuschlag nach § 53 Absatz 1 Satz 5 zur Sicherung einer anforderungsgerechten Besetzung von Dienstposten im Ausland.

[2] Prämien nach Absatz 1 Nummer 1 bis 3 können nebeneinander gewährt werden, soweit sie insgesamt den Höchstbetrag nach Absatz 2 Satz 2 nicht übersteigen.

(6) Entscheidungen nach den Absätzen 1 bis 5, insbesondere über eine Staffelung der Prämienbeträge in den Fällen des Absatzes 1, trifft das Bundesministerium der Verteidigung oder eine von ihm bestimmte Stelle.

(7) Die Ausgaben für Prämien des Dienstherrn dürfen 2 Prozent der im Einzelplan des Bundesministeriums der Verteidigung veranschlagten jährlichen Besoldungsausgaben für Soldaten nicht überschreiten.

§ 45[2)] Zulage für die Wahrnehmung befristeter Funktionen. (1) [1] Wird einem Beamten oder Soldaten eine herausgehobene Funktion befristet übertragen, kann er eine Zulage zu seinen Dienstbezügen erhalten. [2] Satz 1 gilt entsprechend für die Übertragung einer herausgehobenen Funktion, die üblicherweise nur befristet wahrgenommen wird. [3] Die Zulage kann ab dem siebten Monat der ununterbrochenen Wahrnehmung bis zu einer Dauer von höchstens fünf Jahren gezahlt werden.

(2) [1] Die Zulage wird bis zur Höhe des Unterschiedsbetrages zwischen dem *Grundgehalt seiner Besoldungsgruppe* und dem Grundgehalt der Besoldungsgrup-

---

[1)] **Sartorius III Nr. 850.**
[2)] § 45 Abs. 1 Satz 1 geänd. mWv 1.1.2016 durch G v. 3.12.2015 (BGBl. I S. 2163).

pe, die der Wertigkeit der wahrgenommenen Funktion entspricht, höchstens jedoch der dritten folgenden Besoldungsgruppe, gewährt. [2] Die Zulage vermindert sich bei jeder Beförderung um den jeweiligen Erhöhungsbetrag. [3] § 13 findet keine Anwendung.

(3) Die Entscheidung über die Zahlung der Zulage trifft im Rahmen haushaltsrechtlicher Bestimmungen die oberste Dienstbehörde.

(Fortsetzung nächstes Blatt)

§ 46[1)] *(aufgehoben)*

§ 47[2)] **Zulagen für besondere Erschwernisse.** (1) [1]Die Bundesregierung wird ermächtigt, durch Rechtsverordnung[3)] die Gewährung von Zulagen zur Abgeltung besonderer, bei der Bewertung des Amtes oder bei der Regelung der Anwärterbezüge nicht berücksichtigter Erschwernisse (Erschwerniszulagen) zu regeln. [2]Die Zulagen sind widerruflich und nicht ruhegehaltfähig. [3]Es kann bestimmt werden, inwieweit mit der Gewährung von Erschwerniszulagen ein besonderer Aufwand des Beamten, Richters oder Soldaten mit abgegolten ist.

(2) Die Bundesregierung kann die Befugnis zur Regelung der Abgeltung besonderer Erschwernisse, die durch Dienst zu wechselnden Zeiten entstehen, durch Rechtsverordnung übertragen

1. für Beamte des Bundeseisenbahnvermögens, die der Deutsche Bahn Aktiengesellschaft oder einer nach § 2 Absatz 1 und § 3 Absatz 3 des Deutsche Bahn Gründungsgesetzes vom 27. Dezember 1993 (BGBl. I S. 2378, 2386) ausgegliederten Gesellschaft zugewiesen sind, auf das Bundesministerium für Verkehr und digitale Infrastruktur, das die Regelung im Einvernehmen mit dem Bundesministerium der Finanzen und dem Bundesministerium des Innern, für Bau und Heimat trifft, und
2. für Beamte, die bei einem Postnachfolgeunternehmen beschäftigt sind, auf das Bundesministerium der Finanzen, das die Regelung nach Anhörung des Vorstands des Postnachfolgeunternehmens im Einvernehmen mit dem Bundesministerium des Innern, für Bau und Heimat trifft.

§ 48 Mehrarbeitsvergütung. (1) [1]Die Bundesregierung wird ermächtigt, durch Rechtsverordnung[4)] die Gewährung einer Mehrarbeitsvergütung (§ 88 des Bundesbeamtengesetzes[5)]) für Beamte zu regeln, soweit die Mehrarbeit nicht durch Dienstbefreiung ausgeglichen wird. [2]Die Vergütung darf nur für Beamte in Bereichen vorgesehen werden, in denen nach Art der Dienstverrichtung eine Mehrarbeit messbar ist. [3]Die Höhe der Vergütung ist nach dem Umfang der tatsächlich geleisteten Mehrarbeit festzusetzen. [4]Sie ist unter Zusammenfassung von Besoldungsgruppen zu staffeln; für Teilzeitbeschäftigte können abweichende Regelungen getroffen werden.

(2) Die Bundesregierung wird ermächtigt, durch Rechtsverordnung die Gewährung einer Ausgleichszahlung in Höhe der zum Zeitpunkt des Ausgleichsanspruchs geltenden Sätze der Mehrarbeitsvergütung für Beamte zu regeln, bei denen ein Arbeitszeitausgleich aus einer langfristigen ungleichmäßigen Verteilung der Arbeitszeit, während der eine von der für sie jeweils geltenden regelmäßigen Arbeitszeit abweichende Arbeitszeit festgelegt wurde, nicht oder nur teilweise möglich ist.

---

1) § 46 aufgeh. mWv 1.1.2016 durch G v. 3.12.2015 (BGBl. I S. 2163).

2) § 47 Abs. 2 angef. mWv 1.8.2013 durch G v. 11.6.2013 (BGBl. I S. 1514); Abs. 2 Nr. 1 geänd. mWv 8.9.2015 durch VO v. 31.8.2015 (BGBl. I S. 1474); Abs. 2 Nr. 1 und 2 geänd. mWv 1.1.2020 durch G v. 9.12.2019 (BGBl. I S. 2053).

3) Siehe die ErschwerniszulagenVO idF der Bek. v. 3.12.1998 (BGBl. I S. 3497), zuletzt geänd. durch G v. 24.4.2024 (Amtsbl. I S. 362).

4) Siehe die BundesmehrarbeitsvergütungsVO idF der Bek. v. 4.11.2009 (BGBl. I S. 3701), zuletzt geänd. durch G v. 27.2.2025 (BGBl. 2025 I Nr. 72).

5) Nr. **160**.

§ 49[1)] Vergütung für Vollziehungsbeamte in der Bundesfinanzverwaltung; Verordnungsermächtigung. (1) [1] Das Bundesministerium der Finanzen wird ermächtigt, durch Rechtsverordnung[2)] im Einvernehmen mit dem Bundesministerium des Innern, für Bau und Heimat die Gewährung einer Vergütung für Beamte zu regeln, die als Vollziehungsbeamte in der Bundesfinanzverwaltung tätig sind. [2] Die Rechtsverordnung bedarf nicht der Zustimmung des Bundesrates.

(2) In der Rechtsverordnung ist zu regeln, welche Vollstreckungshandlungen vergütet werden.

(3) [1] Die Höhe der Vergütung kann bemessen werden

1. nach den Beträgen, die durch Vollstreckungshandlungen vereinnahmt werden,
2. nach der Art der vorgenommenen Vollstreckungshandlungen,
3. nach der Zahl der vorgenommenen Vollstreckungshandlungen.

[2] Für das Kalenderjahr oder den Kalendermonat können Höchstbeträge bestimmt werden.

(4) In der Rechtsverordnung kann bestimmt werden, inwieweit mit der Vergütung ein besonderer Aufwand des Beamten mit abgegolten ist.

§ 50[3)] Mehrarbeitsvergütung für Soldaten. [1] Das Bundesministerium des Innern, für Bau und Heimat wird ermächtigt, durch Rechtsverordnung im Einvernehmen mit dem Bundesministerium der Verteidigung und dem Bundesministerium der Finanzen in Fällen, in denen die regelmäßige wöchentliche Arbeitszeit gilt, die Gewährung einer Mehrarbeitsvergütung für Soldaten zu regeln, soweit die Mehrarbeit nicht durch Dienstbefreiung ausgeglichen wird. [2] Die Vergütung darf nur für Soldaten in Bereichen vorgesehen werden, in denen nach der Art der Dienstverrichtung eine Mehrarbeit messbar ist. [3] Die Höhe der Vergütung ist nach dem Umfang der tatsächlich geleisteten Mehrarbeit festzusetzen. [4] Sie ist unter Zusammenfassung von Besoldungsgruppen zu staffeln; für Teilzeitbeschäftigte können abweichende Regelungen getroffen werden.

§ 50a[4)] Vergütung für Soldaten mit besonderer zeitlicher Belastung.

(1) Soldaten mit Dienstbezügen nach der Bundesbesoldungsordnung A erhalten für tatsächlich geleistete Dienste in den in § 30c Absatz 4 des Soldatengesetzes[5)] genannten Fällen eine Vergütung, soweit ein über einen dienstfreien Tag im Kalendermonat hinausgehender zeitlicher Ausgleich nicht gewährt werden kann.

(2) Die Vergütung beträgt 101 Euro für jeden Tag, für den keine Freistellung vom Dienst gewährt werden kann.

(3) [1] Die Vergütung wird nicht gewährt

1. neben Auslandsbesoldung nach Abschnitt 5,
2. für Dienst, der als erzieherische Maßnahme angeordnet worden ist, sowie für Dienst, der während der Vollstreckung von gerichtlicher Freiheitsentziehung, Disziplinararrest oder Ausgangsbeschränkung geleistet worden ist,

---

[1)] § 49 neu gef. mWv 1.1.2020 durch G v. 9.12.2019 (BGBl. I S. 2053).

[2)] Siehe die BundesvollziehungsvergütungsVO v. 16.6.2021 (BGBl. I S. 1840).

[3)] § 50 neu gef. mWv 1.12.2015 durch G v. 13.5.2015 (BGBl. I S. 706); Satz 1 *[amtl. Änderungsanweisung: „Absatz 1 Satz 1"]* geänd. mWv 1.1.2016 durch G v. 3.12.2015 (BGBl. I S. 2163); Satz 1 geänd. mWv 1.1.2020 durch G v. 9.12.2019 (BGBl. I S. 2053).

[4)] § 50a neu gef. mWv 1.1.2020 durch G v. 9.12.2019 (BGBl. I S. 2053); Abs. 4 angef. mWv 1.1.2020 durch G v. 28.6.2021 (BGBl. I S. 2250); Abs. 2 geänd. mWv 6.3.2025 , Abs. 3 Satz 2 angef. mWv 1.4. 2025 durch G v. 27.2.2025 (BGBl. 2025 I Nr. 72).

[5)] **Sartorius III Nr. 850.**

3. im Spannungs- oder Verteidigungsfall,
4. für Dienst im Bereitschaftsfall.

[2] Abweichend von Satz 1 Nummer 1 kann die Vergütung neben Auslandsdienstbezügen nach § 52 bei soldatischen Tätigkeiten in den Streitkräften gewährt werden, wenn eine Freistellung vom Dienst aus den folgenden zwingenden dienstlichen Gründen nicht möglich ist:

1. Sicherstellung der militärischen Einsatzbereitschaft im Rahmen der Landes- und Bündnisverteidigung,
2. weitere Teilnahme an angeordnetem Dienst außerhalb des Grundbetriebs nach § 30c Absatz 4 des Soldatengesetzes oder
3. dienstlich notwendige Teilnahme an militärfachlichen und laufbahnspezifischen Ausbildungen.

(4) Neben der Vergütung nach Absatz 1 wird keine Vergütung nach den §§ 50 und 50b gewährt.

§ 50b[1)] Vergütung für Bereitschaftsdienst und Rufbereitschaft im Sanitätsdienst in Bundeswehrkrankenhäusern. (1) Das Bundesministerium des Innern, für Bau und Heimat wird ermächtigt, durch Rechtsverordnung im Einvernehmen mit dem Bundesministerium der Verteidigung und dem Bundesministerium der Finanzen die Gewährung einer Vergütung für Beamte und Soldaten im Sanitätsdienst in Bundeswehrkrankenhäusern mit Dienstbezügen nach der Bundesbesoldungsordnung A zu regeln für Zeiten

1. eines Bereitschaftsdienstes außerhalb der regelmäßigen Arbeitszeit,
2. einer Rufbereitschaft,
3. einer tatsächlichen Inanspruchnahme während einer Rufbereitschaft.

(2) [1] Zeiten eines Bereitschaftsdienstes werden entsprechend der durchschnittlich anfallenden tatsächlichen Inanspruchnahme pauschal berücksichtigt. [2] Zeiten einer Rufbereitschaft, die 10 Stunden im Kalendermonat übersteigen, werden zu einem Achtel berücksichtigt. [3] Zeiten einer tatsächlichen Inanspruchnahme während einer Rufbereitschaft werden vollständig berücksichtigt. [4] Zeiten einer Tätigkeit, für die Gebühren nach der Gebührenordnung für Ärzte oder der Gebührenordnung für Zahnärzte berechnet werden können, bleiben unberücksichtigt.

§ 50c[2)] Vergütung für Beamte im Einsatzdienst der Bundeswehrfeuerwehren. (1) [1] Beamte, die im Einsatzdienst der Bundeswehrfeuerwehren verwendet werden und deren regelmäßige wöchentliche Arbeitszeit 48 Stunden beträgt, erhalten für jeden geleisteten Dienst von mehr als 10 Stunden eine Vergütung, wenn sie sich zu einer Verlängerung der regelmäßigen wöchentlichen Arbeitszeit auf bis zu 54 Stunden im Siebentageszeitraum schriftlich oder elektronisch bereit erklärt haben und die über 48 Stunden hinausgehende wöchentliche Arbeitszeit *nicht durch Freizeit* ausgeglichen werden kann. [2] Die Vergütung beträgt bei einer durchschnittlichen Arbeitszeit von 54 Stunden im Siebentageszeitraum

1.	für einen Dienst von mehr als 10 Stunden	25,50 Euro,
2.	für einen Dienst von 24 Stunden	51 Euro.

[1)] § 50b eingef. mWv 1.1.2011 durch G v. 15.3.2012 (BGBl. I S. 462); Überschrift und Abs. 1 einl. Satzteil geänd. mWv 1.1.2016 durch G v. 3.12.2015 (BGBl. I S. 2163); Abs. 1 geänd. mWv 1.1.2019 durch G v. 9.12.2019 (BGBl. I S. 2053).

[2)] § 50c eingef. mWv 1.1.2020 durch G v. 9.12.2019 (BGBl. I S. 2053).

(2) [1]Bei einer geringeren durchschnittlichen wöchentlichen Arbeitszeit werden die Beträge nach Absatz 1 Satz 2 anteilig gewährt, und zwar entsprechend dem Teil der durchschnittlichen wöchentlichen Arbeitszeit, der über 48 Stunden hinausgeht. [2]Dabei ist die durchschnittliche wöchentliche Arbeitszeit in einem Kalendermonat auf volle Stunden zu runden. [3]Bei einem Bruchteil von mindestens 30 Minuten wird aufgerundet; ansonsten wird abgerundet.

§ 50d[1)] Vergütung für Soldaten mit besonderen Alarmierungsverpflichtungen. (1) [1]Soldaten, für die besondere Alarmierungsverpflichtungen im Rahmen nationaler oder multinationaler Verpflichtungen gelten und für die eine ständige Erreichbarkeit außerhalb der regelmäßigen Arbeitszeit mit einer Rückkehrverpflichtung zur Dienststelle angeordnet wurde, erhalten eine Vergütung nach Maßgabe des Absatzes 2. [2]Mit der Vergütung sind alle zeitlichen und sonstigen Belastungen abgegolten, die durch die angeordnete ständige Erreichbarkeit und Rückkehrverpflichtung entstehen.

(2) [1]Die Vergütung beträgt bei einer für einen vollen Monat angeordneten ständigen Erreichbarkeit mit Rückkehrzeiten zur Dienststelle
1. unterhalb von zwei Stunden, 500 Euro,
2. oberhalb von zwei Stunden bis zwölf Stunden, 300 Euro,
3. oberhalb von zwölf Stunden bis 24 Stunden, 150 Euro,
4. oberhalb von 24 Stunden bis 48 Stunden, 75 Euro.

[2]Soweit die Anordnung nicht für volle Kalendermonate erfolgt, wird die Vergütung anteilig gewährt.

§ 51 Andere Zulagen und Vergütungen. [1]Andere als die in diesem Abschnitt geregelten Zulagen und Vergütungen dürfen nur gewährt werden, soweit dies gesetzlich bestimmt ist. [2]Vergütungen für Nebentätigkeiten im öffentlichen Dienst bleiben unberührt.

Abschnitt 5. Auslandsbesoldung[2)]

§ 52[3)] Auslandsdienstbezüge. (1) [1]Auslandsdienstbezüge werden gezahlt bei dienstlichem und tatsächlichem Wohnsitz im Ausland (ausländischer Dienstort), der nicht einer Tätigkeit im Grenzverkehr und nicht einer besonderen Verwendung im Ausland dient (allgemeine Verwendung im Ausland). [2]Sie setzen sich zusammen aus Auslandszuschlag und Mietzuschuss.

(2) [1]Die Auslandsdienstbezüge werden bei Umsetzung oder Versetzung zwischen dem Inland und dem Ausland vom Tag nach dem Eintreffen am ausländischen Dienstort bis zum Tag vor der Abreise aus diesem Ort gezahlt. [2]Bei Umsetzung oder Versetzung im Ausland werden sie bis zum Tag des Eintreffens am neuen Dienstort nach den für den bisherigen Dienstort maßgebenden Sätzen gezahlt.

(3) [1]Die Absätze 1 und 2 gelten entsprechend, wenn der Beamte, Richter oder Soldat für einen Zeitraum von mehr als drei Monaten vom Inland ins Ausland oder

---

[1)] § 50d eingef. mWv 1.1.2025 durch G v. 27.2.2025 (BGBl. 2025 I Nr. 72).

[2)] 5. Abschnitt Überschrift neu gef. mWv 1.7.2010 durch G v. 5.2.2009 (BGBl. I S. 160).

[3)] § 52 neu gef. mWv 1.7.2010 durch G v. 5.2.2009 (BGBl. I S. 160); Abs. 3 Satz 1 geänd., Satz 4 angef. mWv 22.3.2012 durch G v. 15.3.2012 (BGBl. I S. 462); Abs. 3 Satz 3 neu gef. und Satz 4 geänd. mWv 1.1.2020 durch G v. 9.12.2019 (BGBl. I S. 2053); Abs. 3 Satz 3 Nr. 1–3 geänd. mWv 1.1.2020 durch G v. 28.6.2021 (BGBl. I S. 2250).

im Ausland abgeordnet oder kommandiert ist. [2]Der Abordnung kann eine Verwendung im Ausland nach § 29 des Bundesbeamtengesetzes[1)] gleichgestellt werden. [3]Absatz 1 Satz 1 gilt nicht

1. bei einer Umsetzung, Abordnung oder Kommandierung vom Ausland in das Inland für mehr als drei Monate,
2. bei einer Umsetzung, Abordnung oder Kommandierung vom Ausland in das Inland für bis zu drei Monate, wenn die Voraussetzungen des Satzes 1 nicht erfüllt sind,
3. wenn der Besoldungsempfänger nach der Umsetzung, Abordnung oder Kommandierung vom Ausland in das Inland nicht mehr in das Ausland zurückkehrt.

[4]Die oberste Dienstbehörde kann im Einvernehmen mit dem Bundesministerium des Innern, für Bau und Heimat Ausnahmen von den Sätzen 1 und 2 zulassen.

(4) [1]Beamte, Richter und Soldaten, denen für ihre Person das Grundgehalt einer höheren Besoldungsgruppe als der für ihr Amt im Ausland vorgesehenen zusteht, erhalten die Auslandsdienstbezüge nur nach der niedrigeren Besoldungsgruppe. [2]Das Grundgehalt der niedrigeren Besoldungsgruppe und der entsprechende Familienzuschlag werden auch dem Kaufkraftausgleich zugrunde gelegt.

§ 53[2)] Auslandszuschlag. (1) [1]Der Auslandszuschlag gilt materiellen Mehraufwand sowie allgemeine und dienstortbezogene immaterielle Belastungen der allgemeinen Verwendung im Ausland ab. [2]Er bemisst sich nach der Höhe des Mehraufwands und der Belastungen, zusammengefasst in Dienstortstufen, sowie des zustehenden Grundgehalts, darüber hinaus nach der Anzahl der berücksichtigungsfähigen Personen sowie der Bereitstellung von Gemeinschaftsunterkunft oder -verpflegung oder entsprechenden Geldleistungen. [3]Der Ermittlung des materiellen Mehraufwands und der dienstortbezogenen immateriellen Belastungen werden standardisierte Dienstortbewertungen im Verhältnis zum Sitz der Bundesregierung zugrunde gelegt. [4]Die allgemeinen immateriellen Belastungen des Auslandsdienstes werden dienstortunabhängig abgegolten. [5]Bei außergewöhnlichen materiellen Mehraufwendungen oder immateriellen Belastungen kann die oberste Dienstbehörde zur Abgeltung dieser Mehraufwendungen oder Belastungen oder zur Sicherung einer anforderungsgerechten Besetzung von Dienstposten im Ausland im Einvernehmen mit dem Auswärtigen Amt, dem Bundesministerium des Innern, für Bau und Heimat und dem Bundesministerium der Finanzen befristet einen Zuschlag in Höhe von bis zu 1 000 Euro monatlich im Verwaltungswege festsetzen.

(2) [1]Der Auslandszuschlag für den Beamten, Richter oder Soldaten wird nach der Tabelle in Anlage VI.1 gezahlt. [2]Bei der ersten neben dem Beamten, Richter oder Soldaten berücksichtigungsfähigen Person nach Absatz 4 Nr. 1 oder 3 erhöht

---

[1)] Nr. **160**.

[2)] § 53 neu gef. mWv 1.7.2010 durch G v. 5.2.2009 (BGBl. I S. 160); Abs. 4 Nr. 1 und 2 geänd., Nr. 2a eingef. mWv 1.7.2010 durch G v. 14.11.2011 (BGBl. I S. 2219); Abs. 1 Satz 5, Abs. 4 Nr. 2 Buchst. c und Nr. 3 geänd. mWv 22.3.2012 durch G v. 15.3.2012 (BGBl. I S. 462); Abs. 2 Sätze 2 und 4, Abs. 4 Nr. 1, Abs. 5 Satz 1 und Abs. 6 Sätze 1 und 3 geänd. mWv 1.8.2013 durch G v. 11.6.2013 (BGBl. I S. 1514); Abs. 4 Nr. 2 einl. Satzteil geänd. mWv 9.12.2014, Abs. 3 Satz 1 geänd. mWv 1.1.2016 durch G v. 3.12. 2015 (BGBl. I S. 2163); Abs. 1 Sätze 3 und 4 neu gef. mWv 1.7.2018 durch G v. 5.1.2017 (BGBl. I S. 17); Abs. 1 Satz 5 geänd., Abs. 2 Sätze 4 und 5 neu gef., Satz 6 angef., Abs. 4 Nr. 2 geänd., Nr. 2a aufgeh., Abs. 5 Satz 1 geänd., Satz 2 aufgeh., bish. Satz 3 wird Satz 2, Abs. 6 Satz 1 geänd., Sätze 3 und 4 neu gef., Sätze 5 und 6 angef., Abs. 7 geänd. mWv 1.1.2020 durch G v. 9.12.2019 (BGBl. I S. 2053); Abs. 6 Satz 3 geänd. mWv 1.1.2020 durch G v. 9.7.2021 (BGBl. I S. 2444); Abs. 1 Satz 5 geänd., Abs. 6 Satz 7 angef. mWv 6.3.2025 durch G v. 27.2.2025 (BGBl. 2025 I Nr. 72).

sich der Betrag um 40 Prozent. [3] Für alle anderen berücksichtigungsfähigen Personen wird jeweils ein Zuschlag nach der Tabelle in Anlage VI.2 gezahlt. [4] Wird dem Beamten, Richter oder Soldaten Gemeinschaftsunterkunft oder Gemeinschaftsverpflegung bereitgestellt, so verringert sich der Betrag nach den Sätzen 1 und 2 auf 85 Prozent. [5] Werden sowohl Gemeinschaftsunterkunft als auch Gemeinschaftsverpflegung bereitgestellt, so verringert sich der Betrag nach den Sätzen 1 und 2 auf 70 Prozent. [6] Die Sätze 4 und 5 gelten auch, wenn entsprechende Geldleistungen gezahlt werden.

(3) [1] Hat eine berücksichtigungsfähige Person ebenfalls Anspruch auf Auslandsdienstbezüge gegen einen öffentlich-rechtlichen Dienstherrn (§ 29 Abs. 1) oder einen Verband, dessen Mitglieder öffentlich-rechtliche Dienstherren sind, wird der Auslandszuschlag für jeden Berechtigten nach der Tabelle in Anlage VI.1 gezahlt. [2] § 4 Abs. 2 Satz 2 und 3 ist anzuwenden. [3] Bei ermäßigter regelmäßiger Arbeitszeit erhalten beide Berechtigte zusammen mindestens den Auslandszuschlag eines Berechtigten mit einer berücksichtigungsfähigen Person, der zustünde, wenn die von beiden geleistete Arbeitszeit von einem der Berechtigten allein geleistet würde. [4] Für jede weitere berücksichtigungsfähige Person wird einem der Berechtigten ein Zuschlag nach Tabelle VI.2 gewährt. [5] Die Zahlung wird an denjenigen geleistet, den die beiden bestimmen oder dem die weitere berücksichtigungsfähige Person zuzuordnen ist; ist der Empfänger danach nicht bestimmbar, erhält jeder Berechtigte die Hälfte des Zuschlags.

(4) Im Auslandszuschlag berücksichtigungsfähige Personen sind:

1. Ehegatten, die mit dem Beamten, Richter oder Soldaten am ausländischen Dienstort eine gemeinsame Wohnung haben und sich überwiegend dort aufhalten,
2. Kinder, für die dem Beamten, Richter oder Soldaten Kindergeld nach den Vorschriften des Einkommensteuergesetzes zusteht oder ohne Berücksichtigung des § 63 Absatz 1 Satz 6, des § 64 oder des § 65 des Einkommensteuergesetzes zustehen würde und
   a) die sich nicht nur vorübergehend im Ausland aufhalten,
   b) die sich nicht nur vorübergehend im Inland aufhalten, wenn dort kein Haushalt eines Elternteils besteht, der für das Kind bis zum Erreichen der Volljährigkeit sorgeberechtigt ist oder war, oder
   c) die sich in der Übergangszeit zwischen zwei Ausbildungsabschnitten befinden, wenn und soweit sich der Beginn des nächsten Ausbildungsabschnitts durch die Auslandsverwendung des Beamten, Richters oder Soldaten verzögert hat, ungeachtet der zeitlichen Beschränkung nach § 63 Absatz 1 Satz 2 in Verbindung mit § 32 Absatz 4 Satz 1 Nummer 2 Buchstabe b des Einkommensteuergesetzes, höchstens jedoch für ein Jahr;

   diese Kinder sind auch beim Familienzuschlag zu berücksichtigen,
3. Personen, denen der Beamte, Richter oder Soldat in seiner Wohnung am ausländischen Dienstort nicht nur vorübergehend Unterkunft und Unterhalt gewährt, weil er gesetzlich oder sittlich dazu verpflichtet ist oder aus beruflichen oder gesundheitlichen Gründen ihrer Hilfe bedarf; dies gilt bei gesetzlicher oder sittlicher Verpflichtung zur Unterhaltsgewährung nicht, wenn für den Unterhalt der aufgenommenen Person Mittel zur Verfügung stehen, die den in § 8 Absatz 1 Nummer 1 des Vierten Buches Sozialgesetzbuch[1] genannten Monatsbetrag übersteigen.

---

[1] **Aichberger, SGB Nr. 4.**

(5) 1 Begründet eine berücksichtigungsfähige Person im Sinne des Absatzes 4 Nummer 1 oder 3 erst später einen Wohnsitz am ausländischen Dienstort oder gibt sie ihn vorzeitig auf, werden ab dem Eintreffen rückwirkend bis zum Beginn der Verwendung des Beamten, Richters oder Soldaten oder ab dem Auszug aus der gemeinsamen Wohnung bis zum Ende der Verwendung 70 Prozent des für diese Person geltenden Satzes gewährt, längstens jedoch für sechs Monate. 2 Stirbt eine im ausländischen Haushalt lebende berücksichtigungsfähige Person, wird sie beim Auslandszuschlag bis zum Ende der Verwendung weiter berücksichtigt, längstens jedoch für zwölf Monate.

(6) 1 Empfängern von Auslandsdienstbezügen, für die das Gesetz über den Auswärtigen Dienst gilt, wird unter Berücksichtigung des § 29 jenes Gesetzes ein um 4 Prozent ihrer Dienstbezüge im Ausland erhöhter Auslandszuschlag gezahlt. 2 Dies gilt bei nur befristeter Verwendung im Auswärtigen Dienst nach Ablauf des sechsten Jahres der Verwendung im Ausland; Unterbrechungen von weniger als fünf Jahren sind unschädlich. 3 Verheirateten Empfängern von Auslandsdienstbezügen, für die das Gesetz über den Auswärtigen Dienst gilt, kann unter Berücksichtigung des § 29 des genannten Gesetzes ein um bis zu 18,6 Prozent ihres Grundgehalts zuzüglich Amtszulagen, höchstens jedoch um 18,6 Prozent des Grundgehalts aus der Endstufe der Besoldungsgruppe A 14 erhöhter Auslandszuschlag gezahlt werden, der zum Aufbau einer eigenständigen Altersvorsorge des Ehegatten zu verwenden ist; Erwerbseinkommen des Ehegatten wird berücksichtigt. 4 Voraussetzung der Gewährung ist, dass der Nachweis der Verwendung im Sinne des Satzes 3 nach Maßgabe der Auslandszuschlagsverordnung erbracht wird. 5 Abweichend von den Sätzen 3 und 4 kann Empfängern von Auslandsdienstbezügen mit Ehegatten mit ausschließlich ausländischer Staatsangehörigkeit, die keinen Verwendungsnachweis erbringen, ein um bis zu 6 Prozent ihrer Dienstbezüge im Ausland erhöhter Auslandszuschlag gezahlt werden. 6 Für Personen im Sinne des Absatzes 4 Nummer 3 kann dem Besoldungsempfänger unter entsprechender Berücksichtigung des § 29 des Gesetzes über den Auswärtigen Dienst ein um bis zu 6 Prozent seiner Dienstbezüge im Ausland erhöhter Auslandszuschlag gezahlt werden, soweit der Besoldungsempfänger nicht bereits einen Zuschlag nach Satz 3 erhält; Erwerbseinkommen dieser Personen wird berücksichtigt. 7 Die Sätze 3 bis 5 gelten entsprechend für Angehörige des Geschäftsbereichs des Bundesministeriums der Verteidigung, für die das Gesetz über den Auswärtigen Dienst nicht gilt, wenn sie zur Sicherstellung der Einsatzbereitschaft im Rahmen der Landes- und Bündnisverteidigung im Ausland soldatische Tätigkeiten wahrnehmen oder unmittelbar unterstützen.

(7) Das Auswärtige Amt regelt die Einzelheiten des Auslandszuschlags einschließlich dessen Erhöhung nach Absatz 6 Satz 3 sowie die Zuteilung der Dienstorte zu den Stufen des Auslandszuschlags durch Rechtsverordnung[1)] im Einvernehmen mit dem Bundesministerium des Innern, für Bau und Heimat, dem Bundesministerium der Finanzen und dem Bundesministerium der Verteidigung.

§ 54[2)] Mietzuschuss. (1) 1 Der Mietzuschuss wird gewährt, wenn die Miete für den als notwendig anerkannten leeren Wohnraum (zuschussfähige Miete) 18 Pro-

---

[1)] Siehe die AuslandszuschlagsVO v. 17.8.2010 (BGBl. I S. 1177, 1244), zuletzt geänd. durch VO v. 6.3. 2025 (BGBl. 2025 I Nr. 78).

[2)] § 54 aufgeh., bish. § 57 wird § 54 und Abs. 2 Satz 1 geänd. mWv 1.7.2010 durch G v. 5.2.2009 (BGBl. I S. 160); Abs. 3 Satz 3 neu gef., Satz 4 angef. mWv 25.11.2011 durch G v. 14.11.2011 (BGBl. I S. 2219); Abs. 1 Sätze 1–3 geänd., Abs. 2 eingef., bish. Abs. 2 wird Abs. 3 und Sätze 2 und 3 geänd., bish. Abs. 3 wird Abs. 4 und Satz 2 geänd., bish. Abs. 4 wird Abs. 5 mWv 1.8.2013 durch G v. 11.6.2013 →

zent der Summe aus Grundgehalt, Familienzuschlag der Stufe 1, Amts-, Stellen-, Ausgleichs- und Überleitungszulagen mit Ausnahme des Kaufkraftausgleichs übersteigt. [2]Der Mietzuschuss beträgt 90 Prozent des Mehrbetrages. [3]Beträgt die Mieteigenbelastung

1. bei Beamten und Soldaten in den Besoldungsgruppen A 3 bis A 8 mehr als 20 Prozent,
2. bei Beamten und Soldaten in den Besoldungsgruppen A 9 und höher sowie bei Richtern mehr als 22 Prozent

der Bezüge nach Satz 1, so wird der volle Mehrbetrag als Mietzuschuss erstattet. [4]Der Mietzuschuss wird nicht gewährt, solange ein Anspruch auf Kostenerstattung nach der Auslandsumzugskostenverordnung besteht.

(2) [1]Bei einem Empfänger von Auslandsdienstbezügen, für den das Gesetz über den Auswärtigen Dienst nicht gilt, wird bei der Ermittlung der zuschussfähigen Miete im Sinne von Absatz 1 Satz 1 die vom Auswärtigen Amt festgelegte Mietobergrenze oder, wenn keine Mietobergrenze festgelegt wurde, die im Einzelfall anerkannte Miete zugrunde gelegt. [2]Die nach Satz 1 festgelegte Mietobergrenze oder die im Einzelfall anerkannte Miete wird um 20 Prozent vermindert.

(3) [1]Erwirbt oder errichtet der Beamte, Richter oder Soldat oder eine beim Auslandszuschlag berücksichtigte Person ein Eigenheim oder eine Eigentumswohnung, so kann, wenn dienstliche Interessen nicht entgegenstehen, ein Zuschuss in sinngemäßer Anwendung des Absatzes 1 gewährt werden. [2]Anstelle der Miete treten 0,65 Prozent des Kaufpreises, der auf den als notwendig anerkannten leeren Wohnraum entfällt. [3]Der Zuschuss beträgt höchstens 0,3 Prozent des anerkannten Kaufpreises; er darf jedoch den Betrag des Mietzuschusses nach Absatz 1 bei Zugrundelegung einer Miete nach den ortsüblichen Sätzen für vergleichbare Objekte nicht übersteigen. [4]Nebenkosten bleiben unberücksichtigt.

(4) [1]Hat der Beamte, Richter oder Soldat mit seinem Ehegatten am ausländischen Dienstort eine gemeinsame Wohnung inne und erhält der Ehegatte ebenfalls Auslandsdienstbezüge nach § 52 Absatz 1 oder 3 oder Arbeitsentgelt in entsprechender Anwendung des § 52 Absatz 1 oder 3, so wird nur ein Mietzuschuss gewährt. [2]Der Berechnung des Prozentsatzes nach Absatz 1 Satz 1 sind die Dienstbezüge und das entsprechende Arbeitsentgelt beider Ehegatten zugrunde zu legen. [3]Der Mietzuschuss wird dem Ehegatten gezahlt, den die Ehegatten bestimmen. [4]Treffen sie keine Bestimmung, erhält jeder Ehegatte die Hälfte des Mietzuschusses; § 6 ist nicht anzuwenden.

(5) Inhaber von Dienstwohnungen im Ausland erhalten keinen Mietzuschuss.

§ 55[1)] Kaufkraftausgleich. (1) [1]Entspricht bei einer allgemeinen Verwendung im Ausland die Kaufkraft der Besoldung am ausländischen Dienstort nicht der Kaufkraft der Besoldung am Sitz der Bundesregierung, ist der Unterschied durch Zu- oder Abschläge auszugleichen (Kaufkraftausgleich). [2]Beim Mietzuschuss sowie beim Auslandszuschlag für im Inland lebende Kinder wird ein Kaufkraftausgleich nicht vorgenommen.

(Fortsetzung der Anm. von voriger Seite)
(BGBl. I S. 1514); Abs. 1 Satz 4 angef. mWv 1.12.2015 durch G v. 5.1.2017 (BGBl. I S. 17); Abs. 1 Satz 3 Nr. 1 geänd. mWv 1.3.2020 durch G v. 9.12.2019 (BGBl. I S. 2053).

[1)] § 55 neu gef. mWv 1.7.2010 durch G v. 5.2.2009 (BGBl. I S. 160); Abs. 3 Satz 2 geänd. mWv 22.3.2012 durch G v. 15.3.2012 (BGBl. I S. 462); Abs. 2 Satz 1 und Abs. 3 Sätze 2 und 3 geänd. mWv 1.8.2013 durch G v. 11.6.2013 (BGBl. I S. 1514); Abs. 4 geänd. mWv 1.1.2020 durch G v. 9.12.2019 (BGBl. I S. 2053).

(2) [1]Das Statistische Bundesamt ermittelt für den einzelnen Dienstort nach einer wissenschaftlichen Berechnungsmethode auf Grund eines Preisvergleichs und des Wechselkurses zwischen den Währungen den Prozentsatz, um den die Lebenshaltungskosten am ausländischen Dienstort höher oder niedriger sind als am Sitz der Bundesregierung (Teuerungsziffer). [2]Die Teuerungsziffern sind vom Statistischen Bundesamt bekannt zu machen.

(3) [1]Der Kaufkraftausgleich wird anhand der Teuerungsziffer festgesetzt. [2]Die Berechnungsgrundlage beträgt 60 Prozent des Grundgehaltes, der Anwärterbezüge, des Familienzuschlags, des Auslandszuschlags sowie der Zulagen und Vergütungen, deren jeweilige besondere Voraussetzungen auch bei Verwendung im Ausland vorliegen. [3]Abweichend hiervon beträgt die Berechnungsgrundlage 100 Prozent bei Anwärtern, die bei einer von ihnen selbst ausgewählten Stelle im Ausland ausgebildet werden.

(4) Die Einzelheiten zur Festsetzung des Kaufkraftausgleichs regelt das Auswärtige Amt im Einvernehmen mit dem Bundesministerium des Innern, für Bau und Heimat und dem Bundesministerium der Finanzen, hinsichtlich der Bundeswehrstandorte im Ausland auch im Einvernehmen mit dem Bundesministerium der Verteidigung, durch allgemeine Verwaltungsvorschrift.

§ 56[1)] Auslandsverwendungszuschlag. (1) [1]Auslandsverwendungszuschlag wird gezahlt bei einer Verwendung im Rahmen einer humanitären oder unterstützenden Maßnahme, die auf Grund eines Übereinkommens, eines Vertrages oder einer Vereinbarung mit einer zwischenstaatlichen oder überstaatlichen Einrichtung oder mit einem auswärtigen Staat im Ausland oder außerhalb des deutschen Hoheitsgebietes auf Schiffen oder in Luftfahrzeugen stattfindet (besondere Verwendung im Ausland). [2]Dies gilt für

1. Verwendungen auf Beschluss der Bundesregierung,
2. Einsätze des Technischen Hilfswerks im Ausland nach § 1 Absatz 2 Nummer 2 des THW-Gesetzes, wenn zwischen dem Bundesministerium des Innern, für Bau und Heimat und dem Auswärtigen Amt Einvernehmen über das Vorliegen einer Verwendung nach Satz 1 besteht,
3. humanitäre Hilfsdienste und Hilfsleistungen der Streitkräfte nach § 2 Absatz 2 Satz 3 des Parlamentsbeteiligungsgesetzes, wenn zwischen dem Bundesministerium der Verteidigung und dem Auswärtigen Amt Einvernehmen über das Vorliegen einer Verwendung nach Satz 1 besteht,
4. Maßnahmen der Streitkräfte, die keine humanitären Hilfsdienste oder Hilfsleistungen nach § 2 Absatz 2 Satz 3 des Parlamentsbeteiligungsgesetzes sind, wenn zwischen dem Bundesministerium der Verteidigung und dem Auswärtigen Amt Einvernehmen über das Vorliegen einer Verwendung nach Satz 1 besteht, oder
5. Einsätze der Bundespolizei nach den §§ 8 und 65 des Bundespolizeigesetzes[2)], einschließlich der in diesem Rahmen und zu diesem Zweck abgeordneten oder zugewiesenen Beamten anderer Verwaltungen, des Bundesamtes für Migration und Flüchtlinge, des Bundeskriminalamtes und des Bundesamtes für Verfas-

---

[1)] § 56 aufgeh., bish. § 58a wird § 56 mWv 1.7.2010 durch G v. 5.2.2009 (BGBl. I S. 160); Abs. 1 Satz 2 neu gef., Abs. 2 Satz 8 2. Halbsatz angef. mWv 1.8.2013 durch G v. 11.6.2013 (BGBl. I S. 1514); Abs. 1 Satz 2 neu gef. mWv 1.6.2017 durch G v. 8.6.2017 (BGBl. I S. 1570); Abs. 1 neu gef., Abs. 2 eingef., bish. Abs. 2 wird Abs. 3, Sätze 3 und 4 geänd., Satz 6 eingef., bish. Sätze 6–8 werden Sätze 7–9, bish. Abs. 3 wird Abs. 4 und Satz 1 geänd., bish. Abs. 4 wird Abs. 5, bish. Abs. 5 wird Abs. 6 und geänd. mWv 1.1.2020 durch G v. 9.12.2019 (BGBl. I S. 2053); Abs. 3 Satz 4 geänd. mWv 6.3.2025 durch G v. 27.2.2025 (BGBl. 2025 I Nr. 72).

[2)] Nr. **90**.

sungsschutz, wenn zwischen dem Bundesministerium des Innern, für Bau und Heimat und dem Auswärtigen Amt Einvernehmen über das Vorliegen einer Verwendung nach Satz 1 besteht.

[3] Satz 1 gilt entsprechend für eine Verwendung im Ausland oder außerhalb des deutschen Hoheitsgebietes auf Schiffen oder in Luftfahrzeugen, die ausschließlich dazu dient, eine besondere Verwendung im Ausland

1. unmittelbar vorzubereiten oder
2. unmittelbar im Anschluss endgültig abzuschließen, soweit dies wegen unvorhersehbarer Umstände nicht innerhalb der geplanten Dauer der besonderen Verwendung im Ausland möglich ist.

(2) [1] Auslandsverwendungszuschlag wird auch gezahlt für eine besondere Verwendung im Ausland, die mit außergewöhnlichen Risiken und Gefährdungen verbunden ist. [2] Dies gilt für

1. Angehörige der Spezialkräfte der Bundeswehr sowie Soldaten, die zur unmittelbaren Unterstützung der Spezialkräfte der Bundeswehr in dieser besonderen Verwendung im Ausland unter entsprechenden Belastungen eingesetzt werden, wenn das Bundesministerium der Verteidigung eine Maßnahme als entsprechende Verwendung festgelegt hat,
2. Angehörige der GSG 9 der Bundespolizei sowie Beamte, die zur unmittelbaren Unterstützung der GSG 9 der Bundespolizei in dieser besonderen Verwendung im Ausland unter entsprechenden Belastungen eingesetzt werden, wenn das Bundesministerium des Innern, für Bau und Heimat eine Maßnahme als entsprechende Verwendung festgelegt hat.

(3) [1] Der Auslandsverwendungszuschlag gilt alle materiellen Mehraufwendungen und immateriellen Belastungen der besonderen Verwendung im Ausland mit Ausnahme der nach deutschem Reisekostenrecht zustehenden Reisekostenvergütung ab. [2] Dazu gehören insbesondere Mehraufwendungen auf Grund besonders schwieriger Bedingungen im Rahmen der Verwendung oder Belastungen durch Unterbringung in provisorischen Unterkünften sowie Belastungen durch eine spezifische Bedrohung der Mission oder deren Durchführung in einem Konfliktgebiet. [3] Er wird für jeden Tag der Verwendung gewährt und bei einer Verwendung nach Absatz 1 als einheitlicher Tagessatz abgestuft nach dem Umfang der Mehraufwendungen und Belastungen für jede Verwendung festgesetzt. [4] Der Tagessatz der höchsten Stufe beträgt 153 Euro. [5] Dauert die Verwendung im Einzelfall weniger als 15 Tage, kann der Satz der nächstniedrigeren Stufe ausgezahlt werden. [6] In den Fällen des Absatzes 2 wird der Tagessatz der höchsten Stufe gewährt. [7] Die endgültige Abrechnung erfolgt nach Abschluss der Verwendung. [8] Abschlagszahlungen können monatlich im Voraus geleistet werden. [9] Ein Anspruch auf Auslandsdienstbezüge an einem anderen ausländischen Dienstort bleibt unberührt; auf den Auslandsverwendungszuschlag wird jedoch auf Grund der geringeren Aufwendungen und

(Fortsetzung nächstes Blatt)

Belastungen am bisherigen ausländischen Dienstort pauschaliert ein Anteil des Auslandszuschlags nach § 53 angerechnet.

(4) [1] Steht Beamten, Richtern oder Soldaten ein Auslandsverwendungszuschlag aus einer Verwendung nach Absatz 1 an einem ausländischen Dienstort zu und befindet sich ein anderer Beamter, Richter oder Soldat an diesem Ort auf Dienstreise, gelten für Letzteren ab dem 15. Tag der Dienstreise rückwirkend ab dem Tag der Ankunft am ausländischen Dienstort die Vorschriften über den Auslandsverwendungszuschlag entsprechend. [2] Das gilt nur, wenn die Dienstreise hinsichtlich der Mehraufwendungen und Belastungen einer Verwendung nach Absatz 1 entspricht. [3] Ist der Beamte, Richter oder Soldat wegen Verschleppung, Gefangenschaft oder aus sonstigen mit dem Dienst zusammenhängenden Gründen, die er nicht zu vertreten hat, dem Einflussbereich des Dienstherrn entzogen, werden für diesen Zeitraum Aufwandsentschädigungen und Zulagen, die zum Zeitpunkt des Eintritts des Ereignisses zustanden, weiter gewährt; daneben steht ihm Auslandsverwendungszuschlag nach dem Tagessatz der höchsten Stufe zu.

(5) [1] Werden von einem auswärtigen Staat oder einer über- oder zwischenstaatlichen Einrichtung Leistungen für eine besondere Verwendung gewährt, sind diese, soweit damit nicht Reisekosten abgegolten werden, in vollem Umfang auf den Auslandsverwendungszuschlag anzurechnen. [2] Die Anrechnung erfolgt jeweils bezogen auf einen Kalendermonat. [3] § 9a Abs. 2 ist nicht anzuwenden.

(6) Das Bundesministerium des Innern, für Bau und Heimat regelt die Einzelheiten des Auslandsverwendungszuschlags im Einvernehmen mit dem Auswärtigen Amt, dem Bundesministerium der Finanzen und dem Bundesministerium der Verteidigung durch Rechtsverordnung[1].

§ 57[2] Auslandsverpflichtungsprämie. (1) [1] Einem Beamten, der sich verpflichtet hat, im Rahmen einer besonderen Verwendung im Ausland mindestens zwei Wochen Dienst zu leisten, kann eine Auslandsverpflichtungsprämie gewährt werden, wenn

1. es sich um eine Verwendung nach § 56 Absatz 1 Satz 2 Nummer 5 handelt und
2. die Verwendung im Rahmen einer über- oder zwischenstaatlichen Zusammenarbeit oder im Rahmen einer Mission der Europäischen Union oder einer internationalen Organisation erfolgt und
3. die Europäische Union oder eine internationale Organisation Mitgliedern einer von ihr in denselben Staat entsandten Mission für materielle Mehraufwendungen und immaterielle Belastungen sowie für Reisekosten höhere auslandsbezogene Gesamtleistungen gewährt.

[2] Der Höchstbetrag der Prämie entspricht dem Unterschiedsbetrag zur höheren auslandsbezogenen Gesamtleistung im auf die Verpflichtung folgenden Verwendungszeitraum.

(2) [1] Für die Zahlung der Prämie gilt § 56 Absatz 2 Satz 6 und 7 entsprechend. [2] Die Prämie darf nur gezahlt werden, wenn während der Mindestverpflichtungszeit ununterbrochen Anspruch auf Auslandsverwendungszuschlag bestand. [3] Wird dieser Zeitraum aus Gründen nicht erreicht, die vom Beamten nicht zu vertreten sind, gilt § 3 Absatz 3 entsprechend.

[1] Siehe die AuslandsverwendungszuschlagsVO **(Bundesbeamtengesetze Nr. 53d).**

[2] § 57 eingef. mWv 1.6.2011 durch G v. 15.3.2012 (BGBl. I S. 462); Abs. 1 Satz 1 neu gef., Satz 3 aufgeh., Abs. 2 Satz 2 neu gef. mWv 1.1.2020 durch G v. 9.12.2019 (BGBl. I S. 2053).

§ 58[1] Zulage für Kanzler an großen Botschaften. (1) Einem Beamten des Auswärtigen Dienstes der Besoldungsgruppe A 13 wird während der Dauer seiner Verwendung als Kanzler an einer Auslandsvertretung eine Zulage gewährt, wenn

1. der Leiter der Auslandsvertretung in die Besoldungsgruppe B 9 eingestuft ist oder
2. er die Geschäfte des Inneren Dienstes mehrerer Vertretungen leitet und der Leiter mindestens einer dieser Auslandsvertretungen in die Besoldungsgruppe B 6 eingestuft ist.

(2) [1] Die Zulage beträgt

1. für Kanzler an den Botschaften in London, Moskau, Paris, Peking und Washington sowie an den Ständigen Vertretungen bei der Europäischen Union in Brüssel und bei den Vereinten Nationen in New York 35 Prozent des Auslandszuschlags nach Anlage VI.1 Grundgehaltsspanne 9 Zonenstufe 13,
2. für Kanzler an den übrigen Auslandsvertretungen 15 Prozent des Auslandszuschlags nach Anlage VI.1 Grundgehaltsspanne 9 Zonenstufe 13.

[2] Sie wird nicht neben einer Zulage nach § 45 gewährt.

Abschnitt 6. Anwärterbezüge

§ 59[2] Anwärterbezüge. (1) Beamte auf Widerruf im Vorbereitungsdienst (Anwärter) erhalten Anwärterbezüge.

(2) [1] Zu den Anwärterbezügen gehören der Anwärtergrundbetrag, der Anwärtererhöhungsbetrag und die Anwärtersonderzuschläge. [2] Daneben werden der Familienzuschlag und die vermögenswirksamen Leistungen gewährt. [3] Zulagen und Vergütungen werden nur gewährt, wenn dies gesetzlich besonders bestimmt ist.

(3) [1] Anwärter mit dienstlichem Wohnsitz im Ausland erhalten zusätzlich Bezüge entsprechend der Auslandsbesoldung. [2] Der Berechnung des Mietzuschusses sind der Anwärtergrundbetrag, der Familienzuschlag der Stufe 1, der Anwärtererhöhungsbetrag und der Anwärtersonderzuschlag zugrunde zu legen. [3] Der Auslandszuschlag bemisst sich nach dem Anwärtergrundbetrag, dem Anwärtererhöhungsbetrag und dem Anwärtersonderzuschlag.

(4) [1] Absatz 3 gilt nicht für Anwärter, die bei einer von ihnen selbst gewählten Stelle im Ausland ausgebildet werden. [2] § 55 gilt mit der Maßgabe, dass mindestens die Bezüge nach Absatz 2 verbleiben.

(5) Für Anwärter, die im Rahmen ihres Vorbereitungsdienstes ein Studium ableisten, kann die Gewährung der Anwärterbezüge von der Erfüllung von Auflagen abhängig gemacht werden.

---

[1] § 58 neu gef. mWv 1.1.2020 durch G v. 9.12.2019 (BGBl. I S. 2053).

[2] § 59 Abs. 3 Satz 1 und Abs. 4 Satz 2 geänd. mWv 1.7.2010 durch G v. 5.2.2009 (BGBl. I S. 160); Abs. 2 Satz 2 geänd. mWv 1.1.2012 durch G v. 20.12.2011 (BGBl. I S. 2842); Abs. 2 Satz 1 und Abs. 3 Satz 2 geänd. mWv 1.1.2020 durch G v. 9.12.2019 (BGBl. I S. 2053); Abs. 3 Satz 3 angef. mWv 1.1.2020 durch G v. 28.6.2021 (BGBl. I S. 2250).

§ 60[1] Anwärterbezüge nach Ablegung der Zwischenprüfung oder der Laufbahnprüfung. [1]Nach Ablegung der Zwischenprüfung oder der Laufbahnprüfung wird die Besoldung bis zum Ende des laufenden Monats weitergewährt, wenn das Beamtenverhältnis des Anwärters kraft Rechtsvorschrift oder allgemeiner Verwaltungsanordnung endet

1. mit dem endgültigen Nichtbestehen der Zwischenprüfung,
2. mit dem Bestehen oder endgültigen Nichtbestehen der Laufbahnprüfung.

[2]Wird bereits vor diesem Zeitpunkt ein Anspruch auf Bezüge aus einer hauptberuflichen Tätigkeit bei einem öffentlich-rechtlichen Dienstherrn (§ 29 Absatz 1) oder bei einer Ersatzschule erworben, so wird die Besoldung nur bis zum Tage vor Beginn dieses Anspruchs belassen.

§ 61[2] Anwärtergrundbetrag. Der Anwärtergrundbetrag bemisst sich nach Anlage VIII.

§ 62[3] Anwärtererhöhungsbetrag. Anwärter, deren Zulassung zum Vorbereitungsdienst das Bestehen der erweiterten Sicherheitsüberprüfung mit Sicherheitsermittlungen nach § 10 Nummer 3 des Sicherheitsüberprüfungsgesetzes[4] vorausgesetzt hat, erhalten einen Anwärtererhöhungsbetrag in Höhe von 10 Prozent des Anwärtergrundbetrages.

§ 63[5] Anwärtersonderzuschläge. (1) [1]Besteht ein Mangel an qualifizierten Bewerbern, kann die oberste Dienstbehörde Anwärtersonderzuschläge gewähren. [2]Sofern das Anfangsgrundgehalt des Eingangsamtes der Laufbahn durch die Gewährung der Anwärtersonderzuschläge nicht erreicht wird, können Anwärtersonderzuschläge von bis zu 90 Prozent des Anwärtergrundbetrages gewährt werden. [3]Anwärtern, denen ein Anwärtererhöhungsbetrag nach § 62 zusteht, können Anwärtersonderzuschläge unter der Voraussetzung, dass das Anfangsgrundgehalt des Eingangsamtes der Laufbahn nicht erreicht wird, von bis zu 80 Prozent des Anwärtergrundbetrages gewährt werden.

(2) Anspruch auf Anwärtersonderzuschläge besteht nur, wenn der Anwärter

1. nicht vor dem Abschluss des Vorbereitungsdienstes oder wegen schuldhaften Nichtbestehens der Laufbahnprüfung ausscheidet und
2. unmittelbar im Anschluss an das Bestehen der Laufbahnprüfung für mindestens fünf Jahre als Beamter des Bundes oder als Soldat tätig ist.

(3) [1]Werden die in Absatz 2 genannten Voraussetzungen aus Gründen, die der Beamte oder frühere Beamte zu vertreten hat, nicht erfüllt, ist der Anwärtersonderzuschlag in voller Höhe zurückzuzahlen. [2]§ 12 bleibt unberührt.

§ 64 (weggefallen)

---

[1] § 60 Überschrift geänd., Satz 1 neu gef., Satz 2 geänd. mWv 1.1.2020 durch G v. 9.12.2019 (BGBl. I S. 2053).

[2] § 61 geänd. mWv 1.1.2020 durch G v. 9.12.2019 (BGBl. I S. 2053).

[3] § 62 neu gef. mWv 1.1.2020 durch G v. 9.12.2019 (BGBl. I S. 2053).

[4] **Wehrrecht Nr. 807.**

[5] § 63 Abs. 1 Satz 2 geänd. mWv 1.8.2013 durch G v. 11.6.2013 (BGBl. I S. 1514); Abs. 1 Satz 1 geänd., Satz 2 neu gef., Satz 3 angef., Abs. 2 Nr. 2 neu gef., Abs. 3 Satz 2 aufgeh., bish. Satz 3 wird Satz 2 mWv 1.1.2020 durch G v. 9.12.2019 (BGBl. I S. 2053).

§ 65[1)] Anrechnung anderer Einkünfte. (1) [1] Erhalten Anwärter ein Entgelt für eine Nebentätigkeit innerhalb oder für eine genehmigungspflichtige Nebentätigkeit außerhalb des öffentlichen Dienstes, so wird das Entgelt auf die Anwärterbezüge angerechnet, soweit es diese übersteigt. [2] Als Anwärtergrundbetrag werden jedoch mindestens 30 Prozent des Anfangsgrundgehaltes der Eingangsbesoldungsgruppe der Laufbahn gewährt.

(2) Hat der Anwärter einen arbeitsrechtlichen Anspruch auf ein Entgelt für eine in den Ausbildungsrichtlinien vorgeschriebene Tätigkeit außerhalb des öffentlichen Dienstes, so wird das Entgelt auf die Anwärterbezüge angerechnet, soweit die Summe von Entgelt, Anwärterbezügen und Familienzuschlag die Summe von Grundgehalt und Familienzuschlag übersteigt, die einem Beamten mit gleichem Familienstand im Eingangsamt der entsprechenden Laufbahn in der ersten Stufe zusteht.

(3) Übt ein Anwärter gleichzeitig eine Tätigkeit im öffentlichen Dienst mit mindestens der Hälfte der dafür geltenden regelmäßigen Arbeitszeit aus, gilt § 5 entsprechend.

§ 66[2)] Kürzung der Anwärterbezüge. (1) Die oberste Dienstbehörde oder die von ihr bestimmte Stelle kann den Anwärtergrundbetrag bis auf 30 Prozent des Grundgehaltes, das einem Beamten der entsprechenden Laufbahn in der ersten Stufe zusteht, herabsetzen, wenn der Anwärter die vorgeschriebene Laufbahnprüfung nicht bestanden hat oder sich die Ausbildung aus einem vom Anwärter zu vertretenden Grunde verzögert.

(2) Von der Kürzung ist abzusehen

1. bei Verlängerung des Vorbereitungsdienstes infolge genehmigten Fernbleibens oder Rücktritts von der Prüfung,
2. in besonderen Härtefällen.

(3) Wird eine Zwischenprüfung nicht bestanden oder ein sonstiger Leistungsnachweis nicht erbracht, so ist die Kürzung auf den sich daraus ergebenden Zeitraum der Verlängerung des Vorbereitungsdienstes zu beschränken.

Abschnitt 7. (weggefallen)

§§ 67, 68 (weggefallen)

Abschnitt 8.[3)] Dienstkleidung, Heilfürsorge, Unterkunft

§ 69[4)] Dienstkleidung und Unterkunft für Soldaten. (1) Soldaten werden die Dienstkleidung und die Ausrüstung unentgeltlich bereitgestellt.

(2) [1] Das Bundesministerium der Verteidigung kann bestimmen, dass Offiziere, deren Restdienstzeit am Tage ihrer Ernennung zum Offizier mehr als zwölf Monate beträgt, Teile der Dienstkleidung, die nicht zur Einsatz- und Arbeitsausstattung gehören, selbst zu beschaffen haben. [2] Diesen Offizieren wird ein einmaliger Zuschuss zu den Kosten der von ihnen zu beschaffenden Dienst-

---

1) § 65 Abs. 1 Satz 2 geänd. mWv 1.8.2013 durch G v. 11.6.2013 (BGBl. I S. 1514).
2) *§ 66 Abs. 1 geänd.* mWv 1.8.2013 durch G v. 11.6.2013 (BGBl. I S. 1514).
3) Abschnitt 8 Überschrift neu gef. mWv 23.5.2015 durch G v. 13.5.2015 (BGBl. I S. 706).
4) § 69 neu gef. mWv 1.1.2020 durch G v. 9.12.2019 (BGBl. I S. 2053).

kleidung und für deren besondere Abnutzung eine Entschädigung gewährt. [3] Der Zuschuss kann ausgeschiedenen ehemaligen Offizieren beim Wiedereintritt in die Bundeswehr erneut gewährt werden.

(3) [1] Das Bundesministerium der Verteidigung kann bestimmen, dass Berufssoldaten und Soldaten auf Zeit, die nicht den Laufbahnen der Offiziere angehören, auf Antrag einen Zuschuss zu den Kosten der Beschaffung der Ausgehuniform erhalten können, wenn

1. sie auf mindestens acht Jahre verpflichtet sind und
2. noch mindestens vier Jahre im Dienst verbleiben.

[2] Nach Ablauf von fünf Jahren kann der Zuschuss erneut gewährt werden.

(4) Die Zahlungen nach Absatz 2 Satz 2 und 3 sowie Absatz 3 sollen an eine vom Bundesministerium der Verteidigung bestimmte Kleiderkasse geleistet werden, die sie treuhänderisch für die Soldaten verwaltet.

(5) [1] Tragen Soldaten auf dienstliche Anordnung im Dienst statt Dienstkleidung eigene Zivilkleidung, erhalten sie für deren besondere Abnutzung eine Entschädigung. [2] Offiziere erhalten die Entschädigung nur, solange sie keine Entschädigung nach Absatz 2 Satz 2 erhalten.

(6) Für Soldaten, die auf Grund dienstlicher Anordnung verpflichtet sind, in Gemeinschaftsunterkunft zu wohnen, wird die Unterkunft unentgeltlich bereitgestellt.

(7) [1] Soldaten werden die notwendigen Kosten für die Fahrten zur Unterkunft und zurück erstattet. [2] Das Nähere bestimmt das Bundesministerium der Verteidigung durch allgemeine Verwaltungsvorschrift.

(8) Die allgemeinen Verwaltungsvorschriften zu den Absätzen 1 bis 5 erlässt das Bundesministerium der Verteidigung im Einvernehmen mit dem Bundesministerium des Innern, für Bau und Heimat.

§ 69a[1)] Heilfürsorge für Soldaten. (1) [1] Soldaten, die Anspruch auf Besoldung oder auf ein Ausbildungsgeld nach § 30 Absatz 2 des Soldatengesetzes[2)] haben, wird Heilfürsorge in Form der unentgeltlichen truppenärztlichen Versorgung gewährt; dies gilt auch während der Zeit einer Beurlaubung nach § 28 Absatz 5 des Soldatengesetzes, sofern die Soldaten nicht Anspruch auf Familienhilfe nach § 10 des Fünften Buches Sozialgesetzbuch[3)] haben, oder während der Zeit einer Beurlaubung nach § 28 Absatz 7 oder § 30a Absatz 7 des Soldatengesetzes. [2] Soldaten, die wegen der anerkannten Schädigungsfolge im Sinne des Soldatenentschädigungsgesetzes heilbehandlungsbedürftig sind, erhalten für die Behandlung dieser Gesundheitsschädigung Leistungen im Rahmen des Kapitels 3 Abschnitt 2 Unterabschnitt 1 des Soldatenentschädigungsgesetzes, wenn diese für die Soldaten günstiger sind; ausgenommen ist die Gewährung von Krankengeld der Soldatenentschädigung nach § 19 des Soldatenentschädigungsgesetzes.

(2) Kann der Anspruch auf unentgeltliche truppenärztliche Versorgung nicht durch medizinische Einrichtungen der Bundeswehr erfüllt werden, können auf Veranlassung von Ärzten oder Zahnärzten der Bundeswehr oder im Notfall Erbrin-

---

1) § 69a eingef. mWv 1.1.2016 durch G v. 3.12.2015 (BGBl. I S. 2163); Abs. 1 Satz 1 geänd. mWv 28.10. 2016 durch G v. 19.10.2016 (BGBl. I S. 2362); Abs. 1 Satz 2 neu gef. mWv 1.1.2024 und mWv 1.1.2025 durch G v. 20.8.2021 (BGBl. I S. 3932).

2) **Sartorius III Nr. 850.**

3) **Aichberger, SGB Nr. 5.**

ger medizinischer Leistungen außerhalb der Bundeswehr in Anspruch genommen werden.

(3) [1] Die unentgeltliche truppenärztliche Versorgung umfasst grundsätzlich nur medizinisch notwendige und wirtschaftlich angemessene Leistungen

1. in Krankheitsfällen,
2. zur Vorbeugung gegen Krankheiten oder Behinderungen und zur medizinischen Rehabilitation,
3. zur Früherkennung von Krankheiten,
4. zur Durchführung von Schutzimpfungen und sonstigen medizinischen Prophylaxemaßnahmen sowie
5. bei Schwangerschaft, Entbindung und nicht rechtswidrigem Schwangerschaftsabbruch.

[2] Diese Leistungen müssen mindestens den nach dem Fünften Buch Sozialgesetzbuch zu gewährenden Leistungen entsprechen. [3] Die besonderen Anforderungen an die Erhaltung oder Wiederherstellung der Dienst- und Verwendungsfähigkeit der Soldaten sind zu berücksichtigen.

(4) Kosten für eine künstliche Befruchtung werden in entsprechender Anwendung des § 27a des Fünften Buches Sozialgesetzbuch übernommen.

(5) Die unentgeltliche truppenärztliche Versorgung umfasst nicht:

1. medizinische Maßnahmen, die keine Heilbehandlung darstellen,
2. Leistungen von Heilpraktikern.

(6) Bei Pflegebedürftigkeit werden ergänzend zu den Leistungen der Pflegeversicherung nach dem Elften Buch Sozialgesetzbuch[1)] Leistungen in derselben Höhe gewährt.

(7) Die näheren Einzelheiten der unentgeltlichen truppenärztlichen Versorgung regelt das Bundesministerium der Verteidigung durch Rechtsverordnung im Einvernehmen mit dem Bundesministerium des Innern und dem Bundesministerium der Finanzen.

§ 70[2)] Dienstkleidung, Heilfürsorge, Unterkunft für Polizeivollzugsbeamte des Bundes. (1) [1] Beamten des Polizeivollzugsdienstes der Bundespolizei werden die Ausrüstung und die Dienstkleidung unentgeltlich bereitgestellt. [2] Abweichend hiervon kann das Bundesministerium des Innern, für Bau und Heimat bestimmen, dass Beamte des gehobenen und des höheren Polizeivollzugsdienstes der Bundespolizei Dienstkleidung, die nicht zur Einsatz- und Arbeitsausstattung gehört, selbst zu beschaffen haben. [3] Ihnen wird für die zu beschaffende Dienstkleidung ein einmaliger Bekleidungszuschuss und für deren besondere Abnutzung eine Entschädigung gewährt. [4] Der Zuschuss und die Entschädigung nach Satz 3 sollen an eine vom Bundesministerium des Innern, für Bau und Heimat bestimmte Kleiderkasse geleistet werden. [5] Das Nähere zu den Sätzen 2 bis 4 regelt das Bundesministerium des Innern, für Bau und Heimat durch allgemeine Verwaltungsvorschrift. [6] Die Sätze 1 bis 4 gelten für Verwaltungsbeamte der Bundespolizei, soweit sie zum Tragen von Dienstkleidung verpflichtet werden, entsprechend.

---

1) **Aichberger, SGB Nr. 11.**

2) § 70 Abs. 2 neu gef. mWv 1.8.2013 durch G v. 11.6.2013 (BGBl. I S. 1514); Abs. 1 neu gef. mWv 23.5. 2015 durch G v. 13.5.2015 (BGBl. I S. 706); Abs. 2 Satz 2 Nr. 1 und 2 geänd. mWv 28.10.2016 durch G v. 19.10.2016 (BGBl. I S. 2362); Abs. 1 Sätze 2, 4, 5 und Abs. 2 Satz 3 geänd. mWv 1.1.2020 durch G v. 9.12. 2019 (BGBl. I S. 2053); Überschrift und Abs. 2 Satz 1 geänd. mWv 1.1.2022 durch G v. 9.7.2021 (BGBl. I S. 2444).

(2) [1]Den Polizeivollzugsbeamten in der Bundespolizei und beim Deutschen Bundestag wird Heilfürsorge gewährt. [2]Dies gilt auch

1. während der Inanspruchnahme von Elternzeit und während der Zeit einer Beurlaubung nach § 92 Absatz 1 oder § 92b Absatz 1 des Bundesbeamtengesetzes[1)], sofern die Beamten nicht nach § 10 des Fünften Buches Sozialgesetzbuch[2)] familienversichert sind, sowie
2. in den Fällen des § 26 Absatz 3 der Sonderurlaubsverordnung[3)].

[3]Das Nähere regelt das Bundesministerium des Innern, für Bau und Heimat in Anlehnung an das Fünfte Buch Sozialgesetzbuch und das Elfte Buch Sozialgesetzbuch[4)] durch Rechtsverordnung im Einvernehmen mit dem Bundesministerium der Finanzen.

(3) Für Polizeivollzugsbeamte der Bundespolizei, die auf Grund dienstlicher Verpflichtung in Gemeinschaftsunterkunft wohnen, wird die Unterkunft unentgeltlich bereitgestellt.

§ 70a[5)] Dienstkleidung für Beamte. (1) Beamten, die zum Tragen von Dienstkleidung verpflichtet sind, wird diese unentgeltlich bereitgestellt.

(2) Beamten der Zollverwaltung, die zur Teilnahme am Dienstsport verpflichtet sind, wird für die dienstlich bedingte Abnutzung privater Sportbekleidung eine Abnutzungsentschädigung gewährt.

(3) Das Nähere regelt das jeweils zuständige Bundesministerium im Einvernehmen mit dem Bundesministerium des Innern, für Bau und Heimat durch allgemeine Verwaltungsvorschrift.

Abschnitt 9. Übergangs- und Schlussvorschriften

§ 71[6)] Rechtsverordnungen, allgemeine Verwaltungsvorschriften.

(1) Rechtsverordnungen nach diesem Gesetz bedürfen nicht der Zustimmung des Bundesrates.

(2) [1]Allgemeine Verwaltungsvorschriften erlässt das Bundesministerium des Innern, für Bau und Heimat, wenn gesetzlich nichts Anderes bestimmt ist.[7)] [2]Soweit die Besoldung der Richter und Staatsanwälte berührt ist, erlässt sie das Bundesministerium des Innern, für Bau und Heimat im Einvernehmen mit dem Bundesministerium der Justiz und für Verbraucherschutz. [3]Soweit die Besoldung der Soldaten berührt ist, erlässt sie das Bundesministerium des Innern, für Bau und Heimat im Einvernehmen mit dem Bundesministerium der Verteidigung.

---

1) Nr. **160**.

2) **Aichberger, SGB Nr. 5.**

3) Nr. **173**.

4) **Aichberger, SGB Nr. 11.**

5) § 70a neu gef. mWv 1.1.2020 durch G v. 9.12.2019 (BGBl. I S. 2053).

6) § 71 Abs. 2 Satz 2 geänd. mWv 8.9.2015 durch VO v. 31.8.2015 (BGBl. I S. 1474); Überschrift und Abs. 2 Sätze 1–3 geänd. mWv 1.1.2020 durch G v. 9.12.2019 (BGBl. I S. 2053).

7) Siehe die Allgemeine Verwaltungsvorschrift zum Bundesbesoldungsgesetz (BBesGVwV) **(Bundesbeamtengesetze Nr. 52.1)**.

§ 72[1)] Übergangsregelung zu den §§ 6, 43, 43b, 44 und 63. (1) [1] § 6 in der bis zum 31. Dezember 2019 geltenden Fassung ist weiterhin anzuwenden, wenn der Beamte, Richter oder Soldat

1. vor dem 31. Dezember 2019 eine Teilzeitbeschäftigung nach § 9 der Arbeitszeitverordnung[2)] oder nach § 9 der Soldatinnen- und Soldatenteilzeitbeschäftigungsverordnung oder eine Altersteilzeit im Blockmodell begonnen und
2. sich am 1. Januar 2020 bereits in der Freistellungsphase befunden hat.

[2] Stellenzulagen im Sinne von § 6 Absatz 1a Satz 1 Nummer 3, die erstmals ab dem 1. Januar 2020 gewährt werden, bleiben unberücksichtigt. [3] Befand sich der Beamte, Richter oder Soldat am 1. Januar 2020 noch in der Arbeitsphase eines in Satz 1 bezeichneten Teilzeitmodells, besteht für die Zeit von Beginn des Teilzeitmodells bis zum 31. Dezember 2019 Anspruch auf Bezüge nach Maßgabe des § 6 Absatz 1a. [4] § 6 Absatz 3 Satz 3 gilt entsprechend.

(2) § 43 Absatz 6 und 7 in der bis zum 31. Dezember 2019 geltenden Fassung ist auf Personalgewinnungszuschläge, die nach § 43 bis zum 31. Dezember 2019 gewährt wurden, weiterhin anzuwenden.

(3) § 43b Absatz 4 in der bis zum 31. Dezember 2019 geltenden Fassung ist bei Soldaten, die eine Verpflichtungsprämie nach § 43b bis zum 31. Dezember 2019 erhalten haben, weiterhin anzuwenden.

(4) § 44 Absatz 5 und 6 in der bis zum 31. Dezember 2019 geltenden Fassung ist auf Personalbindungszuschläge, die nach § 44 bis zum 31. Dezember 2019 gewährt wurden, weiterhin anzuwenden.

(5) § 63 Absatz 2 und 3 in der bis zum 31. Dezember 2019 geltenden Fassung ist auf Anwärtersonderzuschläge, die nach § 63 in der bis zum 31. Dezember 2019 geltenden Fassung gewährt wurden, weiterhin anzuwenden.

§ 72a[3)] *(aufgehoben)*

§ 73[4)] Übergangsregelung bei Gewährung einer Versorgung durch eine zwischenstaatliche oder überstaatliche Einrichtung. [1] Bei Zeiten im Sinne des § 8 Absatz 1 Satz 1, die bis zum 31. Dezember 1991 zurückgelegt sind, ist § 8 in der bis zu diesem Zeitpunkt geltenden Fassung anzuwenden. [2] Für Zeiten ab dem 1. Januar 1992 bis zum 31. Dezember 2002 beträgt die Kürzung nach § 8 Absatz 1 Satz 2 1,875 Prozent. [3] Für Zeiten ab dem 1. Januar 2003 ist der Prozentsatz des § 8 Absatz 1 Satz 2 vervielfältigt mit dem jeweiligen in § 69e Absatz 3 und 4 des Beamtenversorgungsgesetzes[5)] genannten Faktor anzuwenden.

§ 74[6)] Übergangsregelung zu den Änderungen der Anlage I durch das Besoldungsstrukturenmodernisierungsgesetz. Amtsbezeichnungen, die mit dem Inkrafttreten des Besoldungsstrukturenmodernisierungsgesetzes wegfallen, werden weitergeführt.

[1)] § 72 neu gef. mWv 1.1.2020 durch G v. 9.12.2019 (BGBl. I S. 2053); Überschrift neu gef., Abs. 1 eingef., bish. Abs. 1–3 werden Abs. 2–4 mWv 1.1.2020 durch G v. 28.6.2021 (BGBl. I S. 2250); Überschrift neu gef. und Abs. 5 angef. mWv 1.1.2020 durch G v. 9.7.2021 (BGBl. I S. 2444).

[2)] Nr. **170**.

[3)] *§ 72a aufgeh.* mWv 1.1.2020 durch G v. 9.12.2019 (BGBl. I S. 2053).

[4)] § 73 aufgeh., bish. § 73a wird § 73 und Sätze 2 und 3 geänd. mWv 1.8.2013 durch G v. 11.6.2013 (BGBl. I S. 1514).

[5)] Nr. **155**.

[6)] § 74 neu gef. mWv 1.1.2020 durch G v. 9.12.2019 (BGBl. I S. 2053).

§ 74a[1] Übergangsregelung aus Anlass der Übertragung ehebezogener Regelungen im öffentlichen Dienstrecht auf Lebenspartnerschaften.

(1) Für Beamte, Richter und Soldaten in Lebenspartnerschaften gelten für die Zeit vom 1. Januar 2009 bis zum 30. Juni 2010 folgende Übergangsregelungen:

1. Für den Auslandszuschlag gelten § 55 und die Anlagen VIa bis VIh sowie die Rechtsverordnung nach § 55 Absatz 5 Satz 4 in der bis zum 30. Juni 2010 geltenden Fassung entsprechend, soweit sie sich auf das Bestehen oder das frühere Bestehen einer Ehe oder auf den Ehegatten beziehen.
2. Anspruch auf Auslandskinderzuschlag nach § 56 in der bis zum 30. Juni 2010 geltenden Fassung haben auch Beamte, Richter und Soldaten, die während dieses Zeitraums Kinder ihres Lebenspartners in ihren Haushalt aufgenommen hatten; § 32 Absatz 3 bis 5 des Einkommensteuergesetzes gilt entsprechend.

(Fortsetzung nächstes Blatt)

[1] § 74a eingef. mWv 25.11 2011 durch G v. 14.11.2011 (BGBl. I S. 2219); Abs. 2 Satz 1 geänd., Abs. 3 angef. mWv 1.8.2013 durch G v. 11.6.2013 (BGBl. I S. 1514).

3. Für den Mietzuschuss gilt § 57 in der bis zum 30. Juni 2010 geltenden Fassung, soweit er sich auf den Ehegatten bezieht, mit folgenden Maßgaben entsprechend: Der Mietzuschuss wird dem Lebenspartner gezahlt, den die Lebenspartner bestimmen. Treffen sie keine Bestimmung, erhält jeder Lebenspartner die Hälfte des Mietzuschusses; § 6 ist nicht anzuwenden.

(2) [1] Für Beamte, Richter und Soldaten in Lebenspartnerschaften gilt für die Zeit vom 1. Juli 2010 bis zum 24. November 2011 § 54 Absatz 3 in der bis zum 31. Juli 2013 geltenden Fassung, soweit er sich auf den Ehegatten bezieht, mit folgenden Maßgaben entsprechend: Der Mietzuschuss wird dem Lebenspartner gezahlt, den die Lebenspartner bestimmen. [2] Treffen sie keine Bestimmung, erhält jeder Lebenspartner die Hälfte des Mietzuschusses; § 6 ist nicht anzuwenden.

(3) [1] Beamten, Richtern und Soldaten in Lebenspartnerschaften, die vor dem 1. Januar 2009 einen Anspruch auf Familienzuschlag geltend gemacht haben, über den noch nicht abschließend entschieden worden ist, wird der Familienzuschlag rückwirkend gezahlt. [2] Die Zahlung erfolgt ab dem Beginn des Haushaltsjahres, in dem der Anspruch geltend gemacht worden ist, frühestens jedoch ab dem Monat, in dem die Lebenspartnerschaft begründet wurde. [3] Für die Nachzahlung ist die jeweils geltende Fassung der Anlage V anzuwenden.

§ 75[1)] Übergangszahlung. (1) [1] Das Bundesministerium des Innern, für Bau und Heimat wird ermächtigt, durch Rechtsverordnung[2)] die Gewährung einer Übergangszahlung für Beamte des einfachen und mittleren Dienstes zu regeln, die nach einer hauptberuflichen Tätigkeit in der Bundesverwaltung von mindestens einem Jahr vom Arbeitnehmerverhältnis in das Beamtenverhältnis übernommen worden sind und deren Nettobezüge danach geringer als die zuletzt im Arbeitnehmerverhältnis gewährten sind. [2] Eine Übergangszahlung darf nur für Beamte in Laufbahnen vorgesehen werden, in denen der Nachwuchs in erheblichem Umfang aus dem Arbeitnehmerverhältnis gewonnen wird. [3] Die Laufbahnen werden in der Rechtsverordnung festgelegt.

(2) [1] Die Höhe der Übergangszahlung ist das Dreizehnfache des Betrages, um den die Nettobezüge nach der Übernahme in das Beamtenverhältnis geringer sind als die Nettobezüge, die zuletzt im Arbeitnehmerverhältnis gewährt worden sind, höchstens jedoch 1 533,88 Euro. [2] Beträgt die Verringerung monatlich bis 5,11 Euro, wird eine Übergangszahlung nicht gewährt. [3] Es wird bestimmt, wie die Verringerung der Nettobezüge zu ermitteln ist, insbesondere in welchem Umfang Lohn- und Besoldungsbestandteile in den einzelnen Bereichen bei der Vergleichsberechnung zu berücksichtigen sind. [4] Die Übergangszahlung ist zurückzuzahlen, wenn der Beamte vor Ablauf eines Jahres aus dem Beamtenverhältnis ausscheidet und er dies zu vertreten hat.

§ 76[3)] Konkurrenzregelung beim Grundgehalt für den vom Besoldungsüberleitungsgesetz erfassten Personenkreis. [1] Ansprüche auf Grundgehalt nach Anlage IV sind neben Ansprüchen auf Grundgehalt nach den Anlagen 1 oder 2 des Besoldungsüberleitungsgesetzes[4)] ausgeschlossen. [2] Der

---

[1)] § 75 Abs. 1 Satz 1 geänd. mWv 1.1.2020 durch G v. 9.12.2019 (BGBl. I S. 2053).

[2)] Siehe die ÜbergangszahlungsVO **(Bundesbeamtengesetze Nr. 53f)**.

[3)] § 76 Sätze 1 und 2 geänd. mWv 1.1.2020 durch G v. 9.12.2019 (BGBl. I S. 2053).

[4)] **Bundesbeamtengesetze Nr. 52A.**

Anspruch auf Grundgehalt nach Anlage IV entsteht erst mit der endgültigen Zuordnung zu oder dem endgültigen Erreichen einer Stufe des Grundgehaltes nach den Vorschriften des Besoldungsüberleitungsgesetzes. [3]Bis zu diesem Zeitpunkt besteht ein Anspruch auf Grundgehalt nach den Anlagen 1 oder 2 des Besoldungsüberleitungsgesetzes.

§ 77[1)] Übergangsvorschriften aus Anlass des Professorenbesoldungsreformgesetzes. (1) [1]Für Professoren der Bundesbesoldungsordnung C, die am Tag des Inkrafttretens der auf Grund § 33 Absatz 4 zu erlassenden Regelungen oder, soweit diese Regelungen bis zum 31. Dezember 2004 noch nicht erlassen sind, am 1. Januar 2005 im Amt befindlich sind, finden § 1 Absatz 2 Nummer 2, § 8 Absatz 3, § 13 Absatz 1 Satz 5, Absatz 4 Satz 1, der 3. Unterabschnitt im 2. Abschnitt, §§ 43, 50, die Anlagen I und II und die Hochschulleitungs-Stellenzulagenverordnung in der bis zum 22. Februar 2002 geltenden Fassung sowie die Anlagen IV und IX nach Maßgabe des Bundesbesoldungs- und -versorgungsanpassungsgesetzes 2000 vom 19. April 2001 (BGBl. I S. 618) sowie unter Berücksichtigung der weiteren Anpassungen der Besoldung nach § 14 und mit der Maßgabe, dass die Beträge der Tabellen der dortigen Anlagen IV und IX um 2,5 Prozent ab dem 1. Juli 2009 und um weitere 2,44 Prozent ab dem 1. Januar 2012 erhöht werden, Anwendung; eine Erhöhung von Dienstbezügen durch die Gewährung von Zuschüssen nach § 1 Absatz 2 Nummer 2 in der bis zum 22. Februar 2002 geltenden Fassung ist ausgeschlossen. [2]Abweichend von Satz 1 finden im Fall einer Berufung auf eine höherwertige Professur an der gleichen Hochschule oder einer Berufung an eine andere Hochschule oder auf Antrag des Beamten § 1 Absatz 2 Nummer 2, § 8 Absatz 3, der 3. Unterabschnitt im 2. Abschnitt, die §§ 43 und 50 und die Anlagen I, II und IV in der nach dem 23. Februar 2002 jeweils geltenden Fassung mit der Maßgabe Anwendung, dass Professoren der Besoldungsgruppe C 4 ein Amt der Besoldungsgruppe W 3 und Professoren der Besoldungsgruppen C 2 und C 3 ein Amt der Besoldungsgruppe W 2 oder W 3 übertragen wird. [3]Der Antrag des Beamten ist unwiderruflich. [4]In den Fällen des Satzes 2 finden die §§ 13 und 19a keine Anwendung. [5]Für Beamte, die bei den Postnachfolgeunternehmen beschäftigt sind, sind die Sätze 2 bis 4 nicht anzuwenden.

(2) Für die Hochschuldozenten, Oberassistenten, Oberingenieure und wissenschaftlichen Assistenten, die am Tag des Inkrafttretens der auf Grund § 33 Absatz 4 zu erlassenden Regelungen, oder, soweit diese Regelungen bis zum 31. Dezember 2004 noch nicht erlassen sind, am 1. Januar 2005 im Amt befindlich sind, sind der 3. Unterabschnitt im 2. Abschnitt sowie Anlage II in der bis zum 22. Februar 2002 geltenden Fassung sowie die Anlagen IV und IX nach Maßgabe des Bundesbesoldungs- und -versorgungsanpassungsgesetzes 2000 vom 19. April 2001 (BGBl. I S. 618) sowie unter Berücksichtigung der weiteren Anpassungen der Besoldung nach § 14 und mit der Maßgabe, dass die Beträge der Tabellen der dortigen Anlagen IV und IX um 2,5 Prozent ab dem

---

[1)] § 77 Abs. 1 Satz 1 und Abs. 2 geänd. mWv 1.1.2011 durch G v. 5.2.2009 (BGBl. I S. 160, insoweit geänd. durch G v. 19.11.2010, BGBl. I S. 1552); Abs. 1 Satz 1 und Abs. 2 geänd. mWv 1.1. *2012 durch G v. 20.12.2011* (BGBl. I S. 2842); Abs. 1 Satz 5 angef. mWv 1.1.2013, Abs. 1 Satz 1 und Abs. 2 geänd., Abs. 3 aufgeh. mWv 1.8.2013 durch G v. 11.6.2013 (BGBl. I S. 1514); Abs. 2 und 4 geänd. mWv 1.1.2020 durch G v. 9.12.2019 (BGBl. I S. 2053).

1. Juli 2009 und um weitere 2,44 Prozent ab dem 1. Januar 2012 erhöht werden, anzuwenden.

(3) *(aufgehoben)*

(4) Das Bundesministerium des Innern, für Bau und Heimat macht die nach den Absätzen 1 und 2 durch Anpassungen erhöhten Bezüge im Bundesgesetzblatt bekannt.[1)]

§ 77a[2)] Übergangsregelung aus Anlass des Professorenbesoldungsneuregelungsgesetzes. (1) [1] Professoren sowie hauptberufliche Leiter von Hochschulen und Mitglieder von Leitungsgremien an Hochschulen, die am 31. Dezember 2012 der Besoldungsgruppe W 2 oder W 3 angehört haben, werden auf der Grundlage des an diesem Tag maßgeblichen Amtes den Stufen des Grundgehaltes nach Anlage IV in der ab 1. Januar 2013 geltenden Fassung unter Anerkennung von berücksichtigungsfähigen Zeiten nach § 32b zugeordnet. [2] Satz 1 gilt entsprechend für Beurlaubte ohne Anspruch auf Dienstbezüge. [3] Bei der Zuordnung sind die berücksichtigungsfähigen Zeiten zugrunde zu legen, die bei einer Beendigung der Beurlaubung am 31. Dezember 2012 anzuerkennen gewesen wären. [4] Die Sätze 2 und 3 gelten entsprechend in den Fällen der §§ 40 und 46 des Bundesbeamtengesetzes[3)]. [5] § 32a Absatz 6 Satz 1 und 4 gilt entsprechend.

(2) [1] Monatlich gewährte Leistungsbezüge, die nach § 33 Absatz 1 Satz 1 Nummer 1 am 1. Januar 2013 zugestanden haben, verringern sich um die Differenz zwischen dem am 1. Januar 2013 auf Grund des Professorenbesoldungsneuregelungsgesetzes vom 11. Juni 2013 (BGBl. I S. 1514) zustehenden Grundgehalt und dem Grundgehalt, das an diesem Tag nach § 14 Absatz 2 in der Fassung des Artikels 2 des Bundesbesoldungs- und -versorgungsanpassungsgesetzes 2012/2013 vom 15. August 2012 (BGBl. I S. 1670) zugestanden hat. [2] Dabei sind mindestens 30 Prozent der Leistungsbezüge zu belassen. [3] Stehen mehrere Leistungsbezüge nach Satz 1 zu, werden sie in folgender Reihenfolge verringert, bis die Differenz erreicht ist:

1. unbefristete Leistungsbezüge,
2. befristete ruhegehaltfähige Leistungsbezüge,
3. sonstige befristete Leistungsbezüge.

[4] Stehen innerhalb der Kategorien nach Satz 3 mehrere Leistungsbezüge zu, werden zunächst die Leistungsbezüge verringert, die zu einem früheren Zeitpunkt vergeben worden sind; bei wiederholter Vergabe befristeter Leistungsbezüge ist insoweit auf den Zeitpunkt der erstmaligen Vergabe abzustellen. [5] Am gleichen Tag gewährte Leistungsbezüge verringern sich anteilig.

(3) [1] Für monatliche Leistungsbezüge nach § 33 Absatz 1 Satz 1 Nummer 1, die in der Zeit vom 1. Januar 2013 bis zum 19. Juni 2013 erstmalig oder erneut gewährt worden sind oder über deren Vergabe in diesem Zeitraum entschieden worden ist, gilt Absatz 2 entsprechend. [2] Die Verringerung tritt am Tag der erstmaligen oder erneuten Gewährung der Leistungsbezüge ein.

[1)] Siehe die Bekanntmachung des BMI **(Bundesbeamtengesetze Nr. 52d)**.

[2)] § 77a eingef. mWv 1.1.2013 durch G v. 11.6.2013 (BGBl. I S. 1514); Abs. 1 Satz 1 und Abs. 5 Satz 2 geänd. mWv 1.1.2020 durch G v. 9.12.2019 (BGBl. I S. 2053).

[3)] Nr. **160**.

(4) Bei einem Aufstieg in den Stufen sind die nach den Absätzen 2 und 3 verringerten Leistungsbezüge um die Differenz zwischen den Stufen zu verringern, soweit dadurch der Mindestbehalt nach Absatz 2 Satz 2 nicht unterschritten wird.

(5) [1] § 33 Absatz 3 Satz 1 gilt auch für Leistungsbezüge nach § 33 Absatz 1 Satz 1 Nummer 1 und 2, die am 1. Januar 2013 zugestanden haben, die in der Zeit vom 1. Januar 2013 bis zum 19. Juni 2013 erstmalig oder erneut gewährt worden sind oder über deren Vergabe in diesem Zeitraum entschieden worden ist. [2] Für Professoren sowie hauptberufliche Leiter von Hochschulen und Mitglieder von Leitungsgremien an Hochschulen, die am 31. Dezember 2012 der Besoldungsgruppe W 2 oder W 3 angehört haben und vor Erreichen der Stufe 3 des Grundgehaltes nach Anlage IV in den Ruhestand versetzt werden, sind bei den ruhegehaltfähigen Bezügen unter Anwendung der §§ 32 und 33 in der bis zum 31. Dezember 2012 geltenden Fassung nach Maßgabe des Artikels 2 des Bundesbesoldungs- und -versorgungsanpassungsgesetzes 2012/2013 vom 15. August 2012 (BGBl. I S. 1670) mindestens zugrunde zu legen

1. das Grundgehalt, das am 1. Januar 2013 zugestanden hat, und
2. der Teil der Leistungsbezüge, der am 1. Januar 2013 ruhegehaltfähig gewesen ist.

(6) [1] Sind monatliche Leistungsbezüge bis zum 19. Juni 2013 nach § 33 Absatz 3 Satz 3 für ruhegehaltfähig erklärt worden, wird der sich nach dieser Erklärung ergebende Prozentsatz zur Bestimmung der Ruhegehaltfähigkeit der von der Verringerung nach den Absätzen 2 bis 4 nicht erfassten Leistungsbezüge durch einen ruhegehaltfähigen Betrag ersetzt. [2] Der Betrag bemisst sich nach der Differenz zwischen dem am 1. Januar 2013 auf Grund des Professorenbesoldungsneuregelungsgesetzes vom 11. Juni 2013 (BGBl. I S. 1514) zustehenden Grundgehalt und der Summe der ruhegehaltfähigen Bezüge nach Absatz 5 Satz 2, die an diesem Tag unter Anwendung der §§ 32 und 33 in der bis zum 31. Dezember 2012 geltenden Fassung nach Maßgabe des Artikels 2 des Bundesbesoldungs- und -versorgungsanpassungsgesetzes 2012/2013 vom 15. August 2012 (BGBl. I S. 1670) zugestanden haben. [3] Der Betrag nimmt an Anpassungen der Besoldung nach § 14 teil.

§ 78[1)] Übergangsregelung für Beamte bei den Postnachfolgeunternehmen. (1) [1] Für Beamte, die bei den Postnachfolgeunternehmen beschäftigt sind, sind die Beträge des Grundgehaltes nach Anlage IV, des Familienzuschlags nach Anlage V und der Amts- und Stellenzulagen nach Anlage IX mit dem Faktor 0,9524 zu multiplizieren. [2] Die Beträge des Grundgehaltes in den Besoldungsgruppen A 2 bis A 8 sind vor der Multiplikation um 10,42 Euro zu vermindern. [3] Es werden aber mindestens die zuletzt geltenden Beträge gezahlt.

(2) Das Bundesministerium des Innern, für Bau und Heimat macht die Beträge nach Absatz 1 in der jeweils geltenden Fassung im Bundesgesetzblatt bekannt.[2)]

§ 79[3)] *(aufgehoben)*

[1)] § 78 Abs. 1 Satz 1 geänd., Satz 3 angef. mWv 1.1.2012 durch G v. 20.12.2011 (BGBl. I S. 2842); *Abs. 2 geänd. mWv 1.1.2020* durch G v. 9.12.2019 (BGBl. I S. 2053).

[2)] Siehe die Bekanntmachung des BMI **(Bundesbeamtengesetze Nr. 52d)**.

[3)] § 79 aufgeh. mWv 1.1.2020 durch G v. 8.6.2017 (BGBl. I S. 1570).

§ 80[1]) Übergangsregelung für beihilfeberechtigte Polizeivollzugsbeamte des Bundes. (1) [1]Polizeivollzugsbeamten der Bundespolizei, die am 1. Januar 1993 Beihilfe nach den Beihilfevorschriften des Bundes erhalten, wird diese weiterhin gewährt. [2]Auf Antrag erhalten sie an Stelle der Beihilfe Heilfürsorge nach § 70 Absatz 2. [3]Der Antrag ist unwiderruflich.

(2) [1]Polizeivollzugsbeamten beim Deutschen Bundestag, die am 31. Dezember 2021 Beihilfe erhalten, wird diese weiterhin gewährt. [2]Auf Antrag erhalten sie anstelle der Beihilfe Heilfürsorge nach § 70 Absatz 2. [3]Der Antrag ist unwiderruflich.

§ 80a[2]) Übergangsregelung für Verpflichtungsprämien für Soldaten auf Zeit aus Anlass des Bundeswehrreform-Begleitgesetzes. § 85a Absatz 4 in der bis zum 31. Dezember 2012 geltenden Fassung ist auf Verpflichtungsprämien, die nach § 85a in der Zeit vom 1. Januar 2011 bis zum 31. Dezember 2012 gewährt wurden, weiterhin anzuwenden.

§ 80b[3]) Übergangsregelung zum Auslandsverwendungszuschlag. Beamten und Soldaten, die am 31. Mai 2017 eine Vergütung nach § 50a oder Auslandsdienstbezüge nach § 52 beziehen, werden diese bis zur Beendigung ihrer jeweiligen Verwendung weitergewährt, soweit dies für die Betroffenen günstiger ist als die Gewährung des Auslandsverwendungszuschlags nach § 56 in der ab dem 1. Juni 2017 geltenden Fassung.

§ 81 Übergangsregelungen bei Zulagenänderungen aus Anlass des Versorgungsreformgesetzes 1998. [1]Soweit durch das Versorgungsreformgesetz 1998 die Ruhegehaltfähigkeit von Zulagen wegfällt oder Zulagen, die der Berechtigte bezogen hat, nicht mehr zu den ruhegehaltfähigen Dienstbezügen gehören, sind für Empfänger von Dienstbezügen, die bis zum 31. Dezember 2007 in den Ruhestand treten oder versetzt werden, die bisherigen Vorschriften über die Ruhegehaltfähigkeit in der bis zum 31. Dezember 1998 geltenden Fassung weiter anzuwenden, für Empfänger von Dienstbezügen der Besoldungsgruppen A 1 bis A 9 bei einer Zurruhesetzung bis zum 31. Dezember 2010. [2]Dies gilt nicht, wenn die Zulage nach dem 1. Januar 1999 erstmals gewährt wird.

§ 82[4]) *(aufgehoben)*

§ 83[5]) Übergangsregelung für Ausgleichszulagen. § 19a gilt entsprechend, wenn ein Anspruch auf eine ruhegehaltfähige Ausgleichszulage wegen der Verringerung oder des Verlustes einer Amtszulage während eines Dienstverhältnisses nach § 1 Absatz 1 bis zum 30. Juni 2009 entstanden ist, und in den Fällen des § 2 Absatz 6 des Besoldungsüberleitungsgesetzes.

§ 83a[6]) Übergangsregelung für die Besoldung bei Verleihung eines anderen Amtes oder bei Wechsel in den Dienst des Bundes. (1) Der Anspruch

---

[1]) § 80 Überschrift geänd. und Abs. 2 angef. mWv 1.1.2022 durch G v. 9.7.2021 (BGBl. I S. 2444).

[2]) § 80a eingef. mWv 1.1.2013 durch G v. 21.7.2012 (BGBl. I S. 1583).

[3]) § 80b eingef. mWv 1.6.2017 durch G v. 8.6.2017 (BGBl. I S. 1570).

[4]) § 82 aufgeh. mWv 1.8.2021 durch G v. 28.6.2021 (BGBl. I S. 2250).

[5]) § 83 Abs. 3 geänd. mWv 1.1.2011 durch G v. 5.2.2009 (BGBl. I S. 160, insoweit geänd. durch G v. 19.11.2010, BGBl. I S. 1552); Überschrift und Abs. 3 geänd. mWv 1.1.2012 durch G v. 20.12.2011 (BGBl. I S. 2842); Abs. 2 und 3 aufgeh. mWv 11.1.2017 durch G v. 5.1.2017 (BGBl. I S. 17).

[6]) § 83a eingef. mWv 22.3.2012 durch G v. 15.3.2012 (BGBl. I S. 462).

nach § 19a Satz 2 besteht ab dem 1. März 2012 auch für Wechsel in der Zeit vom 1. Juli 2009 bis zum 21. März 2012.

(2) [1] Für Beamte, Richter und Soldaten, die in der Zeit vom 1. Juli 2009 bis zum 21. März 2012 auf Grund einer Versetzung, einer Übernahme oder eines Übertritts in den Dienst des Bundes gewechselt sind, ist § 19b mit der Maßgabe anzuwenden, dass eine Ausgleichszulage ab dem 1. März 2012 gewährt wird. [2] Sie wird in der Höhe gewährt, die sich am 22. März 2012 ergäbe, wenn die Zulage bereits seit dem Wechsel in den Dienst des Bundes zugestanden hätte.

§ 84 Anpassung von Bezügen nach fortgeltendem Recht. Die Anpassung nach § 14 Absatz 2 gilt entsprechend für

1. die Grundgehaltssätze (Gehaltssätze) in den Regelungen über künftig wegfallende Ämter,
2. die Amtszulagen in Überleitungsvorschriften oder Regelungen über künftig wegfallende Ämter,
3. die in festen Beträgen ausgewiesenen Zuschüsse zum Grundgehalt nach den Vorbemerkungen Nummer 1 und 2 sowie die allgemeine Stellenzulage nach Vorbemerkung Nummer 2b der Anlage II in der bis zum 22. Februar 2002 geltenden Fassung,
4. die Beträge der Amtszulagen nach Anlage 2 der Verordnung zur Überleitung in die im Zweiten Gesetz zur Vereinheitlichung und Neuregelung des Besoldungsrechts in Bund und Ländern geregelten Ämter und über die künftig wegfallenden Ämter vom 1. Oktober 1975 (BGBl. I S. 2608), geändert durch Artikel 9 des Gesetzes vom 24. März 1997 (BGBl. I S. 590).

§ 85[1)] Anwendungsbereich in den Ländern. Für die Beamten und Richter der Länder, der Gemeinden, der Gemeindeverbände sowie der sonstigen der Aufsicht eines Landes unterstehenden Körperschaften, Anstalten und Stiftungen des öffentlichen Rechts gilt das Bundesbesoldungsgesetz in der bis zum 31. August 2006 geltenden Fassung, soweit nichts Anderes bestimmt ist.

Anlage I[2)]
(zu § 20 Absatz 2 Satz 1)

Bundesbesoldungsordnungen A und B

Vorbemerkungen[3)]

I. Allgemeine Vorbemerkungen

1.[4)] Amtsbezeichnungen

(1) [1] Weibliche Beamte führen die Amtsbezeichnung soweit möglich in der weiblichen Form. [2] Personen, für die im Personenstandsregister weder die Geschlechtsangabe „weiblich“ noch „männlich“ eingetragen ist, können wählen, ob sie eine Amtsbezeichnung soweit möglich in männlicher oder weiblicher

---

[1)] § 85 aufgeh., bish. § 86 wird § 85 mWv 1.8.2013 durch G v. 11.6.2013 (BGBl. I S. 1514).

[2)] Anl. I neu gef. mWv 1.8.2013 durch G v. 11.6.2013 (BGBl. I S. 1514).

[3)] Vorbemerkung Nr. 6 und Nr. 11 geänd. mWv 1.1.2015, Nr. 4 neu gef. mWv 1.6.2015 durch G v. 13.5.2015 (BGBl. I S. 706); Nr. 5, 6, 6a, 8a, 9, 9a und 11 geänd., Nr. 8c eingef. mWv 1.1.2016 durch G v. 3.12.2015 (BGBl. I S. 2163); Nr. 6a geänd. mWv 11.1.2017 durch G v. 5.1.2017 (BGBl. I S. 17); Nr. 13 geänd. mWv 26.6.2017 durch G v. 23.6.2017 (BGBl. I S. 1822); Nr. 8c geänd. mWv 1.1.2019 durch G v. 29.11.2018 (BGBl. I S. 2232); Nr. 1, 2, 2a, 5a, 6, 6a, 7, 8, 8a, 8b, 9, 10, 13 geänd., Nr. 4, 9a, 11, 15–17 neu gef., Nr. 18 und 19 angef., Nr. 3a aufgeh. mWv 1.1.2020 durch G v. 9.12.2019 (BGBl. I S. 2053); Nr. 1, 4, 9a und 11 geänd. mWv 1.1.2020 durch G v. 28.6.2021 (BGBl. I S. 2250); Nr. 3a eingef. mWv 1.1.2024, Nr. 6, 8c, 11 geänd. mWv 1.6.2023 durch G v. 22.12.2023 (BGBl. 2023 I Nr. 414); Nr. 1 →

Form oder als Doppelbezeichnung führen. [3]Jeder Amtsbezeichnung kann auf Wunsch der Klammerzusatz „(divers)“ oder „(ohne Geschlechtsangabe)“ hinzugefügt werden.

(2) [1]Die in den Bundesbesoldungsordnungen A und B gesperrt gedruckten Amtsbezeichnungen sind Grundamtsbezeichnungen. [2]Den Grundamtsbezeichnungen können Zusätze beigefügt werden, die hinweisen auf

1. den Dienstherrn oder den Verwaltungsbereich,
2. die Laufbahn,
3. die Fachrichtung.

[3]Die Grundamtsbezeichnungen „Rat“, „Oberrat“, „Direktor“, „Leitender Direktor“, „Direktor und Professor“, „Erster Direktor“, „Oberdirektor“, „Präsident“ und „Präsident und Professor“ dürfen nur in Verbindung mit einem Zusatz nach Satz 2 verliehen werden.

(3) [1]Über die Beifügung der Zusätze zu den Grundamtsbezeichnungen der Bundesbesoldungsordnung B entscheidet das Bundesministerium des Innern, für Bau und Heimat im Einvernehmen mit dem Bundesministerium der Finanzen. [2]Das Bundesministerium des Innern, für Bau und Heimat macht die Zusätze zu den Grundamtsbezeichnungen der Bundesbesoldungsordnung B jährlich zum 1. März im Gemeinsamen Ministerialblatt bekannt.

(4) [1]Die Regelungen in der Bundesbesoldungsordnung A für Ämter des mittleren, gehobenen und höheren Polizeivollzugsdienstes – mit Ausnahme des kriminalpolizeilichen Vollzugsdienstes – gelten auch für die Polizeivollzugsbeamten beim Deutschen Bundestag. [2]Diese führen die Amtsbezeichnungen des Polizeivollzugsdienstes mit dem Zusatz „beim Deutschen Bundestag“.

2. „Direktor und Professor“ in den Besoldungsgruppen B 1, B 2 und B 3

[1]Die Ämter „Direktor und Professor“ in den Besoldungsgruppen B 1, B 2 und B 3 dürfen nur an Beamte verliehen werden, denen in wissenschaftlichen Forschungseinrichtungen oder in Dienststellen und Einrichtungen mit eigenen wissenschaftlichen Forschungsbereichen überwiegend wissenschaftliche Forschungsaufgaben obliegen. [2]Dienststellen und Einrichtungen mit eigenen wissenschaftlichen Forschungsbereichen sind:

Bundesagentur für Arbeit
Bundesamt für Bauwesen und Raumordnung
Bundesamt für Naturschutz
Bundesamt für Seeschifffahrt und Hydrographie
Bundesamt für Strahlenschutz
Bundesamt für Verbraucherschutz und Lebensmittelsicherheit
Bundesanstalt für Arbeitsschutz und Arbeitsmedizin
Bundesanstalt für Geowissenschaften und Rohstoffe
Bundesanstalt für Gewässerkunde
Bundesanstalt für Materialforschung und -prüfung
Bundesanstalt für Straßenwesen
Bundesanstalt für Wasserbau
Bundesinstitut für Arzneimittel und Medizinprodukte
Bundesinstitut für Risikobewertung
Bundesinstitut für Sportwissenschaft
Bundeskriminalamt
Deutscher Wetterdienst
Eisenbahn-Bundesamt
Friedrich-Loeffler-Institut, Bundesforschungsinstitut für Tiergesundheit
Johann Heinrich von Thünen-Institut, Bundesforschungsinstitut für Ländliche Räume, Wald und Fischerei

(Fortsetzung der Anm. von voriger Seite)
geänd. mWv 25.7.2024 durch G v. 19.7.2024 (BGBl. 2024 I Nr. 247); Nr. 2, 6 und 8a geänd., Nr. 5b eingef. mWv 6.3.2025 durch G v. 27.2.2025 (BGBl. 2025 I Nr. 72).

[4)] Siehe hierzu BMI-RdSchr. D3 – 30200/101#6 v. 14.9.2020 (GMBl S. 798) und BMI-RdSchr. D3.30200/183#5 v. 6.2.2025 (GMBl S. 119).

Julius Kühn-Institut, Bundesforschungsinstitut für Kulturpflanzen

Max Rubner-Institut, Bundesforschungsinstitut für Ernährung und Lebensmittel

Paul-Ehrlich-Institut

Physikalisch-Technische Bundesanstalt

Robert Koch-Institut

Umweltbundesamt

Wehrtechnische Dienststelle für Schiffe und Marinewaffen, Maritime Technologie und Forschung

Wehrwissenschaftliches Institut für Werk- und Betriebsstoffe.

2a. Leiter von unteren Verwaltungsbehörden und Leiter von allgemeinbildenden oder beruflichen Schulen

[1] Die Ämter der Leiter von unteren Verwaltungsbehörden mit einem beim jeweiligen Dienstherrn örtlich begrenzten Zuständigkeitsbereich sowie die Ämter der Leiter von allgemeinbildenden oder beruflichen Schulen dürfen nur in Besoldungsgruppen der Bundesbesoldungsordnung A eingestuft werden. [2] Die Ämter der Leiter besonders bedeutender und zugleich besonders großer unterer Verwaltungsbehörden der Zollverwaltung dürfen auch in Besoldungsgruppen der Bundesbesoldungsordnung B eingestuft werden.

3. Zuordnung von Funktionen zu den Ämtern

Den Grundamtsbezeichnungen beigefügte Zusätze bezeichnen die Funktionen, die diesen Ämtern zugeordnet werden können, nicht abschließend.

II. Stellenzulagen

3a. Ruhegehaltfähigkeit von Stellenzulagen

(1) Zulagen nach den Nummern 4, 4a, 8, 9, 9a, 10 und 11 dieses Abschnitts gehören zu den ruhegehaltfähigen Dienstbezügen, wenn der Beamte oder Soldat

1. mindestens zehn Jahre zulageberechtigend verwendet worden ist oder
2. mindestens zwei Jahre zulageberechtigend verwendet worden ist und das Dienstverhältnis wegen Todes oder Dienstunfähigkeit infolge einer Krankheit, Verwundung oder sonstigen Beschädigung, die der Beamte oder Soldat ohne grobes Verschulden bei der Ausübung oder aus Veranlassung des Dienstes erlitten hat, beendet worden ist.

(2) Eine Stellenzulage nach Nummer 9 ist darüber hinaus ruhegehaltfähig, wenn der Beamte oder Soldat mindestens zwei Jahre zulageberechtigend verwendet worden ist und infolge einer Krankheit, Verwundung oder sonstigen Beschädigung, die der Beamte oder Soldat ohne grobes Verschulden bei der Ausübung oder aus Veranlassung des Dienstes erlitten hat, nach amtsärztlicher Feststellung eine Polizeidiensttauglichkeit oder Feldjägerdiensttauglichkeit nicht mehr gegeben und aus diesem Grund ein Laufbahn- oder Verwendungswechsel erfolgt ist.

(3) Eine Stellenzulage nach Nummer 10 ist darüber hinaus ruhegehaltfähig, wenn der Beamte oder Soldat mindestens zwei Jahre zulageberechtigend verwendet worden ist und infolge einer Krankheit, Verwundung oder sonstigen Beschädigung, die der Beamte oder Soldat ohne grobes Verschulden bei der Ausübung oder aus Veranlassung des Dienstes erlitten hat, nach amtsärztlicher Feststellung eine Feuerwehrdiensttauglichkeit nicht mehr gegeben und aus diesem Grund ein Verwendungswechsel erfolgt ist.

(4) [1] Der für die ruhegehaltfähige Zulage maßgebende Betrag ergibt sich aus der zum Zeitpunkt des letztmaligen Bezuges der Stellenzulage geltenden Anlage IX. [2] Die Konkurrenzvorschriften bei den einzelnen Stellenzulagen gelten entsprechend auch bei den ruhegehaltfähigen Dienstbezügen.

(5) [1] Zeiten nach den Absätzen 1 bis 3 vor dem 1. Januar 2024 sind zu berücksichtigen. [2] Als zulageberechtigende Zeiten werden auch solche Zeiträume berücksichtigt, während denen auf Grund von Konkurrenzvorschriften die Zulage nicht gewährt wurde.

4. Zulage für militärische Führungsfunktionen

(1) Eine Stellenzulage nach Anlage IX erhalten Soldaten in Besoldungsgruppen bis A 14

1. als Kompaniechef oder in vergleichbarer Führungs- oder Ausbildungsfunktion,
2. als Zugführer oder in vergleichbarer Führungs- oder Ausbildungsfunktion,
3. *als Gruppenführer oder in* vergleichbarer Führungs- oder Ausbildungsfunktion,
4. als Truppführer oder in vergleichbarer Führungs- oder Ausbildungsfunktion,
5. mit Weisungsrecht gegenüber Zivilpersonen in der Funktion als Vertreter des Bundes als Arbeitgeber im Sinne der Gewerbeordnung.

(2) Sofern mehrere Voraussetzungen des Absatzes 1 gleichzeitig erfüllt sind, wird nur die höhere Zulage gewährt.

(3) [1]Die Zulage nach Absatz 1 wird neben einer anderen Stellenzulage nur gewährt, soweit sie diese übersteigt. [2]Neben einer Amtszulage in der Besoldungsgruppe A 13 wird die Zulage nach Absatz 1 nicht gewährt.

(4) Das Nähere regelt das Bundesministerium der Verteidigung im Einvernehmen mit dem Bundesministerium des Innern, für Bau und Heimat durch allgemeine Verwaltungsvorschrift.

4a. Zulage für Soldaten als Kompaniefeldwebel

Soldaten der Besoldungsgruppen A 7 bis A 9 erhalten als Kompaniefeldwebel eine Stellenzulage nach Anlage IX.

5. Zulage für flugzeugtechnisches Personal, flugsicherungstechnisches Personal der militärischen Flugsicherung und technisches Personal des Einsatzführungsdienstes

(1) Eine Stellenzulage nach Anlage IX erhalten Beamte und Soldaten als erster Spezialist oder in höherwertigen Funktionen in einer Verwendung als

1. flugzeugtechnisches Personal,
2. flugsicherungstechnisches Personal der militärischen Flugsicherung und als technisches Personal des Einsatzführungsdienstes,
3. hauptamtliches Personal zentraler Ausbildungseinrichtungen, das nach einer Verwendung gemäß Nummer 1 oder Nummer 2 Beamte und Soldaten für solche Verwendungen ausbildet.

(2) Die Stellenzulage wird neben einer Stellenzulage nach den Nummern 4, 6, 6a oder 9a nur gewährt, soweit sie diese übersteigt.

5a. Zulage für Beamte und Soldaten im militärischen Flugsicherungsbetriebsdienst, Einsatzführungsdienst und Geoinformationsdienst der Bundeswehr

(1) Eine Stellenzulage nach Anlage IX erhalten Beamte und Soldaten, die im militärischen Flugsicherungsbetriebsdienst, im Einsatzführungsdienst und im Geoinformationsdienst der Bundeswehr verwendet werden

1. als Flugsicherungskontrollpersonal in
   a) Flugsicherungssektoren,
   b) Flugsicherungsstellen,
   c) einer Lehrtätigkeit an einer Schule,
2. als Flugdatenbearbeitungspersonal in Flugsicherungssektoren,
3. als Flugberatungspersonal in
   a) Flugsicherungsstellen,
   b) zentralen Stellen des Flugberatungsdienstes,
   c) einer Lehrtätigkeit an einer Schule,
4. als Betriebspersonal des Einsatzführungsdienstes
   a) mit erfolgreich abgeschlossenem Lehrgang Radarleitung/Einsatzführungsoffizier,
   b) ohne Lehrgang Radarleitung/Einsatzführungsoffizier
      aa) im Einsatzdienst in Luftverteidigungsanlagen,
      bb) in einer Lehrtätigkeit im Einsatzführungsdienst,
5. in Stabs-, Fach- und Truppenführerfunktionen – nicht jedoch bei einer obersten Bundesbehörde – sowie als Ausbildungspersonal der militärischen Flugsicherung oder des Einsatzführungsdienstes,
6. im Flugwetterberatungsdienst oder im Wetterbeobachtungsdienst auf Flugplätzen mit Flugbetrieb der Bundeswehr oder in den zentralen Geoinformationsberatungsstellen.

(2) Die Stellenzulage wird neben einer Stellenzulage nach den Nummern 6, 8, 9 oder 9a nur gewährt, soweit sie diese übersteigt.

(3) Die allgemeinen Verwaltungsvorschriften erlässt das Bundesministerium der Verteidigung im Einvernehmen mit dem Bundesministerium des Innern, für Bau und Heimat.

5b. Zulage für Soldaten als Combat Controller bei den Luftlande- und Fernspähkräften der Bundeswehr

(1) Eine Stellenzulage nach Anlage IX erhalten Soldaten bei Verwendung als Combat Controller in einem Großverband, einem Verband oder einer Einheit der Luftlande- und Fernspähkräfte der Bundeswehr

1. bis zur Erlangung der Basisqualifikation der Stufe B,
2. nach Erlangung der Basisqualifikation der Stufe B,
3. nach Erlangung der Basisqualifikation der Stufe C.

(2) Die Stellenzulage wird nicht neben einer Stellenzulage nach Nummer 5a und einer Erschwerniszulage nach den §§ 23h und 23i der Erschwerniszulagenverordnung gewährt.

(3) Der Erwerb der Berechtigung nach Absatz 1 wird durch allgemeine Verwaltungsvorschrift des Bundesministeriums der Verteidigung geregelt.

6. Zulage für Beamte und Soldaten in fliegerischer Verwendung

(1) [1]Eine Stellenzulage nach Anlage IX erhalten Beamte und Soldaten in Besoldungsgruppen der Bundesbesoldungsordnung A, wenn sie verwendet werden

1. als Luftfahrzeugführer mit der Erlaubnis zum Führen ein- oder zweisitziger strahlgetriebener Kampf- oder Schulflugzeuge oder als Waffensystemoffizier mit der Erlaubnis zum Einsatz auf zweisitzigen strahlgetriebenen Kampf- oder Schulflugzeugen,
2. als Luftfahrzeugführer mit der Erlaubnis zum Führen sonstiger strahlgetriebener Flugzeuge oder sonstiger Luftfahrzeuge oder als Luftfahrzeugoperationsoffizier,
3. als Steuerer mit der Erlaubnis und Berechtigung zum Führen und Bedienen oder als Waffensystemoperateur mit der Erlaubnis und Berechtigung zum Bedienen unbemannter Luftfahrtgeräte, die nach Instrumentenflugregeln geführt und bedient werden müssen,
4. als Flugtechniker in der Bundespolizei oder als sonstiger ständiger Luftfahrzeugbesatzungsangehöriger in der Bundeswehr und in anderen Einrichtungen des Bundes.

[2]Die Stellenzulage erhöht sich um den Betrag nach Anlage IX für verantwortliche Luftfahrzeugführer, die mit der Berechtigung eines Kommandanten auf Flugzeugen verwendet werden, für die eine Mindestbesatzung von zwei Luftfahrzeugführern vorgeschrieben ist. [3]Die Erhöhung gilt bis zum 31. Dezember 2027.

(2) [1]Die zuletzt nach Absatz 1 Satz 1 gewährte Stellenzulage wird nach Beendigung der Verwendung, auch über die Besoldungsgruppe A 16 hinaus, für fünf Jahre weitergewährt, wenn der Beamte oder Soldat

1. mindestens fünf Jahre in einer Tätigkeit nach Absatz 1 verwendet worden ist oder
2. bei der Verwendung nach Absatz 1 einen Dienstunfall im Flugdienst oder eine durch die Besonderheiten dieser Verwendung bedingte gesundheitliche Schädigung erlitten hat, die die weitere Verwendung nach Absatz 1 ausschließen.

[2]Der Fünfjahreszeitraum verlängert sich bei Soldaten, die zur Erhaltung ihres fliegerischen Könnens verpflichtet sind, um zwei Drittel des Verpflichtungszeitraumes, höchstens jedoch um drei Jahre. [3]Danach verringert sich die Stellenzulage auf 50 Prozent.

(3) [1]Hat der Beamte oder Soldat einen Anspruch auf eine Stellenzulage nach Absatz 2 und wechselt er in eine weitere Verwendung, mit der ein Anspruch auf eine geringere Stellenzulage nach Absatz 1 verbunden ist, so erhält er zusätzlich zu der geringeren Stellenzulage den Unterschiedsbetrag zu der Stellenzulage nach Absatz 2. [2]Nach Beendigung der weiteren Verwendung wird die Stellenzulage nach Absatz 2 Satz 1 und 2 nur weitergewährt, soweit sie noch nicht vor der weiteren Verwendung bezogen und auch nicht während der weiteren Verwendung durch den Unterschiedsbetrag zwischen der geringeren Stellenzulage und der Stellenzulage nach Absatz 2 abgegolten worden ist. [3]Der Berechnung der Stellenzulage nach Absatz 2 Satz 3 wird die höhere Stellenzulage zugrunde gelegt.

(4) Eine Stellenzulage nach Absatz 1 Satz 1 ist in Höhe von 50 Prozent ruhegehaltfähig, wenn

1. sie mindestens fünf Jahre bezogen worden ist oder
2. das Dienstverhältnis beendet worden ist
   a) durch Tod oder
   b) durch Dienstunfähigkeit infolge eines durch die Verwendung erlittenen Dienstunfalls oder einer *durch die Besonderheiten* dieser Verwendung bedingten gesundheitlichen Schädigung.

(5) [1]Die Stellenzulage wird neben einer Stellenzulage nach Nummer 8 nur gewährt, soweit sie diese übersteigt. [2]Abweichend von Satz 1 wird die Stellenzulage nach Absatz 1 neben einer Stellenzulage nach Nummer 8 gewährt, soweit sie deren Hälfte übersteigt.

(6) [1]Der Erwerb der Erlaubnis und Berechtigung nach Absatz 1 Satz 1 Nummer 3 und der Berechtigung nach Absatz 1 Satz 2 wird durch allgemeine Verwaltungsvorschrift des Bundesministeriums der Verteidigung geregelt. [2]Im Übrigen erlässt die oberste Dienstbehörde die allgemeinen Verwaltungsvorschriften im Einvernehmen mit dem Bundesministerium des Innern, für Bau und Heimat.

6a. Zulage für Beamte und Soldaten als Luftfahrttechnisches Prüfpersonal und freigabeberechtigtes Personal

(1) Beamte und Soldaten erhalten eine Stellenzulage nach Anlage IX, wenn sie eine der folgenden Qualifikationen besitzen und entsprechend der Qualifikation verwendet werden:

1. die Erlaubnis als Nachprüfer von Luftfahrtgerät,
2. die Erlaubnis als Prüfer von Luftfahrtgerät,
3. die Berechtigung der Kategorie B oder Kategorie C zur Freigabe von Luftfahrzeugen oder Komponenten nach der Verordnung (EU) Nr. 1321/2014 der Kommission vom 26. November 2014 über die Aufrechterhaltung der Lufttüchtigkeit von Luftfahrzeugen und luftfahrttechnischen Erzeugnissen, Teilen und Ausrüstungen und die Erteilung von Genehmigungen für Organisationen und Personen, die diese Tätigkeiten ausführen (ABl. L 362 vom 17.12.2014, S. 1),
4. die Erlaubnis zur Prüfung der Lufttüchtigkeit,
5. die Berechtigung als Prüfer für zerstörungsfreie Prüfungen von Luftfahrzeugen, Luftfahrtgeräten und Zusatzausrüstungen mit Zertifizierung nach DIN EN 4179, Ausgabe März 2017, in Verbindung mit den für den Geschäftsbereich des Bundesministeriums der Verteidigung geltenden Zulassungsvorschriften.

(2) Die Stellenzulage wird neben einer Stellenzulage nach Nummer 4, 5a oder 9a nur gewährt, soweit sie diese übersteigt.

7. Zulage für Beamte und Soldaten bei obersten Behörden sowie bei obersten Gerichtshöfen des Bundes

(1) Beamte und Soldaten erhalten, wenn sie bei obersten Bundesbehörden oder bei obersten Gerichtshöfen des Bundes verwendet werden, eine Stellenzulage nach Anlage IX.

(2) [1]Die Stellenzulage wird nicht neben der bei der Deutschen Bundesbank gewährten Bankzulage und neben Auslandsdienstbezügen oder Auslandsverwendungszuschlag nach Abschnitt 5 gewährt. [2]Die Stellenzulage wird neben Stellenzulagen nach den Nummern 6, 6a, 8 bis 9, 10 und 15 bis 19 nur gewährt, soweit sie diese übersteigt.

(3) Beamte und Soldaten erhalten während der Verwendung bei obersten Behörden eines Landes, das für die Beamten bei seinen obersten Behörden eine Regelung entsprechend Absatz 1 getroffen hat, die Stellenzulage in der nach dem Besoldungsrecht dieses Landes bestimmten Höhe.

8. Zulage für Beamte und Soldaten bei den Nachrichtendiensten

(1) Beamte und Soldaten erhalten, wenn sie bei den Nachrichtendiensten des Bundes oder der Länder verwendet werden, eine Stellenzulage nach Anlage IX.

(2) Nachrichtendienste sind der Bundesnachrichtendienst, das Bundesamt für den Militärischen Abschirmdienst, das Bundesamt für Verfassungsschutz sowie die Einrichtungen für Verfassungsschutz der Länder.

8a. Zulage für Beamte der Bundeswehr und Soldaten in der Fernmelde- und elektronischen Aufklärung, der satellitengestützten abbildenden Aufklärung, der Luftbildauswertung oder der hydroakustischen Aufklärung

(1) [1]Beamte der Bundeswehr und Soldaten erhalten eine Stellenzulage nach Anlage IX, wenn sie verwendet werden in

1. der Fernmelde- und elektronischen Aufklärung,
2. der satellitengestützten abbildenden Aufklärung,
3. der Luftbildauswertung oder
4. der hydroakustischen Aufklärung.

[2]Die Zulage erhalten unter den gleichen Voraussetzungen auch Beamte auf Widerruf, die einen Vorbereitungsdienst ableisten.

(2) Durch die Stellenzulage werden die mit dem Dienst allgemein verbundenen Erschwernisse und Aufwendungen mit abgegolten.

(3) Die Stellenzulage wird neben einer Stellenzulage nach den Nummern 5, 5a, 6, 6a oder 8 nur gewährt, soweit sie diese übersteigt.

8b. Zulage für Beamte bei dem Bundesamt für Sicherheit in der Informationstechnik und bei der Zentralen Stelle für Informationstechnik im Sicherheitsbereich

(1) Beamte erhalten eine Stellenzulage nach Anlage IX, wenn sie verwendet werden

1. beim Bundesamt für Sicherheit in der Informationstechnik oder
2. bei der Zentralen Stelle für Informationstechnik im Sicherheitsbereich.

(2) Die Stellenzulage wird neben einer Stellenzulage nach Nummer 9 nur gewährt, soweit sie diese übersteigt.

8c. Zulage für Beamte und Soldaten bei dem Bundesamt für Migration und Flüchtlinge

(1) Beamte und Soldaten erhalten, wenn sie bei dem Bundesamt für Migration und Flüchtlinge verwendet werden, bis zum 31. Dezember 2027 eine Stellenzulage nach Anlage IX.

(2) Durch die Stellenzulage werden die mit dem Dienst allgemein verbundenen Erschwernisse und Aufwendungen mit abgegolten.

9. Zulage für Beamte und Soldaten mit vollzugspolizeilichen Aufgaben

(1) Eine Stellenzulage nach Anlage IX erhalten, soweit ihnen Dienstbezüge nach der Bundesbesoldungsordnung A zustehen,

1. Polizeivollzugsbeamte,
2. Feldjäger,
3. Beamte der Zollverwaltung, die
   a) in der Grenzabfertigung verwendet werden,
   b) in einem Bereich verwendet werden, in dem gemäß Bestimmung des Bundesministeriums der Finanzen typischerweise vollzugspolizeilich geprägte Tätigkeiten wahrgenommen werden, oder
   c) mit vollzugspolizeilichen Aufgaben betraut sind.

(2) Eine Zulage nach Absatz 1 erhalten unter den gleichen Voraussetzungen auch Beamte auf Widerruf, die einen Vorbereitungsdienst ableisten.

(3) Die Stellenzulage wird nicht neben einer Stellenzulage nach Nummer 8 gewährt.

(4) Durch die Stellenzulage werden die Besonderheiten des jeweiligen Dienstes, insbesondere der mit dem Posten- und Streifendienst sowie dem Nachtdienst verbundene Aufwand sowie der Aufwand für Verzehr mit abgegolten.

9a. Zulage im maritimen Bereich

(1) [1] Eine Stellenzulage nach Anlage IX erhalten Beamte der Bundeswehr und Soldaten, wenn sie verwendet werden

1. als Angehörige einer Besatzung in Dienst gestellter seegehender Schiffe der Marine oder anderer Seestreitkräfte,
2. als Angehörige einer Besatzung in Dienst gestellter U-Boote der Marine oder anderer Seestreitkräfte oder
3. als Kampfschwimmer oder Minentaucher mit gültigem Kampfschwimmer- oder Minentaucherschein auf einer Stelle des Stellenplans, die eine Kampfschwimmer- oder Minentaucherausbildung voraussetzt.

[2] Sind gleichzeitig mehrere Tatbestände nach Satz 1 Nummer 1 bis 3 erfüllt, wird nur die höhere Zulage gewährt.

(2) [1] Die Stellenzulage nach Absatz 1 Satz 1 Nummer 1 oder Nummer 2 erhalten auch Beamte der Bundeswehr und Soldaten, die auf Grund einer Abordnung oder einer Kommandierung Aufgaben an Bord eines seegehenden Schiffes oder U-Bootes der Marine oder anderer Streitkräfte zu erfüllen haben, ohne zur Besatzung zu gehören. [2] Ist dieses Schiff oder U-Boot noch nicht in Dienst gestellt, steht die Zulage ab dem Tag der Zugehörigkeit zur Fahrmannschaft für die Dauer der Verwendung zu. [3] Absatz 1 Satz 2 gilt entsprechend.

(3) Eine Stellenzulage nach Anlage IX erhalten auch Beamte und Soldaten in einer Verwendung als

1. Angehörige einer Besatzung anderer seegehender Schiffe, die überwiegend zusammenhängend mehrstündig seewärts der in § 1 der Flaggenrechtsverordnung festgelegten Grenzen der Seefahrt verwendet werden,
2. *Angehörige einer Besatzung anderer,* als der unter Nummer 1 genannter seegehender Schiffe,
3. Taucher für den maritimen Einsatz.

(4) Die Stellenzulage wird neben einer anderen Stellenzulage, mit Ausnahme der Stellenzulage nach Nummer 4a, Nummer 8a oder Nummer 9, nur gewährt, soweit sie diese übersteigt.

(5) Das Nähere kann die oberste Bundesbehörde durch allgemeine Verwaltungsvorschriften im Einvernehmen mit dem Bundesministerium des Innern, für Bau und Heimat und dem Bundesministerium der Finanzen regeln.

10. Zulage für Beamte und Soldaten im Einsatzdienst der Feuerwehr

(1) [1] Beamte und Soldaten der Bundesbesoldungsordnung A, die im Einsatzdienst der Feuerwehr verwendet werden, erhalten eine Stellenzulage nach Anlage IX. [2] Die Zulage erhalten unter den gleichen Voraussetzungen auch Beamte auf Widerruf, die Vorbereitungsdienst leisten.

(2) Die Zulage erhält auch hauptamtliches feuerwehrdiensttaugliches Personal zentraler Ausbildungseinrichtungen der Bundeswehr, das nach einer Verwendung nach Absatz 1

1. Beamte und Soldaten für den Einsatzdienst der Feuerwehr ausbildet oder
2. in der unmittelbaren Unterstützung der Ausbildung für den Einsatzdienst der Feuerwehr verwendet wird.

(3) Durch die Stellenzulage nach Absatz 1 werden die Besonderheiten des Einsatzdienstes der Feuerwehr, insbesondere der mit dem Nachtdienst verbundene Aufwand sowie der Aufwand für Verzehr mit abgegolten.

11. Zulage für Beamte der Bundeswehr als Gebietsärzte sowie für Soldaten als Rettungsmediziner oder als Gebietsärzte

(1) Eine Stellenzulage nach Anlage IX erhalten bis zum 31. Dezember 2027

1. Beamte der Bundeswehr der Besoldungsgruppen A 13 bis A 16 mit der Approbation als Arzt, die die Weiterbildung zum Gebietsarzt erfolgreich abgeschlossen haben und in diesem Fachgebiet in einer kurativen Sanitätseinrichtung der Bundeswehr verwendet werden,
2. Soldaten der Besoldungsgruppen A 13 bis A 16 als Sanitätsoffiziere mit der Approbation als Arzt, die
   a) über die Zusatzqualifikation Rettungsmedizin verfügen und dienstlich zur Erhaltung dieser Qualifikation verpflichtet sind oder
   b) die Weiterbildung zum Gebietsarzt erfolgreich abgeschlossen haben und in diesem Fachgebiet verwendet werden.

(2) Bei gleichzeitigem Vorliegen der Voraussetzungen nach Absatz 1 Nummer 2 Buchstabe a und b wird die Stellenzulage nur einmal gewährt.

(3) [1] Die Zulage nach Absatz 1 Nummer 2 wird um den Betrag nach Anlage IX erhöht, wenn der Soldat als Angehöriger einer Besatzung in Dienst gestellter seegehender Schiffe der Marine oder anderer Seestreitkräfte verwendet wird. [2] Erfüllt der Soldat entsprechende Aufgaben auf einem solchen Schiff auf Grund einer Kommandierung, ohne zur Besatzung zu gehören, erhält er diesen Betrag anteilig für die Dauer der Kommandierung.

(4) Den Erwerb und die Erhaltung der Zusatzqualifikation Rettungsmedizin regelt das Bundesministerium der Verteidigung durch allgemeine Verwaltungsvorschrift.

12. Zulage für Beamte mit Meisterprüfung oder Abschlussprüfung als staatlich geprüfter Techniker

Beamte in Laufbahnen des mittleren Dienstes, in denen die Meisterprüfung oder die Abschlussprüfung als staatlich geprüfter Techniker vorgeschrieben ist, erhalten, wenn sie die Prüfung bestanden haben, eine Stellenzulage nach Anlage IX.

13. Zulage für Beamte im Außendienst der Steuerprüfung oder der Zollfahndung sowie bei der Zentralstelle für Finanztransaktionsuntersuchungen

(1) Beamte des mittleren Dienstes und des gehobenen Dienstes in der Steuerverwaltung und der Zollverwaltung erhalten für die Zeit ihrer Verwendung im Außendienst der Steuerprüfung oder der Zollfahndung eine Stellenzulage nach Anlage IX.

(2) [1] Beamte, die bei der Zentralstelle für Finanztransaktionsuntersuchungen verwendet werden, erhalten eine Stellenzulage nach Anlage IX. [2] Mit der Zulage werden die mit der Tätigkeit allgemein verbundenen Aufwendungen abgegolten.

(3) Die Stellenzulage nach Absatz 1 oder Absatz 2 wird neben einer Stellenzulage nach Nummer 9 nur gewährt, soweit sie diese übersteigt.

(4) Die allgemeinen Verwaltungsvorschriften erlässt das Bundesministerium der Finanzen im Einvernehmen mit dem Bundesministerium des Innern, für Bau und Heimat.

14. Zulage für Flugsicherungslotsen

(1) Beamte des gehobenen Dienstes in den Besoldungsgruppen A 9 bis A 11 und Soldaten in diesen Besoldungsgruppen erhalten im Flugsicherungskontrolldienst eine Stellenzulage nach Anlage IX.

(2) Die Stellenzulage wird nicht neben einer Stellenzulage nach den Nummern 6a bis 10 gewährt.

15. Zulage für Beamte beim Bundeskriminalamt, bei der Bundespolizei und der Zollverwaltung

(1) [1]Beamte erhalten eine Stellenzulage nach Anlage IX, wenn sie verwendet werden

1. im Bundeskriminalamt,
2. in der Bundespolizei oder
3. in der Zollverwaltung
   a) im Zollkriminalamt oder
   b) in einer örtlichen Behörde der Zollverwaltung in Bereichen, in denen typischerweise Außendienst oder gefährdungsrelevante Tätigkeiten wahrgenommen werden.

[2]Die Bereiche nach Satz 1 Nummer 3 Buchstabe b bestimmt das Bundesministerium der Finanzen durch allgemeine Verwaltungsvorschrift.

(2) Die Zulage wird nicht neben einer Stellenzulage nach Nummer 9 oder Nummer 13 gewährt.

(3) Mit der Zulage werden auch die mit der Tätigkeit allgemein verbundenen Aufwendungen abgegolten.

16. Zulage für Beamte und Soldaten der Cyberverteidigung bei der Bundeswehr

(1) Eine Stellenzulage nach Anlage IX erhalten Beamte und Soldaten der Bundeswehr in Besoldungsgruppen der Bundesbesoldungsordnung A, wenn sie verwendet werden

1. für Computernetzwerkoperationen im Rahmen der Cyberverteidigung,
2. für die Entwicklung und Bereitstellung informationstechnischer Systeme und Verfahren für die Aufgaben nach Nummer 1 oder
3. für die Aus- und Fortbildung für Aufgaben nach Nummer 1.

(2) Für denselben Zeitraum wird die Zulage nur einmal gewährt.

(3) Die Stellenzulage wird neben einer anderen Stellenzulage nur gewährt, soweit sie diese übersteigt.

(4) Die allgemeinen Verwaltungsvorschriften erlässt das Bundesministerium der Verteidigung.

17. Zulage für Beamte bei der Bundesanstalt für den Digitalfunk der Behörden und Organisationen mit Sicherheitsaufgaben und beim Informationstechnikzentrum Bund

(1) Beamte erhalten eine Stellenzulage nach Anlage IX, wenn sie verwendet werden

1. bei der Bundesanstalt für den Digitalfunk der Behörden und Organisationen mit Sicherheitsaufgaben oder
2. beim Informationstechnikzentrum Bund.

(2) Die Stellenzulage wird neben einer anderen Stellenzulage nur gewährt, soweit sie diese übersteigt.

18. Zulage für Beamte der Bundeswehr und Soldaten in Verwendungen zur Aufrechterhaltung und Sicherstellung des IT-Betriebs und der IT-Infrastruktur der Bundeswehr

(1) Eine Stellenzulage nach Anlage IX erhalten Beamte der Bundeswehr und Soldaten, die bei zentralen Einrichtungen des Geschäftsbereichs des Bundesministeriums der Verteidigung unmittelbar für die Aufrechterhaltung und Sicherstellung des IT-Betriebs und der IT-Infrastruktur der Bundeswehr verwendet werden.

(2) Die Stellenzulage wird nicht neben einer Stellenzulage nach Nummer 8a, 8b oder 16 gewährt.

(3) Die allgemeinen Verwaltungsvorschriften erlässt das Bundesministerium der Verteidigung.

19. Zulage für Beamte der Zentrale der Bundesagentur für Arbeit

[1]Beamte, die in der Zentrale der Bundesagentur für Arbeit verwendet werden, erhalten eine Zulage *nach Anlage IX.* [2]*Mit der Zulage* werden auch die mit der Tätigkeit allgemein verbundenen Aufwendungen abgegolten.

Bundesbesoldungsordnung A
Aufsteigende Gehälter[1)]

Besoldungsgruppe A 2[2)]

(aufgehoben)

Besoldungsgruppe A 3[3)]

H a u p t a m t s g e h i l f e
O b e r a u f s e h e r [*1)]
O b e r s c h a f f n e r [*1)]
O b e r w a c h t m e i s t e r [*1) *2)]
Grenadier, Jäger, Panzerschütze, Panzergrenadier, Panzerjäger, Kanonier, Panzerkanonier, Pionier, Panzerpionier, Funker, Panzerfunker, Schütze, Flieger, Sanitätssoldat, Matrose
Gefreiter[*3)]

[*1)] **Amtl. Anm.:** Erhält eine Amtszulage nach Anlage IX.
[*2)] **Amtl. Anm.:** Beamte im Justizdienst erhalten eine Amtszulage nach Anlage IX. Neben der Amtszulage steht eine Amtszulage nach der Fußnote 1 nicht zu.
[*3)] **Amtl. Anm.:** Erhält eine Amtszulage nach Anlage IX.

Besoldungsgruppe A 4

A m t s m e i s t e r
H a u p t a u f s e h e r [*1)]
H a u p t s c h a f f n e r [*1)]
H a u p t w a c h t m e i s t e r [*1) *2)]
O b e r w a r t [*1) *3)]

Obergefreiter
Hauptgefreiter[*4)]

[*1)] **Amtl. Anm.:** Erhält eine Amtszulage nach Anlage IX.
[*2)] **Amtl. Anm.:** Beamte im Justizdienst erhalten eine Amtszulage nach Anlage IX. Neben der Amtszulage steht eine Amtszulage nach der Fußnote 1 nicht zu.
[*3)] **Amtl. Anm.:** Als Eingangsamt.
[*4)] **Amtl. Anm.:** Erhält eine Amtszulage nach Anlage IX.

Besoldungsgruppe A 5[4)]

B e t r i e b s a s s i s t e n t [*1) *2)]
E r s t e r H a u p t w a c h t m e i s t e r [*1) *2) *3)]
H a u p t w a r t [*1) *2)]
O b e r a m t s m e i s t e r [*2)]

Stabsgefreiter
Oberstabsgefreiter[*1)]
Unteroffizier
Maat
Fahnenjunker

[1)] Überschrift neu gef. mWv 25.7.2024 durch G v. 19.7.2024 (BGBl. 2024 I Nr. 247).
[2)] BesGr. A 2 aufgeh. mWv 1.3.2020 durch G v. 9.12.2019 (BGBl. I S. 2053).
[3)] BesGr. A 3 neu gef. mWv 1.3.2020 durch G v. 9.12.2019 (BGBl. I S. 2053); neu gef. mWv 1.1.2020 durch G v. 28.6.2021 (BGBl. I S. 2250).
[4)] BesGr. A 5 geänd. mWv 1.6.2015 durch G v. 13.5.2015 (BGBl. I S. 706).

Seekadett

---

*1) **Amtl. Anm.:** Erhält eine Amtszulage nach Anlage IX.

*2) **Amtl. Anm.:** Soweit nicht in der Besoldungsgruppe A 6.

*3) **Amtl. Anm.:** Beamte im Justizdienst erhalten eine Amtszulage nach Anlage IX. Neben der Amtszulage steht eine Amtszulage nach der Fußnote 1 nicht zu.

Besoldungsgruppe A 6[1)]

B e t r i e b s a s s i s t e n t *1)

E r s t e r H a u p t w a c h t m e i s t e r *1) *2)

H a u p t w a r t *1)

O b e r a m t s m e i s t e r *1)

S e k r e t ä r *3)

Korporal

Stabskorporal*5)

Stabsunteroffizier*4)

Obermaat*4)

---

*1) **Amtl. Anm.:** Soweit nicht in der Besoldungsgruppe A 5.

*2) **Amtl. Anm.:** Beamte im Justizdienst erhalten eine Amtszulage nach Anlage IX.

*3) **Amtl. Anm.:** Als Eingangsamt.

*4) **Amtl. Anm.:** Soweit nicht in der Besoldungsgruppe A 7.

*5) **Amtl. Anm.:** Erhält eine Amtszulage nach Anlage IX.

Besoldungsgruppe A 7

Brandmeister*1)

Oberlokomotivführer*2)

O b e r s e k r e t ä r *3)

O b e r w e r k m e i s t e r *2)

Polizeimeister*1)

Stabsunteroffizier*4)

Obermaat*4)

Feldwebel

Bootsmann

Fähnrich

Fähnrich zur See

Oberfeldwebel*5)

Oberbootsmann*5)

---

*1) **Amtl. Anm.:** Als Eingangsamt.

*2) **Amtl. Anm.:** Auch als Eingangsamt.

*3) **Amtl. Anm.:** Auch als Eingangsamt für Laufbahnen des mittleren technischen Dienstes.

*4) **Amtl. Anm.:** Soweit nicht in der Besoldungsgruppe A 6.

*5) **Amtl. Anm.:** Erhält eine Amtszulage nach Anlage IX.

Besoldungsgruppe A 8

Hauptlokomotivführer

H a u p t s e k r e t ä r

---

1) BesGr. A 6 geänd. mWv 1.6.2015 durch G v. 13.5.2015 (BGBl. I S. 706); geänd. mWv 1.1.2020 durch G v. 9.12.2019 (BGBl. I S. 2053).

Hauptwerkmeister
Oberbrandmeister
Polizeiobermeister

Hauptfeldwebel*1)
Hauptbootsmann*1)
Oberfähnrich*1)
Oberfähnrich zur See*1)

---

*1) **Amtl. Anm.:** Erhält eine Amtszulage nach Anlage IX.

Besoldungsgruppe A 9[1)]

Amtsinspektor*1)
Betriebsinspektor*1)
Hauptbrandmeister*1)
Inspektor
Kapitän
Konsulatssekretär
Kriminalkommissar
Polizeihauptmeister*1)
Polizeikommissar

Stabsfeldwebel
Stabsbootsmann
Oberstabsfeldwebel*1)
Oberstabsbootsmann*1)
Leutnant
Leutnant zur See

---

*1) **Amtl. Anm.:** Beamte und Soldaten in Funktionen, die sich von denen der Besoldungsgruppe A 9 abheben, können eine Amtszulage nach Anlage IX erhalten.

Besoldungsgruppe A 10*1)

Konsulatssekretär Erster Klasse
Kriminaloberkommissar
Oberinspektor
Polizeioberkommissar
Seekapitän

Oberleutnant
Oberleutnant zur See

---

*1) **Amtl. Anm.:** Auch als Eingangsamt (siehe § 23 Absatz 2).

Besoldungsgruppe A 11*1)

Amtmann
Kanzler*2)
Kriminalhauptkommissar*3)

[1)] BesGr. A 9 geänd. mWv 1.1.2016 durch G v. 3.12.2015 (BGBl. I S. 2163); geänd. mWv 1.1.2020 durch G v. 9.12.2019 (BGBl. I S. 2053); geänd. mWv 1.1.2020 durch G v. 28.6.2021 (BGBl. I S. 2250).

Polizeihauptkommissar*3)
Seeoberkapitän

Hauptmann*3)
Kapitänleutnant*3)

*1) **Amtl. Anm.:** Auch als Eingangsamt (siehe § 23 Absatz 2).
*2) **Amtl. Anm.:** Im Auswärtigen Dienst.
*3) **Amtl. Anm.:** Soweit nicht in der Besoldungsgruppe A 12.

Besoldungsgruppe A 12

A m t s r a t
Kanzler Erster Klasse*1) *2)
Kriminalhauptkommissar*3)
Polizeihauptkommissar*3)
Rechnungsrat
– als Prüfungsbeamter beim Bundesrechnungshof –
Seehauptkapitän*1)

Hauptmann*3)
Kapitänleutnant*3)

*1) **Amtl. Anm.:** Soweit nicht in der Besoldungsgruppe A 13.
*2) **Amtl. Anm.:** Im Auswärtigen Dienst.
*3) **Amtl. Anm.:** Soweit nicht in der Besoldungsgruppe A 11.

Besoldungsgruppe A 13*1) 1)

Akademischer Rat
– als wissenschaftlicher Mitarbeiter an einer Hochschule –
Erster Kriminalhauptkommissar
Erster Polizeihauptkommissar
Kanzler Erster Klasse*3) *4)
Konsul
Kustos
Legationsrat
Militärrabbiner*5)
O b e r a m t s r a t
Oberrechnungsrat
– als Prüfungsbeamter beim Bundesrechnungshof –
P f a r r e r*5)
R a t
Seehauptkapitän*3)
Fachschuloberlehrer*6) *7) *8)
Studienrat
– im höheren Dienst –*9)

Stabshauptmann

1) BesGr. A 13 geänd. mWv 1.8.2013 durch G v. 6.3.2015 (BGBl. I S. 250); mWv 1.1.2017 durch G v. 5.1.2017 (BGBl. I S. 17); mWv 1.1.2020 durch G v. 9.12.2019 (BGBl. I S. 2053); mWv 1.1.2020 und mWv 17.7.2020 durch G v. 28.6.2021 (BGBl. I S. 2250); mWv 25.7.2024 durch G v. 19.7.2024 (BGBl. 2024 I Nr. 247).

Stabskapitänleutnant

Major

Korvettenkapitän

Stabsapotheker

Stabsarzt

Stabsveterinär

---

*1) **Amtl. Anm.:** Beamte des gehobenen Dienstes und Soldaten im Dienstgrad Stabshauptmann oder Stabskapitänleutnant in Funktionen, die sich von denen der Besoldungsgruppe A 13 abheben, können eine Amtszulage nach Anlage IX erhalten.

*2) **Amtl. Anm.:** *(aufgehoben)*

*3) **Amtl. Anm.:** Soweit nicht in der Besoldungsgruppe A 12.

*4) **Amtl. Anm.:** Im Auswärtigen Dienst.

*5) **Amtl. Anm.:** Soweit nicht in der Besoldungsgruppe A 14.

*6) **Amtl. Anm.:** Mit der Befähigung für das Lehramt an Realschulen.

*7) **Amtl. Anm.:** Erhält als der ständige Vertreter eines Fachschuldirektors oder als Fachvorsteher eine Amtszulage nach Anlage IX.

*8) **Amtl. Anm.:** Als Eingangsamt.

*9) **Amtl. Anm.:** Mit der Befähigung für ein Lehramt.

Besoldungsgruppe A 14[1)]

Akademischer Oberrat

– als wissenschaftlicher Mitarbeiter an einer Hochschule –

Konsul Erster Klasse

Legationsrat Erster Klasse*2)

Militärrabbiner*4)

Oberkustos

Oberrat

Pfarrer*4)

Fachschuldirektor

– als Leiter einer Bundeswehrfachschule mit Lehrgängen, die zu einem Abschluss führen, der dem der Realschule entspricht –*5)

Fachschuloberlehrer

– als der ständige Vertreter des Direktors einer Fachschule als Leiter einer Fachschule mit beruflichem Unterricht mit bis zu 360 Unterrichtsteilnehmern –*6) *7)

– als Stufenleiter Sekundarstufe I bei einer Bundeswehrfachschule –*6)

Oberstudienrat

– im höheren Dienst –*8)

Regierungsschulrat

– im Schulaufsichtsdienst –

Oberstleutnant*3)

Fregattenkapitän*3)

Oberstabsapotheker

Oberstabsarzt

Oberstabsveterinär

---

*1) **Amtl. Anm.:** *(aufgehoben)*

*2) **Amtl. Anm.:** Führt während der Verwendung als Leiter einer Botschaft oder Gesandtschaft die Amtsbezeichnung „Botschafter" oder „Gesandter".

*3) **Amtl. Anm.:** Soweit nicht in der Besoldungsgruppe A 15.

---

1) BesGr. A 14 geänd. mWv 1.1.2020 durch G v. 9.12.2019 (BGBl. I S. 2053); mWv 17.7.2020 durch G v. 28.6.2021 (BGBl. I S. 2250); mWv 25.7.2024 durch G v. 19.7.2024 (BGBl. 2024 I Nr. 247).

*4) **Amtl. Anm.:** Soweit nicht in der Besoldungsgruppe A 13.
*5) **Amtl. Anm.:** Erhält eine Amtszulage nach Anlage IX.
*6) **Amtl. Anm.:** Mit der Befähigung für das Lehramt an Realschulen.
*7) **Amtl. Anm.:** Bei Schulen mit Teilzeitunterricht rechnen 2,5 Unterrichtsteilnehmer mit Teilzeitunterricht als einer.
*8) **Amtl. Anm.:** Mit der Befähigung für ein Lehramt.

Besoldungsgruppe A 15[1)]

Akademischer Direktor
– als wissenschaftlicher Mitarbeiter an einer Hochschule –
Botschafter[*1)]
Botschaftsrat
Bundesbankdirektor[*2)]
D e k a n
D i r e k t o r[*3)]
Generalkonsul[*4)]
Gesandter[*4)]
Hauptkustos
Koordinierender Militärrabbiner
Museumsdirektor und Professor
Vortragender Legationsrat
Direktor einer Fachschule
– als Leiter einer Fachschule mit beruflichem Unterricht mit bis zu 360 Unterrichtsteilnehmern –[*8) *9)]
Regierungsschuldirektor
– als Dezernent (Referent) im Schulaufsichtsdienst –
Studiendirektor
– im höheren Dienst
als der ständige Vertreter des Leiters einer Fachschule mit beruflichem Unterricht mit mehr als 360 Unterrichtsteilnehmern,[*8) *9)]
zur Koordinierung schulfachlicher Aufgaben –

Oberstleutnant[*7) *10)]
Fregattenkapitän[*7) *10)]
Oberfeldapotheker
Flottillenapotheker
Oberfeldarzt
Flottillenarzt
Oberfeldveterinär

*1) **Amtl. Anm.:** Soweit nicht in den Besoldungsgruppen A 16, B 3, B 6, B 9.
*2) **Amtl. Anm.:** Soweit nicht in den Besoldungsgruppen A 16, B 3, B 5, B 6, B 9.
*3) **Amtl. Anm.:** Soweit nicht in den Besoldungsgruppen A 16, B 2, B 3, B 4, B 6, B 7, B 8, B 9. Prüfer als Gruppenleiter beim Deutschen Patent- und Markenamt erhalten eine Amtszulage nach Anlage IX.
*4) **Amtl. Anm.:** Soweit nicht in den Besoldungsgruppen A 16, B 3, B 6.
*5) **Amtl. Anm.:** *(aufgehoben)*
*6) **Amtl. Anm.:** *(aufgehoben)*
*7) **Amtl. Anm.:** Soweit nicht in der Besoldungsgruppe A 14.
*8) **Amtl. Anm.:** Erhält eine Amtszulage nach Anlage IX.
*9) **Amtl. Anm.:** Bei Schulen mit Teilzeitunterricht rechnen 2,5 Unterrichtsteilnehmer mit Teilzeit*unterricht als einer.*

1) BesGr. A 15 geänd. mWv 1.1.2020 durch G v. 9.12.2019 (BGBl. I S. 2053); geänd. mWv 17.7.2020 durch G v. 28.6.2021 (BGBl. I S. 2250).

*10) **Amtl. Anm.:** Auf herausgehobenen Dienstposten.

Besoldungsgruppe A 16[1)]

Abteilungsdirektor
Abteilungspräsident
Botschafter*1)
Botschaftsrat Erster Klasse*7)
Bundesbankdirektor*2)
D i r e k t o r*3)
Generalkonsul*4)
Gesandter*4)
Leitender Akademischer Direktor
– als wissenschaftlicher Mitarbeiter an einer Hochschule –*5)
L e i t e n d e r D e k a n
L e i t e n d e r D i r e k t o r*6)
Leitender Militärrabbiner
Ministerialrat
– bei einer obersten Bundesbehörde oder beim Bundeseisenbahnvermögen –*7)
Museumsdirektor und Professor
Vortragender Legationsrat Erster Klasse*7)
Leitender Regierungsschuldirektor
– als Dezernent (Referent) im Schulaufsichtsdienst –
Oberstudiendirektor
– im höheren Dienst als Leiter einer Fachschule mit beruflichem Unterricht mit mehr als 360 Unterrichtsteilnehmern –*8)
Oberst*9)
Kapitän zur See*9)
Oberstapotheker*9)
Flottenapotheker*9)
Oberstarzt*9)
Flottenarzt*9)
Oberstveterinär*9)

---

*1) **Amtl. Anm.:** Soweit nicht in den Besoldungsgruppen A 15, B 3, B 6, B 9.
*2) **Amtl. Anm.:** Soweit nicht in den Besoldungsgruppen A 15, B 3, B 5, B 6, B 9.
*3) **Amtl. Anm.:** Soweit nicht in den Besoldungsgruppen A 15, B 2, B 3, B 4, B 5, B 6, B 7, B 8, B 9.
*4) **Amtl. Anm.:** Soweit nicht in den Besoldungsgruppen A 15, B 3, B 6.
*5) **Amtl. Anm.:** Nur in Stellen von besonderer Bedeutung.
*6) **Amtl. Anm.:** Für die Leiter von besonders großen und besonders bedeutenden unteren Verwaltungsbehörden sowie die Leiter von Mittelbehörden oder Oberbehörden können nach Maßgabe des Haushalts Planstellen mit einer Amtszulage nach Anlage IX ausgestattet werden.
*7) **Amtl. Anm.:** Soweit nicht in der Besoldungsgruppe B 3.
*8) **Amtl. Anm.:** Bei Schulen mit Teilzeitunterricht rechnen 2,5 Unterrichtsteilnehmer mit Teilzeitunterricht als einer.
*9) **Amtl. Anm.:** Soweit nicht in den Besoldungsgruppen B 2, B 3.

---

1) BesGr. A 16 neu gef. mWv 1.1.2020 durch G v. 9.12.2019 (BGBl. I S. 2053); geänd. mWv 1.1.2020 und mWv 17.7.2020 durch G v. 28.6.2021 (BGBl. I S. 2250); mWv 25.7.2024 durch G v. 19.7.2024 (BGBl. 2024 I Nr. 247).

Bundesbesoldungsordnung B
Feste Gehälter[1)]

Besoldungsgruppe B 1[2)]

Direktor[*2)]

Direktor und Professor[*1)]

[*1)] **Amtl. Anm.:** Wenn nicht in den Besoldungsgruppen B 2, B 3, B 4, B 5, B 6.

[*2)] **Amtl. Anm.:** Wenn nicht in den Besoldungsgruppen A 15, A 16, B 2, B 3, B 4, B 5, B 6, B 7, B 8.

Besoldungsgruppe B 2[3)]

Abteilungsdirektor, Abteilungspräsident

– als Leiter einer großen und bedeutenden Abteilung
bei einer Mittel- oder Oberbehörde,
bei einer sonstigen Dienststelle oder Einrichtung, wenn deren Leiter mindestens in die Besoldungsgruppe B 5 eingestuft ist –

Direktor[*1)]

Direktor und Professor[*2)]

Vizepräsident

– bei einer Dienststelle oder sonstigen Einrichtung, wenn der Leiter in die Besoldungsgruppe B 5 eingestuft ist –[*3)]

Oberst[*4)]

Kapitän zur See[*4)]

Oberstapotheker[*4)]

Flottenapotheker[*4)]

Oberstarzt[*4)]

Flottenarzt[*4)]

Oberstveterinär[*4)]

[*1)] **Amtl. Anm.:** Wenn nicht in den Besoldungsgruppen A 15, A 16, B 1, B 3, B 4, B 5, B 6, B 7, B 8.

[*2)] **Amtl. Anm.:** Wenn nicht in den Besoldungsgruppen B 1, B 3, B 4, B 5, B 6.

[*3)] **Amtl. Anm.:** Der Amtsbezeichnung kann ein Zusatz beigefügt werden, der auf die Dienststelle oder sonstige Einrichtung hinweist, der der Amtsinhaber angehört. Der Zusatz „und Professor" darf beigefügt werden, wenn der Leiter der Dienststelle oder sonstigen Einrichtung diesen Zusatz in der Amtsbezeichnung führt.

[*4)] **Amtl. Anm.:** Soweit nicht in den Besoldungsgruppen A 16, B 3.

Besoldungsgruppe B 3[4)]

Abteilungsdirektor, Abteilungspräsident

– als der ständige Vertreter eines Direktionspräsidenten bei der Generalzolldirektion –

– als Leiter der Zentralabteilung des Bundesinstituts für Berufsbildung –

– beim Bundesamt für den Militärischen Abschirmdienst –

– beim Informationstechnikzentrum Bund –

– beim Bundeszentralamt für Steuern –

– als Leiter einer großen Abteilung bei einer wissenschaftlichen Forschungseinrichtung, wenn der Leiter mindestens in die Besoldungsgruppe B 7 eingestuft ist –

Abteilungsdirektor bei der Deutschen Rentenversicherung Bund

[1)] Besoldungsordnung B neu gef. mWv 1.1.2020 durch G v. 9.12.2019 (BGBl. I S. 2053); Überschrift neu gef. mWv 25.7.2024 durch G v. 19.7.2024 (BGBl. 2024 I Nr. 247).

[2)] BesGr. B 1 geänd. mWv 25.7.2024 durch G v. 19.7.2024 (BGBl. 2024 I Nr. 247).

[3)] BesGr. B 2 geänd. mWv 25.7.2024 durch G v. 19.7.2024 (BGBl. 2024 I Nr. 247).

[4)] BesGr. B 3 geänd. mWv 1.1.2020 durch G v. 28.6.2021 (BGBl. I S. 2250); mWv 1.4.2021 durch G v. 30.3.2021 (BGBl. I S. 607); mWv 25.7.2024 durch G v. 19.7.2024 (BGBl. 2024 I Nr. 247); mWv 6.3.2025 durch G v. 27.2.2025 (BGBl. 2025 I Nr. 72).

– als Leiter einer besonders großen und besonders bedeutenden Abteilung –

Abteilungsdirektor bei der Deutschen Rentenversicherung Knappschaft-Bahn-See

– als Leiter einer besonders großen und besonders bedeutenden Abteilung –

Abteilungspräsident beim Bundesamt für Soziale Sicherung

– als Leiter einer besonders großen und besonders bedeutenden Abteilung –

Botschafter*[1)]

Botschaftsrat Erster Klasse*[6)]

Bundesbankdirektor*[2)]

D i r e k t o r*[3)]

D i r e k t o r u n d P r o f e s s o r*[4)]

Generalkonsul*[5)]

Gesandter*[5)]

Kurator der Museumsstiftung Post und Telekommunikation

Leitender Polizeidirektor beim Deutschen Bundestag*[6)]

Leitender Postdirektor

– bei der Bundesanstalt für Post und Telekommunikation Deutsche Bundespost –

– bei der Deutschen Post AG –

– bei der Deutschen Bank AG –

– bei der Deutschen Telekom AG –

Ministerialrat

– bei einer obersten Bundesbehörde oder beim Bundeseisenbahnvermögen –*[6)] *[7)]

– Ministerialrat als Mitglied des Bundesrechnungshofes –

Vizepräsident

– bei einer Dienststelle oder sonstigen Einrichtung, wenn der Leiter in die Besoldungsgruppe B 6 eingestuft ist –*[8)]

Vortragender Legationsrat Erster Klasse*[6)]

Oberst*[9)]

Kapitän zur See*[9)]

Oberstapotheker*[9)]

Flottenapotheker*[9)]

Oberstarzt*[9)]

Flottenarzt*[9)]

Oberstveterinär*[9)]

---

*[1)] **Amtl. Anm.:** Soweit nicht in den Besoldungsgruppen A 15, A 16, B 6, B 9.

*[2)] **Amtl. Anm.:** Soweit nicht in den Besoldungsgruppen A 15, A 16, B 5, B 6, B 9.

*[3)] **Amtl. Anm.:** Wenn nicht in den Besoldungsgruppen A 15, A 16, B 1, B 2, B 4, B 5, B 6, B 7, B 8.

*[4)] **Amtl. Anm.:** Wenn nicht in den Besoldungsgruppen B 1, B 2, B 4, B 5, B 6.

*[5)] **Amtl. Anm.:** Soweit nicht in den Besoldungsgruppen A 15, A 16, B 6.

*[6)] **Amtl. Anm.:** Soweit nicht in der Besoldungsgruppe A 16.

*[7)] **Amtl. Anm.:** Der Leiter des Präsidialbüros des Präsidenten des Deutschen Bundestages erhält eine Stellenzulage in Höhe des Unterschiedsbetrages zwischen dem Grundgehalt der Besoldungsgruppe B 3 und dem Grundgehalt der Besoldungsgruppe B 6.

*[8)] **Amtl. Anm.:** Der Amtsbezeichnung kann ein Zusatz beigefügt werden, der auf die Dienststelle oder sonstige Einrichtung hinweist, der der Amtsinhaber angehört. Der Zusatz „und Professor" darf beigefügt werden, wenn der Leiter der Dienststelle oder sonstigen Einrichtung diesen Zusatz in der Amtsbezeichnung führt.

*[9)] **Amtl. Anm.:** Soweit nicht in den Besoldungsgruppen A 16, B 2.

Besoldungsgruppe B 4[1)]

Direktor[*1)]
Direktor und Professor[*5)]
Erster Direktor[*2)]
Leitender Direktor des Marinearsenals
Präsident[*3)]
Präsident und Professor[*6)]
Vizepräsident

– bei einer Dienststelle oder sonstigen Einrichtung, wenn der Leiter in die Besoldungsgruppe B 7 eingestuft ist –[*4)]

[*1)] **Amtl. Anm.:** Wenn nicht in den Besoldungsgruppen A 15, A 16, B 1, B 2, B 3, B 5, B 6, B 7, B 8.
[*2)] **Amtl. Anm.:** Soweit nicht in den Besoldungsgruppen B 5, B 6.
[*3)] **Amtl. Anm.:** Soweit nicht in den Besoldungsgruppen B 5, B 6, B 7, B 8, B 9.
[*4)] **Amtl. Anm.:** Der Amtsbezeichnung kann ein Zusatz beigefügt werden, der auf die Dienststelle oder sonstige Einrichtung hinweist, der der Amtsinhaber angehört. Der Zusatz „und Professor" darf beigefügt werden, wenn der Leiter der Dienststelle oder sonstigen Einrichtung diesen Zusatz in der Amtsbezeichnung führt.
[*5)] **Amtl. Anm.:** Wenn nicht in den Besoldungsgruppen B 1, B 2, B 3, B 5, B 6.
[*6)] **Amtl. Anm.:** Wenn nicht in den Besoldungsgruppen B 5, B 6, B 7, B 8.

Besoldungsgruppe B 5[2)]

Bundesbankdirektor[*1)]
Direktor[*2)]
Direktor und Professor[*3)]
Erster Direktor[*4)]
Generaldirektor der Staatsbibliothek der Stiftung Preußischer Kulturbesitz
Generaldirektor und Professor der Staatlichen Museen der Stiftung Preußischer Kulturbesitz
Inspekteur der Bereitschaftspolizeien der Länder
Oberdirektor[*5)]
Präsident[*6)]
Präsident und Professor[*7)]
Vizepräsident, Vizedirektor

– bei einer Dienststelle oder sonstigen Einrichtung, wenn der Leiter in die Besoldungsgruppe B 8 eingestuft ist –[*8)]

[*1)] **Amtl. Anm.:** Soweit nicht in den Besoldungsgruppen A 15, A 16, B 3, B 6, B 9.
[*2)] **Amtl. Anm.:** Wenn nicht in den Besoldungsgruppen A 15, A 16, B 1, B 2, B 3, B 4, B 6, B 7, B 8.
[*3)] **Amtl. Anm.:** Wenn nicht in den Besoldungsgruppen B 1, B 2, B 3, B 4, B 6.
[*4)] **Amtl. Anm.:** Soweit nicht in den Besoldungsgruppen B 4, B 6, B 8.
[*5)] **Amtl. Anm.:** Soweit nicht in den Besoldungsgruppen B 6, B 7.
[*6)] **Amtl. Anm.:** Soweit nicht in den Besoldungsgruppen B 4, B 6, B 7, B 8, B 9.
[*7)] **Amtl. Anm.:** Wenn nicht in den Besoldungsgruppen B 4, B 6, B 7, B 8.
[*8)] **Amtl. Anm.:** Der Amtsbezeichnung kann ein Zusatz beigefügt werden, der auf die Dienststelle oder sonstige Einrichtung hinweist, der der Amtsinhaber angehört. Der Zusatz „und Professor" darf beigefügt werden, wenn der Leiter der Dienststelle oder sonstigen Einrichtung diesen Zusatz in der Amtsbezeichnung führt.

[1)] BesGr. B 4 geänd. mWv 25.7.2024 durch G v. 19.7.2024 (BGBl. 2024 I Nr. 247).
[2)] BesGr. B 5 geänd. mWv 25.7.2024 durch G v. 19.7.2024 (BGBl. 2024 I Nr. 247).

Besoldungsgruppe B 6[1)]

Botschafter*1)
Bundesbankdirektor*2)
Bundeswehrdisziplinaranwalt
Direktionspräsident bei der Generalzolldirektion
Direktor*3)
Direktor und Professor*4)
Erster Direktor*5)

(Fortsetzung nächstes Blatt)

[1)] BesGr. B 6 geänd. mWv 17.7.2020 durch G v. 28.6.2021 (BGBl. I S. 2250); mWv 25.7.2024 durch G v. 19.7.2024 (BGBl. 2024 I Nr. 247).

Generaldirektor der Deutschen Nationalbibliothek
Generalkonsul*6)
Gesandter*6)
Leiter des Militärrabbinats
Militärgeneraldekan
Militärgeneralvikar
Ministerialdirigent
– bei einer obersten Bundesbehörde
als Leiter einer Abteilung,*7)
als Leiter einer Unterabteilung,*8)
als der ständige Vertreter eines in die Besoldungsgruppe B 9 eingestuften Abteilungsleiters, soweit kein Unterabteilungsleiter vorhanden ist –*8)
– beim Bundespräsidialamt und beim Bundeskanzleramt als Leiter einer auf Dauer eingerichteten Gruppe –

Oberdirektor*9)
Präsident*10)
Präsident und Professor*11)
Vizepräsident
– bei einer Dienststelle oder sonstigen Einrichtung, wenn der Leiter in die Besoldungsgruppe B 9 eingestuft ist –*12)
– beim Bundesamt für den Militärischen Abschirmdienst –

Brigadegeneral
Flottillenadmiral
Generalapotheker
Generalarzt
Admiralarzt

---

*1) **Amtl. Anm.:** Soweit nicht in den Besoldungsgruppen A 15, A 16, B 3, B 9.
*2) **Amtl. Anm.:** Soweit nicht in den Besoldungsgruppen A 15, A 16, B 3, B 5, B 9.
*3) **Amtl. Anm.:** Wenn nicht in den Besoldungsgruppen A 15, A 16, B 1, B 2, B 3, B 4, B 5, B 7, B 8.
*4) **Amtl. Anm.:** Wenn nicht in den Besoldungsgruppen B 1, B 2, B 3, B 4, B 5.
*5) **Amtl. Anm.:** Soweit nicht in den Besoldungsgruppen B 4, B 5, B 8.
*6) **Amtl. Anm.:** Soweit nicht in den Besoldungsgruppen A 15, A 16, B 3.
*7) **Amtl. Anm.:** Soweit die Funktion nicht dem Amt des Ministerialdirektors in die Besoldungsgruppe B 9 zugeordnet ist.
*8) **Amtl. Anm.:** Soweit die Funktion nicht dem Amt des Ministerialrats in die Besoldungsgruppe B 3 zugeordnet ist.
*9) **Amtl. Anm.:** Soweit nicht in den Besoldungsgruppen B 5, B 7.
*10) **Amtl. Anm.:** Soweit nicht in den Besoldungsgruppen B 4, B 5, B 7, B 8, B 9.
*11) **Amtl. Anm.:** Wenn nicht in den Besoldungsgruppen B 4, B 5, B 7, B 8.
*12) **Amtl. Anm.:** Der Amtsbezeichnung kann ein Zusatz beigefügt werden, der auf die Dienststelle oder sonstige Einrichtung hinweist, der der Amtsinhaber angehört.

Besoldungsgruppe B 7[1)]

Direktor*1)
Ministerialdirigent
– im Bundesministerium der Verteidigung als ständiger Vertreter des Leiters einer großen oder bedeutenden Abteilung oder als Leiter des Stabes Organisation und Revision –

Oberdirektor*2)
Präsident*3)
Präsident und Professor*4)
Vizepräsident
– der Generalzolldirektion –

---

1) BesGr. B 7 geänd. mWv 25.7.2024 durch G v. 19.7.2024 (BGBl. 2024 I Nr. 247).

– eines Amtes der Bundeswehr, dessen Leiter in die Besoldungsgruppe B 9 eingestuft ist –

Generalmajor
Konteradmiral
Generalstabsarzt
Admiralstabsarzt

---

*1) **Amtl. Anm.:** Wenn nicht in den Besoldungsgruppen A 15, A 16, B 1, B 2, B 3, B 4, B 5, B 6, B 8.
*2) **Amtl. Anm.:** Für höchstens einen Geschäftsführer, dessen Funktion sich von denen der Geschäftsführer in den Besoldungsgruppen B 5, B 6 abhebt.
*3) **Amtl. Anm.:** Soweit nicht in den Besoldungsgruppen B 4, B 5, B 6, B 8, B 9.
*4) **Amtl. Anm.:** Wenn nicht in den Besoldungsgruppen B 4, B 5, B 6, B 8.

Besoldungsgruppe B 8[1)]

Direktor*1)
Erster Direktor*2)
Präsident*3)
Präsident und Professor*4)

---

*1) **Amtl. Anm.:** Wenn nicht in den Besoldungsgruppen A 15, A 16, B 1, B 2, B 3, B 4, B 5, B 6, B 7.
*2) **Amtl. Anm.:** Soweit nicht in den Besoldungsgruppen B 4, B 5, B 6.
*3) **Amtl. Anm.:** Soweit nicht in den Besoldungsgruppen B 4, B 5, B 6, B 7, B 9.
*4) **Amtl. Anm.:** Wenn nicht in den Besoldungsgruppen B 4, B 5, B 6, B 7.

Besoldungsgruppe B 9

Botschafter*1)
Bundesbankdirektor*2)
Direktor beim Bundesverfassungsgericht
Ministerialdirektor

– bei einer obersten Bundesbehörde als Leiter einer Abteilung –*3)

Präsident*4)
Vizepräsident des Bundesrechnungshofes
Generalleutnant
Vizeadmiral
Generaloberstabsarzt
Admiraloberstabsarzt

---

*1) **Amtl. Anm.:** Soweit nicht in den Besoldungsgruppen A 15, A 16, B 3, B 6.
*2) **Amtl. Anm.:** Soweit nicht in den Besoldungsgruppen A 15, A 16, B 3, B 5, B 6.
*3) **Amtl. Anm.:** Soweit die Funktion nicht dem Amt des Ministerialdirigenten in Besoldungsgruppe B 6 zugeordnet ist. Auch in der Funktion einer übergeordneten Leitung mehrerer Abteilungen.
*4) **Amtl. Anm.:** Soweit nicht in den Besoldungsgruppen B 4, B 5, B 6, B 7, B 8.

Besoldungsgruppe B 10

Ministerialdirektor

– als Stellvertretender Chef des Presse- und Informationsamtes der Bundesregierung –
– als Stellvertretender Sprecher der Bundesregierung –
– als der leitende Beamte beim Beauftragten der Bundesregierung für Kultur und Medien –

Präsident der Deutschen Rentenversicherung Bund
General*1)
Admiral*1)

---

*1) ***Amtl. Anm.:*** *Erhält als General*inspekteur der Bundeswehr eine Amtszulage nach Anlage IX.

[1)] BesGr. B 8 geänd. mWv 1.1.2021 durch G v. 7.12.2020 (BGBl. I S. 2756); mWv 25.7.2024 durch G v. 19.7.2024 (BGBl. 2024 I Nr. 247).

Besoldungsgruppe B 11

Präsident des Bundesrechnungshofes

Staatssekretär

Anlage II[1)]
(zu § 32 Satz 1)

Bundesbesoldungsordnung W

Vorbemerkungen

1. Zulagen

(1) [1]Für Professoren, die bei obersten Bundesbehörden oder bei obersten Gerichtshöfen des Bundes verwendet werden, gilt die Nummer 7 der Vorbemerkungen zu den Bundesbesoldungsordnungen A und B mit der Maßgabe entsprechend, dass sich die Zulage in der Besoldungsgruppe W 1 nach dem Endgrundgehalt der Besoldungsgruppe A 13 und in den Besoldungsgruppen W 2 und W 3 nach dem Grundgehalt der Besoldungsgruppe B 3 berechnet. [2]Bei Professoren, denen bei ihrer Verwendung bei obersten Bundesbehörden oder bei obersten Gerichtshöfen des Bundes ein zweites Hauptamt als Beamter oder Richter übertragen worden ist, richtet sich die Stellenzulage nach dem zweiten Hauptamt. [3]Die für das zweite Hauptamt maßgebende Besoldungsgruppe bestimmt sich nach der in Anlage IX für die Beamten, Richter und Soldaten bei obersten Behörden und obersten Gerichtshöfen des Bundes getroffenen Regelung.

(2) Professoren der Besoldungsgruppe W 1 erhalten, wenn sie sich als Hochschullehrer bewährt haben (§ 132 Absatz 2 Satz 2 des Bundesbeamtengesetzes[2)]), ab dem Zeitpunkt der ersten Verlängerung des Beamtenverhältnisses auf Zeit eine nicht ruhegehaltfähige Zulage in Höhe von monatlich 273,00 Euro.

2. Dienstbezüge für Professoren als Richter

[1]Professoren an einer Hochschule, die zugleich das Amt eines Richters der Besoldungsgruppen R 1 oder R 2 ausüben, erhalten, solange sie beide Ämter bekleiden, die Dienstbezüge aus ihrem Amt als Professor und eine nicht ruhegehaltfähige Zulage. [2]Die Zulage beträgt, wenn der Professor ein Amt der Besoldungsgruppe R 1 ausübt, monatlich 205,54 Euro, wenn er ein Amt der Besoldungsgruppe R 2 ausübt, monatlich 230,08 Euro.

3. Amtsbezeichnungen

[1]Weibliche Beamte führen die Amtsbezeichnung in der weiblichen Form. [2]Personen, für die im Personenstandsregister weder die Geschlechtsangabe „weiblich“ noch „männlich“ eingetragen ist, können wählen, ob sie eine Amtsbezeichnung in männlicher oder weiblicher Form oder als Doppelbezeichnung führen. [3]Jeder Amtsbezeichnung kann auf Wunsch der Klammerzusatz „(divers)“ oder „(ohne Geschlechtsangabe)“ hinzugefügt werden.

Besoldungsgruppe W 1[3)]

Professor als Juniorprofessor

Besoldungsgruppe W 2[4)]

Professor[*1)]

Universitätsprofessor[*1)]

Präsident der ...[*1) *2) *3)]

Vizepräsident der ...[*1) *2) *3)]

Kanzler der ...[*1) *2) *3)]

[*1)] **Amtl. Anm.:** Soweit nicht in der Besoldungsgruppe W 3.

[*2)] **Amtl. Anm.:** Der Amtsbezeichnung ist ein Zusatz beizufügen, der auf die Hochschule hinweist, der der Amtsinhaber angehört.

[1)] Anl. II neu gef. mWv 1.8.2013 durch G v. 11.6.2013 (BGBl. I S. 1514); geänd. mWv 25.7.2024 durch G v. 19.7.2024 (BGBl. 2024 I Nr. 247).

[2)] Nr. **160**.

[3)] BesGr. W 1 geänd. mWv 21.7.2023 durch G v. 17.7.2023 (BGBl. 2023 I Nr. 190).

[4)] BesGr. W 2 geänd. mWv 1.1.2016 durch G v. 3.12.2015 (BGBl. I S. 2163).

*3) **Amtl. Anm.:** Soweit nicht in Besoldungsgruppen der Bundesbesoldungsordnungen A und B (§ 32 Satz 3).

Besoldungsgruppe W 3[1)]

Professor*1)
Universitätsprofessor*1)
Präsident der …*1) *2) *3)
Vizepräsident der …*1) *2) *3)
Kanzler der …*1) *2) *3)

---

*1) **Amtl. Anm.:** Soweit nicht in der Besoldungsgruppe W 2.
*2) **Amtl. Anm.:** Der Amtsbezeichnung ist ein Zusatz beizufügen, der auf die Hochschule hinweist, der der Amtsinhaber angehört.
*3) **Amtl. Anm.:** Soweit nicht in Besoldungsgruppen der Bundesbesoldungsordnungen A und B (§ 32 Satz 3).

Anlage III[2)]
(zu § 37 Satz 1)

Bundesbesoldungsordnung R

Vorbemerkungen

1. Amtsbezeichnungen

[1] Weibliche Richter und Staatsanwälte führen die Amtsbezeichnungen in der weiblichen Form. [2] Personen, für die im Personenstandsregister weder die Geschlechtsangabe „weiblich" noch „männlich" eingetragen ist, können wählen, ob sie eine Amtsbezeichnung in männlicher oder weiblicher Form oder als Doppelbezeichnung führen. [3] Jeder Amtsbezeichnung kann auf Wunsch der Klammerzusatz „(divers)" oder „(ohne Geschlechtsangabe)" hinzugefügt werden.

2. Zulage für Richter und Staatsanwälte bei obersten Gerichtshöfen des Bundes sowie bei obersten Behörden

(1) Richter und Staatsanwälte erhalten, wenn sie bei obersten Gerichtshöfen des Bundes oder obersten Bundesbehörden verwendet werden, eine Stellenzulage nach Anlage IX.

(2) [1] Die Stellenzulage wird nicht neben der bei der Deutschen Bundesbank gewährten Bankzulage und neben Auslandsdienstbezügen oder Auslandsverwendungszuschlag nach Abschnitt 5 gewährt. [2] Sie wird neben einer Zulage nach Nummer 8 der Vorbemerkungen zu den Bundesbesoldungsordnungen A und B nur gewährt, soweit sie diese übersteigt.

(3) Richter und Staatsanwälte erhalten während der Verwendung bei obersten Behörden eines Landes, das für die Richter und Staatsanwälte für die Verwendung bei seinen obersten Behörden eine Stellenzulage vorsieht, die Stellenzulage in der nach dem Besoldungsrecht dieses Landes bestimmten Höhe.

Besoldungsgruppe R 1[3)]

(aufgehoben)

Besoldungsgruppe R 2

Richter am Bundespatentgericht
Vorsitzender Richter am Truppendienstgericht
Vizepräsident des Truppendienstgerichts*1)
Staatsanwalt beim Bundesgerichtshof

---

*1) **Amtl. Anm.:** Erhält als der ständige Vertreter des Präsidenten eine Amtszulage nach Anlage IX.

[1)] BesGr. W 3 geänd. mWv 1.1.2016 durch G v. 3.12.2015 (BGBl. I S. 2163).
[2)] Anl. III neu gef. mWv 1.8.2013 durch G v. 11.6.2013 (BGBl. I S. 1514); geänd. mWv 25.7.2024 durch G v. 19.7.2024 (BGBl. 2024 I Nr. 247).
[3)] BesGr. R 1 aufgeh. mWv 1.1.2020 durch G v. 9.12.2019 (BGBl. I S. 2053).

Besoldungsgruppe R 3

Vorsitzender Richter am Bundespatentgericht
Präsident des Truppendienstgerichts
Oberstaatsanwalt beim Bundesgerichtshof

Besoldungsgruppe R 4[1]

(aufgehoben)

Besoldungsgruppe R 5[2]

Vizepräsident des Bundespatentgerichts

Besoldungsgruppe R 6

Richter am Bundesarbeitsgericht
Richter am Bundesfinanzhof
Richter am Bundesgerichtshof
Richter am Bundessozialgericht
Richter am Bundesverwaltungsgericht
Bundesanwalt beim Bundesgerichtshof

Besoldungsgruppe R 7[3]

Bundesanwalt beim Bundesgerichtshof
– als Abteilungsleiter bei der Bundesanwaltschaft –
– als der ständige Vertreter des Generalbundesanwalts –[*1)]

[*1)] **Amtl. Anm.:** Erhält eine Amtszulage nach Anlage IX.

Besoldungsgruppe R 8

Vorsitzender Richter am Bundesarbeitsgericht
Vorsitzender Richter am Bundesfinanzhof
Vorsitzender Richter am Bundesgerichtshof
Vorsitzender Richter am Bundessozialgericht
Vorsitzender Richter am Bundesverwaltungsgericht
Präsident des Bundespatentgerichts
Vizepräsident des Bundesarbeitsgerichts[*1)]
Vizepräsident des Bundesfinanzhofs[*1)]
Vizepräsident des Bundesgerichtshofs[*1)]
Vizepräsident des Bundessozialgerichts[*1)]
Vizepräsident des Bundesverwaltungsgerichts[*1)]

[*1)] **Amtl. Anm.:** Erhält eine Amtszulage nach Anlage IX.

Besoldungsgruppe R 9

Generalbundesanwalt beim Bundesgerichtshof

Besoldungsgruppe R 10

Präsident des Bundesarbeitsgerichts
Präsident des Bundesfinanzhofs
Präsident des Bundesgerichtshofs

---

[1] BesGr. R 4 aufgeh. mWv 1.1.2020 durch G v. 9.12.2019 (BGBl. I S. 2053).
[2] BesGr. R 5 neu gef. mWv 1.1.2020 durch G v. 9.12.2019 (BGBl. I S. 2053).
[3] BesGr. R 7 neu gef. mWv 1.1.2020 durch G v. 9.12.2019 (BGBl. I S. 2053).

Präsident des Bundessozialgerichts
Präsident des Bundesverwaltungsgerichts

Anlage IV[1) 2)]
(zu § 20 Absatz 2 Satz 2, § 32 Satz 2, § 37 Satz 2)
Gültig ab 1. März 2024

Grundgehalt

1. Bundesbesoldungsordnung A

Besoldungsgruppe	Grundgehalt (Monatsbetrag in Euro)							
	Stufe 1	Stufe 2	Stufe 3	Stufe 4	Stufe 5	Stufe 6	Stufe 7	Stufe 8
A 3	2 706,99	2 763,31	2 819,66	2 865,01	2 910,36	2 955,72	3 001,08	3 046,42
A 4	2 759,23	2 826,55	2 893,88	2 947,47	3 001,08	3 054,68	3 108,26	3 157,76
A 5	2 778,44	2 862,26	2 929,59	2 995,58	3 061,57	3 128,91	3 194,84	3 259,46
A 6	2 833,40	2 931,00	3 029,92	3 105,51	3 183,86	3 259,46	3 343,26	3 416,11
A 7	2 963,97	3 050,57	3 164,65	3 281,42	3 395,49	3 510,94	3 597,53	3 684,10
A 8	3 123,39	3 227,85	3 374,87	3 523,33	3 671,73	3 774,80	3 879,24	3 982,32
A 9	3 354,26	3 457,34	3 619,52	3 784,42	3 946,56	4 056,80	4 171,47	4 283,30
A 10	3 575,51	3 717,07	3 921,86	4 127,55	4 337,08	4 482,89	4 628,67	4 774,53
A 11	4 056,80	4 273,37	4 488,54	4 705,13	4 853,76	5 002,40	5 151,04	5 299,72
A 12	4 334,26	4 590,49	4 848,12	5 104,32	5 282,70	5 458,23	5 635,18	5 814,97
A 13	5 046,30	5 286,94	5 526,17	5 766,83	5 932,45	6 099,51	6 265,11	6 427,89
A 14	5 183,60	5 493,61	5 805,05	6 115,06	6 328,80	6 544,01	6 757,73	6 972,92
A 15	6 289,17	6 569,48	6 783,22	6 997,00	7 210,74	7 423,08	7 635,43	7 846,32
A 16	6 916,29	7 241,90	7 488,19	7 734,52	7 979,41	8 227,16	8 473,46	8 716,97

Erhöhungsbeträge für die Besoldungsgruppen A 5, A 6, A 9 und A 10

Das Grundgehalt erhöht sich in den Besoldungsgruppen A 5 und A 6
– für Beamte des mittleren Dienstes sowie
– für Soldaten in der Laufbahngruppe der Unteroffiziere sowie für Fahnenjunker und Seekadetten

um 25,15 Euro.

Es erhöht sich in den Besoldungsgruppen A 9 und A 10
– für Beamte des gehobenen Dienstes sowie
– für Offiziere

um 10,97 Euro.

Beträge für die weggefallene Besoldungsgruppe A 2

Die Beträge für die weggefallene Besoldungsgruppe A 2 macht das Bundesministerium des Innern und für Heimat im Bundesgesetzblatt bekannt.[3)]

2. Bundesbesoldungsordnung B

Besoldungsgruppe	Grundgehalt (Monatsbetrag in Euro)
B 1	7 846,32
B 2	9 080,76
B 3	9 603,10
B 4	10 149,51
B 5	10 776,64

[1)] Anl. IV neu gef. mWv 1.6.2023 durch G v. 22.12.2023 (BGBl. 2023 I Nr. 414).
[2)] Zu den Beträgen des Grundgehalts für Beamtinnen und Beamte bei den Postnachfolgeunternehmen s. die BMI-Bek. gem. § 78 Abs. 2 BBesG v. 29.12.2023 (BGBl. 2024 I Nr. 3).
[3)] Siehe die Bekanntmachung des BMI v. 29.12.2023 (BGBl. 2024 I Nr. 3).

Besoldungsgruppe	Grundgehalt (Monatsbetrag in Euro)
B 6	11 372,63
B 7	11 947,35
B 8	12 548,95
B 9	13 294,99
B 10	15 612,33
B 11	16 084,36

3. Bundesbesoldungsordnung W

Besoldungsgruppe	Grundgehalt (Monatsbetrag in Euro)		
W 1	5 524,76		
	Stufe 1	Stufe 2	Stufe 3
W 2	6 812,67	7 201,04	7 589,39
W 3	7 589,39	8 107,20	8 625,02

4. Bundesbesoldungsordnung R

Besol-dungs-gruppe	Gundgehalt (Monatsbetrag in Euro)							
	Stufe 1	Stufe 2	Stufe 3	Stufe 4	Stufe 5	Stufe 6	Stufe 7	Stufe 8
R 2	6 086,73	6 388,29	6 688,40	7 098,93	7 512,25	7 924,21	8 337,58	8 750,94
R 3	9 603,10							
R 5	10 776,64							
R 6	11 372,63							
R 7	11 947,35							
R 8	12 548,95							
R 9	13 294,99							
R 10	16 084,36							

Beträge für die weggefallenen Besoldungsgruppen R 1 und R 4

Die Beträge für die weggefallenen Besoldungsgruppen R 1 und R 4 macht das Bundesministerium des Innern und für Heimat im Bundesgesetzblatt bekannt.[1]

Anlage V[2) 3)]
(zu § 39 Absatz 1 Satz 1)
Gültig ab 1. März 2024

Familienzuschlag
(Monatsbetrag in Euro)

Stufe 1 (§ 40 Absatz 1)	Stufe 2 (§ 40 Absatz 2)
171,28	317,66

Der Familienzuschlag erhöht sich

[1] Siehe die Bekanntmachung des BMI v. 29.12.2023 (BGBl. 2024 I Nr. 3).
[2] Anl. V neu gef. mWv 1.6 2023 durch G v. 22.12.2023 (BGBl. 2023 I Nr. 414).
[3] Zu den Beträgen des Familienzuschlags für Beamtinnen und Beamte bei den Postnachfolgeunternehmen s. die BMI-Bek. gem. § 78 Abs. 2 BBesG v. 29.12.2023 (BGBl. 2024 I Nr. 3).

– für das zweite zu berücksichtigende Kind um 146,38 Euro,

– für jedes weitere zu berücksichtigende Kind um 456,06 Euro.

Erhöhungsbeträge für die Besoldungsgruppen A 3 bis A 5 und für Anwärter des einfachen Dienstes

Für die Besoldungsgruppen A 3 bis A 5 und für Anwärter des einfachen Dienstes erhöht sich der Familienzuschlag wie folgt:

1. für das erste zu berücksichtigende Kind für die Besoldungsgruppen A 3 bis A 5 und für Anwärter des einfachen Dienstes um 5,37 Euro,
2. für jedes weitere zu berücksichtigende Kind
   – in der Besoldungsgruppe A 3 und für Anwärter des einfachen Dienstes um 26,84 Euro,
   – in der Besoldungsgruppe A 4 um 21,47 Euro,
   – in der Besoldungsgruppe A 5 um 16,10 Euro.

Soweit dadurch im Einzelfall die Besoldung hinter derjenigen aus einer niedrigeren Besoldungsgruppe zurückbleibt, wird der Unterschiedsbetrag zusätzlich gewährt.

Anrechnungsbetrag nach § 39 Absatz 2 Satz 1

– Besoldungsgruppen A 3 bis A 8: 144,27 Euro
– Besoldungsgruppen A 9 bis A 12: 153,15 Euro

Anlage VI[1)]
(zu § 53 Absatz 2 Satz 1 und 3 sowie Absatz 3 Satz 1 und 4)
gültig ab 1. März 2020

Auslandszuschlag

(Anlage hier nicht abgedruckt)

Anlage VII

(weggefallen)

Anlage VIII[2)]
(zu § 61)
Gültig ab 1. März 2024

Anwärtergrundbetrag

Laufbahnen	Grundbetrag (Monatsbetrag in Euro)
des einfachen Dienstes	1 407,63
des mittleren Dienstes	1 473,37
des gehobenen Dienstes	1 744,22
des höheren Dienstes	2 624,08

1) Anl. VI neu gef. mWv 1.3.2020 durch G v. 8.11.2018 (BGBl. I S. 1810).
2) Anl. VIII neu gef. mWv 1.6.2023 durch G v. 22.12.2023 (BGBl. 2023 I Nr. 414).

Anlage IX[1) 2)]
(zu den Anlagen I und III)
Gültig ab 1. März 2024

Zulagen

– in der Reihenfolge der Fundstellen im Gesetz –

	Dem Grunde nach geregelt in	Zulagenberechtigter Personenkreis, soweit nicht bereits in Anlage I oder Anlage III geregelt	Monatsbetrag in Euro
	1	2	3
1	**Anlage I (Bundesbesoldungsordnungen A und B)**		
2	Vorbemerkung		
3		Stellenzulagen	
4	Nummer 4		
5	Absatz 1		
6	Nummer 1		150,00
7	Nummer 2		130,00
8	Nummer 3, 4 und 5		100,00
9	Nummer 4a		135,00
10	Nummer 5	Mannschaften Unteroffiziere Beamte der Besoldungsgruppen A 5 und A 6	53,00
11		Unteroffiziere Beamte der Besoldungsgruppen A 7 bis A 9	75,00
12		Offiziere Beamte des gehobenen und höheren Dienstes	113,00
13	Nummer 5a		
14	Absatz 1		
15	Nummer 1		
16	Buchstabe a	Beamte des mittleren Dienstes Unteroffiziere der Besoldungsgruppen A 5 bis A 9	308,00
17		Beamte des gehobenen Dienstes Offiziere der Besoldungsgruppen A 9 bis A 12 Offiziere des militärfachlichen Dienstes der Besoldungsgruppe A 13	340,00
18	Buchstabe b	Beamte des mittleren Dienstes Unteroffiziere der Besoldungsgruppen A 5 bis A 9	263,00
19		Beamte des gehobenen Dienstes Offiziere der Besoldungsgruppen A 9 bis A 12 Offiziere des militärfachlichen Dienstes der Besoldungsgruppe A 13	295,00
20	Buchstabe c	Beamte des gehobenen und des höheren Dienstes Offiziere der Besoldungsgruppen A 9 bis A 12 Offiziere des militärfachlichen Dienstes der Besoldungsgruppe A 13 Offiziere des Truppendienstes der Besoldungsgruppe A 13 und höher	340,00
21	Nummer 2 und 3	Beamte des mittleren Dienstes Unteroffiziere der Besoldungsgruppen A 5 bis A 9	212,00

1) Anl. IX neu gef. mWv 1.6.2023 durch G v. 22.12.2023 (BGBl. 2023 I Nr. 414); geänd. mWv 6.3. 2025 durch G v. 27.2.2025 (BGBl. 2025 I Nr. 72).

2) Zu den entsprechenden Beträgen für Beamtinnen und Beamte bei den Postnachfolgeunternehmen s. die BMI-Bek. gem. § 78 Abs. 2 BBesG (Nr. **230a**).

	Dem Grunde nach geregelt in	Zulagenberechtigter Personenkreis, soweit nicht bereits in Anlage I oder Anlage III geregelt	Monatsbetrag in Euro
	1	2	3
22		Beamte des gehobenen Dienstes Offiziere der Besoldungsgruppen A 9 bis A 12 Offiziere des militärfachlichen Dienstes der Besoldungsgruppe A 13	237,00
23	Nummer 4		
24	Buchstabe a	Beamte und Soldaten mit Radarleit-Jagdlizenz	340,00
25		Beamte des mittleren und gehobenen Dienstes ohne Radarleit-Jagdlizenz Unteroffiziere der Besoldungsgruppen A 5 bis A 9 ohne Radarleit-Jagdlizenz Offiziere der Besoldungsgruppen A 9 bis A 12 ohne Radarleit-Jagdlizenz Offiziere des militärfachlichen Dienstes der Besoldungsgruppe A 13 ohne Radarleit-Jagdlizenz	263,00
26	Buchstabe b	Beamte des mittleren und des gehobenen Dienstes Unteroffiziere der Besoldungsgruppen A 5 bis A 9 Offiziere der Besoldungsgruppen A 9 bis A 12 Offiziere des militärfachlichen Dienstes der Besoldungsgruppe A 13	212,00
27	Nummer 5 und 6	Beamte des mittleren Dienstes Unteroffiziere der Besoldungsgruppen A 5 bis A 9	135,00
28		Beamte des gehobenen Dienstes Offiziere der Besoldungsgruppen A 9 bis A 12 Offiziere des militärfachlichen Dienstes der Besoldungsgruppe A 13	212,00
29		Beamte des höheren Dienstes Offiziere des Truppendienstes der Besoldungsgruppen A 13 und höher	295,00
30	Nummer 5b		
31	Absatz 1		
32	Nummer 1		150,00
33	Nummer 2		300,00
34	Nummer 3		350,00
35	Nummer 6		
36	Absatz 1 Satz 1		
37	Nummer 1		680,00
38	Nummer 2		540,00
39	Nummer 3		475,00
40	Nummer 4		435,00
41	Absatz 1 Satz 2		615,00
42	Nummer 6a		150,00
43	Nummer 7	Beamte und Soldaten der Besoldungsgruppe(n)	
44		– A 3 bis A 5	165,00
45		– A 6 bis A 9	220,00
46		– A 10 bis A 13	275,00
47		– A 14, A 15, B 1	330,00
48		– A 16, B 2 bis B 4	400,00
49		– B 5 bis B 7	470,00
50		– B 8 bis B 10	540,00

	Dem Grunde nach geregelt in	Zulagenberechtigter Personenkreis, soweit nicht bereits in Anlage I oder Anlage III geregelt	Monatsbetrag in Euro
	1	2	3
51		– B 11	610,00
52	Nummer 8	Beamte und Soldaten der Besoldungsgruppen	
53		– A 3 bis A 5	150,00
54		– A 6 bis A 9	200,00
55		– A 10 bis A 13	250,00
56		– A 14 und höher	300,00
57	Nummer 8a	Beamte und Soldaten der Besoldungsgruppen	
58		– A 3 bis A 5	103,00
59		– A 6 bis A 9	141,00
60		– A 10 bis A 13	174,00
61		– A 14 und höher	206,00
62		Anwärter der Laufbahngruppe	
63		– des mittleren Dienstes	75,00
64		– des gehobenen Dienstes	99,00
65		– des höheren Dienstes	122,00
66	Nummer 8b	Beamte der Besoldungsgruppen	
67		– A 3 bis A 5	120,00
68		– A 6 bis A 9	160,00
69		– A 10 bis A 13	200,00
70		– A 14 und höher	240,00
71	Nummer 8c	Beamte und Soldaten der Besoldungsgruppen	
72		– A 3 bis A 5	85,00
73		– A 6 bis A 9	110,00
74		– A 10 bis A 13	125,00
75		– A 14 und höher	140,00
76	Nummer 9	Beamte und Soldaten nach einer Dienstzeit von	
77		– einem Jahr	95,00
78		– zwei Jahren	228,00
79	Nummer 9a		
80	Absatz 1		
81	Nummer 1		350,00
82	Nummer 2		700,00
83	Nummer 3		225,00
84	Absatz 3		
85	Nummer 1		136,00
86	Nummer 2 und 3		76,00
87	Nummer 10	Beamte und Soldaten nach einer Dienstzeit von	
88		– einem Jahr	95,00
89		– zwei Jahren	190,00
90	Nummer 11		
91	Absatz 1		
92	Nummer 1		415,00
93	Nummer 2		615,00
94	Absatz 3		220,00
95	Nummer 12		55,00
96	Nummer 13		
97	Absatz 1	Beamte des mittleren Dienstes	110,00
98		Beamte des gehobenen Dienstes	160,00

	Dem Grunde nach geregelt in	Zulagenberechtigter Personenkreis, soweit nicht bereits in Anlage I oder Anlage III geregelt	Monatsbetrag in Euro
	1	2	3
99	Absatz 2 Satz 1	Beamte der Besoldungsgruppen	
100		– A 6 bis A 9	200,00
101		– A 10 bis A 13	210,00
102		– A 14 bis A 16	220,00
103	Nummer 14		35,00
104	Nummer 15	Beamte der Besoldungsgruppen	
105		– A 3 bis A 5	70,00
106		– A 6 bis A 9	90,00
107		– A 10 bis A 13	110,00
108		– A 14 und höher	140,00
109	Nummer 16	Beamte und Soldaten der Besoldungsgruppen	
110		– A 3 bis A 5	150,00
111		– A 6 bis A 9	200,00
112		– A 10 bis A 13	250,00
113		– A 14 und höher	300,00
114	Nummer 17	Beamte der Besoldungsgruppen	
115		– A 3 bis A 5	96,00
116		– A 6 bis A 9	128,00
117		– A 10 bis A 13	160,00
118		– A 14 und höher	192,00
119	Nummer 18	Beamte und Soldaten der Besoldungsgruppen	
120		– A 3 bis A 5	96,00
121		– A 6 bis A 9	128,00
122		– A 10 bis A 13	160,00
123		– A 14 und höher	192,00
124	Nummer 19	Beamte der Besoldungsgruppen	
125		– A 3 bis A 5	20,00
126		– A 6 bis A 9	40,00
127		– A 10 bis A 13	60,00
128		– A 14 und höher	80,00
129		**A m t s z u l a g e n**	

	Besoldungsgruppe	Fußnote(n)		
130	Besoldungsgruppe	Fußnote(n)		
131	A 3	1		49,73
132		2		91,73
133		3		46,31
134	A 4	1		49,73
135		2		91,73
136		4		9,99
137	A 5	1		49,73
138		3		91,73
139	A 6	2, 5		49,73
140	A 7	5		61,76
141	A 8	1		79,56
142	*A 9*	*1*		370,22
143	A 13	1		376,24
144		7		171,97
145	A 14	5		257,95

	Dem Grunde nach geregelt in		Zulagenberechtigter Personenkreis, soweit nicht bereits in Anlage I oder Anlage III geregelt	Monatsbetrag in Euro
	1		2	3
146	A 15	3		343,91
147		8		257,95
148	A 16	6		288,47
149	B 10	1		596,09
150	**<u>Anlage III</u> (Bundesbesoldungsordnung R)**			
151	Stellenzulage			
152	Vorbemerkung			
153	Nummer 2		Richter und Staatsanwälte der Besoldungsgruppen	
154			– R 2 und R 3	400,00
155			– R 5 bis R 7	470,00
156			– R 8 und höher	540,00
157	Amtszulagen			
158	Besoldungsgruppe	Fußnote		
159	R 2	1		285,20
160	R 7	1		424,12
161	R 8	1		570,28

Bekanntmachung nach § 77 Absatz 4, § 78 Absatz 2 und Anlage IV Nummer 1 und 4 des Bundesbesoldungsgesetzes sowie nach § 5a Absatz 2 und § 6 Absatz 3 des Besoldungsüberleitungsgesetzes

Vom 29. Dezember 2023
(BGBl. 2024 I Nr. 3)
FNA 2032-26-14

– Auszug –

Nach § 77 Absatz 4, § 78 Absatz 2 und Anlage IV Nummer 1 und 4 des Bundesbesoldungsgesetzes in der Fassung der Bekanntmachung vom 19. Juni 2009 (BGBl. I S. 1434), von denen § 77 Absatz 4 zuletzt durch Artikel 1 Nummer 46 Buchstabe b des Gesetzes vom 9. Dezember 2019 (BGBl. I S. 2053) und § 78 Absatz 2 durch Artikel 1 Nummer 48 des Gesetzes vom 9. Dezember 2019 (BGBl. I S. 2053) geändert worden sind und Anlage IV durch Artikel 3 Nummer 2 des Gesetzes vom 9. Juli 2021 (BGBl. I S. 2444) neu gefasst worden ist, sowie nach § 5a Absatz 2 und § 6 Absatz 3 des Besoldungsüberleitungsgesetzes, die zuletzt durch Artikel 69 der Verordnung vom 19. Juni 2020 (BGBl. I S. 1328) geändert worden sind, werden bekannt gemacht:

1. als Anhang 1 die ab 1. März 2024 geltenden Monatsbeträge des Grundgehalts nach der fortgeltenden Bundesbesoldungsordnung C,
2. als Anhang 2 die ab 1. März 2024 für Beamtinnen und Beamte bei den Postnachfolgeunternehmen geltenden Monatsbeträge des Grundgehalts nach Anlage IV, des Familienzuschlages nach Anlage V sowie der Amts- und Stellenzulagen nach Anlage IX des Bundesbesoldungsgesetzes[1],
3. als Anhang 3 die ab 1. März 2024 geltenden Monatsbeträge der weggefallenen Besoldungsgruppen A 2, R 1 und R 4 sowie Amts- und Stellenzulagen der weggefallenen Besoldungsgruppe A 2 und Stellenzulagen der weggefallenen Besoldungsgruppen R 1 und R 4,
4. als Anhang 4 die ab 1. März 2024 geltenden Monatsbeträge des Grundgehalts nach den Anlagen 1 und 2 des Besoldungsüberleitungsgesetzes,
5. als Anhang 5 die ab 1. März 2024 für Beamtinnen und Beamte bei den Postnachfolgeunternehmen geltenden Monatsbeträge des Grundgehalts nach Anlage 1 des Besoldungsüberleitungsgesetzes.

---

[1] Nr. **230**.

Gültig ab 1. März 2024

Bundesbesoldungsordnung C

Grundgehaltssätze

(Monatsbetrag in Euro)

Besoldungs-gruppe	Stufe														
	1	2	3	4	5	6	7	8	9	10	11	12	13	14	15
C 1	4 427,31	4 572,69	4 717,97	4 863,36	5 008,72	5 154,06	5 299,38	5 444,70	5 590,07	5 735,40	5 880,73	6 026,12	6 171,43	6 316,78	
C 2	4 436,39	4 668,02	4 899,65	5 131,29	5 362,92	5 594,57	5 826,20	6 057,80	6 289,42	6 521,06	6 752,64	6 984,30	7 215,90	7 447,56	7 679,19
C 3	4 856,11	5 118,38	5 380,68	5 642,93	5 905,21	6 167,51	6 429,72	6 691,99	6 954,29	7 216,58	7 478,85	7 741,12	8 003,40	8 265,63	8 527,92
C 4	6 090,84	6 354,50	6 618,15	6 881,81	7 145,48	7 409,13	7 672,74	7 936,39	8 200,02	8 463,67	8 727,34	8 990,95	9 254,61	9 518,26	9 781,90

Zulagen

– in der Reihenfolge der Gesetzesstellen –

Dem Grunde nach geregelt in	Monatsbetrag in Euro/Prozentsatz	Dem Grunde nach geregelt in	Monatsbetrag in Euro/Prozentsatz	Dem Grunde nach geregelt in	Monatsbetrag in Euro/Prozentsatz
Bundesbesoldungsordnung C		**Bundesbesoldungsordnung C**		**Bundesbesoldungsordnung C**	
Vorbemerkungen		Vorbemerkungen		Vorbemerkungen	
Nummer 2b	115,80	Nummer 3		Nummer 5	
		Die Zulage beträgt	12,5 v.H. des Endgrundgehalts oder, bei festen Gehältern, des Grundgehalts der Besoldungsgruppe[1)]	wenn ein Amt ausgeübt wird	
				der Besoldungsgruppe R 1	215,82
				der Besoldungsgruppe R 2	241,58
				Besoldungsgruppe	Fußnote
		für Beamte der Besoldungsgruppe (n)		C 2	1 109,54
		C 1	A 13		
		C 2	A 15		
		C 3 und C 4	B 3		

[1)] **Amtl. Anm.:** Nach Maßgabe des Artikels 1 § 5 des Haushaltsstrukturgesetzes vom 18. Dezember 1975 (BGBl. I S. 3091).

235. Bundesreisekostengesetz (BRKG)[1]

Vom 26. Mai 2005
(BGBl. I S. 1418)

FNA 2032-28

geänd. durch § 62 Abs. 7 BeamtenstatusG v. 17.6.2008 (BGBl. I S. 1010), Art. 15 Abs. 51 DienstrechtsneuordnungsG v. 5.2.2009 (BGBl. I S. 160), Art. 3 G zur Änd. und Vereinfachung der Unternehmensbesteuerung und des steuerlichen Reisekostenrechts v. 20.2.2013 (BGBl. I S. 285), Art. 68 Elfte ZuständigkeitsanpassungsVO v. 19.6.2020 (BGBl. I S. 1328) und Art. 9 G zur Regelung des Erscheinungsbilds von Beamtinnen und Beamten sowie zur Änd. weiterer dienstrechtl. Vorschriften v. 28.6.2021 (BGBl. I S. 2250)

§ 1 Geltungsbereich. (1) Dieses Gesetz regelt Art und Umfang der Reisekostenvergütung der Beamtinnen, Beamten, Richterinnen und Richter des Bundes sowie der Soldatinnen und Soldaten und der in den Bundesdienst abgeordneten Beamtinnen, Beamten, Richterinnen und Richter.

(2) Die Reisekostenvergütung umfasst

1. die Fahrt- und Flugkostenerstattung (§ 4),
2. die Wegstreckenentschädigung (§ 5),
3. das Tagegeld (§ 6),
4. das Übernachtungsgeld (§ 7),
5. die Auslagenerstattung bei längerem Aufenthalt am Geschäftsort (§ 8),
6. die Aufwands- und Pauschvergütung (§ 9) sowie
7. die Erstattung sonstiger Kosten (§ 10).

§ 2[2] Dienstreisen. (1) [1]Dienstreisen sind Reisen zur Erledigung von Dienstgeschäften außerhalb der Dienststätte. [2]Sie müssen, mit Ausnahme von Dienstreisen am Dienst- oder Wohnort, schriftlich oder elektronisch angeordnet oder genehmigt worden sein, es sei denn, dass eine Anordnung oder Genehmigung nach dem Amt der Dienstreisenden oder dem Wesen des Dienstgeschäfts nicht in Betracht kommt. [3]Dienstreisen sollen nur durchgeführt werden, wenn sie aus dienstlichen Gründen notwendig sind. [4]Dienstreisen dürfen nur angeordnet oder genehmigt werden, wenn das Dienstgeschäft nicht auf andere Weise, insbesondere durch Einsatz digitaler Kommunikationsmittel, erledigt werden kann. [5]Dienstreisen sind auch Reisen aus Anlass der Versetzung, Abordnung oder Kommandierung.

(2) Die Dauer der Dienstreise bestimmt sich nach der Abreise und Ankunft an der Wohnung, es sei denn, die Dienstreise beginnt oder endet an der Dienststätte.

§ 3[3] Anspruch auf Reisekostenvergütung. (1) [1]Dienstreisenden werden auf Antrag die dienstlich veranlassten notwendigen Reisekosten vergütet. [2]Werden Dienstreisen umweltverträglich und nachhaltig durchgeführt, sind die dadurch

[1] Verkündet als Art. 1 G zur Reform des Reisekostenrechts v. 26.5.2005 (BGBl. I S. 1418) v. 26.5.2005 (BGBl. I S. 1418); Inkrafttreten gem. Art. 18 Abs. 1 Satz 1 dieses G v. 26.5.2005 (BGBl. I S. 1418) am 1.9. 2005.

[2] § 2 Abs. 1 Satz 4 eingef., bish. Satz 4 wird Satz 5 mWv 7.7.2021 durch G v. 28.6.2021 (BGBl. I S. 2250).

[3] § 3 Abs. 1 neu gef., Abs. 2 eingef., bish. Abs 2 und 3 werden Abs. 3 und 4 mWv 7.7.2021 durch G v. 28.6.2021 (BGBl. I S. 2250).

entstehenden notwendigen Kosten zu erstatten, soweit sie in angemessenem Verhältnis zu den Zielen der Umweltverträglichkeit und Nachhaltigkeit stehen.

(2) [1] Der Anspruch auf Reisekostenvergütung erlischt, wenn sie nicht innerhalb einer Ausschlussfrist von sechs Monaten nach Beendigung der Dienstreise schriftlich oder elektronisch beantragt wird. [2] Die zuständigen Stellen können bis zum Ablauf von sechs Monaten nach Antragstellung die Vorlage der maßgeblichen Kostenbelege verlangen. [3] Werden diese Belege auf Anforderung nicht innerhalb von drei Monaten vorgelegt, kann der Vergütungsantrag insoweit abgelehnt werden.

(3) Leistungen, die Dienstreisende ihres Amtes wegen von dritter Seite aus Anlass einer Dienstreise erhalten, sind auf die Reisekostenvergütung anzurechnen.

(4) [1] Bei Dienstreisen für eine auf Veranlassung der zuständigen Behörde ausgeübte Nebentätigkeit haben Dienstreisende nur Anspruch auf Reisekostenvergütung, die nicht von anderer Stelle zu übernehmen ist. [2] Das gilt auch dann, wenn Dienstreisende auf ihren Anspruch gegen diese Stelle verzichtet haben.

§ 3a[1)] Vollständig automatisierter Erlass des Bescheides über die Reisekostenvergütung. Der Bescheid über die Reisekostenvergütung kann vollständig durch automatische Einrichtungen erlassen werden.

§ 4 Fahrt- und Flugkostenerstattung. (1) [1] Entstandene Kosten für Fahrten auf dem Land- oder Wasserweg mit regelmäßig verkehrenden Beförderungsmitteln werden bis zur Höhe der niedrigsten Beförderungsklasse erstattet. [2] Für Bahnfahrten von mindestens zwei Stunden können die entstandenen Fahrtkosten der nächsthöheren Klasse erstattet werden. [3] Wurde aus dienstlichen oder wirtschaftlichen Gründen ein Flugzeug benutzt, werden die Kosten der niedrigsten Flugklasse erstattet. [4] Kosten einer höheren Klasse regelmäßig verkehrender Beförderungsmittel können erstattet werden, wenn dienstliche Gründe dies im Einzelfall oder allgemein erfordern.

(2) [1] Mögliche Fahrpreisermäßigungen sind zu berücksichtigen. [2] Fahrtkosten werden nicht erstattet, wenn eine unentgeltliche Beförderungsmöglichkeit genutzt werden kann.

(3) Dienstreisenden, denen für Bahnfahrten die Kosten der niedrigsten Beförderungsklasse zu erstatten wären, werden bei einem Grad der Behinderung von mindestens 50 die Kosten der nächsthöheren Klasse erstattet.

(4) Wurde aus triftigem Grund ein Mietwagen oder ein Taxi benutzt, werden die entstandenen notwendigen Kosten erstattet.

§ 5 Wegstreckenentschädigung. (1) [1] Für Fahrten mit anderen als den in § 4 genannten Beförderungsmitteln wird eine Wegstreckenentschädigung gewährt. [2] Sie beträgt bei Benutzung eines Kraftfahrzeuges oder eines anderen motorbetriebenen Fahrzeuges 20 Cent je Kilometer zurückgelegter Strecke, höchstens jedoch 130 Euro. [3] Die oberste Bundesbehörde kann den Höchstbetrag auf 150 Euro festsetzen, wenn dienstliche Gründe dies im Einzelfall oder allgemein erfordern.

(2) [1] Besteht an der Benutzung eines Kraftwagens ein erhebliches dienstliches Interesse, beträgt die Wegstreckenentschädigung 30 Cent je Kilometer zurückgelegter Strecke. [2] Das erhebliche dienstliche Interesse muss vor Antritt der Dienst*reise in der Anordnung* oder Genehmigung schriftlich oder elektronisch festgestellt werden.

[1)] § 3a eingef. mWv 7.7.2021 durch G v. 28.6.2021 (BGBl. I S. 2250).

(3) Benutzen Dienstreisende zur Erledigung von Dienstgeschäften regelmäßig ein Fahrrad, wird Wegstreckenentschädigung nach Maßgabe einer allgemeinen Verwaltungsvorschrift gemäß § 16 gewährt.

(4) Eine Wegstreckenentschädigung wird Dienstreisenden nicht gewährt, wenn sie

1. eine vom Dienstherrn unentgeltlich zur Verfügung gestellte Beförderungsmöglichkeit nutzen konnten oder
2. von anderen Dienstreisenden des Bundes oder eines anderen Dienstherrn in einem Kraftwagen mitgenommen wurden.

§ 6[1)] **Tagegeld.** (1) [1] Als Ersatz von Mehraufwendungen für Verpflegung erhalten Dienstreisende ein Tagegeld. [2] Die Höhe des Tagegeldes bemisst sich nach der Verpflegungspauschale zur Abgeltung tatsächlich entstandener, beruflich veranlasster Mehraufwendungen im Inland nach dem Einkommensteuergesetz. [3] Besteht zwischen der Dienststätte oder der Wohnung und der Stelle, an der das Dienstgeschäft erledigt wird, nur eine geringe Entfernung, wird Tagegeld nicht gewährt.

(2) [1] Erhalten Dienstreisende ihres Amtes wegen unentgeltlich Verpflegung, werden von dem zustehenden Tagegeld für das Frühstück 20 Prozent und für das Mittag- und Abendessen je 40 Prozent des Tagegeldes für einen vollen Kalendertag einbehalten. [2] Gleiches gilt, wenn das Entgelt für Verpflegung in den erstattungsfähigen Fahrt-, Übernachtungs- oder Nebenkosten enthalten ist. [3] Die Sätze 1 und 2 sind auch dann anzuwenden, wenn Dienstreisende ihres Amtes wegen unentgeltlich bereitgestellte Verpflegung ohne triftigen Grund nicht in Anspruch nehmen. [4] Die oberste Dienstbehörde kann in besonderen Fällen niedrigere Einbehaltungssätze zulassen.

§ 7 Übernachtungsgeld. (1) [1] Für eine notwendige Übernachtung erhalten Dienstreisende pauschal 20 Euro. [2] Höhere Übernachtungskosten werden erstattet, soweit sie notwendig sind.

(2) Übernachtungsgeld wird nicht gewährt

1. für die Dauer der Benutzung von Beförderungsmitteln,
2. bei Dienstreisen am oder zum Wohnort für die Dauer des Aufenthalts an diesem Ort,
3. bei unentgeltlicher Bereitstellung einer Unterkunft des Amtes wegen, auch wenn diese Unterkunft ohne triftigen Grund nicht genutzt wird, und
4. in den Fällen, in denen das Entgelt für die Unterkunft in den erstattungsfähigen Fahrt- oder sonstigen Kosten enthalten ist, es sei denn, dass eine Übernachtung aufgrund einer zu frühen Ankunft am Geschäftsort oder einer zu späten Abfahrt von diesem zusätzlich erforderlich wird.

§ 8 Auslagenerstattung bei längerem Aufenthalt am Geschäftsort. [1] Dauert der dienstlich veranlasste Aufenthalt an demselben auswärtigen Geschäftsort länger als 14 Tage, wird vom 15. Tag an ein um 50 Prozent ermäßigtes Tagegeld gewährt; in besonderen Fällen kann die oberste Dienstbehörde oder die von ihr ermächtigte Behörde auf eine Ermäßigung des Tagegeldes verzichten. [2] Notwendige Übernachtungskosten werden erstattet; ein pauschales Übernachtungsgeld nach § 7 Abs. 1 wird nicht gewährt. [3] Als Reisebeihilfe für Heimfahrten werden für jeweils 14 Tage des Aufenthalts am Geschäftsort je nach benutztem Beförderungs-

---

[1)] § 6 Abs. 1 Satz 2 neu gef. mWv 1.1.2014 durch G v. 20.2.2013 (BGBl. I S. 285).

mittel Fahrt- oder Flugkosten bis zur Höhe des in § 4 Abs. 1 Satz 1 oder 3 oder in § 5 Abs. 1 genannten Betrages gewährt. [4]Wird der Geschäftsort aufgrund von Heimfahrten verlassen, wird für die Zeit des Aufenthalts in der Wohnung Tagegeld nicht gewährt.

§ 9 Aufwands- und Pauschvergütung. (1) [1]Dienstreisende, denen erfahrungsgemäß geringerer Aufwand für Verpflegung oder Unterkunft als allgemein üblich entsteht, erhalten nach näherer Bestimmung der obersten Dienstbehörde oder der von ihr ermächtigten Behörde anstelle von Tagegeld, Übernachtungsgeld und Auslagenerstattung nach § 8 Satz 1 und 2 eine entsprechende Aufwandsvergütung. [2]Diese kann auch nach Stundensätzen bemessen werden.

(2) Die oberste Dienstbehörde oder die von ihr ermächtigte Behörde kann für regelmäßige oder gleichartige Dienstreisen anstelle der Reisekostenvergütung oder einzelner ihrer Bestandteile eine Pauschvergütung gewähren, die nach dem Durchschnitt der in einem bestimmten Zeitraum sonst anfallenden Reisekostenvergütungen zu bemessen ist.

§ 10[1)] Erstattung sonstiger Kosten. (1) Zur Erledigung des Dienstgeschäfts notwendige Auslagen, die nicht nach den §§ 4 bis 9 zu erstatten sind, werden als Nebenkosten erstattet.

(2) [1]Entfällt eine Dienstreise aus einem von der oder dem Bediensteten nicht zu vertretenden Grund, werden durch die Vorbereitung entstandene, nach diesem Gesetz abzugeltende Auslagen erstattet. [2]Dies gilt auch für Kosten nach § 3 Absatz 1 Satz 2.

§ 11 Bemessung der Reisekostenvergütung in besonderen Fällen.

(1) [1]Für Dienstreisen aus Anlass der Versetzung, Abordnung oder Kommandierung wird das Tagegeld für die Zeit bis zur Ankunft am neuen Dienstort gewährt; im Übrigen gilt § 2 Abs. 2. [2]Das Tagegeld wird für die Zeit bis zum Ablauf des Ankunftstages gewährt, wenn den Dienstreisenden vom nächsten Tag an Trennungsreise- oder Trennungstagegeld zusteht; daneben wird Übernachtungsgeld (§ 7) gewährt. [3]Für Dienstreisen im Sinne des Satzes 1 wird das Tagegeld vom Beginn des Abfahrtstages an gewährt, wenn für den vorhergehenden Tag Trennungsreise- oder Trennungstagegeld gewährt wird. [4]Für ein- und zweitägige Abordnungen oder Kommandierungen ist bei der Festsetzung der Reisekostenvergütung abweichend von den Sätzen 1 bis 3 die gesamte Dauer der Abwesenheit von der Wohnung oder bisherigen Dienststätte zugrunde zu legen.

(2) [1]Für Reisen aus Anlass der Einstellung kann Reisekostenvergütung wie für Dienstreisen gewährt werden; Absatz 1 ist entsprechend anzuwenden. [2]Die Reisekostenvergütung darf dabei nicht höher sein als der Betrag, der für eine Dienstreise von der Wohnung zur Dienststätte zu erstatten wäre.

(3) [1]Reisekostenvergütung kann ferner gewährt werden

1. für Einstellungsreisen vor dem Wirksamwerden der Ernennung zur Beamtin, zum Beamten, zur Richterin, zum Richter, zur Soldatin oder zum Soldaten und
2. für Reisen aus Anlass des Ausscheidens aus dem Dienst wegen Ablaufs der Dienstzeit oder wegen Dienstunfähigkeit von Beamtinnen und Beamten auf Widerruf, von Soldatinnen und Soldaten auf Zeit oder von Soldaten, die aufgrund der Wehrpflicht Wehrdienst leisten; dies gilt für Reisen in das Ausland

---

1) § 10 Abs. 2 Satz 2 angef. mWv 7.7.2021 durch G v. 28.6.2021 (BGBl. I S. 2250).

nur bis zum inländischen Grenzort oder dem inländischen Flughafen, von dem die Flugreise angetreten wird.

[2] Die Absätze 1 und 2 Satz 2 gelten entsprechend.

(4) Für Reisen zum Zwecke der Ausbildung oder Fortbildung, die teilweise im dienstlichen Interesse liegen, können mit Zustimmung der obersten Dienstbehörde oder der von ihr ermächtigten Behörde entstandene Kosten bis zur Höhe der für Dienstreisen zustehenden Reisekostenvergütung erstattet werden.

(Fortsetzung nächstes Blatt)

(5) Übernachten Dienstreisende in ihrer außerhalb des Geschäftsorts gelegenen Wohnung, wird für jede Hin- und Rückfahrt aus Anlass einer Übernachtung als Ersatz der Fahrtauslagen ein Betrag in Höhe der Übernachtungspauschale nach § 7 gewährt.

§ 12 Erkrankung während einer Dienstreise. [1] Erkranken Dienstreisende und werden sie in ein Krankenhaus aufgenommen, werden für jeden vollen Kalendertag des Krankenhausaufenthalts die notwendigen Auslagen für die Unterkunft am Geschäftsort erstattet. [2] Für eine Besuchsreise einer oder eines Angehörigen aus Anlass einer durch ärztliche Bescheinigung nachgewiesenen lebensgefährlichen Erkrankung der oder des Dienstreisenden werden Fahrtauslagen gemäß § 4 Abs. 1 Satz 1 und 3 oder § 5 Abs. 1 erstattet.

§ 13 Verbindung von Dienstreisen mit privaten Reisen. (1) [1] Werden Dienstreisen mit privaten Reisen verbunden, wird die Reisekostenvergütung so bemessen, als ob nur die Dienstreise durchgeführt worden wäre. [2] Die Reisekostenvergütung nach Satz 1 darf die sich nach dem tatsächlichen Reiseverlauf ergebende nicht übersteigen. [3] Werden Dienstreisen mit einem Urlaub von mehr als fünf Arbeitstagen verbunden, werden nur die zusätzlich für die Erledigung des Dienstgeschäfts entstehenden Kosten als Fahrtauslagen entsprechend den §§ 4 und 5 erstattet; Tage- und Übernachtungsgeld wird für die Dauer des Dienstgeschäfts sowie für die zusätzliche Reisezeit gewährt.

(2) [1] Wird in besonderen Fällen angeordnet oder genehmigt, dass die Dienstreise an einem vorübergehenden Aufenthaltsort anzutreten oder zu beenden ist, wird die Reisekostenvergütung abweichend von Absatz 1 nach der Abreise von oder der Ankunft an diesem Ort bemessen. [2] Entsprechendes gilt, wenn in diesen Fällen die Dienstreise an der Wohnung oder Dienststätte beginnt oder endet. [3] Absatz 1 Satz 2 ist entsprechend anzuwenden.

(3) [1] Wird aus dienstlichen Gründen die vorzeitige Beendigung einer Urlaubsreise angeordnet, gilt die Rückreise vom Urlaubsort unmittelbar oder über den Geschäftsort zur Dienststätte als Dienstreise, für die Reisekostenvergütung gewährt wird. [2] Außerdem werden die Fahrtauslagen für die kürzeste Reisestrecke von der Wohnung zum Urlaubsort, an dem die Bediensteten die Anordnung erreicht, im Verhältnis des nicht ausgenutzten Teils der Urlaubsreise zur vorgesehenen Dauer der Urlaubsreise erstattet.

(4) [1] Aufwendungen der Dienstreisenden und der sie begleitenden Personen, die durch die Unterbrechung oder vorzeitige Beendigung einer Urlaubsreise verursacht worden sind, werden in angemessenem Umfang erstattet. [2] Dies gilt auch für Aufwendungen, die aus diesen Gründen nicht ausgenutzt werden konnten; hinsichtlich der Erstattung von Aufwendungen für die Hin- und Rückfahrt ist Absatz 3 Satz 2 sinngemäß anzuwenden.

§ 14[1)] Auslandsdienstreisen. (1) Auslandsdienstreisen sind Dienstreisen im oder ins Ausland sowie vom Ausland ins Inland.

(2) Nicht als Auslandsdienstreisen gelten Dienstreisen der im Grenzverkehr tätigen Beamtinnen und Beamten im Bereich ausländischer Lokalgrenzbehörden, zwischen solchen Bereichen und zwischen diesen und dem Inland.

---

1) § 14 Abs. 3 geänd. mWv 27.6.2020 durch VO v. 19.6.2020 (BGBl. I S. 1328).

(3) Das Bundesministerium des Innern, für Bau und Heimat wird ermächtigt, durch Rechtsverordnung wegen der besonderen Verhältnisse abweichende Vorschriften über die Reisekostenvergütung für Auslandsdienstreisen bezüglich der Anordnung und Genehmigung von Dienstreisen, der Fahrt- und Flugkosten, des Auslandstage- und Auslandsübernachtungsgeldes, der Reisebeihilfen, der Kriterien der Erstattung klimabedingter Bekleidung und anderer Nebenkosten zu erlassen.

§ 15[1)] Trennungsgeld. (1) [1]Beamtinnen, Beamte, Richterinnen und Richter, die an einen Ort außerhalb des Dienst- und Wohnortes ohne Zusage der Umzugskostenvergütung abgeordnet werden, erhalten für die ihnen dadurch entstehenden notwendigen Aufwendungen unter Berücksichtigung der häuslichen Ersparnis ein Trennungsgeld nach einer Rechtsverordnung, die für Abordnungen im Inland das Bundesministerium des Innern, für Bau und Heimat erlässt. [2]Diese Verordnung ist auch anzuwenden für Abordnungen im oder ins Ausland sowie vom Ausland ins Inland, soweit aufgrund der Ermächtigung des Absatzes 2 keine Sonderregelungen ergangen sind. [3]Dasselbe gilt für Kommandierungen von Soldatinnen und Soldaten und die vorübergehende dienstliche Tätigkeit bei einer anderen Stelle als einer Dienststelle. [4]Der Abordnung stehen die Zuweisung nach § 29 des Bundesbeamtengesetzes[2)] oder nach § 20 des Beamtenstatusgesetzes[3)] gleich.

(2) Absatz 1 Satz 1 und 3 gilt entsprechend für Abordnungen ohne Zusage der Umzugskostenvergütung im oder ins Ausland sowie vom Ausland ins Inland, soweit die besonderen Bedürfnisse des Auslandsdienstes und die besonderen Verhältnisse im Ausland es erfordern mit der Maßgabe, dass das Auswärtige Amt die Rechtsverordnung im Einvernehmen mit dem Bundesministerium des Innern, für Bau und Heimat, dem Bundesministerium der Verteidigung und dem Bundesministerium der Finanzen erlässt.

(3) Werden Beamtinnen oder Beamte auf Widerruf im Vorbereitungsdienst zum Zwecke ihrer Ausbildung einer Ausbildungsstelle an einem anderen Ort als dem bisherigen Dienst- und Wohnort zugewiesen, können ihnen die dadurch entstehenden notwendigen Mehrauslagen ganz oder teilweise erstattet werden.

§ 16[4)5)] Verwaltungsvorschriften. [1]Allgemeine Verwaltungsvorschriften[6)] zu diesem Gesetz erlässt das Bundesministerium des Innern, für Bau und Heimat. [2]Verwaltungsvorschriften zu den Sondervorschriften für die Reisekostenvergütung für Auslandsdienstreisen erlässt das Bundesministerium des Innern, für Bau und Heimat im Einvernehmen mit dem Auswärtigen Amt.

---

1) § 15 Abs. 1 Satz 4 geänd. mWv 12.2.2009 durch G v. 5.2.2009 (BGBl. I S. 160); Abs. 1 Satz 4 geänd. mWv 1.4.2009 durch G v. 17.6.2008 (BGBl. I S. 1010); Abs. 1 Satz 1 und Abs. 2 geänd. mWv 27.6.2020 durch VO v. 19.6.2020 (BGBl. I S. 1328).

2) Nr. **160**.

3) Nr. **150**.

4) *§ 16 Sätze 1 und 2 geänd.* mWv 27.6.2020 durch VO v. 19.6.2020 (BGBl. I S. 1328).

5) § 16 ist gem. Art. 18 Abs. 2 G v. 26.5.2005 (BGBl. I S. 1418) am 1.6.2005 in Kraft getreten.

6) Siehe die AVwV zum BRKG **(Bundesbeamtengesetze Nr. 56.1)**.

240. Bundespersonalvertretungsgesetz (BPersVG)[1) 2)]

Vom 9. Juni 2021
(BGBl. I S. 1614)

FNA 2035-5

geänd. durch Art. 8 G zur Beschleunigung von Disziplinarverfahren in der Bundesverwaltung und zur Änd. weiterer dienstrechtl. Vorschriften v. 20.12.2023 (BGBl. 2023 I Nr. 389), Art. 11 G über die Einführung einer bundeseinheitlichen Pflegefachassistenzausbildung und zur Änd. weiterer Gesetze v. 28.10.2025 (BGBl. 2025 I Nr. 259) und Art. 13 G zur Stärkung der Militärischen Sicherheit in der Bundeswehr v. 9.1.2026 (BGBl. 2026 I Nr. 7)

Inhaltsübersicht

Teil 1. Personalvertretungen im Bundesdienst

Kapitel 1. Allgemeine Vorschriften

[1)] Verkündet als Art. 1 G v. 9.6.2021 (BGBl. I S. 1614); Inkrafttreten gem. Art. 25 dieses G am 15.6. 2021.

Amtl. Anm. zum Mantelgesetz: Artikel 1 dieses Gesetzes dient der Umsetzung der Richtlinie 2002/ 14/EG des Europäischen Parlaments und des Rates vom 11. März 2002 zur Festlegung eines allgemeinen Rahmens für die Unterrichtung und Anhörung der Arbeitnehmer in der Europäischen Gemeinschaft (ABl. L 80 vom 23.3.2002, S. 29).

Artikel 1 dieses Gesetzes dient der Umsetzung der Richtlinie 2001/23/EG des Rates vom 12. März 2001 zur Angleichung der Rechtsvorschriften der Mitgliedstaaten über die Wahrung von Ansprüchen der Arbeitnehmer beim Übergang von Unternehmen, Betrieben oder Unternehmens- oder Betriebsteilen (ABl. L 82 vom 22.3.2001, S. 16).

Artikel 1 dieses Gesetzes dient der Umsetzung der Richtlinie 2000/43/EG des Rates vom 29. Juni 2000 zur Anwendung des Gleichbehandlungsgrundsatzes ohne Unterschied der Rasse oder der ethnischen Herkunft (ABl. L 180 vom 19.7.2000, S. 22) und der Richtlinie 2000/78/EG des Rates vom 27. November 2000 zur Festlegung eines allgemeinen Rahmens für die Verwirklichung der Gleichbehandlung in Beschäftigung und Beruf (ABl. L 303 vom 2.12.2000, S. 16).

[2)] Die Änderung durch G v. 28.10.2025 (BGBl. 2025 I Nr. 259) tritt erst **mWv 1.1.2027** in Kraft und ist noch nicht im Text berücksichtigt.

(Fortsetzung nächstes Blatt)

Teil 1. Personalvertretungen im Bundesdienst

Kapitel 1. Allgemeine Vorschriften

§ 1 Anwendungsbereich (1) [1] Dieser Teil gilt für die Verwaltungen des Bundes und die bundesunmittelbaren Körperschaften, Anstalten und Stiftungen des öffentlichen Rechts sowie die Gerichte des Bundes. [2] Zu den Verwaltungen im Sinne dieses Gesetzes gehören auch die Betriebsverwaltungen.

(2) Dieses Gesetz gilt nicht für Religionsgemeinschaften und ihre karitativen und erzieherischen Einrichtungen ohne Rücksicht auf ihre Rechtsform; ihnen bleibt die selbstständige Ordnung eines Personalvertretungsrechts überlassen.

§ 2 Grundsätze der Zusammenarbeit. (1) Dienststelle und Personalvertretung arbeiten unter Beachtung der Gesetze und Tarifverträge vertrauensvoll zum Wohl der Beschäftigten und zur Erfüllung der der Dienststelle obliegenden Aufgaben zusammen.

(2) [1] Dienststelle und Personalvertretung haben alles zu unterlassen, was geeignet ist, die Arbeit und den Frieden der Dienststelle zu beeinträchtigen. [2] Insbesondere dürfen sie keine Maßnahmen des Arbeitskampfes gegeneinander durchführen. [3] Die Zulässigkeit von Arbeitskämpfen tariffähiger Parteien wird hierdurch nicht berührt.

(3) Außenstehende Stellen dürfen erst angerufen werden, wenn eine Einigung in der Dienststelle nicht erzielt worden ist.

(4) [1] Dienststelle und Personalvertretung haben darüber zu wachen, dass alle Angehörigen der Dienststelle nach Recht und Billigkeit behandelt werden. [2] Dazu zählt insbesondere, dass jede Benachteiligung von Personen wegen ihrer ethnischen Herkunft, ihrer Abstammung oder sonstigen Herkunft, ihrer Nationalität, ihrer Religion oder Weltanschauung, ihrer Behinderung, ihres Alters, ihrer politischen oder gewerkschaftlichen Betätigung oder Einstellung oder wegen ihres Geschlechts oder ihrer sexuellen Identität unterbleibt. [3] Dabei müssen Dienststelle und Personalvertretung sich so verhalten, dass das Vertrauen der Verwaltungsangehörigen in die Objektivität und Neutralität ihrer Amtsführung nicht beeinträchtigt wird.

(5) Die Leiterin oder der Leiter der Dienststelle und ihre oder seine Vertretung *sowie die Personalvertretung* und ihre Mitglieder haben jede parteipolitische Betätigung in der Dienststelle zu unterlassen; die Behandlung von Tarif-, Besoldungs- und Sozialangelegenheiten wird hierdurch nicht berührt.

(Fortsetzung nächstes Blatt)

§ 3 Ausschluss abweichender Regelungen. Durch Tarifvertrag oder Dienstvereinbarung kann das Personalvertretungsrecht nicht abweichend von diesem Gesetz geregelt werden.

§ 4 Begriffsbestimmungen. (1) Im Sinne dieses Gesetzes sind
1. Arbeitnehmerinnen und Arbeitnehmer die Beschäftigten, die nach dem für die Dienststelle maßgebenden Tarifvertrag oder nach der Dienstordnung Arbeitnehmerinnen und Arbeitnehmer sind, die als übertarifliche Arbeitnehmerinnen und Arbeitnehmer beschäftigt werden oder die sich in einer beruflichen Ausbildung befinden,
2. Arbeitstage die Wochentage Montag bis Freitag mit Ausnahme der gesetzlichen Feiertage,
3. Beamtinnen und Beamte die Beschäftigten, die nach den jeweils für sie geltenden Beamtengesetzen Beamtinnen und Beamte sind,
4. Behörden der Mittelstufe die der obersten Dienstbehörde im Sinne dieses Gesetzes unmittelbar nachgeordneten Behörden, denen andere Dienststellen nachgeordnet sind,
5. Beschäftigte im öffentlichen Dienst vorbehaltlich des Absatzes 2 die Beamtinnen und Beamten sowie die Arbeitnehmerinnen und Arbeitnehmer einschließlich der zu ihrer Berufsausbildung Beschäftigten sowie Richterinnen und Richter, die an eine der in § 1 Absatz 1 genannten Verwaltungen oder zur Wahrnehmung einer nichtrichterlichen Tätigkeit an ein Gericht des Bundes abgeordnet sind,
6. Dienststellen vorbehaltlich des § 6 die einzelnen Behörden, Verwaltungsstellen und Betriebe der in § 1 Absatz 1 genannten Verwaltungen sowie die Gerichte,
7. Personalvertretungen die Personalräte, die Stufenvertretungen und die Gesamtpersonalräte.

(2) Als Beschäftigte im Sinne dieses Gesetzes gelten nicht Personen,
1. deren Beschäftigung überwiegend durch Beweggründe karitativer oder religiöser Art bestimmt ist oder
2. die überwiegend zu ihrer Heilung, Wiedereingewöhnung oder Erziehung beschäftigt werden.

§ 5 Gruppen von Beschäftigten. [1] Die Beamtinnen und Beamten sowie die Arbeitnehmerinnen und Arbeitnehmer bilden je eine Gruppe. [2] Die in § 4 Absatz 1 Nummer 5 bezeichneten Richterinnen und Richter treten zur Gruppe der Beamtinnen und Beamten hinzu.

§ 6 Dienststellenaufbau, gemeinsame Dienststellen. (1) [1] Die einer Behörde der Mittelstufe unmittelbar nachgeordnete Behörde bildet mit den ihr nachgeordneten Stellen eine Dienststelle. [2] Dies gilt nicht, soweit die weiter nachgeordneten Stellen im Verwaltungsaufbau nach Aufgabenbereich und Organisation selbstständig sind.

(2) Bei gemeinsamen Dienststellen des Bundes und anderer Körperschaften gelten nur die im Bundesdienst Beschäftigten als zur Dienststelle gehörig.

§ 7 Verselbstständigung von Nebenstellen und Dienststellenteilen. [1] Nebenstellen und Teile einer Dienststelle, die räumlich weit von dieser entfernt liegen, gelten als selbstständige Dienststellen, wenn die Mehrheit ihrer wahlberechtigten Beschäftigten dies in geheimer Abstimmung beschließt. [2] Der Beschluss ist für die folgende Wahl und die Amtszeit der aus ihr hervorgehenden Personalvertretung wirksam.

§ 8 Vertretung der Dienststelle. [1] Für die Dienststelle handelt ihre Leiterin oder ihr Leiter. [2] Sie oder er kann sich bei Verhinderung durch ihre oder seine ständige Vertreterin oder ihren oder seinen ständigen Vertreter vertreten lassen. [3] Bei obersten Dienstbehörden kann die Leiterin oder der Leiter der Dienststelle auch die Leiterin oder den Leiter der Abteilung für Personal- und Verwaltungsangelegenheiten, bei Bundesoberbehörden ohne nachgeordnete Dienststellen und bei Behörden der Mittelstufe auch die jeweils entsprechende Abteilungsleiterin oder den jeweils entsprechenden Abteilungsleiter zur Vertreterin oder zum Vertreter bestimmen. [4] Die Vertretung durch sonstige Beauftragte ist zulässig, sofern der Personalrat sich mit dieser Beauftragung einverstanden erklärt.

§ 9 Stellung der Gewerkschaften und Arbeitgebervereinigungen.

(1) Dienststelle und Personalvertretung arbeiten mit den in der Dienststelle vertretenen Gewerkschaften und Arbeitgebervereinigungen zum Wohl der Beschäftigten und zur Erfüllung der der Dienststelle obliegenden Aufgaben vertrauensvoll zusammen.

(2) Den Beauftragten der in der Dienststelle vertretenen Gewerkschaften ist zur Wahrnehmung der in diesem Gesetz genannten Aufgaben und Befugnisse nach Unterrichtung der Dienststelle Zugang zu der Dienststelle zu gewähren, soweit dem nicht zwingende dienstliche Gründe, zwingende Sicherheitsvorschriften oder der Schutz von Dienstgeheimnissen entgegenstehen.

(3) [1] Die Aufgaben der Gewerkschaften und der Vereinigungen der Arbeitgeber, insbesondere die Wahrnehmung der Interessen ihrer Mitglieder, werden durch dieses Gesetz nicht berührt. [2] Auf Verlangen einer Gewerkschaft oder einer Vereinigung der Arbeitgeber hat die Dienststelle in ihrem Intranet auf den Internetauftritt der Gewerkschaft oder der Arbeitgebervereinigung zu verlinken.

(4) Beschäftigte, die Aufgaben nach diesem Gesetz wahrnehmen, werden in der Betätigung für ihre Gewerkschaft auch in der Dienststelle nicht beschränkt.

(5) Die Personalvertretung hat sich für die Wahrung der Vereinigungsfreiheit der Beschäftigten einzusetzen.

§ 10 Behinderungs-, Benachteiligungs- und Begünstigungsverbot. Personen, die Aufgaben oder Befugnisse nach diesem Gesetz wahrnehmen, dürfen dabei nicht behindert und deswegen nicht benachteiligt oder begünstigt werden; dies gilt auch in Bezug auf ihre berufliche Entwicklung.

§ 11 Schweigepflicht. (1) [1] Personen, die Aufgaben oder Befugnisse nach diesem Gesetz wahrnehmen oder wahrgenommen haben, haben über die ihnen dabei bekannt werdenden oder bekannt gewordenen Angelegenheiten und Tatsachen Stillschweigen zu bewahren. [2] Abgesehen von den Fällen des § 66 Absatz 2 Satz 1 und des § 125 gilt die Schweigepflicht nicht

1. für Mitglieder der Personalvertretung und der Jugend- und Auszubildendenvertretung gegenüber den übrigen Mitgliedern der Vertretung,
2. für die in Absatz 1 Satz 1 bezeichneten Personen gegenüber der zuständigen Personalvertretung,
3. gegenüber der vorgesetzten Dienststelle, der bei ihr gebildeten Stufenvertretung und gegenüber dem Gesamtpersonalrat sowie
4. für die Anrufung der Einigungsstelle.

(2) Die Schweigepflicht besteht nicht in Bezug auf Angelegenheiten oder Tatsachen, die offenkundig sind oder ihrer Bedeutung nach keiner Geheimhaltung bedürfen.

§ 12 Unfallfürsorge. Erleidet eine Beamtin oder ein Beamter anlässlich der Wahrnehmung von Rechten oder der Erfüllung von Pflichten nach diesem Gesetz einen Unfall, der im Sinne der beamtenrechtlichen Unfallfürsorgevorschriften ein Dienstunfall wäre, so sind diese Vorschriften entsprechend anzuwenden.

Kapitel 2. Personalrat

Abschnitt 1. Wahl und Zusammensetzung des Personalrats

§ 13 Bildung von Personalräten. (1) In Dienststellen, die in der Regel mindestens fünf Wahlberechtigte beschäftigen, von denen drei wählbar sind, werden Personalräte gebildet.

(2) Dienststellen, bei denen die Voraussetzungen des Absatzes 1 nicht gegeben sind, werden von der übergeordneten Dienststelle im Einvernehmen mit der Stufenvertretung einer benachbarten Dienststelle zugeordnet.

§ 14 Wahlberechtigung. (1) Wahlberechtigt sind Beschäftigte, die am Wahltag das 16. Lebensjahr vollendet haben, es sei denn, dass sie

1. infolge Richterspruchs das Recht, in öffentlichen Angelegenheiten zu wählen oder zu stimmen, nicht besitzen,
2. am Wahltag seit mehr als zwölf Monaten beurlaubt sind oder
3. Altersteilzeit im Blockmodell ausüben und sich am Wahltag in der Freistellung befinden.

(2) [1] Wer zu einer Dienststelle abgeordnet ist, wird dort wahlberechtigt, sobald die Abordnung länger als drei Monate gedauert hat; im gleichen Zeitpunkt verliert er das Wahlrecht in der bisherigen Dienststelle. [2] Das gilt nicht für Beschäftigte, die als Mitglieder einer Stufenvertretung oder des Gesamtpersonalrats freigestellt sind. [3] Satz 1 gilt ferner nicht, wenn feststeht, dass die oder der Beschäftigte binnen weiterer neun Monate zur bisherigen Dienststelle zurückkehren wird. [4] Hinsichtlich des Verlustes des Wahlrechts in der bisherigen Dienststelle gelten die Sätze 1 und 3 entsprechend in Fällen einer Zuweisung nach § 29 des Bundesbeamtengesetzes[1)], nach den tarifvertraglichen Bestimmungen oder auf Grund entsprechender arbeitsvertraglicher Vereinbarung.

(3) Beamtinnen und Beamte im Vorbereitungsdienst sowie Arbeitnehmerinnen und Arbeitnehmer in entsprechender Berufsausbildung sind nur bei ihrer Stammbehörde wahlberechtigt.

§ 15 Wählbarkeit. (1) [1] Wählbar sind die Wahlberechtigten, die am Wahltag

1. das 18. Lebensjahr vollendet haben und
2. seit sechs Monaten Beschäftigte im öffentlichen Dienst des Bundes sind.

[2] Besteht die Dienststelle weniger als ein Jahr, ist Satz 1 Nummer 2 nicht anzuwenden.

(2) Nicht wählbar sind

[1)] Nr. **160**.

1. Beschäftigte, die infolge Richterspruchs nicht die Fähigkeit besitzen, Rechte aus öffentlichen Wahlen zu erlangen,
2. Beschäftigte, die am Wahltag noch länger als zwölf Monate beurlaubt sind,
3. für die Wahl in eine Stufenvertretung die in § 14 Absatz 3 genannten Personen oder
4. für die Wahl der Personalvertretung ihrer Dienststelle die in § 8 genannten Personen sowie Beschäftigte, die zu selbstständigen Entscheidungen in Personalangelegenheiten der Dienststelle befugt sind.

§ 16 Zahl der Personalratsmitglieder. (1) [1] Der Personalrat besteht in Dienststellen mit in der Regel

1. 5 bis 20 wahlberechtigten Beschäftigten aus einem Mitglied,
2. 21 Wahlberechtigten bis 50 Beschäftigten aus drei Mitgliedern,
3. 51 bis 150 Beschäftigten aus fünf Mitgliedern,
4. 151 bis 300 Beschäftigten aus sieben Mitgliedern,
5. 301 bis 600 Beschäftigten aus neun Mitgliedern,
6. 601 bis 1 000 Beschäftigten aus elf Mitgliedern.

[2] Die Zahl der Mitglieder erhöht sich in Dienststellen mit 1 001 bis 5 000 Beschäftigten um je zwei Mitglieder für je weitere angefangene 1 000 Beschäftigte und in Dienststellen mit mehr als 5 000 Beschäftigten um je zwei Mitglieder für je weitere angefangene 2 000 Beschäftigte.

(2) Die Höchstzahl der Mitglieder beträgt 31.

§ 17 Sitzverteilung auf die Gruppen. (1) [1] Sind in der Dienststelle Angehörige verschiedener Gruppen beschäftigt, so muss jede Gruppe entsprechend ihrer Stärke im Personalrat vertreten sein, wenn dieser aus mindestens drei Mitgliedern besteht. [2] Bei gleicher Stärke der Gruppen entscheidet das Los. [3] Macht eine Gruppe von ihrem Recht, im Personalrat vertreten zu sein, keinen Gebrauch, so verliert sie ihren Anspruch auf Vertretung.

(2) Der Wahlvorstand errechnet die Verteilung der Sitze auf die Gruppen nach den Grundsätzen der Verhältniswahl.

(3) Eine Gruppe erhält

1. bei weniger als 51 Gruppenangehörigen mindestens eine Vertreterin oder einen Vertreter,
2. bei 51 bis 200 Gruppenangehörigen mindestens zwei Vertreterinnen oder Vertreter,
3. bei 201 bis 600 Gruppenangehörigen mindestens drei Vertreterinnen oder Vertreter,
4. bei 601 bis 1 000 Gruppenangehörigen mindestens vier Vertreterinnen oder Vertreter,
5. bei 1 001 bis 3 000 Gruppenangehörigen mindestens fünf Vertreterinnen oder Vertreter,
6. bei mehr als 3 000 Gruppenangehörigen mindestens sechs Vertreterinnen oder Vertreter.

(4) [1] Die Zahl der Mitglieder eines Personalrats, der nach § 16 Absatz 1 Satz 1 Nummer 2 aus drei Mitgliedern besteht, erhöht sich auf vier Mitglieder, wenn eine Gruppe mindestens ebenso viele Beschäftigte zählt wie die beiden anderen Gruppen zusammen. [2] Das vierte Mitglied steht der stärksten Gruppe zu.

(5) [1] Eine Gruppe, der in der Regel nicht mehr als fünf Beschäftigte angehören, erhält nur dann eine Vertretung, wenn sie mindestens 5 Prozent der Beschäftigten der Dienststelle umfasst. [2] Erhält sie keine Vertretung und findet Gruppenwahl statt, so kann sich jede und jeder Angehörige dieser Gruppe durch Erklärung gegenüber dem Wahlvorstand einer anderen Gruppe anschließen.

(6) Die Verteilung der Mitglieder des Personalrats auf die Gruppen kann abweichend geordnet werden, wenn jede Gruppe dies vor der Neuwahl in getrennter geheimer Abstimmung beschließt.

(7) [1] Für jede Gruppe können auch Angehörige anderer Gruppen vorgeschlagen werden. [2] Die Gewählten gelten als Vertreterinnen oder Vertreter derjenigen Gruppe, für die sie vorgeschlagen worden sind. [3] Satz 2 gilt auch für Ersatzmitglieder.

§ 18 Berücksichtigung der Beschäftigungsarten und Geschlechter.

(1) Der Personalrat soll sich aus Vertreterinnen und Vertretern der verschiedenen Beschäftigungsarten zusammensetzen.

(2) Frauen und Männer sollen im Personalrat entsprechend dem Zahlenverhältnis in der Dienststelle vertreten sein.

§ 19 Wahlgrundsätze und Wahlverfahren. (1) Der Personalrat wird in geheimer und unmittelbarer Wahl gewählt.

(2) [1] Besteht der Personalrat aus mehr als einer Person, so wählen die Beamtinnen und Beamten sowie die Arbeitnehmerinnen und Arbeitnehmer ihre Vertreterinnen und Vertreter nach § 17 jeweils in getrennten Wahlgängen, es sei denn, dass die wahlberechtigten Angehörigen jeder Gruppe vor der Neuwahl in getrennten geheimen Abstimmungen die gemeinsame Wahl beschließen. [2] Der Beschluss bedarf der Mehrheit der Stimmen aller Wahlberechtigten jeder Gruppe.

(3) [1] Die Wahl wird nach den Grundsätzen der Verhältniswahl durchgeführt. [2] Wird nur ein Wahlvorschlag eingereicht, so findet Personenwahl statt. [3] In Dienststellen, deren Personalrat aus einer Person besteht, wird dieser mit Stimmenmehrheit gewählt. [4] Das Gleiche gilt für Gruppen, denen nur eine Vertreterin oder ein Vertreter im Personalrat zusteht.

§ 20 Wahlvorschläge. (1) [1] Zur Wahl des Personalrats können die wahlberechtigten Beschäftigten und die in der Dienststelle vertretenen Gewerkschaften Wahlvorschläge machen. [2] Jeder Wahlvorschlag der Beschäftigten muss von mindestens 5 Prozent der wahlberechtigten Gruppenangehörigen, jedoch mindestens von drei Wahlberechtigten unterzeichnet sein. [3] In jedem Fall genügt die Unterzeichnung durch 50 wahlberechtigte Gruppenangehörige. [4] Die nach § 15 Absatz 2 Nummer 4 nicht wählbaren Beschäftigten dürfen keine Wahlvorschläge machen oder *unterzeichnen.*

(2) Ist gemeinsame Wahl beschlossen worden, so muss jeder Wahlvorschlag der Beschäftigten von mindestens 5 Prozent der wahlberechtigten Beschäftigten unterzeichnet sein; Absatz 1 Satz 2 bis 4 gilt entsprechend.

(3) [1] Werden bei gemeinsamer Wahl für eine Gruppe gruppenfremde Bewerberinnen oder Bewerber vorgeschlagen, muss der Wahlvorschlag von mindestens 10 Prozent der wahlberechtigten Angehörigen der Gruppe unterzeichnet sein, für die sie vorgeschlagen sind. [2] Absatz 1 Satz 3 und 4 gilt entsprechend.

(4) Eine Person kann nur auf einem Wahlvorschlag benannt werden.

(5) [1] Jeder Wahlvorschlag einer Gewerkschaft muss von zwei Beauftragten unterzeichnet sein; die Beauftragten müssen Beschäftigte der Dienststelle sein und einer in der Dienststelle vertretenen Gewerkschaft angehören. [2] Bei Zweifeln an der Beauftragung kann der Wahlvorstand verlangen, dass die Gewerkschaft die Beauftragung bestätigt.

§ 21 Bestellung des Wahlvorstands durch den Personalrat. [1] Spätestens acht Wochen vor Ablauf der Amtszeit bestellt der Personalrat drei Wahlberechtigte, die das 18. Lebensjahr vollendet haben, als Wahlvorstand und eine oder einen von ihnen als Vorsitzende oder Vorsitzenden. [2] Der Personalrat kann die Zahl der Wahlvorstandsmitglieder erhöhen, wenn dies zur ordnungsgemäßen Durchführung der Wahl erforderlich ist. [3] Der Wahlvorstand muss aus einer ungeraden Zahl von Mitgliedern bestehen. [4] Sind in der Dienststelle Angehörige verschiedener Gruppen beschäftigt, so muss jede Gruppe im Wahlvorstand vertreten sein. [5] Hat die Dienststelle weibliche und männliche Beschäftigte, sollen dem Wahlvorstand Frauen und Männer angehören. [6] Für jedes Mitglied des Wahlvorstands sollen für den Fall seiner Verhinderung bis zu drei Ersatzmitglieder bestellt werden. [7] Jeweils eine Beauftragte oder ein Beauftragter der in der Dienststelle vertretenen Gewerkschaften ist berechtigt, an den Sitzungen des Wahlvorstands mit beratender Stimme teilzunehmen.

§ 22 Wahl des Wahlvorstands durch die Personalversammlung.

(1) [1] Besteht sechs Wochen vor Ablauf der Amtszeit des Personalrats kein Wahlvorstand, so beruft die Leiterin oder der Leiter der Dienststelle auf Antrag von mindestens drei Wahlberechtigten oder einer in der Dienststelle vertretenen Gewerkschaft eine Personalversammlung zur Wahl des Wahlvorstands ein. [2] § 21 gilt entsprechend. [3] Die Personalversammlung wählt eine Versammlungsleiterin oder einen Versammlungsleiter.

(2) [1] Besteht in einer Dienststelle, die die Voraussetzungen des § 13 erfüllt, kein Personalrat, so beruft die Leiterin oder der Leiter der Dienststelle eine Personalversammlung zur Wahl des Wahlvorstands ein. [2] Absatz 1 Satz 3 gilt entsprechend.

§ 23 Bestellung des Wahlvorstands durch die Leiterin oder den Leiter der Dienststelle. Findet eine Personalversammlung nach § 22 nicht statt oder wählt die Personalversammlung keinen Wahlvorstand, so bestellt ihn die Leiterin oder der Leiter der Dienststelle auf Antrag von mindestens drei Wahlberechtigten oder einer in der Dienststelle vertretenen Gewerkschaft.

§ 24 Aufgaben des Wahlvorstands. (1) [1] Der Wahlvorstand hat die Wahl unverzüglich nach seiner Bestellung einzuleiten; die Wahl soll spätestens zwei Wochen vor dem Ende der Amtszeit des Personalrats stattfinden. [2] Kommt der Wahlvorstand dieser Verpflichtung nicht nach, so beruft die Leiterin oder der Leiter der Dienststelle auf Antrag von mindestens drei Wahlberechtigten oder einer in der Dienststelle vertretenen Gewerkschaft eine Personalversammlung zur Wahl eines neuen Wahlvorstands ein. [3] § 22 Absatz 1 Satz 3 und § 23 gelten entsprechend.

(2) [1] Unverzüglich nach Abschluss der Wahl nimmt der Wahlvorstand öffentlich *die Auszählung der Stimmen* vor, stellt deren Ergebnis in einem Protokoll fest und gibt es den Angehörigen der Dienststelle bekannt. [2] Der Leiterin oder dem Leiter der Dienststelle und den in der Dienststelle vertretenen Gewerkschaften ist eine Kopie des Protokolls zu übersenden.

§ 25 Schutz und Kosten der Wahl. (1) [1] Niemand darf die Wahl des Personalrats behindern oder in einer gegen die guten Sitten verstoßenden Weise beeinflussen. [2] Insbesondere dürfen Wahlberechtigte nicht in der Ausübung des aktiven und passiven Wahlrechts beschränkt werden. [3] § 55 Absatz 1 und 2 Satz 1 und 2 gilt für Mitglieder des Wahlvorstands sowie für Wahlbewerberinnen und Wahlbewerber entsprechend.

(2) [1] Die Kosten der Wahl trägt der Bund. [2] Erforderliche Versäumnis von Arbeitszeit infolge der Ausübung des Wahlrechts, der Teilnahme an den in den §§ 22 und 24 Absatz 1 genannten Personalversammlungen oder der Betätigung im Wahlvorstand hat keine Minderung der Dienstbezüge oder des Arbeitsentgelts zur Folge. [3] Für die Mitglieder des Wahlvorstands gelten § 46 Absatz 2 und § 51 Satz 2 entsprechend.

§ 26 Anfechtung der Wahl. Mindestens drei Wahlberechtigte, jede in der Dienststelle vertretene Gewerkschaft oder die Leiterin oder der Leiter der Dienststelle können binnen einer Frist von zwölf Arbeitstagen, vom Tag der Bekanntgabe des Wahlergebnisses an gerechnet, die Wahl beim Verwaltungsgericht anfechten, wenn gegen wesentliche Vorschriften über das Wahlrecht, die Wählbarkeit oder das Wahlverfahren verstoßen worden und eine Berichtigung nicht erfolgt ist, es sei denn, dass durch den Verstoß das Wahlergebnis nicht geändert oder beeinflusst werden konnte.

Abschnitt 2. Amtszeit

§ 27 Zeitpunkt der Wahl, Amtszeit. (1) Die regelmäßigen Personalratswahlen finden alle vier Jahre in der Zeit vom 1. März bis 31. Mai statt.

(2) [1] Die Amtszeit des Personalrats beginnt am 1. Juni des Jahres, in dem die regelmäßigen Personalratswahlen stattfinden, und endet mit dem Ablauf von vier Jahren. [2] Ist am Tag des Ablaufs der Amtszeit ein neuer Personalrat nicht gewählt oder hat sich am Tag des Ablaufs der Amtszeit noch kein neuer Personalrat konstituiert, führt der Personalrat die Geschäfte weiter, bis sich der neu gewählte Personalrat konstituiert hat, längstens jedoch bis zum Ablauf des 31. Juli.

§ 28 Vorzeitige Neuwahl. (1) Außerhalb des in § 27 Absatz 1 genannten Zeitraums ist der Personalrat neu zu wählen, wenn

1. mit Ablauf von 24 Monaten, vom Tag der Wahl gerechnet, die Zahl der regelmäßig Beschäftigten um die Hälfte, mindestens aber um 50 Personen gestiegen oder gesunken ist,
2. die Gesamtzahl der Mitglieder des Personalrats auch nach Eintreten sämtlicher Ersatzmitglieder um mehr als ein Viertel der vorgeschriebenen Zahl gesunken ist,
3. der Personalrat mit der Mehrheit seiner Mitglieder seinen Rücktritt beschlossen hat,
4. die Personalratswahl mit Erfolg gerichtlich angefochten worden ist,
5. der Personalrat durch gerichtliche Entscheidung aufgelöst ist oder
6. in der Dienststelle kein Personalrat besteht.

(2) In den Fällen des Absatzes 1 Nummer 1 bis 3 führt der Personalrat die Geschäfte weiter, bis sich der neu gewählte Personalrat konstituiert hat.

(3) [1] In den Fällen des Absatzes 1 Nummer 4 und 5 nimmt der Wahlvorstand, der die Neuwahl durchführt, die dem Personalrat nach diesem Gesetz zustehenden Befugnisse und Pflichten wahr, bis sich der neu gewählte Personalrat konstituiert

hat. [2]Die Bestellung des Wahlvorstands nach § 22 Absatz 2 oder § 23 erfolgt unverzüglich nach Eintritt der Rechtskraft der Entscheidung. [3]Der Wahlvorstand hat die Neuwahl unverzüglich einzuleiten.

(4) [1]Ist eine in der Dienststelle vorhandene Gruppe, die bisher im Personalrat vertreten war, durch kein Mitglied des Personalrats mehr vertreten oder wird nach § 26 die Wahl nur einer Gruppe mit Erfolg angefochten, so wählt diese Gruppe neue Mitglieder. [2]Der Personalrat bestellt mit seinen verbleibenden Mitgliedern unverzüglich einen aus Angehörigen dieser Gruppe gebildeten Wahlvorstand und nimmt bis zur Neuwahl die der Gruppe nach diesem Gesetz zustehenden Befugnisse und Pflichten wahr.

(5) [1]Hat außerhalb des für die regelmäßigen Personalratswahlen festgelegten Zeitraums eine Personalratswahl stattgefunden, so ist der Personalrat in dem auf die Wahl folgenden nächsten Zeitraum der regelmäßigen Personalratswahlen neu zu wählen. [2]Hat die Amtszeit des Personalrats zu Beginn des für die regelmäßigen Personalratswahlen festgelegten Zeitraums noch nicht ein Jahr betragen, so ist der Personalrat in dem übernächsten Zeitraum der regelmäßigen Personalratswahlen neu zu wählen.

§ 29 Übergangsmandat und Restmandat bei Umstrukturierungsmaßnahmen. (1) [1]Wird eine Dienststelle in mehrere Dienststellen aufgespalten oder werden Teile einer Dienststelle in eine neue Dienststelle ausgegliedert, führt der Personalrat die Geschäfte für die ihm bislang zugeordneten Dienststellenteile weiter (Übergangsmandat). [2]Der Personalrat hat unverzüglich nach Wirksamwerden der Organisationsmaßnahme einen Wahlvorstand in der neuen Dienststelle zu bestellen. [3]Das Übergangsmandat endet, sobald sich der neu gewählte Personalrat konstituiert hat, spätestens jedoch sechs Monate nach Wirksamwerden der Organisationsmaßnahme. [4]Durch Vereinbarung zwischen der neuen Dienststelle und dem Personalrat kann das Übergangsmandat um weitere sechs Monate verlängert werden.

(2) [1]Werden Dienststellen oder Teile mehrerer Dienststellen zu einer neuen Dienststelle zusammengelegt, nimmt der Personalrat derjenigen Dienststelle, aus der die meisten Beschäftigten zu der neuen Dienststelle übergegangen sind, das Übergangsmandat wahr. [2]Absatz 1 Satz 2 bis 4 gilt entsprechend.

(3) [1]Wird im Geschäftsbereich einer obersten Dienstbehörde eine Dienststelle neu errichtet, ohne dass die Voraussetzungen des Absatzes 1 Satz 1 oder des Absatzes 2 Satz 1 vorliegen, so nimmt die bei der übergeordneten Dienststelle gebildete Stufenvertretung oder, wenn eine solche nicht besteht, der bei der übergeordneten Dienststelle gebildete Personalrat das Übergangsmandat wahr. [2]Absatz 1 Satz 2 bis 4 gilt entsprechend.

(4) [1]Werden Teile einer Dienststelle in eine andere Dienststelle eingegliedert und steigt oder sinkt hierdurch in der abgebenden oder in der aufnehmenden Dienststelle die Zahl der regelmäßig Beschäftigten um ein Viertel, mindestens aber um 50 Personen, ist der Personalrat der hiervon betroffenen Dienststelle abweichend von § 28 Absatz 1 Nummer 1 neu zu wählen. [2]Dies gilt nicht, wenn die Eingliederung weniger als zwölf Monate vor dem Ende der regelmäßigen Amtszeit des Personalrats wirksam wird. [3]Wird eine Dienststelle vollständig in eine andere Dienststelle eingegliedert, gelten die Sätze 1 und 2 entsprechend für den Personal*rat der aufnehmenden* Dienststelle.

(5) Wird eine Dienststelle aufgelöst, bleibt deren Personalrat so lange im Amt, wie dies zur Wahrnehmung der damit im Zusammenhang stehenden Beteiligungsrechte erforderlich ist.

(6) [1] Geht eine Dienststelle durch Umwandlung oder eine anderweitige Privatisierungsmaßnahme in eine Rechtsform des Privatrechts über, bleibt deren Personalrat im Amt und führt die Geschäfte weiter, wenn die Voraussetzungen des § 1 Absatz 1 Satz 1 des Betriebsverfassungsgesetzes[1)] erfüllt sind und ein Betriebsrat nicht besteht. [2] Werden Dienststellen oder Teile mehrerer Dienststellen zu einem Betrieb im Sinne des § 1 Absatz 1 Satz 1 des Betriebsverfassungsgesetzes zusammengefasst, bestimmt sich der das Übergangsmandat wahrnehmende Personalrat in entsprechender Anwendung des Absatzes 2 Satz 1. [3] Der Personalrat nimmt die Aufgaben eines Betriebsrats nach dem Betriebsverfassungsgesetz wahr und hat unverzüglich den Wahlvorstand zur Einleitung der Betriebsratswahl zu bestellen. [4] Für das Ende des Übergangsmandats gilt § 21a Absatz 1 Satz 3 und 4 des Betriebsverfassungsgesetzes entsprechend. [5] Auf die bis zum Zeitpunkt des Wirksamwerdens der Privatisierungsmaßnahme eingeleiteten Beteiligungsverfahren, Verfahren vor der Einigungsstelle und den Verwaltungsgerichten sind die Bestimmungen dieses Gesetzes anzuwenden. [6] Die in den bisherigen Dienststellen bestehenden Dienstvereinbarungen gelten für die Beschäftigten aus diesen Dienststellen längstens für zwölf Monate nach Wirksamwerden der Privatisierungsmaßnahme als Betriebsvereinbarung fort, soweit sie nicht durch eine andere Regelung ersetzt werden.

(7) Auf Wahlen nach den Absätzen 1 bis 4 ist § 28 Absatz 5 anzuwenden.

§ 30 Ausschluss eines Mitglieds und Auflösung des Personalrats. [1] Auf Antrag eines Viertels der Wahlberechtigten oder einer in der Dienststelle vertretenen Gewerkschaft kann das Verwaltungsgericht den Ausschluss eines Mitglieds aus dem Personalrat oder die Auflösung des Personalrats wegen grober Vernachlässigung seiner gesetzlichen Befugnisse oder wegen grober Verletzung seiner gesetzlichen Pflichten beschließen. [2] Der Personalrat kann aus den gleichen Gründen den Ausschluss eines Mitglieds beantragen. [3] Die Leiterin oder der Leiter der Dienststelle kann den Ausschluss eines Mitglieds aus dem Personalrat oder die Auflösung des Personalrats wegen grober Verletzung seiner gesetzlichen Pflichten beantragen.

§ 31 Erlöschen der Mitgliedschaft. (1) Die Mitgliedschaft im Personalrat erlischt durch

1. Ablauf der Amtszeit,
2. Niederlegung des Amtes,
3. Beendigung des Dienst- oder Arbeitsverhältnisses,
4. Ausscheiden aus der Dienststelle,
5. Verlust der Wählbarkeit,
6. Eintritt in eine mehr als zwölfmonatige Beurlaubung,
7. Eintritt in die Freistellungsphase der Altersteilzeit im Blockmodell,
8. Ausschluss aus dem Personalrat oder Auflösung des Personalrats auf Grund einer gerichtlichen Entscheidung oder
9. gerichtliche Entscheidung über die Feststellung der Nichtwählbarkeit nach Ablauf der in § 26 bezeichneten Frist, es sei denn, der Mangel liegt nicht mehr vor.

(2) Die Mitgliedschaft im Personalrat wird durch einen Wechsel der Gruppenzugehörigkeit eines Mitglieds nicht berührt; dieses vertritt weiterhin die Gruppe, von der es gewählt wurde.

[1)] **Schönfelder ErgBd. Nr. 82.**

§ 32 Ruhen der Mitgliedschaft. Die Mitgliedschaft einer Beamtin oder eines Beamten im Personalrat ruht, solange ihr oder ihm die Führung der Dienstgeschäfte verboten oder sie oder er wegen eines schwebenden Disziplinarverfahrens vorläufig des Dienstes enthoben ist.

§ 33 Eintritt von Ersatzmitgliedern. (1) [1] Scheidet ein Mitglied aus dem Personalrat aus, so tritt ein Ersatzmitglied ein. [2] Das Gleiche gilt, wenn ein Mitglied des Personalrats zeitweilig verhindert ist.

(2) [1] Die Ersatzmitglieder werden der Reihe nach aus den nicht gewählten Beschäftigten derjenigen Vorschlagslisten entnommen, denen die zu ersetzenden Mitglieder angehören. [2] Ist das ausgeschiedene oder verhinderte Mitglied mit einfacher Stimmenmehrheit gewählt, so tritt der nicht gewählte Beschäftigte mit der nächsthöheren Stimmenzahl als Ersatzmitglied ein.

(3) § 31 Absatz 2 gilt entsprechend bei einem Wechsel der Gruppenzugehörigkeit vor dem Eintritt des Ersatzmitglieds in den Personalrat.

(4) Ist die Personalratswahl mit Erfolg angefochten worden oder der Personalrat durch gerichtliche Entscheidung aufgelöst, treten Ersatzmitglieder nicht ein.

Abschnitt 3. Geschäftsführung

§ 34 Vorstand. (1) [1] Der Personalrat bildet aus seiner Mitte den Vorstand. [2] Diesem muss ein Mitglied jeder im Personalrat vertretenen Gruppe angehören. [3] Die Vertreterinnen und Vertreter jeder Gruppe wählen das auf ihre Gruppe entfallende Vorstandsmitglied. [4] Der Vorstand führt die laufenden Geschäfte.

(2) [1] Hat der Personalrat elf oder mehr Mitglieder, so wählt er aus seiner Mitte mit einfacher Stimmenmehrheit zwei weitere Mitglieder in den Vorstand. [2] Sind Mitglieder des Personalrats aus Wahlvorschlagslisten mit verschiedenen Bezeichnungen gewählt worden und sind im Vorstand Mitglieder aus derjenigen Liste nicht vertreten, die die größte oder zweitgrößte Anzahl, mindestens jedoch ein Drittel aller von den Angehörigen der Dienststelle abgegebenen Stimmen erhalten hat, so ist eines der weiteren Vorstandsmitglieder aus dieser Liste zu wählen.

§ 35 Vorsitz. (1) [1] Der Personalrat bestimmt mit einfacher Mehrheit, welches der nach § 34 Absatz 1 gewählten Vorstandsmitglieder den Vorsitz übernimmt. [2] Er bestimmt zugleich die Vertretung der oder des Vorsitzenden. [3] Dabei sind die Gruppen zu berücksichtigen, denen der oder die Vorsitzende nicht angehört, es sei denn, dass die Vertreterinnen und Vertreter dieser Gruppen darauf verzichten.

(2) [1] Die oder der Vorsitzende vertritt den Personalrat im Rahmen der von diesem gefassten Beschlüsse. [2] In Angelegenheiten, die nur eine Gruppe betreffen, vertritt die oder der Vorsitzende, wenn sie oder er nicht selbst dieser Gruppe angehört, den Personalrat gemeinsam mit einem der Gruppe angehörenden Vorstandsmitglied.

§ 36 Anberaumung von Sitzungen. (1) [1] Spätestens fünf Arbeitstage nach dem Wahltag hat der Wahlvorstand die Mitglieder des Personalrats zu den Wahlen des Vorstands und des Vorsitzes einzuberufen. [2] Die oder der Vorsitzende des Wahlvorstands leitet die Sitzung, bis der Personalrat aus seiner Mitte eine Wahlleiterin oder einen Wahlleiter bestellt hat.

(2) [1] Die weiteren Sitzungen beruft die oder der Vorsitzende des Personalrats ein. [2] Sie oder er setzt die Tagesordnung fest und leitet die Verhandlung. [3] Die oder der Vorsitzende hat die Mitglieder des Personalrats zu den Sitzungen rechtzeitig unter Mitteilung der Tagesordnung zu laden. [4] Ist ein Mitglied des Personalrats an

der Sitzungsteilnahme verhindert, hat es dies unter Angabe der Gründe unverzüglich der oder dem Vorsitzenden mitzuteilen. [5] Die oder der Vorsitzende hat für ein verhindertes Mitglied des Personalrats das nach § 33 Absatz 1 Satz 2 eintretende Ersatzmitglied zu laden.

(3) Die oder der Vorsitzende hat eine Sitzung einzuberufen und den Gegenstand, dessen Beratung beantragt ist, auf die Tagesordnung zu setzen, wenn dies beantragt wird von

1. einem Viertel der Mitglieder des Personalrats,
2. der Mehrheit der Vertreterinnen und Vertreter einer Gruppe,
3. der Leiterin oder dem Leiter der Dienststelle,
4. der Vertrauensperson der schwerbehinderten Menschen in Angelegenheiten, die besonders schwerbehinderte Beschäftigte betreffen, oder
5. der Mehrheit der Mitglieder der Jugend- und Auszubildendenvertretung in Angelegenheiten, die besonders Beschäftigte betreffen, die das 18. Lebensjahr noch nicht vollendet haben oder sich in einer beruflichen Ausbildung befinden.

§ 37 Teilnahme- und Stimmrecht sonstiger Personen. (1) [1] Eine Vertreterin oder ein Vertreter der Jugend- und Auszubildendenvertretung, die oder der von dieser benannt wird, und die Schwerbehindertenvertretung haben das Recht, an den Sitzungen des Personalrats beratend teilzunehmen. [2] An der Behandlung von Angelegenheiten, die besonders Beschäftigte betreffen, die das 18. Lebensjahr noch nicht vollendet haben oder die sich in einer beruflichen Ausbildung befinden, hat die gesamte Jugend- und Auszubildendenvertretung das Recht zur beratenden Teilnahme. [3] Bei Beschlüssen des Personalrats, die überwiegend Beschäftigte betreffen, die das 18. Lebensjahr noch nicht vollendet haben oder die sich in einer beruflichen Ausbildung befinden, haben die Jugend- und Auszubildendenvertreterinnen und -vertreter Stimmrecht. [4] Soweit sie ein Recht auf Teilnahme an der Sitzung haben, gilt § 36 Absatz 2 Satz 3 entsprechend für die Ladung der Schwerbehindertenvertretung und der Mitglieder der Jugend- und Auszubildendenvertretung.

(2) Auf Antrag eines Viertels der Mitglieder oder der Mehrheit einer Gruppe des Personalrats kann eine Beauftragte oder ein Beauftragter einer im Personalrat vertretenen Gewerkschaft an den Sitzungen beratend teilnehmen; in diesem Fall sind der Gewerkschaft der Zeitpunkt der Sitzung und die Tagesordnung rechtzeitig mitzuteilen.

(3) Die Leiterin oder der Leiter der Dienststelle nimmt an den Sitzungen teil, die auf ihr oder sein Verlangen anberaumt worden sind oder zu denen sie oder er ausdrücklich eingeladen worden ist.

§ 38 Zeitpunkt der Sitzungen und Nichtöffentlichkeit. (1) [1] Die Sitzungen des Personalrats finden in der Regel während der Arbeitszeit statt. [2] Der Personalrat hat bei der Anberaumung seiner Sitzungen auf die dienstlichen Erfordernisse und auf die Arbeitszeiten seiner Mitglieder Rücksicht zu nehmen. [3] Die Leiterin oder der Leiter der Dienststelle ist vom Zeitpunkt der Sitzung vorher zu verständigen.

(2) [1] Die Sitzungen sind nicht öffentlich. [2] Der Personalrat kann ihm nach § 47 zur Verfügung gestelltes Büropersonal zur Anfertigung der Niederschrift hinzuziehen.

(3) [1] Die Sitzungen des Personalrats finden in der Regel als Präsenzsitzung in Anwesenheit seiner Mitglieder vor Ort statt. [2] Die Sitzung kann vollständig oder

unter Zuschaltung einzelner Personalratsmitglieder mittels Video- oder Telefonkonferenz durchgeführt werden, wenn

1. vorhandene Einrichtungen genutzt werden, die durch die Dienststelle zur dienstlichen Nutzung freigegeben sind,
2. nicht mindestens ein Viertel der Mitglieder oder die Mehrheit der Vertreterinnen und Vertreter einer Gruppe des Personalrats binnen einer von der oder dem Vorsitzenden zu bestimmenden Frist gegenüber der oder dem Vorsitzenden widerspricht und
3. der Personalrat geeignete organisatorische Maßnahmen trifft, um sicherzustellen, dass Dritte vom Inhalt der Sitzung keine Kenntnis nehmen können.

[3] Eine Aufzeichnung ist unzulässig. [4] Personalratsmitglieder, die mittels Video- oder Telefonkonferenz an Sitzungen teilnehmen, gelten als anwesend im Sinne des § 39 Absatz 1 Satz 1. [5] § 43 Absatz 1 Satz 3 findet mit der Maßgabe Anwendung, dass die oder der Vorsitzende vor Beginn der Beratung die zugeschalteten Personalratsmitglieder feststellt und in die Anwesenheitsliste einträgt. [6] Das Recht eines Personalratsmitglieds auf Teilnahme an der Sitzung vor Ort bleibt durch die Durchführung der Sitzung mittels Video- oder Telefonkonferenz unberührt.

§ 39 Beschlussfassung. (1) [1] Die Beschlüsse des Personalrats werden, soweit in diesem Gesetz nichts anderes bestimmt ist, mit einfacher Stimmenmehrheit der anwesenden Mitglieder gefasst. [2] Stimmenthaltung gilt als Ablehnung. [3] Bei Stimmengleichheit ist ein Antrag abgelehnt.

(2) Der Personalrat ist nur beschlussfähig, wenn mindestens die Hälfte seiner Mitglieder anwesend ist; Vertretung durch Ersatzmitglieder ist zulässig.

(3) Bei der Feststellung der Stimmenmehrheit werden die Stimmen anderer anwesender Personen, die über ein Stimmrecht verfügen, mitgezählt.

(4) [1] In der Geschäftsordnung kann die Beschlussfassung im elektronischen Verfahren vorgesehen werden. [2] § 38 Absatz 3 Satz 2 Nummer 1 und 3 gilt entsprechend. [3] Die Beschlussfassung im elektronischen Verfahren ist unzulässig, wenn ein Mitglied des Personalrats oder eine nach § 37 teilnahmeberechtigte Person binnen einer von der oder dem Vorsitzenden zu bestimmenden Frist gegenüber der oder dem Vorsitzenden widerspricht. [4] Die oder der Vorsitzende gibt das Ergebnis der Beschlussfassung im elektronischen Verfahren spätestens in der nächsten Sitzung des Personalrats bekannt.

§ 40 Beschlussfassung in gemeinsamen Angelegenheiten und in Gruppenangelegenheiten. (1) Über die gemeinsamen Angelegenheiten der Beamtinnen und Beamten sowie der Arbeitnehmerinnen und Arbeitnehmer wird vom Personalrat gemeinsam beraten und beschlossen.

(2) [1] In Angelegenheiten, die lediglich die Angehörigen einer Gruppe betreffen, sind nach gemeinsamer Beratung im Personalrat nur die Vertreterinnen und Vertreter dieser Gruppe zur Beschlussfassung berufen. [2] Dies gilt nicht für eine Gruppe, die im Personalrat nicht vertreten ist.

(3) Absatz 2 gilt entsprechend für Angelegenheiten, die lediglich die Angehörigen zweier Gruppen betreffen.

§ 41 Ausschluss von Beratung und Beschlussfassung. (1) [1] Ein Mitglied des Personalrats ist ausgeschlossen von der Beratung und Beschlussfassung

1. über beteiligungspflichtige Angelegenheiten, die seine persönlichen Interessen oder die seiner Angehörigen unmittelbar und individuell berühren, oder

2. über einen Antrag auf seinen Ausschluss aus dem Personalrat.

[2] Angehörige im Sinne des Satzes 1 Nummer 1 sind die in § 20 Absatz 5 des Verwaltungsverfahrensgesetzes[1)] aufgeführten Personen. [3] Hat ein Mitglied des Personalrats Grund zu der Annahme, dass in seiner Person ein Ausschließungsgrund vorliegt, so hat es dies der oder dem Vorsitzenden unverzüglich, spätestens jedoch vor Beginn der Beratung über die Angelegenheit anzuzeigen. [4] Über das Vorliegen eines Ausschließungsgrundes entscheidet der Personalrat in Zweifelsfällen in Abwesenheit der oder des Betroffenen. [5] Das betroffene Personalratsmitglied ist vorher anzuhören. [6] Das ausgeschlossene Mitglied hat für die Dauer der Beratung und Beschlussfassung über die Angelegenheit nach Satz 1 den Sitzungsraum zu verlassen.

(2) Absatz 1 gilt entsprechend für weitere Personen, die zur Teilnahme an den Sitzungen des Personalrats berechtigt sind.

(3) Werden die den Ausschließungsgrund begründenden Umstände erst während der Sitzung bekannt, tritt ein Ersatzmitglied nach § 33 Absatz 1 Satz 2 nur ein, wenn es auf die Ladung durch die Vorsitzende oder den Vorsitzenden des Personalrats hin unverzüglich an der Sitzung teilnehmen kann.

(4) [1] Ein Beschluss ist nichtig, wenn an der Beratung oder Beschlussfassung ein ausgeschlossenes Mitglied mitgewirkt hat, es sei denn, dass durch die Mitwirkung die Beschlussfassung nicht geändert oder beeinflusst werden konnte. [2] Die Nichtigkeit des Beschlusses berührt die Wirksamkeit einer Maßnahme, die die Dienststelle im Vertrauen auf den Beschluss des Personalrats durchgeführt hat, nicht.

§ 42 Aussetzung von Beschlüssen. (1) [1] Erachtet die Mehrheit der Vertreterinnen und Vertreter einer Gruppe oder der Jugend- und Auszubildendenvertretung einen Beschluss des Personalrats als eine erhebliche Beeinträchtigung wichtiger Interessen der durch sie vertretenen Beschäftigten, so ist auf ihren Antrag der Beschluss auf die Dauer von fünf Arbeitstagen vom Zeitpunkt der Beschlussfassung an auszusetzen. [2] In dieser Frist soll, gegebenenfalls mit Hilfe der unter den Mitgliedern des Personalrats oder der Jugend- und Auszubildendenvertretung vertretenen Gewerkschaften, eine Verständigung versucht werden. [3] Die Aussetzung eines Beschlusses nach Satz 1 hat keine Verlängerung einer Frist zur Folge.

(2) [1] Nach Ablauf der Frist von fünf Arbeitstagen ist über die Angelegenheit neu zu beschließen. [2] Wird der erste Beschluss bestätigt, so kann der Antrag auf Aussetzung nicht wiederholt werden.

(3) Die Absätze 1 und 2 gelten entsprechend, wenn die Schwerbehindertenvertretung einen Beschluss des Personalrats als eine erhebliche Beeinträchtigung wichtiger Interessen der schwerbehinderten oder ihnen gleichgestellten Beschäftigten erachtet.

§ 43 Protokoll. (1) [1] Über jede Verhandlung des Personalrats ist ein Protokoll zu führen, das mindestens den Wortlaut der Beschlüsse und die Stimmenmehrheit, mit der sie gefasst sind, enthält. [2] Das Protokoll ist von der oder dem Vorsitzenden und einem weiteren Mitglied zu unterzeichnen. [3] Dem Protokoll ist eine Anwesenheitsliste beizufügen, in die sich jede Teilnehmerin und jeder Teilnehmer eigenhändig einzutragen hat.

(2) [1] Haben die Leiterin oder der Leiter der Dienststelle oder Beauftragte von Gewerkschaften an der Sitzung teilgenommen, so ist ihnen der entsprechende

---

[1)] Nr. **100**.

Auszug aus dem Protokoll zuzuleiten. [2]Einwendungen gegen das Protokoll sind unverzüglich schriftlich oder elektronisch zu erheben und dem Protokoll beizufügen.

§ 44 Geschäftsordnung. Sonstige Bestimmungen über die Geschäftsführung können in einer Geschäftsordnung getroffen werden, die der Personalrat mit der Mehrheit der Stimmen seiner Mitglieder beschließt.

§ 45 Sprechstunden. (1) [1]Der Personalrat kann Sprechstunden während der Arbeitszeit einrichten. [2]Zeit und Ort bestimmt er im Einvernehmen mit der Leiterin oder dem Leiter der Dienststelle.

(2) Führt die Jugend- und Auszubildendenvertretung keine eigenen Sprechstunden durch, so kann an den Sprechstunden des Personalrats ein Mitglied der Jugend- und Auszubildendenvertretung zur Beratung derjenigen Beschäftigten, die das 18. Lebensjahr noch nicht vollendet haben oder sich in einer beruflichen Ausbildung befinden, teilnehmen.

(3) [1]In der Geschäftsordnung kann die Durchführung der Sprechstunde mittels Video- oder Telefonkonferenz vorgesehen werden. [2]§ 38 Absatz 3 Satz 2 Nummer 1 und 3 sowie Satz 3 gilt entsprechend.

§ 46 Kosten der Personalratstätigkeit. (1) Die durch die Tätigkeit des Personalrats und seiner Mitglieder entstehenden Kosten trägt der Bund.

(2) [1]Mitglieder des Personalrats erhalten bei Reisen, die zur Erfüllung ihrer Aufgaben notwendig sind, Aufwendungsersatz in entsprechender Anwendung der beamtenrechtlichen Bestimmungen zu Reisekosten und Trennungsgeld. [2]Für den Ersatz von Sachschäden an privaten Kraftfahrzeugen gelten die beamtenrechtlichen Bestimmungen entsprechend.

§ 47 Sachaufwand und Büropersonal. Für die Sitzungen, die Sprechstunden und die laufende Geschäftsführung hat die Dienststelle dem Personalrat Räume, Geschäftsbedarf, in der Dienststelle üblicherweise genutzte Informations- und Kommunikationstechnik sowie Büropersonal in dem zur sachgerechten Wahrnehmung seiner Aufgaben erforderlichen Umfang zur Verfügung zu stellen.

§ 48 Bekanntmachungen und Aushänge. [1]Dem Personalrat werden in den Dienststellen geeignete Plätze für Bekanntmachungen und Aushänge zur Verfügung gestellt. [2]Er kann Mitteilungen an die Beschäftigten über Angelegenheiten, die sie betreffen, herausgeben. [3]Für Informationen nach den Sätzen 1 und 2 kann der Personalrat die in der Dienststelle üblicherweise genutzten Informations- und Kommunikationssysteme nutzen.

§ 49 Verbot der Beitragserhebung. Der Personalrat darf für seine Zwecke von den Beschäftigten keine Beiträge erheben oder annehmen.

Abschnitt 4. Rechtsstellung der Personalratsmitglieder

§ 50 Ehrenamtlichkeit. Die Mitglieder des Personalrats führen ihr Amt unentgeltlich als Ehrenamt.

§ 51 Versäumnis von Arbeitszeit. [1]Die zur ordnungsgemäßen Durchführung der Aufgaben des Personalrats erforderliche Versäumnis von Arbeitszeit hat keine Minderung der Dienstbezüge oder des Arbeitsentgelts zur Folge. [2]Werden Personalratsmitglieder durch die Erfüllung ihrer Aufgaben über ihre regelmäßige

Arbeitszeit hinaus beansprucht, so ist ihnen Dienstbefreiung in entsprechendem Umfang zu gewähren.

§ 52 Freistellung. (1) [1]Mitglieder des Personalrats sind von ihrer dienstlichen Tätigkeit freizustellen, wenn und soweit es nach Umfang und Art der Dienststelle zur ordnungsgemäßen Durchführung ihrer Aufgaben erforderlich ist. [2]Die Freistellung darf nicht zur Beeinträchtigung des beruflichen Werdegangs führen.

(2) [1]Von ihrer dienstlichen Tätigkeit sind nach Absatz 1 freizustellen in Dienststellen mit in der Regel

1. 300 bis 600 Beschäftigten ein Mitglied,
2. 601 bis 1 000 Beschäftigten zwei Mitglieder,
3. 1 001 bis 2 000 Beschäftigten drei Mitglieder,
4. 2 001 bis 3 000 Beschäftigten vier Mitglieder,
5. 3 001 bis 4 000 Beschäftigten fünf Mitglieder,
6. 4 001 bis 5 000 Beschäftigten sechs Mitglieder,
7. 5 001 bis 6 000 Beschäftigten sieben Mitglieder,
8. 6 001 bis 7 000 Beschäftigten acht Mitglieder,
9. 7 001 bis 8 000 Beschäftigten neun Mitglieder,
10. 8 001 bis 9 000 Beschäftigten zehn Mitglieder,
11. 9 001 bis 10 000 Beschäftigten elf Mitglieder.

[2]In Dienststellen mit mehr als 10 000 Beschäftigten ist für je angefangene weitere 2 000 Beschäftigte ein weiteres Mitglied freizustellen. [3]Von den Sätzen 1 und 2 kann im Einvernehmen zwischen Personalrat und der Leiterin oder dem Leiter der Dienststelle abgewichen werden.

(3) [1]Freistellungen können in Form von Teilfreistellungen erfolgen. [2]Diese dürfen zusammengenommen nicht den Umfang der Freistellungen nach Absatz 2 überschreiten. [3]Freistellungen müssen mindestens 20 Prozent der regelmäßigen wöchentlichen Arbeitszeit betragen.

(4) [1]Die von ihrer dienstlichen Tätigkeit vollständig freigestellten Personalratsmitglieder erhalten eine monatliche Aufwandsentschädigung. [2]Die Bundesregierung bestimmt durch Rechtsverordnung, die nicht der Zustimmung des Bundesrates bedarf, die Höhe der Aufwandsentschädigung. [3]Nur teilweise, aber mindestens für die Hälfte der regelmäßigen Arbeitszeit freigestellte Personalratsmitglieder erhalten die Hälfte der Aufwandsentschädigung.

§ 53 Auswahl der freizustellenden Mitglieder. (1) [1]Bei der Auswahl der freizustellenden Mitglieder hat der Personalrat zunächst die nach § 34 Absatz 1 gewählten Vorstandsmitglieder, sodann die nach § 34 Absatz 2 gewählten Ergänzungsmitglieder und schließlich weitere Mitglieder zu berücksichtigen. [2]Die freizustellenden Vorstands- und Ergänzungsmitglieder haben Anspruch auf vollständige Freistellung.

(2) [1]Ist der Personalrat nach den Grundsätzen der Verhältniswahl gewählt worden, sind für die weiteren Freistellungen die auf die einzelnen Wahlvorschlagslisten entfallenden Stimmen im Wege des Höchstzahlverfahrens zu berücksichtigen; dabei sind die nach Absatz 1 freigestellten Vorstands- und Ergänzungsmitglieder von den auf jede Wahlvorschlagsliste entfallenden Freistellungen abzuziehen. [2]Die aus der jeweiligen Vorschlagsliste in den Personalrat gewählten Mitglieder bestimmen mehrheitlich, wer von ihnen die Freistellung wahrnimmt.

(3) Ist der Personalrat im Wege der Personenwahl gewählt worden, bestimmt sich die Rangfolge der weiteren freizustellenden Mitglieder nach der Zahl der für sie bei der Wahl zum Personalrat abgegebenen Stimmen.

(4) Sind die Mitglieder der im Personalrat vertretenen Gruppen teils nach den Grundsätzen der Verhältniswahl, teils im Wege der Personenwahl gewählt worden, so sind bei weiteren Freistellungen die Gruppen entsprechend der Zahl ihrer Mitglieder nach dem Höchstzahlverfahren zu berücksichtigen; innerhalb der nach identischen Wahlverfahren zusammengefassten Gruppen bestimmen sich die weiteren Freistellungen in diesem Fall je nach Wahlverfahren in entsprechender Anwendung des Absatzes 2 und nach Absatz 3.

§ 54 Teilnahme an Schulungs- und Bildungsveranstaltungen. (1) Die Mitglieder des Personalrats sind unter Fortzahlung der Dienstbezüge oder des Arbeitsentgelts für die Teilnahme an Schulungs- und Bildungsveranstaltungen vom Dienst freizustellen, soweit diese Kenntnisse vermitteln, die für die Tätigkeit im Personalrat erforderlich sind.

(2) [1]Unbeschadet des Absatzes 1 hat jedes Mitglied des Personalrats während seiner regelmäßigen Amtszeit Anspruch auf Freistellung vom Dienst unter Fortzahlung der Dienstbezüge oder des Arbeitsentgelts für insgesamt drei Wochen zur Teilnahme an Schulungs- und Bildungsveranstaltungen, die von der Bundeszentrale für politische Bildung als geeignet anerkannt sind. [2]Beschäftigte, die erstmals das Amt eines Personalratsmitglieds übernehmen und nicht zuvor Jugend- und Auszubildendenvertreterinnen oder -vertreter gewesen sind, haben einen Anspruch nach Satz 1 für insgesamt vier Wochen.

§ 55 Schutz vor Kündigung, Versetzung, Abordnung und Zuweisung.

(1) [1]Die außerordentliche Kündigung von Mitgliedern des Personalrats, die in einem Arbeitsverhältnis stehen, bedarf der Zustimmung des Personalrats. [2]Verweigert der Personalrat seine Zustimmung oder äußert er sich nicht innerhalb von drei Arbeitstagen nach Eingang des Antrags, so kann das Verwaltungsgericht sie auf Antrag der Leiterin oder des Leiters der Dienststelle ersetzen, wenn die außerordentliche Kündigung unter Berücksichtigung aller Umstände gerechtfertigt ist. [3]In dem Verfahren vor dem Verwaltungsgericht ist die betroffene Person Beteiligte.

(2) [1]Mitglieder des Personalrats dürfen gegen ihren Willen nur versetzt, zugewiesen oder abgeordnet werden, wenn dies auch unter Berücksichtigung der Mitgliedschaft im Personalrat aus wichtigen dienstlichen Gründen unvermeidbar ist. [2]Als Versetzung gilt auch die mit einem Wechsel des Dienstortes verbundene Umsetzung in derselben Dienststelle; das Einzugsgebiet im Sinne des Umzugskostenrechts gehört zum Dienstort. [3]Die Versetzung, Zuweisung oder Abordnung von Mitgliedern des Personalrats bedarf der Zustimmung des Personalrats.

(3) [1]Für Beamtinnen und Beamte im Vorbereitungsdienst sowie Arbeitnehmerinnen und Arbeitnehmer in entsprechender Berufsausbildung gelten die Absätze 1 und 2 sowie die §§ 15 und 16 des Kündigungsschutzgesetzes[1)] nicht. [2]Die Absätze 1 und 2 gelten ferner nicht bei der Versetzung oder Abordnung dieser Beschäftigten zu einer anderen Dienststelle im Anschluss an das Ausbildungsverhältnis. [3]Die Mitgliedschaft der in Satz 1 bezeichneten Beschäftigten im Personalrat ruht unbeschadet des § 31, solange sie entsprechend den Erfordernissen ihrer Ausbildung zu einer anderen Dienststelle versetzt oder abgeordnet sind.

[1)] **Schönfelder Nr. 84.**

§ 56 Besonderer Schutz der Auszubildenden. (1) Beabsichtigt der Arbeitgeber, eine Beschäftigte oder einen Beschäftigten, die oder der in einem Berufsausbildungsverhältnis nach dem Berufsbildungsgesetz[1)], dem Krankenpflegegesetz, dem Pflegeberufegesetz[2)] oder dem Hebammengesetz steht und die oder der Mitglied des Personalrats ist, nach erfolgreicher Beendigung des Berufsausbildungsverhältnisses nicht in ein Arbeitsverhältnis auf unbestimmte Zeit zu übernehmen, so hat er dies drei Monate vor Beendigung des Berufsausbildungsverhältnisses der betroffenen Person schriftlich mitzuteilen.

(2) Verlangt eine Auszubildende oder ein Auszubildender im Sinne des Absatzes 1, die oder der Mitglied des Personalrats ist, innerhalb der letzten drei Monate vor Beendigung des Berufsausbildungsverhältnisses schriftlich die Weiterbeschäftigung, so gilt im Anschluss an das erfolgreiche Berufsausbildungsverhältnis ein Arbeitsverhältnis auf unbestimmte Zeit als begründet.

(3) Die Absätze 1 und 2 gelten auch, wenn das Berufsausbildungsverhältnis vor Ablauf eines Jahres nach Beendigung der Amtszeit des Personalrats erfolgreich endet.

(4) [1] Wenn Tatsachen vorliegen, auf Grund derer dem Arbeitgeber unter Berücksichtigung aller Umstände die Weiterbeschäftigung nicht zugemutet werden kann, so kann er spätestens bis zum Ablauf von zwei Wochen nach Beendigung des Berufsausbildungsverhältnisses beim Verwaltungsgericht beantragen,

1. festzustellen, dass ein Arbeitsverhältnis nach Absatz 2 oder 3 nicht begründet wird, oder
2. das bereits nach Absatz 2 oder 3 begründete Arbeitsverhältnis aufzulösen.

[2] In dem Verfahren vor dem Verwaltungsgericht ist der Personalrat Beteiligter.

(5) Die Absätze 2 bis 4 sind unabhängig davon anzuwenden, ob der Arbeitgeber seiner Mitteilungspflicht nach Absatz 1 nachgekommen ist.

Kapitel 3. Personalversammlung

§ 57 Zusammensetzung, Leitung, Teilversammlung. (1) [1] Die Personalversammlung besteht aus den Beschäftigten der Dienststelle. [2] Sie wird von der oder dem Vorsitzenden des Personalrats geleitet.

(2) Kann nach den dienstlichen Verhältnissen eine gemeinsame Versammlung der Beschäftigten nicht stattfinden, so sind Teilversammlungen abzuhalten.

§ 58 Nichtöffentlichkeit, Teilnahmerechte. (1) [1] Die Personalversammlung ist nicht öffentlich. [2] Der Personalrat kann die Personalversammlung im Einvernehmen mit der Leiterin oder dem Leiter der Dienststelle mittels Videokonferenz in Nebenstellen oder Teile der Dienststelle übertragen. [3] § 38 Absatz 3 Satz 2 Nummer 1 und 3 sowie Satz 3 gilt entsprechend. [4] Die Möglichkeit zur Durchführung von Teilversammlungen bleibt unberührt.

(2) [1] Beauftragte der in der Dienststelle vertretenen Gewerkschaften und eine Beauftragte oder ein Beauftragter der Arbeitgebervereinigung, der die Dienststelle angehört, sind berechtigt, mit beratender Stimme an der Personalversammlung teilzunehmen. [2] Der Personalrat hat die Einberufung der Personalversammlung den Gewerkschaften und der Arbeitgebervereinigung mitzuteilen. [3] Ein beauftragtes Mitglied der Stufenvertretung und des Gesamtpersonalrats sowie eine Beauf-

---

[1)] **Sartorius ErgBd. Nr. 422.**
[2)] **Nipperdey I, Arbeitsrecht Nr. 416.**

tragte oder ein Beauftragter der Dienststelle, bei der die Stufenvertretung besteht, können an der Personalversammlung ohne beratende Stimme teilnehmen. [4] Teilnahmerechte auf Grund anderer Rechtvorschriften bleiben unberührt.

§ 59 Ordentliche und außerordentliche Personalversammlung.

(1) Der Personalrat hat einmal in jedem Kalenderhalbjahr in einer Personalversammlung einen Tätigkeitsbericht zu erstatten (ordentliche Personalversammlung).

(2) [1] Der Personalrat ist berechtigt und auf Wunsch der Leiterin oder des Leiters der Dienststelle oder eines Viertels der wahlberechtigten Beschäftigten verpflichtet, eine außerordentliche Personalversammlung einzuberufen und den Gegenstand, dessen Beratung beantragt ist, auf die Tagesordnung zu setzen. [2] An Versammlungen, die auf Wunsch der Leiterin oder des Leiters der Dienststelle einberufen sind oder zu denen sie oder er ausdrücklich eingeladen ist, hat sie oder er teilzunehmen; im Übrigen kann sie oder er an der Personalversammlung teilnehmen.

(3) Auf Antrag einer in der Dienststelle vertretenen Gewerkschaft muss der Personalrat vor Ablauf von 15 Arbeitstagen nach Eingang des Antrags eine ordentliche Personalversammlung einberufen und durchführen, wenn im vorhergegangenen Kalenderhalbjahr keine Personalversammlung und keine Teilversammlung durchgeführt worden sind, in denen ein Tätigkeitsbericht erstattet worden ist.

§ 60 Zeitpunkt, Dienstbefreiung, Bezüge, Fahrtkosten. (1) [1] Die ordentlichen und die auf Wunsch der Leiterin oder des Leiters der Dienststelle einberufenen außerordentlichen Personalversammlungen finden während der Arbeitszeit statt, soweit nicht die dienstlichen Verhältnisse eine andere Regelung erfordern. [2] Andere außerordentliche Personalversammlungen finden außerhalb der Arbeitszeit statt; hiervon kann im Einvernehmen mit der Leiterin oder dem Leiter der Dienststelle abgewichen werden.

(2) Soweit in den Fällen des Absatzes 1 Satz 1 Personalversammlungen aus dienstlichen Gründen außerhalb der Arbeitszeit stattfinden müssen, ist den Teilnehmerinnen und Teilnehmern Dienstbefreiung in entsprechendem Umfang zu gewähren.

(3) [1] Die Teilnahme an Personalversammlungen nach Absatz 1 Satz 1 hat keine Minderung der Dienstbezüge oder des Arbeitsentgelts zur Folge. [2] Dasselbe gilt für außerordentliche Personalversammlungen nach Absatz 1 Satz 2, die im Einvernehmen mit der Leiterin oder dem Leiter der Dienststelle während der Arbeitszeit durchgeführt werden.

(4) Fahrtkosten, die durch die Teilnahme an Personalversammlungen nach Absatz 1 Satz 1 entstehen, werden in entsprechender Anwendung des Bundesreisekostengesetzes[1)] erstattet.

§ 61 Befugnisse. (1) Die Personalversammlung darf Angelegenheiten behandeln, die die Dienststelle oder ihre Beschäftigten unmittelbar betreffen, insbesondere Tarif-, Besoldungs- und Sozialangelegenheiten sowie Fragen der tatsächlichen Gleichstellung von Frauen und Männern, der Vermeidung von Benachteiligungen von Menschen, die sich keinem dieser Geschlechter zuordnen, der Teilhabe von *Menschen mit* Behinderungen und der Vereinbarkeit von Familie, Pflege und Beruf.

---

1) Nr. **235**.

(2) Die Personalversammlung kann dem Personalrat Anträge unterbreiten und zu seinen Beschlüssen Stellung nehmen.

(3) § 2 Absatz 2 und 5 gilt für die Personalversammlung entsprechend.

Kapitel 4. Beteiligung des Personalrats

Abschnitt 1. Allgemeines

§ 62 Allgemeine Aufgaben. Der Personalrat hat folgende allgemeine Aufgaben:

1. Maßnahmen, die der Dienststelle und ihren Angehörigen dienen, zu beantragen,
2. darüber zu wachen, dass die zugunsten der Beschäftigten geltenden Gesetze, Verordnungen, Tarifverträge, Dienstvereinbarungen und Verwaltungsanordnungen durchgeführt werden,
3. Anregungen und Beschwerden von Beschäftigten und der Jugend- und Auszubildendenvertretung entgegenzunehmen und, falls sie berechtigt erscheinen, durch Verhandlung mit der Leiterin oder dem Leiter der Dienststelle auf ihre Erledigung hinzuwirken; der Personalrat hat die betreffenden Beschäftigten über den Stand und das Ergebnis der Verhandlungen zu unterrichten,
4. der Benachteiligung von Menschen mit Behinderungen entgegenzuwirken sowie die Inklusion und Teilhabe behinderter Menschen zu fördern, insbesondere die Eingliederung und berufliche Entwicklung schwerbehinderter und ihnen gleichgestellter Beschäftigter und sonstiger besonders schutzbedürftiger, insbesondere älterer Beschäftigter zu fördern sowie Maßnahmen zur beruflichen Förderung schwerbehinderter und ihnen gleichgestellter Beschäftigter zu beantragen,
5. die Durchsetzung der tatsächlichen Gleichstellung von Frauen und Männern zu fördern sowie Benachteiligungen von Menschen, die sich keinem dieser Geschlechter zuordnen, entgegenzuwirken, insbesondere bei der Einstellung, Beschäftigung, Aus-, Fort- und Weiterbildung und dem beruflichen Aufstieg,
6. die Vereinbarkeit von Familie, Pflege und Beruf zu fördern,
7. die Integration ausländischer Beschäftigter in die Dienststelle und das Verständnis zwischen ihnen und den deutschen Beschäftigten zu fördern sowie Maßnahmen zur Bekämpfung gruppenbezogener Menschenfeindlichkeit in der Dienststelle zu beantragen,
8. mit der Jugend- und Auszubildendenvertretung zur Förderung der Belange der Beschäftigten, die das 18. Lebensjahr noch nicht vollendet haben oder sich in einer beruflichen Ausbildung befinden, eng zusammenzuarbeiten sowie
9. Maßnahmen des Arbeitsschutzes und des Gesundheitsschutzes in der Dienststelle zu fördern.

§ 63 Dienstvereinbarungen. (1) [1] Dienstvereinbarungen sind in Angelegenheiten des § 78 Absatz 1 Nummer 12 bis 15, des § 79 Absatz 1 Nummer 4 und 5 sowie des § 80 Absatz 1 zulässig, soweit eine gesetzliche oder tarifliche Regelung nicht besteht und es sich nicht um Einzelangelegenheiten handelt. [2] Arbeitsentgelte und sonstige Arbeitsbedingungen, die durch Tarifvertrag geregelt sind oder üblicherweise geregelt werden, können nicht Gegenstand einer Dienstvereinbarung sein. [3] Dies gilt nicht, wenn ein Tarifvertrag den Abschluss ergänzender Dienstvereinbarungen ausdrücklich zulässt.

(2) Dienstvereinbarungen werden durch die Dienststelle und den Personalrat gemeinsam vereinbart, sind in schriftlicher oder elektronischer Form abzuschließen und in geeigneter Weise bekanntzumachen.

(3) Dienstvereinbarungen, die für einen größeren Bereich gelten, gehen den Dienstvereinbarungen für einen kleineren Bereich vor.

§ 64 Durchführung der Entscheidungen. (1) Entscheidungen, an denen der Personalrat beteiligt war, führt die Dienststelle durch, es sei denn, dass im Einzelfall etwas anderes vereinbart ist.

(2) Der Personalrat darf nicht durch einseitige Handlungen in den Dienstbetrieb eingreifen.

Abschnitt 2. Unterrichtungs- und Teilnahmerechte, Datenschutz

§ 65 Monatsgespräch. [1] Die Leiterin oder der Leiter der Dienststelle und der Personalrat sollen mindestens einmal im Monat zu einer Besprechung zusammentreten. [2] In den Besprechungen soll auch die Gestaltung des Dienstbetriebs behandelt werden, insbesondere alle Vorgänge, die die Beschäftigten wesentlich berühren. [3] Die Leiterin oder der Leiter der Dienststelle und der Personalrat haben über strittige Fragen mit dem ernsten Willen zur Einigung zu verhandeln und Vorschläge für die Beilegung von Meinungsverschiedenheiten zu machen.

§ 66 Informationspflicht der Dienststelle. (1) [1] Der Personalrat ist zur Durchführung seiner Aufgaben rechtzeitig und umfassend zu unterrichten. [2] Ihm sind die hierfür erforderlichen Unterlagen, einschließlich der für die Durchführung seiner Aufgaben erforderlichen personenbezogenen Daten, vorzulegen.

(2) [1] Personalakten dürfen nur mit Zustimmung der oder des Beschäftigten und nur von den von ihr oder ihm bestimmten Mitgliedern des Personalrats eingesehen werden. [2] Dienstliche Beurteilungen sind auf Verlangen der oder des Beschäftigten dem Personalrat zur Kenntnis zu bringen.

§ 67 Beratende Teilnahme an Prüfungen. An Prüfungen, die eine Dienststelle für Beschäftigte ihres Bereichs abnimmt, kann ein Mitglied des für diesen Bereich zuständigen Personalrats, das von diesem benannt ist, beratend teilnehmen.

§ 68 Hinzuziehung in Fragen des Arbeitsschutzes und der Unfallverhütung. (1) Der Personalrat hat bei der Bekämpfung von Unfall- und Gesundheitsgefahren die für den Arbeitsschutz zuständigen Behörden, die Träger der gesetzlichen Unfallversicherung und die übrigen in Betracht kommenden Stellen durch Anregung, Beratung und Auskunft zu unterstützen und sich für die Durchführung der Vorschriften über den Arbeitsschutz und die Unfallverhütung in der Dienststelle einzusetzen.

(2) [1] Die Leiterin oder der Leiter der Dienststelle und die in Absatz 1 genannten Behörden, Träger und sonstigen Stellen sind verpflichtet, bei allen im Zusammenhang mit dem Arbeitsschutz oder der Unfallverhütung stehenden Besichtigungen und Fragen und bei Unfalluntersuchungen den Personalrat oder die von ihm beauftragten Personalratsmitglieder derjenigen Dienststelle hinzuzuziehen, in der *die Besichtigung oder Untersuchung* stattfindet. [2] Die Leiterin oder der Leiter der Dienststelle hat dem Personalrat unverzüglich die den Arbeitsschutz und die Unfallverhütung betreffenden Auflagen und Anordnungen der in Absatz 1 genannten Stellen mitzuteilen.

(3) An den Besprechungen der Leiterin oder des Leiters der Dienststelle mit den Sicherheitsbeauftragten im Rahmen des § 22 Absatz 2 des Siebten Buches Sozialgesetzbuch[1)] nehmen vom Personalrat beauftragte Personalratsmitglieder teil.

(4) Der Personalrat erhält die Protokolle über Untersuchungen, Besichtigungen und Besprechungen, zu denen er oder die von ihm beauftragten Personalratsmitglieder nach den Absätzen 2 und 3 hinzuzuziehen ist oder sind.

(5) Die Leiterin oder der Leiter der Dienststelle hat dem Personalrat eine Kopie der Unfallanzeige nach § 193 des Siebten Buches Sozialgesetzbuch oder des nach beamtenrechtlichen Vorschriften zu erstattenden Berichts auszuhändigen.

§ 69 Datenschutz. [1] Bei der Verarbeitung personenbezogener Daten hat der Personalrat die Vorschriften über den Datenschutz einzuhalten. [2] Soweit der Personalrat zur Erfüllung der in seiner Zuständigkeit liegenden Aufgaben personenbezogene Daten verarbeitet, ist die Dienststelle der für die Verarbeitung Verantwortliche im Sinne der datenschutzrechtlichen Vorschriften. [3] Die Dienststelle und der Personalrat unterstützen sich gegenseitig bei der Einhaltung der datenschutzrechtlichen Vorschriften.

Abschnitt 3. Mitbestimmung

Unterabschnitt 1. Verfahren der Mitbestimmung

§ 70 Verfahren zwischen Dienststelle und Personalrat. (1) Soweit eine Maßnahme der Mitbestimmung des Personalrats unterliegt, kann sie nur mit seiner Zustimmung getroffen werden.

(2) [1] Die Leiterin oder der Leiter der Dienststelle unterrichtet den Personalrat von der beabsichtigten Maßnahme und beantragt seine Zustimmung. [2] Der Personalrat kann verlangen, dass die Leiterin oder der Leiter der Dienststelle die beabsichtigte Maßnahme begründet; die Begründung hat außer in Personalangelegenheiten schriftlich oder elektronisch zu erfolgen.

(3) [1] Der Beschluss des Personalrats über die beantragte Zustimmung ist der Leiterin oder dem Leiter der Dienststelle innerhalb von zehn Arbeitstagen mitzuteilen. [2] In dringenden Fällen kann die Leiterin oder der Leiter der Dienststelle diese Frist auf drei Arbeitstage abkürzen. [3] Der Personalrat und die Leiterin oder der Leiter der Dienststelle können im Einzelfall oder für die Dauer der Amtszeit des Personalrats schriftlich oder elektronisch von Satz 1 abweichende Fristen vereinbaren. [4] Die Maßnahme gilt als gebilligt, wenn nicht der Personalrat fristgerecht die Zustimmung unter Angabe der Gründe schriftlich oder elektronisch verweigert. [5] Soweit dabei Beschwerden oder Behauptungen tatsächlicher Art vorgetragen werden, die für einen Beschäftigten ungünstig sind oder ihm nachteilig werden können, hat die Dienststelle dem Beschäftigten Gelegenheit zur Äußerung zu geben; die Äußerung ist aktenkundig zu machen.

§ 71 Stufenverfahren. (1) [1] Kommt eine Einigung nicht zustande, so kann die Leiterin oder der Leiter der Dienststelle oder der Personalrat die Angelegenheit binnen fünf Arbeitstagen auf dem Dienstweg den übergeordneten Dienststellen, bei denen Stufenvertretungen bestehen, schriftlich oder elektronisch vorlegen. [2] Der Personalrat und die Leiterin oder der Leiter der Dienststelle können im Einzelfall schriftlich oder elektronisch eine abweichende Frist vereinbaren. [3] In Körperschaften, Anstalten oder Stiftungen des öffentlichen Rechts ist als oberste

[1)] **Aichberger, SGB Nr. 7.**

Dienstbehörde das in ihrer Verfassung für die Geschäftsführung vorgesehene oberste Organ anzurufen. [4]In Zweifelsfällen bestimmt die zuständige oberste Bundesbehörde die anzurufende Stelle. [5]Legt die Leiterin oder der Leiter der Dienststelle die Angelegenheit der übergeordneten Dienststelle vor, teilt sie oder er dies dem Personalrat unter Angabe der Gründe mit.

(2) [1]Die übergeordnete Dienststelle soll die Angelegenheit, sofern sie dem Anliegen des Personalrats nicht oder nicht in vollem Umfang entspricht, innerhalb von sechs Wochen der bei ihr gebildeten Stufenvertretung vorlegen. [2]Für das weitere Verfahren gilt § 70 Absatz 2 und 3 entsprechend.

§ 72 Anrufung der Einigungsstelle. Ergibt sich zwischen der obersten Dienstbehörde und der bei ihr bestehenden zuständigen Personalvertretung keine Einigung, kann jede Seite die Einigungsstelle anrufen.

§ 73 Bildung und Zusammensetzung der Einigungsstelle. (1) Die Einigungsstelle wird bei der obersten Dienstbehörde gebildet.

(2) [1]Die Einigungsstelle besteht aus je drei Beisitzerinnen oder Beisitzern, die von der obersten Dienstbehörde und der bei ihr bestehenden zuständigen Personalvertretung bestellt werden, sowie einer oder einem unparteiischen Vorsitzenden, auf die oder den sich beide Seiten einigen. [2]Unter den Beisitzerinnen und Beisitzern, die von der Personalvertretung bestellt werden, muss sich je eine Beamtin oder ein Beamter und eine Arbeitnehmerin oder ein Arbeitnehmer befinden, es sei denn, die Angelegenheit betrifft nur die Beamtinnen und Beamten oder nur die Arbeitnehmerinnen und Arbeitnehmer. [3]Kommt eine Einigung über die Person der oder des Vorsitzenden nicht zustande, so bestellt sie oder ihn die Präsidentin oder der Präsident des Bundesverwaltungsgerichts.

§ 74 Verfahren der Einigungsstelle. (1) Die Einigungsstelle soll binnen zwei Monaten nach der Erklärung eines Beteiligten, die Entscheidung der Einigungsstelle herbeiführen zu wollen, entscheiden.

(2) [1]Die Verhandlung ist nicht öffentlich. [2]Der obersten Dienstbehörde und der zuständigen Personalvertretung ist Gelegenheit zur mündlichen Äußerung zu geben. [3]Im Einvernehmen mit den Beteiligten kann die Äußerung schriftlich erfolgen.

(3) [1]Die Einigungsstelle entscheidet durch Beschluss. [2]Sie kann den Anträgen der Beteiligten auch teilweise entsprechen. [3]In den Fällen des § 78 Absatz 5 stellt sie fest, ob ein Grund zur Verweigerung der Zustimmung vorliegt.

(4) [1]Der Beschluss wird mit Stimmenmehrheit gefasst. [2]Er muss sich im Rahmen der geltenden Rechtsvorschriften, insbesondere des Haushaltsgesetzes, halten. [3]Der Beschluss ist den Beteiligten zuzustellen.

(5) [1]Für die Verhandlung und Beschlussfassung der Einigungsstelle gilt § 38 Absatz 3 Satz 1, 2 Nummer 1 und 3 sowie Satz 3 entsprechend. [2]Die Verhandlung und Beschlussfassung mittels Video- oder Telefonkonferenz ist unzulässig, wenn ein Mitglied der Einigungsstelle binnen einer von der oder dem Vorsitzenden zu bestimmenden Frist gegenüber der oder dem Vorsitzenden widerspricht. [3]Mitglieder der Einigungsstelle, die mittels Video- oder Telefonkonferenz teilnehmen, gelten als anwesend.

§ 75 Bindung an die Beschlüsse der Einigungsstelle. (1) Der Beschluss der Einigungsstelle bindet die Beteiligten mit Ausnahme der in den Absätzen 2 und 3 geregelten Fälle.

(2) [1]Die oberste Dienstbehörde kann einen Beschluss der Einigungsstelle in Angelegenheiten, die im Einzelfall wegen ihrer Auswirkungen auf das Gemeinwesen wesentlicher Bestandteil der Regierungsgewalt sind, innerhalb von vier Wochen nach dessen Zustellung ganz oder teilweise aufheben und in der Angelegenheit endgültig entscheiden. [2]Die Aufhebung und deren Gründe sind der Vorsitzenden oder dem Vorsitzenden der Einigungsstelle sowie den beteiligten Dienststellen und Personalvertretungen unverzüglich schriftlich oder elektronisch mitzuteilen.

(3) [1]In den Fällen des § 78 Absatz 1 und des § 80 Absatz 1 Nummer 10 bis 13 und 19 bis 21 beschließt die Einigungsstelle, wenn sie sich nicht der Auffassung der obersten Dienstbehörde anschließt, eine Empfehlung an diese. [2]Die oberste Dienstbehörde entscheidet sodann endgültig.

§ 76 Vorläufige Maßnahmen. [1]Die Leiterin oder der Leiter der Dienststelle kann bei Maßnahmen, die der Natur der Sache nach keinen Aufschub dulden, bis zur endgültigen Entscheidung vorläufige Regelungen treffen. [2]Sie oder er hat dem Personalrat die vorläufige Regelung mitzuteilen und zu begründen und unverzüglich das Verfahren der Mitbestimmung einzuleiten oder fortzusetzen.

§ 77 Initiativrecht des Personalrats. (1) Beantragt der Personalrat eine Maßnahme, die nach den §§ 78 bis 80 seiner Mitbestimmung unterliegt, so hat er sie schriftlich oder elektronisch der Leiterin oder dem Leiter der Dienststelle vorzuschlagen und zu begründen.

(2) [1]Die Leiterin oder der Leiter der Dienststelle soll über den Antrag nach Absatz 1 innerhalb von sechs Wochen unter Angabe der Gründe entscheiden oder, wenn die Einhaltung der Frist nicht möglich ist, einen Sachstandshinweis erteilen. [2]Entspricht die Leiterin oder der Leiter der Dienststelle dem Antrag nicht oder nicht in vollem Umfang, so bestimmt sich das weitere Verfahren

1. in den Fällen des § 78 Absatz 1 Nummer 12, des § 79 Absatz 1 Nummer 4 und 5 sowie des § 80 Absatz 1 Nummer 1, 3, 4, 6 bis 9, 14, 16, 18 und 21 nach den §§ 71 bis 75,
2. in den übrigen Angelegenheiten nach § 71 mit der Maßgabe, dass die oberste Dienstbehörde endgültig entscheidet.

Unterabschnitt 2. Angelegenheiten der Mitbestimmung

§ 78 Mitbestimmung in Personalangelegenheiten. (1) Der Personalrat bestimmt mit in Personalangelegenheiten bei

1. Einstellung,
2. Beförderung, Verleihung eines anderen Amtes mit anderer Amtsbezeichnung beim Wechsel der Laufbahngruppe, Laufbahnwechsel,
3. Übertragung einer höher oder niedriger zu bewertenden Tätigkeit oder eines höher oder niedriger zu bewertenden Dienstpostens,
4. Eingruppierung, Höher- oder Rückgruppierung von Arbeitnehmerinnen oder Arbeitnehmern einschließlich der hiermit jeweils verbundenen Stufenzuordnung, jedoch nicht bei in das Ermessen des Arbeitgebers gestellten Stufenzuordnungen, es sei denn, es wurden allgemeine Grundsätze erlassen,
5. Versetzung zu einer anderen Dienststelle,
6. Umsetzung innerhalb der Dienstelle für mehr als drei Monate, wenn die Umsetzung mit einem Wechsel des Dienstortes verbunden ist und der neue

Dienstort sich außerhalb des Einzugsgebietes im Sinne des Umzugskostenrechts befindet,

7. Abordnung, Zuweisung oder Personalgestellung für mehr als drei Monate,
8. Hinausschieben des Eintritts von Beamtinnen oder Beamten in den Ruhestand oder Weiterbeschäftigung von Arbeitnehmerinnen oder Arbeitnehmern über die Altersgrenze hinaus,
9. Anordnungen zur Wahl der Wohnung,
10. Versagung oder Widerruf der Genehmigung einer Nebentätigkeit,
11. Ablehnung eines Antrags nach den §§ 91 bis 92b oder § 95 des Bundesbeamtengesetzes[1)] auf Teilzeitbeschäftigung, Ermäßigung der regelmäßigen Arbeitszeit oder Urlaub,
12. Absehen von der Ausschreibung von Dienstposten, die besetzt werden sollen,
13. Auswahl der Teilnehmerinnen und Teilnehmer an Fortbildungsveranstaltungen mit Ausnahme der Nachbesetzung freier Plätze von Fortbildungsveranstaltungen, die in weniger als drei Arbeitstagen beginnen,
14. Bestellung von Vertrauens- oder Betriebsärztinnen und -ärzten als Beschäftigte,
15. Geltendmachung von Ersatzansprüchen gegen eine Beschäftigte oder einen Beschäftigten.

(2) In den Fällen des Absatzes 1 Nummer 15 bestimmt der Personalrat nur auf Antrag der oder des Beschäftigten mit; diese oder dieser ist von der beabsichtigten Maßnahme rechtzeitig vorher in Kenntnis zu setzen.

(3) In Personalangelegenheiten der in § 15 Absatz 2 Nummer 4 bezeichneten Beschäftigten, der Beamtinnen und Beamten auf Zeit und der Beschäftigten mit überwiegend wissenschaftlicher oder künstlerischer Tätigkeit bestimmt der Personalrat nach Absatz 1 nur mit, wenn sie es beantragen.

(4) Absatz 1 gilt nicht

1. für die in § 54 Absatz 1 des Bundesbeamtengesetzes bezeichneten Beamtinnen und Beamten und für entsprechende Arbeitnehmerinnen und Arbeitnehmer sowie
2. für Beamtenstellen von der Besoldungsgruppe A 16 an aufwärts und entsprechende Arbeitnehmerstellen.

(5) Der Personalrat kann in den Fällen des Absatzes 1 seine Zustimmung verweigern, wenn

1. die Maßnahme gegen ein Gesetz, eine Verordnung, eine Bestimmung in einem Tarifvertrag, eine gerichtliche Entscheidung, den Gleichstellungsplan oder eine Verwaltungsanordnung oder gegen eine Richtlinie im Sinne des § 80 Absatz 1 Nummer 12 verstößt,
2. die durch Tatsachen begründete Besorgnis besteht, dass durch die Maßnahme der oder die betroffene Beschäftigte oder andere Beschäftigte benachteiligt werden, ohne dass dies aus dienstlichen oder persönlichen Gründen gerechtfertigt ist, oder
3. die durch Tatsachen begründete Besorgnis besteht, dass die oder der Beschäftigte oder die Bewerberin oder der Bewerber den Frieden in der Dienststelle durch unsoziales oder gesetzwidriges Verhalten stören werde.

---

1) Nr. **160**.

§ 79 Mitbestimmung in sozialen Angelegenheiten. (1) Der Personalrat bestimmt mit in sozialen Angelegenheiten bei

1. Gewährung von Unterstützungen, Vorschüssen, Darlehen und entsprechenden sozialen Zuwendungen,
2. Zuweisung und Kündigung von Wohnungen, über die die Beschäftigungsdienststelle verfügt, Ausübung von Belegungs- oder Vorschlagsrechten der Beschäftigungsdienststelle sowie der allgemeinen Festsetzung der Nutzungsbedingungen,
3. Zuweisung von Dienst- und Pachtland und Festsetzung der Nutzungsbedingungen,
4. Errichtung, Verwaltung und Auflösung von Sozialeinrichtungen ohne Rücksicht auf ihre Rechtsform,
5. Aufstellung von Sozialplänen einschließlich Plänen für Umschulungen zum Ausgleich oder zur Milderung von wirtschaftlichen Nachteilen, die der oder dem Beschäftigten infolge von Rationalisierungsmaßnahmen entstehen.

(2) [1] Hat eine Beschäftigte oder ein Beschäftigter eine Leistung nach Absatz 1 Nummer 1 beantragt, wird der Personalrat nur auf ihren oder seinen Antrag beteiligt; auf Verlangen der Antragstellerin oder des Antragstellers bestimmt nur der Vorstand des Personalrats mit. [2] Die Dienststelle hat dem Personalrat nach Abschluss jedes Kalendervierteljahres einen Überblick über die Unterstützungen und entsprechenden sozialen Zuwendungen zu geben. [3] Dabei sind die Anträge und die Leistungen gegenüberzustellen. [4] Auskunft über die von den Antragstellerinnen und Antragstellern angeführten Gründe wird hierbei nicht erteilt.

§ 80 Mitbestimmung in organisatorischen Angelegenheiten. (1) Der Personalrat bestimmt mit, soweit eine gesetzliche oder tarifliche Regelung nicht besteht, über

1. Beginn und Ende der täglichen Arbeitszeit und der Pausen sowie die Verteilung der Arbeitszeit auf die einzelnen Wochentage,
2. Anordnung von Dienstbereitschaft, Bereitschaftsdienst, Rufbereitschaft, Mehrarbeit und Überstunden,
3. Einführung, Änderung und Aufhebung von Arbeitszeitmodellen,
4. Gestaltung der Arbeitsplätze,
5. Einführung, Änderung und Aufhebung von Arbeitsformen außerhalb der Dienststelle,
6. Aufstellung allgemeiner Urlaubsgrundsätze und des Urlaubsplanes, Festsetzung der zeitlichen Lage des Erholungsurlaubs für einzelne Beschäftigte, wenn zwischen der Dienststelle und den beteiligten Beschäftigten kein Einverständnis erzielt wird,
7. Zeit, Ort und Art der Auszahlung der Dienstbezüge und Arbeitsentgelte,
8. Fragen der Lohngestaltung innerhalb der Dienststelle, insbesondere die Aufstellung von Entlohnungsgrundsätzen, die Einführung und Anwendung von neuen Entlohnungsmethoden und deren Änderung sowie die Festsetzung der Akkord- und Prämiensätze und vergleichbarer leistungsbezogener Entgelte, einschließlich der Geldfaktoren,
9. Durchführung der Berufsausbildung bei Arbeitnehmerinnen und Arbeitnehmern,
10. allgemeine Fragen der Fortbildung der Beschäftigten,
11. Beurteilungsrichtlinien,

12. Erlass von Richtlinien über die personelle Auswahl bei Einstellungen, Versetzungen, Umgruppierungen und Kündigungen,
13. Maßnahmen, die der Familienfreundlichkeit, der Vereinbarkeit von Familie, Pflege und Beruf, der Durchsetzung der tatsächlichen Gleichstellung von Frauen und Männern, der Vermeidung von Benachteiligungen von Menschen, die sich keinem dieser Geschlechter zuordnen, sowie der Vermeidung von Benachteiligungen von Menschen mit Behinderungen dienen, insbesondere bei der Einstellung, Beschäftigung, Aus-, Fort- und Weiterbildung und dem beruflichen Aufstieg,
14. Grundsätze über die Bewertung von anerkannten Vorschlägen im Rahmen des behördlichen oder betrieblichen Vorschlagwesens,
15. Inhalt von Personalfragebogen,
16. Maßnahmen zur Verhütung von Dienst- und Arbeitsunfällen und Berufskrankheiten sowie zum Gesundheitsschutz im Rahmen der gesetzlichen Vorschriften oder der Unfallverhütungsvorschriften,
17. Grundsätze des behördlichen oder betrieblichen Gesundheits- und Eingliederungsmanagements,
18. Regelung der Ordnung in der Dienststelle und des Verhaltens der Beschäftigten,
19. Maßnahmen zur Hebung der Arbeitsleistung oder zur Erleichterung des Arbeitsablaufs,
20. Einführung grundlegend neuer Arbeitsmethoden,
21. Einführung und Anwendung technischer Einrichtungen, die dazu bestimmt sind, das Verhalten oder die Leistung der Beschäftigten zu überwachen.

(2) Muss für Gruppen von Beschäftigten die tägliche Arbeitszeit nach Erfordernissen, die die Dienststelle nicht voraussehen kann, unregelmäßig und kurzfristig festgesetzt werden, so beschränkt sich die Mitbestimmung nach Absatz 1 Nummer 1 und 2 auf die Grundsätze für die Aufstellung der Dienstpläne, insbesondere für die Anordnung von Dienstbereitschaft, Mehrarbeit und Überstunden.

Abschnitt 4. Mitwirkung

Unterabschnitt 1. Verfahren der Mitwirkung

§ 81 Verfahren zwischen Dienststelle und Personalrat. (1) Soweit der Personalrat an Entscheidungen mitwirkt, ist die beabsichtigte Maßnahme vor der Durchführung mit dem Ziel einer Verständigung rechtzeitig und eingehend mit ihm zu erörtern.

(2) [1] Äußert sich der Personalrat nicht innerhalb von zehn Arbeitstagen oder hält er bei Erörterung seine Einwendungen oder Vorschläge nicht aufrecht, so gilt die beabsichtigte Maßnahme als gebilligt. [2] Der Personalrat und die Leiterin oder der Leiter der Dienststelle können im Einzelfall oder für die Dauer der Amtszeit des Personalrats schriftlich oder elektronisch eine abweichende Frist vereinbaren. [3] Erhebt der Personalrat Einwendungen, so hat er der Leiterin oder dem Leiter der Dienststelle die Gründe mitzuteilen. [4] Soweit dabei Beschwerden oder Behauptungen tatsächlicher Art vorgetragen werden, die für eine Beschäftigte oder einen Beschäftigten ungünstig sind oder für sie oder ihn nachteilig werden können, hat die Dienststelle der oder dem Beschäftigten Gelegenheit zur Äußerung zu geben; die Äußerung ist aktenkundig zu machen.

(3) Entspricht die Dienststelle den Einwendungen des Personalrats nicht oder nicht in vollem Umfang, so teilt sie dem Personalrat ihre Entscheidung unter Angabe der Gründe schriftlich oder elektronisch mit.

§ 82 Stufenverfahren. (1) [1] Der Personalrat einer nachgeordneten Dienststelle kann die Angelegenheit binnen drei Arbeitstagen nach Zugang der Mitteilung auf dem Dienstweg den übergeordneten Dienststellen, bei denen Stufenvertretungen bestehen, mit dem Antrag auf Entscheidung schriftlich oder elektronisch vorlegen. [2] Die übergeordneten Dienststellen entscheiden nach Verhandlung mit der bei ihnen bestehenden Stufenvertretung. [3] § 71 Absatz 1 Satz 2 bis 4 gilt entsprechend. [4] Eine Kopie seines Antrags leitet der Personalrat seiner Dienststelle zu.

(2) Ist ein Antrag nach Absatz 1 gestellt, so ist die beabsichtigte Maßnahme bis zur Entscheidung der angerufenen Dienststelle auszusetzen.

§ 83 Vorläufige Maßnahmen. [1] Die Leiterin oder der Leiter der Dienststelle kann bei Maßnahmen, die der Natur der Sache nach keinen Aufschub dulden, bis zur endgültigen Entscheidung vorläufige Regelungen treffen. [2] Sie oder er hat dem Personalrat die vorläufige Regelung mitzuteilen und zu begründen sowie unverzüglich das Verfahren der Mitwirkung einzuleiten oder fortzusetzen.

Unterabschnitt 2. Angelegenheiten der Mitwirkung

§ 84[1)] Angelegenheiten der Mitwirkung. (1) Der Personalrat wirkt mit bei

1. Vorbereitung von Verwaltungsanordnungen einer Dienststelle für die innerdienstlichen, sozialen und persönlichen Angelegenheiten der Beschäftigten ihres Geschäftsbereiches, wenn nicht nach § 118 des Bundesbeamtengesetzes[2)] die Spitzenorganisationen der zuständigen Gewerkschaften bei der Vorbereitung zu beteiligen sind,
2. Auflösung, Einschränkung, Verlegung oder Zusammenlegung, Aufspaltung oder Ausgliederung von Dienststellen oder wesentlichen Teilen von ihnen,
3. Übertragung von Aufgaben der Dienststelle, die üblicherweise von ihren Beschäftigten wahrgenommen werden, auf Dauer an Privatpersonen oder andere Rechtsträger in der Rechtsform des Privatrechts,
4. Erlass einer Disziplinarverfügung gegen eine Beamtin oder einen Beamten, mit der eine Zurückstufung oder Entfernung aus dem Beamtenverhältnis ausgesprochen wird,
5. Entlassung einer Beamtin oder eines Beamten auf Probe oder auf Widerruf, die oder der die Entlassung nicht selbst beantragt hat,
6. vorzeitiger Versetzung in den Ruhestand und Feststellung der begrenzten Dienstfähigkeit.

(2) [1] Maßnahmen nach Absatz 1 Nummer 4 bis 6 gegenüber den in § 78 Absatz 4 genannten Beschäftigten unterliegen nicht der Mitwirkung. [2] Im Übrigen wird der Personalrat in den Fällen des Absatzes 1 Nummer 4 bis 6 nur auf Antrag der oder des Beschäftigten beteiligt; die oder der Beschäftigte ist von der beabsichtigten Maßnahme rechtzeitig vorher in Kenntnis zu setzen. [3] Der Personalrat kann bei der Mitwirkung nach Absatz 1 Nummer 4 Einwendungen auf die in § 78 Absatz 5 Nummer 1 und 2 bezeichneten Gründe stützen.

---

1) § 84 Abs. 1 Nr. 4 neu gef., Abs. 2 Satz 1 geänd. mWv 1.4.2024 durch G v. 20.12.2023 (BGBl. 2023 I Nr. 389).

2) Nr. **160**.

§ 85[1)] Ordentliche Kündigung. (1) [1] Der Personalrat wirkt bei der ordentlichen Kündigung durch den Arbeitgeber mit. [2] § 78 Absatz 4 gilt entsprechend. [3] Der Personalrat kann gegen die Kündigung Einwendungen erheben, wenn nach seiner Ansicht

1. bei der Auswahl der zu kündigenden Arbeitnehmerin oder des zu kündigenden Arbeitnehmers soziale Gesichtspunkte nicht oder nicht ausreichend berücksichtigt worden sind,
2. die Kündigung gegen eine Richtlinie nach § 80 Absatz 1 Nummer 12 verstößt,
3. die zu kündigende Arbeitnehmerin oder der zu kündigende Arbeitnehmer an einem anderen Arbeitsplatz in derselben Dienststelle oder in einer anderen Dienststelle desselben Verwaltungszweiges an demselben Dienstort einschließlich seines Einzugsgebietes weiterbeschäftigt werden kann,
4. die Weiterbeschäftigung der Arbeitnehmerin oder des Arbeitnehmers nach zumutbaren Umschulungs- oder Fortbildungsmaßnahmen möglich ist oder
5. die Weiterbeschäftigung der Arbeitnehmerin oder des Arbeitnehmers unter geänderten Vertragsbedingungen möglich ist und die Arbeitnehmerin oder der Arbeitnehmer sich damit einverstanden erklärt.

[4] Wird der Arbeitnehmerin oder dem Arbeitnehmer gekündigt, obwohl der Personalrat Einwendungen gegen die Kündigung erhoben hat, so ist dem Arbeitnehmer mit der Kündigung eine Kopie der Stellungnahme des Personalrats zuzuleiten, es sei denn, dass die Stufenvertretung in der Verhandlung nach § 82 Absatz 1 Satz 2 die Einwendungen nicht aufrechterhalten hat.

(2) [1] Hat die Arbeitnehmerin oder der Arbeitnehmer im Fall des Absatzes 1 Satz 4 nach dem Kündigungsschutzgesetz[2)] Klage auf Feststellung erhoben, dass das Arbeitsverhältnis durch die Kündigung nicht aufgelöst ist, so muss der Arbeitgeber auf Verlangen der Arbeitnehmerin oder des Arbeitnehmers diese oder diesen nach Ablauf der Kündigungsfrist bis zum rechtskräftigen Abschluss des Rechtsstreits bei unveränderten Arbeitsbedingungen weiterbeschäftigen. [2] Auf Antrag des Arbeitgebers kann das Arbeitsgericht ihn durch einstweilige Verfügung von der Verpflichtung zur Weiterbeschäftigung nach Satz 1 entbinden, wenn

1. die Klage keine hinreichende Aussicht auf Erfolg bietet oder mutwillig erscheint,
2. die Weiterbeschäftigung zu einer unzumutbaren wirtschaftlichen Belastung des Arbeitgebers führen würde oder
3. der Widerspruch des Personalrats offensichtlich unbegründet war.

(3) Eine Kündigung ist unwirksam, wenn der Personalrat nicht beteiligt worden ist.

Abschnitt 5. Anhörung

§ 86 Außerordentliche Kündigung und fristlose Entlassung. [1] Vor fristlosen Entlassungen und außerordentlichen Kündigungen ist der Personalrat anzuhören. [2] Die Leiterin oder der Leiter der Dienststelle hat die beabsichtigte Maßnahme zu begründen. [3] Hat der Personalrat Bedenken, so hat er sie unter Angabe der Gründe der Leiterin oder dem Leiter der Dienststelle unverzüglich, spätestens jedoch innerhalb von drei Arbeitstagen schriftlich oder elektronisch mitzuteilen. [4] § 85 Absatz 3 gilt entsprechend.

§ 87 Weitere Angelegenheiten der Anhörung. (1) [1] Vor der Weiterleitung von Personalanforderungen zum Haushaltsvoranschlag ist der Personalrat anzuhö-

[1)] § 85 Abs. 1 Satz 2 geänd. mWv 1.4.2024 durch G v. 20.12.2023 (BGBl. 2023 I Nr. 389).
[2)] **Habersack Nr. 84.**

ren. [2]Gibt der Personalrat einer nachgeordneten Dienststelle zu den Personalanforderungen eine Stellungnahme ab, so ist diese mit den Personalanforderungen der übergeordneten Dienststelle vorzulegen. [3]Das gilt entsprechend für die Personalplanung.

(2) Absatz 1 gilt entsprechend für Neu-, Um- und Erweiterungsbauten von Diensträumen.

(3) Vor grundlegenden Änderungen von Arbeitsverfahren und Arbeitsabläufen ist der Personalrat anzuhören.

Kapitel 5. Stufenvertretungen und Gesamtpersonalrat

Abschnitt 1. Bildung und Beteiligung der Stufenvertretungen

§ 88 Errichtung. Für den Geschäftsbereich mehrstufiger Verwaltungen werden bei den Behörden der Mittelstufe Bezirkspersonalräte, bei den obersten Dienstbehörden Hauptpersonalräte gebildet.

§ 89 Wahl und Zusammensetzung. (1) [1]Die Mitglieder des Bezirkspersonalrats werden von den zum Geschäftsbereich der Behörde der Mittelstufe gehörenden Beschäftigten gewählt. [2]Die Mitglieder des Hauptpersonalrats werden von den zum Geschäftsbereich der obersten Dienstbehörde gehörenden Beschäftigten gewählt.

(2) [1]Die §§ 13 bis 16, § 17 Absatz 1, 2, 6 und 7, die §§ 18 bis 22 sowie die §§ 24 bis 26 gelten entsprechend. [2]§ 15 Absatz 2 Nummer 4 gilt nur für die Beschäftigten der Dienststelle, bei der die Stufenvertretung zu errichten ist. [3]Eine Personalversammlung zur Bestellung des Bezirks- oder Hauptwahlvorstands findet nicht statt. [4]An ihrer Stelle übt die Leiterin oder der Leiter der Dienststelle, bei der die Stufenvertretung zu errichten ist, die Befugnis zur Bestellung des Wahlvorstands nach den §§ 22 und 24 aus.

(3) Werden in einer Verwaltung die Personalräte und Stufenvertretungen gleichzeitig gewählt, so führen die bei den Dienststellen bestehenden Wahlvorstände die Wahlen der Stufenvertretungen im Auftrag des Bezirks- oder Hauptwahlvorstands durch; andernfalls bestellen auf sein Ersuchen die Personalräte oder, wenn solche nicht bestehen, die Leiterinnen oder Leiter der Dienststellen die örtlichen Wahlvorstände für die Wahl der Stufenvertretungen.

(4) [1]In den Stufenvertretungen erhält jede Gruppe mindestens eine Vertreterin oder einen Vertreter. [2]Besteht die Stufenvertretung aus mehr als neun Mitgliedern, erhält jede Gruppe mindestens zwei Vertreterinnen oder Vertreter. [3]§ 17 Absatz 5 gilt entsprechend.

§ 90 Amtszeit und Geschäftsführung. [1]Für die Stufenvertretungen gilt Kapitel 2 Abschnitt 2 und 3 mit Ausnahme des § 45 entsprechend. [2]§ 36 Absatz 1 gilt mit der Maßgabe, dass die Mitglieder der Stufenvertretung spätestens zehn Arbeitstage nach dem Wahltag einzuberufen sind.

§ 91 Rechtsstellung. Für die Rechtsstellung der Mitglieder der Stufenvertretung gilt Kapitel 2 Abschnitt 4 mit Ausnahme des § 52 Absatz 2 entsprechend.

§ 92 Zuständigkeit. (1) In Angelegenheiten, in denen die Dienststelle nicht zur Entscheidung befugt ist, ist an Stelle des Personalrats die bei der zuständigen Dienststelle gebildete Stufenvertretung zu beteiligen.

(2) [1] Vor einem Beschluss in Angelegenheiten, die einzelne Beschäftigte oder Dienststellen betreffen, gibt die Stufenvertretung dem Personalrat oder, sofern dieser zuständig wäre, dem bei dieser Dienststelle gebildeten Gesamtpersonalrat Gelegenheit zur Äußerung. [2] In diesem Fall verdoppeln sich die Fristen des § 70 Absatz 3 Satz 1 und 2, des § 71 Absatz 1 Satz 1, des § 81 Absatz 2 Satz 1 sowie des § 82 Absatz 1 Satz 1, sofern die Stufenvertretung und die Leiterin oder der Leiter der Dienststelle keine abweichende Regelung vereinbaren.

(3) Für die Aufgaben, Befugnisse und Pflichten der Stufenvertretungen gilt Kapitel 4 entsprechend.

(4) Werden im Geschäftsbereich mehrstufiger Verwaltungen personelle oder soziale Maßnahmen von einer Dienststelle getroffen, bei der keine für eine Beteiligung an diesen Maßnahmen zuständige Personalvertretung vorgesehen ist, so ist die Stufenvertretung bei der nächsthöheren Dienststelle, zu deren Geschäftsbereich die entscheidende Dienststelle und die von der Entscheidung Betroffenen gehören, zu beteiligen.

Abschnitt 2. Bildung und Beteiligung des Gesamtpersonalrats

§ 93 Errichtung. In den Fällen des § 7 wird neben den einzelnen Personalräten ein Gesamtpersonalrat gebildet.

§ 94 Anzuwendende Vorschriften. Für den Gesamtpersonalrat gelten § 89 Absatz 1, 2 und 4, § 90 Satz 1 sowie § 91 entsprechend.

§ 95 Zuständigkeit. (1) Für die Verteilung der Zuständigkeiten zwischen Personalrat und Gesamtpersonalrat gilt § 92 Absatz 1 und 2 entsprechend.

(2) Für die Aufgaben, Befugnisse und Pflichten des Gesamtpersonalrats gilt Kapitel 4 entsprechend.

Kapitel 6. Arbeitsgemeinschaft der Hauptpersonalräte

§ 96 Zusammensetzung, Amtszeit, Teilnahmerechte. (1) [1] Die Hauptpersonalräte bei den obersten Bundesbehörden bilden die Arbeitsgemeinschaft der Hauptpersonalräte. [2] Ist in der obersten Bundesbehörde kein Hauptpersonalrat gebildet, gilt der Gesamtpersonalrat oder, falls ein Gesamtpersonalrat nicht gebildet ist, der Personalrat der obersten Bundesbehörde als Hauptpersonalrat im Sinne dieses Kapitels.

(2) [1] Jeder Hauptpersonalrat entsendet ein Mitglied in die Arbeitsgemeinschaft der Hauptpersonalräte und bestimmt mindestens ein Ersatzmitglied. [2] Die Mitgliedschaft in der Arbeitsgemeinschaft der Hauptpersonalräte endet durch das Erlöschen der Mitgliedschaft in dem entsendenden Hauptpersonalrat, die Abberufung durch den entsendenden Hauptpersonalrat oder die Niederlegung des Amts in der Arbeitsgemeinschaft der Hauptpersonalräte. [3] § 32 ist entsprechend anzuwenden.

(3) Die Arbeitsgemeinschaft der Hauptpersonalräte wählt aus ihrer Mitte bis zu zwei Vorsitzende und bis zu zwei stellvertretende Vorsitzende.

(4) Die Amtszeit der Arbeitsgemeinschaft der Hauptpersonalräte beginnt am 1. Juni des Jahres, in dem die regelmäßigen Personalratswahlen stattfinden, und endet mit dem Ablauf von vier Jahren.

(5) Ein Vertreter oder eine Vertreterin der Haupt-Jugend- und -Auszubildendenvertretungen, der oder die von diesen benannt wird, und je ein Vertreter oder eine Vertreterin der Arbeitsgemeinschaft der Schwerbehindertenvertretungen des

Bundes und der Vereinigung der Schwerbehindertenvertretungen des Bundes haben das Recht, an den Sitzungen der Arbeitsgemeinschaft der Hauptpersonalräte beratend teilzunehmen.

§ 97 Geschäftsführung und Rechtsstellung. (1) Für die Geschäftsführung der Arbeitsgemeinschaft der Hauptpersonalräte und die Rechtsstellung ihrer Mitglieder gelten § 36 Absatz 2 Satz 1 bis 3, die §§ 38, 43 und 44 sowie die §§ 48 bis 52 Absatz 1 entsprechend.

(2) [1] Die Geschäftsstelle der Arbeitsgemeinschaft der Hauptpersonalräte wird bei der obersten Bundesbehörde eingerichtet, deren Geschäftsbereich die oder der Vorsitzende der Arbeitsgemeinschaft der Hauptpersonalräte angehört. [2] Hat die Arbeitsgemeinschaft der Hauptpersonalräte zwei Vorsitzende gewählt, beschließt sie mit einfacher Mehrheit über den Sitz der Geschäftsstelle bei einer der obersten Bundesbehörden, deren Geschäftsbereichen die Vorsitzenden angehören.

§ 98 Stellungnahmerecht bei ressortübergreifenden Digitalisierungsmaßnahmen. (1) [1] Vor Entscheidungen oberster Bundesbehörden oder Vorlagen an die Bundesregierung in Angelegenheiten des § 80 Absatz 1 Nummer 21, die die Geschäftsbereiche mehrerer oberster Bundesbehörden betreffen, ist der Arbeitsgemeinschaft der Hauptpersonalräte Gelegenheit zur Stellungnahme zu geben. [2] Das Stellungnahmerecht erstreckt sich auch auf Maßnahmen, die

1. mit den in Satz 1 genannten Angelegenheiten unmittelbar zusammenhängen,
2. ebenfalls die Geschäftsbereiche mehrerer oberster Bundesbehörden betreffen und
3. der Beteiligung nach Kapitel 4 unterlägen, wenn sie von einer Dienststelle nur für ihre Beschäftigten getroffen würden, mit Ausnahme personeller Einzelmaßnahmen.

(2) [1] Die federführend zuständige oberste Bundesbehörde unterrichtet die Arbeitsgemeinschaft der Hauptpersonalräte rechtzeitig und umfassend von der beabsichtigten Entscheidung und legt ihr die hierfür erforderlichen Unterlagen vor. [2] Die Arbeitsgemeinschaft der Hauptpersonalräte teilt der obersten Bundesbehörde ihre Stellungnahme innerhalb einer Frist von vier Wochen mit, soweit nicht einvernehmlich eine andere Frist vereinbart ist. [3] In dringenden Fällen kann die Dienststelle die Frist auf eine Woche verkürzen oder, sofern die Entscheidung der Natur der Sache nach keinen Aufschub duldet, die Stellungnahme nachträglich einholen. [4] Auf Verlangen der Arbeitsgemeinschaft der Hauptpersonalräte ist die beabsichtigte Maßnahme mit ihr vor Abgabe der Stellungnahme zu erörtern.

(3) [1] Die Befugnisse und Pflichten der Personalvertretungen nach diesem Gesetz bleiben unberührt. [2] Die Arbeitsgemeinschaft der Hauptpersonalräte informiert die Hauptpersonalräte regelmäßig über ihre Tätigkeit.

Kapitel 7. Jugend- und Auszubildendenvertretung, Jugend- und Auszubildendenversammlung

§ 99 Errichtung. In Dienststellen, bei denen Personalvertretungen gebildet sind und denen in der Regel mindestens fünf Beschäftigte angehören, die das 18. Lebensjahr noch nicht vollendet haben oder die sich in einer beruflichen Ausbildung befinden, werden Jugend- und Auszubildendenvertretungen gebildet.

§ 100 Wahlberechtigung und Wählbarkeit. (1) [1] Wahlberechtigt sind die Beschäftigten, die am Wahltag das 18. Lebensjahr noch nicht vollendet haben oder sich in einer beruflichen Ausbildung befinden. [2] § 14 Absatz 1 Nummer 1 und 2 sowie Absatz 2 gilt entsprechend.

(2) [1] Wählbar sind die Beschäftigten, die am Wahltag das 26. Lebensjahr noch nicht vollendet haben oder sich in einer beruflichen Ausbildung befinden. [2] § 15 Absatz 1 Satz 1 Nummer 2, Satz 2 und Absatz 2 Nummer 1, 2 und 4 gilt entsprechend. [3] Die gleichzeitige Mitgliedschaft im Personalrat und in der Jugend- und Auszubildendenvertretung ist zulässig. [4] Ein Mitglied des Personalrats, das gleichzeitig Mitglied der Jugend- und Auszubildendenvertretung ist, darf bei Beschlussfassungen des Personalrats, bei denen die Vertreterinnen und Vertreter der Jugend- und Auszubildendenvertretung stimmberechtigt sind, nur eine Stimme abgeben.

§ 101 Größe und Zusammensetzung. (1) Die Jugend- und Auszubildendenvertretung besteht in Dienststellen mit in der Regel

1. 5 bis 20 Beschäftigten, die das 18. Lebensjahr noch nicht vollendet haben oder sich in einer beruflichen Ausbildung befinden, aus einer Jugend- und Auszubildendenvertreterin oder einem Jugend- und Auszubildendenvertreter,
2. 21 bis 50 der in Nummer 1 genannten Beschäftigten aus drei Jugend- und Auszubildendenvertreterinnen oder -vertretern,
3. 51 bis 200 der in Nummer 1 genannten Beschäftigten aus fünf Jugend- und Auszubildendenvertreterinnen oder -vertretern,
4. 201 bis 300 der in Nummer 1 genannten Beschäftigten aus sieben Jugend- und Auszubildendenvertreterinnen oder -vertretern,
5. 301 bis 1 000 der in Nummer 1 genannten Beschäftigten aus elf Jugend- und Auszubildendenvertreterinnen oder -vertretern,
6. mehr als 1 000 der in Nummer 1 genannten Beschäftigten aus 15 Jugend- und Auszubildendenvertreterinnen oder -vertretern.

(2) Die Jugend- und Auszubildendenvertretung soll sich aus Vertreterinnen oder Vertretern der verschiedenen Beschäftigungsarten der Beschäftigten, die das 18. Lebensjahr noch nicht vollendet haben oder sich in einer beruflichen Ausbildung befinden, zusammensetzen.

(3) Frauen und Männer sollen in der Jugend- und Auszubildendenvertretung entsprechend ihrem Zahlenverhältnis unter den Beschäftigten, die das 18. Lebensjahr noch nicht vollendet haben oder sich in einer beruflichen Ausbildung befinden, vertreten sein.

§ 102 Wahl, Amtszeit und Vorsitz. (1) [1] Spätestens acht Wochen vor Ablauf der Amtszeit der Jugend- und Auszubildendenvertretung bestimmt der Personalrat im Einvernehmen mit der Jugend- und Auszubildendenvertretung den Wahlvorstand und seinen Vorsitzenden oder seine Vorsitzende. [2] § 21 Satz 5 bis 7 gilt entsprechend. [3] Kommt ein Einvernehmen zwischen Personalrat und Jugend- und Auszubildendenvertretung nicht zustande, gelten die §§ 22 und 23 entsprechend mit der Maßgabe, dass an die Stelle einer Personalversammlung eine Jugend- und Auszubildendenversammlung tritt. [4] Für die Wahl der Jugend- und Auszubildendenvertretung gelten § 19 Absatz 1 und 3, § 20 Absatz 1 Satz 1, Absatz 2, 4 und 5, § 25 Absatz 1 Satz 1 und 2, Absatz 2 und § 26 entsprechend.

(2) [1] Die regelmäßigen Wahlen der Jugend- und Auszubildendenvertretung finden alle zwei Jahre in der Zeit vom 1. März bis 31. Mai statt. [2] Die Amtszeit der Jugend- und Auszubildendenvertretung beginnt am 1. Juni des Jahres, in dem die regelmäßigen Wahlen der Jugend- und Auszubildendenvertretung stattfinden, und

endet mit dem Ablauf von zwei Jahren. [3] § 27 Absatz 2 Satz 2 ist entsprechend anzuwenden. [4] Für die Wahl der Jugend- und Auszubildendenvertretung außerhalb des in Satz 1 genannten Zeitraums gilt § 28 Absatz 1 Nummer 2 bis 6, Absatz 2, 3 und 5 entsprechend.

(3) Besteht die Jugend- und Auszubildendenvertretung aus mehr als zwei Mitgliedern, so wählt sie aus ihrer Mitte eine Vorsitzende oder einen Vorsitzenden und eine stellvertretende Vorsitzende oder einen stellvertretenden Vorsitzenden.

(4) Die §§ 29 bis 33 gelten entsprechend.

§ 103 Aufgaben. Die Jugend- und Auszubildendenvertretung hat folgende allgemeine Aufgaben:

1. Maßnahmen beim Personalrat zu beantragen, die den Beschäftigten dienen, die das 18. Lebensjahr noch nicht vollendet haben oder sich in einer beruflichen Ausbildung befinden, insbesondere Maßnahmen auf dem Gebiet der Berufsbildung,
2. darüber zu wachen, dass die zugunsten der in Nummer 1 genannten Beschäftigten geltenden Gesetze, Verordnungen, Unfallverhütungsvorschriften, Tarifverträge, Dienstvereinbarungen und Verwaltungsanordnungen durchgeführt werden,
3. Anregungen und Beschwerden der in Nummer 1 genannten Beschäftigten, insbesondere auf dem Gebiet der Berufsbildung, entgegenzunehmen und, falls die Anregungen und Beschwerden berechtigt erscheinen, beim Personalrat auf eine Erledigung hinzuwirken; die Jugend- und Auszubildendenvertretung hat die betroffenen Beschäftigten über den Stand und das Ergebnis der Verhandlungen zu informieren.

§ 104 Zusammenarbeit mit dem Personalrat. (1) Die Zusammenarbeit der Jugend- und Auszubildendenvertretung mit dem Personalrat bestimmt sich nach § 36 Absatz 3, § 37 Absatz 1 und § 42.

(2) [1] Zur Durchführung ihrer Aufgaben ist die Jugend- und Auszubildendenvertretung durch den Personalrat rechtzeitig und umfassend zu unterrichten. [2] Die Jugend- und Auszubildendenvertretung kann verlangen, dass ihr der Personalrat die zur Durchführung ihrer Aufgaben erforderlichen Unterlagen, einschließlich der für die Durchführung seiner Aufgaben erforderlichen personenbezogenen Daten, zur Verfügung stellt. [3] § 69 gilt entsprechend.

(3) [1] Der Personalrat hat die Jugend- und Auszubildendenvertretung zu den Besprechungen zwischen der Leiterin oder dem Leiter der Dienststelle und dem Personalrat nach § 65 beizuziehen, wenn Angelegenheiten behandelt werden, die besonders die Beschäftigten betreffen, die das 18. Lebensjahr noch nicht vollendet haben oder sich in einer beruflichen Ausbildung befinden. [2] Darüber hinaus sollen die Leiterin oder der Leiter der Dienststelle und die Jugend- und Auszubildendenvertretung mindestens einmal im Halbjahr zu einer Besprechung zusammentreten.

(4) [1] Die Jugend- und Auszubildendenvertretung kann nach Verständigung des Personalrats Sitzungen abhalten; § 36 Absatz 1 und 2, § 37 Absatz 2 und 3, die §§ 38, 39 und 41 sowie die §§ 43 und 44 gelten entsprechend. [2] An den Sitzungen der Jugend- und Auszubildendenvertretung kann ein vom Personalrat beauftragtes Personalratsmitglied teilnehmen.

§ 105 Anzuwendende Vorschriften. [1] Für die Jugend- und Auszubildendenvertretung gelten § 2 Absatz 5, die §§ 45 bis 52 Absatz 1 und § 54 entsprechend.

[2] § 55 gilt entsprechend mit der Maßgabe, dass die außerordentliche Kündigung, die Versetzung und die Abordnung von Mitgliedern der Jugend- und Auszubildendenvertretung der Zustimmung des Personalrats bedürfen. [3] Für Mitglieder des Wahlvorstands und Wahlbewerberinnen und Wahlbewerber gilt § 55 Absatz 1 und 2 Satz 1 und 2 entsprechend. [4] § 56 gilt entsprechend; in dem Verfahren vor dem Verwaltungsgericht nach § 56 Absatz 4 ist bei einem Mitglied der Jugend- und Auszubildendenvertretung auch diese Beteiligte.

§ 106 Jugend- und Auszubildendenversammlung. [1] Die Jugend- und Auszubildendenvertretung hat einmal in jedem Kalenderjahr eine Jugend- und Auszubildendenversammlung durchzuführen. [2] Diese soll möglichst unmittelbar vor oder nach einer ordentlichen Personalversammlung stattfinden. [3] Sie wird von der oder dem Vorsitzenden der Jugend- und Auszubildendenvertretung geleitet. [4] Der oder die Personalratsvorsitzende oder ein vom Personalrat beauftragtes Mitglied soll an der Jugend- und Auszubildendenversammlung teilnehmen. [5] Die für die Personalversammlung geltenden Vorschriften gelten entsprechend. [6] Außer der in Satz 1 bezeichneten Jugend- und Auszubildendenversammlung kann eine weitere, nicht auf Wunsch des Leiters oder der Leiterin der Dienststelle einberufene Versammlung während der Arbeitszeit stattfinden.

§ 107 Stufenvertretungen. (1) [1] Für den Geschäftsbereich mehrstufiger Verwaltungen werden, soweit Stufenvertretungen bestehen, bei den Behörden der Mittelstufen Bezirks-Jugend- und -Auszubildendenvertretungen und bei den obersten Dienstbehörden Haupt-Jugend- und -Auszubildendenvertretungen gebildet. [2] Für die Jugend- und Auszubildendenstufenvertretungen gelten § 89 Absatz 1 und 3 sowie die §§ 99 bis 105 entsprechend.

(2) [1] In den Fällen des § 7 wird neben den einzelnen Jugend- und Auszubildendenvertretungen eine Gesamt-Jugend- und -Auszubildendenvertretung gebildet. [2] Absatz 1 Satz 2 gilt entsprechend.

Kapitel 8. Gerichtliche Entscheidungen

§ 108 Zuständigkeit der Verwaltungsgerichte, Anwendung des Arbeitsgerichtsgesetzes. (1) Die Verwaltungsgerichte, im dritten Rechtszug das Bundesverwaltungsgericht, entscheiden in den Fällen der §§ 26, 30, 55 Absatz 1 und des § 56 sowie über

1. Wahlberechtigung und Wählbarkeit,
2. Wahl, Amtszeit und Zusammensetzung der Personalvertretungen und der Jugend- und Auszubildendenvertretungen,
3. Zuständigkeit, Geschäftsführung und Rechtsstellung der Personalvertretungen und der Jugend- und Auszubildendenvertretungen,
4. Rechtmäßigkeit eines Beschlusses der Einigungsstelle oder Aufhebung eines Beschlusses der Einigungsstelle durch die oberste Dienstbehörde sowie
5. Bestehen oder Nichtbestehen von Dienstvereinbarungen.

(2) Die Vorschriften des Arbeitsgerichtsgesetzes[1)] über das Beschlussverfahren gelten entsprechend.

§ 109 Bildung von Fachkammern und Fachsenaten. (1) [1] Für Streitigkeiten nach diesem Teil sind bei den Verwaltungsgerichten Fachkammern und bei den

[1)] **Schönfelder Nr. 83.**

Oberverwaltungsgerichten Fachsenate zu bilden. [2]Die Zuständigkeit einer Fachkammer kann auf die Bezirke anderer Gerichte oder Teile von ihnen erstreckt werden.

(2) Die Fachkammern und Fachsenate entscheiden in der Besetzung mit einer oder einem Vorsitzenden und vier ehrenamtlichen Richterinnen oder Richtern.

(3) [1]Die ehrenamtlichen Richterinnen und Richter müssen Beschäftigte im öffentlichen Dienst des Bundes sein. [2]Sie werden durch die Landesregierung oder die von ihr bestimmte Stelle je zur Hälfte auf Vorschlag der Gewerkschaften, die unter den Beschäftigten vertreten sind, und der in § 1 bezeichneten Verwaltungen und Gerichte berufen. [3]Von den von den Gewerkschaften vorzuschlagenden ehrenamtlichen Richterinnen und Richtern muss eine Person Beamtin oder Beamter und die andere Arbeitnehmerin oder Arbeitnehmer sein. [4]Für die Berufung und die Stellung der ehrenamtlichen Richterinnen und Richter und für ihre Heranziehung zu den Sitzungen gelten die Vorschriften des Arbeitsgerichtsgesetzes[1)] über ehrenamtliche Richterinnen und Richter entsprechend.

Kapitel 9. Sondervorschriften

Abschnitt 1. Vorschriften für besondere Verwaltungszweige

§ 110 Grundsatz. Für die nachstehenden Zweige des öffentlichen Dienstes gilt dieses Gesetz, soweit im Folgenden nichts anderes bestimmt ist.

§ 111 Bundespolizei. (1) [1]Die Beschäftigten der Bundespolizeibehörden und der ihnen nachgeordneten Dienststellen wählen Bundespolizeipersonalvertretungen. [2]Bundespolizeipersonalvertretungen sind die Bundespolizeipersonalräte, die Bundespolizeibezirkspersonalräte und der Bundespolizeihauptpersonalrat.

(2) Die Vorschriften über die Jugend- und Auszubildendenvertretung gelten nicht für die Polizeivollzugsbeamtinnen und -beamten.

(3) Eine Beteiligung der Bundespolizeipersonalvertretung findet nicht statt bei

1. Anordnungen für Polizeivollzugsbeamtinnen und -beamte, durch die Einsätze oder Einsatzübungen geregelt werden,
2. der Einstellung von Polizeivollzugsbeamtinnen und -beamten für die Grundausbildung.

§ 112 Bundesnachrichtendienst. (1) [1]Teile und Stellen des Bundesnachrichtendienstes, die nicht zur Zentrale des Bundesnachrichtendienstes gehören, gelten als Dienststellen im Sinne des § 4 Absatz 1 Nummer 6. [2]In Zweifelsfällen entscheidet die Präsidentin oder der Präsident des Bundesnachrichtendienstes über die Dienststelleneigenschaft.

(2) Die Mitgliedschaft im Personalrat ruht bei Personen, die zu einer sicherheitsempfindlichen Tätigkeit nicht zugelassen sind.

(3) [1]Die Personalversammlungen finden nur in den Räumen der Dienststelle statt. [2]Die Präsidentin oder der Präsident des Bundesnachrichtendienstes kann nach Anhörung des Personalrats bestimmen, dass Personalversammlungen als Teilversammlung durchgeführt werden. [3]Die Leiterin oder der Leiter der Dienststelle kann nach Anhörung des Personalrats bestimmen, dass Beschäftigte, bei denen dies wegen ihrer dienstlichen Aufgaben zwingend geboten ist, nicht an der jeweiligen Personalversammlung teilnehmen. [4]Die Tagesordnung der Personalversammlung

---

[1)] **Schönfelder Nr. 83.**

und die in der Personalversammlung sowie im Tätigkeitsbericht zu behandelnden Punkte legt der Personalrat im Benehmen mit der Leiterin oder dem Leiter der Dienststelle fest. [5] Andere Punkte dürfen nicht behandelt werden.

(4) [1] In den Fällen der §§ 22 und 24 sowie des § 28 Absatz 3 bestellt die Leiterin oder der Leiter der Dienststelle den Wahlvorstand. [2] Die Beschäftigten des Bundesnachrichtendienstes wählen keine Stufenvertretung. [3] Soweit eine Stufenvertretung zuständig ist, ist an ihrer Stelle der Gesamtpersonalrat zu beteiligen. [4] Die Aufgaben der obersten Dienstbehörde nach diesem Gesetz nimmt die Chefin oder der Chef des Bundeskanzleramtes wahr. [5] Die §§ 72 bis 75 sind nicht anzuwenden. [6] § 71 ist mit der Maßgabe anzuwenden, dass die oberste Dienstbehörde endgültig entscheidet. [7] In den Fällen des § 55 Absatz 2 tritt an die Stelle der Zustimmung die Mitwirkung nach Kapitel 4 Abschnitt 4.

(5) [1] § 77 Absatz 2 Satz 2 Nummer 1 und § 85 Absatz 2 sind nicht anzuwenden. [2] Die Regelungen der §§ 21, 37 Absatz 2, des § 42 Absatz 1 sowie des § 58 Absatz 2 über eine Beteiligung von Vertreterinnen oder Vertretern oder Beauftragten der Gewerkschaften und Arbeitgebervereinigungen sind nicht anzuwenden. [3] Die Präsidentin oder der Präsident des Bundesnachrichtendienstes kann bestimmen, dass Beauftragte der Gewerkschaften zu einer sicherheitsempfindlichen Tätigkeit zugelassen sein müssen. [4] Die Präsidentin oder der Präsident des Bundesnachrichtendienstes kann die Anwendung des § 13 Absatz 2 ausschließen.

(6) § 125 ist mit den Maßgaben anzuwenden, dass

1. § 125 Absatz 1 Satz 1 nur anzuwenden ist, wenn nicht alle Mitglieder der zuständigen Personalvertretung ermächtigt sind, von Verschlusssachen des entsprechenden Geheimhaltungsgrades Kenntnis zu erhalten;
2. Personalvertretungen keine Ausschüsse bilden; an die Stelle der Ausschüsse der Personalvertretungen tritt der Ausschuss des Gesamtpersonalrats;
3. die Präsidentin oder der Präsident des Bundesnachrichtendienstes außer in den Fällen des § 125 Absatz 5 auch bei Vorliegen besonderer nachrichtendienstlicher Gründe Anordnungen im Sinne des § 125 Absatz 5 treffen oder von einer Beteiligung absehen kann.

(7) [1] Bei Vorliegen besonderer Sicherheitsvorfälle oder einer besonderen Einsatzsituation, von der der Bundesnachrichtendienst ganz oder teilweise betroffen ist, ruhen die Rechte und Pflichten der zuständigen Personalvertretungen. [2] Beginn und Ende des Ruhens der Befugnisse der Personalvertretung werden jeweils von der Präsidentin oder dem Präsidenten des Bundesnachrichtendienstes im Einvernehmen mit der Chefin oder dem Chef des Bundeskanzleramtes festgestellt.

(8) [1] Für gerichtliche Entscheidungen nach § 108 Absatz 1 ist im ersten und letzten Rechtszug das Bundesverwaltungsgericht zuständig. [2] Im gerichtlichen Verfahren gilt § 99 der Verwaltungsgerichtsordnung[1)] entsprechend.

(9) Die oberste Dienstbehörde und der Gesamtpersonalrat können schriftlich oder elektronisch und jederzeit widerruflich eine von den Absätzen 1 bis 3, Absatz 4 Satz 1, 5 bis 7 sowie den Absätzen 5 und 6 abweichende Dienstvereinbarung treffen.

(10) Soweit sich aus den Absätzen 1 bis 9 nichts anderes ergibt, gelten die §§ 59 *bis 63 des Soldatinnen*- und Soldatenbeteiligungsgesetzes[2)] entsprechend.

[1)] Nr. **600**.
[2)] **Sartorius III Nr. 860.**

§ 113 Bundesamt für Verfassungsschutz. (1) Die Präsidentin oder der Präsident des Bundesamtes für Verfassungsschutz kann nach Anhörung des Personalrats bestimmen, dass Beschäftigte, bei denen dies wegen ihrer dienstlichen Aufgaben dringend geboten ist, nicht an Personalversammlungen teilnehmen.

(2) Die Regelungen der §§ 21, 37 Absatz 2, des § 42 Absatz 1 und des § 58 Absatz 2 über eine Beteiligung von Vertreterinnen oder Vertretern oder Beauftragten der Gewerkschaften und Arbeitgebervereinigungen sind nicht anzuwenden.

(3) Bei der Beteiligung der Stufenvertretung und der Einigungsstelle sind Angelegenheiten, die lediglich Beschäftigte des Bundesamtes für Verfassungsschutz betreffen, in entsprechender Anwendung des § 125 wie Verschlusssachen des Geheimhaltungsgrades „VS-VERTRAULICH" zu behandeln, soweit nicht die zuständige Stelle etwas anderes bestimmt.

§ 114 Bundesagentur für Arbeit und andere bundesunmittelbare Körperschaften des öffentlichen Rechts im Bereich der Sozialversicherung.

(1) Abweichend von § 4 Absatz 1 Nummer 4 sind bei der Bundesagentur für Arbeit und den anderen bundesunmittelbaren Körperschaften des öffentlichen Rechts im Bereich der Sozialversicherung Behörden der Mittelstufe im Sinne dieses Gesetzes die der Zentrale, der Hauptverwaltung oder der Hauptverwaltungsstelle unmittelbar nachgeordneten Dienststellen, denen andere Dienststellen nachgeordnet sind.

(2) [1] Abweichend von § 8 Satz 1 handelt für die Körperschaft der Vorstand, soweit ihm die Entscheidung zusteht. [2] Abweichend von § 8 Satz 2 kann der Vorstand sich durch eines oder mehrere seiner Mitglieder vertreten lassen.

(3) [1] Abweichend von § 8 Satz 1 handelt für die Agenturen für Arbeit, bei denen eine Geschäftsführung bestellt ist, und für die Regionaldirektionen der Bundesagentur für Arbeit das vorsitzende Mitglied der Geschäftsführung. [2] Abweichend von § 8 Satz 2 kann es sich durch eines oder mehrere der weiteren Mitglieder der Geschäftsführung vertreten lassen.

(4) [1] Als oberste Dienstbehörde im Sinne der §§ 71 bis 77 gilt der Vorstand. [2] Abweichend von § 71 Absatz 1 Satz 3 ist als oberste Dienstbehörde der Vorstand anzurufen.

§ 115 Deutsche Bundesbank. (1) [1] Oberste Dienstbehörde ist die Präsidentin oder der Präsident der Deutschen Bundesbank. [2] Der Vorstand gilt als oberste Dienstbehörde, soweit ihm die Entscheidung zusteht; § 71 Absatz 1 Satz 3 ist nicht anzuwenden.

(2) [1] Abweichend von § 8 Satz 1 handelt der Vorstand, soweit ihm die Entscheidung zusteht. [2] Er kann sich durch eines oder mehrere seiner Mitglieder vertreten lassen.

§ 116 Deutsche Welle. (1) [1] Die Einrichtungen der Deutschen Welle am Sitz Bonn und die Einrichtungen der Deutschen Welle am Sitz Berlin bilden je eine Dienststelle im Sinne dieses Gesetzes. [2] Leiterin oder Leiter der Dienststellen ist die Intendantin oder der Intendant. [3] Sie oder er gilt als oberste Dienstbehörde im Sinne dieses Gesetzes; § 71 Absatz 1 Satz 3 ist nicht anzuwenden. [4] § 8 ist entsprechend anzuwenden. [5] Andere als die in Satz 1 genannten Einrichtungen der Deutschen Welle werden von der Intendantin oder dem Intendanten einer Dienststelle zugeordnet. [6] § 7 ist nicht anzuwenden.

(2) [1] Die Beschäftigten in beiden Dienststellen wählen neben den örtlichen Personalräten einen Gesamtpersonalrat. [2] Dieser wirkt bei der Entscheidung nach Ab-

satz 1 Satz 5 mit. [3] Er ist zuständig für die Behandlung dienststellenübergreifender Angelegenheiten. [4] Der Gesamtpersonalrat hat seinen Sitz am Sitz der Intendantin oder des Intendanten. [5] Die für den Gesamtpersonalrat maßgebenden Bestimmungen sind im Übrigen entsprechend anzuwenden.

(3) [1] Die Beschäftigten im Sinne des § 99 in beiden Dienststellen wählen neben den örtlichen Jugend- und Auszubildendenvertretungen eine Gesamt-Jugend- und -Auszubildendenvertretung. [2] Absatz 2 Satz 3 gilt entsprechend. [3] Der Sitz der Gesamt-Jugend- und -Auszubildendenvertretung ist am Sitz des Gesamtpersonalrats. [4] Die für die Gesamt-Jugend- und -Auszubildendenvertretung maßgebenden Bestimmungen sind im Übrigen entsprechend anzuwenden.

(4) [1] Beschäftigte im Sinne dieses Gesetzes sind die durch Arbeitsvertrag unbefristet oder auf Zeit angestellten Beschäftigten der Deutschen Welle einschließlich der zu ihrer Berufsausbildung Beschäftigten. [2] Als Beschäftigte der Deutschen Welle gelten auch arbeitnehmerähnliche Personen im Sinne des § 12a des Tarifvertragsgesetzes[1)]; für sie gilt dieses Gesetz entsprechend. [3] Beschäftigte im Sinne dieses Gesetzes sind nicht:

1. die Intendantin oder der Intendant, die Direktorinnen und Direktoren sowie die Justitiarin oder der Justitiar,
2. arbeitnehmerähnliche Personen im Sinne des § 12a des Tarifvertragsgesetzes, die maßgeblich an der Programmgestaltung beteiligt sind,
3. sonstige freie Mitarbeiterinnen und Mitarbeiter sowie Personen, die auf Produktionsdauer beschäftigt sind.

[4] Beschäftigte, die in einer Einrichtung der Deutschen Welle im Ausland eingesetzt sind, sowie Volontärinnen und Volontäre sind nicht wählbar.

(5) § 46 Absatz 2 Satz 1 ist mit der Maßgabe anzuwenden, dass an die Stelle des Bundesreisekostengesetzes[2)] die Reisekostenordnung der Deutschen Welle tritt.

(6) [1] Bei Beschäftigten, deren Vergütung sich nach der Vergütungsgruppe I des Vergütungstarifvertrags der Deutschen Welle bemisst oder deren Vergütung über der höchsten Vergütungsgruppe liegt, wird der Personalrat in den Fällen des § 78 Absatz 1 nicht beteiligt. [2] Bei im Programmbereich Beschäftigten der Vergütungsgruppe II des Vergütungstarifvertrags der Deutschen Welle tritt in Fällen des § 78 Absatz 1 an die Stelle der Mitbestimmung des Personalrats die Mitwirkung. [3] Bei Beschäftigten mit überwiegend wissenschaftlicher oder künstlerischer Tätigkeit sowie bei Beschäftigten, die maßgeblich an der Programmgestaltung beteiligt sind, bestimmt der Personalrat in den Fällen des § 78 Absatz 1 nur mit, wenn sie dies beantragen; § 75 Absatz 3 gilt entsprechend.

§ 117[3)] Geschäftsbereich des Bundesministeriums der Verteidigung.

(1) Dieses Gesetz gilt für die bei militärischen Dienststellen und Einrichtungen der Bundeswehr beschäftigten Beamtinnen und Beamten sowie Arbeitnehmerinnen und Arbeitnehmer.

(2) § 64 Absatz 2 des Soldatinnen- und Soldatenbeteiligungsgesetzes[4)] gilt entsprechend.

[1)] **Habersack ErgBd. Nr. 81.**
[2)] Nr. **235**.
[3)] § 117 Abs. 6 angef. mWv 16.1.2026 durch G v. 9.1.2026 (BGBl. 2026 I Nr. 7).
[4)] **Sartorius III Nr. 860.**

(3) [1] § 78 Absatz 1 Nummer 14 gilt entsprechend bei der Bestellung von Soldatinnen und Soldaten zu Vertrauens- oder Betriebsärztinnen und -ärzten. [2] Hierbei ist nach § 40 Absatz 1 zu verfahren.

(4) § 84 Absatz 1 Nummer 2 findet bei der Auflösung, Einschränkung, Verlegung, Zusammenlegung, Aufspaltung oder Ausgliederung von militärischen Dienststellen und Einrichtungen oder wesentlichen Teilen von ihnen keine Anwendung, soweit militärische Gründe entgegenstehen.

(5) § 92 Absatz 4 ist mit den Maßgaben anzuwenden, dass

1. bei personellen oder sozialen Maßnahmen, die von einer Dienststelle, bei der keine für eine Beteiligung an diesen Maßnahmen zuständige Personalvertretung vorgesehen ist, mit Wirkung für einzelne Beschäftigte einer ihr nicht nachgeordneten Dienststelle getroffen werden, der Personalrat dieser Dienststelle von deren Leiterin oder Leiter zu beteiligen ist, nachdem zuvor ein Einvernehmen zwischen den Dienststellen über die beabsichtigte Maßnahme hergestellt worden ist;
2. bei innerdienstlichen oder sozialen Angelegenheiten, die Liegenschaften eines Dienstortes betreffen, die Beteiligung durch einen Ausschuss ausgeübt wird, der bei der für die Entscheidung zuständigen Stelle eingerichtet ist, sofern ein solcher gebildet worden ist und das gesetzlich zuständige Beteiligungsgremium zugestimmt hat. Die Aufgaben und Befugnisse der Leiterin oder des Leiters der Dienststelle werden in diesen Fällen durch die für die Entscheidung zuständige Stelle wahrgenommen. Kommt im Beteiligungsverfahren eine Einigung nicht zustande, richtet sich das weitere Verfahren nach den §§ 71 bis 75 oder nach § 82.

(6) Die Mitgliedschaft in einem Personalrat beim Bundesamt für den Militärischen Abschirmdienst ruht bei Personen, die zu einer sicherheitsempfindlichen Tätigkeit nicht zugelassen sind.

Abschnitt 2. Dienststellen des Bundes im Ausland

§ 118 Grundsatz. Für die Dienststellen des Bundes im Ausland gilt dieses Gesetz, soweit im Folgenden nichts anderes bestimmt ist.

§ 119 Allgemeine Regelungen. (1) Arbeitstage sind diejenigen Wochentage, die gemäß der für die Dienststelle geltenden Arbeitszeitregelung als Arbeitstage vorgesehen sind, mit Ausnahme der Tage, die nach der für die Dienststelle geltenden Feiertagsregelung für die Beschäftigten Feiertage sind.

(2) Nicht entsandte Beschäftigte (lokal Beschäftigte) gelten nicht als Beschäftigte im Sinne des § 4 Absatz 1 Nummer 5.

(3) Die Beschäftigten sind nicht in eine Stufenvertretung oder einen Gesamtpersonalrat bei einer Dienststelle im Inland wählbar.

(4) Für Streitigkeiten nach § 108, die eine Dienststelle des Bundes im Ausland betreffen, ist das Verwaltungsgericht zuständig, in dessen Bezirk die oberste Dienstbehörde ihren Sitz hat.

§ 120 Vertrauensperson der lokal Beschäftigten. (1) [1] In Dienststellen, in denen in der Regel mindestens fünf lokal Beschäftigte beschäftigt sind, wählen diese eine Vertrauensperson der lokal Beschäftigten und höchstens drei Stellvertreterinnen oder Stellvertreter. [2] In Nebenstellen, in denen in der Regel mindestens fünf lokal Beschäftigte beschäftigt sind, können diese zusätzlich eine Vertrauensperson der lokal Beschäftigten der Nebenstelle und eine Stellvertreterin oder einen Stellvertreter wählen. [3] Die Vertrauensperson der lokal Beschäftigten der Nebenstelle arbeitet vertrauensvoll mit der Vertrauensperson der lokal Beschäftigten der Dienststelle zusammen. [4]Gegenüber der Leiterin oder dem Leiter der Dienststelle vertritt die Vertrauensperson der lokal Beschäftigten der Dienststelle auch die Interessen der lokal Beschäftigten der Nebenstelle.

(2) [1]Gewählt werden die Vertrauensperson der lokal Beschäftigten und ihre Stellvertreterinnen oder Stellvertreter durch Handaufheben; widerspricht eine Wahlberechtigte oder ein Wahlberechtigter diesem Verfahren oder ordnet der Wahlvorstand für die Wahl zur Vertrauensperson der lokal Beschäftigten geheime Wahl an, so wird eine geheime Wahl vorgenommen. [2]§ 25 Absatz 1 Satz 1 und 2 und Absatz 2 gilt entsprechend. [3]Die Amtszeit der Vertrauensperson der lokal Beschäftigten und ihrer Stellvertreterinnen oder Stellvertreter beträgt vier Jahre; im Übrigen gilt § 31 Absatz 1 entsprechend. [4]§ 33 gilt mit der Maßgabe entsprechend, dass eine Neuwahl stattfindet, wenn nach Eintreten der Stellvertreterinnen oder Stellvertreter keine Vertrauensperson der lokal Beschäftigten mehr vorhanden ist.

(3) [1]Der Personalrat und die Vertrauensperson der lokal Beschäftigten arbeiten vertrauensvoll zusammen. [2]Die Vertrauensperson der lokal Beschäftigten nimmt Anregungen, Anträge und Beschwerden der lokal Beschäftigten in innerdienstlichen, sozialen und persönlichen Angelegenheiten entgegen und vertritt sie gegenüber der Leiterin oder dem Leiter der Dienststelle und dem Personalrat. [3]Vor der Beschlussfassung in Angelegenheiten, die die besonderen Interessen der lokal Beschäftigten wesentlich berühren, hat der Personalrat der Vertrauensperson der lokal Beschäftigten Gelegenheit zur Äußerung zu geben. [4]Die Vertrauensperson der lokal Beschäftigten hat in solchen Angelegenheiten das Recht, der Leiterin oder dem Leiter der Dienststelle schriftlich oder elektronisch Vorschläge zu unterbreiten. [5]Die Leiterin oder der Leiter der Dienststelle hat der Vertrauensperson der lokal Beschäftigten vor Entscheidungen in Personalangelegenheiten und sozialen Angelegenheiten der Beschäftigten, die die Interessen von einzelnen oder von allen lokal Beschäftigten wesentlich berühren, Gelegenheit zur Äußerung zu geben. [6]Gelegenheit zur Äußerung ist insbesondere zu geben vor der Einstellung und Kündigung lokal Beschäftigter sowie vor dem Erlass allgemeiner Verwaltungsanordnungen, bezüglich derer der Personalrat ein Beteiligungsrecht nach diesem Gesetz hat.

(4) [1]Für die Vertrauensperson der lokal Beschäftigten gelten § 2 Absatz 5, die §§ 45 bis 52 Absatz 1 Satz 1, § 59 Absatz 2 sowie § 65 entsprechend. [2]Der Personalrat und die Vertrauensperson der lokal Beschäftigten können vereinbaren, dass

1. Besprechungen im Sinne des § 65 durch den Personalrat und die Vertrauensperson der lokal Beschäftigten gemeinsam wahrgenommen werden,
2. eine gemeinsame Personalversammlung der lokal Beschäftigten und der Beschäftigten im Sinne des § 4 Absatz 1 Nummer 5 einberufen wird. § 61 Absatz 2 findet im Hinblick auf die lokal Beschäftigten keine Anwendung.

[3]Die Leiterin oder der Leiter der Dienststelle kann der gemeinsamen Wahrnehmung oder Einberufung einer gemeinsamen Personalversammlung widersprechen, wenn dienstliche Interessen der Bundesrepublik Deutschland entgegenstehen.

§ 121 Ergänzende Regelungen für die Dienststellen im Geschäftsbereich des Auswärtigen Amts mit Ausnahme der Dienststellen des Deutschen Archäologischen Instituts. (1) Die Leiterin oder der Leiter der Dienststelle kann sich bei Verhinderung mit der Zustimmung der Leiterin oder des Leiters der Verwaltung durch diese oder diesen vertreten lassen.

(2) Dienststellen, bei denen die Voraussetzungen des § 13 Absatz 1 nicht gegeben sind, gelten als der Botschaft im jeweiligen Empfangsstaat zugeordnet, soweit keine anderweitige Zuordnung gemäß § 13 Absatz 2 erfolgt ist.

(3) [1] Die nach § 14 wahlberechtigten Beschäftigten sind außer zur Wahl des Personalrats ihrer Dienststelle auch zur Wahl des Personalrats des Auswärtigen Amts wahlberechtigt. [2] Zur Wahl des Hauptpersonalrats des Auswärtigen Amts sind sie nicht wahlberechtigt. [3] Sofern sie in den Auswärtigen Dienst nicht nur zeitlich befristet entsprechend § 13 Absatz 1 des Gesetzes über den Auswärtigen Dienst[1] übernommen worden sind, sind sie auch zum Personalrat des Auswärtigen Amts wählbar, für die Dauer ihres dienstlichen Einsatzes außerhalb des Auswärtigen Amts jedoch im Sinne des § 33 Absatz 1 Satz 2 zeitweilig verhindert. [4] Aus einer Wahl in den Personalrat des Auswärtigen Amts folgt kein Anspruch auf eine Versetzung, Umsetzung oder Abordnung.

(4) [1] Die regelmäßigen Personalratswahlen zu den örtlichen Personalräten finden alle vier Jahre in der Zeit vom 1. Oktober bis zum 31. Dezember statt. [2] Abweichend von § 27 Absatz 2 beginnt die Amtszeit der Personalräte am 1. Januar des auf das Jahr der regelmäßigen Personalratswahlen folgenden Jahres und endet mit dem Ablauf von vier Jahren. [3] Ist am Tag des Ablaufs der Amtszeit ein neuer Personalrat nicht gewählt oder hat sich am Tag des Ablaufs der Amtszeit noch kein neuer Personalrat konstituiert, führt der Personalrat die Geschäfte weiter, bis sich der neu gewählte Personalrat konstituiert hat, längstens jedoch bis zum Ablauf des letzten Tags des Monats Februar des auf das Jahr der regelmäßigen Personalratswahlen folgenden Jahres.

(5) § 55 Absatz 2 gilt nicht für die nach Absatz 3 Satz 1 zur Wahl des Personalrats des Auswärtigen Amts wahlberechtigten Beschäftigten.

(6) Soweit eine Stufenvertretung zuständig wäre, ist an ihrer Stelle der Personalrat des Auswärtigen Amts zu beteiligen.

§ 122 Ergänzende Regelungen für die Dienststellen des Deutschen Archäologischen Instituts. (1) Die Verwaltungsstellen des Deutschen Archäologischen Instituts im Ausland sind Dienststellen, sofern es sich nicht lediglich um Nebenstellen oder Teile anderer im Ausland belegener Dienststellen handelt.

(2) Die nach § 14 wahlberechtigten Beschäftigten sind außer zur Wahl des Personalrats ihrer Dienststelle auch zur Wahl des Gesamtpersonalrats des Deutschen Archäologischen Instituts wahlberechtigt, jedoch nicht wählbar.

(3) [1] Soweit eine Stufenvertretung zuständig wäre, ist an ihrer Stelle der Gesamtpersonalrat des Deutschen Archäologischen Instituts zu beteiligen. [2] Die weitergehende Zuständigkeit des Hauptpersonalrats des Auswärtigen Amts wird hiervon nicht berührt.

§ 123 Ergänzende Regelungen für die Dienststellen des Bundesnachrichtendienstes. Auf die Dienststellen des Bundesnachrichtendienstes im Ausland findet § 119 Absatz 4 keine Anwendung.

§ 124 Ergänzende Regelungen für die Dienststellen im Geschäftsbereich des Bundesministeriums der Verteidigung. § 55 Absatz 2 gilt für Mitglieder von Personalräten im Geschäftsbereich des Bundesministeriums der Verteidigung im Ausland nur für die Dauer einer regelmäßigen Amtszeit in dem durch § 27 festgelegten Umfang.

---

[1] **Bundesbeamtengesetze Nr. 130.**

Abschnitt 3. Behandlung von Verschlusssachen

§ 125 Ausschuss für Verschlusssachen und Verfahren. (1) [1]Soweit eine Angelegenheit, an der eine Personalvertretung zu beteiligen ist, als Verschlusssache mindestens des Geheimhaltungsgrades „VS-VERTRAULICH" eingestuft ist, tritt an die Stelle der Personalvertretung ein Ausschuss. [2]Dem Ausschuss gehört höchstens je eine in entsprechender Anwendung des § 34 Absatz 1 gewählte Vertreterin oder ein in entsprechender Anwendung des § 34 Absatz 1 gewählter Vertreter der im Personalrat vertretenen Gruppen an. [3]Die Mitglieder des Ausschusses müssen ermächtigt sein, Kenntnis von Verschlusssachen des in Betracht kommenden Geheimhaltungsgrades zu erhalten. [4]Personalvertretungen bei Dienststellen, die Behörden der Mittelstufe nachgeordnet sind, bilden keinen Ausschuss; an ihre Stelle tritt der Ausschuss des Bezirkspersonalrats.

(2) Wird der zuständige Ausschuss nicht rechtzeitig gebildet, ist der Ausschuss der bei der Dienststelle bestehenden Stufenvertretung oder, wenn dieser nicht rechtzeitig gebildet wird, der Ausschuss der bei der obersten Dienstbehörde bestehenden Stufenvertretung zu beteiligen.

(3) [1]Die Einigungsstelle besteht in den in Absatz 1 Satz 1 bezeichneten Fällen abweichend von § 73 Absatz 2 aus je einer Beisitzerin oder einem Beisitzer, die oder der von der obersten Dienstbehörde und der bei ihr bestehenden zuständigen Personalvertretung bestellt wird, und einer oder einem unparteiischen Vorsitzenden. [2]Die oder der Vorsitzende sowie die Beisitzerinnen und Beisitzer müssen nach den dafür geltenden Bestimmungen ermächtigt sein, von Verschlusssachen des in Betracht kommenden Geheimhaltungsgrades Kenntnis zu erhalten.

(4) [1]§ 37 Absatz 1, § 92 Absatz 2 und die Vorschriften über die Beteiligung der Gewerkschaften und Arbeitgebervereinigungen in § 37 Absatz 2 und § 42 Absatz 1 sind nicht anzuwenden. [2]Angelegenheiten, die als Verschlusssachen mindestens des Geheimhaltungsgrades „VS-VERTRAULICH" eingestuft sind, werden in der Personalversammlung nicht behandelt.

(5) [1]Die oberste Dienstbehörde kann anordnen, dass in den Fällen des Absatzes 1 Satz 1 dem Ausschuss und der Einigungsstelle Unterlagen nicht vorgelegt und Auskünfte nicht erteilt werden dürfen, soweit dies zur Vermeidung von Nachteilen für das Wohl der Bundesrepublik Deutschland oder eines ihrer Länder oder auf Grund internationaler Verpflichtungen geboten ist. [2]Im Verfahren nach § 108 sind die gesetzlichen Voraussetzungen für die Anordnung glaubhaft zu machen.

Teil 2. Für die Länder geltende Vorschriften

§ 126 Anwendungsbereich. Dieser Teil gilt für die Personalvertretungen in den Ländern.

§ 127 Besonderer Schutz von Funktionsträgern. (1) [1]Die außerordentliche Kündigung von Mitgliedern der Personalvertretungen, der Jugendvertretungen oder der Jugend- und Auszubildendenvertretungen, der Wahlvorstände sowie von Wahlbewerberinnen und Wahlbewerbern, die in einem Arbeitsverhältnis stehen, bedarf der Zustimmung der zuständigen Personalvertretung. [2]Verweigert die zuständige Personalvertretung ihre Zustimmung oder äußert sie sich nicht innerhalb von drei Arbeitstagen nach Eingang des Antrags, so kann das Verwaltungsgericht *sie auf Antrag der Leiterin* oder des Leiters der Dienststelle ersetzen, wenn die außerordentliche Kündigung unter Berücksichtigung aller Umstände gerechtfertigt ist. [3]In dem Verfahren vor dem Verwaltungsgericht ist die betroffene Person Beteiligte.

(2) Auf Auszubildende, die Mitglied einer Personalvertretung oder einer Jugend- und Auszubildendenvertretung sind, ist § 56 anzuwenden.

§ 128 Beteiligung bei Kündigungen. Eine durch den Arbeitgeber ausgesprochene Kündigung des Arbeitsverhältnisses einer oder eines Beschäftigten ist unwirksam, wenn die Personalvertretung nicht beteiligt worden ist.

Teil 3. Schlussvorschriften

§ 129 Verordnungsermächtigung. Die Bundesregierung wird ermächtigt, zur Durchführung der in diesem Gesetz bezeichneten Wahlen durch Rechtsverordnung, die nicht der Zustimmung des Bundesrates bedarf, Vorschriften zu erlassen über

1. die Vorbereitung der Wahl, insbesondere die Aufstellung der Wählerlisten und die Errechnung der Vertreterzahl,
2. die Frist für die Einsichtnahme in die Wählerlisten und die Erhebung von Einsprüchen,
3. die Vorschlagslisten und die Frist für ihre Einreichung,
4. das Wahlausschreiben und die Fristen für seine Bekanntmachung,
5. die Stimmabgabe,
6. die Feststellung des Wahlergebnisses und die Fristen für seine Bekanntmachung,
7. die Aufbewahrung der Wahlakten.

§§ 130, 131[1] *(außer Kraft)*

[1] § 130 tritt gem. Art. 25 Abs. 3 G v. 9.6.2021 (BGBl. I S. 1614) am 31.12.2025 außer Kraft; § 131 ist gem. Art. 25 Abs. 2 G v. 9.6.2021 (BGBl. I S. 1614) am 31.12.2024 außer Kraft getreten.

245. Bundesdatenschutzgesetz (BDSG)[1) 2)]

Vom 30. Juni 2017
(BGBl. I S. 2097)

FNA 204-4

geänd. durch Art. 12 Zweites Datenschutz-Anpassungs- und Umsetzungsgesetz EU v. 20.11.2019 (BGBl. I S. 1626), Art. 10 TelekommunikationsmodernisierungsG v. 23.6.2021 (BGBl. I S. 1858, ber. 2022 S. 1045), Art. 10, Art. 9 G zur Anpassung der Bundesbesoldung und -versorgung für die Jahre 2023 und 2024 sowie zur Änd. weiterer dienstrechtlicher Vorschriften v. 22.12.2023 (BGBl. 2023 I Nr. 414), Art. 7 G zur Durchführung der VO (EU) 2022/2065 v. 6.5.2024 (BGBl. 2024 I Nr. 149) und Art. 3 G zur Umsetzung der RL (EU) 2023/2225 v. 12.5.2026 (BGBl. 2026 I Nr. 139)

Inhaltsübersicht[3)]

[1)] Verkündet als Art. 1 des Datenschutz-Anpassungs- und -UmsetzungsG EU v. 30.6.2017 (BGBl. I S. 2097); Inkrafttreten gem. Art. 8 Abs. 1 dieses G am 25.5.2018.

[2)] Die Änderungen durch G v. 12.5.2026 (BGBl. 2026 I Nr. 139) treten erst **mWv 20.11.2026** in Kraft und sind insoweit im Text noch nicht berücksichtigt.

[3)] Inhaltsübersicht geänd. mWv 26.11.2019 durch G v. 20.11.2019 (BGBl. I S. 1626).

Teil 1. Gemeinsame Bestimmungen

Kapitel 1. Anwendungsbereich und Begriffsbestimmungen

§ 1[1)] Anwendungsbereich des Gesetzes. (1) [1]Dieses Gesetz gilt für die Verarbeitung personenbezogener Daten durch

1. öffentliche Stellen des Bundes,
2. öffentliche Stellen der Länder, soweit der Datenschutz nicht durch Landesgesetz geregelt ist und soweit sie
   a) Bundesrecht ausführen oder

[1)] § 1 Abs. 4 Satz 2 Nr. 3, Abs. 6 Satz 1 geänd. mWv 26.11.2019 durch G v. 20.11.2019 (BGBl. I S. 1626).

b) als Organe der Rechtspflege tätig werden und es sich nicht um Verwaltungsangelegenheiten handelt.

[2] Für nichtöffentliche Stellen gilt dieses Gesetz für die ganz oder teilweise automatisierte Verarbeitung personenbezogener Daten sowie die nicht automatisierte Verarbeitung personenbezogener Daten, die in einem Dateisystem gespeichert sind oder gespeichert werden sollen, es sei denn, die Verarbeitung durch natürliche Personen erfolgt zur Ausübung ausschließlich persönlicher oder familiärer Tätigkeiten.

(2) [1] Andere Rechtsvorschriften des Bundes über den Datenschutz gehen den Vorschriften dieses Gesetzes vor. [2] Regeln sie einen Sachverhalt, für den dieses Gesetz gilt, nicht oder nicht abschließend, finden die Vorschriften dieses Gesetzes Anwendung. [3] Die Verpflichtung zur Wahrung gesetzlicher Geheimhaltungspflichten oder von Berufs- oder besonderen Amtsgeheimnissen, die nicht auf gesetzlichen Vorschriften beruhen, bleibt unberührt.

(3) Die Vorschriften dieses Gesetzes gehen denen des Verwaltungsverfahrensgesetzes[1)] vor, soweit bei der Ermittlung des Sachverhalts personenbezogene Daten verarbeitet werden.

(4) [1] Dieses Gesetz findet Anwendung auf öffentliche Stellen. [2] Auf nichtöffentliche Stellen findet es Anwendung, sofern

1. der Verantwortliche oder Auftragsverarbeiter personenbezogene Daten im Inland verarbeitet,
2. die Verarbeitung personenbezogener Daten im Rahmen der Tätigkeiten einer inländischen Niederlassung des Verantwortlichen oder Auftragsverarbeiters erfolgt oder
3. der Verantwortliche oder Auftragsverarbeiter zwar keine Niederlassung in einem Mitgliedstaat der Europäischen Union oder in einem anderen Vertragsstaat des Abkommens über den Europäischen Wirtschaftsraum hat, er aber in den Anwendungsbereich der Verordnung (EU) 2016/679[2)] des Europäischen Parlaments und des Rates vom 27. April 2016 zum Schutz natürlicher Personen bei der Verarbeitung personenbezogener Daten, zum freien Datenverkehr und zur Aufhebung der Richtlinie 95/46/EG (Datenschutz-Grundverordnung) (ABl. L 119 vom 4.5.2016, S. 1; L 314 vom 22.11.2016, S. 72; L 127 vom 23.5.2018, S. 2) in der jeweils geltenden Fassung fällt.

[3] Sofern dieses Gesetz nicht gemäß Satz 2 Anwendung findet, gelten für den Verantwortlichen oder Auftragsverarbeiter nur die §§ 8 bis 21, 39 bis 44.

(5) Die Vorschriften dieses Gesetzes finden keine Anwendung, soweit das Recht der Europäischen Union, im Besonderen die Verordnung (EU) 2016/679 in der jeweils geltenden Fassung, unmittelbar gilt.

(6) [1] Bei Verarbeitungen zu Zwecken gemäß Artikel 2 der Verordnung (EU) 2016/679 stehen die Vertragsstaaten des Abkommens über den Europäischen Wirtschaftsraum den Mitgliedstaaten der Europäischen Union gleich. [2] Andere Staaten gelten insoweit als Drittstaaten.

(7) [1] Bei Verarbeitungen zu Zwecken gemäß Artikel 1 Absatz 1 der Richtlinie (EU) 2016/680 des Europäischen Parlaments und des Rates vom 27. April

[1)] Nr. **100**.
[2)] Nr. **246**.

2016 zum Schutz natürlicher Personen bei der Verarbeitung personenbezogener Daten durch die zuständigen Behörden zum Zwecke der Verhütung, Ermittlung, Aufdeckung oder Verfolgung von Straftaten oder der Strafvollstreckung sowie zum freien Datenverkehr und zur Aufhebung des Rahmenbeschlusses 2008/977/JI des Rates (ABl. L 119 vom 4.5.2016, S. 89) stehen die bei der Umsetzung, Anwendung und Entwicklung des Schengen-Besitzstands assoziierten Staaten den Mitgliedstaaten der Europäischen Union gleich. [2] Andere Staaten gelten insoweit als Drittstaaten.

(8) Für Verarbeitungen personenbezogener Daten durch öffentliche Stellen im Rahmen von nicht in die Anwendungsbereiche der Verordnung (EU) 2016/679 und der Richtlinie (EU) 2016/680 fallenden Tätigkeiten finden die Verordnung (EU) 2016/679 und die Teile 1 und 2 dieses Gesetzes entsprechend Anwendung, soweit nicht in diesem Gesetz oder einem anderen Gesetz Abweichendes geregelt ist.

§ 2 Begriffsbestimmungen. (1) Öffentliche Stellen des Bundes sind die Behörden, die Organe der Rechtspflege und andere öffentlich-rechtlich organisierte Einrichtungen des Bundes, der bundesunmittelbaren Körperschaften, der Anstalten und Stiftungen des öffentlichen Rechts sowie deren Vereinigungen ungeachtet ihrer Rechtsform.

(2) Öffentliche Stellen der Länder sind die Behörden, die Organe der Rechtspflege und andere öffentlich-rechtlich organisierte Einrichtungen eines Landes, einer Gemeinde, eines Gemeindeverbandes oder sonstiger der Aufsicht des Landes unterstehender juristischer Personen des öffentlichen Rechts sowie deren Vereinigungen ungeachtet ihrer Rechtsform.

(3) [1] Vereinigungen des privaten Rechts von öffentlichen Stellen des Bundes und der Länder, die Aufgaben der öffentlichen Verwaltung wahrnehmen, gelten ungeachtet der Beteiligung nichtöffentlicher Stellen als öffentliche Stellen des Bundes, wenn

1. sie über den Bereich eines Landes hinaus tätig werden oder
2. dem Bund die absolute Mehrheit der Anteile gehört oder die absolute Mehrheit der Stimmen zusteht.

[2] Andernfalls gelten sie als öffentliche Stellen der Länder.

(4) [1] Nichtöffentliche Stellen sind natürliche und juristische Personen, Gesellschaften und andere Personenvereinigungen des privaten Rechts, soweit sie nicht unter die Absätze 1 bis 3 fallen. [2] Nimmt eine nichtöffentliche Stelle hoheitliche Aufgaben der öffentlichen Verwaltung wahr, ist sie insoweit öffentliche Stelle im Sinne dieses Gesetzes.

(5) [1] Öffentliche Stellen des Bundes gelten als nichtöffentliche Stellen im Sinne dieses Gesetzes, soweit sie als öffentlich-rechtliche Unternehmen am Wettbewerb teilnehmen. [2] Als nichtöffentliche Stellen im Sinne dieses Gesetzes gelten auch öffentliche Stellen der Länder, soweit sie als öffentlich-rechtliche Unternehmen am Wettbewerb teilnehmen, Bundesrecht ausführen und der Datenschutz nicht durch Landesgesetz geregelt ist.

Kapitel 2. Rechtsgrundlagen der Verarbeitung personenbezogener Daten

§ 3 Verarbeitung personenbezogener Daten durch öffentliche Stellen. Die Verarbeitung personenbezogener Daten durch eine öffentliche Stelle ist zulässig, wenn sie zur Erfüllung der in der Zuständigkeit des Verantwortlichen liegenden Aufgabe oder in Ausübung öffentlicher Gewalt, die dem Verantwortlichen übertragen wurde, erforderlich ist.

§ 4[1)] Videoüberwachung öffentlich zugänglicher Räume. (1) [1]Die Beobachtung öffentlich zugänglicher Räume mit optisch-elektronischen Einrichtungen (Videoüberwachung) ist nur zulässig, soweit sie

1. zur Aufgabenerfüllung öffentlicher Stellen,
2. zur Wahrnehmung des Hausrechts oder
3. zur Wahrnehmung berechtigter Interessen für konkret festgelegte Zwecke

erforderlich ist und keine Anhaltspunkte bestehen, dass schutzwürdige Interessen der betroffenen Personen überwiegen. [2]Bei der Videoüberwachung von

1. öffentlich zugänglichen großflächigen Anlagen, wie insbesondere Sport-, Versammlungs- und Vergnügungsstätten, Einkaufszentren oder Parkplätzen, oder
2. Fahrzeugen und öffentlich zugänglichen großflächigen Einrichtungen des öffentlichen Schienen-, Schiffs- und Busverkehrs

gilt der Schutz von Leben, Gesundheit oder Freiheit von dort aufhältigen Personen als ein besonders wichtiges Interesse.

(2) Der Umstand der Beobachtung und der Name und die Kontaktdaten des Verantwortlichen sind durch geeignete Maßnahmen zum frühestmöglichen Zeitpunkt erkennbar zu machen.

(3) [1]Die Speicherung oder Verwendung von nach Absatz 1 erhobenen Daten ist zulässig, wenn sie zum Erreichen des verfolgten Zwecks erforderlich ist und keine Anhaltspunkte bestehen, dass schutzwürdige Interessen der betroffenen Personen überwiegen. [2]Absatz 1 Satz 2 gilt entsprechend. [3]Für einen anderen Zweck dürfen sie nur weiterverarbeitet werden, soweit dies zur Abwehr von Gefahren für die staatliche und öffentliche Sicherheit sowie zur Verfolgung von Straftaten erforderlich ist.

(4) [1]Werden durch Videoüberwachung erhobene Daten einer bestimmten Person zugeordnet, so besteht die Pflicht zur Information der betroffenen Person über die Verarbeitung gemäß den Artikeln 13 und 14 der Verordnung (EU) 2016/679[2)]. [2]§ 32 gilt entsprechend.

(5) Die Daten sind unverzüglich zu löschen, wenn sie zur Erreichung des Zwecks nicht mehr erforderlich sind oder schutzwürdige Interessen der betroffenen Personen einer weiteren Speicherung entgegenstehen.

[1)] *§ 4 Abs. 1 Satz 1 abschl. Satzteil,* Abs. 3 Satz 1 und Abs. 5 geänd. mWv 26.11.2019 durch G v. 20.11.2019 (BGBl. I S. 1626).

[2)] Nr. **246**.

Kapitel 3. Datenschutzbeauftragte öffentlicher Stellen

§ 5 Benennung. (1) [1] Öffentliche Stellen benennen eine Datenschutzbeauftragte oder einen Datenschutzbeauftragten. [2] Dies gilt auch für öffentliche Stellen nach § 2 Absatz 5, die am Wettbewerb teilnehmen.

(2) Für mehrere öffentliche Stellen kann unter Berücksichtigung ihrer Organisationsstruktur und ihrer Größe eine gemeinsame Datenschutzbeauftragte oder ein gemeinsamer Datenschutzbeauftragter benannt werden.

(3) Die oder der Datenschutzbeauftragte wird auf der Grundlage ihrer oder seiner beruflichen Qualifikation und insbesondere ihres oder seines Fachwissens benannt, das sie oder er auf dem Gebiet des Datenschutzrechts und der Datenschutzpraxis besitzt, sowie auf der Grundlage ihrer oder seiner Fähigkeit zur Erfüllung der in § 7 genannten Aufgaben.

(4) Die oder der Datenschutzbeauftragte kann Beschäftigte oder Beschäftigter der öffentlichen Stelle sein oder ihre oder seine Aufgaben auf der Grundlage eines Dienstleistungsvertrags erfüllen.

(5) Die öffentliche Stelle veröffentlicht die Kontaktdaten der oder des Datenschutzbeauftragten und teilt diese Daten der oder dem Bundesbeauftragten für den Datenschutz und die Informationsfreiheit mit.

§ 6 Stellung. (1) Die öffentliche Stelle stellt sicher, dass die oder der Datenschutzbeauftragte ordnungsgemäß und frühzeitig in alle mit dem Schutz personenbezogener Daten zusammenhängenden Fragen eingebunden wird.

(2) Die öffentliche Stelle unterstützt die Datenschutzbeauftragte oder den Datenschutzbeauftragten bei der Erfüllung ihrer oder seiner Aufgaben gemäß § 7, indem sie die für die Erfüllung dieser Aufgaben erforderlichen Ressourcen und den Zugang zu personenbezogenen Daten und Verarbeitungsvorgängen sowie die zur Erhaltung ihres oder seines Fachwissens erforderlichen Ressourcen zur Verfügung stellt.

(3) [1] Die öffentliche Stelle stellt sicher, dass die oder der Datenschutzbeauftragte bei der Erfüllung ihrer oder seiner Aufgaben keine Anweisungen bezüglich der Ausübung dieser Aufgaben erhält. [2] Die oder der Datenschutzbeauftragte berichtet unmittelbar der höchsten Leitungsebene der öffentlichen Stelle. [3] Die oder der Datenschutzbeauftragte darf von der öffentlichen Stelle wegen der Erfüllung ihrer oder seiner Aufgaben nicht abberufen oder benachteiligt werden.

(4) [1] Die Abberufung der oder des Datenschutzbeauftragten ist nur in entsprechender Anwendung des § 626 des Bürgerlichen Gesetzbuchs[1)] zulässig. [2] Die Kündigung des Arbeitsverhältnisses ist unzulässig, es sei denn, dass Tatsachen vorliegen, welche die öffentliche Stelle zur Kündigung aus wichtigem Grund ohne Einhaltung einer Kündigungsfrist berechtigen. [3] Nach dem Ende der Tätigkeit als Datenschutzbeauftragte oder als Datenschutzbeauftragter ist die Kündigung des Arbeitsverhältnisses innerhalb eines Jahres unzulässig, es sei denn, dass die öffentliche Stelle zur Kündigung aus wichtigem Grund ohne Einhaltung einer Kündigungsfrist berechtigt ist.

(5) [1] Betroffene Personen können die Datenschutzbeauftragte oder den Datenschutzbeauftragten zu allen mit der Verarbeitung ihrer personenbezogenen

---

[1)] **Schönfelder Nr. 20.**

Daten und mit der Wahrnehmung ihrer Rechte gemäß der Verordnung (EU) 2016/679[1)], diesem Gesetz sowie anderen Rechtsvorschriften über den Datenschutz im Zusammenhang stehenden Fragen zu Rate ziehen. [2]Die oder der Datenschutzbeauftragte ist zur Verschwiegenheit über die Identität der betroffenen Person sowie über Umstände, die Rückschlüsse auf die betroffene Person zulassen, verpflichtet, soweit sie oder er nicht davon durch die betroffene Person befreit wird.

(6) [1]Wenn die oder der Datenschutzbeauftragte bei ihrer oder seiner Tätigkeit Kenntnis von Daten erhält, für die der Leitung oder einer bei der öffentlichen Stelle beschäftigten Person aus beruflichen Gründen ein Zeugnisverweigerungsrecht zusteht, steht dieses Recht auch der oder dem Datenschutzbeauftragten und den ihr oder ihm unterstellten Beschäftigten zu. [2]Über die Ausübung dieses Rechts entscheidet die Person, der das Zeugnisverweigerungsrecht aus beruflichen Gründen zusteht, es sei denn, dass diese Entscheidung in absehbarer Zeit nicht herbeigeführt werden kann. [3]Soweit das Zeugnisverweigerungsrecht der oder des Datenschutzbeauftragten reicht, unterliegen ihre oder seine Akten und andere Dokumente einem Beschlagnahmeverbot.

§ 7 Aufgaben. (1) [1]Der oder dem Datenschutzbeauftragten obliegen neben den in der Verordnung (EU) 2016/679[1)] genannten Aufgaben zumindest folgende Aufgaben:

1. Unterrichtung und Beratung der öffentlichen Stelle und der Beschäftigten, die Verarbeitungen durchführen, hinsichtlich ihrer Pflichten nach diesem Gesetz und sonstigen Vorschriften über den Datenschutz, einschließlich der zur Umsetzung der Richtlinie (EU) 2016/680 erlassenen Rechtsvorschriften;
2. Überwachung der Einhaltung dieses Gesetzes und sonstiger Vorschriften über den Datenschutz, einschließlich der zur Umsetzung der Richtlinie (EU) 2016/680 erlassenen Rechtsvorschriften, sowie der Strategien der öffentlichen Stelle für den Schutz personenbezogener Daten, einschließlich der Zuweisung von Zuständigkeiten, der Sensibilisierung und der Schulung der an den Verarbeitungsvorgängen beteiligten Beschäftigten und der diesbezüglichen Überprüfungen;
3. Beratung im Zusammenhang mit der Datenschutz-Folgenabschätzung und Überwachung ihrer Durchführung gemäß § 67 dieses Gesetzes;
4. Zusammenarbeit mit der Aufsichtsbehörde;
5. Tätigkeit als Anlaufstelle für die Aufsichtsbehörde in mit der Verarbeitung zusammenhängenden Fragen, einschließlich der vorherigen Konsultation gemäß § 69 dieses Gesetzes, und gegebenenfalls Beratung zu allen sonstigen Fragen.

[2]Im Fall einer oder eines bei einem Gericht bestellten Datenschutzbeauftragten beziehen sich diese Aufgaben nicht auf das Handeln des Gerichts im Rahmen seiner justiziellen Tätigkeit.

---

1) Nr. **246**.

(2) [1]Die oder der Datenschutzbeauftragte kann andere Aufgaben und Pflichten wahrnehmen. [2]Die öffentliche Stelle stellt sicher, dass derartige Aufgaben und Pflichten nicht zu einem Interessenkonflikt führen.

(3) Die oder der Datenschutzbeauftragte trägt bei der Erfüllung ihrer oder seiner Aufgaben dem mit den Verarbeitungsvorgängen verbundenen Risiko gebührend Rechnung, wobei sie oder er die Art, den Umfang, die Umstände und die Zwecke der Verarbeitung berücksichtigt.

Kapitel 4. Die oder der Bundesbeauftragte für den Datenschutz und die Informationsfreiheit

§ 8 Errichtung. (1) [1]Die oder der Bundesbeauftragte für den Datenschutz und die Informationsfreiheit (Bundesbeauftragte) ist eine oberste Bundesbehörde. [2]Der Dienstsitz ist Bonn.

(2) Die Beamtinnen und Beamten der oder des Bundesbeauftragten sind Beamtinnen und Beamte des Bundes.

(3) [1]Die oder der Bundesbeauftragte kann Aufgaben der Personalverwaltung und Personalwirtschaft auf andere Stellen des Bundes übertragen, soweit hierdurch die Unabhängigkeit der oder des Bundesbeauftragten nicht beeinträchtigt wird. [2]Diesen Stellen dürfen personenbezogene Daten der Beschäftigten übermittelt werden, soweit deren Kenntnis zur Erfüllung der übertragenen Aufgaben erforderlich ist.

§ 9[1)] Zuständigkeit. (1) [1]Die oder der Bundesbeauftragte ist zuständig für die Aufsicht über die öffentlichen Stellen des Bundes, auch soweit sie als öffentlich-rechtliche Unternehmen am Wettbewerb teilnehmen, sowie über Unternehmen, soweit diese für die geschäftsmäßige Erbringung von Telekommunikationsdienstleistungen Daten von natürlichen oder juristischen Personen verarbeiten und sich die Zuständigkeit nicht bereits aus § 29 des Telekommunikation-Digitale-Dienste-Datenschutz-Gesetzes ergibt. [2]Die Vorschriften dieses Kapitels gelten auch für Auftragsverarbeiter, soweit sie nichtöffentliche Stellen sind, bei denen dem Bund die Mehrheit der Anteile gehört oder die Mehrheit der Stimmen zusteht und der Auftraggeber eine öffentliche Stelle des Bundes ist.

(2) Die oder der Bundesbeauftragte ist nicht zuständig für die Aufsicht über die von den Bundesgerichten im Rahmen ihrer justiziellen Tätigkeit vorgenommenen Verarbeitungen.

§ 10 Unabhängigkeit. (1) [1]Die oder der Bundesbeauftragte handelt bei der Erfüllung ihrer oder seiner Aufgaben und bei der Ausübung ihrer oder seiner Befugnisse völlig unabhängig. [2]Sie oder er unterliegt weder direkter noch indirekter Beeinflussung von außen und ersucht weder um Weisung noch nimmt sie oder er Weisungen entgegen.

(2) Die oder der Bundesbeauftragte unterliegt der Rechnungsprüfung durch den Bundesrechnungshof, soweit hierdurch ihre oder seine Unabhängigkeit nicht beeinträchtigt wird.

§ 11 Ernennung und Amtszeit. (1) [1]Der Deutsche Bundestag wählt ohne Aussprache auf Vorschlag der Bundesregierung die Bundesbeauftragte oder den

---

[1)] § 9 Abs. 1 Satz 1 neu gef. mWv 26.11.2019 durch G v. 20.11.2019 (BGBl. I S. 1626); Abs. 1 Satz 1 geänd. mWv 1.12.2021 durch G v. 23.6.2021 (BGBl. I S. 1858, ber. 2022 S. 1045).; Abs. 1 Satz 1 geänd. mWv 14.5.2024 durch G v. 6.5.2024 (BGBl. 2024 I Nr. 149)

Bundesbeauftragten mit mehr als der Hälfte der gesetzlichen Zahl seiner Mitglieder. [2]Die oder der Gewählte ist von der Bundespräsidentin oder dem Bundespräsidenten zu ernennen. [3]Die oder der Bundesbeauftragte muss bei ihrer oder seiner Wahl das 35. Lebensjahr vollendet haben. [4]Sie oder er muss über die für die Erfüllung ihrer oder seiner Aufgaben und Ausübung ihrer oder seiner Befugnisse erforderliche Qualifikation, Erfahrung und Sachkunde insbesondere im Bereich des Schutzes personenbezogener Daten verfügen. [5]Insbesondere muss die oder der Bundesbeauftragte über durch einschlägige Berufserfahrung erworbene Kenntnisse des Datenschutzrechts verfügen und die Befähigung zum Richteramt oder höheren Verwaltungsdienst haben.

(2) [1]Die oder der Bundesbeauftragte leistet vor der Bundespräsidentin oder dem Bundespräsidenten folgenden Eid: „Ich schwöre, dass ich meine Kraft dem Wohle des deutschen Volkes widmen, seinen Nutzen mehren, Schaden von ihm wenden, das Grundgesetz[1)] und die Gesetze des Bundes wahren und verteidigen, meine Pflichten gewissenhaft erfüllen und Gerechtigkeit gegen jedermann üben werde. So wahr mir Gott helfe." [2]Der Eid kann auch ohne religiöse Beteuerung geleistet werden.

(3) [1]Die Amtszeit der oder des Bundesbeauftragten beträgt fünf Jahre. [2]Einmalige Wiederwahl ist zulässig.

§ 12[2)] Amtsverhältnis. (1) Die oder der Bundesbeauftragte steht nach Maßgabe dieses Gesetzes zum Bund in einem öffentlich-rechtlichen Amtsverhältnis.

(2) [1]Das Amtsverhältnis beginnt mit der Aushändigung der Ernennungsurkunde. [2]Es endet mit dem Ablauf der Amtszeit oder mit dem Rücktritt. [3]Die Bundespräsidentin oder der Bundespräsident enthebt auf Vorschlag der Präsidentin oder des Präsidenten des Bundestages die Bundesbeauftragte ihres oder den Bundesbeauftragten seines Amtes, wenn die oder der Bundesbeauftragte eine schwere Verfehlung begangen hat oder die Voraussetzungen für die Wahrnehmung ihrer oder seiner Aufgaben nicht mehr erfüllt. [4]Im Fall der Beendigung des Amtsverhältnisses oder der Amtsenthebung erhält die oder der Bundesbeauftragte eine von der Bundespräsidentin oder dem Bundespräsidenten vollzogene Urkunde. [5]Eine Amtsenthebung wird mit der Aushändigung der Urkunde wirksam. [6]Endet das Amtsverhältnis mit Ablauf der Amtszeit, ist die oder der Bundesbeauftragte verpflichtet, auf Ersuchen der Präsidentin oder des Präsidenten des Bundestages die Geschäfte bis zur Ernennung einer Nachfolgerin oder eines Nachfolgers für die Dauer von höchstens sechs Monaten weiterzuführen.

(3) [1]Die Leitende Beamtin oder der Leitende Beamte nimmt die Rechte der oder des Bundesbeauftragten wahr, wenn die oder der Bundesbeauftragte an der Ausübung ihres oder seines Amtes verhindert ist oder wenn ihr oder sein Amtsverhältnis endet und sie oder er nicht zur Weiterführung der Geschäfte verpflichtet ist. [2]§ 10 Absatz 1 ist entsprechend anzuwenden.

(4) [1]Die oder der Bundesbeauftragte erhält vom Beginn des Kalendermonats an, in dem das Amtsverhältnis beginnt, bis zum Schluss des Kalendermonats, in dem das Amtsverhältnis endet, im Fall des Absatzes 2 Satz 6 bis zum Ende des Monats, in dem die Geschäftsführung endet, Amtsbezüge in Höhe der Besoldungsgruppe B 11 sowie den Familienzuschlag entsprechend Anlage V des Bun-

---

[1)] Nr. **1**.

[2)] § 12 Abs. 5 angef. mWv 1.6.2023 und aufgeh. mWv 1.1.2025 durch G v. 22.12.2023 (BGBl. 2023 I Nr. 414).

desbesoldungsgesetzes[1]. [2] Das Bundesreisekostengesetz[2] und das Bundesumzugskostengesetz sind entsprechend anzuwenden. [3] Im Übrigen sind § 12 Absatz 6 sowie die §§ 13 bis 20 und 21a Absatz 5 des Bundesministergesetzes[3] mit den Maßgaben anzuwenden, dass an die Stelle der vierjährigen Amtszeit in § 15 Absatz 1 des Bundesministergesetzes eine Amtszeit von fünf Jahren tritt. [4] Abweichend von Satz 3 in Verbindung mit den §§ 15 bis 17 und 21a Absatz 5 des Bundesministergesetzes berechnet sich das Ruhegehalt der oder des Bundesbeauftragten unter Hinzurechnung der Amtszeit als ruhegehaltsfähige Dienstzeit in entsprechender Anwendung des Beamtenversorgungsgesetzes[4], wenn dies günstiger ist und die oder der Bundesbeauftragte sich unmittelbar vor ihrer oder seiner Wahl zur oder zum Bundesbeauftragten als Beamtin oder Beamter oder als Richterin oder Richter mindestens in dem letzten gewöhnlich vor Erreichen der Besoldungsgruppe B 11 zu durchlaufenden Amt befunden hat.

§ 13 Rechte und Pflichten. (1) [1] Die oder der Bundesbeauftragte sieht von allen mit den Aufgaben ihres oder seines Amtes nicht zu vereinbarenden Handlungen ab und übt während ihrer oder seiner Amtszeit keine andere mit ihrem oder seinem Amt nicht zu vereinbarende entgeltliche oder unentgeltliche Tätigkeit aus. [2] Insbesondere darf die oder der Bundesbeauftragte neben ihrem oder seinem Amt kein anderes besoldetes Amt, kein Gewerbe und keinen Beruf ausüben und weder der Leitung oder dem Aufsichtsrat oder Verwaltungsrat eines auf Erwerb gerichteten Unternehmens noch einer Regierung oder einer gesetzgebenden Körperschaft des Bundes oder eines Landes angehören. [3] Sie oder er darf nicht gegen Entgelt außergerichtliche Gutachten abgeben.

(2) [1] Die oder der Bundesbeauftragte hat der Präsidentin oder dem Präsidenten des Bundestages Mitteilung über Geschenke zu machen, die sie oder er in Bezug auf das Amt erhält. [2] Die Präsidentin oder der Präsident des Bundestages entscheidet über die Verwendung der Geschenke. [3] Sie oder er kann Verfahrensvorschriften erlassen.

(3) [1] Die oder der Bundesbeauftragte ist berechtigt, über Personen, die ihr oder ihm in ihrer oder seiner Eigenschaft als Bundesbeauftragte oder Bundesbeauftragter Tatsachen anvertraut haben, sowie über diese Tatsachen selbst das Zeugnis zu verweigern. [2] Dies gilt auch für die Mitarbeiterinnen und Mitarbeiter der oder des Bundesbeauftragten mit der Maßgabe, dass über die Ausübung dieses Rechts die oder der Bundesbeauftragte entscheidet. [3] Soweit das Zeugnisverweigerungsrecht der oder des Bundesbeauftragten reicht, darf die Vorlegung oder Auslieferung von Akten oder anderen Dokumenten von ihr oder ihm nicht gefordert werden.

(4) [1] Die oder der Bundesbeauftragte ist, auch nach Beendigung ihres oder seines Amtsverhältnisses, verpflichtet, über die ihr oder ihm amtlich bekanntgewordenen Angelegenheiten Verschwiegenheit zu bewahren. [2] Dies gilt nicht für Mitteilungen im dienstlichen Verkehr oder über Tatsachen, die offenkundig sind oder ihrer Bedeutung nach keiner Geheimhaltung bedürfen. [3] Die oder der Bundesbeauftragte entscheidet nach pflichtgemäßem Ermessen, ob und inwieweit sie oder er über solche Angelegenheiten vor Gericht oder außergerichtlich aussagt oder Erklärungen abgibt; wenn sie oder er nicht mehr im Amt ist, ist die Genehmigung der oder des amtierenden Bundesbeauftragten erforderlich. [4] Unbe-

---

[1] Nr. **230**.
[2] Nr. **235**.
[3] Nr. **45**.
[4] Nr. **155**.

rührt bleibt die gesetzlich begründete Pflicht, Straftaten anzuzeigen und bei einer Gefährdung der freiheitlichen demokratischen Grundordnung für deren Erhaltung einzutreten. [5] Für die Bundesbeauftragte oder den Bundesbeauftragten und ihre oder seine Mitarbeiterinnen und Mitarbeiter gelten die §§ 93, 97 und 105 Absatz 1, § 111 Absatz 5 in Verbindung mit § 105 Absatz 1 sowie § 116 Absatz 1 der Abgabenordnung nicht. [6] Satz 5 findet keine Anwendung, soweit die Finanzbehörden die Kenntnis für die Durchführung eines Verfahrens wegen einer Steuerstraftat sowie eines damit zusammenhängenden Steuerverfahrens benötigen, an deren Verfolgung ein zwingendes öffentliches Interesse besteht, oder soweit es sich um vorsätzlich falsche Angaben der oder des Auskunftspflichtigen oder der für sie oder ihn tätigen Personen handelt. [7] Stellt die oder der Bundesbeauftragte einen Datenschutzverstoß fest, ist sie oder er befugt, diesen anzuzeigen und die betroffene Person hierüber zu informieren.

(5) [1] Die oder der Bundesbeauftragte darf als Zeugin oder Zeuge aussagen, es sei denn, die Aussage würde

1. dem Wohl des Bundes oder eines Landes Nachteile bereiten, insbesondere Nachteile für die Sicherheit der Bundesrepublik Deutschland oder ihre Beziehungen zu anderen Staaten, oder
2. Grundrechte verletzen.

[2] Betrifft die Aussage laufende oder abgeschlossene Vorgänge, die dem Kernbereich exekutiver Eigenverantwortung der Bundesregierung zuzurechnen sind oder sein könnten, darf die oder der Bundesbeauftragte nur im Benehmen mit der Bundesregierung aussagen. [3] § 28 des Bundesverfassungsgerichtsgesetzes[1)] bleibt unberührt.

(6) Die Absätze 3 und 4 Satz 5 bis 7 gelten entsprechend für die öffentlichen Stellen, die für die Kontrolle der Einhaltung der Vorschriften über den Datenschutz in den Ländern zuständig sind.

§ 14 Aufgaben. (1) [1] Die oder der Bundesbeauftragte hat neben den in der Verordnung (EU) 2016/679[2)] genannten Aufgaben die Aufgaben,

1. die Anwendung dieses Gesetzes und sonstiger Vorschriften über den Datenschutz, einschließlich der zur Umsetzung der Richtlinie (EU) 2016/680 erlassenen Rechtsvorschriften, zu überwachen und durchzusetzen,
2. die Öffentlichkeit für die Risiken, Vorschriften, Garantien und Rechte im Zusammenhang mit der Verarbeitung personenbezogener Daten zu sensibilisieren und sie darüber aufzuklären, wobei spezifische Maßnahmen für Kinder besondere Beachtung finden,
3. den Deutschen Bundestag und den Bundesrat, die Bundesregierung und andere Einrichtungen und Gremien über legislative und administrative

(Fortsetzung nächstes Blatt)

[1)] Nr. **40**.
[2)] Nr. **246**.

Maßnahmen zum Schutz der Rechte und Freiheiten natürlicher Personen in Bezug auf die Verarbeitung personenbezogener Daten zu beraten,
4. die Verantwortlichen und die Auftragsverarbeiter für die ihnen aus diesem Gesetz und sonstigen Vorschriften über den Datenschutz, einschließlich den zur Umsetzung der Richtlinie (EU) 2016/680 erlassenen Rechtsvorschriften, entstehenden Pflichten zu sensibilisieren,
5. auf Anfrage jeder betroffenen Person Informationen über die Ausübung ihrer Rechte aufgrund dieses Gesetzes und sonstiger Vorschriften über den Datenschutz, einschließlich der zur Umsetzung der Richtlinie (EU) 2016/680 erlassenen Rechtsvorschriften, zur Verfügung zu stellen und gegebenenfalls zu diesem Zweck mit den Aufsichtsbehörden in anderen Mitgliedstaaten zusammenzuarbeiten,
6. sich mit Beschwerden einer betroffenen Person oder Beschwerden einer Stelle, einer Organisation oder eines Verbandes gemäß Artikel 55 der Richtlinie (EU) 2016/680 zu befassen, den Gegenstand der Beschwerde in angemessenem Umfang zu untersuchen und den Beschwerdeführer innerhalb einer angemessenen Frist über den Fortgang und das Ergebnis der Untersuchung zu unterrichten, insbesondere, wenn eine weitere Untersuchung oder Koordinierung mit einer anderen Aufsichtsbehörde notwendig ist,
7. mit anderen Aufsichtsbehörden zusammenzuarbeiten, auch durch Informationsaustausch, und ihnen Amtshilfe zu leisten, um die einheitliche Anwendung und Durchsetzung dieses Gesetzes und sonstiger Vorschriften über den Datenschutz, einschließlich der zur Umsetzung der Richtlinie (EU) 2016/680 erlassenen Rechtsvorschriften, zu gewährleisten,
8. Untersuchungen über die Anwendung dieses Gesetzes und sonstiger Vorschriften über den Datenschutz, einschließlich der zur Umsetzung der Richtlinie (EU) 2016/680 erlassenen Rechtsvorschriften, durchzuführen, auch auf der Grundlage von Informationen einer anderen Aufsichtsbehörde oder einer anderen Behörde,
9. maßgebliche Entwicklungen zu verfolgen, soweit sie sich auf den Schutz personenbezogener Daten auswirken, insbesondere die Entwicklung der Informations- und Kommunikationstechnologie und der Geschäftspraktiken,
10. Beratung in Bezug auf die in § 69 genannten Verarbeitungsvorgänge zu leisten und
11. Beiträge zur Tätigkeit des Europäischen Datenschutzausschusses zu leisten.

[2] Im Anwendungsbereich der Richtlinie (EU) 2016/680 nimmt die oder der Bundesbeauftragte zudem die Aufgabe nach § 60 wahr.

(2) [1] Zur Erfüllung der in Absatz 1 Satz 1 Nummer 3 genannten Aufgabe *kann die oder der Bundesbeauftragte* zu allen Fragen, die im Zusammenhang mit dem Schutz personenbezogener Daten stehen, von sich aus oder auf Anfrage Stellungnahmen an den Deutschen Bundestag oder einen seiner Ausschüsse, den Bundesrat, die Bundesregierung, sonstige Einrichtungen und Stellen sowie an die Öffentlichkeit richten. [2] Auf Ersuchen des Deutschen Bundestages, eines seiner Ausschüsse oder der Bundesregierung geht die oder der Bundesbeauftragte ferner Hinweisen auf Angelegenheiten und Vorgänge des Datenschutzes bei den öffentlichen Stellen des Bundes nach.

(3) Die oder der Bundesbeauftragte erleichtert das Einreichen der in Absatz 1 Satz 1 Nummer 6 genannten Beschwerden durch Maßnahmen wie etwa die Bereitstellung eines Beschwerdeformulars, das auch elektronisch ausgefüllt werden kann, ohne dass andere Kommunikationsmittel ausgeschlossen werden.

(4) [1] Die Erfüllung der Aufgaben der oder des Bundesbeauftragten ist für die betroffene Person unentgeltlich. [2] Bei offenkundig unbegründeten oder, insbesondere im Fall von häufiger Wiederholung, exzessiven Anfragen kann die oder der Bundesbeauftragte eine angemessene Gebühr auf der Grundlage der Verwaltungskosten verlangen oder sich weigern, aufgrund der Anfrage tätig zu werden. [3] In diesem Fall trägt die oder der Bundesbeauftragte die Beweislast für den offenkundig unbegründeten oder exzessiven Charakter der Anfrage.

§ 15 Tätigkeitsbericht. [1] Die oder der Bundesbeauftragte erstellt einen Jahresbericht über ihre oder seine Tätigkeit, der eine Liste der Arten der gemeldeten Verstöße und der Arten der getroffenen Maßnahmen, einschließlich der verhängten Sanktionen und der Maßnahmen nach Artikel 58 Absatz 2 der Verordnung (EU) 2016/679[1)], enthalten kann. [2] Die oder der Bundesbeauftragte übermittelt den Bericht dem Deutschen Bundestag, dem Bundesrat und der Bundesregierung und macht ihn der Öffentlichkeit, der Europäischen Kommission und dem Europäischen Datenschutzausschuss zugänglich.

§ 16[2)] Befugnisse. (1) [1] Die oder der Bundesbeauftragte nimmt im Anwendungsbereich der Verordnung (EU) 2016/679[1)] die Befugnisse gemäß Artikel 58 der Verordnung (EU) 2016/679 wahr. [2] Kommt die oder der Bundesbeauftragte zu dem Ergebnis, dass Verstöße gegen die Vorschriften über den Datenschutz oder sonstige Mängel bei der Verarbeitung personenbezogener Daten vorliegen, teilt sie oder er dies der zuständigen Rechts- oder Fachaufsichtsbehörde mit und gibt dieser vor der Ausübung der Befugnisse des Artikels 58 Absatz 2 Buchstabe b bis g, i und j der Verordnung (EU) 2016/679 gegenüber dem Verantwortlichen Gelegenheit zur Stellungnahme innerhalb einer angemessenen Frist. [3] Von der Einräumung der Gelegenheit zur Stellungnahme kann abgesehen werden, wenn eine sofortige Entscheidung wegen Gefahr im Verzug oder im öffentlichen Interesse notwendig erscheint oder ihr ein zwingendes öffentliches Interesse entgegensteht. [4] Die Stellungnahme soll auch eine Darstellung der Maßnahmen enthalten, die aufgrund der Mitteilung der oder des Bundesbeauftragten getroffen worden sind.

(2) [1] Stellt die oder der Bundesbeauftragte bei Datenverarbeitungen durch öffentliche Stellen des Bundes zu Zwecken außerhalb des Anwendungsbereichs der Verordnung (EU) 2016/679 Verstöße gegen die Vorschriften dieses Gesetzes oder gegen andere Vorschriften über den Datenschutz oder sonstige Mängel bei der Verarbeitung oder Nutzung personenbezogener Daten fest, so beanstandet sie oder er dies gegenüber der zuständigen obersten Bundesbehörde und fordert diese zur Stellungnahme innerhalb einer von ihr oder ihm zu bestimmenden Frist auf. [2] Die oder der Bundesbeauftragte kann von einer Beanstandung absehen oder auf eine Stellungnahme verzichten, insbesondere wenn es sich um unerhebliche oder inzwischen beseitigte Mängel handelt.

[1)] *Nr. 246.*

[2)] § 16 Abs. 3 Satz 1 Nr. 1 geänd., Abs. 4 Satz 2 angef. mWv 26.11.2019 durch G v. 20.11.2019 (BGBl. I S. 1626).

[3] Die Stellungnahme soll auch eine Darstellung der Maßnahmen enthalten, die aufgrund der Beanstandung der oder des Bundesbeauftragten getroffen worden sind. [4] Die oder der Bundesbeauftragte kann den Verantwortlichen auch davor warnen, dass beabsichtigte Verarbeitungsvorgänge voraussichtlich gegen in diesem Gesetz enthaltene und andere auf die jeweilige Datenverarbeitung anzuwendende Vorschriften über den Datenschutz verstoßen.

(3) [1] Die Befugnisse der oder des Bundesbeauftragten erstrecken sich auch auf

1. von ihrer oder seiner Aufsicht unterliegenden Stellen erlangte personenbezogene Daten über den Inhalt und die näheren Umstände des Brief-, Post- und Fernmeldeverkehrs und
2. personenbezogene Daten, die einem besonderen Amtsgeheimnis, insbesondere dem Steuergeheimnis nach § 30 der Abgabenordnung, unterliegen.

[2] Das Grundrecht des Brief-, Post- und Fernmeldegeheimnisses des Artikels 10 des Grundgesetzes[1)] wird insoweit eingeschränkt.

(4) [1] Die öffentlichen Stellen des Bundes sind verpflichtet, der oder dem Bundesbeauftragten und ihren oder seinen Beauftragten

1. jederzeit Zugang zu den Grundstücken und Diensträumen, einschließlich aller Datenverarbeitungsanlagen und -geräte, sowie zu allen personenbezogenen Daten und Informationen, die zur Erfüllung ihrer oder seiner Aufgaben notwendig sind, zu gewähren und
2. alle Informationen, die für die Erfüllung ihrer oder seiner Aufgaben erforderlich sind, bereitzustellen.

[2] Für nichtöffentliche Stellen besteht die Verpflichtung des Satzes 1 Nummer 1 nur während der üblichen Betriebs- und Geschäftszeiten.

(5) [1] Die oder der Bundesbeauftragte wirkt auf die Zusammenarbeit mit den öffentlichen Stellen, die für die Kontrolle der Einhaltung der Vorschriften über den Datenschutz in den Ländern zuständig sind, sowie mit den Aufsichtsbehörden nach § 40 hin. [2] § 40 Absatz 3 Satz 1 zweiter Halbsatz gilt entsprechend.

Kapitel 5. Vertretung im Europäischen Datenschutzausschuss, zentrale Anlaufstelle, Zusammenarbeit der Aufsichtsbehörden des Bundes und der Länder in Angelegenheiten der Europäischen Union

§ 17 Vertretung im Europäischen Datenschutzausschuss, zentrale Anlaufstelle. (1) [1] Gemeinsamer Vertreter im Europäischen Datenschutzausschuss und zentrale Anlaufstelle ist die oder der Bundesbeauftragte (gemeinsamer Vertreter). [2] Als Stellvertreterin oder Stellvertreter des gemeinsamen Vertreters wählt der Bundesrat eine Leiterin oder einen Leiter der Aufsichtsbehörde eines Landes (Stellvertreter). [3] Die Wahl erfolgt für fünf Jahre. [4] Mit dem Ausscheiden aus dem Amt als Leiterin oder Leiter der Aufsichtsbehörde eines Landes endet zugleich die Funktion als Stellvertreter. [5] Wiederwahl ist zulässig.

(2) Der gemeinsame Vertreter überträgt in Angelegenheiten, die die Wahrnehmung einer Aufgabe betreffen, für welche die Länder allein das Recht zur Gesetzgebung haben, oder welche die Einrichtung oder das Verfahren von Landesbehörden betreffen, dem Stellvertreter auf dessen Verlangen die Verhandlungsführung und das Stimmrecht im Europäischen Datenschutzausschuss.

---

1) Nr. **1**.

§ 18 Verfahren der Zusammenarbeit der Aufsichtsbehörden des Bundes und der Länder. (1) [1]Die oder der Bundesbeauftragte und die Aufsichtsbehörden der Länder (Aufsichtsbehörden des Bundes und der Länder) arbeiten in Angelegenheiten der Europäischen Union mit dem Ziel einer einheitlichen Anwendung der Verordnung (EU) 2016/679[1)] und der Richtlinie (EU) 2016/680 zusammen. [2]Vor der Übermittlung eines gemeinsamen Standpunktes an die Aufsichtsbehörden der anderen Mitgliedstaaten, die Europäische Kommission oder den Europäischen Datenschutzausschuss geben sich die Aufsichtsbehörden des Bundes und der Länder frühzeitig Gelegenheit zur Stellungnahme. [3]Zu diesem Zweck tauschen sie untereinander alle zweckdienlichen Informationen aus. [4]Die Aufsichtsbehörden des Bundes und der Länder beteiligen die nach den Artikeln 85 und 91 der Verordnung (EU) 2016/679 eingerichteten spezifischen Aufsichtsbehörden, sofern diese von der Angelegenheit betroffen sind.

(2) [1]Soweit die Aufsichtsbehörden des Bundes und der Länder kein Einvernehmen über den gemeinsamen Standpunkt erzielen, legen die federführende Behörde oder in Ermangelung einer solchen der gemeinsame Vertreter und sein Stellvertreter einen Vorschlag für einen gemeinsamen Standpunkt vor. [2]Einigen sich der gemeinsame Vertreter und sein Stellvertreter nicht auf einen Vorschlag für einen gemeinsamen Standpunkt, legt in Angelegenheiten, die die Wahrnehmung von Aufgaben betreffen, für welche die Länder allein das Recht der Gesetzgebung haben, oder welche die Einrichtung oder das Verfahren von Landesbehörden betreffen, der Stellvertreter den Vorschlag für einen gemeinsamen Standpunkt fest. [3]In den übrigen Fällen fehlenden Einvernehmens nach Satz 2 legt der gemeinsame Vertreter den Standpunkt fest. [4]Der nach den Sätzen 1 bis 3 vorgeschlagene Standpunkt ist den Verhandlungen zu Grunde zu legen, wenn nicht die Aufsichtsbehörden von Bund und Ländern einen anderen Standpunkt mit einfacher Mehrheit beschließen. [5]Der Bund und jedes Land haben jeweils eine Stimme. [6]Enthaltungen werden nicht gezählt.

(3) [1]Der gemeinsame Vertreter und dessen Stellvertreter sind an den gemeinsamen Standpunkt nach den Absätzen 1 und 2 gebunden und legen unter Beachtung dieses Standpunktes einvernehmlich die jeweilige Verhandlungsführung fest. [2]Sollte ein Einvernehmen nicht erreicht werden, entscheidet in den in § 18 Absatz 2 Satz 2 genannten Angelegenheiten der Stellvertreter über die weitere Verhandlungsführung. [3]In den übrigen Fällen gibt die Stimme des gemeinsamen Vertreters den Ausschlag.

§ 19[2)] Zuständigkeiten. (1) [1]Federführende Aufsichtsbehörde eines Landes im Verfahren der Zusammenarbeit und Kohärenz nach Kapitel VII der Verordnung (EU) 2016/679[1)] ist die Aufsichtsbehörde des Landes, in dem der Verantwortliche oder der Auftragsverarbeiter seine Hauptniederlassung im Sinne des Artikels 4 Nummer 16 der Verordnung (EU) 2016/679 oder seine einzige Niederlassung in der Europäischen Union im Sinne des Artikels 56 Absatz 1 der Verordnung (EU) 2016/679 hat. [2]Im Zuständigkeitsbereich der oder des Bundesbeauftragten gilt Artikel 56 Absatz 1 in Verbindung mit Artikel 4 Nummer 16 der Verordnung (EU) 2016/679 entsprechend. [3]Besteht über die Federführung kein Einvernehmen, findet für die Festlegung der

---

[1)] Nr. **246**.

[2)] § 19 Abs. 2 Satz 4 angef. mWv 26.11.2019 durch G v. 20.11.2019 (BGBl. I S. 1626).

federführenden Aufsichtsbehörde das Verfahren des § 18 Absatz 2 entsprechende Anwendung.

(2) [1]Die Aufsichtsbehörde, bei der eine betroffene Person Beschwerde eingereicht hat, gibt die Beschwerde an die federführende Aufsichtsbehörde nach Absatz 1, in Ermangelung einer solchen an die Aufsichtsbehörde eines Landes ab, in dem der Verantwortliche oder der Auftragsverarbeiter eine Niederlassung hat. [2]Wird eine Beschwerde bei einer sachlich unzuständigen Aufsichtsbehörde eingereicht, gibt diese, sofern eine Abgabe nach Satz 1 nicht in Betracht kommt, die Beschwerde an die Aufsichtsbehörde am Wohnsitz des Beschwerdeführers ab. [3]Die empfangende Aufsichtsbehörde gilt als die Aufsichtsbehörde nach Maßgabe des Kapitels VII der Verordnung (EU) 2016/679, bei der die Beschwerde eingereicht worden ist, und kommt den Verpflichtungen aus Artikel 60 Absatz 7 bis 9 und Artikel 65 Absatz 6 der Verordnung (EU) 2016/679 nach. [4]Im Zuständigkeitsbereich der oder des Bundesbeauftragten gibt die Aufsichtsbehörde, bei der eine Beschwerde eingereicht wurde, diese, sofern eine Abgabe nach Absatz 1 nicht in Betracht kommt, an den Bundesbeauftragten oder die Bundesbeauftragte ab.

Kapitel 6. Rechtsbehelfe

§ 20 Gerichtlicher Rechtsschutz. (1) [1]Für Streitigkeiten zwischen einer natürlichen oder einer juristischen Person und einer Aufsichtsbehörde des Bundes oder eines Landes über Rechte gemäß Artikel 78 Absatz 1 und 2 der Verordnung (EU) 2016/679[1)] sowie § 61 ist der Verwaltungsrechtsweg gegeben. [2]Satz 1 gilt nicht für Bußgeldverfahren.

(2) Die Verwaltungsgerichtsordnung[2)] ist nach Maßgabe der Absätze 3 bis 7 anzuwenden.

(3) Für Verfahren nach Absatz 1 Satz 1 ist das Verwaltungsgericht örtlich zuständig, in dessen Bezirk die Aufsichtsbehörde ihren Sitz hat.

(4) In Verfahren nach Absatz 1 Satz 1 ist die Aufsichtsbehörde beteiligungsfähig.

(5) [1]Beteiligte eines Verfahrens nach Absatz 1 Satz 1 sind

1. die natürliche oder juristische Person als Klägerin oder Antragstellerin und
2. die Aufsichtsbehörde als Beklagte oder Antragsgegnerin.

[2]§ 63 Nummer 3 und 4 der Verwaltungsgerichtsordnung bleibt unberührt.

(6) Ein Vorverfahren findet nicht statt.

(7) Die Aufsichtsbehörde darf gegenüber einer Behörde oder deren Rechtsträger nicht die sofortige Vollziehung gemäß § 80 Absatz 2 Satz 1 Nummer 4 der Verwaltungsgerichtsordnung anordnen.

§ 21 Antrag der Aufsichtsbehörde auf gerichtliche Entscheidung bei angenommener Rechtswidrigkeit eines Beschlusses der Europäischen Kommission. (1) Hält eine Aufsichtsbehörde einen Angemessenheitsbeschluss der Europäischen Kommission, einen Beschluss über die Anerkennung von Standardschutzklauseln oder über die Allgemeingültigkeit von genehmigten Verhaltensregeln, auf dessen Gültigkeit es für eine Entscheidung der Aufsichts-

[1)] Nr. **246**.
[2)] Nr. **600**.

behörde ankommt, für rechtswidrig, so hat die Aufsichtsbehörde ihr Verfahren auszusetzen und einen Antrag auf gerichtliche Entscheidung zu stellen.

(2) [1] Für Verfahren nach Absatz 1 ist der Verwaltungsrechtsweg gegeben. [2] Die Verwaltungsgerichtsordnung[1)] ist nach Maßgabe der Absätze 3 bis 6 anzuwenden.

(3) Über einen Antrag der Aufsichtsbehörde nach Absatz 1 entscheidet im ersten und letzten Rechtszug das Bundesverwaltungsgericht.

(4) [1] In Verfahren nach Absatz 1 ist die Aufsichtsbehörde beteiligungsfähig. [2] An einem Verfahren nach Absatz 1 ist die Aufsichtsbehörde als Antragstellerin beteiligt; § 63 Nummer 3 und 4 der Verwaltungsgerichtsordnung bleibt unberührt. [3] Das Bundesverwaltungsgericht kann der Europäischen Kommission Gelegenheit zur Äußerung binnen einer zu bestimmenden Frist geben.

(5) Ist ein Verfahren zur Überprüfung der Gültigkeit eines Beschlusses der Europäischen Kommission nach Absatz 1 bei dem Gerichtshof der Europäischen Union anhängig, so kann das Bundesverwaltungsgericht anordnen, dass die Verhandlung bis zur Erledigung des Verfahrens vor dem Gerichtshof der Europäischen Union auszusetzen sei.

(6) [1] In Verfahren nach Absatz 1 ist § 47 Absatz 5 Satz 1 und Absatz 6 der Verwaltungsgerichtsordnung entsprechend anzuwenden. [2] Kommt das Bundesverwaltungsgericht zu der Überzeugung, dass der Beschluss der Europäischen Kommission nach Absatz 1 gültig ist, so stellt es dies in seiner Entscheidung fest. [3] Andernfalls legt es die Frage nach der Gültigkeit des Beschlusses gemäß Artikel 267 des Vertrags über die Arbeitsweise der Europäischen Union[2)] dem Gerichtshof der Europäischen Union zur Entscheidung vor.

Teil 2. Durchführungsbestimmungen für Verarbeitungen zu Zwecken gemäß Artikel 2 der Verordnung (EU) 2016/679

Kapitel 1. Rechtsgrundlagen der Verarbeitung personenbezogener Daten

Abschnitt 1. Verarbeitung besonderer Kategorien personenbezogener Daten und Verarbeitung zu anderen Zwecken

§ 22[3)] **Verarbeitung besonderer Kategorien personenbezogener Daten.** (1) Abweichend von Artikel 9 Absatz 1 der Verordnung (EU) 2016/679[4)] ist die Verarbeitung besonderer Kategorien personenbezogener Daten im Sinne des Artikels 9 Absatz 1 der Verordnung (EU) 2016/679 zulässig

1. durch öffentliche und nichtöffentliche Stellen, wenn sie
   a) erforderlich ist, um die aus dem Recht der sozialen Sicherheit und des Sozialschutzes erwachsenden Rechte auszuüben und den diesbezüglichen Pflichten nachzukommen,
   b) zum Zweck der Gesundheitsvorsorge, für die Beurteilung der Arbeitsfähigkeit des Beschäftigten, für die medizinische Diagnostik, die Versor-

---

[1)] Nr. **600**.
[2)] Nr. **1001**.
[3)] *§ 22 Abs. 1 Nr. 1 Buchst.* b und c geänd., Buchst. d angef., Nr. 2 neu gef., abschl. Satzteil angef. mWv 26.11.2019 durch G v. 20.11.2019 (BGBl. I S. 1626).
[4)] Nr. **246**.

gung oder Behandlung im Gesundheits- oder Sozialbereich oder für die Verwaltung von Systemen und Diensten im Gesundheits- und Sozialbereich oder aufgrund eines Vertrags der betroffenen Person mit einem Angehörigen eines Gesundheitsberufs erforderlich ist und diese Daten von ärztlichem Personal oder durch sonstige Personen, die einer entsprechenden Geheimhaltungspflicht unterliegen, oder unter deren Verantwortung verarbeitet werden,

c) aus Gründen des öffentlichen Interesses im Bereich der öffentlichen Gesundheit, wie des Schutzes vor schwerwiegenden grenzüberschreitenden Gesundheitsgefahren oder zur Gewährleistung hoher Qualitäts- und Sicherheitsstandards bei der Gesundheitsversorgung und bei Arzneimitteln und Medizinprodukten erforderlich ist; ergänzend zu den in Absatz 2 genannten Maßnahmen sind insbesondere die berufsrechtlichen und strafrechtlichen Vorgaben zur Wahrung des Berufsgeheimnisses einzuhalten, oder

d) aus Gründen eines erheblichen öffentlichen Interesses zwingend erforderlich ist,

2. durch öffentliche Stellen, wenn sie

a) zur Abwehr einer erheblichen Gefahr für die öffentliche Sicherheit erforderlich ist,

b) zur Abwehr erheblicher Nachteile für das Gemeinwohl oder zur Wahrung erheblicher Belange des Gemeinwohls zwingend erforderlich ist oder

c) aus zwingenden Gründen der Verteidigung oder der Erfüllung über- oder zwischenstaatlicher Verpflichtungen einer öffentlichen Stelle des Bundes auf dem Gebiet der Krisenbewältigung oder Konfliktverhinderung oder für humanitäre Maßnahmen erforderlich ist

und soweit die Interessen des Verantwortlichen an der Datenverarbeitung in den Fällen der Nummer 1 Buchstabe d und der Nummer 2 die Interessen der betroffenen Person überwiegen.

(2) [1]In den Fällen des Absatzes 1 sind angemessene und spezifische Maßnahmen zur Wahrung der Interessen der betroffenen Person vorzusehen. [2]Unter Berücksichtigung des Stands der Technik, der Implementierungskosten und der Art, des Umfangs, der Umstände und der Zwecke der Verarbeitung sowie der unterschiedlichen Eintrittswahrscheinlichkeit und Schwere der mit der Verarbeitung verbundenen Risiken für die Rechte und Freiheiten natürlicher Personen können dazu insbesondere gehören:

1. technisch organisatorische Maßnahmen, um sicherzustellen, dass die Verarbeitung gemäß der Verordnung (EU) 2016/679 erfolgt,
2. Maßnahmen, die gewährleisten, dass nachträglich überprüft und festgestellt werden kann, ob und von wem personenbezogene Daten eingegeben, verändert oder entfernt worden sind,
3. Sensibilisierung der an Verarbeitungsvorgängen Beteiligten,
4. Benennung einer oder eines Datenschutzbeauftragten,
5. Beschränkung des Zugangs zu den personenbezogenen Daten innerhalb der verantwortlichen Stelle und von Auftragsverarbeitern,
6. Pseudonymisierung personenbezogener Daten,
7. Verschlüsselung personenbezogener Daten,

8. Sicherstellung der Fähigkeit, Vertraulichkeit, Integrität, Verfügbarkeit und Belastbarkeit der Systeme und Dienste im Zusammenhang mit der Verarbeitung personenbezogener Daten, einschließlich der Fähigkeit, die Verfügbarkeit und den Zugang bei einem physischen oder technischen Zwischenfall rasch wiederherzustellen,
9. zur Gewährleistung der Sicherheit der Verarbeitung die Einrichtung eines Verfahrens zur regelmäßigen Überprüfung, Bewertung und Evaluierung der Wirksamkeit der technischen und organisatorischen Maßnahmen oder
10. spezifische Verfahrensregelungen, die im Fall einer Übermittlung oder Verarbeitung für andere Zwecke die Einhaltung der Vorgaben dieses Gesetzes sowie der Verordnung (EU) 2016/679 sicherstellen.

§ 23 Verarbeitung zu anderen Zwecken durch öffentliche Stellen.

(1) Die Verarbeitung personenbezogener Daten zu einem anderen Zweck als zu demjenigen, zu dem die Daten erhoben wurden, durch öffentliche Stellen im Rahmen ihrer Aufgabenerfüllung ist zulässig, wenn

1. offensichtlich ist, dass sie im Interesse der betroffenen Person liegt und kein Grund zu der Annahme besteht, dass sie in Kenntnis des anderen Zwecks ihre Einwilligung verweigern würde,
2. Angaben der betroffenen Person überprüft werden müssen, weil tatsächliche Anhaltspunkte für deren Unrichtigkeit bestehen,
3. sie zur Abwehr erheblicher Nachteile für das Gemeinwohl oder einer Gefahr für die öffentliche Sicherheit, die Verteidigung oder die nationale Sicherheit, zur Wahrung erheblicher Belange des Gemeinwohls oder zur Sicherung des Steuer- und Zollaufkommens erforderlich ist,
4. sie zur Verfolgung von Straftaten oder Ordnungswidrigkeiten, zur Vollstreckung oder zum Vollzug von Strafen oder Maßnahmen im Sinne des § 11 Absatz 1 Nummer 8 des Strafgesetzbuchs[1)] oder von Erziehungsmaßregeln oder Zuchtmitteln im Sinne des Jugendgerichtsgesetzes[2)] oder zur Vollstreckung von Geldbußen erforderlich ist,
5. sie zur Abwehr einer schwerwiegenden Beeinträchtigung der Rechte einer anderen Person erforderlich ist oder
6. sie der Wahrnehmung von Aufsichts- und Kontrollbefugnissen, der Rechnungsprüfung oder der Durchführung von Organisationsuntersuchungen des Verantwortlichen dient; dies gilt auch für die Verarbeitung zu Ausbildungs- und Prüfungszwecken durch den Verantwortlichen, soweit schutzwürdige Interessen der betroffenen Person dem nicht entgegenstehen.

(2) Die Verarbeitung besonderer Kategorien personenbezogener Daten im Sinne des Artikels 9 Absatz 1 der Verordnung (EU) 2016/679[3)] zu einem anderen Zweck als zu demjenigen, zu dem die Daten erhoben wurden, ist zulässig, wenn die Voraussetzungen des Absatzes 1 und ein Ausnahmetatbestand nach Artikel 9 Absatz 2 der Verordnung (EU) 2016/679 oder nach § 22 vorliegen.

[1)] ***Schönfelder* Nr. 85.**
[2)] **Schönfelder Nr. 89.**
[3)] Nr. **246**.

§ 24 Verarbeitung zu anderen Zwecken durch nichtöffentliche Stellen. (1) Die Verarbeitung personenbezogener Daten zu einem anderen Zweck als zu demjenigen, zu dem die Daten erhoben wurden, durch nichtöffentliche Stellen ist zulässig, wenn

1. sie zur Abwehr von Gefahren für die staatliche oder öffentliche Sicherheit oder zur Verfolgung von Straftaten erforderlich ist oder
2. sie zur Geltendmachung, Ausübung oder Verteidigung zivilrechtlicher Ansprüche erforderlich ist,

sofern nicht die Interessen der betroffenen Person an dem Ausschluss der Verarbeitung überwiegen.

(2) Die Verarbeitung besonderer Kategorien personenbezogener Daten im Sinne des Artikels 9 Absatz 1 der Verordnung (EU) 2016/679[1)] zu einem anderen Zweck als zu demjenigen, zu dem die Daten erhoben wurden, ist zulässig, wenn die Voraussetzungen des Absatzes 1 und ein Ausnahmetatbestand nach Artikel 9 Absatz 2 der Verordnung (EU) 2016/679 oder nach § 22 vorliegen.

§ 25 Datenübermittlungen durch öffentliche Stellen. (1) [1] Die Übermittlung personenbezogener Daten durch öffentliche Stellen an öffentliche Stellen ist zulässig, wenn sie zur Erfüllung der in der Zuständigkeit der übermittelnden Stelle oder des Dritten, an den die Daten übermittelt werden, liegenden Aufgaben erforderlich ist und die Voraussetzungen vorliegen, die eine Verarbeitung nach § 23 zulassen würden. [2] Der Dritte, an den die Daten übermittelt werden, darf diese nur für den Zweck verarbeiten, zu dessen Erfüllung sie ihm übermittelt werden. [3] Eine Verarbeitung für andere Zwecke ist unter den Voraussetzungen des § 23 zulässig.

(2) [1] Die Übermittlung personenbezogener Daten durch öffentliche Stellen an nichtöffentliche Stellen ist zulässig, wenn

1. sie zur Erfüllung der in der Zuständigkeit der übermittelnden Stelle liegenden Aufgaben erforderlich ist und die Voraussetzungen vorliegen, die eine Verarbeitung nach § 23 zulassen würden,
2. der Dritte, an den die Daten übermittelt werden, ein berechtigtes Interesse an der Kenntnis der zu übermittelnden Daten glaubhaft darlegt und die betroffene Person kein schutzwürdiges Interesse an dem Ausschluss der Übermittlung hat oder
3. es zur Geltendmachung, Ausübung oder Verteidigung rechtlicher Ansprüche erforderlich ist

und der Dritte sich gegenüber der übermittelnden öffentlichen Stelle verpflichtet hat, die Daten nur für den Zweck zu verarbeiten, zu dessen Erfüllung sie ihm übermittelt werden. [2] Eine Verarbeitung für andere Zwecke ist zulässig, wenn eine Übermittlung nach Satz 1 zulässig wäre und die übermittelnde Stelle zugestimmt hat.

(3) Die Übermittlung besonderer Kategorien personenbezogener Daten im Sinne des Artikels 9 Absatz 1 der Verordnung (EU) 2016/679[1)] ist zulässig, wenn die Voraussetzungen des Absatzes 1 oder 2 und ein Ausnahmetatbestand

---

[1)] Nr. **246**.

nach Artikel 9 Absatz 2 der Verordnung (EU) 2016/679 oder nach § 22 vorliegen.

Abschnitt 2. Besondere Verarbeitungssituationen

§ 26[1)] Datenverarbeitung für Zwecke des Beschäftigungsverhältnisses.

(1) [1] Personenbezogene Daten von Beschäftigten dürfen für Zwecke des Beschäftigungsverhältnisses verarbeitet werden, wenn dies für die Entscheidung über die Begründung eines Beschäftigungsverhältnisses oder nach Begründung des Beschäftigungsverhältnisses für dessen Durchführung oder Beendigung oder zur Ausübung oder Erfüllung der sich aus einem Gesetz oder einem Tarifvertrag, einer Betriebs- oder Dienstvereinbarung (Kollektivvereinbarung) ergebenden Rechte und Pflichten der Interessenvertretung der Beschäftigten erforderlich ist. [2] Zur Aufdeckung von Straftaten dürfen personenbezogene Daten von Beschäftigten nur dann verarbeitet werden, wenn zu dokumentierende tatsächliche Anhaltspunkte den Verdacht begründen, dass die betroffene Person im Beschäftigungsverhältnis eine Straftat begangen hat, die Verarbeitung zur Aufdeckung erforderlich ist und das schutzwürdige Interesse der oder des Beschäftigten an dem Ausschluss der Verarbeitung nicht überwiegt, insbesondere Art und Ausmaß im Hinblick auf den Anlass nicht unverhältnismäßig sind.

(2) [1] Erfolgt die Verarbeitung personenbezogener Daten von Beschäftigten auf der Grundlage einer Einwilligung, so sind für die Beurteilung der Freiwilligkeit der Einwilligung insbesondere die im Beschäftigungsverhältnis bestehende Abhängigkeit der beschäftigten Person sowie die Umstände, unter denen die Einwilligung erteilt worden ist, zu berücksichtigen. [2] Freiwilligkeit kann insbesondere vorliegen, wenn für die beschäftigte Person ein rechtlicher oder wirtschaftlicher Vorteil erreicht wird oder Arbeitgeber und beschäftigte Person gleichgelagerte Interessen verfolgen. [3] Die Einwilligung hat schriftlich oder elektronisch zu erfolgen, soweit nicht wegen besonderer Umstände eine andere Form angemessen ist. [4] Der Arbeitgeber hat die beschäftigte Person über den Zweck der Datenverarbeitung und über ihr Widerrufsrecht nach Artikel 7 Absatz 3 der Verordnung (EU) 2016/679[2)] in Textform aufzuklären.

(3) [1] Abweichend von Artikel 9 Absatz 1 der Verordnung (EU) 2016/679 ist die Verarbeitung besonderer Kategorien personenbezogener Daten im Sinne des Artikels 9 Absatz 1 der Verordnung (EU) 2016/679 für Zwecke des Beschäftigungsverhältnisses zulässig, wenn sie zur Ausübung von Rechten oder zur Erfüllung rechtlicher Pflichten aus dem Arbeitsrecht, dem Recht der sozialen Sicherheit und des Sozialschutzes erforderlich ist und kein Grund zu der Annahme besteht, dass das schutzwürdige Interesse der betroffenen Person an dem Ausschluss der Verarbeitung überwiegt. [2] Absatz 2 gilt auch für die Einwilligung in die Verarbeitung besonderer Kategorien personenbezogener Daten; die Einwilligung muss sich dabei ausdrücklich auf diese Daten beziehen. [3] § 22 Absatz 2 gilt entsprechend.

(4) [1] Die Verarbeitung personenbezogener Daten, einschließlich besonderer Kategorien personenbezogener Daten von Beschäftigten für Zwecke des Beschäftigungsverhältnisses, ist auf der Grundlage von Kollektivvereinbarungen

---

[1)] § 26 Abs. 2 Satz 3 geänd. mWv 26.11.2019 durch G v. 20.11.2019 (BGBl. I S. 1626).
[2)] Nr. **246**.

zulässig. [2] Dabei haben die Verhandlungspartner Artikel 88 Absatz 2 der Verordnung (EU) 2016/679 zu beachten.

(5) Der Verantwortliche muss geeignete Maßnahmen ergreifen, um sicherzustellen, dass insbesondere die in Artikel 5 der Verordnung (EU) 2016/679 dargelegten Grundsätze für die Verarbeitung personenbezogener Daten eingehalten werden.

(6) Die Beteiligungsrechte der Interessenvertretungen der Beschäftigten bleiben unberührt.

(7) Die Absätze 1 bis 6 sind auch anzuwenden, wenn personenbezogene Daten, einschließlich besonderer Kategorien personenbezogener Daten, von Beschäftigten verarbeitet werden, ohne dass sie in einem Dateisystem gespeichert sind oder gespeichert werden sollen.

(8) [1] Beschäftigte im Sinne dieses Gesetzes sind:

1. Arbeitnehmerinnen und Arbeitnehmer, einschließlich der Leiharbeitnehmerinnen und Leiharbeitnehmer im Verhältnis zum Entleiher,
2. zu ihrer Berufsbildung Beschäftigte,
3. Teilnehmerinnen und Teilnehmer an Leistungen zur Teilhabe am Arbeitsleben sowie an Abklärungen der beruflichen Eignung oder Arbeitserprobung (Rehabilitandinnen und Rehabilitanden),
4. in anerkannten Werkstätten für behinderte Menschen Beschäftigte,
5. Freiwillige, die einen Dienst nach dem Jugendfreiwilligendienstegesetz [1)] oder dem Bundesfreiwilligendienstgesetz[2)] leisten,

(Fortsetzung nächstes Blatt)

[1)] Nr. **390**.
[2)] Nr. **627**.

6. Personen, die wegen ihrer wirtschaftlichen Unselbständigkeit als arbeitnehmerähnliche Personen anzusehen sind; zu diesen gehören auch die in Heimarbeit Beschäftigten und die ihnen Gleichgestellten,
7. Beamtinnen und Beamte des Bundes, Richterinnen und Richter des Bundes, Soldatinnen und Soldaten sowie Zivildienstleistende.

[2] Bewerberinnen und Bewerber für ein Beschäftigungsverhältnis sowie Personen, deren Beschäftigungsverhältnis beendet ist, gelten als Beschäftigte.

§ 27 Datenverarbeitung zu wissenschaftlichen oder historischen Forschungszwecken und zu statistischen Zwecken. (1) [1] Abweichend von Artikel 9 Absatz 1 der Verordnung (EU) 2016/679 ist die Verarbeitung besonderer Kategorien personenbezogener Daten im Sinne des Artikels 9 Absatz 1 der Verordnung (EU) 2016/679 auch ohne Einwilligung für wissenschaftliche oder historische Forschungszwecke oder für statistische Zwecke zulässig, wenn die Verarbeitung zu diesen Zwecken erforderlich ist und die Interessen des Verantwortlichen an der Verarbeitung die Interessen der betroffenen Person an einem Ausschluss der Verarbeitung erheblich überwiegen. [2] Der Verantwortliche sieht angemessene und spezifische Maßnahmen zur Wahrung der Interessen der betroffenen Person gemäß § 22 Absatz 2 Satz 2 vor.

(2) [1] Die in den Artikeln 15, 16, 18 und 21 der Verordnung (EU) 2016/679 vorgesehenen Rechte der betroffenen Person sind insoweit beschränkt, als diese Rechte voraussichtlich die Verwirklichung der Forschungs- oder Statistikzwecke unmöglich machen oder ernsthaft *beinträchtigen*[1)] und die Beschränkung für die Erfüllung der Forschungs- oder Statistikzwecke notwendig ist. [2] Das Recht auf Auskunft gemäß Artikel 15 der Verordnung (EU) 2016/679 besteht darüber hinaus nicht, wenn die Daten für Zwecke der wissenschaftlichen Forschung erforderlich sind und die Auskunftserteilung einen unverhältnismäßigen Aufwand erfordern würde.

(3) [1] Ergänzend zu den in § 22 Absatz 2 genannten Maßnahmen sind zu wissenschaftlichen oder historischen Forschungszwecken oder zu statistischen Zwecken verarbeitete besondere Kategorien personenbezogener Daten im Sinne des Artikels 9 Absatz 1 der Verordnung (EU) 2016/679 zu anonymisieren, sobald dies nach dem Forschungs- oder Statistikzweck möglich ist, es sei denn, berechtigte Interessen der betroffenen Person stehen dem entgegen. [2] Bis dahin sind die Merkmale gesondert zu speichern, mit denen Einzelangaben über persönliche oder sachliche Verhältnisse einer bestimmten oder bestimmbaren Person zugeordnet werden können. [3] Sie dürfen mit den Einzelangaben nur zusammengeführt werden, soweit der Forschungs- oder Statistikzweck dies erfordert.

(4) Der Verantwortliche darf personenbezogene Daten nur veröffentlichen, wenn die betroffene Person eingewilligt hat oder dies für die Darstellung von Forschungsergebnissen über Ereignisse der Zeitgeschichte unerlässlich ist.

§ 28 Datenverarbeitung zu im öffentlichen Interesse liegenden Archivzwecken. (1) [1] Abweichend von Artikel 9 Absatz 1 der Verordnung (EU) 2016/679 ist die Verarbeitung besonderer Kategorien personenbezoge-

---

1) Richtig wohl: „beeinträchtigen".

ner Daten im Sinne des Artikels 9 Absatz 1 der Verordnung (EU) 2016/679 zulässig, wenn sie für im öffentlichen Interesse liegende Archivzwecke erforderlich ist. [2] Der Verantwortliche sieht angemessene und spezifische Maßnahmen zur Wahrung der Interessen der betroffenen Person gemäß § 22 Absatz 2 Satz 2 vor.

(2) Das Recht auf Auskunft der betroffenen Person gemäß Artikel 15 der Verordnung (EU) 2016/679 besteht nicht, wenn das Archivgut nicht durch den Namen der Person erschlossen ist oder keine Angaben gemacht werden, die das Auffinden des betreffenden Archivguts mit vertretbarem Verwaltungsaufwand ermöglichen.

(3) [1] Das Recht auf Berichtigung der betroffenen Person gemäß Artikel 16 der Verordnung (EU) 2016/679 besteht nicht, wenn die personenbezogenen Daten zu Archivzwecken im öffentlichen Interesse verarbeitet werden. [2] Bestreitet die betroffene Person die Richtigkeit der personenbezogenen Daten, ist ihr die Möglichkeit einer Gegendarstellung einzuräumen. [3] Das zuständige Archiv ist verpflichtet, die Gegendarstellung den Unterlagen hinzuzufügen.

(4) Die in Artikel 18 Absatz 1 Buchstabe a, b und d, den Artikeln 20 und 21 der Verordnung (EU) 2016/679 vorgesehenen Rechte bestehen nicht, soweit diese Rechte voraussichtlich die Verwirklichung der im öffentlichen Interesse liegenden Archivzwecke unmöglich machen oder ernsthaft beeinträchtigen und die Ausnahmen für die Erfüllung dieser Zwecke erforderlich sind.

§ 29 Rechte der betroffenen Person und aufsichtsbehördliche Befugnisse im Fall von Geheimhaltungspflichten. (1) [1] Die Pflicht zur Information der betroffenen Person gemäß Artikel 14 Absatz 1 bis 4 der Verordnung (EU) 2016/679 besteht ergänzend zu den in Artikel 14 Absatz 5 der Verordnung (EU) 2016/679 genannten Ausnahmen nicht, soweit durch ihre Erfüllung Informationen offenbart würden, die ihrem Wesen nach, insbesondere wegen der überwiegenden berechtigten Interessen eines Dritten, geheim gehalten werden müssen. [2] Das Recht auf Auskunft der betroffenen Person gemäß Artikel 15 der Verordnung (EU) 2016/679 besteht nicht, soweit durch die Auskunft Informationen offenbart würden, die nach einer Rechtsvorschrift oder ihrem Wesen nach, insbesondere wegen der überwiegenden berechtigten Interessen eines Dritten, geheim gehalten werden müssen. [3] Die Pflicht zur Benachrichtigung gemäß Artikel 34 der Verordnung (EU) 2016/679 besteht ergänzend zu der in Artikel 34 Absatz 3 der Verordnung (EU) 2016/679 genannten Ausnahme nicht, soweit durch die Benachrichtigung Informationen offenbart würden, die nach einer Rechtsvorschrift oder ihrem Wesen nach, insbesondere wegen der überwiegenden berechtigten Interessen eines Dritten, geheim gehalten werden müssen. [4] Abweichend von der Ausnahme nach Satz 3 ist die betroffene Person nach Artikel 34 der Verordnung (EU) 2016/679 zu benachrichtigen, wenn die Interessen der betroffenen Person, insbesondere unter Berücksichtigung drohender Schäden, gegenüber dem Geheimhaltungsinteresse überwiegen.

(2) Werden Daten Dritter im Zuge der Aufnahme oder im Rahmen eines Mandatsverhältnisses an einen Berufsgeheimnisträger übermittelt, so besteht die Pflicht der übermittelnden Stelle zur Information der betroffenen Person gemäß Artikel 13 Absatz 3 der Verordnung (EU) 2016/679 nicht, sofern

nicht das Interesse der betroffenen Person an der Informationserteilung überwiegt.

(3) [1] Gegenüber den in § 203 Absatz 1, 2a und 3 des Strafgesetzbuchs[1)] genannten Personen oder deren Auftragsverarbeitern bestehen die Untersuchungsbefugnisse der Aufsichtsbehörden gemäß Artikel 58 Absatz 1 Buchstabe e und f der Verordnung (EU) 2016/679 nicht, soweit die Inanspruchnahme der Befugnisse zu einem Verstoß gegen die Geheimhaltungspflichten dieser Personen führen würde. [2] Erlangt eine Aufsichtsbehörde im Rahmen einer Untersuchung Kenntnis von Daten, die einer Geheimhaltungspflicht im Sinne des Satzes 1 unterliegen, gilt die Geheimhaltungspflicht auch für die Aufsichtsbehörde.

§ 30 Verbraucherkredite. (1) Eine Stelle, die geschäftsmäßig personenbezogene Daten, die zur Bewertung der Kreditwürdigkeit von Verbrauchern genutzt werden dürfen, zum Zweck der Übermittlung erhebt, speichert oder verändert, hat Auskunftsverlangen von Darlehensgebern aus anderen Mitgliedstaaten der Europäischen Union genauso zu behandeln wie Auskunftsverlangen inländischer Darlehensgeber.

(2) [1] Wer den Abschluss eines Verbraucherdarlehensvertrags oder eines Vertrags über eine entgeltliche Finanzierungshilfe mit einem Verbraucher infolge einer Auskunft einer Stelle im Sinne des Absatzes 1 ablehnt, hat den Verbraucher unverzüglich hierüber sowie über die erhaltene Auskunft zu unterrichten. [2] Die Unterrichtung unterbleibt, soweit hierdurch die öffentliche Sicherheit oder Ordnung gefährdet würde. [3] § 37 bleibt unberührt.

§ 31 Schutz des Wirtschaftsverkehrs bei Scoring und Bonitätsauskünften. (1) Die Verwendung eines Wahrscheinlichkeitswerts über ein bestimmtes zukünftiges Verhalten einer natürlichen Person zum Zweck der Entscheidung über die Begründung, Durchführung oder Beendigung eines Vertragsverhältnisses mit dieser Person (Scoring) ist nur zulässig, wenn

1. die Vorschriften des Datenschutzrechts eingehalten wurden,
2. die zur Berechnung des Wahrscheinlichkeitswerts genutzten Daten unter Zugrundelegung eines wissenschaftlich anerkannten mathematisch-statistischen Verfahrens nachweisbar für die Berechnung der Wahrscheinlichkeit des bestimmten Verhaltens erheblich sind,
3. für die Berechnung des Wahrscheinlichkeitswerts nicht ausschließlich Anschriftendaten genutzt wurden und
4. im Fall der Nutzung von Anschriftendaten die betroffene Person vor Berechnung des Wahrscheinlichkeitswerts über die vorgesehene Nutzung dieser Daten unterrichtet worden ist; die Unterrichtung ist zu dokumentieren.

(2) [1] Die Verwendung eines von Auskunfteien ermittelten Wahrscheinlichkeitswerts über die Zahlungsfähig- und Zahlungswilligkeit einer natürlichen Person ist im Fall der Einbeziehung von Informationen über Forderungen nur zulässig, soweit die Voraussetzungen nach Absatz 1 vorliegen und nur solche Forderungen über eine geschuldete Leistung, die trotz Fälligkeit nicht erbracht worden ist, berücksichtigt werden,

[1)] **Schönfelder Nr. 85.**

1. die durch ein rechtskräftiges oder für vorläufig vollstreckbar erklärtes Urteil festgestellt worden sind oder für die ein Schuldtitel nach § 794 der Zivilprozessordnung[1] vorliegt,
2. die nach § 178 der Insolvenzordnung[2] festgestellt und nicht vom Schuldner im Prüfungstermin bestritten worden sind,
3. die der Schuldner ausdrücklich anerkannt hat,
4. bei denen
   a) der Schuldner nach Eintritt der Fälligkeit der Forderung mindestens zweimal schriftlich gemahnt worden ist,
   b) die erste Mahnung mindestens vier Wochen zurückliegt,
   c) der Schuldner zuvor, jedoch frühestens bei der ersten Mahnung, über eine mögliche Berücksichtigung durch eine Auskunftei unterrichtet worden ist und
   d) der Schuldner die Forderung nicht bestritten hat oder
5. deren zugrunde liegendes Vertragsverhältnis aufgrund von Zahlungsrückständen fristlos gekündigt werden kann und bei denen der Schuldner zuvor über eine mögliche Berücksichtigung durch eine Auskunftei unterrichtet worden ist.

[2] Die Zulässigkeit der Verarbeitung, einschließlich der Ermittlung von Wahrscheinlichkeitswerten, von anderen bonitätsrelevanten Daten nach allgemeinem Datenschutzrecht bleibt unberührt.

Kapitel 2. Rechte der betroffenen Person

§ 32 Informationspflicht bei Erhebung von personenbezogenen Daten bei der betroffenen Person. (1) Die Pflicht zur Information der betroffenen Person gemäß Artikel 13 Absatz 3 der Verordnung (EU) 2016/679 besteht ergänzend zu der in Artikel 13 Absatz 4 der Verordnung (EU) 2016/679 genannten Ausnahme dann nicht, wenn die Erteilung der Information über die beabsichtigte Weiterverarbeitung

1. eine Weiterverarbeitung analog gespeicherter Daten betrifft, bei der sich der Verantwortliche durch die Weiterverarbeitung unmittelbar an die betroffene Person wendet, der Zweck mit dem ursprünglichen Erhebungszweck gemäß der Verordnung (EU) 2016/679 vereinbar ist, die Kommunikation mit der betroffenen Person nicht in digitaler Form erfolgt und das Interesse der betroffenen Person an der Informationserteilung nach den Umständen des Einzelfalls, insbesondere mit Blick auf den Zusammenhang, in dem die Daten erhoben wurden, als gering anzusehen ist,
2. im Fall einer öffentlichen Stelle die ordnungsgemäße Erfüllung der in der Zuständigkeit des Verantwortlichen liegenden Aufgaben im Sinne des Artikels 23 Absatz 1 Buchstabe a bis e der Verordnung (EU) 2016/679 gefährden würde und die Interessen des Verantwortlichen an der Nichterteilung der Information die Interessen der betroffenen Person überwiegen,

---

[1] **Schönfelder Nr. 100.**
[2] **Schönfelder Nr. 110.**

3. die öffentliche Sicherheit oder Ordnung gefährden oder sonst dem Wohl des Bundes oder eines Landes Nachteile bereiten würde und die Interessen des Verantwortlichen an der Nichterteilung der Information die Interessen der betroffenen Person überwiegen,
4. die Geltendmachung, Ausübung oder Verteidigung rechtlicher Ansprüche beeinträchtigen würde und die Interessen des Verantwortlichen an der Nichterteilung der Information die Interessen der betroffenen Person überwiegen oder
5. eine vertrauliche Übermittlung von Daten an öffentliche Stellen gefährden würde.

(2) [1] Unterbleibt eine Information der betroffenen Person nach Maßgabe des Absatzes 1, ergreift der Verantwortliche geeignete Maßnahmen zum Schutz der berechtigten Interessen der betroffenen Person, einschließlich der Bereitstellung der in Artikel 13 Absatz 1 und 2 der Verordnung (EU) 2016/679 genannten Informationen für die Öffentlichkeit in präziser, transparenter, verständlicher und leicht zugänglicher Form in einer klaren und einfachen Sprache. [2] Der Verantwortliche hält schriftlich fest, aus welchen Gründen er von einer Information abgesehen hat. [3] Die Sätze 1 und 2 finden in den Fällen des Absatzes 1 Nummer 4 und 5 keine Anwendung.

(3) Unterbleibt die Benachrichtigung in den Fällen des Absatzes 1 wegen eines vorübergehenden Hinderungsgrundes, kommt der Verantwortliche der Informationspflicht unter Berücksichtigung der spezifischen Umstände der Verarbeitung innerhalb einer angemessenen Frist nach Fortfall des Hinderungsgrundes, spätestens jedoch innerhalb von zwei Wochen, nach.

§ 33 Informationspflicht, wenn die personenbezogenen Daten nicht bei der betroffenen Person erhoben wurden. (1) Die Pflicht zur Information der betroffenen Person gemäß Artikel 14 Absatz 1, 2 und 4 der Verordnung (EU) 2016/679 besteht ergänzend zu den in Artikel 14 Absatz 5 der Verordnung (EU) 2016/679 und der in § 29 Absatz 1 Satz 1 genannten Ausnahme nicht, wenn die Erteilung der Information

1. im Fall einer öffentlichen Stelle
   a) die ordnungsgemäße Erfüllung der in der Zuständigkeit des Verantwortlichen liegenden Aufgaben im Sinne des Artikels 23 Absatz 1 Buchstabe a bis e der Verordnung (EU) 2016/679 gefährden würde oder
   b) die öffentliche Sicherheit oder Ordnung gefährden oder sonst dem Wohl des Bundes oder eines Landes Nachteile bereiten würde

   und deswegen das Interesse der betroffenen Person an der Informationserteilung zurücktreten muss,
2. im Fall einer nichtöffentlichen Stelle
   a) die Geltendmachung, Ausübung oder Verteidigung zivilrechtlicher Ansprüche beeinträchtigen würde oder die Verarbeitung Daten aus zivilrechtlichen Verträgen beinhaltet und der Verhütung von Schäden durch Straftaten dient, sofern nicht das berechtigte Interesse der betroffenen Person an der Informationserteilung überwiegt, oder
   b) die zuständige öffentliche Stelle gegenüber dem Verantwortlichen festgestellt hat, dass das Bekanntwerden der Daten die öffentliche Sicherheit oder Ordnung gefährden oder sonst dem Wohl des Bundes oder eines

Landes Nachteile bereiten würde; im Fall der Datenverarbeitung für Zwecke der Strafverfolgung bedarf es keiner Feststellung nach dem ersten Halbsatz.

(2) [1] Unterbleibt eine Information der betroffenen Person nach Maßgabe des Absatzes 1, ergreift der Verantwortliche geeignete Maßnahmen zum Schutz der berechtigten Interessen der betroffenen Person, einschließlich der Bereitstellung der in Artikel 14 Absatz 1 und 2 der Verordnung (EU) 2016/679 genannten Informationen für die Öffentlichkeit in präziser, transparenter, verständlicher und leicht zugänglicher Form in einer klaren und einfachen Sprache. [2] Der Verantwortliche hält schriftlich fest, aus welchen Gründen er von einer Information abgesehen hat.

(3) Bezieht sich die Informationserteilung auf die Übermittlung personenbezogener Daten durch öffentliche Stellen an Verfassungsschutzbehörden, den Bundesnachrichtendienst, den Militärischen Abschirmdienst und, soweit die Sicherheit des Bundes berührt wird, andere Behörden des Bundesministeriums der Verteidigung, ist sie nur mit Zustimmung dieser Stellen zulässig.

§ 34 Auskunftsrecht der betroffenen Person. (1) Das Recht auf Auskunft der betroffenen Person gemäß Artikel 15 der Verordnung (EU) 2016/679 besteht ergänzend zu den in § 27 Absatz 2, § 28 Absatz 2 und § 29 Absatz 1 Satz 2 genannten Ausnahmen nicht, wenn

1. die betroffene Person nach § 33 Absatz 1 Nummer 1, 2 Buchstabe b oder Absatz 3 nicht zu informieren ist, oder
2. die Daten
   a) nur deshalb gespeichert sind, weil sie aufgrund gesetzlicher oder satzungsmäßiger Aufbewahrungsvorschriften nicht gelöscht werden dürfen, oder
   b) ausschließlich Zwecken der Datensicherung oder der Datenschutzkontrolle dienen

und die Auskunftserteilung einen unverhältnismäßigen Aufwand erfordern würde sowie eine Verarbeitung zu anderen Zwecken durch geeignete technische und organisatorische Maßnahmen ausgeschlossen ist.

(2) [1] Die Gründe der Auskunftsverweigerung sind zu dokumentieren. [2] Die Ablehnung der Auskunftserteilung ist gegenüber der betroffenen Person zu begründen, soweit nicht durch die Mitteilung der tatsächlichen und rechtlichen Gründe, auf die die Entscheidung gestützt wird, der mit der Auskunftsverweigerung verfolgte Zweck gefährdet würde. [3] Die zum Zweck der Auskunftserteilung an die betroffene Person und zu deren Vorbereitung gespeicherten Daten dürfen nur für diesen Zweck sowie für Zwecke der Datenschutzkontrolle verarbeitet werden; für andere Zwecke ist die Verarbeitung nach Maßgabe des Artikels 18 der Verordnung (EU) 2016/679 einzuschränken.

(3) [1] Wird der betroffenen Person durch eine öffentliche Stelle des Bundes keine Auskunft erteilt, so ist sie auf ihr Verlangen der oder dem Bundesbeauftragten zu erteilen, soweit nicht die jeweils zuständige oberste Bundesbehörde im Einzelfall feststellt, dass dadurch die Sicherheit des Bundes oder eines Landes gefährdet würde. [2] Die Mitteilung der oder des Bundesbeauftragten an die betroffene Person über das Ergebnis der datenschutzrechtlichen Prüfung

darf keine Rückschlüsse auf den Erkenntnisstand des Verantwortlichen zulassen, sofern dieser nicht einer weitergehenden Auskunft zustimmt.

(4) Das Recht der betroffenen Person auf Auskunft über personenbezogene Daten, die durch eine öffentliche Stelle weder automatisiert verarbeitet noch nicht automatisiert verarbeitet und in einem Dateisystem gespeichert werden, besteht nur, soweit die betroffene Person Angaben macht, die das Auffinden der Daten ermöglichen, und der für die Erteilung der Auskunft erforderliche Aufwand nicht außer Verhältnis zu dem von der betroffenen Person geltend gemachten Informationsinteresse steht.

§ 35 Recht auf Löschung. (1) [1] Ist eine Löschung im Fall nicht automatisierter Datenverarbeitung wegen der besonderen Art der Speicherung nicht oder nur mit unverhältnismäßig hohem Aufwand möglich und ist das Interesse der betroffenen Person an der Löschung als gering anzusehen, besteht das Recht der betroffenen Person auf und die Pflicht des Verantwortlichen zur Löschung personenbezogener Daten gemäß Artikel 17 Absatz 1 der Verordnung (EU) 2016/679[1)] ergänzend zu den in Artikel 17 Absatz 3 der Verordnung (EU) 2016/679 genannten Ausnahmen nicht. [2] In diesem Fall tritt an die Stelle einer Löschung die Einschränkung der Verarbeitung gemäß Artikel 18 der Verordnung (EU) 2016/679. [3] Die Sätze 1 und 2 finden keine Anwendung, wenn die personenbezogenen Daten unrechtmäßig verarbeitet wurden.

(2) [1] Ergänzend zu Artikel 18 Absatz 1 Buchstabe b und c der Verordnung (EU) 2016/679 gilt Absatz 1 Satz 1 und 2 entsprechend im Fall des Artikels 17 Absatz 1 Buchstabe a und d der Verordnung (EU) 2016/679, solange und soweit der Verantwortliche Grund zu der Annahme hat, dass durch eine Löschung schutzwürdige Interessen der betroffenen Person beeinträchtigt würden. [2] Der Verantwortliche unterrichtet die betroffene Person über die Einschränkung der Verarbeitung, sofern sich die Unterrichtung nicht als unmöglich erweist oder einen unverhältnismäßigen Aufwand erfordern würde.

(3) Ergänzend zu Artikel 17 Absatz 3 Buchstabe b der Verordnung (EU) 2016/679 gilt Absatz 1 entsprechend im Fall des Artikels 17 Absatz 1 Buchstabe a der Verordnung (EU) 2016/679, wenn einer Löschung satzungsgemäße oder vertragliche Aufbewahrungsfristen entgegenstehen.

§ 36 Widerspruchsrecht. Das Recht auf Widerspruch gemäß Artikel 21 Absatz 1 der Verordnung (EU) 2016/679[1)] gegenüber einer öffentlichen Stelle besteht nicht, soweit an der Verarbeitung ein zwingendes öffentliches Interesse besteht, das die Interessen der betroffenen Person überwiegt, oder eine Rechtsvorschrift zur Verarbeitung verpflichtet.

§ 37 Automatisierte Entscheidungen im Einzelfall einschließlich Profiling. (1) Das Recht gemäß Artikel 22 Absatz 1 der Verordnung (EU) 2016/679[1)], keiner ausschließlich auf einer automatisierten Verarbeitung beruhenden Entscheidung unterworfen zu werden, besteht über die in Artikel 22 Absatz 2 Buchstabe a und c der Verordnung (EU) 2016/679 genannten Ausnahmen hinaus nicht, wenn die Entscheidung im Rahmen der Leistungserbringung nach einem Versicherungsvertrag ergeht und

1. dem Begehren der betroffenen Person stattgegeben wurde oder

---

[1)] Nr. **246**.

2. die Entscheidung auf der Anwendung verbindlicher Entgeltregelungen für Heilbehandlungen beruht und der Verantwortliche für den Fall, dass dem Antrag nicht vollumfänglich stattgegeben wird, angemessene Maßnahmen zur Wahrung der berechtigten Interessen der betroffenen Person trifft, wozu mindestens das Recht auf Erwirkung des Eingreifens einer Person seitens des Verantwortlichen, auf Darlegung des eigenen Standpunktes und auf Anfechtung der Entscheidung zählt; der Verantwortliche informiert die betroffene Person über diese Rechte spätestens zum Zeitpunkt der Mitteilung, aus der sich ergibt, dass dem Antrag der betroffenen Person nicht vollumfänglich stattgegeben wird.

(2) [1] Entscheidungen nach Absatz 1 dürfen auf der Verarbeitung von Gesundheitsdaten im Sinne des Artikels 4 Nummer 15 der Verordnung (EU) 2016/679 beruhen. [2] Der Verantwortliche sieht angemessene und spezifische Maßnahmen zur Wahrung der Interessen der betroffenen Person gemäß § 22 Absatz 2 Satz 2 vor.

Kapitel 3. Pflichten der Verantwortlichen und Auftragsverarbeiter

§ 38[1)] Datenschutzbeauftragte nichtöffentlicher Stellen. (1) [1] Ergänzend zu Artikel 37 Absatz 1 Buchstabe b und c der Verordnung (EU) 2016/679[2)] benennen der Verantwortliche und der Auftragsverarbeiter eine Datenschutzbeauftragte oder einen Datenschutzbeauftragten, soweit sie in der Regel mindestens 20 Personen ständig mit der automatisierten Verarbeitung personenbezogener Daten beschäftigen. [2] Nehmen der Verantwortliche oder der Auftragsverarbeiter Verarbeitungen vor, die einer Datenschutz-Folgenabschätzung nach Artikel 35 der Verordnung (EU) 2016/679 unterliegen, oder verarbeiten sie personenbezogene Daten geschäftsmäßig zum Zweck der Übermittlung, der anonymisierten Übermittlung oder für Zwecke der Markt- oder Meinungsforschung, haben sie unabhängig von der Anzahl der mit der Verarbeitung beschäftigten Personen eine Datenschutzbeauftragte oder einen Datenschutzbeauftragten zu benennen.

(2) § 6 Absatz 4, 5 Satz 2 und Absatz 6 finden Anwendung, § 6 Absatz 4 jedoch nur, wenn die Benennung einer oder eines Datenschutzbeauftragten verpflichtend ist.

§ 39 Akkreditierung. [1] Die Erteilung der Befugnis, als Zertifizierungsstelle gemäß Artikel 43 Absatz 1 Satz 1 der Verordnung (EU) 2016/679[2)] tätig zu werden, erfolgt durch die für die datenschutzrechtliche Aufsicht über die Zertifizierungsstelle zuständige Aufsichtsbehörde des Bundes oder der Länder auf der Grundlage einer Akkreditierung durch die Deutsche Akkreditierungsstelle. [2] § 2 Absatz 3 Satz 2, § 4 Absatz 3 und § 10 Absatz 1 Satz 1 Nummer 3 des Akkreditierungsstellengesetzes finden mit der Maßgabe Anwendung, dass der Datenschutz als ein dem Anwendungsbereich des § 1 Absatz 2 Satz 2 unterfallender Bereich gilt.

Kapitel 4. Aufsichtsbehörde für die Datenverarbeitung durch nichtöffentliche Stellen

§ 40 Aufsichtsbehörden der Länder. (1) Die nach Landesrecht zuständigen Behörden überwachen im Anwendungsbereich der Verordnung (EU)

1) § 38 Abs. 1 Satz 1 geänd. mWv 26.11.2019 durch G v. 20.11.2019 (BGBl. I S. 1626).
2) Nr. **246**.

2016/679 bei den nichtöffentlichen Stellen die Anwendung der Vorschriften über den Datenschutz.

(2) [1] Hat der Verantwortliche oder Auftragsverarbeiter mehrere inländische Niederlassungen, findet für die Bestimmung der zuständigen Aufsichtsbehörde Artikel 4 Nummer 16 der Verordnung (EU) 2016/679 entsprechende Anwendung. [2] Wenn sich mehrere Behörden für zuständig oder für unzuständig halten oder wenn die Zuständigkeit aus anderen Gründen zweifelhaft ist, treffen die Aufsichtsbehörden die Entscheidung gemeinsam nach Maßgabe des § 18 Absatz 2. [3] § 3 Absatz 3 und 4 des Verwaltungsverfahrensgesetzes[1)] findet entsprechende Anwendung.

(3) [1] Die Aufsichtsbehörde darf die von ihr gespeicherten Daten nur für Zwecke der Aufsicht verarbeiten; hierbei darf sie Daten an andere Aufsichtsbehörden übermitteln. [2] Eine Verarbeitung zu einem anderen Zweck ist über Artikel 6 Absatz 4 der Verordnung (EU) 2016/679 hinaus zulässig, wenn

1. offensichtlich ist, dass sie im Interesse der betroffenen Person liegt und kein Grund zu der Annahme besteht, dass sie in Kenntnis des anderen Zwecks ihre Einwilligung verweigern würde,
2. sie zur Abwehr erheblicher Nachteile für das Gemeinwohl oder einer Gefahr für die öffentliche Sicherheit oder zur Wahrung erheblicher Belange des Gemeinwohls erforderlich ist oder
3. sie zur Verfolgung von Straftaten oder Ordnungswidrigkeiten, zur Vollstreckung oder zum Vollzug von Strafen oder Maßnahmen im Sinne des § 11 Absatz 1 Nummer 8 des Strafgesetzbuchs[2)] oder von Erziehungsmaßregeln oder Zuchtmitteln im Sinne des Jugendgerichtsgesetzes[3)] oder zur Vollstreckung von Geldbußen erforderlich ist.

[3] Stellt die Aufsichtsbehörde einen Verstoß gegen die Vorschriften über den Datenschutz fest, so ist sie befugt, die betroffenen Personen hierüber zu unterrichten, den Verstoß anderen für die Verfolgung oder Ahndung zuständigen Stellen anzuzeigen sowie bei schwerwiegenden Verstößen die Gewerbeaufsichtsbehörde zur Durchführung gewerberechtlicher Maßnahmen zu unterrichten. [4] § 13 Absatz 4 Satz 4 bis 7 gilt entsprechend.

(4) [1] Die der Aufsicht unterliegenden Stellen sowie die mit deren Leitung beauftragten Personen haben einer Aufsichtsbehörde auf Verlangen die für die Erfüllung ihrer Aufgaben erforderlichen Auskünfte zu erteilen. [2] Der Auskunftspflichtige kann die Auskunft auf solche Fragen verweigern, deren Beantwortung ihn selbst oder einen der in § 383 Absatz 1 Nummer 1 bis 3 der Zivilprozessordnung[4)] bezeichneten Angehörigen der Gefahr strafgerichtlicher Verfolgung oder eines Verfahrens nach dem Gesetz über Ordnungswidrigkeiten[5)] aussetzen würde. [3] Der Auskunftspflichtige ist darauf hinzuweisen.

(5) [1] Die von einer Aufsichtsbehörde mit der Überwachung der Einhaltung der Vorschriften über den Datenschutz beauftragten Personen sind befugt, zur Erfüllung ihrer Aufgaben Grundstücke und Geschäftsräume der Stelle zu

---

[1)] Nr. **100**.
[2)] **Schönfelder Nr. 85.**
[3)] **Schönfelder Nr. 89.**
[4)] **Schönfelder Nr. 100.**
[5)] **Schönfelder Nr. 94.**

betreten und Zugang zu allen Datenverarbeitungsanlagen und -geräten zu erhalten. [2] Die Stelle ist insoweit zur Duldung verpflichtet. [3] § 16 Absatz 4 gilt entsprechend.

(6) [1] Die Aufsichtsbehörden beraten und unterstützen die Datenschutzbeauftragten mit Rücksicht auf deren typische Bedürfnisse. [2] Sie können die Abberufung der oder des Datenschutzbeauftragten verlangen, wenn sie oder er die zur Erfüllung ihrer oder seiner Aufgaben erforderliche Fachkunde nicht besitzt oder im Fall des Artikels 38 Absatz 6 der Verordnung (EU) 2016/679 ein schwerwiegender Interessenkonflikt vorliegt.

(7) Die Anwendung der Gewerbeordnung[1)] bleibt unberührt.

Kapitel 5. Sanktionen

§ 41 Anwendung der Vorschriften über das Bußgeld- und Strafverfahren. (1) [1] Für Verstöße nach Artikel 83 Absatz 4 bis 6 der Verordnung (EU) 2016/679 gelten, soweit dieses Gesetz nichts anderes bestimmt, die Vorschriften des Gesetzes über Ordnungswidrigkeiten[2)] sinngemäß. [2] Die §§ 17, 35 und 36 des Gesetzes über Ordnungswidrigkeiten finden keine Anwendung. [3] § 68 des Gesetzes über Ordnungswidrigkeiten findet mit der Maßgabe Anwendung, dass das Landgericht entscheidet, wenn die festgesetzte Geldbuße den Betrag von einhunderttausend Euro übersteigt.

(2) [1] Für Verfahren wegen eines Verstoßes nach Artikel 83 Absatz 4 bis 6 der Verordnung (EU) 2016/679 gelten, soweit dieses Gesetz nichts anderes bestimmt, die Vorschriften des Gesetzes über Ordnungswidrigkeiten und der allgemeinen Gesetze über das Strafverfahren, namentlich der Strafprozessordnung[3)] und des Gerichtsverfassungsgesetzes[4)], entsprechend. [2] Die §§ 56 bis 58, 87, 88, 99 und 100 des Gesetzes über Ordnungswidrigkeiten finden keine Anwendung. [3] § 69 Absatz 4 Satz 2 des Gesetzes über Ordnungswidrigkeiten findet mit der Maßgabe Anwendung, dass die Staatsanwaltschaft das Verfahren nur mit Zustimmung der Aufsichtsbehörde, die den Bußgeldbescheid erlassen hat, einstellen kann.

§ 42 Strafvorschriften. (1) Mit Freiheitsstrafe bis zu drei Jahren oder mit Geldstrafe wird bestraft, wer wissentlich nicht allgemein zugängliche personenbezogene Daten einer großen Zahl von Personen, ohne hierzu berechtigt zu sein,

1. einem Dritten übermittelt oder
2. auf andere Art und Weise zugänglich macht

und hierbei gewerbsmäßig handelt.

(2) Mit Freiheitsstrafe bis zu zwei Jahren oder mit Geldstrafe wird bestraft, wer personenbezogene Daten, die nicht allgemein zugänglich sind,

1. ohne hierzu berechtigt zu sein, verarbeitet oder
2. durch unrichtige Angaben erschleicht

---

1) Nr. **800**.
2) ***Schönfelder Nr. 94.***
3) **Schönfelder Nr. 90.**
4) **Schönfelder Nr. 95.**

und hierbei gegen Entgelt oder in der Absicht handelt, sich oder einen anderen zu bereichern oder einen anderen zu schädigen.

(3) [1] Die Tat wird nur auf Antrag verfolgt. [2] Antragsberechtigt sind die betroffene Person, der Verantwortliche, die oder der Bundesbeauftragte und die Aufsichtsbehörde.

(4) Eine Meldung nach Artikel 33 der Verordnung (EU) 2016/679 oder eine Benachrichtigung nach Artikel 34 Absatz 1 der Verordnung (EU) 2016/679 darf in einem Strafverfahren gegen den Meldepflichtigen oder Benachrichtigenden oder seine in § 52 Absatz 1 der Strafprozessordnung[1)] bezeichneten Angehörigen nur mit Zustimmung des Meldepflichtigen oder Benachrichtigenden verwendet werden.

§ 43 Bußgeldvorschriften. (1) Ordnungswidrig handelt, wer vorsätzlich oder fahrlässig

1. entgegen § 30 Absatz 1 ein Auskunftsverlangen nicht richtig behandelt oder
2. entgegen § 30 Absatz 2 Satz 1 einen Verbraucher nicht, nicht richtig, nicht vollständig oder nicht rechtzeitig unterrichtet.

(2) Die Ordnungswidrigkeit kann mit einer Geldbuße bis zu fünfzigtausend Euro geahndet werden.

(3) Gegen Behörden und sonstige öffentliche Stellen im Sinne des § 2 Absatz 1 werden keine Geldbußen verhängt.

(4) Eine Meldung nach Artikel 33 der Verordnung (EU) 2016/679 oder eine Benachrichtigung nach Artikel 34 Absatz 1 der Verordnung (EU) 2016/679 darf in einem Verfahren nach dem Gesetz über Ordnungswidrigkeiten[2)] gegen den Meldepflichtigen oder Benachrichtigenden oder seine in § 52 Absatz 1 der Strafprozessordnung[1)] bezeichneten Angehörigen nur mit Zustimmung des Meldepflichtigen oder Benachrichtigenden verwendet werden.

Kapitel 6. Rechtsbehelfe

§ 44 Klagen gegen den Verantwortlichen oder Auftragsverarbeiter.

(1) [1] Klagen der betroffenen Person gegen einen Verantwortlichen oder einen Auftragsverarbeiter wegen eines Verstoßes gegen datenschutzrechtliche Bestimmungen im Anwendungsbereich der Verordnung (EU) 2016/679 oder der darin enthaltenen Rechte der betroffenen Person können bei dem Gericht des Ortes erhoben werden, an dem sich eine Niederlassung des Verantwortlichen oder Auftragsverarbeiters befindet. [2] Klagen nach Satz 1 können auch bei dem Gericht des Ortes erhoben werden, an dem die betroffene Person ihren gewöhnlichen Aufenthaltsort hat.

(2) Absatz 1 gilt nicht für Klagen gegen Behörden, die in Ausübung ihrer hoheitlichen Befugnisse tätig geworden sind.

(3) [1] Hat der Verantwortliche oder Auftragsverarbeiter einen Vertreter nach Artikel 27 Absatz 1 der Verordnung (EU) 2016/679 benannt, gilt dieser auch

---

[1)] **Schönfelder Nr. 90.**
[2)] **Schönfelder Nr. 94.**

als bevollmächtigt, Zustellungen in zivilgerichtlichen Verfahren nach Absatz 1 entgegenzunehmen. [2] § 184 der Zivilprozessordnung[1)] bleibt unberührt.

Teil 3. Bestimmungen für Verarbeitungen zu Zwecken gemäß Artikel 1 Absatz 1 der Richtlinie (EU) 2016/680

Kapitel 1. Anwendungsbereich, Begriffsbestimmungen und allgemeine Grundsätze für die Verarbeitung personenbezogener Daten

§ 45 Anwendungsbereich. [1] Die Vorschriften dieses Teils gelten für die Verarbeitung personenbezogener Daten durch die für die Verhütung, Ermittlung, Aufdeckung, Verfolgung oder Ahndung von Straftaten oder Ordnungswidrigkeiten zuständigen öffentlichen Stellen, soweit sie Daten zum Zweck der Erfüllung dieser Aufgaben verarbeiten. [2] Die öffentlichen Stellen gelten dabei als Verantwortliche. [3] Die Verhütung von Straftaten im Sinne des Satzes 1 umfasst den Schutz vor und die Abwehr von Gefahren für die öffentliche Sicherheit. [4] Die Sätze 1 und 2 finden zudem Anwendung auf diejenigen öffentlichen Stellen, die für die Vollstreckung von Strafen, von Maßnahmen im Sinne des § 11 Absatz 1 Nummer 8 des Strafgesetzbuchs[2)], von Erziehungsmaßregeln oder Zuchtmitteln im Sinne des Jugendgerichtsgesetzes[3)] und von Geldbußen zuständig sind. [5] Soweit dieser Teil Vorschriften für Auftragsverarbeiter enthält, gilt er auch für diese.

§ 46 Begriffsbestimmungen. Es bezeichnen die Begriffe:

1. „personenbezogene Daten" alle Informationen, die sich auf eine identifizierte oder identifizierbare natürliche Person (betroffene Person) beziehen; als identifizierbar wird eine natürliche Person angesehen, die direkt oder indirekt, insbesondere mittels Zuordnung zu einer Kennung wie einem Namen, zu einer Kennnummer, zu Standortdaten, zu einer Online-Kennung oder zu einem oder mehreren besonderen Merkmalen, die Ausdruck der physischen, physiologischen, genetischen, psychischen, wirtschaftlichen, kulturellen oder sozialen Identität dieser Person sind, identifiziert werden kann;
2. „Verarbeitung" jeden mit oder ohne Hilfe automatisierter Verfahren ausgeführten Vorgang oder jede solche Vorgangsreihe im Zusammenhang mit personenbezogenen Daten wie das Erheben, das Erfassen, die Organisation, das Ordnen, die Speicherung, die Anpassung, die Veränderung, das Auslesen, das Abfragen, die Verwendung, die Offenlegung durch Übermittlung, Verbreitung oder eine andere Form der Bereitstellung, den Abgleich, die Verknüpfung, die Einschränkung, das Löschen oder die Vernichtung;
3. „Einschränkung der Verarbeitung" die Markierung gespeicherter personenbezogener Daten mit dem Ziel, ihre künftige Verarbeitung einzuschränken;

[1)] *Schönfelder Nr. 100.*
[2)] Schönfelder Nr. 85.
[3)] Schönfelder Nr. 89.

4. „Profiling" jede Art der automatisierten Verarbeitung personenbezogener Daten, bei der diese Daten verwendet werden, um bestimmte persönliche Aspekte, die sich auf eine natürliche Person beziehen, zu bewerten, insbesondere um Aspekte der Arbeitsleistung, der wirtschaftlichen Lage, der Gesundheit, der persönlichen Vorlieben, der Interessen, der Zuverlässigkeit, des Verhaltens, der Aufenthaltsorte oder der Ortswechsel dieser natürlichen Person zu analysieren oder vorherzusagen;
5. „Pseudonymisierung" die Verarbeitung personenbezogener Daten in einer Weise, in der die Daten ohne Hinzuziehung zusätzlicher Informationen nicht mehr einer spezifischen betroffenen Person zugeordnet werden können, sofern diese zusätzlichen Informationen gesondert aufbewahrt werden und technischen und organisatorischen Maßnahmen unterliegen, die gewährleisten dass die Daten keiner betroffenen Person zugewiesen werden können;
6. „Dateisystem" jede strukturierte Sammlung personenbezogener Daten, die nach bestimmten Kriterien zugänglich sind, unabhängig davon, ob diese Sammlung zentral, dezentral oder nach funktionalen oder geografischen Gesichtspunkten geordnet geführt wird;
7. „Verantwortlicher" die natürliche oder juristische Person, Behörde, Einrichtung oder andere Stelle, die allein oder gemeinsam mit anderen über die Zwecke und Mittel der Verarbeitung von personenbezogenen Daten entscheidet;
8. „Auftragsverarbeiter" eine natürliche oder juristische Person, Behörde, Einrichtung oder andere Stelle, die personenbezogene Daten im Auftrag des Verantwortlichen verarbeitet;
9. „Empfänger" eine natürliche oder juristische Person, Behörde, Einrichtung oder andere Stelle, der personenbezogene Daten offengelegt werden, unabhängig davon, ob es sich bei ihr um einen Dritten handelt oder nicht; Behörden, die im Rahmen eines bestimmten Untersuchungsauftrags nach dem Unionsrecht oder anderen Rechtsvorschriften personenbezogene Daten erhalten, gelten jedoch nicht als Empfänger; die Verarbeitung dieser Daten durch die genannten Behörden erfolgt im Einklang mit den geltenden Datenschutzvorschriften gemäß den Zwecken der Verarbeitung;
10. „Verletzung des Schutzes personenbezogener Daten" eine Verletzung der Sicherheit, die zur unbeabsichtigten oder unrechtmäßigen Vernichtung, zum Verlust, zur Veränderung oder zur unbefugten Offenlegung von oder zum unbefugten Zugang zu personenbezogenen Daten geführt hat, die verarbeitet wurden;
11. „genetische Daten" personenbezogene Daten zu den ererbten oder erworbenen genetischen Eigenschaften einer natürlichen Person, die eindeutige Informationen über die Physiologie oder die Gesundheit dieser Person liefern, insbesondere solche, die aus der Analyse einer biologischen Probe der Person gewonnen wurden;
12. „biometrische Daten" mit speziellen technischen Verfahren gewonnene personenbezogene Daten zu den physischen, physiologischen oder verhaltenstypischen Merkmalen einer natürlichen Person, die die eindeutige Identifizierung dieser natürlichen Person ermöglichen oder bestätigen, insbesondere Gesichtsbilder oder daktyloskopische Daten;

13. „Gesundheitsdaten“ personenbezogene Daten, die sich auf die körperliche oder geistige Gesundheit einer natürlichen Person, einschließlich der Erbringung von Gesundheitsdienstleistungen, beziehen und aus denen Informationen über deren Gesundheitszustand hervorgehen;
14. „besondere Kategorien personenbezogener Daten“
    a) Daten, aus denen die rassische oder ethnische Herkunft, politische Meinungen, religiöse oder weltanschauliche Überzeugungen oder die Gewerkschaftszugehörigkeit hervorgehen,
    b) genetische Daten,
    c) biometrische Daten zur eindeutigen Identifizierung einer natürlichen Person,
    d) Gesundheitsdaten und
    e) Daten zum Sexualleben oder zur sexuellen Orientierung;
15. „Aufsichtsbehörde“ eine von einem Mitgliedstaat gemäß Artikel 41 der Richtlinie (EU) 2016/680 eingerichtete unabhängige staatliche Stelle;
16. „internationale Organisation“ eine völkerrechtliche Organisation und ihre nachgeordneten Stellen sowie jede sonstige Einrichtung, die durch eine von zwei oder mehr Staaten geschlossene Übereinkunft oder auf der Grundlage einer solchen Übereinkunft geschaffen wurde;
17. „Einwilligung“ jede freiwillig für den bestimmten Fall, in informierter Weise und unmissverständlich abgegebene Willensbekundung in Form einer Erklärung oder einer sonstigen eindeutigen bestätigenden Handlung, mit der die betroffene Person zu verstehen gibt, dass sie mit der Verarbeitung der sie betreffenden personenbezogenen Daten einverstanden ist.

§ 47 Allgemeine Grundsätze für die Verarbeitung personenbezogener Daten. Personenbezogene Daten müssen

1. auf rechtmäßige Weise und nach Treu und Glauben verarbeitet werden,
2. für festgelegte, eindeutige und rechtmäßige Zwecke erhoben und nicht in einer mit diesen Zwecken nicht zu vereinbarenden Weise verarbeitet werden,
3. dem Verarbeitungszweck entsprechen, für das Erreichen des Verarbeitungszwecks erforderlich sein und ihre Verarbeitung nicht außer Verhältnis zu diesem Zweck stehen,
4. sachlich richtig und erforderlichenfalls auf dem neuesten Stand sein; dabei sind alle angemessenen Maßnahmen zu treffen, damit personenbezogene Daten, die im Hinblick auf die Zwecke ihrer Verarbeitung unrichtig sind, unverzüglich gelöscht oder berichtigt werden,
5. nicht länger als es für die Zwecke, für die sie verarbeitet werden, erforderlich ist, in einer Form gespeichert werden, die die Identifizierung der betroffenen Personen ermöglicht, und
6. in einer Weise verarbeitet werden, die eine angemessene Sicherheit der personenbezogenen Daten gewährleistet; hierzu gehört auch ein durch geeignete technische und organisatorische Maßnahmen zu gewährleistender Schutz vor unbefugter oder unrechtmäßiger Verarbeitung, unbeabsichtigtem Verlust, unbeabsichtigter Zerstörung oder unbeabsichtigter Schädigung.

Kapitel 2. Rechtsgrundlagen der Verarbeitung personenbezogener Daten

§ 48 Verarbeitung besonderer Kategorien personenbezogener Daten. (1) Die Verarbeitung besonderer Kategorien personenbezogener Daten ist nur zulässig, wenn sie zur Aufgabenerfüllung unbedingt erforderlich ist.

(2) [1] Werden besondere Kategorien personenbezogener Daten verarbeitet, sind geeignete Garantien für die Rechtsgüter der betroffenen Personen vorzusehen. [2] Geeignete Garantien können insbesondere sein

1. spezifische Anforderungen an die Datensicherheit oder die Datenschutzkontrolle,
2. die Festlegung von besonderen Aussonderungsprüffristen,
3. die Sensibilisierung der an Verarbeitungsvorgängen Beteiligten,
4. die Beschränkung des Zugangs zu den personenbezogenen Daten innerhalb der verantwortlichen Stelle,
5. die von anderen Daten getrennte Verarbeitung,
6. die Pseudonymisierung personenbezogener Daten,
7. die Verschlüsselung personenbezogener Daten oder
8. spezifische Verfahrensregelungen, die im Fall einer Übermittlung oder Verarbeitung für andere Zwecke die Rechtmäßigkeit der Verarbeitung sicherstellen.

§ 49 Verarbeitung zu anderen Zwecken. [1] Eine Verarbeitung personenbezogener Daten zu einem anderen Zweck als zu demjenigen, zu dem sie erhoben wurden, ist zulässig, wenn es sich bei dem anderen Zweck um einen der in § 45 genannten Zwecke handelt, der Verantwortliche befugt ist, Daten zu diesem Zweck zu verarbeiten, und die Verarbeitung zu diesem Zweck erforderlich und verhältnismäßig ist. [2] Die Verarbeitung personenbezogener Daten zu einem anderen, in § 45 nicht genannten Zweck ist zulässig, wenn sie in einer Rechtsvorschrift vorgesehen ist.

§ 50 Verarbeitung zu archivarischen, wissenschaftlichen und statistischen Zwecken. [1] Personenbezogene Daten dürfen im Rahmen der in § 45 genannten Zwecke in archivarischer, wissenschaftlicher oder statistischer Form verarbeitet werden, wenn hieran ein öffentliches Interesse besteht und geeignete Garantien für die Rechtsgüter der betroffenen Personen vorgesehen werden. [2] Solche Garantien können in einer so zeitnah wie möglich erfolgenden Anonymisierung der personenbezogenen Daten, in Vorkehrungen gegen ihre unbefugte Kenntnisnahme durch Dritte oder in ihrer räumlich und organisatorisch von den sonstigen Fachaufgaben getrennten Verarbeitung bestehen.

§ 51 Einwilligung. (1) Soweit die Verarbeitung personenbezogener Daten nach einer Rechtsvorschrift auf der Grundlage einer Einwilligung erfolgen kann, muss der Verantwortliche die Einwilligung der betroffenen Person nachweisen können.

(2) Erfolgt die Einwilligung der betroffenen Person durch eine schriftliche Erklärung, die noch andere Sachverhalte betrifft, muss das Ersuchen um Einwilligung in verständlicher und leicht zugänglicher Form in einer klaren

und einfachen Sprache so erfolgen, dass es von den anderen Sachverhalten klar zu unterscheiden ist.

(3) [1] Die betroffene Person hat das Recht, ihre Einwilligung jederzeit zu widerrufen. [2] Durch den Widerruf der Einwilligung wird die Rechtmäßigkeit der aufgrund der Einwilligung bis zum Widerruf erfolgten Verarbeitung nicht berührt. [3] Die betroffene Person ist vor Abgabe der Einwilligung hiervon in Kenntnis zu setzen.

(4) [1] Die Einwilligung ist nur wirksam, wenn sie auf der freien Entscheidung der betroffenen Person beruht. [2] Bei der Beurteilung, ob die Einwilligung freiwillig erteilt wurde, müssen die Umstände der Erteilung berücksichtigt werden. [3] Die betroffene Person ist auf den vorgesehenen Zweck der Verarbeitung hinzuweisen. [4] Ist dies nach den Umständen des Einzelfalles erforderlich oder verlangt die betroffene Person dies, ist sie auch über die Folgen der Verweigerung der Einwilligung zu belehren.

(5) Soweit besondere Kategorien personenbezogener Daten verarbeitet werden, muss sich die Einwilligung ausdrücklich auf diese Daten beziehen.

§ 52 Verarbeitung auf Weisung des Verantwortlichen. Jede einem Verantwortlichen oder einem Auftragsverarbeiter unterstellte Person, die Zugang zu personenbezogenen Daten hat, darf diese Daten ausschließlich auf Weisung des Verantwortlichen verarbeiten, es sei denn, dass sie nach einer Rechtsvorschrift zur Verarbeitung verpflichtet ist.

§ 53 Datengeheimnis. [1] Mit Datenverarbeitung befasste Personen dürfen personenbezogene Daten nicht unbefugt verarbeiten (Datengeheimnis). [2] Sie sind bei der Aufnahme ihrer Tätigkeit auf das Datengeheimnis zu verpflichten. [3] Das Datengeheimnis besteht auch nach der Beendigung ihrer Tätigkeit fort.

§ 54 Automatisierte Einzelentscheidung. (1) Eine ausschließlich auf einer automatischen Verarbeitung beruhende Entscheidung, die mit einer nachteiligen Rechtsfolge für die betroffene Person verbunden ist oder sie erheblich beeinträchtigt, ist nur zulässig, wenn sie in einer Rechtsvorschrift vorgesehen ist.

(2) Entscheidungen nach Absatz 1 dürfen nicht auf besonderen Kategorien personenbezogener Daten beruhen, sofern nicht geeignete Maßnahmen zum Schutz der Rechtsgüter sowie der berechtigten Interessen der betroffenen Personen getroffen wurden.

(3) Profiling, das zur Folge hat, dass betroffene Personen auf der Grundlage von besonderen Kategorien personenbezogener Daten diskriminiert werden, ist verboten.

Kapitel 3. Rechte der betroffenen Person

§ 55 Allgemeine Informationen zu Datenverarbeitungen. Der Verantwortliche hat in allgemeiner Form und für jedermann zugänglich Informationen zur Verfügung zu stellen über

1. die Zwecke der von ihm vorgenommenen Verarbeitungen,

2. die im Hinblick auf die Verarbeitung ihrer personenbezogenen Daten bestehenden Rechte der betroffenen Personen auf Auskunft, Berichtigung, Löschung und Einschränkung der Verarbeitung,
3. den Namen und die Kontaktdaten des Verantwortlichen und der oder des Datenschutzbeauftragten,
4. das Recht, die Bundesbeauftragte oder den Bundesbeauftragten anzurufen, und
5. die Erreichbarkeit der oder des Bundesbeauftragten.

§ 56 Benachrichtigung betroffener Personen. (1) Ist die Benachrichtigung betroffener Personen über die Verarbeitung sie betreffender personenbezogener Daten in speziellen Rechtsvorschriften, insbesondere bei verdeckten Maßnahmen, vorgesehen oder angeordnet, so hat diese Benachrichtigung zumindest die folgenden Angaben zu enthalten:
1. die in § 55 genannten Angaben,
2. die Rechtsgrundlage der Verarbeitung,
3. die für die Daten geltende Speicherdauer oder, falls dies nicht möglich ist, die Kriterien für die Festlegung dieser Dauer,
4. gegebenenfalls die Kategorien von Empfängern der personenbezogenen Daten sowie
5. erforderlichenfalls weitere Informationen, insbesondere, wenn die personenbezogenen Daten ohne Wissen der betroffenen Person erhoben wurden.

(2) In den Fällen des Absatzes 1 kann der Verantwortliche die Benachrichtigung insoweit und solange aufschieben, einschränken oder unterlassen, wie andernfalls
1. die Erfüllung der in § 45 genannten Aufgaben,
2. die öffentliche Sicherheit oder
3. Rechtsgüter Dritter

gefährdet würden, wenn das Interesse an der Vermeidung dieser Gefahren das Informationsinteresse der betroffenen Person überwiegt.

(3) Bezieht sich die Benachrichtigung auf die Übermittlung personenbezogener Daten an Verfassungsschutzbehörden, den Bundesnachrichtendienst, den Militärischen Abschirmdienst und, soweit die Sicherheit des Bundes berührt wird, andere Behörden des Bundesministeriums der Verteidigung, ist sie nur mit Zustimmung dieser Stellen zulässig.

(4) Im Fall der Einschränkung nach Absatz 2 gilt § 57 Absatz 7 entsprechend.

§ 57 Auskunftsrecht. (1) [1]Der Verantwortliche hat betroffenen Personen auf Antrag Auskunft darüber zu erteilen, ob er sie betreffende Daten verarbeitet. [2]Betroffene Personen haben darüber hinaus das Recht, Informationen zu erhalten über
1. die personenbezogenen Daten, die Gegenstand der Verarbeitung sind, und die Kategorie, zu der sie gehören,
2. die verfügbaren Informationen über die Herkunft der Daten,

3. die Zwecke der Verarbeitung und deren Rechtsgrundlage,
4. die Empfänger oder die Kategorien von Empfängern, gegenüber denen die Daten offengelegt worden sind, insbesondere bei Empfängern in Drittstaaten oder bei internationalen Organisationen,
5. die für die Daten geltende Speicherdauer oder, falls dies nicht möglich ist, die Kriterien für die Festlegung dieser Dauer,
6. das Bestehen eines Rechts auf Berichtigung, Löschung oder Einschränkung der Verarbeitung der Daten durch den Verantwortlichen,
7. das Recht nach § 60, die Bundesbeauftragte oder den Bundesbeauftragten anzurufen, sowie
8. Angaben zur Erreichbarkeit der oder des Bundesbeauftragten.

(2) Absatz 1 gilt nicht für personenbezogene Daten, die nur deshalb verarbeitet werden, weil sie aufgrund gesetzlicher Aufbewahrungsvorschriften nicht gelöscht werden dürfen oder die ausschließlich Zwecken der Datensicherung oder der Datenschutzkontrolle dienen, wenn die Auskunftserteilung einen unverhältnismäßigen Aufwand erfordern würde und eine Verarbeitung zu anderen Zwecken durch geeignete technische und organisatorische Maßnahmen ausgeschlossen ist.

(3) Von der Auskunftserteilung ist abzusehen, wenn die betroffene Person keine Angaben macht, die das Auffinden der Daten ermöglichen, und deshalb der für die Erteilung der Auskunft erforderliche Aufwand außer Verhältnis zu dem von der betroffenen Person geltend gemachten Informationsinteresse steht.

(4) Der Verantwortliche kann unter den Voraussetzungen des § 56 Absatz 2 von der Auskunft nach Absatz 1 Satz 1 absehen oder die Auskunftserteilung nach Absatz 1 Satz 2 teilweise oder vollständig einschränken.

(5) Bezieht sich die Auskunftserteilung auf die Übermittlung personenbezogener Daten an Verfassungsschutzbehörden, den Bundesnachrichtendienst, den Militärischen Abschirmdienst und, soweit die Sicherheit des Bundes berührt wird, andere Behörden des Bundesministeriums der Verteidigung, ist sie nur mit Zustimmung dieser Stellen zulässig.

(6) [1] Der Verantwortliche hat die betroffene Person über das Absehen von oder die Einschränkung einer Auskunft unverzüglich schriftlich zu unterrichten. [2] Dies gilt nicht, wenn bereits die Erteilung dieser Informationen eine Gefährdung im Sinne des § 56 Absatz 2 mit sich bringen würde. [3] Die Unterrichtung nach Satz 1 ist zu begründen, es sei denn, dass die Mitteilung der Gründe den mit dem Absehen von oder der Einschränkung der Auskunft verfolgten Zweck gefährden würde.

(7) [1] Wird die betroffene Person nach Absatz 6 über das Absehen von oder die Einschränkung der Auskunft unterrichtet, kann sie ihr Auskunftsrecht auch über die Bundesbeauftragte oder den Bundesbeauftragten ausüben. [2] Der Verantwortliche hat die betroffene Person über diese Möglichkeit sowie darüber zu unterrichten, dass sie gemäß § 60 die Bundesbeauftragte oder den Bundesbeauftragten anrufen oder gerichtlichen Rechtsschutz suchen kann. [3] Macht die betroffene Person von ihrem Recht nach Satz 1 Gebrauch, ist die *Auskunft auf ihr Verlangen* der oder dem Bundesbeauftragten zu erteilen, soweit nicht die zuständige oberste Bundesbehörde im Einzelfall feststellt, dass dadurch die Sicherheit des Bundes oder eines Landes gefährdet würde. [4] Die

oder der Bundesbeauftragte hat die betroffene Person zumindest darüber zu unterrichten, dass alle erforderlichen Prüfungen erfolgt sind oder eine Überprüfung durch sie stattgefunden hat. [5] Diese Mitteilung kann die Information enthalten, ob datenschutzrechtliche Verstöße festgestellt wurden. [6] Die Mitteilung der oder des Bundesbeauftragten an die betroffene Person darf keine Rückschlüsse auf den Erkenntnisstand des Verantwortlichen zulassen, sofern dieser keiner weitergehenden Auskunft zustimmt. [7] Der Verantwortliche darf die Zustimmung nur insoweit und solange verweigern, wie er nach Absatz 4 von einer Auskunft absehen oder sie einschränken könnte. [8] Die oder der Bundesbeauftragte hat zudem die betroffene Person über ihr Recht auf gerichtlichen Rechtsschutz zu unterrichten.

(8) Der Verantwortliche hat die sachlichen oder rechtlichen Gründe für die Entscheidung zu dokumentieren.

§ 58 Rechte auf Berichtigung und Löschung sowie Einschränkung der Verarbeitung. (1) [1] Die betroffene Person hat das Recht, von dem Verantwortlichen unverzüglich die Berichtigung sie betreffender unrichtiger Daten zu verlangen. [2] Insbesondere im Fall von Aussagen oder Beurteilungen betrifft die Frage der Richtigkeit nicht den Inhalt der Aussage oder Beurteilung. [3] Wenn die Richtigkeit oder Unrichtigkeit der Daten nicht festgestellt werden kann, tritt an die Stelle der Berichtigung eine Einschränkung der Verarbeitung. [4] In diesem Fall hat der Verantwortliche die betroffene Person zu unterrichten, bevor er die Einschränkung wieder aufhebt. [5] Die betroffene Person kann zudem die Vervollständigung unvollständiger personenbezogener Daten verlangen, wenn dies unter Berücksichtigung der Verarbeitungszwecke angemessen ist.

(2) Die betroffene Person hat das Recht, von dem Verantwortlichen unverzüglich die Löschung sie betreffender Daten zu verlangen, wenn deren Verarbeitung unzulässig ist, deren Kenntnis für die Aufgabenerfüllung nicht mehr erforderlich ist oder diese zur Erfüllung einer rechtlichen Verpflichtung gelöscht werden müssen.

(3) [1] Anstatt die personenbezogenen Daten zu löschen, kann der Verantwortliche deren Verarbeitung einschränken, wenn

1. Grund zu der Annahme besteht, dass eine Löschung schutzwürdige Interessen einer betroffenen Person beeinträchtigen würde,
2. die Daten zu Beweiszwecken in Verfahren, die Zwecken des § 45 dienen, weiter aufbewahrt werden müssen oder
3. eine Löschung wegen der besonderen Art der Speicherung nicht oder nur mit unverhältnismäßigem Aufwand möglich ist.

[2] In ihrer Verarbeitung nach Satz 1 eingeschränkte Daten dürfen nur zu dem Zweck verarbeitet werden, der ihrer Löschung entgegenstand.

(4) Bei automatisierten Dateisystemen ist technisch sicherzustellen, dass eine Einschränkung der Verarbeitung eindeutig erkennbar ist und eine Verarbeitung für andere Zwecke nicht ohne weitere Prüfung möglich ist.

(5) [1] Hat der Verantwortliche eine Berichtigung vorgenommen, hat er einer Stelle, die ihm die personenbezogenen Daten zuvor übermittelt hat, die Berichtigung mitzuteilen. [2] In Fällen der Berichtigung, Löschung oder Einschränkung der Verarbeitung nach den Absätzen 1 bis 3 hat der Verantwort-

liche Empfängern, denen die Daten übermittelt wurden, diese Maßnahmen mitzuteilen. [3]Der Empfänger hat die Daten zu berichtigen, zu löschen oder ihre Verarbeitung einzuschränken.

(6) [1]Der Verantwortliche hat die betroffene Person über ein Absehen von der Berichtigung oder Löschung personenbezogener Daten oder über die an deren Stelle tretende Einschränkung der Verarbeitung schriftlich zu unterrichten. [2]Dies gilt nicht, wenn bereits die Erteilung dieser Informationen eine Gefährdung im Sinne des § 56 Absatz 2 mit sich bringen würde. [3]Die Unterrichtung nach Satz 1 ist zu begründen, es sei denn, dass die Mitteilung der Gründe den mit dem Absehen von der Unterrichtung verfolgten Zweck gefährden würde.

(7) § 57 Absatz 7 und 8 findet entsprechende Anwendung.

§ 59 Verfahren für die Ausübung der Rechte der betroffenen Person.

(1) [1]Der Verantwortliche hat mit betroffenen Personen unter Verwendung einer klaren und einfachen Sprache in präziser, verständlicher und leicht zugänglicher Form zu kommunizieren. [2]Unbeschadet besonderer Formvorschriften soll er bei der Beantwortung von Anträgen grundsätzlich die für den Antrag gewählte Form verwenden.

(2) Bei Anträgen hat der Verantwortliche die betroffene Person unbeschadet des § 57 Absatz 6 und des § 58 Absatz 6 unverzüglich schriftlich darüber in Kenntnis zu setzen, wie verfahren wurde.

(3) [1]Die Erteilung von Informationen nach § 55, die Benachrichtigungen nach den §§ 56 und 66 und die Bearbeitung von Anträgen nach den §§ 57 und 58 erfolgen unentgeltlich. [2]Bei offenkundig unbegründeten oder exzessiven Anträgen nach den §§ 57 und 58 kann der Verantwortliche entweder eine angemessene Gebühr auf der Grundlage der Verwaltungskosten verlangen oder sich weigern, aufgrund des Antrags tätig zu werden. [3]In diesem Fall muss der Verantwortliche den offenkundig unbegründeten oder exzessiven Charakter des Antrags belegen können.

(4) Hat der Verantwortliche begründete Zweifel an der Identität einer betroffenen Person, die einen Antrag nach den §§ 57 oder 58 gestellt hat, kann er von ihr zusätzliche Informationen anfordern, die zur Bestätigung ihrer Identität erforderlich sind.

§ 60 Anrufung der oder des Bundesbeauftragten. (1) [1]Jede betroffene Person kann sich unbeschadet anderweitiger Rechtsbehelfe mit einer Beschwerde an die Bundesbeauftragte oder den Bundesbeauftragten wenden, wenn sie der Auffassung ist, bei der Verarbeitung ihrer personenbezogenen Daten durch öffentliche Stellen zu den in § 45 genannten Zwecken in ihren Rechten verletzt worden zu sein. [2]Dies gilt nicht für die Verarbeitung von personenbezogenen Daten durch Gerichte, soweit diese die Daten im Rahmen ihrer justiziellen Tätigkeit verarbeitet haben. [3]Die oder der Bundesbeauftragte hat die betroffene Person über den Stand und das Ergebnis der Beschwerde zu unterrichten und sie hierbei auf die Möglichkeit gerichtlichen Rechtsschutzes nach § 61 hinzuweisen.

(2) [1]Die oder der Bundesbeauftragte hat eine bei ihr oder ihm eingelegte Beschwerde über eine Verarbeitung, die in die Zuständigkeit einer Aufsichtsbehörde in einem anderen Mitgliedstaat der Europäischen Union fällt, unver-

züglich an die zuständige Aufsichtsbehörde des anderen Staates weiterzuleiten. [2] Sie oder er hat in diesem Fall die betroffene Person über die Weiterleitung zu unterrichten und ihr auf deren Ersuchen weitere Unterstützung zu leisten.

§ 61 Rechtsschutz gegen Entscheidungen der oder des Bundesbeauftragten oder bei deren oder dessen Untätigkeit. (1) Jede natürliche oder juristische Person kann unbeschadet anderer Rechtsbehelfe gerichtlich gegen eine verbindliche Entscheidung der oder des Bundesbeauftragten vorgehen.

(2) Absatz 1 gilt entsprechend zugunsten betroffener Personen, wenn sich die oder der Bundesbeauftragte mit einer Beschwerde nach § 60 nicht befasst oder die betroffene Person nicht innerhalb von drei Monaten nach Einlegung der Beschwerde über den Stand oder das Ergebnis der Beschwerde in Kenntnis gesetzt hat.

Kapitel 4. Pflichten der Verantwortlichen und Auftragsverarbeiter

§ 62 Auftragsverarbeitung. (1) [1] Werden personenbezogene Daten im Auftrag eines Verantwortlichen durch andere Personen oder Stellen verarbeitet, hat der Verantwortliche für die Einhaltung der Vorschriften dieses Gesetzes und anderer Vorschriften über den Datenschutz zu sorgen. [2] Die Rechte der betroffenen Personen auf Auskunft, Berichtigung, Löschung, Einschränkung der Verarbeitung und Schadensersatz sind in diesem Fall gegenüber dem Verantwortlichen geltend zu machen.

(2) Ein Verantwortlicher darf nur solche Auftragsverarbeiter mit der Verarbeitung personenbezogener Daten beauftragen, die mit geeigneten technischen und organisatorischen Maßnahmen sicherstellen, dass die Verarbeitung im Einklang mit den gesetzlichen Anforderungen erfolgt und der Schutz der Rechte der betroffenen Personen gewährleistet wird.

(3) [1] Auftragsverarbeiter dürfen ohne vorherige schriftliche Genehmigung des Verantwortlichen keine weiteren Auftragsverarbeiter hinzuziehen. [2] Hat der Verantwortliche dem Auftragsverarbeiter eine allgemeine Genehmigung zur Hinzuziehung weiterer Auftragsverarbeiter erteilt, hat der Auftragsverarbeiter den Verantwortlichen über jede beabsichtigte Hinzuziehung oder Ersetzung zu informieren. [3] Der Verantwortliche kann in diesem Fall die Hinzuziehung oder Ersetzung untersagen.

(4) [1] Zieht ein Auftragsverarbeiter einen weiteren Auftragsverarbeiter hinzu, so hat er diesem dieselben Verpflichtungen aus seinem Vertrag mit dem Verantwortlichen nach Absatz 5 aufzuerlegen, die auch für ihn gelten, soweit diese Pflichten für den weiteren Auftragsverarbeiter nicht schon aufgrund anderer Vorschriften verbindlich sind. [2] Erfüllt ein weiterer Auftragsverarbeiter diese Verpflichtungen nicht, so haftet der ihn beauftragende Auftragsverarbeiter gegenüber dem Verantwortlichen für die Einhaltung der Pflichten des weiteren Auftragsverarbeiters.

(5) [1] Die Verarbeitung durch einen Auftragsverarbeiter hat auf der Grundlage eines Vertrags oder eines anderen Rechtsinstruments zu erfolgen, der oder das den Auftragsverarbeiter an den Verantwortlichen bindet und der oder das den Gegenstand, die Dauer, die Art und den Zweck der Verarbeitung, die Art der personenbezogenen Daten, die Kategorien betroffener Personen und

die Rechte und Pflichten des Verantwortlichen festlegt. [2] Der Vertrag oder das andere Rechtsinstrument haben insbesondere vorzusehen, dass der Auftragsverarbeiter

1. nur auf dokumentierte Weisung des Verantwortlichen handelt; ist der Auftragsverarbeiter der Auffassung, dass eine Weisung rechtswidrig ist, hat er den Verantwortlichen unverzüglich zu informieren;
2. gewährleistet, dass die zur Verarbeitung der personenbezogenen Daten befugten Personen zur Vertraulichkeit verpflichtet werden, soweit sie keiner angemessenen gesetzlichen Verschwiegenheitspflicht unterliegen;
3. den Verantwortlichen mit geeigneten Mitteln dabei unterstützt, die Einhaltung der Bestimmungen über die Rechte der betroffenen Person zu gewährleisten;
4. alle personenbezogenen Daten nach Abschluss der Erbringung der Verarbeitungsleistungen nach Wahl des Verantwortlichen zurückgibt oder löscht und bestehende Kopien vernichtet, wenn nicht nach einer Rechtsvorschrift eine Verpflichtung zur Speicherung der Daten besteht;
5. dem Verantwortlichen alle erforderlichen Informationen, insbesondere die gemäß § 76 erstellten Protokolle, zum Nachweis der Einhaltung seiner Pflichten zur Verfügung stellt;
6. Überprüfungen, die von dem Verantwortlichen oder einem von diesem beauftragten Prüfer durchgeführt werden, ermöglicht und dazu beiträgt;
7. die in den Absätzen 3 und 4 aufgeführten Bedingungen für die Inanspruchnahme der Dienste eines weiteren Auftragsverarbeiters einhält;
8. alle gemäß § 64 erforderlichen Maßnahmen ergreift und
9. unter Berücksichtigung der Art der Verarbeitung und der ihm zur Verfügung stehenden Informationen den Verantwortlichen bei der Einhaltung der in den §§ 64 bis 67 und § 69 genannten Pflichten unterstützt.

(6) Der Vertrag im Sinne des Absatzes 5 ist schriftlich oder elektronisch abzufassen.

(7) Ein Auftragsverarbeiter, der die Zwecke und Mittel der Verarbeitung unter Verstoß gegen diese Vorschrift bestimmt, gilt in Bezug auf diese Verarbeitung als Verantwortlicher.

§ 63 Gemeinsam Verantwortliche. [1] Legen zwei oder mehr Verantwortliche gemeinsam die Zwecke und die Mittel der Verarbeitung fest, gelten sie als gemeinsam Verantwortliche. [2] Gemeinsam Verantwortliche haben ihre jeweiligen Aufgaben und datenschutzrechtlichen Verantwortlichkeiten in transparenter Form in einer Vereinbarung festzulegen, soweit diese nicht bereits in Rechtsvorschriften festgelegt sind. [3] Aus der Vereinbarung muss insbesondere hervorgehen, wer welchen Informationspflichten nachzukommen hat und wie und gegenüber wem betroffene Personen ihre Rechte wahrnehmen können. [4] Eine entsprechende Vereinbarung hindert die betroffene Person nicht, ihre Rechte gegenüber jedem der gemeinsam Verantwortlichen geltend zu machen.

§ 64 Anforderungen an die Sicherheit der Datenverarbeitung.

(1) [1] Der Verantwortliche und der Auftragsverarbeiter haben unter Berücksichtigung des Stands der Technik, der Implementierungskosten, der Art, des

Umfangs, der Umstände und der Zwecke der Verarbeitung sowie der Eintrittswahrscheinlichkeit und der Schwere der mit der Verarbeitung verbundenen Gefahren für die Rechtsgüter der betroffenen Personen die erforderlichen technischen und organisatorischen Maßnahmen zu treffen, um bei der Verarbeitung personenbezogener Daten ein dem Risiko angemessenes Schutzniveau zu gewährleisten, insbesondere im Hinblick auf die Verarbeitung besonderer Kategorien personenbezogener Daten. [2] Der Verantwortliche hat hierbei die einschlägigen Technischen Richtlinien und Empfehlungen des Bundesamtes für Sicherheit in der Informationstechnik zu berücksichtigen.

(2) [1] Die in Absatz 1 genannten Maßnahmen können unter anderem die Pseudonymisierung und Verschlüsselung personenbezogener Daten umfassen, soweit solche Mittel in Anbetracht der Verarbeitungszwecke möglich sind. [2] Die Maßnahmen nach Absatz 1 sollen dazu führen, dass

1. die Vertraulichkeit, Integrität, Verfügbarkeit und Belastbarkeit der Systeme und Dienste im Zusammenhang mit der Verarbeitung auf Dauer sichergestellt werden und
2. die Verfügbarkeit der personenbezogenen Daten und der Zugang zu ihnen bei einem physischen oder technischen Zwischenfall rasch wiederhergestellt werden können.

(3) [1] Im Fall einer automatisierten Verarbeitung haben der Verantwortliche und der Auftragsverarbeiter nach einer Risikobewertung Maßnahmen zu ergreifen, die Folgendes bezwecken:

1. Verwehrung des Zugangs zu Verarbeitungsanlagen, mit denen die Verarbeitung durchgeführt wird, für Unbefugte (Zugangskontrolle),
2. Verhinderung des unbefugten Lesens, Kopierens, Veränderns oder Löschens von Datenträgern (Datenträgerkontrolle),
3. Verhinderung der unbefugten Eingabe von personenbezogenen Daten sowie der unbefugten Kenntnisnahme, Veränderung und Löschung von gespeicherten personenbezogenen Daten (Speicherkontrolle),
4. Verhinderung der Nutzung automatisierter Verarbeitungssysteme mit Hilfe von Einrichtungen zur Datenübertragung durch Unbefugte (Benutzerkontrolle),
5. Gewährleistung, dass die zur Benutzung eines automatisierten Verarbeitungssystems Berechtigten ausschließlich zu den von ihrer Zugangsberechtigung umfassten personenbezogenen Daten Zugang haben (Zugriffskontrolle),
6. Gewährleistung, dass überprüft und festgestellt werden kann, an welche Stellen personenbezogene Daten mit Hilfe von Einrichtungen zur Datenübertragung übermittelt oder zur Verfügung gestellt wurden oder werden können (Übertragungskontrolle),
7. Gewährleistung, dass nachträglich überprüft und festgestellt werden kann, welche personenbezogenen Daten zu welcher Zeit und von wem in automatisierte Verarbeitungssysteme eingegeben oder verändert worden sind (Eingabekontrolle),
8. Gewährleistung, dass bei der Übermittlung personenbezogener Daten sowie beim Transport von Datenträgern die Vertraulichkeit und Integrität der Daten geschützt werden (Transportkontrolle),

9. Gewährleistung, dass eingesetzte Systeme im Störungsfall wiederhergestellt werden können (Wiederherstellbarkeit),
10. Gewährleistung, dass alle Funktionen des Systems zur Verfügung stehen und auftretende Fehlfunktionen gemeldet werden (Zuverlässigkeit),
11. Gewährleistung, dass gespeicherte personenbezogene Daten nicht durch Fehlfunktionen des Systems beschädigt werden können (Datenintegrität),
12. Gewährleistung, dass personenbezogene Daten, die im Auftrag verarbeitet werden, nur entsprechend den Weisungen des Auftraggebers verarbeitet werden können (Auftragskontrolle),
13. Gewährleistung, dass personenbezogene Daten gegen Zerstörung oder Verlust geschützt sind (Verfügbarkeitskontrolle),
14. Gewährleistung, dass zu unterschiedlichen Zwecken erhobene personenbezogene Daten getrennt verarbeitet werden können (Trennbarkeit).

[2] Ein Zweck nach Satz 1 Nummer 2 bis 5 kann insbesondere durch die Verwendung von dem Stand der Technik entsprechenden Verschlüsselungsverfahren erreicht werden.

§ 65 Meldung von Verletzungen des Schutzes personenbezogener Daten an die oder den Bundesbeauftragten. (1) [1] Der Verantwortliche hat eine Verletzung des Schutzes personenbezogener Daten unverzüglich und möglichst innerhalb von 72 Stunden, nachdem sie ihm bekannt geworden ist, der oder dem Bundesbeauftragten zu melden, es sei denn, dass die Verletzung voraussichtlich keine Gefahr für die Rechtsgüter natürlicher Personen mit sich gebracht hat. [2] Erfolgt die Meldung an die Bundesbeauftragte oder den Bundesbeauftragten nicht innerhalb von 72 Stunden, so ist die Verzögerung zu begründen.

(2) Ein Auftragsverarbeiter hat eine Verletzung des Schutzes personenbezogener Daten unverzüglich dem Verantwortlichen zu melden.

(3) Die Meldung nach Absatz 1 hat zumindest folgende Informationen zu enthalten:

1. eine Beschreibung der Art der Verletzung des Schutzes personenbezogener Daten, die, soweit möglich, Angaben zu den Kategorien und der ungefähren Anzahl der betroffenen Personen, zu den betroffenen Kategorien personenbezogener Daten und zu der ungefähren Anzahl der betroffenen personenbezogenen Datensätze zu enthalten hat,
2. den Namen und die Kontaktdaten der oder des Datenschutzbeauftragten oder einer sonstigen Person oder Stelle, die weitere Informationen erteilen kann,
3. eine Beschreibung der wahrscheinlichen Folgen der Verletzung und
4. eine Beschreibung der von dem Verantwortlichen ergriffenen oder vorgeschlagenen Maßnahmen zur Behandlung der Verletzung und der getroffenen Maßnahmen zur Abmilderung ihrer möglichen nachteiligen Auswirkungen.

(4) Wenn die Informationen nach Absatz 3 nicht zusammen mit der Meldung übermittelt werden können, hat der Verantwortliche sie unverzüglich nachzureichen, sobald sie ihm vorliegen.

(5) [1] Der Verantwortliche hat Verletzungen des Schutzes personenbezogener Daten zu dokumentieren. [2] Die Dokumentation hat alle mit den Vorfällen

zusammenhängenden Tatsachen, deren Auswirkungen und die ergriffenen Abhilfemaßnahmen zu umfassen.

(6) Soweit von einer Verletzung des Schutzes personenbezogener Daten personenbezogene Daten betroffen sind, die von einem oder an einen Verantwortlichen in einem anderen Mitgliedstaat der Europäischen Union übermittelt wurden, sind die in Absatz 3 genannten Informationen dem dortigen Verantwortlichen unverzüglich zu übermitteln.

(7) § 42 Absatz 4 findet entsprechende Anwendung.

(8) Weitere Pflichten des Verantwortlichen zu Benachrichtigungen über Verletzungen des Schutzes personenbezogener Daten bleiben unberührt.

§ 66 Benachrichtigung betroffener Personen bei Verletzungen des Schutzes personenbezogener Daten. (1) Hat eine Verletzung des Schutzes personenbezogener Daten voraussichtlich eine erhebliche Gefahr für Rechtsgüter betroffener Personen zur Folge, so hat der Verantwortliche die betroffenen Personen unverzüglich über den Vorfall zu benachrichtigen.

(2) Die Benachrichtigung nach Absatz 1 hat in klarer und einfacher Sprache die Art der Verletzung des Schutzes personenbezogener Daten zu beschreiben und zumindest die in § 65 Absatz 3 Nummer 2 bis 4 genannten Informationen und Maßnahmen zu enthalten.

(3) Von der Benachrichtigung nach Absatz 1 kann abgesehen werden, wenn

1. der Verantwortliche geeignete technische und organisatorische Sicherheitsvorkehrungen getroffen hat und diese Vorkehrungen auf die von der Verletzung des Schutzes personenbezogener Daten betroffenen Daten angewandt wurden; dies gilt insbesondere für Vorkehrungen wie Verschlüsselungen, durch die die Daten für unbefugte Personen unzugänglich gemacht wurden;
2. der Verantwortliche durch im Anschluss an die Verletzung getroffene Maßnahmen sichergestellt hat, dass aller Wahrscheinlichkeit nach keine erhebliche Gefahr im Sinne des Absatzes 1 mehr besteht, oder
3. dies mit einem unverhältnismäßigen Aufwand verbunden wäre; in diesem Fall hat stattdessen eine öffentliche Bekanntmachung oder eine ähnliche Maßnahme zu erfolgen, durch die die betroffenen Personen vergleichbar wirksam informiert werden.

(4) [1] Wenn der Verantwortliche die betroffenen Personen über eine Verletzung des Schutzes personenbezogener Daten nicht benachrichtigt hat, kann die oder der Bundesbeauftragte förmlich feststellen, dass ihrer oder seiner Auffassung nach die in Absatz 3 genannten Voraussetzungen nicht erfüllt sind. [2] Hierbei hat sie oder er die Wahrscheinlichkeit zu berücksichtigen, dass die Verletzung eine erhebliche Gefahr im Sinne des Absatzes 1 zur Folge hat.

(5) Die Benachrichtigung der betroffenen Personen nach Absatz 1 kann unter den in § 56 Absatz 2 genannten Voraussetzungen aufgeschoben, eingeschränkt oder unterlassen werden, soweit nicht die Interessen der betroffenen Person aufgrund der von der Verletzung ausgehenden erheblichen Gefahr im Sinne des Absatzes 1 überwiegen.

(6) § 42 Absatz 4 findet entsprechende Anwendung.

§ 67 Durchführung einer Datenschutz-Folgenabschätzung. (1) Hat eine Form der Verarbeitung, insbesondere bei Verwendung neuer Technologien, aufgrund der Art, des Umfangs, der Umstände und der Zwecke der Verarbeitung voraussichtlich eine erhebliche Gefahr für die Rechtsgüter betroffener Personen zur Folge, so hat der Verantwortliche vorab eine Abschätzung der Folgen der vorgesehenen Verarbeitungsvorgänge für die betroffenen Personen durchzuführen.

(2) Für die Untersuchung mehrerer ähnlicher Verarbeitungsvorgänge mit ähnlich hohem Gefahrenpotential kann eine gemeinsame Datenschutz-Folgenabschätzung vorgenommen werden.

(3) Der Verantwortliche hat die Datenschutzbeauftragte oder den Datenschutzbeauftragten an der Durchführung der Folgenabschätzung zu beteiligen.

(4) Die Folgenabschätzung hat den Rechten der von der Verarbeitung betroffenen Personen Rechnung zu tragen und zumindest Folgendes zu enthalten:

1. eine systematische Beschreibung der geplanten Verarbeitungsvorgänge und der Zwecke der Verarbeitung,
2. eine Bewertung der Notwendigkeit und Verhältnismäßigkeit der Verarbeitungsvorgänge in Bezug auf deren Zweck,
3. eine Bewertung der Gefahren für die Rechtsgüter der betroffenen Personen und
4. die Maßnahmen, mit denen bestehenden Gefahren abgeholfen werden soll, einschließlich der Garantien, der Sicherheitsvorkehrungen und der Verfahren, durch die der Schutz personenbezogener Daten sichergestellt und die Einhaltung der gesetzlichen Vorgaben nachgewiesen werden sollen.

(5) Soweit erforderlich, hat der Verantwortliche eine Überprüfung durchzuführen, ob die Verarbeitung den Maßgaben folgt, die sich aus der Folgenabschätzung ergeben haben.

§ 68 Zusammenarbeit mit der oder dem Bundesbeauftragten. Der Verantwortliche hat mit der oder dem Bundesbeauftragten bei der Erfüllung ihrer oder seiner Aufgaben zusammenzuarbeiten.

§ 69 Anhörung der oder des Bundesbeauftragten. (1) [1] Der Verantwortliche hat vor der Inbetriebnahme von neu anzulegenden Dateisystemen die Bundesbeauftragte oder den Bundesbeauftragten anzuhören, wenn

1. aus einer Datenschutz-Folgenabschätzung nach § 67 hervorgeht, dass die Verarbeitung eine erhebliche Gefahr für die Rechtsgüter der betroffenen Personen zur Folge hätte, wenn der Verantwortliche keine Abhilfemaßnahmen treffen würde, oder
2. die Form der Verarbeitung, insbesondere bei der Verwendung neuer Technologien, Mechanismen oder Verfahren, eine erhebliche Gefahr für die Rechtsgüter der betroffenen Personen zur Folge hat.

[2] Die oder der Bundesbeauftragte kann eine Liste der Verarbeitungsvorgänge erstellen, die der Pflicht zur Anhörung nach Satz 1 unterliegen.

(2) [1] Der oder dem Bundesbeauftragten sind im Fall des Absatzes 1 vorzulegen:

1. die nach § 67 durchgeführte Datenschutz-Folgenabschätzung,
2. gegebenenfalls Angaben zu den jeweiligen Zuständigkeiten des Verantwortlichen, der gemeinsam Verantwortlichen und der an der Verarbeitung beteiligten Auftragsverarbeiter,
3. Angaben zu den Zwecken und Mitteln der beabsichtigten Verarbeitung,
4. Angaben zu den zum Schutz der Rechtsgüter der betroffenen Personen vorgesehenen Maßnahmen und Garantien und
5. Name und Kontaktdaten der oder des Datenschutzbeauftragten.

[2] Auf Anforderung sind ihr oder ihm zudem alle sonstigen Informationen zu übermitteln, die sie oder er benötigt, um die Rechtmäßigkeit der Verarbeitung sowie insbesondere die in Bezug auf den Schutz der personenbezogenen Daten der betroffenen Personen bestehenden Gefahren und die diesbezüglichen Garantien bewerten zu können.

(3) [1] Falls die oder der Bundesbeauftragte der Auffassung ist, dass die geplante Verarbeitung gegen gesetzliche Vorgaben verstoßen würde, insbesondere weil der Verantwortliche das Risiko nicht ausreichend ermittelt oder keine ausreichenden Abhilfemaßnahmen getroffen hat, kann sie oder er dem Verantwortlichen und gegebenenfalls dem Auftragsverarbeiter innerhalb eines Zeitraums von sechs Wochen nach Einleitung der Anhörung schriftliche Empfehlungen unterbreiten, welche Maßnahmen noch ergriffen werden sollten. [2] Die oder der Bundesbeauftragte kann diese Frist um einen Monat verlängern, wenn die geplante Verarbeitung besonders komplex ist. [3] Sie oder er hat in diesem Fall innerhalb eines Monats nach Einleitung der Anhörung den Verantwortlichen und gegebenenfalls den Auftragsverarbeiter über die Fristverlängerung zu informieren.

(4) [1] Hat die beabsichtigte Verarbeitung erhebliche Bedeutung für die Aufgabenerfüllung des Verantwortlichen und ist sie daher besonders dringlich, kann er mit der Verarbeitung nach Beginn der Anhörung, aber vor Ablauf der in Absatz 3 Satz 1 genannten Frist beginnen. [2] In diesem Fall sind die Empfehlungen der oder des Bundesbeauftragten im Nachhinein zu berücksichtigen und sind die Art und Weise der Verarbeitung daraufhin gegebenenfalls anzupassen.

§ 70 Verzeichnis von Verarbeitungstätigkeiten. (1) [1] Der Verantwortliche hat ein Verzeichnis aller Kategorien von Verarbeitungstätigkeiten zu führen, die in seine Zuständigkeit fallen. [2] Dieses Verzeichnis hat die folgenden Angaben zu enthalten:

1. den Namen und die Kontaktdaten des Verantwortlichen und gegebenenfalls des gemeinsam mit ihm Verantwortlichen sowie den Namen und die Kontaktdaten der oder des Datenschutzbeauftragten,
2. die Zwecke der Verarbeitung,
3. die Kategorien von Empfängern, gegenüber denen die personenbezogenen Daten offengelegt worden sind oder noch offengelegt werden sollen,
4. eine Beschreibung der Kategorien betroffener Personen und der Kategorien personenbezogener Daten,
5. gegebenenfalls die Verwendung von Profiling,

6. gegebenenfalls die Kategorien von Übermittlungen personenbezogener Daten an Stellen in einem Drittstaat oder an eine internationale Organisation,
7. Angaben über die Rechtsgrundlage der Verarbeitung,
8. die vorgesehenen Fristen für die Löschung oder die Überprüfung der Erforderlichkeit der Speicherung der verschiedenen Kategorien personenbezogener Daten und
9. eine allgemeine Beschreibung der technischen und organisatorischen Maßnahmen gemäß § 64.

(2) Der Auftragsverarbeiter hat ein Verzeichnis aller Kategorien von Verarbeitungen zu führen, die er im Auftrag eines Verantwortlichen durchführt, das Folgendes zu enthalten hat:

1. den Namen und die Kontaktdaten des Auftragsverarbeiters, jedes Verantwortlichen, in dessen Auftrag der Auftragsverarbeiter tätig ist, sowie gegebenenfalls der oder des Datenschutzbeauftragten,
2. gegebenenfalls Übermittlungen von personenbezogenen Daten an Stellen in einem Drittstaat oder an eine internationale Organisation unter Angabe des Staates oder der Organisation und
3. eine allgemeine Beschreibung der technischen und organisatorischen Maßnahmen gemäß § 64.

(3) Die in den Absätzen 1 und 2 genannten Verzeichnisse sind schriftlich oder elektronisch zu führen.

(4) Verantwortliche und Auftragsverarbeiter haben auf Anforderung ihre Verzeichnisse der oder dem Bundesbeauftragten zur Verfügung zu stellen.

§ 71 Datenschutz durch Technikgestaltung und datenschutzfreundliche Voreinstellungen. (1) [1] Der Verantwortliche hat sowohl zum Zeitpunkt der Festlegung der Mittel für die Verarbeitung als auch zum Zeitpunkt der Verarbeitung selbst angemessene Vorkehrungen zu treffen, die geeignet sind, die Datenschutzgrundsätze wie etwa die Datensparsamkeit wirksam umzusetzen, und die sicherstellen, dass die gesetzlichen Anforderungen eingehalten und die Rechte der betroffenen Personen geschützt werden. [2] Er hat hierbei den Stand der Technik, die Implementierungskosten und die Art, den Umfang, die Umstände und die Zwecke der Verarbeitung sowie die unterschiedliche Eintrittswahrscheinlichkeit und Schwere der mit der Verarbeitung verbundenen Gefahren für die Rechtsgüter der betroffenen Personen zu berücksichtigen. [3] Insbesondere sind die Verarbeitung personenbezogener Daten und die Auswahl und Gestaltung von Datenverarbeitungssystemen an dem Ziel auszurichten, so wenig personenbezogene Daten wie möglich zu verarbeiten. [4] Personenbezogene Daten sind zum frühestmöglichen Zeitpunkt zu anonymisieren oder zu pseudonymisieren, soweit dies nach dem Verarbeitungszweck möglich ist.

(2) [1] Der Verantwortliche hat geeignete technische und organisatorische Maßnahmen zu treffen, die sicherstellen, dass durch Voreinstellungen grundsätzlich nur solche personenbezogenen Daten verarbeitet werden können, deren Verarbeitung für den jeweiligen bestimmten Verarbeitungszweck erforderlich ist. [2] Dies betrifft die Menge der erhobenen Daten, den Umfang ihrer Verarbeitung, ihre Speicherfrist und ihre Zugänglichkeit. [3] Die Maßnahmen müssen insbesondere gewährleisten, dass die Daten durch Voreinstellungen

nicht automatisiert einer unbestimmten Anzahl von Personen zugänglich gemacht werden können.

§ 72 Unterscheidung zwischen verschiedenen Kategorien betroffener Personen. [1] Der Verantwortliche hat bei der Verarbeitung personenbezogener Daten so weit wie möglich zwischen den verschiedenen Kategorien betroffener Personen zu unterscheiden. [2] Dies betrifft insbesondere folgende Kategorien:

1. Personen, gegen die ein begründeter Verdacht besteht, dass sie eine Straftat begangen haben,
2. Personen, gegen die ein begründeter Verdacht besteht, dass sie in naher Zukunft eine Straftat begehen werden,
3. verurteilte Straftäter,
4. Opfer einer Straftat oder Personen, bei denen bestimmte Tatsachen darauf hindeuten, dass sie Opfer einer Straftat sein könnten, und
5. andere Personen wie insbesondere Zeugen, Hinweisgeber oder Personen, die mit den in den Nummern 1 bis 4 genannten Personen in Kontakt oder Verbindung stehen.

§ 73 Unterscheidung zwischen Tatsachen und persönlichen Einschätzungen. [1] Der Verantwortliche hat bei der Verarbeitung so weit wie möglich danach zu unterscheiden, ob personenbezogene Daten auf Tatsachen oder auf persönlichen Einschätzungen beruhen. [2] Zu diesem Zweck soll er, soweit dies im Rahmen der jeweiligen Verarbeitung möglich und angemessen ist, Beurteilungen, die auf persönlichen Einschätzungen beruhen, als solche kenntlich machen. [3] Es muss außerdem feststellbar sein, welche Stelle die Unterlagen führt, die der auf einer persönlichen Einschätzung beruhenden Beurteilung zugrunde liegen.

§ 74 Verfahren bei Übermittlungen. (1) [1] Der Verantwortliche hat angemessene Maßnahmen zu ergreifen, um zu gewährleisten, dass personenbezogene Daten, die unrichtig oder nicht mehr aktuell sind, nicht übermittelt oder sonst zur Verfügung gestellt werden. [2] Zu diesem Zweck hat er, soweit dies mit angemessenem Aufwand möglich ist, die Qualität der Daten vor ihrer Übermittlung oder Bereitstellung zu überprüfen. [3] Bei jeder Übermittlung personenbezogener Daten hat er zudem, soweit dies möglich und angemessen ist, Informationen beizufügen, die es dem Empfänger gestatten, die Richtigkeit, die Vollständigkeit und die Zuverlässigkeit der Daten sowie deren Aktualität zu beurteilen.

(2) [1] Gelten für die Verarbeitung von personenbezogenen Daten besondere Bedingungen, so hat bei Datenübermittlungen die übermittelnde Stelle den Empfänger auf diese Bedingungen und die Pflicht zu ihrer Beachtung hinzuweisen. [2] Die Hinweispflicht kann dadurch erfüllt werden, dass die Daten entsprechend markiert werden.

(3) Die übermittelnde Stelle darf auf Empfänger in anderen Mitgliedstaaten der Europäischen Union und auf Einrichtungen und sonstige Stellen, die nach den Kapiteln 4 und 5 des Titels V des Dritten Teils des Vertrags über die Arbeitsweise der Europäischen Union errichtet wurden, keine Bedingungen anwenden, die nicht auch für entsprechende innerstaatliche Datenübermittlungen gelten.

§ 75 Berichtigung und Löschung personenbezogener Daten sowie Einschränkung der Verarbeitung. (1) Der Verantwortliche hat personenbezogene Daten zu berichtigen, wenn sie unrichtig sind.

(2) Der Verantwortliche hat personenbezogene Daten unverzüglich zu löschen, wenn ihre Verarbeitung unzulässig ist, sie zur Erfüllung einer rechtlichen Verpflichtung gelöscht werden müssen oder ihre Kenntnis für seine Aufgabenerfüllung nicht mehr erforderlich ist.

(3) [1] § 58 Absatz 3 bis 5 ist entsprechend anzuwenden. [2] Sind unrichtige personenbezogene Daten oder personenbezogene Daten unrechtmäßig übermittelt worden, ist auch dies dem Empfänger mitzuteilen.

(4) Unbeschadet in Rechtsvorschriften festgesetzter Höchstspeicher- oder Löschfristen hat der Verantwortliche für die Löschung von personenbezogenen Daten oder eine regelmäßige Überprüfung der Notwendigkeit ihrer Speicherung angemessene Fristen vorzusehen und durch verfahrensrechtliche Vorkehrungen sicherzustellen, dass diese Fristen eingehalten werden.

§ 76 Protokollierung. (1) In automatisierten Verarbeitungssystemen haben Verantwortliche und Auftragsverarbeiter mindestens die folgenden Verarbeitungsvorgänge zu protokollieren:

1. Erhebung,
2. Veränderung,
3. Abfrage,
4. Offenlegung einschließlich Übermittlung,
5. Kombination und
6. Löschung.

(2) Die Protokolle über Abfragen und Offenlegungen müssen es ermöglichen, die Begründung, das Datum und die Uhrzeit dieser Vorgänge und so weit wie möglich die Identität der Person, die die personenbezogenen Daten abgefragt oder offengelegt hat, und die Identität des Empfängers der Daten festzustellen.

(3) Die Protokolle dürfen ausschließlich für die Überprüfung der Rechtmäßigkeit der Datenverarbeitung durch die Datenschutzbeauftragte oder den Datenschutzbeauftragten, die Bundesbeauftragte oder den Bundesbeauftragten und die betroffene Person sowie für die Eigenüberwachung, für die Gewährleistung der Integrität und Sicherheit der personenbezogenen Daten und für Strafverfahren verwendet werden.

(4) Die Protokolldaten sind am Ende des auf deren Generierung folgenden Jahres zu löschen.

(5) Der Verantwortliche und der Auftragsverarbeiter haben die Protokolle der oder dem Bundesbeauftragten auf Anforderung zur Verfügung zu stellen.

§ 77 Vertrauliche Meldung von Verstößen. Der Verantwortliche hat zu ermöglichen, dass ihm vertrauliche Meldungen über in seinem Verantwortungsbereich erfolgende Verstöße gegen Datenschutzvorschriften zugeleitet werden können.

Kapitel 5. Datenübermittlungen an Drittstaaten und an internationale Organisationen

§ 78 Allgemeine Voraussetzungen. (1) Die Übermittlung personenbezogener Daten an Stellen in Drittstaaten oder an internationale Organisationen ist bei Vorliegen der übrigen für Datenübermittlungen geltenden Voraussetzungen zulässig, wenn

1. die Stelle oder internationale Organisation für die in § 45 genannten Zwecke zuständig ist und
2. die Europäische Kommission gemäß Artikel 36 Absatz 3 der Richtlinie (EU) 2016/680 einen Angemessenheitsbeschluss gefasst hat.

(2) [1] Die Übermittlung personenbezogener Daten hat trotz des Vorliegens eines Angemessenheitsbeschlusses im Sinne des Absatzes 1 Nummer 2 und des zu berücksichtigenden öffentlichen Interesses an der Datenübermittlung zu unterbleiben, wenn im Einzelfall ein datenschutzrechtlich angemessener und die elementaren Menschenrechte wahrender Umgang mit den Daten beim Empfänger nicht hinreichend gesichert ist oder sonst überwiegende schutzwürdige Interessen einer betroffenen Person entgegenstehen. [2] Bei seiner Beurteilung hat der Verantwortliche maßgeblich zu berücksichtigen, ob der Empfänger im Einzelfall einen angemessenen Schutz der übermittelten Daten garantiert.

(3) [1] Wenn personenbezogene Daten, die aus einem anderen Mitgliedstaat der Europäischen Union übermittelt oder zur Verfügung gestellt wurden, nach Absatz 1 übermittelt werden sollen, muss diese Übermittlung zuvor von der zuständigen Stelle des anderen Mitgliedstaats genehmigt werden. [2] Übermittlungen ohne vorherige Genehmigung sind nur dann zulässig, wenn die Übermittlung erforderlich ist, um eine unmittelbare und ernsthafte Gefahr für die öffentliche Sicherheit eines Staates oder für die wesentlichen Interessen eines Mitgliedstaats abzuwehren, und die vorherige Genehmigung nicht rechtzeitig eingeholt werden kann. [3] Im Fall des Satzes 2 ist die Stelle des anderen Mitgliedstaats, die für die Erteilung der Genehmigung zuständig gewesen wäre, unverzüglich über die Übermittlung zu unterrichten.

(4) [1] Der Verantwortliche, der Daten nach Absatz 1 übermittelt, hat durch geeignete Maßnahmen sicherzustellen, dass der Empfänger die übermittelten Daten nur dann an andere Drittstaaten oder andere internationale Organisationen weiterübermittelt, wenn der Verantwortliche diese Übermittlung zuvor genehmigt hat. [2] Bei der Entscheidung über die Erteilung der Genehmigung hat der Verantwortliche alle maßgeblichen Faktoren zu berücksichtigen, insbesondere die Schwere der Straftat, den Zweck der ursprünglichen Übermittlung und das in dem Drittstaat oder der internationalen Organisation, an das oder an die die Daten weiterübermittelt werden sollen, bestehende *Schutzniveau für personenbezogene* Daten. [3] Eine Genehmigung darf nur dann erfolgen, wenn auch eine direkte Übermittlung an den anderen Drittstaat oder die andere internationale Organisation zulässig wäre. [4] Die Zuständigkeit für die Erteilung der Genehmigung kann auch abweichend geregelt werden.

§ 79 Datenübermittlung bei geeigneten Garantien. (1) Liegt entgegen § 78 Absatz 1 Nummer 2 kein Beschluss nach Artikel 36 Absatz 3 der Richtlinie (EU) 2016/680 vor, ist eine Übermittlung bei Vorliegen der übrigen Voraussetzungen des § 78 auch dann zulässig, wenn

1. in einem rechtsverbindlichen Instrument geeignete Garantien für den Schutz personenbezogener Daten vorgesehen sind oder
2. der Verantwortliche nach Beurteilung aller Umstände, die bei der Übermittlung eine Rolle spielen, zu der Auffassung gelangt ist, dass geeignete Garantien für den Schutz personenbezogener Daten bestehen.

(2) [1] Der Verantwortliche hat Übermittlungen nach Absatz 1 Nummer 2 zu dokumentieren. [2] Die Dokumentation hat den Zeitpunkt der Übermittlung, die Identität des Empfängers, den Grund der Übermittlung und die übermittelten personenbezogenen Daten zu enthalten. [3] Sie ist der oder dem Bundesbeauftragten auf Anforderung zur Verfügung zu stellen.

(3) [1] Der Verantwortliche hat die Bundesbeauftragte oder den Bundesbeauftragten zumindest jährlich über Übermittlungen zu unterrichten, die aufgrund einer Beurteilung nach Absatz 1 Nummer 2 erfolgt sind. [2] In der Unterrichtung kann er die Empfänger und die Übermittlungszwecke angemessen kategorisieren.

§ 80 Datenübermittlung ohne geeignete Garantien. (1) Liegt entgegen § 78 Absatz 1 Nummer 2 kein Beschluss nach Artikel 36 Absatz 3 der Richtlinie (EU) 2016/680 vor und liegen auch keine geeigneten Garantien im Sinne des § 79 Absatz 1 vor, ist eine Übermittlung bei Vorliegen der übrigen Voraussetzungen des § 78 auch dann zulässig, wenn die Übermittlung erforderlich ist

1. zum Schutz lebenswichtiger Interessen einer natürlichen Person,
2. zur Wahrung berechtigter Interessen der betroffenen Person,
3. zur Abwehr einer gegenwärtigen und erheblichen Gefahr für die öffentliche Sicherheit eines Staates,
4. im Einzelfall für die in § 45 genannten Zwecke oder
5. im Einzelfall zur Geltendmachung, Ausübung oder Verteidigung von Rechtsansprüchen im Zusammenhang mit den in § 45 genannten Zwecken.

(2) Der Verantwortliche hat von einer Übermittlung nach Absatz 1 abzusehen, wenn die Grundrechte der betroffenen Person das öffentliche Interesse an der Übermittlung überwiegen.

(3) Für Übermittlungen nach Absatz 1 gilt § 79 Absatz 2 entsprechend.

§ 81 Sonstige Datenübermittlung an Empfänger in Drittstaaten.

(1) Verantwortliche können bei Vorliegen der übrigen für die Datenübermittlung in Drittstaaten geltenden Voraussetzungen im besonderen Einzelfall personenbezogene Daten unmittelbar an nicht in § 78 Absatz 1 Nummer 1 genannte Stellen in Drittstaaten übermitteln, wenn die Übermittlung für die Erfüllung ihrer Aufgaben unbedingt erforderlich ist und

1. im konkreten Fall keine Grundrechte der betroffenen Person das öffentliche Interesse an einer Übermittlung überwiegen,

2. die Übermittlung an die in § 78 Absatz 1 Nummer 1 genannten Stellen wirkungslos oder ungeeignet wäre, insbesondere weil sie nicht rechtzeitig durchgeführt werden kann, und
3. der Verantwortliche dem Empfänger die Zwecke der Verarbeitung mitteilt und ihn darauf hinweist, dass die übermittelten Daten nur in dem Umfang verarbeitet werden dürfen, in dem ihre Verarbeitung für diese Zwecke erforderlich ist.

(2) Im Fall des Absatzes 1 hat der Verantwortliche die in § 78 Absatz 1 Nummer 1 genannten Stellen unverzüglich über die Übermittlung zu unterrichten, sofern dies nicht wirkungslos oder ungeeignet ist.

(3) Für Übermittlungen nach Absatz 1 gilt § 79 Absatz 2 und 3 entsprechend.

(4) Bei Übermittlungen nach Absatz 1 hat der Verantwortliche den Empfänger zu verpflichten, die übermittelten personenbezogenen Daten ohne seine Zustimmung nur für den Zweck zu verarbeiten, für den sie übermittelt worden sind.

(5) Abkommen im Bereich der justiziellen Zusammenarbeit in Strafsachen und der polizeilichen Zusammenarbeit bleiben unberührt.

Kapitel 6. Zusammenarbeit der Aufsichtsbehörden

§ 82 Gegenseitige Amtshilfe. (1) [1] Die oder der Bundesbeauftragte hat den Datenschutzaufsichtsbehörden in anderen Mitgliedstaaten der Europäischen Union Informationen zu übermitteln und Amtshilfe zu leisten, soweit dies für eine einheitliche Umsetzung und Anwendung der Richtlinie (EU) 2016/680 erforderlich ist. [2] Die Amtshilfe betrifft insbesondere Auskunftsersuchen und aufsichtsbezogene Maßnahmen, beispielsweise Ersuchen um Konsultation oder um Vornahme von Nachprüfungen und Untersuchungen.

(2) Die oder der Bundesbeauftragte hat alle geeigneten Maßnahmen zu ergreifen, um Amtshilfeersuchen unverzüglich und spätestens innerhalb eines Monats nach deren Eingang nachzukommen.

(3) Die oder der Bundesbeauftragte darf Amtshilfeersuchen nur ablehnen, wenn

1. sie oder er für den Gegenstand des Ersuchens oder für die Maßnahmen, die sie oder er durchführen soll, nicht zuständig ist oder
2. ein Eingehen auf das Ersuchen gegen Rechtsvorschriften verstoßen würde.

(4) [1] Die oder der Bundesbeauftragte hat die ersuchende Aufsichtsbehörde des anderen Staates über die Ergebnisse oder gegebenenfalls über den Fortgang der Maßnahmen zu informieren, die getroffen wurden, um dem Amtshilfeersuchen nachzukommen. [2] Sie oder er hat im Fall des Absatzes 3 die Gründe für die Ablehnung des Ersuchens zu erläutern.

(5) Die oder der Bundesbeauftragte hat die Informationen, um die sie oder er von der Aufsichtsbehörde des anderen Staates ersucht wurde, in der Regel elektronisch und in einem standardisierten Format zu übermitteln.

(6) Die oder der Bundesbeauftragte hat Amtshilfeersuchen kostenfrei zu erledigen, soweit sie oder er nicht im Einzelfall mit der Aufsichtsbehörde des anderen Staates die Erstattung entstandener Ausgaben vereinbart hat.

(7) [1] Ein Amtshilfeersuchen der oder des Bundesbeauftragten hat alle erforderlichen Informationen zu enthalten; hierzu gehören insbesondere der Zweck und die Begründung des Ersuchens. [2] Die auf das Ersuchen übermittelten Informationen dürfen ausschließlich zu dem Zweck verwendet werden, zu dem sie angefordert wurden.

Kapitel 7. Haftung und Sanktionen

§ 83 Schadensersatz und Entschädigung. (1) [1] Hat ein Verantwortlicher einer betroffenen Person durch eine Verarbeitung personenbezogener Daten, die nach diesem Gesetz oder nach anderen auf ihre Verarbeitung anwendbaren Vorschriften rechtswidrig war, einen Schaden zugefügt, ist er oder sein Rechtsträger der betroffenen Person zum Schadensersatz verpflichtet. [2] Die Ersatzpflicht entfällt, soweit bei einer nicht automatisierten Verarbeitung der Schaden nicht auf ein Verschulden des Verantwortlichen zurückzuführen ist.

(2) Wegen eines Schadens, der nicht Vermögensschaden ist, kann die betroffene Person eine angemessene Entschädigung in Geld verlangen.

(3) Lässt sich bei einer automatisierten Verarbeitung personenbezogener Daten nicht ermitteln, welche von mehreren beteiligten Verantwortlichen den Schaden verursacht hat, so haftet jeder Verantwortliche beziehungsweise sein Rechtsträger.

(4) Hat bei der Entstehung des Schadens ein Verschulden der betroffenen Person mitgewirkt, ist § 254 des Bürgerlichen Gesetzbuchs[1)] entsprechend anzuwenden.

(5) Auf die Verjährung finden die für unerlaubte Handlungen geltenden Verjährungsvorschriften des Bürgerlichen Gesetzbuchs entsprechende Anwendung.

§ 84 Strafvorschriften. Für Verarbeitungen personenbezogener Daten durch öffentliche Stellen im Rahmen von Tätigkeiten nach § 45 Satz 1, 3 oder 4 findet § 42 entsprechende Anwendung.

Teil 4. Besondere Bestimmungen für Verarbeitungen im Rahmen von nicht in die Anwendungsbereiche der Verordnung (EU) 2016/679 und der Richtlinie (EU) 2016/680 fallenden Tätigkeiten

§ 85 Verarbeitung personenbezogener Daten im Rahmen von nicht in die Anwendungsbereiche der Verordnung (EU) 2016/679 und der Richtlinie (EU) 2016/680 fallenden Tätigkeiten. (1) [1] Die Übermittlung personenbezogener Daten an einen Drittstaat oder an über- oder zwischenstaatliche Stellen oder internationale Organisationen im Rahmen von nicht in die Anwendungsbereiche der Verordnung (EU) 2016/679 und der Richtlinie (EU) 2016/680 fallenden Tätigkeiten ist über die bereits gemäß der Verordnung (EU) 2016/679 zulässigen Fälle hinaus auch dann zulässig, wenn sie zur Erfüllung eigener Aufgaben aus zwingenden Gründen der Verteidigung oder zur Erfüllung über- oder zwischenstaatlicher Verpflichtungen einer öffent-

[1)] **Schönfelder Nr. 20.**

lichen Stelle des Bundes auf dem Gebiet der Krisenbewältigung oder Konfliktverhinderung oder für humanitäre Maßnahmen erforderlich ist. [2]Der Empfänger ist darauf hinzuweisen, dass die übermittelten Daten nur zu dem Zweck verwendet werden dürfen, zu dem sie übermittelt wurden.

(2) Für Verarbeitungen im Rahmen von nicht in die Anwendungsbereiche der Verordnung (EU) 2016/679 und der Richtlinie (EU) 2016/680 fallenden Tätigkeiten durch Dienststellen im Geschäftsbereich des Bundesministeriums der Verteidigung gilt § 16 Absatz 4 nicht, soweit das Bundesministerium der Verteidigung im Einzelfall feststellt, dass die Erfüllung der dort genannten Pflichten die Sicherheit des Bundes gefährden würde.

(3) [1]Für Verarbeitungen im Rahmen von nicht in die Anwendungsbereiche der Verordnung (EU) 2016/679 und der Richtlinie (EU) 2016/680 fallenden Tätigkeiten durch öffentliche Stellen des Bundes besteht keine Informationspflicht gemäß Artikel 13 Absatz 1 und 2 der Verordnung (EU) 2016/679, wenn

1. es sich um Fälle des § 32 Absatz 1 Nummer 1 bis 3 handelt oder
2. durch ihre Erfüllung Informationen offenbart würden, die nach einer Rechtsvorschrift oder ihrem Wesen nach, insbesondere wegen der überwiegenden berechtigten Interessen eines Dritten, geheim gehalten werden müssen, und deswegen das Interesse der betroffenen Person an der Erteilung der Information zurücktreten muss.

[2]Ist die betroffene Person in den Fällen des Satzes 1 nicht zu informieren, besteht auch kein Recht auf Auskunft. [3]§ 32 Absatz 2 und § 33 Absatz 2 finden keine Anwendung.

§ 86[1)] Verarbeitung personenbezogener Daten für Zwecke staatlicher Auszeichnungen und Ehrungen. (1) [1]Zur Vorbereitung und Durchführung staatlicher Verfahren bei Auszeichnungen und Ehrungen dürfen sowohl die zuständigen als auch andere öffentliche und nichtöffentliche Stellen die dazu erforderlichen personenbezogenen Daten, einschließlich besonderer Kategorien personenbezogener Daten im Sinne des Artikels 9 Absatz 1 der Verordnung (EU) 2016/679[2)], auch ohne Kenntnis der betroffenen Person verarbeiten. [2]Für nichtöffentliche Stellen gilt insoweit § 1 Absatz 8 entsprechend. [3]Eine Verarbeitung der personenbezogenen Daten nach Satz 1 für andere Zwecke ist nur mit Einwilligung der betroffenen Person zulässig.

(2) Soweit eine Verarbeitung ausschließlich für die in Absatz 1 Satz 1 genannten Zwecke erfolgt, sind die Artikel 13 bis 16, 19 und 21 der Verordnung (EU) 2016/679 nicht anzuwenden.

(3) Bei der Verarbeitung besonderer Kategorien personenbezogener Daten im Sinne des Artikels 9 Absatz 1 der Verordnung (EU) 2016/679 sieht der Verantwortliche angemessene und spezifische Maßnahmen zur Wahrung der Rechte der betroffenen Person gemäß § 22 Absatz 2 vor.

[1)] § 86 angef. mWv 26.11.2019 durch G v. 20.11.2019 (BGBl. I S. 1626).
[2)] Nr. **246**.

246. Verordnung (EU) 2016/679 des Europäischen Parlaments und des Rates vom 27. April 2016 zum Schutz natürlicher Personen bei der Verarbeitung personenbezogener Daten, zum freien Datenverkehr und zur Aufhebung der Richtlinie 95/46/EG (Datenschutz-Grundverordnung)[1) 2)]

(Text von Bedeutung für den EWR)

(ABl. L 119 vom 4.5.2016, S. 1, ELI: http://data.europa.eu/eli/reg/2016/679/oj)

Celex-Nr. 3 2016 R 0679

[1)] Zur Datenschutz-Grundverordnung haben der Bund und die Länder u.a. folgende Vorschriften erlassen:
- **Bund:** Bundesdatenschutzgesetz – BDSG (Nr. **245**);
- **Bayern:** Bayerisches Datenschutzgesetz – BayDSG v. 15.5.2018 (GVBl. S. 230), zuletzt geänd. durch G v. 25.7.2025 (GVBl. S. 254);
- **Baden-Württemberg:** Landesdatenschutzgesetz – LDSG v. 12.6.2018 (GBl. S. 173), zuletzt geänd. durch G v. 10.2.2026 (GBl. Nr. 19, 45); Landesdatenschutzgesetz für Justiz- und Bußgeldbehörden – LDSG-JB v. 21.5.2019 (GBl. S. 189);
- **Berlin:** Berliner Datenschutzgesetz – BlnDSG v. 13.6.2018 (GVBl. S. 418), zuletzt geänd. durch G v. 1.4.2026 (GVBl. S. 158); Justizvollzugsdatenschutzgesetz Berlin – JVollzDSG Bln v. 27.9.2021 (GVBl. S. 1145), zuletzt geänd. durch G v. 9.3.2026 (GVBl. S. 102)
- **Brandenburg:** Brandenburgisches Datenschutzgesetz – BbgDSG v. 8.5.2018 (GVBl. I Nr. 7), zuletzt geänd. durch G v. 5.3.2024 (GVBl. I Nr. 9); Brandenburgisches Polizei-, Justizvollzugs- und Maßregelvollzugsdatenschutzgesetz – BbgPJMDSG v. 19.6.2019 (GVBl. I Nr. 43, S. 2);
- **Bremen:** Bremisches Ausführungsgesetz zur EU-Datenschutz-Grundverordnung – BremDSGVOAG v. 8.5.2018 (Brem.GBl. S. 131); Bremisches Justizvollzugsdatenschutzgesetz – BremJVollzDSG v. 14.7.2020 (Brem.GBl. S. 721, 722), geänd. durch G v. 13.5.2025 (Brem.GBl. S. 475);
- **Hamburg:** Hamburgisches Datenschutzgesetz – HmbDSG v. 18.5.2018 (HmbGVBl. S. 145), zuletzt geänd. durch G v. 29.11.2024 (HmbGVBl. S. 615); Hamburgisches Justizvollzugsdatenschutzgesetz – HmbJVollzDSG v. 18.5.2018 (HmbGVBl. S. 158), zuletzt geänd. durch G v. 19.12.2024 (HmbGVBl. 2025 S. 2);
- **Hessen:** Hessisches Datenschutz- und Informationsfreiheitsgesetz – HDSIG v. 3.5.2018 (GVBl. S. 82), zuletzt geänd. durch G v. 16.12.2025 (GVBl. Nr. 110);
- **Mecklenburg-Vorpommern:** Landesdatenschutzgesetz – DSG M-V v. 22.5.2018 (GVOBl. M-V S. 193, 194); Justizvollzugsdatenschutzgesetz Mecklenburg-Vorpommern – JVollzDSG M-V v. 21.11.2020 (GVOBl. M-V S. 1254)
- **Niedersachsen:** Niedersächsisches Datenschutzgesetz – NDSG v. 16.5.2018 (Nds. GVBl. S. 66, 67), zuletzt geänd. durch G v. 8.2.2024 (Nds. GVBl. Nr. 9);
- **Nordrhein-Westfalen:** Datenschutzgesetz Nordrhein-Westfalen – DSG NRW v. 17.5.2018 (GV. NRW. S. 244, 278, 404), geänd. durch G v. 18.11.2025 (GV. NRW. S. 988); Justizvollzugsdatenschutzgesetz NRW – JVollzDSG NRW v. 12.10.2018 (GV. NRW. S. 555), zuletzt geänd. durch G v. 24.3.2026 (GV. NRW. S. 208);
- **Rheinland-Pfalz:** Landesdatenschutzgesetz – LDSG v. 8.5.2018 (GVBl. S. 93), zuletzt geänd. durch G v. *11.2.2026 (GVBl. S. 40)*; Landesjustizvollzugsdatenschutzgesetz – LJVollzDSG v. 3.6.2020 (GVBl. S. 218), zuletzt geänd. durch G v. 22.12.2025 (GVBl. S. 745);
- **Saarland:** Saarländisches Datenschutzgesetz v. 16.5.2018 (Amtsbl. I S. 254), zuletzt geänd. durch G v. 27.8.2025 (Amtsbl. I S. 854); Saarländisches Justizvollzugsdatenschutzgesetz v. 4.12.2019 (Amtsbl. 2020 I S. 79);
- **Sachsen:** Sächsisches Datenschutzdurchführungsgesetz – SächsDSDG v. 26.4.2018 (SächsGVBl. S. 198), zuletzt geänd. durch G v. 6.7.2023 (SächsGVBl. S. 467); Sächsisches Justizvollzugsdatenschutzgesetz – SächsJVollzDSG v. 22.8.2019 (SächsGVBl. S. 663), zuletzt geänd. durch G v. 29.1.2024 (SächsGVBl. S. 52);
- **Schleswig-Holstein:** Landesdatenschutzgesetz – LDSG v. 2.5.2018 (GVOBl. Schl.-H. S. 162); Justizvollzugsdatenschutzgesetz Schleswig-Holstein – JVollzDSG SH v. 23.9.2021 (GVOBl. Schl.-H. S. 1170, 1250);

→

Nichtamtliche Inhaltsübersicht

(Fortsetzung der Anm. von voriger Seite)

– ***Thüringen:*** Thüringer Datenschutzgesetz – ThürDSG v. 6.6.2018 (GVBl. S. 229), geänd. durch G v. 2.7.2024 (GVBl. S. 206).

[2] Zur Festlegung zusätzlicher Verfahrensregeln für die Durchsetzung dieser VO siehe:
VO (EU) 2025/2518 v. 26.11.2025 (ABl. L, 2025/2518, 12.12.2025, ELI: http://data.europa.eu/eli/reg/2025/2518/oj).

DAS EUROPÄISCHE PARLAMENT UND DER RAT DER EUROPÄISCHEN UNION –

gestützt auf den Vertrag über die Arbeitsweise der Europäischen Union[1)], insbesondere auf Artikel 16,

auf Vorschlag der Europäischen Kommission,

nach Zuleitung des Entwurfs des Gesetzgebungsakts an die nationalen Parlamente,

nach Stellungnahme des Europäischen Wirtschafts- und Sozialausschusses[2)],

nach Stellungnahme des Ausschusses der Regionen[3)],

gemäß dem ordentlichen Gesetzgebungsverfahren[4)],

in Erwägung nachstehender Gründe:

(1) Der Schutz natürlicher Personen bei der Verarbeitung personenbezogener Daten ist ein Grundrecht. Gemäß Artikel 8 Absatz 1 der Charta der Grundrechte der Europäischen Union[5)] (im Folgenden „Charta") sowie Artikel 16 Absatz 1 des Vertrags über die Arbeitsweise der Europäischen Union[1)] (AEUV) hat jede Person das Recht auf Schutz der sie betreffenden personenbezogenen Daten.

(2) Die Grundsätze und Vorschriften zum Schutz natürlicher Personen bei der Verarbeitung ihrer personenbezogenen Daten sollten gewährleisten, dass ihre Grundrechte und Grundfreiheiten und insbesondere ihr Recht auf Schutz personenbezogener Daten ungeachtet ihrer Staatsangehörigkeit oder ihres Aufenthaltsorts gewahrt bleiben. Diese Verordnung soll zur Vollendung eines Raums der Freiheit, der Sicherheit und des Rechts und einer Wirtschaftsunion, zum wirtschaftlichen und sozialen Fortschritt, zur Stärkung und zum Zusammenwachsen der Volkswirtschaften innerhalb des Binnenmarkts sowie zum Wohlergehen natürlicher Personen beitragen.

[1)] Nr. **1001**.

[2)] **Amtl. Anm.:** ABl. C 229 vom 31.7.2012, S. 90.

[3)] ***Amtl. Anm.:*** ABl. C 391 vom 18.12.2012, S. 127.

[4)] **Amtl. Anm.:** Standpunkt des Europäischen Parlaments vom 12. März 2014 (noch nicht im Amtsblatt veröffentlicht) und Standpunkt des Rates in erster Lesung vom 8. April 2016 (noch nicht im Amtsblatt veröffentlicht). Standpunkt des Europäischen Parlaments vom 14. April 2016.

[5)] Nr. **1002**.

(3) Zweck der Richtlinie 95/46/EG des Europäischen Parlaments und des Rates[1] ist die Harmonisierung der Vorschriften zum Schutz der Grundrechte und Grundfreiheiten natürlicher Personen bei der Datenverarbeitung sowie die Gewährleistung des freien Verkehrs personenbezogener Daten zwischen den Mitgliedstaaten.

(4) Die Verarbeitung personenbezogener Daten sollte im Dienste der Menschheit stehen. Das Recht auf Schutz der personenbezogenen Daten ist kein uneingeschränktes Recht; es muss im Hinblick auf seine gesellschaftliche Funktion gesehen und unter Wahrung des Verhältnismäßigkeitsprinzips gegen andere Grundrechte abgewogen werden. Diese Verordnung steht im Einklang mit allen Grundrechten und achtet alle Freiheiten und Grundsätze, die mit der Charta anerkannt wurden und in den Europäischen Verträgen verankert sind, insbesondere Achtung des Privat- und Familienlebens, der Wohnung und der Kommunikation, Schutz personenbezogener Daten, Gedanken-, Gewissens- und Religionsfreiheit, Freiheit der Meinungsäußerung und Informationsfreiheit, unternehmerische Freiheit, Recht auf einen wirksamen Rechtsbehelf und ein faires Verfahren und Vielfalt der Kulturen, Religionen und Sprachen.

(5) Die wirtschaftliche und soziale Integration als Folge eines funktionierenden Binnenmarkts hat zu einem deutlichen Anstieg des grenzüberschreitenden Verkehrs personenbezogener Daten geführt. Der unionsweite Austausch personenbezogener Daten zwischen öffentlichen und privaten Akteuren einschließlich natürlichen Personen, Vereinigungen und Unternehmen hat zugenommen. Das Unionsrecht verpflichtet die Verwaltungen der Mitgliedstaaten, zusammenzuarbeiten und personenbezogene Daten auszutauschen, damit sie ihren Pflichten nachkommen oder für eine Behörde eines anderen Mitgliedstaats Aufgaben durchführen können.

(6) Rasche technologische Entwicklungen und die Globalisierung haben den Datenschutz vor neue Herausforderungen gestellt. Das Ausmaß der Erhebung und des Austauschs personenbezogener Daten hat eindrucksvoll zugenommen. Die Technik macht es möglich, dass private Unternehmen und Behörden im Rahmen ihrer Tätigkeiten in einem noch nie dagewesenen Umfang auf personenbezogene Daten zurückgreifen. Zunehmend machen auch natürliche Personen Informationen öffentlich weltweit zugänglich. Die Technik hat das wirtschaftliche und gesellschaftliche Leben verändert und dürfte den Verkehr personenbezogener Daten innerhalb der Union sowie die Datenübermittlung an Drittländer und internationale Organisationen noch weiter erleichtern, wobei ein hohes Datenschutzniveau zu gewährleisten ist.

(7) Diese Entwicklungen erfordern einen soliden, kohärenteren und klar durchsetzbaren Rechtsrahmen im Bereich des Datenschutzes in der Union, da es von großer Wichtigkeit ist, eine Vertrauensbasis zu schaffen, die die digitale Wirtschaft dringend benötigt, um im Binnenmarkt weiter wachsen zu können. Natürliche Personen sollten die Kontrolle über ihre eigenen Daten besitzen. Natürliche Personen, Wirtschaft und Staat sollten in rechtlicher und praktischer Hinsicht über mehr Sicherheit verfügen.

(8) Wenn in dieser Verordnung Präzisierungen oder Einschränkungen ihrer Vorschriften durch das Recht der Mitgliedstaaten vorgesehen sind, können die Mitgliedstaaten Teile dieser Verordnung in ihr nationales Recht aufnehmen, soweit dies erforderlich ist, um die Kohärenz zu wahren und die nationalen Rechtsvorschriften für die Personen, für die sie gelten, verständlicher zu machen.

(9) Die Ziele und Grundsätze der Richtlinie 95/46/EG besitzen nach wie vor Gültigkeit, doch hat die Richtlinie nicht verhindern können, dass der Datenschutz in der Union unterschiedlich gehandhabt wird, Rechtsunsicherheit besteht oder in der Öffentlichkeit die Meinung weit verbreitet ist, dass erhebliche Risiken für den Schutz natürlicher Personen bestehen, insbesondere im Zusammenhang mit der Benutzung des Internets. Unterschiede beim Schutzniveau für die Rechte und Freiheiten von natürlichen Personen im Zusammenhang mit der Verarbeitung personenbezogener Daten in den Mitgliedstaaten, vor allem beim Recht auf Schutz dieser Daten, können den unionsweiten freien Verkehr solcher Daten behindern. Diese Unterschiede im Schutzniveau können daher ein Hemmnis für die unionsweite Ausübung von Wirtschaftstätigkeiten darstellen, den Wettbewerb verzerren und die Behörden an der Erfüllung der ihnen nach dem Unionsrecht obliegenden Pflichten hindern. Sie erklären sich aus den Unterschieden bei der Umsetzung und Anwendung der Richtlinie 95/46/EG.

(10) Um ein gleichmäßiges und hohes Datenschutzniveau für natürliche Personen zu gewährleisten und die Hemmnisse für den Verkehr personenbezogener Daten in der Union zu beseitigen, sollte das Schutzniveau für die Rechte und Freiheiten von natürlichen Personen bei der Verarbeitung dieser Daten in allen Mitgliedstaaten gleichwertig sein. Die Vorschriften zum Schutz der Grundrechte und Grundfreiheiten von natürlichen Personen bei der Verarbeitung personenbezogener Daten sollten

---

[1] **Amtl. Anm.:** Richtlinie 95/46/EG des Europäischen Parlaments und des Rates vom 24. Oktober 1995 zum Schutz natürlicher Personen bei der Verarbeitung personenbezogener Daten und zum freien Datenverkehr (ABl. L 281 vom 23.11.1995, S. 31).

unionsweit gleichmäßig und einheitlich angewandt werden. Hinsichtlich der Verarbeitung personenbezogener Daten zur Erfüllung einer rechtlichen Verpflichtung oder zur Wahrnehmung einer Aufgabe, die im öffentlichen Interesse liegt oder in Ausübung öffentlicher Gewalt erfolgt, die dem Verantwortlichen übertragen wurde, sollten die Mitgliedstaaten die Möglichkeit haben, nationale Bestimmungen, mit denen die Anwendung der Vorschriften dieser Verordnung genauer festgelegt wird, beizubehalten oder einzuführen. In Verbindung mit den allgemeinen und horizontalen Rechtsvorschriften über den Datenschutz zur Umsetzung der Richtlinie 95/46/EG gibt es in den Mitgliedstaaten mehrere sektorspezifische Rechtsvorschriften in Bereichen, die spezifischere Bestimmungen erfordern. Diese Verordnung bietet den Mitgliedstaaten zudem einen Spielraum für die Spezifizierung ihrer Vorschriften, auch für die Verarbeitung besonderer Kategorien von personenbezogenen Daten (im Folgenden „sensible Daten"). Diesbezüglich schließt diese Verordnung nicht Rechtsvorschriften der Mitgliedstaaten aus, in denen die Umstände besonderer Verarbeitungssituationen festgelegt werden, einschließlich einer genaueren Bestimmung der Voraussetzungen, unter denen die Verarbeitung personenbezogener Daten rechtmäßig ist.

(11) Ein unionsweiter wirksamer Schutz personenbezogener Daten erfordert die Stärkung und präzise Festlegung der Rechte der betroffenen Personen sowie eine Verschärfung der Verpflichtungen für diejenigen, die personenbezogene Daten verarbeiten und darüber entscheiden, ebenso wie – in den Mitgliedstaaten – gleiche Befugnisse bei der Überwachung und Gewährleistung der Einhaltung der Vorschriften zum Schutz personenbezogener Daten sowie gleiche Sanktionen im Falle ihrer Verletzung.

(12) Artikel 16 Absatz 2 AEUV[1)] ermächtigt das Europäische Parlament und den Rat, Vorschriften über den Schutz natürlicher Personen bei der Verarbeitung personenbezogener Daten und zum freien Verkehr solcher Daten zu erlassen.

(13) Damit in der Union ein gleichmäßiges Datenschutzniveau für natürliche Personen gewährleistet ist und Unterschiede, die den freien Verkehr personenbezogener Daten im Binnenmarkt behindern könnten, beseitigt werden, ist eine Verordnung erforderlich, die für die Wirtschaftsteilnehmer einschließlich Kleinstunternehmen sowie kleiner und mittlerer Unternehmen Rechtssicherheit und Transparenz schafft, natürliche Personen in allen Mitgliedstaaten mit demselben Niveau an durchsetzbaren Rechten ausstattet, dieselben Pflichten und Zuständigkeiten für die Verantwortlichen und Auftragsverarbeiter vorsieht und eine gleichmäßige Kontrolle der Verarbeitung personenbezogener Daten und gleichwertige Sanktionen in allen Mitgliedstaaten sowie eine wirksame Zusammenarbeit zwischen den Aufsichtsbehörden der einzelnen Mitgliedstaaten gewährleistet. Das reibungslose Funktionieren des Binnenmarkts erfordert, dass der freie Verkehr personenbezogener Daten in der Union nicht aus Gründen des Schutzes natürlicher Personen bei der Verarbeitung personenbezogener Daten eingeschränkt oder verboten wird. Um der besonderen Situation der Kleinstunternehmen sowie der kleinen und mittleren Unternehmen Rechnung zu tragen, enthält diese Verordnung eine abweichende Regelung hinsichtlich des Führens eines Verzeichnisses für Einrichtungen, die weniger als 250 Mitarbeiter beschäftigen. Außerdem werden die Organe und Einrichtungen der Union sowie die Mitgliedstaaten und deren Aufsichtsbehörden dazu angehalten, bei der Anwendung dieser Verordnung die besonderen Bedürfnisse von Kleinstunternehmen sowie von kleinen und mittleren Unternehmen zu berücksichtigen. Für die Definition des Begriffs „Kleinstunternehmen sowie kleine und mittlere Unternehmen" sollte Artikel 2 des Anhangs zur Empfehlung 2003/361/EG der Kommission[2)] maßgebend sein.

(14) Der durch diese Verordnung gewährte Schutz sollte für die Verarbeitung der personenbezogenen Daten natürlicher Personen ungeachtet ihrer Staatsangehörigkeit oder ihres Aufenthaltsorts gelten. Diese Verordnung gilt nicht für die Verarbeitung personenbezogener Daten juristischer Personen und insbesondere als juristische Person gegründeter Unternehmen, einschließlich Name, Rechtsform oder Kontaktdaten der juristischen Person.

(15) Um ein ernsthaftes Risiko einer Umgehung der Vorschriften zu vermeiden, sollte der Schutz natürlicher Personen technologieneutral sein und nicht von den verwendeten Techniken abhängen. Der Schutz natürlicher Personen sollte für die automatisierte Verarbeitung personenbezogener Daten ebenso gelten wie für die manuelle Verarbeitung von personenbezogenen Daten, wenn die personenbezogenen Daten in einem Dateisystem gespeichert sind oder gespeichert werden sollen. Akten oder Aktensammlungen sowie ihre Deckblätter, die nicht nach bestimmten Kriterien geordnet sind, sollten nicht in den Anwendungsbereich dieser Verordnung fallen.

[1)] Nr. **1001**.

[2)] **Amtl. Anm.:** Empfehlung der Kommission vom 6. Mai 2003 betreffend die Definition der Kleinstunternehmen sowie der kleinen und mittleren Unternehmen (C (2003) 1422) (ABl. L 124 vom 20.5. 2003, S. 36).

(16) Diese Verordnung gilt nicht für Fragen des Schutzes von Grundrechten und Grundfreiheiten und des freien Verkehrs personenbezogener Daten im Zusammenhang mit Tätigkeiten, die nicht in den Anwendungsbereich des Unionsrechts fallen, wie etwa die nationale Sicherheit betreffende Tätigkeiten. Diese Verordnung gilt nicht für die von den Mitgliedstaaten im Rahmen der Gemeinsamen Außen- und Sicherheitspolitik der Union durchgeführte Verarbeitung personenbezogener Daten.

(17) Die Verordnung (EG) Nr. 45/2001 des Europäischen Parlaments und des Rates[1)] gilt für die Verarbeitung personenbezogener Daten durch die Organe, Einrichtungen, Ämter und Agenturen der Union. Die Verordnung (EG) Nr. 45/2001 und sonstige Rechtsakte der Union, die diese Verarbeitung personenbezogener Daten regeln, sollten an die Grundsätze und Vorschriften der vorliegenden Verordnung angepasst und im Lichte der vorliegenden Verordnung angewandt werden. Um einen soliden und kohärenten Rechtsrahmen im Bereich des Datenschutzes in der Union zu gewährleisten, sollten die erforderlichen Anpassungen der Verordnung (EG) Nr. 45/2001 im Anschluss an den Erlass der vorliegenden Verordnung vorgenommen werden, damit sie gleichzeitig mit der vorliegenden Verordnung angewandt werden können.

(18) Diese Verordnung gilt nicht für die Verarbeitung von personenbezogenen Daten, die von einer natürlichen Person zur Ausübung ausschließlich persönlicher oder familiärer Tätigkeiten und somit ohne Bezug zu einer beruflichen oder wirtschaftlichen Tätigkeit vorgenommen wird. Als persönliche oder familiäre Tätigkeiten könnte auch das Führen eines Schriftverkehrs oder von Anschriftenverzeichnissen oder die Nutzung sozialer Netze und Online-Tätigkeiten im Rahmen solcher Tätigkeiten gelten. Diese Verordnung gilt jedoch für die Verantwortlichen oder Auftragsverarbeiter, die die Instrumente für die Verarbeitung personenbezogener Daten für solche persönlichen oder familiären Tätigkeiten bereitstellen.

(19) Der Schutz natürlicher Personen bei der Verarbeitung personenbezogener Daten durch die zuständigen Behörden zum Zwecke der Verhütung, Ermittlung, Aufdeckung oder Verfolgung von Straftaten oder der Strafvollstreckung, einschließlich des Schutzes vor und der Abwehr von Gefahren für die öffentliche Sicherheit, sowie der freie Verkehr dieser Daten sind in einem eigenen Unionsrechtsakt geregelt. Deshalb sollte diese Verordnung auf Verarbeitungstätigkeiten dieser Art keine Anwendung finden. Personenbezogene Daten, die von Behörden nach dieser Verordnung verarbeitet werden, sollten jedoch, wenn sie zu den vorstehenden Zwecken verwendet werden, einem spezifischeren Unionsrechtsakt, nämlich der Richtlinie (EU) 2016/680 des Europäischen Parlaments und des Rates[2)] unterliegen. Die Mitgliedstaaten können die zuständigen Behörden im Sinne der Richtlinie (EU) 2016/680 mit Aufgaben betrauen, die nicht zwangsläufig für die

(Fortsetzung nächstes Blatt)

[1)] **Amtl. Anm.:** Verordnung (EG) Nr. 45/2001 des Europäischen Parlaments und des Rates vom 18. Dezember 2000 zum Schutz natürlicher Personen bei der Verarbeitung personenbezogener Daten durch die Organe und Einrichtungen der Gemeinschaft und zum freien Datenverkehr (ABl. L 8 vom 12.1.2001, S. 1).

[2)] **Amtl. Anm.:** Richtlinie (EU) 2016/680 des Europäischen Parlaments und des Rates vom 27. April 2016 zum Schutz natürlicher Personen bei der Verarbeitung personenbezogener Daten durch die zuständigen Behörden zum Zwecke der Verhütung, Aufdeckung, Untersuchung oder Verfolgung von Straftaten oder der Strafvollstreckung sowie zum freien Datenverkehr und zur Aufhebung des Rahmenbeschlusses 2000/383/JI des Rates (siehe Seite 89 dieses Amtsblatts).

Zwecke der Verhütung, Ermittlung, Aufdeckung oder Verfolgung von Straftaten oder der Strafvollstreckung, einschließlich des Schutzes vor und der Abwehr von Gefahren für die öffentliche Sicherheit, ausgeführt werden, so dass die Verarbeitung von personenbezogenen Daten für diese anderen Zwecke insoweit in den Anwendungsbereich dieser Verordnung fällt,
als sie in den Anwendungsbereich des Unionsrechts fällt. In Bezug auf die Verarbeitung personenbezogener Daten durch diese Behörden für Zwecke, die in den Anwendungsbereich dieser Verordnung fallen, sollten die Mitgliedstaaten spezifischere Bestimmungen beibehalten oder einführen können, um die Anwendung der Vorschriften dieser Verordnung anzupassen. In den betreffenden Bestimmungen können die Auflagen für die Verarbeitung personenbezogener Daten durch diese zuständigen Behörden für jene anderen Zwecke präziser festgelegt werden, wobei der verfassungsmäßigen, organisatorischen und administrativen Struktur des betreffenden Mitgliedstaats Rechnung zu tragen ist. Soweit diese Verordnung für die Verarbeitung personenbezogener Daten durch private Stellen gilt, sollte sie vorsehen, dass die Mitgliedstaaten einige Pflichten und Rechte unter bestimmten Voraussetzungen mittels Rechtsvorschriften beschränken können, wenn diese Beschränkung in einer demokratischen Gesellschaft eine notwendige und verhältnismäßige Maßnahme zum Schutz bestimmter wichtiger Interessen darstellt, wozu auch die öffentliche Sicherheit und die Verhütung, Ermittlung, Aufdeckung und Verfolgung von Straftaten oder die Strafvollstreckung zählen, einschließlich des Schutzes vor und der Abwehr von Gefahren für die öffentliche Sicherheit. Dies ist beispielsweise im Rahmen der Bekämpfung der Geldwäsche oder der Arbeit kriminaltechnischer Labors von Bedeutung.

(20) Diese Verordnung gilt zwar unter anderem für die Tätigkeiten der Gerichte und anderer Justizbehörden, doch könnte im Unionsrecht oder im Recht der Mitgliedstaaten festgelegt werden, wie die Verarbeitungsvorgänge und Verarbeitungsverfahren bei der Verarbeitung personenbezogener Daten durch Gerichte und andere Justizbehörden im Einzelnen auszusehen haben. Damit die Unabhängigkeit der Justiz bei der Ausübung ihrer gerichtlichen Aufgaben einschließlich ihrer Beschlussfassung unangetastet bleibt, sollten die Aufsichtsbehörden nicht für die Verarbeitung personenbezogener Daten durch Gerichte im Rahmen ihrer justiziellen Tätigkeit zuständig sein. Mit der Aufsicht über diese Datenverarbeitungsvorgänge sollten besondere Stellen im Justizsystem des Mitgliedstaats betraut werden können, die insbesondere die Einhaltung der Vorschriften dieser Verordnung sicherstellen, Richter und Staatsanwälte besser für ihre Pflichten aus dieser Verordnung sensibilisieren und Beschwerden in Bezug auf derartige Datenverarbeitungsvorgänge bearbeiten sollten.

(21) Die vorliegende Verordnung berührt nicht die Anwendung der Richtlinie 2000/31/EG des Europäischen Parlaments und des Rates[1)] und insbesondere die der Vorschriften der Artikel 12 bis 15 jener Richtlinie zur Verantwortlichkeit von Anbietern reiner Vermittlungsdienste. Die genannte Richtlinie soll dazu beitragen, dass der Binnenmarkt einwandfrei funktioniert, indem sie den freien Verkehr von Diensten der Informationsgesellschaft zwischen den Mitgliedstaaten sicherstellt.

(22) Jede Verarbeitung personenbezogener Daten im Rahmen der Tätigkeiten einer Niederlassung eines Verantwortlichen oder eines Auftragsverarbeiters in der Union sollte gemäß dieser Verordnung erfolgen, gleich, ob die Verarbeitung in oder außerhalb der Union stattfindet. Eine Niederlassung setzt die effektive und tatsächliche Ausübung einer Tätigkeit durch eine feste Einrichtung voraus. Die Rechtsform einer solchen Einrichtung, gleich, ob es sich um eine Zweigstelle oder eine Tochtergesellschaft mit eigener Rechtspersönlichkeit handelt, ist dabei nicht ausschlaggebend.

(23) Damit einer natürlichen Person der gemäß dieser Verordnung gewährleistete Schutz nicht vorenthalten wird, sollte die Verarbeitung personenbezogener Daten von betroffenen Personen, die sich in der Union befinden, durch einen nicht in der Union niedergelassenen Verantwortlichen oder Auftragsverarbeiter dieser Verordnung unterliegen, wenn die Verarbeitung dazu dient, diesen betroffenen Personen gegen Entgelt oder unentgeltlich Waren oder Dienstleistungen anzubieten. *Um festzustellen,* ob dieser Verantwortliche oder Auftragsverarbeiter betroffenen Personen, die sich in der Union befinden, Waren oder Dienstleistungen anbietet, sollte festgestellt werden, ob der Verantwortliche oder Auftragsverarbeiter offensichtlich beabsichtigt, betroffenen Personen in einem oder mehreren Mitgliedstaaten der Union Dienstleistungen anzubieten. Während die bloße Zugänglichkeit der Website des Verantwortlichen, des Auftragsverarbeiters oder eines Vermittlers in der Union, einer E-Mail-Adresse oder anderer Kontaktdaten oder die Verwendung einer

---

[1)] **Amtl. Anm.:** Richtlinie 2000/31/EG des Europäischen Parlaments und des Rates vom 8. Juni 2000 über bestimmte rechtliche Aspekte der Dienste der Informationsgesellschaft, insbesondere des elektronischen Geschäftsverkehrs, im Binnenmarkt („Richtlinie über den elektronischen Geschäftsverkehr") (ABl. L 178 vom 17.7.2000, S. 1).

Sprache, die in dem Drittland, in dem der Verantwortliche niedergelassen ist, allgemein gebräuchlich ist, hierfür kein ausreichender Anhaltspunkt ist, können andere Faktoren wie die Verwendung einer Sprache oder Währung, die in einem oder mehreren Mitgliedstaaten gebräuchlich ist, in Verbindung mit der Möglichkeit, Waren und Dienstleistungen in dieser anderen Sprache zu bestellen, oder die Erwähnung von Kunden oder Nutzern, die sich in der Union befinden, darauf hindeuten, dass der Verantwortliche beabsichtigt, den Personen in der Union Waren oder Dienstleistungen anzubieten.

(24) Die Verarbeitung personenbezogener Daten von betroffenen Personen, die sich in der Union befinden, durch einen nicht in der Union niedergelassenen Verantwortlichen oder Auftragsverarbeiter sollte auch dann dieser Verordnung unterliegen, wenn sie dazu dient, das Verhalten dieser betroffenen Personen zu beobachten, soweit ihr Verhalten in der Union erfolgt. Ob eine Verarbeitungstätigkeit der Beobachtung des Verhaltens von betroffenen Personen gilt, sollte daran festgemacht werden, ob ihre Internetaktivitäten nachvollzogen werden, einschließlich der möglichen nachfolgenden Verwendung von Techniken zur Verarbeitung personenbezogener Daten, durch die von einer natürlichen Person ein Profil erstellt wird, das insbesondere die Grundlage für sie betreffende Entscheidungen bildet oder anhand dessen ihre persönlichen Vorlieben, Verhaltensweisen oder Gepflogenheiten analysiert oder vorausgesagt werden sollen.

(25) Ist nach Völkerrecht das Recht eines Mitgliedstaats anwendbar, z.B. in einer diplomatischen oder konsularischen Vertretung eines Mitgliedstaats, so sollte die Verordnung auch auf einen nicht in der Union niedergelassenen Verantwortlichen Anwendung finden.

(26) Die Grundsätze des Datenschutzes sollten für alle Informationen gelten, die sich auf eine identifizierte oder identifizierbare natürliche Person beziehen. Einer Pseudonymisierung unterzogene personenbezogene Daten, die durch Heranziehung zusätzlicher Informationen einer natürlichen Person zugeordnet werden könnten, sollten als Informationen über eine identifizierbare natürliche Person betrachtet werden. Um festzustellen, ob eine natürliche Person identifizierbar ist, sollten alle Mittel berücksichtigt werden, die von dem Verantwortlichen oder einer anderen Person nach allgemeinem Ermessen wahrscheinlich genutzt werden, um die natürliche Person direkt oder indirekt zu identifizieren, wie beispielsweise das Aussondern. Bei der Feststellung, ob Mittel nach allgemeinem Ermessen wahrscheinlich zur Identifizierung der natürlichen Person genutzt werden, sollten alle objektiven Faktoren, wie die Kosten der Identifizierung und der dafür erforderliche Zeitaufwand, herangezogen werden, wobei die zum Zeitpunkt der Verarbeitung verfügbare Technologie und technologische Entwicklungen zu berücksichtigen sind. Die Grundsätze des Datenschutzes sollten daher nicht für anonyme Informationen gelten, d.h. für Informationen, die sich nicht auf eine identifizierte oder identifizierbare natürliche Person beziehen, oder personenbezogene Daten, die in einer Weise anonymisiert worden sind, dass die betroffene Person nicht oder nicht mehr identifiziert werden kann. Diese Verordnung betrifft somit nicht die Verarbeitung solcher anonymer Daten, auch für statistische oder für Forschungszwecke.

(27) Diese Verordnung gilt nicht für die personenbezogenen Daten Verstorbener. Die Mitgliedstaaten können Vorschriften für die Verarbeitung der personenbezogenen Daten Verstorbener vorsehen.

(28) Die Anwendung der Pseudonymisierung auf personenbezogene Daten kann die Risiken für die betroffenen Personen senken und die Verantwortlichen und die Auftragsverarbeiter bei der Einhaltung ihrer Datenschutzpflichten unterstützen. Durch die ausdrückliche Einführung der „Pseudonymisierung" in dieser Verordnung ist nicht beabsichtigt, andere Datenschutzmaßnahmen auszuschließen.

(29) Um Anreize für die Anwendung der Pseudonymisierung bei der Verarbeitung personenbezogener Daten zu schaffen, sollten Pseudonymisierungsmaßnahmen, die jedoch eine allgemeine Analyse zulassen, bei demselben Verantwortlichen möglich sein, wenn dieser die erforderlichen technischen und organisatorischen Maßnahmen getroffen hat, um – für die jeweilige Verarbeitung – die Umsetzung dieser Verordnung zu gewährleisten, wobei sicherzustellen ist, dass zusätzliche Informationen, mit denen die personenbezogenen Daten einer speziellen betroffenen Person zugeordnet werden können, gesondert aufbewahrt werden. Der für die Verarbeitung der personenbezogenen Daten Verantwortliche,[1] sollte die befugten Personen bei diesem Verantwortlichen angeben.

(30) Natürlichen Personen werden unter Umständen Online-Kennungen wie IP-Adressen und Cookie-Kennungen, die sein Gerät oder Software-Anwendungen und -Tools oder Protokolle liefern, *oder sonstige Kennungen* wie Funkfrequenzkennzeichnungen zugeordnet. Dies kann Spuren hinterlassen, die insbesondere in Kombination mit eindeutigen Kennungen und anderen beim

[1] Zeichensetzung amtlich.

Server eingehenden Informationen dazu benutzt werden können, um Profile der natürlichen Personen zu erstellen und sie zu identifizieren.

(31) Behörden, gegenüber denen personenbezogene Daten aufgrund einer rechtlichen Verpflichtung für die Ausübung ihres offiziellen Auftrags offengelegt werden, wie Steuer- und Zollbehörden, Finanzermittlungsstellen, unabhängige Verwaltungsbehörden oder Finanzmarktbehörden, die für die Regulierung und Aufsicht von Wertpapiermärkten zuständig sind, sollten nicht als Empfänger gelten, wenn sie personenbezogene Daten erhalten, die für die Durchführung – gemäß dem Unionsrecht oder dem Recht der Mitgliedstaaten – eines einzelnen Untersuchungsauftrags im Interesse der Allgemeinheit erforderlich sind. Anträge auf Offenlegung, die von Behörden ausgehen, sollten immer schriftlich erfolgen, mit Gründen versehen sein und gelegentlichen Charakter haben, und sie sollten nicht vollständige Dateisysteme betreffen oder zur Verknüpfung von Dateisystemen führen. Die Verarbeitung personenbezogener Daten durch die genannten Behörden sollte den für die Zwecke der Verarbeitung geltenden Datenschutzvorschriften entsprechen.

(32) Die Einwilligung sollte durch eine eindeutige bestätigende Handlung erfolgen, mit der freiwillig, für den konkreten Fall, in informierter Weise und unmissverständlich bekundet wird, dass die betroffene Person mit der Verarbeitung der sie betreffenden personenbezogenen Daten einverstanden ist, etwa in Form einer schriftlichen Erklärung, die auch elektronisch erfolgen kann, oder einer mündlichen Erklärung. Dies könnte etwa durch Anklicken eines Kästchens beim Besuch einer Internetseite, durch die Auswahl technischer Einstellungen für Dienste der Informationsgesellschaft oder durch eine andere Erklärung oder Verhaltensweise geschehen, mit der die betroffene Person in dem jeweiligen Kontext eindeutig ihr Einverständnis mit der beabsichtigten Verarbeitung ihrer personenbezogenen Daten signalisiert. Stillschweigen, bereits angekreuzte Kästchen oder Untätigkeit der betroffenen Person sollten daher keine Einwilligung darstellen. Die Einwilligung sollte sich auf alle zu demselben Zweck oder denselben Zwecken vorgenommenen Verarbeitungsvorgänge beziehen. Wenn die Verarbeitung mehreren Zwecken dient, sollte für alle diese Verarbeitungszwecke eine Einwilligung gegeben werden. Wird die betroffene Person auf elektronischem Weg zur Einwilligung aufgefordert, so muss die Aufforderung in klarer und knapper Form und ohne unnötige Unterbrechung des Dienstes, für den die Einwilligung gegeben wird, erfolgen.

(33) Oftmals kann der Zweck der Verarbeitung personenbezogener Daten für Zwecke der wissenschaftlichen Forschung zum Zeitpunkt der Erhebung der personenbezogenen Daten nicht vollständig angegeben werden. Daher sollte es betroffenen Personen erlaubt sein, ihre Einwilligung für bestimmte Bereiche wissenschaftlicher Forschung zu geben, wenn dies unter Einhaltung der anerkannten ethischen Standards der wissenschaftlichen Forschung geschieht. Die betroffenen Personen sollten Gelegenheit erhalten, ihre Einwilligung nur für bestimme Forschungsbereiche oder Teile von Forschungsprojekten in dem vom verfolgten Zweck zugelassenen Maße zu erteilen.

(34) Genetische Daten sollten als personenbezogene Daten über die ererbten oder erworbenen genetischen Eigenschaften einer natürlichen Person definiert werden, die aus der Analyse einer biologischen Probe der betreffenden natürlichen Person, insbesondere durch eine *Chromosomen*[1], Desoxyribonukleinsäure (DNS)- oder Ribonukleinsäure (RNS)-Analyse oder der Analyse eines anderen Elements, durch die gleichwertige Informationen erlangt werden können, gewonnen werden.

(35) Zu den personenbezogenen Gesundheitsdaten sollten alle Daten zählen, die sich auf den Gesundheitszustand einer betroffenen Person beziehen und aus denen Informationen über den früheren, gegenwärtigen und künftigen körperlichen oder geistigen Gesundheitszustand der betroffenen Person hervorgehen. Dazu gehören auch Informationen über die natürliche Person, die im Zuge der Anmeldung für sowie der Erbringung von Gesundheitsdienstleistungen im Sinne der Richtlinie 2011/24/EU des Europäischen Parlaments und des Rates[2] für die natürliche Person erhoben werden, Nummern, Symbole oder Kennzeichen, die einer natürlichen Person zugeteilt wurden, um diese natürliche Person für gesundheitliche Zwecke eindeutig zu identifizieren, Informationen, die von der Prüfung oder Untersuchung eines Körperteils oder einer körpereigenen Substanz, auch aus genetischen Daten und biologischen Proben, abgeleitet wurden, und Informationen etwa über Krankheiten, Behinderungen, Krankheitsrisiken, Vorerkrankungen, klinische Behandlungen oder den physiologischen oder biomedizinischen Zustand der betroffenen Person unabhängig von der Herkunft der Daten, ob sie nun von einem Arzt oder sonstigem Angehörigen

---

[1] Richtig wohl: „Chromosomen-Analyse".

[2] **Amtl. Anm.:** Richtlinie 2011/24/EU des Europäischen Parlaments und des Rates vom 9. März 2011 über die Ausübung der Patientenrechte in der grenzüberschreitenden Gesundheitsversorgung (ABl. L 88 vom 4.4.2011, S. 45).

eines Gesundheitsberufes, einem Krankenhaus, einem Medizinprodukt oder einem In-Vitro-Diagnostikum stammen.

(36) Die Hauptniederlassung des Verantwortlichen in der Union sollte der Ort seiner Hauptverwaltung in der Union sein, es sei denn, dass Entscheidungen über die Zwecke und Mittel der Verarbeitung personenbezogener Daten in einer anderen Niederlassung des Verantwortlichen in der Union getroffen werden; in diesem Fall sollte die letztgenannte als Hauptniederlassung gelten. Zur Bestimmung der Hauptniederlassung eines Verantwortlichen in der Union sollten objektive Kriterien herangezogen werden; ein Kriterium sollte dabei die effektive und tatsächliche Ausübung von Managementtätigkeiten durch eine feste Einrichtung sein, in deren Rahmen die Grundsatzentscheidungen zur Festlegung der Zwecke und Mittel der Verarbeitung getroffen werden. Dabei sollte nicht ausschlaggebend sein, ob die Verarbeitung der personenbezogenen Daten tatsächlich an diesem Ort ausgeführt wird. Das Vorhandensein und die Verwendung technischer Mittel und Verfahren zur Verarbeitung personenbezogener Daten oder Verarbeitungstätigkeiten begründen an sich noch keine Hauptniederlassung und sind daher kein ausschlaggebender Faktor für das Bestehen einer Hauptniederlassung. Die Hauptniederlassung des Auftragsverarbeiters sollte der Ort sein, an dem der Auftragsverarbeiter seine Hauptverwaltung in der Union hat, oder – wenn er keine Hauptverwaltung in der Union hat – der Ort, an dem die wesentlichen Verarbeitungstätigkeiten in der Union stattfinden. Sind sowohl der Verantwortliche als auch der Auftragsverarbeiter betroffen, so sollte die Aufsichtsbehörde des Mitgliedstaats, in dem der Verantwortliche seine Hauptniederlassung hat, die zuständige federführende Aufsichtsbehörde bleiben, doch sollte die Aufsichtsbehörde des Auftragsverarbeiters als betroffene Aufsichtsbehörde betrachtet werden und diese Aufsichtsbehörde sollte sich an dem in dieser Verordnung vorgesehenen Verfahren der Zusammenarbeit beteiligen. Auf jeden Fall sollten die Aufsichtsbehörden des Mitgliedstaats oder der Mitgliedstaaten, in dem bzw. denen der Auftragsverarbeiter eine oder mehrere Niederlassungen hat, nicht als betroffene Aufsichtsbehörden betrachtet werden, wenn sich der Beschlussentwurf nur auf den Verantwortlichen bezieht. Wird die Verarbeitung durch eine Unternehmensgruppe vorgenommen, so sollte die Hauptniederlassung des herrschenden Unternehmens als Hauptniederlassung der Unternehmensgruppe gelten, es sei denn, die Zwecke und Mittel der Verarbeitung werden von einem anderen Unternehmen festgelegt.

(37) Eine Unternehmensgruppe sollte aus einem herrschenden Unternehmen und den von diesem abhängigen Unternehmen bestehen, wobei das herrschende Unternehmen dasjenige sein sollte, das zum Beispiel aufgrund der Eigentumsverhältnisse, der finanziellen Beteiligung oder der für das Unternehmen geltenden Vorschriften oder der Befugnis, Datenschutzvorschriften umsetzen zu lassen, einen beherrschenden Einfluss auf die übrigen Unternehmen ausüben kann. Ein Unternehmen, das die Verarbeitung personenbezogener Daten in ihm angeschlossenen Unternehmen kontrolliert, sollte zusammen mit diesen als eine „Unternehmensgruppe" betrachtet werden.

(38) Kinder verdienen bei ihren personenbezogenen Daten besonderen Schutz, da Kinder sich der betreffenden Risiken, Folgen und Garantien und ihrer Rechte bei der Verarbeitung personenbezogener Daten möglicherweise weniger bewusst sind. Ein solcher besonderer Schutz sollte insbesondere die Verwendung personenbezogener Daten von Kindern für Werbezwecke oder für die Erstellung von Persönlichkeits- oder Nutzerprofilen und die Erhebung von personenbezogenen Daten von Kindern bei der Nutzung von Diensten, die Kindern direkt angeboten werden, betreffen. Die Einwilligung des Trägers der elterlichen Verantwortung sollte im Zusammenhang mit Präventions- oder Beratungsdiensten, die unmittelbar einem Kind angeboten werden, nicht erforderlich sein.

(39) Jede Verarbeitung personenbezogener Daten sollte rechtmäßig und nach Treu und Glauben erfolgen. Für natürliche Personen sollte Transparenz dahingehend bestehen, dass sie betreffende personenbezogene Daten erhoben, verwendet, eingesehen oder anderweitig verarbeitet werden und in welchem Umfang die personenbezogenen Daten verarbeitet werden und künftig noch verarbeitet werden. Der Grundsatz der Transparenz setzt voraus, dass alle Informationen und Mitteilungen zur Verarbeitung dieser personenbezogenen Daten leicht zugänglich und verständlich und in klarer und einfacher Sprache abgefasst sind. Dieser Grundsatz betrifft insbesondere die Informationen über die Identität des Verantwortlichen und die Zwecke der Verarbeitung und sonstige Informationen, die eine faire und transparente Verarbeitung im Hinblick auf die betroffenen natürlichen Personen gewährleisten, sowie deren Recht, eine Bestätigung und Auskunft darüber zu erhalten, welche sie betreffende personenbezogene Daten verarbeitet werden. Natürliche Personen sollten über die Risiken, Vorschriften, Garantien und Rechte im Zusammenhang *mit der Verarbeitung personen*bezogener Daten informiert und darüber aufgeklärt werden, wie sie ihre diesbezüglichen Rechte geltend machen können. Insbesondere sollten die bestimmten Zwecke, zu denen die personenbezogenen Daten verarbeitet werden, eindeutig und rechtmäßig sein und zum Zeitpunkt der Erhebung der personenbezogenen Daten feststehen. Die personenbezogenen Daten sollten für die Zwecke, zu denen sie verarbeitet werden, angemessen und erheblich

sowie auf das für die Zwecke ihrer Verarbeitung notwendige Maß beschränkt sein. Dies erfordert insbesondere, dass die Speicherfrist für personenbezogene Daten auf das unbedingt erforderliche Mindestmaß beschränkt bleibt. Personenbezogene Daten sollten nur verarbeitet werden dürfen, wenn der Zweck der Verarbeitung nicht in zumutbarer Weise durch andere Mittel erreicht werden kann. Um sicherzustellen, dass die personenbezogenen Daten nicht länger als nötig gespeichert werden, sollte der Verantwortliche Fristen für ihre Löschung oder regelmäßige Überprüfung vorsehen. Es sollten alle vertretbaren Schritte unternommen werden, damit unrichtige personenbezogene Daten gelöscht oder berichtigt werden. Personenbezogene Daten sollten so verarbeitet werden, dass ihre Sicherheit und Vertraulichkeit hinreichend gewährleistet ist, wozu auch gehört, dass Unbefugte keinen Zugang zu den Daten haben und weder die Daten noch die Geräte, mit denen diese verarbeitet werden, benutzen können.

(40) Damit die Verarbeitung rechtmäßig ist, müssen personenbezogene Daten mit Einwilligung der betroffenen Person oder auf einer sonstigen zulässigen Rechtsgrundlage verarbeitet werden, die sich aus dieser Verordnung oder – wann immer in dieser Verordnung darauf Bezug genommen wird – aus dem sonstigen Unionsrecht oder dem Recht der Mitgliedstaaten ergibt, so unter anderem auf der Grundlage, dass sie zur Erfüllung der rechtlichen Verpflichtung, der der Verantwortliche unterliegt, oder zur Erfüllung eines Vertrags, dessen Vertragspartei die betroffene Person ist, oder für die Durchführung vorvertraglicher Maßnahmen, die auf Anfrage der betroffenen Person erfolgen, erforderlich ist.

(41) Wenn in dieser Verordnung auf eine Rechtsgrundlage oder eine Gesetzgebungsmaßnahme Bezug genommen wird, erfordert dies nicht notwendigerweise einen von einem Parlament angenommenen Gesetzgebungsakt; davon unberührt bleiben Anforderungen gemäß der Verfassungsordnung des betreffenden Mitgliedstaats. Die entsprechende Rechtsgrundlage oder Gesetzgebungsmaßnahme sollte jedoch klar und präzise sein und ihre Anwendung sollte für die Rechtsunterworfenen gemäß der Rechtsprechung des Gerichtshofs der Europäischen Union (im Folgenden „Gerichtshof") und des Europäischen Gerichtshofs für Menschenrechte vorhersehbar sein.

(42) Erfolgt die Verarbeitung mit Einwilligung der betroffenen Person, sollte der Verantwortliche nachweisen können, dass die betroffene Person ihre Einwilligung zu dem Verarbeitungsvorgang gegeben hat. Insbesondere bei Abgabe einer schriftlichen Erklärung in anderer Sache sollten Garantien sicherstellen, dass die betroffene Person weiß, dass und in welchem Umfang sie ihre Einwilligung erteilt. Gemäß der Richtlinie 93/13/EWG des Rates[1)] sollte eine vom Verantwortlichen vorformulierte Einwilligungserklärung in verständlicher und leicht zugänglicher Form in einer klaren und einfachen Sprache zur Verfügung gestellt werden, und sie sollte keine missbräuchlichen Klauseln beinhalten. Damit sie in Kenntnis der Sachlage ihre Einwilligung geben kann, sollte die betroffene Person mindestens wissen, wer der Verantwortliche ist und für welche Zwecke ihre personenbezogenen Daten verarbeitet werden sollen. Es sollte nur dann davon ausgegangen werden, dass sie ihre Einwilligung freiwillig gegeben hat, wenn sie eine echte oder freie Wahl hat und somit in der Lage ist, die Einwilligung zu verweigern oder zurückzuziehen, ohne Nachteile zu erleiden.

(43) Um sicherzustellen, dass die Einwilligung freiwillig erfolgt ist, sollte diese in besonderen Fällen, wenn zwischen der betroffenen Person und dem Verantwortlichen ein klares Ungleichgewicht besteht, insbesondere wenn es sich bei dem Verantwortlichen um eine Behörde handelt, und es deshalb in Anbetracht aller Umstände in dem speziellen Fall unwahrscheinlich ist, dass die Einwilligung freiwillig gegeben wurde, keine gültige Rechtsgrundlage liefern. Die Einwilligung gilt nicht als freiwillig erteilt, wenn zu verschiedenen Verarbeitungsvorgängen von personenbezogenen Daten nicht gesondert eine Einwilligung erteilt werden kann, obwohl dies im Einzelfall angebracht ist, oder wenn die Erfüllung eines Vertrags, einschließlich der Erbringung einer Dienstleistung, von der Einwilligung abhängig ist, obwohl diese Einwilligung für die Erfüllung nicht erforderlich ist.

(44) Die Verarbeitung von Daten sollte als rechtmäßig gelten, wenn sie für die Erfüllung oder den geplanten Abschluss eines Vertrags erforderlich ist.

(45) Erfolgt die Verarbeitung durch den Verantwortlichen aufgrund einer ihm obliegenden rechtlichen Verpflichtung oder ist die Verarbeitung zur Wahrnehmung einer Aufgabe im öffentlichen Interesse oder in Ausübung öffentlicher Gewalt erforderlich, muss hierfür eine Grundlage im Unionsrecht oder im Recht eines Mitgliedstaats bestehen. Mit dieser Verordnung wird nicht für jede einzelne Verarbeitung ein spezifisches Gesetz verlangt. Ein Gesetz als Grundlage für mehrere Verarbeitungsvorgänge kann ausreichend sein, wenn die Verarbeitung aufgrund einer dem Verantwortlichen

---

[1)] **Amtl. Anm.:** Richtlinie 93/13/EWG des Rates vom 5. April 1993 über missbräuchliche Klauseln in Verbraucherverträgen (ABl. L 95 vom 21.4.1993, S. 29).

obliegenden rechtlichen Verpflichtung erfolgt oder wenn die Verarbeitung zur Wahrnehmung einer Aufgabe im öffentlichen Interesse oder in Ausübung öffentlicher Gewalt erforderlich ist. Desgleichen sollte im Unionsrecht oder im Recht der Mitgliedstaaten geregelt werden, für welche Zwecke die Daten verarbeitet werden dürfen. Ferner könnten in diesem Recht die allgemeinen Bedingungen dieser Verordnung zur Regelung der Rechtmäßigkeit der Verarbeitung personenbezogener Daten präzisiert und es könnte darin festgelegt werden, wie der Verantwortliche zu bestimmen ist, welche Art von personenbezogenen Daten verarbeitet werden, welche Personen betroffen sind, welchen Einrichtungen die personenbezogenen Daten offengelegt, für welche Zwecke und wie lange sie gespeichert werden dürfen und welche anderen Maßnahmen ergriffen werden, um zu gewährleisten, dass die Verarbeitung rechtmäßig und nach Treu und Glauben erfolgt. Desgleichen sollte im Unionsrecht oder im Recht der Mitgliedstaaten geregelt werden, ob es sich bei dem Verantwortlichen, der eine Aufgabe wahrnimmt, die im öffentlichen Interesse liegt oder in Ausübung öffentlicher Gewalt erfolgt, um eine Behörde oder um eine andere unter das öffentliche Recht fallende natürliche oder juristische Person oder, sofern dies durch das öffentliche Interesse einschließlich gesundheitlicher Zwecke, wie die öffentliche Gesundheit oder die soziale Sicherheit oder die Verwaltung von Leistungen der Gesundheitsfürsorge, gerechtfertigt ist, eine natürliche oder juristische Person des Privatrechts, wie beispielsweise eine Berufsvereinigung, handeln sollte.

(46) Die Verarbeitung personenbezogener Daten sollte ebenfalls als rechtmäßig angesehen werden, wenn sie erforderlich ist, um ein lebenswichtiges Interesse der betroffenen Person oder einer anderen natürlichen Person zu schützen. Personenbezogene Daten sollten grundsätzlich nur dann aufgrund eines lebenswichtigen Interesses einer anderen natürlichen Person verarbeitet werden, wenn die Verarbeitung offensichtlich nicht auf eine andere Rechtsgrundlage gestützt werden kann. Einige Arten der Verarbeitung können sowohl wichtigen Gründen des öffentlichen Interesses als auch lebenswichtigen Interessen der betroffenen Person dienen; so kann beispielsweise die Verarbeitung für humanitäre Zwecke einschließlich der Überwachung von Epidemien und deren Ausbreitung oder in humanitären Notfällen insbesondere bei Naturkatastrophen oder vom Menschen verursachten Katastrophen erforderlich sein.

(47)[1] Die Rechtmäßigkeit der Verarbeitung kann durch die berechtigten Interessen eines Verantwortlichen, auch eines Verantwortlichen, dem die personenbezogenen Daten offengelegt werden dürfen, oder eines Dritten begründet sein, sofern die Interessen oder die Grundrechte und Grundfreiheiten der betroffenen Person nicht überwiegen; dabei sind die vernünftigen Erwartungen der betroffenen Personen, die auf ihrer Beziehung zu dem Verantwortlichen beruhen, zu berücksichtigen. Ein berechtigtes Interesse könnte beispielsweise vorliegen, wenn eine maßgebliche und angemessene Beziehung zwischen der betroffenen Person und dem Verantwortlichen besteht, z.B. wenn die betroffene Person ein Kunde des Verantwortlichen ist oder in seinen Diensten steht. Auf jeden Fall wäre das Bestehen eines berechtigten Interesses besonders sorgfältig abzuwägen, wobei auch zu prüfen ist, ob eine betroffene Person zum Zeitpunkt der Erhebung der personenbezogenen Daten und angesichts der Umstände, unter denen sie erfolgt, vernünftigerweise absehen kann, dass möglicherweise eine Verarbeitung für diesen Zweck erfolgen wird. Insbesondere dann, wenn personenbezogene Daten in Situationen verarbeitet werden, in denen eine betroffene Person vernünftigerweise nicht mit einer weiteren Verarbeitung rechnen muss, könnten die Interessen und Grundrechte der betroffenen Person das Interesse des Verantwortlichen überwiegen. Da es dem Gesetzgeber obliegt, per Rechtsvorschrift die Rechtsgrundlage für die Verarbeitung personenbezogener Daten durch die Behörden zu schaffen, sollte diese Rechtsgrundlage nicht für Verarbeitungen durch Behörden gelten, die diese in Erfüllung ihrer Aufgaben vornehmen. Die Verarbeitung personenbezogener Daten im für die Verhinderung von Betrug unbedingt erforderlichen Umfang stellt ebenfalls ein berechtigtes Interesse des jeweiligen Verantwortlichen dar. Die Verarbeitung personenbezogener Daten zum Zwecke der Direktwerbung kann als eine einem berechtigten Interesse dienende Verarbeitung betrachtet werden.

(48) Verantwortliche, die Teil einer Unternehmensgruppe oder einer Gruppe von Einrichtungen sind, die einer zentralen Stelle zugeordnet sind können ein berechtigtes Interesse haben, personenbezogene Daten innerhalb der Unternehmensgruppe für interne Verwaltungszwecke, einschließlich der Verarbeitung personenbezogener Daten von Kunden und Beschäftigten, zu übermitteln. Die Grundprinzipien für die Übermittlung personenbezogener Daten innerhalb von Unternehmensgruppen an ein Unternehmen in einem Drittland bleiben unberührt.

(49) Die Verarbeitung von personenbezogenen Daten durch Behörden, Computer-Notdienste (*Computer Emergency Response* Teams – CERT, beziehungsweise Computer Security Incident Response Teams – CSIRT), Betreiber von elektronischen Kommunikationsnetzen und -diensten

[1] Erwägungsgrund 47 ber. ABl. 2018 L 127 S. 2.

sowie durch Anbieter von Sicherheitstechnologien und -diensten stellt in dem Maße ein berechtigtes Interesse des jeweiligen Verantwortlichen dar, wie dies für die Gewährleistung der Netz- und Informationssicherheit unbedingt notwendig und verhältnismäßig ist, d.h. soweit dadurch die Fähigkeit eines Netzes oder Informationssystems gewährleistet wird, mit einem vorgegebenen Grad der Zuverlässigkeit Störungen oder widerrechtliche oder mutwillige Eingriffe abzuwehren, die die Verfügbarkeit, Authentizität, Vollständigkeit und Vertraulichkeit von gespeicherten oder übermittelten personenbezogenen Daten sowie die Sicherheit damit zusammenhängender Dienste, die über diese Netze oder Informationssysteme angeboten werden bzw. zugänglich sind, beeinträchtigen. Ein solches berechtigtes Interesse könnte beispielsweise darin bestehen, den Zugang Unbefugter zu elektronischen Kommunikationsnetzen und die Verbreitung schädlicher Programmcodes zu verhindern sowie Angriffe in Form der gezielten Überlastung von Servern („Denial of service"-Angriffe) und Schädigungen von Computer- und elektronischen Kommunikationssystemen abzuwehren.

(50)[1] Die Verarbeitung personenbezogener Daten für andere Zwecke als die, für die die personenbezogenen Daten ursprünglich erhoben wurden, sollte nur zulässig sein, wenn die Verarbeitung mit den Zwecken, für die die personenbezogenen Daten ursprünglich erhoben wurden, vereinbar ist. In diesem Fall ist keine andere gesonderte Rechtsgrundlage erforderlich als diejenige für die Erhebung der personenbezogenen Daten. Ist die Verarbeitung für die Wahrnehmung einer Aufgabe erforderlich, die im öffentlichen Interesse liegt oder in Ausübung öffentlicher Gewalt erfolgt, die dem Verantwortlichen übertragen wurde, so können im Unionsrecht oder im Recht der Mitgliedstaaten die Aufgaben und Zwecke bestimmt und konkretisiert werden, für die eine Weiterverarbeitung als vereinbar und rechtmäßig erachtet wird. Die Weiterverarbeitung für im öffentlichen Interesse liegende Archivzwecke, für wissenschaftliche oder historische Forschungszwecke oder für statistische Zwecke sollte als vereinbarer und rechtmäßiger Verarbeitungsvorgang gelten. Die im Unionsrecht oder im Recht der Mitgliedstaaten vorgesehene Rechtsgrundlage für die Verarbeitung personenbezogener Daten kann auch als Rechtsgrundlage für eine Weiterverarbeitung dienen. Um festzustellen, ob ein Zweck der Weiterverarbeitung mit dem Zweck, für den die personenbezogenen Daten ursprünglich erhoben wurden, vereinbar ist, sollte der Verantwortliche nach Einhaltung aller Anforderungen für die Rechtmäßigkeit der ursprünglichen Verarbeitung unter anderem prüfen, ob ein Zusammenhang zwischen den Zwecken, für die die personenbezogenen Daten erhoben wurden, und den Zwecken der beabsichtigten Weiterverarbeitung besteht, in welchem Kontext die Daten erhoben wurden, insbesondere die vernünftigen Erwartungen der betroffenen Personen, die auf ihrer Beziehung zu dem Verantwortlichen beruhen, in Bezug auf die weitere Verwendung dieser Daten, um welche Art von personenbezogenen Daten es sich handelt, welche Folgen die beabsichtigte Weiterverarbeitung für die betroffenen Personen hat und ob sowohl beim ursprünglichen als auch beim beabsichtigten Weiterverarbeitungsvorgang geeignete Garantien bestehen.

Hat die betroffene Person ihre Einwilligung erteilt oder beruht die Verarbeitung auf Unionsrecht oder dem Recht der Mitgliedstaaten, was in einer demokratischen Gesellschaft eine notwendige und verhältnismäßige Maßnahme zum Schutz insbesondere wichtiger Ziele des allgemeinen öffentlichen Interesses darstellt, so sollte der Verantwortliche die personenbezogenen Daten ungeachtet der Vereinbarkeit der Zwecke weiterverarbeiten dürfen. In jedem Fall sollte gewährleistet sein, dass die in dieser Verordnung niedergelegten Grundsätze angewandt werden und insbesondere die betroffene Person über diese anderen Zwecke und über ihre Rechte einschließlich des Widerspruchsrechts unterrichtet wird. Der Hinweis des Verantwortlichen auf mögliche Straftaten oder Bedrohungen der öffentlichen Sicherheit und die Übermittlung der maßgeblichen personenbezogenen Daten in Einzelfällen oder in mehreren Fällen, die im Zusammenhang mit derselben Straftat oder derselben Bedrohung der öffentlichen Sicherheit stehen, an eine zuständige Behörde sollten als berechtigtes Interesse des Verantwortlichen gelten. Eine derartige Übermittlung personenbezogener Daten im berechtigten Interesse des Verantwortlichen oder deren Weiterverarbeitung sollte jedoch unzulässig sein, wenn die Verarbeitung mit einer rechtlichen, beruflichen oder sonstigen verbindlichen Pflicht zur Geheimhaltung unvereinbar ist.

(51) Personenbezogene Daten, die ihrem Wesen nach hinsichtlich der Grundrechte und Grundfreiheiten besonders sensibel sind, verdienen einen besonderen Schutz, da im Zusammenhang mit ihrer Verarbeitung erhebliche Risiken für die Grundrechte und Grundfreiheiten auftreten können. Diese personenbezogenen Daten sollten personenbezogene Daten umfassen, aus denen die rassische oder ethnische Herkunft hervorgeht, wobei die Verwendung des Begriffs „rassische Herkunft" in dieser Verordnung nicht bedeutet, dass die Union Theorien, mit denen versucht wird, die Existenz verschiedener menschlicher Rassen zu belegen, gutheißt. Die Verarbeitung von

[1] Erwägungsgrund 50 ber. ABl. 2018 L 127 S. 2.

Lichtbildern sollte nicht grundsätzlich als Verarbeitung besonderer Kategorien von personenbezogenen Daten angesehen werden, da Lichtbilder nur dann von der Definition des Begriffs „biometrische Daten" erfasst werden, wenn sie mit speziellen technischen Mitteln verarbeitet werden, die die eindeutige Identifizierung oder Authentifizierung einer natürlichen Person ermöglichen. Derartige personenbezogene Daten sollten nicht verarbeitet werden, es sei denn, die Verarbeitung ist in den in dieser Verordnung dargelegten besonderen Fällen zulässig, wobei zu berücksichtigen ist, dass im Recht der Mitgliedstaaten besondere Datenschutzbestimmungen festgelegt sein können, um die Anwendung der Bestimmungen dieser Verordnung anzupassen, damit die Einhaltung einer rechtlichen Verpflichtung oder die Wahrnehmung einer Aufgabe im öffentlichen Interesse oder die Ausübung öffentlicher Gewalt, die dem Verantwortlichen übertragen wurde, möglich ist. Zusätzlich zu den speziellen Anforderungen an eine derartige Verarbeitung sollten die allgemeinen Grundsätze und andere Bestimmungen dieser Verordnung, insbesondere hinsichtlich der Bedingungen für eine rechtmäßige Verarbeitung, gelten. Ausnahmen von dem allgemeinen Verbot der Verarbeitung dieser besonderen Kategorien personenbezogener Daten sollten ausdrücklich vorgesehen werden, unter anderem bei ausdrücklicher Einwilligung der betroffenen Person oder bei bestimmten Notwendigkeiten, insbesondere wenn die Verarbeitung im Rahmen rechtmäßiger Tätigkeiten bestimmter Vereinigungen oder Stiftungen vorgenommen wird, die sich für die Ausübung von Grundfreiheiten einsetzen.

(52) Ausnahmen vom Verbot der Verarbeitung besonderer Kategorien von personenbezogenen Daten sollten auch erlaubt sein, wenn sie im Unionsrecht oder dem Recht der Mitgliedstaaten vorgesehen sind, und – vorbehaltlich angemessener Garantien zum Schutz der personenbezogenen Daten und anderer Grundrechte – wenn dies durch das öffentliche Interesse gerechtfertigt ist, insbesondere für die Verarbeitung von personenbezogenen Daten auf dem Gebiet des Arbeitsrechts und des Rechts der sozialen Sicherheit einschließlich Renten und zwecks Sicherstellung und Überwachung der Gesundheit und Gesundheitswarnungen, Prävention oder Kontrolle ansteckender Krankheiten und anderer schwerwiegender Gesundheitsgefahren. Eine solche Ausnahme kann zu gesundheitlichen Zwecken gemacht werden, wie der Gewährleistung der öffentlichen Gesundheit und der Verwaltung von Leistungen der Gesundheitsversorgung, insbesondere wenn dadurch die Qualität und Wirtschaftlichkeit der Verfahren zur Abrechnung von Leistungen in den sozialen Krankenversicherungssystemen sichergestellt werden soll, oder wenn die Verarbeitung im öffentlichen Interesse liegenden Archivzwecken, wissenschaftlichen oder historischen Forschungszwecken oder statistischen Zwecken dient. Die Verarbeitung solcher personenbezogener Daten sollte zudem ausnahmsweise erlaubt sein, wenn sie erforderlich ist, um rechtliche Ansprüche, sei es in einem Gerichtsverfahren oder in einem Verwaltungsverfahren oder einem außergerichtlichen Verfahren, geltend zu machen, auszuüben oder zu verteidigen.

(53) Besondere Kategorien personenbezogener Daten, die *eines höheren Schutzes*[1] verdienen, sollten nur dann für gesundheitsbezogene Zwecke verarbeitet werden, wenn dies für das Erreichen dieser Zwecke im Interesse einzelner natürlicher Personen und der Gesellschaft insgesamt erforderlich ist, insbesondere im Zusammenhang mit der Verwaltung der Dienste und Systeme des Gesundheits- oder Sozialbereichs, einschließlich der Verarbeitung dieser Daten durch die Verwaltung und die zentralen nationalen Gesundheitsbehörden zwecks Qualitätskontrolle, Verwaltungsinformationen und der allgemeinen nationalen und lokalen Überwachung des Gesundheitssystems oder des Sozialsystems und zwecks Gewährleistung der Kontinuität der Gesundheits- und Sozialfürsorge und der grenzüberschreitenden Gesundheitsversorgung oder Sicherstellung und Überwachung der Gesundheit und Gesundheitswarnungen oder für im öffentlichen Interesse liegende Archivzwecke, zu wissenschaftlichen oder historischen Forschungszwecken oder statistischen Zwecken, die auf Rechtsvorschriften der Union oder der Mitgliedstaaten beruhen, die einem im öffentlichen Interesse liegenden Ziel dienen müssen, sowie für Studien, die im öffentlichen Interesse im Bereich der öffentlichen Gesundheit durchgeführt werden. Diese Verordnung sollte daher harmonisierte Bedingungen für die Verarbeitung besonderer Kategorien personenbezogener Gesundheitsdaten im Hinblick auf bestimmte Erfordernisse harmonisieren, insbesondere wenn die Verarbeitung dieser Daten für gesundheitsbezogene Zwecke von Personen durchgeführt wird, die gemäß einer rechtlichen Verpflichtung dem Berufsgeheimnis unterliegen. Im Recht der Union oder der Mitgliedstaaten sollten besondere und angemessene Maßnahmen zum Schutz der Grundrechte und der personenbezogenen Daten natürlicher Personen vorgesehen werden. Den Mitgliedstaaten sollte gestattet werden, weitere Bedingungen einschließlich Beschränkungen – in Bezug auf die Verarbeitung von genetischen Daten, biometrischen Daten oder Gesundheitsdaten beizubehalten oder einzuführen. Dies sollte jedoch den freien Verkehr personenbezogener Daten

---

[1] Richtig wohl: „einen höheren Schutz".

innerhalb der Union nicht beeinträchtigen, falls die betreffenden Bedingungen für die grenzüberschreitende Verarbeitung solcher Daten gelten.

(54) Aus Gründen des öffentlichen Interesses in Bereichen der öffentlichen Gesundheit kann es notwendig sein, besondere Kategorien personenbezogener Daten auch ohne Einwilligung der betroffenen Person zu verarbeiten. Diese Verarbeitung sollte angemessenen und besonderen Maßnahmen zum Schutz der Rechte und Freiheiten natürlicher Personen unterliegen. In diesem Zusammenhang sollte der Begriff „öffentliche Gesundheit" im Sinne der Verordnung (EG) Nr. 1338/2008 des Europäischen Parlaments und des Rates[1] ausgelegt werden und alle Elemente im Zusammenhang mit der Gesundheit wie den Gesundheitszustand einschließlich Morbidität und Behinderung, die sich auf diesen Gesundheitszustand auswirkenden Determinanten, den Bedarf an Gesundheitsversorgung, die der Gesundheitsversorgung zugewiesenen Mittel, die Bereitstellung von Gesundheitsversorgungsleistungen und den allgemeinen Zugang zu diesen Leistungen sowie die entsprechenden Ausgaben und die Finanzierung und schließlich die Ursachen der Mortalität einschließen. Eine solche Verarbeitung von Gesundheitsdaten aus Gründen des öffentlichen Interesses darf nicht dazu führen, dass Dritte, unter anderem Arbeitgeber oder Versicherungs- und Finanzunternehmen, solche *personenbezogene*[2] Daten zu anderen Zwecken verarbeiten.

(55) Auch die Verarbeitung personenbezogener Daten durch staatliche Stellen zu verfassungsrechtlich oder völkerrechtlich verankerten Zielen von staatlich anerkannten Religionsgemeinschaften erfolgt aus Gründen des öffentlichen Interesses.

(56) Wenn es in einem Mitgliedstaat das Funktionieren des demokratischen Systems erfordert, dass die politischen Parteien im Zusammenhang mit Wahlen personenbezogene Daten über die politische Einstellung von Personen sammeln, kann die Verarbeitung derartiger Daten aus Gründen des öffentlichen Interesses zugelassen werden, sofern geeignete Garantien vorgesehen werden.

(57) Kann der Verantwortliche anhand der von ihm verarbeiteten personenbezogenen Daten eine natürliche Person nicht identifizieren, so sollte er nicht verpflichtet sein, zur bloßen Einhaltung einer Vorschrift dieser Verordnung zusätzliche Daten einzuholen, um die betroffene Person zu identifizieren. Allerdings sollte er sich nicht weigern, zusätzliche Informationen entgegenzunehmen, die von der betroffenen Person beigebracht werden, um ihre Rechte geltend zu machen. Die Identifizierung sollte die digitale Identifizierung einer betroffenen Person beispielsweise durch Authentifizierungsverfahren etwa mit denselben Berechtigungsnachweisen, wie sie die betroffene Person verwendet, um sich bei dem von dem Verantwortlichen bereitgestellten Online-Dienst anzumelden – einschließen.

(58) Der Grundsatz der Transparenz setzt voraus, dass eine für die Öffentlichkeit oder die betroffene Person bestimmte Information präzise, leicht zugänglich und verständlich sowie in klarer und einfacher Sprache abgefasst ist und gegebenenfalls zusätzlich visuelle Elemente verwendet werden. Diese Information könnte in elektronischer Form bereitgestellt werden, beispielsweise auf einer Website, wenn sie für die Öffentlichkeit bestimmt ist. Dies gilt insbesondere für Situationen, wo die große Zahl der Beteiligten und die Komplexität der dazu benötigten Technik es der betroffenen Person schwer machen, zu erkennen und nachzuvollziehen, ob, von wem und zu welchem Zweck sie betreffende personenbezogene Daten erfasst werden, wie etwa bei der Werbung im Internet. Wenn sich die Verarbeitung an Kinder richtet, sollten aufgrund der besonderen Schutzwürdigkeit von Kindern Informationen und Hinweise in einer dergestalt klaren und einfachen Sprache erfolgen, dass ein Kind sie verstehen kann.

(59) Es sollten Modalitäten festgelegt werden, die einer betroffenen Person die Ausübung der Rechte, die ihr nach dieser Verordnung zustehen, erleichtern, darunter auch Mechanismen, die dafür sorgen, dass sie unentgeltlich insbesondere Zugang zu personenbezogenen Daten und deren Berichtigung oder Löschung beantragen und gegebenenfalls erhalten oder von ihrem Widerspruchsrecht Gebrauch machen kann. So sollte der Verantwortliche auch dafür sorgen, dass Anträge elektronisch gestellt werden können, insbesondere wenn die personenbezogenen Daten elektronisch verarbeitet werden. Der Verantwortliche sollte verpflichtet werden, den Antrag der betroffenen Person unverzüglich, spätestens aber innerhalb eines Monats zu beantworten und gegebenenfalls zu begründen, warum er den Antrag ablehnt.

(60) Die Grundsätze einer fairen und transparenten Verarbeitung machen es erforderlich, dass die betroffene Person über die Existenz des Verarbeitungsvorgangs und seine Zwecke unterrichtet

---

[1] **Amtl. Anm.:** Verordnung (EG) Nr. 1338/2008 des Europäischen Parlaments und des Rates vom 16. Dezember 2008 zu Gemeinschaftsstatistiken über öffentliche Gesundheit und über Gesundheitsschutz und Sicherheit am Arbeitsplatz (ABl. L 354 vom 31.12.2008, S. 70).

[2] Richtig wohl: „personenbezogenen".

wird. Der Verantwortliche sollte der betroffenen Person alle weiteren Informationen zur Verfügung stellen, die unter Berücksichtigung der besonderen Umstände und Rahmenbedingungen, unter denen die personenbezogenen Daten verarbeitet werden, notwendig sind, um eine faire und transparente Verarbeitung zu gewährleisten. Darüber hinaus sollte er die betroffene Person darauf hinweisen, dass Profiling stattfindet und welche Folgen dies hat. Werden die personenbezogenen Daten bei der betroffenen Person erhoben, so sollte dieser darüber hinaus mitgeteilt werden, ob sie verpflichtet ist, die personenbezogenen Daten bereitzustellen, und welche Folgen eine Zurückhaltung der Daten nach sich ziehen würde. Die betreffenden Informationen können in Kombination mit standardisierten Bildsymbolen bereitgestellt werden, um in leicht wahrnehmbarer, verständlicher und klar nachvollziehbarer Form einen aussagekräftigen Überblick über die beabsichtigte Verarbeitung zu vermitteln. Werden die Bildsymbole in elektronischer Form dargestellt, so sollten sie maschinenlesbar sein.

(61) Dass sie betreffende personenbezogene Daten verarbeitet werden, sollte der betroffenen Person zum Zeitpunkt der Erhebung mitgeteilt werden oder, falls die Daten nicht von ihr, sondern aus einer anderen Quelle erlangt werden, innerhalb einer angemessenen Frist, die sich nach dem konkreten Einzelfall richtet. Wenn die personenbezogenen Daten rechtmäßig einem anderen Empfänger offengelegt werden dürfen, sollte die betroffene Person bei der erstmaligen Offenlegung der personenbezogenen Daten für diesen Empfänger darüber aufgeklärt werden. Beabsichtigt der Verantwortliche, die personenbezogenen Daten für einen anderen Zweck zu verarbeiten als den, für den die Daten erhoben wurden, so sollte er der betroffenen Person vor dieser Weiterverarbeitung Informationen über diesen anderen Zweck und andere erforderliche Informationen zur Verfügung stellen. Konnte der betroffenen Person nicht mitgeteilt werden, woher die personenbezogenen Daten stammen, weil verschiedene Quellen benutzt wurden, so sollte die Unterrichtung allgemein gehalten werden.

(62) Die Pflicht, Informationen zur Verfügung zu stellen, erübrigt sich jedoch, wenn die betroffene Person die Information bereits hat, wenn die Speicherung oder Offenlegung der personenbezogenen Daten ausdrücklich durch Rechtsvorschriften geregelt ist oder wenn sich die Unterrichtung der betroffenen Person als unmöglich erweist oder mit unverhältnismäßig hohem Aufwand verbunden ist. Letzteres könnte insbesondere bei Verarbeitungen für im öffentlichen Interesse liegende Archivzwecke, zu wissenschaftlichen oder historischen Forschungszwecken oder zu statistischen Zwecken der Fall sein. Als Anhaltspunkte sollten dabei die Zahl der betroffenen Personen, das Alter der Daten oder etwaige geeignete Garantien in Betracht gezogen werden.

(63) Eine betroffene Person sollte ein Auskunftsrecht hinsichtlich der sie betreffenden personenbezogenen Daten, die erhoben worden sind, besitzen und dieses Recht problemlos und in angemessenen Abständen wahrnehmen können, um sich der Verarbeitung bewusst zu sein und deren Rechtmäßigkeit überprüfen zu können. Dies schließt das Recht betroffene Personen auf Auskunft über ihre eigenen gesundheitsbezogenen Daten ein, etwa Daten in ihren Patientenakten, die Informationen wie beispielsweise Diagnosen, Untersuchungsergebnisse, Befunde der behandelnden Ärzte und Angaben zu Behandlungen oder Eingriffen enthalten. Jede betroffene Person sollte daher ein Anrecht darauf haben zu wissen und zu erfahren, insbesondere zu welchen Zwecken die personenbezogenen Daten verarbeitet werden und, wenn möglich, wie lange sie gespeichert werden, wer die Empfänger der personenbezogenen Daten sind, nach welcher Logik die automatische Verarbeitung personenbezogener Daten erfolgt und welche Folgen eine solche Verarbeitung haben kann, zumindest in Fällen, in denen die Verarbeitung auf Profiling beruht. Nach Möglichkeit sollte der Verantwortliche den Fernzugang zu einem sicheren System bereitstellen können, der der betroffenen Person direkten Zugang zu ihren personenbezogenen Daten ermöglichen würde. Dieses Recht sollte die Rechte und Freiheiten anderer Personen, etwa Geschäftsgeheimnisse oder Rechte des geistigen Eigentums und insbesondere das Urheberrecht an Software, nicht beeinträchtigen. Dies darf jedoch nicht dazu führen, dass der betroffenen Person jegliche Auskunft verweigert wird. Verarbeitet der Verantwortliche eine große Menge von Informationen über die betroffene Person, so sollte er verlangen können, dass die betroffene Person präzisiert, auf welche Information oder welche Verarbeitungsvorgänge sich ihr Auskunftsersuchen bezieht, bevor er ihr Auskunft erteilt.

(64) Der Verantwortliche sollte alle vertretbaren Mittel nutzen, um die Identität einer Auskunft suchenden betroffenen Person zu überprüfen, insbesondere im Rahmen von Online-Diensten und im Fall von Online-Kennungen. Ein Verantwortlicher sollte personenbezogene Daten nicht allein zu dem Zweck speichern, auf mögliche Auskunftsersuchen reagieren zu können.

(65) Eine betroffene Person sollte ein Recht auf Berichtigung der sie betreffenden personenbezogenen Daten besitzen sowie ein „Recht auf Vergessenwerden", wenn die Speicherung ihrer Daten gegen diese Verordnung oder gegen das Unionsrecht oder das Recht der Mitgliedstaaten, dem der Verantwortliche unterliegt, verstößt. Insbesondere sollten betroffene Personen Anspruch darauf

haben, dass ihre personenbezogenen Daten gelöscht und nicht mehr verarbeitet werden, wenn die personenbezogenen Daten hinsichtlich der Zwecke, für die sie erhoben bzw. anderweitig verarbeitet wurden, nicht mehr benötigt werden, wenn die betroffenen Personen ihre Einwilligung in die Verarbeitung widerrufen oder Widerspruch gegen die Verarbeitung der sie betreffenden personenbezogenen Daten eingelegt haben oder wenn die Verarbeitung ihrer personenbezogenen Daten aus anderen Gründen gegen diese Verordnung verstößt. Dieses Recht ist insbesondere wichtig in Fällen, in denen die betroffene Person ihre Einwilligung noch im Kindesalter gegeben hat und insofern die mit der Verarbeitung verbundenen Gefahren nicht in vollem Umfang absehen konnte und die personenbezogenen Daten – insbesondere die im Internet gespeicherten – später löschen möchte. Die betroffene Person sollte dieses Recht auch dann ausüben können, wenn sie kein Kind mehr ist. Die weitere Speicherung der personenbezogenen Daten sollte jedoch rechtmäßig sein, wenn dies für die Ausübung des Rechts auf freie Meinungsäußerung und Information, zur Erfüllung einer rechtlichen Verpflichtung, für die Wahrnehmung einer Aufgabe, die im öffentlichen Interesse liegt oder in Ausübung öffentlicher Gewalt erfolgt, die dem Verantwortlichen übertragen wurde, aus Gründen des öffentlichen Interesses im Bereich der öffentlichen Gesundheit, für im öffentlichen Interesse liegende Archivzwecke, zu wissenschaftlichen oder historischen Forschungszwecken oder zu statistischen Zwecken oder zur Geltendmachung, Ausübung oder Verteidigung von Rechtsansprüchen erforderlich ist.

(66) Um dem „Recht auf Vergessenwerden" im Netz mehr Geltung zu verschaffen, sollte das Recht auf Löschung ausgeweitet werden, indem ein Verantwortlicher, der die personenbezogenen Daten öffentlich gemacht hat, verpflichtet wird, den Verantwortlichen, die diese personenbezogenen Daten verarbeiten, mitzuteilen, alle Links zu diesen personenbezogenen Daten oder Kopien oder Replikationen der personenbezogenen Daten zu löschen. Dabei sollte der Verantwortliche, unter Berücksichtigung der verfügbaren Technologien und der ihm zur Verfügung stehenden Mittel, angemessene Maßnahmen – auch technischer Art – treffen, um die Verantwortlichen, die diese personenbezogenen Daten verarbeiten, über den Antrag der betroffenen Person zu informieren.

(67) Methoden zur Beschränkung der Verarbeitung personenbezogener Daten könnten unter anderem darin bestehen, dass ausgewählte personenbezogenen Daten vorübergehend auf ein anderes Verarbeitungssystem übertragen werden, dass sie für Nutzer gesperrt werden oder dass *veröffentliche*[1] Daten vorübergehend von einer Website entfernt werden. In automatisierten Dateisystemen sollte die Einschränkung der Verarbeitung grundsätzlich durch technische Mittel so erfolgen, dass die personenbezogenen Daten in keiner Weise weiterverarbeitet werden und nicht verändert werden können. Auf die Tatsache, dass die Verarbeitung der personenbezogenen Daten beschränkt wurde, sollte in dem System unmissverständlich hingewiesen werden.

(68) Um im Fall der Verarbeitung personenbezogener Daten mit automatischen Mitteln eine bessere Kontrolle über die eigenen Daten zu haben, sollte die betroffene Person außerdem berechtigt sein, die sie betreffenden personenbezogenen Daten, die sie einem Verantwortlichen bereitgestellt hat, in einem strukturierten, gängigen, maschinenlesbaren und interoperablen Format zu erhalten und sie einem anderen Verantwortlichen zu übermitteln. Die Verantwortlichen sollten dazu aufgefordert werden, interoperable Formate zu entwickeln, die die Datenübertragbarkeit ermöglichen. Dieses Recht sollte dann gelten, wenn die betroffene Person die personenbezogenen Daten mit ihrer Einwilligung zur Verfügung gestellt hat oder die Verarbeitung zur Erfüllung eines Vertrags erforderlich ist. Es sollte nicht gelten, wenn die Verarbeitung auf einer anderen Rechtsgrundlage als ihrer Einwilligung oder eines Vertrags erfolgt. Dieses Recht sollte naturgemäß nicht gegen Verantwortliche ausgeübt werden, die personenbezogenen Daten in Erfüllung ihrer öffentlichen Aufgaben verarbeiten. Es sollte daher nicht gelten, wenn die Verarbeitung der personenbezogenen Daten zur Erfüllung einer rechtlichen Verpflichtung, der der Verantwortliche unterliegt, oder für die Wahrnehmung einer ihm übertragenen Aufgabe, die im öffentlichen Interesse liegt oder in Ausübung einer ihm übertragenen öffentlichen Gewalt erfolgt, erforderlich ist. Das Recht der betroffenen Person, sie betreffende personenbezogene Daten zu übermitteln oder zu empfangen, *sollte für den Verantwortlichen* nicht die Pflicht begründen, technisch kompatible Datenverarbeitungssysteme zu übernehmen oder beizubehalten. Ist im Fall eines bestimmten Satzes personenbezogener Daten mehr als eine betroffene Person tangiert, so sollte das Recht auf Empfang der Daten die Grundrechte und Grundfreiheiten anderer betroffener Personen nach dieser Verordnung unberührt lassen. Dieses Recht sollte zudem das Recht der betroffenen Person auf Löschung ihrer personenbezogenen Daten und die Beschränkungen dieses Rechts gemäß dieser Verordnung nicht berühren und insbesondere nicht bedeuten, dass die Daten, die sich auf die betroffene Person beziehen und von ihr zur Erfüllung eines Vertrags zur Verfügung gestellt worden sind, gelöscht werden. soweit und solange diese personenbezogenen Daten für die Erfüllung des

[1] Richtig wohl: „veröffentlichte".

Vertrags notwendig sind. Soweit technisch machbar, sollte die betroffene Person das Recht haben, zu erwirken, dass die personenbezogenen Daten direkt von einem Verantwortlichen einem anderen Verantwortlichen übermittelt werden.

(69) Dürfen die personenbezogenen Daten möglicherweise rechtmäßig verarbeitet werden, weil die Verarbeitung für die Wahrnehmung einer Aufgabe, die im öffentlichen Interesse liegt oder in Ausübung öffentlicher Gewalt – die dem Verantwortlichen übertragen wurde, – oder aufgrund des berechtigten Interesses des Verantwortlichen oder eines Dritten erforderlich ist, sollte jede betroffene Person trotzdem das Recht haben, Widerspruch gegen die Verarbeitung der sich aus ihrer besonderen Situation ergebenden personenbezogenen Daten einzulegen. Der für die Verarbeitung Verantwortliche sollte darlegen müssen, dass seine zwingenden berechtigten Interessen Vorrang vor den Interessen oder Grundrechten und Grundfreiheiten der betroffenen Person haben.

(70) Werden personenbezogene Daten verarbeitet, um Direktwerbung zu betreiben, so sollte die betroffene Person jederzeit unentgeltlich insoweit Widerspruch gegen eine solche – ursprüngliche oder spätere – Verarbeitung einschließlich des Profilings einlegen können, als sie mit dieser Direktwerbung zusammenhängt. Die betroffene Person sollte ausdrücklich auf dieses Recht hingewiesen werden; dieser Hinweis sollte in einer verständlichen und von anderen Informationen getrennten Form erfolgen.

(71)[1] Die betroffene Person sollte das Recht haben, keiner Entscheidung – was eine Maßnahme einschließen kann – zur Bewertung von sie betreffenden persönlichen Aspekten unterworfen zu werden, die ausschließlich auf einer automatisierten Verarbeitung beruht und die rechtliche Wirkung für die betroffene Person entfaltet oder sie in ähnlicher Weise erheblich beeinträchtigt, wie die automatische Ablehnung eines Online-Kreditantrags oder Online-Einstellungsverfahren ohne jegliches menschliche Eingreifen. Zu einer derartigen Verarbeitung zählt auch das „Profiling", das in jeglicher Form automatisierter Verarbeitung personenbezogener Daten unter Bewertung der persönlichen Aspekte in Bezug auf eine natürliche Person besteht, insbesondere zur Analyse oder Prognose von Aspekten bezüglich Arbeitsleistung, wirtschaftliche Lage, Gesundheit, persönliche Vorlieben oder Interessen, Zuverlässigkeit oder Verhalten, Aufenthaltsort oder Ortswechsel der betroffenen Person, soweit dies rechtliche Wirkung für die betroffene Person entfaltet oder sie in ähnlicher Weise erheblich beeinträchtigt. Eine auf einer derartigen Verarbeitung, einschließlich des Profilings, beruhende Entscheidungsfindung sollte allerdings erlaubt sein, wenn dies nach dem Unionsrecht oder dem Recht der Mitgliedstaaten, dem der für die Verarbeitung Verantwortliche unterliegt, ausdrücklich zulässig ist, auch um im Einklang mit den Vorschriften, Standards und Empfehlungen der Institutionen der Union oder der nationalen Aufsichtsgremien Betrug und Steuerhinterziehung zu überwachen und zu verhindern und die Sicherheit und Zuverlässigkeit eines von dem Verantwortlichen bereitgestellten Dienstes zu gewährleisten, oder wenn dies für den Abschluss oder die Erfüllung eines Vertrags zwischen der betroffenen Person und einem Verantwortlichen erforderlich ist oder wenn die betroffene Person ihre ausdrückliche Einwilligung hierzu erteilt hat. In jedem Fall sollte eine solche Verarbeitung mit angemessenen Garantien verbunden sein, einschließlich der spezifischen Unterrichtung der betroffenen Person und des Anspruchs auf direktes Eingreifen einer Person, auf Darlegung des eigenen Standpunkts, auf Erläuterung der nach einer entsprechenden Bewertung getroffenen Entscheidung sowie des Rechts auf Anfechtung der Entscheidung. Diese Maßnahme sollte kein Kind betreffen.

Um unter Berücksichtigung der besonderen Umstände und Rahmenbedingungen, unter denen die personenbezogenen Daten verarbeitet werden, der betroffenen Person gegenüber eine faire und transparente Verarbeitung zu gewährleisten, sollte der für die Verarbeitung Verantwortliche geeignete mathematische oder statistische Verfahren für das Profiling verwenden, technische und organisatorische Maßnahmen treffen, mit denen in geeigneter Weise insbesondere sichergestellt wird, dass Faktoren, die zu unrichtigen personenbezogenen Daten führen, korrigiert werden und das Risiko von Fehlern minimiert wird, und personenbezogene Daten in einer Weise sichern, dass den potenziellen Bedrohungen für die Interessen und Rechte der betroffenen Person Rechnung getragen wird und unter anderem verhindern, dass es gegenüber natürlichen Personen aufgrund von Rasse, ethnischer Herkunft, politischer Meinung, Religion oder Weltanschauung, Gewerkschaftszugehörigkeit, genetischer Anlagen oder Gesundheitszustand sowie sexueller Orientierung zu diskriminierenden Wirkungen oder zu einer Verarbeitung kommt, die eine solche Wirkung hat.

Automatisierte Entscheidungsfindung und Profiling auf der Grundlage besonderer Kategorien von personenbezogenen Daten sollten nur unter bestimmten Bedingungen erlaubt sein.

---

[1] Erwägungsgrund 71 ber. ABl. 2018 L 127 S. 2.

(72) Das Profiling unterliegt den Vorschriften dieser Verordnung für die Verarbeitung personenbezogener Daten, wie etwa die Rechtsgrundlage für die Verarbeitung oder die Datenschutzgrundsätze. Der durch diese Verordnung eingerichtete Europäische Datenschutzausschuss (im Folgenden „Ausschuss") sollte,[1] diesbezüglich Leitlinien herausgeben können.

(73) Im Recht der Union oder der Mitgliedstaaten können Beschränkungen hinsichtlich bestimmter Grundsätze und hinsichtlich des Rechts auf Unterrichtung, Auskunft zu und Berichtigung oder Löschung personenbezogener Daten, des Rechts auf Datenübertragbarkeit und Widerspruch, Entscheidungen, die auf der Erstellung von Profilen beruhen, sowie Mitteilungen über eine Verletzung des Schutzes personenbezogener Daten an eine betroffene Person und bestimmten damit zusammenhängenden Pflichten der Verantwortlichen vorgesehen werden, soweit dies in einer demokratischen Gesellschaft notwendig und verhältnismäßig ist, um die öffentliche Sicherheit aufrechtzuerhalten, wozu unter anderem der Schutz von Menschenleben insbesondere bei Naturkatastrophen oder vom Menschen verursachten Katastrophen, die Verhütung, Aufdeckung und Verfolgung von Straftaten oder die Strafvollstreckung – was auch den Schutz vor und die Abwehr von Gefahren für die öffentliche Sicherheit einschließt – oder die Verhütung, Aufdeckung und Verfolgung von Verstößen gegen Berufsstandsregeln bei reglementierten Berufen, das Führen öffentlicher Register aus Gründen des allgemeinen öffentlichen Interesses sowie die Weiterverarbeitung von archivierten personenbezogenen Daten zur Bereitstellung spezifischer Informationen im Zusammenhang mit dem politischen Verhalten unter ehemaligen totalitären Regimen gehört, und zum Schutz sonstiger wichtiger Ziele des allgemeinen öffentlichen Interesses der Union oder eines Mitgliedstaats, etwa wichtige wirtschaftliche oder finanzielle Interessen, oder die betroffene Person und die Rechte und Freiheiten anderer Personen, einschließlich in den Bereichen soziale Sicherheit, öffentliche Gesundheit und humanitäre Hilfe, zu schützen. Diese Beschränkungen sollten mit der Charta und mit der Europäischen Konvention zum Schutz der Menschenrechte und Grundfreiheiten im Einklang stehen.

(74) Die Verantwortung und Haftung des Verantwortlichen für jedwede Verarbeitung personenbezogener Daten, die durch ihn oder in seinem Namen erfolgt, sollte geregelt werden. Insbesondere sollte der Verantwortliche geeignete und wirksame Maßnahmen treffen müssen und nachweisen können, dass die Verarbeitungstätigkeiten im Einklang mit dieser Verordnung stehen und die Maßnahmen auch wirksam sind. Dabei sollte er die Art, den Umfang, die Umstände und die Zwecke der Verarbeitung und das Risiko für die Rechte und Freiheiten natürlicher Personen berücksichtigen.

(75) Die Risiken für die Rechte und Freiheiten natürlicher Personen – mit unterschiedlicher Eintrittswahrscheinlichkeit und Schwere – können aus einer Verarbeitung personenbezogener Daten hervorgehen, die zu einem physischen, materiellen oder immateriellen Schaden führen könnte, insbesondere wenn die Verarbeitung zu einer Diskriminierung, einem Identitätsdiebstahl oder -betrug, einem finanziellen Verlust, einer Rufschädigung, einem Verlust der Vertraulichkeit von dem Berufsgeheimnis unterliegenden personenbezogenen Daten, der unbefugten Aufhebung der Pseudonymisierung oder anderen erheblichen wirtschaftlichen oder gesellschaftlichen Nachteilen führen kann, wenn die betroffenen Personen um ihre Rechte und Freiheiten gebracht oder daran gehindert werden, die sie betreffenden personenbezogenen Daten zu kontrollieren, wenn personenbezogene Daten, aus denen die rassische oder ethnische Herkunft, politische Meinungen, religiöse oder weltanschauliche Überzeugungen oder die Zugehörigkeit zu einer Gewerkschaft hervorgehen, und genetische Daten, Gesundheitsdaten oder das Sexualleben oder strafrechtliche Verurteilungen und Straftaten oder damit zusammenhängende Sicherungsmaßregeln betreffende Daten verarbeitet werden, wenn persönliche Aspekte bewertet werden, insbesondere wenn Aspekte, die die Arbeitsleistung, wirtschaftliche Lage, Gesundheit, persönliche Vorlieben oder Interessen, die Zuverlässigkeit oder das Verhalten, den Aufenthaltsort oder Ortswechsel betreffen, analysiert oder prognostiziert werden, um persönliche Profile zu erstellen oder zu nutzen, wenn personenbezogene Daten schutzbedürftiger natürlicher Personen, insbesondere Daten von Kindern, verarbeitet werden oder wenn die Verarbeitung eine große Menge personenbezogener Daten und eine große Anzahl von betroffenen Personen betrifft.

(76) Eintrittswahrscheinlichkeit und Schwere des Risikos für die Rechte und Freiheiten der betroffenen Person sollten in Bezug auf die Art, den Umfang, die Umstände und die Zwecke der Verarbeitung bestimmt werden. Das Risiko sollte anhand einer objektiven Bewertung beurteilt werden, bei der festgestellt wird, ob die Datenverarbeitung ein Risiko oder ein hohes Risiko birgt.

(77) Anleitungen, wie der Verantwortliche oder Auftragsverarbeiter geeignete Maßnahmen durchzuführen hat und wie die Einhaltung der Anforderungen nachzuweisen ist, insbesondere was die Ermittlung des mit der Verarbeitung verbundenen Risikos, dessen Abschätzung in Bezug auf

[1] Zeichensetzung amtlich.

Ursache, Art, Eintrittswahrscheinlichkeit und Schwere und die Festlegung bewährter Verfahren für dessen Eindämmung betrifft, könnten insbesondere in Form von genehmigten Verhaltensregeln, genehmigten Zertifizierungsverfahren, Leitlinien des Ausschusses oder Hinweisen eines Datenschutzbeauftragten gegeben werden. Der Ausschuss kann ferner Leitlinien für Verarbeitungsvorgänge ausgeben, bei denen davon auszugehen ist, dass sie kein hohes Risiko für die Rechte und Freiheiten natürlicher Personen mit sich bringen, und angeben, welche Abhilfemaßnahmen in diesen Fällen ausreichend sein können.

(78) Zum Schutz der in Bezug auf die Verarbeitung personenbezogener Daten bestehenden Rechte und Freiheiten natürlicher Personen ist es erforderlich, dass geeignete technische und organisatorische Maßnahmen getroffen werden, damit die Anforderungen dieser Verordnung erfüllt werden. Um die Einhaltung dieser Verordnung nachweisen zu können, sollte der Verantwortliche interne Strategien festlegen und Maßnahmen ergreifen, die insbesondere den Grundsätzen des Datenschutzes durch Technik (data protection by design) und durch datenschutzfreundliche Voreinstellungen (data protection by default) Genüge tun. Solche Maßnahmen könnten unter anderem darin bestehen, dass die Verarbeitung personenbezogener Daten minimiert wird, personenbezogene Daten so schnell wie möglich pseudonymisiert werden, Transparenz in Bezug auf die Funktionen und die Verarbeitung personenbezogener Daten hergestellt wird, der betroffenen Person ermöglicht wird, die Verarbeitung personenbezogener Daten zu überwachen, und der Verantwortliche in die Lage versetzt wird, Sicherheitsfunktionen zu schaffen und zu verbessern. In Bezug auf Entwicklung, Gestaltung, Auswahl und Nutzung von Anwendungen, Diensten und Produkten, die entweder auf der Verarbeitung von personenbezogenen Daten beruhen oder zur Erfüllung ihrer Aufgaben personenbezogene Daten verarbeiten, sollten die Hersteller der Produkte, Dienste und Anwendungen ermutigt werden, das Recht auf Datenschutz bei der Entwicklung und Gestaltung der Produkte, Dienste und Anwendungen zu berücksichtigen und unter gebührender Berücksichtigung des Stands der Technik sicherzustellen, dass die Verantwortlichen und die Verarbeiter in der Lage sind, ihren Datenschutzpflichten nachzukommen. Den Grundsätzen des Datenschutzes durch Technik und durch datenschutzfreundliche Voreinstellungen sollte auch bei öffentlichen Ausschreibungen Rechnung getragen werden.

(79) Zum Schutz der Rechte und Freiheiten der betroffenen Personen sowie bezüglich der Verantwortung und Haftung der Verantwortlichen und der Auftragsverarbeiter bedarf es – auch mit Blick auf die Überwachungs- und sonstigen Maßnahmen von Aufsichtsbehörden – einer klaren Zuteilung der Verantwortlichkeiten durch diese Verordnung, einschließlich der Fälle, in denen ein Verantwortlicher die Verarbeitungszwecke und -mittel gemeinsam mit anderen Verantwortlichen festlegt oder ein Verarbeitungsvorgang im Auftrag eines Verantwortlichen durchgeführt wird.

(80) Jeder Verantwortliche oder Auftragsverarbeiter ohne Niederlassung in der Union, dessen Verarbeitungstätigkeiten sich auf betroffene Personen beziehen, die sich in der Union aufhalten, und dazu dienen, diesen Personen in der Union Waren oder Dienstleistungen anzubieten – unabhängig davon, ob von der betroffenen Person eine Zahlung verlangt wird – oder deren Verhalten, soweit dieses innerhalb der Union erfolgt, zu beobachten, sollte einen Vertreter benennen müssen, es sei denn, die Verarbeitung erfolgt gelegentlich, schließt nicht die umfangreiche Verarbeitung besonderer Kategorien personenbezogener Daten oder die Verarbeitung von personenbezogenen Daten über strafrechtliche Verurteilungen und Straftaten ein und bringt unter Berücksichtigung ihrer Art, ihrer Umstände, ihres Umfangs und ihrer Zwecke wahrscheinlich kein Risiko für die Rechte und Freiheiten natürlicher Personen mit sich oder bei dem Verantwortlichen handelt es sich um eine Behörde oder öffentliche Stelle. Der Vertreter sollte im Namen des Verantwortlichen oder des Auftragsverarbeiters tätig werden und den Aufsichtsbehörden als Anlaufstelle dienen. Der Verantwortliche oder der Auftragsverarbeiter sollte den Vertreter ausdrücklich bestellen und schriftlich beauftragen, in Bezug auf die ihm nach dieser Verordnung obliegenden Verpflichtungen an seiner Stelle zu handeln. Die Benennung eines solchen Vertreters berührt nicht die Verantwortung oder Haftung des Verantwortlichen oder des Auftragsverarbeiters nach Maßgabe dieser Verordnung. Ein solcher Vertreter sollte seine Aufgaben entsprechend dem Mandat des Verantwortlichen oder Auftragsverarbeiters ausführen und insbesondere mit den zuständigen Aufsichtsbehörden in Bezug auf Maßnahmen, die die Einhaltung dieser Verordnung sicherstellen sollen, zusammenarbeiten. Bei Verstößen des Verantwortlichen oder Auftragsverarbeiters sollte der bestellte Vertreter Durchsetzungsverfahren unterworfen werden.

(81) Damit die Anforderungen dieser Verordnung in Bezug auf die vom Auftragsverarbeiter im Namen des Verantwortlichen vorzunehmende Verarbeitung eingehalten werden, sollte ein Verantwortlicher, der einen Auftragsverarbeiter mit Verarbeitungstätigkeiten betrauen will, nur Auftragsverarbeiter heranziehen, die – insbesondere im Hinblick auf Fachwissen, Zuverlässigkeit und Ressourcen – hinreichende Garantien dafür bieten, dass technische und organisatorische Maßnahmen – auch für die Sicherheit der Verarbeitung – getroffen werden, die den Anforderungen dieser Verordnung genügen. Die Einhaltung genehmigter Verhaltensregeln oder eines genehmigten

Zertifizierungsverfahrens durch einen Auftragsverarbeiter kann als Faktor herangezogen werden, um die Erfüllung der Pflichten des Verantwortlichen nachzuweisen. Die Durchführung einer Verarbeitung durch einen Auftragsverarbeiter sollte auf Grundlage eines Vertrags oder eines anderen Rechtsinstruments nach dem Recht der Union oder der Mitgliedstaaten erfolgen, der bzw. das den Auftragsverarbeiter an den Verantwortlichen bindet und in dem Gegenstand und Dauer der Verarbeitung, Art und Zwecke der Verarbeitung, die Art der personenbezogenen Daten und die Kategorien von betroffenen Personen festgelegt sind, wobei die besonderen Aufgaben und Pflichten des Auftragsverarbeiters bei der geplanten Verarbeitung und das Risiko für die Rechte und Freiheiten der betroffenen Person zu berücksichtigen sind. Der Verantwortliche und der Auftragsverarbeiter können entscheiden, ob sie einen individuellen Vertrag oder Standardvertragsklauseln verwenden, die entweder unmittelbar von der Kommission erlassen oder aber nach dem Kohärenzverfahren von einer Aufsichtsbehörde angenommen und dann von der Kommission erlassen wurden. Nach Beendigung der Verarbeitung im Namen des Verantwortlichen sollte der Auftragsverarbeiter die personenbezogenen Daten nach Wahl des Verantwortlichen entweder zurückgeben oder löschen, sofern nicht nach dem Recht der Union oder der Mitgliedstaaten, dem der Auftragsverarbeiter unterliegt, eine Verpflichtung zur Speicherung der personenbezogenen Daten besteht.

(82) Zum Nachweis der Einhaltung dieser Verordnung sollte der Verantwortliche oder der Auftragsverarbeiter ein Verzeichnis der Verarbeitungstätigkeiten, die seiner Zuständigkeit unterliegen, führen. Jeder Verantwortliche und jeder Auftragsverarbeiter sollte verpflichtet sein, mit der Aufsichtsbehörde zusammenzuarbeiten und dieser auf Anfrage das entsprechende Verzeichnis vorzulegen, damit die betreffenden Verarbeitungsvorgänge anhand dieser Verzeichnisse kontrolliert werden können.

(83) Zur Aufrechterhaltung der Sicherheit und zur Vorbeugung gegen eine gegen diese Verordnung verstoßende Verarbeitung sollte der Verantwortliche oder der Auftragsverarbeiter die mit der Verarbeitung verbundenen Risiken ermitteln und Maßnahmen zu ihrer Eindämmung, wie etwa eine Verschlüsselung, treffen. Diese Maßnahmen sollten unter Berücksichtigung des Stands der Technik und der Implementierungskosten ein Schutzniveau – auch hinsichtlich der Vertraulichkeit – gewährleisten, das den von der Verarbeitung ausgehenden Risiken und der Art der zu schützenden personenbezogenen Daten angemessen ist. Bei der Bewertung der Datensicherheitsrisiken sollten die mit der Verarbeitung personenbezogener Daten verbundenen Risiken berücksichtigt werden, wie etwa – ob unbeabsichtigt oder unrechtmäßig – Vernichtung, Verlust, Veränderung oder unbefugte Offenlegung von oder unbefugter Zugang zu personenbezogenen Daten, die übermittelt, gespeichert oder auf sonstige Weise verarbeitet wurden, insbesondere wenn dies zu einem physischen, materiellen oder immateriellen Schaden führen könnte.

(84) Damit diese Verordnung in Fällen, in denen die Verarbeitungsvorgänge wahrscheinlich ein hohes Risiko für die Rechte und Freiheiten natürlicher Personen mit sich bringen, besser eingehalten wird, sollte der Verantwortliche für die Durchführung einer Datenschutz-Folgenabschätzung, mit der insbesondere die Ursache, Art, Besonderheit und Schwere dieses Risikos evaluiert werden, verantwortlich sein. Die Ergebnisse der Abschätzung sollten berücksichtigt werden, wenn darüber entschieden wird, welche geeigneten Maßnahmen ergriffen werden müssen, um nachzuweisen, dass die Verarbeitung der personenbezogenen Daten mit dieser Verordnung in Einklang steht. Geht aus einer Datenschutz-Folgenabschätzung hervor, dass Verarbeitungsvorgänge ein hohes Risiko bergen, das der Verantwortliche nicht durch geeignete Maßnahmen in Bezug auf verfügbare Technik und Implementierungskosten eindämmen kann, so sollte die Aufsichtsbehörde vor der Verarbeitung konsultiert werden.

(85) Eine Verletzung des Schutzes personenbezogener Daten kann – wenn nicht rechtzeitig und angemessen reagiert wird – einen physischen, materiellen oder immateriellen Schaden für natürliche Personen nach sich ziehen, wie etwa Verlust der Kontrolle über ihre personenbezogenen Daten oder Einschränkung ihrer Rechte, Diskriminierung, Identitätsdiebstahl oder -betrug, finanzielle Verluste, unbefugte Aufhebung der Pseudonymisierung, Rufschädigung, Verlust der Vertraulichkeit von dem Berufsgeheimnis unterliegenden Daten oder andere erhebliche wirtschaftliche oder gesellschaftliche Nachteile für die betroffene natürliche Person. Deshalb sollte der Verantwortliche, sobald ihm eine Verletzung des Schutzes personenbezogener Daten bekannt wird, die Aufsichtsbehörde von der Verletzung des Schutzes personenbezogener Daten unverzüglich und, falls möglich, binnen höchstens 72 Stunden, nachdem ihm die Verletzung bekannt wurde, unterrichten, es sei denn, der Verantwortliche kann im Einklang mit dem Grundsatz der Rechenschaftspflicht nachweisen, dass die Verletzung des Schutzes personenbezogener Daten voraussichtlich nicht zu einem Risiko für die persönlichen Rechte und Freiheiten natürlicher Personen führt. Falls diese Benachrichtigung nicht binnen 72 Stunden erfolgen kann, sollten in ihr die Gründe für die Verzögerung angegeben werden müssen, und die Informationen können schrittweise ohne unangemessene weitere Verzögerung bereitgestellt werden.

(86) Der für die Verarbeitung Verantwortliche sollte die betroffene Person unverzüglich von der Verletzung des Schutzes personenbezogener Daten benachrichtigen, wenn diese Verletzung des Schutzes personenbezogener Daten voraussichtlich zu einem hohen Risiko für die persönlichen Rechte und Freiheiten natürlicher Personen führt, damit diese die erforderlichen Vorkehrungen treffen können. Die Benachrichtigung sollte eine Beschreibung der Art der Verletzung des Schutzes personenbezogener Daten sowie an die betroffene natürliche Person gerichtete Empfehlungen zur Minderung etwaiger nachteiliger Auswirkungen dieser Verletzung enthalten. Solche Benachrichtigungen der betroffenen Person sollten stets so rasch wie nach allgemeinem Ermessen möglich, in enger Absprache mit der Aufsichtsbehörde und nach Maßgabe der von dieser oder von anderen zuständigen Behörden wie beispielsweise Strafverfolgungsbehörden erteilten Weisungen erfolgen. Um beispielsweise das Risiko eines unmittelbaren Schadens mindern zu können, müssten betroffene Personen sofort benachrichtigt werden, wohingegen eine längere Benachrichtigungsfrist gerechtfertigt sein kann, wenn es darum geht, geeignete Maßnahmen gegen fortlaufende oder vergleichbare Verletzungen des Schutzes personenbezogener Daten zu treffen.

(87) Es sollte festgestellt werden, ob alle geeigneten technischen Schutz- sowie organisatorischen Maßnahmen getroffen wurden, um sofort feststellen zu können, ob eine Verletzung des Schutzes personenbezogener Daten aufgetreten ist, und um die Aufsichtsbehörde und die betroffene Person umgehend unterrichten zu können. Bei der Feststellung, ob die Meldung unverzüglich erfolgt ist, sollten die Art und Schwere der Verletzung des Schutzes personenbezogener Daten sowie deren Folgen und nachteilige Auswirkungen für die betroffene Person berücksichtigt werden. Die entsprechende Meldung kann zu einem Tätigwerden der Aufsichtsbehörde im Einklang mit ihren in dieser Verordnung festgelegten Aufgaben und Befugnissen führen.

(88) Bei der detaillierten Regelung des Formats und der Verfahren für die Meldung von Verletzungen des Schutzes personenbezogener Daten sollten die Umstände der Verletzung hinreichend berücksichtigt werden, beispielsweise ob personenbezogene Daten durch geeignete technische Sicherheitsvorkehrungen geschützt waren, die die Wahrscheinlichkeit eines Identitätsbetrugs oder anderer Formen des Datenmissbrauchs wirksam verringern. Überdies sollten solche Regeln und Verfahren den berechtigten Interessen der Strafverfolgungsbehörden in Fällen Rechnung tragen, in denen die Untersuchung der Umstände einer Verletzung des Schutzes personenbezogener Daten durch eine frühzeitige Offenlegung in unnötiger Weise behindert würde.

(89) Gemäß der Richtlinie 95/46/EG waren Verarbeitungen personenbezogener Daten bei den Aufsichtsbehörden generell meldepflichtig. Diese Meldepflicht ist mit einem bürokratischen und finanziellen Aufwand verbunden und hat dennoch nicht in allen Fällen zu einem besseren Schutz personenbezogener Daten geführt. Diese unterschiedslosen allgemeinen Meldepflichten sollten daher abgeschafft und durch wirksame Verfahren und Mechanismen ersetzt werden, die sich stattdessen vorrangig mit denjenigen Arten von Verarbeitungsvorgängen befassen, die aufgrund ihrer Art, ihres Umfangs, ihrer Umstände und ihrer Zwecke wahrscheinlich ein hohes Risiko für die Rechte und Freiheiten natürlicher Personen mit sich bringen. Zu solchen Arten von Verarbeitungsvorgängen gehören insbesondere solche, bei denen neue Technologien eingesetzt werden oder die neuartig sind und bei denen der Verantwortliche noch keine Datenschutz-Folgenabschätzung durchgeführt hat bzw. bei denen aufgrund der seit der ursprünglichen Verarbeitung vergangenen Zeit eine Datenschutz-Folgenabschätzung notwendig geworden ist.

(90) In derartigen Fällen sollte der Verantwortliche vor der Verarbeitung eine Datenschutz-Folgenabschätzung durchführen, mit der die spezifische Eintrittswahrscheinlichkeit und die Schwere dieses hohen Risikos unter Berücksichtigung der Art, des Umfangs, der Umstände und der Zwecke der Verarbeitung und der Ursachen des Risikos bewertet werden. Diese Folgenabschätzung sollte sich insbesondere mit den Maßnahmen, Garantien und Verfahren befassen, durch die dieses Risiko eingedämmt, der Schutz personenbezogener Daten sichergestellt und die Einhaltung der Bestimmungen dieser Verordnung nachgewiesen werden soll.

(91) Dies sollte insbesondere für umfangreiche Verarbeitungsvorgänge gelten, die dazu dienen, große Mengen personenbezogener Daten auf regionaler, nationaler oder supranationaler Ebene zu verarbeiten, eine große Zahl von Personen betreffen könnten und – beispielsweise aufgrund ihrer Sensibilität – wahrscheinlich ein hohes Risiko mit sich bringen und bei denen entsprechend dem jeweils aktuellen Stand der Technik in großem Umfang eine neue Technologie eingesetzt wird, sowie für andere Verarbeitungsvorgänge, die ein hohes Risiko für die Rechte und Freiheiten der betroffenen Personen mit sich bringen, insbesondere dann, wenn diese Verarbeitungsvorgänge den betroffenen Personen die Ausübung ihrer Rechte erschweren. Eine Datenschutz-Folgenabschätzung sollte auch durchgeführt werden, wenn die personenbezogenen Daten für das Treffen von Entscheidungen in Bezug auf bestimmte natürliche Personen im Anschluss an eine systematische und eingehende Bewertung persönlicher Aspekte natürlicher Personen auf der Grundlage eines Profilings dieser Daten oder im Anschluss an die Verarbeitung besonderer Kategorien von per-

sonenbezogenen Daten, biometrischen Daten oder von Daten über strafrechtliche Verurteilungen und Straftaten sowie damit zusammenhängende Sicherungsmaßregeln verarbeitet werden. Gleichermaßen erforderlich ist eine Datenschutz-Folgenabschätzung für die weiträumige Überwachung öffentlich zugänglicher Bereiche, insbesondere mittels optoelektronischer Vorrichtungen, oder für alle anderen Vorgänge, bei denen nach Auffassung der zuständigen Aufsichtsbehörde die Verarbeitung wahrscheinlich ein hohes Risiko für die Rechte und Freiheiten der betroffenen Personen mit sich bringt, insbesondere weil sie die betroffenen Personen an der Ausübung eines Rechts oder der Nutzung einer Dienstleistung bzw. Durchführung eines Vertrags hindern oder weil sie systematisch in großem Umfang erfolgen. Die Verarbeitung personenbezogener Daten sollte nicht als umfangreich gelten, wenn die Verarbeitung personenbezogene Daten von Patienten oder von Mandanten betrifft und durch einen einzelnen Arzt, sonstigen Angehörigen eines Gesundheitsberufes oder Rechtsanwalt erfolgt. In diesen Fällen sollte eine Datenschutz-Folgenabschätzung nicht zwingend vorgeschrieben sein.

(92) Unter bestimmten Umständen kann es vernünftig und unter ökonomischen Gesichtspunkten zweckmäßig sein, eine Datenschutz-Folgenabschätzung nicht lediglich auf ein bestimmtes Projekt zu beziehen, sondern sie thematisch breiter anzulegen – beispielsweise wenn Behörden oder öffentliche Stellen eine gemeinsame Anwendung oder Verarbeitungsplattform schaffen möchten oder wenn mehrere Verantwortliche eine gemeinsame Anwendung oder Verarbeitungsumgebung für einen gesamten Wirtschaftssektor, für ein bestimmtes Marktsegment oder für eine weit verbreitete horizontale Tätigkeit einführen möchten.

(93) Anlässlich des Erlasses des Gesetzes des Mitgliedstaats, auf dessen Grundlage die Behörde oder öffentliche Stelle ihre Aufgaben wahrnimmt und das den fraglichen Verarbeitungsvorgang oder die fraglichen Arten von Verarbeitungsvorgängen regelt, können die Mitgliedstaaten es für erforderlich erachten, solche Folgeabschätzungen vor den Verarbeitungsvorgängen durchzuführen.

(94) Geht aus einer Datenschutz-Folgenabschätzung hervor, dass die Verarbeitung bei Fehlen von Garantien, Sicherheitsvorkehrungen und Mechanismen zur Minderung des Risikos ein hohes Risiko für die Rechte und Freiheiten natürlicher Personen mit sich bringen würde, und ist der Verantwortliche der Auffassung, dass das Risiko nicht durch in Bezug auf verfügbare Technologien und Implementierungskosten vertretbare Mittel eingedämmt werden kann, so sollte die Aufsichtsbehörde vor Beginn der Verarbeitungstätigkeiten konsultiert werden. Ein solches hohes Risiko ist wahrscheinlich mit bestimmten Arten der Verarbeitung und dem Umfang und der Häufigkeit der Verarbeitung verbunden, die für natürliche Personen auch eine Schädigung oder eine Beeinträchtigung der persönlichen Rechte und Freiheiten mit sich bringen können. Die Aufsichtsbehörde sollte das Beratungsersuchen innerhalb einer bestimmten Frist beantworten. Allerdings kann sie, auch wenn sie nicht innerhalb dieser Frist reagiert hat, entsprechend ihren in dieser Verordnung festgelegten Aufgaben und Befugnissen eingreifen, was die Befugnis einschließt, Verarbeitungsvorgänge zu untersagen. Im Rahmen dieses Konsultationsprozesses kann das Ergebnis einer im Hinblick auf die betreffende Verarbeitung personenbezogener Daten durchgeführten Datenschutz-Folgenabschätzung der Aufsichtsbehörde unterbreitet werden; dies gilt insbesondere für die zur Eindämmung des Risikos für die Rechte und Freiheiten natürlicher Personen geplanten Maßnahmen.

(95) Der Auftragsverarbeiter sollte erforderlichenfalls den Verantwortlichen auf Anfrage bei der Gewährleistung der Einhaltung der sich aus der Durchführung der Datenschutz-Folgenabschätzung und der vorherigen Konsultation der Aufsichtsbehörde ergebenden Auflagen unterstützen.

(96) Eine Konsultation der Aufsichtsbehörde sollte auch während der Ausarbeitung von Gesetzes- oder Regelungsvorschriften, in denen eine Verarbeitung personenbezogener Daten vorgesehen ist, erfolgen, um die Vereinbarkeit der geplanten Verarbeitung mit dieser Verordnung sicherzustellen und insbesondere das mit ihr für die betroffene Person verbundene Risiko einzudämmen.

(97) In Fällen, in denen die Verarbeitung durch eine Behörde – mit Ausnahmen von Gerichten oder unabhängigen Justizbehörden, die im Rahmen ihrer justiziellen Tätigkeit handeln –, im privaten Sektor durch einen Verantwortlichen erfolgt, dessen Kerntätigkeit in Verarbeitungsvorgängen besteht, die eine regelmäßige und systematische Überwachung der betroffenen Personen in großem Umfang erfordern, oder wenn die Kerntätigkeit des Verantwortlichen oder des Auftragsverarbeiters in der umfangreichen Verarbeitung besonderer Kategorien von personenbezogenen Daten oder von Daten über strafrechtliche Verurteilungen und Straftaten besteht, sollte der Verantwortliche oder der Auftragsverarbeiter bei der Überwachung der internen Einhaltung der Bestimmungen dieser Verordnung von einer weiteren Person, die über Fachwissen auf dem Gebiet des Datenschutzrechts und der Datenschutzverfahren verfügt, unterstützt werden. Im privaten Sektor bezieht sich die Kerntätigkeit eines Verantwortlichen auf seine Haupttätigkeiten und nicht auf die Verarbeitung personenbezogener Daten als Nebentätigkeit. Das erforderliche Niveau des Fachwissens sollte sich insbesondere nach den durchgeführten Datenverarbeitungsvorgängen und

dem erforderlichen Schutz für die von dem Verantwortlichen oder dem Auftragsverarbeiter verarbeiteten personenbezogenen Daten richten. Derartige Datenschutzbeauftragte sollten unabhängig davon, ob es sich bei ihnen um Beschäftigte des Verantwortlichen handelt oder nicht, ihre Pflichten und Aufgaben in vollständiger Unabhängigkeit ausüben können.

(98) Verbände oder andere Vereinigungen, die bestimmte Kategorien von Verantwortlichen oder Auftragsverarbeitern vertreten, sollten ermutigt werden, in den Grenzen dieser Verordnung Verhaltensregeln auszuarbeiten, um eine wirksame Anwendung dieser Verordnung zu erleichtern, wobei den Besonderheiten der in bestimmten Sektoren erfolgenden Verarbeitungen und den besonderen Bedürfnissen der Kleinstunternehmen sowie der kleinen und mittleren Unternehmen Rechnung zu tragen ist. Insbesondere könnten in diesen Verhaltensregeln – unter Berücksichtigung des mit der Verarbeitung wahrscheinlich einhergehenden Risikos für die Rechte und Freiheiten natürlicher Personen – die Pflichten der Verantwortlichen und der Auftragsverarbeiter bestimmt werden.

(99) Bei der Ausarbeitung oder bei der Änderung oder Erweiterung solcher Verhaltensregeln sollten Verbände und/oder andere Vereinigungen, die bestimmte Kategorien von Verantwortlichen oder Auftragsverarbeitern vertreten, die maßgeblichen Interessenträger, möglichst auch die betroffenen Personen, konsultieren und die Eingaben und Stellungnahmen, die sie dabei erhalten, berücksichtigen.

(100) Um die Transparenz zu erhöhen und die Einhaltung dieser Verordnung zu verbessern, sollte angeregt werden, dass Zertifizierungsverfahren sowie Datenschutzsiegel und -prüfzeichen eingeführt werden, die den betroffenen Personen einen raschen Überblick über das Datenschutzniveau einschlägiger Produkte und Dienstleistungen ermöglichen.

(101) Der Fluss personenbezogener Daten aus Drittländern und internationalen Organisationen und in Drittländer und internationale Organisationen ist für die Ausweitung des internationalen Handels und der internationalen Zusammenarbeit notwendig. Durch die Zunahme dieser Datenströme sind neue Herausforderungen und Anforderungen in Bezug auf den Schutz personenbezogener Daten entstanden. Das durch diese Verordnung unionsweit gewährleistete Schutzniveau für natürliche Personen sollte jedoch bei der Übermittlung personenbezogener Daten aus der Union an Verantwortliche, Auftragsverarbeiter oder andere Empfänger in Drittländern oder an internationale Organisationen nicht untergraben werden, und zwar auch dann nicht, wenn aus einem Drittland oder von einer internationalen Organisation personenbezogene Daten an Verantwortliche oder Auftragsverarbeiter in demselben oder einem anderen Drittland oder an dieselbe oder eine andere internationale Organisation weiterübermittelt werden. In jedem Fall sind derartige Datenübermittlungen an Drittländer und internationale Organisationen nur unter strikter Einhaltung dieser Verordnung zulässig. Eine Datenübermittlung könnte nur stattfinden, wenn die in dieser Verordnung festgelegten Bedingungen zur Übermittlung personenbezogener Daten an Drittländer oder internationale Organisationen vorbehaltlich der übrigen Bestimmungen dieser Verordnung von dem Verantwortlichen oder dem Auftragsverarbeiter erfüllt werden.

(102) Internationale Abkommen zwischen der Union und Drittländern über die Übermittlung von personenbezogenen Daten einschließlich geeigneter Garantien für die betroffenen Personen werden von dieser Verordnung nicht berührt. Die Mitgliedstaaten können völkerrechtliche Übereinkünfte schließen, die die Übermittlung personenbezogener Daten an Drittländer oder internationale Organisationen beinhalten, sofern sich diese Übereinkünfte weder auf diese Verordnung noch auf andere Bestimmungen des Unionsrechts auswirken und ein angemessenes Schutzniveau für die Grundrechte der betroffenen Personen umfassen.

(103) Die Kommission darf mit Wirkung für die gesamte Union beschließen, dass ein bestimmtes Drittland, ein Gebiet oder ein bestimmter Sektor eines Drittlands oder eine internationale Organisation ein angemessenes Datenschutzniveau bietet, und auf diese Weise in Bezug auf das Drittland oder die internationale Organisation, das bzw. die für fähig gehalten wird, ein solches Schutzniveau zu bieten, in der gesamten Union Rechtssicherheit schaffen und eine einheitliche Rechtsanwendung sicherstellen. In derartigen Fällen dürfen personenbezogene Daten ohne weitere Genehmigung an dieses Land oder diese internationale Organisation übermittelt werden. Die Kommission kann, nach Abgabe einer ausführlichen Erklärung, in der dem Drittland oder der internationalen Organisation eine Begründung gegeben wird, auch entscheiden, eine solche Feststellung zu widerrufen.

(104) In Übereinstimmung mit den Grundwerten der Union, zu denen insbesondere der Schutz der Menschenrechte zählt, sollte die Kommission bei der Bewertung des Drittlands oder eines Gebiets oder eines bestimmten Sektors eines Drittlands berücksichtigen, inwieweit dort die Rechtsstaatlichkeit gewahrt ist, der Rechtsweg gewährleistet ist und die internationalen Menschenrechtsnormen und -Standards eingehalten werden und welche allgemeinen und sektorspezifischen Vorschriften, wozu auch die Vorschriften über die öffentliche Sicherheit, die Landesverteidigung und

die nationale Sicherheit sowie die öffentliche Ordnung und das Strafrecht zählen, dort gelten. Die Annahme eines Angemessenheitsbeschlusses in Bezug auf ein Gebiet oder einen bestimmten Sektor eines Drittlands sollte unter Berücksichtigung eindeutiger und objektiver Kriterien wie bestimmter Verarbeitungsvorgänge und des Anwendungsbereichs anwendbarer Rechtsnormen und geltender Rechtsvorschriften in dem Drittland erfolgen. Das Drittland sollte Garantien für ein angemessenes Schutzniveau bieten, das dem innerhalb der Union gewährleisteten Schutzniveau der Sache nach gleichwertig ist, insbesondere in Fällen, in denen personenbezogene Daten in einem oder mehreren spezifischen Sektoren verarbeitet werden. Das Drittland sollte insbesondere eine wirksame unabhängige Überwachung des Datenschutzes gewährleisten und Mechanismen für eine Zusammenarbeit mit den Datenschutzbehörden der Mitgliedstaaten vorsehen, und den betroffenen Personen sollten wirksame und durchsetzbare Rechte sowie wirksame verwaltungsrechtliche und gerichtliche Rechtsbehelfe eingeräumt werden.

(105) Die Kommission sollte neben den internationalen Verpflichtungen, die das Drittland oder die internationale Organisation eingegangen ist, die Verpflichtungen, die sich aus der Teilnahme des Drittlands oder der internationalen Organisation an multilateralen oder regionalen Systemen insbesondere im Hinblick auf den Schutz personenbezogener Daten ergeben, sowie die Umsetzung dieser Verpflichtungen berücksichtigen. Insbesondere sollte der Beitritt des Drittlands zum Übereinkommen des Europarates vom 28. Januar 1981 zum Schutz des Menschen bei der automatischen Verarbeitung personenbezogener Daten und dem dazugehörigen Zusatzprotokoll berücksichtigt werden. Die Kommission sollte den Ausschuss konsultieren, wenn sie das Schutzniveau in Drittländern oder internationalen Organisationen bewertet.

(106) Die Kommission sollte die Wirkungsweise von Feststellungen zum Schutzniveau in einem Drittland, einem Gebiet oder einem bestimmten Sektor eines Drittlands oder einer internationalen Organisation überwachen; sie sollte auch die Wirkungsweise der Feststellungen, die auf der Grundlage des Artikels 25 Absatz 6 oder des Artikels 26 Absatz 4 der Richtlinie 95/46/EG erlassen werden, überwachen. In ihren Angemessenheitsbeschlüssen sollte die Kommission einen Mechanismus für die regelmäßige Überprüfung von deren Wirkungsweise vorsehen. Diese regelmäßige Überprüfung sollte in Konsultation mit dem betreffenden Drittland oder der betreffenden internationalen Organisation erfolgen und allen maßgeblichen Entwicklungen in dem Drittland oder der internationalen Organisation Rechnung tragen. Für die Zwecke der Überwachung und der Durchführung der regelmäßigen Überprüfungen sollte die Kommission die Standpunkte und Feststellungen des Europäischen Parlaments und des Rates sowie der anderen einschlägigen Stellen und Quellen berücksichtigen. Die Kommission sollte innerhalb einer angemessenen Frist die Wirkungsweise der letztgenannten Beschlüsse bewerten und dem durch diese Verordnung eingesetzten Ausschuss im Sinne der Verordnung (EU) Nr. 182/2011 des Europäischen Parlaments und des Rates[1)] sowie dem Europäischen Parlament und dem Rat über alle maßgeblichen Feststellungen Bericht erstatten.

(107) Die Kommission kann feststellen, dass ein Drittland, ein Gebiet oder ein bestimmter Sektor eines Drittlands oder eine internationale Organisation kein angemessenes Datenschutzniveau mehr bietet. Die Übermittlung personenbezogener Daten an dieses Drittland oder an diese internationale Organisation sollte daraufhin verboten werden, es sei denn, die Anforderungen dieser Verordnung in Bezug auf die Datenübermittlung vorbehaltlich geeigneter Garantien, einschließlich verbindlicher interner Datenschutzvorschriften und auf Ausnahmen für bestimmte Fälle werden erfüllt. In diesem Falle sollten Konsultationen zwischen der Kommission und den betreffenden Drittländern oder internationalen Organisationen vorgesehen werden. Die Kommission sollte dem Drittland oder der internationalen Organisation frühzeitig die Gründe mitteilen und Konsultationen aufnehmen, um Abhilfe für die Situation zu schaffen.

(108) Bei Fehlen eines Angemessenheitsbeschlusses sollte der Verantwortliche oder der Auftragsverarbeiter als Ausgleich für den in einem Drittland bestehenden Mangel an Datenschutz geeignete Garantien für den Schutz der betroffenen Person vorsehen. Diese geeigneten Garantien können darin bestehen, dass auf verbindliche interne Datenschutzvorschriften, von der Kommission oder von einer Aufsichtsbehörde angenommene Standarddatenschutzklauseln oder von einer Aufsichtsbehörde genehmigte Vertragsklauseln zurückgegriffen wird. Diese Garantien sollten sicherstellen, dass die Datenschutzvorschriften und die Rechte der betroffenen Personen auf eine der Verarbeitung innerhalb der Union angemessene Art und Weise beachtet werden; dies gilt auch hinsichtlich der Verfügbarkeit von durchsetzbaren Rechten der betroffenen Person und von wirk-

---

[1)] **Amtl. Anm.:** Verordnung (EU) Nr. 182/2011 des Europäischen Parlaments und des Rates vom 16. Februar 2011 zur Festlegung der allgemeinen Regeln und Grundsätze, nach denen die Mitgliedstaaten die Wahrnehmung der Durchführungsbefugnisse durch die Kommission kontrollieren (ABl. L 55 vom 28.2.2011, S. 13).

samen Rechtsbehelfen einschließlich des Rechts auf wirksame verwaltungsrechtliche oder gerichtliche Rechtsbehelfe sowie des Rechts auf Geltendmachung von Schadenersatzansprüchen in der Union oder in einem Drittland. Sie sollten sich insbesondere auf die Einhaltung der allgemeinen Grundsätze für die Verarbeitung personenbezogener Daten, die Grundsätze des Datenschutzes durch Technik und durch datenschutzfreundliche Voreinstellungen beziehen. Datenübermittlungen dürfen auch von Behörden oder öffentlichen Stellen an Behörden oder öffentliche Stellen in Drittländern oder an internationale Organisationen mit entsprechenden Pflichten oder Aufgaben vorgenommen werden, auch auf der Grundlage von Bestimmungen, die in Verwaltungsvereinbarungen – wie beispielsweise einer gemeinsamen Absichtserklärung –, mit denen den betroffenen Personen durchsetzbare und wirksame Rechte eingeräumt werden, aufzunehmen sind. Die Genehmigung der zuständigen Aufsichtsbehörde sollte erlangt werden, wenn die Garantien in nicht rechtsverbindlichen Verwaltungsvereinbarungen vorgesehen sind.

(109) Die dem Verantwortlichen oder dem Auftragsverarbeiter offenstehende Möglichkeit, auf die von der Kommission oder einer Aufsichtsbehörde festgelegten Standard-Datenschutzklauseln zurückzugreifen, sollte den Verantwortlichen oder den Auftragsverarbeiter weder daran hindern, die Standard-Datenschutzklauseln auch in umfangreicheren Verträgen, wie zum Beispiel Verträgen zwischen dem Auftragsverarbeiter und einem anderen Auftragsverarbeiter, zu verwenden, noch ihn daran hindern, ihnen weitere Klauseln oder zusätzliche Garantien hinzuzufügen, solange diese weder mittelbar noch unmittelbar im Widerspruch zu den von der Kommission oder einer Aufsichtsbehörde erlassenen Standard-Datenschutzklauseln stehen oder die Grundrechte und Grundfreiheiten der betroffenen Personen beschneiden. Die Verantwortlichen und die Auftragsverarbeiter sollten ermutigt werden, mit vertraglichen Verpflichtungen, die die Standard-Schutzklauseln ergänzen, zusätzliche Garantien zu bieten.

(110) Jede Unternehmensgruppe oder jede Gruppe von Unternehmen, die eine gemeinsame Wirtschaftstätigkeit ausüben, sollte für ihre internationalen Datenübermittlungen aus der Union an Organisationen derselben Unternehmensgruppe oder derselben Gruppe von Unternehmen, die eine gemeinsame Wirtschaftstätigkeit ausüben, genehmigte verbindliche interne Datenschutzvorschriften anwenden dürfen, sofern diese sämtliche Grundprinzipien und durchsetzbaren Rechte enthalten, die geeignete Garantien für die Übermittlungen beziehungsweise Kategorien von Übermittlungen personenbezogener Daten bieten.

(111) Datenübermittlungen sollten unter bestimmten Voraussetzungen zulässig sein, nämlich wenn die betroffene Person ihre ausdrückliche Einwilligung erteilt hat, wenn die Übermittlung gelegentlich erfolgt und im Rahmen eines Vertrags oder zur Geltendmachung von Rechtsansprüchen, sei es vor Gericht oder auf dem Verwaltungswege oder in außergerichtlichen Verfahren, wozu auch Verfahren vor Regulierungsbehörden zählen, erforderlich ist. Die Übermittlung sollte zudem möglich sein, wenn sie zur Wahrung eines im Unionsrecht oder im Recht eines Mitgliedstaats festgelegten wichtigen öffentlichen Interesses erforderlich ist oder wenn sie aus einem durch Rechtsvorschriften vorgesehenen Register erfolgt, das von der Öffentlichkeit oder Personen mit berechtigtem Interesse eingesehen werden kann. In letzterem Fall sollte sich eine solche Übermittlung nicht auf die Gesamtheit oder ganze Kategorien der im Register enthaltenen personenbezogenen Daten erstrecken dürfen. Ist das betreffende Register zur Einsichtnahme durch Personen mit berechtigtem Interesse bestimmt, sollte die Übermittlung nur auf Anfrage dieser Personen oder nur dann erfolgen, wenn diese Personen die Adressaten der Übermittlung sind, wobei den Interessen und Grundrechten der betroffenen Person in vollem Umfang Rechnung zu tragen ist.

(112) Diese Ausnahmen sollten insbesondere für Datenübermittlungen gelten, die aus wichtigen Gründen des öffentlichen Interesses erforderlich sind, beispielsweise für den internationalen Datenaustausch zwischen Wettbewerbs-, Steuer- oder Zollbehörden, zwischen Finanzaufsichtsbehörden oder zwischen für Angelegenheiten der sozialen Sicherheit oder für die öffentliche Gesundheit zuständigen Diensten, beispielsweise im Falle der Umgebungsuntersuchung bei ansteckenden Krankheiten oder zur Verringerung und/oder Beseitigung des Dopings im Sport. Die Übermittlung personenbezogener Daten sollte ebenfalls als rechtmäßig angesehen werden, wenn sie erforderlich ist, um ein Interesse, das für die lebenswichtigen Interessen – einschließlich der körperlichen Unversehrtheit oder des Lebens – der betroffenen Person oder einer anderen Person wesentlich ist, zu schützen und die betroffene Person außerstande ist, ihre Einwilligung zu geben. Liegt kein Angemessenheitsbeschluss vor, so können im Unionsrecht oder im Recht der Mitgliedstaaten aus wichtigen Gründen des öffentlichen Interesses ausdrücklich Beschränkungen der Übermittlung bestimmter Kategorien von Daten an Drittländer oder internationale Organisationen vorgesehen werden. Die Mitgliedstaaten sollten solche Bestimmungen der Kommission mitteilen. *Jede Übermittlung personenbezogener Daten* einer betroffenen Person, die aus physischen oder rechtlichen Gründen außerstande ist, ihre Einwilligung zu erteilen, an eine internationale humanitäre Organisation, die erfolgt, um eine nach den Genfer Konventionen obliegende Aufgabe auszuführen oder um dem in bewaffneten Konflikten anwendbaren humanitären Völkerrecht

nachzukommen, könnte als aus einem wichtigen Grund im öffentlichen Interesse notwendig oder als im lebenswichtigen Interesse der betroffenen Person liegend erachtet werden.

(113) Übermittlungen, die als nicht wiederholt erfolgend gelten können und nur eine begrenzte Zahl von betroffenen Personen betreffen, könnten auch zur Wahrung der zwingenden berechtigten Interessen des Verantwortlichen möglich sein, sofern die Interessen oder Rechte und Freiheiten der betroffenen Person nicht überwiegen und der Verantwortliche sämtliche Umstände der Datenübermittlung geprüft hat. Der Verantwortliche sollte insbesondere die Art der personenbezogenen Daten, den Zweck und die Dauer der vorgesehenen Verarbeitung, die Situation im Herkunftsland, in dem betreffenden Drittland und im Endbestimmungsland berücksichtigen und angemessene Garantien zum Schutz der Grundrechte und Grundfreiheiten natürlicher Personen in Bezug auf die Verarbeitung ihrer personenbezogener Daten vorsehen. Diese Übermittlungen sollten nur in den verbleibenden Fällen möglich sein, in denen keiner der anderen Gründe für die Übermittlung anwendbar ist. Bei wissenschaftlichen oder historischen Forschungszwecken oder bei statistischen Zwecken sollten die legitimen gesellschaftlichen Erwartungen in Bezug auf einen Wissenszuwachs berücksichtigt werden. Der Verantwortliche sollte die Aufsichtsbehörde und die betroffene Person von der Übermittlung in Kenntnis setzen.

(114) In allen Fällen, in denen kein Kommissionsbeschluss zur Angemessenheit des in einem Drittland bestehenden Datenschutzniveaus vorliegt, sollte der Verantwortliche oder der Auftragsverarbeiter auf Lösungen zurückgreifen, mit denen den betroffenen Personen durchsetzbare und wirksame Rechte in Bezug auf die Verarbeitung ihrer personenbezogenen Daten in der Union nach der Übermittlung dieser Daten eingeräumt werden, damit sie weiterhin die Grundrechte und Garantien genießen können.

(115) Manche Drittländer erlassen Gesetze, Vorschriften und sonstige Rechtsakte, die vorgeben, die Verarbeitungstätigkeiten natürlicher und juristischer Personen, die der Rechtsprechung der Mitgliedstaaten unterliegen, unmittelbar zu regeln. Dies kann Urteile von Gerichten und Entscheidungen von Verwaltungsbehörden in Drittländern umfassen, mit denen von einem Verantwortlichen oder einem Auftragsverarbeiter die Übermittlung oder Offenlegung personenbezogener Daten verlangt wird und die nicht auf eine in Kraft befindliche internationale Übereinkunft wie etwa ein Rechtshilfeabkommen zwischen dem ersuchenden Drittland und der Union oder einem Mitgliedstaat gestützt sind. Die Anwendung dieser Gesetze, Verordnungen und sonstigen Rechtsakte außerhalb des Hoheitsgebiets der betreffenden Drittländer kann gegen internationales Recht verstoßen und dem durch diese Verordnung in der Union gewährleisteten Schutz natürlicher Personen zuwiderlaufen. Datenübermittlungen sollten daher nur zulässig sein, wenn die Bedingungen dieser Verordnung für Datenübermittlungen an Drittländer eingehalten werden. Dies kann unter anderem der Fall sein, wenn die Offenlegung aus einem wichtigen öffentlichen Interesse erforderlich ist, das im Unionsrecht oder im Recht des Mitgliedstaats, dem der Verantwortliche unterliegt, anerkannt ist.

(116) Wenn personenbezogene Daten in ein anderes Land außerhalb der Union übermittelt werden, besteht eine erhöhte Gefahr, dass natürliche Personen ihre Datenschutzrechte nicht wahrnehmen können und sich insbesondere gegen die unrechtmäßige Nutzung oder Offenlegung dieser Informationen zu schützen. Ebenso kann es vorkommen, dass Aufsichtsbehörden Beschwerden nicht nachgehen oder Untersuchungen nicht durchführen können, die einen Bezug zu Tätigkeiten außerhalb der Grenzen ihres Mitgliedstaats haben. Ihre Bemühungen um grenzüberschreitende Zusammenarbeit können auch durch unzureichende Präventiv- und Abhilfebefugnisse, widersprüchliche Rechtsordnungen und praktische Hindernisse wie Ressourcenknappheit behindert werden. Die Zusammenarbeit zwischen den Datenschutzaufsichtsbehörden muss daher gefördert werden, damit sie Informationen austauschen und mit den Aufsichtsbehörden in anderen Ländern Untersuchungen durchführen können. Um Mechanismen der internationalen Zusammenarbeit zu entwickeln, die die internationale Amtshilfe bei der Durchsetzung von Rechtsvorschriften zum Schutz personenbezogener Daten erleichtern und sicherstellen, sollten die Kommission und die Aufsichtsbehörden Informationen austauschen und bei Tätigkeiten, die mit der Ausübung ihrer Befugnisse in Zusammenhang stehen, mit den zuständigen Behörden der Drittländer nach dem Grundsatz der Gegenseitigkeit und gemäß dieser Verordnung zusammenarbeiten.

(117) Die Errichtung von Aufsichtsbehörden in den Mitgliedstaaten, die befugt sind, ihre Aufgaben und Befugnisse völlig unabhängig wahrzunehmen, ist ein wesentlicher Bestandteil des Schutzes natürlicher Personen bei der Verarbeitung personenbezogener Daten. Die Mitgliedstaaten sollten mehr als eine Aufsichtsbehörde errichten können, wenn dies ihrer verfassungsmäßigen, organisatorischen und administrativen Struktur entspricht.

(118) Die Tatsache, dass die Aufsichtsbehörden unabhängig sind, sollte nicht bedeuten, dass sie hinsichtlich ihrer Ausgaben keinem Kontroll- oder Überwachungsmechanismus unterworfen werden bzw. sie keiner gerichtlichen Überprüfung unterzogen werden können.

(119) Errichtet ein Mitgliedstaat mehrere Aufsichtsbehörden, so sollte er mittels Rechtsvorschriften sicherstellen, dass diese Aufsichtsbehörden am Kohärenzverfahren wirksam beteiligt werden. Insbesondere sollte dieser Mitgliedstaat eine Aufsichtsbehörde bestimmen, die als zentrale Anlaufstelle für eine wirksame Beteiligung dieser Behörden an dem Verfahren fungiert und eine rasche und reibungslose Zusammenarbeit mit anderen Aufsichtsbehörden, dem Ausschuss und der Kommission gewährleistet.

(120) Jede Aufsichtsbehörde sollte mit Finanzmitteln, Personal, Räumlichkeiten und einer Infrastruktur ausgestattet werden, wie sie für die wirksame Wahrnehmung ihrer Aufgaben, einschließlich derer im Zusammenhang mit der Amtshilfe und Zusammenarbeit mit anderen Aufsichtsbehörden in der gesamten Union, notwendig sind. Jede Aufsichtsbehörde sollte über einen eigenen, öffentlichen, jährlichen Haushaltsplan verfügen, der Teil des gesamten Staatshaushalts oder nationalen Haushalts sein kann.

(121) Die allgemeinen Anforderungen an das Mitglied oder die Mitglieder der Aufsichtsbehörde sollten durch Rechtsvorschriften von jedem Mitgliedstaat geregelt werden und insbesondere vorsehen, dass diese Mitglieder im Wege eines transparenten Verfahrens entweder – auf Vorschlag der Regierung, eines Mitglieds der Regierung, des Parlaments oder einer Parlamentskammer – vom Parlament, der Regierung oder dem Staatsoberhaupt des Mitgliedstaats oder von einer unabhängigen Stelle ernannt werden, die nach dem Recht des Mitgliedstaats mit der Ernennung betraut wird. Um die Unabhängigkeit der Aufsichtsbehörde zu gewährleisten, sollten ihre Mitglieder ihr Amt integer ausüben, von allen mit den Aufgaben ihres Amts nicht zu vereinbarenden Handlungen absehen und während ihrer Amtszeit keine andere mit ihrem Amt nicht zu vereinbarende entgeltliche oder unentgeltliche Tätigkeit ausüben. Die Aufsichtsbehörde sollte über eigenes Personal verfügen, das sie selbst oder eine nach dem Recht des Mitgliedstaats eingerichtete unabhängige Stelle auswählt und das ausschließlich der Leitung des Mitglieds oder der Mitglieder der Aufsichtsbehörde unterstehen sollte.

(122) Jede Aufsichtsbehörde sollte dafür zuständig sein, im Hoheitsgebiet ihres Mitgliedstaats die Befugnisse auszuüben und die Aufgaben zu erfüllen, die ihr mit dieser Verordnung übertragen wurden. Dies sollte insbesondere für Folgendes gelten: die Verarbeitung im Rahmen der Tätigkeiten einer Niederlassung des Verantwortlichen oder Auftragsverarbeiters im Hoheitsgebiet ihres Mitgliedstaats, die Verarbeitung personenbezogener Daten durch Behörden oder private Stellen, die im öffentlichen Interesse handeln, Verarbeitungstätigkeiten, die Auswirkungen auf betroffene Personen in ihrem Hoheitsgebiet haben, oder Verarbeitungstätigkeiten eines Verantwortlichen oder Auftragsverarbeiters ohne Niederlassung in der Union, sofern sie auf betroffene Personen mit Wohnsitz in ihrem Hoheitsgebiet ausgerichtet sind. Dies sollte auch die Bearbeitung von Beschwerden einer betroffenen Person, die Durchführung von Untersuchungen über die Anwendung dieser Verordnung sowie die Förderung der Information der Öffentlichkeit über Risiken, Vorschriften, Garantien und Rechte im Zusammenhang mit der Verarbeitung personenbezogener Daten einschließen.

(123) Die Aufsichtsbehörden sollten die Anwendung der Bestimmungen dieser Verordnung überwachen und zu ihrer einheitlichen Anwendung in der gesamten Union beitragen, um natürliche Personen im Hinblick auf die Verarbeitung ihrer Daten zu schützen und den freien Verkehr personenbezogener Daten im Binnenmarkt zu erleichtern. Zu diesem Zweck sollten die Aufsichtsbehörden untereinander und mit der Kommission zusammenarbeiten, ohne dass eine Vereinbarung zwischen den Mitgliedstaaten über die Leistung von Amtshilfe oder über eine derartige Zusammenarbeit erforderlich wäre.

(124) Findet die Verarbeitung personenbezogener Daten im Zusammenhang mit der Tätigkeit einer Niederlassung eines Verantwortlichen oder eines Auftragsverarbeiters in der Union statt und hat der Verantwortliche oder der Auftragsverarbeiter Niederlassungen in mehr als einem Mitgliedstaat oder hat die Verarbeitungstätigkeit im Zusammenhang mit der Tätigkeit einer einzigen Niederlassung eines Verantwortlichen oder Auftragsverarbeiters in der Union erhebliche Auswirkungen auf betroffene Personen in mehr als einem Mitgliedstaat bzw. wird sie voraussichtlich solche Auswirkungen haben, so sollte die Aufsichtsbehörde für die Hauptniederlassung des Verantwortlichen oder Auftragsverarbeiters oder für die einzige Niederlassung des Verantwortlichen oder Auftragsverarbeiters als federführende Behörde fungieren. Sie sollte mit den anderen Behörden zusammenarbeiten, die betroffen sind, weil der Verantwortliche oder Auftragsverarbeiter eine Niederlassung im Hoheitsgebiet ihres Mitgliedstaats hat, weil die Verarbeitung erhebliche Auswirkungen auf betroffene Personen mit Wohnsitz in ihrem Hoheitsgebiet hat oder weil bei ihnen eine Beschwerde eingelegt wurde. Auch wenn eine betroffene Person ohne Wohnsitz in dem

betreffenden Mitgliedstaat eine Beschwerde eingelegt hat, sollte die Aufsichtsbehörde, bei der Beschwerde eingelegt wurde, auch eine betroffene Aufsichtsbehörde sein. Der Ausschuss sollte – im Rahmen seiner Aufgaben in Bezug auf die Herausgabe von Leitlinien zu allen Fragen im Zusammenhang mit der Anwendung dieser Verordnung – insbesondere Leitlinien zu den Kriterien ausgeben können, die bei der Feststellung zu berücksichtigen sind, ob die fragliche Verarbeitung erhebliche Auswirkungen auf betroffene Personen in mehr als einem Mitgliedstaat hat und was einen maßgeblichen und begründeten Einspruch darstellt.

(125) Die federführende Behörde sollte berechtigt sein, verbindliche Beschlüsse über Maßnahmen zu erlassen, mit denen die ihr gemäß dieser Verordnung übertragenen Befugnisse ausgeübt werden. In ihrer Eigenschaft als federführende Behörde sollte diese Aufsichtsbehörde für die enge Einbindung und Koordinierung der betroffenen Aufsichtsbehörden im Entscheidungsprozess sorgen. Wird beschlossen, die Beschwerde der betroffenen Person vollständig oder teilweise abzuweisen, so sollte dieser Beschluss von der Aufsichtsbehörde angenommen werden, bei der die Beschwerde eingelegt wurde.

(126) Der Beschluss sollte von der federführenden Aufsichtsbehörde und den betroffenen Aufsichtsbehörden gemeinsam vereinbart werden und an die Hauptniederlassung oder die einzige Niederlassung des Verantwortlichen oder Auftragsverarbeiters gerichtet sein und für den Verantwortlichen und den Auftragsverarbeiter verbindlich sein. Der Verantwortliche oder Auftragsverarbeiter sollte die erforderlichen Maßnahmen treffen, um die Einhaltung dieser Verordnung und die Umsetzung des Beschlusses zu gewährleisten, der der Hauptniederlassung des Verantwortlichen oder Auftragsverarbeiters im Hinblick auf die Verarbeitungstätigkeiten in der Union von der federführenden Aufsichtsbehörde mitgeteilt wurde.

(127) Jede Aufsichtsbehörde, die nicht als federführende Aufsichtsbehörde fungiert, sollte in örtlichen Fällen zuständig sein, wenn der Verantwortliche oder Auftragsverarbeiter Niederlassungen in mehr als einem Mitgliedstaat hat, der Gegenstand der spezifischen Verarbeitung aber nur die Verarbeitungstätigkeiten in einem einzigen Mitgliedstaat und nur betroffene Personen in diesem einen Mitgliedstaat betrifft, beispielsweise wenn es um die Verarbeitung von personenbezogenen Daten von Arbeitnehmern im spezifischen Beschäftigungskontext eines Mitgliedstaats geht. In solchen Fällen sollte die Aufsichtsbehörde unverzüglich die federführende Aufsichtsbehörde über diese Angelegenheit unterrichten. Nach ihrer Unterrichtung sollte die federführende Aufsichtsbehörde entscheiden, ob sie den Fall nach den Bestimmungen zur Zusammenarbeit zwischen der federführenden Aufsichtsbehörde und anderen betroffenen Aufsichtsbehörden gemäß der Vorschrift zur Zusammenarbeit zwischen der federführenden Aufsichtsbehörde und anderen betroffenen Aufsichtsbehörden (im Folgenden „Verfahren der Zusammenarbeit und Kohärenz") regelt oder ob die Aufsichtsbehörde, die sie unterrichtet hat, den Fall auf örtlicher Ebene regeln sollte. Dabei sollte die federführende Aufsichtsbehörde berücksichtigen, ob der Verantwortliche oder der Auftragsverarbeiter in dem Mitgliedstaat, dessen Aufsichtsbehörde sie unterrichtet hat, eine Niederlassung hat, damit Beschlüsse gegenüber dem Verantwortlichen oder dem Auftragsverarbeiter wirksam durchgesetzt werden. Entscheidet die federführende Aufsichtsbehörde, den Fall selbst zu regeln, sollte die Aufsichtsbehörde, die sie unterrichtet hat, die Möglichkeit haben, einen Beschlussentwurf vorzulegen, dem die federführende Aufsichtsbehörde bei der Ausarbeitung ihres Beschlussentwurfs im Rahmen dieses Verfahrens der Zusammenarbeit und Kohärenz weitestgehend Rechnung tragen sollte.

(128) Die Vorschriften über die federführende Behörde und das Verfahren der Zusammenarbeit und Kohärenz sollten keine Anwendung finden, wenn die Verarbeitung durch Behörden oder private Stellen im öffentlichen Interesse erfolgt. In diesen Fällen sollte die Aufsichtsbehörde des Mitgliedstaats, in dem die Behörde oder private Einrichtung ihren Sitz hat, die einzige Aufsichtsbehörde sein, die dafür zuständig ist, die Befugnisse auszuüben, die ihr mit dieser Verordnung übertragen wurden.

(129) Um die einheitliche Überwachung und Durchsetzung dieser Verordnung in der gesamten Union sicherzustellen, sollten die Aufsichtsbehörden in jedem Mitgliedstaat dieselben Aufgaben und wirksamen Befugnisse haben, darunter, insbesondere im Fall von Beschwerden natürlicher Personen, Untersuchungsbefugnisse, Abhilfebefugnisse und Sanktionsbefugnisse und Genehmigungsbefugnisse und beratende Befugnisse, sowie – unbeschadet der Befugnisse der Strafverfolgungsbehörden nach dem Recht der Mitgliedstaaten – die Befugnis, Verstöße gegen diese Verordnung den Justizbehörden zur Kenntnis zu bringen und Gerichtsverfahren anzustrengen. Dazu sollte auch die Befugnis zählen, eine vorübergehende oder endgültige Beschränkung der Verarbeitung, einschließlich eines Verbots, zu verhängen. Die Mitgliedstaaten können andere Aufgaben im Zusammenhang mit dem Schutz personenbezogener Daten im Rahmen dieser Verordnung festlegen. Die Befugnisse der Aufsichtsbehörden sollten in Übereinstimmung mit den geeigneten Verfahrensgarantien nach dem Unionsrecht und dem Recht der Mitgliedstaaten unparteiisch,

gerecht und innerhalb einer angemessenen Frist ausgeübt werden. Insbesondere sollte jede Maßnahme im Hinblick auf die Gewährleistung der Einhaltung dieser Verordnung geeignet, erforderlich und verhältnismäßig sein, wobei die Umstände des jeweiligen Einzelfalls zu berücksichtigen sind, das Recht einer jeden Person, gehört zu werden, bevor eine individuelle Maßnahme getroffen wird, die nachteilige Auswirkungen auf diese Person hätte, zu achten ist und überflüssige Kosten und übermäßige Unannehmlichkeiten für die Betroffenen zu vermeiden sind. Untersuchungsbefugnisse im Hinblick auf den Zugang zu Räumlichkeiten sollten im Einklang mit besonderen Anforderungen im Verfahrensrecht der Mitgliedstaaten ausgeübt werden, wie etwa dem Erfordernis einer vorherigen richterlichen Genehmigung. Jede rechtsverbindliche Maßnahme der Aufsichtsbehörde sollte schriftlich erlassen werden und sie sollte klar und eindeutig sein; die Aufsichtsbehörde, die die Maßnahme erlassen hat, und das Datum, an dem die Maßnahme erlassen wurde, sollten angegeben werden und die Maßnahme sollte vom Leiter oder von einem von ihm bevollmächtigten Mitglied der Aufsichtsbehörde unterschrieben sein und eine Begründung für die Maßnahme sowie einen Hinweis auf das Recht auf einen wirksamen Rechtsbehelf enthalten. Dies sollte zusätzliche Anforderungen nach dem Verfahrensrecht der Mitgliedstaaten nicht ausschließen. Der Erlass eines rechtsverbindlichen Beschlusses setzt voraus, dass er in dem Mitgliedstaat der Aufsichtsbehörde, die den Beschluss erlassen hat, gerichtlich überprüft werden kann.

(130) Ist die Aufsichtsbehörde, bei der die Beschwerde eingereicht wurde, nicht die federführende Aufsichtsbehörde, so sollte die federführende Aufsichtsbehörde gemäß den Bestimmungen dieser Verordnung über Zusammenarbeit und Kohärenz eng mit der Aufsichtsbehörde zusammenarbeiten, bei der die Beschwerde eingereicht wurde. In solchen Fällen sollte die federführende Aufsichtsbehörde bei Maßnahmen, die rechtliche Wirkungen entfalten sollen, unter anderem bei der Verhängung von Geldbußen, den Standpunkt der Aufsichtsbehörde, bei der die Beschwerde eingereicht wurde und die weiterhin befugt sein sollte, in Abstimmung mit der zuständigen Aufsichtsbehörde Untersuchungen im Hoheitsgebiet ihres eigenen Mitgliedstaats durchzuführen, weitestgehend berücksichtigen.

(131) Wenn eine andere Aufsichtsbehörde als federführende Aufsichtsbehörde für die Verarbeitungstätigkeiten des Verantwortlichen oder des Auftragsverarbeiters fungieren sollte, der konkrete Gegenstand einer Beschwerde oder der mögliche Verstoß jedoch nur die Verarbeitungstätigkeiten des Verantwortlichen oder des Auftragsverarbeiters in dem Mitgliedstaat betrifft, in dem die Beschwerde eingereicht wurde oder der mögliche Verstoß aufgedeckt wurde, und die Angelegenheit keine erheblichen Auswirkungen auf betroffene Personen in anderen Mitgliedstaaten hat oder haben dürfte, sollte die Aufsichtsbehörde, bei der eine Beschwerde eingereicht wurde oder die Situationen, die mögliche Verstöße gegen diese Verordnung darstellen, aufgedeckt hat bzw. auf andere Weise darüber informiert wurde, versuchen, eine gütliche Einigung mit dem Verantwortlichen zu erzielen; falls sich dies als nicht erfolgreich erweist, sollte sie die gesamte Bandbreite ihrer Befugnisse wahrnehmen. Dies sollte auch Folgendes umfassen: die spezifische Verarbeitung im Hoheitsgebiet des Mitgliedstaats der Aufsichtsbehörde oder im Hinblick auf betroffene Personen im Hoheitsgebiet dieses Mitgliedstaats; die Verarbeitung im Rahmen eines Angebots von Waren oder Dienstleistungen, das speziell auf betroffene Personen im Hoheitsgebiet des Mitgliedstaats der Aufsichtsbehörde ausgerichtet ist; oder eine Verarbeitung, die unter Berücksichtigung der einschlägigen rechtlichen Verpflichtungen nach dem Recht der Mitgliedstaaten bewertet werden muss.

(132) Auf die Öffentlichkeit ausgerichtete Sensibilisierungsmaßnahmen der Aufsichtsbehörden sollten spezifische Maßnahmen einschließen, die sich an die Verantwortlichen und die Auftragsverarbeiter, einschließlich Kleinstunternehmen sowie kleiner und mittlerer Unternehmen, und an natürliche Personen, insbesondere im Bildungsbereich, richten.

(133) Die Aufsichtsbehörden sollten sich gegenseitig bei der Erfüllung ihrer Aufgaben unterstützen und Amtshilfe leisten, damit eine einheitliche Anwendung und Durchsetzung dieser Verordnung im Binnenmarkt gewährleistet ist. Eine Aufsichtsbehörde, die um Amtshilfe ersucht hat, kann eine einstweilige Maßnahme erlassen, wenn sie nicht binnen eines Monats nach Eingang des Amtshilfeersuchens bei der ersuchten Aufsichtsbehörde eine Antwort von dieser erhalten hat.

(134) Jede Aufsichtsbehörde sollte gegebenenfalls an gemeinsamen Maßnahmen von anderen Aufsichtsbehörden teilnehmen. Die ersuchte Aufsichtsbehörde sollte auf das Ersuchen binnen einer bestimmten Frist antworten müssen.

(135) Um die einheitliche Anwendung dieser Verordnung in der gesamten Union sicherzustellen, sollte *ein Verfahren zur Gewährleistung einer einheitlichen Rechtsanwendung* (Kohärenzverfahren) für die Zusammenarbeit zwischen den Aufsichtsbehörden eingeführt werden. Dieses Verfahren sollte insbesondere dann angewendet werden, wenn eine Aufsichtsbehörde beabsichtigt, eine Maßnahme zu erlassen, die rechtliche Wirkungen in Bezug auf Verarbeitungsvorgänge entfalten soll,

die für eine bedeutende Zahl betroffener Personen in mehreren Mitgliedstaaten erhebliche Auswirkungen haben. Ferner sollte es zur Anwendung kommen, wenn eine betroffene Aufsichtsbehörde oder die Kommission beantragt, dass die Angelegenheit im Rahmen des Kohärenzverfahrens behandelt wird. Dieses Verfahren sollte andere Maßnahmen, die die Kommission möglicherweise in Ausübung ihrer Befugnisse nach den Verträgen trifft, unberührt lassen.

(136) Bei Anwendung des Kohärenzverfahrens sollte der Ausschuss, falls von der Mehrheit seiner Mitglieder so entschieden wird oder falls eine andere betroffene Aufsichtsbehörde oder die Kommission darum ersuchen, binnen einer festgelegten Frist eine Stellungnahme abgeben. Dem Ausschuss sollte auch die Befugnis übertragen werden, bei Streitigkeiten zwischen Aufsichtsbehörden rechtsverbindliche Beschlüsse zu erlassen. Zu diesem Zweck sollte er in klar bestimmten Fällen, in denen die Aufsichtsbehörden insbesondere im Rahmen des Verfahrens der Zusammenarbeit zwischen der federführenden Aufsichtsbehörde und den betroffenen Aufsichtsbehörden widersprüchliche Standpunkte zu dem Sachverhalt, vor allem in der Frage, ob ein Verstoß gegen diese Verordnung vorliegt, vertreten, grundsätzlich mit einer Mehrheit von zwei Dritteln seiner Mitglieder rechtsverbindliche Beschlüsse erlassen.

(137) Es kann dringender Handlungsbedarf zum Schutz der Rechte und Freiheiten von betroffenen Personen bestehen, insbesondere wenn eine erhebliche Behinderung der Durchsetzung des Rechts einer betroffenen Person droht. Eine Aufsichtsbehörde sollte daher hinreichend begründete einstweilige Maßnahmen in ihrem Hoheitsgebiet mit einer festgelegten Geltungsdauer von höchstens drei Monaten erlassen können.

(138) Die Anwendung dieses Verfahrens sollte in den Fällen, in denen sie verbindlich vorgeschrieben ist, eine Bedingung für die Rechtmäßigkeit einer Maßnahme einer Aufsichtsbehörde sein, die rechtliche Wirkungen entfalten soll. In anderen Fällen von grenzüberschreitender Relevanz sollte das Verfahren der Zusammenarbeit zwischen der federführenden Aufsichtsbehörde und den betroffenen Aufsichtsbehörden zur Anwendung gelangen, und die betroffenen Aufsichtsbehörden können auf bilateraler oder multilateraler Ebene Amtshilfe leisten und gemeinsame Maßnahmen durchführen, ohne auf das Kohärenzverfahren zurückzugreifen.

(139) Zur Förderung der einheitlichen Anwendung dieser Verordnung sollte der Ausschuss als unabhängige Einrichtung der Union eingesetzt werden. Damit der Ausschuss seine Ziele erreichen kann, sollte er Rechtspersönlichkeit besitzen. Der Ausschuss sollte von seinem Vorsitz vertreten werden. Er sollte die mit der Richtlinie 95/46/EG eingesetzte Arbeitsgruppe für den Schutz der Rechte von Personen bei der Verarbeitung personenbezogener Daten ersetzen. Er sollte aus dem Leiter einer Aufsichtsbehörde jedes Mitgliedstaats und dem Europäischen Datenschutzbeauftragten oder deren jeweiligen Vertretern gebildet werden. An den Beratungen des Ausschusses sollte die Kommission ohne Stimmrecht teilnehmen und der Europäische Datenschutzbeauftragte sollte spezifische Stimmrechte haben. Der Ausschuss sollte zur einheitlichen Anwendung der Verordnung in der gesamten Union beitragen, die Kommission insbesondere im Hinblick auf das Schutzniveau in Drittländern oder internationalen Organisationen beraten und die Zusammenarbeit der Aufsichtsbehörden in der Union fördern. Der Ausschuss sollte bei der Erfüllung seiner Aufgaben unabhängig handeln.

(140)[1)] Der Ausschuss sollte von einem Sekretariat unterstützt werden, das von dem Europäischen Datenschutzbeauftragten bereitgestellt wird. Das Personal des Europäischen Datenschutzbeauftragten, das an der Wahrnehmung der dem Ausschuss gemäß dieser Verordnung übertragenen Aufgaben beteiligt ist, sollte diese Aufgaben ausschließlich gemäß den Anweisungen des Vorsitzes des Ausschusses durchführen und diesem Bericht erstatten.

(141) Jede betroffene Person sollte das Recht haben, bei einer einzigen Aufsichtsbehörde insbesondere in dem Mitgliedstaat ihres gewöhnlichen Aufenthalts eine Beschwerde einzureichen und gemäß Artikel 47 der Charta einen wirksamen gerichtlichen Rechtsbehelf einzulegen, wenn sie sich in ihren Rechten gemäß dieser Verordnung verletzt sieht oder wenn die Aufsichtsbehörde auf eine Beschwerde *hin nicht* tätig wird, eine Beschwerde teilweise oder ganz abweist oder ablehnt oder nicht tätig wird, obwohl dies zum Schutz der Rechte der betroffenen Person notwendig ist. Die auf eine Beschwerde folgende Untersuchung sollte vorbehaltlich gerichtlicher Überprüfung so weit gehen, wie dies im Einzelfall angemessen ist. Die Aufsichtsbehörde sollte die betroffene Person innerhalb eines angemessenen Zeitraums über den Fortgang und die Ergebnisse der Beschwerde unterrichten. Sollten weitere Untersuchungen oder die Abstimmung mit einer anderen Aufsichtsbehörde erforderlich sein, sollte die betroffene Person über den Zwischenstand informiert werden. Jede Aufsichtsbehörde sollte Maßnahmen zur Erleichterung der Einreichung von Beschwerden treffen, wie etwa die Bereitstellung eines Beschwerdeformulars, das auch

---

[1)] Erwägungsgrund 140 ber. ABl. 2018 L 127 S. 2.

elektronisch ausgefüllt werden kann, ohne dass andere Kommunikationsmittel ausgeschlossen werden.

(142) Betroffene Personen, die sich in ihren Rechten gemäß dieser Verordnung verletzt sehen, sollten das Recht haben, nach dem Recht eines Mitgliedstaats gegründete Einrichtungen, Organisationen oder Verbände ohne Gewinnerzielungsabsicht, deren satzungsmäßige Ziele im öffentlichem Interesse liegen und die im Bereich des Schutzes personenbezogener Daten tätig sind, zu beauftragen, in ihrem Namen Beschwerde bei einer Aufsichtsbehörde oder einen gerichtlichen Rechtsbehelf einzulegen oder das Recht auf Schadensersatz in Anspruch zu nehmen, sofern dieses im Recht der Mitgliedstaaten vorgesehen ist. Die Mitgliedstaaten können vorsehen, dass diese Einrichtungen, Organisationen oder Verbände das Recht haben, unabhängig vom Auftrag einer betroffenen Person in dem betreffenden Mitgliedstaat eine eigene Beschwerde einzulegen, und das Recht auf einen wirksamen gerichtlichen Rechtsbehelf haben sollten, wenn sie Grund zu der Annahme haben, dass die Rechte der betroffenen Person infolge einer nicht im Einklang mit dieser Verordnung stehenden Verarbeitung verletzt worden sind. Diesen Einrichtungen, Organisationen oder Verbänden kann unabhängig vom Auftrag einer betroffenen Person nicht gestattet werden, im Namen einer betroffenen Person Schadenersatz zu verlangen.

(143) Jede natürliche oder juristische Person hat das Recht, unter den in Artikel 263 AEUV[1)] genannten Voraussetzungen beim Gerichtshof eine Klage auf Nichtigerklärung eines Beschlusses des Ausschusses zu erheben. Als Adressaten solcher Beschlüsse müssen die betroffenen Aufsichtsbehörden, die diese Beschlüsse anfechten möchten, binnen zwei Monaten nach deren Übermittlung gemäß Artikel 263 AEUV[1)] Klage erheben. Sofern Beschlüsse des Ausschusses einen Verantwortlichen, einen Auftragsverarbeiter oder den Beschwerdeführer unmittelbar und individuell betreffen, so können diese Personen binnen zwei Monaten nach Veröffentlichung der betreffenden Beschlüsse auf der Website des Ausschusses im Einklang mit Artikel 263 AEUV[1)] eine Klage auf Nichtigerklärung erheben. Unbeschadet dieses Rechts nach Artikel 263 AEUV[1)] sollte jede natürliche oder juristische Person das Recht auf einen wirksamen gerichtlichen Rechtsbehelf bei dem zuständigen einzelstaatlichen Gericht gegen einen Beschluss einer Aufsichtsbehörde haben, der gegenüber dieser Person Rechtswirkungen entfaltet. Ein derartiger Beschluss betrifft insbesondere die Ausübung von Untersuchungs-, Abhilfe- und Genehmigungsbefugnissen durch die Aufsichtsbehörde oder die Ablehnung oder Abweisung von Beschwerden. Das Recht auf einen wirksamen gerichtlichen Rechtsbehelf umfasst jedoch nicht rechtlich nicht bindende Maßnahmen der Aufsichtsbehörden wie von ihr abgegebene Stellungnahmen oder Empfehlungen. Verfahren gegen eine Aufsichtsbehörde sollten bei den Gerichten des Mitgliedstaats angestrengt werden, in dem die Aufsichtsbehörde ihren Sitz hat, und sollten im Einklang mit dem Verfahrensrecht dieses Mitgliedstaats durchgeführt werden. Diese Gerichte sollten eine uneingeschränkte Zuständigkeit besitzen, was die Zuständigkeit, sämtliche für den bei ihnen anhängigen Rechtsstreit maßgebliche Sach- und Rechtsfragen zu prüfen, einschließt. Wurde eine Beschwerde von einer Aufsichtsbehörde abgelehnt oder abgewiesen, kann der Beschwerdeführer Klage bei den Gerichten desselben Mitgliedstaats erheben.

Im Zusammenhang mit gerichtlichen Rechtsbehelfen in Bezug auf die Anwendung dieser Verordnung können einzelstaatliche Gerichte, die eine Entscheidung über diese Frage für erforderlich halten, um ihr Urteil erlassen zu können, bzw. müssen einzelstaatliche Gerichte in den Fällen nach Artikel 267 AEUV[1)] den Gerichtshof um eine Vorabentscheidung zur Auslegung des Unionsrechts – das auch diese Verordnung einschließt – ersuchen. Wird darüber hinaus der Beschluss einer Aufsichtsbehörde zur Umsetzung eines Beschlusses des Ausschusses vor einem einzelstaatlichen Gericht angefochten und wird die Gültigkeit des Beschlusses des Ausschusses in Frage gestellt, so hat dieses einzelstaatliche Gericht nicht die Befugnis, den Beschluss des Ausschusses für nichtig zu erklären, sondern es muss im Einklang mit Artikel 267 AEUV[1)] in der Auslegung des Gerichtshofs den Gerichtshof mit der Frage der Gültigkeit befassen, wenn es den Beschluss für nichtig hält. Allerdings darf ein einzelstaatliches Gericht den Gerichtshof nicht auf Anfrage einer natürlichen oder juristischen Person mit Fragen der Gültigkeit des Beschlusses des Ausschusses befassen, wenn diese Person Gelegenheit hatte, eine Klage auf Nichtigerklärung dieses Beschlusses zu erheben – insbesondere wenn sie unmittelbar und individuell von dem Beschluss betroffen war –, diese Gelegenheit jedoch nicht innerhalb der Frist gemäß Artikel 263 AEUV[1)] genutzt hat.

(144) Hat ein mit einem Verfahren gegen die Entscheidung einer Aufsichtsbehörde befasstes Gericht Anlass zu der Vermutung, dass ein dieselbe Verarbeitung betreffendes Verfahren – etwa zu demselben Gegenstand in Bezug auf die Verarbeitung durch denselben Verantwortlichen oder *Auftragsverarbeiter oder* wegen desselben Anspruchs – vor einem zuständigen Gericht in einem anderen Mitgliedstaat anhängig ist, so sollte es mit diesem Gericht Kontakt aufnehmen, um sich

---

[1)] Nr. **1001**.

zu vergewissern, dass ein solches verwandtes Verfahren existiert. Sind verwandte Verfahren vor einem Gericht in einem anderen Mitgliedstaat anhängig, so kann jedes später angerufene Gericht das Verfahren aussetzen oder sich auf Anfrage einer Partei auch zugunsten des zuerst angerufenen Gerichts für unzuständig erklären, wenn dieses später angerufene Gericht für die betreffenden Verfahren zuständig ist und die Verbindung von solchen verwandten Verfahren nach seinem Recht zulässig ist. Verfahren gelten als miteinander verwandt, wenn zwischen ihnen eine so enge Beziehung gegeben ist, dass eine gemeinsame Verhandlung und Entscheidung geboten erscheint, um zu vermeiden, dass in getrennten Verfahren einander widersprechende Entscheidungen ergehen.

(145)[1] Bei Verfahren gegen Verantwortliche oder Auftragsverarbeiter sollte es dem Kläger überlassen bleiben, ob er die Gerichte des Mitgliedstaats anruft, in dem der Verantwortliche oder der Auftragsverarbeiter eine Niederlassung hat, oder des Mitgliedstaats, in dem die betroffene Person wohnt; dies gilt nicht, wenn es sich bei dem Verantwortlichen um eine Behörde eines Mitgliedstaats handelt, die in Ausübung ihrer hoheitlichen Befugnisse tätig geworden ist.

(146) Der Verantwortliche oder der Auftragsverarbeiter sollte Schäden, die einer Person aufgrund einer Verarbeitung entstehen, die mit dieser Verordnung nicht im Einklang steht, ersetzen. Der Verantwortliche oder der Auftragsverarbeiter sollte von seiner Haftung befreit werden, wenn er nachweist, dass er in keiner Weise für den Schaden verantwortlich ist. Der Begriff des Schadens sollte im Lichte der Rechtsprechung des Gerichtshofs weit auf eine Art und Weise ausgelegt werden, die den Zielen dieser Verordnung in vollem Umfang entspricht. Dies gilt unbeschadet von Schadenersatzforderungen aufgrund von Verstößen gegen andere Vorschriften des Unionsrechts oder des Rechts der Mitgliedstaaten. Zu einer Verarbeitung, die mit der vorliegenden Verordnung nicht im Einklang steht, zählt auch eine Verarbeitung, die nicht mit den nach Maßgabe der vorliegenden Verordnung erlassenen delegierten Rechtsakten und Durchführungsrechtsakten und Rechtsvorschriften der Mitgliedstaaten zur Präzisierung von Bestimmungen der vorliegenden Verordnung im Einklang steht. Die betroffenen Personen sollten einen vollständigen und wirksamen Schadenersatz für den erlittenen Schaden erhalten. Sind Verantwortliche oder Auftragsverarbeiter an derselben Verarbeitung beteiligt, so sollte jeder Verantwortliche oder Auftragsverarbeiter für den gesamten Schaden haftbar gemacht werden. Werden sie jedoch nach Maßgabe des Rechts der Mitgliedstaaten zu demselben Verfahren hinzugezogen, so können sie im Verhältnis zu der Verantwortung anteilmäßig haftbar gemacht werden, die jeder Verantwortliche oder Auftragsverarbeiter für den durch die Verarbeitung entstandenen Schaden zu tragen hat, sofern sichergestellt ist, dass die betroffene Person einen vollständigen und wirksamen Schadenersatz für den erlittenen Schaden erhält. Jeder Verantwortliche oder Auftragsverarbeiter, der den vollen Schadenersatz geleistet hat, kann anschließend ein Rückgriffsverfahren gegen andere an derselben Verarbeitung beteiligte Verantwortliche oder Auftragsverarbeiter anstrengen.

(147) Soweit in dieser Verordnung spezifische Vorschriften über die Gerichtsbarkeit – insbesondere in Bezug auf Verfahren im Hinblick auf einen gerichtlichen Rechtsbehelf einschließlich Schadenersatz gegen einen Verantwortlichen oder Auftragsverarbeiter – enthalten sind, sollten die allgemeinen Vorschriften über die Gerichtsbarkeit, wie sie etwa in der Verordnung (EU) Nr. 1215/2012[2] des Europäischen Parlaments und des Rates[3] enthalten sind, der Anwendung dieser spezifischen Vorschriften nicht entgegenstehen.

(148) Im Interesse einer konsequenteren Durchsetzung der Vorschriften dieser Verordnung sollten bei Verstößen gegen diese Verordnung zusätzlich zu den geeigneten Maßnahmen, die die Aufsichtsbehörde gemäß dieser Verordnung verhängt, oder an Stelle solcher Maßnahmen Sanktionen einschließlich Geldbußen verhängt werden. Im Falle eines geringfügigeren Verstoßes oder falls voraussichtlich zu verhängende Geldbuße eine unverhältnismäßige Belastung für eine natürliche Person bewirken würde, kann anstelle einer Geldbuße eine Verwarnung erteilt werden. Folgendem sollte jedoch gebührend Rechnung getragen werden: der Art, Schwere und Dauer des Verstoßes, dem vorsätzlichen Charakter des Verstoßes, den Maßnahmen zur Minderung des entstandenen Schadens, dem Grad der Verantwortlichkeit oder jeglichem früheren Verstoß, der Art und Weise, wie der Verstoß der Aufsichtsbehörde bekannt wurde, der Einhaltung der gegen den Verantwortlichen oder Auftragsverarbeiter angeordneten Maßnahmen, der Einhaltung von Verhaltensregeln und jedem anderen erschwerenden oder mildernden Umstand. Für die Verhängung von Sanktionen einschließlich Geldbußen sollte es angemessene Verfahrensgarantien

[1] Erwägungsgrund 145 ber. ABl. 2018 L 127 S. 2.

[2] **Schönfelder ErgBd. Nr. 103.**

[3] **Amtl. Anm.:** Verordnung (EU) Nr. 1215/2012 des Europäischen Parlaments und des Rates vom 12. Dezember 2012 über die gerichtliche Zuständigkeit und die Anerkennung und Vollstreckung von Entscheidungen in Zivil- und Handelssachen (ABl. L 351 vom 20.12.2012, S. 1).

geben, die den allgemeinen Grundsätzen des Unionsrechts und der Charta, einschließlich des Rechts auf wirksamen Rechtsschutz und ein faires Verfahren, entsprechen.

(149) Die Mitgliedstaaten sollten die strafrechtlichen Sanktionen für Verstöße gegen diese Verordnung, auch für Verstöße gegen auf der Grundlage und in den Grenzen dieser Verordnung erlassene nationale Vorschriften, festlegen können. Diese strafrechtlichen Sanktionen können auch die Einziehung der durch die Verstöße gegen diese Verordnung erzielten Gewinne ermöglichen. Die Verhängung von strafrechtlichen Sanktionen für Verstöße gegen solche nationalen Vorschriften und von verwaltungsrechtlichen Sanktionen sollte jedoch nicht zu einer Verletzung des Grundsatzes „ne bis in idem", wie er vom Gerichtshof ausgelegt worden ist, führen.

(150) Um die verwaltungsrechtlichen Sanktionen bei Verstößen gegen diese Verordnung zu vereinheitlichen und ihnen mehr Wirkung zu verleihen, sollte jede Aufsichtsbehörde befugt sein, Geldbußen zu verhängen. In dieser Verordnung sollten die Verstöße sowie die Obergrenze der entsprechenden Geldbußen und die Kriterien für ihre Festsetzung genannt werden, wobei diese Geldbußen von der zuständigen Aufsichtsbehörde in jedem Einzelfall unter Berücksichtigung aller besonderen Umstände und insbesondere der Art, Schwere und Dauer des Verstoßes und seiner Folgen sowie der Maßnahmen, die ergriffen worden sind, um die Einhaltung der aus dieser Verordnung erwachsenden Verpflichtungen zu gewährleisten und die Folgen des Verstoßes abzuwenden oder abzumildern, festzusetzen sind. Werden Geldbußen Unternehmen auferlegt, sollte zu diesem Zweck der Begriff „Unternehmen" im Sinne der Artikel 101 und 102 AEUV[1] verstanden werden. Werden Geldbußen Personen auferlegt, bei denen es sich nicht um Unternehmen handelt, so sollte die Aufsichtsbehörde bei der Erwägung des angemessenen Betrags für die Geldbuße dem allgemeinen Einkommensniveau in dem betreffenden Mitgliedstaat und der wirtschaftlichen Lage der Personen Rechnung tragen. Das Kohärenzverfahren kann auch genutzt werden, um eine kohärente Anwendung von Geldbußen zu fördern. Die Mitgliedstaaten sollten bestimmen können, ob und inwieweit gegen Behörden Geldbußen verhängt werden können. Auch wenn die Aufsichtsbehörden bereits Geldbußen verhängt oder eine Verwarnung erteilt haben, können sie ihre anderen Befugnisse ausüben oder andere Sanktionen nach Maßgabe dieser Verordnung verhängen.

(151) Nach den Rechtsordnungen Dänemarks und Estlands sind die in dieser Verordnung vorgesehenen Geldbußen nicht zulässig. Die Vorschriften über die Geldbußen können so angewandt werden, dass die Geldbuße in Dänemark durch die zuständigen nationalen Gerichte als Strafe und in Estland durch die Aufsichtsbehörde im Rahmen eines Verfahrens bei Vergehen verhängt wird, sofern eine solche Anwendung der Vorschriften in diesen Mitgliedstaaten die gleiche Wirkung wie die von den Aufsichtsbehörden verhängten Geldbußen hat. Daher sollten die zuständigen nationalen Gerichte die Empfehlung der Aufsichtsbehörde, die die Geldbuße in die Wege geleitet hat, berücksichtigen. In *jeden*[2] Fall sollten die verhängten Geldbußen wirksam, verhältnismäßig und abschreckend sein.

(152) Soweit diese Verordnung verwaltungsrechtliche Sanktionen nicht harmonisiert oder wenn es in anderen Fällen – beispielsweise bei schweren Verstößen gegen diese Verordnung – erforderlich ist, sollten die Mitgliedstaaten eine Regelung anwenden, die wirksame, verhältnismäßige und abschreckende Sanktionen vorsieht. Es sollte im Recht der Mitgliedstaaten geregelt werden, ob diese Sanktionen strafrechtlicher oder verwaltungsrechtlicher Art sind.

(153) Im Recht der Mitgliedstaaten sollten die Vorschriften über die freie Meinungsäußerung und Informationsfreiheit, auch von Journalisten, Wissenschaftlern, Künstlern und/oder Schriftstellern, mit dem Recht auf Schutz der personenbezogenen Daten gemäß dieser Verordnung in Einklang gebracht werden. Für die Verarbeitung personenbezogener Daten ausschließlich zu journalistischen Zwecken oder zu wissenschaftlichen, künstlerischen oder literarischen Zwecken sollten Abweichungen und Ausnahmen von bestimmten Vorschriften dieser Verordnung gelten, wenn dies erforderlich ist, um das Recht auf Schutz der personenbezogenen Daten mit dem Recht auf Freiheit der Meinungsäußerung und Informationsfreiheit, wie es in Artikel 11 der Charta garantiert ist, in Einklang zu bringen. Dies sollte insbesondere für die Verarbeitung personenbezogener Daten im audiovisuellen Bereich sowie in Nachrichten- und Pressearchiven gelten. Die Mitgliedstaaten sollten daher Gesetzgebungsmaßnahmen zur Regelung der Abweichungen und Ausnahmen erlassen, die zum Zwecke der Abwägung zwischen diesen Grundrechten notwendig sind. Die Mitgliedstaaten sollten solche Abweichungen und Ausnahmen in Bezug auf die allgemeinen Grundsätze, die Rechte der betroffenen Person, den Verantwortlichen und den Auftragsverarbeiter, die Übermittlung von personenbezogenen Daten an Drittländer oder an internationale *Organisationen, die unabhängigen* Aufsichtsbehörden, die Zusammenarbeit und Kohärenz und

[1] Nr. **1001**.
[2] Richtig wohl: „jedem".

besondere Datenverarbeitungssituationen erlassen. Sollten diese Abweichungen oder Ausnahmen von Mitgliedstaat zu Mitgliedstaat unterschiedlich sein, sollte das Recht des Mitgliedstaats angewendet werden, dem der Verantwortliche unterliegt. Um der Bedeutung des Rechts auf freie Meinungsäußerung in einer demokratischen Gesellschaft Rechnung zu tragen, müssen Begriffe wie Journalismus, die sich auf diese Freiheit beziehen, weit ausgelegt werden.

(154) Diese Verordnung ermöglicht es, dass bei ihrer Anwendung der Grundsatz des Zugangs der Öffentlichkeit zu amtlichen Dokumenten berücksichtigt wird. Der Zugang der Öffentlichkeit zu amtlichen Dokumenten kann als öffentliches Interesse betrachtet werden. Personenbezogene Daten in Dokumenten, die sich im Besitz einer Behörde oder einer öffentlichen Stelle befinden, sollten von dieser Behörde oder Stelle öffentlich offengelegt werden können, sofern dies im Unionsrecht oder im Recht der Mitgliedstaaten, denen sie unterliegt, vorgesehen ist. Diese Rechtsvorschriften sollten den Zugang der Öffentlichkeit zu amtlichen Dokumenten und die Weiterverwendung von Informationen des öffentlichen Sektors mit dem Recht auf Schutz personenbezogener Daten in Einklang bringen und können daher die notwendige Übereinstimmung mit dem Recht auf Schutz personenbezogener Daten gemäß dieser Verordnung regeln. Die Bezugnahme auf Behörden und öffentliche Stellen sollte in diesem Kontext sämtliche Behörden oder sonstigen Stellen beinhalten, die vom Recht des jeweiligen Mitgliedstaats über den Zugang der Öffentlichkeit zu Dokumenten erfasst werden. Die Richtlinie 2003/98/EG des Europäischen Parlaments und des Rates[1] lässt das Schutzniveau für natürliche Personen in Bezug auf die Verarbeitung personenbezogener Daten gemäß den Bestimmungen des Unionsrechts und des Rechts der Mitgliedstaaten unberührt und beeinträchtigt diesen in keiner Weise, und sie bewirkt insbesondere keine Änderung der in dieser Verordnung dargelegten Rechte und Pflichten. Insbesondere sollte die genannte Richtlinie nicht für Dokumente gelten, die nach den Zugangsregelungen der Mitgliedstaaten aus Gründen des Schutzes personenbezogener Daten nicht oder nur eingeschränkt zugänglich sind, oder für Teile von Dokumenten, die nach diesen Regelungen zugänglich sind, wenn sie personenbezogene Daten enthalten, bei denen Rechtsvorschriften vorsehen, dass ihre Weiterverwendung nicht mit dem Recht über den Schutz natürlicher Personen in Bezug auf die Verarbeitung personenbezogener Daten vereinbar ist.

(155) Im Recht der Mitgliedstaaten oder in Kollektivvereinbarungen (einschließlich „Betriebsvereinbarungen") können spezifische Vorschriften für die Verarbeitung personenbezogener Beschäftigtendaten im Beschäftigungskontext vorgesehen werden, und zwar insbesondere Vorschriften über die Bedingungen, unter denen personenbezogene Daten im Beschäftigungskontext auf der Grundlage der Einwilligung des Beschäftigten verarbeitet werden dürfen, über die Verarbeitung dieser Daten für Zwecke der Einstellung, der Erfüllung des Arbeitsvertrags einschließlich der Erfüllung von durch Rechtsvorschriften oder durch Kollektivvereinbarungen festgelegten Pflichten, des Managements, der Planung und der Organisation der Arbeit, der Gleichheit und Diversität am Arbeitsplatz, der Gesundheit und Sicherheit am Arbeitsplatz sowie für Zwecke der Inanspruchnahme der mit der Beschäftigung zusammenhängenden individuellen oder kollektiven Rechte und Leistungen und für Zwecke der Beendigung des Beschäftigungsverhältnisses.

(156) Die Verarbeitung personenbezogener Daten für im öffentlichen Interesse liegende Archivzwecke, zu wissenschaftlichen oder historischen Forschungszwecken oder zu statistischen Zwecken sollte geeigneten Garantien für die Rechte und Freiheiten der betroffenen Person gemäß dieser Verordnung unterliegen. Mit diesen Garantien sollte sichergestellt werden, dass technische und organisatorische Maßnahmen bestehen, mit denen insbesondere der Grundsatz der Datenminimierung gewährleistet wird. Die Weiterverarbeitung personenbezogener Daten zu im öffentlichen Interesse liegende Archivzwecken, zu wissenschaftlichen oder historischen Forschungszwecken oder zu statistischen Zwecken erfolgt erst dann, wenn der Verantwortliche geprüft hat, ob es möglich ist, diese Zwecke durch die Verarbeitung von personenbezogenen Daten, bei der die Identifizierung von betroffenen Personen nicht oder nicht mehr möglich ist, zu erfüllen, sofern geeignete Garantien bestehen (wie z.B. die Pseudonymisierung von personenbezogenen Daten). *Die Mitgliedstaaten sollten* geeignete Garantien in Bezug auf die Verarbeitung personenbezogener Daten für im öffentlichen Interesse liegende Archivzwecke, zu wissenschaftlichen oder historischen Forschungszwecken oder zu statistischen Zwecken vorsehen. Es sollte den Mitgliedstaaten erlaubt sein, unter bestimmten Bedingungen und vorbehaltlich geeigneter Garantien für die betroffenen Personen Präzisierungen und Ausnahmen in Bezug auf die Informationsanforderungen sowie der Rechte auf Berichtigung, Löschung, Vergessenwerden, zur Einschränkung der Verarbeitung, auf Datenübertragbarkeit sowie auf Widerspruch bei der Verarbeitung personenbe-

[1] **Amtl. Anm.:** Richtlinie 2003/98/EG des Europäischen Parlaments und des Rates vom 17. November 2003 über die Weiterverwendung von Informationen des öffentlichen Sektors (ABl. L 345 vom 31.12. 2003, S. 90).

zogener Daten zu im öffentlichen Interesse liegende Archivzwecken, zu wissenschaftlichen oder historischen Forschungszwecken oder zu statistischen Zwecken vorzusehen. Im Rahmen der betreffenden Bedingungen und Garantien können spezifische Verfahren für die Ausübung dieser Rechte durch die betroffenen Personen vorgesehen sein – sofern dies angesichts der mit der spezifischen Verarbeitung verfolgten Zwecke angemessen ist – sowie technische und organisatorische Maßnahmen zur Minimierung der Verarbeitung personenbezogener Daten im Hinblick auf die Grundsätze der Verhältnismäßigkeit und der Notwendigkeit. Die Verarbeitung personenbezogener Daten zu wissenschaftlichen Zwecken sollte auch anderen einschlägigen Rechtsvorschriften, beispielsweise für klinische Prüfungen, genügen.

(157) Durch die Verknüpfung von Informationen aus Registern können Forscher neue Erkenntnisse von großem Wert in Bezug auf weit verbreiteten Krankheiten wie Herz-Kreislauferkrankungen, Krebs und Depression erhalten. Durch die Verwendung von Registern können bessere Forschungsergebnisse erzielt werden, da sie auf einen größeren Bevölkerungsanteil gestützt sind. Im Bereich der Sozialwissenschaften ermöglicht die Forschung anhand von Registern es den Forschern, entscheidende Erkenntnisse über den langfristigen Zusammenhang einer Reihe sozialer Umstände zu erlangen, wie Arbeitslosigkeit und Bildung mit anderen Lebensumständen. Durch Register erhaltene Forschungsergebnisse bieten solide, hochwertige Erkenntnisse, die die Basis für die Erarbeitung und Umsetzung wissensgestützter politischer Maßnahmen darstellen, die Lebensqualität zahlreicher Menschen verbessern und die Effizienz der Sozialdienste verbessern können. Zur Erleichterung der wissenschaftlichen Forschung können daher personenbezogene Daten zu wissenschaftlichen Forschungszwecken verarbeitet werden, wobei sie angemessenen Bedingungen und Garantien unterliegen, die im Unionsrecht oder im Recht der Mitgliedstaaten festgelegt sind.

(158) Diese Verordnung sollte auch für die Verarbeitung personenbezogener Daten zu Archivzwecken gelten, wobei darauf hinzuweisen ist, dass die Verordnung nicht für verstorbene Personen gelten sollte. Behörden oder öffentliche oder private Stellen, die Aufzeichnungen von öffentlichem Interesse führen, sollten gemäß dem Unionsrecht oder dem Recht der Mitgliedstaaten rechtlich verpflichtet sein, Aufzeichnungen von bleibendem Wert für das allgemeine öffentliche Interesse zu erwerben, zu erhalten, zu bewerten, aufzubereiten, zu beschreiben, mitzuteilen, zu fördern, zu verbreiten sowie Zugang dazu bereitzustellen. Es sollte den Mitgliedstaaten ferner erlaubt sein vorzusehen, dass personenbezogene Daten zu Archivzwecken weiterverarbeitet werden, beispielsweise im Hinblick auf die Bereitstellung spezifischer Informationen im Zusammenhang mit dem politischen Verhalten unter ehemaligen totalitären Regimen, Völkermord, Verbrechen gegen die Menschlichkeit, insbesondere dem Holocaust, und Kriegsverbrechen.

(159) Diese Verordnung sollte auch für die Verarbeitung personenbezogener Daten zu wissenschaftlichen Forschungszwecken gelten. Die Verarbeitung personenbezogener Daten zu wissenschaftlichen Forschungszwecken im Sinne dieser Verordnung sollte weit ausgelegt werden und die Verarbeitung für beispielsweise die technologische Entwicklung und die Demonstration, die Grundlagenforschung, die angewandte Forschung und die privat finanzierte Forschung einschließen. Darüber hinaus sollte sie dem in Artikel 179 Absatz 1 AEUV[1] festgeschriebenen Ziel, einen europäischen Raum der Forschung zu schaffen, Rechnung tragen. Die wissenschaftlichen Forschungszwecke sollten auch Studien umfassen, die im öffentlichen Interesse im Bereich der öffentlichen Gesundheit durchgeführt werden. Um den Besonderheiten der Verarbeitung personenbezogener Daten zu wissenschaftlichen Forschungszwecken zu genügen, sollten spezifische Bedingungen insbesondere hinsichtlich der Veröffentlichung oder sonstigen Offenlegung personenbezogener Daten im Kontext wissenschaftlicher Zwecke gelten. Geben die Ergebnisse wissenschaftlicher Forschung insbesondere im Gesundheitsbereich Anlass zu weiteren Maßnahmen im Interesse der betroffenen Person, sollten die allgemeinen Vorschriften dieser Verordnung für diese Maßnahmen gelten.

(160) Diese Verordnung sollte auch für die Verarbeitung personenbezogener Daten zu historischen Forschungszwecken gelten. Dazu sollte auch historische Forschung und Forschung im Bereich der Genealogie zählen, wobei darauf hinzuweisen ist, dass diese Verordnung nicht für verstorbene Personen gelten sollte.

(161) Für die Zwecke der Einwilligung in die Teilnahme an wissenschaftlichen Forschungstätigkeiten im Rahmen klinischer Prüfungen sollten die einschlägigen Bestimmungen der Verordnung (EU) Nr. 536/2014 des Europäischen Parlaments und des Rates[2] gelten.

---

[1] Nr. **1001**.

[2] **Amtl. Anm.:** Verordnung (EU) Nr. 536/2014 des Europäischen Parlaments und des Rates vom 16. April 2014 über klinische Prüfungen mit Humanarzneimitteln und zur Aufhebung der Richtlinie 2001/20/EG Text von Bedeutung für den EWR (ABl. L 158 vom 27.5.2014, S. 1).

(162) Diese Verordnung sollte auch für die Verarbeitung personenbezogener Daten zu statistischen Zwecken gelten. Das Unionsrecht oder das Recht der Mitgliedstaaten sollte in den Grenzen dieser Verordnung den statistischen Inhalt, die Zugangskontrolle, die Spezifikationen für die Verarbeitung personenbezogener Daten zu statistischen Zwecken und geeignete Maßnahmen zur Sicherung der Rechte und Freiheiten der betroffenen Personen und zur Sicherstellung der statistischen Geheimhaltung bestimmen. Unter dem Begriff „statistische Zwecke" ist jeder für die Durchführung statistischer Untersuchungen und die Erstellung statistischer Ergebnisse erforderliche Vorgang der Erhebung und Verarbeitung personenbezogener Daten zu verstehen. Diese statistischen Ergebnisse können für verschiedene Zwecke, so auch für wissenschaftliche Forschungszwecke, weiterverwendet werden. Im Zusammenhang mit den statistischen Zwecken wird vorausgesetzt, dass die Ergebnisse der Verarbeitung zu statistischen Zwecken keine personenbezogenen Daten, sondern aggregierte Daten sind und diese Ergebnisse oder personenbezogenen Daten nicht für Maßnahmen oder Entscheidungen gegenüber einzelnen natürlichen Personen verwendet werden.

(163) Die vertraulichen Informationen, die die statistischen Behörden der Union und der Mitgliedstaaten zur Erstellung der amtlichen europäischen und der amtlichen nationalen Statistiken erheben, sollten geschützt werden. Die europäischen Statistiken sollten im Einklang mit den in Artikel 338 Absatz 2 AEUV[1] dargelegten statistischen Grundsätzen entwickelt, erstellt und verbreitet werden, wobei die nationalen Statistiken auch mit dem Recht der Mitgliedstaaten übereinstimmen müssen. Die Verordnung (EG) Nr. 223/2009 des Europäischen Parlaments und des Rates[2] enthält genauere Bestimmungen zur Vertraulichkeit europäischer Statistiken.

(164) Hinsichtlich der Befugnisse der Aufsichtsbehörden, von dem Verantwortlichen oder vom Auftragsverarbeiter Zugang zu personenbezogenen Daten oder zu seinen Räumlichkeiten zu erlangen, können die Mitgliedstaaten in den Grenzen dieser Verordnung den Schutz des Berufsgeheimnisses oder anderer gleichwertiger Geheimhaltungspflichten durch Rechtsvorschriften regeln, soweit dies notwendig ist, um das Recht auf Schutz der personenbezogenen Daten mit einer Pflicht zur Wahrung des Berufsgeheimnisses in Einklang zu bringen. Dies berührt nicht die bestehenden Verpflichtungen der Mitgliedstaaten zum Erlass von Vorschriften über das Berufsgeheimnis, wenn dies aufgrund des Unionsrechts erforderlich ist.

(165) Im Einklang mit Artikel 17 AEUV[1] achtet diese Verordnung den Status, den Kirchen und religiöse Vereinigungen oder Gemeinschaften in den Mitgliedstaaten nach deren bestehenden verfassungsrechtlichen Vorschriften genießen, und beeinträchtigt ihn nicht.

(166) Um die Zielvorgaben dieser Verordnung zu erfüllen, d.h. die Grundrechte und Grundfreiheiten natürlicher Personen und insbesondere ihr Recht auf Schutz ihrer personenbezogenen Daten zu schützen und den freien Verkehr personenbezogener Daten innerhalb der Union zu gewährleisten, sollte der Kommission die Befugnis übertragen werden, gemäß Artikel 290 AEUV[1] Rechtsakte zu erlassen. Delegierte Rechtsakte sollten insbesondere in Bezug auf die für Zertifizierungsverfahren geltenden Kriterien und Anforderungen, die durch standardisierte Bildsymbole darzustellenden Informationen und die Verfahren für die Bereitstellung dieser Bildsymbole erlassen werden. Es ist von besonderer Bedeutung, dass die Kommission im Zuge ihrer Vorbereitungsarbeit angemessene Konsultationen, auch auf der Ebene von Sachverständigen, durchführt. Bei der Vorbereitung und Ausarbeitung delegierter Rechtsakte sollte die Kommission gewährleisten, dass die einschlägigen Dokumente dem Europäischen Parlament und dem Rat gleichzeitig, rechtzeitig und auf angemessene Weise übermittelt werden.

(167) Zur Gewährleistung einheitlicher Bedingungen für die Durchführung dieser Verordnung sollten der Kommission Durchführungsbefugnisse übertragen werden, wenn dies in dieser Verordnung vorgesehen ist. Diese Befugnisse sollten nach Maßgabe der Verordnung (EU) Nr. 182/2011 des Europäischen Parlaments und des Rates ausgeübt werden. In diesem Zusammenhang sollte die Kommission besondere Maßnahmen für Kleinstunternehmen sowie kleine und mittlere Unternehmen erwägen.

(168) Für den Erlass von Durchführungsrechtsakten bezüglich Standardvertragsklauseln für Verträge zwischen Verantwortlichen und Auftragsverarbeitern sowie zwischen Auftragsverarbeitern; Ver-

---

[1] Nr. **1001**.

[2] **Amtl. Anm.:** Verordnung (EG) Nr. 223/2009 des Europäischen Parlaments und des Rates vom 11. März 2009 über europäische Statistiken und zur Aufhebung der Verordnung (EG, Euratom) Nr. 1101/2008 des Europäischen Parlaments und des Rates über die Übermittlung von unter die Geheimhaltungspflicht fallenden Informationen an das Statistische Amt der Europäischen Gemeinschaften, der Verordnung (EG) Nr. 322/97 des Rates über die Gemeinschaftsstatistiken und des Beschlusses 89/382/EWG, Euratom des Rates zur Einsetzung eines Ausschusses für das Statistische Programm der Europäischen Gemeinschaften (ABl. L 87 vom 31.3.2009, S. 164).

haltensregeln; technische Standards und Verfahren für die Zertifizierung; Anforderungen an die Angemessenheit des Datenschutzniveaus in einem Drittland, einem Gebiet oder bestimmten Sektor dieses Drittlands oder in einer internationalen Organisation; Standardschutzklauseln; Formate und Verfahren für den Informationsaustausch zwischen Verantwortlichen, Auftragsverarbeitern und Aufsichtsbehörden im Hinblick auf verbindliche interne Datenschutzvorschriften; Amtshilfe; sowie Vorkehrungen für den elektronischen Informationsaustausch zwischen Aufsichtsbehörden und zwischen Aufsichtsbehörden und dem Ausschuss sollte das Prüfverfahren angewandt werden.

(169) Die Kommission sollte sofort geltende Durchführungsrechtsakte erlassen, wenn anhand vorliegender Beweise festgestellt wird, dass ein Drittland, ein Gebiet oder ein bestimmter Sektor in diesem Drittland oder eine internationale Organisation kein angemessenes Schutzniveau gewährleistet, und dies aus Gründen äußerster Dringlichkeit erforderlich ist.

(170) Da das Ziel dieser Verordnung, nämlich die Gewährleistung eines gleichwertigen Datenschutzniveaus für natürliche Personen und des freien Verkehrs personenbezogener Daten in der Union, von den Mitgliedstaaten nicht ausreichend verwirklicht werden kann, sondern vielmehr wegen des Umfangs oder der Wirkungen der Maßnahme auf Unionsebene besser zu verwirklichen ist, kann die Union im Einklang mit dem in Artikel 5 des Vertrags über die Europäische Union (EUV)[1] verankerten Subsidiaritätsprinzip tätig werden. Entsprechend dem in demselben Artikel genannten Grundsatz der Verhältnismäßigkeit geht diese Verordnung nicht über das für die Verwirklichung dieses Ziels erforderliche Maß hinaus.

(171) Die Richtlinie 95/46/EG sollte durch diese Verordnung aufgehoben werden. Verarbeitungen, die zum Zeitpunkt der Anwendung dieser Verordnung bereits begonnen haben, sollten innerhalb von zwei Jahren nach dem Inkrafttreten dieser Verordnung mit ihr in Einklang gebracht werden. Beruhen die Verarbeitungen auf einer Einwilligung gemäß der Richtlinie 95/46/EG, so ist es nicht erforderlich, dass die betroffene Person erneut ihre Einwilligung dazu erteilt, wenn die Art der bereits erteilten Einwilligung den Bedingungen dieser Verordnung entspricht, so dass der Verantwortliche die Verarbeitung nach dem Zeitpunkt der Anwendung der vorliegenden Verordnung fortsetzen kann. Auf der Richtlinie 95/46/EG beruhende Entscheidungen bzw. Beschlüsse der Kommission und Genehmigungen der Aufsichtsbehörden bleiben in Kraft, bis sie geändert, ersetzt oder aufgehoben werden.

(172) Der Europäische Datenschutzbeauftragte wurde gemäß Artikel 28 Absatz 2 der Verordnung (EG) Nr. 45/2001 konsultiert und hat am 7. März 2012[2] eine Stellungnahme abgegeben.

(173) Diese Verordnung sollte auf alle Fragen des Schutzes der Grundrechte und Grundfreiheiten bei der Verarbeitung personenbezogener Daten Anwendung finden, die nicht den in der Richtlinie 2002/58/EG des Europäischen Parlaments und des Rates[3] bestimmte Pflichten, die dasselbe Ziel verfolgen, unterliegen, einschließlich der Pflichten des Verantwortlichen und der Rechte natürlicher Personen. Um das Verhältnis zwischen der vorliegenden Verordnung und der Richtlinie 2002/58/EG klarzustellen, sollte die Richtlinie entsprechend geändert werden. Sobald diese Verordnung angenommen ist, sollte die Richtlinie 2002/58/EG einer Überprüfung unterzogen werden, um insbesondere die Kohärenz mit dieser Verordnung zu gewährleisten –

HABEN FOLGENDE VERORDNUNG ERLASSEN:

Kapitel I. Allgemeine Bestimmungen

Art. 1 Gegenstand und Ziele. (1) Diese Verordnung enthält Vorschriften zum Schutz natürlicher Personen bei der Verarbeitung personenbezogener Daten und zum freien Verkehr solcher Daten.

---

[1] Nr. **1000**.

[2] ***Amtl. Anm.:*** ABl. C 192 vom 30.6.2012, S. 7.

[3] **Amtl. Anm.:** Richtlinie 2002/58/EG des Europäischen Parlaments und des Rates vom 12. Juli 2002 über die Verarbeitung personenbezogener Daten und den Schutz der Privatsphäre in der elektronischen Kommunikation (Datenschutzrichtlinie für elektronische Kommunikation) (ABl. L 201 vom 31.7.2002, S. 37).

(2) Diese Verordnung schützt die Grundrechte und Grundfreiheiten natürlicher Personen und insbesondere deren Recht auf Schutz personenbezogener Daten.

(3) Der freie Verkehr personenbezogener Daten in der Union darf aus Gründen des Schutzes natürlicher Personen bei der Verarbeitung personenbezogener Daten weder eingeschränkt noch verboten werden.

Art. 2 Sachlicher Anwendungsbereich. (1) Diese Verordnung gilt für die ganz oder teilweise automatisierte Verarbeitung personenbezogener Daten sowie für die nichtautomatisierte Verarbeitung personenbezogener Daten, die in einem Dateisystem gespeichert sind oder gespeichert werden sollen.

(2) Diese Verordnung findet keine Anwendung auf die Verarbeitung personenbezogener Daten

a) im Rahmen einer Tätigkeit, die nicht in den Anwendungsbereich des Unionsrechts fällt,
b) durch die Mitgliedstaaten im Rahmen von Tätigkeiten, die in den Anwendungsbereich von Titel V Kapitel 2 EUV[1)] fallen,
c) durch natürliche Personen zur Ausübung ausschließlich persönlicher oder familiärer Tätigkeiten,
d) durch die zuständigen Behörden zum Zwecke der Verhütung, Ermittlung, Aufdeckung oder Verfolgung von Straftaten oder der Strafvollstreckung, einschließlich des Schutzes vor und der Abwehr von Gefahren für die öffentliche Sicherheit.

(3) [1] Für die Verarbeitung personenbezogener Daten durch die Organe, Einrichtungen, Ämter und Agenturen der Union gilt die Verordnung (EG) Nr. 45/2001. [2] Die Verordnung (EG) Nr. 45/2001 und sonstige Rechtsakte der Union, die diese Verarbeitung personenbezogener Daten regeln, werden im Einklang mit Artikel 98 an die Grundsätze und Vorschriften der vorliegenden Verordnung angepasst.

(4) Die vorliegende Verordnung lässt die Anwendung der Richtlinie 2000/31/EG und speziell die Vorschriften der Artikel 12 bis 15 dieser Richtlinie zur Verantwortlichkeit der Vermittler unberührt.

Art. 3 Räumlicher Anwendungsbereich. (1) Diese Verordnung findet Anwendung auf die Verarbeitung personenbezogener Daten, soweit diese im Rahmen der Tätigkeiten einer Niederlassung eines Verantwortlichen oder eines Auftragsverarbeiters in der Union erfolgt, unabhängig davon, ob die Verarbeitung in der Union stattfindet.

(2) Diese Verordnung findet Anwendung auf die Verarbeitung personenbezogener Daten von betroffenen Personen, die sich in der Union befinden, durch einen nicht in der Union niedergelassenen Verantwortlichen oder Auftragsverarbeiter, wenn die Datenverarbeitung im Zusammenhang damit steht

a) betroffenen Personen in der Union Waren oder Dienstleistungen anzubieten, unabhängig davon, ob von diesen betroffenen Personen eine Zahlung zu leisten ist;
b) das Verhalten betroffener Personen zu beobachten, soweit ihr Verhalten in der Union erfolgt.

[1)] Nr. **1000**.

(3) Diese Verordnung findet Anwendung auf die Verarbeitung personenbezogener Daten durch einen nicht in der Union niedergelassenen Verantwortlichen an einem Ort, der aufgrund Völkerrechts dem Recht eines Mitgliedstaats unterliegt.

Art. 4[1)] Begriffsbestimmungen. Im Sinne dieser Verordnung bezeichnet der Ausdruck:

1. „personenbezogene Daten" alle Informationen, die sich auf eine identifizierte oder identifizierbare natürliche Person (im Folgenden „betroffene Person") beziehen; als identifizierbar wird eine natürliche Person angesehen, die direkt oder indirekt, insbesondere mittels Zuordnung zu einer Kennung wie einem Namen, zu einer Kennnummer, zu Standortdaten, zu einer Online-Kennung oder zu einem oder mehreren besonderen Merkmalen, die Ausdruck der physischen, physiologischen, genetischen, psychischen, wirtschaftlichen, kulturellen oder sozialen Identität dieser natürlichen Person sind, identifiziert werden kann;
2. „Verarbeitung" jeden mit oder ohne Hilfe automatisierter Verfahren ausgeführten Vorgang oder jede solche Vorgangsreihe im Zusammenhang mit personenbezogenen Daten wie das Erheben, das Erfassen, die Organisation, das Ordnen, die Speicherung, die Anpassung oder Veränderung, das Auslesen, das Abfragen, die Verwendung, die Offenlegung durch Übermittlung, Verbreitung oder eine andere Form der Bereitstellung, den Abgleich oder die Verknüpfung, die Einschränkung, das Löschen oder die Vernichtung;
3. „Einschränkung der Verarbeitung" die Markierung gespeicherter personenbezogener Daten mit dem Ziel, ihre künftige Verarbeitung einzuschränken;
4. „Profiling" jede Art der automatisierten Verarbeitung personenbezogener Daten, die darin besteht, dass diese personenbezogenen Daten verwendet werden, um bestimmte persönliche Aspekte, die sich auf eine natürliche Person beziehen, zu bewerten, insbesondere um Aspekte bezüglich Arbeitsleistung, wirtschaftliche Lage, Gesundheit, persönliche Vorlieben, Interessen, Zuverlässigkeit, Verhalten, Aufenthaltsort oder Ortswechsel dieser natürlichen Person zu analysieren oder vorherzusagen;
5. „Pseudonymisierung" die Verarbeitung personenbezogener Daten in einer Weise, dass die personenbezogenen Daten ohne Hinzuziehung zusätzlicher Informationen nicht mehr einer spezifischen betroffenen Person zugeordnet werden können, sofern diese zusätzlichen Informationen gesondert aufbewahrt werden und technischen und organisatorischen Maßnahmen unterliegen, die gewährleisten, dass die personenbezogenen Daten nicht einer identifizierten oder identifizierbaren natürlichen Person zugewiesen werden;
6. „Dateisystem" jede strukturierte Sammlung personenbezogener Daten, die nach bestimmten Kriterien zugänglich sind, unabhängig davon, ob diese Sammlung zentral, dezentral oder nach funktionalen oder geografischen Gesichtspunkten geordnet geführt wird;
7. „Verantwortlicher" die natürliche oder juristische Person, Behörde, Einrichtung oder andere Stelle, die allein oder gemeinsam mit anderen über die Zwecke und Mittel der Verarbeitung von personenbezogenen Daten

[1)] Art. 4 Nr. 18 ber. ABl. 2018 L 127 S. 2.

entscheidet; sind die Zwecke und Mittel dieser Verarbeitung durch das Unionsrecht oder das Recht der Mitgliedstaaten vorgegeben, so kann der Verantwortliche beziehungsweise können die bestimmten Kriterien seiner Benennung nach dem Unionsrecht oder dem Recht der Mitgliedstaaten vorgesehen werden;

8. „Auftragsverarbeiter" eine natürliche oder juristische Person, Behörde, Einrichtung oder andere Stelle, die personenbezogene Daten im Auftrag des Verantwortlichen verarbeitet;
9. „Empfänger" eine natürliche oder juristische Person, Behörde, Einrichtung oder andere Stelle, der personenbezogene Daten offengelegt werden, unabhängig davon, ob es sich bei ihr um einen Dritten handelt oder nicht. Behörden, die im Rahmen eines bestimmten Untersuchungsauftrags nach dem Unionsrecht oder dem Recht der Mitgliedstaaten möglicherweise personenbezogene Daten erhalten, gelten jedoch nicht als Empfänger; die Verarbeitung dieser Daten durch die genannten Behörden erfolgt im Einklang mit den geltenden Datenschutzvorschriften gemäß den Zwecken der Verarbeitung;
10. „Dritter" eine natürliche oder juristische Person, Behörde, Einrichtung oder andere Stelle, außer der betroffenen Person, dem Verantwortlichen, dem Auftragsverarbeiter und den Personen, die unter der unmittelbaren Verantwortung des Verantwortlichen oder des Auftragsverarbeiters befugt sind, die personenbezogenen Daten zu verarbeiten;
11. „Einwilligung" der betroffenen Person jede freiwillig für den bestimmten Fall, in informierter Weise und unmissverständlich abgegebene Willensbekundung in Form einer Erklärung oder einer sonstigen eindeutigen bestätigenden Handlung, mit der die betroffene Person zu verstehen gibt, dass sie mit der Verarbeitung der sie betreffenden personenbezogenen Daten einverstanden ist;
12. „Verletzung des Schutzes personenbezogener Daten" eine Verletzung der Sicherheit, die, ob unbeabsichtigt oder unrechtmäßig, zur Vernichtung, zum Verlust, zur Veränderung, oder zur unbefugten Offenlegung von beziehungsweise zum unbefugten Zugang zu personenbezogenen Daten führt, die übermittelt, gespeichert oder auf sonstige Weise verarbeitet wurden;
13. „genetische Daten" personenbezogene Daten zu den ererbten oder erworbenen genetischen Eigenschaften einer natürlichen Person, die eindeutige Informationen über die Physiologie oder die Gesundheit dieser natürlichen Person liefern und insbesondere aus der Analyse einer biologischen Probe der betreffenden natürlichen Person gewonnen wurden;
14. „biometrische Daten" mit speziellen technischen Verfahren gewonnene personenbezogene Daten zu den physischen, physiologischen oder verhaltenstypischen Merkmalen einer natürlichen Person, die die eindeutige Identifizierung dieser natürlichen Person ermöglichen oder bestätigen, wie Gesichtsbilder oder daktyloskopische Daten;
15. „Gesundheitsdaten" personenbezogene Daten, die sich auf die körperliche oder geistige Gesundheit einer natürlichen Person, einschließlich der Erbringung von Gesundheitsdienstleistungen, beziehen und aus denen Informationen über deren Gesundheitszustand hervorgehen;
16. „Hauptniederlassung"

a) im Falle eines Verantwortlichen mit Niederlassungen in mehr als einem Mitgliedstaat den Ort seiner Hauptverwaltung in der Union, es sei denn, die Entscheidungen hinsichtlich der Zwecke und Mittel der Verarbeitung personenbezogener Daten werden in einer anderen Niederlassung des Verantwortlichen in der Union getroffen und diese Niederlassung ist befugt, diese Entscheidungen umsetzen zu lassen; in diesem Fall gilt die Niederlassung, die derartige Entscheidungen trifft, als Hauptniederlassung;

b) im Falle eines Auftragsverarbeiters mit Niederlassungen in mehr als einem Mitgliedstaat den Ort seiner Hauptverwaltung in der Union oder, sofern der Auftragsverarbeiter keine Hauptverwaltung in der Union hat, die Niederlassung des Auftragsverarbeiters in der Union, in der die Verarbeitungstätigkeiten im Rahmen der Tätigkeiten einer Niederlassung eines Auftragsverarbeiters hauptsächlich stattfinden, soweit der Auftragsverarbeiter spezifischen Pflichten aus dieser Verordnung unterliegt;

17. „Vertreter" eine in der Union niedergelassene natürliche oder juristische Person, die von dem Verantwortlichen oder Auftragsverarbeiter schriftlich gemäß Artikel 27 bestellt wurde und den Verantwortlichen oder Auftragsverarbeiter in Bezug auf die ihnen jeweils nach dieser Verordnung obliegenden Pflichten vertritt;

18. „Unternehmen" eine natürliche oder juristische Person, die eine wirtschaftliche Tätigkeit ausübt, unabhängig von ihrer Rechtsform, einschließlich Personengesellschaften oder Vereinigungen, die regelmäßig einer wirtschaftlichen Tätigkeit nachgehen;

19. „Unternehmensgruppe" eine Gruppe, die aus einem herrschenden Unternehmen und den von diesem abhängigen Unternehmen besteht;

20. „verbindliche interne Datenschutzvorschriften" Maßnahmen zum Schutz personenbezogener Daten, zu deren Einhaltung sich ein im Hoheitsgebiet eines Mitgliedstaats niedergelassener Verantwortlicher oder Auftragsverarbeiter verpflichtet im Hinblick auf Datenübermittlungen oder eine Kategorie von Datenübermittlungen personenbezogener Daten an einen Verantwortlichen oder Auftragsverarbeiter derselben Unternehmensgruppe oder derselben Gruppe von Unternehmen, die eine gemeinsame Wirtschaftstätigkeit ausüben, in einem oder mehreren Drittländern;

21. „Aufsichtsbehörde" eine von einem Mitgliedstaat gemäß Artikel 51 eingerichtete unabhängige staatliche Stelle;

22. „betroffene Aufsichtsbehörde" eine Aufsichtsbehörde, die von der Verarbeitung personenbezogener Daten betroffen ist, weil

a) der Verantwortliche oder der Auftragsverarbeiter im Hoheitsgebiet des Mitgliedstaats dieser Aufsichtsbehörde niedergelassen ist,

b) diese Verarbeitung erhebliche Auswirkungen auf betroffene Personen mit Wohnsitz im Mitgliedstaat dieser Aufsichtsbehörde hat oder haben kann oder

c) eine Beschwerde bei dieser Aufsichtsbehörde eingereicht wurde;

23. „grenzüberschreitende Verarbeitung" entweder

a) eine Verarbeitung personenbezogener Daten, die im Rahmen der Tätigkeiten von Niederlassungen eines Verantwortlichen oder eines Auftragsverarbeiters in der Union in mehr als einem Mitgliedstaat erfolgt, wenn der Verantwortliche oder Auftragsverarbeiter in mehr als einem Mitgliedstaat niedergelassen ist, oder

b) eine Verarbeitung personenbezogener Daten, die im Rahmen der Tätigkeiten einer einzelnen Niederlassung eines Verantwortlichen oder eines Auftragsverarbeiters in der Union erfolgt, die jedoch erhebliche Auswirkungen auf betroffene Personen in mehr als einem Mitgliedstaat hat oder haben kann;

24. „maßgeblicher und begründeter Einspruch" einen Einspruch gegen einen Beschlussentwurf im Hinblick darauf, ob ein Verstoß gegen diese Verordnung vorliegt oder ob beabsichtigte Maßnahmen gegen den Verantwortlichen oder den Auftragsverarbeiter im Einklang mit dieser Verordnung steht, wobei aus diesem Einspruch die Tragweite der Risiken klar hervorgeht, die von dem Beschlussentwurf in Bezug auf die Grundrechte und Grundfreiheiten der betroffenen Personen und gegebenenfalls den freien Verkehr personenbezogener Daten in der Union ausgehen;

25. „Dienst der Informationsgesellschaft" eine Dienstleistung im Sinne des Artikels 1 Nummer 1 Buchstabe b der Richtlinie (EU) 2015/1535 des Europäischen Parlaments und des Rates[1]);

26. „internationale Organisation" eine völkerrechtliche Organisation und ihre nachgeordneten Stellen oder jede sonstige Einrichtung, die durch eine zwischen zwei oder mehr Ländern geschlossene Übereinkunft oder auf der Grundlage einer solchen Übereinkunft geschaffen wurde.

Kapitel II. Grundsätze

Art. 5 Grundsätze für die Verarbeitung personenbezogener Daten.

(1) Personenbezogene Daten müssen

a) auf rechtmäßige Weise, nach Treu und Glauben und in einer für die betroffene Person nachvollziehbaren Weise verarbeitet werden („Rechtmäßigkeit, Verarbeitung nach Treu und Glauben, Transparenz");

b) für festgelegte, eindeutige und legitime Zwecke erhoben werden und dürfen nicht in einer mit diesen Zwecken nicht zu vereinbarenden Weise weiterverarbeitet werden; eine Weiterverarbeitung für im öffentlichen Interesse liegende Archivzwecke, für wissenschaftliche oder historische Forschungszwecke oder für statistische Zwecke gilt gemäß Artikel 89 Absatz 1 nicht als unvereinbar mit den ursprünglichen Zwecken („Zweckbindung");

c) dem Zweck angemessen und erheblich sowie auf das für die Zwecke der Verarbeitung notwendige Maß beschränkt sein („Datenminimierung");

d) sachlich richtig und erforderlichenfalls auf dem neuesten Stand sein; es sind alle angemessenen Maßnahmen zu treffen, damit personenbezogene Daten, die im Hinblick auf die Zwecke ihrer Verarbeitung unrichtig sind, unverzüglich gelöscht oder berichtigt werden („Richtigkeit");

e) in einer Form gespeichert werden, die die Identifizierung der betroffenen Personen nur so lange ermöglicht, wie es für die Zwecke, für die sie verarbeitet werden, erforderlich ist; personenbezogene Daten dürfen länger

---

[1]) **Amtl. Anm.:** Richtlinie (EU) 2015/1535 des Europäischen Parlaments und des Rates vom 9. September 2015 über ein Informationsverfahren auf dem Gebiet der technischen Vorschriften und der Vorschriften für die Dienste der Informationsgesellschaft (ABl. L 241 vom 17.9.2015, S. 1).

gespeichert werden, soweit die personenbezogenen Daten vorbehaltlich der Durchführung geeigneter technischer und organisatorischer Maßnahmen, die von dieser Verordnung zum Schutz der Rechte und Freiheiten der betroffenen Person gefordert werden, ausschließlich für im öffentlichen Interesse liegende Archivzwecke oder für wissenschaftliche und historische Forschungszwecke oder für statistische Zwecke gemäß Artikel 89 Absatz 1 verarbeitet werden („Speicherbegrenzung");

f) in einer Weise verarbeitet werden, die eine angemessene Sicherheit der personenbezogenen Daten gewährleistet, einschließlich Schutz vor unbefugter oder unrechtmäßiger Verarbeitung und vor unbeabsichtigtem Verlust, unbeabsichtigter Zerstörung oder unbeabsichtigter Schädigung durch geeignete technische und organisatorische Maßnahmen („Integrität und Vertraulichkeit");[1)]

(2) Der Verantwortliche ist für die Einhaltung des Absatzes 1 verantwortlich und muss dessen Einhaltung nachweisen können („Rechenschaftspflicht").

Art. 6 Rechtmäßigkeit der Verarbeitung. (1) *[1]* Die Verarbeitung ist nur rechtmäßig, wenn mindestens eine der nachstehenden Bedingungen erfüllt ist:

a) Die betroffene Person hat ihre Einwilligung zu der Verarbeitung der sie betreffenden personenbezogenen Daten für einen oder mehrere bestimmte Zwecke gegeben;

b) die Verarbeitung ist für die Erfüllung eines Vertrags, dessen Vertragspartei die betroffene Person ist, oder zur Durchführung vorvertraglicher Maßnahmen erforderlich, die auf Anfrage der betroffenen Person erfolgen;

c) die Verarbeitung ist zur Erfüllung einer rechtlichen Verpflichtung erforderlich, der der Verantwortliche unterliegt;

d) die Verarbeitung ist erforderlich, um lebenswichtige Interessen der betroffenen Person oder einer anderen natürlichen Person zu schützen;

e) die Verarbeitung ist für die Wahrnehmung einer Aufgabe erforderlich, die im öffentlichen Interesse liegt oder in Ausübung öffentlicher Gewalt erfolgt, die dem Verantwortlichen übertragen wurde;

f) die Verarbeitung ist zur Wahrung der berechtigten Interessen des Verantwortlichen oder eines Dritten erforderlich, sofern nicht die Interessen oder Grundrechte und Grundfreiheiten der betroffenen Person, die den Schutz personenbezogener Daten erfordern, überwiegen, insbesondere dann, wenn es sich bei der betroffenen Person um ein Kind handelt.

[2] Unterabsatz 1 Buchstabe f gilt nicht für die von Behörden in Erfüllung ihrer Aufgaben vorgenommene Verarbeitung.

(2) Die Mitgliedstaaten können spezifischere Bestimmungen zur Anpassung der Anwendung der Vorschriften dieser Verordnung in Bezug auf die Verarbeitung zur Erfüllung von Absatz 1 Buchstaben c und e beibehalten oder einführen, indem sie spezifische Anforderungen für die Verarbeitung sowie sonstige Maßnahmen präziser bestimmen, um eine rechtmäßig und nach Treu und Glauben erfolgende Verarbeitung zu gewährleisten, einschließlich für andere besondere Verarbeitungssituationen gemäß Kapitel IX.

(3) [1]Die Rechtsgrundlage für die Verarbeitungen gemäß Absatz 1 Buchstaben c und e wird festgelegt durch

---

1) Zeichensetzung amtlich.

a) Unionsrecht oder

b) das Recht der Mitgliedstaaten, dem der Verantwortliche unterliegt.

[2] Der Zweck der Verarbeitung muss in dieser Rechtsgrundlage festgelegt oder hinsichtlich der Verarbeitung gemäß Absatz 1 Buchstabe e für die Erfüllung einer Aufgabe erforderlich sein, die im öffentlichen Interesse liegt oder in Ausübung öffentlicher Gewalt erfolgt, die dem Verantwortlichen übertragen wurde. [3] Diese Rechtsgrundlage kann spezifische Bestimmungen zur Anpassung der Anwendung der Vorschriften dieser Verordnung enthalten, unter anderem Bestimmungen darüber, welche allgemeinen Bedingungen für die Regelung der Rechtmäßigkeit der Verarbeitung durch den Verantwortlichen gelten, welche Arten von Daten verarbeitet werden, welche Personen betroffen sind, an welche Einrichtungen und für welche Zwecke die personenbezogenen Daten offengelegt werden dürfen, welcher Zweckbindung sie unterliegen, wie lange sie gespeichert werden dürfen und welche Verarbeitungsvorgänge und -verfahren angewandt werden dürfen, einschließlich Maßnahmen zur Gewährleistung einer rechtmäßig und nach Treu und Glauben erfolgenden Verarbeitung, wie solche für sonstige besondere Verarbeitungssituationen gemäß Kapitel IX. [4] Das Unionsrecht oder das Recht der Mitgliedstaaten müssen ein im öffentlichen Interesse liegendes Ziel verfolgen und in einem angemessenen Verhältnis zu dem verfolgten legitimen Zweck stehen.

(4) Beruht die Verarbeitung zu einem anderen Zweck als zu demjenigen, zu dem die personenbezogenen Daten erhoben wurden, nicht auf der Einwilligung der betroffenen Person oder auf einer Rechtsvorschrift der Union oder der Mitgliedstaaten, die in einer demokratischen Gesellschaft eine notwendige und verhältnismäßige Maßnahme zum Schutz der in Artikel 23 Absatz 1 genannten Ziele darstellt, so berücksichtigt der Verantwortliche – um festzustellen, ob die Verarbeitung zu einem anderen Zweck mit demjenigen, zu dem die personenbezogenen Daten ursprünglich erhoben wurden, vereinbar ist – unter anderem

a) jede Verbindung zwischen den Zwecken, für die die personenbezogenen Daten erhoben wurden, und den Zwecken der beabsichtigten Weiterverarbeitung,

b) den Zusammenhang, in dem die personenbezogenen Daten erhoben wurden, insbesondere hinsichtlich des Verhältnisses zwischen den betroffenen Personen und dem Verantwortlichen,

c) die Art der personenbezogenen Daten, insbesondere ob besondere Kategorien personenbezogener Daten gemäß Artikel 9 verarbeitet werden oder ob

(Fortsetzung nächstes Blatt)

personenbezogene Daten über strafrechtliche Verurteilungen und Straftaten gemäß Artikel 10 verarbeitet werden,

d) die möglichen Folgen der beabsichtigten Weiterverarbeitung für die betroffenen Personen,

e) das Vorhandensein geeigneter Garantien, wozu Verschlüsselung oder Pseudonymisierung gehören kann.

Art. 7 Bedingungen für die Einwilligung. (1) Beruht die Verarbeitung auf einer Einwilligung, muss der Verantwortliche nachweisen können, dass die betroffene Person in die Verarbeitung ihrer personenbezogenen Daten eingewilligt hat.

(2) [1] Erfolgt die Einwilligung der betroffenen Person durch eine schriftliche Erklärung, die noch andere Sachverhalte betrifft, so muss das Ersuchen um Einwilligung in verständlicher und leicht zugänglicher Form in einer klaren und einfachen Sprache so erfolgen, dass es von den anderen Sachverhalten klar zu unterscheiden ist. [2] Teile der Erklärung sind dann nicht verbindlich, wenn sie einen Verstoß gegen diese Verordnung darstellen.

(3) [1] Die betroffene Person hat das Recht, ihre Einwilligung jederzeit zu widerrufen. [2] Durch den Widerruf der Einwilligung wird die Rechtmäßigkeit der aufgrund der Einwilligung bis zum Widerruf erfolgten Verarbeitung nicht berührt. [3] Die betroffene Person wird vor Abgabe der Einwilligung hiervon in Kenntnis gesetzt. [4] Der Widerruf der Einwilligung muss so einfach wie die Erteilung der Einwilligung sein.

(4) Bei der Beurteilung, ob die Einwilligung freiwillig erteilt wurde, muss dem Umstand in größtmöglichem Umfang Rechnung getragen werden, ob unter anderem die Erfüllung eines Vertrags, einschließlich der Erbringung einer Dienstleistung, von der Einwilligung zu einer Verarbeitung von personenbezogenen Daten abhängig ist, die für die Erfüllung des Vertrags nicht erforderlich sind.

Art. 8 Bedingungen für die Einwilligung eines Kindes in Bezug auf Dienste der Informationsgesellschaft. (1) [1] Gilt Artikel 6 Absatz 1 Buchstabe a bei einem Angebot von Diensten der Informationsgesellschaft, das einem Kind direkt gemacht wird, so ist die Verarbeitung der personenbezogenen Daten des Kindes rechtmäßig, wenn das Kind das sechzehnte Lebensjahr vollendet hat. [2] Hat das Kind noch nicht das sechzehnte Lebensjahr vollendet, so ist diese Verarbeitung nur rechtmäßig, sofern und soweit diese Einwilligung durch den Träger der elterlichen Verantwortung für das Kind oder mit dessen Zustimmung erteilt wird.

Die Mitgliedstaaten können durch Rechtsvorschriften zu diesen Zwecken eine niedrigere Altersgrenze vorsehen, die jedoch nicht unter dem vollendeten dreizehnten Lebensjahr liegen darf.

(2) Der Verantwortliche unternimmt unter Berücksichtigung der verfügbaren Technik angemessene Anstrengungen, um sich in solchen Fällen zu vergewissern, dass die Einwilligung durch den Träger der elterlichen Verantwortung für das Kind oder mit dessen Zustimmung erteilt wurde.

(3) Absatz 1 lässt das allgemeine Vertragsrecht der Mitgliedstaaten, wie etwa die Vorschriften zur Gültigkeit, zum Zustandekommen oder zu den Rechtsfolgen eines Vertrags in Bezug auf ein Kind, unberührt.

Art. 9 Verarbeitung besonderer Kategorien personenbezogener Daten. (1) Die Verarbeitung personenbezogener Daten, aus denen die rassische und ethnische Herkunft, politische Meinungen, religiöse oder weltanschauliche Überzeugungen oder die Gewerkschaftszugehörigkeit hervorgehen, sowie die Verarbeitung von genetischen Daten, biometrischen Daten zur eindeutigen Identifizierung einer natürlichen Person, Gesundheitsdaten oder Daten zum Sexualleben oder der sexuellen Orientierung einer natürlichen Person ist untersagt.

(2) Absatz 1 gilt nicht in folgenden Fällen:

a) Die betroffene Person hat in die Verarbeitung der genannten personenbezogenen Daten für einen oder mehrere festgelegte Zwecke ausdrücklich eingewilligt, es sei denn, nach Unionsrecht oder dem Recht der Mitgliedstaaten kann das Verbot nach Absatz 1 durch die Einwilligung der betroffenen Person nicht aufgehoben werden,

b) die Verarbeitung ist erforderlich, damit der Verantwortliche oder die betroffene Person die ihm bzw. ihr aus dem Arbeitsrecht und dem Recht der sozialen Sicherheit und des Sozialschutzes erwachsenden Rechte ausüben und seinen bzw. ihren diesbezüglichen Pflichten nachkommen kann, soweit dies nach Unionsrecht oder dem Recht der Mitgliedstaaten oder einer Kollektivvereinbarung nach dem Recht der Mitgliedstaaten, das geeignete Garantien für die Grundrechte und die Interessen der betroffenen Person vorsieht, zulässig ist,

c) die Verarbeitung ist zum Schutz lebenswichtiger Interessen der betroffenen Person oder einer anderen natürlichen Person erforderlich und die betroffene Person ist aus körperlichen oder rechtlichen Gründen außerstande, ihre Einwilligung zu geben,

d) die Verarbeitung erfolgt auf der Grundlage geeigneter Garantien durch eine politisch, weltanschaulich, religiös oder gewerkschaftlich ausgerichtete Stiftung, Vereinigung oder sonstige Organisation ohne Gewinnerzielungsabsicht im Rahmen ihrer rechtmäßigen Tätigkeiten und unter der Voraussetzung, dass sich die Verarbeitung ausschließlich auf die Mitglieder oder ehemalige Mitglieder der Organisation oder auf Personen, die im Zusammenhang mit deren Tätigkeitszweck regelmäßige Kontakte mit ihr unterhalten, bezieht und die personenbezogenen Daten nicht ohne Einwilligung der betroffenen Personen nach außen offengelegt werden,

e) die Verarbeitung bezieht sich auf personenbezogene Daten, die die betroffene Person offensichtlich öffentlich gemacht hat,

f) die Verarbeitung ist zur Geltendmachung, Ausübung oder Verteidigung von Rechtsansprüchen oder bei Handlungen der Gerichte im Rahmen ihrer justiziellen Tätigkeit erforderlich,

g) die Verarbeitung ist auf der Grundlage des Unionsrechts oder des Rechts eines Mitgliedstaats, das in angemessenem Verhältnis zu dem verfolgten Ziel steht, den Wesensgehalt des Rechts auf Datenschutz wahrt und angemessene und spezifische Maßnahmen zur Wahrung der Grundrechte und Interessen der betroffenen Person vorsieht, aus Gründen eines erheblichen öffentlichen Interesses erforderlich,

h) die Verarbeitung ist für Zwecke der Gesundheitsvorsorge oder der Arbeitsmedizin, für die Beurteilung der Arbeitsfähigkeit des Beschäftigten, für die medizinische Diagnostik, die Versorgung oder Behandlung im Gesundheits- oder Sozialbereich oder für die Verwaltung von Systemen und Diensten im Gesundheits- oder Sozialbereich auf der Grundlage des Unionsrechts oder des Rechts eines Mitgliedstaats oder aufgrund eines Vertrags mit einem Angehörigen eines Gesundheitsberufs und vorbehaltlich der in Absatz 3 genannten Bedingungen und Garantien erforderlich,

i) die Verarbeitung ist aus Gründen des öffentlichen Interesses im Bereich der öffentlichen Gesundheit, wie dem Schutz vor schwerwiegenden grenzüberschreitenden Gesundheitsgefahren oder zur Gewährleistung hoher Qualitäts- und Sicherheitsstandards bei der Gesundheitsversorgung und bei Arzneimitteln und Medizinprodukten, auf der Grundlage des Unionsrechts oder des Rechts eines Mitgliedstaats, das angemessene und spezifische Maßnahmen zur Wahrung der Rechte und Freiheiten der betroffenen Person, insbesondere des Berufsgeheimnisses, vorsieht, erforderlich, oder

j) die Verarbeitung ist auf der Grundlage des Unionsrechts oder des Rechts eines Mitgliedstaats, das in angemessenem Verhältnis zu dem verfolgten Ziel steht, den Wesensgehalt des Rechts auf Datenschutz wahrt und angemessene und spezifische Maßnahmen zur Wahrung der Grundrechte und Interessen der betroffenen Person vorsieht, für im öffentlichen Interesse liegende Archivzwecke, für wissenschaftliche oder historische Forschungszwecke oder für statistische Zwecke gemäß Artikel 89 Absatz 1 erforderlich.

(3) Die in Absatz 1 genannten personenbezogenen Daten dürfen zu den in Absatz 2 Buchstabe h genannten Zwecken verarbeitet werden, wenn diese Daten von Fachpersonal oder unter dessen Verantwortung verarbeitet werden und dieses Fachpersonal nach dem Unionsrecht oder dem Recht eines Mitgliedstaats oder den Vorschriften nationaler zuständiger Stellen dem Berufsgeheimnis unterliegt, oder wenn die Verarbeitung durch eine andere Person erfolgt, die ebenfalls nach dem Unionsrecht oder dem Recht eines Mitgliedstaats oder den Vorschriften nationaler zuständiger Stellen einer Geheimhaltungspflicht unterliegt.

(4) Die Mitgliedstaaten können zusätzliche Bedingungen, einschließlich Beschränkungen, einführen oder aufrechterhalten, soweit die Verarbeitung von genetischen, biometrischen oder Gesundheitsdaten betroffen ist.

Art. 10 Verarbeitung von personenbezogenen Daten über strafrechtliche Verurteilungen und Straftaten. [1] Die Verarbeitung personenbezogener Daten über strafrechtliche Verurteilungen und Straftaten oder damit zusammenhängende Sicherungsmaßregeln aufgrund von Artikel 6 Absatz 1 darf nur unter behördlicher Aufsicht vorgenommen werden oder wenn dies nach dem Unionsrecht oder dem Recht der Mitgliedstaaten, das geeignete Garantien für die Rechte und Freiheiten der betroffenen Personen vorsieht, zulässig ist. [2] Ein umfassendes Register der strafrechtlichen Verurteilungen darf nur unter behördlicher Aufsicht geführt werden.

Art. 11 Verarbeitung, für die eine Identifizierung der betroffenen Person nicht erforderlich ist. (1) Ist für die Zwecke, für die ein Verantwortlicher personenbezogene Daten verarbeitet, die Identifizierung der betroffenen Person durch den Verantwortlichen nicht oder nicht mehr erforderlich, so ist dieser nicht verpflichtet, zur bloßen Einhaltung dieser Verordnung zusätzliche Informationen aufzubewahren, einzuholen oder zu verarbeiten, um die betroffene Person zu identifizieren.

(2) [1] Kann der Verantwortliche in Fällen gemäß Absatz 1 des vorliegenden Artikels nachweisen, dass er nicht in der Lage ist, die betroffene Person zu identifizieren, so unterrichtet er die betroffene Person hierüber, sofern möglich. [2] In diesen Fällen finden die Artikel 15 bis 20 keine Anwendung, es sei denn, die betroffene Person stellt zur Ausübung ihrer in diesen Artikeln niedergelegten Rechte zusätzliche Informationen bereit, die ihre Identifizierung ermöglichen.

Kapitel III. Rechte der betroffenen Person

Abschnitt 1. Transparenz und Modalitäten

Art. 12 Transparente Information, Kommunikation und Modalitäten für die Ausübung der Rechte der betroffenen Person. (1) [1] Der Verantwortliche trifft geeignete Maßnahmen, um der betroffenen Person alle Informationen gemäß den Artikeln 13 und 14 und alle Mitteilungen gemäß den Artikeln 15 bis 22 und Artikel 34, die sich auf die Verarbeitung beziehen, in präziser, transparenter, verständlicher und leicht zugänglicher Form in einer klaren und einfachen Sprache zu übermitteln; dies gilt insbesondere für Informationen, die sich speziell an Kinder richten. [2] Die Übermittlung der Informationen erfolgt schriftlich oder in anderer Form, gegebenenfalls auch elektronisch. [3] Falls von der betroffenen Person verlangt, kann die Information mündlich erteilt werden, sofern die Identität der betroffenen Person in anderer Form nachgewiesen wurde.

(2) [1] Der Verantwortliche erleichtert der betroffenen Person die Ausübung ihrer Rechte gemäß den Artikeln 15 bis 22. [2] In den in Artikel 11 Absatz 2 genannten Fällen darf sich der Verantwortliche nur dann weigern, aufgrund des Antrags der betroffenen Person auf Wahrnehmung ihrer Rechte gemäß den Artikeln 15 bis 22 tätig zu werden, wenn er glaubhaft macht, dass er nicht in der Lage ist, die betroffene Person zu identifizieren.

(3) [1] Der Verantwortliche stellt der betroffenen Person Informationen über die auf Antrag gemäß den Artikeln 15 bis 22 ergriffenen Maßnahmen unverzüglich, in jedem Fall aber innerhalb eines Monats nach Eingang des Antrags zur Verfügung. [2] Diese Frist kann um weitere zwei Monate verlängert werden, wenn dies unter Berücksichtigung der Komplexität und der Anzahl von Anträgen erforderlich ist. [3] Der Verantwortliche unterrichtet die betroffene Person innerhalb eines Monats nach Eingang des Antrags über eine Fristverlängerung, zusammen mit den Gründen für die Verzögerung. [4] Stellt die betroffene Person den Antrag elektronisch, so ist sie nach Möglichkeit auf elektronischem Weg zu unterrichten, sofern sie nichts anderes angibt.

(4) Wird der Verantwortliche auf den Antrag der betroffenen Person hin nicht tätig, so unterrichtet er die betroffene Person ohne Verzögerung, spätestens aber innerhalb eines Monats nach Eingang des Antrags über die Gründe hierfür und über die Möglichkeit, bei einer Aufsichtsbehörde Beschwerde einzulegen oder einen gerichtlichen Rechtsbehelf einzulegen.

(5) [1] Informationen gemäß den Artikeln 13 und 14 sowie alle Mitteilungen und Maßnahmen gemäß den Artikeln 15 bis 22 und Artikel 34 werden

unentgeltlich zur Verfügung gestellt. [2] Bei offenkundig unbegründeten oder – insbesondere im Fall von häufiger Wiederholung – exzessiven Anträgen einer betroffenen Person kann der Verantwortliche entweder

a) ein angemessenes Entgelt verlangen, bei dem die Verwaltungskosten für die Unterrichtung oder die Mitteilung oder die Durchführung der beantragten Maßnahme berücksichtigt werden, oder

b) sich weigern, aufgrund des Antrags tätig zu werden.

[3] Der Verantwortliche hat den Nachweis für den offenkundig unbegründeten oder exzessiven Charakter des Antrags zu erbringen.

(6) Hat der Verantwortliche begründete Zweifel an der Identität der natürlichen Person, die den Antrag gemäß den Artikeln 15 bis 21 stellt, so kann er unbeschadet des Artikels 11 zusätzliche Informationen anfordern, die zur Bestätigung der Identität der betroffenen Person erforderlich sind.

(7) [1] Die Informationen, die den betroffenen Personen gemäß den Artikeln 13 und 14 bereitzustellen sind, können in Kombination mit standardisierten Bildsymbolen bereitgestellt werden, um in leicht wahrnehmbarer, verständlicher und klar nachvollziehbarer Form einen aussagekräftigen Überblick über die beabsichtigte Verarbeitung zu vermitteln. [2] Werden die Bildsymbole in elektronischer Form dargestellt, müssen sie maschinenlesbar sein.

(8) Der Kommission wird die Befugnis übertragen, gemäß Artikel 92 delegierte Rechtsakte zur Bestimmung der Informationen, die durch Bildsymbole darzustellen sind, und der Verfahren für die Bereitstellung standardisierter Bildsymbole zu erlassen.

Abschnitt 2. Informationspflicht und Recht auf Auskunft zu personenbezogenen Daten

Art. 13 Informationspflicht bei Erhebung von personenbezogenen Daten bei der betroffenen Person. (1) Werden personenbezogene Daten bei der betroffenen Person erhoben, so teilt der Verantwortliche der betroffenen Person zum Zeitpunkt der Erhebung dieser Daten Folgendes mit:

a) den Namen und die Kontaktdaten des Verantwortlichen sowie gegebenenfalls seines Vertreters;

b) gegebenenfalls die Kontaktdaten des Datenschutzbeauftragten;

c) die Zwecke, für die die personenbezogenen Daten verarbeitet werden sollen, sowie die Rechtsgrundlage für die Verarbeitung;

d) wenn die Verarbeitung auf Artikel 6 Absatz 1 Buchstabe f beruht, die berechtigten Interessen, die von dem Verantwortlichen oder einem Dritten verfolgt werden;

e) gegebenenfalls die Empfänger oder Kategorien von Empfängern der personenbezogenen Daten und

f) gegebenenfalls die Absicht des Verantwortlichen, die personenbezogenen Daten an ein Drittland oder eine internationale Organisation zu übermitteln, sowie das Vorhandensein oder das Fehlen eines Angemessenheitsbeschlusses der Kommission oder im Falle von Übermittlungen gemäß Artikel 46 oder Artikel 47 oder Artikel 49 Absatz 1 Unterabsatz 2 einen Verweis auf die geeigneten oder angemessenen Garantien und die Möglichkeit, wie eine Kopie von ihnen zu erhalten ist, oder wo sie verfügbar sind.

(2) Zusätzlich zu den Informationen gemäß Absatz 1 stellt der Verantwortliche der betroffenen Person zum Zeitpunkt der Erhebung dieser Daten folgende weitere Informationen zur Verfügung, die notwendig sind, um eine faire und transparente Verarbeitung zu gewährleisten:

a) die Dauer, für die die personenbezogenen Daten gespeichert werden oder, falls dies nicht möglich ist, die Kriterien für die Festlegung dieser Dauer;

b) das Bestehen eines Rechts auf Auskunft seitens des Verantwortlichen über die betreffenden personenbezogenen Daten sowie auf Berichtigung oder Löschung oder auf Einschränkung der Verarbeitung oder eines Widerspruchsrechts gegen die Verarbeitung sowie des Rechts auf Datenübertragbarkeit;

c) wenn die Verarbeitung auf Artikel 6 Absatz 1 Buchstabe a oder Artikel 9 Absatz 2 Buchstabe a beruht, das Bestehen eines Rechts, die Einwilligung jederzeit zu widerrufen, ohne dass die Rechtmäßigkeit der aufgrund der Einwilligung bis zum Widerruf erfolgten Verarbeitung berührt wird;

d) das Bestehen eines Beschwerderechts bei einer Aufsichtsbehörde;

e) ob die Bereitstellung der personenbezogenen Daten gesetzlich oder vertraglich vorgeschrieben oder für einen Vertragsabschluss erforderlich ist, ob die betroffene Person verpflichtet ist, die personenbezogenen Daten bereitzustellen, und welche *mögliche*[1] Folgen die Nichtbereitstellung hätte und

f) das Bestehen einer automatisierten Entscheidungsfindung einschließlich Profiling gemäß Artikel 22 Absätze 1 und 4 und – zumindest in diesen Fällen – aussagekräftige Informationen über die involvierte Logik sowie die Tragweite und die angestrebten Auswirkungen einer derartigen Verarbeitung für die betroffene Person.

(3) Beabsichtigt der Verantwortliche, die personenbezogenen Daten für einen anderen Zweck weiterzuverarbeiten als den, für den die personenbezogenen Daten erhoben wurden, so stellt er der betroffenen Person vor dieser Weiterverarbeitung Informationen über diesen anderen Zweck und alle anderen maßgeblichen Informationen gemäß Absatz 2 zur Verfügung.

(4) Die Absätze 1, 2 und 3 finden keine Anwendung, wenn und soweit die betroffene Person bereits über die Informationen verfügt.

Art. 14 Informationspflicht, wenn die personenbezogenen Daten nicht bei der betroffenen Person erhoben wurden. (1) Werden personenbezogene Daten nicht bei der betroffenen Person erhoben, so teilt der Verantwortliche der betroffenen Person Folgendes mit:

a) den Namen und die Kontaktdaten des Verantwortlichen sowie gegebenenfalls seines Vertreters;

b) zusätzlich die Kontaktdaten des Datenschutzbeauftragten;

c) die Zwecke, für die die personenbezogenen Daten verarbeitet werden sollen, sowie die Rechtsgrundlage für die Verarbeitung;

d) die Kategorien personenbezogener Daten, die verarbeitet werden;

e) gegebenenfalls die Empfänger oder Kategorien von Empfängern der personenbezogenen Daten;

[1] Richtig wohl: „möglichen".

f) gegebenenfalls die Absicht des Verantwortlichen, die personenbezogenen Daten an einen Empfänger in einem Drittland oder einer internationalen Organisation zu übermitteln, sowie das Vorhandensein oder das Fehlen eines Angemessenheitsbeschlusses der Kommission oder im Falle von Übermittlungen gemäß Artikel 46 oder Artikel 47 oder Artikel 49 Absatz 1 Unterabsatz 2 einen Verweis auf die geeigneten oder angemessenen Garantien und die Möglichkeit, eine Kopie von ihnen zu erhalten, oder wo sie verfügbar sind.

(2) Zusätzlich zu den Informationen gemäß Absatz 1 stellt der Verantwortliche der betroffenen Person die folgenden Informationen zur Verfügung, die erforderlich sind, um der betroffenen Person gegenüber eine faire und transparente Verarbeitung zu gewährleisten:

a) die Dauer, für die die personenbezogenen Daten gespeichert werden oder, falls dies nicht möglich ist, die Kriterien für die Festlegung dieser Dauer;

b) wenn die Verarbeitung auf Artikel 6 Absatz 1 Buchstabe f beruht, die berechtigten Interessen, die von dem Verantwortlichen oder einem Dritten verfolgt werden;

c) das Bestehen eines Rechts auf Auskunft seitens des Verantwortlichen über die betreffenden personenbezogenen Daten sowie auf Berichtigung oder Löschung oder auf Einschränkung der Verarbeitung und eines Widerspruchsrechts gegen die Verarbeitung sowie des Rechts auf Datenübertragbarkeit;

d) wenn die Verarbeitung auf Artikel 6 Absatz 1 Buchstabe a oder Artikel 9 Absatz 2 Buchstabe a beruht, das Bestehen eines Rechts, die Einwilligung jederzeit zu widerrufen, ohne dass die Rechtmäßigkeit der aufgrund der Einwilligung bis zum Widerruf erfolgten Verarbeitung berührt wird;

e) das Bestehen eines Beschwerderechts bei einer Aufsichtsbehörde;

f) aus welcher Quelle die personenbezogenen Daten stammen und gegebenenfalls ob sie aus öffentlich zugänglichen Quellen stammen;

g) das Bestehen einer automatisierten Entscheidungsfindung einschließlich Profiling gemäß Artikel 22 Absätze 1 und 4 und – zumindest in diesen Fällen – aussagekräftige Informationen über die involvierte Logik sowie die Tragweite und die angestrebten Auswirkungen einer derartigen Verarbeitung für die betroffene Person.

(3) Der Verantwortliche erteilt die Informationen gemäß den Absätzen 1 und 2

a) unter Berücksichtigung der spezifischen Umstände der Verarbeitung der personenbezogenen Daten innerhalb einer angemessenen Frist nach Erlangung der personenbezogenen Daten, längstens jedoch innerhalb eines Monats,

b) falls die personenbezogenen Daten zur Kommunikation mit der betroffenen Person verwendet werden sollen, spätestens zum Zeitpunkt der ersten Mitteilung an sie, oder,

c) falls die Offenlegung an einen anderen Empfänger beabsichtigt ist, spätestens zum Zeitpunkt der ersten Offenlegung.

(4) Beabsichtigt der Verantwortliche, die personenbezogenen Daten für einen anderen Zweck weiterzuverarbeiten als den, für den die personenbezogenen Daten erlangt wurden, so stellt er der betroffenen Person vor dieser Weiter-

verarbeitung Informationen über diesen anderen Zweck und alle anderen maßgeblichen Informationen gemäß Absatz 2 zur Verfügung.

(5) Die Absätze 1 bis 4 finden keine Anwendung, wenn und soweit

a) die betroffene Person bereits über die Informationen verfügt,

b) die Erteilung dieser Informationen sich als unmöglich erweist oder einen unverhältnismäßigen Aufwand erfordern würde; dies gilt insbesondere für die Verarbeitung für im öffentlichen Interesse liegende Archivzwecke, für wissenschaftliche oder historische Forschungszwecke oder für statistische Zwecke vorbehaltlich der in Artikel 89 Absatz 1 genannten Bedingungen und Garantien oder soweit die in Absatz 1 des vorliegenden Artikels genannte Pflicht voraussichtlich die Verwirklichung der Ziele dieser Verarbeitung unmöglich macht oder ernsthaft beeinträchtigt. In diesen Fällen ergreift der Verantwortliche geeignete Maßnahmen zum Schutz der Rechte und Freiheiten sowie der berechtigten Interessen der betroffenen Person, einschließlich der Bereitstellung dieser Informationen für die Öffentlichkeit,

c) die Erlangung oder Offenlegung durch Rechtsvorschriften der Union oder der Mitgliedstaaten, denen der Verantwortliche unterliegt und die geeignete Maßnahmen zum Schutz der berechtigten Interessen der betroffenen Person vorsehen, ausdrücklich geregelt ist oder

d) die personenbezogenen Daten gemäß dem Unionsrecht oder dem Recht der Mitgliedstaaten dem Berufsgeheimnis, einschließlich einer satzungsmäßigen Geheimhaltungspflicht, unterliegen und daher vertraulich behandelt werden müssen.

Art. 15[1] Auskunftsrecht der betroffenen Person. (1) Die betroffene Person hat das Recht, von dem Verantwortlichen eine Bestätigung darüber zu verlangen, ob sie betreffende personenbezogene Daten verarbeitet werden; ist dies der Fall, so hat sie ein Recht auf Auskunft über diese personenbezogenen Daten und auf folgende Informationen:

a) die Verarbeitungszwecke;

b) die Kategorien personenbezogener Daten, die verarbeitet werden;

c) die Empfänger oder Kategorien von Empfängern, gegenüber denen die personenbezogenen Daten offengelegt worden sind oder noch offengelegt werden, insbesondere bei Empfängern in Drittländern oder bei internationalen Organisationen;

d) falls möglich die geplante Dauer, für die die personenbezogenen Daten gespeichert werden, oder, falls dies nicht möglich ist, die Kriterien für die Festlegung dieser Dauer;

e) das Bestehen eines Rechts auf Berichtigung oder Löschung der sie betreffenden personenbezogenen Daten oder auf Einschränkung der Verarbeitung durch den Verantwortlichen oder eines Widerspruchsrechts gegen diese Verarbeitung;

f) das Bestehen eines Beschwerderechts bei einer Aufsichtsbehörde;

g) wenn die personenbezogenen Daten nicht bei der betroffenen Person erhoben werden, alle verfügbaren Informationen über die Herkunft der Daten;

---

[1] Art. 15 Abs. 4 ber. ABl. 2018 Nr. L 127 S. 2.

h) das Bestehen einer automatisierten Entscheidungsfindung einschließlich Profiling gemäß Artikel 22 Absätze 1 und 4 und – zumindest in diesen Fällen – aussagekräftige Informationen über die involvierte Logik sowie die Tragweite und die angestrebten Auswirkungen einer derartigen Verarbeitung für die betroffene Person.

(2) Werden personenbezogene Daten an ein Drittland oder an eine internationale Organisation übermittelt, so hat die betroffene Person das Recht, über die geeigneten Garantien gemäß Artikel 46 im Zusammenhang mit der Übermittlung unterrichtet zu werden.

(3) [1] Der Verantwortliche stellt eine Kopie der personenbezogenen Daten, die Gegenstand der Verarbeitung sind, zur Verfügung. [2] Für alle weiteren Kopien, die die betroffene Person beantragt, kann der Verantwortliche ein angemessenes Entgelt auf der Grundlage der Verwaltungskosten verlangen. [3] Stellt die betroffene Person den Antrag elektronisch, so sind die Informationen in einem gängigen elektronischen Format zur Verfügung zu stellen, sofern sie nichts anderes angibt.

(4) Das Recht auf Erhalt einer Kopie gemäß Absatz 3 darf die Rechte und Freiheiten anderer Personen nicht beeinträchtigen.

Abschnitt 3. Berichtigung und Löschung

Art. 16 Recht auf Berichtigung. [1] Die betroffene Person hat das Recht, von dem Verantwortlichen unverzüglich die Berichtigung sie betreffender unrichtiger personenbezogener Daten zu verlangen. [2] Unter Berücksichtigung der Zwecke der Verarbeitung hat die betroffene Person das Recht, die Vervollständigung unvollständiger personenbezogener Daten – auch mittels einer ergänzenden Erklärung – zu verlangen.

Art. 17 Recht auf Löschung („Recht auf Vergessenwerden"). (1) Die betroffene Person hat das Recht, von dem Verantwortlichen zu verlangen, dass sie betreffende personenbezogene Daten unverzüglich gelöscht werden, und der Verantwortliche ist verpflichtet, personenbezogene Daten unverzüglich zu löschen, sofern einer der folgenden Gründe zutrifft:

a) Die personenbezogenen Daten sind für die Zwecke, für die sie erhoben oder auf sonstige Weise verarbeitet wurden, nicht mehr notwendig.

b) Die betroffene Person widerruft ihre Einwilligung, auf die sich die Verarbeitung gemäß Artikel 6 Absatz 1 Buchstabe a oder Artikel 9 Absatz 2 Buchstabe a stützte, und es fehlt an einer anderweitigen Rechtsgrundlage für die Verarbeitung.

c) Die betroffene Person legt gemäß Artikel 21 Absatz 1 Widerspruch gegen die Verarbeitung ein und es liegen keine vorrangigen berechtigten Gründe für die Verarbeitung vor, oder die betroffene Person legt gemäß Artikel 21 Absatz 2 Widerspruch gegen die Verarbeitung ein.

d) Die personenbezogenen Daten wurden unrechtmäßig verarbeitet.

e) Die Löschung der personenbezogenen Daten ist zur Erfüllung einer rechtlichen Verpflichtung nach dem Unionsrecht oder dem Recht der Mitgliedstaaten erforderlich, dem der Verantwortliche unterliegt.

f) Die personenbezogenen Daten wurden in Bezug auf angebotene Dienste der Informationsgesellschaft gemäß Artikel 8 Absatz 1 erhoben.

(2) Hat der Verantwortliche die personenbezogenen Daten öffentlich gemacht und ist er gemäß Absatz 1 zu deren Löschung verpflichtet, so trifft er unter Berücksichtigung der verfügbaren Technologie und der Implementierungskosten angemessene Maßnahmen, auch technischer Art, um für die Datenverarbeitung Verantwortliche, die die personenbezogenen Daten verarbeiten, darüber zu informieren, dass eine betroffene Person von ihnen die Löschung aller Links zu diesen personenbezogenen Daten oder von Kopien oder Replikationen dieser personenbezogenen Daten verlangt hat.

(3) Die Absätze 1 und 2 gelten nicht, soweit die Verarbeitung erforderlich ist

a) zur Ausübung des Rechts auf freie Meinungsäußerung und Information;

b) zur Erfüllung einer rechtlichen Verpflichtung, die die Verarbeitung nach dem Recht der Union oder der Mitgliedstaaten, dem der Verantwortliche unterliegt, erfordert, oder zur Wahrnehmung einer Aufgabe, die im öffentlichen Interesse liegt oder in Ausübung öffentlicher Gewalt erfolgt, die dem Verantwortlichen übertragen wurde;

c) aus Gründen des öffentlichen Interesses im Bereich der öffentlichen Gesundheit gemäß Artikel 9 Absatz 2 Buchstaben h und i sowie Artikel 9 Absatz 3;

d) für im öffentlichen Interesse liegende Archivzwecke, wissenschaftliche oder historische Forschungszwecke oder für statistische Zwecke gemäß Artikel 89 Absatz 1, soweit das in Absatz 1 genannte Recht voraussichtlich die Verwirklichung der Ziele dieser Verarbeitung unmöglich macht oder ernsthaft beeinträchtigt, oder

e) zur Geltendmachung, Ausübung oder Verteidigung von Rechtsansprüchen.

Art. 18 Recht auf Einschränkung der Verarbeitung. (1) Die betroffene Person hat das Recht, von dem Verantwortlichen die Einschränkung der Verarbeitung zu verlangen, wenn eine der folgenden Voraussetzungen gegeben ist:

a) die Richtigkeit der personenbezogenen Daten von der betroffenen Person bestritten wird, und zwar für eine Dauer, die es dem Verantwortlichen ermöglicht, die Richtigkeit der personenbezogenen Daten zu überprüfen,

b) die Verarbeitung unrechtmäßig ist und die betroffene Person die Löschung der personenbezogenen Daten ablehnt und stattdessen die Einschränkung der Nutzung der personenbezogenen Daten verlangt;[1)]

c) der Verantwortliche die personenbezogenen Daten für die Zwecke der Verarbeitung nicht länger benötigt, die betroffene Person sie jedoch zur Geltendmachung, Ausübung oder Verteidigung von Rechtsansprüchen benötigt, oder

d) die betroffene Person Widerspruch gegen die Verarbeitung gemäß Artikel 21 Absatz 1 eingelegt hat, solange noch nicht feststeht, ob die berechtigten Gründe des Verantwortlichen gegenüber denen der betroffenen Person überwiegen.

(2) Wurde die Verarbeitung gemäß Absatz 1 eingeschränkt, so dürfen diese personenbezogenen Daten – von ihrer Speicherung abgesehen – nur mit Ein-

---

[1)] Zeichensetzung amtlich.

willigung der betroffenen Person oder zur Geltendmachung, Ausübung oder Verteidigung von Rechtsansprüchen oder zum Schutz der Rechte einer anderen natürlichen oder juristischen Person oder aus Gründen eines wichtigen öffentlichen Interesses der Union oder eines Mitgliedstaats verarbeitet werden.

(3) Eine betroffene Person, die eine Einschränkung der Verarbeitung gemäß Absatz 1 erwirkt hat, wird von dem Verantwortlichen unterrichtet, bevor die Einschränkung aufgehoben wird.

Art. 19 Mitteilungspflicht im Zusammenhang mit der Berichtigung oder Löschung personenbezogener Daten oder der Einschränkung der Verarbeitung. [1] Der Verantwortliche teilt allen Empfängern, denen personenbezogenen Daten offengelegt wurden, jede Berichtigung oder Löschung der personenbezogenen Daten oder eine Einschränkung der Verarbeitung nach Artikel 16, Artikel 17 Absatz 1 und Artikel 18 mit, es sei denn, dies erweist sich als unmöglich oder ist mit einem unverhältnismäßigen Aufwand verbunden. [2] Der Verantwortliche unterrichtet die betroffene Person über diese Empfänger, wenn die betroffene Person dies verlangt.

Art. 20[1)] Recht auf Datenübertragbarkeit. (1) Die betroffene Person hat das Recht, die sie betreffenden personenbezogenen Daten, die sie einem Verantwortlichen bereitgestellt hat, in einem strukturierten, gängigen und maschinenlesbaren Format zu erhalten, und sie hat das Recht, diese Daten einem anderen Verantwortlichen ohne Behinderung durch den Verantwortlichen, dem die personenbezogenen Daten bereitgestellt wurden, zu übermitteln, sofern

a) die Verarbeitung auf einer Einwilligung gemäß Artikel 6 Absatz 1 Buchstabe a oder Artikel 9 Absatz 2 Buchstabe a oder auf einem Vertrag gemäß Artikel 6 Absatz 1 Buchstabe b beruht und

b) die Verarbeitung mithilfe automatisierter Verfahren erfolgt.

(2) Bei der Ausübung ihres Rechts auf Datenübertragbarkeit gemäß Absatz 1 hat die betroffene Person das Recht, zu erwirken, dass die personenbezogenen Daten direkt von einem Verantwortlichen einem anderen Verantwortlichen übermittelt werden, soweit dies technisch machbar ist.

(3) [1] Die Ausübung des Rechts nach Absatz 1 des vorliegenden Artikels lässt Artikel 17 unberührt. [2] Dieses Recht gilt nicht für eine Verarbeitung, die für die Wahrnehmung einer Aufgabe erforderlich ist, die im öffentlichen Interesse liegt oder in Ausübung öffentlicher Gewalt erfolgt, die dem Verantwortlichen übertragen wurde.

(4) Das Recht gemäß Absatz 1 darf die Rechte und Freiheiten anderer Personen nicht beeinträchtigen.

Abschnitt 4. Widerspruchsrecht und automatisierte Entscheidungsfindung im Einzelfall

Art. 21 Widerspruchsrecht. (1) [1] Die betroffene Person hat das Recht, aus Gründen, die sich aus ihrer besonderen Situation ergeben, jederzeit gegen die Verarbeitung sie betreffender personenbezogener Daten, die aufgrund von

---

1) Art. 20 Abs. 4 ber. ABl. 2018 Nr. L 127 S. 2.

Artikel 6 Absatz 1 Buchstaben e oder f erfolgt, Widerspruch einzulegen; dies gilt auch für ein auf diese Bestimmungen gestütztes Profiling. [2] Der Verantwortliche verarbeitet die personenbezogenen Daten nicht mehr, es sei denn, er kann zwingende schutzwürdige Gründe für die Verarbeitung nachweisen, die die Interessen, Rechte und Freiheiten der betroffenen Person überwiegen, oder die Verarbeitung dient der Geltendmachung, Ausübung oder Verteidigung von Rechtsansprüchen.

(2) Werden personenbezogene Daten verarbeitet, um Direktwerbung zu betreiben, so hat die betroffene Person das Recht, jederzeit Widerspruch gegen die Verarbeitung sie betreffender personenbezogener Daten zum Zwecke derartiger Werbung einzulegen; dies gilt auch für das Profiling, soweit es mit solcher Direktwerbung in Verbindung steht.

(3) Widerspricht die betroffene Person der Verarbeitung für Zwecke der Direktwerbung, so werden die personenbezogenen Daten nicht mehr für diese Zwecke verarbeitet.

(4) Die betroffene Person muss spätestens zum Zeitpunkt der ersten Kommunikation mit ihr ausdrücklich auf das in den Absätzen 1 und 2 genannte Recht hingewiesen werden; dieser Hinweis hat in einer verständlichen und von anderen Informationen getrennten Form zu erfolgen.

(5) Im Zusammenhang mit der Nutzung von Diensten der Informationsgesellschaft kann die betroffene Person ungeachtet der Richtlinie 2002/58/EG ihr Widerspruchsrecht mittels automatisierter Verfahren ausüben, bei denen technische Spezifikationen verwendet werden.

(6) Die betroffene Person hat das Recht, aus Gründen, die sich aus ihrer besonderen Situation ergeben, gegen die sie betreffende Verarbeitung sie betreffender personenbezogener Daten, die zu wissenschaftlichen oder historischen Forschungszwecken oder zu statistischen Zwecken gemäß Artikel 89 Absatz 1 erfolgt, Widerspruch einzulegen, es sei denn, die Verarbeitung ist zur Erfüllung einer im öffentlichen Interesse liegenden Aufgabe erforderlich.

Art. 22 Automatisierte Entscheidungen im Einzelfall einschließlich Profiling. (1) Die betroffene Person hat das Recht, nicht einer ausschließlich auf einer automatisierten Verarbeitung – einschließlich Profiling – beruhenden Entscheidung unterworfen zu werden, die ihr gegenüber rechtliche Wirkung entfaltet oder sie in ähnlicher Weise erheblich beeinträchtigt.

(2) Absatz 1 gilt nicht, wenn die Entscheidung

a) für den Abschluss oder die Erfüllung eines Vertrags zwischen der betroffenen Person und dem Verantwortlichen erforderlich ist,

b) aufgrund von Rechtsvorschriften der Union oder der Mitgliedstaaten, denen der Verantwortliche unterliegt, zulässig ist und diese Rechtsvorschriften angemessene Maßnahmen zur Wahrung der Rechte und Freiheiten sowie der berechtigten Interessen der betroffenen Person enthalten oder

c) mit ausdrücklicher Einwilligung der betroffenen Person erfolgt.

(3) In den in Absatz 2 Buchstaben a und c genannten Fällen trifft der Verantwortliche angemessene Maßnahmen, um die Rechte und Freiheiten sowie die berechtigten Interessen der betroffenen Person zu wahren, wozu mindestens das Recht auf Erwirkung des Eingreifens einer Person seitens des Verantwort-

lichen, auf Darlegung des eigenen Standpunkts und auf Anfechtung der Entscheidung gehört.

(4) Entscheidungen nach Absatz 2 dürfen nicht auf besonderen Kategorien personenbezogener Daten nach Artikel 9 Absatz 1 beruhen, sofern nicht Artikel 9 Absatz 2 Buchstabe a oder g gilt und angemessene Maßnahmen zum Schutz der Rechte und Freiheiten sowie der berechtigten Interessen der betroffenen Person getroffen wurden.

Abschnitt 5. Beschränkungen

Art. 23 Beschränkungen. (1) Durch Rechtsvorschriften der Union oder der Mitgliedstaaten, denen der Verantwortliche oder der Auftragsverarbeiter unterliegt, können die Pflichten und Rechte gemäß den Artikeln 12 bis 22 und Artikel 34 sowie Artikel 5, insofern dessen Bestimmungen den in den Artikeln 12 bis 22 vorgesehenen Rechten und Pflichten entsprechen, im Wege von Gesetzgebungsmaßnahmen beschränkt werden, sofern eine solche Beschränkung den Wesensgehalt der Grundrechte und Grundfreiheiten achtet und in einer demokratischen Gesellschaft eine notwendige und verhältnismäßige Maßnahme darstellt, die Folgendes sicherstellt:

a) die nationale Sicherheit;
b) die Landesverteidigung;
c) die öffentliche Sicherheit;
d) die Verhütung, Ermittlung, Aufdeckung oder Verfolgung von Straftaten oder die Strafvollstreckung, einschließlich des Schutzes vor und der Abwehr von Gefahren für die öffentliche Sicherheit;
e) den Schutz sonstiger wichtiger Ziele des allgemeinen öffentlichen Interesses der Union oder eines Mitgliedstaats, insbesondere eines wichtigen wirtschaftlichen oder finanziellen Interesses der Union oder eines Mitgliedstaats, etwa im Währungs-, Haushalts- und Steuerbereich sowie im Bereich der öffentlichen Gesundheit und der sozialen Sicherheit;
f) den Schutz der Unabhängigkeit der Justiz und den Schutz von Gerichtsverfahren;
g) die Verhütung, Aufdeckung, Ermittlung und Verfolgung von Verstößen gegen die berufsständischen Regeln reglementierter Berufe;
h) Kontroll-, Überwachungs- und Ordnungsfunktionen, die dauernd oder zeitweise mit der Ausübung öffentlicher Gewalt für die unter den Buchstaben a bis e und g genannten Zwecke verbunden sind;
i) den Schutz der betroffenen Person oder der Rechte und Freiheiten anderer Personen;
j) die Durchsetzung zivilrechtlicher Ansprüche.

(2) Jede Gesetzgebungsmaßnahme im Sinne des Absatzes 1 muss insbesondere gegebenenfalls spezifische Vorschriften enthalten zumindest in Bezug auf

a) die Zwecke der Verarbeitung oder die Verarbeitungskategorien,
b) die Kategorien personenbezogener Daten,
c) den Umfang der vorgenommenen Beschränkungen,
d) die Garantien gegen Missbrauch oder unrechtmäßigen Zugang oder unrechtmäßige Übermittlung;

e) die Angaben zu dem Verantwortlichen oder den Kategorien von Verantwortlichen,

f) die jeweiligen Speicherfristen sowie die geltenden Garantien unter Berücksichtigung von Art, Umfang und Zwecken der Verarbeitung oder der Verarbeitungskategorien,

g) die Risiken für die Rechte und Freiheiten der betroffenen Personen und

h) das Recht der betroffenen Personen auf Unterrichtung über die Beschränkung, sofern dies nicht dem Zweck der Beschränkung abträglich ist.

Kapitel IV. Verantwortlicher und Auftragsverarbeiter

Abschnitt 1. Allgemeine Pflichten

Art. 24 Verantwortung des für die Verarbeitung Verantwortlichen.

(1) [1] Der Verantwortliche setzt unter Berücksichtigung der Art, des Umfangs, der Umstände und der Zwecke der Verarbeitung sowie der unterschiedlichen Eintrittswahrscheinlichkeit und Schwere der Risiken für die Rechte und Freiheiten natürlicher Personen geeignete technische und organisatorische Maßnahmen um, um sicherzustellen und den Nachweis dafür erbringen zu können, dass die Verarbeitung gemäß dieser Verordnung erfolgt. [2] Diese Maßnahmen werden erforderlichenfalls überprüft und aktualisiert.

(2) Sofern dies in einem angemessenen Verhältnis zu den Verarbeitungstätigkeiten steht, müssen die Maßnahmen gemäß Absatz 1 die Anwendung geeigneter Datenschutzvorkehrungen durch den Verantwortlichen umfassen.

(3) Die Einhaltung der genehmigten Verhaltensregeln gemäß Artikel 40 oder eines genehmigten Zertifizierungsverfahrens gemäß Artikel 42 kann als Gesichtspunkt herangezogen werden, um die Erfüllung der Pflichten des Verantwortlichen nachzuweisen.

Art. 25[1)] Datenschutz durch Technikgestaltung und durch datenschutzfreundliche Voreinstellungen. (1) Unter Berücksichtigung des Stands der Technik, der Implementierungskosten und der Art, des Umfangs, der Umstände und der Zwecke der Verarbeitung sowie der unterschiedlichen Eintrittswahrscheinlichkeit und Schwere der mit der Verarbeitung verbundenen Risiken für die Rechte und Freiheiten natürlicher Personen trifft der Verantwortliche sowohl zum Zeitpunkt der Festlegung der Mittel für die Verarbeitung als auch zum Zeitpunkt der eigentlichen Verarbeitung geeignete technische und organisatorische Maßnahmen – wie z.B. Pseudonymisierung –, die dafür ausgelegt sind, die Datenschutzgrundsätze wie etwa Datenminimierung wirksam umzusetzen und die notwendigen Garantien in die Verarbeitung aufzunehmen, um den Anforderungen dieser Verordnung zu genügen und die Rechte der betroffenen Personen zu schützen.

(2) [1] Der Verantwortliche trifft geeignete technische und organisatorische Maßnahmen, die sicherstellen, dass durch Voreinstellung nur personenbezogene Daten, deren Verarbeitung für den jeweiligen bestimmten Verarbeitungszweck erforderlich ist, verarbeitet werden. [2] Diese Verpflichtung gilt für die

---

[1)] Art. 25 Abs. 1 und 2 Satz 1 ber. ABl. 2018 Nr. L 127 S. 2.

Menge der erhobenen personenbezogenen Daten, den Umfang ihrer Verarbeitung, ihre Speicherfrist und ihre Zugänglichkeit. [3] Solche Maßnahmen müssen insbesondere sicherstellen, dass personenbezogene Daten durch Voreinstellungen nicht ohne Eingreifen der Person einer unbestimmten Zahl von natürlichen Personen zugänglich gemacht werden.

(3) Ein genehmigtes Zertifizierungsverfahren gemäß Artikel 42 kann als Faktor herangezogen werden, um die Erfüllung der in den Absätzen 1 und 2 des vorliegenden Artikels genannten Anforderungen nachzuweisen.

Art. 26[1)] Gemeinsam Verantwortliche. (1) [1] Legen zwei oder mehr Verantwortliche gemeinsam die Zwecke der und die Mittel zur Verarbeitung fest, so sind sie gemeinsam Verantwortliche. [2] Sie legen in einer Vereinbarung in transparenter Form fest, wer von ihnen welche Verpflichtung gemäß dieser Verordnung erfüllt, insbesondere was die Wahrnehmung der Rechte der betroffenen Person angeht, und wer welchen Informationspflichten gemäß den Artikeln 13 und 14 nachkommt, sofern und soweit die jeweiligen Aufgaben der Verantwortlichen nicht durch Rechtsvorschriften der Union oder der Mitgliedstaaten, denen die Verantwortlichen unterliegen, festgelegt sind. [3] In der Vereinbarung kann eine Anlaufstelle für die betroffenen Personen angegeben werden.

(2) [1] Die Vereinbarung gemäß Absatz 1 muss die jeweiligen tatsächlichen Funktionen und Beziehungen der gemeinsam Verantwortlichen gegenüber betroffenen Personen gebührend widerspiegeln. [2] Das wesentliche der Vereinbarung wird der betroffenen Person zur Verfügung gestellt.

(3) Ungeachtet der Einzelheiten der Vereinbarung gemäß Absatz 1 kann die betroffene Person ihre Rechte im Rahmen dieser Verordnung bei und gegenüber jedem einzelnen der Verantwortlichen geltend machen.

Art. 27 Vertreter von nicht in der Union niedergelassenen Verantwortlichen oder Auftragsverarbeitern. (1) In den Fällen gemäß Artikel 3 Absatz 2 benennt der Verantwortliche oder der Auftragsverarbeiter schriftlich einen Vertreter in der Union.

(2) Die Pflicht gemäß Absatz 1 des vorliegenden Artikels gilt nicht für

a) eine Verarbeitung, die gelegentlich erfolgt, nicht die umfangreiche Verarbeitung besonderer Datenkategorien im Sinne des Artikels 9 Absatz 1 oder die umfangreiche Verarbeitung von personenbezogenen Daten über strafrechtliche Verurteilungen und Straftaten im Sinne des Artikels 10 einschließt und unter Berücksichtigung der Art, der Umstände, des Umfangs und der Zwecke der Verarbeitung voraussichtlich nicht zu einem Risiko für die Rechte und Freiheiten natürlicher Personen führt, oder

b) Behörden oder öffentliche Stellen.

(3) Der Vertreter muss in einem der Mitgliedstaaten niedergelassen sein, in denen die betroffenen Personen, deren personenbezogene Daten im Zusammenhang mit den ihnen angebotenen Waren oder Dienstleistungen verarbeitet werden oder deren Verhalten beobachtet wird, sich befinden.

---

1) Art. 26 Überschrift ber. ABl. 2018 Nr. L 127 S. 2.

(4) Der Vertreter wird durch den Verantwortlichen oder den Auftragsverarbeiter beauftragt, zusätzlich zu diesem oder an seiner Stelle insbesondere für Aufsichtsbehörden und betroffene Personen bei sämtlichen Fragen im Zusammenhang mit der Verarbeitung zur Gewährleistung der Einhaltung dieser Verordnung als Anlaufstelle zu dienen.

(5) Die Benennung eines Vertreters durch den Verantwortlichen oder den Auftragsverarbeiter erfolgt unbeschadet etwaiger rechtlicher Schritte gegen den Verantwortlichen oder den Auftragsverarbeiter selbst.

Art. 28[1)] Auftragsverarbeiter. (1) Erfolgt eine Verarbeitung im Auftrag eines Verantwortlichen, so arbeitet dieser nur mit Auftragsverarbeitern, die hinreichend Garantien dafür bieten, dass geeignete technische und organisatorische Maßnahmen so durchgeführt werden, dass die Verarbeitung im Einklang mit den Anforderungen dieser Verordnung erfolgt und den Schutz der Rechte der betroffenen Person gewährleistet.

(2) [1] Der Auftragsverarbeiter nimmt keinen weiteren Auftragsverarbeiter ohne vorherige gesonderte oder allgemeine schriftliche Genehmigung des Verantwortlichen in Anspruch. [2] Im Fall einer allgemeinen schriftlichen Genehmigung informiert der Auftragsverarbeiter den Verantwortlichen immer über jede beabsichtigte Änderung in Bezug auf die Hinzuziehung oder die Ersetzung anderer Auftragsverarbeiter, wodurch der Verantwortliche die Möglichkeit erhält, gegen derartige Änderungen Einspruch zu erheben.

(3) [1] Die Verarbeitung durch einen Auftragsverarbeiter erfolgt auf der Grundlage eines Vertrags oder eines anderen Rechtsinstruments nach dem Unionsrecht oder dem Recht der Mitgliedstaaten, der bzw. das den Auftragsverarbeiter in Bezug auf den Verantwortlichen bindet und in dem Gegenstand und Dauer der Verarbeitung, Art und Zweck der Verarbeitung, die Art der personenbezogenen Daten, die Kategorien betroffener Personen und die Pflichten und Rechte des Verantwortlichen festgelegt sind. [2] Dieser Vertrag bzw. dieses andere Rechtsinstrument sieht insbesondere vor, dass der Auftragsverarbeiter

a) die personenbezogenen Daten nur auf dokumentierte Weisung des Verantwortlichen – auch in Bezug auf die Übermittlung personenbezogener Daten an ein Drittland oder eine internationale Organisation – verarbeitet, sofern er nicht durch das Recht der Union oder der Mitgliedstaaten, dem der Auftragsverarbeiter unterliegt, hierzu verpflichtet ist; in einem solchen Fall teilt der Auftragsverarbeiter dem Verantwortlichen diese rechtlichen Anforderungen vor der Verarbeitung mit, sofern das betreffende Recht eine solche Mitteilung nicht wegen eines wichtigen öffentlichen Interesses verbietet;

b) gewährleistet, dass sich die zur Verarbeitung der personenbezogenen Daten befugten Personen zur Vertraulichkeit verpflichtet haben oder einer angemessenen gesetzlichen Verschwiegenheitspflicht unterliegen;

c) alle gemäß Artikel 32 erforderlichen Maßnahmen ergreift;

d) die in den Absätzen 2 und 4 genannten Bedingungen für die Inanspruchnahme der Dienste eines weiteren Auftragsverarbeiters einhält;

[1)] Art. 28 Abs. 7 ber. ABl. 2016 Nr. L 314 S. 72; Abs. 3 Buchst. g ber. ABl. 2018 Nr. L 127 S. 2.

e) angesichts der Art der Verarbeitung den Verantwortlichen nach Möglichkeit mit geeigneten technischen und organisatorischen Maßnahmen dabei unterstützt, seiner Pflicht zur Beantwortung von Anträgen auf Wahrnehmung der in Kapitel III genannten Rechte der betroffenen Person nachzukommen;

f) unter Berücksichtigung der Art der Verarbeitung und der ihm zur Verfügung stehenden Informationen den Verantwortlichen bei der Einhaltung der in den Artikeln 32 bis 36 genannten Pflichten unterstützt;

g) nach Abschluss der Erbringung der Verarbeitungsleistungen alle personenbezogenen Daten nach Wahl des Verantwortlichen entweder löscht oder zurückgibt und die vorhandenen Kopien löscht, sofern nicht nach dem Unionsrecht oder dem Recht der Mitgliedstaaten eine Verpflichtung zur Speicherung der personenbezogenen Daten besteht;

h) dem Verantwortlichen alle erforderlichen Informationen zum Nachweis der Einhaltung der in diesem Artikel niedergelegten Pflichten zur Verfügung stellt und Überprüfungen – einschließlich Inspektionen –, die vom Verantwortlichen oder einem anderen von diesem beauftragten Prüfer durchgeführt werden, ermöglicht und dazu beiträgt.

[2] Mit Blick auf Unterabsatz 1 Buchstabe h informiert der Auftragsverarbeiter den Verantwortlichen unverzüglich, falls er der Auffassung ist, dass eine Weisung gegen diese Verordnung oder gegen andere Datenschutzbestimmungen der Union oder der Mitgliedstaaten verstößt.

(4) [1] Nimmt der Auftragsverarbeiter die Dienste eines weiteren Auftragsverarbeiters in Anspruch, um bestimmte Verarbeitungstätigkeiten im Namen des Verantwortlichen auszuführen, so werden diesem weiteren Auftragsverarbeiter im Wege eines Vertrags oder eines anderen Rechtsinstruments nach dem Unionsrecht oder dem Recht des betreffenden Mitgliedstaats dieselben Datenschutzpflichten auferlegt, die in dem Vertrag oder anderen Rechtsinstrument zwischen dem Verantwortlichen und dem Auftragsverarbeiter gemäß Absatz 3 festgelegt sind, wobei insbesondere hinreichende Garantien dafür geboten werden muss, dass die geeigneten technischen und organisatorischen Maßnahmen so durchgeführt werden, dass die Verarbeitung entsprechend den Anforderungen dieser Verordnung erfolgt. [2] Kommt der weitere Auftragsverarbeiter seinen Datenschutzpflichten nicht nach, so haftet der erste Auftragsverarbeiter gegenüber dem Verantwortlichen für die Einhaltung der Pflichten jenes anderen Auftragsverarbeiters.

(5) Die Einhaltung genehmigter Verhaltensregeln gemäß Artikel 40 oder eines genehmigten Zertifizierungsverfahrens gemäß Artikel 42 durch einen Auftragsverarbeiter kann als Faktor herangezogen werden, um hinreichende Garantien im Sinne der Absätze 1 und 4 des vorliegenden Artikels nachzuweisen.

(6) Unbeschadet eines individuellen Vertrags zwischen dem Verantwortlichen und dem Auftragsverarbeiter kann der Vertrag oder das andere Rechtsinstrument im Sinne der Absätze 3 und 4 des vorliegenden Artikels ganz oder teilweise auf den in den Absätzen 7 und 8 des vorliegenden Artikels genannten Standardvertragsklauseln beruhen, auch wenn diese Bestandteil einer dem Verantwortlichen oder dem Auftragsverarbeiter gemäß den Artikeln 42 und 43 erteilten Zertifizierung sind.

(7) Die Kommission kann im Einklang mit dem Prüfverfahren gemäß Artikel 93 Absatz 2 Standardvertragsklauseln zur Regelung der in den Absätzen 3 und 4 des vorliegenden Artikels genannten Fragen festlegen.

(8) Eine Aufsichtsbehörde kann im Einklang mit dem Kohärenzverfahren gemäß Artikel 63 Standardvertragsklauseln zur Regelung der in den Absätzen 3 und 4 des vorliegenden Artikels genannten Fragen festlegen.

(9) Der Vertrag oder das andere Rechtsinstrument im Sinne der Absätze 3 und 4 ist schriftlich abzufassen, was auch in einem elektronischen Format erfolgen kann.

(10) Unbeschadet der Artikel 82, 83 und 84 gilt ein Auftragsverarbeiter, der unter Verstoß gegen diese Verordnung die Zwecke und Mittel der Verarbeitung bestimmt, in Bezug auf diese Verarbeitung als Verantwortlicher.

Art. 29 Verarbeitung unter der Aufsicht des Verantwortlichen oder des Auftragsverarbeiters. Der Auftragsverarbeiter und jede dem Verantwortlichen oder dem Auftragsverarbeiter unterstellte Person, die Zugang zu personenbezogenen Daten hat, dürfen diese Daten ausschließlich auf Weisung des Verantwortlichen verarbeiten, es sei denn, dass sie nach dem Unionsrecht oder dem Recht der Mitgliedstaaten zur Verarbeitung verpflichtet sind.

Art. 30[1)] Verzeichnis von Verarbeitungstätigkeiten. (1) [1]Jeder Verantwortliche und gegebenenfalls sein Vertreter führen ein Verzeichnis aller Verarbeitungstätigkeiten, die ihrer Zuständigkeit unterliegen. [2]Dieses Verzeichnis enthält sämtliche folgenden Angaben:

a) den Namen und die Kontaktdaten des Verantwortlichen und gegebenenfalls des gemeinsam mit ihm Verantwortlichen, des Vertreters des Verantwortlichen sowie eines etwaigen Datenschutzbeauftragten;
b) die Zwecke der Verarbeitung;
c) eine Beschreibung der Kategorien betroffener Personen und der Kategorien personenbezogener Daten;
d) die Kategorien von Empfängern, gegenüber denen die personenbezogenen Daten offengelegt worden sind oder noch offengelegt werden, einschließlich Empfänger in Drittländern oder internationalen Organisationen;
e) gegebenenfalls Übermittlungen von personenbezogenen Daten an ein Drittland oder an eine internationale Organisation, einschließlich der Angabe des betreffenden Drittlands oder der betreffenden internationalen Organisation, sowie bei den in Artikel 49 Absatz 1 Unterabsatz 2 genannten Datenübermittlungen die Dokumentierung geeigneter Garantien;
f) wenn möglich, die vorgesehenen Fristen für die Löschung der verschiedenen Datenkategorien;
g) wenn möglich, eine allgemeine Beschreibung der technischen und organisatorischen Maßnahmen gemäß Artikel 32 Absatz 1.

(2) Jeder Auftragsverarbeiter und gegebenenfalls sein Vertreter führen ein Verzeichnis zu allen Kategorien von im Auftrag eines Verantwortlichen durchgeführten Tätigkeiten der Verarbeitung, das Folgendes enthält:

a) den Namen und die Kontaktdaten des Auftragsverarbeiters oder der Auftragsverarbeiter und jedes Verantwortlichen, in dessen Auftrag der Auftragsverarbeiter tätig ist, sowie gegebenenfalls des Vertreters des Verantwortlichen oder des Auftragsverarbeiters und eines etwaigen Datenschutzbeauftragten;

---
1) Art. 30 Abs. 5 ber. ABl. 2016 L 314 S. 72; Abs. 2 ber. ABl. 2021 L 74 S. 35.

b) die Kategorien von Verarbeitungen, die im Auftrag jedes Verantwortlichen durchgeführt werden;

c) gegebenenfalls Übermittlungen von personenbezogenen Daten an ein Drittland oder an eine internationale Organisation, einschließlich der Angabe des betreffenden Drittlands oder der betreffenden internationalen Organisation, sowie bei den in Artikel 49 Absatz 1 Unterabsatz 2 genannten Datenübermittlungen die Dokumentierung geeigneter Garantien;

d) wenn möglich, eine allgemeine Beschreibung der technischen und organisatorischen Maßnahmen gemäß Artikel 32 Absatz 1.

(3) Das in den Absätzen 1 und 2 genannte Verzeichnis ist schriftlich zu führen, was auch in einem elektronischen Format erfolgen kann.

(4) Der Verantwortliche oder der Auftragsverarbeiter sowie gegebenenfalls der Vertreter des Verantwortlichen oder des Auftragsverarbeiters stellen der Aufsichtsbehörde das Verzeichnis auf Anfrage zur Verfügung.

(5) Die in den Absätzen 1 und 2 genannten Pflichten gelten nicht für Unternehmen oder Einrichtungen, die weniger als 250 Mitarbeiter beschäftigen, es sei denn, die von ihnen vorgenommene Verarbeitung birgt ein Risiko für die Rechte und Freiheiten der betroffenen Personen, die Verarbeitung erfolgt nicht nur gelegentlich oder es erfolgt eine Verarbeitung besonderer Datenkategorien gemäß Artikel 9 Absatz 1 bzw. die Verarbeitung von personenbezogenen Daten über strafrechtliche Verurteilungen und Straftaten im Sinne des Artikels 10.

Art. 31 Zusammenarbeit mit der Aufsichtsbehörde. Der Verantwortliche und der Auftragsverarbeiter und gegebenenfalls deren Vertreter arbeiten auf Anfrage mit der Aufsichtsbehörde bei der Erfüllung ihrer Aufgaben zusammen.

Abschnitt 2. Sicherheit personenbezogener Daten

Art. 32[1] Sicherheit der Verarbeitung. (1) Unter Berücksichtigung des Stands der Technik, der Implementierungskosten und der Art, des Umfangs, der Umstände und der Zwecke der Verarbeitung sowie der unterschiedlichen Eintrittswahrscheinlichkeit und Schwere des Risikos für die Rechte und Freiheiten natürlicher Personen treffen der Verantwortliche und der Auftragsverarbeiter geeignete technische und organisatorische Maßnahmen, um ein dem Risiko angemessenes Schutzniveau zu gewährleisten; diese Maßnahmen schließen gegebenenfalls unter anderem Folgendes ein:

a) die Pseudonymisierung und Verschlüsselung personenbezogener Daten;

b) die Fähigkeit, die Vertraulichkeit, Integrität, Verfügbarkeit und Belastbarkeit der Systeme und Dienste im Zusammenhang mit der Verarbeitung auf Dauer sicherzustellen;

c) die Fähigkeit, die Verfügbarkeit der personenbezogenen Daten und den Zugang *zu ihnen* bei einem physischen oder technischen Zwischenfall rasch wiederherzustellen;

d) ein Verfahren zur regelmäßigen Überprüfung, Bewertung und Evaluierung der Wirksamkeit der technischen und organisatorischen Maßnahmen zur Gewährleistung der Sicherheit der Verarbeitung.

(2) Bei der Beurteilung des angemessenen Schutzniveaus sind insbesondere die Risiken zu berücksichtigen, die mit der Verarbeitung verbunden sind, insbesonde-

---

[1] Art. 32 Abs. 1 einl. Satzteil ber. ABl. 2018 L 127 S. 2.

re durch – ob unbeabsichtigt oder unrechtmäßig – Vernichtung, Verlust, Veränderung oder unbefugte Offenlegung von beziehungsweise unbefugten Zugang zu personenbezogenen Daten, die übermittelt, gespeichert oder auf andere Weise verarbeitet wurden.

(3) Die Einhaltung genehmigter Verhaltensregeln gemäß Artikel 40 oder eines genehmigten Zertifizierungsverfahrens gemäß Artikel 42 kann als Faktor herangezogen werden, um die Erfüllung der in Absatz 1 des vorliegenden Artikels genannten Anforderungen nachzuweisen.

(4) Der Verantwortliche und der Auftragsverarbeiter unternehmen Schritte, um sicherzustellen, dass ihnen unterstellte natürliche Personen, die Zugang zu personenbezogenen Daten haben, diese nur auf Anweisung des Verantwortlichen verarbeiten, es sei denn, sie sind nach dem Recht der Union oder der Mitgliedstaaten zur Verarbeitung verpflichtet.

Art. 33[1)] Meldung von Verletzungen des Schutzes personenbezogener Daten an die Aufsichtsbehörde. (1) [1] Im Falle einer Verletzung des Schutzes personenbezogener Daten meldet der Verantwortliche unverzüglich und möglichst binnen 72 Stunden, nachdem ihm die Verletzung bekannt wurde, diese der gemäß Artikel 55 zuständigen Aufsichtsbehörde, es sei denn, dass die Verletzung des Schutzes personenbezogener Daten voraussichtlich nicht zu einem Risiko für die Rechte und Freiheiten natürlicher Personen führt. [2] Erfolgt die Meldung an die Aufsichtsbehörde nicht binnen 72 Stunden, so ist ihr eine Begründung für die Verzögerung beizufügen.

(2) Wenn dem Auftragsverarbeiter eine Verletzung des Schutzes personenbezogener Daten bekannt wird, meldet er diese dem Verantwortlichen unverzüglich.

(3) Die Meldung gemäß Absatz 1 enthält zumindest folgende Informationen:

a) eine Beschreibung der Art der Verletzung des Schutzes personenbezogener Daten, soweit möglich mit Angabe der Kategorien und der ungefähren Zahl der betroffenen Personen, der betroffenen Kategorien und der ungefähren Zahl der betroffenen personenbezogenen Datensätze;

b) den Namen und die Kontaktdaten des Datenschutzbeauftragten oder einer sonstigen Anlaufstelle für weitere Informationen;

c) eine Beschreibung der wahrscheinlichen Folgen der Verletzung des Schutzes personenbezogener Daten;

d) eine Beschreibung der von dem Verantwortlichen ergriffenen oder vorgeschlagenen Maßnahmen zur Behebung der Verletzung des Schutzes personenbezogener Daten und gegebenenfalls Maßnahmen zur Abmilderung ihrer möglichen nachteiligen Auswirkungen.

(4) Wenn und soweit die Informationen nicht zur gleichen Zeit bereitgestellt werden können, kann der Verantwortliche diese Informationen ohne unangemessene weitere Verzögerung schrittweise zur Verfügung stellen.

(5) [1] Der Verantwortliche dokumentiert Verletzungen des Schutzes personenbezogener Daten einschließlich aller im Zusammenhang mit der Verletzung des Schutzes personenbezogener Daten stehenden Fakten, ihrer Auswirkungen und der ergriffenen Abhilfemaßnahmen. [2] Diese Dokumentation muss der Aufsichtsbehörde die Überprüfung der Einhaltung der Bestimmungen dieses Artikels ermöglichen.

[1)] Art. 33 Abs. 1 Satz 1 ber. ABl. 2016 L 314 S. 72; Abs. 5 Satz 1 ber. ABl. 2021 L 74 S. 35.

Art. 34[1)] **Benachrichtigung der von einer Verletzung des Schutzes personenbezogener Daten betroffenen Person.** (1) Hat die Verletzung des Schutzes personenbezogener Daten voraussichtlich ein hohes Risiko für die persönlichen Rechte und Freiheiten natürlicher Personen zur Folge, so benachrichtigt der Verantwortliche die betroffene Person unverzüglich von der Verletzung.

(2) Die in Absatz 1 genannte Benachrichtigung der betroffenen Person beschreibt in klarer und einfacher Sprache die Art der Verletzung des Schutzes personenbezogener Daten und enthält zumindest die in Artikel 33 Absatz 3 Buchstaben b, c und d genannten Informationen und Maßnahmen.

(3) Die Benachrichtigung der betroffenen Person gemäß Absatz 1 ist nicht erforderlich, wenn eine der folgenden Bedingungen erfüllt ist:

a) der Verantwortliche hat geeignete technische und organisatorische Sicherheitsvorkehrungen getroffen und diese Vorkehrungen wurden auf die von der Verletzung betroffenen personenbezogenen Daten angewandt, insbesondere solche, durch die die personenbezogenen Daten für alle Personen, die nicht zum Zugang zu den personenbezogenen Daten befugt sind, unzugänglich gemacht werden, etwa durch Verschlüsselung;

b) der Verantwortliche hat durch nachfolgende Maßnahmen sichergestellt, dass das hohe Risiko für die Rechte und Freiheiten der betroffenen Personen gemäß Absatz 1 aller Wahrscheinlichkeit nach nicht mehr besteht;

c) die Benachrichtigung wäre mit einem unverhältnismäßigen Aufwand verbunden. In diesem Fall hat stattdessen eine öffentliche Bekanntmachung oder eine ähnliche Maßnahme zu erfolgen, durch die die betroffenen Personen vergleichbar wirksam informiert werden.

(4) Wenn der Verantwortliche die betroffene Person nicht bereits über die Verletzung des Schutzes personenbezogener Daten benachrichtigt hat, kann die Aufsichtsbehörde unter Berücksichtigung der Wahrscheinlichkeit, mit der die Verletzung des Schutzes personenbezogener Daten zu einem hohen Risiko führt, von dem Verantwortlichen verlangen, dies nachzuholen, oder sie kann mit einem Beschluss feststellen, dass bestimmte der in Absatz 3 genannten Voraussetzungen erfüllt sind.

Abschnitt 3. Datenschutz-Folgenabschätzung und vorherige Konsultation

Art. 35 Datenschutz-Folgenabschätzung. (1) [1] Hat eine Form der Verarbeitung, insbesondere bei Verwendung neuer Technologien, aufgrund der Art, des Umfangs, der Umstände und der Zwecke der Verarbeitung voraussichtlich ein hohes Risiko für die Rechte und Freiheiten natürlicher Personen zur Folge, so führt der Verantwortliche vorab eine Abschätzung der Folgen der vorgesehenen Verarbeitungsvorgänge für den Schutz personenbezogener Daten durch. [2] Für die *Untersuchung mehrerer* ähnlicher Verarbeitungsvorgänge mit ähnlich hohen Risiken kann eine einzige Abschätzung vorgenommen werden.

(2) Der Verantwortliche holt bei der Durchführung einer Datenschutz-Folgenabschätzung den Rat des Datenschutzbeauftragten, sofern ein solcher benannt wurde, ein.

(3) Eine Datenschutz-Folgenabschätzung gemäß Absatz 1 ist insbesondere in folgenden Fällen erforderlich:

[1)] Art. 34 Abs. 3 Buchst. a–c ber. ABl. 2021 L 74 S. 35.

a) systematische und umfassende Bewertung persönlicher Aspekte natürlicher Personen, die sich auf automatisierte Verarbeitung einschließlich Profiling gründet und die ihrerseits als Grundlage für Entscheidungen dient, die Rechtswirkung gegenüber natürlichen Personen entfalten oder diese in ähnlich erheblicher Weise beeinträchtigen;

b) umfangreiche Verarbeitung besonderer Kategorien von personenbezogenen Daten gemäß Artikel 9 Absatz 1 oder von personenbezogenen Daten über strafrechtliche Verurteilungen und Straftaten gemäß Artikel 10 oder

c) systematische umfangreiche Überwachung öffentlich zugänglicher Bereiche.

(4) [1] Die Aufsichtsbehörde erstellt eine Liste der Verarbeitungsvorgänge, für die gemäß Absatz 1 eine Datenschutz-Folgenabschätzung durchzuführen ist, und veröffentlicht diese. [2] Die Aufsichtsbehörde übermittelt diese Listen dem in Artikel 68 genannten Ausschuss.

(5) [1] Die Aufsichtsbehörde kann des Weiteren eine Liste der Arten von Verarbeitungsvorgängen erstellen und veröffentlichen, für die keine Datenschutz-Folgenabschätzung erforderlich ist. [2] Die Aufsichtsbehörde übermittelt diese Listen dem Ausschuss.

(6) Vor Festlegung der in den Absätzen 4 und 5 genannten Listen wendet die zuständige Aufsichtsbehörde das Kohärenzverfahren gemäß Artikel 63 an, wenn solche Listen Verarbeitungstätigkeiten umfassen, die mit dem Angebot von Waren oder Dienstleistungen für betroffene Personen oder der Beobachtung des Verhaltens dieser Personen in mehreren Mitgliedstaaten im Zusammenhang stehen oder die den freien Verkehr personenbezogener Daten innerhalb der Union erheblich beeinträchtigen könnten.

(7) Die Folgenabschätzung enthält zumindest Folgendes:

a) eine systematische Beschreibung der geplanten Verarbeitungsvorgänge und der Zwecke der Verarbeitung, gegebenenfalls einschließlich der von dem Verantwortlichen verfolgten berechtigten Interessen;

b) eine Bewertung der Notwendigkeit und Verhältnismäßigkeit der Verarbeitungsvorgänge in Bezug auf den Zweck;

c) eine Bewertung der Risiken für die Rechte und Freiheiten der betroffenen Personen gemäß Absatz 1 und

(Fortsetzung nächstes Blatt)

d) die zur Bewältigung der Risiken geplanten Abhilfemaßnahmen, einschließlich Garantien, Sicherheitsvorkehrungen und Verfahren, durch die der Schutz personenbezogener Daten sichergestellt und der Nachweis dafür erbracht wird, dass diese Verordnung eingehalten wird, wobei den Rechten und berechtigten Interessen der betroffenen Personen und sonstiger Betroffener Rechnung getragen wird.

(8) Die Einhaltung genehmigter Verhaltensregeln gemäß Artikel 40 durch die zuständigen Verantwortlichen oder die zuständigen Auftragsverarbeiter ist bei der Beurteilung der Auswirkungen der von diesen durchgeführten Verarbeitungsvorgänge, insbesondere für die Zwecke einer Datenschutz-Folgenabschätzung, gebührend zu berücksichtigen.

(9) Der Verantwortliche holt gegebenenfalls den Standpunkt der betroffenen Personen oder ihrer Vertreter zu der beabsichtigten Verarbeitung unbeschadet des Schutzes gewerblicher oder öffentlicher Interessen oder der Sicherheit der Verarbeitungsvorgänge ein.

(10) Falls die Verarbeitung gemäß Artikel 6 Absatz 1 Buchstabe c oder e auf einer Rechtsgrundlage im Unionsrecht oder im Recht des Mitgliedstaats, dem der Verantwortliche unterliegt, beruht und falls diese Rechtsvorschriften den konkreten Verarbeitungsvorgang oder die konkreten Verarbeitungsvorgänge regeln und bereits im Rahmen der allgemeinen Folgenabschätzung im Zusammenhang mit dem Erlass dieser Rechtsgrundlage eine Datenschutz-Folgenabschätzung erfolgte, gelten die Absätze 1 bis 7 nur, wenn es nach dem Ermessen der Mitgliedstaaten erforderlich ist, vor den betreffenden Verarbeitungstätigkeiten eine solche Folgenabschätzung durchzuführen.

(11) Erforderlichenfalls führt der Verantwortliche eine Überprüfung durch, um zu bewerten, ob die Verarbeitung gemäß der Datenschutz-Folgenabschätzung durchgeführt wird; dies gilt zumindest, wenn hinsichtlich des mit den Verarbeitungsvorgängen verbundenen Risikos Änderungen eingetreten sind.

Art. 36 Vorherige Konsultation. (1) Der Verantwortliche konsultiert vor der Verarbeitung die Aufsichtsbehörde, wenn aus einer Datenschutz-Folgenabschätzung gemäß Artikel 35 hervorgeht, dass die Verarbeitung ein hohes Risiko zur Folge hätte, sofern der Verantwortliche keine Maßnahmen zur Eindämmung des Risikos trifft.

(2) [1] Falls die Aufsichtsbehörde der Auffassung ist, dass die geplante Verarbeitung gemäß Absatz 1 nicht im Einklang mit dieser Verordnung stünde, insbesondere weil der Verantwortliche das Risiko nicht ausreichend ermittelt oder nicht ausreichend eingedämmt hat, unterbreitet sie dem Verantwortlichen und gegebenenfalls dem Auftragsverarbeiter innerhalb eines Zeitraums von bis zu acht Wochen nach Erhalt des Ersuchens um Konsultation entsprechende schriftliche Empfehlungen und kann ihre in Artikel 58 genannten Befugnisse ausüben. [2] Diese Frist kann unter Berücksichtigung der Komplexität der geplanten Verarbeitung um sechs Wochen verlängert werden. [3] Die Aufsichtsbehörde unterrichtet den Verantwortlichen oder gegebenenfalls den Auftragsverarbeiter über eine solche Fristverlängerung innerhalb eines Monats nach Eingang des Antrags auf Konsultation zusammen mit den Gründen für die Verzögerung. [4] Diese Fristen können ausgesetzt werden, bis die Aufsichtsbehörde die für die Zwecke der Konsultation angeforderten Informationen erhalten hat.

(3) Der Verantwortliche stellt der Aufsichtsbehörde bei einer Konsultation gemäß Absatz 1 folgende Informationen zur Verfügung:

a) gegebenenfalls Angaben zu den jeweiligen Zuständigkeiten des Verantwortlichen, der gemeinsam Verantwortlichen und der an der Verarbeitung beteiligten Auftragsverarbeiter, insbesondere bei einer Verarbeitung innerhalb einer Gruppe von Unternehmen;

b) die Zwecke und die Mittel der beabsichtigten Verarbeitung;

c) die zum Schutz der Rechte und Freiheiten der betroffenen Personen gemäß dieser Verordnung vorgesehenen Maßnahmen und Garantien;

d) gegebenenfalls die Kontaktdaten des Datenschutzbeauftragten;

e) die Datenschutz-Folgenabschätzung gemäß Artikel 35 und

f) alle sonstigen von der Aufsichtsbehörde angeforderten Informationen.

(4) Die Mitgliedstaaten konsultieren die Aufsichtsbehörde bei der Ausarbeitung eines Vorschlags für von einem nationalen Parlament zu erlassende Gesetzgebungsmaßnahmen oder von auf solchen Gesetzgebungsmaßnahmen basierenden Regelungsmaßnahmen, die die Verarbeitung betreffen.

(5) Ungeachtet des Absatzes 1 können Verantwortliche durch das Recht der Mitgliedstaaten verpflichtet werden, bei der Verarbeitung zur Erfüllung einer im öffentlichen Interesse liegenden Aufgabe, einschließlich der Verarbeitung zu Zwecken der sozialen Sicherheit und der öffentlichen Gesundheit, die Aufsichtsbehörde zu konsultieren und deren vorherige Genehmigung einzuholen.

Abschnitt 4. Datenschutzbeauftragter

Art. 37[1)] Benennung eines Datenschutzbeauftragten. (1) Der Verantwortliche und der Auftragsverarbeiter benennen auf jeden Fall einen Datenschutzbeauftragten, wenn

a) die Verarbeitung von einer Behörde oder öffentlichen Stelle durchgeführt wird, mit Ausnahme von Gerichten, soweit sie im Rahmen ihrer justiziellen Tätigkeit handeln,

b) die Kerntätigkeit des Verantwortlichen oder des Auftragsverarbeiters in der Durchführung von Verarbeitungsvorgängen besteht, welche aufgrund ihrer Art, ihres Umfangs und/oder ihrer Zwecke eine umfangreiche regelmäßige und systematische Überwachung von betroffenen Personen erforderlich machen, oder

c) die Kerntätigkeit des Verantwortlichen oder des Auftragsverarbeiters in der umfangreichen Verarbeitung besonderer Kategorien von Daten gemäß Artikel 9 oder von personenbezogenen Daten über strafrechtliche Verurteilungen und Straftaten gemäß Artikel 10 besteht.

(2) Eine Unternehmensgruppe darf einen gemeinsamen Datenschutzbeauftragten ernennen, sofern von jeder Niederlassung aus der Datenschutzbeauftragte leicht erreicht werden kann.

(3) Falls es sich bei dem Verantwortlichen oder dem Auftragsverarbeiter um eine Behörde oder öffentliche Stelle handelt, kann für mehrere solcher Behör-

---

1) Art. 37 Abs. 1 Buchst. a ber. ABl. 2018 Nr. L 127 S. 2.

den oder Stellen unter Berücksichtigung ihrer Organisationsstruktur und ihrer Größe ein gemeinsamer Datenschutzbeauftragter benannt werden.

(4) [1] In anderen als den in Absatz 1 genannten Fällen können der Verantwortliche oder der Auftragsverarbeiter oder Verbände und andere Vereinigungen, die Kategorien von Verantwortlichen oder Auftragsverarbeitern vertreten, einen Datenschutzbeauftragten benennen; falls dies nach dem Recht der Union oder der Mitgliedstaaten vorgeschrieben ist, müssen sie einen solchen benennen. [2] Der Datenschutzbeauftragte kann für derartige Verbände und andere Vereinigungen, die Verantwortliche oder Auftragsverarbeiter vertreten, handeln.

(5) Der Datenschutzbeauftragte wird auf der Grundlage seiner beruflichen Qualifikation und insbesondere des Fachwissens benannt, das er auf dem Gebiet des Datenschutzrechts und der Datenschutzpraxis besitzt, sowie auf der Grundlage seiner Fähigkeit zur Erfüllung der in Artikel 39 genannten Aufgaben.

(6) Der Datenschutzbeauftragte kann Beschäftigter des Verantwortlichen oder des Auftragsverarbeiters sein oder seine Aufgaben auf der Grundlage eines Dienstleistungsvertrags erfüllen.

(7) Der Verantwortliche oder der Auftragsverarbeiter veröffentlicht die Kontaktdaten des Datenschutzbeauftragten und teilt diese Daten der Aufsichtsbehörde mit.

Art. 38 Stellung des Datenschutzbeauftragten. (1) Der Verantwortliche und der Auftragsverarbeiter stellen sicher, dass der Datenschutzbeauftragte ordnungsgemäß und frühzeitig in alle mit dem Schutz personenbezogener Daten zusammenhängenden Fragen eingebunden wird.

(2) Der Verantwortliche und der Auftragsverarbeiter unterstützen den Datenschutzbeauftragten bei der Erfüllung seiner Aufgaben gemäß Artikel 39, indem sie die für die Erfüllung dieser Aufgaben erforderlichen Ressourcen und den Zugang zu personenbezogenen Daten und Verarbeitungsvorgängen sowie die zur Erhaltung seines Fachwissens erforderlichen Ressourcen zur Verfügung stellen.

(3) [1] Der Verantwortliche und der Auftragsverarbeiter stellen sicher, dass der Datenschutzbeauftragte bei der Erfüllung seiner Aufgaben keine Anweisungen bezüglich der Ausübung dieser Aufgaben erhält. [2] Der Datenschutzbeauftragte darf von dem Verantwortlichen oder dem Auftragsverarbeiter wegen der Erfüllung seiner Aufgaben nicht abberufen oder benachteiligt werden. [3] Der Datenschutzbeauftragte berichtet unmittelbar der höchsten Managementebene des Verantwortlichen oder des Auftragsverarbeiters.

(4) Betroffene Personen können den Datenschutzbeauftragten zu allen mit der Verarbeitung ihrer personenbezogenen Daten und mit der Wahrnehmung ihrer Rechte gemäß dieser Verordnung im Zusammenhang stehenden Fragen zu Rate ziehen.

(5) Der Datenschutzbeauftragte ist nach dem Recht der Union oder der Mitgliedstaaten bei der Erfüllung seiner Aufgaben an die Wahrung der Geheimhaltung oder der Vertraulichkeit gebunden.

(6) [1] Der Datenschutzbeauftragte kann andere Aufgaben und Pflichten wahrnehmen. [2] Der Verantwortliche oder der Auftragsverarbeiter stellt sicher, dass derartige Aufgaben und Pflichten nicht zu einem Interessenkonflikt führen.

Art. 39 Aufgaben des Datenschutzbeauftragten. (1) Dem Datenschutzbeauftragten obliegen zumindest folgende Aufgaben:

a) Unterrichtung und Beratung des Verantwortlichen oder des Auftragsverarbeiters und der Beschäftigten, die Verarbeitungen durchführen, hinsichtlich ihrer Pflichten nach dieser Verordnung sowie nach sonstigen Datenschutzvorschriften der Union bzw. der Mitgliedstaaten;

b) Überwachung der Einhaltung dieser Verordnung, anderer Datenschutzvorschriften der Union bzw. der Mitgliedstaaten sowie der Strategien des Verantwortlichen oder des Auftragsverarbeiters für den Schutz personenbezogener Daten einschließlich der Zuweisung von Zuständigkeiten, der Sensibilisierung und Schulung der an den Verarbeitungsvorgängen beteiligten Mitarbeiter und der diesbezüglichen Überprüfungen;

c) Beratung – auf Anfrage – im Zusammenhang mit der Datenschutz-Folgenabschätzung und Überwachung ihrer Durchführung gemäß Artikel 35;

d) Zusammenarbeit mit der Aufsichtsbehörde;

e) Tätigkeit als Anlaufstelle für die Aufsichtsbehörde in mit der Verarbeitung zusammenhängenden Fragen, einschließlich der vorherigen Konsultation gemäß Artikel 36, und gegebenenfalls Beratung zu allen sonstigen Fragen.

(2) Der Datenschutzbeauftragte trägt bei der Erfüllung seiner Aufgaben dem mit den Verarbeitungsvorgängen verbundenen Risiko gebührend Rechnung, wobei er die Art, den Umfang, die Umstände und die Zwecke der Verarbeitung berücksichtigt.

Abschnitt 5. Verhaltensregeln und Zertifizierung

Art. 40[1] Verhaltensregeln. (1) Die Mitgliedstaaten, die Aufsichtsbehörden, der Ausschuss und die Kommission fördern die Ausarbeitung von Verhaltensregeln, die nach Maßgabe der Besonderheiten der einzelnen Verarbeitungsbereiche und der besonderen Bedürfnisse von Kleinstunternehmen sowie kleinen und mittleren Unternehmen zur ordnungsgemäßen Anwendung dieser Verordnung beitragen sollen.

(2) Verbände und andere Vereinigungen, die Kategorien von Verantwortlichen oder Auftragsverarbeitern vertreten, können Verhaltensregeln ausarbeiten oder ändern oder erweitern, mit denen die Anwendung dieser Verordnung beispielsweise zu dem Folgenden präzisiert wird:

a) faire und transparente Verarbeitung;

b) die berechtigten Interessen des Verantwortlichen in bestimmten Zusammenhängen;

c) Erhebung personenbezogener Daten;

d) Pseudonymisierung personenbezogener Daten;

e) Unterrichtung der Öffentlichkeit und der betroffenen Personen;

f) Ausübung der Rechte betroffener Personen;

g) Unterrichtung und Schutz von Kindern und Art und Weise, in der die Einwilligung des Trägers der elterlichen Verantwortung für das Kind einzuholen ist;

---

[1] Art. 40 Abs. 3 Satz 1 ber. ABl. 2018 Nr. L 127 S. 2.

h) die Maßnahmen und Verfahren gemäß den Artikeln 24 und 25 und die Maßnahmen für die Sicherheit der Verarbeitung gemäß Artikel 32;

i) die Meldung von Verletzungen des Schutzes personenbezogener Daten an Aufsichtsbehörden und die Benachrichtigung der betroffenen Person von solchen Verletzungen des Schutzes personenbezogener Daten;

j) die Übermittlung personenbezogener Daten an Drittländer oder an internationale Organisationen oder

k) außergerichtliche Verfahren und sonstige Streitbeilegungsverfahren zur Beilegung von Streitigkeiten zwischen Verantwortlichen und betroffenen Personen im Zusammenhang mit der Verarbeitung, unbeschadet der Rechte betroffener Personen gemäß den Artikeln 77 und 79.

(3) [1] Zusätzlich zur Einhaltung durch die unter diese Verordnung fallenden Verantwortlichen oder Auftragsverarbeiter können Verhaltensregeln, die gemäß Absatz 5 des vorliegenden Artikels genehmigt wurden und gemäß Absatz 9 des vorliegenden Artikels allgemeine Gültigkeit besitzen, auch von Verantwortlichen oder Auftragsverarbeitern, die gemäß Artikel 3 nicht unter diese Verordnung fallen, eingehalten werden, um geeignete Garantien im Rahmen der Übermittlung personenbezogener Daten an Drittländer oder internationale Organisationen nach Maßgabe des Artikels 46 Absatz 2 Buchstabe e zu bieten. [2] Diese Verantwortlichen oder Auftragsverarbeiter gehen mittels vertraglicher oder sonstiger rechtlich bindender Instrumente die verbindliche und durchsetzbare Verpflichtung ein, die geeigneten Garantien anzuwenden, auch im Hinblick auf die Rechte der betroffenen Personen.

(4) Die Verhaltensregeln gemäß Absatz 2 des vorliegenden Artikels müssen Verfahren vorsehen, die es der in Artikel 41 Absatz 1 genannten Stelle ermöglichen, die obligatorische Überwachung der Einhaltung ihrer Bestimmungen durch die Verantwortlichen oder die Auftragsverarbeiter, die sich zur Anwendung der Verhaltensregeln verpflichten, vorzunehmen, unbeschadet der Aufgaben und Befugnisse der Aufsichtsbehörde, die nach Artikel 55 oder 56 zuständig ist.

(5) [1] Verbände und andere Vereinigungen gemäß Absatz 2 des vorliegenden Artikels, die beabsichtigen, Verhaltensregeln auszuarbeiten oder bestehende Verhaltensregeln zu ändern oder zu erweitern, legen den Entwurf der Verhaltensregeln bzw. den Entwurf zu deren Änderung oder Erweiterung der Aufsichtsbehörde vor, die nach Artikel 55 zuständig ist. [2] Die Aufsichtsbehörde gibt eine Stellungnahme darüber ab, ob der Entwurf der Verhaltensregeln bzw. der Entwurf zu deren Änderung oder Erweiterung mit dieser Verordnung vereinbar ist und genehmigt diesen Entwurf der Verhaltensregeln bzw. den Entwurf zu deren Änderung oder Erweiterung, wenn sie der Auffassung ist, dass er ausreichende geeignete Garantien bietet.

(6) Wird durch die Stellungnahme nach Absatz 5 der Entwurf der Verhaltensregeln bzw. der Entwurf zu deren Änderung oder Erweiterung genehmigt und beziehen sich die betreffenden Verhaltensregeln nicht auf Verarbeitungstätigkeiten in mehreren Mitgliedstaaten, so nimmt die Aufsichtsbehörde die Verhaltensregeln in ein Verzeichnis auf und veröffentlicht sie.

(7) Bezieht sich der Entwurf der Verhaltensregeln auf Verarbeitungstätigkeiten in mehreren Mitgliedstaaten, so legt die nach Artikel 55 zuständige Aufsichtsbehörde – bevor sie den Entwurf der Verhaltensregeln bzw. den Entwurf zu deren Änderung oder Erweiterung genehmigt – ihn nach dem Ver-

fahren gemäß Artikel 63 dem Ausschuss vor, der zu der Frage Stellung nimmt, ob der Entwurf der Verhaltensregeln bzw. der Entwurf zu deren Änderung oder Erweiterung mit dieser Verordnung vereinbar ist oder – im Fall nach Absatz 3 dieses Artikels – geeignete Garantien vorsieht.

(8) Wird durch die Stellungnahme nach Absatz 7 bestätigt, dass der Entwurf der Verhaltensregeln bzw. der Entwurf zu deren Änderung oder Erweiterung mit dieser Verordnung vereinbar ist oder – im Fall nach Absatz 3 – geeignete Garantien vorsieht, so übermittelt der Ausschuss seine Stellungnahme der Kommission.

(9) [1]Die Kommission kann im Wege von Durchführungsrechtsakten beschließen, dass die ihr gemäß Absatz 8 übermittelten genehmigten Verhaltensregeln bzw. deren genehmigte Änderung oder Erweiterung allgemeine Gültigkeit in der Union besitzen. [2]Diese Durchführungsrechtsakte werden gemäß dem Prüfverfahren nach Artikel 93 Absatz 2 erlassen.

(10) Die Kommission trägt dafür Sorge, dass die genehmigten Verhaltensregeln, denen gemäß Absatz 9 allgemeine Gültigkeit zuerkannt wurde, in geeigneter Weise veröffentlicht werden.

(11) Der Ausschuss nimmt alle genehmigten Verhaltensregeln bzw. deren genehmigte Änderungen oder Erweiterungen in ein Register auf und veröffentlicht sie in geeigneter Weise.

Art. 41[1)] Überwachung der genehmigten Verhaltensregeln. (1) Unbeschadet der Aufgaben und Befugnisse der zuständigen Aufsichtsbehörde gemäß den Artikeln 57 und 58 kann die Überwachung der Einhaltung von Verhaltensregeln gemäß Artikel 40 von einer Stelle durchgeführt werden, die über das geeignete Fachwissen hinsichtlich des Gegenstands der Verhaltensregeln verfügt und die von der zuständigen Aufsichtsbehörde zu diesem Zweck akkreditiert wurde.

(2) Eine Stelle gemäß Absatz 1 kann zum Zwecke der Überwachung der Einhaltung von Verhaltensregeln akkreditiert werden, wenn sie

a) ihre Unabhängigkeit und ihr Fachwissen hinsichtlich des Gegenstands der Verhaltensregeln zur Zufriedenheit der zuständigen Aufsichtsbehörde nachgewiesen hat;

b) Verfahren festgelegt hat, die es ihr ermöglichen, zu bewerten, ob Verantwortliche und Auftragsverarbeiter die Verhaltensregeln anwenden können, die Einhaltung der Verhaltensregeln durch die Verantwortlichen und Auftragsverarbeiter zu überwachen und die Anwendung der Verhaltensregeln regelmäßig zu überprüfen;

c) Verfahren und Strukturen festgelegt hat, mit denen sie Beschwerden über Verletzungen der Verhaltensregeln oder über die Art und Weise, in der die Verhaltensregeln von dem Verantwortlichen oder dem Auftragsverarbeiter angewendet werden oder wurden, nachgeht und diese Verfahren und Strukturen für betroffene Personen und die Öffentlichkeit transparent macht, und

d) zur Zufriedenheit der zuständigen Aufsichtsbehörde nachgewiesen hat, dass ihre Aufgaben und Pflichten nicht zu einem Interessenkonflikt führen.

[1)] Art. 41 Abs. 3 und 5 ber. ABl. 2018 Nr. L 127 S. 2.

(3) Die zuständige Aufsichtsbehörde übermittelt den Entwurf der Anforderungen an die Akkreditierung einer Stelle nach Absatz 1 gemäß dem Kohärenzverfahren nach Artikel 63 an den Ausschuss.

(4) [1] Unbeschadet der Aufgaben und Befugnisse der zuständigen Aufsichtsbehörde und der Bestimmungen des Kapitels VIII ergreift eine Stelle gemäß Absatz 1 vorbehaltlich geeigneter Garantien im Falle einer Verletzung der Verhaltensregeln durch einen Verantwortlichen oder einen Auftragsverarbeiter geeignete Maßnahmen, einschließlich eines vorläufigen oder endgültigen Ausschlusses des Verantwortlichen oder Auftragsverarbeiters von den Verhaltensregeln. [2] Sie unterrichtet die zuständige Aufsichtsbehörde über solche Maßnahmen und deren Begründung.

(5) Die zuständige Aufsichtsbehörde widerruft die Akkreditierung einer Stelle gemäß Absatz 1, wenn die Anforderungen an ihre Akkreditierung nicht oder nicht mehr erfüllt sind oder wenn die Stelle Maßnahmen ergreift, die nicht mit dieser Verordnung vereinbar sind.

(6) Dieser Artikel gilt nicht für die Verarbeitung durch Behörden oder öffentliche Stellen.

Art. 42[1)] Zertifizierung. (1) [1] Die Mitgliedstaaten, die Aufsichtsbehörden, der Ausschuss und die Kommission fördern insbesondere auf Unionsebene die Einführung von datenschutzspezifischen Zertifizierungsverfahren sowie von Datenschutzsiegeln und -prüfzeichen, die dazu dienen, nachzuweisen, dass diese Verordnung bei Verarbeitungsvorgängen von Verantwortlichen oder Auftragsverarbeitern eingehalten wird. [2] Den besonderen Bedürfnissen von Kleinstunternehmen sowie kleinen und mittleren Unternehmen wird Rechnung getragen.

(2) [1] Zusätzlich zur Einhaltung durch die unter diese Verordnung fallenden Verantwortlichen oder Auftragsverarbeiter können auch datenschutzspezifische Zertifizierungsverfahren, Siegel oder Prüfzeichen, die gemäß Absatz 5 des vorliegenden Artikels genehmigt worden sind, vorgesehen werden, um nachzuweisen, dass die Verantwortlichen oder Auftragsverarbeiter, die gemäß Artikel 3 nicht unter diese Verordnung fallen, im Rahmen der Übermittlung personenbezogener Daten an Drittländer oder internationale Organisationen nach Maßgabe von Artikel 46 Absatz 2 Buchstabe f geeignete Garantien bieten. [2] Diese Verantwortlichen oder Auftragsverarbeiter gehen mittels vertraglicher oder sonstiger rechtlich bindender Instrumente die verbindliche und durchsetzbare Verpflichtung ein, diese geeigneten Garantien anzuwenden, auch im Hinblick auf die Rechte der betroffenen Personen.

(3) Die Zertifizierung muss freiwillig und über ein transparentes Verfahren zugänglich sein.

(4) Eine Zertifizierung gemäß diesem Artikel mindert nicht die Verantwortung des Verantwortlichen oder des Auftragsverarbeiters für die Einhaltung dieser Verordnung und berührt nicht die Aufgaben und Befugnisse der Aufsichtsbehörden, die gemäß Artikel 55 oder 56 zuständig sind.

(5) [1] Eine Zertifizierung nach diesem Artikel wird durch die Zertifizierungsstellen nach Artikel 43 oder durch die zuständige Aufsichtsbehörde anhand der von dieser zuständigen Aufsichtsbehörde gemäß Artikel 58 Absatz 3 oder –

1) Art. 42 Abs. 7 Sätze 1 und 2 ber. ABl. 2018 Nr. L 127 S. 2.

gemäß Artikel 63 – durch den Ausschuss genehmigten Kriterien erteilt. [2] Werden die Kriterien vom Ausschuss genehmigt, kann dies zu einer gemeinsamen Zertifizierung, dem Europäischen Datenschutzsiegel, führen.

(6) Der Verantwortliche oder der Auftragsverarbeiter, der die von ihm durchgeführte Verarbeitung dem Zertifizierungsverfahren unterwirft, stellt der Zertifizierungsstelle nach Artikel 43 oder gegebenenfalls der zuständigen Aufsichtsbehörde alle für die Durchführung des Zertifizierungsverfahrens erforderlichen Informationen zur Verfügung und gewährt ihr den in diesem Zusammenhang erforderlichen Zugang zu seinen Verarbeitungstätigkeiten.

(7) [1] Die Zertifizierung wird einem Verantwortlichen oder einem Auftragsverarbeiter für eine Höchstdauer von drei Jahren erteilt und kann unter denselben Bedingungen verlängert werden, sofern die einschlägigen Kriterien weiterhin erfüllt werden. [2] Die Zertifizierung wird gegebenenfalls durch die Zertifizierungsstellen nach Artikel 43 oder durch die zuständige Aufsichtsbehörde widerrufen, wenn die Kriterien für die Zertifizierung nicht oder nicht mehr erfüllt werden.

(8) Der Ausschuss nimmt alle Zertifizierungsverfahren und Datenschutzsiegel und -prüfzeichen in ein Register auf und veröffentlicht sie in geeigneter Weise.

Art. 43[1)] Zertifizierungsstellen. (1) [1] Unbeschadet der Aufgaben und Befugnisse der zuständigen Aufsichtsbehörde gemäß den Artikeln 57 und 58 erteilen oder verlängern Zertifizierungsstellen, die über das geeignete Fachwissen hinsichtlich des Datenschutzes verfügen, nach Unterrichtung der Aufsichtsbehörde – damit diese erforderlichenfalls von ihren Befugnissen gemäß Artikel 58 Absatz 2 Buchstabe h Gebrauch machen kann – die Zertifizierung. [2] Die Mitgliedstaaten stellen sicher, dass diese Zertifizierungsstellen von einer oder beiden der folgenden Stellen akkreditiert werden:

a) der gemäß Artikel 55 oder 56 zuständigen Aufsichtsbehörde;

b) der nationalen Akkreditierungsstelle, die gemäß der Verordnung (EG) Nr. 765/2008 des Europäischen Parlaments und des Rates[2)] im Einklang mit EN-ISO/IEC 17065/2012 und mit den zusätzlichen von der gemäß Artikel 55 oder 56 zuständigen Aufsichtsbehörde festgelegten Anforderungen benannt wurde.

(2) Zertifizierungsstellen nach Absatz 1 dürfen nur dann gemäß dem genannten Absatz akkreditiert werden, wenn sie

a) ihre Unabhängigkeit und ihr Fachwissen hinsichtlich des Gegenstands der Zertifizierung zur Zufriedenheit der zuständigen Aufsichtsbehörde nachgewiesen haben;

b) sich verpflichtet haben, die Kriterien nach Artikel 42 Absatz 5, die von der gemäß Artikel 55 oder 56 zuständigen Aufsichtsbehörde oder – gemäß Artikel 63 – von dem Ausschuss genehmigt wurden, einzuhalten;

[1)] Art. 43 Abs. 3 Satz 1 und Abs. 6 ber. ABl. 2018 Nr. L 127 S. 2.

[2)] **Amtl. Anm.:** Verordnung (EG) Nr. 765/2008 des Europäischen Parlaments und des Rates vom 9. Juli 2008 über die Vorschriften für die Akkreditierung und Marktüberwachung im Zusammenhang mit der Vermarktung von Produkten und zur Aufhebung der Verordnung (EWG) Nr. 339/93 des Rates (ABl. L 218 vom 13.8.2008, S. 30).

c) Verfahren für die Erteilung, die regelmäßige Überprüfung und den Widerruf der Datenschutzzertifizierung sowie der Datenschutzsiegel und -prüfzeichen festgelegt haben;

d) Verfahren und Strukturen festgelegt haben, mit denen sie Beschwerden über Verletzungen der Zertifizierung oder die Art und Weise, in der die Zertifizierung von dem Verantwortlichen oder dem Auftragsverarbeiter umgesetzt wird oder wurde, nachgehen und diese Verfahren und Strukturen für betroffene Personen und die Öffentlichkeit transparent machen, und

e) zur Zufriedenheit der zuständigen Aufsichtsbehörde nachgewiesen haben, dass ihre Aufgaben und Pflichten nicht zu einem Interessenkonflikt führen.

(3) [1] Die Akkreditierung von Zertifizierungsstellen nach den Absätzen 1 und 2 erfolgt anhand der Anforderungen, die von der gemäß Artikel 55 oder 56 zuständigen Aufsichtsbehörde oder – gemäß Artikel 63 – von dem Ausschuss genehmigt wurden. [2] Im Fall einer Akkreditierung nach Absatz 1 Buchstabe b des vorliegenden Artikels ergänzen diese Anforderungen diejenigen, die in der Verordnung (EG) Nr. 765/2008 und in den technischen Vorschriften, in denen die Methoden und Verfahren der Zertifizierungsstellen beschrieben werden, vorgesehen sind.

(4) [1] Die Zertifizierungsstellen nach Absatz 1 sind unbeschadet der Verantwortung, die der Verantwortliche oder der Auftragsverarbeiter für die Einhaltung dieser Verordnung hat, für die angemessene Bewertung, die der Zertifizierung oder dem Widerruf einer Zertifizierung zugrunde liegt, verantwortlich. [2] Die Akkreditierung wird für eine Höchstdauer von fünf Jahren erteilt und kann unter denselben Bedingungen verlängert werden, sofern die Zertifizierungsstelle die Anforderungen dieses Artikels erfüllt.

(5) Die Zertifizierungsstellen nach Absatz 1 teilen den zuständigen Aufsichtsbehörden die Gründe für die Erteilung oder den Widerruf der beantragten Zertifizierung mit.

(6) [1] Die Anforderungen nach Absatz 3 des vorliegenden Artikels und die Kriterien nach Artikel 42 Absatz 5 werden von der Aufsichtsbehörde in leicht zugänglicher Form veröffentlicht. [2] Die Aufsichtsbehörden übermitteln diese Anforderungen und Kriterien auch dem Ausschuss.

(7) Unbeschadet des Kapitels VIII widerruft die zuständige Aufsichtsbehörde oder die nationale Akkreditierungsstelle die Akkreditierung einer Zertifizierungsstelle nach Absatz 1, wenn die Voraussetzungen für die Akkreditierung nicht oder nicht mehr erfüllt sind oder wenn eine Zertifizierungsstelle Maßnahmen ergreift, die nicht mit dieser Verordnung vereinbar sind.

(8) Der Kommission wird die Befugnis übertragen, gemäß Artikel 92 delegierte Rechtsakte zu erlassen, um die Anforderungen festzulegen, die für die in Artikel 42 Absatz 1 genannten datenschutzspezifischen Zertifizierungsverfahren zu berücksichtigen sind.

(9) [1] Die Kommission kann Durchführungsrechtsakte erlassen, mit denen technische Standards für Zertifizierungsverfahren und Datenschutzsiegel und -prüfzeichen sowie Mechanismen zur Förderung und Anerkennung dieser Zertifizierungsverfahren und Datenschutzsiegel und -prüfzeichen festgelegt werden. [2] Diese Durchführungsrechtsakte werden gemäß dem in Artikel 93 Absatz 2 genannten Prüfverfahren erlassen.

Kapitel V. Übermittlungen personenbezogener Daten an Drittländer oder an internationale Organisationen

Art. 44[1)] Allgemeine Grundsätze der Datenübermittlung. [1] Jedwede Übermittlung personenbezogener Daten, die bereits verarbeitet werden oder nach ihrer Übermittlung an ein Drittland oder eine internationale Organisation verarbeitet werden sollen, ist nur zulässig, wenn der Verantwortliche und der Auftragsverarbeiter die in diesem Kapitel niedergelegten Bedingungen einhalten und auch die sonstigen Bestimmungen dieser Verordnung eingehalten werden; dies gilt auch für die etwaige Weiterübermittlung personenbezogener Daten aus dem betreffenden Drittland oder der betreffenden internationalen Organisation an ein anderes Drittland oder eine andere internationale Organisation. [2] Alle Bestimmungen dieses Kapitels sind anzuwenden, um sicherzustellen, dass das durch diese Verordnung gewährleistete Schutzniveau für natürliche Personen nicht untergraben wird.

Art. 45 Datenübermittlung auf der Grundlage eines Angemessenheitsbeschlusses. (1) [1] Eine Übermittlung personenbezogener Daten an ein Drittland oder eine internationale Organisation darf vorgenommen werden, wenn die Kommission beschlossen hat, dass das betreffende Drittland, ein Gebiet oder ein oder mehrere spezifische Sektoren in diesem Drittland oder die betreffende internationale Organisation ein angemessenes Schutzniveau bietet. [2] Eine solche Datenübermittlung bedarf keiner besonderen Genehmigung.

(2) Bei der Prüfung der Angemessenheit des gebotenen Schutzniveaus berücksichtigt die Kommission insbesondere das Folgende:

a) die Rechtsstaatlichkeit, die Achtung der Menschenrechte und Grundfreiheiten, die in dem betreffenden Land bzw. bei der betreffenden internationalen Organisation geltenden einschlägigen Rechtsvorschriften sowohl allgemeiner als auch sektoraler Art – auch in Bezug auf öffentliche Sicherheit, Verteidigung, nationale Sicherheit und Strafrecht sowie Zugang der Behörden zu personenbezogenen Daten – sowie die Anwendung dieser Rechtsvorschriften, Datenschutzvorschriften, Berufsregeln und Sicherheitsvorschriften einschließlich der Vorschriften für die Weiterübermittlung personenbezogener Daten an ein anderes Drittland bzw. eine andere internationale Organisation, die Rechtsprechung sowie wirksame und durchsetzbare Rechte der betroffenen Person und wirksame verwaltungsrechtliche und gerichtliche Rechtsbehelfe für betroffene Personen, deren personenbezogene Daten übermittelt werden,

b) die Existenz und die wirksame Funktionsweise einer oder mehrerer unabhängiger Aufsichtsbehörden in dem betreffenden Drittland oder denen eine internationale Organisation untersteht und die für die Einhaltung und Durchsetzung der Datenschutzvorschriften, einschließlich angemessener Durchsetzungsbefugnisse, für die Unterstützung und Beratung der betroffenen Personen bei der Ausübung ihrer Rechte und für die Zusammenarbeit mit den Aufsichtsbehörden der Mitgliedstaaten zuständig sind, und

---

[1)] Art. 44 Satz 1 ber. ABl. 2018 Nr. L 127 S. 2.

c) die von dem betreffenden Drittland bzw. der betreffenden internationalen Organisation eingegangenen internationalen Verpflichtungen oder andere Verpflichtungen, die sich aus rechtsverbindlichen Übereinkünften oder Instrumenten sowie aus der Teilnahme des Drittlands oder der internationalen Organisation an multilateralen oder regionalen Systemen insbesondere in Bezug auf den Schutz personenbezogener Daten ergeben.

(3) [1] Nach der Beurteilung der Angemessenheit des Schutzniveaus kann die Kommission im Wege eines Durchführungsrechtsaktes beschließen, dass ein Drittland, ein Gebiet oder ein oder mehrere spezifische Sektoren in einem Drittland oder eine internationale Organisation ein angemessenes Schutzniveau im Sinne des Absatzes 2 des vorliegenden Artikels bieten. [2] In dem Durchführungsrechtsakt ist ein Mechanismus für eine regelmäßige Überprüfung, die mindestens alle vier Jahre erfolgt, vorzusehen, bei der allen maßgeblichen Entwicklungen in dem Drittland oder bei der internationalen Organisation Rechnung getragen wird. [3] Im Durchführungsrechtsakt werden der territoriale und der sektorale Anwendungsbereich sowie gegebenenfalls die in Absatz 2 Buchstabe b des vorliegenden Artikels genannte Aufsichtsbehörde bzw. genannten Aufsichtsbehörden angegeben. [4] Der Durchführungsrechtsakt wird gemäß dem in Artikel 93 Absatz 2 genannten Prüfverfahren erlassen.

(4) Die Kommission überwacht fortlaufend die Entwicklungen in Drittländern und bei internationalen Organisationen, die die Wirkungsweise der nach Absatz 3 des vorliegenden Artikels erlassenen Beschlüsse und der nach Artikel 25 Absatz 6 der Richtlinie 95/46/EG erlassenen Feststellungen beeinträchtigen könnten.

(5) [1] Die Kommission widerruft, ändert oder setzt die in Absatz 3 des vorliegenden Artikels genannten Beschlüsse im Wege von Durchführungsrechtsakten aus, soweit dies nötig ist und ohne rückwirkende Kraft, soweit entsprechende Informationen – insbesondere im Anschluss an die in Absatz 3 des vorliegenden Artikels genannte Überprüfung – dahingehend vorliegen, dass ein Drittland, ein Gebiet oder ein oder mehrere spezifischer Sektor in einem Drittland oder eine internationale Organisation kein angemessenes Schutzniveau im Sinne des Absatzes 2 des vorliegenden Artikels mehr gewährleistet. [2] Diese Durchführungsrechtsakte werden gemäß dem Prüfverfahren nach Artikel 93 Absatz 2 erlassen.

In hinreichend begründeten Fällen äußerster Dringlichkeit erlässt die Kommission gemäß dem in Artikel 93 Absatz 3 genannten Verfahren sofort geltende Durchführungsrechtsakte.

(6) Die Kommission nimmt Beratungen mit dem betreffenden Drittland bzw. der betreffenden internationalen Organisation auf, um Abhilfe für die Situation zu schaffen, die zu dem gemäß Absatz 5 erlassenen Beschluss geführt hat.

(7) Übermittlungen personenbezogener Daten an das betreffende Drittland, das Gebiet oder einen oder mehrere spezifische Sektoren in diesem Drittland oder an die betreffende internationale Organisation gemäß den Artikeln 46 bis 49 werden durch einen Beschluss nach Absatz 5 des vorliegenden Artikels nicht berührt.

(8) Die Kommission veröffentlicht im *Amtsblatt der Europäischen Union* und auf ihrer Website eine Liste aller Drittländer beziehungsweise Gebiete und spezifischen Sektoren in einem Drittland und aller internationalen Organisationen, für die sie durch Beschluss festgestellt hat, dass sie ein angemessenes Schutzniveau gewährleisten bzw. nicht mehr gewährleisten.

(9) Von der Kommission auf der Grundlage von Artikel 25 Absatz 6 der Richtlinie 95/46/EG erlassene Feststellungen bleiben so lange in Kraft, bis sie durch einen nach dem Prüfverfahren gemäß den Absätzen 3 oder 5 des vorliegenden Artikels erlassenen Beschluss der Kommission geändert, ersetzt oder aufgehoben werden.

Art. 46 Datenübermittlung vorbehaltlich geeigneter Garantien. (1) Falls kein Beschluss nach Artikel 45 Absatz 3 vorliegt, darf ein Verantwortlicher oder ein Auftragsverarbeiter personenbezogene Daten an ein Drittland oder eine internationale Organisation nur übermitteln, sofern der Verantwortliche oder der Auftragsverarbeiter geeignete Garantien vorgesehen hat und sofern den betroffenen Personen durchsetzbare Rechte und wirksame Rechtsbehelfe zur Verfügung stehen.

(2) Die in Absatz 1 genannten geeigneten Garantien können, ohne dass hierzu eine besondere Genehmigung einer Aufsichtsbehörde erforderlich wäre, bestehen in

a) einem rechtlich bindenden und durchsetzbaren Dokument zwischen den Behörden oder öffentlichen Stellen,

b) verbindlichen internen Datenschutzvorschriften gemäß Artikel 47,

c) Standarddatenschutzklauseln, die von der Kommission gemäß dem Prüfverfahren nach Artikel 93 Absatz 2 erlassen werden,

d) von einer Aufsichtsbehörde angenommenen Standarddatenschutzklauseln, die von der Kommission gemäß dem Prüfverfahren nach Artikel 93 Absatz 2 genehmigt wurden,

e) genehmigten Verhaltensregeln gemäß Artikel 40 zusammen mit rechtsverbindlichen und durchsetzbaren Verpflichtungen des Verantwortlichen oder des Auftragsverarbeiters in dem Drittland zur Anwendung der geeigneten Garantien, einschließlich in Bezug auf die Rechte der betroffenen Personen, oder

f) einem genehmigten Zertifizierungsmechanismus gemäß Artikel 42 zusammen mit rechtsverbindlichen und durchsetzbaren Verpflichtungen des Verantwortlichen oder des Auftragsverarbeiters in dem Drittland zur Anwendung der geeigneten Garantien, einschließlich in Bezug auf die Rechte der betroffenen Personen.

(3) Vorbehaltlich der Genehmigung durch die zuständige Aufsichtsbehörde können die geeigneten Garantien gemäß Absatz 1 auch insbesondere bestehen in

a) Vertragsklauseln, die zwischen dem Verantwortlichen oder dem Auftragsverarbeiter und dem Verantwortlichen, dem Auftragsverarbeiter oder dem Empfänger der personenbezogenen Daten im Drittland oder der internationalen Organisation vereinbart wurden, oder

b) Bestimmungen, die in Verwaltungsvereinbarungen zwischen Behörden oder öffentlichen Stellen aufzunehmen sind und durchsetzbare und wirksame Rechte für die betroffenen Personen einschließen.

(4) Die Aufsichtsbehörde wendet das Kohärenzverfahren nach Artikel 63 an, wenn ein Fall gemäß Absatz 3 des vorliegenden Artikels vorliegt.

(5) [1] Von einem Mitgliedstaat oder einer Aufsichtsbehörde auf der Grundlage von Artikel 26 Absatz 2 der Richtlinie 95/46/EG erteilte Genehmigungen bleiben so lange gültig, bis sie erforderlichenfalls von dieser Aufsichtsbehörde geändert, ersetzt oder aufgehoben werden. [2] Von der Kommission auf der Grundlage von Artikel 26 Absatz 4 der Richtlinie 95/46/EG erlassene Feststellungen bleiben so lange in Kraft, bis sie erforderlichenfalls mit einem nach Absatz 2 des vorliegenden Artikels erlassenen Beschluss der Kommission geändert, ersetzt oder aufgehoben werden.

Art. 47 Verbindliche interne Datenschutzvorschriften. (1) Die zuständige Aufsichtsbehörde genehmigt gemäß dem Kohärenzverfahren nach Artikel 63 verbindliche interne Datenschutzvorschriften, sofern diese

a) rechtlich bindend sind, für alle betreffenden Mitglieder der Unternehmensgruppe oder einer Gruppe von Unternehmen, die eine gemeinsame Wirtschaftstätigkeit ausüben, gelten und von diesen Mitgliedern durchgesetzt werden, und dies auch für ihre Beschäftigten gilt,

b) den betroffenen Personen ausdrücklich durchsetzbare Rechte in Bezug auf die Verarbeitung ihrer personenbezogenen Daten übertragen und

c) die in Absatz 2 festgelegten Anforderungen erfüllen.

(2) Die verbindlichen internen Datenschutzvorschriften nach Absatz 1 enthalten mindestens folgende Angaben:

a) Struktur und Kontaktdaten der Unternehmensgruppe oder Gruppe von Unternehmen, die eine gemeinsame Wirtschaftstätigkeit ausüben, und jedes ihrer Mitglieder;

b) die betreffenden Datenübermittlungen oder Reihen von Datenübermittlungen einschließlich der betreffenden Arten personenbezogener Daten, Art und Zweck der Datenverarbeitung, Art der betroffenen Personen und das betreffende Drittland beziehungsweise die betreffenden Drittländer;

c) interne und externe Rechtsverbindlichkeit der betreffenden internen Datenschutzvorschriften;

d) die Anwendung der allgemeinen Datenschutzgrundsätze, insbesondere Zweckbindung, Datenminimierung, begrenzte Speicherfristen, Datenqualität, Datenschutz durch Technikgestaltung und durch datenschutzfreundliche Voreinstellungen, Rechtsgrundlage für die Verarbeitung, Verarbeitung besonderer Kategorien von personenbezogenen Daten, Maßnahmen zur Sicherstellung der Datensicherheit und Anforderungen für die Weiterübermittlung an nicht an diese internen Datenschutzvorschriften gebundene Stellen;

e) die Rechte der betroffenen Personen in Bezug auf die Verarbeitung und die diesen offenstehenden Mittel zur Wahrnehmung dieser Rechte einschließlich des Rechts, nicht einer ausschließlich auf einer automatisierten Verarbeitung – einschließlich Profiling – beruhenden Entscheidung nach Artikel 22 unterworfen zu werden sowie des in Artikel 79 niedergelegten

Rechts auf Beschwerde bei der zuständigen Aufsichtsbehörde beziehungsweise auf Einlegung eines Rechtsbehelfs bei den zuständigen Gerichten der Mitgliedstaaten und im Falle einer Verletzung der verbindlichen internen Datenschutzvorschriften Wiedergutmachung und gegebenenfalls Schadenersatz zu erhalten;

f) die von dem in einem Mitgliedstaat niedergelassenen Verantwortlichen oder Auftragsverarbeiter übernommene Haftung für etwaige Verstöße eines nicht in der Union niedergelassenen betreffenden Mitglieds der Unternehmensgruppe gegen die verbindlichen internen Datenschutzvorschriften; der Verantwortliche oder der Auftragsverarbeiter ist nur dann teilweise oder vollständig von dieser Haftung befreit, wenn er nachweist, dass der Umstand, durch den der Schaden eingetreten ist, dem betreffenden Mitglied nicht zur Last gelegt werden kann;

g) die Art und Weise, wie die betroffenen Personen über die Bestimmungen der Artikel 13 und 14 hinaus über die verbindlichen internen Datenschutzvorschriften und insbesondere über die unter den Buchstaben d, e und f dieses Absatzes genannten Aspekte informiert werden;

h) die Aufgaben jedes gemäß Artikel 37 benannten Datenschutzbeauftragten oder jeder anderen Person oder Einrichtung, die mit der Überwachung der Einhaltung der verbindlichen internen Datenschutzvorschriften in der Unternehmensgruppe oder Gruppe von Unternehmen, die eine gemeinsame Wirtschaftstätigkeit ausüben, sowie mit der Überwachung der Schulungsmaßnahmen und dem Umgang mit Beschwerden befasst ist;

i) die Beschwerdeverfahren;

j) die innerhalb der Unternehmensgruppe oder Gruppe von Unternehmen, die eine gemeinsame Wirtschaftstätigkeit ausüben, bestehenden Verfahren zur Überprüfung der Einhaltung der verbindlichen internen Datenschutzvorschriften. Derartige Verfahren beinhalten Datenschutzüberprüfungen und Verfahren zur Gewährleistung von Abhilfemaßnahmen zum Schutz der Rechte der betroffenen Person. Die Ergebnisse derartiger Überprüfungen sollten der in Buchstabe h genannten Person oder Einrichtung sowie dem Verwaltungsrat des herrschenden Unternehmens einer Unternehmensgruppe oder der Gruppe von Unternehmen, die eine gemeinsame Wirtschaftstätigkeit ausüben, mitgeteilt werden und sollten der zuständigen Aufsichtsbehörde auf Anfrage zur Verfügung gestellt werden;

k) die Verfahren für die Meldung und Erfassung von Änderungen der Vorschriften und ihre Meldung an die Aufsichtsbehörde;

l) die Verfahren für die Zusammenarbeit mit der Aufsichtsbehörde, die die Befolgung der Vorschriften durch sämtliche Mitglieder der Unternehmensgruppe oder Gruppe von Unternehmen, die eine gemeinsame Wirtschaftstätigkeit ausüben, gewährleisten, insbesondere durch Offenlegung der Ergebnisse von Überprüfungen der unter Buchstabe j genannten Maßnahmen gegenüber der Aufsichtsbehörde;

m) die Meldeverfahren zur Unterrichtung der zuständigen Aufsichtsbehörde über jegliche für ein Mitglied der Unternehmensgruppe oder Gruppe von Unternehmen, die eine gemeinsame Wirtschaftstätigkeit ausüben, in einem Drittland geltenden rechtlichen Bestimmungen, die sich nachteilig auf die Garantien auswirken könnten, die die verbindlichen internen Datenschutzvorschriften bieten, und

n) geeignete Datenschutzschulungen für Personal mit ständigem oder regelmäßigem Zugang zu personenbezogenen Daten.

(3) [1] Die Kommission kann das Format und die Verfahren für den Informationsaustausch über verbindliche interne Datenschutzvorschriften im Sinne des vorliegenden Artikels zwischen Verantwortlichen, Auftragsverarbeitern und Aufsichtsbehörden festlegen. [2] Diese Durchführungsrechtsakte werden gemäß dem Prüfverfahren nach Artikel 93 Absatz 2 erlassen.

Art. 48 Nach dem Unionsrecht nicht zulässige Übermittlung oder Offenlegung. Jegliches Urteil eines Gerichts eines Drittlands und jegliche Entscheidung einer Verwaltungsbehörde eines Drittlands, mit denen von einem Verantwortlichen oder einem Auftragsverarbeiter die Übermittlung oder Offenlegung personenbezogener Daten verlangt wird, dürfen unbeschadet anderer Gründe für die Übermittlung gemäß diesem Kapitel jedenfalls nur dann anerkannt oder vollstreckbar werden, wenn sie auf eine in Kraft befindliche internationale Übereinkunft wie etwa ein Rechtshilfeabkommen zwischen dem ersuchenden Drittland und der Union oder einem Mitgliedstaat gestützt sind.

Art. 49 Ausnahmen für bestimmte Fälle. (1) Falls weder ein Angemessenheitsbeschluss nach Artikel 45 Absatz 3 vorliegt noch geeignete Garantien nach Artikel 46, einschließlich verbindlicher interner Datenschutzvorschriften, bestehen, ist eine Übermittlung oder eine Reihe von Übermittlungen personenbezogener Daten an ein Drittland oder an eine internationale Organisation nur unter einer der folgenden Bedingungen zulässig:

a) die betroffene Person hat in die vorgeschlagene Datenübermittlung ausdrücklich eingewilligt, nachdem sie über die für sie bestehenden möglichen Risiken derartiger Datenübermittlungen ohne Vorliegen eines Angemessenheitsbeschlusses und ohne geeignete Garantien unterrichtet wurde,

b) die Übermittlung ist für die Erfüllung eines Vertrags zwischen der betroffenen Person und dem Verantwortlichen oder zur Durchführung von vorvertraglichen Maßnahmen auf Antrag der betroffenen Person erforderlich,

c) die Übermittlung ist zum Abschluss oder zur Erfüllung eines im Interesse der betroffenen Person von dem Verantwortlichen mit einer anderen natürlichen oder juristischen Person geschlossenen Vertrags erforderlich,

d) die Übermittlung ist aus wichtigen Gründen des öffentlichen Interesses notwendig,

e) die Übermittlung ist zur Geltendmachung, Ausübung oder Verteidigung von Rechtsansprüchen erforderlich,

f) die Übermittlung ist zum Schutz lebenswichtiger Interessen der betroffenen Person oder anderer Personen erforderlich, sofern die betroffene Person aus physischen oder rechtlichen Gründen außerstande ist, ihre Einwilligung zu geben,

g) die Übermittlung erfolgt aus einem Register, das gemäß dem Recht der Union oder der Mitgliedstaaten zur Information der Öffentlichkeit bestimmt ist und entweder der gesamten Öffentlichkeit oder allen Personen, die ein berechtigtes Interesse nachweisen können, zur Einsichtnahme offensteht, aber nur soweit die im Recht der Union oder der Mitgliedstaaten festgelegten Voraussetzungen für die Einsichtnahme im Einzelfall gegeben sind.

[1] Falls die Übermittlung nicht auf eine Bestimmung der Artikel 45 oder 46 – einschließlich der verbindlichen internen Datenschutzvorschriften – gestützt werden könnte und keine der Ausnahmen für einen bestimmten Fall gemäß dem ersten Unterabsatz anwendbar ist, darf eine Übermittlung an ein Drittland oder eine internationale Organisation nur dann erfolgen, wenn die Übermittlung nicht wiederholt erfolgt, nur eine begrenzte Zahl von betroffenen Personen betrifft, für die Wahrung der zwingenden berechtigten Interessen des Verantwortlichen erforderlich ist, sofern die Interessen oder die Rechte und Freiheiten der betroffenen Person nicht überwiegen, und der Verantwortliche alle Umstände der Datenübermittlung beurteilt und auf der Grundlage dieser Beurteilung geeignete Garantien in Bezug auf den Schutz personenbezogener Daten vorgesehen hat. [2] Der Verantwortliche setzt die Aufsichtsbehörde von der Übermittlung in Kenntnis. [3] Der Verantwortliche unterrichtet die betroffene Person über die Übermittlung und seine zwingenden berechtigten Interessen; dies erfolgt zusätzlich zu den der betroffenen Person nach den Artikeln 13 und 14 mitgeteilten Informationen.

(2) [1] Datenübermittlungen gemäß Absatz 1 Unterabsatz 1 Buchstabe g dürfen nicht die Gesamtheit oder ganze Kategorien der im Register enthaltenen personenbezogenen Daten umfassen. [2] Wenn das Register der Einsichtnahme durch Personen mit berechtigtem Interesse dient, darf die Übermittlung nur auf Anfrage dieser Personen oder nur dann erfolgen, wenn diese Personen die Adressaten der Übermittlung sind.

(3) Absatz 1 Unterabsatz 1 Buchstaben a, b und c und sowie Absatz 1 Unterabsatz 2 gelten nicht für Tätigkeiten, die Behörden in Ausübung ihrer hoheitlichen Befugnisse durchführen.

(4) Das öffentliche Interesse im Sinne des Absatzes 1 Unterabsatz 1 Buchstabe d muss im Unionsrecht oder im Recht des Mitgliedstaats, dem der Verantwortliche unterliegt, anerkannt sein.

(5) [1] Liegt kein Angemessenheitsbeschluss vor, so können im Unionsrecht oder im Recht der Mitgliedstaaten aus wichtigen Gründen des öffentlichen Interesses ausdrücklich Beschränkungen der Übermittlung bestimmter Kategorien von personenbezogenen Daten an Drittländer oder internationale Organisationen vorgesehen werden. [2] Die Mitgliedstaaten teilen der Kommission derartige Bestimmungen mit.

(6) Der Verantwortliche oder der Auftragsverarbeiter erfasst die von ihm vorgenommene Beurteilung sowie die angemessenen Garantien im Sinne des Absatzes 1 Unterabsatz 2 des vorliegenden Artikels in der Dokumentation gemäß Artikel 30.

Art. 50 Internationale Zusammenarbeit zum Schutz personenbezogener Daten. In Bezug auf Drittländer und internationale Organisationen treffen die Kommission und die Aufsichtsbehörden geeignete Maßnahmen zur

a) Entwicklung von Mechanismen der internationalen Zusammenarbeit, durch die die wirksame Durchsetzung von Rechtsvorschriften zum Schutz personenbezogener Daten erleichtert wird,

b) gegenseitigen Leistung internationaler Amtshilfe bei der Durchsetzung von Rechtsvorschriften zum Schutz personenbezogener Daten, unter anderem durch Meldungen, Beschwerdeverweisungen, Amtshilfe bei Untersuchungen und Informationsaustausch, sofern geeignete Garantien für den Schutz personenbezogener Daten und anderer Grundrechte und Grundfreiheiten bestehen,

c) Einbindung maßgeblicher Interessenträger in Diskussionen und Tätigkeiten, die zum Ausbau der internationalen Zusammenarbeit bei der Durchsetzung von Rechtsvorschriften zum Schutz personenbezogener Daten dienen,

d) Förderung des Austauschs und der Dokumentation von Rechtsvorschriften und Praktiken zum Schutz personenbezogener Daten einschließlich Zuständigkeitskonflikten mit Drittländern.

Kapitel VI. Unabhängige Aufsichtsbehörden

Abschnitt 1. Unabhängigkeit

Art. 51 Aufsichtsbehörde. (1) Jeder Mitgliedstaat sieht vor, dass eine oder mehrere unabhängige Behörden für die Überwachung der Anwendung dieser Verordnung zuständig sind, damit die Grundrechte und Grundfreiheiten natürlicher Personen bei der Verarbeitung geschützt werden und der freie Verkehr personenbezogener Daten in der Union erleichtert wird (im Folgenden „Aufsichtsbehörde").

(2) [1] Jede Aufsichtsbehörde leistet einen Beitrag zur einheitlichen Anwendung dieser Verordnung in der gesamten Union. [2] Zu diesem Zweck arbeiten die Aufsichtsbehörden untereinander sowie mit der Kommission gemäß Kapitel VII zusammen.

(3) Gibt es in einem Mitgliedstaat mehr als eine Aufsichtsbehörde, so bestimmt dieser Mitgliedstaat die Aufsichtsbehörde, die diese Behörden im Ausschuss vertritt, und führt ein Verfahren ein, mit dem sichergestellt wird, dass die anderen Behörden die Regeln für das Kohärenzverfahren nach Artikel 63 einhalten.

(4) Jeder Mitgliedstaat teilt der Kommission bis spätestens 25. Mai 2018 die Rechtsvorschriften, die er aufgrund dieses Kapitels erlässt, sowie unverzüglich alle folgenden Änderungen dieser Vorschriften mit.

Art. 52 Unabhängigkeit. (1) Jede Aufsichtsbehörde handelt bei der Erfüllung ihrer Aufgaben und bei der Ausübung ihrer Befugnisse gemäß dieser Verordnung völlig unabhängig.

(2) Das Mitglied oder die Mitglieder jeder Aufsichtsbehörde unterliegen bei der Erfüllung ihrer Aufgaben und der Ausübung ihrer Befugnisse gemäß dieser Verordnung weder direkter noch indirekter Beeinflussung von außen und ersuchen weder um Weisung noch nehmen sie Weisungen entgegen.

(3) Das Mitglied oder die Mitglieder der Aufsichtsbehörde sehen von allen mit den Aufgaben ihres Amtes nicht zu vereinbarenden Handlungen ab und üben während ihrer Amtszeit keine andere mit ihrem Amt nicht zu vereinbarende entgeltliche oder unentgeltliche Tätigkeit aus.

(4) Jeder Mitgliedstaat stellt sicher, dass jede Aufsichtsbehörde mit den personellen, technischen und finanziellen Ressourcen, Räumlichkeiten und Infrastrukturen ausgestattet wird, die sie benötigt, um ihre Aufgaben und Befugnisse auch im Rahmen der Amtshilfe, Zusammenarbeit und Mitwirkung im Ausschuss effektiv wahrnehmen zu können.

(5) Jeder Mitgliedstaat stellt sicher, dass jede Aufsichtsbehörde ihr eigenes Personal auswählt und hat, das ausschließlich der Leitung des Mitglieds oder der Mitglieder der betreffenden Aufsichtsbehörde untersteht.

(6) Jeder Mitgliedstaat stellt sicher, dass jede Aufsichtsbehörde einer Finanzkontrolle unterliegt, die ihre Unabhängigkeit nicht beeinträchtigt und dass sie über eigene, öffentliche, jährliche Haushaltspläne verfügt, die Teil des gesamten Staatshaushalts oder nationalen Haushalts sein können.

Art. 53 Allgemeine Bedingungen für die Mitglieder der Aufsichtsbehörde. (1) Die Mitgliedstaaten sehen vor, dass jedes Mitglied ihrer Aufsichtsbehörden im Wege eines transparenten Verfahrens ernannt wird, und zwar

– vom Parlament,

– von der Regierung,

– vom Staatsoberhaupt oder

– von einer unabhängigen Stelle, die nach dem Recht des Mitgliedstaats mit der Ernennung betraut wird.

(2) Jedes Mitglied muss über die für die Erfüllung seiner Aufgaben und Ausübung seiner Befugnisse erforderliche Qualifikation, Erfahrung und Sachkunde insbesondere im Bereich des Schutzes personenbezogener Daten verfügen.

(3) Das Amt eines Mitglieds endet mit Ablauf der Amtszeit, mit seinem Rücktritt oder verpflichtender Versetzung in den Ruhestand gemäß dem Recht des betroffenen Mitgliedstaats.

(4) Ein Mitglied wird seines Amtes nur enthoben, wenn es eine schwere Verfehlung begangen hat oder die Voraussetzungen für die Wahrnehmung seiner Aufgaben nicht mehr erfüllt.

Art. 54 Errichtung der Aufsichtsbehörde. (1) Jeder Mitgliedstaat sieht durch Rechtsvorschriften Folgendes vor:

a) die Errichtung jeder Aufsichtsbehörde;

b) die erforderlichen Qualifikationen und sonstigen Voraussetzungen für die Ernennung zum Mitglied jeder Aufsichtsbehörde;

c) die Vorschriften und Verfahren für die Ernennung des Mitglieds oder der Mitglieder jeder Aufsichtsbehörde;

d) die Amtszeit des Mitglieds oder der Mitglieder jeder Aufsichtsbehörde von mindestens vier Jahren; dies gilt nicht für die erste Amtszeit *nach*[1] 24. Mai 2016, die für einen Teil der Mitglieder kürzer sein kann, wenn eine zeitlich versetzte Ernennung zur Wahrung der Unabhängigkeit der Aufsichtsbehörde notwendig ist;

---

[1] Richtig wohl: „nach dem".

e) die Frage, ob und – wenn ja – wie oft das Mitglied oder die Mitglieder jeder Aufsichtsbehörde wiederernannt werden können;

f) die Bedingungen im Hinblick auf die Pflichten des Mitglieds oder der Mitglieder und der Bediensteten jeder Aufsichtsbehörde, die Verbote von Handlungen, beruflichen Tätigkeiten und Vergütungen während und nach der Amtszeit, die mit diesen Pflichten unvereinbar sind, und die Regeln für die Beendigung des Beschäftigungsverhältnisses.

(2) [1] Das Mitglied oder die Mitglieder und die Bediensteten jeder Aufsichtsbehörde sind gemäß dem Unionsrecht oder dem Recht der Mitgliedstaaten sowohl während ihrer Amts- beziehungsweise Dienstzeit als auch nach deren Beendigung verpflichtet, über alle vertraulichen Informationen, die ihnen bei der Wahrnehmung ihrer Aufgaben oder der Ausübung ihrer Befugnisse bekannt geworden sind, Verschwiegenheit zu wahren. [2] Während dieser Amts- beziehungsweise Dienstzeit gilt diese Verschwiegenheitspflicht insbesondere für die von natürlichen Personen gemeldeten Verstößen gegen diese Verordnung.

Abschnitt 2. Zuständigkeit, Aufgaben und Befugnisse

Art. 55 Zuständigkeit. (1) Jede Aufsichtsbehörde ist für die Erfüllung der Aufgaben und die Ausübung der Befugnisse, die ihr mit dieser Verordnung übertragen wurden, im Hoheitsgebiet ihres eigenen Mitgliedstaats zuständig.

(2) [1] Erfolgt die Verarbeitung durch Behörden oder private Stellen auf der Grundlage von Artikel 6 Absatz 1 Buchstabe c oder e, so ist die Aufsichtsbehörde des betroffenen Mitgliedstaats zuständig. [2] In diesem Fall findet Artikel 56 keine Anwendung.

(3) Die Aufsichtsbehörden sind nicht zuständig für die Aufsicht über die von Gerichten im Rahmen ihrer justiziellen Tätigkeit vorgenommenen Verarbeitungen.

Art. 56 Zuständigkeit der federführenden Aufsichtsbehörde. (1) Unbeschadet des Artikels 55 ist die Aufsichtsbehörde der Hauptniederlassung oder der einzigen Niederlassung des Verantwortlichen oder des Auftragsverarbeiters gemäß dem Verfahren nach Artikel 60 die zuständige federführende Aufsichtsbehörde für die von diesem Verantwortlichen oder diesem Auftragsverarbeiter durchgeführte grenzüberschreitende Verarbeitung.

(2) Abweichend von Absatz 1 ist jede Aufsichtsbehörde dafür zuständig, sich mit einer bei ihr eingereichten Beschwerde oder einem etwaigen Verstoß gegen diese Verordnung zu befassen, wenn der Gegenstand nur mit einer Niederlassung in ihrem Mitgliedstaat zusammenhängt oder betroffene Personen nur ihres Mitgliedstaats erheblich beeinträchtigt.

(3) [1] In den in Absatz 2 des vorliegenden Artikels genannten Fällen unterrichtet die Aufsichtsbehörde unverzüglich die federführende Aufsichtsbehörde über diese Angelegenheit. [2] Innerhalb einer Frist von drei Wochen nach der Unterrichtung entscheidet die federführende Aufsichtsbehörde, ob sie sich mit dem Fall gemäß dem Verfahren nach Artikel 60 befasst oder nicht, wobei sie berücksichtigt, ob der Verantwortliche oder der Auftragsverarbeiter in dem Mitgliedstaat, dessen Aufsichtsbehörde sie unterrichtet hat, eine Niederlassung hat oder nicht.

(4) [1] Entscheidet die federführende Aufsichtsbehörde, sich mit dem Fall zu befassen, so findet das Verfahren nach Artikel 60 Anwendung. [2] Die Aufsichtsbehörde, die die federführende Aufsichtsbehörde unterrichtet hat, kann dieser einen Beschlussentwurf vorlegen. [3] Die federführende Aufsichtsbehörde trägt diesem Entwurf bei der Ausarbeitung des Beschlussentwurfs nach Artikel 60 Absatz 3 weitestgehend Rechnung.

(5) Entscheidet die federführende Aufsichtsbehörde, sich mit dem Fall nicht selbst zu befassen, so befasst die Aufsichtsbehörde, die die federführende Aufsichtsbehörde unterrichtet hat, sich mit dem Fall gemäß den Artikeln 61 und 62.

(6) Die federführende Aufsichtsbehörde ist der einzige Ansprechpartner der Verantwortlichen oder der Auftragsverarbeiter für Fragen der von diesem Verantwortlichen oder diesem Auftragsverarbeiter durchgeführten grenzüberschreitenden Verarbeitung.

Art. 57[1)] Aufgaben. (1) Unbeschadet anderer in dieser Verordnung dargelegter Aufgaben muss jede Aufsichtsbehörde in ihrem Hoheitsgebiet

a) die Anwendung dieser Verordnung überwachen und durchsetzen;

b) die Öffentlichkeit für die Risiken, Vorschriften, Garantien und Rechte im Zusammenhang mit der Verarbeitung sensibilisieren und sie darüber aufklären. Besondere Beachtung finden dabei spezifische Maßnahmen für Kinder;

c) im Einklang mit dem Recht des Mitgliedsstaats das nationale Parlament, die Regierung und andere Einrichtungen und Gremien über legislative und administrative Maßnahmen zum Schutz der Rechte und Freiheiten natürlicher Personen in Bezug auf die Verarbeitung beraten;

d) die Verantwortlichen und die Auftragsverarbeiter für die ihnen aus dieser Verordnung entstehenden Pflichten sensibilisieren;

e) auf Anfrage jeder betroffenen Person Informationen über die Ausübung ihrer Rechte aufgrund dieser Verordnung zur Verfügung stellen und gegebenenfalls zu diesem Zweck mit den Aufsichtsbehörden in anderen Mitgliedstaaten zusammenarbeiten;

f) sich mit Beschwerden einer betroffenen Person oder Beschwerden einer Stelle, einer Organisation oder eines Verbandes gemäß Artikel 80 befassen, den Gegenstand der Beschwerde in angemessenem Umfang untersuchen und den Beschwerdeführer innerhalb einer angemessenen Frist über den Fortgang und das Ergebnis der Untersuchung unterrichten, insbesondere, wenn eine weitere Untersuchung oder Koordinierung mit einer anderen Aufsichtsbehörde notwendig ist;

g) mit anderen Aufsichtsbehörden zusammenarbeiten, auch durch Informationsaustausch, und ihnen Amtshilfe leisten, um die einheitliche Anwendung und Durchsetzung dieser Verordnung zu gewährleisten;

h) Untersuchungen über die Anwendung dieser Verordnung durchführen, auch auf der Grundlage von Informationen einer anderen Aufsichtsbehörde oder einer anderen Behörde;

---

1) Art. 57 Abs. 1 Buchst. p ber. ABl. 2018 Nr. L 127 S. 2.

i) maßgebliche Entwicklungen verfolgen, soweit sie sich auf den Schutz personenbezogener Daten auswirken, insbesondere die Entwicklung der Informations- und Kommunikationstechnologie und der Geschäftspraktiken;

j) Standardvertragsklauseln im Sinne des Artikels 28 Absatz 8 und des Artikels 46 Absatz 2 Buchstabe d festlegen;

k) eine Liste der Verarbeitungsarten erstellen und führen, für die gemäß Artikel 35 Absatz 4 eine Datenschutz-Folgenabschätzung durchzuführen ist;

l) Beratung in Bezug auf die in Artikel 36 Absatz 2 genannten Verarbeitungsvorgänge leisten;

m) die Ausarbeitung von Verhaltensregeln gemäß Artikel 40 Absatz 1 fördern und zu diesen Verhaltensregeln, die ausreichende Garantien im Sinne des Artikels 40 Absatz 5 bieten müssen, Stellungnahmen abgeben und sie billigen;

n) die Einführung von Datenschutzzertifizierungsmechanismen und von Datenschutzsiegeln und -prüfzeichen nach Artikel 42 Absatz 1 anregen und Zertifizierungskriterien nach Artikel 42 Absatz 5 billigen;

o) gegebenenfalls die nach Artikel 42 Absatz 7 erteilten Zertifizierungen regelmäßig überprüfen;

p) die Anforderungen an die Akkreditierung einer Stelle für die Überwachung der Einhaltung der Verhaltensregeln gemäß Artikel 41 und einer Zertifizierungsstelle gemäß Artikel 43 abfassen und veröffentlichen;

q) die Akkreditierung einer Stelle für die Überwachung der Einhaltung der Verhaltensregeln gemäß Artikel 41 und einer Zertifizierungsstelle gemäß Artikel 43 vornehmen;

r) Vertragsklauseln und Bestimmungen im Sinne des Artikels 46 Absatz 3 genehmigen;

s) verbindliche interne Vorschriften gemäß Artikel 47 genehmigen;

t) Beiträge zur Tätigkeit des Ausschusses leisten;

u) interne Verzeichnisse über Verstöße gegen diese Verordnung und gemäß Artikel 58 Absatz 2 ergriffene Maßnahmen und

v) jede sonstige Aufgabe im Zusammenhang mit dem Schutz personenbezogener Daten erfüllen.

(2) Jede Aufsichtsbehörde erleichtert das Einreichen von in Absatz 1 Buchstabe f genannten Beschwerden durch Maßnahmen wie etwa die Bereitstellung eines Beschwerdeformulars, das auch elektronisch ausgefüllt werden kann, ohne dass andere Kommunikationsmittel ausgeschlossen werden.

(3) Die Erfüllung der Aufgaben jeder Aufsichtsbehörde ist für die betroffene Person und gegebenenfalls für den Datenschutzbeauftragten unentgeltlich.

(4) [1] *Bei offenkundig* unbegründeten oder – insbesondere im Fall von häufiger Wiederholung – exzessiven Anfragen kann die Aufsichtsbehörde eine angemessene Gebühr auf der Grundlage der Verwaltungskosten verlangen oder sich weigern, aufgrund der Anfrage tätig zu werden. [2] In diesem Fall trägt die Aufsichtsbehörde die Beweislast für den offenkundig unbegründeten oder exzessiven Charakter der Anfrage.

Art. 58[1] Befugnisse. (1) Jede Aufsichtsbehörde verfügt über sämtliche folgenden Untersuchungsbefugnisse, die es ihr gestatten,

a) den Verantwortlichen, den Auftragsverarbeiter und gegebenenfalls den Vertreter des Verantwortlichen oder des Auftragsverarbeiters anzuweisen, alle Informationen bereitzustellen, die für die Erfüllung ihrer Aufgaben erforderlich sind,

b) Untersuchungen in Form von Datenschutzüberprüfungen durchzuführen,

c) eine Überprüfung der nach Artikel 42 Absatz 7 erteilten Zertifizierungen durchzuführen,

d) den Verantwortlichen oder den Auftragsverarbeiter auf einen vermeintlichen Verstoß gegen diese Verordnung hinzuweisen,

e) von dem Verantwortlichen und dem Auftragsverarbeiter Zugang zu allen personenbezogenen Daten und Informationen, die zur Erfüllung ihrer Aufgaben notwendig sind, zu erhalten,

f) gemäß dem Verfahrensrecht der Union oder dem Verfahrensrecht des Mitgliedstaats Zugang zu den Räumlichkeiten, einschließlich aller Datenverarbeitungsanlagen und -geräte, des Verantwortlichen und des Auftragsverarbeiters zu erhalten.

(2) Jede Aufsichtsbehörde verfügt über sämtliche folgenden Abhilfebefugnisse, die es ihr gestatten,

a) einen Verantwortlichen oder einen Auftragsverarbeiter zu warnen, dass beabsichtigte Verarbeitungsvorgänge voraussichtlich gegen diese Verordnung verstoßen,

b) einen Verantwortlichen oder einen Auftragsverarbeiter zu verwarnen, wenn er mit Verarbeitungsvorgängen gegen diese Verordnung verstoßen hat,

c) den Verantwortlichen oder den Auftragsverarbeiter anzuweisen, den Anträgen der betroffenen Person auf Ausübung der ihr nach dieser Verordnung zustehenden Rechte zu entsprechen,

d) den Verantwortlichen oder den Auftragsverarbeiter anzuweisen, Verarbeitungsvorgänge gegebenenfalls auf bestimmte Weise und innerhalb eines bestimmten Zeitraums in Einklang mit dieser Verordnung zu bringen,

e) den Verantwortlichen anzuweisen, die von einer Verletzung des Schutzes personenbezogener Daten betroffene Person entsprechend zu benachrichtigen,

f) eine vorübergehende oder endgültige Beschränkung der Verarbeitung, einschließlich eines Verbots, zu verhängen,

g) die Berichtigung oder Löschung von personenbezogenen Daten oder die Einschränkung der Verarbeitung gemäß den Artikeln 16, 17 und 18 und die Unterrichtung der Empfänger, an die diese personenbezogenen Daten gemäß Artikel 17 Absatz 2 und Artikel 19 offengelegt wurden, über solche Maßnahmen anzuordnen,

h) eine Zertifizierung zu widerrufen oder die Zertifizierungsstelle anzuweisen, eine gemäß den *Artikel*[2] 42 und 43 erteilte Zertifizierung zu widerrufen, oder die Zertifizierungsstelle anzuweisen, keine Zertifizierung zu erteilen,

---

[1] Art. 58 Abs. 1 Buchst. f und Abs. 2 Buchst. e ber. ABl. 2018 Nr. L 127 S. 2.

[2] Richtig wohl: „Artikeln".

wenn die Voraussetzungen für die Zertifizierung nicht oder nicht mehr erfüllt werden,

i) eine Geldbuße gemäß Artikel 83 zu verhängen, zusätzlich zu oder anstelle von in diesem Absatz genannten Maßnahmen, je nach den Umständen des Einzelfalls,

j) die Aussetzung der Übermittlung von Daten an einen Empfänger in einem Drittland oder an eine internationale Organisation anzuordnen.

(3) Jede Aufsichtsbehörde verfügt über sämtliche folgenden Genehmigungsbefugnisse und beratenden Befugnisse, die es ihr gestatten,

a) gemäß dem Verfahren der vorherigen Konsultation nach Artikel 36 den Verantwortlichen zu beraten,

b) zu allen Fragen, die im Zusammenhang mit dem Schutz personenbezogener Daten stehen, von sich aus oder auf Anfrage Stellungnahmen an das nationale Parlament, die Regierung des Mitgliedstaats oder im Einklang mit dem Recht des Mitgliedstaats an sonstige Einrichtungen und Stellen sowie an die Öffentlichkeit zu richten,

c) die Verarbeitung gemäß Artikel 36 Absatz 5 zu genehmigen, falls im Recht des Mitgliedstaats eine derartige vorherige Genehmigung verlangt wird,

d) eine Stellungnahme abzugeben und Entwürfe von Verhaltensregeln gemäß Artikel 40 Absatz 5 zu billigen,

e) Zertifizierungsstellen gemäß Artikel 43 zu akkreditieren,

f) im Einklang mit Artikel 42 Absatz 5 Zertifizierungen zu erteilen und Kriterien für die Zertifizierung zu billigen,

g) Standarddatenschutzklauseln nach Artikel 28 Absatz 8 und Artikel 46 Absatz 2 Buchstabe d festzulegen,

h) Vertragsklauseln gemäß Artikel 46 Absatz 3 Buchstabe a zu genehmigen,

i) Verwaltungsvereinbarungen gemäß Artikel 46 Absatz 3 Buchstabe b zu genehmigen[1)]

j) verbindliche interne Vorschriften gemäß Artikel 47 zu genehmigen.

(4) Die Ausübung der der Aufsichtsbehörde gemäß diesem Artikel übertragenen Befugnisse erfolgt vorbehaltlich geeigneter Garantien einschließlich wirksamer gerichtlicher Rechtsbehelfe und ordnungsgemäßer Verfahren gemäß dem Unionsrecht und dem Recht des Mitgliedstaats im Einklang mit der Charta.

(5) Jeder Mitgliedstaat sieht durch Rechtsvorschriften vor, dass seine Aufsichtsbehörde befugt ist, Verstöße gegen diese Verordnung den Justizbehörden zur Kenntnis zu bringen und gegebenenfalls die Einleitung eines gerichtlichen *Verfahrens zu betreiben* oder sich sonst daran zu beteiligen, um die Bestimmungen dieser Verordnung durchzusetzen.

(6) [1] Jeder Mitgliedstaat kann durch Rechtsvorschriften vorsehen, dass seine Aufsichtsbehörde neben den in den Absätzen 1, 2 und 3 aufgeführten Befugnissen über zusätzliche Befugnisse verfügt. [2] Die Ausübung dieser Befugnisse darf nicht die effektive Durchführung des Kapitels VII beeinträchtigen.

---

1) Fehlende Zeichensetzung amtlich.

Art. 59 Tätigkeitsbericht. [1] Jede Aufsichtsbehörde erstellt einen Jahresbericht über ihre Tätigkeit, der eine Liste der Arten der gemeldeten Verstöße und der Arten der getroffenen Maßnahmen nach Artikel 58 Absatz 2 enthalten kann. [2] Diese Berichte werden dem nationalen Parlament, der Regierung und anderen nach dem Recht der Mitgliedstaaten bestimmten Behörden übermittelt. [3] Sie werden der Öffentlichkeit, der Kommission und dem Ausschuss zugänglich gemacht.

Kapitel VII. Zusammenarbeit und Kohärenz

Abschnitt 1. Zusammenarbeit

Art. 60 Zusammenarbeit zwischen der federführenden Aufsichtsbehörde und den anderen betroffenen Aufsichtsbehörden. (1) [1] Die federführende Aufsichtsbehörde arbeitet mit den anderen betroffenen Aufsichtsbehörden im Einklang mit diesem Artikel zusammen und bemüht sich dabei, einen Konsens zu erzielen. [2] Die federführende Aufsichtsbehörde und die betroffenen Aufsichtsbehörden tauschen untereinander alle zweckdienlichen Informationen aus.

(2) Die federführende Aufsichtsbehörde kann jederzeit andere betroffene Aufsichtsbehörden um Amtshilfe gemäß Artikel 61 ersuchen und gemeinsame Maßnahmen gemäß Artikel 62 durchführen, insbesondere zur Durchführung von Untersuchungen oder zur Überwachung der Umsetzung einer Maßnahme in Bezug auf einen Verantwortlichen oder einen Auftragsverarbeiter, der in einem anderen Mitgliedstaat niedergelassen ist.

(3) [1] Die federführende Aufsichtsbehörde übermittelt den anderen betroffenen Aufsichtsbehörden unverzüglich die zweckdienlichen Informationen zu der Angelegenheit. [2] Sie legt den anderen betroffenen Aufsichtsbehörden unverzüglich einen Beschlussentwurf zur Stellungnahme vor und trägt deren Standpunkten gebührend Rechnung.

(4) Legt eine der anderen betroffenen Aufsichtsbehörden innerhalb von vier Wochen, nachdem sie gemäß Absatz 3 des vorliegenden Artikels konsultiert wurde, gegen diesen Beschlussentwurf einen maßgeblichen und begründeten Einspruch ein und schließt sich die federführende Aufsichtsbehörde dem maßgeblichen und begründeten Einspruch nicht an oder ist der Ansicht, dass der Einspruch nicht maßgeblich oder nicht begründet ist, so leitet die federführende Aufsichtsbehörde das Kohärenzverfahren gemäß Artikel 63 für die Angelegenheit ein.

(5) [1] Beabsichtigt die federführende Aufsichtsbehörde, sich dem maßgeblichen und begründeten Einspruch anzuschließen, so legt sie den anderen betroffenen Aufsichtsbehörden einen überarbeiteten Beschlussentwurf zur Stellungnahme vor. [2] Der überarbeitete Beschlussentwurf wird innerhalb von zwei Wochen dem Verfahren nach Absatz 4 unterzogen.

(6) Legt keine der anderen betroffenen Aufsichtsbehörden Einspruch gegen den Beschlussentwurf ein, der von der federführenden Aufsichtsbehörde innerhalb der in den Absätzen 4 und 5 festgelegten Frist vorgelegt wurde, so gelten die federführende Aufsichtsbehörde und die betroffenen Aufsichtsbehörden als mit dem Beschlussentwurf einverstanden und sind an ihn gebunden.

(7) [1] Die federführende Aufsichtsbehörde erlässt den Beschluss und teilt ihn der Hauptniederlassung oder der einzigen Niederlassung des Verantwortlichen oder gegebenenfalls des Auftragsverarbeiters mit und setzt die anderen betroffenen Aufsichtsbehörden und den Ausschuss von dem betreffenden Beschluss einschließlich einer Zusammenfassung der maßgeblichen Fakten und Gründe in Kenntnis. [2] Die Aufsichtsbehörde, bei der eine Beschwerde eingereicht worden ist, unterrichtet den Beschwerdeführer über den Beschluss.

(8) Wird eine Beschwerde abgelehnt oder abgewiesen, so erlässt die Aufsichtsbehörde, bei der die Beschwerde eingereicht wurde, abweichend von Absatz 7 den Beschluss, teilt ihn dem Beschwerdeführer mit und setzt den Verantwortlichen in Kenntnis.

(9) [1] Sind sich die federführende Aufsichtsbehörde und die betreffenden Aufsichtsbehörden darüber einig, Teile der Beschwerde abzulehnen oder abzuweisen und bezüglich anderer Teile dieser Beschwerde tätig zu werden, so wird in dieser Angelegenheit für jeden dieser Teile ein eigener Beschluss erlassen. [2] Die federführende Aufsichtsbehörde erlässt den Beschluss für den Teil, der das Tätigwerden in Bezug auf den Verantwortlichen betrifft, teilt ihn der Hauptniederlassung oder einzigen Niederlassung des Verantwortlichen oder des Auftragsverarbeiters im Hoheitsgebiet ihres Mitgliedstaats mit und setzt den Beschwerdeführer hiervon in Kenntnis, während die für den Beschwerdeführer zuständige Aufsichtsbehörde den Beschluss für den Teil erlässt, der die Ablehnung oder Abweisung dieser Beschwerde betrifft, und ihn diesem Beschwerdeführer mitteilt und den Verantwortlichen oder den Auftragsverarbeiter hiervon in Kenntnis setzt.

(10) [1] Nach der Unterrichtung über den Beschluss der federführenden Aufsichtsbehörde gemäß den Absätzen 7 und 9 ergreift der Verantwortliche oder der Auftragsverarbeiter die erforderlichen Maßnahmen, um die Verarbeitungstätigkeiten all seiner Niederlassungen in der Union mit dem Beschluss in Einklang zu bringen. [2] Der Verantwortliche oder der Auftragsverarbeiter teilt der federführenden Aufsichtsbehörde die Maßnahmen mit, die zur Einhaltung des Beschlusses ergriffen wurden; diese wiederum unterrichtet die anderen betroffenen Aufsichtsbehörden.

(11) Hat – in Ausnahmefällen – eine betroffene Aufsichtsbehörde Grund zu der Annahme, dass zum Schutz der Interessen betroffener Personen dringender Handlungsbedarf besteht, so kommt das Dringlichkeitsverfahren nach Artikel 66 zur Anwendung.

(12) Die federführende Aufsichtsbehörde und die anderen betroffenen Aufsichtsbehörden übermitteln einander die nach diesem Artikel geforderten Informationen auf elektronischem Wege unter Verwendung eines standardisierten Formats.

Art. 61 Gegenseitige Amtshilfe. (1) [1] Die Aufsichtsbehörden übermitteln einander maßgebliche Informationen und gewähren einander Amtshilfe, um diese Verordnung einheitlich durchzuführen und anzuwenden, und treffen Vorkehrungen für eine wirksame Zusammenarbeit. [2] Die Amtshilfe bezieht sich insbesondere auf Auskunftsersuchen und aufsichtsbezogene Maßnahmen, beispielsweise Ersuchen um vorherige Genehmigungen und eine vorherige Konsultation, um Vornahme von Nachprüfungen und Untersuchungen.

(2) [1] Jede Aufsichtsbehörde ergreift alle geeigneten Maßnahmen, um einem Ersuchen einer anderen Aufsichtsbehörde unverzüglich und spätestens innerhalb eines Monats nach Eingang des Ersuchens nachzukommen. [2] Dazu kann insbesondere auch die Übermittlung maßgeblicher Informationen über die Durchführung einer Untersuchung gehören.

(3) [1] Amtshilfeersuchen enthalten alle erforderlichen Informationen, einschließlich Zweck und Begründung des Ersuchens. [2] Die übermittelten Informationen werden ausschließlich für den Zweck verwendet, für den sie angefordert wurden.

(4) Die ersuchte Aufsichtsbehörde lehnt das Ersuchen nur ab, wenn

a) sie für den Gegenstand des Ersuchens oder für die Maßnahmen, die sie durchführen soll, nicht zuständig ist oder

b) ein Eingehen auf das Ersuchen gegen diese Verordnung verstoßen würde oder gegen das Unionsrecht oder das Recht der Mitgliedstaaten, dem die Aufsichtsbehörde, bei der das Ersuchen eingeht, unterliegt.

(5) [1] Die ersuchte Aufsichtsbehörde informiert die ersuchende Aufsichtsbehörde über die Ergebnisse oder gegebenenfalls über den Fortgang der Maßnahmen, die getroffen wurden, um dem Ersuchen nachzukommen. [2] Die ersuchte Aufsichtsbehörde erläutert gemäß Absatz 4 die Gründe für die Ablehnung des Ersuchens.

(6) Die ersuchten Aufsichtsbehörden übermitteln die Informationen, um die von einer anderen Aufsichtsbehörde ersucht wurde, in der Regel auf elektronischem Wege unter Verwendung eines standardisierten Formats.

(7) [1] Ersuchte Aufsichtsbehörden verlangen für Maßnahmen, die sie aufgrund eines Amtshilfeersuchens getroffen haben, keine Gebühren. [2] Die Aufsichtsbehörden können untereinander Regeln vereinbaren, um einander in Ausnahmefällen besondere aufgrund der Amtshilfe entstandene Ausgaben zu erstatten.

(8) [1] Erteilt eine ersuchte Aufsichtsbehörde nicht binnen eines Monats nach Eingang des Ersuchens einer anderen Aufsichtsbehörde die Informationen gemäß Absatz 5, so kann die ersuchende Aufsichtsbehörde eine einstweilige Maßnahme im Hoheitsgebiet ihres Mitgliedstaats gemäß Artikel 55 Absatz 1 ergreifen. [2] In diesem Fall wird von einem dringenden Handlungsbedarf gemäß Artikel 66 Absatz 1 ausgegangen, der einen im Dringlichkeitsverfahren angenommenen verbindlichen Beschluss des Ausschuss gemäß Artikel 66 Absatz 2 erforderlich macht.

(9) [1] Die Kommission kann im Wege von Durchführungsrechtsakten Form und Verfahren der Amtshilfe nach diesem Artikel und die Ausgestaltung des elektronischen Informationsaustauschs zwischen den Aufsichtsbehörden sowie zwischen den Aufsichtsbehörden und dem Ausschuss, insbesondere das in Absatz 6 des vorliegenden Artikels genannte standardisierte Format, festlegen. [2] Diese Durchführungsrechtsakte werden gemäß dem in Artikel 93 Absatz 2 genannten Prüfverfahren erlassen.

Art. 62 Gemeinsame Maßnahmen der Aufsichtsbehörden. (1) Die Aufsichtsbehörden führen gegebenenfalls gemeinsame Maßnahmen einschließlich gemeinsamer Untersuchungen und gemeinsamer Durchsetzungsmaßnahmen durch, an denen Mitglieder oder Bedienstete der Aufsichtsbehörden anderer Mitgliedstaaten teilnehmen.

(2) [1] Verfügt der Verantwortliche oder der Auftragsverarbeiter über Niederlassungen in mehreren Mitgliedstaaten oder werden die Verarbeitungsvorgänge voraussichtlich auf eine bedeutende Zahl betroffener Personen in mehr als einem Mitgliedstaat erhebliche Auswirkungen haben, ist die Aufsichtsbehörde jedes dieser Mitgliedstaaten berechtigt, an den gemeinsamen Maßnahmen teilzunehmen. [2] Die gemäß Artikel 56 Absatz 1 oder Absatz 4 zuständige Aufsichtsbehörde lädt die Aufsichtsbehörde jedes dieser Mitgliedstaaten zur Teilnahme an den gemeinsamen Maßnahmen ein und antwortet unverzüglich auf das Ersuchen einer Aufsichtsbehörde um Teilnahme.

(3) [1] Eine Aufsichtsbehörde kann gemäß dem Recht des Mitgliedstaats und mit Genehmigung der unterstützenden Aufsichtsbehörde den an den gemeinsamen Maßnahmen beteiligten Mitgliedern oder Bediensteten der unterstützenden Aufsichtsbehörde Befugnisse einschließlich Untersuchungsbefugnisse übertragen oder, soweit dies nach dem Recht des Mitgliedstaats der einladenden Aufsichtsbehörde zulässig ist, den Mitgliedern oder Bediensteten der unterstützenden Aufsichtsbehörde gestatten, ihre Untersuchungsbefugnisse nach dem Recht des Mitgliedstaats der unterstützenden Aufsichtsbehörde auszuüben. [2] Diese Untersuchungsbefugnisse können nur unter der Leitung und in Gegenwart der Mitglieder oder Bediensteten der einladenden Aufsichtsbehörde ausgeübt werden. [3] Die Mitglieder oder Bediensteten der unterstützenden Aufsichtsbehörde unterliegen dem Recht des Mitgliedstaats der einladenden Aufsichtsbehörde.

(4) Sind gemäß Absatz 1 Bedienstete einer unterstützenden Aufsichtsbehörde in einem anderen Mitgliedstaat im Einsatz, so übernimmt der Mitgliedstaat der einladenden Aufsichtsbehörde nach Maßgabe des Rechts des Mitgliedstaats, in dessen Hoheitsgebiet der Einsatz erfolgt, die Verantwortung für ihr Handeln, einschließlich der Haftung für alle von ihnen bei ihrem Einsatz verursachten Schäden.

(5) [1] Der Mitgliedstaat, in dessen Hoheitsgebiet der Schaden verursacht wurde, ersetzt diesen Schaden so, wie er ihn ersetzen müsste, wenn seine eigenen Bediensteten ihn verursacht hätten. [2] Der Mitgliedstaat der unterstützenden Aufsichtsbehörde, deren Bedienstete im Hoheitsgebiet eines anderen Mitgliedstaats einer Person Schaden zugefügt haben, erstattet diesem anderen Mitgliedstaat den Gesamtbetrag des Schadenersatzes, den dieser an die Berechtigten geleistet hat.

(6) Unbeschadet der Ausübung seiner Rechte gegenüber Dritten und mit Ausnahme des Absatzes 5 verzichtet jeder Mitgliedstaat in dem Fall des Absatzes 1 darauf, den in Absatz 4 genannten Betrag des erlittenen Schadens anderen Mitgliedstaaten gegenüber geltend zu machen.

(7) [1] Ist eine gemeinsame Maßnahme geplant und kommt eine Aufsichtsbehörde binnen eines Monats nicht der Verpflichtung nach Absatz 2 Satz 2 des vorliegenden Artikels nach, so können die anderen Aufsichtsbehörden eine einstweilige Maßnahme im Hoheitsgebiet ihres Mitgliedstaats gemäß Artikel 55 ergreifen. [2] In diesem Fall wird von einem dringenden Handlungsbedarf gemäß Artikel 66 Absatz 1 ausgegangen, der eine im Dringlichkeitsverfahren angenommene Stellungnahme oder einen im Dringlichkeitsverfahren angenom-

menen verbindlichen Beschluss des Ausschusses gemäß Artikel 66 Absatz 2 erforderlich macht.

Abschnitt 2. Kohärenz

Art. 63 Kohärenzverfahren. Um zur einheitlichen Anwendung dieser Verordnung in der gesamten Union beizutragen, arbeiten die Aufsichtsbehörden im Rahmen des in diesem Abschnitt beschriebenen Kohärenzverfahrens untereinander und gegebenenfalls mit der Kommission zusammen.

Art. 64[1)] Stellungnahme des Ausschusses. (1) [1] Der Ausschuss gibt eine Stellungnahme ab, wenn die zuständige Aufsichtsbehörde beabsichtigt, eine der nachstehenden Maßnahmen zu erlassen. [2] Zu diesem Zweck übermittelt die zuständige Aufsichtsbehörde dem Ausschuss den Entwurf des Beschlusses, wenn dieser

a) der Annahme einer Liste der Verarbeitungsvorgänge dient, die der Anforderung einer Datenschutz-Folgenabschätzung gemäß Artikel 35 Absatz 4 unterliegen,

b) eine Angelegenheit gemäß Artikel 40 Absatz 7 und damit die Frage betrifft, ob ein Entwurf von Verhaltensregeln oder eine Änderung oder Ergänzung von Verhaltensregeln mit dieser Verordnung in Einklang steht,

c) der Billigung der Anforderungen an die Akkreditierung einer Stelle nach Artikel 41 Absatz 3, einer Zertifizierungsstelle nach Artikel 43 Absatz 3 oder der Kriterien für die Zertifizierung gemäß Artikel 42 Absatz 5 dient,

d) der Festlegung von Standard-Datenschutzklauseln gemäß Artikel 46 Absatz 2 Buchstabe d und Artikel 28 Absatz 8 dient,

e) der Genehmigung von Vertragsklauseln gemäß Artikels 46 Absatz 3 Buchstabe a dient, oder

f) der Annahme verbindlicher interner Vorschriften im Sinne von Artikel 47 dient.

(2) Jede Aufsichtsbehörde, der Vorsitz des Ausschuss oder die Kommission können beantragen, dass eine Angelegenheit mit allgemeiner Geltung oder mit Auswirkungen in mehr als einem Mitgliedstaat vom Ausschuss geprüft wird, um eine Stellungnahme zu erhalten, insbesondere wenn eine zuständige Aufsichtsbehörde den Verpflichtungen zur Amtshilfe gemäß Artikel 61 oder zu gemeinsamen Maßnahmen gemäß Artikel 62 nicht nachkommt.

(3) [1] In den in den Absätzen 1 und 2 genannten Fällen gibt der Ausschuss eine Stellungnahme zu der Angelegenheit ab, die ihm vorgelegt wurde, sofern er nicht bereits eine Stellungnahme zu derselben Angelegenheit abgegeben hat. [2] Diese Stellungnahme wird binnen acht Wochen mit der einfachen Mehrheit der Mitglieder des Ausschusses angenommen. [3] Diese Frist kann unter Berücksichtigung der Komplexität der Angelegenheit um weitere sechs Wochen verlängert werden. [4] Was den in Absatz 1 genannten Beschlussentwurf angeht, der gemäß Absatz 5 den Mitgliedern des Ausschusses übermittelt wird, so wird angenommen, dass ein Mitglied, das innerhalb einer vom Vorsitz angegebenen

---

1) Art. 64 Überschrift, Abs. 1 Buchst. c, Abs. 6, 7 und 8 ber. ABl. 2018 Nr. L 127 S. 2.

angemessenen Frist keine Einwände erhoben hat, dem Beschlussentwurf zustimmt.

(4) Die Aufsichtsbehörden und die Kommission übermitteln unverzüglich dem Ausschuss auf elektronischem Wege unter Verwendung eines standardisierten Formats alle zweckdienlichen Informationen, einschließlich – je nach Fall – einer kurzen Darstellung des Sachverhalts, des Beschlussentwurfs, der Gründe, warum eine solche Maßnahme ergriffen werden muss, und der Standpunkte anderer betroffener Aufsichtsbehörden.

(5) Der Vorsitz des Ausschusses unterrichtet unverzüglich auf elektronischem Wege

a) unter Verwendung eines standardisierten Formats die Mitglieder des Ausschusses und die Kommission über alle zweckdienlichen Informationen, die ihm zugegangen sind. Soweit erforderlich stellt das Sekretariat des Ausschusses Übersetzungen der zweckdienlichen Informationen zur Verfügung und

b) je nach Fall die in den Absätzen 1 und 2 genannte Aufsichtsbehörde und die Kommission über die Stellungnahme und veröffentlicht sie.

(6) Die in Absatz 1 genannte zuständige Aufsichtsbehörde nimmt den in Absatz 1 genannten Beschlussentwurf nicht vor Ablauf der in Absatz 3 genannten Frist an.

(7) Die in Absatz 1 genannte zuständige Aufsichtsbehörde trägt der Stellungnahme des Ausschusses weitestgehend Rechnung und teilt dessen Vorsitz binnen zwei Wochen nach Eingang der Stellungnahme auf elektronischem Wege unter Verwendung eines standardisierten Formats mit, ob sie den Beschlussentwurf beibehalten oder ändern wird; gegebenenfalls übermittelt sie den geänderten Beschlussentwurf.

(8) Teilt die in Absatz 1 genannte zuständige Aufsichtsbehörde dem Vorsitz des Ausschusses innerhalb der Frist nach Absatz 7 des vorliegenden Artikels unter Angabe der maßgeblichen Gründe mit, dass sie beabsichtigt, der Stellungnahme des Ausschusses insgesamt oder teilweise nicht zu folgen, so gilt Artikel 65 Absatz 1.

Art. 65[1)] **Streitbeilegung durch den Ausschuss.** (1) Um die ordnungsgemäße und einheitliche Anwendung dieser Verordnung in Einzelfällen sicherzustellen, erlässt der Ausschuss in den folgenden Fällen einen verbindlichen Beschluss:

a) wenn eine betroffene Aufsichtsbehörde in einem Fall nach Artikel 60 Absatz 4 einen maßgeblichen und begründeten Einspruch gegen einen Beschlussentwurf der federführenden Aufsichtsbehörde eingelegt hat und sich die federführende Aufsichtsbehörde dem Einspruch nicht angeschlossen hat oder den Einspruch als nicht maßgeblich oder nicht begründet abgelehnt hat. Der verbindliche Beschluss betrifft alle Angelegenheiten, die Gegenstand des maßgeblichen und begründeten Einspruchs sind, insbesondere die Frage, ob ein Verstoß gegen diese Verordnung vorliegt;

b) wenn es widersprüchliche Standpunkte dazu gibt, welche der betroffenen Aufsichtsbehörden für die Hauptniederlassung zuständig ist,

[1)] Art. 65 Abs. 1 Buchst. a ber. ABl. 2018 Nr. L 127 S. 2.

c) wenn eine zuständige Aufsichtsbehörde in den in Artikel 64 Absatz 1 genannten Fällen keine Stellungnahme des Ausschusses einholt oder der Stellungnahme des Ausschusses gemäß Artikel 64 nicht folgt. In diesem Fall kann jede betroffene Aufsichtsbehörde oder die Kommission die Angelegenheit dem Ausschuss vorlegen.

(2) [1] Der in Absatz 1 genannte Beschluss wird innerhalb eines Monats nach der Befassung mit der Angelegenheit mit einer Mehrheit von zwei Dritteln der Mitglieder des Ausschusses angenommen. [2] Diese Frist kann wegen der Komplexität der Angelegenheit um einen weiteren Monat verlängert werden. [3] Der in Absatz 1 genannte Beschluss wird begründet und an die federführende Aufsichtsbehörde und alle betroffenen Aufsichtsbehörden übermittelt und ist für diese verbindlich.

(3) [1] War der Ausschuss nicht in der Lage, innerhalb der in Absatz 2 genannten Fristen einen Beschluss anzunehmen, so nimmt er seinen Beschluss innerhalb von zwei Wochen nach Ablauf des in Absatz 2 genannten zweiten Monats mit einfacher Mehrheit der Mitglieder des Ausschusses an. [2] Bei Stimmengleichheit zwischen den Mitgliedern des Ausschusses gibt die Stimme des Vorsitzes den Ausschlag.

(4) Die betroffenen Aufsichtsbehörden nehmen vor Ablauf der in den Absätzen 2 und 3 genannten Fristen keinen Beschluss über die dem Ausschuss vorgelegte Angelegenheit an.

(5) [1] Der Vorsitz des Ausschusses unterrichtet die betroffenen Aufsichtsbehörden unverzüglich über den in Absatz 1 genannten Beschluss. [2] Er setzt die Kommission hiervon in Kenntnis. [3] Der Beschluss wird unverzüglich auf der Website des Ausschusses veröffentlicht, nachdem die Aufsichtsbehörde den in Absatz 6 genannten endgültigen Beschluss mitgeteilt hat.

(6) [1] Die federführende Aufsichtsbehörde oder gegebenenfalls die Aufsichtsbehörde, bei der die Beschwerde eingereicht wurde, trifft den endgültigen Beschluss auf der Grundlage des in Absatz 1 des vorliegenden Artikels genannten Beschlusses unverzüglich und spätestens einen Monat, nachdem der Europäische Datenschutzausschuss seinen Beschluss mitgeteilt hat. [2] Die federführende Aufsichtsbehörde oder gegebenenfalls die Aufsichtsbehörde, bei der die Beschwerde eingereicht wurde, setzt den Ausschuss von dem Zeitpunkt, zu dem ihr endgültiger Beschluss dem Verantwortlichen oder dem Auftragsverarbeiter bzw. der betroffenen Person mitgeteilt wird, in Kenntnis. [3] Der endgültige Beschluss der betroffenen Aufsichtsbehörden wird gemäß Artikel 60 Absätze 7, 8 und 9 angenommen. [4] Im endgültigen Beschluss wird auf den in Absatz 1 genannten Beschluss verwiesen und festgelegt, dass der in Absatz 1 des vorliegenden Artikels genannte Beschluss gemäß Absatz 5 auf der Website des Ausschusses veröffentlicht wird. [5] Dem endgültigen Beschluss wird der in Absatz 1 des vorliegenden Artikels genannte Beschluss beigefügt.

Art. 66 Dringlichkeitsverfahren. (1) [1] Unter außergewöhnlichen Umständen kann eine betroffene Aufsichtsbehörde abweichend vom Kohärenzverfahren nach Artikel 63, 64 und 65 oder dem Verfahren nach Artikel 60 sofort einstweilige Maßnahmen mit festgelegter Geltungsdauer von höchstens drei Monaten treffen, die in ihrem Hoheitsgebiet rechtliche Wirkung entfalten sollen, wenn sie zu der Auffassung gelangt, dass dringender Handlungsbedarf besteht, um Rechte und Freiheiten von betroffenen Personen zu schützen.

[2] Die Aufsichtsbehörde setzt die anderen betroffenen Aufsichtsbehörden, den Ausschuss und die Kommission unverzüglich von diesen Maßnahmen und den Gründen für deren Erlass in Kenntnis.

(2) Hat eine Aufsichtsbehörde eine Maßnahme nach Absatz 1 ergriffen und ist sie der Auffassung, dass dringend endgültige Maßnahmen erlassen werden müssen, kann sie unter Angabe von Gründen im Dringlichkeitsverfahren um eine Stellungnahme oder einen verbindlichen Beschluss des Ausschusses ersuchen.

(3) Jede Aufsichtsbehörde kann unter Angabe von Gründen, auch für den dringenden Handlungsbedarf, im Dringlichkeitsverfahren um eine Stellungnahme oder gegebenenfalls einen verbindlichen Beschluss des Ausschusses ersuchen, wenn eine zuständige Aufsichtsbehörde trotz dringenden Handlungsbedarfs keine geeignete Maßnahme getroffen hat, um die Rechte und Freiheiten von betroffenen Personen zu schützen.

(4) Abweichend von Artikel 64 Absatz 3 und Artikel 65 Absatz 2 wird eine Stellungnahme oder ein verbindlicher Beschluss im Dringlichkeitsverfahren nach den Absätzen 2 und 3 binnen zwei Wochen mit einfacher Mehrheit der Mitglieder des Ausschusses angenommen.

Art. 67 Informationsaustausch. Die Kommission kann Durchführungsrechtsakte von allgemeiner Tragweite zur Festlegung der Ausgestaltung des elektronischen Informationsaustauschs zwischen den Aufsichtsbehörden sowie zwischen den Aufsichtsbehörden und dem Ausschuss, insbesondere des standardisierten Formats nach Artikel 64, erlassen.

Diese Durchführungsrechtsakte werden gemäß dem Prüfverfahren nach Artikel 93 Absatz 2 erlassen.

Abschnitt 3. Europäischer Datenschutzausschuss

Art. 68 Europäischer Datenschutzausschuss. (1) Der Europäische Datenschutzausschuss (im Folgenden „Ausschuss") wird als Einrichtung der Union mit eigener Rechtspersönlichkeit eingerichtet.

(2) Der Ausschuss wird von seinem Vorsitz vertreten.

(3) Der Ausschuss besteht aus dem Leiter einer Aufsichtsbehörde jedes Mitgliedstaats und dem Europäischen Datenschutzbeauftragten oder ihren jeweiligen Vertretern.

(4) Ist in einem Mitgliedstaat mehr als eine Aufsichtsbehörde für die Überwachung der Anwendung der nach Maßgabe dieser Verordnung erlassenen Vorschriften zuständig, so wird im Einklang mit den Rechtsvorschriften dieses Mitgliedstaats ein gemeinsamer Vertreter benannt.

(5) [1] Die Kommission ist berechtigt, ohne Stimmrecht an den Tätigkeiten und Sitzungen des Ausschusses teilzunehmen. [2] Die Kommission benennt einen Vertreter. [3] Der Vorsitz des Ausschusses unterrichtet die Kommission über die Tätigkeiten des Ausschusses.

(6) In den in Artikel 65 genannten Fällen ist der Europäische Datenschutzbeauftragte nur bei Beschlüssen stimmberechtigt, die Grundsätze und Vorschriften betreffen, die für die Organe, Einrichtungen, Ämter und Agenturen der Union gelten und inhaltlich den Grundsätzen und Vorschriften dieser Verordnung entsprechen.

Art. 69[1] Unabhängigkeit. (1) Der Ausschuss handelt bei der Erfüllung seiner Aufgaben oder in Ausübung seiner Befugnisse gemäß den Artikeln 70 und 71 unabhängig.

(2) Unbeschadet der Ersuchen der Kommission gemäß Artikel 70 Absätze 1 und 2 ersucht der Ausschuss bei der Erfüllung seiner Aufgaben oder in Ausübung seiner Befugnisse weder um Weisung noch nimmt er Weisungen entgegen.

Art. 70[2] Aufgaben des Ausschusses. (1) [1] Der Ausschuss stellt die einheitliche Anwendung dieser Verordnung sicher. [2] Hierzu nimmt der Ausschuss von sich aus oder gegebenenfalls auf Ersuchen der Kommission insbesondere folgende Tätigkeiten wahr:

a) Überwachung und Sicherstellung der ordnungsgemäßen Anwendung dieser Verordnung in den in den Artikeln 64 und 65 genannten Fällen unbeschadet der Aufgaben der nationalen Aufsichtsbehörden;
b) Beratung der Kommission in allen Fragen, die im Zusammenhang mit dem Schutz personenbezogener Daten in der Union stehen, einschließlich etwaiger Vorschläge zur Änderung dieser Verordnung;
c) Beratung der Kommission über das Format und die Verfahren für den Austausch von Informationen zwischen den Verantwortlichen, den Auftragsverarbeitern und den Aufsichtsbehörden in Bezug auf verbindliche interne Datenschutzvorschriften;
d) Bereitstellung von Leitlinien, Empfehlungen und bewährten Verfahren zu Verfahren für die Löschung gemäß Artikel 17 Absatz 2 von Links zu personenbezogenen Daten oder Kopien oder Replikationen dieser Daten aus öffentlich zugänglichen Kommunikationsdiensten;
e) Prüfung – von sich aus, auf Antrag eines seiner Mitglieder oder auf Ersuchen der Kommission – von die Anwendung dieser Verordnung betreffenden Fragen und Bereitstellung von Leitlinien, Empfehlungen und bewährten Verfahren zwecks Sicherstellung einer einheitlichen Anwendung dieser Verordnung;
f) Bereitstellung von Leitlinien, Empfehlungen und bewährten Verfahren gemäß Buchstabe e des vorliegenden Absatzes zur näheren Bestimmung der Kriterien und Bedingungen für die auf Profiling beruhenden Entscheidungen gemäß Artikel 22 Absatz 2;
g) Bereitstellung von Leitlinien, Empfehlungen und bewährten Verfahren gemäß Buchstabe e des vorliegenden Absatzes für die Feststellung von Verletzungen des Schutzes personenbezogener Daten und die Festlegung der Unverzüglichkeit im Sinne des Artikels 33 Absätze 1 und 2, und zu den spezifischen Umständen, unter denen der Verantwortliche oder der Auftragsverarbeiter die Verletzung des Schutzes personenbezogener Daten zu melden hat;
h) Bereitstellung von Leitlinien, Empfehlungen und bewährten Verfahren gemäß Buchstabe e des vorliegenden Absatzes zu den Umständen, unter denen eine Verletzung des Schutzes personenbezogener Daten voraussicht-

[1] Art. 69 Abs. 2 ber. ABl. 2018 Nr. L 127 S. 2.
[2] Art. 70 Abs. 1 Buchst. l, o und p ber. ABl. 2018 Nr. L 127 S. 2.

lich ein hohes Risiko für die Rechte und Freiheiten natürlicher Personen im Sinne des Artikels 34 Absatz 1 zur Folge hat;

i) Bereitstellung von Leitlinien, Empfehlungen und bewährten Verfahren gemäß Buchstabe e des vorliegenden Absatzes zur näheren Bestimmung der in Artikel 47 aufgeführten Kriterien und Anforderungen für die Übermittlungen personenbezogener Daten, die auf verbindlichen internen Datenschutzvorschriften von Verantwortlichen oder Auftragsverarbeitern beruhen, und der dort aufgeführten weiteren erforderlichen Anforderungen zum Schutz personenbezogener Daten der betroffenen Personen;

j) Bereitstellung von Leitlinien, Empfehlungen und bewährten Verfahren gemäß Buchstabe e des vorliegenden Absatzes zur näheren Bestimmung der Kriterien und Bedingungen für die Übermittlungen personenbezogener Daten gemäß Artikel 49 Absatz 1;

k) Ausarbeitung von Leitlinien für die Aufsichtsbehörden in Bezug auf die Anwendung von Maßnahmen nach Artikel 58 Absätze 1, 2 und 3 und die Festsetzung von Geldbußen gemäß Artikel 83;

l) Überprüfung der praktischen Anwendung der Leitlinien, Empfehlungen und bewährten Verfahren;

m) Bereitstellung von Leitlinien, Empfehlungen und bewährten Verfahren gemäß Buchstabe e des vorliegenden Absatzes zur Festlegung gemeinsamer Verfahren für die von natürlichen Personen vorgenommene Meldung von Verstößen gegen diese Verordnung gemäß Artikel 54 Absatz 2;

n) Förderung der Ausarbeitung von Verhaltensregeln und der Einrichtung von datenschutzspezifischen Zertifizierungsverfahren sowie Datenschutzsiegeln und -prüfzeichen gemäß den Artikeln 40 und 42;

o) Genehmigung der Zertifizierungskriterien gemäß Artikel 42 Absatz 5 und Führung eines öffentlichen Registers der Zertifizierungsverfahren sowie von Datenschutzsiegeln und -prüfzeichen gemäß Artikel 42 Absatz 8 und der in Drittländern niedergelassenen zertifizierten Verantwortlichen oder Auftragsverarbeiter gemäß Artikel 42 Absatz 7;

p) Genehmigung der in Artikel 43 Absatz 3 genannten Anforderungen im Hinblick auf die Akkreditierung von Zertifizierungsstellen gemäß Artikel 43;

q) Abgabe einer Stellungnahme für die Kommission zu den Zertifizierungsanforderungen gemäß Artikel 43 Absatz 8;

r) Abgabe einer Stellungnahme für die Kommission zu den Bildsymbolen gemäß Artikel 12 Absatz 7;

s) Abgabe einer Stellungnahme für die Kommission zur Beurteilung der Angemessenheit des in einem Drittland oder einer internationalen Organisation gebotenen Schutzniveaus einschließlich zur Beurteilung der Frage, ob das Drittland, das Gebiet, ein oder mehrere spezifische Sektoren in diesem Drittland oder eine internationale Organisation kein angemessenes Schutzniveau mehr gewährleistet. Zu diesem Zweck gibt die Kommission dem Ausschuss alle erforderlichen Unterlagen, darunter den Schriftwechsel mit der Regierung des Drittlands, dem Gebiet oder spezifischen Sektor oder der internationalen Organisation;

t) Abgabe von Stellungnahmen im Kohärenzverfahren gemäß Artikel 64 Absatz 1 zu Beschlussentwürfen von Aufsichtsbehörden, zu Angelegenheiten, die nach Artikel 64 Absatz 2 vorgelegt wurden und um Erlass verbindlicher Beschlüsse gemäß Artikel 65, einschließlich der in Artikel 66 genannten Fälle;

u) Förderung der Zusammenarbeit und eines wirksamen bilateralen und multilateralen Austauschs von Informationen und bewährten Verfahren zwischen den Aufsichtsbehörden;

v) Förderung von Schulungsprogrammen und Erleichterung des Personalaustausches zwischen Aufsichtsbehörden sowie gegebenenfalls mit Aufsichtsbehörden von Drittländern oder mit internationalen Organisationen;

w) Förderung des Austausches von Fachwissen und von Dokumentationen über Datenschutzvorschriften und -praxis mit Datenschutzaufsichtsbehörden in aller Welt;

x) Abgabe von Stellungnahmen zu den auf Unionsebene erarbeiteten Verhaltensregeln gemäß Artikel 40 Absatz 9 und

y) Führung eines öffentlich zugänglichen elektronischen Registers der Beschlüsse der Aufsichtsbehörden und Gerichte in Bezug auf Fragen, die im Rahmen des Kohärenzverfahrens behandelt wurden.

(2) Die Kommission kann, wenn sie den Ausschuss um Rat ersucht, unter Berücksichtigung der Dringlichkeit des Sachverhalts eine Frist angeben.

(3) Der Ausschuss leitet seine Stellungnahmen, Leitlinien, Empfehlungen und bewährten Verfahren an die Kommission und an den in Artikel 93 genannten Ausschuss weiter und veröffentlicht sie.

(4) [1] Der Ausschuss konsultiert gegebenenfalls interessierte Kreise und gibt ihnen Gelegenheit, innerhalb einer angemessenen Frist Stellung zu nehmen. [2] Unbeschadet des Artikels 76 macht der Ausschuss die Ergebnisse der Konsultation der Öffentlichkeit zugänglich.

Art. 71 Berichterstattung. (1) [1] Der Ausschuss erstellt einen Jahresbericht über den Schutz natürlicher Personen bei der Verarbeitung in der Union und gegebenenfalls in Drittländern und internationalen Organisationen. [2] Der Bericht wird veröffentlicht und dem Europäischen Parlament, dem Rat und der Kommission übermittelt.

(2) Der Jahresbericht enthält eine Überprüfung der praktischen Anwendung der in Artikel 70 Absatz 1 Buchstabe 1 genannten Leitlinien, Empfehlungen und bewährten Verfahren sowie der in Artikel 65 genannten verbindlichen Beschlüsse.

Art. 72 Verfahrensweise. (1) Sofern in dieser Verordnung nichts anderes bestimmt ist, fasst der Ausschuss seine Beschlüsse mit einfacher Mehrheit seiner Mitglieder.

(2) Der Ausschuss gibt sich mit einer Mehrheit von zwei Dritteln seiner Mitglieder eine Geschäftsordnung und legt seine Arbeitsweise fest.

Art. 73 Vorsitz. (1) Der Ausschuss wählt aus dem Kreis seiner Mitglieder mit einfacher Mehrheit einen Vorsitzenden und zwei stellvertretende Vorsitzende.

(2) Die Amtszeit des Vorsitzenden und seiner beiden Stellvertreter beträgt fünf Jahre; ihre einmalige Wiederwahl ist zulässig.

Art. 74 Aufgaben des Vorsitzes. (1) Der Vorsitz hat folgende Aufgaben:

a) Einberufung der Sitzungen des Ausschusses und Erstellung der Tagesordnungen,

b) Übermittlung der Beschlüsse des Ausschusses nach Artikel 65 an die federführende Aufsichtsbehörde und die betroffenen Aufsichtsbehörden,

c) Sicherstellung einer rechtzeitigen Ausführung der Aufgaben des Ausschusses, insbesondere der Aufgaben im Zusammenhang mit dem Kohärenzverfahren nach Artikel 63.

(2) Der Ausschuss legt die Aufteilung der Aufgaben zwischen dem Vorsitzenden und dessen Stellvertretern in seiner Geschäftsordnung fest.

Art. 75 Sekretariat. (1) Der Ausschuss wird von einem Sekretariat unterstützt, das von dem Europäischen Datenschutzbeauftragten bereitgestellt wird.

(2) Das Sekretariat führt seine Aufgaben ausschließlich auf Anweisung des Vorsitzes des Ausschusses aus.

(3) Das Personal des Europäischen Datenschutzbeauftragten, das an der Wahrnehmung der dem Ausschuss gemäß dieser Verordnung übertragenen Aufgaben beteiligt ist, unterliegt anderen Berichtspflichten als das Personal, das an der Wahrnehmung der dem Europäischen Datenschutzbeauftragten übertragenen Aufgaben beteiligt ist.

(4) Soweit angebracht, erstellen und veröffentlichen der Ausschuss und der Europäische Datenschutzbeauftragte eine Vereinbarung zur Anwendung des vorliegenden Artikels, in der die Bedingungen ihrer Zusammenarbeit festgelegt sind und die für das Personal des Europäischen Datenschutzbeauftragten gilt, das an der Wahrnehmung der dem Ausschuss gemäß dieser Verordnung übertragenen Aufgaben beteiligt ist.

(5) Das Sekretariat leistet dem Ausschuss analytische, administrative und logistische Unterstützung.

(6) Das Sekretariat ist insbesondere verantwortlich für

a) das Tagesgeschäft des Ausschusses,

b) die Kommunikation zwischen den Mitgliedern des Ausschusses, seinem Vorsitz und der Kommission,

c) die Kommunikation mit anderen Organen und mit der Öffentlichkeit,

d) den Rückgriff auf elektronische Mittel für die interne und die externe Kommunikation,

e) die Übersetzung sachdienlicher Informationen,

f) die Vor- und Nachbereitung der Sitzungen des Ausschusses,

g) die Vorbereitung, Abfassung und Veröffentlichung von Stellungnahmen, von Beschlüssen über die Beilegung von Streitigkeiten zwischen Aufsichtsbehörden und von sonstigen vom Ausschuss angenommenen Dokumenten.

Art. 76 Vertraulichkeit. (1) Die Beratungen des Ausschusses sind gemäß seiner Geschäftsordnung vertraulich, wenn der Ausschuss dies für erforderlich hält.

(2) Der Zugang zu Dokumenten, die Mitgliedern des Ausschusses, Sachverständigen und Vertretern von Dritten vorgelegt werden, wird durch die Verordnung (EG) Nr. 1049/2001 des Europäischen Parlaments und des Rates[1] geregelt.

Kapitel VIII. Rechtsbehelfe, Haftung und Sanktionen

Art. 77[2] Recht auf Beschwerde bei einer Aufsichtsbehörde. (1) Jede betroffene Person hat unbeschadet eines anderweitigen verwaltungsrechtlichen oder gerichtlichen Rechtsbehelfs das Recht auf Beschwerde bei einer Aufsichtsbehörde, insbesondere in dem Mitgliedstaat ihres gewöhnlichen Aufenthaltsorts, ihres Arbeitsplatzes oder des Orts des mutmaßlichen Verstoßes, wenn die betroffene Person der Ansicht ist, dass die Verarbeitung der sie betreffenden personenbezogenen Daten gegen diese Verordnung verstößt.

(2) Die Aufsichtsbehörde, bei der die Beschwerde eingereicht wurde, unterrichtet den Beschwerdeführer über den Stand und die Ergebnisse der Beschwerde einschließlich der Möglichkeit eines gerichtlichen Rechtsbehelfs nach Artikel 78.

Art. 78 Recht auf wirksamen gerichtlichen Rechtsbehelf gegen eine Aufsichtsbehörde. (1) Jede natürliche oder juristische Person hat unbeschadet eines anderweitigen verwaltungsrechtlichen oder außergerichtlichen Rechtsbehelfs das Recht auf einen wirksamen gerichtlichen Rechtsbehelf gegen einen sie betreffenden rechtsverbindlichen Beschluss einer Aufsichtsbehörde.

(2) Jede betroffene Person hat unbeschadet eines anderweitigen verwaltungsrechtlichen oder außergerichtlichen Rechtbehelfs das Recht auf einen wirksamen gerichtlichen Rechtsbehelf, wenn die nach den Artikeln 55 und 56 zuständige Aufsichtsbehörde sich nicht mit einer Beschwerde befasst oder die betroffene Person nicht innerhalb von drei Monaten über den Stand oder das Ergebnis der gemäß Artikel 77 erhobenen Beschwerde in Kenntnis gesetzt hat.

(3) Für Verfahren gegen eine Aufsichtsbehörde sind die Gerichte des Mitgliedstaats zuständig, in dem die Aufsichtsbehörde ihren Sitz hat.

(4) Kommt es zu einem Verfahren gegen den Beschluss einer Aufsichtsbehörde, dem eine Stellungnahme oder ein Beschluss des Ausschusses im Rahmen des Kohärenzverfahrens vorangegangen ist, so leitet die Aufsichtsbehörde diese Stellungnahme oder diesen Beschluss dem Gericht zu.

Art. 79[3] Recht auf wirksamen gerichtlichen Rechtsbehelf gegen Verantwortliche oder Auftragsverarbeiter. (1) Jede betroffene Person hat unbeschadet eines verfügbaren verwaltungsrechtlichen oder außergerichtlichen Rechtsbehelfs einschließlich des Rechts auf Beschwerde bei einer Aufsichtsbehörde gemäß Artikel 77 das Recht auf einen wirksamen gerichtlichen Rechtsbehelf, wenn sie der Ansicht ist, dass die ihr aufgrund dieser Verordnung

---

[1] **Amtl. Anm.:** Verordnung (EG) Nr. 1049/2001 des Europäischen Parlaments und des Rates vom 30. Mai 2001 über den Zugang der Öffentlichkeit zu Dokumenten des Europäischen Parlaments, des *Rates und der Kommission (ABl. L* 145 vom 31.5.2001, S. 43).

[2] Art. 77 Abs. 1 ber. ABl. 2018 Nr. L 127 S. 2.

[3] Art. 79 Abs. 2 Satz 2 ber. ABl. 2018 Nr. L 127 S. 2.

zustehenden Rechte infolge einer nicht im Einklang mit dieser Verordnung stehenden Verarbeitung ihrer personenbezogenen Daten verletzt wurden.

(2) [1] Für Klagen gegen einen Verantwortlichen oder gegen einen Auftragsverarbeiter sind die Gerichte des Mitgliedstaats zuständig, in dem der Verantwortliche oder der Auftragsverarbeiter eine Niederlassung hat. [2] Wahlweise können solche Klagen auch bei den Gerichten des Mitgliedstaats erhoben werden, in dem die betroffene Person ihren gewöhnlichen Aufenthaltsort hat, es sei denn, es handelt sich bei dem Verantwortlichen oder dem Auftragsverarbeiter um eine Behörde eines Mitgliedstaats, die in Ausübung ihrer hoheitlichen Befugnisse tätig geworden ist.

Art. 80 Vertretung von betroffenen Personen. (1) Die betroffene Person hat das Recht, eine Einrichtung, Organisationen oder Vereinigung ohne Gewinnerzielungsabsicht, die ordnungsgemäß nach dem Recht eines Mitgliedstaats gegründet ist, deren satzungsmäßige Ziele im öffentlichem Interesse liegen und die im Bereich des Schutzes der Rechte und Freiheiten von betroffenen Personen in Bezug auf den Schutz ihrer personenbezogenen Daten tätig ist, zu beauftragen, in ihrem Namen eine Beschwerde einzureichen, in ihrem Namen die in den Artikeln 77, 78 und 79 genannten Rechte wahrzunehmen und das Recht auf Schadensersatz gemäß Artikel 82 in Anspruch zu nehmen, sofern dieses im Recht der Mitgliedstaaten vorgesehen ist.

(2) Die Mitgliedstaaten können vorsehen, dass jede der in Absatz 1 des vorliegenden Artikels genannten Einrichtungen, Organisationen oder Vereinigungen unabhängig von einem Auftrag der betroffenen Person in diesem Mitgliedstaat das Recht hat, bei der gemäß Artikel 77 zuständigen Aufsichtsbehörde eine Beschwerde einzulegen und die in den Artikeln 78 und 79 aufgeführten Rechte in Anspruch zu nehmen, wenn ihres Erachtens die Rechte einer betroffenen Person gemäß dieser Verordnung infolge einer Verarbeitung verletzt worden sind.

Art. 81 Aussetzung des Verfahrens. (1) Erhält ein zuständiges Gericht in einem Mitgliedstaat Kenntnis von einem Verfahren zu demselben Gegenstand in Bezug auf die Verarbeitung durch denselben Verantwortlichen oder Auftragsverarbeiter, das vor einem Gericht in einem anderen Mitgliedstaat anhängig ist, so nimmt es mit diesem Gericht Kontakt auf, um sich zu vergewissern, dass ein solches Verfahren existiert.

(2) Ist ein Verfahren zu demselben Gegenstand in Bezug auf die Verarbeitung durch denselben Verantwortlichen oder Auftragsverarbeiter vor einem Gericht in einem anderen Mitgliedstaat anhängig, so kann jedes später angerufene zuständige Gericht das bei ihm anhängige Verfahren aussetzen.

(3) Sind diese Verfahren in erster Instanz anhängig, so kann sich jedes später angerufene Gericht auf Antrag einer Partei auch für unzuständig erklären, wenn das zuerst angerufene Gericht für die betreffenden Klagen zuständig ist und die Verbindung der Klagen nach seinem Recht zulässig ist.

Art. 82 Haftung und Recht auf Schadenersatz. (1) Jede Person, der wegen eines Verstoßes gegen diese Verordnung ein materieller oder immaterieller Schaden entstanden ist, hat Anspruch auf Schadenersatz gegen den Verantwortlichen oder gegen den Auftragsverarbeiter.

(2) [1] Jeder an einer Verarbeitung beteiligte Verantwortliche haftet für den Schaden, der durch eine nicht dieser Verordnung entsprechende Verarbeitung verursacht wurde. [2] Ein Auftragsverarbeiter haftet für den durch eine Verarbeitung verursachten Schaden nur dann, wenn er seinen speziell den Auftragsverarbeitern auferlegten Pflichten aus dieser Verordnung nicht nachgekommen ist oder unter Nichtbeachtung der rechtmäßig erteilten Anweisungen des für die Datenverarbeitung Verantwortlichen oder gegen diese Anweisungen gehandelt hat.

(3) Der Verantwortliche oder der Auftragsverarbeiter wird von der Haftung gemäß Absatz 2 befreit, wenn er nachweist, dass er in keinerlei Hinsicht für den Umstand, durch den der Schaden eingetreten ist, verantwortlich ist.

(4) Ist mehr als ein Verantwortlicher oder mehr als ein Auftragsverarbeiter bzw. sowohl ein Verantwortlicher als auch ein Auftragsverarbeiter an derselben Verarbeitung beteiligt und sind sie gemäß den Absätzen 2 und 3 für einen durch die Verarbeitung verursachten Schaden verantwortlich, so haftet jeder Verantwortliche oder jeder Auftragsverarbeiter für den gesamten Schaden, damit ein wirksamer Schadensersatz für die betroffene Person sichergestellt ist.

(5) Hat ein Verantwortlicher oder Auftragsverarbeiter gemäß Absatz 4 vollständigen Schadenersatz für den erlittenen Schaden gezahlt, so ist dieser Verantwortliche oder Auftragsverarbeiter berechtigt, von den übrigen an derselben Verarbeitung beteiligten für die Datenverarbeitung Verantwortlichen oder Auftragsverarbeitern den Teil des Schadenersatzes zurückzufordern, der unter den in Absatz 2 festgelegten Bedingungen ihrem Anteil an der Verantwortung für den Schaden entspricht.

(6) Mit Gerichtsverfahren zur Inanspruchnahme des Rechts auf Schadenersatz sind die Gerichte zu befassen, die nach den in Artikel 79 Absatz 2 genannten Rechtsvorschriften des Mitgliedstaats zuständig sind.

Art. 83[1] Allgemeine Bedingungen für die Verhängung von Geldbußen. (1) Jede Aufsichtsbehörde stellt sicher, dass die Verhängung von Geldbußen gemäß diesem Artikel für Verstöße gegen diese Verordnung gemäß den Absätzen 4, 5 und 6 in jedem Einzelfall wirksam, verhältnismäßig und abschreckend ist.

(2) [1] Geldbußen werden je nach den Umständen des Einzelfalls zusätzlich zu oder anstelle von Maßnahmen nach Artikel 58 Absatz 2 Buchstaben a bis h und j verhängt. [2] Bei der Entscheidung über die Verhängung einer Geldbuße und über deren Betrag wird in jedem Einzelfall Folgendes gebührend berücksichtigt:

a) Art, Schwere und Dauer des Verstoßes unter Berücksichtigung der Art, des Umfangs oder des Zwecks der betreffenden Verarbeitung sowie der Zahl der von der Verarbeitung betroffenen Personen und des Ausmaßes des von ihnen erlittenen Schadens;

b) Vorsätzlichkeit oder Fahrlässigkeit des Verstoßes;

c) jegliche von dem Verantwortlichen oder dem Auftragsverarbeiter getroffenen Maßnahmen zur Minderung des den betroffenen Personen entstandenen Schadens;

---

[1] Art. 83 Abs. 1 und Abs. 2 Satz 1 ber. ABl. 2018 Nr. L 127 S. 2.

d) Grad der Verantwortung des Verantwortlichen oder des Auftragsverarbeiters unter Berücksichtigung der von ihnen gemäß den Artikeln 25 und 32 getroffenen technischen und organisatorischen Maßnahmen;

e) etwaige einschlägige frühere Verstöße des Verantwortlichen oder des Auftragsverarbeiters;

f) Umfang der Zusammenarbeit mit der Aufsichtsbehörde, um dem Verstoß abzuhelfen und seine möglichen nachteiligen Auswirkungen zu mindern;

g) Kategorien personenbezogener Daten, die von dem Verstoß betroffen sind;

h) Art und Weise, wie der Verstoß der Aufsichtsbehörde bekannt wurde, insbesondere ob und gegebenenfalls in welchem Umfang der Verantwortliche oder der Auftragsverarbeiter den Verstoß mitgeteilt hat;

i) Einhaltung der nach Artikel 58 Absatz 2 früher gegen den für den betreffenden Verantwortlichen oder Auftragsverarbeiter in Bezug auf denselben Gegenstand angeordneten Maßnahmen, wenn solche Maßnahmen angeordnet wurden;

j) Einhaltung von genehmigten Verhaltensregeln nach Artikel 40 oder genehmigten Zertifizierungsverfahren nach Artikel 42 und

k) jegliche anderen erschwerenden oder mildernden Umstände im jeweiligen Fall, wie unmittelbar oder mittelbar durch den Verstoß erlangte finanzielle Vorteile oder vermiedene Verluste.

(3) Verstößt ein Verantwortlicher oder ein Auftragsverarbeiter bei gleichen oder miteinander verbundenen Verarbeitungsvorgängen vorsätzlich oder fahrlässig gegen mehrere Bestimmungen dieser Verordnung, so übersteigt der Gesamtbetrag der Geldbuße nicht den Betrag für den schwerwiegendsten Verstoß.

(4) Bei Verstößen gegen die folgenden Bestimmungen werden im Einklang mit Absatz 2 Geldbußen von bis zu 10 000 000 EUR oder im Fall eines Unternehmens von bis zu 2 % seines gesamten weltweit erzielten Jahresumsatzes des vorangegangenen Geschäftsjahrs verhängt, je nachdem, welcher der Beträge höher ist:

a) die Pflichten der Verantwortlichen und der Auftragsverarbeiter gemäß den Artikeln 8, 11, 25 bis 39, 42 und 43;

b) die Pflichten der Zertifizierungsstelle gemäß den Artikeln 42 und 43;

c) die Pflichten der Überwachungsstelle gemäß Artikel 41 Absatz 4.

(5) Bei Verstößen gegen die folgenden Bestimmungen werden im Einklang mit Absatz 2 Geldbußen von bis zu 20 000 000 EUR oder im Fall eines Unternehmens von bis zu 4 % seines gesamten weltweit erzielten Jahresumsatzes des vorangegangenen Geschäftsjahrs verhängt, je nachdem, welcher der Beträge höher ist:

a) die Grundsätze für die Verarbeitung, einschließlich der Bedingungen für die Einwilligung, gemäß den Artikeln 5, 6, 7 und 9;

b) die Rechte der betroffenen Person gemäß den Artikeln 12 bis 22;

c) die Übermittlung personenbezogener Daten an einen Empfänger in einem Drittland oder an eine internationale Organisation gemäß den Artikeln 44 bis 49;

d) alle Pflichten gemäß den Rechtsvorschriften der Mitgliedstaaten, die im Rahmen des Kapitels IX erlassen wurden;

e) Nichtbefolgung einer Anweisung oder einer vorübergehenden oder endgültigen Beschränkung oder Aussetzung der Datenübermittlung durch die Aufsichtsbehörde gemäß Artikel 58 Absatz 2 oder Nichtgewährung des Zugangs unter Verstoß gegen Artikel 58 Absatz 1.

(6) Bei Nichtbefolgung einer Anweisung der Aufsichtsbehörde gemäß Artikel 58 Absatz 2 werden im Einklang mit Absatz 2 des vorliegenden Artikels Geldbußen von bis zu 20 000 000 EUR oder im Fall eines Unternehmens von bis zu 4 % seines gesamten weltweit erzielten Jahresumsatzes des vorangegangenen Geschäftsjahrs verhängt, je nachdem, welcher der Beträge höher ist.

(7) Unbeschadet der Abhilfebefugnisse der Aufsichtsbehörden gemäß Artikel 58 Absatz 2 kann jeder Mitgliedstaat Vorschriften dafür festlegen, ob und in welchem Umfang gegen Behörden und öffentliche Stellen, die in dem betreffenden Mitgliedstaat niedergelassen sind, Geldbußen verhängt werden können.

(8) Die Ausübung der eigenen Befugnisse durch eine Aufsichtsbehörde gemäß diesem Artikel muss angemessenen Verfahrensgarantien gemäß dem Unionsrecht und dem Recht der Mitgliedstaaten, einschließlich wirksamer gerichtlicher Rechtsbehelfe und ordnungsgemäßer Verfahren, unterliegen.

(9) [1] Sieht die Rechtsordnung eines Mitgliedstaats keine Geldbußen vor, kann dieser Artikel so angewandt werden, dass die Geldbuße von der zuständigen Aufsichtsbehörde in die Wege geleitet und von den zuständigen nationalen Gerichten verhängt wird, wobei sicherzustellen ist, dass diese Rechtsbehelfe wirksam sind und die gleiche Wirkung wie die von Aufsichtsbehörden verhängten Geldbußen haben. [2] In jeden Fall müssen die verhängten Geldbußen wirksam, verhältnismäßig und abschreckend sein. [3] Die betreffenden Mitgliedstaaten teilen der Kommission bis zum 25. Mai 2018 die Rechtsvorschriften mit, die sie aufgrund dieses Absatzes erlassen, sowie unverzüglich alle späteren Änderungsgesetze oder Änderungen dieser Vorschriften.

Art. 84 Sanktionen. (1) [1] Die Mitgliedstaaten legen die Vorschriften über andere Sanktionen für Verstöße gegen diese Verordnung – insbesondere für Verstöße, die keiner Geldbuße gemäß Artikel 83 unterliegen – fest und treffen alle zu deren Anwendung erforderlichen Maßnahmen. [2] Diese Sanktionen müssen wirksam, verhältnismäßig und abschreckend sein.

(2) Jeder Mitgliedstaat teilt der Kommission bis zum 25. Mai 2018 die Rechtsvorschriften, die er aufgrund von Absatz 1 erlässt, sowie unverzüglich alle späteren Änderungen dieser Vorschriften mit.

Kapitel IX. Vorschriften für besondere Verarbeitungssituationen

Art. 85 Verarbeitung und Freiheit der Meinungsäußerung und Informationsfreiheit. (1) Die Mitgliedstaaten bringen durch Rechtsvorschriften das Recht auf den Schutz personenbezogener Daten gemäß dieser Verordnung mit dem Recht auf freie Meinungsäußerung und Informationsfreiheit, einschließlich der Verarbeitung zu journalistischen Zwecken und zu wissenschaftlichen, künstlerischen oder literarischen Zwecken, in Einklang.

(2) Für die Verarbeitung, die zu journalistischen Zwecken oder zu wissenschaftlichen, künstlerischen oder literarischen Zwecken erfolgt, sehen die Mitgliedstaaten Abweichungen oder Ausnahmen von Kapitel II (Grundsätze), Ka-

pitel III (Rechte der betroffenen Person), Kapitel IV (Verantwortlicher und Auftragsverarbeiter), Kapitel V (Übermittlung personenbezogener Daten an Drittländer oder an internationale Organisationen), Kapitel VI (Unabhängige Aufsichtsbehörden), Kapitel VII (Zusammenarbeit und Kohärenz) und Kapitel IX (Vorschriften für besondere Verarbeitungssituationen) vor, wenn dies erforderlich ist, um das Recht auf Schutz der personenbezogenen Daten mit der Freiheit der Meinungsäußerung und der Informationsfreiheit in Einklang zu bringen.

(3) Jeder Mitgliedstaat teilt der Kommission die Rechtsvorschriften, die er aufgrund von Absatz 2 erlassen hat, sowie unverzüglich alle späteren Änderungsgesetze oder Änderungen dieser Vorschriften mit.

Art. 86 Verarbeitung und Zugang der Öffentlichkeit zu amtlichen Dokumenten. Personenbezogene Daten in amtlichen Dokumenten, die sich im Besitz einer Behörde oder einer öffentlichen Einrichtung oder einer privaten Einrichtung zur Erfüllung einer im öffentlichen Interesse liegenden Aufgabe befinden, können von der Behörde oder der Einrichtung gemäß dem Unionsrecht oder dem Recht des Mitgliedstaats, dem die Behörde oder Einrichtung unterliegt, offengelegt werden, um den Zugang der Öffentlichkeit zu amtlichen Dokumenten mit dem Recht auf Schutz personenbezogener Daten gemäß dieser Verordnung in Einklang zu bringen.

Art. 87 Verarbeitung der nationalen Kennziffer. [1] Die Mitgliedstaaten können näher bestimmen, unter welchen spezifischen Bedingungen eine nationale Kennziffer oder andere Kennzeichen von allgemeiner Bedeutung Gegenstand einer Verarbeitung sein dürfen. [2] In diesem Fall darf die nationale Kennziffer oder das andere Kennzeichen von allgemeiner Bedeutung nur unter Wahrung geeigneter Garantien für die Rechte und Freiheiten der betroffenen Person gemäß dieser Verordnung verwendet werden.

Art. 88[1)] Datenverarbeitung im Beschäftigungskontext. (1) Die Mitgliedstaaten können durch Rechtsvorschriften oder durch Kollektivvereinbarungen spezifischere Vorschriften zur Gewährleistung des Schutzes der Rechte und Freiheiten hinsichtlich der Verarbeitung personenbezogener Beschäftigtendaten im Beschäftigungskontext, insbesondere für Zwecke der Einstellung, der Erfüllung des Arbeitsvertrags einschließlich der Erfüllung von durch Rechtsvorschriften oder durch Kollektivvereinbarungen festgelegten Pflichten, des Managements, der Planung und der Organisation der Arbeit, der Gleichheit und Diversität am Arbeitsplatz, der Gesundheit und Sicherheit am Arbeitsplatz, des Schutzes des Eigentums der Arbeitgeber oder der Kunden sowie für Zwecke der Inanspruchnahme der mit der Beschäftigung zusammenhängenden individuellen oder kollektiven Rechte und Leistungen und für *Zwecke der Beendigung* des Beschäftigungsverhältnisses vorsehen.

(2) Diese Vorschriften umfassen geeignete und besondere Maßnahmen zur Wahrung der menschlichen Würde, der berechtigten Interessen und der Grundrechte der betroffenen Person, insbesondere im Hinblick auf die Transparenz der Verarbeitung, die Übermittlung personenbezogener Daten innerhalb einer Unternehmensgruppe oder einer Gruppe von Unternehmen, die

---

[1)] Art. 88 Abs. 1 und 2 ber. ABl. 2018 Nr. L 127 S. 2.

eine gemeinsame Wirtschaftstätigkeit ausüben, und die Überwachungssysteme am Arbeitsplatz.

(3) Jeder Mitgliedstaat teilt der Kommission bis zum 25. Mai 2018 die Rechtsvorschriften, die er aufgrund von Absatz 1 erlässt, sowie unverzüglich alle späteren Änderungen dieser Vorschriften mit.

Art. 89 Garantien und Ausnahmen in Bezug auf die Verarbeitung zu im öffentlichen Interesse liegenden Archivzwecken, zu wissenschaftlichen oder historischen Forschungszwecken und zu statistischen Zwecken. (1) [1]Die Verarbeitung zu im öffentlichen Interesse liegenden Archivzwecken, zu wissenschaftlichen oder historischen Forschungszwecken oder zu statistischen Zwecken unterliegt geeigneten Garantien für die Rechte und Freiheiten der betroffenen Person gemäß dieser Verordnung. [2]Mit diesen Garantien wird sichergestellt, dass technische und organisatorische Maßnahmen bestehen, mit denen insbesondere die Achtung des Grundsatzes der Datenminimierung gewährleistet wird. [3]Zu diesen Maßnahmen kann die Pseudonymisierung gehören, sofern es möglich ist, diese Zwecke auf diese Weise zu erfüllen. [4]In allen Fällen, in denen diese Zwecke durch die Weiterverarbeitung, bei der die Identifizierung von betroffenen Personen nicht oder nicht mehr möglich ist, erfüllt werden können, werden diese Zwecke auf diese Weise erfüllt.

(2) Werden personenbezogene Daten zu wissenschaftlichen oder historischen Forschungszwecken oder zu statistischen Zwecken verarbeitet, können vorbehaltlich der Bedingungen und Garantien gemäß Absatz 1 des vorliegenden Artikels im Unionsrecht oder im Recht der Mitgliedstaaten insoweit Ausnahmen von den Rechten gemäß der Artikel 15, 16, 18 und 21 vorgesehen werden, als diese Rechte voraussichtlich die Verwirklichung der spezifischen Zwecke unmöglich machen oder ernsthaft beeinträchtigen und solche Ausnahmen für die Erfüllung dieser Zwecke notwendig sind.

(3) Werden personenbezogene Daten für im öffentlichen Interesse liegende Archivzwecke verarbeitet, können vorbehaltlich der Bedingungen und Garantien gemäß Absatz 1 des vorliegenden Artikels im Unionsrecht oder im Recht der Mitgliedstaaten insoweit Ausnahmen von den Rechten gemäß der Artikel 15, 16, 18, 19, 20 und 21 vorgesehen werden, als diese Rechte voraussichtlich die Verwirklichung der spezifischen Zwecke unmöglich machen oder ernsthaft beeinträchtigen und solche Ausnahmen für die Erfüllung dieser Zwecke notwendig sind.

(4) Dient die in den Absätzen 2 und 3 genannte Verarbeitung gleichzeitig einem anderen Zweck, gelten die Ausnahmen nur für die Verarbeitung zu den in diesen Absätzen genannten Zwecken.

Art. 90 Geheimhaltungspflichten. (1) [1]Die Mitgliedstaaten können die Befugnisse der Aufsichtsbehörden im Sinne des Artikels 58 Absatz 1 Buchstaben e und f gegenüber den Verantwortlichen oder den Auftragsverarbeitern, die nach Unionsrecht oder dem Recht der Mitgliedstaaten oder nach einer von den zuständigen nationalen Stellen erlassenen Verpflichtung dem Berufsgeheimnis oder einer gleichwertigen Geheimhaltungspflicht unterliegen, regeln, soweit dies notwendig und verhältnismäßig ist, um das Recht auf Schutz der personenbezogenen Daten mit der Pflicht zur Geheimhaltung in Einklang zu bringen. [2]Diese Vorschriften gelten nur in Bezug auf personenbezogene

Daten, die der Verantwortliche oder der Auftragsverarbeiter bei einer Tätigkeit erlangt oder erhoben hat, die einer solchen Geheimhaltungspflicht unterliegt.

(2) Jeder Mitgliedstaat teilt der Kommission bis zum 25. Mai 2018 die Vorschriften mit, die er aufgrund von Absatz 1 erlässt, und setzt sie unverzüglich von allen weiteren Änderungen dieser Vorschriften in Kenntnis.

Art. 91 Bestehende Datenschutzvorschriften von Kirchen und religiösen Vereinigungen oder Gemeinschaften. (1) Wendet eine Kirche oder eine religiöse Vereinigung oder Gemeinschaft in einem Mitgliedstaat zum Zeitpunkt des Inkrafttretens dieser Verordnung umfassende Regeln zum Schutz natürlicher Personen bei der Verarbeitung an, so dürfen diese Regeln weiter angewandt werden, sofern sie mit dieser Verordnung in Einklang gebracht werden.

(2) Kirchen und religiöse Vereinigungen oder Gemeinschaften, die gemäß Absatz 1 umfassende Datenschutzregeln anwenden, unterliegen der Aufsicht durch eine unabhängige Aufsichtsbehörde, die spezifischer Art sein kann, sofern sie die in Kapitel VI niedergelegten Bedingungen erfüllt.

Kapitel X. Delegierte Rechtsakte und Durchführungsrechtsakte

Art. 92 Ausübung der Befugnisübertragung. (1) Die Befugnis zum Erlass delegierter Rechtsakte wird der Kommission unter den in diesem Artikel festgelegten Bedingungen übertragen.

(2) Die Befugnis zum Erlass delegierter Rechtsakte gemäß Artikel 12 Absatz 8 und Artikel 43 Absatz 8 wird der Kommission auf unbestimmte Zeit ab dem 24. Mai 2016 übertragen.

(3) [1] Die Befugnisübertragung gemäß Artikel 12 Absatz 8 und Artikel 43 Absatz 8 kann vom Europäischen Parlament oder vom Rat jederzeit widerrufen werden. [2] Der Beschluss über den Widerruf beendet die Übertragung der in diesem Beschluss angegebenen Befugnis. [3] Er wird am Tag nach seiner Veröffentlichung im Amtsblatt der Europäischen Union oder zu einem im Beschluss über den Widerruf angegebenen späteren Zeitpunkt wirksam. [4] Die Gültigkeit von delegierten Rechtsakten, die bereits in Kraft sind, wird von dem Beschluss über den Widerruf nicht berührt.

(4) Sobald die Kommission einen delegierten Rechtsakt erlässt, übermittelt sie ihn gleichzeitig dem Europäischen Parlament und dem Rat.

(5) [1] Ein delegierter Rechtsakt, der gemäß Artikel 12 Absatz 8 und Artikel 43 Absatz 8 erlassen wurde, tritt nur in Kraft, wenn weder das Europäische Parlament noch der Rat innerhalb einer Frist von drei Monaten nach Übermittlung dieses Rechtsakts an das Europäische Parlament und den Rat Einwände erhoben haben oder wenn vor Ablauf dieser Frist das Europäische Parlament und der Rat beide der Kommission mitgeteilt haben, dass sie keine Einwände erheben werden. [2] Auf Veranlassung des Europäischen Parlaments oder des Rates wird diese Frist um drei Monate verlängert.

Art. 93 Ausschussverfahren. (1) [1] Die Kommission wird von einem Ausschuss unterstützt. [2] Dieser Ausschuss ist ein Ausschuss im Sinne der Verordnung (EU) Nr. 182/2011.

(2) Wird auf diesen Absatz Bezug genommen, so gilt Artikel 5 der Verordnung (EU) Nr. 182/2011.

(3) Wird auf diesen Absatz Bezug genommen, so gilt Artikel 8 der Verordnung (EU) Nr. 182/2011 in Verbindung mit deren Artikel 5.

Kapitel XI. Schlussbestimmungen

Art. 94 Aufhebung der Richtlinie 95/46/EG. (1) Die Richtlinie 95/46/EG wird mit Wirkung vom 25. Mai 2018 aufgehoben.

(2) [1] Verweise auf die aufgehobene Richtlinie gelten als Verweise auf die vorliegende Verordnung. [2] Verweise auf die durch Artikel 29 der Richtlinie 95/46/EG eingesetzte Gruppe für den Schutz von Personen bei der Verarbeitung personenbezogener Daten gelten als Verweise auf den kraft dieser Verordnung errichteten Europäischen Datenschutzausschuss.

Art. 95 Verhältnis zur Richtlinie 2002/58/EG. Diese Verordnung erlegt natürlichen oder juristischen Personen in Bezug auf die Verarbeitung in Verbindung mit der Bereitstellung öffentlich zugänglicher elektronischer Kommunikationsdienste in öffentlichen Kommunikationsnetzen in der Union keine zusätzlichen Pflichten auf, soweit sie besonderen in der Richtlinie 2002/58/EG festgelegten Pflichten unterliegen, die dasselbe Ziel verfolgen.

Art. 96 Verhältnis zu bereits geschlossenen Übereinkünften. Internationale Übereinkünfte, die die Übermittlung personenbezogener Daten an Drittländer oder internationale Organisationen mit sich bringen, die von den Mitgliedstaaten vor dem 24. Mai 2016 abgeschlossen wurden und die im Einklang mit dem vor diesem Tag geltenden Unionsrecht stehen, bleiben in Kraft, bis sie geändert, ersetzt oder gekündigt werden.

Art. 97 Berichte der Kommission. (1) [1] Bis zum 25. Mai 2020 und danach alle vier Jahre legt die Kommission dem Europäischen Parlament und dem Rat einen Bericht über die Bewertung und Überprüfung dieser Verordnung vor. [2] Die Berichte werden öffentlich gemacht.

(2) Im Rahmen der Bewertungen und Überprüfungen nach Absatz 1 prüft die Kommission insbesondere die Anwendung und die Wirkungsweise

a) des Kapitels V über die Übermittlung personenbezogener Daten an Drittländer oder an internationale Organisationen insbesondere im Hinblick auf die gemäß Artikel 45 Absatz 3 der vorliegenden Verordnung erlassenen Beschlüsse sowie die gemäß Artikel 25 Absatz 6 der Richtlinie 95/46/EG erlassenen Feststellungen,

b) des Kapitels VII über Zusammenarbeit und Kohärenz.

(3) Für den in Absatz 1 genannten Zweck kann die Kommission Informationen von den Mitgliedstaaten und den Aufsichtsbehörden anfordern.

(4) Bei den in den Absätzen 1 und 2 genannten Bewertungen und Überprüfungen berücksichtigt die Kommission die Standpunkte und Feststellungen des Europäischen Parlaments, des Rates und anderer einschlägiger Stellen oder Quellen.

(5) Die Kommission legt erforderlichenfalls geeignete Vorschläge zur Änderung dieser Verordnung vor und berücksichtigt dabei insbesondere die Entwicklungen in der Informationstechnologie und die Fortschritte in der Informationsgesellschaft.

Art. 98 Überprüfung anderer Rechtsakte der Union zum Datenschutz. [1] Die Kommission legt gegebenenfalls Gesetzgebungsvorschläge zur Änderung anderer Rechtsakte der Union zum Schutz personenbezogener Daten vor, damit ein einheitlicher und kohärenter Schutz natürlicher Personen bei der Verarbeitung sichergestellt wird. [2] Dies betrifft insbesondere die Vorschriften zum Schutz natürlicher Personen bei der Verarbeitung solcher Daten durch die Organe, Einrichtungen, Ämter und Agenturen der Union und zum freien Verkehr solcher Daten.

Art. 99 Inkrafttreten und Anwendung. (1) Diese Verordnung tritt am zwanzigsten Tag nach ihrer Veröffentlichung[1)] im Amtsblatt der Europäischen Union in Kraft.

(2) Sie gilt ab dem 25. Mai 2018.

[1)] Veröffentlicht am 4.5.2016.

250. Passgesetz (PassG)[1]

In der Fassung der Bekanntmachung vom 30. Oktober 2023[2]
(BGBl. 2023 I Nr. 291)

FNA 210-5

geänd. durch Art. 1, 12 G zur Stärkung der Sicherheit im Pass-, Ausweis- und ausländerrechtlichen Dokumentenwesen v. 3.12.2020 (BGBl. I S. 2744, geänd. durch G v. 23.10.2024, BGBl. 2024 I Nr. 322), Art. 7 RegistermodernisierungsG v. 28.3.2021 (BGBl. I S. 591), Art. 1 G zur Modernisierung des Pass-, des Ausweis- und des ausländerrechtlichen Dokumentenwesens v. 8.10.2023 (BGBl. 2023 I Nr. 271, geänd. durch G v. 23.10.2024, BGBl. 2024 I Nr. 322), Art. 3 Abs. 1 Staatsangehörigkeitsrecht-ModernisierungsG v. 22.3.2024 (BGBl. 2024 I Nr. 104), Art. 2 G über die Selbstbestimmung in Bezug auf den Geschlechtseintrag und zur Änd. weiterer Vorschriften v. 19.6.2024 (BGBl. 2024 I Nr. 206), Art. 4 G zur Korrektur schwebender Änderungen im PassG, im PersonalausweisG und im eID-Karte-G v. 23.10.2024 (BGBl. 2024 I Nr. 322) und Art. 3 G zur Änd. des StaatsangehörigkeitsG sowie weiterer Vorschriften v. 27.10.2025 (BGBl. 2025 I Nr. 256)

Der Bundestag hat mit Zustimmung des Bundesrates das folgende Gesetz beschlossen:

Erster Abschnitt. Passvorschriften

§ 1[3] Passpflicht. (1) [1]Deutsche im Sinne des Artikels 116 Abs. 1 des Grundgesetzes[4], die aus dem Geltungsbereich dieses Gesetzes aus- oder in ihn einreisen, sind verpflichtet, einen gültigen Pass mitzuführen und sich damit über ihre Person auszuweisen. [2]Der Passpflicht wird durch Vorlage eines Passes der Bundesrepublik Deutschland im Sinne des Absatzes 2 genügt.

(2) Als Pass im Sinne dieses Gesetzes gelten:

1. Reisepass,
2. vorläufiger Reisepass,
3. amtlicher Pass
   a) Dienstpass,
   b) Diplomatenpass,
   c) vorläufiger Dienstpass,
   d) vorläufiger Diplomatenpass.

(3) Niemand darf mehrere Pässe der Bundesrepublik Deutschland besitzen, sofern nicht ein berechtigtes Interesse an der Ausstellung mehrerer Pässe nachgewiesen wird.

(4) [1]Der Pass darf nur Deutschen im Sinne des Artikels 116 Abs. 1 des Grundgesetzes ausgestellt werden; er ist Eigentum der Bundesrepublik Deutschland. [2]Der amtliche Pass kann auch

1. Diplomaten im Sinne des Wiener Übereinkommens über diplomatische Beziehungen vom 18. April 1961 (BGBl. 1964 II S. 959) und Konsularbeamten im Sinne des Wiener Übereinkommens über konsularische Beziehungen vom 24. April 1963 (BGBl. 1969 II S. 1587) und deren Familienangehörigen sowie

---

[1] Die Änderungen durch G v. 28.3.2021 (BGBl. I S. 591) treten teilweise erst **mit noch unbestimmtem Datum** in Kraft und sind insoweit im Text noch nicht berücksichtigt.

[2] Neubekanntmachung des PassG v. 19.4.1986 in der ab 13.10.2023 geltenden Fassung.

[3] § 1 Abs. 2 Nr. 2 aufgeh., bish. Nr. 3 und 4 werden Nr. 2 und 3 mWv 1.1.2024 durch G v. 8.10.2023 (BGBl. 2023 I Nr. 271)

[4] Nr. **1**.

2. sonstigen Personen, die im amtlichen Auftrag der Bundesrepublik Deutschland im Ausland tätig sind und deren Familienangehörigen, ausgestellt werden,

wenn diese nicht Deutsche im Sinne des Artikels 116 Abs. 1 des Grundgesetzes sind.

(5) [1]Das Bundesministerium des Innern und für Heimat bestimmt den Passhersteller sowie den Lieferanten von Geräten zur Aufnahme und elektronischen Erfassung von Lichtbildern, sofern diese durch die Passbehörde gefertigt werden, und von Fingerabdrücken und macht deren Namen im Bundesanzeiger bekannt. [2]Dies gilt nicht für Geräte zur Aufnahme und elektronischen Erfassung von Lichtbildern, die im Rahmen einer Antragstellung beim Auswärtigen Amt gefertigt werden.

§ 2 Befreiung von der Passpflicht; Verordnungsermächtigung. (1) Das Bundesministerium des Innern und für Heimat kann durch Rechtsverordnung[1)] mit Zustimmung des Bundesrates

1. Deutsche zur Erleichterung des Grenzübertritts in besonderen Fällen sowie im Verkehr mit einzelnen ausländischen Staaten von der Passpflicht befreien,
2. andere amtliche Ausweise als Passersatz einführen oder zulassen.

(2) Die für die polizeiliche Kontrolle des grenzüberschreitenden Verkehrs zuständigen Behörden können in Einzelfällen, insbesondere aus humanitären Gründen, Ausnahmen von der Passpflicht zulassen.

§ 3 Grenzübertritt. Das Überschreiten der Auslandsgrenze ist nur an zugelassenen Grenzübergangsstellen und innerhalb der festgesetzten Verkehrsstunden zulässig, sofern nicht auf Grund anderer Rechtsvorschriften oder zwischenstaatlicher Vereinbarungen Ausnahmen zugelassen sind.

§ 4[2)] Passmuster; Verordnungsermächtigung. (1) [1]Pässe sind nach einheitlichen Mustern auszustellen; sie erhalten eine Seriennummer. [2]Der Pass enthält neben dem Lichtbild des Passinhabers, seiner Unterschrift, der Angabe der ausstellenden Behörde, dem Tag der Ausstellung und dem letzten Tag der Gültigkeitsdauer ausschließlich folgende Angaben über seine Person:

1. Familienname und Geburtsname,
2. Vornamen,
3. Doktorgrad,
4. Ordensname, Künstlername,
5. Tag und Ort der Geburt,
6. Geschlecht,
7. Größe,
8. Farbe der Augen,
9. Wohnort,
10. Staatsangehörigkeit und
11. Seriennummer.

[1)] Siehe die PassVO (Nr. **251**).

[2)] § 4 Abs. 2 Satz 2 Nr. 5 geänd., Abs. 4a Satz 1 aufgeh., bish. Sätze 2 und 3 werden Sätze 1 und 2, Abs. 5 Satz 1 geänd. mWv 1.1.2024, Abs. 2 Satz 2 Nr. 1 neu gef. mWv 1.11.2025 durch G v. 8.10.2023 (BGBl. 2023 I Nr. 271); Abs. 1 Sätze 4–6 neu gef., Sätze 7, 8 angef. mWv 1.11.2024 durch G v. 19.6. 2024 (BGBl. 2024 I Nr. 206).

[3]Die Angabe des Geschlechts richtet sich nach der Eintragung im Melderegister. [4]Ist dort das Geschlecht nicht mit „weiblich“ oder „männlich“ angegeben, wird im Pass das Geschlecht mit „X“ bezeichnet. [5]Auf Antrag ist in den Fällen des Satzes 4 ein Pass mit der Angabe „männlich“ oder „weiblich“ auszustellen, wenn durch Vorlage einer ärztlichen Bescheinigung nachgewiesen wird, dass eine Variante der Geschlechtsentwicklung vorliegt. [6]Die Nachweispflicht gilt nicht, wenn der Passbewerber

1. über keine ärztliche Bescheinigung einer erfolgten medizinischen Behandlung verfügt und das Vorliegen der Variante der Geschlechtsentwicklung wegen der Behandlung nicht mehr oder nur durch eine unzumutbare Untersuchung nachgewiesen werden kann und
2. das Vorliegen der Voraussetzungen von Nummer 1 an Eides statt versichert.

[7]Das nach Satz 5 einzutragende Geschlecht richtet sich nach der letzten Angabe des Geschlechts im Melderegister, welches auf „männlich“ oder „weiblich“ lautete. [8]Bestand eine solche Angabe zu keinem Zeitpunkt, so kann der Passbewerber einmalig das im Pass einzutragende Geschlecht wählen; bis zur Eintragung eines Geschlechts im Melderegister im Sinne von Satz 7 bleibt das gewählte Geschlecht für die Ausstellung künftiger Pässe maßgeblich.

(2) [1]Der Pass enthält eine Zone für das automatische Lesen. [2]Diese darf lediglich enthalten:

1. Folgende Abkürzungen:
   a) „PP“ für Reisepass und vorläufigen Reisepass,
   b) „PO“ für Dienstpass und vorläufigen Dienstpass und
   c) „PD“ für Diplomatenpass und vorläufigen Diplomatenpass,
2. die Abkürzung „D“ für Bundesrepublik Deutschland,
3. den Familiennamen,
4. den oder die Vornamen,
5. die Seriennummer des Passes, die sich beim Reisepass, beim Dienstpass und beim Diplomatenpass aus der Behördenkennzahl der Passbehörde und einer zufällig zu vergebenden Passnummer zusammensetzt, die neben Ziffern auch Buchstaben enthalten kann und beim vorläufigen Reisepass, vorläufigen Dienstpass und vorläufigen Diplomatenpass aus einem Serienbuchstaben und sieben Ziffern besteht,
6. die Abkürzung „D“ für die Eigenschaft als Deutscher oder im Fall amtlicher Pässe bei abweichender Staatsangehörigkeit die entsprechende Abkürzung hierfür,
7. den Tag der Geburt,
8. die Abkürzung „F“ für Passinhaber weiblichen Geschlechts, die Abkürzung „M“ für Passinhaber männlichen Geschlechts und das Zeichen „<“ für Passinhaber anderen Geschlechts,
9. die Gültigkeitsdauer des Passes,

9a. Versionsnummer des Passmusters,

10. die Prüfziffern und
11. Leerstellen.

(3) [1]Auf Grund der Verordnung (EG) Nr. 2252/2004 des Rates vom 13. Dezember 2004 über Normen für Sicherheitsmerkmale und biometrische Daten in von den Mitgliedstaaten ausgestellten Pässen und Reisedokumenten (ABl. EU Nr. L 385 S. 1) sind der Reisepass, der Dienstpass und der Diplomatenpass mit

einem Chip zu versehen, auf dem das Lichtbild, Fingerabdrücke, die Bezeichnung der erfassten Finger, die Angaben zur Qualität der Abdrücke und die in Absatz 2 Satz 2 genannten Angaben gespeichert werden. [2]Die gespeicherten Daten sind gegen unbefugtes Auslesen, Verändern und Löschen zu sichern. [3]Eine bundesweite Datenbank der biometrischen Daten nach Satz 1 wird nicht errichtet.

(4) [1]Die Fingerabdrücke werden in Form des flachen Abdrucks des linken und rechten Zeigefingers des Passbewerbers im Chip des Passes gespeichert. [2]Bei Fehlen eines Zeigefingers, ungenügender Qualität des Fingerabdrucks oder Verletzungen der Fingerkuppe wird ersatzweise der flache Abdruck entweder des Daumens, des Mittelfingers oder des Ringfingers gespeichert. [3]Fingerabdrücke sind nicht zu speichern, wenn die Abnahme der Fingerabdrücke aus medizinischen Gründen, die nicht nur vorübergehender Art sind, unmöglich ist.

(4a) [1]Abweichend von Absatz 3 Satz 1 werden in Reisepässen bei Antragstellern bis zum vollendeten sechsten Lebensjahr keine Fingerabdrücke gespeichert. [2]Die Unterschrift durch das Kind ist zu leisten, wenn es zum Zeitpunkt der Beantragung des Passes das zehnte Lebensjahr vollendet hat.

(5) [1]Die Muster des Reisepasses und des vorläufigen Reisepasses sowie die Anforderungen an das Lichtbild bestimmt das Bundesministerium des Innern und für Heimat im Benehmen mit dem Auswärtigen Amt durch Rechtsverordnung, die der Zustimmung des Bundesrates bedarf. [2]Dies gilt auch für einen Passersatz, sofern sein Muster nicht in anderen Rechtsvorschriften oder in zwischenstaatlichen Vereinbarungen festgelegt ist.

(6) [1]Die Muster der amtlichen Pässe, die Anforderungen an das Lichtbild sowie die nähere Bestimmung der in § 1 Abs. 4 Satz 2 genannten Personen bestimmt das Bundesministerium des Innern und für Heimat im Benehmen mit dem Auswärtigen Amt durch Rechtsverordnung, die nicht der Zustimmung des Bundesrates bedarf. [2]In die amtlichen Pässe können Angaben über das Dienstverhältnis des Passinhabers aufgenommen werden. [3]Die Rechtsverordnung kann auch von diesem Gesetz abweichende Bestimmungen über Gültigkeitsdauer, Ausstellung, Einziehung, Sicherstellung und Pflichten des Inhabers enthalten.

§ 5[1)] Gültigkeitsdauer. (1) [1]Der Reisepass, der Dienstpass und der Diplomatenpass sind zehn Jahre gültig. [2]Bei Personen, die das 24. Lebensjahr noch nicht vollendet haben, sowie im Fall des § 1 Abs. 3 sind sie sechs Jahre gültig.

(2) *(aufgehoben)*

(Fortsetzung nächstes Blatt)

[1)] § 5 Abs. 2 und Abs. 4 Sätze 2 und 3 aufgeh. mWv 1.1.2024 durch G v. 8.10.2023 (BGBl. 2023 I Nr. 271); Abs. 5 aufgeh. mWv 27.6.2024 durch G v. 22.3.2024 (BGBl. 2024 I Nr. 104).

(3) Der vorläufige Reisepass, der vorläufige Dienstpass und der vorläufige Diplomatenpass sind höchstens ein Jahr gültig.

(4) Eine Verlängerung der Gültigkeitsdauer des Passes ist nicht zulässig.

(5) *(aufgehoben)*

(6) § 7 Abs. 2 bleibt unberührt.

§ 6[1] Ausstellung eines Passes. (1) [1] Der Pass wird auf Antrag ausgestellt. [2] § 3a des Verwaltungsverfahrensgesetzes[2] findet keine Anwendung. [3] Im Antragsverfahren nachzureichende Erklärungen können im Wege der Datenübertragung abgegeben werden. [4] Der Passbewerber und sein gesetzlicher Vertreter können sich bei der Stellung des Antrags nicht durch einen Bevollmächtigten vertreten lassen. [5] Dies gilt nicht für einen handlungs- oder einwilligungsunfähigen Passbewerber, wenn eine für diesen Fall erteilte, öffentlich beglaubigte oder beurkundete Vollmacht vorliegt. [6] Für Minderjährige und für Personen, die geschäftsunfähig sind und sich nicht nach Satz 5 durch einen Bevollmächtigten vertreten lassen, kann nur derjenige den Antrag stellen, der als Sorgeberechtigter ihren Aufenthalt zu bestimmen hat. [7] Der Passbewerber und sein gesetzlicher oder bevollmächtigter Vertreter sollen persönlich erscheinen. [8] Ist der Passbewerber am persönlichen Erscheinen gehindert, kann nur ein vorläufiger Reisepass beantragt werden.

(2) [1] In dem Antrag sind alle Tatsachen anzugeben, die zur Feststellung der Person des Passbewerbers und seiner Eigenschaft als Deutscher oder, in den Fällen des § 1 Abs. 4 Satz 2, seiner Eigenschaft als Angehöriger eines anderen Staates notwendig sind. [2] Der Passbewerber hat die entsprechenden Nachweise zu erbringen. [3] Das Lichtbild ist nach Wahl der antragstellenden Person

1. durch einen Dienstleister elektronisch zu fertigen und im Anschluss von diesem durch ein sicheres Verfahren an die Passbehörde zu übermitteln oder
2. durch die Passbehörde elektronisch zu fertigen, sofern die Behörde über Geräte zur Lichtbildaufnahme verfügt.

[4] Eine Veränderung des Lichtbilds ist nur nach Maßgabe dieses Gesetzes oder nach Maßgabe von Vorschriften, die auf Grund dieses Gesetzes erlassen wurden, zulässig. [5] Soweit in den Pass Fingerabdrücke aufzunehmen sind, sind diese dem Passbewerber abzunehmen und nach Maßgabe des § 4 Absatz 4 elektronisch zu erfassen; der Passbewerber hat bei der Abnahme der Fingerabdrücke mitzuwirken.

(2a) *(aufgehoben)*

(2b) [1] In den Fällen des § 1 Abs. 4 Satz 2 darf die zuständige Passbehörde vor Ausstellung eines amtlichen Passes zur Feststellung von Passversagungsgründen nach § 7 Abs. 1 Nr. 1 bis 5 oder zur Prüfung von sonstigen Sicherheitsbedenken um Auskunft aus dem Ausländerzentralregister ersuchen. [2] Soweit dies zur Feststellung von Passversagungsgründen nach § 7 Abs. 1 Nr. 1 bis 5 oder zur Prüfung sonstiger Sicherheitsbedenken erforderlich ist, darf die zuständige Passbehörde in den Fällen des § 1 Abs. 4 Satz 2 die erhobenen Daten nach § 4 Abs. 1 an den Bundesnachrichtendienst, das Bundesamt für Verfassungsschutz, den Militärischen Abschirmdienst, das Bundeskriminalamt und das Zollkriminalamt übermitteln; zusätzlich darf die Passbehörde die nach Absatz 2 Satz 3 erhobenen Daten an das Bundeskriminalamt übermitteln, das Amtshilfe bei der Auswertung der Daten

---

[1] § 6 Abs. 2 Sätze 3 und 4 eingef., bish. Satz 3 wird Satz 5, Abs. 3 Satz 1 eingef., bish. Sätze 1–4 werden Sätze 2–5 mWv 1.5.2025 durch G v. 3.12.2020 (BGBl. I S. 2744); Abs. 2a aufgeh. mWv 1.11.2024 durch G v. 19.6.2024 (BGBl. 2024 I Nr. 206).

[2] Nr. **100**.

leistet. [3]Satz 2 gilt nicht für Staatsangehörige anderer Mitgliedstaaten der Europäischen Union. [4]Die nach Satz 2 ersuchten Behörden teilen der anfragenden Passbehörde unverzüglich mit, ob Passversagungsgründe nach § 7 Abs. 1 Nr. 1 bis 5 oder sonstige Sicherheitsbedenken vorliegen.

(3) [1]Bestehen Zweifel über die Identität der im Lichtbild abgebildeten Person oder besteht ein Verdacht auf eine unzulässige Bearbeitung des Lichtbilds, kann die Passbehörde anordnen, dass das Lichtbild in Gegenwart eines Mitarbeiters in einer Passbehörde zu fertigen ist. [2]Bestehen Zweifel über die Person des Passbewerbers, sind die zur Feststellung seiner Identität erforderlichen Maßnahmen zu treffen. [3]Die Passbehörde kann die Durchführung erkennungsdienstlicher Maßnahmen veranlassen, wenn die Identität des Passbewerbers auf andere Weise nicht oder nur unter erheblichen Schwierigkeiten festgestellt werden kann. [4]Ist die Identität festgestellt, so sind die im Zusammenhang mit der Feststellung angefallenen Unterlagen zu vernichten. [5]Über die Vernichtung ist eine Niederschrift anzufertigen.

(4) Die Passbehörde kann einen Pass von Amts wegen ausstellen, wenn dies im überwiegenden öffentlichen Interesse oder zur Abwendung wesentlicher Nachteile für den Betroffenen geboten ist.

(5) Die Absätze 1 bis 4 gelten auch für die Ausstellung von ausschließlich als Passersatz bestimmten amtlichen Ausweisen, sofern in den für sie geltenden Rechtsvorschriften nichts anderes bestimmt ist.

§ 6a[1)] Form und Verfahren der Passdatenerfassung, -prüfung und -übermittlung; Verordnungsermächtigung. (1) [1]Die Datenübermittlung von den Passbehörden an den Passhersteller zum Zweck der Passherstellung, insbesondere die Übermittlung sämtlicher Passantragsdaten, erfolgt durch Datenübertragung. [2]Die Datenübertragung kann auch über Vermittlungsstellen erfolgen. [3]Die beteiligten Stellen haben dem jeweiligen Stand der Technik entsprechende Maßnahmen zur Sicherstellung von Datenschutz und Datensicherheit zu treffen, die insbesondere die Vertraulichkeit und Unversehrtheit der Daten sowie die Feststellbarkeit der übermittelnden Stelle gewährleisten; im Fall der Nutzung allgemein zugänglicher Netze sind dem jeweiligen Stand der Technik entsprechende Verschlüsselungsverfahren anzuwenden.

(2) [1]Zur Aufnahme und elektronischen Erfassung des Lichtbilds nach § 6 Absatz 2 Satz 3 Nummer 2 und der Fingerabdrücke, deren Qualitätssicherung sowie zur Übermittlung der Passantragsdaten von der Passbehörde an den Passhersteller dürfen ausschließlich solche technischen Systeme und Bestandteile eingesetzt werden, die den Anforderungen der Rechtsverordnung nach Absatz 3 entsprechen. [2]Die Einhaltung der Anforderungen ist vom Bundesamt für Sicherheit in der Informationstechnik festzustellen.

(3) [1]Das Bundesministerium des Innern und für Heimat wird ermächtigt, durch Rechtsverordnung, die der Zustimmung des Bundesrates bedarf, Regelungen zu treffen

(Fortsetzung nächstes Blatt)

[1)] § 6a Abs. 2 Satz 1 neu gef. mWv 1.5.2025 durch G v. 3.12.2020 (BGBl. I S. 2744).

1. über das Verfahren und die technischen Anforderungen für die Aufnahme, die elektronische Erfassung, die Echtheitsbewertung und die Qualitätssicherung des Lichtbilds,
2. zur sicheren Übermittlung des Lichtbilds an die Passbehörde sowie zu einer Registrierung und Zertifizierung von Dienstleistern, welche Lichtbilder für die Passproduktion an die Passbehörde übermitteln,

2a. über von § 6 Absatz 2 Satz 3 in der ab dem 1. Mai 2025 geltenden Fassung abweichende Verfahren zur Fertigung des Lichtbildes sowie zur sicheren Übermittlung dieses Lichtbildes für Fälle, in denen der Pass im Ausland bei der Passbehörde nach § 19 Absatz 2 beantragt wird,

3. über das Verfahren und die technischen Anforderungen für die Aufnahme, die elektronische Erfassung, die Echtheitsbewertung und die Qualitätssicherung der Fingerabdrücke, die Reihenfolge der zu speichernden Fingerabdrücke bei Fehlen eines Zeigefingers, ungenügender Qualität des Fingerabdrucks oder Verletzungen der Fingerkuppe,
4. über die Änderung von Daten des Passes,
5. über die Form und die Einzelheiten für das Verfahren der Übermittlung sämtlicher Passantragsdaten von den Passbehörden an den Passhersteller,
6. zur Durchführung von automatisierten Mitteilungen oder automatisierten Abrufen nach den §§ 22 und 22a sowie zur Form und zum Inhalt der zu übermittelnden Daten,
7. über die Einzelheiten des Prüfverfahrens nach Absatz 2 Satz 2 und
8. über die Einzelheiten der Ausgabe und den Versand des Passes.

[2] Rechtsverordnungen nach Satz 1 ergehen im Benehmen mit dem Auswärtigen Amt, Rechtsverordnungen nach Satz 1 Nummer 2 zusätzlich im Benehmen mit dem Bundesministerium für Wirtschaft und Klimaschutz.

§ 7 Passversagung. (1) Der Pass ist zu versagen, wenn bestimmte Tatsachen die Annahme begründen, dass der Passbewerber

1. die innere oder äußere Sicherheit oder sonstige erhebliche Belange der Bundesrepublik Deutschland gefährdet;
2. sich einer Strafverfolgung oder Strafvollstreckung oder der Anordnung oder der Vollstreckung einer mit Freiheitsentziehung verbundenen Maßregel der Besserung und Sicherung, die im Geltungsbereich dieses Gesetzes gegen ihn schweben, entziehen will;
3. einer Vorschrift des Betäubungsmittelgesetzes[1] über die Einfuhr, Ausfuhr, Durchfuhr oder das Inverkehrbringen von Betäubungsmitteln zuwiderhandeln will;
4. sich seinen steuerlichen Verpflichtungen entziehen oder den Vorschriften des Zoll- und Monopolrechts oder des Außenwirtschaftsrechts zuwiderhandeln oder schwerwiegende Verstöße gegen Einfuhr-, Ausfuhr- oder Durchfuhrverbote oder -beschränkungen begehen will;
5. sich einer gesetzlichen Unterhaltspflicht entziehen will;
6. sich unbefugt zum Wehrdienst außerhalb der Bundeswehr verpflichten will;
7. als Wehrpflichtiger eines Geburtsjahrganges, dessen Erfassung begonnen hat, ohne die nach § 3 Abs. 2 des Wehrpflichtgesetzes[2] erforderliche Genehmigung

---

[1] Nr. **275**.
[2] Nr. **620**.

des Kreiswehrersatzamtes die Bundesrepublik Deutschland für länger als drei Monate verlassen will;
8. als Wehrpflichtiger ohne die nach § 48 Abs. 1 Nr. 5 Buchstabe b oder § 48 Abs. 2 des Wehrpflichtgesetzes erforderliche Genehmigung des Kreiswehrersatzamtes die Bundesrepublik Deutschland verlassen will;
9. als anerkannter Kriegsdienstverweigerer ohne die nach § 23 Abs. 4 des Zivildienstgesetzes[1] erforderliche Genehmigung des Bundesamtes für den Zivildienst die Bundesrepublik Deutschland für länger als drei Monate verlassen will.
10. eine in § 89a des Strafgesetzbuchs[2] beschriebene Handlung vornehmen wird;
11. eine in § 226a des Strafgesetzbuchs beschriebene Handlung vornehmen oder die Vornahme dieser Handlung durch Dritte veranlassen wird;
12. im Ausland eine in den §§ 174, 176, 176a, 176b, 176c, 176d oder 182 des Strafgesetzbuchs beschriebene Handlung vornehmen wird.

(2) [1] Von der Passversagung ist abzusehen, wenn sie unverhältnismäßig ist, insbesondere wenn es genügt, den Geltungsbereich oder die Gültigkeitsdauer des Passes zu beschränken. [2] Die Beschränkung ist im Pass zu vermerken. [3] Fallen die Voraussetzungen für die Beschränkung fort, wird auf Antrag ein neuer Pass ausgestellt.

(3) Die Absätze 1 und 2 gelten auch für die Versagung eines ausschließlich als Passersatz bestimmten amtlichen Ausweises.

(4) Ein Pass oder Passersatz zur Einreise in den Geltungsbereich dieses Gesetzes darf nicht versagt werden.

§ 8 Passentziehung. Ein Pass oder ein ausschließlich als Passersatz bestimmter amtlicher Ausweis kann dem Inhaber entzogen werden, wenn Tatsachen bekanntwerden, die nach § 7 Abs. 1 die Passversagung rechtfertigen würden.

§ 9 Speicherung von passrechtlichen Maßnahmen. Anordnungen nach § 7 Abs. 1 oder 2 oder § 8 dürfen im polizeilichen Grenzfahndungsbestand gespeichert werden.

§ 10 Untersagung der Ausreise. (1) [1] Die für die polizeiliche Kontrolle des grenzüberschreitenden Verkehrs zuständigen Behörden haben einem Deutschen, dem nach § 7 Abs. 1 ein Pass versagt oder nach § 8 ein Pass entzogen worden ist oder gegen den eine Anordnung nach § 6 Abs. 7 des Personalausweisgesetzes[3] ergangen ist, die Ausreise in das Ausland zu untersagen. [2] Sie können einem Deutschen die Ausreise in das Ausland untersagen, wenn Tatsachen die Annahme rechtfertigen, dass bei ihm die Voraussetzungen nach § 7 Abs. 1 vorliegen oder wenn er keinen zum Grenzübertritt gültigen Pass oder Passersatz mitführt. [3] Sie können einem Deutschen die Ausreise in das Ausland auch untersagen, wenn Tatsachen die Annahme rechtfertigen, dass der Geltungsbereich oder die Gültigkeitsdauer seines Passes nach § 7 Abs. 2 Satz 1 zu beschränken ist.

(2) Die für die polizeiliche Kontrolle des grenzüberschreitenden Verkehrs zuständigen Behörden können einem Deutschen, dem gemäß Absatz 1 Satz 1 die Ausreise in das Ausland zu untersagen ist, in Ausnahmefällen die Ausreise gestatten,

---

[1] Nr. **625**.
[2] **Habersack Nr. 85.**
[3] Nr. **255**.

wenn er glaubhaft macht, dass er aus einem dringenden Grund in das Ausland reisen muss.

(3) Die Einreise in den Geltungsbereich dieses Gesetzes darf einem Deutschen nicht versagt werden.

§ 11 Ungültigkeit. (1) Ein Pass oder Passersatz ist ungültig, wenn
1. er eine einwandfreie Feststellung der Identität des Passinhabers nicht zulässt oder verändert worden ist;
2. Eintragungen nach diesem Gesetz fehlen oder – mit Ausnahme der Angaben über den Wohnort oder die Größe – unzutreffend sind;
3. die Gültigkeitsdauer abgelaufen ist;
4. gegen den Passinhaber eine Anordnung nach § 8 in Verbindung mit § 7 Absatz 1 Nummer 1 oder Nummer 10 ergangen ist und er den Geltungsbereich dieses Gesetzes verlassen hat; im Falle des § 7 Absatz 1 Nummer 1 gilt dies nur, wenn die Gefährdung darin besteht, dass bestimmte Tatsachen die Annahme begründen, dass der Passinhaber
   a) einer terroristischen Vereinigung nach § 129a des Strafgesetzbuchs[1] oder einer terroristischen Vereinigung nach § 129a in Verbindung mit § 129b Absatz 1 Satz 1 des Strafgesetzbuchs mit Bezug zur Bundesrepublik Deutschland angehört oder diese unterstützt oder
   b) rechtswidrig Gewalt gegen Leib oder Leben als Mittel zur Durchsetzung international ausgerichteter politischer oder religiöser Belange anwendet oder eine solche Gewaltanwendung unterstützt oder vorsätzlich hervorruft;
5. gegen den Passinhaber eine Anordnung nach § 7 Absatz 2 Satz 1 in Verbindung mit § 7 Absatz 1 Nummer 1 oder Nummer 10 ergangen ist, er den Geltungsbereich dieses Gesetzes verlassen hat und sich in einem Land aufhält, für das eine räumliche Beschränkung angeordnet wurde; Nummer 4 zweiter Halbsatz gilt entsprechend.

(2) Eine Passbehörde hat einen Pass für ungültig zu erklären, wenn die Voraussetzungen für seine Erteilung nicht vorgelegen haben oder nachträglich weggefallen sind.

(3) Störungen der Funktionsfähigkeit des Chips berühren nicht die Gültigkeit des Passes.

§ 12 Einziehung. (1) [1]Ein nach § 11 ungültiger Pass oder Passersatz kann eingezogen werden. [2]Die Einziehung ist schriftlich zu bestätigen.

(2) Besitzt jemand unbefugt mehrere Pässe, so sind sie bis auf einen Pass einzuziehen.

(3) Von der Einziehung kann abgesehen werden, wenn der Mangel, der sie *rechtfertigt*, geheilt oder fortgefallen ist.

§ 13 Sicherstellung. (1) Ein Pass oder ein ausschließlich als Passersatz bestimmter amtlicher Ausweis kann sichergestellt werden, wenn
1. eine Person ihn unberechtigt besitzt;
2. Tatsachen die Annahme rechtfertigen, dass gegen den Inhaber Passversagungsgründe nach § 7 Abs. 1 vorliegen;

[1] **Habersack Nr. 85.**

3. Tatsachen die Annahme rechtfertigen, dass ein Einziehungsgrund nach § 12 vorliegt.

(2) Eine Sicherstellung ist schriftlich zu bestätigen.

§ 14 Sofortige Vollziehung. Widerspruch und Anfechtungsklage gegen die Beschränkung des Geltungsbereiches oder der Gültigkeitsdauer des Passes (§ 7 Absatz 2), gegen die Passentziehung (§ 8), gegen die Untersagung der Ausreise (§ 10) und gegen die Sicherstellung des Passes (§ 13) haben keine aufschiebende Wirkung.

§ 15[1] Pflichten des Inhabers. Der Inhaber eines Passes ist verpflichtet, der Passbehörde unverzüglich

1. den Pass vorzulegen, wenn eine Eintragung unzutreffend ist;
2. auf Verlangen den alten Pass beim Empfang eines neuen Passes abzugeben;
3. den Verlust des Passes und sein Wiederauffinden anzuzeigen;
4. anzuzeigen, wenn er auf Grund freiwilliger Verpflichtung in die Streitkräfte oder einen vergleichbaren bewaffneten Verband eines ausländischen Staates, dessen Staatsangehörigkeit er besitzt, eingetreten ist und
5. im Falle der Ausgabe des Passes im Wege des Versands anzuzeigen, wenn die Sendung unbefugt geöffnet worden ist oder den Pass nicht enthält oder wenn der Pass beschädigt ist oder eine Angabe auf dem Pass unrichtig ist.

§ 16 Datenschutzrechtliche Bestimmungen. (1) [1]Die Seriennummer und die Prüfziffern dürfen keine Daten über die Person des Passinhabers oder Hinweise auf solche Daten enthalten. [2]Jeder Pass erhält eine neue Seriennummer.

(2) [1]Beantragung, Ausstellung und Ausgabe von Pässen dürfen nicht zum Anlass genommen werden, die dafür erforderlichen Angaben und die biometrischen Merkmale außer bei den zuständigen Passbehörden zu speichern. [2]Entsprechendes gilt für die zur Ausstellung des Passes erforderlichen Antragsunterlagen sowie für personenbezogene fotografische Datenträger (Mikrofilme). [3]Die bei der Passbehörde gespeicherten Fingerabdrücke sind spätestens nach Aushändigung des Passes an den Passbewerber zu löschen.

(3) [1]Eine zentrale, alle Seriennummern umfassende Speicherung darf nur bei dem Passhersteller und ausschließlich zum Nachweis des Verbleibs der Pässe erfolgen. [2]Die Übermittlung an öffentliche Stellen nach Absatz 7 bleibt davon unberührt. [3]Die Speicherung der übrigen in § 4 Abs. 1 genannten Angaben und der in § 4 Abs. 3 genannten biometrischen Daten bei dem Passhersteller ist unzulässig, soweit sie nicht ausschließlich und vorübergehend der Herstellung des Passes dient; die Angaben sind anschließend zu löschen.

(4) [1]Die Seriennummern dürfen nicht mit Hilfe automatisierter Verfahren zum Abruf oder zur Verknüpfung personenbezogener Daten verwendet werden. [2]Abweichend von Satz 1 dürfen die Seriennummern mit Hilfe automatisierter Verfahren zum Abruf verwenden

1. die Passbehörden zur Erfüllung ihrer Aufgaben,
2. die Polizeibehörden des Bundes und der Länder, der Militärische Abschirmdienst, der Bundesnachrichtendienst, die Verfassungsschutzbehörden des Bundes

---

[1] § 15 Nr. 3 geänd., Nr. 4 aufgeh., bish. Nr. 5 wird Nr. 4 mWv 27.6.2024 durch G v. 22.3.2024 (BGBl. 2024 I Nr. 104); Nr. 3, 4 geänd., Nr. 5 angef. mWv 1.11.2024 durch G v. 23.10.2024 (BGBl. 2024 I Nr. 322).

und der Länder, die Steuerfahndungsdienststellen der Länder, der Zollfahndungsdienst und die Hauptzollämter zur Klärung,

a) wer Inhaber des Passes ist für den Fall, dass eine ausländische öffentliche Stelle die Seriennummer des Passdokumentes übermittelt hat und anhand der übrigen von der ausländischen Stelle übermittelten Daten eine Feststellung des Inhabers des Passes nicht möglich ist,

b) ob der Pass durch einen Nichtberechtigten genutzt wird oder

c) ob der Pass für ungültig erklärt oder abhandengekommen ist.

(5) Die Absätze 1 bis 4 gelten auch für einen ausschließlich als Passersatz bestimmten amtlichen Ausweis.

(6) Auf Verlangen hat die Passbehörde dem Passinhaber Einsicht in die im Chip gespeicherten Daten zu gewähren.

(7) Der Passhersteller hat öffentlichen Stellen auf deren Verlangen die ausstellende Behörde mitzuteilen.

§ 16a Echtheitsüberprüfung und Identitätsprüfung; Verarbeitung von Passdaten. (1) [1]Soweit die Polizeivollzugsbehörden, die Zollverwaltung sowie die Pass-, Personalausweis- und Meldebehörden die Echtheit des Passes oder die Identität des Passinhabers nach anderen Rechtsvorschriften überprüfen dürfen, sind sie befugt, zum Zweck der Überprüfung der Echtheit des Passes oder der Identität des Passinhabers

1. die auf dem Chip des Passes gespeicherten biometrischen und sonstigen Daten auszulesen,
2. die benötigten biometrischen Daten beim Passinhaber zu erheben und
3. die biometrischen Daten miteinander zu vergleichen.

[2]Echtheits- und Identitätskontrollen über öffentliche Kommunikationswege sind unzulässig.

(2) [1]Die in Absatz 1 Satz 1 genannten Behörden dürfen Daten, die sie im Rahmen einer Identitätsfeststellung aus dem Chip des Passes ausgelesen haben, mit Ausnahme der biometrischen Daten zur Verarbeitung in einem Datenverarbeitungssystem automatisiert speichern, sofern sie dazu durch ein Gesetz oder auf Grund eines Gesetzes berechtigt sind. [2]Im Übrigen sind die nach Absatz 1 Satz 1 verarbeiteten Daten unverzüglich nach Beendigung der Prüfung der Echtheit des Passes oder der Identität des Passinhabers zu löschen.

(3) [1]Öffentliche Stellen dürfen, wenn dies durch ein Gesetz oder auf Grund eines Gesetzes bestimmt ist, mit Zustimmung des Passinhabers zur Prüfung der Identität des Passinhabers

1. die auf dem Chip des Passes gespeicherten Daten nach § 4 Absatz 2 Satz 2 und *die Daten, die zur* Überprüfung der Echtheit des Passes erforderlich sind, sowie das auf dem Chip gespeicherte Lichtbild auslesen und
2. von den ausgelesenen Daten ausschließlich das Lichtbild, die Daten nach § 4 Absatz 2 Satz 2 Nummer 1 bis 4, 7, 9 sowie die Daten, die zur Überprüfung der Echtheit des Passes erforderlich sind, verwenden.

[2]Anlässlich der Datenverarbeitung nach Satz 1 überprüft die verarbeitende öffentliche Stelle die Echtheit des Passes. [3]Von den nach Satz 1 Nummer 1 ausgelesenen Daten sind die Daten nach Satz 1 Nummer 2 von der verarbeitenden öffentlichen Stelle unverzüglich nach Beendigung der Prüfung der Identität des Inhabers, die

übrigen Daten unverzüglich nach dem Auslesen zu löschen, soweit dies nicht durch Gesetz oder auf Grund eines Gesetzes abweichend geregelt ist.

§ 16b Verarbeitung der sichtbaren Daten des Passes. (1) Die in § 16a Absatz 1 Satz 1 genannten Behörden dürfen die auf dem Pass sichtbar aufgedruckten Daten durch nicht automatisierte Verfahren verarbeiten, sofern sie dazu durch ein Gesetz oder auf Grund eines Gesetzes berechtigt sind.

(2) [1] Können die Daten aus dem Chip des Passes nach § 16a Absatz 1 Satz 1 nicht ausgelesen werden, dürfen die dort genannten Behörden die Daten der maschinenlesbaren Zone nach § 4 Absatz 2 Satz 2 automatisiert auslesen und unter den Voraussetzungen des § 16a Absatz 2 Satz 1 speichern. [2] § 16a Absatz 1 Satz 2, Absatz 2 Satz 2 gilt entsprechend.

§ 17 Automatischer Abruf aus Dateien und automatische Speicherung im öffentlichen Bereich. (1) [1] Behörden und sonstige öffentliche Stellen dürfen den Pass nicht zum automatischen Abruf personenbezogener Daten verwenden. [2] Abweichend von Satz 1 dürfen die Polizeibehörden und -dienststellen des Bundes und der Länder, die Steuerfahndungsstellen der Länder und die Behörden der Zollverwaltung den Pass im Rahmen ihrer Aufgaben und Befugnisse zum automatisierten Abruf personenbezogener Daten verwenden, die für die Zwecke

1. der Grenzkontrolle,
2. der Fahndung oder Aufenthaltsfeststellung aus Gründen der Strafverfolgung, Strafvollstreckung oder der Abwehr von Gefahren für die öffentliche Sicherheit oder
3. der zollamtlichen Überwachung im Rahmen der polizeilichen Beobachtung

im polizeilichen Fahndungstatbestand geführt werden. [3] Über Abrufe, die zu keiner Feststellung geführt haben, dürfen, vorbehaltlich gesetzlicher Regelungen nach Absatz 2, keine personenbezogenen Aufzeichnungen gefertigt werden.

(2) Personenbezogene Daten dürfen, soweit gesetzlich nichts anderes bestimmt ist, beim automatischen Lesen des Passes nicht in Dateien gespeichert werden; dies gilt auch für Abrufe aus dem polizeilichen Fahndungsbestand, die zu einer Feststellung geführt haben.

§ 18 Verwendung im nichtöffentlichen Bereich. (1) Der Pass oder ein Passersatz können auch im nichtöffentlichen Bereich als Ausweis- und Legitimationspapier benutzt werden.

(2) Die Seriennummern dürfen nicht so verwendet werden, dass mit ihrer Hilfe ein Abruf personenbezogener Daten aus Dateien oder eine Verknüpfung von Dateien möglich ist.

(3) [1] Der Pass darf nur vom Passinhaber oder von anderen Personen mit Zustimmung des Passinhabers in der Weise abgelichtet werden, dass die Ablichtung eindeutig und dauerhaft als Kopie erkennbar ist. [2] Andere Personen als der Passinhaber dürfen die Kopie nicht an Dritte weitergeben, es sei denn, die Weitergabe erfolgt zur Beantragung eines Visums für den Passinhaber und der Passinhaber hat der Weitergabe zugestimmt. [3] Werden durch Ablichtung personenbezogene Daten *aus dem Pass erhoben oder* verarbeitet, so darf die datenerhebende oder -verarbeitende Stelle dies nur mit Einwilligung des Passinhabers tun. [4] Die Vorschriften des allgemeinen Datenschutzrechts über die Erhebung und Verwendung personenbezogener Daten bleiben unberührt.

(4) [1] Beförderungsunternehmen dürfen personenbezogene Daten aus der maschinenlesbaren Zone des Passes elektronisch nur auslesen und verarbeiten, soweit sie auf Grund internationaler Abkommen oder Einreisebestimmungen zur Mitwirkung an Kontrolltätigkeiten im internationalen Reiseverkehr und zur Übermittlung personenbezogener Daten verpflichtet sind. [2] Biometrische Daten dürfen nicht ausgelesen werden. [3] Die Daten sind unverzüglich zu löschen, wenn sie für die Erfüllung dieser Pflichten nicht mehr erforderlich sind.

§ 19[1)] Zuständigkeit. (1) [1] Für Passangelegenheiten im Geltungsbereich dieses Gesetzes sind die von den Ländern bestimmten Behörden zuständig (Passbehörden). [2] Die Ausstellung ausschließlich als Passersatz bestimmter amtlicher Ausweise mit kurzer Gültigkeitsdauer obliegt den für die polizeiliche Kontrolle des grenzüberschreitenden Verkehrs zuständigen Behörden und Dienststellen.

(2) [1] Für Passangelegenheiten im Ausland ist das Auswärtige Amt mit den von ihm bestimmten Auslandsvertretungen der Bundesrepublik Deutschland zuständig (Passbehörde). [2] Passangelegenheit im Sinne des Satzes 1 ist auch die Durchführung des Verfahrens nach Maßgabe von Artikel 4 der Richtlinie (EU) 2019/997 in der Fassung vom 6. Mai 2024 als Mitgliedstaat, dessen Staatsangehörigkeit der Antragsteller besitzt.

(3) [1] Im Geltungsbereich dieses Gesetzes ist die Passbehörde örtlich zuständig, in deren Bezirk der Passbewerber oder der Inhaber eines Passes für seine Wohnung, bei mehreren Wohnungen für seine Hauptwohnung, gemeldet ist. [2] Im Ausland ist die Passbehörde örtlich zuständig, in deren Bezirk sich der Passbewerber oder der Inhaber eines Passes gewöhnlich aufhält. [3] Ist hiernach keine Zuständigkeit begründet, so ist die Passbehörde zuständig, in deren Bezirk er sich vorübergehend aufhält.

(4) [1] Der Antrag auf Ausstellung eines Passes muss auch von einer örtlich nicht zuständigen Passbehörde bearbeitet werden, wenn ein wichtiger Grund dargelegt wird. [2] Ein Pass darf nur mit Ermächtigung der örtlich zuständigen Passbehörde ausgestellt werden. [3] Für die Ausstellung eines Passes zur Einreise in den Geltungsbereich dieses Gesetzes oder eines hierfür bestimmten Passersatzes bedarf es dieser Ermächtigung nicht.

(4a) Für das Führen des Passregisters nach § 21 ist die Passbehörde zuständig, welche den Pass ausgestellt hat.

(5) Passbehörde für amtliche Pässe ist das Auswärtige Amt.

(6) Für die Sicherstellung sind die Passbehörden und die zur Feststellung von Personalien ermächtigten Behörden und Beamten zuständig.

§ 20 Gebühren und Auslagen, Verordnungsermächtigung. (1) Für individuell zurechenbare öffentliche Leistungen nach diesem Gesetz und den auf diesem Gesetz beruhenden Rechtsverordnungen erheben die Passbehörden Gebühren und Auslagen nach den Absätzen 2 und 3.

(2) [1] Die Gebühr soll die mit der individuell zurechenbaren öffentlichen Leistung verbundenen Kosten aller an der Leistung Beteiligten decken. [2] In die Gebühr sind die mit der Leistung regelmäßig verbundenen Auslagen einzubeziehen. [3] Zur Ermittlung der Gebühr sind die Kosten, die nach betriebswirtschaftlichen Grundsätzen als Einzel- und Gemeinkosten zurechenbar und ansatzfähig sind, insbesondere Personal- und Sachkosten sowie kalkulatorische Kosten, zu Grunde zu legen.

[1)] § 19 Abs. 4a eingef. mWv 1.11.2023 durch G v. 8.10.2023 (BGBl. 2023 I Nr. 271); Abs. 2 neu gef. mWv 30.10.2025 durch G v. 27.10.2025 (BGBl. 2025 I Nr. 256).

[4] Zu den Gemeinkosten zählen auch die Kosten der Rechts- und Fachaufsicht. [5] Grundlage der Gebührenermittlung nach den Sätzen 1 bis 4 sind die in der Gesamtheit der Länder mit der jeweiligen Leistung verbundenen Kosten. [6] § 3 Absatz 1 und 2, die §§ 5 bis 7, 9 Absatz 3 bis 6 und die §§ 10 bis 12 des Bundesgebührengesetzes[1)] gelten entsprechend.

(3) [1] Das Bundesministerium des Innern und für Heimat wird ermächtigt, für den Bereich der Landesverwaltung durch Rechtsverordnung mit Zustimmung des Bundesrates die gebührenpflichtigen Tatbestände, die Gebührenhöhe und die Auslagenerstattung näher zu bestimmen. [2] Wird die individuell zurechenbare öffentliche Leistung nach Absatz 1 auf Wunsch des Antragstellers außerhalb der Dienstzeit einer Passbehörde vorgenommen, kann eine Gebühr bis zur doppelten Höhe der nach der Rechtsverordnung nach Satz 1 bestimmten Gebühr erhoben werden.

(4) [1] Durch Besondere Gebührenverordnung des Auswärtigen Amts nach § 22 Absatz 4 des Bundesgebührengesetzes kann bestimmt werden, dass von den Auslandsvertretungen der Bundesrepublik Deutschland für individuell zurechenbare öffentliche Leistungen nach diesem Gesetz und den auf diesem Gesetz beruhenden Rechtsverordnungen zum Ausgleich von Kaufkraftunterschieden ein Zuschlag erhoben wird. [2] Der Zuschlag kann bis zu 300 Prozent der Gebühren betragen.

§ 21[2)] Passregister. (1) Die Passbehörden führen Passregister.

(2) Das Passregister darf neben dem Lichtbild und der Unterschrift des Passinhabers sowie verfahrensbedingten Bearbeitungsvermerken ausschließlich folgende Daten enthalten:

1. Familienname und ggf. Geburtsname,
2. Vornamen,
3. Doktorgrad,
4. Ordensname, Künstlername,
5. Tag und Ort der Geburt,
6. Geschlecht,
7. Größe, Farbe der Augen,
8. gegenwärtige Anschrift,
8a. E-Mail-Adresse, sofern der Passinhaber in die Speicherung einwilligt,
9. Staatsangehörigkeit,
9a. Identifikationsnummer nach dem Identifikationsnummerngesetz,
10. Seriennummer,
11. Gültigkeitsdatum,
12. Nachweise über erteilte Ermächtigungen nach § 19 Abs. 4 Satz 2,
13. Familienname, Vornamen, Tag der Geburt und Unterschrift von gesetzlichen Vertretern,
14. ausstellende Behörde,

---

1) Nr. **120**.

2) § 21 Abs. 2 Nr. 14a eingef., Abs. 6 angef. mWv 1.11.2023, Abs. 2 Nr. 8a eingef. mWv 1.11.2024 durch G v. 8.10.2023 (BGBl. 2023 I Nr. 271); Abs. 2 Nr. 9a eingef. mWv 3.11.2025 durch G v. 28.3.2021 (*BGBl. I S. 591; 2025* I Nr. 137); Abs. 2 Nr. 15 geänd., Nr. 16 aufgeh. mWv 27.6.2024 durch G v. 22.3.2024 (BGBl. 2024 I Nr. 104); Abs. 2 Nr. 15 geänd., Nr. 16 angef. mWv 1.5.2025 durch G v. 23.10.2024 (BGBl. 2024 I Nr. 322); Abs. 4 Sätze 3–5 angef. mWv 30.10.2025 durch G v. 27.10.2025 (BGBl. 2025 I Nr. 256).

14a. die örtlich zuständige Passbehörde, wenn diese nicht mit der ausstellenden Passbehörde identisch ist,

15. Vermerke über Anordnungen nach den §§ 7, 8 und 10,

16. lichtbildaufnehmende Stelle.

(3) Das Passregister dient

1. der Ausstellung der Pässe und der Feststellung ihrer Echtheit,
2. der Identitätsfeststellung der Person, die den Pass besitzt oder für die er ausgestellt ist,
3. der Durchführung dieses Gesetzes.

(4) [1] Personenbezogene Daten im Passregister sind mindestens bis zur Ausstellung eines neuen Passes, höchstens jedoch bis zu fünf Jahren nach dem Ablauf der Gültigkeit des Passes, auf den sie sich beziehen, zu speichern und dann zu löschen. [2] Für die Passbehörden nach § 19 Abs. 2 bei der Wahrnehmung konsularischer Aufgaben beträgt die Frist 30 Jahre. [3] Die zu den in Artikel 15 Absatz 1 Satz 1 der Richtlinie (EU) 2019/997 genannten Zwecken verarbeiteten, personenbezogenen Daten der Person, die bei einem anderen Mitgliedstaat der Europäischen Union einen EU-Rückkehrausweis im Sinne des Artikels 3 Absatz 1 Satz 1 der Richtlinie (EU) 2019/997 in der Fassung vom 6. Mai 2024 beantragt hat, sind von der nach § 19 Absatz 2 Satz 1 zuständigen Passbehörde nur so lange wie erforderlich, höchstens aber für zwei Jahre, im Passregister zu speichern. [4] Die Daten sind im Anschluss zu löschen. [5] Die Speicherung nach Satz 3 ist unzulässig, wenn die Person nicht die Voraussetzung des § 1 Absatz 4 Satz 1 erster Halbsatz erfüllt.

(5) Die zuständige Passbehörde führt den Nachweis über Pässe, für die sie eine Ermächtigung gemäß § 19 Abs. 4 Satz 2 erteilt hat.

(6) [1] Wird eine andere als die ausstellende Passbehörde örtlich zuständig, darf sie die in Absatz 2 genannten und zur Wahrnehmung ihrer Aufgaben erforderlichen Daten mit Ausnahme der biometrischen Daten speichern. [2] Absatz 4 gilt entsprechend.

§ 22[1)] Verarbeitung und Nutzung der Daten im Passregister. (1) Die Passbehörden dürfen personenbezogene Daten nur nach Maßgabe dieses Gesetzes, anderer Gesetze oder Rechtsverordnungen erheben, verarbeiten oder nutzen.

(1a) [1] Passbehörden dürfen anderen Passbehörden im automatisierten Verfahren Daten des Passregisters übermitteln oder Daten aus Passregistern, die in Zuständigkeit anderer Passbehörden geführt werden, abrufen, sofern dies zur Wahrnehmung ihrer Pflichten erforderlich ist. [2] Dies gilt nicht für biometrische Daten.

(2) [1] Die Passbehörden dürfen anderen Behörden auf deren Ersuchen Daten aus dem Passregister übermitteln. [2] Voraussetzung ist, daß

1. die ersuchende Behörde auf Grund von Gesetzen oder Rechtsverordnungen berechtigt ist, solche Daten zu erhalten,
2. die ersuchende Behörde ohne Kenntnis der Daten nicht in der Lage wäre, eine ihr obliegende Aufgabe zu erfüllen und
3. die Daten bei dem Betroffenen nicht oder nur mit unverhältnismäßig hohem Aufwand erhoben werden können oder nach der Art der Aufgabe, zu deren Erfüllung die Daten erforderlich sind, von einer solchen Datenerhebung abgesehen werden muss.

[1)] § 22 Abs. 1a eingef. mWv 1.11.2023 durch G v. 8.10.2023 (BGBl. 2023 I Nr. 271)

[3]Hinsichtlich der Daten, die auch im Melderegister enthalten sind, finden außerdem die im Bundesmeldegesetz[1)] enthaltenen Beschränkungen Anwendung.

(3) [1]Die ersuchende Behörde trägt die Verantwortung dafür, dass die Voraussetzungen des Absatzes 2 vorliegen. [2]Ein Ersuchen nach Absatz 2 darf nur von Bediensteten gestellt werden, die vom Behördenleiter dafür besonders ermächtigt sind. [3]Die ersuchende Behörde hat den Anlass des Ersuchens und die Herkunft der übermittelten Daten und Unterlagen aktenkundig zu machen. [4]Wird die Passbehörde von dem Bundesamt für Verfassungsschutz, den Landesbehörden für Verfassungsschutz, dem Militärischen Abschirmdienst, dem Bundesnachrichtendienst, dem Bundeskriminalamt oder dem Generalbundesanwalt oder der Generalbundesanwältin um die Übermittlung von Daten ersucht, so hat die ersuchende Behörde den Familiennamen, die Vornamen und die Anschrift des Betroffenen unter Hinweis auf den Anlass der Übermittlung aufzuzeichnen. [5]Die Aufzeichnungen sind gesondert aufzubewahren, durch technische und organisatorische Maßnahmen zu sichern und am Ende des Kalenderjahres, das dem Jahr der Übermittlung folgt, zu vernichten.

(4) Die Daten des Passregisters und des Melderegisters dürfen zur Berichtigung des jeweils anderen Registers verwandt werden.

(5) [1]Passbehörden, die Kenntnis von dem Abhandenkommen eines Passes erlangen, haben die zuständige Passbehörde, die ausstellende Passbehörde und eine Polizeibehörde unverzüglich in Kenntnis zu setzen; eine Polizeibehörde, die anderweitig Kenntnis vom Abhandenkommen eines Passes erlangt, hat die zuständige und die ausstellende Passbehörde unverzüglich zu unterrichten. [2]Dabei sollen Angaben zum Familiennamen und den Vornamen des Inhabers, zur Seriennummer, zur ausstellenden Behörde, zum Ausstellungsdatum und zur Gültigkeitsdauer des Passes übermittelt werden. [3]Die Polizeibehörde hat die Einstellung in die polizeiliche Sachfahndung vorzunehmen.

(6) Stellt eine nicht zuständige Passbehörde nach § 19 Abs. 4 einen Pass aus, so hat sie der zuständigen Passbehörde den Familiennamen, die Vornamen, den Tag und Ort der Geburt, die ausstellende Passbehörde, das Ausstellungsdatum, die Gültigkeitsdauer und die Seriennummer des Passes zu übermitteln.[2)]

§ 22a[3)] Datenübertragung und automatisierter Abruf von Lichtbildern.

(1) [1]In den Fällen des § 22 Abs. 2 kann die Übermittlung auch durch Datenübertragung erfolgen. [2]§ 6a Abs. 1 Satz 3 gilt entsprechend.

(2) [1]Im Fall der Übermittlung von Lichtbildern durch Passbehörden nach § 19 Absatz 1 Satz 1 an die Ordnungsbehörden im Rahmen der Verfolgung von Verkehrsordnungswidrigkeiten kann der Abruf des Lichtbildes im automatisierten

---

[1)] Nr. **256**.

[2)] **Amtl. Anm.:** Gemäß Artikel 7 Nummer 2 in Verbindung mit Artikel 22 Satz 3 des Gesetzes vom 28. März 2021 (BGBl. I S. 591) wird zu einem noch unbestimmten Zeitpunkt nach § 22 Absatz 6 folgender Absatz 7 angefügt:

„(7) [1]Die Verarbeitung der Identifikationsnummer nach dem Identifikationsnummerngesetz durch die Passbehörden ist nach diesem Gesetz zum Zwecke der Erbringung von Verwaltungsleistungen nach dem Onlinezugangsgesetz zulässig. [2]Ist zu einer Person keine Identifikationsnummer nach dem Identifikationsnummerngesetz gespeichert, kann der Eintrag durch Abgleich mit dem Melderegister erfolgen. [3]Die Passbehörden können die Identifikationsnummer nach § 139b der Abgabenordnung auch durch einen Datenabruf nach § 6 Absatz 2 des Identifikationsnummerngesetzes bei der Registermodernisierungsbehörde erheben. [4]Existiert zu der Person noch keine Identifikationsnummer nach dem Identifikationsnummerngesetz, ist diese auf Veranlassung der Passbehörden bei der Registermodernisierungsbehörde durch das Bundeszentralamt für Steuern zu vergeben."

[3)] § 22a Abs. 3 und 4 angef. mWv 1.11.2025 durch G v. 8.10.2023 (BGBl. 2023 I Nr. 271).

Verfahren erfolgen. [2] Der Abruf ist nur zulässig, wenn die Passbehörde nicht erreichbar ist und ein weiteres Abwarten den Ermittlungszweck gefährden würde. [3] Zuständig für den Abruf sind die Polizeivollzugsbehörden auf Ebene der Landkreise und kreisfreien Städte, die durch Landesrecht bestimmt werden. [4] Die abrufende Behörde trägt die Verantwortung dafür, dass die Voraussetzungen der Absätze 1 und 2 Satz 2 vorliegen. [5] Die Polizeibehörden des Bundes und der Länder, der Militärische Abschirmdienst, der Bundesnachrichtendienst, die Verfassungsschutzbehörden des Bundes und der Länder, Steuerfahndungsdienststellen der Länder, der Zollfahndungsdienst und die Hauptzollämter dürfen das Lichtbild zur Erfüllung ihrer Aufgaben im automatisierten Verfahren abrufen. [6] Ferner dürfen die zur Ausstellung

1. des Führerscheins,
2. des Fahrerqualifizierungsnachweises oder
3. der Fahrerkarte

zuständigen Behörden das Lichtbild sowie die Unterschrift der antragstellenden Person im automatisierten Verfahren abrufen, wenn die antragstellende Person zuvor im Rahmen der Online-Beantragung in die elektronische Übermittlung eingewilligt hat. [7] Die abrufende Behörde trägt die Verantwortung dafür, dass die Voraussetzungen des Absatzes 1 vorliegen. [8] Über alle Abrufe sind von den beteiligten Behörden Aufzeichnungen zu fertigen, die eine Kontrolle der Zulässigkeit der Abrufe ermöglichen. [9] Abrufe nach den Sätzen 5 und 6 werden nur von der abrufenden Behörde protokolliert. [10] Die Aufzeichnungen enthalten:

1. die nach § 4 Absatz 1 der Pass- und Personalausweisdatenabrufverordnung verwendeten Auswahldaten bei Abrufen nach den Sätzen 4 und 5, in anderen Fällen den Familiennamen, Vornamen sowie den Tag und den Ort der Geburt der Person, deren Lichtbild abgerufen wurde,
2. Tag und Uhrzeit des Abrufs,
3. die Bezeichnung der am Abruf beteiligten Stellen,
4. die Angabe der abrufenden und verantwortlichen Person sowie
5. das Aktenzeichen.

[11] § 22 Abs. 3 Satz 5 gilt entsprechend.

(3) Bei der Einrichtung eines automatisierten Abrufverfahrens hat die abrufberechtigte Stelle durch geeignete technische und organisatorische Maßnahmen nach den Artikeln 24, 25 und 32 der Verordnung (EU) 2016/679[1)] des Europäischen Parlaments und des Rates vom 27. April 2016 zum Schutz natürlicher Personen bei der Verarbeitung personenbezogener Daten, zum freien Datenverkehr und zur Aufhebung der Richtlinie 95/46/EG (Datenschutz-Grundverordnung) (ABl. L 119 vom 4.5.2016, S. 1; L 314 vom 22.11.2016, S. 72; L 127 vom 23.5.2018, S. 2; L 74 vom 4.3.2021, S. 35), nach § 64 des Bundesdatenschutzgesetzes[2)] und nach den entsprechenden landesgesetzlichen Regelungen sicherzustellen, dass Daten nur von hierzu befugten Personen abgerufen werden können.

(4) [1] Die für einen zentralen Passregisterdatenbestand zuständige Stelle oder die Passbehörde trifft Maßnahmen nach den Artikeln 24, 25 und 32 der Verordnung (EU) 2016/679, insbesondere durch den Einsatz von Verschlüsselungstechnik und Authentifizierungsverfahren, um den Datenschutz und die Datensicherheit zu

---

[1)] Nr. **246**.
[2)] Nr. **245**.

gewährleisten. [2] Bei Zweifeln an der Identität der abrufenden Stelle unterbleibt der automatisierte Abruf.

§ 23 Weisungsbefugnis. (1) Die Bundesregierung kann Einzelweisungen zur Ausführung dieses Gesetzes und der hierzu erlassenen Rechtsverordnungen erteilen, wenn die innere oder äußere Sicherheit oder sonstige erhebliche Belange der Bundesrepublik Deutschland es erfordern.

Zweiter Abschnitt. Straf- und Bußgeldvorschriften

§ 24 Straftaten. (1) Mit Freiheitsstrafe bis zu einem Jahr oder mit Geldstrafe wird bestraft, wer als Deutscher im Sinne des Artikels 116 Abs. 1 des Grundgesetzes[1)]

1. aus dem Geltungsbereich dieses Gesetzes über eine Auslandsgrenze ausreist, obwohl ihm ein Pass versagt oder vollziehbar entzogen worden ist oder gegen ihn eine vollziehbare Anordnung nach § 7 Abs. 2 dieses Gesetzes oder nach § 6 Abs. 7 des Personalausweisgesetzes[2)] ergangen ist oder
2. aus dem Geltungsbereich dieses Gesetzes über eine Auslandsgrenze ausreist, obwohl ihm von einer für die polizeiliche Kontrolle des grenzüberschreitenden Verkehrs zuständigen Behörde nach § 10 Abs. 1 Satz 2 oder 3 die Ausreise untersagt worden ist.

(2) Der Versuch ist strafbar.

§ 25[3)] Ordnungswidrigkeiten. (1) Ordnungswidrig handelt, wer fahrlässig eine der in § 24 Abs. 1 Nr. 1 bezeichneten Handlungen begeht.

(2) Ordnungswidrig handelt auch, wer

1. entgegen § 6 Abs. 2 Satz 1 eine Angabe nicht richtig macht,
2. durch unrichtige Angaben die Ausstellung eines weiteren Passes bewirkt,
3. sich der polizeilichen Kontrolle des grenzüberschreitenden Verkehrs über eine Auslandsgrenze entzieht,
4. entgegen § 15 Nummer 3 oder 4 eine Anzeige nicht oder nicht rechtzeitig erstattet oder
5. entgegen § 18 Absatz 3 Satz 2 eine Kopie weitergibt.

(3) Ordnungswidrig handelt auch, wer vorsätzlich oder fahrlässig

1. entgegen § 1 Abs. 1 Satz 1, auch in Verbindung mit einer Rechtsverordnung nach § 2 Abs. 1 Nr. 2, einen Pass oder Passersatz nicht mitführt oder sich nicht oder nicht rechtzeitig ausweist oder
2. entgegen § 3 eine Auslandsgrenze außerhalb der zugelassenen Grenzübergangsstellen oder der festgesetzten Verkehrsstunden überschreitet.

(4) Die Ordnungswidrigkeit kann in den Fällen des Absatzes 1 und des Absatzes 2 Nummer 5 mit einer Geldbuße bis zu dreißigtausend Euro und in den übrigen Fällen mit einer Geldbuße bis zu fünftausend Euro geahndet werden.

(5) In den Fällen der Absätze 2 und 3 kann der Versuch der Ordnungswidrigkeit geahndet werden.

---

1) Nr. **1**.
2) Nr. **255**.
3) § 25 Abs. 2 Nr. 4 geänd. mWv 27.6.2024 durch G v. 22.3.2024 (BGBl. 2024 I Nr. 104).

(6) In den Fällen des Absatzes 2 Nummer 2 und 4 kann die Tat auch dann geahndet werden, wenn sie im Ausland begangen wird.

§ 26 Bußgeldbehörden. Verwaltungsbehörden im Sinne des § 36 Abs. 1 Nr. 1 des Gesetzes über Ordnungswidrigkeiten[1] sind

1. für die Auslandsvertretungen der Bundesrepublik Deutschland das Auswärtige Amt oder die vom Auswärtigen Amt im Benehmen mit dem Bundesministerium des Innern und für Heimat durch Rechtsverordnung bestimmte Behörde des Bundes; die Rechtsverordnung bedarf nicht der Zustimmung des Bundesrates;
2. die in der Rechtsverordnung nach § 58 Abs. 1 des Bundespolizeigesetzes[2] bestimmten Bundespolizeibehörden, soweit nicht die Länder im Einvernehmen mit dem Bund Aufgaben des grenzpolizeilichen Einzeldienstes mit eigenen Kräften wahrnehmen.

Dritter Abschnitt. Schlussvorschriften

§ 27 Allgemeine Verwaltungsvorschriften. Das Auswärtige Amt erlässt im Benehmen mit dem Bundesministerium des Innern und für Heimat allgemeine Verwaltungsvorschriften über das Ausstellen amtlicher Pässe.

§ 27a Regelungsbefugnisse der Länder. [1] Durch Landesrecht können zentrale Passregisterdatenbestände zur Speicherung des Lichtbilds und der Unterschrift für die Durchführung eines automatisierten Abrufs des Lichtbilds nach § 22a Absatz 2 Satz 1 und 5 sowie eines automatisierten Abrufs des Lichtbilds und der Unterschrift nach § 22a Absatz 2 Satz 6 eingerichtet werden. [2] In diesem Fall gelten § 4 Absatz 3 Satz 3, § 21 Absatz 4 und § 22a Absatz 2 Satz 6 bis 9 entsprechend. [3] Macht ein Land von der Regelungsbefugnis Gebrauch, hat es technisch sicherzustellen, dass die Lichtbilder und Unterschriften vor unbefugtem Zugriff geschützt sind. [4] Die Lichtbilder und Unterschriften dürfen nur so gespeichert werden, dass keine Verknüpfung mit anderen als für den automatisierten Abruf benötigten Daten ermöglicht wird.

§ 28[3] Übergangsvorschrift für Kinderreisepässe. (1) Für Kinderreisepässe, die vor dem 1. Januar 2021 beantragt worden sind, ist § 5 Absatz 2 in der bis einschließlich 31. Dezember 2020 geltenden Fassung weiterhin anzuwenden.

(2) Für Kinderreisepässe, die ab dem 1. Januar 2021, aber vor dem 1. Januar 2024 beantragt worden sind, ist § 5 Absatz 2 in der bis einschließlich 31. Dezember 2023 geltenden Fassung weiterhin anzuwenden.

---

[1] **Habersack Nr. 94.**
[2] Nr. **90.**
[3] § 28 neu gef. mWv 1.1.2024 durch G v. 8.10.2023 (BGBl. 2023 I Nr. 271).

251. Verordnung zur Durchführung des Passgesetzes (Passverordnung – PassV)

Vom 19. Oktober 2007

(BGBl. I S. 2386)

FNA 210-5-12

geänd. durch Art. 1 VO zur Änd. der PassVO und der Passdatenerfassungs- und ÜbermittlungsVO v. 13.11. 2008 (BGBl. I S. 2201), Art. 1 VO zur Änd. der PassVO, der Passdatenerfassungs- und ÜbermittlungsVO sowie weiterer Vorschriften v. 25.10.2010 (BGBl. I S. 1440), Art. 1 VO zur Änd. der PassVO, der PersonalausweisVO sowie der PersonalausweisgebührenVO v. 20.2.2013 (BGBl. I S. 330), Art. 2 Abs. 12 G zur Strukturreform des Gebührenrechts des Bundes v. 7.8.2013 (BGBl. I S. 3154), Art. 1 VO zur Änd. der PassVO sowie zur Änd. der AufenthaltsVO v. 3.3.2015 (BGBl. I S. 218), Art. 1 Zweite VO zur Änd. der PassVO sowie zur Änd. der AufenthaltsVO v. 15.2.2017 (BGBl. I S. 162), Art. 1 Zweite VO zur Änd. der PassVO, der PersonalausweisVO und der PersonalausweisgebührenVO v. 15.10.2020 (BGBl. I S. 2199), Art. 2 VO zu automatisierten Datenabrufen aus den Pass- und Personalausweisregistern sowie zur Änd. der PassVO, der PersonalausweisVO und der AufenthaltsVO v. 20.8.2021 (BGBl. I S. 3682), Art. 2, 8 VO zur Änd. der PersonalausweisVO, der PassVO, der AufenthaltsVO sowie weiterer Vorschriften v. 30.10.2023 (BGBl. 2023 I Nr. 290), Art. 1 VO zur Aktualisierung von Dokumentenmustern im Pass-, Ausweis- und ausländerrechtlichen Dokumentenwesen v. 12.4.2024 (BGBl. 2024 I Nr. 125), Art. 2 VO zur Einführung eines einheitlichen EU-Rückkehrausweises sowie zur Änd. weiterer aufenthalts-, pass- und ausweisrechtlicher Vorschriften v. 29.10.2025 (BGBl. 2025 I Nr. 260) und Art. 1 VO zur Entlastung der Bundespolizei und der Verwaltung im Pass- und Ausweiswesen sowie zur Änd. weiterer Vorschriften v. 30.1.2026 (BGBl. 2026 I Nr. 31)

Inhaltsübersicht[1]

[1] Inhaltsübersicht neu gef. mWv 7.2.2026 durch VO v. 30.1.2026 (BGBl. 2026 I Nr. 31).

Abschnitt 1.[1] Allgemeine Vorschriften

§ 1[1] Zweck dieser Verordnung; Anwendungsbereich. (1) Diese Verordnung regelt

1. die technischen Anforderungen und Verfahren für die elektronische Erfassung des Lichtbilds und der Fingerabdrücke,
2. die Übermittlung sämtlicher Passantragsdaten von der Passbehörde an den Passhersteller, die Qualitätssicherung in der Passbehörde und beim Passhersteller sowie das Verfahren zum Nachweis der Erfüllung der Anforderungen,
3. die Muster der Pässe, der amtlichen Pässe und der Passersatzpapiere,
4. die Einzelheiten der Ausstellung von amtlichen Pässen,
5. die Befreiung von der Passpflicht nach § 2 des Passgesetzes[2] sowie
6. die Erhebung von Gebühren und Auslagen für das Passwesen.

(2) Die Bestimmungen dieser Verordnung gelten für

1. die Passbehörden,
2. den Passhersteller,
3. die für die polizeiliche Kontrolle des grenzüberschreitenden Verkehrs zuständigen Behörden und Dienststellen, soweit ihnen die Ausstellung als Passersatz bestimmter amtlicher Ausweise mit kurzer Gültigkeitsdauer obliegt, sowie
4. für die Hersteller und Lieferanten von technischen Systemen und Bestandteilen, die zum Einsatz bei den Verfahren bestimmt sind, die in dieser Verordnung geregelt sind.

[1] Abschnitt 1 (§§ 1–3) eingef. mWv 7.2.2026 durch VO v. 30.1.2026 (BGBl. 2026 I Nr. 31).
[2] Nr. **250**.

§ 2[1)] Technische Richtlinien des Bundesamtes für Sicherheit in der Informationstechnik. [1] Nach dem Stand der Technik sind zu erfüllen die technischen und organisatorischen Anforderungen an

1. die Erfassung des Lichtbildes und der Fingerabdrücke,
2. die Qualitätssicherung des Lichtbildes und der Fingerabdrücke,
3. die Übermittlung sämtlicher Passantragsdaten zwischen Passbehörde und Passhersteller und
4. das sichere Verfahren der Übermittlung von Lichtbildern von einem Dienstleister an die Passbehörde.

[2] Die Einhaltung des Standes der Technik wird vermutet, wenn die Technischen Richtlinien des Bundesamtes für Sicherheit in der Informationstechnik eingehalten worden sind. [3] Die Übersicht über die Technischen Richtlinien wird vom Bundesamt für Sicherheit in der Informationstechnik im Bundesanzeiger veröffentlicht. [4] Die jeweils geltende Fassung der Technischen Richtlinien wird vom Bundesamt für Sicherheit in der Informationstechnik im Bundesanzeiger durch Verweis auf die Internetseite des Bundesamtes für Sicherheit in der Informationstechnik bekannt gemacht.

§ 3[1)] Zertifizierung von Systemkomponenten. (1) [1] Aus Anlage 1 ergeben sich die Systemkomponenten

1. der Passbehörden,
2. des Passherstellers,
3. der Anbieter von eingesetzter Hardware und Software im Sinne von § 2 Satz 1 Nummer 1 und 2,
4. der Cloudanbieter im Sinne des § 4 Absatz 2 Nummer 1,
5. der Dienstleister, die Lichtbildaufnahmegeräte im Sinne des § 4 Absatz 2 Nummer 2 verwenden,
6. der Anwendungsbestandteile zur Verschlüsselung und Übertragung der Lichtbilder an die Cloud durch den Dienstleister, für die eine Zertifizierung verpflichtend ist.

[2] Die Art und die Einzelheiten der Zertifizierung sind den Technischen Richtlinien des Bundesamtes für Sicherheit in der Informationstechnik zu entnehmen.

(2) Für die Zertifizierung gilt § 9 des BSI-Gesetzes sowie die BSI-Zertifizierungs- und -Anerkennungsverordnung.

(3) Die Kosten der Zertifizierung hat der Antragsteller zu tragen.

Abschnitt 2.[2)] Übermittlung des Lichtbildes an die Passbehörde

§ 4[2)] Fertigung und Übermittlung des Lichtbilds durch ein sicheres Verfahren. (1) [1] In Fällen, in denen ein Pass bei einer Passbehörde nach § 19 Absatz 1 Satz 1 des Passgesetzes[3)] beantragt wird, kann die antragstellende Person einen Dienstleister mit der Fertigung des Lichtbilds beauftragen. [2] Der Dienstleister hat das Lichtbild elektronisch zu fertigen und im Anschluss durch ein sicheres Verfahren an die Passbehörde zu übermitteln. [3] Dienstleister ist jede natürliche oder juristische

---

[1)] Abschnitt 1 (§§ 1–3) eingef. mWv 7.2.2026 durch VO v. 30.1.2026 (BGBl. 2026 I Nr. 31).
[2)] Abschnitt 2 (§§ 4–9) eingef. mWv 7.2.2026 durch VO v. 30.1.2026 (BGBl. 2026 I Nr. 31).
[3)] Nr. **250**.

Person, die gewerbsmäßig Lichtbilder von anderen Personen anfertigt, die zur Vorlage bei einer Passbehörde bestimmt sind.

(2) Ein sicheres Verfahren im Sinne des Absatzes 1 Satz 2 ist:

1. die Übermittlung des Lichtbilds an die Passbehörde von einem Dienstleister unter Einbindung eines Cloudanbieters oder
2. die Übermittlung des Lichtbilds an die Passbehörde von einem zertifizierten Lichtbildaufnahmegerät eines Dienstleisters, das unmittelbar an das Behördennetz einer Passbehörde angeschlossen ist.

§ 5[1)] Übermittlung des Lichtbilds unter Einbindung eines Cloudanbieters.

(1) Bei einer Übermittlung nach § 4 Absatz 2 Nummer 1 übermittelt der Dienstleister das Lichtbild an einen Cloudanbieter und übergibt der antragstellenden Person anschließend einen Code, den sie im Rahmen der Antragstellung der Passbehörde übergibt.

(2) [1] Mit diesem Code ruft die Passbehörde das Lichtbild bei dem Cloudanbieter ab. [2] Durch den Abruf wird das Lichtbild gemeinsam mit dem Pseudonym der übermittelnden Person des Dienstleisters an die Passbehörde übermittelt.

(3) [1] Die Übermittlung des Lichtbilds vom Dienstleister über den Cloudanbieter zur Passbehörde erfolgt verschlüsselt als Ende-zu-Ende-Verschlüsselung; eine Entschlüsselung durch den Cloudanbieter ist auszuschließen. [2] Eine Übermittlung des Lichtbilds vom Dienstleister zum Cloudanbieter ist nur zulässig, wenn hierzu ausschließlich zertifizierte Systemkomponenten verwendet werden.

(4) Die Verarbeitung der personenbezogenen Daten darf ausschließlich durch einen im Gebiet der Europäischen Union ansässigen Cloudanbieter und ausschließlich im Gebiet der Europäischen Union erfolgen.

§ 6[1)] Registrierung und Identifizierung eines Dienstleisters bei einem Cloudanbieter. (1) [1] Dienstleister haben sich bei einem Cloudanbieter mit einem Nutzerkonto zu registrieren. [2] Bei der Registrierung ist ein Nachweis über die Dienstleistereigenschaft sowie ein Nachweis über die Identität des Dienstleisters zu erbringen.

(2) Der nach Absatz 1 Satz 2 erforderliche Nachweis über die Dienstleistereigenschaft ist zu erbringen durch

1. einen Nachweis über die Gewerbeanmeldung,
2. einen Auszug aus dem Unternehmensregister,
3. eine Bescheinigung der Mitgliedschaft in der Handwerkskammer oder
4. eine Bestätigung eines Finanzamtes über die Anmeldung einer freiberuflichen Tätigkeit als Fotografin oder Fotograf.

(3) Bei der Registrierung erfolgt der Nachweis der Identität des Dienstleisters durch

1. einen elektronischen Identitätsnachweis nach § 18 des Personalausweisgesetzes[2)], nach § 12 des eID-Karte-Gesetzes oder nach § 78 Absatz 5 des Aufenthaltsgesetzes[3)] oder

---

[1)] Abschnitt 2 (§§ 4–9) eingef. mWv 7.2.2026 durch VO v. 30.1.2026 (BGBl. 2026 I Nr. 31).
[2)] Nr. **255**.
[3)] Nr. **565**.

2. ein anderes elektronisches Identifizierungsmittel, das nach Artikel 6 der Verordnung (EU) Nr. 910/2014[1] auf dem Sicherheitsniveau „hoch" im Sinne des Artikels 8 Absatz 2 Buchstabe c der Verordnung (EU) Nr. 910/2014 notifiziert worden ist.

(4) [1] Einem Nutzerkonto können mehrere Personen zugeordnet werden, wenn diese vom Dienstleister auf Dauer angelegt beschäftigt werden. [2] Personen nach Satz 1 müssen sich bei der Registrierung in einem Nutzerkonto ebenfalls mittels eines der in Absatz 3 genannten Identifizierungsmittel in dem Nutzerkonto registrieren.

(5) Für jede Person, die sich in einem Nutzerkonto nach Absatz 4 registriert hat, wird durch den Cloudanbieter ein Pseudonym erzeugt.

(6) [1] Vor jeder Übermittlung eines Lichtbilds an den Cloudanbieter hat sich die übermittelnde Person erneut mit einem der in Absatz 3 genannten Identifizierungsmittel zu identifizieren. [2] Bei jeder Übermittlung wird das Lichtbild durch den Cloudanbieter mit dem Pseudonym der übermittelnden Person dauerhaft verbunden. [3] Die Passbehörde trägt im Passregister nach § 21 Absatz 2 Nummer 16 des Passgesetzes[2] das übermittelte Pseudonym als lichtbildaufnehmende Stelle ein.

§ 7[3] Pflichten des Cloudanbieters. (1) Der Cloudanbieter dokumentiert zum Zwecke der Nachverfolgbarkeit des Übermittlungsvorgangs eines erstellten und übermittelten Lichtbilds

1. die Übermittlung eines verschlüsselten Lichtbilds durch einen Dienstleister, das Datum und die Uhrzeit der Übermittlung sowie
2. den Abruf eines verschlüsselten Lichtbilds durch die Passbehörde sowie das Datum und die Uhrzeit des Abrufs.

(2) [1] Der Cloudanbieter ist verpflichtet, das Lichtbild unverzüglich nach Abruf durch die Passbehörde, spätestens aber sechs Monate nach Empfang des Lichtbilds von einem Dienstleister, zu löschen, es sei denn, die Passbehörde hat auf Veranlassung der antragstellenden Person vermerkt, dass das Lichtbild für einen Zeitraum von höchstens sechs Monaten ab Empfang des Lichtbilds durch den Cloudanbieter nicht gelöscht werden soll. [2] Im Übrigen ist der Cloudanbieter verpflichtet, die bei ihm gespeicherten Daten für folgende Fristen zu speichern und nach Fristablauf zu löschen:

1. die Protokolldaten nach Absatz 1 für zehn Jahre und sechs Monate nach ihrer Erstellung;
2. die personenbezogenen Daten der Dienstleister sowie die ihnen zuzuordnenden Pseudonyme für sechs Monate ab dem Zeitpunkt, ab dem der Dienstleister von dem Cloudanbieter die Auflösung seines Nutzerkontos verlangt hat;
3. abweichend von Nummer 2 die dort genannten Daten für zehn Jahre und sechs Monate ab dem Zeitpunkt der Übermittlung des Lichtbilds an die zuständige Passbehörde, wenn das Lichtbild für die Passbeantragung durch eine dem Nutzerkonto zuzuordnende Person übermittelt wurde.

(3) [1] Wenn bestimmte Tatsachen die Annahme begründen, dass ein beim Cloudanbieter abgerufenes Lichtbild auf unzulässige Weise erstellt worden ist, kann die Passbehörde vom Cloudanbieter die Auskunft verlangen, welcher Person das mit

[1] **Sartorius III Nr. 741.**
[2] Nr. **250**.
[3] Abschnitt 2 (§§ 4–9) eingef. mWv 7.2.2026 durch VO v. 30.1.2026 (BGBl. 2026 I Nr. 31).

dem Lichtbild verbundene Pseudonym zugeordnet ist. [2] Dies gilt auch für den Fall, dass ein Cloudanbieter seinen Betrieb einstellt und solange, bis die Daten durch den Cloudanbieter gelöscht werden.

§ 8[1)] Übermittlung des Lichtbilds von einem Lichtbildaufnahmegerät eines Dienstleisters. (1) Bei einer Übermittlung nach § 4 Absatz 2 Nummer 2 fertigt der Dienstleister das Lichtbild durch sein Lichtbildaufnahmegerät an, das mit Zustimmung der jeweiligen Passbehörde unmittelbar an ihr Behördennetzwerk angeschlossen ist.

(2) [1] Das Lichtbild wird mit dem Namen des Dienstleisters, der das Lichtbildaufnahmegerät zur Verfügung gestellt hat, sowie der Kennung des verwendeten Lichtbildaufnahmegeräts übermittelt. [2] Die Passbehörde trägt im Passregister als lichtbildaufnehmende Stelle nach § 21 Absatz 2 Nummer 16 des Passgesetzes[2)] den Namen des Dienstleisters und die Kennung des verwendeten Lichtbildaufnahmegeräts ein.

§ 9[1)] Fertigung des Lichtbilds durch die Passbehörde. (1) Wird das Lichtbild von der Passbehörde mit einem eigenen Lichtbildaufnahmegerät gefertigt, trägt die Passbehörde im Passregister als lichtbildaufnehmende Stelle nach § 21 Absatz 2 Nummer 16 des Passgesetzes[2)] die Passbehörde ein.

(2) Die Anfertigung des Lichtbilds mit einem eigenen Lichtbildaufnahmegerät ist nur zulässig, wenn das Lichtbildaufnahmegerät als Systemkomponente zertifiziert worden ist.

(3) [1] Das nach Absatz 1 gefertigte Lichtbild ist unverzüglich vom Lichtbildaufnahmegerät zu löschen, wenn es durch die Passbehörde abgerufen wurde. [2] Wird das gefertigte Lichtbild nicht sofort durch die Passbehörde abgerufen, so ist dieses bis zum Abruf zu speichern, längstens jedoch für 96 Stunden nach dessen Anfertigung.

Abschnitt 3.[3)] Übermittlung der Passantragsdaten

§ 10[3)] Qualitätssicherung. Die Passbehörde hat durch geeignete technische und organisatorische Maßnahmen die erforderliche Qualität der Erfassung des Lichtbildes und der Fingerabdrücke sicherzustellen.

§ 11[3)] Übermittlung der Daten an den Passhersteller. (1) [1] Nach ihrer Erfassung werden sämtliche Passantragsdaten in den Passbehörden zu einem digitalen Datensatz zusammengeführt und an den Passhersteller übermittelt. [2] Die Datenübermittlung umfasst unter anderem auch die Qualitätswerte zu den erhobenen Fingerabdrücken und zu den Lichtbildern, die Behördenkennzahl, die Versionsnummern der Qualitätssicherungssoftware und der Sollwerte, den Zeitstempel des Passantrags sowie die Speichergröße der kodierten biometrischen Daten. [3] Die Datenübermittlung erfolgt durch Datenübertragung über verwaltungseigene Kommunikationsnetze oder über das Internet. [4] Sie erfolgt unmittelbar zwischen Passbehörde und Passhersteller oder über Vermittlungsstellen. [5] Die zu übermittelnden Daten sind elektronisch zu signieren und zu verschlüsseln.

(2) [1] Zum Signieren und Verschlüsseln der nach Absatz 1 zu übermittelnden Daten sind gültige Zertifikate gemäß den Anforderungen der vom Bundesamt für Sicherheit in der Informationstechnik erstellten Sicherheitsleitlinien der Wurzelzer-

---

[1)] Abschnitt 2 (§§ 4–9) eingef. mWv 7.2.2026 durch VO v. 30.1.2026 (BGBl. 2026 I Nr. 31).
[2)] Nr. **250**.
[3)] Abschnitt 3 (§§ 10–12) eingef. mWv 7.2.2026 durch VO v. 30.1.2026 (BGBl. 2026 I Nr. 31).

tifizierungsinstanz der Verwaltung zu nutzen. [2]Diese sind auf der Internetseite des Bundesamtes für Sicherheit in der Informationstechnik veröffentlicht und können dort auf Anfrage bezogen werden. [3]Der Passhersteller hat geeignete technische und organisatorische Regelungen zu treffen, die eine Weiterverarbeitung von ungültig signierten Antragsdaten ausschließen.

(3) [1]Die Datenübertragung nach Absatz 1 Satz 3 erfolgt unter Verwendung eines XML-basierten Datenaustauschformats (XhD) und auf der Grundlage des Datenübermittlungsprotokolls OSCI-Transport, das in der vom Bundesamt für Sicherheit in der Informationstechnik festgelegten Fassung zu verwenden ist, die im Bundesanzeiger bekannt gemacht ist. [2]Das Auswärtige Amt kann für die Datenübertragung an den Passhersteller als Übermittlungsprotokoll auch WSDL/SOAP verwenden. [3]Die Datenübertragung zwischen den Stellen, die nach § 19 Absatz 2 des Passgesetzes[1)] für Passangelegenheiten im Ausland zuständig sind, und dem Auswärtigen Amt muss hinsichtlich Datensicherheit und Datenschutz ein den Anforderungen der Verordnung entsprechendes Niveau aufweisen. [4]Zu Testzwecken kann nach Genehmigung durch das Bundesministerium des Innern von den Vorgaben für das Datenaustauschformat nach Satz 1 abgewichen werden.

(4) [1]XhD ist ein auf XML basierendes Datenaustauschformat für Dokumentendaten und dokumentenabhängige Geschäftsprozesse in Nachrichten zwischen den Passbehörden und dem Passhersteller. [2]OSCI- Transport ist der am 6. Juni 2002 vom Kooperationsausschuss ADV Bund/Länder/Kommunaler Bereich herausgegebene Standard für ein Datenübermittlungsprotokoll. [3]Hinsichtlich des Standards OSCI-Transport gilt § 3 Absatz 4 und 5 der Ersten Bundesmeldedatenübermittlungsverordnung entsprechend.

(5) [1]Vor der Übermittlung der Passantragsdaten hinterlegen Passbehörden und Passhersteller alle für eine elektronische und automatisierte Kommunikation benötigten technischen Verbindungsparameter im Deutschen Verwaltungsdiensteverzeichnis, insbesondere die dafür erforderlichen Zertifikate. [2]Der Passhersteller nutzt eine Funktionalität des Deutschen Verwaltungsdiensteverzeichnisses, um die Passbehörde als eine solche zu verifizieren. [3]Das Auswärtige Amt kann die benötigten technischen Verbindungsparameter und die damit verbundenen erforderlichen Zertifikate technisch unabhängig vom Deutschen Verwaltungsdiensteverzeichnis lösen. [4]Die Lösung muss hinsichtlich Datensicherheit und Datenschutz ein den Anforderungen dieser Verordnung entsprechendes Niveau aufweisen.

(6) [1]Soweit die Datenübermittlung über Vermittlungsstellen erfolgt, gelten die Absätze 1 bis 5 für die Datenübermittlung zwischen Vermittlungsstelle und Passhersteller entsprechend. [2]Die Datenübermittlung zwischen Passbehörde und Vermittlungsstelle muss hinsichtlich Datensicherheit und Datenschutz ein den Anforderungen der Verordnung entsprechendes Niveau aufweisen. [3]Die Einzelheiten richten sich nach dem jeweiligen Landesrecht.

§ 12[2)] Qualitätsstatistik. [1]Der Passhersteller erstellt eine Qualitätsstatistik. [2]Sie enthält anonymisierte Qualitätswerte zu Lichtbildern und Fingerabdrücken, die sowohl in der Passbehörde als auch beim Passhersteller ermittelt und vom Passhersteller ausgewertet werden. [3]Der Passhersteller stellt die Ergebnisse der Auswertung und auf Verlangen die in der Statistik erfassten anonymisierten Einzeldaten dem Bundesministerium des Innern und dem Bundesamt für Sicherheit in der Informationstechnik zur Verfügung.

---

1) Nr. **250**.

2) Abschnitt 3 (§§ 10–12) eingef. mWv 7.2.2026 durch VO v. 30.1.2026 (BGBl. 2026 I Nr. 31).

Abschnitt 4.[1] Passmuster; Ausgabe und Versand des Passes

§ 13[2] Muster des Reisepasses; Änderung von Daten. (1) [1] Der Reisepass der Bundesrepublik Deutschland ist nach dem in der Anlage 2 oder Anlage 2a abgedruckten Muster auszustellen. [2] Für die einzutragenden Daten gelten die formalen Anforderungen der Anlage 11.

(2) Zur Änderung des Wohnortes kann ein Änderungsaufkleber nach dem in der Anlage 2b abgedruckten Muster verwendet werden.

(3) [1] Hat der Passinhaber eine elektronische Anmeldung nach § 23a des Bundesmeldegesetzes[3] durchgeführt, wird ein Aufkleber nach Anlage 2c mit dem neuen Wohnort durch die Passbehörde auf dem Postweg an die Zuzugsanschrift der antragstellenden Person versendet. [2] Der Passinhaber hat den Aufkleber unverzüglich nach Erhalt auf dem Pass auf dem für den Wohnort vorgesehenen Feld anzubringen.

(4) Zur Eintragung amtlicher Vermerke kann ein Änderungsaufkleber nach dem in der Anlage 2d abgedruckten Muster verwendet werden.

§ 14[4] Muster des vorläufigen Reisepasses; Änderung von Daten. (1) [1] Der vorläufige Reisepass der Bundesrepublik Deutschland ist nach dem in der Anlage 3 abgedruckten Muster auszustellen. [2] Für die einzutragenden Daten gelten die formalen Anforderungen der Anlage 11.

(2) Zur Eintragung amtlicher Vermerke kann ein Änderungsaufkleber nach dem in der Anlage 2d abgedruckten Muster verwendet werden.

§ 15[5] Muster des amtlichen Passes; Änderung von Daten. (1) Der Dienstpass der Bundesrepublik Deutschland ist nach dem in der Anlage 4 abgedruckten Muster auszustellen.

(2) Der Diplomatenpass der Bundesrepublik Deutschland ist nach dem in der Anlage 5 abgedruckten Muster auszustellen.

(3) Der vorläufige Dienstpass der Bundesrepublik Deutschland ist nach dem in der Anlage 6 abgedruckten Muster auszustellen.

(4) Der vorläufige Diplomatenpass der Bundesrepublik Deutschland ist nach dem in der Anlage 7 abgedruckten Muster auszustellen.

(5) [1] Für die einzutragenden Daten gelten die formalen Anforderungen der Anlage 11. [2] Für die Änderung des Dienstortes und der Dienstbezeichnung kann ein Änderungsaufkleber nach dem in der Anlage 7a abgedruckten Muster verwendet werden.

---

[1] Früheres Kapitel 1 Überschrift geänd. mWv 1.11.2024 durch VO v. 30.10.2023 (BGBl. 2023 I Nr. 290); bish. Kapitel 1 wird Abschnitt 4 und Überschrift neu gef. mWv 7.2.2026 durch VO v. 30.1.2026 (BGBl. 2026 I Nr. 31).

[2] Früherer § 1 neu gef. mWv 1.9.2021 durch VO v. 20.8.2021 (BGBl. I S. 3682); bish. § 1 wird § 13 und Abs. 1 Satz 1 sowie Abs. 2–4 geänd. mWv 7.2.2026 durch VO v. 30.1.2026 (BGBl. 2026 I Nr. 31).

[3] Nr. **256**.

[4] Früherer § 3 neu gef. mWv 1.9.2021 durch VO v. 20.8.2021 (BGBl. I S. 3682); früherer § 2 aufgeh., früherer § 3 wird § 2 mWv 1.1.2024 durch VO v. 30.10.2023 (BGBl. 2023 I Nr. 290); bish. § 2 wird § 14 *und Abs. 2 geänd. mWv* 7.2.2026 durch VO v. 30.1.2026 (BGBl. 2026 I Nr. 31).

[5] Früherer § 4 Abs. 5 angef. mWv 1.11.2010 durch VO v. 25.10.2010 (BGBl. I S. 1440); Überschrift neu gef. mWv 1.9.2021 durch VO v. 20.8.2021 (BGBl. I S. 3682); früherer § 4 wird § 3 mWv 1.1.2024 durch VO v. 30.10.2023 (BGBl. 2023 I Nr. 290); bish. § 3 wird § 15 mWv 7.2.2026 durch VO v. 30.1.2026 (BGBl. 2026 I Nr. 31).

§ 16[1] Lichtbild. (1) Ein Lichtbild, das gemäß § 6 Absatz 2 Satz 3 des Passgesetzes[2] gefertigt wird, muss aktuell sein und den Vorgaben der Technischen Richtlinie TR-03121 des Bundesamtes für Sicherheit in der Informationstechnik in der jeweils geltenden Fassung entsprechen.

(2) [1] Das Lichtbild muss die Person in einer Frontalaufnahme, ohne Kopfbedeckung und ohne Bedeckung der Augen sowie ohne Uniformteile zeigen. [2] Im Übrigen muss das Lichtbild den Anforderungen der Anlage 8 entsprechen. [3] Die Passbehörde kann vom Gebot der fehlenden Kopfbedeckung insbesondere aus religiösen Gründen, von den übrigen Anforderungen aus medizinischen Gründen, die nicht nur vorübergehender Art sind, Ausnahmen zulassen. [4] Weitere zulässige Abweichungen bei Lichtbildern von Kindern regelt Anlage 8.

(3) [1] Abweichend von Absatz 1 kann für einen Pass, der im Ausland bei der Passbehörde nach § 19 Absatz 2 des Passgesetzes beantragt wird, auch ein aktuelles Lichtbild in der Größe von 45 Millimeter x 35 Millimeter im Hochformat und ohne Rand vorgelegt werden, sofern die elektronische Fertigung durch Geräte der Behörde zur Lichtbildaufnahme nicht möglich ist. [2] In diesem Fall trägt die Passbehörde im Passregister als lichtbildaufnehmende Stelle nach § 21 Absatz 2 Nummer 16 des Passgesetzes „nicht verifizierbar" ein.

§ 17[3] Ausgabe und Versand des Passes. (1) Der Pass wird von der Passbehörde an die antragstellende Person, an eine andere nach § 6 Absatz 1 des Passgesetzes[2] berechtigte Person oder an eine von der antragstellenden Person bevollmächtigte Person ausgegeben.

(2) [1] Der Pass wird durch den Passhersteller auf dem Postweg an die zustellfähige inländische Meldeadresse der antragstellenden Person versendet, wenn sie einen gültigen Lichtbildausweis einer Behörde oder einer öffentlich-rechtlichen Körperschaft besitzt, der eine einwandfreie Feststellung ihrer Identität zulässt, und sie gegenüber der Passbehörde im Inland in dieses Verfahren eingewilligt hat. [2] Ein Versand nach Satz 1 ist ausgeschlossen, wenn keine zustellfähige inländische Meldeadresse vorhanden ist. [3] Der bisherige Pass ist bei der Beantragung zu entwerten, es sei denn, er enthält zu diesem Zeitpunkt noch gültige Sichtvermerke anderer Staaten. [4] Der Zusteller hat vor der Übergabe die Identität der antragstellenden Person durch Vorlage eines in Satz 1 genannten Lichtbildausweises zu überprüfen. [5] Der Passhersteller informiert die Passbehörde über die erfolgte Übergabe des Passes an die antragstellende Person.

(3) [1] Die antragstellende Person soll bei einem Verfahren nach Absatz 2 der Passbehörde eine E-Mail-Adresse mitteilen, sofern eine solche der Passbehörde noch nicht vorliegt. [2] Die Passbehörde übermittelt diese E-Mail-Adresse an den Passhersteller, damit dieser die E-Mail-Adresse dem Zusteller übermittelt. [3] Der Zusteller kündigt in diesem Fall der antragstellenden Person den Zeitraum der Übergabe durch Versand einer E-Mail an die hinterlegte E-Mail-Adresse an. [4] Die Ankündigung darf ausschließlich die Anrede, den Hinweis auf die bevorstehende Zustellung des Passes, den voraussichtlichen Zustellzeitpunkt sowie die Modalitäten der Zustellung nach Absatz 2 Satz 4 enthalten. [5] Die E-Mail-Adresse darf nur für die Zwecke verwendet werden, für die sie gespeichert wurde, und ist bei der Pass-

[1] Früherer § 4 neu gef. mWv 1.5.2025 durch VO v. 30.10.2023 (BGBl. 2023 I Nr. 290); bish. § 4 wird § 16 und Abs. 2 Satz 1 sowie Abs. 3 neu gef. mWv 7.2.2026 durch VO v. 30.1.2026 (BGBl. 2026 I Nr. 31).

[2] Nr. **250**.

[3] Bish. § 5 eingef. mWv 1.11.2024 durch VO v. 30.10.2023 (BGBl. 2023 I Nr. 290); bish. § 5 wird § 17 mWv 7.2.2026 durch VO v. 30.1.2026 (BGBl. 2026 I Nr. 31).

behörde, beim Passhersteller und beim Zusteller unverzüglich nach der Übergabe des Passes an die antragstellende Person zu löschen, sofern sie ausschließlich für das Verfahren nach Absatz 2 gespeichert wurde. [6] Erfolgt eine Übergabe nicht, so findet Satz 5 mit der Maßgabe Anwendung, dass der Passhersteller und der Zusteller die E-Mail-Adresse unverzüglich nach der Hinterlegung des Passes bei der zuständigen Passbehörde, die Passbehörde diese unverzüglich nach der Ausgabe des Passes an die antragstellende Person zu löschen haben.

(4) [1] Abweichend von Absatz 2 darf die Passbehörde im Ausland Pässe auch auf dem Postweg versenden, ohne dass der Zusteller die antragstellende Person identifiziert, sofern die Abholung des Passes für die antragstellende Person nur unter unzumutbaren Umständen möglich wäre und der Wohnort in einem Staat liegt, in dem eine hinreichende Gewähr für eine ordnungsgemäße Übergabe besteht. [2] Als unzustellbar zurückgesandte Pässe gibt die Passbehörde nach Maßgabe von Absatz 1 an die antragstellende Person aus.

Abschnitt 5.[1)] Befreiung von der Passpflicht und Passersatzpapiere

§ 18[2)] Befreiung von der Passpflicht. Von der Passpflicht sind befreit:

1. Deutsche als Besatzungsmitglieder und Reisende auf Schiffen der See- und Küstenschifffahrt, auf Fischerei-, Sport- und anderen Wasserfahrzeugen, wenn weder ein ausländischer Hafen angelaufen noch auf andere Weise Landverbindung mit dem Ausland aufgenommen wird;
2. deutsche Seelotsen im Sinne des § 1 des Seelotsengesetzes in Ausübung ihres Berufes, die sich durch amtliche Papiere über ihre Person und ihre Eigenschaft als Seelotse ausweisen;
3. Deutsche, die auf Grund zwischenstaatlicher Vereinbarungen von der Passpflicht befreit sind;
4. Deutsche, die bei Unglücks- oder Katastrophenfällen Hilfe leisten oder in Anspruch nehmen wollen;
5. Deutsche, die zum Flug- oder Begleitpersonal von Rettungsflügen gehören.

§ 19[3)] Passersatz. (1) Als Passersatz für Deutsche sind zugelassen:

1. Personalausweise und vorläufige Personalausweise;
2. Ausweise für Binnenschiffer und deren Familienangehörige für die Flussschifffahrt auf der Donau;
3. *(aufgehoben)*
4. Ausweise, die auf Grund des Europäischen Übereinkommens über die Regelung des Personenverkehrs zwischen den Mitgliedstaaten des Europarates vom 13. Dezember 1957 (BGBl. 1959 II S. 389) in der Fassung der Bekanntmachung vom 5. Dezember 2000 (BGBl. 2000 II S. 1571) zum Grenzübertritt berechtigen;
5. Ausweise für Abgeordnete der Parlamentarischen Versammlung des Europarates und Ausweise für Mitglieder und Bedienstete der Organe der Europäischen Gemeinschaften;

---

1) *Bish. Kapitel 2 wird Abschnitt 5 und* Überschrift neu gef. mWv 7.2.2026 durch VO v. 30.1.2026 (BGBl. 2026 I Nr. 31).

2) Bish. § 6 wird § 18 mWv 7.2.2026 durch VO v. 30.1.2026 (BGBl. 2026 I Nr. 31).

3) Früherer § 7 Abs. 1 Nr. 3 aufgeh. mWv 1.1.2021 durch VO v. 15.10.2020 (BGBl. I S. 2199); bish. § 7 wird § 19 mWv 7.2.2026 durch VO v. 30.1.2026 (BGBl. 2026 I Nr. 31).

6. Ausweise, die auf Grund zwischenstaatlicher Vereinbarungen zum Grenzübertritt berechtigen;
7. Ausweise, die von den Behörden und Dienststellen ausgestellt werden, die für die polizeiliche Kontrolle des grenzüberschreitenden Verkehrs zuständig sind;
8. Ausweise, die ausschließlich zur Einreise in die Bundesrepublik Deutschland berechtigen;
9. Rückkehrausweise, die im Falle des Verlustes von Pässen zum Zwecke der Wiedereinreise in das Gebiet der Europäischen Union von einer Auslandsvertretung eines anderen Mitgliedstaates der Europäischen Union ausgestellt werden, wenn keine deutsche Auslandsvertretung vor Ort existiert.

(2) Ein nach Absatz 1 zugelassener Passersatz gilt für alle Länder, sofern sich aus dem Passersatz, aus Rechtsvorschriften oder aus zwischenstaatlichen Vereinbarungen keine Beschränkung des Geltungsbereichs ergibt.

(3) Wer mit einem nach Absatz 1 zugelassenen Passersatz über eine Auslandsgrenze aus dem Geltungsbereich dieser Verordnung ausreist oder in ihn einreist, ist verpflichtet, den Passersatz mitzuführen und sich damit auszuweisen.

(4) Für Deutsche, die aus dem Ausland in das Gebiet der Bundesrepublik Deutschland ausgewiesen, abgeschoben, zurückgewiesen oder übernommen werden, gelten – sofern dies nach den bestehenden zwischenstaatlichen Vereinbarungen nicht formlos zu geschehen hat – die für diesen Zweck ausgestellten Bescheinigungen als Passersatz.

§ 20[1)] Muster der amtlichen Ausweise als Passersatz. (1) Der Ausweis, der von den für die polizeiliche Kontrolle des grenzüberschreitenden Verkehrs zuständigen Behörden und Dienststellen ausgestellt wird (§ 19 Absatz 1 Nummer 7), ist nach dem in der Anlage 9 abgedruckten Muster auszustellen.

(2) Der Ausweis, der ausschließlich zur Einreise in die Bundesrepublik Deutschland berechtigt (§ 19 Absatz 1 Nummer 8), ist nach dem in der Anlage 10 abgedruckten Muster auszustellen.

§ 21[2)] Lichtbilder für den Passersatz. [1]Sofern auf einem Passersatz die Anbringung eines Lichtbilds vorgesehen ist, ist der Passbehörde ein aktuelles Lichtbild ohne Rand vorzulegen, das 45 Millimeter hoch und 35 Millimeter breit ist. [2]§ 16 Absatz 2 gilt entsprechend.

§ 22[3)] Gültigkeitsdauer des Passersatzes. [1]Die Gültigkeitsdauer

1. eines Ausweises, der von den für die polizeiliche Kontrolle des grenzüberschreitenden Verkehrs zuständigen Behörden und Dienststellen ausgestellt wird (§ 19 Absatz 1 Nummer 7), oder
2. eines Ausweises, der ausschließlich zur Einreise in die Bundesrepublik Deutschland berechtigt (§ 19 Absatz 1 Nummer 8),

ist nach der Dauer der beabsichtigten Reise zu bemessen. [2]Ein Ausweis nach Nummer 1 darf nicht länger als drei Monate, ein Ausweis nach Nummer 2 nicht länger als einen Monat gültig sein.

[1)] Bish. § 8 wird § 20 sowie Abs. 1 und 2 geänd. mWv 7.2.2026 durch VO v. 30.1.2026 (BGBl. 2026 I Nr. 31).

[2)] Bish. § 9 wird § 21 und neu gef. mWv 7.2.2026 durch VO v. 30.1.2026 (BGBl. 2026 I Nr. 31).

[3)] Bish. § 10 wird § 22 sowie Satz 1 Nr. 1 und 2 geänd. mWv 7.2.2026 durch VO v. 30.1.2026 (BGBl. 2026 I Nr. 31).

§ 23[1)] Andere Regelungen für einen Passersatz. Die in anderen Rechtsvorschriften oder in zwischenstaatlichen Vereinbarungen festgelegten Muster amtlicher Ausweise als Passersatz sowie die dort getroffenen Regelungen über Lichtbilder und Gültigkeitsdauer bleiben von dieser Rechtsverordnung unberührt.

Abschnitt 6.[2)] Amtliche Pässe

§ 24 Ausstellung. (1) [1] Ein amtlicher Pass wird vom Auswärtigen Amt zur Wahrnehmung dienstlicher Aufgaben oder in den Fällen des § 1 Absatz 4 Satz 2 des Passgesetzes[3)] ausgestellt. [2] Ein Anspruch auf Ausstellung eines amtlichen Passes besteht nicht. [3] Eine Änderung des amtlichen Passes durch eine andere Behörde ist nicht zulässig.

(2) [1] Das Auswärtige Amt kann das persönliche Erscheinen des Passbewerbers verlangen. [2] Von diesem Verlangen kann Abstand genommen werden, wenn die Behörde, in deren Auftrag die dienstliche Aufgabe wahrgenommen wird, die für die Passausstellung erforderlichen Unterlagen einschließlich des Lichtbildes und der Fingerabdrücke übermittelt.

§ 25[4)] Gültigkeitsdauer. (1) [1] Die Gültigkeitsdauer eines amtlichen Passes ist nach der Dauer der dienstlichen Aufgabe oder des amtlichen Auftrags im Sinne des § 1 Absatz 4 Satz 2 des Passgesetzes[3)] zu bemessen. [2] Dabei darf eine Gültigkeitsdauer von zehn Jahren nicht überschritten werden.

(2) Ein vorläufiger Dienstpass oder ein vorläufiger Diplomatenpass wird für eine Gültigkeitsdauer von bis zu einem Jahr ausgestellt.

(3) Eine Verlängerung der Gültigkeitsdauer ist nicht zulässig.

§ 26[5)] Rückgabe. (1) Ein amtlicher Pass ist dem Auswärtigen Amt unverzüglich zurückzugeben, wenn

1. der Pass ungültig ist,
2. die dienstliche Aufgabe oder der amtliche Auftrag, für die er ausgestellt ist, erledigt ist,
3. der Passinhaber aus dem Dienst ausscheidet oder
4. das Auswärtige Amt oder die Behörde, in deren Auftrag die dienstliche Aufgabe wahrgenommen wird, den Passinhaber dazu auffordert.

(2) Das Auswärtige Amt kann abweichend von Absatz 1 Ausnahmen zulassen, wenn ein besonderes Interesse der Bundesrepublik Deutschland an der Belassung des amtlichen Passes vorliegt.

Anlagen 1–11
(Anlagen hier nicht abgedruckt)

[1)] Bish. § 11 wird § 23 mWv 7.2.2026 durch VO v. 30.1.2026 (BGBl. 2026 I Nr. 31).

[2)] Bish. Kapitel 3 wird Abschnitt 6 und Überschrift neu gef. mWv 7.2.2026 durch VO v. 30.1.2026 (BGBl. 2026 I Nr. 31).

[3)] Nr. **250**.

[4)] Bish. § 13 wird § 25 und Abs. 1 Satz 1 geänd. mWv 7.2.2026 durch VO v. 30.1.2026 (BGBl. 2026 I Nr. 31).

[5)] Bish. § 14 wird § 26 mWv 7.2.2026 durch VO v. 30.1.2026 (BGBl. 2026 I Nr. 31).

255. Gesetz über Personalausweise und den elektronischen Identitätsnachweis (Personalausweisgesetz – PAuswG)[1) 2)]

Vom 18. Juni 2009
(BGBl. I S. 1346)

FNA 210-6

geänd. durch Art. 4 G zur Optimierung der Geldwäscheprävention v. 22.12.2011 (BGBl. I S. 2959), Art. 2 Abs. 5 G zur Fortentwicklung des Meldewesens v. 3.5.2013 (BGBl. I S. 1084, geänd. durch G v. 20.11. 2014, BGBl. I S. 1738), Art. 9 G zur Förderung der elektronischen Verwaltung sowie zur Änd. weiterer Vorschriften v. 25.7.2013 (BGBl. I S. 2749), Art. 2 Abs. 13, Art. 4 Abs. 1 G zur Strukturreform des Gebührenrechts des Bundes v. 7.8.2013 (BGBl. I S. 3154, Art. 4 Abs. 1 dieses G aufgeh. durch Art. 2 G v. 18.7.2016, BGBl. I S. 1666), Art. 1 G zur Änd. des PersonalausweisG zur Einführung eines Ersatz-Personalausweises und zur Änd. des PassG v. 20.6.2015 (BGBl. I S. 970), Art. 4 Abs. 1 G zur Aktualisierung der Strukturreform des Gebührenrechts des Bundes v. 18.7.2016 (BGBl. I S. 1666), Art. 6 G zu bereichsspezifischen Regelungen der Gesichtsverhüllung und zur Änd. weiterer dienstrechtlicher Vorschriften v. 8.6.2017 (BGBl. I S. 1570), Art. 1, 2 G zur Förderung des elektronischen Identitätsnachweises v. 7.7.2017 (BGBl. I S. 2310), Art. 4 eIDAS-DurchführungsG v. 18.7.2017 (BGBl. I S. 2745), Art. 2, 3 G zur Einführung einer Karte für Unionsbürger und Angehörige des Europäischen Wirtschaftsraums mit Funktion zum elektronischen Identitätsnachweis sowie zur Änd. des PersonalausweisG und weiterer Vorschriften v. 21.6.2019 (BGBl. I S. 846), Art. 80 Elfte ZuständigkeitsanpassungsVO v. 19.6.2020 (BGBl. I S. 1328), Art. 2, 11, 13 G zur Stärkung der Sicherheit im Pass-, Ausweis- und ausländerrechtlichen Dokumentenwesen v. 3.12.2020 (BGBl. I S. 2744), Art. 2 Zweites G zur Änd. des BundesmeldeG v. 15.1.2021 (BGBl. I S. 530), Art. 8 RegistermodernisierungsG v. 28.3.2021 (BGBl. I S. 591; 2025 I Nr. 137), Art. 2 G zur Einführung eines elektronischen Identitätsnachweises mit einem mobilen Endgerät v. 5.7.2021 (BGBl. I S. 2281), Art. 2 G zur Modernisierung des Pass-, des Ausweis- und des ausländerrechtlichen Dokumentenwesens v. 8.10.2023 (BGBl. 2023 I Nr. 271, geänd. durch G v. 23.10.2024, BGBl. 2024 I Nr. 322), Art. 3 Abs. 2 Staatsangehörigkeitsrecht-ModernisierungsG v. 22.3.2024 (BGBl. 2024 I Nr. 104), Art. 8e OZG-ÄnderungsG v. 19.7.2024 (BGBl. 2024 I Nr. 245), Art. 5 G zur Korrektur schwebender Änderungen im PassG, im PersonalausweisG und im eID-Karte-G v. 23.10.2024 (BGBl. 2024 I Nr. 322) und Art. 8 Viertes BürokratieentlastungsG v. 23.10.2024 (BGBl. 2024 I Nr. 323)

Inhaltsübersicht[3)]

[1)] Verkündet als Art. 1 G über Personalausweise und den elektronischen Identitätsnachweis sowie zur Änderung weiterer Vorschriften v. 18.6.2009 (GVBl. S. 1346); Inkrafttreten gem. Art. 7 dieses G am 1.11. 2010.

[2)] Die Änderungen durch G v. 28.3.2021 (BGBl. I S. 591) treten teilweise erst **mit noch unbestimmtem Datum** in Kraft und sind insoweit im Text noch nicht berücksichtigt.

[3)] Inhaltsübersicht geänd. mWv 30.6.2015 durch G v. 20.6.2015 (BGBl. I S. 970); geänd. mWv 15.7. 2017 durch G v. 7.7.2017 (BGBl. I S. 2310); geänd. mWv 1.7.2021 durch G v. 15.1.2021 (BGBl. I S. 530); geänd. mWv 1.9.2021 durch G v. 5.7.2021 (BGBl. I S. 2281); geänd. mWv 13.10.2023 durch G v. 8.10. 2023 (BGBl. 2023 I Nr. 271); geänd. mWv 30.10.2024 durch G v. 23.10.2024 (BGBl. 2024 I Nr. 323).

Abschnitt 1. Allgemeine Vorschriften

§ 1[1)] Ausweispflicht; Ausweisrecht. (1) [1]Deutsche im Sinne des Artikels 116 Abs. 1 des Grundgesetzes[2)] sind verpflichtet, einen gültigen Ausweis zu besitzen, sobald sie 16 Jahre alt sind und der allgemeinen Meldepflicht unterliegen oder, ohne ihr zu unterliegen, sich überwiegend in Deutschland aufhalten. [2]Sie müssen ihn auf Verlangen einer zur Feststellung der Identität berechtigten Behörde vorlegen und es ihr ermöglichen, ihr Gesicht mit dem Lichtbild des Ausweises abzugleichen. [3]Vom Ausweisinhaber darf nicht verlangt werden, den Personalaus-

---

[1)] *§ 1 Abs. 2 Satz 1 geänd.* mWv 1.11.2015 durch G v. 3.5.2013 (BGBl. I S. 1084, geänd. durch G v. 20.11.2014, BGBl. I S. 1738); Abs. 1 Satz 2 geänd., Abs. 2 Satz 3 neu gef. mWv 15.6.2017 durch G v. 8.6. 2017 (BGBl. I S. 1570); Abs. 1 Satz 1 geänd. mWv 15.7.2017 durch G v. 7.7.2017 (BGBl. I S. 2310); Abs. 2 Satz 2 geänd. mWv 12.12.2020 durch G v. 3.12.2020 (BGBl. I S. 2744).

[2)] Nr. 1.

weis zu hinterlegen oder in sonstiger Weise den Gewahrsam aufzugeben. [4] Dies gilt nicht für zur Identitätsfeststellung berechtigte Behörden sowie in den Fällen der Einziehung und Sicherstellung.

(2) [1] Die Ausweispflicht gilt auch für Personen, die als Binnenschiffer oder Seeleute nach dem Bundesmeldegesetz[1)] einer besonderen Meldepflicht unterliegen. [2] Sie gilt nicht für Personen, gegen die eine Freiheitsstrafe vollzogen wird, wenn deren Vollzug noch länger als drei Monate andauert. [3] Die Ausweispflicht nach Absatz 1 Satz 1 und 2 erfüllt auch, wer einen gültigen Pass im Sinne des § 1 Absatz 2 des Passgesetzes[2)] besitzt, ihn auf Verlangen vorlegt und den Lichtbildabgleich ermöglicht.

(3) Die zuständige Personalausweisbehörde nach § 7 Abs. 1 und 2 kann Personen von der Ausweispflicht befreien,

1. für die ein Betreuer oder eine Betreuerin nicht nur durch einstweilige Anordnung bestellt ist oder die handlungs- oder einwilligungsunfähig sind und von einem oder von einer mit öffentlich beglaubigter Vollmacht Bevollmächtigten vertreten werden,
2. die voraussichtlich dauerhaft in einem Krankenhaus, einem Pflegeheim oder einer ähnlichen Einrichtung untergebracht sind oder
3. die sich wegen einer dauerhaften Behinderung nicht allein in der Öffentlichkeit bewegen können.

(4) Auf Antrag ist ein Ausweis auch auszustellen, wenn Personen

1. noch nicht 16 Jahre alt sind oder
2. Deutsche im Sinne des Artikels 116 Abs. 1 des Grundgesetzes sind, die der Meldepflicht deswegen nicht unterliegen, weil sie keine Wohnung in Deutschland haben.

§ 2[3)] Begriffsbestimmungen. (1) Ausweise im Sinne dieses Gesetzes sind der Personalausweis, der vorläufige Personalausweis und der Ersatz-Personalausweis.

(2) Zur Identitätsfeststellung berechtigte Behörden im Sinne dieses Gesetzes sind öffentliche Stellen, die befugt sind, zur Erfüllung ihrer gesetzlichen Aufgaben als hoheitliche Maßnahme die Identität von Personen festzustellen.

(3) Diensteanbieter sind natürliche und juristische Personen, die zur Wahrnehmung von Aufgaben der öffentlichen Verwaltung oder zur Erfüllung eigener Geschäftszwecke den Nachweis der Identität oder einzelner Identitätsmerkmale des Ausweisinhabers benötigen und ihren Wohn-, Geschäfts- oder Dienstsitz innerhalb der Europäischen Union sowie in Staaten, in denen ein vergleichbarer Datenschutzstandard besteht, haben.

(3a) Identifizierungsdiensteanbieter sind Diensteanbieter, deren Dienst darin besteht, für einen Dritten eine einzelfallbezogene Identifizierungsdienstleistung mittels des elektronischen Identitätsnachweises nach § 18 zu erbringen.

[1)] Nr. **256**.

[2)] Nr. **250**.

[3)] § 2 Abs. 6a eingef. mWv 1.8.2013 durch G v. 25.7.2013 (BGBl. I S. 2749); Abs. 1 und 8 Satz 3 geänd. mWv 30.6.2015 durch G v. 20.6.2015 (BGBl. I S. 970); Abs. 3a eingef., Abs. 6 neu gef. mWv 15.7.2017 durch G v. 7.7.2017 (BGBl. I S. 2310); Abs. 3 geänd., Abs. 4 Satz 4 angef. mWv 5.8.2019 durch G v. 21.6.2019 (BGBl. I S. 846); Abs. 4 Sätze 2–4 aufgeh. mWv 1.7.2021 durch G v. 15.1.2021 (BGBl. I S. 530); Abs. 5–7 neu gef., Abs. 10 geänd., Abs. 13 angef. mWv 1.9.2021 durch G v. 5.7.2021 (BGBl. I S. 2281).

(4) Ein Berechtigungszertifikat ist eine elektronische Bescheinigung, die es einem Diensteanbieter ermöglicht,

1. seine Identität dem Personalausweisinhaber nachzuweisen und
2. die Übermittlung personen- und ausweisbezogener Daten aus dem Personalausweis anzufragen.

(5) [1] Ein dienste- und kartenspezifisches Kennzeichen ist eine Zeichenfolge, die im Speicher- und Verarbeitungsmedium des Personalausweises oder eines mobilen Endgeräts berechnet wird. [2] Es dient der eindeutigen elektronischen Wiedererkennung eines elektronischen Identitätsnachweises mit dem Personalausweis oder mit einem mobilen Endgerät durch den Diensteanbieter, für den es errechnet wurde, ohne dass weitere personenbezogene Daten übermittelt werden müssen.

(6) Das Sperrkennwort ist eine Zeichenfolge, die ausschließlich der Sperrung eines elektronischen Identitätsnachweises dient.

(6a) [1] Die Sperrsumme ist ein eindeutiges Merkmal, das aus dem Sperrkennwort, dem Familiennamen, den Vornamen und dem Tag der Geburt eines Ausweisinhabers errechnet wird. [2] Es dient der Übermittlung einer Sperrung vom Sperrnotruf oder einer Personalausweisbehörde an den Sperrlistenbetreiber. [3] Mithilfe der Sperrsumme ermittelt der Sperrlistenbetreiber anhand der Referenzliste den Sperrschlüssel eines zu sperrenden elektronischen Identitätsnachweises.

(7) Sperrmerkmale eines elektronischen Identitätsnachweises mit dem Personalausweis oder mit einem mobilen Endgerät sind dienste- und kartenspezifische Zeichenfolgen, die ausschließlich der Erkennung abhandengekommener Personalausweise oder mobiler Endgeräte durch den Diensteanbieter dienen, für den sie errechnet wurden.

(8) [1] Jeder Ausweis erhält eine neue Seriennummer. [2] Die Seriennummer eines Personalausweises setzt sich aus einer vierstelligen Behördenkennzahl und einer fünfstelligen, zufällig vergebenen Nummer zusammen und kann Ziffern und Buchstaben enthalten. [3] Die Seriennummer des vorläufigen Personalausweises und des Ersatz-Personalausweises besteht aus einem Buchstaben und sieben Ziffern.

(9) Die Prüfziffern werden aus den Daten des maschinenlesbaren Bereichs errechnet und dienen zur Feststellung seiner Unversehrtheit.

(10) Die Geheimnummer besteht aus einer sechsstelligen Ziffernfolge und dient der Freigabe der Datenübermittlung aus dem Personalausweis oder aus einem mobilen Endgerät im Rahmen des elektronischen Identitätsnachweises.

(11) Die Zugangsnummer ist eine zufällig erzeugte, ausschließlich auf der Karte sichtbar aufgebrachte sechsstellige Ziffernfolge, die zur Absicherung gegen unberechtigten Zugriff auf die Kommunikation zwischen Personalausweis und Lesegeräten dient.

(12) Die Entsperrnummer ist eine zufällig erzeugte Ziffernfolge, die die Freischaltung der Geheimnummer ermöglicht, wenn diese nach dreimaliger Fehleingabe gesperrt worden ist.

(13) Im Sinne dieses Gesetzes ist ein mobiles Endgerät ein solches Gerät, das dem Stand der Technik entspricht, um einen elektronischen Identitätsnachweis nach § 18 Absatz 2 Satz 1 Nummer 2 durchführen zu können.

§ 3 Vorläufiger Personalausweis. (1) Macht die antragstellende Person glaubhaft, dass sie sofort einen Ausweis benötigt, ist ihr ein vorläufiger Personalausweis auszustellen.

(2) Hierfür sind ausschließlich die in § 7 Abs. 1 genannten Behörden zuständig.

§ 4[1)] Eigentum am Ausweis; Ausweishersteller; Vergabestelle für Berechtigungszertifikate. (1) Niemand darf mehr als einen auf seine Person ausgestellten gültigen Ausweis der Bundesrepublik Deutschland besitzen.

(2) Ausweise sind Eigentum der Bundesrepublik Deutschland.

(3) [1]Das Bundesministerium des Innern und für Heimat bestimmt

1. den Ausweishersteller,
2. den Lieferanten von Geräten zur Aufnahme und elektronischen Erfassung von Lichtbildern, sofern diese durch die Personalausweisbehörde gefertigt werden, und von Fingerabdrücken,
3. die Vergabestelle für Berechtigungszertifikate sowie
4. den Sperrlistenbetreiber

und macht deren Namen jeweils im Bundesanzeiger bekannt. [2]Dies gilt nicht für Geräte zur Aufnahme und elektronischen Erfassung von Lichtbildern nach Satz 1 Nummer 2, die im Rahmen einer Antragstellung beim Auswärtigen Amt gefertigt werden.

§ 5[2)] Ausweismuster; gespeicherte Daten. (1) Ausweise sind nach einheitlichen Mustern auszustellen.

(2) Der Personalausweis enthält neben der Angabe der ausstellenden Behörde, dem Tag der Ausstellung, dem letzten Tag der Gültigkeitsdauer, der Zugangsnummer und den in Absatz 4 Satz 2 genannten Daten ausschließlich folgende sichtbar aufgebrachte Angaben über den Ausweisinhaber:

1. Familienname und Geburtsname,
2. Vornamen,
3. Doktorgrad,
4. Tag und Ort der Geburt,
5. Lichtbild,
6. Unterschrift,
7. Größe,
8. Farbe der Augen,
9. Anschrift; hat der Ausweisinhaber keine Wohnung in Deutschland, kann die Angabe „keine Wohnung in Deutschland" eingetragen werden,
10. Staatsangehörigkeit,
11. Seriennummer und
12. Ordensname, Künstlername.

(3) Der vorläufige Personalausweis enthält die in Absatz 2 Nr. 1 bis 12 und die in Absatz 4 Satz 2 genannten Angaben sowie die Angabe der ausstellenden Behörde, den Tag der Ausstellung und den letzten Tag der Gültigkeitsdauer.

---

1) § 4 Abs. 3 geänd. mWv 27.6.2020 durch VO v. 19.6.2020 (BGBl. I S. 1328); Abs. 3 neu gef. mWv 12.12.2020 durch G v. 3.12.2020 (BGBl. I S. 2744); Abs. 3 Satz 1 einl. Satzteil geänd. mWv 13.10.2023 durch G v. 8.10.2023 (BGBl. 2023 I Nr. 271).

2) § 5 Abs. 3 geänd., Abs. 3a eingef., Abs. 4 Satz 2 Nr. 1 Buchst. a und b geänd., Buchst. c angef. mWv 30.6.2015 durch G v. 20.6.2015 (BGBl. I S. 970); Abs. 2 Nr. 9 geänd. mWv 15.5.2018 durch G v. 7.7.2017 (BGBl. I S. 2310); Abs. 2 Nr. 9 neu gef. mWv 1.11.2019 durch G v. 21.6.2019 (BGBl. I S. 846); Abs. 3a Satz 2 geänd. mWv 12.12.2020 und Abs. 4 Satz 2 Nr. 7a eingef., Abs. 9 Satz 1 neu gef. mWv 2.8.2021 durch G v. 3.12.2020 (BGBl. I S. 2744); Abs. 9 Satz 2 aufgeh., bish. Sätze 3 und 4 werden Sätze 2 und 3 mWv 2.8.2021 durch G v. 15.1.2021 (BGBl. I S. 530); Abs. 5 Nr. 1 neu gef., Nr. 1a eingef., Abs. 5a eingef., Abs. 10 geänd. mWv 1.9.2021 durch G v. 5.7.2021 (BGBl. I S. 2281); Abs. 4 Satz 3 geänd. mWv 13.10.2023 durch G v. 8.10.2023 (BGBl. 2023 I Nr. 271).

(3a) [1] Der Ersatz-Personalausweis enthält die in Absatz 2 Nummer 1 bis 12 und die in Absatz 4 Satz 2 genannten Angaben sowie die Angabe der ausstellenden Behörde, den Tag der Ausstellung, den letzten Tag der Gültigkeitsdauer und den Vermerk, dass der Ersatz-Personalausweis nicht zum Verlassen Deutschlands berechtigt. [2] Abweichend von Absatz 2 Nummer 9 ist die Eintragung „keine Wohnung in Deutschland" nicht zulässig.

(4) [1] Ausweise haben einen Bereich für das automatisierte Auslesen. [2] Dieser darf ausschließlich die folgenden sichtbar aufgedruckten Angaben enthalten:

1. Abkürzungen
   a) „IDD" für Personalausweis der Bundesrepublik Deutschland,
   b) „ITD" für vorläufigen Personalausweis der Bundesrepublik Deutschland oder
   c) „IXD" für Ersatz-Personalausweis der Bundesrepublik Deutschland,
2. Familienname,
3. Vornamen,
4. Seriennummer,
5. Abkürzung „D" für deutsche Staatsangehörigkeit,
6. Tag der Geburt,
7. letzter Tag der Gültigkeitsdauer,

7a. Versionsnummer des Ausweismusters,

8. Prüfziffern und
9. Leerstellen.

[3] Bei einer Identitätsüberprüfung nach § 16 darf auch die aufgedruckte Zugangsnummer automatisiert gelesen werden.

(5) Der Personalausweis enthält ein elektronisches Speicher- und Verarbeitungsmedium, auf dem folgende Daten gespeichert werden:

1. die Daten nach Absatz 2 Nummer 1 bis 5, 9, 10 und 12,

1a. der im amtlichen Gemeindeverzeichnis verwendete eindeutige Gemeindeschlüssel,

2. die Daten des maschinenlesbaren Bereichs nach Absatz 4 Satz 2 und
3. die Fingerabdrücke nach Absatz 9, die Bezeichnung der erfassten Finger, die Angaben zur Qualität der Abdrücke.

(5a) Zur Einrichtung eines elektronischen Identitätsnachweises nach § 10a Absatz 1 Satz 1 dürfen auf einem elektronischen Speicher- und Verarbeitungsmedium in einem mobilen Endgerät folgende Daten gespeichert werden:

1. die Daten nach Absatz 2 Nummer 1 bis 4, 9, 10 und 12,
2. die Dokumentenart,
3. der letzte Tag der Gültigkeitsdauer des elektronischen Identitätsnachweises,
4. die Abkürzung „D" für Bundesrepublik Deutschland und
5. der im amtlichen Gemeindeverzeichnis verwendete eindeutige Gemeindeschlüssel.

(6) Die gespeicherten Daten sind gegen unbefugtes Verändern, Löschen und Auslesen zu sichern.

(7) Abweichend von Absatz 5 erhalten Kinder, solange sie noch nicht sechs Jahre alt sind, einen Personalausweis mit einem elektronischen Speicher- und

Verarbeitungsmedium, auf dem nur das Lichtbild und die Daten des maschinenlesbaren Bereichs nach Absatz 4 Satz 2 gespeichert sind.

(8) Die Seriennummer, die Prüfziffern, das Sperrkennwort und Sperrmerkmale dürfen keine Daten über die Person des Ausweisinhabers oder Hinweise auf solche Daten enthalten.

(9) [1] Die auf Grund der Verordnung (EU) 2019/1157 des Europäischen Parlaments und des Rates vom 20. Juni 2019 zur Erhöhung der Sicherheit der Personalausweise von Unionsbürgern und der Aufenthaltsdokumente, die Unionsbürgern und deren Familienangehörigen ausgestellt werden, die ihr Recht auf Freizügigkeit ausüben (ABl. L 188 vom 12.7.2019, S. 67), auf dem elektronischen Speichermedium zu speichernden zwei Fingerabdrücke der antragstellenden Person werden in Form des flachen Abdrucks des linken und rechten Zeigefingers im elektronischen Speicher- und Verarbeitungsmedium des Personalausweises gespeichert. [2] Bei Fehlen eines Zeigefingers, ungenügender Qualität des Fingerabdrucks oder Verletzungen der Fingerkuppe wird ersatzweise der flache Abdruck entweder des Daumens, des Mittelfingers oder des Ringfingers gespeichert. [3] Fingerabdrücke sind nicht zu speichern, wenn die Abnahme der Fingerabdrücke aus medizinischen Gründen, die nicht nur vorübergehender Art sind, unmöglich ist.

(10) Die im elektronischen Speicher- und Verarbeitungsmedium des Personalausweises oder eines mobilen Endgeräts gespeicherten Daten ermöglichen auch die Funktion des elektronischen Identitätsnachweises nach § 18.

§ 6[1)] Gültigkeitsdauer des Ausweises; vorzeitige Beantragung; räumliche Beschränkungen. (1) Personalausweise werden für eine Gültigkeitsdauer von zehn Jahren ausgestellt.

(2) Vor Ablauf der Gültigkeit eines Personalausweises kann ein neuer Personalausweis beantragt werden, wenn ein berechtigtes Interesse an der Neuausstellung dargelegt wird.

(3) Bei Personen, die noch nicht 24 Jahre alt sind, beträgt die Gültigkeitsdauer des Personalausweises sechs Jahre.

(4) Die Gültigkeitsdauer eines vorläufigen Personalausweises ist unter Berücksichtigung des Nutzungszwecks festzulegen; sie darf einen Zeitraum von drei Monaten nicht überschreiten.

(4a) Die Gültigkeitsdauer des Ersatz-Personalausweises ist auf den Zeitraum zu beschränken, der für das Erreichen des Zweckes nach § 6a erforderlich ist; sie darf einen Zeitraum von drei Jahren nicht überschreiten.

(5) Eine Verlängerung der Gültigkeitsdauer ist nicht zulässig.

(6) *(aufgehoben)*

(7) Unter den Voraussetzungen des § 7 Abs. 1 des Passgesetzes[2)] kann die zuständige Behörde im Einzelfall anordnen, dass der Ausweis nicht zum Verlassen Deutschlands berechtigt.

(8) Anordnungen nach Absatz 7 dürfen im polizeilichen Grenzfahndungsbestand gespeichert werden.

[1)] § 6 Abs. 4a eingef. mWv 30.6.2015 durch G v. 20.6.2015 (BGBl. I S. 970); Überschrift geänd. mWv 1.9. 2021 durch G v. 5.7.2021 (BGBl. I S. 2281); Abs. 6 aufgeh. mWv 27.6.2024 durch G v. 22.3.2024 (BGBl. 2024 I Nr. 104).

[2)] Nr. **250**.

§ 6a[1] Versagung und Entziehung; Ersatz-Personalausweis. (1) [1] Ein Personalausweis oder ein vorläufiger Personalausweis kann unter den Voraussetzungen des § 7 Absatz 1 Nummer 1 oder Nummer 10 des Passgesetzes[2] versagt werden. [2] Im Falle des § 7 Absatz 1 Nummer 1 des Passgesetzes gilt dies nur, wenn die Gefährdung darin besteht, dass bestimmte Tatsachen die Annahme begründen, dass der Ausweisbewerber

1. einer terroristischen Vereinigung nach § 129a des Strafgesetzbuchs[3] oder einer terroristischen Vereinigung nach § 129a in Verbindung mit § 129b Absatz 1 Satz 1 des Strafgesetzbuchs mit Bezug zur Bundesrepublik Deutschland angehört oder diese unterstützt oder
2. rechtswidrig Gewalt gegen Leib oder Leben als Mittel zur Durchsetzung international ausgerichteter politischer oder religiöser Belange anwendet oder eine solche Gewaltanwendung unterstützt oder vorsätzlich hervorruft.

(2) [1] Dem Ausweisinhaber kann ein Personalausweis oder ein vorläufiger Personalausweis entzogen werden, wenn gegen ihn eine vollziehbare Anordnung nach § 6 Absatz 7 in Verbindung mit § 7 Absatz 1 Nummer 1 oder Nummer 10 des Passgesetzes besteht. [2] Im Falle einer Anordnung nach § 6 Absatz 7 in Verbindung mit § 7 Absatz 1 Nummer 1 des Passgesetzes gilt dies nur, wenn die Gefährdung darin besteht, dass bestimmte Tatsachen die Annahme begründen, dass der Ausweisinhaber

1. einer terroristischen Vereinigung nach § 129a des Strafgesetzbuchs oder einer terroristischen Vereinigung nach § 129a in Verbindung mit § 129b Absatz 1 Satz 1 des Strafgesetzbuchs mit Bezug zur Bundesrepublik Deutschland angehört oder diese unterstützt oder
2. rechtswidrig Gewalt gegen Leib oder Leben als Mittel zur Durchsetzung international ausgerichteter politischer oder religiöser Belange anwendet oder eine solche Gewaltanwendung unterstützt oder vorsätzlich hervorruft.

(3) Ist ein Personalausweis oder vorläufiger Personalausweis versagt oder entzogen worden, ist ein Ersatz-Personalausweis auszustellen.

(4) Liegen die Voraussetzungen des Absatzes 1 oder des Absatzes 2 nicht mehr vor, ist dies dem Inhaber eines Ersatz-Personalausweises unverzüglich mitzuteilen und ihm auf Antrag ein Personalausweis oder ein vorläufiger Personalausweis auszustellen.

(5) Für Maßnahmen nach den Absätzen 1 bis 3 sowie Mitteilungen nach Absatz 4 sind ausschließlich die in § 7 Absatz 1 genannten Behörden zuständig.

§ 7[4] Sachliche Zuständigkeit. (1) Für Ausweisangelegenheiten in Deutschland sind die von den Ländern bestimmten Behörden zuständig (Personalausweisbehörden).

(2) Für Personalausweisangelegenheiten im Ausland ist das Auswärtige Amt mit den von ihm bestimmten Auslandsvertretungen zuständig (Personalausweisbehörde).

(3) Für die Einziehung nach § 29 Abs. 1 und die Sicherstellung nach § 29 Abs. 2 sind die Personalausweisbehörden, die Auslandsvertretungen und die zur hoheitlichen Identitätsfeststellung berechtigten Behörden zuständig.

(3a) Für das elektronisch beantragte Neusetzen der Geheimnummer sowie für die elektronische Beantragung des nachträglichen Einschaltens der Funktion zum elektronischen Identitätsnachweis ist der Ausweishersteller zuständig.

---

[1] § 6a eingef. mWv 30.6.2015 durch G v. 20.6.2015 (BGBl. I S. 970).
[2] *Nr. 250.*
[3] **Habersack Nr. 85.**
[4] § 7 Abs. 5 Satz 2 geänd. mWv 5.8.2019 durch G v. 21.6.2019 (BGBl. I S. 846); Abs. 3a eingef. mWv 1.7.2021 durch G v. 15.1.2021 (BGBl. I S. 530); Abs. 3b eingef. mWv 1.9.2021 durch G v. 5.7.2021 (BGBl. I S. 2281).

(3b) Für die Übermittlung von Daten nach § 5 Absatz 5a aus dem elektronischen Speicher- und Verarbeitungsmedium des Personalausweises auf ein elektronisches Speicher- und Verarbeitungsmedium in einem mobilen Endgerät nach § 10a Absatz 1 sowie für die Auskunft nach § 10a Absatz 5 ist der Ausweishersteller zuständig.

(4) [1] Für die Erteilung und Aufhebung von Berechtigungen nach § 21 ist die Vergabestelle für Berechtigungszertifikate nach § 4 Abs. 3 zuständig. [2] Für das Führen einer Sperrliste nach § 10 Abs. 4 Satz 1 ist der Sperrlistenbetreiber nach § 4 Abs. 3 zuständig.

(5) [1] Für Diensteanbieter in Deutschland sind die für die Einhaltung der Vorgaben des Datenschutzes zuständigen Stellen zuständig. [2] Haben Diensteanbieter ihren Wohn-, Geschäfts- oder Dienstsitz nicht in Deutschland, so ist der Bundesbeauftragte für den Datenschutz und die Informationsfreiheit zuständige Datenschutzaufsichtsbehörde im Sinne des § 21 Absatz 4 Satz 3.

§ 7a[1] Beleihung. (1) [1] Das Bundesministerium des Innern und für Heimat kann teilrechtsfähigen Vereinigungen sowie juristischen Personen des Privatrechts zur Wahrnehmung der Aufgabe des elektronisch beantragten Neusetzens der Geheimnummer nach § 20 Absatz 2 der Personalausweisverordnung Hoheitsbefugnisse übertragen (Beleihung). [2] Der Beliehene tritt insoweit an die Stelle des Ausweisherstellers; er ist Träger der öffentlichen Verwaltung.

(2) [1] Die Beleihung ist nur zulässig, wenn

1. der zu Beleihende den Stand der Technik für die zu übertragende Aufgabe einhält,
2. die ordnungsgemäße Erfüllung der zu übertragenden Aufgabe durch den zu Beleihenden sichergestellt wird,
3. die Erfüllung der zu übertragenden Aufgabe durch den zu Beleihenden voraussichtlich Wirtschaftlichkeitsvorteile gegenüber einer staatlichen Aufgabenwahrnehmung aufweisen wird und
4. keine überwiegenden öffentlichen Interessen entgegenstehen.

[2] Die Beleihung ist im Bundesanzeiger bekannt zu machen. [3] Das Vorliegen der Voraussetzungen nach Satz 1 ist in regelmäßigen Abständen zu prüfen.

(3) [1] Die Beleihung kann jederzeit ganz oder teilweise zurückgenommen, widerrufen oder mit Nebenbestimmungen verbunden werden; der Zeitpunkt der Maßnahme hat die Interessen des Beliehenen angemessen zu berücksichtigen. [2] Liegen die Voraussetzungen nach Absatz 2 Satz 1 nicht mehr vor, so ist die Beleihung zu widerrufen. [3] Soweit die Beleihung zurückgenommen oder widerrufen wurde, ist dies im Bundesanzeiger bekannt zu machen.

(4) Der Beliehene untersteht im Umfang der ihm übertragenen Aufgabe der Rechts- und Fachaufsicht des Bundesministeriums des Innern und für Heimat.

(5) Im Umfang der übertragenen Aufgabe findet § 31 Absatz 1 auf den Beliehenen entsprechend Anwendung.

(6) Wird der Bund von einem Dritten wegen eines Schadens in Anspruch genommen, den der Beliehene in Ausübung des ihm anvertrauten Amtes dem Dritten durch eine Amtspflichtverletzung zugefügt hat, so kann der Bund bei Vorsatz oder grober Fahrlässigkeit beim Beliehenen Rückgriff nehmen.

---

[1] § 7a eingef. mWv 30.10.2024 durch G v. 23.10.2024 (BGBl. 2024 I Nr. 323).

§ 8[1] **Örtliche Zuständigkeit; Tätigwerden bei örtlicher Unzuständigkeit.** (1) [1]In Deutschland ist die Personalausweisbehörde zuständig, in deren Bezirk die antragstellende Person oder der Ausweisinhaber für seine Wohnung, bei mehreren Wohnungen für seine Hauptwohnung, meldepflichtig ist. [2]Hat die antragstellende Person keine Wohnung, so ist die Personalausweisbehörde zuständig, in deren Bezirk sie sich vorübergehend aufhält.

(1a) Für das Führen des Personalausweisregisters nach § 23 ist die Personalausweisbehörde zuständig, welche den Ausweis ausgestellt hat.

(2) [1]Im Ausland sind die vom Auswärtigen Amt bestimmten Auslandsvertretungen zuständig, in deren Bezirk sich die antragstellende Person oder der Ausweisinhaber gewöhnlich aufhält. [2]Der Ausweisinhaber hat den Nachweis über den gewöhnlichen Aufenthaltsort zu erbringen.

(3) Für Binnenschiffer, die keine Wohnung in Deutschland haben, ist die Personalausweisbehörde am Heimatort des Binnenschiffes, für Seeleute, die keine Wohnung in Deutschland haben, die Personalausweisbehörde am Sitz des Reeders zuständig.

(4) [1]Der Antrag auf Ausstellung eines Ausweises muss auch von einer örtlich nicht zuständigen Personalausweisbehörde bearbeitet werden, wenn ein wichtiger Grund dargelegt wird. [2]Ein Ausweis darf nur mit Ermächtigung der örtlich zuständigen Personalausweisbehörde ausgestellt werden.

Abschnitt 2.[2] Ausstellung und Sperrung des Ausweises; elektronischer Identitätsnachweis

§ 9[3] **Ausstellung des Ausweises.** (1) [1]Personalausweise und vorläufige Personalausweise werden auf Antrag für Deutsche im Sinne des Artikels 116 Abs. 1 des Grundgesetzes[4] ausgestellt. [2]§ 3a Abs. 1 des Verwaltungsverfahrensgesetzes[5] ist nicht anzuwenden. [3]Im Antragsverfahren nachzureichende Erklärungen können mittels Datenübertragung abgegeben werden. [4]Die antragstellende Person und ihr gesetzlicher Vertreter können sich bei der Stellung des Antrags nicht durch einen Bevollmächtigten vertreten lassen. [5]Dies gilt nicht für eine handlungs- oder einwilligungsunfähige antragstellende Person, wenn eine für diesen Fall erteilte, öffentlich beglaubigte oder beurkundete Vollmacht vorliegt. [6]Die antragstellende Person und ihr gesetzlicher oder bevollmächtigter Vertreter sollen persönlich erscheinen.

(2) [1]Für Minderjährige, die noch nicht 16 Jahre alt sind, und für Personen, die geschäftsunfähig sind und sich nicht nach Absatz 1 Satz 5 durch einen Bevollmächtigten vertreten lassen, kann nur diejenige Person den Antrag stellen, die sorgeberechtigt ist oder als Betreuer ihren Aufenthalt bestimmen darf. [2]Sie ist verpflichtet, für Jugendliche, die 16, aber noch nicht 18 Jahre alt sind, innerhalb von sechs Wochen, nachdem der Jugendliche 16 Jahre alt geworden ist, den Antrag

---

[1] § 8 Abs. 1a eingef. mWv 1.11.2023 durch G v. 8.10.2023 (BGBl. 2023 I Nr. 271).

[2] Abschnitt 2 Überschrift neu gef. mWv 1.9.2021 durch G v. 5.7.2021 (BGBl. I S. 2281).

[3] § 9 Abs. 3 Sätze 4 und 6 geänd. mWv 1.8.2013 durch G v. 25.7.2013 (BGBl. I S. 2749); Abs. 1 Satz 1 geänd., Abs. 6 angef. mWv 30.6.2015 durch G v. 20.6.2015 (BGBl. I S. 970); Abs. 3 Sätze 4–7 aufgeh., *bish. Satz 8 wird Satz 4 mWv 2.8.2021* und Abs. 3 Sätze 3, 4 eingef., bish. Sätze 3, 4 werden Sätze 5, 6, Abs. 4 Satz 1 eingef., bish. Sätze 1–4 werden Sätze 2–5 mWv 1.5.2025 durch G v. 3.12.2020 (BGBl. I S. 2744).

[4] Nr. **1**.

[5] Nr. **100**.

auf Ausstellung eines Ausweises zu stellen, falls dies der Jugendliche unterlässt. [3]Jugendliche, die mindestens 16 Jahre alt sind, dürfen Verfahrenshandlungen nach diesem Gesetz vornehmen.

(3) [1]In dem Antrag sind alle Tatsachen anzugeben, die zur Feststellung der Person des Antragstellers und seiner Eigenschaft als Deutscher notwendig sind. [2]Die Angaben zum Doktorgrad und zu den Ordens- und Künstlernamen sind freiwillig. [3]Das Lichtbild ist nach Wahl der antragstellenden Person

1. durch einen Dienstleister elektronisch zu fertigen und im Anschluss von diesem durch ein sicheres Verfahren an die Personalausweisbehörde zu übermitteln oder
2. durch die Personalausweisbehörde elektronisch zu fertigen, sofern die Behörde über Geräte zur Lichtbildaufnahme verfügt.

[4]Eine Veränderung des Lichtbilds ist nur nach Maßgabe dieses Gesetzes oder nach Maßgabe von Vorschriften, die auf Grund dieses Gesetzes erlassen wurden, zulässig. [5]Die antragstellende Person hat die erforderlichen Nachweise zu erbringen. [6]Fingerabdrücke von Kindern sind nicht abzunehmen, solange die Kinder noch nicht sechs Jahre alt sind.

(4) [1]Bestehen Zweifel über die Identität der im Lichtbild abgebildeten Person oder besteht ein Verdacht auf eine unzulässige Bearbeitung des Lichtbilds, kann die Personalausweisbehörde anordnen, dass das Lichtbild in Gegenwart eines Mitarbeiters in einer Personalausweisbehörde zu fertigen ist. [2]Bestehen Zweifel über die Person des Antragstellers, sind die zur Feststellung seiner Identität erforderlichen Maßnahmen zu treffen. [3]Die Personalausweisbehörde kann die Durchführung erkennungsdienstlicher Maßnahmen veranlassen, wenn die Identität der antragstellenden Person auf andere Weise nicht oder nur unter erheblichen Schwierigkeiten festgestellt werden kann. [4]Ist die Identität festgestellt, so sind die im Zusammenhang mit der Feststellung angefallenen Unterlagen zu vernichten. [5]Die Vernichtung ist zu protokollieren.

(5) Die Unterschrift durch ein Kind ist zu leisten, wenn es zum Zeitpunkt der Beantragung des Ausweises zehn Jahre oder älter ist.

(6) [1]Für Deutsche im Sinne des Artikels 116 Absatz 1 des Grundgesetzes werden nach Maßgabe des § 6a Ersatz-Personalausweise von Amts wegen ausgestellt. [2]Absatz 1 Satz 2 bis 6, Absatz 2 Satz 3, Absatz 3 Satz 1 bis 3 sowie die Absätze 4 und 5 gelten entsprechend.

§ 10[1)] Einschaltung, Sperrung und Entsperrung der Funktion des elektronischen Identitätsnachweises mit dem Personalausweis. (1) Der Personalausweis wird mit einer Funktion zum elektronischen Identitätsnachweis nach § 18 ausgegeben.

(2) Der Ausweishersteller schaltet die Funktion aus, wenn die antragstellende Person zum Zeitpunkt der Antragstellung noch nicht 16 Jahre alt ist.

(3) Auf Antrag des Ausweisinhabers und unter Vorlage des Personalausweises kann ein ausgeschalteter elektronischer Identitätsnachweis während der Gültig-

---

[1)] § 10 Abs. 1 Sätze 1 und 2, Abs. 5 abschl. Satzteil geänd. mWv 1.8.2013 durch G v. 25.7.2013 (BGBl. I S. 2749); Überschrift geänd. Abs. 1 neu gef., Abs. 2 Satz 1 geänd., Satz 2 aufgeh., Abs. 3 Satz 2 aufgeh., Abs. 4 Satz 1, Abs. 5 Nr. 1, Abs. 6 Satz 1 geänd., Abs. 8 Satz 1 neu gef. mWv 15.7.2017 durch G v. 7.7. 2017 (BGBl. I S. 2310); Abs. 5 neu gef. mWv 5.8.2019 durch G v. 21.6.2019 (BGBl. I S. 846); Überschrift geänd. mWv 1.9.2021 durch G v. 5.7.2021 (BGBl. I S. 2281); Abs. 3a eingef. (Änderungsanweisung unklar) mWv 24.7.2024 durch G v. 19.7.2024 (BGBl. 2024 I Nr. 245).

keitsdauer des Personalausweises eingeschaltet werden, wenn der Ausweisinhaber zum Zeitpunkt der Antragstellung bereits 16 Jahre alt ist.

(3a) [1] Das Bundesministerium des Innern und für Heimat soll nach Prüfung durch das Bundesamt für Sicherheit in der Informationstechnik für Fälle, in denen der Nachweis der Identität durch einen elektronischen Identitätsnachweis nach § 18 dieses Gesetzes, nach § 12 des eID-Karte-Gesetzes oder nach § 78 Absatz 5 des Aufenthaltsgesetzes[1)] erbracht wurde, für die spätere Authentisierung des Inhabers des elektronischen Identitätsnachweises auch andere Authentisierungsmittel befristet zulassen. [2] Das Bundesministerium des Innern und für Heimat gibt die Zulassung und die Dauer der Befristung im Bundesanzeiger bekannt.

(4) [1] Der Sperrlistenbetreiber nach § 7 Abs. 4 Satz 2 stellt jedem Diensteanbieter über jederzeit öffentlich erreichbare Kommunikationsverbindungen eine für ihn errechnete, aktuelle Liste bereit, die ausschließlich die Sperrmerkmale von Personalausweisen mit gesperrtem elektronischen Identitätsnachweis enthält (Sperrliste). [2] Die Diensteanbieter rufen die für sie errechnete Sperrliste regelmäßig ab und gleichen sie im Rahmen des elektronischen Identitätsnachweises lokal mit zu akzeptierenden Personalausweisen ab.

(5) Die zuständige Personalausweisbehörde hat unverzüglich zur Aktualisierung der Sperrliste die Sperrsumme des Personalausweises an den Sperrlistenbetreiber nach § 7 Absatz 4 Satz 2 zu übermitteln, wenn sie Kenntnis erlangt von

1. dem Abhandenkommen eines Personalausweises mit elektronischem Identitätsnachweis,
2. dem Versterben eines Ausweisinhabers oder
3. der Ungültigkeit eines nicht im Besitz der Behörde befindlichen Ausweises nach § 28 Absatz 1 oder Absatz 2.

(6) [1] Der Personalausweisinhaber kann durch Mitteilung des Sperrkennworts an den Sperrlistenbetreiber nach § 7 Abs. 4 Satz 2 eine sofortige Sperrung des elektronischen Identitätsnachweises veranlassen. [2] Davon unberührt bleibt die Pflicht, den Verlust oder das Abhandenkommen des Personalausweises der Personalausweisbehörde nach § 27 Abs. 1 Nr. 3 anzuzeigen.

(7) Der Sperrlistenbetreiber nach § 7 Abs. 4 Satz 2 stellt den Personalausweisbehörden für die Fälle nach Absatz 5 und den Personalausweisinhabern für die Fälle nach Absatz 6 einen Sperrdienst über jederzeit öffentlich erreichbare Kommunikationsverbindungen zur Verfügung.

(8) [1] Teilt nach erfolgter Sperrung nach Absatz 5 der Personalausweisinhaber das Wiederauffinden seines Personalausweises unter den Voraussetzungen des § 9 Absatz 1 Satz 6 und unter Vorlage seines Personalausweises mit oder bittet er nach einer Sperrung nach Absatz 6 unter den Voraussetzungen des § 9 Absatz 1 Satz 6 und unter Vorlage seines Personalausweises um Entsperrung, so ersucht die Personalausweisbehörde den Sperrlistenbetreiber nach § 7 Absatz 4 Satz 2 um Löschung des Sperreintrags zu diesem Personalausweis. [2] Die Pflicht des Personalausweisinhabers, den Ausweis bei Wiederauffinden nach § 27 Abs. 1 Nr. 3 vorzulegen, bleibt hiervon unberührt.

(9) Der Zeitpunkt der Meldung des Abhandenkommens eines Ausweises ist von *der Personalausweisbehörde oder* Polizeibehörde zu dokumentieren und der ausstellenden Personalausweisbehörde mitzuteilen.

[1)] Nr. **565**.

§ 10a[1)] Einrichtung des elektronischen Identitätsnachweises mit einem mobilen Endgerät. (1) [1] Auf elektronische Veranlassung durch den Ausweisinhaber übermittelt der Ausweishersteller die Daten nach § 5 Absatz 5a aus dem elektronischen Speicher- und Verarbeitungsmedium des Personalausweises in einem sicheren Verfahren auf ein elektronisches Speicher- und Verarbeitungsmedium in einem mobilen Endgerät. [2] Der Ausweisinhaber weist seine Identität gegenüber dem Ausweishersteller mit einem elektronischen Identitätsnachweis nach § 18 nach. [3] Ferner hat der Ausweishersteller Maßnahmen gegen eine missbräuchliche Verwendung der Daten im Anschluss an die Übermittlung der Daten auf das elektronische Speicher- und Verarbeitungsmedium in dem mobilen Endgerät vorzusehen. [4] Der Ausweisinhaber ist auf seine Pflichten nach § 27 Absatz 2 sowie darauf hinzuweisen, dass das mobile Endgerät hinsichtlich der in seinem elektronischen Speicher- und Verarbeitungsmedium nach Absatz 1 gespeicherten Daten mit besonderer Sorgfalt zu behandeln ist.

(2) [1] Die Gültigkeitsdauer eines elektronischen Identitätsnachweises nach § 18 Absatz 2 Satz 1 Nummer 2 auf Grundlage einer Übermittlung der Daten nach Absatz 1 beträgt fünf Jahre. [2] Eine Verlängerung der Gültigkeitsdauer ist nicht zulässig. [3] Durch Rechtsverordnung nach § 34 Satz 1 Nummer 8a kann eine kürzere Gültigkeitsdauer festgelegt werden. [4] Eine Übermittlung nach Absatz 1 Satz 1 kann mehrfach durchgeführt werden.

(3) [1] Im Zuge der Übermittlung nach Absatz 1 Satz 1 erzeugt der Ausweishersteller einen neuen Sperrschlüssel sowie eine neue Sperrsumme und übermittelt diese Daten sowie den letzten Tag der Gültigkeit an den Sperrlistenbetreiber. [2] § 10 Absatz 4 und Absatz 6 Satz 1 gilt entsprechend. [3] Der Ausweisinhaber kann die Daten auf dem mobilen Endgerät selbst löschen.

(4) [1] Werden die auf das elektronische Speicher- und Verarbeitungsmedium des mobilen Endgeräts übermittelten Daten nach Absatz 1 Satz 1 unrichtig, darf ein elektronischer Identitätsnachweis nach § 18 Absatz 2 Satz 1 Nummer 2 nicht durchgeführt werden. [2] Vor einer weiteren Nutzung ist erneut eine Übermittlung nach Absatz 1 unter Verwendung des elektronischen Speicher- und Verarbeitungsmediums des Personalausweises mit den richtigen Daten durchzuführen.

(5) [1] Auf elektronischen Antrag des Ausweisinhabers hat der Ausweishersteller diesem Auskunft zu erteilen darüber, jeweils zu welchem Datum und zu welcher Uhrzeit eine Übermittlung nach Absatz 1 Satz 1 der Daten des Personalausweises des Ausweisinhabers auf ein elektronisches Speicher- und Verarbeitungsmedium in einem mobilen Endgerät durchgeführt wurde, sowie über jeweils den letzten Tag der Gültigkeitsdauer, das Sperrkennwort und den Hersteller und die Modellbezeichnung des mobilen Endgeräts. [2] Zur Identifizierung der antragstellenden Person hat der Ausweishersteller zur Person des Ausweisinhabers einen elektronischen Identitätsnachweis nach § 18 durchzuführen.

§ 11[2)] Informationspflichten. (1) Auf Verlangen des Personalausweisinhabers hat die Personalausweisbehörde ihm Einsicht in die im elektronischen Speicher- und Verarbeitungsmedium des Personalausweises gespeicherten auslesbaren Daten zu gewähren.

[1)] § 10a eingef. mWv 1.9.2021 durch G v. 5.7.2021 (BGBl. I S. 2281).

[2)] § 11 Abs. 2 geänd., Abs. 4 aufgeh. mWv 1.8.2013 durch G v. 25.7.2013 (BGBl. I S. 2749); Abs. 2 aufgeh., Abs. 3 neu gef., Abs. 7 geänd. mWv 15.7.2017 durch G v. 7.7.2017 (BGBl. I S. 2310); Abs. 7 Satz 2 angef. mWv 1.7.2021 durch G v. 15.1.2021 (BGBl. I S. 530); Abs. 1, Abs. 3 Satz 1 geänd. mWv 1.9.2021 durch G v. 5.7.2021 (BGBl. I S. 2281).

(2) *(aufgehoben)*

(3) [1] Die Personalausweisbehörde hat die antragstellende Person bei Antragstellung über den elektronischen Identitätsnachweis nach § 18, einschließlich des elektronischen Identitätsnachweises mit einem mobilen Endgerät, und das Vor-Ort-Auslesen nach § 18a sowie über Maßnahmen zu unterrichten, die erforderlich sind, um die Sicherheit der Nutzung des elektronischen Identitätsnachweises zu gewährleisten. [2] Sie hat der antragstellenden Person die Übergabe von entsprechendem Informationsmaterial anzubieten, in dem auch auf die Möglichkeit einer Sperrung nach § 10 Absatz 6 hingewiesen wird.

(4) *(aufgehoben)*

(5) [1] Personalausweisbehörden, die Kenntnis von dem Abhandenkommen eines Ausweises erlangen, haben die zuständige Personalausweisbehörde, die ausstellende Personalausweisbehörde und eine Polizeibehörde unverzüglich in Kenntnis zu setzen; eine Polizeibehörde, die anderweitig Kenntnis vom Abhandenkommen eines Ausweises erlangt, hat die zuständige und die ausstellende Personalausweisbehörde unverzüglich zu unterrichten. [2] Dabei sollen Angaben zum Familiennamen, den Vornamen, zur Seriennummer, zur ausstellenden Personalausweisbehörde, zum Ausstellungsdatum und zur Gültigkeitsdauer des Ausweises übermittelt werden. [3] Die Polizeibehörde hat die Einstellung in die polizeiliche Sachfahndung vorzunehmen.

(6) Stellt eine nicht zuständige Personalausweisbehörde nach § 8 Abs. 4 einen Ausweis aus, so hat sie der zuständigen Personalausweisbehörde den Familiennamen, die Vornamen, den Tag und Ort der Geburt, die ausstellende Personalausweisbehörde, das Ausstellungsdatum, die Gültigkeitsdauer und die Seriennummer des Ausweises zu übermitteln.

(7) [1] Schaltet eine Personalausweisbehörde den elektronischen Identitätsnachweis eines Personalausweises ein, so hat sie unverzüglich die ausstellende Personalausweisbehörde davon in Kenntnis zu setzen. [2] Das Gleiche gilt für den Ausweishersteller im Falle der elektronischen Beantragung des nachträglichen Einschaltens der Funktion zum elektronischen Identitätsnachweis.

§ 12[1)] Form und Verfahren der Datenerfassung, -prüfung und -übermittlung. (1) [1] Die Datenübermittlung von den Personalausweisbehörden an den Ausweishersteller zum Zweck der Ausweisherstellung, insbesondere die Übermittlung sämtlicher Ausweisantragsdaten, erfolgt durch Datenübertragung. [2] Die Datenübertragung kann auch über Vermittlungsstellen erfolgen. [3] Die beteiligten Stellen haben dem jeweiligen Stand der Technik entsprechende Maßnahmen zur Sicherstellung von Datenschutz und Datensicherheit zu treffen, die insbesondere die Vertraulichkeit und Unversehrtheit der Daten sowie die Feststellbarkeit der übermittelnden Stelle gewährleisten; im Falle der Nutzung allgemein zugänglicher Netze sind Verschlüsselungsverfahren anzuwenden, die dem jeweiligen Stand der Technik entsprechen.

(2) [1] Zur Aufnahme und elektronischen Erfassung des Lichtbilds nach § 9 Absatz 3 Satz 3 Nummer 2 und der Fingerabdrücke, deren Qualitätssicherung sowie zur Übermittlung der Ausweisantragsdaten von der Personalausweisbehörde an den Ausweishersteller dürfen ausschließlich solche technischen Systeme und Bestandteile eingesetzt werden, die den Anforderungen der Rechtsverordnung nach

---

[1)] § 12 Abs. 2 Satz 1 geänd. mWv 5.8.2019 durch G v. 21.6.2019 (BGBl. I S. 846); Abs. 2 Satz 1 neu gef. mWv 1.5.2025 durch G v. 3.12.2020 (BGBl. I S. 2744); Abs. 2 Sätze 1, 2 geänd. mWv 1.9.2021 durch G v. 5.7.2021 (BGBl. I S. 2281).

§ 34 Nummer 3 entsprechen. [2]Die Einhaltung der Anforderungen ist vom Bundesamt für Sicherheit in der Informationstechnik gemäß der Rechtsverordnung nach § 34 Satz 1 Nummer 4 festzustellen.

§ 13[1)] *(aufgehoben)*

Abschnitt 3. Umgang mit personenbezogenen Daten

§ 14 Erhebung und Verwendung personenbezogener Daten. Die Erhebung und Verwendung personenbezogener Daten aus dem Ausweis oder mithilfe des Ausweises darf ausschließlich erfolgen durch

1. zur Identitätsfeststellung berechtigte Behörden nach Maßgabe der §§ 15 bis 17,
2. öffentliche Stellen und nichtöffentliche Stellen nach Maßgabe der §§ 18 bis 20.

§ 15 Automatisierter Abruf und automatisierte Speicherung durch zur Identitätsfeststellung berechtigte Behörden. (1) [1]Zur Identitätsfeststellung berechtigte Behörden dürfen den Ausweis nicht zum automatisierten Abruf personenbezogener Daten verwenden. [2]Abweichend von Satz 1 dürfen Polizeibehörden und -dienststellen des Bundes und der Länder, die Behörden der Zollverwaltung sowie die Steuerfahndungsstellen der Länder den Ausweis im Rahmen ihrer Aufgaben und Befugnisse zum automatisierten Abruf personenbezogener Daten verwenden, die zu folgenden Zwecken im polizeilichen Fahndungsbestand gespeichert sind:

1. Grenzkontrolle,
2. Fahndung oder Aufenthaltsfeststellung zum Zweck der Strafverfolgung, Strafvollstreckung oder der Abwehr von Gefahren für die öffentliche Sicherheit oder
3. der zollamtlichen Überwachung im Rahmen der polizeilichen Beobachtung.

[3]Über Abrufe, die zu keiner Feststellung geführt haben, dürfen, vorbehaltlich gesetzlicher Regelungen, die gemäß Absatz 2 erlassen werden, keine personenbezogenen Aufzeichnungen gefertigt werden.

(2) In den Fällen des Absatzes 1 dürfen personenbezogene Daten, soweit gesetzlich nichts anderes bestimmt ist, beim automatisierten Lesen des Ausweises nicht in Dateien gespeichert werden; dies gilt auch für Abrufe aus dem polizeilichen Fahndungsbestand, die zu einer Feststellung geführt haben.

§ 16[2)] **Echtheitsprüfung und Identitätsprüfung; Verarbeitung von Personalausweisdaten.** (1) [1]Soweit die Polizeivollzugsbehörden, die Zollverwaltung, die Steuerfahndungsstellen der Länder sowie die Personalausweis-, Pass- und Meldebehörden die Echtheit des Personalausweises oder die Identität des Inhabers nach anderen Rechtsvorschriften überprüfen dürfen, sind sie befugt, zum Zweck

(Fortsetzung nächstes Blatt)

[1)] § 13 aufgeh. mWv 13.10.2023 durch G v. 8.10.2023 (BGBl. 2023 I Nr. 271).
[2)] § 16 neu gef. mWv 13.10.2023 durch G v. 8.10.2023 (BGBl. 2023 I Nr. 271).

der Überprüfung der Echtheit des Personalausweises oder der Identität des Ausweisinhabers

1. die auf dem elektronischen Speicher- und Verarbeitungsmedium des Personalausweises gespeicherten biometrischen und sonstigen Daten zu verarbeiten,
2. die benötigten biometrischen Daten beim Personalausweisinhaber zu erheben und
3. die biometrischen Daten miteinander zu vergleichen.

[2] Echtheits- oder Identitätskontrollen über öffentliche Kommunikationswege sind unzulässig.

(2) [1] Die in Absatz 1 Satz 1 genannten Behörden dürfen Daten, die sie im Rahmen einer Identitätsfeststellung aus dem elektronischen Speicher- und Verarbeitungsmedium des Personalausweises verarbeitet haben, mit Ausnahme der biometrischen Daten zur Verarbeitung in einem Datenverarbeitungssystem automatisiert speichern, sofern sie dazu durch ein Gesetz oder auf Grund eines Gesetzes berechtigt sind. [2] Im Übrigen sind die nach Absatz 1 Satz 1 erhobenen Daten unverzüglich nach Beendigung der Prüfung der Echtheit des Personalausweises oder der Identität des Ausweisinhabers zu löschen.

§ 17[1)] Verarbeitung der sichtbaren Daten des Personalausweises. (1) Die in § 16 Absatz 1 Satz 1 genannten Behörden dürfen die auf dem Personalausweis sichtbar aufgedruckten Daten durch nicht automatisierte Verfahren erheben und verwenden, sofern sie dazu durch ein Gesetz oder auf Grund eines Gesetzes berechtigt sind.

(2) [1] Können die Daten aus dem elektronischen Speicher- und Verarbeitungsmedium des Personalausweises nach § 16 Absatz 1 Satz 1 nicht ausgelesen werden, dürfen die dort genannten Behörden die Daten der maschinenlesbaren Zone nach § 5 Absatz 2 Satz 2 automatisiert auslesen und unter den Voraussetzungen des § 16 Absatz 2 speichern. [2] § 16 Absatz 1 Satz 2, Absatz 2 Satz 2 gilt entsprechend.

§ 18[2)] Elektronischer Identitätsnachweis. (1) [1] Der Personalausweisinhaber, der mindestens 16 Jahre alt ist, kann den elektronischen Identitätsnachweis dazu verwenden, seine Identität gegenüber öffentlichen und nichtöffentlichen Stellen elektronisch nachzuweisen. [2] Dies gilt auch dann, wenn er für eine andere Person, ein Unternehmen oder eine Behörde handelt. [3] Abweichend von Satz 1 ist der elektronische Identitätsnachweis ausgeschlossen, wenn die Voraussetzungen des § 3a Abs. 1 des Verwaltungsverfahrensgesetzes[3)], des § 87a Abs. 1 Satz 1 der Abgabenordnung oder des § 36a Abs. 1 des Ersten Buches Sozialgesetzbuch[4)] nicht vorliegen.

(2) [1] Der elektronische Identitätsnachweis erfolgt durch Übermittlung von Daten

---

[1)] § 17 neu gef. mWv 13.10.2023 durch G v. 8.10.2023 (BGBl. 2023 I Nr. 271).

[2)] § 18 Abs. 3 Satz 2 Nr. 1a eingef. mWv 1.8.2013 durch G v. 25.7.2013 (BGBl. I S. 2749); Abs. 3 Satz 2 Nr. 7a eingef., Abs. 4 Satz 2 einl. Satzteil geänd., Nr. 3, Abs. 5 Satz 2 aufgeh. mWv 15.7.2017 durch G v. 7.7.2017 (BGBl. I S. 2310); Abs. 1 Satz 2 eingef., bish. Satz 2 wird Satz 3, Abs. 3 Satz 2 Nr. 6a eingef. mWv 5.8.2019 durch G v. 21.6.2019 (BGBl. I S. 846); Abs. 6 angef. mWv 1.7.2021 durch G v. 15.1.2021 (BGBl. I S. 530); Abs. 1 Satz 1 geänd., Abs. 2 Satz 1 neu gef., Abs. 3 Sätze 1, 2 Nr. 6a neu gef., Nr. 6b eingef., Abs. 4 Sätze 1 und 2 geänd. mWv 1.9.2021 durch G v. 5.7.2021 (BGBl. I S. 2281); Abs. 3 Satz 2 Nr. 6b neu gef. mWv 13.10 2023 durch G v. 8.10.2023 (BGBl. 2023 I Nr. 271).

[3)] Nr. **100**.

[4)] **Sartorius ErgBd. Nr. 401.**

1. aus dem elektronischen Speicher- und Verarbeitungsmedium des Personalausweises oder
2. aus einem elektronischen Speicher- und Verarbeitungsmedium in einem mobilen Endgerät.

[2]Dabei sind dem jeweiligen Stand der Technik entsprechende Maßnahmen zur Sicherstellung von Datenschutz und Datensicherheit zu treffen, die insbesondere die Vertraulichkeit und Unversehrtheit der Daten gewährleisten. [3]Im Falle der Nutzung allgemein zugänglicher Netze sind Verschlüsselungsverfahren anzuwenden. [4]Die Nutzung des elektronischen Identitätsnachweises durch eine andere Person als den Personalausweisinhaber ist unzulässig.

(3) [1]Das Sperrmerkmal und die Angabe, ob der elektronische Identitätsnachweis gültig ist, sind zur Überprüfung, ob ein gesperrter oder abgelaufener elektronischer Identitätsnachweis vorliegt, immer zu übermitteln. [2]Folgende weitere Daten können übermittelt werden:

1. Familienname,
1a. Geburtsname,
2. Vornamen,
3. Doktorgrad,
4. Tag der Geburt,
5. Ort der Geburt,
6. Anschrift,
6a. im amtlichen Gemeindeverzeichnis verwendeter eindeutiger Gemeindeschlüssel,
6b. Abkürzung für die Staatsangehörigkeit,
7. Dokumentenart,
7a. letzter Tag der Gültigkeitsdauer,
8. dienste- und kartenspezifisches Kennzeichen,
9. Abkürzung „D" für Bundesrepublik Deutschland,
10. Angabe, ob ein bestimmtes Alter über- oder unterschritten wird,
11. Angabe, ob ein Wohnort dem abgefragten Wohnort entspricht, und
12. Ordensname, Künstlername.

(4) [1]Die Daten werden nur übermittelt, wenn der Diensteanbieter ein gültiges Berechtigungszertifikat an den Inhaber des elektronischen Identitätsnachweises übermittelt und dieser in der Folge seine Geheimnummer eingibt. [2]Der Diensteanbieter muss dem Inhaber des elektronischen Identitätsnachweises vor dessen Eingabe der Geheimnummer die Gelegenheit bieten, die folgenden Daten einzusehen:

1. Name, Anschrift und E-Mail-Adresse des Diensteanbieters,
2. Kategorien der zu übermittelnden Daten nach Absatz 3 Satz 2,
3. *(aufgehoben)*
4. Hinweis auf die für den Diensteanbieter zuständigen Stellen, die die Einhaltung der Vorschriften zum Datenschutz kontrollieren,
5. letzter Tag der Gültigkeitsdauer des Berechtigungszertifikats.

(5) Die Übermittlung ist auf die im Berechtigungszertifikat genannten Datenkategorien beschränkt.

(6) Personalausweisbehörden dürfen im Rahmen der Änderung der Anschrift auf dem elektronischen Speicher- und Verarbeitungsmedium nach einer elektronischen Anmeldung gemäß § 23a des Bundesmeldegesetzes[1] einen elektronischen Identitätsnachweis durchführen und hierzu ein hoheitliches Berechtigungszertifikat verwenden.

§ 18a[2] Vor-Ort-Auslesen von Ausweisdaten unter Anwesenden. (1) Der Ausweisinhaber kann seinen Personalausweis ferner dazu verwenden, die in § 18 Absatz 3 Satz 2 genannten Daten zum Zwecke der medienbruchfreien Übernahme von Formulardaten unter Anwesenden zu übermitteln.

(2) [1] Vor dem Vor-Ort-Auslesen der Daten ist der Vor-Ort-Diensteanbieter verpflichtet, anhand des Personalausweises per Lichtbildabgleich zu prüfen, ob die den Personalausweis vorlegende Person der Ausweisinhaber ist. [2] Die Daten werden nur übermittelt, wenn der Vor-Ort-Anbieter mit Einverständnis des Ausweisinhabers die Zugangsnummer ausliest und diese zusammen mit einem gültigen Vor-Ort-Zertifikat an das Speicher- und Verarbeitungsmedium des Personalausweises übermittelt.

§ 19[3] Speicherung im Rahmen des elektronischen Identitätsnachweises.

(1) Die Speicherung eines Sperrmerkmals ist ausschließlich zulässig

1. in der Sperrliste nach § 10 Abs. 4 Satz 1 oder
2. vorübergehend beim Diensteanbieter zur Prüfung, ob der Personalausweis in den Sperrlisten nach § 10 Abs. 4 Satz 1 aufgeführt ist; die Daten sind nach der Prüfung unverzüglich zu löschen. Zur Ermöglichung auch wiederholter Prüfungen, ob der Personalausweis in den Sperrlisten nach § 10 Absatz 4 Satz 1 aufgeführt ist, erfolgt bei einem Diensteanbieter, der eine Identifizierung nach dem Geldwäschegesetz[4], der Verordnung (EU) Nr. 910/2014[5] des Europäischen Parlaments und des Rates vom 23. Juli 2014 über elektronische Identifizierung und Vertrauensdienste für elektronische Transaktionen im Binnenmarkt und zur Aufhebung der Richtlinie 1999/93/EG (ABl. L 257 vom 28.8.2014, S. 73), dem Vertrauensdienstegesetz[6] oder dem Telekommunikationsgesetz durchführt, abweichend hiervon die Löschung eines gespeicherten Sperrmerkmals erst nach Ablauf einer Frist von einer Woche ab dem Speicherbeginn.

(2) [1] Der Ausweishersteller speichert zur Durchführung des Auskunftsanspruchs nach § 10a Absatz 5 Satz 1 zu jeder Übermittlung nach § 10a Absatz 1 Satz 1 das dienste- und kartenspezifische Kennzeichen jeweils für das elektronische Speicher- und Verarbeitungsmedium des Personalausweises und des mobilen Endgeräts sowie das Datum und die Uhrzeit der Einrichtung, den letzten Tag der Gültigkeitsdauer, die Sperrsumme, das Sperrkennwort und den Hersteller und die Modellbezeichnung des mobilen Endgeräts. [2] Die in Satz 1 genannten Daten sind spätestens einen

---

[1] Nr. **256**.

[2] § 18a eingef. mWv 15.7.2017 durch G v. 7.7.2017 (BGBl. I S. 2310).

[3] § 19 Abs. 1 Nr. 2 Satz 2 angef. mWv 29.12.2011 durch G v. 22.12.2011 (BGBl. I S. 2959); Abs. 2 geänd. mWv 1.11.2015 durch G v. 3.5.2013 (BGBl. I S. 1084, geänd. durch G v. 20.11.2014, BGBl. I S. 1738); Abs. 2 geänd. mWv 1.8.2013 durch G v. 25.7.2013 (BGBl. I S. 2749); Abs. 1 Nr. 1 geänd., Abs. 5 und 6 angef. mWv 15.7.2017 durch G v. 7.7.2017 (BGBl. I S. 2310); Abs. 1 Nr. 2 geänd. mWv 29.7.2017 durch G v. 18.7.2017 (BGBl. I S. 2745); Abs. 2 neu gef. mWv 1.9.2021 durch G v. 5.7.2021 (BGBl. I S. 2281).

[4] **Habersack ErgBd. Nr. 88a.**

[5] **Sartorius III Nr. 741.**

[6] **Sartorius ErgBd. Nr. 924.**

Monat nach Ablauf der Gültigkeitsdauer des elektronischen Identitätsnachweises mit einem mobilen Endgerät zu löschen. [3] Im Übrigen ist eine Speicherung des Sperrkennworts und der Sperrsumme zum elektronischen Identitätsnachweis mit dem Personalausweis ausschließlich im Personalausweisregister nach § 23 Absatz 3 Nummer 12 und im Melderegister zulässig.

(3) Eine zentrale, alle Sperrkennwörter oder alle Sperrmerkmale umfassende Speicherung ist unzulässig.

(4) [1] Daten, die im Rahmen der Durchführung des elektronischen Identitätsnachweises aus technischen Gründen oder zum Abgleich mit der Sperrliste an den Diensteanbieter übermittelt werden, dürfen nur für den Zeitraum der Übermittlung gespeichert werden. [2] Die Verarbeitung der Daten nach § 18 Abs. 3 Satz 2 bleibt hiervon unberührt.

(5) Die Speicherung der nach § 18 Absatz 3 Satz 2 oder nach § 18a übermittelten Daten ist zulässig zum Zwecke der Anlegung oder Änderung eines elektronischen Benutzerkontos.

(6) [1] Die Übernahme der nach § 18 Absatz 3 Satz 2 oder nach § 18a übermittelten Daten in ein elektronisches Formular und deren Speicherung sind zulässig, soweit und solange die Speicherung zur Wahrnehmung der Geschäftszwecke des Diensteanbieters erforderlich ist. [2] Zulässig ist auch, das Formular mit einem dauerhaften elektronischen Vermerk des Inhalts zu versehen, dass sich der Ausweisinhaber beim Ausfüllen des Formulars nach § 18 oder nach § 18a identifiziert hat.

§ 19a[1)] Speicherung durch Identifizierungsdiensteanbieter. (1) [1] Ein Identifizierungsdiensteanbieter darf die personenbezogenen Daten des Ausweisinhabers ausschließlich zum Zwecke der bei ihm in Auftrag gegebenen Identifizierung sowie nach § 19 Absatz 6 zum Ausfüllen eines elektronischen Formulars verwenden, das ihm hierfür von seinem Auftraggeber zur Verfügung gestellt wurde. [2] Das Anbringen eines elektronischen Vermerks nach § 19 Absatz 6 Satz 2 ist zulässig. [3] Gesetzliche Aufzeichnungspflichten bleiben unberührt.

(2) Der Identifizierungsdiensteanbieter hat die personenbezogenen Daten des Ausweisinhabers zu löschen, sobald die Identifizierung abgeschlossen und gegebenenfalls das elektronische Formular sowie die auf Grund gesetzlicher Aufzeichnungspflichten aufgezeichneten Daten an den Auftraggeber übermittelt wurden.

§ 20[2)] Verwendung durch öffentliche und nichtöffentliche Stellen.

(1) Der Inhaber kann den Ausweis bei öffentlichen und nichtöffentlichen Stellen als Identitätsnachweis und Legitimationspapier verwenden.

(2) [1] Der Ausweis darf nur vom Ausweisinhaber oder von anderen Personen mit Zustimmung des Ausweisinhabers in der Weise abgelichtet werden, dass die Ablichtung eindeutig und dauerhaft als Kopie erkennbar ist. [2] Andere Personen als der Ausweisinhaber dürfen die Kopie nicht an Dritte weitergeben. [3] Werden durch Ablichtung personenbezogene Daten aus dem Personalausweis erhoben oder verarbeitet, so darf die datenerhebende oder -verarbeitende Stelle dies nur mit Einwilligung des Ausweisinhabers tun. [4] Die Vorschriften des allgemeinen Datenschutz-

---

[1)] *§ 19a eingef. mWv 15.7.2017 durch G v. 7.7.2017* (BGBl. I S. 2310).

[2)] § 20 Abs. 4 angef. mWv 30.6.2015 durch G v. 20.6.2015 (BGBl. I S. 970); Abs. 2 neu gef., Abs. 5 angef. mWv 15.7.2017 durch G v. 7.7.2017 (BGBl. I S. 2310); Abs. 3 neu gef. mWv 12.12.2020 durch G v. 3.12.2020 (BGBl. I S. 2744); Abs. 3a eingef. mWv 13.10.2023 durch G v. 8.10.2023 (BGBl. 2023 I Nr. 271).

rechts über die Erhebung und Verwendung personenbezogener Daten bleiben unberührt.

(3) [1] Die Seriennummern dürfen nicht mit Hilfe automatisierter Verfahren zum Abruf oder zur Verknüpfung personenbezogener Daten verwendet werden. [2] Abweichend hiervon dürfen die Seriennummern mit Hilfe automatisierter Verfahren zum Abruf verwenden

1. die Personalausweisbehörden zur Erfüllung ihrer Aufgaben,
2. die Polizeibehörden des Bundes und der Länder, der Militärische Abschirmdienst, der Bundesnachrichtendienst, die Verfassungsschutzbehörden des Bundes und der Länder, die Steuerfahndungsdienststellen der Länder, der Zollfahndungsdienst und die Hauptzollämter zur Klärung,
   a) wer Inhaber des Personalausweises ist für den Fall, dass eine ausländische öffentliche Stelle die Seriennummer des Personalausweises übermittelt hat und anhand der übrigen von der ausländischen Stelle übermittelten Daten eine Feststellung des Ausweisinhabers nicht möglich ist,
   b) ob der Personalausweis durch einen Nichtberechtigten genutzt wird oder
   c) ob der Personalausweis für ungültig erklärt oder abhandengekommen ist.

[3] Der Ausweishersteller hat öffentlichen Stellen auf deren Verlangen die ausstellende Behörde mitzuteilen. [4] Nichtöffentliche Stellen dürfen die Seriennummern, die Sperrkennwörter und die Sperrmerkmale nicht so verwenden, dass mit ihrer Hilfe ein automatisierter Abruf personenbezogener Daten oder eine Verknüpfung von Dateien möglich ist. [5] Dies gilt nicht für den Abgleich von Sperrmerkmalen durch Diensteanbieter zum Zweck der Überprüfung, ob ein elektronischer Identitätsnachweis gesperrt ist.

(3a) [1] Öffentliche Stellen dürfen, wenn dies durch ein Gesetz oder auf Grund eines Gesetzes bestimmt ist, mit Zustimmung des Personalausweisinhabers zur Prüfung der Identität des Personalausweisinhabers

1. die auf dem elektronischen Speicher- und Verarbeitungsmedium gespeicherten Daten nach § 5 Absatz 4 Satz 2 und die Daten, die zur Überprüfung der Echtheit des Personalausweises erforderlich sind, sowie das auf dem elektronischen Speicher- und Verarbeitungsmedium gespeicherte Lichtbild auslesen und
2. von den ausgelesenen Daten ausschließlich das Lichtbild, die Daten nach § 5 Absatz 4 Satz 2 Nummer 1 bis 3, 6, 7 sowie die Daten, die zur Überprüfung der Echtheit des Personalausweises erforderlich sind, verwenden.

[2] Anlässlich der Datenverarbeitung nach Satz 1 überprüft die verarbeitende öffentliche Stelle die Echtheit des Personalausweises. [3] Von den nach Satz 1 Nummer 1 ausgelesenen Daten sind die Daten nach Satz 1 Nummer 2 von der verarbeitenden öffentlichen Stelle unverzüglich nach Beendigung der Prüfung der Identität des Inhabers, die übrigen Daten unverzüglich nach dem Auslesen zu löschen, soweit dies nicht durch Gesetz oder auf Grund eines Gesetzes abweichend geregelt ist.

(4) [1] Beförderungsunternehmen dürfen personenbezogene Daten aus der maschinenlesbaren Zone des Personalausweises elektronisch nur auslesen und verarbeiten, soweit sie auf Grund internationaler Abkommen oder Einreisebestimmungen zur Mitwirkung an Kontrolltätigkeiten im internationalen Reiseverkehr und zur Übermittlung personenbezogener Daten verpflichtet sind. [2] Biometrische Daten dürfen nicht ausgelesen werden. [3] Die Daten sind unverzüglich zu löschen, wenn sie für die Erfüllung dieser Pflichten nicht mehr erforderlich sind.

(5) [1] Zum Zwecke des Jugendschutzes und mit Einwilligung des Ausweisinhabers dürfen die in § 5 Absatz 4 Satz 2 Nummer 6 und 7 genannten Daten aus der maschinenlesbaren Zone des Personalausweises erhoben werden, um das Alter des Ausweisinhabers und die Gültigkeit des Ausweises zu überprüfen. [2] Eine Speicherung der Daten ist unzulässig.

Abschnitt 4.[1)] Hoheitliche Berechtigungszertifikate; Berechtigungen; elektronische Signaturen

§ 20a[2)] Hoheitliche Berechtigungszertifikate. (1) Zur Identitätsfeststellung berechtigte Behörden erhalten hoheitliche Berechtigungszertifikate, die ausschließlich für die hoheitliche Tätigkeit der Identitätsfeststellung zu verwenden sind.

(2) [1] Personalausweisbehörden und der Ausweishersteller erhalten hoheitliche Berechtigungszertifikate. [2] Umfang und Inhalt der in Satz 1 genannten hoheitlichen Berechtigungszertifikate bestimmen sich durch die auf Grund dieses Gesetzes den Personalausweisbehörden und dem Ausweishersteller jeweils zugewiesenen Zuständigkeiten.

(3) Das Bundesamt für Sicherheit in der Informationstechnik erhält hoheitliche Berechtigungszertifikate zur Qualitätssicherung anhand von Testausweisen.

§ 21[3)] Berechtigungen für Diensteanbieter. (1) [1] Um Daten im Wege des elektronischen Identitätsnachweises anzufragen, benötigen Diensteanbieter eine Berechtigung. [2] Die Berechtigung lässt datenschutzrechtliche Vorschriften unberührt. [3] Das Vorliegen einer Berechtigung ist durch die Vergabe von Berechtigungszertifikaten technisch abzusichern.

(2) [1] Die Berechtigung wird auf Antrag erteilt. [2] Die antragstellende Person muss die Daten nach § 18 Absatz 4 Satz 2 Nummer 1, 2 und 4 angeben. [3] Die Berechtigung ist zu erteilen, wenn

1. der Diensteanbieter seine Identität gegenüber der Vergabestelle für Berechtigungszertifikate nachweist,
2. der Diensteanbieter das dem Antrag zu Grunde liegende Interesse an einer Berechtigung, insbesondere zur geplanten organisationsbezogenen Nutzung, darlegt,
3. der Diensteanbieter die Einhaltung des betrieblichen Datenschutzes versichert und
4. der Vergabestelle für Berechtigungszertifikate keine Anhaltspunkte für eine missbräuchliche Verwendung der Daten vorliegen.

(3) [1] Die Berechtigung ist zu befristen. [2] Die Gültigkeitsdauer darf einen Zeitraum von drei Jahren nicht überschreiten. [3] Die Berechtigung darf nur von dem im Berechtigungszertifikat angegebenen Diensteanbieter verwendet werden. [4] Sie wird auf Antrag wiederholt erteilt.

(4) [1] Die Berechtigung ist zurückzunehmen, wenn der Diensteanbieter diese durch Angaben erwirkt hat, die in wesentlicher Beziehung unrichtig oder unvoll-

---

[1)] Abschnitt 4 Überschrift neu gef. mWv 1.7.2021 durch G v. 15.1.2021 (BGBl. I S. 530).

[2)] § 20a eingef. mWv 1.7.2021 durch G v. 15.1.2021 (BGBl. I S. 530).

[3)] § 21 Abs. 2 Satz 1 Nr. 2a eingef. mWv 1.8.2013 durch G v. 25.7.2013 (BGBl. I S. 2749); Überschrift geänd., Abs. 1 und 2 neu gef., Abs. 3 Satz 3 geänd., Satz 4 neu gef., Abs. 4 aufgeh., bish. Abs. 5 und 6 werden Abs. 4 und 5, Abs. 6–8 angef. mWv 15.7.2017 durch G v. 7.7.2017 (BGBl. I S. 2310).

ständig waren. [2]Sie ist zu widerrufen, wenn sie nicht oder nicht im gleichen Umfang hätte erteilt werden dürfen. [3]Die Berechtigung soll zurückgenommen oder widerrufen werden, wenn die für den Diensteanbieter zuständige Datenschutzaufsichtsbehörde die Rücknahme oder den Widerruf verlangt, weil Tatsachen die Annahme rechtfertigen, dass der Diensteanbieter die auf Grund der Nutzung des Berechtigungszertifikates erhaltenen personenbezogenen Daten in unzulässiger Weise verarbeitet oder nutzt.

(5) [1]Mit Bekanntgabe der Rücknahme oder des Widerrufs der Berechtigung darf der Diensteanbieter vorhandene Berechtigungszertifikate nicht mehr verwenden. [2]Dies gilt nicht, solange und soweit die sofortige Vollziehung (§ 30) ausgesetzt worden ist.

(6) Der Diensteanbieter hat Änderungen der Angaben nach § 18 Absatz 4 Satz 2 Nummer 1 und 4 der Vergabestelle für Berechtigungszertifikate unverzüglich mitzuteilen.

(7) Öffentliche Stellen anderer Mitgliedstaaten der Europäischen Union sind berechtigt, Daten im Wege des elektronischen Identitätsnachweises anzufragen.

(8) Die Vergabestelle für Berechtigungszertifikate führt ein Register über die erteilten Berechtigungen.

§ 21a[1)] Vor-Ort-Berechtigung für Vor-Ort-Diensteanbieter. [1]Um Ausweisdaten nach § 18a unter Anwesenden vor Ort auslesen zu dürfen, benötigen Vor-Ort-Diensteanbieter eine Vor-Ort-Berechtigung einschließlich eines Vor-Ort-Zertifikats. [2]§ 21 gilt hierfür entsprechend.

§ 21b[2)] Berechtigung für Identifizierungsdiensteanbieter. (1) Wer als Identifizierungsdiensteanbieter die Funktion des elektronischen Identitätsnachweises nach § 18 Absatz 2 Satz 1 in Verbindung mit § 19 Absatz 6 nutzen möchte, um Identifizierungsdienstleistungen für Dritte zu erbringen, bedarf einer Berechtigung.

(2) [1]Die Berechtigung ist zu erteilen, wenn der Identifizierungsdiensteanbieter

1. durch technisch-organisatorische Maßnahmen die Einhaltung der in § 19a enthaltenen Vorgaben gewährleistet und
2. die weiteren Anforderungen an Datenschutz und Datensicherheit nach der Rechtsverordnung nach § 34 Satz 1 Nummer 7 erfüllt.

[2]Im Übrigen gilt § 21 entsprechend.

§ 22[3)] Elektronische Signatur. [1]Der Personalausweis kann als qualifizierte elektronische Signaturerstellungseinheit im Sinne des Artikels 3 Nummer 23 der Verordnung (EU) Nr. 910/2014[4)] ausgestaltet werden. [2]Die Zertifizierung nach Artikel 30 der Verordnung (EU) Nr. 910/2014 erfolgt durch das Bundesamt für Sicherheit in der Informationstechnik. [3]Die Vorschriften des Vertrauensdienstegesetzes[5)] bleiben unberührt.

[1)] § 21a eingef. mWv 15.7.2017 durch G v. 7.7.2017 (BGBl. I S. 2310).

[2)] § 21b eingef. mWv 15.7.2017 durch G v. 7.7.2017 (BGBl. I S. 2310); Abs. 2 Satz 1 Nr. 2 geänd. mWv 1.9.2021 durch G v. 5.7.2021 (BGBl. I S. 2281).

[3)] § 22 neu gef. mWv 29.7.2017 durch G v. 18.7.2017 (BGBl. I S. 2745).

[4)] **Sartorius III Nr. 741.**

[5)] **Sartorius ErgBd. Nr. 924.**

Abschnitt 5. Personalausweisregister; Speicherungsvorschriften

§ 23[1)] Personalausweisregister. (1) Die Personalausweisbehörden führen Personalausweisregister.

(2) Das Personalausweisregister dient der Durchführung dieses Gesetzes, insbesondere

1. der Ausstellung der Ausweise und der Feststellung ihrer Echtheit und
2. der Identitätsfeststellung der Person, die den Ausweis besitzt oder für die er ausgestellt ist.

(3) Das Personalausweisregister darf neben dem Lichtbild, der Unterschrift des Ausweisinhabers und verfahrensbedingten Bearbeitungsvermerken ausschließlich folgende Daten enthalten:

1. Familienname und Geburtsname,
2. Vornamen,
3. Doktorgrad,
4. Tag der Geburt,
5. Ort der Geburt,
6. Größe,
7. Farbe der Augen,
8. Anschrift,
9. Staatsangehörigkeit,

9a. Identifikationsnummer nach § 139b der Abgabenordnung,

10. Familienname, Vornamen, Tag der Geburt und Unterschrift des gesetzlichen Vertreters,
11. Seriennummer,
12. Sperrkennwort und Sperrsumme,
13. letzter Tag der Gültigkeitsdauer,
14. ausstellende Behörde,

14a. die örtlich zuständige Personalausweisbehörde, wenn diese nicht mit der ausstellenden Personalausweisbehörde identisch ist,

15. Vermerke über Anordnungen nach § 6 Absatz 7 und Maßnahmen nach § 6a Absatz 1 bis 3,
16. *(aufgehoben)*
17. E-Mail-Adresse, sofern der Personalausweisinhaber in die Speicherung einwilligt,
18. Ordensname, Künstlername,
19. den Nachweis über eine erteilte Ermächtigung nach § 8 Absatz 4 Satz 2 und
20. lichtbildaufnehmende Stelle.

[1)] § 23 Abs. 3 Nr. 12 geänd. mWv 1.8.2013 durch G v. 25.7.2013 (BGBl. I S. 2749); Abs. 3 Nr. 15 neu gef. mWv 15.7.2017 durch G v. 7.7.2017 (BGBl. I S. 2310); Abs. 3 Nr. 18, 19 geänd., Nr. 20 angef. *mWv 1.5.2025 durch G v. 3.12.2020* (BGBl. I S. 2744); Abs. 3 Nr. 9a eingef. mWv 3.11.2025 durch G v. 28.3.2021 (BGBl. I S. 591; 2025 I Nr. 137); Abs. 3 Nr. 17 neu gef. mWv 1.9.2021 durch G v. 5.7.2021 (BGBl. I S. 2281); Abs. 3 Nr. 14a eingef., Abs. 6 angef. mWv 1.11.2023, Abs. 3 Nr. 17 neu gef. mWv 1.11.2024 durch G v. 8.10.2023 (BGBl. 2023 I Nr. 271); Abs. 3 Nr. 16 aufgeh. mWv 27.6.2024 durch G v. 22.3.2024 (BGBl. 2024 I Nr. 104).

(4) [1] Personenbezogene Daten im Personalausweisregister sind mindestens bis zur Ausstellung eines neuen Ausweises, höchstens jedoch bis zu fünf Jahre nach dem Ablauf der Gültigkeit des Ausweises, auf den sie sich beziehen, zu speichern und dann zu löschen. [2] Für die Personalausweisbehörde nach § 7 Abs. 2 bei der Wahrnehmung konsularischer Aufgaben beträgt die Frist 30 Jahre.

(5) Die zuständige Personalausweisbehörde führt den Nachweis über Personalausweise, für die sie eine Ermächtigung nach § 8 Abs. 4 Satz 2 erteilt hat.

(6) [1] Wird eine andere als die ausstellende Personalausweisbehörde örtlich zuständig, darf sie die in Absatz 3 genannten und zur Wahrnehmung ihrer Aufgaben erforderlichen Daten mit Ausnahme der biometrischen Daten speichern. [2] Absatz 4 gilt entsprechend.

§ 24[1)] Verwendung im Personalausweisregister gespeicherter Daten.

(1) Die Personalausweisbehörden dürfen personenbezogene Daten nur nach Maßgabe dieses Gesetzes, anderer Gesetze oder Rechtsverordnungen erheben oder verwenden.

(1a) [1] Personalausweisbehörden dürfen anderen Personalausweisbehörden im automatisierten Verfahren Daten des Personalausweisregisters übermitteln oder Daten aus Personalausweisregistern, die in Zuständigkeit anderer Personalausweisbehörden geführt werden, abrufen, sofern dies zur Wahrnehmung ihrer Pflichten erforderlich ist. [2] Dies gilt nicht für biometrische Daten.

(2) [1] Die Personalausweisbehörden dürfen anderen Behörden auf deren Ersuchen Daten aus dem Personalausweisregister übermitteln, wenn

1. die ersuchende Behörde auf Grund von Gesetzen oder Rechtsverordnungen berechtigt ist, solche Daten zu erhalten,
2. die ersuchende Behörde ohne Kenntnis der Daten nicht in der Lage wäre, eine ihr obliegende Aufgabe zu erfüllen, und
3. die ersuchende Behörde die Daten bei dem Betroffenen nicht oder nur mit unverhältnismäßig hohem Aufwand erheben kann oder wenn nach der Art der Aufgabe, zu deren Erfüllung die Daten erforderlich sind, von einer solchen Datenerhebung abgesehen werden muss.

[2] Hinsichtlich der Daten, die auch im Melderegister gespeichert sind, müssen die im Bundesmeldegesetz[2)] enthaltenen Beschränkungen beachtet werden.

(3) [1] Die ersuchende Behörde trägt die Verantwortung dafür, dass die Voraussetzungen des Absatzes 2 vorliegen. [2] Ein Ersuchen nach Absatz 2 darf nur von Bediensteten gestellt werden, die vom Behördenleiter dazu besonders ermächtigt sind. [3] Die ersuchende Behörde hat den Anlass des Ersuchens und die Herkunft der übermittelten Daten und Unterlagen zu dokumentieren. [4] Wird die Personalausweisbehörde vom Bundesamt für Verfassungsschutz, den Landesbehörden für Verfassungsschutz, dem Militärischen Abschirmdienst, dem Bundesnachrichtendienst, dem Bundeskriminalamt oder dem Generalbundesanwalt oder der Generalbundesanwältin um die Übermittlung von Daten ersucht, so hat die ersuchende Behörde den Familiennamen, die Vornamen und die Anschrift des Betroffenen unter Hinweis auf den Anlass der Übermittlung aufzuzeichnen. [5] Die Aufzeichnungen sind gesondert aufzubewahren, durch technische und organisatorische

---

[1)] § 24 Abs. 2 Satz 2 geänd. mWv 1.11.2015 durch G v. 3.5.2013 (BGBl. I S. 1084, geänd. durch G v. 20.11.2014, BGBl. I S. 1738); Abs. 1a eingef. mWv 1.11.2023 durch G v. 8.10.2023 (BGBl. 2023 I Nr. 271).

[2)] Nr. **256**.

Maßnahmen zu sichern und am Ende des Kalenderjahres, das dem Jahr der Übermittlung folgt, zu vernichten.

(4) Die Daten des Personalausweisregisters und des Melderegisters dürfen zur Berichtigung des jeweils anderen Registers verwendet werden.

§ 25[1] Datenübertragung und automatisierter Abruf von Lichtbildern.

(1) [1] In den Fällen des § 24 Abs. 2 dürfen personenbezogene Daten auch durch Datenübertragung übermittelt werden. [2] § 12 Abs. 1 Satz 3 gilt entsprechend.

(2) [1] Die Ordnungsbehörden dürfen das Lichtbild zum Zweck der Verfolgung von Verkehrsordnungswidrigkeiten im automatisierten Verfahren abrufen, wenn die Personalausweisbehörde auf andere Weise nicht erreichbar ist und ein weiteres Abwarten den Ermittlungszweck gefährden würde. [2] Zuständig für den Abruf sind die Polizeivollzugsbehörden auf Ebene der Landkreise und kreisfreien Städte, die durch Landesrecht bestimmt werden. [3] Die abrufende Behörde trägt die Verantwortung dafür, dass die Voraussetzungen der Absätze 1 und 2 Satz 1 vorliegen. [4] Die Polizeibehörden des Bundes und der Länder, der Militärische Abschirmdienst, der Bundesnachrichtendienst, die Verfassungsschutzbehörden des Bundes und der Länder, Steuerfahndungsdienststellen der Länder, der Zollfahndungsdienst und die Hauptzollämter dürfen das Lichtbild zur Erfüllung ihrer Aufgaben im automatisierten Verfahren abrufen. [5] Ferner dürfen die zur Ausstellung

1. des Führerscheins,
2. des Fahrerqualifizierungsnachweises oder
3. der Fahrerkarte

zuständigen Behörden das Lichtbild sowie die Unterschrift der antragstellenden Person im automatisierten Verfahren abrufen, wenn die antragstellende Person zuvor im Rahmen der Online-Beantragung in die elektronische Übermittlung eingewilligt hat. [6] Die abrufende Behörde trägt die Verantwortung dafür, dass die Voraussetzungen des Absatzes 1 vorliegen. [7] Alle Abrufe sind von den beteiligten Behörden so zu protokollieren, dass eine Kontrolle der Zulässigkeit der Abrufe möglich ist. [8] Abrufe nach den Sätzen 4 und 5 werden nur von der abrufenden Behörde protokolliert. [9] Die Protokolle enthalten:

1. die nach § 4 Absatz 1 der Pass- und Personalausweisdatenabrufverordnung verwendeten Auswahldaten bei Abrufen nach den Sätzen 4 und 5, in anderen Fällen den Familiennamen, Vornamen sowie den Tag und den Ort der Geburt der Person, deren Lichtbild abgerufen wurde,
2. Tag und Uhrzeit des Abrufs,
3. die Bezeichnung der am Abruf beteiligten Stellen,
4. die Angabe der abrufenden und der den Abruf anordnenden Person sowie
5. das Aktenzeichen.

[10] § 24 Abs. 3 Satz 5 gilt entsprechend.

(3) Bei der Einrichtung eines automatisierten Abrufverfahrens hat die abrufberechtigte Stelle durch geeignete technische und organisatorische Maßnahmen nach den Artikeln 24, 25 und 32 der Verordnung (EU) 2016/679[2] des Europäischen

[1] § 25 Abs. 2 Satz 1 geänd., Sätze 4 und 5 eingef., bish. Satz 4 wird Satz 6, Satz 7 eingef., bish. Sätze 5 und 6 werden Sätze 8 und 9 mWv 15.7.2017 durch G v. 7.7.2017 (BGBl. I S. 2310); Abs. 2 Satz 5 eingef., bish. Sätze 5–9 werden Sätze 6–10, neuer Satz 8 geänd. mWv 7.4.2021 durch G v. 28.3.2021 (BGBl. I S. 591); Abs. 2 Satz 9 Nr. 1 neu gef. mWv 13.10.2023, Abs. 3, 4 angef. mWv 1.11.2025 durch G v. 8.10. 2023 (BGBl. 2023 I Nr. 271).

[2] Nr. **246**.

Parlaments und des Rates vom 27. April 2016 zum Schutz natürlicher Personen bei der Verarbeitung personenbezogener Daten, zum freien Datenverkehr und zur Aufhebung der Richtlinie 95/46/EG (Datenschutz-Grundverordnung) (ABl. L 119 vom 4.5.2016, S. 1; L 314 vom 22.11.2016, S. 72; L 127 vom 23.5.2018, S. 2; L 74 vom 4.3.2021, S. 35), nach § 64 des Bundesdatenschutzgesetzes[1)] und nach den entsprechenden landesgesetzlichen Regelungen sicherzustellen, dass Daten nur von hierzu befugten Personen automatisiert abgerufen werden können.

(4) [1] Die für einen zentralen Personalausweisregisterdatenbestand zuständige Stelle oder die Personalausweisbehörde trifft Maßnahmen nach den Artikeln 24, 25 und 32 der Verordnung (EU) 2016/679, insbesondere durch den Einsatz von Verschlüsselungstechnik und von Authentifizierungsverfahren, um den Datenschutz und die Datensicherheit zu gewährleisten. [2] Bei Zweifeln an der Identität der abrufenden Stelle unterbleibt der automatisierte Abruf.

§ 26[2)] Sonstige Speicherung personenbezogener Daten. (1) [1] Beantragung, Ausstellung und Aushändigung von Ausweisen dürfen nicht zum Anlass genommen werden, die dafür erforderlichen Angaben und biometrischen Merkmale außer bei den ausstellenden Personalausweisbehörden nach § 7 Abs. 1 und 2 nach den Vorgaben der §§ 23 bis 25 zu speichern. [2] Entsprechendes gilt für die

(Fortsetzung nächstes Blatt)

[1)] Nr. **245**.

[2)] § 26 Abs. 3 Satz 2 geänd. mWv 1.9.2021 durch G v. 5.7.2021 (BGBl. I S. 2281).

zur Ausstellung des Ausweises erforderlichen Antragsunterlagen sowie für personenbezogene Datenträger.

(2) Die bei der Personalausweisbehörde gespeicherten Fingerabdrücke sind spätestens nach Aushändigung des Personalausweises an die antragstellende Person zu löschen.

(3) [1] Eine zentrale, alle Seriennummern umfassende Speicherung darf nur bei dem Ausweishersteller und ausschließlich zum Nachweis des Verbleibs der Ausweise erfolgen. [2] Abgesehen von der Sperrsumme und dem letzten Tag der Gültigkeit der jeweiligen elektronischen Identitätsnachweise sowie den weiteren in § 19 Absatz 2 genannten Daten ist die Speicherung sonstiger personenbezogener Daten der antragstellenden Person bei dem Ausweishersteller unzulässig, soweit sie nicht ausschließlich und vorübergehend der Herstellung des Ausweises dient; die Angaben sind anschließend zu löschen.

(4) Eine bundesweite Datenbank der biometrischen Merkmale wird nicht errichtet.

Abschnitt 6. Pflichten des Ausweisinhabers; Ungültigkeit und Entziehung des Ausweises

§ 27[1)] Pflichten des Ausweisinhabers. (1) Der Ausweisinhaber ist verpflichtet, der Personalausweisbehörde unverzüglich

1. den Ausweis vorzulegen, wenn eine Eintragung unrichtig ist,
2. auf Verlangen den alten Ausweis beim Empfang eines neuen Ausweises abzugeben,
3. den Verlust des Ausweises und sein Wiederauffinden anzuzeigen und im Falle des Wiederauffindens diesen vorzulegen,
4. anzuzeigen, wenn er auf Grund freiwilliger Verpflichtung in die Streitkräfte oder einen vergleichbaren bewaffneten Verband eines ausländischen Staates, dessen Staatsangehörigkeit er besitzt, eingetreten ist und
5. im Falle der Ausgabe des Personalausweises im Wege des Versands anzuzeigen, wenn die Sendung unbefugt geöffnet worden ist oder den Personalausweis nicht enthält oder wenn der Personalausweis beschädigt ist oder eine Angabe auf dem Personalausweis unrichtig ist.

(2) [1] Der Personalausweisinhaber hat zumutbare Maßnahmen zu treffen, damit keine andere Person Kenntnis von der Geheimnummer erlangt. [2] Die Geheimnummer darf insbesondere nicht auf dem Personalausweis vermerkt oder in anderer Weise zusammen mit diesem aufbewahrt sowie im Fall des elektronischen Identitätsnachweises mit einem mobilen Endgerät nicht auf diesem gespeichert werden. [3] Ist dem Personalausweisinhaber bekannt, dass die Geheimnummer Dritten zur Kenntnis gelangt ist, soll er diese unverzüglich ändern oder die Funktion des elektronischen Identitätsnachweises sperren lassen. [4] Satz 3 gilt entsprechend für den Fall, dass dem Personalausweisinhaber bekannt wird, dass die Geheimnummer eines elektronischen Identitätsnachweises mit einem mobilen Endgerät Dritten zur Kenntnis gelangt ist.

[1)] § 27 Abs. 1 Nr. 3, Abs. 2 Satz 3 geänd. mWv 15.7.2017 durch G v. 7.7.2017 (BGBl. I S. 2310); Abs. 2 Satz 2 geänd., Satz 4 angef. mWv 1.9.2021 durch G v. 5.7.2021 (BGBl. I S. 2281); Abs. 1 Nr. 3 geänd., Nr. 4 aufgeh., bish. Nr. 5 wird Nr. 4 mWv 27.6.2024 durch G v. 22.3.2024 (BGBl. 2024 I Nr. 104); Abs. 1 Nr. 3 und 4 geänd., Nr. 5 angef. mWv 1.11.2024 durch G v. 23.10.2024 (BGBl. 2024 I Nr. 322).

(3) [1]Der Personalausweisinhaber soll durch technische und organisatorische Maßnahmen gewährleisten, dass der elektronische Identitätsnachweis gemäß § 18 nur in einer Umgebung eingesetzt wird, die nach dem jeweiligen Stand der Technik als sicher anzusehen ist. [2]Dabei soll er insbesondere solche technischen Systeme und Bestandteile einsetzen, die vom Bundesamt für Sicherheit in der Informationstechnik als für diesen Einsatzzweck sicher bewertet werden.

§ 28[1)] Ungültigkeit. (1) Ein Ausweis ist ungültig, wenn
1. er eine einwandfreie Feststellung der Identität des Ausweisinhabers nicht zulässt oder verändert worden ist,
2. Eintragungen nach diesem Gesetz fehlen oder – mit Ausnahme der Angaben über die Anschrift oder Größe – unzutreffend sind,
3. die Gültigkeitsdauer abgelaufen ist oder
4. gegen den Ausweisinhaber eine Anordnung im Sinne des § 6a Absatz 2 ergangen ist und er den Geltungsbereich dieses Gesetzes verlassen hat.

(2) Eine Personalausweisbehörde hat einen Ausweis für ungültig zu erklären, wenn die Voraussetzungen für seine Erteilung nicht vorgelegen haben oder nachträglich weggefallen sind.

(3) Störungen der Funktionsfähigkeit des elektronischen Speicher- und Verarbeitungsmediums berühren nicht die Gültigkeit des Personalausweises.

§ 29[2)] Sicherstellung und Einziehung. (1) Ein nach § 28 Abs. 1 oder Abs. 2 ungültiger Ausweis kann eingezogen werden.

(2) Ein Ausweis kann sichergestellt werden, wenn
1. eine Person ihn unberechtigt besitzt oder
2. Tatsachen die Annahme rechtfertigen, dass die Voraussetzungen für eine Einziehung nach Absatz 1 vorliegen, oder
3. eine Entziehung im Sinne des § 6a Absatz 2 ergangen ist oder Tatsachen die Annahme rechtfertigen, dass ein Entziehungsgrund im Sinne des § 6a Absatz 2 vorliegt.

(3) Eine Sicherstellung oder Einziehung ist schriftlich zu bestätigen.

§ 30[3)] Sofortige Vollziehung. Widerspruch und Anfechtungsklage gegen die Anordnung, dass der Ausweis nicht zum Verlassen Deutschlands berechtigt (§ 6 Abs. 7), gegen die Entziehung des Ausweises und die Ausstellung eines Ersatz-Personalausweises (§ 6a), gegen die Aufhebung der Berechtigung (§ 21 Abs. 5), gegen die Einziehung (§ 29 Abs. 1) und gegen die Sicherstellung des Ausweises (§ 29 Abs. 2) haben keine aufschiebende Wirkung.

Abschnitt 7. Gebühren und Auslagen; Bußgeldvorschriften

§ 31[4)] Gebühren und Auslagen; Verordnungsermächtigung. (1) Für individuell zurechenbare öffentliche Leistungen nach diesem Gesetz und den auf

---

[1)] § 28 Abs. 1 Nr. 2 und 3 geänd., Nr. 4 angef. mWv 30.6.2015 durch G v. 20.6.2015 (BGBl. I S. 970).

[2)] § 29 Abs. 2 Nr. 2 geänd., Nr. 3 angef. mWv 30.6.2015 durch G v. 20.6.2015 (BGBl. I S. 970).

[3)] § 30 geänd. mWv 30.6.2015 durch G v. 20.6.2015 (BGBl. I S. 970).

[4)] § 31 neu gef. mWv 15.7.2017 durch G v. 7.7.2017 (BGBl. I S. 2310); Abs. 3 geänd. mWv 27.6.2020 durch VO v. 19.6.2020 (BGBl. I S. 1328); Abs. 3 geänd. mWv 13.10.2023 durch G v. 8.10.2023 (BGBl. 2023 I Nr. 271).

diesem Gesetz beruhenden Rechtsverordnungen erheben die Personalausweisbehörden Gebühren und Auslagen nach den Absätzen 2 und 3.

(2) [1] Die Gebühr soll die mit der individuell zurechenbaren öffentlichen Leistung verbundenen Kosten aller an der Leistung Beteiligten decken. [2] In die Gebühr sind die mit der Leistung regelmäßig verbundenen Auslagen einzubeziehen. [3] Zur Ermittlung der Gebühr sind die Kosten, die nach betriebswirtschaftlichen Grundsätzen als Einzel- und Gemeinkosten zurechenbar und ansatzfähig sind, insbeson-

(Fortsetzung nächstes Blatt)

dere Personal- und Sachkosten sowie kalkulatorische Kosten, zu Grunde zu legen. [4]Zu den Gemeinkosten zählen auch die Kosten der Rechts- und Fachaufsicht. [5]Grundlage der Gebührenermittlung nach den Sätzen 1 bis 4 sind Kosten, die in der Gesamtheit der Länder mit der jeweiligen Leistung verbundenen sind. [6]§ 3 Absatz 1 und 2, die §§ 5 bis 7, 9 Absatz 3 bis 6 und die §§ 10 bis 12 des Bundesgebührengesetzes[1)] gelten entsprechend.

(3) Das Bundesministerium des Innern und für Heimat wird ermächtigt, für den Bereich der Landesverwaltung durch Rechtsverordnung mit Zustimmung des Bundesrates die gebührenpflichtigen Tatbestände, die Gebührenhöhe und die Auslagenerstattung näher zu bestimmen.

(4) [1]Durch Besondere Gebührenverordnung des Auswärtigen Amts nach § 22 Absatz 4 des Bundesgebührengesetzes kann bestimmt werden, dass von den Auslandsvertretungen der Bundesrepublik Deutschland für individuell zurechenbare öffentliche Leistungen nach diesem Gesetz und den auf diesem Gesetz beruhenden Rechtsverordnungen zum Ausgleich von Kaufkraftunterschieden ein Zuschlag erhoben wird. [2]Der Zuschlag kann bis zu 300 Prozent der Gebühren betragen.

§ 32[2)] Bußgeldvorschriften. (1) Ordnungswidrig handelt, wer

1. entgegen § 1 Abs. 1 Satz 1, auch in Verbindung mit Abs. 2 Satz 1, einen Ausweis nicht besitzt,
2. entgegen § 1 Abs. 1 Satz 2, auch in Verbindung mit Abs. 2 Satz 1, einen Ausweis nicht oder nicht rechtzeitig vorlegt oder einen Abgleich mit dem Lichtbild nicht oder nicht rechtzeitig ermöglicht,
3. entgegen § 9 Abs. 2 Satz 2 einen dort genannten Antrag nicht oder nicht rechtzeitig stellt,
4. entgegen § 9 Abs. 3 Satz 1, auch in Verbindung mit Absatz 6 Satz 2, eine Angabe nicht richtig macht,
5. entgegen § 18 Abs. 2 Satz 4 einen elektronischen Identitätsnachweis nutzt,
6. entgegen § 20 Absatz 2 Satz 2 eine Kopie weitergibt oder
7. entgegen § 27 Absatz 1 Nummer 3 oder 4 eine Anzeige nicht oder nicht rechtzeitig erstattet.

(2) Ordnungswidrig handelt, wer vorsätzlich oder fahrlässig

1. ohne Berechtigung nach § 21 Absatz 1 Satz 1 Daten anfragt,
2. entgegen § 21 Absatz 2 Satz 2, auch in Verbindung mit § 21a Satz 2 oder § 21b Absatz 2 Satz 2, eine Angabe nicht richtig macht,
3. entgegen § 21 Absatz 3 Satz 3 oder Absatz 5 Satz 1, jeweils auch in Verbindung mit § 21a Satz 2 oder § 21b Absatz 2 Satz 2, eine Berechtigung oder ein Berechtigungszertifikat verwendet,

---

[1)] Nr. **120**.

[2)] § 32 Abs. 3 geänd. mWv 1.8.2013 durch G v. 25.7.2013 (BGBl. I S. 2749); Abs. 1 Nr. 4 und 8 geänd., Nr. 9 und 10 eingef., bish. Nr. 9 wird Nr. 11, Abs. 3 geänd. mWv 30.6.2015 durch G v. 20.6. 2015 (BGBl. I S. 970); Abs. 1 Nr. 2, Abs. 3 geänd. mWv 15.6.2017 durch G v. 8.6.2017 (BGBl. I S. 1570); Abs. 1 Nr. 6a und 6b eingef., Nr. 7 neu gef., Nr 7a eingef., Abs. 2 Nr. 1 neu gef., bish. Nr. 1–3 werden Nr. 2–4 und neu gef., Nr. 5 und 6 angef., Abs. 3 neu gef. mWv 15.7.2017 durch G v. 7.7.2017 (BGBl. I S. 2310); Abs. 1 Nr. 6–6b aufgeh., bish. Nr. 7 wird Nr. 6 und geänd., Nr. 7a–10 aufgeh., bish. Nr. 11 wird Nr. 7, Abs. 2 Nr. 4 geänd., Nr. 5 aufgeh., bish. Nr. 6 wird Nr. 5, Abs. 3 neu gef. mWv 5.8.2019 durch G v. 21.6.2019 (BGBl. I S. 846); Abs. 1 Nr. 7 geänd. mWv 27.6.2024 durch G v. 22.3.2024 (BGBl. 2024 I Nr. 104).

4. entgegen § 21 Absatz 6, auch in Verbindung mit § 21a Satz 2 oder § 21b Absatz 2 Satz 2, eine Mitteilung nicht, nicht richtig, nicht vollständig oder nicht rechtzeitig macht oder
5. ohne Berechtigung nach § 21b Absatz 1 eine dort genannte Funktion nutzt.

(3) Die Ordnungswidrigkeit kann in den Fällen des Absatzes 1 Nummer 5 sowie des Absatzes 2 Nummer 1, 2, 3 und 5 mit einer Geldbuße bis zu dreißigtausend Euro und in den übrigen Fällen mit einer Geldbuße bis zu dreitausend Euro geahndet werden.

§ 33[1] **Bußgeldbehörden.** Verwaltungsbehörden im Sinne des § 36 Abs. 1 Nr. 1 des Gesetzes über Ordnungswidrigkeiten[2]§ 36 Abs. 1 Nr. 1 des Gesetzes über Ordnungswidrigkeiten sind, soweit dieses Gesetz von Bundesbehörden ausgeführt wird,

1. in den Fällen des § 32 Absatz 1 Nummer 2 und 5 die Bundespolizeibehörden jeweils für ihren Geschäftsbereich,
2. in den Fällen des § 32 Abs. 1 Nr. 4 das Auswärtige Amt für Ausweisangelegenheiten im Ausland,
3. in den Fällen des § 32 Abs. 2 Nr. 1 bis 4 die Vergabestelle für Berechtigungszertifikate nach § 7 Abs. 4 Satz 1.

Abschnitt 8. Verordnungsermächtigung; Übergangsvorschrift

§ 34[3] **Verordnungsermächtigung.** [1]Das Bundesministerium des Innern und für Heimat wird ermächtigt, mit Zustimmung des Bundesrates durch Rechtsverordnung

1. die Muster der Ausweise zu bestimmen,
2. die Einzelheiten der technischen Anforderungen an die Speicherung des Lichtbildes und der Fingerabdrücke sowie den Zugriffsschutz auf die im elektronischen Speicher- und Verarbeitungsmedium abgelegten Daten zu regeln,
3. die Einzelheiten zu regeln
   a) über das Verfahren und die technischen Anforderungen für die Aufnahme, die elektronische Erfassung, die Echtheitsbewertung und die Qualitätssicherung des Lichtbilds,
   b) zur sicheren Übermittlung des Lichtbilds an die Personalausweisbehörde sowie zu einer Registrierung und Zertifizierung von Dienstleistern, welche Lichtbilder für die Personalausweisproduktion an die Personalausweisbehörde übermitteln,

---

[1] § 33 Nr. 1 geänd., Nr. 2 aufgeh., bish. Nr. 3 wird Nr. 2 und geänd., bish. Nr. 4 wird Nr. 3 mWv 5.8.2019 durch G v. 21.6.2019 (BGBl. I S. 846).

[2] **Habersack Nr. 94.**

[3] *§ 34 neu gef. mWv 5.8.2019 durch G v. 21.6.2019* (BGBl. I S. 846); Satz 1 einl. Satzteil geänd., Nr. 3 neu gef., Nr. 10, 11 geänd., Nr. 12 und Satz 2 angef. mWv 12.12.2020 durch G v. 3.12.2020 (BGBl. I S. 2744); Satz 1 Nr. 6a eingef., Nr. 7 und 9 Buchst. a geänd. mWv 7.4.2021 durch G v. 15.1.2021 (BGBl. I S. 530); Satz 1 Nr. 8a eingef., Satz 3 angef. mWv 9.7.2021 durch G v. 5.7.2021 (BGBl. I S. 2281); Satz 1 einl. Satzteil, Nr. 5, 12 und Satz 2 geänd. mWv 13.10.2023 durch G v. 8.10.2023 (BGBl. 2023 I Nr. 271).

c) über das Verfahren und die technischen Anforderungen für die Aufnahme, die elektronische Erfassung, die Echtheitsbewertung und Qualitätssicherung der Fingerabdrücke, die Reihenfolge der zu speichernden Fingerabdrücke bei Fehlen eines Zeigefingers, ungenügender Qualität des Fingerabdrucks oder Verletzungen der Fingerkuppe und

d) über die Form und die Einzelheiten für das Verfahren der Übermittlung sämtlicher Ausweisantragsdaten von den Personalausweisbehörden an den Ausweishersteller,

4. die Einzelheiten des Prüfverfahrens nach § 12 Absatz 2 Satz 2 zu regeln,
5. die Herstellung des Personalausweises und die Übermittlung und Übergabe von Geheimnummer, Entsperrnummer und Sperrkennwort zu regeln,
6. die Einzelheiten der Aushändigung und den Versand des Personalausweises zu regeln,

6a. die Einzelheiten zum Einschalten der Funktion zum elektronischen Identitätsnachweis, einschließlich des Verfahrens des nachträglichen Einschaltens der Funktion zum elektronischen Identitätsnachweis durch den Ausweishersteller nach elektronisch gestellter Beantragung, zu regeln,

7. die Änderung von Daten des Personalausweises wie den Namen oder die Anschrift, einschließlich des Verfahrens der Änderung der Anschrift auf dem elektronischen Speicher- und Verarbeitungsmedium nach einer elektronischen Anmeldung gemäß § 23a des Bundesmeldegesetzes[1)], zu regeln,
8. die Einzelheiten zur Nutzung des elektronischen Identitätsnachweises und des Vor-Ort-Auslesens zu regeln,

8a. die Einzelheiten zur Einrichtung und zur Nutzung des elektronischen Identitätsnachweises mit einem mobilen Endgerät, sowie zu den technischen Anforderungen an mobile Endgeräte nach § 2 Absatz 13 zu regeln,

9. die Einzelheiten
   a) der Geheimnummer, einschließlich des Verfahrens des Neusetzens der Geheimnummer durch den Ausweishersteller nach elektronisch gestelltem Antrag,
   b) der Sperrung und Entsperrung des elektronischen Identitätsnachweises durch den Ausweisinhaber sowie
   c) der Speicherung und Löschung der Sperrmerkmale und des Sperrkennworts

   festzulegen,
10. die sicherheitstechnischen Rahmenbedingungen festzulegen, die vorliegen müssen, damit öffentliche und private Stellen ein Benutzerkonto nach § 19 Absatz 5 anlegen und betreiben dürfen,
11. die Einzelheiten der Vergabe der Berechtigungen und Berechtigungszertifikate festzulegen und
12. die Einzelheiten zur Durchführung von automatisierten Mitteilungen oder von automatisierten Abrufen nach § 25 sowie zur Form und zum Inhalt der zu übermittelnden Daten zu regeln.

[2] Rechtsverordnungen nach Satz 1 ergehen im Benehmen mit dem Auswärtigen Amt, Rechtsverordnungen nach Satz 1 Nummer 3 Buchstabe b zusätzlich im Benehmen mit dem Bundesministerium für Wirtschaft und Klimaschutz. [3] In einer Rechtsverordnung nach Satz 1 Nummer 8a sind Regelungen zu Maßnahmen

---

1) Nr. **256**.

gegen eine missbräuchliche Verwendung bei der Einrichtung eines elektronischen Identitätsnachweises mit einem mobilen Endgerät vorzusehen.

§ 34a[1)] Regelungsbefugnisse der Länder. [1] Durch Landesrecht können zentrale Personalausweisregisterdatenbestände zur Speicherung des Lichtbilds und der Unterschrift für die Durchführung eines automatisierten Abrufs des Lichtbilds nach § 25 Absatz 2 Satz 1 und 4 sowie eines automatisierten Abrufs des Lichtbilds und der Unterschrift nach § 25 Absatz 2 Satz 5 eingerichtet werden. [2] In diesem Fall gelten § 23 Absatz 4, § 25 Absatz 2 Satz 5 bis 8 und § 26 Absatz 4 entsprechend. [3] Macht ein Land von der Regelungsbefugnis Gebrauch, hat es technisch sicherzustellen, dass die Lichtbilder und Unterschriften vor unbefugtem Zugriff geschützt sind. [4] Die Lichtbilder und Unterschriften dürfen nur so gespeichert werden, dass keine Verknüpfung mit anderen als für den automatisierten Abruf benötigten Daten ermöglicht wird.

§ 35 Übergangsvorschrift. Abweichend von § 7 Abs. 2, § 8 Abs. 2, § 10 Abs. 1 Satz 4 und Abs. 2 Satz 2, § 23 Abs. 4 Satz 2 sowie § 31 Abs. 2 ist bis zum 31. Dezember 2012 für Deutsche mit Hauptwohnung im Ausland die Personalausweisbehörde nach § 7 Abs. 1 zuständig, in deren Bezirk er oder sie sich vorübergehend aufhält.

[1)] § 34a eingef. mWv 1.9.2021 durch G v. 5.7.2021 (BGBl. I S. 2281).

256. Bundesmeldegesetz (BMG)[1) 2) 3)]

Vom 3. Mai 2013

(BGBl. I S. 1084)

FNA 210-7

geänd. durch Art. 1 Nr. 1 G zur Änd. des G zur Fortentwicklung des Meldewesens v. 20.11.2014 (BGBl. I S. 1738), Art. 3a Bundeswehr-AttraktivitätssteigerungsG v. 13.5.2015 (BGBl. I S. 706), Art. 2a G zur Änd. des PersonalausweisG zur Einführung eines Ersatz-Personalausweises und zur Änd. des PassG v. 20.6.2015 (BGBl. I S. 970), Art. 4 AsylverfahrensbeschleunigungsG v. 20.10.2015 (BGBl. I S. 1722), Art. 8, 9 DatenaustauschverbesserungsG v. 2.2.2016 (BGBl. I S. 130), Art. 1, 2 Erstes G zur Änd. des BundesmeldeG und weiterer Vorschriften v. 11.10.2016 (BGBl. I S. 2218), Art. 11 Abs. 4 eIDAS-DurchführungsG v. 18.7.2017 (BGBl. I S. 2745), Art. 5 Abs. 2 G zur Einführung einer Karte für Unionsbürger und Angehörige des Europäischen Wirtschaftsraums mit Funktion zum elektronischen Identitätsnachweis sowie zur Änd. des PersonalausweisG und weiterer Vorschriften v. 21.6.2019 (BGBl. I S. 846), Art. 8 Zweites DatenaustauschverbesserungsG v. 4.8.2019 (BGBl. I S. 1131), Art. 16 Zweites Datenschutz-Anpassungs- und UmsetzungsG EU v. 20.11.2019 (BGBl. I S. 1626), Art. 1 Drittes BürokratieentlastungsG v. 22.11.2019 (BGBl. I S. 1746), Art. 4 Drittes WaffenrechtsänderungsG v. 17.2.2020 (BGBl. I S. 166), Art. 82 Elfte ZuständigkeitsanpassungsVO v. 19.6.2020 (BGBl. I S. 1328), Art. 3, 9 G zur Stärkung der Sicherheit im Pass-, Ausweis- und ausländerrechtlichen Dokumentenwesen v. 3.12.2020 (BGBl. I S. 2744), Art. 5 ArbeitsschutzkontrollG v. 22.12.2020 (BGBl. I S. 3334), Art. 1 G zur Erprobung weiterer elektronischer Verfahren zur Erfüllung der besonderen Meldepflicht in Beherbergungsstätten v. 10.3.2021 (BGBl. I S. 332), Art. 4 Rechtsextremismus-BekämpfungsG v. 30.3.2021 (BGBl. I S. 441, geänd. durch G v. 30.3.2021 BGBl. I S. 448), Art. 1, 5, 7 Zweites G zur Änd. des BundesmeldeG v. 15.1.2021 (BGBl. I S. 530), Art. 4 RegistermodernisierungsG v. 28.3.2021 (BGBl. I S. 591; 2023 I Nr. 230; 2023 I Nr. 293; 2024 I Nr. 292; 2024 I Nr. 338; 2025 I Nr. 137; 2025 I Nr. 262; 2026 I Nr. 56; 2026 I Nr. 121), Art. 4 G zur Durchführung der VO (EU) 2021/784 und zur Änd. weiterer Gesetze v. 21.7.2022

[1)] Verkündet als Art. 1 G v. 3.5.2013 (BGBl. I S. 1084, geänd. durch G v. 20.11.2014, BGBl. I S. 1738); Inkrafttreten gem. Art. 4 Satz 1 dieses G am 1.11.2015, mit Ausnahme der §§ 55–57, die gem. Art. 4 Satz 2 dieses G bereits am 26.11.2014 in Kraft getreten sind.

[2)] Die Änderungen durch G v. 28.3.2021 (BGBl. I S. 591; 2024 I Nr. 338; 2025 I Nr. 262; 2026 I Nr. 121) treten teilweise erst **mit noch unbestimmtem Datum** in Kraft und sind insoweit im Text noch nicht berücksichtigt.

[3)] Zur Ausführung und Durchführung des BMG haben die Länder ua folgende Vorschriften erlassen:
- **Baden-Württemberg:** Bundesmeldegesetz-AusführungsG v. 12.5.2015 (GBl. S. 320), zuletzt geänd. durch G v. 28.6.2022 (GBl. S. 345)
- **Bayern:** Bundesmeldegesetz-AusführungsG v. 23.6.2015 (GVBl. S. 178), zuletzt geänd. durch G v. 10.3.2023 (GVBl. S. 91)
- **Berlin:** Bundesmeldegesetz-AusführungsG v. 7.7.2016 (GVBl. S. 430), zuletzt geänd. durch G v. 11.12.2025 (GVBl. S. 629)
- **Bremen:** Bundesmeldegesetz-AusführungsG v. 24.3.2015 (Brem.GBl. S. 135), zuletzt geänd. durch Bek. v. 2.9.2025 (Brem.GBl. S. 674)
- **Hamburg:** Hamburgisches Melde-, Pass- und PersonalausweisG v. 19.12.2024 (HmbGVBl. 2025 S. 78)
- **Hessen:** Bundesmeldegesetz-AusführungsG v. 28.9.2015 (GVBl. S. 346), zuletzt geänd. durch G v. 28.6.2023 (GVBl. S. 477)
- **Niedersachsen:** Bundesmeldegesetz-AusführungsG v. 17.9.2015 (Nds. GVBl. S. 186), zuletzt geänd. durch G v. 23.3.2022 (Nds. GVBl. S. 193)
- ***Rheinland-Pfalz:*** Bundesmeldegesetz-AusführungsG v. 21.10.2015 (GVBl. S. 365), zuletzt geänd. durch G v. 12.4.2023 (GVBl. S. 111)
- **Saarland:** Bundesmeldegesetz-AusführungsG v. 13.10.2015 (Amtsbl. I S. 712), zuletzt geänd. durch G v. 9.10.2024 (Amtsbl. I S. 1085)
- **Sachsen:** Bundesmeldegesetz-AusführungsG v. 9.7.2014 (SächsGVBl. S. 376), zuletzt geänd. durch G v. 4.6.2024 (SächsGVBl. S. 495)
- **Sachsen-Anhalt:** Bundesmeldegesetz-AusführungsG v. 21.7.2015 (GVBl. LSA S. 369), zuletzt geänd. durch G v. 22.6.2023 (GVBl. LSA S. 308)
- **Schleswig-Holstein:** LandesmeldeG v. 20.10.2015 (GVOBl. Schl.-H. S. 344), zuletzt geänd. durch G v. 8.4.2025 (GVOBl. Schl.-H. Nr. 54)
- **Thüringen:** Bundesmeldegesetz-AusführungsG v. 23.9.2015 (GVBl. S. 131), geänd. durch G v. 20.12.2022 (GVBl. 2023 S. 3)

(BGBl. I S. 1182), Art. 22 SanktionsdurchsetzungsG II v. 19.12.2022 (BGBl. I S. 2606), Art. 3 Abs. 3 Staatsangehörigkeitsrecht-ModernisierungsG v. 22.3.2024 (BGBl. 2024 I Nr. 104), Art. 3 G über die Selbstbestimmung in Bezug auf den Geschlechtseintrag und zur Änd. weiterer Vorschriften v. 19.6.2024 (BGBl. 2024 I Nr. 206), Art. 6 Viertes BürokratieentlastungsG v. 23.10.2024 (BGBl. 2024 I Nr. 323) und Art. 12 Wehrdienst-ModernisierungsG v. 22.12.2025 (BGBl. 2025 I Nr. 370)

Inhaltsübersicht[1]

[1] Inhaltsübersicht geänd. mWv 26.11.2019 durch G v. 20.11.2019 (BGBl. I S. 1626); geänd. mWv 7.4. 2021, geänd. mWv 1.5.2022 durch G v. 15.1.2021 (BGBl. I S. 530); geänd. mWv 27.7.2022 durch G v. 21.7.2022 (BGBl. I S. 1182).

Abschnitt 1. Allgemeine Bestimmungen

§ 1 Meldebehörden. Meldebehörden sind die durch Landesrecht dazu bestimmten Behörden.

§ 2[1] Aufgaben und Befugnisse der Meldebehörden. (1) Die Meldebehörden haben die in ihrem Zuständigkeitsbereich wohnhaften Personen (Einwohner) zu registrieren, um deren Identität und deren Wohnungen feststellen und nachweisen zu können.

(2) [1] Die Meldebehörden führen zur Erfüllung ihrer Aufgaben Melderegister. [2] Diese enthalten Daten, die bei der betroffenen Person erhoben, von öffentlichen Stellen übermittelt oder sonst amtlich bekannt werden.

(3) Die Meldebehörden erteilen Melderegisterauskünfte, wirken nach Maßgabe dieses Gesetzes oder sonstiger Rechtsvorschriften bei der Durchführung von Aufgaben anderer öffentlicher Stellen mit und übermitteln Daten.

(4) [1] Die Meldebehörden dürfen personenbezogene Daten, die im Melderegister gespeichert werden, nur nach Maßgabe dieses Gesetzes oder sonstiger Rechtsvorschriften verarbeiten. [2] Daten nicht meldepflichtiger Personen dürfen nur verarbeitet werden, wenn die betroffene Person in die Datenverarbeitung eingewilligt hat.

§ 3[2] Speicherung von Daten. (1) Zur Erfüllung ihrer Aufgaben nach § 2 Absatz 1 und 3 speichern die Meldebehörden folgende Daten sowie die zum Nachweis ihrer Richtigkeit erforderlichen Hinweise im Melderegister:

---

[1] § 2 Abs. 4 Satz 1 geänd., Satz 2 neu gef. mWv 26.11.2019 durch G v. 20.11.2019 (BGBl. I S. 1626).

[2] § 3 Abs. 2 Nr. 2 Buchst. c und d Doppelbuchst. aa geänd. durch G v. 20.11.2014 (BGBl. I S. 1738); Abs. 1 Nr. 17 geänd., Abs. 2 Nr. 4 neu gef. durch G v. 20.6.2015 (BGBl. I S. 970); Abs. 1 Nr. 17a eingef. mWv 5.2.2016 durch G v. 2.2.2016 (BGBl. I S. 130); Abs. 1 Nr. 9 Buchst. h, Nr. 15 Buchst. i, Nr. 16 →

1. Familienname,
2. frühere Namen,
3. Vornamen unter Kennzeichnung des gebräuchlichen Vornamens,
4. Doktorgrad,
5. Ordensname, Künstlername,
6. Geburtsdatum und Geburtsort sowie bei Geburt im Ausland auch den Staat,
7. Geschlecht,
8. die Identifikationsnummer nach § 139b der Abgabenordnung,
9. zum gesetzlichen Vertreter
   a) Familienname,
   b) Vornamen,
   c) Doktorgrad,
   d) Anschrift,
   e) Geburtsdatum,
   f) Geschlecht,
   g) Sterbedatum,
   h) Auskunftssperren nach § 51 und bedingte Sperrvermerke nach § 52 sowie
   i) die Identifikationsnummer nach § 139b der Abgabenordnung,
10. derzeitige Staatsangehörigkeiten,
11. rechtliche Zugehörigkeit zu einer öffentlich-rechtlichen Religionsgesellschaft,
12. derzeitige Anschriften, frühere Anschriften im Zuständigkeitsbereich der Meldebehörde sowie Anschrift der letzten alleinigen Wohnung oder Hauptwohnung und der letzten Nebenwohnungen außerhalb des Zuständigkeitsbereichs der Meldebehörde, gekennzeichnet nach Haupt- und Nebenwohnung, bei Zuzug aus dem Ausland auch den Staat und die letzte Anschrift im Inland, bei Wegzug in das Ausland auch die Zuzugsanschrift im Ausland und den Staat,
13. Einzugsdatum, Auszugsdatum, Datum des letzten Wegzugs aus einer Wohnung im Inland sowie Datum des letzten Zuzugs aus dem Ausland,
14. Familienstand, bei Verheirateten oder Lebenspartnern zusätzlich Datum und Ort der Eheschließung oder der Begründung der Lebenspartnerschaft sowie bei Eheschließung oder Begründung der Lebenspartnerschaft im Ausland auch den Staat,
15. zum Ehegatten oder Lebenspartner
    a) Familienname,

(Fortsetzung der Anm. von voriger Seite)
Buchst. g geänd., Abs. 2 Nr. 5 neu gef., Nr. 10 geänd. mWv 1.11.2016 durch G v. 11.10.2016 (BGBl. I S. 2218); Abs. 1 Nr. 17a neu gef. mWv 1.11.2019 durch G v. 4.8.2019 (BGBl. I S. 1131); Abs. 2 Nr. 7 neu gef. mWv 1.5.2020 durch G v. 17.2.2020 (BGBl. I S. 166); Abs. 1 Nr. 17 geänd. mWv 12.12.2020 und mWv 1.5.2021 durch G v. 3.12.2020 (BGBl. I S. 2744); Abs. 1 Nr. 14 geänd., Abs. 2 Nr. 1 Buchst. c aufgeh. mWv 7.4.2021 durch G v. 15.1.2021 (BGBl. I S. 530); Abs. 1 Nr. 8 und Abs. 2 Nr. 3 neu gef. mWv 1.11.2024, Abs. 1 Nr. 9 Buchst. g, h geänd., Buchst. i angef., Nr. 15 Buchst. h, i geänd., Buchst. j angef., Nr. 16 Buchst. g geänd., Buchst. h angef., Abs. 2 Nr. 2 Buchst. b, c geänd., Buchst. d aufgeh. *mWv 1.5.2026 durch G v. 28.3.2021* (BGBl. I S. 591; 2023 I Nr. 230; 2023 I Nr. 293; 2024 I Nr. 292; 2024 I Nr. 338; 2025 I Nr. 137; 2025 I Nr. 262; 2026 I Nr. 56, 121); Abs. 2 Nr. 6 aufgeh. mWv 27.7. 2022, Abs. 1 Nr. 17a geänd. mWv 1.11.2022 durch G v. 21.7.2022 (BGBl. I S. 1182); Abs. 2 Nr. 5 aufgeh. mWv 27.6.2024 durch G v. 22.3.2024 (BGBl. 2024 I Nr. 104); Abs. 2 Nr. 10 geänd., Nr. 11 aufgeh. mWv 1.1.2026 durch G v. 22.12.2025 (BGBl. 2025 I Nr. 370).

b) Vornamen,
c) Geburtsname,
d) Doktorgrad,
e) Geburtsdatum,
f) Geschlecht,
g) derzeitige Anschriften im Zuständigkeitsbereich der Meldebehörde sowie Anschrift der letzten alleinigen Wohnung oder Hauptwohnung außerhalb des Zuständigkeitsbereichs der Meldebehörde,
h) Sterbedatum,
i) Auskunftssperren nach § 51 und bedingte Sperrvermerke nach § 52 sowie
j) die Identifikationsnummer nach § 139b der Abgabenordnung,

16. zu minderjährigen Kindern
a) Familienname,
b) Vornamen,
c) Geburtsdatum,
d) Geschlecht,
e) Anschrift im Inland,
f) Sterbedatum,
g) Auskunftssperren nach § 51 und bedingte Sperrvermerke nach § 52 sowie
h) die Identifikationsnummer nach § 139b der Abgabenordnung,

17. Ausstellungsbehörde, Ausstellungsdatum, letzter Tag der Gültigkeitsdauer und Seriennummer des Personalausweises, vorläufigen Personalausweises oder Ersatz-Personalausweises, des anerkannten Passes oder Passersatzpapiers, Ausstellungsbehörde, letzter Tag der Gültigkeitsdauer und Seriennummer der eID-Karte sowie Sperrkennwort und Sperrsumme des Personalausweises und der eID-Karte,

17a. die AZR-Nummer in den Fällen und nach Maßgabe des § 10 Absatz 4 Satz 1 und 2 Nummer 4 des AZR-Gesetzes[1)],

18. Auskunfts- und Übermittlungssperren,

19. Sterbedatum und Sterbeort sowie bei Versterben im Ausland auch den Staat.

(2) Über die in Absatz 1 genannten Daten hinaus speichern die Meldebehörden folgende Daten sowie die zum Nachweis ihrer Richtigkeit erforderlichen Hinweise im Melderegister:

1. für die Vorbereitung und Durchführung von Wahlen und Abstimmungen auf staatlicher und kommunaler Ebene die Tatsache, dass die betroffene Person
a) von der Wahlberechtigung oder der Wählbarkeit ausgeschlossen ist,
b) als Unionsbürger (§ 6 Absatz 3 Satz 1 des Europawahlgesetzes) bei der Wahl des Europäischen Parlaments von Amts wegen in ein Wählerverzeichnis im Inland einzutragen ist; ebenfalls zu speichern ist die Gebietskörperschaft oder der Wahlkreis im Herkunftsmitgliedstaat, wo die betroffene Person zuletzt in ein Wählerverzeichnis eingetragen war,

2. für das Verfahren zur Bildung und Anwendung der elektronischen Lohnsteuerabzugsmerkmale nach § 39e Absatz 2 Satz 2 und 3 des Einkommensteuergesetzes

---

[1)] **Sartorius ErgBd. Nr. 569.**

a) die Zugehörigkeit zu einer steuererhebenden Religionsgesellschaft sowie das Datum des Eintritts und Austritts,

b) den Familienstand sowie

c) das Datum der Begründung oder Auflösung der Ehe oder Lebenspartnerschaft,

3. für Zwecke der Vergabe der Identifikationsnummer nach § 139b der Abgabenordnung bis zu deren Speicherung im Melderegister das Vorläufige Bearbeitungsmerkmal nach § 139b Absatz 6 Satz 2 der Abgabenordnung,
4. für die Ausstellung von Pässen und Ausweisen
die Tatsache, dass Passversagungsgründe vorliegen, ein Pass versagt oder entzogen oder eine Anordnung nach § 6 Absatz 7, § 6a Absatz 1 oder § 6a Absatz 2 des Personalausweisgesetzes[1] getroffen worden ist,
5. *(aufgehoben)*
6. *(aufgehoben)*
7. für waffenrechtliche Verfahren
die Tatsache, dass eine waffenrechtliche Erlaubnis erteilt oder ein Waffenbesitzverbot erlassen worden ist, sowie die jeweilige Behörde, die diese Tatsache mitteilt, mit Angabe des Datums, an dem die waffenrechtliche Erlaubnis erstmals erteilt oder das Waffenbesitzverbot erlassen worden ist,
8. für sprengstoffrechtliche Verfahren
die Tatsache, dass eine sprengstoffrechtliche Erlaubnis oder ein Befähigungsschein nach § 20 des Sprengstoffgesetzes[2] erteilt worden ist, sowie die Behörde, die diese Tatsache mitteilt, mit Angabe des Datums der erstmaligen Erteilung,
9. zur Beantwortung von Aufenthaltsanfragen anderer Behörden und sonstiger öffentlicher Stellen, wenn der Einwohner die Wohnung aufgegeben hat und der Meldebehörde eine neue Wohnung nicht bekannt ist,
das Ersuchen um Datenübermittlung mit dem Datum der Anfrage und der Angabe der anfragenden Stelle für die Dauer von bis zu zwei Jahren,
10. für die Prüfung, ob die von der meldepflichtigen Person gemachten Angaben richtig sind, und zur Gewährleistung der Auskunftsrechte in § 19 Absatz 1 Satz 3 und § 50 Absatz 4
den Namen und die Anschrift des Eigentümers der Wohnung und, wenn dieser nicht selbst Wohnungsgeber ist, den Namen des Eigentümers der Wohnung sowie den Namen und die Anschrift des Wohnungsgebers.

§ 4[3] Ordnungsmerkmale. (1) [1]Die Meldebehörden dürfen ihre Register mit Hilfe von Ordnungsmerkmalen führen. [2]Die Ordnungsmerkmale können aus den in § 3 Absatz 1 Nummer 6 und 7 genannten Daten gebildet werden. [3]Durch geeignete technische Maßnahmen nach den Artikeln 24, 25 und 32 der Verordnung (EU) 2016/679[4] des Europäischen Parlaments und des Rates vom 27. April 2016

(Fortsetzung nächstes Blatt)

---

[1] Nr. **255**.
[2] **Sartorius ErgBd. Nr. 822.**
[3] § 4 Abs. 1 Satz 3, Abs. 2, 3 Satz 2 geänd. mWv 26.11.2019 durch G v. 20.11.2019 (BGBl. I S. 1626).
[4] Nr. **246**.

zum Schutz natürlicher Personen bei der Verarbeitung personenbezogener Daten, zum freien Datenverkehr und zur Aufhebung der Richtlinie 95/46/EG (Datenschutz-Grundverordnung) (ABl. L 119 vom 4.5.2016, S. 1; L 314 vom 22.11.2016, S. 72; L 127 vom 23.5.2018, S. 2) in der jeweils geltenden Fassung sind die Ordnungsmerkmale vor Verwechslungen zu schützen.

(2) Soweit von den Meldebehörden bereits Ordnungsmerkmale verarbeitet werden, die andere als die in § 3 Absatz 1 Nummer 6 und 7 genannten Daten enthalten, dürfen diese noch für eine Übergangsfrist von sechs Jahren nach Inkrafttreten dieses Gesetzes verarbeitet werden.

(3) [1] Ordnungsmerkmale dürfen im Rahmen von Datenübermittlungen an öffentliche Stellen und öffentlich-rechtliche Religionsgesellschaften übermittelt werden. [2] Der Empfänger der Daten darf die Ordnungsmerkmale nur im Verkehr mit der jeweiligen Meldebehörde verarbeiten, eine Weiterübermittlung ist unzulässig. [3] Soweit Ordnungsmerkmale personenbezogene Daten enthalten, dürfen sie nur übermittelt werden, wenn dem Empfänger auch die im Ordnungsmerkmal enthaltenen personenbezogenen Daten übermittelt werden dürfen.

(4) Absatz 3 Satz 2 und 3 gilt entsprechend für die Weitergabe von Ordnungsmerkmalen innerhalb der Verwaltungseinheit, der die Meldebehörde angehört.

§ 5[1)] Zweckbindung der Daten. (1) Die Meldebehörde darf die Daten, die nach § 3 Absatz 1 Nummer 17a[2)] gespeichert sind, nur noch im Verkehr mit der Registerbehörde für das Ausländerzentralregister nutzen, sobald sie von der Ausländerbehörde nach § 90a Absatz 1 Satz 3 des Aufenthaltsgesetzes[3)] unterrichtet wurde.

(2) [1] Die Meldebehörden dürfen die in § 3 Absatz 2 bezeichneten Daten nur für die dort genannten Zwecke verarbeiten. [2] Sie haben durch technische und organisatorische Maßnahmen nach den Artikeln 24, 25 und 32 der Verordnung (EU) 2016/679[4)] sicherzustellen, dass diese Daten nur nach Maßgabe des Satzes 1 verarbeitet werden.

(3) [1] Die in § 3 Absatz 2 bezeichneten Daten dürfen nur insoweit zusammen mit den in § 3 Absatz 1 bezeichneten Daten verarbeitet werden, als dies zur Erfüllung der jeweiligen Aufgabe erforderlich ist. [2] § 34 Absatz 3 und 4 bleibt unberührt mit der Maßgabe, dass

1. die in § 3 Absatz 2 Nummer 1 genannten Daten nur an die Stellen übermittelt werden dürfen, die für die Vorbereitung und Durchführung der dort genannten Wahlen und Abstimmungen zuständig sind, und
2. die in § 3 Absatz 2 Nummer 2 und 3 genannten Daten nur an das Bundeszentralamt für Steuern übermittelt werden dürfen. Das in § 3 Absatz 2 Nummer 2 Buchstabe c genannte Datum zur Auflösung der Ehe oder Lebenspartnerschaft *darf auch an die amtliche* Statistik übermittelt werden.

[3] Die in Satz 2 Nummer 1 und 2 genannten Daten dürfen nach § 33 auch an die Meldebehörden übermittelt werden.

---

1) § 5 Abs. 2 Satz 2 Nr. 2 Satz 2 angef. mWv 1.11.2016 durch G v. 11.10.2016 (BGBl. I S. 2218); Abs. 1 Sätze 1, 2, Abs. 2 Satz 1 geänd. mWv 26.11.2019 durch G v. 20.11.2019 (BGBl. I S. 1626); Abs. 1 eingef., bish. Abs. 1, 2 werden Abs. 2, 3 mWv 1.11.2022 durch G v. 21.7.2022 (BGBl. I S. 1182).

2) Nr. **256**.

3) Nr. **565**.

4) Nr. **246**.

§ 6[1)] Richtigkeit und Vollständigkeit des Melderegisters. (1) [1] Ist das Melderegister unrichtig oder unvollständig, hat es die Meldebehörde nach Artikel 5 Absatz 1 Buchstabe d der Verordnung (EU) 2016/679[2)] zu berichtigen oder zu vervollständigen (Fortschreibung). [2] Über die Fortschreibung sind unverzüglich diejenigen öffentlichen Stellen zu unterrichten, denen im Rahmen regelmäßiger Datenübermittlungen die unrichtigen oder unvollständigen Daten übermittelt worden sind.

(2) [1] Soweit die in Absatz 1 Satz 2 genannten öffentlichen Stellen nicht Aufgaben der amtlichen Statistik wahrnehmen oder öffentlich-rechtliche Religionsgesellschaften sind, haben sie die Meldebehörden unverzüglich zu unterrichten, wenn ihnen konkrete Anhaltspunkte für die Unrichtigkeit oder Unvollständigkeit der übermittelten Daten vorliegen. [2] Öffentliche Stellen, denen auf ihr Ersuchen hin Meldedaten übermittelt worden sind, haben die Meldebehörden zu unterrichten, wenn ihnen solche Anhaltspunkte vorliegen. [3] Gesetzliche Geheimhaltungspflichten, insbesondere das Steuergeheimnis nach § 30 der Abgabenordnung, sowie Berufs- oder besondere Amtsgeheimnisse stehen der Unterrichtung nicht entgegen, soweit sie sich auf die Angabe beschränkt, dass konkrete Anhaltspunkte für die Unrichtigkeit oder Unvollständigkeit übermittelter Daten vorliegen.

(3) Liegen der Meldebehörde konkrete Anhaltspunkte für die Unrichtigkeit oder Unvollständigkeit des Melderegisters vor, hat sie den Sachverhalt von Amts wegen zu ermitteln.

(4) Bei der Weitergabe von Daten und Hinweisen nach § 37 sind Absatz 1 Satz 2 und Absatz 2 entsprechend anzuwenden.

§ 7[3)] Meldegeheimnis. (1) Personen, die bei Meldebehörden oder anderen Stellen, die im Auftrag der Meldebehörden handeln, beschäftigt sind, ist es verboten, personenbezogene Daten unbefugt zu verarbeiten.

(2) [1] Die in Absatz 1 genannten Personen sind bei Aufnahme ihrer Tätigkeit von ihrem Arbeitgeber über ihre Pflichten nach Absatz 1 zu belehren und schriftlich auf die Einhaltung des Meldegeheimnisses zu verpflichten. [2] Ihre Pflichten bestehen auch nach Beendigung ihrer Tätigkeit fort.

Abschnitt 2. Schutzrechte

§ 8[4)] Schutzwürdige Interessen der betroffenen Person. [1] Schutzwürdige Interessen der betroffenen Person dürfen durch die Verarbeitung personenbezogener Daten nicht beeinträchtigt werden. [2] Schutzwürdige Interessen werden insbesondere beeinträchtigt, wenn die Verarbeitung, gemessen an ihrer Eignung und ihrer Erforderlichkeit zu dem vorgesehenen Zweck, die betroffene Person unverhältnismäßig belastet. [3] Die Prüfung, ob schutzwürdige Interessen der betroffenen Person beeinträchtigt werden, entfällt, falls die Verarbeitung durch Rechtsvorschrift vorgeschrieben ist.

§ 9[5)] *(aufgehoben)*

[1)] § 6 Abs. 1 Satz 1 geänd. mWv 26.11.2019 durch G v. 20.11.2019 (BGBl. I S. 1626); Abs. 3 geänd. *mWv 7.4.2021 durch G v. 15.1.2021* (BGBl. I S. 530).

[2)] Nr. **246**.

[3)] § 7 Abs. 1 geänd. mWv 26.11.2019 durch G v. 20.11.2019 (BGBl. I S. 1626).

[4)] § 8 Sätze 1, 2, 3 geänd. mWv 26.11.2019 durch G v. 20.11.2019 (BGBl. I S. 1626).

[5)] § 9 aufgeh. mWv 26.11.2019 durch G v. 20.11.2019 (BGBl. I S. 1626).

§ 10[1] **Auskunftsrecht der betroffenen Person.** (1) Vor der Erteilung der Auskunft an die betroffene Person nach Artikel 15 der Verordnung (EU) 2016/679[2] hat die Meldebehörde die Identität der betroffenen Person zu überprüfen.

(2) Sofern die Auskunft elektronisch erteilt wird, ist sicherzustellen, dass Maßnahmen nach den Artikeln 24, 25 und 32 der Verordnung (EU) 2016/679 auch im Bereich der Verschlüsselungstechnik und der Authentifizierung getroffen werden, um den Datenschutz und die Datensicherheit zu gewährleisten, insbesondere im Hinblick auf die Vertraulichkeit und die Unversehrtheit der Daten, die im Melderegister gespeichert sind und an die betroffene Person übermittelt werden.

(3) Das bei einer elektronischen Antragstellung erforderliche Vertrauensniveau zum Nachweis der Identität des Antragstellers wird durch Rechtsverordnung nach § 56 Absatz 1 Nummer 6 festgelegt.

§ 11[3] **Auskunftsbeschränkungen.** (1) [1] Das Recht auf Auskunft der betroffenen Person über die Kategorien der übermittelten Daten und über die Empfänger der Daten nach Artikel 15 Absatz 1 Buchstabe b und c der Verordnung (EU) 2016/679[2] besteht nicht, wenn

1. eine nicht automatisierte Melderegisterauskunft nach den §§ 46 und 50 Absatz 1 bis 3 erfolgt ist,
2. eine nicht automatisierte Datenübermittlung nach § 34 oder eine nicht automatisierte Datenweitergabe nach § 37 Absatz 1 erfolgt ist oder
3. die abrufende Stelle eine der in § 34 Absatz 4 Satz 1 genannten Behörden ist.

[2] Auskunft über automatisierte Melderegisterauskünfte und über Datenübermittlungen im automatisierten Abrufverfahren durch öffentliche Stellen wird nur innerhalb der Frist zur Aufbewahrung der Protokolldaten nach § 40 Absatz 5 erteilt.

(2) Das Recht auf Auskunft der betroffenen Person nach Artikel 15 der Verordnung (EU) 2016/679 besteht nicht,

1. soweit der betroffenen Person die Einsicht in ein Personenstandsregister nach § 63 Absatz 1 und 3 des Personenstandsgesetzes[4] nicht gestattet werden darf,
2. wenn Fälle des § 1758 des Bürgerlichen Gesetzbuches[5] vorliegen,
3. soweit es sich um Daten zum gesetzlichen Vertreter, Ehegatten, Lebenspartner oder zu minderjährigen Kindern handelt und für diesen Personenkreis eine Auskunftssperre nach § 51 oder ein bedingter Sperrvermerk nach § 52 gespeichert ist oder
4. wenn das Interesse der betroffenen Person an der Auskunftserteilung zurücktreten muss, weil
   a) die Auskunft die ordnungsgemäße Erfüllung der Aufgaben im Sinne des Artikels 23 Absatz 1 Buchstabe e der Verordnung (EU) 2016/679, die in der Zuständigkeit der Meldebehörde liegen, gefährden würde,

---

[1] § 10 Abs. 1 Satz 2 geänd. durch G v. 20.11.2014 (BGBl. I S. 1738); Abs. 3 Satz 2 geänd. mWv 29.7.2017 durch G v. 18.7.2017 (BGBl. I S. 2745); Abs. 3 Satz 1 geänd. mWv 1.11.2019 durch G v. 21.6.2019 (BGBl. I S. 846); Überschrift, Abs. 1, 2 neu gef. mWv 26.11.2019 durch G v. 20.11.2019 (BGBl. I S. 1626); Abs. 2 geänd. mWv 7.4.2021, Abs. 3 neu gef. mWv 1.5.2022 durch G v. 15.1.2021 (BGBl. I S. 530).

[2] Nr. **246**.

[3] § 11 Abs. 2 Nr. 3 geänd. mWv 1.11.2016 durch G v. 11.10.2016 (BGBl. I S. 2218); Abs. 1, 2 neu gef., Abs. 4 Satz 3 geänd. mWv 26.11.2019 durch G v. 20.11.2019 (BGBl. I S. 1626); Abs. 1 Satz 2 geänd. mWv 1.5.2022 durch G v. 15.1.2021 (BGBl. I S. 530).

[4] Nr. **260**.

[5] **Habersack Nr. 20.**

b) die Auskunft die öffentliche Sicherheit oder Ordnung gefährden oder sich sonst nachteilig auf das Wohl des Bundes oder eines Landes auswirken würde,

c) die Auskunft strafrechtliche Ermittlungen gefährden würde oder

d) die Daten oder die Tatsache ihrer Speicherung nach einer Rechtsvorschrift oder ihrem Wesen nach, insbesondere wegen der überwiegenden berechtigten Interessen eines Dritten, geheim gehalten werden müssen.

(3) [1] Die Auskunft über die Herkunft von Daten ist nur mit Zustimmung der übermittelnden Stellen zulässig, wenn diese der Meldebehörde übermittelt worden sind von

1. den Polizeibehörden des Bundes und der Länder,
2. den Staatsanwaltschaften,
3. den Amtsanwaltschaften,
4. den Verfassungsschutzbehörden des Bundes und der Länder,
5. dem Bundesnachrichtendienst,
6. dem Militärischen Abschirmdienst,
7. dem Zollfahndungsdienst,
8. den Hauptzollämtern oder
9. den Finanzbehörden, soweit sie strafverfolgend tätig sind.

[2] Dies gilt entsprechend für die Auskunft über den Empfänger der Daten, soweit sie an die in Satz 1 genannten Behörden übermittelt worden sind. [3] Die Zustimmung darf nur unter den in den Absätzen 1 und 2 bezeichneten Voraussetzungen versagt werden.

(4) [1] Die Ablehnung der Auskunftserteilung bedarf einer Begründung nicht, soweit durch die Mitteilung der tatsächlichen und rechtlichen Gründe, auf die die Entscheidung gestützt wird, der mit der Auskunftsverweigerung verfolgte Zweck gefährdet würde. [2] In diesem Fall ist die betroffene Person darauf hinzuweisen, dass sie sich an die Stelle wenden kann, die für die Kontrolle der Einhaltung der Datenschutzbestimmungen bei der Meldebehörde zuständig ist. [3] Die Mitteilung dieser Stelle an die betroffene Person darf keine Rückschlüsse auf den Erkenntnisstand des Verantwortlichen zulassen, sofern dieser nicht einer weitergehenden Auskunft zustimmt.

(5) [1] Wird der betroffenen Person keine Auskunft erteilt, so ist die Auskunft auf ihr Verlangen der in Absatz 4 Satz 2 bezeichneten Stelle zu erteilen. [2] Stellt die jeweils zuständige oberste Landesbehörde im Einzelfall fest, dass dadurch die Sicherheit des Bundes oder eines Landes gefährdet würde, erhält der Landesbeauftragte für den Datenschutz persönlich Auskunft.

§ 12[1)] Recht auf Berichtigung. [1] Hat die Meldebehörde die Daten auf Antrag der betroffenen Person nach Artikel 16 der Verordnung (EU) 2016/679[2)] berichtigt oder vervollständigt, so gilt § 6 Absatz 1 Satz 2 entsprechend. [2] Für die Dauer der Prüfung der Richtigkeit ist die Verarbeitung der Daten nicht nach Artikel 18 Absatz 1 Buchstabe a der Verordnung (EU) 2016/679 eingeschränkt.

[1)] § 12 neu gef. mWv 26.11.2019 durch G v. 20.11.2019 (BGBl. I S. 1626).
[2)] Nr. **246**.

§ 13[1)] Aufbewahrung von Daten. (1) [1] Nach dem Wegzug oder dem Tod eines Einwohners hat die Meldebehörde für die Erfüllung ihrer Aufgaben weiterhin die in § 3 Absatz 1 Nummer 1 bis 10,12 bis 16, 17a, 18 und 19 genannten Daten zu speichern. [2] Sie darf in diesen Fällen auch die Daten nach § 3 Absatz 2 Nummer 1 und 2 im Melderegister speichern. [3] Bei Wegzug eines Einwohners speichert die Meldebehörde außerdem die Daten nach § 3 Absatz 1 Nummer 17 und die Feststellung der Tatsachen nach § 3 Absatz 2 Nummer 4, 7 und 8.

(2) [1] Nach Ablauf von fünf Jahren nach dem Ende des Kalenderjahres, in dem ein Einwohner weggezogen oder verstorben ist, sind die nach Absatz 1 weiterhin gespeicherten Daten für die Dauer von 50 Jahren aufzubewahren und durch technische und organisatorische Maßnahmen nach Artikel 24, 25 und 32 der Verordnung (EU) 2016/679[2)] zu sichern, es sei denn, § 14 sieht eine frühere Löschung vor. [2] Während dieser Zeit dürfen die Daten nicht mehr verarbeitet werden. [3] Davon ausgenommen sind Familienname und Vornamen sowie frühere Namen, Geburtsdatum, Geburtsort sowie bei Geburt im Ausland auch der Staat, die Identifikationsnummer nach § 139b der Abgabenordnung, derzeitige und frühere Anschriften, Auszugsdatum, Auskunftssperren nach § 51 Absatz 1 sowie Sterbedatum, Sterbeort sowie bei Versterben im Ausland auch der Staat. [4] Satz 2 gilt nicht, wenn

1. die betroffene Person in die Verarbeitung der Daten eingewilligt hat,
2. die Verarbeitung der Daten unerlässlich ist
   a) zu wissenschaftlichen Zwecken,
   b) zur Behebung einer bestehenden Beweisnot,
   c) zur Erfüllung der Aufgaben der in § 34 Absatz 4 Satz 1 genannten Behörden,
   d) für Wahlzwecke nach § 3 Absatz 2 Nummer 1,
   e) zur Durchführung des staatsangehörigkeitsrechtlichen Verfahrens nach § 30 des Staatsangehörigkeitsgesetzes[3)] oder
3. die Daten nach Absatz 1 mit Ausnahme der Daten nach § 3 Absatz 1 Nummer 18 als Auswahldaten nach Maßgabe des § 38 Absatz 1 bis 3 verarbeitet werden.

§ 14[4)] Löschung von Daten. (1) [1] Die Meldebehörde hat gespeicherte Daten zu löschen, wenn sie zur Erfüllung ihrer Aufgaben nicht mehr erforderlich sind. [2] Das Gleiche gilt, wenn bereits die Speicherung der Daten unzulässig war.

(2) [1] Die Daten nach § 3 Absatz 1 Nummer 11 und Absatz 2 Nummer 2 sind nach Ablauf des auf den Wegzug oder den Tod des Einwohners folgenden Kalenderjahres zu löschen. [2] Die Daten nach § 3 Absatz 1 Nummer 17 sind fünf Jahre nach dem Ablauf der Gültigkeit des Ausweisdokuments, auf das sie sich beziehen, zu löschen. [3] Die weiteren Daten weggezogener oder verstorbener Einwohner, die nicht nach

---

[1)] § 13 Abs. 1 Satz 1 geänd. mWv 9.8.2019 durch G v. 4.8.2019 (BGBl. I S. 1131); Abs. 2 Sätze 1, 2, 4 Nr. 2 einl. Satzteil geänd., Satz 4 Nr. 1 neu gef. mWv 26.11.2019 durch G v. 20.11.2019 (BGBl. I S. 1626); Abs. 1 Satz 3, Abs. 2 Satz 1 geänd. mWv 12.12.2020 durch G v. 3.12.2020 (BGBl. I S. 2744); Abs. 1 Satz 3, Abs. 2 Sätze 3 und 4 Nr. 1, 2 Buchst. e geänd., Nr. 3 angef. mWv 1.5.2022 durch G v. 15.1.2021 (BGBl. I S. 530); Abs. 2 Satz 3 geänd. mWv 1.11.2024 G v. 28.3.2021 (BGBl. I S. 591; 2024 I Nr. 338); Abs. 1 Satz 3, Abs. 2 Satz 4 Nr. 2 Buchst. e geänd. mWv 27.6.2024 durch G v. 22.3.2024 (BGBl. 2024 I Nr. 104).

[2)] Nr. **246**.

[3)] Nr. **15**.

[4)] § 14 Abs. 4 angef. mWv 5.2.2016 durch G v. 2.2.2016 (BGBl. I S. 130); Abs. 4 geänd. mWv 9.8.2019 durch G v. 4.8.2019 (BGBl. I S. 1131); Abs. 3 neu gef. mWv 26.11.2019 durch G v. 20.11.2019 (BGBl. I S. 1626); Abs. 2 Satz 3 eingef., bish. Satz 3 wird Satz 4 mWv 12.12.2020 durch G v. 3.12.2020 (BGBl. I S. 2744); Abs. 2 Satz 1 aufgeh., bish. Sätze 2–4 werden Sätze 1–3 mWv 27.7.2022; Abs. 4 aufgeh. mWv 1.11.2022 durch G v. 21.7.2022 (BGBl. I S. 1182).

§ 13 Absatz 1 aufbewahrt werden, sind 30 Tage nach dem Wegzug und der Auswertung der Rückmeldung oder nach dem Tod des Einwohners zu löschen.

(3) [1] Ist eine Löschung im Fall nicht automatisierter Datenverarbeitung wegen der besonderen Art der Speicherung nicht oder nur mit unverhältnismäßig hohem Aufwand möglich und ist das Interesse der betroffenen Person an der Löschung als gering anzusehen, besteht das Recht der betroffenen Person auf Löschung personenbezogener Daten und die Pflicht der Meldebehörde zur Löschung personenbezogener Daten nach Artikel 17 Absatz 1 der Verordnung (EU) 2016/679[1)] ergänzend zu den in Artikel 17 Absatz 3 der Verordnung (EU) 2016/679 genannten Ausnahmen nicht. [2] In diesem Fall tritt an die Stelle einer Löschung die Einschränkung der Verarbeitung nach Artikel 18 der Verordnung (EU) 2016/679.

§ 15 Aufbewahrung und Löschung von Hinweisen. Die §§ 13 und 14 gelten entsprechend für Hinweise, die gespeichert werden, um die Richtigkeit der jeweiligen Daten nachzuweisen.

§ 16[2)] Anbieten von Daten an Archive. (1) Nach Ablauf der in § 13 Absatz 2 Satz 1 für die Aufbewahrung bestimmten Frist hat die Meldebehörde die Daten und die zum Nachweis ihrer Richtigkeit gespeicherten Hinweise vor der Löschung den durch Landesrecht bestimmten Archiven nach den jeweiligen archivrechtlichen Vorschriften zur Übernahme anzubieten.

(2) [1] Innerhalb der in § 13 Absatz 2 Satz 1 für die Aufbewahrung bestimmten Frist kann die Meldebehörde die Daten und Hinweise den durch Landesrecht bestimmten Archiven zur Übernahme anbieten, sofern die Erfüllung der Aufgaben der Meldebehörde im Rahmen des § 13 Absatz 2 Satz 2 und 3 gewährleistet bleibt. [2] Bis zum Ablauf dieser Frist darf das Archiv die übernommenen Daten und Hinweise nur nach Maßgabe des § 13 Absatz 2 Satz 2 bis 4 verarbeiten.

Abschnitt 3. Allgemeine Meldepflichten

§ 17[3)] Anmeldung, Abmeldung. (1) Wer eine Wohnung bezieht, hat sich innerhalb von zwei Wochen nach dem Einzug bei der Meldebehörde anzumelden.

(2) [1] Wer aus einer Wohnung auszieht und keine neue Wohnung im Inland bezieht, hat sich innerhalb von zwei Wochen nach dem Auszug bei der Meldebehörde abzumelden. [2] Eine Abmeldung ist frühestens eine Woche vor Auszug möglich; die Fortschreibung des Melderegisters erfolgt zum Datum des Auszugs.

(3) [1] Die An- oder Abmeldung für Personen unter 16 Jahren obliegt denjenigen, in deren Wohnung die Personen unter 16 Jahren einziehen oder aus deren Wohnung sie ausziehen. [2] Neugeborene, die im Inland geboren wurden, sind nur anzumelden, wenn sie in eine andere Wohnung als die der Eltern oder der Mutter aufgenommen werden. [3] Ist für eine volljährige Person ein Pfleger oder ein Betreuer bestellt, der den Aufenthalt bestimmen kann, obliegt diesem die An- oder Abmeldung.

(4) [1] Die Standesämter teilen den Meldebehörden unverzüglich die Beurkundung der Geburt eines Kindes sowie jede Änderung des Personenstandes einer Person mit. [2] Die Meldebehörden teilen den Standesämtern in diesen Fällen unverzüglich die Identifikationsnummer nach § 139b der Abgabenordnung mit.

---

1) Nr. **246**.
2) § 16 Abs. 2 Satz 2 geänd. mWv 26.11.2019 durch G v. 20.11.2019 (BGBl. I S. 1626).
3) § 17 Abs. 4 Satz 2 angef. mWv 1.11.2025 durch G v. 28.3.2021 (BGBl. I S. 591; 2025 I Nr. 262).

§ 18[1)] Meldebescheinigung. (1) [1]Die Meldebehörde erteilt der betroffenen Person auf deren Antrag eine schriftliche oder elektronische Meldebescheinigung. [2]Die Meldebescheinigung enthält folgende Daten:

1. Familienname,
2. Vornamen unter Kennzeichnung des gebräuchlichen Vornamens,
3. Doktorgrad,
4. Geburtsdatum,
5. derzeitige Anschriften, gekennzeichnet nach Haupt- und Nebenwohnung.

[3]Hierzu hat die meldepflichtige Person Familienname, Vornamen, Geburtsdatum sowie die Anschrift der derzeitigen Haupt- oder alleinigen Wohnung zu übermitteln.

(2) Auf Antrag der betroffenen Person kann die Meldebescheinigung zusätzlich zu den Daten nach Absatz 1 Satz 2 Daten nach § 3 Absatz 1 Nummer 2, 5 bis 16, 17 mit Ausnahme des Sperrkennworts und der Sperrsumme des Personalausweises und der eID-Karte sowie die Tatsache, dass ein Sterbedatum nicht gespeichert ist, enthalten.

(3) Die elektronische Meldebescheinigung wird unentgeltlich erteilt.

(4) Im Übrigen gelten § 10 Absatz 2 und 3 sowie § 11 Absatz 2 Nummer 1 bis 3 entsprechend.

§ 18a[2)] Meldedatensatz zum Abruf. (1) [1]Die Meldebehörde stellt der betroffenen Person auf deren Antrag die Meldedaten nach § 18 Absatz 1 und 2 zum Zweck der Weiterleitung in einer elektronischen Verwaltungsleistung nach dem Onlinezugangsgesetz[3)] im Wege des automatisierten Abrufs bereit. [2]Hierzu hat die meldepflichtige Person die in § 18 Absatz 1 Satz 3 genannten Daten zu übermitteln. [3]Die Meldedaten werden als unveränderbarer maschinenlesbarer Datensatz (Meldedatensatz) bereitgestellt. [4]Aus dem Meldedatensatz muss der Zeitpunkt des Abrufs erkennbar sein.

(2) Der Meldedatensatz wird unentgeltlich zum Abruf bereitgestellt.

(3) Im Übrigen gelten § 10 Absatz 2 und 3 sowie § 11 Absatz 2 Nummer 1 bis 3 entsprechend.

§ 19[4)] Mitwirkung des Wohnungsgebers. (1) [1]Der Wohnungsgeber ist verpflichtet, bei der Anmeldung mitzuwirken. [2]Hierzu hat der Wohnungsgeber oder eine von ihm beauftragte Person der meldepflichtigen Person den Einzug schriftlich oder gegenüber der Meldebehörde nach Absatz 4 auch elektronisch innerhalb der in § 17 Absatz 1 genannten Frist zu bestätigen. [3]Er kann sich durch Rückfrage bei der Meldebehörde davon überzeugen, dass sich die meldepflichtige Person angemeldet hat. [4]Die meldepflichtige Person hat dem Wohnungsgeber die Auskünfte zu geben, die für die Bestätigung des Einzugs erforderlich sind. [5]Die Bestätigung nach Satz 2 darf nur vom Wohnungsgeber oder einer von ihm beauftragten Person ausgestellt werden.

---

1) § 18 neu gef. mWv 1.5.2022 durch G v. 15.1.2021 (BGBl. I S. 530).

2) § 18a eingef. mWv 1.5.2022 durch G v. 15.1.2021 (BGBl. I S. 530); Abs. 1 Satz 2 geänd. mWv 27.7.2022 durch G v. 21.7.2022 (BGBl. I S. 1182).

3) **Sartorius III Nr. 718.**

4) § 19 Abs. 1 Sätze 1–4, Abs. 3 Nr. 1 geänd., Nr. 2 neu gef., Nr. 4 geänd. mWv 1.11.2016 durch G v. 11.10.2016 (BGBl. I S. 2218); Abs. 4 Satz 3 neu gef. mWv 26.11.2019 durch G v. 20.11.2019 (BGBl. I S. 1626).

(2) Verweigert der Wohnungsgeber oder eine von ihm beauftragte Person die Bestätigung oder erhält die meldepflichtige Person sie aus anderen Gründen nicht rechtzeitig, so hat die meldepflichtige Person dies der Meldebehörde unverzüglich mitzuteilen.

(3) Die Bestätigung des Wohnungsgebers enthält folgende Daten:

1. Name und Anschrift des Wohnungsgebers und wenn dieser nicht Eigentümer ist, auch den Namen des Eigentümers,
2. Einzugsdatum,
3. Anschrift der Wohnung sowie
4. Namen der nach § 17 Absatz 1 meldepflichtigen Personen.

(4) [1]Bei einer elektronischen Bestätigung gegenüber der Meldebehörde erhält der Wohnungsgeber ein Zuordnungsmerkmal, welches er der meldepflichtigen Person zur Nutzung bei der Anmeldung mitzuteilen hat. [2]§ 10 Absatz 2 und 3 gilt entsprechend. [3]Sofern die Meldebehörde weitere Formen der Authentifizierung des Wohnungsgebers vorsieht, ist sicherzustellen, dass Maßnahmen nach den Artikeln 24, 25 und 32 der Verordnung (EU) 2016/679[1)] getroffen werden.

(5) Die Meldebehörde kann von dem Eigentümer der Wohnung und, wenn er nicht selbst Wohnungsgeber ist, auch vom Wohnungsgeber Auskunft verlangen über Personen, welche bei ihm wohnen oder gewohnt haben.

(6) Es ist verboten, eine Wohnungsanschrift für eine Anmeldung nach § 17 Absatz 1 einem Dritten anzubieten oder zur Verfügung zu stellen, obwohl ein tatsächlicher Bezug der Wohnung durch einen Dritten weder stattfindet noch beabsichtigt ist.

§ 20 Begriff der Wohnung. [1]Wohnung im Sinne dieses Gesetzes ist jeder umschlossene Raum, der zum Wohnen oder Schlafen benutzt wird. [2]Als Wohnung gilt auch die Unterkunft an Bord eines Schiffes der Marine. [3]Wohnwagen und Wohnschiffe sind nur dann als Wohnungen anzusehen, wenn sie nicht oder nur gelegentlich fortbewegt werden.

§ 21[2)] Mehrere Wohnungen. (1) Hat ein Einwohner mehrere Wohnungen im Inland, so ist eine dieser Wohnungen seine Hauptwohnung.

(2) Hauptwohnung ist die vorwiegend benutzte Wohnung des Einwohners.

(3) Nebenwohnung ist jede weitere Wohnung des Einwohners im Inland.

(4) [1]Die meldepflichtige Person hat der Meldebehörde bei jeder An- oder Abmeldung mitzuteilen, welche weiteren Wohnungen im Inland sie hat und welche Wohnung ihre Hauptwohnung ist. [2]Sie hat jede Änderung der Hauptwohnung innerhalb von zwei Wochen der Meldebehörde mitzuteilen, die für die neue Hauptwohnung zuständig ist. [3]Zieht die meldepflichtige Person aus einer ihrer Nebenwohnungen im Inland aus und bezieht sie keine neue Wohnung, so hat sie dies der Meldebehörde, die für die Nebenwohnung zuständig ist, oder der Meldebehörde, die für die alleinige Wohnung oder die Hauptwohnung zuständig ist, mitzuteilen.

§ 22 Bestimmung der Hauptwohnung. (1) Hauptwohnung eines verheirateten *oder eine Lebenspartnerschaft* führenden Einwohners, der nicht dauernd

1) Nr. **246**.
2) § 21 Abs. 4 Satz 3 neu gef. mWv 7.4.2021 durch G v. 15.1.2021 (BGBl. I S. 530).

getrennt von seiner Familie oder seinem Lebenspartner lebt, ist die vorwiegend benutzte Wohnung der Familie oder der Lebenspartner.

(2) Hauptwohnung eines minderjährigen Einwohners ist die vorwiegend benutzte Wohnung der Personensorgeberechtigten; leben diese getrennt, ist Hauptwohnung die Wohnung des Sorgeberechtigten, die von dem minderjährigen Einwohner vorwiegend benutzt wird.

(3) In Zweifelsfällen ist die vorwiegend benutzte Wohnung dort, wo der Schwerpunkt der Lebensbeziehungen des Einwohners liegt.

(4) Kann der Wohnungsstatus eines verheirateten oder eine Lebenspartnerschaft führenden Einwohners nach den Absätzen 1 und 3 nicht zweifelsfrei bestimmt werden, ist die Hauptwohnung die Wohnung nach § 21 Absatz 2.

(5) Auf Antrag eines Einwohners, der in einer Einrichtung für behinderte Menschen wohnt, bleibt die Wohnung nach Absatz 2, bis er 25 Jahre alt ist, seine Hauptwohnung.

§ 23[1) 2)] Erfüllung der allgemeinen Meldepflicht. (1) [1] Soweit nachstehend nicht etwas anderes bestimmt ist, hat die meldepflichtige Person einen Meldeschein auszufüllen, zu unterschreiben und der Meldebehörde zusammen mit dem Personalausweis, dem vorläufigen Personalausweis, dem Ersatz-Personalausweis, dem anerkannten und gültigen Pass oder Passersatzpapier sowie der Bestätigung des Wohnungsgebers oder dem entsprechenden Zuordnungsmerkmal nach § 19 Absatz 4 Satz 1 vorzulegen. [2] Wird das Melderegister automatisiert geführt, kann von dem Ausfüllen des Meldescheins abgesehen werden, wenn die meldepflichtige Person persönlich bei der Meldebehörde erscheint und auf einem Ausdruck die Richtigkeit und Vollständigkeit der bei ihr erhobenen Daten durch ihre Unterschrift bestätigt.

(2) [1] Die Meldebehörde des neuen Wohnortes (Zuzugsmeldebehörde) ist verpflichtet, der meldepflichtigen Person die Daten der Wegzugsmeldebehörde nach § 3 Absatz 1 Nummer 1 bis 18 und Absatz 2 Nummer 4 vorzulegen (vorausgefüllter Meldeschein). [2] Daten zum gesetzlichen Vertreter, Ehegatten, Lebenspartner oder zu minderjährigen Kindern, für die eine Auskunftssperre nach § 51 oder ein bedingter Sperrvermerk nach § 52 gespeichert ist, dürfen nicht in dem vorausgefüllten Meldeschein enthalten sein. [3] Die meldepflichtige Person hat die übermittelten Angaben auf ihre Richtigkeit zu prüfen, unzutreffende Angaben zu berichtigen und fehlende Angaben zu ergänzen. [4] Sie hat den aktualisierten vorausgefüllten Meldeschein bei der Zuzugsmeldebehörde unterschrieben einzureichen. [5] Im Fall, dass ein vorausgefüllter Meldeschein nicht erstellt werden kann, hat die meldepflichtige Person einen Meldeschein auszufüllen und zu unterschreiben.

(3) [1] Für den vorausgefüllten Meldeschein gibt die meldepflichtige Person Familienname, Vornamen, Geburtsdatum sowie die letzte Wohnanschrift an. [2] Diese Daten übermittelt die Zuzugsmeldebehörde der Wegzugsmeldebehörde, um die Daten nach § 3 Absatz 1 Nummer 1 bis 18 und Absatz 2 Nummer 4 anzufordern.

---

1) Siehe hierzu ua die Erste BundesmeldedatenübermittlungsVO – 1. BMeldDÜV v. 1.12.2014 (BGBl. I S. 1945), zuletzt geänd. durch VO v. 22.1.2025 (BGBl. 2025 I Nr. 23).

2) § 23 Abs. 6 angef. mWv 1.11.2016 durch G v. 2.2.2016 (BGBl. I S. 130); Abs. 1 Satz 1 geänd., Abs. 7 angef. mWv 1.11.2016 durch G v. 11.10.2016 (BGBl. I S. 2218); Abs. 6 geänd. mWv 1.11.2019 durch G v. 4.8.2019 (BGBl. I S. 1131); Abs. 2 aufgeh., bish. Abs. 3 wird Abs. 2 und Satz 1 neu gef., Satz 2 eingef., bish. Sätze 2, 3 werden Sätze 3, 4, bish. Satz 4 wird Satz 5 und neu gef., bish. Abs. 4 wird Abs. 3 und Satz 2 geänd., bish. Abs. 5 wird Abs. 4 und Sätze 2, 3 geänd., bish. Abs. 6 wird Abs. 5 und geänd., bish. Abs. 7 wird Abs. 6 und Satz 1 geänd. mWv 1.5.2022 durch G v. 15.1.2021 (BGBl. I S. 530).

[3]Die Wegzugsmeldebehörde übermittelt der Zuzugsmeldebehörde unverzüglich die angeforderten Daten.

(4) [1]Ehegatten, Lebenspartner und Familienangehörige mit denselben Zuzugsdaten (Zuzugsdatum sowie frühere und derzeitige Wohnungen) sollen gemeinsam einen Meldeschein verwenden. [2]Es genügt die Anmeldung durch eine der meldepflichtigen Personen. [3]Die Absätze 2 und 3 gelten entsprechend, wenn die meldepflichtige Person versichert, dass sie berechtigt ist, die Daten der übrigen meldepflichtigen Personen entgegenzunehmen. [4]Sie ist darüber zu belehren, dass der unberechtigte Empfang unter Vorspiegelung einer Berechtigung nach § 202a des Strafgesetzbuchs[1)] unter Strafe steht.

(5) Abweichend von Absatz 1 kann die Anmeldung von Personen, die in eine Aufnahmeeinrichtung zugezogen sind, automatisiert durch Übernahme der Daten aus dem Ausländerzentralregister nach § 18e des AZR-Gesetzes[2)] erfolgen.

(6) [1]Die Abmeldung in das Ausland kann schriftlich oder in entsprechender Anwendung des § 10 Absatz 2 und 3 elektronisch erfolgen. [2]Der Nachweis der Identität der abmeldepflichtigen Person kann bei der elektronischen Abmeldung auch durch die Angabe des Familiennamens, des Vornamens, des Geburtsdatums und der Seriennummer des zuletzt im Melderegister gespeicherten Ausweises oder Passes nach § 3 Absatz 1 Nummer 17 erfolgen.

§ 23a[3)] Elektronische Anmeldung. (1) [1]Die meldepflichtige Person darf bei der Wegzugsmeldebehörde die nach § 3 Absatz 1 Nummer 1 bis 18 und Absatz 2 Nummer 4 gespeicherten Daten elektronisch anfordern. [2]Hierzu hat sie die in § 18 Absatz 1 Satz 3 genannten Daten zu übermitteln. [3]Die Wegzugsmeldebehörde ist verpflichtet, diese Daten in elektronischer und unveränderbarer Form zu übermitteln (vorausgefüllter Meldeschein). [4]Daten zum gesetzlichen Vertreter, Ehegatten, Lebenspartner oder zu minderjährigen Kindern, für die eine Auskunftssperre nach § 51 oder ein bedingter Sperrvermerk nach § 52 gespeichert ist, dürfen nicht in dem vorausgefüllten Meldeschein enthalten sein.

(2) Die meldepflichtige Person hat die übermittelten Angaben auf ihre Richtigkeit zu prüfen, um die Angaben nach § 19 Absatz 3 Nummer 1 bis 3 zu ergänzen, elektronisch zu bestätigen und an die Zuzugsmeldebehörde zu übermitteln.

(3) Die Vorlage der Bestätigung des Wohnungsgebers oder des entsprechenden Zuordnungsmerkmals nach § 19 Absatz 4 Satz 1 kann bei einer elektronischen Anmeldung durch einen Code, der durch die Zuzugsmeldebehörde an die Zuzugsanschrift der meldepflichtigen Person versendet und von dieser bestätigt wird, ersetzt werden.

(4) § 10 Absatz 2 und 3 gilt entsprechend.

§ 24[4)] Datenerhebung, Meldebestätigung. (1) [1]Bei der An- oder Abmeldung oder der Änderung der Hauptwohnung dürfen bei der meldepflichtigen Person die in § 3 Absatz 1 Nummer 1 bis 18 und in Absatz 2 Nummer 2 Buchstabe a bis c

---

[1)] **Habersack Nr. 85.**

[2)] **Sartorius ErgBd. Nr. 569.**

[3)] § 23a neu gef. mWv 1.5.2022 durch G v. 15.1.2021 (BGBl. I S. 530); Abs. 1 Satz 2 geänd. mWv 27.7.2022 durch G v. 21.7.2022 (BGBl. I S. 1182).

[4)] § 24 Abs. 2 Satz 2 Nr. 2 geänd. mWv 1.11.2016 durch G v. 11.10.2016 (BGBl. I S. 2218); Abs. 2 Satz 1 geänd. mWv 7.4.2021 durch G v. 15.1.2021 (BGBl. I S. 530); Abs. 1 Satz 1 geänd. mWv 27.7.2022 durch G v. 21.7.2022 (BGBl. I S. 1182); Abs. 1 Satz 1 geänd. mWv 27.6.2024 durch G v. 22.3.2024 (BGBl. 2024 I Nr. 104).

und Nummer 10 genannten Daten erhoben werden. [2]Dies gilt auch für die Hinweise, die zum Nachweis der Richtigkeit dieser Daten erforderlich sind.

(2) [1]Die meldepflichtige Person erhält unentgeltlich eine schriftliche oder, sofern die An- oder Abmeldung elektronisch durchgeführt wird, eine elektronische Bestätigung über die An- oder Abmeldung (amtliche Meldebestätigung). [2]Diese darf nur folgende Daten enthalten:

1. Familienname,

2. Vornamen unter Kennzeichnung des gebräuchlichen Vornamens,

(Fortsetzung nächstes Blatt)

3. Doktorgrad,
4. Geburtsdatum,
5. Einzugsdatum oder Auszugsdatum,
6. Datum der An- oder Abmeldung,
7. Anschrift und
8. alleinige Wohnung, Haupt- oder Nebenwohnung.

§ 25 Mitwirkungspflichten der meldepflichtigen Person. Die meldepflichtige Person hat auf Verlangen der Meldebehörde

1. die zur ordnungsgemäßen Führung des Melderegisters erforderlichen Auskünfte zu erteilen,
2. die zum Nachweis der Angaben erforderlichen Unterlagen vorzulegen und
3. persönlich bei der Meldebehörde zu erscheinen.

§ 26 Befreiung von der Meldepflicht. [1] Von der Meldepflicht nach § 17 Absatz 1 und 2 sind befreit

1. Mitglieder einer ausländischen diplomatischen Mission oder einer ausländischen konsularischen Vertretung und die mit ihnen im gemeinsamen Haushalt lebenden Familienmitglieder, falls die genannten Personen weder die deutsche Staatsangehörigkeit besitzen noch im Inland ständig ansässig sind, noch dort eine private Erwerbstätigkeit ausüben,
2. Personen, für die diese Befreiung in völkerrechtlichen Übereinkünften festgelegt ist.

[2] Die Befreiung von der Meldepflicht nach Satz 1 Nummer 1 tritt nur ein, wenn Gegenseitigkeit besteht.

§ 27[1)] Ausnahmen von der Meldepflicht. (1) Eine Meldepflicht nach § 17 Absatz 1 und 2 wird nicht begründet, wenn eine Person, die für eine Wohnung im Inland gemeldet ist, eine Gemeinschaftsunterkunft oder eine andere dienstlich bereitgestellte Unterkunft bezieht, um

1. Wehrdienst nach dem Wehrpflichtgesetz[2)] oder freiwilligen Wehrdienst nach dem Soldatengesetz[3)] zu leisten,
2. Bundesfreiwilligendienst nach dem Bundesfreiwilligendienstgesetz[4)] zu leisten,
3. Zivildienst nach dem Zivildienstgesetz[5)] zu leisten,
4. eine Dienstleistung nach dem Vierten Abschnitt des Soldatengesetzes zu erbringen,
5. Dienst bei der Bundeswehr als Berufssoldat oder Soldat auf Zeit oder Vollzugsdienst bei der Bundes- oder der Landespolizei zu leisten, sofern die Unterkunft für nicht länger als zwölf Monate bezogen wird,
6. als Angehörige des öffentlichen Dienstes an Lehrgängen oder Fachstudien zur Aus- oder Fortbildung teilzunehmen.

[1)] § 27 Abs. 1 Nr. 1 geänd. durch G v. 13.5.2015 (BGBl. I S. 706); Abs. 3 Sätze 2–4 angef. mWv 1.11. 2015 durch G v. 20.10.2015 (BGBl. I S. 1722); Abs. 4 Sätze 1, 2 neu gef., Satz 3 geänd. mWv 7.4.2021 durch G v. 15.1.2021 (BGBl. I S. 530).

[2)] Nr. **620**.

[3)] G idF der Bek. v. 30.5.2005 (BGBl. I S. 1482), zuletzt geänd. durch G v. 20.8.2021 (BGBl. I S. 3932), **Sartorius III Nr. 850.**

[4)] Nr. **627**.

[5)] Nr. **625**.

(2) [1] Wer im Inland nach § 17 oder § 28 gemeldet ist und für einen nicht länger als sechs Monate dauernden Aufenthalt eine Wohnung bezieht, muss sich für diese Wohnung weder an- noch abmelden. [2] Wer nach Ablauf von sechs Monaten nicht aus dieser Wohnung ausgezogen ist, hat sich innerhalb von zwei Wochen bei der Meldebehörde anzumelden. [3] Für Personen, die sonst im Ausland wohnen und im Inland nicht nach § 17 Absatz 1 gemeldet sind, besteht diese Pflicht nach Ablauf von drei Monaten.

(3) [1] Die Ausnahme von der Meldepflicht nach Absatz 2 gilt nicht für

1. Spätaussiedler und deren Familienangehörige, wenn sie nach § 8 des Bundesvertriebenengesetzes[1] verteilt werden, und
2. Asylbewerber oder sonstige Ausländer, die vorübergehend eine Aufnahmeeinrichtung oder eine sonstige zugewiesene Unterkunft beziehen.

[2] Die Meldepflicht nach Absatz 2 in Verbindung mit Satz 1 Nummer 2 kann erfüllt werden, indem die für die Erfassung von Personen in den Aufnahmeeinrichtungen zuständige Stelle der Meldebehörde die für die Anmeldung notwendigen Daten in Form einer Liste übermittelt. [3] Statt einer Liste kann auch eine Kopie der ausländerrechtlichen Erfassung übermittelt werden. [4] Eine elektronische Übermittlung ist in beiden Fällen zulässig.

(4) [1] Für eine Person, der durch eine richterliche Entscheidung die Freiheit entzogen ist, begründet § 17 Absatz 1 keine Meldepflicht, solange

1. der Vollzug der Freiheitsentziehung drei Monate nicht überschreitet oder
2. die betroffene Person im Inland nach § 17 oder § 28 gemeldet ist und der Vollzug der Freiheitsentziehung die Dauer von zwölf Monaten nicht überschreitet.

[2] Andernfalls hat die Leitung der Anstalt die Aufnahme und die Entlassung innerhalb der folgenden zwei Wochen der Meldebehörde, die für den Sitz der Anstalt zuständig ist, mitzuteilen; die betroffene Person ist zu unterrichten. [3] Die Mitteilung enthält die in den Meldescheinen vorgesehenen Daten. [4] Die Mitteilung ersetzt die Anmeldung nach § 23 Absatz 1.

Abschnitt 4. Besondere Meldepflichten

§ 28 Besondere Meldepflichten für Binnenschiffer und Seeleute.

(1) [1] Wer auf ein Binnenschiff zieht, das in einem Schiffsregister im Inland eingetragen ist, hat sich bei der Meldebehörde des Ortes anzumelden, in dem der Heimathafen des Schiffes liegt. [2] Die Vorschriften über die allgemeine Meldepflicht gelten entsprechend. [3] Die An- und Abmeldung kann auch bei einer anderen Meldebehörde oder bei der Wasserschutzpolizei vorgenommen werden, die die Daten an die zuständige Meldebehörde weiterleitet.

(2) [1] Der Reeder eines Seeschiffes, das berechtigt ist, die Bundesflagge zu führen, hat den Kapitän und die Besatzungsmitglieder des Schiffes bei Beginn des Anstellungs-, Heuer- oder Ausbildungsverhältnisses anzumelden. [2] Er hat diese Personen bei Beendigung des Anstellungs-, Heuer- oder Ausbildungsverhältnisses abzumelden. [3] § 24 Absatz 1 gilt entsprechend. [4] Zuständig ist die Meldebehörde am Sitz des Reeders. [5] Die zu meldenden Personen haben dem Reeder die erforderlichen Auskünfte zu geben.

[1] **Aichberger, SGB Nr. 6/51.**

(3) Die Meldepflicht nach den Absätzen 1 und 2 besteht nicht für Personen, die im Inland für eine Wohnung nach § 17 Absatz 1 gemeldet sind.

(4) Die Meldebehörde kann von Schiffseignern und Reedern Auskunft verlangen über Personen, welche auf ihren Schiffen wohnen oder gewohnt haben.

§ 29[1)] Besondere Meldepflicht in Beherbergungsstätten. (1) [1] Wer in Einrichtungen, die der gewerbs- oder geschäftsmäßigen Aufnahme von Personen dienen (Beherbergungsstätten), für länger als sechs Monate aufgenommen wird, unterliegt der Meldepflicht nach § 17 oder § 28. [2] Wer nicht für eine Wohnung im Inland gemeldet ist, hat sich innerhalb von zwei Wochen bei der Meldebehörde anzumelden, sobald sein Aufenthalt die Dauer von drei Monaten überschreitet.

(2) [1] Beherbergte ausländische Personen haben am Tag der Ankunft einen besonderen Meldeschein handschriftlich zu unterschreiben, der die in § 30 Absatz 2 aufgeführten Daten enthält. [2] Mitreisende ausländische Ehegatten, Lebenspartner und minderjährige Kinder sind auf dem Meldeschein nur der Zahl nach anzugeben. [3] Bei Reisegesellschaften von mehr als zehn Personen betrifft die Verpflichtung nach Satz 1 nur den Reiseleiter; er hat die Anzahl der ausländischen Mitreisenden und ihre Staatsangehörigkeit anzugeben.

(3) Beherbergte ausländische Personen, die nach Absatz 2 namentlich auf dem Meldeschein aufzuführen sind, haben sich bei der Anmeldung gegenüber den Leitern der Beherbergungsstätten durch die Vorlage eines gültigen Identitätsdokumentes (anerkannter und gültiger Pass oder Passersatz) auszuweisen.

(4) [1] Personen, die in Zelten, Wohnmobilen, Wohnwagen oder Wasserfahrzeugen auf gewerbs- oder geschäftsmäßig überlassenen Plätzen übernachten, unterliegen nicht der Meldepflicht nach § 17 Absatz 1 und 2, solange sie im Inland nach § 17 oder § 28 gemeldet sind. [2] Wer nicht nach § 17 oder § 28 gemeldet ist, hat sich innerhalb von zwei Wochen bei der Meldebehörde anzumelden, sobald der Aufenthalt die Dauer von drei Monaten überschreitet. [3] Die Absätze 2 und 3 gelten für ausländische Personen entsprechend.

(5) [1] Abweichend von Absatz 2 Satz 1 kann die Meldepflicht mit Zustimmung der beherbergten Person auch dadurch erfüllt werden, dass die in § 30 Absatz 2 genannten Daten elektronisch erhoben werden und die beherbergte Person deren Richtigkeit und Vollständigkeit am Tag der Ankunft bestätigt, indem die beherbergte Person

1. einen kartengebundenen Zahlungsvorgang mit einer starken Kundenauthentifizierung im Sinne des § 1 Absatz 24 des Zahlungsdiensteaufsichtsgesetzes auslöst, bei dem die zweckgebundene Zuordnungsnummer des eingesetzten Zahlungsmittels erhoben wird,
2. den elektronischen Identitätsnachweis nach § 12 des eID-Karte-Gesetzes oder nach § 78 Absatz 5 des Aufenthaltsgesetzes[2)] erbringt oder
3. ihre eID-Karte nach § 13 des eID-Karte-Gesetzes oder ihren Aufenthaltstitel nach § 78 Absatz 5 des Aufenthaltsgesetzes zum Vor-Ort-Auslesen verwendet.

[2] Wer Beherbergungsstätten betreibt, kann für seine und andere mit seinen Beherbergungsstätten vertraglich zum Zweck des Erbringens von Beherbergungsdienst-

---

[1)] § 29 Abs. 5 eingef., bish. Abs. 5 wird Abs. 6 mWv 1.1.2020 durch G v. 22.11.2019 (BGBl. I S. 1746); Abs. 5 Satz 2 angef. mWv 18.3.2021 durch G v. 10.3.2021 (BGBl. I S. 332); Abs. 2 Sätze 1–3, Abs. 4 Satz 3, Abs. 5 Satz 1 Nr. 2, 3, Satz 2 einl. Satzteil geänd., Nr. 3 neu gef., Satz 3 angef. mWv 1.1.2025 durch G v. 23.10.2024 (BGBl. 2024 I Nr. 323).

[2)] Nr. **565**.

leistungen verbundenen Beherbergungsstätten zur Erprobung weiterer elektronischer Verfahren zur Erfüllung der Meldepflicht bei dem Bundesamt für Sicherheit in der Informationstechnik für die Dauer von höchstens fünf Jahren einen Antrag auf Zulassung eines von Satz 1 abweichenden Verfahrens stellen, bei dem

1. die in § 30 Absatz 2 genannten Daten elektronisch mit Zustimmung der beherbergten Person erhoben werden,
2. die beherbergte Person die Richtigkeit und Vollständigkeit der Daten nach Nummer 1 am Tag der Ankunft in geeigneter Weise bestätigt und
3. ein vergleichbares Sicherheitsniveau zu den in Satz 1 Nummer 1 bis 3 genannten Verfahren besteht.

3 Antragsberechtigt nach Satz 2 ist auch, wer elektronische Verfahren zur Erfüllung der Meldepflicht anbietet.

(6) Die Absätze 2 und 3 gelten nicht für

1. Einrichtungen mit Heimunterbringung, die der Jugend- und Erwachsenenbildung, der Ausbildung oder der Fortbildung dienen, soweit Personen zu den genannten Zwecken untergebracht werden,
2. Betriebs- oder Vereinsheime, wenn dort nur Betriebs- oder Vereinsmitglieder und deren Familienangehörige beherbergt werden,
3. Jugendherbergen und Berghütten, zeitweilig belegte Einrichtungen der öffentlichen oder öffentlich anerkannten Träger der Jugendarbeit und
4. Einrichtungen der öffentlich-rechtlichen Religionsgesellschaften.

§ 30[1)] Besondere Meldescheine für Beherbergungsstätten. (1) 1 Die Leiter der Beherbergungsstätten oder der Einrichtungen nach § 29 Absatz 4 haben besondere Meldescheine bereitzuhalten. 2 Sie können zusätzlich technische Vorrichtungen zur elektronischen Erfüllung der Meldepflicht nach § 29 Absatz 5 vorhalten. 3 Sie haben darauf hinzuwirken, dass die betroffenen Personen

1. die Verpflichtungen nach § 29 Absatz 2 oder die Vorgaben des gewählten elektronischen Verfahrens nach Absatz 5 erfüllen sowie
2. die Verpflichtungen nach § 29 Absatz 3 und 4 Satz 3 erfüllen.

(2) 1 Die Meldescheine enthalten vorbehaltlich der Regelung in Absatz 3 ausschließlich folgende Daten:

1. Datum der Ankunft und der voraussichtlichen Abreise,
2. Familiennamen,
3. Vornamen,
4. Geburtsdatum,
5. Staatsangehörigkeiten,
6. Anschrift,
7. Zahl der ausländischen Mitreisenden und ihre Staatsangehörigkeit sowie
8. Seriennummer des anerkannten und gültigen Passes oder Passersatzpapiers.

2 Die Leiter der Beherbergungsstätten oder der Einrichtungen nach § 29 Absatz 4 haben die Angaben im Meldeschein mit denen des

1) § 30 Abs. 1 und 4 neu gef., Abs. 2 Satz 5 und Abs. 5 angef. mWv 1.1.2020 durch G v. 22.11.2019 (BGBl. I S. 1746); Abs. 2 Satz 1 Nr. 7 neu gef., Nr. 8 geänd., Satz 2 neu gef., Satz 4 geänd. mWv 1.1. 2025 durch G v. 23.10.2024 (BGBl. 2024 I Nr. 323).

Identitätsdokumentes zu vergleichen. [3] Ergeben sich hierbei Abweichungen, ist dies auf dem Meldeschein zu vermerken. [4] Legen beherbergte Personen kein oder kein gültiges Identitätsdokument vor, ist dies auf dem Meldeschein zu vermerken. [5] Im Fall des § 29 Absatz 5 Nummer 1 ist die zweckgebundene Zuordnungsnummer des eingesetzten Zahlungsmittels zusammen mit den Daten nach Satz 1 zu speichern.

(3) Durch Landesrecht kann bestimmt werden, dass für die Erhebung von Fremdenverkehrs- und Kurbeiträgen weitere Daten auf dem Meldeschein erhoben werden dürfen.

(4) [1] Die nach Absatz 1 verpflichteten Personen haben die ausgefüllten Meldescheine vom Tag der Abreise der beherbergten Person an ein Jahr aufzubewahren und innerhalb von drei Monaten nach Ablauf der Aufbewahrungsfrist zu vernichten. [2] Wird die Meldepflicht elektronisch erfüllt, gelten für die Speicherung und Löschung der nach § 29 Absatz 5 erhobenen Daten die Fristen nach Satz 1. [3] Den nach Landesrecht bestimmten Behörden und den in § 34 Absatz 4 Satz 1 Nummer 1 bis 5 und 9 bis 11 genannten Behörden sind zur Erfüllung ihrer Aufgaben auf Verlangen

1. die nach § 29 Absatz 2 Satz 1 handschriftlich unterschriebenen Meldescheine zur Einsichtnahme vorzulegen und
2. die nach § 29 Absatz 5 elektronisch erhobenen Daten maschinenlesbar zur Verfügung zu stellen.

(5) Sofern das Meldeverfahren elektronisch durchgeführt wird, haben die nach Absatz 1 verpflichteten Personen durch geeignete technische und organisatorische Maßnahmen nach den Artikeln 24, 25 und 32 der Verordnung (EU) 2016/679[1)] sicherzustellen, dass die in Absatz 2 bezeichneten Daten nur nach Maßgabe von Absatz 4 und § 29 Absatz 5 verarbeitet werden.

§ 31[2)] Verarbeitungsbeschränkungen. [1] Die nach § 30 Absatz 2 erhobenen Daten dürfen von den nach Landesrecht bestimmten Behörden und den in § 34 Absatz 4 Satz 1 Nummer 1 bis 5 und 9 bis 11 genannten Behörden verarbeitet werden, sofern dies zur Erfüllung ihrer Aufgaben erforderlich ist. [2] Sie dürfen außerdem zur Aufklärung des Schicksals von Vermissten und Unfallopfern, für die Erhebung von Fremdenverkehrs- und Kurbeiträgen, zur Ausstellung kommunaler Gästekarten sowie für die Beherbergungs- und die Fremdenverkehrsstatistik verarbeitet werden.

§ 32 Besondere Meldepflicht in Krankenhäusern, Heimen und ähnlichen Einrichtungen. (1) [1] Wer in Krankenhäusern, Pflegeheimen oder sonstigen Einrichtungen, die der Betreuung pflegebedürftiger oder behinderter Menschen oder der Heimerziehung dienen, aufgenommen wird oder dort einzieht, muss sich nicht anmelden, solange er für eine Wohnung im Inland gemeldet ist. [2] Wer nicht für eine Wohnung im Inland gemeldet ist, hat sich, sobald sein Aufenthalt die Dauer von drei Monaten überschreitet, innerhalb von zwei Wochen anzumelden. [3] Für Personen, die ihrer Meldepflicht nicht persönlich nachkommen können, haben die Leiter der Einrichtungen die Aufnahme innerhalb von zwei Wochen der Meldebehörde mitzuteilen, die für den Sitz der Einrichtung zuständig ist; die betroffenen Personen sind zu unterrichten. [4] § 17 Absatz 3 Satz 3 bleibt unberührt.

(2) [1] Der zuständigen Behörde ist Auskunft aus den Unterlagen der genannten Einrichtungen zu erteilen, wenn dies nach Feststellung der Behörde zur Abwehr einer erheblichen und gegenwärtigen Gefahr, zur Verfolgung von Straftaten oder zur Auf-

---

[1)] Nr. **246**.

[2)] § 31 Überschrift neu gef., Sätze 1, 2 geänd. mWv 26.11.2019 durch G v. 20.11.2019 (BGBl. I S. 1626); Satz 1 geänd. mWv 1.1.2021 durch G v. 22.12.2020 (BGBl. I S. 3334).

klärung des Schicksals von Vermissten und Unfallopfern im Einzelfall erforderlich ist. [2] Die Auskunft umfasst folgende Daten:

1. Familienname,
2. Vornamen,
3. Geburtsdatum und Geburtsort sowie bei Geburt im Ausland auch den Staat,
4. Staatsangehörigkeiten,
5. Anschriften,
6. Datum der Aufnahme und Datum der Entlassung.

Abschnitt 5. Datenübermittlungen

Unterabschnitt 1. Datenübermittlungen zwischen öffentlichen Stellen[1)]

§ 33[2)] Datenübermittlungen zwischen den Meldebehörden. (1) [1] Hat sich eine Person bei einer Meldebehörde angemeldet, so hat diese die Wegzugsmeldebehörde und die für weitere Wohnungen zuständigen Meldebehörden darüber durch Übermittlung der in § 3 Absatz 1 Nummer 1 bis 18 genannten Daten der betroffenen Person zu unterrichten (Rückmeldung). [2] Bei einem Zuzug aus dem Ausland ist die für den letzten Wohnort im Inland zuständige Meldebehörde als Wegzugsmeldebehörde zu unterrichten. [3] Die Daten sind unverzüglich, spätestens jedoch drei Werktage nach der Anmeldung, durch Datenübertragung zu übermitteln; § 10 Absatz 2 gilt entsprechend.

(2) [1] Die übermittelten Daten sind unverzüglich von der Wegzugsmeldebehörde zu verarbeiten. [2] Die Wegzugsmeldebehörde hat die Zuzugsmeldebehörde unverzüglich, spätestens jedoch drei Werktage nach Eingang der Rückmeldung, über die in § 3 Absatz 2 Nummer 1, 2 Buchstabe d, Nummer 3, 4, 7, 8 und 11 genannten Tatsachen sowie dann zu unterrichten, wenn die in Satz 1 bezeichneten Daten von den bisherigen Angaben abweichen (Auswertung der Rückmeldung). [3] Soweit Meldebehörden desselben Landes beteiligt sind, können für die Datenübermittlung weitergehende Regelungen durch Landesrecht getroffen werden.

(3) [1] Werden die in § 3 Absatz 1 und 2 Nummer 4, 7 und 8 bezeichneten Daten fortgeschrieben, so sind unverzüglich die für weitere Wohnungen der betroffenen Person zuständigen Meldebehörden zu unterrichten, soweit die Daten zur Erfüllung ihrer Aufgaben erforderlich sind. [2] Verstirbt oder verzieht eine meldepflichtige Person, zu der Daten der in § 3 Absatz 1 Nummer 9, 15 und 16 genannten Personen außerhalb der Zuständigkeit der Meldebehörde gespeichert sind, ist unverzüglich die für diese Personen zuständige Meldebehörde über die Fortschreibung zu unterrichten.

(4) [1] Speichert die Meldebehörde eine Auskunftssperre nach § 51 im Melderegister oder hebt die Meldebehörde eine Auskunftssperre auf, so hat sie hierüber die für die letzte frühere oder die neue Wohnung zuständige Meldebehörde und die für weitere Wohnungen zuständigen Meldebehörden unverzüglich zu unterrichten. [2] Diese Meldebehörden haben die Auskunftssperre nach § 51 unverzüglich im Melderegister zu speichern und im Falle der Aufhebung zu löschen. [3] Die Sätze 1 und 2 gelten für bedingte Sperrvermerke nach § 52 mit der Maßgabe entsprechend, dass eine Aufhebung nicht stattfindet.

---

1) *Siehe hierzu ua die Erste BundesmeldedatenübermittlungsVO – 1. BMeldDÜV v. 1.12.2014 (BGBl. I S. 1945), zuletzt geänd. durch VO v. 22.1.2025 (BGBl. 2025 I Nr. 23).*

2) § 33 Abs. 4 Satz 3 angef. mWv 1.11.2016 durch G v. 11.10.2016 (BGBl. I S. 2218); Abs. 1 Satz 3 geänd. mWv 26.11.2019 durch G v. 20.11.2019 (BGBl. I S. 1626); Abs. 3 Satz 1 geänd. mWv 1.5.2022 durch G v. 15.1. 2021 (BGBl. I S. 530); Abs. 2 Satz 2 geänd. mWv 27.6.2024 durch G v. 22.3.2024 (BGBl. 2024 I Nr. 104).

(5) Soweit auf Grund von völkerrechtlichen Übereinkünften ein meldebehördliches Rückmeldeverfahren mit Stellen des Auslands vorgesehen ist, gehen die darin getroffenen Vereinbarungen den Regelungen nach den Absätzen 1 bis 3 vor.

(6) Datenübermittlungen und Auskünfte zwischen den Meldebehörden sind gebührenfrei.

§ 34[1)] Datenübermittlungen an andere öffentliche Stellen. (1)[2)] [1] Die Meldebehörde darf einer anderen öffentlichen Stelle im Sinne von § 2 Absatz 1 bis 3 und 4 Satz 2 des Bundesdatenschutzgesetzes[3)] im Inland aus dem Melderegister folgende Daten übermitteln, soweit dies zur Erfüllung einer öffentlichen Aufgabe erforderlich ist, die in ihrer Zuständigkeit oder in der Zuständigkeit des Empfängers liegt:

1. Familienname,
2. frühere Namen,
3. Vornamen unter Kennzeichnung des gebräuchlichen Vornamens,
4. Doktorgrad,
5. Ordensname, Künstlername,
6. Geburtsdatum und Geburtsort sowie bei Geburt im Ausland auch den Staat,
7. Geschlecht,
8. derzeitige Staatsangehörigkeiten,
9. derzeitige und frühere Anschriften, gekennzeichnet nach Haupt- und Nebenwohnung; bei Zuzug aus dem Ausland den Staat, bei Wegzug in das Ausland die Zuzugsanschrift im Ausland und den Staat,
10. Einzugsdatum, Auszugsdatum, Datum des letzten Wegzugs aus einer Wohnung im Inland sowie Datum des letzten Zuzugs aus dem Ausland,
11. zum gesetzlichen Vertreter
    a) Familienname,
    b) Vornamen,
    c) Doktorgrad,
    d) Anschrift,
    e) Geburtsdatum,
    f) Geschlecht,
    g) Sterbedatum sowie
    h) Auskunftssperren nach § 51 und bedingte Sperrvermerke nach § 52,

---

[1)] § 34 Abs. 1 Satz 1 Nr. 3, 6, 10 Buchst. g und Abs. 4 Satz 1 Nr. 10 und 11 geänd., Nr. 12 angef. mWv 1.11. 2016 durch G v. 11.10.2016 (BGBl. I S. 2218); Abs. 4 Sätze 3, 4 geänd. mWv 26.11.2019 durch G v. 20.11.2019 (BGBl. I S. 1626); Abs. 5 Satz 1 geänd. mWv 7.4.2021, Abs. 1, 2 neu gef., Abs. 4 Satz 1 Nr. 1, 6 geänd., Abs. 6 neu gef. mWv 1.5.2022 durch G v. 15.1.2021 (BGBl. I S. 530); Abs. 1 Satz 2 geänd. mWv 1.5.2021, Abs. 1 Satz 3 angef. mit unbestimmtem Inkrafttreten durch G v. 28.3.2021 (BGBl. I S. 591); Abs. 4 Satz 1 Nr. 11 geänd., Nr. 12 *eingef.*, bish. Nr. 12 wird Nr. 13 mWv 28.12.2022 durch G v. 19.12.2022 (BGBl. I S. 2606); Abs. 1 Satz 1 Nr. 8 geänd. mWv 27.6.2024 durch G v. 22.3.2024 (BGBl. 2024 I Nr. 104).

[2)] Gem. Art. 4 Nr. 5 Buchst. b) G v. 28.3.2021 (BGBl. I S. 591) wird mit noch unbestimmtem Inkrafttreten folgender Satz angefügt:
„Die Meldebehörde darf an eine
1. registerführende Stelle nach § 2 des Identifikationsnummerngesetzes zur Erfüllung der in § 2 Nummer 1 und 2 des Identifikationsnummerngesetzes genannten Aufgaben oder
2. öffentliche Stelle zum Zwecke der Erbringung von Verwaltungsleistungen nach dem Onlinezugangsgesetz durch die Meldebehörde oder die anfragende öffentliche Stelle

zusätzlich die Identifikationsnummer nach dem Identifikationsnummerngesetz nach § 3 Absatz 1 Nummer 8, Nummer 9 Buchstabe i, Nummer 15 Buchstabe j und Nummer 16 Buchstabe h dieses Gesetzes übermitteln."

[3)] Nr. **245**.

12. Familienstand; bei Verheirateten oder Lebenspartnern zusätzlich Datum, Ort und Staat der Eheschließung oder der Begründung der Lebenspartnerschaft sowie bei Eheschließung oder Begründung der Lebenspartnerschaft im Ausland auch den Staat,
13. zum Ehegatten oder Lebenspartner
    a) Familienname,
    b) Vornamen,
    c) Geburtsname,
    d) Doktorgrad,
    e) Geburtsdatum,
    f) Geschlecht,
    g) derzeitige Anschriften und Wegzugsanschrift,
    h) Sterbedatum sowie
    i) Auskunftssperren nach § 51 und bedingte Sperrvermerke nach § 52,
14. zu minderjährigen Kindern
    a) Familienname,
    b) Vornamen,
    c) Geburtsdatum,
    d) Geschlecht,
    e) Anschrift im Inland,
    f) Sterbedatum sowie
    g) Auskunftssperren nach § 51 und bedingte Sperrvermerke nach § 52,
15. Auskunftssperren nach § 51 und bedingte Sperrvermerke nach § 52 sowie
16. Sterbedatum und Sterbeort sowie bei Versterben im Ausland auch den Staat.

[2] Den in Absatz 4 Satz 1 genannten Behörden darf die Meldebehörde darüber hinaus folgende Daten übermitteln, soweit dies zur Aufgabenerfüllung erforderlich ist:
1. Ausstellungsbehörde, Ausstellungsdatum, Gültigkeitsdauer, Seriennummer des Personalausweises, vorläufigen Personalausweises oder Ersatz-Personalausweises, des anerkannten Passes oder Passersatzpapiers,
2. Tatsachen nach § 3 Absatz 2 Nummer 4 zu den Pass- und Ausweisdaten,
3. Daten für waffen- und sprengstoffrechtliche Verfahren nach § 3 Absatz 2 Nummer 7 und 8 sowie
4. Daten zum Wohnungsgeber nach § 3 Absatz 2 Nummer 10.

(2) [1] Die Datenübermittlung erfolgt durch
1. das Bereithalten der Daten durch die Meldebehörde zum anschließenden automatisierten Abruf unmittelbar durch die andere öffentliche Stelle, soweit dies nach § 34a zugelassen ist, oder
2. durch elektronische Datenübertragung.

[2] § 10 Absatz 2 gilt für die Fälle des Satzes 1 entsprechend. [3] Zusätzlich darf über die Identität der Stelle, an die die Daten übermittelt werden, kein Zweifel bestehen. [4] § 3 des Gesetzes über die Verbindung der informationstechnischen Netze des Bundes und der Länder – Gesetz zur Ausführung von Artikel 91c Absatz 4 des Grundgesetzes[1] – *vom 10. August* 2009 (BGBl. I S. 2702, 2706) in der jeweils geltenden Fassung bleibt unberührt. [5] Abweichend von Satz 1 erfolgt eine Datenübermittlung in schriftlicher

[1] **Sartorius III Nr. 715.**

Form oder durch Übersenden auf Datenträgern in gesicherter Form, wenn eine Datenübermittlung nach Satz 1

1. nicht verfügbar ist,
2. nicht zulässig ist oder
3. verfügbar und zulässig wäre, aber die empfangende Stelle besondere Umstände geltend macht, von einer Datenübermittlung nach Satz 1 abzuweichen.

(3) Die Übermittlung weiterer als der in Absatz 1 Satz 1 bezeichneten Daten oder die Übermittlung der in § 3 Absatz 1 oder 2 genannten Hinweise im Melderegister an andere öffentliche Stellen ist nur dann zulässig, wenn der Empfänger

1. ohne Kenntnis der Daten nicht in der Lage wäre, eine ihm durch Rechtsvorschrift übertragene Aufgabe zu erfüllen, und
2. die Daten bei der betroffenen Person nur mit unverhältnismäßig hohem Aufwand erheben könnte oder von einer Datenerhebung nach der Art der Aufgabe, zu der die Daten erforderlich sind, abgesehen werden muss.

(4) [1]Die Prüfung bei der Meldebehörde, ob die Voraussetzungen nach Absatz 3 und § 8 vorliegen, entfällt, wenn sie von den folgenden Behörden um Übermittlung von Daten und Hinweisen nach Absatz 3 ersucht wird:

1. Polizeibehörden,
2. Staatsanwaltschaften,
3. Amtsanwaltschaften,
4. Gerichte, soweit sie Aufgaben der Strafverfolgung, der Strafvollstreckung oder des Strafvollzugs wahrnehmen,
5. Justizvollzugsbehörden,
6. Verfassungsschutzbehörden,
7. Bundesnachrichtendienst,
8. Militärischer Abschirmdienst,
9. Zollfahndungsdienst,
10. Hauptzollämter,
11. Finanzbehörden, soweit sie strafverfolgend tätig sind,
12. Zentralstelle für Sanktionsdurchsetzung oder
13. Bundesamt für Justiz, soweit es Aufgaben der Vollstreckungshilfe nach dem Rahmenbeschluss 2005/214/JI des Rates vom 24. Februar 2005 über die Anwendung des Grundsatzes der gegenseitigen Anerkennung von Geldstrafen und Geldbußen (ABl. L 76 vom 22.3.2005, S. 16), der durch den Rahmenbeschluss 2009/299/JI (ABl. L 81 vom 27.3.2009, S. 24) geändert worden ist, sowie Aufgaben des Strafnachrichtenaustausches nach dem Rahmenbeschluss 2009/315/JI des Rates vom 26. Februar 2009 über die Durchführung und den Inhalt des Austauschs von Informationen aus dem Strafregister zwischen den Mitgliedstaaten (ABl. L 93 vom 7.4.2009, S. 23) wahrnimmt.

[2]Die ersuchende Behörde hat den Namen und die Anschrift der betroffenen Person unter Hinweis auf den Anlass der Übermittlung aufzuzeichnen. [3]Diese Aufzeichnungen sind aufzubewahren, durch technische und organisatorische Maßnahmen nach den Artikeln 24, 25 und 32 der Verordnung (EU) 2016/679[1)] zu sichern und nach Ablauf des Kalenderjahres, das dem Jahr der Erstellung der Aufzeichnung folgt, zu vernichten.

[1)] Nr. **246**.

[4] Satz 3 gilt nicht, wenn die Daten nach Satz 2 Bestandteil von Akten oder Dateisystemen geworden sind.

(5) [1] Wurde eine Auskunftssperre nach § 51 Absatz 1 auf Veranlassung einer in Absatz 4 Satz 1 Nummer 1 bis 4, 6 bis 9 und 11 genannten Behörde von Amts wegen eingetragen, sind die betroffene Person und die veranlassende Stelle über jedes Ersuchen um Übermittlung von Daten zur betroffenen Person unverzüglich zu unterrichten. [2] Sofern nach Anhörung der betroffenen Person, oder, wenn diese nicht erreichbar ist, nach Anhörung der veranlassenden Stelle, eine Gefahr nach § 51 Absatz 1 nicht ausgeschlossen werden kann, ist eine Übermittlung in diesen Fällen nicht zulässig; die ersuchende Stelle erhält eine Mitteilung, die keine Rückschlüsse darauf zulassen darf, ob zu der betroffenen Person keine Daten vorhanden sind oder eine Auskunftssperre besteht. [3] Abweichend von den Sätzen 1 und 2 wird bei Übermittlungsersuchen einer in Absatz 4 Satz 1 genannten Stelle ausschließlich die veranlassende Stelle unterrichtet und angehört.

(6) [1] Datenübermittlungen von Meldebehörden nach Absatz 2 an andere öffentliche Stellen im Inland sind gebührenfrei. [2] Im Fall des Absatzes 2 Satz 5 Nummer 1 gilt dies jedoch nur, wenn die Meldebehörde die Gründe für die fehlende Nutzung des automatisierten Abrufs oder der elektronischen Datenübertragung zu verantworten hat. [3] Landesrechtliche Regelungen zur Gebührenerhebung bei Datenübermittlungen aus zentralen Meldebeständen oder Portalen auf Landesebene bleiben unberührt.

§ 34a[1)] Personensuche und freie Suche im automatisierten Abruf. (1) Ein Abruf ist nur zulässig, soweit die Daten der abrufenden Stelle zur Erfüllung ihrer Aufgaben bekannt sein müssen.

(2) [1] Zu einer namentlich bestimmten Person (Personensuche) dürfen alle Daten nach § 34 Absatz 1 Satz 1 abgerufen werden. [2] Die in § 34 Absatz 4 Satz 1 genannten Behörden dürfen auch die Daten nach § 34 Absatz 1 Satz 2 abrufen.

(3) [1] Zu einer Vielzahl von Personen, die nicht namentlich bestimmt sind (freie Suche), dürfen nur die Daten nach § 34 Absatz 1 Satz 1 Nummer 1 bis 8 und 16 sowie die Anschrift der derzeitigen Haupt- oder alleinigen Wohnung abgerufen werden. [2] Die in § 34 Absatz 4 Satz 1 genannten Behörden dürfen auch das Einzugsdatum nach § 34 Absatz 1 Satz 1 Nummer 10 sowie die Daten nach § 34 Absatz 1 Satz 2 Nummer 1, 3 und 4 abrufen.

(4) Der Abruf weiterer Daten und Hinweise nach Absatz 2 ist zulässig, soweit dies durch Bundes- oder Landesrecht bestimmt ist, in dem auch Anlass und Zweck der Übermittlung, der Datenempfänger und die zu übermittelnden Daten festgelegt sind.

(5) [1] Ist im Melderegister eine Auskunftssperre nach § 51 eingetragen, erhält die abrufende Stelle eine Mitteilung, die keine Rückschlüsse darauf zulassen darf, ob zu der betroffenen Person keine Daten vorhanden sind oder ob eine Auskunftssperre besteht (neutrale Antwort). [2] Der Abruf ist in diesen Fällen von der Meldebehörde wie ein Ersuchen um manuelle Datenübermittlung zu behandeln. [3] Die

(Fortsetzung nächstes Blatt)

[1)] § 34a eingef. mWv 1.5.2022, Abs. 6 angef. mWv 1.5.2023 durch G v. 15.1.2021 (BGBl. I S. 530); Abs. 3 Satz 1 geänd. mWv 27.6.2024 durch G v. 22.3.2024 (BGBl. 2024 I Nr. 104).

Daten nach § 34 Absatz 1 Satz 1 Nummer 11, 13 und 14 werden nicht übermittelt, wenn für diesen Personenkreis eine Auskunftssperre nach § 51 gespeichert ist.

(6) Ist die abrufende Stelle eine der in § 34 Absatz 4 Satz 1 Nummer 1 und 6 bis 9 genannten Behörden und ist im Melderegister eine Auskunftssperre eingetragen, die nicht auf Veranlassung einer der in § 34 Absatz 5 Satz 1 genannten Behörden von Amts wegen eingetragen wurde, so wird der abrufenden Stelle abweichend von Absatz 5 eine Auskunft erteilt, wenn sichergestellt ist, dass die Leitung der abrufenden Stelle oder von ihr hierzu besonders ermächtigte Bedienstete die Daten erhält oder erhalten.

§ 35 Datenübermittlungen an ausländische Stellen. Im Rahmen von Tätigkeiten, die ganz oder teilweise in den Anwendungsbereich des Rechts der Europäischen Union fallen, gilt § 34 Absatz 1 Satz 1 nach Maßgabe der dafür geltenden Gesetze und Vereinbarungen, wenn Daten übermittelt werden an

1. öffentliche Stellen in anderen Mitgliedstaaten der Europäischen Union,
2. öffentliche Stellen in anderen Vertragsstaaten des Abkommens über den Europäischen Wirtschaftsraum,
3. Organe und Einrichtungen der Europäischen Union oder
4. Organe und Einrichtungen der Europäischen Atomgemeinschaft.

§ 36[1] Regelmäßige Datenübermittlungen. Datenübermittlungen an andere öffentliche Stellen, die ohne Ersuchen in allgemein bestimmten Fällen regelmäßig wiederkehrend durchgeführt werden (regelmäßige Datenübermittlungen), sind zulässig, soweit dies durch Bundes- oder Landesrecht bestimmt ist, in dem Anlass und Zweck der Übermittlungen, der Empfänger und die zu übermittelnden Daten festgelegt sind.

§ 37[2] Datenweitergabe. (1) [1] Innerhalb der Verwaltungseinheit, der die Meldebehörde angehört, dürfen unter den in § 34 Absatz 1 genannten Voraussetzungen sämtliche der in § 3 Absatz 1 aufgeführten Daten und Hinweise weitergegeben werden. [2] Für die Einsichtnahme und Weitergabe von Daten und Hinweisen nach § 3 Absatz 2 gilt § 34 Absatz 3 entsprechend.

(2) [1] Die Einrichtung automatisierter Verfahren zur Datenübertragung an andere Stellen innerhalb der Verwaltungseinheit, der die Meldebehörde angehört, bedarf der Zulassung durch den Leiter der Verwaltungseinheit; dabei hat er die abrufberechtigten Stellen sowie die erforderlichen technischen und organisatorischen Maßnahmen nach den Artikeln 24, 25 und 32 der Verordnung (EU) 2016/679[3] schriftlich festzulegen. [2] Die abrufberechtigte Stelle darf von der Möglichkeit des Datenabrufs nur Gebrauch machen, wenn dies im Einzelfall zur Erfüllung ihrer Aufgaben erforderlich ist. [3] § 34a Absatz 5 gilt entsprechend.

---

[1] § 36 Abs. 2 Satz 1 geänd. durch G v. 20.11.2014 (BGBl. I S. 1738); Abs. 1 geänd., Abs. 2 Satz 2 eingef., bish. Satz 2 wird Satz 3 mWv 26.11.2019 durch G v. 20.11.2019 (BGBl. I S. 1626); Abs. 2 aufgeh. mWv 1.1.2026 durch G v. 22.12.2025 (BGBl. 2025 I Nr. 370).

[2] § 37 Abs. 2 Satz 1 geänd. mWv 26.11.2019 durch G v. 20.11.2019 (BGBl. I S. 1626); Abs. 2 Satz 3 angef. mWv 1.5.2022 durch G v. 15.1.2021 (BGBl. I S. 530).

[3] Nr. **246**.

§ 38[1)] Auswahldaten für automatisierte Abrufe und für Datenübermittlungen über Personengruppen. (1)[2)] [1] Für automatisierte Abrufe von Daten mittels Personensuche sind aus dem Datenkatalog nach § 34 Absatz 1 Satz 1 folgende Auswahldaten zu verwenden:

1. hinsichtlich des Namens
   a) der Familienname und mindestens ein Vorname,
   b) ein früherer Name und mindestens ein Vorname,
   c) der Ordensname oder
   d) der Künstlername sowie
2. zusätzlich zu den Angaben nach Nummer 1
   a) eine Anschrift oder
   b) ein Wohnort und mindestens eines der folgenden Daten:
      aa) Straße,
      bb) Geburtsdatum,
      cc) Geburtsort sowie bei Geburt im Ausland auch den Staat,
      dd) Geschlecht,
      ee) Sterbedatum,
      ff) Sterbeort sowie bei Versterben im Ausland auch den Staat.

[2] Die AZR-Nummer darf in den Fällen und nach Maßgabe des § 10 Absatz 4 Satz 1 und 2 Nummer 4 des AZR-Gesetzes[3)] nur zum Zweck der eindeutigen Zuordnung als zusätzliches Auswahldatum verwendet werden. [3] Für Familiennamen, frühere Namen und Vornamen sowie für Ordens- und Künstlernamen ist eine phonetische Suche zulässig.

(2) [1] Für automatisierte Abrufe und für Ersuchen um Übermittlung von Daten mittels freier Suche sollen vorbehaltlich des Satzes 2 verwenden:

1. die in § 34 Absatz 4 Satz 1 genannten Behörden alle verfügbaren Daten nach § 34 Absatz 1 Satz 1 und die Daten nach § 34 Absatz 1 Satz 2 Nummer 3,
2. alle übrigen öffentlichen Stellen nur die verfügbaren Daten nach § 34 Absatz 1 Satz 1.

[2] Die Daten beigeschriebener Personen nach § 34 Absatz 1 Satz 1 Nummer 11, 13 und 14, das Datum des letzten Wegzugs aus einer Wohnung im Inland und das Datum des letzten Zuzugs aus dem Ausland nach § 34 Absatz 1 Satz 1 Nummer 10 sowie Auskunftssperren nach § 51 und bedingte Sperrvermerke nach § 52 sind als Auswahldaten nicht zulässig. [3] Für Familiennamen, frühere Namen und Vornamen sowie für Ordens- und Künstlernamen ist eine phonetische Suche zulässig.

(3) Die Verwendung von weiteren Auswahldaten nach den Absätzen 1 und 2 ist zulässig, soweit dies durch Bundes- oder Landesrecht bestimmt ist, in dem auch Anlass und Zweck des Abrufs festgelegt sind.

(4) [1] Werden auf Grund eines automatisierten Abrufs die Datensätze mehrerer Personen angezeigt, darf die abrufberechtigte Stelle diese Daten nur in dem

---

[1)] § 38 neu gef. mWv 1.5.2022 durch G v. 15.1.2021 (BGBl. I S. 530); Abs. 1 Satz 3 eingef., bish. Satz 3 wird Satz 4 mit unbestimmtem Inkrafttreten durch G v. 28.3.2021 (BGBl. I S. 591); Abs. 1 Satz 2 geänd. mWv 1.11.2022 durch G v. 21.7.2022 (BGBl. I S. 1182).

[2)] *Gem. Art. 4 Nr. 7 G v. 28.3.2021 (BGBl. I S. 591) wird nach Satz 2 mit noch unbestimmtem Inkrafttreten folgender Satz eingefügt: „Die Identifikationsnummer nach § 139b der Abgabenordnung darf in den Fällen des § 34a Absatz 2 Satz 3 zusätzlich als Auswahldatum verwendet werden.“*

[3)] **Sartorius ErgBd. Nr. 569.**

Umfang verwenden, der zur Erfüllung der ihr durch Rechtsvorschrift übertragenen Aufgaben erforderlich ist. [2] Nicht erforderliche Daten sind unverzüglich zu löschen.

(5) [1] Die abrufende Stelle kann für den Fall einer neutralen Antwort auf eine weitere Bearbeitung der Anfrage durch die Meldebehörde verzichten. [2] Die Pflicht zur unverzüglichen Unterrichtung der veranlassenden Stelle nach § 34 Absatz 5 Satz 1 und 3 bleibt unberührt.

§ 39[1)] Verfahren des automatisierten Abrufs. (1) Bei der Einrichtung eines automatisierten Abrufverfahrens hat die abrufberechtigte Stelle durch geeignete technische und organisatorische Maßnahmen nach den Artikeln 24, 25 und 32 der Verordnung (EU) 2016/679[2)] sicherzustellen, dass Daten nur durch hierzu befugte Personen abgerufen werden können und dass nur die Daten abgerufen werden, die für ihre Aufgabenerfüllung erforderlich sind.

(2) [1] Werden auf Grund eines automatisierten Abrufs nach § 34a die Datensätze von unterschiedlichen Personen gefunden, werden hierzu Identifikationsmerkmale gebildet und übermittelt. [2] Zur Bildung dieser Identifikationsmerkmale dürfen die in § 3 genannten Daten nicht verarbeitet werden. [3] Der Empfänger der Daten darf das Identifikationsmerkmal nur an die Meldebehörde übermitteln.

(3) [1] Für die in § 34 Absatz 4 Satz 1 genannten sowie weitere durch Bundes- oder Landesrecht bestimmte öffentliche Stellen ist bei zentralen Meldedatenbeständen der Länder oder, sofern solche nicht vorhanden sind, bei sonstigen Stellen, die durch Landesrecht dazu bestimmt sind, oder bei den Meldebehörden zu jeder Zeit sicherzustellen, dass Daten über das Internet oder über das Verbindungsnetz des Bundes und der Länder abgerufen werden können. [2] Absatz 1 Satz 2 bis 4 gilt entsprechend.

(4) [1] Die Verantwortung für die Zulässigkeit des einzelnen automatisierten Abrufs trägt die abrufende Stelle. [2] Die Meldebehörde überprüft die Zulässigkeit des Abrufs nur, wenn dazu Anlass besteht.

§ 39a[3)] Datenbestätigung für öffentliche Stellen. (1) [1] Die Meldebehörde darf Daten einer namentlich bestimmten Person, die sie von einer anderen öffentlichen Stelle im Wege einer maschinellen Anfrage erhält, automatisiert auf Übereinstimmung mit den im Melderegister gespeicherten Daten prüfen, soweit eine Datenübermittlung nach § 34 zulässig wäre. [2] Für die Auswahldaten, die der Anfrage um Datenbestätigung zugrunde gelegt werden dürfen, gilt § 38 Absatz 1 entsprechend.

(2) [1] Wird die Person mit den Auswahldaten im Melderegister eindeutig identifiziert und stimmen die Daten mit den im Melderegister gespeicherten Daten überein, bestätigt die Meldebehörde dies der anfragenden Stelle. [2] Werden mit den angegebenen Daten mehrere übereinstimmende Datensätze gefunden, teilt die Meldebehörde diese Tatsache mit. [3] Ist im Melderegister eine Auskunftssperre nach § 51 eingetragen oder ist zu der betroffenen Person kein übereinstimmender Datensatz vorhanden, erhält die anfragende Stelle eine Mitteilung, die keine Rückschlüsse darauf zulassen darf, welcher von beiden Fällen vorliegt.

[1)] § 39 Abs. 1 Satz 1, Abs. 2 Satz 2 geänd. mWv 26.11.2019 durch G v. 20.11.2019 (BGBl. I S. 1626); Abs. 1 Satz 1 geänd., Sätze 2–4 aufgeh., Abs. 2 Satz 1 neu gef. mWv 1.5.2022 durch G v. 15.1.2021 (BGBl. I S. 530).

[2)] Nr. **246**.

[3)] § 39a eingef. mWv 1.5.2022 durch G v. 15.1.2021 (BGBl. I S. 530).

(3) § 34 Absatz 5 und 6 sowie § 39 Absatz 1, 3 und 4 sind entsprechend anzuwenden.

§ 40[1] Protokollierungspflicht bei automatisiertem Abruf und bei Datenbestätigung. (1) Die Meldebehörde hat bei einer Personensuche im automatisierten Abruf und bei einer Datenbestätigung Folgendes zu protokollieren:

1. die abrufberechtigte Stelle,
2. die abgerufenen Daten,
3. den Zeitpunkt des Abrufs,
4. das Aktenzeichen der abrufenden Behörde,
5. den Anlass des Abrufs,
6. die Kennung der abrufenden Person oder bei einem maschinellen Abruf die Bezeichnung des Verfahrens und
7. die nach den Auswahldaten als abrufbar gekennzeichneten Datensätze der gefundenen Personen (Treffer).

(2) Bei einer freien Suche im automatisierten Abruf sind

1. zusätzlich zu Absatz 1 Nummer 1 bis 6 die verwendeten Auswahldaten zu protokollieren und
2. statt der Treffer nach Absatz 1 Nummer 7 die als abrufbar gekennzeichneten Datensätze der gefundenen nicht namentlich bestimmten Personen (Ergebnisse) zu protokollieren.

(3) Ist die abrufende oder maschinell anfragende Stelle eine der in § 34 Absatz 4 Satz 1 genannten Behörden, hat sie die Protokollierung vorzunehmen.

(4) Die Meldebehörde hat bei einem automatisierten Datenabruf durch die betroffene Person über ein Verwaltungsportal (§ 2 Absatz 2 des Onlinezugangsgesetzes[2]) Folgendes zu protokollieren:

1. Familienname, Vornamen, Geburtsdatum sowie die Anschrift der derzeitigen Haupt- oder alleinigen Wohnung der betroffenen Person,
2. die Art der Dienstleistung,
3. die abgerufenen Daten und
4. den Zeitpunkt des Abrufs.

(5) [1]Die Protokolldaten sind mindestens zwölf Monate aufzubewahren und zu sichern. [2]Sie sind spätestens zum Ende des Kalenderjahres zu löschen, das auf die Speicherung folgt. [3]Die Protokolldaten dürfen nur für Zwecke der Datenschutzkontrolle, hieraus folgender Strafverfahren, der Sicherstellung des Betriebs der Register und der Auskunftserteilung an die betroffene Person verarbeitet werden.

§ 41[3] Zweckbindung übermittelter Daten und Hinweise. [1]Die Empfänger dürfen die Daten und Hinweise, soweit gesetzlich nichts anderes bestimmt ist, nur für die Zwecke verarbeiten, zu deren Erfüllung sie ihnen übermittelt oder weitergegeben wurden. [2]In den Fällen der §§ 51 und 52 ist eine Verarbeitung der übermittelten oder weitergegebenen Daten und Hinweise nur zulässig, wenn die

---

[1] § 40 Abs. 4 Satz 3 geänd. mWv 26.11.2019 durch G v. 20.11.2019 (BGBl. I S. 1626); Überschrift *und Abs. 1, 2* neu gef., Abs. 3 geänd., Abs. 4 eingef., bish. Abs. 4 wird Abs. 5 mWv 1.5.2022 durch G v. 15.1.2021 (BGBl. I S. 530).

[2] **Sartorius III Nr. 718.**

[3] § 41 Sätze 1, 2 geänd. mWv 26.11.2019 durch G v. 20.11.2019 (BGBl. I S. 1626).

Beeinträchtigung schutzwürdiger Interessen der betroffenen Person ausgeschlossen werden kann.

§ 42[1] Datenübermittlungen an öffentlich-rechtliche Religionsgesellschaften. (1) Die Meldebehörde darf einer öffentlich-rechtlichen Religionsgesellschaft unter den in § 34 Absatz 1 Satz 1 genannten Voraussetzungen zur Erfüllung ihrer Aufgaben, nicht jedoch zu arbeitsrechtlichen Zwecken folgende Daten ihrer Mitglieder auch regelmäßig übermitteln:

1. Familienname,
2. frühere Namen,
3. Vornamen unter Kennzeichnung des gebräuchlichen Vornamens,
4. Doktorgrad,
5. Ordensname, Künstlername,
6. Geburtsdatum und Geburtsort sowie bei Geburt im Ausland auch den Staat,
7. zum gesetzlichen Vertreter
   a) Familienname,
   b) Vornamen,
   c) Doktorgrad,
   d) Anschrift,
   e) Geburtsdatum,
   f) Geschlecht,
   g) Sterbedatum sowie
   h) Auskunftssperren nach § 51 und bedingte Sperrvermerke nach § 52,
8. Geschlecht,
9. derzeitige Staatsangehörigkeiten,
10. rechtliche Zugehörigkeit zu der öffentlich-rechtlichen Religionsgesellschaft,
11. derzeitige Anschriften, gekennzeichnet nach Haupt- und Nebenwohnung, die letzte frühere Anschrift, bei Zuzug aus dem Ausland die letzte Anschrift im Inland, bei Wegzug in das Ausland auch die Zuzugsanschrift im Ausland und den Staat,
12. Einzugsdatum und Auszugsdatum,
13. Familienstand beschränkt auf die Angabe, ob verheiratet oder eine Lebenspartnerschaft führend oder nicht; zusätzlich bei Verheirateten oder Lebenspartnern: Datum, Ort und Staat der Eheschließung oder der Begründung der Lebenspartnerschaft,
14. Zahl der minderjährigen Kinder,
15. Auskunftssperren nach § 51 und bedingte Sperrvermerke nach § 52 sowie
16. Sterbedatum und Sterbeort sowie bei Versterben im Ausland auch den Staat.

---

[1] § 42 Abs. 1 einl. Satzteil, Nr. 11 und 13, Abs. 2 Nr. 5 und Abs. 3 Satz 1 geänd., Abs. 4a eingef. durch G v. 20.11.2014 (BGBl. I S. 1738); Abs. 1 Nr. 3, 7 Buchst. h, Nr. 15 und Abs. 2 Nr. 6 geänd. mWv 1.11.2016 durch G v. 11.10.2016 (BGBl. I S. 2218); Abs. 3 Satz 3 eingef., bish. Satz 3 wird Satz 4, Abs. 5 Satz 1 geänd. mWv 26.11.2019 durch G v. 20.11.2019 (BGBl. I S. 1626); Abs. 4a Satz 3 geänd. mWv 27.6.2020 durch VO v. 19.6.2020 (BGBl. I S. 1328); Abs. 1 Nr. 11 geänd. mWv 7.4.2021, Abs. 2 einl. Satzteil und Nr. 1 geänd., Nr. 2, 3 eingef., bish. Nr. 2–4 werden Nr. 4–6, bish. Nr. 5 wird Nr. 7 und geänd., bish. Nr. 6, 7 werden Nr. 8, 9, Abs. 3 Satz 2 geänd. mWv 1.5.2022 durch G v. 15.1.2021 (BGBl. I S. 530); Abs. 3 Satz 3 neu gef. mWv 1.1.2026 durch G v. 22.12.2025 (BGBl. 2025 I Nr. 370).

(2) Haben Mitglieder einer öffentlich-rechtlichen Religionsgesellschaft Familienangehörige, darf die Meldebehörde von diesen Familienangehörigen folgende Daten übermitteln:

1. Familiennamen,
2. frühere Namen,
3. Vornamen,
4. Geburtsdatum und Geburtsort,
5. Geschlecht,
6. Zugehörigkeit zu einer öffentlich-rechtlichen Religionsgesellschaft,
7. derzeitige Anschriften, gekennzeichnet nach Haupt- und Nebenwohnung, und letzte frühere Anschrift,
8. Auskunftssperren nach § 51 und bedingte Sperrvermerke nach § 52 sowie
9. Sterbedatum.

(3) [1] Familienangehörige im Sinne des Absatzes 2 sind der Ehegatte oder Lebenspartner, minderjährige Kinder und die Eltern von minderjährigen Kindern. [2] Familienangehörige, die nicht derselben oder keiner öffentlich-rechtlichen Religionsgesellschaft angehören, haben das Recht, der Übermittlung ihrer Daten zu widersprechen; sie sind auf dieses Recht bei der Anmeldung nach § 17 Absatz 1 sowie einmal jährlich durch ortsübliche Bekanntmachung hinzuweisen. [3] Bei einem Widerspruch hat die betroffene Person gegenüber der Meldebehörde ein Recht auf unentgeltliche Einrichtung einer Übermittlungssperre. [4] Satz 2 gilt nicht, soweit Daten für Zwecke des Steuererhebungsrechts der jeweiligen öffentlich-rechtlichen Religionsgesellschaft übermittelt werden.

(4) Für Datenübermittlungen nach den Absätzen 1 und 2 gilt § 34 Absatz 5 entsprechend.

(4a) [1] Die Meldebehörden dürfen den öffentlich-rechtlichen Religionsgesellschaften jeweils zu Beginn einer standardisierten Datenübermittlung zu einem bundesweit einheitlichen Stichtag die in den Absätzen 1 und 2 genannten sowie die gemäß § 55 Absatz 2 durch Landesrecht bestimmten Daten innerhalb von längstens zwölf Monaten automatisiert übermitteln, um einen einmaligen Abgleich zum Zwecke der Bestands- und Ersterfassung und darauf aufbauende Folgedatenübermittlungen zu ermöglichen. [2] Dabei sind auch Widersprüche nach § 42 Absatz 3 Satz 2 zu übermitteln. [3] Der jeweilige Stichtag wird vom Bundesministerium des Innern, für Bau und Heimat im Bundesanzeiger bekannt gegeben.

(5) [1] Eine Datenübermittlung nach den Absätzen 1 und 2 ist nur zulässig, wenn sichergestellt ist, dass beim Empfänger ausreichende Maßnahmen zum Datenschutz getroffen sind. [2] Die Feststellung hierüber trifft eine durch Landesrecht zu bestimmende Behörde.

§ 43[1)] *(aufgehoben)*

Unterabschnitt 2. Melderegisterauskunft

§ 44[2)] **Einfache Melderegisterauskunft.** (1) [1] Wenn eine Person zu einer anderen Person oder wenn eine andere als die in § 34 Absatz 1 Satz 1 oder § 35 bezeichnete Stelle Auskunft verlangt, darf die Meldebehörde nur Auskunft über

---

1) § 43 aufgeh. mWv 27.7.2022 durch G v. 21.7.2022 (BGBl. I S. 1182).

2) § 44 Abs. 1 Satz 1 Nr. 2 geänd. mWv 1.11.2016 durch G v. 11.10.2016 (BGBl. I S. 2218); Abs. 3, 4 neu gef., Abs. 5 angef. mWv 26.11.2019 durch G v. 20.11.2019 (BGBl. I S. 1626).

folgende Daten einzelner bestimmter Personen erteilen (einfache Melderegisterauskunft):

1. Familienname,
2. Vornamen unter Kennzeichnung des gebräuchlichen Vornamens,
3. Doktorgrad und
4. derzeitige Anschriften sowie,
5. sofern die Person verstorben ist, diese Tatsache.

[2] Sofern die Daten für gewerbliche Zwecke verwendet werden, sind diese anzugeben.

(2) Absatz 1 gilt auch, wenn Auskunft über Daten einer Vielzahl von Personen verlangt wird.

(3) Die Erteilung einer einfachen Melderegisterauskunft ist nur zulässig, wenn

1. die Identität der Person, über die eine Auskunft begehrt wird, eindeutig festgestellt werden kann auf Grund der in der Anfrage mitgeteilten Angaben über
   a) den Familiennamen,
   b) den früheren Namen,
   c) die Vornamen,
   d) das Geburtsdatum,
   e) das Geschlecht oder
   f) eine Anschrift und
2. die Daten nicht für Zwecke der Werbung oder des Adresshandels verwendet werden und die Auskunft verlangende Person oder Stelle dies erklärt.

(4) Es ist verboten, Daten aus einer Melderegisterauskunft gewerblich zu verwenden, ohne dass ein Zweck nach Absatz 1 Satz 2 bei der Anfrage angegeben wurde.

(5) § 45 Absatz 2 gilt entsprechend.

§ 45[1)] Erweiterte Melderegisterauskunft. (1) Soweit ein berechtigtes Interesse glaubhaft gemacht wird, darf zu den in § 44 Absatz 1 genannten Daten einzelner bestimmter Personen eine erweiterte Melderegisterauskunft erteilt werden über

1. frühere Namen,
2. Geburtsdatum und Geburtsort sowie bei Geburt im Ausland auch den Staat,
3. Familienstand, beschränkt auf die Angabe, ob verheiratet oder eine Lebenspartnerschaft führend oder nicht,
4. derzeitige Staatsangehörigkeiten,
5. frühere Anschriften,
6. Einzugsdatum und Auszugsdatum,
7. *Familienname und* Vornamen sowie Anschrift des gesetzlichen Vertreters,
8. Familienname und Vornamen sowie Anschrift des Ehegatten oder des Lebenspartners sowie
9. Sterbedatum und Sterbeort sowie bei Versterben im Ausland auch den Staat.

(2) Die Pflicht zur Information der betroffenen Person gemäß Artikel 14 Absatz 1, 2 und 4 der Verordnung (EU) 2016/679[2)] durch den Empfänger der

---

[1)] § 45 Abs. 2 neu gef. mWv 26.11.2019 durch G v. 20.11.2019 (BGBl. I S. 1626).
[2)] Nr. **246**.

erweiterten Melderegisterauskunft besteht ergänzend zu den in Artikel 14 Absatz 5 der Verordnung (EU) 2016/679 genannten Ausnahmen nicht, wenn durch ihre Erfüllung ein rechtliches Interesse, insbesondere die Geltendmachung von Rechtsansprüchen, beeinträchtigen würde, sofern nicht das berechtigte Interesse der betroffenen Person an der Erfüllung der Informationspflicht überwiegt.

§ 46 Gruppenauskunft. (1) [1] Eine Melderegisterauskunft über eine Vielzahl nicht namentlich bezeichneter Personen (Gruppenauskunft) darf nur erteilt werden, wenn sie im öffentlichen Interesse liegt. [2] Für die Zusammensetzung der Personengruppe dürfen die folgenden Daten herangezogen werden:

1. Geburtsdatum,
2. Geschlecht,
3. derzeitige Staatsangehörigkeit,
4. derzeitige Anschriften,
5. Einzugsdatum und Auszugsdatum,
6. Familienstand mit der Angabe, ob ledig, verheiratet, geschieden, verwitwet, eine Lebenspartnerschaft führend, Lebenspartnerschaft aufgehoben oder Lebenspartner verstorben.

(2) Außer der Tatsache der Zugehörigkeit zu der Gruppe dürfen folgende Daten mitgeteilt werden:

1. Familienname,
2. Vornamen,
3. Doktorgrad,
4. Alter,
5. Geschlecht,
6. Staatsangehörigkeiten,
7. derzeitige Anschriften und
8. gesetzliche Vertreter mit Familienname und Vornamen sowie Anschrift.

§ 47 Zweckbindung der Melderegisterauskunft. (1) [1] Bei Melderegisterauskünften nach § 44 zu gewerblichen Zwecken und bei Melderegisterauskünften nach den §§ 45 und 46 sowie bei Vorliegen einer Auskunftssperre nach § 51 Absatz 1 darf der Empfänger die Daten nur für die Zwecke verwenden, zu deren Erfüllung sie ihm übermittelt wurden. [2] Danach sind die Daten zu löschen.

(2) Soweit Daten zum Zwecke der geschäftsmäßigen Anschriftenermittlung für Dritte erhoben werden, dürfen diese nicht wiederverwendet werden.

§ 48[1] Melderegisterauskunft für öffentlich-rechtliche Rundfunkanstalten. Soweit öffentlich-rechtliche Rundfunkanstalten publizistisch tätig sind, sind sie keine öffentlichen Stellen im Sinne dieses Gesetzes.

§ 49[2] Automatisierte Melderegisterauskunft. (1) [1] Einfache Melderegisterauskünfte können auch auf Datenträgern erteilt werden, die sich automatisiert verarbeiten lassen. [2] Die der Meldebehörde überlassenen Datenträger oder die der

---

[1] *§ 48 neu gef. mWv 1.11.2016 durch G v. 11.10.2016 (BGBl. I S. 2218).*

[2] § 49 Abs. 1 Satz 3 aufgeh., Abs. 5 geänd. durch G v. 20.11.2014 (BGBl. I S. 1738); Abs. 3 Satz 2 geänd. mWv 1.11.2016 und Abs. 4 Nr. 1 neu gef., Abs. 5 eingef., bish. Abs. 5 wird Abs. 6. mWv 1.5. 2017 durch G v. 11.10.2016 (BGBl. I S. 2218); Abs. 6 geänd. mWv 26.11.2019 durch G v. 20.11.2019 (BGBl. I S. 1626); Abs. 7 angef. mWv 1.5.2022 durch G v. 15.1.2021 (BGBl. I S. 530).

Meldebehörde übermittelten Daten sind nach Erledigung des Antrags unverzüglich zurückzugeben, zu löschen oder zu vernichten.

(2) [1] Einfache Melderegisterauskünfte können auch durch einen automatisierten Abruf über das Internet erteilt werden. [2] Die Antwort an den Antragsteller ist verschlüsselt zu übertragen.

(3) [1] Eine einfache Melderegisterauskunft über das Internet kann auch über ein Portal oder mehrere Portale erteilt werden. [2] Wird ein Portal nicht in öffentlich-rechtlicher Form betrieben, bedarf es der Zulassung durch die zuständige Landesbehörde. [3] Portale haben insbesondere die Aufgabe,

1. die Anfragenden zu registrieren,
2. die Auskunftsersuchen entgegenzunehmen und an die Meldebehörde oder andere Portale weiterzuleiten,
3. die Antworten entgegenzunehmen und an Meldebehörden oder andere Portale weiterzuleiten,
4. die Zahlung der Gebühren und Auslagen an die Meldebehörden sicherzustellen und
5. die Datensicherheit zu gewährleisten.

[4] Absatz 1 Satz 2 gilt entsprechend.

(4) Auskünfte dürfen nur erteilt werden, wenn

1. der Antragsteller die betroffene Person mit ihrem Familiennamen oder einem früheren Familiennamen und mindestens einem jeweils dazugehörigen Vornamen, wobei für Vor- und Familiennamen eine phonetische Suche zulässig ist, sowie entweder mit einer Anschrift oder mit zwei weiteren Daten bezeichnet hat, wobei die Daten nach Absatz 5 Nummer 5 und 9 nicht zusammen verwendet werden dürfen, und
2. die Identität der betroffenen Person durch einen automatisierten Abgleich der im Antrag angegebenen Daten mit den im Melderegister gespeicherten Daten der betroffenen Person eindeutig festgestellt worden ist.

(5) Für die weitere Bezeichnung der betroffenen Person nach Absatz 4 Nummer 1 können folgende Daten zusätzlich verwendet werden:

1. Ordensname,
2. Künstlername,
3. Geburtsdatum,
4. Geburtsort sowie bei Geburt im Ausland auch den Staat,
5. Geschlecht,
6. Vorname und Familienname des gesetzlichen Vertreters,
7. Einzugsdatum zu einer Anschrift,
8. Auszugsdatum zu einer Anschrift,
9. Familienstand,
10. Datum und Ort der Eheschließung oder Begründung der Lebenspartnerschaft sowie bei Eheschließung oder Begründung der Lebenspartnerschaft im Ausland auch den Staat,
11. Vorname und Familienname des Ehegatten oder Lebenspartners,
12. Sterbedatum,
13. Sterbeort sowie bei Versterben im Ausland auch den Staat.

(6) § 10 Absatz 2 und § 40 gelten entsprechend.

(7) [1] Die anfragende Person oder Stelle nach § 44 Absatz 1 Satz 1 kann für den Fall einer neutralen Antwort auf eine weitere Bearbeitung der Anfrage durch die Meldebehörde verzichten. [2] Die Pflicht zur unverzüglichen Unterrichtung der betroffenen Person und der veranlassenden Stelle nach § 51 Absatz 3 bleibt unberührt.

§ 49a[1)] Datenbestätigung. (1) Die Meldebehörde darf Daten einer namentlich bestimmten Person, die sie im Wege einer maschinellen Anfrage erhält, automatisiert auf Übereinstimmung mit den im Melderegister gespeicherten Daten prüfen, soweit eine einfache Melderegisterauskunft zulässig wäre.

(2) [1] Wird eine Person mit den Auswahldaten im Melderegister eindeutig identifiziert und stimmen die Daten mit den im Melderegister gespeicherten Daten überein, bestätigt die Meldebehörde dies der anfragenden Person oder Stelle. [2] Ist dies nicht der Fall oder ist im Melderegister eine Auskunftssperre nach § 51 oder ein bedingter Sperrvermerk nach § 52 eingetragen, erhält die anfragende Person oder Stelle eine Mitteilung, die keine Rückschlüsse darauf zulassen darf, ob zu der betroffenen Person keine übereinstimmenden Daten vorhanden sind, eine Auskunftssperre oder ein bedingter Sperrvermerk besteht.

(3) [1] Personen, für die eine Auskunftssperre eingetragen ist, sind über sie betreffende Anfragen unverzüglich zu unterrichten. [2] § 51 Absatz 3 und 5 gilt entsprechend.

(4) § 10 Absatz 2 sowie § 40 Absatz 1, 3 und 4 gelten entsprechend.

§ 50[2)] Melderegisterauskünfte in besonderen Fällen. (1) [1] Die Meldebehörde darf Parteien, Wählergruppen und anderen Trägern von Wahlvorschlägen im Zusammenhang mit Wahlen und Abstimmungen auf staatlicher und kommunaler Ebene in den sechs der Wahl oder Abstimmung vorangehenden Monaten Auskunft aus dem Melderegister über die in § 44 Absatz 1 Satz 1 bezeichneten Daten von Gruppen von Wahlberechtigten erteilen, soweit für deren Zusammensetzung das Lebensalter bestimmend ist. [2] Die Geburtsdaten der Wahlberechtigten dürfen dabei nicht mitgeteilt werden. [3] Die Person oder Stelle, der die Daten übermittelt werden, darf diese nur für die Werbung bei einer Wahl oder Abstimmung verwenden und hat sie spätestens einen Monat nach der Wahl oder Abstimmung zu löschen oder zu vernichten.

(2) [1] Verlangen Mandatsträger, Presse oder Rundfunk Auskunft aus dem Melderegister über Alters- oder Ehejubiläen von Einwohnern, darf die Meldebehörde Auskunft erteilen über

1. Familienname,
2. Vornamen,
3. Doktorgrad,
4. Anschrift sowie
5. Datum und Art des Jubiläums.

[2] Altersjubiläen im Sinne des Satzes 1 sind der 70. Geburtstag, jeder fünfte weitere Geburtstag und ab dem 100. Geburtstag jeder folgende Geburtstag; Ehejubiläen sind das 50. und jedes folgende Ehejubiläum.

[1)] § 49a eingef. mWv 1.5.2022 durch G v. 15.1.2021 (BGBl. I S. 530).

[2)] § 50 Abs. 5 Satz 2 angef. mWv 26.11.2019 durch G v. 20.11.2019 (BGBl. I S. 1626); Abs. 5 Satz 2 neu gef. mWv 1.1.2026 durch G v. 22.12.2025 (BGBl. 2025 I Nr. 370).

(3) [1] Adressbuchverlagen darf zu allen Einwohnern, die das 18. Lebensjahr vollendet haben, Auskunft erteilt werden über deren

1. Familienname,
2. Vornamen,
3. Doktorgrad und
4. derzeitige Anschriften.

[2] Die übermittelten Daten dürfen nur für die Herausgabe von Adressbüchern (Adressenverzeichnisse in Buchform) verwendet werden.

(4) [1] Die Meldebehörde hat dem Eigentümer der Wohnung und, wenn er nicht selbst Wohnungsgeber ist, auch dem Wohnungsgeber bei Glaubhaftmachung eines rechtlichen Interesses unentgeltlich Auskunft über Familiennamen und Vornamen sowie Doktorgrad der in seiner Wohnung gemeldeten Einwohner zu erteilen. [2] Die Auskunft kann auf Antrag des Auskunftsberechtigten im elektronischen Verfahren erteilt werden; § 10 Absatz 2 und 3 gilt entsprechend.

(5) [1] Die betroffene Person hat das Recht, der Übermittlung ihrer Daten nach den Absätzen 1 bis 3 zu widersprechen; hierauf ist bei der Anmeldung nach § 17 Absatz 1 sowie einmal jährlich durch ortsübliche Bekanntmachung hinzuweisen. [2] Bei einem Widerspruch hat die betroffene Person gegenüber der Meldebehörde ein Recht auf unentgeltliche Einrichtung einer Übermittlungssperre.

(6) [1] Eine Erteilung von Auskünften nach den Absätzen 1 bis 3 unterbleibt, wenn eine Auskunftssperre nach § 51 vorliegt. [2] Eine Auskunft nach Absatz 3 darf außerdem nicht erteilt werden, wenn ein bedingter Sperrvermerk nach § 52 eingetragen ist.

§ 51[1)] Auskunftssperren. (1) [1] Liegen Tatsachen vor, die die Annahme rechtfertigen, dass der betroffenen oder einer anderen Person durch eine Melderegisterauskunft eine Gefahr für Leben, Gesundheit, persönliche Freiheit oder ähnliche schutzwürdige Interessen erwachsen kann, hat die Meldebehörde auf Antrag oder von Amts wegen unentgeltlich eine Auskunftssperre im Melderegister einzutragen. [2] Ein ähnliches schutzwürdiges Interesse ist insbesondere der Schutz der betroffenen oder einer anderen Person vor Bedrohungen, Beleidigungen sowie unbefugten Nachstellungen. [3] Bei der Feststellung, ob Tatsachen im Sinne des Satzes 1 vorliegen, ist auch zu berücksichtigen, ob die betroffene oder eine andere Person einem Personenkreis angehört, der sich auf Grund seiner beruflichen oder ehrenamtlich ausgeübten Tätigkeit allgemein in verstärktem Maße Anfeindungen oder sonstigen Angriffen ausgesetzt sieht.

(2) [1] Sofern nach Anhörung der betroffenen Person eine Gefahr nach Absatz 1 nicht ausgeschlossen werden kann, ist eine Melderegisterauskunft nicht zulässig. [2] Ist die betroffene Person nicht erreichbar, ist in den Fällen, in denen eine Auskunftssperre auf Veranlassung einer in § 34 Absatz 4 Satz 1 Nummer 1 bis 4, 6 bis 9 und 11 genannten Behörde von Amts wegen eingetragen wurde, die veranlassende Stelle anzuhören. [3] Sofern eine Auskunft nicht erteilt wird, erhält die ersuchende Person oder Stelle eine Mitteilung, die keine Rückschlüsse darauf zulassen darf, ob

---

[1)] § 51 Abs. 3 geänd. mWv 1.11.2016 durch G v. 11.10.2016 (BGBl. I S. 2218); Abs. 1 geänd. mWv 26.11.2019 durch G v. 20.11.2019 (BGBl. I S. 1626); Abs. 1 Sätze 2, 3 angef., Abs. 3 neu gef. mWv 3.4.2021 durch G v. 30.3.2021 (BGBl. I S. 441, geänd. durch G v. 30.3.2021 BGBl. I S. 448); Abs. 2 Satz 2, Abs. 3, Abs. 4 Satz 4 geänd. mWv 7.4.2021 durch G v. 15.1.2021 (BGBl. I S. 530); Abs. 5 Nr. 1 geänd. mWv 1.11.2024 durch G v. 19.6.2024 (BGBl. 2024 I Nr. 206).

zu der betroffenen Person keine Daten vorhanden sind oder eine Auskunftssperre besteht.

(3) Wurde eine Auskunftssperre eingetragen, sind die betroffene Person und, sofern die Eintragung auf Veranlassung einer in § 34 Absatz 4 Satz 1 Nummer 1 bis 4, 6 bis 9 und 11 genannten Behörde von Amts wegen erfolgte, zusätzlich die veranlassende Stelle über jedes Ersuchen um eine Melderegisterauskunft unverzüglich zu unterrichten.

(4) [1]Die Auskunftssperre wird auf zwei Jahre befristet. [2]Sie kann auf Antrag oder von Amts wegen verlängert werden. [3]Die betroffene Person ist vor Aufhebung der Sperre zu unterrichten, soweit sie erreichbar ist. [4]Wurde die Sperre von einer in § 34 Absatz 4 Satz 1 Nummer 1 bis 4, 6 bis 9 und 11 genannten Behörde veranlasst, ist diese zu unterrichten, wenn die betroffene Person nicht erreichbar ist.

(5) Die Melderegisterauskunft ist ferner nicht zulässig,

1. soweit die Einsicht in ein Personenstandsregister nach § 63 Absatz 1 des Personenstandsgesetzes[1)] nicht gestattet werden darf und
2. in den Fällen des § 1758 des Bürgerlichen Gesetzbuchs[2)].

§ 52[3)] Bedingter Sperrvermerk. (1) Die Meldebehörde richtet unentgeltlich einen bedingten Sperrvermerk für derzeitige Anschriften der Personen ein, die nach Kenntnis der Meldebehörde wohnhaft gemeldet sind in

(Fortsetzung nächstes Blatt)

[1)] Nr. **260**.

[2)] ***Habersack Nr. 20.***

[3)] § 52 Abs. 1 einl. Satzteil geänd. mWv 1.11.2016 durch G v. 11.10.2016 (BGBl. I S. 2218); Abs. 1 einl. Satzteil geänd. mWv 26.11.2019 durch G v. 20.11.2019 (BGBl. I S. 1626); Abs. 1 Nr. 1, 2 aufgeh., bish. Nr. 3 wird Nr. 1 und geänd., bish. Nr. 4, 5 werden Nr. 2, 3, Abs. 2 Satz 3 angef. mWv 7.4.2021 durch G v. 15.1.2021 (BGBl. I S. 530).

1. Pflegeheimen oder sonstigen Einrichtungen, die der Betreuung pflegebedürftiger oder behinderter Menschen oder der Heimerziehung dienen,
2. Einrichtungen zum Schutz vor häuslicher Gewalt oder
3. Einrichtungen zur Behandlung von Suchterkrankungen.

(2) [1] In diesen Fällen darf, soweit nicht die Voraussetzungen des § 51 Absatz 1 bis 3 vorliegen, eine Melderegisterauskunft nur erteilt werden, wenn eine Beeinträchtigung schutzwürdiger Interessen ausgeschlossen werden kann. [2] Die betroffene Person ist vor Erteilung einer Melderegisterauskunft zu hören. [3] Ist der Meldebehörde eine aktuelle, nicht gesperrte Anschrift bekannt, so darf sie diese aktuelle Anschrift beauskunften.

Unterabschnitt 3. Zeugenschutz

§ 53[1)] Zeugenschutz. Die Vorschriften des Zeugenschutz-Harmonisierungsgesetzes[2)] vom 11. Dezember 2001 (BGBl. I S. 3510), das durch Artikel 2 Absatz 12 des Gesetzes vom 19. Februar 2007 (BGBl. I S. 122) geändert worden ist, in der jeweils geltenden Fassung bleiben von den Regelungen zu Datenübermittlungen und Datenweitergabe nach den §§ 34, 34a, 36, 37 und 49 unberührt.

Abschnitt 6. Ordnungswidrigkeiten

§ 54[3)] Bußgeldvorschriften. (1) Ordnungswidrig handelt, wer entgegen § 19 Absatz 6 eine Wohnanschrift anbietet oder zur Verfügung stellt.

(2) Ordnungswidrig handelt, wer vorsätzlich oder fahrlässig

1. entgegen § 17 Absatz 1, auch in Verbindung mit § 27 Absatz 2 Satz 2 oder § 28 Absatz 1 Satz 1 oder Satz 2, entgegen § 29 Absatz 1 Satz 2 oder Absatz 4 Satz 2 oder § 32 Absatz 1 Satz 2 sich nicht, nicht richtig oder nicht rechtzeitig anmeldet,
2. entgegen § 17 Absatz 2 Satz 1 sich nicht oder nicht rechtzeitig abmeldet,
3. entgegen § 19 Absatz 1 Satz 2 den Einzug nicht, nicht richtig oder nicht rechtzeitig bestätigt,
4. entgegen § 19 Absatz 1 Satz 5 eine Bestätigung ausstellt,
5. einer vollziehbaren Anordnung nach § 19 Absatz 5 oder § 25 oder § 28 Absatz 4 zuwiderhandelt,
6. entgegen § 21 Absatz 4 Satz 2 eine Mitteilung nicht, nicht richtig, nicht vollständig oder nicht rechtzeitig macht,
7. entgegen § 28 Absatz 2 Satz 1 oder Satz 2 den Kapitän oder ein Besatzungsmitglied nicht oder nicht rechtzeitig anmeldet oder nicht oder nicht rechtzeitig abmeldet,
8. entgegen § 29 Absatz 2 Satz 1 einen besonderen Meldeschein nicht oder nicht rechtzeitig unterschreibt,
9. entgegen § 30 Absatz 1 Satz 1 einen besonderen Meldeschein nicht bereithält,

---

1) § 53 geänd. mWv 1.5.2022 durch G v. 15.1.2021 (BGBl. I S. 530).

2) **Habersack ErgBd. Nr. 90b.**

3) § 54 Abs. 1 neu gef., Abs. 2 Nr. 3, 10, 11, Abs. 3 geänd., Abs. 2 Nr. 12, 13 aufgeh. mWv 26.11.2019 durch G v. 20.11.2019 (BGBl. I S. 1626); Abs. 2 Nr. 9 geänd., Nr. 10 und 11 neu gef. mWv 1.1.2020 durch G v. 22.11.2019 (BGBl. I S. 1746).

10. entgegen § 30 Absatz 4 Satz 1, auch in Verbindung mit Satz 2, einen Meldeschein nicht oder nicht mindestens ein Jahr aufbewahrt oder Daten nicht oder nicht mindestens ein Jahr speichert,
11. entgegen § 30 Absatz 4 Satz 3 einen Meldeschein nicht oder nicht rechtzeitig vorlegt oder Daten nicht oder nicht rechtzeitig zur Verfügung stellt,[1)]

(3) Die Ordnungswidrigkeit kann in den Fällen des Absatzes 1 mit einer Geldbuße bis zu fünfzigtausend Euro und in den übrigen Fällen mit einer Geldbuße bis zu tausend Euro geahndet werden.

Abschnitt 7. Sonstige Vorschriften, Schlussvorschriften

§ 55[2) 3)] **Regelungsbefugnisse der Länder.** (1) Durch Landesrecht kann bestimmt werden, dass für die Erfüllung von Aufgaben der Länder weitere als die in § 3 aufgeführten Daten und Hinweise verarbeitet werden.

(2) Durch Landesrecht kann bestimmt werden, dass den öffentlich-rechtlichen Religionsgesellschaften zur Erfüllung ihrer Aufgaben weitere als die in § 42 genannten Daten übermittelt werden dürfen.

(3) [1]Durch Landesrecht können die Einrichtung, die Führung und die Aufgaben von zentralen Meldedatenbeständen geregelt werden. [2]In diesem Fall gelten die §§ 4, 5, 6 Absatz 2 Satz 1 und 2 sowie die §§ 7, 8, 10, 11 und 40 entsprechend.

(4) Durch Landesrecht kann das Muster der Meldescheine für die Meldungen nach § 17 Absatz 1 und 2 Satz 1, der Meldebescheinigung nach § 18 Absatz 1, der Meldebestätigung nach § 24 Absatz 2 und der besonderen Meldescheine nach § 30 Absatz 1 bestimmt werden.

(5) Durch Landesrecht können regelmäßige Datenübermittlungen nach § 36 Absatz 1 im Rahmen der Erfüllung von Aufgaben der Länder geregelt werden, soweit dadurch Anlass und Zweck der Übermittlung festgelegt und der Empfänger sowie die zu übermittelnden Daten bestimmt werden.

(6) Durch Landesrecht kann die Übermittlung weiterer Daten und Hinweise nach § 34a Absatz 4 im Rahmen der Erfüllung von Aufgaben der Länder geregelt werden, soweit dadurch Anlass und Zweck der Übermittlung festgelegt und der Empfänger sowie die zu übermittelnden Daten bestimmt werden.

(7) Durch Landesrecht kann bestimmt werden, welche weiteren Daten nach § 38 Absatz 3 im Rahmen der Erfüllung von Aufgaben der Länder als Auswahldaten für Abrufe zulässig sind, soweit dadurch Anlass und Zweck des Abrufs bestimmt werden.

(8) [1]Durch Landesrecht kann bestimmt werden, welche sonstigen Stellen nach § 39 Absatz 3 Daten zum Abruf anbieten. [2]Sofern bestimmt wird, dass der Datenabruf innerhalb eines Landes abweichend von § 39 Absatz 3 über landesinterne Netze erfolgt, ist sicherzustellen, dass Maßnahmen nach den Artikeln 24, 25 und 32 der Verordnung (EU) 2016/679[4)] getroffen werden.

(9) Von den in § 33 Absatz 1 bis 3 und 6, § 34 Absatz 6 sowie in § 39 Absatz 3 getroffenen Regelungen und von den auf Grund von § 56 Absatz 1 getroffenen

---

[1)] Zeichensetzung amtlich.

[2)] § 55 ist bereits am 26.11.2014 in Kraft getreten; vgl. Fußnote am Titel.

[3)] § 55 Abs. 1, 5, 6 geänd., Abs. 8 Satz 2 neu gef. mWv 26.11.2019 durch G v. 20.11.2019 (BGBl. I S. 1626); Abs. 6, 7 geänd. mWv 1.5.2022 durch G v. 15.1.2021 (BGBl. I S. 530); Abs. 4 geänd. mWv 27.7.2022 durch G v. 21.7.2022 (BGBl. I S. 1182).

[4)] Nr. **246**.

Regelungen des Verwaltungsverfahrens kann durch Landesrecht nicht abgewichen werden.

§ 56[1) 2)] Verordnungsermächtigungen. (1) Das Bundesministerium des Innern, für Bau und Heimat wird ermächtigt, durch Rechtsverordnung[3)] mit Zustimmung des Bundesrates

1. zur Durchführung von Datenübermittlungen nach § 23 Absatz 2 und 3 sowie § 33 Absatz 1 bis 3, die zur Fortschreibung der Melderegister erforderlich sind, die zu übermittelnden Daten, ihre Form sowie das Nähere über das Verfahren der Übermittlung festzulegen,
2. zur Durchführung von regelmäßigen Datenübermittlungen nach § 36 Absatz 1, die zur Aufgabenerfüllung der datenempfangenden öffentlichen Stelle erforderlich sind, die zu übermittelnden Daten, ihre Form sowie das Nähere über das Verfahren der Übermittlung festzulegen,
3. zur Durchführung von automatisierten Abrufen nach den §§ 34a, 38 und 39 die Voraussetzungen, unter denen ein Datenabruf erfolgen darf, sowie die Form und den Inhalt der Daten festzulegen,
4. zur Durchführung von Datenübermittlungen zwischen Meldebehörden und einem Verwaltungsportal nach § 2 Absatz 2 des Onlinezugangsgesetzes[4)] vom 14. August 2017 (BGBl. I S. 3122, 3138), die zur Erbringung von elektronischen Verwaltungsleistungen nach diesem Gesetz erforderlich sind, die zu übermittelnden Daten, ihre Form sowie das Nähere über das Verfahren der Übermittlung festzulegen,
5. zur Durchführung von Melderegisterauskünften über Portale nach § 49 Absatz 3 die Voraussetzungen und das Verfahren zur Zulassung von Portalen zu regeln und
6. das Vertrauensniveau im Sinne des Artikels 8 der Verordnung (EU) Nr. 910/2014[5)] des Europäischen Parlaments und des Rates vom 23. Juli 2014 über elektronische Identifizierung und Vertrauensdienste für elektronische Transaktionen im Binnenmarkt und zur Aufhebung der Richtlinie 1999/93/EG (ABl. L 257 vom 28.8.2014, S. 73; L 23 vom 29.1.2015, S. 19; L 155 vom 14.6.2016, S. 44) festzulegen, das bei einer elektronischen Beantragung von Verwaltungsleistungen nach diesem Gesetz jeweils erforderlich ist.

(2) [1] Das Bundesministerium des Innern, für Bau und Heimat wird ermächtigt, durch Rechtsverordnung, die nicht der Zustimmung des Bundesrates bedarf, die Einzelheiten der elektronischen Speicherung nach § 29 Absatz 5 und § 30 Absatz 4, insbesondere die bei der Speicherung der Daten einzuhaltenden Datenformate, zu regeln. [2] Es hat dabei die technischen und wirtschaftlichen Belange der nach § 30 Absatz 1 Satz 1 verpflichteten Beherbergungsstätten und Einrichtungen zu berücksichtigen.

---

1) § 56 ist bereits am 26.11.2014 in Kraft getreten; vgl. Fußnote am Titel.

2) § 56 Abs. 1 Nr. 1, 3 geänd., Nr. 4 aufgeh., bish. Nr. 5 wird Nr. 4 mWv 26.11.2019 durch G v. 20.11.2019 (BGBl. I S. 1626); Abs. 2 eingef., bish. Abs. 2 wird Abs. 3 mWv 1.1.2020 durch G v. 22.11.2019 (BGBl. I S. 1746); Abs. 1 einl. Satzteil geänd. mWv 27.6.2020 durch VO v. 19.6.2020 (BGBl. I S. 1328); Abs. 1 Nr. 1, 3 geänd., Nr. 4 eingef., bish. Nr. 4 wird Nr. 5 und geänd., Nr. 6 angef. mWv 7.4.2021 durch G v. 15.1.2021 (BGBl. I S. 530); Abs. 1 Nr. 4 geänd. mWv 27.7.2022 durch G v. 21.7.2022 (BGBl. I S. 1182).

3) Siehe hierzu ua die Erste BundesmeldedatenübermittlungsVO – 1. BMeldDÜV v. 1.12.2014 (BGBl. I S. 1945), zuletzt geänd. durch VO v. 22.1.2025 (BGBl. 2025 I Nr. 23).

4) **Sartorius III Nr. 718.**

5) **Sartorius III Nr. 741.**

(3) [1]Soweit in Rechtsverordnungen auf Grund dieses Gesetzes Form und Verfahren von Datenübermittlungen zu bestimmen sind, kann insoweit auf jedermann zugängliche Bekanntmachungen sachverständiger Stellen verwiesen werden. [2]In der Rechtsverordnung sind das Datum der Bekanntmachung, die Fundstelle und die Bezugsquelle der Bekanntmachung anzugeben. [3]Die Bekanntmachung ist beim Bundesarchiv niederzulegen; in der Rechtsverordnung ist darauf hinzuweisen.

§ 57[1] Verwaltungsvorschriften. Die Bundesregierung kann mit Zustimmung des Bundesrates allgemeine Verwaltungsvorschriften zur Durchführung dieses Gesetzes und der auf Grund dieses Gesetzes erlassenen Rechtsverordnungen erlassen.

§ 58[2] *(aufgehoben)*

[1] § 57 ist bereits am 26.11.2014 in Kraft getreten; vgl. Fußnote am Titel.
[2] § 58 aufgeh. mWv 26.11.2019 durch G v. 20.11.2019 (BGBl. I S. 1626).

260. Personenstandsgesetz (PStG)[1] [2]

Vom 19. Februar 2007

(BGBl. I S. 122)

FNA 211-9

geänd. durch Art. 2 Abs. 2 G zur Ergänzung des Rechts zur Anfechtung der Vaterschaft v. 13.3.2008 (BGBl. I S. 313), Art. 3 Viertes G zur Änd. verwaltungsverfahrensrechtlicher Vorschriften v. 11.12.2008 (BGBl. I S. 2418), Art. 12 FGG-ReformG v. 17.12.2008 (BGBl. I S. 2586), Art. 4 G zur Modernisierung des Benachrichtigungswesens in Nachlasssachen durch Schaffung des Zentralen Testamentsregisters bei der Bundesnotarkammer und zur Fristverlängerung nach der HofraumVO v. 22.12.2010 (BGBl. I S. 2255), Art. 2 G zur Anpassung der Vorschriften des Internationalen Privatrechts an die Verordnung (EU) Nr. 1259/2010 und zur Änd. anderer Vorschriften des Internationalen Privatrechts v. 23.1.2013 (BGBl. I S. 101), Art. 1 Personenstandsrechts-ÄnderungsG v. 7.5.2013 (BGBl. I S. 1122), Art. 2 Abs. 14 G zur Strukturreform des Gebührenrechts des Bundes v. 7.8.2013 (BGBl. I S. 3154), Art. 3 G zum Ausbau der Hilfen für Schwangere und zur Regelung der vertraulichen Geburt v. 28.8.2013 (BGBl. I S. 3458), Art. 49 Zehnte ZuständigkeitsanpassungsVO v. 31.8.2015 (BGBl. I S. 1474), Art. 2 G zur Bereinigung des Rechts der Lebenspartner v. 20.11.2015 (BGBl. I S. 2010), Art. 3 G zur Bekämpfung von Kinderehen v. 17.7.2017 (BGBl. I S. 2429), Art. 1 2. Personenstandsrechts-ÄnderungsG v. 17.7.2017 (BGBl. I S. 2522), Art. 2 Abs. 2 G zur Einführung des Rechts auf Eheschließung für Personen gleichen Geschlechts v. 20.7.2017 (BGBl. I S. 2787), Beschl. des BVerfG – 1 BvR 2019/16 – v. 10.10.2017 (BGBl. I S. 3783), Art. 3 Abs. 1 G zum Erlass und zur Änd. bundesrechtlicher Vorschriften in Bezug auf die Übernahme der Angehörigenbenachrichtigungs-Aufgabenübertragung[3] v. 4.12.2018 (BGBl. I S. 2257 iVm Bek. v. 12.4.2019, BGBl. I S. 496), Art. 3 G zum Internationalen Güterrecht und zur Änd. von Vorschriften des Internationalen Privatrechts v. 17.12.2018 (BGBl. I S. 2573), Art. 1 G zur Änd. der in das Geburtenregister einzutragenden Angaben v. 18.12.2018 (BGBl. I S. 2635), Art. 4 G zur Umsetzung des G zur Einführung des Rechts auf

---

[1] Verkündet als Art. 1 PersonenstandsrechtsreformG v. 19.2.2007 (BGBl. I S. 122); Inkrafttreten gem. Art. 5 Abs. 2 Satz 1 dieses G am 1.1.2009 mit Ausnahme von § 67 Abs. 4, §§ 73, 74 und § 77 Abs. 1, die gem. Art. 5 Abs. 1 bereits am 24.2.2007 in Kraft getreten sind.

[2] Zur Ausführung und Durchführung des PStG haben die Länder ua folgende Vorschriften erlassen:
- **Baden-Württemberg:** PersonenstandsG-AusführungsG v. 3.12.2008 (GBl. S. 434), zuletzt geänd. durch G v. 10.2.2026 (GBl. Nr. 19); PersonenstandsG-DurchführungsVO v. 10.6.2013 (GBl. S. 209), zuletzt geänd. durch VO v. 22.5.2023 (GBl. S. 188)
- **Bayern:** PersonenstandsausführungsG v. 8.7.2008 (GVBl. S. 344), zuletzt geänd. durch V v. 26.3.2019 (GVBl. S. 98)
- **Berlin:** Personenstands-AusführungsVO v. 2.7.2019 (GVBl. S. 454), geänd. durch VO v. 23.8.2024 (GVBl. S. 516)
- **Brandenburg:** PersonenstandsausführungsG v. 9.10.2003 (GVBl. I S. 270), zuletzt geänd. durch G v. 23.4.2026 (GVBl. I Nr. 13)
- **Bremen:** Bremisches AusführungsG zum PersonenstandsG v. 16.12.2008 (Brem.GBl. S. 418), zuletzt geänd. durch Bek. v. 2.9.2025 (Brem.GBl. S. 674)
- **Hessen:** PersonenstandsG-AusführungsG v. 19.11.2008 (GVBl. I S. 964), zuletzt geänd. durch G v. 22.3.2018 (GVBl. S. 31)
- **Mecklenburg-Vorpommern:** LandespersonenstandsausführungsG v. 1.12.2008 (GVOBl. M-V S. 461), zuletzt geänd. durch G v. 7.4.2026 (GVOBl. M-V S. 294)
- **Niedersachsen:** PersonenstandsG-AusführungsG v. 11.12.2008 (Nds. GVBl. S. 413)
- **Nordrhein-Westfalen:** PersonenstandsVO NRW v. 16.12.2008 (GV. NRW. S. 859, 879), zuletzt geänd. durch VO v. 13.11.2018 (GV. NRW. S. 587)
- **Rheinland-Pfalz:** PersonenstandsVO v. 10.12.2008 (GVBl. S. 321), zuletzt geänd. durch VO v. 14.1.2026 (GVBl. S. 87)
- **Sachsen:** Personenstands-AusführungsG v. 11.12.2008 (SächsGVBl. S. 938), zuletzt geänd. durch G v. 5.4.2019 (SächsGVBl. S. 245)
- **Sachsen-Anhalt:** Personenstands-AusführungsG v. 5.12.2008 (GVBl. LSA S. 406), geänd. durch G v. 14.2.2019 (GVBl. LSA S. 32)
- **Schleswig-Holstein:** PersonenstandsG-DurchführungsVO v. 8.12.2008 (GVOBl. Schl.-H. S. 752), zuletzt geänd. durch VO v. 1.12.2025 (GVOBl. Schl.-H. Nr. 176)
- **Thüringen:** PersonenstandsG-AusführungsG v. 18.9.2008 (GVBl. S. 313), geänd. durch G v. 9.9.2010 (GVBl. S. 291)

[3] In Kraft getreten am 1.1.2019, vgl. Art. 4 Abs. 2 G v. 4.12.2018 (BGBl. I S. 2257) iVm Bek. v. 12.4.2019 (BGBl. I S. 496).

Eheschließung für Personen gleichen Geschlechts v. 18.12.2018 (BGBl. I S. 2639), Art. 17 Zweites Datenschutz-Anpassungs- und UmsetzungsG EU v. 20.11.2019 (BGBl. I S. 1626), Art. 88 Elfte ZuständigkeitsanpassungsVO v. 19.6.2020 (BGBl. I S. 1328), Art. 5 RegistermodernisierungsG v. 28.3.2021 (BGBl. I S. 591; 2025 I Nr. 262), Art. 3 Vormundschafts- und Betreuungsrechts-ReformG v. 4.5.2021 (BGBl. I S. 882, aufgeh. durch G v. 19.10.2022, BGBl. I S. 1744), Art. 1 3. Personenstandsrechts-ÄndG v. 19.10. 2022 (BGBl. I S. 1744), Art. 3 G zur Änd. des BevölkerungsstatistikG, des InfektionsschutzG, personenstands- und dienstrechtl. Regelungen sowie der Medizinprodukte-AbgabeVO v. 17.7.2023 (BGBl. 2023 I Nr. 190), Art. 4 G zur Änd. des Ehenamens- und Geburtsnamensrechts und des Internationalen Namensrechts v. 11.6.2024 (BGBl. 2024 I Nr. 185), Art. 4 G über die Selbstbestimmung in Bezug auf den Geschlechtseintrag und zur Änd. weiterer Vorschriften v. 19.6.2024 (BGBl. 2024 I Nr. 206), Art. 4 G zum Schutz Minderjähriger bei Auslandsehen v. 24.6.2024 (BGBl. 2024 I Nr. 212) und Art. 2 G zur Umsetzung des Urteils des Bundesverfassungsgerichts zur Vaterschaftsanfechtung v. 29.3.2026 (BGBl. 2026 I Nr. 83)

Inhaltsübersicht[1)]

[1)] Inhaltsübersicht geänd. mWv 1.9.2009 durch G v. 17.12.2008 (BGBl. I S. 2586); mWv 1.11.2013 durch G v. 7.5.2013 (BGBl. I S. 1122); mWv 15.8.2013 durch G v. 7.8.2013 (BGBl. I S. 3154); geänd. mWv 26.11.2015 durch G v. 20.11.2015 (BGBl. I S. 2010); geänd. mWv 22.7.2017 durch G v. 17.7.2017 (BGBl. I S. 2429); geänd. mWv 1.11.2017 durch G v. 17.7.2017 (BGBl. I S. 2522); geänd. mWv 1.10.2017 durch G v. 20.7.2017 (BGBl. I S. 2787); geänd. mWv 22.12.2018 durch G v. 18.12.2018 (BGBl. I S. 2635); geänd. mWv 22.12.2018 durch G v. 18.12.2018 (BGBl. I S. 2639); geänd. mWv 26.11.2019 durch G v. *20.11.2019 (BGBl. I S. 1626); geänd.* mWv 1.11.2022 durch G v. 19.10.2022 (BGBl. I S. 1744); geänd. mWv 1.5.2025 durch G v. 11.6.2024 (BGBl. 2024 I Nr. 185); geänd. mWv 1.11.2024 durch G v. 19.6.2024 (BGBl. 2024 I Nr. 206); geänd. mWv 1.7.2024 durch G v. 24.6.2024 (BGBl. 2024 I Nr. 212); geänd. mWv 1.4.2026 durch G v. 29.3.2026 (BGBl. 2026 I Nr. 83).

[2)] **Habersack Nr. 20.**

Kapitel 1. Allgemeine Bestimmungen

§ 1[1)] Personenstand, Aufgaben des Standesamts. (1) [1] Personenstand im Sinne dieses Gesetzes ist die sich aus den Merkmalen des Familienrechts ergebende Stellung einer Person innerhalb der Rechtsordnung einschließlich ihres Namens. [2] Der Personenstand umfasst Daten über Geburt, Eheschließung, Begründung einer Lebenspartnerschaft und Tod sowie damit in Verbindung stehende familien- und namensrechtliche Tatsachen.

(2) Die nach Landesrecht für das Personenstandswesen zuständigen Behörden (Standesämter) beurkunden den Personenstand nach Maßgabe dieses Gesetzes; sie wirken bei der Schließung von Ehen mit.

(3) Die Standesämter erfüllen weitere Aufgaben, die ihnen durch Bundesrecht oder Landesrecht zugewiesen werden.

§ 2[2)] Standesbeamte. (1) [1] Beurkundungen und Beglaubigungen für Zwecke des Personenstandswesens werden im Standesamt nur von hierzu bestellten Urkundspersonen (Standesbeamten) vorgenommen. [2] Gleiches gilt für die Ausstellung von Personenstandsurkunden, elektronischen Personenstandsbescheinigungen und sonstigen öffentlichen Urkunden. [3] Die Zuständigkeit der Notare, anderer Urkundspersonen oder sonstiger Stellen für öffentliche Beurkundungen und Beglaubigungen bleibt unberührt.

(2) Bei der Wahrnehmung ihrer Aufgaben als Urkundspersonen sind die Standesbeamten nicht an Weisungen gebunden.

(3) Zu Standesbeamten dürfen nur nach Ausbildung und Persönlichkeit geeignete *Beamte und Angestellte bestellt* werden.

[1)] § 1 Abs. 2 geänd. mWv 22.12.2018 durch G v. 18.12.2018 (BGBl. I S. 2639).
[2)] § 2 Abs. 1 Satz 2 geänd. mWv 1.11.2024 durch G v. 19.10.2022 (BGBl. I S. 1744).

(4) Die Funktionsbezeichnung Standesbeamter wird in weiblicher oder männlicher Form geführt.

Kapitel 2. Führung der Personenstandsregister

§ 3[1)] Personenstandsregister. (1) [1]Das Standesamt führt für seinen Zuständigkeitsbereich

1. ein Eheregister (§ 15),
2. ein Lebenspartnerschaftsregister (§ 17),
3. ein Geburtenregister (§ 21),
4. ein Sterberegister (§ 31).

[2]Die Registereinträge bestehen aus einem urkundlichen Teil (Haupteintrag und Folgebeurkundungen) und einem Hinweisteil.

(2) [1]Die Personenstandsregister werden elektronisch geführt. [2]Die Beurkundungen in den Personenstandsregistern sind jährlich fortlaufend zu nummerieren und mit der Angabe des Familiennamens des zugriffsberechtigten Standesbeamten abzuschließen. [3]Die Identität der Person, die die Eintragung vornimmt, muss jederzeit erkennbar sein. [4]Das Programm muss eine automatisierte Suche anhand der in die Personenstandsregister aufzunehmenden Angaben zulassen; die Register müssen jederzeit nach Jahreseinträgen ausgewertet werden können.

(3) Den Registereinträgen werden als funktionale Ordnungsmerkmale außerhalb des urkundlichen Teils und des Hinweisteils

1. die Daten einer Stilllegung nach § 47 Absatz 4,
2. die Sperrvermerke nach § 64 und
3. die Identifikationsnummern nach dem Identifikationsnummerngesetz für die beurkundeten Personen

zugeordnet.

§ 4 Sicherungsregister. (1) Die Beurkundungen in einem Personenstandsregister sind nach ihrem Abschluss (§ 3 Abs. 2) in einem weiteren elektronischen Register (Sicherungsregister) zu speichern.

(2) [1]Das Sicherungsregister ist wie das Personenstandsregister am Ende des Jahres abzuschließen. [2]Es ist nach Fortführung des Personenstandsregisters zu aktualisieren.

§ 5[2)] Fortführung der Personenstandsregister. (1) Die Registereinträge sind nach den Vorschriften dieses Gesetzes durch Folgebeurkundungen und Hinweise zu ergänzen und zu berichtigen (Fortführung).

(2) Folgebeurkundungen sind Einträge, die den Beurkundungsinhalt verändern.

(3) Hinweise stellen den Zusammenhang zwischen verschiedenen Beurkundungen her, die dieselbe Person, deren Ehegatten, Lebenspartner, Eltern oder Kinder betreffen.

(4) [1]Die Fortführung obliegt dem für die Führung des Personenstandsregisters (§ 3 Abs. 1) zuständigen Standesamt. [2]Öffentliche Stellen haben diesem Standesamt Anlässe, die zu einer Folgebeurkundung oder zu einem Hinweis führen, mitzuteilen.

[1)] § 3 Abs. 1 Satz 1 Nr. 2 neu gef. mWv 26.11.2015 durch G v. 20.11.2015 (BGBl. I S. 2010); Abs. 3 angef. mWv 1.11.2025 durch G v. 28.3.2021 (BGBl. I S. 591; 2025 I Nr. 262).

[2)] § 5 Abs. 5 neu gef. mWv 1.11.2017 durch G v. 17.7.2017 (BGBl. I S. 2522).

(5) Für die Fortführung der Personenstandsregister und der Sicherungsregister gelten folgende Fristen:

1. für Eheregister und Lebenspartnerschaftsregister 80 Jahre;
2. für Geburtenregister 110 Jahre;
3. für Sterberegister 30 Jahre; für Sterberegister des Sonderstandesamts in Bad Arolsen 80 Jahre.

§ 6 Aktenführung. Dokumente, die einzelne Beurkundungen in den Personenstandsregistern betreffen, werden in besonderen Akten (Sammelakten) aufbewahrt.

§ 7[1] Aufbewahrung. (1) [1] Die Personenstandsregister und die Sicherungsregister sind räumlich getrennt voneinander und vor unberechtigtem Zugriff geschützt aufzubewahren. [2] Zum Schutz vor physischer Vernichtung beider Register durch Naturkatastrophen und Großschadenslagen soll die räumliche Trennung zwischen elektronischem Register und Sicherungsregister mindestens 20 Kilometer betragen.

(2) [1] Die Personenstandsregister sind dauernd aufzubewahren. [2] Für die Sicherungsregister und die Sammelakten endet die Pflicht zur Aufbewahrung mit Ablauf der in § 5 Absatz 5 für das jeweilige Register genannten Frist.

(3) [1] Nach Ablauf der in § 5 Absatz 5 genannten Fristen sind die entsprechenden Teile der Personenstandsregister, Sicherungsregister und Sammelakten nach den jeweiligen archivrechtlichen Vorschriften den zuständigen öffentlichen Archiven zur Übernahme anzubieten. [2] Die entsprechenden Registereinträge und Sammelakten sind nach der Übernahme oder Ablehnung der Übernahme durch die Archive im Standesamt zu löschen; dies gilt nicht bei Ablehnung der Übernahme von Personenstandsregistern.

§ 8[2] Verlust eines Personenstandsregisters. (1) [1] Gerät ein Ehe-, Lebenspartnerschafts-, Geburten- oder Sterberegister ganz oder teilweise in Verlust, so ist es auf Grund des Sicherungsregisters wiederherzustellen. [2] Ein Verlust ist auch dann gegeben, wenn die Daten eines Registereintrags wegen eines nicht zu behebenden technischen Fehlers nicht mehr zu verwenden sind.

(2) [1] Gerät das Sicherungsregister ganz oder teilweise in Verlust, so ist es auf Grund des Personenstandsregisters wiederherzustellen. [2] Sind sowohl das Personenstandsregister als auch das Sicherungsregister in Verlust geraten, so sind beide Register durch Neubeurkundung wiederherzustellen. [3] Die Beurkundungen werden nach amtlicher Ermittlung des Sachverhalts vorgenommen.

(3) [1] Sind Eheschließung, Begründung der Lebenspartnerschaft, Geburt oder Tod einer Person mit hinreichender Sicherheit festgestellt, so ist die Neubeurkundung auch dann zulässig, wenn der Inhalt des früheren Eintrags nicht mehr zweifelsfrei festgestellt werden kann. [2] Der Zeitpunkt der Eheschließung, der Begründung der Lebenspartnerschaft, der Geburt oder des Todes ist hierbei so genau zu bestimmen, wie es nach dem Ergebnis der Ermittlungen möglich ist.

(4) War ein Eintrag berichtigt worden, so kann die Neubeurkundung in der Form einer einheitlichen Eintragung, in der die Berichtigungen berücksichtigt sind, vorgenommen werden.

---

[1] § 7 *neu gef.* mWv 1.11.2017 durch G v. 17.7.2017 (BGBl. I S. 2522); Abs. 1 Satz 2 angef., Abs. 3 neu gef. mWv 1.11.2022 durch G v. 19.10.2022 (BGBl. I S. 1744); Abs. 3 Satz 3 aufgeh. mWv 21.7.2023 durch G v. 17.7.2023 (BGBl. 2023 I Nr. 190).

[2] § 8 Überschrift und Abs. 1 und 2 neu gef., Abs. 4 geänd. mWv 1.11.2017 durch G v. 17.7.2017 (BGBl. I S. 2522).

§ 9 Beurkundungsgrundlagen. (1) Eintragungen in den Personenstandsregistern werden auf Grund von Anzeigen, Anordnungen, Erklärungen, Mitteilungen und eigenen Ermittlungen des Standesamts sowie von Einträgen in anderen Personenstandsregistern, Personenstandsurkunden oder sonstigen öffentlichen Urkunden vorgenommen.

(2) [1]Ist den zur Beibringung von Nachweisen Verpflichteten die Beschaffung öffentlicher Urkunden nicht oder nur mit erheblichen Schwierigkeiten oder unverhältnismäßig hohen Kosten möglich, so können auch andere Urkunden als Beurkundungsgrundlage dienen. [2]Sind auch diese nicht einfacher zu beschaffen als die erforderlichen öffentlichen Urkunden oder können die für die Beurkundung erheblichen tatsächlichen Behauptungen der Betroffenen weder durch öffentliche noch durch andere Urkunden nachgewiesen werden, so kann der Standesbeamte zum Nachweis dieser Tatsachen Versicherungen an Eides statt der Betroffenen oder anderer Personen verlangen und abnehmen.

§ 10[1)] Auskunfts- und Nachweispflicht. (1) [1]Die nach diesem Gesetz zur Anzeige Verpflichteten haben die für die Beurkundung des Personenstandsfalls erforderlichen Angaben zu machen und die erforderlichen Nachweise zu erbringen. [2]Das Standesamt soll auf die Vorlage von Nachweisen verzichten, soweit diese aus Personenstandsregistern oder aus Registern anderer Behörden elektronisch abgerufen werden können.

(2) Auskunftspflichtig unter den Voraussetzungen des Absatzes 1 sind weitere Personen, die Angaben zu Tatsachen machen können, die für Beurkundungen in den Personenstandsregistern benötigt werden.

(3) Werden dem Standesamt mit einer qualifizierten elektronischen Signatur oder einem qualifizierten elektronischen Siegel versehene elektronische Dokumente übermittelt, so ist die Gültigkeit der Signatur oder des Siegels unter Berücksichtigung des aktuellen Standes der Technik zu prüfen und zu dokumentieren sowie der Beweiswert im Bedarfsfall gemäß § 15 des Vertrauensdienstegesetzes[2)] vom 18. Juli 2017 (BGBl. I S. 2745) sicherzustellen.

(4) Eine Auskunfts- und Nachweispflicht besteht nicht bei einer vertraulichen Geburt nach § 25 Absatz 1 des Schwangerschaftskonfliktgesetzes[3)].

Kapitel 3. Eheschließung

Abschnitt 1. Zuständigkeit, Anmeldung und Eheschließung

§ 11[4)] Zuständigkeit und Standesamtsvorbehalt. (1) Zuständig für die Eheschließung ist jedes deutsche Standesamt.

(2) [1]Eine religiöse oder traditionelle Handlung, die darauf gerichtet ist, eine der Ehe vergleichbare dauerhafte Bindung zweier Personen zu begründen, von denen eine das 18. Lebensjahr noch nicht vollendet hat, ist verboten. [2]Das Gleiche gilt für *den Abschluss eines* Vertrags, der nach den traditionellen oder religiösen Vorstellungen der Partner an die Stelle der Eheschließung tritt. [3]Die Verbote richten sich gegen Personen, die

1. als Geistliche eine solche Handlung vornehmen oder hieran mitwirken,

---

[1)] § 10 Abs. 4 angef. mWv 1.5.2014 durch G v. 28.8.2013 (BGBl. I S. 3458); Abs. 1 und 3 neu gef. mWv 1.11.2022 durch G v. 19.10.2022 (BGBl. I S. 1744).

[2)] **Sartorius ErgBd. Nr. 924.**

[3)] **Habersack ErgBd. Nr. 85e.**

[4)] § 11 neu gef. mWv 22.7.2017 durch G v. 17.7.2017 (BGBl. I S. 2429).

2. als Sorgeberechtigte eines Minderjährigen eine solche Handlung veranlassen,
3. als Volljährige oder Beauftragte einem Vertrag zustimmen, der eine der Ehe vergleichbare dauerhafte Bindung begründet, oder
4. als anwesende Personen eine solche Handlung bezeugen, soweit ihre Mitwirkung für die Gültigkeit der Handlung nach religiösen Vorschriften, den traditionellen Vorstellungen oder dem Heimatrecht eines der Bindungswilligen als erforderlich angesehen wird.

§ 12 Anmeldung der Eheschließung. (1) [1]Die Eheschließenden haben die beabsichtigte Eheschließung mündlich oder schriftlich bei einem Standesamt, in dessen Zuständigkeitsbereich einer der Eheschließenden seinen Wohnsitz oder seinen gewöhnlichen Aufenthalt hat, anzumelden. [2]Hat keiner der Eheschließenden Wohnsitz oder gewöhnlichen Aufenthalt im Inland, so ist das Standesamt, vor dem die Ehe geschlossen werden soll, für die Entgegennahme der Anmeldung zuständig.

(2) Die Eheschließenden haben bei der Anmeldung der Eheschließung durch öffentliche Urkunden nachzuweisen
1. ihren Personenstand,
2. ihren Wohnsitz oder gewöhnlichen Aufenthalt,
3. ihre Staatsangehörigkeit,
4. wenn sie schon verheiratet waren oder eine Lebenspartnerschaft begründet hatten, die letzte Eheschließung oder Begründung der Lebenspartnerschaft sowie die Auflösung dieser Ehe oder Lebenspartnerschaft. Ist die letzte Ehe oder Lebenspartnerschaft nicht bei einem deutschen Standesamt geschlossen worden, so ist auch die Auflösung etwaiger weiterer Vorehen oder Lebenspartnerschaften nachzuweisen, wenn eine entsprechende Prüfung nicht bereits von einem deutschen Standesamt bei einer früheren Eheschließung oder Begründung einer Lebenspartnerschaft durchgeführt worden ist.

(3) [1]Das Standesamt hat einen Antrag auf Befreiung von der Beibringung des Ehefähigkeitszeugnisses aufzunehmen und die Entscheidung vorzubereiten; hierfür haben die Eheschließenden auch die Nachweise zu erbringen, die für die Prüfung der Zulässigkeit der Ehe nach anzuwendendem ausländischen Recht erforderlich sind. [2]§ 9 gilt entsprechend.

§ 12a[1)] Anmeldung der erneuten Eheschließung nach § 1305 Absatz 2 des Bürgerlichen Gesetzbuchs[2)]. [1]§ 12 Absatz 1 und 2 gelten für die Anmeldung einer erneuten Eheschließung nach § 1305 Absatz 2 des Bürgerlichen Gesetzbuchs mit der Maßgabe, dass die im Ausland erfolgte Eheschließung mit einer Person, die zu diesem Zeitpunkt das 16. Lebensjahr nicht vollendet hatte, durch öffentliche Urkunden nachzuweisen ist. [2]§ 12 Absatz 3 ist nicht anzuwenden.

§ 13 Prüfung der Ehevoraussetzungen. (1) [1]Das Standesamt, bei dem die Eheschließung angemeldet ist, hat zu prüfen, ob der Eheschließung ein Hindernis entgegensteht. [2]Reichen die nach § 12 Abs. 2 vorgelegten Urkunden nicht aus, so haben die Eheschließenden weitere Urkunden oder sonstige Nachweise vorzulegen.

(Fortsetzung nächstes Blatt)

[1)] § 12a eingef. mWv 1.7.2024 durch G v. 24.6.2024 (BGBl. 2024 I Nr. 212).
[2)] **Habersack Nr. 20.**

(2) [1] Bestehen konkrete Anhaltspunkte dafür, dass die zu schließende Ehe nach § 1314 Abs. 2 des Bürgerlichen Gesetzbuchs[1)] aufhebbar wäre, so können die Eheschließenden in dem hierzu erforderlichen Umfang einzeln oder gemeinsam befragt werden; zum Beleg der Angaben kann ihnen die Beibringung geeigneter Nachweise aufgegeben werden. [2] Wenn diese Mittel nicht zur Aufklärung des Sachverhalts führen, so kann auch eine Versicherung an Eides statt über Tatsachen verlangt werden, die für das Vorliegen oder Nichtvorliegen von Aufhebungsgründen von Bedeutung sind.

(3) [1] Soll die Ehe wegen lebensgefährlicher Erkrankung eines Eheschließenden ohne abschließende Prüfung nach Absatz 1 geschlossen werden, so muss durch ärztliches Zeugnis oder auf andere Weise nachgewiesen werden, dass die Eheschließung nicht aufgeschoben werden kann. [2] In diesem Fall muss glaubhaft gemacht werden, dass kein Ehehindernis besteht.

(4) [1] Wird bei der Prüfung der Ehevoraussetzungen ein Ehehindernis nicht festgestellt, so teilt das Standesamt den Eheschließenden mit, dass die Eheschließung vorgenommen werden kann; die Mitteilung ist für das Standesamt, das die Eheschließung vornimmt, verbindlich. [2] Die Eheschließenden sind verpflichtet, Änderungen in ihren die Ehevoraussetzungen betreffenden tatsächlichen Verhältnissen unverzüglich anzuzeigen; die Mitteilung nach Satz 1 wird entsprechend geändert oder aufgehoben. [3] Sind seit der Mitteilung an die Eheschließenden mehr als sechs Monate vergangen, ohne dass die Ehe geschlossen wurde, so bedarf die Eheschließung erneut der Anmeldung und der Prüfung der Voraussetzungen für die Eheschließung.

§ 14 Eheschließung. (1) Vor der Eheschließung sind die Eheschließenden zu befragen, ob sich seit der Anmeldung ihrer Eheschließung Änderungen in ihren die Ehevoraussetzungen betreffenden tatsächlichen Verhältnissen ergeben haben und ob sie einen Ehenamen bestimmen wollen.

(2) Die Eheschließung soll in einer der Bedeutung der Ehe entsprechenden würdigen Form, die dem Standesbeamten eine ordnungsgemäße Vornahme seiner Amtshandlung ermöglicht, vorgenommen werden.

(3) [1] Die Erklärungen der Eheschließenden, die Ehe miteinander eingehen zu wollen, sind von dem Standesbeamten im Anschluss an die Eheschließung in einer Niederschrift zu beurkunden. [2] Die Niederschrift muss alle im Eheregister zu beurkundenden Angaben enthalten; sie ist von den Ehegatten, den Zeugen und dem Standesbeamten zu unterschreiben. [3] Die Niederschrift wird zu den Sammelakten des Eheeintrags genommen.

§ 15[2)] Eintragung in das Eheregister. (1) Im Eheregister werden im Anschluss an die Eheschließung beurkundet

1. Tag und Ort der Eheschließung,
2. die Vornamen und die Familiennamen der Ehegatten, Ort und Tag ihrer Geburt, ihr Geschlecht,
3. die nach der Eheschließung geführten Vornamen und Familiennamen der Ehegatten.

(2) Zum Eheeintrag wird hingewiesen

[1)] **Habersack Nr. 20.**

[2)] § 15 Abs. 1 Nr. 2 geänd., Nr. 3 neu gef., Abs. 2 Nr. 3 geänd., Nr. 4 angef. mWv 1.11.2013 durch G v. 7.5.2013 (BGBl. I S. 1122); Abs. 1 Nr. 2 geänd. mWv 1.11.2022 durch G v. 19.10.2022 (BGBl. I S. 1744).

1. auf die Beurkundung der Geburt der Ehegatten,
2. auf die Staatsangehörigkeit der Ehegatten, wenn sie nicht Deutsche sind und ihre ausländische Staatsangehörigkeit nachgewiesen ist,
3. auf die Bestimmung eines Ehenamens,
4. auf das Sachrecht, dem die Namensführung der Ehegatten unterliegt.

Abschnitt 2. Fortführung des Eheregisters

§ 16[1] Fortführung. (1) [1]Zum Eheeintrag werden Folgebeurkundungen aufgenommen über
1. den Tod des erstverstorbenen Ehegatten,
2. die Todeserklärung oder die gerichtliche Feststellung der Todeszeit eines Ehegatten und die Aufhebung solcher Beschlüsse sowie die Auflösung der Ehe durch Eheschließung des anderen Ehegatten,
3. die Aufhebung oder die Scheidung der Ehe,
4. die Feststellung des Nichtbestehens der Ehe,
5. jede Änderung des Namens der Ehegatten,
6. jede sonstige Änderung des Personenstandes, soweit sie Angaben im Eheeintrag betrifft,
7. Berichtigungen.

[2]Auf die Wiederverheiratung oder die Begründung einer Lebenspartnerschaft wird hingewiesen.

(2) [1]Der Eheeintrag wird nicht mehr fortgeführt, wenn nach Absatz 1 Nummer 4 eine Folgebeurkundung über das Nichtbestehen der Ehe eingetragen worden ist. [2]Wurde zum Eheeintrag eine Folgebeurkundung über die Auflösung der Ehe oder die Todeserklärung oder die gerichtliche Feststellung der Todeszeit eines Ehegatten nach Absatz 1 Nummer 1 bis 3 aufgenommen, ist eine weitere Folgebeurkundung nur über die Änderung des Namens, Berichtigungen sowie in den Fällen des Absatzes 1 Nummer 2 über die Aufhebung eines Beschlusses und die Auflösung der Ehe durch Eheschließung des anderen Ehegatten einzutragen. [3]Die Änderung der Vornamen oder des Geschlechts ist nicht einzutragen, wenn die Änderung nach § 2 Absatz 3 des Gesetzes über die Selbstbestimmung in Bezug auf den Geschlechtseintrag, durch Erklärung nach § 45b oder in einem Adoptionsverfahren erfolgt ist. [4]Für einen Ehegatten, der wieder geheiratet oder eine Lebenspartnerschaft begründet hat, ist nur eine Folgebeurkundung über Berichtigungen nach Absatz 1 Nummer 7 einzutragen.

Kapitel 4.[2] Lebenspartnerschaft

§ 17[3] Fortführung des Lebenspartnerschaftsregisters. [1]Für die Fortführung des Lebenspartnerschaftsregisters gilt § 16 entsprechend. [2]Zusätzlich ist im Fall der Umwandlung der Lebenspartnerschaft in eine Ehe eine Folgebeurkundung auf-

[1] § 16 Abs. 1 neu gef. mWv 1.11.2013 durch G v. 7.5.2013 (BGBl. I S. 1122); Abs. 2 neu gef. mWv 1.11.2017 durch G v. 17.7.2017 (BGBl. I S. 2522); Abs. 1 Satz 1 Nr. 7 aufgeh., bish. Nr. 8 wird Nr. 7, *Abs. 2 Satz 3 neu gef., Satz* 4 geänd. mWv 1.11.2022 durch G v. 19.10.2022 (BGBl. I S. 1744); Abs. 2 Satz 3 geänd. mWv 1.11.2024 durch G v. 19.6.2024 (BGBl. 2024 I Nr. 206).

[2] Kapitel 4 Überschrift geänd. mWv 1.10.2017 durch G v. 20.7.2017 (BGBl. I S. 2787); Überschrift neu gef. mWv 22.12.2018 durch G v. 18.12.2018 (BGBl. I S. 2639).

[3] § 17 neu gef. mWv 22.12.2018 durch G v. 18.12.2018 (BGBl. I S. 2639).

zunehmen. [3] Nach Eintragung dieser Folgebeurkundung wird das Lebenspartnerschaftsregister nicht fortgeführt.

§ 17a[1) 2)] Umwandlung einer Lebenspartnerschaft in eine Ehe und ihre Beurkundung. (1) Die Lebenspartner haben bei der Umwandlung ihrer Lebenspartnerschaft in eine Ehe das Bestehen der Lebenspartnerschaft durch öffentliche Urkunden nachzuweisen.

(2) Für die Umwandlung einer Lebenspartnerschaft in eine Ehe gelten die §§ 11 und 12 Absatz 1 und 2 Nummer 1 bis 3 sowie die §§ 14 bis 16 entsprechend.

(3) Im Eheregister ist zusätzlich der Tag der Begründung der Lebenspartnerschaft zu beurkunden und sind Hinweise darüber aufzunehmen.

Kapitel 5. Geburt

Abschnitt 1. Anzeige und Beurkundung

§ 18[3)] Anzeige. (1) [1] Die Geburt eines Kindes ist dem Standesamt, in dessen Zuständigkeitsbereich es geboren ist, binnen einer Woche anzuzeigen, und zwar

1. von den in § 19 Satz 1 genannten Personen mündlich oder schriftlich, oder
2. von den in § 20 Satz 1 und 2 genannten Einrichtungen schriftlich.

[2] Ist ein Kind tot geboren, so muss die Anzeige spätestens am dritten auf die Geburt folgenden Werktag erstattet werden. [3] In den Fällen des Satzes 1 Nummer 1 haben die anzeigenden Personen die Geburt des Kindes glaubhaft zu machen.

(2) Bei einer vertraulichen Geburt nach § 25 Absatz 1 des Schwangerschaftskonfliktgesetzes[4)] sind in der Anzeige auch das Pseudonym der Mutter und die für das Kind gewünschten Vornamen anzugeben.

§ 19[5)] Anzeige durch Personen. [1] Zur Anzeige sind verpflichtet

1. jeder Elternteil des Kindes, wenn er sorgeberechtigt ist,
2. jede andere Person, die bei der Geburt zugegen war oder von der Geburt aus eigenem Wissen unterrichtet ist.

[2] Eine Anzeigepflicht nach Nummer 2 besteht nur, wenn die sorgeberechtigten Eltern an der Anzeige gehindert oder unbekannten Aufenthalts sind.

§ 20 Anzeige durch Einrichtungen. [1] Bei Geburten in Krankenhäusern und sonstigen Einrichtungen, in denen Geburtshilfe geleistet wird, ist der Träger der Einrichtung zur Anzeige verpflichtet. [2] Das Gleiche gilt für Geburten in Einrichtungen, die der Unterbringung psychisch Kranker dienen, in Einrichtungen der Träger der Jugendhilfe sowie in Anstalten, in denen eine Freiheitsstrafe, ein Jugendarrest oder eine freiheitsentziehende Maßregel der Besserung und Sicherung vollzogen wird. [3] Die Anzeigeberechtigung der in § 19 genannten Personen und ihre Auskunftspflicht zu Angaben, die der nach Satz 1 oder 2 zur Anzeige Verpflichtete nicht machen kann, bleiben hiervon unberührt.

[1)] Beachte hierzu Art. 3 Abs. 2 und 3 G zur Einführung des Rechts auf Eheschließung für Personen gleichen Geschlechts v. 20.7.2017 (BGBl. I S. 2787).

[2)] § 17a eingef. mWv 1.10.2017 durch G v. 20.7.2017 (BGBl. I S. 2787); Abs. 3 angef. mWv 22.12. 2018 durch G v. 18.12.2018 (BGBl. I S. 2639).

[3)] § 18 Abs. 2 angef. mWv 1.5.2014 durch G v. 28.8.2013 (BGBl. I S. 3458); Abs. 1 neu gef. mWv 1.11.2022 durch G v. 19.10.2022 (BGBl. I S. 1744).

[4)] **Habersack ErgBd. Nr. 85e.**

[5)] § 19 Satz 2 geänd. mWv 1.11.2022 durch G v. 19.10.2022 (BGBl. I S. 1744).

§ 21[1)] Eintragung in das Geburtenregister. (1) Im Geburtenregister werden beurkundet

1. die Vornamen und der Geburtsname des Kindes,
2. Ort sowie Tag, Stunde und Minute der Geburt,
3. das Geschlecht des Kindes,
4. die Vornamen und die Familiennamen der Eltern, ihr Geschlecht.

(2) [1] Ist ein Kind tot geboren, so werden nur die in Absatz 1 Nr. 2 bis 4 vorgeschriebenen Angaben mit dem Zusatz aufgenommen, dass das Kind tot geboren ist. [2] Auf Wunsch einer Person, der bei Lebendgeburt des Kindes die Personensorge zugestanden hätte, sind auch Angaben nach Absatz 1 Nr. 1 einzutragen. [3] Hätte die Personensorge bei Lebendgeburt des Kindes beiden Elternteilen zugestanden und führen sie keinen gemeinsamen Familiennamen, so kann ein Familienname für das Kind nur eingetragen werden, wenn sich die Eltern auf den Namen eines Elternteils einigen.

(2a) [1] Bei einer vertraulichen Geburt nach § 25 Absatz 1 des Schwangerschaftskonfliktgesetzes[2)] werden nur die in Absatz 1 Nummer 1 bis 3 vorgeschriebenen Angaben aufgenommen. [2] Die zuständige Verwaltungsbehörde bestimmt die Vornamen und den Familiennamen des Kindes.

(3) Zum Geburtseintrag wird hingewiesen

1. auf die Staatsangehörigkeit der Eltern, wenn sie nicht Deutsche sind und ihre ausländische Staatsangehörigkeit nachgewiesen ist,
2. bei einem Kind, dessen Eltern miteinander verheiratet sind, auf deren Eheschließung,
3. auf die Beurkundung der Geburt der Mutter und des Vaters,
4. auf den Erwerb der deutschen Staatsangehörigkeit des Kindes nach § 4 Absatz 3 des Staatsangehörigkeitsgesetzes[3)],
5. auf das Sachrecht, dem die Namensführung des Kindes unterliegt.

Abschnitt 2. Besonderheiten

§ 22[4)] Fehlende Angaben. (1) [1] Kann der Anzeigende die Vornamen des Kindes nicht angeben, so müssen sie binnen eines Monats mündlich oder schriftlich angezeigt werden. [2] Sie werden alsdann bei dem Geburtseintrag beurkundet.

(2) Die Vornamen des Kindes können nachträglich auch bei einem anderen Standesamt als dem, das die Geburt des Kindes beurkundet hat, angezeigt werden.

(3) Kann das Kind weder dem weiblichen noch dem männlichen Geschlecht zugeordnet werden, so kann der Personenstandsfall auch ohne eine solche Angabe oder mit der Angabe „divers" in das Geburtenregister eingetragen werden.

[1)] § 21 Abs. 1 Nr. 1 geänd., Abs. 3 neu gef. mWv 1.11.2013 durch G v. 7.5.2013 (BGBl. I S. 1122); Abs. 2a eingef. mWv 1.5.2014 durch G v. 28.8.2013 (BGBl. I S. 3458); Abs. 1 Nr. 4 neu gef. mWv 22.12. 2018 durch G v. 18.12.2018 (BGBl. I S. 2639); Abs. 1 Nr. 4 geänd. mWv 1.11.2022 durch G v. 19.10. *2022 (BGBl. I S. 1744).*

[2)] **Habersack ErgBd. Nr. 85e.**

[3)] Nr. **15**.

[4)] § 22 Überschrift neu gef., Abs. 3 angef. mWv 1.11.2013 durch G v. 7.5.2013 (BGBl. I S. 1122); Abs. 3 neu gef. mWv 22.12.2018 durch G v. 18.12.2018 (BGBl. I S. 2635).

§ 23 Zwillings- oder Mehrgeburten. [1]Bei Zwillings- oder Mehrgeburten ist jede Geburt gesondert einzutragen. [2]Die Eintragungen müssen erkennen lassen, in welcher Zeitfolge die Kinder geboren sind.

§ 24 Findelkind. (1) [1]Wer ein neugeborenes Kind findet, muss dies spätestens am folgenden Tag der Gemeindebehörde anzeigen. [2]Diese stellt die erforderlichen Ermittlungen an und benachrichtigt von dem Ergebnis alsbald die zuständige Verwaltungsbehörde.

(2) [1]Die zuständige Verwaltungsbehörde setzt nach Anhörung des Gesundheitsamts den vermutlichen Ort und Tag der Geburt fest und bestimmt die Vornamen und den Familiennamen des Kindes. [2]Auf ihre schriftliche Anordnung wird die Geburt in dem Geburtenregister des für den festgesetzten Geburtsort zuständigen Standesamts beurkundet. [3]Liegt der Geburtsort im Ausland, so ist das Standesamt, in dessen Bezirk das Kind aufgefunden worden ist, für die Beurkundung zuständig.

§ 25 Person mit ungewissem Personenstand. [1]Wird im Inland eine Person angetroffen, deren Personenstand nicht festgestellt werden kann, so bestimmt die zuständige Verwaltungsbehörde, welcher Geburtsort und Geburtstag für sie einzutragen ist; sie bestimmt ferner die Vornamen und den Familiennamen. [2]Auf ihre schriftliche Anordnung wird die Geburt in dem Geburtenregister des für den bestimmten Geburtsort zuständigen Standesamts beurkundet. [3]Liegt der Geburtsort im Ausland, so ist das Standesamt, in dessen Bezirk die Person angetroffen worden ist, für die Beurkundung zuständig.

§ 26 Nachträgliche Ermittlung des Personenstandes. Wird in den Fällen der §§ 24 und 25 der Personenstand später ermittelt, so wird der Eintrag auf schriftliche Anordnung der Behörde berichtigt, die ihn veranlasst hat.

Abschnitt 3. Fortführung des Geburtenregisters

§ 27[1] Feststellung und Änderung des Personenstandes, sonstige Fortführung. (1) [1]Wird die Vaterschaft nach der Beurkundung der Geburt des Kindes anerkannt oder gerichtlich festgestellt, so ist dies beim Geburtseintrag zu beurkunden. [2]Über den Vater werden die in § 21 Abs. 1 Nr. 4 genannten Angaben eingetragen; auf die Beurkundung seiner Geburt wird hingewiesen.

(2) Die Anerkennung der Mutterschaft zu einem Kinde wird auf mündlichen oder schriftlichen Antrag der Mutter oder des Kindes beim Geburtseintrag beurkundet, wenn geltend gemacht wird, dass die Mutter oder der Mann, dessen Vaterschaft anerkannt oder rechtskräftig festgestellt ist oder von dem das Kind nach Angabe der Mutter stammt, eine fremde Staatsangehörigkeit besitzt und das Heimatrecht dieses Elternteils eine Anerkennung der Mutterschaft vorsieht.

(3) Außerdem sind Folgebeurkundungen zum Geburtseintrag aufzunehmen über

1. jede sonstige Änderung des Personenstandes des Kindes; bei einer Annahme als Kind gilt § 21 Abs. 1 Nr. 4 entsprechend,

---

[1] § 27 Abs. 4 Satz 2 Nr. 3 geänd., Nr. 4 aufgeh. mWv 1.1.2012 durch G v. 22.12.2010 (BGBl. I S. 2255); Abs. 3 Nr. 4 und 5 neu gef., Abs. 4 Satz 2 Nr. 1 und 3 geänd. mWv 1.11.2013 durch G v. 7.5. 2013 (BGBl. I S. 1122); Abs. 3 Nr. 5 aufgeh., bish. Nr. 6 wird Nr. 5 mWv 1.11.2022 durch G v. 19.10. 2022 (BGBl. I S. 1744); Abs. 3 Nr. 4 geänd., Nr. 5 eingef., bish. Nr. 5 wird Nr. 6 mWv 1.11.2024 durch G v. 19.6.2024 (BGBl. 2024 I Nr. 206).

2. die Änderung der Namensführung der Eltern oder eines Elternteils, wenn auch das Kind den geänderten Namen führt,
3. die Feststellung des Namens des Kindes mit allgemein verbindlicher Wirkung,
4. die nachträgliche Angabe des einzutragenden Geschlechts oder die Änderung des Geschlechtseintrags des Kindes,
5. die Änderung des Geschlechtseintrags und der Vornamen eines Elternteils nach der Geburt des Kindes,
6. die Berichtigung des Eintrags.

(4) [1] Für die aus Anlass der Beurkundungen nach den Absätzen 1 und 3 aufzunehmenden Hinweise gilt § 21 Abs. 3 entsprechend. [2] Im Übrigen wird hingewiesen

1. auf die Ehe oder die Lebenspartnerschaft des Kindes,
2. auf die Geburt eines Kindes,
3. auf den Tod des Kindes oder eine das Kind betreffende Todeserklärung oder gerichtliche Feststellung der Todeszeit.

Kapitel 6. Sterbefall

Abschnitt 1. Anzeige und Beurkundung

§ 28[1)] **Anzeige.** Der Tod eines Menschen muss dem Standesamt, in dessen Zuständigkeitsbereich er gestorben ist,

1. von den in § 29 genannten Personen mündlich oder schriftlich, oder
2. von den in § 30 Abs. 1 genannten Einrichtungen schriftlich

spätestens am dritten auf den Tod folgenden Werktag angezeigt werden.

§ 29[2)] **Anzeige durch Personen.** [1] Zur Anzeige sind verpflichtet

1. jede Person, die mit dem Verstorbenen in häuslicher Gemeinschaft gelebt hat,
2. die Person, in deren Wohnung sich der Sterbefall ereignet hat,
3. jede andere Person, die bei dem Tod zugegen war oder von dem Sterbefall aus eigenem Wissen unterrichtet ist.

[2] Eine Anzeigepflicht besteht nur, wenn eine in der Reihenfolge früher genannte Person nicht vorhanden oder an der Anzeige gehindert ist.

§ 30 Anzeige durch Einrichtungen und Behörden. (1) Bei Sterbefällen in Krankenhäusern, Alten- und Pflegeheimen sowie sonstigen Einrichtungen gilt § 20 entsprechend.

(2) Ist ein Anzeigepflichtiger nicht vorhanden oder ist sein Aufenthaltsort unbekannt und erlangt die für den Sterbeort zuständige Gemeindebehörde Kenntnis von dem Sterbefall, so hat sie die Anzeige zu erstatten.

(3) Findet über den Tod einer Person eine amtliche Ermittlung statt, so wird der Sterbefall auf schriftliche Anzeige der zuständigen Behörde eingetragen.

---

1) § 28 Nr. 1 geänd. mWv 1.11.2022 durch G v. 19.10.2022 (BGBl. I S. 1744).
2) § 29 Abs. 2 aufgeh. mWv 1.11.2022 durch G v. 19.10.2022 (BGBl. I S. 1744).

§ 31[1)] Eintragung in das Sterberegister. (1) Im Sterberegister werden beurkundet

1. die Vornamen und der Familienname des Verstorbenen, Ort und Tag seiner Geburt, das Geschlecht,
2. der letzte Wohnsitz und der Familienstand des Verstorbenen,
3. die Vornamen und der Familienname sowie das Geschlecht des Ehegatten oder Lebenspartners, wenn der Verstorbene im Zeitpunkt seines Todes verheiratet war oder eine Lebenspartnerschaft führte; war die Ehe oder Lebenspartnerschaft durch Tod aufgelöst oder war der Ehegatte oder Lebenspartner für tot erklärt oder war seine Todeszeit gerichtlich festgestellt worden, sind die Angaben für den letzten Ehegatten oder Lebenspartner aufzunehmen,
4. Ort sowie Tag, Stunde und Minute des Todes.

(2) Zum Sterbeeintrag wird hingewiesen

1. auf die Beurkundung der Geburt des Verstorbenen,
2. bei verheiratet gewesenen Verstorbenen auf die Eheschließung,

(Fortsetzung nächstes Blatt)

[1)] § 31 Abs. 1 neu gef. mWv 1.11.2013 durch G v. 7.5.2013 (BGBl. I S. 1122); Abs. 1 Nr. 3 neu gef. mWv 1.11.2017 durch G v. 17.7.2017 (BGBl. I S. 2522); Abs. 1 Nr. 3 geänd. mWv 22.12.2018 durch G v. 18.12.2018 (BGBl. I S. 2639); Abs. 1 Nr. 1 geänd. mWv 1.11.2022 durch G v. 19.10.2022 (BGBl. I S. 1744).

3. bei Verstorbenen, die eine Lebenspartnerschaft führten, auf die Begründung der Lebenspartnerschaft.

Abschnitt 2. Fortführung des Sterberegisters; Todeserklärungen

§ 32 Fortführung. [1] Zum Sterbeeintrag werden Folgebeurkundungen über Berichtigungen aufgenommen. [2] Auf die Todeserklärung und die gerichtliche Feststellung der Todeszeit wird hingewiesen.

§ 33 Todeserklärungen. Ausfertigungen der Beschlüsse über Todeserklärungen und gerichtliche Feststellungen der Todeszeit werden von dem Standesamt I in Berlin in einer Sammlung dauernd aufbewahrt.

Kapitel 7. Besondere Beurkundungen

Abschnitt 1. Beurkundungen mit Auslandsbezug; besondere Beurkundungsfälle

§ 34[1)] Eheschließungen im Ausland oder vor ermächtigten Personen im Inland. (1) [1] Hat ein Deutscher im Ausland die Ehe geschlossen, so kann die Eheschließung auf Antrag im Eheregister beurkundet werden; für den Besitz der deutschen Staatsangehörigkeit ist der Zeitpunkt der Antragstellung maßgebend. [2] Die §§ 3 bis 7, 9, 10, 15 und 16 gelten entsprechend. [3] Gleiches gilt für Staatenlose, heimatlose Ausländer und ausländische Flüchtlinge im Sinne des Abkommens über die Rechtsstellung der Flüchtlinge vom 28. Juli 1951 (BGBl. 1953 II S. 559) mit gewöhnlichem Aufenthalt im Inland. [4] Antragsberechtigt sind die Ehegatten, sind beide verstorben, deren Eltern und Kinder.

(2) Die Beurkundung der Eheschließung nach Absatz 1 erfolgt auch dann, wenn die Ehe im Inland zwischen Eheschließenden, von denen keiner Deutscher ist, vor einer von der Regierung des Staates, dem einer der Eheschließenden angehört, ordnungsgemäß ermächtigten Person in der nach dem Recht dieses Staates vorgeschriebenen Form geschlossen worden ist.

(3) Personen, die eine Erklärung nach § 94 des Bundesvertriebenengesetzes[2)] abgegeben haben, sind nur mit den nach dieser Erklärung geführten Vornamen und Familiennamen einzutragen; dies gilt entsprechend für Vertriebene und Spätaussiedler, deren Name nach den *Vorschiften*[3)] des Gesetzes über die Änderung von Familiennamen und Vornamen[4)] geändert worden ist.

(4) [1] Zuständig für die Beurkundung ist das Standesamt, in dessen Zuständigkeitsbereich die antragsberechtigte Person ihren Wohnsitz hat oder zuletzt hatte oder ihren gewöhnlichen Aufenthalt hat. [2] Ergibt sich danach keine Zuständigkeit, so beurkundet das Standesamt I in Berlin die Eheschließung.

(5) *Das Standesamt I in Berlin führt ein Verzeichnis der nach den Absätzen 1* und 2 beurkundeten Eheschließungen.

[1)] § 34 Abs. 3 eingef., bish. Abs. 3 und 4 werden Abs. 4 und 5 mWv 1.11.2013 durch G v. 7.5.2013 (BGBl. I S. 1122); Abs. 1 Satz 4 neu gef., Abs. 4 Satz 1 geänd. mWv 1.11.2017 durch G v. 17.7.2017 (BGBl. I S. 2522).

[2)] **Sartorius III Nr. 955.**

[3)] Wortlaut amtlich.

[4)] Nr. **265.**

§ 35[1] **Begründung von Lebenspartnerschaften im Ausland.** (1) [1]Hat ein Deutscher im Ausland eine Lebenspartnerschaft im Sinne des § 1 des Lebenspartnerschaftsgesetzes[2] in der bis einschließlich 21. Dezember 2018 geltenden Fassung begründet, so kann die Begründung der Lebenspartnerschaft auf Antrag im Lebenspartnerschaftsregister beurkundet werden; für den Besitz der deutschen Staatsangehörigkeit ist der Zeitpunkt der Antragstellung maßgebend. [2]Die §§ 3 bis 7, 9, 10 und 17 gelten entsprechend. [3]Deutschen gleichgestellt sind Staatenlose, heimatlose Ausländer und ausländische Flüchtlinge im Sinne des Abkommens über die Rechtsstellung der Flüchtlinge mit gewöhnlichem Aufenthalt im Inland. [4]Antragsberechtigt sind die Lebenspartner, sind beide verstorben, deren Eltern und Kinder.

(2) § 34 Absatz 3 gilt entsprechend.

(3) [1]Zuständig für die Beurkundung ist das Standesamt, in dessen Zuständigkeitsbereich die antragsberechtigte Person ihren Wohnsitz hat oder zuletzt hatte oder ihren gewöhnlichen Aufenthalt hat. [2]Ergibt sich danach keine Zuständigkeit, so beurkundet das Standesamt I in Berlin die Begründung der Lebenspartnerschaft.

(4) Das Standesamt I in Berlin führt ein Verzeichnis der nach Absatz 1 beurkundeten Begründungen von Lebenspartnerschaften.

§ 36[3] **Geburten und Sterbefälle im Ausland.** (1) [1]Ist ein Deutscher im Ausland geboren oder gestorben, so kann der Personenstandsfall auf Antrag im Geburtenregister oder im Sterberegister beurkundet werden; für den Besitz der deutschen Staatsangehörigkeit ist der Zeitpunkt der Antragstellung maßgebend. [2]Die §§ 3 bis 7, 9, 10, 21, 27, 31 und 32 gelten entsprechend. [3]Gleiches gilt für Staatenlose, heimatlose Ausländer und ausländische Flüchtlinge im Sinne des Abkommens über die Rechtsstellung der Flüchtlinge mit gewöhnlichem Aufenthalt im Inland. [4]Antragsberechtigt sind

1. bei einer Geburt die Eltern des Kindes sowie das Kind, dessen Ehegatte, Lebenspartner oder Kinder,
2. bei einem Sterbefall die Eltern, die Kinder und der Ehegatte oder Lebenspartner des Verstorbenen, jede andere Person, die ein rechtliches Interesse an der Beurkundung geltend machen kann, sowie die deutsche Auslandsvertretung, in deren Zuständigkeitsbereich der Sterbefall eingetreten ist.

(2) [1]Zuständig für die Beurkundung ist das Standesamt, in dessen Zuständigkeitsbereich die im Ausland geborene Person ihren Wohnsitz hat oder zuletzt hatte oder ihren gewöhnlichen Aufenthalt hat; hatte die verstorbene Person ihren letzten Wohnsitz oder gewöhnlichen Aufenthalt im Inland, so beurkundet das für diesen Ort zuständige Standesamt den Sterbefall. [2]Ergibt sich danach keine Zuständigkeit, so beurkundet das Standesamt den Personenstandsfall, in dessen Zuständigkeitsbereich die antragstellende Person ihren Wohnsitz hat oder zuletzt hatte oder ihren gewöhnlichen Aufenthalt hat. [3]Ergibt sich danach keine Zuständigkeit, so beurkundet das Standesamt I in Berlin den Personenstandsfall.

---

[1] § 35 Abs. 1 Satz 4 neu gef., Abs. 2 eingef., bish. Abs. 2–4 werden Abs. 3–5 mWv 1.11.2013 durch G v. 7.5.2013 (BGBl. I S. 1122); Abs. 5 aufgeh. mWv 26.11.2015 durch G v. 20.11.2015 (BGBl. I S. 2010); Abs. 1 Satz 4 neu gef., Abs. 3 Satz 1 geänd. mWv 1.11.2017 durch G v. 17.7.2017 (BGBl. I S. 2522); Abs. 1 Satz 1 geänd. mWv 22.12.2018 durch G v. 18.12.2018 (BGBl. I S. 2639).

[2] **Habersack ErgBd. Nr. 43.**

[3] § 36 Abs. 1 Satz 4 Nr. 2 neu gef., Abs. 2 Satz 2 geänd. mWv 1.11.2013 durch G v. 7.5.2013 (BGBl. I S. 1122); Abs. 2 neu gef. mWv 1.11.2017 durch G v. 17.7.2017 (BGBl. I S. 2522).

(3) Das Standesamt I in Berlin führt Verzeichnisse der nach Absatz 1 beurkundeten Personenstandsfälle.

§ 37[1] Geburten und Sterbefälle auf Seeschiffen. (1) [1]Die Geburt oder der Tod eines Menschen während der Reise auf einem Seeschiff, das die Bundesflagge führt, wird von dem Standesamt I in Berlin beurkundet. [2]Dies gilt auch, wenn sich der Sterbefall während der Seereise außerhalb des Seeschiffes, jedoch nicht an Land oder in einem Hafen im Inland, ereignet hat und der Verstorbene von einem Seeschiff, das die Bundesflagge führt, aufgenommen wurde.

(2) Die Geburt oder der Tod muss von dem nach § 19 oder § 29 Verpflichteten dem Schiffsführer unverzüglich mündlich angezeigt werden.

(3) [1]Der Schiffsführer hat über die Anzeige der Geburt oder des Todes eine Niederschrift aufzunehmen, die von ihm und von dem Anzeigenden zu unterschreiben ist. [2]In die Niederschrift sind auch die Angaben aufzunehmen, die nach § 21 oder § 31 in dem Geburten- oder Sterberegister zu beurkunden sind. [3]Der Schiffsführer hat die Niederschrift dem Standesamt I in Berlin zu übersenden.

(4) [1]Für die Beurkundung der Geburt oder des Todes eines Deutschen auf einem Seeschiff, das keine Bundesflagge führt, gilt § 36. [2]Gleiches gilt, wenn der Verstorbene im Falle des Absatzes 1 Satz 2 von einem solchen Seeschiff aufgenommen wurde.

§ 38[2] Sterbefälle in ehemaligen Konzentrationslagern. (1) Für die Beurkundung der Sterbefälle von Häftlingen der ehemaligen deutschen Konzentrationslager ist im Inland das Sonderstandesamt in Bad Arolsen ausschließlich zuständig.

(2) [1]Die Beurkundung der Sterbefälle erfolgt auf schriftliche Anzeige der Urkundenprüfstelle beim Sonderstandesamt in Bad Arolsen oder des Bundesarchivs. [2]Die Anzeige kann auch von jeder Person erstattet werden, die bei dem Tode zugegen war oder von dem Sterbefall aus eigenem Wissen unterrichtet ist. [3]§ 3 Abs. 2 Satz 1 und 4 und § 4 Abs. 1 gelten nicht.

(3) [1]Die Beurkundung erfolgt nicht, wenn der Sterbefall bereits von einem anderen Standesamt beurkundet worden ist. [2]Sind von diesem Standesamt Urkunden nicht zu erhalten, so ist der Sterbefall erneut zu beurkunden.

§ 39[3] Ehefähigkeitszeugnis. (1) [1]Zur Ausstellung eines Ehefähigkeitszeugnisses, dessen ein Deutscher zur Eheschließung im Ausland bedarf, ist das Standesamt zuständig, in dessen Zuständigkeitsbereich der Eheschließende seinen Wohnsitz oder seinen gewöhnlichen Aufenthalt hat. [2]Hat der Eheschließende im Inland weder Wohnsitz noch gewöhnlichen Aufenthalt, so ist der Ort des letzten gewöhnlichen Aufenthalts maßgebend; hat er sich niemals oder nur vorübergehend im Inland aufgehalten, so ist das Standesamt I in Berlin zuständig. [3]Der Antrag auf Erteilung eines Ehefähigkeitszeugnisses kann mündlich oder schriftlich gestellt werden.

(2) [1]Das Ehefähigkeitszeugnis darf nur ausgestellt werden, wenn der beabsichtigten Eheschließung ein Ehehindernis nach deutschem Recht nicht entgegensteht; § 13 Abs. 1 bis 3 gilt entsprechend. [2]Die Beibringung eines Ehefähigkeits-

---

[1] § 37 Abs. 3 Satz 3 neu gef., Satz 4 aufgeh. mWv 1.11.2017 durch G v. 17.7.2017 (BGBl. I S. 2522).

[2] § 38 Abs. 3 Satz 2 angef. mWv 1.11.2013 durch G v. 7.5.2013 (BGBl. I S. 1122); Abs. 2 Satz 1 geänd. mWv 1.1.2019 durch G v. 4.12.2018 (BGBl. I S. 2257) iVm Bek. v. 12.4.2019 (BGBl. I S. 496).

[3] § 39 Abs. 4 angef. mWv 22.12.2018 durch G v. 18.12.2018 (BGBl. I S. 2639); Abs. 1 Satz 3 angef. mWv 1.11.2022 durch G v. 19.10.2022 (BGBl. I S. 1744).

zeugnisses für den anderen Eheschließenden ist nicht erforderlich. [3] Das Ehefähigkeitszeugnis gilt für die Dauer von sechs Monaten.

(3) Absatz 1 Satz 1 und Absatz 2 gelten entsprechend für die Ausstellung eines Ehefähigkeitszeugnisses, dessen ein Staatenloser, heimatloser Ausländer oder ausländischer Flüchtling im Sinne des Abkommens über die Rechtsstellung der Flüchtlinge mit gewöhnlichem Aufenthalt im Inland zur Eheschließung im Ausland bedarf.

(4) Ein Ehefähigkeitszeugnis kann auch erteilt werden, wenn das Zeugnis zur Begründung einer Lebenspartnerschaft im Ausland benötigt wird; die Absätze 1 bis 3 gelten entsprechend.

§ 39a[1)] *(aufgehoben)*

§ 40[2)] **Zweifel über örtliche Zuständigkeit für Beurkundung.** (1) Bei Zweifeln über die örtliche Zuständigkeit mehrerer Standesämter entscheidet die gemeinsame Aufsichtsbehörde oder, falls eine solche fehlt, das Bundesministerium des Innern, für Bau und Heimat.

(2) Bestehen Zweifel darüber, ob ein Personenstandsfall sich im Inland oder im Ausland ereignet hat, so entscheidet das Bundesministerium des Innern, für Bau und Heimat, ob und bei welchem Standesamt der Personenstandsfall zu beurkunden ist.

(3) [1] Entscheidet die gemeinsame Aufsichtsbehörde, so ordnet sie die Eintragung an. [2] Entscheidet das Bundesministerium des Innern, für Bau und Heimat, so teilt es seine Entscheidung der obersten Landesbehörde mit; diese ordnet die Eintragung an.

Abschnitt 2. Familienrechtliche Beurkundungen

§ 41[3)] **Erklärungen zur Namensführung von Ehegatten.** (1) Jede der folgenden Erklärungen kann auch von den Standesbeamten beglaubigt oder beurkundet werden:

1. Erklärung, durch die Ehegatten nach der Eheschließung einen Ehenamen bestimmen,
2. Erklärung, durch die ein Ehegatte seinen Geburtsnamen oder den zur Zeit der Erklärung über die Bestimmung des Ehenamens geführten Familiennamen dem Ehenamen voranstellt oder anfügt oder durch die er diese Erklärung widerruft,
3. Erklärung, durch die ein verwitweter oder geschiedener Ehegatte
   a) seinen Geburtsnamen wieder annimmt,
   b) den bis zur Bestimmung des Ehenamens geführten Namen wieder annimmt oder
   c) dem Ehenamen seinen Geburtsnamen oder den bis zur Erklärung über die Bestimmung des Ehenamens geführten Namen voranstellt oder anfügt oder diese Erklärung widerruft,

---

[1)] *§ 39a aufgeh.* mWv 22.12.2018 durch G v. 18.12.2018 (BGBl. I S. 2639).

[2)] § 40 Abs. 1, 2, 3 Satz 2 geänd. mWv 27.6.2020 durch VO v. 19.6.2020 (BGBl. I S. 1328).

[3)] § 41 Abs. 2 Satz 1 neu gef. mWv 1.11.2013 durch G v. 7.5.2013 (BGBl. I S. 1122); Abs. 1 Satz 1 Nr. 4, Satz 2 und Abs. 2 Satz 2 geänd. mWv 1.11.2017 durch G v. 17.7.2017 (BGBl. I S. 2522); Abs. 1 neu gef. mWv 1.5.2025 durch G v. 11.6.2024 (BGBl. 2024 I Nr. 185).

4. Erklärung, durch die Ehegatten nach der Eheschließung ihren künftig zu führenden Namen gemäß Artikel 10 Absatz 2 des Einführungsgesetzes zum Bürgerlichen Gesetzbuche wählen,
5. Erklärung, durch die ein Ehegatte den Ehenamen seinem Geschlecht anpasst oder durch die er eine solche Erklärung widerruft,
6. Erklärung, durch die ein Ehegatte sich der Erstreckung der Änderung des Geburtsnamens des Kindes auf den Ehenamen anschließt.

(2) [1] Zur Entgegennahme der Erklärungen ist das Standesamt zuständig, das die Eheschließung zu beurkunden hat oder das Eheregister führt, in dem die Eheschließung beurkundet ist. [2] Ist die Eheschließung nicht in einem deutschen Eheregister beurkundet, so ist das Standesamt zuständig, in dessen Zuständigkeitsbereich einer der Erklärenden seinen Wohnsitz hat oder zuletzt hatte oder seinen gewöhnlichen Aufenthalt hat. [3] Ergibt sich danach keine Zuständigkeit, so ist das Standesamt I in Berlin zuständig. [4] Das Standesamt I in Berlin führt ein Verzeichnis der nach den Sätzen 2 und 3 entgegengenommenen Erklärungen.

§ 42[1)] *(aufgehoben)*

§ 43[2)] **Erklärungen zur Namensangleichung.** (1) Die Erklärungen über die Namenswahl nach Artikel 48 des Einführungsgesetzes zum Bürgerlichen Gesetzbuche[3)] oder über die Angleichung von Familiennamen und Vornamen nach Artikel 47 des Einführungsgesetzes zum Bürgerlichen Gesetzbuche oder nach § 94 des Bundesvertriebenengesetzes[4)] können auch von den Standesbeamten beglaubigt oder beurkundet werden.

(2) [1] Zur Entgegennahme der Erklärungen ist das Standesamt zuständig, das das Geburtenregister für die Person, deren Name geändert oder bestimmt werden soll, führt. [2] Wird die Erklärung im Zusammenhang mit einer Erklärung zur Namensführung von Ehegatten oder Lebenspartnern abgegeben, so ist das Standesamt zuständig, das die Eheschließung oder die Begründung der Lebenspartnerschaft zu beurkunden hat oder das Eheregister oder das Lebenspartnerschaftsregister führt; dieses Standesamt ist außerdem zuständig, wenn die Erklärung nicht im Zusammenhang mit einer Erklärung zur Namensführung von Ehegatten oder Lebenspartnern abgegeben und kein Geburtseintrag im Inland geführt wird. [3] Ergibt sich danach keine Zuständigkeit, so ist das Standesamt zuständig, in dessen Zuständigkeitsbereich der Erklärende seinen Wohnsitz hat oder zuletzt hatte oder seinen gewöhnlichen Aufenthalt hat. [4] Ergibt sich auch danach keine Zuständigkeit, so ist das Standesamt I in Berlin zuständig. [5] Das Standesamt I in Berlin führt ein Verzeichnis der nach den Sätzen 3 und 4 entgegengenommenen Erklärungen.

§ 44[5)] **Erklärungen zur Anerkennung der Vaterschaft und der Mutterschaft.** (1) [1] Die Erklärung, durch welche die Vaterschaft zu einem Kind anerkannt wird, sowie die Zustimmungserklärung der Mutter können auch von den

---

[1)] § 42 aufgeh. mWv 1.5.2025 durch G v. 11.6.2024 (BGBl. 2024 I Nr. 185).

[2)] § 43 Abs. 2 neu gef. mWv 1.1.2009 durch G v. 11.12.2008 (BGBl. I S. 2418); Abs. 1 Satz 1 geänd. mWv 29.1.2013 durch G v. 23.1.2013 (BGBl. I S. 101); Abs. 1 Satz 2 aufgeh., Abs. 2 neu gef. mWv 1.11.2013 durch G v. 7.5.2013 (BGBl. I S. 1122); Abs. 2 Satz 3 geänd. mWv 1.11.2017 durch G v. 17.7.2017 (BGBl. I S. 2522).

[3)] **Habersack Nr. 21.**

[4)] **Sartorius III Nr. 955.**

[5)] § 44 Abs. 1 Satz 3 angef. mWv 1.6.2008 durch G v. 13.3.2008 (BGBl. I S. 313); Abs. 1 Satz 3 aufgeh. mWv 1.11.2017 durch G v. 17.7.2017 (BGBl. I S. 2522); Abs. 1 Satz 2 neu gef. mWv 1.4.2026 durch G v. 29.3.2026 (BGBl. 2026 I Nr. 83).

Standesbeamten beurkundet werden. [2]Gleiches gilt für die etwa erforderliche Zustimmung des Kindes, des gesetzlichen Vertreters oder des Mannes, der dem Kind bislang als Vater zugeordnet war, zu einer solchen Erklärung.

(2) Die Erklärung, durch welche die Mutterschaft zu einem Kind anerkannt wird, und die etwa erforderliche Zustimmungserklärung des gesetzlichen Vertreters der Mutter können auch von den Standesbeamten beurkundet werden.

(3) [1]Dem Standesamt, das den Geburtseintrag des Kindes führt, ist eine beglaubigte Abschrift der Erklärungen zu übersenden. [2]Ist die Geburt des Kindes nicht im Inland beurkundet, so ist die beglaubigte Abschrift dem Standesamt I in Berlin zu übersenden.

§ 44a[1)] Nachweise nach einer Anerkennung trotz bestehender Vaterschaft. Zur Prüfung der leiblichen Abstammung des Kindes von dem anerkennenden Mann nach § 1595a Absatz 1 des Bürgerlichen Gesetzbuchs[2)] verlangt das Standesamt die Vorlage des Ergebnisses einer genetischen Abstammungsuntersuchung nach § 17 des Gendiagnostikgesetzes, dem zufolge der anerkennende Mann der leibliche Vater des Kindes ist.

§ 45[3)] Erklärungen zur Namensführung des Kindes. (1) [1]Jede der folgenden Erklärungen kann auch von den Standesbeamten beglaubigt oder beurkundet werden:

1. Erklärung, durch die Eltern nach der Beurkundung der Geburt den Geburtsnamen des Kindes bestimmen oder, wenn sie keinen Geburtsnamen bestimmen, die Erklärung eines Elternteils, der den gesetzlich vorgegebenen Namen ablehnt,
2. Erklärung, durch die der Elternteil, dem die elterliche Sorge allein zusteht, dem Kind nur einen oder einige der Namen, aus denen der Familienname dieses Elternteils besteht, den Familiennamen des anderen Elternteils, einen aus den Namen beider Elternteile gebildeten Doppelnamen oder einen Geburtsnamen nach friesischer oder dänischer Tradition erteilt,
3. Erklärung, durch die ein Kind sich der Bestimmung seines Geburtsnamens durch die Eltern anschließt,
4. Erklärung, durch die ein Kind beantragt, den von seiner Mutter zur Zeit seiner Geburt geführten Familiennamen als Geburtsnamen zu erhalten, wenn es den Namen eines Mannes führt, von dem rechtskräftig festgestellt wurde, dass er nicht der Vater des Kindes ist,
5. Erklärung, durch die ein Mann den Antrag nach Nummer 4 stellt, wenn das Kind das fünfte Lebensjahr noch nicht vollendet hat,
6. Erklärung, durch die ein Kind sich der Änderung des Namens der Eltern oder eines Elternteils anschließt,
7. Erklärung, durch die der Elternteil, dem die elterliche Sorge allein oder gemeinsam mit dem anderen Elternteil zusteht, dem Kind seinen nach Scheidung vom anderen Elternteil oder Tod des anderen Elternteils wieder angenommenen Namen oder einen aus seinem wieder angenommenen Namen

---

[1)] *§ 44a eingef.* mWv 1.4.2026 durch G v. 29.3.2026 (BGBl. 2026 I Nr. 83).

[2)] **Habersack Nr. 20.**

[3)] § 45 Abs. 2 Satz 2 geänd. mWv 1.11.2013 durch G v. 7.5.2013 (BGBl. I S. 1122); Abs. 1 Satz 1 Nr. 1 geänd., Abs. 2 Satz 2 neu gef. mWv 1.11.2017 durch G v. 17.7.2017 (BGBl. I S. 2522); Abs. 1 neu gef. mWv 1.5.2025 durch G v. 11.6.2024 (BGBl. 2024 I Nr. 185).

und dem von dem Kind zur Zeit der Erklärung geführten Geburtsnamen gebildeten Doppelnamen erteilt,

8. Erklärung, durch die der Elternteil, dem die elterliche Sorge für das Kind allein oder gemeinsam mit dem anderen Elternteil zusteht, und sein Ehegatte, der nicht Elternteil des Kindes ist, das Kind einbenennen,
9. Erklärung, durch die ein Elternteil, dem die elterliche Sorge für das Kind allein oder gemeinsam mit dem anderen Elternteil zusteht, das Kind rückbenennt oder durch die das volljährige Kind sich rückbenennt,
10. Erklärung, durch die ein Elternteil nach der Beurkundung der Geburt den Geburtsnamen des Kindes dem Geschlecht des Kindes anpasst, durch die das volljährige Kind seinen Geburtsnamen seinem Geschlecht anpasst oder durch die eine solche Erklärung widerrufen wird,
11. Erklärung, durch die eine volljährige Person ihren Geburtsnamen neu bestimmt.

[2] Satz 1 gilt auch für die etwa erforderliche Einwilligung eines Elternteils oder des Kindes oder Zustimmung des gesetzlichen Vertreters zu einer der in Satz 1 genannten Erklärungen.

(2) [1] Zur Entgegennahme der Erklärungen ist das Standesamt zuständig, das das Geburtenregister, in dem die Geburt des Kindes beurkundet ist, führt. [2] Ist die Geburt des Kindes nicht in einem deutschen Geburtenregister beurkundet, so ist das Standesamt zuständig, in dessen Zuständigkeitsbereich das Kind oder ein Elternteil seinen Wohnsitz hat oder zuletzt hatte oder seinen gewöhnlichen Aufenthalt hat. [3] Ergibt sich danach keine Zuständigkeit, so ist das Standesamt I in Berlin zuständig. [4] Das Standesamt I in Berlin führt ein Verzeichnis der nach den Sätzen 2 und 3 entgegengenommenen Erklärungen.

(3) § 23 des Lebenspartnerschaftsgesetzes[1)] bleibt unberührt.

§ 45a[2)] Erklärung zur Reihenfolge der Vornamen. (1) [1] Unterliegt der Name einer Person deutschem Recht und hat sie mehrere Vornamen, so kann deren Reihenfolge durch Erklärung des *Namenträgers*[3)] gegenüber dem Standesamt neu bestimmt werden (Vornamensortierung). [2] Eine Änderung der Schreibweise der Vornamen sowie das Hinzufügen von neuen Vornamen oder das Weglassen von Vornamen ist dabei nicht zulässig; die Artikel 47 und 48 des Einführungsgesetzes zum Bürgerlichen Gesetzbuche[4)] und § 94 des Bundesvertriebenengesetzes[5)] bleiben unberührt. [3] Die Erklärung muss öffentlich beglaubigt werden; sie kann auch von den Standesbeamten beglaubigt oder beurkundet werden.

(2) Ein in der Geschäftsfähigkeit beschränktes Kind, das das 14. Lebensjahr vollendet hat, kann die Erklärung nach Absatz 1 nur selbst abgeben; das Kind bedarf hierzu der Zustimmung seines gesetzlichen Vertreters.

(3) [1] Zur Entgegennahme der Erklärung ist das Standesamt zuständig, das das Geburtenregister für die Person führt, deren Vornamen neu sortiert werden sollen. [2] Ist die Geburt nicht in einem deutschen Geburtenregister beurkundet, so ist das Standesamt zuständig, das das Eheregister oder Lebenspartnerschaftsregister der Person führt. [3] Ergibt sich danach keine Zuständigkeit, so ist das Standesamt

---

1) **Habersack ErgBd. Nr. 43.**
2) § 45a eingef. mWv 1.11.2018 durch G v. 17.7.2017 (BGBl. I S. 2522).
3) Wortlaut amtlich.
4) **Habersack Nr. 21.**
5) **Sartorius III Nr. 955.**

zuständig, in dessen Zuständigkeitsbereich die Person ihren Wohnsitz hat oder zuletzt hatte oder ihren gewöhnlichen Aufenthalt hat. [4] Ergibt sich auch danach keine Zuständigkeit, so ist das Standesamt I in Berlin zuständig.

§ 45b[1)] Erklärungen nach dem Gesetz über die Selbstbestimmung in Bezug auf den Geschlechtseintrag. (1) [1] Die Erklärungen zur Änderung des Geschlechtseintrags und der Vornamen nach § 2 des Gesetzes über die Selbstbestimmung in Bezug auf den Geschlechtseintrag und die Erklärung zum maßgeblichen Geschlechtseintrag für das Rechtsverhältnis der Person zu ihren Kindern nach § 11 Absatz 1 Satz 2 des Gesetzes über die Selbstbestimmung in Bezug auf den Geschlechtseintrag sind persönlich vor dem Standesbeamten abzugeben und von diesem zu beurkunden. [2] Bei Deutschen mit gewöhnlichem Aufenthalt im Ausland kann eine deutsche Auslandsvertretung die Erklärung öffentlich beglaubigen und an das zuständige Standesamt übermitteln. [3] Ist die Zustimmung eines gesetzlichen Vertreters erforderlich, so gelten die Sätze 1 und 2 auch für dessen Erklärung. [4] Wird die Erklärung für eine minderjährige Person abgegeben, die geschäftsunfähig ist oder das 14. Lebensjahr noch nicht vollendet hat, muss auch die minderjährige Person anwesend sein.

(2) [1] Für die Entgegennahme von Erklärungen nach § 2 des Gesetzes über die Selbstbestimmung in Bezug auf den Geschlechtseintrag ist das Standesamt zuständig, das das Geburtenregister für die betroffene Person, deren Geschlechtseintrag und Vornamen geändert werden sollen, führt. [2] Für die Entgegennahme von Erklärungen nach § 11 Absatz 1 Satz 2 des Gesetzes über die Selbstbestimmung in Bezug auf den Geschlechtseintrag ist das Standesamt zuständig, welches die Geburt des jeweiligen Kindes der betroffenen Person zu beurkunden hat. [3] Ergibt sich nach Satz 1 keine Zuständigkeit, weil die Geburt nicht in einem deutschen Geburtenregister beurkundet ist, so ist das Standesamt zuständig, das das Eheregister oder Lebenspartnerschaftsregister der Person führt. [4] Ergibt sich danach keine Zuständigkeit, so ist das Standesamt zuständig, in dessen Zuständigkeitsbereich die Person ihren Wohnsitz hat oder zuletzt hatte oder ihren gewöhnlichen Aufenthalt hat. [5] Ergibt sich auch danach keine Zuständigkeit, so ist das Standesamt I in Berlin zuständig. [6] Das Standesamt I in Berlin führt ein Verzeichnis der nach den Sätzen 4 und 5 entgegengenommenen Erklärungen.

(3) [1] Die Erklärungen nach Artikel 7a Absatz 2 des Einführungsgesetzes zum Bürgerlichen Gesetzbuche[2)] sind gegenüber dem Standesamt abzugeben. [2] Absatz 2 gilt entsprechend.

Kapitel 8. Berichtigungen und gerichtliches Verfahren

Abschnitt 1. Berichtigungen ohne Mitwirkung des Gerichts

§ 46 Änderung einer Anzeige. Sind in der schriftlichen Anzeige einer Geburt oder eines Sterbefalls Angaben unrichtig oder unvollständig und ist der richtige oder vollständige Sachverhalt durch öffentliche Urkunden oder auf Grund eigener Ermittlungen des Standesamts festgestellt, so sind die entsprechenden Angaben unter Hinweis auf die Grundlagen zu ändern.

[1)] § 45b neu gef. mWv 1.11.2024 durch G v. 19.6.2024 (BGBl. 2024 I Nr. 206).
[2)] **Habersack Nr. 21.**

§ 47[1)] Berichtigung nach Abschluss der Beurkundung. (1) [1] In einem abgeschlossenen Registereintrag sind offenkundige Schreibfehler zu berichtigen. [2] Auf Grund öffentlicher Urkunden oder eigener Ermittlungen des Standesamts sind außerdem zu berichtigen

1. die in den Personenstandsregistern eingetragenen Hinweise,
2. fehlerhafte Übertragungen aus Urkunden, die der Eintragung zugrunde gelegen haben,
3. im Sterberegister die Angaben über den letzten Wohnsitz des Verstorbenen,
4. in allen Personenstandsregistern die Registrierungsdaten eines Personenstandseintrags,
5. in allen Personenstandsregistern die Elementbezeichnungen und Leittextangaben.

[3] Ferner können sonstige unrichtige oder unvollständige Eintragungen berichtigt werden, wenn der richtige oder vollständige Sachverhalt festgestellt wird durch

1. Personenstandsurkunden,
2. Dokumente des Heimatstaates, die zum Grenzübertritt berechtigen, soweit dadurch ein erläuternder Zusatz zur Identität oder zur Namensführung im Personenstandsregister gestrichen werden soll.

[4] Eintragungen auf Grund einer Anerkennung, die nach § 1594 Absatz 5 Satz 1 des Bürgerlichen Gesetzbuchs[2)] nicht wirksam war, sind zu berichtigen, wenn die Vaterschaft des anderen Mannes durch Gerichtsbeschluss festgestellt wird.

(2) Gehen dem Standesamt berichtigende Mitteilungen oder Anzeigen zu, so sind außerdem zu berichtigen

1. im Geburtenregister die Angaben über Zeitpunkt und Ort der Geburt sowie das Geschlecht des Kindes, wenn die Geburt schriftlich angezeigt worden ist,
2. im Sterberegister die Angaben über Zeitpunkt und Ort des Todes, wenn der Sterbefall schriftlich angezeigt worden ist,
3. in allen Personenstandsregistern die Angaben über die Rechtskraft gerichtlicher Entscheidungen.

(3) [1] Bei Berichtigungen sind die Beteiligten vor der Änderung zu hören. [2] Eine Anhörung unterbleibt in den Fällen des Absatzes 1 Satz 2 Nummer 1, 4 und 5 sowie des Absatzes 1 Satz 3 Nummer 2.

(4) [1] Die Berichtigung fehlerhafter Registrierungsdaten eines Eintrags erfolgt durch Kennzeichnung des entsprechenden Registereintrags und erneute Beurkundung. [2] Die nach Satz 1 gekennzeichneten Registereinträge gelten als stillgelegt und dürfen nicht mehr verarbeitet werden. [3] Die Registrierungsdaten eines stillgelegten Eintrags können wieder verwendet werden.

[1)] § 47 Abs. 1 Nr. 3 angef. mWv 1.1.2009 durch G v. 11.12.2008 (BGBl. I S. 2418); Abs. 1 Satz 2 neu gef., Abs. 3 Satz 2 und Abs. 4 angef. mWv 1.11.2013 durch G v. 7.5.2013 (BGBl. I S. 1122); Abs. 1 Nr. 4 geänd., Nr. 5 angef., Abs. 3 Satz 2 geänd. mWv 22.12.2018 durch G v. 18.12.2018 (BGBl. I S. 2639); Abs. 1 Satz 3, Abs. 3 Satz 2 neu gef. mWv 7.4.2021 durch G v. 28.3.2021 (BGBl. I S. 591); Abs. 2 Nr. 3 geänd. mWv 1.11.2022 durch G v. 19.10.2022 (BGBl. I S. 1744); Abs. 1 Satz 4 angef. mWv 1.4.2026 durch G v. 29.3.2026 (BGBl. 2026 I Nr. 83).

[2)] **Habersack Nr. 20.**

Abschnitt 2. Gerichtliches Verfahren

§ 48[1)] Berichtigung auf Anordnung des Gerichts. (1) [1]Außer in den Fällen des § 47 darf ein abgeschlossener Registereintrag nur auf Anordnung des Gerichts berichtigt werden. [2]Die Anordnung kann auch Fälle des § 47 umfassen.

(Fortsetzung nächstes Blatt)

1) § 48 Abs. 1 Satz 1 geänd. mWv 1.11.2013 durch G v. 7.5.2013 (BGBl. I S. 1122).

(2) [1]Den Antrag auf Anordnung der Berichtigung können alle Beteiligten, das Standesamt und die Aufsichtsbehörde stellen. [2]Sie sind vor der Entscheidung zu hören.

§ 49 Anweisung durch das Gericht. (1) Lehnt das Standesamt die Vornahme einer Amtshandlung ab, so kann es auf Antrag der Beteiligten oder der Aufsichtsbehörde durch das Gericht dazu angewiesen werden.

(2) [1]Das Standesamt kann in Zweifelsfällen auch von sich aus die Entscheidung des Gerichts darüber herbeiführen, ob eine Amtshandlung vorzunehmen ist. [2]Für das weitere Verfahren gilt dies als Ablehnung der Amtshandlung.

§ 50 Sachliche und örtliche Zuständigkeit der Gerichte. (1) [1]Für die in den §§ 48 und 49 vorgesehenen Entscheidungen sind ausschließlich die Amtsgerichte zuständig, die ihren Sitz am Ort eines Landgerichts haben. [2]Ihr Bezirk umfasst den Bezirk des Landgerichts.

(2) Die örtliche Zuständigkeit wird durch den Sitz des Standesamts bestimmt, das die Sache dem Gericht zur Entscheidung vorgelegt hat oder das die Amtshandlung vornehmen oder dessen Personenstandsregister berichtigt werden soll.

§ 51[1)] Gerichtliches Verfahren. (1) [1]Auf das gerichtliche Verfahren sind die Vorschriften des Gesetzes über das Verfahren in Familiensachen und in den Angelegenheiten der freiwilligen Gerichtsbarkeit[2)] anzuwenden. [2]Standesämter und Aufsichtsbehörden sind von Gerichtskosten befreit.

(2) Die Aufsichtsbehörde, das Standesamt und die Beteiligten können in jeder Lage des Verfahrens diesem beitreten; sie können ihren Beitritt auch durch Einlegung eines Rechtsmittels erklären.

§ 52[3)] Öffentliche Bekanntmachung der Entscheidung. (1) [1]Das Gericht kann die öffentliche Bekanntmachung einer Entscheidung anordnen, wenn es Zweifel hat, ob ihm alle Beteiligten bekannt geworden sind. [2]An Beteiligte, die ihm bekannt sind, soll außerdem eine besondere Bekanntmachung erfolgen. [3]Dem Antragsteller, dem Beschwerdeführer, dem Standesamt und der Aufsichtsbehörde muss die Entscheidung stets besonders bekannt gemacht werden.

(2) Die Entscheidung gilt allen Beteiligten mit Ausnahme der Beteiligten, denen die Entscheidung besonders bekannt gemacht worden ist oder bekannt gemacht werden muss, als zugestellt, wenn seit der öffentlichen Bekanntmachung zwei Wochen verstrichen sind.

(3) [1]Die Art der öffentlichen Bekanntmachung bestimmt das Gericht. [2]Es genügt die Anheftung einer Ausfertigung oder einer beglaubigten Abschrift der Entscheidung oder eines Auszugs davon an der Gerichtstafel. [3]Das Schriftstück soll zwei Wochen, und wenn durch die Bekanntmachung der Entscheidung eine Frist in Gang gesetzt wird, bis zum Ablauf der Frist an der Tafel angeheftet bleiben. [4]Auf die Gültigkeit der öffentlichen Bekanntmachung ist es ohne Einfluss, wenn das Schriftstück zu früh von der Tafel entfernt wird. [5]Der Zeitpunkt der Anheftung und der Zeitpunkt der Abnahme sind auf dem Schriftstück zu vermerken.

---

1) § 51 Abs. 1 Satz 1 geänd. mWv 1.9.2009 durch G v. 17.12.2008 (BGBl. I S. 2586).
2) **Habersack Nr. 112.**
3) § 52 Abs. 1 Satz 3 geänd. mWv 1.11.2013 durch G v. 7.5.2013 (BGBl. I S. 1122).

§ 53[1)] Wirksamwerden gerichtlicher Entscheidungen; Beschwerde.

(1) Der Beschluss, durch den das Standesamt zur Vornahme einer Amtshandlung angehalten oder durch den die Berichtigung eines Personenstandsregisters angeordnet wird, wird mit Rechtskraft wirksam.

(2) Gegen den Beschluss steht dem Standesamt und der Aufsichtsbehörde die Beschwerde in jedem Fall zu.

Kapitel 9. Beweiskraft und Benutzung der Personenstandsregister

Abschnitt 1. Beweiskraft; Personenstandsurkunden

§ 54[2)] Beweiskraft der Personenstandsregister und -urkunden. (1) [1]Die Beurkundungen in den Personenstandsregistern beweisen Eheschließung, Begründung der Lebenspartnerschaft, Geburt und Tod und die darüber gemachten näheren Angaben sowie die sonstigen Angaben über den Personenstand der Personen, auf die sich der Eintrag bezieht. [2]Hinweise haben diese Beweiskraft nicht.

(2) Die Personenstandsurkunden (§ 55 Absatz 1 Satz 1) und die elektronischen Personenstandsbescheinigungen (§ 55 Absatz 1 Satz 2) haben dieselbe Beweiskraft wie die Beurkundungen in den Personenstandsregistern.

(3) [1]Der Nachweis der Unrichtigkeit der beurkundeten Tatsachen ist zulässig. [2]Der Nachweis der Unrichtigkeit einer Personenstandsurkunde kann auch durch Vorlage einer beglaubigten Abschrift aus dem entsprechenden Personenstandsregister geführt werden.

§ 55[3)] Personenstandsurkunden. (1) [1]Das Standesamt stellt folgende Personenstandsurkunden aus:

1. aus dem Eheregister Eheurkunden (§ 57); bis zu der Beurkundung der Eheschließung im Eheregister können Eheurkunden auch aus der Niederschrift über die Eheschließung ausgestellt werden,
2. aus dem Lebenspartnerschaftsregister Lebenspartnerschaftsurkunden (§ 58),
3. aus dem Geburtenregister Geburtsurkunden (§ 59),
4. aus dem Sterberegister Sterbeurkunden (§ 60),
5. aus allen Personenstandsregistern beglaubigte Registerausdrucke,
6. aus der Sammlung der Beschlüsse über Todeserklärungen beglaubigte Abschriften oder beglaubigte Ausdrucke der elektronisch gespeicherten gerichtlichen Entscheidungen.

[2]Darüber hinaus stellt das Standesamt aus allen elektronisch geführten Personenstandsregistern Personenstandsbescheinigungen als elektronische Dokumente mit den Daten einer entsprechenden Geburts-, Ehe-, Lebenspartnerschafts- oder Sterbeurkunde nach Satz 1 Nummer 1 bis 4 aus. [3]Die Vorschriften über Beweiskraft von Personenstandsurkunden sind für elektronische Personenstandsbescheinigungen entsprechend anzuwenden.

[1)] § 53 neu gef. mWv 1.9.2009 durch G v. 17.12.2008 (BGBl. I S. 2586); Abs. 2 neu gef. mWv 1.11.2013 durch G v. 7.5.2013 (BGBl. I S. 1122).

[2)] § 54 Abs. 2 geänd. mWv 1.11.2024 durch G v. 19.10.2022 (BGBl. I S. 1744).

[3)] § 55 Abs. 2 Satz 1 neu gef. mWv 1.11.2013 durch G v. 7.5.2013 (BGBl. I S. 1122); Abs. 1 Nr. 3 neu gef. mWv 22.12.2018 durch G v. 18.12.2018 (BGBl. I S. 2639); Abs. 1 neu gef., Abs. 2 Satz 1 geänd. mWv 1.11.2024 durch G v. 19.10.2022 (BGBl. I S. 1744); Abs. 3 geänd. mWv 1.11.2024 durch G v. 17.7.2023 (BGBl. 2023 I Nr. 190).

(2) [1] Für die Ausstellung der Personenstandsurkunde und elektronischen Personenstandsbescheinigung ist vorbehaltlich des § 67 Absatz 3 das Standesamt zuständig, bei dem der entsprechende Registereintrag geführt wird. [2] Die Personenstandsurkunde kann auch bei einem anderen Standesamt beantragt werden, wenn diesem die hierfür erforderlichen Daten elektronisch übermittelt werden können. [3] Voraussetzung für die elektronische Übermittlung ist, dass das empfangende Standesamt und das den betreffenden Registereintrag führende Standesamt über technische Einrichtungen zur Versendung und zum Empfang elektronischer Daten verfügen und hierfür einen Zugang eröffnet haben.

(3) Nach Ablauf der in § 5 Abs. 5 festgelegten Fristen für die Führung der Personenstandsregister werden keine Personenstandsurkunden und elektronischen Personenstandsbescheinigungen mehr ausgestellt; für die Erteilung von Nachweisen aus diesen Personenstandsregistern sind die archivrechtlichen Vorschriften maßgebend.

§ 56[1)] Allgemeine Vorschriften für die Ausstellung von Personenstandsurkunden. (1) [1] In der Ehe-, der Lebenspartnerschafts-, der Geburts- und der Sterbeurkunde werden das Standesamt, bei dem der Personenstandsfall beurkundet worden ist, und der Jahrgang sowie die Nummer des Registereintrags angegeben. [2] Bei der Ausstellung der Eheurkunde aus der Niederschrift über die Eheschließung ist an Stelle der Nummer des Registereintrags ein Hinweis auf die Niederschrift aufzunehmen.

(2) Ist ein Registereintrag durch Folgebeurkundungen fortgeführt worden, so werden nur die geänderten Tatsachen in die Personenstandsurkunden und elektronischen Personenstandsbescheinigungen aufgenommen.

(3) [1] Am Schluss der Personenstandsurkunden werden der Tag und der Ort ihrer Ausstellung sowie der Familienname des ausstellenden Standesbeamten angegeben. [2] Die Personenstandsurkunden werden von dem Standesbeamten unterschrieben und mit dem Abdruck des Dienstsiegels versehen.

(4) [1] Die elektronische Personenstandsbescheinigung wird vom Standesamt mit einer qualifizierten elektronischen Signatur versehen und den nach § 62 berechtigten Personen sowie den nach § 65 berechtigten Behörden und Gerichten elektronisch übermittelt. [2] Dabei sind Datenschutz und Datensicherheit nach dem jeweiligen Stand der Technik sicherzustellen und bei Nutzung allgemein zugänglicher Netze Verschlüsselungs- und Authentifizierungsverfahren zu verwenden.

§ 57[2)] Eheurkunde. (1) [1] In die Eheurkunde werden aufgenommen

1. die Vornamen und Familiennamen der Ehegatten zum Zeitpunkt der Eheschließung sowie die sich aus dem Registereintrag zum Zeitpunkt der Ausstellung der Eheurkunde ergebenden Vornamen und Familiennamen,
2. Ort und Tag der Geburt der Ehegatten,
3. Ort und Tag der Eheschließung.

[2] In dem Feld „Weitere Angaben aus dem Register" sind anzugeben

1. die Auflösung der Ehe,

[1)] § 56 Abs. 1 Satz 2 geänd mWv 1.11.2022, Abs. 2 geänd. und Abs. 4 neu gef. mWv 1.11.2024 durch G v. 19.10.2022 (BGBl. I S. 1744).

[2)] § 57 neu gef. mWv 1.11.2013 durch G v. 7.5.2013 (BGBl. I S. 1122); Abs. 2 angef. mWv 1.11.2018 durch G v. 17.7.2017 (BGBl. I S. 2522); Abs. 1 Satz 2 neu gef. mWv 22.12.2018 durch G v. 18.12.2018 (BGBl. I S. 2639); Abs. 1 Satz 1 Nr. 3 geänd., Nr. 4 aufgeh. mWv 1.11.2022 durch G v. 19.10.2022 (BGBl. I S. 1744); Abs. 3 angef. mWv 1.11.2024 durch G v. 19.6.2024 (BGBl. 2024 I Nr. 206).

2. das Nichtbestehen der Ehe,
3. die Nichtigerklärung der Ehe,
4. die Todeserklärung oder gerichtliche Feststellung der Todeszeit eines Ehegatten,
5. die Umwandlung der Lebenspartnerschaft in eine Ehe.

(2) In die Eheurkunde wird außerhalb des Beurkundungstextes ein Hinweis auf die Beurkundung der Geburt der Ehegatten aufgenommen.

(3) Auf Verlangen der Ehegatten werden in die Eheurkunde die vor der Eheschließung geführten Vornamen nicht aufgenommen.

§ 58[1)] Lebenspartnerschaftsurkunde. (1) [1] In die Lebenspartnerschaftsurkunde werden aufgenommen

1. die Vornamen und Familiennamen der Lebenspartner zum Zeitpunkt der Begründung der Lebenspartnerschaft sowie die sich aus dem Registereintrag zum Zeitpunkt der Ausstellung der Lebenspartnerschaftsurkunde ergebenden Vornamen und Familiennamen,
2. Ort und Tag der Geburt der Lebenspartner,
3. Ort und Tag der Begründung der Lebenspartnerschaft.

[2] In dem Feld „Weitere Angaben aus dem Register" sind anzugeben

1. die Auflösung der Lebenspartnerschaft,
2. das Nichtbestehen der Lebenspartnerschaft,
3. die Todeserklärung oder gerichtliche Feststellung der Todeszeit eines Lebenspartners,
4. die Umwandlung der Lebenspartnerschaft in eine Ehe.

(2) In die Lebenspartnerschaftsurkunde wird außerhalb des Beurkundungstextes ein Hinweis auf die Beurkundung der Geburt der Lebenspartner aufgenommen.

(3) Auf Verlangen der Lebenspartner werden in die Lebenspartnerschaftsurkunde die vor der Begründung der Lebenspartnerschaft geführten Vornamen nicht aufgenommen.

§ 59[2)] Geburtsurkunde. (1) In die Geburtsurkunde werden aufgenommen

1. die Vornamen und der Geburtsname des Kindes,
2. das Geschlecht des Kindes,
3. Ort sowie Tag, Stunde und Minute der Geburt,
4. die Vornamen und die Familiennamen der Eltern des Kindes.

(2) Auf Verlangen werden in die Geburtsurkunde Angaben nach Absatz 1 Nummer 2 und 4 nicht aufgenommen.

§ 60[3)] Sterbeurkunde. In die Sterbeurkunde werden aufgenommen

---

[1)] § 58 neu gef. mWv 1.11.2013 durch G v. 7.5.2013 (BGBl. I S. 1122); Abs. 1 Satz 2 geänd., Abs. 2 angef. mWv 1.11.2018 durch G v. 17.7.2017 (BGBl. I S. 2522); Abs. 1 Satz 2 neu gef. mWv 22.12.2018 durch G v. 18.12.2018 (BGBl. I S. 2639); Abs. 1 Satz 1 Nr. 3 geänd., Nr. 4 aufgeh. mWv 1.11.2022 durch G v. 19.10.2022 (BGBl. I S. 1744); Abs. 3 angef. mWv 1.11.2024 durch G v. 19.6.2024 (BGBl. 2024 I Nr. 206).

[2)] § 59 Abs. 1 Nr. 3 neu gef., Nr. 4 geänd., Nr. 5 aufgeh., Abs. 2 geänd. mWv 1.11.2022 durch G v. 19.10.2022 (BGBl. I S. 1744).

[3)] § 60 Nr. 3 eingef., bish. Nr. 3 wird Nr. 4 mWv 1.11.2013 durch G v. 7.5.2013 (BGBl. I S. 1122); Nr. 3 neu gef. mWv 1.11.2017 durch G v. 17.7.2017 (BGBl. I S. 2522); Nr. 1 geänd. mWv 1.11.2022 durch G v. 19.10.2022 (BGBl. I S. 1744).

1. die Vornamen und der Familienname des Verstorbenen, Ort und Tag seiner Geburt,
2. der letzte Wohnsitz und der Familienstand des Verstorbenen,
3. die Vornamen und der Familienname des Ehegatten oder Lebenspartners, wenn der Verstorbene im Zeitpunkt seines Todes verheiratet war oder eine Lebenspartnerschaft führte; war die Ehe oder Lebenspartnerschaft durch Tod aufgelöst oder war der Ehegatte oder Lebenspartner für tot erklärt oder war seine Todeszeit gerichtlich festgestellt worden, sind die Vornamen und der Familienname des letzten Ehegatten oder Lebenspartners anzugeben,
4. Sterbeort und Zeitpunkt des Todes.

Abschnitt 2. Benutzung der Personenstandsregister

§ 61 Allgemeine Vorschriften für die Benutzung. (1) [1]Die §§ 62 bis 66 gelten für die Benutzung der bei den Standesämtern geführten Personenstandsregister und Sammelakten bis zum Ablauf der in § 5 Abs. 5 festgelegten Fristen. [2]Benutzung ist die Erteilung von Personenstandsurkunden aus einem Registereintrag, die Auskunft aus einem und die Einsicht in einen Registereintrag sowie die Durchsicht mehrerer Registereinträge; hierzu gehört auch eine entsprechende Verwendung der Sammelakten.

(2) Nach Ablauf der in § 5 Abs. 5 festgelegten Fristen für die Führung der Personenstandsregister und Sammelakten sind die archivrechtlichen Vorschriften für die Benutzung maßgebend.

§ 62 Urkundenerteilung, Auskunft, Einsicht. (1) [1]Personenstandsurkunden sind auf Antrag den Personen zu erteilen, auf die sich der Registereintrag bezieht, sowie deren Ehegatten, Lebenspartnern, Vorfahren und Abkömmlingen. [2]Andere Personen haben ein Recht auf Erteilung von Personenstandsurkunden, wenn sie ein rechtliches Interesse glaubhaft machen; beim Geburtenregister oder Sterberegister reicht die Glaubhaftmachung eines berechtigten Interesses aus, wenn der Antrag von einem Geschwister des Kindes oder des Verstorbenen gestellt wird. [3]Antragsbefugt sind über 16 Jahre alte Personen.

(2) Absatz 1 gilt entsprechend für Auskunft aus einem und Einsicht in einen Registereintrag sowie Auskunft aus den und Einsicht in die Sammelakten.

(3) Vor Ablauf der für die Führung der Personenstandsregister festgelegten Fristen ist die Benutzung nach den Absätzen 1 und 2 bereits bei Glaubhaftmachung eines berechtigten Interesses zuzulassen, wenn seit dem Tod des zuletzt verstorbenen Beteiligten 30 Jahre vergangen sind; Beteiligte sind beim Geburtenregister die Eltern und das Kind, beim Eheregister die Ehegatten und beim Lebenspartnerschaftsregister die Lebenspartner.

§ 63[1)] **Benutzung in besonderen Fällen.** (1) [1]Ist ein Kind angenommen, so darf abweichend von § 62 ein beglaubigter Registerausdruck aus dem Geburtseintrag nur den Annehmenden, deren Eltern, dem gesetzlichen Vertreter des Kindes und dem über 16 Jahre alten Kind selbst erteilt werden. [2]Diese Beschränkung entfällt mit dem Tod des Kindes; § 1758 des Bürgerlichen Gesetzbuchs[2)] bleibt unberührt.

[1)] § 63 Abs. 2 neu gef. mWv 15.5.2013 durch G v. 7.5.2013 (BGBl. I S. 1122); Abs. 2 neu gef. mWv 1.11.2024 durch G v. 19.6.2024 (BGBl. 2024 I Nr. 206); Abs. 4 angef. mWv 1.4.2026 durch G v. 29.3.2026 (BGBl. 2026 I Nr. 83).

[2)] **Habersack Nr. 20.**

(2) [1] Ist der Geschlechtseintrag einer Person nach § 2 Absatz 1 des Gesetzes über die Selbstbestimmung in Bezug auf den Geschlechtseintrag und sind die Vornamen einer Person nach § 2 Absatz 3 des Gesetzes über die Selbstbestimmung in Bezug auf den Geschlechtseintrag geändert worden, so gilt abweichend von § 62:

1. eine Personenstandsurkunde aus dem Geburtseintrag darf nur der betroffenen Person selbst erteilt werden,
2. eine Ehe- oder Lebenspartnerschaftsurkunde aus dem Ehe- oder Lebenspartnerschaftseintrag darf nur der betroffenen Person selbst sowie ihrem Ehegatten oder Lebenspartner erteilt werden,

[2] Diese Beschränkungen entfallen mit dem Tod der betroffenen Person; § 13 des Gesetzes über die Selbstbestimmung in Bezug auf den Geschlechtseintrag bleibt unberührt

(3) Die Absätze 1 und 2 gelten entsprechend für Auskunft aus einem und Einsicht in einen Registereintrag sowie Auskunft aus den und Einsicht in die Sammelakten.

(4) Ist die Anerkennung trotz bestehender Vaterschaft erfolgt, so darf abweichend von § 62 Auskunft aus einem und Einsicht in ein in die Sammelakten aufgenommenes Ergebnis einer genetischen Abstammungsuntersuchung nach § 17 des Gendiagnostikgesetzes nur dem Anerkennenden, der Mutter, dem Kind und dem anderen Mann, dessen Zustimmung nach § 1595a des Bürgerlichen Gesetzbuchs erforderlich ist, erteilt werden.

§ 64 Sperrvermerke. (1) [1] Sind dem Standesamt Tatsachen bekannt, die die Annahme rechtfertigen, dass einer Person durch die Ausstellung einer Personenstandsurkunde oder durch Auskunft aus einem oder Einsicht in einen Personenstandseintrag eine Gefahr für Leben, Gesundheit, persönliche Freiheit oder ähnliche schutzwürdige Belange erwachsen kann, so wird auf ihren Antrag zu diesem Eintrag für die Dauer von drei Jahren ein Sperrvermerk eingetragen. [2] Der Sperrvermerk wird unter den Voraussetzungen des Satzes 1 erneuert; seine Wirkung erlischt mit dem Tod des Betroffenen. [3] Ist ein Sperrvermerk eingetragen, so dürfen ohne Einwilligung des Betroffenen auf Anordnung des Gerichts Personenstandsurkunden erteilt sowie Auskunft aus einem oder Einsicht in einen Personenstandseintrag gewährt werden, wenn es zur Behebung einer bestehenden Beweisnot oder aus sonstigen im überwiegenden Interesse eines Dritten liegenden Gründen unerlässlich ist; die §§ 50 bis 53 gelten entsprechend.

(2) [1] Geht dem Standesamt ein Ersuchen der Zeugenschutzdienststelle nach § 4 Abs. 2 des Zeugenschutz-Harmonisierungsgesetzes[1)] vom 11. Dezember 2001 (BGBl. I S. 3510) zu, personenbezogene Daten einer zu schützenden Person zu sperren, so wird zu dem betreffenden Personenstandseintrag ein Sperrvermerk eingetragen. [2] Die Erteilung von Personenstandsurkunden aus diesem Eintrag ist nur in begründeten Ausnahmefällen mit Zustimmung der Zeugenschutzdienststelle zulässig. [3] Jedes Ersuchen um Benutzung ist der Zeugenschutzdienststelle unverzüglich mitzuteilen. [4] Teilt die Zeugenschutzdienststelle dem Standesamt mit, dass die Sperrung des Personenstandseintrags nicht mehr erforderlich ist, so ist der Sperrvermerk zu streichen.

(3) Die Absätze 1 und 2 gelten entsprechend für Auskunft aus dem und Einsicht in den Eintrag sowie Auskunft aus den und Einsicht in die Sammelakten.

[1)] **Habersack ErgBd. Nr. 90b.**

§ 65[1)] Benutzung durch Behörden und Gerichte. (1) [1] Behörden und Gerichten sind auf Ersuchen Personenstandsurkunden zu erteilen, Auskunft aus einem oder Einsicht in einen Registereintrag sowie die Durchsicht mehrerer Registereinträge zu gewähren, soweit dies zur Erfüllung der in ihrer Zuständigkeit liegenden Aufgaben erforderlich ist. [2] Gleiches gilt für Auskunft aus den und

(Fortsetzung nächstes Blatt)

[1)] § 65 Abs. 1 Satz 1 neu gef. mWv 15.5.2013 durch G v. 7.5.2013 (BGBl. I S. 1122); Abs. 2 aufgeh. mWv 1.11.2022 durch G v. 19.10.2022 (BGBl. I S. 1744).

Einsicht in die Sammelakten. [3] Die Behörden und die Gerichte haben den Zweck anzugeben. [4] Sie tragen die Verantwortung für die Zulässigkeit der Übermittlung.

(2) *(aufgehoben)*

(3) [1] Ausländischen diplomatischen oder konsularischen Vertretungen im Inland können unter den Voraussetzungen des Absatzes 1 Personenstandsurkunden und Auskünfte aus einem Personenstandsregister erteilt werden, soweit das Ersuchen Angehörige des von ihnen vertretenen Staates betrifft. [2] Ist dem Standesbeamten bekannt, dass es sich bei der betreffenden Person um einen heimatlosen Ausländer oder ausländischen Flüchtling im Sinne des Abkommens über die Rechtsstellung der Flüchtlinge handelt, so ist die Benutzung der Register zu versagen.

§ 66[1)] Benutzung für wissenschaftliche Zwecke. (1) [1] Hochschulen, anderen Einrichtungen, die wissenschaftliche Forschung betreiben, und öffentlichen Stellen kann Auskunft aus einem oder Einsicht in ein Personenstandsregister sowie Durchsicht von Personenstandsregistern gewährt werden, wenn

1. dies für die Durchführung bestimmter wissenschaftlicher Forschungsvorhaben erforderlich ist,
2. eine Nutzung anonymisierter Daten zu diesem Zweck nicht möglich oder die Anonymisierung mit einem unverhältnismäßigen Aufwand verbunden ist und
3. das öffentliche Interesse an der Durchführung des Forschungsvorhabens die schutzwürdigen Belange des Betroffenen an dem Ausschluss der Benutzung erheblich überwiegt.

[2] Gleiches gilt für Auskunft aus den und Einsicht in die Sammelakten.

(2) [1] Die Benutzung der Personenstandsregister nach Absatz 1 setzt voraus, dass die empfangende Stelle technische und organisatorische Maßnahmen trifft, die nach den anzuwendenden datenschutzrechtlichen Vorschriften zum Schutz der Daten erforderlich und angemessen sind. [2] Die Benutzung bedarf der Zustimmung der für den Fachbereich des Forschungsvorhabens zuständigen obersten Bundes- oder Landesbehörde oder einer von dieser bestimmten Stelle; die Zuständigkeit der obersten Landesbehörde richtet sich nach dem Sitz der Forschungseinrichtung. [3] Die Zustimmung muss den Empfänger, die Art der Nutzung der Personenstandseinträge, den Kreis der Betroffenen und das Forschungsvorhaben bezeichnen; sie ist dem zuständigen Datenschutzbeauftragten mitzuteilen.

(3) Mit Zustimmung der zuständigen obersten Bundes- oder Landesbehörde oder der von dieser bestimmten Stelle dürfen die nach Absatz 1 genutzten Daten unter gleichen Voraussetzungen auch für andere Forschungsvorhaben verwendet oder weiter übermittelt werden.

(4) [1] Wenn und sobald der Forschungszweck es erlaubt, sind die nach den Absätzen 1 und 3 erlangten Daten zu anonymisieren. [2] Bis zu einer Anonymisierung sind die Merkmale gesondert zu speichern, mit denen Einzelangaben über persönliche und sachliche Verhältnisse einer bestimmten oder bestimmbaren Person zugeordnet werden können; sie dürfen mit den Einzelangaben nur zusammengeführt werden, soweit der Forschungszweck es erfordert. [3] Die Merkmale sind zu löschen, sobald der Forschungszweck erreicht ist.

(5) Eine Veröffentlichung der nach den Absätzen 1 und 3 erlangten Daten ist nur zulässig, wenn

---

1) § 66 Abs. 2 Satz 2 neu gef. mWv 15.5.2013 durch G v. 7.5.2013 (BGBl. I S. 1122).

1. die Betroffenen, im Falle ihres Todes deren Ehegatten und Abkömmlinge, eingewilligt haben oder
2. dies für die Darstellung von Forschungsergebnissen über Ereignisse der Zeitgeschichte unerlässlich ist; in diesem Fall bedarf die Veröffentlichung der Zustimmung der obersten Bundes- oder Landesbehörde, die der Benutzung nach Absatz 2 zugestimmt hat.

§ 67[1] Zentrale Register. (1) Die Länder dürfen zentrale Register einrichten zu dem Zweck, die Registereinträge der angeschlossenen Standesämter zu erfassen, ihre Benutzung nach Absatz 3 sowie ihre Fortführung nach Absatz 4 zu ermöglichen.

(2) [1]Die Standesämter dürfen bei ihnen gespeicherte Registereinträge an das zentrale Register übermitteln. [2]Die Länder können zulassen, dass die elektronische Erfassung eines Altregisters nach § 76 Absatz 5 auch durch ein angeschlossenes Standesamt erfolgt, das den Haupteintrag nicht selbst errichtet hat. [3]Die Verantwortung für die Richtigkeit und Vollständigkeit der Daten trägt die übermittelnde Stelle. [4]Das zentrale Register darf die Daten speichern zum Zweck der Übermittlung nach Absatz 3.

(3) Die Standesämter dürfen zur Erfüllung der ihnen obliegenden Aufgaben bei dem zentralen Register Registereinträge nutzen, wenn die Angaben benötigt werden zur Erteilung von Personenstandsurkunden, elektronischen Personenstandsbescheinigungen und Auskünften sowie zur Gewährung von Einsicht in die Personenstandsregister und Durchsicht dieser Register nach den §§ 55, 61 bis 66; die Benutzung der Personenstandsregister kann allen an das zentrale Register angeschlossenen Standesämtern gewährt werden.

(4) Die Länder können zulassen, dass an das zentrale Register übermittelte Registereinträge abweichend von § 5 Absatz 4 von jedem angeschlossenen Standesamt fortgeführt werden dürfen.

§ 68[2] Datenaustausch zwischen Standesämtern, Behörden und Gerichten. (1) Das Standesamt, das in einem Personenstandsregister eine Beurkundung vornimmt (§§ 3, 5), übermittelt Angaben hierüber von Amts wegen einer anderen Behörde oder einem Gericht, wenn sich die Mitteilungspflicht aus einer Rechtsvorschrift ergibt.

(2) [1]Die Übermittlung von Daten zwischen Standesämtern durch automatisierte Abrufverfahren ist zulässig, soweit diese Daten zur Erfüllung der Aufgaben der abrufenden Stelle erforderlich sind. [2]Bei Datenabrufen in automatisierten Abrufverfahren ist durch technische Maßnahmen sicherzustellen, dass die Berechtigung der abrufenden Stelle beim angefragten Standesamt erkannt und protokolliert wird. [3]Ein Datenabruf im automatisierten Abrufverfahren darf nur die Einsicht in das Suchverzeichnis und in den der Abfrage zugehörigen Registereintrag ermöglichen. [4]Bei Verfahren nach § 67 sind ergänzend landesrechtliche Regelungen zu beachten. [5]Eine Datenübermittlung im automatisierten Abrufverfahren ist nicht zulässig, wenn

1. die Benutzung eines Eintrags nach Ablauf der Fortführungsfristen nach § 5 Absatz 5 archivrechtlichen Vorschriften unterliegt,

---

[1] § 67 neu gef. mWv 1.11.2022 durch G v. 19.10.2022 (BGBl. I S. 1744).

[2] § 68 Überschrift und Abs. 2 neu gef. mWv 1.11.2022; Abs. 3–5 angef. mWv 1.11.2024 durch G v. 19.10.2022 (BGBl. I S. 1744).

2. die Daten im Übermittlungsersuchen nicht mit den gespeicherten Daten korrespondieren,

3. zu einem Registereintrag ein Sperrvermerk nach § 64 eingetragen ist oder

4. ein Registereintrag nach § 47 Absatz 4 Satz 2 stillgelegt worden ist.

[6] Datenübermittlungen und Auskünfte zwischen den Standesämtern sind gebührenfrei.

(3) [1] Die Einrichtung eines automatisierten Abrufverfahrens, das die Übermittlung personenbezogener Daten an andere Stellen als Standesämter ermöglicht, ist nur zulässig, soweit dies durch Bundes- oder Landesrecht unter Festlegung der Datenempfänger, der Art der zu übermittelnden Daten und des Zwecks der Übermittlung bestimmt wird. [2] Absatz 2 gilt entsprechend.

(4) [1] Die Übermittlung von elektronischen Personenstandsbescheinigungen nach § 55 Absatz 1 Satz 2 an öffentliche Stellen anderer Mitgliedstaaten der Europäischen Union ist zulässig, soweit die abrufende Stelle zum Abruf berechtigt ist und dies zur Erfüllung ihrer Aufgaben für eines der Verfahren nach Artikel 14 Absatz 1 der Verordnung (EU) 2018/1724 des Europäischen Parlaments und des Rates vom 2. Oktober 2018 über die Einrichtung eines einheitlichen digitalen Zugangstors zu Informationen, Verfahren, Hilfs- und Problemlösungsdiensten und zur Änderung der Verordnung (EU) Nr. 1024/2012 (ABl. L 295 vom 21.11.2018, S. 1) in der jeweils geltenden Fassung erforderlich ist. [2] Für die Übermittlung sind die sich aus der Verordnung (EU) 2018/1724 ergebenden technischen Anforderungen einzuhalten.

(5) Die Standesämter können bei öffentlichen Stellen anderer Mitgliedstaaten der Europäischen Union personenbezogene Daten abrufen, soweit dies zur Erfüllung ihrer Aufgaben im Rahmen eines der Verfahren nach Artikel 14 Absatz 1 der Verordnung (EU) 2018/1724 erforderlich ist.

§ 68a[1)] Rechte der betroffenen Person. (1) [1] Das Auskunftsrecht nach Artikel 15 Absatz 1 und das Recht auf Erhalt einer Kopie nach Artikel 15 Absatz 3 der Verordnung (EU) 2016/679 des Europäischen Parlaments und des Rates vom 27. April 2016 zum Schutz natürlicher Personen bei der Verarbeitung personenbezogener Daten, zum freien Datenverkehr und zur Aufhebung der Richtlinie 95/46/EG (Datenschutz-Grundverordnung)[2)] (ABl. L 119 vom 4.5.2016, S. 1; L 314 vom 22.11.2016, S. 72; L 127 vom 23.5.2018, S. 2) in der jeweils geltenden Fassung werden dadurch gewährleistet, dass die betroffene Person nach § 62 Einsicht in das Personenstandsregister und in die zum Personenstandseintrag geführten Sammelakten nehmen sowie eine Auskunft aus dem Personenstandseintrag oder der Sammelakte erhalten kann. [2] Soweit die Auskunft zu den verarbeiteten personenbezogenen Daten nach Artikel 15 Absatz 3 der Verordnung (EU) 2016/679 durch eine gebührenfreie Kopie des amtlichen Formulars einer Personenstandsurkunde erfolgt, ist dieses nicht vom Standesbeamten zu unterschreiben, zu siegeln oder zu beglaubigen. [3] Das Recht auf Auskunft der betroffenen Person gemäß Artikel 15 Absatz 1 Buchstabe c der Verordnung (EU) 2016/679 ist beschränkt auf die Kategorien von Empfängern, gegenüber denen die im Personenstandsregister oder in den zum Registereintrag geführten Sammelakten enthaltenen personenbezogenen Daten offengelegt worden sind oder noch offengelegt werden.

---

1) § 68a eingef. mWv 26.11.2019 durch G v. 20.11.2019 (BGBl. I S. 1626).
2) Nr. **246**.

(2) Hinsichtlich der in den Personenstandsregistern enthaltenen personenbezogenen Daten kann das Recht auf Berichtigung nach Artikel 16 der Verordnung (EU) 2016/679 nur unter den Voraussetzungen der §§ 47 bis 53 ausgeübt werden.

(3) Das Widerspruchsrecht gemäß Artikel 21 der Verordnung (EU) 2016/679 findet in Bezug auf die im Personenstandsregister beurkundeten Daten und die in den Sammelakten enthaltenen Dokumente keine Anwendung.

Kapitel 10.[1] Zwangsmittel, Bußgeldvorschriften, Besonderheiten

§ 69 Erzwingung von Anzeigen. [1] Wer auf Grund dieses Gesetzes zu Anzeigen oder zu sonstigen Handlungen verpflichtet ist, kann hierzu von dem Standesamt durch Festsetzung eines Zwangsgeldes angehalten werden. [2] Das Zwangsgeld darf für den Einzelfall den Betrag von eintausend Euro nicht überschreiten; es ist vor der Festsetzung schriftlich anzudrohen.

§ 70[2] Bußgeldvorschriften. (1) Ordnungswidrig handelt, wer entgegen § 11 Absatz 2, auch in Verbindung mit § 17 Satz 1, eine dort genannte Handlung begeht oder einen dort genannten Vertrag abschließt.

(2) Ordnungswidrig handelt, wer vorsätzlich oder fahrlässig

1. als Person nach § 19 Satz 1 Nummer 1 entgegen § 18 Absatz 1 Satz 1 Nummer 1 oder Satz 2,
2. als Träger einer Einrichtung nach § 20 Satz 1 entgegen § 18 Absatz 1 Satz 1 Nummer 2 oder Satz 2,
3. entgegen § 24 Abs. 1 Satz 1,
4. als Person nach § 29 Abs. 1 Satz 1 Nr. 1 oder 2 entgegen § 28 Nr. 1 oder
5. als Träger einer Einrichtung nach § 30 Abs. 1 in Verbindung mit § 20 Satz 1 entgegen § 28 Nr. 2

eine Anzeige nicht, nicht richtig, nicht vollständig, nicht in der vorgeschriebenen Weise oder nicht rechtzeitig erstattet.

(3) Die Ordnungswidrigkeit kann in den Fällen des Absatzes 1 mit einer Geldbuße bis zu fünftausend Euro und in den übrigen Fällen mit einer Geldbuße bis zu eintausend Euro geahndet werden.

§ 71 Personenstandsbücher aus Grenzgebieten. [1] Die aus Anlass des deutsch-belgischen Vertrags vom 24. September 1956 (BGBl. 1958 II S. 262, 353) und auf Grund des deutsch-niederländischen Ausgleichsvertrags vom 8. April 1960 (BGBl. 1963 II S. 458, 1078) übergebenen Personenstandsbücher stehen Personenstandsregistern im Sinne dieses Gesetzes gleich. [2] Soweit lediglich beglaubigte Abschriften übergeben worden sind, stehen diese einem Eintrag in einem Personenstandsregister gleich.

§ 72[3] *(aufgehoben)*

---

[1] Kapitel 10 Überschrift neu gef. mWv 1.11.2017 durch G v. 17.7.2017 (BGBl. I S. 2522).

[2] *§ 70 Abs. 1 einl. Satzteil* geänd. mWv 15.5.2013 durch G v. 7.5.2013 (BGBl. I S. 1122); Abs. 1 Nr. 1 und 2 neu gef. mWv 1.5.2014 durch G v. 28.8.2013 (BGBl. I S. 3458); Abs. 1 eingef., bish. Abs. 1 wird Abs. 2, bish. Abs. 2 wird Abs. 3 und neu gef. mWv 22.7.2017 durch G v. 17.7.2017 (BGBl. I S. 2429).

[3] § 72 aufgeh. mWv 15.8.2013 durch G v. 7.8.2013 (BGBl. I S. 3154).

Kapitel 11. Verordnungsermächtigungen

§ 73[1) 2)] Ermächtigungen zum Erlass von Rechtsverordnungen. Das Bundesministerium des Innern, für Bau und Heimat wird ermächtigt, im Benehmen mit dem Bundesministerium der Justiz und für Verbraucherschutz und mit Zustimmung des Bundesrates zur Durchführung dieses Gesetzes Rechtsverordnungen[3)] zu erlassen über

1. die Führung, Fortführung, Benutzung und Aufbewahrung der von deutschen Standesbeamten errichteten Personenstandsregister, Personenstandsbücher und Standesregister sowie die Führung und Fortführung der Sicherungsregister, Zweitbücher und standesamtlichen Nebenregister,
2. die Führung, Fortführung, Benutzung und Aufbewahrung der von deutschen Konsularbeamten errichteten Personenstandseinträge,
3. die Anforderungen an elektronische Verfahren
   a) zur Führung der Personenstandsregister und Sicherungsregister sowie die Aufbewahrung dieser Register einschließlich der Anforderungen an Anlagen und Programme sowie deren Sicherung (§§ 3, 4),
   b) mittels derer die Identität der Person, die die Eintragung vorgenommen hat, erkennbar ist (§ 3 Abs. 2 Satz 3),
4. den Aufbau und die Darstellung der elektronischen Register am Bildschirm und die Formulare für die Personenstandsurkunden (§§ 3 bis 5, 55),
5. die technische Ausgestaltung der Ausstellung, Übermittlung und Verifizierung von elektronischen Personenstandsbescheinigungen (§ 55 Absatz 1 Satz 2),
6. die technischen Verfahren zur Neubeurkundung nach Verlust eines Registers (§ 8),
7. die Führung der Sammelakten (§ 6),
8. die Mitteilungen an Behörden und sonstige öffentliche Stellen auf Grund von Rechtsvorschriften, insbesondere die Bezeichnung der empfangenden Stelle sowie die im Einzelnen zu übermittelnden Angaben und das Verfahren der Übermittlung,
9. die Übertragung von besonderen Aufgaben auf das Standesamt I in Berlin, die sich daraus ergeben, dass diesem im Rahmen der ihm durch dieses Gesetz übertragenen Zuständigkeiten Mitteilungen oder Erklärungen über Vorgänge zugehen, die in einem Personenstandsregister zu beurkunden wären, sowie die Organisation und Nutzung der nach diesem Gesetz beim Standesamt I in Berlin zu führenden Verzeichnisse, insbesondere im Rahmen der Zusammenarbeit mit den Standesämtern,

---

1) § 73 Nr. 25 und 26 geänd. mWv 1.6.2008 durch G v. 13.3.2008 (BGBl. I S. 313); Nr. 24 neu gef. mWv 15.5.2013, Nr. 16 neu gef. mWv 1.11.2013 durch G v. 7.5.2013 (BGBl. I S. 1122); einl. Satzteil geänd. mWv 8.9.2015 durch VO v. 31.8.2015 (BGBl. I S. 1474); Nr. 23 aufgeh., bish. Nr. 24 wird Nr. 23 und neu gef., Nr. 25 aufgeh. bish. Nr. 26 wird Nr. 24 und neu gef. mWv 1.11.2017 durch G v. 17.7. 2017 (BGBl. I S. 2522); Nr. 10 neu gef. mWv 22.12.2018 durch G v. 18.12.2018 (BGBl. I S. 2639); einl. Satzteil geänd. mWv 27.6.2020 durch VO v. 19.6.2020 (BGBl. I S. 1328); Nr. 24 geänd., Nr. 25–27 angef. mWv 1.11.2022, Nr. 5 neu gef. mWv 1.11.2024 durch G v. 19.10.2022 (BGBl. I S. 1744); Nr. 12 neu gef. mWv 1.11.2024 durch G v. 19.6.2024 (BGBl. 2024 I Nr. 206).

2) § 73 ist gem. Art. 5 Abs. 1 G v. 19.2.2007 (BGBl. I S. 122) bereits am 24.2.2007 in Kraft getreten.

3) Verordnung zur Ausführung des Personenstandsgesetzes (Personenstandsverordnung – PStV) (Nr. **261**).

10. die Anmeldung der Eheschließung, die Eheschließung und die Umwandlung der Lebenspartnerschaft in eine Ehe sowie die Erteilung einer Bescheinigung hierüber,
11. die Anzeige einer Geburt oder eines Sterbefalls,
12. die Erteilung von Personenstandsurkunden, einer Bescheinigung über die Entgegennahme einer namensrechtlichen Erklärung sowie die Anmeldung einer Erklärung zur Änderung des Geschlechtseintrags und der Vornamen,
13. die Beurkundung von Personenstandsfällen, bei denen besondere Umstände zu berücksichtigen sind, weil sie sich in der Luft, auf Binnenschiffen, in Landfahrzeugen oder in Bergwerken ereignet haben oder einzelne Angaben für die Beurkundung fehlen oder urkundlich nicht belegt werden können,
14. die Beurkundung von Personenstandsfällen, falls eine Person beteiligt ist, die taub oder stumm oder sonst am Sprechen gehindert ist, die die deutsche Sprache nicht versteht oder nicht schreiben kann,
15. die Beurkundung der Sterbefälle von Angehörigen der ehemaligen deutschen Wehrmacht sowie das Verfahren zur Beurkundung von Sterbefällen in ehemaligen deutschen Konzentrationslagern (§ 38),
16. weitere Angaben zum Familienstand des Verstorbenen sowie zum Ort und Zeitpunkt des Todes im Sterbeeintrag (§ 31 Absatz 1 Nummer 2 und 4) und in der Sterbeurkunde (§ 60 Nummer 2 und 4),
17. die Eintragung der Staatsangehörigkeit in die Personenstandsregister,
18. die Begriffsbestimmungen für tot geborene Kinder und Fehlgeburten,
19. die Angabe von Namen, wenn Vor- und Familiennamen nicht geführt werden,
20. die Bezeichnung der Behörden und sonstigen öffentlichen Stellen, die nach gesetzlichen Vorschriften dem Standesamt eine Mitteilung zur Fortführung der Personenstandsregister zu machen haben, sowie die jeweils zu übermittelnden Angaben,
21. die Besonderheiten für die in § 71 genannten Personenstandsbücher und beglaubigten Abschriften, die darauf beruhen, dass Zweitbücher nicht vorhanden sind oder Einträge von den im inländischen Recht vorgesehenen Einträgen abweichen,
22. die Führung der Sammlung der Todeserklärungen, die damit zusammenhängenden Mitteilungspflichten und die Benutzung dieser Sammlung (§ 33),
23. die elektronische Erfassung und Fortführung der Übergangsbeurkundungen (§ 75) und Altregister (§ 76),
24. die Benutzung der als Heiratseinträge fortgeführten Familienbücher (§ 77),
25. die technischen Standards, die zu übermittelnden Daten, ihre Form sowie das Nähere über das Verfahren der Übermittlung bei Datenübermittlungen zwischen Standesämtern und einem Verwaltungsportal nach § 3 Absatz 2 des Onlinezugangsgesetzes[1)] vom 14. August 2017 (BGBl. I. S. 3122, 3138), das zuletzt durch Artikel 16 des Gesetzes vom 28. Juni 2021 (BGBl. I S. 2250) geändert worden ist (OZG),
26. die Festlegung des Vertrauensniveaus im Sinne des Artikel 8 der Verordnung (EU) Nr. 910/2014 des Europäischen Parlaments und des Rates vom 23. Juli 2014 über elektronische Identifizierung und Vertrauensdienste für elektronische Transaktionen im Binnenmarkt und zur Aufhebung der Richtlinie

---

[1)] **Sartorius III Nr. 718.**

1999/93/EG[1] (ABl. L 257 vom 28.8.2014, S. 73; L 23 vom 29.1.2015, S. 19; L 155 vom 14.6.2016, S. 44), das bei einer elektronischen Erbringung von Verwaltungsleistungen nach diesem Gesetz jeweils erforderlich ist,

27. automatisierte Abrufverfahren und technische Benutzer nach § 68 sowie die im Einzelnen zu übermittelnden Angaben, die Protokollierung der Abrufe und die Verfahren der Übermittlung.

§ 74[2) 3)] Rechtsverordnungen der Landesregierungen. (1) Die Landesregierungen werden ermächtigt, durch Rechtsverordnung

1. die Bestellung der Standesbeamten und die fachlichen Anforderungen an diese Personen zu regeln,
2. die Aufbewahrung der Zweitbücher und Sicherungsregister zu regeln,
3. ein zentrales elektronisches Personenstandsregister einzurichten und nähere Bestimmungen zu dessen Führung zu treffen,
4. die Aufbewahrung der Sammelakten zu regeln,
5. die elektronische Erfassung und Fortführung der Übergangsbeurkundungen (§ 75) und Altregister (§ 76) zu regeln,
6. das zuständige Amtsgericht zu bestimmen, wenn im Falle des § 50 Abs. 1 am Ort des Landgerichts mehrere Amtsgerichte ihren Sitz haben,
7. zu bestimmen, dass auch anderen als den auf Grund des § 73 Nr. 8 bezeichneten öffentlichen Stellen Angaben mitzuteilen sind, die diese zur Erfüllung ihrer Aufgaben benötigen.

(2) Die Landesregierungen können durch Rechtsverordnung die Ermächtigungen nach Absatz 1 auf oberste Landesbehörden übertragen.

Kapitel 12. Übergangsvorschriften

§ 75[4)] Übergangsbeurkundung. Die zwischen dem 1. Januar 2009 und dem 31. Dezember 2013 in einem Papierregister beurkundeten Personenstandseinträge (Übergangsbeurkundungen) sollen in elektronische Register übernommen werden; in diesem Fall gelten die §§ 3 bis 5 entsprechend.

§ 76[5)] Fortführung, Benutzung und Aufbewahrung der Altregister.

(1) [1] Altregister sind die bis zum 31. Dezember 2008 angelegten Personenstandsbücher sowie die seit dem 1. Januar 1876 geführten Standesregister und standesamtlichen Nebenregister und die davor geführten Zivilstandsregister (Standesbücher). [2] Für ihre Fortführung und Beweiskraft gelten die §§ 5, 16, 17, 27, 32 und 54 entsprechend, die Folgebeurkundungen sind von dem Standesbeamten zu unterschreiben.

(2) Für die Fortführung der Zweitbücher gilt § 4 Absatz 2 entsprechend mit der Maßgabe, dass Hinweise nicht einzutragen sind.

---

1) **Sartorius III Nr. 741.**

2) § 74 Abs. 1 Nr. 5 neu gef. mWv 15.5.2013 durch G v. 7.5.2013 (BGBl. I S. 1122); Abs. 1 Nr. 5 neu gef., Abs. 2 geänd. mWv 1.11.2017 durch G v. 17.7.2017 (BGBl. I S. 2522).

3) § 74 ist gem. Art. 5 Abs. 1 G v. 19.2.2007 (BGBl. I S. 122) bereits am 24.2.2007 in Kraft getreten.

4) § 75 neu gef. mWv 1.11.2017 durch G v. 17.7.2017 (BGBl. I S. 2522); geänd. mWv 1.11.2022 durch G v. 19.10.2022 (BGBl. I S. 1744).

5) § 76 neu gef. mWv 1.11.2017 durch G v. 17.7.2017 (BGBl. I S. 2522); Abs. 4 geänd., Abs. 5 neu gef. mWv 1.11.2022 durch G v. 19.10.2022 (BGBl. I S. 1744).

(3) Für die Benutzung der Altregister und der dazu geführten Sammelakten gelten die §§ 61 bis 66 entsprechend.

(4) Für die Aufbewahrung und das Anbieten der Altregister, der Zweitbücher und der Sammelakten gegenüber den Archiven gilt § 7 Absatz 1 Satz 1, Absatz 2 und 3 entsprechend.

(5) [1] Einträge aus Altregistern werden elektronisch erfasst und fortgeführt, wenn

1. ein Anlass zur Fortführung des Registereintrags im Geburten-, Ehe- und Lebenspartnerschaftsregister besteht,
2. die Ausstellung einer Personenstandsurkunde aus einem der in Nummer 1 genannten Register beantragt wird oder
3. durch eine automatisierte Datenabfrage Daten aus einem papiergebundenen Altregister nach Nummer 1 abgefragt werden.

[2] Im Übrigen sollen sie elektronisch erfasst werden. [3] Eine Nacherfassung im elektronischen Personenstandsregister nach den Sätzen 1 und 2 ist nicht erforderlich, wenn bereits die Hälfte der nach § 5 Absatz 5 für den entsprechenden Personenstandseintrag geltenden Fortführungsfrist abgelaufen ist oder die elektronische Nacherfassung aufgrund der in dem papiergebundenen Registereintrag beurkundeten Daten aus anderen Gründen nicht angezeigt ist.

§ 77[1)] Fortführung, Aufbewahrung und Benutzung der Familienbücher.

(1) [1] Die Familienbücher werden als Heiratseinträge fortgeführt; die bisherigen Heiratseinträge in den Heiratsbüchern werden nicht fortgeführt. [2] § 16 gilt entsprechend.

(2) [1] Zuständig für die Fortführung des Familienbuchs ist das Standesamt, das den Heiratseintrag für die Ehe führt. [2] Ist die Ehe nicht in einem deutschen Heiratsbuch beurkundet, so ist das Standesamt zuständig, das am 24. Februar 2007 das Familienbuch führte.

(3) Aus den Familienbüchern, die als Heiratseinträge fortgeführt werden, werden als Personenstandsurkunden nur Eheurkunden (§ 57) ausgestellt.

§ 78[2)] Übergangsregelung. Die Vorschriften für Änderungen des Geschlechtseintrags und der Vornamen nach dem Gesetz über die Selbstbestimmung in Bezug auf den Geschlechtseintrag gelten auch für die Änderungen, die vorgenommen wurden auf Grund der jeweils bis einschließlich 31. Oktober 2024 geltenden Fassung

1. des Transsexuellengesetzes und
2. des § 45b.

§ 79[3)] Altfallregelung. Für die Bearbeitung von Anträgen auf Beurkundung von Auslandspersonenstandsfällen und von namensrechtlichen Erklärungen, die vor dem 1. November 2017 beim Standesamt I in Berlin gestellt oder dort eingegangen sind, bleibt abweichend von der in § 34 Absatz 4 Satz 1, § 35 Absatz 3 Satz 1, § 36 Absatz 2, § 41 Absatz 2 Satz 2, § 43 Absatz 2 Satz 3 und § 45 Absatz 2 Satz 2 getroffenen *Zuständigkeitsreglung*[4)] bei lediglich früherem Wohnsitz im Inland das Standesamt I in Berlin zuständig.

[1)] § 77 neu gef. mWv 1.11.2017 durch G v. 17.7.2017 (BGBl. I S. 2522).

[2)] § 78 neu gef. mWv 1.11.2024 durch G v. 19.6.2024 (BGBl. 2024 I Nr. 206).

[3)] § 79 angef. mWv 1.11.2017 durch G v. 17.7.2017 (BGBl. I S. 2522); geänd. mWv 1.5.2025 durch G v. 11.6.2024 (BGBl. 2024 I Nr. 185).

[4)] Richtig wohl: „Zuständigkeitsregelung".

261. Verordnung zur Ausführung des Personenstandsgesetzes (Personenstandsverordnung – PStV)

Vom 22. November 2008

(BGBl. I S. 2263)

FNA 211-9-1

geänd. durch Art. 5 G zur Modernisierung des Benachrichtigungswesens in Nachlasssachen durch Schaffung des Zentralen Testamentsregisters bei der Bundesnotarkammer und zur Fristverlängerung nach der HofraumVO v. 22.12.2010 (BGBl. I S. 2255), Art. 2 Abs. 8 G zur Änd. von Vorschriften über Verkündung und Bekanntmachungen sowie der ZPO, des EGZPO und der AO v. 22.12.2011 (BGBl. I S. 3044), Art. 2 Personenstandsrechts-ÄndG v. 7.5.2013 (BGBl. I S. 1122, ber. S. 2440), Art. 4 G zum Ausbau der Hilfen für Schwangere und zur Regelung der vertraulichen Geburt v. 28.8.2013 (BGBl. I S. 3458), Art. 6 G zur Umsetzung der Richtlinie 2011/95/EU v. 28.8.2013 (BGBl. I S. 3474), Art. 14 Nr. 6 AsylverfahrensbeschleunigungsG v. 20.10.2015 (BGBl. I S. 1722), Art. 2 2. Personenstandsrechts-ÄndG v. 17.7.2017 (BGBl. I S. 2522), Art. 1 Erste ÄndVO v. 24.10.2018 (BGBl. I S. 1768), Art. 3 Abs. 5 G zum Erlass und zur Änd. bundesrechtlicher Vorschriften in Bezug auf die Übernahme der Angehörigenbenachrichtigungs-Aufgabenübertragung[1] v. 4.12.2018 (BGBl. I S. 2257 iVm Bek. v. 12.4.2019, BGBl. I S. 496), Art. 5 G zur Umsetzung des G zur Einführung des Rechts auf Eheschließung für Personen gleichen Geschlechts v. 18.12.2018 (BGBl. I S. 2639), Art. 89 Elfte ZuständigkeitsanpassungsVO v. 19.6.2020 (BGBl. I S. 1328), Art. 3 G zur Digitalisierung von Verwaltungsverfahren bei der Gewährung von Familienleistungen v. 3.12.2020 (BGBl. I S. 2668), Art. 19 RegistermodernisierungsG[2] v. 28.3.2021 (BGBl. I S. 591; 2025 I Nr. 262), Art. 2 3. Personenstandsrechts-ÄndG v. 19.10.2022 (BGBl. I S. 1744), Art. 4 G zur Änd. des BevölkerungsstatistikG, des InfektionsschutzG, personenstands- und dienstrechtlicher Regelungen sowie der Medizinprodukte-AbgabeVO v. 17.7.2023 (BGBl. 2023 I Nr. 190), Art. 3 Abs. 8 Staatsangehörigkeitsrecht-ModernisierungsG v. 22.3.2024 (BGBl. 2024 I Nr. 104), Art. 5 G über die Selbstbestimmung in Bezug auf den Geschlechtseintrag und zur Änd. weiterer Vorschriften v. 19.6. 2024 (BGBl. 2024 I Nr. 206), Art. 1 Zweite ÄndVO v. 11.4.2025 (BGBl. 2025 I Nr. 112) und Art. 6 GEAS-AnpassungsG v. 23.4.2026 (BGBl. 2026 I Nr. 111)

Auf Grund des § 73 des Personenstandsgesetzes[3] vom 19. Februar 2007 (BGBl. I S. 122), der durch Artikel 2 Abs. 2 Nr. 2 des Gesetzes vom 13. März 2008 (BGBl. I S. 313) geändert worden ist, des § 4 Abs. 3 Satz 3 des Staatsangehörigkeitsgesetzes[4], der zuletzt durch Artikel 5 des Gesetzes vom 19. August 2007 (BGBl. I S. 1970) geändert worden ist, Artikel 2 Abs. 1 des Gesetzes zu dem Übereinkommen vom 8. September 1976 über die Ausstellung mehrsprachiger Auszüge aus Personenstandsbüchern vom 16. April 1997 (BGBl. 1997 II S. 774) und des Artikels 2 Abs. 1 des Gesetzes zu dem Übereinkommen vom 5. September 1980 über die Ausstellung von Ehefähigkeitszeugnissen vom 5. Juni 1997 (BGBl. 1997 II S. 1086) verordnet das Bundesministerium des Innern im Benehmen mit dem Bundesministerium der Justiz:

---

[1] In Kraft getreten am 1.1.2019, vgl. Art. 4 Abs. 2 G v. 4.12.2018 (BGBl. I S. 2257) iVm Bek. v. 12.4. 2019 (BGBl. I S. 496).

[2] Die Änderungen durch Art. 19 Nr. 3 RegistermodernisierungsG sind für die Bundesrepublik Deutschland am 1.11.2025 in Kraft getreten; vgl. hierzu Bek. v. 15.10.2025 (BGBl. 2025 I Nr. 262)

[3] Nr. **260**.

[4] Nr. **15**.

Inhaltsübersicht[1)]

---

1) Inhaltsübersicht geänd. mWv 15.5.2013 und mWv 1.11.2013 durch G v. 7.5.2013 (BGBl. I S. 1122); geänd. mWv 1.11.2017 durch G v. 17.7.2017 (BGBl. I S. 2522); geänd. mWv 1.11.2018 durch VO v. 24.10.2018 (BGBl. I S. 1768); geänd. mWv 22.12.2018 durch G v. 18.12.2018 (BGBl. I S. 2639); geänd. mWv 1.11.2022 durch G v. 19.10.2022 (BGBl. I S. 1744).

Kapitel 8. Berichtigungen

(Fortsetzung nächstes Blatt)

Kapitel 1. Allgemeine Bestimmungen

§ 1 Standesamt (1) [1]Jedes Standesamt führt eine Bezeichnung. [2]Bei gleichnamigen Standesämtern ist ein unterscheidender Zusatz hinzuzufügen.

(2) Amtssitz sind die Diensträume des Standesamts.

§ 2 Übersetzung in die deutsche Sprache. (1) Werden einem Standesamt fremdsprachige Urkunden vorgelegt, so soll eine Übersetzung in die deutsche Sprache gefordert werden.

(2) [1] Versteht ein Beteiligter die deutsche Sprache nicht, ist ein Dolmetscher hinzuzuziehen, wenn der Standesbeamte oder der mit der Amtshandlung befasste Mitarbeiter des Standesamts die fremde Sprache nicht selbst beherrscht. [2] Der Dolmetscher hat gegenüber dem Standesbeamten eine Versicherung an Eides statt darüber abzugeben, dass er treu und gewissenhaft übertragen werde. [3] Ist der Dolmetscher für Übertragungen der betreffenden Art in einem Land nach den landesrechtlichen Vorschriften allgemein beeidigt, genügt die Berufung auf diesen Eid.

(3) [1] Eine Niederschrift soll auch in der fremden Sprache vorgelesen werden. [2] Dass dies geschehen ist, ist am Schluss der Niederschrift anzugeben. [3] Die Niederschrift ist auch vom Dolmetscher zu unterschreiben.

§ 3 Behinderung, Verweigerung der Unterschrift. (1) [1] Ist ein Beteiligter hör- oder sprachbehindert und ist eine schriftliche Verständigung mit ihm nicht möglich, so ist ein Gebärdendolmetscher hinzuzuziehen. [2] § 2 gilt entsprechend.

(2) [1] Kann ein Beteiligter nicht schreiben oder ist er am Schreiben gehindert, soll er ein Handzeichen machen. [2] Ist das nicht möglich oder weigert sich ein Beteiligter zu unterschreiben, so ist dies mit Angabe des Grundes zu vermerken.

§ 4 Rückgabe von Urkunden. (1) [1] Von den Beteiligten vorgelegte Urkunden, die nicht ausdrücklich zur Vorlage beim Standesamt ausgestellt worden sind, sollen ihnen zurückgegeben werden. [2] Von Urkunden, die nicht jederzeit wieder beschafft werden können, soll das Standesamt eine Abschrift oder Ablichtung zurückbehalten, die zu beglaubigen ist; bei Übertragung in ein elektronisches Dokument genügt ein Vermerk, der angibt, wann und durch wen die Übertragung vorgenommen worden ist.

(2) Bei in fremder Sprache abgefassten Urkunden, denen eine Übersetzung beigefügt ist, soll eine beglaubigte Abschrift oder Ablichtung der Urkunde und der Übersetzung beim Standesamt verbleiben.

§ 5 Prüfungspflicht des Standesbeamten. Eintragungen im Personenstandsregister und sonstige Beurkundungen dürfen erst vorgenommen werden, wenn der zugrunde liegende Sachverhalt ermittelt und abschließend geprüft worden ist.

§ 6[1)] Anzeige eines Personenstandsfalls. (1) [1] Über die mündliche Anzeige eines Personenstandsfalls ist vom Standesamt eine Niederschrift aufzunehmen. [2] Die Niederschrift muss alle zur ordnungsgemäßen Beurkundung im Personenstandsregister erforderlichen Angaben enthalten.

(2) [1] Werden die nach dem Gesetz elektronisch zugelassenen Anzeigen, Anmeldungen und Anträge dem Standesamt über ein von einer Behörde bereitgestelltes Verwaltungsportal übermittelt, so soll für die elektronische Kommunikation zwischen dem Portal und dem Standesamt das Datenaustauschformat XPersonenstand und das Übertragungsprotokoll OSCI-Transport in der im Bundesanzeiger bekannt gemachten jeweils gültigen Fassung verwendet werden. [2] § 63 Absatz 4 gilt entsprechend.

(3) Die nach dem Gesetz gegenüber dem Standesamt zugelassenen elektronischen Anzeige-, Anmelde- und Antragsverfahren müssen dem Vertrauensniveau

[1)] § 6 Abs. 2 Halbs. 2 geänd. mWv 1.4.2012 durch G v. 22.12.2011 (BGBl. I S. 3044); Abs. 2 Halbs. 2 geänd. mWv 1.11.2013 durch G v. 7.5.2013 (BGBl. I S. 1122); Abs. 2 neu gef., Abs. 3 angef. mWv 1.11. 2022 durch G v. 19.10.2022 (BGBl. I S. 1744).

„hoch" nach Artikel 8 der Verordnung (EU) Nr. 910/2014[1] des Europäischen Parlaments und des Rates vom 23. Juli 2014 über elektronische Identifizierung und Vertrauensdienste für elektronische Transaktionen im Binnenmarkt und zur Aufhebung der Richtlinie 1999/93/EG (ABl. L 257 vom 28.8.2014, S. 73; L 23 vom 29.1.2015, S. 19; L 155 vom 14.6.2016, S. 44) entsprechen.

§ 7 Zurückstellen der Beurkundung. (1) [1]Fehlen Angaben oder Nachweise für die Beurkundung eines Personenstandsfalls, kann das Standesamt die Beurkundung zurückstellen. [2]Die Beurkundung des Personenstandsfalls ist in diesem Fall in angemessener Frist nachzuholen.

(2) Dem Anzeigenden ist auf Antrag eine Bescheinigung darüber auszustellen, dass der Personenstandsfall angezeigt wurde, aber noch nicht beurkundet werden konnte.

§ 8[2] Prüfung der Staatsangehörigkeit. (1) [1]Zur Prüfung der deutschen Staatsangehörigkeit ist Folgendes vorzulegen:

1. der Personalausweis oder der Reisepass oder
2. eine Bescheinigung der Meldebehörde, aus der sich die Staatsangehörigkeit ergibt.

[2]Bestehen danach Zweifel an der deutschen Staatsangehörigkeit, ist eine Staatsangehörigkeitsurkunde vorzulegen.

(2) Wer nicht Deutscher ist, muss seine Staatsangehörigkeit durch Vorlage eines der folgenden Dokumente nachweisen:

1. Reisepass oder Passersatz,
2. amtlicher Personalausweis mit Angabe der Staatsangehörigkeit eines Mitgliedstaates der Europäischen Union, eines anderen Vertragsstaates des Abkommens über den Europäischen Wirtschaftsraum und der Schweiz oder
3. Bescheinigung der zuständigen Behörde seines Heimatstaates.

Kapitel 2. Personenstandsregister

Abschnitt 1. Betrieb elektronischer Personenstandsregister

§ 9 Personenstandsregister, Registerinhalt. (1) Die nach § 3 Abs. 1 des Gesetzes[3] zu führenden Personenstandsregister bestehen aus Registereinträgen, die auf Dauer lesbar und unveränderbar zu speichern sind.

(2) Die Registereinträge enthalten die für die Beurkundung der Personenstandsfälle nach dem Gesetz erforderlichen Daten einschließlich der dauerhaft überprüfbaren qualifizierten elektronischen Signatur des beurkundenden Standesbeamten sowie die Hinweise und die entsprechenden Registrierungsdaten nach § 16 Abs. 2 Satz 1.

(3) Die Beurkundungsdaten werden vom Standesamt in strukturierter Form im Format Extensible Markup Language (XML) und zusätzlich als Dokument im Format Portable Document-Format (PDF/A) in dem entsprechenden Personenstandsregister gespeichert.

---

[1] **Sartorius III Nr. 741.**

[2] § 8 Abs. 1 neu gef. mWv 1.11.2017 durch G v. 17.7.2017 (BGBl. I S. 2522); Abs. 1 Satz 1 Nr. 2 geänd. mWv 1.11.2022 durch G v. 19.10.2022 (BGBl. I S. 1744).

[3] Nr. **260**.

(4) Beurkundungen im Sinne des § 54 des Gesetzes sind die im Format XML gespeicherten Haupteinträge und Folgebeurkundungen.

§ 10[1)] Anforderungen an den Betrieb von Personenstandsregistern und Sicherungsregistern. (1) [1] Für den Betrieb von Personenstandsregistern und Sicherungsregistern sind die erforderlichen und angemessenen technischen und organisatorischen Maßnahmen zu treffen, um die Verfügbarkeit, Integrität, Authentizität und Vertraulichkeit der gespeicherten Daten entsprechend dem jeweiligen Stand der Technik sicherzustellen. [2] Es dürfen nur Anlagen und Programme verwendet werden, die den anerkannten technischen Anforderungen an die maschinell geführte Verarbeitung von Daten mit hohem Schutzbedarf entsprechen; sämtliche technischen und organisatorischen Maßnahmen müssen dem mit der dauerhaften Speicherung der Registerdaten verfolgten Zweck angemessen Rechnung tragen. [3] Die zu treffenden Maßnahmen sind im Betriebs- und Sicherheitskonzept (§ 13) zu dokumentieren.

(2) Insbesondere ist sicherzustellen, dass

1. Unbefugten der Zutritt zu Datenverarbeitungsanlagen, mit denen die Personenstandsdaten verarbeitet oder genutzt werden können, verwehrt wird (Zutrittskontrolle),
2. die unbefugte Nutzung der für die Personenstandsbeurkundung eingesetzten Datenverarbeitungssysteme verhindert wird (Zugangskontrolle),
3. die eingeräumten Zugriffsbefugnisse im Datenverarbeitungssystem verwaltet werden und der Zugriff auf die Daten oder Systemfunktionen nur innerhalb der jeweils eingeräumten Zugriffsbefugnis möglich ist, nachdem sich der Benutzer dem System gegenüber in einer automatisierten Prüfung als zugriffsbefugt erwiesen hat (Zugriffskontrolle),
4. die beurkundeten Daten nachvollziehbar und unveränderbar gespeichert werden und die chronologische Dokumentation von Veränderungen der Einträge im Personenstandsregister und im Sicherungsregister gewährleistet wird (Revisionssicherheit),
5. die Vornahme von Veränderungen und Ergänzungen der Einträge im Personenstandsregister und im Sicherungsregister im Datenverarbeitungssystem protokolliert wird (Beweissicherung),
6. eingesetzte Systemkomponenten ohne Sicherheitsrisiken wiederhergestellt werden können (Wiederaufbereitung),
7. etwaige Verfälschungen der gespeicherten Daten durch geeignete technische Prüfmechanismen rechtzeitig bemerkt werden können (Unverfälschtheit),
8. die Funktionen des Datenverarbeitungssystems fehlerfrei ablaufen und auftretende Fehlfunktionen unverzüglich gemeldet werden (Verlässlichkeit),
9. bei Verarbeitung der Daten im System und im Falle der Nutzung allgemein zugänglicher Netze Verschlüsselungsverfahren angewendet werden, die dem jeweiligen Stand der Technik entsprechen (Übertragungssicherheit).

[1)] § 10 Abs. 1 Satz 3 aufgeh., bish. Satz 4 wird Satz 3 mWv 1.11.2018 durch VO v. 24.10.2018 (BGBl. I S. 1768).

§ 11[1] Anforderungen an Datenverarbeitungsverfahren. (1) Datenverarbeitungsverfahren für die Personenstandsregister (Registerverfahren) müssen gewährleisten, dass

1. die Beurkundungsdaten und Hinweise in den dafür vorgesehenen Datenfeldern (Anlage 1) gespeichert werden,
2. eine Zusammenstellung aller Beurkundungsdaten als Personenstandseintrag nach den Mustern der Anlagen 2 bis 5 auf Dauer unveränderbar gespeichert wird,
3. der Personenstandseintrag mit den Registrierungsdaten nach § 16 Abs. 2 Satz 1 versehen wird,
4. die erforderliche dauerhaft überprüfbare qualifizierte elektronische Signatur und die Daten, die zur Sicherung der dauerhaften Überprüfbarkeit erforderlich sind, beim Personenstandseintrag gespeichert werden,
5. jede Änderung oder Ergänzung eines bestehenden Registereintrags (Folgebeurkundung) gespeichert und mit dem Eintrag der Erstbeurkundung (Haupteintrag) und hierzu bereits vorhandener Folgebeurkundungen elektronisch verknüpft wird, ohne die bereits im Personenstandsregister gespeicherten Eintragsdaten zu überschreiben oder zu löschen,
6. die Beurkundungsdaten, gegliedert in Erstbeurkundung und Folgebeurkundungen für eine weitere Folgebeurkundung unter automatischer Vergabe der nach § 17 Satz 1 vorgesehenen Folgenummer bereitgestellt werden und der entsprechende Eintrag für die Dauer der Bearbeitung im Personenstandsregister gesperrt wird,
7. die Authentizität des Eintrags sichergestellt und eine systemunabhängige Prüfung möglich ist,
8. Registereinträge, die nach Ablauf der Aufbewahrungsfristen von den zuständigen öffentlichen Archiven übernommen werden, auf externe Datenträger übertragen und aus dem Personenstandsregister gelöscht werden können.

(2) Datenverarbeitungsverfahren für die Erstellung, Fortführung, Suche und Anzeige der Personenstandseinträge (Fachverfahren) müssen gewährleisten, dass die nach dieser Verordnung erforderliche dauerhaft überprüfbare qualifizierte elektronische Signatur vor einer Speicherung im Personenstandsregister angebracht wird und bei jeder Bereitstellung eines Registereintrags zur Bearbeitung im Fachverfahren die Signatur überprüft wird.

(3) [1] Fachverfahren dürfen mit einem Registerverfahren nur über eine Schnittstelle verbunden sein, die eine direkte Änderung der im Personenstandsregister gespeicherten Daten ausschließt. [2] Diese Schnittstelle muss gewährleisten, dass

1. eine system- und programmiersprachenunabhängige Zusammenarbeit von Fach- und Registerverfahren möglich ist,
2. die in einem Fachverfahren bearbeiteten Daten in das Personenstandsregister übernommen werden und die zugehörige dauerhaft überprüfbare qualifizierte elektronische Signatur übergeben wird,
3. die im Personenstandsregister vorhandenen Daten für eine Bearbeitung in das Fachverfahren übernommen werden,

[1] § 11 Abs. 4 angef. mWv 1.11.2013 durch G v. 7.5.2013 (BGBl. I S. 1122); Abs. 4 geänd. mWv 27.6.2020 durch VO v. 19.6.2020 (BGBl. I S. 1328).

4. die in einem Fachverfahren für eine Übernahme in das Personenstandsregister bearbeiteten Daten den festgelegten Strukturen und Formatbeschreibungen der Daten im Personenstandsregister angepasst werden,
5. die zur systemunabhängigen Prüfung der Authentizität des Personenstandseintrags notwendigen Informationen bereitgestellt werden können.

(4) Das Bundesministerium des Innern, für Bau und Heimat kann eine den Voraussetzungen des Absatzes 3 genügende Schnittstellenbeschreibung durch Veröffentlichung im Bundesanzeiger für verbindlich anwendbar erklären.

§ 12[1)] Herstellererklärung. Für die Verarbeitung der nach dem Gesetz und dieser Verordnung zu registrierenden Daten dürfen nur Programme eingesetzt werden, für die die Hersteller gegenüber dem Verwender bestätigen, dass die für die Registerführung maßgebenden Vorgaben des Gesetzes und dieser Verordnung erfüllt werden.

§ 13 Betriebs- und Sicherheitskonzept, Datenverarbeitungssysteme. (1) Für den Betrieb der Personenstandsregister ist ein Betriebs- und Sicherheitskonzept zu erstellen, das festlegt, mit welchen technischen und organisatorischen Maßnahmen die Vorgaben des Gesetzes und dieser Verordnung unter Beachtung der Fortführungsfristen nach § 5 Abs. 5 des Gesetzes[2)] gewährleistet werden.

(2) [1] Die für die Register verwendeten Datenverarbeitungssysteme sind regelmäßig auf Funktionalität zu überprüfen. [2] Die Registereinträge sind bei Bedarf auf Datenträger und Anlagen zu übertragen, die dem Stand der Technik entsprechen. [3] Bei dieser Übertragung muss die Integrität der übertragenen Einträge überprüft und die Überprüfung dokumentiert werden. [4] Es ist sicherzustellen, dass die in ausgesonderten Datenverarbeitungssystemen gespeicherten Daten spurenlos gelöscht werden.

§ 14[3)] Berechtigungskonzept. (1) [1] Der Zugriff auf die Daten im Personenstandsregister erfolgt innerhalb eines Standesamts mit folgenden Berechtigungsstufen:
1. Stufe A erlaubt, einen Eintrag abzuschließen und in das Personenstandsregister einzufügen, Einträge durch Folgebeurkundungen fortzuführen und Sperrvermerke sowie Hinweise aufzunehmen,
2. Stufe B erlaubt, Hinweise aufzunehmen oder zu ändern,
3. Stufe C erlaubt, einen Eintrag einzusehen,
4. Stufe D erlaubt die Einsicht in das Suchverzeichnis, um festzustellen, ob der Eintrag bei dem betreffenden Standesamt geführt wird,
5. Stufe T erlaubt, einen automatisierten Datenabruf durch einen technischen Benutzer nach § 68 Absatz 2 des Gesetzes auszulösen sowie die Identifikationsnummer gemäß § 2 Nummer 1 des Identifikationsnummerngesetzes in den Datensatz eines Registereintrags zu übernehmen.

[2] Eine höhere Berechtigung schließt eine niedrigere ein.

---

1) § 12 geänd. mWv 1.11.2018 durch VO v. 24.10.2018 (BGBl. I S. 1768).

2) Nr. **260**.

3) § 14 Abs. 2 Satz 3 angef. mWv 1.11.2017 durch G v. 17.7.2017 (BGBl. I S. 2522); Abs. 1 Satz 1 Nr. 4 geänd., Nr. 5 angef., Abs. 2 Satz 1 neu gef., Abs. 3 angef. mWv 1.11.2022 durch G v. 19.10.2022 (BGBl. I S. 1744); Abs. 1 Satz 1 Nr. 5, Abs. 2 Satz 1 geänd. mWv 1.11.2025 durch VO v. 11.4.2025 (BGBl. 2025 I Nr. 112).

(2) [1]Die Berechtigung und die jeweiligen Berechtigungsstufen nach Absatz 1 werden durch einen von dem Aufgabenträger des Standesamts dafür bestimmten Standesbeamten, nach Absatz 1 Nummer 5 durch den Verfahrensbetreiber für das Registerverfahren erteilt. [2]Die Zugriffsberechtigung für ein nach § 67 des Gesetzes[1)] eingerichtetes zentrales Personenstandsregister wird durch Rechtsverordnung der Landesregierung geregelt. [3]Die Ermächtigung kann durch Rechtsverordnung auf oberste Landesbehörden übertragen werden.

(Fortsetzung nächstes Blatt)

[1)] Nr. **260**.

(3) [1]Das Löschen eines Registereintrags nach § 7 Absatz 3 und 4 des Gesetzes erfolgt durch einen von dem Aufgabenträger des Standesamts dafür bestimmten Standesbeamten. [2]Durch technische Maßnahmen ist zu gewährleisten, dass nur Registereinträge, einschließlich der zugehörigen elektronischen Sammelakten, gelöscht werden können, deren Fortführungsfrist nach § 5 Absatz 5 des Gesetzes abgelaufen ist.

Abschnitt 2. Führung der Personenstandsregister

§ 15 Personenstandsregister. (1) [1]Die Personenstandsregister fassen die Registereinträge mit Haupteintrag, etwaigen Folgebeurkundungen sowie Hinweisen eines Standesamts für gleichartige Personenstandsfälle (Geburt, Eheschließung, Begründung der Lebenspartnerschaft, Tod) zusammen. [2]Bei elektronischer Führung werden auch die zu den jeweiligen Einträgen und Fortführungen angebrachten Sperrvermerke nach § 64 des Gesetzes[1)], Signaturen und Suchdaten zur eindeutigen Identifizierung der Einträge und für die Suche über Namen im Personenstandsregister gespeichert.

(2) Die Personenstandsregister werden im elektronischen Verfahren mit der Kennzeichnung „E" für Eheregister, „G" für Geburtenregister, „L" für Lebenspartnerschaftsregister und „S" für Sterberegister unterschieden.

(3) [1]Die Beurkundungsdaten sind in lateinischer Schrift zu erfassen; diakritische Zeichen sind unverändert wiederzugeben. [2]Dabei ist der Zeichensatz nach ISO/IEC 10646:2003 in der UTF-8-Kodierung zu verwenden.

§ 16[2)] Haupteintrag. (1) [1]Der Personenstandsfall wird mit dem Haupteintrag erstmals beurkundet. [2]Der Standesbeamte schließt den Eintrag mit der Angabe seines Familiennamens und seiner dauerhaft überprüfbaren qualifizierten elektronischen Signatur ab und speichert ihn in dem entsprechenden Personenstandsregister.

(2) [1]Der Haupteintrag ist mit der Bezeichnung und der Nummer des Standesamts, der Kennzeichnung des jeweiligen Personenstandsregisters nach § 15 Abs. 2, der laufenden Eintragsnummer und dem Jahr der Erstbeurkundung (Registrierungsdaten) zu versehen. [2]Die Kennzeichnung des Personenstandsregisters, die Eintragsnummer und das Jahr der Erstbeurkundung bilden die Registernummer. [3]Der Registernummer wird für die Darstellung des Haupteintrags im elektronischen Personenstandsregister die Folgenummer „0" angefügt.

(3) Im Fall der Verwendung der Eintragsnummer eines nach § 47 Absatz 4 des Gesetzes[1)] stillgelegten Eintrags sind der Eintragsnummer ein Bindestrich und eine fortlaufende Nummer, beginnend mit der Nummer 1, anzufügen.

(4) Die Nummer des Standesamts ergibt sich aus dem Verzeichnis der statistischen Ämter des Bundes und der Länder.

§ 17[3)] Folgebeurkundungen. [1]Der Registernummer wird für die Darstellung von Folgebeurkundungen im elektronischen Personenstandsregister eine Folgenummer, beginnend mit der laufenden Nummer 1 angefügt. [2]Für die Eintragung, Kennzeichnung, Signierung und Speicherung gilt § 16 entsprechend.

[1)] Nr. **260**.

[2)] § 16 Abs. 3 eingef., bish. Abs. 3 wird Abs. 4 mWv 1.11.2017 durch G v. 17.7.2017 (BGBl. I S. 2522); Abs. 2 Satz 3 neu gef. mWv 1.11.2018 durch VO v. 24.10.2018 (BGBl. I S. 1768).

[3)] § 17 Satz 1 neu gef. mWv 1.11.2018 durch VO v. 24.10.2018 (BGBl. I S. 1768).

§ 18 Hinweise. (1) In den Personenstandsregistern ist auf Registereinträge in anderen Personenstandsregistern mit der Bezeichnung des Standesamts, der Registernummer nach § 16 Abs. 2 Satz 2 sowie Tag und Ort des Personenstandsfalls hinzuweisen; im Hinweis auf die Geburt eines Kindes ist auch dessen Vor- und Familienname anzugeben.

(2) Einer elektronischen Signatur und einer Nummerierung bedarf es nicht.

§ 19 Aufbau und Gestaltung der Registereinträge. Die Registereinträge müssen auf dem Bildschirm so dargestellt werden können, wie es den Mustern der Anlagen 2 bis 5 entspricht; die Darstellung ist dem Beurkundungssachverhalt anzupassen und kann programmgerecht eingerichtet werden, soweit dies im Einzelfall notwendig ist.

§ 20[1)] Sicherungsregister. (1) [1]Für den Aufbau des Sicherungsregisters gilt § 15 entsprechend. [2]Registereinträge sind mit Abschluss der Beurkundung in das entsprechende Sicherungsregister zu übernehmen.

(2) [1]Die Übertragung vom Personenstandsregister in das Sicherungsregister ist gegen jede unbefugte Benutzung sowie gegen Datenverlust zu sichern. [2]Das Sicherungsregister ist so einzurichten, dass es bei Beschädigung der Anlagen oder der Daten des Personenstandsregisters nicht in Mitleidenschaft gezogen wird; die §§ 11 und 12 gelten entsprechend.

§ 21[2)] Abschluss der Personenstandsregister. [1]Die Personenstands- und Sicherungsregister sind vom Standesbeamten nach dem letzten Eintrag eines jeden Kalenderjahres mit einem Vermerk über die Anzahl der Haupteinträge abzuschließen, der mit seiner dauerhaft überprüfbaren qualifizierten elektronischen Signatur zu versehen ist. [2]In dem Abschlussvermerk sind die im Kalenderjahr nach § 47 Absatz 4 des Gesetzes[3)] stillgelegten Einträge mit der jeweiligen Eintragsnummer aufzulisten.

§ 22 Sammelakten. [1]Die Sammelakten (§ 6 des Gesetzes[3)]) können auch elektronisch geführt oder auf Mikrofilm oder einem anderen vergleichbar sicheren Medium gespeichert werden; in diesem Fall gilt § 13 entsprechend. [2]Bei Übertragung in ein elektronisches Dokument genügt ein Vermerk, der angibt, wann und durch wen die Übertragung vorgenommen worden ist.

§ 23 Namensangabe. (1) Bei Personen, die auf Grund Eheschließung oder Begründung einer Lebenspartnerschaft einen vom Geburtsnamen abweichenden Familiennamen führen, ist zusätzlich auch der Geburtsname einzutragen.

(2) Bei Personen, die keinen Vor- und Familiennamen oder die neben Vor- und Familiennamen weitere Namensbestandteile führen, ist der sich aus Urkunden ergebende Name mit allen Namensbestandteilen in die Personenstandsregister einzutragen.

(3) Namen und Namensbestandteile nach Absatz 2 sollen in den Personenstandsregistern unter Hinweis auf die jeweilige Art der ausländischen Namensform bezeichnet werden.

(4) Für die Angabe von Namen in familienrechtlichen Beurkundungen gelten die Absätze 1 bis 3 und § 35 entsprechend.

---

1) § 20 Abs. 2 Satz 1 Halbs. 2 aufgeh. mWv 1.11.2013 durch G v. 7.5.2013 (BGBl. I S. 1122).
2) § 21 Satz 2 angef. mWv 1.11.2017 durch G v. 17.7.2017 (BGBl. I S. 2522).
3) Nr. **260**.

§ 24[1] Neubeurkundung nach Verlust eines Personenstandsregisters.

(1) Über die vollständige oder teilweise Wiederherstellung eines Personenstandsregisters ist vom Standesamt ein Protokoll zu erstellen, aus dem hervorgeht, dass das Personenstandsregister anhand des Datenbestandes des Sicherungsregisters ordnungsgemäß wiederhergestellt wurde.

(2) [1]Die Wiederherstellung eines ganz oder teilweise in Verlust geratenen Papierregisters kann dadurch erfolgen, dass das Sicherungsregister zum Personenstandsregister bestimmt wird. [2]Handelt es sich bei dem Papierregister um ein als Heiratseintrag fortgeführtes Familienbuch, so ist bei dessen Verlust der Heiratseintrag im Heiratsbuch zu aktualisieren und fortzuführen.

§ 25 Übergabe der Register und Sammelakten an Archive. Bei der Übergabe eines Personenstandsregisters, eines Sicherungsregisters und von Sammelakten an ein Archiv ist durch eine Übergabeniederschrift aktenkundig zu machen, welchem Archiv es übergeben worden ist.

§ 26[2] Suchfunktion. (1) [1]Die nach § 3 Absatz 1 des Gesetzes[3] zu führenden Personenstandsregister sind mit einer Suchfunktion zu versehen, die anderen Standesämtern die Feststellung ermöglicht, ob ein Personenstandseintrag geführt wird. [2]Suchkriterien sind Daten aus den Datenfeldern, die in Anlage 1 zur Verwendung als Suchfeld ausgewiesen sind. [3]Als Suchergebnis dürfen nur das Standesamt und die Registernummer (§ 16 Absatz 2 Satz 2) des gesuchten Eintrags mitgeteilt werden.

(2) Für Altregister und Übergangsbeurkundungen, die nicht elektronisch nacherfasst worden sind, ist ein Suchverzeichnis zu führen, aus dem die Suchanfragen beantwortet werden können; für die Benutzung gilt Absatz 1 entsprechend.

§ 27[4] Verzeichnisse beim Standesamt I in Berlin. (1) Für die beim Standesamt I in Berlin geführten elektronischen Verzeichnisse nach § 41 Absatz 2 Satz 4, § 42 Absatz 2 Satz 4, § 43 Absatz 2 Satz 5 und § 45 Absatz 2 Satz 4 des Gesetzes[3] sowie für die Verzeichnisse über Personenstandsfälle im Ausland ist ein elektronisches Auskunftssystem einzurichten, das das Auffinden eines Personenstandseintrags oder einer namensrechtlichen Erklärung ermöglicht.

(2) [1]Die Standesämter und die deutschen Auslandsvertretungen dürfen die nach Absatz 1 eingerichteten Verzeichnisse einsehen, soweit dies für ihre Aufgabenerfüllung erforderlich ist. [2]Zulässige Suchkriterien und Ergebnisdaten sind Standesamt, Registernummer, Familiennamen, Geburtsname, Vornamen, Tag der Geburt, Tag der Eheschließung, Tag der Begründung einer Lebenspartnerschaft, Todestag und Ereignisort des Personenstandsfalls.

(3) Für die Suche in dem elektronischen Auskunftssystem wird die vom Land Berlin hierfür entwickelte Online-Datenbank des Standesamts I in Berlin verwendet.

---

[1] § 24 Abs. 2 aufgeh., bish. Abs. 3 wird Abs. 2 mWv 1.11.2017 durch G v. 17.7.2017 (BGBl. I S. 2522).

[2] § 26 neu gef. mWv 1.11.2013 durch G v. 7.5.2013 (BGBl. I S. 1122).

[3] Nr. **260**.

[4] § 27 neu gef. mWv 1.11.2013 durch G v. 7.5.2013 (BGBl. I S. 1122); Abs. 2 Satz 1 geänd. mWv 1.11.2017 durch G v. 17.7.2017 (BGBl. I S. 2522).

Kapitel 3. Eheschließung

§ 28[1] Anmeldung. (1) [1]Die Eheschließenden sollen die beabsichtigte Eheschließung persönlich beim Standesamt anmelden. [2]Ist einer der Eheschließenden hieran verhindert, kann er den anderen Eheschließenden schriftlich bevollmächtigen. [3]Sind beide Eheschließenden aus wichtigen Gründen am Erscheinen in dem Standesamt verhindert, können sie die Eheschließung auch schriftlich oder durch einen Bevollmächtigten anmelden.

(2) [1]Über die mündliche Anmeldung ist eine Niederschrift aufzunehmen. [2]Bei schriftlicher Anmeldung der Eheschließung reicht es aus, in der Niederschrift auf die elektronisch oder schriftlich übersandten Anmeldedaten zu verweisen.

(3) [1]Soll die Ehe nicht in dem Standesamt geschlossen werden, bei dem sie angemeldet worden ist, so prüft das Standesamt, das die Anmeldung entgegengenommen hat, ob ein Ehehindernis vorliegt. [2]Liegt ein Ehehindernis nicht vor, sind die vollständigen Anmeldeunterlagen mit einem Vermerk über das Ergebnis der Prüfung an das Standesamt zu senden, bei dem die Ehe geschlossen werden soll. [3]Zusätzlich sollen diesem Standesamt die Anmeldedaten der Eheschließenden elektronisch übermittelt werden; für die Übermittlung gilt § 63.

§ 29 Eheschließung. (1) Ist die Eheschließung durch einen Bevollmächtigten angemeldet worden, hat der Vertretene die bei der Anmeldung abgegebenen Erklärungen persönlich zu bestätigen.

(2) [1]Eine erneute Prüfung der Ehevoraussetzungen soll nur dann erfolgen, wenn die Befragung der Eheschließenden ergibt, dass seit der Anmeldung der Eheschließung Änderungen der für die Beurteilung der Ehefähigkeit erheblichen Tatsachen eingetreten sind oder dem Standesamt ein sonstiger Anlass für eine erneute Prüfung bekannt geworden ist. [2]Wenn die Eheschließung nicht bei dem Standesamt erfolgen soll, bei dem sie angemeldet wurde, sind die Anmeldeunterlagen zur erneuten Prüfung zurückzusenden.

(3) Die Niederschrift über die Eheschließung ist mit einem Formular nach dem Muster der Anlage 10 zu fertigen; das Formular ist dem Beurkundungssachverhalt anzupassen und kann programmgerecht eingerichtet werden, soweit dies im Einzelfall notwendig ist.

Kapitel 4. Lebenspartnerschaft

§ 30[2] Umwandlung einer Lebenspartnerschaft in eine Ehe. [1]Für die Umwandlung einer Lebenspartnerschaft in eine Ehe gelten die §§ 28 und 29 entsprechend. [2]Die Niederschrift über die Umwandlung einer Lebenspartnerschaft in eine Ehe ist mit einem Formular nach dem Muster der Anlage 10 zu fertigen; das Formular ist dem Beurkundungssachverhalt anzupassen und kann programmgerecht eingerichtet werden, soweit dies im Einzelfall notwendig ist.

---

[1] § 28 Abs. 3 Satz 3 angef. mWv 1.11.2017 durch G v. 17.7.2017 (BGBl. I S. 2522); Abs. 2 Satz 2 angef. mWv 1.11.2022 durch G v. 19.10.2022 (BGBl. I S. 1744).

[2] § 30 neu gef. mWv 1.11.2018 durch VO v. 24.10.2018 (BGBl. I S. 1768).

Kapitel 5. Geburt

§ 31[1)] Lebendgeburt, Totgeburt, Fehlgeburt. (1) Eine Lebendgeburt liegt vor, wenn bei einem Kind nach der Scheidung vom Mutterleib entweder das Herz geschlagen oder die Nabelschnur pulsiert oder die natürliche Lungenatmung eingesetzt hat.

(2) [1] Hat sich keines der in Absatz 1 genannten Merkmale des Lebens gezeigt, gilt die Leibesfrucht als ein tot geborenes Kind im Sinne des § 21 Absatz 2 des Gesetzes, wenn

1. das Gewicht des Kindes mindestens 500 Gramm beträgt oder
2. das Gewicht des Kindes unter 500 Gramm beträgt, aber die 24. Schwangerschaftswoche erreicht wurde,

im Übrigen als Fehlgeburt. [2] Eine Fehlgeburt wird nicht im Personenstandsregister beurkundet. [3] Sie kann von einer Person, der bei Lebendgeburt die Personensorge zugestanden hätte, dem Standesamt, in dessen Zuständigkeitsbereich die Fehlgeburt erfolgte, angezeigt werden. [4] In diesem Fall erteilt das Standesamt dem Anzeigenden auf Wunsch eine Bescheinigung mit einem Formular nach dem Muster der Anlage 11.

(3) Eine Fehlgeburt ist abweichend von Absatz 2 Satz 2 als ein tot geborenes Kind zu beurkunden, wenn sie Teil einer Mehrlingsgeburt ist, bei der mindestens ein Kind nach Absatz 1 oder 2 zu beurkunden ist; § 21 Absatz 2 des Gesetzes gilt entsprechend.

§ 32 Geburten in Fahrzeugen. (1) [1] Eine Geburt in einem Land- oder Luftfahrzeug beurkundet das Standesamt, in dessen Bezirk die Mutter das Fahrzeug verlässt. [2] Eine Geburt auf einem Binnenschiff beurkundet das Standesamt, in dessen Bezirk das Schiff zuerst vor Anker geht oder anlegt.

(2) [1] Ist bei einer Geburt nach Absatz 1 der Ort bekannt, an dem das Kind geboren wurde, so ist dieser Ort in die Personenstandsregister einzutragen; ist der Ort nicht bekannt, so ist der für die Zuständigkeit maßgebende Ort als Geburtsort einzutragen. [2] Wird später festgestellt, dass das Kind in einem anderen Standesamtsbezirk geboren wurde, entfällt eine erneute Beurkundung; die Angabe des Geburtsortes ist zu berichtigen.

(3) Das Übereinkommen der Bodenseeuferstaaten über die Beurkundung der auf dem Bodensee eingetretenen Geburten und Sterbefälle vom 16. März 1880 (Badisches Gesetz- und Verordnungsblatt S. 102, Württembergisches Regierungsblatt S. 171, Bayerisches Gesetz- und Verordnungsblatt S. 133) bleibt unberührt.

§ 33[2)] Nachweise bei Anzeige der Geburt. [1] Wird die Geburt eines Kindes angezeigt, soll das Standesamt verlangen, dass ihm folgende Unterlagen vorgelegt werden:

1. bei miteinander verheirateten Eltern ihre Eheurkunde oder ein beglaubigter Ausdruck aus dem Eheregister sowie ihre Geburtsurkunden, wenn sich die Registrierungsdaten der Geburt der Eltern nicht aus der Eheurkunde ergeben,

---

[1)] § 31 Abs. 3 neu gef. mWv 15.5.2013 durch G v. 7.5.2013 (BGBl. I S. 1122); Abs. 2 neu gef., Abs. 3 aufgeh., bish. Abs. 4 wird Abs. 3 und neu gef. mWv 1.11.2018 durch VO v. 24.10.2018 (BGBl. I S. 1768).

[2)] § 33 Satz 1 Nr. 1 neu gef. mWv 1.11.2018 durch G v. 17.7.2017 (BGBl. I S. 2522).

2. bei nicht miteinander verheirateten Eltern die Geburtsurkunde der Mutter und, falls die Vaterschaft bereits anerkannt wurde, die Erklärungen hierüber und die Geburtsurkunde des Vaters sowie gegebenenfalls die Sorgeerklärungen,
3. ein Personalausweis, Reisepass oder ein anderes anerkanntes Passersatzpapier der Eltern und
4. bei mündlicher Anzeige eine von einer Ärztin oder einem Arzt oder einer Hebamme oder einem Entbindungspfleger ausgestellte Bescheinigung über die Geburt, soweit sie bei der Geburt zugegen waren.

[2]Die nach Nummer 1 erforderliche Eheurkunde ist auch vorzulegen, wenn die Ehe aufgelöst ist. [3]Das Standesamt kann die Vorlage weiterer Urkunden verlangen, wenn dies zum Nachweis von Angaben erforderlich ist.

§ 34[1)] Erwerb der deutschen Staatsangehörigkeit. (1) Zur Prüfung, ob ein Kind ausländischer Eltern durch die Geburt die deutsche Staatsangehörigkeit nach § 4 Abs. 3 des Staatsangehörigkeitsgesetzes[2)] erworben hat, verlangt das Standesamt bei der Anzeige der Geburt Angaben darüber, ob ein Elternteil ein unbefristetes Aufenthaltsrecht oder als Staatsangehöriger der Schweiz oder dessen Familienangehöriger eine Aufenthaltserlaubnis auf Grund des Abkommens vom 21. Juni 1999 zwischen der Europäischen Gemeinschaft und ihren Mitgliedstaaten einerseits und der Schweizerischen Eidgenossenschaft andererseits über die Freizügigkeit (BGBl. 2001 II S. 810) besitzt.

(2) [1]Sind nach den Angaben die Voraussetzungen hinsichtlich der Rechtsstellung oder des Aufenthaltstitels nach Absatz 1 erfüllt, holt das Standesamt mit einem Formular nach dem Muster der Anlage 12 eine schriftliche Auskunft der Ausländerbehörde darüber ein, ob die Angaben zutreffen und der Elternteil zum Zeitpunkt der Geburt des Kindes seit fünf Jahren rechtmäßig seinen gewöhnlichen Aufenthalt im Inland hatte. [2]Die Auskunft ist auch dann einzuholen, wenn die Eltern keine Angaben über ihre Rechtsstellung oder ihren Aufenthaltstitel machen oder das Standesamt Zweifel an der Richtigkeit der Angaben hat; in diesem Fall sind die Angaben für beide Elternteile abzufragen.

(3) [1]Das Standesamt prüft, ob das Kind durch die Geburt die deutsche Staatsangehörigkeit erworben hat, und vermerkt das Ergebnis der Prüfung auf dem Formular nach dem Muster der Anlage 12 oder in einem gesonderten Vermerk. [2]Das Formular oder der gesonderte Vermerk über das Ergebnis der Prüfung sind zu den Sammelakten des Geburtseintrags zu nehmen.

(4) Die Absätze 1 bis 3 gelten entsprechend für den Fall, dass zum Geburtseintrag des Kindes eine Folgebeurkundung über die Anerkennung oder Feststellung der Vaterschaft oder über die Feststellung des Nichtbestehens eines Eltern-Kindverhältnisses nach § 27 Absatz 1 und Absatz 3 Nummer 1 des Gesetzes beurkundet wird.

(5) [1]Das Formular nach dem Muster der Anlage 12 ist dem Sachverhalt entsprechend anzupassen und kann programmgerecht eingerichtet werden, soweit dies im Einzelfall notwendig ist. [2]Soweit die technischen Voraussetzungen vorliegen, gilt für die Übermittlung § 63.

[1)] § 34 Abs. 4 geänd. mWv 1.11.2013 durch G v. 7.5.2013 (BGBl. I S. 1122); Abs. 3 neu gef. mWv 1.11.2017 durch G v. 17.7.2017 (BGBl. I S. 2522); Abs. 2 Satz 1 geänd. mWv 27.6.2024 durch G v. 22.3. 2024 (BGBl. 2024 I Nr. 104).

[2)] Nr. **15**.

§ 35[1] Besonderheiten bei der Beurkundung. (1) [1] Liegen dem Standesamt bei der Beurkundung der Geburt keine geeigneten Nachweise zu Angaben über die Eltern des Kindes vor, ist hierüber im Geburtseintrag ein erläuternder Zusatz aufzunehmen; § 7 bleibt unberührt. [2] Als Personenstandsurkunde darf bis zur Eintragung einer ergänzenden Folgebeurkundung zu den Angaben über die Eltern nur ein beglaubigter Registerausdruck ausgestellt werden.

(2) Bei Geburt im Inland sind personenstandsrechtliche Änderungen, die nach der Geburt, aber vor der Beurkundung wirksam geworden sind, in den Haupteintrag aufzunehmen.

§ 36[2] Fortführung des Geburtenregisters. (1) Die Änderung des Familiennamens eines Kindes ist nur dann als Folgebeurkundung einzutragen, wenn sie den Geburtsnamen betrifft.

(2) Bei einer Namensänderung der Eltern und des Kindes ist die Namensänderung der Eltern auch dann als Folgebeurkundung einzutragen, wenn sie nicht zu einer übereinstimmenden Namensführung von Eltern und Kind geführt hat, aber durch Erklärungen nach Artikel 47 des Einführungsgesetzes zum Bürgerlichen Gesetzbuche[3] oder § 94 des Bundesvertriebenengesetzes[4] erfolgt ist.

(3) *(aufgehoben)*

Kapitel 6. Sterbefall

§ 37[5] Sterbefälle in Fahrzeugen, Bergwerken und Gewässern; unbekannter Sterbeort. (1) Einen Sterbefall in einem Landfahrzeug, auf einem Binnenschiff oder in einem Luftfahrzeug beurkundet das Standesamt, in dessen Bezirk der Verstorbene aus dem Fahrzeug herausgenommen wird.

(2) Einen Sterbefall in einem Bergwerk beurkundet das Standesamt, in dessen Bezirk die Schachteinfahrt des Bergwerkes liegt.

(3) Einen Sterbefall in einem Gewässer beurkundet das Standesamt, in dessen Bezirk der Verstorbene an Land gebracht wird.

(4) Ist ein Sterbeort nicht feststellbar, so beurkundet das Standesamt den Sterbefall, in dessen Bezirk der Verstorbene gefunden wurde.

(5) [1] Ist der Sterbeort bekannt, so ist dieser Ort in die Personenstandsregister einzutragen; ist der Sterbeort nicht bekannt, so ist der für die Zuständigkeit maßgebende Ort als Sterbeort einzutragen. [2] § 32 Abs. 2 Satz 2 gilt entsprechend.

(6) Das Übereinkommen der Bodenseeuferstaaten über die Beurkundung der auf dem Bodensee eintretenden Geburten und Sterbefälle vom 16. März 1880 (Badisches Gesetz- und Verordnungsblatt S. 102, Württembergisches Regierungsblatt S. 171, Bayerisches Gesetz- und Verordnungsblatt S. 133) bleibt unberührt.

§ 38[6] Nachweise bei Anzeige des Sterbefalls. [1] Wird ein Sterbefall angezeigt, so soll das Standesamt verlangen, dass ihm

---

[1] § 35 Abs. 2 angef. mWv 1.11.2013 durch G v. 7.5.2013 (BGBl. I S. 1122).
[2] § 36 Abs. 3 aufgeh. mWv 1.11.2022 durch G v. 19.10.2022 (BGBl. I S. 1744).
[3] **Habersack Nr. 21.**
[4] **Sartorius III Nr. 955.**
[5] § 37 Überschr. neu gef., Abs. 5 Satz 1 geänd. mWv 1.11.2013 durch G v. 7.5.2013 (BGBl. I S. 1122).
[6] § 38 Satz 1 Nr. 2 geänd. mWv 1.11.2013 durch G v. 7.5.2013 (BGBl. I S. 1122); Satz 2 eingef., bish. Satz 2 wird Satz 3 mWv 1.11.2018 durch G v. 17.7.2017 (BGBl. I S. 2522).

1. die Ehe- oder Lebenspartnerschaftsurkunde der letzten Ehe oder Lebenspartnerschaft und gegebenenfalls ein Nachweis über die Auflösung,
2. die Geburtsurkunde,
3. ein Nachweis über den letzten Wohnsitz,
4. eine ärztliche Bescheinigung über den Tod

des Verstorbenen vorgelegt wird. [2] Auf die Vorlage der nach Nummer 2 erforderlichen Geburtsurkunde kann verzichtet werden, wenn sich die Registrierungsdaten der Geburt des Verstorbenen aus einer Ehe- oder Lebenspartnerschaftsurkunde ergeben. [3] Das Standesamt kann die Vorlage weiterer Urkunden verlangen, wenn dies zum Nachweis von Angaben erforderlich ist.

§ 39[1)] *(aufgehoben)*

§ 40[2)] **Besonderheiten bei der Beurkundung.** (1) [1] Kann der Personenstand eines Verstorbenen nicht ermittelt werden, ist der Verstorbene in dem Eintrag als unbekannte Person zu bezeichnen. [2] Wird der Personenstand des Verstorbenen nach der Beurkundung ermittelt, ist der Eintrag zu berichtigen.

(2) Liegen dem Standesamt bei der Beurkundung des Sterbefalls keine geeigneten Nachweise zu Angaben über den Verstorbenen vor, gilt § 35 entsprechend.

(3) Ist der Zeitpunkt des Todes nicht genau festzustellen, so ist entweder der ungefähre Zeitpunkt des Todes oder der Zeitraum anzugeben, in dem der Tod eingetreten ist.

§ 41[3)] **Sammlung der Beschlüsse über Todeserklärungen.** (1) [1] In die Sammlung der Beschlüsse über Todeserklärungen und gerichtliche Feststellung der Todeszeit sind nur Ausfertigungen von rechtskräftigen gerichtlichen Entscheidungen aufzunehmen. [2] Wurde eine in der Sammlung enthaltene gerichtliche Entscheidung geändert oder aufgehoben, ist auch eine Ausfertigung des Änderungs- oder Aufhebungsbeschlusses aufzunehmen.

(2) [1] Die Sammlung nach Absatz 1 kann elektronisch geführt werden. [2] Die elektronische Führung erfolgt durch eine ersetzende Digitalisierung der Beschlüsse als Bilddatei. [3] Aus den Beschlüssen können Daten, die zur eindeutigen Identifizierung, zum Auffinden eines Beschlusses und zur Erstellung einer Bescheinigung nach Absatz 3 erforderlich sind, in das elektronische Suchverzeichnis des Standesamts I in Berlin übernommen werden.

(3) Aus der Sammlung der Beschlüsse über Todeserklärungen und gerichtliche Feststellung der Todeszeit erteilt das Standesamt I in Berlin den nach den §§ 62 bis 66 des Gesetzes[4)] Berechtigten auf Antrag Bescheinigungen oder beglaubigte Abschriften der Ausfertigung der gerichtlichen Entscheidung oder beglaubigte Ausdrucke der elektronisch gespeicherten gerichtlichen Entscheidung; die Glaubhaftmachung eines berechtigten Interesses ist ausreichend.

(4) Die Absätze 2 und 3 sind entsprechend für das bis zum 31. Dezember 2008 geführte Buch für Todeserklärungen anzuwenden.

---

1) § 39 aufgeh. mWv 1.11.2013 durch G v. 7.5.2013 (BGBl. I S. 1122).
2) § 40 Abs. 1 Satz 1 neu gef. mWv 1.11.2013 durch G v. 7.5.2013 (BGBl. I S. 1122).
3) § 41 neu gef. mWv 1.11.2018 durch VO v. 24.10.2018 (BGBl. I S. 1768).
4) Nr. **260**.

Kapitel 7. Besondere Beurkundungs- und Registervorschriften

§ 42[1] Familienrechtliche Zuordnung im Personenstandseintrag. (1) [1] In den Personenstandseinträgen wird den Ehegatten und Lebenspartnern, den Eltern des Kindes und dem letzten Ehegatten oder Lebenspartner der verstorbenen Person ein Datenfeld für die familienrechtliche Bezeichnung zugeordnet. [2] Die Felder erhalten fortlaufende Nummern, beginnend mit der Nummer 1. und stellen die Verbindung zu den Hinweisen des Registereintrags her.

(2) [1] Im Geburtenregister wird bei der Erstbeurkundung der Geburt der Person, die das Kind geboren hat, die Nummer „1." zugeordnet und sie wird in dem Datenfeld für die familienrechtliche Bezeichnung als „Mutter" eingetragen. [2] Der Person, deren Vaterschaft zu dem Kind nach § 1592 des Bürgerlichen Gesetzbuches[2] besteht, wird die Nummer „2." zugeordnet und sie wird in dem Datenfeld für die familienrechtliche Bezeichnung als „Vater" eingetragen. [3] Satz 1 gilt auch für Personen, die nicht dem weiblichen Geschlecht zugeordnet sind. [4] Satz 2 gilt auch für Personen, die nicht dem männlichen Geschlecht zugeordnet sind.

(3) [1] Die Annahme eines Kindes wird im Geburtenregister ausschließlich in einer Folgebeurkundung dokumentiert, wobei weibliche Annehmende als „Mutter" und männliche Annehmende als „Vater" in dem Datenfeld für die familienrechtliche Bezeichnung eingetragen werden. [2] Soweit annehmende Personen weder dem männlichen noch dem weiblichen Geschlecht angehören, sind sie als „Elternteil" zu bezeichnen.

(4) [1] Im Eheregister werden den Ehegatten die Nummern „1." und „2." zugeordnet und männliche Personen als „Ehemann", weibliche Personen als „Ehefrau" in dem Datenfeld für die familienrechtliche Bezeichnung eingetragen. [2] Soweit Personen weder dem männlichen noch dem weiblichen Geschlecht angehören, sind sie als „Ehepartner" zu bezeichnen.

(5) [1] Im Lebenspartnerschaftsregister werden den Partnern die Nummern „1." und „2." zugeordnet und männliche Personen als „Lebenspartner", weibliche Personen als „Lebenspartnerin" in dem Datenfeld für die familienrechtliche Bezeichnung eingetragen. [2] Soweit Personen weder dem männlichen noch dem weiblichen Geschlecht angehören, sind sie als „Lebenspartner" zu bezeichnen.

(6) [1] Im Sterberegister wird der letzte männliche Ehegatte der verstorbenen Person als „Ehemann" und der letzte weibliche Ehegatte als „Ehefrau" in dem Datenfeld für die familienrechtliche Bezeichnung eingetragen. [2] Der letzte männliche Lebenspartner der verstorbenen Person wird als „Lebenspartner" und der letzte weibliche Lebenspartner als „Lebenspartnerin" in dem Datenfeld für die familienrechtliche Bezeichnung eingetragen. [3] Soweit Personen weder dem männlichen noch dem weiblichen Geschlecht angehören, sind sie als „Ehepartner" oder „Lebenspartner" zu bezeichnen.

§ 43 Sterbefälle in ehemaligen deutschen Konzentrationslagern. (1) Zur Entgegennahme der Anzeige für die Beurkundung des Sterbefalls eines Häftlings der ehemaligen deutschen Konzentrationslager ist außer dem Sonderstandesamt in Bad Arolsen auch das Standesamt zuständig, in dessen Bezirk der Anzeigende seinen Wohnsitz oder gewöhnlichen Aufenthalt hat.

---

[1] § 42 eingef. mWv 1.11.2018 durch VO v. 24.10.2018 (BGBl. I S. 1768); Abs. 2 Satz 3 geänd., Satz 4 neu gef. mWv 1.11.2024 durch G v. 19.6.2024 (BGBl. 2024 I Nr. 206).
[2] **Habersack Nr. 20.**

(2) [1]Das Standesamt, das die Anzeige entgegennimmt, hat die Angaben nachzuprüfen und den Sachverhalt, soweit erforderlich, durch Ermittlungen aufzuklären. [2]Es kann von dem Anzeigenden und anderen Personen die Versicherung der Richtigkeit ihrer Angaben an Eides statt verlangen.

(3) [1]Über die Anzeige ist vom Standesamt eine Niederschrift aufzunehmen. [2]Dies gilt entsprechend für mündliche Erklärungen anderer Personen. [3]Die Niederschrift über die Anzeige und die mündlichen Erklärungen anderer Personen übersendet das Standesamt dem Sonderstandesamt in Bad Arolsen. [4]Gleichzeitig teilt es dem Sonderstandesamt in Bad Arolsen das Ergebnis der sonstigen Ermittlungen mit.

(4) [1]Ist der Sterbefall im Inland mehrfach beurkundet worden, bleibt die erste Beurkundung auch dann bestehen, wenn sie nicht vom Sonderstandesamt in Bad Arolsen vorgenommen wurde. [2]Das Sonderstandesamt in Bad Arolsen macht den zu Unrecht bestehenden Eintrag durch eine entsprechende Folgebeurkundung gegenstandslos.

§ 44[1)] Sterbefälle von Angehörigen der ehemaligen deutschen Wehrmacht. (1) [1]Sterbefälle von Angehörigen der ehemaligen deutschen Wehrmacht oder diesen in personenstandsrechtlicher Hinsicht gleichgestellten Personen aus Anlass des Zweiten Weltkrieges sind von dem Standesamt zu beurkunden, in dessen Bezirk der Verstorbene seinen letzten Wohnsitz oder gewöhnlichen Aufenthalt hatte; dies gilt für Sterbefälle im Inland und im Ausland. [2]Liegt der letzte Wohnsitz oder gewöhnliche Aufenthalt des Verstorbenen nicht im Inland, so beurkundet das Standesamt I in Berlin den Sterbefall; Gleiches gilt, wenn der letzte Wohnsitz oder gewöhnliche Aufenthalt nicht bekannt ist.

(2) [1]Die Anzeige der Sterbefälle obliegt dem Bundesarchiv. [2]Geht dem Bundesarchiv gleichzeitig eine Vielzahl von Daten Verstorbener zu, reicht die Weitergabe dieser Daten als Anzeige aus. [3]In diesem Fall erfolgt eine Beurkundung nur dann, wenn der Ehegatte des Verstorbenen, ein Vorfahre oder ein Abkömmling des Verstorbenen dies beantragt; antragsberechtigt ist auch jede andere Person, die ein berechtigtes Interesse an der Beurkundung geltend macht.

(3) [1]Ist der Sterbefall im Inland eingetreten, kann die Anzeige auch von jeder Person erstattet werden, die bei dem Tod zugegen war oder von dem Sterbefall aus eigenem Wissen unterrichtet ist; in diesem Fall ist der Sterbefall bei dem Standesamt anzuzeigen, in dessen Bezirk der Tod eingetreten ist. [2]Das Standesamt des Sterbeortes hat den Sterbefall zu beurkunden.

§ 45 Angleichung von Namen. (1) [1]Eine Namensbestimmung nach Artikel 47 des Einführungsgesetzes zum Bürgerlichen Gesetzbuche[2)] kann durch Personen erfolgen, die ihren Namen nach ausländischem Recht erworben haben und deren Name nach Statutenwechsel oder Rechtswahl fortan deutschem Recht unterliegt. [2]Gleiches gilt für die Bestimmung des Namens eines Kindes nach deutschem Recht, wenn dieser aus einem nach ausländischem Recht erworbenen Namen eines Elternteils abgeleitet werden soll.

(2) [1]Bei der Namensbestimmung nach Artikel 47 des Einführungsgesetzes zum Bürgerlichen Gesetzbuche sind die allgemeinen Grundsätze des deutschen Namensrechts zu beachten. [2]Insbesondere soll der zum Familiennamen bestimmte

---

[1)] § 44 Abs. 2 Sätze 1 und 2 geänd. mWv 1.1.2019 durch G v. 4.12.2018 (BGBl. I S. 2257 iVm Bek. v. 12.4.2019, BGBl. I S. 496).

[2)] **Habersack Nr. 21.**

Namensteil grundsätzlich nur aus einem Namen bestehen und sich als solcher von dem gewählten Vornamen unterscheiden.

§ 46[1] Familienrechtliche Erklärungen. (1) Einer Person[2] deren Name oder Geschlechtseintrag geändert worden ist, wird auf Wunsch eine Bescheinigung von dem Standesamt erteilt, das

1. eine Erklärung, Einwilligung oder Zustimmung zur Namensführung auf Grund familienrechtlicher Vorschriften entgegengenommen hat,
2. eine Erklärung nach § 94 des Bundesvertriebenengesetzes[3], § 1 des Minderheiten-Namensänderungsgesetzes oder Artikel 47, 48 des Einführungsgesetzes zum Bürgerlichen Gesetzbuche[4] entgegengenommen hat,
3. eine Erklärung nach § 45a des Gesetzes oder nach § 2 des Gesetzes über die Selbstbestimmung in Bezug auf den Geschlechtseintrag entgegengenommen hat oder
4. ein Personenstandsregister führt, aus dem sich eine Namensänderung oder die Änderung des Geschlechtseintrags nach den Nummern 1 bis 3 ergibt.

(2) Wird eine Erklärung zur Namensführung oder eine andere familienrechtliche Erklärung nach den §§ 41 bis 45b des Gesetzes gegenüber einem Standesamt abgegeben, das für die Entgegennahme nicht zuständig ist, sollen dem für die Entgegennahme zuständigen Standesamt die Erklärungsdaten mit dem Wortlaut der Erklärung bei Vorliegen der technischen Voraussetzungen nach § 63 elektronisch übermittelt werden.

Kapitel 8. Berichtigungen

§ 47[5] Berichtigungen. (1) [1]Das Standesamt, das selbst oder auf Anordnung des Gerichts einen abgeschlossenen Registereintrag berichtigt, hat zu prüfen, ob auch in anderen Personenstandsregistern eine Berichtigung vorgenommen werden muss. [2]Es teilt dem in Betracht kommenden Standesamt die Berichtigung mit. [3]Eine Berichtigung auf Grund von Dokumenten des Heimatstaates (§ 47 Absatz 1 Satz 3 Nummer 2 des Gesetzes[6]) ist nur zulässig, wenn zuvor die zuständige Ausländerbehörde beteiligt wurde und diese den Zusammenhang zwischen den vorgelegten Dokumenten und der Rückführung des betreffenden Ausländers bestätigt hat.

(2) Hat das Standesamt von Amts wegen auf Grund eines Registereintrags eine Mitteilung an eine Behörde, ein Gericht oder eine sonstige öffentliche Stelle gemacht und wird dieser Eintrag berichtigt, ist dem Empfänger die Berichtigung mitzuteilen.

(3) Die Mitteilung erfolgt durch Übersendung eines beglaubigten Registerausdrucks oder durch Datenübermittlung nach § 63.

(4) [1]Bei unrichtigen und fehlenden Elementbezeichnungen oder familienrechtlichen Bezeichnungen kann die Eintragung nach § 47 Absatz 1 des Gesetzes durch

---

[1] § 46 neu gef. mWv 1.11.2022 durch G v. 19.10.2022 (BGBl. I S. 1744); Abs. 1 Nr. 3 geänd. mWv 1.11.2024 durch G v. 19.6.2024 (BGBl. 2024 I Nr. 206).

[2] Fehlende Zeichensetzung amtlich.

[3] **Sartorius III Nr. 955.**

[4] **Habersack Nr. 21.**

[5] § 47 Abs. 4 angef. mWv 1.11.2018 durch VO v. 24.10.2018 (BGBl. I S. 1768); Abs. 1 Satz 3 angef. mWv 7.4.2021 durch G v. 28.3.2021 (BGBl. I S. 591).

[6] Nr. **260**.

eine Folgebeurkundung richtig gestellt werden. [2]Gleiches gilt auch bei der Fortführung von Hinweisen. [3]Derartige Richtigstellungen bedürfen keiner Mitteilung nach den Absätzen 1 und 2.

Kapitel 9. Personenstandsurkunden, Benutzung der Personenstandsregister, Mitteilungen

Abschnitt 1. Personenstandsurkunden

§ 48[1)] Personenstandsurkunden. (1) [1]Das Standesamt hat für die nach § 55 Absatz 1 des Gesetzes auszustellenden Personenstandsurkunden und elektronischen Personenstandsbescheinigungen die Formulare nach den Mustern der Anlagen 2 bis 9E zu verwenden; die Personenstandsurkunden sind im Format DIN A4 auszustellen. [2]Die Formulare sind dem Beurkundungssachverhalt anzupassen und können programmgerecht eingerichtet werden, soweit dies im Einzelfall notwendig ist. [3]Die Formulare nach den Mustern der Anlagen 2 bis 5 sind zusätzlich mit einem Vermerk über die Übereinstimmung des Ausdrucks mit dem Registerinhalt zu versehen. [4]Die Formulare nach den Mustern der Anlagen 6 bis 9 können auch in einem kleineren Format hergestellt werden; dabei kann die Zeilengestaltung formatgerecht angepasst werden.

(1a) Auf Verlangen der als „Mutter“ oder „Vater“ in einer Geburtsurkunde eingetragenen Person wird diese Bezeichnung durch „Elternteil“ ersetzt.

(2) Wird bei der Beantragung einer Geburtsurkunde verlangt, Angaben nach § 59 Absatz 1 Nummer 2 oder 4 des Gesetzes nicht aufzunehmen, entfällt in dem Urkundenformular auch das entsprechende Angabenfeld.

(3) [1]In den beglaubigten Registerausdruck sind die Hinweise nur auf Verlangen aufzunehmen. [2]Der Hinweis auf eine in das Testamentsverzeichnis aufgenommene Mitteilung ist nur dann in den Registerausdruck aufzunehmen, wenn die Person, auf die sich der Geburtseintrag bezieht, dies verlangt.

(4) [1]Das Papier der Urkunden muss mindestens den Qualitätsanforderungen nach DIN 19307 – ASM 80 entsprechen. [2]Schreibmittel müssen eine ständige Lesbarkeit sowie eine höchstmögliche Sicherheit gegen Fälschungsversuche gewährleisten. [3]Für die Herstellung der Urkunden sind Drucker zu verwenden, die die Eignung für den Notariatsbereich besitzen.

§ 49[2)] *(aufgehoben)*

§ 50[3)] Mehrsprachiger Auszug aus dem Personenstandsregister. (1) Für die Ausstellung eines mehrsprachigen Auszuges aus einem Personenstandsregister nach dem Übereinkommen vom 8. September 1976 über die Ausstellung mehrsprachiger Auszüge aus Personenstandsbüchern (BGBl. 1997 II S. 774) sind die Formblätter A, B und C des Übereinkommens nach Maßgabe der Absätze 2 bis 7 zu verwenden.

(2) [1]Auf der Vorderseite der Formblätter ist der unveränderliche Wortlaut der Auszüge, mit Ausnahme der für das Datum vorgesehenen Zeichen, in deutscher sowie in französischer und englischer Sprache anzugeben. [2]Die Bedeutung der

---

[1)] *§ 48 Abs. 2 geänd.* mWv 1.11.2022 durch G v. 19.10.2022 (BGBl. I S. 1744); Abs. 1 Satz 1 neu gef. mWv 1.11.2024; Abs. 1a eingef. mWv 1.11.2024 durch G v. 19.6.2024 (BGBl. 2024 I Nr. 206).

[2)] § 49 aufgeh. mWv 15.5.2013 durch G v. 7.5.2013 (BGBl. I S. 1122).

[3)] § 50 Abs. 4 Satz 2 angef., Abs. 7 Satz 2 geänd. mWv 1.11.2013 durch G v. 7.5.2013 (BGBl. I S. 1122).

Zeichen ist am Schluss der Vorderseite eines jeden Formblatts in den Sprachen wiederzugeben, die in Artikel 6 Abs. 2 des Übereinkommens festgelegt sind.

(3) Auf der Rückseite der Formblätter sind anzugeben

1. die Bezugnahme auf das Übereinkommen in den in Artikel 6 Abs. 2 des Übereinkommens festgelegten Sprachen,
2. die Übersetzung des unveränderlichen Wortlauts der Auszüge in den in Artikel 6 Abs. 2 des Übereinkommens festgelegten Sprachen mit Ausnahme der auf der Vorderseite angegebenen Sprachen,
3. eine Zusammenfassung des Inhalts der Artikel 3, 4, 5 und 7 des Übereinkommens in deutscher Sprache.

(4) [1] In dem mehrsprachigen Auszug aus dem Personenstandsregister sind Personen, die einen Ehenamen oder einen Lebenspartnerschaftsnamen führen, mit diesem Namen einzutragen, gegebenenfalls unter Beifügung eines vorangestellten oder angefügten Begleitnamens und unter Hinweis auf den Geburtsnamen. [2] Bei Personen, die keinen Vor- und Familiennamen oder die neben Vor- und Familiennamen weitere Namensbestandteile führen, ist der sich aus dem Registereintrag ergebende Name mit allen Namensbestandteilen in die Urkunden einzutragen.

(5) In dem mehrsprachigen Auszug aus dem Geburtseintrag (Formblatt A) ist Feld 10 durch einen Strich zu sperren.

(6) [1] In dem mehrsprachigen Auszug aus dem Heiratseintrag (Formblatt B) sind in Feld 10 bei bestehender Ehe die zum Zeitpunkt der Urkundenausstellung von den Ehegatten geführten Namen einzutragen. [2] Die Angaben über die Auflösung oder die Nichtigerklärung der Ehe sind in Feld 11 einzutragen.

(7) [1] In dem mehrsprachigen Auszug aus dem Sterbeeintrag (Formblatt C) sind die Felder 7, 12 und 13 durch einen Strich zu sperren. [2] Vor- und Familiennamen des früheren Ehegatten sind nur dann einzutragen, wenn sich die Angaben aus dem Sterberegister ergeben.

§ 51 Mehrsprachiges Ehefähigkeitszeugnis. (1) Für die Ausstellung des Ehefähigkeitszeugnisses, dessen ein Deutscher für die Eheschließung im Ausland bedarf, ist das Formblatt des Übereinkommens vom 5. September 1980 über die Ausstellung von Ehefähigkeitszeugnissen (BGBl. 1997 II S. 1086) nach Maßgabe der Absätze 2 bis 5 zu verwenden.

(2) [1] Auf der Vorderseite des Formblatts ist der unveränderliche Wortlaut des Zeugnisses, mit Ausnahme der für das Datum vorgesehenen Zeichen, in deutscher sowie in französischer und englischer Sprache anzugeben. [2] Die Bedeutung der Zeichen am Schluss der Vorderseite ist in den Sprachen wiederzugeben, die in Artikel 6 Abs. 2 des Übereinkommens festgelegt sind.

(3) Auf der Rückseite des Formblatts sind anzugeben

1. die Bezugnahme auf das Übereinkommen in den in Artikel 6 Abs. 2 des Übereinkommens festgelegten Sprachen,
2. die Übersetzung des unveränderlichen Wortlauts des Zeugnisses in den in Artikel 6 Abs. 2 des Übereinkommens festgelegten Sprachen mit Ausnahme der auf der Vorderseite angegebenen Sprachen,
3. die Zusammenfassung des Inhalts der Artikel 3, 4, 5 und 9 des Übereinkommens in deutscher Sprache.

(4) Führt einer der Eheschließenden einen Ehenamen oder einen Lebenspartnerschaftsnamen, so ist er in Feld 5 des Formblatts mit diesem Namen einzutragen,

gegebenenfalls unter Beifügung eines vorangestellten oder angefügten Begleitnamens und unter Hinweis auf den Geburtsnamen.

(5) In Feld 11 des Formblatts sind der Ort und die Nummer eines ausländischen Familienregisters einzutragen, wenn die Angaben urkundlich nachgewiesen sind.

§ 51a[1] *(aufgehoben)*

§ 52 Internationales Stammbuch der Familie. In ein internationales Stammbuch der Familie, das in einem Vertragsstaat des Übereinkommens vom 12. September 1974 zur Schaffung eines internationalen Stammbuchs der Familie ausgestellt worden ist, können Angaben eingetragen werden über die Geburt gemeinsamer Kinder der Ehegatten sowie über den Tod der Ehegatten und ihrer Kinder.

Abschnitt 2. Benutzung der Personenstandsregister

§ 53 Benutzung durch Personen. (1) Für die elektronische Auskunft über Daten aus einem Personenstandsregister an Berechtigte nach § 62 des Gesetzes[2] gilt § 63 Abs. 1 entsprechend.

(2) Die besonderen Vorschriften des Gesetzes für die Benutzung der Personenstandsregister durch Geschwister gelten auch für halbbürtige Geschwister.

§ 54[3] **Benutzung durch ausländische diplomatische und konsularische Vertretungen.** [1]Die Benutzung durch ausländische diplomatische oder konsularische Vertretungen im Inland nach § 65 Absatz 3 des Gesetzes ist zu versagen, wenn dem Standesamt bekannt ist, dass es sich bei der betreffenden Person um einen Ausländer handelt,

1. der als Asylberechtigter nach Artikel 16a des Grundgesetzes[4] anerkannt ist, dem internationaler Schutz nach der Verordnung (EU) 2024/1347 zuerkannt wurde, bei dem ein Abschiebungsverbot nach § 60 Absatz 5 oder Absatz 7 des Aufenthaltsgesetzes[5] festgestellt wurde oder der einen Asylantrag gestellt hat, über den noch nicht bestandskräftig entschieden worden ist, oder bei dem die zuständige Behörde das Bestehen von Abschiebungsverboten im Sinne des § 60 Absatz 5 oder Absatz 7 des Aufenthaltsgesetzes prüft, oder
2. der im Besitz einer Aufenthaltserlaubnis nach den §§ 22, 23, 24, 25 Absatz 1, 2 oder 3 des Aufenthaltsgesetzes ist oder der eine Niederlassungserlaubnis nach § 26 Absatz 3 oder Absatz 4 des Aufenthaltsgesetzes besitzt oder der im Besitz einer Aufenthaltserlaubnis nach § 27 Absatz 2 in Verbindung mit § 28 Absatz 1 Satz 1 Nummer 1, § 30 oder § 31 des Aufenthaltsgesetzes ist oder der eine Niederlassungserlaubnis für Lebenspartner nach § 9 Absatz 2 in Verbindung mit Absatz 3 Satz 1 des Aufenthaltsgesetzes besitzt oder der eine Aufenthaltserlaubnis für gleichgeschlechtliche Ehegatten nach § 28 Absatz 1 Satz 1 Nummer 1, § 30 oder § 31 des Aufenthaltsgesetzes oder eine Niederlassungserlaubnis für gleichgeschlechtliche Ehegatten nach § 9 Absatz 2 in Verbindung mit Absatz 3 Satz 1 des Aufenthaltsgesetzes besitzt.

---

[1] § 51a aufgeh. mWv 22.12.2018 durch G v. 18.12.2018 (BGBl. I S. 2639).
[2] Nr. **260**.
[3] *§ 54 neu gef.* mWv 1.11.2017 durch G v. 17.7.2017 (BGBl. I S. 2522); Satz 1 Nr. 2 neu gef. mWv 22.12.2018 durch G v. 18.12.2018 (BGBl. I S. 2639); Satz 1 Nr. 1 geänd. mWv 12.6.2026 durch G v. 23.4.2026 (BGBl. 2026 I Nr. 111).
[4] Nr. **1**.
[5] Nr. **565**.

²Die Versagungsgründe nach § 65 Absatz 3 Satz 2 des Gesetzes[1)] bleiben unberührt.

§ 55 Benutzung für wissenschaftliche Zwecke. (1) Ist die Benutzung von Personenstandsregistern für bestimmte wissenschaftliche Forschungsvorhaben beantragt worden, hat das Standesamt Betroffenen auf deren Anfrage Auskunft über das Forschungsvorhaben und Gelegenheit zu geben, schutzwürdige Belange gegen die Benutzung geltend zu machen.

(2) Das Standesamt kann auch von sich aus zur Interessenabwägung Betroffene nach dem Umfang ihrer schutzwürdigen Belange befragen, wenn es dies für erforderlich hält.

Abschnitt 3. Mitteilungen

§ 56[2)] Mitteilungen an das Standesamt. (1) Das Gericht teilt folgende Sachverhalte und Entscheidungen mit:

1. dem Standesamt, das den Geburtseintrag für ein Kind führt:
   a) Beurkundungen von Erklärungen über die Anerkennung der Vaterschaft oder der Mutterschaft und über die familien- oder betreuungsgerichtliche Genehmigung einer Anerkennung, Zustimmung oder des Widerrufs solcher Erklärungen,
   b) Entscheidungen, durch die das Bestehen oder Nichtbestehen eines Eltern- oder Kindesverhältnisses festgestellt wird, sofern diese eine Eintragung in einem Personenstandsregister erforderlich machen,
   c) Entscheidungen über die Annahme als Kind oder die Aufhebung eines Annahmeverhältnisses sowie eine dem Familiengericht bekannt gewordene Annahme als Kind im Ausland,
   d) Entscheidungen, durch die auf Grund des Transsexuellengesetzes in der bis einschließlich 31. Oktober 2024 geltenden Fassung
      aa) die Vornamen einer Person geändert oder solche Entscheidungen aufgehoben werden,
      bb) festgestellt wird, dass eine Person als dem anderen Geschlecht zugehörig anzusehen ist,
2. dem Standesamt, das das Eheregister führt:
   a) Entscheidungen, durch die die Ehe geschieden oder aufgehoben wird,
   b) Entscheidungen, durch die das Nichtbestehen der Ehe festgestellt wird,
   c) Erklärungen und Entscheidungen nach Nummer 1, durch die sich der Name einer Person ändert, deren Geburt nicht in einem Personenstandsregister im Inland beurkundet ist,
3. dem Standesamt, das das Lebenspartnerschaftsregister führt:
   a) Entscheidungen, durch die die Lebenspartnerschaft aufgehoben wird,

---

1) Nr. **260**.

2) § 56 Abs. 1 Nr. 1 Buchst. a und c, Abs. 5 Nr. 1 Buchst. d geänd., Abs. 7 aufgeh., bish. Abs. 8 und 9 werden Abs. 7 und 8 mWv 1.11.2013 durch G v. 7.5.2013 (BGBl. I S. 1122); Abs. 3 neu gef., Abs. 5 Nr. 1 Buchst. d geänd., Nr. 5 neu gef. mWv 1.11.2017 durch G v. 17.7.2017 (BGBl. I S. 2522); Abs. 3 aufgeh. mWv 1.11.2018 durch VO v. 24.10.2018 (BGBl. I S. 1768); Abs. 3 neu gef. mWv 1.11.2025 durch G v. 28.3.2021 (BGBl. I S. 591; 2025 I Nr. 262); Abs. 1 Nr. 1 Buchst. d geänd. mWv 1.11.2024 durch G v. 19.6.2024 (BGBl. 2024 I Nr. 206).

b) Erklärungen und Entscheidungen nach Nummer 1, durch die sich der Name einer Person ändert, deren Geburt nicht in einem Personenstandsregister im Inland beurkundet ist,

4. dem Standesamt I in Berlin:

a) Entscheidungen über die Todeserklärung oder die Feststellung der Todeszeit sowie die Anfechtung, Aufhebung oder Änderung solcher Entscheidungen,

b) Entscheidungen nach den Nummern 1 bis 3, wenn der Personenstandsfall, auf den sich die Mitteilung bezieht, nicht in einem Personenstandsregister im Inland beurkundet ist.

(2) Die Namensänderungsbehörde teilt folgende Entscheidungen mit:

1. dem Standesamt, das das Geburtenregister führt:

a) die Änderung oder Feststellung des Familiennamens oder der Vornamen eines Kindes,

b) die Änderung oder Feststellung des Familiennamens der Eltern oder eines Elternteils, wenn sich die namensrechtliche Wirkung auf das Kind erstreckt,

2. dem Standesamt, das das Eheregister führt:

a) die Änderung oder Feststellung des Ehenamens der Ehegatten,

b) die Änderung oder Feststellung des Vor- oder Familiennamens eines Ehegatten, dessen Geburt nicht im Inland beurkundet ist,

3. dem Standesamt, das das Lebenspartnerschaftsregister führt:

a) die Änderung oder Feststellung des Lebenspartnerschaftsnamens der Lebenspartner,

b) die Änderung oder Feststellung des Vor- oder Familiennamens eines Lebenspartners, dessen Geburt nicht im Inland beurkundet ist.

(3) [1] Die Meldebehörde teilt dem Standesamt die erstmalig erteilte Identifikationsnummer nach § 139b der Abgabenordnung mit. [2] Ist zu einer Person noch keine Identifikationsnummer nach § 139b der Abgabenordnung im Personenstandsregister gespeichert, teilt die Registermodernisierungsbehörde nach dem Identifikationsnummerngesetz diese auf Anforderung dem Standesamt mit, das einen Personenstandseintrag für diese Person führt.

(4) Das Jugendamt teilt folgende Beurkundungen mit:

1. dem Standesamt, das den Geburtseintrag für ein Kind führt:

a) Erklärungen über die Anerkennung der Vaterschaft oder den Widerruf der Anerkennung und die für die Wirksamkeit etwa erforderlichen Zustimmungserklärungen,

b) Erklärungen über die Anerkennung der Mutterschaft und die für die Wirksamkeit etwa erforderlichen Zustimmungserklärungen,

(Fortsetzung nächstes Blatt)

2. dem Standesamt I in Berlin, wenn sich die Beurkundung nach Nummer 1 auf ein Kind bezieht, dessen Geburt nicht in einem Personenstandsregister im Inland beurkundet ist.

(5) Der Notar teilt folgende Beurkundungen und Beglaubigungen mit:

1. dem Standesamt, das den Geburtseintrag für ein Kind führt:
   a) Erklärungen über die Anerkennung der Vaterschaft oder den Widerruf der Anerkennung und die für die Wirksamkeit etwa erforderlichen Zustimmungserklärungen,
   b) Erklärungen über die Anerkennung der Mutterschaft und die für die Wirksamkeit etwa erforderlichen Zustimmungserklärungen,
   c) Erklärungen zum Familiennamen des Kindes und die für die Wirksamkeit etwa erforderlichen Einwilligungserklärungen,
   d) Erklärungen nach Artikel 47 oder Artikel 48 des Einführungsgesetzes zum Bürgerlichen Gesetzbuche[1)], § 1 des Minderheiten-Namensänderungsgesetzes und nach § 94 des Bundesvertriebenengesetzes[2)],
2. dem Standesamt, das den Eheeintrag der Ehegatten führt, Erklärungen über die Namensführung in der Ehe oder nach Auflösung der Ehe,
3. dem Standesamt, das den Lebenspartnerschaftseintrag der Lebenspartner führt, Erklärungen über die Namensführung in der Lebenspartnerschaft oder nach Auflösung derselben,
4. dem Standesamt I in Berlin, wenn der Personenstandsfall, auf den sich die Mitteilung nach Nummer 1 Buchstabe a und Nummer 1 Buchstabe b bezieht, nicht in einem Personenstandsregister im Inland beurkundet ist,
5. dem Standesamt am Wohnsitz, letzten Wohnsitz oder gewöhnlichen Aufenthalt des Erklärenden, wenn der Personenstandsfall, auf den sich die Mitteilung nach Nummer 1 Buchstabe c, Nummer 1 Buchstabe d, Nummer 2 oder Nummer 3 bezieht, nicht in einem Personenstandsregister im Inland beurkundet ist; hat der Erklärende keinen Wohnsitz, keinen letzten Wohnsitz oder keinen gewöhnlichen Aufenthalt im Inland, ist die Mitteilung an das Standesamt I in Berlin zu richten.

(6) Für die Mitteilungen der Konsularbeamten der deutschen Auslandsvertretungen gilt Absatz 5.

(7) Die Mitteilung soll enthalten:

1. die Registrierungsdaten des Personenstandseintrags, auf den sich die Mitteilung bezieht,
2. den Familiennamen, den Geburtsnamen und die Vornamen der Personen, auf die sich die Mitteilung bezieht, sowie Tag und Ort des personenstandsrechtlichen Ereignisses,
3. die Bezeichnung des Vorgangs, der Anlass der Mitteilung ist,
4. das Wirksamkeitsdatum der Entscheidung oder Erklärung.

(8) Mitteilungspflichten an die Standesämter auf Grund anderer Rechtsvorschriften und internationaler Vereinbarungen bleiben unberührt.

§ 57[3)] Mitteilungen bei Beurkundung im Geburtenregister. (1) Das Standesamt, das die Geburt beurkundet, hat dies mitzuteilen:

[1)] **Habersack, Deutsche Gesetze Nr. 21.**

[2)] **Aichberger, SGB Nr. 6/51.**

[3)] § 57 Abs. 1 Nr. 4, Abs. 3 Nr. 2 geänd., Nr. 3 aufgeh., Abs. 6 Nr. 5 geänd. mWv 1.11.2013 durch G v. 7.5. 2013 (BGBl. I S. 1122); Abs. 1 Nr. 4 neu gef., Nr. 6 geänd., Nr. 7 angef., Abs. 4 Nr. 4 geänd., Nr. 5 angef., Abs. 6 →

1. dem Standesamt, das die Geburtseinträge für die Eltern des Kindes führt,
2. dem Standesamt I in Berlin, wenn das Kind im Ausland geboren worden ist,
3. der Meldebehörde,
4. dem Familiengericht, wenn
   a) das Kind nach dem Tod seines Vaters geboren ist,
   b) es sich um ein Findelkind oder um einen Minderjährigen handelt, dessen Personenstand nicht zu ermitteln ist, oder
   c) es sich um ein Kind aus einer vertraulichen Geburt nach § 25 Absatz 1 des Schwangerschaftskonfliktgesetzes[1] handelt,
5. dem Jugendamt, wenn die Eltern des Kindes nicht miteinander verheiratet sind,
6. dem Familiengericht, wenn gemeinsam sorgeberechtigte Eltern, die keinen Ehenamen führen, den Geburtsnamen des Kindes nicht binnen eines Monats nach dessen Geburt bestimmt haben,
7. dem Bundesamt für Familie und zivilgesellschaftliche Aufgaben, wenn das Kind nach § 25 Absatz 1 des Schwangerschaftskonfliktgesetzes vertraulich geboren wurde,
8. der Elterngeldstelle, wenn dem Standesamt bekannt wird, dass ein Antrag auf Elterngeld gestellt worden ist, und wenn die antragstellende Person in die Datenübermittlung eingewilligt hat.

(2) Das Standesamt, das eine Folgebeurkundung über die Anerkennung oder gerichtliche Feststellung der Vaterschaft einträgt, hat dies mitzuteilen:
1. dem Standesamt, das den Geburtseintrag für den Vater führt,
2. dem Standesamt, das den Geburtseintrag für den bisher als Vater eingetragenen Mann führt, wenn er nach der Folgebeurkundung nicht der Vater ist,
3. der Meldebehörde,
4. dem Jugendamt, wenn das Kind während bestehender Ehe der Mutter geboren wurde.

(3) Das Standesamt, das eine Folgebeurkundung über die gerichtliche Entscheidung über das Nichtbestehen der Vaterschaft einträgt, hat dies mitzuteilen:
1. dem Standesamt, das den Geburtseintrag für den bisher als Vater eingetragenen Mann führt,
2. der Meldebehörde.

(4) Das Standesamt, das eine Folgebeurkundung über die Änderung oder Angleichung des Namens des Kindes, die Angabe des Geschlechts oder eine Vornamensortierung einträgt, hat dies mitzuteilen:
1. dem Standesamt, das den Ehe- oder Lebenspartnerschaftseintrag für das Kind führt,
2. dem Standesamt I in Berlin, wenn die Geburt oder die Eheschließung oder die Begründung einer Lebenspartnerschaft des Kindes im Ausland erfolgt ist,
3. dem Standesamt, das den Geburtseintrag eines Abkömmlings des Kindes führt, wenn sich der Geburtsname des Abkömmlings geändert hat,
4. der Meldebehörde, wenn dies nicht bereits von anderer Stelle erfolgt ist,

(Fortsetzung der Anm. von voriger Seite)
Nr. 19 geänd., Nr. 20 angef. mWv 1.5.2014 durch G v. 28.8.2013 (BGBl. I S. 3458); Abs. 4 einl. Satzteil und Abs. 5 Nr. 1 neu gef. mWv 1.11.2018 durch G v. 17.7.2017 (BGBl. I S. 2522); Abs. 1 Nr. 7 geänd., Nr. 8 angef. mWv 1.1.2022 durch G v. 3.12.2020 (BGBl. I S. 2668).

[1] **Habersack, Deutsche Gesetze ErgBd. Nr. 85e.**

5. dem Bundesamt für Familie und zivilgesellschaftliche Aufgaben, wenn das Kind nach § 25 Absatz 1 des Schwangerschaftskonfliktgesetzes vertraulich geboren wurde.

(5) Das Standesamt, das eine Folgebeurkundung über die Annahme als Kind oder deren Aufhebung einträgt, hat dies mitzuteilen:

1. dem Standesamt, das die Geburtseinträge für die leiblichen Eltern des Kindes führt, soweit die Annahme Auswirkungen auf deren Elternschaft hat,
2. dem Standesamt, das die Geburtseinträge für die Annehmenden führt,
3. dem Standesamt, das den Ehe- oder Lebenspartnerschaftseintrag für das Kind führt, wenn sich der Name des Kindes geändert hat,
4. dem Standesamt, das den Geburtseintrag eines Abkömmlings des Kindes führt, wenn sich der Geburtsname des Abkömmlings geändert hat,
5. dem Standesamt I in Berlin, wenn die Geburt oder die Eheschließung oder die Begründung einer Lebenspartnerschaft des Kindes im Ausland erfolgt ist,
6. der Meldebehörde.

(6) Das Standesamt darf zur Erfüllung der nach den Absätzen 1 bis 5 bestehenden Mitteilungspflichten folgende Daten übermitteln:

1. Anlass der Beurkundung,
2. Wirksamkeitsdatum der mitgeteilten Beurkundung,
3. Registrierungsdaten des sendenden Standesamts,
4. Registrierungsdaten der empfangenden Stelle,
5. Geburtsname und Vornamen des Kindes,
6. Tag, Ort und Registrierungsdaten der Geburt des Kindes,
7. Staat der Geburt, wenn das Kind im Ausland geboren worden ist,
8. Geschlecht des Kindes,
9. Staatsangehörigkeit des Kindes bei Erwerb nach § 4 Abs. 3 des Staatsangehörigkeitsgesetzes[1],
10. Familiennamen, Geburtsnamen und Vornamen der Eltern des Kindes,
11. Tag, Ort und Registrierungsdaten der Geburt der Eltern des Kindes,
12. Staatsangehörigkeit der Eltern des Kindes,
13. Daten über Anerkennung, Feststellung oder Nichtbestehen einer Vaterschaft,
14. Daten über die Annahme als Kind, insbesondere
    a) Familiennamen, Geburtsnamen und Vornamen der Annehmenden,
    b) Tag, Ort und Registrierungsdaten der Geburt der Annehmenden,
    c) Staatsangehörigkeit der Annehmenden,
    d) Anschriften der Annehmenden,
15. Daten über eine Namensänderung des Kindes,
16. Anzahl der geborenen Kinder bei einer Mehrlingsgeburt,
17. Angaben zum Tod des Vaters vor der Geburt des Kindes,
18. Angaben zur elterlichen Sorge für das Kind,
19. Anschriften des Kindes und der Eltern,
20. Pseudonym der Mutter im Falle einer vertraulichen Geburt nach § 25 Absatz 1 des Schwangerschaftskonfliktgesetzes.

---

[1] Nr. **15**.

§ 58[1)] Mitteilungen bei Beurkundung im Eheregister. (1) Das Standesamt, das die Eheschließung oder die Umwandlung einer Lebenspartnerschaft in eine Ehe beurkundet, im Falle der Nummer 6 die Anmeldung der Eheschließung entgegennimmt, hat dies mitzuteilen:

1. dem Standesamt, das die Geburtseinträge für die Ehegatten führt,
2. dem Standesamt, das den Geburtseintrag für ein gemeinsames Kind der Ehegatten führt,
3. dem Standesamt I in Berlin, wenn die Ehe im Ausland geschlossen worden ist,
4. dem Standesamt, das den Ehe- oder Lebenspartnerschaftseintrag der letzten Ehe oder Lebenspartnerschaft für die Ehegatten führt,
5. der Meldebehörde,
6. dem Familiengericht, wenn einer der Eheschließenden mit einem anteilsberechtigten minderjährigen oder betreuten Abkömmling in fortgesetzter Gütergemeinschaft lebt.

(2) Das Standesamt, das eine Folgebeurkundung über eine Namensänderung, Namensangleichung oder Vornamensortierung eines oder beider Ehegatten einträgt, hat dies mitzuteilen:

1. dem Standesamt, das den Geburtseintrag für den oder die Ehegatten führt, wenn sich die Namensänderung auf den Geburtsnamen des oder der Ehegatten erstreckt,
2. dem Standesamt, das den Geburtseintrag eines Kindes des oder der Ehegatten führt, wenn auch das Kind den geänderten Namen führt,
3. dem Standesamt I in Berlin, wenn die Ehe im Ausland geschlossen worden ist,
4. der Meldebehörde, wenn dies nicht bereits von anderer Stelle erfolgt ist.

(3) Das Standesamt, das eine Folgebeurkundung über die Aufhebung, Scheidung oder das Nichtbestehen der Ehe oder die Aufhebung einer solchen Entscheidung einträgt, hat dies mitzuteilen:

1. dem Standesamt, das den Geburtseintrag für ein gemeinsames Kind der Ehegatten führt, wenn die Entscheidung Auswirkungen auf den Personenstand des Kindes hat,
2. dem Standesamt, das den Ehe- oder Lebenspartnerschaftseintrag der letzten Ehe oder Lebenspartnerschaft für die Ehegatten führt, wenn das Nichtbestehen der Ehe oder die Aufhebung dieser Entscheidung festgestellt wurde,
3. der Meldebehörde.

(4) Das Standesamt, das eine Folgebeurkundung über die Auflösung der Ehe durch Tod oder über die Todeserklärung, die gerichtliche Feststellung der Todeszeit eines Ehegatten oder die Aufhebung eines solchen Beschlusses einträgt, hat dies mitzuteilen, wenn der Sterbefall nicht im Inland beurkundet worden ist:

1. dem Standesamt, das den Geburtseintrag für den verstorbenen oder für tot erklärten Ehegatten führt,
2. der Meldebehörde,
3. dem für die Veranlagung zur Erbschaftsteuer zuständigen Finanzamt,

---

1) *§ 58 Abs. 4 Nr. 5 geänd., Nr. 6 angef.* mWv 1.1.2012 durch G v. 22.12.2010 (BGBl. I S. 2255); Abs. 1 Nr. 6 geänd., Abs. 3 Nr. 1 aufgeh., bish. Nr. 2–4 werden Nr. 1–3, Abs. 4 Nr. 2 aufgeh., Nr. 3–6 werden Nr. 2–5, Abs. 5 Nr. 5 geänd. mWv 1.11.2013 durch G v. 7.5.2013 (BGBl. I S. 1122); Abs. 4 neu gef. mWv 1.11.2017 und Abs. 2 einl. Satzteil neu gef. mWv 1.11.2018 durch G v. 17.7.2017 (BGBl. I S. 2522); Abs. 1 einl. Satzteil neu gef. mWv 1.11.2018 durch VO v. 24.10.2018 (BGBl. I S. 1768).

4. der das Zentrale Testamentsregister führenden Registerbehörde.

(5) Das Standesamt darf zur Erfüllung der Mitteilungspflichten nach den Absätzen 1 bis 4 folgende Daten übermitteln:

1. Anlass der Beurkundung,
2. Wirksamkeitsdatum der mitgeteilten Beurkundung,
3. Registrierungsdaten des sendenden Standesamts,
4. Registrierungsdaten der empfangenden Stelle,
5. Familiennamen, Geburtsnamen und Vornamen sowie das Geschlecht der Ehegatten,
6. Tag, Ort und Registrierungsdaten der Geburt der Ehegatten,
7. Staat der Geburt, wenn der Ehegatte im Ausland geboren worden ist,
8. Tag und Ort der Eheschließung,
9. Staat der Eheschließung, wenn die Ehe im Ausland geschlossen worden ist,
10. Staatsangehörigkeit der Ehegatten,
11. Familiennamen, Geburtsnamen, Vornamen und Anschrift der Kinder der Ehegatten,
12. Tag, Ort und Registrierungsdaten der Geburt der Kinder der Ehegatten,
13. Staatsangehörigkeit der Kinder der Ehegatten,
14. Angaben zu fortgesetzter Gütergemeinschaft eines Eheschließenden mit seinem Abkömmling,
15. Daten über die Auflösung der Ehe durch Scheidung und Tod,
16. Daten über Todeserklärung und gerichtliche Feststellung der Todeszeit eines Ehegatten,
17. Daten über eine im Ausland erfolgte erneute Eheschließung oder Begründung einer Lebenspartnerschaft eines Ehegatten nach Eheauflösung,
18. Anschriften der Ehegatten.

§ 59[1] Mitteilungen bei Beurkundung im Lebenspartnerschaftsregister.

(1) Das Standesamt, das die Begründung einer Lebenspartnerschaft nach § 35 des Gesetzes[2] beurkundet, hat dies mitzuteilen:

1. dem Standesamt, das die Geburtseinträge für die Lebenspartner führt,
2. dem Standesamt, das den Ehe- oder Lebenspartnerschaftseintrag der letzten Ehe oder Lebenspartnerschaft für die Lebenspartner führt,
3. dem Standesamt I in Berlin,
4. der Meldebehörde.

(2) Das Standesamt, das eine Folgebeurkundung über eine Namensänderung, Namensangleichung oder Vornamensortierung eines oder beider Lebenspartner einträgt, hat dies mitzuteilen:

1. dem Standesamt, das den Geburtseintrag für den Lebenspartner führt, wenn sich die Namensänderung auf den Geburtsnamen des Lebenspartners erstreckt,

---

[1] § 59 Abs. 4 Nr. 5 geänd., Nr. 6 angef. mWv 1.1.2012 durch G v. 22.12.2010 (BGBl. I S. 2255); Abs. 1 Nr. 5 geänd., Abs. 3 neu gef., Abs. 4 Nr. 2 aufgeh., bish. Nr. 3–6 werden Nr. 2–5, Abs. 5 Nr. 5 geänd. mWv 1.11.2013 durch G v. 7.5.2013 (BGBl. I S. 1122); Abs. 4 neu gef. mWv 1.11.2017 und Abs. 2 einl. Satzteil neu gef. mWv 1.11.2018 durch G v. 17.7.2017 (BGBl. I S. 2522); Abs. 1 neu gef. mWv 1.11.2018 durch VO v. 24.10.2018 (BGBl. I S. 1768).

[2] Nr. **260**.

2. dem Standesamt, das den Geburtseintrag für ein Kind der Lebenspartner führt, wenn sich die Namensänderung auf den Geburtsnamen des Kindes erstreckt,
3. dem Standesamt I in Berlin, wenn die Lebenspartnerschaft im Ausland begründet worden ist,
4. der Meldebehörde, wenn dies nicht bereits von anderer Stelle erfolgt ist.

(3) Das Standesamt, das eine Folgebeurkundung über die Aufhebung der Lebenspartnerschaft einträgt, hat dies der Meldebehörde mitzuteilen.

(4) Das Standesamt, das eine Folgebeurkundung über die Auflösung der Lebenspartnerschaft durch Tod oder über die Todeserklärung, die gerichtliche Feststellung der Todeszeit eines Lebenspartners oder die Aufhebung eines solchen Beschlusses einträgt, hat dies mitzuteilen, wenn der Sterbefall nicht im Inland beurkundet worden ist:

1. dem Standesamt, das den Geburtseintrag für den verstorbenen oder für tot erklärten Lebenspartner führt,
2. der Meldebehörde,
3. dem für die Veranlagung zur Erbschaftsteuer zuständigen Finanzamt,
4. der das Zentrale Testamentsregister führenden Registerbehörde.

(5) Das Standesamt darf zur Erfüllung der nach den Absätzen 1 bis 4 bestehenden Mitteilungspflichten folgende Daten übermitteln:

1. Anlass der Beurkundung,
2. Wirksamkeitsdatum der mitgeteilten Beurkundung,
3. Registrierungsdaten des übermittelnden Standesamts,
4. Registrierungsdaten der empfangenden Stelle,
5. Familiennamen, Geburtsnamen und Vornamen sowie das Geschlecht der Lebenspartner,
6. Tag, Ort und Registrierungsdaten der Geburt der Lebenspartner,
7. Staat der Geburt, wenn der Lebenspartner im Ausland geboren wurde,
8. Tag und Ort der Begründung der Lebenspartnerschaft,
9. Staat der Begründung der Lebenspartnerschaft, wenn diese im Ausland erfolgt ist,
10. Staatsangehörigkeit der Lebenspartner,
11. Familiennamen, Geburtsnamen und Vornamen der Kinder der Lebenspartner,
12. Tag, Ort und Registrierungsdaten der Geburt der Kinder der Lebenspartner,
13. Staatsangehörigkeit der Kinder der Lebenspartner,
14. Angaben zu fortgesetzter Gütergemeinschaft eines Lebenspartners mit seinem Abkömmling,
15. Daten über die Auflösung der Lebenspartnerschaft,
16. Daten über eine im Ausland erfolgte erneute Eheschließung oder Begründung einer Lebenspartnerschaft eines Lebenspartners nach Auflösung der Lebens*partnerschaft,*
17. Anschriften der Lebenspartner.

§ 60[1)] Mitteilungen bei Beurkundung im Sterberegister. (1) Das Standesamt, das den Sterbefall beurkundet, hat dies mitzuteilen:

1. dem Standesamt, das den Geburtseintrag für den Verstorbenen führt,
2. dem Standesamt, das den Ehe- oder Lebenspartnerschaftseintrag für eine zur Zeit des Todes bestehende Ehe oder Lebenspartnerschaft führt,
3. der Gesundheitsbehörde, soweit dies nach Landesrecht vorgesehen ist,
4. dem Standesamt I in Berlin, wenn der Verstorbene zuvor für tot erklärt, seine Todeszeit gerichtlich festgestellt worden ist oder er nicht im Inland verstorben ist,
5. der Meldebehörde,
6. dem Familiengericht, wenn der Verstorbene minderjährig und Vollwaise war oder ein minderjähriges Kind hinterlassen hat,
7. dem Jugendamt, wenn der Verstorbene minderjährig und Vollwaise war oder ein minderjähriges Kind hinterlassen hat, das durch den Sterbefall Vollwaise geworden ist,
8. dem für die Veranlagung zur Erbschaftsteuer zuständigen Finanzamt,
9. der das Zentrale Testamentsregister führenden Registerbehörde.

(2) Nimmt das Standesamt I in Berlin eine Ausfertigung eines Beschlusses über Todeserklärung oder gerichtliche Feststellung der Todeszeit in die dortige Sammlung auf, hat es dies mitzuteilen:

1. dem Standesamt, das den Geburtseintrag des für tot Erklärten führt,
2. dem Standesamt, das den Ehe- oder Lebenspartnerschaftseintrag für eine zur Zeit der Todeserklärung bestehende Ehe oder Lebenspartnerschaft führt,
3. dem Standesamt, das das Sterberegister des für tot Erklärten führt,
4. der das Zentrale Testamentsregister führenden Registerbehörde.

(3) Das Standesamt darf zur Erfüllung der nach den Absätzen 1 und 2 bestehenden Mitteilungspflichten folgende Daten übermitteln:

1. Anlass der Beurkundung,
2. Wirksamkeitsdatum der mitgeteilten Beurkundung,
3. Registrierungsdaten des sendenden Standesamts,
4. Registrierungsdaten der empfangenden Stelle,
5. Familiennamen, Geburtsnamen und Vornamen sowie das Geschlecht des Verstorbenen,
6. Tag, Ort und Registrierungsdaten der Geburt des Verstorbenen,
7. Staat der Geburt, wenn der Verstorbene im Ausland geboren worden ist,
8. Todestag oder Todeszeitraum,
9. Sterbeort sowie den Staat, wenn der Sterbefall im Ausland eingetreten ist,
10. Familienstand des Verstorbenen,
11. Staatsangehörigkeit des Verstorbenen,
12. Familiennamen, Geburtsnamen und Vornamen eines Ehegatten oder Lebenspartners des Verstorbenen,

---

[1)] § 60 Abs. 1 Nr. 9 geänd., Nr. 10 angef., Abs. 2 Nr. 4 geänd., Nr. 5 angef. mWv 1.1.2012 durch G v. 22.12. 2010 (BGBl. I S. 2255); Abs. 1 Nr. 3 aufgeh., bish. Nr. 4–10 werden Nr. 3–9, neue Nr. 6 und 9 geänd., Abs. 2 Nr. 2 und 5, Abs. 3 Nr. 5 geänd. mWv 1.11.2013 durch G v. 7.5.2013 (BGBl. I S. 1122); Abs. 1 Nr. 2 und 3 neu gef., Abs. 2 Nr. 3 aufgeh., bish. Nr. 4 und 5 werden Nr. 3 und 4 mWv 1.11.2017 durch G v. 17.7.2017 (BGBl. I S. 2522).

13. Tag, Ort und Registrierungsdaten der Geburt eines Ehegatten oder Lebenspartners des Verstorbenen,
14. Familienname, Vornamen und Anschrift eines nahen Angehörigen des Verstorbenen,
15. Angaben darüber, dass der Verstorbene zuvor für tot erklärt worden war oder seine Todeszeit gerichtlich festgestellt worden ist,
16. Familiennamen und Vornamen eines minderjährigen Kindes des Verstorbenen,
17. Tag der Geburt eines minderjährigen Kindes des Verstorbenen,
18. Angaben darüber, dass der Verstorbene Vollwaise war,
19. Angaben darüber, dass ein Kind des Verstorbenen durch den Sterbefall Vollwaise geworden ist,
20. Anschrift des Verstorbenen.

§ 61[1)] **Mitteilungen für statistische Zwecke.** Den Statistischen Landesämtern werden aus Anlass der Beurkundung einer Geburt, Eheschließung, Begründung der Lebenspartnerschaft, eines Sterbefalls und einer Änderung der Geschlechtsangabe die Daten mitgeteilt, die nach den §§ 2 und 5 Absatz 3 des Bevölkerungsstatistikgesetzes[2)] zu übermitteln sind.

§ 62[3)] **Besonderheiten bei Mitteilungen.** (1) Die Mitteilungspflichten des Standesamts nach den §§ 57 bis 61 gelten entsprechend für ein Standesamt, das
1. für die Entgegennahme einer Namenserklärung zuständig ist oder eine familienrechtliche Erklärung beurkundet oder aufbewahrt, wenn der Personenstandsfall nicht im Inland beurkundet worden ist;
2. einen Hinweis über einen im Ausland beurkundeten Personenstandsfall in ein deutsches Personenstandsregister einträgt.

(2) [1] Erhält das Standesamt I in Berlin eine Mitteilung über die Aufhebung, Scheidung oder das Nichtbestehen einer im Ausland geschlossenen Ehe oder die Aufhebung einer solchen Entscheidung, bestehen die Mitteilungspflichten nach § 58 Absatz 3 auch dann, wenn auf Grund des Fehlens eines Eheeintrags im Standesamt I in Berlin keine Folgebeurkundung erfolgt. [2] Entsprechendes gilt für die Mitteilungspflicht nach § 59 Absatz 3 bei Aufhebung einer im Ausland begründeten Lebenspartnerschaft. [3] Erhält das Standesamt I in Berlin eine Mitteilung über einen im Ausland beurkundeten Sterbefall, gelten die Mitteilungspflichten nach § 60 Absatz 1 entsprechend.

(3) [1] Ist zu einem Personenstandseintrag ein Sperrvermerk eingetragen, hat das Standesamt Mitteilungen gegenüber anderen Stellen, die ihm aus Anlass einer standesamtlichen Beurkundung obliegen, für die Zeit der Sperre auszusetzen, wenn der mit dem Sperrvermerk verfolgte Zweck dies erfordert. [2] Die Mitteilung ist nach Wegfall des Sperrvermerks nachzuholen.

(4) [1] Übermittelt werden dürfen nur die im Einzelfall zur Erfüllung der gesetzlichen Aufgaben der empfangenden Stelle erforderlichen Daten. [2] Neben den aufgeführten Daten darf das Standesamt weitere beurkundete oder im Zusammenhang mit der Beurkundung erhobene Daten mitteilen, soweit diese zur gesetzmäßigen Aufgabenerfüllung der empfangenden Stelle erforderlich sind. [3] Mittei-

(Fortsetzung nächstes Blatt)

[1)] § 61 neu gef. mWv 1.11.2023 durch G v. 17.7.2023 (BGBl. 2023 I Nr. 190).
[2)] **Sartorius III Nr. 935.**
[3)] § 62 Abs. 1 neu gef., Abs. 2 eingef., bish. Abs. 2 wird Abs. 3, bish. Abs. 3 aufgeh. mWv 1.11.2013 durch G v. 7.5.2013 (BGBl. I S. 1122); Abs. 2 Satz 3 angef. mWv 1.11.2018 durch G v. 17.7.2017 (BGBl. I S. 2522).

lungen an ausländische Behörden auf Grund internationaler Übereinkommen und Mitteilungspflichten nach landesrechtlichen Vorschriften bleiben unberührt.

§ 63[1)] Datenübermittlung. (1) [1]Die elektronische Übermittlung von Daten zwischen den Standesämtern und zwischen Standesämtern und anderen Behörden, Gerichten und sonstigen öffentlichen Stellen erfolgt unmittelbar oder über Vermittlungsstellen in gesicherten Verfahren, die Verschlüsselungen nach dem Stand der Technik beinhalten. [2]Bei der Übermittlung von Daten über Vermittlungsstellen bedarf es keiner weitergehenden Signatur des absendenden Standesamts.

(2) [1]Die elektronische Übermittlung von Daten zwischen den Standesämtern erfolgt durch strukturierte Datensätze. [2]Hierfür sind das Datenaustauschformat XPersonenstand und das Übertragungsprotokoll OSCI-Transport in der vom Bundesministerium des Innern, für Bau und Heimat im Bundesanzeiger bekannt gemachten jeweils gültigen Fassung zugrunde zu legen.

(3) [1]Zur Erfüllung gesetzlicher Mitteilungspflichten erfolgt die elektronische Datenübermittlung zwischen Standesämtern und anderen Behörden, Gerichten und sonstigen öffentlichen Stellen durch strukturierte Datensätze in standardisierten Datenaustauschformaten. [2]Soweit die technischen Voraussetzungen vorliegen, sind hierfür das Datenaustauschformat XPersonenstand und das Übertragungsprotokoll OSCI-Transport in der vom Bundesministerium des Innern, für Bau und Heimat im Bundesanzeiger bekannt gemachten jeweils gültigen Fassung zu verwenden.

(4) [1]Innerhalb von Rechenzentren und in besonders gesicherten verwaltungseigenen Netzen kann auf die Verwendung von OSCI-Transport verzichtet werden, wenn durch technische und organisatorische Maßnahmen sichergestellt wird, dass die durch die Verwendung von OSCI-Transport erzielten Sicherheitseigenschaften anderweitig in gleicher Qualität gewährleistet werden. [2]Die getroffenen Maßnahmen sind im Betriebs- und Sicherheitskonzept (§ 13) zu dokumentieren.

§ 64[2)] Abrufverfahren. (1) [1]Für Datenübermittlungen und Datenabrufe im automatisierten Abrufverfahren nach § 68 des Gesetzes gilt § 63. [2]Die eingesetzten technischen Verfahren für den automatisierten Datenabruf müssen sicherstellen, dass nur die zur Aufgabenerfüllung der abrufenden Stelle erforderlichen Daten übermittelt werden können. [3]Wird beim automatisierten Abruf kein zugehöriger Registereintrag im elektronischen Personenstandsregister feststellt, wird die Abfragenachricht dem Standesamt zur manuellen Suche im Altregister weitergeleitet. [4]Bei einem papiergebundenen Eintrag erfolgt die Antwort im teilautomatisierten Verfahren durch das registerführende Standesamt. [5]Sofern zu einem Registereintrag ein Sperrvermerk nach § 64 des Gesetzes eingetragen ist und eine Auskunft nicht erteilt wird, erhält die ersuchende Stelle eine automatisierte Mitteilung, die keine Rückschlüsse darauf zulassen darf, ob zu der betroffenen Person keine Daten vorhanden sind oder ein Sperrvermerk vorliegt.

(2) Datenabrufe im automatisierten Abrufverfahren sollen für die Suche des Datensatzes im Personenstandsregister als Auswahldaten die Registrierungsdaten des betroffenen Personenstandseintrags nach § 16 Absatz 2 Satz 1 oder mindestens die Namen der beurkundeten Person, das Ereignisdatum und den Ereignisort des

---

[1)] § 63 Abs. 2 Satz 2 geänd. mWv 1.4.2012 durch G v. 22.12.2011 (BGBl. I S. 3044); Abs. 1 Satz 2 angef. mWv 1.11.2013 durch G v. 7.5.2013 (BGBl. I S. 1122); Abs. 2 Satz 3 aufgeh., Abs. 3 neu gef. mWv 1.11.2017 durch G v. 17.7.2017 (BGBl. I S. 2522); Abs. 2 Satz 2, Abs. 3 Satz 2 geänd. mWv 27.6. 2020 durch VO v. 19.6.2020 (BGBl. I S. 1328).

[2)] § 64 neu gef. mWv 1.11.2022 durch G v. 19.10.2022 (BGBl. I S. 1744).

personenstandsrechtlichen Ereignisses enthalten. Weitere Auswahldaten sind Daten, die in Anlage 1 zur Verwendung als Suchfeld ausgewiesen sind.

(3) [1]Zur Sicherung der ordnungsgemäßen Datenverarbeitung werden alle Abrufe durch das registerführende Standesamt protokolliert. [2]Für jeden automatisierten Datenabruf ist Folgendes zu protokollieren:
1. die Registrierungsdaten des abgerufenen Eintrags nach § 16 Absatz 2 Satz 1,
2. die abrufende Person und Stelle,
3. die in der Anfragenachricht angegebenen Auswahldaten,
4. die abgerufenen Daten, soweit diese nicht über den Zeitpunkt des Abrufs festgestellt werden können,
5. der Zeitpunkt des Abrufs,
6. das Aktenzeichen oder eine sonstige Kennung der abrufenden Behörde,
7. der Anlass des Abrufs,
8. bei einem automatisierten Abruf die Bezeichnung des Verfahrens.

[3]Die nach Satz 1 gefertigten Protokolle werden vier Jahre nach Ablauf des Kalenderjahres vernichtet, in dem der Abruf erfolgt ist.

(4) Die Verantwortung für die Zulässigkeit des einzelnen Abrufs trägt die abrufende Stelle.

Kapitel 10. Übergangs- und Schlussvorschriften

§ 65[1)] *(aufgehoben)*

§ 66 Fortführung von Altregistern. (1) [1]Eine Folgebeurkundung zu einem Personenstandseintrag in einem bis zum 31. Dezember 2008 angelegten Personenstandsbuch oder Standesregister (Altregister) ist am Rand des Eintrags vorzunehmen. [2]Hinweise sind unterhalb des Eintrags einzutragen; eine Nacherhebung fehlender Daten ist nicht erforderlich.

(2) [1]Folgebeurkundungen zu Personenstandseinträgen, die vor dem 3. Oktober 1990 in dem in Artikel 3 des Einigungsvertrages[2)] genannten Gebiet im Format DIN A5 quer angelegt worden sind, werden auf der Rückseite des Eintrags aufgenommen. [2]Hinweise zu diesen Einträgen werden auf der Vorderseite unterhalb der Beurkundung eingetragen oder in die Folgebeurkundung einbezogen.

(3) [1]Reicht der in den amtlichen Vordrucken der Papierregister vorgesehene Raum für die Folgebeurkundungen und Hinweise nicht aus, so erfolgt die Fortführung auf Allongen. [2]Diese sind fest mit dem jeweiligen Eintrag zu verbinden; die Verbindungsstelle ist mit dem Siegel des Standesamts zu sichern.

§ 67[3)] **Fortführung des Familienbuchs als Heiratseintrag.** (1) In das als Heiratseintrag fortzuführende Familienbuch sind Folgebeurkundungen einzutragen
1. in Spalte 8 über den Tod der Ehegatten, die Todeserklärung oder die gerichtliche Feststellung der Todeszeit und die Aufhebung solcher Beschlüsse, die Aufhebung oder Scheidung der Ehe sowie die Feststellung des Nichtbestehens der Ehe (§ 16 Absatz 1 Nummer 1 bis 4 des Gesetzes[4)]),

---

[1)] § 65 aufgeh. mWv 1.11.2022 durch G v. 19.10.2022 (BGBl. I S. 1744).
[2)] **Sartorius III Nr. 2.**
[3)] § 67 Abs. 1 Nr. 1 und 2 geänd. mWv 1.11.2017 durch G v. 17.7.2017 (BGBl. I S. 2522).
[4)] Nr. **260**.

2. in Spalte 10 jede Änderung des Namens der Ehegatten und jede sonstige Änderung des Personenstands oder der Religionszugehörigkeit, die in das Eheregister einzutragen wäre, sowie Berichtigungen (§ 16 Absatz 1 Nummer 5 bis 8 des Gesetzes) ersetzt.

(2) [1] In Spalte 10 ist auf die Wiederverheiratung oder die Begründung einer Lebenspartnerschaft hinzuweisen. [2] Im Übrigen gilt § 16 Abs. 2 des Gesetzes entsprechend.

(3) Für das als Heiratseintrag fortzuführende Familienbuch wird kein Sicherungsregister geführt.

§ 68 Fortführung des Heiratseintrags. Ein Heiratseintrag wird vom 1. Januar 2009 an nur dann fortgeführt, wenn kein als Heiratseintrag fortzuführendes Familienbuch angelegt worden ist oder der Verbleib des Familienbuchs nicht festgestellt werden kann.

§ 69[1] Übernahme in elektronische Personenstandsregister. (1) [1] Bei der elektronischen Erfassung von Altregistern werden Registereinträge nach den Mustern der Anlagen 2 bis 5 erstellt. [2] Der Sachverhalt ist in die elektronischen Register so zu übernehmen, dass der personenstandsrechtliche Verlauf nachvollziehbar ist und die durch die ursprüngliche Beurkundung verlautbarten Rechtsverhältnisse auch aus dem elektronisch nacherfassten Personenstandseintrag hervorgehen. [3] Daten, die in den elektronischen Registern nicht vorgesehen sind, werden nicht übernommen. [4] Daten, die im Papierregister nicht vorhanden sind, sind sorgfältig unter Beachtung des im Zeitpunkt der Beurkundung geltenden Rechts nachzuerheben, wenn sie zur Führung des elektronischen Registers erforderlich sind. [5] Die Nacherhebung fehlender Daten, die zur Eintragung eines Hinweises führen würden, ist nicht erforderlich.

(2) [1] Für die elektronisch zu erfassenden Einträge sind Registrierungsdaten nach § 16 Absatz 2 zu bilden. [2] Der vorhandenen Eintragsnummer sind die Kurzbezeichnung des jeweiligen Personenstandsregisters nach § 15 Absatz 2 und das Jahr der Erstbeurkundung hinzuzufügen. [3] Weicht die Bezeichnung des Standesamts, das die zu erfassende Beurkundung vorgenommen hat, von der Bezeichnung des Standesamts ab, das jetzt die elektronische Erfassung vornimmt, werden die ursprüngliche Bezeichnung und die Standesamtsnummer übernommen; bei nicht vorhandener oder nicht verwendbarer Standesamtsnummer wird die Nummer des erfassenden Standesamts um eine fortlaufende dreistellige Ziffernfolge (Suffix) ergänzt, die das Standesamt einmalig vergibt; sofern für ein Standesamt trotz unterschiedlicher Bezeichnungen die gleiche Standesamtsnummer vergeben war, erfolgt die Nacherfassung unter der neuen Bezeichnung des Standesamtes. [4] Weicht bei zusammengelegten Standesämtern mit neuer Bezeichnung und unveränderter Standesamtsnummer der Name des neugebildeten Standesamts von dem Namen des erfassten Standesamts ab, so sind die Einträge elektronisch unter der neuen Bezeichnung zu fassen. [5] Der Name des Standesbeamten aus dem ursprünglichen Eintrag wird ohne Funktionsbezeichnung übernommen. [6] Als Heiratseinträge fortgeführte Familienbücher im Sinne des § 77 Absatz 2 Satz 2 des Personenstandsgesetzes[2] werden mit einer nicht belegten Eintragsnummer im Eheregister des Jahres nacherfasst, in dem sie angelegt wurden.

(3) [1] Der Standesbeamte, der die elektronische Erfassung durchführt, schließt den Eintrag mit seiner dauerhaft überprüfbaren qualifizierten elektronischen Signatur ab und speichert ihn in dem entsprechenden Personenstandsregister. [2] Beurkundung im

[1] § 69 neu gef. mWv 1.11.2013 durch G v. 7.5.2013 (BGBl. I S. 1122); Abs. 2 Satz 5 und Abs. 6 Satz 1 geänd. mWv 1.11.2017 durch G v. 17.7.2017 (BGBl. I S. 2522); Abs. 2 Satz 3 geänd., Satz 4 eingef., bish. Sätze 4 und 5 werden Sätze 5 und 6 mWv 1.11.2022 durch G v. 19.10.2022 (BGBl. I S. 1744).

[2] Nr. **260**.

Sinne des § 54 des Gesetzes ist ab diesem Zeitpunkt ausschließlich der im elektronischen Personenstandsregister gespeicherte Eintrag.

(4) Im Übrigen gelten die §§ 9 und 15 bis 20 entsprechend.

(5) [1] Einträge in Altregistern, die in elektronische Register übernommen wurden, sind mit einem entsprechenden Vermerk zu versehen; sie sind danach wie Sammelakten zu behandeln. [2] Ist der gesamte Band nacherfasst, so ist das hierzu geführte Zweitbuch zu vernichten.

(6) Für die Übernahme von Übergangsbeurkundungen nach § 75 des Gesetzes in elektronische Register und für die Neubeurkundung von in Verlust geratenen Einträgen nach § 8 Absatz 1 des Gesetzes gelten die Absätze 1 bis 5 entsprechend.

§ 70[1)] Personenstandsurkunden aus Altregistern und Übergangsbeurkundungen. (1) [1] Für die Ausstellung von Personenstandsurkunden aus Altregistern und Übergangsbeurkundungen gilt § 48 entsprechend. [2] An Stelle beglaubigter Registerausdrucke nach § 55 Absatz 1 Nummer 5 des Gesetzes werden beglaubigte Abschriften der Personenstandseinträge erteilt.

(2) Personenstandsurkunden aus Altregistern und Übergangsbeurkundungen werden nicht mehr ausgestellt, wenn die Einträge nach § 69 in elektronische Register übernommen worden sind.

§ 71[2)] Fortführung, Benutzung und Aufbewahrung der Konsularregister.

(1) Für die Fortführung, Benutzung und Aufbewahrung

1. der von den Konsularbeamten errichteten Heiratseinträge,
2. der auf Grund der unter Nummer 1 genannten Einträge angelegten und als Heiratseinträge fortgeführten Familienbücher,
3. der auf Grund des Gesetzes betreffend die Eheschließung und die Beurkundung des Personenstandes von Bundesangehörigen im Auslande vom 4. Mai 1870 (Bundes-Gesetzblatt des Norddeutschen Bundes S. 599) angelegten Personenstandsregister (Konsularregister)

gelten die Vorschriften des Gesetzes und dieser Verordnung nach Maßgabe der Absätze 2 und 3.

(2) [1] Für die Fortführung der Konsularregister und für die Ausstellung von Personenstandsurkunden aus diesen Registern ist das Standesamt I in Berlin zuständig. [2] Dabei gelten folgende Besonderheiten:

1. [1] Die Konsularregister können vom Standesamt I in Berlin in ein elektronisch geführtes Register übernommen werden. [2] Für die Übernahme der Registerdaten und die Führung und Fortführung des elektronischen Konsularregisters gelten die Vorschriften für Altregister (§ 69) entsprechend. [3] Die ersten Stücke der papiergeführten Konsularregister werden in diesem Fall als Sammelakten im Sinne von § 6 des Gesetzes aufbewahrt, Zweitstücke sind zu vernichten.
2. [1] Soweit kein elektronisches Konsularregister angelegt wird, stehen die ersten Stücke den Personenstandsregistern, die Zweitstücke den Sicherungsregistern

(Fortsetzung nächstes Blatt)

[1)] § 70 Abs. 1 Satz 3 aufgeh. mWv 15.5.2013 durch G v. 7.5.2013 (BGBl. I S. 1122); Abs. 1 Satz 2 geänd. mWv 1.11.2024 durch G v. 19.10.2022 (BGBl. I S. 1744).

[2)] § 71 Abs. 3 Halbs. 1 geänd. mWv 15.5.2013 durch G v. 7.5.2013 (BGBl. I S. 1122); Abs. 3 geänd. mWv 1.11.2022 durch G v. 19.10.2022 (BGBl. I S. 1744).

im Sinne des Gesetzes und dieser Verordnung gleich. Ist von einem Konsularregister nur ein Stück vorhanden, ist kein Sicherungsregister anzulegen.

3. Soweit die Einträge in den Konsularregistern die in den §§ 15, 21 und 31 des Gesetzes vorgeschriebenen Angaben nicht enthalten, ist keine Berichtigung oder Ergänzung vorzunehmen.
4. Für die Ausstellung von Personenstandsurkunden sind die in § 48 Abs. 1 bezeichneten Formulare zu benutzen; dabei können diese Formulare den jeweiligen Erfordernissen angepasst werden. In diese Urkunden dürfen nur Angaben aufgenommen werden, die sich aus dem Eintrag ergeben. In den Ehe- und Sterbeurkunden ist das Alter anzugeben, soweit der Eintrag den Tag der Geburt nicht enthält.

(3) Urkunden, Entscheidungen und Mitteilungen zu den in Absatz 1 Nummer 1 und 3 genannten Einträgen und Registern sind dem Standesamt I in Berlin zu übersenden.

§ 72 Besondere Aufgaben des Standesamts I in Berlin. (1) Personenstandsbücher und Standesregister aus Gebieten, in denen ein deutscher Standesbeamter nicht mehr tätig ist, werden von dem Standesamt I in Berlin geführt.

(2) Falls das Standesamt I in Berlin nur einzelne Personenstandsurkunden aufbewahrt, die aus den in Absatz 1 bezeichneten Büchern oder Registern ausgestellt sind, so stehen diese Urkunden einem Eintrag in einem Personenstandsbuch oder Standesregister gleich.

(3) Urkunden, Entscheidungen oder Mitteilungen, die einem Standesamt in dem in Absatz 1 bezeichneten Gebiet zu übermitteln wären, sind dem Standesamt I in Berlin zu übersenden; die Übersendung unterbleibt, wenn die Mitteilungen nur zur Eintragung von Hinweisen dienen würden.

(4) Das Standesamt I in Berlin sammelt die Urkunden, die Entscheidungen und die Mitteilungen, auf Grund derer nach Absatz 1 oder Absatz 2 eine Eintragung in einem Personenstandsbuch, Standesregister oder auf einer Urkunde vorgenommen werden muss; es führt hierüber ein Verzeichnis.

§ 73 Personenstandsbücher aus Grenzgebieten. (1) Die Vorschriften dieser Verordnung gelten sinngemäß für die aus Anlass des deutsch-belgischen Vertrages vom 24. September 1956 (BGBl. 1958 II S. 262, 353) und auf Grund des deutsch-niederländischen Ausgleichsvertrages vom 8. April 1960 (BGBl. 1963 II S. 458, 1078) übergebenen Personenstandsbücher und beglaubigten Abschriften.

(2) Soweit in diesen Registern die in den §§ 15, 21 und 31 des Gesetzes vorgeschriebenen Angaben nicht enthalten sind, ist eine Berichtigung oder Ergänzung nicht vorzunehmen.

§ 74 Personenstandsbücher des ehemaligen Standesamts I in Berlin (Ost)
Die Vorschriften dieser Verordnung gelten sinngemäß für die nach der Anlage 1 Kapitel II Sachgebiet B Abschnitt III Nr. 2 Buchstabe d Doppelbuchstabe bb Dreifachbuchstabe aaa und bbb des Einigungsvertrages[1)] an den Standesbeamten des Standesamts I in Berlin abgegebenen Personenstandsbücher.

§ 75 Inkrafttreten, Außerkrafttreten. [1]Diese Verordnung tritt am 1. Januar 2009 in Kraft. [2]Gleichzeitig treten außer Kraft:

[1)] **Sartorius III Nr. 2.**

1. die Verordnung zur Ausführung des Personenstandsgesetzes[1] in der Fassung der Bekanntmachung vom 25. Februar 1977 (BGBl. I S. 377), zuletzt geändert durch Artikel 7 Abs. 1 des Gesetzes vom 19. August 2007 (BGBl. I S. 1970),
2. die Personenstandsverordnung der Wehrmacht in der im Bundesgesetzblatt Teil III, Gliederungsnummer 211-1-2, veröffentlichten bereinigten Fassung.

Anlagen 1-13
(Anl. hier nicht abgedruckt)

[1] Nr. **260**.

265. Gesetz über die Änderung von Familiennamen und Vornamen (Namensänderungsgesetz – NamÄndG)

in der Fassung der Bekanntmachung vom 26. März 2021[1)]

(BGBl. I S. 738, 739)

FNA 401-1

geänd. durch Art. 15 Abs. 17 Vormundschafts- und Betreuungsrechts-ReformG v. 4.5.2021 (BGBl. I S. 882)

§ 1 [Anwendungsbereich] Der Familienname eines Deutschen im Sinne des Grundgesetzes[2)], eines Staatenlosen oder heimatlosen Ausländers mit gewöhnlichem Aufenthalt im Inland oder eines Asylberechtigten oder ausländischen Flüchtlings mit Wohnsitz im Inland kann auf Antrag geändert werden.

§ 2[3)] [Antragstellung] (1) [1] Für eine beschränkt geschäftsfähige oder geschäftsunfähige Person stellt der gesetzliche Vertreter den Antrag; ein Vormund oder Pfleger bedarf hierzu der Genehmigung des Familiengerichts, ein Betreuer der Genehmigung des Betreuungsgerichts. [2] Für eine geschäftsfähige Person, für die in dieser Angelegenheit ein Betreuer bestellt und ein Einwilligungsvorbehalt nach § 1825 des Bürgerlichen Gesetzbuchs[4)] angeordnet ist, stellt der Betreuer den Antrag; er bedarf hierzu der Genehmigung des Betreuungsgerichts.

(2) Das Gericht hat den Antragsteller in den Fällen des Absatzes 1 Satz 1, wenn er als beschränkt Geschäftsfähiger das sechzehnte Lebensjahr vollendet hat, sowie in den Fällen des Absatzes 1 Satz 2 zu dem Antrag zu hören.

§ 3 [Rechtfertigung] (1) Ein Familienname darf nur geändert werden, wenn ein wichtiger Grund die Änderung rechtfertigt.

(2) Die für die Entscheidung erheblichen Umstände sind von Amts wegen festzustellen; dabei sollen insbesondere außer den unmittelbar Beteiligten die zuständige Ortspolizeibehörde und solche Personen gehört werden, deren Rechte durch die Namensänderung berührt werden.

§ 3a [Eingebürgerte Staatsangehörige] (1) Ist ein deutscher Staatsangehöriger, der die deutsche Staatsangehörigkeit nach dem 1. Januar 1919 erworben hat, daran gehindert, seinen früheren Familiennamen oder Vornamen zu führen, weil ihm dies vor seiner Einbürgerung durch ein Gesetz oder eine Verwaltungsmaßnahme seines früheren Heimatstaates verboten war, so liegt ein wichtiger Grund zur Änderung im Sinne des § 3 Absatz 1 vor, wenn durch das Gesetz oder die *Verwaltungsmaßnahmen* des früheren Heimatstaates überwiegend Angehörige einer deutschen Minderheit betroffen waren.

(2) Absatz 1 gilt auch für deutsche Staatsangehörige, auf die der frühere Name durch Ableitung übergegangen wäre.

---

1) Neubekanntmachung des Namensänderungsgesetzes in der im Bundesgesetzblatt Teil III, Gliederungsnummer 401-1, veröffentlichten bereinigten Fassung in der ab 18.3.2021 geltenden Fassung.

2) Nr. **1**.

3) § 2 Abs. 1 Satz 2 geänd. mWv 1.1.2023 durch G v. 4.5.2021 (BGBl. I S. 882).

4) **Habersack Nr. 20.**

§ 4 [Kinder] Die Änderung des Familiennamens erstreckt sich, soweit nicht bei der Entscheidung etwas anderes bestimmt wird, auf Kinder der Person, deren Name geändert wird, sofern die Kinder bislang den Namen dieser Person getragen haben und für die Kinder die elterliche Sorge dieser Person besteht.

§ 5 [Zuständige Behörde] (1) [1] Der Antrag auf Änderung eines Familiennamens ist schriftlich oder zu Protokoll bei der nach Landesrecht zuständigen Verwaltungsbehörde zu stellen, in deren Bezirk der Antragsteller oder einer seiner Vorfahren seinen Wohnsitz oder beim Fehlen eines Wohnsitzes seinen Aufenthalt hat oder zuletzt hatte. [2] Das Bundesministerium des Innern, für Bau und Heimat entscheidet, welches Land für die Bearbeitung des Antrags zuständig ist, wenn keine örtliche Zuständigkeit nach Satz 1 begründet wird.

(2) Beantragen mehrere Angehörige einer Familie dieselbe Namensänderung und sind verschiedene Verwaltungsbehörden zuständig, so kann eine der beteiligten Behörden im Einvernehmen mit den anderen Behörden und mit dem Einverständnis der Antragsteller das Verfahren für alle Antragsteller durchführen.

§§ 6, 7 (weggefallen)

§ 8 [Namensfeststellung] (1) [1] Ist zweifelhaft, welchen Familiennamen ein Deutscher im Sinne des Grundgesetzes[1)], ein Staatenloser oder heimatloser Ausländer mit gewöhnlichem Aufenthalt im Inland oder ein Asylberechtigter oder ausländischer Flüchtling mit Wohnsitz im Inland zu führen berechtigt ist, kann die nach Landesrecht zuständige Behörde den zu führenden Namen auf Antrag eines Beteiligten oder von Amts wegen mit allgemein verbindlicher Wirkung feststellen. [2] Die Vorschriften der §§ 2, 3 Absatz 2, der §§ 4 und 5 finden entsprechende Anwendung.

(2) Ist in einem auf Antrag eines Beteiligten eingeleiteten Verfahren die Entscheidung von der Beurteilung einer familienrechtlichen Vorfrage abhängig, so kann die nach Landesrecht zuständige Behörde das Verfahren auf Antrag oder von Amts wegen aussetzen und den Antragsteller zur Herbeiführung einer Entscheidung über diese Vorfrage auf den Rechtsweg verweisen.

§ 9 [Registereintragung] [1] Die nach Landesrecht zuständige Verwaltungsbehörde veranlasst die Folgebeurkundung über die Namensänderung oder die Namensfeststellung im Geburtenregister und im Eheregister oder Lebenspartnerschaftsregister. [2] Sie benachrichtigt die für die Wohnung, bei mehreren Wohnungen die für die Hauptwohnung des Betroffenen zuständige Meldebehörde von der Änderung oder Feststellung des Namens. [3] Die Mitteilungen nach den Sätzen 1 und 2 bedürfen der Schriftform.

§ 10 [Namensrechtliche Vorschriften des BGB] Die namensrechtlichen Vorschriften des Bürgerlichen Gesetzbuchs[2)] bleiben unberührt.

§ 11 [Änderung von Vornamen] Die §§ 1 bis 3, 5 und 9 finden auch auf die Änderung von Vornamen Anwendung.

§§ 12, 13 (weggefallen)

[1)] Nr. 1.
[2)] **Habersack Nr. 20.**

§ 13a [Verordnungsermächtigung] [1] Die Landesregierungen werden ermächtigt, durch Rechtsverordnung die zuständigen Behörden abweichend von § 5 Abs. 1 Satz 1, den §§ 8 und 9 zu bestimmen. [2] Sie können diese Ermächtigung auf oberste Landesbehörden übertragen.

§ 14 (Inkrafttreten)

266. Erste Verordnung zur Durchführung des Gesetzes über die Änderung von Familiennamen und Vornamen

Vom 7. Januar 1938

(RGBl. I S. 12)

BGBl. III/FNA 401-1-1

geänd. durch Art. 11 ZuständigkeitslockerungsVO v. 18.4.1975 (BGBl. I S. 967), Art. 15 Sechstes Euro-EinführungsG v. 3.12.2001 (BGBl. I S. 3306), Art. 4 Abs. 50 G zur Strukturreform des Gebührenrechts des Bundes v. 7.8.2013 (BGBl. I S. 3154, aufgeh. durch G v. 18.7.2016, BGBl. I S. 1666) und Art. 4 Abs. 47 G zur Aktualisierung der Strukturreform des Gebührenrechts des Bundes v. 18.7.2016 (BGBl. I S. 1666)

Auf Grund des § 13 des Gesetzes über die Änderung von Familiennamen und Vornamen[1] vom 5. Januar 1938 (Reichsgesetzbl. I S. 9) wird folgendes verordnet:

Art. I

§ 1 *(gegenstandslos)*

§ 2[2] **[Veröffentlichung des Antrags; Bekanntmachung]** (1) Die höhere Verwaltungsbehörde kann den Antrag auf Änderung oder Feststellung des Familiennamens unter Bestimmung einer Frist zur Geltendmachung von Einwendungen in einer von ihr zu bestimmenden Tageszeitung auf Kosten des Antragstellers veröffentlichen, soweit es zur Verhütung der Beeinträchtigung von Rechten anderer Personen erforderlich erscheint.

(2) Wird ein Familienname geändert oder festgestellt oder wird die Änderung eines Familiennamens widerrufen, so kann die höhere Verwaltungsbehörde diese Anordnung durch einmaliges Einrücken in eine von ihr zu bestimmende Tageszeitung auf Kosten des Betroffenen bekanntmachen, wenn es im Einzelfall zweckmäßig erscheint.

(3) [1] Die Landesregierungen werden ermächtigt, durch Rechtsverordnung die zuständige Behörde abweichend von den Absätzen 1 und 2 zu bestimmen. [2] Sie können diese Ermächtigung auf oberste Landesbehörden übertragen.

§ 3[3] *(aufgehoben)*

Art. II

§ 4 *(gegenstandslos)*

---

[1] Nr. **265**.
[2] § 2 Abs. 3 angef. durch VO v. 18.4.1975 (BGBl. I S. 967).
[3] § 3 aufgeh. mWv 1.10.2021 durch G v. 18.7.2016 (BGBl. I S. 1666).

275. Gesetz über den Verkehr mit Betäubungsmitteln (Betäubungsmittelgesetz – BtMG)[1)]

In der Fassung der Bekanntmachung vom 1. März 1994[2)]

(BGBl. I S. 358)

FNA 2121-6-24

geänd. durch Art. 3 § 1 Gesundheitseinrichtungen-NeuordnungsG v. 24.6.1994 (BGBl. I S. 1416), § 34 GrundstoffüberwachungsG v. 7.10.1994 (BGBl. I S. 2835), Art. 2 § 4 BundesgrenzschutzneuregelungsG v. 19.10.1994 (BGBl. I S. 2978), Art. 9 VerbrechensbekämpfungsG v. 28.10.1994 (BGBl. I S. 3186), Art. 1 Sechste Betäubungsmittelrechts-ÄndVO v. 14.9.1995 (BGBl. I S. 1161), Art. 1 Siebte Betäubungsmittelrechts-ÄndVO v. 29.3.1996 (BGBl. I S. 562), Art. 1 Zweites ÄndG v. 4.4.1996 (BGBl. I S. 582), Art. 1 Achte Betäubungsmittelrechts-ÄndVO v. 14.11.1996 (BGBl. I S. 1728), Art. 1 Neunte Betäubungsmittelrechts-ÄndVO[3)] v. 28.1.1997 (BGBl. I S. 65), Art. 7 JustizmitteilungsG und G zur Änd. kostenrechtlicher Vorschriften und anderer Gesetze v. 18.6.1997 (BGBl. I S. 1430), Art. 1 Zehnte Betäubungsmittelrechts-ÄndVO v. 20.1.1998 (BGBl. I S. 74), Art. 4 G zur Bekämpfung von Sexualdelikten und anderen gefährlichen Straftaten v. 26.1.1998 (BGBl. I S. 160), Art. 1 Zwölfte Betäubungsmittelrechts-ÄndVO[4)] v. 7.10.1998 (BGBl. I S. 3126), Art. 1 13. Betäubungsmittelrechts-ÄndVO[5)] v. 27.9.1999 (BGBl. I S. 1935), Art. 1 Drittes BtMG-ÄndG v. 28.3.2000 (BGBl. I S. 302), Art. 1 14. Betäubungsmittelrechts-ÄndVO[6)] v. 27.9.2000 (BGBl. I S. 1414), Art. 1 15. Betäubungsmittelrechts-ÄndVO v. 19.6.2001 (BGBl. I S. 1180), Art. 1 16. Betäubungsmittelrechts-ÄndVO v. 28.11.2001 (BGBl. I S. 3338), Art. 1 17. Betäubungsmittelrechts-ÄndVO v. 12.2.2002 (BGBl. I S. 612), Art. 2 GrundstoffüberwachungsG-ÄndG v. 26.6.2002 (BGBl. I S. 2261), Art. 18 Achte ZuständigkeitsanpassungsVO v. 25.11.2003 (BGBl. I S. 2304), Art. 1 18. Betäubungsmittelrechts-ÄndVO v. 22.12.2003 (BGBl. 2004 I S. 28), Art. 1 19. Betäubungsmittelrechts-ÄndVO v. 10.3.2005 (BGBl. I S. 757), Art. 15 G zur Umbenennung des Bundesgrenzschutzes in Bundespolizei v. 21.6.2005 (BGBl. I S. 1818), Art. 35 Neunte ZuständigkeitsanpassungsVO v. 31.10.2006 (BGBl. I S. 2407), Art. 1 Zweites JustizmodernisierungsG v. 22.12.2006 (BGBl. I S. 3416), Art. 1 20. Betäubungsmittelrechts-ÄndVO v. 14.2.2007 (BGBl. I S. 154), Art. 1 21. Betäubungsmittelrechts-ÄndVO v. 18.2.2008 (BGBl. I S. 246), Art. 1, 2 22. Betäubungsmittelrechts-ÄndVO v. 19.1.2009 (BGBl. I S. 49), Art. 1 G zur diamorphingestützten Substitutionsbehandlung v. 15.7.2009 (BGBl. I S. 1801), Art. 5 G zur Änd. arzneimittelrechtlicher und anderer Vorschriften v. 17.7.2009 (BGBl. I S. 1990), Art. 2 43. ÄndG v. 29.7.2009 (BGBl. I S. 2288), Art. 1, 2 24. Betäubungsmittelrechts-ÄndVO v. 18.12.2009 (BGBl. I S. 3944), Art. 6 ArzneimittelmarktneuordnungsG v. 22.12.2010 (BGBl. I S. 2262), Art. 1 25. VO zur Änd. betäubungsmittelrechtlicher Vorschriften v. 11.5.2011 (BGBl. I S. 821), Art. 1 26. VO zur Änd. betäubungsmittelrechtlicher Vorschriften v. 20.7.2012 (BGBl. I S. 1639), Art. 4 Zweites G zur Änd. arzneimittelrechtlicher und anderer Vorschriften v. 19.10.2012 (BGBl. I S. 2192), Art. 2 46. StrafrechtsänderungsG v. 10.6.2013 (BGBl. I S. 1497), Art. 1 27. VO zur Änd. betäubungsmittelrechtlicher Vorschriften v. 9.7.2013 (BGBl. I S. 2274), Art. 2 Abs. 20, Art. 4 Abs. 7 G zur Strukturreform des Gebührenrechts des Bundes v. 7.8.2013 (BGBl. I S. 3154, Art. 4 Abs. 7 dieses G aufgeh. durch Art. 2 G v. 18.7.2016, BGBl. I S. 1666), Art. 1 28. VO zur Änd. betäubungsmittelrechtlicher Vorschriften v. 5.12.2014 (BGBl. I S. 1999), Art. 1 29. VO zur Änd. betäubungsmittelrechtlicher Vorschriften v. 18.5.2015 (BGBl. I S. 723), Art. 2 G zur Änd. des Agrar- und Fischereifonds-Informationen-G und des BetäubungsmittelG v. 20.5.2015 (BGBl. I S. 725), Art. 1 30. VO zur Änd. betäubungsmittelrechtlicher Vorschriften v. 11.11.2015 (BGBl. I S. 1992), Art. 1 31. VO zur Änd. betäubungsmittelrechtlicher Vorschriften v. 31.5.2016 (BGBl. I S. 1282), Art. 4 Abs. 7 G zur Aktualisierung der Strukturreform des Gebührenrechts des Bundes v. 18.7.2016 (BGBl. I S. 1666), Art. 1 G zur Änd. betäubungsmittelrechtlicher und anderer Vorschriften v. 6.3.2017 (BGBl. I S. 403), Art. 6 Abs. 6 G zur Reform der strafrechtlichen Vermögensabschöpfung v. 13.4.2017 (BGBl. I S. 872),

---

[1)] Zu Ausnahmen vom Betäubungsmittelgesetz siehe ua § 5 SARS-CoV-2-Arzneimittelversorgungsverordnung v. 20.4.2020 (BAnz AT 21.04.2020 V1).

[2)] Neubekanntmachung des BetäubungsmittelG v. 28.7.1981 (BGBl. I S. 681) in der ab 28.2.1994 geltenden Fassung.

[3)] Die Änderung tritt gem. Art. 2 Abs. 2 VO v. 28.1.1997 (BGBl. I S. 65) am 1.2.1998 außer Kraft.

[4)] Die Änderung tritt gem. Art. 2 Satz 2 VO v. 7.10.1998 (BGBl. I S. 706) ein Jahr nach Inkrafttreten (10.10.1998) außer Kraft.

[5)] Die Änderung tritt gem. Art. 2 VO v. 24.9.1999 (BGBl. I S. 1935) ein Jahr nach Inkrafttreten (10.10.1999) außer Kraft.

[6)] Die Änderung tritt gem. Art. 4 VO v. 19.6.2001 (BGBl. I S. 1180) am 1.7.2001 außer Kraft.

Art. 1 18. ÄndVO v. 16.6.2017 (BGBl. I S. 1670), Art. 1 VO zur Änd. betäubungsmittelrechtlicher und anderer Vorschriften v. 2.7.2018 (BGBl. I S. 1078), Art. 2 VO zur Änd. der Anl. des Neue-psychoaktive-Stoffe-G und von Anl. des BetäubungsmittelG v. 12.7.2019 (BGBl. I S. 1083), Art. 8 G für mehr Sicherheit in der Arzneimittelversorgung v. 9.8.2019 (BGBl. I S. 1202), Art. 1 19. ÄndVO v. 17.12. 2019 (BGBl. I S. 2850), Art. 91 Elfte ZuständigkeitsanpassungsVO v. 19.6.2020 (BGBl. I S. 1328), Art. 1 20. VO zur Änd. von Anlagen des BetäubungsmittelG v. 10.7.2020 (BGBl. I S. 1691), Art. 4 60. G zur Änd. des Strafgesetzbuches v. 30.11.2020 (BGBl. I S. 2600), Art. 1 21. VO zur Änd. von Anlagen des BetäubungsmittelG v. 14.1.2021 (BGBl. I S. 70), Art. 1 32. VO zur Änd. betäubungsmittelrechtlicher Vorschriften v. 18.5.2021 (BGBl. I S. 1096), Art. 11 Digitale-Versorgung-und-Pflege-Modernisierungs-G v. 3.6.2021 (BGBl. I S. 1309), Art. 9 PersonengesellschaftsrechtsmodernisierungsG (MoPeG) v. 10.8. 2021 (BGBl. I S. 3436), Art. 8 Abs. 5 G zum Erlass eines Tierarzneimittelgesetzes und zur Anpassung arzneimittelrechtlicher und anderer Vorschriften v. 27.9.2021 (BGBl. I S. 4530), Art. 1 22. VO zur Änd. von Anlagen des BetäubungsmittelG v. 8.11.2021 (BGBl. I S. 4791), Art. 1 33. VO zur Änd. betäubungsmittelrechtlicher Vorschriften v. 16.12.2022 (BAnz AT 20.12.2022 V1), Art. 1 23. VO zur Änd. von Anlagen des BetäubungsmittelG v. 1.6.2023 (BGBl. 2023 I Nr. 143), Art. 7b, 7e Arzneimittel-Lieferengpassbekämpfungs- und VersorgungsverbesserungsG v. 19.7.2023 (BGBl. 2023 I Nr. 197), Art. 2 G zur Regelung einzelner dem Schutz der finanziellen Interessen der Union dienender Bestimmungen im Rahmen der Gemeinsamen Agrarpolitik, zur Änd. des BetäubungsmittelG sowie zur Aufh. weiterer Vorschriften v. 26.7.2023 (BGBl. 2023 I Nr. 204), Art. 3 CannabisG v. 27.3.2024 (BGBl. 2024 I Nr. 109), Art. 1 24. VO zur Änd. von Anlagen des BetäubungsmittelG v. 29.11.2024 (BGBl. 2024 I Nr. 379), Art. 1 25. VO zur Änd. von Anlagen des BetäubungsmittelG v. 4.8.2025 (BGBl. 2025 I Nr. 182), Art. 1 26. VO zur Änd. von Anlagen des BetäubungsmittelG v. 19.12.2025 (BGBl. 2025 I Nr. 365) und Art. 1 27. VO zur Änd. von Anlagen des BetäubungsmittelG v. 19.5.2026 (BGBl. 2026 I Nr. 150)

Inhaltsübersicht[1)]

Erster Abschnitt. Begriffsbestimmungen

Zweiter Abschnitt. Erlaubnis und Erlaubnisverfahren

Dritter Abschnitt. Pflichten im Betäubungsmittelverkehr

Vierter Abschnitt. Überwachung

---

1) Inhaltsübersicht geänd. mWv 23.7.2009 durch G v. 17.7.2009 (BGBl. I S. 1990); geänd. mWv *15.8.2013 durch G v. 7.8.2013 (BGBl. I S. 3154)*; geänd. mWv 1.10.2021 durch G v. 18.7.2016 (BGBl. I S. 1666); geänd. mWv 1.7.2017 durch G v. 13.4.2017 (BGBl. I S. 872); geänd. mWv 27.7.2023 durch G v. 19.7.2023 (BGBl. 2023 I Nr. 197); geänd. mWv 1.4.2024 durch G v. 27.3.2024 (BGBl. 2024 I Nr. 109); sie wurde nichtamtlich um Anl. I–III ergänzt.

Sechster Abschnitt. Straftaten und Ordnungswidrigkeiten

(Fortsetzung nächstes Blatt)

Erster Abschnitt. Begriffsbestimmungen

§ 1[1)] Betäubungsmittel (1) Betäubungsmittel im Sinne dieses Gesetzes sind die in den Anlagen I bis III aufgeführten Stoffe und Zubereitungen.

(2) [1] Die Bundesregierung wird ermächtigt, nach Anhörung von Sachverständigen durch Rechtsverordnung mit Zustimmung des Bundesrates die Anlagen I bis III zu ändern oder zu ergänzen, wenn dies

1. nach wissenschaftlicher Erkenntnis wegen der Wirkungsweise eines Stoffes, vor allem im Hinblick auf das Hervorrufen einer Abhängigkeit,
2. wegen der Möglichkeit, aus einem Stoff oder unter Verwendung eines Stoffes Betäubungsmittel herstellen zu können, oder
3. zur Sicherheit oder zur Kontrolle des Verkehrs mit Betäubungsmitteln oder anderen Stoffen oder Zubereitungen wegen des Ausmaßes der mißbräuchlichen Verwendung und wegen der unmittelbaren oder mittelbaren Gefährdung der Gesundheit

erforderlich ist. [2] In der Rechtsverordnung nach Satz 1 können einzelne Stoffe oder Zubereitungen ganz oder teilweise von der Anwendung dieses Gesetzes oder einer auf Grund dieses Gesetzes erlassenen Rechtsverordnung ausgenommen werden, soweit die Sicherheit und die Kontrolle des Betäubungsmittelverkehrs gewährleistet bleiben.

(3) [1] Das Bundesministerium für Gesundheit wird ermächtigt, in dringenden Fällen zur Sicherheit oder zur Kontrolle des Betäubungsmittelverkehrs durch Rechtsverordnung ohne Zustimmung des Bundesrates Stoffe und Zubereitungen, *die nicht Arzneimittel* oder Tierarzneimittel sind, in die Anlagen I bis III aufzunehmen, wenn dies wegen des Ausmaßes der mißbräuchlichen Verwendung und wegen der unmittelbaren oder mittelbaren Gefährdung der Gesundheit erforderlich ist. [2] Eine auf der Grundlage dieser Vorschrift erlassene Verordnung tritt nach Ablauf eines Jahres außer Kraft.

---

1) § 1 Abs. 3 Satz 1 und Abs. 4 geänd. mWv 28.11.2003 durch VO v. 25.11.2003 (BGBl. I S. 2304); Abs. 3 Satz 1 und Abs. 4 geänd. mWv 8.11.2006 durch VO v. 31.10.2006 (BGBl. I S. 2407); Abs. 4 geänd. mWv 16.8.2019 durch G v. 9.8.2019 (BGBl. I S. 1202); Abs. 3 Satz 1 geänd. mWv 28.1.2022 durch G v. 27.9.2021 (BGBl. I S. 4530).

(4) Das Bundesministerium für Gesundheit (Bundesministerium) wird ermächtigt, durch Rechtsverordnung ohne Zustimmung des Bundesrates die Anlagen I bis III oder die auf Grund dieses Gesetzes erlassenen Rechtsverordnungen zu ändern, soweit das auf Grund von Änderungen der Anhänge zu dem Einheits-Übereinkommen von 1961 über Suchtstoffe in der Fassung der Bekanntmachung vom 4. Februar 1977 (BGBl. II S. 111) und dem Übereinkommen von 1971 über psychotrope Stoffe (BGBl. 1976 II S. 1477) (Internationale Suchtstoffübereinkommen) in ihrer jeweils für die Bundesrepublik Deutschland verbindlichen Fassung oder auf Grund von Änderungen des Anhangs des Rahmenbeschlusses 2004/757/JI des Rates vom 25. Oktober 2004 zur Festlegung von Mindestvorschriften über die Tatbestandsmerkmale strafbarer Handlungen und die Strafen im Bereich des illegalen Drogenhandels (ABl. L 335 vom 11.11.2004, S. 8), der durch die Richtlinie (EU) 2017/2103 (ABl. L 305 vom 21.11.2017, S. 12) geändert worden ist, erforderlich ist.

§ 2[1] **Sonstige Begriffe.** (1) Im Sinne dieses Gesetzes ist

1. Stoff:
   a) chemische Elemente und chemische Verbindungen sowie deren natürlich vorkommende Gemische und Lösungen,
   b) Pflanzen, Algen, Pilze und Flechten sowie deren Teile und Bestandteile in bearbeitetem oder unbearbeitetem Zustand,
   c) Tierkörper, auch lebender Tiere, sowie Körperteile, -bestandteile und Stoffwechselprodukte von Mensch und Tier in bearbeitetem oder unbearbeitetem Zustand,
   d) Mikroorganismen einschließlich Viren sowie deren Bestandteile oder Stoffwechselprodukte;
2. Zubereitung:
   ohne Rücksicht auf ihren Aggregatzustand ein Stoffgemisch oder die Lösung eines oder mehrerer Stoffe außer den natürlich vorkommenden Gemischen und Lösungen;
3. ausgenommene Zubereitung:
   eine in den Anlagen I bis III bezeichnete Zubereitung, die von den betäubungsmittelrechtlichen Vorschriften ganz oder teilweise ausgenommen ist;
4. Herstellen:
   das Gewinnen, Anfertigen, Zubereiten, Be- oder Verarbeiten, Reinigen und Umwandeln.

(2) Der Einfuhr oder Ausfuhr eines Betäubungsmittels steht jedes sonstige Verbringen in den oder aus dem Geltungsbereich dieses Gesetzes gleich.

Zweiter Abschnitt. Erlaubnis und Erlaubnisverfahren

§ 3[2] **Erlaubnis zum Verkehr mit Betäubungsmitteln.** (1) Einer Erlaubnis des Bundesinstitutes für Arzneimittel und Medizinprodukte bedarf, wer

1. Betäubungsmittel anbauen, herstellen, mit ihnen Handel treiben, sie, ohne mit ihnen Handel zu treiben, einführen, ausführen, abgeben, veräußern, sonst in den Verkehr bringen, erwerben oder
2. ausgenommene Zubereitungen (§ 2 Abs. 1 Nr. 3) herstellen

---

[1] § 2 Abs. 1 Nr. 1 neu gef. mWv 23.7.2009 durch G v. 17.7.2009 (BGBl. I S. 1990).
[2] § 3 Abs. 1, 2 geänd. durch G v. 24.6.1994 (BGBl. I S. 1416).

will.

(2) Eine Erlaubnis für die in Anlage I bezeichneten Betäubungsmittel kann das Bundesinstitut für Arzneimittel und Medizinprodukte nur ausnahmsweise zu wissenschaftlichen oder anderen im öffentlichen Interesse liegenden Zwecken erteilen.

§ 4[1] Ausnahmen von der Erlaubnispflicht. (1) Einer Erlaubnis nach § 3 bedarf nicht, wer

1. im Rahmen des Betriebs einer öffentlichen Apotheke oder einer Krankenhausapotheke (Apotheke)
   a) in Anlage II oder III bezeichnete Betäubungsmittel oder dort ausgenommene Zubereitungen herstellt,
   b) in Anlage II oder III bezeichnete Betäubungsmittel erwirbt,
   c) in Anlage III bezeichnete Betäubungsmittel auf Grund ärztlicher, zahnärztlicher oder tierärztlicher Verschreibung abgibt,
   d) in Anlage II oder III bezeichnete Betäubungsmittel an Inhaber einer Erlaubnis zum Erwerb dieser Betäubungsmittel zurückgibt oder an den Nachfolger im Betrieb der Apotheke abgibt,
   e) in Anlage I, II oder III bezeichnete Betäubungsmittel zur Untersuchung, zur Weiterleitung an eine zur Untersuchung von Betäubungsmitteln berechtigte Stelle oder zur Vernichtung entgegennimmt oder
   f) in Anlage III bezeichnete Opioide in Form von Fertigarzneimitteln in transdermaler oder in transmucosaler Darreichungsform an eine Apotheke zur Deckung des nicht aufschiebbaren Betäubungsmittelbedarfs eines ambulant versorgten Palliativpatienten abgibt, wenn die empfangende Apotheke die Betäubungsmittel nicht vorrätig hat,
2. im Rahmen des Betriebs einer tierärztlichen Hausapotheke in Anlage III bezeichnete Betäubungsmittel in Form von Tierarzneimitteln
   a) für ein von ihm behandeltes Tier miteinander, mit anderen Tierarzneimitteln oder arzneilich nicht wirksamen Bestandteilen zum Zwecke der Anwendung durch ihn oder für die Immobilisation eines von ihm behandelten Zoo-, Wild- und Gehegetieres mischt,
   b) erwirbt,
   c) für ein von ihm behandeltes Tier oder Mischungen nach Buchstabe a für die Immobilisation eines von ihm behandelten Zoo-, Wild- und Gehegetieres abgibt oder
   d) an Inhaber der Erlaubnis zum Erwerb dieser Betäubungsmittel zurückgibt oder an den Nachfolger im Betrieb der tierärztlichen Hausapotheke abgibt,
3. in Anlage III bezeichnete Betäubungsmittel
   a) auf Grund ärztlicher, zahnärztlicher oder tierärztlicher Verschreibung,
   b) *zur Anwendung an einem* Tier von einer Person, die dieses Tier behandelt und eine tierärztliche Hausapotheke betreibt, oder
   c) von einem Arzt nach § 13 Absatz 1a Satz 1

   erwirbt,

[1] § 4 Abs. 3 Sätze 1 und 2 geänd. durch G v. 24.6.1994 (BGBl. I S. 1416); Abs. 1 einl. Satzteil geänd., Nr. 2 neu gef., Nr. 4 und 5 geänd., Nr. 6 angef. mWv 23.7.2009 durch G v. 17.7.2009 (BGBl. I S. 1990); Abs. 1 Nr. 1 Buchst. c und e geänd., Buchst. f angef., Nr. 3 Buchst. a und b geänd., Buchst. c angef., Nr. 6 geänd. mWv 26.10.2012 durch G v. 19.10.2012 (BGBl. I S. 2192); Abs. 1 Nr. 2 einl. Satzteil, Buchst. a, Nr. 6 geänd. mWv 28.1.2022 durch G v. 27.9.2021 (BGBl. I S. 4530).

4. in Anlage III bezeichnete Betäubungsmittel
   a) als Arzt, Zahnarzt oder Tierarzt im Rahmen des grenzüberschreitenden Dienstleistungsverkehrs oder
   b) auf Grund ärztlicher, zahnärztlicher oder tierärztlicher Verschreibung erworben hat und sie als Reisebedarf

   ausführt oder einführt,
5. gewerbsmäßig
   a) an der Beförderung von Betäubungsmitteln zwischen befugten Teilnehmern am Betäubungsmittelverkehr beteiligt ist oder die Lagerung und Aufbewahrung von Betäubungsmitteln im Zusammenhang mit einer solchen Beförderung oder für einen befugten Teilnehmer am Betäubungsmittelverkehr übernimmt oder
   b) die Versendung von Betäubungsmitteln zwischen befugten Teilnehmern am Betäubungsmittelverkehr durch andere besorgt oder vermittelt oder
6. in Anlage I, II oder III bezeichnete Betäubungsmittel als Proband oder Patient im Rahmen einer klinischen Prüfung oder in Härtefällen nach § 21 Absatz 2 Nummer 3 des Arzneimittelgesetzes[1] in Verbindung mit Artikel 83 der Verordnung (EG) Nr. 726/2004 des Europäischen Parlaments und des Rates vom 31. März 2004 zur Festlegung der Verfahren der Union für die Genehmigung und Überwachung von Humanarzneimitteln und zur Errichtung einer Europäischen Arzneimittel-Agentur (ABl. L 136 vom 30.4.2004, S. 1), die zuletzt durch die Verordnung (EU) 2019/5 (ABl. L 4 vom 7.1.2019, S. 24) geändert worden ist, erwirbt.

(2) Einer Erlaubnis nach § 3 bedürfen nicht Bundes- und Landesbehörden für den Bereich ihrer dienstlichen Tätigkeit sowie die von ihnen mit der Untersuchung von Betäubungsmitteln beauftragten Behörden.

(3) [1] Wer nach Absatz 1 Nr. 1 und 2 keiner Erlaubnis bedarf und am Betäubungsmittelverkehr teilnehmen will, hat dies dem Bundesinstitut für Arzneimittel und Medizinprodukte zuvor anzuzeigen. [2] Die Anzeige muß enthalten:
1. den Namen und die Anschriften des Anzeigenden sowie der Apotheke oder der tierärztlichen Hausapotheke,
2. das Ausstellungsdatum und die ausstellende Behörde der apothekenrechtlichen Erlaubnis oder der Approbation als Tierarzt und
3. das Datum des Beginns der Teilnahme am Betäubungsmittelverkehr.

[3] Das Bundesinstitut für Arzneimittel und Medizinprodukte unterrichtet die zuständige oberste Landesbehörde unverzüglich über den Inhalt der Anzeigen, soweit sie tierärztliche Hausapotheken betreffen.

§ 5[2] Versagung der Erlaubnis. (1) Die Erlaubnis nach § 3 ist zu versagen, wenn
1. nicht gewährleistet ist, daß in der Betriebsstätte und, sofern weitere Betriebsstätten in nicht benachbarten Gemeinden bestehen, in jeder dieser Betriebsstätten eine Person bestellt wird, die verantwortlich ist für die Einhaltung der betäubungsmittelrechtlichen Vorschriften und der Anordnungen der Über-

---
[1] **Sartorius ErgBd. Nr. 272.**

[2] § 5 Abs. 2 geänd. mWv 26.10.2012 durch G v. 19.10.2012 (BGBl. I S. 2192); Abs. 1 Nr. 3 geänd. mWv 1.1.2024 durch G v. 10.8.2021 (BGBl. I S. 3436).

wachungsbehörden (Verantwortlicher); der Antragsteller kann selbst die Stelle eines Verantwortlichen einnehmen,
2. der vorgesehene Verantwortliche nicht die erforderliche Sachkenntnis hat oder die ihm obliegenden Verpflichtungen nicht ständig erfüllen kann,
3. Tatsachen vorliegen, aus denen sich Bedenken gegen die Zuverlässigkeit des Verantwortlichen, des Antragstellers, seines gesetzlichen Vertreters oder bei juristischen Personen oder sonstigen Personenvereinigungen der nach Gesetz, Satzung oder Gesellschaftsvertrag zur Vertretung oder Geschäftsführung Berechtigten ergeben,
4. geeignete Räume, Einrichtungen und Sicherungen für die Teilnahme am Betäubungsmittelverkehr oder die Herstellung ausgenommener Zubereitungen nicht vorhanden sind,
5. die Sicherheit oder Kontrolle des Betäubungsmittelverkehrs oder der Herstellung ausgenommener Zubereitungen aus anderen als den in den Nummern 1 bis 4 genannten Gründen nicht gewährleistet ist,
6. die Art und der Zweck des beantragten Verkehrs nicht mit dem Zweck dieses Gesetzes, die notwendige medizinische Versorgung der Bevölkerung sicherzustellen, daneben aber den Mißbrauch von Betäubungsmitteln oder die mißbräuchliche Herstellung ausgenommener Zubereitungen sowie das Entstehen oder Erhalten einer Betäubungsmittelabhängigkeit soweit wie möglich auszuschließen, vereinbar ist oder
7. bei Beanstandung der vorgelegten Antragsunterlagen einem Mangel nicht innerhalb der gesetzten Frist (§ 8 Abs. 2) abgeholfen wird.

(2) Die Erlaubnis kann versagt werden, wenn sie der Durchführung der internationalen Suchtstoffübereinkommen oder Beschlüssen, Anordnungen oder Empfehlungen zwischenstaatlicher Einrichtungen der Suchtstoffkontrolle entgegensteht oder dies wegen Rechtsakten der Organe der Europäischen Union geboten ist.

§ 6[1)] Sachkenntnis. (1) Der Nachweis der erforderlichen Sachkenntnis (§ 5 Abs. 1 Nr. 2) wird erbracht

1. im Falle des Herstellens[2)] von Betäubungsmitteln oder ausgenommenen Zubereitungen, die Arzneimittel sind, durch den Nachweis der Sachkenntnis nach § 15 Absatz 1 des Arzneimittelgesetzes[3)],

1a. im Falle des Herstellens von Betäubungsmitteln oder ausgenommenen Zubereitungen, die Tierarzneimittel sind, durch den Nachweis, dass die vorgesehene verantwortliche Person die Voraussetzungen an eine sachkundige Person nach Artikel 97 Absatz 2 und 3 der Verordnung (EU) 2019/6 des Europäischen Parlaments und des Rates vom 11. Dezember 2018 über Tierarzneimittel und zur Aufhebung der Richtlinie 2001/82/EG (ABl. L 4 vom 7.1.2019, S. 43; L 163 vom 20.6.2019, S. 112; L 326 vom 8.10.2020, S. 15; L 241 vom 8.7.2021, S. 17) erfüllt,

2. im Falle des Herstellens von Betäubungsmitteln, die keine Arzneimittel oder Tierarzneimittel sind, durch das Zeugnis über eine nach abgeschlossenem

---

[1)] § 6 Abs. 2 geänd. durch G v. 24.6.1994 (BGBl. I S. 1416); Abs. 1 Nr. 1 geänd. mWv 23.7.2009 durch G v. 17.7.2009 (BGBl. I S. 1990); Abs. 1 Nr. 1a eingef., Nr. 2 geänd. mWv 28.1.2022 durch G v. 27.9.2021 (BGBl. I S. 4530).

[2)] Gem. G v. 28.7.1981 (BGBl. I S. 681); in der Neubekanntmachung v. 1.3.1994 (BGBl. I S. 358) stattdessen: „Herstellers“

[3)] **Sartorius ErgBd. Nr. 272.**

wissenschaftlichem Hochschulstudium der Biologie, der Chemie, der Pharmazie, der Human- oder der Veterinärmedizin abgelegte Prüfung und durch die Bestätigung einer mindestens einjährigen praktischen Tätigkeit in der Herstellung oder Prüfung von Betäubungsmitteln,

3. im Falle des Verwendens für wissenschaftliche Zwecke durch das Zeugnis über eine nach abgeschlossenem wissenschaftlichem Hochschulstudium der Biologie, der Chemie, der Pharmazie, der Human- oder der Veterinärmedizin abgelegte Prüfung und

4. in allen anderen Fällen durch das Zeugnis über eine abgeschlossene Berufsausbildung als Kaufmann im Groß- und Außenhandel in den Fachbereichen Chemie oder Pharma und durch die Bestätigung einer mindestens einjährigen praktischen Tätigkeit im Betäubungsmittelverkehr.

(2) Das Bundesinstitut für Arzneimittel und Medizinprodukte kann im Einzelfall von den im Absatz 1 genannten Anforderungen an die Sachkenntnis abweichen, wenn die Sicherheit und Kontrolle des Betäubungsmittelverkehrs oder der Herstellung ausgenommener Zubereitungen gewährleistet sind.

§ 7[1)] Antrag. [1]Der Antrag auf Erteilung einer Erlaubnis nach § 3 ist beim Bundesinstitut für Arzneimittel und Medizinprodukte zu stellen. [2]Dem Antrag müssen folgende Angaben und Unterlagen beigefügt werden:

1. die Namen, Vornamen oder die Firma und die Anschriften des Antragstellers und der Verantwortlichen,
2. für die Verantwortlichen die Nachweise über die erforderliche Sachkenntnis und Erklärungen darüber, ob und auf Grund welcher Umstände sie die ihnen obliegenden Verpflichtungen ständig erfüllen können,
3. eine Beschreibung der Lage der Betriebsstätten nach Ort (gegebenenfalls Flurbezeichnung), Straße, Hausnummer, Gebäude und Gebäudeteil sowie der Bauweise des Gebäudes,
4. eine Beschreibung der vorhandenen Sicherungen gegen die Entnahme von Betäubungsmitteln durch unbefugte Personen,
5. die Art des Betäubungsmittelverkehrs (§ 3 Abs. 1),
6. die Art und die voraussichtliche Jahresmenge der herzustellenden oder benötigten Betäubungsmittel,
7. im Falle des Herstellens (§ 2 Abs. 1 Nr. 4) von Betäubungsmitteln oder ausgenommenen Zubereitungen eine kurzgefaßte Beschreibung des Herstellungsganges unter Angabe von Art und Menge der Ausgangsstoffe oder -zubereitungen, der Zwischen- und Endprodukte, auch wenn Ausgangsstoffe oder -zubereitungen, Zwischen- oder Endprodukte keine Betäubungsmittel sind; bei nicht abgeteilten Zubereitungen zusätzlich die Gewichtsvomhundertsätze, bei abgeteilten Zubereitungen die Gewichtsmengen der je abgeteilte Form enthaltenen Betäubungsmittel und
8. im Falle des Verwendens zu wissenschaftlichen oder anderen im öffentlichen Interesse liegenden Zwecken eine Erläuterung des verfolgten Zwecks unter Bezugnahme auf einschlägige wissenschaftliche Literatur.

[1)] § 7 Satz 1 geänd. durch G v. 24.6.1994 (BGBl. I S. 1416); Satz 1 neu gef. mWv 1.4.2024 durch G v. 27.3.2024 (BGBl. 2024 I Nr. 109).

§ 8[1] Entscheidung. (1) [1] Das Bundesinstitut für Arzneimittel und Medizinprodukte soll innerhalb von drei Monaten nach Eingang des Antrages über die Erteilung der Erlaubnis entscheiden. [2] Es unterrichtet die zuständige oberste Landesbehörde unverzüglich über die Entscheidung.

(2) [1] Gibt das Bundesinstitut für Arzneimittel und Medizinprodukte dem Antragsteller Gelegenheit, Mängeln des Antrages abzuhelfen, so wird die in

(Fortsetzung nächstes Blatt)

[1] § 8 Abs. 1 Satz 1, Abs. 2 Satz 1, Abs. 3 Satz 1 geänd. durch G v. 24.6.1994 (BGBl. I S. 1416).

Absatz 1 bezeichnete Frist bis zur Behebung der Mängel oder bis zum Ablauf der zur Behebung der Mängel gesetzten Frist gehemmt. [2] Die Hemmung beginnt mit dem Tage, an dem dem Antragsteller die Aufforderung zur Behebung der Mängel zugestellt wird.

(3) [1] Der Inhaber der Erlaubnis hat jede Änderung der in § 7 bezeichneten Angaben dem Bundesinstitut für Arzneimittel und Medizinprodukte unverzüglich mitzuteilen. [2] Bei einer Erweiterung hinsichtlich der Art der Betäubungsmittel oder des Betäubungsmittelverkehrs sowie bei Änderungen in der Person des Erlaubnisinhabers oder der Lage der Betriebsstätten, ausgenommen innerhalb eines Gebäudes, ist eine neue Erlaubnis zu beantragen. [3] In den anderen Fällen wird die Erlaubnis geändert. [4] Die zuständige oberste Landesbehörde wird über die Änderung der Erlaubnis unverzüglich unterrichtet.

§ 9[1] **Beschränkungen, Befristung, Bedingungen und Auflagen.** (1) [1] Die Erlaubnis ist zur Sicherheit und Kontrolle des Betäubungsmittelverkehrs oder der Herstellung ausgenommener Zubereitungen auf den jeweils notwendigen Umfang zu beschränken. [2] Sie muß insbesondere regeln:

1. die Art der Betäubungsmittel und des Betäubungsmittelverkehrs,
2. die voraussichtliche Jahresmenge und den Bestand an Betäubungsmitteln,
3. die Lage der Betriebsstätten und
4. den Herstellungsgang und die dabei anfallenden Ausgangs-, Zwischen- und Endprodukte, auch wenn sie keine Betäubungsmittel sind.

(2) Die Erlaubnis kann

1. befristet, mit Bedingungen erlassen oder mit Auflagen verbunden werden oder
2. nach ihrer Erteilung hinsichtlich des Absatzes 1 Satz 2 geändert oder mit sonstigen Beschränkungen oder Auflagen versehen werden,

wenn dies zur Sicherheit oder Kontrolle des Betäubungsmittelverkehrs oder der Herstellung ausgenommener Zubereitungen erforderlich ist oder die Erlaubnis der Durchführung der internationalen Suchtstoffübereinkommen oder von Beschlüssen, Anordnungen oder Empfehlungen zwischenstaatlicher Einrichtungen der Suchtstoffkontrolle entgegensteht oder dies wegen Rechtsakten der Organe der Europäischen Union geboten ist.

§ 10 Rücknahme und Widerruf. (1) [1] Die Erlaubnis kann auch widerrufen werden, wenn von ihr innerhalb eines Zeitraumes von zwei Kalenderjahren kein Gebrauch gemacht worden ist. [2] Die Frist kann verlängert werden, wenn ein berechtigtes Interesse glaubhaft gemacht wird.

(2) Die zuständige oberste Landesbehörde wird über die Rücknahme oder den Widerruf der Erlaubnis unverzüglich unterrichtet.

§ 10a[2] **Erlaubnis für den Betrieb von Drogenkonsumräumen.** (1) [1] Einer Erlaubnis der zuständigen obersten Landesbehörde bedarf, wer eine Einrichtung betreiben will, in deren Räumlichkeiten Betäubungsmittelabhängigen eine Gelegenheit zum Verbrauch von mitgeführten, ärztlich nicht verschriebenen Betäubungsmitteln verschafft oder gewährt wird (Drogenkonsumraum). [2] Eine Erlaubnis

---

[1] § 9 Abs. 2 geänd. mWv 26.10.2012 durch G v. 19.10.2012 (BGBl. I S. 2192).

[2] § 10a eingef. mWv 1.4.2000 durch G v. 28.3.2000 (BGBl. I S. 302); Abs. 4 aufgeh. mWv 27.7.2023 durch G v. 19.7.2023 (BGBl. 2023 I Nr. 197).

kann nur erteilt werden, wenn die Landesregierung die Voraussetzungen für die Erteilung in einer Rechtsverordnung nach Maßgabe des Absatzes 2 geregelt hat.

(2) [1] Die Landesregierungen werden ermächtigt, durch Rechtsverordnung die Voraussetzungen für die Erteilung einer Erlaubnis nach Absatz 1 zu regeln. [2] Die Regelungen müssen insbesondere folgende Mindeststandards für die Sicherheit und Kontrolle beim Verbrauch von Betäubungsmitteln in Drogenkonsumräumen festlegen:

1. Zweckdienliche sachliche Ausstattung der Räumlichkeiten, die als Drogenkonsumraum dienen sollen;
2. Gewährleistung einer sofort einsatzfähigen medizinischen Notfallversorgung;
3. medizinische Beratung und Hilfe zum Zwecke der Risikominderung beim Verbrauch der von Abhängigen mitgeführten Betäubungsmittel;
4. Vermittlung von weiterführenden und ausstiegsorientierten Angeboten der Beratung und Therapie;
5. Maßnahmen zur Verhinderung von Straftaten nach diesem Gesetz in Drogenkonsumräumen, abgesehen vom Besitz von Betäubungsmitteln nach § 29 Abs. 1 Satz 1 Nr. 3 zum Eigenverbrauch in geringer Menge;
6. erforderliche Formen der Zusammenarbeit mit den für die öffentliche Sicherheit und Ordnung zuständigen örtlichen Behörden, um Straftaten im unmittelbaren Umfeld der Drogenkonsumräume soweit wie möglich zu verhindern;
7. genaue Festlegung des Kreises der berechtigten Benutzer von Drogenkonsumräumen, insbesondere im Hinblick auf deren Alter, die Art der mitgeführten Betäubungsmittel sowie die geduldeten Konsummuster; offenkundige Erst- oder Gelegenheitskonsumenten sind von der Benutzung auszuschließen;
8. eine Dokumentation und Evaluation der Arbeit in den Drogenkonsumräumen;
9. ständige Anwesenheit von persönlich zuverlässigem Personal in ausreichender Zahl, das für die Erfüllung der in den Nummern 1 bis 7 genannten Anforderungen fachlich ausgebildet ist;
10. Benennung einer sachkundigen Person, die für die Einhaltung der in den Nummern 1 bis 9 genannten Anforderungen, der Auflagen der Erlaubnisbehörde sowie der Anordnungen der Überwachungsbehörde verantwortlich ist (Verantwortlicher) und die ihm obliegenden Verpflichtungen ständig erfüllen kann.

(3) Für das Erlaubnisverfahren gelten § 7 Satz 1 und 2 Nr. 1 bis 4 und 8, §§ 8, 9 Abs. 2 und § 10 entsprechend; dabei tritt an die Stelle des Bundesinstituts für Arzneimittel und Medizinprodukte jeweils die zuständige oberste Landesbehörde, an die Stelle der obersten Landesbehörde jeweils das Bundesinstitut für Arzneimittel und Medizinprodukte.

§ 10b[1)] Erlaubnis für die Durchführung von Modellvorhaben zu Substanzanalysen. (1) Die zuständigen Landesbehörden können eine Erlaubnis für Modellvorhaben zur qualitativen und quantitativen chemischen Analyse von mitgeführten, nicht ärztlich, zahnärztlich oder tierärztlich verschriebenen Betäubungsmitteln erteilen, wenn mit der Analyse eine Risikobewertung und gesundheitliche *Aufklärung* über die Folgen des Konsums für die die Betäubungsmittel besitzende Person verbunden ist (Drug-Checking-Modellvorhaben).

[1)] § 10b eingef. mWv 27.7.2023 durch G v. 19.7.2023 (BGBl. 2023 I Nr. 197).

(2) [1]Die Landesregierungen haben zur Verbesserung des Gesundheitsschutzes und einer besseren gesundheitlichen Aufklärung durch Rechtsverordnung Bestimmungen über die Erteilung einer in Absatz 1 genannten Erlaubnis einschließlich der hierfür geltenden Voraussetzungen zu erlassen. [2]In der Rechtsverordnung nach Satz 1 sind insbesondere folgende Anforderungen an die Durchführung von Drug-Checking-Modellvorhaben festzulegen:

1. Vorhandensein einer zweckdienlichen sachlichen Ausstattung;
2. Gewährleistung einer Aufklärung über die Risiken des Konsums von Betäubungsmitteln einschließlich einer Beratung zum Zweck der gesundheitlichen Risikominderung beim Konsum;
3. Gewährleistung einer Vermittlung in weiterführende Angebote der Suchthilfe bei Bedarf seitens der Konsumierenden;
4. Dokumentation der zur Untersuchung eingereichten Substanzen mit Untersuchungsergebnis und der angewandten Methode zur Ermöglichung der in Absatz 3 Satz 1 genannten gesundheitlichen Aufklärung und wissenschaftlichen Begleitung und zur Berücksichtigung der Untersuchungsergebnisse in öffentlichen substanzbezogenen Warnungen;
5. Vorgaben zur Sicherheit und Kontrolle des Betäubungsmittelverkehrs bei Verwahrung und Transport von zu untersuchenden Proben und zur Vernichtung der zu untersuchenden Proben nach der Substanzanalyse;
6. Festlegung erforderlicher Formen der Zusammenarbeit mit den für die öffentliche Sicherheit und Ordnung zuständigen örtlichen Behörden;
7. ständige Anwesenheit während der üblichen Geschäftszeiten des Modellvorhabens von persönlich zuverlässigem Personal in ausreichender Zahl, das für die Erfüllung der in den Nummern 1 bis 6 genannten Anforderungen fachlich qualifiziert ist;
8. Vorhandensein einer sachkundigen Person, die für die Einhaltung der in den Nummern 1 bis 7 genannten Anforderungen, der Auflagen der Erlaubnisbehörde sowie der Anordnungen der Überwachungsbehörde verantwortlich ist und die die ihr obliegenden Verpflichtungen ständig während der üblichen Geschäftszeiten des Modellvorhabens erfüllen kann und gegenüber der zuständigen Behörde vor Erteilung der in Absatz 1 genannten Erlaubnis zu benennen ist.

[3]In der Rechtsverordnung nach Satz 1 sind das Verfahren der Erteilung der in Absatz 1 genannten Erlaubnis und die hierfür jeweils zuständige Behörde zu bestimmen.

(3) [1]Die Länder stellen jeweils eine wissenschaftliche Begleitung und Auswertung der Modellvorhaben im Hinblick auf die Erreichung der Ziele einer besseren gesundheitlichen Aufklärung sowie eines verbesserten Gesundheitsschutzes sicher. [2]Die Länder übermitteln dem Bundesministerium für Gesundheit oder einem von ihm beauftragten Dritten auf Anforderung die Ergebnisse der Modellvorhaben.

Dritter Abschnitt. Pflichten im Betäubungsmittelverkehr

§ 11[1)] Einfuhr, Ausfuhr und Durchfuhr. (1) [1]Wer Betäubungsmittel im Einzelfall einführen oder ausführen will, bedarf dazu neben der erforderlichen Erlaubnis nach § 3 einer Genehmigung des Bundesinstitutes für Arzneimittel und Medizinprodukte. [2]Betäubungsmittel dürfen durch den Geltungsbereich dieses

[1)] § 11 Abs. 1 Satz 1 geänd. durch G v. 24.6.1994 (BGBl. I S. 1416); Abs. 2 Satz 1 geänd. mWv 26.10. 2012 durch G v. 19.10.2012 (BGBl. I S. 2192).

Gesetzes nur unter zollamtlicher Überwachung ohne weiteren als den durch die Beförderung oder den Umschlag bedingten Aufenthalt und ohne daß das Betäubungsmittel zu irgendeinem Zeitpunkt während des Verbringens dem Durchführenden oder einer dritten Person tatsächlich zur Verfügung steht, durchgeführt werden. [3] Ausgenommene Zubereitungen dürfen nicht in Länder ausgeführt werden, die die Einfuhr verboten haben.

(2) [1] Die Bundesregierung wird ermächtigt, durch Rechtsverordnung ohne Zustimmung des Bundesrates das Verfahren über die Erteilung der Genehmigung zu regeln und Vorschriften über die Einfuhr, Ausfuhr und Durchfuhr zu erlassen, soweit es zur Sicherheit oder Kontrolle des Betäubungsmittelverkehrs, zur Durchführung der internationalen Suchtstoffübereinkommen oder von Rechtsakten der Organe der Europäischen Union erforderlich ist. [2] Insbesondere können

1. die Einfuhr, Ausfuhr oder Durchfuhr auf bestimmte Betäubungsmittel und Mengen beschränkt sowie in oder durch bestimmte Länder oder aus bestimmten Ländern verboten,
2. Ausnahmen von Absatz 1 für den Reiseverkehr und die Versendung von Proben im Rahmen der internationalen Zusammenarbeit zugelassen,
3. Regelungen über das Mitführen von Betäubungsmitteln durch Ärzte, Zahnärzte und Tierärzte im Rahmen des grenzüberschreitenden Dienstleistungsverkehrs getroffen und
4. Form, Inhalt, Anfertigung, Ausgabe und Aufbewahrung der zu verwendenden amtlichen Formblätter festgelegt

werden.

§ 12[1)] Abgabe und Erwerb. (1) Betäubungsmittel dürfen nur abgegeben werden an

1. Personen oder Personenvereinigungen, die im Besitz einer Erlaubnis nach § 3 zum Erwerb sind oder eine Apotheke oder tierärztliche Hausapotheke betreiben,
2. die in § 4 Abs. 2 oder § 26 genannten Behörden oder Einrichtungen.
3. (weggefallen)

(2) [1] Der Abgebende hat dem Bundesinstitut für Arzneimittel und Medizinprodukte außer in den Fällen des § 4 Abs. 1 Nr. 1 Buchstabe e unverzüglich jede einzelne Abgabe unter Angabe des Erwerbers und der Art und Menge des Betäubungsmittels zu melden. [2] Der Erwerber hat dem Abgebenden den Empfang der Betäubungsmittel zu bestätigen.

(3) Die Absätze 1 und 2 gelten nicht bei

1. Abgabe von in Anlage III bezeichneten Betäubungsmitteln
   a) auf Grund ärztlicher, zahnärztlicher oder tierärztlicher Verschreibung im Rahmen des Betriebes einer Apotheke,
   b) im Rahmen des Betriebes einer tierärztlichen Hausapotheke für ein vom Betreiber dieser Hausapotheke behandeltes Tier,
   c) durch den Arzt nach § 13 Absatz 1a Satz 1,
2. der Ausfuhr von Betäubungsmitteln und

[1)] § 12 Abs. 2 Satz 1 geänd. durch G v. 24.6.1994 (BGBl I S. 1416); Abs. 4 geänd. mWv 28.11.2003 durch VO v. 25.11.2003 (BGBl. I S. 2304); Abs. 4 neu gef. mWv 1.1.2011 durch G v. 22.12.2010 (BGBl. I S. 2262); Abs. 3 Nr. 1 Buchst. c angef. mWv 26.10.2012 durch G v. 19.10.2012 (BGBl. I S. 2192).

3. Abgabe und Erwerb von Betäubungsmitteln zwischen den in § 4 Abs. 2 oder § 26 genannten Behörden oder Einrichtungen.

(4) [1]Das Bundesministerium für Gesundheit wird ermächtigt, durch Rechtsverordnung ohne Zustimmung des Bundesrates das Verfahren der Meldung und der Empfangsbestätigung zu regeln. [2]Es kann dabei insbesondere deren Form, Inhalt und Aufbewahrung sowie eine elektronische Übermittlung regeln.

§ 13[1)] Verschreibung und Abgabe auf Verschreibung. (1) [1]Die in Anlage III bezeichneten Betäubungsmittel dürfen nur von Ärzten, Zahnärzten und Tierärzten und nur dann verschrieben oder im Rahmen einer ärztlichen, zahnärztlichen oder tierärztlichen Behandlung einschließlich der ärztlichen Behandlung einer Betäubungsmittelabhängigkeit verabreicht oder einem anderen zum unmittelbaren Verbrauch oder nach Absatz 1a Satz 1 überlassen werden, wenn ihre Anwendung am oder im menschlichen oder tierischen Körper begründet ist. [2]Die Anwendung ist insbesondere dann nicht begründet, wenn der beabsichtigte Zweck auf andere Weise erreicht werden kann. [3]Die in Anlagen I und II bezeichneten Betäubungsmittel dürfen nicht verschrieben, verabreicht oder einem anderen zum unmittelbaren Verbrauch oder nach Absatz 1a Satz 1 überlassen werden.

(1a) [1]Zur Deckung des nicht aufschiebbaren Betäubungsmittelbedarfs eines ambulant versorgten Palliativpatienten darf der Arzt diesem die hierfür erforderlichen, in Anlage III bezeichneten Betäubungsmittel in Form von Fertigarzneimitteln nur dann überlassen, soweit und solange der Bedarf des Patienten durch eine Verschreibung nicht rechtzeitig gedeckt werden kann; die Höchstüberlassungsmenge darf den Dreitagesbedarf nicht überschreiten. [2]Der Bedarf des Patienten kann durch eine Verschreibung nicht rechtzeitig gedeckt werden, wenn das erforderliche Betäubungsmittel

1. bei einer dienstbereiten Apotheke innerhalb desselben Kreises oder derselben kreisfreien Stadt oder in einander benachbarten Kreisen oder kreisfreien Städten nicht vorrätig ist oder nicht rechtzeitig zur Abgabe bereitsteht oder
2. obwohl es in einer Apotheke nach Nummer 1 vorrätig ist oder rechtzeitig zur Abgabe bereitstünde, von dem Patienten oder den Patienten versorgenden Personen nicht rechtzeitig beschafft werden kann, weil
   a) diese Personen den Patienten vor Ort versorgen müssen oder auf Grund ihrer eingeschränkten Leistungsfähigkeit nicht in der Lage sind, das Betäubungsmittel zu beschaffen oder
   b) der Patient auf Grund der Art und des Ausmaßes seiner Erkrankung dazu nicht selbst in der Lage ist und keine Personen vorhanden sind, die den Patienten versorgen.

[3]Der Arzt muss unter Hinweis darauf, dass eine Situation nach Satz 1 vorliegt, bei einer dienstbereiten Apotheke nach Satz 2 Nummer 1 vor Überlassung anfragen, ob das erforderliche Betäubungsmittel dort vorrätig ist oder bis wann es zur Abgabe bereitsteht. [4]Über das Vorliegen der Voraussetzungen nach den Sätzen 1 und 2 und die Anfrage nach Satz 3 muss der Arzt mindestens folgende Aufzeich-

[1)] § 13 Abs. 3 neu gef. mWv 1.4.2000 durch G v. 28.3.2000 (BGBl. I S. 302); Abs. 2 Satz 2 eingef., bish. Satz 2 wird Satz 3, Abs. 3 Satz 2 Nr. 2a., 2b. eingef., Sätze 3 und 4 eingef., bish. Sätze 3 und 4 werden Sätze 5 und 6 mWv 21.7.2009 durch G v. 15.7.2009 (BGBl. I S. 1801); Abs. 1 Sätze 1 und 3 geänd., Abs. 1a eingef., Abs. 3 Satz 1 geänd. mWv 26.10.2012 durch G v. 19.10.2012 (BGBl. I S. 2192); Abs. 3 Satz 2 Nr. 4 geänd. mWv 9.6.2021 durch G v. 3.6.2021 (BGBl. I S. 1309); Abs. 1b eingef. mWv 27.7.2023 durch G v. 19.7.2023 (BGBl. 2023 I Nr. 197).

nungen führen und diese drei Jahre, vom Überlassen der Betäubungsmittel an gerechnet, aufbewahren:

1. den Namen des Patienten sowie den Ort, das Datum und die Uhrzeit der Behandlung,
2. den Namen der Apotheke und des kontaktierten Apothekers oder der zu seiner Vertretung berechtigten Person,
3. die Bezeichnung des angefragten Betäubungsmittels,
4. die Angabe der Apotheke, ob das Betäubungsmittel zum Zeitpunkt der Anfrage vorrätig ist oder bis wann es zur Abgabe bereitsteht,
5. die Angaben über diejenigen Tatsachen, aus denen sich das Vorliegen der Voraussetzungen nach den Sätzen 1 und 2 ergibt.

[5] Über die Anfrage eines nach Satz 1 behandelnden Arztes, ob ein bestimmtes Betäubungsmittel vorrätig ist oder bis wann es zur Abgabe bereitsteht, muss der Apotheker oder die zu seiner Vertretung berechtigte Person mindestens folgende Aufzeichnungen führen und diese drei Jahre, vom Tag der Anfrage an gerechnet, aufbewahren:

1. das Datum und die Uhrzeit der Anfrage,
2. den Namen des Arztes,
3. die Bezeichnung des angefragten Betäubungsmittels,
4. die Angabe gegenüber dem Arzt, ob das Betäubungsmittel zum Zeitpunkt der Anfrage vorrätig ist oder bis wann es zur Abgabe bereitsteht.

[6] Im Falle des Überlassens nach Satz 1 hat der Arzt den ambulant versorgten Palliativpatienten oder zu dessen Pflege anwesende Dritte über die ordnungsgemäße Anwendung der überlassenen Betäubungsmittel aufzuklären und eine schriftliche Gebrauchsanweisung mit Angaben zur Einzel- und Tagesgabe auszuhändigen.

(1b) [1] Abweichend von Absatz 1 dürfen die in Anlage III bezeichneten Betäubungsmittel durch Notfallsanitäter im Sinne des Notfallsanitätergesetzes ohne vorherige ärztliche Anordnung im Rahmen einer heilkundlichen Maßnahme verabreicht werden, wenn diese nach standardisierten ärztlichen Vorgaben handeln, ein Eintreffen eines Arztes nicht abgewartet werden kann und die Verabreichung zur Abwendung von Gefahren für die Gesundheit oder zur Beseitigung oder Linderung erheblicher Beschwerden erforderlich ist. [2] Die standardisierten ärztlichen Vorgaben müssen

1. den handelnden Notfallsanitätern in Textform vorliegen,
2. Regelungen zu Art und Weise der Verabreichung enthalten und
3. Festlegungen darüber treffen, in welchen Fällen das Eintreffen eines Arztes nicht abgewartet werden kann.

(2) [1] Die nach Absatz 1 verschriebenen Betäubungsmittel dürfen nur im Rahmen des Betriebs einer Apotheke und gegen Vorlage der Verschreibung abgegeben werden. [2] Diamorphin darf nur vom pharmazeutischen Unternehmer und nur an anerkannte Einrichtungen nach Absatz 3 Satz 2 Nummer 2a gegen Vorlage der Verschreibung abgegeben werden. [3] Im Rahmen des Betriebs einer tierärztlichen *Hausapotheke* dürfen nur die in Anlage III bezeichneten Betäubungsmittel und nur zur Anwendung bei einem vom Betreiber der Hausapotheke behandelten Tier abgegeben werden.

(3) [1] Die Bundesregierung wird ermächtigt, durch Rechtsverordnung[1)] mit Zustimmung des Bundesrates das Verschreiben von den in Anlage III bezeichneten Betäubungsmitteln, ihre Abgabe auf Grund einer Verschreibung und das Aufzeichnen ihres Verbleibs und des Bestandes bei Ärzten, Zahnärzten, Tierärzten, in Apotheken, tierärztlichen Hausapotheken, Krankenhäusern, Tierkliniken, Alten- und Pflegeheimen, Hospizen, Einrichtungen der spezialisierten ambulanten Palliativversorgung, Einrichtungen der Rettungsdienste, Einrichtungen, in denen eine Behandlung mit dem Substitutionsmittel Diamorphin stattfindet, und auf Kauffahrteischiffen zu regeln, soweit es zur Sicherheit oder Kontrolle des Betäubungsmittelverkehrs erforderlich ist. [2] Insbesondere können

1. das Verschreiben auf bestimmte Zubereitungen, Bestimmungszwecke oder Mengen beschränkt,
2. das Verschreiben von Substitutionsmitteln für Drogenabhängige von der Erfüllung von Mindestanforderungen an die Qualifikation der verschreibenden Ärzte abhängig gemacht und die Festlegung der Mindestanforderungen den Ärztekammern übertragen,

2a. das Verschreiben von Diamorphin nur in Einrichtungen, denen eine Erlaubnis von der zuständigen Landesbehörde erteilt wurde, zugelassen,

2b. die Mindestanforderungen an die Ausstattung der Einrichtungen, in denen die Behandlung mit dem Substitutionsmittel Diamorphin stattfindet, festgelegt,

3. Meldungen
   a) der verschreibenden Ärzte an das Bundesinstitut für Arzneimittel und Medizinprodukte über das Verschreiben eines Substitutionsmittels für einen Patienten in anonymisierter Form,
   b) der Ärztekammern an das Bundesinstitut für Arzneimittel und Medizinprodukte über die Ärzte, die die Mindestanforderungen nach Nummer 2 erfüllen und

   Mitteilungen
   c) des Bundesinstituts für Arzneimittel und Medizinprodukte an die zuständigen Überwachungsbehörden und an die verschreibenden Ärzte über die Patienten, denen bereits ein anderer Arzt ein Substitutionsmittel verschrieben hat, in anonymisierter Form,
   d) des Bundesinstituts für Arzneimittel und Medizinprodukte an die zuständigen Überwachungsbehörden der Länder über die Ärzte, die die Mindestanforderungen nach Nummer 2 erfüllen,
   e) des Bundesinstituts für Arzneimittel und Medizinprodukte an die obersten Landesgesundheitsbehörden über die Anzahl der Patienten, denen ein Substitutionsmittel verschrieben wurde, die Anzahl der Ärzte, die zum Verschreiben eines Substitutionsmittels berechtigt sind, die Anzahl der Ärzte, die ein Substitutionsmittel verschrieben haben, die verschriebenen Substitutionsmittel und die Art der Verschreibung

   sowie Art der Anonymisierung, Form und Inhalt der Meldungen und Mitteilungen vorgeschrieben,
4. Form, Inhalt, Anfertigung, Ausgabe, Aufbewahrung und Rückgabe des zu verwendenden amtlichen Formblattes für die Verschreibung, das Verfahren für die Verschreibung in elektronischer Form sowie Form und Inhalt der Auf-

[1)] Siehe die Betäubungsmittel-VerschreibungsVO **(Habersack ErgBd. Nr. 86a)**.

zeichnungen über den Verbleib und den Bestand der Betäubungsmittel festgelegt und

5. Ausnahmen von § 4 Abs. 1 Nr. 1 Buchstabe c für die Ausrüstung von Kauffahrteischiffen erlassen werden.

[3] Für das Verfahren zur Erteilung einer Erlaubnis nach Satz 2 Nummer 2a gelten § 7 Satz 2 Nummer 1 bis 4, § 8 Absatz 1 Satz 1, Absatz 2 und 3 Satz 1 bis 3, § 9 Absatz 2 und § 10 entsprechend. [4] Dabei tritt an die Stelle des Bundesinstitutes für Arzneimittel und Medizinprodukte jeweils die zuständige Landesbehörde, an die Stelle der zuständigen obersten Landesbehörde jeweils das Bundesinstitut für Arzneimittel und Medizinprodukte. [5] Die Empfänger nach Satz 2 Nr. 3 dürfen die übermittelten Daten nicht für einen anderen als den in Satz 1 genannten Zweck verwenden. [6] Das Bundesinstitut für Arzneimittel und Medizinprodukte handelt bei der Wahrnehmung der ihm durch Rechtsverordnung nach Satz 2 zugewiesenen Aufgaben als vom Bund entliehenes Organ des jeweils zuständigen Landes; Einzelheiten einschließlich der Kostenerstattung an den Bund werden durch Vereinbarung geregelt.

§ 14 Kennzeichnung und Werbung. (1) [1] Im Betäubungsmittelverkehr sind die Betäubungsmittel unter Verwendung der in den Anlagen aufgeführten Kurzbezeichnungen zu kennzeichnen. [2] Die Kennzeichnung hat in deutlich lesbarer Schrift, in deutscher Sprache und auf dauerhafte Weise zu erfolgen.

(2) Die Kennzeichnung muß außerdem enthalten

1. bei rohen, ungereinigten und nicht abgeteilten Betäubungsmitteln den Gewichtsvomhundertsatz und bei abgeteilten Betäubungsmitteln das Gewicht des enthaltenen reinen Stoffes,
2. auf Betäubungsmittelbehältnissen und – soweit verwendet – auf den äußeren Umhüllungen bei Stoffen und nicht abgeteilten Zubereitungen die enthaltene Gewichtsmenge, bei abgeteilten Zubereitungen die enthaltene Stückzahl; dies gilt nicht für Vorratsbehältnisse in wissenschaftlichen Laboratorien sowie für zur Abgabe bestimmte kleine Behältnisse und Ampullen.

(3) Die Absätze 1 und 2 gelten nicht für Vorratsbehältnisse in Apotheken und tierärztlichen Hausapotheken.

(4) Die Absätze 1 und 2 gelten sinngemäß auch für die Bezeichnung von Betäubungsmitteln in Katalogen, Preislisten, Werbeanzeigen oder ähnlichen Druckerzeugnissen, die für die am Betäubungsmittelverkehr beteiligten Fachkreise bestimmt sind.

(5) [1] Für in Anlage I bezeichnete Betäubungsmittel darf nicht geworben werden. [2] Für in den Anlagen II und III bezeichnete Betäubungsmittel darf nur in Fachkreisen der Industrie und des Handels sowie bei Personen und Personenvereinigungen, die eine Apotheke oder eine tierärztliche Hausapotheke betreiben, geworben werden, für in Anlage III bezeichnete Betäubungsmittel auch bei Ärzten, Zahnärzten und Tierärzten.

§ 15[1)] Sicherungsmaßnahmen. [1] Wer am Betäubungsmittelverkehr teilnimmt, hat die Betäubungsmittel, die sich in seinem Besitz befinden, gesondert aufzube*wahren und* gegen unbefugte Entnahme zu sichern. [2] Das Bundesinstitut für Arzneimittel und Medizinprodukte kann Sicherungsmaßnahmen anordnen, soweit

[1)] § 15 Satz 2 geänd. durch G v. 24.6.1994 (BGBl. I S. 1416).

es nach Art oder Umfang des Betäubungsmittelverkehrs, dem Gefährdungsgrad oder der Menge der Betäubungsmittel erforderlich ist.

§ 16[1)] Vernichtung. (1) [1]Der Eigentümer von nicht mehr verkehrsfähigen Betäubungsmitteln hat diese auf seine Kosten in Gegenwart von zwei Zeugen in einer Weise zu vernichten, die eine auch nur teilweise Wiedergewinnung der Betäubungsmittel ausschließt sowie den Schutz von Mensch und Umwelt vor schädlichen Einwirkungen sicherstellt. [2]Über die Vernichtung ist eine Niederschrift zu fertigen und diese drei Jahre aufzubewahren.

(2) [1]Das Bundesinstitut für Arzneimittel und Medizinprodukte, in den Fällen des § 19 Abs. 1 Satz 3 die zuständige Behörde des Landes, kann den Eigentümer auffordern, die Betäubungsmittel auf seine Kosten an diese Behörden zur Vernichtung einzusenden. [2]Ist ein Eigentümer der Betäubungsmittel nicht vorhanden oder nicht zu ermitteln, oder kommt der Eigentümer seiner Verpflichtung zur Vernichtung oder der Aufforderung zur Einsendung der Betäubungsmittel gemäß Satz 1 nicht innerhalb einer zuvor gesetzten Frist von drei Monaten nach, so treffen die in Satz 1 genannten Behörden die zur Vernichtung erforderlichen Maßnahmen. [3]Der Eigentümer oder Besitzer der Betäubungsmittel ist verpflichtet, die Betäubungsmittel den mit der Vernichtung beauftragten Personen herauszugeben oder die Wegnahme zu dulden.

(3) Absatz 1 und Absatz 2 Satz 1 und 3 gelten entsprechend, wenn der Eigentümer nicht mehr benötigte Betäubungsmittel beseitigen will.

§ 17 Aufzeichnungen. (1) [1]Der Inhaber einer Erlaubnis nach § 3 ist verpflichtet, getrennt für jede Betriebsstätte und jedes Betäubungsmittel fortlaufend folgende Aufzeichnungen über jeden Zugang und jeden Abgang zu führen:

1. das Datum,
2. den Namen oder die Firma und die Anschrift des Lieferers oder des Empfängers oder die sonstige Herkunft oder den sonstigen Verbleib,
3. die zugegangene oder abgegangene Menge und den sich daraus ergebenden Bestand,
4. im Falle des Anbaues zusätzlich die Anbaufläche nach Lage und Größe sowie das Datum der Aussaat,
5. im Falle des Herstellens zusätzlich die Angabe der eingesetzten oder hergestellten Betäubungsmittel, der nicht dem Gesetz unterliegenden Stoffe oder der ausgenommenen Zubereitungen nach Art und Menge und
6. im Falle der Abgabe ausgenommener Zubereitungen durch deren Hersteller zusätzlich den Namen oder die Firma und die Anschrift des Empfängers.

[2]Anstelle der in Nummer 6 bezeichneten Aufzeichnungen können die Durchschriften der Ausgangsrechnungen, in denen die ausgenommenen Zubereitungen kenntlich gemacht sind, fortlaufend nach dem Rechnungsdatum abgeheftet werden.

(2) Die in den Aufzeichnungen oder Rechnungen anzugebenden Mengen sind

1. bei Stoffen und nicht abgeteilten Zubereitungen die Gewichtsmenge und
2. bei abgeteilten Zubereitungen die Stückzahl.

[1)] § 16 Abs. 2 Satz 1 geänd. durch G v. 24.6.1994 (BGBl. I S. 1416).

(3) Die Aufzeichnungen oder Rechnungsdurchschriften sind drei Jahre, von der letzten Aufzeichnung oder vom letzten Rechnungsdatum an gerechnet, gesondert aufzubewahren.

§ 18[1] **Meldungen.** (1) Der Inhaber einer Erlaubnis nach § 3 ist verpflichtet, dem Bundesinstitut für Arzneimittel und Medizinprodukte getrennt für jede Betriebsstätte und für jedes Betäubungsmittel die jeweilige Menge zu melden, die

1. beim Anbau gewonnen wurde, unter Angabe der Anbaufläche nach Lage und Größe,
2. hergestellt wurde, aufgeschlüsselt nach Ausgangsstoffen,
3. zur Herstellung anderer Betäubungsmittel verwendet wurde, aufgeschlüsselt nach diesen Betäubungsmitteln,
4. zur Herstellung von nicht unter dieses Gesetz fallenden Stoffen verwendet wurde, aufgeschlüsselt nach diesen Stoffen,
5. zur Herstellung ausgenommener Zubereitungen verwendet wurde, aufgeschlüsselt nach diesen Zubereitungen,
6. eingeführt wurde, aufgeschlüsselt nach Ausfuhrländern,
7. ausgeführt wurde, aufgeschlüsselt nach Einfuhrländern,
8. erworben wurde,
9. abgegeben wurde,
10. vernichtet wurde,
11. zu anderen als den nach den Nummern 1 bis 10 angegebenen Zwecken verwendet wurde, aufgeschlüsselt nach den jeweiligen Verwendungszwecken und
12. am Ende des jeweiligen Kalenderhalbjahres als Bestand vorhanden war.

(2) Die in den Meldungen anzugebenden Mengen sind

1. bei Stoffen und nicht abgeteilten Zubereitungen die Gewichtsmenge und
2. bei abgeteilten Zubereitungen die Stückzahl.

(3) Die Meldungen nach Absatz 1 Nr. 2 bis 12 sind dem Bundesinstitut für Arzneimittel und Medizinprodukte jeweils bis zum 31. Januar und 31. Juli für das vergangene Kalenderhalbjahr und die Meldung nach Absatz 1 Nr. 1 bis zum 31. Januar für das vergangene Kalenderjahr einzusenden.

(4) Für die in Absatz 1 bezeichneten Meldungen sind die vom Bundesinstitut für Arzneimittel und Medizinprodukte herausgegebenen amtlichen Formblätter zu verwenden.

§ 18a[2] *(aufgehoben)*

Vierter Abschnitt. Überwachung

§ 19[3] **Durchführende Behörde.** (1) [1] Der Betäubungsmittelverkehr sowie die Herstellung ausgenommener Zubereitungen unterliegt der Überwachung durch

---

[1] § 18 Abs. 1, 3 und 4 geänd. durch G v. 24.6.1994 (BGBl. I S. 1416).

[2] § 18a aufgeh. durch G v. 7.10.1994 (BGBl. I S. 2835).

[3] *§ 19 Abs. 1 Satz* 1, Abs. 2 geänd. durch G v. 24.6.1994 (BGBl. I S. 1416); Abs. 3 angef. durch G v. 4.4.1996 (BGBl. I S. 582); Abs. 1 Satz 4 angef. mWv 1.4.2000 durch G v. 28.3.2000 (BGBl. I S. 302); Abs. 1 Satz 3 geänd. mWv 21.7.2009 durch G v. 15.7.2009 (BGBl. I S. 1801); Abs. 3 Satz 1 geänd., Satz 2 neu gef., Satz 3 angef. mWv 23.7.2009 durch G v. 17.7.2009 (BGBl. I S. 1990); Abs. 3 Satz 2 geänd. mWv 1.1.2011 durch G v. 22.12.2010 (BGBl. I S. 2262); Abs. 1 Satz 3 geänd. mWv 26.10.2012 durch G →

das Bundesinstitut für Arzneimittel und Medizinprodukte. [2] Diese Stelle ist auch zuständig für die Anfertigung und Ausgabe der zur Verschreibung von Betäubungsmitteln vorgeschriebenen amtlichen Formblätter, für die Bereitstellung eines Verfahrens zur Verschreibung von Betäubungsmitteln in elektronischer Form sowie für die Auswertung von Verschreibungen. [3] Der Betäubungsmittelverkehr bei Ärzten, Zahnärzten und Tierärzten, pharmazeutischen Unternehmern im Falle der Abgabe von Diamorphin und in Apotheken sowie im Falle von § 4 Absatz 1 Nummer 1 Buchstabe f zwischen Apotheken, tierärztlichen Hausapotheken, Krankenhäusern und Tierkliniken unterliegt der Überwachung durch die zuständigen Behörden der Länder. [4] Diese überwachen auch die Einhaltung der in § 10a Absatz 2 oder in § 10b Absatz 2 aufgeführten Mindeststandards oder Anforderungen; den mit der Überwachung beauftragten Personen stehen die in den §§ 22 und 24 geregelten Befugnisse zu.

(2) Das Bundesinstitut für Arzneimittel und Medizinprodukte ist zugleich die besondere Verwaltungsdienststelle im Sinne der internationalen Suchtstoffübereinkommen.

§ 20[1)] Besondere Ermächtigung für den Spannungs- oder Verteidigungsfall. (1) [1] Die Bundesregierung wird ermächtigt, durch Rechtsverordnung ohne Zustimmung des Bundesrates dieses Gesetz oder die auf Grund dieses Gesetzes erlassenen Rechtsverordnungen für Verteidigungszwecke zu ändern, um die medizinische Versorgung der Bevölkerung mit Betäubungsmitteln sicherzustellen, wenn die Sicherheit und Kontrolle des Betäubungsmittelverkehrs oder der Herstellung ausgenommener Zubereitungen gewährleistet bleiben. [2] Insbesondere können

1. Aufgaben des Bundesinstitutes für Arzneimittel und Medizinprodukte nach diesem Gesetz und auf Grund dieses Gesetzes erlassenen Rechtsverordnungen auf das Bundesministerium übertragen,
2. der Betäubungsmittelverkehr und die Herstellung ausgenommener Zubereitungen an die in Satz 1 bezeichneten besonderen Anforderungen angepaßt und
3. Meldungen über Bestände an
   a) Betäubungsmitteln,
   b) ausgenommenen Zubereitungen und
   c) zur Herstellung von Betäubungsmitteln erforderlichen Ausgangsstoffen oder Zubereitungen, auch wenn diese keine Betäubungsmittel sind,

angeordnet werden. [3] In der Rechtsverordnung kann ferner der über die in Satz 2 Nr. 3 bezeichneten Bestände Verfügungsberechtigte zu deren Abgabe an bestimmte Personen oder Stellen verpflichtet werden.

(2) Die Rechtsverordnung nach Absatz 1 darf nur nach Maßgabe des Artikels 80a Abs. 1 des Grundgesetzes[2)] angewandt werden.

(3) (weggefallen)

(Fortsetzung der Anm. von voriger Seite)
v. 19.10.2012 (BGBl. I S. 2192); Abs. 3 Sätze 2 und 3 neu gef., Satz 4 angef. mWv 23.5.2015 durch G v. 20.5.2015 (BGBl. I S. 725); Abs. 2a eingef. mWv 10.3.2017 durch G v. 6.3.2017 (BGBl. I S. 403); Abs. 1 Satz 2 geänd. mWv 9.6.2021 durch G v. 3.6.2021 (BGBl. I S. 1309); Abs. 1 Satz 4 geänd. mWv 27.7.2023 durch G v. 19.7.2023 (BGBl. 2023 I Nr. 197); Abs. 3 Satz 2 neu gef. mWv 1.1.2023 durch G v. 26.7.2023 (BGBl. 2023 I Nr. 204); Abs. 2a und 3 aufgeh. mWv 1.4.2024 durch G v. 27.3.2024 (BGBl. 2024 I Nr. 109).

[1)] § 20 Abs. 1 Satz 1 Nr. 1 geänd. durch G v. 24.6.1994 (BGBl. I S. 1416); Abs. 1 Satz 2 Nr. 1 geänd. mWv 28.11.2003 durch VO v. 25.11.2003 (BGBl. I S. 2304).

[2)] Nr. **1**.

§ 21[1] **Mitwirkung anderer Behörden.** (1) Das Bundesministerium der Finanzen und die von ihm bestimmten Zollstellen wirken bei der Überwachung der Einfuhr, Ausfuhr und Durchfuhr von Betäubungsmitteln mit.

(2) [1] Das Bundesministerium der Finanzen kann im Einvernehmen mit dem Bundesministerium des Innern, für Bau und Heimat die Beamten der Bundespolizei, die mit Aufgaben des Grenzschutzes nach § 2 des Bundespolizeigesetzes[2] betraut sind, und im Einvernehmen mit dem Bayerischen Staatsminister des Innern die Beamten der Bayerischen Grenzpolizei mit der Wahrnehmung von Aufgaben betrauen, die den Zolldienststellen nach Absatz 1 obliegen. [2] Nehmen die im Satz 1 bezeichneten Beamten diese Aufgaben wahr, gilt § 67 Abs. 2 des Bundespolizeigesetzes entsprechend.

(3) Bei Verdacht von Verstößen gegen Verbote und Beschränkungen dieses Gesetzes, die sich bei der Abfertigung ergeben, unterrichten die mitwirkenden Behörden das Bundesinstitut für Arzneimittel und Medizinprodukte unverzüglich.

§ 22[3] **Überwachungsmaßnahmen.** (1) Die mit der Überwachung beauftragten Personen sind befugt,

1. Unterlagen über den Betäubungsmittelverkehr oder die Herstellung oder das der Herstellung folgende Inverkehrbringen ausgenommener Zubereitungen einzusehen und hieraus Abschriften oder Ablichtungen anzufertigen, soweit sie für die Sicherheit oder Kontrolle des Betäubungsmittelverkehrs oder der Herstellung ausgenommener Zubereitungen von Bedeutung sein können,
2. von natürlichen und juristischen Personen und sonstigen Personenvereinigungen alle erforderlichen Auskünfte zu verlangen,
3. Grundstücke, Gebäude, Gebäudeteile, Einrichtungen und Beförderungsmittel, in denen der Betäubungsmittelverkehr oder die Herstellung ausgenommener Zubereitungen durchgeführt wird, zu betreten und zu besichtigen, wobei sich die beauftragten Personen davon zu überzeugen haben, daß die Vorschriften über den Betäubungsmittelverkehr oder die Herstellung ausgenommener Zubereitungen beachtet werden. Zur Verhütung dringender Gefahren für die öffentliche Sicherheit und Ordnung, insbesondere wenn eine Vereitelung der Kontrolle des Betäubungsmittelverkehrs oder der Herstellung ausgenommener Zubereitungen zu besorgen ist, dürfen diese Räumlichkeiten auch außerhalb der Betriebs- und Geschäftszeit sowie Wohnzwecken dienende Räume betreten werden; insoweit wird das Grundrecht auf Unverletzlichkeit der Wohnung (Artikel 13 des Grundgesetzes[4]) eingeschränkt. Soweit es sich um industrielle Herstellungsbetriebe und Großhandelsbetriebe handelt, sind die Besichtigungen in der Regel alle zwei Jahre durchzuführen,
4. vorläufige Anordnungen zu treffen, soweit es zur Verhütung dringender Gefahren für die Sicherheit oder Kontrolle des Betäubungsmittelverkehrs oder der Herstellung ausgenommener Zubereitungen geboten ist. Zum gleichen Zweck dürfen sie auch die weitere Teilnahme am Betäubungsmittelverkehr oder die weitere Herstellung ausgenommener Zubereitungen ganz oder teilweise unter-

---

[1] § 21 Abs. 3 geänd. durch G v. 24.6.1994 (BGBl. I S. 1416); Abs. 1 geänd. durch G v. 7.10.1994 (BGBl. I S. 2835); Abs. 2 Sätze 1 und 2 geänd. durch G v. 19.10.1994 (BGBl. I S. 2978); Abs. 2 Satz 1 geänd. mWv 28.11.2003 durch VO v. 25.11.2003 (BGBl. I S. 2304); Abs. 2 geänd. mWv 1.7.2005 durch *G v. 21.6.2005 (BGBl. I S.* 1818); Abs. 2 Satz 1 geänd. mWv 27.6.2020 durch VO v. 19.6.2020 (BGBl. I S. 1328).

[2] Nr. **90**.

[3] § 22 Abs. 1 Nr. 2 geänd. mWv 1.1.2024 durch G v. 10.8.2021 (BGBl. I S. 3436).

[4] Nr. **1**.

sagen und die Betäubungsmittelbestände oder die Bestände ausgenommener Zubereitungen unter amtlichen Verschluß nehmen. Die zuständige Behörde (§ 19 Abs. 1) hat innerhalb von einem Monat nach Erlaß der vorläufigen Anordnungen über diese endgültig zu entscheiden.

(2) Die zuständige Behörde kann Maßnahmen gemäß Absatz 1 Nr. 1 und 2 auch auf schriftlichem Wege anordnen.

§ 23 Probenahme. (1) [1] Soweit es zur Durchführung der Vorschriften über den Betäubungsmittelverkehr oder die Herstellung ausgenommener Zubereitungen erforderlich ist, sind die mit der Überwachung beauftragten Personen befugt, gegen Empfangsbescheinigung Proben nach ihrer Auswahl zum Zwecke der Untersuchung zu fordern oder zu entnehmen. [2] Soweit nicht ausdrücklich darauf verzichtet wird, ist ein Teil der Probe oder, sofern die Probe nicht oder ohne Gefährdung des Untersuchungszwecks nicht in Teile von gleicher Qualität teilbar ist, ein zweites Stück der gleichen Art wie das als Probe entnommene zurückzulassen.

(2) [1] Zurückzulassende Proben sind amtlich zu verschließen oder zu versiegeln. [2] Sie sind mit dem Datum der Probenahme und dem Datum des Tages zu versehen, nach dessen Ablauf der Verschluß oder die Versiegelung als aufgehoben gelten.

(3) Für entnommene Proben ist eine angemessene Entschädigung zu leisten, soweit nicht ausdrücklich darauf verzichtet wird.

§ 24 Duldungs- und Mitwirkungspflicht. (1) Jeder Teilnehmer am Betäubungsmittelverkehr oder jeder Hersteller ausgenommener Zubereitungen ist verpflichtet, die Maßnahmen nach den §§ 22 und 23 zu dulden und die mit der Überwachung beauftragten Personen bei der Erfüllung ihrer Aufgaben zu unterstützen, insbesondere ihnen auf Verlangen die Stellen zu bezeichnen, in denen der Betäubungsmittelverkehr oder die Herstellung ausgenommener Zubereitungen stattfindet, umfriedete Grundstücke, Gebäude, Räume, Behälter und Behältnisse zu öffnen, Auskünfte zu erteilen sowie Einsicht in Unterlagen und die Entnahme der Proben zu ermöglichen.

(2) Der zur Auskunft Verpflichtete kann die Auskunft auf solche Fragen verweigern, deren Beantwortung ihn selbst oder einen seiner in § 383 Abs. 1 Nr. 1 bis 3 der Zivilprozeßordnung[1)] bezeichneten Angehörigen der Gefahr strafgerichtlicher Verfolgung oder eines Verfahrens nach dem Gesetz über Ordnungswidrigkeiten[2)] aussetzen würde.

§§ 24a, 25[3)] *(aufgehoben)*

[1)] **Habersack Nr. 100.**
[2)] **Habersack Nr. 94.**
[3)] § 24a aufgeh. mWv 1.4.2024 durch G v. 27.3.2024 (BGBl. 2024 I Nr. 109); § 25 aufgeh. mWv 1.10.2021 durch G v. 18.7.2016 (BGBl. I S. 1666).

Fünfter Abschnitt. Vorschriften für Behörden

§ 26[1)] Bundeswehr, Bundespolizei, Bereitschaftspolizei und Zivilschutz.

(1) Dieses Gesetz findet mit Ausnahme der Vorschriften über die Erlaubnis nach § 3 auf Einrichtungen, die der Betäubungsmittelversorgung der Bundeswehr und der Bundespolizei dienen, sowie auf die Bevorratung mit in Anlage II oder III bezeichneten Betäubungsmitteln für den Zivilschutz entsprechende Anwendung.

(2) [1] In den Bereichen der Bundeswehr und der Bundespolizei obliegt der Vollzug dieses Gesetzes und die Überwachung des Betäubungsmittelverkehrs den jeweils zuständigen Stellen und Sachverständigen der Bundeswehr und der Bundespolizei. [2] Im Bereich des Zivilschutzes obliegt der Vollzug dieses Gesetzes den für die Sanitätsmaterialbevorratung zuständigen Bundes- und Landesbehörden.

(3) Das Bundesministerium der Verteidigung kann für seinen Geschäftsbereich im Einvernehmen mit dem Bundesministerium in Einzelfällen Ausnahmen von diesem Gesetz und den auf Grund dieses Gesetzes erlassenen Rechtsverordnungen zulassen, soweit die internationalen Suchtstoffübereinkommen dem nicht entgegenstehen und dies zwingende Gründe der Verteidigung erfordern.

(4) Dieses Gesetz findet mit Ausnahme der Vorschriften über die Erlaubnis nach § 3 auf Einrichtungen, die der Betäubungsmittelversorgung der Bereitschaftspolizeien der Länder dienen, entsprechende Anwendung.

(5) (weggefallen)

§ 27[2)] Meldungen und Auskünfte. (1) [1] Das Bundeskriminalamt meldet dem Bundesinstitut für Arzneimittel und Medizinprodukte jährlich bis zum 31. März für das vergangene Kalenderjahr die ihm bekanntgewordenen Sicherstellungen von Betäubungsmitteln nach Art und Menge sowie gegebenenfalls die weitere Verwendung der Betäubungsmittel. [2] Im Falle der Verwertung sind der Name oder die Firma und die Anschrift des Erwerbers anzugeben.

(2) Die in § 26 bezeichneten Behörden haben dem Bundesinstitut für Arzneimittel und Medizinprodukte auf Verlangen über den Verkehr mit Betäubungsmitteln in ihren Bereichen Auskunft zu geben, soweit es zur Durchführung der internationalen Suchtstoffübereinkommen erforderlich ist.

(3) [1] In Strafverfahren, die Straftaten nach diesem Gesetz zum Gegenstand haben, sind zu übermitteln

1. zur Überwachung und Kontrolle des Verkehrs mit Betäubungsmitteln bei den in § 19 Abs. 1 Satz 3 genannten Personen und Einrichtungen der zuständigen Landesbehörde die rechtskräftige Entscheidung mit Begründung, wenn auf eine Strafe oder eine Maßregel der Besserung und Sicherung erkannt oder der Angeklagte wegen Schuldunfähigkeit freigesprochen worden ist,
2. zur Wahrnehmung der in § 19 Abs. 1 Satz 2 genannten Aufgaben dem Bundesinstitut für Arzneimittel und Medizinprodukte im Falle der Erhebung der öffentlichen Klage gegen Ärzte, Zahnärzte und Tierärzte
   a) die Anklageschrift oder eine an ihre Stelle tretende Antragsschrift,
   b) der Antrag auf Erlaß eines Strafbefehls und

[1)] § 26 Abs. 3 geänd. mWv 28.11.2003 durch VO v. 25.11.2003 (BGBl. I S. 2304); Überschrift, Abs. 1, Abs. 2 Satz 1 geänd. mWv 1.7.2005 durch G v. 21.6.2005 (BGBl. I S. 1818).

[2)] § 27 Abs. 1 Satz 1 und Abs. 2 geänd. durch G v. 24.6.1994 (BGBl. I S. 1416); Abs. 3 und 4 angef. durch G v. 18.6.1997 (BGBl. I S. 1430).

c) die das Verfahren abschließende Entscheidung mit Begründung; ist mit dieser Entscheidung ein Rechtsmittel verworfen worden oder wird darin auf die angefochtene Entscheidung Bezug genommen, so ist auch diese zu übermitteln.

[2]Die Übermittlung veranlaßt die Strafvollstreckungs- oder die Strafverfolgungsbehörde.

(4) Die das Verfahren abschließende Entscheidung mit Begründung in sonstigen Strafsachen darf der zuständigen Landesbehörde übermittelt werden, wenn ein Zusammenhang der Straftat mit dem Betäubungsmittelverkehr besteht und die Kenntnis der Entscheidung aus der Sicht der übermittelnden Stelle für die Überwachung des Betäubungsmittelverkehrs erforderlich ist; Absatz 3 Satz 1 Nr. 2 Buchstabe c zweiter Halbsatz gilt entsprechend.

§ 28[1)] Jahresbericht an die Vereinten Nationen. (1) [1]Die Bundesregierung erstattet jährlich bis zum 30. Juni für das vergangene Kalenderjahr dem Generalsekretär der Vereinten Nationen einen Jahresbericht über die Durchführung der internationalen Suchtstoffübereinkommen nach einem von der Suchtstoffkommission der Vereinten Nationen beschlossenen Formblatt. [2]Die zuständigen Behörden der Länder wirken bei der Erstellung des Berichtes mit und reichen ihre Beiträge bis zum 31. März für das vergangene Kalenderjahr dem Bundesinstitut für Arzneimittel und Medizinprodukte ein. [3]Soweit die im Formblatt geforderten Angaben nicht ermittelt werden können, sind sie zu schätzen.

(2) [1]Die Bundesregierung wird ermächtigt, durch Rechtsverordnung mit Zustimmung des Bundesrates zu bestimmen, welche Personen und welche Stellen Meldungen, nämlich statistische Aufstellungen, sonstige Angaben und Auskünfte, zu erstatten haben, die zur Durchführung der internationalen Suchtstoffübereinkommen erforderlich sind. [2]In der Verordnung können Bestimmungen über die Art und Weise, die Form, den Zeitpunkt und den Empfänger der Meldungen getroffen werden.

Sechster Abschnitt. Straftaten und Ordnungswidrigkeiten

§ 29[2)] Straftaten. (1) [1]Mit Freiheitsstrafe bis zu fünf Jahren oder mit Geldstrafe wird bestraft, wer

1. Betäubungsmittel unerlaubt anbaut, herstellt, mit ihnen Handel treibt, sie, ohne Handel zu treiben, einführt, ausführt, veräußert, abgibt, sonst in den Verkehr bringt, erwirbt oder sich in sonstiger Weise verschafft,
2. eine ausgenommene Zubereitung (§ 2 Abs. 1 Nr. 3) ohne Erlaubnis nach § 3 Abs. 1 Nr. 2 herstellt,
3. Betäubungsmittel besitzt, ohne zugleich im Besitz einer schriftlichen Erlaubnis für den Erwerb zu sein,

---

[1)] § 28 Abs. 1 Satz 2 geänd. durch G v. 24.6.1994 (BGBl. I S. 1416).

[2)] § 29 Abs. 1 Satz 1 Nr. 11 aufgeh., Nr. 13 Verweisung geänd., Abs. 2 neu gef., Abs. 3 Satz 2 Nr. 1 geänd., Nr. 2 aufgeh., bish. Nr. 3 wird Nr. 2 und neu gef., Abs. 4 neu gef. und Abs. 6 geänd. durch G v. 7.10.1994 (BGBl. I S. 2835); Abs. 1 Satz 1 Nr. 10, 13 und 14 neu gef., Nr. 11 eingef., Satz 2 neu gef., Abs. 3 Satz 2 Nr. 1, Abs. 4 geänd. mWv 1.4.2000 durch G v. 28.3.2000 (BGBl. I S. 302); Abs. 1 Satz 1 Nr. 7 neu gef., Nr. 14 geänd. mWv 21.7.2009 durch G v. 15.7.2009 (BGBl. I S. 1801); Abs. 1 Nr. 6a eingef. mWv 26.10.2012 durch G v. 19.10.2012 (BGBl. I S. 2192); Abs. 1 Satz 1 Nr. 12 geänd. mWv 1.1. 2021 durch G v. 30.11.2020 (BGBl. I S. 2600); Abs. 1 Satz 1 Nr. 6b eingef., Abs. 4 geänd. mWv 27.7. 2023 durch G v. 19.7.2023 (BGBl. 2023 I Nr. 197).

4. (weggefallen)
5. entgegen § 11 Abs. 1 Satz 2 Betäubungsmittel durchführt,
6. entgegen § 13 Abs. 1 Betäubungsmittel
   a) verschreibt,
   b) verabreicht oder zum unmittelbaren Verbrauch überläßt,

6a. entgegen § 13 Absatz 1a Satz 1 und 2 ein dort genanntes Betäubungsmittel überlässt,

6b. entgegen § 13 Absatz 1b Satz 1 Betäubungsmittel verabreicht,

7. entgegen § 13 Absatz 2
   a) Betäubungsmittel in einer Apotheke oder tierärztlichen Hausapotheke,
   b) Diamorphin als pharmazeutischer Unternehmer

   abgibt,
8. entgegen § 14 Abs. 5 für Betäubungsmittel wirbt,
9. unrichtige oder unvollständige Angaben macht, um für sich oder einen anderen oder für ein Tier die Verschreibung eines Betäubungsmittels zu erlangen,
10. einem anderen eine Gelegenheit zum unbefugten Erwerb oder zur unbefugten Abgabe von Betäubungsmitteln verschafft oder gewährt, eine solche Gelegenheit öffentlich oder eigennützig mitteilt oder einen anderen zum unbefugten Verbrauch von Betäubungsmitteln verleitet,
11. ohne Erlaubnis nach § 10a einem anderen eine Gelegenheit zum unbefugten Verbrauch von Betäubungsmitteln verschafft oder gewährt, oder wer eine außerhalb einer Einrichtung nach § 10a bestehende Gelegenheit zu einem solchen Verbrauch eigennützig oder öffentlich mitteilt,
12. öffentlich, in einer Versammlung oder durch Verbreiten eines Inhalts (§ 11 Absatz 3 des Strafgesetzbuches[1)]) dazu auffordert, Betäubungsmittel zu verbrauchen, die nicht zulässigerweise verschrieben worden sind,
13. Geldmittel oder andere Vermögensgegenstände einem anderen für eine rechtswidrige Tat nach Nummern 1, 5, 6, 7, 10, 11 oder 12 bereitstellt,
14. einer Rechtsverordnung nach § 11 Abs. 2 Satz 2 Nr. 1 oder § 13 Abs. 3 Satz 2 Nr. 1, 2a oder 5 zuwiderhandelt, soweit sie für einen bestimmten Tatbestand auf diese Strafvorschrift verweist.

[2] Die Abgabe von sterilen Einmalspritzen an Betäubungsmittelabhängige und die öffentliche Information darüber sind kein Verschaffen und kein öffentliches Mitteilen einer Gelegenheit zum Verbrauch nach Satz 1 Nr. 11.

(2) In den Fällen des Absatzes 1 Satz 1 Nr. 1, 2, 5 oder 6 Buchstabe b ist der Versuch strafbar.

(3) [1] In besonders schweren Fällen ist die Strafe Freiheitsstrafe nicht unter einem Jahr. [2] Ein besonders schwerer Fall liegt in der Regel vor, wenn der Täter

1. in den Fällen des Absatzes 1 Satz 1 Nr. 1, 5, 6, 10, 11 oder 13 gewerbsmäßig handelt,
2. durch eine der in Absatz 1 Satz 1 Nr. 1, 6 oder 7 bezeichneten Handlungen die Gesundheit mehrerer Menschen gefährdet.

(4) Handelt der Täter in den Fällen des Absatzes 1 Satz 1 Nummer 1, 2, 5, 6 *Buchstabe b, Nummer 6b,* 10 oder 11 fahrlässig, so ist die Strafe Freiheitsstrafe bis zu einem Jahr oder Geldstrafe.

---

1) Habersack Nr. 85.

(5) Das Gericht kann von einer Bestrafung nach den Absätzen 1, 2 und 4 absehen, wenn der Täter die Betäubungsmittel lediglich zum Eigenverbrauch in geringer Menge anbaut, herstellt, einführt, ausführt, durchführt, erwirbt, sich in sonstiger Weise verschafft oder besitzt.

(6) Die Vorschriften des Absatzes 1 Satz 1 Nr. 1 sind, soweit sie das Handeltreiben, Abgeben oder Veräußern betreffen, auch anzuwenden, wenn sich die Handlung auf Stoffe oder Zubereitungen bezieht, die nicht Betäubungsmittel sind, aber als solche ausgegeben werden.

§ 29a[1] **Straftaten.** (1) Mit Freiheitsstrafe nicht unter einem Jahr wird bestraft, wer

1. als Person über 21 Jahre Betäubungsmittel unerlaubt an eine Person unter 18 Jahren abgibt oder sie ihr entgegen § 13 Abs. 1 verabreicht oder zum unmittelbaren Verbrauch überläßt oder
2. mit Betäubungsmitteln in nicht geringer Menge unerlaubt Handel treibt, sie in nicht geringer Menge herstellt oder abgibt oder sie besitzt, ohne sie auf Grund einer Erlaubnis nach § 3 Abs. 1 erlangt zu haben.

(2) In minder schweren Fällen ist die Strafe Freiheitsstrafe von drei Monaten bis zu fünf Jahren.

§ 30[2] **Straftaten.** (1) Mit Freiheitsstrafe nicht unter zwei Jahren wird bestraft, wer

1. Betäubungsmittel unerlaubt anbaut, herstellt oder mit ihnen Handel treibt (§ 29 Abs. 1 Satz 1 Nr. 1) und dabei als Mitglied einer Bande handelt, die sich zur fortgesetzten Begehung solcher Taten verbunden hat,
2. im Falle des § 29a Abs. 1 Nr. 1 gewerbsmäßig handelt,
3. Betäubungsmittel abgibt, einem anderen verabreicht oder zum unmittelbaren Verbrauch überläßt und dadurch leichtfertig dessen Tod verursacht,
4. Betäubungsmittel in nicht geringer Menge unerlaubt einführt oder
5. eine in § 29a Absatz 1 Nummer 1 bezeichnete Handlung vorsätzlich begeht und dadurch wenigstens leichtfertig ein Kind oder eine jugendliche Person in der körperlichen, geistigen oder sittlichen Entwicklung schwer gefährdet.

(2) In minder schweren Fällen ist die Strafe Freiheitsstrafe von drei Monaten bis zu fünf Jahren.

§ 30a[3] **Straftaten.** (1) Mit Freiheitsstrafe nicht unter fünf Jahren wird bestraft, wer Betäubungsmittel in nicht geringer Menge unerlaubt anbaut, herstellt, mit ihnen Handel treibt, sie ein- oder ausführt (§ 29 Abs. 1 Satz 1 Nr. 1) und dabei als Mitglied einer Bande handelt, die sich zur fortgesetzten Begehung solcher Taten verbunden hat.

(2) Ebenso wird bestraft, wer

---

[1] § 29a Abs. 1 geänd. durch G v. 7.10.1994 (BGBl. I S. 2835); Abs. 1 Nr. 1 Buchst. b aufgeh. durch G v. 28.10.1994 (BGBl. I S. 3186).

[2] § 30 Abs. 1 Nr. 1 und 4 geänd. durch G v. 7.10.1994 (BGBl. I S. 2835); Abs. 1 Nr. 3 und 4 geänd., Nr. 5 angef. mWv 1.4.2024 durch G v. 27.3.2024 (BGBl. 2024 I Nr. 109).

[3] § 30a Abs. 1 geänd. durch G v. 7.10.1994 (BGBl. I S. 2835); Abs. 2 eingef., bish. Abs. 2 wird Abs. 3 durch G v. 28.10.1994 (BGBl. I S. 3186); Abs. 3 geänd. mWv 23.7.2009 durch G v. 17.7.2009 (BGBl. I S. 1990).

1. als Person über 21 Jahre eine Person unter 18 Jahren bestimmt, mit Betäubungsmitteln unerlaubt Handel zu treiben, sie, ohne Handel zu treiben, einzuführen, auszuführen, zu veräußern, abzugeben oder sonst in den Verkehr zu bringen oder eine dieser Handlungen zu fördern, oder
2. mit Betäubungsmitteln in nicht geringer Menge unerlaubt Handel treibt oder sie, ohne Handel zu treiben, einführt, ausführt oder sich verschafft und dabei eine Schußwaffe oder sonstige Gegenstände mit sich führt, die ihrer Art nach zur Verletzung von Personen geeignet und bestimmt sind.

(3) In minder schweren Fällen ist die Strafe Freiheitsstrafe von sechs Monaten bis zu zehn Jahren.

§ 30b Straftaten. § 129 des Strafgesetzbuches[1] gilt auch dann, wenn eine Vereinigung, deren Zwecke oder deren Tätigkeit auf den unbefugten Vertrieb von Betäubungsmitteln im Sinne des § 6 Nr. 5 des Strafgesetzbuches gerichtet sind, nicht oder nicht nur im Inland besteht.

§ 30c[2] *(aufgehoben)*

§ 31[3] **Strafmilderung oder Absehen von Strafe.** [1] Das Gericht kann die Strafe nach § 49 Abs. 1 des Strafgesetzbuches[1] mildern oder, wenn der Täter keine Freiheitsstrafe von mehr als drei Jahren verwirkt hat, von Strafe absehen, wenn der Täter

1. durch freiwilliges Offenbaren seines Wissens wesentlich dazu beigetragen hat, daß eine Straftat nach den §§ 29 bis 30a, die mit seiner Tat im Zusammenhang steht, aufgedeckt werden konnte, oder
2. freiwillig sein Wissen so rechtzeitig einer Dienststelle offenbart, daß eine Straftat nach § 29 Abs. 3, § 29a Abs. 1, § 30 Abs. 1, § 30a Abs. 1, die mit seiner Tat im Zusammenhang steht und von deren Planung er weiß, noch verhindert werden kann.

[2] War der Täter an der Tat beteiligt, muss sich sein Beitrag zur Aufklärung nach Satz 1 Nummer 1 über den eigenen Tatbeitrag hinaus erstrecken. [3] § 46b Abs. 2 und 3 des Strafgesetzbuches gilt entsprechend.

§ 31a[4] **Absehen von der Verfolgung.** (1) [1] Hat das Verfahren ein Vergehen nach § 29 Abs. 1, 2 oder 4 zum Gegenstand, so kann die Staatsanwaltschaft von der Verfolgung absehen, wenn die Schuld des Täters als gering anzusehen wäre, kein öffentliches Interesse an der Strafverfolgung besteht und der Täter die Betäubungsmittel lediglich zum Eigenverbrauch in geringer Menge anbaut, herstellt, einführt, ausführt, durchführt, erwirbt, sich in sonstiger Weise verschafft oder besitzt. [2] Von der Verfolgung soll abgesehen werden, wenn der Täter in einem Drogenkonsumraum Betäubungsmittel lediglich zum Eigenverbrauch, der nach § 10a geduldet werden kann, in geringer Menge besitzt, ohne zugleich im Besitz einer schriftlichen Erlaubnis für den Erwerb zu sein. [3] Ebenfalls soll von der Verfolgung abgesehen werden, wenn der Täter, der Betäubungsmittel lediglich

---

[1] **Habersack Nr. 85.**

[2] § 30c aufgeh. mWv 1.7.2017 durch G v. 13.4.2017 (BGBl. I S. 872).

[3] *§ 31 Satz 1 einl.* Satzteil geänd., Satz 2 angef. mWv 1.9.2009 durch G v. 29.7.2009 (BGBl. I S. 2288); Satz 1 Nr. 1 und 2 geänd., Satz 2 eingef., bish. Satz 2 wird Satz 3 mWv 1.8.2013 durch G v. 10.6.2013 (BGBl. I S. 1497).

[4] § 31a Abs. 1 Satz 2 angef. mWv 1.4.2000 durch G v. 28.3.2000 (BGBl. I S. 302); Abs. 1 Satz 3 angef. mWv 27.7.2023 durch G v. 19.7.2023 (BGBl. 2023 I Nr. 197).

zum Eigenverbrauch in geringer Menge besitzt, ohne zugleich im Besitz einer schriftlichen Erlaubnis für den Erwerb zu sein, anlässlich der Nutzung eines in § 10b genannten Modellvorhabens angetroffen wird.

(2) [1] Ist die Klage bereits erhoben, so kann das Gericht in jeder Lage des Verfahrens unter den Voraussetzungen des Absatzes 1 mit Zustimmung der Staatsanwaltschaft und des Angeschuldigten das Verfahren einstellen. [2] Der Zustimmung des Angeschuldigten bedarf es nicht, wenn die Hauptverhandlung aus den in § 205 der Strafprozeßordnung[1)] angeführten Gründen nicht durchgeführt werden kann oder in den Fällen des § 231 Abs. 2 der Strafprozeßordnung und der §§ 232 und 233 der Strafprozeßordnung in seiner Abwesenheit durchgeführt wird. [3] Die Entscheidung ergeht durch Beschluß. [4] Der Beschluß ist nicht anfechtbar.

§ 32[2)] Ordnungswidrigkeiten. (1) Ordnungswidrig handelt, wer vorsätzlich oder fahrlässig

1. entgegen § 4 Abs. 3 Satz 1 die Teilnahme am Betäubungsmittelverkehr nicht anzeigt,
2. in einem Antrag nach § 7, auch in Verbindung mit § 10a Abs. 3 oder § 13 Absatz 3 Satz 3, unrichtige Angaben macht oder unrichtige Unterlagen beifügt,
3. entgegen § 8 Abs. 3 Satz 1, auch in Verbindung mit § 10a Abs. 3, eine Änderung nicht richtig, nicht vollständig oder nicht unverzüglich mitteilt,
4. einer vollziehbaren Auflage nach § 9 Abs. 2, auch in Verbindung mit § 10a Abs. 3, zuwiderhandelt,
5. entgegen § 11 Abs. 1 Satz 1 Betäubungsmittel ohne Genehmigung ein- oder ausführt,
6. einer Rechtsverordnung nach § 11 Abs. 2 Satz 2 Nr. 2 bis 4, § 12 Abs. 4, § 13 Abs. 3 Satz 2 Nr. 2, 3 oder 4, § 20 Abs. 1 oder § 28 Abs. 2 zuwiderhandelt, soweit sie für einen bestimmten Tatbestand auf diese Bußgeldvorschrift verweist,
7. entgegen § 12 Abs. 1 Betäubungsmittel abgibt oder entgegen § 12 Abs. 2 die Abgabe oder den Erwerb nicht richtig, nicht vollständig oder nicht unverzüglich meldet oder den Empfang nicht bestätigt,

7a. entgegen § 13 Absatz 1a Satz 3 nicht, nicht richtig oder nicht rechtzeitig bei einer Apotheke anfragt,

7b. entgegen § 13 Absatz 1a Satz 4 oder 5 eine Aufzeichnung nicht, nicht richtig oder nicht vollständig führt oder eine Aufzeichnung nicht oder nicht mindestens drei Jahre aufbewahrt,

8. entgegen § 14 Abs. 1 bis 4 Betäubungsmittel nicht vorschriftsmäßig kennzeichnet,
9. einer vollziehbaren Anordnung nach § 15 Satz 2 zuwiderhandelt,
10. *entgegen* § 16 Abs. 1 Betäubungsmittel nicht vorschriftsmäßig vernichtet, eine Niederschrift nicht fertigt oder sie nicht aufbewahrt oder entgegen § 16 Abs. 2

[1)] **Habersack Nr. 90.**

[2)] § 32 Abs. 3 geänd. durch G v. 24.6.1994 (BGBl. I S. 1416); Abs. 1 Nr. 13 geänd., Nr. 14 eingef., bish. Nr. 14 wird Nr. 15, Abs. 3 geänd. durch G v. 4.4.1996 (BGBl. I S. 582); Abs. 1 Nr. 2, 3 und 4 geänd., Nr. 6 neu gef. mWv 1.4.2000 durch G v. 28.3.2000 (BGBl. I S. 302); Abs. 2 geänd. mWv 30.6.2002 durch G v. 26.6.2002 (BGBl. I S. 2261); Abs. 1 Nr. 2 geänd. mWv 21.7.2009 durch G v. 15.7.2009 (BGBl. I S. 1801); Abs. 1 Nr. 7a und 7b eingef. mWv 26.10.2012 durch G v. 19.10.2012 (BGBl. I S. 2192); Abs. 1 Nr. 13 geänd., Nr. 14 aufgeh., bish. Nr. 15 wird Nr. 14, Abs. 3 geänd. mWv 1.4.2024 durch G v. 27.3.2024 (BGBl. 2024 I Nr. 109).

Satz 1 Betäubungsmittel nicht zur Vernichtung einsendet, jeweils auch in Verbindung mit § 16 Abs. 3,

11. entgegen § 17 Abs. 1 oder 2 Aufzeichnungen nicht, nicht richtig oder nicht vollständig führt oder entgegen § 17 Abs. 3 Aufzeichnungen oder Rechnungsdurchschriften nicht aufbewahrt,
12. entgegen § 18 Abs. 1 bis 3 Meldungen nicht richtig, nicht vollständig oder nicht rechtzeitig erstattet,
13. entgegen § 24 Abs. 1 einer Duldungs- oder Mitwirkungspflicht nicht nachkommt oder
14. Betäubungsmittel in eine Postsendung einlegt, obwohl diese Versendung durch den Weltpostvertrag oder ein Abkommen des Weltpostvereins verboten ist; das Postgeheimnis gemäß Artikel 10 Abs. 1 des Grundgesetzes[1)] wird insoweit für die Verfolgung und Ahndung der Ordnungswidrigkeit eingeschränkt.

(2) Die Ordnungswidrigkeit kann mit einer Geldbuße bis zu fünfundzwanzigtausend Euro geahndet werden.

(3) Verwaltungsbehörde im Sinne des § 36 Abs. 1 Nr. 1 des Gesetzes über Ordnungswidrigkeiten[2)] ist das Bundesinstitut für Arzneimittel und Medizinprodukte, soweit das Gesetz von ihm ausgeführt wird.

§ 33[3)] Einziehung. [1]Gegenstände, auf die sich eine Straftat nach den §§ 29 bis 30a oder eine Ordnungswidrigkeit nach § 32 bezieht, können eingezogen werden. [2]§ 74a des Strafgesetzbuches[4)] und § 23 des Gesetzes über Ordnungswidrigkeiten[2)] sind anzuwenden.

§ 34 Führungsaufsicht. In den Fällen des § 29 Abs. 3, der §§ 29a, 30 und 30a kann das Gericht Führungsaufsicht anordnen (§ 68 Abs. 1 des Strafgesetzbuches[4)]).

Siebenter Abschnitt. Betäubungsmittelabhängige Straftäter

§ 35[5)] Zurückstellung der Strafvollstreckung. (1) [1]Ist jemand wegen einer Straftat zu einer Freiheitsstrafe von nicht mehr als zwei Jahren verurteilt worden und ergibt sich aus den Urteilsgründen oder steht sonst fest, daß er die Tat auf Grund einer Betäubungsmittelabhängigkeit begangen hat, so kann die Vollstreckungsbehörde mit Zustimmung des Gerichts des ersten Rechtszuges die Vollstreckung der Strafe, eines Strafrestes oder der Maßregel der Unterbringung in einer Entziehungsanstalt für längstens zwei Jahre zurückstellen, wenn der Verurteilte sich wegen seiner Abhängigkeit in einer seiner Rehabilitation dienenden Behandlung befindet oder zusagt, sich einer solchen zu unterziehen, und deren Beginn gewährleistet ist. [2]Als Behandlung gilt auch der Aufenthalt in einer staatlich anerkannten Einrichtung, die dazu dient, die Abhängigkeit zu beheben oder einer erneuten Abhängigkeit entgegenzuwirken.

(2) [1]Gegen die Verweigerung der Zustimmung durch das Gericht des ersten Rechtszuges steht der Vollstreckungsbehörde die Beschwerde nach dem Zweiten

---

1) Nr. 1.

2) **Habersack Nr. 94.**

3) *§ 33 Abs. 1 Nr. 1 geänd. durch* G v. 7.10.1994 (BGBl. I S. 2835) und geänd. mWv 1.4.2000 durch G v. 28.3.2000 (BGBl. I S. 302); Überschrift geänd., Abs. 1 aufgeh. mWv 1.7.2017 durch G v. 13.4.2017 (BGBl. I S. 872).

4) **Habersack Nr. 85.**

5) § 35 Abs. 2 Satz 3 und Abs. 6 Nr. 1 geänd. durch G v. 7.10.1994 (BGBl. I S. 2835).

Abschnitt des Dritten Buches der Strafprozeßordnung[1)] zu. [2] Der Verurteilte kann die Verweigerung dieser Zustimmung nur zusammen mit der Ablehnung der Zurückstellung durch die Vollstreckungsbehörde nach den §§ 23 bis 30 des Einführungsgesetzes zum Gerichtsverfassungsgesetz[2)] anfechten. [3] Das Oberlandesgericht entscheidet in diesem Falle auch über die Verweigerung der Zustimmung; es kann die Zustimmung selbst erteilen.

(3) Absatz 1 gilt entsprechend, wenn

1. auf eine Gesamtfreiheitsstrafe von nicht mehr als zwei Jahren erkannt worden ist oder
2. auf eine Freiheitsstrafe oder Gesamtfreiheitsstrafe von mehr als zwei Jahren erkannt worden ist und ein zu vollstreckender Rest der Freiheitsstrafe oder der Gesamtfreiheitsstrafe zwei Jahre nicht übersteigt

und im übrigen die Voraussetzungen des Absatzes 1 für den ihrer Bedeutung nach überwiegenden Teil der abgeurteilten Straftaten erfüllt sind.

(4) Der Verurteilte ist verpflichtet, zu Zeitpunkten, die die Vollstreckungsbehörde festsetzt, den Nachweis über die Aufnahme und über die Fortführung der Behandlung zu erbringen; die behandelnden Personen oder Einrichtungen teilen der Vollstreckungsbehörde einen Abbruch der Behandlung mit.

(5) [1] Die Vollstreckungsbehörde widerruft die Zurückstellung der Vollstreckung, wenn die Behandlung nicht begonnen oder nicht fortgeführt wird und nicht zu erwarten ist, daß der Verurteilte eine Behandlung derselben Art alsbald beginnt oder wieder aufnimmt, oder wenn der Verurteilte den nach Absatz 4 geforderten Nachweis nicht erbringt. [2] Von dem Widerruf kann abgesehen werden, wenn der Verurteilte nachträglich nachweist, daß er sich in Behandlung befindet. [3] Ein Widerruf nach Satz 1 steht einer erneuten Zurückstellung der Vollstreckung nicht entgegen.

(6) Die Zurückstellung der Vollstreckung wird auch widerrufen, wenn

1. bei nachträglicher Bildung einer Gesamtstrafe nicht auch deren Vollstreckung nach Absatz 1 in Verbindung mit Absatz 3 zurückgestellt wird oder
2. eine weitere gegen den Verurteilten erkannte Freiheitsstrafe oder freiheitsentziehende Maßregel der Besserung und Sicherung zu vollstrecken ist.

(7) [1] Hat die Vollstreckungsbehörde die Zurückstellung widerrufen, so ist sie befugt, zur Vollstreckung der Freiheitsstrafe oder der Unterbringung in einer Entziehungsanstalt einen Haftbefehl zu erlassen. [2] Gegen den Widerruf kann die Entscheidung des Gerichts des ersten Rechtszuges herbeigeführt werden. [3] Der Fortgang der Vollstreckung wird durch die Anrufung des Gerichts nicht gehemmt. [4] § 462 der Strafprozeßordnung gilt entsprechend.

§ 36[3)] Anrechnung und Strafaussetzung zur Bewährung. (1) [1] Ist die Vollstreckung zurückgestellt worden und hat sich der Verurteilte in einer staatlich *anerkannten Einrichtung* behandeln lassen, so wird die vom Verurteilten nachgewiesene Zeit seines Aufenthaltes in dieser Einrichtung auf die Strafe angerechnet, bis infolge der Anrechnung zwei Drittel der Strafe erledigt sind. [2] Die Entscheidung über die Anrechnungsfähigkeit trifft das Gericht zugleich mit der Zustimmung nach § 35 Abs. 1. [3] Sind durch die Anrechnung zwei Drittel der Strafe

---

[1)] **Habersack Nr. 90.**

[2)] **Habersack Nr. 95a.**

[3)] § 36 Abs. 1 Satz 3, Abs. 2, Abs. 5 Satz 4 geänd. durch G v. 26.1.1998 (BGBl. I S. 160); Abs 4 geänd. mWv 31.12.2006 durch G v. 22.12.2006 (BGBl. I S. 3416).

erledigt oder ist eine Behandlung in der Einrichtung zu einem früheren Zeitpunkt nicht mehr erforderlich, so setzt das Gericht die Vollstreckung des Restes der Strafe zur Bewährung aus, sobald dies unter Berücksichtigung des Sicherheitsinteresses der Allgemeinheit verantwortet werden kann.

(2) Ist die Vollstreckung zurückgestellt worden und hat sich der Verurteilte einer anderen als der in Absatz 1 bezeichneten Behandlung seiner Abhängigkeit unterzogen, so setzt das Gericht die Vollstreckung der Freiheitsstrafe oder des Strafrestes zur Bewährung aus, sobald dies unter Berücksichtigung des Sicherheitsinteresses der Allgemeinheit verantwortet werden kann.

(3) Hat sich der Verurteilte nach der Tat einer Behandlung seiner Abhängigkeit unterzogen, so kann das Gericht, wenn die Voraussetzungen des Absatzes 1 Satz 1 nicht vorliegen, anordnen, daß die Zeit der Behandlung ganz oder zum Teil auf die Strafe angerechnet wird, wenn dies unter Berücksichtigung der Anforderungen, welche die Behandlung an den Verurteilten gestellt hat, angezeigt ist.

(4) Die §§ 56a bis 56g und 57 Abs. 5 Satz 2 des Strafgesetzbuches[1)] gelten entsprechend.

(5) [1] Die Entscheidungen nach den Absätzen 1 bis 3 trifft das Gericht des ersten Rechtszuges ohne mündliche Verhandlung durch Beschluß. [2] Die Vollstreckungsbehörde, der Verurteilte und die behandelnden Personen oder Einrichtungen sind zu hören. [3] Gegen die Entscheidungen ist sofortige Beschwerde möglich. [4] Für die Entscheidungen nach Absatz 1 Satz 3 und nach Absatz 2 gilt § 454 Abs. 4 der Strafprozeßordnung[2)] entsprechend; die Belehrung über die Aussetzung des Strafrestes erteilt das Gericht.

§ 37[3)] Absehen von der Erhebung der öffentlichen Klage. (1) [1] Steht ein Beschuldigter in Verdacht, eine Straftat auf Grund einer Betäubungsmittelabhängigkeit begangen zu haben, und ist keine höhere Strafe als eine Freiheitsstrafe bis zu zwei Jahren zu erwarten, so kann die Staatsanwaltschaft mit Zustimmung des für die Eröffnung des Hauptverfahrens zuständigen Gerichts vorläufig von der Erhebung der öffentlichen Klage absehen, wenn der Beschuldigte nachweist, daß er sich wegen seiner Abhängigkeit der in § 35 Abs. 1 bezeichneten Behandlung unterzieht, und seine Resozialisierung zu erwarten ist. [2] Die Staatsanwaltschaft setzt Zeitpunkte fest, zu denen der Beschuldigte die Fortdauer der Behandlung nachzuweisen hat. [3] Das Verfahren wird fortgesetzt, wenn

1. die Behandlung nicht bis zu ihrem vorgesehenen Abschluß fortgeführt wird,
2. der Beschuldigte den nach Satz 2 geforderten Nachweis nicht führt,
3. der Beschuldigte eine Straftat begeht und dadurch zeigt, daß die Erwartung, die dem Absehen von der Erhebung der öffentlichen Klage zugrunde lag, sich nicht erfüllt hat, oder
4. auf Grund neuer Tatsachen oder Beweismittel eine Freiheitsstrafe von mehr als zwei Jahren zu erwarten ist.

[4] In den Fällen des Satzes 3 Nr. 1, 2 kann von der Fortsetzung des Verfahrens abgesehen werden, wenn der Beschuldigte nachträglich nachweist, daß er sich weiter in Behandlung befindet. [5] Die Tat kann nicht mehr verfolgt werden, wenn das Verfahren nicht innerhalb von zwei Jahren fortgesetzt wird.

[1)] **Habersack Nr. 85.**
[2)] **Habersack Nr. 90.**
[3)] § 37 Überschrift neu gef. durch G v. 7.10.1994 (BGBl. I S. 2835).

(2) [1]Ist die Klage bereits erhoben, so kann das Gericht mit Zustimmung der Staatsanwaltschaft das Verfahren bis zum Ende der Hauptverhandlung, in der die tatsächlichen Feststellungen letztmals geprüft werden können, vorläufig einstellen. [2]Die Entscheidung ergeht durch unanfechtbaren Beschluß. [3]Absatz 1 Satz 2 bis 5 gilt entsprechend. [4]Unanfechtbar ist auch eine Feststellung, daß das Verfahren nicht fortgesetzt wird (Abs. 1 Satz 5).

(3) Die in § 172 Abs. 2 Satz 3, § 396 Abs. 3 und § 467 Abs. 5 der Strafprozeßordnung[1)] zu § 153a der Strafprozeßordnung getroffenen Regelungen gelten entsprechend.

§ 38[2)] Jugendliche und Heranwachsende. (1) [1]Bei Verurteilung zu Jugendstrafe gelten die §§ 35 und 36 sinngemäß. [2]Neben der Zusage des Jugendlichen nach § 35 Abs. 1 Satz 1 bedarf es auch der Einwilligung des Erziehungsberechtigten und des gesetzlichen Vertreters. [3]Im Falle des § 35 Abs. 7 Satz 2 findet § 83 Abs. 2 Nr. 1, Abs. 3 Satz 2 des Jugendgerichtsgesetzes[3)] sinngemäß Anwendung. [4]Abweichend von § 36 Abs. 4 gelten die §§ 22 bis 26a des Jugendgerichtsgesetzes entsprechend. [5]Für die Entscheidungen nach § 36 Abs. 1 Satz 3 und Abs. 2 sind neben § 454 Abs. 4 der Strafprozeßordnung[1)] die §§ 58, 59 Abs. 2 bis 4 und § 60 des Jugendgerichtsgesetzes ergänzend anzuwenden.

(2) § 37 gilt sinngemäß auch für Jugendliche und Heranwachsende.

Achter Abschnitt. Übergangs- und Schlußvorschriften

§ 39[4)] Übergangsregelung. [1]Einrichtungen, in deren Räumlichkeiten der Verbrauch von mitgeführten, ärztlich nicht verschriebenen Betäubungsmitteln vor dem 1. Januar 1999 geduldet wurde, dürfen ohne eine Erlaubnis der zuständigen obersten Landesbehörde nur weiterbetrieben werden, wenn spätestens 24 Monate nach dem Inkrafttreten des Dritten BtMG-Änderungsgesetzes vom 28. März 2000 (BGBl. I S. 302) eine Rechtsverordnung nach § 10a Abs. 2 erlassen und ein Antrag auf Erlaubnis nach § 10a Abs. 1 gestellt wird. [2]Bis zur unanfechtbaren Entscheidung über einen Antrag können diese Einrichtungen nur weiterbetrieben werden, soweit die Anforderungen nach § 10a Abs. 2 oder einer nach dieser Vorschrift erlassenen Rechtsverordnung erfüllt werden. [3]§ 29 Abs. 1 Satz 1 Nr. 10 und 11 gilt auch für Einrichtungen nach Satz 1.

§ 39a[5)] Übergangsregelung aus Anlass des Gesetzes zur Änderung arzneimittelrechtlicher und anderer Vorschriften. Für eine Person, die die Sachkenntnis nach § 5 Absatz 1 Nummer 2 nicht hat, aber am 22. Juli 2009 die Voraussetzungen nach § 141 Absatz 3 des Arzneimittelgesetzes[6)] erfüllt, gilt der Nachweis der erforderlichen Sachkenntnis nach § 6 Absatz 1 Nummer 1 als erbracht.

§§ 40, 40a (gegenstandslos)

[1)] **Habersack Nr. 90.**

[2)] § 38 Abs. 1 Satz 4 geänd. durch G v. 7.10.1994 (BGBl. I S. 2835); Abs. 1 Satz 6 geänd. durch G v. 26.1.1998 (BGBl. I S. 160); Abs. 1 Satz 2 aufgeh., bish. Sätze 3 bis 6 werden Sätze 2 bis 5 mWv 1.4.2000 durch G v. 28.3.2000 (BGBl. I S. 302).

[3)] **Habersack Nr. 89.**

[4)] § 39 angef. mWv 1.4.2000 durch G v. 28.3.2000 (BGBl. I S. 302).

[5)] § 39a eingef. mWv 23.7.2009 durch G v. 17.7.2009 (BGBl. I S. 1990).

[6)] **Sartorius ErgBd. Nr. 272.**

§ 41 (weggefallen)

Anlagen I-III
(Anlagen hier nicht abgedruckt)

276. Gesetz zur Einführung eines Rauchverbotes in Einrichtungen des Bundes und öffentlichen Verkehrsmitteln (Bundesnichtraucherschutzgesetz – BNichtrSchG)[1)]

Vom 20. Juli 2007
(BGBl. I S. 1595)

FNA 212-3

geänd. durch Art. 2 G zur Änd. von Vorschriften im Eisenbahnbereich v. 9.6.2021 (BGBl. I S. 1730) und Art. 8 Cannabisgesetz v. 27.3.2024 (BGBl. 2024 I Nr. 109)

§ 1[2)] Rauchverbot. (1) Das Rauchen von Tabak- und Cannabisprodukten, einschließlich der Benutzung von elektronischen Zigaretten und erhitzten Tabakerzeugnissen sowie von Geräten zur Verdampfung von Tabak- und Cannabisprodukten ist nach Maßgabe der Absätze 2 und 3 verboten

1. in Einrichtungen des Bundes sowie der Verfassungsorgane des Bundes,
2. in Verkehrsmitteln des öffentlichen Personenverkehrs,
3. in Personenbahnhöfen der öffentlichen Eisenbahnen.

(2) Das Rauchverbot nach Absatz 1 gilt in Gebäuden und sonstigen vollständig umschlossenen Räumen; es gilt nicht für Räume, die Wohn- oder Übernachtungszwecken dienen und den Bewohnerinnen und Bewohnern zur alleinigen Nutzung überlassen sind.

(3) [1]Abweichend von Absatz 1 und 2 erster Halbsatz können in den dort genannten Einrichtungen, Verkehrsmitteln und Personenbahnhöfen gesonderte und entsprechend gekennzeichnete Räume vorgehalten werden, in denen das Rauchen gestattet ist, wenn insgesamt eine ausreichende Anzahl von Räumen zur Verfügung steht. [2]Satz 1 gilt nicht für die in § 2 Nr. 2 Buchstabe b genannten Verkehrsmittel.

(4) Die Bundesregierung wird ermächtigt, durch Rechtsverordnung ohne Zustimmung des Bundesrates nähere Bestimmungen zur Einrichtung und Kennzeichnung von Raucherräumen nach Absatz 3, insbesondere zu den baulichen Anforderungen an die Größe, Lage, Gestaltung sowie zur Art und Weise ihrer Belüftung, zu erlassen.

§ 2[3)] Begriffsbestimmungen.

1. Einrichtungen des Bundes im Sinne dieses Gesetzes sind
   a) Behörden, Dienststellen, Gerichte und sonstige öffentliche Einrichtungen des Bundes,
   b) bundesunmittelbare Körperschaften, Anstalten und Stiftungen.
2. Verkehrsmittel des öffentlichen Personenverkehrs im Sinne dieses Gesetzes sind
   a) die zur Beförderung von Personen benutzten Eisenbahnfahrzeuge der öffentlichen Eisenbahnen nach § 3 Abs. 1 des Allgemeinen Eisenbahngesetzes[4)],

---

[1)] Verkündet als Art. 1 G v. 20.7.2007; Inkrafttreten gem. Art. 7 Abs. 1 dieses G am 1.9.2007.

[2)] § 1 Abs. 1 einl. Satzteil geänd. mWv 1.4.2024 durch G v. 27.3.2024 (BGBl. 2024 I Nr. 109).

[3)] § 2 Nr. 3 neu gef. mWv 1.7.2021 durch G v. 9.6.2021 (BGBl. I S. 1730); Nr. 3 geänd. mWv 1.4.2024 durch G v. 27.3.2024 (BGBl. 2024 I Nr. 109).

[4)] **Sartorius III Nr. 200.**

b) zur Beförderung von Personen eingesetzte Straßenbahnen, Oberleitungsomnibusse und Kraftfahrzeuge, soweit die Beförderung den Vorschriften des Personenbeförderungsgesetzes[1] oder § 1 Nr. 4 Buchstabe d, g oder Buchstabe i der Freistellungs-Verordnung[2] unterliegt,

c) Luftfahrzeuge, die für die gewerbsmäßige oder entgeltliche Beförderung von Personen oder für gewerbsmäßige Rundflüge eingesetzt werden,

d) Fahrgastschiffe, die Fahrgäste im Linienverkehr befördern.

3. Personenbahnhöfe der öffentlichen Eisenbahnen im Sinne dieses Gesetzes sind solche nach § 3 Absatz 1 des Allgemeinen Eisenbahngesetzes in Verbindung mit Anlage 2 Nummer 2 Buchstabe a des Eisenbahnregulierungsgesetzes[3].

4. Räume im Sinne dieses Gesetzes sind

a) baulich abgetrennte Einheiten eines Gebäudes,

b) räumlich abgetrennte Einheiten eines Verkehrsmittels.

§ 3 Hinweispflicht. Auf das Rauchverbot nach § 1 ist in geeigneter Weise hinzuweisen.

§ 4 Verantwortlichkeit. Die Einrichtung der Raucherbereiche und die Erfüllung der Hinweispflicht nach § 3 obliegen dem Inhaber des Hausrechts oder dem Betreiber des Verkehrsmittels.

§ 5 Bußgeldvorschrift. (1) Ordnungswidrig handelt, wer entgegen § 1 Abs. 1 raucht.

(2) Die Ordnungswidrigkeit kann mit einer Geldbuße geahndet werden.

(3) Verwaltungsbehörden im Sinne des § 36 Abs. 1 Nr. 1 des Gesetzes über Ordnungswidrigkeiten[4] sind, soweit dieses Gesetz vom Bund ausgeführt wird, die obersten Bundesbehörden jeweils für sich und ihren Geschäftsbereich sowie für die Verfassungsorgane des Bundes die jeweils zur Ausübung des Hausrechts Berechtigten; § 36 Abs. 3 des Gesetzes über Ordnungswidrigkeiten gilt entsprechend.

---

[1] **Nr. 950.**
[2] **Nr. 951.**
[3] **Sartorius III Nr. 210.**
[4] **Habersack Nr. 94.**

290. Bundes-Klimaschutzgesetz (KSG)[1]

Vom 12. Dezember 2019

(BGBl. I S. 2513)

FNA 2129-64

geänd. durch Beschl. des BVerfG – 1 BvR 2656/18, 1 BvR 78/20, 1 BvR 96/20, 1 BvR 288/20 – v. 24.3.2021 (BGBl. I S. 1720), Art. 1 Erstes ÄndG v. 18.8.2021 (BGBl. I S. 3905) und Art. 1 Zweites ÄndG v. 15.7.2024 (BGBl. 2024 I Nr. 235)

Inhaltsübersicht[2]

Abschnitt 1. Allgemeine Vorschriften

§ 1[3] **Zweck des Gesetzes.** [1]Zweck dieses Gesetzes ist es, zum Schutz vor den Auswirkungen des weltweiten Klimawandels die Erfüllung der nationalen Klimaschutzziele sowie die Einhaltung der europäischen Zielvorgaben zu gewährleisten. [2]Die ökologischen, sozialen und ökonomischen Folgen werden berücksichtigt. [3]Grundlage bildet die Verpflichtung nach dem Übereinkommen von Paris aufgrund der Klimarahmenkonvention der Vereinten Nationen, wonach der Anstieg

[1] Verkündet als Art. 1 G v. 12.12.2019 (BGBl. I S. 2513); Inkrafttreten gem. Art. 4 dieses G am 18.12. 2019.

[2] Inhaltsübersicht geänd. mWv 31.8.2021 durch G v. 18.8.2021 (BGBl. I S. 3905); geänd. mWv 17.7. 2024 durch G v. 15.7.2024 (BGBl. 2024 I Nr. 235); sie wurde nichtamtlich an weitere Änderungen durch G v. 15.7.2024 (BGBl. 2024 I Nr. 235) angepasst.

[3] § 1 Satz 3 geänd. mWv 31.8.2021 durch G v. 18.8.2021 (BGBl. I S. 3905).

der globalen Durchschnittstemperatur auf deutlich unter 2 Grad Celsius und möglichst auf 1,5 Grad Celsius gegenüber dem vorindustriellen Niveau zu begrenzen ist, um die Auswirkungen des weltweiten Klimawandels so gering wie möglich zu halten.

§ 2[1] Begriffsbestimmungen. Im Sinne dieses *Gesetz*[2] ist oder sind:

1. Treibhausgase: Kohlendioxid (CO_2), Methan (CH_4), Distickstoffoxid (N_2O), Schwefelhexafluorid (SF_6), Stickstofftrifluorid (NF_3) sowie teilfluorierte Kohlenwasserstoffe (HFKW) und perfluorierte Kohlenwasserstoffe (PFKW) gemäß Anhang V Teil 2 der Europäischen Governance-Verordnung in der jeweils geltenden Fassung;
2. Treibhausgasemissionen: die anthropogene Freisetzung von Treibhausgasen in Tonnen Kohlendioxidäquivalent, wobei eine Tonne Kohlendioxidäquivalent eine Tonne Kohlendioxid oder die Menge eines anderen Treibhausgases ist, die in ihrem Potenzial zur Erwärmung der Atmosphäre einer Tonne Kohlendioxid entspricht; das Potenzial richtet sich nach der Delegierten Verordnung (EU) 2020/1044 der Kommission vom 8. Mai 2020 zur Ergänzung der Verordnung (EU) 2018/1999 des Europäischen Parlaments und des Rates im Hinblick auf die Werte für Treibhauspotenziale und die Inventarleitlinien und im Hinblick auf das Inventarsystem der Union sowie zur Aufhebung der Delegierten Verordnung (EU) Nr. 666/2014 der Kommission (ABl. L 230 vom 17.7.2020, S. 1) oder nach einer aufgrund von Artikel 26 Absatz 6 Buchstabe b der Europäischen Governance-Verordnung erlassenen Nachfolgeregelung;
3. Europäische Governance-Verordnung: die Verordnung (EU) 2018/1999 des Europäischen Parlaments und des Rates vom 11. Dezember 2018 über das Governance-System für die Energieunion und für den Klimaschutz, zur Änderung der Verordnungen (EG) Nr. 663/2009 und (EG) Nr. 715/2009 des Europäischen Parlaments und des Rates, der Richtlinien 94/22/EG, 98/70/EG, 2009/31/EG, 2009/73/EG, 2010/31/EU, 2012/27/EU und 2013/30/EU des Europäischen Parlaments und des Rates, der Richtlinien 2009/119/EG und (EU) 2015/652 des Rates und zur Aufhebung der Verordnung (EU) Nr. 525/2013 des Europäischen Parlaments und des Rates (ABl. L 328 vom 21.12.2018, S. 1), die zuletzt durch die Verordnung (EU) 2021/1119 (ABl. L 243 vom 9.7.2021, S. 1) geändert worden ist;
4. Europäische Klimaschutzverordnung: die Verordnung (EU) 2018/842 des Europäischen Parlaments und des Rates vom 30. Mai 2018 zur Festlegung verbindlicher nationaler Jahresziele für die Reduzierung der Treibhausgasemissionen im Zeitraum 2021 bis 2030 als Beitrag zu Klimaschutzmaßnahmen zwecks Erfüllung der Verpflichtungen aus dem Übereinkommen von Paris sowie zur Änderung der Verordnung (EU) Nr. 525/2013 (ABl. L 156 vom 19.6.2018, S. 26), die zuletzt durch die Verordnung (EU) 2023/857 (ABl. L 111 vom 26.4.2023, S. 1) geändert worden ist;
5. Europäische Klimaberichterstattungsverordnung: die Durchführungsverordnung (EU) Nr. 2020/1208 der Kommission vom 7. August 2020 über die Struktur, das Format, die Verfahren für die Vorlage und die Überprüfung der von den Mitgliedstaaten gemäß der Verordnung (EU) 2018/1999 des Europäischen Parlaments und des Rates gemeldeten Informationen und zur Auf-

[1] § 2 Nr. 2–5 und 9 geänd., Nr. 10 angef. mWv 17.7.2024 durch G v. 15.7.2024 (BGBl. 2024 I Nr. 235).

[2] Richtig wohl: „Gesetzes".

hebung der Durchführungsverordnung (EU) Nr. 749/2014 der Kommission (ABl. L 278 vom 26.8.2020, S. 1);

6. Übereinkommen von Paris: das von den Vertragsstaaten der Klimarahmenkonvention der Vereinten Nationen unterzeichnete und mit Gesetz vom 28. September 2016 ratifizierte Übereinkommen von Paris vom 12. Dezember 2015 (BGBl. 2016 II S. 1082, 1083);
7. Klimaschutzplan: die deutsche Langfriststrategie nach dem Übereinkommen von Paris und nach Artikel 15 der Europäischen Governance-Verordnung;
8. Landnutzung, Landnutzungsänderung und Forstwirtschaft: der in Anlage 1 Nummer 7 definierte Sektor Landnutzung, Landnutzungsänderung und Forstwirtschaft; für diesen Sektor sind § 3 Absatz 1 und die §§ 4, 7 und 8 nicht anzuwenden.[1)]
9. Netto-Treibhausgasneutralität: das Gleichgewicht zwischen den anthropogenen Emissionen von Treibhausgasen aus Quellen und dem Abbau solcher Gase durch Senken;
10. Projektionsdaten: quantitative Abschätzungen zu künftigen anthropogenen Treibhausgasemissionen aus Quellen und zum Abbau solcher Gase durch Senken, bei denen die Auswirkungen von verabschiedeten und in Kraft gesetzten Politiken und Maßnahmen berücksichtigt werden.

Abschnitt 2. Klimaschutzziele und Jahresemissionsmengen

§ 3[2)] Nationale Klimaschutzziele. (1) Die Treibhausgasemissionen werden im Vergleich zum Jahr 1990 schrittweise wie folgt gemindert:

1. bis zum Jahr 2030 um mindestens 65 Prozent,
2. bis zum Jahr 2040 um mindestens 88 Prozent.

(2) [1] Bis zum Jahr 2045 werden die Treibhausgasemissionen so weit gemindert, dass Netto- Treibhausgasneutralität erreicht wird. [2] Nach dem Jahr 2050 sollen negative Treibhausgasemissionen erreicht werden.

(3) Die Möglichkeit, die nationalen Klimaschutzziele teilweise im Rahmen von staatenübergreifenden Mechanismen zur Minderung von Treibhausgasemissionen zu erreichen, bleibt unberührt.

(4) [1] Sollten zur Erfüllung europäischer oder internationaler Klimaschutzziele höhere nationale Klimaschutzziele erforderlich werden, so leitet die Bundesregierung die zur Erhöhung der Zielwerte nach Absatz 1 notwendigen Schritte ein. [2] Klimaschutzziele können erhöht, aber nicht abgesenkt werden.

§ 3a[3)] Beitrag des Sektors Landnutzung, Landnutzungsänderung und Forstwirtschaft. (1) [1] Der Beitrag des Sektors Landnutzung, Landnutzungsänderung und Forstwirtschaft zum Klimaschutz soll gestärkt werden. [2] Dem Beitrag dieses Sektors wird eine besondere Bedeutung eingeräumt. [3] Der Mittelwert der jährlichen Emissionsbilanzen des jeweiligen Zieljahres und der drei vorhergehen-

---

1) Zeichensetzung amtlich.

2) § 3 Abs. 1 neu gef., Abs. 2 eingef., bish. Abs. 2 und 3 werden Abs. 3 und 4 mWv 31.8.2021 durch G v. 18.8.2021 (BGBl. I S. 3905).

3) § 3a eingef. mWv 31.8.2021 durch G v. 18.8.2021 (BGBl. I S. 3905); Abs. 1 Satz 2 eingef., bish. Sätze 2 und 3 werden Sätze 3 und 4, Abs. 2 Satz 3 aufgeh. mWv 17.7.2024 durch G v. 15.7.2024 (BGBl. 2024 I Nr. 235).

den Kalenderjahre des Sektors Landnutzung, Landnutzungsänderung und Forstwirtschaft soll wie folgt verbessert werden:

1. auf mindestens minus 25 Millionen Tonnen Kohlendioxidäquivalent bis zum Jahr 2030,
2. auf mindestens minus 35 Millionen Tonnen Kohlendioxidäquivalent bis zum Jahr 2040,
3. auf mindestens minus 40 Millionen Tonnen Kohlendioxidäquivalent bis zum Jahr 2045.

[4] Grundlage für die Emissionsbilanzen sind die Daten nach § 5 Absatz 2 Nummer 3.

(2) [1] Für die Einhaltung der Ziele nach Absatz 1 ist das aufgrund seines Geschäftsbereichs für den Sektor Landnutzung, Landnutzungsänderung und Forstwirtschaft überwiegend zuständige Bundesministerium verantwortlich. [2] Es hat die Aufgabe, die für die Einhaltung der Ziele nach Absatz 1 erforderlichen nationalen Maßnahmen vorzulegen und umzusetzen.

(3) Die Bundesregierung wird ermächtigt, durch Rechtsverordnung, die nicht der Zustimmung des Bundesrates bedarf,

1. die Anrechnung und Verbuchung gemäß unionsrechtlicher Vorgaben zu regeln,
2. den Umgang mit und die Anrechenbarkeit von natürlichen Störungen zu regeln,
3. nähere Bestimmungen zu den Methoden und Grundlagen für die umfassende Berichterstattung über Treibhausgasemissionen und den Abbau von Kohlendioxid im Sektor Landnutzung, Landnutzungsänderung und Forstwirtschaft, insbesondere zur Erstellung der jährlichen Emissionsbilanzen nach Absatz 1, zu erlassen, und
4. nähere Bestimmungen zur Erhebung, Nutzung und Auswertung von Daten der Fernerkundung, insbesondere mittels satellitengestützter Systeme, für die Treibhausgas-Berichterstattung für den Sektor Landnutzung, Landnutzungsänderung und Forstwirtschaft zu erlassen.

§ 3b[1)] Beitrag technischer Senken, Verordnungsermächtigung. [1] Zur Erreichung der nationalen Klimaschutzziele nach § 3 Absatz 2 werden Ziele für technische Senken für die Jahre 2035, 2040 und 2045 bestimmt. [2] Die Bundesregierung wird ermächtigt, die Ziele für technische Senken unter Berücksichtigung der besonderen Bedeutung des Beitrags des Sektors Landnutzung, Landnutzungsänderung und Forstwirtschaft nach § 3a durch Rechtsverordnung, die nicht der Zustimmung des Bundesrates bedarf, festzulegen. [3] Die Rechtsverordnung bedarf der Zustimmung des Deutschen Bundestages. [4] Hat sich der Deutsche Bundestag nach Ablauf von drei Sitzungswochen seit Eingang der Rechtsverordnung nicht mit ihr befasst, gilt seine Zustimmung zu der unveränderten Rechtsverordnung als erteilt. [5] Die Bundesregierung gibt sich eine Langfriststrategie zum Umgang mit unvermeidbaren Restemissionen, die Grundlage für die Festlegung nach Satz 2 ist. [6] Die Klimaschutzziele nach § 3 Absatz 1 bleiben unberührt.

[1)] § 3b eingef. mWv 17.7.2024 durch G v. 15.7.2024 (BGBl. 2024 I Nr. 235).

§ 4[1)] Jahresemissionsgesamtmengen, Verordnungsermächtigungen.

(1) [1] Zur Einhaltung der nationalen Klimaschutzziele nach § 3 Absatz 1 wird eine sektorübergreifende und mehrjährige Gesamtrechnung durchgeführt. [2] Dazu werden Jahresemissionsgesamtmengen, insbesondere als Grundlage für die Überprüfung nach den §§ 5, 5a, 8 und 10 sowie für das Gesamtminderungsziel nach § 8 Absatz 1, festgelegt. [3] Die Jahresemissionsgesamtmengen für den Zeitraum bis zum Ablauf des Jahres 2030 richten sich nach Anlage 2. [4] Die jährlichen Minderungsziele für die Jahre 2031 bis einschließlich 2040 richten sich nach Anlage 3. [5] Die Jahresemissionsgesamtmengen und jährlichen Minderungsziele sind verbindlich, soweit dieses Gesetz auf sie Bezug nimmt. [6] Subjektive Rechte und klagbare Rechtspositionen werden durch dieses Gesetz oder aufgrund dieses Gesetzes nicht begründet. [7] Spätestens im Jahr 2032 legt die Bundesregierung einen Gesetzgebungsvorschlag zur Festlegung der jährlichen Minderungsziele für die Jahre 2041 bis 2045 vor.

(2) [1] Über- oder unterschreiten die Treibhausgasemissionen ab dem Jahr 2021 die jeweilige Jahresemissionsgesamtmenge, so wird die Differenzmenge auf die verbleibenden Jahresemissionsgesamtmengen bis zum nächsten in § 3 Absatz 1 genannten Zieljahr gleichmäßig angerechnet. [2] Die Vorgaben der Europäischen Klimaschutzverordnung bleiben unberührt.

(3) [1] Die Bundesregierung wird ermächtigt, durch Rechtsverordnung ohne Zustimmung des Bundesrates die Jahresemissionsgesamtmengen in Anlage 2 mit Wirkung zum Beginn des jeweils nächsten Kalenderjahres zu ändern. [2] Diese Veränderungen müssen im Einklang mit der Erreichung der Klimaschutzziele dieses Gesetzes und mit den unionsrechtlichen Anforderungen stehen. [3] Die Rechtsverordnung bedarf der Zustimmung des Deutschen Bundestages. [4] Hat sich der Deutsche Bundestag nach Ablauf von drei Sitzungswochen seit Eingang der Rechtsverordnung nicht mit ihr befasst, gilt seine Zustimmung zu der unveränderten Rechtsverordnung als erteilt.

(4) [1] Durch Rechtsverordnungen, die nicht der Zustimmung des Bundesrates bedürfen, wird die Bundesregierung die jährlichen Minderungsziele im Jahr 2024 für die Jahre 2031 bis einschließlich 2040 und im Jahr 2034 für die Jahre 2041 bis einschließlich 2045 in Jahresemissionsgesamtmengen überführen, die in grundsätzlich gleichmäßigen Schritten absinken. [2] Die Jahresemissionsgesamtmengen müssen im Einklang stehen mit der Erreichung der nationalen Klimaschutzziele dieses Gesetzes und den unionsrechtlichen Anforderungen. [3] Rechtsverordnungen nach Satz 1 bedürfen der Zustimmung des Deutschen Bundestages. [4] Hat sich der Deutsche Bundestag nach Ablauf von sechs Sitzungswochen seit Eingang der Rechtsverordnung nicht mit ihr befasst, gilt seine Zustimmung zu der unveränderten Rechtsverordnung als erteilt.

(5) [1] Die Bundesregierung wird dem Deutschen Bundestag im Jahr 2028 einen Bericht zum Stand und zur weiteren Entwicklung der CO_2-Bepreisung innerhalb der Europäischen Union sowie zu technischen Entwicklungen vorlegen. [2] In dem Bericht wird die Bundesregierung auch untersuchen, ob und gegebenenfalls welche Regelungen in diesem Gesetz zur Erreichung der Klimaziele zukünftig

---

[1)] § 4 Überschrift, Abs. 1 Sätze 5 und 6 neu gef., Sätze 7–9 eingef., bish. Satz 7 wird Satz 10, Abs. 6 Sätze 1–3 neu gef., Sätze 4 und 5 eingef., bish. Satz 4 wird Satz 6, Abs. 7 angef. mWv 31.8.2021 durch G v. 18.8.2021 (BGBl. I S. 3905); Überschrift geänd., Abs. 1 neu gef., Abs. 2 aufgeh., bish. Abs. 3 wird Abs. 2 und Satz 1 geänd., Abs. 4 neu gef., bish. Abs. 5 wird Abs. 3 und Satz 1 geänd., Abs. 6 neu gef., bish. Abs. 7 wird Abs. 5 und Sätze 2 und 3 neu gef. mWv 17.7.2024 durch G v. 15.7.2024 (BGBl. 2024 I Nr. 235).

notwendig sind und ob angesichts der Wirkung des europäischen Emissionshandels in der Zeit ab dem Jahr 2031 auf die Zuweisung von Jahresemissionsmengen für einzelne Sektoren verzichtet werden kann. [3]Soweit erforderlich legt die Bundesregierung einen Gesetzgebungsvorschlag vor.

(6) Die Bundesregierung hat bis Ende Juni 2024 einen Bericht mit einem Vorschlag für den Übergang vom nationalen zum europäischen Brennstoffemissionshandel vorzulegen.

§ 5[1)] Monitoring, Jahresemissionsmengen, Verordnungsermächtigungen.

(1) [1]Das Umweltbundesamt erstellt die Daten der Treibhausgasemissionen insgesamt und in den Sektoren nach Anlage 1 (Emissionsdaten) für das zurückliegende Kalenderjahr (Berichtsjahr), beginnend mit dem Berichtsjahr 2020 auf der Grundlage der methodischen Vorgaben der Europäischen Klimaberichterstattungsverordnung oder auf der Grundlage einer nach Artikel 26 der Europäischen Governance-Verordnung erlassenen Nachfolgeregelung. [2]Die jeweiligen Jahresemissionsmengen für die Sektoren Energiewirtschaft, Industrie, Verkehr, Gebäude, Landwirtschaft sowie Abfallwirtschaft und Sonstiges bis einschließlich zum Jahr 2030 richten sich nach Anlage 2a. [3]Die Kategorien nach den einheitlichen Berichtstabellen für die Sektoren richten sich nach Anlage 1. [4]Das Umweltbundesamt veröffentlicht und übersendet bis zum 15. März eines jeden Jahres die Emissionsdaten des Berichtsjahres an den Expertenrat für Klimafragen nach § 10.

(2) Ab dem Berichtsjahr 2023 wird zusätzlich zu den Emissionsdaten Folgendes dargestellt:

1. für alle Sektoren aggregiert, ob die Emissionsdaten die Jahresemissionsgesamtmenge nach Anlage 2 über- oder unterschreiten sowie die Angabe für das jeweilige Berichtsjahr die Angabe für jeden Sektor, ob die Emissionsdaten die Jahresemissionsmengen nach Anlage 2a über- oder unterschreiten,
2. die aktualisierten Jahresemissionsgesamtmengen gemäß § 4 Absatz 2 in Verbindung mit Anlage 2 sowie die aktualisierten Jahresemissionsmengen der einzelnen Sektoren nach Absatz 5 für die auf das Berichtsjahr folgenden Jahre,
3. für den Sektor Landnutzung, Landnutzungsänderung und Forstwirtschaft auch Quellen und Senken von Treibhausgasen,
4. ein Anhang, in dem die an die Europäische Kommission übermittelten Emissionsdaten der Vorjahre ab dem Berichtsjahr 2020 beigefügt sind und in dem diejenigen Emissionsanteile der Sektoren separat ausgewiesen werden, die der Europäischen Klimaschutzverordnung unterliegen.

(3) Alle für die Sektoren verantwortlichen Bundesministerien haben ihren angemessenen Beitrag zur Erreichung der nationalen Klimaschutzziele nach § 3 Absatz 1 zu leisten.

(4) [1]Die Bundesregierung wird ermächtigt, durch Rechtsverordnung ohne Zustimmung des Bundesrates die Jahresemissionsmengen der Sektoren in Anlage 2a mit Wirkung zum Beginn des jeweils nächsten Kalenderjahres zu ändern. [2]Die Veränderungen der Jahresemissionsmengen der Sektoren müssen im Einklang stehen mit der Erreichung der Klimaschutzziele dieses Gesetzes, den Jahresemissionsgesamtmengen und den unionsrechtlichen Anforderungen. [3]Die Rechtsverordnung bedarf der Zustimmung des Deutschen Bundestages. [4]Hat sich der

[1)] § 5 Überschrift und Abs. 1 Satz 1 geänd., Sätze 2 und 3 eingef., bish. Satz 2 wird Satz 4, Abs. 2 einl. Satzteil, Nr. 1 und 2 geänd., Abs. 3–5 eingef., bish. Abs. 3 und 4 werden Abs. 6 und 7, Abs. 7 Nr. 3 und 4 geänd., Nr. 5 und Abs. 8 angef. mWv 17.7.2024 durch G v. 15.7.2024 (BGBl. 2024 I Nr. 235).

Deutsche Bundestag nach Ablauf von drei Sitzungswochen seit Eingang der Rechtsverordnung nicht mit ihr befasst, gilt seine Zustimmung zu der unveränderten Rechtsverordnung als erteilt.

(5) Im Falle einer Anrechnung der Jahresemissionsgesamtmengen nach § 4 Absatz 2 hat die Bundesregierung durch Rechtsverordnung ohne Zustimmung des Bundesrates die Anlage 2a unter Berücksichtigung der Maßnahmen nach § 8 Absatz 2 mit Wirkung zum Beginn des jeweils nächsten Kalenderjahres entsprechend anzupassen.

(6) [1] Das Umweltbundesamt darf die zur Erfüllung der Aufgaben nach den Absätzen 1 und 2 erforderlichen Daten erheben. [2] Die Erhebung der Daten von natürlichen und juristischen Personen des privaten und öffentlichen Rechts sowie von Personenvereinigungen ist ausgeschlossen, soweit diese Daten bereits auf der Grundlage sonstiger Rechtsvorschriften gegenüber Behörden des Bundes oder der Länder mitgeteilt wurden oder werden. [3] Dem Umweltbundesamt wird jedoch insoweit Zugang zu diesen Daten eingeräumt, als die Erhebung der Daten zur Erfüllung der Aufgaben gemäß Absatz 1 erforderlich ist. [4] Dies gilt auch, wenn die Daten für andere Zwecke erhoben wurden.

(7) Die Bundesregierung kann durch Rechtsverordnung, die nicht der Zustimmung des Bundesrates bedarf,

1. die Verantwortlichkeit für die Ermittlung und die Mitteilung der Daten festlegen,
2. bestimmen, welche Daten ermittelt und mitgeteilt werden müssen,
3. Anforderungen an die Ermittlung und die Mitteilung der Daten festlegen,
4. das Verfahren für die Ermittlung und die Mitteilung der Daten regeln sowie
5. die Zuordnung von Emissionsquellen zu den Sektoren in Anlage 1 ändern, sofern dies zur Sicherstellung der einheitlichen internationalen Berichterstattung über Treibhausgasemissionen erforderlich ist und unionsrechtliche Vorgaben nicht entgegenstehen.

(8) [1] Durch Rechtsverordnung, die nicht der Zustimmung des Bundesrates bedarf, legt die Bundesregierung im Jahr 2024 für die Jahre 2031 bis einschließlich 2040 und im Jahr 2034 für die Jahre 2041 bis einschließlich 2045 die jährlich in grundsätzlich gleichmäßigen Schritten absinkenden Jahresemissionsmengen der einzelnen Sektoren fest. [2] Die Jahresemissionsmengen müssen im Einklang stehen mit der Erreichung der nationalen Klimaschutzziele dieses Gesetzes, den Jahresemissionsgesamtmengen und den unionsrechtlichen Anforderungen. [3] Dabei ist sicherzustellen, dass in jedem Sektor deutliche Reduzierungen der Treibhausgase erreicht werden. [4] Die Jahresemissionsmengen gelten, soweit nicht auf der Grundlage einer Rechtsverordnung nach § 4 Absatz 5 eine abweichende Regelung getroffen wird. [5] Rechtsverordnungen nach Satz 1 bedürfen der Zustimmung des Deutschen Bundestages. [6] Hat sich der Deutsche Bundestag nach Ablauf von sechs Sitzungswochen seit Eingang der Rechtsverordnung nicht mit ihr befasst, gilt seine Zustimmung zu der unveränderten Rechtsverordnung als erteilt.

§ 5a[1)] Projektionsdaten. [1] Das Umweltbundesamt erstellt jährlich auf Grundlage aktuell verfügbarer Emissionsdaten und entsprechend der Vorgaben der Europäischen Governance-Verordnung Projektionsdaten über die künftige Emissionsentwicklung insgesamt und in den Sektoren nach § 5 Absatz 1 für sämtliche nachfolgenden Jahre bis einschließlich zum Jahr 2030 sowie zumindest für die

[1)] § 5a eingef. mWv 17.7.2024 durch G v. 15.7.2024 (BGBl. 2024 I Nr. 235).

Jahre 2035, 2040 und 2045; ab dem Jahr 2029 erstellt das Umweltbundesamt die Projektionsdaten für sämtliche nachfolgenden Jahre bis einschließlich zum Jahr 2040 sowie zumindest für das Jahr 2045. [2] Hierzu beauftragt das Umweltbundesamt ein Forschungskonsortium. [3] Über die Zusammensetzung, Leistungsbeschreibung und weiteren Vergabebedingungen wird im Einklang mit dem Vergaberecht mit dem Bundeskanzleramt, dem Bundesministerium der Finanzen, dem Bundesministerium für Wirtschaft und Klimaschutz, dem Bundesministerium für Wohnen, Stadtentwicklung und Bauwesen, dem Bundesministerium für Digitales und Verkehr, dem Bundesministerium für Umwelt, Naturschutz, nukleare Sicherheit und Verbraucherschutz sowie dem Bundesministerium für Ernährung und Landwirtschaft Einvernehmen hergestellt. [4] In der Darstellung werden zudem die der Europäischen Klimaschutzverordnung unterliegenden Emissionsanteile der Sektoren separat ausgewiesen. [5] Das Umweltbundesamt übersendet die Projektionsdaten bis zum Ablauf des 15. März eines jeden Jahres zeitgleich mit der Veröffentlichung der Emissionsdaten nach § 5 an den Expertenrat für Klimafragen und leitet sie dem Deutschen Bundestag zu. [6] Die Verpflichtung zur Übermittlung von Projektionen an die Europäische Kommission gemäß Artikel 18 der Europäischen Governance-Verordnung bleibt unberührt.

§ 6[1)] Bußgeldvorschriften. (1) Ordnungswidrig handelt, wer vorsätzlich oder fahrlässig einer Rechtsverordnung nach § 5 Absatz 7 Nummer 1 bis 4 oder einer vollziehbaren Anordnung aufgrund einer solchen Rechtsverordnung zuwiderhandelt, soweit die Rechtsverordnung für einen bestimmten Tatbestand auf diese Bußgeldvorschrift verweist.

(2) Die Ordnungswidrigkeit kann mit einer Geldbuße bis zu fünfzigtausend Euro geahndet werden.

§ 7[2)] Durchführungsvorschriften zur Europäischen Klimaschutzverordnung. (1) [1] Der Ankauf von Emissionszuweisungen zur Erfüllung der Pflichten nach der Europäischen Klimaschutzverordnung wird zentral durch das für die Durchführung der Europäischen Klimaschutzverordnung zuständige Bundesministerium nach Maßgabe der im Bundeshaushalt zur Verfügung stehenden Mittel durchgeführt. [2] Beim Ankauf von Emissionszuweisungen hat das Bundesministerium nach Satz 1 darauf zu achten, dass der Verkäuferstaat zusichert, die erzielten Einnahmen für die Bekämpfung des Klimawandels zu verwenden.

(2) [1] Die Bundesregierung legt dem Deutschen Bundestag und dem Bundesrat zusammen mit dem Entwurf des Bundeshaushaltsplans eine zahlenmäßige Übersicht vor, die insbesondere Folgendes enthält:

1. eine Übersicht über die Über- oder Unterschreitungen der jährlichen Emissionszuweisungen an Deutschland nach der Europäischen Klimaschutzverordnung im jeweils zurückliegenden Kalenderjahr und seit dem Jahr 2021,
2. eine Übersicht über die nach der Europäischen Klimaschutzverordnung zur Verfügung stehenden Emissionszuweisungen im Haushaltsjahr und
3. die Anzahl der im zurückliegenden Kalenderjahr erworbenen Emissionszuweisungen und die Anzahl der seit dem Jahr 2021 insgesamt erworbenen Emissionszuweisungen.

[1)] § 6 Abs. 1 geänd. mWv 17.7.2024 durch G v. 15.7.2024 (BGBl. 2024 I Nr. 235).
[2)] § 7 Abs. 2 Satz 1 Nr. 1 geänd., Abs. 3–5 angef. mWv 17.7.2024 durch G v. 15.7.2024 (BGBl. 2024 I Nr. 235).

[2] Darüber hinaus ist eine Übersicht der aufgewendeten Haushaltsmittel für den Erwerb beizufügen.

(3) Die Bundesregierung wirkt darauf hin, einen Ankauf von Emissionszuweisungen zur Erfüllung der Pflichten nach der Europäischen Klimaschutzverordnung zu vermeiden.

(4) Zeigen die Projektionsdaten nach § 5a, dass die Summe der Emissionsanteile der Sektoren, die der Europäischen Klimaschutzverordnung unterliegen, die Summe der für die Jahre 2021 bis 2030 in der Europäischen Klimaschutzverordnung für Deutschland festgelegten Zuweisungen überschreitet, hat die Bundesregierung den Deutschen Bundestag innerhalb eines Monats nach der Vorlage der Bewertung der Projektionsdaten durch den Expertenrat für Klimafragen nach § 12 Absatz 1 darüber zu unterrichten und zu möglichen Auswirkungen nach Artikel 8 der Europäischen Klimaschutzverordnung Stellung zu nehmen.

(5) [1] Muss die Bundesregierung der Europäischen Kommission einen Plan für Abhilfemaßnahmen nach Artikel 8 der Europäischen Klimaschutzverordnung vorlegen, so beschließt ihn die Bundesregierung innerhalb der Frist des Artikels 8 der Europäischen Klimaschutzverordnung und leitet ihn unverzüglich dem Deutschen Bundestag zu. [2] Die Bundesregierung leitet dem Deutschen Bundestag zudem unverzüglich folgende Unterlagen zu:

1. Feststellungen der Europäischen Kommission nach Artikel 8 Absatz 1 der Europäischen Klimaschutzverordnung und
2. Stellungnahmen der Europäischen Kommission sowie Begründungen der Bundesregierung nach Artikel 8 Absatz 3 der Europäischen Klimaschutzverordnung.

§ 8[1)] Vorgehen bei Überschreitung der Jahresemissionsgesamtmengen.

(1) [1] Weisen die Projektionsdaten nach § 5a nach Feststellung des Expertenrats für Klimafragen nach § 12 Absatz 1 in zwei aufeinanderfolgenden Jahren aus, dass bei aggregierter Betrachtung aller Sektoren die Summe der Treibhausgasemissionen in den Jahren 2021 bis einschließlich 2030 die Summe der Jahresemissionsgesamtmengen nach Anlage 2 in Verbindung mit § 4 Absatz 2 für diese Jahre überschreitet, so beschließt die Bundesregierung Maßnahmen, die die Einhaltung der Summe der Jahresemissionsgesamtmengen für diese Jahre sicherstellen; dies gilt bis einschließlich zum Jahr 2029. [2] Eine Nachsteuerung findet nicht statt, wenn die Bundesregierung in demselben Jahr, in dem die wiederholte Überschreitung nach Satz 1 festgestellt wurde, oder in dem vorangehenden Jahr bereits einen Beschluss gefasst hat, der die Anforderungen nach Satz 1 erfüllt.

(2) [1] Zur Vorbereitung des Beschlusses der Bundesregierung legen alle zuständigen Bundesministerien, insbesondere diejenigen, in deren Zuständigkeitsbereich die Sektoren liegen, die zur Überschreitung beitragen, innerhalb von drei Monaten nach der Vorlage der Bewertung der Projektionsdaten durch den Expertenrat für Klimafragen Vorschläge für Maßnahmen in den jeweiligen ihrer Verantwortlichkeit unterfallenden Sektoren vor. [2] Die Vorschläge können auch sektorübergreifende Maßnahmen enthalten. [3] Die Bundesregierung berät über die zu ergreifenden Maßnahmen in den betroffenen Sektoren oder in anderen Sektoren oder über sektorübergreifende Maßnahmen und beschließt diese schnellstmöglich, spätestens innerhalb desselben Kalenderjahres. [4] Dabei kann sie die bestehenden Spielräume der Europäischen Klimaschutzverordnung berücksichtigen und die Jahres-

---

[1)] § 8 Überschrift geänd., Abs. 1, 2 und 4 neu gef. mWv 17.7.2024 durch G v. 15.7.2024 (BGBl. 2024 I Nr. 235).

emissionsmengen der Sektoren durch eine Rechtsverordnung nach § 5 Absatz 4 ändern. [5]Vor Erstellung der Beschlussvorlage über die Maßnahmen sind dem Expertenrat für Klimafragen die den Maßnahmen zugrunde gelegten Annahmen zur Treibhausgasreduktion zur Prüfung zu übermitteln. [6]Das Prüfungsergebnis wird der Beschlussvorlage beigefügt.

(3) Die Bundesregierung unterrichtet den Deutschen Bundestag über die beschlossenen Maßnahmen.

(4) [1]Weisen die Projektionsdaten nach § 5a nach Feststellung des Expertenrats für Klimafragen nach § 12 Absatz 1 in zwei aufeinanderfolgenden Jahren aus, dass bei aggregierter Betrachtung aller Sektoren die Summe der Treibhausgasemissionen in den Jahren 2031 bis einschließlich 2040 die Summe der Jahresemissionsgesamtmengen nach § 4 Absatz 4 in Verbindung mit § 4 Absatz 2 für diese Jahre überschreitet, so beschließt die Bundesregierung ab dem Jahr 2030 Maßnahmen, die die Einhaltung der Summe der Jahresemissionsgesamtmengen für die Jahre 2031 bis 2040 sicherstellen. [2]Absatz 1 Satz 2 sowie die Absätze 2 und 3 gelten entsprechend.

Abschnitt 3. Klimaschutzplanung

§ 9[1)] Klimaschutzprogramme. (1) [1]Die Bundesregierung beschließt spätestens zwölf Kalendermonate nach Beginn einer Legislaturperiode ein Klimaschutzprogramm; zudem prüft die Bundesregierung nach jeder Fortschreibung des Klimaschutzplans, ob ein neues Klimaschutzprogramm beschlossen werden soll. [2]In jedem Klimaschutzprogramm legt die Bundesregierung unter Berücksichtigung der jeweils aktuellen Projektionsdaten nach § 5a fest, welche Maßnahmen sie in den einzelnen Sektoren sowie sektorübergreifend zur Erreichung der nationalen Klimaschutzziele gemäß § 3 Absatz 1 ergreifen wird. [3]Maßgeblich für die Maßnahmen nach Satz 2 ist die Einhaltung der nach § 4 zur Zielerreichung festgelegten Jahresemissionsgesamtmengen unter Beachtung von § 5 Absatz 3. [4]Zudem legt die Bundesregierung fest, welche Maßnahmen sie zur Erreichung der Ziele nach den §§ 3a und 3b ergreifen wird. [5]Beschließt die Bundesregierung Maßnahmen nach § 8 oder einen Plan für Abhilfemaßnahmen nach Artikel 8 Absatz 1 der Europäischen Klimaschutzverordnung, gilt dies als Aktualisierung des bestehenden Klimaschutzprogramms.

(2) [1]Soweit zur Einhaltung der Jahresemissionsgesamtmengen nach § 4 Maßnahmen erforderlich sind, schlagen alle zuständigen Bundesministerien innerhalb von sechs Monaten nach Beginn der Legislaturperiode geeignete Maßnahmen zur Einhaltung der Jahresemissionsgesamtmengen vor; § 5 Absatz 3 gilt entsprechend. [2]Die Maßnahmenvorschläge enthalten neben wissenschaftlichen Abschätzungen zu den voraussichtlichen Treibhausgasminderungswirkungen auch wissenschaftliche Abschätzungen zu möglichen ökonomischen, sozialen und weiteren ökologischen Folgen. [3]Diese Abschätzungen schließen soweit möglich auch Auswirkungen auf die Beschäftigungsentwicklung, die Wirtschaftsstruktur, die Gleichwertigkeit der Lebensverhältnisse auch im ländlichen Raum sowie die Effizienz des Einsatzes von natürlichen Ressourcen ein. [4]Das für den Klimaschutz federführend zuständige Bundesministerium ermittelt in Abstimmung mit den jeweils zuständi-

---

[1)] § 9 Abs. 1 Satz 3 geänd., Satz 4 und Abs. 2 Satz 4 neu gef. mWv 31.8.2021 durch G v. 18.8.2021 (BGBl. I S. 3905); Abs. 1 und 2 Satz 1 neu gef., Satz 2 aufgeh., bish. Sätze 3–5 werden Sätze 2–4, neuer Satz 4 und Abs. 3 geänd. mWv 17.7.2024 durch G v. 15.7.2024 (BGBl. 2024 I Nr. 235).

gen Bundesministerien die voraussichtliche Treibhausgasgesamtminderungswirkung der vorgeschlagenen Maßnahmen.

(3) Für jedes Klimaschutzprogramm bezieht die Bundesregierung in einem öffentlichen Konsultationsverfahren Länder, Kommunen, Wirtschaftsverbände und zivilgesellschaftliche Verbände sowie wissenschaftliche Begleitgremien der Bundesregierung ein.

§ 10[1)] Berichterstattung. [1] Die Bundesregierung erstellt jährlich einen Klimaschutzbericht, der die Entwicklung der Treibhausgasemissionen insgesamt und in den verschiedenen Sektoren, den Stand der Umsetzung der Klimaschutzprogramme nach § 9 und der Maßnahmen nach § 8, eine Prognose der zu erwartenden Treibhausgasminderungswirkungen sowie den Stand der Umsetzung und eine Prognose der Erreichung der Ziele nach den §§ 3a und 3b enthält. [2] Erstmals im Jahr 2024 und dann alle zwei Jahre enthält der Klimaschutzbericht eine Darstellung zum Stand und zur weiteren Entwicklung der CO_2-Bepreisung innerhalb der Europäischen Union sowie zu technischen und internationalen Entwicklungen und zu ihrer Kompatibilität mit der nationalen CO_2-Bepreisung sowie den nationalen Klimaschutzzielen einschließlich der Wirkung auf die Sektoren nach § 5 Absatz 1. [3] Die Bundesregierung leitet den Klimaschutzbericht für das jeweilige Vorjahr bis zum 30. Juni dem Deutschen Bundestag zu.

Abschnitt 4. Expertenrat für Klimafragen

§ 11[2)] Unabhängiger Expertenrat für Klimafragen, Verordnungsermächtigung. (1) [1] Es wird ein Expertenrat für Klimafragen aus fünf sachverständigen Personen verschiedener Disziplinen eingerichtet. [2] Die Bundesregierung benennt für die Dauer von fünf Jahren die Mitglieder, davon jeweils mindestens ein Mitglied mit hervorragenden wissenschaftlichen Kenntnissen und Erfahrungen aus einem der Bereiche Klimawissenschaften, Wirtschaftswissenschaften, Umweltwissenschaften sowie soziale Fragen. [3] Der Expertenrat soll als Ganzes auch übergreifende Expertise zu den Sektoren nach § 5 Absatz 1 abbilden. [4] Die gleichberechtigte Vertretung von Frauen und Männern ist sicherzustellen. [5] Eine einmalige Wiederernennung ist möglich.

(2) [1] Der Expertenrat für Klimafragen wählt aus seiner Mitte in geheimer Wahl eine vorsitzende Person und eine Stellvertretung für die vorsitzende Person. [2] Der Expertenrat für Klimafragen gibt sich eine Geschäftsordnung.

(3) [1] Der Expertenrat für Klimafragen ist nur an den durch dieses Gesetz begründeten Auftrag gebunden und in seiner Tätigkeit unabhängig. [2] Der Bund trägt die Kosten des Expertenrats für Klimafragen nach Maßgabe des Bundeshaushaltes.

(4) [1] Der Expertenrat für Klimafragen wird bei der Durchführung seiner Arbeit von einer Geschäftsstelle unterstützt. [2] Diese wird durch die Bundesregierung eingesetzt und untersteht fachlich dem Expertenrat für Klimafragen.

(5) Die Bundesregierung wird ermächtigt, durch Rechtsverordnung ohne Zustimmung des Bundesrates Regelungen zum Sitz, zur Geschäftsstelle, zur pauschalen Entschädigung der Mitglieder, zur Reisekostenerstattung, zur Verschwiegenheit sowie zu sonstigen organisatorischen Angelegenheiten zu bestimmen.

---

1) § 10 Abs. 1 Satz 2 eingef., bish. Satz 2 wird Satz 3 mWv 31.8.2021 durch G v. 18.8.2021 (BGBl. I S. 3905); Abs. 2 und 3 aufgeh., bish. Abs. 1 Sätze 1 und 2 neu gef. mWv 17.7.2024 durch G v. 15.7.2024 (BGBl. 2024 I Nr. 235).

2) § 11 Abs. 1 Satz 3 geänd. mWv 17.7.2024 durch G v. 15.7.2024 (BGBl. 2024 I Nr. 235).

§ 12[1)] Aufgaben des Expertenrats für Klimafragen. (1) [1] Der Expertenrat für Klimafragen prüft die Emissionsdaten nach § 5 Absatz 1 und 2 sowie die Projektionsdaten nach § 5a und legt der Bundesregierung und dem Deutschen Bundestag innerhalb von zwei Monaten nach Übersendung durch das Umweltbundesamt eine Bewertung der übersandten Daten vor. [2] Dabei stellt er für alle Sektoren aggregiert fest, inwieweit die Summe der Treibhausgasemissionen gemäß den Projektionsdaten die Summe der Jahresemissionsgesamtmengen nach Anlage 2 in Verbindung mit § 4 Absatz 2 in den Jahren 2021 bis einschließlich 2030 über- oder unterschreitet; ab dem Jahr 2029 stellt er zudem für alle Sektoren aggregiert fest, inwieweit die Summe der Treibhausgasemissionen gemäß den Projektionsdaten die Summe der Jahresemissionsgesamtmengen nach § 4 Absatz 4 in Verbindung mit § 4 Absatz 2 in den Jahren 2031 bis einschließlich 2040 über- oder unterschreitet. [3] Er stellt dabei unter Berücksichtigung von Anlage 2a sowie von § 5 Absatz 8 auch die Projektionsdaten für die einzelnen Sektoren und deren Entwicklung im Vergleich zu den Jahresemissionsmengen dar. [4] Zudem stellt er fest, inwieweit die Summe der Emissionsanteile der Sektoren, die der Europäischen Klimaschutzverordnung unterliegen, gemäß den Emissions- und Projektionsdaten die für die Jahre 2021 bis 2030 in der Europäischen Klimaschutzverordnung für Deutschland festgelegten Zuweisungen in Summe über- oder unterschreitet. [5] Solange erforderlich, sind nach § 5a erstellte Prognosen der für Deutschland nach der Europäischen Klimaschutzverordnung festzulegenden Zuweisungen maßgeblich.

(2) Vor der Erstellung der Beschlussvorlage für die Bundesregierung über die Maßnahmen nach § 8 Absatz 2 prüft der Expertenrat für Klimafragen die den Maßnahmen zugrunde gelegten Annahmen zur Treibhausgasreduktion.

(3) Die Bundesregierung holt zu folgenden Maßnahmen eine Stellungnahme des Expertenrats für Klimafragen im Hinblick auf die diesen zugrunde liegenden Annahmen zur Treibhausgasreduktion ein, bevor sie diese veranlasst:

1. Änderungen oder Festlegungen der Jahresemissionsgesamtmengen und Jahresemissionsmengen nach diesem Gesetz;
2. Fortschreibung des Klimaschutzplans;
3. Beschluss von Klimaschutzprogrammen nach § 9.

(4) [1] Der Expertenrat für Klimafragen legt erstmals im Jahr 2022 und dann alle zwei Jahre dem Deutschen Bundestag und der Bundesregierung ein Gutachten zu bisherigen Entwicklungen der Treibhausgasemissionen, Trends bezüglich der Jahresemissionsgesamtmengen und Jahresemissionsmengen sowie Wirksamkeit von Maßnahmen mit Blick auf die Zielerreichung nach diesem Gesetz vor. [2] Darüber hinaus können der Deutsche Bundestag oder die Bundesregierung durch Beschluss den Expertenrat für Klimafragen mit der Erstellung von Sondergutachten beauftragen.

(5) [1] Der Expertenrat für Klimafragen kann Gutachten zur Weiterentwicklung geeigneter Klimaschutzmaßnahmen auf Basis der Emissions- sowie Projektionsdaten erstellen. [2] Der Expertenrat für Klimafragen leitet Gutachten nach Satz 1 der Bundesregierung und dem Deutschen Bundestag zu. [3] Die Bundesregierung berücksichtigt diese bei der Entscheidung über Maßnahmen nach den §§ 8 und 9.

[1)] § 12 Abs. 3 Satz 2 aufgeh., bish. Satz 1 Nr. 1 neu gef., Abs. 4 eingef., bish. Abs. 4 wird Abs. 5 mWv 31.8.2021 durch G v. 18.8.2021 (BGBl. I S. 3905); Abs. 1 Satz 1 geänd., Sätze 2–5 angef., Abs. 3 Nr. 1 und Abs. 4 Satz 1 geänd., Abs. 5 eingef., bish. Abs. 5 wird Abs. 6, Abs. 7 angef. mWv 17.7.2024 durch G v. 15.7.2024 (BGBl. 2024 I Nr. 235).

(6) [1] Alle öffentlichen Stellen des Bundes im Sinne des § 2 Absatz 1 des Bundesdatenschutzgesetzes[1)] gewähren dem Expertenrat für Klimafragen Einsicht in die zur Wahrnehmung seiner Aufgaben benötigten Daten und stellen diese zur Verfügung. [2] Die Bundesregierung stellt sicher, dass der Schutz von Betriebs- und Geschäftsgeheimnissen Dritter sowie personenbezogener Daten gewährleistet ist. [3] Der Expertenrat für Klimafragen kann zu klimaschutzbezogenen Themen Behörden, sowie Sachverständige, insbesondere Vertreter und Vertreterinnen von Organisationen der Wirtschaft und der Umweltverbände, anhören und befragen.

(7) Der Expertenrat für Klimafragen nimmt bei seinen Gutachten und Stellungnahmen auch zu den ihm vorgelegten von der Bundesregierung getroffenen Feststellungen zu den sozialen Verteilungswirkungen, der Wirtschaftlichkeit und der Wirksamkeit von Klimaschutzmaßnahmen Stellung.

Abschnitt 5. Vorbildfunktion der öffentlichen Hand

§ 13[2)] Berücksichtigungsgebot. (1) [1] Die Träger öffentlicher Aufgaben haben bei ihren Planungen und Entscheidungen den Zweck dieses Gesetzes und die zu seiner Erfüllung festgelegten Ziele zu berücksichtigen. [2] Die Kompetenzen der Länder, Gemeinden und Gemeindeverbände, das Berücksichtigungsgebot innerhalb ihrer jeweiligen Verantwortungsbereiche auszugestalten, bleiben unberührt. [3] Bei der Planung, Auswahl und Durchführung von Investitionen und bei der Beschaffung auf Bundesebene ist für die Vermeidung oder Verursachung von Treibhausgasemissionen ein CO_2-Preis, mindestens der nach § 10 Absatz 2 Brennstoffemissionshandelsgesetz[3)] gültige Mindestpreis oder Festpreis zugrunde zu legen.

(2) [1] Der Bund prüft bei der Planung, Auswahl und Durchführung von Investitionen und bei der Beschaffung, wie damit jeweils zum Erreichen der nationalen Klimaschutzziele nach § 3 beigetragen werden kann. [2] Kommen mehrere Realisierungsmöglichkeiten in Frage, dann ist in Abwägung mit anderen relevanten Kriterien mit Bezug zum Ziel der jeweiligen Maßnahme solchen der Vorzug zu geben, mit denen das Ziel der Minderung von Treibhausgasemissionen über den gesamten Lebenszyklus der Maßnahme zu den geringsten Kosten erreicht werden kann. [3] Mehraufwendungen sollen nicht außer Verhältnis zu ihrem Beitrag zur Treibhausgasminderung stehen. [4] Soweit vergaberechtliche Bestimmungen anzuwenden sind, sind diese zu beachten.

(3) Bei der Anwendung von Wirtschaftlichkeitskriterien durch den Bund sind bei vergleichenden Betrachtungen die entstehenden Kosten und Einsparungen über den jeweiligen gesamten Lebenszyklus der Investition oder Beschaffung zugrunde zu legen.

§ 14 Bund-Länder-Zusammenarbeit. (1) [1] Unbeschadet der Vereinbarkeit mit Bundesrecht können die Länder eigene Klimaschutzgesetze erlassen. [2] Die bestehenden Klimaschutzgesetze der Länder gelten unbeschadet der Vereinbarkeit mit Bundesrecht fort.

---

1) Nr. **245**.

2) § 13 Abs. 1 Satz 3 angef., Abs. 2 neu gef., Abs. 3 Satz 2 aufgeh., bish. Satz 1 neu gef. mWv 31.8.2021 durch G v. 18.8.2021 (BGBl. I S. 3905); Abs. 3 geänd. mWv 17.7.2024 durch G v. 15.7.2024 (BGBl. 2024 I Nr. 235).

3) **Sartorius III Nr. 335.**

(2) Der Bund und die Länder arbeiten in geeigneter Form zusammen, um die Ziele dieses Gesetzes zu erreichen.

§ 15[1)] Klimaneutrale Bundesverwaltung. (1) [1] Der Bund setzt sich zum Ziel, die Bundesverwaltung bis zum Jahr 2030 klimaneutral zu organisieren. [2] Zur Verwirklichung dieses Zieles verabschiedet die Bundesregierung mindestens alle fünf Jahre ab dem Inkrafttreten dieses Gesetzes[2)] Maßnahmen, die von den Behörden des Bundes und von sonstigen Bundeseinrichtungen ohne eigene Rechtspersönlichkeit, wenn sie der unmittelbaren Organisationsgewalt des Bundes unterliegen, einzuhalten sind. [3] Sind zur Verwirklichung des in Satz 1 genannten Zieles gesetzliche Regelungen erforderlich, legt die Bundesregierung dem Deutschen Bundestag innerhalb von sechs Monaten nach dem Beschluss der Maßnahmen einen Entwurf vor.

(2) [1] Die Klimaneutralität der Bundesverwaltung soll insbesondere durch die Einsparung von Energie, durch die effiziente Bereitstellung, Umwandlung, Nutzung und Speicherung von Energie sowie durch die effiziente Nutzung erneuerbarer Energien und die Wahl möglichst klimaschonender Verkehrsmittel erreicht werden. [2] Dabei ist auf die effiziente Nutzung natürlicher Ressourcen zu achten. [3] Bei Verwaltungshandeln des Bundes im Ausland, wie etwa der Errichtung oder Sanierung von Gebäuden des Bundes, sind lokale Vorschriften und technische Standards sowie Marktverhältnisse zu berücksichtigen.

(3) Der Bund wirkt in den unter seiner Aufsicht stehenden Körperschaften, Anstalten und Stiftungen, in seinen Sondervermögen sowie in den sich ausschließlich oder zum Teil in seinem Eigentum befindenden juristischen Personen des Privatrechts darauf hin, dass auch diese ihre Verwaltungstätigkeit klimaneutral organisieren.

(4) Die Bundesregierung führt mit den Ländern einen Erfahrungsaustausch durch, um die Länder bei der Prüfung und im Falle der Erstellung von Regelungen, die mit den Regelungen nach den Absätzen 1 bis 3 vergleichbar sind, für ihren Verantwortungsbereich zu unterstützen.

§ 16[3)] Übergangsvorschriften. (1) Die bestehenden Sofortprogramme nach § 8 in der Fassung des Gesetzes vom 18. August 2021 gelten fort.

(2) [1] Die im Jahr 2024 erstellten Projektionen gelten als Projektionsdaten nach § 5a. [2] Der Expertenrat für Klimafragen prüft im Rahmen eines Sondergutachtens diese Projektionsdaten schnellstmöglich nach § 12 Absatz 1 und trifft eine Feststellung nach § 12 Absatz 1 Satz 4.

Anlage 1[4)]
(zu § 5)

Sektoren

Die Abgrenzung der Sektoren erfolgt entsprechend der Kategorien nach den einheitlichen Berichtstabellen (Common Reporting Tables – CRT) nach der Europäischen Klimaberichterstattungsverordnung oder entsprechend einer auf der Grundlage von Artikel 26 Absatz 7 der Europäischen Governance-Verordnung erlassenen Nachfolgeregelung.

[1)] § 15 Abs. 1 Satz 2 geänd. mWv 17.7.2024 durch G v. 15.7.2024 (BGBl. 2024 I Nr. 235).
[2)] Das Bundes-KlimaschutzG ist gem. Art. 4 G v. 12.12.2019 (BGBl. I S. 2513) am 18.12.2019 in Kraft getreten.
[3)] § 16 eingef. mWv 17.7.2024 durch G v. 15.7.2024 (BGBl. 2024 I Nr. 235).
[4)] Anl. 1 geänd. mWv 17.7.2024 durch G v. 15.7.2024 (BGBl. 2024 I Nr. 235).

Sektoren		Beschreibung der Kategorien nach den einheitlichen Berichtstabellen (Common Reporting Tables – CRT)	CRT-Kategorie
1.	Energiewirtschaft	Verbrennung von Brennstoffen in der Energiewirtschaft; Pipelinetransport (übriger Transport); Flüchtige Emissionen aus Brennstoffen	1.A.1 1.A.3.e 1.B
2.	Industrie	Verbrennung von Brennstoffen im verarbeitenden Gewerbe und in der Bauwirtschaft; Industrieprozesse und Produktverwendung; CO_2-Transport und -Lagerung	1.A.2 2 1.C
3.	Gebäude	Verbrennung von Brennstoffen in: Handel und Behörden; Haushalten. Sonstige Tätigkeiten im Zusammenhang mit der Verbrennung von Brennstoffen (insbesondere in militärischen Einrichtungen)	 1.A.4.a 1.A.4.b 1.A.5
4.	Verkehr	Transport (ziviler inländischer Luftverkehr; Straßenverkehr; Schienenverkehr; inländischer Schiffsverkehr) ohne Pipelinetransport	1.A.3.a; 1.A.3.b; 1.A.3.c; 1.A.3.d
5.	Landwirtschaft	Landwirtschaft; Verbrennung von Brennstoffen in Land- und Forstwirtschaft und in der Fischerei	3 1.A.4.c
6.	Abfallwirtschaft und Sonstiges	Abfall und Abwasser; Sonstige	5 6
7.	Landnutzung, Landnutzungsänderung und Forstwirtschaft	Wald, Acker, Grünland, Feuchtgebiete, Siedlungen; Holzprodukte; Änderungen zwischen Landnutzungskategorien	4

Anlage 2[1]
(zu § 4 Absatz 1 Satz 2 und 3)

Jahresemissionsgesamtmengen für die Jahre 2020 bis 2030

	2020	2021	2022	2023	2024	2025	2026	2027	2028	2029	2030
Jahresemissionsgesamtmenge in Millionen Tonnen CO_2-Äquivalent	813	786	756	720	682	643	604	565	523	482	438

Anlage 2a[2]
(zu § 5 Absatz 1 Satz 2)

Jahresemissionsmengen für die Jahre 2020 bis 2030

Jahresemissionsmenge in Millionen Tonnen CO_2-Äquivalent	2020	2021	2022	2023	2024	2025	2026	2027	2028	2029	2030
Energiewirtschaft	280		257								108
Industrie	186	182	177	172	165	157	149	140	132	125	118
Gebäude	118	113	108	102	97	92	87	82	77	72	67
Verkehr	150	145	139	134	128	123	117	112	105	96	85
Landwirtschaft	70	68	67	66	65	63	62	61	59	57	56
Abfallwirtschaft und Sonstiges	9	9	8	8	7	7	6	6	5	5	4

Anlage 3[3]
(zu § 4 Absatz 1 Satz 4)

Jährliche Minderungsziele für die Jahre 2031 bis 2040

	2031	2032	2033	2034	2035	2036	2037	2038	2039	2040
Jährliche Minderungsziele gegenüber 1990	67 %	70 %	72 %	74 %	77 %	79 %	81 %	83 %	86 %	88 %

[1] Anl. 2 eingef. mWv 17.7.2024 durch G v. 15.7.2024 (BGBl. 2024 I Nr. 235).
[2] Frühere Anl. 2 neu gef. mWv 31.8.2021 durch G v. 18.8.2021 (BGBl. I S. 3905); bish. Anl. 2 wird Anl. 2a und geänd. mWv 17.7.2024 durch G v. 15.7.2024 (BGBl. 2024 I Nr. 235).
[3] Anl. 3 angef. mWv 31.8.2021 durch G v. 18.8.2021 (BGBl. I S. 3905); geänd. mWv 17.7.2024 durch G v. 15.7.2024 (BGBl. 2024 I Nr. 235).

293. Gesetz über ergänzende Vorschriften zu Rechtsbehelfen in Umweltangelegenheiten nach der EG-Richtlinie 2003/35/EG (Umwelt-Rechtsbehelfsgesetz – UmwRG)[1)]

In der Fassung der Bekanntmachung vom 23. August 2017[2)]
(BGBl. I S. 3290)

FNA 2129-46

geänd. durch Art. 2 Abs. 18 G zur Modernisierung des Rechts der Umweltverträglichkeitsprüfung v. 20.7.2017 (BGBl. I S. 2808), Art. 4 G zur Änd. des Erneuerbare-Energien-G, des Kraft-Wärme-KopplungsG, des EnergiewirtschaftsG und weiterer energierechtlicher Vorschriften v. 17.12.2018 (BGBl. I S. 2549), Art. 8 G zur Änd. des UmweltschadensG, des UmweltinformationsG und weiterer umweltrechtlicher Vorschriften v. 25.2.2021 (BGBl. I S. 306), Art. 2 G zur Beschleunigung von verwaltungsgerichtlichen Verfahren im Infrastrukturbereich v. 14.3.2023 (BGBl. 2023 I Nr. 71) und Art. 14b G zur Anpassung des Energiewirtschaftsrechts an unionsrechtliche Vorgaben und zur Änd. weiterer energierechtlicher Vorschriften v. 22.12.2023 (BGBl. 2023 I Nr. 405)

§ 1[3)] **Anwendungsbereich.** (1) [1]Dieses Gesetz ist anzuwenden auf Rechtsbehelfe gegen folgende Entscheidungen:

1. Zulassungsentscheidungen im Sinne von § 2 Absatz 6 des Gesetzes über die Umweltverträglichkeitsprüfung[4)] über die Zulässigkeit von Vorhaben, für die nach
   a) dem Gesetz über die Umweltverträglichkeitsprüfung,
   b) der Verordnung über die Umweltverträglichkeitsprüfung bergbaulicher Vorhaben[5)] oder
   c) landesrechtlichen Vorschriften

   eine Pflicht zur Durchführung einer Umweltverträglichkeitsprüfung (UVP) bestehen kann;

[1)] **Amtl. Anm.:** Dieses Gesetz dient der Umsetzung von Artikel 11 der Richtlinie 2011/92/EU des Europäischen Parlaments und des Rates vom 13. Dezember 2011 über die Umweltverträglichkeitsprüfung bei bestimmten öffentlichen und privaten Projekten in der Fassung der Richtlinie 2014/52/EU (ABl. L 124 vom 25.4.2014, S. 1), der Umsetzung von Artikel 4 der Richtlinie 2003/35/EG des Europäischen Parlaments und des Rates vom 26. Mai 2003 über die Beteiligung der Öffentlichkeit bei der Ausarbeitung bestimmter umweltbezogener Pläne und Programme und zur Änderung der Richtlinien 85/337/EWG und 96/61/EG des Rates in Bezug auf die Öffentlichkeitsbeteiligung und den Zugang zu Gerichten (ABl. L 156 vom 25.6.2003, S. 17), der Umsetzung von Artikel 25 der Richtlinie 2010/75/EU des Europäischen Parlaments und des Rates vom 24. November 2010 über Industrieemissionen (integrierte Vermeidung und Verminderung der Umweltverschmutzung) (Neufassung) (ABl. L 334 vom 17.12.2010, S. 17), der Umsetzung von Artikel 23 der Richtlinie 2012/18/EU des Europäischen Parlaments und des Rates vom 4. Juli 2012 zur Beherrschung der Gefahren schwerer Unfälle mit gefährlichen Stoffen, zur Änderung und anschließenden Aufhebung der Richtlinie 96/82/EG des Rates (ABl. L 197 vom 24.7.2012, S. 1) sowie der Umsetzung von Artikel 13 der Richtlinie 2004/35/EG des Europäischen Parlaments und des Rates vom 21. April 2004 über Umwelthaftung zur Vermeidung und Sanierung von Umweltschäden (ABl. L 143 vom 30.4.2004, S. 56).

[2)] Neubekanntmachung des UmwRG idF v. 8.4.2013 (BGBl. I S. 753) in der ab 29.7.2017 geltenden Fassung.

[3)] § 1 Abs. 1 Satz 3 Nr. 3 geänd. mWv 21.12.2018 durch G v. 17.12.2018 (BGBl. I S. 2549); Abs. 1 Satz 3 Nr. 3 geänd. mWv 29.12.2023 durch G v. 22.12.2023 (BGBl. 2023 I Nr. 405).

[4)] Nr. **295**.

[5)] **Sartorius III Nr. 470.**

2. Genehmigungen für Anlagen, die in Spalte c des Anhangs 1 der Verordnung über genehmigungsbedürftige Anlagen[1] mit dem Buchstaben G gekennzeichnet sind, gegen Entscheidungen nach § 17 Absatz 1a des Bundes-Immissionsschutzgesetzes[2], gegen Erlaubnisse nach § 8 Absatz 1 des Wasserhaushaltsgesetzes[3] für Gewässerbenutzungen, die mit einem Vorhaben im Sinne der Richtlinie 2010/75/EU des Europäischen Parlaments und des Rates vom 24. November 2010 über Industrieemissionen (integrierte Vermeidung und Verminderung der Umweltverschmutzung) (Neufassung) (ABl. L 334 vom 17.12.2010, S. 17) verbunden sind, sowie gegen Planfeststellungsbeschlüsse für Deponien nach § 35 Absatz 2 des Kreislaufwirtschaftsgesetzes[4];

2a. Genehmigungen für Anlagen nach § 23b Absatz 1 Satz 1 oder § 19 Absatz 4 des Bundes-Immissionsschutzgesetzes oder Zulassungen für Betriebspläne nach § 57d Absatz 1 des Bundesberggesetzes[5];

2b. Entscheidungen über die Zulässigkeit von Vorhaben, die benachbarte Schutzobjekte im Sinne des § 3 Absatz 5d des Bundes-Immissionsschutzgesetzes darstellen und die innerhalb des angemessenen Sicherheitsabstands zu einem Betriebsbereich nach § 3 Absatz 5a des Bundes-Immissionsschutzgesetzes verwirklicht werden sollen und einer Zulassung nach landesrechtlichen Vorschriften bedürfen;

3. Entscheidungen nach dem Umweltschadensgesetz[6];

4. Entscheidungen über die Annahme von Plänen und Programmen im Sinne von § 2 Absatz 7 des Gesetzes über die Umweltverträglichkeitsprüfung und im Sinne der entsprechenden landesrechtlichen Vorschriften, für die nach

   a) Anlage 5 des Gesetzes über die Umweltverträglichkeitsprüfung oder

   b) landesrechtlichen Vorschriften

   eine Pflicht zur Durchführung einer Strategischen Umweltprüfung bestehen kann; ausgenommen hiervon sind Pläne und Programme, über deren Annahme durch formelles Gesetz entschieden wird;

5. Verwaltungsakte oder öffentlich-rechtliche Verträge, durch die andere als in den Nummern 1 bis 2b genannte Vorhaben unter Anwendung umweltbezogener Rechtsvorschriften des Bundesrechts, des Landesrechts oder unmittelbar geltender Rechtsakte der Europäischen Union zugelassen werden, und

6. Verwaltungsakte über Überwachungs- oder Aufsichtsmaßnahmen zur Umsetzung oder Durchführung von Entscheidungen nach den Nummern 1 bis 5, die der Einhaltung umweltbezogener Rechtsvorschriften des Bundesrechts, des Landesrechts oder unmittelbar geltender Rechtsakte der Europäischen Union dienen.

[2] Dieses Gesetz findet auch Anwendung, wenn entgegen geltenden Rechtsvorschriften keine Entscheidung nach Satz 1 getroffen worden ist. [3] Unberührt bleiben

1. § 44a der Verwaltungsgerichtsordnung[7],

---

[1] Nr. **296a**.
[2] Nr. **296**.
[3] Nr. **845**.
[4] Nr. **298**.
[5] **Sartorius III Nr. 460.**
[6] **Sartorius III Nr. 310.**
[7] Nr. **600**.

2. § 17 Absatz 3 Satz 3 bis 5 und § 19 Absatz 2 Satz 5 bis 7 des Standortauswahlgesetzes[1] sowie
3. § 15 Absatz 3 Satz 2 des Netzausbaubeschleunigungsgesetzes Übertragungsnetz[2], § 6 Absatz 9 Satz 1

(Fortsetzung nächstes Blatt)

---

[1] **Sartorius III Nr. 480.**
[2] **Sartorius III Nr. 511.**

des Windenergie-auf-See-Gesetzes, § 47 Absatz 4 und § 49 Absatz 3 des Gesetzes über die Umweltverträglichkeitsprüfung und andere entsprechende Rechtsvorschriften.

4 Die Sätze 1 und 2 gelten nicht, wenn eine Entscheidung im Sinne dieses Absatzes auf Grund einer Entscheidung in einem verwaltungsgerichtlichen Streitverfahren erlassen worden ist.

(2) Dieses Gesetz gilt auch im Bereich der ausschließlichen Wirtschaftszone oder des Festlandsockels im Rahmen der Vorgaben des Seerechtsübereinkommens der Vereinten Nationen vom 10. Dezember 1982 (BGBl. 1994 II S. 1799, 1995 II S. 602).

(3) Soweit in Planfeststellungsverfahren, die Absatz 1 Satz 1 Nummer 1, 2 oder 5 unterfallen, Rechtsbehelfe nach diesem Gesetz eröffnet sind, wird § 64 Absatz 1 des Bundesnaturschutzgesetzes[1] nicht angewendet.

(4) Umweltbezogene Rechtsvorschriften im Sinne dieses Gesetzes sind Bestimmungen, die sich zum Schutz von Mensch und Umwelt auf

1. den Zustand von Umweltbestandteilen im Sinne von § 2 Absatz 3 Nummer 1 des Umweltinformationsgesetzes[2] oder
2. Faktoren im Sinne von § 2 Absatz 3 Nummer 2 des Umweltinformationsgesetzes

beziehen.

§ 2[3] Rechtsbehelfe von Vereinigungen. (1) 1 Eine nach § 3 anerkannte inländische oder ausländische Vereinigung kann, ohne eine Verletzung in eigenen Rechten geltend machen zu müssen, Rechtsbehelfe nach Maßgabe der Verwaltungsgerichtsordnung gegen eine Entscheidung nach § 1 Absatz 1 Satz 1 oder deren Unterlassen einlegen, wenn die Vereinigung

1. geltend macht, dass eine Entscheidung nach § 1 Absatz 1 Satz 1 oder deren Unterlassen Rechtsvorschriften, die für die Entscheidung von Bedeutung sein können, widerspricht,
2. geltend macht, in ihrem satzungsgemäßen Aufgabenbereich der Förderung der Ziele des Umweltschutzes durch die Entscheidung nach § 1 Absatz 1 Satz 1 oder deren Unterlassen berührt zu sein, und
3. im Falle eines Verfahrens nach
   a) § 1 Absatz 1 Satz 1 Nummer 1 bis 2b zur Beteiligung berechtigt war;
   b) § 1 Absatz 1 Satz 1 Nummer 4 zur Beteiligung berechtigt war und sie sich hierbei in der Sache gemäß den geltenden Rechtsvorschriften geäußert hat oder ihr entgegen den geltenden Rechtsvorschriften keine Gelegenheit zur Äußerung gegeben worden ist.

2 Bei Rechtsbehelfen gegen eine Entscheidung nach § 1 Absatz 1 Satz 1 Nummer 2a bis 6 oder gegen deren Unterlassen muss die Vereinigung zudem die Verletzung umweltbezogener Rechtsvorschriften geltend machen.

(2) 1 Eine Vereinigung, die nicht nach § 3 anerkannt ist, kann einen Rechtsbehelf nach Absatz 1 nur dann einlegen, wenn

---

[1] Nr. **880**.
[2] Nr. **294**.
[3] § 2 Abs. 4 Satz 2 geänd. mWv 4.3.2021 durch G v. 25.2.2021 (BGBl. I S. 306).

1. sie bei Einlegung des Rechtsbehelfs die Voraussetzungen für eine Anerkennung erfüllt,
2. sie einen Antrag auf Anerkennung gestellt hat und
3. über eine Anerkennung aus Gründen, die von der Vereinigung nicht zu vertreten sind, noch nicht entschieden ist.

[2] Bei einer ausländischen Vereinigung gelten die Voraussetzungen der Nummer 3 als erfüllt. [3] Mit der Bestandskraft einer die Anerkennung versagenden Entscheidung wird der Rechtsbehelf unzulässig.

(3) [1] Ist eine Entscheidung nach § 1 Absatz 1 Satz 1 nach den geltenden Rechtsvorschriften weder öffentlich bekannt gemacht noch der Vereinigung bekannt gegeben worden, so müssen Widerspruch oder Klage binnen eines Jahres erhoben werden, nachdem die Vereinigung von der Entscheidung Kenntnis erlangt hat oder hätte erlangen können. [2] Widerspruch oder Klage gegen eine Entscheidung nach § 1 Absatz 1 Satz 1 Nummer 5 oder 6 müssen jedoch spätestens binnen zweier Jahre, nachdem der Verwaltungsakt erteilt wurde, erhoben werden. [3] Satz 1 gilt entsprechend, wenn eine Entscheidung nach § 1 Absatz 1 Satz 1 entgegen geltenden Rechtsvorschriften nicht getroffen worden ist und die Vereinigung von diesem Umstand Kenntnis erlangt hat oder hätte erlangen können.

(4) [1] Rechtsbehelfe nach Absatz 1 sind begründet, soweit

1. die Entscheidung nach § 1 Absatz 1 Satz 1 Nummer 1 und 2 oder deren Unterlassen gegen Rechtsvorschriften verstößt, die für diese Entscheidung von Bedeutung sind, oder
2. die Entscheidung nach § 1 Absatz 1 Satz 1 Nummer 2a bis 6 oder deren Unterlassen gegen umweltbezogene Rechtsvorschriften verstößt, die für diese Entscheidung von Bedeutung sind,

und der Verstoß Belange berührt, die zu den Zielen gehören, die die Vereinigung nach ihrer Satzung fördert. [2] Bei Entscheidungen nach § 1 Absatz 1 Satz 1 Nummer 1 oder 4 muss zudem eine Pflicht zur Durchführung einer Umweltprüfung im Sinne von § 2 Absatz 10 des Gesetzes über die Umweltverträglichkeitsprüfung[1)] bestehen.

§ 3 Anerkennung von Vereinigungen. (1) [1] Auf Antrag wird einer inländischen oder ausländischen Vereinigung die Anerkennung zur Einlegung von Rechtsbehelfen nach diesem Gesetz erteilt. [2] Die Anerkennung ist zu erteilen, wenn die Vereinigung

1. nach ihrer Satzung ideell und nicht nur vorübergehend vorwiegend die Ziele des Umweltschutzes fördert,
2. im Zeitpunkt der Anerkennung mindestens drei Jahre besteht und in diesem Zeitraum im Sinne der Nummer 1 tätig gewesen ist,
3. die Gewähr für eine sachgerechte Aufgabenerfüllung, insbesondere für eine sachgerechte Beteiligung an behördlichen Entscheidungsverfahren, bietet;

(Fortsetzung nächstes Blatt)

[1)] Nr. **295**.

dabei sind Art und Umfang ihrer bisherigen Tätigkeit, der Mitgliederkreis sowie die Leistungsfähigkeit der Vereinigung zu berücksichtigen,

4. gemeinnützige Zwecke im Sinne von § 52 der Abgabenordnung verfolgt und

5. jeder Person den Eintritt als Mitglied ermöglicht, die die Ziele der Vereinigung unterstützt; Mitglieder sind Personen, die mit dem Eintritt volles Stimmrecht in der Mitgliederversammlung der Vereinigung erhalten; bei Vereinigungen, deren Mitgliederkreis zu mindestens drei Vierteln aus juristischen Personen besteht, kann von der Voraussetzung nach Halbsatz 1 abgesehen werden, sofern die Mehrzahl dieser juristischen Personen diese Voraussetzung erfüllt.

[3] In der Anerkennung ist der satzungsgemäße Aufgabenbereich, für den die Anerkennung gilt, zu bezeichnen; dabei sind insbesondere anzugeben, ob die Vereinigung im Schwerpunkt die Ziele des Naturschutzes und der Landschaftspflege fördert, sowie der räumliche Bereich, auf den sich die Anerkennung bezieht. [4] Die Anerkennung kann, auch nachträglich, mit der Auflage verbunden werden, dass Satzungsänderungen mitzuteilen sind. [5] Sie ist von der zuständigen Behörde im Internet zu veröffentlichen.

(2) [1] Für eine ausländische Vereinigung sowie für eine Vereinigung mit einem Tätigkeitsbereich, der über das Gebiet eines Landes hinausgeht, wird die Anerkennung durch das Umweltbundesamt ausgesprochen. [2] Bei der Anerkennung einer Vereinigung nach Satz 1, die im Schwerpunkt die Ziele des Naturschutzes und der Landschaftspflege fördert, ergeht diese Anerkennung im Einvernehmen mit dem Bundesamt für Naturschutz. [3] Für die Anerkennung werden keine Gebühren und Auslagen erhoben.

(3) Für eine inländische Vereinigung mit einem Tätigkeitsbereich, der nicht über das Gebiet eines Landes hinausgeht, wird die Anerkennung durch die zuständige Behörde des Landes ausgesprochen.

§ 4[1] Verfahrensfehler. (1) [1] Die Aufhebung einer Entscheidung über die Zulässigkeit eines Vorhabens nach § 1 Absatz 1 Satz 1 Nummer 1 bis 2b kann verlangt werden, wenn

1. eine nach den Bestimmungen des Gesetzes über die Umweltverträglichkeitsprüfung[2], nach der Verordnung über die Umweltverträglichkeitsprüfung bergbaulicher Vorhaben oder nach entsprechenden landesrechtlichen Vorschriften
   a) erforderliche Umweltverträglichkeitsprüfung oder
   b) erforderliche Vorprüfung des Einzelfalls zur Feststellung der UVP-Pflichtigkeit

   weder durchgeführt noch nachgeholt worden ist,

2. eine erforderliche Öffentlichkeitsbeteiligung im Sinne von § 18 des Gesetzes über die Umweltverträglichkeitsprüfung oder im Sinne von § 10 des Bundes-Immissionsschutzgesetzes[3] weder durchgeführt noch nachgeholt worden ist oder

---

[1] § 4 Abs. 4 Satz 2 geänd mWv 29.11.2017 durch G v. 20.7.2017 (BGBl. I S. 2808).
[2] Nr. **295**.
[3] Nr. **296**.

3. ein anderer Verfahrensfehler vorliegt, der
   a) nicht geheilt worden ist,
   b) nach seiner Art und Schwere mit den in den Nummern 1 und 2 genannten Fällen vergleichbar ist und
   c) der betroffenen Öffentlichkeit die Möglichkeit der gesetzlich vorgesehenen Beteiligung am Entscheidungsprozess genommen hat; zur Beteiligung am Entscheidungsprozess gehört auch der Zugang zu den Unterlagen, die zur Einsicht für die Öffentlichkeit auszulegen sind.

[2] Eine durchgeführte Vorprüfung des Einzelfalls zur Feststellung der UVP-Pflichtigkeit, die nicht dem Maßstab des § 5 Absatz 3 Satz 2 des Gesetzes über die Umweltverträglichkeitsprüfung genügt, steht einer nicht durchgeführten Vorprüfung nach Satz 1 Nummer 1 Buchstabe b gleich.

(1a) [1] Für Verfahrensfehler, die nicht unter Absatz 1 fallen, gilt § 46 des Verwaltungsverfahrensgesetzes[1)]. [2] Lässt sich durch das Gericht nicht aufklären, ob ein Verfahrensfehler nach Satz 1 die Entscheidung in der Sache beeinflusst hat, wird eine Beeinflussung vermutet.

(1b) [1] Eine Verletzung von Verfahrensvorschriften führt nur dann zur Aufhebung der Entscheidung nach § 1 Absatz 1 Satz 1 Nummer 1 bis 2b oder 5, wenn sie nicht durch Entscheidungsergänzung oder ein ergänzendes Verfahren behoben werden kann. [2] Unberührt bleiben

1. § 45 Absatz 2 des Verwaltungsverfahrensgesetzes sowie
2. § 75 Absatz 1a des Verwaltungsverfahrensgesetzes und andere entsprechende Rechtsvorschriften zur Planerhaltung.

[3] Auf Antrag kann das Gericht anordnen, dass die Verhandlung bis zur Heilung von Verfahrensfehlern im Sinne der Absätze 1 und 1a ausgesetzt wird, soweit dies im Sinne der Verfahrenskonzentration sachdienlich ist.

(2) Soweit Gegenstand der gerichtlichen Überprüfung Beschlüsse im Sinne des § 2 Absatz 6 Nummer 3 des Gesetzes über die Umweltverträglichkeitsprüfung sind, gelten abweichend von den Absätzen 1 bis 1b die §§ 214 und 215 und die diesbezüglichen Überleitungsvorschriften des Baugesetzbuchs[2)] sowie die einschlägigen landesrechtlichen Vorschriften.

(3) [1] Die Absätze 1 bis 2 gelten für Rechtsbehelfe von

1. Personen gemäß § 61 Nummer 1 der Verwaltungsgerichtsordnung[3)] und Vereinigungen gemäß § 61 Nummer 2 der Verwaltungsgerichtsordnung sowie
2. Vereinigungen, die die Anforderungen des § 3 Absatz 1 oder des § 2 Absatz 2 erfüllen.

[2] Auf Rechtsbehelfe von Personen und Vereinigungen nach Satz 1 Nummer 1 ist Absatz 1 Satz 1 Nummer 3 mit der Maßgabe anzuwenden, dass die Aufhebung einer Entscheidung nur verlangt werden kann, wenn der Verfahrensfehler dem Beteiligten die Möglichkeit der gesetzlich vorgesehenen Beteiligung am Entscheidungsprozess genommen hat.

[1)] Nr. **100**.
[2)] Nr. **300**.
[3)] Nr. **600**.

(4) [1] Für Rechtsbehelfe von Vereinigungen nach Absatz 3 Satz 1 Nummer 2 gegen Entscheidungen nach § 1 Absatz 1 Satz 1 Nummer 4 sind die Absätze 1 bis 2 entsprechend anzuwenden. [2] Soweit Gegenstand der gerichtlichen Überprüfung Raumordnungspläne nach dem Raumordnungsgesetz[1)] sind, gelten abweichend von Satz 1 die §§ 11 und 27 Absatz 2 des Raumordnungsgesetzes sowie die einschlägigen landesrechtlichen Vorschriften.

(5) Für Rechtsbehelfe gegen Entscheidungen im Sinne des § 1 Absatz 1 Satz 1 Nummer 3, 5 und 6 gelten bei Verfahrensfehlern die jeweiligen fachrechtlichen Regelungen sowie die Regelungen des Verwaltungsverfahrensgesetzes.

§ 5 Missbräuchliches oder unredliches Verhalten im Rechtsbehelfsverfahren. Einwendungen, die eine Person oder eine Vereinigung im Sinne des § 4 Absatz 3 Satz 1 erstmals im Rechtsbehelfsverfahren erhebt, bleiben unberücksichtigt, wenn die erstmalige Geltendmachung im Rechtsbehelfsverfahren missbräuchlich oder unredlich ist.

§ 6[2)] Klagebegründungsfrist. [1] Eine Person oder eine Vereinigung im Sinne des § 4 Absatz 3 Satz 1 hat innerhalb einer Frist von zehn Wochen ab Klageerhebung die zur Begründung ihrer Klage gegen eine Entscheidung im Sinne von § 1 Absatz 1 Satz 1 oder gegen deren Unterlassen dienenden Tatsachen und Beweismittel anzugeben. [2] Erklärungen und Beweismittel, die erst nach Ablauf dieser Frist vorgebracht werden, sind nur zuzulassen, wenn die Voraussetzung nach § 87b Absatz 3 Satz 1 Nummer 2 der Verwaltungsgerichtsordnung[3)] erfüllt ist. [3] § 87b Absatz 3 Satz 2 und 3 der Verwaltungsgerichtsordnung gilt entsprechend. [4] Die Frist nach Satz 1 kann durch den Vorsitzenden oder den Berichterstatter auf Antrag verlängert werden, wenn die Person oder die Vereinigung in dem Verfahren, in dem die angefochtene Entscheidung ergangen ist, keine Möglichkeit der Beteiligung hatte. [5] Die vorstehenden Sätze gelten entsprechend für Fälle, in denen das gerichtliche Verfahren zur Durchführung eines Planergänzungs- oder Planänderungsverfahrens ausgesetzt wurde und später fortgesetzt wird; die Frist läuft ab Fortsetzung des gerichtlichen Verfahrens.

§ 7 Besondere Bestimmungen für Rechtsbehelfe gegen bestimmte Entscheidungen. (1) [1] Ist für Entscheidungen nach § 1 Absatz 1 Satz 1 Nummer 5 oder 6 nach den geltenden Rechtsvorschriften keine öffentliche Bekanntmachung vorgeschrieben, so hat die zuständige Behörde die im Einzelfall getroffene Entscheidung mit Rechtsbehelfsbelehrung einer oder mehreren genau zu bezeichnenden Personen oder Vereinigungen bekannt zu geben, wenn dies beantragt wird

1. vom Antragsteller des Verwaltungsaktes nach § 1 Absatz 1 Satz 1 Nummer 5 oder
2. von demjenigen, an den die Behörde den Verwaltungsakt nach § 1 Absatz 1 Satz 1 Nummer 6 gerichtet hat.

[2] Die Kosten der Bekanntgabe hat der Antragsteller zu tragen.

(2) [1] Über Rechtsbehelfe gegen eine Entscheidung nach § 1 Absatz 1 Satz 1 Nummer 4 oder deren Unterlassen entscheidet im ersten Rechtszug das Oberverwaltungsgericht, auch wenn kein Fall des § 47 Absatz 1 Nummer 1 oder 2 der Verwaltungsgerichtsordnung[3)] vorliegt. [2] Ist eine Gestaltungs- oder Leistungsklage

---

[1)] Nr. **340**.
[2)] § 6 Satz 5 angef. mWv 21.3.2023 durch G v. 14.3.2023 (BGBl. 2023 I Nr. 71).
[3)] Nr. **600**.

oder ein Antrag nach § 47 Absatz 1 der Verwaltungsgerichtsordnung nicht statthaft, ist § 47 der Verwaltungsgerichtsordnung entsprechend anzuwenden. [3]Bei länderübergreifenden Plänen und Programmen ist das Oberverwaltungsgericht örtlich zuständig, in dessen Bezirk die Behörde, die die Entscheidung über die Annahme des Plans oder Programms getroffen hat, ihren Sitz hat.

(3) [1]Hat eine Vereinigung im Sinne des § 4 Absatz 3 Satz 1 Nummer 2 in einem Verfahren nach § 1 Absatz 1 Satz 1 Nummer 4 Gelegenheit zur Äußerung gehabt, ist sie im Verfahren über den Rechtsbehelf nach Absatz 2 mit allen Einwendungen ausgeschlossen, die sie im Verfahren nach § 1 Absatz 1 Satz 1 Nummer 4 nicht oder nach den geltenden Rechtsvorschriften nicht rechtzeitig geltend gemacht hat, aber hätte geltend machen können. [2]Satz 1 gilt nicht für Verfahren zur Aufstellung, Änderung, Ergänzung oder Aufhebung von Bebauungsplänen nach § 10 des Baugesetzbuches[1)].

(4) Im Rechtsbehelfsverfahren gegen eine Entscheidung nach § 1 Absatz 1 Satz 1 Nummer 1 bis 2b findet § 73 Absatz 4 Satz 3 bis 6 des Verwaltungsverfahrensgesetzes[2)], auch in den Fällen seines Absatzes 8, keine Anwendung.

(5) [1]Eine Verletzung materieller Rechtsvorschriften führt nur dann zur Aufhebung der Entscheidung nach § 1 Absatz 1 Satz 1 Nummer 1 bis 2b oder 5, wenn sie nicht durch Entscheidungsergänzung oder ein ergänzendes Verfahren behoben werden kann. [2]Satz 1 gilt nicht im Anwendungsbereich des § 75 Absatz 1a des Verwaltungsverfahrensgesetzes.

(6) Absatz 2 Satz 1 und 3 sowie die Absätze 4 und 5 gelten auch für Rechtsbehelfe von Personen und Vereinigungen nach § 4 Absatz 3 Satz 1 Nummer 1.

§ 8 Überleitungsvorschrift. (1) [1]Dieses Gesetz gilt für Rechtsbehelfe gegen Entscheidungen nach § 1 Absatz 1 Satz 1 Nummer 1 und 2, die nach dem 25. Juni 2005 ergangen sind oder hätten ergehen müssen. [2]Abweichend von Satz 1 ist § 6 nur auf solche in Satz 1 genannten Rechtsbehelfe anzuwenden, die nach dem 28. Januar 2013 erhoben worden sind.

(2) Dieses Gesetz gilt für Rechtsbehelfe gegen Entscheidungen nach § 1 Absatz 1 Satz 1 Nummer 4 bis 6,

1. die am 2. Juni 2017 noch keine Bestandskraft erlangt haben oder
2. die nach diesem Zeitpunkt ergangen sind oder hätten ergehen müssen.

(3) Folgende Anerkennungen gelten als Anerkennungen im Sinne dieses Gesetzes fort:

1. Anerkennungen
   a) nach § 3 dieses Gesetzes in der Fassung vom 28. Februar 2010,
   b) nach § 59 des Bundesnaturschutzgesetzes[3)] in der Fassung vom 28. Februar 2010 und
   c) auf Grund landesrechtlicher Vorschriften im Rahmen des § 60 des Bundesnaturschutzgesetzes in der Fassung vom 28. Februar 2010,

   die vor dem 1. März 2010 erteilt worden sind, sowie
2. Anerkennungen des Bundes und der Länder nach § 29 des Bundesnaturschutzgesetzes in der bis zum 3. April 2002 geltenden Fassung.

[1)] Nr. **300**.
[2)] Nr. **100**.
[3)] Nr. **880**.

294. Umweltinformationsgesetz (UIG)[1]

In der Fassung der Bekanntmachung vom 27. Oktober 2014[2]
(BGBl. I S. 1643)

FNA 2129-42

geänd. durch Art. 16 G zur Anpassung des Umwelt-RechtsbehelfsG und anderer Vorschriften an europa- und völkerrechtliche Vorgaben v. 29.5.2017 (BGBl. I S. 1298), Art. 2 Abs. 17 G zur Modernisierung des Rechts der Umweltverträglichkeitsprüfung v. 20.7.2017 (BGBl. I S. 2808) und Art. 2 G zur Änd. des UmweltschadensG, des UmweltinformationsG und weiterer umweltrechtlicher Vorschriften v. 25.2.2021 (BGBl. I S. 306)

Abschnitt 1. Allgemeine Vorschriften

§ 1 Zweck des Gesetzes; Anwendungsbereich. (1) Zweck dieses Gesetzes ist es, den rechtlichen Rahmen für den freien Zugang zu Umweltinformationen bei informationspflichtigen Stellen sowie für die Verbreitung dieser Umweltinformationen zu schaffen.

(2) Dieses Gesetz gilt für informationspflichtige Stellen des Bundes und der bundesunmittelbaren juristischen Personen des öffentlichen Rechts.

§ 2 Begriffsbestimmungen. (1) Informationspflichtige Stellen sind

1. die Regierung und andere Stellen der öffentlichen Verwaltung. Gremien, die diese Stellen beraten, gelten als Teil der Stelle, die deren Mitglieder beruft. Zu den informationspflichtigen Stellen gehören nicht
   a) die obersten Bundesbehörden, soweit und solange sie im Rahmen der Gesetzgebung tätig werden, und
   b) Gerichte des Bundes, soweit sie nicht Aufgaben der öffentlichen Verwaltung wahrnehmen;
2. natürliche oder juristische Personen des Privatrechts, soweit sie öffentliche Aufgaben wahrnehmen oder öffentliche Dienstleistungen erbringen, die im Zusammenhang mit der Umwelt stehen, insbesondere solche der umweltbezogenen Daseinsvorsorge, und dabei der Kontrolle des Bundes oder einer unter der Aufsicht des Bundes stehenden juristischen Person des öffentlichen Rechts unterliegen.

(2) Kontrolle im Sinne des Absatzes 1 Nummer 2 liegt vor, wenn

1. die Person des Privatrechts bei der Wahrnehmung der öffentlichen Aufgabe oder bei der Erbringung der öffentlichen Dienstleistung gegenüber Dritten besonderen Pflichten unterliegt oder über besondere Rechte verfügt, insbesondere ein Kontrahierungszwang oder ein Anschluss- und Benutzungszwang besteht, oder
2. eine oder mehrere der in Absatz 1 Nummer 2 genannten juristischen Personen des öffentlichen Rechts allein oder zusammen, unmittelbar oder mittelbar
   a) die Mehrheit des gezeichneten Kapitals des Unternehmens besitzen,
   b) über die Mehrheit der mit den Anteilen des Unternehmens verbundenen Stimmrechte verfügen oder

---

[1] **Amtl. Anm.:** Dieses Gesetz dient der Umsetzung der Richtlinie 2003/4/EG des Europäischen Parlaments und des Rates vom 28. Januar 2003 über den Zugang der Öffentlichkeit zu Umweltinformationen und zur Aufhebung der Richtlinie 90/313/EWG des Rates (ABl. L 41 vom 14.2.2003, S. 26).

[2] Neubekanntmachung des UIG v. 22.12.2004 (BGBl. I S. 3704) in der ab 6.11.2014 geltenden Fassung.

c) mehr als die Hälfte der Mitglieder des Verwaltungs-, Leitungs- oder Aufsichtsorgans des Unternehmens bestellen können, oder

3. mehrere juristische Personen des öffentlichen Rechts zusammen unmittelbar oder mittelbar über eine Mehrheit im Sinne der Nummer 2 Buchstabe a bis c verfügen und der überwiegende Anteil an dieser Mehrheit den in Absatz 1 Nummer 2 genannten juristischen Personen des öffentlichen Rechts zuzuordnen ist.

(3) Umweltinformationen sind unabhängig von der Art ihrer Speicherung alle Daten über

1. den Zustand von Umweltbestandteilen wie Luft und Atmosphäre, Wasser, Boden, Landschaft und natürliche Lebensräume einschließlich Feuchtgebiete, Küsten- und Meeresgebiete, die Artenvielfalt und ihre Bestandteile, einschließlich gentechnisch veränderter Organismen, sowie die Wechselwirkungen zwischen diesen Bestandteilen;
2. Faktoren wie Stoffe, Energie, Lärm und Strahlung, Abfälle aller Art sowie Emissionen, Ableitungen und sonstige Freisetzungen von Stoffen in die Umwelt, die sich auf die Umweltbestandteile im Sinne der Nummer 1 auswirken oder wahrscheinlich auswirken;
3. Maßnahmen oder Tätigkeiten, die
   a) sich auf die Umweltbestandteile im Sinne der Nummer 1 oder auf Faktoren im Sinne der Nummer 2 auswirken oder wahrscheinlich auswirken oder
   b) den Schutz von Umweltbestandteilen im Sinne der Nummer 1 bezwecken; zu den Maßnahmen gehören auch politische Konzepte, Rechts- und Verwaltungsvorschriften, Abkommen, Umweltvereinbarungen, Pläne und Programme;
4. Berichte über die Umsetzung des Umweltrechts;
5. Kosten-Nutzen-Analysen oder sonstige wirtschaftliche Analysen und Annahmen, die zur Vorbereitung oder Durchführung von Maßnahmen oder Tätigkeiten im Sinne der Nummer 3 verwendet werden, und
6. den Zustand der menschlichen Gesundheit und Sicherheit, die Lebensbedingungen des Menschen sowie Kulturstätten und Bauwerke, soweit sie jeweils vom Zustand der Umweltbestandteile im Sinne der Nummer 1 oder von Faktoren, Maßnahmen oder Tätigkeiten im Sinne der Nummern 2 und 3 betroffen sind oder sein können; hierzu gehört auch die Kontamination der Lebensmittelkette.

(4) [1] Eine informationspflichtige Stelle verfügt über Umweltinformationen, wenn diese bei ihr vorhanden sind oder für sie bereitgehalten werden. [2] Ein Bereithalten liegt vor, wenn eine natürliche oder juristische Person, die selbst nicht informationspflichtige Stelle ist, Umweltinformationen für eine informationspflichtige Stelle im Sinne des Absatzes 1 aufbewahrt, auf die diese Stelle einen Übermittlungsanspruch hat.

Abschnitt 2. Informationszugang auf Antrag

§ 3 Anspruch auf Zugang zu Umweltinformationen. (1) [1] Jede Person hat nach Maßgabe dieses Gesetzes Anspruch auf freien Zugang zu Umweltinformationen, über die eine informationspflichtige Stelle im Sinne des § 2 Absatz 1 verfügt, *ohne ein rechtliches Interesse darlegen zu müssen.* [2] Daneben bleiben andere Ansprüche auf Zugang zu Informationen unberührt.

(2) [1] Der Zugang kann durch Auskunftserteilung, Gewährung von Akteneinsicht oder in sonstiger Weise eröffnet werden. [2] Wird eine bestimmte Art des Informati-

onszugangs beantragt, so darf dieser nur aus gewichtigen Gründen auf andere Art eröffnet werden. [3] Als gewichtiger Grund gilt insbesondere ein deutlich höherer Verwaltungsaufwand. [4] Soweit Umweltinformationen der antragstellenden Person bereits auf andere, leicht zugängliche Art, insbesondere durch Verbreitung nach § 10, zur Verfügung stehen, kann die informationspflichtige Stelle die Person auf diese Art des Informationszugangs verweisen.

(3) [1] Soweit ein Anspruch nach Absatz 1 besteht, sind die Umweltinformationen der antragstellenden Person unter Berücksichtigung etwaiger von ihr angegebener Zeitpunkte, spätestens jedoch mit Ablauf der Frist nach Satz 2 Nummer 1 oder Nummer 2 zugänglich zu machen. [2] Die Frist beginnt mit Eingang des Antrags bei der informationspflichtigen Stelle, die über die Informationen verfügt, und endet

1. mit Ablauf eines Monats oder
2. soweit Umweltinformationen derart umfangreich und komplex sind, dass die in Nummer 1 genannte Frist nicht eingehalten werden kann, mit Ablauf von zwei Monaten.

§ 4 Antrag und Verfahren. (1) Umweltinformationen werden von einer informationspflichtigen Stelle auf Antrag zugänglich gemacht.

(2) [1] Der Antrag muss erkennen lassen, zu welchen Umweltinformationen der Zugang gewünscht wird. [2] Ist der Antrag zu unbestimmt, so ist der antragstellenden Person dies innerhalb eines Monats mitzuteilen und Gelegenheit zur Präzisierung des Antrags zu geben. [3] Kommt die antragstellende Person der Aufforderung zur Präzisierung nach, beginnt der Lauf der Frist zur Beantwortung von Anträgen erneut. [4] Die Informationssuchenden sind bei der Stellung und Präzisierung von Anträgen zu unterstützen.

(3) [1] Wird der Antrag bei einer informationspflichtigen Stelle gestellt, die nicht über die Umweltinformationen verfügt, leitet sie den Antrag an die über die begehrten Informationen verfügende Stelle weiter, wenn ihr diese bekannt ist, und unterrichtet die antragstellende Person hierüber. [2] Anstelle der Weiterleitung des Antrags kann sie die antragstellende Person auch auf andere ihr bekannte informationspflichtige Stellen hinweisen, die über die Informationen verfügen.

(4) Wird eine andere als die beantragte Art des Informationszugangs im Sinne von § 3 Absatz 2 eröffnet, ist dies innerhalb der Frist nach § 3 Absatz 3 Satz 2 Nummer 1 unter Angabe der Gründe mitzuteilen.

(5) Über die Geltung der längeren Frist nach § 3 Absatz 3 Satz 2 Nummer 2 ist die antragstellende Person spätestens mit Ablauf der Frist nach § 3 Absatz 3 Satz 2 Nummer 1 unter Angabe der Gründe zu unterrichten.

§ 5 Ablehnung des Antrags. (1) [1] Wird der Antrag ganz oder teilweise nach den §§ 8 und 9 abgelehnt, ist die antragstellende Person innerhalb der Fristen nach § 3 Absatz 3 Satz 2 hierüber zu unterrichten. [2] Eine Ablehnung liegt auch dann vor, wenn nach § 3 Absatz 2 der Informationszugang auf andere Art gewährt oder die antragstellende Person auf eine andere Art des Informationszugangs verwiesen wird. [3] Der antragstellenden Person sind die Gründe für die Ablehnung mitzuteilen; in den Fällen des § 8 Absatz 2 Nummer 4 ist darüber hinaus die Stelle, die das Material vorbereitet, sowie der voraussichtliche Zeitpunkt der Fertigstellung mitzuteilen. [4] § 39 Absatz 2 des Verwaltungsverfahrensgesetzes[1)] findet keine Anwendung.

[1)] Nr. **100**.

(2) [1] Wenn der Antrag schriftlich gestellt wurde oder die antragstellende Person dies begehrt, erfolgt die Ablehnung in schriftlicher Form. [2] Sie ist auf Verlangen der antragstellenden Person in elektronischer Form mitzuteilen, wenn der Zugang hierfür eröffnet ist.

(3) Liegt ein Ablehnungsgrund nach § 8 oder § 9 vor, sind die hiervon nicht betroffenen Informationen zugänglich zu machen, soweit es möglich ist, die betroffenen Informationen auszusondern.

(4) Die antragstellende Person ist im Falle der vollständigen oder teilweisen Ablehnung eines Antrags auch über die Rechtsschutzmöglichkeiten gegen die Entscheidung sowie darüber zu belehren, bei welcher Stelle und innerhalb welcher Frist um Rechtsschutz nachgesucht werden kann.

§ 6 Rechtsschutz. (1) Für Streitigkeiten nach diesem Gesetz ist der Verwaltungsrechtsweg gegeben.

(2) Gegen die Entscheidung durch eine Stelle der öffentlichen Verwaltung im Sinne des § 2 Absatz 1 Nummer 1 ist ein Widerspruchsverfahren nach den §§ 68 bis 73 der Verwaltungsgerichtsordnung[1)] auch dann durchzuführen, wenn die Entscheidung von einer obersten Bundesbehörde getroffen worden ist.

(3) [1] Ist die antragstellende Person der Auffassung, dass eine informationspflichtige Stelle im Sinne des § 2 Absatz 1 Nummer 2 den Antrag nicht vollständig erfüllt hat, kann sie die Entscheidung der informationspflichtigen Stelle nach Absatz 4 überprüfen lassen. [2] Die Überprüfung ist nicht Voraussetzung für die Erhebung der Klage nach Absatz 1. [3] Eine Klage gegen die zuständige Stelle nach § 13 Absatz 1 ist ausgeschlossen.

(4) [1] Der Anspruch auf nochmalige Prüfung ist gegenüber der informationspflichtigen Stelle im Sinne des § 2 Absatz 1 Nummer 2 innerhalb eines Monats, nachdem diese Stelle mitgeteilt hat, dass der Anspruch nicht oder nicht vollständig erfüllt werden kann, schriftlich geltend zu machen. [2] Die informationspflichtige Stelle hat der antragstellenden Person das Ergebnis ihrer nochmaligen Prüfung innerhalb eines Monats zu übermitteln.

(5) Durch Landesgesetz kann für Streitigkeiten um Ansprüche gegen private informationspflichtige Stellen auf Grund von landesrechtlichen Vorschriften über den Zugang zu Umweltinformationen der Verwaltungsrechtsweg vorgesehen werden.

§ 7 Unterstützung des Zugangs zu Umweltinformationen. (1) [1] Die informationspflichtigen Stellen ergreifen Maßnahmen, um den Zugang zu den bei ihnen verfügbaren Umweltinformationen zu erleichtern. [2] Zu diesem Zweck wirken sie darauf hin, dass Umweltinformationen, über die sie verfügen, zunehmend in elektronischen Datenbanken oder in sonstigen Formaten gespeichert werden, die über Mittel der elektronischen Kommunikation abrufbar sind.

(2) Die informationspflichtigen Stellen treffen praktische Vorkehrungen zur Erleichterung des Informationszugangs, beispielsweise durch

1. die Benennung von Auskunftspersonen oder Informationsstellen,
2. die Veröffentlichung von Verzeichnissen über verfügbare Umweltinformationen,
3. die Einrichtung öffentlich zugänglicher Informationsnetze und Datenbanken oder
4. die Veröffentlichung von Informationen über behördliche Zuständigkeiten.

[1)] Nr. **600**.

(3) Soweit möglich, gewährleisten die informationspflichtigen Stellen, dass alle Umweltinformationen, die von ihnen oder für sie zusammengestellt werden, auf dem gegenwärtigen Stand, exakt und vergleichbar sind.

§ 7a[1] **Bundesbeauftragte für die Informationsfreiheit.** § 12 des Informationsfreiheitsgesetzes[2] findet auf Anträge auf Zugang zu Umweltinformationen nach § 3 entsprechende Anwendung.

Abschnitt 3. Ablehnungsgründe

§ 8 Schutz öffentlicher Belange. (1) [1] Soweit das Bekanntgeben der Informationen nachteilige Auswirkungen hätte auf

1. die internationalen Beziehungen, die Verteidigung oder bedeutsame Schutzgüter der öffentlichen Sicherheit,
2. die Vertraulichkeit der Beratungen von informationspflichtigen Stellen im Sinne des § 2 Absatz 1,
3. die Durchführung eines laufenden Gerichtsverfahrens, den Anspruch einer Person auf ein faires Verfahren oder die Durchführung strafrechtlicher, ordnungswidrigkeitenrechtlicher oder disziplinarrechtlicher Ermittlungen oder
4. den Zustand der Umwelt und ihrer Bestandteile im Sinne des § 2 Absatz 3 Nummer 1 oder Schutzgüter im Sinne des § 2 Absatz 3 Nummer 6,

ist der Antrag abzulehnen, es sei denn, das öffentliche Interesse an der Bekanntgabe überwiegt. [2] Der Zugang zu Umweltinformationen über Emissionen kann nicht unter Berufung auf die in den Nummern 2 und 4 genannten Gründe abgelehnt werden.

(2) Soweit ein Antrag

1. offensichtlich missbräuchlich gestellt wurde,
2. sich auf interne Mitteilungen der informationspflichtigen Stellen im Sinne des § 2 Absatz 1 bezieht,
3. bei einer Stelle, die nicht über die Umweltinformationen verfügt, gestellt wird, sofern er nicht nach § 4 Absatz 3 weitergeleitet werden kann,
4. sich auf die Zugänglichmachung von Material, das gerade vervollständigt wird, noch nicht abgeschlossener Schriftstücke oder noch nicht aufbereiteter Daten bezieht oder
5. zu unbestimmt ist und auf Aufforderung der informationspflichtigen Stelle nach § 4 Absatz 2 nicht innerhalb einer angemessenen Frist präzisiert wird,

ist er abzulehnen, es sei denn, das öffentliche Interesse an der Bekanntgabe überwiegt.

§ 9 Schutz sonstiger Belange. (1) [1] Soweit

1. durch das Bekanntgeben der Informationen personenbezogene Daten offenbart und dadurch Interessen der Betroffenen erheblich beeinträchtigt würden,
2. Rechte am geistigen Eigentum, insbesondere Urheberrechte, durch das Zugänglichmachen von Umweltinformationen verletzt würden oder

---

[1] § 7a eingef. mWv 4.3.2021 durch G v. 25.2.2021 (BGBl. I S. 306).
[2] Nr. **113**.

3. durch das Bekanntgeben Betriebs- oder Geschäftsgeheimnisse zugänglich gemacht würden oder die Informationen dem Steuergeheimnis oder dem Statistikgeheimnis unterliegen,

ist der Antrag abzulehnen, es sei denn, die Betroffenen haben zugestimmt oder das öffentliche Interesse an der Bekanntgabe überwiegt. [2]Der Zugang zu Umweltinformationen über Emissionen kann nicht unter Berufung auf die in den Nummern 1 und 3 genannten Gründe abgelehnt werden. [3]Vor der Entscheidung über die Offenbarung der durch Satz 1 Nummer 1 bis 3 geschützten Informationen sind die Betroffenen anzuhören. [4]Die informationspflichtige Stelle hat in der Regel von einer Betroffenheit im Sinne des Satzes 1 Nummer 3 auszugehen, soweit übermittelte Informationen als Betriebs- und Geschäftsgeheimnisse gekennzeichnet sind. [5]Soweit die informationspflichtige Stelle dies verlangt, haben mögliche Betroffene im Einzelnen darzulegen, dass ein Betriebs- oder Geschäftsgeheimnis vorliegt.

(2) [1]Umweltinformationen, die private Dritte einer informationspflichtigen Stelle übermittelt haben, ohne rechtlich dazu verpflichtet zu sein oder rechtlich verpflichtet werden zu können, und deren Offenbarung nachteilige Auswirkungen auf die Interessen der Dritten hätte, dürfen ohne deren Einwilligung anderen nicht zugänglich gemacht werden, es sei denn, das öffentliche Interesse an der Bekanntgabe überwiegt. [2]Der Zugang zu Umweltinformationen über Emissionen kann nicht unter Berufung auf die in Satz 1 genannten Gründe abgelehnt werden.

Abschnitt 4. Verbreitung von Umweltinformationen

§ 10[1)] Unterrichtung der Öffentlichkeit. (1) [1]Die informationspflichtigen Stellen unterrichten die Öffentlichkeit in angemessenem Umfang aktiv und systematisch über die Umwelt. [2]In diesem Rahmen verbreiten sie Umweltinformationen, die für ihre Aufgaben von Bedeutung sind und über die sie verfügen.

(2) [1]Zu den zu verbreitenden Umweltinformationen gehören zumindest:

1. der Wortlaut von völkerrechtlichen Verträgen, das von den Organen der Europäischen Gemeinschaften erlassene Gemeinschaftsrecht sowie Rechtsvorschriften von Bund, Ländern oder Kommunen über die Umwelt oder mit Bezug zur Umwelt;
2. politische Konzepte sowie Pläne und Programme mit Bezug zur Umwelt;
3. Berichte über den Stand der Umsetzung von Rechtsvorschriften sowie Konzepten, Plänen und Programmen nach den Nummern 1 und 2, sofern solche Berichte von den jeweiligen informationspflichtigen Stellen in elektronischer Form ausgearbeitet worden sind oder bereitgehalten werden;
4. Daten oder Zusammenfassungen von Daten aus der Überwachung von Tätigkeiten, die sich auf die Umwelt auswirken oder wahrscheinlich auswirken;
5. Zulassungsentscheidungen, die erhebliche Auswirkungen auf die Umwelt haben, und Umweltvereinbarungen sowie
6. zusammenfassende Darstellung und Bewertung der Umweltauswirkungen nach den §§ 24 und 25 des Gesetzes über die Umweltverträglichkeitsprüfung[2)] in der Fassung der Bekanntmachung vom 24. Februar 2010 (BGBl. I S. 94) in der jeweils

---

[1)] § 10 Abs. 2 Satz 1 Nr. 6 neu gef. mWv 2.6.2017 durch G v. 29.5.2017 (BGBl. I S. 1298); Abs. 2 Satz 1 Nr. 6 geänd. mWv 29.7.2017 durch G v. 20.7.2017 (BGBl. I S. 2808); Abs. 3 Satz 3 eingef., bish. Satz 3 wird Satz 4, Abs. 8 angef. mWv 4.3.2021 durch G v. 25.2.2021 (BGBl. I S. 306).

[2)] Nr. **295**.

geltenden Fassung und Risikobewertungen im Hinblick auf Umweltbestandteile nach § 2 Absatz 3 Nummer 1.

[2] In Fällen des Satzes 1 Nummer 5 und 6 genügt zur Verbreitung die Angabe, wo solche Informationen zugänglich sind oder gefunden werden können. [3] Die veröffentlichten Umweltinformationen werden in angemessenen Abständen aktualisiert.

(3) [1] Die Verbreitung von Umweltinformationen soll in für die Öffentlichkeit verständlicher Darstellung und leicht zugänglichen Formaten erfolgen. [2] Hierzu sollen, soweit vorhanden, elektronische Kommunikationsmittel verwendet werden. [3] Zur Verbreitung von Umweltinformationen nach Absatz 2 Satz 1 Nummer 5 und 6 auch in Verbindung mit Satz 2 kann das zentrale Internetportal des Bundes nach § 20 Absatz 1 Satz 1 des Gesetzes über die Umweltverträglichkeitsprüfung genutzt werden. [4] Satz 2 gilt nicht für Umweltinformationen, die vor Inkrafttreten dieses Gesetzes angefallen sind, es sei denn, sie liegen bereits in elektronischer Form vor.

(4) Die Anforderungen an die Unterrichtung der Öffentlichkeit nach den Absätzen 1 und 2 können auch dadurch erfüllt werden, dass Verknüpfungen zu Internet-Seiten eingerichtet werden, auf denen die zu verbreitenden Umweltinformationen zu finden sind.

(5) [1] Im Falle einer unmittelbaren Bedrohung der menschlichen Gesundheit oder der Umwelt haben die informationspflichtigen Stellen sämtliche Informationen, über die sie verfügen und die es der eventuell betroffenen Öffentlichkeit ermöglichen könnten, Maßnahmen zur Abwendung oder Begrenzung von Schäden infolge dieser Bedrohung zu ergreifen, unmittelbar und unverzüglich zu verbreiten; dies gilt unabhängig davon, ob diese Folge menschlicher Tätigkeit oder einer natürlichen Ursache ist. [2] Verfügen mehrere informationspflichtige Stellen über solche Informationen, sollen sie sich bei deren Verbreitung abstimmen.

(6) § 7 Absatz 1 und 3 sowie die §§ 8 und 9 finden entsprechende Anwendung.

(7) Die Wahrnehmung der Aufgaben des § 10 kann auf bestimmte Stellen der öffentlichen Verwaltung oder private Stellen übertragen werden.

(8) Die Bundesregierung wird ermächtigt, durch Rechtsverordnung ohne Zustimmung des Bundesrates zu regeln:

1. die Art und Weise der Verbreitung von Umweltinformationen nach Absatz 2 Satz 1 Nummer 5 und 6 auch in Verbindung mit Satz 2 über das zentrale Internetportal des Bundes nach § 20 Absatz 1 Satz 1 des Gesetzes über die Umweltverträglichkeitsprüfung oder über andere elektronische Kommunikationswege sowie
2. die Einzelheiten der Aktualisierung von veröffentlichten Umweltinformationen gemäß Absatz 2 Satz 3, einschließlich des nachträglichen Wegfalls der Unterrichtungspflicht nach Absatz 1.

§ 11 Umweltzustandsbericht. [1] Die Bundesregierung veröffentlicht regelmäßig im Abstand von nicht mehr als vier Jahren einen Bericht über den Zustand der Umwelt im Bundesgebiet. [2] Hierbei berücksichtigt sie § 10 Absatz 1, 3 und 6. [3] Der Bericht enthält Informationen über die Umweltqualität und vorhandene Umweltbelastungen. [4] Der erste Bericht nach Inkrafttreten dieses Gesetzes ist spätestens am 31. Dezember 2006 zu veröffentlichen.

Abschnitt 5. Schlussvorschriften

§ 12 Gebühren und Auslagen. (1) [1] Für die Übermittlung von Informationen auf Grund dieses Gesetzes werden Gebühren und Auslagen erhoben. [2] Dies gilt nicht für die Erteilung mündlicher und einfacher schriftlicher Auskünfte, die Einsichtnahme in Umweltinformationen vor Ort, Maßnahmen und Vorkehrungen nach § 7 Absatz 1 und 2 sowie die Unterrichtung der Öffentlichkeit nach den §§ 10 und 11.

(2) Die Gebühren sind auch unter Berücksichtigung des Verwaltungsaufwandes so zu bemessen, dass der Informationsanspruch nach § 3 Absatz 1 wirksam in Anspruch genommen werden kann.

(3) [1] Die Bundesregierung wird ermächtigt, für individuell zurechenbare öffentliche Leistungen von informationspflichtigen Stellen die Höhe der Gebühren und Auslagen durch Rechtsverordnung[1)], die nicht der Zustimmung des Bundesrates bedarf, zu bestimmen. [2] § 9 Absatz 1 und 2 sowie die §§ 10 und 12 des Bundesgebührengesetzes[2)] finden keine Anwendung.

(4) [1] Private informationspflichtige Stellen im Sinne des § 2 Absatz 1 Nummer 2 können für die Übermittlung von Informationen nach diesem Gesetz von der antragstellenden Person Gebühren- und Auslagenerstattung entsprechend den Grundsätzen nach den Absätzen 1 und 2 verlangen. [2] Die Höhe der erstattungsfähigen Gebühren und Auslagen bemisst sich nach den in der Rechtsverordnung nach Absatz 3 festgelegten Sätzen für individuell zurechenbare öffentliche Leistungen von informationspflichtigen Stellen des Bundes und der bundesunmittelbaren juristischen Personen des öffentlichen Rechts.

§ 13 Überwachung. (1) Die zuständigen Stellen der öffentlichen Verwaltung, die die Kontrolle im Sinne des § 2 Absatz 2 für den Bund oder eine unter der Aufsicht des Bundes stehende juristische Person des öffentlichen Rechts ausüben, überwachen die Einhaltung dieses Gesetzes durch private informationspflichtige Stellen im Sinne des § 2 Absatz 1 Nummer 2.

(2) Die informationspflichtigen Stellen nach § 2 Absatz 1 Nummer 2 haben den zuständigen Stellen auf Verlangen alle Informationen herauszugeben, die die Stellen zur Wahrnehmung ihrer Aufgaben nach Absatz 1 benötigen.

(3) Die nach Absatz 1 zuständigen Stellen können gegenüber den informationspflichtigen Stellen nach § 2 Absatz 1 Nummer 2 die zur Einhaltung und Durchführung dieses Gesetzes erforderlichen Maßnahmen ergreifen oder Anordnungen treffen.

(4) Die Bundesregierung wird ermächtigt, durch Rechtsverordnung, die nicht der Zustimmung des Bundesrates bedarf, die Aufgaben nach den Absätzen 1 bis 3 abweichend von Absatz 1 auf andere Stellen der öffentlichen Verwaltung zu übertragen.

§ 14 Ordnungswidrigkeiten. (1) Ordnungswidrig handelt, wer vorsätzlich oder fahrlässig einer vollziehbaren Anordnung nach § 13 Absatz 3 zuwiderhandelt.

(2) Die Ordnungswidrigkeit nach Absatz 1 kann mit einer Geldbuße bis zu zehn*tausend Euro geahndet werden.*

---

1) Siehe die UmweltinformationsgebührenVO **(Gewerberecht Nr. 801)**.
2) Nr. **120**.

295. Gesetz über die Umweltverträglichkeitsprüfung (UVPG)[1) 2)]

In der Fassung der Bekanntmachung vom 18. März 2021[3)]
(BGBl. I S. 540)

FNA 2129-20

geänd. durch Art. 14 AufbauhilfeG 2021 v. 10.9.2021 (BGBl. I S. 4147), Art. 4 G zur sofortigen Verbesserung der Rahmenbedingungen für die erneuerbaren Energien im Städtebaurecht v. 4.1.2023 (BGBl. 2023 I Nr. 6), Art. 2 G zur Änd. des RaumordnungsG und anderer Vorschriften v. 22.3.2023 (BGBl. 2023 I Nr. 88), Art. 2 Abs. 2 Fünftes G zur Änd. verwaltungsverfahrensrechtlicher Vorschriften sowie zur Änd. des Sechsten Buches Sozialgesetzbuchs v. 4.12.2023 (BGBl. 2023 I Nr. 344), Art. 2 G für die Wärmeplanung und zur Dekarbonisierung der Wärmenetze v. 20.12.2023 (BGBl. 2023 I Nr. 394), Art. 14c G zur Anpassung des Energiewirtschaftsrechts an unionsrechtliche Vorgaben und zur Änd. weiterer energierechtlicher Vorschriften v. 22.12.2023 (BGBl. 2023 I Nr. 405), Art. 10 G zur Beschleunigung von Genehmigungsverfahren im Verkehrsbereich und zur Umsetzung der RL (EU) 2021/1187 über die Straffung von Maßnahmen zur rascheren Verwirklichung des transeuropäischen Verkehrsnetzes v. 22.12.2023 (BGBl. 2023 I Nr. 409), Art. 13 G zur Änd. des EEG und weiterer energiewirtschaftsrechtlicher Vorschriften v. 8.5.2024 (BGBl. 2024 I Nr. 151), Art. 10 Viertes BürokratieentlastungsG v. 23.10.2024 (BGBl. 2024 I Nr. 323), Art. 2 Abs. 1 G zur Änd. des Kohlendioxid-SpeicherungsG v. 25.11.2025 (BGBl. 2025 I Nr. 282) und Art. 4 G zur Beschleunigung des Ausbaus von Geothermieanlagen, Wärmepumpen und Wärmespeichern sowie zur Änd. des BauGB und des BImSchG v. 22.12.2025 (BGBl. 2025 I Nr. 348)

Zum UVPG wurden ua folgende Vorschriften erlassen:
– UmweltverträglichkeitsprüfungsVO Bergbau **(Sartorius III Nr. 470)**
– RohrfernleitungsVO (Nr. **295a**)
– KWK-Kosten-Nutzen-Vergleich-VO – KNV-V v. 28.4.2015 (BGBl. I S. 670), zuletzt geänd. durch G v. 25.11.2025 (BGBl. 2025 I Nr. 282)
– Allg. VwV zur Ausführung des G über die Umweltverträglichkeitsprüfung – UVPVwV v. 14.4.2025 (BAnz AT 29.04.2025 B8)
– UVP-Portale-VO v. 11.11.2020 (BGBl. I S. 2428)

Inhaltsübersicht[4)]

[1)] **Amtl. Anm.:** Dieses Gesetz dient der Umsetzung der Richtlinie 2011/92/EU des Europäischen Parlaments und des Rates vom 13. Dezember 2011 über die Umweltverträglichkeitsprüfung bei bestimmten öffentlichen und privaten Projekten in der Fassung der Richtlinie 2014/52/EU (ABl. L 124 vom 25.4.2014, S. 1) und der Richtlinie 2001/42/EG des Europäischen Parlaments und des Rates vom 27. Juni 2001 über die Prüfung der Umweltauswirkungen bestimmter Pläne und Programme (ABl. L 197 vom 21.7.2001, S. 30).

[2)] Siehe hierzu ua das PlanungssicherstellungsG **(Sartorius III Nr. 160)**.

[3)] Neubekanntmachung des UVPG idF der Bek. v. 24.2.2010 (BGBl. I S. 94) in der ab 4.3.2021 geltenden Fassung.

[4)] Inhaltsübersicht geänd. mWv 29.3.2023 und mWv 28.9.2023 durch G v. 22.3.2023 (BGBl. 2023 I Nr. 88); geänd. mWv 29.12.2023 durch G v. 22.12.2023 (BGBl. 2023 I Nr. 409).

Teil 1. Allgemeine Vorschriften für die Umweltprüfungen

§ 1[1)] Anwendungsbereich. (1) Dieses Gesetz gilt für

1. die in Anlage 1 aufgeführten Vorhaben,
2. die in Anlage 5 aufgeführten Pläne und Programme,
3. sonstige Pläne und Programme, für die nach den §§ 35 bis 37 eine Strategische Umweltprüfung oder Vorprüfung durchzuführen ist, sowie
4. die grenzüberschreitende Behörden- und Öffentlichkeitsbeteiligung bei UVP-pflichtigen Vorhaben im Ausland nach den §§ 58 und 59 und bei SUP-pflichtigen Plänen und Programmen eines anderen Staates nach den §§ 62 und 63.

(2) [1] Bei Vorhaben oder Teilen von Vorhaben, die ausschließlich Zwecken der Verteidigung dienen, kann das Bundesministerium der Verteidigung oder eine von ihm benannte Stelle im Einzelfall entscheiden, dieses Gesetz ganz oder teilweise nicht anzuwenden, soweit sich die Anwendung nach Einschätzung des Bundesministeriums der Verteidigung oder der von ihm benannten Stelle nachteilig auf die Erfüllung dieser Zwecke auswirken würde, insbesondere wegen Eilbedürftigkeit des Vorhabens oder aus Gründen der Geheimhaltung. [2] Zwecke der Verteidigung schließen auch zwischenstaatliche Verpflichtungen ein. [3] Bei der Entscheidung ist der Schutz vor erheblichen nachteiligen Umweltauswirkungen zu berücksichtigen. [4] Sonstige Rechtsvorschriften, die das Zulassungsverfahren betreffen, bleiben unberührt. [5] Wird eine Entscheidung nach Satz 1 getroffen, unter-

[1)] § 1 Abs. 2 Satz 5 geänd. mWv 29.12.2023 durch G v. 22.12.2023 (BGBl. 2023 I Nr. 409).

richtet das Bundesministerium der Verteidigung hierüber das für Umwelt zuständige Ministerium des betroffenen Landes unverzüglich sowie das Bundesministerium für Umwelt, Naturschutz, nukleare Sicherheit und Verbraucherschutz spätestens bis zum Ablauf des 31. März des Folgejahres.

(3) [1] Bei Vorhaben oder Teilen von Vorhaben, die ausschließlich der Bewältigung von Katastrophenfällen dienen, kann die zuständige Behörde im Einzelfall entscheiden, dieses Gesetz ganz oder teilweise nicht anzuwenden, soweit sich die Anwendung nach Einschätzung der zuständigen Behörde negativ auf die Erfüllung dieses Zwecks auswirken würde. [2] Bei der Entscheidung ist der Schutz vor erheblichen nachteiligen Umweltauswirkungen zu berücksichtigen. [3] Sonstige Rechtsvorschriften, die das Zulassungsverfahren betreffen, bleiben unberührt.

(4)[1)] [1] Dieses Gesetz findet Anwendung, soweit Rechtsvorschriften des Bundes oder der Länder die Umweltverträglichkeitsprüfung nicht näher bestimmen oder die wesentlichen Anforderungen dieses Gesetzes nicht beachten. [2] Rechtsvorschriften mit weitergehenden Anforderungen bleiben unberührt.

§ 2[2)] Begriffsbestimmungen. (1) Schutzgüter im Sinne dieses Gesetzes sind
1. Menschen, insbesondere die menschliche Gesundheit,
2. Tiere, Pflanzen und die biologische Vielfalt,
3. Fläche, Boden, Wasser, Luft, Klima und Landschaft,
4. kulturelles Erbe und sonstige Sachgüter sowie
5. die Wechselwirkung zwischen den vorgenannten Schutzgütern.

(2) [1] Umweltauswirkungen im Sinne dieses Gesetzes sind unmittelbare und mittelbare Auswirkungen eines Vorhabens oder der Durchführung eines Plans oder Programms auf die Schutzgüter. [2] Dies schließt auch solche Auswirkungen des Vorhabens ein, die aufgrund von dessen Anfälligkeit für schwere Unfälle oder Katastrophen zu erwarten sind, soweit diese schweren Unfälle oder Katastrophen für das Vorhaben relevant sind.

(3) Grenzüberschreitende Umweltauswirkungen im Sinne dieses Gesetzes sind Umweltauswirkungen eines Vorhabens in einem anderen Staat.

(4) Vorhaben im Sinne dieses Gesetzes sind nach Maßgabe der Anlage 1
1. bei Neuvorhaben
   a) die Errichtung und der Betrieb einer technischen Anlage,
   b) der Bau einer sonstigen Anlage,
   c) die Durchführung einer sonstigen in Natur und Landschaft eingreifenden Maßnahme,
2. bei Änderungsvorhaben
   a) die Änderung, einschließlich der Erweiterung, der Lage, der Beschaffenheit oder des Betriebs einer technischen Anlage,
   b) die Änderung, einschließlich der Erweiterung, der Lage oder der Beschaffenheit einer sonstigen Anlage,
   c) die Änderung, einschließlich der Erweiterung, der Durchführung einer sonstigen in Natur und Landschaft eingreifenden Maßnahme.

[1)] Beachte zur Anwendung von § 1 Abs. 4 hinsichtlich der Zulassung einer Anlage nach § 2 Abs. 1 Nr. 1, 3, 4 und 5 LNGG **(Sartorius III Nr. 525)** die Maßgaben gem. § 4 LNGG **(Sartorius III Nr. 525)** iVm § 13 LNGG **(Sartorius III Nr. 525)**.

[2)] § 2 Abs. 6 Nr. 2 geänd. mWv 28.9.2023 durch G v. 22.3.2023 (BGBl. 2023 I Nr. 88).

(5) [1] Windfarm im Sinne dieses Gesetzes sind drei oder mehr Windkraftanlagen, deren Einwirkungsbereich sich überschneidet und die in einem funktionalen Zusammenhang stehen, unabhängig davon, ob sie von einem oder mehreren Vorhabenträgern errichtet und betrieben werden. [2] Ein funktionaler Zusammenhang wird insbesondere angenommen, wenn sich die Windkraftanlagen in derselben Konzentrationszone oder in einem Gebiet nach § 7 Absatz 3 des Raumordnungsgesetzes[1)] befinden.

(6) Zulassungsentscheidungen im Sinne dieses Gesetzes sind

1. die Bewilligung, die Erlaubnis, die Genehmigung, der Planfeststellungsbeschluss und sonstige behördliche Entscheidungen über die Zulässigkeit von Vorhaben,

(Fortsetzung nächstes Blatt)

[1)] Nr. **340**.

die in einem Verwaltungsverfahren getroffen werden, einschließlich des Vorbescheids, der Teilgenehmigung und anderer Teilzulassungen, mit Ausnahme von Anzeigeverfahren,

2. Linienbestimmungen und andere Entscheidungen in vorgelagerten Verfahren nach § 47,
3. Beschlüsse nach § 10 des Baugesetzbuchs[1)] über die Aufstellung, Änderung oder Ergänzung von Bebauungsplänen, durch die die Zulässigkeit von bestimmten Vorhaben im Sinne der Anlage 1 begründet werden soll, sowie Beschlüsse nach § 10 des Baugesetzbuchs über Bebauungspläne, die Planfeststellungsbeschlüsse für Vorhaben im Sinne der Anlage 1 ersetzen.

(7) [1] Pläne und Programme im Sinne dieses Gesetzes sind nur solche bundesrechtlich oder durch Rechtsakte der Europäischen Union vorgesehenen Pläne und Programme, die

1. von einer Behörde ausgearbeitet und angenommen werden,
2. von einer Behörde zur Annahme durch eine Regierung oder im Wege eines Gesetzgebungsverfahrens ausgearbeitet werden oder
3. von einem Dritten zur Annahme durch eine Behörde ausgearbeitet werden.

[2] Ausgenommen sind Pläne und Programme, die ausschließlich Zwecken der Verteidigung oder der Bewältigung von Katastrophenfällen dienen, sowie Finanz- und Haushaltspläne und -programme.

(8) Öffentlichkeit im Sinne dieses Gesetzes sind einzelne oder mehrere natürliche oder juristische Personen sowie deren Vereinigungen.

(9) Betroffene Öffentlichkeit im Sinne dieses Gesetzes ist jede Person, deren Belange durch eine Zulassungsentscheidung oder einen Plan oder ein Programm berührt werden; hierzu gehören auch Vereinigungen, deren satzungsmäßiger Aufgabenbereich durch eine Zulassungsentscheidung oder einen Plan oder ein Programm berührt wird, darunter auch Vereinigungen zur Förderung des Umweltschutzes.

(10) Umweltprüfungen im Sinne dieses Gesetzes sind Umweltverträglichkeitsprüfungen und Strategische Umweltprüfungen.

(11) Einwirkungsbereich im Sinne dieses Gesetzes ist das geographische Gebiet, in dem Umweltauswirkungen auftreten, die für die Zulassung eines Vorhabens relevant sind.

§ 3 Grundsätze für Umweltprüfungen. [1] Umweltprüfungen umfassen die Ermittlung, Beschreibung und Bewertung der erheblichen Auswirkungen eines Vorhabens oder eines Plans oder Programms auf die Schutzgüter. [2] Sie dienen einer wirksamen Umweltvorsorge nach Maßgabe der geltenden Gesetze und werden nach einheitlichen Grundsätzen sowie unter Beteiligung der Öffentlichkeit durchgeführt.

Teil 2. Umweltverträglichkeitsprüfung

Abschnitt 1. Voraussetzungen für eine Umweltverträglichkeitsprüfung

§ 4 Umweltverträglichkeitsprüfung. Die Umweltverträglichkeitsprüfung ist unselbständiger Teil verwaltungsbehördlicher Verfahren, die Zulassungsentscheidungen dienen.

[1)] Nr. **300**.

§ 5[1)] Feststellung der UVP-Pflicht. (1) [1]Die zuständige Behörde stellt auf der Grundlage geeigneter Angaben des Vorhabenträgers sowie eigener Informationen unverzüglich fest, dass nach den §§ 6 bis 14b für das Vorhaben eine Pflicht zur Durchführung einer Umweltverträglichkeitsprüfung (UVP-Pflicht) besteht oder nicht. [2]Die Feststellung trifft die Behörde

1. auf Antrag des Vorhabenträgers oder
2. bei einem Antrag nach § 15 oder
3. von Amts wegen nach Beginn des Verfahrens, das der Zulassungsentscheidung dient.

(2) [1]Sofern eine Vorprüfung vorgenommen worden ist, gibt die zuständige Behörde die Feststellung der Öffentlichkeit bekannt. [2]Dabei gibt sie die wesentlichen Gründe für das Bestehen oder Nichtbestehen der UVP-Pflicht unter Hinweis auf die jeweils einschlägigen Kriterien nach Anlage 3 an. [3]Gelangt die Behörde zu dem Ergebnis, dass keine UVP-Pflicht besteht, geht sie auch darauf ein, welche Merkmale des Vorhabens oder des Standorts oder welche Vorkehrungen für diese Einschätzung maßgebend sind. [4]Bei der Feststellung der UVP-Pflicht kann die Bekanntgabe mit der Bekanntmachung nach § 19 verbunden werden.

(3) [1]Die Feststellung ist nicht selbständig anfechtbar. [2]Beruht die Feststellung auf einer Vorprüfung, so ist die Einschätzung der zuständigen Behörde in einem gerichtlichen Verfahren betreffend die Zulassungsentscheidung nur daraufhin zu überprüfen, ob die Vorprüfung entsprechend den Vorgaben des § 7 durchgeführt worden ist und ob das Ergebnis nachvollziehbar ist.

§ 6 Unbedingte UVP-Pflicht bei Neuvorhaben. [1]Für ein Neuvorhaben, das in Anlage 1 Spalte 1 mit dem Buchstaben „X" gekennzeichnet ist, besteht die UVP-Pflicht, wenn die zur Bestimmung der Art des Vorhabens genannten Merkmale vorliegen. [2]Sofern Größen- oder Leistungswerte angegeben sind, besteht die UVP-Pflicht, wenn die Werte erreicht oder überschritten werden.

§ 7 Vorprüfung bei Neuvorhaben. (1) [1]Bei einem Neuvorhaben, das in Anlage 1 Spalte 2 mit dem Buchstaben „A" gekennzeichnet ist, führt die zuständige Behörde eine allgemeine Vorprüfung zur Feststellung der UVP-Pflicht durch. [2]Die allgemeine Vorprüfung wird als überschlägige Prüfung unter Berücksichtigung der in Anlage 3 aufgeführten Kriterien durchgeführt. [3]Die UVP-Pflicht besteht, wenn das Neuvorhaben nach Einschätzung der zuständigen Behörde erhebliche nachteilige Umweltauswirkungen haben kann, die nach § 25 Absatz 2 bei der Zulassungsentscheidung zu berücksichtigen wären.

(2) [1]Bei einem Neuvorhaben, das in Anlage 1 Spalte 2 mit dem Buchstaben „S" gekennzeichnet ist, führt die zuständige Behörde eine standortbezogene Vorprüfung zur Feststellung der UVP-Pflicht durch. [2]Die standortbezogene Vorprüfung wird als überschlägige Prüfung in zwei Stufen durchgeführt. [3]In der ersten Stufe prüft die zuständige Behörde, ob bei dem Neuvorhaben besondere örtliche Gegebenheiten gemäß den in Anlage 3 Nummer 2.3 aufgeführten Schutzkriterien vorliegen. [4]Ergibt die Prüfung in der ersten Stufe, dass keine besonderen örtlichen Gegebenheiten vorliegen, so besteht keine UVP-Pflicht. [5]Ergibt die Prüfung in der ersten Stufe, dass besondere örtliche Gegebenheiten vorliegen, so prüft die Behörde auf der zweiten Stufe unter Berücksichtigung der in Anlage 3 aufgeführten Kriterien, ob das Neuvorhaben erhebliche nachteilige Umweltauswirkungen

---

[1)] § 5 Abs. 1 Satz 1 geänd. mWv 29.3.2023 durch G v. 22.3.2023 (BGBl. 2023 I Nr. 88).

haben kann, die die besondere Empfindlichkeit oder die Schutzziele des Gebietes betreffen und nach § 25 Absatz 2 bei der Zulassungsentscheidung zu berücksichtigen wären. [6] Die UVP-Pflicht besteht, wenn das Neuvorhaben nach Einschätzung der zuständigen Behörde solche Umweltauswirkungen haben kann.

(3) [1] Die Vorprüfung nach den Absätzen 1 und 2 entfällt, wenn der Vorhabenträger die Durchführung einer Umweltverträglichkeitsprüfung beantragt und die zuständige Behörde das Entfallen der Vorprüfung als zweckmäßig erachtet. [2] Für diese Neuvorhaben besteht die UVP-Pflicht. [3] Die Entscheidung der zuständigen Behörde ist nicht anfechtbar.

(Fortsetzung nächstes Blatt)

(4) Zur Vorbereitung der Vorprüfung ist der Vorhabenträger verpflichtet, der zuständigen Behörde geeignete Angaben nach Anlage 2 zu den Merkmalen des Neuvorhabens und des Standorts sowie zu den möglichen erheblichen Umweltauswirkungen des Neuvorhabens zu übermitteln.

(5) [1] Bei der Vorprüfung berücksichtigt die Behörde, ob erhebliche nachteilige Umweltauswirkungen durch Merkmale des Vorhabens oder des Standorts oder durch Vorkehrungen des Vorhabenträgers offensichtlich ausgeschlossen werden. [2] Liegen der Behörde Ergebnisse vorgelagerter Umweltprüfungen oder anderer rechtlich vorgeschriebener Untersuchungen zu den Umweltauswirkungen des Vorhabens vor, bezieht sie diese Ergebnisse in die Vorprüfung ein. [3] Bei der allgemeinen Vorprüfung kann sie ergänzend berücksichtigen, inwieweit Prüfwerte für Größe oder Leistung, die die allgemeine Vorprüfung eröffnen, überschritten werden.

(6) [1] Die zuständige Behörde trifft die Feststellung zügig und spätestens sechs Wochen nach Erhalt der nach Absatz 4 erforderlichen Angaben. [2] In Ausnahmefällen kann sie die Frist für die Feststellung um bis zu drei Wochen oder, wenn dies wegen der besonderen Schwierigkeit der Prüfung erforderlich ist, um bis zu sechs Wochen verlängern.

(7) Die zuständige Behörde dokumentiert die Durchführung und das Ergebnis der allgemeinen und der standortbezogenen Vorprüfung.

§ 8 UVP-Pflicht bei Störfallrisiko. Sofern die allgemeine Vorprüfung ergibt, dass aufgrund der Verwirklichung eines Vorhabens, das zugleich benachbartes Schutzobjekt im Sinne des § 3 Absatz 5d des Bundes-Immissionsschutzgesetzes[1)] ist, innerhalb des angemessenen Sicherheitsabstandes zu Betriebsbereichen im Sinne des § 3 Absatz 5a des Bundes-Immissionsschutzgesetzes die Möglichkeit besteht, dass ein Störfall im Sinne des § 2 Nummer 7 der Störfall-Verordnung[2)] eintritt, sich die Eintrittswahrscheinlichkeit eines solchen Störfalls vergrößert oder sich die Folgen eines solchen Störfalls verschlimmern können, ist davon auszugehen, dass das Vorhaben erhebliche nachteilige Umweltauswirkungen haben kann.

§ 9 UVP-Pflicht bei Änderungsvorhaben. (1) [1] Wird ein Vorhaben geändert, für das eine Umweltverträglichkeitsprüfung durchgeführt worden ist, so besteht für das Änderungsvorhaben die UVP-Pflicht, wenn

1. allein die Änderung die Größen- oder Leistungswerte für eine unbedingte UVP-Pflicht gemäß § 6 erreicht oder überschreitet oder
2. die allgemeine Vorprüfung ergibt, dass die Änderung zusätzliche erhebliche nachteilige oder andere erhebliche nachteilige Umweltauswirkungen hervorrufen kann.

[2] *Wird ein Vorhaben geändert, für das keine Größen- oder Leistungswerte vorgeschrieben sind, so wird die allgemeine Vorprüfung nach Satz 1 Nummer 2 durchgeführt.* [3] Wird ein Vorhaben der Anlage 1 Nummer 18.1 bis 18.8 geändert, so wird die allgemeine Vorprüfung nach Satz 1 Nummer 2 nur durchgeführt, wenn allein durch die Änderung der jeweils für den Bau des entsprechenden Vorhabens in Anlage 1 enthaltene Prüfwert erreicht oder überschritten wird.

---

1) Nr. **296**.
2) **Sartorius ErgBd. Nr. 296/12.**

(2) [1] Wird ein Vorhaben geändert, für das keine Umweltverträglichkeitsprüfung durchgeführt worden ist, so besteht für das Änderungsvorhaben die UVP-Pflicht, wenn das geänderte Vorhaben

1. den Größen- oder Leistungswert für die unbedingte UVP-Pflicht gemäß § 6 erstmals erreicht oder überschreitet oder
2. einen in Anlage 1 angegebenen Prüfwert für die Vorprüfung erstmals oder erneut erreicht oder überschreitet und eine Vorprüfung ergibt, dass die Änderung erhebliche nachteilige Umweltauswirkungen hervorrufen kann.

[2] Wird ein Städtebauprojekt oder eine Industriezone nach Anlage 1 Nummer 18.5, 18.7 und 18.8 geändert, gilt Satz 1 mit der Maßgabe, dass allein durch die Änderung der Größen- oder Leistungswert nach Satz 1 Nummer 1 oder der Prüfwert nach Satz 1 Nummer 2 erreicht oder überschritten wird.

(3) [1] Wird ein Vorhaben geändert, für das keine Umweltverträglichkeitsprüfung durchgeführt worden ist, so wird für das Änderungsvorhaben eine Vorprüfung durchgeführt, wenn für das Vorhaben nach Anlage 1

1. eine UVP-Pflicht besteht und dafür keine Größen- oder Leistungswerte vorgeschrieben sind oder
2. eine Vorprüfung, aber keine Prüfwerte vorgeschrieben sind.

[2] Die UVP-Pflicht besteht, wenn die Vorprüfung ergibt, dass die Änderung erhebliche nachteilige Umweltauswirkungen hervorrufen kann.

(4) Für die Vorprüfung bei Änderungsvorhaben gilt § 7 entsprechend.

(5) Der in den jeweiligen Anwendungsbereich der Richtlinien 85/337/EWG und 97/11/EG fallende, aber vor Ablauf der jeweiligen Umsetzungsfristen erreichte Bestand bleibt hinsichtlich des Erreichens oder Überschreitens der Größen- oder Leistungswerte und der Prüfwerte unberücksichtigt.

§ 10 UVP-Pflicht bei kumulierenden Vorhaben. (1) Für kumulierende Vorhaben besteht die UVP-Pflicht, wenn die kumulierenden Vorhaben zusammen die maßgeblichen Größen- oder Leistungswerte nach § 6 erreichen oder überschreiten.

(2) [1] Bei kumulierenden Vorhaben, die zusammen die Prüfwerte für eine allgemeine Vorprüfung erstmals oder erneut erreichen oder überschreiten, ist die allgemeine Vorprüfung durchzuführen. [2] Für die allgemeine Vorprüfung gilt § 7 Absatz 1 und 3 bis 7 entsprechend.

(3) [1] Bei kumulierenden Vorhaben, die zusammen die Prüfwerte für eine standortbezogene Vorprüfung erstmals oder erneut erreichen oder überschreiten, ist die standortbezogene Vorprüfung durchzuführen. [2] Für die standortbezogene Vorprüfung gilt § 7 Absatz 2 bis 7 entsprechend.

(4) [1] Kumulierende Vorhaben liegen vor, wenn mehrere Vorhaben derselben Art von einem oder mehreren Vorhabenträgern durchgeführt werden und in einem engen Zusammenhang stehen. [2] Ein enger Zusammenhang liegt vor, wenn

1. sich der Einwirkungsbereich der Vorhaben überschneidet und
2. die Vorhaben funktional und wirtschaftlich aufeinander bezogen sind.

[3] Technische und sonstige Anlagen müssen zusätzlich mit gemeinsamen betrieblichen oder baulichen Einrichtungen verbunden sein.

(5) Für die in Anlage 1 Nummer 14.4, 14.5 und 19.1 aufgeführten Vorhaben gilt Absatz 4 mit der Maßgabe, dass zusätzlich ein enger zeitlicher Zusammenhang besteht.

(6) Der in den jeweiligen Anwendungsbereich der Richtlinien 85/337/EWG und 97/11/EG fallende, aber vor Ablauf der jeweiligen Umsetzungsfristen erreichte Bestand bleibt hinsichtlich des Erreichens oder Überschreitens der Größen- oder Leistungswerte und der Prüfwerte unberücksichtigt.

§ 11 UVP-Pflicht bei hinzutretenden kumulierenden Vorhaben, bei denen das Zulassungsverfahren für das frühere Vorhaben abgeschlossen ist.

(1) Hinzutretende kumulierende Vorhaben liegen vor, wenn zu einem beantragten oder bestehenden Vorhaben (früheren Vorhaben) nachträglich ein kumulierendes Vorhaben hinzutritt.

(2) [1] Wenn für das frühere Vorhaben eine Zulassungsentscheidung getroffen worden ist, so besteht für den Fall, dass für das frühere Vorhaben bereits eine Umweltverträglichkeitsprüfung durchgeführt worden ist, für das hinzutretende kumulierende Vorhaben die UVP-Pflicht, wenn

1. das hinzutretende Vorhaben allein die Größen- oder Leistungswerte für eine UVP-Pflicht gemäß § 6 erreicht oder überschreitet oder
2. eine allgemeine Vorprüfung ergibt, dass durch sein Hinzutreten zusätzliche erhebliche nachteilige oder andere erhebliche nachteilige Umweltauswirkungen hervorgerufen werden können.

[2] Für die allgemeine Vorprüfung gilt § 7 Absatz 1 und 3 bis 7 entsprechend.

(3) [1] Wenn für das frühere Vorhaben eine Zulassungsentscheidung getroffen worden ist, so ist für den Fall, dass für das frühere Vorhaben keine Umweltverträglichkeitsprüfung durchgeführt worden ist, für das hinzutretende kumulierende Vorhaben

1. die Umweltverträglichkeitsprüfung durchzuführen, wenn die kumulierenden Vorhaben zusammen die maßgeblichen Größen- oder Leistungswerte nach § 6 erreichen oder überschreiten oder
2. die allgemeine Vorprüfung durchzuführen, wenn die kumulierenden Vorhaben zusammen die Prüfwerte für die allgemeine Vorprüfung erstmals oder erneut erreichen oder überschreiten oder
3. die standortbezogene Vorprüfung durchzuführen, wenn die kumulierenden Vorhaben zusammen die Prüfwerte für die standortbezogene Vorprüfung erstmals oder erneut erreichen oder überschreiten.

[2] Für die Vorprüfung gilt § 7 entsprechend.

(4) [1] Erreichen oder überschreiten in den Fällen des Absatzes 3 die kumulierenden Vorhaben zwar zusammen die maßgeblichen Größen- oder Leistungswerte nach § 6, werden jedoch für das hinzutretende kumulierende Vorhaben weder der Prüfwert für die standortbezogene Vorprüfung noch der Prüfwert für die allgemeine Vorprüfung erreicht oder überschritten, so besteht für das hinzutretende kumulierende Vorhaben die UVP-Pflicht nur, wenn die allgemeine Vorprüfung ergibt, dass durch sein Hinzutreten zusätzliche erhebliche nachteilige oder andere erhebliche nachteilige Umweltauswirkungen eintreten können. [2] Für die allgemeine Vorprüfung gilt § 7 Absatz 1 und 3 bis 7 entsprechend.

(5) In der Vorprüfung für das hinzutretende kumulierende Vorhaben ist das frühere Vorhaben als Vorbelastung zu berücksichtigen.

(6) Der in den jeweiligen Anwendungsbereich der Richtlinien 85/337/EWG und 97/11/EG fallende, aber vor Ablauf der jeweiligen Umsetzungsfristen erreichte Bestand bleibt hinsichtlich des Erreichens oder Überschreitens der Größen- oder Leistungswerte und der Prüfwerte unberücksichtigt.

§ 12 UVP-Pflicht bei hinzutretenden kumulierenden Vorhaben, bei denen das frühere Vorhaben noch im Zulassungsverfahren ist. (1) [1] Wenn für das frühere Vorhaben zum Zeitpunkt der Antragstellung für das hinzutretende kumulierende Vorhaben noch keine Zulassungsentscheidung getroffen worden ist, so besteht für den Fall, dass für das frühere Vorhaben allein die UVP-Pflicht besteht, für das hinzutretende kumulierende Vorhaben die UVP-Pflicht, wenn

1. das hinzutretende Vorhaben allein die Größen- und Leistungswerte für die UVP-Pflicht gemäß § 6 erreicht oder überschreitet oder
2. die allgemeine Vorprüfung ergibt, dass durch das hinzutretende Vorhaben zusätzliche erhebliche nachteilige oder andere erhebliche Umweltauswirkungen hervorgerufen werden können.

[2] Für die allgemeine Vorprüfung gilt § 7 Absatz 1 und 3 bis 7 entsprechend.

(2) [1] Wenn für das frühere Vorhaben zum Zeitpunkt der Antragstellung für das hinzutretende kumulierende Vorhaben noch keine Zulassungsentscheidung getroffen worden ist, so ist für den Fall, dass für das frühere Vorhaben allein keine UVP-Pflicht besteht und die Antragsunterlagen für dieses Zulassungsverfahren bereits vollständig eingereicht sind, für das hinzutretende kumulierende Vorhaben

1. die Umweltverträglichkeitsprüfung durchzuführen, wenn die kumulierenden Vorhaben zusammen die maßgeblichen Größen- oder Leistungswerte nach § 6 erreichen oder überschreiten,
2. die allgemeine Vorprüfung durchzuführen, wenn die kumulierenden Vorhaben zusammen die Prüfwerte für die allgemeine Vorprüfung erstmals oder erneut erreichen oder überschreiten, oder
3. die standortbezogene Vorprüfung durchzuführen, wenn die kumulierenden Vorhaben zusammen die Prüfwerte für die standortbezogene Vorprüfung erstmals oder erneut erreichen oder überschreiten.

[2] Für die Vorprüfung gilt § 7 entsprechend. [3] Für das frühere Vorhaben besteht keine UVP-Pflicht und keine Pflicht zur Durchführung einer Vorprüfung.

(3) [1] Wenn für das frühere Vorhaben zum Zeitpunkt der Antragstellung für das hinzutretende kumulierende Vorhaben noch keine Zulassungsentscheidung getroffen worden ist, so ist für den Fall, dass für das frühere Vorhaben allein keine UVP-Pflicht besteht und die Antragsunterlagen für dieses Zulassungsverfahren noch nicht vollständig eingereicht sind, für die kumulierenden Vorhaben jeweils

1. eine Umweltverträglichkeitsprüfung durchzuführen, wenn die kumulierenden Vorhaben zusammen die maßgeblichen Größen- oder Leistungswerte nach § 6 erreichen oder überschreiten,
2. eine allgemeine Vorprüfung durchzuführen, wenn die kumulierenden Vorhaben zusammen die Prüfwerte für eine allgemeine Vorprüfung erstmals oder erneut erreichen oder überschreiten, oder
3. eine standortbezogene Vorprüfung durchzuführen, wenn die kumulierenden Vorhaben zusammen die Prüfwerte für eine standortbezogene Vorprüfung erstmals oder erneut erreichen oder überschreiten.

[2] Für die Vorprüfung gilt § 7 entsprechend. [3] Bei einem Vorhaben, das einer Betriebsplanpflicht nach § 51 des Bundesberggesetzes[1)] unterliegt, besteht für das *frühere Vorhaben keine* Verpflichtung zur Durchführung einer Umweltverträglichkeitsprüfung oder einer Vorprüfung nach den Sätzen 1 und 2, wenn für das

---

[1)] **Sartorius III Nr. 460.**

frühere Vorhaben zum Zeitpunkt der Antragstellung für das hinzutretende kumulierende Vorhaben ein zugelassener Betriebsplan besteht.

(4) [1] Erreichen oder überschreiten in den Fällen des Absatzes 2 oder Absatzes 3 die kumulierenden Vorhaben zwar zusammen die maßgeblichen Größen- oder Leistungswerte nach § 6, werden jedoch für das hinzutretende kumulierende Vorhaben weder der Prüfwert für die standortbezogene Vorprüfung noch der Prüfwert für die allgemeine Vorprüfung erreicht oder überschritten, so besteht für das hinzutretende kumulierende Vorhaben die UVP-Pflicht nur, wenn die allgemeine Vorprüfung ergibt, dass durch sein Hinzutreten zusätzliche erhebliche nachteilige oder andere erhebliche nachteilige Umweltauswirkungen hervorgerufen werden können. [2] Für die allgemeine Vorprüfung gilt § 7 Absatz 1 und 3 bis 7 entsprechend. [3] Im Fall des Absatzes 3 sind die Sätze 1 und 2 für das frühere Vorhaben entsprechend anzuwenden.

(5) Das frühere Vorhaben und das hinzutretende kumulierende Vorhaben sind in der Vorprüfung für das jeweils andere Vorhaben als Vorbelastung zu berücksichtigen.

(6) Der in den jeweiligen Anwendungsbereich der Richtlinien 85/337/EWG und 97/11/EG fallende, aber vor Ablauf der jeweiligen Umsetzungsfristen erreichte Bestand bleibt hinsichtlich des Erreichens oder Überschreitens der Größen- oder Leistungswerte und der Prüfwerte unberücksichtigt.

§ 13 Ausnahme von der UVP-Pflicht bei kumulierenden Vorhaben. Für die in Anlage 1 Nummer 18.5, 18.7 und 18.8 aufgeführten Industriezonen und Städtebauprojekte gelten die §§ 10 bis 12 nicht.

§ 14 Entwicklungs- und Erprobungsvorhaben. (1) [1] Sofern ein in Anlage 1 Spalte 1 mit einem „X“ gekennzeichnetes Vorhaben ein Entwicklungs- und Erprobungsvorhaben ist und nicht länger als zwei Jahre durchgeführt wird, besteht für dieses Vorhaben eine UVP-Pflicht abweichend von § 6 nur, wenn sie durch die allgemeine Vorprüfung festgestellt wird. [2] Für die Vorprüfung gilt § 7 Absatz 1 und 3 bis 7 entsprechend. [3] Bei der allgemeinen Vorprüfung ist die Durchführungsdauer besonders zu berücksichtigen.

(2) Ein Entwicklungs- und Erprobungsvorhaben ist ein Vorhaben, das ausschließlich oder überwiegend der Entwicklung und Erprobung neuer Verfahren oder Erzeugnisse dient.

§ 14a[1)] Besondere Änderungen zur Modernisierung und Digitalisierung von Schienenwegen. (1) Keiner Umweltverträglichkeitsprüfung bedarf die Änderung eines Schienenwegs oder einer sonstigen Bahnbetriebsanlage nach den Nummern 14.7, 14.8 und 14.11 der Anlage 1, soweit sie lediglich aus den folgenden Einzelmaßnahmen besteht:

1. der Ausstattung einer bestehenden Bahnstrecke im Zuge des Wiederaufbaus nach einer Naturkatastrophe mit einer Oberleitung einschließlich dafür notwendiger räumlich begrenzter baulicher Anpassungen, insbesondere von Tunneln mit geringer Länge oder von Kreuzungsbauwerken,
2. den im Rahmen der Digitalisierung einer Bahnstrecke erforderlichen Baumaßnahmen, insbesondere der Ausstattung einer Bahnstrecke mit Signal- und Sicherungstechnik des Standards European Rail Traffic Management System (ERTMS),

1) § 14a Abs. 1 Nr. 1 eingef., bish. Nr. 1–6 werden Nr. 2–7 mWv 15.9.2021 durch G v. 10.9.2021 (BGBl. I S. 4147).

3. dem barrierefreien Umbau oder der Erhöhung oder Verlängerung eines Bahnsteigs,
4. der technischen Sicherung eines Bahnübergangs,
5. der Erneuerung eines Eisenbahnübergangs,
6. der Erneuerung und Änderung eines Durchlasses sowie
7. der Herstellung von Überleitstellen für Gleiswechselbetriebe.

(2) Eine standortbezogene Vorprüfung entsprechend § 7 Absatz 2 wird zur Feststellung der UVP-Pflicht durchgeführt für

1. die Ausstattung einer bestehenden Bahnstrecke mit einer Oberleitung auf einer Länge von weniger als 15 Kilometern einschließlich dafür notwendiger räumlich begrenzter baulicher Anpassungen, insbesondere von Tunneln mit geringer Länge oder von Kreuzungsbauwerken,
2. die Errichtung einer Lärmschutzwand zur Lärmsanierung,
3. die Erweiterung einer Bahnbetriebsanlage mit einer Flächeninanspruchnahme von weniger als 5 000 Quadratmetern.

(3) Eine allgemeine Vorprüfung entsprechend § 7 Absatz 1 wird zur Feststellung der UVP-Pflicht durchgeführt für

1. die Ausstattung einer bestehenden Bahnstrecke mit einer Oberleitung, soweit nicht durch Absatz 2 Nummer 1 erfasst,
2. die Erweiterung einer Bahnbetriebsanlage nach Nummer 14.8.3.1 der Anlage 1 mit einer Flächeninanspruchnahme von 5 000 Quadratmetern oder mehr,
3. die sonstige Änderung eines Schienenwegs oder einer sonstigen Bahnbetriebsanlage nach den Nummern 14.7 und 14.8 der Anlage 1, soweit nicht von den Absätzen 1 und 2 erfasst.

§ 14b[1)] Anwendbarkeit von Artikel 6 der Verordnung (EU) 2022/2577.

(1) Bei Städtebauprojekten für Anlagen zur Nutzung solarer Strahlungsenergie im bisherigen Außenbereich im Sinne des § 35 des Baugesetzbuchs[2)] nach Anlage 1 Nummer 18.7 ist von der Durchführung einer Umweltverträglichkeitsprüfung abzusehen, wenn die Anlage zur Nutzung solarer Strahlungsenergie in einem Gebiet liegt, für das in einem Plan Anlagen zur Nutzung solarer Strahlungsenergie vorgesehen sind, und wenn bei Aufstellung dieses Plans eine Strategische Umweltprüfung durchgeführt wurde.

(2) [1] Absatz 1 ist auf bereits laufende und nach dem 29. März 2023 begonnene Zulassungsverfahren nur anzuwenden, wenn der Antragsteller dies gegenüber der zuständigen Behörde verlangt und den Antrag bis zum Ablauf des 30. Juni 2025 stellt. [2] Satz 1 ist für das gesamte Zulassungsverfahren anzuwenden, ungeachtet dessen, ob es bis zum Ablauf des 30. Juni 2025 abgeschlossen wird.

§ 14c[3)] Ersatzneubauten mit baulicher Erweiterung im Vorgriff auf einen späteren Ausbau. (1) [1] Keiner Umweltverträglichkeitsprüfung bedürfen unselbständige Teile von Ausbaumaßnahmen, die im Verlauf von Bundesautobahnen oder Bundesstraßen eine durchgehende Länge von bis zu 1500 Metern haben,

---

1) § 14b eingef. mWv 29.3.2023 durch G v. 22.3.2023 (BGBl. 2023 I Nr. 88); Abs. 2 Sätze 1 und 2 geänd. mWv 16.5.2024 durch G v. 8.5.2024 (BGBl. 2024 I Nr. 151).

2) Nr. **300**.

3) § 14c eingef. mWv 29.12.2023 durch G v. 22.12.2023 (BGBl. 2023 I Nr. 409).

soweit deren vorgezogene Durchführung zur unterhaltungsbedingten Erneuerung von Brückenbauwerken erforderlich ist. 2 Als unselbstständige Teile von Ausbaumaßnahmen im Sinne des Satzes 1 gelten vorgezogene Abschnitte eines Streckenausbaus, wenn der unselbständige Teil der Ausbaumaßnahme keine unmittelbare verkehrliche Kapazitätserweiterung bewirkt.

(2) Eine allgemeine Vorprüfung entsprechend § 7 Absatz 1 ist in den Fällen des Absatzes 1 zur Feststellung der UVP-Pflicht durchzuführen, wenn durch die vorgezogene Baumaßnahme ein Natura 2000-Gebiet betroffen sein kann.

§ 14d[1)] Bau von Radwegen an Bundesstraßen. (1) Keiner Umweltverträglichkeitsprüfung bedarf die Änderung einer Bundesstraße durch den Bau eines straßenbegleitenden Radweges mit einer durchgehenden Länge von bis zu zehn Kilometern.

(2) Eine allgemeine Vorprüfung entsprechend § 7 Absatz 1 wird in den Fällen des Absatzes 1 zur Feststellung der UVP-Pflicht durchgeführt, wenn durch die Baumaßnahme ein Natura 2000-Gebiet betroffen sein kann.

Abschnitt 2. Verfahrensschritte der Umweltverträglichkeitsprüfung

§ 15 Unterrichtung über den Untersuchungsrahmen. (1) 1 Auf Antrag des Vorhabenträgers oder wenn die zuständige Behörde es für zweckmäßig hält, unterrichtet und berät die zuständige Behörde den Vorhabenträger entsprechend dem Planungsstand des Vorhabens frühzeitig über Inhalt, Umfang und Detailtiefe der Angaben, die der Vorhabenträger voraussichtlich in den UVP-Bericht aufnehmen muss (Untersuchungsrahmen). 2 Die Unterrichtung und Beratung kann sich auch auf weitere Gesichtspunkte des Verfahrens, insbesondere auf dessen zeitlichen Ablauf, auf die zu beteiligenden Behörden oder auf die Einholung von Sachverständigengutachten erstrecken. 3 Verfügen die zuständige Behörde oder die zu beteiligenden Behörden über Informationen, die für die Erarbeitung des UVP-Berichts zweckdienlich sind, so stellen sie diese Informationen dem Vorhabenträger zur Verfügung.

(2) Der Vorhabenträger hat der zuständigen Behörde geeignete Unterlagen zu den Merkmalen des Vorhabens, einschließlich seiner Größe oder Leistung, und des Standorts sowie zu den möglichen Umweltauswirkungen vorzulegen.

(3) 1 Vor der Unterrichtung über den Untersuchungsrahmen kann die zuständige Behörde dem Vorhabenträger sowie den nach § 17 zu beteiligenden Behörden Gelegenheit zu einer Besprechung geben. 2 Die Besprechung soll sich auf den Gegenstand, den Umfang und die Methoden der Umweltverträglichkeitsprüfung erstrecken. 3 Zur Besprechung kann die zuständige Behörde hinzuziehen:
1. Sachverständige,
2. nach § 55 zu beteiligende Behörden,
3. nach § 3 des Umwelt-Rechtsbehelfsgesetzes[2)] anerkannte Umweltvereinigungen sowie
4. sonstige Dritte.

4 Das Ergebnis der Besprechung wird von der zuständigen Behörde dokumentiert.

(4) Ist das Vorhaben Bestandteil eines mehrstufigen Planungs- und Zulassungsprozesses und ist dem Verfahren nach § 4 ein anderes Planungs- oder Zulassungs-

---

1) § 14d eingef. mWv 29.12.2023 durch G v. 22.12.2023 (BGBl. 2023 I Nr. 409).
2) Nr. **293**.

verfahren vorausgegangen, als dessen Bestandteil eine Umweltprüfung durchgeführt wurde, soll sich die Umweltverträglichkeitsprüfung auf zusätzliche erhebliche oder andere erhebliche Umweltauswirkungen sowie auf erforderliche Aktualisierungen und Vertiefungen beschränken.

(5) Die zuständige Behörde berät den Vorhabenträger auch nach der Unterrichtung über den Untersuchungsrahmen, soweit dies für eine zügige und sachgerechte Durchführung des Verfahrens zweckmäßig ist.

§ 16 UVP-Bericht. (1) [1] Der Vorhabenträger hat der zuständigen Behörde einen Bericht zu den voraussichtlichen Umweltauswirkungen des Vorhabens (UVP-Bericht) vorzulegen, der zumindest folgende Angaben enthält:

1. eine Beschreibung des Vorhabens mit Angaben zum Standort, zur Art, zum Umfang und zur Ausgestaltung, zur Größe und zu anderen wesentlichen Merkmalen des Vorhabens,
2. eine Beschreibung der Umwelt und ihrer Bestandteile im Einwirkungsbereich des Vorhabens,
3. eine Beschreibung der Merkmale des Vorhabens und des Standorts, mit denen das Auftreten erheblicher nachteiliger Umweltauswirkungen des Vorhabens ausgeschlossen, vermindert oder ausgeglichen werden soll,
4. eine Beschreibung der geplanten Maßnahmen, mit denen das Auftreten erheblicher nachteiliger Umweltauswirkungen des Vorhabens ausgeschlossen, vermindert oder ausgeglichen werden soll, sowie eine Beschreibung geplanter Ersatzmaßnahmen,
5. eine Beschreibung der zu erwartenden erheblichen Umweltauswirkungen des Vorhabens,
6. eine Beschreibung der vernünftigen Alternativen, die für das Vorhaben und seine spezifischen Merkmale relevant und vom Vorhabenträger geprüft worden sind, und die Angabe der wesentlichen Gründe für die getroffene Wahl unter Berücksichtigung der jeweiligen Umweltauswirkungen sowie
7. eine allgemein verständliche, nichttechnische Zusammenfassung des UVP-Berichts.

[2] Bei einem Vorhaben nach § 1 Absatz 1, das einzeln oder im Zusammenwirken mit anderen Vorhaben, Projekten oder Plänen geeignet ist, ein Natura 2000-Gebiet erheblich zu beeinträchtigen, muss der UVP-Bericht Angaben zu den Auswirkungen des Vorhabens auf die Erhaltungsziele dieses Gebiets enthalten.

(2) Der UVP-Bericht ist zu einem solchen Zeitpunkt vorzulegen, dass er mit den übrigen Unterlagen ausgelegt werden kann.

(3) Der UVP-Bericht muss auch die in Anlage 4 genannten weiteren Angaben enthalten, soweit diese Angaben für das Vorhaben von Bedeutung sind.

(4) [1] Inhalt und Umfang des UVP-Berichts bestimmen sich nach den Rechtsvorschriften, die für die Zulassungsentscheidung maßgebend sind. [2] In den Fällen des § 15 stützt der Vorhabenträger den UVP-Bericht zusätzlich auf den Untersuchungsrahmen.

(5) [1] Der UVP-Bericht muss den gegenwärtigen Wissensstand und gegenwärtige Prüfmethoden berücksichtigen. [2] Er muss die Angaben enthalten, die der Vorhabenträger mit zumutbarem Aufwand ermitteln kann. [3] Die Angaben müssen ausreichend sein, um

1. der zuständigen Behörde eine begründete Bewertung der Umweltauswirkungen des Vorhabens nach § 25 Absatz 1 zu ermöglichen und

2. Dritten die Beurteilung zu ermöglichen, ob und in welchem Umfang sie von den Umweltauswirkungen des Vorhabens betroffen sein können.

(6) Zur Vermeidung von Mehrfachprüfungen hat der Vorhabenträger die vorhandenen Ergebnisse anderer rechtlich vorgeschriebener Prüfungen in den UVP-Bericht einzubeziehen.

(7) [1] Der Vorhabenträger muss durch geeignete Maßnahmen sicherstellen, dass der UVP-Bericht den Anforderungen nach den Absätzen 1 bis 6 entspricht. [2] Die zuständige Behörde hat Nachbesserungen innerhalb einer angemessenen Frist zu verlangen, soweit der Bericht den Anforderungen nicht entspricht.

(8) [1] Sind kumulierende Vorhaben, für die jeweils eine Umweltverträglichkeitsprüfung durchzuführen ist, Gegenstand paralleler oder verbundener Zulassungsverfahren, so können die Vorhabenträger einen gemeinsamen UVP-Bericht vorlegen. [2] Legen sie getrennte UVP-Berichte vor, so sind darin auch jeweils die Umweltauswirkungen der anderen kumulierenden Vorhaben als Vorbelastung zu berücksichtigen.

(9) Der Vorhabenträger hat den UVP-Bericht auch elektronisch vorzulegen.

§ 17 Beteiligung anderer Behörden. (1) Die zuständige Behörde unterrichtet die Behörden, deren umweltbezogener Aufgabenbereich durch das Vorhaben berührt wird, einschließlich der von dem Vorhaben betroffenen Gemeinden und Landkreise sowie der sonstigen im Landesrecht vorgesehenen Gebietskörperschaften, über das Vorhaben und übermittelt ihnen den UVP-Bericht.

(2) [1] Die zuständige Behörde holt die Stellungnahmen der unterrichteten Behörden ein. [2] Für die Stellungnahmen gilt § 73 Absatz 3a des Verwaltungsverfahrensgesetzes[1)] entsprechend.

§ 18[2)] Beteiligung der Öffentlichkeit. (1) [1] Die zuständige Behörde beteiligt die Öffentlichkeit zu den Umweltauswirkungen des Vorhabens. [2] Der betroffenen Öffentlichkeit wird im Rahmen der Beteiligung Gelegenheit zur Äußerung gegeben. [3] Dabei sollen nach dem Umwelt-Rechtsbehelfsgesetz[3)] anerkannte Vereinigungen die zuständige Behörde in einer dem Umweltschutz dienenden Weise unterstützen. [4] Das Beteiligungsverfahren muss den Anforderungen des § 73 Absatz 3 Satz 1 und 2 und Absatz 5 bis 7 des Verwaltungsverfahrensgesetzes[1)] entsprechen.

(2) [1] In einem vorgelagerten Verfahren oder in einem Planfeststellungsverfahren über einen Wege- und Gewässerplan mit landschaftspflegerischem Begleitplan nach § 41 des Flurbereinigungsgesetzes[4)] kann die zuständige Behörde abweichend von Absatz 1 und abweichend von § 73 Absatz 6 des Verwaltungsverfahrensgesetzes auf die Durchführung eines Erörterungstermins verzichten. [2] Auf eine Benachrichtigung nach § 73 Absatz 5 Satz 3 des Verwaltungsverfahrensgesetzes *kann in einem vorgelagerten* Verfahren verzichtet werden.

§ 19 Unterrichtung der Öffentlichkeit. (1) Bei der Bekanntmachung zu Beginn des Beteiligungsverfahrens unterrichtet die zuständige Behörde die Öffentlichkeit

---

1) Nr. **100**.
2) § 18 Abs. 1 Satz 4 geänd. mWv 1.1.2024 durch G v. 4.12.2023 (BGBl. 2023 I Nr. 344).
3) Nr. **293**.
4) **Sartorius III Nr. 400.**

1. über den Antrag auf Zulassungsentscheidung oder über eine sonstige Handlung des Vorhabenträgers zur Einleitung eines Verfahrens, in dem die Umweltverträglichkeit geprüft wird,
2. über die Feststellung der UVP-Pflicht des Vorhabens nach § 5 sowie, falls erforderlich, über die Durchführung einer grenzüberschreitenden Beteiligung nach den §§ 54 bis 56,
3. über die für das Verfahren und für die Zulassungsentscheidung jeweils zuständigen Behörden, bei denen weitere relevante Informationen erhältlich sind und bei denen Äußerungen oder Fragen eingereicht werden können, sowie über die festgelegten Fristen zur Übermittlung dieser Äußerungen oder Fragen,
4. über die Art einer möglichen Zulassungsentscheidung,
5. darüber, dass ein UVP-Bericht vorgelegt wurde,
6. über die Bezeichnung der das Vorhaben betreffenden entscheidungserheblichen Berichte und Empfehlungen, die der zuständigen Behörde zum Zeitpunkt des Beginns des Beteiligungsverfahrens vorliegen,
7. darüber, wo und in welchem Zeitraum die Unterlagen nach den Nummern 5 und 6 zur Einsicht ausgelegt werden sowie
8. über weitere Einzelheiten des Verfahrens der Beteiligung der Öffentlichkeit.

(2) [1] Im Rahmen des Beteiligungsverfahrens legt die zuständige Behörde zumindest folgende Unterlagen zur Einsicht für die Öffentlichkeit aus:
1. den UVP-Bericht,
2. die das Vorhaben betreffenden entscheidungserheblichen Berichte und Empfehlungen, die der zuständigen Behörde zum Zeitpunkt des Beginns des Beteiligungsverfahrens vorgelegen haben.

[2] In Verfahren nach § 18 Absatz 2 und § 1 der Atomrechtlichen Verfahrensverordnung können die Unterlagen abweichend von § 18 Absatz 1 Satz 4 bei der Genehmigungsbehörde oder bei einer geeigneten Stelle in der Nähe des Standorts des Vorhabens ausgelegt werden.

(3) Weitere Informationen, die für die Zulassungsentscheidung von Bedeutung sein können und die der zuständigen Behörde erst nach Beginn des Beteiligungsverfahrens vorliegen, sind der Öffentlichkeit nach den Bestimmungen des Bundes und der Länder über den Zugang zu Umweltinformationen zugänglich zu machen.

§ 20[1)] Zentrale Internetportale; Verordnungsermächtigung. (1) [1] Für die Zugänglichmachung des Inhalts der Bekanntmachung nach § 19 Absatz 1 und der nach § 19 Absatz 2 auszulegenden Unterlagen im Internet richten Bund und Länder zentrale Internetportale ein. [2] Die Zugänglichmachung erfolgt im zentralen Internetportal des Bundes, wenn die Zulassungsbehörde eine Bundesbehörde ist. [3] Für den Aufbau und Betrieb des zentralen Internetportals des Bundes ist das Umweltbundesamt zuständig.

(2) Die zuständige Behörde macht den Inhalt der Bekanntmachung nach § 19 Absatz 1 und die in § 19 Absatz 2 Satz 1 Nummer 1 und 2 genannten Unterlagen über das einschlägige zentrale Internetportal zugänglich.

(3) Der Inhalt der zentralen Internetportale kann auch für die Zwecke der Berichterstattung nach § 73 verwendet werden.

[1)] § 20 Abs. 2 Satz 2 aufgeh. mWv 1.1.2024 durch G v. 4.12.2023 (BGBl. 2023 I Nr. 344).

(4) Die Bundesregierung wird ermächtigt, durch Rechtsverordnung mit Zustimmung des Bundesrates Folgendes zu regeln:

1. die Art und Weise der Zugänglichmachung nach den Absätzen 1 und 2 sowie
2. die Dauer der Speicherung der Unterlagen.

(5) Alle in das zentrale Internetportal einzustellenden Unterlagen sind elektronisch vorzulegen.

§ 21 Äußerungen und Einwendungen der Öffentlichkeit. (1) Die betroffene Öffentlichkeit kann sich im Rahmen der Beteiligung schriftlich oder zur Niederschrift bei der zuständigen Behörde äußern.

(2) Die Äußerungsfrist endet einen Monat nach Ablauf der Frist für die Auslegung der Unterlagen.

(3) [1]Bei Vorhaben, für die Unterlagen in erheblichem Umfang eingereicht worden sind, kann die zuständige Behörde eine längere Äußerungsfrist festlegen. [2]Die Äußerungsfrist darf die nach § 73 Absatz 3a Satz 1 des Verwaltungsverfahrensgesetzes[1)] zu setzende Frist nicht überschreiten.

(4) [1]Mit Ablauf der Äußerungsfrist sind für das Verfahren über die Zulässigkeit des Vorhabens alle Äußerungen, die nicht auf besonderen privatrechtlichen Titeln beruhen, ausgeschlossen. [2]Hierauf weist die zuständige Behörde in der Bekanntmachung der Auslegung oder bei der Bekanntgabe der Äußerungsfrist hin.

(5) Die Äußerungsfrist gilt auch für solche Einwendungen, die sich nicht auf die Umweltauswirkungen des Vorhabens beziehen.

§ 22[2)] Erneute Beteiligung der Öffentlichkeit bei Änderungen im Laufe des Verfahrens. (1) [1]Ändert der Vorhabenträger im Laufe des Verfahrens die Unterlagen, die nach § 19 Absatz 2 auszulegen sind, so ist eine erneute Beteiligung der Öffentlichkeit erforderlich. [2]Die Äußerungsfrist nach § 21 Absatz 2 und 3 kann angemessen verkürzt werden. [3]Die Öffentlichkeitsbeteiligung ist auf die Änderungen zu beschränken. [4]Hierauf weist die zuständige Behörde in der Bekanntmachung hin.

(2) [1]Die zuständige Behörde soll von einer erneuten Beteiligung der Öffentlichkeit absehen, wenn zusätzliche erhebliche oder andere erhebliche Umweltauswirkungen nicht zu besorgen sind. [2]Dies ist insbesondere dann der Fall, wenn solche Umweltauswirkungen durch die vom Vorhabenträger vorgesehenen Vorkehrungen ausgeschlossen werden.

§ 23 Geheimhaltung und Datenschutz sowie Schutz der Rechte am geistigen Eigentum. (1) [1]Die Rechtsvorschriften über Geheimhaltung und Datenschutz sowie über die Rechte am geistigen Eigentum bleiben unberührt. [2]Insbesondere sind Urkunden, Akten und elektronische Dokumente geheim zu halten, wenn das Bekanntwerden ihres Inhalts dem Wohl des Bundes oder eines Landes Nachteile bereiten würde oder wenn die Vorgänge nach einem Gesetz oder ihrem Wesen nach geheim gehalten werden müssen.

(2) [1]Soweit die nach § 19 Absatz 2 zur Einsicht für die Öffentlichkeit auszulegenden Unterlagen Informationen der in Absatz 1 genannten Art enthalten, kennzeichnet der Vorhabenträger diese Informationen und legt zusätzlich eine

---

[1)] Nr. **100**.

[2)] § 22 Abs. 1 Satz 2 neu gef., Satz 3 eingef., bish. Satz 3 wird Satz 4 mWv 1.1.2025 durch G v. 23.10.2024 (BGBl. 2024 I Nr. 323).

Darstellung vor, die den Inhalt der Unterlagen ohne Preisgabe des Geheimnisses beschreibt. [2] Die Inhaltsdarstellung muss so ausführlich sein, dass Dritten die Beurteilung ermöglicht wird, ob und in welchem Umfang sie von den Umweltauswirkungen des Vorhabens betroffen sein können.

(3) Geheimhaltungsbedürftige Unterlagen sind bei der Auslegung durch die Inhaltsdarstellung zu ersetzen.

§ 24 Zusammenfassende Darstellung. (1) [1] Die zuständige Behörde erarbeitet eine zusammenfassende Darstellung

1. der Umweltauswirkungen des Vorhabens,
2. der Merkmale des Vorhabens und des Standorts, mit denen erhebliche nachteilige Umweltauswirkungen ausgeschlossen, vermindert oder ausgeglichen werden sollen, und
3. der Maßnahmen, mit denen erhebliche nachteilige Umweltauswirkungen ausgeschlossen, vermindert oder ausgeglichen werden sollen, sowie
4. der Ersatzmaßnahmen bei Eingriffen in Natur und Landschaft.

[2] Die Erarbeitung erfolgt auf der Grundlage des UVP-Berichts, der behördlichen Stellungnahmen nach § 17 Absatz 2 und § 55 Absatz 4 sowie der Äußerungen der betroffenen Öffentlichkeit nach den §§ 21 und 56. [3] Die Ergebnisse eigener Ermittlungen sind einzubeziehen.

(2) Die zusammenfassende Darstellung soll möglichst innerhalb eines Monats nach dem Abschluss der Erörterung im Beteiligungsverfahren erarbeitet werden.

§ 25 Begründete Bewertung der Umweltauswirkungen und Berücksichtigung des Ergebnisses bei der Entscheidung. (1) [1] Auf der Grundlage der zusammenfassenden Darstellung bewertet die zuständige Behörde die Umweltauswirkungen des Vorhabens im Hinblick auf eine wirksame Umweltvorsorge im Sinne des § 3 nach Maßgabe der geltenden Gesetze. [2] Die Bewertung ist zu begründen.

(2) Bei der Entscheidung über die Zulässigkeit des Vorhabens berücksichtigt die zuständige Behörde die begründete Bewertung nach dem in Absatz 1 bestimmten Maßstab.

(3) Bei der Entscheidung über die Zulassung des Vorhabens müssen die zusammenfassende Darstellung und die begründete Bewertung nach Einschätzung der zuständigen Behörde hinreichend aktuell sein.

§ 26 Inhalt des Bescheids über die Zulassung oder Ablehnung des Vorhabens. (1) Der Bescheid zur Zulassung des Vorhabens muss zumindest die folgenden Angaben enthalten:

1. die umweltbezogenen Nebenbestimmungen, sofern sie mit der Zulassungsentscheidung verbunden sind,
2. eine Beschreibung der vorgesehenen Überwachungsmaßnahmen nach § 28 oder nach entsprechenden bundes- oder landesrechtlichen Vorschriften sowie
3. eine Begründung, aus der die wesentlichen tatsächlichen und rechtlichen Gründe hervorgehen, die die Behörde zu ihrer Entscheidung bewogen haben; hierzu gehören
   a) Angaben über das Verfahren zur Beteiligung der Öffentlichkeit,
   b) die zusammenfassende Darstellung gemäß § 24,
   c) die begründete Bewertung gemäß § 25 Absatz 1 und

d) eine Erläuterung, wie die begründete Bewertung, insbesondere die Angaben des UVP-Berichts, die behördlichen Stellungnahmen nach § 17 Absatz 2 und § 55 Absatz 4 sowie die Äußerungen der Öffentlichkeit nach den §§ 21 und 56, in der Zulassungsentscheidung berücksichtigt wurden oder wie ihnen anderweitig Rechnung getragen wurde.

(2) Wird das Vorhaben nicht zugelassen, müssen im Bescheid die dafür wesentlichen Gründe erläutert werden.

(3) Im Übrigen richtet sich der Inhalt des Bescheids nach den einschlägigen fachrechtlichen Vorschriften.

§ 27 Bekanntmachung der Entscheidung und Auslegung des Bescheids.

(1) [1] Die zuständige Behörde hat in entsprechender Anwendung des § 74 Absatz 5 Satz 2 des Verwaltungsverfahrensgesetzes[1)] die Entscheidung zur Zulassung oder Ablehnung des Vorhabens öffentlich bekannt zu machen sowie in entsprechender Anwendung des § 74 Absatz 4 Satz 2 des Verwaltungsverfahrensgesetzes den Bescheid zur Einsicht auszulegen. [2] § 20 gilt hierfür entsprechend. [3] Soweit der Bescheid geheimhaltungsbedürftige Angaben im Sinne von § 23 Absatz 2 enthält, sind die entsprechenden Stellen unkenntlich zu machen.

(2) Abweichend von Absatz 1 Satz 1 kann in einem Verfahren nach § 18 Absatz 2 die Öffentlichkeit in einem geeigneten Publikationsorgan über das Ergebnis des Verfahrens unterrichtet werden und das Ergebnis des Verfahrens mit Begründung und einer Information über Rechtsbehelfe kann entsprechend dem in § 19 Absatz 2 Satz 2 geregelten Verfahren öffentlich ausgelegt werden.

§ 28 Überwachung. (1) [1] Soweit bundes- oder landesrechtliche Regelungen keine Überwachungsmaßnahmen vorsehen, ergreift die zuständige Behörde die geeigneten Überwachungsmaßnahmen, um die Einhaltung der umweltbezogenen Bestimmungen des Zulassungsbescheids nach § 26 zu überprüfen. [2] Dies gilt insbesondere für

1. die im Zulassungsbescheid festgelegten Merkmale des Vorhabens und des Standorts sowie
2. die Maßnahmen, mit denen erhebliche nachteilige Umweltauswirkungen ausgeschlossen, vermindert oder ausgeglichen werden sollen, und die Ersatzmaßnahmen bei Eingriffen in Natur und Landschaft.

[3] Die zuständige Behörde kann dem Vorhabenträger Überwachungsmaßnahmen nach den Sätzen 1 und 2 aufgeben.

(2) [1] Soweit bundes- oder landesrechtliche Regelungen keine entsprechenden Überwachungsmaßnahmen vorsehen, ergreift die zuständige Behörde geeignete Maßnahmen zur Überwachung erheblicher nachteiliger Umweltauswirkungen, wenn die Auswirkungen des Vorhabens schwer vorhersehbar oder die Wirksamkeit von Maßnahmen, mit denen erhebliche Umweltauswirkungen ausgeschlossen, vermindert oder ausgeglichen werden sollen, oder die Wirksamkeit von Ersatzmaßnahmen unsicher sind. [2] Die zuständige Behörde kann dem Vorhabenträger Überwachungsmaßnahmen nach Satz 1 aufgeben.

---

1) Nr. **100**.

Abschnitt 3. Teilzulassungen, Zulassung eines Vorhabens durch mehrere Behörden, verbundene Prüfverfahren

§ 29 Umweltverträglichkeitsprüfung bei Teilzulassungen. (1) [1] In Verfahren zur Vorbereitung eines Vorbescheids und zur Erteilung einer ersten Teilgenehmigung oder einer sonstigen ersten Teilzulassung hat sich die Umweltverträglichkeitsprüfung vorläufig auf die nach dem jeweiligen Planungsstand erkennbaren Umweltauswirkungen des Gesamtvorhabens zu erstrecken und abschließend auf die Umweltauswirkungen, die Gegenstand der Teilzulassung sind. [2] Dem jeweiligen Umfang der Umweltverträglichkeitsprüfung ist bei der Unterrichtung über den Untersuchungsrahmen und beim UVP-Bericht Rechnung zu tragen.

(2) [1] Bei weiteren Teilzulassungen soll die Umweltverträglichkeitsprüfung auf zusätzliche erhebliche oder andere erhebliche Umweltauswirkungen des Vorhabens beschränkt werden. [2] Absatz 1 gilt entsprechend.

§ 30 Erneute Öffentlichkeitsbeteiligung bei Teilzulassungen. (1) [1] Ist für ein Vorhaben bereits eine Teilzulassung nach § 29 erteilt worden, so ist im Verfahren zur Erteilung der Zulassung oder weiterer Teilzulassungen eine erneute Beteiligung der Öffentlichkeit erforderlich. [2] Sie ist jedoch auf den Gegenstand der weiteren Teilzulassung zu beschränken. [3] Hierauf weist die zuständige Behörde in der Bekanntmachung hin.

(2) [1] Die zuständige Behörde kann von einer erneuten Beteiligung der Öffentlichkeit absehen, soweit zusätzliche erhebliche oder andere erhebliche Umweltauswirkungen nicht zu besorgen sind. [2] Dies ist insbesondere dann der Fall, wenn solche Umweltauswirkungen durch die vom Vorhabenträger vorgesehenen Vorkehrungen ausgeschlossen werden.

§ 31 Zulassung eines Vorhabens durch mehrere Behörden; federführende Behörde. (1) Bedarf ein Vorhaben der Zulassung durch mehrere Landesbehörden, so bestimmen die Länder eine federführende Behörde.

(2) [1] Die federführende Behörde ist zumindest für folgende Aufgaben zuständig:

1. die Feststellung der UVP-Pflicht (§ 5),
2. die Unterrichtung über den Untersuchungsrahmen (§ 15),
3. die Erarbeitung der zusammenfassenden Darstellung (§ 24),
4. die Benachrichtigung eines anderen Staates (§ 54),
5. die grenzüberschreitende Behördenbeteiligung (§ 55 Absatz 1 bis 4 und 6) und
6. die grenzüberschreitende Öffentlichkeitsbeteiligung (§ 56).

[2] Die Länder können der federführenden Behörde weitere verfahrensrechtliche Zuständigkeiten übertragen. [3] Die federführende Behörde nimmt ihre Aufgaben im Zusammenwirken zumindest mit denjenigen Zulassungsbehörden und mit derjenigen für Naturschutz und Landschaftspflege zuständigen Behörde wahr, deren Aufgabenbereich durch das Vorhaben berührt wird. [4] Sie erfüllt diese Aufgaben nach den Verfahrensvorschriften, die für die Umweltverträglichkeitsprüfung in dem von ihr durchzuführenden Zulassungsverfahren gelten.

(3) [1] Bedarf ein Vorhaben einer Genehmigung nach dem Atomgesetz sowie einer Zulassung durch eine oder mehrere weitere Behörden und ist eine der zuständigen Behörden eine Bundesbehörde, so ist die atomrechtliche Genehmigungsbehörde federführende Behörde. [2] Sie ist neben den in Absatz 2 Satz 1 genannten Aufgaben auch für die Beteiligung der Öffentlichkeit (§§ 18 und 19) zuständig.

(4) [1] Wird über die Zulässigkeit eines Vorhabens im Rahmen mehrerer Verfahren entschieden, so wird eine gemeinsame zusammenfassende Darstellung nach § 24 für das gesamte Vorhaben erstellt. [2] Auf der Grundlage der zusammenfassenden Darstellung nehmen die Zulassungsbehörden eine Gesamtbewertung der Umweltauswirkungen des Vorhabens vor und berücksichtigen nach § 25 Absatz 2 die Gesamtbewertung bei den Zulassungsentscheidungen. [3] Die federführende Behörde stellt das Zusammenwirken der Zulassungsbehörden sicher.

§ 32 Verbundene Prüfverfahren. [1] Für ein Vorhaben, das einzeln oder im Zusammenwirken mit anderen Vorhaben, Projekten oder Plänen geeignet ist, ein Natura 2000-Gebiet erheblich zu beeinträchtigen, wird die Verträglichkeitsprüfung nach § 34 Absatz 1 des Bundesnaturschutzgesetzes[1)] im Verfahren zur Zulassungsentscheidung des Vorhabens vorgenommen. [2] Die Umweltverträglichkeitsprüfung kann mit der Prüfung nach Satz 1 und mit anderen Prüfungen zur Ermittlung oder Bewertung von Umweltauswirkungen verbunden werden.

Teil 3. Strategische Umweltprüfung

Abschnitt 1. Voraussetzungen für eine Strategische Umweltprüfung

§ 33 Strategische Umweltprüfung. Die Strategische Umweltprüfung (SUP) ist unselbständiger Teil behördlicher Verfahren zur Aufstellung oder Änderung von Plänen und Programmen.

§ 34 Feststellung der SUP-Pflicht. (1) Die zuständige Behörde stellt frühzeitig fest, ob nach den §§ 35 bis 37 eine Verpflichtung zur Durchführung einer Strategischen Umweltprüfung (SUP-Pflicht) besteht.

(2) [1] Die Feststellung der SUP-Pflicht ist, sofern eine Vorprüfung des Einzelfalls nach § 35 Absatz 2 oder § 37 vorgenommen worden ist, der Öffentlichkeit nach den Bestimmungen des Bundes und der Länder über den Zugang zu Umweltinformationen zugänglich zu machen; soll eine Strategische Umweltprüfung unterbleiben, ist dies einschließlich der dafür wesentlichen Gründe bekannt zu geben. [2] Die Feststellung ist nicht selbständig anfechtbar.

§ 35 SUP-Pflicht in bestimmten Plan- oder Programmbereichen und im Einzelfall. (1) Eine Strategische Umweltprüfung ist durchzuführen bei Plänen und Programmen, die

1. in der Anlage 5 Nummer 1 aufgeführt sind oder
2. in der Anlage 5 Nummer 2 aufgeführt sind und für Entscheidungen über die Zulässigkeit von in der Anlage 1 aufgeführten Vorhaben oder von Vorhaben, die nach Landesrecht einer Umweltverträglichkeitsprüfung oder Vorprüfung des Einzelfalls bedürfen, einen Rahmen setzen.

(2) [1] Bei nicht unter Absatz 1 fallenden Plänen und Programmen ist eine Strategische Umweltprüfung nur dann durchzuführen, wenn sie für die Entscheidung über die Zulässigkeit von in der Anlage 1 aufgeführten oder anderen Vorhaben einen Rahmen setzen und nach einer Vorprüfung im Einzelfall im Sinne von Absatz 4 voraussichtlich erhebliche Umweltauswirkungen haben. [2] § 34 Ab*satz 4 und § 35 Absatz 6 des Baugesetzbuchs*[2)] bleiben unberührt.

[1)] Nr. 880.
[2)] Nr. 300.

(3) Pläne und Programme setzen einen Rahmen für die Entscheidung über die Zulässigkeit von Vorhaben, wenn sie Festlegungen mit Bedeutung für spätere Zulassungsentscheidungen, insbesondere zum Bedarf, zur Größe, zum Standort, zur Beschaffenheit, zu Betriebsbedingungen von Vorhaben oder zur Inanspruchnahme von Ressourcen, enthalten.

(4) [1] Hängt die Durchführung einer Strategischen Umweltprüfung von einer Vorprüfung des Einzelfalls ab, hat die zuständige Behörde aufgrund einer überschlägigen Prüfung unter Berücksichtigung der in Anlage 6 aufgeführten Kriterien einzuschätzen, ob der Plan oder das Programm voraussichtlich erhebliche Umweltauswirkungen hat, die im weiteren Aufstellungsverfahren nach § 43 Absatz 2 zu berücksichtigen wären. [2] Bei der Vorprüfung nach Satz 1 ist zu berücksichtigen, inwieweit Umweltauswirkungen durch Vermeidungs- und Verminderungsmaßnahmen offensichtlich ausgeschlossen werden. [3] Die in § 41 genannten Behörden sind bei der Vorprüfung nach Satz 1 zu beteiligen. [4] Die Durchführung und das Ergebnis der Vorprüfung sind zu dokumentieren.

§ 36 SUP-Pflicht aufgrund einer Verträglichkeitsprüfung. Eine Strategische Umweltprüfung ist durchzuführen bei Plänen und Programmen, die einer Verträglichkeitsprüfung nach § 36 Satz 1 Nummer 2 des Bundesnaturschutzgesetzes[1)] unterliegen.

§ 37 Ausnahmen von der SUP-Pflicht. [1] Werden Pläne und Programme nach § 35 Absatz 1 und § 36 nur geringfügig geändert oder legen sie die Nutzung kleiner Gebiete auf lokaler Ebene fest, so ist eine Strategische Umweltprüfung nur dann durchzuführen, wenn eine Vorprüfung des Einzelfalls im Sinne von § 35 Absatz 4 ergibt, dass der Plan oder das Programm voraussichtlich erhebliche Umweltauswirkungen hat. [2] Die §§ 13 und 13a des Baugesetzbuchs[2)] sowie § 8 Absatz 2 des Raumordnungsgesetzes[3)] bleiben unberührt.

Abschnitt 2. Verfahrensschritte der Strategischen Umweltprüfung

§ 38 Vorrang anderer Rechtsvorschriften bei der SUP. [1] Unbeschadet des § 52 finden die Vorschriften dieses Abschnitts Anwendung, soweit Rechtsvorschriften des Bundes und der Länder die Strategische Umweltprüfung nicht näher bestimmen oder in ihren Anforderungen diesem Gesetz nicht entsprechen. [2] Rechtsvorschriften mit weitergehenden Anforderungen bleiben unberührt.

§ 39 Festlegung des Untersuchungsrahmens. (1) Die für die Strategische Umweltprüfung zuständige Behörde legt den Untersuchungsrahmen der Strategischen Umweltprüfung einschließlich des Umfangs und Detaillierungsgrads der in den Umweltbericht nach § 40 aufzunehmenden Angaben fest.

(2) [1] Der Untersuchungsrahmen einschließlich des Umfangs und Detaillierungsgrads der in den Umweltbericht aufzunehmenden Angaben bestimmen sich unter Berücksichtigung von § 33 in Verbindung mit § 2 Absatz 1 nach den Rechtsvorschriften, die für die Entscheidung über die Ausarbeitung, Annahme oder Änderung des Plans oder Programms maßgebend sind. [2] Der Umweltbericht enthält die Angaben, die mit zumutbarem Aufwand ermittelt werden können, und berücksichtigt dabei den gegenwärtigen Wissensstand und der Behörde bekannte

---

1) Nr. **880**.
2) Nr. **300**.
3) Nr. **340**.

Äußerungen der Öffentlichkeit, allgemein anerkannte Prüfungsmethoden, Inhalt und Detaillierungsgrad des Plans oder Programms sowie dessen Stellung im Entscheidungsprozess.

(3) [1] Sind Pläne und Programme Bestandteil eines mehrstufigen Planungs- und Zulassungsprozesses, soll zur Vermeidung von Mehrfachprüfungen bei der Festlegung des Untersuchungsrahmens bestimmt werden, auf welcher der Stufen dieses Prozesses bestimmte Umweltauswirkungen schwerpunktmäßig geprüft werden sollen. [2] Dabei sind Art und Umfang der Umweltauswirkungen, fachliche Erfordernisse sowie Inhalt und Entscheidungsgegenstand des Plans oder Programms zu berücksichtigen. [3] Bei nachfolgenden Plänen und Programmen sowie bei der nachfolgenden Zulassung von Vorhaben, für die der Plan oder das Programm einen Rahmen setzt, soll sich die Umweltprüfung auf zusätzliche oder andere erhebliche Umweltauswirkungen sowie auf erforderliche Aktualisierungen und Vertiefungen beschränken.

(4) [1] Die Behörden, deren umwelt- und gesundheitsbezogener Aufgabenbereich durch den Plan oder das Programm berührt wird, werden bei der Festlegung des Untersuchungsrahmens der Strategischen Umweltprüfung sowie des Umfangs und Detaillierungsgrads der in den Umweltbericht aufzunehmenden Angaben beteiligt. [2] Die zuständige Behörde gibt auf der Grundlage geeigneter Informationen den zu beteiligenden Behörden Gelegenheit zu einer Besprechung oder zur Stellungnahme über die nach Absatz 1 zu treffenden Festlegungen. [3] Sachverständige, betroffene Gemeinden, nach § 60 Absatz 1 zu beteiligende Behörden, nach § 3 des Umwelt-Rechtsbehelfsgesetzes[1)] anerkannte Umweltvereinigungen sowie sonstige Dritte können hinzugezogen werden. [4] Verfügen die zu beteiligenden Behörden über Informationen, die für den Umweltbericht zweckdienlich sind, übermitteln sie diese der zuständigen Behörde.

§ 40 Umweltbericht. (1) [1] Die zuständige Behörde erstellt frühzeitig einen Umweltbericht. [2] Dabei werden die voraussichtlichen erheblichen Umweltauswirkungen der Durchführung des Plans oder Programms sowie vernünftiger Alternativen ermittelt, beschrieben und bewertet.

(2) [1] Der Umweltbericht nach Absatz 1 muss nach Maßgabe des § 39 folgende Angaben enthalten:

1. Kurzdarstellung des Inhalts und der wichtigsten Ziele des Plans oder Programms sowie der Beziehung zu anderen relevanten Plänen und Programmen,
2. Darstellung der für den Plan oder das Programm geltenden Ziele des Umweltschutzes sowie der Art, wie diese Ziele und sonstige Umwelterwägungen bei der Ausarbeitung des Plans oder des Programms berücksichtigt wurden,
3. Darstellung der Merkmale der Umwelt, des derzeitigen Umweltzustands sowie dessen voraussichtliche Entwicklung bei Nichtdurchführung des Plans oder des Programms,
4. Angabe der derzeitigen für den Plan oder das Programm bedeutsamen Umweltprobleme, insbesondere der Probleme, die sich auf ökologisch empfindliche Gebiete nach Nummer 2.6 der Anlage 6 beziehen,
5. Beschreibung der voraussichtlichen erheblichen Auswirkungen auf die Umwelt *nach § 3* in *Verbindung* mit § 2 Absatz 1 und 2,

---

1) Nr. **293**.

6. Darstellung der Maßnahmen, die geplant sind, um erhebliche nachteilige Umweltauswirkungen aufgrund der Durchführung des Plans oder des Programms zu verhindern, zu verringern und so weit wie möglich auszugleichen,
7. Hinweise auf Schwierigkeiten, die bei der Zusammenstellung der Angaben aufgetreten sind, zum Beispiel technische Lücken oder fehlende Kenntnisse,
8. Kurzdarstellung der Gründe für die Wahl der geprüften Alternativen sowie eine Beschreibung, wie die Umweltprüfung durchgeführt wurde,
9. Darstellung der geplanten Überwachungsmaßnahmen gemäß § 45.

[2] Die Angaben nach Satz 1 sollen entsprechend der Art des Plans oder Programms Dritten die Beurteilung ermöglichen, ob und in welchem Umfang sie von den Umweltauswirkungen des Plans oder Programms betroffen werden können. [3] Eine allgemein verständliche, nichttechnische Zusammenfassung der Angaben nach diesem Absatz ist dem Umweltbericht beizufügen.

(3) Die zuständige Behörde bewertet vorläufig im Umweltbericht die Umweltauswirkungen des Plans oder Programms im Hinblick auf eine wirksame Umweltvorsorge im Sinne des § 3 in Verbindung mit § 2 Absatz 1 und 2 nach Maßgabe der geltenden Gesetze.

(4) Angaben, die der zuständigen Behörde aus anderen Verfahren oder Tätigkeiten vorliegen, können in den Umweltbericht aufgenommen werden, wenn sie für den vorgesehenen Zweck geeignet und hinreichend aktuell sind.

§ 41 Beteiligung anderer Behörden. [1] Die zuständige Behörde übermittelt den Behörden, deren umwelt- und gesundheitsbezogener Aufgabenbereich durch den Plan oder das Programm berührt wird, den Entwurf des Plans oder Programms sowie den Umweltbericht und holt die Stellungnahmen dieser Behörden ein. [2] Die zuständige Behörde setzt für die Abgabe der Stellungnahmen eine angemessene Frist von mindestens einem Monat.

§ 42 Beteiligung der Öffentlichkeit. (1) Für die Öffentlichkeitsbeteiligung gelten § 18 Absatz 1 sowie die §§ 19, 21 Absatz 1 und § 22 entsprechend, soweit nachfolgend nichts anderes bestimmt wird.

(2) [1] Der Entwurf des Plans oder Programms, der Umweltbericht sowie weitere Unterlagen, deren Einbeziehung die zuständige Behörde für zweckmäßig hält, werden frühzeitig für eine angemessene Dauer von mindestens einem Monat öffentlich ausgelegt. [2] Auslegungsorte sind unter Berücksichtigung von Art und Inhalt des Plans oder Programms von der zuständigen Behörde so festzulegen, dass eine wirksame Beteiligung der betroffenen Öffentlichkeit gewährleistet ist.

(3) [1] Die betroffene Öffentlichkeit kann sich zu dem Entwurf des Plans oder Programms und zu dem Umweltbericht äußern. [2] Die zuständige Behörde bestimmt für die Äußerung eine angemessene Frist von mindestens einem Monat nach Ende der Auslegungsfrist. [3] Mit Ablauf der Äußerungsfrist sind alle Äußerungen *ausgeschlossen, die nicht* auf besonderen privatrechtlichen Titeln beruhen. [4] Hierauf ist in der Bekanntmachung der Auslegung oder bei der Bekanntgabe der Äußerungsfrist hinzuweisen. [5] Ein Erörterungstermin ist durchzuführen, soweit Rechtsvorschriften des Bundes dies für bestimmte Pläne und Programme vorsehen.

§ 43 Abschließende Bewertung und Berücksichtigung. (1) [1] Nach Abschluss der Behörden- und Öffentlichkeitsbeteiligung überprüft die zuständige Behörde die Darstellungen und Bewertungen des Umweltberichts unter Berücksichtigung der ihr nach den §§ 41, 42, 60 Absatz 1 und § 61 Absatz 1 übermittelten Stellungnahmen und Äußerungen. [2] Bei der Überprüfung gelten die in § 40 Absatz 3 bestimmten Maßstäbe.

(2) Das Ergebnis der Überprüfung nach Absatz 1 ist im Verfahren zur Aufstellung oder Änderung des Plans oder Programms zu berücksichtigen.

§ 44 Bekanntgabe der Entscheidung über die Annahme oder Ablehnung des Plans oder Programms. (1) [1] Die Annahme eines Plans oder Programms ist öffentlich bekannt zu machen. [2] Die Ablehnung eines Plans oder Programms kann öffentlich bekannt gemacht werden.

(2) Bei Annahme des Plans oder Programms sind folgende Informationen zur Einsicht auszulegen:

1. der angenommene Plan oder das angenommene Programm,
2. eine zusammenfassende Erklärung, wie Umwelterwägungen in den Plan oder das Programm einbezogen wurden, wie der Umweltbericht nach § 40 sowie die Stellungnahmen und Äußerungen nach den §§ 41, 42, 60 Absatz 1 und § 61 Absatz 1 berücksichtigt wurden und aus welchen Gründen der angenommene Plan oder das angenommene Programm nach Abwägung mit den geprüften Alternativen gewählt wurde,
3. eine Aufstellung der Überwachungsmaßnahmen nach § 45 sowie
4. eine Rechtsbehelfsbelehrung, soweit über die Annahme des Plans oder Programms nicht durch Gesetz entschieden wird.

§ 45 Überwachung. (1) [1] Die erheblichen Umweltauswirkungen, die sich aus der Durchführung des Plans oder Programms ergeben, sind zu überwachen, um insbesondere frühzeitig unvorhergesehene nachteilige Auswirkungen zu ermitteln und geeignete Abhilfemaßnahmen ergreifen zu können. [2] Die erforderlichen Überwachungsmaßnahmen sind mit der Annahme des Plans oder Programms auf der Grundlage der Angaben im Umweltbericht festzulegen.

(2) Soweit Rechtsvorschriften des Bundes oder der Länder keine abweichende Zuständigkeit regeln, obliegt die Überwachung der für die Strategische Umweltprüfung zuständigen Behörde.

(3) Andere Behörden haben der nach Absatz 2 zuständigen Behörde auf Verlangen alle Umweltinformationen zur Verfügung zu stellen, die zur Wahrnehmung der Aufgaben nach Absatz 1 erforderlich sind.

(4) Die Ergebnisse der Überwachung sind der Öffentlichkeit nach den Vorschriften des Bundes und der Länder über den Zugang zu Umweltinformationen sowie den in § 41 genannten Behörden zugänglich zu machen und bei einer erneuten Aufstellung oder einer Änderung des Plans oder Programms zu berücksichtigen.

(5) [1] Zur Erfüllung der Anforderungen nach Absatz 1 können bestehende Überwachungsmechanismen, Daten- und Informationsquellen genutzt werden. [2] § 40 Absatz 4 gilt entsprechend.

§ 46 Verbundene Prüfverfahren. [1] Für einen Plan nach § 35 oder § 36, der einzeln oder im Zusammenwirken mit anderen Vorhaben, Projekten oder Plänen geeignet ist, ein Natura 2000-Gebiet erheblich zu beeinträchtigen, ist die Verträglichkeitsprüfung nach § 34 Absatz 1 des Bundesnaturschutzgesetzes[1)] im Verfahren zur Aufstellung oder Änderung des Plans vorzunehmen. [2] Die Strategische

[1)] **Nr. 880.**

Umweltprüfung kann mit der Prüfung nach Satz 1 und mit anderen Prüfungen zur Ermittlung oder Bewertung von Umweltauswirkungen verbunden werden.

Teil 4. Besondere Verfahrensvorschriften für bestimmte Umweltprüfungen

§ 47[1] Linienbestimmung und Genehmigung von Flugplätzen. (1) [1] Für die Linienbestimmung nach § 16 Absatz 1 des Bundesfernstraßengesetzes[2] und für die Linienbestimmung nach § 13 Absatz 1 des Bundeswasserstraßengesetzes[3] sowie im Verfahren zur Genehmigung von Flugplätzen nach § 6 Absatz 1 des Luftverkehrsgesetzes[4] wird bei Vorhaben die Umweltverträglichkeit nach dem jeweiligen Planungsstand des Vorhabens geprüft. [2] In die Prüfung der Umweltverträglichkeit sind bei der Linienbestimmung alle ernsthaft in Betracht kommenden Trassenvarianten einzubeziehen.

(2) *(aufgehoben)*

(3) Im nachfolgenden Zulassungsverfahren kann die Prüfung der Umweltverträglichkeit auf zusätzliche erhebliche oder andere erhebliche Umweltauswirkungen des Vorhabens beschränkt werden.

(4) Die Linienbestimmung nach § 16 Absatz 1 des Bundesfernstraßengesetzes und die Linienbestimmung nach § 13 Absatz 1 des Bundeswasserstraßengesetzes kann nur im Rahmen des Rechtsbehelfsverfahrens gegen die nachfolgende Zulassungsentscheidung überprüft werden.

§ 48 Raumordnungspläne. [1] Besteht für die Aufstellung eines Raumordnungsplans nach diesem Gesetz die SUP-Pflicht, so wird die Strategische Umweltprüfung einschließlich der Überwachung nach dem Raumordnungsgesetz durchgeführt. [2] Auf einen Raumordnungsplan nach Anlage 5 Nummer 1.5 oder 1.6, der Flächen für die Windenergienutzung oder für den Abbau von Rohstoffen ausweist, ist § 1 Absatz 1 Satz 1 Nummer 4 des Umwelt-Rechtsbehelfsgesetzes[5] nicht anzuwenden.

§ 49[6] Umweltverträglichkeitsprüfung bei Vorhaben mit Raumverträglichkeitsprüfung. [1] In der Raumverträglichkeitsprüfung erfolgt die Prüfung der Umweltauswirkungen nur nach Maßgabe des Raumordnungsgesetzes. [2] Die Umweltverträglichkeitsprüfung im nachfolgenden behördlichen Verfahren, das der Zulassungsentscheidung dient, umfasst eine vertiefte Prüfung der in der Raumverträglichkeitsprüfung nur überschlägig geprüften Umweltauswirkungen.

§ 50[7] Bauleitpläne. (1) [1] Werden Bebauungspläne im Sinne des § 2 Absatz 6 Nummer 3, insbesondere bei Vorhaben nach Anlage 1 Nummer 18.1 bis 18.9, aufgestellt, geändert oder ergänzt, so wird die Umweltverträglichkeitsprüfung einschließlich der Vorprüfung nach den §§ 1 und 2 Absatz 1 und 2 sowie nach den §§ 3 bis 13 im Aufstellungsverfahren als Umweltprüfung sowie die Überwachung nach den Vorschriften des Baugesetzbuchs[8] durchgeführt. [2] Eine nach diesem

[1] § 47 Abs. 2 aufgeh. mWv 28.9.2023 durch G v. 22.3.2023 (BGBl. 2023 I Nr. 88).
[2] Nr. **932**.
[3] Nr. **971**.
[4] **Sartorius ErgBd. Nr. 975.**
[5] Nr. **293**.
[6] § 49 neu gef. mWv 28.9.2023 durch G v. 22.3.2023 (BGBl. 2023 I Nr. 88).
[7] § 50 Abs. 2 geänd. mWv 1.1.2024 durch G v. 20.12.2023 (BGBl. 2023 I Nr. 394).
[8] Nr. **300**.

Gesetz vorgeschriebene Vorprüfung entfällt, wenn für den aufzustellenden Bebauungsplan eine Umweltprüfung nach den Vorschriften des Baugesetzbuchs durchgeführt wird.

(2) Besteht für die Aufstellung, Änderung oder Ergänzung eines Bauleitplans nach diesem Gesetz eine Verpflichtung zur Durchführung einer Strategischen Umweltprüfung, wird hierfür unbeschadet der §§ 13 und 13a des Baugesetzbuchs eine Umweltprüfung einschließlich der Überwachung nach den Vorschriften des Baugesetzbuchs durchgeführt.

(3) Wird die Umweltverträglichkeitsprüfung in einem Aufstellungsverfahren für einen Bebauungsplan und in einem nachfolgenden Zulassungsverfahren durchgeführt, soll die Umweltverträglichkeitsprüfung im nachfolgenden Zulassungsverfahren auf zusätzliche oder andere erhebliche Umweltauswirkungen des Vorhabens beschränkt werden.

§ 51 Bergrechtliche Verfahren. [1] Bei bergbaulichen Vorhaben[1)], die in der Anlage 1 aufgeführt sind und dem Bergrecht unterliegen, werden die Umweltverträglichkeitsprüfung und die Überwachung des Vorhabens nach den Vorschriften des Bundesberggesetzes[2)] durchgeführt. [2] Teil 2 Abschnitt 2 und 3 in Verbindung mit Anlage 4 findet nur Anwendung, soweit das Bundesberggesetz dies anordnet.

§ 52 Landschaftsplanungen. Bei Landschaftsplanungen richten sich die Erforderlichkeit und die Durchführung einer Strategischen Umweltprüfung nach Landesrecht.

§ 53[3)] Verkehrswegeplanungen auf Bundesebene. (1) Bei Bedarfsplänen nach Nummer 1.1 der Anlage 5 ist eine Strategische Umweltprüfung nur für solche erheblichen Umweltauswirkungen erforderlich, die nicht bereits Gegenstand einer Strategischen Umweltprüfung im Verfahren zur Aufstellung oder Änderung von anderen Plänen und Programmen nach Nummer 1.1 der Anlage 5 waren.

(2) [1] Bei der Verkehrswegeplanung auf Bundesebene nach Nummer 1.1 der Anlage 5 werden bei der Erstellung des Umweltberichts in Betracht kommende vernünftige Alternativen, die die Ziele und den geographischen Anwendungsbereich des Plans oder Programms berücksichtigen, insbesondere alternative Verkehrsnetze und alternative Verkehrsträger ermittelt, beschrieben und bewertet. [2] Auf die Verkehrswegeplanung auf Bundesebene ist § 1 Absatz 1 Satz 1 Nummer 4 des Umwelt-Rechtsbehelfsgesetzes[4)] nicht anzuwenden.

(3) Das Bundesministerium für Digitales und Verkehr wird ermächtigt, im Einvernehmen mit dem Bundesministerium für Umwelt, Naturschutz, nukleare Sicherheit und Verbraucherschutz durch Rechtsverordnung ohne Zustimmung des Bundesrates für das Verfahren der Durchführung der Strategischen Umweltprüfung bei Plänen und Programmen nach Nummer 1.1 der Anlage 5 besondere Bestimmungen zur praktikablen und effizienten Durchführung zu erlassen über

1. die Einzelheiten des Verfahrens zur Festlegung des Untersuchungsrahmens nach § 39 im Hinblick auf Besonderheiten der Verkehrswegeplanung,

---

[1)] *Siehe die* UmweltverträglichkeitsprüfungsVO Bergbau **(Sartorius III Nr. 470)**.

[2)] **Sartorius III Nr. 460.**

[3)] § 53 Abs. 3 einl. Satzteil, Abs. 4 geänd. mWv 29.12.2023 durch G v. 22.12.2023 (BGBl. 2023 I Nr. 409).

[4)] Nr. **293**.

2. das Verfahren der Erarbeitung und über Inhalt und Ausgestaltung des Umweltberichts nach § 40 im Hinblick auf Besonderheiten der Verkehrswegeplanung,
3. die Einzelheiten der Beteiligung von Behörden und der Öffentlichkeit nach den §§ 41, 42, 60 und 61 unter Berücksichtigung der Verwendungsmöglichkeiten von elektronischen Kommunikationsmitteln,
4. die Form der Bekanntgabe der Entscheidung nach § 44, unter Berücksichtigung der Verwendungsmöglichkeiten von elektronischen Kommunikationsmitteln,
5. die Form, den Zeitpunkt und die Berücksichtigung von Ergebnissen der Überwachung nach § 45.

(4) Das Bundesministerium für Digitales und Verkehr wird ferner ermächtigt, im Einvernehmen mit dem Bundesministerium für Umwelt, Naturschutz, nukleare Sicherheit und Verbraucherschutz durch Rechtsverordnung mit Zustimmung des Bundesrates zu bestimmen, dass die Länder zur Anmeldung von Verkehrsprojekten für Pläne und Programme nach Nummer 1.1 der Anlage 5 bestimmte vorbereitende Prüfungen vorzunehmen und deren Ergebnisse oder sonstigen Angaben beizubringen haben, die für die Durchführung der Strategischen Umweltprüfung notwendig sind.

Teil 5. Grenzüberschreitende Umweltprüfungen

Abschnitt 1. Grenzüberschreitende Umweltverträglichkeitsprüfung

§ 54 Benachrichtigung eines anderen Staates. (1) [1] Wenn ein Vorhaben, für das eine UVP-Pflicht besteht, erhebliche grenzüberschreitende Umweltauswirkungen haben kann, benachrichtigt die zuständige deutsche Behörde frühzeitig die von dem anderen Staat benannte Behörde durch Übersendung geeigneter Unterlagen über das Vorhaben. [2] Wenn der andere Staat keine Behörde benannt hat, so wird die oberste für Umweltangelegenheiten zuständige Behörde des anderen Staates benachrichtigt.

(2) Absatz 1 gilt entsprechend, wenn ein anderer Staat um Benachrichtigung ersucht.

(3) Die Benachrichtigung und die geeigneten Unterlagen sind in deutscher Sprache und in einer Amtssprache des anderen Staates zu übermitteln.

(4) Die zuständige deutsche Behörde bittet die von dem anderen Staat benannte Behörde um Mitteilung innerhalb einer angemessenen Frist, ob eine Beteiligung erwünscht wird.

(5) Teilt der andere Staat mit, dass eine Beteiligung gewünscht wird, so findet eine grenzüberschreitende Behörden- und Öffentlichkeitsbeteiligung nach Maßgabe der §§ 55 bis 57 statt.

(6) Wenn ein Vorhaben, für das die UVP-Pflicht besteht, grenzüberschreitende Umweltauswirkungen haben kann und der andere Staat eine Beteiligung nicht wünscht, kann sich die betroffene Öffentlichkeit des anderen Staates am inländischen Beteiligungsverfahren nach Maßgabe der §§ 18 bis 22 beteiligen.

§ 55 Grenzüberschreitende Behördenbeteiligung bei inländischen Vorhaben. (1) Die zuständige deutsche Behörde übermittelt der benannten Behörde des anderen Staates sowie weiteren von dieser angegebenen Behörden, soweit die Angaben nicht in der Benachrichtigung enthalten waren,

1. den Inhalt der Bekanntmachung nach § 19 Absatz 1 und

2. die Unterlagen, die nach § 19 Absatz 2 zur Einsicht für die Öffentlichkeit auszulegen sind.

(2) [1] Folgende Unterlagen sind in deutscher Sprache und in einer Amtssprache des anderen Staates zu übermitteln:

1. der Inhalt der Bekanntmachung nach § 19 Absatz 1,
2. die nichttechnische Zusammenfassung des UVP-Berichts sowie
3. die Teile des UVP-Berichts, die es den beteiligten Behörden und der Öffentlichkeit des anderen Staates ermöglichen, die voraussichtlichen erheblichen nachteiligen grenzüberschreitenden Umweltauswirkungen des Vorhabens einzuschätzen und dazu Stellung zu nehmen oder sich zu äußern.

[2] Die zuständige Behörde kann verlangen, dass ihr der Vorhabenträger eine Übersetzung dieser Angaben in die entsprechende Amtssprache zur Verfügung stellt.

(3) Die zuständige deutsche Behörde unterrichtet die benannte Behörde des anderen Staates sowie weitere von dieser angegebene Behörden über den geplanten zeitlichen Ablauf des Genehmigungsverfahrens.

(4) [1] Die zuständige deutsche Behörde gibt der benannten Behörde des anderen Staates sowie weiteren von dieser angegebenen Behörden mindestens im gleichen Umfang wie den nach § 17 zu beteiligenden Behörden Gelegenheit zur Stellungnahme. [2] Für die Stellungnahmen gilt § 73 Absatz 3a des Verwaltungsverfahrensgesetzes[1)] entsprechend.

(5) [1] Soweit erforderlich oder soweit der andere Staat darum ersucht, führen die zuständigen obersten Bundes- und Landesbehörden innerhalb eines vereinbarten, angemessenen Zeitrahmens mit dem anderen Staat Konsultationen durch, insbesondere über die grenzüberschreitenden Umweltauswirkungen des Vorhabens und über die Maßnahmen zu deren Vermeidung oder Verminderung. [2] Die Konsultationen können von einem geeigneten Gremium durchgeführt werden, das aus Vertretern der zuständigen obersten Bundes- und Länderbehörden und aus Vertretern des anderen Staates besteht.

(6) Die zuständige deutsche Behörde übermittelt den beteiligten Behörden des anderen Staates in einer Amtssprache des anderen Staates sonstige für das Verfahren der grenzüberschreitenden Umweltverträglichkeitsprüfung wesentliche Unterlagen, insbesondere Einladungen zum Erörterungstermin und zu Konsultationen.

(7) Die beteiligten Behörden des anderen Staates können ihre Mitteilungen und Stellungnahmen in einer ihrer Amtssprachen übermitteln.

§ 56[2)] Grenzüberschreitende Öffentlichkeitsbeteiligung bei inländischen Vorhaben. (1) Bei der grenzüberschreitenden Öffentlichkeitsbeteiligung kann sich die Öffentlichkeit des anderen Staates am Verfahren nach den §§ 18 bis 22 beteiligen.

(2) Die zuständige deutsche Behörde wirkt darauf hin, dass

1. das Vorhaben in dem anderen Staat auf geeignete Weise bekannt gemacht wird und
2. dabei angegeben wird,
   a) wo, in welcher Form und in welchem Zeitraum die Unterlagen nach § 19 *Absatz 2 der Öffentlichkeit* des anderen Staates zugänglich gemacht werden,

[1)] Nr. **100**.
[2)] § 56 Abs. 3 geänd. mWv 1.1.2024 durch G v. 4.12.2023 (BGBl. 2023 I Nr. 344).

b) welcher deutschen Behörde in welcher Form und innerhalb welcher Frist die betroffene Öffentlichkeit des anderen Staates Äußerungen übermitteln kann sowie

c) dass im Verfahren zur Beteiligung der Öffentlichkeit mit Ablauf der festgelegten Frist alle Äußerungen für das Verfahren über die Zulässigkeit des Vorhabens ausgeschlossen sind, die nicht auf besonderen privatrechtlichen Titeln beruhen.

(3) Die zuständige deutsche Behörde kann der betroffenen Öffentlichkeit des anderen Staates die elektronische Übermittlung von Äußerungen auch abweichend von den Voraussetzungen des § 3a Absatz 2 und 3 des Verwaltungsverfahrensgesetzes[1)] gestatten, sofern im Verhältnis zum anderen Staat für die elektronische Übermittlung die Voraussetzungen der Grundsätze von Gegenseitigkeit und Gleichwertigkeit erfüllt sind.

(4) Die Öffentlichkeit des anderen Staates kann ihre Äußerungen in einer ihrer Amtssprachen übermitteln.

§ 57 Übermittlung des Bescheids. (1) [1]Die zuständige deutsche Behörde übermittelt der benannten Behörde des anderen Staates sowie denjenigen Behörden des anderen Staates, die Stellungnahmen abgegeben haben, in deutscher Sprache den Zulassungsbescheid. [2]Zusätzlich übermittelt sie in einer Amtssprache des anderen Staates

1. die Teile des Bescheids, die es den beteiligten Behörden und der Öffentlichkeit des anderen Staates ermöglichen, zu erkennen,
   a) auf welche Art und Weise die voraussichtlichen erheblichen nachteiligen grenzüberschreitenden Umweltauswirkungen des Vorhabens sowie Gesichtspunkte oder Maßnahmen zum Ausschluss, zur Verminderung oder zum Ausgleich solcher Auswirkungen bei der Zulassungsentscheidung berücksichtigt worden sind und
   b) auf welche Art und Weise die Stellungnahmen der Behörden und die Äußerungen der betroffenen Öffentlichkeit des anderen Staates sowie die Ergebnisse der Konsultationen nach § 55 Absatz 5 bei der Zulassungsentscheidung berücksichtigt worden sind sowie
2. die Rechtsbehelfsbelehrung.

(2) Die zuständige deutsche Behörde wirkt darauf hin, dass der betroffenen Öffentlichkeit des anderen Staates

1. die Zulassungsentscheidung auf geeignete Weise bekannt gemacht wird und
2. der Bescheid einschließlich der übersetzten Teile zugänglich gemacht wird.

§ 58 Grenzüberschreitende Behördenbeteiligung bei ausländischen Vorhaben. (1) [1]Erhält die zuständige Behörde die Benachrichtigung eines anderen Staates über ein geplantes Vorhaben, für das in dem anderen Staat eine Pflicht zur Durchführung einer Umweltverträglichkeitsprüfung besteht und das erhebliche Umweltauswirkungen in Deutschland haben kann, so ersucht die zuständige deutsche Behörde, soweit entsprechende Angaben der Benachrichtigung nicht bereits beigefügt sind, die zuständige Behörde des anderen Staates um Unterlagen über das Vorhaben, insbesondere um eine Beschreibung des Vorhabens und um Angaben über dessen Umweltauswirkungen in Deutschland. [2]Die zuständige

---

[1)] Nr. **100**.

deutsche Behörde soll die zuständige Behörde des anderen Staates ersuchen, ihr in deutscher Sprache die Angaben des § 55 Absatz 2 zu übermitteln.

(2) [1] Auf der Grundlage der erhaltenen Angaben teilt die zuständige Behörde der zuständigen Behörde des anderen Staates mit, ob sie eine Beteiligung am Zulassungsverfahren für erforderlich hält. [2] Benötigt sie hierfür weitere Angaben, so ersucht sie die zuständige Behörde des anderen Staates um weitere Angaben im Sinne des § 16 Absatz 1 und 3 in deutscher Sprache.

(3) [1] Die zuständige Behörde unterrichtet die Behörden, die bei einem inländischen Vorhaben nach § 17 zu beteiligen wären, über das Vorhaben und übermittelt ihnen die Unterlagen und Angaben, die ihr vorliegen. [2] Sofern sie nicht die Abgabe einer einheitlichen Stellungnahme für angezeigt hält, weist sie die beteiligten Behörden darauf hin, welcher Behörde des anderen Staates eine Stellungnahme zugeleitet werden kann und welche Frist es für die Stellungnahme gibt.

(4) Erhält die zuständige Behörde auf andere Weise Kenntnis von einem geplanten ausländischen Vorhaben, das erhebliche Umweltauswirkungen in Deutschland haben kann, gelten die Absätze 1 bis 3 entsprechend.

(5) [1] Zuständig ist die Behörde, die für ein gleichartiges Vorhaben in Deutschland zuständig wäre. [2] Sind mehrere Behörden zuständig, so verständigen sie sich unverzüglich auf eine federführende Behörde. [3] Die federführende Behörde nimmt in diesem Fall zumindest die in den Absätzen 1 und 2 genannten Aufgaben der zuständigen deutschen Behörde wahr. [4] Die anderen zuständigen Behörden können der federführenden Behörde im Einvernehmen mit der federführenden Behörde weitere Aufgaben übertragen.

(6) Für Konsultationen mit dem anderen Staat gilt § 55 Absatz 5 entsprechend.

§ 59 Grenzüberschreitende Öffentlichkeitsbeteiligung bei ausländischen Vorhaben. (1) Auf der Grundlage der von dem anderen Staat zu diesem Zweck übermittelten Unterlagen macht die zuständige deutsche Behörde das Vorhaben in geeigneter Weise in den voraussichtlich betroffenen Gebieten der Öffentlichkeit bekannt.

(2) In der Bekanntmachung weist die zuständige deutsche Behörde darauf hin, welcher Behörde des anderen Staates eine Stellungnahme zugeleitet werden kann und welche Frist es für die Stellungnahme gibt.

(3) Die zuständige Behörde macht die Unterlagen öffentlich zugänglich.

(4) Die Bekanntmachung und die nach Absatz 3 öffentlich zugänglich zu machenden Unterlagen sind zumindest über das zentrale Internetportal zugänglich zu machen.

(5) Die Vorschriften über die öffentliche Bekanntmachung der Entscheidung und die Auslegung des Bescheids nach § 27 gelten entsprechend, soweit Rechtsvorschriften des Bundes oder der Länder für die Form der Bekanntmachung und Zugänglichmachung des Bescheids nicht etwas Abweichendes regeln.

Abschnitt 2. Grenzüberschreitende Strategische Umweltprüfung

§ 60 Grenzüberschreitende Behördenbeteiligung bei inländischen Plänen und Programmen. (1) [1] Für die grenzüberschreitende Behördenbeteiligung bei Strategischen Umweltprüfungen gelten die Vorschriften über die Benachrichtigung eines anderen Staates nach § 54 und für die grenzüberschreitende Behördenbeteiligung nach § 55 entsprechend. [2] Bei der Benachrichtigung der zuständigen Behörde eines anderen Staates ist ein Exemplar des Plan- oder Programmentwurfs und des Umweltberichts zu übermitteln.

(2) [1] Die zuständige deutsche Behörde übermittelt den beteiligten Behörden des anderen Staates die Benachrichtigung in einer Amtssprache des anderen Staates. [2] Bei der Durchführung der grenzüberschreitenden Behördenbeteiligung übermittelt sie zumindest folgende Unterlagen in der Amtssprache des anderen Staates:

1. den Inhalt der Bekanntmachung nach § 42 in Verbindung mit § 19 Absatz 1,
2. die nichttechnische Zusammenfassung des Umweltberichts sowie
3. die Teile des Plan- oder Programmentwurfs und des Umweltberichts, die es den beteiligten Behörden und der Öffentlichkeit des anderen Staates ermöglichen, die voraussichtlichen erheblichen nachteiligen grenzüberschreitenden Umweltauswirkungen des Vorhabens einzuschätzen und dazu Stellung zu nehmen oder sich zu äußern.

(3) Die zuständige deutsche Behörde setzt eine angemessene Frist, innerhalb derer die zuständige Behörde des anderen Staates Gelegenheit zur Stellungnahme hat.

§ 61 Grenzüberschreitende Öffentlichkeitsbeteiligung bei inländischen Plänen und Programmen. (1) [1] Für die grenzüberschreitende Öffentlichkeitsbeteiligung bei Strategischen Umweltprüfungen gilt § 56 entsprechend. [2] Die in dem anderen Staat betroffene Öffentlichkeit kann sich am Verfahren nach § 42 beteiligen.

(2) [1] Die zuständige deutsche Behörde übermittelt bei der Annahme des Plans oder Programms dem beteiligten anderen Staat die in § 44 Absatz 2 genannten Informationen. [2] Dabei übermittelt sie folgende Informationen auch in einer Amtssprache des anderen Staates:

1. die Entscheidung zur Annahme des Programms,
2. die Teile der zusammenfassenden Erklärung, die es den beteiligten Behörden und der Öffentlichkeit des anderen Staates ermöglichen zu erkennen, auf welche Art und Weise
   a) der Plan oder das Programm die im Umweltbericht dargestellten voraussichtlichen erheblichen nachteiligen grenzüberschreitenden Umweltauswirkungen sowie Maßnahmen zum Ausschluss, zur Verringerung oder zum Ausgleich dieser Auswirkungen berücksichtigt,
   b) die Stellungnahmen der Behörden und die Äußerungen der betroffenen Öffentlichkeit des anderen Staates sowie die Ergebnisse der Konsultationen nach § 60 Absatz 1 in Verbindung mit § 55 Absatz 5 berücksichtigt,
3. eine Rechtsbehelfsbelehrung, soweit über die Annahme des Plans oder Programms nicht durch Gesetz entschieden wird, und
4. sonstige Unterlagen, die für das Verfahren der grenzüberschreitenden Strategischen Umweltprüfung wesentlich sind.

§ 62 Grenzüberschreitende Behördenbeteiligung bei ausländischen Plänen und Programmen. Für die Beteiligung der deutschen Behörden bei Plänen und Programmen eines anderen Staates gelten die Vorschriften für die grenzüberschreitende Behördenbeteiligung bei ausländischen Vorhaben nach § 58 und für die Konsultation mit dem anderen Staat nach § 55 Absatz 5 entsprechend.

§ 63 Grenzüberschreitende Öffentlichkeitsbeteiligung bei ausländischen Plänen und Programmen. (1) Für die Beteiligung der deutschen Öffentlichkeit bei Plänen und Programmen eines anderen Staates gilt § 59 Absatz 1 bis 3 und 5 entsprechend.

(2) Für die Bekanntgabe der Entscheidung über die Annahme oder Ablehnung des Plans oder Programms und für die Auslegung von Unterlagen im Falle der Annahme gilt § 44 entsprechend.

Abschnitt 3. Gemeinsame Vorschriften

§ 64 Völkerrechtliche Verpflichtungen. Weitergehende Regelungen zur Umsetzung völkerrechtlicher Verpflichtungen von Bund und Ländern bleiben unberührt.

Teil 6. Vorschriften für bestimmte Leitungsanlagen (Anlage 1 Nummer 19)

§ 65[1] Planfeststellung; Plangenehmigung. (1) Vorhaben, die in der Anlage 1 unter den Nummern 19.3 bis 19.9 aufgeführt sind, sowie die Änderung solcher Vorhaben bedürfen der Planfeststellung durch die zuständige Behörde, sofern dafür nach den §§ 6 bis 14 eine Verpflichtung zur Durchführung einer Umweltverträglichkeitsprüfung besteht.

(2) [1] Sofern keine Verpflichtung zur Durchführung einer Umweltverträglichkeitsprüfung besteht, bedarf das Vorhaben der Plangenehmigung. [2] Die Plangenehmigung entfällt in Fällen von unwesentlicher Bedeutung. [3] Diese liegen vor, wenn die Prüfwerte nach § 7 Absatz 1 und 2 für Größe und Leistung, die die Vorprüfung eröffnen, nicht erreicht werden oder die Voraussetzungen des § 74 Absatz 7 Satz 2 des Verwaltungsverfahrensgesetzes[2] erfüllt sind; die §§ 10 bis 12 gelten entsprechend. [4] Die Sätze 2 und 3 gelten nicht für Errichtung, Betrieb und Änderung von Rohrleitungsanlagen zum Befördern wassergefährdender Stoffe sowie für die Änderung ihres Betriebs, ausgenommen Änderungen von unwesentlicher Bedeutung.

(3) Für Vorhaben, die in der Anlage 1 Nummer 19.7 oder 19.8 aufgeführt sind und die zugleich die Errichtung, den Betrieb oder die Änderung von Wärmeleitungen betreffen, ist anstelle der Absätze 1 und 2 sowie anstelle der §§ 66 bis 69 der § 8 des Geothermie-Beschleunigungsgesetzes vom 22. Dezember 2025 (BGBl. 2025 I Nr. 348, S. 2) anzuwenden.

§ 66[3] Entscheidung; Nebenbestimmungen; Verordnungsermächtigung.

(1) [1] Der Planfeststellungsbeschluss darf nur ergehen, wenn

1. sichergestellt ist, dass das Wohl der Allgemeinheit nicht beeinträchtigt wird, insbesondere
   a) Gefahren für die Schutzgüter nicht hervorgerufen werden können und
   b) Vorsorge gegen die Beeinträchtigung der Schutzgüter, insbesondere durch bauliche, betriebliche oder organisatorische Maßnahmen entsprechend dem Stand der Technik getroffen wird,

[1] § 65 Abs. 3 angef. mWv 23.12.2025 durch G v. 22.12.2025 (BGBl. 2025 I Nr. 348).
[2] Nr. **100**.
[3] § 66 Abs. 6 Sätze 3 und 6 geänd. mWv 29.12.2023 durch G v. 22.12.2023 (BGBl. 2023 I Nr. 409).

2. umweltrechtliche Vorschriften und andere öffentlich-rechtliche Vorschriften dem Vorhaben nicht entgegenstehen,
3. Ziele der Raumordnung beachtet und Grundsätze und sonstige Erfordernisse der Raumordnung berücksichtigt sind,
4. Belange des Arbeitsschutzes gewahrt sind.

[2] Bei Vorhaben im Sinne der Nummer 19.3 der Anlage 1 darf der Planfeststellungsbeschluss darüber hinaus nur erteilt werden, wenn eine nachteilige Veränderung der Wasserbeschaffenheit nicht zu besorgen ist.

(2) [1] Der Planfeststellungsbeschluss kann mit Bedingungen versehen, mit Auflagen verbunden und befristet werden, soweit dies zur Wahrung des Wohls der

(Fortsetzung nächstes Blatt)

Allgemeinheit oder zur Erfüllung von öffentlich-rechtlichen Vorschriften, die dem Vorhaben entgegenstehen können, erforderlich ist. [2]Die Aufnahme, Änderung oder Ergänzung von Auflagen über Anforderungen an das Vorhaben ist auch nach dem Ergehen des Planfeststellungsbeschlusses zulässig.

(3) Die Absätze 1 und 2 gelten für die Plangenehmigung entsprechend.

(4) Der Planfeststellungsbeschluss muss zumindest die folgenden Angaben enthalten:

1. die umweltbezogenen Nebenbestimmungen, die mit der Zulassungsentscheidung verbunden sind,
2. eine Beschreibung der vorgesehenen Überwachungsmaßnahmen,
3. eine Begründung, aus der die wesentlichen tatsächlichen und rechtlichen Gründe hervorgehen, die die Behörde zu ihrer Entscheidung bewogen haben; hierzu gehören
   a) Angaben über das Verfahren zur Beteiligung der Öffentlichkeit,
   b) die zusammenfassende Darstellung gemäß § 24,
   c) die begründete Bewertung gemäß § 25 Absatz 1 sowie
   d) eine Erläuterung, wie die begründete Bewertung, insbesondere die Angaben des UVP-Berichts, die behördlichen Stellungnahmen nach § 17 Absatz 2 und § 55 Absatz 4 sowie die Äußerungen der Öffentlichkeit nach den §§ 21 und 56, in der Zulassungsentscheidung berücksichtigt wurden oder wie ihnen anderweitig Rechnung getragen wurde.

(5) Wird das Vorhaben nicht zugelassen, müssen im Bescheid die dafür wesentlichen Gründe erläutert werden.

(6) [1]Die Bundesregierung wird ermächtigt, nach Anhörung der beteiligten Kreise durch Rechtsverordnung[1)] mit Zustimmung des Bundesrates Vorschriften zur Erfüllung der Voraussetzungen des Absatzes 1 Satz 1 Nummer 1 zu erlassen über

1. die dem Stand der Technik entsprechenden baulichen, betrieblichen oder organisatorischen Maßnahmen zur Vorsorge gegen die Beeinträchtigung der Schutzgüter,
2. die Pflichten von Vorhabenträgern und Dritten,
   a) Behörden und die Öffentlichkeit zu informieren,
   b) Behörden Unterlagen vorzulegen,
   c) Behörden technische Ermittlungen und Prüfungen zu ermöglichen sowie ihnen dafür Arbeitskräfte und technische Hilfsmittel zur Verfügung zu stellen,

2a. die behördlichen Befugnisse,
   a) technische Ermittlungen und Prüfungen vorzunehmen,
   b) während der Betriebszeit Betriebsräume sowie unmittelbar zugehörige befriedete Betriebsgrundstücke zu betreten,
   c) bei Erforderlichkeit zur Verhütung dringender Gefahren für die öffentliche Sicherheit oder Ordnung Wohnräume und außerhalb der Betriebszeit Betriebsräume sowie unmittelbar zugehörige befriedete Betriebsgrundstücke zu betreten,

[1)] Siehe die RohrfernleitungsVO (Nr. **295a**) und die KWK-Kosten-Nutzen-Vergleich-VO v. 28.4.2015 (BGBl. I S. 670), zuletzt geänd. durch VO v. 6.7.2021 (BGBl. I S. 2514).

d) jederzeit Anlagen zu betreten sowie Grundstücke, die nicht unmittelbar zugehörige befriedete Betriebsgrundstücke nach den Buchstaben b und c sind,

3. die Überprüfung von Vorhaben durch Sachverständige, Sachverständigenorganisationen und zugelassene Überwachungsstellen sowie über die Anforderungen, die diese Sachverständigen, Sachverständigenorganisationen und zugelassene Überwachungsstellen erfüllen müssen, sowie über das Verfahren ihrer Anerkennung,
4. die Anpassung bestehender Vorhaben an die Anforderungen der geltenden Vorschriften,
5. die Anzeige von Änderungen, die nach § 65 weder einer Planfeststellung noch einer Plangenehmigung bedürfen, an die zuständige Behörde,
6. die Befugnis für behördliche Anordnungen im Einzelfall.

[2] In der Rechtsverordnung können Vorschriften über die Einsetzung technischer Kommissionen getroffen werden. [3] Die Kommissionen sollen die Bundesregierung oder das Bundesministerium für Umwelt, Naturschutz, nukleare Sicherheit und Verbraucherschutz in technischen Fragen beraten. [4] Sie schlagen dem Stand der Technik entsprechende Regeln (technische Regeln) unter Berücksichtigung der für andere Schutzziele vorhandenen Regeln und, soweit dessen Zuständigkeiten berührt sind, in Abstimmung mit der Kommission für Anlagensicherheit nach § 51a Absatz 1 des Bundes-Immissionsschutzgesetzes[1)] vor. [5] In die Kommissionen sind Vertreter der beteiligten Bundesbehörden und Landesbehörden, der Sachverständigen, Sachverständigenorganisationen und zugelassenen Überwachungsstellen, der Wissenschaft sowie der Hersteller und Betreiber von Leitungsanlagen zu berufen. [6] Technische Regeln können vom Bundesministerium für Umwelt, Naturschutz, nukleare Sicherheit und Verbraucherschutz im Bundesanzeiger veröffentlicht werden. [7] In der Rechtsverordnung können auch die Stoffe, die geeignet sind, die Wasserbeschaffenheit nachteilig zu verändern (wassergefährdende Stoffe im Sinne von Nummer 19.3 der Anlage 1), bestimmt werden. [8] Das Grundrecht der Unverletzlichkeit der Wohnung (Artikel 13 des Grundgesetzes[2)]) wird durch Satz 1 Nummer 2a Buchstabe c eingeschränkt.

(7) Die Bundesregierung wird ermächtigt, für Rohrleitungsanlagen, die keiner Planfeststellung oder Plangenehmigung bedürfen, nach Anhörung der beteiligten Kreise im Sinne von § 23 Absatz 2 des Wasserhaushaltsgesetzes[3)] durch Rechtsverordnung[4)] mit Zustimmung des Bundesrates

1. eine Anzeigepflicht vorzuschreiben,
2. Regelungen entsprechend Absatz 6 Satz 1 Nummer 1 bis 4, 6 oder entsprechend Absatz 6 Satz 2 und 7 zu erlassen.

(Fortsetzung nächstes Blatt)

[1)] Nr. **296**.
[2)] Nr. **1**.
[3)] Nr. **845**.
[4)] Siehe die RohrfernleitungsVO (Nr. **295a**).

(8) Für Anlagen, die militärischen Zwecken dienen, obliegen dem Bundesministerium der Verteidigung und den von ihm benannten Stellen die Aufgaben des Vollzugs und der Überwachung.

§ 67 Verfahren; Verordnungsermächtigung. [1] Für die Durchführung des Planfeststellungsverfahrens und des Plangenehmigungsverfahrens gelten die §§ 72 bis 78 des Verwaltungsverfahrensgesetzes[1]. [2] Die Bundesregierung wird ermächtigt, durch Rechtsverordnung[2] mit Zustimmung des Bundesrates weitere Einzelheiten des Planfeststellungsverfahrens, insbesondere zu Art und Umfang der Antragsunterlagen, zu regeln.

§ 67a Zulassung des vorzeitigen Baubeginns. (1) [1] In einem Planfeststellungs- oder Plangenehmigungsverfahren für ein Vorhaben nach § 65 Absatz 1 in Verbindung mit der Anlage 1 Nummer 19.7 kann die für die Feststellung des Plans oder für die Erteilung der Plangenehmigung zuständige Behörde vorläufig zulassen, dass bereits vor Feststellung des Plans oder der Erteilung der Plangenehmigung in Teilen mit der Errichtung oder Änderung der Rohrleitungsanlage einschließlich der Vorarbeiten begonnen wird, wenn

1. unter Berücksichtigung der Stellungnahmen der Träger öffentlicher Belange einschließlich der Gebietskörperschaften mit einer Entscheidung im Planfeststellungs- oder Plangenehmigungsverfahren zugunsten des Vorhabenträgers gerechnet werden kann,
2. der Vorhabenträger ein berechtigtes oder ein öffentliches Interesse an der Zulassung des vorzeitigen Baubeginns darlegt,
3. der Vorhabenträger nur Maßnahmen durchführt, die reversibel sind,
4. der Vorhabenträger über die für die Maßnahmen notwendigen privaten Rechte verfügt und
5. der Vorhabenträger sich verpflichtet,
   a) alle Schäden zu ersetzen, die bis zur Entscheidung im Planfeststellungs- oder Plangenehmigungsverfahren durch die Maßnahmen verursacht worden sind, und
   b) sofern kein Planfeststellungsbeschluss oder keine Plangenehmigung erfolgt, den früheren Zustand wiederherzustellen.

[2] Ausnahmsweise können irreversible Maßnahmen zugelassen werden, wenn sie nur wirtschaftliche Schäden verursachen und für diese Schäden eine Entschädigung in Geld geleistet wird. [3] Die Zulassung erfolgt auf Antrag des Vorhabenträgers und unter dem Vorbehalt des Widerrufs.

(2) [1] Die für die Feststellung des Plans oder für die Erteilung der Plangenehmigung zuständige Behörde kann die Leistung einer Sicherheit verlangen, soweit dies erforderlich ist, um die Erfüllung der Verpflichtungen des Vorhabenträgers nach Absatz 1 Satz 1 Nummer 5 und Satz 2 zu sichern. [2] Soweit die zugelassenen Maßnahmen durch die Planfeststellung oder Plangenehmigung für unzulässig erklärt sind, ordnet die Behörde gegenüber dem Träger des Vorhabens an, den früheren Zustand wiederherzustellen. [3] Dies gilt auch, wenn der Antrag auf Planfeststellung oder Plangenehmigung zurückgenommen wurde.

---

[1] Nr. **100**.

[2] Siehe die KWK-Kosten-Nutzen-Vergleich-VO v. 28.4.2015 (BGBl. I S. 670), geänd. durch G v. 21.12.2015 (BGBl. I S. 2498).

(3) Die Entscheidung über die Zulassung des vorzeitigen Baubeginns ist den anliegenden Gemeinden und den Beteiligten zuzustellen.

(4) Widerspruch und Anfechtungsklage gegen die Zulassung des vorzeitigen Baubeginns haben keine aufschiebende Wirkung.

§ 68 Überwachung. (1) [1]Die zuständige Behörde hat durch geeignete Maßnahmen zu überwachen, dass Vorhaben, die in Anlage 1 unter den Nummern 19.3 bis 19.9 aufgeführt sind, im Einklang mit den umweltbezogenen Bestimmungen des Zulassungsbescheids nach § 65 durchgeführt werden. [2]Bei UVP-pflichtigen Vorhaben gilt dies insbesondere für die im Planfeststellungsbescheid festgelegten Merkmale des Vorhabens und des Standorts, für die Maßnahmen, mit denen erhebliche nachteilige Umweltauswirkungen ausgeschlossen, vermindert oder ausgeglichen werden sollen, sowie für die Ersatzmaßnahmen bei Eingriffen in Natur und Landschaft.

(2) Die Überwachung nach Absatz 1 kann dem Vorhabenträger aufgegeben werden, soweit dies nach landesrechtlichen Vorschriften vorgesehen ist.

§ 69 Bußgeldvorschriften. (1) Ordnungswidrig handelt, wer vorsätzlich oder fahrlässig

1. ohne Planfeststellungsbeschluss nach § 65 Absatz 1 oder ohne Plangenehmigung nach § 65 Absatz 2 Satz 1 ein Vorhaben durchführt,
2. einer vollziehbaren Auflage nach § 66 Absatz 2 zuwiderhandelt oder
3. einer Rechtsverordnung nach
   a) § 66 Absatz 6 Satz 1 Nummer 1, 3, 4 oder 6, jeweils auch in Verbindung mit Absatz 7 Nummer 2, oder
   b) § 66 Absatz 6 Satz 1 Nummer 2, auch in Verbindung mit Absatz 7 Nummer 2, oder § 66 Absatz 6 Satz 1 Nummer 5 oder Absatz 7 Nummer 1

   oder einer vollziehbaren Anordnung aufgrund einer solchen Rechtsverordnung zuwiderhandelt, soweit die Rechtsverordnung für einen bestimmten Tatbestand auf diese Bußgeldvorschrift verweist.

(2) Die Ordnungswidrigkeit kann in den Fällen des Absatzes 1 Nummer 3 Buchstabe b mit einer Geldbuße bis zu zwanzigtausend Euro, in den übrigen Fällen mit einer Geldbuße bis zu fünfzigtausend Euro geahndet werden.

Teil 7. Schlussvorschriften

§ 70 Ermächtigung zum Erlass von Verwaltungsvorschriften. Die Bundesregierung kann mit Zustimmung des Bundesrates allgemeine Verwaltungsvorschriften[1)] erlassen, insbesondere über

1. Kriterien und Verfahren, die zu dem in § 3 Satz 2 und § 25 Absatz 1 genannten Zweck bei der Ermittlung, Beschreibung und Bewertung von Umweltauswirkungen zugrunde zu legen sind,
2. Grundsätze für den Untersuchungsrahmen nach § 15,
3. Grundsätze für die zusammenfassende Darstellung nach § 24 und für die begründete Bewertung nach § 25 Absatz 1,

---

[1)] Siehe die Allg. VwV zur Ausführung des G über die Umweltverträglichkeitsprüfung (UVPVwV) v. 18.9.1995 (GMBl S. 671).

4. Grundsätze und Verfahren zur Vorprüfung nach § 7 sowie über die in Anlage 3 aufgeführten Kriterien,
5. Grundsätze für die Erstellung des Umweltberichts nach § 40,
6. Grundsätze für die Überwachung nach den §§ 28, 45 und 68.

§ 71 Bestimmungen zum Verwaltungsverfahren. Von den Regelungen des Verwaltungsverfahrens, die in diesem Gesetz und aufgrund dieses Gesetzes getroffen werden, kann durch Landesrecht nur in dem Umfang abgewichen werden, der in § 1 Absatz 4 und § 38 bestimmt ist.

§ 72 Vermeidung von Interessenkonflikten. Ist die zuständige Behörde bei der Umweltverträglichkeitsprüfung zugleich Vorhabenträger, so ist die Unabhängigkeit des Behördenhandelns bei der Wahrnehmung der Aufgaben nach diesem Gesetz durch geeignete organisatorische Maßnahmen sicherzustellen, insbesondere durch eine angemessene funktionale Trennung.

§ 73 Berichterstattung an die Europäische Kommission. (1) Zur Vorbereitung der Berichterstattung an die Europäische Kommission teilen die zuständigen Behörden des Bundes und der Länder dem für Umweltschutz zuständigen Bundesministerium erstmals am 31. März 2023 und sodann alle sechs Jahre für ihren Zuständigkeitsbereich folgende Angaben mit:

1. die Anzahl der Vorhaben, für die im Betrachtungszeitraum eine Umweltverträglichkeitsprüfung durchgeführt worden ist, getrennt nach den in Anlage 1 genannten Vorhabenarten sowie
2. die Anzahl der Vorhaben nach Anlage 1 Spalte 2, für die im Betrachtungszeitraum eine Vorprüfung nach § 7 Absatz 1 oder 2 durchgeführt worden ist.

(2) Sofern entsprechende Angaben verfügbar sind, sind ebenfalls mitzuteilen:

1. die durchschnittliche Verfahrensdauer der im Betrachtungszeitraum durchgeführten Umweltverträglichkeitsprüfungen,
2. eine Abschätzung der durchschnittlichen unmittelbaren Kosten
   a) aller im Betrachtungszeitraum durchgeführten Umweltverträglichkeitsprüfungen sowie
   b) der Umweltverträglichkeitsprüfungen, die im Betrachtungszeitraum für Vorhaben kleiner und mittlerer Unternehmen durchgeführt worden sind.

§ 74 Übergangsvorschrift. (1) Für Vorhaben, für die das Verfahren zur Feststellung der UVP-Pflicht im Einzelfall nach § 3c oder nach § 3e Absatz 1 Nummer 2 in der Fassung dieses Gesetzes, die vor dem 16. Mai 2017 galt, vor dem 16. Mai 2017 eingeleitet wurde, sind die Vorschriften des Teils 2 Abschnitt 1 über die Vorprüfung des Einzelfalls in der bis dahin geltenden Fassung weiter anzuwenden.

(2) Verfahren nach § 4 sind nach der Fassung dieses Gesetzes, die vor dem 16. Mai 2017 galt, zu Ende zu führen, wenn vor diesem Zeitpunkt

1. das Verfahren zur Unterrichtung über voraussichtlich beizubringende Unterlagen in der bis dahin geltenden Fassung des § 5 Absatz 1 eingeleitet wurde oder
2. die Unterlagen nach § 6 in der bis dahin geltenden Fassung dieses Gesetzes vorgelegt wurden.

(3) Verfahren nach § 33 sind nach der Fassung dieses Gesetzes, die vor dem 16. Mai 2017 galt, zu Ende zu führen, wenn vor diesem Zeitpunkt der Unter-

suchungsrahmen nach § 14f Absatz 1 in der bis dahin geltenden Fassung dieses Gesetzes festgelegt wurde.

(4) Besteht nach den Absätzen 1 bis 2 eine Verpflichtung zur Durchführung einer Umweltverträglichkeitsprüfung und ist diese gemäß § 50 im Bebauungsplanverfahren nach den Vorschriften des Baugesetzbuchs[1)] durchzuführen, gilt insoweit § 244 des Baugesetzbuchs.

(5) (weggefallen)

(6) Verfahren zur Errichtung und zum Betrieb sowie zur Änderung von Rohrleitungsanlagen nach Nummer 19.3 der Anlage 1, die vor dem 25. Juni 2002 eingeleitet worden sind, sind nach den Bestimmungen des Gesetzes zur Umsetzung der UVP-Änderungsrichtlinie, der IVU-Richtlinie und weiterer EG-Richtlinien zum Umweltschutz vom 27. Juli 2001 (BGBl. I S. 1950) zu Ende zu führen.

(6a) [1] Eine Genehmigung für eine Rohrleitungsanlage zum Befördern wassergefährdender Stoffe, die nach § 19a Absatz 1 Satz 1 des Wasserhaushaltsgesetzes in der am 28. Februar 2010 geltenden Fassung erteilt worden ist, gilt, soweit eine Umweltverträglichkeitsprüfung durchgeführt worden ist, als Planfeststellung nach § 65 Absatz 1, in den übrigen Fällen als Plangenehmigung nach § 65 Absatz 2 fort. [2] Eine Rohrleitungsanlage zum Befördern wassergefährdender Stoffe, die nach § 19e Absatz 2 Satz 1 und 2 des Wasserhaushaltsgesetzes in der am 28. Februar 2010 geltenden Fassung angezeigt worden ist oder keiner Anzeige bedurfte, bedarf keiner Planfeststellung oder Plangenehmigung; § 66 Absatz 2 und 6 gilt entsprechend.

(7) (weggefallen)

(8) [1] Die Vorschriften des Teils 3 gelten für Pläne und Programme, deren erster förmlicher Vorbereitungsakt nach dem 29. Juni 2005 erfolgt. [2] Verfahren zur Aufstellung oder Änderung von Plänen und Programmen, deren erster förmlicher Vorbereitungsakt nach dem 20. Juli 2004 erfolgt ist, sind nach den Vorschriften dieses Gesetzes zu Ende zu führen.

(9) [1] Pläne und Programme, deren erster förmlicher Vorbereitungsakt vor dem 21. Juli 2004 erfolgt ist und die später als am 20. Juli 2006 angenommen oder in ein Gesetzgebungsverfahren eingebracht werden, unterliegen den Vorschriften des Teils 3. [2] § 48 dieses Gesetzes sowie § 27 Absatz 1 und 3 des Raumordnungsgesetzes[2)] bleiben unberührt.

(10) [1] Verfahren, für die nach § 49 Absatz 1 eine Umweltverträglichkeitsprüfung durchzuführen ist und die vor dem 1. März 2010 begonnen worden sind, sind nach diesem Gesetz in der ab dem 1. März 2010 geltenden Fassung zu Ende zu führen. [2] Hat eine Öffentlichkeitsbeteiligung bereits stattgefunden, ist von einer erneuten Beteiligung der Öffentlichkeit nach § 9 in der vor dem 29. Juli 2017 geltenden Fassung abzusehen, soweit keine zusätzlichen oder anderen erheblichen Umweltauswirkungen zu erwarten sind. [3] Hat eine Behördenbeteiligung bereits stattgefunden, bedarf es einer erneuten Beteiligung nach den §§ 7 und 8 in der vor dem 29. Juli 2017 geltenden Fassung nur, wenn neue Unterlagen zu erheblichen Umweltauswirkungen des Vorhabens vorliegen.

(11) [1] Verfahren nach § 4, die der Entscheidung über die Zulässigkeit von Vorhaben dienen und die vor dem 25. Juni 2005 begonnen worden sind, sind nach *den Vorschriften dieses Gesetzes in* der ab dem 15. Dezember 2006 geltenden

---

[1)] Nr. **300**.
[2)] Nr. **340**.

Fassung zu Ende zu führen. [2]Satz 1 findet keine Anwendung auf Verfahren, bei denen das Vorhaben vor dem 25. Juni 2005 bereits öffentlich gemacht worden ist.

(12) [1]Für Verfahren nach § 4, die der Entscheidung über die Zulässigkeit von Vorhaben nach Nummer 13.2.2 der Anlage 1 dienen, findet dieses Gesetz nur Anwendung, wenn das Verfahren nach dem 1. März 2010 eingeleitet worden ist. [2]Verfahren nach § 4, die der Entscheidung über die Zulässigkeit von Vorhaben nach den Nummern 3.15, 13.1 bis 13.2.1.3, 13.3 bis 13.18 und 17 der Anlage 1 dienen und die vor dem 1. März 2010 eingeleitet worden sind, sind nach der bis zu diesem Tag geltenden Fassung des Gesetzes zu Ende zu führen.

(13) Für Verfahren nach § 4, die der Entscheidung über die Zulässigkeit von Vorhaben nach Nummer 17.3 der Anlage 1 dienen, ist dieses Gesetz nur anzuwenden, wenn das Verfahren nach dem 1. August 2013 eingeleitet worden ist.

Anlage 1[1)]

Liste „UVP-pflichtige Vorhaben"

Nachstehende Vorhaben fallen nach § 1 Absatz 1 Nummer 1 in den Anwendungsbereich dieses Gesetzes. Soweit nachstehend eine allgemeine Vorprüfung oder eine standortbezogene Vorprüfung des Einzelfalls vorgesehen ist, nimmt dies Bezug auf die Regelungen des § 7 Absatz 1 und 2.

Legende:

Nr.	=	Nummer des Vorhabens
Vorhaben	=	Art des Vorhabens mit ggf. Größen- oder Leistungswerten nach § 6 Satz 2 sowie Prüfwerten für Größe oder Leistung nach § 7 Absatz 5 Satz 3
X in Spalte 1	=	Vorhaben ist UVP-pflichtig
A in Spalte 2	=	**a**llgemeine Vorprüfung des Einzelfalls: siehe § 7 Absatz 1 Satz 1
S in Spalte 2	=	**s**tandortbezogene Vorprüfung des Einzelfalls: siehe § 7 Absatz 2

Nr.	Vorhaben	Sp. 1	Sp. 2
1.	**Wärmeerzeugung, Bergbau und Energie:**		
1.1	Errichtung und Betrieb einer Anlage zur Erzeugung von Strom, Dampf, Warmwasser, Prozesswärme oder erhitztem Abgas durch den Einsatz von Brennstoffen in einer Verbrennungseinrichtung (wie Kraftwerk, Heizkraftwerk, Heizwerk, Gasturbine, Verbrennungsmotoranlage, sonstige Feuerungsanlage), einschließlich des jeweils zugehörigen Dampfkessels, mit einer Feuerungswärmeleistung von		
1.1.1	mehr als 200 MW,	**X**	
1.1.2	50 MW bis 200 MW;		**A**
1.2	Errichtung und Betrieb einer Anlage zur Erzeugung von Strom, Dampf, Warmwasser, Prozesswärme oder erhitztem Abgas in einer Verbrennungseinrichtung (wie Kraftwerk, Heizkraftwerk, Heizwerk, Gasturbinenanlage, Verbrennungsmotoranlage, sonstige Feuerungsanlage), einschließlich des jeweils zugehörigen Dampfkessels, ausgenommen Verbrennungsmotoranlagen für Bohranlagen und Notstromaggregate, durch den Einsatz von		
1.2.1	Kohle, Koks einschließlich Petrolkoks, Kohlebriketts, Torfbriketts, Brenntorf, naturbelassenem Holz, emulgiertem Naturbitumen, Heizölen, ausgenommen Heizöl EL, mit einer Feuerungswärmeleistung von 1 MW bis weniger als 50 MW,		**S**
1.2.2	gasförmigen Brennstoffen (insbesondere Koksofengas, Grubengas, Stahlgas, Raffineriegas, Synthesegas, Erdölgas aus der Tertiärförderung von Erdöl, Klärgas, Biogas), ausgenommen naturbelassenem Erdgas,		

[1)] Anl. 1 geänd. mWv 29.12.2023 durch G v. 22.12.2023 (BGBl. 2023 I Nr. 405); geänd. mWv 30.10. 2024 durch G v. 23.10.2024 (BGBl. 2024 I Nr. 323); geänd. mWv 28.11.2025 durch G v. 25.11.2025 (BGBl. 2025 I Nr. 282).

Nr.	Vorhaben	Sp. 1	Sp. 2
	Flüssiggas, Gasen der öffentlichen Gasversorgung oder Wasserstoff, mit einer Feuerungswärmeleistung von		
1.2.2.1	10 MW bis weniger als 50 MW,		S
1.2.2.2	1 MW bis weniger als 10 MW, bei Verbrennungsmotoranlagen oder Gasturbinenanlagen,		S
1.2.3	Heizöl EL, Dieselkraftstoff, Methanol, Ethanol, naturbelassenen Pflanzenölen oder Pflanzenölmethylestern, naturbelassenem Erdgas, Flüssiggas, Gasen der öffentlichen Gasversorgung oder Wasserstoff mit einer Feuerungswärmeleistung von		
1.2.3.1	20 MW bis weniger als 50 MW,		S
1.2.3.2	1 MW bis weniger als 20 MW, bei Verbrennungsmotoranlagen oder Gasturbinenanlagen,		S
1.2.4	anderen als in Nummer 1.2.1 oder 1.2.3 genannten festen oder flüssigen Brennstoffen mit einer Feuerungswärmeleistung von		
1.2.4.1	1 MW bis weniger als 50 MW,		A
1.2.4.2	100 KW bis weniger als 1 MW;		S
1.3	(weggefallen)		
1.4	Errichtung und Betrieb einer Verbrennungsmotoranlage oder Gasturbinenanlage zum Antrieb von Arbeitsmaschinen für den Einsatz von		
1.4.1	Heizöl EL, Dieselkraftstoff, Methanol, Ethanol, naturbelassenen Pflanzenölen, Pflanzenölmethylestern Koksofengas, Grubengas, Stahlgas, Raffineriegas, Synthesegas, Erdölgas aus der Tertiärförderung von Erdöl, Klärgas, Biogas, naturbelassenem Erdgas, Flüssiggas, Gasen der öffentlichen Gasversorgung oder Wasserstoff mit einer Feuerungswärmeleistung von		
1.4.1.1	mehr als 200 MW,	X	
1.4.1.2	50 MW bis 200 MW,		A
1.4.1.3	1 MW bis weniger als 50 MW, ausgenommen Verbrennungsmotoranlagen für Bohranlagen,		S
1.4.2	anderen als in Nummer 1.4.1 genannten Brennstoffen mit einer Feuerungswärmeleistung von		
1.4.2.1	mehr als 200 MW,	X	
1.4.2.2	50 MW bis 200 MW		A
1.4.2.3	1 MW bis weniger als 50 MW;		S
1.5	(weggefallen)		
1.6	Errichtung und Betrieb einer Windfarm mit Anlagen mit einer Gesamthöhe von jeweils mehr als 50 Metern mit		
1.6.1	20 oder mehr Windkraftanlagen,	X	
1.6.2	6 bis weniger als 20 Windkraftanlagen,		A
1.6.3	3 bis weniger als 6 Windkraftanlagen;		S
1.7	Errichtung und Betrieb einer Anlage zum Brikettieren von Braun- oder Steinkohle;	X	
1.8	Errichtung und Betrieb einer Anlage zur Trockendestillation von Steinkohle oder Braunkohle (z.B. Kokerei, Gaswerk, Schwelerei) mit einem Durchsatz von		
1.8.1	500 t oder mehr je Tag,	X	
1.8.2	weniger als 500 t je Tag, ausgenommen Holzkohlenmeiler;		A
1.9	Errichtung und Betrieb einer Anlage zur Vergasung oder Verflüssigung von Kohle oder bituminösem Schiefer mit einem Durchsatz von		
1.9.1	500 t oder mehr je Tag,	X	
1.9.2	weniger als 500 t je Tag;		A
1.10	*Errichtung und Betrieb* einer Anlage zur Abscheidung von Kohlendioxid zur dauerhaften Speicherung		

Nr.	Vorhaben	Sp. 1	Sp. 2
1.10.1	aus einer Anlage, die nach Spalte 1 UVP-pflichtig ist,	**X**	
1.10.2	mit einer Abscheidungsleistung von 1,5 Mio. t oder mehr pro Jahr, soweit sie nicht unter Nummer 1.10.1 fällt,	**X**	
1.10.3	mit einer Abscheidungsleistung von weniger als 1,5 Mio. t pro Jahr;		**A**
1.11	Errichtung und Betrieb einer Anlage zur		
1.11.1	Erzeugung von Biogas, soweit nicht durch Nummer 8.4 erfasst, mit einer Produktionskapazität von		

(Fortsetzung nächstes Blatt)

Nr.	Vorhaben	Sp. 1	Sp. 2
1.11.1.1	2 Mio. Normkubikmetern oder mehr Rohgas je Jahr,		**A**
1.11.1.2	1,2 Mio. bis weniger als 2 Mio. Normkubikmetern Rohgas je Jahr,		**S**
1.11.2	Aufbereitung von Biogas mit einer Verarbeitungskapazität von		
1.11.2.1	2 Mio. Normkubikmetern oder mehr Rohgas je Jahr,		**A**
1.11.2.2	1,2 Mio. bis weniger als 2 Mio. Normkubikmetern Rohgas je Jahr;		**S**
2.	**Steine und Erden, Glas, Keramik, Baustoffe:**		
2.1	Errichtung und Betrieb eines Steinbruchs mit einer Abbaufläche von		
2.1.1	25 ha oder mehr,	**X**	
2.1.2	10 ha bis weniger als 25 ha,		**A**
2.1.3	weniger als 10 ha, soweit Sprengstoffe verwendet werden;		**S**
2.2	Errichtung und Betrieb einer Anlage zur Herstellung von Zementklinkern oder Zementen mit einer Produktionskapazität von		
2.2.1	1 000 t oder mehr je Tag,	**X**	
2.2.2	weniger als 1 000 t je Tag;		**A**
2.3	Errichtung und Betrieb einer Anlage zur Gewinnung von Asbest;	**X**	
2.4	Errichtung und Betrieb einer Anlage zur Bearbeitung oder Verarbeitung von Asbest oder Asbesterzeugnissen mit		
2.4.1	einer Jahresproduktion von		
2.4.1.1	20 000 t oder mehr Fertigerzeugnissen bei Asbestzementerzeugnissen,	**X**	
2.4.1.2	50 t oder mehr Fertigerzeugnissen bei Reibungsbelägen,	**X**	
2.4.2	einem Einsatz von 200 t oder mehr Asbest bei anderen Verwendungszwecken,	**X**	
2.4.3	einer geringeren Jahresproduktion oder einem geringeren Einsatz als in den vorstehenden Nummern angegeben;		**A**
2.5	Errichtung und Betrieb einer Anlage zur Herstellung von Glas, auch soweit es aus Altglas hergestellt wird, einschließlich Anlagen zur Herstellung von Glasfasern mit einer Schmelzkapazität von		
2.5.1	200 000 t oder mehr je Jahr oder bei Flachglasanlagen, die nach dem Floatglasverfahren betrieben werden, 100 000 t oder mehr je Jahr,	**X**	
2.5.2	20 t je Tag bis weniger als in der vorstehenden Nummer angegeben,		**A**
2.5.3	100 kg bis weniger als 20 t je Tag, ausgenommen Anlagen zur Herstellung von Glasfasern, die für medizinische oder fernmeldetechnische Zwecke bestimmt sind;		**S**
2.6	Errichtung und Betrieb einer Anlage zum Brennen keramischer Erzeugnisse (einschließlich Anlagen zum Blähen von Ton) mit einer Produktionskapazität von		
2.6.1	75 t oder mehr je Tag,		**A**
2.6.2	weniger als 75 t je Tag, soweit der Rauminhalt der Brennanlage 4 m^3 oder mehr beträgt oder die Besatzdichte mehr als 100 kg je Kubikmeter Rauminhalt der Brennanlage beträgt, ausgenommen elektrisch beheizte Brennöfen, die diskontinuierlich und ohne Abluftführung betrieben werden;		**S**
2.7	Errichtung und Betrieb einer Anlage zum Schmelzen mineralischer Stoffe, einschließlich Anlagen zur Herstellung von Mineralfasern;		**A**
3.	**Stahl, Eisen und sonstige Metalle einschließlich Verarbeitung:**		
3.1	Errichtung und Betrieb einer Anlage zum Rösten (Erhitzen unter Luftzufuhr zur Überführung in Oxide) oder Sintern (Stückigmachen von feinkörnigen Stoffen durch Erhitzen) von Erzen;	**X**	
3.2	Errichtung und Betrieb eines integrierten Hüttenwerkes (Anlage zur Herstellung oder zum Erschmelzen von Roheisen und zur Weiterverarbeitung zu Rohstahl, bei der sich Gewinnungs- und Weiterverarbeitungseinheiten nebeneinander befinden und in funktioneller Hinsicht miteinander verbunden sind);	**X**	
3.3	Errichtung und Betrieb einer Anlage zur Herstellung oder zum Erschmelzen von Roheisen oder Stahl einschließlich Stranggießen, auch		

Nr.	Vorhaben	Sp. 1	Sp. 2
	soweit Konzentrate oder sekundäre Rohstoffe eingesetzt werden, mit einer Schmelzkapazität von		
3.3.1	2,5 t Roheisen oder Stahl je Stunde oder mehr,		**A**
3.3.2	weniger als 2,5 t Stahl je Stunde;		**S**
3.4	Errichtung und Betrieb einer Anlage zur Herstellung von Nichteisenrohmetallen aus Erzen, Konzentraten oder sekundären Rohstoffen durch metallurgische, chemische oder elektrolytische Verfahren;	**X**	
3.5	Errichtung und Betrieb einer Anlage zum Schmelzen, zum Legieren oder zur Raffination von Nichteisenmetallen mit einer Schmelzkapazität von		
3.5.1	100 000 t oder mehr je Jahr,	**X**	
3.5.2	4 t oder mehr je Tag bei Blei und Cadmium oder von 20 t oder mehr je Tag bei sonstigen Nichteisenmetallen, jeweils bis weniger als 100 000 t je Jahr,		**A**
3.5.3	0,5 t bis weniger als 4 t je Tag bei Blei und Cadmium oder von 2 t bis weniger als 20 t je Tag bei sonstigen Nichteisenmetallen, ausgenommen – Vakuum-Schmelzanlagen, – Schmelzanlagen für Gusslegierungen aus Zinn und Wismut oder aus Feinzink und Aluminium in Verbindung mit Kupfer oder Magnesium, – Schmelzanlagen, die Bestandteil von Druck- oder Kokillengießmaschinen sind oder die ausschließlich im Zusammenhang mit einzelnen Druck- oder Kokillengießmaschinen gießfertige Nichteisenmetalle oder gießfertige Legierungen niederschmelzen, – Schmelzanlagen für Edelmetalle oder für Legierungen, die nur aus Edelmetallen oder aus Edelmetallen und Kupfer bestehen, – Schwalllötbäder und – Heißluftverzinnungsanlagen;		**S**
3.6	Errichtung und Betrieb einer Anlage zur Umformung von Stahl durch Warmwalzen;		**A**
3.7	Errichtung und Betrieb einer Eisen-, Temper- oder Stahlgießerei mit einer Verarbeitungskapazität an Flüssigmetall von		
3.7.1	200 000 t oder mehr je Jahr,	**X**	
3.7.2	20 t oder mehr je Tag,		**A**
3.7.3	2 t bis weniger als 20 t je Tag;		**S**
3.8	Errichtung und Betrieb einer Anlage zum Aufbringen von metallischen Schutzschichten auf Metalloberflächen mit Hilfe von schmelzflüssigen Bädern mit einer Verarbeitungskapazität von		
3.8.1	100 000 t Rohgut oder mehr je Jahr,	**X**	
3.8.2	2 t Rohgut je Stunde bis weniger als 100 000 t Rohgut je Jahr,		**A**
3.8.3	500 kg bis weniger als 2 t Rohgut je Stunde, ausgenommen Anlagen zum kontinuierlichen Verzinken nach dem Sendzimirverfahren;		**S**
3.9	Errichtung und Betrieb einer Anlage zur Oberflächenbehandlung von Metallen durch ein elektrolytisches oder chemisches Verfahren mit einem Volumen der Wirkbäder von		
3.9.1	30 m³ oder mehr,		**A**
3.9.2	1 m³ bis weniger als 30 m³ bei Anlagen durch Beizen oder Brennen unter Verwendung von Fluss- oder Salpetersäure;		**S**
3.10	Errichtung und Betrieb einer Anlage, die aus einem oder mehreren maschinell angetriebenen Hämmern oder Fallwerken besteht, wenn die Schlagenergie eines Hammers oder Fallwerkes		
3.10.1	*20 Kilojoule oder mehr* beträgt,		**A**
3.10.2	1 Kilojoule bis weniger als 20 Kilojoule beträgt;		**S**

Nr.	Vorhaben	Sp. 1	Sp. 2
3.11	Errichtung und Betrieb einer Anlage zur Sprengverformung oder zum Plattieren mit Sprengstoffen bei einem Einsatz von 10 kg Sprengstoff oder mehr je Schuss;		**A**
3.12	Errichtung und Betrieb einer Schiffswerft		
3.12.1	zum Bau von Seeschiffen mit einer Größe von 100 000 Bruttoregistertonnen,	**X**	
3.12.2	zur Herstellung oder Reparatur von Schiffskörpern oder Schiffssektionen aus Metall mit einer Länge von 20 m oder mehr, soweit nicht ein Fall der vorstehenden Nummer vorliegt;		**A**
3.13	Errichtung und Betrieb einer Anlage zum Bau von Schienenfahrzeugen mit einer Produktionskapazität von 600 oder mehr Schienenfahrzeugeinheiten je Jahr (1 Schienenfahrzeugeinheit entspricht 0,5 Lokomotive, 1 Straßenbahn, 1 Wagen eines Triebzuges, 1 Triebkopf, 1 Personenwagen oder 3 Güterwagen);		**A**
3.14	Errichtung und Betrieb einer Anlage für den Bau und die Montage von Kraftfahrzeugen oder einer Anlage für den Bau von Kraftfahrzeugmotoren mit einer Kapazität von jeweils 100 000 Stück oder mehr je Jahr;		**A**
3.15	Errichtung und Betrieb einer Anlage für den Bau und die Instandsetzung von Luftfahrzeugen, soweit je Jahr mehr als 50 Luftfahrzeuge hergestellt oder repariert werden können, ausgenommen Wartungsarbeiten;		**A**
4.	**Chemische Erzeugnisse, Arzneimittel, Mineralölraffination und Weiterverarbeitung:**		
4.1	Errichtung und Betrieb einer integrierten chemischen Anlage (Verbund zur Herstellung von Stoffen oder Stoffgruppen durch chemische Umwandlung im industriellen Umfang, bei dem sich mehrere Einheiten nebeneinander befinden und in funktioneller Hinsicht miteinander verbunden sind und – zur Herstellung von organischen Grundchemikalien, – zur Herstellung von anorganischen Grundchemikalien, – zur Herstellung von phosphor-, stickstoff- oder kaliumhaltigen Düngemitteln (Einnährstoff oder Mehrnährstoff), – zur Herstellung von Ausgangsstoffen für Pflanzenschutzmittel und von Bioziden, – zur Herstellung von Grundarzneimitteln unter Verwendung eines chemischen oder biologischen Verfahrens oder – zur Herstellung von Explosivstoffen dienen), ausgenommen Anlagen zur Erzeugung oder Spaltung von Kernbrennstoffen oder zur Aufarbeitung bestrahlter Kernbrennstoffe nach Nummer 11.1;	**X**	
4.2	Errichtung und Betrieb einer Anlage zur Herstellung von Stoffen oder Stoffgruppen durch chemische Umwandlung im industriellen Umfang, ausgenommen integrierte chemische Anlagen nach Nummer 4.1, Anlagen nach Nummer 10.1 und Anlagen zur Erzeugung oder Spaltung von Kernbrennstoffen oder zur Aufarbeitung bestrahlter Kernbrennstoffe nach Nummer 11.1;		**A**
4.3	Errichtung und Betrieb einer Anlage zur Destillation oder Raffination oder sonstigen Weiterverarbeitung von Erdöl in Mineralölraffinerien;	**X**	
4.4	Errichtung und Betrieb einer Anlage zur Herstellung von Anstrich- oder Beschichtungsstoffen (Lasuren, Firnisse, Lacke, Dispersionsfarben) oder Druckfarben unter Einsatz von 25 t flüchtiger organischer Verbindungen oder mehr je Tag, die bei einer Temperatur von 293,15 Kelvin einen Dampfdruck von mindestens 0,01 Kilopascal haben;		**A**
5.	**Oberflächenbehandlung von Kunststoffen:**		
5.1	Errichtung und Betrieb einer Anlage zur Oberflächenbehandlung von Kunststoffen durch ein elektrolytisches oder chemisches Verfahren mit einem Volumen der Wirkbäder von 30 m³ oder mehr;		**A**

Nr.	Vorhaben	Sp. 1	Sp. 2
6.	**Holz, Zellstoff:**		
6.1	Errichtung und Betrieb einer Anlage zur Gewinnung von Zellstoff aus Holz, Stroh oder ähnlichen Faserstoffen;	X	
6.2	Errichtung und Betrieb einer Anlage zur Herstellung von Papier oder Pappe mit einer Produktionskapazität von		
6.2.1	200 t oder mehr je Tag,	X	
6.2.2	20 t bis weniger als 200 t je Tag;		A
7.	**Nahrungs-, Genuss- und Futtermittel, landwirtschaftliche Erzeugnisse:**		
7.1	Errichtung und Betrieb einer Anlage zur Intensivhaltung von Hennen mit		
7.1.1	60 000 oder mehr Plätzen,	X	
7.1.2	40 000 bis weniger als 60 000 Plätzen,		A
7.1.3	15 000 bis weniger als 40 000 Plätzen;		S
7.2	Errichtung und Betrieb einer Anlage zur Intensivhaltung oder -aufzucht von Junghennen mit		
7.2.1	85 000 oder mehr Plätzen,	X	
7.2.2	40 000 bis weniger als 85 000 Plätzen,		A
7.2.3	30 000 bis weniger als 40 000 Plätzen;		S
7.3	Errichtung und Betrieb einer Anlage zur Intensivhaltung oder -aufzucht von Mastgeflügel mit		
7.3.1	85 000 oder mehr Plätzen,	X	
7.3.2	40 000 bis weniger als 85 000 Plätzen,		A
7.3.3	30 000 bis weniger als 40 000 Plätzen;		S
7.4	Errichtung und Betrieb einer Anlage zur Intensivhaltung oder -aufzucht von Truthühnern mit		
7.4.1	60 000 oder mehr Plätzen,	X	
7.4.2	40 000 bis weniger als 60 000 Plätzen,		A
7.4.3	15 000 bis weniger als 40 000 Plätzen;		S
7.5	Errichtung und Betrieb einer Anlage zur Intensivhaltung oder -aufzucht von Rindern mit		
7.5.1	800 oder mehr Plätzen,		A
7.5.2	600 bis weniger als 800 Plätzen;		S
7.6	Errichtung und Betrieb einer Anlage zur Intensivhaltung oder -aufzucht von Kälbern mit		
7.6.1	1 000 oder mehr Plätzen,		A
7.6.2	500 bis weniger als 1 000 Plätzen;		S
7.7	Errichtung und Betrieb einer Anlage zur Intensivhaltung oder -aufzucht von Mastschweinen (Schweine von 30 kg Lebendgewicht oder mehr) mit		
7.7.1	3 000 oder mehr Plätzen,	X	
7.7.2	2 000 bis weniger als 3 000 Plätzen,		A
7.7.3	1 500 bis weniger als 2 000 Plätzen;		S
7.8	Errichtung und Betrieb einer Anlage zur Intensivhaltung oder -aufzucht von Sauen einschließlich dazugehörender Ferkel (Ferkel bis weniger als 30 kg Lebendgewicht) mit		
7.8.1	900 oder mehr Plätzen,	X	
7.8.2	750 bis weniger als 900 Plätzen,		A
7.8.3	560 bis weniger als 750 Plätzen;		S
7.9	Errichtung und Betrieb einer Anlage zur getrennten Intensivaufzucht von *Ferkeln* (Ferkel von 10 bis weniger als 30 kg Lebendgewicht) mit		
7.9.1	9 000 oder mehr Plätzen,	X	
7.9.2	6 000 bis weniger als 9 000 Plätzen,		A

Nr.	Vorhaben	Sp. 1	Sp. 2
7.9.3	4 500 bis weniger als 6 000 Plätzen;		S
7.10	Errichtung und Betrieb einer Anlage zur Intensivhaltung oder -aufzucht von Pelztieren mit		
7.10.1	1 000 oder mehr Plätzen,		A
7.10.2	750 bis weniger als 1 000 Plätzen;		S
7.11	Errichtung und Betrieb einer Anlage zur Intensivhaltung oder -aufzucht von Tieren in gemischten Beständen, wenn		
7.11.1	die jeweils unter den Nummern 7.1.1, 7.2.1, 7.3.1, 7.4.1, 7.7.1, 7.8.1, 7.9.1 genannten Platzzahlen nicht erreicht werden, die Summe der Vom-Hundert-Anteile, bis zu denen die Platzzahlen ausgeschöpft werden, aber den Wert 100 erreicht oder überschreitet,	X	
7.11.2	die jeweils unter den Nummern 7.1.2, 7.2.2, 7.3.2, 7.4.2, 7.5.1, 7.6.1, 7.7.2, 7.8.2, 7.9.2 und 7.10.1 genannten Platzzahlen nicht erreicht werden, die Summe der Vom-Hundert-Anteile, bis zu denen die Platzzahlen ausgeschöpft werden, aber den Wert 100 erreicht oder überschreitet,		A
7.11.3	die jeweils unter den Nummern 7.1.3, 7.2.3, 7.3.3, 7.4.3, 7.5.2, 7.6.2, 7.7.3, 7.8.3, 7.9.3 und 7.10.2 genannten Platzzahlen nicht erreicht werden, die Summe der Vom-Hundert-Anteile, bis zu denen die Platzzahlen ausgeschöpft werden, aber den Wert 100 erreicht oder überschreitet;		S
7.12	(weggefallen)		
7.13	Errichtung und Betrieb einer Anlage zum Schlachten von Tieren mit einer Kapazität von		
7.13.1	50 t Lebendgewicht oder mehr je Tag,		A
7.13.2	0,5 t bis weniger als 50 t Lebendgewicht je Tag bei Geflügel oder 4 t bis weniger als 50 t Lebendgewicht je Tag bei sonstigen Tieren;		S
7.14	Errichtung und Betrieb einer Anlage zur Erzeugung von Speisefetten aus tierischen Rohstoffen, ausgenommen Milch, mit einer Produktionskapazität von		
7.14.1	75 t Fertigerzeugnissen oder mehr je Tag,		A
7.14.2	weniger als 75 t Fertigerzeugnissen je Tag, ausgenommen Anlagen zur Erzeugung von Speisefetten aus selbstgewonnenen tierischen Fetten in Fleischereien mit einer Kapazität von bis zu 200 kg Speisefett je Woche;		S
7.15	Errichtung und Betrieb einer Anlage zum Schmelzen von tierischen Fetten mit einer Produktionskapazität von		
7.15.1	75 t Fertigerzeugnissen oder mehr je Tag,		A
7.15.2	weniger als 75 t Fertigerzeugnissen je Tag, ausgenommen Anlagen zur Verarbeitung von selbstgewonnenen tierischen Fetten zu Speisefetten in Fleischereien mit einer Kapazität von bis zu 200 kg Speisefett je Woche;		S
7.16	Errichtung und Betrieb einer Anlage zur Herstellung von Fleischkonserven mit einer Produktionskapazität von		
7.16.1	75 t Konserven oder mehr je Tag,		A
7.16.2	1 t bis weniger als 75 t Konserven je Tag;		S
7.17	Errichtung und Betrieb einer Anlage zur Herstellung von Gemüsekonserven mit einer Produktionskapazität von		
7.17.1	600 t Konserven oder mehr je Tag, wenn die Anlage an nicht mehr als 90 aufeinanderfolgenden Tagen im Jahr in Betrieb ist,		A
7.17.2	300 t Konserven oder mehr je Tag, wenn die Anlage an mehr als 90 aufeinanderfolgenden Tagen im Jahr in Betrieb ist,		A
7.17.3	10 t bis weniger als den in den Nummern 7.17.1 oder 7.17.2 angegebenen Kapazitäten für Tonnen Konserven je Tag und unter den dort genannten Voraussetzungen im Übrigen, ausgenommen Anlagen zum		S

Nr.	Vorhaben	Sp. 1	Sp. 2
	Sterilisieren oder Pasteurisieren dieser Nahrungsmittel in geschlossenen Behältnissen;		
7.18	Errichtung und Betrieb einer Anlage zur Herstellung von Futtermittelerzeugnissen aus tierischen Rohstoffen, soweit in einer solchen Anlage eine fabrikmäßige Herstellung von Tierfutter durch Erwärmen der Bestandteile tierischer Herkunft erfolgt,		A
7.19	Errichtung und Betrieb einer Anlage zur Beseitigung oder Verwertung von Tierkörpern oder tierischen Abfällen mit einer Verarbeitungskapazität von		
7.19.1	10 t oder mehr je Tag,		A
7.19.2	weniger als 10 t je Tag;		S
7.20	Errichtung und Betrieb einer Anlage zum Gerben einschließlich Nachgerben von Tierhäuten oder Tierfellen mit einer Verarbeitungskapazität von		
7.20.1	12 t Fertigerzeugnissen oder mehr je Tag,		A
7.20.2	weniger als 12 t Fertigerzeugnissen je Tag, ausgenommen Anlagen, in denen weniger Tierhäute oder Tierfelle behandelt werden als beim Schlachten von weniger als 4 t sonstigen Tieren nach Nummer 7.13.2 anfallen;		S
7.21	Errichtung und Betrieb einer Anlage zur Herstellung von Fischmehl oder Fischöl;	X	
7.22	Errichtung und Betrieb einer Anlage zur Herstellung von Braumalz (Mälzerei) mit einer Produktionskapazität von		
7.22.1	600 t Darrmalz oder mehr je Tag, wenn die Anlage an nicht mehr als 90 aufeinanderfolgenden Tagen im Jahr in Betrieb ist,		A
7.22.2	300 t Darrmalz oder mehr je Tag, wenn die Anlage an mehr als 90 aufeinanderfolgenden Tagen im Jahr in Betrieb ist,		A
7.22.3	weniger als den in den Nummern 7.22.1 oder 7.22.2 angegebenen Kapazitäten für Tonnen Darrmalz je Tag und unter den dort genannten Voraussetzungen im Übrigen;		S
7.23	Errichtung und Betrieb einer Anlage zur Herstellung von Stärkemehlen mit einer Produktionskapazität von		
7.23.1	600 t Stärkemehlen oder mehr je Tag, wenn die Anlage an nicht mehr als 90 aufeinanderfolgenden Tagen im Jahr in Betrieb ist,		A
7.23.2	300 t Stärkemehlen oder mehr je Tag, wenn die Anlage an mehr als 90 aufeinanderfolgenden Tagen im Jahr in Betrieb ist,		A
7.23.3	1 t bis weniger als den in den Nummern 7.23.1 oder 7.23.2 angegebenen Kapazitäten für Tonnen Stärkemehle je Tag und unter den dort genannten Voraussetzungen im Übrigen;		S
7.24	Errichtung und Betrieb einer Anlage zur Herstellung oder Raffination von Ölen oder Fetten aus pflanzlichen Rohstoffen mit einer Produktionskapazität von		
7.24.1	600 t Fertigerzeugnissen oder mehr je Tag, wenn die Anlage an nicht mehr als 90 aufeinanderfolgenden Tagen im Jahr in Betrieb ist,		A
7.24.2	300 t Fertigerzeugnissen oder mehr je Tag, wenn die Anlage an mehr als 90 aufeinanderfolgenden Tagen im Jahr in Betrieb ist,		A
7.24.3	weniger als den in den Nummern 7.24.1 oder 7.24.2 angegebenen Kapazitäten für Tonnen Fertigerzeugnisse je Tag mit Hilfe von Extraktionsmitteln und unter den dort genannten Voraussetzungen im Übrigen, soweit die Menge des eingesetzten Extraktionsmittels 1 t oder mehr je Tag beträgt;		S
7.25	Errichtung und Betrieb einer Anlage zur Herstellung oder Raffination von Zucker unter Verwendung von Zuckerrüben oder Rohzucker;		A
7.26	*Errichtung* und Betrieb einer Brauerei mit einer Produktionskapazität von		
7.26.1	6 000 hl Bier oder mehr je Tag, wenn die Brauerei an nicht mehr als 90 aufeinanderfolgenden Tagen im Jahr in Betrieb ist,		A

Nr.	Vorhaben	Sp. 1	Sp. 2
7.26.2	3 000 hl Bier oder mehr je Tag, wenn die Brauerei an mehr als 90 aufeinanderfolgenden Tagen im Jahr in Betrieb ist,		**A**
7.26.3	200 hl bis weniger als den in den Nummern 7.26.1 oder 7.26.2 angegebenen Kapazitäten für Hektoliter Bier je Tag und unter den dort genannten Voraussetzungen im Übrigen;		**S**
7.27	Errichtung und Betrieb einer Anlage zur Herstellung von Süßwaren oder Sirup aus tierischen Rohstoffen, ausgenommen Milch, mit einer Produktionskapazität von		
7.27.1	75 t Süßwaren oder Sirup oder mehr je Tag,		**A**
7.27.2	50 kg bis weniger als 75 t Süßwaren oder Sirup je Tag bei Herstellung von Lakritz;		**S**
7.28	Errichtung und Betrieb einer Anlage zur Herstellung von Süßwaren oder Sirup aus pflanzlichen Rohstoffen mit einer Produktionskapazität von		
7.28.1	600 t oder mehr Süßwaren oder Sirup je Tag, wenn die Anlage an nicht mehr als 90 aufeinanderfolgenden Tagen im Jahr in Betrieb ist,		**A**
7.28.2	300 t oder mehr Süßwaren oder Sirup je Tag, wenn die Anlage an mehr als 90 aufeinanderfolgenden Tagen im Jahr in Betrieb ist,		**A**
7.28.3	50 kg bis weniger als den in den Nummern 7.28.1 oder 7.28.2 angegebenen Kapazitäten für Tonnen Süßwaren je Tag und unter den dort genannten Voraussetzungen im Übrigen bei Herstellung von Kakaomasse aus Rohkakao oder bei thermischer Veredelung von Kakao- oder Schokoladenmasse;		**S**
7.29	Errichtung und Betrieb einer Anlage zur Behandlung oder Verarbeitung von Milch, Milcherzeugnissen oder Milchbestandteilen mit einer Produktionskapazität als Jahresdurchschnittswert von		
7.29.1	200 t Milch oder mehr je Tag,		**A**
7.29.2	5 t bis weniger als 200 t Milch, Milcherzeugnissen oder Milchbestandteilen je Tag bei Sprühtrocknern;		**S**
8.	**Verwertung und Beseitigung von Abfällen und sonstigen Stoffen:**		
8.1	Errichtung und Betrieb einer Anlage zur Beseitigung oder Verwertung fester, flüssiger oder in Behältern gefasster gasförmiger Abfälle, Deponiegas oder anderer gasförmiger Stoffe mit brennbaren Bestandteilen durch		
8.1.1	thermische Verfahren, insbesondere Entgasung, Plasmaverfahren, Pyrolyse, Vergasung, Verbrennung oder eine Kombination dieser Verfahren		
8.1.1.1	bei gefährlichen Abfällen,	**X**	
8.1.1.2	bei nicht gefährlichen Abfällen mit einer Durchsatzkapazität von 3 t Abfällen oder mehr je Stunde,	**X**	
8.1.1.3	bei nicht gefährlichen Abfällen mit einer Durchsatzkapazität von weniger als 3 t Abfällen je Stunde,		**A**
8.1.2	Verbrennen von Altöl oder Deponiegas in einer Verbrennungsmotoranlage mit einer Feuerungswärmeleistung von		
8.1.2.1	50 MW oder mehr,		**A**
8.1.2.2	1 MW bis weniger als 50 MW,		**A**
8.1.2.3	weniger als 1 MW,		**S**
8.1.3	Abfackeln von Deponiegas oder anderen gasförmigen Stoffen, ausgenommen über Notfackeln, die für den nicht bestimmungsgemäßen Betrieb erforderlich sind;		**S**
8.2	Errichtung und Betrieb einer Anlage zur Erzeugung von Strom, Dampf, Warmwasser, Prozesswärme oder erhitztem Abgas in einer Verbrennungseinrichtung (wie Kraftwerk, Heizkraftwerk, Heizwerk, sonstige Feuerungsanlage), einschließlich zugehöriger Dampfkessel, durch den Einsatz von – gestrichenem, lackiertem oder beschichtetem Holz oder		

Nr.	Vorhaben	Sp. 1	Sp. 2
	– Sperrholz, Spanplatten, Faserplatten oder sonst verleimtem Holz sowie daraus anfallenden Resten, soweit keine Holzschutzmittel aufgetragen oder infolge einer Behandlung enthalten sind oder Beschichtungen keine halogenorganischen Verbindungen oder Schwermetalle enthalten, mit einer Feuerungswärmeleistung von		
8.2.1	50 MW oder mehr,	**X**	
8.2.2	1 MW bis weniger als 50 MW;		**S**
8.3	Errichtung und Betrieb einer Anlage zur biologischen Behandlung von gefährlichen Abfällen mit einer Durchsatzkapazität an Einsatzstoffen von		
8.3.1	10 t oder mehr je Tag,	**X**	
8.3.2	1 t bis weniger als 10 t je Tag;		**S**
8.4	Errichtung und Betrieb einer Anlage zur biologischen Behandlung von		
8.4.1	nicht gefährlichen Abfällen, soweit nicht durch Nummer 8.4.2 erfasst, mit einer Durchsatzkapazität an Einsatzstoffen von		
8.4.1.1	50 t oder mehr je Tag,		**A**
8.4.1.2	10 t bis weniger als 50 t je Tag,		**S**
8.4.2	Gülle, soweit die Behandlung ausschließlich durch anaerobe Vergärung (Biogaserzeugung) erfolgt, mit einer Durchsatzkapazität von		
8.4.2.1	50 t oder mehr je Tag,		**A**
8.4.2.2	weniger als 50 t je Tag, soweit die Produktionskapazität von Rohgas 1,2 Mio. Normkubikmeter je Jahr oder mehr beträgt;		**S**
8.5	Errichtung und Betrieb einer Anlage zur chemischen Behandlung, insbesondere zur chemischen Emulsionsspaltung, Fällung, Flockung, Neutralisation oder Oxidation, von gefährlichen Abfällen;	**X**	
8.6	Errichtung und Betrieb einer Anlage zur chemischen Behandlung, insbesondere zur chemischen Emulsionsspaltung, Fällung, Flockung, Neutralisation oder Oxidation, von nicht gefährlichen Abfällen mit einer Durchsatzkapazität an Einsatzstoffen von		
8.6.1	100 t oder mehr je Tag,	**X**	
8.6.2	50 t bis weniger als 100 t je Tag,		**A**
8.6.3	10 t bis weniger als 50 t je Tag;		**S**
8.7	Errichtung und Betrieb einer Anlage zur zeitweiligen Lagerung von Abfällen, ausgenommen die zeitweilige Lagerung bis zum Einsammeln auf dem Gelände der Entstehung der Abfälle, bei		
8.7.1	Eisen- oder Nichteisenschrotten, einschließlich Autowracks, mit einer Gesamtlagerkapazität von		
8.7.1.1	1 500 t oder mehr,		**A**
8.7.1.2	100 t bis weniger als 1 500 t,		**S**
8.7.2	gefährlichen Schlämmen mit einer Gesamtlagerkapazität von		
8.7.2.1	50 t oder mehr,		**A**
8.7.2.2	30 t bis weniger als 50 t;		**S**
8.8	(weggefallen)		
8.9	Errichtung und Betrieb einer Anlage zur Lagerung von Abfällen über einen Zeitraum von jeweils mehr als einem Jahr, bei		
8.9.1	gefährlichen Abfällen mit		
8.9.1.1	einer Aufnahmekapazität von 10 t je Tag oder mehr oder einer Gesamtlagerkapazität von 150 t oder mehr,	**X**	
8.9.1.2	geringeren Kapazitäten als in Nummer 8.9.1.1 angegeben,		**A**
8.9.2	nicht gefährlichen Abfällen mit		
8.9.2.1	*einer Aufnahme*kapazität von 10 t je Tag oder mehr oder einer Gesamtlagerkapazität von 150 t oder mehr,		**A**
8.9.2.2	geringeren Kapazitäten als in Nummer 8.9.2.1 angegeben;		**S**
9.	**Lagerung von Stoffen und Gemischen:**		

Nr.	Vorhaben	Sp. 1	Sp. 2
9.1	Errichtung und Betrieb einer Anlage, die der Lagerung von Stoffen oder Gemischen, die bei einer Temperatur von 293,15 Kelvin einen absoluten Dampfdruck von mindestens 101,3 Kilopascal und einen Explosionsbereich mit Luft haben (brennbare Gase), in Behältern oder von Erzeugnissen, die diese Stoffe oder Gemische z.B. als Treibmittel oder Brenngas enthalten, dient, ausgenommen Erdgasröhrenspeicher und Anlagen, die von Nummer 9.3 erfasst werden,		
9.1.1	soweit es sich nicht ausschließlich um Einzelbehältnisse mit einem Volumen von jeweils nicht mehr als 1 000 cm^3 handelt, mit einem Fassungsvermögen von		
9.1.1.1	200 000 t oder mehr,	**X**	
9.1.1.2	30 t bis weniger als 200 000 t,		**A**
9.1.1.3	3 t bis weniger als 30 t,		**S**
9.1.2	soweit es sich ausschließlich um Einzelbehältnisse mit einem Volumen von jeweils nicht mehr als 1 000 cm^3 handelt, mit einem Fassungsvermögen von		
9.1.2.1	200 000 t oder mehr,	**X**	
9.1.2.2	30 t bis weniger als 200 000 t;		**S**
9.2	Errichtung und Betrieb einer Anlage, die der Lagerung von Flüssigkeiten dient, ausgenommen Anlagen, die von Nummer 9.3 erfasst werden, soweit		
9.2.1	die Flüssigkeiten einen Flammpunkt von 373,15 Kelvin oder weniger haben, mit einem Fassungsvermögen von		
9.2.1.1	200 000 t oder mehr,	**X**	
9.2.1.2	50 000 t bis weniger als 200 000 t,		**A**
9.2.1.3	10 000 t bis weniger als 50 000 t,		**S**
9.2.2	die Flüssigkeiten einen Flammpunkt unter 294,15 Kelvin haben und deren Siedepunkt bei Normaldruck (101,3 Kilopascal) über 293,15 Kelvin liegt, mit einem Fassungsvermögen von 5 000 t bis weniger als 10 000 t;		**S**
9.3	Errichtung und Betrieb einer Anlage, die der Lagerung von im Anhang 2 (Stoffliste zu Nummer 9.3 Anhang 1) der Verordnung über genehmigungsbedürftige Anlagen in der jeweils geltenden Fassung genannten Stoffen dient, mit einer Lagerkapazität von		
9.3.1	200 000 t oder mehr,	**X**	
9.3.2	den in Spalte 4 des Anhangs 2 (Stoffliste zu Nummer 9.3 Anhang 1) der Verordnung über genehmigungsbedürftige Anlagen in der jeweils geltenden Fassung ausgewiesenen Mengen bis weniger als 200 000 t,		**A**
9.3.3	den in Spalte 3 bis weniger als den in Spalte 4 des Anhangs 2 (Stoffliste zu Nummer 9.3 Anhang 1) der Verordnung über genehmigungsbedürftige Anlagen in der jeweils geltenden Fassung ausgewiesenen Mengen;		**S**
9.4	Errichtung und Betrieb einer Anlage, die der Lagerung von Erdöl, petrochemischen oder chemischen Stoffen oder Erzeugnissen dient, ausgenommen Anlagen, die von den Nummern 9.1, 9.2 oder 9.3 erfasst werden, mit einem Fassungsvermögen von		
9.4.1	200 000 t oder mehr,	**X**	
9.4.2	25 000 t bis weniger als 200 000 t;		**A**
10.	**Sonstige Industrieanlagen:**		
10.1	Errichtung und Betrieb einer Anlage zur Herstellung, Bearbeitung oder Verarbeitung von explosionsgefährlichen Stoffen im Sinne des Sprengstoffgesetzes[1)], die zur Verwendung als Sprengstoffe, Zündstoffe, Treibstoffe, pyrotechnische Sätze oder zur Herstellung dieser Stoffe bestimmt sind; hierzu gehört auch eine Anlage zum Laden, Entladen	**X**	

[1)] **Sartorius ErgBd. Nr. 822.**

Nr.	Vorhaben	Sp. 1	Sp. 2
	oder Delaborieren von Munition oder sonstigen Sprengkörpern, ausgenommen Anlagen im handwerklichen Umfang oder zur Herstellung von Zündhölzern sowie ortsbewegliche Mischladegeräte;		
10.2	Errichtung und Betrieb einer Anlage zur Wiedergewinnung oder Vernichtung von explosionsgefährlichen Stoffen im Sinne des Sprengstoffgesetzes[1]);	X	
10.3	Errichtung und Betrieb einer Anlage zum Vulkanisieren von Natur- oder Synthesekautschuk unter Verwendung von Schwefel oder Schwefelverbindungen mit einem Einsatz von		
10.3.1	25 t Kautschuk oder mehr je Stunde,		A
10.3.2	weniger als 25 t Kautschuk je Stunde, ausgenommen Anlagen, in denen weniger als 50 kg Kautschuk je Stunde verarbeitet wird oder ausschließlich vorvulkanisierter Kautschuk eingesetzt wird;		S
10.4	Errichtung und Betrieb einer Anlage zur Vorbehandlung (Waschen, Bleichen, Mercerisieren) oder zum Färben von Fasern oder Textilien mit		
10.4.1	einer Verarbeitungskapazität von 10 t Fasern oder Textilien oder mehr je Tag,		A
10.4.2	einer Färbekapazität von 2 t bis weniger als 10 t Fasern oder Textilien je Tag bei Anlagen zum Färben von Fasern oder Textilien unter Verwendung von Färbebeschleunigern einschließlich Spannrahmenanlagen, ausgenommen Anlagen, die unter erhöhtem Druck betrieben werden,		S
10.4.3	einer Bleichkapazität von weniger als 10 t Fasern oder Textilien je Tag bei Anlagen zum Bleichen von Fasern oder Textilien unter Verwendung von Chlor oder Chlorverbindungen;		S
10.5	Errichtung und Betrieb eines Prüfstandes für oder mit Verbrennungsmotoren, ausgenommen – Rollenprüfstände, die in geschlossenen Räumen betrieben werden, und – Anlagen, in denen mit Katalysator oder Dieselrußfilter ausgerüstete Serienmotoren geprüft werden, mit einer Feuerungswärmeleistung von insgesamt		
10.5.1	10 MW oder mehr,		A
10.5.2	300 KW bis weniger als 10 MW;		S
10.6	Errichtung und Betrieb eines Prüfstandes für oder mit Gasturbinen oder Triebwerken mit einer Feuerungswärmeleistung von insgesamt		
10.6.1	mehr als 200 MW,	X	
10.6.2	100 MW bis 200 MW,		A
10.6.3	weniger als 100 MW;		S
10.7	Errichtung und Betrieb einer ständigen Renn- oder Teststrecke für Kraftfahrzeuge;		A
10.8	Errichtung und Betrieb einer Anlage zur Wasserelektrolyse zur Erzeugung von Wasserstoff sowie Sauerstoff, ausgenommen integrierte chemische Anlagen nach Nummer 4.1, mit einer elektrischen Nennleistung von		
10.8.1	50 MW oder mehr		A
10.8.2	5 MW bis weniger als 50 MW		S
11.	**Kernenergie:**		
11.1	Errichtung und Betrieb einer ortsfesten Anlage zur Erzeugung oder zur Bearbeitung oder Verarbeitung oder zur Spaltung von Kernbrennstoffen oder zur Aufarbeitung bestrahlter Kernbrennstoffe sowie bei *ortsfesten Anlagen zur Spaltung* von Kernbrennstoffen die insgesamt geplanten Maßnahmen zur Stilllegung, zum sicheren Einschluss oder	X	

[1]) **Sartorius ErgBd. Nr. 822.**

Nr.	Vorhaben	Sp. 1	Sp. 2
	zum Abbau der Anlage oder von Anlagenteilen; ausgenommen sind ortsfeste Anlagen zur Spaltung von Kernbrennstoffen, deren Höchstleistung 1 KW thermische Dauerleistung nicht überschreitet; einzelne Maßnahmen zur Stilllegung, zum sicheren Einschluss oder zum Abbau der in Halbsatz 1 bezeichneten Anlagen oder von Anlagenteilen gelten als Änderung im Sinne von § 9;		

(Fortsetzung nächstes Blatt)

Nr.	Vorhaben	Sp. 1	Sp. 2
11.2	Errichtung und Betrieb einer Anlage zur Sicherstellung oder zur Endlagerung radioaktiver Abfälle;	X	
11.3	außerhalb der in den Nummern 11.1 und 11.2 bezeichneten Anlagen Errichtung und Betrieb einer Anlage oder Einrichtung zur Bearbeitung oder Verarbeitung bestrahlter Kernbrennstoffe oder hochradioaktiver Abfälle oder zu dem ausschließlichen Zweck der für mehr als zehn Jahre geplanten Lagerung bestrahlter Kernbrennstoffe oder radioaktiver Abfälle an einem anderen Ort als dem Ort, an dem diese Stoffe angefallen sind;	X	
11.4	außerhalb der in den Nummern 11.1 und 11.2 bezeichneten Anlagen, soweit nicht Nummer 11.3 Anwendung findet, Errichtung und Betrieb einer Anlage oder Einrichtung zur Lagerung, Bearbeitung oder Verarbeitung radioaktiver Abfälle, deren Aktivitäten die Werte erreichen oder überschreiten, bei deren Unterschreiten es für den beantragten Umgang nach einer aufgrund des Strahlenschutzgesetzes erlassenen Rechtsverordnung keiner Vorbereitung der Schadensbekämpfung bei Abweichungen vom bestimmungsgemäßen Betrieb bedarf;		A
12.	**Abfalldeponien:**		
12.1	Errichtung und Betrieb einer Deponie zur Ablagerung von gefährlichen Abfällen im Sinne des Kreislaufwirtschaftsgesetzes[1)];	X	
12.2	Errichtung und Betrieb einer Deponie zur Ablagerung von nicht gefährlichen Abfällen im Sinne des Kreislaufwirtschaftsgesetzes[1)], mit Ausnahme der Deponien für Inertabfälle nach Nummer 12.3, mit einer Aufnahmekapazität von		
12.2.1	10 t oder mehr je Tag oder mit einer Gesamtkapazität von 25 000 t oder mehr,	X	
12.2.2	weniger als 10 t je Tag oder mit einer Gesamtkapazität von weniger als 25 000 t;		S
12.3	Errichtung und Betrieb einer Deponie zur Ablagerung von Inertabfällen im Sinne des Kreislaufwirtschaftsgesetzes[1)];		A
13.	**Wasserwirtschaftliche Vorhaben mit Benutzung oder Ausbau eines Gewässers:**		
13.1	Errichtung und Betrieb einer Abwasserbehandlungsanlage, die ausgelegt ist für		
13.1.1	organisch belastetes Abwasser von 9 000 kg/d oder mehr biochemischen Sauerstoffbedarfs in fünf Tagen (roh) oder anorganisch belastetes Abwasser von 4 500 m³ oder mehr Abwasser in zwei Stunden (ausgenommen Kühlwasser),	X	
13.1.2	organisch belastetes Abwasser von 600 kg/d bis weniger als 9 000 kg/d biochemischen Sauerstoffbedarfs in fünf Tagen (roh) oder anorganisch belastetes Abwasser von 900 m³ bis weniger als 4 500 m³ Abwasser in zwei Stunden (ausgenommen Kühlwasser),		A
13.1.3	organisch belastetes Abwasser von 120 kg/d bis weniger als 600 kg/d biochemischen Sauerstoffbedarfs in fünf Tagen (roh) oder anorganisch belastetes Abwasser von 10 m³ bis weniger als 900 m³ Abwasser in zwei Stunden (ausgenommen Kühlwasser);		S
13.2	Errichtung und Betrieb einer Anlage zur intensiven Fischzucht		
13.2.1	in oberirdischen Gewässern oder Küstengewässern oder verbunden mit dem Einbringen oder Einleiten von Stoffen in oberirdische Gewässer oder Küstengewässer mit einem Fischertrag je Jahr von		
13.2.1.1	1 000 t oder mehr, wenn dies durch Landesrecht vorgeschrieben ist,	X	
13.2.1.2	100 t oder mehr, soweit nicht von Nummer 13.2.1.1 erfasst,		A
13.2.1.3	50 t bis weniger als 100 t;		S
13.2.2	in der ausschließlichen Wirtschaftszone Deutschlands mit einem Fischertrag je Jahr von		

[1)] Nr. **298**.

Nr.	Vorhaben	Sp. 1	Sp. 2
13.2.2.1	mehr als 2 500 t,	X	
13.2.2.2	500 t bis 2 500 t,		A
13.2.2.3	250 t bis weniger als 500 t;		S
13.3	Entnehmen, Zutagefördern oder Zutageleiten von Grundwasser oder Einleiten von Oberflächenwasser zum Zwecke der Grundwasseranreicherung, jeweils mit einem jährlichen Volumen an Wasser von		
13.3.1	10 Mio. m³ oder mehr,	X	
13.3.2	100 000 m³ bis weniger als 10 Mio. m³,		A
13.3.3	5 000 m³ bis weniger als 100 000 m³, wenn durch die Gewässerbenutzung erhebliche nachteilige Auswirkungen auf grundwasserabhängige Ökosysteme zu erwarten sind;		S
13.4	Tiefbohrung zum Zweck der Wasserversorgung;		A
13.5	Wasserwirtschaftliches Projekt in der Landwirtschaft (sofern nicht von Nummer 13.3 oder Nummer 13.18 erfasst), einschließlich Bodenbewässerung oder Bodenentwässerung, mit einem jährlichen Volumen an Wasser von		
13.5.1	100 000 m³ oder mehr,		A
13.5.2	5 000 m³ bis weniger als 100 000 m³, wenn durch die Gewässerbenutzung erhebliche nachteilige Auswirkungen auf grundwasserabhängige Ökosysteme zu erwarten sind;		S
13.6	Bau eines Stauwerkes oder einer sonstigen Anlage zur Zurückhaltung oder dauerhaften Speicherung von Wasser, wobei		
13.6.1	10 Mio. m³ oder mehr Wasser zurückgehalten oder gespeichert werden,	X	
13.6.2	weniger als 10 Mio. m³ Wasser zurückgehalten oder gespeichert werden;		A
13.7	Umleitung von Wasser von einem Flusseinzugsgebiet in ein anderes, ausgenommen Transport von Trinkwasser in Rohrleitungen, mit einem Volumen von		
13.7.1	– 100 Mio. oder mehr m³ Wasser pro Jahr, wenn durch die Umleitung Wassermangel verhindert werden soll, oder – 5 % oder mehr des Durchflusses, wenn der langjährige durchschnittliche Wasserdurchfluss des Flusseinzugsgebietes, dem Wasser entnommen wird, 2 000 Mio. m³ übersteigt,	X	
13.7.2	weniger als den in Nummer 13.7.1 angegebenen Werten;		A
13.8	Flusskanalisierungs- und Stromkorrekturarbeiten;		A
13.9	Bau eines Hafens für die Binnenschifffahrt, wenn der Hafen für Schiffe mit		
13.9.1	mehr als 1 350 t zugänglich ist,	X	
13.9.2	1 350 t oder weniger zugänglich ist;		A
13.10	Bau eines Binnen- oder Seehandelshafens für die Seeschifffahrt;	X	
13.11	Bau eines mit einem Binnen- oder Seehafen für die Seeschifffahrt verbundenen Landungssteges zum Laden und Löschen von Schiffen (ausgenommen Fährschiffe), der		
13.11.1	Schiffe mit mehr als 1 350 t aufnehmen kann,	X	
13.11.2	Schiffe mit 1 350 t oder weniger aufnehmen kann;		A
13.12	Bau eines sonstigen Hafens, einschließlich Fischereihafens oder Jachthafens, oder einer infrastrukturellen Hafenanlage;		A
13.13	Bau eines Deiches oder Dammes, der den Hochwasserabfluss beeinflusst (sofern nicht von Nummer 13.16 erfasst);		A
13.14	Errichtung und Betrieb einer Wasserkraftanlage;		A
13.15	*Baggerung in Flüssen oder Seen zur Gewinnung von Mineralien;*		A
13.16	Bauten des Küstenschutzes zur Bekämpfung der Erosion und meerestechnische Arbeiten, die geeignet sind, Veränderungen der Küste mit sich zu bringen (zum Beispiel Bau von Deichen, Molen, Hafendäm-		A

Nr.	Vorhaben	Sp. 1	Sp. 2
	men und sonstigen Küstenschutzbauten), mit Ausnahme der Unterhaltung und Wiederherstellung solcher Bauten, soweit nicht durch Landesrecht etwas anderes als in dieser Nummer bestimmt ist;		
13.17	Landgewinnung am Meer, soweit nicht durch Landesrecht etwas anderes bestimmt ist;		A
13.18	sonstige der Art nach nicht von den Nummern 13.1 bis 13.17 erfasste Ausbaumaßnahmen im Sinne des Wasserhaushaltsgesetzes[1]		
13.18.1	soweit die Ausbaumaßnahmen nicht von Nummer 13.18.2 erfasst sind,		A
13.18.2	naturnaher Ausbau von Bächen, Gräben, Rückhaltebecken und Teichen, kleinräumige naturnahe Umgestaltungen, wie die Beseitigung von Bach- und Grabenverrohrungen, Verlegung von Straßenseitengräben in der bebauten Ortslage und ihre kleinräumige Verrohrung, Umsetzung von Kiesbänken in Gewässern;		S
14.	**Verkehrsvorhaben:**		
14.1	Bau einer Bundeswasserstraße durch		
14.1.1	Vorhaben im Sinne der Nummern 13.6.1 und 13.7.1	X	
14.1.2	Vorhaben im Sinne der Nummern 13.6.2, 13.7.2, 13.8, 13.12 und 13.13 (unabhängig von einer Beeinflussung des Hochwasserabflusses);		A
14.2	Bau einer Bundeswasserstraße, die für Schiffe mit		
14.2.1	mehr als 1 350 t zugänglich ist,	X	
14.2.2	1 350 t oder weniger zugänglich ist;		A
14.3	Bau einer Bundesautobahn oder einer sonstigen Bundesstraße, wenn diese eine Schnellstraße im Sinne der Begriffsbestimmung des Europäischen Übereinkommens über die Hauptstraßen des internationalen Verkehrs vom 15. November 1975 ist;	X	
14.4	Bau einer neuen vier- oder mehrstreifigen Bundesstraße, wenn diese neue Straße eine durchgehende Länge von 5 km oder mehr aufweist;	X	
14.5	Bau einer vier- oder mehrstreifigen Bundesstraße durch Verlegung und/oder Ausbau einer bestehenden Bundesstraße, wenn dieser geänderte Bundesstraßenabschnitt eine durchgehende Länge von 10 km oder mehr aufweist;	X	
14.6	Bau einer sonstigen Bundesstraße;		A
14.7	Bau eines Schienenwegs von Eisenbahnen mit den dazugehörigen Betriebsanlagen sowie Bahnstromfernleitungen auf dem Gelände der Betriebsanlage oder entlang des Schienenwegs	X	
14.8	Soweit der Bau nicht Teil des Baus eines Schienenwegs nach Nummer 14.7 oder einer Bahnstromfernleitung nach Nummer 19.13 ist		
14.8.1	Bau von Gleisanschlüssen mit einer Länge bis 2 000 m		S
14.8.2	Bau von Zuführungs- und Industriestammgleisen mit einer Länge bis 3 000 m		S
14.8.3	Bau einer sonstigen Betriebsanlage von Eisenbahnen, insbesondere einer intermodalen Umschlaganlage oder eines Terminals für Eisenbahnen, wenn diese eine Fläche		
14.8.3.1	von 5 000 m² oder mehr in Anspruch nimmt,		A
14.8.3.2	von 2 000 m² bis weniger als 5 000 m² in Anspruch nimmt.		S
14.9	Bau einer Magnetschwebebahnstrecke mit den dazugehörenden Betriebsanlagen;	X	
14.10	Bau einer anderen Bahnstrecke für den öffentlichen spurgeführten Verkehr mit den dazugehörenden Betriebsanlagen;		A
14.11	Bau einer Bahnstrecke für Straßenbahnen, Stadtschnellbahnen in Hochlage, Untergrundbahnen oder Hängebahnen im Sinne des Personenbeförderungsgesetzes, jeweils mit den dazugehörenden Betriebsanlagen;		A

[1] Nr. **845**.

Nr.	Vorhaben	Sp. 1	Sp. 2
14.12	Bau eines Flugplatzes im Sinne der Begriffsbestimmungen des Abkommens von Chicago von 1944 zur Errichtung der Internationalen Zivilluftfahrt-Organisation (Anhang 14) mit einer Start- und Landebahngrundlänge von		
14.12.1	1 500 m oder mehr,	X	
14.12.2	weniger als 1 500 m;		A
15.	**Bergbau und dauerhafte Speicherung von Kohlendioxid:**		
15.1	bergbauliche Vorhaben, einschließlich der zu ihrer Durchführung erforderlichen betriebsplanpflichtigen Maßnahmen dieser Anlage, nur nach Maßgabe der aufgrund des § 57c Nummer 1 des Bundesberggesetzes[1] erlassenen Rechtsverordnung,		
15.2	Errichtung, Betrieb und Stilllegung von Kohlendioxidspeichern;	X	
16.	**Flurbereinigung:**		
16.1	Bau der gemeinschaftlichen und öffentlichen Anlagen im Sinne des Flurbereinigungsgesetzes[2];		A
17.	**Forstliche und landwirtschaftliche Vorhaben:**		
17.1	Erstaufforstung im Sinne des Bundeswaldgesetzes[3] mit		
17.1.1	50 ha oder mehr Wald,	X	
17.1.2	20 ha bis weniger als 50 ha Wald,		A
17.1.3	2 ha bis weniger als 20 ha Wald;		S
17.2	Rodung von Wald im Sinne des Bundeswaldgesetzes[3] zum Zwecke der Umwandlung in eine andere Nutzungsart mit		
17.2.1	10 ha oder mehr Wald,	X	
17.2.2	5 ha bis weniger als 10 ha Wald,		A
17.2.3	1 ha bis weniger als 5 ha Wald;		S
17.3	Projekte zur Verwendung von Ödland oder naturnahen Flächen zu intensiver Landwirtschaftsnutzung mit		
17.3.1	20 ha oder mehr,	X	
17.3.2	10 ha bis weniger als 20 ha,		A
17.3.3	1 ha bis weniger als 10 ha;		S
18.	**Bauvorhaben:**		
18.1	Bau eines Feriendorfes, eines Hotelkomplexes oder einer sonstigen großen Einrichtung für die Ferien- und Fremdenbeherbergung, für den im bisherigen Außenbereich im Sinne des § 35 des Baugesetzbuchs[4] ein Bebauungsplan aufgestellt wird, mit		
18.1.1	einer Bettenzahl von jeweils insgesamt 300 oder mehr oder mit einer Gästezimmerzahl von jeweils insgesamt 200 oder mehr,	X	
18.1.2	einer Bettenzahl von jeweils insgesamt 100 bis weniger als 300 oder mit einer Gästezimmerzahl von jeweils insgesamt 80 bis weniger als 200;		A
18.2	Bau eines ganzjährig betriebenen Campingplatzes, für den im bisherigen Außenbereich im Sinne des § 35 des Baugesetzbuchs[4] ein Bebauungsplan aufgestellt wird, mit einer Stellplatzzahl von		
18.2.1	200 oder mehr,	X	
18.2.2	50 bis weniger als 200;		A
18.3	Bau eines Freizeitparks, für den im bisherigen Außenbereich im Sinne des § 35 des Baugesetzbuchs[4] ein Bebauungsplan aufgestellt wird, mit einer Größe des Plangebiets von		
18.3.1	10 ha oder mehr,	X	
18.3.2	4 ha bis weniger als 10 ha;		A

[1] **Sartorius III Nr. 460.**
[2] **Sartorius III Nr. 400.**
[3] Nr. **875.**
[4] Nr. **300.**

Nr.	Vorhaben	Sp. 1	Sp. 2
18.4	Bau eines Parkplatzes, für den im bisherigen Außenbereich im Sinne des § 35 des Baugesetzbuchs[1] ein Bebauungsplan aufgestellt wird, mit einer Größe von		
18.4.1	1 ha oder mehr,	X	
18.4.2	0,5 ha bis weniger als 1 ha;		A
18.5	Bau einer Industriezone für Industrieanlagen, für den im bisherigen Außenbereich im Sinne des § 35 des Baugesetzbuchs[1] ein Bebauungsplan aufgestellt wird, mit einer zulässigen Grundfläche im Sinne des § 19 Absatz 2 der Baunutzungsverordnung[2] oder einer festgesetzten Größe der Grundfläche von insgesamt		
18.5.1	100 000 m² oder mehr,	X	
18.5.2	20 000 m² bis weniger als 100 000 m²;		A
18.6	Bau eines Einkaufszentrums, eines großflächigen Einzelhandelsbetriebes oder eines sonstigen großflächigen Handelsbetriebes im Sinne des § 11 Absatz 3 Satz 1 der Baunutzungsverordnung[2], für den im bisherigen Außenbereich im Sinne des § 35 des Baugesetzbuchs[1] ein Bebauungsplan aufgestellt wird, mit einer zulässigen Geschossfläche von		
18.6.1	5 000 m² oder mehr,	X	
18.6.2	1 200 m² bis weniger als 5 000 m²;		A
18.7	Bau eines Städtebauprojektes für sonstige bauliche Anlagen, für den im bisherigen Außenbereich im Sinne des § 35 des Baugesetzbuchs[1] ein Bebauungsplan aufgestellt wird, mit einer zulässigen Grundfläche im Sinne des § 19 Absatz 2 der Baunutzungsverordnung[2] oder einer festgesetzten Größe der Grundfläche von insgesamt		
18.7.1	100 000 m² oder mehr,	X	
18.7.2	20 000 m² bis weniger als 100 000 m²;		A
18.8	Bau eines Vorhabens der in den Nummern 18.1 bis 18.7 genannten Art, soweit der jeweilige Prüfwert für die Vorprüfung erreicht oder überschritten wird und für den in sonstigen Gebieten ein Bebauungsplan aufgestellt, geändert oder ergänzt wird;		A
18.9	Vorhaben, für das nach Landesrecht zur Umsetzung der Richtlinie 85/337/EWG des Rates über die Umweltverträglichkeitsprüfung bei bestimmten öffentlichen und privaten Projekten (ABl. EG Nr. L 175 S. 40) in der durch die Änderungsrichtlinie 97/11/EG des Rates (ABl. EG Nr. L 73 S. 5) geänderten Fassung eine Umweltverträglichkeitsprüfung vorgesehen ist, sofern dessen Zulässigkeit durch einen Bebauungsplan begründet wird oder ein Bebauungsplan einen Planfeststellungsbeschluss ersetzt;		
19.	**Leitungsanlagen und andere Anlagen:**		
19.1	Errichtung und Betrieb einer Hochspannungsfreileitung im Sinne des Energiewirtschaftsgesetzes[3] mit		
19.1.1	einer Länge von mehr als 15 km und mit einer Nennspannung von 220 kV oder mehr,	X	
19.1.2	einer Länge von mehr als 15 km und mit einer Nennspannung von 110 kV bis zu 220 kV		A
19.1.3	einer Länge von 5 km bis 15 km und mit einer Nennspannung von 110 kV oder mehr,		A
19.1.4	einer Länge von über 200 Metern und weniger als 5 km und einer Nennspannung von 110 kV oder mehr;		S
19.1.5	einer Länge von bis zu 200 Metern und einer Nennspannung von 110 kV oder mehr, wenn die Hochspannungsfreileitung in einem Natura		S

[1] Nr. **300**.
[2] Nr. **311**.
[3] Nr. **830**.

Nr.	Vorhaben	Sp. 1	Sp. 2
	2000-Gebiet nach § 7 Absatz 1 Nummer 8 des Bundesnaturschutzgesetzes[4] liegt		
19.2	Errichtung und Betrieb einer Gasversorgungsleitung im Sinne des Energiewirtschaftsgesetzes[1], ausgenommen Anlagen, die den Bereich eines Werksgeländes nicht überschreiten, mit		
19.2.1	einer Länge von mehr als 40 km und einem Durchmesser von mehr als 800 mm,	**X**	
19.2.2	einer Länge von mehr als 40 km und einem Durchmesser von 300 mm bis zu 800 mm,		**A**
19.2.3	einer Länge von 5 km bis 40 km und einem Durchmesser von mehr als 300 mm,		**A**
19.2.4	einer Länge von weniger als 5 km und einem Durchmesser von mehr als 300 mm;		**S**
19.3	Errichtung und Betrieb einer Rohrleitungsanlage zum Befördern wassergefährdender Stoffe im Sinne von § 66 Absatz 6 Satz 7 dieses Gesetzes, ausgenommen Rohrleitungsanlagen, die – den Bereich eines Werksgeländes nicht überschreiten, – Zubehör einer Anlage zum Umgang mit solchen Stoffen sind oder – Anlagen verbinden, die in engem räumlichen und betrieblichen Zusammenhang miteinander stehen und kurzräumig durch landgebundene öffentliche Verkehrswege getrennt sind, mit		
19.3.1	einer Länge von mehr als 40 km,	**X**	
19.3.2	einer Länge von 2 km bis 40 km und einem Durchmesser der Rohrleitung von mehr als 150 mm,		**A**
19.3.3	einer Länge von weniger als 2 km und einem Durchmesser der Rohrleitung von mehr als 150 mm;		**S**
19.4	Errichtung und Betrieb einer Rohrleitungsanlage, soweit sie nicht unter Nummer 19.3 fällt, zum Befördern von verflüssigten Gasen, ausgenommen Anlagen, die den Bereich eines Werksgeländes nicht überschreiten, mit		
19.4.1	einer Länge von mehr als 40 km und einem Durchmesser der Rohrleitung von mehr als 800 mm,	**X**	
19.4.2	einer Länge von mehr als 40 km und einem Durchmesser der Rohrleitung von 150 mm bis zu 800 mm,		**A**
19.4.3	einer Länge von 2 km bis 40 km und einem Durchmesser der Rohrleitung von mehr als 150 mm,		**A**
19.4.4	einer Länge von weniger als 2 km und einem Durchmesser der Rohrleitung von mehr als 150 mm;		**S**
19.5	Errichtung und Betrieb einer Rohrleitungsanlage, soweit sie nicht unter Nummer 19.3 oder als Energieanlage im Sinne des Energiewirtschaftsgesetzes[1] unter Nummer 19.2 fällt, zum Befördern von nichtverflüssigten Gasen, ausgenommen Anlagen, die den Bereich eines Werksgeländes nicht überschreiten, mit		
19.5.1	einer Länge von mehr als 40 km und einem Durchmesser der Rohrleitung von mehr als 800 mm,	**X**	
19.5.2	einer Länge von mehr als 40 km und einem Durchmesser der Rohrleitung von 300 mm bis zu 800 mm,		**A**
19.5.3	einer Länge von 5 km bis 40 km und einem Durchmesser der Rohrleitung von mehr als 300 mm,		**A**
19.5.4	einer Länge von weniger als 5 km und einem Durchmesser der Rohrleitung von mehr als 300 mm;		**S**

[4] Nr. **880**.
[1] Nr. **830**.

Nr.	Vorhaben	Sp. 1	Sp. 2
19.6	Errichtung und Betrieb einer Rohrleitungsanlage zum Befördern von Stoffen im Sinne von § 3a des Chemikaliengesetzes, soweit sie nicht unter eine der Nummern 19.2 bis 19.5 fällt und ausgenommen Abwasserleitungen sowie Anlagen, die den Bereich eines Werksgeländes nicht überschreiten oder Zubehör einer Anlage zum Lagern solcher Stoffe sind, mit		
19.6.1	einer Länge von mehr als 40 km und einem Durchmesser der Rohrleitung von mehr als 800 mm,	X	
19.6.2	einer Länge von mehr als 40 km und einem Durchmesser der Rohrleitung von 300 mm bis 800 mm,		A
19.6.3	einer Länge von 5 km bis 40 km und einem Durchmesser der Rohrleitung von mehr als 300 mm,		A
19.6.4	einer Länge von weniger als 5 km und einem Durchmesser der Rohrleitung von mehr als 300 mm;		S
19.7	Errichtung und Betrieb einer Rohrleitungsanlage zum Befördern von Dampf oder Warmwasser aus einer Anlage nach den Nummern 1 bis 10, die den Bereich des Werksgeländes überschreitet (Dampf- oder Warmwasserpipeline), mit		
19.7.1	einer Länge von 5 km oder mehr außerhalb des Werksgeländes,		A
19.7.2	einer Länge von weniger als 5 km im Außenbereich;		S
19.8	Errichtung und Betrieb einer Rohrleitungsanlage, soweit sie nicht unter Nummer 19.6 fällt, zum Befördern von Wasser, die das Gebiet einer Gemeinde überschreitet (Wasserfernleitung), mit		
19.8.1	einer Länge von 10 km oder mehr,		A
19.8.2	einer Länge von 2 km bis weniger als 10 km;		S
19.9	Errichtung und Betrieb eines künstlichen Wasserspeichers mit		
19.9.1	10 Mio. m^3 oder mehr Wasser,	X	
19.9.2	2 Mio. m^3 bis weniger als 10 Mio. m^3 Wasser,		A
19.9.3	5 000 m^3 bis weniger als 2 Mio. m^3 Wasser;		S
19.10	Errichtung und Betrieb einer Kohlendioxidleitung im Sinne des Kohlendioxid- Speicherung-und-Transport-Gesetzes[1)], ausgenommen Anlagen, die den Bereich eines Werksgeländes nicht überschreiten, mit		
19.10.1	einer Länge von mehr als 40 km und einem Durchmesser der Rohrleitung von mehr als 800 mm,	X	
19.10.2	einer Länge von mehr als 40 km und einem Durchmesser der Rohrleitung von 150 mm bis zu 800 mm,		A
19.10.3	einer Länge von 2 km bis 40 km und einem Durchmesser der Rohrleitung von mehr als 150 mm,		A
19.10.4	einer Länge von weniger als 2 km und einem Durchmesser der Rohrleitung von mehr als 150 mm;		S
19.11	Errichtung und Betrieb eines Erdkabels nach § 2 Absatz 5 des Bundesbedarfsplangesetzes[2)]	X	
19.12	Errichtung und Betrieb einer Anbindungsleitung von LNG-Anlagen an das Fernleitungsnetz im Sinne des Energiewirtschaftsgesetzes[3)], ausgenommen Leitungsanlagen, die den Bereich eines Werksgeländes nicht überschreiten, mit		
19.12.1	einer Länge von mehr als 40 km und einem Durchmesser von mehr als 800 mm,	X	
19.12.2	einer Länge von mehr als 40 km und einem Durchmesser von 300 mm bis zu 800 mm,		A

[1)] **Sartorius III Nr. 320.**
[2)] **Sartorius III Nr. 512.**
[3)] **Sartorius ErgBd. Nr. 830.**

Nr.	Vorhaben	Sp. 1	Sp. 2
19.12.3	einer Länge von 5 km bis 40 km und einem Durchmesser von mehr als 300 mm,		A
19.12.4	einer Länge von weniger als 5 km und einem Durchmesser von mehr als 300 mm;		S
19.13	Errichtung und Betrieb einer Bahnstromfernleitung mit einer Nennspannung von 110 kV bis weniger als 220 kV, soweit nicht von Nummer 14.7 erfasst,		
19.13.1	mit einer Länge von 15 km oder mehr		A
19.13.2	mit einer Länge von weniger als 15 km		S

Anlage 2

1. Angaben des Vorhabenträgers zur Vorbereitung der Vorprüfung

1. Nachstehende Angaben sind nach § 7 Absatz 4 vom Vorhabenträger zu übermitteln, wenn nach § 7 Absatz 1 und 2, auch in Verbindung mit den §§ 8 bis 14, eine Vorprüfung durchzuführen ist.
   a) Eine Beschreibung des Vorhabens, insbesondere
      aa) der physischen Merkmale des gesamten Vorhabens und, soweit relevant, der Abrissarbeiten,
      bb) des Standorts des Vorhabens und der ökologischen Empfindlichkeit der Gebiete, die durch das Vorhaben beeinträchtigt werden können.
   b) Eine Beschreibung der Schutzgüter, die von dem Vorhaben erheblich beeinträchtigt werden können.
   c) Eine Beschreibung der möglichen erheblichen Auswirkungen des Vorhabens auf die betroffenen Schutzgüter infolge
      aa) der erwarteten Rückstände und Emissionen sowie gegebenenfalls der Abfallerzeugung,
      bb) der Nutzung der natürlichen Ressourcen, insbesondere Fläche, Boden, Wasser, Tiere, Pflanzen und biologische Vielfalt.
2. Bei der Zusammenstellung der Angaben für die Vorprüfung ist den Kriterien nach Anlage 3, die für das Vorhaben von Bedeutung sind, Rechnung zu tragen. Soweit der Vorhabenträger über Ergebnisse vorgelagerter Umweltprüfungen oder anderer rechtlich vorgeschriebener Untersuchungen zu den Umweltauswirkungen des Vorhabens verfügt, sind diese ebenfalls einzubeziehen.
3. Zusätzlich zu den Angaben nach Nummer 1 Buchstabe a kann der Vorhabenträger auch eine Beschreibung aller Merkmale des Vorhabens und des Standorts und aller Vorkehrungen vorlegen, mit denen erhebliche nachteilige Umweltauswirkungen ausgeschlossen werden sollen.
4. Wird eine standortbezogene Vorprüfung durchgeführt, können sich die Angaben des Vorhabenträgers in der ersten Stufe auf solche Angaben beschränken, die sich auf das Vorliegen besonderer örtlicher Gegebenheiten gemäß den in Anlage 3 Nummer 2.3 aufgeführten Schutzkriterien beziehen.

Anlage 3

Kriterien für die Vorprüfung im Rahmen einer Umweltverträglichkeitsprüfung

Nachstehende Kriterien sind anzuwenden, soweit in § 7 Absatz 1 und 2, auch in Verbindung mit den §§ 8 bis 14, auf Anlage 3 Bezug genommen wird.

1. Merkmale der Vorhaben

Die Merkmale eines Vorhabens sind insbesondere hinsichtlich folgender Kriterien zu beurteilen:

1.1 Größe und Ausgestaltung des gesamten Vorhabens und, soweit relevant, der Abrissarbeiten,

1.2 Zusammenwirken mit anderen bestehenden oder zugelassenen Vorhaben und Tätigkeiten,

1.3 Nutzung natürlicher Ressourcen, insbesondere Fläche, Boden, Wasser, Tiere, Pflanzen und biologische Vielfalt,

1.4 Erzeugung von Abfällen im Sinne von § 3 Absatz 1 und 8 des Kreislaufwirtschaftsgesetzes[1)],

1.5 Umweltverschmutzung und Belästigungen,

[1)] Nr. **298**.

1.6 Risiken von Störfällen, Unfällen und Katastrophen, die für das Vorhaben von Bedeutung sind, einschließlich der Störfälle, Unfälle und Katastrophen, die wissenschaftlichen Erkenntnissen zufolge durch den Klimawandel bedingt sind, insbesondere mit Blick auf:

1.6.1 verwendete Stoffe und Technologien,

1.6.2 die Anfälligkeit des Vorhabens für Störfälle im Sinne des § 2 Nummer 7 der Störfall-Verordnung[1], insbesondere aufgrund seiner Verwirklichung innerhalb des angemessenen Sicher-

(Fortsetzung nächstes Blatt)

[1] **Sartorius ErgBd. Nr. 296/12.**

heitsabstandes zu Betriebsbereichen im Sinne des § 3 Absatz 5a des Bundes-Immissionsschutzgesetzes[1)],

1.7 Risiken für die menschliche Gesundheit, z.B. durch Verunreinigung von Wasser oder Luft.

2. Standort der Vorhaben

Die ökologische Empfindlichkeit eines Gebiets, das durch ein Vorhaben möglicherweise beeinträchtigt wird, ist insbesondere hinsichtlich folgender Nutzungs- und Schutzkriterien unter Berücksichtigung des Zusammenwirkens mit anderen Vorhaben in ihrem gemeinsamen Einwirkungsbereich zu beurteilen:

2.1 bestehende Nutzung des Gebietes, insbesondere als Fläche für Siedlung und Erholung, für land-, forst- und fischereiwirtschaftliche Nutzungen, für sonstige wirtschaftliche und öffentliche Nutzungen, Verkehr, Ver- und Entsorgung (Nutzungskriterien),

2.2 Reichtum, Verfügbarkeit, Qualität und Regenerationsfähigkeit der natürlichen Ressourcen, insbesondere Fläche, Boden, Landschaft, Wasser, Tiere, Pflanzen, biologische Vielfalt, des Gebiets und seines Untergrunds (Qualitätskriterien),

2.3 Belastbarkeit der Schutzgüter unter besonderer Berücksichtigung folgender Gebiete und von Art und Umfang des ihnen jeweils zugewiesenen Schutzes (Schutzkriterien):

2.3.1 Natura 2000-Gebiete nach § 7 Absatz 1 Nummer 8 des Bundesnaturschutzgesetzes[1)],

2.3.2 Naturschutzgebiete nach § 23 des Bundesnaturschutzgesetzes[1)], soweit nicht bereits von Nummer 2.3.1 erfasst,

2.3.3 Nationalparke und Nationale Naturmonumente nach § 24 des Bundesnaturschutzgesetzes[1)], soweit nicht bereits von Nummer 2.3.1 erfasst,

2.3.4 Biosphärenreservate und Landschaftsschutzgebiete gemäß den §§ 25 und 26 des Bundesnaturschutzgesetzes[1)],

2.3.5 Naturdenkmäler nach § 28 des Bundesnaturschutzgesetzes[1)],

2.3.6 geschützte Landschaftsbestandteile, einschließlich Alleen, nach § 29 des Bundesnaturschutzgesetzes[1)],

2.3.7 gesetzlich geschützte Biotope nach § 30 des Bundesnaturschutzgesetzes[1)],

2.3.8 Wasserschutzgebiete nach § 51 des Wasserhaushaltsgesetzes[2)], Heilquellenschutzgebiete nach § 53 Absatz 4 des Wasserhaushaltsgesetzes[2)], Risikogebiete nach § 73 Absatz 1 des Wasserhaushaltsgesetzes[2)] sowie Überschwemmungsgebiete nach § 76 des Wasserhaushaltsgesetzes[2)],

2.3.9 Gebiete, in denen die in Vorschriften der Europäischen Union festgelegten Umweltqualitätsnormen bereits überschritten sind,

2.3.10 Gebiete mit hoher Bevölkerungsdichte, insbesondere Zentrale Orte im Sinne des § 2 Absatz 2 Nummer 2 des Raumordnungsgesetzes[3)],

2.3.11 in amtlichen Listen oder Karten verzeichnete Denkmäler, Denkmalensembles, Bodendenkmäler oder Gebiete, die von der durch die Länder bestimmten Denkmalschutzbehörde als archäologisch bedeutende Landschaften eingestuft worden sind.

3. Art und Merkmale der möglichen Auswirkungen

Die möglichen erheblichen Auswirkungen eines Vorhabens auf die Schutzgüter sind anhand der unter den Nummern 1 und 2 aufgeführten Kriterien zu beurteilen; dabei ist insbesondere folgenden Gesichtspunkten Rechnung zu tragen:

3.1 der Art und dem Ausmaß der Auswirkungen, insbesondere, welches geographische Gebiet betroffen ist und wie viele Personen von den Auswirkungen voraussichtlich betroffen sind,

3.2 dem etwaigen grenzüberschreitenden Charakter der Auswirkungen,

3.3 der Schwere und der Komplexität der Auswirkungen,

3.4 der Wahrscheinlichkeit von Auswirkungen,

3.5 dem voraussichtlichen Zeitpunkt des Eintretens sowie der Dauer, Häufigkeit und Umkehrbarkeit der Auswirkungen,

3.6 dem Zusammenwirken der Auswirkungen mit den Auswirkungen anderer bestehender oder zugelassener Vorhaben,

3.7 der Möglichkeit, die Auswirkungen wirksam zu vermindern.

[1)] Nr. **296**.
[1)] Nr. **880**.
[2)] Nr. **845**.
[3)] Nr. **340**.

Anlage 4

Angaben des UVP-Berichts für die Umweltverträglichkeitsprüfung

Soweit die nachfolgenden Aspekte über die in § 16 Absatz 1 Satz 1 genannten Mindestanforderungen hinausgehen und sie für das Vorhaben von Bedeutung sind, muss nach § 16 Absatz 3 der UVP-Bericht hierzu Angaben enthalten.

1. Eine Beschreibung des Vorhabens, insbesondere
   a) eine Beschreibung des Standorts,
   b) eine Beschreibung der physischen Merkmale des gesamten Vorhabens, einschließlich der erforderlichen Abrissarbeiten, soweit relevant, sowie des Flächenbedarfs während der Bau- und der Betriebsphase,
   c) eine Beschreibung der wichtigsten Merkmale der Betriebsphase des Vorhabens (insbesondere von Produktionsprozessen), z.B.
      aa) Energiebedarf und Energieverbrauch,
      bb) Art und Menge der verwendeten Rohstoffe und
      cc) Art und Menge der natürlichen Ressourcen (insbesondere Fläche, Boden, Wasser, Tiere, Pflanzen und biologische Vielfalt),
   d) eine Abschätzung, aufgeschlüsselt nach Art und Quantität,
      aa) der erwarteten Rückstände und Emissionen (z.B. Verunreinigung des Wassers, der Luft, des Bodens und Untergrunds, Lärm, Erschütterungen, Licht, Wärme, Strahlung) sowie
      bb) des während der Bau- und Betriebsphase erzeugten Abfalls.
2. Eine Beschreibung der vom Vorhabenträger geprüften vernünftigen Alternativen (z.B. in Bezug auf Ausgestaltung, Technologie, Standort, Größe und Umfang des Vorhabens), die für das Vorhaben und seine spezifischen Merkmale relevant sind, und Angabe der wesentlichen Gründe für die getroffene Wahl unter Berücksichtigung der jeweiligen Umweltauswirkungen.
3. Eine Beschreibung des aktuellen Zustands der Umwelt und ihrer Bestandteile im Einwirkungsbereich des Vorhabens und eine Übersicht über die voraussichtliche Entwicklung der Umwelt bei Nichtdurchführung des Vorhabens, soweit diese Entwicklung gegenüber dem aktuellen Zustand mit zumutbarem Aufwand auf der Grundlage der verfügbaren Umweltinformationen und wissenschaftlichen Erkenntnisse abgeschätzt werden kann.
4. Eine Beschreibung der möglichen erheblichen Umweltauswirkungen des Vorhabens;
   Die Darstellung der Umweltauswirkungen soll den Umweltschutzzielen Rechnung tragen, die nach den Rechtsvorschriften, einschließlich verbindlicher planerischer Vorgaben, maßgebend sind für die Zulassungsentscheidung. Die Darstellung soll sich auf die Art der Umweltauswirkungen nach Buchstabe a erstrecken. Anzugeben sind jeweils die Art, in der Schutzgüter betroffen sind nach Buchstabe b, und die Ursachen der Auswirkungen nach Buchstabe c.
   a) Art der Umweltauswirkungen
   Die Beschreibung der zu erwartenden erheblichen Umweltauswirkungen soll sich auf die direkten und die etwaigen indirekten, sekundären, kumulativen, grenzüberschreitenden, kurzfristigen, mittelfristigen und langfristigen, ständigen und vorübergehenden, positiven und negativen Auswirkungen des Vorhaben erstrecken.
   b) Art, in der Schutzgüter betroffen sind
   Bei der Angabe, in welcher Hinsicht die Schutzgüter von den Auswirkungen des Vorhabens betroffen sein können, sind in Bezug auf die nachfolgenden Schutzgüter insbesondere folgende Auswirkungen zu berücksichtigen:

Schutzgut (Auswahl)	mögliche Art der Betroffenheit
Menschen, insbesondere die menschliche Gesundheit	Auswirkungen sowohl auf einzelne Menschen als auch auf die Bevölkerung
Tiere, Pflanzen, biologische Vielfalt	Auswirkungen auf Flora und Fauna
Fläche	Flächenverbrauch
Boden	Veränderung der organischen Substanz, Bodenerosion, Bodenverdichtung, Bodenversiegelung
Wasser	hydromorphologische Veränderungen, Veränderungen von Quantität oder Qualität des Wassers

Schutzgut (Auswahl)	mögliche Art der Betroffenheit
Klima	Veränderungen des Klimas, z.B. durch Treibhausgasemissionen, Veränderung des Kleinklimas am Standort
kulturelles Erbe	Auswirkungen auf historisch, architektonisch oder archäologisch bedeutende Stätten und Bauwerke und auf Kulturlandschaften

c) Mögliche Ursachen der Umweltauswirkungen
Bei der Beschreibung der Umstände, die zu erheblichen Umweltauswirkungen des Vorhabens führen können, sind insbesondere folgende Gesichtspunkte zu berücksichtigen:

aa) die Durchführung baulicher Maßnahmen, einschließlich der Abrissarbeiten, soweit relevant, sowie die physische Anwesenheit der errichteten Anlagen oder Bauwerke,

bb) verwendete Techniken und eingesetzte Stoffe,

cc) die Nutzung natürlicher Ressourcen, insbesondere Fläche, Boden, Wasser, Tiere, Pflanzen und biologische Vielfalt, und, soweit möglich, jeweils auch auf die nachhaltige Verfügbarkeit der betroffenen Ressource einzugehen,

dd) Emissionen und Belästigungen sowie Verwertung oder Beseitigung von Abfällen,

ee) Risiken für die menschliche Gesundheit, für Natur und Landschaft sowie für das kulturelle Erbe, zum Beispiel durch schwere Unfälle oder Katastrophen,

ff) das Zusammenwirken mit den Auswirkungen anderer bestehender oder zugelassener Vorhaben oder Tätigkeiten; dabei ist auch auf Umweltprobleme einzugehen, die sich daraus ergeben, dass ökologisch empfindliche Gebiete nach Anlage 3 Nummer 2.3 betroffen sind oder die sich aus einer Nutzung natürlicher Ressourcen ergeben,

gg) Auswirkungen des Vorhabens auf das Klima, zum Beispiel durch Art und Ausmaß der mit dem Vorhaben verbundenen Treibhausgasemissionen,

hh) die Anfälligkeit des Vorhabens gegenüber den Folgen des Klimawandels (zum Beispiel durch erhöhte Hochwassergefahr am Standort),

ii) die Anfälligkeit des Vorhabens für die Risiken von schweren Unfällen oder Katastrophen, soweit solche Risiken nach der Art, den Merkmalen und dem Standort des Vorhabens von Bedeutung sind.

5. Die Beschreibung der grenzüberschreitenden Auswirkungen des Vorhabens soll in einem gesonderten Abschnitt erfolgen.
6. Eine Beschreibung und Erläuterung der Merkmale des Vorhabens und seines Standorts, mit denen das Auftreten erheblicher nachteiliger Umweltauswirkungen ausgeschlossen, vermindert, ausgeglichen werden soll.
7. Eine Beschreibung und Erläuterung der geplanten Maßnahmen, mit denen das Auftreten erheblicher nachteiliger Umweltauswirkungen ausgeschlossen, vermindert oder ausgeglichen werden soll, sowie geplanter Ersatzmaßnahmen und etwaiger Überwachungsmaßnahmen des Vorhabenträgers.
8. Soweit Auswirkungen aufgrund der Anfälligkeit des Vorhabens für die Risiken von schweren Unfällen oder Katastrophen zu erwarten sind, soll die Beschreibung, soweit möglich, auch auf vorgesehene Vorsorge- und Notfallmaßnahmen eingehen.
9. Die Beschreibung der Auswirkungen auf Natura 2000-Gebiete soll in einem gesonderten Abschnitt erfolgen.
10. Die Beschreibung der Auswirkungen auf besonders geschützte Arten soll in einem gesonderten Abschnitt erfolgen.
11. Eine Beschreibung der Methoden oder Nachweise, die zur Ermittlung der erheblichen Umweltauswirkungen genutzt wurden, einschließlich näherer Hinweise auf Schwierigkeiten und Unsicherheiten, die bei der Zusammenstellung der Angaben aufgetreten sind, zum Beispiel technische Lücken oder fehlende Kenntnisse.
12. Eine Referenzliste der Quellen, die für die im UVP-Bericht enthaltenen Angaben herangezogen wurden.

Anlage 5[1)]

Liste „SUP-pflichtiger Pläne und Programme“

Nachstehende Pläne und Programme fallen nach § 1 Absatz 1 Nummer 2, § 2 Absatz 7 in den Anwendungsbereich dieses Gesetzes.

Legende:
Nr. =. Nummer des Plans oder Programms
Plan oder Programm = Art des Plans oder Programms

Nr.	Plan oder Programm
1.	**Obligatorische Strategische Umweltprüfung nach § 35 Absatz 1 Nummer 1**
1.1	Verkehrswegeplanungen auf Bundesebene einschließlich Bedarfspläne nach einem Verkehrswegeausbaugesetz des Bundes
1.2	Ausbaupläne nach § 12 Absatz 1 des Luftverkehrsgesetzes[2)], wenn diese bei ihrer Aufstellung oder Änderung über den Umfang der Entscheidungen nach § 8 Absatz 1 und 2 des Luftverkehrsgesetzes[2)] wesentlich hinausreichen
1.3	Risikomanagementpläne nach § 75 des Wasserhaushaltsgesetzes[3)] und die Aktualisierung der vergleichbaren Pläne nach § 75 Absatz 6 des Wasserhaushaltsgesetzes[3)].
1.4	Maßnahmenprogramme nach § 82 des Wasserhaushaltsgesetzes[3)]
1.5	Raumordnungsplanungen nach § 13 des Raumordnungsgesetzes[4)]
1.6	Raumordnungsplanungen des Bundes nach § 17 Absatz 1 und 2 des Raumordnungsgesetzes[4)]
1.7	Rechtsverordnungen nach § 249b Absatz 1 und 2 des Baugesetzbuchs[5)]
1.8	Bauleitplanungen nach den §§ 6 und 10 des Baugesetzbuchs[5)]
1.9	Maßnahmenprogramme nach § 45h des Wasserhaushaltsgesetzes[3)]
1.10	Bundesbedarfspläne nach § 12e des Energiewirtschaftsgesetzes[6)]
1.11	Bundesfachplanungen nach den §§ 4 und 5 des Netzausbaubeschleunigungsgesetzes Übertragungsnetz[7)]
1.12	Nationale Aktionsprogramme nach Artikel 5 Absatz 1 der Richtlinie 91/676/EWG des Rates vom 12. Dezember 1991 zum Schutz der Gewässer vor Verunreinigung durch Nitrat aus landwirtschaftlichen Quellen (ABl. L 375 vom 31.12.1991, S. 1), die zuletzt durch die Verordnung (EG) Nr. 1137/2008 (ABl. L 311 vom 21.11.2008, S. 1) geändert worden ist
1.13	Das Nationale Entsorgungsprogramm nach § 2c des Atomgesetzes
1.14	Bundesfachpläne Offshore nach § 17a des Energiewirtschaftsgesetzes[6)]
1.15	Festlegung der Standortregionen für die übertägige Erkundung nach § 15 Absatz 3 des Standortauswahlgesetzes[8)]
1.16	Festlegung der Standorte für die untertägige Erkundung nach § 17 Absatz 2 des Standortauswahlgesetzes[8)]
1.17	Flächenentwicklungspläne nach § 5 des Windenergie-auf-See-Gesetzes
1.18	Feststellungen der Eignung einer Fläche und der installierbaren Leistung auf der Fläche nach § 12 Absatz 5 des Windenergie-auf-See-Gesetzes
2.	**Strategische Umweltprüfung bei Rahmensetzung nach § 35 Absatz 1 Nummer 2**
2.1	Lärmaktionspläne nach § 47d des Bundes-Immissionsschutzgesetzes[9)]
2.2	Luftreinhaltepläne nach § 47 Absatz 1 des Bundes-Immissionsschutzgesetzes[9)]
2.3	Abfallwirtschaftskonzepte nach § 21 des Kreislaufwirtschaftsgesetzes[10)]

[1)] Anl. 5 geänd. mWv 1.1.2023 durch G v. 4.1.2023 (BGBl. 2023 I Nr. 6); geänd. mWv 1.1.2024 durch G v. 20.12.2023 (BGBl. 2023 I Nr. 394).
[2)] **Sartorius ErgBd. Nr. 975.**
[3)] Nr. **845**.
[4)] Nr. **340**.
[5)] Nr. **300**.
[6)] Nr. **830**.
[7)] **Sartorius III Nr. 511.**
[8)] **Sartorius III Nr. 480.**
[9)] Nr. **296**.
[10)] Nr. **298**.

Nr.	Plan oder Programm
2.4	Fortschreibung der Abfallwirtschaftskonzepte nach § 16 Absatz 3 Satz 4, 2. Alternative des Kreislaufwirtschafts- und Abfallgesetzes vom 27. September 1994 (BGBl. I S. 2705), das zuletzt durch Artikel 5 des Gesetzes vom 6. Oktober 2011 (BGBl. I S. 1986) geändert worden ist,
2.5	Abfallwirtschaftspläne nach § 30 des Kreislaufwirtschaftsgesetzes[1], einschließlich von besonderen Kapiteln oder gesonderten Teilplänen über die Entsorgung von gefährlichen Abfällen, Altbatterien und Akkumulatoren oder Verpackungen und Verpackungsabfällen
2.6	Abfallvermeidungsprogramme nach § 33 des Kreislaufwirtschaftsgesetzes[1]
2.7	Operationelle Programme aus dem Europäischen Fonds für Regionale Entwicklung, dem Europäischen Sozialfonds, dem Kohäsionsfonds und dem Europäischen Meeres- und Fischereifonds sowie Entwicklungsprogramme für den ländlichen Raum aus dem Europäischen Landwirtschaftsfonds für die Entwicklung des ländlichen Raumes
2.8	Besondere Notfallpläne des Bundes oder der Länder nach § 99 Absatz 2 Nummer 9 oder § 100, jeweils auch in Verbindung mit § 103 Absatz 1 des Strahlenschutzgesetzes, für die Entsorgung von Abfällen bei möglichen Notfällen
2.9	Pläne des Bundes oder der Länder nach § 118 Absatz 2 oder 5, jeweils auch in Verbindung mit § 103 Absatz 1 des Strahlenschutzgesetzes, für die Entsorgung von Abfällen
2.10	Bestimmung von Maßnahmen durch Rechtsverordnung nach § 123 Satz 2 des Strahlenschutzgesetzes
2.11	Radonmaßnahmenplan nach § 122 Absatz 1 des Strahlenschutzgesetzes
2.12	Aktionspläne nach § 40d des Bundesnaturschutzgesetzes[2]
2.13	Klimaschutzprogramme nach § 9 des Bundes-Klimaschutzgesetzes[3]
2.14	Entscheidungen über die Ausweisung als Gebiet zum Neu- oder Ausbau von Wärmenetzen oder als Wasserstoffnetzausbaugebiet nach § 26 des Wärmeplanungsgesetzes

Anlage 6

Kriterien für die Vorprüfung des Einzelfalls im Rahmen einer Strategischen Umweltprüfung

Nachstehende Kriterien sind anzuwenden, soweit auf Anlage 6 Bezug genommen wird.

1. Merkmale des Plans oder Programms, insbesondere in Bezug auf

1.1 das Ausmaß, in dem der Plan oder das Programm einen Rahmen setzen;

1.2 das Ausmaß, in dem der Plan oder das Programm andere Pläne und Programme beeinflusst;

1.3 die Bedeutung des Plans oder Programms für die Einbeziehung umweltbezogener, einschließlich gesundheitsbezogener Erwägungen, insbesondere im Hinblick auf die Förderung der nachhaltigen Entwicklung;

1.4 die für den Plan oder das Programm relevanten umweltbezogenen, einschließlich gesundheitsbezogener Probleme;

1.5 die Bedeutung des Plans oder Programms für die Durchführung nationaler und europäischer Umweltvorschriften.

2. Merkmale der möglichen Auswirkungen und der voraussichtlich betroffenen Gebiete, insbesondere in Bezug auf

2.1 die Wahrscheinlichkeit, Dauer, Häufigkeit und Umkehrbarkeit der Auswirkungen;

2.2 den kumulativen und grenzüberschreitenden Charakter der Auswirkungen;

2.3 die Risiken für die Umwelt, einschließlich der menschlichen Gesundheit (zum Beispiel bei Unfällen);

2.4 den Umfang und die räumliche Ausdehnung der Auswirkungen;

2.5 die Bedeutung und die Sensibilität des voraussichtlich betroffenen Gebiets aufgrund der besonderen natürlichen Merkmale, des kulturellen Erbes, der Intensität der Bodennutzung des Gebiets jeweils unter Berücksichtigung der Überschreitung von Umweltqualitätsnormen und Grenzwerten;

2.6 Gebiete nach Nummer 2.3 der Anlage 3.

---

[1] Nr. **298**.
[2] Nr. **880**.
[3] Nr. **290**.

295a. Verordnung über Rohrfernleitungsanlagen (Rohrfernleitungsverordnung)[1)]

Vom 27. September 2002
(BGBl. I S. 3777)

FNA 7102-49

geänd. durch Art. 280 Achte ZuständigkeitsanpassungsVO v. 25.11.2003 (BGBl. I S. 2304), Art. 1 ÄndVO v. 20.4.2006 (BGBl. I S. 935), Art. 387 Neunte ZuständigkeitsanpassungsVO v. 31.10.2006 (BGBl. I S. 2407), Art. 1 Zweite ÄndVO v. 6.10.2008 (BGBl. I S. 1918), Art. 23 G zur Neuregelung des Wasserrechts v. 31.7.2009 (BGBl. I S. 2585), Art. 10 VO zur Ums. der DienstleistungsRL auf dem Gebiet des Umweltrechts sowie zur Änd. umweltrechtl. Vorschriften v. 9.11.2010 (BGBl. I S. 1504), Art. 14 Geräte- und Produktsicherheitsrecht-NeuordnungsG v. 8.11.2011 (BGBl. I S. 2178), Art. 2 VO zur Entlastung der nichtöffentlichen Betriebe, die Wasser gewinnen sowie Wasser oder Abwasser in Gewässer einleiten, von Berichtspflichten nach dem UmweltstatistikG und zur Änd. der RohrfernleitungsVO v. 14.8 2013 (BGBl. I S. 3231), Art. 3 VO zur Änd. der AbwasserVO, des AbwasserabgabenG und der RohrfernleitungsVO[2)] v. 2.9.2014 (BGBl. I S. 1474), Art. 280 Zehnte ZuständigkeitsanpassungsVO v. 31.8.2015 (BGBl. I S. 1474), Art. 99 G zum Abbau verzichtbarer Anordnungen der Schriftform im Verwaltungsrecht des Bundes v. 29.3.2017 (BGBl. I S. 626), Art. 2 Abs. 21 G zur Modernisierung des Rechts der Umweltverträglichkeitsprüfung v. 20.7.2017 (BGBl. I S. 2808) und Art. 224 Elfte ZuständigkeitsanpassungsVO v. 19.6.2020 (BGBl. I S. 1328)

§ 1 Zweck der Verordnung. Zweck der Verordnung ist es, eine Beeinträchtigung des Wohls der Allgemeinheit zu vermeiden, insbesondere den Menschen und die Umwelt vor schädlichen Einwirkungen durch die Errichtung, die Beschaffenheit und den Betrieb von Rohrfernleitungsanlagen zu schützen.

§ 2[3)] Anwendungsbereich. (1) [1]Diese Verordnung gilt für Rohrfernleitungsanlagen, in denen folgende Stoffe befördert werden:

1. brennbare Flüssigkeiten mit einem Flammpunkt kleiner als 100 Grad Celsius sowie brennbare Flüssigkeiten, die bei Temperaturen gleich oder oberhalb ihres Flammpunktes befördert werden,
2. Stoffe mit dem Gefahrenmerkmal F, F+, O, T, T+ oder C,
3. Stoffe mit den R-Sätzen R 14, R 14/15, R 29, R 50, R 50/53 oder R 51/53.

[2]Stoffe, die unter Satz 1 Nummer 1 oder Nummer 3 fallen, und Stoffe mit dem Gefahrenmerkmal T, T+ oder C gelten als wassergefährdende Stoffe.

[1)] Verkündet als Art. 4 VO v. 27.9.2002 (BGBl. I S. 3777); Inkrafttreten gem. Art. 8 Abs. 1 Satz 2 dieser VO am 3.10.2002. Die VO wurde erlassen auf Grund von
– § 18 Abs. 1 iVm Abs. 2 Nr. 5 und § 19 ArbeitsschutzG **(Sartorius ErgBd. Nr. 801)**,
– § 4 Abs. 1 GerätesicherheitsG **(Gewerberecht Nr. 550)**,
– *§ 11 Abs. 1 iVm Abs. 2 und* § 14 Abs. 3 GerätesicherheitsG **(Gewerberecht Nr. 550)**,
– § 16 Abs. 4 EnergiewirtschaftsG (Nr. **830**) und
– § 10 Abs. 1 Satz 1 Lebensmittel- und BedarfsgegenständeG **(Gewerberecht Nr. 470)**.

[2)] Diese Verordnung dient der Umsetzung der Richtlinie 2010/75/EU des Europäischen Parlaments und des Rates vom 24. November 2010 über Industrieemissionen (integrierte Vermeidung und Verminderung der Umweltverschmutzung) (Neufassung) (ABl. L 334 vom 17.12.2010, S. 17).

[3)] § 2 Abs. 1–3 neu gef. mWv 1.3.2010 durch G v. 31.7.2009 (BGBl. I S. 2585); Abs. 1 Satz 1 Nr. 2 und Satz 2 geänd., Abs. 2 Satz 1 Nr. 2 neu gef. mWv 1.1.2013 durch VO v. 14.8.2013 (BGBl. I S. 3231); Abs. 4 Sätze 1 und 4 geänd. mWv 8.9.2015 durch VO v. 31.8.2015 (BGBl. I S. 1474); Abs. 4 Sätze 1 und 4 geänd. mWv 27.6.2020 durch VO v. 19.6.2020 (BGBl. I S. 1328).

(2) [1] Rohrfernleitungsanlagen im Sinne dieser Verordnung sind Rohrfernleitungsanlagen,

1. die nach § 20 Absatz 1 oder Absatz 2 des Gesetzes über die Umweltverträglichkeitsprüfung[1)] einer Planfeststellung oder einer Plangenehmigung bedürfen oder
2. die unter eine der in den Nummern 19.4 bis 19.6 der Anlage 1 des Gesetzes über die Umweltverträglichkeitsprüfung aufgeführten Leitungsanlagen fallen, ohne die dort angegebenen Größenwerte für die Verpflichtung zur Durchführung einer Vorprüfung des Einzelfalls zu erreichen und die mit einem Überdruck von mehr als 1 Bar betrieben werden.

[2] Die Anlagen im Sinne des Satzes 1 umfassen neben den Rohrleitungen auch alle dem Leitungsbetrieb dienenden Einrichtungen, insbesondere Pump-, Abzweig-, Übergabe-, Absperr- und Entlastungsstationen sowie Verdichter-, Regel- und Messanlagen.

(3) Die Verordnung gilt nicht für Rohrfernleitungsanlagen, die bergrechtlichen Betriebsplanverfahren unterliegen.

(4) [1] Soweit zwingende Gründe der Verteidigung oder die Erfüllung zwischenstaatlicher Verpflichtungen, insbesondere im Rahmen des NATO-Vertrages, es erfordern, kann das Bundesministerium der Verteidigung nach Richtlinien, die im Einvernehmen mit dem Bundesministerium für Umwelt, Naturschutz und nukleare Sicherheit festzulegen sind, für Rohrfernleitungsanlagen, die der Landesverteidigung dienen, sowie der Einrichtungen zu ihrem Betrieb die Anwendung dieser Rechtsverordnung ausschließen oder Ausnahmen von den Anforderungen dieser Rechtsverordnung zulassen. [2] Dabei ist der Schutz vor erheblichen nachteiligen Umweltauswirkungen zu berücksichtigen. [3] Sonstige Rechtsvorschriften, die das Zulassungsverfahren betreffen, bleiben unberührt. [4] Das Bundesministerium der Verteidigung unterrichtet das Bundesministerium für Umwelt, Naturschutz und nukleare Sicherheit jährlich über die Anwendung dieses Absatzes.

§ 3 Grundsätzliche Anforderungen. (1) Rohrfernleitungsanlagen müssen so beschaffen sein und betrieben werden, dass eine Beeinträchtigung des Wohls der Allgemeinheit vermieden wird und insbesondere schädliche Einwirkungen auf den Menschen und die Umwelt nicht zu besorgen sind.

(2) [1] Eine Rohrfernleitungsanlage ist entsprechend dem Stand der Technik zu errichten und zu betreiben. [2] Als Stand der Technik im Sinne von Satz 1 gelten insbesondere die Technischen Regeln, die nach § 9 Abs. 5 veröffentlicht werden. [3] Als gleichwertige Regeln der Technik im Sinne von Satz 1 gelten Normen, sonstige Bestimmungen oder technische Vorschriften anderer Mitgliedstaaten der Europäischen Gemeinschaft oder anderer Vertragsstaaten des Abkommens über den Europäischen Wirtschaftsraum, sofern das geforderte Schutzniveau gleichermaßen dauerhaft erreicht wird.

§ 4[2)] Sonstige Anforderungen. (1) [1] Der Betreiber einer Rohrfernleitungsanlage hat dafür zu sorgen, dass die Rohrfernleitungsanlage in ordnungsgemäßem Zustand erhalten und fortlaufend überwacht wird. [2] Er hat unverzüglich die notwendigen Instandsetzungsmaßnahmen vorzunehmen.

[1)] Nr. **295**.
[2)] § 4 Abs. 4 Satz 2 geänd. mWv 5.4.2017 durch G v. 29.3.2017 (BGBl. I S. 626).

(2) [1]Der Betreiber hat spätestens bei Inbetriebnahme der Rohrfernleitungsanlage eine zusammenfassende Dokumentation nach Satz 2 zu erstellen, jährlich oder unverzüglich nach Änderungen fortzuschreiben und der zuständigen Behörde auf Verlangen zur Verfügung zu stellen. [2]Die Dokumentation muss alle wesentlichen sicherheitsrelevanten bedeutsamen Merkmale der Rohrfernleitungsanlage sowie ihres Betriebs enthalten.

(3) [1]Der Betreiber einer Rohrfernleitungsanlage hat sicherzustellen, dass auch nach endgültiger oder bei vorübergehender Stilllegung eine Beeinträchtigung des Wohls der Allgemeinheit vermieden wird und insbesondere keine schädlichen Einwirkungen auf den Menschen und die Umwelt von einer Rohrfernleitungsanlage ausgehen. [2]Die endgültige Stilllegung oder eine vorübergehende Stilllegung von mehr als sechs Monaten sowie die erneute Inbetriebnahme der Rohrfernleitungsanlage ist der zuständigen Behörde rechtzeitig vorher anzuzeigen.

(4) [1]Der Betreiber einer Rohrfernleitungsanlage muss als Bestandteil der Betriebsführung über ein Managementsystem zur Schaffung und Beibehaltung der Integrität der Rohrfernleitungsanlage verfügen, das mindestens Folgendes enthält:

1. Eine eindeutige Betriebsorganisation mit Festlegung von Kompetenzen und Verantwortlichkeiten auf allen hierarchischen Ebenen,
2. Regelungen für eine reibungslose Abwicklung aller Tätigkeiten während des bestimmungsgemäßen Betriebs der Anlage und bei einer Störung des bestimmungsgemäßen Betriebs,
3. Regelungen zur Überwachung der Anlage und zur Dokumentation der Überwachungsdaten in prüffähigen Unterlagen,
4. Regelungen zur regelmäßigen Schulung des Personals.

[2]Der Betreiber hat im Rahmen dieses Systems die für den bestimmungsgemäßen Betrieb, für Betriebsstörungen und für die Überwachung der Rohrfernleitungsanlage erforderlichen Anordnungen schriftlich oder elektronisch festzulegen, regelmäßig zu aktualisieren und allen Mitarbeitern zugänglich zu machen.

(5) Zur Erfüllung der Anforderungen nach § 3 und den Absätzen 1 bis 4 kann die zuständige Behörde die im Einzelfall erforderlichen Anordnungen treffen.

§ 4a[1)] Anzeigepflicht. (1) Wer die Errichtung oder wesentliche Änderung einer Rohrfernleitungsanlage im Sinne von § 2 Absatz 2 Satz 1 Nummer 2 beabsichtigt, hat

1. das Vorhaben mindestens acht Wochen vor dem vorgesehenen Beginn der zuständigen Behörde unter Beifügung aller für die Beurteilung der Sicherheit erforderlichen Unterlagen schriftlich oder elektronisch anzuzeigen und zu beschreiben sowie
2. der Anzeige die gutachtliche Stellungnahme einer Prüfstelle nach § 6 beizufügen, aus der hervorgeht, dass die angegebene Bauart und Betriebsweise den Anforderungen des § 3 entsprechen.

[1)] § 4a eingef. mWv 1.3.2010 durch G v. 31.7.2009 (BGBl. I S. 2585); Abs. 1 einl. Satzteil neu gef., Abs. 3 Satz 1 geänd. mWv 1.1.2013 durch VO v. 14.8.2013 (BGBl. I S. 3231); Abs. 1 Satz 1 Nr. 1 geänd. mWv 5.4.2017 durch G v. 29.3.2017 (BGBl. I S. 626).

(2) [1] Die zuständige Behörde kann das Vorhaben innerhalb einer Frist von acht Wochen beanstanden, wenn

1. durch die Unterlagen und die gutachtliche Stellungnahme der Prüfstelle nach § 6 nicht nachgewiesen ist, dass die angegebene Bauart und Betriebsweise den Anforderungen des § 3 entsprechen oder
2. Anordnungen nach § 4 Absatz 5 getroffen werden können.

[2] Die Frist beginnt, sobald die vollständigen Unterlagen und die gutachtliche Stellungnahme nach Absatz 1 vorgelegt worden sind.

(3) [1] Mit der Errichtung oder wesentlichen Änderung darf erst nach Ablauf der Frist nach Absatz 2, bei einer Beanstandung erst nach Behebung des Mangels begonnen werden. [2] Soweit Teile der Rohrfernleitungsanlage durch eine Beanstandung nicht betroffen sind, kann mit ihrer Errichtung unabhängig von der Beanstandung begonnen werden.

§ 5[1)] Prüfung von Rohrfernleitungsanlagen. (1) [1] Der Betreiber hat dafür zu sorgen, dass Prüfungen von Rohrfernleitungsanlagen durch Prüfstellen nach § 6

1. vor der Inbetriebnahme der Rohrfernleitungsanlage,
2. vor erneuter Inbetriebnahme nach einer nach § 2 Abs. 1 zulassungsbedürftigen Änderung oder nach einer nach § 4a Absatz 1 anzeigebedürftigen wesentlichen Änderung,

2a. vor erneuter Inbetriebnahme nach einer nicht zulassungsbedürftigen Änderung
   a) die die Funktionsfähigkeit der Rohrfernleitungsanlage durch Schweißen oder Schneiden beeinträchtigt,
   b) von Teilen einer Fernwirk- oder Fernsteueranlage oder
   c) der Druckverhältnisse in der Rohrfernleitungsanlage,

3. nach der Stilllegung,
4. nach einer vorübergehenden Stilllegung von mehr als sechs Monaten und vor der Inbetriebnahme solcher Anlagen,
5. nach allen Schadensfällen nach § 7 und
6. während des Betriebs der Anlage in mindestens zweijährigem Abstand

durchgeführt werden. [2] Auf Antrag des Betreibers kann aufgrund einer von einer Anlage ausgehenden geringen Gefährdung von der zuständigen Behörde der Zeitpunkt für die wiederkehrenden Prüfungen nach Satz 1 Nr. 6 auf bis zu drei Jahre verlängert werden.

(2) Die zuständige Behörde kann in besonderen Fällen über Absatz 1 hinaus zusätzliche Prüfungen anordnen.

(3) [1] Die Prüfstelle hat über das Ergebnis der Prüfungen nach Absatz 1 oder Absatz 2 eine Bescheinigung auszustellen und dem Betreiber und der zuständigen Behörde bei gefährlichen Mängeln unverzüglich, sonst innerhalb von acht Wochen nach Abschluss der Prüfungen vorzulegen. [2] Die zuständige Behörde kann bei der Prüfstelle in die zu einer Prüfung erstellten Prüfprotokolle Einsicht

---

1) § 5 Überschr., Abs. 1 Satz 1 einl. Satzteil, Nr. 5 und Satz 2 geänd. mWv 11.10.2008 durch VO v. 6.10.2008 (BGBl. I S. 1918); Abs. 1 Satz 1 Nr. 2a eingef. mWv 1.3.2010 durch G v. 31.7.2009 (BGBl. I S. 2585); Abs. 1 Satz 1 Nr. 2 geänd., Abs. 3 angef. mWv 1.1.2013 durch VO v. 14.8.2013 (BGBl. I S. 3231).

nehmen. [3] Die Prüfstelle hat die bei ihren Prüfungen erstellten Prüfprotokolle für einen Zeitraum von zehn Jahren aufzubewahren. [4] Der Betreiber hat der zuständigen Behörde auf Verlangen betriebliche Unterlagen zur Rohrfernleitungsanlage vorzulegen.

§ 6[1)] Prüfstellen für Rohrfernleitungsanlagen. (1) [1] Prüfstelle ist

1. jede Sachverständigenorganisation,
2. jede nach anderen Rechtsvorschriften zugelassene Überwachungsstelle,

die von der zuständigen Behörde auf Antrag als Prüfstelle für Rohrfernleitungsanlagen anerkannt worden ist. [2] Die Anerkennung gilt im gesamten Bundesgebiet. [3] Sie kann mit einem Vorbehalt des Widerrufes, einer Befristung, mit Bedingungen, Auflagen und dem Vorbehalt von Auflagen versehen werden. [4] Sie kann insbesondere widerrufen werden, wenn die Prüfstelle die Anforderungen nach Absatz 2 Satz 1 nicht mehr erfüllt oder wiederholt Mängel bei der Prüftätigkeit festgestellt wurden. [5] Gleichwertige Anerkennungen anderer Mitgliedstaaten der Europäischen Union oder anderer Vertragsstaaten des Abkommens über den Europäischen Wirtschaftsraum stehen Anerkennungen nach Satz 1 gleich. [6] Nachweise über die gleichwertige Anerkennung nach Satz 5 sind der zuständigen Behörde vor Aufnahme der Prüftätigkeiten im Original oder in Kopie vorzulegen; eine Beglaubigung der Kopie kann verlangt werden. [7] Die zuständige Behörde kann darüber hinaus verlangen, dass Nachweise über gleichwertige Anerkennungen nach Satz 5 in beglaubigter deutscher Übersetzung vorgelegt werden. [8] Die zuständige Behörde benennt dem Bundesministerium für Umwelt, Naturschutz und nukleare Sicherheit die nach Satz 1 oder Satz 5 anerkannten Prüfstellen. [9] Das Bundesministerium für Umwelt, Naturschutz und nukleare Sicherheit macht die Prüfstellen im Bundesanzeiger bekannt.

(2) [1] Die Prüfstelle ist anzuerkennen, wenn sichergestellt ist, dass die folgenden Anforderungen erfüllt werden:

1. Unabhängigkeit der Prüfstelle und ihres mit der Leitung oder Durchführung der Prüfungen beauftragten Personals von den Stellen oder Personen, die an der Planung oder Herstellung, dem Vertrieb, dem Betrieb oder der Instandhaltung der Rohrfernleitungsanlagen beteiligt oder in anderer Weise von den Ergebnissen der Prüfung abhängig sind;
2. Verfügbarkeit der für die angemessene unabhängige Erfüllung der Aufgaben erforderlichen Organisationsstrukturen, des erforderlichen Personals und der notwendigen Mittel und Ausrüstungen zur Prüfung von Rohrfernleitungsanlagen im Sinne von § 2;
3. Nachweis ausreichender Fachkunde, Erfahrung und Zuverlässigkeit des von der Prüfstelle beauftragten Personals sowie der Möglichkeit, das Personal fachlich weiterzubilden;

---

1) § 6 neu gef. mWv 11.10.2008 durch VO v. 6.10.2008 (BGBl. I S. 1918); Abs. 1–3 neu gef., Abs. 6 geänd. mWv 16.11.2010 durch VO v. 9.11.2010 (BGBl. I S. 1504); Abs. 4 aufgeh. mWv 1.12.2011 durch G v. 8.11.2011 (BGBl. I S. 2178); Abs. 6 geänd. mWv 1.1.2013 durch VO v. 14.8.2013 (BGBl. I S. 3231); Abs. 2 Satz 4 aufgeh. mWv 6.9.2014 durch VO v. 2.9.2014 (BGBl. I S. 1474); Abs. 1 Sätze 8 und 9 geänd. mWv 8.9.2015 durch VO v. 31.8.2015 (BGBl. I S. 1474); Abs. 1 Sätze 8 und 9 geänd. mWv 27.6.2020 durch VO v. 19.6.2020 (BGBl. I S. 1328).

4. Sammlung und Auswertung der bei den Prüfungen gewonnenen Erkenntnisse sowie die regelmäßige Weitergabe dieser Erkenntnisse sowohl intern als auch an andere Prüfstellen;
5. Vorhandensein einer angemessenen und wirksamen Qualitätssicherung mit regelmäßiger Auditierung.

[2] Bei der Prüfung des Antrags auf Anerkennung stehen Nachweise aus einem anderen Mitgliedstaat der Europäischen Union oder einem anderen Vertragsstaat des Abkommens über den Europäischen Wirtschaftsraum inländischen Nachweisen gleich, wenn sie mit diesen gleichwertig sind oder aus ihnen hervorgeht, dass die Prüfstelle die betreffenden Anforderungen des Satzes 1 erfüllt; dabei sind auch Nachweise anzuerkennen, aus denen hervorgeht, dass die Prüfstelle im Ausstellungsstaat bereits gleichwertigen oder auf Grund ihrer Zielsetzung im Wesentlichen vergleichbaren Anforderungen und Kontrollen unterworfen ist. [3] Absatz 1 Satz 6 und 7 gilt entsprechend.

(3) [1] Über einen Antrag auf Anerkennung als Prüfstelle ist innerhalb einer Frist von drei Monaten zu entscheiden; § 42a Absatz 2 Satz 2 bis 4 des Verwaltungsverfahrensgesetzes[1)] findet Anwendung. [2] Das Anerkennungsverfahren kann über eine einheitliche Stelle abgewickelt werden.

(4) *(aufgehoben)*

(5) Die Prüfstellen sind verpflichtet, den Abschluss einer Haftpflichtversicherung mit einer Deckungssumme von mindestens zweieinhalb Millionen Euro nachzuweisen.

(6) Für Prüfungen nach § 5 können die Betreiber bis zum 31. Dezember 2015 auch die Sachverständigen heranziehen, die nach Maßgabe des § 6 in der bis zum 10. Oktober 2008 geltenden Fassung heranzuziehen waren.

§ 7[2)] Schadensfall. (1) Im Schadensfall hat der Betreiber unverzüglich Maßnahmen zur Schadensbegrenzung und Schadensbehebung zu ergreifen.

(2) Der Betreiber einer Rohrfernleitungsanlage hat den zuständigen Behörden jeden Schadensfall unverzüglich anzuzeigen, bei dem
1. eine Person zu Tode gekommen ist oder
2. innerhalb der Anlage mindestens sechs Personen verletzt worden sind und sich mindestens 24 Stunden im Krankenhaus aufgehalten haben oder
3. außerhalb der Anlage mindestens eine Person verletzt worden ist oder
4. sicherheitsrelevante Störungen des Betriebs aufgetreten sind oder
5. Ereignisse mit Sachschäden von mehr als zwei Millionen Euro aufgetreten sind oder
6. Stoffe nach § 2 Abs. 1 ausgetreten oder andere außergewöhnliche, von der Anlage ausgehende Emissionen erfolgt sind.

(3) [1] Die zuständige Behörde kann von dem Betreiber verlangen, dass dieser den anzuzeigenden Schadensfall auf seine Kosten durch eine Prüfstelle nach § 6 sicherheitstechnisch beurteilen lässt und ihr die Beurteilung schriftlich oder elektronisch vorlegt. [2] Die sicherheitstechnische Beurteilung des Schadensfalls hat sich insbesondere auf die Feststellung zu erstrecken,

---

[1)] *Nr. 100.*

[2)] § 7 Abs. 3 Satz 1 geänd. mWv 16.11.2010 durch VO v. 9.11.2010 (BGBl. I S. 1504); Abs. 3 Satz 1 geänd. mWv 5.4.2017 durch G v. 29.3.2017 (BGBl. I S. 626).

1. worauf der Schadensfall zurückzuführen ist,
2. ob sich die Rohrfernleitungsanlage in ordnungsgemäßem Zustand befand und ob nach Behebung eines Mangels eine Gefahr nicht mehr besteht und
3. ob neue Erkenntnisse vorliegen, die andere oder zusätzliche Schutzvorkehrungen erfordern.

§ 8 Schadensfallvorsorge. (1) [1]Der Betreiber einer Rohrfernleitungsanlage hat Alarm- und Gefahrenabwehrpläne aufzustellen und fortzuschreiben, in denen die notwendigen Maßnahmen zur Gefahrenabwehr im Schadensfall festgelegt sind. [2]Sie sind auf Verlangen der zuständigen Behörde vorzulegen.

(2) [1]Das Personal ist bei Aufnahme der Tätigkeit in der Anlage und mindestens einmal jährlich in die Alarm- und Gefahrenabwehrpläne einzuweisen. [2]Es sind in regelmäßigen Abständen von maximal zwei Jahren Notfallübungen durchzuführen.

(3) Der Betreiber einer Rohrfernleitungsanlage ist verpflichtet, im Rahmen der Schadensfallvorsorge die betroffenen Gemeinden, Feuerwehr, Polizei und andere Hilfsorganisationen entlang der Trasse über Art, Zweckbestimmung und Verlauf der Rohrfernleitungsanlage, über Gefahren sowie über die transportierten Stoffe zu informieren.

§ 8a[1)] Überwachung. (1) [1]Bedienstete und Beauftragte der zuständigen Behörde sind im Rahmen der Überwachung befugt,

1. technische Ermittlungen und Prüfungen vorzunehmen,
2. während der Betriebszeit Betriebsräume sowie unmittelbar zugehörige befriedete Betriebsgrundstücke zu betreten,
3. bei Erforderlichkeit zur Verhütung dringender Gefahren für die öffentliche Sicherheit oder Ordnung Wohnräume und außerhalb der Betriebszeit Betriebsräume sowie unmittelbar zugehörige befriedete Betriebsgrundstücke zu betreten und
4. jederzeit Anlagen zu betreten sowie Grundstücke, die nicht unmittelbar zugehörige befriedete Betriebsgrundstücke nach den Nummern 2 und 3 sind.

[2]Das Grundrecht auf Unverletzlichkeit der Wohnung (Artikel 13 Absatz 1 des Grundgesetzes[2)]) wird durch Satz 1 Nummer 3 eingeschränkt.

(2) [1]Anlagenbetreiber und ihre Beschäftigten haben der zuständigen Behörde auf Verlangen Auskünfte zu erteilen, Unterlagen vorzulegen und technische Ermittlungen und Prüfungen nach Absatz 1 Satz 1 Nummer 1 zu ermöglichen sowie dafür Arbeitskräfte und technische Hilfsmittel zur Verfügung zu stellen, soweit dies zur Durchführung der der Behörde nach Teil 5 des Gesetzes über die Umweltverträglichkeitsprüfung[3)] und dieser Verordnung übertragenen Aufgaben erforderlich ist. [2]Für die zur Auskunft verpflichtete Person gilt § 55 der Strafprozessordnung[4)] entsprechend. [3]Eigentümer und Besitzer von Grundstücken, über die Rohrfernleitungsanlagen verlaufen, haben der zuständigen Behörde auf Verlangen technische Ermittlungen und Prüfungen nach Absatz 1

[1)] § 8a eingef. mWv 1.1.2013 durch VO v. 14.8.2013 (BGBl. I S. 3231); Abs. 2 Satz 1 geänd., Satz 3 angef., Abs. 3 aufgeh. mWv 6.9.2014 durch VO v. 2.9.2014 (BGBl. I S. 1474).

[2)] Nr. **1**.

[3)] Nr. **295**.

[4)] **Schönfelder Nr. 90.**

Satz 1 Nummer 1 zu ermöglichen, soweit dies zur Durchführung der Aufgaben erforderlich ist, die der zuständigen Behörde nach Teil 5 des Gesetzes über die Umweltverträglichkeitsprüfung und nach dieser Verordnung übertragen worden sind.

§ 9[1)] Ausschuss für Rohrfernleitungen. (1) Beim Bundesministerium für Umwelt, Naturschutz und nukleare Sicherheit wird ein Ausschuss für Rohrfernleitungen eingerichtet.

(2) Der Ausschuss für Rohrfernleitungen hat die Aufgabe, im Sinne der Zweckbestimmung des § 1

1. das Bundesministerium für Umwelt, Naturschutz und nukleare Sicherheit insbesondere in technischen Fragen zu beraten;
2. die dem Stand der Technik entsprechenden Regeln (Technische Regeln) vorzuschlagen. Der Vorschlag hat die für andere Schutzziele vorhandenen Regeln zu berücksichtigen und ist, soweit die Zuständigkeiten der Kommission für Anlagensicherheit nach § 51a des Bundes-Immissionsschutzgesetzes[2)] berührt sind, mit diesem abzustimmen. Die Inhalte der Technischen Regeln, die den Arbeitsschutz berühren, bedürfen des Einvernehmens des Bundesministeriums für Arbeit und Soziales;
3. das Anforderungsprofil an Prüfstellen für Rohrfernleitungsanlagen und deren Sachverständige vorzuschlagen.

(3) [1] In den Ausschuss sind Vertreter von betroffenen Bundes- und Landesbehörden, von Sachverständigen nach § 6, von Herstellern und Betreibern von Rohrfernleitungsanlagen und der Wissenschaft zu berufen. [2] Der Ausschuss soll nicht mehr als 15 Mitglieder umfassen. [3] Die Mitgliedschaft im Ausschuss ist ehrenamtlich.

(4) [1] Das Bundesministerium für Umwelt, Naturschutz und nukleare Sicherheit beruft die Mitglieder des Ausschusses. [2] Der Ausschuss gibt sich eine Geschäftsordnung und wählt den Vorsitzenden aus seiner Mitte. [3] Die Geschäftsordnung und die Wahl des Vorsitzenden bedürfen der Zustimmung des Bundesministeriums für Umwelt, Naturschutz und nukleare Sicherheit.

(5) Technische Regeln und das Anforderungsprofil nach Absatz 2 Nr. 3 werden vom Bundesministerium für Umwelt, Naturschutz und nukleare Sicherheit im Bundesanzeiger veröffentlicht.

(Fortsetzung nächstes Blatt)

---

1) § 9 Abs. 2 Nr. 2 Satz 3 geänd. mWv 28.11.2003 durch VO v. 25.11.2003 (BGBl. I S. 2304) und geänd. mWv 8.11.2006 durch VO v. 31.10.2006 (BGBl. I S. 2407); Abs. 2 Nr. 1 und 2 geänd., Nr. 3 angef., Abs. 5 geänd. mWv 11.10.2008 durch VO v. 6.10.2008 (BGBl. I S. 1918); Abs. 2 Nr. 2 geänd. mWv 16.11.2010 durch VO v. 9.11.2010 (BGBl. I S. 1504); Abs. 1, Abs. 2 Nr. 1, Abs. 4 Sätze 1 und 3, *Abs. 5 geänd. mWv 8.9.2015 durch VO v.* 31.8.2015 (BGBl. I S. 1474); Abs. 1, Abs. 2 Nr. 1, Abs. 4 Sätze 1 und 3, Abs. 5 geänd. mWv 27.6.2020 durch VO v. 19.6.2020 (BGBl. I S. 1328).

2) Nr. **296**.

§ 10[1)] Ordnungswidrigkeiten. (1) Ordnungswidrig im Sinne des § 69 Absatz 1 Nummer 3 Buchstabe a des Gesetzes über die Umweltverträglichkeitsprüfung[2)] handelt, wer vorsätzlich oder fahrlässig

1. entgegen § 3 Abs. 2 eine Rohrfernleitungsanlage nicht nach dem Stand der Technik errichtet oder betreibt,
2. entgegen § 4 Abs. 1 Satz 1 nicht dafür sorgt, dass die Rohrfernleitungsanlage fortlaufend überwacht wird,
3. entgegen § 4 Abs. 1 Satz 2 eine Instandsetzungsmaßnahme nicht oder nicht rechtzeitig vornimmt,
4. entgegen § 4 Abs. 2 Satz 1 eine zusammenfassende Dokumentation nicht oder nicht rechtzeitig erstellt oder nicht oder nicht rechtzeitig fortschreibt,

4a. entgegen § 4a Absatz 1 Nummer 1 eine Anzeige nicht, nicht richtig, nicht vollständig oder nicht rechtzeitig erstattet,

4b. entgegen § 4a Absatz 3 Satz 1 mit der Errichtung oder wesentlichen Änderung einer Rohrfernleitungsanlage beginnt,

5. entgegen § 5 Abs. 1 Satz 1 nicht dafür sorgt, dass eine Prüfung durchgeführt wird,
6. einer vollziehbaren Anordnung nach § 5 Abs. 2 zuwiderhandelt oder
7. entgegen § 7 Abs. 1 eine dort genannte Maßnahme nicht oder nicht rechtzeitig ergreift.

(2) Ordnungswidrig im Sinne des § 69 Absatz 1 Nummer 3 Buchstabe b des Gesetzes über die Umweltverträglichkeitsprüfung handelt, wer vorsätzlich oder fahrlässig

1. entgegen § 7 Abs. 2 eine Anzeige nicht, nicht richtig, nicht vollständig oder nicht rechtzeitig erstattet oder
2. entgegen § 8 Abs. 3 eine Information nicht, nicht richtig oder nicht vollständig gibt.

§ 11[3)] Übergangsvorschriften. [1] Für Rohrfernleitungsanlagen, die vor dem 3. Oktober 2002 ordnungsgemäß errichtet und betrieben worden sind oder mit deren ordnungsgemäßer Errichtung vor diesem Zeitpunkt begonnen worden ist, bleiben die Beschaffenheitsanforderungen nach den vor dem 3. Oktober 2002 geltenden Vorschriften maßgebend. [2] Die zuständige Behörde kann anordnen, dass diese Rohrfernleitungsanlagen den Anforderungen an die Beschaffenheit nach dieser Verordnung angepasst werden, wenn

1. die Anlagen oder ihr Betrieb geändert werden, mit Ausnahme unwesentlicher Änderungen, oder
2. dies notwendig ist, um Gefahren im Sinne des § 3 Abs. 1 abzuwehren.

[3] Der Betrieb dieser Rohrfernleitungsanlagen ist an die Anforderungen dieser Verordnung bis zum 31. Dezember 2010 anzupassen.

[1)] § 10 Abs. 1 Nr. 4a und 4b eingef. mWv 1.3.2010 durch G v. 31.7.2009 (BGBl. I S. 2585); Abs. 1 Nr. 4b geänd. mWv 1.1.2013 durch VO v. 14.8.2013 (BGBl. I S. 3231); Abs. 1 und 2 jeweils einl. Satzteil geänd. mWv 29.7.2017 durch G v. 20.7.2017 (BGBl. I S. 2808).

[2)] Nr. **295**.

[3)] § 11 Sätze 1 und 2 geänd., Satz 3 angef. mWv 11.10.2008 durch VO v. 6.10.2008 (BGBl. I S. 1918).

296. Gesetz zum Schutz vor schädlichen Umwelteinwirkungen durch Luftverunreinigungen, Geräusche, Erschütterungen und ähnliche Vorgänge (Bundes-Immissionsschutzgesetz – BImSchG)[1) 2) 3)]

In der Fassung der Bekanntmachung vom 17. Mai 2013[4)]
(BGBl. I S. 1274; 2021 I S. 123)

FNA 2129-8

geänd. durch Art. 1 Elftes ÄndG v. 2.7.2013 (BGBl. I S. 1943), Art. 1 Zwölftes ÄndG v. 20.11.2014 (BGBl. I S. 1740), Art. 76 Zehnte ZuständigkeitsanpassungsVO v. 31.8.2015 (BGBl. I S. 1474), Art. 3 G zur Änd. des UmweltstatistikG, des HochbaustatistikG sowie bestimmter immissionsschutz- und wasserrechtlicher Vorschriften v. 26.7.2016 (BGBl. I S. 1839), Art. 1 G zur Umsetzung der RL 2012/18/EU zur Beherrschung der Gefahren schwerer Unfälle mit gefährlichen Stoffen, zur Änd. und anschließenden

---

[1)] **Amtl. Anm.:** Dieses Gesetz dient der Umsetzung folgender Richtlinien:
- Richtlinie 96/82/EG des Rates vom 9. Dezember 1996 zur Beherrschung der Gefahren bei schweren Unfällen mit gefährlichen Stoffen (ABl. L 345 vom 31.12.2003, S. 97), die zuletzt durch die Richtlinie 2012/18/EU (ABl. L 197 vom 24.7.2012, S. 1) geändert worden ist;
- Richtlinie 97/68/EG des Europäischen Parlaments und des Rates vom 16. Dezember 1997 zur Angleichung der Rechtsvorschriften der Mitgliedstaaten über Maßnahmen zur Bekämpfung der Emission von gasförmigen Schadstoffen und luftverunreinigenden Partikeln aus Verbrennungsmotoren für mobile Maschinen und Geräte (ABl. L 59 vom 27.2.1998, S. 1), die zuletzt durch die Richtlinie 2012/46/EU (ABl. L 353 vom 21.12.2012, S. 80) geändert worden ist;
- Richtlinie 98/70/EG des Europäischen Parlaments und des Rates vom 13. Oktober 1998 über die Qualität von Otto- und Dieselkraftstoffen und zur Änderung der Richtlinie 93/12/EWG des Rates (ABl. L 350 vom 28.12.1998, S. 58), die zuletzt durch die Richtlinie 2009/30/EG (ABl. L 140 vom 5.6.2009, S. 88) geändert worden ist;
- Richtlinie 1999/32/EG des Rates vom 26. April 1999 über eine Verringerung des Schwefelgehalts bestimmter flüssiger Kraft- oder Brennstoffe und zur Änderung der Richtlinie 93/12/EWG (ABl. L 121 vom 11.5.1999, S. 13), die zuletzt durch die Richtlinie 2009/30/EG (ABl. L 140 vom 5.6.2009, S. 88) geändert worden ist;
- Richtlinie 2000/25/EG des Europäischen Parlaments und des Rates vom 22. Mai 2000 über Maßnahmen zur Bekämpfung der Emission gasförmiger Schadstoffe und luftverunreinigender Partikel aus Motoren, die für den Antrieb von land- und forstwirtschaftlichen Zugmaschinen bestimmt sind, und zur Änderung der Richtlinie 74/150/EWG des Rates (ABl. L 173 vom 12.7.2000, S. 1), die zuletzt durch die Richtlinie 2011/87/EU (ABl. L 301 vom 18.11.2011, S.1) geändert worden ist;
- Richtlinie 2002/49/EG des Europäischen Parlaments und des Rates vom 25. Juni 2002 über die Bewertung und Bekämpfung von Umgebungslärm (ABl. L 189 vom 18.7.2002, S. 12);
- Richtlinie 2003/35/EG des Europäischen Parlaments und des Rates vom 26. Mai 2003 über die Beteiligung der Öffentlichkeit bei der Ausarbeitung bestimmter umweltbezogener Pläne und Programme und zur Änderung der Richtlinien 85/337/EWG und 96/61/EG des Rates in Bezug auf die Öffentlichkeitsbeteiligung und den Zugang zu Gerichten (ABl. L 156 vom 25.6.2003, S. 17), die zuletzt durch die Richtlinie 2011/92/EU (ABl. L 26 vom 28.1.2012, S. 1) geändert worden ist;
- Richtlinie 2008/50/EG des Europäischen Parlaments und des Rates vom 21. Mai 2008 über Luftqualität und saubere Luft für Europa (ABl. L 152 vom 11.6.2008, S. 1);
- Richtlinie 2008/98/EG des Europäischen Parlaments und des Rates vom 19. November 2008 über Abfälle und zur Aufhebung bestimmter Richtlinien (ABl. L 312 vom 22.11.2008, S. 3, L 127 vom 26.5.2009, S. 24);
- Richtlinie 2009/28/EG des Europäischen Parlaments und des Rates vom 23. April 2009 zur Förderung der Nutzung von Energie aus erneuerbaren Quellen und zur Änderung und anschließenden Aufhebung der Richtlinien 2001/77/EG und 2003/30/EG (ABl. L 140 vom 5.6.2009, S. 16);
- Richtlinie 2010/75/EU des Europäischen Parlaments und des Rates vom 24. November 2010 über Industrieemissionen (integrierte Vermeidung und Verminderung der Umweltverschmutzung) (Neufassung) (ABl. L 334 vom 17.12.2010, S. 17).

[2)] Siehe hierzu ua das PlanungssicherstellungsG **(Sartorius III Nr. 160)**.

[3)] Die Änderungen durch G v. 19.10.2022 (BGBl. I S. 1792) treten teilweise erst **27.10.2026**, die Änderungen durch G v. 3.7.2024 (BGBl. 2024 I Nr. 225) treten teilweise erst in Kraft, wenn die →

Aufh. der RL 96/82/EG des Rates v. 30.11.2016 (BGBl. I S. 2749), Art. 55 G zum Abbau verzichtbarer Anordnungen der Schriftform im Verwaltungsrecht des Bundes v. 29.3.2017 (BGBl. I S. 626), Art. 3 G zur Anpassung des Umwelt-RechtsbehelfsG und anderer Vorschriften an europa- und völkerrechtliche Vorgaben v. 29.5.2017 (BGBl. I S. 1298), Art. 3 G zur Einführung einer wasserrechtlichen Genehmigung für Behandlungsanlagen für Deponiesickerwasser, zur Änd. der Vorschriften zur Eignungsfeststellung für Anlagen zum Lagern, Abfüllen oder Umschlagen wassergefährdender Stoffe und zur Änd. des Bundes-ImmissionsschutzG v. 18.7.2017 (BGBl. I S. 2771), Art. 1 13. ÄndG v. 8.4.2019 (BGBl. I S. 432), Art. 103 Elfte ZuständigkeitsanpassungsVO v. 19.6.2020 (BGBl. I S. 1328), Art. 3 Investitionen-BeschleunigungsG v. 3.12.2020 (BGBl. I S. 2694), Art. 2 Abs. 1 Erstes G zur Änd. des G zur Ausführung des Protokolls über Schadstofffreisetzungs- und -verbringungsregister vom 21. Mai 2003 sowie zur Durchführung der VO (EG) Nr. 166/2006 v. 9.12.2020 (BGBl. I S. 2873), Art. 10 G zur Anpassung des ProduktsicherheitsG und zur Neuordnung des Rechts der überwachungsbedürftigen Anlagen v. 27.7.2021 (BGBl. I S. 3146), Art. 14 PersonengesellschaftsrechtsmodernisierungsG (MoPeG) v. 10.8.2021 (BGBl. I S. 3436), Art. 1 G zur Umsetzung von Vorgaben der RL (EU) 2018/2001 für Zulassungsverfahren nach dem Bundes-ImmissionsschutzG, dem WasserhaushaltsG und dem BundeswasserstraßenG v. 18.8.2021 (BGBl. I S. 3901), Art. 1 G zur Weiterentwicklung der Treibhausgasminderungs-Quote v. 24.9.2021 (BGBl. I S. 4458; 2022 I S. 1024), Art. 3 G zur Bereithaltung von Ersatzkraftwerken zur Reduzierung des Gasverbrauchs im Stromsektor im Fall einer drohenden Gasmangellage durch Änd. des EnergiewirtschaftsG und weiterer energiewirtschaftlicher Vorschriften v. 8.7.2022 (BGBl. I S. 1054), Art. 2 Viertes G zur Änd. des BundesnaturschutzG v. 20.7.2022 (BGBl. I S. 1362), Art. 2, 12 Abs. 3 G zur Änd. des EnergiesicherungsG und anderer energiewirtschaftlicher Vorschriften v. 8.10.2022 (BGBl. I S. 1726), Art. 1, 2 Abs. 2, 3 14. ÄndG v. 19.10.2022 (BGBl. I S. 1792), Art. 10, 11 Abs. 3 G zur Änd. des Erdgas-Wärme-PreisbremsenG, zur Änd. des StrompreisbremseG sowie zur Änd. weiterer energiewirtschaftlicher, umweltrechtlicher und sozialrechtlicher Gesetze v. 26.7.2023 (BGBl. 2023 I Nr. 202), Art. 1 G zur Verbesserung des Klimaschutzes beim Immissionsschutz, zur Beschleunigung immissionsschutzrechtlicher Genehmigungsverfahren und zur Umsetzung von EU-Recht v. 3.7.2024 (BGBl. 2024 I Nr. 225; 2024 I Nr. 340), Art. 1 G für mehr Steuerung und Akzeptanz beim Windenergieausbau v. 24.2.2025 (BGBl. 2025 I Nr. 58), Art. 1 G zur Umsetzung von Vorgaben der RL (EU) 2023/2413 für Zulassungsverfahren nach dem BImSchG und dem WHG sowie für Planverfahren nach dem BauGB und dem ROG, zur Änd. des WaStrG und zur Änd. des WindBG v. 12.8.2025 (BGBl. 2025 I Nr. 189), Art. 2 G zur Beschleunigung des Ausbaus von Geothermieanlagen, Wärmepumpen und Wärmespeichern sowie zur Änd. des BauGB und des BImSchG v. 22.12.2025 (BGBl. 2025 I Nr. 348) und Art. 2 G zur Beschleunigung der Verfügbarkeit von Wasserstoff und zur Änd. weiterer rechtlicher Rahmenbedingungen für den Wasserstoffhochlauf und weiterer energierechtlicher Vorschriften v. 29.3.2026 (BGBl. 2026 I Nr. 84)

Zum BImSchG wurden ua folgende Vorschriften erlassen:
– VO über kleine und mittlere Feuerungsanlagen – 1. BImSchV **(Sartorius ErgBd. Nr. 296/1)**
– VO zur zur Emissionsbegrenzung von leichtflüchtigen halogenierten organischen Verbindungen – 2. BImSchV v. 10.12.1990 (BGBl. I S. 2694), zuletzt geänd. durch VO v. 19.6.2020 (BGBl. I S. 1328)
– VO über genehmigungsbedürftige Anlagen – 4. BImSchV (Nr. **296a**)
– VO über Immissionsschutz- und Störfallbeauftragte – 5. BImSchV **(Sartorius ErgBd. Nr. 296/5)**
– VO zur Auswurfbegrenzung von Holzstaub – 7. BImSchV v. 18.12.1975 (BGBl. I S. 3133)
– VO über das Genehmigungsverfahren – 9. BImSchV (Nr. **296b**)
– VO über die Beschaffenheit und die Auszeichnung der Qualitäten von Kraft- und Brennstoffen – 10. BImSchV **(Sartorius ErgBd. Nr. 296/10)**
– VO über Emissionserklärungen – 11. BImSchV **(Sartorius ErgBd. Nr. 296/11)**
– Störfall-VO – 12. BImSchV **(Sartorius ErgBd. Nr. 296/12)**
– VO über Großfeuerungs-, Gasturbinen- und Verbrennungsmotoranlagen – 13. BImSchV **(Sartorius ErgBd. Nr. 296/13)**
– VO über Anlagen der Landesverteidigung – 14. BImSchV v. 9.4.1986 (BGBl. I S. 380)
– VerkehrslärmschutzVO – 16. BImSchV **(Sartorius ErgBd. Nr. 296/16)**
– VO über die Verbrennung und die Mitverbrennung von Abfällen – 17. BImSchV **(Sartorius ErgBd. Nr. 296/17)**
– SportanlagenlärmschutzVO – 18. BImSchV **(Sartorius ErgBd. Nr. 296/18)**

(Fortsetzung der Anm. von voriger Seite)
Rechtsverordnung nach § 5 Abs. 2 Satz 3 letzter Satzteil in Kraft getreten ist; sie sind insoweit im Text noch nicht berücksichtigt.

[4] Neubekanntmachung des BImSchG idF der Bek. v. 26.9.2002 (BGBl. I S. 3830) in der ab 2.5.2013 geltenden Fassung.

– VO zur Begrenzung der Emissionen flüchtiger organischer Verbindungen beim Umfüllen und Lagern von Ottokraftstoffen – 20. BImSchV idF der Bek. v. 18.8.2014 (BGBl. I S. 1447), zuletzt geänd. durch G v. 27.7.2021 (BGBl. I S. 3146)
– VO zur Begrenzung der Kohlenwasserstoffemissionen bei der Betankung von Kraftfahrzeugen – 21. BImSchV idF der Bek. v. 18.8.2014 (BGBl. I S. 1453), zuletzt geänd. durch G v. 27.7.2021 (BGBl. I S. 3146)
– Verkehrswege-SchallschutzmaßnahmenVO – 24. BImSchV **(Sartorius ErgBd. Nr. 296/24)**
– VO zur Begrenzung von Emissionen aus der Titandioxid-Industrie – 25. BImSchV idF der Bek. v. 30.7. 2014 (BGBl. I S. 1316), zuletzt geänd. durch VO v. 24.3.2017 (BGBl. I S. 656)
– VO über elektromagnetische Felder – 26. BImSchV **(Sartorius ErgBd. Nr. 296/26)**
– VO über Anlagen zur Feuerbestattung – 27. BImSchV v. 19.3.1997 (BGBl. I S. 545), zuletzt geänd. durch VO v. 2.5.2013 (BGBl. I S. 973)
– VO zur Durchführung der unionsrechtlichen Verordnung über Emissionsgrenzwerte und die Typgenehmigung für Verbrennungsmotoren für nicht für den Straßenverkehr bestimmte mobile Maschinen und Geräte – 28. BImSchV **(Sartorius ErgBd. Nr. 296/28)**
– GebührenO für Maßnahmen bei Typprüfungen von Verbrennungsmotoren – 29. BImSchV v. 22.5.2000 (BGBl. I S. 735), zuletzt geänd. durch VO v. 14.8.2012 (BGBl. I S. 1712)
– VO über Anlagen zur biologischen Behandlung von Abfällen – 30. BImSchV **(Sartorius ErgBd. Nr. 296/30)**
– VO zur Begrenzung der Emissionen flüchtiger organischer Verbindungen bei der Verwendung organischer Lösungsmittel in bestimmten Anlagen – 31. BImSchV v. 10.1.2024 (BGBl. 2024 I Nr. 7)
– Geräte- und MaschinenlärmschutzVO – 32. BImSchV **(Sartorius ErgBd. Nr. 296/32)**
– VO über die Lärmkartierung – 34. BImSchV **(Sartorius ErgBd. Nr. 296/34)**
– VO zur Kennzeichnung der Kraftfahrzeuge mit geringem Beitrag zur Schadstoffbelastung – 35. BImSchV **(Sartorius ErgBd. Nr. 296/35)**
– VO zur Durchführung der Regelungen der Biokraftstoffquote – 36. BImSchV v. 29.1.2007 (BGBl. I S. 60), zuletzt geänd. durch VO v. 4.6.2024 (BGBl. 2024 I Nr. 183)
– VO zur Anrechnung von strombasierten Kraftstoffen und mitverarbeiteten biogenen Ölen auf die Treibhausgasquote – 37. BImSchV v. 17.4.2024 (BGBl. 2024 I Nr. 131), geänd. durch G v. 22.12.2025 (BGBl. 2025 I Nr. 348)
– VO über Luftqualitätsstandards und Emissionshöchstmengen – 39. BImSchV **(Sartorius ErgBd. Nr. 296/39)**
– BekanntgabeVO – 41. BImSchV v. 2.5.2013 (BGBl. I S. 973, 1001, 3756), zuletzt geänd. durch VO v. 30.4.2025 (BGBl. 2025 I Nr. 126)
– VO über Verdunstungskühlanlagen, Kühltürme und Nassabscheider – 42. BImSchV v. 12.7.2017 (BGBl. I S. 2379; 2018 I S. 202)
– VO über nationale Verpflichtungen zur Reduktion der Emissionen bestimmter Luftschadstoffe – 43. BImSchV v. 18.7.2018 (BGBl. I S. 1222), zuletzt geänd. durch VO v. 25.2.2025 (BGBl. 2025 I Nr. 61)
– VO über mittelgroße Feuerungs-, Gasturbinen- und Verbrennungsmotoranlagen – 44. BImSchV v. 13.6.2019 (BGBl. I S. 804), geänd. durch VO v. 12.10.2022 (BGBl. I S. 1801)
– AltholzVO – AltholzV v. 15.8.2002 (BGBl. I S. 3302), zuletzt geänd. durch VO v. 19.6.2020 (BGBl. I S. 1328)
– AltölVO – AltölV idF der Bek. v. 16.4.2002 (BGBl. I S. 1368, 1369), zuletzt geänd. durch VO v. 5.10. 2020 (BGBl. I S. 2091)
– Biokraftstoff-NachhaltigkeitsVO – Biokraft-NachV v. 2.12.2021 (BGBl. I S. 5126, 5143)
– DeponieVO – DepV **(Sartorius ErgBd. Nr. 298h)**
– EMAS-Privilegierungs-VO – EMASPrivilegV **(Sartorius ErgBd. Nr. 297)**
– VO über die Entsorgung gebrauchter halogenierter Lösemittel – HKWAbfV v. 23.10.1989 (BGBl. I S. 1918), geänd. durch VO v. 20.10.2006 (BGBl. I S. 2298)
– GefahrstoffVO – GefStoffV v. 26.11.2010 (BGBl. I S. 1643, 1644), zuletzt geänd. durch VO v. 17.12. 2025 (BGBl. 2025 I Nr. 337)
– Kfz-Energieverbrauchsdaten-Erfassung-VO – Kfz-EEV v. 7.8.2024 (BGBl. 2024 I Nr. 259)
– KWK-Kosten-Nutzen-Vergleich-VO – KNV-V v. 28.4.2015 (BGBl. I S. 670), zuletzt geänd. durch G v. 25.11.2025 (BGBl. 2025 I Nr. 282)
– Magnetschwebebahn-Bau- und Betriebsordnung – MbBO v. 23.9.1997 (BGBl. I S. 2329)
– Technische Anleitung zur Reinhaltung der Luft – TA Luft v. 18.8.2021 (GMBl S. 1050)
– Technische Anleitung zum Schutz gegen Lärm – TA Lärm v. 26.8.1998 (GMBl S. 503), geänd. durch VwV v. 1.6.2017 (BAnz AT 08.06.2017 B5)
– Upstream-Emissionsminderungs-VO – UERV v. 22.1.2018 (BGBl. I S. 169), zuletzt geänd. durch VO v. 1.4.2026 (BGBl. 2026 I Nr. 101)
– UVP-Portale-VO – UVPPortV v. 11.11.2020 (BGBl. I S. 2428)
– VwV zur Durchführung der VO über die Beschaffenheit und die Auszeichnung der Qualitäten von Kraft- und Brennstoffen v. 19.12.2022 (BAnz AT 27.12.2022 B6)

– Oberflächenbehandlungs-VwV v. 25.7.2024 (BAnz AT 05.08.2024 B2)
– VwV zur Reduzierung von Emissionen und anderer Umweltauswirkungen in der Nahrungsmittel-, Getränke- und Milchindustrie – NaGeMi-VwV v. 10.11.2023 (BAnz AT 22.11.2023 B5)

Zur Ausführung und Durchführung des BImSchG haben die **Länder** ua folgende Vorschriften erlassen:
– **Baden-Württemberg:** Immissionsschutz-ZuständigkeitsVO v. 9.12.2025 (GBl. Nr. 131)
– **Bayern:** Bayerisches ImmissionsschutzG v. 10.12.2019 (GVBl. S. 686), zuletzt geänd. durch G v. 23.12. 2025 (GVBl. S. 667)
– **Berlin:** Landes-Immissionsschutzgesetz Berlin (LImSchG Bln) v. 7.12.2023 (GVBl. S. 406)
– **Brandenburg:** LandesimmissionsschutzG idF der Bek. v. 22.7.1999 (GVBl. I S. 386), zuletzt geänd. durch G v. 24.7.2025 (GVBl. I Nr. 17); ImmissionsschutzzuständigkeitsVO v. 31.3.2008 (GVBl. II S. 122), zuletzt geänd. durch VO v. 25.7.2022 (GVBl. II Nr. 49)
– **Bremen:** Bremisches ImmissionsschutzG v. 14.5.2019 (Brem.GBl. S. 316); VO über die Zuständigkeit für die Verfolgung und Ahndung von Ordnungswidrigkeiten nach dem Bundes-ImmissionsschutzG v. 20.11.2007 (Brem.GBl. S. 493), zuletzt geänd. durch Bek. v. 2.9.2025 (Brem.GBl. S. 674)
– **Hamburg:** Hamburgisches KlimaschutzG v. 20.2.2020 (HmbGVBl. S. 148), zuletzt geänd. durch G v. 4.11.2025 (HmbGVBl. S. 597)
– **Hessen:** VO über immissionsschutzrechtliche Zuständigkeiten, zur Bestimmung der federführenden Behörde nach dem G über die Umweltverträglichkeitsprüfung und über Zuständigkeiten nach dem BenzinbleiG v. 26.11.2014 (GVBl. S. 331), zuletzt geänd. durch VO v. 9.2.2026 (GVBl. Nr. 9)
– **Mecklenburg-Vorpommern:** Immissionsschutz-ZuständigkeitslandesVO v. 12.2.2015 (GVOBl. M-V S. 70), geänd. durch VO v. 1.6.2017 (GVOBl. M-V S. 114); Immissionsschutz-KostenVO v. 12.12.2018 (GVOBl. M-V S. 430), zuletzt geänd. durch VO v. 29.9.2024 (GVOBl. M-V S. 580)
– **Niedersachsen:** ZustVO-Umwelt-Arbeitsschutz v. 27.10.2009 (Nds. GVBl. S. 374), zuletzt geänd. durch VO v. 12.12.2023 (Nds. GVBl. S. 343)
– **Nordrhein-Westfalen:** Landes-ImmissionsschutzG v. 18.3.1975 (GV. NRW. S. 232), zuletzt geänd. durch G v. 5.3.2024 (GV. NRW. S. 155)
– **Rheinland-Pfalz:** Landes-ImmissionsschutzG v. 20.12.2000 (GVBl. S. 578), zuletzt geänd. durch G v. 3.9.2018 (GVBl. S. 372); LandesVO über Zuständigkeiten auf dem Gebiet des Immissionsschutzes v. 14.6.2002 (GVBl. S. 280), zuletzt geänd. durch VO v. 16.5.2023 (GVBl. S. 158)
– **Saarland:** VO über die Zuständigkeiten nach dem Bundes-ImmissionsschutzG und nach dem Treibhausgas-EmissionshandelsG v. 17.2.2014 (Amtsbl. I S. 64)
– **Sachsen:** Immissionsschutz-AusführungsG v. 4.7.1994 (SächsGVBl. S. 1281), zuletzt geänd. durch G v. 23.3.2022 (SächsGVBl. S. 256); Sächsische Immissionsschutz-ZuständigkeitsVO v. 28.6.2023 (SächsGVBl. S. 593)
– **Sachsen-Anhalt:** Immissionsschutz-, Gewerbe- und Arbeitsschutzrecht-ZuständigkeitsVO v. 14.6.1994 (GVBl. LSA S. 636), zuletzt geänd. durch VO v. 10.12.2019 (GVBl. LSA S. 988); Immissionsschutz-ZuständigkeitsVO v. 8.10.2015 (GVBl. LSA S. 518), geänd. durch VO v. 18.12.2018 (GVBl. LSA S. 430)
– **Schleswig-Holstein:** Landes-ImmissionsschutzG v. 6.1.2009 (GVOBl. Schl.-H. S. 2), zuletzt geänd. durch VO v. 27.10.2023 (GVOBl. Schl.-H. S. 514); ImmissionsschutzzuständigkeitsVO v. 6.11.2025 (GVOBl. Schl.-H. Nr. 146, S. 2)
– **Thüringen:** Thüringer VO zur Regelung von Zuständigkeiten und zur Übertragung von Ermächtigungen auf den Gebieten des Immissionsschutzes und des Treibhausgas-Emissionshandels v. 6.4.2008 (GVBl. S. 78), zuletzt geänd. durch VO v. 12.8.2024 (GVBl. S. 621)

Inhaltsübersicht[1)]

Erster Teil. Allgemeine Vorschriften

[1)] Inhaltsübersicht geänd. mWv 1.1.2015 durch G v. 20.11.2014 (BGBl. I S. 1740); sie wurde nichtamtlich an weitere Änderungen durch dieses Gesetz angepasst; geänd. mWv 7.12.2016 durch G v. 30.11. 2016 (BGBl. I S. 2749); geänd. mWv 10.12.2020 durch G v. 3.12.2020 (BGBl. I S. 2694); geänd. mWv 31.8.2021 durch G v. 18.8.2021 (BGBl. I S. 3901); geänd. mWv 1.10.2021 durch G v. 24.9.2021 (BGBl. I S. 4458); geänd. mWv 12.7.2022 durch G v. 8.7.2022 (BGBl. I S. 1054); geänd. mWv 13.10.2022 durch G v. 8.10.2022 (BGBl. I S. 1726); sie wurde nichtamtlich an weitere Änderungen durch dieses Gesetz angepasst; geänd. mWv 26.10.2022 durch G v. 19.10.2022 (BGBl. I S. 1792); sie wurde nichtamtlich an weitere Änderungen durch dieses Gesetz angepasst; geänd. mWv 3.8.2023 durch G v. 26.7.2023 (BGBl. 2023 I Nr. 202); sie wurde nichtamtlich an weitere Änderungen durch dieses Gesetz angepasst; geänd. mWv 9.7.2024 durch G v. 3.7.2024 (BGBl. 2024 I Nr. 225); geänd. mWv 15.8.2025 durch G v. 12.8.2025 (BGBl. 2025 I Nr. 189); geänd. mWv 2.4.2026 durch G v. 29.3.2026 (BGBl. 2026 I Nr. 84).

---

[1] Die erkennbar auf dem erst später verkündeten G v. 19.10.2022 (BGBl. I S. 1792) aufbauenden Änderungsbefehle in Art. 2 Nr. 1 Buchst. b und c, Nr. 4 und 5 des G v. 8.10.2022 (BGBl. I S. 1726) wurden so eingearbeitet, als wären sie ***nach*** diesem Gesetz verkündet worden.

(Fortsetzung nächstes Blatt)

Erster Teil. Allgemeine Vorschriften

§ 1[1)] Zweck des Gesetzes (1) Zweck dieses Gesetzes ist es, Menschen, Wild- und Nutztiere und Pflanzen, den Boden, das Wasser, die Atmosphäre, das Klima sowie Kultur- und sonstige Sachgüter vor schädlichen Umwelteinwirkungen zu schützen und dem Entstehen schädlicher Umwelteinwirkungen vorzubeugen.

(2) Soweit es sich um genehmigungsbedürftige Anlagen handelt, dient dieses Gesetz auch

– der integrierten Vermeidung und Verminderung schädlicher Umwelteinwirkungen durch Emissionen in Luft, Wasser und Boden unter Einbeziehung der Abfallwirtschaft, um ein hohes Schutzniveau für die Umwelt insgesamt zu erreichen, sowie
– dem Schutz und der Vorsorge gegen Gefahren, erhebliche Nachteile und erhebliche Belästigungen, die auf andere Weise herbeigeführt werden.

§ 2 Geltungsbereich. (1) Die Vorschriften dieses Gesetzes gelten für

1. die Errichtung und den Betrieb von Anlagen,
2. das Herstellen, Inverkehrbringen und Einführen von Anlagen, Brennstoffen und Treibstoffen, Stoffen und Erzeugnissen aus Stoffen nach Maßgabe der §§ 32 bis 37,
3. die Beschaffenheit, die Ausrüstung, den Betrieb und die Prüfung von Kraftfahrzeugen und ihren Anhängern und von Schienen-, Luft- und Wasserfahrzeugen sowie von Schwimmkörpern und schwimmenden Anlagen nach Maßgabe der §§ 38 bis 40 und
4. den Bau öffentlicher Straßen sowie von Eisenbahnen, Magnetschwebebahnen und Straßenbahnen nach Maßgabe der §§ 41 bis 43.

(2) [1]Die Vorschriften dieses Gesetzes gelten nicht für Flugplätze, soweit nicht die sich aus diesem Gesetz ergebenden Anforderungen für Betriebsbereiche oder der Sechste Teil betroffen sind, und für Anlagen, Geräte, Vorrichtungen sowie Kernbrennstoffe und sonstige radioaktive Stoffe, die den Vorschriften des Atomgesetzes[2)] oder einer hiernach erlassenen Rechtsverordnung unterliegen, soweit es sich um den Schutz vor den Gefahren der Kernenergie und der schädlichen Wirkung ionisierender Strahlen handelt. [2]Sie gelten ferner nicht, soweit sich aus wasserrechtlichen Vorschriften des Bundes und der Länder zum Schutz der Gewässer oder aus Vorschriften des Düngemittel- und Pflanzenschutzrechts etwas anderes ergibt.

(3) Die Vorschriften dieses Gesetzes über Abfälle gelten nicht für

1. Luftverunreinigungen,

[1)] § 1 Abs. 1 geänd. mWv 9.7.2024 durch G v. 3.7.2024 (BGBl. 2024 I Nr. 225).
[2)] Nr. **835**.

2. Böden am Ursprungsort (Böden in situ) einschließlich nicht ausgehobener, kontaminierter Böden und Bauwerke, die dauerhaft mit dem Boden verbunden sind,
3. nicht kontaminiertes Bodenmaterial und andere natürlich vorkommende Materialien, die bei Bauarbeiten ausgehoben wurden, sofern sichergestellt ist, dass die Materialien in ihrem natürlichen Zustand an dem Ort, an dem sie ausgehoben wurden, für Bauzwecke verwendet werden.

§ 3[1)] Begriffsbestimmungen. (1) Schädliche Umwelteinwirkungen im Sinne dieses Gesetzes sind Immissionen, die nach Art, Ausmaß oder Dauer geeignet sind, Gefahren, erhebliche Nachteile oder erhebliche Belästigungen für die Allgemeinheit oder die Nachbarschaft herbeizuführen.

(2) Immissionen im Sinne dieses Gesetzes sind auf Menschen, Wild- und Nutztiere und Pflanzen, den Boden, das Wasser, die Atmosphäre, das Klima sowie Kultur- und sonstige Sachgüter einwirkende Luftverunreinigungen, Geräusche, Erschütterungen, Licht, Wärme, Strahlen und ähnliche Umwelteinwirkungen.

(3) Emissionen im Sinne dieses Gesetzes sind die von einer Anlage ausgehenden Luftverunreinigungen, Geräusche, Erschütterungen, Licht, Wärme, Strahlen und ähnliche Erscheinungen.

(4) Luftverunreinigungen im Sinne dieses Gesetzes sind Veränderungen der natürlichen Zusammensetzung der Luft, insbesondere durch Rauch, Ruß, Staub, Gase, Aerosole, Dämpfe oder Geruchsstoffe.

(5) Anlagen im Sinne dieses Gesetzes sind

1. Betriebsstätten und sonstige ortsfeste Einrichtungen,
2. Maschinen, Geräte und sonstige ortsveränderliche technische Einrichtungen sowie Fahrzeuge, soweit sie nicht der Vorschrift des § 38 unterliegen, und
3. Grundstücke, auf denen Stoffe gelagert oder abgelagert oder Arbeiten durchgeführt werden, die Emissionen verursachen können, ausgenommen öffentliche Verkehrswege.

(5a) Ein Betriebsbereich ist der gesamte unter der Aufsicht eines Betreibers stehende Bereich, in dem gefährliche Stoffe im Sinne des Artikels 3 Nummer 10 der Richtlinie 2012/18/EU des Europäischen Parlaments und des Rates vom 4. Juli 2012 zur Beherrschung der Gefahren schwerer Unfälle mit gefährlichen Stoffen, zur Änderung und anschließenden Aufhebung der Richtlinie 96/82/EG des Rates (ABl. L 197 vom 24.7.2012, S. 1) in einer oder mehreren Anlagen einschließlich gemeinsamer oder verbundener Infrastrukturen oder Tätigkeiten auch bei Lagerung im Sinne des Artikels 3 Nummer 16 der Richtlinie in den in Artikel 3 Nummer 2 oder Nummer 3 der Richtlinie bezeichneten Mengen tatsächlich vorhanden oder vorgesehen sind oder vorhanden sein werden, soweit vernünftigerweise vorhersehbar ist, dass die genannten gefährlichen Stoffe bei außer Kontrolle geratenen Prozessen anfallen; ausgenommen sind die in Artikel 2 Absatz 2 der Richtlinie 2012/18/EU angeführten Einrichtungen, Gefahren und Tätigkeiten, es sei denn, es handelt sich um eine in Artikel 2 Absatz 2 Unterabsatz 2 der Richtlinie 2012/18/EU genannte Einrichtung, Gefahr oder Tätigkeit.

(5b) [1] Eine störfallrelevante Errichtung und ein Betrieb oder eine störfallrelevante Änderung einer Anlage oder eines Betriebsbereichs ist eine Errichtung und

---

[1)] § 3 Abs. 6b Nr. 1 ber. BGBl. 2013 I S. 3753; Abs. 5a neu gef., Abs. 5b–5d eingef. mWv 7.12.2016 durch G v. 30.11.2016 (BGBl. I S. 2749); Abs. 2 geänd. mWv 9.7.2024 durch G v. 3.7.2024 (BGBl. 2024 I Nr. 225).

ein Betrieb einer Anlage, die Betriebsbereich oder Bestandteil eines Betriebsbereichs ist, oder eine Änderung einer Anlage oder eines Betriebsbereichs einschließlich der Änderung eines Lagers, eines Verfahrens oder der Art oder physikalischen Form oder der Mengen der gefährlichen Stoffe im Sinne des Artikels 3 Nummer 10 der Richtlinie 2012/18/EU, aus der sich erhebliche Auswirkungen auf die Gefahren schwerer Unfälle ergeben können. [2] Eine störfallrelevante Änderung einer Anlage oder eines Betriebsbereichs liegt zudem vor, wenn eine Änderung dazu führen könnte, dass ein Betriebsbereich der unteren Klasse zu einem Betriebsbereich der oberen Klasse wird oder umgekehrt.

(5c) [1] Der angemessene Sicherheitsabstand im Sinne dieses Gesetzes ist der Abstand zwischen einem Betriebsbereich oder einer Anlage, die Betriebsbereich oder Bestandteil eines Betriebsbereichs ist, und einem benachbarten Schutzobjekt, der zur gebotenen Begrenzung der Auswirkungen auf das benachbarte Schutzobjekt, welche durch schwere Unfälle im Sinne des Artikels 3 Nummer 13 der Richtlinie 2012/18/EU hervorgerufen werden können, beiträgt. [2] Der angemessene Sicherheitsabstand ist anhand störfallspezifischer Faktoren zu ermitteln.

(5d) Benachbarte Schutzobjekte im Sinne dieses Gesetzes sind ausschließlich oder überwiegend dem Wohnen dienende Gebiete, öffentlich genutzte Gebäude und Gebiete, Freizeitgebiete, wichtige Verkehrswege und unter dem Gesichtspunkt des Naturschutzes besonders wertvolle oder besonders empfindliche Gebiete.

(6) [1] Stand der Technik im Sinne dieses Gesetzes ist der Entwicklungsstand fortschrittlicher Verfahren, Einrichtungen oder Betriebsweisen, der die praktische Eignung einer Maßnahme zur Begrenzung von Emissionen in Luft, Wasser und Boden, zur Gewährleistung der Anlagensicherheit, zur Gewährleistung einer umweltverträglichen Abfallentsorgung oder sonst zur Vermeidung oder Verminderung von Auswirkungen auf die Umwelt zur Erreichung eines allgemein hohen Schutzniveaus für die Umwelt insgesamt gesichert erscheinen lässt. [2] Bei der Bestimmung des Standes der Technik sind insbesondere die in der Anlage aufgeführten Kriterien zu berücksichtigen.

(6a) BVT-Merkblatt im Sinne dieses Gesetzes ist ein Dokument, das auf Grund des Informationsaustausches nach Artikel 13 der Richtlinie 2010/75/EU des Europäischen Parlaments und des Rates vom 24. November 2010 über Industrieemissionen (integrierte Vermeidung und Verminderung der Umweltverschmutzung) (Neufassung) (ABl. L 334 vom 17.12.2010, S. 17) für bestimmte Tätigkeiten erstellt wird und insbesondere die angewandten Techniken, die derzeitigen Emissions- und Verbrauchswerte, alle Zukunftstechniken sowie die Techniken beschreibt, die für die Festlegung der besten verfügbaren Techniken sowie der BVT-Schlussfolgerungen berücksichtigt wurden.

(6b) BVT-Schlussfolgerungen im Sinne dieses Gesetzes sind ein nach Artikel 13 Absatz 5 der Richtlinie 2010/75/EU von der Europäischen Kommission erlassenes Dokument, das die Teile eines BVT-Merkblatts mit den Schlussfolgerungen in Bezug auf Folgendes enthält:

1. die besten verfügbaren Techniken, ihre Beschreibung und Informationen zur Bewertung ihrer Anwendbarkeit,
2. die mit den besten verfügbaren Techniken assoziierten Emissionswerte,
3. die zu den Nummern 1 und 2 gehörigen Überwachungsmaßnahmen,
4. die zu den Nummern 1 und 2 gehörigen Verbrauchswerte sowie
5. die gegebenenfalls einschlägigen Standortsanierungsmaßnahmen.

(6c) Emissionsbandbreiten im Sinne dieses Gesetzes sind die mit den besten verfügbaren Techniken assoziierten Emissionswerte.

(6d) Die mit den besten verfügbaren Techniken assoziierten Emissionswerte im Sinne dieses Gesetzes sind der Bereich von Emissionswerten, die unter normalen Betriebsbedingungen unter Verwendung einer besten verfügbaren Technik oder einer Kombination von besten verfügbaren Techniken entsprechend der Beschreibung in den BVT-Schlussfolgerungen erzielt werden, ausgedrückt als Mittelwert für einen vorgegebenen Zeitraum unter spezifischen Referenzbedingungen.

(6e) Zukunftstechniken im Sinne dieses Gesetzes sind neue Techniken für Anlagen nach der Industrieemissions-Richtlinie, die bei gewerblicher Nutzung entweder ein höheres allgemeines Umweltschutzniveau oder zumindest das gleiche Umweltschutzniveau und größere Kostenersparnisse bieten könnten als der bestehende Stand der Technik.

(7) Dem Herstellen im Sinne dieses Gesetzes steht das Verarbeiten, Bearbeiten oder sonstiges Behandeln, dem Einführen im Sinne dieses Gesetzes das sonstige Verbringen in den Geltungsbereich dieses Gesetzes gleich.

(8) Anlagen nach der Industrieemissions-Richtlinie im Sinne dieses Gesetzes sind die in der Rechtsverordnung nach § 4 Absatz 1 Satz 4 gekennzeichneten Anlagen.

(9) Gefährliche Stoffe im Sinne dieses Gesetzes sind Stoffe oder Gemische gemäß Artikel 3 der Verordnung (EG) Nr. 1272/2008 des Europäischen Parlaments und des Rates vom 16. Dezember 2008 über die Einstufung, Kennzeichnung und Verpackung von Stoffen und Gemischen, zur Änderung und Aufhebung der Richtlinien 67/548/EWG und 1999/45/EG und zur Änderung der Verordnung (EG) Nr. 1907/2006 (ABl. L 353 vom 31.12.2008, S. 1), die zuletzt durch die Verordnung (EG) Nr. 286/2011 (ABl. L 83 vom 30.3.2011, S. 1) geändert worden ist.

(10) Relevante gefährliche Stoffe im Sinne dieses Gesetzes sind gefährliche Stoffe, die in erheblichem Umfang in der Anlage verwendet, erzeugt oder freigesetzt werden und die ihrer Art nach eine Verschmutzung des Bodens oder des Grundwassers auf dem Anlagengrundstück verursachen können.

Zweiter Teil. Errichtung und Betrieb von Anlagen

Erster Abschnitt. Genehmigungsbedürftige Anlagen

§ 4[1] Genehmigung. (1) [1]Die Errichtung und der Betrieb von Anlagen, die auf Grund ihrer Beschaffenheit oder ihres Betriebs in besonderem Maße geeignet sind, schädliche Umwelteinwirkungen hervorzurufen oder in anderer Weise die Allgemeinheit oder die Nachbarschaft zu gefährden, erheblich zu benachteiligen oder erheblich zu belästigen, sowie von ortsfesten Abfallentsorgungsanlagen zur Lagerung oder Behandlung von Abfällen bedürfen einer Genehmigung. [2]Mit Ausnahme von Abfallentsorgungsanlagen bedürfen Anlagen, die nicht gewerblichen Zwecken dienen und nicht im Rahmen wirtschaftlicher Unternehmungen Verwendung finden, der Genehmigung nur, wenn sie in besonderem Maße geeignet sind, schädliche Umwelteinwirkungen durch Luftverunreinigungen oder Geräusche hervorzurufen. [3]Die Bundesregierung bestimmt nach Anhörung der

---

[1] Beachte zur Anwendung von § 4 hinsichtlich der Zulassung einer Anlage nach § 2 Abs. 1 Nr. 1 und 2 LNGG **(Sartorius III Nr. 525)** die Maßgabe gem. § 5 Abs. 1 Nr. 4 LNGG **(Sartorius III Nr. 525)** iVm § 13 LNGG **(Sartorius III Nr. 525)**.

beteiligten Kreise (§ 51) durch Rechtsverordnung[1] mit Zustimmung des Bundesrates die Anlagen, die einer Genehmigung bedürfen (genehmigungsbedürftige Anlagen); in der Rechtsverordnung kann auch vorgesehen werden, dass eine Genehmigung nicht erforderlich ist, wenn eine Anlage insgesamt oder in ihren in der Rechtsverordnung bezeichneten wesentlichen Teilen der Bauart nach zugelassen ist und in Übereinstimmung mit der Bauartzulassung errichtet und betrieben wird. [4]Anlagen nach Artikel 10 in Verbindung mit Anhang I der Richtlinie 2010/75/EU sind in der Rechtsverordnung nach Satz 3 zu kennzeichnen.

(2) [1]Anlagen des Bergwesens oder Teile dieser Anlagen bedürfen der Genehmigung nach Absatz 1 nur, soweit sie über Tage errichtet und betrieben werden. [2]Keiner Genehmigung nach Absatz 1 bedürfen Tagebaue und die zum Betrieb eines Tagebaus erforderlichen sowie die zur Wetterführung unerlässlichen Anlagen.

§ 5[2] Pflichten der Betreiber genehmigungsbedürftiger Anlagen. (1) Genehmigungsbedürftige Anlagen sind so zu errichten und zu betreiben, dass zur Gewährleistung eines hohen Schutzniveaus für die Umwelt insgesamt

1. schädliche Umwelteinwirkungen und sonstige Gefahren, erhebliche Nachteile und erhebliche Belästigungen für die Allgemeinheit und die Nachbarschaft nicht hervorgerufen werden können;
2. Vorsorge gegen schädliche Umwelteinwirkungen und sonstige Gefahren, erhebliche Nachteile und erhebliche Belästigungen getroffen wird, insbesondere durch die dem Stand der Technik entsprechenden Maßnahmen;
3. Abfälle vermieden, nicht zu vermeidende Abfälle verwertet und nicht zu verwertende Abfälle ohne Beeinträchtigung des Wohls der Allgemeinheit beseitigt werden; Abfälle sind nicht zu vermeiden, soweit die Vermeidung technisch nicht möglich oder nicht zumutbar ist; die Vermeidung ist unzulässig, soweit sie zu nachteiligeren Umweltauswirkungen führt als die Verwertung; die Verwertung und Beseitigung von Abfällen erfolgt nach den Vorschriften des Kreislaufwirtschaftsgesetzes[3] und den sonstigen für die Abfälle geltenden Vorschriften;
4. Energie sparsam und effizient verwendet wird.

(2) [1]Soweit genehmigungsbedürftige Anlagen dem Anwendungsbereich des Treibhausgas-Emissionshandelsgesetzes[4] unterliegen, sind Anforderungen zur Begrenzung von Emissionen von Treibhausgasen nur zulässig, um zur Erfüllung der Pflichten nach Absatz 1 Nummer 1 sicherzustellen, dass im Einwirkungsbereich der Anlage keine schädlichen Umwelteinwirkungen entstehen; dies gilt nur für Treibhausgase, die für die betreffende Tätigkeit nach Anhang 1 des Treibhausgas-Emissionshandelsgesetzes umfasst sind. [2]Bei diesen Anlagen dürfen zur Erfüllung der Pflicht zur effizienten Verwendung von Energie in Bezug auf die Emissionen von Kohlendioxid, die auf Verbrennungs- oder anderen Prozessen der Anlage beruhen, keine Anforderungen gestellt werden, die über die Pflichten hinausgehen, welche das Treibhausgas-Emissionshandelsgesetz begründet. [3]*Davon aus-*

---

[1] Siehe die Anmerkung am Titel.
[2] § 5 Abs. 2 Satz 3 zweiter Satzteil und Satz 4 angef. mWv 9.7.2024 durch G v. 3.7.2024 (BGBl. 2024 I Nr. 225).
[3] Nr. **298**.
[4] **Sartorius III Nr. 330.**

genommen sind Anforderungen an die Abwärmenutzung;[1)] Näheres hierzu regelt eine Rechtsverordnung. [4]Der Deutsche Bundestag ist dabei nach § 48b zu beteiligen.

(3) Genehmigungsbedürftige Anlagen sind so zu errichten, zu betreiben und stillzulegen, dass auch nach einer Betriebseinstellung

1. von der Anlage oder dem Anlagengrundstück keine schädlichen Umwelteinwirkungen und sonstige Gefahren, erhebliche Nachteile und erhebliche Belästigungen für die Allgemeinheit und die Nachbarschaft hervorgerufen werden können,
2. vorhandene Abfälle ordnungsgemäß und schadlos verwertet oder ohne Beeinträchtigung des Wohls der Allgemeinheit beseitigt werden und
3. die Wiederherstellung eines ordnungsgemäßen Zustandes des Anlagengrundstücks gewährleistet ist.

(4) [1]Wurden nach dem 7. Januar 2013 auf Grund des Betriebs einer Anlage nach der Industrieemissions-Richtlinie erhebliche Bodenverschmutzungen oder erhebliche Grundwasserverschmutzungen durch relevante gefährliche Stoffe im Vergleich zu dem im Bericht über den Ausgangszustand angegebenen Zustand verursacht, so ist der Betreiber nach Einstellung des Betriebs der Anlage verpflichtet, soweit dies verhältnismäßig ist, Maßnahmen zur Beseitigung dieser Verschmutzung zu ergreifen, um das Anlagengrundstück in jenen Ausgangszustand zurückzuführen. [2]Die zuständige Behörde hat der Öffentlichkeit relevante Informationen zu diesen vom Betreiber getroffenen Maßnahmen zugänglich zu machen, und zwar auch über das Internet. [3]Soweit Informationen Geschäfts- oder Betriebsgeheimnisse enthalten, gilt § 10 Absatz 2 entsprechend.

§ 6 Genehmigungsvoraussetzungen. (1) Die Genehmigung ist zu erteilen, wenn

1. sichergestellt ist, dass die sich aus § 5 und einer auf Grund des § 7 erlassenen Rechtsverordnung ergebenden Pflichten erfüllt werden, und
2. andere öffentlich-rechtliche Vorschriften und Belange des Arbeitsschutzes der Errichtung und dem Betrieb der Anlage nicht entgegenstehen.

(2) Bei Anlagen, die unterschiedlichen Betriebsweisen dienen oder in denen unterschiedliche Stoffe eingesetzt werden (Mehrzweck- oder Vielstoffanlagen), ist die Genehmigung auf Antrag auf die unterschiedlichen Betriebsweisen und Stoffe zu erstrecken, wenn die Voraussetzungen nach Absatz 1 für alle erfassten Betriebsweisen und Stoffe erfüllt sind.

(3) Eine beantragte Änderungsgenehmigung darf auch dann nicht versagt werden, wenn zwar nach ihrer Durchführung nicht alle Immissionswerte einer Verwaltungsvorschrift nach § 48 oder einer Rechtsverordnung nach § 48a eingehalten werden, wenn aber

1. der Immissionsbeitrag der Anlage unter Beachtung des § 17 Absatz 3a Satz 3 durch das Vorhaben deutlich und über das durch nachträgliche Anordnungen nach § 17 Absatz 1 durchsetzbare Maß reduziert wird,
2. weitere Maßnahmen zur Luftreinhaltung, insbesondere Maßnahmen, die über den Stand der Technik bei neu zu errichtenden Anlagen hinausgehen, durch*geführt werden,*

[1)] § 5 Abs. 2 Satz 3 erster Satzteil tritt erst in Kraft, wenn die Rechtsverordnung nach Satz 3 zweiter Satzteil in Kraft getreten ist.

3. der Antragsteller darüber hinaus einen Immissionsmanagementplan zur Verringerung seines Verursacheranteils vorlegt, um eine spätere Einhaltung der Anforderungen nach § 5 Absatz 1 Nummer 1 zu erreichen, und
4. die konkreten Umstände einen Widerruf der Genehmigung nicht erfordern.

§ 7[1)] Rechtsverordnungen über Anforderungen an genehmigungsbedürftige Anlagen. (1) [1]Die Bundesregierung wird ermächtigt, nach Anhörung der beteiligten Kreise (§ 51) durch Rechtsverordnung[2)] mit Zustimmung des Bundesrates vorzuschreiben, dass die Errichtung, die Beschaffenheit, der Betrieb, der Zustand nach Betriebseinstellung und die betreibereigene Überwachung genehmigungsbedürftiger Anlagen zur Erfüllung der sich aus § 5 ergebenden Pflichten bestimmten Anforderungen genügen müssen, insbesondere, dass

1. die Anlagen bestimmten technischen Anforderungen entsprechen müssen,
2. die von Anlagen ausgehenden Emissionen bestimmte Grenzwerte nicht überschreiten dürfen oder Anlagen äquivalenten Parametern oder äquivalenten technischen Maßnahmen entsprechen müssen,

2a. der Einsatz von Energie bestimmten Anforderungen entsprechen muss,

3. die Betreiber von Anlagen Messungen von Emissionen und Immissionen nach in der Rechtsverordnung näher zu bestimmenden Verfahren vorzunehmen haben oder vornehmen lassen müssen,
4. die Betreiber von Anlagen bestimmte sicherheitstechnische Prüfungen sowie bestimmte Prüfungen von sicherheitstechnischen Unterlagen nach in der Rechtsverordnung näher zu bestimmenden Verfahren
   a) während der Errichtung oder sonst vor der Inbetriebnahme der Anlage,
   b) nach deren Inbetriebnahme oder einer Änderung im Sinne des § 15 oder des § 16,
   c) in regelmäßigen Abständen oder
   d) bei oder nach einer Betriebseinstellung

   durch einen Sachverständigen nach § 29a vornehmen lassen müssen, soweit solche Prüfungen nicht gemäß § 7 Absatz 1 in Verbindung mit einer Rechtsverordnung gemäß § 31 Satz 2 Nummer 4 des Gesetzes über überwachungsbedürftige Anlagen vorgeschrieben sind, und
5. die Rückführung in den Ausgangszustand nach § 5 Absatz 4 bestimmten Anforderungen entsprechen muss, insbesondere in Bezug auf den Ausgangszustandsbericht und die Feststellung der Erheblichkeit von Boden- und Grundwasserverschmutzungen.

[2]Bei der Festlegung der Anforderungen nach Satz 1 sind insbesondere mögliche Verlagerungen von nachteiligen Auswirkungen von einem Schutzgut auf ein anderes zu berücksichtigen; ein hohes Schutzniveau für die Umwelt insgesamt ist zu gewährleisten.

(1a) [1]Nach jeder Veröffentlichung einer BVT-Schlussfolgerung ist unverzüglich zu gewährleisten, dass für Anlagen nach der Industrieemissions-Richtlinie bei der Festlegung von Emissionsgrenzwerten nach Absatz 1 Satz 1 Nummer 2 die Emissionen unter normalen Betriebsbedingungen die in den BVT-Schlussfolgerungen

---

[1)] § 7 Abs. 1 Satz 1 Nr. 4 Buchst. d ber. BGBl. 2013 I S. 3753; Abs. 1 Satz 1 Nr. 2 und 3, Satz 2 ber. 2021 I S. 123; Abs. 1 Satz 1 Nr. 4 abschl. Satzteil geänd. mWv 16.7.2021 durch G v. 27.7.2021 (BGBl. I S. 3146).

[2)] Siehe die Anmerkung am Titel.

genannten Emissionsbandbreiten nicht überschreiten. [2] Im Hinblick auf bestehende Anlagen ist

1. innerhalb eines Jahres nach Veröffentlichung von BVT-Schlussfolgerungen zur Haupttätigkeit eine Überprüfung und gegebenenfalls Anpassung der Rechtsverordnung vorzunehmen und
2. innerhalb von vier Jahren nach Veröffentlichung von BVT-Schlussfolgerungen zur Haupttätigkeit sicherzustellen, dass die betreffenden Anlagen die Emissionsgrenzwerte der Rechtsverordnung einhalten.

(1b) [1] Abweichend von Absatz 1a

1. können in der Rechtsverordnung weniger strenge Emissionsgrenzwerte und Fristen festgelegt werden, wenn
   a) wegen technischer Merkmale der betroffenen Anlagenart die Anwendung der in den BVT-Schlussfolgerungen genannten Emissionsbandbreiten unverhältnismäßig wäre und dies begründet wird oder
   b) in Anlagen Zukunftstechniken für einen Gesamtzeitraum von höchstens neun Monaten erprobt oder angewendet werden sollen, sofern nach dem festgelegten Zeitraum die Anwendung der betreffenden Technik beendet wird oder in der Anlage mindestens die mit den besten verfügbaren Techniken assoziierten Emissionsbandbreiten erreicht werden, oder
2. kann in der Rechtsverordnung bestimmt werden, dass die zuständige Behörde weniger strenge Emissionsbegrenzungen und Fristen festlegen kann, wenn
   a) wegen technischer Merkmale der betroffenen Anlagen die Anwendung der in den BVT-Schlussfolgerungen genannten Emissionsbandbreiten unverhältnismäßig wäre oder
   b) in Anlagen Zukunftstechniken für einen Gesamtzeitraum von höchstens neun Monaten erprobt oder angewendet werden sollen, sofern nach dem festgelegten Zeitraum die Anwendung der betreffenden Technik beendet wird oder in der Anlage mindestens die mit den besten verfügbaren Techniken assoziierten Emissionsbandbreiten erreicht werden.

[2] Absatz 1 Satz 2 bleibt unberührt. [3] Emissionsgrenzwerte und Emissionsbegrenzungen nach Satz 1 dürfen die in den Anhängen der Richtlinie 2010/75/EU festgelegten Emissionsgrenzwerte nicht überschreiten und keine schädlichen Umwelteinwirkungen hervorrufen.

(2) [1] In der Rechtsverordnung kann bestimmt werden, inwieweit die nach Absatz 1 zur Vorsorge gegen schädliche Umwelteinwirkungen festgelegten Anforderungen nach Ablauf bestimmter Übergangsfristen erfüllt werden müssen, soweit zum Zeitpunkt des Inkrafttretens der Rechtsverordnung in einem Vorbescheid oder einer Genehmigung geringere Anforderungen gestellt worden sind. [2] Bei der Bestimmung der Dauer der Übergangsfristen und der einzuhaltenden Anforderungen sind insbesondere Art, Menge und Gefährlichkeit der von den Anlagen ausgehenden Emissionen sowie die Nutzungsdauer und technische Besonderheiten der Anlagen zu berücksichtigen. [3] Die Sätze 1 und 2 gelten entsprechend für Anlagen, die nach § 67 Absatz 2 oder § 67a Absatz 1 anzuzeigen sind oder vor Inkrafttreten dieses Gesetzes nach § 16 Absatz 4 der Gewerbeordnung[1)] anzuzeigen waren.

(3) [1] *Soweit die Rechtsverordnung* Anforderungen nach § 5 Absatz 1 Nummer 2 festgelegt hat, kann in ihr bestimmt werden, dass bei in Absatz 2 genannten

---

[1)] Nr. **800**.

Anlagen von den auf Grund der Absätze 1 und 2 festgelegten Anforderungen zur Vorsorge gegen schädliche Umwelteinwirkungen abgewichen werden darf. [2] Dies gilt nur, wenn durch technische Maßnahmen an Anlagen des Betreibers oder Dritter insgesamt eine weitergehende Minderung von Emissionen derselben oder in ihrer Wirkung auf die Umwelt vergleichbaren Stoffen erreicht wird als bei Beachtung der auf Grund der Absätze 1 und 2 festgelegten Anforderungen und hierdurch der in § 1 genannte Zweck gefördert wird. [3] In der Rechtsverordnung kann weiterhin bestimmt werden, inwieweit zur Erfüllung von zwischenstaatlichen Vereinbarungen mit Nachbarstaaten der Bundesrepublik Deutschland Satz 2 auch für die Durchführung technischer Maßnahmen an Anlagen gilt, die in den Nachbarstaaten gelegen sind.

(4) [1] Zur Erfüllung von bindenden Rechtsakten der Europäischen Gemeinschaften oder der Europäischen Union kann die Bundesregierung zu dem in § 1 genannten Zweck mit Zustimmung des Bundesrates durch Rechtsverordnung[1)] Anforderungen an die Errichtung, die Beschaffenheit und den Betrieb, die Betriebseinstellung und betreibereigene Überwachung genehmigungsbedürftiger Anlagen vorschreiben. [2] Für genehmigungsbedürftige Anlagen, die vom Anwendungsbereich der Richtlinie 1999/31/EG des Rates vom 26. April 1999 über Abfalldeponien (ABl. EG Nr. L 182 S. 1) erfasst werden, kann die Bundesregierung durch Rechtsverordnung mit Zustimmung des Bundesrates dieselben Anforderungen festlegen wie für Deponien im Sinne des § 3 Absatz 27 des Kreislaufwirtschaftsgesetzes[2)], insbesondere Anforderungen an die Erbringung einer Sicherheitsleistung, an die Stilllegung und die Sach- und Fachkunde des Betreibers.

(5) Wegen der Anforderungen nach Absatz 1 Nummer 1 bis 4, auch in Verbindung mit Absatz 4, kann auf jedermann zugängliche Bekanntmachungen sachverständiger Stellen verwiesen werden; hierbei ist

1. in der Rechtsverordnung das Datum der Bekanntmachung anzugeben und die Bezugsquelle genau zu bezeichnen,
2. die Bekanntmachung bei dem Deutschen Patentamt archivmäßig gesichert niederzulegen und in der Rechtsverordnung darauf hinzuweisen.

§ 8[3)] Teilgenehmigung. [1] Auf Antrag soll eine Genehmigung für die Errichtung einer Anlage oder eines Teils einer Anlage oder für die Errichtung und den Betrieb eines Teils einer Anlage erteilt werden, wenn

1. ein berechtigtes Interesse an der Erteilung einer Teilgenehmigung besteht,
2. die Genehmigungsvoraussetzungen für den beantragten Gegenstand der Teilgenehmigung vorliegen und
3. eine vorläufige Beurteilung ergibt, dass der Errichtung und dem Betrieb der gesamten Anlage keine von vornherein unüberwindlichen Hindernisse im Hinblick auf die Genehmigungsvoraussetzungen entgegenstehen.

[2] Die Bindungswirkung der vorläufigen Gesamtbeurteilung entfällt, wenn eine Änderung der Sach- oder Rechtslage oder Einzelprüfungen im Rahmen späterer Teilgenehmigungen zu einer von der vorläufigen Gesamtbeurteilung abweichenden Beurteilung führen.

[1)] Siehe die Anmerkung am Titel.
[2)] Nr. **298**.
[3)] § 8 ber. BGBl. 2021 I S. 123.

§ 8a[1] Zulassung vorzeitigen Beginns. (1) [1]In einem Verfahren zur Erteilung einer Genehmigung soll die Genehmigungsbehörde auf Antrag vorläufig zulassen, dass bereits vor Erteilung der Genehmigung mit der Errichtung einschließlich der Maßnahmen, die zur Prüfung der Betriebstüchtigkeit der Anlage erforderlich sind, begonnen wird, wenn

1. mit einer Entscheidung zugunsten des Antragstellers gerechnet werden kann,
2. ein öffentliches Interesse oder ein berechtigtes Interesse des Antragstellers an dem vorzeitigen Beginn besteht und
3. der Antragsteller sich verpflichtet, alle bis zur Entscheidung durch die Errichtung der Anlage verursachten Schäden zu ersetzen und, wenn das Vorhaben nicht genehmigt wird, den früheren Zustand wiederherzustellen.

[2]Satz 1 Nummer 1 findet auf Antrag des Antragstellers keine Anwendung in Verfahren zur Erteilung

1. einer Genehmigung für eine Anlage auf einem bereits bestehenden Standort,
2. einer Änderungsgenehmigung.

[3]In den Fällen des Satzes 2 dürfen die für die beantragten vorläufigen Maßnahmen relevanten Vorschriften dieses Gesetzes und der aufgrund dieses Gesetzes erlassenen Vorschriften sowie sonstige für die beantragten vorläufigen Maßnahmen relevante öffentlich-rechtliche Vorschriften und Belange des Arbeitsschutzes der vorzeitigen Zulassung nicht entgegenstehen.

(2) [1]Die Zulassung kann jederzeit widerrufen werden. [2]Sie kann mit Auflagen verbunden oder unter dem Vorbehalt nachträglicher Auflagen erteilt werden. [3]Die zuständige Behörde kann die Leistung einer Sicherheit verlangen, soweit dies erforderlich ist, um die Erfüllung der Pflichten des Antragstellers zu sichern.

(3) In einem Verfahren zur Erteilung einer Genehmigung nach § 16 Absatz 1 kann die Genehmigungsbehörde unter den in Absatz 1 genannten Voraussetzungen auch den Betrieb der Anlage vorläufig zulassen, wenn die Änderung der Erfüllung einer sich aus diesem Gesetz oder einer auf Grund dieses Gesetzes erlassenen Rechtsverordnung ergebenden Pflicht dient.

§ 9[2] Vorbescheid. (1) Auf Antrag soll durch Vorbescheid über einzelne Genehmigungsvoraussetzungen sowie über den Standort der Anlage entschieden werden, sofern die Auswirkungen der geplanten Anlage ausreichend beurteilt werden können und ein berechtigtes Interesse an der Erteilung eines Vorbescheides besteht.

(1a) [1]Betrifft das Vorhaben eine Windenergieanlage und ist ein Antrag auf Genehmigung noch nicht gestellt, soll auf Antrag durch Vorbescheid über einzelne Genehmigungsvoraussetzungen entschieden werden, sofern ein berechtigtes Interesse an der Erteilung eines Vorbescheids besteht. [2]Das berechtigte Interesse für einen Antrag auf Vorbescheid über die bauplanungsrechtliche Zulässigkeit nach § 35 des Baugesetzbuchs[3] besteht nicht, wenn der Vorhabenstandort außerhalb von ausgewiesenen Windenergiegebieten oder in Aufstellung befindlichen Windenergiegebieten im Sinne des § 2 Nummer 1 des Windenergieflächenbedarfsgesetzes vom 20. Juli 2022 (BGBl. I S. 1353), das zuletzt durch Artikel 12 des Gesetzes vom 8. Mai 2024 (BGBl. 2024 I Nr. 151) geändert worden ist, liegt, es

[1] § 8a Abs. 1 Sätze 2 und 3 angef. mWv 9.7.2024 durch G v. 3.7.2024 (BGBl. 2024 I Nr. 225).
[2] § 9 Abs. 1a eingef. mWv 9.7.2024 durch G v. 3.7.2024 (BGBl. 2024 I Nr. 225); Abs. 1a Satz 2 eingef., bish. Satz 2 wird Satz 3 mWv 28.2.2025 durch G v. 24.2.2025 (BGBl. 2025 I Nr. 58).
[3] Nr. **300**.

sei denn, es handelt sich um ein Vorhaben im Sinne des § 16b Absatz 1 und 2 dieses Gesetzes. [3]Abweichend von § 29 Absatz 1 Satz 1 des Gesetzes über die Umweltverträglichkeitsprüfung[1)] findet eine vorläufige Umweltverträglichkeitsprüfung im Hinblick auf die Umweltauswirkungen des Gesamtvorhabens für die Erteilung des Vorbescheides nicht statt.

(2) Der Vorbescheid wird unwirksam, wenn der Antragsteller nicht innerhalb von zwei Jahren nach Eintritt der Unanfechtbarkeit die Genehmigung beantragt; die Frist kann auf Antrag bis auf vier Jahre verlängert werden.

(3) Die Vorschriften der §§ 6 und 21 gelten sinngemäß.

§ 10[2)] Genehmigungsverfahren. (1) [1]Das Genehmigungsverfahren setzt einen schriftlichen oder elektronischen Antrag voraus. [2]Dem Antrag sind die zur Prüfung nach § 6 erforderlichen Zeichnungen, Erläuterungen und sonstigen Unterlagen beizufügen. [3]Reichen die Unterlagen für die Prüfung nicht aus, so hat sie der Antragsteller auf Verlangen der zuständigen Behörde innerhalb einer angemessenen Frist zu ergänzen. [4]Erfolgt die Antragstellung schriftlich, kann die zuständige Behörde einen elektronischen Antrag verlangen und bezüglich des elektronischen Formats Vorgaben machen. [5]Hat die zuständige Behörde einen Zugang für die elektronische Antragstellung eröffnet, so ist ausschließlich dieser für die elektronische Antragstellung zu nutzen. [6]Erfolgt die Antragstellung elektronisch, kann die zuständige Behörde verlangen, dass die dem Antrag beizufügenden Unterlagen in Papierform übermittelt werden, soweit eine Bearbeitung anders nicht möglich ist.

(1a) [1]Der Antragsteller, der beabsichtigt, eine Anlage nach der Industrieemissions-Richtlinie zu betreiben, in der relevante gefährliche Stoffe verwendet, erzeugt oder freigesetzt werden, hat mit den Unterlagen nach Absatz 1 einen Bericht über den Ausgangszustand vorzulegen, wenn und soweit eine Verschmutzung des Bodens oder des Grundwassers auf dem Anlagengrundstück durch die relevanten gefährlichen Stoffe möglich ist. [2]Die Möglichkeit einer Verschmutzung des Bodens oder des Grundwassers besteht nicht, wenn aufgrund der tatsächlichen Umstände ein Eintrag ausgeschlossen werden kann.

(2) [1]Soweit Unterlagen Geschäfts- oder Betriebsgeheimnisse enthalten, sind die Unterlagen zu kennzeichnen und getrennt vorzulegen. [2]Ihr Inhalt muss, soweit es ohne Preisgabe des Geheimnisses geschehen kann, so ausführlich dargestellt sein, dass es Dritten möglich ist, zu beurteilen, ob und in welchem Umfang sie von den Auswirkungen der Anlage betroffen werden können.

(3) [1]Sind die Unterlagen des Antragstellers vollständig, so hat die zuständige Behörde das Vorhaben in ihrem amtlichen Veröffentlichungsblatt und auf ihrer Internetseite öffentlich bekannt zu machen. [2]Der Antrag und die vom Antragsteller vorgelegten Unterlagen, mit Ausnahme der Unterlagen nach Absatz 2 Satz 1, sowie die entscheidungserheblichen Berichte und Empfehlungen, die der Behörde im Zeitpunkt der Bekanntmachung vorliegen, sind nach der Bekanntmachung *einen Monat zur Einsicht* auszulegen. [3]Die Auslegung ist dadurch zu bewirken, dass die Dokumente auf einer Internetseite der zuständigen Behörde zugänglich gemacht werden. [4]Auf Verlangen eines Beteiligten wird ihm eine leicht zu erreichende Zugangsmöglichkeit zur Verfügung gestellt. [5]Der Antragsteller kann der Veröffentlichung im Internet widersprechen, soweit er die Gefährdung von Betriebs- oder Geschäftsgeheimnissen oder wichtiger Sicherheitsbelange befürchtet;

[1)] Nr. **295**.

[2)] § 10 neu gef. mWv 9.7.2024 durch G v. 3.7.2024 (BGBl. 2024 I Nr. 225); Abs. 5a aufgeh. mWv 15.8.2025 durch G v. 12.8.2025 (BGBl. 2025 I Nr. 189).

in diesem Fall muss die Behörde eine andere Form der Veröffentlichung wählen. [6]Die Behörde kann verlangen, dass die Dokumente, die für die Auslegung einzureichen sind, in einem verkehrsüblichen elektronischen Format eingereicht werden. [7]Weitere Informationen, die für die Entscheidung über die Zulässigkeit des Vorhabens von Bedeutung sein können und die der zuständigen Behörde erst nach Beginn der Auslegung vorliegen, sind der Öffentlichkeit nach den Bestimmungen über den Zugang zu Umweltinformationen zugänglich zu machen. [8]Bis zwei Wochen nach Ablauf der Auslegungsfrist kann die Öffentlichkeit gegenüber der zuständigen Behörde schriftlich oder elektronisch Einwendungen erheben; bei Anlagen nach der Industrieemissions-Richtlinie gilt eine Frist von einem Monat. [9]Mit Ablauf der Einwendungsfrist sind für das Genehmigungsverfahren alle Einwendungen ausgeschlossen, die nicht auf besonderen privatrechtlichen Titeln beruhen. [10]Einwendungen, die auf besonderen privatrechtlichen Titeln beruhen, sind auf den Rechtsweg vor den ordentlichen Gerichten zu verweisen.

(3a) Nach dem Umwelt-Rechtsbehelfsgesetz[1)] anerkannte Vereinigungen sollen die zuständige Behörde in einer dem Umweltschutz dienenden Weise unterstützen.

(4) In der Bekanntmachung nach Absatz 3 Satz 1 ist

1. die Internetseite auf der die Zugänglichmachung erfolgt, anzugeben, und darauf hinzuweisen, dass zusätzlich die Möglichkeit besteht, eine leicht zu erreichende Zugangsmöglichkeit zur Verfügung gestellt zu bekommen;
2. dazu aufzufordern, etwaige Einwendungen bei einer in der Bekanntmachung zu bezeichnenden Stelle innerhalb der Einwendungsfrist vorzubringen; dabei ist auf die Rechtsfolgen nach Absatz 3 Satz 9 hinzuweisen;
3. ein Erörterungstermin zu bestimmen und darauf hinzuweisen, dass er aufgrund einer Ermessensentscheidung der Genehmigungsbehörde nach Absatz 6 durchgeführt wird und dass dann die formgerecht erhobenen Einwendungen auch bei Ausbleiben des Antragstellers oder von Personen, die Einwendungen erhoben haben, erörtert werden;
4. darauf hinzuweisen, dass die Zustellung der Entscheidung über die Einwendungen durch öffentliche Bekanntmachung ersetzt werden kann.

(5) [1]Die für die Erteilung der Genehmigung zuständige Behörde (Genehmigungsbehörde) holt die Stellungnahmen der Behörden ein, deren Aufgabenbereich durch das Vorhaben berührt wird. [2]Eingegangene Stellungnahmen der zu beteiligenden Behörden hat die Genehmigungsbehörde unverzüglich an den Antragsteller weiterzuleiten. [3]Hat eine zu beteiligende Behörde bei einem Verfahren zur Genehmigung einer Anlage innerhalb einer Frist von einem Monat keine Stellungnahme abgegeben, so ist davon auszugehen, dass die zu beteiligende Behörde sich nicht äußern will, soweit die zu beteiligende Behörde nicht in schriftlicher Form um eine einmalige Verlängerung um bis zu einem Monat bittet; die Möglichkeit zur Verlängerung gilt nicht für Verfahren zur Genehmigung einer Anlage zur Nutzung erneuerbarer Energien oder einer Anlage zur Herstellung von Wasserstoff aus erneuerbaren Energien. [4]Die zuständige Behörde hat die Entscheidung im Falle des Satzes 3 bei einem Verfahren zur Genehmigung einer Anlage zur Nutzung erneuerbarer Energien oder einer Anlage zur Herstellung von Wasserstoff aus erneuerbaren Energien auf Antrag auf der Grundlage der geltenden Sach- und Rechtslage zum Zeitpunkt des Fristablaufs der Behördenbeteiligung zu treffen. [5]Anstelle der Stellungnahme der zu beteiligenden Behörde kann die Behörde

[1)] Nr. **293**.

entweder zu Lasten der zu beteiligenden Behörde zur Prüfung der Genehmigungsvoraussetzungen ein Sachverständigengutachten einholen oder selbst Stellung nehmen. [6]Beides hat auf der Grundlage der geltenden Sach- und Rechtslage zum Zeitpunkt des Fristablaufs der Behördenbeteiligung zu erfolgen; dies gilt nicht für militärische Belange. [7]Ist von vorneherein davon auszugehen, dass eine beteiligte Behörde innerhalb der Frist nach Satz 3 nicht in der Lage ist, zu entscheidungserheblichen Aspekten des Antrags Stellung zu nehmen, kann die Genehmigungsbehörde bereits vor Ablauf der Frist ein Sachverständigengutachten nach Satz 5 einholen. [8]Die zuständige Behörde informiert ihre Aufsichtsbehörde über jede Überschreitung von Fristen. [9]Beabsichtigt eine beteiligte Behörde eine gesetzlich erforderliche Zustimmung nicht zu erteilen, hat die beteiligte Behörde vor Abgabe ihrer Entscheidung dem Antragsteller innerhalb einer von der Behörde festzusetzenden Frist die Möglichkeit zur Stellungnahme zu geben. [10]In diesem Fall findet § 20 Absatz 1 Satz 2 der Neunten Verordnung zur Durchführung des Bundes-Immissionsschutzgesetzes[1)] keine Anwendung. [11]Soweit für das Vorhaben selbst oder für weitere damit unmittelbar in einem räumlichen oder betrieblichen Zusammenhang stehende Vorhaben, die Auswirkungen auf die Umwelt haben können und die für die Genehmigung Bedeutung haben, eine Zulassung nach anderen Gesetzen vorgeschrieben ist, hat die Genehmigungsbehörde eine vollständige Koordinierung der Zulassungsverfahren sowie der Inhalts- und Nebenbestimmungen sicherzustellen.

(6) [1]Nach Ablauf der Einwendungsfrist kann die Genehmigungsbehörde die rechtzeitig gegen das Vorhaben erhobenen Einwendungen mit dem Antragsteller und denjenigen, die Einwendungen erhoben haben, erörtern. [2]Der Erörterungstermin kann auch in Form einer Onlinekonsultation oder durch eine Video- oder Telefonkonferenz erfolgen. [3]Bei einer Onlinekonsultation ist dem Antragsteller und denjenigen, die Einwendungen erhoben haben, innerhalb einer vorher bekannt zu machenden Frist Gelegenheit zu geben, sich schriftlich oder elektronisch zu äußern. [4]Die Frist soll mindestens eine Woche betragen. [5]Werden für die Onlinekonsultation Informationen zur Verfügung gestellt, so gilt Absatz 2 entsprechend.

(6a) [1]Über den Genehmigungsantrag ist nach Eingang des Antrags und der nach Absatz 1 Satz 2 einzureichenden Unterlagen innerhalb einer Frist von sieben Monaten, in vereinfachten Verfahren innerhalb einer Frist von drei Monaten, zu entscheiden. [2]Die zuständige Behörde kann die Frist einmalig um bis zu drei Monate verlängern, wenn dies wegen der Schwierigkeit der Prüfung oder aus Gründen, die dem Antragsteller zuzurechnen sind, erforderlich ist. [3]Die Fristverlängerung ist gegenüber dem Antragsteller zu begründen. [4]Eine weitere Verlängerung ist nur auf Antrag oder mit Zustimmung des Antragstellers möglich. [5]Die zuständige Behörde informiert ihre Aufsichtsbehörde über jede Überschreitung von Fristen.

(7) [1]Der Genehmigungsbescheid ist schriftlich zu erlassen, schriftlich zu begründen und dem Antragsteller und den Personen, die Einwendungen erhoben haben, zuzustellen. [2]Er ist, soweit die Zustellung nicht nach Absatz 8 erfolgt, öffentlich bekannt zu machen. [3]Die öffentliche Bekanntmachung erfolgt nach Maßgabe des Absatzes 8.

(8) [1]Die Zustellung des Genehmigungsbescheids an die Personen, die Einwendungen erhoben haben, kann durch öffentliche Bekanntmachung ersetzt werden. [2]Die öffentliche Bekanntmachung wird dadurch bewirkt, dass der verfügende Teil

---

[1)] Nr. **296b**.

des Bescheides und die Rechtsbehelfsbelehrung in entsprechender Anwendung des Absatzes 3 Satz 1 bekannt gemacht werden; auf Auflagen ist hinzuweisen. [3] In diesem Fall ist eine Ausfertigung des gesamten Bescheides vom Tage nach der Bekanntmachung an zwei Wochen zur Einsicht auszulegen. [4] Die Auslegung ist dadurch zu bewirken, dass die Dokumente auf einer Internetseite der zuständigen Behörde zugänglich gemacht werden. [5] Auf Verlangen eines Beteiligten wird ihm eine leicht zu erreichende Zugangsmöglichkeit zur Verfügung gestellt. [6] Der Vorhabenträger kann der Veröffentlichung im Internet widersprechen, soweit er die Gefährdung von Betriebs- oder Geschäftsgeheimnissen oder wichtiger Sicherheitsbelange befürchtet; in diesem Fall muss die Behörde eine andere Form der Veröffentlichung wählen. [7] In der öffentlichen Bekanntmachung ist anzugeben, wo und wann der Bescheid und seine Begründung eingesehen und nach Satz 9 angefordert werden können; hierzu ist auch die Internetseite auf der die Zugänglichmachung erfolgt, anzugeben. [8] Mit dem Ende der Auslegungsfrist gilt der Bescheid auch gegenüber Dritten, die keine Einwendung erhoben haben, als zugestellt; darauf ist in der Bekanntmachung hinzuweisen. [9] Nach der öffentlichen Bekanntmachung können der Bescheid und seine Begründung bis zum Ablauf der Widerspruchsfrist von den Personen, die Einwendungen erhoben haben, schriftlich oder elektronisch angefordert werden.

(8a) [1] Unbeschadet der Absätze 7 und 8 sind bei Anlagen nach der Industrieemissions-Richtlinie folgende Unterlagen im Internet öffentlich bekannt zu machen:

1. der Genehmigungsbescheid mit Ausnahme in Bezug genommener Antragsunterlagen und des Berichts über den Ausgangszustand sowie
2. die Bezeichnung des für die betreffende Anlage maßgeblichen BVT-Merkblatts.

[2] Soweit der Genehmigungsbescheid Geschäfts- oder Betriebsgeheimnisse enthält, sind die entsprechenden Stellen unkenntlich zu machen.

(9) Die Absätze 1 bis 8 gelten entsprechend für die Erteilung eines Vorbescheides.

(10) [1] Die Bundesregierung wird ermächtigt, durch Rechtsverordnung[1)] mit Zustimmung des Bundesrates das Genehmigungsverfahren zu regeln und dabei Regelungen zur elektronischen Antragstellung zu treffen. [2] In der Rechtsverordnung kann auch das Verfahren bei Erteilung einer Genehmigung im vereinfachten Verfahren (§ 19) sowie bei der Erteilung eines Vorbescheides (§ 9), einer Teilgenehmigung (§ 8) und einer Zulassung vorzeitigen Beginns (§ 8a) geregelt werden. [3] In der Verordnung ist auch näher zu bestimmen, welchen Anforderungen das Genehmigungsverfahren für Anlagen genügen muss, für die nach dem Gesetz über die Umweltverträglichkeitsprüfung[2)] eine Umweltverträglichkeitsprüfung durchzuführen ist.

(11) Das Bundesministerium der Verteidigung wird ermächtigt, im Einvernehmen mit dem Bundesministerium für Umwelt, Naturschutz und nukleare Sicherheit durch Rechtsverordnung[3)] mit Zustimmung des Bundesrates das Genehmigungsverfahren für Anlagen, die der Landesverteidigung dienen, abweichend von den Absätzen 1 bis 9 zu regeln.

[1)] Siehe u.a. die VO über das Genehmigungsverfahren – 9. BImSchV (Nr. **296b**) und die UVP-Portale-VO v. 11.11.2020 (BGBl. I S. 2428).
[2)] Nr. **295**.
[3)] Siehe u.a. die VO über Anlagen der Landesverteidigung – 14. BImSchV v. 9.4.1986 (BGBl. I S. 380).

§ 10a[1)] Sonderregelungen für das Genehmigungsverfahren bei Vorhaben nach der Richtlinie (EU) 2018/2001. (1) Die nachstehenden Absätze sind ergänzend anzuwenden, wenn das Vorhaben eine Anlage betrifft, die in den Anwendungsbereich der Richtlinie (EU) 2018/2001 in der Fassung vom 13. Juni 2024 fällt.

(2) Auf Antrag des Trägers des Vorhabens werden das Genehmigungsverfahren sowie alle sonstigen Zulassungsverfahren, die für die Durchführung des Vorhabens nach Bundes- oder Landesrecht erforderlich sind, über eine einheitliche Stelle abgewickelt.

(3) [1] Die einheitliche Stelle nach Absatz 2 stellt ein Verfahrenshandbuch für Träger von Vorhaben bereit und macht die im Verfahrenshandbuch enthaltenen Informationen auch im Internet zugänglich. [2] Dabei geht sie gesondert auch auf kleinere Vorhaben im Bereich erneuerbare Energie und Vorhaben zur Eigenversorgung mit Elektrizität und Erneuerbare-Energie-Gemeinschaften ein. [3] In den im Internet veröffentlichten Informationen weist die einheitliche Stelle auch darauf hin, für welche Vorhaben sie zuständig ist und welche weiteren einheitlichen Stellen im jeweiligen Land für Vorhaben nach Absatz 1 zuständig sind.

(4) [1] § 7 der Verordnung über das Genehmigungsverfahren[2)] ist mit folgenden Maßgaben anzuwenden:

1. betrifft der Antrag ein Vorhaben in einem für ein solches Vorhaben geltenden Beschleunigungsgebiet für erneuerbare Energie nach Artikel 2 Unterabsatz 2 Nummer 9a der Richtlinie (EU) 2018/2001 in der Fassung vom 13. Juni 2024, so beträgt die Frist nach § 7 Absatz 1 Satz 1 der Verordnung über das Genehmigungsverfahren 30 Tage; § 7 Absatz 1 Satz 2 der Verordnung über das Genehmigungsverfahren ist in diesem Fall nicht anzuwenden;
2. sind der Antrag und die Unterlagen vollständig, so bestätigt die Genehmigungsbehörde dem Antragsteller, in den Fällen des Absatzes 2 über die einheitliche Stelle, die Vollständigkeit des Antrags spätestens innerhalb von
   a) 30 Tagen nach Eingang des Antrags, wenn der Antrag ein Vorhaben in einem für ein solches Vorhaben geltenden Beschleunigungsgebiet für erneuerbare Energie nach Artikel 2 Unterabsatz 2 Nummer 9a der Richtlinie (EU) 2018/2001 in der Fassung vom 13. Juni 2024 betrifft, oder
   b) 45 Tagen nach Eingang des Antrags, wenn der Antrag ein Vorhaben außerhalb eines für ein solches Vorhaben geltenden Beschleunigungsgebiets für erneuerbare Energie nach Artikel 2 Unterabsatz 2 Nummer 9a der Richtlinie (EU) 2018/2001 in der Fassung vom 13. Juni 2024 betrifft;
3. nach Eingang der vollständigen Antragsunterlagen erstellt die Genehmigungsbehörde einen Zeitplan für das weitere Verfahren und teilt diesen Zeitplan in den Fällen des Absatzes 2 der einheitlichen Stelle, andernfalls dem Antragsteller, mit.

[2] Sind der Antrag oder die Unterlagen nicht vollständig, so hat die Genehmigungsbehörde den Antragsteller, in den Fällen des Absatzes 2 über die einheitliche Stelle, innerhalb des jeweils einschlägigen Zeitraums nach Satz 1 Nummer 2 aufzufordern, den Antrag oder die Unterlagen unverzüglich zu ergänzen. [3] Die Genehmigungsfrist beginnt spätestens mit der Bestätigung der Vollständigkeit.

---

1) § 10a eingef. mWv 15.8.2025 durch G v. 12.8.2025 (BGBl. 2025 I Nr. 189).
2) Nr. **296b**.

(5) [1] Ab dem 21. November 2025 ist das Genehmigungsverfahren elektronisch durchzuführen. [2] Satz 1 gilt nicht für Personen, die Einwendungen erheben. [3] Der Antragsteller hat einen Zugang für die Übermittlung elektronischer Dokumente und für die elektronische Zustellung zu eröffnen.

(6) [1] Über den Genehmigungsantrag für ein folgendes Vorhaben in einem für ein solches Vorhaben geltenden Beschleunigungsgebiet für erneuerbare Energie nach Artikel 2 Unterabsatz 2 Nummer 9a der Richtlinie (EU) 2018/2001 in der Fassung vom 13. Juni 2024 ist innerhalb einer Frist von sechs Monaten, im vereinfachten Verfahren innerhalb einer Frist von drei Monaten, zu entscheiden:

1. ein Vorhaben, das das Repowering einer Anlage zur Erzeugung erneuerbarer Energie betrifft,
2. ein Vorhaben, das eine neue Anlage mit einer Stromerzeugungskapazität unter 150 Kilowatt betrifft, oder
3. ein Vorhaben, das einen Energiespeicher am selben Standort nach Artikel 2 Unterabsatz 2 Nummer 44d der Richtlinie (EU) 2018/2001 in der Fassung vom 13. Juni 2024, einschließlich einer Anlage zur Speicherung von Strom oder Wärme, betrifft.

[2] In durch außergewöhnliche Umstände hinreichend begründeten Fällen kann die Genehmigungsbehörde die Frist um bis zu drei Monate verlängern. [3] Die Fristverlängerung ist gegenüber dem Antragsteller zu begründen.

§ 11 Einwendungen Dritter bei Teilgenehmigung und Vorbescheid. Ist eine Teilgenehmigung oder ein Vorbescheid erteilt worden, können nach Eintritt ihrer Unanfechtbarkeit im weiteren Verfahren zur Genehmigung der Errichtung und des Betriebs der Anlage Einwendungen nicht mehr auf Grund von Tatsachen erhoben werden, die im vorhergehenden Verfahren fristgerecht vorgebracht worden sind oder nach den ausgelegten Unterlagen hätten vorgebracht werden können.

§ 12[1)] Nebenbestimmungen zur Genehmigung. (1) [1] Die Genehmigung kann unter Bedingungen erteilt und mit Auflagen verbunden werden, soweit dies erforderlich ist, um die Erfüllung der in § 6 genannten Genehmigungsvoraussetzungen sicherzustellen. [2] Zur Sicherstellung der Anforderungen nach § 5 Absatz 3 soll bei Abfallentsorgungsanlagen im Sinne des § 4 Absatz 1 Satz 1 auch eine Sicherheitsleistung auferlegt werden.

(1a) Für den Fall, dass eine Verwaltungsvorschrift nach § 48 für die jeweilige Anlagenart keine Anforderungen vorsieht, ist bei der Festlegung von Emissionsbegrenzungen für Anlagen nach der Industrieemissions-Richtlinie in der Genehmigung sicherzustellen, dass die Emissionen unter normalen Betriebsbedingungen die in den BVT-Schlussfolgerungen genannten Emissionsbandbreiten nicht überschreiten.

(1b) [1] Abweichend von Absatz 1a kann die zuständige Behörde weniger strenge Emissionsbegrenzungen festlegen, wenn

1. eine Bewertung ergibt, dass wegen technischer Merkmale der Anlage die Anwendung der in den BVT-Schlussfolgerungen genannten Emissionsbandbreiten *unverhältnismäßig wäre, oder*

[1)] § 12 Abs. 1a geänd. mWv 7.12.2016 durch G v. 30.11.2016 (BGBl. I S. 2749); Abs. 4 angef. mWv 9.7.2024 durch G v. 3.7.2024 (BGBl. 2024 I Nr. 225).

2. in Anlagen Zukunftstechniken für einen Gesamtzeitraum von höchstens neun Monaten erprobt oder angewendet werden sollen, sofern nach dem festgelegten Zeitraum die Anwendung der betreffenden Technik beendet wird oder in der Anlage mindestens die mit den besten verfügbaren Techniken assoziierten Emissionsbandbreiten erreicht werden.

[2]Bei der Festlegung der Emissionsbegrenzungen nach Satz 1 sind insbesondere mögliche Verlagerungen von nachteiligen Auswirkungen von einem Schutzgut auf ein anderes zu berücksichtigen; ein hohes Schutzniveau für die Umwelt insgesamt ist zu gewährleisten. [3]Emissionsbegrenzungen nach Satz 1 dürfen die in den Anhängen der Richtlinie 2010/75/EU festgelegten Emissionsgrenzwerte nicht überschreiten und keine schädlichen Umwelteinwirkungen hervorrufen.

(2) [1]Die Genehmigung kann auf Antrag für einen bestimmten Zeitraum erteilt werden. [2]Sie kann mit einem Vorbehalt des Widerrufs erteilt werden, wenn die genehmigungsbedürftige Anlage lediglich Erprobungszwecken dienen soll.

(2a) [1]Die Genehmigung kann mit Einverständnis des Antragstellers mit dem Vorbehalt nachträglicher Auflagen erteilt werden, soweit hierdurch hinreichend bestimmte, in der Genehmigung bereits allgemein festgelegte Anforderungen an die Errichtung oder den Betrieb der Anlage in einem Zeitpunkt nach Erteilung der Genehmigung näher festgelegt werden sollen. [2]Dies gilt unter den Voraussetzungen des Satzes 1 auch für den Fall, dass eine beteiligte Behörde sich nicht rechtzeitig äußert.

(2b) Im Falle des § 6 Absatz 2 soll der Antragsteller durch eine Auflage verpflichtet werden, der zuständigen Behörde unverzüglich die erstmalige Herstellung oder Verwendung eines anderen Stoffes innerhalb der genehmigten Betriebsweise mitzuteilen.

(2c) [1]Der Betreiber kann durch Auflage verpflichtet werden, den Wechsel eines im Genehmigungsverfahren dargelegten Entsorgungswegs von Abfällen der zuständigen Behörde anzuzeigen. [2]Das gilt ebenso für in Abfallbehandlungsanlagen erzeugte Abfälle. [3]Bei Abfallbehandlungsanlagen können außerdem Anforderungen an die Qualität und das Schadstoffpotential der angenommenen Abfälle sowie der die Anlage verlassenden Abfälle gestellt werden.

(3) Die Teilgenehmigung kann für einen bestimmten Zeitraum oder mit dem Vorbehalt erteilt werden, dass sie bis zur Entscheidung über die Genehmigung widerrufen oder mit Auflagen verbunden werden kann.

(4) [1]Auf Antrag eines Betreibers kann eine Nebenbestimmung auch nachträglich geändert werden, wenn der Betreiber andere gleichwertige Maßnahmen vorschlägt, die keiner Genehmigungspflicht nach diesem Gesetz oder anderen Entscheidungen, einschließlich der behördlichen Entscheidungen nach § 13 unterliegen. [2]Dient die Nebenbestimmung der Erfüllung von § 6 Absatz 1 Nummer 2, holt die Genehmigungsbehörde vor Änderung der Nebenbestimmung eine Stellungnahme der betroffenen Fachbehörde ein.

§ 13 Genehmigung und andere behördliche Entscheidungen. Die Genehmigung schließt andere die Anlage betreffende behördliche Entscheidungen ein, insbesondere öffentlich-rechtliche Genehmigungen, Zulassungen, Verleihungen, Erlaubnisse und Bewilligungen mit Ausnahme von Planfeststellungen, Zulassungen bergrechtlicher Betriebspläne, behördlichen Entscheidungen auf Grund atomrechtlicher Vorschriften und wasserrechtlichen Erlaubnissen und Bewilligungen nach § 8 in Verbindung mit § 10 des Wasserhaushaltsgesetzes[1)].

§ 14 Ausschluss von privatrechtlichen Abwehransprüchen. [1]Auf Grund privatrechtlicher, nicht auf besonderen Titeln beruhender Ansprüche zur Abwehr benachteiligender Einwirkungen von einem Grundstück auf ein benachbartes Grundstück kann nicht die Einstellung des Betriebs einer Anlage verlangt werden, deren Genehmigung unanfechtbar ist; es können nur Vorkehrungen verlangt werden, die die benachteiligenden Wirkungen ausschließen. [2]Soweit solche Vorkehrungen nach dem Stand der Technik nicht durchführbar oder wirtschaftlich nicht vertretbar sind, kann lediglich Schadensersatz verlangt werden.

§ 14a Vereinfachte Klageerhebung. Der Antragsteller kann eine verwaltungsgerichtliche Klage erheben, wenn über seinen Widerspruch nach Ablauf von drei Monaten seit der Einlegung nicht entschieden ist, es sei denn, dass wegen besonderer Umstände des Falles eine kürzere Frist geboten ist.

§ 15[2)] Änderung genehmigungsbedürftiger Anlagen. (1) [1]Die Änderung der Lage, der Beschaffenheit oder des Betriebs einer genehmigungsbedürftigen Anlage ist, sofern eine Genehmigung nicht beantragt wird, der zuständigen Behörde mindestens einen Monat, bevor mit der Änderung begonnen werden soll, schriftlich oder elektronisch anzuzeigen, wenn sich die Änderung auf in § 1 genannte Schutzgüter auswirken kann. [2]Der Anzeige sind Unterlagen im Sinne des § 10 Absatz 1 Satz 2 beizufügen, soweit diese für die Prüfung erforderlich sein können, ob das Vorhaben genehmigungsbedürftig ist. [3]Die zuständige Behörde hat dem Träger des Vorhabens den Eingang der Anzeige und der beigefügten Unterlagen unverzüglich schriftlich oder elektronisch zu bestätigen; sie kann bei einer elektronischen Anzeige Mehrausfertigungen sowie die Übermittlung der Unterlagen, die der Anzeige beizufügen sind, auch in schriftlicher Form verlangen. [4]Sie teilt dem Träger des Vorhabens nach Eingang der Anzeige unverzüglich mit, welche zusätzlichen Unterlagen sie zur Beurteilung der Voraussetzungen des § 16 Absatz 1 und des § 16a benötigt. [5]Die Sätze 1 bis 4 gelten entsprechend für eine Anlage, die nach § 67 Absatz 2 oder § 67a Absatz 1 anzuzeigen ist oder vor Inkrafttreten dieses Gesetzes nach § 16 Absatz 4 der Gewerbeordnung[3)] anzuzeigen war.

(2) [1]Die zuständige Behörde hat unverzüglich, spätestens innerhalb eines Monats nach Eingang der Anzeige und der nach Absatz 1 Satz 2 erforderlichen Unterlagen, zu prüfen, ob die Änderung einer Genehmigung bedarf. [2]Der Träger des Vorhabens darf die Änderung vornehmen, sobald die zuständige Behörde ihm mitteilt, dass die Änderung keiner Genehmigung bedarf, oder sich innerhalb der in Satz 1 bestimmten Frist nicht geäußert hat. [3]Absatz 1 Satz 3 gilt für nachgereichte Unterlagen entsprechend.

(2a) [1]Bei einer störfallrelevanten Änderung einer genehmigungsbedürftigen Anlage, die Betriebsbereich oder Bestandteil eines Betriebsbereichs ist, hat die zuständige Behörde unverzüglich, spätestens innerhalb von zwei Monaten nach Eingang der Anzeige und der nach Absatz 1 Satz 2 erforderlichen Unterlagen zu prüfen, ob diese Änderung einer Genehmigung bedarf. [2]Soweit es zur Ermittlung

---

[1)] Nr. **845**.

[2)] § 15 Abs. 1 Satz 4 geänd., Abs. 2a eingef. mWv 7.12.2016 durch G v. 30.11.2016 (BGBl. I S. 2749); Abs. 1 Sätze 1 und 3 geänd. mWv 5.4.2017 durch G v. 29.3.2017 (BGBl. I S. 626).

[3)] Nr. **800**.

des angemessenen Sicherheitsabstands erforderlich ist, kann die zuständige Behörde ein Gutachten zu den Auswirkungen verlangen, die bei schweren Unfällen durch die Anlage hervorgerufen werden können. [3]Der Träger des Vorhabens darf die störfallrelevante Änderung vornehmen, sobald ihm die zuständige Behörde mitteilt, dass sie keiner Genehmigung bedarf.

(3) [1]Beabsichtigt der Betreiber, den Betrieb einer genehmigungsbedürftigen Anlage einzustellen, so hat er dies unter Angabe des Zeitpunktes der Einstellung der zuständigen Behörde unverzüglich anzuzeigen. [2]Der Anzeige sind Unterlagen über die vom Betreiber vorgesehenen Maßnahmen zur Erfüllung der sich aus § 5 Absatz 3 und 4 ergebenden Pflichten beizufügen. [3]Die Sätze 1 und 2 gelten für die in Absatz 1 Satz 5 bezeichneten Anlagen entsprechend.

(4) In der Rechtsverordnung nach § 10 Absatz 10 können die näheren Einzelheiten für das Verfahren nach den Absätzen 1 bis 3 geregelt werden.

§ 16[1)] Wesentliche Änderung genehmigungsbedürftiger Anlagen.

(1) [1]Die Änderung der Lage, der Beschaffenheit oder des Betriebs einer genehmigungsbedürftigen Anlage bedarf der Genehmigung, wenn durch die Änderung nachteilige Auswirkungen hervorgerufen werden können und diese für die Prüfung nach § 6 Absatz 1 Nummer 1 erheblich sein können (wesentliche Änderung); eine Genehmigung ist stets erforderlich, wenn die Änderung oder Erweiterung des Betriebs einer genehmigungsbedürftigen Anlage für sich genommen die Leistungsgrenzen oder Anlagengrößen des Anhangs zur Verordnung über genehmigungsbedürftige Anlagen[2)] erreichen. [2]Eine Genehmigung ist nicht erforderlich, wenn durch die Änderung hervorgerufene nachteilige Auswirkungen offensichtlich gering sind und die Erfüllung der sich aus § 6 Absatz 1 Nummer 1 ergebenden Anforderungen sichergestellt ist.

(2) [1]Die zuständige Behörde soll von der öffentlichen Bekanntmachung des Vorhabens sowie der Auslegung des Antrags und der Unterlagen absehen, wenn der Träger des Vorhabens dies beantragt und erhebliche nachteilige Auswirkungen auf in § 1 genannte Schutzgüter nicht zu besorgen sind. [2]Dies ist insbesondere dann der Fall, wenn erkennbar ist, dass die Auswirkungen durch die getroffenen oder vom Träger des Vorhabens vorgesehenen Maßnahmen ausgeschlossen werden oder die Nachteile im Verhältnis zu den jeweils vergleichbaren Vorteilen gering sind. [3]Betrifft die wesentliche Änderung eine in einem vereinfachten Verfahren zu genehmigende Anlage, ist auch die wesentliche Änderung im vereinfachten Verfahren zu genehmigen. [4]§ 19 Absatz 3 gilt entsprechend. [5]Wenn die Änderung oder Erweiterung des Betriebs einer Anlage für sich genommen die Leistungsgrenzen oder die Anlagengrößen einer Anlage im Sinne des Anhangs 1 der Verordnung über genehmigungsbedürftige Anlagen in der Fassung der Bekanntmachung vom 31. Mai 2017 (BGBl. I S. 1440), die durch Artikel 1 der Verordnung vom 12. Oktober 2022 (BGBl. I S. 1799) geändert worden ist, die in Spalte d mit dem Buchstaben E gekennzeichnet sind, erreichen würde, dann sind die öffentliche Bekanntmachung sowie die Auslegung stets erforderlich.

(3) [1]Über den Genehmigungsantrag ist innerhalb einer Frist von sechs Monaten, im Falle des Absatzes 2 in drei Monaten zu entscheiden. [2]Im Übrigen gilt § 10 Absatz 6a Satz 2 und 3 entsprechend.

[1)] § 16 Abs. 2 Satz 5 angef. mWv 9.7.2024 durch G v. 3.7.2024 (BGBl. 2024 I Nr. 225).
[2)] Nr. **296a**.

(4) [1] Für nach § 15 Absatz 1 anzeigebedürftige Änderungen kann der Träger des Vorhabens eine Genehmigung beantragen. [2] Diese ist im vereinfachten Verfahren zu erteilen; Absatz 3 und § 19 Absatz 3 gelten entsprechend.

(5) Einer Genehmigung bedarf es nicht, wenn eine genehmigte Anlage oder Teile einer genehmigten Anlage im Rahmen der erteilten Genehmigung ersetzt oder ausgetauscht werden sollen.

§ 16a[1] Störfallrelevante Änderung genehmigungsbedürftiger Anlagen.

[1] Die störfallrelevante Änderung einer genehmigungsbedürftigen Anlage, die Betriebsbereich oder Bestandteil eines Betriebsbereichs ist, bedarf der Genehmigung, wenn durch die störfallrelevante Änderung der angemessene Sicherheitsabstand zu benachbarten Schutzobjekten erstmalig unterschritten wird, der bereits unterschrittene Sicherheitsabstand räumlich noch weiter unterschritten wird oder eine erhebliche Gefahrenerhöhung ausgelöst wird und die Änderung nicht bereits durch § 16 Absatz 1 Satz 1 erfasst ist. [2] Einer Genehmigung bedarf es nicht, soweit dem Gebot, den angemessenen Sicherheitsabstand zu wahren, bereits auf Ebene einer raumbedeutsamen Planung oder Maßnahme durch verbindliche Vorgaben Rechnung getragen worden ist.

§ 16b[2] Repowering von Anlagen zur Erzeugung von Strom aus erneuerbaren Energien. (1) [1] Wird eine Anlage zur Erzeugung von Strom aus erneuerbaren Energien modernisiert (Repowering), sind im Rahmen eines Änderungsgenehmigungsverfahrens nur Anforderungen zu prüfen, soweit durch das Repowering im Verhältnis zum gegenwärtigen Zustand unter Berücksichtigung der auszutauschenden Anlage nachteilige Auswirkungen hervorgerufen werden, die für die Prüfung nach § 6 Absatz 1 erheblich sein können. [2] Die zuständige Behörde beteiligt die Fachbehörde, deren Aufgabenbereich durch das Vorhaben berührt wird, entsprechend § 10 Absatz 5. [3] Zustimmungserfordernisse nach anderen öffentlich-rechtlichen Vorschriften bleiben unberührt. [4] Auf Antrag des Vorhabenträgers ist abweichend von dieser Vorschrift das Genehmigungsverfahren nach § 10 oder das vereinfachte Verfahren nach § 19 durchzuführen.

(2) [1] Das Repowering umfasst den vollständigen oder teilweisen Austausch von Anlagen oder Betriebssystemen und -geräten zum Austausch von Kapazität oder zur Steigerung der Effizienz oder der Kapazität der Anlage, unabhängig vom Umfang der baulichen Größenunterschiede, der Leistungssteigerungen oder der Veränderungen der Anlagenanzahl im Verhältnis zur Bestandsanlage. [2] Bei einem vollständigen Austausch der Anlage sind zusätzlich zu den in Absatz 1 genannten Anforderungen folgende Anforderungen einzuhalten:

1. die neue Anlage wird innerhalb von 48 Monaten nach dem Rückbau der Bestandsanlage errichtet und
2. der Abstand zwischen der Bestandsanlage und der neuen Anlage beträgt höchstens das Fünffache der Gesamthöhe der neuen Anlage.

[3] Die Genehmigungsbehörde kann auf Antrag des Vorhabenträgers die Frist nach Nummer 1 aus wichtigem Grund verlängern, wenn hierdurch der Zweck des Gesetzes nicht gefährdet wird.

---

[1] § 16a eingef. mWv 7.12.2016 durch G v. 30.11.2016 (BGBl. I S. 2749); Satz 1 geänd. mWv 29.7.2017 durch G v. 18.7.2017 (BGBl. I S. 2771).

[2] § 16b neu gef. mWv 9.7.2024 durch G v. 3.7.2024 (BGBl. 2024 I Nr. 225); Abs. 7 und 9 neu gef., Abs. 8a eingef. mWv 15.8.2025 durch G v. 12.8.2025 (BGBl. 2025 I Nr. 189).

(3) Die Genehmigung einer Windenergieanlage im Rahmen eines Repowering nach Absatz 2 darf nicht versagt werden, wenn während und nach dem Repowering nicht alle Immissionswerte der technischen Anleitung zum Schutz gegen Lärm eingehalten werden, wenn aber

1. der Immissionsbeitrag der Windenergieanlagen nach dem Repowering absolut niedriger ist als der Immissionsbeitrag der durch sie ersetzten Windenergieanlage und

2. die Windenergieanlage dem Stand der Technik entspricht.

(4) [1] Absatz 1 gilt nicht für die Prüfung des Raumordnungs-, Bauplanungs- und Bauordnungsrechts, der Belange des Arbeitsschutzes und des Rechts der Natura-2000-Gebiete. [2] § 45c des Bundesnaturschutzgesetzes[1)] ist anzuwenden.

(5) Auf einen Erörterungstermin soll verzichtet werden, wenn nicht der Antragsteller diesen beantragt.

(6) [1] § 19 findet auf Änderungsgenehmigungsverfahren im Sinne von Absatz 1 von bis zu 19 Windenergieanlagen Anwendung. [2] § 2 Absatz 1 Nummer 1 Buchstabe c der Verordnung über genehmigungsbedürftige Anlagen[2)] bleibt unberührt.

(7) [1] Werden bei einer genehmigten Windenergieanlage vor der Errichtung Änderungen am Anlagentyp vorgenommen oder wird er gewechselt, müssen im Rahmen des Änderungsgenehmigungsverfahrens nur dann Anforderungen geprüft werden, soweit durch die Änderung des Anlagentyps im Verhältnis zur genehmigten Anlage nachteilige Auswirkungen hervorgerufen werden und diese für die Prüfung nach § 6 erheblich sein können. [2] Die Absätze 5 und 6 sind entsprechend anzuwenden. [3] Wird der Standort der Anlage um nicht mehr als 8 Meter geändert, die Gesamthöhe um nicht mehr als 20 Meter erhöht und der Rotordurchlauf um nicht mehr als 8 Meter verringert, sind ausschließlich die Vereinbarkeit der Änderungen mit militärischen und luftverkehrlichen Belangen zu prüfen sowie die Anforderungen nach Absatz 8 nachzuweisen und zu prüfen. [4] Unverzüglich nach Eingang der vollständigen Antragsunterlagen, spätestens innerhalb von fünf Werktagen, hat die Genehmigungsbehörde die für die militärischen und luftverkehrlichen Belange zuständigen Behörden zu beteiligen. [5] Diese Behörden teilen unverzüglich, spätestens innerhalb von zehn Werktagen nach Eingang, der Genehmigungsbehörde den jeweiligen Zeitpunkt des Eingangs der vollständigen Antragsunterlagen mit. [6] Die Genehmigungsbehörde teilt den spätesten nach Satz 5 mitgeteilten Zeitpunkt dem Antragsteller mit. [7] Im Fall der Ergänzung oder Änderung des Antrags sind die Sätze 5 und 6 entsprechend anzuwenden.

(8) [1] Wird die Leistung oder der Ertrag einer Windenergieanlage an Land ohne bauliche Veränderungen oder ohne den Austausch von Teilen und ohne eine Änderung der genehmigten Betriebszeiten erhöht, sind ausschließlich die Standsicherheit sowie die schädlichen Umwelteinwirkungen durch Geräusche und nachteilige Auswirkungen durch Turbulenzen zu prüfen. [2] Die Absätze 5 und 6 sind entsprechend anzuwenden.

(8a) [1] Im Fall von Absatz 7 Satz 3 gilt die Genehmigung einschließlich der Nebenbestimmungen nach Ablauf von drei Monaten ab dem spätesten gemäß Absatz 7 Satz 6 oder 7 mitgeteilten Zeitpunkt als antragsgemäß geändert, sofern die Genehmigungsbehörde nicht zuvor über den Antrag entscheidet oder ein

---

[1)] Nr. **880**.
[2)] Nr. **296a**.

Antrag nach Absatz 5 gestellt wird. 2 § 42a Absatz 3 des Verwaltungsverfahrensgesetzes[1)] ist entsprechend anzuwenden.

(9) 1 Im Fall von Absatz 8 gilt die Genehmigung einschließlich der Nebenbestimmungen nach Ablauf von sechs Wochen als antragsgemäß geändert, sofern die Genehmigungsbehörde nicht zuvor über den Antrag entscheidet oder ein Antrag nach Absatz 5 gestellt wird. 2 § 42a Absatz 3 des Verwaltungsverfahrensgesetzes ist entsprechend anzuwenden.

(10) 1 Ist der Vorhabenträger der neuen Anlage im Falle des Absatz 2 Satz 2 mit dem Betreiber der Bestandsanlage nicht identisch, muss der Vorhabenträger der neuen Anlage der Genehmigungsbehörde bis zum Zeitpunkt der Entscheidung über den Antrag eine Erklärung des Betreibers der Bestandsanlage vorlegen, wonach dieser mit dem Repowering-Vorhaben einverstanden ist. 2 Ein paralleler Betrieb einer Bestandsanlage und der sie ersetzenden neuen Anlage ist nicht zulässig.

§ 16c[2)] Sondervorschriften für Wasserstoffinfrastrukturvorhaben.

(1) 1 Die §§ 10 und 23b sind bei der Genehmigung von einer Anlage oder Leitung nach § 2 Absatz 1 des Wasserstoffbeschleunigungsgesetzes vom 29. März 2026 (BGBl. 2026 I Nr. 84, S. 2), in der jeweils geltenden Fassung, mit der Maßgabe anzuwenden, dass das Genehmigungsverfahren elektronisch durchzuführen ist. 2 Einwendungen und Stellungnahmen können anstelle der elektronischen Eingabe auch bei der zuständigen Behörde mündlich zur elektronischen Eingabe abgegeben werden. 3 In der Bekanntmachung der Auslegung oder bei der Bekanntgabe der Einwendungsfrist ist auf das elektronisch durchzuführende Verfahren nach Satz 1 und die Ausnahme nach Satz 2 hinzuweisen. 4 Die Verpflichtung der zuständigen Behörde, das Vorhaben im amtlichen Veröffentlichungsblatt und auf ihrer Internetseite öffentlich bekannt zu machen, bleibt unberührt.

(2) § 8a ist mit der Maßgabe anzuwenden, dass für eine Anlage oder eine Leitung nach § 2 Absatz 1 des Wasserstoffbeschleunigungsgesetzes ein öffentliches Interesse im Sinne des § 8a Absatz 1 Nummer 2 besteht.

(3) § 16b Absatz 1, 2 Satz 1 und 2 Nummer 1, Satz 3 und Absatz 4 ist für eine Anlage nach § 2 Absatz 1 Nummer 1 des Wasserstoffbeschleunigungsgesetzes entsprechend anzuwenden.

§ 17[3)] Nachträgliche Anordnungen. (1) 1 Zur Erfüllung der sich aus diesem Gesetz und der auf Grund dieses Gesetzes erlassenen Rechtsverordnungen ergebenden Pflichten können nach Erteilung der Genehmigung sowie nach einer nach § 15 Absatz 1 angezeigten Änderung Anordnungen getroffen werden. 2 Wird nach Erteilung der Genehmigung sowie nach einer nach § 15 Absatz 1 angezeigten Änderung festgestellt, dass die Allgemeinheit oder die Nachbarschaft nicht ausreichend vor schädlichen Umwelteinwirkungen oder sonstigen Gefahren, erheblichen Nachteilen oder erheblichen Belästigungen geschützt ist, soll die zuständige Behörde nachträgliche Anordnungen treffen.

---

1) Nr. **100**.
2) § 16c eingef. mWv 2.4.2026 durch G v. 29.3.2026 (BGBl. 2026 I Nr. 84).
3) § 17 Abs. 1b eingef., Abs. 4 Satz 2 angef. mWv 7.12.2016 durch G v. 30.11.2016 (BGBl. I S. 2749).

(1a) [1]Bei Anlagen nach der Industrieemissions-Richtlinie ist vor dem Erlass einer nachträglichen Anordnung nach Absatz 1 Satz 2, durch welche Emissionsbegrenzungen neu festgelegt werden sollen, der Entwurf der Anordnung öffentlich bekannt zu machen. [2]§ 10 Absatz 3 und 4 Nummer 1 und 2 gilt für die Bekanntmachung entsprechend. [3]Einwendungsbefugt sind Personen, deren Belange durch die nachträgliche Anordnung berührt werden, sowie Vereinigungen, welche die Anforderungen von § 3 Absatz 1 oder § 2 Absatz 2 des Umwelt-Rechtsbehelfsgesetzes[1)] erfüllen. [4]Für die Entscheidung über den Erlass der nachträglichen Anordnung gilt § 10 Absatz 7 bis 8a entsprechend.

(1b) Absatz 1a gilt für den Erlass einer nachträglichen Anordnung entsprechend, bei der von der Behörde auf Grundlage einer Verordnung nach § 7 Absatz 1b oder einer Verwaltungsvorschrift nach § 48 Absatz 1b weniger strenge Emissionsbegrenzungen festgelegt werden sollen.

(2) [1]Die zuständige Behörde darf eine nachträgliche Anordnung nicht treffen, wenn sie unverhältnismäßig ist, vor allem wenn der mit der Erfüllung der Anordnung verbundene Aufwand außer Verhältnis zu dem mit der Anordnung angestrebten Erfolg steht; dabei sind insbesondere Art, Menge und Gefährlichkeit der von der Anlage ausgehenden Emissionen und der von ihr verursachten Immissionen sowie die Nutzungsdauer und technische Besonderheiten der Anlage zu berücksichtigen. [2]Darf eine nachträgliche Anordnung wegen Unverhältnismäßigkeit nicht getroffen werden, soll die zuständige Behörde die Genehmigung unter den Voraussetzungen des § 21 Absatz 1 Nummer 3 bis 5 ganz oder teilweise widerrufen; § 21 Absatz 3 bis 6 sind anzuwenden.

(2a) § 12 Absatz 1a gilt für Anlagen nach der Industrieemissions-Richtlinie entsprechend.

(2b) [1]Abweichend von Absatz 2a kann die zuständige Behörde weniger strenge Emissionsbegrenzungen festlegen, wenn

1. wegen technischer Merkmale der Anlage die Anwendung der in den BVT-Schlussfolgerungen genannten Emissionsbandbreiten unverhältnismäßig wäre und die Behörde dies begründet oder
2. in Anlagen Zukunftstechniken für einen Gesamtzeitraum von höchstens neun Monaten erprobt oder angewendet werden sollen, sofern nach dem festgelegten Zeitraum die Anwendung der betreffenden Technik beendet wird oder in der Anlage mindestens die mit den besten verfügbaren Techniken assoziierten Emissionsbandbreiten erreicht werden.

[2]§ 12 Absatz 1b Satz 2 und 3 gilt entsprechend. [3]Absatz 1a gilt entsprechend.

(3) Soweit durch Rechtsverordnung die Anforderungen nach § 5 Absatz 1 Nummer 2 abschließend festgelegt sind, dürfen durch nachträgliche Anordnungen weitergehende Anforderungen zur Vorsorge gegen schädliche Umwelteinwirkungen nicht gestellt werden.

(3a) [1]Die zuständige Behörde soll von nachträglichen Anordnungen absehen, soweit in einem vom Betreiber vorgelegten Plan technische Maßnahmen an dessen Anlagen oder an Anlagen Dritter vorgesehen sind, die zu einer weitergehenden Verringerung der Emissionsfrachten führen als die Summe der Minderungen, die durch den Erlass nachträglicher Anordnungen zur Erfüllung der sich aus diesem Gesetz oder den auf Grund dieses Gesetzes erlassenen Rechtsverordnungen ergebenden Pflichten bei den beteiligten Anlagen erreichbar wäre und hierdurch der

---

[1)] Nr. **293**.

in § 1 genannte Zweck gefördert wird. [2] Dies gilt nicht, soweit der Betreiber bereits zur Emissionsminderung auf Grund einer nachträglichen Anordnung nach Absatz 1 oder einer Auflage nach § 12 Absatz 1 verpflichtet ist oder eine nachträgliche Anordnung nach Absatz 1 Satz 2 getroffen werden soll. [3] Der Ausgleich ist nur zwischen denselben oder in der Wirkung auf die Umwelt vergleichbaren Stoffen zulässig. [4] Die Sätze 1 bis 3 gelten auch für nicht betriebsbereite Anlagen, für die die Genehmigung zur Errichtung und zum Betrieb erteilt ist oder für die in einem Vorbescheid oder einer Teilgenehmigung Anforderungen nach § 5 Absatz 1 Nummer 2 festgelegt sind. [5] Die Durchführung der Maßnahmen des Plans ist durch Anordnung sicherzustellen.

(4) [1] Ist es zur Erfüllung der Anordnung erforderlich, die Lage, die Beschaffenheit oder den Betrieb der Anlage wesentlich zu ändern und ist in der Anordnung nicht abschließend bestimmt, in welcher Weise sie zu erfüllen ist, so bedarf die Änderung der Genehmigung nach § 16. [2] Ist zur Erfüllung der Anordnung die störfallrelevante Änderung einer Anlage erforderlich, die Betriebsbereich oder Bestandteil eines Betriebsbereichs ist, und wird durch diese Änderung der angemessene Sicherheitsabstand erstmalig unterschritten, wird der bereits unterschrittene Sicherheitsabstand räumlich noch weiter unterschritten oder wird eine erhebliche Gefahrenerhöhung ausgelöst, so bedarf die Änderung einer Genehmigung nach § 16 oder § 16a, wenn in der Anordnung nicht abschließend bestimmt ist, in welcher Weise sie zu erfüllen ist.

(4a) [1] Zur Erfüllung der Pflichten nach § 5 Absatz 3 soll bei Abfallentsorgungsanlagen im Sinne des § 4 Absatz 1 Satz 1 auch eine Sicherheitsleistung angeordnet werden. [2] Nach der Einstellung des gesamten Betriebs können Anordnungen zur Erfüllung der sich aus § 5 Absatz 3 ergebenden Pflichten nur noch während eines Zeitraums von einem Jahr getroffen werden.

(4b) Anforderungen im Sinne des § 12 Absatz 2c können auch nachträglich angeordnet werden.

(5) Die Absätze 1 bis 4b gelten entsprechend für Anlagen, die nach § 67 Absatz 2 anzuzeigen sind oder vor Inkrafttreten dieses Gesetzes nach § 16 Absatz 4 der Gewerbeordnung[1)] anzuzeigen waren.

§ 18 Erlöschen der Genehmigung. (1) Die Genehmigung erlischt, wenn

1. innerhalb einer von der Genehmigungsbehörde gesetzten angemessenen Frist nicht mit der Errichtung oder dem Betrieb der Anlage begonnen oder
2. eine Anlage während eines Zeitraums von mehr als drei Jahren nicht mehr betrieben

worden ist.

(2) Die Genehmigung erlischt ferner, soweit das Genehmigungserfordernis aufgehoben wird.

(3) Die Genehmigungsbehörde kann auf Antrag die Fristen nach Absatz 1 aus wichtigem Grunde verlängern, wenn hierdurch der Zweck des Gesetzes nicht gefährdet wird.

---

1) Nr. **800**.

§ 19[1] Vereinfachtes Verfahren. (1) [1]Durch Rechtsverordnung[2] nach § 4 Absatz 1 Satz 3 kann vorgeschrieben werden, dass die Genehmigung von Anlagen bestimmter Art oder bestimmten Umfangs in einem vereinfachten Verfahren erteilt wird, sofern dies nach Art, Ausmaß und Dauer der von diesen Anlagen hervorgerufenen schädlichen Umwelteinwirkungen und sonstigen Gefahren, erheblichen Nachteilen und erheblichen Belästigungen mit dem Schutz der Allgemeinheit und der Nachbarschaft vereinbar ist. [2]Satz 1 gilt für Abfallentsorgungsanlagen entsprechend.

(2) In dem vereinfachten Verfahren sind § 10 Absatz 2, 3, 3a, 4, 6, 7 Satz 2 und 3, Absatz 8 und 9 sowie die §§ 11 und 14 nicht anzuwenden.

(3) [1]Die Genehmigung ist auf Antrag des Trägers des Vorhabens abweichend von den Absätzen 1 und 2 nicht in einem vereinfachten Verfahren zu erteilen. [2]Auf Antrag des Vorhabenträgers ist die Genehmigung öffentlich bekannt zu machen. [3]In diesem Fall gilt § 10 Absatz 8 Satz 2 bis 9 entsprechend.

(4) [1]Die Genehmigung einer Anlage, die Betriebsbereich oder Bestandteil eines Betriebsbereichs ist, kann nicht im vereinfachten Verfahren erteilt werden, wenn durch deren störfallrelevante Errichtung und Betrieb der angemessene Sicherheitsabstand zu benachbarten Schutzobjekten unterschritten wird oder durch deren störfallrelevante Änderung der angemessene Sicherheitsabstand zu benachbarten Schutzobjekten erstmalig unterschritten wird, der bereits unterschrittene Sicherheitsabstand räumlich noch weiter unterschritten wird oder eine erhebliche Gefahrenerhöhung ausgelöst wird. [2]In diesen Fällen ist das Verfahren nach § 10 mit Ausnahme von Absatz 4 Nummer 3 und Absatz 6 anzuwenden. [3]§ 10 Absatz 3 Satz 8 ist mit der Maßgabe anzuwenden, dass nur die Personen Einwendungen erheben können, deren Belange berührt sind oder Vereinigungen, welche die Anforderungen des § 3 Absatz 1 oder des § 2 Absatz 2 des Umwelt-Rechtsbehelfsgesetzes[3] erfüllen. [4]Bei störfallrelevanten Änderungen ist § 16 Absatz 3 entsprechend anzuwenden. [5]Die Sätze 1 bis 4 gelten nicht, soweit dem Gebot, den angemessenen Sicherheitsabstand zu wahren, bereits auf Ebene einer raumbedeutsamen Planung oder Maßnahme durch verbindliche Vorgaben Rechnung getragen worden ist.

§ 20[4] Untersagung, Stilllegung und Beseitigung. (1) [1]Kommt der Betreiber einer genehmigungsbedürftigen Anlage einer Auflage, einer vollziehbaren nachträglichen Anordnung oder einer abschließend bestimmten Pflicht aus einer Rechtsverordnung nach § 7 nicht nach und betreffen die Auflage, die Anordnung oder die Pflicht die Beschaffenheit oder den Betrieb der Anlage, so kann die zuständige Behörde den Betrieb ganz oder teilweise bis zur Erfüllung der Auflage, der Anordnung oder der Pflichten aus der Rechtsverordnung nach § 7 untersagen. [2]Die zuständige Behörde hat den Betrieb ganz oder teilweise nach Satz 1 zu untersagen, wenn ein Verstoß gegen die Auflage, Anordnung oder Pflicht eine unmittelbare Gefährdung der menschlichen Gesundheit verursacht oder eine unmittelbare erhebliche Gefährdung der Umwelt darstellt.

---

[1] § 19 Abs. 4 angef. mWv 7.12.2016 durch G v. 30.11.2016 (BGBl. I S. 2749); Abs. 2 geänd. mWv 2.6.2017 durch G v. 29.5.2017 (BGBl. I S. 1298); Abs. 3 Sätze 2 und 3 angef., Abs. 4 Satz 3 geänd. mWv 9.7.2024 durch G v. 3.7.2024 (BGBl. 2024 I Nr. 225).

[2] Siehe die Anmerkung am Titel.

[3] Nr. **293**.

[4] § 20 Abs. 1a Satz 1 geänd., Satz 2 eingef., bish. Satz 2 wird Satz 3 und geänd. mWv 7.12.2016 durch G v. 30.11.2016 (BGBl. I S. 2749).

(1a) [1] Die zuständige Behörde hat die Inbetriebnahme oder Weiterführung einer genehmigungsbedürftigen Anlage, die Betriebsbereich oder Bestandteil eines Betriebsbereichs ist und gewerblichen Zwecken dient oder im Rahmen wirtschaftlicher Unternehmungen Verwendung findet, ganz oder teilweise zu untersagen, solange und soweit die von dem Betreiber getroffenen Maßnahmen zur Verhütung schwerer Unfälle im Sinne des Artikels 3 Nummer 13 der Richtlinie 2012/18/EU oder zur Begrenzung der Auswirkungen derartiger Unfälle eindeutig unzureichend sind. [2] Bei der Entscheidung über eine Untersagung berücksichtigt die zuständige Behörde auch schwerwiegende Unterlassungen in Bezug auf erforderliche Folgemaßnahmen, die in einem Überwachungsbericht nach § 16 Absatz 2 Nummer 1 der Störfall-Verordnung[1)] festgelegt worden sind. [3] Die zuständige Behörde kann die Inbetriebnahme oder Weiterführung einer Anlage im Sinne des Satzes 1 ganz oder teilweise untersagen, wenn der Betreiber die in einer zur Umsetzung der Richtlinie 2012/18/EU erlassenen Rechtsverordnung[2)] vorgeschriebenen Mitteilungen, Berichte oder sonstigen Informationen nicht fristgerecht übermittelt.

(2) [1] Die zuständige Behörde soll anordnen, dass eine Anlage, die ohne die erforderliche Genehmigung errichtet, betrieben oder wesentlich geändert wird, stillzulegen oder zu beseitigen ist. [2] Sie hat die Beseitigung anzuordnen, wenn die Allgemeinheit oder die Nachbarschaft nicht auf andere Weise ausreichend geschützt werden kann.

(3) [1] Die zuständige Behörde kann den weiteren Betrieb einer genehmigungsbedürftigen Anlage durch den Betreiber oder einen mit der Leitung des Betriebs Beauftragten untersagen, wenn Tatsachen vorliegen, welche die Unzuverlässigkeit dieser Personen in Bezug auf die Einhaltung von Rechtsvorschriften zum Schutz vor schädlichen Umwelteinwirkungen dartun, und die Untersagung zum Wohl der Allgemeinheit geboten ist. [2] Dem Betreiber der Anlage kann auf Antrag die Erlaubnis erteilt werden, die Anlage durch eine Person betreiben zu lassen, die die Gewähr für den ordnungsgemäßen Betrieb der Anlage bietet. [3] Die Erlaubnis kann mit Auflagen verbunden werden.

§ 21 Widerruf der Genehmigung. (1) Eine nach diesem Gesetz erteilte rechtmäßige Genehmigung darf, auch nachdem sie unanfechtbar geworden ist, ganz oder teilweise mit Wirkung für die Zukunft nur widerrufen werden,

1. wenn der Widerruf gemäß § 12 Absatz 2 Satz 2 oder Absatz 3 vorbehalten ist;
2. wenn mit der Genehmigung eine Auflage verbunden ist und der Begünstigte diese nicht oder nicht innerhalb einer ihm gesetzten Frist erfüllt hat;
3. wenn die Genehmigungsbehörde auf Grund nachträglich eingetretener Tatsachen berechtigt wäre, die Genehmigung nicht zu erteilen, und wenn ohne den Widerruf das öffentliche Interesse gefährdet würde;
4. wenn die Genehmigungsbehörde auf Grund einer geänderten Rechtsvorschrift berechtigt wäre, die Genehmigung nicht zu erteilen, soweit der Betreiber von der Genehmigung noch keinen Gebrauch gemacht hat, und wenn ohne den Widerruf das öffentliche Interesse gefährdet würde;
5. um schwere Nachteile für das Gemeinwohl zu verhüten oder zu beseitigen.

---

1) **Sartorius ErgBd. Nr. 296/12.**
2) Siehe die Anmerkung am Titel.

(2) Erhält die Genehmigungsbehörde von Tatsachen Kenntnis, welche den Widerruf einer Genehmigung rechtfertigen, so ist der Widerruf nur innerhalb eines Jahres seit dem Zeitpunkt der Kenntnisnahme zulässig.

(3) Die widerrufene Genehmigung wird mit dem Wirksamwerden des Widerrufs unwirksam, wenn die Genehmigungsbehörde keinen späteren Zeitpunkt bestimmt.

(4) [1] Wird die Genehmigung in den Fällen des Absatzes 1 Nummer 3 bis 5 widerrufen, so hat die Genehmigungsbehörde den Betroffenen auf Antrag für den Vermögensnachteil zu entschädigen, den dieser dadurch erleidet, dass er auf den Bestand der Genehmigung vertraut hat, soweit sein Vertrauen schutzwürdig ist. [2] Der Vermögensnachteil ist jedoch nicht über den Betrag des Interesses hinaus zu ersetzen, das der Betroffene an dem Bestand der Genehmigung hat. [3] Der auszugleichende Vermögensnachteil wird durch die Genehmigungsbehörde festgesetzt. [4] Der Anspruch kann nur innerhalb eines Jahres geltend gemacht werden; die Frist beginnt, sobald die Genehmigungsbehörde den Betroffenen auf sie hingewiesen hat.

(5) Die Länder können die in Absatz 4 Satz 1 getroffene Bestimmung des Entschädigungspflichtigen abweichend regeln.

(6) Für Streitigkeiten über die Entschädigung ist der ordentliche Rechtsweg gegeben.

(7) Die Absätze 1 bis 6 gelten nicht, wenn eine Genehmigung, die von einem Dritten angefochten worden ist, während des Vorverfahrens oder während des verwaltungsgerichtlichen Verfahrens aufgehoben wird, soweit dadurch dem Widerspruch oder der Klage abgeholfen wird.

Zweiter Abschnitt. Nicht genehmigungsbedürftige Anlagen

§ 22 Pflichten der Betreiber nicht genehmigungsbedürftiger Anlagen.

(1) [1] Nicht genehmigungsbedürftige Anlagen sind so zu errichten und zu betreiben, dass

1. schädliche Umwelteinwirkungen verhindert werden, die nach dem Stand der Technik vermeidbar sind,
2. nach dem Stand der Technik unvermeidbare schädliche Umwelteinwirkungen auf ein Mindestmaß beschränkt werden und
3. die beim Betrieb der Anlagen entstehenden Abfälle ordnungsgemäß beseitigt werden können.

[2] Die Bundesregierung wird ermächtigt, nach Anhörung der beteiligten Kreise (§ 51) durch Rechtsverordnung mit Zustimmung des Bundesrates auf Grund der Art oder Menge aller oder einzelner anfallender Abfälle die Anlagen zu bestimmen, für die die Anforderungen des § 5 Absatz 1 Nummer 3 entsprechend gelten. [3] Für Anlagen, die nicht gewerblichen Zwecken dienen und nicht im Rahmen wirtschaftlicher Unternehmungen Verwendung finden, gilt die Verpflichtung des Satzes 1 nur, soweit sie auf die Verhinderung oder Beschränkung von schädlichen Umwelteinwirkungen durch Luftverunreinigungen, Geräusche oder von Funkanlagen ausgehende nichtionisierende Strahlen gerichtet ist.

(1a) [1] Geräuscheinwirkungen, die von Kindertageseinrichtungen, Kinderspielplätzen und ähnlichen Einrichtungen wie beispielsweise Ballspielplätzen durch Kinder hervorgerufen werden, sind im Regelfall keine schädliche Umwelteinwirkung. [2] Bei der Beurteilung der Geräuscheinwirkungen dürfen Immissionsgrenz- und -richtwerte nicht herangezogen werden.

(2) Weitergehende öffentlich-rechtliche Vorschriften bleiben unberührt.

§ 23[1)] Anforderungen an die Errichtung, die Beschaffenheit und den Betrieb nicht genehmigungsbedürftiger Anlagen. (1) [1] Die Bundesregierung wird ermächtigt, nach Anhörung der beteiligten Kreise (§ 51) durch Rechtsverordnung[2)] mit Zustimmung des Bundesrates vorzuschreiben, dass die Errichtung, die Beschaffenheit und der Betrieb nicht genehmigungsbedürftiger Anlagen bestimmten Anforderungen zum Schutz der Allgemeinheit und der Nachbarschaft vor schädlichen Umwelteinwirkungen und, soweit diese Anlagen gewerblichen Zwecken dienen oder im Rahmen wirtschaftlicher Unternehmungen Verwendung finden und Betriebsbereiche oder Bestandteile von Betriebsbereichen sind, vor sonstigen Gefahren zur Verhütung schwerer Unfälle im Sinne des Artikels 3 Nummer 13 der Richtlinie 2012/18/EU und zur Begrenzung der Auswirkungen derartiger Unfälle für Mensch und Umwelt sowie zur Vorsorge gegen schädliche Umwelteinwirkungen genügen müssen, insbesondere dass

1. die Anlagen bestimmten technischen Anforderungen entsprechen müssen,
2. die von Anlagen ausgehenden Emissionen bestimmte Grenzwerte nicht überschreiten dürfen,
3. die Betreiber von Anlagen Messungen von Emissionen und Immissionen nach in der Rechtsverordnung näher zu bestimmenden Verfahren vorzunehmen haben oder von einer in der Rechtsverordnung zu bestimmenden Stelle vornehmen lassen müssen,
4. die Betreiber bestimmter Anlagen der zuständigen Behörde unverzüglich die Inbetriebnahme oder eine Änderung einer Anlage, die für die Erfüllung von in der Rechtsverordnung vorgeschriebenen Pflichten von Bedeutung sein kann, anzuzeigen haben,

4a. die Betreiber von Anlagen, die Betriebsbereiche oder Bestandteile von Betriebsbereichen sind, innerhalb einer angemessenen Frist vor Errichtung, vor Inbetriebnahme oder vor einer Änderung dieser Anlagen, die für die Erfüllung von in der Rechtsverordnung vorgeschriebenen Pflichten von Bedeutung sein kann, dies der zuständigen Behörde anzuzeigen haben und

5. bestimmte Anlagen nur betrieben werden dürfen, nachdem die Bescheinigung eines von der nach Landesrecht zuständigen Behörde bekannt gegebenen Sachverständigen vorgelegt worden ist, dass die Anlage den Anforderungen der Rechtsverordnung oder einer Bauartzulassung nach § 33 entspricht.

[2] In der Rechtsverordnung nach Satz 1 können auch die Anforderungen bestimmt werden, denen Sachverständige hinsichtlich ihrer Fachkunde, Zuverlässigkeit und gerätetechnischen Ausstattung genügen müssen. [3] Wegen der Anforderungen nach Satz 1 Nummer 1 bis 3 gilt § 7 Absatz 5 entsprechend.

(1a) [1] Für bestimmte nicht genehmigungsbedürftige Anlagen kann durch Rechtsverordnung nach Absatz 1 vorgeschrieben werden, dass auf Antrag des Trägers des Vorhabens ein Verfahren zur Erteilung einer Genehmigung nach § 4 Absatz 1 Satz 1 in Verbindung mit § 6 durchzuführen ist. [2] Im Falle eines Antrags nach Satz 1 sind für die betroffene Anlage an Stelle der für nicht genehmigungsbedürftige Anlagen geltenden Vorschriften die Vorschriften über genehmigungsbedürftige Anlagen anzuwenden. [3] Für das Verfahren gilt § 19 Absatz 2 und 3 *entsprechend.*

---

1) § 23 Abs. 1 Satz 1 geänd. mWv 7.12.2016 durch G v. 30.11.2016 (BGBl. I S. 2749).
2) Siehe die Anmerkung am Titel.

(2) [1]Soweit die Bundesregierung von der Ermächtigung keinen Gebrauch macht, sind die Landesregierungen ermächtigt, durch Rechtsverordnung Vorschriften im Sinne des Absatzes 1 zu erlassen. [2]Die Landesregierungen können die Ermächtigung auf eine oder mehrere oberste Landesbehörden übertragen.

§ 23a[1)] Anzeigeverfahren für nicht genehmigungsbedürftige Anlagen, die Betriebsbereich oder Bestandteil eines Betriebsbereichs sind. (1) [1]Die störfallrelevante Errichtung und der Betrieb oder die störfallrelevante Änderung einer nicht genehmigungsbedürftigen Anlage, die Betriebsbereich oder Bestandteil eines Betriebsbereichs ist, ist der zuständigen Behörde vor ihrer Durchführung schriftlich oder elektronisch anzuzeigen, sofern eine Genehmigung nach Absatz 3 in Verbindung mit § 23b nicht beantragt wird. [2]Der Anzeige sind alle Unterlagen beizufügen, die für die Feststellung nach Absatz 2 erforderlich sein können; die zuständige Behörde kann bei einer elektronischen Anzeige Mehrausfertigungen sowie die Übermittlung der der Anzeige beizufügenden Unterlagen auch in schriftlicher Form verlangen. [3]Soweit es zur Ermittlung des angemessenen Sicherheitsabstands erforderlich ist, kann die zuständige Behörde ein Gutachten zu den Auswirkungen verlangen, die bei schweren Unfällen durch die Anlage hervorgerufen werden können. [4]Die zuständige Behörde hat dem Träger des Vorhabens den Eingang der Anzeige und der beigefügten Unterlagen unverzüglich schriftlich oder elektronisch zu bestätigen. [5]Sie teilt dem Träger des Vorhabens nach Eingang der Anzeige unverzüglich mit, welche zusätzlichen Unterlagen sie für die Feststellung nach Absatz 2 benötigt.

(2) [1]Die zuständige Behörde hat festzustellen, ob durch die störfallrelevante Errichtung und den Betrieb oder die störfallrelevante Änderung der Anlage der angemessene Sicherheitsabstand zu benachbarten Schutzobjekten erstmalig unterschritten wird, räumlich noch weiter unterschritten wird oder eine erhebliche Gefahrenerhöhung ausgelöst wird. [2]Diese Feststellung ist dem Träger des Vorhabens spätestens zwei Monate nach Eingang der Anzeige und der erforderlichen Unterlagen bekannt zu geben und der Öffentlichkeit nach den Bestimmungen des Bundes und der Länder über den Zugang zu Umweltinformationen zugänglich zu machen. [3]Wird kein Genehmigungsverfahren nach § 23b durchgeführt, macht die zuständige Behörde dies in ihrem amtlichen Veröffentlichungsblatt und entweder im Internet oder in örtlichen Tageszeitungen, die im Bereich des Standortes des Betriebsbereichs verbreitet sind, öffentlich bekannt. [4]Der Träger des Vorhabens darf die Errichtung und den Betrieb oder die Änderung vornehmen, sobald die zuständige Behörde ihm mitteilt, dass sein Vorhaben keiner Genehmigung bedarf.

(3) Auf Antrag des Trägers des Vorhabens führt die zuständige Behörde das Genehmigungsverfahren nach § 23b auch ohne die Feststellung nach Absatz 2 Satz 1 durch.

§ 23b[2)] Störfallrechtliches Genehmigungsverfahren. (1) [1]Ergibt die Feststellung nach § 23a Absatz 2 Satz 1, dass der angemessene Sicherheitsabstand

---

[1)] § 23a eingef. mWv 7.12.2016 durch G v. 30.11.2016 (BGBl. I S. 2749); Abs. 1 Sätze 1, 2 und 4 geänd. mWv 5.4.2017 durch G v. 29.3.2017 (BGBl. I S. 626).

[2)] § 23b eingef. mWv 7.12.2016 durch G v. 30.11.2016 (BGBl. I S. 2749); Abs. 1 Satz 3 geänd., Satz 4 neu gef., Abs. 2 Satz 3 geänd. mWv 5.4.2017 durch G v. 29.3.2017 (BGBl. I S. 626); Abs. 2 Satz 3 geänd., Satz 4 eingef., bish. Satz 4 wird Satz 5 mWv 2.6.2017 durch G v. 29.5.2017 (BGBl. I S. 1298); Abs. 3a eingef. mWv 31.8.2021 durch G v. 18.8.2021 (BGBl. I S. 3901); Abs. 1 Satz 4 geänd., Abs. 2 Sätze 3–5 eingef., bish. Sätze 3–5 werden Sätze 6–8, neue Sätze 6 und 7 geänd. mWv 9.7.2024 durch G v. 3.7.2024 (BGBl. 2024 I Nr. 225; 2024 I Nr. 340); Abs. 3a aufgeh., Abs. 4a eingef. mWv 15.8.2025 durch G v. 12.8. 2025 (BGBl. 2025 I Nr. 189).

erstmalig unterschritten wird, räumlich noch weiter unterschritten wird oder eine erhebliche Gefahrenerhöhung ausgelöst wird, bedarf die störfallrelevante Errichtung und der Betrieb oder die störfallrelevante Änderung einer nicht genehmigungsbedürftigen Anlage, die Betriebsbereich oder Bestandteil eines Betriebsbereichs ist, einer störfallrechtlichen Genehmigung. [2]Dies gilt nicht, soweit dem Gebot, den angemessenen Sicherheitsabstand zu wahren, bereits auf Ebene einer raumbedeutsamen Planung oder Maßnahme durch verbindliche Vorgaben Rechnung getragen worden ist. [3]Die Genehmigung setzt einen schriftlichen oder elektronischen Antrag voraus. [4]§ 10 Absatz 1 Satz 4 bis 6 und Absatz 2 gilt entsprechend. [5]Die Genehmigung ist zu erteilen, wenn sichergestellt ist, dass die Anforderungen des § 22 und der auf Grundlage des § 23 erlassenen Rechtsverordnungen eingehalten werden und andere öffentlich-rechtliche Vorschriften und Belange des Arbeitsschutzes nicht entgegenstehen. [6]Die Genehmigung kann unter Bedingungen erteilt und mit Auflagen verbunden werden, soweit dies erforderlich ist, um die Erfüllung der Genehmigungsvoraussetzungen sicherzustellen. [7]Die Genehmigung schließt andere die Anlage betreffende behördliche Entscheidungen ein mit Ausnahme von Planfeststellungen, Zulassungen bergrechtlicher Betriebspläne, behördlichen Entscheidungen auf Grund atomrechtlicher Vorschriften und wasserrechtlichen Erlaubnissen und Bewilligungen nach § 8 in Verbindung mit § 10 des Wasserhaushaltsgesetzes[1)]. [8]Die §§ 8, 8a, 9 und 18 gelten entsprechend.

(2) [1]Im Genehmigungsverfahren ist die Öffentlichkeit zu beteiligen. [2]Dazu macht die zuständige Behörde das Vorhaben öffentlich bekannt und legt den Antrag, die vom Antragsteller vorgelegten Unterlagen mit Ausnahme der Unterlagen nach Absatz 1 Satz 4 sowie die entscheidungserheblichen Berichte und Empfehlungen, die der Behörde im Zeitpunkt der Bekanntmachung vorliegen, einen Monat zur Einsicht aus. [3]Die Auslegung ist dadurch zu bewirken, dass die Dokumente auf einer Internetseite der zuständigen Behörde zugänglich gemacht werden. [4]Auf Verlangen eines Beteiligten wird ihm eine leicht zu erreichende Zugangsmöglichkeit zur Verfügung gestellt. [5]Der Vorhabenträger kann der Veröffentlichung im Internet widersprechen, soweit er die Gefährdung von Betriebs- oder Geschäftsgeheimnissen oder wichtiger Sicherheitsbelange befürchtet; in diesem Fall muss die Behörde eine andere Form der Veröffentlichung wählen. [6]Personen, deren Belange durch das Vorhaben berührt werden sowie Vereinigungen, welche die Anforderungen von § 3 Absatz 1 oder § 2 Absatz 2 des Umwelt-Rechtsbehelfsgesetzes[2)] erfüllen, können innerhalb der in § 10 Absatz 3 Satz 8 erster Halbsatz genannten Frist gegenüber der zuständigen Behörde schriftlich oder elektronisch Einwendungen erheben. [7]§ 10 Absatz 3 Satz 9 und Absatz 3a gilt entsprechend. [8]Einwendungen, die auf besonderen privatrechtlichen Titeln beruhen, sind auf den Rechtsweg vor den ordentlichen Gerichten zu verweisen.

(3) [1]Die Genehmigungsbehörde holt die Stellungnahmen der Behörden ein, deren Aufgabenbereich durch das Vorhaben berührt wird. [2]Soweit für das Vorhaben selbst oder für weitere damit unmittelbar in Zusammenhang stehende Vorhaben, die Auswirkungen auf die Umwelt haben können und die für die Genehmigung Bedeutung haben, eine Zulassung nach anderen Gesetzen vorgeschrieben ist, hat die Genehmigungsbehörde eine vollständige Koordinierung der Zulassungsverfahren sowie der Inhalts- und Nebenbestimmungen sicherzustellen.

(4) [1]Über den Antrag auf störfallrelevante Errichtung und Betrieb einer Anlage *hat die zuständige Behörde inner*halb einer Frist von sieben Monaten nach Ein-

---

[1)] Nr. **845**.
[2)] Nr. **293**.

gang des Antrags und der erforderlichen Unterlagen zu entscheiden. [2] Über den Antrag auf störfallrelevante Änderung einer Anlage ist innerhalb einer Frist von sechs Monaten nach Eingang des Antrags und der erforderlichen Unterlagen zu entscheiden. [3] Die zuständige Behörde kann die jeweilige Frist um drei Monate verlängern, wenn dies wegen der Schwierigkeit der Prüfung oder aus Gründen, die dem Antragsteller zuzurechnen sind, erforderlich ist. [4] Die Fristverlängerung soll gegenüber dem Antragsteller begründet werden. [5] § 10 Absatz 7 Satz 1 gilt entsprechend.

(4a) § 10a ist entsprechend anzuwenden.

(5) Die Bundesregierung wird ermächtigt, durch Rechtsverordnung mit Zustimmung des Bundesrates weitere Einzelheiten des Verfahrens nach den Absätzen 1 bis 4 zu regeln, insbesondere

1. Form und Inhalt des Antrags,
2. Verfahren und Inhalt der Bekanntmachung und Auslegung des Vorhabens durch die zuständige Behörde sowie
3. Inhalt und Bekanntmachung des Genehmigungsbescheids.

§ 23c[1)] Betriebsplanzulassung nach dem Bundesberggesetz. [1] Die §§ 23a und 23b Absatz 1, 3 und 4 gelten nicht für die störfallrelevante Errichtung und den Betrieb oder die störfallrelevante Änderung einer nicht genehmigungsbedürf-

(Fortsetzung nächstes Blatt)

[1)] § 23c eingef. mWv 7.12.2016 durch G v. 30.11.2016 (BGBl. I S. 2749).

tigen Anlage, die Betriebsbereich oder Bestandteil eines Betriebsbereichs ist, wenn für die Errichtung und den Betrieb oder die Änderung eine Betriebsplanzulassung nach dem Bundesberggesetz[1)] erforderlich ist. [2] § 23b Absatz 2 ist für die in Satz 1 genannten Vorhaben unter den in § 57d des Bundesberggesetzes genannten Bedingungen entsprechend anzuwenden. [3] Die Regelungen, die auf Grundlage des § 23b Absatz 5 durch Rechtsverordnung getroffen werden, gelten für die in Satz 1 genannten Vorhaben, soweit § 57d des Bundesberggesetzes dies anordnet.

§ 24 Anordnungen im Einzelfall. [1] Die zuständige Behörde kann im Einzelfall die zur Durchführung des § 22 und der auf dieses Gesetz gestützten Rechtsverordnungen erforderlichen Anordnungen treffen. [2] Kann das Ziel der Anordnung auch durch eine Maßnahme zum Zwecke des Arbeitsschutzes erreicht werden, soll diese angeordnet werden.

§ 25[2)] Untersagung. (1) Kommt der Betreiber einer Anlage einer vollziehbaren behördlichen Anordnung nach § 24 Satz 1 nicht nach, so kann die zuständige Behörde den Betrieb der Anlage ganz oder teilweise bis zur Erfüllung der Anordnung untersagen.

(1a) [1] Die zuständige Behörde hat die Inbetriebnahme oder Weiterführung einer nicht genehmigungsbedürftigen Anlage, die Betriebsbereich oder Bestandteil eines Betriebsbereichs ist und gewerblichen Zwecken dient oder im Rahmen wirtschaftlicher Unternehmungen Verwendung findet, ganz oder teilweise zu untersagen, solange und soweit die von dem Betreiber getroffenen Maßnahmen zur Verhütung schwerer Unfälle im Sinne des Artikels 3 Nummer 13 der Richtlinie 2012/18/EU oder zur Begrenzung der Auswirkungen derartiger Unfälle eindeutig unzureichend sind. [2] Bei der Entscheidung über eine Untersagung berücksichtigt die zuständige Behörde auch schwerwiegende Unterlassungen in Bezug auf erforderliche Folgemaßnahmen, die in einem Überwachungsbericht nach § 16 Absatz 2 Nummer 1 der Störfall-Verordnung[3)] festgelegt worden sind. [3] Die zuständige Behörde kann die Inbetriebnahme oder die Weiterführung einer Anlage im Sinne des Satzes 1 außerdem ganz oder teilweise untersagen, wenn der Betreiber

1. die in einer zur Umsetzung der Richtlinie 2012/18/EU erlassenen Rechtsverordnung vorgeschriebenen Mitteilungen, Berichte oder sonstige Informationen nicht fristgerecht übermittelt oder
2. eine nach § 23a erforderliche Anzeige nicht macht oder die Anlage ohne die nach § 23b erforderliche Genehmigung störfallrelevant errichtet, betreibt oder störfallrelevant ändert.

(2) Wenn die von einer Anlage hervorgerufenen schädlichen Umwelteinwirkungen das Leben oder die Gesundheit von Menschen oder bedeutende Sachwerte gefährden, soll die zuständige Behörde die Errichtung oder den Betrieb der Anlage ganz oder teilweise untersagen, soweit die Allgemeinheit oder die Nachbarschaft nicht auf andere Weise ausreichend geschützt werden kann.

---

1) G v. 13.8.1980 (BGBl. I S. 1310), zuletzt geänd. durch G v. 14.6.2021 (BGBl. I S. 1760), **Sartorius III Nr. 460.**

2) § 25 Abs. 1a Satz 1 geänd., Satz 2 eingef., bish. Satz 2 wird Satz 3 und neu gef. mWv 7.12.2016 durch G v. 30.11.2016 (BGBl. I S. 2749).

3) **Sartorius ErgBd. Nr. 296/12.**

§ 25a[1)] Stilllegung und Beseitigung nicht genehmigungsbedürftiger Anlagen, die Betriebsbereich oder Bestandteil eines Betriebsbereichs sind.

[1] Die zuständige Behörde kann anordnen, dass eine Anlage, die Betriebsbereich oder Bestandteil eines Betriebsbereichs ist und ohne die erforderliche Genehmigung nach § 23b störfallrelevant errichtet oder geändert wird, ganz oder teilweise stillzulegen oder zu beseitigen ist. [2] Sie soll die Beseitigung anordnen, wenn die Allgemeinheit oder die Nachbarschaft nicht auf andere Weise ausreichend geschützt werden kann.

Dritter Abschnitt. Ermittlung von Emissionen und Immissionen, sicherheitstechnische Prüfungen

§ 26 Messungen aus besonderem Anlass. [1] Die zuständige Behörde kann anordnen, dass der Betreiber einer genehmigungsbedürftigen Anlage oder, soweit § 22 Anwendung findet, einer nicht genehmigungsbedürftigen Anlage Art und Ausmaß der von der Anlage ausgehenden Emissionen sowie die Immissionen im Einwirkungsbereich der Anlage durch eine der von der zuständigen Behörde eines Landes bekannt gegebenen Stellen ermitteln lässt, wenn zu befürchten ist, dass durch die Anlage schädliche Umwelteinwirkungen hervorgerufen werden. [2] Die zuständige Behörde ist befugt, Einzelheiten über Art und Umfang der Ermittlungen sowie über die Vorlage des Ermittlungsergebnisses vorzuschreiben.

§ 27[2)] Emissionserklärung. (1) [1] Der Betreiber einer genehmigungsbedürftigen Anlage ist verpflichtet, der zuständigen Behörde innerhalb einer von ihr zu setzenden Frist oder zu dem in der Rechtsverordnung nach Absatz 4 festgesetzten Zeitpunkt Angaben zu machen über Art, Menge, räumliche und zeitliche Verteilung der Luftverunreinigungen, die von der Anlage in einem bestimmten Zeitraum ausgegangen sind, sowie über die Austrittsbedingungen (Emissionserklärung); er hat die Emissionserklärung nach Maßgabe der Rechtsverordnung nach Absatz 4 entsprechend dem neuesten Stand zu ergänzen. [2] § 52 Absatz 5 gilt sinngemäß. [3] Satz 1 gilt nicht für Betreiber von Anlagen, von denen nur in geringem Umfang Luftverunreinigungen ausgehen können.

(2) [1] Auf die nach Absatz 1 erlangten Kenntnisse und Unterlagen sind die §§ 93, 97, 105 Absatz 1, § 111 Absatz 5 in Verbindung mit § 105 Absatz 1 sowie § 116 Absatz 1 der Abgabenordnung nicht anzuwenden. [2] Dies gilt nicht, soweit die Finanzbehörden die Kenntnisse für die Durchführung eines Verfahrens wegen einer Steuerstraftat sowie eines damit zusammenhängenden Besteuerungsverfahrens benötigen, an deren Verfolgung ein zwingendes öffentliches Interesse besteht, oder soweit es sich um vorsätzlich falsche Angaben des Auskunftspflichtigen oder der für ihn tätigen Personen handelt.

(3) [1] Der Inhalt der Emissionserklärung ist Dritten auf Antrag bekannt zu geben. [2] Einzelangaben der Emissionserklärung dürfen nicht veröffentlicht oder Dritten bekannt gegeben werden, wenn aus diesen Rückschlüsse auf Betriebs- oder Geschäftsgeheimnisse gezogen werden können. [3] Bei Abgabe der Emissionserklärung hat der Betreiber der zuständigen Behörde mitzuteilen und zu begründen, welche Einzelangaben der Emissionserklärung Rückschlüsse auf Betriebs- oder Geschäftsgeheimnisse erlauben.

---

1) § 25a eingef. mWv 7.12.2016 durch G v. 30.11.2016 (BGBl. I S. 2749).

2) § 27 Abs. 4 Satz 3 geänd. mWv 8.9.2015 durch VO v. 31.8.2015 (BGBl. I S. 1474); Abs. 4 Satz 3 geänd. mWv 27.6.2020 durch VO v. 19.6.2020 (BGBl. I S. 1328).

(4) [1]Die Bundesregierung wird ermächtigt, durch Rechtsverordnung[1)] mit Zustimmung des Bundesrates Inhalt, Umfang, Form und Zeitpunkt der Abgabe der Emissionserklärung, das bei der Ermittlung der Emissionen einzuhaltende Verfahren und den Zeitraum, innerhalb dessen die Emissionserklärung zu ergänzen ist, zu regeln. [2]In der Rechtsverordnung wird auch bestimmt, welche Betreiber genehmigungsbedürftiger Anlagen nach Absatz 1 Satz 3 von der Pflicht zur Abgabe einer Emissionserklärung befreit sind. [3]Darüber hinaus kann zur Erfüllung der Pflichten aus bindenden Rechtsakten der Europäischen Gemeinschaften oder der Europäischen Union in der Rechtsverordnung vorgeschrieben werden, dass die zuständigen Behörden über die nach Landesrecht zuständige Behörde dem Bundesministerium für Umwelt, Naturschutz und nukleare Sicherheit zu einem festgelegten Zeitpunkt Emissionsdaten zur Verfügung stellen, die den Emissionserklärungen zu entnehmen sind.

§ 28 Erstmalige und wiederkehrende Messungen bei genehmigungsbedürftigen Anlagen. [1]Die zuständige Behörde kann bei genehmigungsbedürftigen Anlagen

1. nach der Inbetriebnahme oder einer Änderung im Sinne des § 15 oder des § 16 und sodann
2. nach Ablauf eines Zeitraums von jeweils drei Jahren

Anordnungen nach § 26 auch ohne die dort genannten Voraussetzungen treffen. [2]Hält die Behörde wegen Art, Menge und Gefährlichkeit der von der Anlage ausgehenden Emissionen Ermittlungen auch während des in Nummer 2 genannten Zeitraums für erforderlich, so soll sie auf Antrag des Betreibers zulassen, dass diese Ermittlungen durch den Immissionsschutzbeauftragten durchgeführt werden, wenn dieser hierfür die erforderliche Fachkunde, Zuverlässigkeit und gerätetechnische Ausstattung besitzt.

§ 29 Kontinuierliche Messungen. (1) [1]Die zuständige Behörde kann bei genehmigungsbedürftigen Anlagen anordnen, dass statt durch Einzelmessungen nach § 26 oder § 28 oder neben solchen Messungen bestimmte Emissionen oder Immissionen unter Verwendung aufzeichnender Messgeräte fortlaufend ermittelt werden. [2]Bei Anlagen mit erheblichen Emissionsmassenströmen luftverunreinigender Stoffe sollen unter Berücksichtigung von Art und Gefährlichkeit dieser Stoffe Anordnungen nach Satz 1 getroffen werden, soweit eine Überschreitung der in Rechtsvorschriften, Auflagen oder Anordnungen festgelegten Emissionsbegrenzungen nach der Art der Anlage nicht ausgeschlossen werden kann.

(2) Die zuständige Behörde kann bei nicht genehmigungsbedürftigen Anlagen, soweit § 22 anzuwenden ist, anordnen, dass statt durch Einzelmessungen nach § 26 oder neben solchen Messungen bestimmte Emissionen oder Immissionen unter Verwendung aufzeichnender Messgeräte fortlaufend ermittelt werden, wenn dies zur Feststellung erforderlich ist, ob durch die Anlage schädliche Umwelteinwirkungen hervorgerufen werden.

§ 29a[2)] Anordnung sicherheitstechnischer Prüfungen. (1) [1]Die zuständige Behörde kann anordnen, dass der Betreiber einer genehmigungsbedürftigen Anlage oder einer Anlage innerhalb eines Betriebsbereichs nach § 3 Absatz 5a einen der von der zuständigen Behörde eines Landes bekannt gegebenen Sachverständi-

---

[1)] Siehe die Anmerkung am Titel.

[2)] § 29a Abs. 1 Satz 2 geänd. mWv 16.7.2021 durch G v. 27.7.2021 (BGBl. I S. 3146).

gen mit der Durchführung bestimmter sicherheitstechnischer Prüfungen sowie Prüfungen von sicherheitstechnischen Unterlagen beauftragt. [2]In der Anordnung kann die Durchführung der Prüfungen durch den Störfallbeauftragten (§ 58a), eine zugelassene Überwachungsstelle nach § 2 Nummer 4 des Gesetzes über überwachungsbedürftige Anlagen oder einen in einer für Anlagen nach § 2 Nummer 1 des Gesetzes über überwachungsbedürftige Anlagen erlassenen Rechtsverordnung genannten Sachverständigen gestattet werden, wenn diese die Anforderungen nach § 29b Absatz 2 Satz 2 und 3 erfüllen; das Gleiche gilt für einen nach § 36 Absatz 1 der Gewerbeordnung[1)] bestellten Sachverständigen oder für Sachverständige, die im Rahmen von § 13a der Gewerbeordnung ihre gewerbliche Tätigkeit nur vorübergehend und gelegentlich im Inland ausüben wollen, soweit eine besondere Sachkunde im Bereich sicherheitstechnischer Prüfungen nachgewiesen wird. [3]Die zuständige Behörde ist befugt, Einzelheiten über Art und Umfang der sicherheitstechnischen Prüfungen sowie über die Vorlage des Prüfungsergebnisses vorzuschreiben.

(2) [1]Prüfungen können angeordnet werden

1. für einen Zeitpunkt während der Errichtung oder sonst vor der Inbetriebnahme der Anlage,
2. für einen Zeitpunkt nach deren Inbetriebnahme,
3. in regelmäßigen Abständen,
4. im Falle einer Betriebseinstellung oder
5. wenn Anhaltspunkte dafür bestehen, dass bestimmte sicherheitstechnische Anforderungen nicht erfüllt werden.

[2]Satz 1 gilt entsprechend bei einer Änderung im Sinne des § 15 oder des § 16.

(3) Der Betreiber hat die Ergebnisse der sicherheitstechnischen Prüfungen der zuständigen Behörde spätestens einen Monat nach Durchführung der Prüfungen vorzulegen; er hat diese Ergebnisse unverzüglich vorzulegen, sofern dies zur Abwehr gegenwärtiger Gefahren erforderlich ist.

§ 29b[2)] Bekanntgabe von Stellen und Sachverständigen. (1) Die Bekanntgabe von Stellen im Sinne von § 26, von Stellen im Sinne einer auf Grund dieses Gesetzes erlassenen Rechtsverordnung oder von Sachverständigen im Sinne von § 29a durch die zuständige Behörde eines Landes berechtigt die bekannt gegebenen Stellen und Sachverständigen, die in der Bekanntgabe festgelegten Ermittlungen oder Prüfungen auf Antrag eines Anlagenbetreibers durchzuführen.

(2) [1]Die Bekanntgabe setzt einen Antrag bei der zuständigen Behörde des Landes voraus. [2]Sie ist zu erteilen, wenn der Antragsteller oder die Antragstellerin über die erforderliche Fachkunde, Unabhängigkeit, Zuverlässigkeit und gerätetechnische Ausstattung verfügt sowie die für die Aufgabenerfüllung erforderlichen organisatorischen Anforderungen erfüllt. [3]Sachverständige im Sinne von § 29a müssen über eine Haftpflichtversicherung verfügen.

(3) [1]Die Bundesregierung wird ermächtigt, nach Anhörung der beteiligten Kreise (§ 51) durch Rechtsverordnung[3)] mit Zustimmung des Bundesrates Anforderungen an die Bekanntgabe von Stellen und Sachverständigen sowie an bekannt gegebene Stellen und Sachverständige zu regeln. [2]In der Rechtsverordnung nach Satz 1 können insbesondere

---

1) Nr. **800**.
2) § 29b Abs. 3 Satz 2 Nr. 3 ber. gem. BGBl. 2013 I S. 3753.
3) Siehe die Anmerkung am Titel.

1. Anforderungen an die Gleichwertigkeit nicht inländischer Anerkennungen und Nachweise bestimmt werden,
2. Anforderungen an das Verfahren der Bekanntgabe und ihrer Aufhebung bestimmt werden,
3. Anforderungen an den Inhalt der Bekanntgabe bestimmt werden, insbesondere, dass sie mit Nebenbestimmungen versehen und für das gesamte Bundesgebiet erteilt werden kann,
4. Anforderungen an die Organisationsform der bekannt zu gebenden Stellen bestimmt werden,
5. Anforderungen an die Struktur bestimmt werden, die die Sachverständigen der Erfüllung ihrer Aufgaben zugrunde legen,
6. Anforderungen an die Fachkunde, Zuverlässigkeit, Unabhängigkeit und gerätetechnische Ausstattung der bekannt zu gebenden Stellen und Sachverständigen bestimmt werden,
7. Pflichten der bekannt gegebenen Stellen und Sachverständigen festgelegt werden.

§ 30 Kosten der Messungen und sicherheitstechnischen Prüfungen.

[1]Die Kosten für die Ermittlungen der Emissionen und Immissionen sowie für die sicherheitstechnischen Prüfungen trägt der Betreiber der Anlage. [2]Bei nicht genehmigungsbedürftigen Anlagen trägt der Betreiber die Kosten für Ermittlungen nach § 26 oder § 29 Absatz 2 nur, wenn die Ermittlungen ergeben, dass

1. Auflagen oder Anordnungen nach den Vorschriften dieses Gesetzes oder der auf dieses Gesetz gestützten Rechtsverordnungen nicht erfüllt worden sind oder
2. Anordnungen oder Auflagen nach den Vorschriften dieses Gesetzes oder der auf dieses Gesetz gestützten Rechtsverordnungen geboten sind.

§ 31[1)] Auskunftspflichten des Betreibers. (1) [1]Der Betreiber einer Anlage nach der Industrieemissions-Richtlinie hat nach Maßgabe der Nebenbestimmungen der Genehmigung oder auf Grund von Rechtsverordnungen der zuständigen Behörde jährlich Folgendes vorzulegen:

1. eine Zusammenfassung der Ergebnisse der Emissionsüberwachung,
2. sonstige Daten, die erforderlich sind, um die Einhaltung der Genehmigungsanforderungen gemäß § 6 Absatz 1 Nummer 1 zu überprüfen.

[2]Die Pflicht nach Satz 1 besteht nicht, soweit die erforderlichen Angaben der zuständigen Behörde bereits auf Grund anderer Vorschriften vorzulegen sind. [3]Wird in einer Rechtsverordnung nach § 7 ein Emissionsgrenzwert nach § 7 Absatz 1a, in einer Verwaltungsvorschrift nach § 48 ein Emissionswert nach § 48 Absatz 1a oder in einer Genehmigung nach § 12 Absatz 1 oder einer nachträglichen Anordnung nach § 17 Absatz 2a eine Emissionsbegrenzung nach § 12 Absatz 1a oder § 17 Absatz 2a oberhalb der in den BVT-Schlussfolgerungen genannten Emissionsbandbreiten bestimmt, so hat die Zusammenfassung nach Satz 1 Nummer 1 einen Vergleich mit den in den BVT-Schlussfolgerungen genannten Emissionsbandbreiten zu ermöglichen.

(2) [1]Der Betreiber einer Anlage nach der Industrieemissions-Richtlinie kann von der zuständigen Behörde verpflichtet werden, diejenigen Daten zu übermit-

[1)] § 31 Abs. 2 Satz 1 geänd., Abs. 2a eingef. mWv 7.12.2016 durch G v. 30.11.2016 (BGBl. I S. 2749); Abs. 2 Satz 2 neu gef. mWv 15.12.2020 durch G v. 9.12.2020 (BGBl. I S. 2873).

teln, deren Übermittlung nach einem Durchführungsrechtsakt nach Artikel 72 Absatz 2 der Richtlinie 2010/75/EU vorgeschrieben ist und die zur Erfüllung der Berichtspflicht nach § 61 Absatz 1 erforderlich sind, soweit solche Daten nicht bereits auf Grund anderer Vorschriften bei der zuständigen Behörde vorhanden sind. [2] § 3 Absatz 1 Satz 2 und § 5 Absatz 2 bis 6 des Gesetzes zur Ausführung des Protokolls über Schadstofffreisetzungs- und -verbringungsregister vom 21. Mai 2003 sowie zur Durchführung der Verordnung (EG) Nr. 166/2006 vom 6. Juni 2007 (BGBl. I S. 1002), das durch Artikel 1 des Gesetzes vom 9. Dezember 2020 (BGBl. I S. 2873) geändert worden ist, gelten entsprechend.

(2a) [1] Der Betreiber von Anlagen, die Betriebsbereich oder Bestandteil eines Betriebsbereichs sind, kann von der zuständigen Behörde verpflichtet werden, diejenigen Daten zu übermitteln, deren Übermittlung nach einem Durchführungsrechtsakt nach Artikel 21 Absatz 5 der Richtlinie 2012/18/EU vorgeschrieben ist und die zur Erfüllung der Berichtspflicht nach § 61 Absatz 2 erforderlich sind, soweit solche Daten nicht bereits auf Grund anderer Vorschriften bei der zuständigen Behörde vorhanden sind. [2] Absatz 2 Satz 2 gilt entsprechend.

(3) Wird bei einer Anlage nach der Industrieemissions-Richtlinie festgestellt, dass Anforderungen gemäß § 6 Absatz 1 Nummer 1 nicht eingehalten werden, hat der Betreiber dies der zuständigen Behörde unverzüglich mitzuteilen.

(4) Der Betreiber einer Anlage nach der Industrieemissions-Richtlinie hat bei allen Ereignissen mit schädlichen Umwelteinwirkungen die zuständige Behörde unverzüglich zu unterrichten, soweit er hierzu nicht bereits nach § 4 des Umweltschadensgesetzes[1)] oder nach § 19 der Störfall-Verordnung[2)] verpflichtet ist.

(5) [1] Der Betreiber der Anlage hat das Ergebnis der auf Grund einer Anordnung nach § 26, § 28 oder § 29 getroffenen Ermittlungen der zuständigen Behörde auf Verlangen mitzuteilen und die Aufzeichnungen der Messgeräte nach § 29 fünf Jahre lang aufzubewahren. [2] Die zuständige Behörde kann die Art der Übermittlung der Messergebnisse vorschreiben. [3] Die Ergebnisse der Überwachung der Emissionen, die bei der Behörde vorliegen, sind für die Öffentlichkeit nach den Bestimmungen des Umweltinformationsgesetzes mit Ausnahme des § 12 zugänglich; für Landesbehörden gelten die landesrechtlichen Vorschriften.

Vierter Abschnitt.[3)] Sonderregelungen zur Bewältigung einer Gasmangellage

§ 31a[4)] Abweichungen nach Artikel 30 Absatz 5 der Richtlinie 2010/75/EU. (1) Die zuständige Behörde kann eine Abweichung von der Verpflichtung zur Einhaltung der in der Verordnung über Großfeuerungs-, Gasturbinen- und Verbrennungsmotoranlagen[5)] vom 6. Juli 2021 (BGBl. I S. 2514), in der jeweils geltenden Fassung, vorgesehenen Emissionsgrenzwerte für Schwefeldioxid für eine Dauer von bis zu sechs Monaten bei Feuerungsanlagen zulassen, in denen zu diesem Zweck normalerweise ein schwefelarmer Brennstoff verfeuert wird, wenn der Betreiber aufgrund einer sich aus einer ernsten Mangellage ergebenden Unterbrechung der Versorgung mit schwefelarmem Brennstoff nicht in der Lage ist, diese Grenzwerte einzuhalten.

[1)] **Sartorius III Nr. 310.**

[2)] **Sartorius ErgBd. Nr. 296/12.**

[3)] Vierter Abschnitt (§§ 31a-31d) eingef. mWv 12.7.2022 durch G v. 8.7.2022 (BGBl. I S. 1054); Überschrift neu gef. mWv 26.10.2022 durch G v. 19.10.2022 (BGBl. I S. 1792).

[4)] Vierter Abschnitt (§§ 31a-31d) eingef. mWv 12.7.2022 durch G v. 8.7.2022 (BGBl. I S. 1054).

[5)] **Sartorius ErgBd. Nr. 296/13.**

(2) [1] Die zuständige Behörde hat unverzüglich eine Ausfertigung der Zulassung der Abweichung nach Absatz 1 dem Bundesministerium für Umwelt, Naturschutz, nukleare Sicherheit und Verbraucherschutz zur Weiterleitung an die Europäische Kommission zuzuleiten. [2] Das Bundesministerium für Umwelt, Naturschutz, nukleare Sicherheit und Verbraucherschutz unterrichtet die Europäische Kommission unverzüglich über jede nach Absatz 1 gewährte Abweichung.

§ 31b[1] Abweichungen nach Artikel 30 Absatz 6 der Richtlinie 2010/75/EU. (1) [1] Die zuständige Behörde kann eine Abweichung von der Verpflichtung zur Einhaltung der in der Verordnung über Großfeuerungs-, Gasturbinen- und Verbrennungsmotoranlagen[2] vom 6. Juli 2021 (BGBl. I S. 2514), in der jeweils geltenden Fassung, vorgesehenen Emissionsgrenzwerte in den Fällen zulassen, in denen eine Feuerungsanlage, in der nur gasförmiger Brennstoff verfeuert wird, wegen einer plötzlichen Unterbrechung der Gasversorgung ausnahmsweise auf andere Brennstoffe ausweichen muss und aus diesem Grund mit einer Abgasreinigungsanlage ausgestattet werden müsste. [2] Eine solche Abweichung darf nur für einen Zeitraum von nicht mehr als zehn Tagen zugelassen werden, es sei denn, es ist ein vorrangiges Bedürfnis für einen längeren Zeitraum im Hinblick auf die Aufrechterhaltung der Energieversorgung gegeben.

(2) Der Betreiber unterrichtet die zuständige Behörde umgehend über jeden einzelnen Fall im Sinne des Absatzes 1.

(3) § 31a Absatz 2 ist entsprechend anzuwenden.

§ 31c[1] Abweichungen nach Artikel 6 Absatz 11 der Richtlinie (EU) 2015/2193. (1) Die zuständige Behörde kann für eine Dauer von bis zu sechs Monaten eine Abweichung von der Verpflichtung zur Einhaltung der in den §§ 10 bis 16 und 18 der Verordnung über mittelgroße Feuerungs-, Gasturbinen- und Verbrennungsmotoranlagen vom 13. Juni 2019 (BGBl. I S. 804), die durch Artikel 3 Absatz 1 der Verordnung vom 6. Juli 2021 (BGBl. I S. 2514), geändert worden ist, in der jeweils geltenden Fassung, vorgesehenen Emissionsgrenzwerte für Schwefeldioxid bei mittelgroßen Feuerungsanlagen zulassen, in denen normalerweise ein schwefelarmer Brennstoff verfeuert wird, wenn der Betreiber aufgrund einer sich aus einer erheblichen Mangellage ergebenden Unterbrechung der Versorgung mit schwefelarmem Brennstoff nicht in der Lage ist, diese Emissionsgrenzwerte einzuhalten.

(2) [1] Die zuständige Behörde hat unverzüglich eine Ausfertigung der Zulassung der Abweichung nach Absatz 1 dem Bundesministerium für Umwelt, Naturschutz, nukleare Sicherheit und Verbraucherschutz zur Weiterleitung an die Europäische Kommission zuzuleiten. [2] Das Bundesministerium für Umwelt, Naturschutz, nukleare Sicherheit und Verbraucherschutz unterrichtet die Europäische Kommission innerhalb eines Monats über jede nach Absatz 1 gewährte Abweichung.

§ 31d[1] Abweichungen nach Artikel 6 Absatz 12 der Richtlinie (EU) 2015/2193. (1) [1] Die zuständige Behörde kann eine Abweichung von der Verpflichtung zur Einhaltung der in den §§ 10 bis 16 und 18 der Verordnung über mittelgroße Feuerungs-, Gasturbinen- und Verbrennungsmotoranlagen vom 13. Juni 2019 (BGBl. I S. 804), die durch Artikel 3 Absatz 1 der Verordnung vom 6. Juli 2021 (BGBl. I S. 2514) geändert worden ist, in der jeweils geltenden

[1] Vierter Abschnitt (§§ 31a-31d) eingef. mWv 12.7.2022 durch G v. 8.7.2022 (BGBl. I S. 1054).
[2] **Sartorius ErgBd. Nr. 296/13.**

Fassung, vorgesehenen Emissionsgrenzwerte in den Fällen zulassen, in denen eine mittelgroße Feuerungsanlage, in der nur gasförmiger Brennstoff verfeuert wird, wegen einer plötzlichen Unterbrechung der Gasversorgung ausnahmsweise auf andere Brennstoffe ausweichen muss und aus diesem Grund mit einer sekundären Emissionsminderungsvorrichtung ausgestattet werden müsste. [2]Eine solche Abweichung darf nur für einen Zeitraum von nicht mehr als zehn Tagen zugelassen werden, es sei denn, der Betreiber weist der zuständigen Behörde nach, dass ein längerer Zeitraum gerechtfertigt ist.

(2) § 31c Absatz 2 ist entsprechend anzuwenden.

§§ 31e–31k[1)] *(außer Kraft)*

§ 31l[2) 3)] **Übergangsregelungen zu den §§ 31e bis 31k.** (1) [1]Die Regelungen der §§ 31e bis 31k sind auf bereits vor ihrem Inkrafttreten begonnene, aber noch nicht abgeschlossene Verfahren anzuwenden. [2]Ein Verfahrensschritt, der bereits begonnen, aber noch nicht abgeschlossen wurde, ist neu zu beginnen, wenn er nach den §§ 31e bis 31k durchgeführt wird. [3]Ein Verfahrensschritt nach Satz 2 muss nicht beendet werden, wenn er nach den §§ 31e bis 31k entfallen kann.

(2) Abweichend von Absatz 1 soll ein Verfahrensschritt, der bereits begonnen, aber noch nicht abgeschlossen wurde, nach den Vorschriften, die zum Zeitpunkt des Beginns des Verfahrens galten, beendet werden, wenn der Verfahrensschritt hiernach schneller abgeschlossen werden kann.

(3) Für Verfahrensschritte, bei denen von einer Regelung nach den §§ 31e bis 31k Gebrauch gemacht worden ist und die bei Außerkrafttreten der §§ 31e bis 31k noch nicht abgeschlossen sind, gelten die Bestimmungen der §§ 31e bis 31k bis zum Abschluss des jeweiligen Verfahrensschrittes weiter.

Dritter Teil.[4)] Beschaffenheit von Anlagen, Stoffen, Erzeugnissen, Brennstoffen, Treibstoffen und Schmierstoffen; Treibhausgasminderung bei Kraftstoffen

Erster Abschnitt. Beschaffenheit von Anlagen, Stoffen, Erzeugnissen, Brennstoffen, Treibstoffen und Schmierstoffen

§ 32 Beschaffenheit von Anlagen. (1) [1]Die Bundesregierung wird ermächtigt, nach Anhörung der beteiligten Kreise (§ 51) durch Rechtsverordnung[5)] mit Zustimmung des Bundesrates vorzuschreiben, dass serienmäßig

(Fortsetzung nächstes Blatt)

[1)] Die §§ 31e–31j sind mit Ablauf des 26.10.2024 außer Kraft getreten, vgl. Art. 2 Abs. 2 G v. 19.10.2022 (BGBl. I S. 1792); § 31k ist mit Ablauf des 15.4.2024 außer Kraft getreten, vgl. Art. 11 Abs. 3 G v. 26.7.2023 (BGBl. 2023 I Nr. 202).

[2)] § 31k eingef. mWv 26.10.2022–26.10.2026 durch G v. 19.10.2022 (BGBl. I S. 1792); bish. § 31k wird § 31l und neu gef. *mWv 13.10.2022* durch G v. 8.10.2022 (BGBl. I S. 1726).

[3)] Die erkennbar auf dem erst später verkündeten G v. 19.10.2022 (BGBl. I S. 1792) aufbauenden Änderungsbefehle in Art. 2 Nr. 1 Buchst. b und c, Nr. 4 und 5 des G v. 8.10.2022 (BGBl. I S. 1726) wurden so eingearbeitet, als wären sie ***nach*** diesem Gesetz verkündet worden.

[4)] Dritter Teil Überschrift neu gef. mWv 1.1.2015 durch G v. 20.11.2014 (BGBl. I S. 1740).

[5)] Siehe u.a. die Geräte- und MaschinenlärmschutzVO – 32. BImSchV **(Sartorius ErgBd. Nr. 296/32)**.

hergestellte Teile von Betriebsstätten und sonstigen ortsfesten Einrichtungen sowie die in § 3 Absatz 5 Nummer 2 bezeichneten Anlagen und hierfür serienmäßig hergestellte Teile gewerbsmäßig oder im Rahmen wirtschaftlicher Unternehmungen nur in den Verkehr gebracht oder eingeführt werden dürfen, wenn sie bestimmten Anforderungen zum Schutz vor schädlichen Umwelteinwirkungen durch Luftverunreinigungen, Geräusche, Erschütterungen oder nichtionisierende Strahlen genügen. [2] In den Rechtsverordnungen nach Satz 1 kann insbesondere vorgeschrieben werden, dass

1. die Emissionen der Anlagen oder der serienmäßig hergestellten Teile bestimmte Werte nicht überschreiten dürfen,
2. die Anlagen oder die serienmäßig hergestellten Teile bestimmten technischen Anforderungen zur Begrenzung der Emissionen entsprechen müssen.

[3] Emissionswerte nach Satz 2 Nr. 1 können unter Berücksichtigung der technischen Entwicklung auch für einen Zeitpunkt nach Inkrafttreten der Rechtsverordnung festgesetzt werden. [4] Wegen der Anforderungen nach den Sätzen 1 bis 3 gilt § 7 Absatz 5 entsprechend.

(2) In einer Rechtsverordnung kann ferner vorgeschrieben werden, dass die Anlagen oder die serienmäßig hergestellten Teile gewerbsmäßig oder im Rahmen wirtschaftlicher Unternehmungen nur in den Verkehr gebracht oder eingeführt werden dürfen, wenn sie mit Angaben über die Höhe ihrer Emissionen gekennzeichnet sind.

§ 33 Bauartzulassung. (1) Die Bundesregierung wird ermächtigt, zum Schutz vor schädlichen Umwelteinwirkungen sowie zur Vorsorge gegen schädliche Umwelteinwirkungen nach Anhörung der beteiligten Kreise (§ 51) durch Rechtsverordnung[1)] mit Zustimmung des Bundesrates

1. zu bestimmen, dass in § 3 Absatz 5 Nummer 1 oder 2 bezeichnete Anlagen oder bestimmte Teile von solchen Anlagen nach einer Bauartprüfung allgemein zugelassen und dass mit der Bauartzulassung Auflagen zur Errichtung und zum Betrieb verbunden werden können;
2. vorzuschreiben, dass bestimmte serienmäßig hergestellte Anlagen oder bestimmte hierfür serienmäßig hergestellte Teile gewerbsmäßig oder im Rahmen wirtschaftlicher Unternehmungen nur in Verkehr gebracht werden dürfen, wenn die Bauart der Anlage oder des Teils allgemein zugelassen ist und die Anlage oder der Teil dem zugelassenen Muster entspricht;
3. das Verfahren der Bauartzulassung zu regeln;
4. zu bestimmen, welche Gebühren und Auslagen für die Bauartzulassung zu entrichten sind; die Gebühren werden nur zur Deckung des mit den Prüfungen verbundenen Personal- und Sachaufwandes erhoben, zu dem insbesondere der Aufwand für die Sachverständigen, die Prüfeinrichtungen und -stoffe sowie für die Entwicklung geeigneter Prüfverfahren und für den Erfahrungsaustausch gehört; es kann bestimmt werden, dass eine Gebühr auch für eine Prüfung erhoben werden kann, die nicht begonnen oder nicht zu Ende geführt worden ist, wenn die Gründe hierfür von demjenigen zu

---

[1)] Siehe die VO über Emissionsgrenzwerte für Verbrennungsmotoren – 28. BImSchV (**Sartorius ErgBd. Nr. 296/28**), und die GebührenO für Maßnahmen bei Typprüfungen von Verbrennungsmotoren – 29. BImSchV (**Gewerberecht Nr. 929**).

vertreten sind, der die Prüfung veranlasst hat; die Höhe der Gebührensätze richtet sich nach der Zahl der Stunden, die ein Sachverständiger durchschnittlich für die verschiedenen Prüfungen der bestimmten Anlagenart benötigt; in der Rechtsverordnung können die Kostenbefreiung, die Kostengläubigerschaft, die Kostenschuldnerschaft, der Umfang der zu erstattenden Auslagen und die Kostenerhebung abweichend von den Vorschriften des Verwaltungskostengesetzes[1)] vom 23. Juni 1970 (BGBl. I S. 821) geregelt werden.

(2) Die Zulassung der Bauart darf nur von der Erfüllung der in § 32 Absatz 1 und 2 genannten oder in anderen Rechtsvorschriften festgelegten Anforderungen sowie von einem Nachweis der Höhe der Emissionen der Anlage oder des Teils abhängig gemacht werden.

§ 34 Beschaffenheit von Brennstoffen, Treibstoffen und Schmierstoffen. (1) [1] Die Bundesregierung wird ermächtigt, nach Anhörung der beteiligten Kreise (§ 51) durch Rechtsverordnung[2)] mit Zustimmung des Bundesrates vorzuschreiben, dass Brennstoffe, Treibstoffe, Schmierstoffe oder Zusätze zu diesen Stoffen gewerbsmäßig oder im Rahmen wirtschaftlicher Unternehmungen nur hergestellt, in den Verkehr gebracht oder eingeführt werden dürfen, wenn sie bestimmten Anforderungen zum Schutz vor schädlichen Umwelteinwirkungen durch Luftverunreinigungen genügen. [2] In den Rechtsverordnungen nach Satz 1 kann insbesondere bestimmt werden, dass

1. natürliche Bestandteile oder Zusätze von Brennstoffen, Treibstoffen oder Schmierstoffen nach Satz 1, die bei bestimmungsgemäßer Verwendung der Brennstoffe, Treibstoffe, Schmierstoffe oder Zusätze Luftverunreinigungen hervorrufen oder die Bekämpfung von Luftverunreinigungen behindern, nicht zugesetzt werden oder einen bestimmten Höchstgehalt nicht überschreiten dürfen,

1 a. Zusätze zu Brennstoffen, Treibstoffen oder Schmierstoffen bestimmte Stoffe, die Luftverunreinigungen hervorrufen oder die Bekämpfung von Luftverunreinigungen behindern, nicht oder nur in besonderer Zusammensetzung enthalten dürfen,

2. Brennstoffe, Treibstoffe oder Schmierstoffe nach Satz 1 bestimmte Zusätze enthalten müssen, durch die das Entstehen von Luftverunreinigungen begrenzt wird,

3. Brennstoffe, Treibstoffe, Schmierstoffe oder Zusätze nach Satz 1 einer bestimmten Behandlung, durch die das Entstehen von Luftverunreinigungen begrenzt wird, unterworfen werden müssen,

4. derjenige, der gewerbsmäßig oder im Rahmen wirtschaftlicher Unternehmungen flüssige Brennstoffe, Treibstoffe, Schmierstoffe oder Zusätze zu diesen Stoffen herstellt, einführt oder sonst in den Geltungsbereich dieses Gesetzes verbringt, der zuständigen Bundesoberbehörde

---

1) Nr. **120**.

2) *Siehe die VO über die Beschaffenheit* und die Auszeichnung der Qualitäten von Kraft- und Brennstoffen – 10. BImSchV **(Sartorius ErgBd. Nr. 296/10)** und die AltölVO **(Gewerberecht Nr. 877)**.

a) Zusätze zu flüssigen Brennstoffen, Treibstoffen oder Schmierstoffen, die in ihrer chemischen Zusammensetzung andere Elemente als Kohlenstoff, Wasserstoff und Sauerstoff enthalten, anzuzeigen hat und

b) näher zu bestimmende Angaben über die Art und die eingesetzte Menge sowie die möglichen schädlichen Umwelteinwirkungen der Zusätze und deren Verbrennungsprodukte zu machen hat.

[3] Anforderungen nach Satz 2 können unter Berücksichtigung der technischen Entwicklung auch für einen Zeitpunkt nach Inkrafttreten der Rechtsverordnungen festgesetzt werden. [4] Wegen der Anforderungen nach den Sätzen 1 bis 3 gilt § 7 Absatz 5 entsprechend.

(2) Die Bundesregierung wird ermächtigt, durch Rechtsverordnung[1)] mit Zustimmung des Bundesrates vorzuschreiben,

1. dass bei der Einfuhr von Brennstoffen, Treibstoffen, Schmierstoffen oder Zusätzen, für die Anforderungen nach Absatz 1 Satz 1 festgesetzt worden sind, eine schriftliche Erklärung des Herstellers über die Beschaffenheit der Brennstoffe, Treibstoffe, Schmierstoffe oder Zusätze den Zolldienststellen vorzulegen, bis zum ersten Bestimmungsort der Sendung mitzuführen und bis zum Abgang der Sendung vom ersten Bestimmungsort dort verfügbar zu halten ist,
2. dass der Einführer diese Erklärung zu seinen Geschäftspapieren zu nehmen hat,
3. welche Angaben über die Beschaffenheit der Brennstoffe, Treibstoffe, Schmierstoffe oder Zusätze die schriftliche Erklärung enthalten muss,
4. dass Brennstoffe, Treibstoffe, Schmierstoffe oder Zusätze nach Absatz 1 Satz 1, die in den Geltungsbereich dieses Gesetzes, ausgenommen in Zollausschlüsse, verbracht werden, bei der Verbringung von dem Einführer den zuständigen Behörden des Bestimmungsortes zu melden sind,
5. dass bei der Lagerung von Brennstoffen, Treibstoffen, Schmierstoffen oder Zusätzen nach Absatz 1 Satz 1 Tankbelegbücher zu führen sind, aus denen sich die Lieferer der Brennstoffe, Treibstoffe, Schmierstoffe oder Zusätze nach Absatz 1 Satz 1 ergeben,
6. dass derjenige, der gewerbsmäßig oder im Rahmen wirtschaftlicher Unternehmungen an den Verbraucher Stoffe oder Zusätze nach Absatz 1 Satz 1 veräußert, diese deutlich sichtbar und leicht lesbar mit Angaben über bestimmte Eigenschaften kenntlich zu machen hat und
7. dass derjenige, der Stoffe oder Zusätze nach Absatz 1 Satz 1 gewerbsmäßig oder im Rahmen wirtschaftlicher Unternehmungen in den Verkehr bringt, den nach Nummer 6 Auszeichnungspflichtigen über bestimmte Eigenschaften zu unterrichten hat.

(3) [1] Die Bundesregierung wird ermächtigt, nach Anhörung der beteiligten Kreise (§ 51) durch Rechtsverordnung[1)] mit Zustimmung des Bundesrates vorzuschreiben, dass, wer gewerbsmäßig oder im Rahmen wirtschaftlicher Unternehmungen Treibstoffe in den Verkehr bringt, zur Vermeidung von Schäden an Fahrzeugen verpflichtet werden kann, auch Treibstoffe mit bestimmten Eigenschaften, insbesondere mit nicht zu überschreitenden Höchst-

---

[1)] Siehe die VO über die Beschaffenheit und die Auszeichnung der Qualitäten von Kraft- und Brennstoffen – 10. BImSchV **(Sartorius ErgBd. Nr. 296/10)**.

gehalten an Sauerstoff und Biokraftstoff, in den Verkehr zu bringen. [2] In der Rechtsverordnung nach Satz 1 kann darüber hinaus die Unterrichtung der Verbraucher über biogene Anteile der Treibstoffe und den geeigneten Einsatz der verschiedenen Treibstoffmischungen geregelt werden; für die Regelung der Pflicht zur Unterrichtung gilt Absatz 2 Nummer 6 und 7 entsprechend.

(4) Die Bundesregierung wird ermächtigt, nach Anhörung der beteiligten Kreise (§ 51) durch Rechtsverordnung ohne Zustimmung des Bundesrates zu regeln, dass Unternehmen, die Treibstoffe in Verkehr bringen, jährlich folgende Daten der in der Rechtsverordnung zu bestimmenden Bundesbehörde vorzulegen haben:

a) die Gesamtmenge der jeweiligen Art von geliefertem Treibstoff unter Angabe des Erwerbsortes und des Ursprungs des Treibstoffs und

b) die Lebenszyklustreibhausgasemissionen pro Energieeinheit.

§ 35 Beschaffenheit von Stoffen und Erzeugnissen. (1) [1] Die Bundesregierung wird ermächtigt, nach Anhörung der beteiligten Kreise (§ 51) durch Rechtsverordnung[1)] mit Zustimmung des Bundesrates vorzuschreiben, dass bestimmte Stoffe oder Erzeugnisse aus Stoffen, die geeignet sind, bei ihrer bestimmungsgemäßen Verwendung oder bei der Verbrennung zum Zwecke der Beseitigung oder der Rückgewinnung einzelner Bestandteile schädliche Umwelteinwirkungen durch Luftverunreinigungen hervorzurufen, gewerbsmäßig oder im Rahmen wirtschaftlicher Unternehmungen nur hergestellt, eingeführt oder sonst in den Verkehr gebracht werden dürfen, wenn sie zum Schutz vor schädlichen Umwelteinwirkungen durch Luftverunreinigungen bestimmten Anforderungen an ihre Zusammensetzung und das Verfahren zu ihrer Herstellung genügen. [2] Die Ermächtigung des Satzes 1 erstreckt sich nicht auf Anlagen, Brennstoffe, Treibstoffe und Fahrzeuge.

(2) [1] Anforderungen nach Absatz 1 Satz 1 können unter Berücksichtigung der technischen Entwicklung auch für einen Zeitpunkt nach Inkrafttreten der Rechtsverordnung festgesetzt werden. [2] Wegen der Anforderungen nach Absatz 1 und Absatz 2 Satz 1 gilt § 7 Absatz 5 entsprechend.

(3) Soweit dies mit dem Schutz der Allgemeinheit vor schädlichen Umwelteinwirkungen durch Luftverunreinigungen vereinbar ist, kann in der Rechtsverordnung nach Absatz 1 an Stelle der Anforderungen über die Zusammensetzung und das Herstellungsverfahren vorgeschrieben werden, dass die Stoffe und Erzeugnisse deutlich sichtbar und leicht lesbar mit dem Hinweis zu kennzeichnen sind, dass bei ihrer bestimmungsgemäßen Verwendung oder bei ihrer Verbrennung schädliche Umwelteinwirkungen entstehen können oder dass bei einer bestimmten Verwendungsart schädliche Umwelteinwirkungen vermieden werden können.

§ 36 Ausfuhr. In den Rechtsverordnungen nach den §§ 32 bis 35 kann vorgeschrieben werden, dass die Vorschriften über das Herstellen, Einführen und das Inverkehrbringen nicht gelten für Anlagen, Stoffe, Erzeugnisse, Brennstoffe und Treibstoffe, die zur Lieferung in Gebiete außerhalb des Geltungsbereichs dieses Gesetzes bestimmt sind.

[1)] Siehe die AltölVO **(Gewerberecht Nr. 877)**.

§ 37[1)] Erfüllung von zwischenstaatlichen Vereinbarungen und Rechtsakten der Europäischen Gemeinschaften oder der Europäischen Union.

[1] Zur Erfüllung von Verpflichtungen aus zwischenstaatlichen Vereinbarungen oder von bindenden Rechtsakten der Europäischen Gemeinschaften oder der Europäischen Union kann die Bundesregierung zu dem in § 1 genannten Zweck durch Rechtsverordnung[2)] mit Zustimmung des Bundesrates bestimmen, dass Anlagen, Stoffe, Erzeugnisse, Brennstoffe oder Treibstoffe gewerbsmäßig oder im Rahmen wirtschaftlicher Unternehmungen nur in den Verkehr gebracht werden dürfen, wenn sie nach Maßgabe der §§ 32 bis 35 bestimmte Anforderungen erfüllen. [2] In einer Rechtsverordnung nach Satz 1, die der Erfüllung bindender Rechtsakte der Europäischen Gemeinschaften oder der Europäischen Union über Maßnahmen zur Bekämpfung der Emission von gasförmigen Schadstoffen und luftverunreinigenden Partikeln aus Verbrennungsmotoren für mobile Maschinen und Geräte dient, kann das Kraftfahrt-Bundesamt als Genehmigungsbehörde bestimmt und insoweit der Fachaufsicht des Bundesministeriums für Umwelt, Naturschutz und nukleare Sicherheit unterstellt werden.

Zweiter Abschnitt.[3)] Treibhausgasminderung bei Kraftstoffen

§ 37a[4)] Pflichten für Inverkehrbringer von Kraftstoffen. (1) [1] Wer gewerbsmäßig oder im Rahmen wirtschaftlicher Unternehmungen nach § 2 Absatz 1 Nummer 1 und 4 des Energiesteuergesetzes zu versteuernde Otto- oder Dieselkraftstoffe in Verkehr bringt, hat sicherzustellen, dass für die gesamte im Lauf eines Kalenderjahres (Verpflichtungsjahr) von ihm in Verkehr gebrachte Menge Kraftstoffs die Vorgaben des Absatzes 4 eingehalten werden. [2] Kraftstoff gilt mit dem Entstehen der Energiesteuer nach § 8 Absatz 1, § 9 Absatz 1, § 9a Absatz 4, § 15 Absatz 1 oder Absatz 2, auch jeweils in Verbindung mit § 15 Absatz 4, § 19b Absatz 1, § 22 Absatz 1 oder § 23 Absatz 1 oder Absatz 2, § 38 Absatz 1, § 42 Absatz 1 oder § 43 Absatz 1 des Energiesteuergesetzes als in Verkehr gebracht. [3] Die Abgabe von fossilem Otto- und fossilem Dieselkraftstoff an die Bundeswehr zu Zwecken der Verteidigung oder der Erfüllung zwischenstaatlicher Verpflichtungen gilt nicht als Inverkehrbringen im Sinne der Sätze 1 und 2. [4] Dies gilt auch für den Erwerb von fossilem Otto- und fossilem Dieselkraftstoff durch die Bundeswehr zu einem in Satz 3 genannten Zweck. [5] Der Bundeswehr gleichgestellt sind auf Grund völkerrechtlicher Verträge in der Bundesrepublik Deutschland befindliche Truppen sowie Einrichtungen, die die Bundeswehr oder diese Truppen zur Erfüllung ihrer jeweiligen Aufgaben einsetzt oder einsetzen. [6] Die Abgabe von Kraftstoff im Eigentum des Erdölbevorratungsverbandes auf Grund einer Freigabe

---

[1)] § 37 Satz 2 geänd. mWv 8.9.2015 durch VO v. 31.8.2015 (BGBl. I S. 1474); Satz 2 geänd. mWv 27.6.2020 durch VO v. 19.6.2020 (BGBl. I S. 1328).

[2)] Siehe die Anmerkung am Titel.

[3)] Dritter Teil Zweiter Abschnitt Überschrift neu gef. mWv 1.1.2015 durch G v. 20.11.2014 (BGBl. I S. 1740).

[4)] § 37a Abs. 1 Sätze 2 und 3 ber. BGBl. 2021 I S. 123; Abs. 1 Satz 1 neu gef., Sätze 2–4 und 8 geänd., Abs. 3 Sätze 5 und 6 neu gef., bish. Abs. 3a wird Abs. 4 und neu gef., bish. Abs. 4 wird Abs. 5 und neu gef., Abs. 6–8 angef. mWv 1.1.2015 durch G v. 20.11.2014 (BGBl. I S. 1740); Abs. 5 Satz 3 angef. mWv 30.7.2016 durch G v. 26.7.2016 (BGBl. I S. 1839); Überschrift neu gef., Abs. 1 Satz 1 geänd., Abs. 2 eingef., bish. Abs. 2 wird Abs. 3 und Sätze 4 und 5 angef., bish. Abs. 3 aufgeh., Abs. 4 Satz 1 geänd., Sätze 2–5, 7 Nr. 5 und Satz 9 neu gef., Abs. 4a eingef., Abs. 5–8 neu gef. mWv 1.10.2021 durch G v. 24.9.2021 (BGBl. I S. 4458); Abs. 4 Sätze 6 und 7 Nr. 1–3 geänd. mWv 9.7.2024 durch G v. 3.7.2024 (BGBl. 2024 I Nr. 225); Abs. 2, 3 Sätze 4 und 5, Abs. 4a und 5 Satz 3 aufgeh., Abs. 6 Sätze 1 und 6, Abs. 7 Satz 1 neu gef., Satz 4 aufgeh., bish. Sätze 5–9 werden Sätze 4–8, neue Sätze 5 und 6, Abs. 8 neu gef. mWv 1.1.2026 durch G v. 22.12.2025 (BGBl. 2025 I Nr. 348).

nach § 12 Absatz 1 des Erdölbevorratungsgesetzes durch den Erdölbevorratungsverband, Mitglieder des Erdölbevorratungsverbandes oder Dritte sowie nachfolgende Abgaben gelten nicht als Inverkehrbringen im Sinne der Sätze 1 und 2. [7]Dies gilt auch für die Abgabe von Kraftstoff in den in Satz 6 genannten Fällen im Rahmen von Delegationen nach § 7 Absatz 1 des Erdölbevorratungsgesetzes durch Mitglieder des Erdölbevorratungsverbandes oder Dritte sowie für nachfolgende Abgaben. [8]Die Abgabe von Ausgleichsmengen an unterversorgte Unternehmen zum Versorgungsausgleich im Sinne von § 1 Absatz 1 der Mineralölausgleichs-Verordnung vom 13. Dezember 1985 (BGBl. I S. 2267), die zuletzt durch Artikel 5 Absatz 3 des Gesetzes vom 26. Juni 2013 (BGBl. I S. 1738) geändert worden ist, in der jeweils geltenden Fassung gilt nicht als Inverkehrbringen im Sinne der Sätze 1 und 2. [9]Ein Inverkehrbringen im Sinne der Sätze 1 und 2 liegt ebenfalls nicht vor, wenn der Erdölbevorratungsverband Kraftstoff aus seinem Eigentum abgibt und dieser Abgabe keine Rücklieferung am Abgabeort gegenüber steht oder er dafür Mineralölprodukte erwirbt, die nicht unter die Vorschrift des Satzes 1 fallen. [10]Satz 9 gilt auch für die nachfolgenden Abgaben des Kraftstoffs.

(2) *(aufgehoben)*

(3) [1]Verpflichteter nach Absatz 1 Satz 1 und 2 ist der jeweilige Steuerschuldner im Sinne des Energiesteuergesetzes. [2]Abweichend von Satz 1 ist in den Fällen des § 7 Absatz 4 Satz 1 des Energiesteuergesetzes der Dritte (Einlagerer) Verpflichteter. [3]In den Fällen des § 22 Absatz 1 des Energiesteuergesetzes gilt allein derjenige als Verpflichteter im Sinne von Satz 1, der eine der dort jeweils genannten Handlungen zuerst vornimmt.

(4) [1]Verpflichtete nach Absatz 1 haben sicherzustellen, dass die Treibhausgasemissionen der von ihnen in Verkehr gebrachten fossilen Otto- und fossilen Dieselkraftstoffe zuzüglich der Treibhausgasemissionen der von ihnen eingesetzten Erfüllungsoptionen um einen festgelegten Prozentsatz gegenüber dem Referenzwert nach Satz 3 gemindert werden. [2]Die Höhe des in Satz 1 genannten Prozentsatzes beträgt

1. ab dem Kalenderjahr 2020 6 Prozent,
2. ab dem Kalenderjahr 2022 7 Prozent,
3. ab dem Kalenderjahr 2023 8 Prozent,
4. ab dem Kalenderjahr 2024 9,25 Prozent,
5. ab dem Kalenderjahr 2025 10,5 Prozent,
6. ab dem Kalenderjahr 2026 12 Prozent,
7. ab dem Kalenderjahr 2027 14,5 Prozent,
8. ab dem Kalenderjahr 2028 17,5 Prozent,
9. ab dem Kalenderjahr 2029 21 Prozent,
10. ab dem Kalenderjahr 2030 25 Prozent.

[3]Der Referenzwert, gegenüber dem die Treibhausgasminderung zu erfolgen hat, berechnet sich durch Multiplikation des Basiswertes mit der vom Verpflichteten in Verkehr gebrachten energetischen Menge an fossilen Otto- und fossilen Dieselkraftstoffen zuzüglich der energetischen Menge an eingesetzten Erfüllungsoptionen. [4]Der Basiswert wird festgelegt durch eine Verordnung nach § 37d Absatz 2 Satz 1 Nummer 6. [5]Die Treibhausgasemissionen von fossilen Otto- und fossilen *Dieselkraftstoffen berechnen sich* durch Multiplikation der Werte, die durch eine Verordnung nach § 37d Absatz 2 Satz 1 Nummer 9 festgelegt werden, mit der vom Verpflichteten in Verkehr gebrachten energetischen Menge fossilen Otto- und fossilen Dieselkraftstoffs. [6]Die Treibhausgasemissionen von Biokraftstoffen

berechnen sich durch Multiplikation der in den anerkannten Nachweisen nach § 8 der Biokraftstoff-Nachhaltigkeitsverordnung vom 2. Dezember 2021 (BGBl. I S. 5126, 5143), in der jeweils geltenden Fassung ausgewiesenen Treibhausgasemissionen in Kilogramm Kohlenstoffdioxid-Äquivalent pro Gigajoule mit der vom Verpflichteten in Verkehr gebrachten energetischen Menge Biokraftstoffs. [7] Biokraftstoffe werden wie fossile Otto- oder fossile Dieselkraftstoffe behandelt, sofern

1. für die Biokraftstoffe anerkannte Nachweise nach § 8 der Biokraftstoff-Nachhaltigkeitsverordnung nicht vorgelegt werden,
2. für die Biokraftstoffe anerkannte Nachweise nach § 8 der Biokraftstoff-Nachhaltigkeitsverordnung vorgelegt werden, die keine Treibhausgasemissionen ausweisen,
3. für die Biokraftstoffe anerkannte Nachweise nach § 8 der Biokraftstoff-Nachhaltigkeitsverordnung vorgelegt werden, die unwirksam im Sinne der Biokraftstoff-Nachhaltigkeitsverordnung sind und nicht anerkannt werden dürfen,
4. die Biokraftstoffe nach § 37b Absatz 8 Satz 1 von der Anrechenbarkeit ausgeschlossen sind oder
5. die Europäische Kommission nach Artikel 30 Absatz 10 der Richtlinie (EU) 2018/2001 des Europäischen Parlaments und des Rates vom 11. Dezember 2018 zur Förderung der Nutzung von Energie aus erneuerbaren Quellen (ABl. L 328 vom 21.12.2018, S. 82; L 311 vom 25.9.2020, S. 11) in der jeweils geltenden Fassung oder nach Artikel 7c Absatz 8 der Richtlinie 98/70/EG des Europäischen Parlaments und des Rates vom 13. Oktober 1998 über die Qualität von Otto- und Dieselkraftstoffen und zur Änderung der Richtlinie 93/12/EWG des Rates (ABl. L 350 vom 28.12.1998, S. 58), die zuletzt durch die Verordnung (EU) 2018/1999 (ABl. L 328 vom 21.12.2018, S. 1) geändert worden ist, in der jeweils geltenden Fassung entschieden hat, dass die Bundesrepublik Deutschland den Biokraftstoff für die in Artikel 25 Absatz 1 Unterabsatz 1 und 4 der Richtlinie (EU) 2018/2001 oder für die in Artikel 7a der Richtlinie 98/70/EG genannten Zwecke nicht berücksichtigen darf.

[8] Satz 7 erster Halbsatz gilt entsprechend für die in § 37b Absatz 2 bis 6 genannten Energieerzeugnisse, wenn diese keine Biokraftstoffe im Sinne dieses Gesetzes sind. [9] Bei der Berechnung des Referenzwertes nach den Sätzen 3 und 4 sowie der Treibhausgasemissionen nach den Sätzen 5 und 6 sind Kraftstoffmengen, für die dem Verpflichteten eine Steuerentlastung nach § 8 Absatz 7, nach § 46 Absatz 1 Satz 1 Nummer 1 oder Nummer 3 oder nach § 47 Absatz 1 Nummer 1, 2 oder Nummer 6 des Energiesteuergesetzes gewährt wurde oder wird, nicht zu berücksichtigen. [10] In den Fällen des Absatzes 5 Satz 1 Nummer 2 und 3 gilt Satz 9 unabhängig von der Person des Entlastungsberechtigten.

(5) [1] Die Verpflichtungen nach Absatz 1 Satz 1 und 2 in Verbindung mit dem Absatz 4 können von Verpflichteten erfüllt werden durch folgende Optionen (Erfüllungsoptionen):

1. Inverkehrbringen von Biokraftstoff, der fossilem Otto- oder fossilem Dieselkraftstoff, welcher nach § 2 Absatz 1 Nummer 1 und 4 des Energiesteuergesetzes zu versteuern ist, beigemischt wurde,
2. Inverkehrbringen von reinem Biokraftstoff, der nach § 2 Absatz 1 Nummer 1 und 4 des Energiesteuergesetzes zu versteuern ist,
3. Inverkehrbringen von

a) Biokraftstoff nach § 37b Absatz 6, der fossilem Erdgaskraftstoff, welcher nach § 2 Absatz 1 Nummer 7 oder Absatz 2 Nummer 1 des Energiesteuergesetzes zu versteuern ist, zugemischt wurde, und

b) reinem Biokraftstoff nach § 37b Absatz 6, der nach § 2 Absatz 1 Nummer 7 oder Absatz 2 Nummer 1 des Energiesteuergesetzes zu versteuern ist,

4. elektrischen Strom zur Verwendung in Straßenfahrzeugen, soweit eine Rechtsverordnung der Bundesregierung nach § 37d Absatz 2 Satz 1 Nummer 11 dies zulässt und gegenüber der zuständigen Stelle nachgewiesen wird, dass der Strom ordnungsgemäß gemessen und überwacht wurde,
5. bis zum Verpflichtungsjahr 2026 Upstream-Emissionsminderungen, soweit eine Rechtsverordnung der Bundesregierung nach § 37d Absatz 2 Satz 1 Nummer 13 dies zulässt,
6. flüssige oder gasförmige erneuerbare Kraftstoffe nicht-biogenen Ursprungs, soweit eine Rechtsverordnung der Bundesregierung nach § 37d Absatz 2 Satz 1 Nummer 13 dies zulässt,
7. flüssige oder gasförmige erneuerbare Kraftstoffe nicht-biogenen Ursprungs, wenn sie als Zwischenprodukt zur Produktion konventioneller Kraftstoffe verwendet werden, soweit eine Rechtsverordnung der Bundesregierung nach § 37d Absatz 2 Satz 1 Nummer 13 dies zulässt,
8. flüssige oder gasförmige erneuerbare Kraftstoffe nicht-biogenen Ursprungs, die in einem raffinerietechnischen Verfahren gemeinsam mit mineralölstämmigen Ölen verarbeitet werden, wenn eine Rechtsverordnung der Bundesregierung nach § 37d Absatz 2 Satz 1 Nummer 13 dies zulässt,
9. andere Kraftstoffe, soweit eine Rechtsverordnung der Bundesregierung nach § 37d Absatz 2 Satz 1 Nummer 13 dies zulässt.

[2] Erfüllungsoptionen nach Satz 1 Nummer 6 bis 8 werden mindestens mit dem Doppelten ihres Energiegehaltes auf die Erfüllung der Verpflichtungen nach Absatz 1 Satz 1 und 2 in Verbindung mit dem Absatz 4 angerechnet.

(6) [1] Die Erfüllung von Verpflichtungen nach Absatz 1 Satz 1 und 2 in Verbindung mit Absatz 4 kann durch Vertrag, der der Schriftform bedarf, auf einen Dritten, der nicht selbst Verpflichteter ist, übertragen werden. [2] Der Vertrag muss mengenmäßige Angaben zum Umfang der vom Dritten gegenüber dem Verpflichteten eingegangenen Verpflichtung enthalten sowie Angaben, für welche Erfüllungsoptionen die Übertragung gilt. [3] Außerdem muss der Vertrag Angaben zu den Treibhausgasemissionen der Kraftstoffe in Kilogramm Kohlenstoffdioxid-Äquivalent enthalten. [4] Der Dritte kann den Vertrag ausschließlich durch Erfüllungsoptionen erfüllen, die er im Verpflichtungsjahr einsetzt oder eingesetzt hat. [5] Abweichend von Satz 4 kann der Dritte Verträge nach Satz 3 auch durch Erfüllungsoptionen erfüllen, die er bereits im Vorjahr des Verpflichtungsjahres in Verkehr gebracht hat, wenn die Erfüllungsoptionen nicht bereits Gegenstand eines Vertrages nach Satz 1 waren und der Dritte im Vorjahr des Verpflichtungsjahres nicht selbst Verpflichteter gewesen ist. [6] Absatz 1 Satz 2 und Absatz 5 Satz 1 und 2 gelten entsprechend. [7] Bei Vorliegen der Voraussetzungen nach den Sätzen 1 bis 6 ist der Verpflichtete so zu behandeln, als hätte er die vom Dritten eingesetzten Erfüllungsoptionen im Verpflichtungsjahr selbst in Verkehr gebracht. [8] Absatz 4 Satz 3 bis 10 gelten entsprechend. [9] Die vom Dritten zur Erfüllung einer nach Satz 1 übertragenen Verpflichtung eingesetzten Erfüllungsoptionen können nicht zur Erfüllung der Verpflichtung eines weiteren Verpflichteten eingesetzt werden.

(7) [1] Die Erfüllung von Verpflichtungen nach Absatz 1 Satz 1 und 2 in Verbindung mit Absatz 4 kann durch Vertrag, der der Schriftform bedarf, auf einen

Dritten, der selbst Verpflichteter ist, übertragen werden. [2]Absatz 6 Satz 2 gilt entsprechend. [3]Der Vertrag zur Erfüllung von Verpflichtungen nach Absatz 1 Satz 1 und 2 in Verbindung mit Absatz 4 muss Angaben zum Umfang der vom Dritten im Verpflichtungsjahr sicherzustellenden Treibhausgasminderungsmenge in Kilogramm Kohlenstoffdioxid-Äquivalent enthalten. [4]Der Dritte kann Verträge ausschließlich durch Erfüllungsoptionen erfüllen, die er im Verpflichtungsjahr einsetzt oder eingesetzt hat. [5]Absatz 1 Satz 2 und Absatz 5 Satz 1 und 2 gelten entsprechend. [6]Bei Vorliegen der Voraussetzungen nach den Sätzen 1 bis 4 wird zugunsten des Verpflichteten die vom Dritten erreichte Treibhausgasminderungsmenge ausschließlich bei der Berechnung der Treibhausgasemissionen nach Absatz 4 Satz 5 und 6 berücksichtigt. [7]Im Fall des Satzes 6 Nummer 1 berechnet sich die Treibhausgasminderungsmenge in entsprechender Anwendung des Absatzes 4 Satz 3 bis 10. [8]Die vom Dritten zur Erfüllung einer nach Satz 1 übertragenen Verpflichtung eingesetzten Treibhausgasminderungs- und Kraftstoffmengen können nicht zur Erfüllung der eigenen Verpflichtung des Dritten oder der Verpflichtung eines weiteren Verpflichteten eingesetzt werden.

(8) Treibhausgasminderungsmengen, die den nach Absatz 4 Satz 2 vorgeschriebenen Prozentsatz für ein bestimmtes Verpflichtungsjahr übersteigen, werden auf Antrag des Verpflichteten auf den Prozentsatz des folgenden Kalenderjahres angerechnet.

§ 37b[1)] Begriffsbestimmungen und Anrechenbarkeit von Biokraftstoffen. (1) [1]Biokraftstoffe sind unbeschadet der Absätze 2 bis 6 Energieerzeugnisse ausschließlich aus Biomasse im Sinne der Biomasseverordnung vom 21. Juni 2001 (BGBl. I S. 1234), die zuletzt durch Artikel 12 des Gesetzes vom 21. Juli 2014 (BGBl. I S. 1066) geändert worden ist, in der jeweils geltenden Fassung. [2]Energieerzeugnisse, die anteilig aus Biomasse hergestellt werden, gelten in Höhe dieses Anteils als Biokraftstoff.

(2) [1]Fettsäuremethylester (Biodiesel) sind abweichend von Absatz 1 nur dann Biokraftstoffe, wenn sie aus biogenen Ölen oder Fetten gewonnen werden, die selbst Biomasse im Sinne der Biomasseverordnung sind, und wenn ihre Eigenschaften mindestens den Anforderungen für Biodiesel nach § 5 der Verordnung über die Beschaffenheit und die Auszeichnung der Qualitäten von Kraft- und Brennstoffen[2)] vom 8. Dezember 2010 (BGBl. I S. 1849), die durch Artikel 8 Absatz 1 der Verordnung vom 2. Mai 2013 (BGBl. I S. 1021) geändert worden ist, in der jeweils geltenden Fassung entsprechen. [2]Biodiesel ist unter diesen Voraussetzungen in vollem Umfang als Biokraftstoff zu behandeln.

(3) [1]Bioethanol ist abweichend von Absatz 1 nur dann Biokraftstoff, wenn es sich um Ethylalkohol ex Unterposition 2207 10 00 der Kombinierten Nomenklatur im Sinne des § 1a Satz 1 Nummer 2 des Energiesteuergesetzes handelt. [2]Im Fall von Bioethanol, das fossilem Ottokraftstoff beigemischt wird, müssen die *Eigenschaften des Bioethanols* außerdem mindestens den Anforderungen der DIN EN 15376, Ausgabe März 2008 oder Ausgabe November 2009 oder Ausgabe April 2011, entsprechen. [3]Im Fall von Bioethanol, das im Ethanolkraftstoff (E85) enthalten ist, müssen die Eigenschaften des Ethanolkraftstoffs (E85) außerdem mindestens den Anforderungen für Ethanolkraftstoff (E85) nach § 6 der Verordnung

[1)] § 37b neu gef. mWv 1.1.2015 durch G v. 20.11.2014 (BGBl. I S. 1740); Abs. 9 geänd. mWv 27.6.2020 durch VO v. 19.6.2020 (BGBl. I S. 1328); Abs. 8 Satz 1 einl. Satzteil geänd., Nr. 4 und Satz 2 neu gef., Sätze 3–5 angef. mWv 1.10.2021 durch G v. 24.9.2021 (BGBl. I S. 4458; 2022 I S. 1024).

[2)] **Sartorius ErgBd. Nr. 296/10.**

über die Beschaffenheit und die Auszeichnung der Qualitäten von Kraft- und Brennstoffen entsprechen. [4] Für Energieerzeugnisse, die anteilig aus Bioethanol hergestellt werden, gelten für den Bioethanolanteil die Sätze 1 und 2 entsprechend.

(4) Pflanzenöl ist abweichend von Absatz 1 nur dann Biokraftstoff, wenn seine Eigenschaften mindestens den Anforderungen für Pflanzenölkraftstoff nach § 9 der Verordnung über die Beschaffenheit und die Auszeichnung der Qualitäten von Kraft- und Brennstoffen entsprechen.

(5) [1] Hydrierte biogene Öle sind abweichend von Absatz 1 nur dann Biokraftstoffe, wenn sie aus biogenen Ölen oder Fetten gewonnen werden, die selbst Biomasse im Sinne der Biomasseverordnung sind, und wenn die Hydrierung nicht in einem raffinerietechnischen Verfahren gemeinsam mit mineralölstämmigen Ölen erfolgt ist. [2] Hydrierte biogene Öle sind unter diesen Voraussetzungen in vollem Umfang als Biokraftstoff zu behandeln.

(6) Biomethan ist abweichend von Absatz 1 nur dann Biokraftstoff, wenn es den Anforderungen für Erdgas nach § 8 der Verordnung über die Beschaffenheit und die Auszeichnung der Qualitäten von Kraft- und Brennstoffen entspricht.

(7) [1] Für die Kraftstoffe nach den Absätzen 1 bis 6 gilt § 11 der Verordnung über die Beschaffenheit und die Auszeichnung der Qualitäten von Kraft- und Brennstoffen entsprechend. [2] Die in Satz 1 sowie den Absätzen 2 bis 4 und 6 genannten oder in Bezug genommenen Normen sind im Beuth Verlag GmbH, Berlin, erschienen und bei der Deutschen Nationalbibliothek archivmäßig gesichert niedergelegt.

(8) [1] Nicht auf die Erfüllung von Verpflichtungen nach § 37a Absatz 1 Satz 1 und 2 in Verbindung mit § 37a Absatz 4 angerechnet werden können

1. biogene Öle, die in einem raffinerietechnischen Verfahren gemeinsam mit mineralölstämmigen Ölen hydriert wurden,
2. der Biokraftstoffanteil von Energieerzeugnissen mit einem Bioethanolanteil von weniger als 70 Volumenprozent, denen Bioethanol enthaltende Waren der Unterposition 3824 90 99 der Kombinierten Nomenklatur zugesetzt wurden,
3. Biokraftstoffe, die vollständig oder teilweise aus tierischen Ölen oder Fetten hergestellt wurden, und
4. Wasserstoff aus biogenen Quellen.

[2] Abweichend von Satz 1 Nummer 3 und Absatz 1 Satz 1 können Biokraftstoffe, die vollständig oder teilweise aus tierischen Fetten und Ölen der Kategorie 1 und 2 gemäß Artikel 8 und 9 der Verordnung (EG) Nr. 1069/2009 des Europäischen Parlaments und des Rates vom 21. Oktober 2009 mit Hygienevorschriften für nicht für den menschlichen Verzehr bestimmte tierische Nebenprodukte und zur Aufhebung der Verordnung (EG) Nr. 1774/2002, die zuletzt durch die Verordnung (EU) 2019/1009 (ABl. L 170 vom 25.6.2019, S. 1) geändert worden ist, in ihrer jeweils geltenden Fassung bestehen, auf die Erfüllung von Verpflichtungen nach § 37a Absatz 1 Satz 1 und 2 in Verbindung mit § 37a Absatz 4 angerechnet werden. [3] Abweichend von Satz 1 Nummer 4 und Absatz 1 Satz 1 wird Wasserstoff aus biogenen Quellen des Anhangs IX Teil A der Richtlinie (EU) 2018/2001, der in Straßenfahrzeugen eingesetzt wird, ab dem 1. Juli 2023 auf die Erfüllung nach *§ 37a Absatz 1 Satz 1 und 2 in* Verbindung mit § 37a Absatz 4 angerechnet; eine Rechtsverordnung der Bundesregierung nach § 37d Absatz 2 Satz 1 Nummer 19 regelt weitere Bestimmungen. [4] Ab dem Kalenderjahr 2023 wird für die Treibhausgasemissionen von Biokraftstoffen aus Rohstoffen mit hohem Risiko indirek-

ter Landnutzungsänderung nach Artikel 3 der Verordnung (EU) 2019/807 der Basiswert zugrunde gelegt. [5] Der Rechenfaktor nach § 37d Absatz 2 Satz 1 Nummer 2 für Biokraftstoffe aus Abwasser aus Palmölmühlen und leeren Palmfruchtbündeln beträgt eins.

(9) Das Bundesministerium für Umwelt, Naturschutz und nukleare Sicherheit gibt den Energiegehalt der verschiedenen Kraftstoffe sowie Änderungen ihres Energiegehaltes im Bundesanzeiger bekannt.

§ 37c[1)] Mitteilungs- und Abgabepflichten. (1) [1] Verpflichtete haben der zuständigen Stelle jeweils bis zum Ablauf des 15. April des auf das Verpflichtungsjahr folgenden Kalenderjahres schriftlich mitzuteilen

1. die im Verpflichtungsjahr von ihnen in Verkehr gebrachte Menge fossilen Otto- und fossilen Dieselkraftstoffs,
2. die im Verpflichtungsjahr von ihnen eingesetzte Menge an Erfüllungsoptionen, bezogen auf die verschiedenen jeweils betroffenen Erfüllungsoptionen, und
3. die Treibhausgasemissionen in Kilogramm Kohlenstoffdioxid-Äquivalent der jeweiligen Mengen.

[2] In der Mitteilung sind darüber hinaus die Firma des Verpflichteten, der Ort der für das Inverkehrbringen verantwortlichen Niederlassung oder der Sitz des Unternehmens, die jeweils zugehörige Anschrift sowie der Name und die Anschrift des Vertretungsberechtigten anzugeben. [3] Soweit die Erfüllung von Verpflichtungen nach § 37a Absatz 6 Satz 1 oder nach § 37a Absatz 7 Satz 1 vertraglich auf Dritte übertragen wurde, haben Verpflichtete der zuständigen Stelle zusätzlich die Angaben nach § 37a Absatz 6 Satz 2 oder Satz 3 oder § 37a Absatz 7 Satz 2 oder Satz 3 schriftlich mitzuteilen und eine Kopie des Vertrags mit dem Dritten vorzulegen. [4] Im Fall des § 37a Absatz 6 hat der Dritte der zuständigen Stelle schriftlich mitzuteilen

1. die auf Grund seiner vertraglichen Verpflichtung von ihm im Verpflichtungsjahr in Verkehr gebrachte Menge Kraftstoff, bezogen auf die verschiedenen jeweils betroffenen Erfüllungsoptionen, und
2. die Treibhausgasemissionen in Kilogramm Kohlenstoffdioxid-Äquivalent der jeweiligen Mengen.

[5] Im Fall des § 37a Absatz 6 Satz 5 gilt dies entsprechend für die im Vorjahr des Verpflichtungsjahres vom Dritten *eingesetzte*[2)] Erfüllungsoptionen. [6] Im Fall des § 37a Absatz 7 hat der Dritte der zuständigen Stelle die auf Grund seiner vertraglichen Verpflichtung von ihm im Verpflichtungsjahr in Verkehr gebrachte Menge Kraftstoff, bezogen auf die verschiedenen jeweils betroffenen Erfüllungsoptionen, und die auf Grund seiner vertraglichen Verpflichtung im Verpflichtungsjahr sichergestellte Treibhausgasminderungsmenge in Kilogramm Kohlenstoffdioxid-Äquivalent schriftlich mitzuteilen. [7] Die zuständige Stelle erteilt jedem Verpflichteten eine Registriernummer und führt ein elektronisches Register, das für alle Verpflichteten die nach den Sätzen 1 bis 6 erforderlichen Angaben enthält.

[1)] § 37c Abs. 1 und 2 Satz 1 neu gef., Satz 2 eingef., bish. Sätze 2–6 werden Sätze 3–7, neue Sätze 5 und 7 geänd., neuer Satz 6 neu gef., Abs. 3 Sätze 1–5, Abs. 4 geänd., Abs. 5 Satz 3 eingef., bish. Satz 3 wird Satz 4 mWv 1.1.2015 durch G v. 20.11.2014 (BGBl. I S. 1740); Abs. 1 Sätze 1 und 4 neu gef., Satz 5 geänd., Satz 6, Abs. 2 neu gef., Abs. 3 Sätze 1–3 und 5 geänd., Abs. 4 neu gef. mWv 1.10.2021 durch G v. 24.9.2021 (BGBl. I S. 4458); Abs. 1 Satz 1 Nr. 1 geänd., Abs. 2 Satz 1 neu gef., Satz 4 aufgeh., bish. Sätze 5 und 6 werden Sätze 4 und 5, Abs. 3 Satz 2 neu gef. mWv 1.1.2026 durch G v. 22.12.2025 (BGBl. 2025 I Nr. 348).

[2)] Richtig wohl: „eingesetzten".

(2) [1] Soweit Verpflichtete einer Verpflichtung nach § 37a Absatz 1 Satz 1 und 2 in Verbindung mit § 37a Absatz 4 nicht nachkommen, setzt die zuständige Stelle eine Abgabe fest für die Fehlmenge der zu mindernden Treibhausgasemissionen oder für die nach dem Energiegehalt berechnete Fehlmenge an Kraftstoff. [2] Die Abgabenschuld des Verpflichteten entsteht mit Ablauf des 15. Aprils des auf das Verpflichtungsjahr folgenden Kalenderjahres. [3] In den Fällen, in denen ein Verpflichteter durch eine Rechtsverordnung der Bundesregierung nach § 37d Absatz 2 Satz 1 Nummer 8 einen Mindestanteil bestimmter Biokraftstoffe oder anderer erneuerbarer Kraftstoffe in Verkehr zu bringen hat, setzt die zuständige Stelle bis einschließlich zum Verpflichtungsjahr 2021 eine Abgabe in Höhe von 19 Euro pro Gigajoule und ab dem Verpflichtungsjahr 2022 eine Abgabe in Höhe von 45 Euro pro Gigajoule fest. [4] In den Fällen des § 37a Absatz 4 wird die Abgabe nach der Fehlmenge der zu mindernden Treibhausgasemissionen berechnet und beträgt bis einschließlich zum Verpflichtungsjahr 2021 0,47 Euro pro Kilogramm Kohlenstoffdioxid-Äquivalent und ab dem Verpflichtungsjahr 2022 0,60 Euro pro Kilogramm Kohlenstoffdioxid-Äquivalent. [5] Soweit im Falle des § 37a Absatz 6 Satz 1 oder des § 37a Absatz 7 Satz 1 der Dritte seine vertragliche Verpflichtung nicht erfüllt, setzt die zuständige Stelle die Abgabe gegen den Verpflichteten fest.

(3) [1] Soweit der Verpflichtete der zuständigen Stelle die nach Absatz 1 Satz 1 und 3 erforderlichen Angaben nicht oder nicht ordnungsgemäß mitgeteilt hat, schätzt die zuständige Stelle die vom Verpflichteten im Verpflichtungsjahr in Verkehr gebrachten Mengen an Kraftstoffen und die Treibhausgasminderung. [2] Die Schätzung ist unwiderlegliche Basis für die Verpflichtung nach § 37a Absatz 1 Satz 1 und 2 in Verbindung mit § 37a Absatz 4. [3] Die Schätzung unterbleibt, soweit der Verpflichtete im Rahmen der Anhörung zum Festsetzungsbescheid nach Absatz 2 Satz 1 in Verbindung mit Absatz 2 Satz 3, 4 oder Satz 5 die Mitteilung nachholt. [4] Soweit ein Dritter die nach Absatz 1 Satz 4 bis 6 erforderlichen Angaben nicht ordnungsgemäß mitgeteilt hat, geht die zuständige Stelle davon aus, dass der Dritte die von ihm eingegangene Verpflichtung nicht erfüllt hat. [5] Satz 4 gilt nicht, soweit der Dritte im Rahmen der Anhörung zum Festsetzungsbescheid gegen den Verpflichteten nach Absatz 2 Satz 6 diese Mitteilung nachholt.

(4) [1] In den Fällen des § 37a Absatz 3 Satz 2 hat der Steuerlagerinhaber dem zuständigen Hauptzollamt mit der monatlichen Energiesteueranmeldung die für jeden Verpflichteten in Verkehr gebrachte Menge an Energieerzeugnissen schriftlich mitzuteilen. [2] In den Fällen des § 37a Absatz 3 Satz 4 hat der Steuerlagerinhaber der zuständigen Stelle die in einem Verpflichtungsjahr für jeden Verpflichteten in Verkehr gebrachte Menge an Energieerzeugnissen zum Ablauf des 1. Februar des folgenden Kalenderjahres schriftlich mitzuteilen. [3] Im Falle des § 37a Absatz 3 Satz 5 hat der Erlaubnisinhaber der zuständigen Stelle die in einem Verpflichtungsjahr für den Vertragspartner in Verkehr gebrachten Mengen zum Ablauf des 1. Februar des folgenden Kalenderjahres schriftlich mitzuteilen.

(5) [1] Hinsichtlich der Absätze 1 bis 4 finden die für die Verbrauchsteuern geltenden Vorschriften der Abgabenordnung entsprechende Anwendung. [2] Die Mitteilungen nach Absatz 1 und Absatz 4 gelten als Steueranmeldungen im Sinne der Abgabenordnung. [3] § 170 Absatz 2 Satz 1 Nummer 1 der Abgabenordnung findet Anwendung. [4] In den Fällen des Absatzes 2 ist der Verpflichtete vor der Festsetzung der Abgabe anzuhören.

§ 37d[1)] Zuständige Stelle, Rechtsverordnungen. (1) [1]Innerhalb der Bundesverwaltung werden eine oder mehrere Stellen errichtet, denen die Aufgaben übertragen werden, die Erfüllung der Verpflichtungen nach § 37a zu überwachen, die in § 37c geregelten Aufgaben zu erfüllen und die Berichte nach § 37f zu überprüfen. [2]Die Bundesregierung wird ermächtigt, die jeweils zuständige Stelle durch Rechtsverordnung[2)] ohne Zustimmung des Bundesrates zu bestimmen.

(2) [1]Die Bundesregierung wird ermächtigt, nach Anhörung der beteiligten Kreise (§ 51) durch Rechtsverordnung[2)] ohne Zustimmung des Bundesrates

1. unter Berücksichtigung der technischen Entwicklung
   a) auch in Abweichung von § 37b Absatz 1 bis 6 Energieerzeugnisse als Biokraftstoffe zu bestimmen,
   b) in Abweichung von § 37b Absatz 1 bis 6 festzulegen, dass bestimmte Energieerzeugnisse nicht oder nicht mehr in vollem Umfang als Biokraftstoffe gelten,
   c) die Anrechenbarkeit von biogenen Ölen aus Rohstoffen des Anhangs IX Teil A der Richtlinie (EU) 2018/2001 im Sinne von § 37b Absatz 8 Satz 1 Nummer 1 auf die Erfüllung von Verpflichtungen nach § 37a Absatz 1 Satz 1 und 2 in Verbindung mit § 37a Absatz 4 abweichend von § 37b Absatz 8 Satz 1 Nummer 1 zu regeln, soweit landwirtschaftliche Rohstoffe, Abfälle oder Reststoffe, die bei der Herstellung von biogenen Ölen verwendet werden sollen, nachhaltig erzeugt worden sind,
   d) die Anrechenbarkeit von Biomethan auf die Erfüllung von Verpflichtungen nach § 37a Absatz 1 Satz 1 und 2 in Verbindung mit § 37a Absatz 4 zu konkretisieren,
   e) die Anrechenbarkeit von Biomethan, das in das Erdgasnetz eingespeist wird, auf die Erfüllung von Verpflichtungen nach § 37a Absatz 1 Satz 1 und 2 in Verbindung mit § 37a Absatz 4 näher zu regeln,
   f) zu bestimmen, wie im Falle der Einspeisung von Biomethan in das Erdgasnetz der Nachweis über die Treibhausgasemissionen zu führen ist, sowie
   g) das Nachweisverfahren für die Anrechenbarkeit von Biomethan insgesamt näher zu regeln,
2. zu bestimmen, dass der Anteil an bestimmten Erfüllungsoptionen im Rahmen der Erfüllung von Verpflichtungen nach § 37a Absatz 1 Satz 1 und 2 in Verbindung mit § 37a Absatz 4 nach Maßgabe einer Multiplikation der tatsächlich in Verkehr gebrachten energetischen Menge der jeweiligen Erfüllungsoption mit einem bestimmten Rechenfaktor zu berechnen ist,
3. vorzuschreiben, dass Biokraftstoffe nur dann auf die Erfüllung von Verpflichtungen nach § 37a Absatz 1 Satz 1 und 2 in Verbindung mit § 37a Absatz 4 angerechnet werden, wenn bei der Erzeugung der eingesetzten Biomasse nachweislich bestimmte ökologische und soziale Anforderungen an eine nachhaltige Produktion der Biomasse sowie zum Schutz natürlicher Lebensräume erfüllt

---

[1)] § 37d Abs. 1 und 2 neu gef., Abs. 3 einl. Satzteil und Nr. 1 geänd., Nr. 2 eingef., bish. Nr. 2 und 3 werden Nr. 3 und 4, neue Nr. 4 geänd. mWv 1.1.2015 durch G v. 20.11.2014 (BGBl. I S. 1740); Abs. 1 Satz 1 neu gef., Satz 2 aufgeh., bish. Satz 3 wird Satz 2, Abs. 2 Satz 1 Nr. 8 und 17 geänd., Nr. 18 angef. mWv 30.7.2016 durch G v. 26.7.2016 (BGBl. I S. 1839); Abs. 2 Satz 1 Nr. 1 Buchst. c, Nr. 13 Buchst. b geänd., Satz 2 eingef., bish. Sätze 2–4 werden Sätze 3–5, neuer Satz 5 geänd. mWv 29.7.2017 durch G v. 18.7.2017 (BGBl. I S. 2771); Abs. 2 Satz 1 Nr. 1 Buchst. c–e geänd., Nr. 2 neu gef., Nr. 3, 6–9, 11 einl. Satzteil, Buchst. b geänd., Buchst. c angef., Nr. 13 neu gef., Nr. 18 geänd., Nr. 19 angef., Abs. 2 Satz 4 neu gef., Abs. 3 Nr. 4 geänd. mWv 1.10.2021 durch G v. 24.9.2021 (BGBl. I S. 4458).

[2)] Siehe die Anmerkung am Titel.

(Fortsetzung nächstes Blatt)

werden und wenn der Biokraftstoff eine bestimmte Treibhausgasminderung aufweist,

4. die Anforderungen im Sinne der Nummer 3 festzulegen,
5. die Höhe der Abgabe nach § 37c Absatz 2 Satz 3, 4 oder Satz 6 zu ändern, um im Fall von Änderungen des Preisniveaus für Kraftstoffe eine vergleichbare wirtschaftliche Belastung aller Verpflichteten sicherzustellen,
6. den Basiswert im Sinne des § 37a Absatz 4 Satz 4 zu bestimmen,
7. die Anrechenbarkeit bestimmter Biokraftstoffe auf die Verpflichtungen nach § 37a Absatz 1 Satz 1 und 2 in Verbindung mit § 37a Absatz 4 zu begrenzen, sofern die Richtlinie (EU) 2018/2001 eine Begrenzung der Anrechenbarkeit dieser Biokraftstoffe auf das Ziel von Artikel 25 Absatz 1 der Richtlinie (EU) 2018/2001 vorsieht, sowie das Nachweisverfahren zu regeln,
8. einen Mindestanteil bestimmter Biokraftstoffe oder anderer erneuerbarer Kraftstoffe zur Erfüllung der Verpflichtungen nach § 37a Absatz 1 Satz 1 und 2 in Verbindung mit § 37a Absatz 4 festzulegen sowie das Nachweisverfahren zu regeln,
9. das Berechnungsverfahren für die Treibhausgasemissionen von fossilen Otto- und fossilen Dieselkraftstoffen im Sinne des § 37a Absatz 4 Satz 5 festzulegen und das Nachweisverfahren zu regeln,
10. das Berechnungsverfahren für die Treibhausgasemissionen von Biokraftstoffen abweichend von § 37a Absatz 4 Satz 6 festzulegen und das Nachweisverfahren zu regeln,
11. die Anrechenbarkeit von elektrischem Strom zur Verwendung in Straßenfahrzeugen gemäß § 37a Absatz 5 Satz 1 Nummer 4 zu regeln und dabei insbesondere
    a) das Berechnungsverfahren für die Treibhausgasemissionen der eingesetzten Mengen elektrischen Stroms festzulegen und
    b) das Nachweisverfahren zu regeln und
    c) die erzeugten Treibhausgasminderungsmengen der energetischen Menge elektrischen Stroms, die nicht von Dritten der zuständigen Stelle mitgeteilt werden, zu versteigern und das erforderliche Verfahren zu regeln,
12. unter Berücksichtigung der technischen Entwicklung den Anwendungsbereich in § 37a Absatz 1 Satz 1 auf weitere Kraftstoffe auszudehnen und dabei insbesondere
    a) das Berechnungsverfahren für die Treibhausgasemissionen dieser Kraftstoffe festzulegen und
    b) das Nachweisverfahren zu regeln,
13. unter Berücksichtigung der technischen Entwicklung weitere Erfüllungsoptionen zu ergänzen und dabei insbesondere
    a) das Berechnungsverfahren für die Treibhausgasemissionen dieser Maßnahmen festzulegen,
    b) das Nachweisverfahren sowie die Übertragbarkeit der Nachweise zu regeln,
    c) Methoden zur Einhaltung der Anforderungen der Richtlinie (EU) 2018/2001 für den Bezug des elektrischen Stroms zur Produktion von Kraftstoffen festzulegen und
    d) Mindestwerte für die Treibhausgaseinsparung von Kraftstoffen festzulegen,
14. die Berichtspflicht nach § 37f Absatz 1 insbesondere zu Art, Form und Inhalt des Berichts näher auszugestalten sowie die zur Sicherstellung einer ordnungs-

gemäßen Berichterstattung erforderlichen Anordnungen der zuständigen Stelle zu regeln,

15. ein Nachweisverfahren festzulegen für die Voraussetzungen
    a) nach § 37a Absatz 4 Satz 7 Nummer 5,
    b) nach § 37b Absatz 1 bis 7, gegebenenfalls in Verbindung mit der Verordnung nach Nummer 1 Buchstabe a oder Buchstabe b,
    c) nach § 37b Absatz 8 Satz 1,
    d) der Verordnung nach Nummer 1 Buchstabe c und
    e) der Verordnung nach den Nummern 2 bis 4,
16. Ausnahmen von den Vorgaben nach § 37b Absatz 8 Satz 1 Nummer 3 festzulegen, sofern dies dem Sinn und Zweck der Regelung nicht entgegensteht,
17. von § 37c Absatz 1 und 3 bis 5 abweichende Verfahrensregelungen zu treffen,
18. Ausnahmen von der in § 37a Absatz 6 Satz 5 und Absatz 8 Satz 1 vorgesehenen Möglichkeit der Anrechnung von Übererfüllungen auf den Mindestanteil des Folgejahres festzulegen, sofern dies zur Einhaltung von Zielvorgaben aus bindenden Rechtsakten der Europäischen Gemeinschaften oder der Europäischen Union erforderlich ist,
19. unter Berücksichtigung der technischen Entwicklung Kriterien für die Anrechenbarkeit von Wasserstoff aus biogenen Quellen gemäß § 37b Absatz 8 Satz 3 festzulegen und dabei insbesondere
    a) das Berechnungsverfahren für die Treibhausgasemissionen,
    b) das Nachweisverfahren sowie die Übertragbarkeit der Nachweise und
    c) die Anforderungen an die erneuerbaren Energiequellen zur Erzeugung des Wasserstoffs.

[2]In Rechtsverordnungen nach Satz 1 kann die Zuständigkeit zur Durchführung einer in einer Rechtsverordnung nach Absatz 1 Satz 2 bestimmten Stelle übertragen werden. [3]Rechtsverordnungen nach Satz 1 Nummer 1 Buchstabe c bedürfen der Zustimmung des Deutschen Bundestages. [4]Rechtsverordnungen nach Satz 1 Nummer 13 oder 19 bedürfen der Zustimmung des Deutschen Bundestages, sofern Regelungen zu strombasierten Kraftstoffen oder Wasserstoff aus biogenen Quellen getroffen werden. [5]Hat sich der Deutsche Bundestag nach Ablauf von vier Sitzungswochen seit Eingang der Rechtsverordnung nach Satz 3 oder 4 nicht mit ihr befasst, gilt die Zustimmung zu der unveränderten Rechtsverordnung als erteilt.

(3) Die Bundesregierung wird ermächtigt, durch Rechtsverordnung[1)] ohne Zustimmung des Bundesrates nähere Bestimmungen zur Durchführung der §§ 37a bis 37c sowie der auf Absatz 2 beruhenden Rechtsverordnungen zu erlassen und darin insbesondere

1. das Verfahren zur Sicherung und Überwachung der Erfüllung der Quotenverpflichtung in den Fällen des § 37a Absatz 6 und 7 und hinsichtlich der für die Ermittlung der Mindestanteile an Biokraftstoff oder der Treibhausgasminderung benötigten Daten näher zu regeln,
2. zur Sicherung und Überwachung der Erfüllung der Quotenverpflichtung abweichende Bestimmungen zu § 37a Absatz 4 Satz 9 und 10 sowie zu § 37a Absatz 6 und 7 zu erlassen,

[1)] Siehe die Anmerkung am Titel.

3. die erforderlichen Nachweise und die Überwachung der Einhaltung der Anforderungen an Biokraftstoffe sowie die hierfür erforderlichen Probenahmen näher zu regeln,
4. zu bestimmen, dass das Entstehen von Verpflichtungen nach § 37a Absatz 1 Satz 1 und 2 in Verbindung mit § 37a Absatz 4 an das Inverkehrbringen einer bestimmten Mindestmenge an Kraftstoff geknüpft wird.

§ 37e[1] Gebühren und Auslagen; Verordnungsermächtigung. (1) [1] Es werden Gebühren und Auslagen für individuell zurechenbare öffentliche Leistungen erhoben, die auf Grund von Rechtsverordnungen erbracht werden nach:
1. § 37d Absatz 2 Satz 1 Nummer 3 und 4,
2. § 37d Absatz 2 Satz 1 Nummer 11 und
3. § 37d Absatz 2 Satz 1 Nummer 13.

[2] Die Gebühr soll die mit der individuell zurechenbaren öffentlichen Leistung verbundenen Kosten aller an der Leistung Beteiligten decken.

(2) [1] Das Bundesministerium für Ernährung und Landwirtschaft wird ermächtigt, im Einvernehmen mit dem Bundesministerium für Umwelt, Naturschutz und nukleare Sicherheit und dem Bundesministerium der Finanzen durch Rechtsverordnung ohne Zustimmung des Bundesrates die gebührenpflichtigen Tatbestände und Gebührensätze für Amtshandlungen im Sinne von Absatz 1 Nummer 1 zu bestimmen und dabei feste Sätze, auch in Form von Zeitgebühren oder Rahmensätzen, vorzusehen. [2] In der Rechtsverordnung kann die Erstattung von Auslagen abweichend vom Verwaltungskostengesetz in der bis zum 14. August 2013 geltenden Fassung oder von § 12 Absatz 1 des Bundesgebührengesetzes[2] vom 7. August 2013 (BGBl. I S. 3154), das zuletzt durch Artikel 3 des Gesetzes vom 31. März 2016 (BGBl. I S. 518) geändert worden ist, geregelt werden.

(3) [1] Das Bundesministerium für Umwelt, Naturschutz und nukleare Sicherheit wird ermächtigt, durch Rechtsverordnung[3] ohne Zustimmung des Bundesrates die gebührenpflichtigen Tatbestände und Gebührensätze für Amtshandlungen im Sinne von Absatz 1 Nummer 2 und 3 zu bestimmen und dabei feste Sätze, auch in Form von Zeitgebühren oder Rahmensätzen, vorzusehen. [2] In der Rechtsverordnung kann die Erstattung von Auslagen auch abweichend von § 12 Absatz 1 des Bundesgebührengesetzes geregelt werden.

§ 37f[4] Berichte über Kraftstoffe und Energieerzeugnisse. (1) [1] Verpflichtete haben der zuständigen Stelle jährlich bis zum 31. März einen Bericht über die im vorangegangenen Verpflichtungsjahr in Verkehr gebrachten Kraftstoffe und Energieerzeugnisse vorzulegen, sofern eine Rechtsverordnung nach § 37d Absatz 2 Satz 1 Nummer 14 dies vorsieht. [2] Der Bericht enthält zumindest folgende Angaben:
1. die *Gesamtmenge* jedes Typs von in Verkehr gebrachten Kraftstoffen und Energieerzeugnissen unter Angabe des Erwerbsortes und des Ursprungs und
2. die Treibhausgasemissionen pro Energieeinheit.

---

[1] § 37e neu gef. mWv 30.7.2016 durch G v. 26.7.2016 (BGBl. I S. 1839); Abs. 2 Satz 1, Abs. 3 Satz 1 geänd. mWv 27.6.2020 durch VO v. 19.6.2020 (BGBl. I S. 1328); Abs. 1 neu gef., Abs. 3 Satz 1 geänd. mWv 9.7.2024 durch G v. 3.7.2024 (BGBl. 2024 I Nr. 225).
[2] Nr. **120**.
[3] Siehe die Anmerkung am Titel.
[4] § 37f neu gef. mWv 1.1.2015 durch G v. 20.11.2014 (BGBl. I S. 1740).

(2) [1]Die zuständige Stelle überprüft die Berichte. [2]Der Verpflichtete hat der zuständigen Stelle auf Verlangen die Auskünfte zu erteilen und die Unterlagen vorzulegen, die zur Überprüfung der Berichte erforderlich sind.

§ 37g[1)] Bericht der Bundesregierung. [1]Nachdem der Bericht nach Artikel 22 der Richtlinie 2009/28/EG der Europäischen Kommission vorgelegt wurde, übermittelt die Bundesregierung den Bericht nach § 64 der Biokraftstoff-Nachhaltigkeitsverordnung dem Deutschen Bundestag und dem Bundesrat. [2]Die Bundesregierung evaluiert die §§ 37a bis 37f dieses Gesetzes sowie die auf Grund dieser Regelungen erlassenen Verordnungen, insbesondere die Verordnung zur Durchführung der Regelungen der Biokraftstoffquote, die Verordnung zur Anrechnung von strombasierten Kraftstoffen und mitverarbeiteten biogenen Ölen auf die Treibhausgasquote, die Verordnung zur Festlegung weiterer Bestimmungen zur Treibhausgasminderung bei Kraftstoffen sowie die Biokraftstoff-Nachhaltigkeitsverordnung und legt dem Deutschen Bundestag bis zum 31. März 2024 und dann alle zwei Jahre einen Erfahrungsbericht vor. [3]Der Bericht enthält insbesondere Angaben über

1. die Entwicklung des nachhaltigen Rohstoffpotenzials für die unterschiedlichen Erfüllungsoptionen,
2. den Stand der technischen Entwicklung und Kosten unterschiedlicher Herstellungstechnologien für Biokraftstoffe, Wasserstoff, strombasierte Kraftstoffe und anderer Erfüllungsoptionen,
3. die Produktionskapazitäten unterschiedlicher Erfüllungsoptionen, insbesondere der Mengen an Wasserstoff und strombasierten Kraftstoffen, die durch dieses Gesetz angereizt werden,
4. die Einhaltung der Nachhaltigkeitskriterien und Auswirkungen der ansteigenden Treibhausgasminderungs-Quote auf Natur, Umwelt und Artenvielfalt,
5. die Angemessenheit der Höhe der unterschiedlichen Anrechnungsfaktoren der betreffenden Erfüllungsoptionen und der Höhe der Ausgleichsabgaben.

[4]Der Bericht gibt auch Empfehlungen zur Weiterentwicklung des Regelwerkes.

§ 37h[2)] Mechanismus zur Anpassung der Treibhausgasminderungs-Quote; Verordnungsermächtigung. (1) Das Bundesministerium für Umwelt, Naturschutz und nukleare Sicherheit gibt die Summe der für ein Verpflichtungsjahr an die zuständige Stelle (§ 37d Absatz 1) gemeldeten Mengen an elektrischem Strom zur Verwendung in Straßenfahrzeugen im Bundesanzeiger bekannt.

(2) [1]Übersteigt die Summe der nach Absatz 1 bekannt gemachten Menge elektrischen Stroms

1. im Kalenderjahr 2022 5 Petajoule,
2. im Kalenderjahr 2023 9 Petajoule,
3. im Kalenderjahr 2024 13 Petajoule,
4. im Kalenderjahr 2025 19 Petajoule,
5. im Kalenderjahr 2026 25 Petajoule,
6. im Kalenderjahr 2027 38 Petajoule,
7. im Kalenderjahr 2028 53 Petajoule,

[1)] § 37g eingef. mWv 1.1.2015 durch G v. 20.11.2014 (BGBl. I S. 1740); Sätze 2–4 angef. mWv 1.10. 2021 durch G v. 24.9.2021 (BGBl. I S. 4458).

[2)] § 37h eingef. mWv 1.10.2021 durch G v. 24.9.2021 (BGBl. I S. 4458).

8. im Kalenderjahr 2029 71 Petajoule,
9. im Kalenderjahr 2030 88 Petajoule,

erhöht die Bundesregierung den Prozentsatz nach § 37a Absatz 4 Satz 2 durch Rechtsverordnung ohne Zustimmung des Bundesrates für alle nachfolgenden Verpflichtungsjahre. [2] Eine Erhöhung durch eine Rechtsverordnung nach Satz 1 erfolgt für das übernächste Verpflichtungsjahr. [3] Die Erhöhung hat sicherzustellen, dass andere Erfüllungsoptionen in gleichem Maße zur Erfüllung der Verpflichtung nach § 37a Absatz 1 Satz 1 und 2 in Verbindung mit Absatz 4 eingesetzt werden können. [4] Die Erhöhung hat der halben bis eineinhalbfachen Treibhausgasminderung durch die Menge an elektrischem Strom, die die Menge nach Satz 1 übersteigt, gegenüber der Summe der Referenzwerte aller Verpflichteten zu entsprechen.

Vierter Teil. Beschaffenheit und Betrieb von Fahrzeugen, Bau und Änderung von Straßen und Schienenwegen

§ 38[1)] Beschaffenheit und Betrieb von Fahrzeugen. (1) [1] Kraftfahrzeuge und ihre Anhänger, Schienen-, Luft- und Wasserfahrzeuge sowie Schwimmkörper und schwimmende Anlagen müssen so beschaffen sein, dass ihre durch die Teilnahme am Verkehr verursachten Emissionen bei bestimmungsgemäßem Betrieb die zum Schutz vor schädlichen Umwelteinwirkungen einzuhaltenden Grenzwerte nicht überschreiten. [2] Sie müssen so betrieben werden, dass vermeidbare Emissionen verhindert und unvermeidbare Emissionen auf ein Mindestmaß beschränkt bleiben.

(2) [1] Das Bundesministerium für Verkehr und digitale Infrastruktur und das Bundesministerium für Umwelt, Naturschutz und nukleare Sicherheit bestimmen nach Anhörung der beteiligten Kreise (§ 51) durch Rechtsverordnung[2)] mit Zustimmung des Bundesrates die zum Schutz vor schädlichen Umwelteinwirkungen notwendigen Anforderungen an die Beschaffenheit, die Ausrüstung, den Betrieb und die Prüfung der in Absatz 1 Satz 1 genannten Fahrzeuge und Anlagen, auch soweit diese den verkehrsrechtlichen Vorschriften des Bundes unterliegen. [2] Dabei können Emissionsgrenzwerte unter Berücksichtigung der technischen Entwicklung auch für einen Zeitpunkt nach Inkrafttreten der Rechtsverordnung festgesetzt werden.

(3) Wegen der Anforderungen nach Absatz 2 gilt § 7 Absatz 5 entsprechend.

§ 39[3)] Erfüllung von zwischenstaatlichen Vereinbarungen und Rechtsakten der Europäischen Gemeinschaften oder der Europäischen Union.

[1] Zur Erfüllung von Verpflichtungen aus zwischenstaatlichen Vereinbarungen oder von bindenden Rechtsakten der Europäischen Gemeinschaften oder der Europäischen Union können zu dem in § 1 genannten Zweck das Bundesministerium für Verkehr und digitale Infrastruktur und das Bundesministerium für Umwelt, Naturschutz und nukleare Sicherheit durch Rechtsverordnung mit Zustimmung des Bundesrates bestimmen, dass die in § 38 genannten Fahrzeuge bestimm-

---

1) § 38 Abs. 2 Satz 1 geänd. mWv 8.9.2015 durch VO v. 31.8.2015 (BGBl. I S. 1474); Abs. 2 Satz 1 geänd. mWv 27.6.2020 durch VO v. 19.6.2020 (BGBl. I S. 1328).

2) Siehe die Anmerkung am Titel.

3) § 39 Satz 1 geänd. mWv 8.9.2015 durch VO v. 31.8.2015 (BGBl. I S. 1474); Satz 1 geänd. mWv 27.6.2020 durch VO v. 19.6.2020 (BGBl. I S. 1328).

ten Anforderungen an Beschaffenheit, Ausrüstung, Prüfung und Betrieb genügen müssen. [2] Wegen der Anforderungen nach Satz 1 gilt § 7 Absatz 5 entsprechend.

§ 40 Verkehrsbeschränkungen. (1) [1] Die zuständige Straßenverkehrsbehörde beschränkt oder verbietet den Kraftfahrzeugverkehr nach Maßgabe der straßenverkehrsrechtlichen Vorschriften, soweit ein Luftreinhalteplan oder ein Plan für kurzfristig zu ergreifende Maßnahmen nach § 47 Absatz 1 oder 2 dies vorsehen. [2] Die Straßenverkehrsbehörde kann im Einvernehmen mit der für den Immissionsschutz zuständigen Behörde Ausnahmen von Verboten oder Beschränkungen des Kraftfahrzeugverkehrs zulassen, wenn unaufschiebbare und überwiegende Gründe des Wohls der Allgemeinheit dies erfordern.

(2) [1] Die zuständige Straßenverkehrsbehörde kann den Kraftfahrzeugverkehr nach Maßgabe der straßenverkehrsrechtlichen Vorschriften auf bestimmten Straßen oder in bestimmten Gebieten verbieten oder beschränken, wenn der Kraftfahrzeugverkehr zur Überschreitung von in Rechtsverordnungen nach § 48a Absatz 1a festgelegten Immissionswerten beiträgt und soweit die für den Immissionsschutz zuständige Behörde dies im Hinblick auf die örtlichen Verhältnisse für geboten hält, um schädliche Umwelteinwirkungen durch Luftverunreinigungen zu vermindern oder deren Entstehen zu vermeiden. [2] Hierbei sind die Verkehrsbedürfnisse und die städtebaulichen Belange zu berücksichtigen. [3] § 47 Absatz 6 Satz 1 bleibt unberührt.

(3) [1] Die Bundesregierung wird ermächtigt, nach Anhörung der beteiligten Kreise (§ 51) durch Rechtsverordnung[1)] mit Zustimmung des Bundesrates zu regeln, dass Kraftfahrzeuge mit geringem Beitrag zur Schadstoffbelastung von Verkehrsverboten ganz oder teilweise ausgenommen sind oder ausgenommen werden können, sowie die hierfür maßgebenden Kriterien und die amtliche Kennzeichnung der Kraftfahrzeuge festzulegen. [2] Die Verordnung kann auch regeln, dass bestimmte Fahrten oder Personen ausgenommen sind oder ausgenommen werden können, wenn das Wohl der Allgemeinheit oder unaufschiebbare und überwiegende Interessen des Einzelnen dies erfordern.

§ 41 Straßen und Schienenwege. (1) Bei dem Bau oder der wesentlichen Änderung öffentlicher Straßen sowie von Eisenbahnen, Magnetschwebebahnen und Straßenbahnen ist unbeschadet des § 50 sicherzustellen, dass durch diese keine schädlichen Umwelteinwirkungen durch Verkehrsgeräusche hervorgerufen werden können, die nach dem Stand der Technik vermeidbar sind.

(2) Absatz 1 gilt nicht, soweit die Kosten der Schutzmaßnahme außer Verhältnis zu dem angestrebten Schutzzweck stehen würden.

§ 42 Entschädigung für Schallschutzmaßnahmen. (1) [1] Werden im Falle des § 41 die in der Rechtsverordnung nach § 43 Absatz 1 Satz 1 Nummer 1 festgelegten Immissionsgrenzwerte überschritten, hat der Eigentümer einer betroffenen baulichen Anlage gegen den Träger der Baulast einen Anspruch auf angemessene Entschädigung in Geld, es sei denn, dass die Beeinträchtigung wegen der besonderen Benutzung der Anlage zumutbar ist. [2] Dies gilt auch bei baulichen Anlagen, die bei Auslegung der Pläne im Planfeststellungsverfahren oder bei *Auslegung des Entwurfs* der Bauleitpläne mit ausgewiesener Wegeplanung bauaufsichtlich genehmigt waren.

[1)] Siehe die Anmerkung am Titel.

(2) [1] Die Entschädigung ist zu leisten für Schallschutzmaßnahmen an den baulichen Anlagen in Höhe der erbrachten notwendigen Aufwendungen, soweit sich diese im Rahmen der Rechtsverordnung nach § 43 Absatz 1 Satz 1 Nummer 3 halten. [2] Vorschriften, die weitergehende Entschädigungen gewähren, bleiben unberührt.

(3) [1] Kommt zwischen dem Träger der Baulast und dem Betroffenen keine Einigung über die Entschädigung zustande, setzt die nach Landesrecht zuständige Behörde auf Antrag eines der Beteiligten die Entschädigung durch schriftlichen Bescheid fest. [2] Im Übrigen gelten für das Verfahren die Enteignungsgesetze der Länder entsprechend.

§ 43[1)] Rechtsverordnung der Bundesregierung. (1) [1] Die Bundesregierung wird ermächtigt, nach Anhörung der beteiligten Kreise (§ 51) durch Rechtsverordnung[2)] mit Zustimmung des Bundesrates die zur Durchführung des § 41 und des § 42 Absatz 1 und 2 erforderlichen Vorschriften zu erlassen, insbesondere über

1. bestimmte Grenzwerte, die zum Schutz der Nachbarschaft vor schädlichen Umwelteinwirkungen durch Geräusche nicht überschritten werden dürfen, sowie über das Verfahren zur Ermittlung der Emissionen oder Immissionen,
2. bestimmte technische Anforderungen an den Bau von Straßen, Eisenbahnen, Magnetschwebebahnen und Straßenbahnen zur Vermeidung von schädlichen Umwelteinwirkungen durch Geräusche und
3. Art und Umfang der zum Schutz vor schädlichen Umwelteinwirkungen durch Geräusche notwendigen Schallschutzmaßnahmen an baulichen Anlagen.

[2] Der in den Rechtsverordnungen auf Grund des Satzes 1 zur Berücksichtigung der Besonderheiten des Schienenverkehrs vorgesehene Abschlag von 5 Dezibel (A) ist ab dem 1. Januar 2015 und für Schienenbahnen, die ausschließlich der Verordnung über den Bau und Betrieb der Straßenbahnen vom 11. Dezember 1987 (BGBl. I S. 2648) unterliegen, ab dem 1. Januar 2019 nicht mehr anzuwenden, soweit zu diesem Zeitpunkt für den jeweiligen Abschnitt eines Vorhabens das Planfeststellungsverfahren noch nicht eröffnet ist und die Auslegung des Plans noch nicht öffentlich bekannt gemacht wurde. [3] Von der Anwendung des in Satz 2 genannten Abschlags kann bereits vor dem 1. Januar 2015 abgesehen werden, wenn die damit verbundenen Mehrkosten vom Vorhabenträger oder dem Bund getragen werden.

(2) Wegen der Anforderungen nach Absatz 1 gilt § 7 Absatz 5 entsprechend.

Fünfter Teil.[3)] Überwachung und Verbesserung der Luftqualität, Luftreinhalteplanung

§ 44 Überwachung der Luftqualität. (1) Zur Überwachung der Luftqualität führen die zuständigen Behörden regelmäßige Untersuchungen nach den Anforderungen der Rechtsverordnungen nach § 48a Absatz 1 oder 1a durch.

(2) Die Landesregierungen oder die von ihnen bestimmten Stellen werden ermächtigt, durch Rechtsverordnungen Untersuchungsgebiete festzulegen, in denen Art und Umfang bestimmter nicht von Absatz 1 erfasster Luftverunreinigungen in der Atmosphäre, die schädliche Umwelteinwirkungen hervorrufen können,

1) § 43 Abs. 1 Satz 2 neu gef., Satz 3 angef. mWv 6.7.2013 durch G v. 2.7.2013 (BGBl. I S. 1943).
2) Siehe die Anmerkung am Titel.
3) Fünfter Teil Überschrift geänd. mWv 9.7.2024 durch G v. 3.7.2024 (BGBl. 2024 I Nr. 225).

in einem bestimmten Zeitraum oder fortlaufend festzustellen sowie die für die Entstehung der Luftverunreinigungen und ihrer Ausbreitung bedeutsamen Umstände zu untersuchen sind.

§ 45 Verbesserung der Luftqualität. (1) [1] Die zuständigen Behörden ergreifen die erforderlichen Maßnahmen, um die Einhaltung der durch eine Rechtsverordnung nach § 48a festgelegten Immissionswerte sicherzustellen. [2] Hierzu gehören insbesondere Pläne nach § 47.

(2) Die Maßnahmen nach Absatz 1

a) müssen einem integrierten Ansatz zum Schutz von Luft, Wasser und Boden Rechnung tragen;
b) dürfen nicht gegen die Vorschriften zum Schutz von Gesundheit und Sicherheit der Arbeitnehmer am Arbeitsplatz verstoßen;
c) dürfen keine erheblichen Beeinträchtigungen der Umwelt in anderen Mitgliedstaaten verursachen.

§ 46 Emissionskataster. Soweit es zur Erfüllung von bindenden Rechtsakten der Europäischen Gemeinschaften oder der Europäischen Union erforderlich ist, stellen die zuständigen Behörden Emissionskataster auf.

§ 46a Unterrichtung der Öffentlichkeit. [1] Die Öffentlichkeit ist nach Maßgabe der Rechtsverordnungen nach § 48a Absatz 1 über die Luftqualität zu informieren. [2] Überschreitungen von in Rechtsverordnungen nach § 48a Absatz 1 festgelegten Informations- oder Alarmschwellen sind der Öffentlichkeit von der zuständigen Behörde unverzüglich durch Rundfunk, Fernsehen, Presse oder auf andere Weise bekannt zu geben.

§ 47[1)] Luftreinhaltepläne, Pläne für kurzfristig zu ergreifende Maßnahmen, Landesverordnungen. (1) [1] Werden die durch eine Rechtsverordnung nach § 48a Absatz 1 festgelegten Immissionsgrenzwerte einschließlich festgelegter Toleranzmargen überschritten, hat die zuständige Behörde einen Luftreinhalteplan aufzustellen, welcher die erforderlichen Maßnahmen zur dauerhaften Verminderung von Luftverunreinigungen festlegt und den Anforderungen der Rechtsverordnung entspricht. [2] Satz 1 gilt entsprechend, soweit eine Rechtsverordnung nach § 48a Absatz 1 zur Einhaltung von Zielwerten die Aufstellung eines Luftreinhalteplans regelt. [3] Die Maßnahmen eines Luftreinhalteplans müssen geeignet sein, den Zeitraum einer Überschreitung von bereits einzuhaltenden Immissionsgrenzwerten so kurz wie möglich zu halten.

(2) [1] Besteht die Gefahr, dass die durch eine Rechtsverordnung nach § 48a Absatz 1 festgelegten Alarmschwellen überschritten werden, hat die zuständige Behörde einen Plan für kurzfristig zu ergreifende Maßnahmen aufzustellen, soweit die Rechtsverordnung dies vorsieht. [2] Besteht die Gefahr, dass durch eine Rechtsverordnung nach § 48a Absatz 1 festgelegte Immissionsgrenzwerte oder Zielwerte überschritten werden, kann die zuständige Behörde einen Plan für kurzfristig zu ergreifende Maßnahmen aufstellen, soweit die Rechtsverordnung dies vorsieht. [3] Die im Plan festgelegten Maßnahmen müssen geeignet sein, die Gefahr der *Überschreitung der Werte* zu verringern oder den Zeitraum, während dessen die

---

1) § 47 Abs. 5a Satz 3 geänd. mWv 5.4.2017 durch G v. 29.3.2017 (BGBl. I S. 626); Abs. 4a eingef. mWv 12.4.2019 durch G v. 8.4.2019 (BGBl. I S. 432).

Werte überschritten werden, zu verkürzen. [4] Ein Plan für kurzfristig zu ergreifende Maßnahmen kann Teil eines Luftreinhalteplans nach Absatz 1 sein.

(3) [1] Liegen Anhaltspunkte dafür vor, dass die durch eine Rechtsverordnung nach § 48a Absatz 1a festgelegten Immissionswerte nicht eingehalten werden, oder sind in einem Untersuchungsgebiet im Sinne des § 44 Absatz 2 sonstige schädliche Umwelteinwirkungen zu erwarten, kann die zuständige Behörde einen Luftreinhalteplan aufstellen. [2] Bei der Aufstellung dieser Pläne sind die Ziele der Raumordnung zu beachten; die Grundsätze und sonstigen Erfordernisse der Raumordnung sind zu berücksichtigen.

(4) [1] Die Maßnahmen sind entsprechend des Verursacheranteils unter Beachtung des Grundsatzes der Verhältnismäßigkeit gegen alle Emittenten zu richten, die zum Überschreiten der Immissionswerte oder in einem Untersuchungsgebiet im Sinne des § 44 Absatz 2 zu sonstigen schädlichen Umwelteinwirkungen beitragen. [2] Werden in Plänen nach Absatz 1 oder 2 Maßnahmen im Straßenverkehr erforderlich, sind diese im Einvernehmen mit den zuständigen Straßenbau- und Straßenverkehrsbehörden festzulegen. [3] Werden Immissionswerte hinsichtlich mehrerer Schadstoffe überschritten, ist ein alle Schadstoffe erfassender Plan aufzustellen. [4] Werden Immissionswerte durch Emissionen überschritten, die außerhalb des Plangebiets verursacht werden, hat in den Fällen der Absätze 1 und 2 auch die dort zuständige Behörde einen Plan aufzustellen.

(4a) [1] Verbote des Kraftfahrzeugverkehrs für Kraftfahrzeuge mit Selbstzündungsmotor kommen wegen der Überschreitung des Immissionsgrenzwertes für Stickstoffdioxid in der Regel nur in Gebieten in Betracht, in denen der Wert von 50 Mikrogramm Stickstoffdioxid pro Kubikmeter Luft im Jahresmittel überschritten worden ist. [2] Folgende Kraftfahrzeuge sind von Verkehrsverboten ausgenommen:

1. Kraftfahrzeuge der Schadstoffklasse Euro 6,
2. Kraftfahrzeuge der Schadstoffklassen Euro 4 und Euro 5, sofern diese im praktischen Fahrbetrieb in entsprechender Anwendung des Artikels 2 Nummer 41 in Verbindung mit Anhang IIIa der Verordnung (EG) Nr. 692/2008 der Kommission vom 18. Juli 2008 zur Durchführung und Änderung der Verordnung (EG) Nr. 715/2007 des Europäischen Parlaments und des Rates über die Typgenehmigung von Kraftfahrzeugen hinsichtlich der Emissionen von leichten Personenkraftwagen und Nutzfahrzeugen (Euro 5 und Euro 6) und über den Zugang zu Reparatur- und Wartungsinformationen für Fahrzeuge (ABl. L 199 vom 28.7.2008, S. 1), die zuletzt durch die Verordnung (EU) 2017/1221 (ABl. L 174 vom 7.7.2017, S. 3) geändert worden ist, weniger als 270 Milligramm Stickstoffoxide pro Kilometer ausstoßen,
3. Kraftomnibusse mit einer Allgemeinen Betriebserlaubnis für ein Stickstoffoxid-Minderungssystem mit erhöhter Minderungsleistung, sofern die Nachrüstung finanziell aus einem öffentlichen Titel des Bundes gefördert worden ist, oder die *die technischen Anforderungen* erfüllen, die für diese Förderung erforderlich gewesen wären,
4. schwere Kommunalfahrzeuge mit einer Allgemeinen Betriebserlaubnis für ein Stickstoffoxid-Minderungssystem mit erhöhter Minderungsleistung, sofern die Nachrüstung finanziell aus einem öffentlichen Titel des Bundes gefördert worden ist, oder die die technischen Anforderungen erfüllen, die für diese Förderung erforderlich gewesen wären, sowie Fahrzeuge der privaten Entsorgungswirtschaft von mehr als 3,5 Tonnen mit einer Allgemeinen Betriebserlaubnis für ein Stickstoffoxid-Minderungssystem mit erhöhter Minderungsleistung, die die

technischen Anforderungen erfüllen, die für diese Förderung erforderlich gewesen wären,

5. Handwerker- und Lieferfahrzeuge zwischen 2,8 und 7,5 Tonnen mit einer Allgemeinen Betriebserlaubnis für ein Stickstoffoxid-Minderungssystem mit erhöhter Minderungsleistung, sofern die Nachrüstung finanziell aus einem öffentlichen Titel des Bundes gefördert worden ist, oder die die technischen Anforderungen erfüllen, die für diese Förderung erforderlich gewesen wären,
6. Kraftfahrzeuge der Schadstoffklasse Euro VI und
7. Kraftfahrzeuge im Sinne von Anhang 3 Nummer 5, 6 und 7 der Verordnung zur Kennzeichnung der Kraftfahrzeuge mit geringem Beitrag zur Schadstoffbelastung[1)] vom 10. Oktober 2006 (BGBl. I S. 2218), die zuletzt durch Artikel 85 der Verordnung vom 31. August 2015 (BGBl. I S. 1474) geändert worden ist.

[3] Im Einzelfall kann der Luftreinhalteplan im Fall des Satzes 2 Nummer 6 auch für diese Kraftfahrzeuge ein Verbot des Kraftfahrzeugverkehrs vorsehen, wenn die schnellstmögliche Einhaltung des Immissionsgrenzwertes für Stickstoffdioxid anderenfalls nicht sichergestellt werden kann. [4] Weitere Ausnahmen von Verboten des Kraftfahrzeugverkehrs, insbesondere nach § 40 Absatz 1 Satz 2, können durch die zuständigen Behörden zugelassen werden. [5] Die Vorschriften zu ergänzenden technischen Regelungen, insbesondere zu Nachrüstmaßnahmen bei Kraftfahrzeugen, im Straßenverkehrsgesetz[2)] und in der Straßenverkehrs-Zulassungs-Ordnung bleiben unberührt.

(5) [1] Die nach den Absätzen 1 bis 4 aufzustellenden Pläne müssen den Anforderungen des § 45 Absatz 2 entsprechen. [2] Die Öffentlichkeit ist bei der Aufstellung von Plänen nach den Absätzen 1 und 3 zu beteiligen. [3] Die Pläne müssen für die Öffentlichkeit zugänglich sein.

(5a) [1] Bei der Aufstellung oder Änderung von Luftreinhalteplänen nach Absatz 1 ist die Öffentlichkeit durch die zuständige Behörde zu beteiligen. [2] Die Aufstellung oder Änderung eines Luftreinhalteplanes sowie Informationen über das Beteiligungsverfahren sind in einem amtlichen Veröffentlichungsblatt und auf andere geeignete Weise öffentlich bekannt zu machen. [3] Der Entwurf des neuen oder geänderten Luftreinhalteplanes ist einen Monat zur Einsicht auszulegen; bis zwei Wochen nach Ablauf der Auslegungsfrist kann gegenüber der zuständigen Behörde schriftlich oder elektronisch Stellung genommen werden; der Zeitpunkt des Fristablaufs ist bei der Bekanntmachung nach Satz 2 mitzuteilen. [4] Fristgemäß eingegangene Stellungnahmen werden von der zuständigen Behörde bei der Entscheidung über die Annahme des Plans angemessen berücksichtigt. [5] Der aufgestellte Plan ist von der zuständigen Behörde in einem amtlichen Veröffentlichungsblatt und auf andere geeignete Weise öffentlich bekannt zu machen. [6] In der öffentlichen Bekanntmachung sind das überplante Gebiet und eine Übersicht über die wesentlichen Maßnahmen darzustellen. [7] Eine Ausfertigung des Plans, einschließlich einer Darstellung des Ablaufs des Beteiligungsverfahrens und der Gründe und Erwägungen, auf denen die getroffene Entscheidung beruht, wird zwei Wochen zur Einsicht ausgelegt. [8] Dieser Absatz findet keine Anwendung, wenn es sich bei dem Luftreinhalteplan nach Absatz 1 um einen Plan handelt, für den nach dem Gesetz über die Umweltverträglichkeitsprüfung[3)] eine Strategische Umweltprüfung durchzuführen ist.

[1)] **Sartorius ErgBd. Nr. 296/35.**
[2)] **Habersack Nr. 35.**
[3)] Nr. **295.**

(5b) Werden nach Absatz 2 Pläne für kurzfristig zu ergreifende Maßnahmen aufgestellt, macht die zuständige Behörde der Öffentlichkeit sowohl die Ergebnisse ihrer Untersuchungen zur Durchführbarkeit und zum Inhalt solcher Pläne als auch Informationen über die Durchführung dieser Pläne zugänglich.

(6) [1] Die Maßnahmen, die Pläne nach den Absätzen 1 bis 4 festlegen, sind durch Anordnungen oder sonstige Entscheidungen der zuständigen Träger öffentlicher Verwaltung nach diesem Gesetz oder nach anderen Rechtsvorschriften durchzusetzen. [2] Sind in den Plänen planungsrechtliche Festlegungen vorgesehen, haben die zuständigen Planungsträger dies bei ihren Planungen zu berücksichtigen.

(7) [1] Die Landesregierungen oder die von ihnen bestimmten Stellen werden ermächtigt, bei der Gefahr, dass Immissionsgrenzwerte überschritten werden, die eine Rechtsverordnung nach § 48a Absatz 1 festlegt, durch Rechtsverordnung vorzuschreiben, dass in näher zu bestimmenden Gebieten bestimmte

1. ortsveränderliche Anlagen nicht betrieben werden dürfen,
2. ortsfeste Anlagen nicht errichtet werden dürfen,
3. ortsveränderliche oder ortsfeste Anlagen nur zu bestimmten Zeiten betrieben werden dürfen oder erhöhten betriebstechnischen Anforderungen genügen müssen,
4. Brennstoffe in Anlagen nicht oder nur beschränkt verwendet werden dürfen,

soweit die Anlagen oder Brennstoffe geeignet sind, zur Überschreitung der Immissionswerte beizutragen. [2] Absatz 4 Satz 1 und § 49 Absatz 3 gelten entsprechend.

Sechster Teil. Lärmminderungsplanung

§ 47a Anwendungsbereich des Sechsten Teils. [1] Dieser Teil des Gesetzes gilt für den Umgebungslärm, dem Menschen insbesondere in bebauten Gebieten, in öffentlichen Parks oder anderen ruhigen Gebieten eines Ballungsraums, in ruhigen Gebieten auf dem Land, in der Umgebung von Schulgebäuden, Krankenhäusern und anderen lärmempfindlichen Gebäuden und Gebieten ausgesetzt sind. [2] Er gilt nicht für Lärm, der von der davon betroffenen Person selbst oder durch Tätigkeiten innerhalb von Wohnungen verursacht wird, für Nachbarschaftslärm, Lärm am Arbeitsplatz, in Verkehrsmitteln oder Lärm, der auf militärische Tätigkeiten in militärischen Gebieten zurückzuführen ist.

§ 47b Begriffsbestimmungen. Im Sinne dieses Gesetzes bezeichnen die Begriffe

1. „Umgebungslärm" belästigende oder gesundheitsschädliche Geräusche im Freien, die durch Aktivitäten von Menschen verursacht werden, einschließlich des Lärms, der von Verkehrsmitteln, Straßenverkehr, Eisenbahnverkehr, Flugverkehr sowie Geländen für industrielle Tätigkeiten ausgeht;
2. „Ballungsraum" ein Gebiet mit einer Einwohnerzahl von über 100 000 und einer Bevölkerungsdichte von mehr als 1 000 Einwohnern pro Quadratkilometer;
3. „Hauptverkehrsstraße" eine Bundesfernstraße, Landesstraße oder auch sonstige grenzüberschreitende Straße, jeweils mit einem Verkehrsaufkommen von über drei Millionen Kraftfahrzeugen pro Jahr;

4. „Haupteisenbahnstrecke" ein Schienenweg von Eisenbahnen nach dem Allgemeinen Eisenbahngesetz[1] mit einem Verkehrsaufkommen von über 30 000 Zügen pro Jahr;
5. „Großflughafen" ein Verkehrsflughafen mit einem Verkehrsaufkommen von über 50 000 Bewegungen pro Jahr, wobei mit „Bewegung" der Start oder die Landung bezeichnet wird, hiervon sind ausschließlich der Ausbildung dienende Bewegungen mit Leichtflugzeugen ausgenommen.

§ 47c[2] Lärmkarten. (1) [1]Die zuständigen Behörden arbeiten bis zum 30. Juni 2007 bezogen auf das vorangegangene Kalenderjahr Lärmkarten für Ballungsräume mit mehr als 250 000 Einwohnern sowie für Hauptverkehrsstraßen mit einem Verkehrsaufkommen von über sechs Millionen Kraftfahrzeugen pro Jahr, Haupteisenbahnstrecken mit einem Verkehrsaufkommen von über 60 000 Zügen pro Jahr und Großflughäfen aus. [2]Gleiches gilt bis zum 30. Juni 2012 und danach alle fünf Jahre für sämtliche Ballungsräume sowie für sämtliche Hauptverkehrsstraßen und Haupteisenbahnstrecken.

(2) Die Lärmkarten haben den Mindestanforderungen des Anhangs IV der Richtlinie 2002/49/EG des Europäischen Parlaments und des Rates vom 25. Juni 2002 über die Bewertung und Bekämpfung von Umgebungslärm (ABl. EG Nr. L 189 S. 12) zu entsprechen und die nach Anhang VI der Richtlinie 2002/49/EG an die Kommission zu übermittelnden Daten zu enthalten.

(2a) Öffentliche Eisenbahninfrastrukturunternehmen sind verpflichtet, den für die Ausarbeitung von Lärmkarten zuständigen Behörden folgende für die Erarbeitung von Lärmkarten erforderlichen Daten unentgeltlich zur Verfügung zu stellen:

1. Daten zur Eisenbahninfrastruktur und
2. Daten zum Verkehr der Eisenbahnen auf den Schienenwegen.

(3) Die zuständigen Behörden arbeiten bei der Ausarbeitung von Lärmkarten für Grenzgebiete mit den zuständigen Behörden anderer Mitgliedstaaten der Europäischen Union zusammen.

(4) Die Lärmkarten werden mindestens alle fünf Jahre nach dem Zeitpunkt ihrer Erstellung überprüft und bei Bedarf überarbeitet.

(5) [1]Die zuständigen Behörden teilen dem Bundesministerium für Umwelt, Naturschutz und nukleare Sicherheit oder einer von ihm benannten Stelle zum 30. Juni 2005 und danach alle fünf Jahre die Ballungsräume mit mehr als 250 000 Einwohnern, die Hauptverkehrsstraßen mit einem Verkehrsaufkommen von über sechs Millionen Kraftfahrzeugen pro Jahr, die Haupteisenbahnstrecken mit einem Verkehrsaufkommen von über 60 000 Zügen pro Jahr und die Großflughäfen mit. [2]Gleiches gilt zum 31. Dezember 2008 für sämtliche Ballungsräume sowie sämtliche Hauptverkehrsstraßen und Haupteisenbahnstrecken.

(6) Die zuständigen Behörden teilen Informationen aus den Lärmkarten, die in der Rechtsverordnung nach § 47f bezeichnet werden, dem Bundesministerium für Umwelt, Naturschutz und nukleare Sicherheit oder einer von ihm benannten Stelle mit.

---

[1] **Sartorius III Nr. 200.**

[2] § 47c Abs. 5 Satz 1, Abs. 6 geänd. mWv 8.9.2015 durch VO v. 31.8.2015 (BGBl. I S. 1474); Abs. 5 Satz 1, Abs. 6 geänd. mWv 27.6.2020 durch VO v. 19.6.2020 (BGBl. I S. 1328).

§ 47d[1] Lärmaktionspläne. (1) [1]Die zuständigen Behörden stellen bis zum 18. Juli 2008 Lärmaktionspläne auf, mit denen Lärmprobleme und Lärmauswirkungen geregelt werden für

1. Orte in der Nähe der Hauptverkehrsstraßen mit einem Verkehrsaufkommen von über sechs Millionen Kraftfahrzeugen pro Jahr, der Haupteisenbahnstrecken mit einem Verkehrsaufkommen von über 60 000 Zügen pro Jahr und der Großflughäfen,
2. Ballungsräume mit mehr als 250 000 Einwohnern.

[2]Gleiches gilt bis zum 18. Juli 2013 für sämtliche Ballungsräume sowie für sämtliche Hauptverkehrsstraßen und Haupteisenbahnstrecken. [3]Die Festlegung von Maßnahmen in den Plänen ist in das Ermessen der zuständigen Behörden gestellt, sollte aber auch unter Berücksichtigung der Belastung durch mehrere Lärmquellen insbesondere auf die Prioritäten eingehen, die sich gegebenenfalls aus der Überschreitung relevanter Grenzwerte oder aufgrund anderer Kriterien ergeben, und insbesondere für die wichtigsten Bereiche gelten, wie sie in den Lärmkarten ausgewiesen werden.

(2) [1]Die Lärmaktionspläne haben den Mindestanforderungen des Anhangs V der Richtlinie 2002/49/EG zu entsprechen und die nach Anhang VI der Richtlinie 2002/49/EG an die Kommission zu übermittelnden Daten zu enthalten. [2]Ziel dieser Pläne soll es auch sein, ruhige Gebiete gegen eine Zunahme des Lärms zu schützen.

(2a) Öffentliche Eisenbahninfrastrukturunternehmen sind verpflichtet, an der Aufstellung von Lärmaktionsplänen für Orte in der Nähe der Haupteisenbahnstrecken und für Ballungsräume mit Eisenbahnverkehr mitzuwirken.

(3) [1]Die Öffentlichkeit wird zu Vorschlägen für Lärmaktionspläne gehört. [2]Sie erhält rechtzeitig und effektiv die Möglichkeit, an der Ausarbeitung und der Überprüfung der Lärmaktionspläne mitzuwirken. [3]Die Ergebnisse der Mitwirkung sind zu berücksichtigen. [4]Die Öffentlichkeit ist über die getroffenen Entscheidungen zu unterrichten. [5]Es sind angemessene Fristen mit einer ausreichenden Zeitspanne für jede Phase der Beteiligung vorzusehen.

(4) § 47c Absatz 3 gilt entsprechend.

(5) [1]Die Lärmaktionspläne werden bei bedeutsamen Entwicklungen für die Lärmsituation, ansonsten jedoch alle fünf Jahre nach dem Zeitpunkt ihrer Aufstellung überprüft und erforderlichenfalls überarbeitet. [2]Ist ein Lärmaktionsplan nach Satz 1 im Kalenderjahr 2023 zu überprüfen und zu überarbeiten, dann hat dies bis zum Ablauf des 18. Juli 2024 zu erfolgen.

(6) § 47 Absatz 3 Satz 2 und Absatz 6 gilt entsprechend.

(7) Die zuständigen Behörden teilen Informationen aus den Lärmaktionsplänen, die in der Rechtsverordnung nach § 47f bezeichnet werden, dem Bundesministerium für Umwelt, Naturschutz und nukleare Sicherheit oder einer von ihm benannten Stelle mit.

§ 47e[2] Zuständige Behörden. (1) Zuständige Behörden für die Aufgaben dieses Teils des Gesetzes sind die Gemeinden oder die nach Landesrecht zuständigen Behörden, soweit nicht nachstehend Abweichendes geregelt ist.

---

[1] § 47d Abs. 7 geänd. mWv 8.9.2015 durch VO v. 31.8.2015 (BGBl. I S. 1474); Abs. 7 geänd. mWv 27.6.2020 durch VO v. 19.6.2020 (BGBl. I S. 1328); Abs. 5 Satz 2 angef. mWv 9.7.2024 durch G v. 3.7. 2024 (BGBl. 2024 I Nr. 225).

[2] § 47e Abs. 4 angef. mWv 6.7.2013 durch G v. 2.7.2013 (BGBl. I S. 1943).

(2) Die obersten Landesbehörden oder die von ihnen benannten Stellen sind zuständig für die Mitteilungen nach § 47c Absatz 5 und 6 sowie nach § 47d Absatz 7.

(3) Das Eisenbahn-Bundesamt ist zuständig für die Ausarbeitung der Lärmkarten für Schienenwege von Eisenbahnen des Bundes nach § 47c sowie insoweit für die Mitteilung der Haupteisenbahnstrecken nach § 47c Absatz 5, für die Mitteilung der Informationen nach § 47c Absatz 6 und für die Information der Öffentlichkeit über Lärmkarten nach § 47f Absatz 1 Satz 1 Nummer 3.

(4) [1]Abweichend von Absatz 1 ist ab dem 1. Januar 2015 das Eisenbahn-Bundesamt zuständig für die Aufstellung eines bundesweiten Lärmaktionsplanes für die Haupteisenbahnstrecken des Bundes mit Maßnahmen in Bundeshoheit. [2]Bei Lärmaktionsplänen für Ballungsräume wirkt das Eisenbahn-Bundesamt an der Lärmaktionsplanung mit.

§ 47f[1)] Rechtsverordnungen. (1) [1]Die Bundesregierung wird ermächtigt, nach Anhörung der beteiligten Kreise (§ 51) durch Rechtsverordnung[2)] mit Zustimmung des Bundesrates weitere Regelungen zur Umsetzung der Richtlinie 2002/49/EG in deutsches Recht zu erlassen, insbesondere

1. zur Definition von Lärmindizes und zu ihrer Anwendung,
2. zu den Berechnungsmethoden für Lärmindizes und zur Bewertung gesundheitsschädlicher Auswirkungen,
3. zur Information der Öffentlichkeit über zuständige Behörden sowie Lärmkarten und Lärmaktionspläne,
4. zu Kriterien für die Festlegung von Maßnahmen in Lärmaktionsplänen.

[2]Passt die Kommission gemäß Artikel 12 der Richtlinie 2002/49/EG deren Anhang I Abschnitt 3, Anhang II und Anhang III nach dem Verfahren des *Artikels 13 Absatz 2 der Richtlinie 2002/49/EG*[3)] an den wissenschaftlichen und technischen Fortschritt an, gilt Satz 1 auch insoweit.

(2) Die Bundesregierung wird ermächtigt, nach Anhörung der beteiligten Kreise (§ 51) durch Rechtsverordnung mit Zustimmung des Bundesrates weitere Regelungen zu erlassen

1. zum Format und Inhalt von Lärmkarten und Lärmaktionsplänen,
2. zur Datenerhebung und Datenübermittlung.

Siebenter Teil. Gemeinsame Vorschriften

§ 48[4)] Verwaltungsvorschriften. (1) [1]Die Bundesregierung erlässt nach Anhörung der beteiligten Kreise (§ 51) mit Zustimmung des Bundesrates zur Durchführung dieses Gesetzes und der auf Grund dieses Gesetzes erlassenen Rechtsverordnungen des Bundes allgemeine Verwaltungsvorschriften[2)], insbesondere über

---

[1)] § 47f Abs. 1 Satz 2 geänd. (mangels Textübereinstimmung nicht ausführbar) mWv 9.7.2024 durch G v. 3.7.2024 (BGBl. 2024 I Nr. 225).

[2)] Siehe die Anmerkung am Titel.

[3)] Nach den Änd. durch G v. 3.7.2024 (BGBl. 2024 I Nr. 225) jetzt wohl richtig: „Artikels 12a der Richtlinie 2002/49/EG des Europäischen Parlaments und des Rates vom 25. Juni 2002 über die Bewertung und Bekämpfung von Umgebungslärm (ABl. L 189 vom 18.7.2002, S. 12), die zuletzt durch Artikel 1 der Richtlinie (EU) 2021/1226 (ABl. 2021 L 269 vom 28.7.2021, S. 65) geändert worden ist".

[4)] § 48 Abs. 2 aufgeh. mWv 1.1.2015 durch G v. 20.11.2014 (BGBl. I S. 1740); Abs. 1a Satz 2 geänd. mWv 8.9.2015 durch VO v. 31.8.2015 (BGBl. I S. 1474); Abs. 1 Satz 1 Nr. 5 geänd., Nr. 6 angef., Abs. 1a neu gef. mWv 7.12.2016 durch G v. 30.11.2016 (BGBl. I S. 2749).

1. Immissionswerte, die zu dem in § 1 genannten Zweck nicht überschritten werden dürfen,
2. Emissionswerte, deren Überschreiten nach dem Stand der Technik vermeidbar ist,
3. das Verfahren zur Ermittlung der Emissionen und Immissionen,
4. die von der zuständigen Behörde zu treffenden Maßnahmen bei Anlagen, für die Regelungen in einer Rechtsverordnung nach § 7 Absatz 2 oder 3 vorgesehen werden können, unter Berücksichtigung insbesondere der dort genannten Voraussetzungen,
5. äquivalente Parameter oder äquivalente technische Maßnahmen zu Emissionswerten,
6. angemessene Sicherheitsabstände gemäß § 3 Absatz 5c.

[2] Bei der Festlegung der Anforderungen sind insbesondere mögliche Verlagerungen von nachteiligen Auswirkungen von einem Schutzgut auf ein anderes zu berücksichtigen; ein hohes Schutzniveau für die Umwelt insgesamt ist zu gewährleisten.

(1a) [1] Nach jeder Veröffentlichung einer BVT-Schlussfolgerung ist unverzüglich zu gewährleisten, dass für Anlagen nach der Industrieemissions-Richtlinie bei der Festlegung von Emissionswerten nach Absatz 1 Satz 1 Nummer 2 die Emissionen unter normalen Betriebsbedingungen die in den BVT-Schlussfolgerungen genannten Emissionsbandbreiten nicht überschreiten. [2] Im Hinblick auf bestehende Anlagen ist innerhalb eines Jahres nach Veröffentlichung von BVT-Schlussfolgerungen zur Haupttätigkeit eine Überprüfung und gegebenenfalls Anpassung der Verwaltungsvorschrift vorzunehmen.

(1b) [1] Abweichend von Absatz 1a

1. können in der Verwaltungsvorschrift weniger strenge Emissionswerte festgelegt werden, wenn
   a) wegen technischer Merkmale der betroffenen Anlagenart die Anwendung der in den BVT-Schlussfolgerungen genannten Emissionsbandbreiten unverhältnismäßig wäre und dies begründet wird oder
   b) in Anlagen Zukunftstechniken für einen Gesamtzeitraum von höchstens neun Monaten erprobt oder angewendet werden sollen, sofern nach dem festgelegten Zeitraum die Anwendung der betreffenden Technik beendet wird oder in der Anlage mindestens die mit den besten verfügbaren Techniken assoziierten Emissionsbandbreiten erreicht werden, oder
2. kann in der Verwaltungsvorschrift bestimmt werden, dass die zuständige Behörde weniger strenge Emissionsbegrenzungen festlegen kann, wenn
   a) wegen technischer Merkmale der betroffenen Anlagen die Anwendung der in den BVT-Schlussfolgerungen genannten Emissionsbandbreiten unverhältnismäßig wäre oder
   b) in Anlagen Zukunftstechniken für einen Gesamtzeitraum von höchstens neun Monaten erprobt oder angewendet werden sollen, sofern nach dem festgelegten Zeitraum die Anwendung der betreffenden Technik beendet wird oder in der Anlage mindestens die mit den besten verfügbaren Techniken assoziierten Emissionsbandbreiten erreicht werden.

[2] Absatz 1 Satz 2 bleibt unberührt. [3] Emissionswerte und Emissionsbegrenzungen nach Satz 1 dürfen die in den Anhängen der Richtlinie 2010/75/EU festgelegten Emissionsgrenzwerte nicht überschreiten.

(2) *(aufgehoben)*

§ 48a[1)] Rechtsverordnungen über Emissionswerte und Immissionswerte.

(1) [1] Zur Erfüllung von bindenden Rechtsakten der Europäischen Gemeinschaften oder der Europäischen Union kann die Bundesregierung zu dem in § 1 genannten Zweck mit Zustimmung des Bundesrates Rechtsverordnungen[2)] über die Festsetzung von Immissions- und Emissionswerten einschließlich der Verfahren zur Ermittlung sowie Maßnahmen zur Einhaltung dieser Werte und zur Überwachung und Messung erlassen. [2] In den Rechtsverordnungen kann auch geregelt werden, wie die Bevölkerung zu unterrichten ist.

(1a) [1] Über die Erfüllung von bindenden Rechtsakten der Europäischen Gemeinschaften oder der Europäischen Union hinaus kann die Bundesregierung zu dem in § 1 genannten Zweck mit Zustimmung des Bundesrates Rechtsverordnungen über die Festlegung von Immissionswerten für weitere Schadstoffe einschließlich der Verfahren zur Ermittlung sowie Maßnahmen zur Einhaltung dieser Werte und zur Überwachung und Messung erlassen. [2] In den Rechtsverordnungen kann auch geregelt werden, wie die Bevölkerung zu unterrichten ist.

(2) Die in Rechtsverordnungen nach Absatz 1 festgelegten Maßnahmen sind durch Anordnungen oder sonstige Entscheidungen der zuständigen Träger öffentlicher Verwaltung nach diesem Gesetz oder nach anderen Rechtsvorschriften durchzusetzen; soweit planungsrechtliche Festlegungen vorgesehen sind, haben die zuständigen Planungsträger zu befinden, ob und inwieweit Planungen in Betracht zu ziehen sind.

(3) [1] Zur Erfüllung von bindenden Rechtsakten der Europäischen Gemeinschaften oder der Europäischen Union kann die Bundesregierung zu dem in § 1 genannten Zweck mit Zustimmung des Bundesrates in Rechtsverordnungen[2)] von Behörden zu erfüllende Pflichten begründen und ihnen Befugnisse zur Erhebung, Verarbeitung und Nutzung personenbezogener Daten einräumen, soweit diese für die Beurteilung und Kontrolle der in den Beschlüssen gestellten Anforderungen erforderlich sind. [2] In einer Rechtsverordnung nach Satz 1 kann dem Kraftfahrt-Bundesamt die Aufgabe übertragen werden, Daten aus dem praktischen Fahrbetrieb im Sinne des *Artikel*[3)] 2 Buchstabe c der Durchführungsverordnung (EU) 2021/392 der Kommission vom 4. März 2021 über die Überwachung und Meldung von Daten zu den CO_2-Emissionen von Personenkraftwagen und leichten Nutzfahrzeugen gemäß der Verordnung (EU) 2019/631 des Europäischen Parlaments und des Rates und zur Aufhebung der Durchführungsverordnungen (EU) Nr. 1014/2010, (EU) Nr. 293/2012, (EU) 2017/1152 und (EU) 2017/1153 der Kommission (ABl. L 77 vom 5.3.2021, S. 8) zusammen mit den Fahrzeugidentifizierungsnummern zu speichern und die gespeicherten Daten, einschließlich personenbezogener Daten, an Stellen der Europäischen Union zu übermitteln.

§ 48b[4)] Beteiligung des Bundestages beim Erlass von Rechtsverordnungen. [1] Rechtsverordnungen nach § 5 Absatz 2 Satz 3[5)] § 7 Absatz 1 Satz 1 Nummer 2, § 23 Absatz 1 Satz 1 Nummer 2, § 43 Absatz 1 Satz 1 Nummer 1, § 48a Absatz 1 und § 48a Absatz 1a dieses Gesetzes sind dem Bundestag zuzuleiten. [2] Die Zuleitung erfolgt vor der Zuleitung an den Bundesrat. [3] Die Rechtsverordnungen können durch Beschluss des Bundestages geändert oder abgelehnt

---

[1)] § 48a Abs. 3 Satz 2 angef. mWv 9.7.2024 durch G v. 3.7.2024 (BGBl. 2024 I Nr. 225).

[2)] *Siehe die Anmerkung am Titel.*

[3)] Richtig wohl: „Artikels".

[4)] § 48b *Satz 1* [Änderungsbefehl insoweit nicht hinreichend konkret] geänd. mWv 9.7.2024 durch G v. 3.7.2024 (BGBl. 2024 I Nr. 225).

[5)] Amtlich ohne Zeichensetzung.

werden. [4]Der Beschluss des Bundestages wird der Bundesregierung zugeleitet. [5]Hat sich der Bundestag nach Ablauf von vier Sitzungswochen seit Eingang der Rechtsverordnung nicht mit ihr befasst, wird die unveränderte Rechtsverordnung dem Bundesrat zugeleitet. [6]Die Sätze 1 bis 5 gelten nicht bei Rechtsverordnungen nach § 7 Absatz 1 Satz 1 Nummer 2 für den Fall, dass wegen der Fortentwicklung des Standes der Technik die Umsetzung von BVT-Schlussfolgerungen nach § 7 Absatz 1a erforderlich ist.

§ 49 Schutz bestimmter Gebiete. (1) Die Landesregierungen werden ermächtigt, durch Rechtsverordnung vorzuschreiben, dass in näher zu bestimmenden Gebieten, die eines besonderen Schutzes vor schädlichen Umwelteinwirkungen durch Luftverunreinigungen oder Geräusche bedürfen, bestimmte

1. ortsveränderliche Anlagen nicht betrieben werden dürfen,
2. ortsfeste Anlagen nicht errichtet werden dürfen,
3. ortsveränderliche oder ortsfeste Anlagen nur zu bestimmten Zeiten betrieben werden dürfen oder erhöhten betriebstechnischen Anforderungen genügen müssen oder
4. Brennstoffe in Anlagen nicht oder nur beschränkt verwendet werden dürfen,

soweit die Anlagen oder Brennstoffe geeignet sind, schädliche Umwelteinwirkungen durch Luftverunreinigungen oder Geräusche hervorzurufen, die mit dem besonderen Schutzbedürfnis dieser Gebiete nicht vereinbar sind, und die Luftverunreinigungen und Geräusche durch Auflagen nicht verhindert werden können.

(2) [1]Die Landesregierungen werden ermächtigt, durch Rechtsverordnung Gebiete festzusetzen, in denen während austauscharmer Wetterlagen ein starkes Anwachsen schädlicher Umwelteinwirkungen durch Luftverunreinigungen zu befürchten ist. [2]In der Rechtsverordnung kann vorgeschrieben werden, dass in diesen Gebieten

1. ortsveränderliche oder ortsfeste Anlagen nur zu bestimmten Zeiten betrieben oder
2. Brennstoffe, die in besonderem Maße Luftverunreinigungen hervorrufen, in Anlagen nicht oder nur beschränkt verwendet

werden dürfen, sobald die austauscharme Wetterlage von der zuständigen Behörde bekannt gegeben wird.

(3) Landesrechtliche Ermächtigungen für die Gemeinden und Gemeindeverbände zum Erlass von ortsrechtlichen Vorschriften, die Regelungen zum Schutz der Bevölkerung vor schädlichen Umwelteinwirkungen durch Luftverunreinigungen oder Geräusche zum Gegenstand haben, bleiben unberührt.

§ 50[1)] Planung. [1]Bei raumbedeutsamen Planungen und Maßnahmen sind die für eine bestimmte Nutzung vorgesehenen Flächen einander so zuzuordnen, dass schädliche Umwelteinwirkungen und von schweren Unfällen im Sinne des Artikels 3 Nummer 13 der Richtlinie 2012/18/EU in Betriebsbereichen hervorgerufene Auswirkungen auf die ausschließlich oder überwiegend dem Wohnen dienenden Gebiete sowie auf sonstige schutzbedürftige Gebiete, insbesondere öffentlich genutzte Gebiete, wichtige Verkehrswege, Freizeitgebiete und unter dem Gesichtspunkt des Naturschutzes besonders wertvolle oder besonders empfindliche Gebiete und öffentlich genutzte Gebäude, so weit wie möglich vermieden werden. [2]Bei raumbedeutsamen Planungen und Maßnahmen in Gebieten, in denen

[1)] § 50 Satz 1 geänd. mWv 7.12.2016 durch G v. 30.11.2016 (BGBl. I S. 2749).

die in Rechtsverordnungen nach § 48a Absatz 1 festgelegten Immissionsgrenzwerte und Zielwerte nicht überschritten werden, ist bei der Abwägung der betroffenen Belange die Erhaltung der bestmöglichen Luftqualität als Belang zu berücksichtigen.

§ 51 Anhörung beteiligter Kreise. Soweit Ermächtigungen zum Erlass von Rechtsverordnungen und allgemeinen Verwaltungsvorschriften die Anhörung der beteiligten Kreise vorschreiben, ist ein jeweils auszuwählender Kreis von Vertretern der Wissenschaft, der Betroffenen, der beteiligten Wirtschaft, des beteiligten Verkehrswesens und der für den Immissionsschutz zuständigen obersten Landesbehörden zu hören.

§ 51a[1] Kommission für Anlagensicherheit. (1) Beim Bundesministerium für Umwelt, Naturschutz und nukleare Sicherheit wird zur Beratung der Bundesregierung oder des zuständigen Bundesministeriums eine Kommission für Anlagensicherheit gebildet.

(2) [1] Die Kommission für Anlagensicherheit soll gutachtlich in regelmäßigen Zeitabständen sowie aus besonderem Anlass Möglichkeiten zur Verbesserung der Anlagensicherheit aufzeigen. [2] Sie schlägt darüber hinaus dem Stand der Sicherheitstechnik entsprechende Regeln (sicherheitstechnische Regeln) unter Berücksichtigung der für andere Schutzziele vorhandenen Regeln vor. [3] Nach Anhörung der für die Anlagensicherheit zuständigen obersten Landesbehörden kann das Bundesministerium für Umwelt, Naturschutz und nukleare Sicherheit diese Regeln im Bundesanzeiger veröffentlichen. [4] Die Kommission für Anlagensicherheit überprüft innerhalb angemessener Zeitabstände, spätestens nach jeweils fünf Jahren, ob die veröffentlichten sicherheitstechnischen Regeln weiterhin dem Stand der Sicherheitstechnik entsprechen.

(3) In die Kommission für Anlagensicherheit sind im Einvernehmen mit dem Bundesministerium für Arbeit und Soziales neben Vertreterinnen oder Vertretern der beteiligten Bundesbehörden sowie der für den Immissions- und Arbeitsschutz zuständigen Landesbehörden insbesondere Vertreterinnen oder Vertreter der Wissenschaft, der Umweltverbände, der Gewerkschaften, der Sachverständigen nach § 29a und der zugelassenen Überwachungsstellen nach § 2 Nummer 4 des Gesetzes über überwachungsbedürftige Anlagen, der Berufsgenossenschaften, der beteiligten Wirtschaft sowie Vertreterinnen oder Vertreter der nach § 24 der Betriebssicherheitsverordnung[2] und § 20 Absatz 1 bis 3 der Gefahrstoffverordnung eingesetzten Ausschüsse zu berufen.

(4) [1] Die Kommission für Anlagensicherheit wählt aus ihrer Mitte eine Vorsitzende oder einen Vorsitzenden und gibt sich eine Geschäftsordnung. [2] Die Wahl der oder des Vorsitzenden und die Geschäftsordnung bedürfen der im Einvernehmen mit dem Bundesministerium für Arbeit und Soziales zu erteilenden Zustimmung des Bundesministeriums für Umwelt, Naturschutz und nukleare Sicherheit.

§ 51b Sicherstellung der Zustellungsmöglichkeit. [1] Der Betreiber einer genehmigungsbedürftigen Anlage hat sicherzustellen, dass für ihn bestimmte Schriftstücke im Geltungsbereich dieses Gesetzes zugestellt werden können. [2] Kann die

---

[1] *§ 51a Abs. 1, 2 Satz 3 und Abs. 4 Satz 2* geänd. mWv 8.9.2015 durch VO v. 31.8.2015 (BGBl. I S. 1474); Abs. 1, 2 Satz 3 und Abs. 4 Satz 2 geänd. mWv 27.6.2020 durch VO v. 19.6.2020 (BGBl. I S. 1328); Abs. 3 geänd. mWv 16.7.2021 durch G v. 27.7.2021 (BGBl. I S. 3146); Abs. 3 geänd. mWv 9.7. 2024 durch G v. 3.7.2024 (BGBl. 2024 I Nr. 225).

[2] **Sartorius ErgBd. Nr. 801c.**

Zustellung nur dadurch sichergestellt werden, dass ein Bevollmächtigter bestellt wird, so hat der Betreiber den Bevollmächtigten der zuständigen Behörde zu benennen.

§ 52 Überwachung. (1) [1]Die zuständigen Behörden haben die Durchführung dieses Gesetzes und der auf dieses Gesetz gestützten Rechtsverordnungen zu überwachen. [2]Sie können die dafür erforderlichen Maßnahmen treffen und bei der Durchführung dieser Maßnahmen Beauftragte einsetzen. [3]Sie haben Genehmigungen im Sinne des § 4 regelmäßig zu überprüfen und soweit erforderlich durch nachträgliche Anordnungen nach § 17 auf den neuesten Stand zu bringen. [4]Eine Überprüfung im Sinne von Satz 2 wird in jedem Fall vorgenommen, wenn

1. Anhaltspunkte dafür bestehen, dass der Schutz der Nachbarschaft und der Allgemeinheit nicht ausreichend ist und deshalb die in der Genehmigung festgelegten Begrenzungen der Emissionen überprüft oder neu festgesetzt werden müssen,
2. wesentliche Veränderungen des Standes der Technik eine erhebliche Verminderung der Emissionen ermöglichen,
3. eine Verbesserung der Betriebssicherheit erforderlich ist, insbesondere durch die Anwendung anderer Techniken, oder
4. neue umweltrechtliche Vorschriften dies fordern.

[5]Bei Anlagen nach der Industrieemissions-Richtlinie ist innerhalb von vier Jahren nach der Veröffentlichung von BVT-Schlussfolgerungen zur Haupttätigkeit

1. eine Überprüfung und gegebenenfalls Aktualisierung der Genehmigung im Sinne von Satz 3 vorzunehmen und
2. sicherzustellen, dass die betreffende Anlage die Genehmigungsanforderungen nach § 6 Absatz 1 Nummer 1 und der Nebenbestimmungen nach § 12 einhält.

[6]Satz 5 gilt auch für Genehmigungen, die nach Veröffentlichung von BVT-Schlussfolgerungen auf der Grundlage der bislang geltenden Rechts- und Verwaltungsvorschriften erteilt worden sind. [7]Wird festgestellt, dass eine Einhaltung der nachträglichen Anordnung nach § 17 oder der Genehmigung innerhalb der in Satz 5 bestimmten Frist wegen technischer Merkmale der betroffenen Anlage unverhältnismäßig wäre, kann die zuständige Behörde einen längeren Zeitraum festlegen. [8]Als Teil jeder Überprüfung der Genehmigung hat die zuständige Behörde die Festlegung weniger strenger Emissionsbegrenzungen nach § 7 Absatz 1b Satz 1 Nummer 2 Buchstabe a, § 12 Absatz 1b Satz 1 Nummer 1, § 17 Absatz 2b Satz 1 Nummer 1 und § 48 Absatz 1b Satz 1 Nummer 2 Buchstabe a erneut zu bewerten.

(1a) Im Falle des § 31 Absatz 1 Satz 3 hat die zuständige Behörde mindestens jährlich die Ergebnisse der Emissionsüberwachung zu bewerten, um sicherzustellen, dass die Emissionen unter normalen Betriebsbedingungen die in den BVT-Schlussfolgerungen festgelegten Emissionsbandbreiten nicht überschreiten.

(1b) [1]Zur Durchführung von Absatz 1 Satz 1 stellen die zuständigen Behörden zur regelmäßigen Überwachung von Anlagen nach der Industrieemissions-Richtlinie in ihrem Zuständigkeitsbereich Überwachungspläne und Überwachungsprogramme gemäß § 52a auf. [2]Zur Überwachung nach Satz 1 gehören insbesondere Vor-Ort-Besichtigungen, Überwachung der Emissionen und Überprüfung interner Berichte und Folgedokumente, Überprüfung der Eigenkontrolle, Prüfung der angewandten Techniken und der Eignung des Umweltmanagements der Anlage zur Sicherstellung der Anforderungen nach § 6 Absatz 1 Nummer 1.

(2) [1]Eigentümer und Betreiber von Anlagen sowie Eigentümer und Besitzer von Grundstücken, auf denen Anlagen betrieben werden, sind verpflichtet, den Angehörigen der zuständigen Behörde und deren Beauftragten den Zutritt zu den Grundstücken und zur Verhütung dringender Gefahren für die öffentliche Sicherheit oder Ordnung auch zu Wohnräumen und die Vornahme von Prüfungen einschließlich der Ermittlung von Emissionen und Immissionen zu gestatten sowie die Auskünfte zu erteilen und die Unterlagen vorzulegen, die zur Erfüllung ihrer Aufgaben erforderlich sind. [2]Das Grundrecht der Unverletzlichkeit der Wohnung (Artikel 13 des Grundgesetzes[1)]) wird insoweit eingeschränkt. [3]Betreiber von Anlagen, für die ein Immissionsschutzbeauftragter oder ein Störfallbeauftragter bestellt ist, haben diesen auf Verlangen der zuständigen Behörde zu Überwachungsmaßnahmen nach Satz 1 hinzuzuziehen. [4]Im Rahmen der Pflichten nach Satz 1 haben die Eigentümer und Betreiber der Anlagen Arbeitskräfte sowie Hilfsmittel, insbesondere Treibstoffe und Antriebsaggregate, bereitzustellen.

(3) [1]Absatz 2 gilt entsprechend für Eigentümer und Besitzer von Anlagen, Stoffen, Erzeugnissen, Brennstoffen, Treibstoffen und Schmierstoffen, soweit diese den §§ 37a bis 37c oder der Regelung der nach den §§ 32 bis 35, 37 oder 37d erlassenen Rechtsverordnung unterliegen. [2]Die Eigentümer und Besitzer haben den Angehörigen der zuständigen Behörde und deren Beauftragten die Entnahme von Stichproben zu gestatten, soweit dies zur Erfüllung ihrer Aufgaben erforderlich ist.

(4) [1]Kosten, die durch Prüfungen im Rahmen des Genehmigungsverfahrens entstehen, trägt der Antragsteller. [2]Kosten, die bei der Entnahme von Stichproben nach Absatz 3 und deren Untersuchung entstehen, trägt der Auskunftspflichtige. [3]Kosten, die durch sonstige Überwachungsmaßnahmen nach Absatz 2 oder 3 entstehen, trägt der Auskunftspflichtige, es sei denn, die Maßnahme betrifft die Ermittlung von Emissionen und Immissionen oder die Überwachung einer nicht genehmigungsbedürftigen Anlage außerhalb des Überwachungssystems nach der Zwölften Verordnung zur Durchführung des Bundes-Immissionsschutzgesetzes[2)]; in diesen Fällen sind die Kosten dem Auskunftspflichtigen nur aufzuerlegen, wenn die Ermittlungen ergeben, dass

1. Auflagen oder Anordnungen nach den Vorschriften dieses Gesetzes oder der auf dieses Gesetz gestützten Rechtsverordnungen nicht erfüllt worden oder
2. Auflagen oder Anordnungen nach den Vorschriften dieses Gesetzes oder der auf dieses Gesetz gestützten Rechtsverordnungen geboten

sind.

(5) Der zur Auskunft Verpflichtete kann die Auskunft auf solche Fragen verweigern, deren Beantwortung ihn selbst oder einen der in § 383 Absatz 1 Nummer 1 bis 3 der Zivilprozessordnung[3)] bezeichneten Angehörigen der Gefahr strafgerichtlicher Verfolgung oder eines Verfahrens nach dem Gesetz über Ordnungswidrigkeiten[4)] aussetzen würde.

(6) [1]Soweit zur Durchführung dieses Gesetzes oder der auf dieses Gesetz gestützten Rechtsverordnungen Immissionen zu ermitteln sind, haben auch die Eigentümer und Besitzer von Grundstücken, auf denen Anlagen nicht betrieben werden, den Angehörigen der zuständigen Behörde und deren Beauftragten den

[1)] Nr. 1.
[2)] **Sartorius ErgBd. Nr. 296/12.**
[3)] **Habersack Nr. 100.**
[4)] **Habersack Nr. 94.**

Zutritt zu den Grundstücken und zur Verhütung dringender Gefahren für die öffentliche Sicherheit oder Ordnung auch zu Wohnräumen und die Vornahme der Prüfungen zu gestatten. [2]Das Grundrecht der Unverletzlichkeit der Wohnung (Artikel 13 des Grundgesetzes) wird insoweit eingeschränkt. [3]Bei Ausübung der Befugnisse nach Satz 1 ist auf die berechtigten Belange der Eigentümer und Besitzer Rücksicht zu nehmen; für entstandene Schäden hat das Land, im Falle des § 59 Absatz 1 der Bund, Ersatz zu leisten. [4]Waren die Schäden unvermeidbare Folgen der Überwachungsmaßnahmen und haben die Überwachungsmaßnahmen zu Anordnungen der zuständigen Behörde gegen den Betreiber einer Anlage geführt, so hat dieser die Ersatzleistung dem Land oder dem Bund zu erstatten.

(7) [1]Auf die nach den Absätzen 2, 3 und 6 erlangten Kenntnisse und Unterlagen sind die §§ 93, 97, 105 Absatz 1, § 111 Absatz 5 in Verbindung mit § 105 Absatz 1 sowie § 116 Absatz 1 der Abgabenordnung nicht anzuwenden. [2]Dies gilt nicht, soweit die Finanzbehörden die Kenntnisse für die Durchführung eines Verfahrens wegen einer Steuerstraftat sowie eines damit zusammenhängenden Besteuerungsverfahrens benötigen, an deren Verfolgung ein zwingendes öffentliches Interesse besteht, oder soweit es sich um vorsätzlich falsche Angaben des Auskunftspflichtigen oder der für ihn tätigen Personen handelt.

§ 52a[1)] Überwachungspläne, Überwachungsprogramme für Anlagen nach der Industrieemissions-Richtlinie. (1) [1]Überwachungspläne haben Folgendes zu enthalten:

1. den räumlichen Geltungsbereich des Plans,
2. eine allgemeine Bewertung der wichtigen Umweltprobleme im Geltungsbereich des Plans,
3. ein Verzeichnis der in den Geltungsbereich des Plans fallenden Anlagen,
4. Verfahren für die Aufstellung von Programmen für die regelmäßige Überwachung,
5. Verfahren für die Überwachung aus besonderem Anlass sowie
6. soweit erforderlich, Bestimmungen für die Zusammenarbeit zwischen verschiedenen Überwachungsbehörden.

[2]Die Überwachungspläne sind von den zuständigen Behörden regelmäßig zu überprüfen und, soweit erforderlich, zu aktualisieren.

(2) [1]Auf der Grundlage der Überwachungspläne erstellen oder aktualisieren die zuständigen Behörden regelmäßig Überwachungsprogramme, in denen auch die Zeiträume angegeben sind, in denen Vor-Ort-Besichtigungen stattfinden müssen. [2]In welchem zeitlichen Abstand Anlagen vor Ort besichtigt werden müssen, richtet sich nach einer systematischen Beurteilung der mit der Anlage verbundenen Umweltrisiken insbesondere anhand der folgenden Kriterien:

1. mögliche und tatsächliche Auswirkungen der betreffenden Anlage auf die menschliche Gesundheit und auf die Umwelt unter Berücksichtigung der Emissionswerte und -typen, der Empfindlichkeit der örtlichen Umgebung und des von der Anlage ausgehenden Unfallrisikos,
2. bisherige Einhaltung der Genehmigungsanforderungen nach § 6 Absatz 1 Nummer 1 und der Nebenbestimmungen nach § 12,
3. Eintragung eines Unternehmens in ein Verzeichnis gemäß den Artikeln 13 bis 15 der Verordnung (EG) Nr. 1221/2009 des Europäischen Parlaments und des

---

1) § 52a Abs. 4 geänd. mWv 9.7.2024 durch G v. 3.7.2024 (BGBl. 2024 I Nr. 225).

Rates vom 25. November 2009 über die freiwillige Teilnahme von Organisationen an einem Gemeinschaftssystem für Umweltmanagement und Umweltbetriebsprüfung und zur Aufhebung der Verordnung (EG) Nr. 761/2001, sowie der Beschlüsse der Kommission 2001/681/EG und 2006/193/EG (ABl. L 342 vom 22.12.2009, S. 1).

(3) [1] Der Abstand zwischen zwei Vor-Ort-Besichtigungen darf die folgenden Zeiträume nicht überschreiten:

1. ein Jahr bei Anlagen, die der höchsten Risikostufe unterfallen, sowie
2. drei Jahre bei Anlagen, die der niedrigsten Risikostufe unterfallen.

[2] Wurde bei einer Überwachung festgestellt, dass der Betreiber einer Anlage in schwerwiegender Weise gegen die Genehmigung verstößt, hat die zuständige Behörde innerhalb von sechs Monaten nach der Feststellung des Verstoßes eine zusätzliche Vor-Ort-Besichtigung durchzuführen.

(4) Die zuständigen Behörden führen unbeschadet des Absatzes 2 bei Beschwerden wegen ernsthafter Umweltbeeinträchtigungen, bei Ereignissen mit erheblichen Umweltauswirkungen und bei Verstößen gegen die Vorschriften dieses Gesetzes oder der auf Grund dieses Gesetzes erlassenen Rechtsverordnungen unverzüglich und, soweit erforderlich, vor der Erteilung, Erneuerung oder Aktualisierung einer Genehmigung eine Überwachung durch.

(5) [1] Nach jeder Vor-Ort-Besichtigung einer Anlage erstellt die zuständige Behörde einen Bericht mit den relevanten Feststellungen über die Einhaltung der Genehmigungsanforderungen nach § 6 Absatz 1 Nummer 1 und der Nebenbestimmungen nach § 12 sowie mit Schlussfolgerungen, ob weitere Maßnahmen notwendig sind. [2] Der Bericht ist dem Betreiber innerhalb von zwei Monaten nach der Vor-Ort-Besichtigung durch die zuständige Behörde zu übermitteln. [3] Der Bericht ist der Öffentlichkeit nach den Vorschriften über den Zugang zu Umweltinformationen innerhalb von vier Monaten nach der Vor-Ort-Besichtigung zugänglich zu machen.

§ 52b[1)] Mitteilungspflichten zur Betriebsorganisation. (1) [1] Besteht bei Kapitalgesellschaften das vertretungsberechtigte Organ aus mehreren Mitgliedern oder sind bei rechtsfähigen Personengesellschaften mehrere vertretungsberechtigte Gesellschafter vorhanden, so ist der zuständigen Behörde anzuzeigen, wer von ihnen nach den Bestimmungen über die Geschäftsführungsbefugnis für die

(Fortsetzung nächstes Blatt)

[1)] § 52b Abs. 1 Satz 1 geänd. mWv 1.1.2024 durch G v. 10.8.2021 (BGBl. I S. 3436).

Gesellschaft die Pflichten des Betreibers der genehmigungsbedürftigen Anlage wahrnimmt, die ihm nach diesem Gesetz und nach den auf Grund dieses Gesetzes erlassenen Rechtsverordnungen und allgemeinen Verwaltungsvorschriften obliegen. [2]Die Gesamtverantwortung aller Organmitglieder oder Gesellschafter bleibt hiervon unberührt.

(2) Der Betreiber der genehmigungsbedürftigen Anlage oder im Rahmen ihrer Geschäftsführungsbefugnis die nach Absatz 1 Satz 1 anzuzeigende Person hat der zuständigen Behörde mitzuteilen, auf welche Weise sichergestellt ist, dass die dem Schutz vor schädlichen Umwelteinwirkungen und vor sonstigen Gefahren, erheblichen Nachteilen und erheblichen Belästigungen dienenden Vorschriften und Anordnungen beim Betrieb beachtet werden.

§ 53[1)] Bestellung eines Betriebsbeauftragten für Immissionsschutz.

(1) [1]Betreiber genehmigungsbedürftiger Anlagen haben einen oder mehrere Betriebsbeauftragte für Immissionsschutz (Immissionsschutzbeauftragte) zu bestellen, sofern dies im Hinblick auf die Art oder die Größe der Anlagen wegen der

1. von den Anlagen ausgehenden Emissionen,
2. technischen Probleme der Emissionsbegrenzung oder
3. Eignung der Erzeugnisse, bei bestimmungsgemäßer Verwendung schädliche Umwelteinwirkungen durch Luftverunreinigungen, Geräusche oder Erschütterungen hervorzurufen,

erforderlich ist. [2]Das Bundesministerium für Umwelt, Naturschutz und nukleare Sicherheit bestimmt nach Anhörung der beteiligten Kreise (§ 51) durch Rechtsverordnung[2)] mit Zustimmung des Bundesrates die genehmigungsbedürftigen Anlagen, deren Betreiber Immissionsschutzbeauftragte zu bestellen haben.

(2) Die zuständige Behörde kann anordnen, dass Betreiber genehmigungsbedürftiger Anlagen, für die die Bestellung eines Immissionsschutzbeauftragten nicht durch Rechtsverordnung vorgeschrieben ist, sowie Betreiber nicht genehmigungsbedürftiger Anlagen einen oder mehrere Immissionsschutzbeauftragte zu bestellen haben, soweit sich im Einzelfall die Notwendigkeit der Bestellung aus den in Absatz 1 Satz 1 genannten Gesichtspunkten ergibt.

§ 54 Aufgaben. (1) [1]Der Immissionsschutzbeauftragte berät den Betreiber und die Betriebsangehörigen in Angelegenheiten, die für den Immissionsschutz bedeutsam sein können. [2]Er ist berechtigt und verpflichtet,

1. auf die Entwicklung und Einführung
   a) umweltfreundlicher Verfahren, einschließlich Verfahren zur Vermeidung oder ordnungsgemäßen und schadlosen Verwertung der beim Betrieb entstehenden Abfälle oder deren Beseitigung als Abfall sowie zur Nutzung von entstehender Wärme,
   b) umweltfreundlicher Erzeugnisse, einschließlich Verfahren zur Wiedergewinnung und Wiederverwendung,

   hinzuwirken,

[1)] § 53 Abs. 1 Satz 2 geänd. mWv 8.9.2015 durch VO v. 31.8.2015 (BGBl. I S. 1474); Abs. 1 Satz 2 geänd. mWv 27.6.2020 durch VO v. 19.6.2020 (BGBl. I S. 1328).

[2)] Siehe die Anmerkung am Titel.

2. bei der Entwicklung und Einführung umweltfreundlicher Verfahren und Erzeugnisse mitzuwirken, insbesondere durch Begutachtung der Verfahren und Erzeugnisse unter dem Gesichtspunkt der Umweltfreundlichkeit,
3. soweit dies nicht Aufgabe des Störfallbeauftragten nach § 58b Absatz 1 Satz 2 Nummer 3 ist, die Einhaltung der Vorschriften dieses Gesetzes und der auf Grund dieses Gesetzes erlassenen Rechtsverordnungen und die Erfüllung erteilter Bedingungen und Auflagen zu überwachen, insbesondere durch Kontrolle der Betriebsstätte in regelmäßigen Abständen, Messungen von Emissionen und Immissionen, Mitteilung festgestellter Mängel und Vorschläge über Maßnahmen zur Beseitigung dieser Mängel,
4. die Betriebsangehörigen über die von der Anlage verursachten schädlichen Umwelteinwirkungen aufzuklären sowie über die Einrichtungen und Maßnahmen zu ihrer Verhinderung unter Berücksichtigung der sich aus diesem Gesetz oder Rechtsverordnungen auf Grund dieses Gesetzes ergebenden Pflichten.

(2) Der Immissionsschutzbeauftragte erstattet dem Betreiber jährlich einen Bericht über die nach Absatz 1 Satz 2 Nr. 1 bis 4 getroffenen und beabsichtigten Maßnahmen.

§ 55[1)] Pflichten des Betreibers. (1) [1]Der Betreiber hat den Immissionsschutzbeauftragten schriftlich zu bestellen und die ihm obliegenden Aufgaben genau zu bezeichnen. [2]Der Betreiber hat die Bestellung des Immissionsschutzbeauftragten und die Bezeichnung seiner Aufgaben sowie Veränderungen in seinem Aufgabenbereich und dessen Abberufung der zuständigen Behörde unverzüglich anzuzeigen. [3]Dem Immissionsschutzbeauftragten ist eine Abschrift der Anzeige auszuhändigen.

(1a) [1]Der Betreiber hat den Betriebs- oder Personalrat vor der Bestellung des Immissionsschutzbeauftragten unter Bezeichnung der ihm obliegenden Aufgaben zu unterrichten. [2]Entsprechendes gilt bei Veränderungen im Aufgabenbereich des Immissionsschutzbeauftragten und bei dessen Abberufung.

(2) [1]Der Betreiber darf zum Immissionsschutzbeauftragten nur bestellen, wer die zur Erfüllung seiner Aufgaben erforderliche Fachkunde und Zuverlässigkeit besitzt. [2]Werden der zuständigen Behörde Tatsachen bekannt, aus denen sich ergibt, dass der Immissionsschutzbeauftragte nicht die zur Erfüllung seiner Aufgaben erforderliche Fachkunde oder Zuverlässigkeit besitzt, kann sie verlangen, dass der Betreiber einen anderen Immissionsschutzbeauftragten bestellt. [3]Das Bundesministerium für Umwelt, Naturschutz und nukleare Sicherheit wird ermächtigt, nach Anhörung der beteiligten Kreise (§ 51) durch Rechtsverordnung[2)] mit Zustimmung des Bundesrates vorzuschreiben, welche Anforderungen an die Fachkunde und Zuverlässigkeit des Immissionsschutzbeauftragten zu stellen sind.

(3) [1]Werden mehrere Immissionsschutzbeauftragte bestellt, so hat der Betreiber für die erforderliche Koordinierung in der Wahrnehmung der Aufgaben, insbesondere durch Bildung eines Ausschusses für Umweltschutz, zu sorgen. [2]Entsprechendes gilt, wenn neben einem oder mehreren Immissionsschutzbeauftragten Betriebsbeauftragte nach anderen gesetzlichen Vorschriften bestellt

[1)] *§ 55 Abs. 2 Satz 3 geänd.* mWv 8.9.2015 durch VO v. 31.8.2015 (BGBl. I S. 1474); Abs. 2 Satz 3 geänd. mWv 27.6.2020 durch VO v. 19.6.2020 (BGBl. I S. 1328).

[2)] Siehe die Anmerkung am Titel.

werden. [3] Der Betreiber hat ferner für die Zusammenarbeit der Betriebsbeauftragten mit den im Bereich des Arbeitsschutzes beauftragten Personen zu sorgen.

(4) Der Betreiber hat den Immissionsschutzbeauftragten bei der Erfüllung seiner Aufgaben zu unterstützen und ihm insbesondere, soweit dies zur Erfüllung seiner Aufgaben erforderlich ist, Hilfspersonal sowie Räume, Einrichtungen, Geräte und Mittel zur Verfügung zu stellen und die Teilnahme an Schulungen zu ermöglichen.

§ 56 Stellungnahme zu Entscheidungen des Betreibers. (1) Der Betreiber hat vor Entscheidungen über die Einführung von Verfahren und Erzeugnissen sowie vor Investitionsentscheidungen eine Stellungnahme des Immissionsschutzbeauftragten einzuholen, wenn die Entscheidungen für den Immissionsschutz bedeutsam sein können.

(2) Die Stellungnahme ist so rechtzeitig einzuholen, dass sie bei den Entscheidungen nach Absatz 1 angemessen berücksichtigt werden kann; sie ist derjenigen Stelle vorzulegen, die über die Einführung von Verfahren und Erzeugnissen sowie über die Investition entscheidet.

§ 57 Vortragsrecht. [1] Der Betreiber hat durch innerbetriebliche Organisationsmaßnahmen sicherzustellen, dass der Immissionsschutzbeauftragte seine Vorschläge oder Bedenken unmittelbar der Geschäftsleitung vortragen kann, wenn er sich mit dem zuständigen Betriebsleiter nicht einigen konnte und er wegen der besonderen Bedeutung der Sache eine Entscheidung der Geschäftsleitung für erforderlich hält. [2] Kann der Immissionsschutzbeauftragte sich über eine von ihm vorgeschlagene Maßnahme im Rahmen seines Aufgabenbereichs mit der Geschäftsleitung nicht einigen, so hat diese den Immissionsschutzbeauftragten umfassend über die Gründe ihrer Ablehnung zu unterrichten.

§ 58 Benachteiligungsverbot, Kündigungsschutz. (1) Der Immissionsschutzbeauftragte darf wegen der Erfüllung der ihm übertragenen Aufgaben nicht benachteiligt werden.

(2) [1] Ist der Immissionsschutzbeauftragte Arbeitnehmer des zur Bestellung verpflichteten Betreibers, so ist die Kündigung des Arbeitsverhältnisses unzulässig, es sei denn, dass Tatsachen vorliegen, die den Betreiber zur Kündigung aus wichtigem Grund ohne Einhaltung einer Kündigungsfrist berechtigen. [2] Nach der Abberufung als Immissionsschutzbeauftragter ist die Kündigung innerhalb eines Jahres, vom Zeitpunkt der Beendigung der Bestellung an gerechnet, unzulässig, es sei denn, dass Tatsachen vorliegen, die den Betreiber zur Kündigung aus wichtigem Grund ohne Einhaltung einer Kündigungsfrist berechtigen.

§ 58a Bestellung eines Störfallbeauftragten. (1) [1] Betreiber genehmigungsbedürftiger Anlagen haben einen oder mehrere Störfallbeauftragte zu bestellen, sofern dies im Hinblick auf die Art und Größe der Anlage wegen der bei einer Störung des bestimmungsgemäßen Betriebs auftretenden Gefahren für die Allgemeinheit und die Nachbarschaft erforderlich ist. [2] Die Bundesregierung bestimmt nach Anhörung der beteiligten Kreise (§ 51) durch Rechtsverordnung mit Zustimmung des Bundesrates die genehmigungsbedürftigen Anlagen, deren Betreiber Störfallbeauftragte zu bestellen haben.

(2) Die zuständige Behörde kann anordnen, dass Betreiber genehmigungsbedürftiger Anlagen, für die die Bestellung eines Störfallbeauftragten nicht durch

Rechtsverordnung[1] vorgeschrieben ist, einen oder mehrere Störfallbeauftragte zu bestellen haben, soweit sich im Einzelfall die Notwendigkeit der Bestellung aus dem in Absatz 1 Satz 1 genannten Gesichtspunkt ergibt.

§ 58b[2] Aufgaben des Störfallbeauftragten. (1) [1] Der Störfallbeauftragte berät den Betreiber in Angelegenheiten, die für die Sicherheit der Anlage bedeutsam sein können. [2] Er ist berechtigt und verpflichtet,

1. auf die Verbesserung der Sicherheit der Anlage hinzuwirken,
2. dem Betreiber unverzüglich ihm bekannt gewordene Störungen des bestimmungsgemäßen Betriebs mitzuteilen, die zu Gefahren für die Allgemeinheit und die Nachbarschaft führen können,
3. die Einhaltung der Vorschriften dieses Gesetzes und der auf Grund dieses Gesetzes erlassenen Rechtsverordnungen sowie die Erfüllung erteilter Bedingungen und Auflagen im Hinblick auf die Verhinderung von Störungen des bestimmungsgemäßen Betriebs der Anlage zu überwachen, insbesondere durch Kontrolle der Betriebsstätte in regelmäßigen Abständen, Mitteilung festgestellter Mängel und Vorschläge zur Beseitigung dieser Mängel,
4. Mängel, die den vorbeugenden und abwehrenden Brandschutz sowie die technische Hilfeleistung betreffen, unverzüglich dem Betreiber zu melden.

(2) [1] Der Störfallbeauftragte erstattet dem Betreiber jährlich einen Bericht über die nach Absatz 1 Satz 2 Nummer 1 bis 3 getroffenen und beabsichtigten Maßnahmen. [2] Darüber hinaus ist er verpflichtet, die von ihm ergriffenen Maßnahmen zur Erfüllung seiner Aufgaben nach Absatz 1 Satz 2 Nummer 2 schriftlich oder elektronisch aufzuzeichnen. [3] Er muss diese Aufzeichnungen mindestens fünf Jahre aufbewahren.

§ 58c[3] Pflichten und Rechte des Betreibers gegenüber dem Störfallbeauftragten. (1) Die in den §§ 55 und 57 genannten Pflichten des Betreibers gelten gegenüber dem Störfallbeauftragten entsprechend; in Rechtsverordnungen[1] nach § 55 Absatz 2 Satz 3 kann auch geregelt werden, welche Anforderungen an die Fachkunde und Zuverlässigkeit des Störfallbeauftragten zu stellen sind.

(2) [1] Der Betreiber hat vor Investitionsentscheidungen sowie vor der Planung von Betriebsanlagen und der Einführung von Arbeitsverfahren und Arbeitsstoffen eine Stellungnahme des Störfallbeauftragten einzuholen, wenn diese Entscheidungen für die Sicherheit der Anlage bedeutsam sein können. [2] Die Stellungnahme ist so rechtzeitig einzuholen, dass sie bei den Entscheidungen nach Satz 1 angemessen berücksichtigt werden kann; sie ist derjenigen Stelle vorzulegen, die die Entscheidungen trifft.

(3) Der Betreiber kann dem Störfallbeauftragten für die Beseitigung und die Begrenzung der Auswirkungen von Störungen des bestimmungsgemäßen Betriebs, die zu Gefahren für die Allgemeinheit und die Nachbarschaft führen können oder bereits geführt haben, Entscheidungsbefugnisse übertragen.

§ 58d Verbot der Benachteiligung des Störfallbeauftragten, Kündigungsschutz. § 58 gilt für den Störfallbeauftragten entsprechend.

---

[1] Siehe die Anmerkung am Titel.
[2] § 58b Abs. 2 Satz 2 geänd. mWv 5.4.2017 durch G v. 29.3.2017 (BGBl. I S. 626).
[3] § 58c Abs. 3 ber. BGBl. 2021 I S. 123.

§ 58e Erleichterungen für auditierte Unternehmensstandorte. (1) Die Bundesregierung wird ermächtigt, zur Förderung der privaten Eigenverantwortung für EMAS-Standorte durch Rechtsverordnung[1)] mit Zustimmung des Bundesrates Erleichterungen zum Inhalt der Antragsunterlagen im Genehmigungsverfahren sowie überwachungsrechtliche Erleichterungen vorzusehen, soweit die entsprechenden Anforderungen der Verordnung (EG) Nr. 1221/2009 gleichwertig mit den Anforderungen sind, die zur Überwachung und zu den Antragsunterlagen nach diesem Gesetz oder nach den auf Grund dieses Gesetzes erlassenen Rechtsverordnungen vorgesehen sind oder soweit die Gleichwertigkeit durch die Rechtsverordnung nach dieser Vorschrift sichergestellt wird.

(2) Durch Rechtsverordnung nach Absatz 1 können weitere Voraussetzungen für die Inanspruchnahme und die Rücknahme von Erleichterungen oder die vollständige oder teilweise Aussetzung von Erleichterungen für Fälle festgelegt werden, in denen die Voraussetzungen für deren Gewährung nicht mehr vorliegen.

(3) [1] Durch Rechtsverordnung nach Absatz 1 können ordnungsrechtliche Erleichterungen gewährt werden, wenn der Umweltgutachter oder die Umweltgutachterorganisation die Einhaltung der Umweltvorschriften geprüft hat, keine Abweichungen festgestellt hat und dies in der Validierung bescheinigt. [2] Dabei können insbesondere Erleichterungen vorgesehen werden zu

1. Kalibrierungen, Ermittlungen, Prüfungen und Messungen,
2. Messberichten sowie sonstigen Berichten und Mitteilungen von Ermittlungsergebnissen,
3. Aufgaben des Immissionsschutz- und Störfallbeauftragten,
4. Mitteilungspflichten zur Betriebsorganisation und
5. der Häufigkeit der behördlichen Überwachung.

§ 59 Zuständigkeit bei Anlagen der Landesverteidigung. Die Bundesregierung wird ermächtigt, durch Rechtsverordnung[1)] mit Zustimmung des Bundesrates zu bestimmen, dass der Vollzug dieses Gesetzes und der auf dieses Gesetz gestützten Rechtsverordnungen bei Anlagen, die der Landesverteidigung dienen, Bundesbehörden obliegt.

§ 60 Ausnahmen für Anlagen der Landesverteidigung. (1) [1] Das Bundesministerium der Verteidigung kann für Anlagen nach § 3 Absatz 5 Nummer 1 und 3, die der Landesverteidigung dienen, in Einzelfällen, auch für bestimmte Arten von Anlagen, Ausnahmen von diesem Gesetz und von den auf dieses Gesetz gestützten Rechtsverordnungen zulassen, soweit dies zwingende Gründe der Verteidigung oder die Erfüllung zwischenstaatlicher Verpflichtungen erfordern. [2] Dabei ist der Schutz vor schädlichen Umwelteinwirkungen zu berücksichtigen.

(2) [1] Die Bundeswehr darf bei Anlagen nach § 3 Absatz 5 Nummer 2, die ihrer Bauart nach ausschließlich zur Verwendung in ihrem Bereich bestimmt sind, von den Vorschriften dieses Gesetzes und der auf dieses Gesetz gestützten Rechtsverordnungen abweichen, soweit dies zur Erfüllung ihrer besonderen Aufgaben zwingend erforderlich ist. [2] Die auf Grund völkerrechtlicher Verträge in der Bundesrepublik Deutschland stationierten Truppen dürfen bei Anlagen nach § 3 Absatz 5 Nummer 2, die zur Verwendung in deren Bereich bestimmt sind, von den Vorschriften dieses Gesetzes und der auf dieses Gesetz gestützten Rechtsver-

[1)] Siehe die Anm. am Titel.

ordnungen abweichen, soweit dies zur Erfüllung ihrer besonderen Aufgaben zwingend erforderlich ist.

§ 61[1)] Berichterstattung an die Europäische Kommission. (1) [1]Die Länder übermitteln dem Bundesministerium für Umwelt, Naturschutz und nukleare Sicherheit nach dessen Vorgaben Informationen über die Umsetzung der Richtlinie 2010/75/EU, insbesondere über repräsentative Daten über Emissionen und sonstige Arten von Umweltverschmutzung, über Emissionsgrenzwerte und darüber, inwieweit der Stand der Technik angewendet wird. [2]Die Länder stellen diese Informationen auf elektronischem Wege zur Verfügung. [3]Art und Form der von den Ländern zu übermittelnden Informationen sowie der Zeitpunkt ihrer Übermittlung richten sich nach den Anforderungen, die auf der Grundlage von Artikel 72 Absatz 2 der Richtlinie 2010/75/EU festgelegt werden. [4]§ 5 Absatz 1 Satz 2 und Absatz 2 bis 6 des Gesetzes zur Ausführung des Protokolls über Schadstofffreisetzungs- und -verbringungsregister vom 21. Mai 2003 sowie zur Durchführung der Verordnung (EG) Nr. 166/2006 vom 6. Juni 2007 (BGBl. I S. 1002), das durch Artikel 1 des Gesetzes vom 9. Dezember 2020 (BGBl. I S. 2873) geändert worden ist, gilt entsprechend.

(2) [1]Die Länder übermitteln dem Bundesministerium für Umwelt, Naturschutz und nukleare Sicherheit nach dessen Vorgaben Informationen über die Umsetzung der Richtlinie 2012/18/EU sowie über die unter diese Richtlinie fallenden Betriebsbereiche. [2]Art und Form der von den Ländern zu übermittelnden Informationen sowie der Zeitpunkt ihrer Übermittlung richten sich nach den Anforderungen, die auf der Grundlage von Artikel 21 Absatz 5 der Richtlinie 2012/18/EU festgelegt werden. [3]Absatz 1 Satz 2 und 4 gilt entsprechend.

§ 62[2)] Ordnungswidrigkeiten. (1) Ordnungswidrig handelt, wer vorsätzlich oder fahrlässig

1. eine Anlage ohne die Genehmigung nach § 4 Absatz 1 errichtet,
2. einer auf Grund des § 7 erlassenen Rechtsverordnung oder auf Grund einer solchen Rechtsverordnung erlassenen vollziehbaren Anordnung zuwiderhandelt, soweit die Rechtsverordnung für einen bestimmten Tatbestand auf diese Bußgeldvorschrift verweist,
3. eine vollziehbare Auflage nach § 8a Absatz 2 Satz 2 oder § 12 Absatz 1 nicht, nicht richtig, nicht vollständig oder nicht rechtzeitig erfüllt,
4. die Lage, die Beschaffenheit oder den Betrieb einer genehmigungsbedürftigen Anlage ohne die Genehmigung nach § 16 Absatz 1 wesentlich ändert,

4a. ohne Genehmigung nach § 16a Satz 1 oder § 23b Absatz 1 Satz 1 eine dort genannte Anlage störfallrelevant ändert oder störfallrelevant errichtet,

5. einer vollziehbaren Anordnung nach § 17 Absatz 1 Satz 1 oder 2, jeweils auch in Verbindung mit Absatz 5, § 24 Satz 1, § 26, § 28 Satz 1 oder § 29 nicht, nicht richtig, nicht vollständig oder nicht rechtzeitig nachkommt,

---

1) § 61 Satz 1 geänd. mWv 8.9.2015 durch VO v. 31.8.2015 (BGBl. I S. 1474); Abs. 1 Satz 1 geänd., Abs. 2 angef. mWv 7.12.2016 durch G v. 30.11.2016 (BGBl. I S. 2749); Abs. 1 Satz 1 und Abs. 2 Satz 1 geänd. mWv 27.6.2020 durch VO v. 19.6.2020 (BGBl. I S. 1328); Abs. 1 Satz 4 neu gef. mWv 15.12. 2020 durch G v. 9.12.2020 (BGBl. I S. 2873).

2) § 62 Abs. 1 Nr. 10 geänd., Nr. 11 angef., Abs. 5 geänd. mWv 1.1.2015 durch G v. 20.11.2014 (BGBl. I S. 1740); Abs. 3 Satz 2 geänd. mWv 8.9.2015 durch VO v. 31.8.2015 (BGBl. I S. 1474); Abs. 1 Nr. 4a, Abs. 2 Nr. 1b eingef. mWv 7.12.2016 durch G v. 30.11.2016 (BGBl. I S. 2749); Abs. 3 Satz 2 geänd. mWv 27.6.2020 durch VO v. 19.6.2020 (BGBl. I S. 1328); Abs. 2 Nr. 3b eingef. mWv 1.10.2021 durch G v. 24.9.2021 (BGBl. I S. 4458).

6. eine Anlage entgegen einer vollziehbaren Untersagung nach § 25 Absatz 1 betreibt,
7. einer auf Grund der §§ 23, 32, 33 Absatz 1 Nummer 1 oder 2, §§ 34, 35, 37, 38 Absatz 2, § 39 oder § 48a Absatz 1 Satz 1 oder 2, Absatz 1a oder 3 erlassenen Rechtsverordnung oder einer auf Grund einer solchen Rechtsverordnung ergangenen vollziehbaren Anordnung zuwiderhandelt, soweit die Rechtsverordnung für einen bestimmten Tatbestand auf diese Bußgeldvorschrift verweist,

7a. entgegen § 38 Absatz 1 Satz 2 Kraftfahrzeuge und ihre Anhänger, die nicht zum Verkehr auf öffentlichen Straßen zugelassen sind, Schienen-, Luft- und Wasserfahrzeuge sowie Schwimmkörper und schwimmende Anlagen nicht so betreibt, dass vermeidbare Emissionen verhindert und unvermeidbare Emissionen auf ein Mindestmaß beschränkt bleiben oder

8. entgegen einer Rechtsverordnung nach § 49 Absatz 1 Nummer 2 oder einer auf Grund einer solchen Rechtsverordnung ergangenen vollziehbaren Anordnung eine ortsfeste Anlage errichtet, soweit die Rechtsverordnung für einen bestimmten Tatbestand auf diese Bußgeldvorschrift verweist,
9. entgegen § 37c Absatz 1 Satz 1 bis 3 der zuständigen Stelle die dort genannten Angaben nicht, nicht richtig, nicht vollständig oder nicht rechtzeitig mitteilt oder nicht oder nicht rechtzeitig eine Kopie des Vertrages mit dem Dritten vorlegt,
10. entgegen § 37c Absatz 1 Satz 4, auch in Verbindung mit Satz 5, oder Satz 6 der zuständigen Stelle die dort genannten Angaben nicht richtig mitteilt,
11. entgegen § 37f Absatz 1 Satz 1, auch in Verbindung mit einer Rechtsverordnung nach § 37d Absatz 2 Satz 1 Nummer 14, der zuständigen Stelle einen Bericht nicht, nicht richtig, nicht vollständig oder nicht rechtzeitig vorlegt.

(2) Ordnungswidrig handelt ferner, wer vorsätzlich oder fahrlässig

1. entgegen § 15 Absatz 1 oder 3 eine Anzeige nicht, nicht richtig, nicht vollständig oder nicht rechtzeitig macht,

1a. entgegen § 15 Absatz 2 Satz 2 eine Änderung vornimmt,

1b. entgegen § 23a Absatz 1 Satz 1 eine Anzeige nicht, nicht richtig, nicht vollständig oder nicht rechtzeitig macht,

2. entgegen § 27 Absatz 1 Satz 1 in Verbindung mit einer Rechtsverordnung nach Absatz 4 Satz 1 eine Emissionserklärung nicht, nicht richtig, nicht vollständig oder nicht rechtzeitig abgibt oder nicht, nicht richtig, nicht vollständig oder nicht rechtzeitig ergänzt,
3. entgegen § 31 Absatz 1 Satz 1 eine dort genannte Zusammenfassung oder dort genannte Daten nicht, nicht richtig, nicht vollständig oder nicht rechtzeitig vorlegt,

3a. entgegen § 31 Absatz 5 Satz 1 eine Mitteilung nicht, nicht richtig, nicht vollständig oder nicht rechtzeitig macht,

3b. einer Rechtsverordnung nach § 37d Absatz 3 Nummer 3 oder einer vollziehbaren Anordnung auf Grund einer solchen Rechtsverordnung zuwiderhandelt, soweit die Rechtsverordnung für einen bestimmten Tatbestand auf diese Bußgeldvorschrift verweist,

4. entgegen § 52 Absatz 2 Satz 1, 3 oder 4, auch in Verbindung mit Absatz 3 Satz 1 oder Absatz 6 Satz 1 Auskünfte nicht, nicht richtig, nicht vollständig oder nicht rechtzeitig erteilt, eine Maßnahme nicht duldet, Unterlagen nicht vorlegt,

beauftragte Personen nicht hinzuzieht oder einer dort sonst genannten Verpflichtung zuwiderhandelt,
5. entgegen § 52 Absatz 3 Satz 2 die Entnahme von Stichproben nicht gestattet,
6. eine Anzeige nach § 67 Absatz 2 Satz 1 nicht, nicht richtig, nicht vollständig oder nicht rechtzeitig erstattet oder
7. entgegen § 67 Absatz 2 Satz 2 Unterlagen nicht, nicht richtig, nicht vollständig oder nicht rechtzeitig vorlegt.

(3) [1] Ordnungswidrig handelt, wer vorsätzlich oder fahrlässig
1. einer unmittelbar geltenden Vorschrift in Rechtsakten der Europäischen Union zuwiderhandelt, die inhaltlich
   a) einem in Absatz 1 Nummer 1, 3, 4, 5, 6, 7a, 9 oder Nummer 10 oder
   b) einem in Absatz 2

   bezeichneten Gebot oder Verbot entspricht, soweit eine Rechtsverordnung nach Satz 2 für einen bestimmten Tatbestand auf diese Bußgeldvorschrift verweist, oder
2. einer unmittelbar geltenden Vorschrift in Rechtsakten der Europäischen Union zuwiderhandelt, die inhaltlich einer Regelung entspricht, zu der die in Absatz 1 Nummer 2, 7 oder Nummer 8 genannten Vorschriften ermächtigen, soweit eine Rechtsverordnung nach Satz 2 für einen bestimmten Tatbestand auf diese Bußgeldvorschrift verweist.

[2] Das Bundesministerium für Umwelt, Naturschutz und nukleare Sicherheit wird ermächtigt, soweit dies zur Durchsetzung der Rechtsakte der Europäischen Union erforderlich ist, durch Rechtsverordnung mit Zustimmung des Bundesrates die Tatbestände zu bezeichnen, die als Ordnungswidrigkeit geahndet werden können.

(4) Die Ordnungswidrigkeit kann in den Fällen der Absätze 1 und 3 Nummer 1 Buchstabe a und Nummer 2 mit einer Geldbuße bis zu fünfzigtausend Euro und in den übrigen Fällen mit einer Geldbuße bis zu zehntausend Euro geahndet werden.

(5) Verwaltungsbehörde im Sinne des § 36 Absatz 1 Nummer 1 des Gesetzes über Ordnungswidrigkeiten[1)] ist in den Fällen des Absatzes 1 Nummer 9 bis 11 die zuständige Stelle.

§ 63[2)] Rechtsbehelfe und Entfall der aufschiebenden Wirkung. (1) [1] Widerspruch und Anfechtungsklage eines Dritten gegen die Zulassung einer Windenergieanlage an Land mit einer Gesamthöhe von mehr als 50 Metern haben keine aufschiebende Wirkung. [2] Der Widerspruch ist binnen eines Monats nach seiner Erhebung zu begründen. [3] Darauf ist in der Rechtsbehelfsbelehrung hinzuweisen. [4] Wird der Widerspruch nicht binnen der Frist nach Satz 2 begründet, soll die Behörde den Widerspruch zurückweisen.

(2) [1] Der Antrag auf Anordnung der aufschiebenden Wirkung des Widerspruchs oder der Anfechtungsklage gegen eine Zulassung einer Windenergieanlage an Land mit einer Gesamthöhe von mehr als 50 Metern nach § 80 Absatz 5 Satz 1 der Verwaltungsgerichtsordnung[3)] kann nur innerhalb eines Monats nach der Zustellung der Zulassung gestellt und begründet werden. [2] Darauf ist in der Rechts-

---

[1)] **Habersack Nr. 94.**

[2)] § 63 neu gef. mWv 10.12.2020 durch G v. 3.12.2020 (BGBl. I S. 2694); Überschrift geänd., Abs. 1 Sätze 2–4, Abs. 2 angef. mWv 9.7.2024 durch G v. 3.7.2024 (BGBl. 2024 I Nr. 225).

[3)] Nr. **600**.

behelfsbelehrung hinzuweisen. [3] § 58 der Verwaltungsgerichtsordnung gilt entsprechend. [4] Treten später Tatsachen ein, die die Anordnung der aufschiebenden Wirkung rechtfertigen, so kann der durch die Zulassungsentscheidung Beschwerte einen hierauf gestützten Antrag nach § 80 Absatz 5 Satz 1 der Verwaltungsgerichtsordnung innerhalb einer Frist von einem Monat stellen und begründen. [5] Die Frist beginnt mit dem Zeitpunkt, in dem der Beschwerte von den Tatsachen Kenntnis erlangt.

§§ 64 bis 65 (weggefallen)

Achter Teil. Schlussvorschriften

§ 66 Fortgeltung von Vorschriften. (1) (weggefallen)

(2) Bis zum Inkrafttreten von entsprechenden Rechtsverordnungen oder allgemeinen Verwaltungsvorschriften nach diesem Gesetz ist die Allgemeine Verwaltungsvorschrift zum Schutz gegen Baulärm – Geräuschimmissionen – vom 19. August 1970 (Beilage zum BAnz. Nr. 160 vom 1. September 1970) maßgebend.

(Fortsetzung nächstes Blatt)

§ 67[1] Übergangsvorschrift. (1) Eine Genehmigung, die vor dem Inkrafttreten dieses Gesetzes nach § 16 oder § 25 Absatz 1 der Gewerbeordnung[2] erteilt worden ist, gilt als Genehmigung nach diesem Gesetz fort.

(2) [1] Eine genehmigungsbedürftige Anlage, die bei Inkrafttreten der Verordnung nach § 4 Absatz 1 Satz 3 errichtet oder wesentlich geändert ist oder mit deren Errichtung oder wesentlichen Änderung begonnen worden ist, muss innerhalb eines Zeitraums von drei Monaten nach Inkrafttreten der Verordnung der zuständigen Behörde angezeigt werden, sofern die Anlage nicht nach § 16 Absatz 1 oder § 25 Absatz 1 der Gewerbeordnung genehmigungsbedürftig war oder nach § 16 Absatz 4 der Gewerbeordnung angezeigt worden ist. [2] Der zuständigen Behörde sind innerhalb eines Zeitraums von zwei Monaten nach Erstattung der Anzeige Unterlagen gemäß § 10 Absatz 1 über Art, Lage, Umfang und Betriebsweise der Anlage im Zeitpunkt des Inkrafttretens der Verordnung nach § 4 Absatz 1 Satz 3 vorzulegen.

(3) Die Anzeigepflicht nach Absatz 2 gilt nicht für ortsveränderliche Anlagen, die im vereinfachten Verfahren (§ 19) genehmigt werden können.

(4) Bereits begonnene Verfahren sind nach den Vorschriften dieses Gesetzes und der auf dieses Gesetz gestützten Rechts- und Verwaltungsvorschriften zu Ende zu führen.

(5) [1] Soweit durch das Gesetz zur Umsetzung der Richtlinie über Industrieemissionen vom 8. April 2013 (BGBl. I S. 734) neue Anforderungen festgelegt worden sind, sind diese Anforderungen von Anlagen nach der Industrieemissions-Richtlinie erst ab dem 7. Januar 2014 zu erfüllen, wenn vor dem 7. Januar 2013

1. die Anlage sich im Betrieb befand oder
2. eine Genehmigung für die Anlage erteilt wurde oder vom Vorhabenträger ein vollständiger Genehmigungsantrag gestellt wurde.

[2] Bestehende Anlagen nach Satz 1, die nicht von Anhang I der Richtlinie 2008/1/EG des Europäischen Parlaments und des Rates vom 15. Januar 2008 über die integrierte Vermeidung und Verminderung der Umweltverschmutzung (kodifizierte Fassung) (ABl. L 24 vom 29.1.2008, S. 8), die durch die Richtlinie 2009/31/EG (ABl. L 140 vom 5.6.2009, S. 114) geändert worden ist, erfasst wurden, haben abweichend von Satz 1 die dort genannten Anforderungen ab dem 7. Juli 2015 zu erfüllen.

(6) [1] Eine nach diesem Gesetz erteilte Genehmigung für eine Anlage zum Umgang mit

1. gentechnisch veränderten Mikroorganismen,
2. gentechnisch veränderten Zellkulturen, soweit sie nicht dazu bestimmt sind, zu Pflanzen regeneriert zu werden,
3. Bestandteilen oder Stoffwechselprodukten von Mikroorganismen nach Nummer 1 oder Zellkulturen nach Nummer 2, soweit sie biologisch aktive, rekombinante Nukleinsäure enthalten,

ausgenommen Anlagen, die ausschließlich Forschungszwecken dienen, gilt auch nach dem Inkrafttreten eines Gesetzes zur Regelung von Fragen der Gentechnik[3] fort. [2] Absatz 4 gilt entsprechend.

---

[1] § 67 Abs. 5 Satz 2 ber. gem. BGBl. 2013 I S. 3753; Abs. 11 angef. mWv 1.1.2015 durch G v. 20.11. 2014 (BGBl. I S. 1740); Abs. 11 aufgeh. mWv 1.10.2021 durch G v. 24.9.2021 (BGBl. I S. 4458).

[2] Nr. **800**.

[3] Siehe die Anm. am Titel.

(7) [1]Eine Planfeststellung oder Genehmigung nach dem Abfallgesetz gilt als Genehmigung nach diesem Gesetz fort. [2]Eine Anlage, die nach dem Abfallgesetz angezeigt wurde, gilt als nach diesem Gesetz angezeigt. [3]Abfallentsorgungsanlagen, die weder nach dem Abfallgesetz planfestgestellt oder genehmigt noch angezeigt worden sind, sind unverzüglich bei der zuständigen Behörde anzuzeigen. [4]Absatz 2 Satz 2 gilt entsprechend.

(8) Für die für das Jahr 1996 abzugebenden Emissionserklärungen ist § 27 in der am 14. Oktober 1996 geltenden Fassung weiter anzuwenden.

(9) [1]Baugenehmigungen für Windkraftanlagen mit einer Gesamthöhe von mehr als 50 Metern, die bis zum 1. Juli 2005 erteilt worden sind, gelten als Genehmigungen nach diesem Gesetz. [2]Nach diesem Gesetz erteilte Genehmigungen für Windfarmen gelten als Genehmigungen für die einzelnen Windkraftanlagen. [3]Verfahren auf Erteilung einer Baugenehmigung für Windkraftanlagen, die vor dem 1. Juli 2005 rechtshängig geworden sind, werden nach den Vorschriften der Verordnung über genehmigungsbedürftige Anlagen und der Anlage 1 des Gesetzes über die Umweltverträglichkeitsprüfung[1)] in der bisherigen Fassung abgeschlossen; für die in diesem Zusammenhang erteilten Baugenehmigungen gilt Satz 1 entsprechend. [4]Sofern ein Verfahren nach Satz 3 in eine Klage auf Erteilung einer Genehmigung nach diesem Gesetz geändert wird, gilt diese Änderung als sachdienlich.

(10) § 47 Absatz 5a gilt für die Verfahren zur Aufstellung oder Änderung von Luftreinhalteplänen nach § 47, die nach dem 25. Juni 2005 eingeleitet worden sind.

§ 67a Überleitungsregelung aus Anlass der Herstellung der Einheit Deutschlands. (1) [1]In dem in Artikel 3 des Einigungsvertrages[2)] genannten Gebiet muss eine genehmigungsbedürftige Anlage, die vor dem 1. Juli 1990 errichtet worden ist oder mit deren Errichtung vor diesem Zeitpunkt begon-

(Fortsetzung nächstes Blatt)

[1)] Nr. **295**.

[2)] V v. 31.8.1990 (BGBl. II S. 885, 889), zuletzt geänd. durch G v. 8.7.2016 (BGBl. I S. 1594), **Sartorius III Nr. 2.**

nen wurde, innerhalb von sechs Monaten nach diesem Zeitpunkt der zuständigen Behörde angezeigt werden. [2]Der Anzeige sind Unterlagen über Art, Umfang und Betriebsweise beizufügen.

(2) In dem in Artikel 3 des Einigungsvertrages genannten Gebiet darf die Erteilung einer Genehmigung zur Errichtung und zum Betrieb oder zur wesentlichen Änderung der Lage, Beschaffenheit oder des Betriebs einer genehmigungsbedürftigen Anlage wegen der Überschreitung eines Immissionswertes durch die Immissionsvorbelastung nicht versagt werden, wenn

1. die Zusatzbelastung geringfügig ist und mit einer deutlichen Verminderung der Immissionsbelastung im Einwirkungsbereich der Anlage innerhalb von fünf Jahren ab Genehmigung zu rechnen ist oder
2. im Zusammenhang mit dem Vorhaben Anlagen stillgelegt oder verbessert werden und dadurch eine Verminderung der Vorbelastung herbeigeführt wird, die im Jahresmittel mindestens doppelt so groß ist wie die von der Neuanlage verursachte Zusatzbelastung.

(3) Soweit die Technische Anleitung zur Reinhaltung der Luft vom 27. Februar 1986 (GMBl S. 95, 202) die Durchführung von Maßnahmen zur Sanierung von Altanlagen bis zu einem bestimmten Termin vorsieht, verlängern sich die hieraus ergebenden Fristen für das in Artikel 3 des Einigungsvertrages genannte Gebiet um ein Jahr; als Fristbeginn gilt der 1. Juli 1990.

§§ 68 bis 72 (Änderung von Rechtsvorschriften, Überleitung von Verweisungen, Aufhebung von Vorschriften)

§ 73[1)] Bestimmungen zum Verwaltungsverfahren. Von den in diesem Gesetz und auf Grund dieses Gesetzes getroffenen Regelungen des Verwaltungsverfahrens kann durch Landesrecht nicht abgewichen werden.

Anlage
(zu § 3 Absatz 6)

Kriterien zur Bestimmung des Standes der Technik

Bei der Bestimmung des Standes der Technik sind unter Berücksichtigung der Verhältnismäßigkeit zwischen Aufwand und Nutzen möglicher Maßnahmen sowie des Grundsatzes der Vorsorge und der Vorbeugung, jeweils bezogen auf Anlagen einer bestimmten Art, insbesondere folgende Kriterien zu berücksichtigen:

1. Einsatz abfallarmer Technologie,
2. Einsatz weniger gefährlicher Stoffe,
3. Förderung der Rückgewinnung und Wiederverwertung der bei den einzelnen Verfahren erzeugten und verwendeten Stoffe und gegebenenfalls der Abfälle,
4. vergleichbare Verfahren, Vorrichtungen und Betriebsmethoden, die mit Erfolg im Betrieb erprobt wurden,
5. Fortschritte in der Technologie und in den wissenschaftlichen Erkenntnissen,
6. Art, Auswirkungen und Menge der jeweiligen Emissionen,
7. Zeitpunkte der Inbetriebnahme der neuen oder der bestehenden Anlagen,
8. für die Einführung einer besseren verfügbaren Technik erforderliche Zeit,

---

[1)] § 73 Satz 2 angef. mWv 3.8.2023–15.4.2024 durch G v. 26.7.2023 (BGBl. 2023 I Nr. 202).

9. Verbrauch an Rohstoffen und Art der bei den einzelnen Verfahren verwendeten Rohstoffe (einschließlich Wasser) sowie Energieeffizienz,
10. Notwendigkeit, die Gesamtwirkung der Emissionen und die Gefahren für den Menschen und die Umwelt so weit wie möglich zu vermeiden oder zu verringern,
11. Notwendigkeit, Unfällen vorzubeugen und deren Folgen für den Menschen und die Umwelt zu verringern,
12. Informationen, die von internationalen Organisationen veröffentlicht werden,
13. Informationen, die in BVT-Merkblättern enthalten sind.

296a. Vierte Verordnung zur Durchführung des Bundes-Immissionsschutzgesetzes (Verordnung über genehmigungsbedürftige Anlagen – 4. BImSchV)

In der Fassung der Bekanntmachung vom 31. Mai 2017[1)]

(BGBl. I S. 1440)

FNA 2129-8-4-3

geänd. durch Art. 1 Erste ÄndVO v. 12.1.2021 (BGBl. I S. 69), Art. 1 Zweite ÄndVO v. 12.10.2022 (BGBl. I S. 1799) und Art. 1 Dritte ÄndVO v. 12.11.2024 (BGBl. 2024 I Nr. 355)

§ 1 Genehmigungsbedürftige Anlagen. (1) [1] Die Errichtung und der Betrieb der im Anhang 1 genannten Anlagen bedürfen einer Genehmigung, soweit den Umständen nach zu erwarten ist, dass sie länger als während der zwölf Monate, die auf die Inbetriebnahme folgen, an demselben Ort betrieben werden. [2] Für die in Nummer 8 des Anhangs 1 genannten Anlagen, ausgenommen Anlagen zur Behandlung am Entstehungsort, gilt Satz 1 auch, soweit sie weniger als während der zwölf Monate, die auf die Inbetriebnahme folgen, an demselben Ort betrieben werden sollen. [3] Für die in den Nummern 2.10.2, 7.4, 7.5, 7.25, 7.28, 9.1, 9.3 und 9.11 des Anhangs 1 genannten Anlagen gilt Satz 1 nur, soweit sie gewerblichen Zwecken dienen oder im Rahmen wirtschaftlicher Unternehmungen verwendet werden. [4] Hängt die Genehmigungsbedürftigkeit der im Anhang 1 genannten Anlagen vom Erreichen oder Überschreiten einer bestimmten Leistungsgrenze oder Anlagengröße ab, ist jeweils auf den rechtlich und tatsächlich möglichen Betriebsumfang der durch denselben Betreiber betriebenen Anlage abzustellen.

(2) Das Genehmigungserfordernis erstreckt sich auf alle vorgesehenen

1. Anlagenteile und Verfahrensschritte, die zum Betrieb notwendig sind, und
2. Nebeneinrichtungen, die mit den Anlagenteilen und Verfahrensschritten nach Nummer 1 in einem räumlichen und betriebstechnischen Zusammenhang stehen und die von Bedeutung sein können für
   a) das Entstehen schädlicher Umwelteinwirkungen,
   b) die Vorsorge gegen schädliche Umwelteinwirkungen oder
   c) das Entstehen sonstiger Gefahren, erheblicher Nachteile oder erheblicher Belästigungen.

(3) [1] Die im Anhang 1 bestimmten Voraussetzungen sind auch erfüllt, wenn mehrere Anlagen derselben Art in einem engen räumlichen und betrieblichen Zusammenhang stehen (gemeinsame Anlage) und zusammen die maßgebenden Leistungsgrenzen oder Anlagengrößen erreichen oder überschreiten werden. [2] Ein enger räumlicher und betrieblicher Zusammenhang ist gegeben, wenn die Anlagen

1. auf demselben Betriebsgelände liegen,
2. mit gemeinsamen Betriebseinrichtungen verbunden sind und
3. einem vergleichbaren technischen Zweck dienen.

[1)] Neubekanntmachung der 4. BImSchV v. 2.5.2013 (BGBl. I S. 973, 3756) in der ab 14.1.2017 geltenden Fassung.

(4) Gehören zu einer Anlage Teile oder Nebeneinrichtungen, die je gesondert genehmigungsbedürftig wären, so bedarf es lediglich einer Genehmigung.

(5) Soll die für die Genehmigungsbedürftigkeit maßgebende Leistungsgrenze oder Anlagengröße durch die Erweiterung einer bestehenden Anlage erstmals überschritten werden, bedarf die gesamte Anlage der Genehmigung.

(6) Keiner Genehmigung bedürfen Anlagen, soweit sie der Forschung, Entwicklung oder Erprobung neuer Einsatzstoffe, Brennstoffe, Erzeugnisse oder Verfahren im Labor- oder Technikumsmaßstab dienen; hierunter fallen auch solche Anlagen im Labor- oder Technikumsmaßstab, in denen neue Erzeugnisse in der für die Erprobung ihrer Eigenschaften durch Dritte erforderlichen Menge vor der Markteinführung hergestellt werden, soweit die neuen Erzeugnisse noch weiter erforscht oder entwickelt werden.

(7) Keiner Genehmigung bedürfen Anlagen zur Lagerung von Stoffen, die eine Behörde in Erfüllung ihrer gesetzlichen Aufgabe zur Gefahrenabwehr sichergestellt hat.

§ 2 Zuordnung zu den Verfahrensarten. (1) [1] Das Genehmigungsverfahren wird durchgeführt nach

1. § 10 des Bundes-Immissionsschutzgesetzes[1)] für
   a) Anlagen, die in Spalte c des Anhangs 1 mit dem Buchstaben G gekennzeichnet sind,
   b) Anlagen, die sich aus in Spalte c des Anhangs 1 mit dem Buchstaben G und dem Buchstaben V gekennzeichneten Anlagen zusammensetzen,
   c) Anlagen, die in Spalte c des Anhangs 1 mit dem Buchstaben V gekennzeichnet sind und zu deren Genehmigung nach den *§§ 3a bis 3f*[2)] des Gesetzes über die Umweltverträglichkeitsprüfung[3)] eine Umweltverträglichkeitsprüfung durchzuführen ist,
2. § 19 des Bundes-Immissionsschutzgesetzes im vereinfachten Verfahren für in Spalte c des Anhangs 1 mit dem Buchstaben V gekennzeichnete Anlagen.

[2] Soweit die Zuordnung zu den Genehmigungsverfahren von der Leistungsgrenze oder Anlagengröße abhängt, gilt § 1 Absatz 1 Satz 4 entsprechend.

(2) Kann eine Anlage vollständig verschiedenen Anlagenbezeichnungen im Anhang 1 zugeordnet werden, so ist die speziellere Anlagenbezeichnung maßgebend.

(3) [1] Für in Spalte c des Anhangs 1 mit dem Buchstaben G gekennzeichnete Anlagen, die ausschließlich oder überwiegend der Entwicklung und Erprobung neuer Verfahren, Einsatzstoffe, Brennstoffe oder Erzeugnisse dienen (Versuchsanlagen), wird das vereinfachte Verfahren durchgeführt, wenn die Genehmigung für einen Zeitraum von höchstens drei Jahren nach Inbetriebnahme der Anlage erteilt werden soll; dieser Zeitraum kann auf Antrag um höchstens ein Jahr verlängert werden. [2] Satz 1 ist auf Anlagen der Anlage 1 (Liste „UVP-pflichtige Vorhaben“) zum Gesetz über die Umweltverträglichkeitsprüfung nur anzuwenden, soweit nach den Vorschriften dieses Gesetzes keine Umweltverträglichkeitsprüfung durchzuführen ist. [3] Soll die Lage, die Beschaffenheit oder der Betrieb einer nach Satz 1 genehmigten Anlage für einen anderen Entwicklungs- oder Erprobungszweck geändert werden, ist ein Verfahren nach Satz 1 durchzuführen.

[1)] Nr. **296**.

[2)] Der Verweis wurde amtlich noch nicht an die Änderung des UVPG durch G v. 20.7.2017 (BGBl. I S. 2808; 2018 I S. 472) angepasst.

[3)] Nr. **295**.

(4) Wird die für die Zuordnung zu einer Verfahrensart maßgebende Leistungsgrenze oder Anlagengröße durch die Errichtung und den Betrieb einer weiteren Teilanlage oder durch eine sonstige Erweiterung der Anlage erreicht oder überschritten, so wird die Genehmigung für die Änderung in dem Verfahren erteilt, dem die Anlage nach der Summe ihrer Leistung oder Größe entspricht.

§ 3 Anlagen nach der Industrieemissions-Richtlinie. Anlagen nach Artikel 10 in Verbindung mit Anhang I der Richtlinie 2010/75/EU des Europäischen Parlaments und des Rates vom 24. November 2010 über Industrieemissionen (integrierte Vermeidung und Verminderung der Umweltverschmutzung) (Neufassung) (ABl. L 334 vom 17.12.2010, S. 17) sind Anlagen, die in Spalte d des Anhangs 1 mit dem Buchstaben E gekennzeichnet sind.

Anhang 1[1)]

Rohstoffbegriff in Nummer 7

Der in Anlagenbeschreibungen unter Nummer 7 verwendete Begriff „Rohstoff" gilt unabhängig davon, ob dieser zuvor verarbeitet wurde oder nicht.

Abfallbegriff in Nummer 8

Der in den Anlagenbeschreibungen unter den Nummern 8.2 bis 8.15 verwendete Begriff „Abfall" betrifft jeweils ausschließlich Abfälle, auf die die Vorschriften des Kreislaufwirtschaftsgesetzes[2)] Anwendung finden.

Mischungsregel

Wird in Anlagenbeschreibungen unter Nummer 7 auf diese Mischungsregel Bezug genommen, errechnet sich die Produktionskapazität **P** beim Einsatz tierischer und pflanzlicher Rohstoffe wie folgt:

$$\mathbf{P} = \begin{cases} 75 & \textit{für } \mathbf{A} \geq 10 \\ [300 - (22{,}5 \cdot \mathbf{A})] & \textit{für } \mathbf{A} < 10 \end{cases}$$

wobei **A** den gewichtsprozentualen Anteil der tierischen Rohstoffe an den insgesamt eingesetzten Rohstoffen darstellt.

Legende

Nr.:

Ordnungsnummer der Anlagenart

Anlagenbeschreibung:

Die vollständige Beschreibung der Anlagenart ergibt sich aus dem fortlaufenden Text von der 2. bis zur jeweils letzten Gliederungsebene der Ordnungsnummer.

(z.B. ergibt sich die vollständige Beschreibung der Anlagenart von Nummer 1.2.4.1 aus dem fortlaufenden Text der Nummern 1.2, 1.2.4 und 1.2.4.1)

Verfahrensart:

G: **G**enehmigungsverfahren gemäß § 10 BImSchG[3)] (mit Öffentlichkeitsbeteiligung)

V: **V**ereinfachtes Verfahren gemäß § 19 BImSchG[3)] (ohne Öffentlichkeitsbeteiligung)

E: Anlage gemäß Art. 10 der Richtlinie 2010/75/EU:

Anlage gemäß §

[1)] Anh. 1 geänd. mWv 1.4.2021 durch VO v. 12.1.2021 (BGBl. I S. 69); geänd. mWv 26.10.2022 durch VO v. 12.10.2022 (BGBl. I S. 1799); geänd. mWv 16.11.2024 durch VO v. 12.11.2024 (BGBl. 2024 I Nr. 355).

[2)] Nr. **298**.

[3)] Nr. **296**.

Nr.	Anlagenbeschreibung	Verfahrensart	Anlage gemäß Art. 10 der RL 2010/75/EU
a	b	c	d
1.	**Wärmeerzeugung, Bergbau und Energie**		
1.1	Anlagen zur Erzeugung von Strom, Dampf, Warmwasser, Prozesswärme oder erhitztem Abgas durch den Einsatz von Brennstoffen in einer Verbrennungseinrichtung (wie Kraftwerk, Heizkraftwerk, Heizwerk, Gasturbinenanlage, Verbrennungsmotoranlage, sonstige Feuerungsanlage), einschließlich zugehöriger Dampfkessel, mit einer Feuerungswärmeleistung von 50 Megawatt oder mehr;	G	E
1.2	Anlagen zur Erzeugung von Strom, Dampf, Warmwasser, Prozesswärme oder erhitztem Abgas in einer Verbrennungseinrichtung (wie Kraftwerk, Heizkraftwerk, Heizwerk, Gasturbinenanlage, Verbrennungsmotoranlage, sonstige Feuerungsanlage), einschließlich zugehöriger Dampfkessel, ausgenommen Verbrennungsmotoranlagen für Bohranlagen und Notstromaggregate, durch den Einsatz von		
1.2.1	Kohle, Koks einschließlich Petrolkoks, Kohlebriketts, Torfbriketts, Brenntorf, naturbelassenem Holz sowie in der eigenen Produktionsanlage anfallendem gestrichenem, lackiertem oder beschichtetem Holz oder Sperrholz, Spanplatten, Faserplatten oder sonst verleimtem Holz sowie daraus anfallenden Resten, soweit keine Holzschutzmittel aufgetragen oder infolge einer Behandlung enthalten sind und Beschichtungen keine halogenorganischen Verbindungen oder Schwermetalle enthalten, emulgiertem Naturbitumen, Heizölen, ausgenommen Heizöl EL, mit einer Feuerungswärmeleistung von 1 Megawatt bis weniger als 50 Megawatt,	V	
1.2.2	gasförmigen Brennstoffen (insbesondere Koksofengas, Grubengas, Stahlgas, Raffineriegas, Synthesegas, Erdölgas aus der Tertiärförderung von Erdöl, Klärgas, Biogas), ausgenommen naturbelassenem Erdgas, Flüssiggas, Gasen der öffentlichen Gasversorgung oder Wasserstoff, mit einer Feuerungswärmeleistung von		
1.2.2.1	10 Megawatt bis weniger als 50 Megawatt,	V	
1.2.2.2	1 Megawatt bis weniger als 10 Megawatt, bei Verbrennungsmotoranlagen oder Gasturbinenanlagen,	V	
1.2.3	Heizöl EL, Dieselkraftstoff, Methanol, Ethanol, naturbelassenen Pflanzenölen oder Pflanzenölmethylestern, naturbelassenem Erdgas, Flüssiggas, Gasen der öffentlichen Gasversorgung oder Wasserstoff mit einer Feuerungswärmeleistung von		
1.2.3.1	20 Megawatt bis weniger als 50 Megawatt,	V	
1.2.3.2	1 Megawatt bis weniger als 20 Megawatt, bei Verbrennungsmotoranlagen oder Gasturbinenanlagen,	V	
1.2.4	anderen als in Nummer 1.2.1 oder 1.2.3 genannten festen oder flüssigen Brennstoffen mit einer Feuerungswärmeleistung von 100 Kilowatt bis weniger als 50 Megawatt;	V	
1.3	(nicht besetzt)		

(Fortsetzung nächstes Blatt)

Nr.	Anlagenbeschreibung	Verfahrensart	Anlage gemäß Art. 10 der RL 2010/75/EU
a	b	c	d
1.4	Verbrennungsmotoranlagen oder Gasturbinenanlagen zum Antrieb von Arbeitsmaschinen für den Einsatz von		
1.4.1	Heizöl EL, Dieselkraftstoff, Methanol, Ethanol, naturbelassenen Pflanzenölen, Pflanzenölmethylestern, Koksofengas, Grubengas, Stahlgas, Raffineriegas, Synthesegas, Erdölgas aus der Tertiärförderung von Erdöl, Klärgas, Biogas, naturbelassenem Erdgas, Flüssiggas, Gasen der öffentlichen Gasversorgung oder Wasserstoff mit einer Feuerungswärmeleistung von		
1.4.1.1	50 Megawatt oder mehr,	**G**	**E**
1.4.1.2	1 Megawatt bis weniger als 50 Megawatt, ausgenommen Verbrennungsmotoranlagen für Bohranlagen,	**V**	
1.4.2	anderen als in Nummer 1.4.1 genannten Brennstoffen mit einer Feuerungswärmeleistung von		
1.4.2.1	50 Megawatt oder mehr,	**G**	**E**
1.4.2.2	100 Kilowatt bis weniger als 50 Megawatt;	**V**	
1.5	(nicht besetzt)		
1.6	Anlagen zur Nutzung von Windenergie mit einer Gesamthöhe von mehr als 50 Metern und		
1.6.1	20 oder mehr Windkraftanlagen,	**G**	
1.6.2	weniger als 20 Windkraftanlagen;	**V**	
1.7	(nicht besetzt)		
1.8	Elektroumspannanlagen mit einer Oberspannung von 220 Kilovolt oder mehr einschließlich der Schaltfelder, ausgenommen eingehauste Elektroumspannanlagen;	**V**	
1.9	Anlagen zum Mahlen oder Trocknen von Kohle mit einer Kapazität von 1 Tonne oder mehr je Stunde;	**V**	
1.10	Anlagen zum Brikettieren von Braun- oder Steinkohle;	**G**	
1.11	Anlagen zur Trockendestillation (z.B. Kokereien, Gaswerke und Schwelereien), insbesondere von Steinkohle oder Braunkohle, Holz, Torf oder Pech, ausgenommen Holzkohlenmeiler;	**G**	**E**
1.12	Anlagen zur Destillation oder Weiterverarbeitung von Teer oder Teererzeugnissen oder von Teer- oder Gaswasser;	**G**	
1.13	(nicht besetzt)		
1.14	Anlagen zur Vergasung oder Verflüssigung von		
1.14.1	Kohle,	**G**	**E**
1.14.2	bituminösem Schiefer mit einem Energieäquivalent von		
1.14.2.1	20 Megawatt oder mehr,	**G**	**E**
1.14.2.2	weniger als 20 Megawatt,	**G**	
1.14.3	anderen Brennstoffen als Kohle oder bituminösem Schiefer, insbesondere zur Erzeugung von Generator-, Wasser-, oder Holzgas, mit einer Produktionskapazität an Stoffen, entsprechend einem Energieäquivalent von		
1.14.3.1	20 Megawatt oder mehr,	**G**	**E**

Nr.	Anlagenbeschreibung	Verfahrensart	Anlage gemäß Art. 10 der RL 2010/75/EU
a	b	c	d
1.14.3.2	1 Megawatt bis weniger als 20 Megawatt;	V	
1.15	Anlagen zur Erzeugung von Biogas, soweit nicht von Nummer 8.6 erfasst, mit einer Produktionskapazität von 1,2 Million Normkubikmetern je Jahr Rohgas oder mehr;	V	
1.16	Anlagen zur Aufbereitung von Biogas mit einer Verarbeitungskapazität von 1,2 Million Normkubikmetern je Jahr Rohgas oder mehr;	V	
2.	**Steine und Erden, Glas, Keramik, Baustoffe**		
2.1	Steinbrüche mit einer Abbaufläche von		
2.1.1	10 Hektar oder mehr,	G	
2.1.2	weniger als 10 Hektar, soweit Sprengstoffe verwendet werden;	V	
2.2	Anlagen zum Brechen, Trocknen, Mahlen oder Klassieren von natürlichem oder künstlichem Gestein, ausgenommen Klassieranlagen für Sand oder Kies sowie Anlagen, die nicht mehr als zehn Tage im Jahr betrieben werden;	V	
2.3	Anlagen zur Herstellung von Zementklinker oder Zementen mit einer Produktionskapazität von		
2.3.1	500 Tonnen oder mehr je Tag,	G	E
2.3.2	50 Tonnen bis weniger als 500 Tonnen je Tag, soweit nicht in Drehrohröfen hergestellt,	G	E
2.3.3	weniger als 500 Tonnen je Tag, soweit in Drehrohröfen hergestellt,	V	
2.3.4	weniger als 50 Tonnen je Tag, soweit nicht in Drehrohröfen hergestellt;	V	
2.4	Anlagen zum Brennen von		
2.4.1	Kalkstein, Magnesit oder Dolomit mit einer Produktionskapazität von		
2.4.1.1	50 Tonnen oder mehr Branntkalk oder Magnesiumoxid je Tag,	G	E
2.4.1.2	weniger als 50 Tonnen Branntkalk oder Magnesiumoxid je Tag,	V	
2.4.2	Bauxit, Gips, Kieselgur, Quarzit oder Ton zu Schamotte;	V	
2.5	Anlagen zur Gewinnung von Asbest;	G	E
2.6	Anlagen zur Be- oder Verarbeitung von Asbest oder Asbesterzeugnissen;	G	E
2.7	Anlagen zum Blähen von Perlite oder Schiefer;	V	
2.8	Anlagen zur Herstellung von Glas, auch soweit es aus Altglas hergestellt wird, einschließlich Anlagen zur Herstellung von Glasfasern, mit einer Schmelzkapazität von		
2.8.1	20 Tonnen oder mehr je Tag,	G	E
2.8.2	100 Kilogramm bis weniger als 20 Tonnen je Tag, ausgenommen in Anlagen zur Herstellung von Glasfasern,	V	

Nr.	Anlagenbeschreibung	Verfahrensart	Anlage gemäß Art. 10 der RL 2010/75/EU
a	b	c	d
	die für medizinische oder fernmeldetechnische Zwecke bestimmt sind;		
2.9	(nicht besetzt)		
2.10	Anlagen zum Brennen keramischer Erzeugnisse (einschließlich Anlagen zum Blähen von Ton) mit einer Produktionskapazität von		
2.10.1	75 Tonnen oder mehr je Tag,	**G**	**E**
2.10.2	weniger als 75 Tonnen je Tag, soweit der Rauminhalt der Brennanlage 4 Kubikmeter oder mehr beträgt oder die Besatzdichte mehr als 100 Kilogramm je Kubikmeter Rauminhalt der Brennanlage beträgt, ausgenommen elektrisch beheizte Brennöfen, die diskontinuierlich und ohne Abluftführung betrieben werden;	**V**	
2.11	Anlagen zum Schmelzen mineralischer Stoffe einschließlich Anlagen zur Herstellung von Mineralfasern mit einer Schmelzkapazität von		
2.11.1	20 Tonnen oder mehr je Tag,	**G**	**E**
2.11.2	weniger als 20 Tonnen je Tag;	**V**	
2.12	(nicht besetzt)		
2.13	(nicht besetzt)		
2.14	Anlagen zur Herstellung von Formstücken unter Verwendung von Zement oder anderen Bindemitteln durch Stampfen, Schocken, Rütteln oder Vibrieren mit einer Produktionskapazität von 10 Tonnen oder mehr je Stunde;	**V**	
2.15	Anlagen zur Herstellung oder zum Schmelzen von Mischungen aus Bitumen oder Teer mit Mineralstoffen, ausgenommen Anlagen, die Mischungen in Kaltbauweise herstellen, einschließlich Aufbereitungsanlagen für bituminöse Straßenbaustoffe und Teersplittanlagen;	**V**	
3.	**Stahl, Eisen und sonstige Metalle einschließlich Verarbeitung**		
3.1	Anlagen zum Rösten (Erhitzen unter Luftzufuhr zur Überführung in Oxide), Schmelzen oder Sintern (Stückigmachen von feinkörnigen Stoffen durch Erhitzen) von Erzen;	**G**	**E**
3.2	Anlagen zur Herstellung oder zum Erschmelzen von Roheisen		
3.2.1	und zur Weiterverarbeitung zu Rohstahl, bei denen sich Gewinnungs- und Weiterverarbeitungseinheiten nebeneinander befinden und in funktioneller Hinsicht miteinander verbunden sind (Integrierte Hüttenwerke), mit einer Schmelzkapazität von		
3.2.1.1	2,5 Tonnen oder mehr je Stunde,	**G**	**E**
3.2.1.2	weniger als 2,5 Tonnen je Stunde,	**G**	
3.2.2	oder Stahl, einschließlich Stranggießen, auch soweit Konzentrate oder sekundäre Rohstoffe eingesetzt werden, mit einer Schmelzkapazität von		

Nr.	Anlagenbeschreibung	Verfahrensart	Anlage gemäß Art. 10 der RL 2010/75/EU
a	b	c	d
3.2.2.1	2,5 Tonnen oder mehr je Stunde,	**G**	**E**
3.2.2.2	weniger als 2,5 Tonnen je Stunde;	**V**	
3.3	Anlagen zur Herstellung von Nichteisenrohmetallen aus Erzen, Konzentraten oder sekundären Rohstoffen durch metallurgische, chemische oder elektrolytische Verfahren;	**G**	**E**
3.4	Anlagen zum Schmelzen, zum Legieren oder zur Raffination von Nichteisenmetallen mit einer Schmelzkapazität von		
3.4.1	4 Tonnen je Tag oder mehr bei Blei und Cadmium oder von 20 Tonnen je Tag oder mehr bei sonstigen Nichteisenmetallen,	**G**	**E**
3.4.2	0,5 Tonnen bis weniger als 4 Tonnen je Tag bei Blei und Cadmium oder von 2 Tonnen bis weniger als 20 Tonnen je Tag bei sonstigen Nichteisenmetallen, ausgenommen 1. Vakuum-Schmelzanlagen, 2. Schmelzanlagen für Gusslegierungen aus Zinn und Wismut oder aus Feinzink und Aluminium in Verbindung mit Kupfer oder Magnesium, 3. Schmelzanlagen, die Bestandteil von Druck oder Kokillengießmaschinen sind oder die ausschließlich im Zusammenhang mit einzelnen Druck- oder Kokillengießmaschinen gießfertige Nichteisenmetalle oder gießfertige Legierungen niederschmelzen, 4. Schmelzanlagen für Edelmetalle oder für Legierungen, die nur aus Edelmetallen oder aus Edelmetallen und Kupfer bestehen, 5. Schwalllötbäder und 6. Heißluftverzinnungsanlagen;	**V**	
3.5	Anlagen zum Abziehen der Oberflächen von Stahl, insbesondere von Blöcken, Brammen, Knüppeln, Platinen oder Blechen, durch Flämmen;	**V**	
3.6	Anlagen zur Umformung von		
3.6.1	Stahl durch Warmwalzen mit einer Kapazität je Stunde von		
3.6.1.1	20 Tonnen oder mehr,	**G**	**E**
3.6.1.2	weniger als 20 Tonnen,	**V**	
3.6.2	Stahl durch Kaltwalzen mit einer Bandbreite von 650 Millimetern oder mehr,	**V**	
3.6.3	Schwermetallen, ausgenommen Eisen oder Stahl, durch Walzen mit einer Kapazität von 1 Tonne oder mehr je Stunde,	**V**	
3.6.4	Leichtmetallen durch Walzen mit einer Kapazität von 0,5 Tonnen oder mehr je Stunde;	**V**	
3.7	Eisen-, Temper- oder Stahlgießereien mit einer Verarbeitungskapazität an Flüssigmetall von		
3.7.1	20 Tonnen oder mehr je Tag,	**G**	**E**
3.7.2	2 Tonnen bis weniger als 20 Tonnen je Tag;	**V**	

Nr.	Anlagenbeschreibung	Verfahrensart	Anlage gemäß Art. 10 der RL 2010/75/EU
a	b	c	d
3.8	Gießereien für Nichteisenmetalle mit einer Verarbeitungskapazität an Flüssigmetall von		
3.8.1	4 Tonnen oder mehr je Tag bei Blei und Cadmium oder 20 Tonnen oder mehr je Tag bei sonstigen Nichteisenmetallen,	G	E
3.8.2	0,5 Tonnen bis weniger als 4 Tonnen je Tag bei Blei und Cadmium oder 2 Tonnen bis weniger als 20 Tonnen je Tag bei sonstigen Nichteisenmetallen, ausgenommen 1. Gießereien für Glocken- oder Kunstguss, 2. Gießereien, in denen in metallische Formen abgegossen wird, und 3. Gießereien, in denen das Material in ortsbeweglichen Tiegeln niedergeschmolzen wird;	V	
3.9	Anlagen zum Aufbringen von metallischen Schutzschichten		
3.9.1	mit Hilfe von schmelzflüssigen Bädern auf Metalloberflächen mit einer Verarbeitungskapazität von		
3.9.1.1	2 Tonnen oder mehr Rohstahl je Stunde,	G	E
3.9.1.2	2 Tonnen oder mehr Rohgut je Stunde, soweit nicht von der Nummer 3.9.1.1 erfasst,	G	
3.9.1.3	500 Kilogramm bis weniger als 2 Tonnen Rohgut je Stunde, ausgenommen Anlagen zum kontinuierlichen Verzinken nach dem Sendzimirverfahren,	V	
3.9.2	durch Flamm-, Plasma- oder Lichtbogenspritzen		
3.9.2.1	auf Metalloberflächen mit einer Verarbeitungskapazität von 2 Tonnen oder mehr Rohstahl je Stunde,	G	E
3.9.2.2	auf Metall- oder Kunststoffoberflächen mit einem Durchsatz an Blei, Zinn, Zink, Nickel, Kobalt oder ihren Legierungen von 2 Kilogramm oder mehr je Stunde;	V	
3.10	Anlagen zur Oberflächenbehandlung mit einem Volumen der Wirkbäder von		
3.10.1	30 Kubikmeter oder mehr bei der Behandlung von Metall- oder Kunststoffoberflächen durch ein elektrolytisches oder chemisches Verfahren,	G	E
3.10.2	1 Kubikmeter bis weniger als 30 Kubikmeter bei der Behandlung von Metalloberflächen durch Beizen oder Brennen unter Verwendung von Fluss- oder Salpetersäure;	V	
3.11	Anlagen, die aus einem oder mehreren maschinell angetriebenen Hämmern oder Fallwerken bestehen, wenn die Schlagenergie eines Hammers oder Fallwerkes		
3.11.1	50 Kilojoule oder mehr und die Feuerungswärmeleistung der Wärmebehandlungsöfen 20 Megawatt oder mehr beträgt,	G	E
3.11.2	50 Kilojoule oder mehr beträgt, soweit nicht von Nummer 3.11.1 erfasst,	G	

Nr.	Anlagenbeschreibung	Verfahrensart	Anlage gemäß Art. 10 der RL 2010/75/EU
a	b	c	d
3.11.3	1 Kilojoule bis weniger als 50 Kilojoule beträgt;	V	
3.12	(nicht besetzt)		
3.13	Anlagen zur Sprengverformung oder zum Plattieren mit Sprengstoffen bei einem Einsatz von 10 Kilogramm Sprengstoff oder mehr je Schuss;	V	
3.14 – 3.15	(nicht besetzt)		
3.16	Anlagen zur Herstellung von warmgefertigten nahtlosen oder geschweißten Rohren aus Stahl mit einer Produktionskapazität von		
3.16.1	20 Tonnen oder mehr je Stunde,	G	E
3.16.2	weniger als 20 Tonnen je Stunde;	G	
3.17	(nicht besetzt)		
3.18	Anlage zur Herstellung oder Reparatur von Schiffskörpern oder -sektionen (Schiffswerft) aus Metall mit einer Länge von 20 Metern oder mehr;	G	
3.19	Anlagen zum Bau von Schienenfahrzeugen mit einer Produktionskapazität von 600 Schienenfahrzeugeinheiten oder mehr je Jahr; 1 Schienenfahrzeugeinheit entspricht 0,5 Lokomotiven, 1 Straßenbahn, 1 Wagen eines Triebzuges, 1 Triebkopf, 1 Personenwagen oder 3 Güterwagen;	G	
3.20	Anlagen zur Oberflächenbehandlung von Gegenständen aus Stahl, Blech oder Guss mit festen Strahlmitteln, die außerhalb geschlossener Räume betrieben werden, ausgenommen nicht begehbare Handstrahlkabinen sowie Anlagen mit einem Luftdurchsatz von weniger als 300 Kubikmetern je Stunde;	V	
3.21	Anlagen zur Herstellung von Bleiakkumulatoren;	V	
3.22	Anlagen zur Behandlung von Schrotten in Schredderanlagen, sofern nicht von Nummer 8.9 erfasst, mit einer Durchsatzkapazität an Eingangsstoffen von		
3.22.1	50 Tonnen oder mehr je Tag,	G	
3.22.2	10 Tonnen bis weniger als 50 Tonnen je Tag;	V	
3.23	Anlagen zur Herstellung von Metallpulvern oder -pasten, insbesondere Aluminium-, Eisen- oder Magnesiumpulver oder -pasten oder blei- oder nickelhaltigen Pulvern oder Pasten, ausgenommen Anlagen zur Herstellung von Edelmetallpulver;	V	
3.24	Anlagen für den Bau und die Montage von Kraftfahrzeugen oder Anlagen für den Bau von Kraftfahrzeugmotoren mit einer Kapazität von jeweils 100 000 Stück oder mehr je Jahr;	G	
3.25	Anlagen für Bau und Instandhaltung, ausgenommen die Wartung einschließlich kleinerer Reparaturen, von Luftfahrzeugen,		
3.25.1	soweit je Jahr mehr als 50 Luftfahrzeuge hergestellt werden können,	G	
3.25.2	*soweit je Jahr mehr* als 50 Luftfahrzeuge instand gehalten werden können;	V	

Nr.	Anlagenbeschreibung	Verfahrensart	Anlage gemäß Art. 10 der RL 2010/75/EU
a	b	c	d
4.	**Chemische Erzeugnisse, Arzneimittel, Mineralölraffination und Weiterverarbeitung**		
4.1	Anlagen zur Herstellung von Stoffen oder Stoffgruppen durch chemische, biochemische oder biologische Umwandlung in industriellem Umfang, ausgenommen Anlagen zur Erzeugung oder Spaltung von Kernbrennstoffen oder zur Aufarbeitung bestrahlter Kernbrennstoffe, zur Herstellung von		
4.1.1	Kohlenwasserstoffen (lineare oder ringförmige, gesättigte oder ungesättigte, aliphatische oder aromatische),	**G**	**E**
4.1.2	sauerstoffhaltigen Kohlenwasserstoffen wie Alkohole, Aldehyde, Ketone, Carbonsäuren, Ester, Acetate, Ether, Peroxide, Epoxide,	**G**	**E**
4.1.3	schwefelhaltigen Kohlenwasserstoffen,	**G**	**E**
4.1.4	stickstoffhaltigen Kohlenwasserstoffen wie Amine, Amide, Nitroso-, Nitro- oder Nitratverbindungen, Nitrile, Cyanate, Isocyanate,	**G**	**E**
4.1.5	phosphorhaltigen Kohlenwasserstoffen,	**G**	**E**
4.1.6	halogenhaltigen Kohlenwasserstoffen,	**G**	**E**
4.1.7	metallorganischen Verbindungen,	**G**	**E**
4.1.8	Kunststoffen (Kunstharzen, Polymeren, Chemiefasern, Fasern auf Zellstoffbasis),	**G**	**E**
4.1.9	synthetischen Kautschuken,	**G**	**E**
4.1.10	Farbstoffen und Pigmenten sowie von Ausgangsstoffen für Farben und Anstrichmittel,	**G**	**E**
4.1.11	Tensiden,	**G**	**E**
4.1.12	Gasen wie Ammoniak, Chlor und Chlorwasserstoff, Fluor und Fluorwasserstoff, Kohlenstoffoxiden, Schwefelverbindungen, Stickstoffoxiden, Wasserstoff (sofern die Herstellung nicht durch die Elektrolyse von Wasser erfolgt), Schwefeldioxid, Phosgen,	**G**	**E**
4.1.13	Säuren wie Chromsäure, Flusssäure, Phosphorsäure, Salpetersäure, Salzsäure, Schwefelsäure, Oleum, schwefelige Säuren,	**G**	**E**
4.1.14	Basen wie Ammoniumhydroxid, Kaliumhydroxid, Natriumhydroxid,	**G**	**E**
4.1.15	Salzen wie Ammoniumchlorid, Kaliumchlorat, Kaliumkarbonat, Natriumkarbonat, Perborat, Silbernitrat,	**G**	**E**
4.1.16	Nichtmetallen, Metalloxiden oder sonstigen anorganischen Verbindungen wie Kalziumkarbid, Silizium, Siliziumkarbid, anorganische Peroxide, Schwefel,	**G**	**E**
4.1.17	phosphor-, stickstoff- oder kaliumhaltigen Düngemitteln (Einnährstoff- oder Mehrnährstoffdünger),	**G**	**E**
4.1.18	Pflanzenschutzmittel oder Biozide,	**G**	**E**
4.1.19	Arzneimittel einschließlich Zwischenerzeugnisse,	**G**	**E**
4.1.20	Explosivstoffen,	**G**	**E**
4.1.21	Stoffen oder Stoffgruppen, die keiner oder mehreren der Nummern 4.1.1 bis 4.1.20 entsprechen,	**G**	**E**
4.1.22	– organischen Grundchemikalien, – anorganischen Grundchemikalien, – phosphor-, stickstoff- oder kaliumhaltigen Düngemitteln (Einnährstoff oder Mehrnährstoff), – Ausgangsstoffen für Pflanzenschutzmittel und Bioziden,	**G**	**E**

Nr.	Anlagenbeschreibung	Verfahrensart	Anlage gemäß Art. 10 der RL 2010/75/EU
a	b	c	d
	– Grundarzneimitteln unter Verwendung eines chemischen oder biologischen Verfahrens oder – Explosivstoffen, im Verbund, bei denen sich mehrere Einheiten nebeneinander befinden und in funktioneller Hinsicht miteinander verbunden sind (integrierte chemische Anlagen);		
4.2	Anlagen, in denen Pflanzenschutzmittel, Biozide oder ihre Wirkstoffe gemahlen oder maschinell gemischt, abgepackt oder umgefüllt werden, soweit diese Stoffe in einer Menge von 5 Tonnen je Tag oder mehr gehandhabt werden;	**V**	
4.3	Anlagen zur Herstellung von Arzneimitteln oder Arzneimittelzwischenprodukten im industriellen Umfang, soweit nicht von Nummer 4.1.19 erfasst, ausgenommen Anlagen, die ausschließlich der Herstellung der Darreichungsform dienen, in denen		
4.3.1	Pflanzen, Pflanzenteile oder Pflanzenbestandteile extrahiert, destilliert oder auf ähnliche Weise behandelt werden, ausgenommen Extraktionsanlagen mit Ethanol ohne Erwärmen,	**V**	
4.3.2	Tierkörper, auch lebender Tiere, sowie Körperteile, Körperbestandteile und Stoffwechselprodukte von Tieren eingesetzt werden;	**V**	
4.4	Anlagen zur Destillation oder Raffination oder sonstigen Weiterverarbeitung von Erdöl oder Erdölerzeugnissen in		
4.4.1	Mineralölraffinerien,	**G**	**E**
4.4.2	Schmierstoffraffinerien,	**G**	
4.4.3	Gasraffinerien,	**G**	**E**
4.4.4	petrochemischen Werken oder bei der Gewinnung von Paraffin;	**G**	
4.5	Anlagen zur Herstellung von Schmierstoffen, wie Schmieröle, Schmierfette, Metallbearbeitungsöle;	**V**	
4.6	Anlagen zur Herstellung von Ruß;	**G**	**E**
4.7	Anlagen zur Herstellung von Kohlenstoff (Hartbrandkohle) oder Elektrographit durch Brennen oder Graphitieren, zum Beispiel für Elektroden, Stromabnehmer oder Apparateteile;	**G**	**E**
4.8	Anlagen zum Destillieren von flüchtigen organischen Verbindungen, die bei einer Temperatur von 293,15 Kelvin einen Dampfdruck von mindestens 0,01 Kilopascal haben, mit einer Durchsatzkapazität von 1 Tonne oder mehr je Stunde;	**V**	

(Fortsetzung nächstes Blatt)

Nr.	Anlagenbeschreibung	Verfahrensart	Anlage gemäß Art. 10 der RL 2010/75/EU
a	b	c	d
4.9	Anlagen zum Erschmelzen von Naturharzen oder Kunstharzen mit einer Kapazität von 1 Tonne oder mehr je Tag;	**V**	
4.10	Anlagen zur Herstellung von Anstrich- oder Beschichtungsstoffen (Lasuren, Firnis, Lacke, Dispersionsfarben) oder Druckfarben unter Einsatz von 25 Tonnen oder mehr je Tag an flüchtigen organischen Verbindungen, die bei einer Temperatur von 293,15 Kelvin einen Dampfdruck von mindestens 0,01 Kilopascal haben;	**G**	
5.	**Oberflächenbehandlung mit organischen Stoffen, Herstellung von bahnenförmigen Materialien aus Kunststoffen, sonstige Verarbeitung von Harzen und Kunststoffen**		
5.1	Anlagen zur Behandlung von Oberflächen, ausgenommen Anlagen, soweit die Farben oder Lacke ausschließlich hochsiedende Öle (mit einem Dampfdruck von weniger als 0,01 Kilopascal bei einer Temperatur von 293,15 Kelvin) als organische Lösungsmittel enthalten und die Lösungsmittel unter den jeweiligen Verwendungsbedingungen keine höhere Flüchtigkeit aufweisen,		
5.1.1	von Stoffen, Gegenständen oder Erzeugnissen einschließlich der dazugehörigen Trocknungsanlagen unter Verwendung von organischen Lösungsmitteln, insbesondere zum Appretieren, Bedrucken, Beschichten, Entfetten, Imprägnieren, Kaschieren, Kleben, Lackieren, Reinigen oder Tränken mit einem Verbrauch an organischen Lösungsmitteln von		
5.1.1.1	150 Kilogramm oder mehr je Stunde oder 200 Tonnen oder mehr je Jahr,	**G**	**E**
5.1.1.2	25 Kilogramm bis weniger als 150 Kilogramm je Stunde oder 15 Tonnen bis weniger als 200 Tonnen je Jahr, ausgenommen zum Bedrucken,	**V**	
5.1.2	von bahnen- oder tafelförmigen Materialien mit Rotationsdruckmaschinen einschließlich der zugehörigen Trocknungsanlagen, soweit die Farben oder Lacke		
5.1.2.1	organische Lösungsmittel mit einem Anteil von mehr als 50 Gew.-% an Ethanol enthalten und in der Anlage insgesamt 50 Kilogramm bis weniger als 150 Kilogramm je Stunde oder 30 Tonnen bis weniger als 200 Tonnen je Jahr an organischen Lösungsmitteln verbraucht werden,	**V**	
5.1.2.2	sonstige organische Lösungsmittel enthalten und in der Anlage insgesamt 25 Kilogramm bis weniger als 150 Kilogramm organische Lösungsmittel je Stunde oder 15 Tonnen bis weniger als 200 Tonnen je Jahr an organischen Lösungsmitteln verbraucht werden,	**V**	
5.1.3	zum Isolieren von Drähten unter Verwendung von phenol- oder kresolhaltigen Drahtlacken mit einem Verbrauch an organischen Lösungsmitteln von weniger als 150 Kilogramm je Stunde oder von weniger als 200 Tonnen je Jahr;	**V**	

Nr.	Anlagenbeschreibung	Verfahrensart	Anlage gemäß Art. 10 der RL 2010/75/EU
a	b	c	d
5.2	Anlagen zum Beschichten, Imprägnieren, Kaschieren, Lackieren oder Tränken von Gegenständen, Glas- oder Mineralfasern oder bahnen- oder tafelförmigen Materialien einschließlich der zugehörigen Trocknungsanlagen mit Kunstharzen, die unter weitgehender Selbstvernetzung ausreagieren (Reaktionsharze), wie Melamin-, Harnstoff-, Phenol-, Epoxid-, Furan-, Kresol-, Resorcin- oder Polyesterharzen, ausgenommen Anlagen für den Einsatz von Pulverbeschichtungsstoffen, mit einem Harzverbrauch von		
5.2.1	25 Kilogramm oder mehr je Stunde,	**G**	
5.2.2	10 Kilogramm bis weniger als 25 Kilogramm je Stunde;	**V**	
5.3	Anlagen zur Konservierung von Holz oder Holzerzeugnissen mit Chemikalien, ausgenommen die ausschließliche Bläueschutzbehandlung, mit einer Produktionskapazität von mehr als 75 Kubikmetern je Tag;	**G**	**E**
5.4	Anlagen zum Tränken oder Überziehen von Stoffen oder Gegenständen mit Teer, Teeröl oder heißem Bitumen, soweit die Menge dieser Kohlenwasserstoffe 25 Kilogramm oder mehr je Stunde beträgt, ausgenommen Anlagen zum Tränken oder Überziehen von Kabeln mit heißem Bitumen;	**V**	
5.5	(nicht besetzt)		
5.6	Anlagen zur Herstellung von bahnenförmigen Materialien auf Streichmaschinen einschließlich der zugehörigen Trocknungsanlagen unter Verwendung von Gemischen aus Kunststoffen und Weichmachern oder von Gemischen aus sonstigen Stoffen und oxidiertem Leinöl;	**V**	
5.7	Anlagen zur Verarbeitung von flüssigen ungesättigten Polyesterharzen mit Styrol-Zusatz oder flüssigen Epoxidharzen mit Aminen zu Formmassen (zum Beispiel Harzmatten oder Faserformmassen) oder Formteilen oder Fertigerzeugnissen, soweit keine geschlossenen Werkzeuge (Formen) verwendet werden, für einen Harzverbrauch von 500 Kilogramm oder mehr je Woche;	**V**	
5.8	Anlagen zur Herstellung von Gegenständen unter Verwendung von Amino- oder Phenoplasten, wie Furan-, Harnstoff-, Phenol-, Resorcin- oder Xylolharzen mittels Wärmebehandlung, soweit die Menge der Ausgangsstoffe 10 Kilogramm oder mehr je Stunde beträgt;	**V**	
5.9	Anlagen zur Herstellung von Reibbelägen unter Verwendung von 10 Kilogramm oder mehr je Stunde an Phenoplasten oder sonstigen Kunstharzbindemitteln, soweit kein Asbest eingesetzt wird;	**V**	
5.10	Anlagen zur Herstellung von künstlichen Schleifscheiben, -körpern, -papieren oder -geweben unter Verwendung organischer Binde- oder Lösungsmittel, aus-	**V**	

Nr.	Anlagenbeschreibung	Verfahrensart	Anlage gemäß Art. 10 der RL 2010/75/EU
a	b	c	d
	genommen Anlagen, die von Nummer 5.1 erfasst werden;		
5.11	Anlagen zur Herstellung von Polyurethanformteilen, Bauteilen unter Verwendung von Polyurethan, Polyurethanblöcken in Kastenformen oder zum Ausschäumen von Hohlräumen mit Polyurethan, soweit die Menge der Polyurethan-Ausgangsstoffe 200 Kilogramm oder mehr je Stunde beträgt, ausgenommen Anlagen zum Einsatz von thermoplastischem Polyurethangranulat;	**V**	
5.12	Anlagen zur Herstellung von PVC-Folien durch Kalandrieren unter Verwendung von Gemischen aus Kunststoffen und Zusatzstoffen mit einer Kapazität von 10 000 Tonnen oder mehr je Jahr;	**V**	
6.	**Holz, Zellstoff**		
6.1	Anlagen zur Gewinnung von Zellstoff aus Holz, Stroh oder ähnlichen Faserstoffen;	**G**	**E**
6.2	Anlagen zur Herstellung von Papier, Karton oder Pappe mit einer Produktionskapazität von		
6.2.1	20 Tonnen oder mehr je Tag,	**G**	**E**
6.2.2	weniger als 20 Tonnen je Tag, ausgenommen Anlagen, die aus einer oder mehreren Maschinen zur Herstellung von Papier, Karton oder Pappe bestehen, soweit die Bahnlänge des Papiers, des Kartons oder der Pappe bei allen Maschinen weniger als 75 Meter beträgt;	**V**	
6.3	Anlagen zur Herstellung von Holzspanplatten, Holzfaserplatten oder Holzfasermatten mit einer Produktionskapazität von		
6.3.1	600 Kubikmetern oder mehr je Tag,	**G**	**E**
6.3.2	weniger als 600 Kubikmetern je Tag;	**V**	
6.4	Anlagen zur Herstellung von Holzpresslingen (z.B. Holzpellets, Holzbriketts) mit einer Produktionskapazität von 10 000 Tonnen oder mehr je Jahr;	**V**	
7.	**Nahrungs-, Genuss- und Futtermittel, landwirtschaftliche Erzeugnisse**		
7.1	Anlagen zum Halten oder zur Aufzucht von		
7.1.1	Hennen mit		
7.1.1.1	40 000 oder mehr Hennenplätzen,	**G**	**E**
7.1.1.2	15 000 bis weniger als 40 000 Hennenplätzen,	**V**	
7.1.2	Junghennen mit		
7.1.2.1	40 000 oder mehr Junghennenplätzen,	**G**	**E**
7.1.2.2	30 000 bis weniger als 40 000 Junghennenplätzen,	**V**	
7.1.3	Mastgeflügel mit		
7.1.3.1	40 000 oder mehr Mastgeflügelplätzen,	**G**	**E**
7.1.3.2	30 000 bis weniger als 40 000 Mastgeflügelplätzen,	**V**	
7.1.4	Truthühnern mit		
7.1.4.1	40 000 oder mehr Truthühnermastplätzen,	**G**	**E**

Nr.	Anlagenbeschreibung	Verfahrensart	Anlage gemäß Art. 10 der RL 2010/75/EU
a	b	c	d
7.1.4.2	15 000 bis weniger als 40 000 Truthühnermastplätzen,	**V**	
7.1.5	Rindern (ausgenommen Plätze für Mutterkuhhaltung mit mehr als sechs Monaten Weidehaltung je Kalenderjahr) mit 600 oder mehr Rinderplätzen,	**V**	
7.1.6	Kälbern mit 500 oder mehr Kälbermastplätzen,	**V**	
7.1.7	Mastschweinen (Schweine von 30 Kilogramm oder mehr Lebendgewicht) mit		
7.1.7.1	2 000 oder mehr Mastschweineplätzen,	**G**	**E**
7.1.7.2	1 500 bis weniger als 2 000 Mastschweineplätzen,	**V**	
7.1.8	Sauen einschließlich dazugehörender Ferkelaufzuchtplätze (Ferkel bis weniger als 30 Kilogramm Lebendgewicht) mit		
7.1.8.1	750 oder mehr Sauenplätzen,	**G**	**E**
7.1.8.2	560 bis weniger als 750 Sauenplätzen,	**V**	
7.1.9	Ferkeln für die getrennte Aufzucht (Ferkel von 10 Kilogramm bis weniger als 30 Kilogramm Lebendgewicht) mit		
7.1.9.1	6 000 oder mehr Ferkelplätzen,	**G**	
7.1.9.2	4 500 bis weniger als 6 000 Ferkelplätzen,	**V**	
7.1.10	Pelztieren mit		
7.1.10.1	1 000 oder mehr Pelztierplätzen,	**G**	
7.1.10.2	750 bis weniger als 1 000 Pelztierplätzen,	**V**	
7.1.11	gemischten Beständen mit einem Wert von 100 oder mehr der Summe der Vom Hundert-Anteile, bis zu denen die Platzzahlen jeweils ausgeschöpft werden		
7.1.11.1	in den Nummern 7.1.1.1, 7.1.2.1, 7.1.3.1, 7.1.4.1, 7.1.7.1 oder 7.1.8.1,	**G**	**E**
7.1.11.2	in den Nummern 7.1.1.1, 7.1.2.1, 7.1.3.1, 7.1.4.1, 7.1.7.1, 7.1.8.1 in Verbindung mit den Nummern 7.1.9.1 oder 7.1.10.1, soweit nicht von Nummer 7.1.11.1 erfasst,	**G**	
7.1.11.3	in den Nummern 7.1.1.2, 7.1.2.2, 7.1.3.2, 7.1.4.2, 7.1.5, 7.1.6, 7.1.7.2, 7.1.8.2, 7.1.9.2 oder 7.1.10.2, soweit nicht von Nummer 7.1.11.1 oder 7.1.11.2 erfasst;	**V**	
7.2	Anlagen zum Schlachten von Tieren mit einer Kapazität von		
7.2.1	50 Tonnen Lebendgewicht oder mehr je Tag,	**G**	**E**
7.2.2	0,5 Tonnen bis weniger als 50 Tonnen Lebendgewicht je Tag bei Geflügel,	**V**	
7.2.3	4 Tonnen bis weniger als 50 Tonnen Lebendgewicht je Tag bei sonstigen Tieren;	**V**	
7.3	Anlagen		
7.3.1	zur Erzeugung von Speisefetten aus tierischen Rohstoffen, ausgenommen bei Verarbeitung von ausschließlich Milch, mit einer Produktionskapazität von		
7.3.1.1	75 Tonnen Fertigerzeugnissen oder mehr je Tag,	**G**	**E**

Nr.	Anlagenbeschreibung	Verfahrensart	Anlage gemäß Art. 10 der RL 2010/75/EU
a	b	c	d
7.3.1.2	weniger als 75 Tonnen Fertigerzeugnissen je Tag, ausgenommen Anlagen zur Erzeugung von Speisefetten aus selbst gewonnenen tierischen Fetten in Fleischereien mit einer Kapazität von weniger als 200 Kilogramm Speisefett je Woche,	**V**	
7.3.2	zum Schmelzen von tierischen Fetten mit einer Produktionskapazität von		
7.3.2.1	75 Tonnen Fertigerzeugnissen oder mehr je Tag,	**G**	**E**
7.3.2.2	weniger als 75 Tonnen Fertigerzeugnissen je Tag, ausgenommen Anlagen zur Verarbeitung von selbst gewonnenen tierischen Fetten zu Speisefetten in Fleischereien mit einer Kapazität von weniger als 200 Kilogramm Speisefett je Woche;	**V**	
7.4	Anlagen zur Herstellung von Nahrungs- oder Futtermittelkonserven aus		
7.4.1	tierischen Rohstoffen, allein, ausgenommen bei Verarbeitung von ausschließlich Milch, oder mit pflanzlichen Rohstoffen, mit einer Produktionskapazität von		
7.4.1.1	**P** Tonnen Konserven oder mehr je Tag gemäß Mischungsregel,	**G**	**E**
7.4.1.2	1 Tonne bis weniger als **P** Tonnen Konserven je Tag gemäß Mischungsregel, ausgenommen Anlagen zum Sterilisieren oder Pasteurisieren von Nahrungs- oder Futtermitteln in geschlossenen Behältnissen,	**V**	
7.4.2	ausschließlich pflanzlichen Rohstoffen mit einer Produktionskapazität von		
7.4.2.1	300 Tonnen Konserven oder mehr je Tag oder 600 Tonnen Konserven oder mehr je Tag, sofern die Anlage an nicht mehr als 90 aufeinander folgenden Tagen im Jahr in Betrieb ist,	**G**	**E**
7.4.2.2	10 Tonnen bis weniger als 300 Tonnen Konserven je Tag, ausgenommen Anlagen zum Sterilisieren oder Pasteurisieren dieser Nahrungsmittel in geschlossenen Behältnissen oder weniger als 600 Tonnen Konserven je Tag, sofern die Anlage an nicht mehr als 90 aufeinander folgenden Tagen im Jahr in Betrieb ist;	**V**	
7.5	Anlagen zum Räuchern von Fleisch- oder Fischwaren mit einer Produktionskapazität von		
7.5.1	75 Tonnen geräucherten Waren oder mehr je Tag,	**G**	**E**
7.5.2	weniger als 75 Tonnen geräucherten Waren je Tag, ausgenommen 1. Anlagen in Gaststätten oder 2. Räuchereien mit einer Produktionskapazität von weniger als 1 Tonne Fleisch- oder Fischwaren je Woche;	**V**	
7.6	(nicht besetzt)		
7.7	(nicht besetzt)		
7.8	Anlagen zur Herstellung von Gelatine mit einer Produktionskapazität je Tag von		

Nr.	Anlagenbeschreibung	Verfahrensart	Anlage gemäß Art. 10 der RL 2010/75/EU
a	b	c	d
7.8.1	75 Tonnen Fertigerzeugnissen oder mehr,	**G**	**E**
7.8.2	weniger als 75 Tonnen Fertigerzeugnissen, sowie Anlagen zur Herstellung von Hautleim, Lederleim oder Knochenleim;	**V**	
7.9	Anlagen zur Herstellung von Futter- oder Düngemitteln oder technischen Fetten aus den Schlachtnebenprodukten Knochen, Tierhaare, Federn, Hörner, Klauen oder Blut, soweit nicht durch Nummer 9.11 erfasst, mit einer Produktionskapazität von		
7.9.1	75 Tonnen oder mehr Fertigerzeugnissen je Tag,	**G**	**E**
7.9.2	weniger als 75 Tonnen Fertigerzeugnissen je Tag;	**G**	
7.10	(nicht besetzt)		
7.11	Anlagen zum Lagern unbehandelter Knochen, ausgenommen Anlagen für selbst gewonnene Knochen in 1. Fleischereien mit einer Verarbeitungskapazität von weniger als 4 000 Kilogramm Fleisch je Woche, 2. Anlagen, die nicht durch Nummer 7.2 erfasst werden;	**V**	
7.12	Anlagen zur		
7.12.1	Beseitigung oder Verwertung von Tierkörpern oder tierischen Abfällen mit einer Verarbeitungskapazität von		
7.12.1.1	10 Tonnen oder mehr je Tag,	**G**	**E**
7.12.1.2	50 Kilogramm je Stunde bis weniger als 10 Tonnen je Tag,	**G**	
7.12.1.3	weniger als 50 Kilogramm je Stunde und weniger als 50 Kilogramm je Charge,	**V**	
7.12.2	Sammlung oder Lagerung von Tierkörpern, Tierkörperteilen oder Abfällen tierischer Herkunft zum Einsatz in Anlagen nach Nummer 7.12.1, ausgenommen die Aufbewahrung gemäß § 10 des Tierische Nebenprodukte-Beseitigungsgesetzes vom 25. Januar 2004 (BGBl. I S. 82), das zuletzt durch Artikel 1 des Gesetzes vom 4. August 2016 (BGBl. I S. 1966) geändert worden ist, und Anlagen mit einem gekühlten Lagervolumen von weniger als 2 Kubikmetern;	**G**	
7.13	Anlagen zum Trocknen, Einsalzen oder Lagern ungegerbter Tierhäute oder Tierfelle, ausgenommen Anlagen, in denen weniger Tierhäute oder Tierfelle je Tag behandelt werden können als beim Schlachten von weniger als 4 Tonnen sonstiger Tiere nach Nummer 7.2.3 anfallen;	**V**	
7.14	Anlagen zum Gerben einschließlich Nachgerben von Tierhäuten oder Tierfellen mit einer Verarbeitungskapazität von		
7.14.1	12 Tonnen Fertigerzeugnissen oder mehr je Tag,	**G**	**E**
7.14.2	weniger als 12 Tonnen Fertigerzeugnissen je Tag, ausgenommen Anlagen, in denen weniger Tierhäute oder Tierfelle behandelt werden können als beim Schlachten	**V**	

Nr.	Anlagenbeschreibung	Verfahrensart	Anlage gemäß Art. 10 der RL 2010/75/EU
a	b	c	d
	von weniger als 4 Tonnen sonstiger Tiere nach Nummer 7.2.3 anfallen;		
7.15	Kottrocknungsanlagen;	V	
7.16	Anlagen zur Herstellung von Fischmehl oder Fischöl mit einer Produktionskapazität von		
7.16.1	75 Tonnen oder mehr je Tag,	G	E
7.16.2	weniger als 75 Tonnen je Tag;	G	
7.17	Anlagen zur Aufbereitung, Verarbeitung, Lagerung oder zum Umschlag von Fischmehl oder Fischöl		
7.17.1	mit einer Aufbereitungs- oder Verarbeitungskapazität von 75 Tonnen oder mehr je Tag,	G	E
7.17.2	mit einer Aufbereitungs- oder Verarbeitungskapazität von weniger als 75 Tonnen je Tag,	V	
7.17.3	in denen Fischmehl ungefasst gelagert wird,	V	
7.17.4	mit einer Umschlagkapazität für ungefasstes Fischmehl von 200 Tonnen oder mehr je Tag;	V	
7.18	Anlagen zum Brennen von Melasse, soweit nicht von Nummer 4.1.2 erfasst, mit einer Produktionskapazität von		
7.18.1	300 Tonnen oder mehr je Tag oder 600 Tonnen oder mehr je Tag, sofern die Anlage an nicht mehr als 90 aufeinanderfolgenden Tagen im Jahr in Betrieb ist,	G	E
7.18.2	weniger als 300 Tonnen je Tag oder weniger als 600 Tonnen je Tag, sofern die Anlage an nicht mehr als 90 aufeinanderfolgenden Tagen im Jahr in Betrieb ist;	V	
7.19	Anlagen zur Herstellung von Sauerkraut mit einer Produktionskapazität von		
7.19.1	300 Tonnen Sauerkraut oder mehr je Tag oder 600 Tonnen Sauerkraut oder mehr je Tag, sofern die Anlage an nicht mehr als 90 aufeinander folgenden Tagen im Jahr in Betrieb ist,	G	E
7.19.2	10 Tonnen bis weniger als 300 Tonnen Sauerkraut je Tag oder weniger als 600 Tonnen Sauerkraut je Tag, sofern die Anlage an nicht mehr als 90 aufeinander folgenden Tagen im Jahr in Betrieb ist;	V	
7.20	Anlagen zur Herstellung von Braumalz (Mälzereien) mit einer Produktionskapazität von		
7.20.1	300 Tonnen Darrmalz oder mehr je Tag oder 600 Tonnen Braumalz oder mehr je Tag, sofern die Anlage an nicht mehr als 90 aufeinander folgenden Tagen im Jahr in Betrieb ist,	G	E
7.20.2	weniger als 300 Tonnen Darrmalz je Tag oder weniger als 600 Tonnen Braumalz je Tag, sofern die Anlage an nicht mehr als 90 aufeinander folgenden Tagen im Jahr in Betrieb ist;	V	
7.21	Anlagen zum Mahlen von Nahrungsmitteln, Futtermitteln oder ähnlichen nicht als Nahrungs- oder Futtermittel bestimmten pflanzlichen Stoffen (Mühlen) mit einer Produktionskapazität von 300 Tonnen Fer-	G	E

Nr.	Anlagenbeschreibung	Verfahrensart	Anlage gemäß Art. 10 der RL 2010/75/EU
a	b	c	d
	tigerzeugnissen oder mehr je Tag oder 600 Tonnen Fertigerzeugnissen oder mehr je Tag, sofern die Anlage an nicht mehr als 90 aufeinander folgenden Tagen im Jahr in Betrieb ist;		
7.22	Anlagen zur Herstellung von Hefe oder Stärkemehlen mit einer Produktionskapazität von		
7.22.1	300 Tonnen oder mehr Hefe oder Stärkemehlen je Tag oder 600 Tonnen Hefe oder Stärkemehlen oder mehr je Tag, sofern die Anlage an nicht mehr als 90 aufeinander folgenden Tagen im Jahr in Betrieb ist,	**G**	**E**
7.22.2	1 Tonne bis weniger als 300 Tonnen Hefe oder Stärkemehlen je Tag oder weniger als 600 Tonnen Hefe oder Stärkemehlen je Tag, sofern die Anlage an nicht mehr als 90 aufeinander folgenden Tagen im Jahr in Betrieb ist;	**V**	
7.23	Anlagen zur Herstellung oder Raffination von Ölen oder Fetten aus pflanzlichen Rohstoffen mit einer Produktionskapazität von		
7.23.1	300 Tonnen Fertigerzeugnissen oder mehr je Tag oder 600 Tonnen Fertigerzeugnissen oder mehr je Tag, sofern die Anlage an nicht mehr als 90 aufeinander folgenden Tagen im Jahr in Betrieb ist,	**G**	**E**
7.23.2	weniger als 300 Tonnen Fertigerzeugnissen je Tag mit Hilfe von Extraktionsmitteln, soweit die Menge des eingesetzten Extraktionsmittels 1 Tonne oder mehr beträgt oder weniger als 600 Tonnen Fertigerzeugnissen je Tag mit Hilfe von Extraktionsmittel, sofern die Anlage an nicht mehr als 90 aufeinander folgenden Tagen im Jahr in Betrieb ist;	**V**	
7.24	Anlagen zur Herstellung oder Raffination von Zucker unter Verwendung von Zuckerrüben oder Rohzucker mit einer Produktionskapazität je Tag von		
7.24.1	300 Tonnen Fertigerzeugnissen oder mehr oder 600 Tonnen Fertigerzeugnissen oder mehr je Tag, sofern die Anlage an nicht mehr als 90 aufeinander folgenden Tagen im Jahr in Betrieb ist,	**G**	**E**
7.24.2	weniger als 300 Tonnen Fertigerzeugnissen oder weniger als 600 Tonnen Fertigerzeugnissen je Tag, sofern die Anlage an nicht mehr als 90 aufeinander folgenden Tagen im Jahr in Betrieb ist;	**G**	
7.25	Anlagen zur Trocknung von Grünfutter mit einer Produktionskapazität von		
7.25.1	300 Tonnen oder mehr je Tag oder 600 Tonnen oder mehr je Tag, sofern die Anlage an nicht mehr als 90 aufeinanderfolgenden Tagen im Jahr in Betrieb ist,	**G**	**E**
7.25.2	weniger als 300 Tonnen je Tag oder weniger als 600 Tonnen je Tag, sofern die Anlage an nicht mehr als 90 aufeinanderfolgenden Tagen im Jahr in Betrieb ist, ausgenommen Anlagen zur Trocknung von selbst gewonnenem Grünfutter im landwirtschaftlichen Betrieb;	**V**	

Nr.	Anlagenbeschreibung	Verfahrensart	Anlage gemäß Art. 10 der RL 2010/75/EU
a	b	c	d
7.26	Anlagen zur Trocknung von Biertreber mit einer Produktionskapazität von		
7.26.1	300 Tonnen oder mehr je Tag oder 600 Tonnen oder mehr je Tag, sofern die Anlage an nicht mehr als 90 aufeinanderfolgenden Tagen im Jahr in Betrieb ist,	**G**	**E**
7.26.2	weniger als 300 Tonnen je Tag oder weniger als 600 Tonnen je Tag, sofern die Anlage an nicht mehr als 90 aufeinanderfolgenden Tagen im Jahr in Betrieb ist;	**V**	
7.27	Brauereien mit einer Produktionskapazität von		
7.27.1	3 000 Hektoliter Bier oder mehr je Tag oder 6 000 Hektoliter Bier oder mehr je Tag, sofern die Anlage an nicht mehr als 90 aufeinander folgenden Tagen im Jahr in Betrieb ist,	**G**	**E**
7.27.2	200 Hektoliter Bier oder mehr je Tag als Vierteljahresdurchschnittswert, soweit nicht durch Nummer 7.27.1 erfasst;	**V**	
7.28	Anlagen zur Herstellung von Speisewürzen aus		
7.28.1	tierischen Rohstoffen, allein, ausgenommen bei Verarbeitung von ausschließlich Milch, oder mit pflanzlichen Rohstoffen mit einer Produktionskapazität von		
7.28.1.1	**P** Tonnen Speisewürzen oder mehr je Tag gemäß Mischungsregel,	**G**	**E**
7.28.1.2	weniger als **P** Tonnen Speisewürzen je Tag gemäß Mischungsregel,	**V**	
7.28.2	ausschließlich pflanzlichen Rohstoffen mit einer Produktionskapazität von		
7.28.2.1	300 Tonnen Speisewürzen oder mehr je Tag oder 600 Tonnen Speisewürzen oder mehr je Tag, sofern die Anlage an nicht mehr als 90 aufeinander folgenden Tagen im Jahr in Betrieb ist,	**G**	**E**
7.28.2.2	weniger als 300 Tonnen Speisewürzen je Tag oder weniger als 600 Tonnen Speisewürzen je Tag, sofern die Anlage an nicht mehr als 90 aufeinander folgenden Tagen im Jahr in Betrieb ist;	**V**	
7.29	Anlagen zum Rösten oder Mahlen von Kaffee oder Abpacken von gemahlenem Kaffee mit einer Produktionskapazität von		
7.29.1	300 Tonnen geröstetem Kaffee oder mehr je Tag oder 600 Tonnen geröstetem Kaffee oder mehr je Tag, sofern die Anlage an nicht mehr als 90 aufeinander folgenden Tagen im Jahr in Betrieb ist,	**G**	**E**
7.29.2	0,5 Tonnen bis weniger als 300 Tonnen geröstetem Kaffee je Tag oder weniger als 600 Tonnen geröstetem Kaffee je Tag, sofern die Anlage an nicht mehr als 90 aufeinander folgenden Tagen im Jahr in Betrieb ist;	**V**	
7.30	Anlagen zum Rösten von Kaffee-Ersatzprodukten, Getreide, Kakaobohnen oder Nüssen mit einer Produktionskapazität von		
7.30.1	300 Tonnen gerösteten Erzeugnissen oder mehr je Tag oder 600 Tonnen Erzeugnissen oder mehr je Tag, so-	**G**	**E**

Nr.	Anlagenbeschreibung	Verfahrensart	Anlage gemäß Art. 10 der RL 2010/75/EU
a	b	c	d
	fern die Anlage an nicht mehr als 90 aufeinander folgenden Tagen im Jahr in Betrieb ist,		
7.30.2	1 Tonne bis weniger als 300 Tonnen gerösteten Erzeugnissen je Tag oder weniger als 600 Tonnen Erzeugnissen je Tag, sofern die Anlage an nicht mehr als 90 aufeinander folgenden Tagen im Jahr in Betrieb ist;	**V**	
7.31	Anlagen zur Herstellung von		
7.31.1	Süßwaren oder Sirup mit einer Produktionskapazität von		
7.31.1.1	**P** Tonnen oder mehr je Tag gemäß Mischungsregel bei der Verwendung von tierischen Rohstoffen, allein, ausgenommen bei Verarbeitung von ausschließlich Milch, oder mit pflanzlichen Rohstoffen,	**G**	**E**
7.31.1.2	300 Tonnen oder mehr je Tag bei der Verwendung ausschließlich pflanzlicher Rohstoffe oder 600 Tonnen oder mehr je Tag bei der Verwendung ausschließlich pflanzlicher Rohstoffe, sofern die Anlage an nicht mehr als 90 aufeinander folgenden Tagen im Jahr in Betrieb ist,	**G**	**E**
7.31.2	Kakaomasse aus Rohkakao oder thermischen Veredelung von Kakao oder Schokoladenmasse mit einer Produktionskapazität von		
7.31.2.1	50 Kilogramm bis weniger als **P** Tonnen je Tag gemäß Mischungsregel bei der Verwendung tierischer Rohstoffe, allein, ausgenommen bei Verarbeitung von ausschließlich Milch, oder mit pflanzlichen Rohstoffen,	**V**	
7.31.2.2	50 Kilogramm bis weniger als 300 Tonnen je Tag bei der Verwendung ausschließlich pflanzlicher Rohstoffe oder weniger als 600 Tonnen je Tag bei der Verwendung ausschließlich pflanzlicher Rohstoffe, sofern die Anlage an nicht mehr als 90 aufeinander folgenden Tagen im Jahr in Betrieb ist,	**V**	
7.31.3	Lakritz mit einer Produktionskapazität von		
7.31.3.1	50 Kilogramm bis weniger als **P** Tonnen je Tag gemäß Mischungsregel bei der Verwendung tierischer Rohstoffe, allein, ausgenommen bei Verarbeitung von ausschließlich Milch, oder mit pflanzlichen Rohstoffen,	**V**	
7.31.3.2	weniger als 300 Tonnen je Tag bei der Verwendung ausschließlich pflanzlicher Rohstoffe oder weniger als 600 Tonnen je Tag bei der Verwendung ausschließlich pflanzlicher Rohstoffe, sofern die Anlage an nicht mehr als 90 aufeinander folgenden Tagen im Jahr in Betrieb ist;	**V**	
7.32	Anlagen zur Behandlung oder Verarbeitung von		
7.32.1	ausschließlich Milch mit einer Kapazität der eingehenden Milchmenge als Jahresdurchschnittswert von 200 Tonnen oder mehr Milch je Tag,	**G**	**E**
7.32.2	ausschließlich Milch in Sprühtrocknern mit einer Kapazität der eingehenden Milchmenge als Jahresdurchschnittswert von 5 Tonnen bis weniger als 200 Tonnen je Tag,	**V**	

Nr.	Anlagenbeschreibung	Verfahrensart	Anlage gemäß Art. 10 der RL 2010/75/EU
a	b	c	d
7.32.3	Milcherzeugnissen oder Milchbestandteilen in Sprühtrocknern mit einer Produktionskapazität von 5 Tonnen oder mehr je Tag, soweit nicht von Nummer 7.34.1 erfasst;	V	
7.33	(nicht besetzt)		
7.34	Anlagen zur Herstellung von sonstigen Nahrungs- oder Futtermittelerzeugnissen aus		
7.34.1	tierischen Rohstoffen, allein, ausgenommen bei Verarbeitung von ausschließlich Milch, oder mit pflanzlichen Rohstoffen mit einer Produktionskapazität von **P** Tonnen Fertigerzeugnissen oder mehr je Tag gemäß Mischungsregel,	G	E
7.34.2	ausschließlich pflanzlichen Rohstoffen mit einer Produktionskapazität von 300 Tonnen Fertigerzeugnissen oder mehr je Tag;	G	E
7.35	(nicht besetzt)		
8.	**Verwertung und Beseitigung von Abfällen und sonstigen Stoffen**		
8.1	Anlagen zur Beseitigung oder Verwertung fester, flüssiger oder in Behältern gefasster gasförmiger Abfälle, Deponiegas oder anderer gasförmiger Stoffe mit brennbaren Bestandteilen durch		
8.1.1	thermische Verfahren, insbesondere Entgasung, Plasmaverfahren, Pyrolyse, Vergasung, Verbrennung oder eine Kombination dieser Verfahren mit einer Durchsatzkapazität von		
8.1.1.1	10 Tonnen gefährlichen Abfällen oder mehr je Tag,	G	E
8.1.1.2	weniger als 10 Tonnen gefährlichen Abfällen je Tag,	G	
8.1.1.3	3 Tonnen nicht gefährlichen Abfällen oder mehr je Stunde,	G	E
8.1.1.4	weniger als 3 Tonnen nicht gefährlichen Abfällen je Stunde, ausgenommen die Verbrennung von Altholz der Altholzkategorie A I und A II nach der Altholzverordnung vom 15. August 2002 (BGBl. I S. 3302), die zuletzt durch Artikel 6 der Verordnung vom 2. Dezember 2016 (BGBl. I S. 2770) geändert worden ist,	V	
8.1.1.5	weniger als 3 Tonnen nicht gefährlichen Abfällen je Stunde, soweit ausschließlich Altholz der Altholzkategorie A I und A II nach der Altholzverordnung verbrannt wird und die Feuerungswärmeleistung 1 Megawatt oder mehr beträgt,	V	
8.1.2	Verbrennen von Altöl oder Deponiegas in einer Verbrennungsmotoranlage mit einer Feuerungswärmeleistung von		
8.1.2.1	50 Megawatt oder mehr,	G	E
8.1.2.2	weniger als 50 Megawatt,	V	
8.1.3	Abfackeln von Deponiegas oder anderen gasförmigen Stoffen, ausgenommen über Notfackeln, die für den nicht bestimmungsgemäßen Betrieb erforderlich sind;	V	
8.2	(nicht besetzt)		

Nr.	Anlagenbeschreibung	Verfahrensart	Anlage gemäß Art. 10 der RL 2010/75/EU
a	b	c	d
8.3	Anlagen zur		
8.3.1	thermischen Aufbereitung von Stahlwerksstäuben für die Gewinnung von Metallen oder Metallverbindungen im Drehrohr oder in einer Wirbelschicht,	**G**	
8.3.2	Behandlung zum Zweck der Rückgewinnung von Metallen oder Metallverbindungen durch thermische Verfahren, insbesondere Pyrolyse, Verbrennung oder eine Kombination dieser Verfahren, sofern diese Abfälle nicht gefährlich sind, von		
8.3.2.1	edelmetallhaltigen Abfällen, einschließlich der Präparation, soweit die Menge der Einsatzstoffe 10 Kilogramm oder mehr je Tag beträgt,	**V**	
8.3.2.2	von mit organischen Verbindungen verunreinigten Metallen, Metallspänen oder Walzzunder;	**V**	
8.4	Anlagen, in denen Stoffe aus in Haushaltungen anfallenden oder aus hausmüllähnlichen Abfällen durch Sortieren für den Wirtschaftskreislauf zurückgewonnen werden, mit einer Durchsatzkapazität von 10 Tonnen Einsatzstoffen oder mehr je Tag;	**V**	
8.5	Anlagen zur Erzeugung von Kompost aus organischen Abfällen mit einer Durchsatzkapazität an Einsatzstoffen von		
8.5.1	75 Tonnen oder mehr je Tag,	**G**	**E**
8.5.2	10 Tonnen bis weniger als 75 Tonnen je Tag;	**V**	
8.6	Anlagen zur biologischen Behandlung, soweit nicht durch Nummer 8.5 oder 8.7 erfasst, von		
8.6.1	gefährlichen Abfällen mit einer Durchsatzkapazität an Einsatzstoffen von		
8.6.1.1	10 Tonnen oder mehr je Tag,	**G**	**E**
8.6.1.2	1 Tonne bis weniger als 10 Tonnen je Tag,	**V**	
8.6.2	nicht gefährlichen Abfällen, soweit nicht durch Nummer 8.6.3 erfasst, mit einer Durchsatzkapazität an Einsatzstoffen von		
8.6.2.1	50 Tonnen oder mehr je Tag,	**G**	**E**
8.6.2.2	10 Tonnen bis weniger als 50 Tonnen je Tag,	**V**	
8.6.3	Gülle, soweit die Behandlung ausschließlich zur Verwertung durch anaerobe Vergärung (Biogaserzeugung) erfolgt, mit einer Durchsatzkapazität von		
8.6.3.1	100 Tonnen oder mehr je Tag,	**G**	**E**
8.6.3.2	weniger als 100 Tonnen je Tag, soweit die Produktionskapazität von Rohgas 1,2 Mio. Normkubikmetern je Jahr oder mehr beträgt;	**V**	
8.7	Anlagen zur Behandlung von verunreinigtem Boden durch biologische Verfahren, Entgasen, Strippen oder Waschen mit einem Einsatz an verunreinigtem Boden bei		
8.7.1	gefährlichen Abfällen von		
8.7.1.1	10 Tonnen oder mehr je Tag,	**G**	**E**

Nr.	Anlagenbeschreibung	Verfahrensart	Anlage gemäß Art. 10 der RL 2010/75/EU
a	b	c	d
8.7.1.2	1 Tonne bis weniger als 10 Tonnen je Tag,	**V**	
8.7.2	nicht gefährlichen Abfällen von		
8.7.2.1	50 Tonnen oder mehr je Tag,	**G**	**E**
8.7.2.2	10 Tonnen bis weniger als 50 Tonnen je Tag;	**V**	
8.8	Anlagen zur chemischen Behandlung, insbesondere zur chemischen Emulsionsspaltung, Fällung, Flockung, Kalzinierung, Neutralisation oder Oxidation, von		
8.8.1	gefährlichen Abfällen mit einer Durchsatzkapazität an Einsatzstoffen von		
8.8.1.1	10 Tonnen oder mehr je Tag,	**G**	**E**
8.8.1.2	weniger als 10 Tonnen je Tag,	**G**	
8.8.2	nicht gefährlichen Abfällen mit einer Durchsatzkapazität an Einsatzstoffen von		
8.8.2.1	50 Tonnen oder mehr je Tag,	**G**	**E**
8.8.2.2	10 Tonnen bis weniger als 50 Tonnen je Tag;	**V**	
8.9	Anlagen zur Behandlung von		
8.9.1	nicht gefährlichen metallischen Abfällen in Schredderanlagen mit einer Durchsatzkapazität an Einsatzstoffen von		
8.9.1.1	50 Tonnen oder mehr je Tag,	**G**	**E**
8.9.1.2	10 Tonnen bis weniger als 50 Tonnen je Tag,	**V**	
8.9.2	Altfahrzeugen, sonstigen Nutzfahrzeugen, Bussen oder Sonderfahrzeugen (einschließlich der Trockenlegung) mit einer Durchsatzkapazität je Woche von 5 oder mehr Altfahrzeugen, sonstigen Nutzfahrzeugen, Bussen oder Sonderfahrzeugen;	**V**	
8.10	Anlagen zur physikalisch-chemischen Behandlung, insbesondere zum Destillieren, Trocknen oder Verdampfen, mit einer Durchsatzkapazität an Einsatzstoffen bei		
8.10.1	gefährlichen Abfällen von		
8.10.1.1	10 Tonnen je Tag oder mehr,	**G**	**E**
8.10.1.2	1 Tonne bis weniger als 10 Tonnen je Tag,	**V**	
8.10.2	nicht gefährlichen Abfällen von		
8.10.2.1	50 Tonnen je Tag oder mehr,	**G**	**E**
8.10.2.2	10 Tonnen bis weniger als 50 Tonnen je Tag;	**V**	
8.11	Anlagen zur		
8.11.1	Behandlung von gefährlichen Abfällen, ausgenommen Anlagen, die durch die Nummern 8.1 und 8.8 erfasst werden, 1. durch Vermengung oder Vermischung sowie durch Konditionierung, 2. zum Zweck der Hauptverwendung als Brennstoff oder der Energieerzeugung durch andere Mittel, 3. zum Zweck der Ölraffination oder anderer Wiedergewinnungsmöglichkeiten von Öl, 4. zum Zweck der Regenerierung von Basen oder Säuren,		

Nr.	Anlagenbeschreibung	Verfahrensart	Anlage gemäß Art. 10 der RL 2010/75/EU
a	b	c	d
	5. zum Zweck der Rückgewinnung oder Regenerierung von organischen Lösungsmitteln oder 6. zum Zweck der Wiedergewinnung von Bestandteilen, die der Bekämpfung von Verunreinigungen dienen, einschließlich der Wiedergewinnung von Katalysatorbestandteilen, mit einer Durchsatzkapazität an Einsatzstoffen von		
8.11.1.1	10 Tonnen oder mehr je Tag,	**G**	**E**
8.11.1.2	1 Tonne bis weniger als 10 Tonnen je Tag,	**V**	
8.11.2	sonstigen Behandlung, ausgenommen Anlagen, die durch die Nummern 8.1 bis 8.10 erfasst werden, mit einer Durchsatzkapazität von		
8.11.2.1	gefährlichen Abfällen von 10 Tonnen oder mehr je Tag,	**G**	**E**
8.11.2.2	gefährlichen Abfällen von 1 Tonne bis weniger als 10 Tonnen je Tag,	**V**	
8.11.2.3	nicht gefährlichen Abfällen, soweit diese für die Verbrennung oder Mitverbrennung vorbehandelt werden oder es sich um Schlacken oder Aschen handelt, von 50 Tonnen oder mehr je Tag,	**G**	**E**
8.11.2.4	nicht gefährlichen Abfällen, soweit nicht durch die Nummer 8.11.2.3 erfasst, von 10 Tonnen oder mehr je Tag;	**V**	
8.12	Anlagen zur zeitweiligen Lagerung von Abfällen, auch soweit es sich um Schlämme handelt, ausgenommen die zeitweilige Lagerung bis zum Einsammeln auf dem Gelände der Entstehung der Abfälle und Anlagen, die durch Nummer 8.14 erfasst werden bei		
8.12.1	gefährlichen Abfällen mit einer Gesamtlagerkapazität von		
8.12.1.1	50 Tonnen oder mehr,	**G**	**E**
8.12.1.2	30 Tonnen bis weniger als 50 Tonnen,	**V**	
8.12.2	nicht gefährlichen Abfällen mit einer Gesamtlagerkapazität von 100 Tonnen oder mehr,	**V**	
8.12.3	Eisen- oder Nichteisenschrotten, einschließlich Autowracks, mit		
8.12.3.1	einer Gesamtlagerfläche von 15 000 Quadratmetern oder mehr oder einer Gesamtlagerkapazität von 1 500 Tonnen oder mehr,	**G**	
8.12.3.2	einer Gesamtlagerfläche von 1 000 bis weniger als 15 000 Quadratmetern oder einer Gesamtlagerkapazität von 100 bis weniger als 1 500 Tonnen;	**V**	
8.13	Anlagen zur zeitweiligen Lagerung von nicht gefährlichen Abfällen, soweit es sich um Gülle oder Gärreste handelt, mit einer Lagerkapazität von 6 500 Kubikmetern oder mehr;	**V**	
8.14	Anlagen zum Lagern von Abfällen über einen Zeitraum von jeweils mehr als einem Jahr mit		

Nr.	Anlagenbeschreibung	Verfahrensart	Anlage gemäß Art. 10 der RL 2010/75/EU
a	b	c	d
8.14.1	einer Gesamtlagerkapazität von mehr als 50 Tonnen, soweit die Lagerung untertägig erfolgt,	**G**	**E**
8.14.2	einer Aufnahmekapazität von 10 Tonnen oder mehr je Tag oder einer Gesamtlagerkapazität von 25 000 Tonnen oder mehr,		
8.14.2.1	für andere Abfälle als Inertabfälle,	**G**	**E**
8.14.2.2	für Inertabfälle,	**G**	
8.14.3	einer Aufnahmekapazität von weniger als 10 Tonnen je Tag und einer Gesamtlagerkapazität von		
8.14.3.1	weniger als 25 000 Tonnen, soweit es sich um gefährliche Abfälle handelt,	**G**	
8.14.3.2	150 Tonnen bis weniger als 25 000 Tonnen, soweit es sich um nicht gefährliche Abfälle handelt,	**G**	
8.14.3.3	weniger als 150 Tonnen, soweit es sich um nicht gefährliche Abfälle handelt;	**V**	
8.15	Anlagen zum Umschlagen von Abfällen, ausgenommen Anlagen zum Umschlagen von Erdaushub oder von Gestein, das bei der Gewinnung oder Aufbereitung von Bodenschätzen anfällt, soweit nicht von Nummer 8.12 oder 8.14 erfasst, mit einer Kapazität von		
8.15.1	10 Tonnen oder mehr gefährlichen Abfällen je Tag,	**G**	
8.15.2	1 Tonne bis weniger als 10 Tonnen gefährlichen Abfällen je Tag,	**V**	
8.15.3	100 Tonnen oder mehr nicht gefährlichen Abfällen je Tag;	**V**	
9.	**Lagerung, Be- und Entladen von Stoffen und Gemischen**		
9.1	Anlagen, die der Lagerung von Stoffen oder Gemischen, die bei einer Temperatur von 293,15 Kelvin und einem Standarddruck von 101,3 Kilopascal vollständig gasförmig vorliegen und dabei einen Explosionsbereich in Luft haben (entzündbare Gase), in Behältern oder von Erzeugnissen, die diese Stoffe oder Gemische z.B. als Treibmittel oder Brenngas enthalten, dienen, ausgenommen Erdgasröhrenspeicher und Anlagen, die von Nummer 9.3 erfasst werden,		
9.1.1	soweit es sich nicht ausschließlich um Einzelbehältnisse mit einem Volumen von jeweils nicht mehr als 1000 Kubikzentimeter handelt, mit einem Fassungsvermögen von		
9.1.1.1	50 Tonnen oder mehr,	**G**	
9.1.1.2	3 Tonnen bis weniger als 50 Tonnen,	**V**	
9.1.2	soweit es sich ausschließlich um Einzelbehältnisse mit einem Volumen von jeweils nicht mehr als 1 000 Kubikzentimeter handelt, mit einem Fassungsvermögen entzündbarer Gase von 30 Tonnen oder mehr;	**V**	
9.2	Anlagen, die der Lagerung von Flüssigkeiten dienen, ausgenommen Anlagen, die von Nummer 9.3 erfasst werden, mit einem Fassungsvermögen von		
9.2.1	10 000 Tonnen oder mehr, soweit die Flüssigkeiten einen Flammpunkt von 373,15 Kelvin oder weniger haben,	**G**	
9.2.2	5 000 Tonnen bis weniger als 10 000 Tonnen, soweit die Flüssigkeiten einen Flammpunkt unter 294,15 Kelvin haben und deren Siedepunkt bei Normaldruck (101,3 Kilopascal) über 293,15 Kelvin liegt;	**V**	

Nr.	Anlagenbeschreibung	Verfahrensart	Anlage gemäß Art. 10 der RL 2010/75/EU
a	b	c	d
9.3	Anlagen, die der Lagerung von in der Stoffliste zu Nummer 9.3 (Anhang 2) genannten Stoffen dienen, mit einer Lagerkapazität von		
9.3.1	den in Spalte 4 der Stoffliste (Anhang 2) ausgewiesenen Mengen oder mehr,	**G**	
9.3.2	den in Spalte 3 der Stoffliste (Anhang 2) bis weniger als den in Spalte 4 der Anlage ausgewiesenen Mengen;	**V**	
9.4 – 9.10	(nicht besetzt)		
9.11	Offene oder unvollständig geschlossene Anlagen, ausgenommen Anlagen, die von Nummer 9.3 erfasst werden,		
9.11.1	zum Be- oder Entladen von Schüttgütern, die im trockenen Zustand stauben können, durch Kippen von Wagen oder Behältern oder unter Verwendung von Baggern, Schaufelladegeräten, Greifern, Saughebern oder ähnlichen Einrichtungen, soweit 400 Tonnen Schüttgüter oder mehr je Tag bewegt werden können, ausgenommen Anlagen zum Be- oder Entladen von Erdaushub oder von Gestein, das bei der Gewinnung oder Aufbereitung von Bodenschätzen anfällt, sowie Anlagen zur Erfassung von Getreide, Ölsaaten oder Hülsenfrüchten,	**V**	
9.11.2	zur Erfassung von Getreide, Ölsaaten oder Hülsenfrüchten, soweit 400 Tonnen oder mehr je Tag bewegt werden können und 25 000 Tonnen oder mehr je Kalenderjahr umgeschlagen werden können;	**V**	
9.12 – 9.35	(nicht besetzt)		
9.36	Anlagen zur Lagerung von Gülle oder Gärresten mit einer Lagerkapazität von 6 500 Kubikmetern oder mehr;	**V**	
9.37	Anlagen, die der Lagerung von Erdöl, petrochemischen oder chemischen Stoffen oder Erzeugnissen dienen, ausgenommen Anlagen, die von den Nummern 9.1, 9.2 oder 9.3 erfasst werden, mit einem Fassungsvermögen von 25 000 Tonnen oder mehr;	**G**	
10.	**Sonstige Anlagen**		
10.1	Anlagen, in denen mit explosionsgefährlichen oder explosionsfähigen Stoffen im Sinne des Sprengstoffgesetzes[1)] umgegangen wird zur 1. Herstellung, Bearbeitung oder Verarbeitung dieser Stoffe, zur Verwendung als Sprengstoffe, Zündstoffe,	**G**	

(Fortsetzung nächstes Blatt)

[1)] **Sartorius ErgBd. Nr. 822.**

Nr.	Anlagenbeschreibung	Verfahrensart	Anlage gemäß Art. 10 der RL 2010/75/EU
a	b	c	d
	Treibstoffe pyrotechnische Sätze oder zur Herstellung derselben, ausgenommen Anlagen im handwerklichen Umfang und zur Herstellung von Zündhölzern sowie ortsbewegliche Mischladegeräte, oder 2. Wiedergewinnung oder Vernichtung dieser Stoffe;	G	
10.2	(nicht besetzt)		
10.3	Eigenständig betriebene Anlagen zur Behandlung der Abgase (Verminderung von Luftschadstoffen) aus nach den Nummern dieses Anhangs genehmigungsbedürftigen Anlagen,		
10.3.1	soweit in Spalte d mit dem Buchstaben **E** gekennzeichnet,	G	E
10.3.2	soweit in Spalte d mit dem Buchstaben **E** nicht gekennzeichnet und		
10.3.2.1	in Spalte c mit dem Buchstaben **G** gekennzeichnet,	G	
10.3.2.2	in Spalte c mit dem Buchstaben **V** gekennzeichnet;	V	
10.4	Eigenständig betriebene Anlagen zur Abscheidung von Kohlendioxid-Strömen aus nach den Nummern dieses Anhangs genehmigungsbedürftiger Anlagen zum Zwecke der dauerhaften geologischen Speicherung, soweit in Spalte d mit dem Buchstaben **E** gekennzeichnet;	G	E
10.5	(nicht besetzt)		
10.6	Anlagen zur Herstellung von Klebemitteln, ausgenommen Anlagen, die diese Mittel ausschließlich unter Verwendung von Wasser als Verdünnungsmittel herstellen, mit einer Kapazität von 1 Tonne oder mehr je Tag;	V	
10.7	Anlagen zum Vulkanisieren von Natur- oder Synthesekautschuk unter Verwendung von		
10.7.1	Schwefel oder Schwefelverbindungen mit einem Einsatz von		
10.7.1.1	25 Tonnen oder mehr Kautschuk je Stunde,	G	
10.7.1.2	weniger als 25 Tonnen Kautschuk je Stunde, ausgenommen Anlagen, in denen weniger als 50 Kilogramm Kautschuk je Stunde verarbeitet werden oder ausschließlich vorvulkanisierter Kautschuk eingesetzt wird,	V	
10.7.2	halogenierten Peroxiden mit einem Einsatz von		
10.7.2.1	25 Tonnen oder mehr Kautschuk je Stunde,	G	
10.7.2.2	weniger als 25 Tonnen Kautschuk je Stunde, ausgenommen Anlagen, in denen weniger als 30 Kilogramm Kautschuk je Stunde verarbeitet werden;	V	
10.8	Anlagen zur Herstellung von Bautenschutz-, Reinigungs- oder Holzschutzmitteln, soweit diese Produkte organische Lösungsmittel enthalten und von diesen 20 Tonnen oder mehr je Tag eingesetzt werden;	V	
10.9	Anlagen zur Herstellung von Holzschutzmitteln unter Verwendung von halogenierten aromatischen Kohlenwasserstoffen;	V	
10.10	Anlagen zur Vorbehandlung (Waschen, Bleichen, Mercerisieren) oder zum Färben von Fasern oder Textilien mit		
10.10.1	einer Verarbeitungskapazität von 10 Tonnen oder mehr Fasern oder Textilien je Tag,	G	E
10.10.2	einer Färbekapazität von 2 Tonnen bis weniger als 10 Tonnen Fasern oder Textilien je Tag bei Anlagen zum Färben von Fasern oder Textilien unter Verwendung von Färbebeschleu-	V	

Nr.	Anlagenbeschreibung	Verfahrensart	Anlage gemäß Art. 10 der RL 2010/75/EU
a	b	c	d
	nigern einschließlich der Spannrahmenanlagen, ausgenommen Anlagen, die unter erhöhtem Druck betrieben werden,		
10.10.3	einer Bleichkapazität von weniger als 10 Tonnen Fasern oder Textilien je Tag bei Anlagen zum Bleichen von Fasern oder Textilien unter Verwendung von Chlor oder Chlorverbindungen;	**V**	
10.11 – 10.14	(nicht besetzt)		
10.15	Prüfstände für oder mit		
10.15.1	Verbrennungsmotoren, ausgenommen 1. Rollenprüfstände, die in geschlossenen Räumen betrieben werden, und 2. Anlagen, in denen mit Katalysator oder Dieselrußfilter ausgerüstete Serienmotoren geprüft werden, mit einer Feuerungswärmeleistung von insgesamt 300 Kilowatt oder mehr,	**V**	
10.15.2	Gasturbinen oder Triebwerken mit einer Feuerungswärmeleistung von insgesamt		
10.15.2.1	200 Megawatt oder mehr,	**G**	
10.15.2.2	weniger als 200 Megawatt;	**V**	
10.16	Prüfstände für oder mit Luftschrauben;	**V**	
10.17	Renn- oder Teststrecken für Kraftfahrzeuge,		
10.17.1	als ständige Anlagen,	**G**	
10.17.2	zur Übung oder Ausübung des Motorsports an fünf Tagen oder mehr je Jahr, ausgenommen Anlagen mit Elektromotorfahrzeugen und Anlagen in geschlossenen Hallen sowie Modellsportanlagen;	**V**	
10.18	Schießstände für Handfeuerwaffen, ausgenommen solche in geschlossenen Räumen und solche für Schusswaffen bis zu einem Kaliber von 5,6 mm lfB (.22 l.r.) für Munition mit Randfeuerzündung, wenn die Mündungsenergie der Geschosse höchstens 200 Joule (J) beträgt, (Kleinkaliberwaffen) und Schießplätze, ausgenommen solche für Kleinkaliberwaffen;	**V**	
10.19	(nicht besetzt)		
10.20	Anlagen zur Reinigung von Werkzeugen, Vorrichtungen oder sonstigen metallischen Gegenständen durch thermische Verfahren, soweit der Rauminhalt des Ofens 1 Kubikmeter oder mehr beträgt;	**V**	
10.21	Anlagen zur Innenreinigung von Eisenbahnkesselwagen, Straßentankfahrzeugen, Tankschiffen oder Tankcontainern sowie Anlagen zur automatischen Reinigung von Fässern einschließlich zugehöriger Aufarbeitungsanlagen, soweit die Behälter von organischen Stoffen gereinigt werden, ausgenommen Anlagen, in denen Behälter ausschließlich von Nahrungs-, Genuss- oder Futtermitteln gereinigt werden;	**V**	
10.22	Anlagen zur Begasung, Sterilisation oder Entgasung,		
10.22.1	mit einem Rauminhalt der Begasungs- oder Sterilisationskammer oder des zu begasenden Behälters von 1 Kubikmeter oder mehr, soweit Stoffe oder Gemische eingesetzt werden, *die gemäß der Verordnung* (EG) Nr. 1272/2008 des Europäischen Parlaments und des Rates vom 16. Dezember 2008 über die Einstufung, Kennzeichnung und Verpackung von Stoffen und Gemischen, zur Änderung und Aufhebung der	**V**	

Nr.	Anlagenbeschreibung	Verfahrensart	Anlage gemäß Art. 10 der RL 2010/75/EU
a	b	c	d
	Richtlinien 67/548/EWG und 1999/45/EG und zur Änderung der Verordnung (EG) Nr. 1907/2006 (ABl. L 353 vom 31.12.2008, S. 1), die zuletzt durch die Verordnung (EU) 2016/918 (ABl. L 156 vom 14.6.2016, S. 1) geändert worden ist, in die Gefahrenklassen „akute Toxizität" Kategorien 1, 2 oder 3, „spezifische Zielorgan-Toxizität (einmalige Exposition)" Kategorie 1 oder „spezifische Zielorgan-Toxizität (wiederholte Exposition)" Kategorie 1 einzustufen sind,		
10.22.2	soweit 40 Entgasungen oder mehr je Jahr gemäß TRGS 512 Nummer 5.4.3 durchzuführen sind;	**V**	
10.23	Anlagen zur Textilveredlung durch Sengen, Thermofixieren, Thermosolieren, Beschichten, Imprägnieren oder Appretieren, einschließlich der zugehörigen Trocknungsanlagen, ausgenommen Anlagen, in denen weniger als 500 Quadratmeter Textilien je Stunde behandelt werden;	**V**	
10.24	(nicht besetzt)		
10.25	Kälteanlagen mit einem Gesamtinhalt an Kältemittel von 3 Tonnen Ammoniak oder mehr;	**V**	
10.26	Anlagen zur Herstellung von Wasserstoff durch die Elektrolyse von Wasser mit		
10.26.1	einer Produktionskapazität von 50 Tonnen Wasserstoff oder mehr je Tag,	**G**	**E**
10.26.2	einer elektrischen Nennleistung von 5 Megawatt oder mehr, sofern nicht von Nummer 10.26.1 erfasst.	**V**	

Anhang 2

Stoffliste zu Nr. 9.3 des Anhangs 1

Nr.	Stoffe	Mengenschwelle Nr. 9.3.2 Anhang 1 (Tonnen)	Mengenschwelle Nr. 9.3.1 Anhang 1 (Tonnen)
Spalte 1	Spalte 2	Spalte 3	Spalte 4
1	Acrylnitril	20	200
2	Chlor	10	75
3	Schwefeldioxid	20	250
4	Sauerstoff	200	2 000
5	Ammoniumnitrat oder ammoniumnitrathaltige Zubereitungen der Gruppe A nach Anhang I Nummer 5 der Gefahrstoffverordnung	25	500
6	Alkalichlorat	5	100
7	Schwefeltrioxid	15	100
8	ammoniumnitrathaltige Zubereitungen der Gruppe B nach Anhang I Nummer 5 der Gefahrstoffverordnung	100	2 500
9	Ammoniak	3	30
10	Phosgen	0,075	0,75
11	Schwefelwasserstoff	5	50
12	Fluorwasserstoff	5	50
13	Cyanwasserstoff	5	20
14	Schwefelkohlenstoff	20	200
15	Brom	20	200

Nr.	Stoffe	Mengenschwelle Nr. 9.3.2 Anhang 1 (Tonnen)	Mengenschwelle Nr. 9.3.1 Anhang 1 (Tonnen)
Spalte 1	Spalte 2	Spalte 3	Spalte 4
16	Acetylen (Ethin)	5	50
17	Wasserstoff	3	30
18	Ethylenoxid	5	50
19	Propylenoxid	5	50
20	Acrolein	20	200
21	Formaldehyd oder Paraformaldehyd (Konzentration ≥ 90 %)	5	50
22	Brommethan	20	200
23	Methylisocyanat	0,015	0,15
24	Tetraethylblei oder Tetramethylblei	5	50
25	1,2-Dibromethan	5	50
26	Chlorwasserstoff (verflüssigtes Gas)	20	200
27	Diphenylmethandiisocyanat (MDI)	20	200
28	Toluylendiisocyanat (TDI)	10	100
29	Stoffe oder Gemische, die gemäß der Verordnung (EG) Nr. 1272/2008 in die Gefahrenklasse „akute Toxizität" Kategorien 1 oder 2 einzustufen sind	2	20
30	1. Stoffe oder Gemische, die gemäß der Verordnung (EG) Nr. 1272/2008 in die Gefahrenklassen – „akute Toxizität" Kategorien 1, 2 oder 3, – „spezifische Zielorgan-Toxizität (einmalige Exposition)" Kategorie 1, – „spezifische Zielorgan-Toxizität (wiederholte Exposition)" Kategorie 1, – „explosive Stoffe, Gemische und Erzeugnisse mit Explosivstoff", – „selbstzersetzliche Stoffe und Gemische", – „organische Peroxide", – „oxidierende Gase", – „oxidierende Flüssigkeiten" oder – „oxidierende Feststoffe" einzustufen sind, ausgenommen Stoffe oder Gemische, die in die Gefahrenklassen – „explosive Stoffe, Gemische und Erzeugnisse mit Explosivstoff", Unterklasse 1.6, – „selbstzersetzliche Stoffe und Gemische", Typ G, oder – „organische Peroxide", Typ G, einzustufen sind, sowie 2. Stoffe und Gemische mit explosiven Eigenschaften nach Methode A.14 der Verordnung (EG) Nr. 440/2008 der Kommission vom 30. Mai 2008 zur Festlegung von Prüfmethoden gemäß der Verordnung (EG) Nr. 1907/2006 des Europäischen Parlaments und des Rates zur Registrierung, Bewertung, Zulassung und Beschränkung chemischer Stoffe (REACH) (ABl. L 142 vom 31.5.2008, S. 1), die zuletzt durch die Verordnung (EU) 2016/266 (ABl. L 54 vom 1.3.2016, S. 1) geändert worden ist, die nicht einzustufen sind in die Gefahrenklassen – „explosive Stoffe, Gemische und Erzeugnisse mit Explosivstoff", – „selbstzersetzliche Stoffe und Gemische" oder – „organische Peroxide" gemäß der Verordnung (EG) Nr. 1272/2008.	10	200

296b. Neunte Verordnung zur Durchführung des Bundes-Immissionsschutzgesetzes (Verordnung über das Genehmigungsverfahren – 9. BImSchV)

In der Fassung der Bekanntmachung vom 29. Mai 1992[1)]
(BGBl. I S. 1001)

FNA 2129-8-9

geänd. durch Art. 1 ÄndVO v. 20.4.1993 (BGBl. I S. 494), Art. 3 und 4 Immissionsschutz-BeschleunigungsG v. 9.10.1996 (BGBl. I S. 1498), Art. 2 VO zur Änd. der Siebzehnten, der Neunten und der Vierten VO zur Durchführung des Bundes-ImmissionsschutzG v. 23.2.1999 (BGBl. I S. 186), Art. 3 VO zur Umsetzung von EG-Vorschriften über schwere Unfälle mit gefährlichen Stoffen v. 26.4.2000 (BGBl. I S. 603), Art. 5 G zur Umsetzung der UVP-ÄndRL, der IVU-RL und weiterer EG-Richtlinien zum Umweltschutz v. 27.7.2001 (BGBl. I S. 1950), Art. 7 VO zur Umsetzung des Europäischen Abfallverzeichnisses v. 10.12.2001 (BGBl. I S. 3379), Art. 2 EMAS-Privileg-EinführungsVO v. 24.6.2002 (BGBl. I S. 2247), Art. 3 VO über den Versatz von Abfällen unter Tage und zur Änd. von Vorschriften zum Abfallverzeichnis v. 24.7.2002 (BGBl. I S. 2833), Art. 2 VO zur Änd. der VO über Verbrennungsanlagen für Abfälle und ähnliche brennbare Stoffe und weiterer Verordnungen zur Durchführung des Bundes-ImmissionsschutzG v. 14.8.2003 (BGBl. I S. 1614), Art. 1a VO zur Umsetzung der RL 2003/105/EG zur Änd. der RL 96/82/EG zur Beherrschung der Gefahren bei schweren Unfällen mit gefährlichen Stoffen v. 8.6.2005 (BGBl. I S. 1591), Art. 5 Bürokratieabbau- und DeregulierungsG v. 21.6.2005 (BGBl. I S. 1666), Art. 3 ÖffentlichkeitsbeteiligungsG v. 9.12.2006 (BGBl. I S. 2819), Art. 4 G zur Reduzierung und Beschleunigung von immissionsschutzrechtlichen Genehmigungsverfahren v. 23.10.2007 (BGBl. I S. 2470), Art. 3 VO zur Umsetzung der RL über Industrieemissionen, zur Änd. der VO über Immissionsschutz- und Störfallbeauftragte und zum Erlass einer BekanntgabeVO v. 2.5.2013 (BGBl. I S. 973, ber. S. 3756), Art. 5 VO zur Umsetzung von Art. 14 der RL zur Energieeffizienz und zur Änd. weiterer umweltrechtlicher Vorschriften v. 28.4.2015 (BGBl. I S. 670), Art. 2 VO zur Umsetzung der RL 2012/18/EU zur Beherrschung der Gefahren schwerer Unfälle mit gefährlichen Stoffen, zur Änd. und anschließenden Aufh. der RL 96/82/EG v. 9.1.2017 (BGBl. I S. 47), Art. 57 G zum Abbau verzichtbarer Anordnungen der Schriftform im Verwaltungsrecht des Bundes v. 29.3.2017 (BGBl. I S. 626), Art. 14 G zur Anpassung des Umwelt-RechtsbehelfsG und anderer Vorschriften an europa- und völkerrechtliche Vorgaben v. 29.5.2017 (BGBl. I S. 1298), Art. 1 Erste ÄndVO v. 8.12.2017 (BGBl. I S. 3882), Art. 2 VO zum Erlass einer VO über zentrale Internetportale des Bundes und der Länder im Rahmen der Umweltverträglichkeitsprüfung, zur Änd. der VO über das Genehmigungsverfahren und zur Änd. der Atomrechtlichen VerfahrensVO v. 11.11.2020 (BGBl. I S. 2428), Art. 10 G zur Änd. des RaumordnungsG und anderer Vorschriften v. 22.3.2023 (BGBl. 2023 I Nr. 88) und Art. 4 G zur Verbesserung des Klimaschutzes beim Immissionsschutz, zur Beschleunigung immissionsschutzrechtlicher Genehmigungsverfahren und zur Umsetzung von EU-Recht v. 3.7.2024 (BGBl. 2024 I Nr. 225)

Inhaltsübersicht[2)]

Erster Teil. Allgemeine Vorschriften

Erster Abschnitt. Anwendungsbereich, Antrag, Unterlagen und Projektmanager

---

[1)] Neubekanntmachung der 9. BImSchV v. 18.2.1977 (BGBl. I S. 274) in der ab 1.6.1992 geltenden Fassung. Die VO wurde erlassen auf Grund von § 10 Abs. 10 BImSchG idF v. 14.5.1990 (BGBl. I S. 880) bzw. in ihrer ursprünglichen Fassung auf Grund von § 10 Abs. 10 BImSchG idF v. 15.3.1974 (BGBl. I S. 721, 1193).

[2)] Inhaltsübersicht geänd. durch G v. 9.10.1996 (BGBl. I S. 1498); geänd. mWv 3.8.2001 durch G v. 27.7. 2001 (BGBl. I S. 1950); sie wurde nichtamtlich an weitere Änderungen durch dieses Gesetz angepasst; geänd. mWv 14.12.2017 durch VO v. 8.12.2017 (BGBl. I S. 3882); geänd. mWv 28.9.2023 durch G v. 22.3.2023 (BGBl. 2023 I Nr. 88); geänd. mWv 9.7.2024 durch G v. 3.7.2024 (BGBl. 2024 I Nr. 225).

Erster Teil.[1] Allgemeine Vorschriften

Erster Abschnitt. Anwendungsbereich, Antrag, Unterlagen und Projektmanager

§ 1[2] Anwendungsbereich (1) Für die in der Vierten Verordnung zur Durchführung des Bundes-Immissionsschutzgesetzes (Verordnung über genehmigungsbedürftige Anlagen)[3] genannten Anlagen ist das Verfahren bei der Erteilung

1. einer Genehmigung

---

[1] 1. Teil 1. Abschnitt Überschrift neu gef. mWv 9.7.2024 durch G v. 3.7.2024 (BGBl. 2024 I Nr. 225).

[2] § 1 Abs. 1 Nr. 1 Buchst. c, Nr. 2 geänd., Nr. 3 angef. durch VO v. 20.4.1993 (BGBl. I S. 494); Abs. 1 und 3 geänd. durch G v. 9.10.1996 (BGBl. I S. 1498); Abs. 2 Satz 1 neu gef., Abs. 3 geänd. mWv 3.8.2001 durch G v. *27.7.2001 (BGBl. I S. 1950)*; Abs. 1 Nr. 2 und 3 geänd., Nr. 4 eingef. mWv 15.12.2006 durch G v. 9.12.2006 (BGBl. I S. 2819); Abs. 1 Nr. 1 Buchst. b, abschl. Satzteil geänd., Abs. 2 Satz 1 neu gef., Satz 2 eingef., bish. Satz 2 wird Satz 3, Abs. 3 aufgeh. mWv 14.12.2017 durch VO v. 8.12.2017 (BGBl. I S. 3882).

[3] Nr. **296a**.

a) zur Errichtung und zum Betrieb,

b) zur wesentlichen Änderung der Lage, der Beschaffenheit oder des Betriebs oder zur störfallrelevanten Änderung (Änderungsgenehmigung),

c) zur Errichtung oder zum Betrieb einer Anlage oder eines Teils einer Anlage oder zur Errichtung und zum Betrieb eines Teils einer Anlage (Teilgenehmigung),

2. eines Vorbescheides,

3. einer Zulassung des vorzeitigen Beginns oder

4. einer nachträglichen Anordnung nach § 17 Abs. 1a des Bundes-Immissionsschutzgesetzes[1)]

nach dieser Verordnung durchzuführen, soweit es nicht in den §§ 8 bis 17 und 19 des Bundes-Immissionsschutzgesetzes oder in § 2 der Vierzehnten Verordnung zur Durchführung des Bundes-Immissionsschutzgesetzes (Verordnung über Anlagen der Landesverteidigung) geregelt ist; § 1 Absatz 2 des Gesetzes über die Umweltverträglichkeitsprüfung[2)] bleibt unberührt.

(2) [1] Ist nach den §§ 6 bis 14 des Gesetzes über die Umweltverträglichkeitsprüfung für die Errichtung und den Betrieb einer Anlage eine Umweltverträglichkeitsprüfung durchzuführen (UVP-pflichtige Anlage), so ist die Umweltverträglichkeitsprüfung jeweils unselbständiger Teil der in Absatz 1 genannten Verfahren. [2] Für die genehmigungsbedürftige Änderung einer Anlage gilt Satz 1 entsprechend. [3] Soweit in den in Absatz 1 genannten Verfahren über die Zulässigkeit des Vorhabens entschieden wird, ist die Umweltverträglichkeitsprüfung nach den Vorschriften dieser Verordnung und den für diese Prüfung in den genannten Verfahren ergangenen allgemeinen Verwaltungsvorschriften durchzuführen.

§ 1a[3)] Gegenstand der Prüfung der Umweltverträglichkeit. [1] Das Prüfverfahren nach § 1 Absatz 2 umfasst die Ermittlung, Beschreibung und Bewertung der für die Prüfung der Genehmigungsvoraussetzungen sowie der für die Prüfung der Belange des Naturschutzes und der Landschaftspflege bedeutsamen Auswirkungen einer UVP-pflichtigen Anlage auf die folgenden Schutzgüter:

1. Menschen, insbesondere die menschliche Gesundheit,
2. Tiere, Pflanzen und die biologische Vielfalt,
3. Fläche, Boden, Wasser, Luft, Klima und Landschaft,
4. kulturelles Erbe und sonstige Sachgüter sowie
5. die Wechselwirkung zwischen den vorgenannten Schutzgütern.

[2] Die Auswirkungen nach Satz 1 schließen Auswirkungen des UVP-pflichtigen Vorhabens ein, die aufgrund von dessen Anfälligkeit für schwere Unfälle oder Katastrophen zu erwarten sind, soweit diese schweren Unfälle oder Katastrophen für das UVP-pflichtige Vorhaben relevant sind.

[1)] Nr. **296**.
[2)] Nr. **295**.
[3)] § 1a neu gef. mWv 14.12.2017 durch VO v. 8.12.2017 (BGBl. I S. 3882).

§ 2[1] Antragstellung. (1) [1] Der Antrag ist von dem Träger des Vorhabens bei der Genehmigungsbehörde schriftlich oder elektronisch zu stellen. [2] Träger des Vorhabens kann auch sein, wer nicht beabsichtigt, die Anlage zu errichten oder zu betreiben.

(2) [1] Sobald der Träger des Vorhabens die Genehmigungsbehörde über das geplante Vorhaben unterrichtet, soll diese ihn im Hinblick auf die Antragstellung beraten und mit ihm den zeitlichen Ablauf des Genehmigungsverfahrens sowie sonstige für die Durchführung dieses Verfahrens erhebliche Fragen erörtern. [2] Sie kann andere Behörden hinzuziehen, soweit dies für Zwecke des Satzes 1 erforderlich ist. [3] Die Erörterung soll insbesondere der Klärung dienen,

1. welche Antragsunterlagen bei Antragstellung vorgelegt werden müssen,
2. welche voraussichtlichen Auswirkungen das Vorhaben auf die Allgemeinheit und die Nachbarschaft haben kann und welche Folgerungen sich daraus für das Verfahren ergeben,
3. welche Gutachten voraussichtlich erforderlich sind und wie doppelte Gutachten vermieden werden können,
4. wie der zeitliche Ablauf des Genehmigungsverfahrens ausgestaltet werden kann und welche sonstigen Maßnahmen zur Vereinfachung und Beschleunigung des Genehmigungsverfahrens vom Träger des Vorhabens und von der Genehmigungsbehörde getroffen werden können,
5. ob eine Verfahrensbeschleunigung dadurch erreicht werden kann, dass der behördliche Verfahrensbevollmächtigte, der die Gestaltung des zeitlichen Verfahrensablaufs sowie die organisatorische und fachliche Abstimmung überwacht, sich auf Vorschlag oder mit Zustimmung und auf Kosten des Antragstellers eines Projektmanagers bedient,
6. welche Behörden voraussichtlich im Verfahren zu beteiligen sind.

[4] Bei UVP-pflichtigen Vorhaben gilt ergänzend § 2a.

§ 2a[2] Unterrichtung über den Untersuchungsrahmen bei UVP-pflichtigen Vorhaben. (1) [1] Auf Antrag des Trägers des UVP-pflichtigen Vorhabens oder wenn die Genehmigungsbehörde es für zweckmäßig hält, unterrichtet und berät die Genehmigungsbehörde den Träger des UVP-pflichtigen Vorhabens über die Beratung nach § 2 Absatz 2 hinaus entsprechend dem Planungsstand des UVP-pflichtigen Vorhabens frühzeitig über Art, Inhalt, Umfang und Detailtiefe der Angaben, die der Träger des UVP-pflichtigen Vorhabens voraussichtlich in die nach den §§ 3 bis 4e vorzulegenden Unterlagen aufnehmen muss (Untersuchungsrahmen). [2] Die Unterrichtung und Beratung kann sich auch auf weitere Gesichtspunkte des Verfahrens, insbesondere auf dessen zeitlichen Ablauf, auf die zu beteiligenden Behörden oder auf die Einholung von Sachverständigengutachten erstrecken. [3] Verfügen die Genehmigungsbehörde oder die zu beteiligenden Behörden über Informationen, die für die Beibringung der in den §§ 3 bis 4e genannten Unterlagen zweckdienlich sind, so weisen sie den Träger des UVP-pflichtigen Vorhabens darauf hin und stellen ihm diese Informationen zur Verfügung, soweit nicht Rechte Dritter oder öffentliche Interessen entgegenstehen.

---

[1] § 2 Abs. 2 Sätze 3 und 4 angef. durch VO v. 20.4.1993 (BGBl. I S. 494); Abs. 2 Satz 3 Nr. 5 geänd. durch G v. 9.10.1996 (BGBl. I S. 1498); Abs. 1 Satz 2 angef. mWv 1.7.2005 durch G v. 21.6.2005 (BGBl. I S. 1666); Abs. 1 Satz 1 geänd. mWv 5.4.2017 durch G v. 29.3.2017 (BGBl. I S. 626); Abs. 2 Satz 3 Nr. 5 geänd. mWv 14.12.2017 durch VO v. 8.12.2017 (BGBl. I S. 3882).

[2] § 2a Überschrift geänd., Abs. 1 neu gef. mWv 3.8.2001 durch G v. 27.7.2001 (BGBl. I S. 1950); Überschrift neu gef., Abs. 1 und 2 eingef., bish. Abs. 1 wird Abs. 3 und Satz 1 aufgeh., bish. Sätze 2 und 3 werden Sätze 1 und 2 und neu gef., bish. Sätze 4 und 5 werden Sätze 3 und 4, bish. Abs. 2 wird Abs. 4 und Satz 1 geänd., Satz 2 neu gef. mWv 14.12.2017 durch VO v. 8.12.2017 (BGBl. I S. 3882).

(2) Der Träger des UVP-pflichtigen Vorhabens hat der Genehmigungsbehörde geeignete Unterlagen zu den Merkmalen des UVP-pflichtigen Vorhabens, einschließlich seiner Größe oder Leistung, und des Standorts sowie zu den möglichen Auswirkungen auf die in § 1a genannten Schutzgüter vorzulegen.

(3) [1] Vor der Unterrichtung über den Untersuchungsrahmen kann die zuständige Behörde dem Vorhabenträger sowie den nach § 11 zu beteiligenden Behörden Gelegenheit zu einer Besprechung über Art, Inhalt, Umfang und Detailtiefe der Unterlagen geben. [2] Die Besprechung soll sich auf den Gegenstand, den Umfang und die Methoden der Umweltverträglichkeitsprüfung sowie auf sonstige Fragen erstrecken, die für die Durchführung der Umweltverträglichkeitsprüfung erheblich sind. [3] Sachverständige und Dritte, insbesondere Standort- und Nachbargemeinden, können hinzugezogen werden. [4] Verfügen die Genehmigungsbehörde oder die zu beteiligenden Behörden über Informationen, die für die Beibringung der in den §§ 3 bis 4e genannten Unterlagen zweckdienlich sind, sollen sie den Träger des Vorhabens darauf hinweisen und ihm diese Informationen zur Verfügung stellen, soweit nicht Rechte Dritter entgegenstehen.

(4) [1] Bedarf das geplante Vorhaben der Zulassung durch mehrere Behörden, obliegen der Genehmigungsbehörde die Aufgaben nach Absatz 1 bis 3 nur, wenn sie auf Grund des § 31 Absatz 1 und 2 Satz 1 und 2 des Gesetzes über die Umweltverträglichkeitsprüfung[1)] als federführende Behörde bestimmt ist. [2] Die Genehmigungsbehörde nimmt diese Aufgaben im Zusammenwirken zumindest mit denjenigen Zulassungsbehörden und mit derjenigen für Naturschutz und Landschaftspflege zuständigen Behörde wahr, deren Aufgabenbereich durch das UVP-pflichtige Vorhaben berührt wird.

§ 2b[2)] Projektmanager. (1) [1] Die Genehmigungsbehörde soll in jeder Stufe des Verfahrens einen Dritten als Projektmanager, der als Verwaltungshelfer beschäftigt werden kann, auf Antrag oder mit Zustimmung des Vorhabenträgers und auf dessen Kosten mit der Vorbereitung und Durchführung von Verfahrensschritten beauftragen. [2] Dies kann insbesondere folgende Verfahrensschritte umfassen:

1. Die Erstellung von Verfahrensleitplänen unter Bestimmung von Verfahrensabschnitten und Zwischenterminen,
2. die Fristenkontrolle,
3. die Koordinierung von erforderlichen Sachverständigengutachten,
4. das Qualitätsmanagement der Anträge und Unterlagen der Vorhabenträger,
5. die erste Auswertung der eingereichten Stellungnahmen,
6. die organisatorische Vorbereitung eines Erörterungstermins,
7. die Leitung des Erörterungstermins,
8. den Entwurf der Niederschrift nach § 19,
9. den Entwurf der Entscheidung nach § 20 sowie
10. die Prüfung der Vollständigkeit der Unterlagen nach § 7.

(2) Die Entscheidung nach § 20 trifft allein die Genehmigungsbehörde.

(3) [1] Stimmt der Träger des Vorhabens zu, kann die Genehmigungsbehörde bei der Beauftragung des Projektmanagers mit diesem vereinbaren, dass die Zahlungspflicht unmittelbar zwischen Vorhabenträger und Projektmanager entsteht und eine Abrechnung zwischen diesen erfolgt. [2] Der Projektmanager ist verpflichtet, die Abrechnungsunterlagen ebenfalls der Genehmigungsbehörde zu übermitteln. [3] Die Genehmigungs-

[1)] Nr. **295**.
[2)] § 2b eingef. mWv 9.7.2024 durch G v. 3.7.2024 (BGBl. 2024 I Nr. 225).

behörde prüft, ob die vom Projektmanager abgerechneten Leistungen dem jeweiligen Auftrag entsprechen, und teilt dem Vorhabenträger das Ergebnis dieser Prüfung unverzüglich mit.

§ 3[1)] Antragsinhalt. [1] Der Antrag muss enthalten

1. die Angabe des Namens und des Wohnsitzes oder des Sitzes des Antragstellers,
2. die Angabe, ob eine Genehmigung oder ein Vorbescheid beantragt wird und im Falle eines Antrags auf Genehmigung, ob es sich um eine Änderungsgenehmigung handelt, ob eine Teilgenehmigung oder ob eine Zulassung des vorzeitigen Beginns beantragt wird,
3. die Angabe des Standortes der Anlage, bei ortsveränderlicher Anlage die Angabe der vorgesehenen Standorte,
4. Angaben über Art und Umfang der Anlage,
5. die Angabe, zu welchem Zeitpunkt die Anlage in Betrieb genommen werden soll.

[2] Soll die Genehmigungsbehörde zulassen, dass die Genehmigung abweichend von § 19 Absatz 1 und 2 des Bundes-Immissionsschutzgesetzes[2)] nicht in einem vereinfachten Verfahren erteilt wird, so ist dies im Antrag anzugeben.

§ 4[3)] Antragsunterlagen. (1) [1] Dem Antrag sind die Unterlagen beizufügen, die zur Prüfung der Genehmigungsvoraussetzungen erforderlich sind. [2] Dabei ist zu berücksichtigen, ob die Anlage Teil eines eingetragenen Standorts einer nach den Artikeln 13 bis 15 in Verbindung mit Artikel 2 Nummer 22 der Verordnung (EG) Nr. 1221/2009 des Europäischen Parlaments und des Rates vom 25. November 2009 über die freiwillige Teilnahme von Organisationen an einem Gemeinschaftssystem für Umweltmanagement und Umweltbetriebsprüfung und zur Aufhebung der Verordnung (EG) Nr. 761/2001, sowie der Beschlüsse der Kommission 2001/681/EG und 2006/193/EG (ABl. L 342 vom 22.12.2009, S. 1), die zuletzt durch die Verordnung (EU) Nr. 517/2013 vom 13. Mai 2013 (ABl. L 158 vom 10.6.2013, S. 1) geändert worden ist, registrierten Organisation ist, für die Angaben in einer der zuständigen Genehmigungsbehörde vorliegenden und für gültig erklärten, der Registrierung zu Grunde gelegten Umwelterklärung oder in einem dieser Registrierung zu Grunde liegenden Umweltbetriebsprüfungsbericht enthalten sind. [3] Die Unterlagen nach Satz 1 müssen insbesondere die nach den §§ 4a bis 4d erforderlichen Angaben enthalten, bei UVP-pflichtigen Anlagen darüber hinaus zusätzlich einen UVP-Bericht, der die erforderlichen Angaben nach § 4e und der Anlage enthält.

(2) [1] Soweit die Zulässigkeit oder die Ausführung des Vorhabens nach Vorschriften über Naturschutz und Landschaftspflege zu prüfen ist, sind die hierfür erforderlichen Unterlagen beizufügen; die Anforderungen an den Inhalt dieser Unterlagen bestimmen sich nach den naturschutzrechtlichen Vorschriften. [2] Die Unterlagen nach Satz 1 müssen insbesondere Angaben

(Fortsetzung nächstes Blatt)

---

1) § 3 Satz 1 einl. Satzteil und Satz 2 geänd. mWv 14.12.2017 durch VO v. 8.12.2017 (BGBl. I S. 3882).

2) Nr. **296**.

3) § 4 Abs. 1 Satz 2 eingef., bish. Satz 2 wird Satz 3 und geänd. durch G v. 9.10.1996 (BGBl. I S. 1498); Abs. 1 Satz 2 neu gef. mWv 29.6.2002 durch VO v. 24.6.2002 (BGBl. I S. 2247); Abs. 1 Satz 2 neu gef. mWv 2.5.2013 durch VO v. 2.5.2013 (BGBl. I S. 973); Abs. 1 Sätze 2 und 3, Abs. 2 Satz 2, Abs. 3 Satz 1 und Abs. 4 geänd. mWv 14.12.2017 durch VO v. 8.12.2017 (BGBl. I S. 3882).

über Maßnahmen zur Vermeidung, Verminderung, zum Ausgleich oder zum Ersatz erheblicher Beeinträchtigungen von Natur und Landschaft enthalten.

(3) [1] Der Antragsteller hat der Genehmigungsbehörde außer den in Absätzen 1 und 2 genannten Unterlagen eine allgemein verständliche, für die Auslegung geeignete Kurzbeschreibung vorzulegen, die einen Überblick über die Anlage, ihren Betrieb und die voraussichtlichen Auswirkungen auf die Allgemeinheit und die Nachbarschaft ermöglicht; bei UVP-pflichtigen Anlagen erstreckt sich die Kurzbeschreibung auch auf die allgemein verständliche, nichttechnische Zusammenfassung des UVP-Berichts nach § 4e Absatz 1 Satz 1 Nummer 7. [2] Er hat ferner ein Verzeichnis der dem Antrag beigefügten Unterlagen vorzulegen, in dem die Unterlagen, die Geschäfts- oder Betriebsgeheimnisse enthalten, besonders gekennzeichnet sind.

(4) Bedarf das Vorhaben der Zulassung durch mehrere Behörden und ist auf Grund des § 31 Absatz 1 und 2 Satz 1 und 2 des Gesetzes über die Umweltverträglichkeitsprüfung[1] eine federführende Behörde, die nicht Genehmigungsbehörde ist, zur Entgegennahme der Unterlagen zur Prüfung der Umweltverträglichkeit bestimmt, hat die Genehmigungsbehörde die für die Prüfung der Umweltverträglichkeit erforderlichen Unterlagen auch der federführenden Behörde zuzuleiten.

§ 4a[2] Angaben zur Anlage und zum Anlagenbetrieb. (1) Die Unterlagen müssen die für die Entscheidung nach § 20 oder § 21 erforderlichen Angaben enthalten über

1. die Anlagenteile, Verfahrensschritte und Nebeneinrichtungen, auf die sich das Genehmigungserfordernis gemäß § 1 Absatz 2 der Verordnung über genehmigungsbedürftige Anlagen[3] erstreckt,
2. den Bedarf an Grund und Boden und den Zustand des Anlagengrundstückes,
3. das vorgesehene Verfahren oder die vorgesehenen Verfahrenstypen einschließlich der erforderlichen Daten zur Kennzeichnung, wie Angaben zu Art, Menge und Beschaffenheit
   a) der Einsatzstoffe oder -stoffgruppen,
   b) der Zwischen-, Neben- und Endprodukte oder -produktgruppen,
   c) der anfallenden Abfälle

   und darüber hinaus, soweit ein Stoff für Zwecke der Forschung und Entwicklung hergestellt werden soll, der gemäß Artikel 9 Absatz 1, auch in Verbindung mit Absatz 7 der Verordnung (EG) Nr. 1907/2006 des Europäischen Parlaments und des Rates vom 18. Dezember 2006 zur Regis-

---

[1] Nr. **295**.

[2] *§ 4a einl. Satzteil geänd. sowie* Nr. 3 einl. Satzteil und Buchst. a–c neu gef. durch G v. 9.10. 1996 (BGBl. I S. 1498); Abs. 2 angef. durch VO v. 23.2.1999 (BGBl. I S. 186); Abs. 1 Nr. 2 geänd. und Nr. 4 neu gef. sowie Abs. 2 eingef., bish. Abs. 2 wird Abs. 3 mWv 3.8.2001 durch G v. 27.7. 2001 (BGBl. I S. 1950); Abs. 3 Nr. 1 neu gef. mWv 1.1.2002 durch VO v. 10.12.2001 (BGBl. I S. 3379); Abs. 3 einl. Satzteil und Nr. 6 geänd. mWv 20.8.2003 durch VO v. 14.8.2003 (BGBl. I S. 1614); Abs. 1 Nr. 5, 6 geänd., Nr. 7 angef. mWv 15.12.2006 durch G v. 9.12.2006 (BGBl. I S. 2819); Abs. 1 Nr. 2 geänd., Abs. 4 angef. mWv 2.5.2013 durch VO v. 2.5.2013 (BGBl. I S. 973); Abs. 1 Nr. 1 und 3 Satzteil nach Buchst. c, Abs. 3 Nr. 5 geänd. mWv 14.12.2017 durch VO v. 8.12.2017 (BGBl. I S. 3882).

[3] Nr. **296a**.

trierung, Bewertung, Zulassung und Beschränkung chemischer Stoffe (REACH), zur Schaffung einer Europäischen Chemikalienagentur, zur Änderung der Richtlinie 1999/45/EG und zur Aufhebung der Verordnung (EWG) Nr. 793/93 des Rates, der Verordnung (EG) Nr. 1488/94 der Kommission, der Richtlinie 76/769/EWG des Rates sowie der Richtlinien 91/155/EWG, 93/67/EWG, 93/105/EG und 2000/21/EG der Kommission (ABl. L 396 vom 30.12.2006, S. 1), die zuletzt durch die Verordnung (EU) 2016/863 (ABl. L 144 vom 1.6.2016, S. 27) geändert worden ist, von der Registrierungspflicht ausgenommen ist,

d) Angaben zur Identität des Stoffes, soweit vorhanden,

e) dem Antragsteller vorliegende Prüfnachweise über physikalische, chemische und physikalisch-chemische sowie toxische und ökotoxische Eigenschaften des Stoffes einschließlich des Abbauverhaltens,

4. die in der Anlage verwendete und anfallende Energie,
5. mögliche Freisetzungen oder Reaktionen von Stoffen bei Störungen im Verfahrensablauf,
6. Art und Ausmaß der Emissionen, die voraussichtlich von der Anlage ausgehen werden, wobei sich diese Angaben, soweit es sich um Luftverunreinigungen handelt, auch auf das Rohgas vor einer Vermischung oder Verdünnung beziehen müssen, die Art, Lage und Abmessungen der Emissionsquellen, die räumliche und zeitliche Verteilung der Emissionen sowie über die Austrittsbedingungen und
7. die wichtigsten vom Antragsteller gegebenenfalls geprüften Alternativen in einer Übersicht.

(2) Soweit schädliche Umwelteinwirkungen hervorgerufen werden können, müssen die Unterlagen auch enthalten:

1. eine Prognose der zu erwartenden Immissionen, soweit Immissionswerte in Rechts- oder Verwaltungsvorschriften festgelegt sind und nach dem Inhalt dieser Vorschriften eine Prognose zum Vergleich mit diesen Werten erforderlich ist;
2. im Übrigen Angaben über Art, Ausmaß und Dauer von Immissionen sowie ihre Eignung, schädliche Umwelteinwirkungen herbeizuführen, soweit nach Rechts- oder Verwaltungsvorschriften eine Sonderfallprüfung durchzuführen ist.

(3) Für Anlagen, auf die die Verordnung über die Verbrennung und die Mitverbrennung von Abfällen[1] anzuwenden ist, müssen die Unterlagen über Absatz 1 hinaus Angaben enthalten über

1. Art (insbesondere Abfallbezeichnung und -schlüssel gemäß der Verordnung über das Europäische Abfallverzeichnis[2]) und Menge der zur Verbrennung vorgesehenen Abfälle,
2. die kleinsten und größten Massenströme der zur Verbrennung vorgesehenen Abfälle, angegeben als stündliche Einsatzmengen,
3. die kleinsten und größten Heizwerte der zur Verbrennung vorgesehenen Abfälle,

[1] **Sartorius ErgBd. Nr. 296/17.**
[2] **Sartorius ErgBd. Nr. 298a.**

4. den größten Gehalt an Schadstoffen in den zur Verbrennung vorgesehenen Abfällen, insbesondere an polychlorierten Biphenylen (PCB), Pentachlorphenol (PCP), Chlor, Fluor, Schwefel und Schwermetallen,
5. die Maßnahmen für das Zuführen der Abfälle und den Einbau der Brenner, so dass ein möglichst weitgehender Ausbrand erreicht wird und
6. die Maßnahmen, wie die Emissionsgrenzwerte der Verordnung über die Verbrennung und die Mitverbrennung von Abfällen eingehalten werden.

(4) [1] Der Bericht über den Ausgangszustand nach § 10 Absatz 1a des Bundes-Immissionsschutzgesetzes[1)] hat die Informationen zu enthalten, die erforderlich sind, um den Stand der Boden- und Grundwasserverschmutzungen zu ermitteln, damit ein quantifizierter Vergleich mit dem Zustand bei der Betriebseinstellung der Anlage vorgenommen werden kann. [2] Der Bericht über den Ausgangszustand hat die folgenden Informationen zu enthalten:

1. Informationen über die derzeitige Nutzung und, falls verfügbar, über die frühere Nutzung des Anlagengrundstücks,
2. Informationen über Boden- und Grundwassermessungen, die den Zustand zum Zeitpunkt der Erstellung des Berichts über den Ausgangszustand nach § 10 Absatz 1a des Bundes-Immissionsschutzgesetzes wiedergeben und die dem Stand der Messtechnik entsprechen; neue Boden- und Grundwassermessungen sind nicht erforderlich, soweit bereits vorhandene Informationen die Anforderungen des ersten Halbsatzes erfüllen.

[3] Erfüllen Informationen, die auf Grund anderer Vorschriften erstellt wurden, die Anforderungen der Sätze 1 und 2, so können diese Informationen in den Bericht über den Ausgangszustand aufgenommen oder diesem beigefügt werden. [4] Der Bericht über den Ausgangszustand ist für den Teilbereich des Anlagengrundstücks zu erstellen, auf dem durch Verwendung, Erzeugung oder Freisetzung der relevanten gefährlichen Stoffe durch die Anlage die Möglichkeit der Verschmutzung des Bodens oder des Grundwassers besteht. [5] Die Sätze 1 bis 4 sind bei einem Antrag für eine Änderungsgenehmigung nur dann anzuwenden, wenn mit der Änderung neue relevante gefährliche Stoffe verwendet, erzeugt oder freigesetzt werden oder wenn mit der Änderung erstmals relevante gefährliche Stoffe verwendet, erzeugt oder freigesetzt werden; ein bereits vorhandener Bericht über den Ausgangszustand ist zu ergänzen. [6] § 25 Absatz 2 bleibt unberührt.

§ 4b[2)] Angaben zu den Schutzmaßnahmen. (1) Die Unterlagen müssen die für die Entscheidung nach § 20 oder § 21 erforderlichen Angaben enthalten über

1. die vorgesehenen Maßnahmen zum Schutz vor und zur Vorsorge gegen schädliche Umwelteinwirkungen, insbesondere zur Verminderung der Emissionen, sowie zur Messung von Emissionen und Immissionen,

---

[1)] Nr. **296**.

[2)] § 4b Abs. 1 einl. Satzteil geänd. durch G v. 9.10.1996 (BGBl. I S. 1498); Abs. 2 neu gef. mWv 3.5.2000 durch G v. 26.4.2000 (BGBl. I S. 603); Abs. 1 Nr. 3 und 4 geänd., Nr. 5 angef. mWv 3.8. 2001 durch G v. 27.7.2001 (BGBl. I S. 1950); Abs. 2 Sätze 1 und 5 aufgeh., bish. Sätze 2–4 werden Sätze 1–3, neuer Satz 3 geänd. mWv 1.7.2005 durch VO v. 8.6.2005 (BGBl. I S. 1591); Abs. 2 Satz 1 geänd. mWv 14.1.2017 durch VO v. 9.1.2017 (BGBl. I S. 47); Abs. 2 Satz 3 und Abs. 3 geänd. mWv 14.12.2017 durch VO v. 8.12.2017 (BGBl. I S. 3882).

2. die vorgesehenen Maßnahmen zum Schutz der Allgemeinheit und der Nachbarschaft vor sonstigen Gefahren, erheblichen Nachteilen und erheblichen Belästigungen, wie Angaben über die vorgesehenen technischen und organisatorischen Vorkehrungen
   a) zur Verhinderung von Störungen des bestimmungsgemäßen Betriebs und
   b) zur Begrenzung der Auswirkungen, die sich aus Störungen des bestimmungsgemäßen Betriebs ergeben können,
3. die vorgesehenen Maßnahmen zum Arbeitsschutz,
4. die vorgesehenen Maßnahmen zum Schutz vor schädlichen Umwelteinwirkungen und sonstigen Gefahren, erheblichen Nachteilen und erheblichen Belästigungen für die Allgemeinheit und die Nachbarschaft im Falle der Betriebseinstellung und
5. die vorgesehenen Maßnahmen zur Überwachung der Emissionen in die Umwelt.

(2) [1] Soweit eine genehmigungsbedürftige Anlage Betriebsbereich oder Bestandteil eines Betriebsbereichs ist, für die ein Sicherheitsbericht nach § 9 der Störfall-Verordnung[1)] anzufertigen ist, müssen die Teile des Sicherheitsberichts, die den Abschnitten II Nummer 1, 3 und 4 sowie den Abschnitten III bis V des Anhangs II der Störfall-Verordnung entsprechen, dem Antrag beigefügt werden, soweit sie sich auf die genehmigungsbedürftige Anlage beziehen oder für sie von Bedeutung sind. [2] In einem Genehmigungsverfahren nach § 16 des Bundes-Immissionsschutzgesetzes[2)] gilt dies nur, soweit durch die beantragte Änderung sicherheitsrelevante Anlagenteile betroffen sind. [3] In diesem Fall und im Fall eines Genehmigungsverfahrens nach § 16a des Bundes-Immissionsschutzgesetzes kann die Behörde zulassen, dass sich die vorzulegenden Teile des Sicherheitsberichts nur auf diese Anlagenteile beschränken, wenn sie trotz dieser Beschränkung aus sich heraus verständlich und prüffähig erstellt werden können.

(3) Bestehen Anhaltspunkte dafür, dass eine Bekanntgabe der Angaben nach den Absätzen 1 und 2 zu einer eine erhebliche Gefahr für die öffentliche Sicherheit darstellenden Störung der Errichtung oder des bestimmungsgemäßen Betriebs der Anlage durch Dritte führen kann, und sind Maßnahmen der Gefahrenabwehr gegenüber diesen nicht möglich, ausreichend oder zulässig, kann die Genehmigungsbehörde die Vorlage einer aus sich heraus verständlichen und zusammenhängenden Darstellung verlangen, die für die Auslegung geeignet ist.

§ 4c[3)] Plan zur Behandlung der Abfälle. Die Unterlagen müssen die für die Entscheidung nach § 20 oder § 21 erforderlichen Angaben enthalten über die Maßnahmen zur Vermeidung oder Verwertung von Abfällen; hierzu sind insbesondere Angaben zu machen zu

1. den vorgesehenen Maßnahmen zur Vermeidung von Abfällen,
2. den vorgesehenen Maßnahmen zur ordnungsgemäßen und schadlosen stofflichen oder thermischen Verwertung der anfallenden Abfälle,

---

[1)] *Sartorius ErgBd. Nr. **296/12**.*

[2)] Nr. **296**.

[3)] § 4c Überschrift, einl. Satzteil und Nr. 1–6 geänd. durch G v. 9.10.1996 (BGBl. I S. 1498).

3. den Gründen, warum eine weitergehende Vermeidung oder Verwertung von Abfällen technisch nicht möglich oder unzumutbar ist,
4. den vorgesehenen Maßnahmen zur Beseitigung nicht zu vermeidender oder zu verwertender Abfälle einschließlich der rechtlichen und tatsächlichen Durchführbarkeit dieser Maßnahmen und der vorgesehenen Entsorgungswege,
5. den vorgesehenen Maßnahmen zur Verwertung oder Beseitigung von Abfällen, die bei einer Störung des bestimmungsgemäßen Betriebs entstehen können, sowie
6. den vorgesehenen Maßnahmen zur Behandlung der bei einer Betriebseinstellung vorhandenen Abfälle.

§ 4d[1] **Angaben zur Energieeffizienz.** Die Unterlagen müssen Angaben über vorgesehene Maßnahmen zur sparsamen und effizienten Energieverwendung enthalten, insbesondere Angaben über Möglichkeiten zur Erreichung hoher energetischer Wirkungs- und Nutzungsgrade, zur Einschränkung von Energieverlusten sowie zur Nutzung der anfallenden Energie.

§ 4e[2] **Zusätzliche Angaben zur Prüfung der Umweltverträglichkeit; UVP-Bericht.** (1) [1]Der Träger des UVP-pflichtigen Vorhabens hat den Unterlagen einen Bericht zu den voraussichtlichen Auswirkungen des UVP-pflichtigen Vorhabens auf die in § 1a genannten Schutzgüter (UVP-Bericht) beizufügen, der zumindest folgende Angaben enthält:
1. eine Beschreibung des UVP-pflichtigen Vorhabens mit Angaben zum Standort, zur Art, zum Umfang und zur Ausgestaltung, zur Größe und zu anderen wesentlichen Merkmalen des Vorhabens,
2. eine Beschreibung der Umwelt und ihrer Bestandteile im Einwirkungsbereich des UVP-pflichtigen Vorhabens,
3. eine Beschreibung der Merkmale des UVP-pflichtigen Vorhabens und des Standorts, mit denen das Auftreten erheblicher nachteiliger Auswirkungen des UVP-pflichtigen Vorhabens auf die in § 1a genannten Schutzgüter vermieden, vermindert oder ausgeglichen werden soll,
4. eine Beschreibung der geplanten Maßnahmen, mit denen das Auftreten erheblicher nachteiliger Auswirkungen des UVP-pflichtigen Vorhabens auf die in § 1a genannten Schutzgüter vermieden, vermindert oder ausgeglichen werden soll, sowie eine Beschreibung geplanter Ersatzmaßnahmen,
5. eine Beschreibung der möglichen erheblichen Auswirkungen des UVP-pflichtigen Vorhabens auf die in § 1a genannten Schutzgüter,
6. eine Beschreibung der vernünftigen Alternativen zum Schutz vor und zur Vorsorge gegen schädliche Umwelteinwirkungen sowie zum Schutz der Allgemeinheit und der Nachbarschaft vor sonstigen Gefahren, erheblichen Nachteilen und erheblichen Belästigungen, die für das UVP-pflichtige Vorhaben und seine spezifischen Merkmale relevant und von dem Träger des UVP-pflichtigen Vorhabens geprüft worden sind, und die Angabe der wesentlichen Gründe für die getroffene Wahl unter Berücksichtigung der jeweiligen Auswirkungen auf die in § 1a genannten Schutzgüter sowie

---

[1] § 4d neu gef. mWv 3.8.2001 durch G v. 27.7.2001 (BGBl. I S. 1950).

[2] § 4e Abs. 2 aufgeh., Abs. 4 Satz 1 geänd. mWv 3.8.2001 durch G v. 27.7.2001 (BGBl. I S. 1950); Überschrift geänd., Abs. 1–4 neu gef., Abs. 5–7 angef. mWv 14.12.2017 durch VO v. 8.12.2017 (BGBl. I S. 3882).

7. eine allgemein verständliche, nichttechnische Zusammenfassung des UVP-Berichts.

[2] Bei einem UVP-pflichtigen Vorhaben, das einzeln oder im Zusammenwirken mit anderen Projekten oder Plänen geeignet ist, ein Natura 2000-Gebiet erheblich zu beeinträchtigen, muss der UVP-Bericht Angaben zu den Auswirkungen des UVP-pflichtigen Vorhabens auf die Erhaltungsziele dieses Gebiets enthalten.

(2) Der UVP-Bericht muss auch die in der Anlage zu § 4e genannten weiteren Angaben enthalten, soweit diese Angaben für die Entscheidung über die Zulassung des UVP-pflichtigen Vorhabens erforderlich sind.

(3) [1] Inhalt und Umfang des UVP-Berichts bestimmen sich nach den Rechtsvorschriften, die für die Entscheidung über die Zulassung des UVP-pflichtigen Vorhabens maßgebend sind. [2] In den Fällen des § 2a stützt der Träger des UVP-pflichtigen Vorhabens den UVP-Bericht zusätzlich auf den Untersuchungsrahmen.

(4) [1] Der UVP-Bericht muss den gegenwärtigen Wissensstand und die gegenwärtigen Prüfmethoden berücksichtigen. [2] Er muss die Angaben enthalten, die der Träger des UVP-pflichtigen Vorhabens mit zumutbarem Aufwand ermitteln kann. [3] Die Angaben müssen ausreichend sein, um

1. der Genehmigungsbehörde eine begründete Bewertung der Auswirkungen des UVP-pflichtigen Vorhabens auf die in § 1a genannten Schutzgüter nach § 20 Absatz 1b zu ermöglichen und
2. Dritten die Beurteilung zu ermöglichen, ob und in welchem Umfang sie von den Auswirkungen des UVP-pflichtigen Vorhabens auf die in § 1a genannten Schutzgüter betroffen sein können.

(5) Zur Vermeidung von Mehrfachprüfungen hat der Träger des UVP-pflichtigen Vorhabens die vorhandenen Ergebnisse anderer rechtlich vorgeschriebener Prüfungen in den UVP-Bericht einzubeziehen.

(6) [1] Der Träger des UVP-pflichtigen Vorhabens muss durch geeignete Maßnahmen sicherstellen, dass der UVP-Bericht den Anforderungen nach den Absätzen 1 bis 5 entspricht. [2] Die Genehmigungsbehörde hat Nachbesserungen innerhalb einer angemessenen Frist zu verlangen, soweit der Bericht den Anforderungen nicht entspricht.

(7) [1] Sind kumulierende Vorhaben nach dem Gesetz über die Umweltverträglichkeitsprüfung, für die jeweils eine Umweltverträglichkeitsprüfung durchzuführen ist, Gegenstand paralleler oder verbundener Zulassungsverfahren, so können die Träger der UVP-pflichtigen Vorhaben einen gemeinsamen UVP-Bericht vorlegen. [2] Legen sie getrennte UVP-Berichte vor, so sind darin auch jeweils die Auswirkungen der anderen kumulierenden Vorhaben auf die in § 1a genannten Schutzgüter als Vorbelastung zu berücksichtigen.

§ 5[1)] Vordrucke und elektronische Dateiformate. [1] Die Genehmigungsbehörde kann die Verwendung von Vordrucken für den Antrag und die Unterlagen verlangen. [2] Bei elektronischer Antragstellung kann die zuständige oberste Landesbehörde oder die nach Landesrecht zu bestimmende Behörde das Datenformat festlegen.

1) § 5 neu gef. mWv 9.7.2024 durch G v. 3.7.2024 (BGBl. 2024 I Nr. 225).

§ 6[1] **Eingangsbestätigung.** Die Genehmigungsbehörde hat dem Antragsteller den Eingang des Antrags und der Unterlagen unverzüglich schriftlich oder elektronisch zu bestätigen.

§ 7[2] **Prüfung der Vollständigkeit, Verfahrensablauf.** (1) [1]Die Genehmigungsbehörde hat nach Eingang des Antrags und der Unterlagen unverzüglich, innerhalb eines Monats, zu prüfen, ob der Antrag den Anforderungen des § 3 und die Unterlagen den Anforderungen der §§ 4 bis 4e entsprechen. [2]Die zuständige Behörde kann die Frist in begründeten Ausnahmefällen einmal um zwei Wochen verlängern. [3]Sind der Antrag oder die Unterlagen nicht vollständig, so hat die Genehmigungsbehörde den Antragsteller unverzüglich aufzufordern, den Antrag oder die Unterlagen innerhalb einer angemessenen Frist zu ergänzen. [4]Die Genehmigungsfrist nach § 10 Absatz 6a Satz 1 des Bundes-Immissionsschutzgesetzes[3] beginnt mit Ablauf der Frist nach Satz 1 oder Satz 2 oder, sofern die Behörde nach Satz 3 den Antragsteller zur Ergänzung aufgefordert hat, mit Eingang der von der Behörde erstmalig nachgeforderten Unterlagen, an zu laufen. [5]Teilprüfungen sind auch vor Vorlage der vollständigen Unterlagen vorzunehmen, sobald dies nach den bereits vorliegenden Unterlagen möglich ist. [6]Die Behörde soll zulassen, dass Unterlagen, deren Einzelheiten für die Beurteilung der Genehmigungsfähigkeit der Anlage als solcher nicht unmittelbar von Bedeutung sind, insbesondere den Bericht über den Ausgangszustand nach § 10 Absatz 1a des Bundes-Immissionsschutzgesetzes, bis zum Beginn der Errichtung oder der Inbetriebnahme der Anlage nachgereicht werden können. [7]Dies gilt auch für die Bestätigung des Entsorgungsweges durch einen potenziellen Entsorger, soweit diese für die Genehmigungsfähigkeit nicht unmittelbar von Bedeutung ist.

(2) [1]Sind die Unterlagen vollständig, hat die Genehmigungsbehörde den Antragsteller hierüber unter Angabe des Datums der Vollständigkeit und über die voraussichtlich zu beteiligenden Behörden und den geplanten zeitlichen Ablauf des Genehmigungsverfahrens zu unterrichten. [2]Unterlagen sind vollständig, wenn die Unterlagen in einer Weise prüffähig sind, dass sie sich zu allen rechtlich relevanten Aspekten des Vorhabens verhalten, und die Behörde in die Lage versetzen, den Antrag unter Berücksichtigung dieser Vorgaben näher zu prüfen. [3]Fachliche Einwände und Nachfragen stehen der Vollständigkeit nicht entgegen, sofern die betreffende Unterlage eine fachliche Prüfung überhaupt ermöglicht. [4]Das Vollständigkeitsdatum ist der Tag, an dem die letzte Unterlage, die für das Erreichen der Vollständigkeit im Sinne der Sätze 1 und 2 erforderlich ist, schriftlich oder elektronisch bei der Behörde eingegangen ist.

Zweiter Abschnitt. Beteiligung Dritter

§ 8[4] **Bekanntmachung des Vorhabens.** (1) [1]Sind die zur Auslegung nach § 10 Absatz 1 erforderlichen Unterlagen vollständig, so hat die Genehmigungs-

---

[1] § 6 geänd. mWv 5.4.2017 durch G v. 29.3.2017 (BGBl. I S. 626).

[2] § 7 Abs. 1 Satz 1 geänd., Satz 2 eingef., bish. Satz 2 wird Satz 3, Sätze 4 und 5 angef. durch G v. 9.10. 1996 (BGBl. I S. 1498); Abs. 1 Satz 5 geänd. mWv 2.5.2013 durch VO v. 2.5.2013 (BGBl. I S. 973); Abs. 1 Satz 5 geänd. mWv 14.12.2017 durch VO v. 8.12.2017 (BGBl. I S. 3882); Abs. 1 Satz 1 geänd., Satz 4 eingef., bish. Sätze 4 und 5 werden Sätze 5 und 6, neuer Satz 6 geänd., Satz 7 angef., Abs. 2 Satz 1 geänd., Sätze 2–4 angef. mWv 9.7.2024 durch G v. 3.7.2024 (BGBl. 2024 I Nr. 225).

[3] Nr. **296.**

[4] § 8 Abs. 1 Satz 1 geänd. mWv 15.12.2006 durch G v. 9.12 2006 (BGBl. I S. 2819); Abs. 1 Satz 1 geänd., Sätze 3 und 4 angef., Abs. 2 Sätze 1–3 geänd. mWv 14.12.2017 durch VO v. 8.12.2017 (BGBl. I S. 3882); Abs. 1 Satz 3 geänd. mWv 24.11.2020 durch VO v. 11.11.2020 (BGBl. I S. 2428); Abs. 1 Satz 1 neu gef,. Satz 4 aufgeh. mWv 9.7.2024 durch G v. 3.7.2024 (BGBl. 2024 I Nr. 225).

behörde das Vorhaben in ihrem amtlichen Veröffentlichungsblatt und auf ihrer Internetseite öffentlich bekannt zu machen. 2 Eine zusätzliche Bekanntmachung und Auslegung ist, auch in den Fällen der §§ 22 und 23, nur nach Maßgabe des Absatzes 2 erforderlich. 3 Bei UVP-pflichtigen Anlagen erfolgt die Bekanntmachung durch die Genehmigungsbehörde auch über das jeweilige zentrale Internetportal nach § 20 Absatz 1 des Gesetzes über die Umweltverträglichkeitsprüfung[1]; dabei gelten die Vorgaben der UVP-Portale-Verordnung vom 11. November 2020 (BGBl. I S. 2428) entsprechend.

(2) 1 Wird das Vorhaben während eines Vorbescheidsverfahrens, nach Erteilung eines Vorbescheides oder während des Genehmigungsverfahrens geändert, so darf die Genehmigungsbehörde von einer zusätzlichen Bekanntmachung und Auslegung absehen, wenn in den nach § 10 Absatz 1 auszulegenden Unterlagen keine Umstände darzulegen wären, die nachteilige Auswirkungen für Dritte besorgen lassen. 2 Dies ist insbesondere dann der Fall, wenn erkennbar ist, dass nachteilige Auswirkungen für Dritte durch die getroffenen oder vom Träger des Vorhabens vorgesehenen Vorkehrungen ausgeschlossen werden oder die Nachteile im Verhältnis zu den jeweils vergleichbaren Vorteilen gering sind. 3 Betrifft das Vorhaben eine UVP-pflichtige Anlage, darf von einer zusätzlichen Bekanntmachung und Auslegung nur abgesehen werden, wenn keine zusätzlichen erheblichen oder anderen erheblichen Auswirkungen auf in § 1a genannte Schutzgüter zu besorgen sind. 4 Ist eine zusätzliche Bekanntmachung und Auslegung erforderlich, werden die Einwendungsmöglichkeit und die Erörterung auf die vorgesehenen Änderungen beschränkt; hierauf ist in der Bekanntmachung hinzuweisen.

§ 9[2] Inhalt der Bekanntmachung. (1) 1 Die Bekanntmachung muss neben den Angaben nach § 10 Absatz 4 des Bundes-Immissionsschutzgesetzes[3] Folgendes enthalten:

1. die in § 3 bezeichneten Angaben,
2. den Hinweis auf die Auslegungs- und die Einwendungsfrist unter Angabe des jeweils ersten und letzten Tages und
3. die Bezeichnung der für das Vorhaben entscheidungserheblichen Berichte und Empfehlungen, die der Genehmigungsbehörde zum Zeitpunkt des Beginns des Beteiligungsverfahrens vorliegen.

2 Auf die zuständige Genehmigungsbehörde, die für die Beteiligung der Öffentlichkeit maßgebenden Vorschriften sowie eine grenzüberschreitende Behörden- und Öffentlichkeitsbeteiligung nach § 11a ist hinzuweisen.

(1a) Ist das Vorhaben UVP-pflichtig, muss die Bekanntmachung zusätzlich folgende Angaben enthalten:

1. einen Hinweis auf die UVP-Pflicht des Vorhabens und
2. die Angabe, dass ein UVP-Bericht vorgelegt wurde.

(2) Zwischen der Bekanntmachung des Vorhabens und dem Beginn der Auslegungsfrist soll eine Woche liegen; maßgebend ist dabei der Tag der zeitlich

[1] Nr. **295**.

[2] *§ 9 Abs. 1 Satz 2 aufgeh. durch* VO v. 20.4.1993 (BGBl. I S. 494); Abs. 1 Satz 2 angef. mWv 15.12.2006 durch G v. 9.12.2006 (BGBl. I S. 2819); Abs. 1 Satz 1 neu gef., Abs. 1a eingef. mWv 14.12.2017 durch VO v. 8.12.2017 (BGBl. I S. 3882); Abs. 2 geänd. mWv 9.7.2024 durch G v. 3.7.2024 (BGBl. 2024 I Nr. 225).

[3] Nr. **296**.

letzten Veröffentlichung nach § 10 Absatz 3 Satz 1 des Bundes-Immissionsschutzgesetzes.

§ 10[1)] Auslegung von Antrag und Unterlagen; Veröffentlichung des UVP-Berichts. (1) [1]Bei der Genehmigungsbehörde sind der Antrag sowie die beigefügten Unterlagen auszulegen, die die Angaben über die Auswirkungen der Anlage auf die Nachbarschaft und die Allgemeinheit enthalten. [2]Darüber hinaus sind, soweit vorhanden, die entscheidungserheblichen sonstigen der Genehmigungsbehörde vorliegenden behördlichen Unterlagen zu dem Vorhaben auszulegen, die Angaben über die Auswirkungen der Anlage auf die Nachbarschaft und die Allgemeinheit oder Empfehlungen zur Begrenzung dieser Auswirkungen enthalten. [3]Die Auslegung ist dadurch zu bewirken, dass die Dokumente auf einer Internetseite der zuständigen Behörde zugänglich gemacht werden. [4]Auf Verlangen eines Beteiligten wird ihm eine leicht zu erreichende Zugangsmöglichkeit zur Verfügung gestellt. [5]Der Vorhabenträger kann der Veröffentlichung im Internet widersprechen, soweit er die Gefährdung von Betriebs- oder Geschäftsgeheimnissen oder wichtiger Sicherheitsbelange befürchtet; in diesem Fall muss die Behörde eine andere Form der Veröffentlichung wählen. [6]Die Behörde kann verlangen, dass die Dokumente, die für die Auslegung einzureichen sind, in einem verkehrsüblichen elektronischen Format eingereicht werden. [7]Verfügt die Genehmigungsbehörde bis zur Entscheidung über den Genehmigungsantrag über zusätzliche behördliche Stellungnahmen oder von ihr angeforderte Unterlagen, die Angaben über die Auswirkungen der Anlage auf die Nachbarschaft und die Allgemeinheit oder Empfehlungen zur Begrenzung dieser Auswirkungen enthalten, sind diese der Öffentlichkeit nach den Bestimmungen des Bundes[2)] und der Länder über den Zugang zu Umweltinformationen zugänglich zu machen. [8]Betrifft das Vorhaben eine UVP-pflichtige Anlage, so ist auch der vom Antragsteller zur Durchführung einer Umweltverträglichkeitsprüfung zusätzlich beigefügte UVP-Bericht nach § 4e auszulegen; ferner sind der Antrag und die Unterlagen auch in den Gemeinden auszulegen, in denen sich das Vorhaben voraussichtlich auswirkt. [9]Soweit eine Auslegung der Unterlagen nach § 4b Absatz 1 und 2 zu einer Störung im Sinne des § 4b Absatz 3 führen kann, ist an Stelle dieser Unterlagen die Darstellung nach § 4b Absatz 3 auszulegen. [10]In den Antrag und die Unterlagen nach den Sätzen 1, 2 und 4 sowie in die Darstellung nach § 4b Absatz 3 ist während der Dienststunden Einsicht zu gewähren. [11]Bei UVP-pflichtigen Vorhaben hat der Träger des Vorhabens den UVP-Bericht sowie die das Vorhaben betreffenden entscheidungserheblichen Berichte und Empfehlungen, die der Genehmigungsbehörde zum Zeitpunkt des Beginns des Beteiligungsverfahrens vorgelegen haben, auch elektronisch vorzulegen. [12]§ 8 Absatz 1 Satz 3 gilt bei UVP-pflichtigen Vorhaben für diese Unterlagen entsprechend.

(2) [1]Auf Aufforderung eines Dritten ist diesem eine elektronische Fassung der Kurzbeschreibung nach § 4 Absatz 3 Satz 1 zu überlassen. [2]In begründeten Einzelfällen kann ein Ausdruck der Kurzbeschreibung bereitgestellt werden.

(3) [1]Soweit Unterlagen Geschäfts- oder Betriebsgeheimnisse enthalten, ist an ihrer Stelle die Inhaltsdarstellung nach § 10 Absatz 2 Satz 2 des Bundes-Immis-

---

[1)] § 10 Sätze 2 und 3 eingef., bish. Sätze 2–4 werden Sätze 4–6, neuer Satz 6 geänd. mWv 15.12.2006 durch G v. 9.12.2006 (BGBl. I S. 2819); Überschrift, Abs. 1 Sätze 4–6 geänd., Sätze 7 und 8 angef., Abs. 2 und 3 Satz 1 geänd. mWv 14.12.2017 durch VO v. 8.12.2017 (BGBl. I S. 3882); Abs. 1 Satz 1 geänd., Sätze 3–6 eingef., bish. Sätze 3–8 werden Sätze 7–12, neuer Satz 12, Abs. 2 Satz 1 geänd., Satz 2 angef. mWv 9.7.2024 durch G v. 3.7.2024 (BGBl. 2024 I Nr. 225).

[2)] Siehe u.a. das UmweltinformationsG (Nr. **294**).

sionsschutzgesetzes[1)] auszulegen. [2] Hält die Genehmigungsbehörde die Kennzeichnung der Unterlagen als Geschäfts- oder Betriebsgeheimnisse für unberechtigt, so hat sie vor der Entscheidung über die Auslegung dieser Unterlagen den Antragsteller zu hören.

§ 10a[2)] Akteneinsicht. [1] Die Genehmigungsbehörde gewährt Akteneinsicht nach pflichtgemäßem Ermessen; § 29 Absatz 1 Satz 3, Absatz 2 und 3 des Verwaltungsverfahrensgesetzes[3)] findet entsprechende Anwendung. [2] Sonstige sich aus anderen Rechtsvorschriften ergebende Rechte auf Zugang zu Informationen bleiben unberührt.

§ 11[4)] Beteiligung anderer Behörden. [1] Spätestens gleichzeitig mit der öffentlichen Bekanntmachung des Vorhabens fordert die Genehmigungsbehörde die Behörden, deren Aufgabenbereich durch das Vorhaben berührt wird, auf, für ihren Zuständigkeitsbereich eine Stellungnahme innerhalb einer Frist von einem Monat abzugeben. [2] Die Antragsunterlagen sollen sternförmig an die zu beteiligenden Stellen versandt werden. [3] Hat eine Behörde bis zum Ablauf der Frist keine Stellungnahme abgegeben, so ist davon auszugehen, dass die beteiligte Behörde sich nicht äußern will. [4] Die Genehmigungsbehörde hat sich über den Stand der anderweitigen das Vorhaben betreffenden Zulassungsverfahren Kenntnis zu verschaffen und auf ihre Beteiligung hinzuwirken sowie mit den für diese Verfahren zuständigen Behörden frühzeitig den von ihr beabsichtigten Inhalt des Genehmigungsbescheides zu erörtern und abzustimmen.

§ 11a[5)] Grenzüberschreitende Behörden- und Öffentlichkeitsbeteiligung. (1) [1] Für nicht UVP-pflichtige Vorhaben einschließlich der Verfahren nach § 17 Absatz 1a des Bundes-Immissionsschutzgesetzes[1)] gelten für das Verfahren zur grenzüberschreitenden Behörden- und Öffentlichkeitsbeteiligung die Vorschriften der Abschnitte 1 und 3 des Teils 5 des Gesetzes über die Umweltverträglichkeitsprüfung[6)] sinngemäß. [2] Abweichend von Satz 1 gelten nicht die Vorgaben zur Veröffentlichung von Informationen in dem jeweiligen zentralen Internetportal nach § 59 Absatz 4 des Gesetzes über die Umweltverträglichkeitsprüfung.

(2) Für UVP-pflichtige Vorhaben gelten für das Verfahren zur grenzüberschreitenden Behörden- und Öffentlichkeitsbeteiligung einschließlich Verfahren nach § 17 Absatz 1a des Bundes-Immissionsschutzgesetzes die Vorschriften der Abschnitte 1 und 3 des Teils 5 des Gesetzes über die Umweltverträglichkeitsprüfung sinngemäß.

(3) [1] Rechtsvorschriften zur Geheimhaltung, insbesondere gemäß § 30 des Verwaltungsverfahrensgesetzes[3)] sowie zum Schutz von Geschäfts- oder Betriebsgeheimnissen gemäß § 10 Absatz 2 des Bundes-Immissionsschutzgesetzes sowie gemäß § 10 Absatz 3 bleiben unberührt; entgegenstehende Rechte Dritter sind zu

---

1) Nr. **296**.

2) § 10a Satz 2 angef. mWv 3.8.2001 durch G v. 27.7.2001 (BGBl. I S. 1950); Satz 1 geänd. mWv 14.12.2017 durch VO v. 8.12.2017 (BGBl. I S. 3882).

3) Nr. **100**.

4) *§ 11 Satz 1 geänd., Satz 2 eingef., bish.* Satz 2 wird Satz 3 durch VO v. 20.4.1993 (BGBl. I S. 494); Satz 3 neu gef. durch G v. 9.10.1996 (BGBl. I S. 1498); Satz 4 angef. mWv 3.8.2001 durch G v. 27.7.2001 (BGBl. I S. 1950); Satz 3 geänd. mWv 14.12.2017 durch VO v. 8.12.2017 (BGBl. I S. 3882).

5) § 11a neu gef. mWv 14.12.2017 durch VO v. 8.12.2017 (BGBl. I S. 3882).

6) Nr. **295**.

beachten. [2]Ebenfalls unberührt bleiben die Vorschriften zur Datenübermittlung an Stellen im Ausland sowie an über- und zwischenstaatliche Stellen.

(4) Die Genehmigungsbehörde übermittelt den beteiligten Behörden des anderen Staates die Bezeichnung des für die betreffende Anlage maßgeblichen BVT-Merkblatts.

(5) Die Genehmigungsbehörde macht der Öffentlichkeit auch Aktualisierungen von Genehmigungen von Behörden anderer Staaten nach den Bestimmungen über den Zugang zu Umweltinformationen zugänglich.

§ 12[1)] Einwendungen. (1) [1]Einwendungen können bei der Genehmigungsbehörde erhoben werden. [2]Bei UVP-pflichtigen Vorhaben gilt eine Einwendungsfrist von einem Monat nach Ablauf der Auslegungsfrist. [3]Nach Ablauf der Einwendungsfrist entscheidet die Genehmigungsbehörde unter Berücksichtigung von § 14, ob im Genehmigungsverfahren ein Erörterungstermin nach § 10 Absatz 6 des Bundes-Immissionsschutzgesetzes[2)] durchgeführt wird. [4]Das gilt auch für UVP-pflichtige Anlagen. [5]Die Entscheidung ist öffentlich bekannt zu machen.

(2) [1]Die Einwendungen sind dem Antragsteller bekanntzugeben. [2]Den nach § 11 beteiligten Behörden sind die Einwendungen bekanntzugeben, die ihren Aufgabenbereich berühren. [3]Auf Verlangen des Einwenders sollen dessen Name und Anschrift vor der Bekanntgabe unkenntlich gemacht werden, wenn diese zur ordnungsgemäßen Durchführung des Genehmigungsverfahrens nicht erforderlich sind; auf diese Möglichkeit ist in der öffentlichen Bekanntmachung hinzuweisen.

§ 13[3)] Sachverständigengutachten. (1) [1]Die Genehmigungsbehörde holt Sachverständigengutachten ein, soweit dies für die Prüfung der Genehmigungsvoraussetzungen notwendig ist. [2]Der Auftrag hierzu soll möglichst bis zum Zeitpunkt der Bekanntmachung des Vorhabens (§ 8) erteilt werden. [3]Ein Sachverständigengutachten ist in der Regel notwendig

1. zur Beurteilung der Angaben derjenigen Teile des Sicherheitsberichts nach § 9 der Störfall-Verordnung[4)], die Abschnitt II Nummer 1, 3 und 4 sowie den Abschnitten III bis V des Anhangs II der Störfall-Verordnung entsprechen, soweit sie dem Antrag nach § 4b Absatz 2 beizufügen sind;
2. zur Beurteilung der Wirtschaftlichkeitsanalyse einschließlich des Kosten-Nutzen-Vergleichs gemäß § 6 der KWK-Kosten-Nutzen-Vergleich-Verordnung, es sei denn, es liegt ein Testat einer für die Prüfung der Wirtschaftlichkeitsanalyse nach gesetzlichen Vorschriften zuständigen Bundesbehörde vor, sowie
3. zur Beurteilung der Angaben zur Finanzlage gemäß § 8 Absatz 2 der KWK-Kosten-Nutzen-Vergleich-Verordnung.

[1)] § 12 Abs. 1 Sätze 2 und 3 angef. mWv 30.10.2007 durch G v. 23.10.2007 (BGBl. I S. 2470); Abs. 1 Satz 2 eingef., bish. Satz 2 wird Satz 3 und geänd., Satz 4 eingef., bish. Satz 3 wird Satz 5 mWv 14.12.2017 durch VO v. 8.12.2017 (BGBl. I S. 3882); Abs. 1 Satz 1 neu gef. mWv 9.7.2024 durch G v. 3.7.2024 (BGBl. 2024 I Nr. 225).

[2)] Nr. **296**.

[3)] § 13 Abs. 1 neu gef., Abs. 2 Satz 2 angef. durch VO v. 20.4.1993 (BGBl. I S. 494); Abs. 2 Satz 2 neu gef. durch G v. 9.10.1996 (BGBl. I S. 1498); Abs. 1 Satz 3 neu gef. mWv 3.5.2000 durch G v. 26.4.2000 (BGBl. I S. 603); Abs. 1 Satz 3 geänd. mWv 1.7.2005 durch VO v. 8.6.2005 (BGBl. I S. 1591); Abs. 1a eingef. mWv 1.7.2005 durch G v. 21.6.2005 (BGBl. I S. 1666); Abs. 1 Satz 4 eingef., bish. Satz 4 wird Satz 5, Abs. 2 Satz 2 geänd. mWv 1.5.2015 durch VO v. 28.4.2015 (BGBl. I S. 670); Abs. 1 neu gef. mWv 14.1.2017 durch VO v. 9.1.2017 (BGBl. I S. 47); , Abs. 2 Sätze 1 und 2 geänd. mWv 14.12.2017 durch VO v. 8.12.2017 (BGBl. I S. 3882).

[4)] **Sartorius ErgBd. Nr. 296/12.**

[4] Sachverständige können darüber hinaus mit Einwilligung des Antragstellers herangezogen werden, wenn zu erwarten ist, dass hierdurch das Genehmigungsverfahren beschleunigt wird.

(1a) Bei der Entscheidung, ob vorgelegte Unterlagen durch externe Sachverständige überprüft werden sollen, wird die Standorteintragung nach der Verordnung (EG) Nr. 761/2001 des Europäischen Parlaments und des Rates vom 19. März 2001 über die freiwillige Beteiligung von Organisationen an einem Gemeinschaftssystem für das Umweltmanagement und die Umweltbetriebsprüfung (EMAS) berücksichtigt.

(2) [1] Ein vom Antragsteller vorgelegtes Gutachten ist als sonstige Unterlage im Sinne von § 10 Absatz 1 Satz 2 des Bundes-Immissionsschutzgesetzes[1)] zu prüfen. [2] Erteilt der Träger des Vorhabens den Gutachtenauftrag nach Abstimmung mit der Genehmigungsbehörde oder erteilt er ihn an einen Sachverständigen, der nach § 29b Absatz 1 des Bundes-Immissionsschutzgesetzes von der nach Landesrecht zuständigen Behörde für diesen Bereich bekanntgegeben ist, so gilt das vorgelegte Gutachten als Sachverständigengutachten im Sinne des Absatzes 1; dies gilt auch für Gutachten, die von einem Sachverständigen erstellt werden, der den Anforderungen des § 29a Absatz 1 Satz 2 des Bundes-Immissionsschutzgesetzes entspricht.

Dritter Abschnitt. Erörterungstermin

§ 14[2)] Zweck. (1) [1] Der Erörterungstermin dient dazu, die rechtzeitig erhobenen Einwendungen zu erörtern, soweit dies für die Prüfung der Genehmigungsvoraussetzungen von Bedeutung sein kann. [2] Er soll denjenigen, die Einwendungen erhoben haben, Gelegenheit geben, ihre Einwendungen zu erläutern.

(2) Rechtzeitig erhoben sind Einwendungen, die innerhalb der Einwendungsfrist bei den in § 12 Absatz 1 genannten Behörden eingegangen sind.

§ 15 Besondere Einwendungen. Einwendungen, die auf besonderen privatrechtlichen Titeln beruhen, sind im Erörterungstermin nicht zu behandeln; sie sind durch schriftlichen Bescheid auf den Rechtsweg vor den ordentlichen Gerichten zu verweisen.

§ 16[3)] Wegfall. (1) [1] Ein Erörterungstermin findet nicht statt, wenn

1. Einwendungen gegen das Vorhaben nicht oder nicht rechtzeitig erhoben worden sind,
2. die rechtzeitig erhobenen Einwendungen zurückgenommen worden sind,
3. ausschließlich Einwendungen erhoben worden sind, die auf besonderen privatrechtlichen Titeln beruhen,
4. die erhobenen Einwendungen nach der Einschätzung der Behörde keiner Erörterung bedürfen oder
5. der Vorhabenträger die Durchführung eines Erörterungstermins nicht beantragt und die Genehmigungsbehörde nicht im Einzelfall die Durchführung für geboten hält.

[1)] Nr. **296**.

[2)] *§ 14 Abs. 2 geänd. mWv 14.12.2017* durch VO v. 8.12.2017 (BGBl. I S. 3882).

[3)] § 16 Abs. 1 Nr. 2 und 3 geänd., Nr. 4 angef. mWv 30.10.2007 durch G v. 23.10.2007 (BGBl. I S. 2470); Abs. 1 Satz 2 angef. mWv 14.12.2017 durch VO v. 8.12.2017 (BGBl. I S. 3882); Abs. 1 Satz 1 Nr. 3 und 4 geänd., Nr. 5 angef., Sätze 2 und 3 eingef., bish. Satz 2 wird Satz 4 und neu gef. mWv 9.7. 2024 durch G v. 3.7.2024 (BGBl. 2024 I Nr. 225).

[2] In den Fällen des Absatzes 1 Satz 1 Nummer 5 soll der Erörterungstermin spätestens vier Wochen nach Ablauf der Einwendungsfrist nach § 10 Absatz 3 Satz 8 des Bundes-Immissionsschutzgesetzes[1)] durchgeführt werden. [3] Auf einen Erörterungstermin soll verzichtet werden bei der Errichtung oder Änderung von Windenergieanlagen an Land, bei der Errichtung oder Änderung von Anlagen zur Herstellung von Wasserstoff aus erneuerbaren Energien und bei der Errichtung oder Änderung von Anlagen zur Speicherung von Wasserstoff aus erneuerbaren Energien, die im unmittelbar räumlichen Zusammenhang mit Anlagen zur Herstellung von Wasserstoff aus erneuerbaren Energien stehen, wenn nicht der Antragsteller diesen beantragt. [4] Die Sätze 1 bis 3 gelten auch für UVP-pflichtige Anlagen.

(2) Der Antragsteller ist vom Wegfall des Termins zu unterrichten.

§ 17[2)] Verlegung. (1) [1] Die Genehmigungsbehörde kann den bekanntgemachten Erörterungstermin verlegen, wenn dies im Hinblick auf dessen zweckgerechte Durchführung erforderlich ist. [2] Ort und Zeit des neuen Erörterungstermins sind zum frühestmöglichen Zeitpunkt zu bestimmen.

(2) [1] Der Antragsteller und diejenigen, die rechtzeitig Einwendungen erhoben haben, sind von der Verlegung des Erörterungstermins zu benach-

(Fortsetzung nächstes Blatt)

[1)] Nr. **296**.
[2)] § 17 Abs. 2 Satz 2 geänd. mWv 14.12.2017 durch VO v. 8.12.2017 (BGBl. I S. 3882).

richtigen. [2]Sie können in entsprechender Anwendung des § 10 Absatz 3 Satz 1 des Bundes-Immissionsschutzgesetzes[1)] durch öffentliche Bekanntmachung benachrichtigt werden.

§ 18[2)] Verlauf. (1) [1]Der Erörterungstermin ist öffentlich. [2]Im Einzelfall kann aus besonderen Gründen die Öffentlichkeit ausgeschlossen werden. [3]Vertreter der Aufsichtsbehörden und Personen, die bei der Behörde zur Ausbildung beschäftigt sind, sind zur Teilnahme berechtigt.

(2) [1]Der Verhandlungsleiter kann bestimmen, dass Einwendungen zusammengefasst erörtert werden. [2]In diesem Fall hat er die Reihenfolge der Erörterung bekanntzugeben. [3]Er kann für einen bestimmten Zeitraum das Recht zur Teilnahme an dem Erörterungstermin auf die Personen beschränken, deren Einwendungen zusammengefasst erörtert werden sollen.

(3) Der Verhandlungsleiter erteilt das Wort und kann es demjenigen entziehen, der eine von ihm festgesetzte Redezeit für die einzelnen Wortmeldungen überschreitet oder Ausführungen macht, die nicht den Gegenstand des Erörterungstermins betreffen oder nicht in sachlichem Zusammenhang mit der zu behandelnden Einwendung stehen.

(4) [1]Der Verhandlungsleiter ist für die Ordnung verantwortlich. [2]Er kann Personen, die seine Anordnungen nicht befolgen, entfernen lassen. [3]Der Erörterungstermin kann ohne diese Personen fortgesetzt werden.

(5) [1]Der Verhandlungsleiter beendet den Erörterungstermin, wenn dessen Zweck erreicht ist. [2]Er kann den Erörterungstermin ferner für beendet erklären, wenn, auch nach einer Vertagung, der Erörterungstermin aus dem Kreis der Teilnehmer erneut so gestört wird, dass seine ordnungsmäßige Durchführung nicht mehr gewährleistet ist. [3]Personen, deren Einwendungen noch nicht oder noch nicht abschließend erörtert wurden, können innerhalb eines Monats nach Aufhebung des Termins ihre Einwendungen gegenüber der Genehmigungsbehörde schriftlich oder elektronisch erläutern; hierauf sollen die Anwesenden bei Aufhebung des Termins hingewiesen werden.

§ 19[3)] Niederschrift. (1) [1]Über den Erörterungstermin ist eine Niederschrift zu fertigen. [2]Die Niederschrift muss Angaben enthalten über

1. den Ort und den Tag der Erörterung,
2. den Namen des Verhandlungsleiters,
3. den Gegenstand des Genehmigungsverfahrens,
4. den Verlauf und die Ergebnisse des Erörterungstermins.

[3]Die Niederschrift ist von dem Verhandlungsleiter und, soweit ein Schriftführer hinzugezogen worden ist, auch von diesem zu unterzeichnen. [4]Der Aufnahme in die Verhandlungsniederschrift steht die Aufnahme in eine Schrift gleich, die ihr als Anlage beigefügt und als solche bezeichnet ist; auf die Anlage ist in der Verhandlungsniederschrift hinzuweisen. [5]Die Genehmi-

---

1) Nr. **296**.

2) § 18 Abs. 1 Sätze 1 und 2 neu gef. mWv 3.8.2001 durch G v. 27.7.2001 (BGBl. I S. 1950); Abs. 5 Satz 3 geänd. mWv 5.4.2017 durch G v. 29.3.2017 (BGBl. I S. 626); Abs. 2 Sätze 1 und 3, Abs. 5 Satz 2 geänd. mWv 14.12.2017 durch VO v. 8.12.2017 (BGBl. I S. 3882).

3) § 19 Abs. 1 Satz 2 einl. Satzteil und Satz 6 geänd. mWv 14.12.2017 durch VO v. 8.12.2017 (BGBl. I S. 3882).

gungsbehörde kann den Erörterungstermin zum Zwecke der Anfertigung der Niederschrift auf Tonträger aufzeichnen. [6] Die Tonaufzeichnungen sind nach dem Eintritt der Unanfechtbarkeit der Entscheidung über den Genehmigungsantrag zu löschen; liegen im Falle eines Vorbescheidsverfahrens die Voraussetzungen des § 9 Absatz 2 des Bundes-Immissionsschutzgesetzes[1)] vor, ist die Löschung nach Eintritt der Unwirksamkeit durchzuführen.

(2) [1] Dem Antragsteller ist eine Abschrift der Niederschrift zu überlassen. [2] Auf Anforderung ist auch demjenigen, der rechtzeitig Einwendungen erhoben hat, eine Abschrift der Niederschrift zu überlassen.

Vierter Abschnitt. Genehmigung

§ 20[2)] Entscheidung. (1) [1] Sind alle Umstände ermittelt, die für die Beurteilung des Antrags von Bedeutung sind, hat die Genehmigungsbehörde unverzüglich über den Antrag zu entscheiden. [2] Nach dem Ablauf der Einwendungsfrist oder, soweit ein Erörterungstermin nach § 10 Absatz 6 des Bundes-Immissionsschutzgesetzes[1)] durchgeführt worden ist, nach dem Erörterungstermin eingehende Stellungnahmen von nach § 11 beteiligten Behörden sollen dabei nicht mehr berücksichtigt werden, es sei denn, die vorgebrachten öffentlichen Belange sind der Genehmigungsbehörde bereits bekannt oder hätten ihr bekannt sein müssen oder sind für die Beurteilung der Genehmigungsvoraussetzungen von Bedeutung.

(1a) [1] Die Genehmigungsbehörde erarbeitet bei UVP-pflichtigen Anlagen eine zusammenfassende Darstellung

1. der möglichen Auswirkungen des UVP-pflichtigen Vorhabens auf die in § 1a genannten Schutzgüter, einschließlich der Wechselwirkung,
2. der Merkmale des UVP-pflichtigen Vorhabens und des Standorts, mit denen erhebliche nachteilige Auswirkungen auf die in § 1a genannten Schutzgüter vermieden, vermindert oder ausgeglichen werden sollen, und
3. der Maßnahmen, mit denen erhebliche nachteilige Auswirkungen auf die in § 1a genannten Schutzgüter vermieden, vermindert oder ausgeglichen werden sollen, sowie
4. der Ersatzmaßnahmen bei Eingriffen in Natur und Landschaft.

[2] Die Erarbeitung einer zusammenfassenden Darstellung erfolgt auf der Grundlage der nach den §§ 4 bis 4e beizufügenden Unterlagen, der behördlichen Stellungnahmen nach den §§ 11 und 11a, der Ergebnisse eigener Ermittlungen sowie der Äußerungen und Einwendungen Dritter. [3] Die Darstellung ist möglichst innerhalb eines Monats nach Ablauf der Einwendungsfrist oder, soweit ein Erörterungstermin nach § 10 Absatz 6 des Bundes-Immissionsschutzgesetzes durchgeführt worden ist, des Erörterungstermins zu bearbeiten. [4] Bedarf das Vorhaben der Zulassung durch mehrere Behörden, so

---

[1)] Nr. **296**.

[2)] § 20 Abs. 1 Satz 2 angef. durch G v. 9.10.1996 (BGBl. I S. 1498); Abs. 1a Satz 1 geänd. und Satz 2 eingef., bish. Satz 2 wird Satz 3 mWv 3.8.2001 durch G v. 27.7.2001 (BGBl. I S. 1950); Abs. 1 Satz 2 und Abs. 1a Satz 2 geänd. mWv 30.10.2007 durch G v. 23.10.2007 (BGBl. I S. 2470); Abs. 1 Satz 2 geänd., Abs. 1a Satz 1 neu gef., Satz 2 eingef., bish. Sätze 2 und 3 werden Sätze 3 und 4, neue Sätze 3 und 4 geänd., Abs. 1b Satz 1 neu gef., Satz 2 eingef., bish. Sätze 2 und 3 werden Sätze 3 und 4, neuer Satz 4 neu gef., Satz 5 angef., Abs. 2 Satz 1, Abs. 3 Satz 1 und Abs. 4 Satz 2 geänd. mWv 14.12.2017 durch VO v. 8.12.2017 (BGBl. I S. 3882).

obliegt die Erarbeitung der zusammenfassenden Darstellung der Genehmigungsbehörde nur, wenn sie gemäß § 31 Absatz 1 und 2 Satz 1 und 2 des Gesetzes über die Umweltverträglichkeitsprüfung[1] als federführende Behörde bestimmt ist; sie hat die Darstellung im Zusammenwirken zumindest mit den anderen Zulassungsbehörden und der für Naturschutz und Landschaftspflege zuständigen Behörde zu erarbeiten, deren Aufgabenbereich durch das Vorhaben berührt wird.

(1b) [1] Die Genehmigungsbehörde bewertet auf der Grundlage der zusammenfassenden Darstellung und nach den für die Entscheidung maßgeblichen Rechts- und Verwaltungsvorschriften die Auswirkungen des UVP-pflichtigen Vorhabens auf die in § 1a genannten Schutzgüter. [2] Die Bewertung ist zu begründen. [3] Bedarf das Vorhaben der Zulassung durch mehrere Behörden, so haben diese im Zusammenwirken auf der Grundlage der zusammenfassenden Darstellung nach Absatz 1a eine Gesamtbewertung der Auswirkungen vorzunehmen; ist die Genehmigungsbehörde federführende Behörde, so hat sie das Zusammenwirken sicherzustellen. [4] Bei der Entscheidung über den Antrag berücksichtigt die Genehmigungsbehörde die vorgenommene Bewertung oder die Gesamtbewertung nach Maßgabe der hierfür geltenden Vorschriften. [5] Bei der Entscheidung über die Genehmigung der UVP-pflichtigen Anlage müssen die zusammenfassende Darstellung und die begründete Bewertung nach Einschätzung der Genehmigungsbehörde hinreichend aktuell sein.

(2) [1] Der Antrag ist abzulehnen, sobald die Prüfung ergibt, dass die Genehmigungvoraussetzungen nicht vorliegen und ihre Erfüllung nicht durch Nebenbestimmungen sichergestellt werden kann. [2] Er soll abgelehnt werden, wenn der Antragsteller einer Aufforderung zur Ergänzung der Unterlagen innerhalb einer ihm gesetzten Frist, die auch im Falle ihrer Verlängerung drei Monate nicht überschreiten soll, nicht nachgekommen ist.

(3) [1] Für die ablehnende Entscheidung gilt § 10 Absatz 7 des Bundes-Immissionsschutzgesetzes entsprechend. [2] Betrifft die ablehnende Entscheidung eine UVP-pflichtige Anlage und ist eine zusammenfassende Darstellung nach Absatz 1a von der Genehmigungsbehörde erarbeitet worden, so ist diese in die Begründung für die Entscheidung aufzunehmen.

(4) [1] Wird das Genehmigungsverfahren auf andere Weise abgeschlossen, so sind der Antragsteller und die Personen, die Einwendungen erhoben haben, hiervon zu benachrichtigen. [2] § 10 Absatz 8 Satz 1 des Bundes-Immissionsschutzgesetzes gilt entsprechend.

§ 21[2] Inhalt des Genehmigungsbescheides. (1) Der Genehmigungsbescheid muss enthalten

[1] Nr. **295**.

[2] § 21 Abs. 3 angef. durch VO v. 23.2.1999 (BGBl. I S. 186); Abs. 1 Nr. 3a eingef. mWv 3.8. 2001 durch G v. 27.7.2001 (BGBl. I S. 1950); Abs. 3 Nr. 1 neu gef. mWv 30.7.2002 durch G v. 24.7.2002 (BGBl. I S. 2833); Abs. 3 einl. Satzteil geänd. und Nr. 2 neu gef. mWv 20.8.2003 durch VO v. 14.8.2003 (BGBl. I S. 1614); Abs. 1 Nr. 5 geänd., Nr. 6, 7 angef., Abs. 2 neu gef. mWv 15.12.2006 durch G v. 9.12.2006 (BGBl. I S. 2819); Abs. 1 Nr. 3 und 3a geänd., Abs. 2a eingef. mWv 2.5.2013 durch VO v. 2.5.2013 (BGBl. I S. 973, ber. S. 3756); Abs. 1 einl. Satzteil, Nr. 2 und 5 geänd., Abs. 1a eingef., Abs. 3 einl. Satzteil geänd. mWv 14.12.2017 durch VO v. 8.12.2017 (BGBl. I S. 3882).

1. die Angabe des Namens und des Wohnsitzes oder des Sitzes des Antragstellers,
2. die Angabe, dass eine Genehmigung, eine Teilgenehmigung oder eine Änderungsgenehmigung erteilt wird, und die Angabe der Rechtsgrundlage,
3. die genaue Bezeichnung des Gegenstandes der Genehmigung einschließlich des Standortes der Anlage sowie den Bericht über den Ausgangszustand,

3a. die Festlegung der erforderlichen Emissionsbegrenzungen einschließlich der Begründung für die Festlegung weniger strenger Emissionsbegrenzungen nach § 7 Absatz 1b Satz 1 Nummer 2, § 12 Absatz 1b oder § 48 Absatz 1b Satz 1 Nummer 2 des Bundes-Immissionsschutzgesetzes[1)],

4. die Nebenbestimmungen zur Genehmigung,
5. die Begründung, aus der die wesentlichen tatsächlichen und rechtlichen Gründe, die die Behörde zu ihrer Entscheidung bewogen haben, und die Behandlung der Einwendungen hervorgehen sollen,
6. Angaben über das Verfahren zur Beteiligung der Öffentlichkeit,
7. eine Rechtsbehelfsbelehrung.

(1a) Der Genehmigungsbescheid für UVP-pflichtige Anlagen muss neben den nach Absatz 1 erforderlichen Angaben zumindest noch folgende Angaben enthalten:

1. eine Beschreibung der vorgesehenen Überwachungsmaßnahmen und
2. eine ergänzende Begründung, in der folgende Angaben enthalten sind:
   a) die zusammenfassende Darstellung nach § 20 Absatz 1a,
   b) die begründete Bewertung nach § 20 Absatz 1b und
   c) eine Erläuterung, wie die begründete Bewertung nach § 20 Absatz 1b, insbesondere die Angaben des UVP-Berichts nach § 4e, die behördlichen Stellungnahmen nach den §§ 11 und 11a sowie die Äußerungen der Öffentlichkeit nach den §§ 11a und 12, in der Entscheidung berücksichtigt wurden oder wie ihnen anderweitig Rechnung getragen wurde.

(2) Der Genehmigungsbescheid soll den Hinweis enthalten, dass der Genehmigungsbescheid unbeschadet der behördlichen Entscheidungen ergeht, die nach § 13 des Bundes-Immissionsschutzgesetzes nicht von der Genehmigung eingeschlossen werden.

(2a) [1] Außer den nach Absatz 1 erforderlichen Angaben muss der Genehmigungsbescheid für Anlagen nach der Industrieemissions-Richtlinie folgende Angaben enthalten:

1. Auflagen zum Schutz des Bodens und des Grundwassers sowie Maßnahmen zur Überwachung und Behandlung der von der Anlage erzeugten Abfälle,
2. Regelungen für die Überprüfung der Einhaltung der Emissionsgrenzwerte oder sonstiger Anforderungen, im Fall von Messungen
   a) Anforderungen an die Messmethodik, die Messhäufigkeit und das Bewertungsverfahren zur Überwachung der Emissionen,

---

1) Nr. **296**.

b) die Vorgabe, dass in den Fällen, in denen ein Wert außerhalb der in den BVT-Schlussfolgerungen genannten Emissionsbandbreiten festgelegt wurde, die Ergebnisse der Emissionsüberwachung für die gleichen Zeiträume und Referenzbedingungen verfügbar sein müssen wie sie für die Emissionsbandbreiten der BVT-Schlussfolgerungen gelten,

3. Anforderungen an
   a) die regelmäßige Wartung,
   b) die Überwachung der Maßnahmen zur Vermeidung der Verschmutzung von Boden und Grundwasser sowie
   c) die Überwachung von Boden und Grundwasser hinsichtlich der in der Anlage verwendeten, erzeugten oder freigesetzten relevanten gefährlichen Stoffe, einschließlich der Zeiträume, in denen die Überwachung stattzufinden hat,
4. Maßnahmen im Hinblick auf von den normalen Betriebsbedingungen abweichende Bedingungen, wie das An- und Abfahren der Anlage, das unbeabsichtigte Austreten von Stoffen, Störungen, das kurzzeitige Abfahren der Anlage sowie die endgültige Stilllegung des Betriebs,
5. Vorkehrungen zur weitestgehenden Verminderung der weiträumigen oder grenzüberschreitenden Umweltverschmutzung.

[2] In den Fällen von Nummer 3 Buchstabe c sind die Zeiträume für die Überwachung so festzulegen, dass sie mindestens alle fünf Jahre für das Grundwasser und mindestens alle zehn Jahre für den Boden betragen, es sei denn, diese Überwachung erfolgt anhand einer systematischen Beurteilung des Verschmutzungsrisikos.

(3) Außer den nach Absatz 1 erforderlichen Angaben muss der Genehmigungsbescheid für Anlagen, auf die die Verordnung über die Verbrennung und die Mitverbrennung von Abfällen[1)] anzuwenden ist, Angaben enthalten über

1. Art (insbesondere Abfallschlüssel und -bezeichnung gemäß der Verordnung über das Europäische Abfallverzeichnis[2)]) und Menge der zur Verbrennung zugelassenen Abfälle,
2. die gesamte Abfallverbrennungs- oder Abfallmitverbrennungskapazität der Anlage,
3. die kleinsten und größten Massenströme der zur Verbrennung zugelassenen Abfälle, angegeben als stündliche Einsatzmenge,
4. die kleinsten und größten Heizwerte der zur Verbrennung zugelassenen Abfälle und
5. den größten Gehalt an Schadstoffen in den zur Verbrennung zugelassenen Abfällen, insbesondere an polychlorierten Biphenylen (PCB), Pentachlorphenol (PCP), Chlor, Fluor, Schwefel und Schwermetallen.

§ 21a[3)] Öffentliche Bekanntmachung und Veröffentlichung des Genehmigungsbescheids. (1) [1] Unbeschadet des § 10 Absatz 7 und 8 Satz 1 des Bundes-Immissionsschutzgesetzes[4)] ist die Entscheidung über den Antrag öffent-

---

[1)] **Sartorius ErgBd. Nr. 296/17.**

[2)] **Sartorius ErgBd. Nr. 298a.**

[3)] § 21a Überschrift und Satz 1 neu gef. mWv 3.8.2001 durch G v. 27.7.2001 (BGBl. I S. 1950); Überschrift, Abs. 1 Sätze 1 und 2 geänd., Abs. 2 angef. mWv 14.12.2017 durch VO v. 8.12.2017 (BGBl. I S. 3882); Abs. 1 Satz 2 neu gef. mWv 9.7.2024 durch G v. 3.7.2024 (BGBl. 2024 I Nr. 225).

[4)] Nr. **296**.

lich bekannt zu machen, wenn das Verfahren mit Öffentlichkeitsbeteiligung durchgeführt wurde oder der Träger des Vorhabens dies beantragt. [2] § 10 Absatz 8 Satz 2 bis 6 des Bundes-Immissionsschutzgesetzes gilt entsprechend. [3] In der öffentlichen Bekanntmachung ist anzugeben, wo und wann der Bescheid und seine Begründung eingesehen werden können.

(2) [1] Bei UVP-pflichtigen Vorhaben hat die Genehmigungsbehörde die Entscheidung über den Antrag unbeschadet des § 10 Absatz 7 und 8 Satz 1 des Bundes-Immissionsschutzgesetzes öffentlich bekannt zu machen sowie den Bescheid zur Einsicht auszulegen. [2] § 10 Absatz 8 Satz 2 und 3 des Bundes-Immissionsschutzgesetzes gelten entsprechend. [3] In der öffentlichen Bekanntmachung ist anzugeben, wo und wann der Bescheid und seine Begründung eingesehen werden können. [4] § 8 Absatz 1 Satz 3 gilt für den Genehmigungsbescheid entsprechend. [5] § 10 Absatz 8a Satz 1 und 2 des Bundes-Immissionsschutzgesetzes gilt entsprechend.

Zweiter Teil. Besondere Vorschriften

§ 22[1)] Teilgenehmigung. (1) [1] Ist ein Antrag im Sinne des § 8 des Bundes-Immissionsschutzgesetzes[2)] gestellt, so kann die Genehmigungsbehörde zulassen, dass in den Unterlagen endgültige Angaben nur hinsichtlich des Gegenstandes der Teilgenehmigung gemacht werden. [2] Zusätzlich sind Angaben zu machen, die bei einer vorläufigen Prüfung ein ausreichendes Urteil darüber ermöglichen, ob die Genehmigungsvoraussetzungen im Hinblick auf die Errichtung und den Betrieb der gesamten Anlage vorliegen werden.

(2) Auszulegen sind der Antrag, die Unterlagen nach § 4, soweit sie den Gegenstand der jeweiligen Teilgenehmigung betreffen, sowie solche Unterlagen, die Angaben über die Auswirkungen der Anlage auf die Nachbarschaft und die Allgemeinheit enthalten.

(3) [1] Betrifft das Vorhaben eine UVP-pflichtige Anlage, so erstreckt sich im Verfahren zur Erteilung einer Teilgenehmigung die Umweltverträglichkeitsprüfung im Rahmen der vorläufigen Prüfung im Sinne des Absatzes 1 auf die erkennbaren Auswirkungen der gesamten Anlage auf die in § 1a genannten Schutzgüter und abschließend auf die Auswirkungen, deren Ermittlung, Beschreibung und Bewertung Voraussetzung für Feststellungen oder Gestattungen ist, die Gegenstand dieser Teilgenehmigung sind. [2] Ist in einem Verfahren über eine weitere Teilgenehmigung unter Einbeziehung der Öffentlichkeit zu entscheiden, soll die Umweltverträglichkeitsprüfung im nachfolgenden Verfahren auf zusätzliche erhebliche oder andere erhebliche Auswirkungen auf die in § 1a genannten Schutzgüter beschränkt werden. [3] Die Unterrichtung

(Fortsetzung nächstes Blatt)

1) § 22 Abs. 1 Satz 1 und Abs. 3 Satz 2 geänd. mWv 14.12.2017 durch VO v. 8.12.2017 (BGBl. I S. 3882).
2) Nr. **296**.

über den voraussichtlichen Untersuchungsrahmen nach § 2a beschränkt sich auf den zu erwartenden Umfang der durchzuführenden Umweltverträglichkeitsprüfung; für die dem Antrag zur Prüfung der Umweltverträglichkeit beizufügenden Unterlagen nach den §§ 4 bis 4e sowie die Auslegung dieser Unterlagen gelten die Absätze 1 und 2 entsprechend.

§ 23[1)] **Vorbescheid.** (1) Der Antrag auf Erteilung eines Vorbescheides muss außer den in § 3 genannten Angaben insbesondere die bestimmte Angabe, für welche Genehmigungsvoraussetzungen oder für welchen Standort der Vorbescheid beantragt wird, enthalten.

(2) [1] Der Vorbescheid muss enthalten

1. die Angabe des Namens und des Wohnsitzes oder des Sitzes des Antragstellers,
2. die Angabe, dass ein Vorbescheid erteilt wird, und die Angabe der Rechtsgrundlage,
3. die genaue Bezeichnung des Gegenstandes des Vorbescheides,
4. die Voraussetzungen und die Vorbehalte, unter denen der Vorbescheid erteilt wird,
5. die Begründung, aus der die wesentlichen tatsächlichen und rechtlichen Gründe, die die Behörde zu ihrer Entscheidung bewogen haben, und die Behandlung der Einwendungen hervorgehen sollen.

[2] Bei UVP-pflichtigen Anlagen gilt § 20 Absatz 1a und 1b entsprechend.

(3) Der Vorbescheid soll enthalten

1. den Hinweis auf § 9 Absatz 2 des Bundes-Immissionsschutzgesetzes[2)],
2. den Hinweis, dass der Vorbescheid nicht zur Errichtung der Anlage oder von Teilen der Anlage berechtigt,
3. den Hinweis, dass der Vorbescheid unbeschadet der behördlichen Entscheidungen ergeht, die nach § 13 des Bundes-Immissionsschutzgesetzes nicht von der Genehmigung eingeschlossen werden, und
4. die Rechtsbehelfsbelehrung.

(4) § 22 gilt entsprechend.

§ 23a[3)] **Raumverträglichkeitsprüfung und Genehmigungsverfahren.** Die Genehmigungsbehörde hat die bei der Raumverträglichkeitsprüfung nach § 15 des Raumordnungsgesetzes[4)] überschlägig geprüften Auswirkungen des Vorhabens auf die Umwelt nach Maßgabe des § 20 Absatz 1b bei der Entscheidung über den Antrag zu berücksichtigen.

§ 24[5)] **Vereinfachtes Verfahren.** [1] In dem vereinfachten Verfahren sind § 4 Abs. 3, die §§ 8 bis 10a, 12, 14 bis 19 und die Vorschriften, die die Durchführung der Umweltverträglichkeitsprüfung betreffen, nicht anzuwenden. [2] In dem vereinfachten Verfahren gelten zudem abweichend von § 11a Absatz 1 Satz 1 nicht die Vorschriften zur Öffentlichkeitsbeteiligung gemäß § 54 Absatz 5 und 6, §§ 56, 57

[1)] § 23 Abs. 1 und 2 Satz 1 einl. Satzteil, Nr. 2 und 5 geänd., Satz 2 angef., Abs. 3 Nr. 1–3 geänd. mWv 14.12.2017 durch VO v. 8.12 2017 (BGBl. I S. 3882).

[2)] Nr. **296**.

[3)] § 23a neu gef. mWv 28.9.2023 durch G v. 22.3.2023 (BGBl. 2023 I Nr. 88).

[4)] Nr. **340**.

[5)] § 24 Satz 1 geänd. mWv 3.8.2001 durch G v. 27.7.2001 (BGBl. I S. 1950); Satz 1 geänd., Satz 2 eingef., bish. Satz 2 wird Satz 3 mWv 14.12.2017 durch VO v. 8.12.2017 (BGBl. I S. 3882).

Absatz 2 und § 59 des Gesetzes über die Umweltverträglichkeitsprüfung. [3] § 11 gilt sinngemäß.

§ 24a[1] Zulassung vorzeitigen Beginns. (1) Ist in einem Verfahren zur Erteilung einer Genehmigung ein Antrag auf Zulassung des vorzeitigen Beginns im Sinne des § 8a des Bundes-Immissionsschutzgesetzes[2] gestellt, so muss dieser

1. das öffentliche Interesse oder das berechtigte Interesse des Antragstellers an dem vorzeitigen Beginn darlegen und
2. die Verpflichtung des Trägers des Vorhabens enthalten, alle bis zur Erteilung der Genehmigung durch die Errichtung, den Probebetrieb und den Betrieb der Anlage verursachten Schäden zu ersetzen und, falls das Vorhaben nicht genehmigt wird, den früheren Zustand wiederherzustellen.

(2) Der Bescheid über die Zulassung des vorzeitigen Beginns muss enthalten

1. die Angabe des Namens und des Wohnsitzes oder des Sitzes des Antragstellers,
2. die Angabe, dass der vorzeitige Beginn zugelassen wird, und die Angabe der Rechtsgrundlage,
3. die genaue Bezeichnung des Gegenstandes des Bescheides,
4. die Nebenbestimmungen der Zulassung,
5. die Begründung, aus der die wesentlichen tatsächlichen und rechtlichen Gründe, die die Behörde zu ihrer Entscheidung bewogen haben, hervorgehen sollen.

(3) Der Bescheid über die Zulassung des vorzeitigen Beginns soll enthalten

1. die Bestätigung der Verpflichtung nach Absatz 1,
2. den Hinweis, dass die Zulassung jederzeit widerrufen werden kann,
3. die Bestimmung einer Sicherheitsleistung, sofern dies erforderlich ist, um die Erfüllung der Pflichten des Trägers des Vorhabens zu sichern.

§ 24b[3] Verbundene Prüfverfahren bei UVP-pflichtigen Vorhaben. [1] Für ein UVP-pflichtiges Vorhaben, das einzeln oder im Zusammenwirken

(Fortsetzung nächstes Blatt)

[1] *§ 24a Abs. 2 Nr. 2 geänd. durch VO v. 20.4.1993* (BGBl. I S. 494); Abs. 1 neu gef. und Abs. 3 Nr. 1 geänd. durch VO v. 23.2.1999 (BGBl. I S. 186); Abs. 1 einl. Satzteil, Abs. 2 einl. Satzteil, Nr. 2 und Abs. 3 Nr. 2 geänd. mWv 14.12.2017 durch VO v. 8.12.2017 (BGBl. I S. 3882).

[2] Nr. **296**.

[3] § 24b eingef. mWv 14.12.2017 durch VO v. 8.12.2017 (BGBl. I S. 3882).

mit anderen Projekten oder Plänen geeignet ist, ein Natura 2000-Gebiet erheblich zu beeinträchtigen, wird die Verträglichkeitsprüfung nach § 34 Absatz 1 des Bundesnaturschutzgesetzes[1] im Verfahren zur Entscheidung über die Zulassung des UVP-pflichtigen Vorhabens vorgenommen. [2] Die Umweltverträglichkeitsprüfung kann mit der Prüfung nach Satz 1 und mit anderen Prüfungen zur Ermittlung oder Bewertung von Auswirkungen auf die in § 1a genannten Schutzgüter verbunden werden.

Dritter Teil.[2] Schlussvorschriften

§ 24c[3] Vermeidung von Interessenkonflikten. Ist die Genehmigungsbehörde bei der Umweltverträglichkeitsprüfung zugleich Trägerin des UVP-pflichtigen Vorhabens, so ist die Unabhängigkeit des Behördenhandelns bei der Wahrnehmung der Aufgaben nach dieser Verordnung durch geeignete organisatorische Maßnahmen sicherzustellen, insbesondere durch eine angemessene funktionale Trennung.

§ 25[4] Übergangsvorschrift. (1) [1] Verfahren, die vor dem Inkrafttreten einer Änderung dieser Verordnung begonnen worden sind, sind nach den Vorschriften der geänderten Verordnung zu Ende zu führen. [2] Eine Wiederholung von Verfahrensabschnitten ist nicht erforderlich.

(1a) Abweichend von Absatz 1 sind Verfahren für UVP-pflichtige Vorhaben nach der Fassung dieser Verordnung, die bis zum 16. Mai 2017 galt, zu Ende zu führen, wenn vor dem 16. Mai 2017

1. das Verfahren zur Unterrichtung über die voraussichtlich beizubringenden Unterlagen in der bis dahin geltenden Fassung des § 2a eingeleitet wurde oder
2. die Unterlagen nach den §§ 4 bis 4e der bis dahin geltenden Fassung dieser Verordnung vorgelegt wurden.

(2) [1] § 4a Absatz 4 Satz 1 bis 5 ist bei Anlagen, die sich am 2. Mai 2013 in Betrieb befanden oder für die vor diesem Zeitpunkt eine Genehmigung erteilt oder für die vor diesem Zeitpunkt von ihren Betreibern ein vollständiger Genehmigungsantrag gestellt wurde, bei dem ersten nach dem 7. Januar 2014 gestellten Änderungsantrag hinsichtlich der gesamten Anlage anzuwenden, unabhängig davon, ob die beantragte Änderung die Verwendung, die Erzeugung oder die Freisetzung relevanter gefährlicher Stoffe betrifft. [2] Anlagen nach Satz 1, die nicht von Anhang I der Richtlinie 2008/1/EG über die integrierte Vermeidung und Verminderung der Umweltverschmutzung erfasst wurden, haben abweichend von Satz 1 die dort genannten Anforderungen ab dem 7. Juli 2015 zu erfüllen.

§§ 26, 27[5] *(aufgehoben)*

---

[1] Nr. **880**.

[2] 3. Teil Überschrift neu gef. mWv 14.12.2017 durch VO v. 8.12.2017 (BGBl. I S. 3882).

[3] § 24c eingef. mWv 14.12.2017 durch VO v. 8.12.2017 (BGBl. I S. 3882).

[4] § 25 Abs. 2 angef. mWv 2.5.2013 durch VO v. 2.5.2013 (BGBl. I S. 973); Abs. 1a eingef. mWv 14.12.2017 durch VO v. 8.12.2017 (BGBl. I S. 3882).

[5] §§ 26, 27 aufgeh. mWv 14.12.2017 durch VO v. 8.12.2017 (BGBl. I S. 3882).

Anlage[1)]
(zu § 4e)

Angaben des UVP-Berichts für die Umweltverträglichkeitsprüfung

Soweit die nachfolgenden Angaben über die in § 4e Absatz 1 genannten Mindestanforderungen hinausgehen und sie für die Entscheidung über die Zulassung des UVP-pflichtigen Vorhabens erforderlich sind, muss nach § 4e Absatz 2 der UVP-Bericht hierzu Angaben enthalten.

1. Eine Beschreibung des UVP-pflichtigen Vorhabens, insbesondere
   a) eine Beschreibung des Standorts,
   b) eine Beschreibung der physischen Merkmale des gesamten UVP-pflichtigen Vorhabens, einschließlich der erforderlichen Abrissarbeiten, soweit relevant, sowie des Flächenbedarfs während der Bau- und der Betriebsphase,
   c) eine Beschreibung der wichtigsten Merkmale der Betriebsphase des UVP-pflichtigen Vorhabens (insbesondere von Produktionsprozessen), z.B.
      aa) Energiebedarf und Energieverbrauch,
      bb) Art und Menge der verwendeten Rohstoffe und
      cc) Art und Menge der natürlichen Ressourcen (insbesondere Fläche, Boden, Wasser, Tiere, Pflanzen und biologische Vielfalt),
   d) eine Abschätzung, aufgeschlüsselt nach Art und Quantität,
      aa) der erwarteten Rückstände und Emissionen (z.B. Verunreinigung des Wassers, der Luft, des Bodens und Untergrunds, Lärm, Erschütterungen, Licht, Wärme, Strahlung) sowie
      bb) des während der Bau- und Betriebsphase erzeugten Abfalls.
2. Eine Beschreibung der von dem Träger des UVP-pflichtigen Vorhabens geprüften vernünftigen Alternativen (z.B. in Bezug auf Ausgestaltung, Technologie, Standort, Größe und Umfang des UVP-pflichtigen Vorhabens), die für das Vorhaben und seine spezifischen Merkmale relevant sind, und die Angabe der wesentlichen Gründe für die getroffene Wahl unter Berücksichtigung der jeweiligen Auswirkungen auf die in § 1a genannten Schutzgüter.
3. Eine Beschreibung des aktuellen Zustands der Umwelt und ihrer Bestandteile im Einwirkungsbereich des UVP-pflichtigen Vorhabens und eine Übersicht über die voraussichtliche Entwicklung der Umwelt bei Nichtdurchführung des UVP-pflichtigen Vorhabens, soweit diese Entwicklung gegenüber dem aktuellen Zustand mit zumutbarem Aufwand auf der Grundlage der verfügbaren Umweltinformationen und wissenschaftlichen Erkenntnissen abgeschätzt werden kann.
4. Eine Beschreibung der möglichen erheblichen Auswirkungen des UVP-pflichtigen Vorhabens auf die in § 1a genannten Schutzgüter.

---

1) Anl. angef. mWv 14.12.2017 durch VO v. 8.12.2017 (BGBl. I S. 3882).

Die Darstellung der Auswirkungen auf die in § 1a genannten Schutzgüter soll den Umweltschutzzielen Rechnung tragen, die nach den Rechtsvorschriften, einschließlich verbindlicher planerischer Vorgaben, maßgebend sind für die Entscheidung über die Zulassung des UVP-pflichtigen Vorhabens. Die Darstellung soll sich auf die Art der Auswirkungen auf die in§ 1a genannten Schutzgüter nach Buchstabe a erstrecken. Anzugeben sind jeweils die Art, in der Schutzgüter betroffen sind nach Buchstabe b, und die Ursachen der Auswirkungen nach Buchstabe c.

a) Art der Auswirkungen auf die in § 1a genannten Schutzgüter
Die Beschreibung der möglichen erheblichen Auswirkungen auf die in § 1a genannten Schutzgüter soll sich auf die direkten und die etwaigen indirekten, sekundären, kumulativen, grenzüberschreitenden, kurzfristigen, mittelfristigen und langfristigen, ständigen und vorübergehenden, positiven und negativen Auswirkungen des UVP-pflichtigen Vorhabens erstrecken.

b) Art, in der Schutzgüter betroffen sind
Bei der Angabe, in welcher Hinsicht die Schutzgüter von den Auswirkungen des UVP-pflichtigen Vorhabens betroffen sein können, sind in Bezug auf die nachfolgenden Schutzgüter insbesondere folgende Auswirkungen zu berücksichtigen:

Schutzgut (Auswahl)	mögliche Art der Betroffenheit
Menschen, insbesondere die menschliche Gesundheit	Auswirkungen sowohl auf einzelne Menschen als auch auf die Bevölkerung
Tiere, Pflanzen, biologische Vielfalt	Auswirkungen auf Flora und Fauna
Fläche	Flächenverbrauch
Boden	Veränderung der organischen Substanz, Bodenerosion, Bodenverdichtung, Bodenversiegelung
Wasser	hydromorphologische Veränderungen, Veränderungen von Quantität oder Qualität des Wassers
Luft	Luftverunreinigungen
Klima	Veränderungen des Klimas, z.B. durch Treibhausgasemissionen, Veränderung des Kleinklimas am Standort
Kulturelles Erbe	Auswirkungen auf historisch, architektonisch oder archäologisch bedeutende Stätten und Bauwerke und auf Kulturlandschaften.

c) Mögliche Ursachen der Auswirkungen auf die in § 1a genannten Schutzgüter
Bei der Beschreibung der Umstände, die zu erheblichen Auswirkungen des UVP-pflichtigen Vorhabens auf die in § 1a genannten Schutzgüter

führen können, sind insbesondere folgende Gesichtspunkte zu berücksichtigen:

aa) die Durchführung baulicher Maßnahmen, einschließlich der Abrissarbeiten, soweit relevant, sowie die physische Anwesenheit der errichteten Anlagen oder Bauwerke,

bb) verwendete Techniken und eingesetzte Stoffe,

cc) die Nutzung natürlicher Ressourcen, insbesondere Fläche, Boden, Wasser, Tiere, Pflanzen und biologische Vielfalt und, soweit möglich, jeweils auch die nachhaltige Verfügbarkeit der betroffenen Ressource,

dd) Emissionen und Belästigungen sowie Verwertung oder Beseitigung von Abfällen,

ee) Risiken für die menschliche Gesundheit, für Natur und Landschaft sowie für das kulturelle Erbe, z.B. durch schwere Unfälle oder Katastrophen,

ff) das Zusammenwirken mit den Auswirkungen anderer bestehender oder zugelassener Vorhaben oder Tätigkeiten; dabei ist auch auf Umweltprobleme einzugehen, die sich daraus ergeben, dass ökologisch empfindliche Gebiete nach Anlage 3 Nummer 2.3 des Gesetzes über die Umweltverträglichkeitsprüfung[1] betroffen sind oder die sich aus einer Nutzung natürlicher Ressourcen ergeben,

gg) Auswirkungen des UVP-pflichtigen Vorhabens auf das Klima, z.B. durch Art und Ausmaß der mit dem Vorhaben verbundenen Treibhausgasemissionen,

hh) die Anfälligkeit des UVP-pflichtigen Vorhabens gegenüber den Folgen des Klimawandels (z.B. durch erhöhte Hochwassergefahr am Standort),

ii) die Anfälligkeit des UVP-pflichtigen Vorhabens für die Risiken von schweren Unfällen oder Katastrophen, soweit solche Risiken nach der Art, den Merkmalen und dem Standort des UVP-pflichtigen Vorhabens von Bedeutung sind.

5. Die Beschreibung der grenzüberschreitenden Auswirkungen des UVP-pflichtigen Vorhabens soll in einem gesonderten Abschnitt erfolgen.

6. Eine Beschreibung und Erläuterung der Merkmale des UVP-pflichtigen Vorhabens und seines Standorts, mit denen das Auftreten erheblicher nachteiliger Auswirkungen auf die in § 1a genannten Schutzgüter vermieden, vermindert oder ausgeglichen werden soll.

7. Eine Beschreibung und Erläuterung der geplanten Maßnahmen, mit denen das Auftreten erheblicher nachteiliger Auswirkungen auf die in § 1a genannten Schutzgüter vermieden, vermindert oder ausgeglichen werden soll, sowie eine Beschreibung geplanter Ersatzmaßnahmen und etwaiger Überwachungsmaßnahmen des Trägers des UVP-pflichtigen Vorhabens.

---

[1] Nr. **295**.

8. Soweit Auswirkungen aufgrund der Anfälligkeit des UVP-pflichtigen Vorhabens für die Risiken von schweren Unfällen oder Katastrophen zu erwarten sind, soll die Beschreibung, soweit möglich, auch auf vorgesehene Vorsorge- und Notfallmaßnahmen eingehen.
9. Die Beschreibung der Auswirkungen auf Natura 2000-Gebiete soll in einem gesonderten Abschnitt erfolgen.
10. Die Beschreibung der Auswirkungen auf besonders geschützte Arten soll in einem gesonderten Abschnitt erfolgen.
11. Eine Beschreibung der Methoden oder Nachweise, die zur Ermittlung der erheblichen Auswirkungen auf die in § 1a genannten Schutzgüter genutzt wurden, einschließlich näherer Hinweise auf Schwierigkeiten und Unsicherheiten, die bei der Zusammenstellung der Angaben aufgetreten sind, insbesondere soweit diese Schwierigkeiten auf fehlenden Kenntnissen und Prüfmethoden oder auf technischen Lücken beruhen.
12. Eine Referenzliste der Quellen, die für die im UVP-Bericht enthaltenen Angaben herangezogen wurden.

298. Gesetz zur Förderung der Kreislaufwirtschaft und Sicherung der umweltverträglichen Bewirtschaftung von Abfällen (Kreislaufwirtschaftsgesetz – KrWG)[1) 2) 3)]

Vom 24. Februar 2012

(BGBl. I S. 212)

FNA 2129-56

geänd. durch Art. 3 G zur Umsetzung der RL über Industrieemissionen v. 8.4.2013 (BGBl. I S. 734, 3753), § 44 Abs. 4 TiergesundheitsG v. 22.5.2013 (BGBl. I S. 1324), Art. 4 G zur Neuordnung des Rechts über das Inverkehrbringen, die Rücknahme und die umweltverträgliche Entsorgung von Elektro- und Elektronikgeräten v. 20.10.2015 (BGBl. I S. 1739), Art. 1a Erstes G zur Änd. des BatterieG und des KreislaufwirtschaftsG v. 20.11.2015 (BGBl. I S. 2071), Art. 4 G zur Umsetzung der RL über Tabakerzeugnisse und verwandte Erzeugnisse v. 4.4.2016 (BGBl. I S. 569), Art. 1 G zur Änd. des KreislaufwirtschaftsG und des Elektro- und ElektronikgeräteG v. 27.3.2017 (BGBl. I S. 567), Art. 15 G zur Neuordnung des Rechts zum Schutz vor der schädlichen Wirkung ionisierender Strahlung v. 27.6.2017 (BGBl. I S. 1966), Art. 2 Abs. 9 G zur Modernisierung des Rechts der Umweltverträglichkeitsprüfung v. 20.7.2017 (BGBl. I S. 2808), Art. 1 G zur Umsetzung der AbfallrahmenRL der Europäischen Union v. 23.10.2020 (BGBl. I S. 2232), Art. 2 Abs. 2 Erstes G zur Änd. des G zur Ausführung des Protokolls über Schadstofffreisetzungs- und -verbringungsregister vom 21. Mai 2003 sowie zur Durchführung der VO (EG) Nr. 166/2006 v. 9.12.2020 (BGBl. I S. 2873), Art. 2 G zur Umsetzung von Vorgaben der EinwegkunststoffRL und der AbfallrahmenRL im VerpackungsG und in anderen Gesetzen v. 9.6.2021 (BGBl. I S. 1699), Art. 15 G zur Anpassung des ProduktsicherheitsG und zur Neuordnung des Rechts der überwachungsbedürftigen Anlagen v. 27.7.2021 (BGBl. I S. 3146), Art. 20 PersonengesellschaftsrechtsmodernisierungsG (MoPeG) v. 10.8.2021 (BGBl. I S. 3436) und Art. 5 G zur Anpassung von Gesetzen und Verordnungen an die neue Behördenbezeichnung des Bundesamtes für Güterverkehr v. 2.3.2023 (BGBl. 2023 I Nr. 56)

Zum KrWG (bzw. vormals KrW-/AbfG) wurden ua folgende Vorschriften erlassen:
- AbfallbeauftragtenVO – AbfBeauftrV v. 2.12.2016 (BGBl. I S. 2770, 2789), zuletzt geänd. durch G v. 30.9.2025 (BGBl. 2025 I Nr. 233)
- Abfallverzeichnis-VO – AVV **(Sartorius ErgBd. Nr. 298a)**
- Altfahrzeug-VO – AltfahrzeugV **(Sartorius ErgBd. Nr. 298b)**
- AltholzVO – AltholzV v. 15.8.2002 (BGBl. I S. 3302), zuletzt geänd. durch VO v. 19.6.2020 (BGBl. I S. 1328)

[1)] Verkündet als Art. 1 G zur Neuordnung des Kreislaufwirtschafts- und Abfallrechts v. 24.2.2012 (BGBl. I S. 212, 1474); Inkrafttreten gem. Art. 6 Abs. 1 Satz 1 dieses G am 1.6.2012. § 4 Abs. 2, § 5 Abs. 2, § 8 Abs. 2, § 10, § 11 Abs. 2 und 3, § 12 Abs. 7, § 16, § 23 Abs. 4, § 24, § 25, § 26 Abs. 1, § 36 Abs. 4 Satz 4, § 38 Abs. 1 Satz 2, § 41 Abs. 2, § 43, § 48 Satz 2, § 52, § 53 Abs. 6, § 54 Abs. 7, § 55 Abs. 2, § 57, § 59 Abs. 1 Satz 2, § 60 Abs. 3, § 61, § 65, § 67 und § 68 treten gem. Art. 6 Abs. 2 dieses G am 1.3.2012 in Kraft.

[2)] **Amtl. Anm. zum MantelG:** Dieses Gesetz dient der Umsetzung der Richtlinie 2008/98/EG des Europäischen Parlaments und des Rates vom 19. November 2008 über Abfälle und zur Aufhebung bestimmter Richtlinien (ABl. L 312 vom 22.11.2008, S. 3, L 127 vom 26.5.2009, S. 24). Die Verpflichtung aus der Richtlinie 98/34/EG des Europäischen Parlaments und des Rates vom 22. Juni 2008 über ein Informationsverfahren auf dem Gebiet der technischen Vorschriften und der Vorschriften für die Dienste der Informationsgesellschaft (ABl. L 204 vom 21.7.1998, S. 37), die zuletzt durch die Richtlinie 2006/96/EG vom 20. November 2006 (ABl. L 363 vom 20.12.2006, S. 81) geändert worden ist, sind beachtet worden.

[3)] Siehe auch das BatterieG v. 25.6.2009 (BGBl. I S. 1582), zuletzt geänd. durch G v. 30.9.2025 (BGBl. 2025 I Nr. 233), das Elektro- und ElektronikgeräteG v. 20.10.2015 (BGBl. I S. 1739), zuletzt geänd. durch G v. 30.9.2025 (BGBl. 2025 I Nr. 233), das VerpackungsG **(Sartorius ErgBd. Nr. 299)**, das EinwegkunststofffondsG v. 11.5.2023 (BGBl. 2023 I Nr. 124; 2023 I Nr. 183), geänd. durch G v. 11.5.2023 (BGBl. 2023 I Nr. 124) und das AbfallverbringungsG v. 19.7.2007 (BGBl. I S. 1462), zuletzt geänd. durch G v. 2.3.2023 (BGBl. I Nr. 56).

– AltölVO – AltölV idF der Bek. v. 16.4.2002 (BGBl. I S. 1368, 1369), zuletzt geänd. durch VO v. 5.10. 2020 (BGBl. I S. 2091)
– VO über Anlagen zur biologischen Behandlung von Abfällen **(Sartorius ErgBd. Nr. 296/30)**
– Anzeige- und ErlaubnisVO – AbfAEV v. 5.12.2013 (BGBl. I S. 4043), zuletzt geänd. durch VO v. 28.4. 2022 (BGBl. I S. 700)
– BioabfallVO – BioAbfV idF der Bek. v. 4.4.2013 (BGBl. I S. 658), zuletzt geänd. durch VO v. 28.4.2022 (BGBl. I S. 700, ber. 2023 I Nr. 153)
– Chemikalien-KlimaschutzVO – ChemKlimaschutzV v. 2.7.2008 (BGBl. I S. 1139), zuletzt geänd. durch VO v. 19.6.2020 (BGBl. I S. 1328)
– Chemikalien-OzonschichtVO – ChemOzonSchichtV idF der Bek. v. 15.2.2012 (BGBl. I S. 409), zuletzt geänd. durch VO v. 19.6.2020 (BGBl. I S. 1328)
– DeponieVO – DepV **(Sartorius ErgBd. Nr. 298h)**
– EinwegkunststoffkennzeichnungsVO – EWKKennzV v. 24.6.2021 (BGBl. I S. 2024)
– EinwegkunststoffverbotsVO – EWKVerbotsV v. 20.1.2021 (BGBl. I S. 95)
– Elektro- und Elektronikgeräte-Stoff-VO – ElektroStoffV v. 19.4.2013 (BGBl. I S. 1111), zuletzt geänd. durch G v. 10.8.2021 (BGBl. I S. 3436)
– EMAS-Privilegierungs-VO – EMASPrivilegV **(Sartorius ErgBd. Nr. 297)**
– EntsorgungsfachbetriebeVO – EfbV v. 2.12.2016 (BGBl. I S. 2770), zuletzt geänd. durch G v. 30.9.2025 (BGBl. 2025 I Nr. 233)
– VO über die Entsorgung gebrauchter halogenierter Lösemittel – HKWAbfV v. 23.10.1989 (BGBl. I S. 1918), geänd. durch VO v. 20.10.2006 (BGBl. I S. 2298)
– ErsatzbaustoffVO – ErsatzbaustoffV v. 9.7.2021 (BGBl. I S. 2598), geänd. durch VO v. 13.7.2023 (BGBl. 2023 I Nr. 186)
– GewinnungsabfallVO – GewinnungsAbfV **(Sartorius ErgBd. Nr. 298g)**
– GewerbeabfallVO – GewAbfV **(Sartorius ErgBd. Nr. 298e)**
– KlärschlammVO – AbfKlärV v. 27.9.2017 (BGBl. I S. 3465), zuletzt geänd. durch VO v. 19.6.2020 (BGBl. I S. 1328)
– NachweisVO – NachwV v. 20.10.2006 (BGBl. I S. 2298), zuletzt geänd. durch VO v. 28.4.2022 (BGBl. I S. 700)
– PCB/PCT-AbfallVO – PCBAbfallV v. 26.6.2000 (BGBl. I S. 932), zuletzt geänd. durch G v. 24.2.2012 (BGBl. I S. 212)
– POP-Abfall-Überwachungs-VO – POP-Abfall-ÜberwV v. 17.7.2017 (BGBl. I S. 2644), zuletzt geänd. durch VO v. 28.4.2022 (BGBl. I S. 700)
– Tierische Nebenprodukte-BeseitigungsVO – TierNebV v. 27.7.2006 (BGBl. I S. 1735), zuletzt geänd. durch G v. 4.12.2018 (BGBl. I S. 2254)
– VersatzVO – VersatzV v. 24.7.2002 (BGBl. I S. 2833), zuletzt geänd. durch G v. 24.2.2012 (BGBl. I S. 212)

Zur Ausführung und Durchführung des KrWG (bzw. vormals KrW-/AbfG) haben die **Länder** ua folgende Vorschriften erlassen:

– **Hessen:** Hessisches KrWG-AusführungsG v. 6.3.2013 (GVBl. S. 80), zuletzt geänd. durch G v. 3.5.2018 (GVBl. S. 82)
– **Nordrhein-Westfalen:** LandeskreislaufwirtschaftsG v. 21.6.1988 (GV. NRW. S. 250), zuletzt geänd. durch G v. 11.3.2025 (GV. NRW. S. 288)
– **Rheinland-Pfalz:** LandeskreislaufwirtschaftsG v. 22.11.2013 (GVBl. S. 459), zuletzt geänd. durch G v. 25.7.2023 (GVBl. S. 207)
– **Thüringen:** Thüringer KrWG-AusführungsG v. 23.11.2017 (GVBl. S. 246), geänd. durch G v. 18.12. 2018 (GVBl. S. 731)

Inhaltsübersicht[1]

---

[1] Inhaltsübersicht geänd. mWv 29.10.2020 durch G v. 23.10.2020 (BGBl. I S. 2232).

Teil 1. Allgemeine Vorschriften

§ 1[1] **Zweck des Gesetzes.** (1) Zweck des Gesetzes ist es, die Kreislaufwirtschaft zur Schonung der natürlichen Ressourcen zu fördern und den Schutz von Mensch und Umwelt bei der Erzeugung und Bewirtschaftung von Abfällen sicherzustellen.

(2) Mit diesem Gesetz soll außerdem das Erreichen der europarechtlichen Zielvorgaben der Richtlinie 2008/98/EG des Europäischen Parlaments und des Rates vom 19. November 2008 über Abfälle und zur Aufhebung bestimmter Richtlinien (ABl. L 312 vom 22.11.2008, S. 3; L 127 vom 26.5.2009, S. 24; L 297 vom 13.11. 2015, S. 9; L 42 vom 18.2.2017, S. 43), die zuletzt durch die Richtlinie (EU) 2018/851 (ABl. L 150 vom 14.6.2018, S. 109) geändert worden ist, gefördert werden.

§ 2[2] **Geltungsbereich.** (1) Die Vorschriften dieses Gesetzes gelten für

1. die Vermeidung von Abfällen sowie
2. die Verwertung von Abfällen,
3. die Beseitigung von Abfällen und
4. die sonstigen Maßnahmen der Abfallbewirtschaftung.

(2) Die Vorschriften dieses Gesetzes gelten nicht für

(Fortsetzung nächstes Blatt)

---

[1] § 1 Abs. 2 angef. mWv 29.10.2020 durch G v. 23.10.2020 (BGBl. I S. 2232).

[2] § 2 Abs. 2 Nr. 1 Buchst. d neu gef. mWv 1.5.2014 durch G v. 22.5.2013 (BGBl. I S. 1324); Abs. 2 Nr. 1 Buchst. b neu gef. mWv 20.5.2016 durch G v. 4.4.2016 (BGBl. I S. 569); Abs. 2 Nr. 5 geänd., Nr. 6 aufgeh., Abs. 3 angef. mWv 1.10.2017 durch G v. 27.6.2017 (BGBl. I S. 1966); Abs. 2 Nr. 3 eingef., bish. Nr. 3–5 werden Nr. 4–6 mWv 29.10.2020 durch G v. 23.10.2020 (BGBl. I S. 2232); Abs. 2 Nr. 1 Buchst. c und e neu gef., Nr. 2 geänd., Nr. 7 neu gef. mWv 3.7.2021 durch G v. 9.6.2021 (BGBl. I S. 1699).

1. Stoffe, die zu entsorgen sind
   a) nach dem Lebensmittel- und Futtermittelgesetzbuch[1] in der Fassung der Bekanntmachung vom 22. August 2011 (BGBl. I S. 1770) in der jeweils geltenden Fassung, soweit es für Lebensmittel, Lebensmittel-Zusatzstoffe, kosmetische Mittel, Bedarfsgegenstände und mit Lebensmitteln verwechselbare Produkte gilt,
   b) nach dem Tabakerzeugnisgesetz[2] vom 4. April 2016 (BGBl. I S. 569) in der jeweils geltenden Fassung,
   c) nach dem Milch- und Margarinegesetz vom 25. Juli 1990 (BGBl. I S. 1471), das zuletzt durch Artikel 2 des Gesetzes vom 18. Januar 2019 (BGBl. I S. 33) geändert worden ist, in der jeweils geltenden Fassung,
   d) nach dem Tiergesundheitsgesetz[3] vom 22. Mai 2013 (BGBl. I S. 1324),
   e) nach dem Pflanzenschutzgesetz[4] in der Fassung der Bekanntmachung vom 14. Mai 1998 (BGBl. I S. 971, 1527, 3512), das zuletzt durch Artikel 278 der Verordnung vom 19. Juni 2020 (BGBl. I S. 1328) geändert worden ist, in der jeweils geltenden Fassung sowie
   f) nach den auf Grund der in den Buchstaben a bis e genannten Gesetze erlassenen Rechtsverordnungen,
2. tierische Nebenprodukte, soweit diese nach der Verordnung (EG) Nr. 1069/2009 des Europäischen Parlaments und des Rates vom 21. Oktober 2009 mit Hygienevorschriften für nicht für den menschlichen Verzehr bestimmte tierische Nebenprodukte und zur Aufhebung der Verordnung (EG) Nr. 1774/2002 (Verordnung über tierische Nebenprodukte) (ABl. L 300 vom 14.11.2009, S. 1) in der jeweils geltenden Fassung, nach den zu ihrer Durchführung ergangenen Rechtsakten der Europäischen Union, nach dem Tierische Nebenprodukte-Beseitigungsgesetz vom 25. Januar 2004 (BGBl. I S. 82), das zuletzt durch Artikel 279 der Verordnung vom 19. Juni 2020 (BGBl. I S. 1328) geändert worden ist, in der jeweils geltenden Fassung, oder nach den auf Grund des Tierische Nebenprodukte-Beseitigungsgesetzes erlassenen Rechtsverordnungen abzuholen, zu sammeln, zu befördern, zu lagern, zu behandeln, zu verarbeiten, zu verwenden, zu beseitigen oder in Verkehr zu bringen sind, mit Ausnahme derjenigen tierischen Nebenprodukte, die zur Verbrennung, Lagerung auf einer Deponie oder Verwendung in einer Biogas- oder Kompostieranlage bestimmt sind,
3. Stoffe, die
   a) bestimmt sind für die Verwendung als Einzelfuttermittel gemäß Artikel 3 Absatz 2 Buchstabe g der Verordnung (EG) Nr. 767/2009 des Europäischen Parlaments und des Rates vom 13. Juli 2009 über das Inverkehrbringen und die Verwendung von Futtermitteln, zur Änderung der Verordnung (EG) Nr. 1831/2003 des Europäischen Parlaments und des Rates und zur Aufhebung der Richtlinien 79/373/EWG des Rates, 80/511/EWG der Kommission, 82/471/EWG des Rates, 83/228/EWG des Rates, 93/74/EWG des Rates, 93/113/EG des Rates und 96/25/EG des Rates und der Entscheidung 2004/217/EG der Kommission (ABl. L 229 vom 1.9.2009, S. 1; L 192 vom 22.7.2011, S. 71), die zuletzt durch die Verordnung (EU) 2018/1903 (ABl. L 310 vom 6.12.2018, S. 22) geändert worden ist, und

---

[1] **Sartorius ErgBd. Nr. 862.**
[2] **Sartorius ErgBd. Nr. 861.**
[3] Nr. **870**.
[4] Nr. **863**.

b) weder aus tierischen Nebenprodukten bestehen noch tierische Nebenprodukte enthalten,

4. Körper von Tieren, die nicht durch Schlachtung zu Tode gekommen sind, einschließlich von solchen Tieren, die zur Tilgung von Tierseuchen getötet wurden, soweit diese Tierkörper nach den in Nummer 2 genannten Rechtsvorschriften zu beseitigen oder zu verarbeiten sind,
5. Fäkalien, soweit sie nicht durch Nummer 2 erfasst werden, Stroh und andere natürliche nicht gefährliche land- oder forstwirtschaftliche Materialien, die in der Land- oder Forstwirtschaft oder zur Energieerzeugung aus einer solchen Biomasse durch Verfahren oder Methoden verwendet werden, die die Umwelt nicht schädigen oder die menschliche Gesundheit nicht gefährden,
6. Kernbrennstoffe und sonstige radioaktive Stoffe im Sinne des Atomgesetzes[1] oder des Strahlenschutzgesetzes,
7. Abfälle, die unmittelbar beim Aufsuchen, Gewinnen und Aufbereiten sowie bei der damit zusammenhängenden Lagerung von Bodenschätzen in Betrieben anfallen, die der Bergaufsicht unterstehen und die nach dem Bundesberggesetz[2] vom 13. August 1980 (BGBl. I S. 1310), das zuletzt durch Artikel 237 der Verordnung vom 19. Juni 2020 (BGBl. I S. 1328) geändert worden ist, in der jeweils geltenden Fassung und den auf Grund des Bundesberggesetzes erlassenen Rechtsverordnungen unter Bergaufsicht entsorgt werden,
8. gasförmige Stoffe, die nicht in Behältern gefasst sind,
9. Stoffe, sobald sie in Gewässer oder Abwasseranlagen eingeleitet oder eingebracht werden,
10. Böden am Ursprungsort (Böden in situ), einschließlich nicht ausgehobener, kontaminierter Böden und Bauwerke, die dauerhaft mit dem Grund und Boden verbunden sind,
11. nicht kontaminiertes Bodenmaterial und andere natürlich vorkommende Materialien, die bei Bauarbeiten ausgehoben wurden, sofern sichergestellt ist, dass die Materialien in ihrem natürlichen Zustand an dem Ort, an dem sie ausgehoben wurden, für Bauzwecke verwendet werden,
12. Sedimente, die zum Zweck der Bewirtschaftung von Gewässern, der Unterhaltung oder des Ausbaus von Wasserstraßen sowie der Vorbeugung gegen Überschwemmungen oder der Abschwächung der Auswirkungen von Überschwemmungen und Dürren oder zur Landgewinnung innerhalb von Oberflächengewässern umgelagert werden, sofern die Sedimente nachweislich nicht gefährlich sind,
13. die Erfassung und Übergabe von Schiffsabfällen und Ladungsrückständen, soweit dies auf Grund internationaler oder supranationaler Übereinkommen durch Bundes- oder Landesrecht geregelt wird,
14. das Aufsuchen, Bergen, Befördern, Lagern, Behandeln und Vernichten von Kampfmitteln sowie
15. Kohlendioxid, das für den Zweck der dauerhaften Speicherung abgeschieden, transportiert und in Kohlendioxidspeichern gespeichert wird, oder das in Forschungsspeichern gespeichert wird.

(3) Die Vorschriften dieses Gesetzes gelten nach Maßgabe der besonderen Vorschriften des Strahlenschutzgesetzes und der auf Grund des Strahlenschutzgesetzes

---

[1] Nr. **835**.
[2] **Sartorius III Nr. 460.**

erlassenen Rechtsverordnungen auch für die Entsorgung von Abfällen, die infolge eines Notfalls im Sinne des Strahlenschutzgesetzes radioaktiv kontaminiert sind oder radioaktiv kontaminiert sein können.

§ 3[1)] Begriffsbestimmungen. (1) [1] Abfälle im Sinne dieses Gesetzes sind alle Stoffe oder Gegenstände, derer sich ihr Besitzer entledigt, entledigen will oder entledigen muss. [2] Abfälle zur Verwertung sind Abfälle, die verwertet werden; Abfälle, die nicht verwertet werden, sind Abfälle zur Beseitigung.

(2) Eine Entledigung im Sinne des Absatzes 1 ist anzunehmen, wenn der Besitzer Stoffe oder Gegenstände einer Verwertung im Sinne der Anlage 2 oder einer Beseitigung im Sinne der Anlage 1 zuführt oder die tatsächliche Sachherrschaft über sie unter Wegfall jeder weiteren Zweckbestimmung aufgibt.

(3) [1] Der Wille zur Entledigung im Sinne des Absatzes 1 ist hinsichtlich solcher Stoffe oder Gegenstände anzunehmen,

1. die bei der Energieumwandlung, Herstellung, Behandlung oder Nutzung von Stoffen oder Erzeugnissen oder bei Dienstleistungen anfallen, ohne dass der Zweck der jeweiligen Handlung hierauf gerichtet ist, oder
2. deren ursprüngliche Zweckbestimmung entfällt oder aufgegeben wird, ohne dass ein neuer Verwendungszweck unmittelbar an deren Stelle tritt.

[2] Für die Beurteilung der Zweckbestimmung ist die Auffassung des Erzeugers oder Besitzers unter Berücksichtigung der Verkehrsanschauung zugrunde zu legen.

(4) Der Besitzer muss sich Stoffen oder Gegenständen im Sinne des Absatzes 1 entledigen, wenn diese nicht mehr entsprechend ihrer ursprünglichen Zweckbestimmung verwendet werden, auf Grund ihres konkreten Zustandes geeignet sind, gegenwärtig oder künftig das Wohl der Allgemeinheit, insbesondere die Umwelt, zu gefährden und deren Gefährdungspotenzial nur durch eine ordnungsgemäße und schadlose Verwertung oder gemeinwohlverträgliche Beseitigung nach den Vorschriften dieses Gesetzes und der auf Grund dieses Gesetzes erlassenen Rechtsverordnungen ausgeschlossen werden kann.

(5) [1] Gefährlich im Sinne dieses Gesetzes sind die Abfälle, die durch Rechtsverordnung nach § 48 Satz 2 oder auf Grund einer solchen Rechtsverordnung bestimmt worden sind. [2] Nicht gefährlich im Sinne dieses Gesetzes sind alle übrigen Abfälle.

(5a) [1] Siedlungsabfälle im Sinne von § 14 Absatz 1, § 15 Absatz 4, § 30 Absatz 6 Nummer 9 Buchstabe b sind gemischt und getrennt gesammelte Abfälle

1. aus privaten Haushaltungen, insbesondere Papier und Pappe, Glas, Metall, Kunststoff, Bioabfälle, Holz, Textilien, Verpackungen, Elektro- und Elektronik-Altgeräte, Altbatterien und Altakkumulatoren sowie Sperrmüll, einschließlich Matratzen und Möbel, und
2. aus anderen Herkunftsbereichen, wenn diese Abfälle auf Grund ihrer Beschaffenheit und Zusammensetzung mit Abfällen aus privaten Haushaltungen vergleichbar sind.

[2] Keine Siedlungsabfälle im Sinne des Satzes 1 sind

a) Abfälle aus Produktion,

b) Abfälle aus Landwirtschaft,

[1)] § 3 Abs. 5a und 6a eingef., Abs. 7 Nr. 3 neu gef., Abs. 7a und 7b eingef., Abs. 14 neu gef., Abs. 23a und 25a eingef. mWv 29.10.2020 durch G v. 23.10.2020 (BGBl. I S. 2232).

c) Abfälle aus Forstwirtschaft,
d) Abfälle aus Fischerei,
e) Abfälle aus Abwasseranlagen,
f) Bau- und Abbruchabfälle und
g) Altfahrzeuge.

(6) [1] Inertabfälle im Sinne dieses Gesetzes sind mineralische Abfälle,

1. die keinen wesentlichen physikalischen, chemischen oder biologischen Veränderungen unterliegen,
2. die sich nicht auflösen, nicht brennen und nicht in anderer Weise physikalisch oder chemisch reagieren,
3. die sich nicht biologisch abbauen und
4. die andere Materialien, mit denen sie in Kontakt kommen, nicht in einer Weise beeinträchtigen, die zu nachteiligen Auswirkungen auf Mensch und Umwelt führen könnte.

[2] Die gesamte Auslaugbarkeit und der Schadstoffgehalt der Abfälle sowie die Ökotoxizität des Sickerwassers müssen unerheblich sein und dürfen insbesondere nicht die Qualität von Oberflächen- oder Grundwasser gefährden.

(6a) Bau- und Abbruchabfälle im Sinne dieses Gesetzes sind Abfälle, die durch Bau- und Abbruchtätigkeiten entstehen.

(7) Bioabfälle im Sinne dieses Gesetzes sind biologisch abbaubare pflanzliche, tierische oder aus Pilzmaterialien bestehende

1. Garten- und Parkabfälle,
2. Landschaftspflegeabfälle,
3. Nahrungsmittel- und Küchenabfälle aus privaten Haushaltungen, aus dem Gaststätten-, Kantinen- und Cateringgewerbe, aus Büros und aus dem Groß- und Einzelhandel sowie mit den genannten Abfällen vergleichbare Abfälle aus Nahrungsmittelverarbeitungsbetrieben und
4. Abfälle aus sonstigen Herkunftsbereichen, die den in den Nummern 1 bis 3 genannten Abfällen nach Art, Beschaffenheit oder stofflichen Eigenschaften vergleichbar sind.

(7a) Lebensmittelabfälle im Sinne dieses Gesetzes sind alle Lebensmittel gemäß Artikel 2 der Verordnung (EG) Nr. 178/2002[1)] des Europäischen Parlaments und des Rates vom 28. Januar 2002 zur Festlegung der allgemeinen Grundsätze und Anforderungen des Lebensmittelrechts, zur Errichtung der Europäischen Behörde für Lebensmittelsicherheit und zur Festlegung von Verfahren zur Lebensmittelsicherheit (ABl. L 31 vom 1.2.2002, S. 1), die zuletzt durch die Verordnung (EU) 2017/228 (ABl. L 35 vom 10.2.2017, S. 10) geändert worden ist, die zu Abfall geworden sind.

(7b) Rezyklate im Sinne dieses Gesetzes sind sekundäre Rohstoffe, die durch die Verwertung von Abfällen gewonnen worden sind oder bei der Beseitigung von Abfällen anfallen und für die Herstellung von Erzeugnissen geeignet sind.

(8) Erzeuger von Abfällen im Sinne dieses Gesetzes ist jede natürliche oder *juristische Person,*

1. durch deren Tätigkeit Abfälle anfallen (Ersterzeuger) oder

---

[1)] **Sartorius ErgBd. Nr. 860.**

2. die Vorbehandlungen, Mischungen oder sonstige Behandlungen vornimmt, die eine Veränderung der Beschaffenheit oder der Zusammensetzung dieser Abfälle bewirken (Zweiterzeuger).

(9) Besitzer von Abfällen im Sinne dieses Gesetzes ist jede natürliche oder juristische Person, die die tatsächliche Sachherrschaft über Abfälle hat.

(10) Sammler von Abfällen im Sinne dieses Gesetzes ist jede natürliche oder juristische Person, die gewerbsmäßig oder im Rahmen wirtschaftlicher Unternehmen, das heißt, aus Anlass einer anderweitigen gewerblichen oder wirtschaftlichen Tätigkeit, die nicht auf die Sammlung von Abfällen gerichtet ist, Abfälle sammelt.

(11) Beförderer von Abfällen im Sinne dieses Gesetzes ist jede natürliche oder juristische Person, die gewerbsmäßig oder im Rahmen wirtschaftlicher Unternehmen, das heißt, aus Anlass einer anderweitigen gewerblichen oder wirtschaftlichen Tätigkeit, die nicht auf die Beförderung von Abfällen gerichtet ist, Abfälle befördert.

(12) Händler von Abfällen im Sinne dieses Gesetzes ist jede natürliche oder juristische Person, die gewerbsmäßig oder im Rahmen wirtschaftlicher Unternehmen, das heißt, aus Anlass einer anderweitigen gewerblichen oder wirtschaftlichen Tätigkeit, die nicht auf das Handeln mit Abfällen gerichtet ist, oder öffentlicher Einrichtungen in eigener Verantwortung Abfälle erwirbt und weiterveräußert; die Erlangung der tatsächlichen Sachherrschaft über die Abfälle ist hierfür nicht erforderlich.

(13) Makler von Abfällen im Sinne dieses Gesetzes ist jede natürliche oder juristische Person, die gewerbsmäßig oder im Rahmen wirtschaftlicher Unternehmen, das heißt, aus Anlass einer anderweitigen gewerblichen oder wirtschaftlichen Tätigkeit, die nicht auf das Makeln von Abfällen gerichtet ist, oder öffentlicher Einrichtungen für die Bewirtschaftung von Abfällen für Dritte sorgt; die Erlangung der tatsächlichen Sachherrschaft über die Abfälle ist hierfür nicht erforderlich.

(14) [1] Abfallbewirtschaftung im Sinne dieses Gesetzes ist die Bereitstellung, die Überlassung, die Sammlung, die Beförderung sowie die Verwertung und die Beseitigung von Abfällen; die beiden letztgenannten Verfahren schließen die Sortierung der Abfälle ein. [2] Zur Abfallbewirtschaftung zählen auch die Überwachung der Tätigkeiten und Verfahren im Sinne des Satzes 1, die Nachsorge von Beseitigungsanlagen und die Tätigkeiten, die von Händlern und Maklern durchgeführt werden.

(15) Sammlung im Sinne dieses Gesetzes ist das Einsammeln von Abfällen, einschließlich deren vorläufiger Sortierung und vorläufiger Lagerung zum Zweck der Beförderung zu einer Abfallbehandlungsanlage.

(16) Getrennte Sammlung im Sinne dieses Gesetzes ist eine Sammlung, bei der ein Abfallstrom nach Art und Beschaffenheit des Abfalls getrennt gehalten wird, *um eine bestimmte* Behandlung zu erleichtern oder zu ermöglichen.

(17) [1] Eine gemeinnützige Sammlung von Abfällen im Sinne dieses Gesetzes ist eine Sammlung, die durch eine nach § 5 Absatz 1 Nummer 9 des Körperschaftsteuergesetzes in der Fassung der Bekanntmachung vom 15. Oktober 2002 (BGBl. I S. 4144), das zuletzt durch Artikel 8 des Gesetzes vom 22. Juni 2011 (BGBl. I S. 1126) geändert worden ist, in der jeweils geltenden Fassung steuerbefreite Körperschaft, Personenvereinigung oder Vermögensmasse getragen wird und der Beschaffung von Mitteln zur Verwirklichung ihrer gemeinnützigen, mildtätigen oder kirchlichen Zwecke im Sinne der §§ 52 bis 54 der Abgabenordnung dient. [2] Um eine gemeinnützige Sammlung von Abfällen handelt es sich auch

dann, wenn die Körperschaft, Personenvereinigung oder Vermögensmasse nach Satz 1 einen gewerblichen Sammler mit der Sammlung beauftragt und dieser den Veräußerungserlös nach Abzug seiner Kosten und eines angemessenen Gewinns vollständig an die Körperschaft, Personenvereinigung oder Vermögensmasse auskehrt.

(18) [1] Eine gewerbliche Sammlung von Abfällen im Sinne dieses Gesetzes ist eine Sammlung, die zum Zweck der Einnahmeerzielung erfolgt. [2] Die Durchführung der Sammeltätigkeit auf der Grundlage vertraglicher Bindungen zwischen dem Sammler und der privaten Haushaltung in dauerhaften Strukturen steht einer gewerblichen Sammlung nicht entgegen.

(19) Kreislaufwirtschaft im Sinne dieses Gesetzes sind die Vermeidung und Verwertung von Abfällen.

(20) [1] Vermeidung im Sinne dieses Gesetzes ist jede Maßnahme, die ergriffen wird, bevor ein Stoff, Material oder Erzeugnis zu Abfall geworden ist, und dazu dient, die Abfallmenge, die schädlichen Auswirkungen des Abfalls auf Mensch und Umwelt oder den Gehalt an schädlichen Stoffen in Materialien und Erzeugnissen zu verringern. [2] Hierzu zählen insbesondere die anlageninterne Kreislaufführung von Stoffen, die abfallarme Produktgestaltung, die Wiederverwendung von Erzeugnissen oder die Verlängerung ihrer Lebensdauer sowie ein Konsumverhalten, das auf den Erwerb von abfall- und schadstoffarmen Produkten sowie die Nutzung von Mehrwegverpackungen gerichtet ist.

(21) Wiederverwendung im Sinne dieses Gesetzes ist jedes Verfahren, bei dem Erzeugnisse oder Bestandteile, die keine Abfälle sind, wieder für denselben Zweck verwendet werden, für den sie ursprünglich bestimmt waren.

(22) Abfallentsorgung im Sinne dieses Gesetzes sind Verwertungs- und Beseitigungsverfahren, einschließlich der Vorbereitung vor der Verwertung oder Beseitigung.

(23) [1] Verwertung im Sinne dieses Gesetzes ist jedes Verfahren, als dessen Hauptergebnis die Abfälle innerhalb der Anlage oder in der weiteren Wirtschaft einem sinnvollen Zweck zugeführt werden, indem sie entweder andere Materialien ersetzen, die sonst zur Erfüllung einer bestimmten Funktion verwendet worden wären, oder indem die Abfälle so vorbereitet werden, dass sie diese Funktion erfüllen. [2] Anlage 2 enthält eine nicht abschließende Liste von Verwertungsverfahren.

(23a) [1] Stoffliche Verwertung im Sinne dieses Gesetzes ist jedes Verwertungsverfahren mit Ausnahme der energetischen Verwertung und der Aufbereitung zu Materialien, die für die Verwendung als Brennstoff oder als anderes Mittel der Energieerzeugung bestimmt sind. [2] Zur stofflichen Verwertung zählen insbesondere die Vorbereitung zur Wiederverwendung, das Recycling und die Verfüllung.

(24) Vorbereitung zur Wiederverwendung im Sinne dieses Gesetzes ist jedes Verwertungsverfahren der Prüfung, Reinigung oder Reparatur, bei dem Erzeugnisse oder Bestandteile von Erzeugnissen, die zu Abfällen geworden sind, so vorbereitet werden, dass sie ohne weitere Vorbehandlung wieder für denselben Zweck verwendet werden können, für den sie ursprünglich bestimmt waren.

(25) Recycling im Sinne dieses Gesetzes ist jedes Verwertungsverfahren, durch das Abfälle zu Erzeugnissen, Materialien oder Stoffen entweder für den ursprünglichen Zweck oder für andere Zwecke aufbereitet werden; es schließt die Aufbereitung organischer Materialien ein, nicht aber die energetische Verwertung und die Aufbereitung zu Materialien, die für die Verwendung als Brennstoff oder zur Verfüllung bestimmt sind.

(25a) [1] Verfüllung im Sinne dieses Gesetzes ist jedes Verwertungsverfahren, bei dem geeignete nicht gefährliche Abfälle zur Rekultivierung von Abgrabungen oder zu bautechnischen Zwecken bei der Landschaftsgestaltung verwendet werden. [2] Abfälle im Sinne des Satzes 1 sind solche, die Materialien ersetzen, die keine Abfälle sind, die für die vorstehend genannten Zwecke geeignet sind und auf die für die Erfüllung dieser Zwecke unbedingt erforderlichen Mengen beschränkt werden.

(26) [1] Beseitigung im Sinne dieses Gesetzes ist jedes Verfahren, das keine Verwertung ist, auch wenn das Verfahren zur Nebenfolge hat, dass Stoffe oder Energie zurückgewonnen werden. [2] Anlage 1 enthält eine nicht abschließende Liste von Beseitigungsverfahren.

(27) [1] Deponien im Sinne dieses Gesetzes sind Beseitigungsanlagen zur Ablagerung von Abfällen oberhalb der Erdoberfläche (oberirdische Deponien) oder unterhalb der Erdoberfläche (Untertagedeponien). [2] Zu den Deponien zählen auch betriebsinterne Abfallbeseitigungsanlagen für die Ablagerung von Abfällen, in denen ein Erzeuger von Abfällen die Abfallbeseitigung am Erzeugungsort vornimmt.

(28) [1] Stand der Technik im Sinne dieses Gesetzes ist der Entwicklungsstand fortschrittlicher Verfahren, Einrichtungen oder Betriebsweisen, der die praktische Eignung einer Maßnahme zur Begrenzung von Emissionen in Luft, Wasser und Boden, zur Gewährleistung der Anlagensicherheit, zur Gewährleistung einer umweltverträglichen Abfallentsorgung oder sonst zur Vermeidung oder Verminderung von Auswirkungen auf die Umwelt zur Erreichung eines allgemein hohen Schutzniveaus für die Umwelt insgesamt gesichert erscheinen lässt. [2] Bei der Bestimmung des Standes der Technik sind insbesondere die in Anlage 3 aufgeführten Kriterien zu berücksichtigen.

§ 4 Nebenprodukte. (1) Fällt ein Stoff oder Gegenstand bei einem Herstellungsverfahren an, dessen hauptsächlicher Zweck nicht auf die Herstellung dieses Stoffes oder Gegenstandes gerichtet ist, ist er als Nebenprodukt und nicht als Abfall anzusehen, wenn

1. sichergestellt ist, dass der Stoff oder Gegenstand weiter verwendet wird,
2. eine weitere, über ein normales industrielles Verfahren hinausgehende Vorbehandlung hierfür nicht erforderlich ist,
3. der Stoff oder Gegenstand als integraler Bestandteil eines Herstellungsprozesses erzeugt wird und
4. die weitere Verwendung rechtmäßig ist; dies ist der Fall, wenn der Stoff oder Gegenstand alle für seine jeweilige Verwendung anzuwendenden Produkt-, Umwelt- und Gesundheitsschutzanforderungen erfüllt und insgesamt nicht zu schädlichen Auswirkungen auf Mensch und Umwelt führt.

(2) Die Bundesregierung wird ermächtigt, nach Anhörung der beteiligten Kreise (§ 68) durch Rechtsverordnung mit Zustimmung des Bundesrates nach Maßgabe der in Absatz 1 genannten Anforderungen Kriterien zu bestimmen, nach denen bestimmte Stoffe oder Gegenstände als Nebenprodukt anzusehen sind, und Anforderungen zum Schutz von Mensch und Umwelt festzulegen.

§ 5[1] Ende der Abfalleigenschaft. (1) Die Abfalleigenschaft eines Stoffes oder Gegenstandes endet, wenn dieser ein Recycling oder ein anderes Verwertungsverfahren durchlaufen hat und so beschaffen ist, dass

1. er üblicherweise für bestimmte Zwecke verwendet wird,
2. ein Markt für ihn oder eine Nachfrage nach ihm besteht,
3. er alle für seine jeweilige Zweckbestimmung geltenden technischen Anforderungen sowie alle Rechtsvorschriften und anwendbaren Normen für Erzeugnisse erfüllt sowie
4. seine Verwendung insgesamt nicht zu schädlichen Auswirkungen auf Mensch oder Umwelt führt.

(2) [1] Die Bundesregierung wird ermächtigt, nach Anhörung der beteiligten Kreise (§ 68) durch Rechtsverordnung mit Zustimmung des Bundesrates nach Maßgabe der in Absatz 1 genannten Anforderungen die Bedingungen näher zu bestimmen, unter denen für bestimmte Stoffe und Gegenstände die Abfalleigenschaft endet. [2] Diese Bedingungen müssen ein hohes Maß an Schutz für Mensch und Umwelt sicherstellen und die umsichtige, sparsame und effiziente Verwendung der natürlichen Ressourcen ermöglichen. [3] In der Rechtsverordnung ist insbesondere zu bestimmen:

1. welche Abfälle der Verwertung zugeführt werden dürfen,
2. welche Behandlungsverfahren und -methoden zulässig sind,
3. die Qualitätskriterien, soweit erforderlich auch Schadstoffgrenzwerte, für Stoffe und Gegenstände im Sinne des Absatzes 1; die Qualitätskriterien müssen im Einklang mit den geltenden technischen Anforderungen, Rechtsvorschriften oder Normen für Erzeugnisse stehen,
4. die Anforderungen an Managementsysteme, mit denen die Einhaltung der Kriterien für das Ende der Abfalleigenschaft nachgewiesen wird, einschließlich der Anforderungen
   a) an die Qualitätskontrolle und die Eigenüberwachung und
   b) an eine Akkreditierung oder sonstige Form der Fremdüberwachung der Managementsysteme, soweit dies erforderlich ist, sowie
5. das Erfordernis und die Inhalte einer Konformitätserklärung.

Teil 2. Grundsätze und Pflichten der Erzeuger und Besitzer von Abfällen sowie der öffentlich-rechtlichen Entsorgungsträger

Abschnitt 1. Grundsätze der Abfallvermeidung und Abfallbewirtschaftung

§ 6[2] Abfallhierarchie. (1) Maßnahmen der Vermeidung und der Abfallbewirtschaftung stehen in folgender Rangfolge:

1. Vermeidung,
2. Vorbereitung zur Wiederverwendung,
3. Recycling,
4. sonstige Verwertung, insbesondere energetische Verwertung und Verfüllung,
5. Beseitigung.

---

[1] § 5 Abs. 1 einl. Satzteil geänd., Abs. 2 neu gef. mWv 29.10.2020 durch G v. 23.10.2020 (BGBl. I S. 2232).
[2] § 6 Abs. 3 angef. mWv 29.10.2020 durch G v. 23.10.2020 (BGBl. I S. 2232).

(2) [1] Ausgehend von der Rangfolge nach Absatz 1 soll nach Maßgabe der §§ 7 und 8 diejenige Maßnahme Vorrang haben, die den Schutz von Mensch und Umwelt bei der Erzeugung und Bewirtschaftung von Abfällen unter Berücksichtigung des Vorsorge- und Nachhaltigkeitsprinzips am besten gewährleistet. [2] Für die Betrachtung der Auswirkungen auf Mensch und Umwelt nach Satz 1 ist der gesamte Lebenszyklus des Abfalls zugrunde zu legen. [3] Hierbei sind insbesondere zu berücksichtigen

1. die zu erwartenden Emissionen,
2. das Maß der Schonung der natürlichen Ressourcen,
3. die einzusetzende oder zu gewinnende Energie sowie
4. die Anreicherung von Schadstoffen in Erzeugnissen, in Abfällen zur Verwertung oder in daraus gewonnenen Erzeugnissen.

[4] Die technische Möglichkeit, die wirtschaftliche Zumutbarkeit und die sozialen Folgen der Maßnahme sind zu beachten.

(3) Die Anlage 5 enthält eine nicht abschließende Liste von Beispielen für Maßnahmen und wirtschaftliche Instrumente zur Schaffung von Anreizen für die Anwendung der Abfallhierarchie von Verwertungsverfahren.

Abschnitt 2. Kreislaufwirtschaft

§ 7 Grundpflichten der Kreislaufwirtschaft. (1) Die Pflichten zur Abfallvermeidung richten sich nach § 13 sowie den Rechtsverordnungen, die auf Grund der §§ 24 und 25 erlassen worden sind.

(2) [1] Die Erzeuger oder Besitzer von Abfällen sind zur Verwertung ihrer Abfälle verpflichtet. [2] Die Verwertung von Abfällen hat Vorrang vor deren Beseitigung. [3] Der Vorrang entfällt, wenn die Beseitigung der Abfälle den Schutz von Mensch und Umwelt nach Maßgabe des § 6 Absatz 2 Satz 2 und 3 am besten gewährleistet. [4] Der Vorrang gilt nicht für Abfälle, die unmittelbar und üblicherweise durch Maßnahmen der Forschung und Entwicklung anfallen.

(3) [1] Die Verwertung von Abfällen, insbesondere durch ihre Einbindung in Erzeugnisse, hat ordnungsgemäß und schadlos zu erfolgen. [2] Die Verwertung erfolgt ordnungsgemäß, wenn sie im Einklang mit den Vorschriften dieses Gesetzes und anderen öffentlich-rechtlichen Vorschriften steht. [3] Sie erfolgt schadlos, wenn nach der Beschaffenheit der Abfälle, dem Ausmaß der Verunreinigungen und der Art der Verwertung Beeinträchtigungen des Wohls der Allgemeinheit nicht zu erwarten sind, insbesondere keine Schadstoffanreicherung im Wertstoffkreislauf erfolgt.

(4) [1] Die Pflicht zur Verwertung von Abfällen ist zu erfüllen, soweit dies technisch möglich und wirtschaftlich zumutbar ist, insbesondere für einen gewonnenen Stoff oder gewonnene Energie ein Markt vorhanden ist oder geschaffen werden kann. [2] Die Verwertung von Abfällen ist auch dann technisch möglich, wenn hierzu eine Vorbehandlung erforderlich ist. [3] Die wirtschaftliche Zumutbarkeit ist gegeben, wenn die mit der Verwertung verbundenen Kosten nicht außer Verhältnis zu den Kosten stehen, die für eine Abfallbeseitigung zu tragen wären.

§ 7a[1] Chemikalien- und Produktrecht. (1) Natürliche oder juristische Personen, die Stoffe und Gegenstände, deren Abfalleigenschaft beendet ist, erstmals verwenden oder erstmals in Verkehr bringen, haben dafür zu sorgen, dass diese

---

[1] § 7a eingef. mWv 29.10.2020 durch G v. 23.10.2020 (BGBl. I S. 2232).

Stoffe oder Gegenstände den geltenden Anforderungen des Chemikalien- und Produktrechts genügen.

(2) Bevor für Stoffe und Gegenstände die in Absatz 1 genannten Rechtsvorschriften zur Anwendung kommen, muss ihre Abfalleigenschaft gemäß den Anforderungen nach § 5 Absatz 1 beendet sein.

§ 8[1)] Rangfolge und Hochwertigkeit der Verwertungsmaßnahmen.

(1) [1]Bei der Erfüllung der Verwertungspflicht nach § 7 Absatz 2 Satz 1 hat diejenige der in § 6 Absatz 1 Nummer 2 bis 4 genannten Verwertungsmaßnahmen Vorrang, die den Schutz von Mensch und Umwelt nach der Art und Beschaffenheit des Abfalls unter Berücksichtigung der in § 6 Absatz 2 Satz 2 und 3 festgelegten Kriterien am besten gewährleistet. [2]Zwischen mehreren gleichrangigen Verwertungsmaßnahmen besteht ein Wahlrecht des Erzeugers oder Besitzers von Abfällen. [3]Bei der Ausgestaltung der nach Satz 1 oder 2 durchzuführenden Verwertungsmaßnahme ist eine den Schutz von Mensch und Umwelt am besten gewährleistende, hochwertige Verwertung anzustreben. [4]§ 7 Absatz 4 findet auf die Sätze 1 bis 3 entsprechende Anwendung.

(2) [1]Die Bundesregierung bestimmt nach Anhörung der beteiligten Kreise (§ 68) durch Rechtsverordnung[2)] mit Zustimmung des Bundesrates für bestimmte Abfallarten auf Grund der in § 6 Absatz 2 Satz 2 und 3 festgelegten Kriterien

1. den Vorrang oder Gleichrang einer Verwertungsmaßnahme und
2. Anforderungen an die Hochwertigkeit der Verwertung.

[2]Durch Rechtsverordnung nach Satz 1 kann insbesondere bestimmt werden, dass die Verwertung des Abfalls entsprechend seiner Art, Beschaffenheit, Menge und Inhaltsstoffe durch mehrfache, hintereinander geschaltete stoffliche und anschließende energetische Verwertungsmaßnahmen (Kaskadennutzung) zu erfolgen hat.

§ 9[3)] Getrennte Sammlung und Behandlung von Abfällen zur Verwertung. (1) Soweit dies zur Erfüllung der Anforderungen nach § 7 Absatz 2 bis 4 und § 8 Absatz 1 erforderlich ist, sind Abfälle getrennt zu sammeln und zu behandeln.

(2) Im Rahmen der Behandlung sind unter den in Absatz 1 genannten Voraussetzungen gefährliche Stoffe, Gemische oder Bestandteile aus den Abfällen zu entfernen und nach den Anforderungen dieses Gesetzes zu verwerten oder zu beseitigen.

(3) Eine getrennte Sammlung von Abfällen ist nicht erforderlich, wenn

1. die gemeinsame Sammlung der Abfälle deren Potential zur Vorbereitung zur Wiederverwendung, zum Recycling oder zu sonstigen Verwertungsverfahren unter Beachtung der Vorgaben des § 8 Absatz 1 nicht beeinträchtigt und wenn in diesen Verfahren mit einer gemeinsamen Sammlung verschiedener Abfallarten ein Abfallstrom erreicht wird, dessen Qualität mit dem Abfallstrom vergleichbar ist, der mit einer getrennten Sammlung erreicht wird,
2. die getrennte Sammlung der Abfälle unter Berücksichtigung der von ihrer Bewirtschaftung ausgehenden Umweltauswirkungen den Schutz von Mensch und Umwelt nicht am besten gewährleistet,

---

1) § 8 Abs. 3 aufgeh. mWv 1.6.2017 durch G v. 27.3.2017 (BGBl. I S. 567).

2) Siehe die Anmerkung am Titel.

3) § 9 Überschrift neu gef., Abs. 1 geänd., Abs. 2 neu gef., Abs. 3 und 4 angef. mWv 29.10.2020 durch G v. 23.10.2020 (BGBl. I S. 2232).

3. die getrennte Sammlung unter Berücksichtigung guter Praxis der Abfallsammlung technisch nicht möglich ist oder
4. die getrennte Sammlung im Vergleich zur gemeinsamen Sammlung für den Verpflichteten unverhältnismäßig hohe Kosten verursachen würde; dabei sind zu berücksichtigen:
   a) die Kosten nachteiliger Auswirkungen auf Mensch und Umwelt, die mit einer gemeinsamen Sammlung und der nachfolgenden Behandlung der Abfälle verbunden sind,
   b) die Möglichkeit von Effizienzsteigerungen bei der Abfallsammlung und -behandlung und
   c) die Möglichkeit, aus der Vermarktung der getrennt gesammelten Abfälle Erlöse zu erzielen.

(4) [1] Soweit Abfälle zur Vorbereitung zur Wiederverwendung oder zum Recycling getrennt gesammelt worden sind, ist eine energetische Verwertung nur zulässig für die Abfallfraktionen, die bei der nachgelagerten Behandlung der getrennt gesammelten Abfälle angefallen sind, und nur soweit die energetische Verwertung dieser Abfallfraktionen den Schutz von Mensch und Umwelt unter Berücksichtigung der in § 6 Absatz 2 Satz 2 und 3 festgelegten Kriterien am besten oder in gleichwertiger Weise wie die Vorbereitung zur Wiederverwendung oder das Recycling gewährleistet. [2] § 7 Absatz 4 gilt entsprechend.

§ 9a[1)] Vermischungsverbot und Behandlung gefährlicher Abfälle.

(1) Die Vermischung, einschließlich der Verdünnung, gefährlicher Abfälle mit anderen Kategorien von gefährlichen Abfällen oder mit anderen Abfällen, Stoffen oder Materialien ist unzulässig.

(2) Abweichend von Absatz 1 ist eine Vermischung ausnahmsweise zulässig, wenn

1. sie in einer nach diesem Gesetz oder nach dem Bundes-Immissionsschutzgesetz[2)] hierfür zugelassenen Anlage erfolgt,
2. die Anforderungen an eine ordnungsgemäße und schadlose Verwertung nach § 7 Absatz 3 eingehalten werden und schädliche Auswirkungen der Abfallbewirtschaftung auf Mensch und Umwelt durch die Vermischung nicht verstärkt werden und
3. das Vermischungsverfahren dem Stand der Technik entspricht.

(3) [1] Sind gefährliche Abfälle in unzulässiger Weise vermischt worden, sind die Erzeuger und Besitzer der Abfälle verpflichtet, diese unverzüglich zu trennen, soweit die Trennung zur ordnungsgemäßen und schadlosen Verwertung der Abfälle nach § 7 Absatz 3 erforderlich ist. [2] Ist eine Trennung zum Zweck der ordnungsgemäßen und schadlosen Verwertung nicht erforderlich oder zwar erforderlich, aber technisch nicht möglich oder wirtschaftlich nicht zumutbar, sind die Erzeuger und Besitzer der gemischten Abfälle verpflichtet, diese unverzüglich in einer Anlage zu behandeln, die nach diesem Gesetz oder nach dem Bundes-Immissionsschutzgesetz hierfür zugelassen ist.

[1)] § 9a eingef. mWv 29.10.2020 durch G v. 23.10.2020 (BGBl. I S. 2232).
[2)] Nr. **296**.

§ 10[1] Anforderungen an die Kreislaufwirtschaft. (1) Die Bundesregierung wird ermächtigt, nach Anhörung der beteiligten Kreise (§ 68) durch Rechtsverordnung[2] mit Zustimmung des Bundesrates, soweit es zur Erfüllung der Pflichten nach § 7 Absatz 2 bis 4, § 8 Absatz 1, der §§ 9 und 9a, insbesondere zur Sicherung der schadlosen Verwertung, erforderlich ist,

1. die Einbindung oder den Verbleib bestimmter Abfälle in Erzeugnisse/Erzeugnissen nach Art, Beschaffenheit oder Inhaltsstoffen zu beschränken oder zu verbieten,
2. Anforderungen an die getrennte Sammlung, die Behandlung, die Zulässigkeit der Vermischung sowie die Beförderung und Lagerung von Abfällen festzulegen,
3. Anforderungen an das Bereitstellen, Überlassen, Sammeln und Einsammeln von Abfällen durch Hol- und Bringsysteme, jeweils auch in einer einheitlichen Wertstofftonne oder durch eine einheitliche Wertstofferfassung in vergleichbarer Qualität gemeinsam mit gleichartigen Erzeugnissen oder mit auf dem gleichen Wege zu verwertenden Erzeugnissen, die jeweils einer verordneten Rücknahme nach § 25 unterliegen, festzulegen,
4. für bestimmte Abfälle, deren Verwertung auf Grund ihrer Art, Beschaffenheit oder Menge in besonderer Weise geeignet ist, Beeinträchtigungen des Wohls der Allgemeinheit, vor allem der in § 15 Absatz 2 Satz 2 genannten Schutzgüter, herbeizuführen, nach Herkunftsbereich, Anfallstelle oder Ausgangsprodukt festzulegen,
   a) dass diese nur in bestimmter Menge oder Beschaffenheit oder nur für bestimmte Zwecke in Verkehr gebracht oder verwertet werden dürfen,
   b) dass diese mit bestimmter Beschaffenheit nicht in Verkehr gebracht werden dürfen,
5. Anforderungen an die Verwertung von mineralischen Abfällen in technischen Bauwerken festzulegen.

(2) Durch Rechtsverordnung nach Absatz 1 können auch Verfahren zur Überprüfung der dort festgelegten Anforderungen bestimmt werden, insbesondere

1. dass Nachweise oder Register zu führen und vorzulegen sind,
   a) auch ohne eine Anordnung nach § 51, oder
   b) abweichend von bestimmten Anforderungen nach den §§ 49 und 50 oder einer Rechtsverordnung nach § 52,
2. dass die Entsorger von Abfällen diese bei Annahme oder Weitergabe in bestimmter Art und Weise zu überprüfen und das Ergebnis dieser Prüfung in den Nachweisen oder Registern zu verzeichnen haben,
3. dass die Beförderer und Entsorger von Abfällen ein Betriebstagebuch zu führen haben, in dem bestimmte Angaben zu den Betriebsabläufen zu verzeichnen sind, die nicht schon in die Register aufgenommen werden,
4. dass die Erzeuger, Besitzer oder Entsorger von Abfällen bei Annahme oder Weitergabe der Abfälle auf die Anforderungen, die sich aus der Rechtsverordnung ergeben, hinzuweisen oder die Abfälle oder die für deren Beförderung vorgesehenen Behältnisse in bestimmter Weise zu kennzeichnen haben,

---

[1] § 10 Abs. 1 einl. Satzteil, Nr. 2, Abs. 4 einl. Satzteil geänd. mWv 29.10.2020 durch G v. 23.10.2020 (BGBl. I S. 2232).

[2] Siehe die Anmerkung am Titel.

5. die Entnahme von Proben, der Verbleib und die Aufbewahrung von Rückstellproben und die hierfür anzuwendenden Verfahren,
6. die Analyseverfahren, die zur Bestimmung von einzelnen Stoffen oder Stoffgruppen erforderlich sind,
7. dass der Verpflichtete mit der Durchführung der Probenahme und der Analysen nach den Nummern 5 und 6 einen von der zuständigen Landesbehörde bekannt gegebenen Sachverständigen, eine von dieser Behörde bekannt gegebene Stelle oder eine sonstige Person, die über die erforderliche Sach- und Fachkunde verfügt, zu beauftragen hat,
8. welche Anforderungen an die Sach- und Fachkunde der Probenehmer nach Nummer 7 zu stellen sind sowie
9. dass Nachweise, Register und Betriebstagebücher nach den Nummern 1 bis 3 elektronisch zu führen und Dokumente in elektronischer Form gemäß § 3a Absatz 2 Satz 2 und 3 des Verwaltungsverfahrensgesetzes[1] vorzulegen sind.

(3) [1] Wegen der Anforderungen nach Absatz 2 Nummer 5 bis 7 kann auf jedermann zugängliche Bekanntmachungen verwiesen werden. [2] Hierbei sind
1. in der Rechtsverordnung das Datum der Bekanntmachung anzugeben und die Bezugsquelle genau zu bezeichnen,
2. die Bekanntmachung beim Deutschen Patent- und Markenamt archivmäßig gesichert niederzulegen und in der Rechtsverordnung darauf hinzuweisen.

(4) Durch Rechtsverordnung nach Absatz 1 Nummer 4 kann vorgeschrieben werden, dass derjenige, der bestimmte Abfälle, an deren schadlose Verwertung nach Maßgabe des § 7 Absatz 2 und 3, des § 8 Absatz 1, der §§ 9 und 9a auf Grund ihrer Art, Beschaffenheit oder Menge besondere Anforderungen zu stellen sind, in Verkehr bringt oder verwertet,
1. dies anzuzeigen hat,
2. dazu einer Erlaubnis bedarf,
3. bestimmten Anforderungen an seine Zuverlässigkeit genügen muss oder
4. seine notwendige Sach- oder Fachkunde in einem näher festzulegenden Verfahren nachzuweisen hat.

§ 11[2] Anforderungen an die Kreislaufwirtschaft für Bioabfälle und Klärschlämme. (1) *(aufgehoben)*

(2) [1] Die Bundesregierung wird ermächtigt, nach Anhörung der beteiligten Kreise (§ 68) durch Rechtsverordnung[3] mit Zustimmung des Bundesrates zur Förderung der Verwertung von Bioabfällen und Klärschlämmen, soweit es zur Erfüllung der Pflichten nach § 20 Absatz 2 Nummer 1, § 7 Absatz 2 bis 4 und § 8 Absatz 1 erforderlich ist, insbesondere festzulegen,
1. welche Abfälle als Bioabfälle oder Klärschlämme gelten,
2. *welche Anforderungen* an die getrennte Sammlung von Bioabfällen zu stellen sind,
3. ob und auf welche Weise Bioabfälle und Klärschlämme zu behandeln, welche Verfahren hierbei anzuwenden und welche anderen Maßnahmen hierbei zu treffen sind,

---

[1] Nr. **100**.
[2] § 11 Überschrift neu gef., Abs. 1 aufgeh., Abs. 2 Satz 1 einl. Satzteil, Abs. 3 Satz 2 einl. Satzteil geänd. mWv 29.10.2020 durch G v. 23.10.2020 (BGBl. I S. 2232).
[3] Siehe die Anmerkung am Titel.

4. welche Anforderungen an die Art und Beschaffenheit der unbehandelten, der zu behandelnden und der behandelten Bioabfälle und Klärschlämme zu stellen sind sowie
5. dass bestimmte Arten von Bioabfällen und Klärschlämmen nach Ausgangsstoff, Art, Beschaffenheit, Herkunft, Menge, Art oder Zeit der Aufbringung auf den Boden, Beschaffenheit des Bodens, Standortverhältnissen und Nutzungsart nicht, nur in bestimmten Mengen, nur in einer bestimmten Beschaffenheit oder nur für bestimmte Zwecke in Verkehr gebracht oder verwertet werden dürfen.

2 Durch Rechtsverordnung nach Satz 1 können entsprechend Satz 1 Nummer 3 bis 5 auch Anforderungen für die gemeinsame Verwertung von Bioabfällen und Klärschlämmen mit anderen Abfällen, Stoffen oder Materialien festgelegt werden. 3 Anforderungen nach Satz 1 Nummer 4 und 5, auch in Verbindung mit Satz 2, können nicht festgelegt werden, soweit die ordnungsgemäße und schadlose Verwertung von Bioabfällen und Klärschlämmen durch Regelungen des Düngerechts gewährleistet ist.

(3) 1 Durch Rechtsverordnung nach Absatz 2 Satz 1 können auch Verfahren zur Überprüfung der dort festgelegten Anforderungen an die Verwertung von Bioabfällen und Klärschlämmen bestimmt werden, insbesondere

1. Untersuchungspflichten hinsichtlich der Wirksamkeit der Behandlung, der Beschaffenheit der unbehandelten und behandelten Bioabfälle und Klärschlämme, der anzuwendenden Verfahren oder der anderen Maßnahmen,
2. Untersuchungsmethoden, die zur Überprüfung der Maßnahmen nach Nummer 1 erforderlich sind,
3. Untersuchungen des Bodens sowie
4. Verfahren zur Überprüfung der Anforderungen entsprechend § 10 Absatz 2 Nummer 1 bis 9 und Absatz 3.

2 Durch Rechtsverordnung nach Absatz 2 Satz 1 Nummer 1 kann vorgeschrieben werden, dass derjenige, der bestimmte Bioabfälle oder Klärschlämme, an deren schadlose Verwertung nach Maßgabe des § 7 Absatz 2 und 3, des § 8 Absatz 1, der §§ 9 und 9a auf Grund ihrer Art, Beschaffenheit oder Menge besondere Anforderungen zu stellen sind, in Verkehr bringt oder verwertet,

1. dies anzuzeigen hat,
2. dazu einer Erlaubnis bedarf,
3. bestimmten Anforderungen an seine Zuverlässigkeit genügen muss oder
4. seine notwendige Sach- oder Fachkunde in einem näher festzulegenden Verfahren nachzuweisen hat.

(4) 1 Die Landesregierungen können Rechtsverordnungen im Sinne der Absätze 2 und 3 für die Verwertung von Bioabfällen und Klärschlämmen und für die Aufbringung von Bioabfällen und Klärschlämmen auf Böden erlassen, soweit die Bundesregierung von der Ermächtigung keinen Gebrauch macht. 2 Die Landesregierungen können die Ermächtigung nach Satz 1 durch Rechtsverordnung ganz oder teilweise auf andere Behörden übertragen.

§ 12 *Qualitätssicherung* im Bereich der Bioabfälle und Klärschlämme.

(1) Zur Förderung der Kreislaufwirtschaft und zur Sicherstellung des Schutzes von Mensch und Umwelt bei der Erzeugung und Bewirtschaftung von Bioabfällen und Klärschlämmen nach Maßgabe der hierfür geltenden Rechtsvorschriften kön-

nen die Träger der Qualitätssicherung und die Qualitätszeichennehmer eine regelmäßige Qualitätssicherung einrichten.

(2) Qualitätszeichennehmer ist eine natürliche oder juristische Person, die

1. gewerbsmäßig, im Rahmen wirtschaftlicher Unternehmen oder öffentlicher Einrichtungen Bioabfälle oder Klärschlämme erzeugt, behandelt oder verwertet und
2. in Bezug auf erzeugte, behandelte oder verwertete Bioabfälle oder Klärschlämme, auch in Mischungen mit anderen Abfällen, Stoffen oder Materialien, über ein Qualitätszeichen eines Trägers der Qualitätssicherung verfügt.

(3) Das Qualitätszeichen darf nur erteilt werden, wenn der Qualitätszeichennehmer

1. die für die Sicherung der Qualität der Bioabfälle oder Klärschlämme erforderlichen Anforderungen an die Organisation, die personelle, gerätetechnische und sonstige Ausstattung sowie an die Zuverlässigkeit und Fach- und Sachkunde seines Personals erfüllt,
2. die Anforderungen an die Qualitätssicherung, insbesondere zur Minderung von Schadstoffen, zur Gewährleistung der seuchen- und phytohygienischen Unbedenklichkeit erfüllt und
3. sich verpflichtet, die Erfüllung der Anforderungen nach den Nummern 1 und 2 im Rahmen einer fortlaufenden Überwachung gegenüber dem Träger der Qualitätssicherung darzulegen.

(4) Der Qualitätszeichennehmer darf das Qualitätszeichen nur führen, soweit und solange es ihm vom Träger der Qualitätssicherung erteilt ist.

(5) [1]Ein Träger der Qualitätssicherung ist ein rechtsfähiger Zusammenschluss von Erzeugern oder Bewirtschaftern von Bioabfällen oder Klärschlämmen, Fachverbänden sowie von fachkundigen Einrichtungen, Institutionen oder Personen. [2]Der Träger der Qualitätssicherung bedarf der Anerkennung der zuständigen Behörde. [3]Die Erteilung des Qualitätszeichens erfolgt auf der Grundlage einer Satzung, eines Überwachungsvertrages oder einer sonstigen für den Qualitätszeichennehmer verbindlichen Regelung, die insbesondere die Anforderungen an die Qualitätszeichennehmer, an die von diesen erzeugten, behandelten oder verwerteten Bioabfälle oder Klärschlämme und an deren Überwachung festlegt.

(6) Der Träger der Qualitätssicherung hat sich für die Überprüfung der Qualitätszeichennehmer Sachverständiger zu bedienen, die die für die Durchführung der Überwachung erforderliche Zuverlässigkeit, Unabhängigkeit sowie Fach- und Sachkunde besitzen.

(7) [1]Die Bundesregierung wird ermächtigt, nach Anhörung der beteiligten Kreise (§ 68) durch Rechtsverordnung[1)] mit Zustimmung des Bundesrates Anforderungen an die Qualitätssicherung von Bioabfällen und Klärschlämmen vorzuschreiben. [2]In der Rechtsverordnung können insbesondere

1. Anforderungen an die Maßnahmen zur Qualitätssicherung, einschließlich deren Umfang bestimmt werden,
2. Anforderungen an die Organisation, die personelle, gerätetechnische und sonstige Ausstattung und die Tätigkeit eines Qualitätszeichennehmers bestimmt sowie ein ausreichender Haftpflichtversicherungsschutz gefordert werden,

---

[1)] Siehe die Anmerkung am Titel.

3. Anforderungen an den Qualitätszeichennehmer und die bei ihm beschäftigten Personen, insbesondere Mindestanforderungen an die Fach- und Sachkunde und die Zuverlässigkeit sowie an deren Nachweis, bestimmt werden,
4. Anforderungen an die Tätigkeit der Träger der Qualitätssicherung, insbesondere an deren Bildung, Auflösung, Organisation und Arbeitsweise, einschließlich der Bestellung, Aufgaben und Befugnisse der Prüforgane sowie Mindestanforderungen an die Mitglieder dieser Prüforgane, bestimmt werden,
5. Mindestanforderungen an die für die Träger der Qualitätssicherung tätigen Sachverständigen sowie deren Bestellung, Tätigkeit und Kontrolle bestimmt werden,
6. Anforderungen an das Qualitätszeichen, insbesondere an die Form und den Inhalt, sowie an seine Erteilung, seine Aufhebung, sein Erlöschen und seinen Entzug bestimmt werden,
7. die besonderen Voraussetzungen, das Verfahren, die Erteilung und die Aufhebung der Anerkennung des Trägers der Qualitätssicherung durch die zuständige Behörde geregelt werden,
8. für die erforderlichen Erklärungen, Nachweise, Benachrichtigungen oder sonstigen Daten die elektronische Führung und die Vorlage von Dokumenten in elektronischer Form gemäß § 3a Absatz 2 Satz 2 und 3 des Verwaltungsverfahrensgesetzes[1] angeordnet werden.

§ 13 Pflichten der Anlagenbetreiber. Die Pflichten der Betreiber von genehmigungsbedürftigen und nicht genehmigungsbedürftigen Anlagen nach dem Bundes-Immissionsschutzgesetz[2], diese so zu errichten und zu betreiben, dass Abfälle vermieden, verwertet oder beseitigt werden, richten sich nach den Vorschriften des Bundes-Immissionsschutzgesetzes.

§ 14[3] Förderung des Recyclings und der sonstigen stofflichen Verwertung. (1) Die Vorbereitung zur Wiederverwendung und das Recycling von Siedlungsabfällen sollen betragen:

1. spätestens ab dem 1. Januar 2020 insgesamt mindestens 50 Gewichtsprozent,
2. spätestens ab dem 1. Januar 2025 insgesamt mindestens 55 Gewichtsprozent,
3. spätestens ab dem 1. Januar 2030 insgesamt mindestens 60 Gewichtsprozent und
4. spätestens ab dem 1. Januar 2035 insgesamt mindestens 65 Gewichtsprozent.

(2) Die Vorbereitung zur Wiederverwendung, das Recycling und die sonstige stoffliche Verwertung von nicht gefährlichen Bau- und Abbruchabfällen mit Ausnahme von in der Natur vorkommenden Materialien, die in der Anlage zur Abfallverzeichnisverordnung mit dem Abfallschlüssel 17 05 04 gekennzeichnet sind, sollen spätestens ab dem 1. Januar 2020 mindestens 70 Gewichtsprozent betragen.

---

[1] Nr. **100**.
[2] Nr. **296**.
[3] § 14 Abs. 1 aufgeh., bish. Abs. 2 wird Abs. 1 und neu gef., bish. Abs. 3 wird Abs. 2 und Sätze 2 und 3 aufgeh. mWv 29.10.2020 durch G v. 23.10.2020 (BGBl. I S. 2232).

Abschnitt 3. Abfallbeseitigung

§ 15[1)] Grundpflichten der Abfallbeseitigung. (1) [1]Die Erzeuger oder Besitzer von Abfällen, die nicht verwertet werden, sind verpflichtet, diese zu beseitigen, soweit in § 17 nichts anderes bestimmt ist. [2]Durch die Behandlung von Abfällen sind deren Menge und Schädlichkeit zu vermindern. [3]Energie oder Abfälle, die bei der Beseitigung anfallen, sind hochwertig zu nutzen; § 8 Absatz 1 Satz 3 gilt entsprechend.

(2) [1]Abfälle sind so zu beseitigen, dass das Wohl der Allgemeinheit nicht beeinträchtigt wird. [2]Eine Beeinträchtigung liegt insbesondere dann vor, wenn
1. die Gesundheit der Menschen beeinträchtigt wird,
2. Tiere oder Pflanzen gefährdet werden,
3. Gewässer oder Böden schädlich beeinflusst werden,
4. schädliche Umwelteinwirkungen durch Luftverunreinigungen oder Lärm herbeigeführt werden,
5. die Ziele oder Grundsätze und sonstigen Erfordernisse der Raumordnung nicht beachtet oder die Belange des Naturschutzes, der Landschaftspflege sowie des Städtebaus nicht berücksichtigt werden oder
6. die öffentliche Sicherheit oder Ordnung in sonstiger Weise gefährdet oder gestört wird.

(3) [1]Soweit dies zur Erfüllung der Anforderungen nach den Absätzen 1 und 2 erforderlich ist, sind Abfälle zur Beseitigung getrennt zu sammeln und zu behandeln. [2]§ 9 Absatz 2 und 3 und § 9a gelten entsprechend.

(4) Die Ablagerung von Siedlungsabfällen auf Deponien darf spätestens ab dem 1. Januar 2035 höchstens 10 Gewichtsprozent des gesamten Siedlungsabfallaufkommens betragen.

§ 16[2)] Anforderungen an die Abfallbeseitigung. [1]Die Bundesregierung wird ermächtigt, nach Anhörung der beteiligten Kreise (§ 68) durch Rechtsverordnung[3)] mit Zustimmung des Bundesrates zur Erfüllung der Pflichten nach § 15 entsprechend dem Stand der Technik Anforderungen an die Beseitigung von Abfällen nach Herkunftsbereich, Anfallstelle sowie nach Art, Menge und Beschaffenheit festzulegen, insbesondere
1. Anforderungen an die getrennte Sammlung und die Behandlung von Abfällen,
2. Anforderungen an das Bereitstellen, Überlassen, Sammeln und Einsammeln, die Beförderung, Lagerung und Ablagerung von Abfällen sowie
3. Verfahren zur Überprüfung der Anforderungen entsprechend § 10 Absatz 2 Nummer 1 bis 9 und Absatz 3.

[2]Durch Rechtsverordnung nach Satz 1 Nummer 1 und 2 kann vorgeschrieben werden, dass derjenige, der bestimmte Abfälle, an deren Behandlung, Sammlung, Einsammlung, Beförderung, Lagerung und Ablagerung nach Maßgabe des § 15 auf Grund ihrer Art, Beschaffenheit oder Menge besondere Anforderungen zu stellen sind, in Verkehr bringt oder beseitigt,
1. dies anzuzeigen hat,

[1)] § 15 Abs. 3 Satz 1 geänd., Satz 2 neu gef., Abs. 4 angef. mWv 29.10.2020 durch G v. 23.10.2020 (BGBl. I S. 2232).
[2)] § 16 Satz 1 Nr. 1 geänd. mWv 29.10.2020 durch G v. 23.10.2020 (BGBl. I S. 2232).
[3)] Siehe die Anmerkung am Titel.

2. dazu einer Erlaubnis bedarf,
3. bestimmten Anforderungen an seine Zuverlässigkeit genügen muss oder
4. seine notwendige Sach- oder Fachkunde in einem näher festzulegenden Verfahren nachzuweisen hat.

Abschnitt 4. Öffentlich-rechtliche Entsorgung und Beauftragung Dritter

§ 17[1)] Überlassungspflichten. (1) [1]Abweichend von § 7 Absatz 2 und § 15 Absatz 1 sind Erzeuger oder Besitzer von Abfällen aus privaten Haushaltungen verpflichtet, diese Abfälle den nach Landesrecht zur Entsorgung verpflichteten juristischen Personen (öffentlich-rechtliche Entsorgungsträger) zu überlassen, soweit sie zu einer Verwertung auf den von ihnen im Rahmen ihrer privaten Lebensführung genutzten Grundstücken nicht in der Lage sind oder diese nicht beabsichtigen. [2]Satz 1 gilt auch für Erzeuger und Besitzer von Abfällen zur Beseitigung aus anderen Herkunftsbereichen, soweit sie diese nicht in eigenen Anlagen beseitigen. [3]Die Befugnis zur Beseitigung der Abfälle in eigenen Anlagen nach Satz 2 besteht nicht, soweit die Überlassung der Abfälle an den öffentlich-rechtlichen Entsorgungsträger auf Grund überwiegender öffentlicher Interessen erforderlich ist.

(2) [1]Die Überlassungspflicht besteht nicht für Abfälle,
1. die einer Rücknahme- oder Rückgabepflicht auf Grund einer Rechtsverordnung nach § 25 unterliegen, soweit nicht die öffentlich-rechtlichen Entsorgungsträger auf Grund einer Bestimmung nach § 25 Absatz 2 Nummer 8 an der Rücknahme mitwirken; hierfür kann insbesondere eine einheitliche Wertstofftonne oder eine einheitliche Wertstofferfassung in vergleichbarer Qualität vorgesehen werden, durch die werthaltige Abfälle aus privaten Haushaltungen in effizienter Weise erfasst und einer hochwertigen Verwertung zugeführt werden,
2. die in Wahrnehmung der Produktverantwortung nach § 26 freiwillig zurückgenommen werden, soweit dem zurücknehmenden Hersteller oder Vertreiber ein Feststellungs- oder Freistellungsbescheid nach § 26 Absatz 3 oder § 26a Absatz 1 Satz 1 erteilt worden ist,
3. die durch gemeinnützige Sammlung einer ordnungsgemäßen und schadlosen Verwertung zugeführt werden,
4. die durch gewerbliche Sammlung einer ordnungsgemäßen und schadlosen Verwertung zugeführt werden, soweit überwiegende öffentliche Interessen dieser Sammlung nicht entgegenstehen.

[2]Satz 1 Nummer 3 und 4 gilt nicht für gemischte Abfälle aus privaten Haushaltungen und gefährliche Abfälle. [3]Sonderregelungen der Überlassungspflicht durch Rechtsverordnungen nach den §§ 10, 16 und 25 bleiben unberührt.

(3) [1]Überwiegende öffentliche Interessen nach Absatz 2 Satz 1 Nummer 4 stehen einer gewerblichen Sammlung entgegen, wenn die Sammlung in ihrer konkreten Ausgestaltung, auch im Zusammenwirken mit anderen Sammlungen, die Funktionsfähigkeit des öffentlich-rechtlichen Entsorgungsträgers, des von diesem beauftragten Dritten oder des auf Grund einer Rechtsverordnung nach § 25 eingerichteten Rücknahmesystems gefährdet. [2]Eine Gefährdung der Funktionsfähigkeit des öffentlich-rechtlichen Entsorgungsträgers oder des von diesem beauftragten Dritten ist anzunehmen, wenn die Erfüllung der nach § 20 bestehenden Entsorgungspflichten zu wirtschaftlich ausgewogenen Bedingungen verhindert

---

[1)] § 17 Abs. 2 Satz 1 Nr. 1 und 2 geänd. mWv 29.10.2020 durch G v. 23.10.2020 (BGBl. I S. 2232).

oder die Planungssicherheit und Organisationsverantwortung wesentlich beeinträchtigt wird. [3]Eine wesentliche Beeinträchtigung der Planungssicherheit und Organisationsverantwortung des öffentlich-rechtlichen Entsorgungsträgers ist insbesondere anzunehmen, wenn durch die gewerbliche Sammlung

1. Abfälle erfasst werden, für die der öffentlich-rechtliche Entsorgungsträger oder der von diesem beauftragte Dritte eine haushaltsnahe oder sonstige hochwertige getrennte Erfassung und Verwertung der Abfälle durchführt,
2. die Stabilität der Gebühren gefährdet wird oder
3. die diskriminierungsfreie und transparente Vergabe von Entsorgungsleistungen im Wettbewerb erheblich erschwert oder unterlaufen wird.

[4]Satz 3 Nummer 1 und 2 gilt nicht, wenn die vom gewerblichen Sammler angebotene Sammlung und Verwertung der Abfälle wesentlich leistungsfähiger ist als die von dem öffentlich-rechtlichen Entsorgungsträger oder dem von ihm beauftragten Dritten bereits angebotene oder konkret geplante Leistung. [5]Bei der Beurteilung der Leistungsfähigkeit sind sowohl die in Bezug auf die Ziele der Kreislaufwirtschaft zu beurteilenden Kriterien der Qualität und der Effizienz, des Umfangs und der Dauer der Erfassung und Verwertung der Abfälle als auch die aus Sicht aller privaten Haushalte im Gebiet des öffentlich-rechtlichen Entsorgungsträgers zu beurteilende gemeinwohlorientierte Servicegerechtigkeit der Leistung zugrunde zu legen. [6]Leistungen, die über die unmittelbare Sammel- und Verwertungsleistung hinausgehen, insbesondere Entgeltzahlungen, sind bei der Beurteilung der Leistungsfähigkeit nicht zu berücksichtigen.

(4) [1]Die Länder können zur Sicherstellung der umweltverträglichen Beseitigung Andienungs- und Überlassungspflichten für gefährliche Abfälle zur Beseitigung bestimmen. [2]Andienungspflichten für gefährliche Abfälle zur Verwertung, die die Länder bis zum 7. Oktober 1996 bestimmt haben, bleiben unberührt.

§ 18[1)] Anzeigeverfahren für Sammlungen. (1) Gemeinnützige Sammlungen im Sinne des § 17 Absatz 2 Satz 1 Nummer 3 und gewerbliche Sammlungen im Sinne des § 17 Absatz 2 Satz 1 Nummer 4 sind spätestens drei Monate vor ihrer beabsichtigten Aufnahme durch ihren Träger der zuständigen Behörde nach Maßgabe der Absätze 2 und 3 anzuzeigen.

(2) Der Anzeige einer gewerblichen Sammlung sind beizufügen

1. Angaben über die Größe und Organisation des Sammlungsunternehmens,
2. Angaben über Art, Ausmaß und Dauer, insbesondere über den größtmöglichen Umfang und die Mindestdauer der Sammlung,
3. Angaben über Art, Menge und Verbleib der zu verwertenden Abfälle,
4. eine Darlegung der innerhalb des angezeigten Zeitraums vorgesehenen Verwertungswege einschließlich der erforderlichen Maßnahmen zur Sicherstellung ihrer Kapazitäten sowie
5. eine Darlegung, wie die ordnungsgemäße und schadlose Verwertung der gesammelten Abfälle im Rahmen der Verwertungswege nach Nummer 4 gewährleistet wird.

(3) [1]Der Anzeige der gemeinnützigen Sammlung sind beizufügen

---

1) § 18 Abs. 1 geänd. mWv 24.10.2015 durch G v. 20.10.2015 (BGBl. I S. 1739); Abs. 8 angef. mWv 29.10.2020 durch G v. 23.10.2020 (BGBl. I S. 2232).

1. Angaben über die Größe und Organisation des Trägers der gemeinnützigen Sammlung sowie gegebenenfalls des Dritten, der mit der Sammlung beauftragt wird, sowie
2. Angaben über Art, Ausmaß und Dauer der Sammlung.

[2] Die Behörde kann verlangen, dass der Anzeige der gemeinnützigen Sammlung Unterlagen entsprechend Absatz 2 Nummer 3 bis 5 beizufügen sind.

(4) [1] Die zuständige Behörde fordert den von der gewerblichen oder gemeinnützigen Sammlung betroffenen öffentlich-rechtlichen Entsorgungsträger auf, für seinen Zuständigkeitsbereich eine Stellungnahme innerhalb einer Frist von zwei Monaten abzugeben. [2] Hat der öffentlich-rechtliche Entsorgungsträger bis zum Ablauf dieser Frist keine Stellungnahme abgegeben, ist davon auszugehen, dass sich dieser nicht äußern will.

(5) [1] Die zuständige Behörde kann die angezeigte Sammlung von Bedingungen abhängig machen, sie zeitlich befristen oder Auflagen für sie vorsehen, soweit dies erforderlich ist, um die Erfüllung der Voraussetzungen nach § 17 Absatz 2 Satz 1 Nummer 3 oder Nummer 4 sicherzustellen. [2] Die zuständige Behörde hat die Durchführung der angezeigten Sammlung zu untersagen, wenn Tatsachen bekannt sind, aus denen sich Bedenken gegen die Zuverlässigkeit des Anzeigenden oder der für die Leitung und Beaufsichtigung der Sammlung verantwortlichen Personen ergeben, oder die Einhaltung der in § 17 Absatz 2 Satz 1 Nummer 3 oder Nummer 4 genannten Voraussetzungen anders nicht zu gewährleisten ist.

(6) [1] Die zuständige Behörde kann bestimmen, dass eine gewerbliche Sammlung mindestens für einen bestimmten Zeitraum durchzuführen ist; dieser Zeitraum darf drei Jahre nicht überschreiten. [2] Wird die gewerbliche Sammlung vor Ablauf des nach Satz 1 bestimmten Mindestzeitraums eingestellt oder innerhalb dieses Zeitraums in ihrer Art und ihrem Ausmaß in Abweichung von den von der Behörde nach Absatz 5 Satz 1 festgelegten Bedingungen oder Auflagen wesentlich eingeschränkt, ist der Träger der gewerblichen Sammlung dem betroffenen öffentlich-rechtlichen Entsorgungsträger gegenüber zum Ersatz der Mehraufwendungen verpflichtet, die für die Sammlung und Verwertung der bislang von der gewerblichen Sammlung erfassten Abfälle erforderlich sind. [3] Zur Absicherung des Ersatzanspruchs kann die zuständige Behörde dem Träger der gewerblichen Sammlung eine Sicherheitsleistung auferlegen.

(7) Soweit eine gewerbliche Sammlung, die zum Zeitpunkt des Inkrafttretens dieses Gesetzes bereits durchgeführt wurde, die Funktionsfähigkeit des öffentlich-rechtlichen Entsorgungsträgers, des von diesem beauftragten Dritten oder des auf Grund einer Rechtsverordnung nach § 25 eingerichteten Rücknahmesystems bislang nicht gefährdet hat, ist bei Anordnungen nach Absatz 5 oder 6 der Grundsatz der Verhältnismäßigkeit, insbesondere ein schutzwürdiges Vertrauen des Trägers der Sammlung auf ihre weitere Durchführung, zu beachten.

(8) Der von der gewerblichen Sammlung betroffene öffentlich-rechtliche Entsorgungsträger hat einen Anspruch darauf, dass die für gewerbliche Sammlungen geltenden Bestimmungen des Anzeigeverfahrens eingehalten werden.

§ 19 Duldungspflichten bei Grundstücken. (1) [1] Die Eigentümer und Besitzer von Grundstücken, auf denen überlassungspflichtige Abfälle anfallen, sind verpflichtet, das Aufstellen von zur Erfassung notwendigen Behältnissen sowie das Betreten des Grundstücks zum Zweck des Einsammelns und zur Überwachung des Getrennthaltens und der Verwertung von Abfällen zu dulden. [2] Die Bediensteten und Beauftragten der zuständigen Behörde dürfen Geschäfts- und Betriebsgrundstücke und Geschäfts- und Betriebsräume außerhalb der üblichen Geschäftszeiten sowie Wohnräume ohne Einverständnis des Inhabers nur zur Verhütung dringender Gefahren für die öffentliche Sicherheit und Ordnung betreten. [3]Das Grundrecht auf Unverletzlichkeit der Wohnung (Artikel 13 Absatz 1 des Grundgesetzes[1)]) wird insoweit eingeschränkt.

(2) Absatz 1 gilt entsprechend für Rücknahme- und Sammelsysteme, die zur Durchführung von Rücknahmepflichten auf Grund einer Rechtsverordnung nach § 25 erforderlich sind.

§ 20[2)] Pflichten der öffentlich-rechtlichen Entsorgungsträger. (1) [1]Die öffentlich-rechtlichen Entsorgungsträger haben die in ihrem Gebiet angefallenen und überlassenen Abfälle aus privaten Haushaltungen und Abfälle zur Beseitigung aus anderen Herkunftsbereichen nach Maßgabe der §§ 6 bis 11 zu verwerten oder nach Maßgabe der §§ 15 und 16 zu beseitigen. [2]Werden Abfälle zur Beseitigung überlassen, weil die Pflicht zur Verwertung aus den in § 7 Absatz 4 genannten Gründen nicht erfüllt werden muss, sind die öffentlich-rechtlichen Entsorgungsträger zur Verwertung verpflichtet, soweit bei ihnen diese Gründe nicht vorliegen.

(2) [1]Die öffentlich-rechtlichen Entsorgungsträger sind verpflichtet, folgende in ihrem Gebiet in privaten Haushaltungen angefallenen und überlassenen Abfälle getrennt zu sammeln:

1. Bioabfälle; § 9 Absatz 1 und 3 Nummer 3 und 4 sowie Absatz 4 gilt entsprechend,
2. Kunststoffabfälle; § 9 gilt entsprechend,
3. Metallabfälle; § 9 gilt entsprechend,
4. Papierabfälle; § 9 gilt entsprechend,
5. Glas; § 9 Absatz 1 und 3 Nummer 3 und 4 sowie Absatz 4 gilt entsprechend,
6. Textilabfälle; § 9 gilt entsprechend,
7. Sperrmüll; die öffentlich-rechtlichen Entsorgungsträger sammeln Sperrmüll in einer Weise, welche die Vorbereitung zur Wiederverwendung und das Recycling der einzelnen Bestandteile ermöglicht und
8. gefährliche Abfälle; die öffentlich-rechtlichen Entsorgungsträger stellen sicher, dass sich die gefährlichen Abfälle bei der Sammlung nicht mit anderen Abfällen vermischen.

[2]Die Verpflichtung zur getrennten Sammlung von Textilabfällen nach Satz 1 Nummer 6 gilt ab dem 1. Januar 2025.

(3) [1]Die öffentlich-rechtlichen Entsorgungsträger können mit Zustimmung der zuständigen Behörde Abfälle von der Entsorgung ausschließen, soweit diese der Rücknahmepflicht auf Grund einer nach § 25 erlassenen Rechtsverordnung oder auf Grund eines Gesetzes unterliegen und entsprechende Rücknahmeeinrichtungen tatsächlich zur Verfügung stehen. [2]Satz 1 gilt auch für Abfälle zur Beseitigung aus anderen Herkunftsbereichen als privaten Haushaltungen, soweit diese nach Art, Menge oder Beschaffenheit nicht mit den in Haushaltungen anfallenden Abfällen entsorgt werden können oder die Sicherheit der umweltverträglichen Beseitigung im Einklang mit den Abfallwirtschaftsplänen der Länder durch einen anderen öffentlich-rechtlichen Entsorgungsträger oder Dritten gewährleistet ist. [3]Die öffentlich-rechtlichen Entsorgungsträger können den Ausschluss von der

---

[1)] Nr. **1**.

[2)] § 20 Abs. 2 eingef., bish. Abs. 2 wird Abs. 3 und Satz 1 geänd., bish. Abs. 3 wird Abs. 4 mWv 29.10. 2020 durch G v. 23.10.2020 (BGBl. I S. 2232).

Entsorgung nach den Sätzen 1 und 2 mit Zustimmung der zuständigen Behörde widerrufen, soweit die dort genannten Voraussetzungen für einen Ausschluss nicht mehr vorliegen.

(4) Die Pflichten nach Absatz 1 gelten auch für Kraftfahrzeuge oder Anhänger ohne gültige amtliche Kennzeichen, wenn diese

1. auf öffentlichen Flächen oder außerhalb im Zusammenhang bebauter Ortsteile abgestellt sind,
2. keine Anhaltspunkte für deren Entwendung oder bestimmungsgemäße Nutzung bestehen sowie
3. nicht innerhalb eines Monats nach einer am Fahrzeug angebrachten, deutlich sichtbaren Aufforderung entfernt worden sind.

§ 21[1)] Abfallwirtschaftskonzepte und Abfallbilanzen. [1] Die öffentlich-rechtlichen Entsorgungsträger im Sinne des § 20 haben Abfallwirtschaftskonzepte und Abfallbilanzen über die Verwertung, insbesondere die Vorbereitung zur Wiederverwendung und das Recycling, und die Beseitigung der in ihrem Gebiet anfallenden und ihnen zu überlassenden Abfälle zu erstellen; dabei werden die betriebenen und geplanten Systeme zur Getrenntsammlung, insbesondere der in § 20 Absatz 2 genannten Abfallarten, gesondert dargestellt. [2] In den Abfallwirtschaftskonzepten und Abfallbilanzen sind zudem die getroffenen Maßnahmen zur Abfallvermeidung darzustellen. [3] Bei der Fortentwicklung von Abfallvermeidungsmaßnahmen sind die Maßnahmen des Abfallvermeidungsprogramms nach § 33 zu berücksichtigen. [4] Die Anforderungen an Abfallwirtschaftskonzepte und Abfallbilanzen richten sich nach Landesrecht.

§ 22 Beauftragung Dritter. [1] Die zur Verwertung und Beseitigung Verpflichteten können Dritte mit der Erfüllung ihrer Pflichten beauftragen. [2] Ihre Verantwortlichkeit für die Erfüllung der Pflichten bleibt hiervon unberührt und so lange bestehen, bis die Entsorgung endgültig und ordnungsgemäß abgeschlossen ist. [3] Die beauftragten Dritten müssen über die erforderliche Zuverlässigkeit verfügen.

Teil 3. Produktverantwortung

§ 23[2)] Produktverantwortung. (1) [1] Wer Erzeugnisse entwickelt, herstellt, be- oder verarbeitet oder vertreibt, trägt zur Erfüllung der Ziele der Kreislaufwirtschaft die Produktverantwortung. [2] Erzeugnisse sind möglichst so zu gestalten, dass bei ihrer Herstellung und ihrem Gebrauch das Entstehen von Abfällen vermindert wird und sichergestellt ist, dass die nach ihrem Gebrauch entstandenen Abfälle umweltverträglich verwertet oder beseitigt werden. [3] Beim Vertrieb der Erzeugnisse ist dafür zu sorgen, dass deren Gebrauchstauglichkeit erhalten bleibt und diese nicht zu Abfall werden.

(2) Die Produktverantwortung umfasst insbesondere

1. die Entwicklung, die Herstellung und das Inverkehrbringen von Erzeugnissen, die ressourceneffizient, mehrfach verwendbar, technisch langlebig, reparierbar und nach Gebrauch zur ordnungsgemäßen, schadlosen und hochwertigen Verwertung sowie zur umweltverträglichen Beseitigung geeignet sind,

---

1) § 21 neu gef. mWv 29.10.2020 durch G v. 23.10.2020 (BGBl. I S. 2232).

2) § 23 neu gef. mWv 29.10.2020 durch G v. 23.10.2020 (BGBl. I S. 2232).

2. den vorrangigen Einsatz von verwertbaren Abfällen oder sekundären Rohstoffen, insbesondere Rezyklaten, bei der Herstellung von Erzeugnissen,
3. den sparsamen Einsatz von kritischen Rohstoffen und die Kennzeichnung der in den Erzeugnissen enthaltenen kritischen Rohstoffe, um zu verhindern, dass diese Erzeugnisse zu Abfall werden sowie sicherzustellen, dass die kritischen Rohstoffe aus den Erzeugnissen oder den nach Gebrauch der Erzeugnisse entstandenen Abfällen zurückgewonnen werden können,
4. die Stärkung der Wiederverwendung von Erzeugnissen, insbesondere die Unterstützung von Systemen zur Wiederverwendung und Reparatur,
5. die Senkung des Gehalts an gefährlichen Stoffen sowie die Kennzeichnung von schadstoffhaltigen Erzeugnissen, um sicherzustellen, dass die nach Gebrauch der Erzeugnisse entstandenen Abfälle umweltverträglich verwertet oder beseitigt werden,
6. den Hinweis auf Rückgabe-, Wiederverwendungs-, Verwertungs- und Beseitigungsmöglichkeiten oder -pflichten und Pfandregelungen durch Kennzeichnung der Erzeugnisse,
7. die Rücknahme der Erzeugnisse und der nach Gebrauch der Erzeugnisse entstandenen Abfälle sowie deren nachfolgende umweltverträgliche Verwertung oder Beseitigung,
8. die Übernahme der finanziellen oder der finanziellen und organisatorischen Verantwortung für die Bewirtschaftung der nach Gebrauch der Erzeugnisse entstandenen Abfälle,
9. die Information und Beratung der Öffentlichkeit über Möglichkeiten der Vermeidung, Verwertung und Beseitigung von Abfällen, insbesondere über Anforderungen an die Getrenntsammlung sowie Maßnahmen zur Verhinderung der Vermüllung der Umwelt,
10. die Beteiligung an Kosten, die den öffentlich-rechtlichen Entsorgungsträgern und sonstigen juristischen Personen des öffentlichen Rechts für die Reinigung der Umwelt und die anschließende umweltverträgliche Verwertung und Beseitigung der nach Gebrauch der aus den von einem Hersteller oder Vertreiber in Verkehr gebrachten Erzeugnissen entstandenen Abfälle entstehen sowie
11. eine Obhutspflicht hinsichtlich der vertriebenen Erzeugnisse, insbesondere die Pflicht, beim Vertrieb der Erzeugnisse, auch im Zusammenhang mit deren Rücknahme oder Rückgabe, dafür zu sorgen, dass die Gebrauchstauglichkeit der Erzeugnisse erhalten bleibt und diese nicht zu Abfall werden.

(3) Im Rahmen der Produktverantwortung nach den Absätzen 1 und 2 sind neben der Verhältnismäßigkeit der Anforderungen entsprechend § 7 Absatz 4 die sich aus anderen Rechtsvorschriften ergebenden Regelungen zur Produktverantwortung und zum Schutz von Mensch und Umwelt sowie die Festlegungen des Unionsrechts über den freien Warenverkehr zu berücksichtigen.

(4) [1]Die Bundesregierung bestimmt durch Rechtsverordnungen auf Grund der §§ 24 und 25, welche Verpflichteten die Produktverantwortung nach den Absätzen 1 und 2 wahrzunehmen haben. [2]Sie legt zugleich fest, für welche Erzeugnisse und in welcher Art und Weise die Produktverantwortung wahrzunehmen ist.

§ 24[1)] Anforderungen an Verbote, Beschränkungen, Kennzeichnungen, Beratung, Information und Obhutspflicht. Zur Festlegung von Anforderungen nach § 23 wird die Bundesregierung ermächtigt, nach Anhörung der betei-

---

[1)] § 24 neu gef. mWv 29.10.2020 durch G v. 23.10.2020 (BGBl. I S. 2232).

ligten Kreise (§ 68) durch Rechtsverordnung mit Zustimmung des Bundesrates zu bestimmen, dass

1. bestimmte Erzeugnisse nur ressourceneffizient, insbesondere in einer Form, die die mehrfache Verwendung, die technische Langlebigkeit und die Reparierbarkeit erleichtert, sowie in bestimmter, die Abfallbewirtschaftung spürbar entlastender Weise in Verkehr gebracht werden dürfen,
2. bestimmte Erzeugnisse nur in bestimmter Beschaffenheit oder Form oder für bestimmte Verwendungen in Verkehr gebracht werden dürfen, bei denen eine umweltverträgliche Verwertung oder Beseitigung der nach Gebrauch der Erzeugnisse entstandenen Abfälle gewährleistet werden kann,
3. bestimmte Erzeugnisse nur in bestimmter, die Abfallentsorgung spürbar entlastender Weise in Verkehr gebracht werden dürfen, insbesondere in einer Form, die die mehrfache Verwendung oder die Verwertung erleichtert,
4. bestimmte Erzeugnisse nicht in Verkehr gebracht werden dürfen, wenn
   a) bei der Verwertung oder Beseitigung der nach Gebrauch der Erzeugnisse entstehenden Abfälle die Freisetzung von Schadstoffen nicht oder nur mit unverhältnismäßig hohem Aufwand verhindert werden könnte und die umweltverträgliche Verwertung oder Beseitigung nicht auf andere Weise sichergestellt werden kann,
   b) ihre Verwendung in erheblichem Umfang zur Vermüllung der Umwelt beiträgt und dies nicht oder nur mit unverhältnismäßig hohem Aufwand verhindert werden kann,
5. bestimmte Erzeugnisse in bestimmter Weise zu kennzeichnen sind, um insbesondere die Erfüllung der Pflichten nach § 7 Absatz 2 und 3, § 8 Absatz 1 oder § 9 Absatz 1 und 3 im Anschluss an die Rücknahme zu sichern oder zu fördern,
6. bestimmte Erzeugnisse wegen der im Erzeugnis enthaltenen kritischen Rohstoffe, sonstiger Materialien oder des Schadstoffgehalts der nach Gebrauch der Erzeugnisse entstehenden Abfälle nur mit einer Kennzeichnung in Verkehr gebracht werden dürfen, die insbesondere auf die Notwendigkeit einer Rückgabe an die Hersteller, Vertreiber oder bestimmte Dritte hinweist,
7. für bestimmte Erzeugnisse an der Abgabestelle oder der Stelle des Inverkehrbringens Hinweise zu geben oder die Erzeugnisse zu kennzeichnen sind im Hinblick auf
   a) die Vermeidung der nach Gebrauch der Erzeugnisse entstandenen Abfälle und die Wiederverwendbarkeit der Erzeugnisse,
   b) die Vermeidung der Vermüllung der Umwelt durch die nach Gebrauch der Erzeugnisse entstandenen Abfälle,
   c) den Einsatz von sekundären Rohstoffen, insbesondere Rezyklaten, sowie die Recyclingfähigkeit der nach Gebrauch der Erzeugnisse entstandenen Abfälle,
   d) die umweltverträgliche Verwertung und Beseitigung der nach Gebrauch der Erzeugnisse entstandenen Abfälle und
   e) die Rückgabemöglichkeit im Falle einer verordneten Rücknahme- oder Rückgabepflicht nach § 25,
8. bestimmte Erzeugnisse, für die die Erhebung eines Pfandes nach § 25 verordnet wurde, entsprechend zu kennzeichnen sind, gegebenenfalls mit Angabe der Höhe des Pfandes,

9. für bestimmte Erzeugnisse, insbesondere solche, deren Verwendung in erheblichem Umfang zur Vermüllung der Umwelt beiträgt, die Öffentlichkeit über die Auswirkungen der Vermüllung der Umwelt, die Möglichkeiten der Vermeidung und der Bewirtschaftung der nach Gebrauch der Erzeugnisse entstehenden Abfälle zu beraten und zu informieren ist,
10. beim Vertrieb bestimmter Erzeugnisse, auch im Zusammenhang mit deren Rücknahme oder Rückgabe, dafür zu sorgen ist, dass die Gebrauchstauglichkeit der Erzeugnisse erhalten bleibt und diese nicht zu Abfall werden.

§ 25[1] Anforderungen an Rücknahme- und Rückgabepflichten, die Wiederverwendung, die Verwertung und die Beseitigung der nach Gebrauch der Erzeugnisse entstandenen Abfälle, Kostenbeteiligungen für die Reinigung der Umwelt; Obhutspflicht. (1) Zur Festlegung von Anforderungen nach § 23 wird die Bundesregierung ermächtigt, nach Anhörung der beteiligten Kreise (§ 68) durch Rechtsverordnung mit Zustimmung des Bundesrates zu bestimmen, dass Hersteller oder Vertreiber

1. bestimmte Erzeugnisse nur bei Eröffnung einer für den jeweiligen Bereich flächendeckenden Rückgabemöglichkeit sowie Sicherstellung der umweltverträglichen Verwertung oder Beseitigung abgeben oder in Verkehr bringen dürfen,
2. bestimmte Erzeugnisse zurückzunehmen und die Rückgabe sowie die umweltverträgliche Verwertung und Beseitigung durch geeignete Maßnahmen sicherzustellen haben, insbesondere durch die Einrichtung von Rücknahmesystemen, die Beteiligung an Rücknahmesystemen, die Erhebung eines Pfandes oder die Gewährung anderer wirtschaftlicher Anreize,
3. bestimmte Erzeugnisse an der Abgabe- oder Anfallstelle oder einer anderen vorgeschriebenen Stelle zurückzunehmen haben,
4. sich an Kosten zu beteiligen haben, die den öffentlich-rechtlichen Entsorgungsträgern und sonstigen juristischen Personen des öffentlichen Rechts für die Reinigung der Umwelt und die anschließende umweltverträgliche Verwertung und Beseitigung der nach Gebrauch der von einem Hersteller oder Vertreiber in Verkehr gebrachten Erzeugnisse gemäß Teil E des Anhangs zu der Richtlinie (EU) 2019/904 des Europäischen Parlaments und des Rates vom 5. Juni 2019 über die Verringerung der Auswirkungen bestimmter Kunststoffprodukte auf die Umwelt (ABl. L 155 vom 12.6.2019, S. 1) entstehen,
5. bestimmte Erzeugnisse nur bei Bestellung eines Bevollmächtigten in Verkehr bringen dürfen, der im Geltungsbereich dieses Gesetzes niedergelassen ist und für die mit der Produktverantwortung verbundenen Pflichten verantwortlich ist, die sich aus den auf Grund der §§ 24 und 25 erlassenen Rechtsverordnungen ergeben, wenn der Hersteller oder Vertreiber in einem anderen Mitgliedstaat niedergelassen ist,
6. bestimmter Erzeugnisse Systeme zur Förderung der Wiederverwendung und Reparatur zu unterstützen haben,
7. einen Nachweis zu führen haben
   a) über die in Verkehr gebrachten Erzeugnisse, deren Eigenschaften und Mengen,
   b) über die Rücknahme von Abfällen und die Beteiligung an Rücknahmesystemen sowie

---

[1] § 25 neu gef. mWv 29.10.2020 durch G v. 23.10.2020 (BGBl. I S. 2232).

c) über Art, Menge und Bewirtschaftung der zurückgenommenen Erzeugnisse oder der nach Gebrauch der Erzeugnisse entstehenden Abfälle,

8. Belege nach Nummer 7 beizubringen, einzubehalten, aufzubewahren oder auf Verlangen vorzuzeigen haben sowie
9. zur Gewährleistung einer angemessenen Transparenz für bestimmte, unter die Obhutspflicht fallende Erzeugnisse einen Bericht zu erstellen haben, der die Verwendung der Erzeugnisse, insbesondere deren Art, Menge, Verbleib und Entsorgung, sowie die getroffenen und geplanten Maßnahmen zur Umsetzung der Obhutspflicht zum Inhalt hat; es kann auch bestimmt werden, ob und in welcher Weise der Bericht durch Dritte zu überprüfen, der zuständigen Behörde vorzulegen oder in geeigneter Weise zu veröffentlichen ist; die gültige Umwelterklärung einer in das EMAS-Register eingetragenen Organisation erfüllt die Anforderungen an den Bericht, soweit sie die erforderlichen Obhutspflichten adressiert.

(2) Durch Rechtsverordnung nach Absatz 1 kann zur Festlegung von Anforderungen nach § 23 sowie zur ergänzenden Festlegung von Pflichten sowohl der Erzeuger und Besitzer von Abfällen als auch der öffentlich-rechtlichen Entsorgungsträger im Rahmen der Kreislaufwirtschaft weiter bestimmt werden,

1. wer die Kosten für die Sammlung, Rücknahme, Verwertung und Beseitigung, die Kennzeichnung, die Datenerhebung und -übermittlung sowie die Beratung und Information nach § 24 Nummer 9 zu tragen hat,
2. wie die Kosten festgelegt werden, insbesondere, dass bei der Festlegung der Kosten der Lebenszyklus der Erzeugnisse zu berücksichtigen ist,
3. dass derjenige, der die Kosten zu tragen hat, einen Nachweis darüber zu erbringen hat, dass er über die erforderlichen finanziellen oder finanziellen und organisatorischen Mittel verfügt, um den Verpflichtungen im Rahmen der Produktverantwortung nachzukommen, insbesondere durch Leisten einer Sicherheit oder Bilden betrieblicher Rücklagen,
4. dass derjenige, der die Kosten zu tragen hat, eine geeignete Eigenkontrolle einzurichten und durchzuführen hat zur Prüfung und Bewertung
   a) seiner Finanzen, einschließlich der Kostenverteilung, und
   b) der Qualität der Daten, für die eine Nachweisführung nach Absatz 1 Nummer 7 verordnet wurde,
5. dass derjenige, der die Kosten zu tragen hat, eine Prüfung der Eigenkontrolle nach Nummer 4 durch einen von der zuständigen Behörde bekannt gegebenen Sachverständigen, eine von dieser Behörde bekannt gegebene Stelle oder eine sonstige Person, die über die erforderliche Fach- und Sachkunde verfügt, durchführen zu lassen hat,
6. dass die Besitzer von Abfällen diese den nach Absatz 1 verpflichteten Herstellern, Vertreibern oder nach Absatz 1 Nummer 2 eingerichteten Rücknahmesystemen zu überlassen haben,
7. auf welche Art und Weise die Abfälle überlassen werden, einschließlich der Maßnahmen zum Bereitstellen, Sammeln und Befördern und des jeweils gebotenen Umfangs sowie der Bringpflichten der in Nummer 6 genannten Besitzer von Abfällen,
8. *dass die öffentlich-rechtlichen* Entsorgungsträger im Sinne des § 20 durch Erfassung der Abfälle als ihnen übertragene Aufgabe bei der Rücknahme mitzuwirken und die erfassten Abfälle den nach Absatz 1 Verpflichteten zu überlassen haben,

9. welche Form, welchen Inhalt und welches Verfahren die Bestellung eines Bevollmächtigten nach Absatz 1 Nummer 5 oder eines freiwillig Bevollmächtigten einzuhalten hat,
10. welche Anforderungen an die Verwertung eingehalten werden müssen, insbesondere durch Festlegen abfallwirtschaftlicher Ziele, und
11. dass Daten über die Einhaltung der abfallwirtschaftlichen Ziele nach Nummer 10 sowie weitere Daten über die Organisation und Struktur der Rücknahmesysteme zu erheben und in geeigneter Weise zu veröffentlichen sind.

§ 26[1] Freiwillige Rücknahme, Wahrnehmung der Produktverantwortung. (1) Das Bundesministerium für Umwelt, Naturschutz und nukleare Sicherheit wird ermächtigt, nach Anhörung der beteiligten Kreise (§ 68) durch Rechtsverordnung ohne Zustimmung des Bundesrates Ziele für die freiwillige Rücknahme von Erzeugnissen und den nach Gebrauch der Erzeugnisse entstandenen Abfällen festzulegen, die innerhalb einer angemessenen Frist zu erreichen sind.

(2) Hersteller und Vertreiber, die Erzeugnisse und die nach Gebrauch der Erzeugnisse entstandenen Abfälle in eigenen Anlagen oder Einrichtungen oder in Anlagen oder Einrichtungen der von ihnen beauftragten Dritten freiwillig zurücknehmen, haben dies der zuständigen Behörde vor Beginn der Rücknahme anzuzeigen.

(3) [1]Die im Sinne von Absatz 2 zuständige Behörde stellt auf Antrag des Herstellers oder Vertreibers fest, dass die angezeigte Rücknahme von Abfällen in Wahrnehmung der Produktverantwortung nach § 23 erfolgt, wenn

1. die Abfälle, die vom Hersteller oder Vertreiber zurückgenommen werden, von Erzeugnissen stammen, die vom Hersteller oder Vertreiber selbst hergestellt oder vertrieben wurden,
2. durch die freiwillige Rücknahme die Ziele der Produktverantwortung nach § 23 umgesetzt werden,
3. die umweltverträgliche Verwertung oder Beseitigung der Abfälle gewährleistet bleibt und
4. durch die Rücknahme die Kreislaufwirtschaft gefördert wird.

[2]Eine Förderung der Kreislaufwirtschaft ist anzunehmen, wenn die geplante Rücknahme und Verwertung der Abfälle insgesamt mindestens so hochwertig erfolgen wie die Rücknahme und Verwertung, die von dem zuständigen öffentlich-rechtlichen Entsorgungsträger, den von ihm beauftragten Dritten oder einer gemeinnützigen oder gewerblichen Sammlung im Entsorgungsgebiet angeboten wird. [3]§ 26a Absatz 3 gilt entsprechend.

(4) Auf Antrag des Herstellers oder Vertreibers wird die Feststellung der Wahrnehmung der Produktverantwortung auch auf nicht gefährliche Abfälle von Erzeugnissen erstreckt, die nicht von dem Hersteller oder Vertreiber selbst hergestellt oder vertrieben wurden, wenn

1. die Voraussetzungen des Absatzes 3 Satz 1 Nummer 2 bis 4 erfüllt sind,
2. die Erzeugnisse derselben Gattung oder Produktart angehören wie die vom Hersteller oder Vertreiber selbst hergestellten oder vertriebenen Erzeugnisse,
3. die Rücknahme in einem engen Zusammenhang mit der wirtschaftlichen Tätigkeit des Herstellers oder Vertreibers steht,

[1] § 26 neu gef. mWv 29.10.2020 durch G v. 23.10.2020 (BGBl. I S. 2232).

4. die Menge der zurückgenommenen Abfälle in einem angemessenen Verhältnis zur Menge der vom Hersteller oder Vertreiber hergestellten und vertriebenen Erzeugnisse steht und
5. sichergestellt ist, dass die Rücknahme und die Verwertung mindestens für einen Zeitraum von drei Jahren durchgeführt werden.

§ 26a[1] Freistellung von Nachweispflichten bei freiwilliger Rücknahme gefährlicher Abfälle. (1) [1] Soweit vom Hersteller oder Vertreiber in Wahrnehmung der Produktverantwortung die nach Gebrauch ihrer Erzeugnisse verbleibenden gefährlichen Abfälle in eigenen Anlagen oder Einrichtungen oder in Anlagen oder Einrichtungen der von ihnen beauftragten Dritten freiwillig zurückgenommen werden, soll die zuständige Behörde den Hersteller oder Vertreiber auf Antrag von der Nachweispflicht nach § 50 bis zum Abschluss der Rücknahme der Abfälle freistellen. [2] Als abgeschlossen gilt die Rücknahme mit der Annahme der Abfälle an einer Anlage zur weiteren Entsorgung, ausgenommen Anlagen zur Zwischenlagerung der Abfälle, wenn im Freistellungsbescheid kein früherer Zeitpunkt bestimmt wird.

(2) [1] Für die Freistellung nach Absatz 1 gelten die in § 26 Absatz 3 Satz 1 Nummer 1 bis 4 festgelegten Voraussetzungen entsprechend. [2] Die Anträge auf Feststellung der Wahrnehmung der Produktverantwortung nach § 26 Absatz 3 und 4 und der Antrag nach Absatz 1 können mit der Anzeige nach § 26 Absatz 2 verbunden werden.

(3) [1] Die Freistellung nach den Absätzen 1 und 2 und die Feststellung der Wahrnehmung der Produktverantwortung nach § 26 Absatz 3 und 4 gelten für die Bundesrepublik Deutschland, soweit keine beschränkte Geltung beantragt oder angeordnet wird. [2] Die jeweils für die Freistellung oder Feststellung zuständige Behörde übersendet je eine Kopie des Freistellungs- und des Feststellungsbescheides an die zuständigen Behörden der Länder, in denen die Abfälle zurückgenommen werden.

(4) [1] Erzeuger, Besitzer, Beförderer oder Entsorger gefährlicher Abfälle, die diese Abfälle an einen Hersteller oder Vertreiber zurückgeben oder in dessen Auftrag entsorgen, sind bis zum Abschluss der Rücknahme von der Nachweispflicht nach § 50 für diese Abfälle befreit, soweit der Hersteller oder Vertreiber von der Pflicht zur Nachweisführung für solche Abfälle freigestellt ist. [2] Die zuständige Behörde kann die Rückgabe oder Entsorgung von Bedingungen abhängig machen, sie zeitlich befristen oder Auflagen für sie vorsehen, soweit dies erforderlich ist, um die umweltverträgliche Verwertung und Beseitigung sicherzustellen.

§ 27 Besitzerpflichten nach Rücknahme. Hersteller und Vertreiber, die Abfälle auf Grund einer Rechtsverordnung nach § 25 oder freiwillig zurücknehmen, unterliegen den Pflichten eines Besitzers von Abfällen.

Teil 4. Planungsverantwortung

Abschnitt 1. Ordnung und Durchführung der Abfallbeseitigung

§ 28 Ordnung der Abfallbeseitigung. (1) [1] Abfälle dürfen zum Zweck der *Beseitigung nur in den dafür* zugelassenen Anlagen oder Einrichtungen (Abfallbeseitigungsanlagen) behandelt, gelagert oder abgelagert werden. [2] Abweichend

[1] § 26a eingef. mWv 29.10.2020 durch G v. 23.10.2020 (BGBl. I S. 2232).

von Satz 1 ist die Behandlung von Abfällen zur Beseitigung auch in solchen Anlagen zulässig, die überwiegend einem anderen Zweck als der Abfallbeseitigung dienen und die einer Genehmigung nach § 4 des Bundes-Immissionsschutzgesetzes[1)] bedürfen. [3]Die Lagerung oder Behandlung von Abfällen zur Beseitigung in den diesen Zwecken dienenden Abfallbeseitigungsanlagen ist auch zulässig, soweit diese nach dem Bundes-Immissionsschutzgesetz auf Grund ihres geringen Beeinträchtigungspotenzials keiner Genehmigung bedürfen und in einer Rechtsverordnung nach § 23 des Bundes-Immissionsschutzgesetzes oder in einer Rechtsverordnung nach § 16 nichts anderes bestimmt ist. [4]Flüssige Abfälle, die kein Abwasser sind, können unter den Voraussetzungen des § 55 Absatz 3 des Wasserhaushaltsgesetzes[2)] vom 31. Juli 2009 (BGBl. I S. 2585), das zuletzt durch Artikel 1 des Gesetzes vom 6. Oktober 2011 (BGBl. I S. 1986) geändert worden ist, in der jeweils geltenden Fassung mit Abwasser beseitigt werden.

(2) Die zuständige Behörde kann im Einzelfall unter dem Vorbehalt des Widerrufs Ausnahmen von Absatz 1 Satz 1 zulassen, wenn dadurch das Wohl der Allgemeinheit nicht beeinträchtigt wird.

(3) [1]Die Landesregierungen können durch Rechtsverordnung die Beseitigung bestimmter Abfälle oder bestimmter Mengen dieser Abfälle außerhalb von Anlagen im Sinne des Absatzes 1 Satz 1 zulassen, soweit hierfür ein Bedürfnis besteht und eine Beeinträchtigung des Wohls der Allgemeinheit nicht zu besorgen ist. [2]Sie können in diesem Fall auch die Voraussetzungen und die Art und Weise der Beseitigung durch Rechtsverordnung bestimmen. [3]Die Landesregierungen können die Ermächtigung durch Rechtsverordnung ganz oder teilweise auf andere Behörden übertragen.

§ 29 Durchführung der Abfallbeseitigung. (1) [1]Die zuständige Behörde kann den Betreiber einer Abfallbeseitigungsanlage verpflichten, einem Beseitigungspflichtigen nach § 15 sowie den öffentlich-rechtlichen Entsorgungsträgern im Sinne des § 20 die Mitbenutzung der Abfallbeseitigungsanlage gegen angemessenes Entgelt zu gestatten, soweit diese auf eine andere Weise den Abfall nicht zweckmäßig oder nur mit erheblichen Mehrkosten beseitigen können und die Mitbenutzung für den Betreiber zumutbar ist. [2]Kommt eine Einigung über das Entgelt nicht zustande, wird es auf Antrag durch die zuständige Behörde festgesetzt. [3]Auf Antrag des nach Satz 1 Verpflichteten kann der durch die Gestattung Begünstigte statt zur Zahlung eines angemessenen Entgelts dazu verpflichtet werden, nach dem Wegfall der Gründe für die Zuweisung Abfälle gleicher Art und Menge zu übernehmen. [4]Die Verpflichtung zur Gestattung darf nur erfolgen, wenn Rechtsvorschriften dieses Gesetzes nicht entgegenstehen; die Erfüllung der Grundpflichten gemäß § 15 muss sichergestellt sein. [5]Die zuständige Behörde hat von demjenigen Beseitigungspflichtigen, der durch die Gestattung begünstigt werden soll, die Vorlage eines Abfallwirtschaftskonzepts zu verlangen und dieses ihrer Entscheidung zugrunde zu legen.

(2) [1]Die zuständige Behörde kann dem Betreiber einer Abfallbeseitigungsanlage, der Abfälle wirtschaftlicher als die öffentlich-rechtlichen Entsorgungsträger beseitigen kann, auf seinen Antrag die Beseitigung dieser Abfälle übertragen. [2]Die Übertragung kann insbesondere mit der Auflage verbunden werden, dass der Antragsteller alle Abfälle, die in dem von den öffentlich-rechtlichen Entsorgungsträgern erfassten Gebiet angefallen sind, gegen Erstattung der Kosten beseitigt,

---

1) Nr. **296**.
2) Nr. **845**.

wenn die öffentlich-rechtlichen Entsorgungsträger die verbleibenden Abfälle nicht oder nur mit unverhältnismäßigem Aufwand beseitigen können; dies gilt nicht, wenn der Antragsteller darlegt, dass es unzumutbar ist, die Beseitigung auch dieser verbleibenden Abfälle zu übernehmen.

(3) [1] Die zuständige Behörde kann den Abbauberechtigten oder den Unternehmer eines Mineralgewinnungsbetriebs sowie den Eigentümer, Besitzer oder in sonstiger Weise Verfügungsberechtigten eines zur Mineralgewinnung genutzten Grundstücks verpflichten, die Beseitigung von Abfällen in freigelegten Bauen in seiner Anlage oder innerhalb seines Grundstücks zu dulden, während der üblichen Betriebs- oder Geschäftszeiten den Zugang zu ermöglichen und dabei, soweit dies unumgänglich ist, vorhandene Betriebsanlagen oder Einrichtungen oder Teile derselben zur Verfügung zu stellen. [2] Die dem Verpflichteten nach Satz 1 entstehenden Kosten hat der Beseitigungspflichtige zu erstatten. [3] Kommt eine Einigung über die Erstattung der Kosten nicht zustande, werden sie auf Antrag durch die zuständige Behörde festgesetzt. [4] Der Vorrang der Mineralgewinnung gegenüber der Abfallbeseitigung darf nicht beeinträchtigt werden. [5] Für die aus der Abfallbeseitigung entstehenden Schäden haftet der Duldungspflichtige nicht.

(4) [1] Das Einbringen von Abfällen in die Hohe See sowie die Verbrennung von Abfällen auf Hoher See ist nach Maßgabe des Hohe-See-Einbringungsgesetzes vom 25. August 1998 (BGBl. I S. 2455), das zuletzt durch Artikel 72 der Verordnung vom 31. Oktober 2006 (BGBl. I S. 2407) geändert worden ist, verboten. [2] Baggergut darf nach Maßgabe des in Satz 1 genannten Gesetzes unter Berücksichtigung der jeweiligen Inhaltsstoffe in die Hohe See eingebracht werden.

Abschnitt 2. Abfallwirtschaftspläne und Abfallvermeidungsprogramme

§ 30[1)] Abfallwirtschaftspläne. (1) [1] Die Länder stellen für ihr Gebiet Abfallwirtschaftspläne nach überörtlichen Gesichtspunkten auf. [2] Die Abfallwirtschaftspläne stellen Folgendes dar:

1. die Ziele der Abfallvermeidung, der Abfallverwertung, insbesondere der Vorbereitung zur Wiederverwendung und des Recyclings, sowie der Abfallbeseitigung,
2. die getroffenen Maßnahmen zur Abfallvermeidung und die bestehende Situation der Abfallbewirtschaftung,
3. die erforderlichen Maßnahmen zur Verbesserung der Abfallverwertung und Abfallbeseitigung einschließlich einer Bewertung ihrer Eignung zur Zielerreichung sowie
4. die Abfallentsorgungsanlagen, die zur Sicherung der Beseitigung von Abfällen sowie der Verwertung von gemischten Abfällen aus privaten Haushaltungen einschließlich solcher, die dabei auch in anderen Herkunftsbereichen gesammelt werden, im Inland erforderlich sind.

[3] Die Abfallwirtschaftspläne weisen Folgendes aus:

1. die zugelassenen Abfallentsorgungsanlagen im Sinne des Satzes 2 Nummer 4 sowie

[1)] § 30 Abs. 1 Satz 2 Nr. 2, Abs. 5 Satz 2 geänd., Abs. 6 Nr. 2 und 3 neu gef., Nr. 4 und 5 eingef., bish. Nr. 4 wird Nr. 6, bish. Nr. 5 wird Nr. 7 und geänd., Nr. 8 und 9 angef. mWv 29.10.2020 durch G v. 23.10.2020 (BGBl. I S. 2232; Abs. 6 Nr. 9 Buchst. b geänd., Nr. 10 angef. mWv 3.7.2021 durch G v. 9.6. 2021 (BGBl. I S. 1699)).

2. die Flächen, die für Deponien, für sonstige Abfallbeseitigungsanlagen sowie für Abfallentsorgungsanlagen im Sinne des Satzes 2 Nummer 4 geeignet sind.

[4] Die Abfallwirtschaftspläne können ferner bestimmen, welcher Entsorgungsträger vorgesehen ist und welcher Abfallentsorgungsanlage im Sinne des Satzes 2 Nummer 4 sich die Entsorgungspflichtigen zu bedienen haben.

(2) [1] Bei der Darstellung des Bedarfs sind zukünftige, innerhalb eines Zeitraums von mindestens zehn Jahren zu erwartende Entwicklungen zu berücksichtigen. [2] Soweit dies zur Darstellung des Bedarfs erforderlich ist, sind Abfallwirtschaftskonzepte und Abfallbilanzen auszuwerten.

(3) [1] Eine Fläche kann als geeignet im Sinne des Absatzes 1 Satz 3 Nummer 2 angesehen werden, wenn ihre Lage, Größe und Beschaffenheit im Hinblick auf die vorgesehene Nutzung mit den abfallwirtschaftlichen Zielsetzungen im Plangebiet übereinstimmen und Belange des Wohls der Allgemeinheit der Eignung der Fläche nicht offensichtlich entgegenstehen. [2] Die Flächenausweisung nach Absatz 1 Satz 3 Nummer 2 ist keine Voraussetzung für die Planfeststellung oder Genehmigung der in § 35 aufgeführten Abfallbeseitigungsanlagen.

(4) Die Ausweisungen im Sinne des Absatzes 1 Satz 3 Nummer 2 und Satz 4 können für die Entsorgungspflichtigen für verbindlich erklärt werden.

(5) [1] Bei der Abfallwirtschaftsplanung sind die Ziele der Raumordnung zu beachten und die Grundsätze und sonstigen Erfordernisse der Raumordnung zu berücksichtigen. [2] § 7 Absatz 4 des Raumordnungsgesetzes[1)] bleibt unberührt.

(6) Die Abfallwirtschaftspläne enthalten mindestens

1. Angaben über Art, Menge und Herkunft der im Gebiet erzeugten Abfälle und der Abfälle, die voraussichtlich aus dem oder in das deutsche Hoheitsgebiet verbracht werden, sowie eine Abschätzung der zukünftigen Entwicklung der Abfallströme,
2. Angaben über
   a) bestehende Abfallsammelsysteme und bedeutende Beseitigungs- und Verwertungsanlagen, einschließlich spezieller Vorkehrungen für Altöl, für gefährliche Abfälle und für Abfälle, die erhebliche Mengen kritischer Rohstoffe enthalten, oder
   b) Abfallströme, für die besondere Bestimmungen nach diesem Gesetz oder auf Grund dieses Gesetzes erlassener Rechtsverordnungen gelten,
   c) Abfallströme, für die besondere Gesetze über das Inverkehrbringen und die Rücknahme bestimmter Abfallströme oder auf Grund dieser Gesetze erlassener Rechtsverordnungen gelten,
3. eine Beurteilung der Notwendigkeit der Stilllegung bestehender oder der Errichtung zusätzlicher Abfallentsorgungsanlagen nach Absatz 1 Satz 3 Nummer 1; die Länder stellen sicher, dass die Investitionen und andere Finanzmittel, auch für die zuständigen Behörden, bewertet werden, die für die im Einklang mit dem ersten Halbsatz ermittelten notwendigen Maßnahmen benötigt werden; die Bewertung wird in die entsprechenden Abfallwirtschaftspläne oder andere für das jeweilige Land geltende strategische Dokumente aufgenommen,
4. Informationen über die Maßnahmen zur Erreichung der Zielvorgaben entsprechend Artikel 5 Absatz 3a der Richtlinie 1999/31/EG des Rates vom 26. April 1999 über Abfalldeponien (ABl. L 182 vom 16.7.1999, S. 1), die zuletzt durch die Richtlinie (EU) 2018/850 (ABl. L 150 vom 14.6.2018,

---

[1)] Nr. **340**.

S. 100) geändert worden ist, oder die in anderen für das jeweilige Land geltenden strategischen Dokumenten festgelegt sind,

5. eine Beurteilung
   a) der bestehenden Abfallsammelsysteme, einschließlich der Abfälle, die getrennt gesammelt werden, der geografischen Gebiete, in denen die getrennte Sammlung erfolgt, und der Maßnahmen zur Verbesserung der getrennten Sammlung,
   b) der Darlegung der Voraussetzungen nach § 9 Absatz 3, sofern keine getrennte Sammlung erfolgt, und
   c) der Notwendigkeit neuer Sammelsysteme,
6. ausreichende Informationen über die Ansiedlungskriterien zur Standortbestimmung und über die Kapazität künftiger Beseitigungsanlagen oder bedeutender Verwertungsanlagen,
7. allgemeine Abfallbewirtschaftungsstrategien, einschließlich geplanter Abfallbewirtschaftungstechnologien und -verfahren, oder Strategien für Abfälle, die besondere Bewirtschaftungsprobleme aufwerfen,
8. Maßnahmen zur Bekämpfung und Verhinderung jeglicher Form von Vermüllung sowie zur Reinigung der Umwelt von Abfällen jeder Art,
9. geeignete qualitative und quantitative Indikatoren und Zielvorgaben, auch in Bezug auf
   a) die Menge des anfallenden Abfalls und seine Behandlung und
   b) die Siedlungsabfälle, die energetisch verwertet oder beseitigt werden,
10. Maßnahmen, die zur Umsetzung der Artikel 4 bis 10 der Richtlinie (EU) 2019/904 getroffen wurden.

(7) Abfallwirtschaftspläne können weiterhin enthalten

1. Angaben über organisatorische Aspekte der Abfallbewirtschaftung, einschließlich einer Beschreibung der Aufteilung der Verantwortlichkeiten zwischen öffentlichen und privaten Akteuren, die die Abfallbewirtschaftung durchführen,
2. eine Bewertung von Nutzen und Eignung des Einsatzes wirtschaftlicher und anderer Instrumente zur Bewältigung verschiedener Abfallprobleme unter Berücksichtigung der Notwendigkeit, ein reibungsloses Funktionieren des Binnenmarkts aufrechtzuerhalten,
3. den Einsatz von Sensibilisierungskampagnen sowie Informationen für die Öffentlichkeit oder eine bestimmte Verbrauchergruppe,
4. Angaben über geschlossene kontaminierte Abfallbeseitigungsstandorte und Maßnahmen für deren Sanierung.

§ 31 Aufstellung von Abfallwirtschaftsplänen. (1) [1]Die Länder sollen ihre Abfallwirtschaftsplanungen aufeinander und untereinander abstimmen. [2]Ist eine die Grenze eines Landes überschreitende Planung erforderlich, sollen die betroffenen Länder bei der Aufstellung der Abfallwirtschaftspläne die Erfordernisse und Maßnahmen in gegenseitigem Benehmen miteinander festlegen.

(2) Bei der Aufstellung der Abfallwirtschaftspläne sind die Gemeinden und die *Landkreise sowie ihre jeweiligen Zusammen*schlüsse und die öffentlich-rechtlichen Entsorgungsträger zu beteiligen.

(3) Die öffentlich-rechtlichen Entsorgungsträger haben die von ihnen zu erstellenden und fortzuschreibenden Abfallwirtschaftskonzepte und Abfallbilanzen auf

Verlangen der zuständigen Behörde zur Auswertung für die Abfallwirtschaftsplanung vorzulegen.

(4) [1]Die Länder regeln das Verfahren zur Aufstellung der Pläne und zu deren Verbindlicherklärung. [2]Die Absätze 1 bis 3 und § 32 bleiben unberührt.

(5) Die Pläne sind mindestens alle sechs Jahre auszuwerten und bei Bedarf fortzuschreiben.

§ 32 Beteiligung der Öffentlichkeit bei der Aufstellung von Abfallwirtschaftsplänen, Unterrichtung der Öffentlichkeit. (1) [1]Bei der Aufstellung oder Änderung von Abfallwirtschaftplänen nach § 30, einschließlich besonderer Kapitel oder gesonderter Teilpläne, insbesondere über die Entsorgung von gefährlichen Abfällen, Altbatterien und Akkumulatoren oder Verpackungen und Verpackungsabfällen, ist die Öffentlichkeit durch die zuständige Behörde zu beteiligen. [2]Die Aufstellung oder Änderung eines Abfallwirtschaftsplans sowie Informationen über das Beteiligungsverfahren sind in einem amtlichen Veröffentlichungsblatt und auf andere geeignete Weise bekannt zu machen.

(2) [1]Der Entwurf des neuen oder geänderten Abfallwirtschaftsplans sowie die Gründe und Erwägungen, auf denen der Entwurf beruht, sind einen Monat zur Einsicht auszulegen. [2]Bis zwei Wochen nach Ablauf der Auslegungsfrist kann gegenüber der zuständigen Behörde schriftlich Stellung genommen werden. [3]Der Zeitpunkt des Fristablaufs ist bei der Bekanntmachung nach Absatz 1 Satz 2 mitzuteilen. [4]Fristgemäß eingegangene Stellungnahmen werden von der zuständigen Behörde bei der Entscheidung über die Annahme des Plans angemessen berücksichtigt.

(3) [1]Die Annahme des Plans ist von der zuständigen Behörde in einem amtlichen Veröffentlichungsblatt und auf einer öffentlich zugänglichen Webseite öffentlich bekannt zu machen; dabei ist in zusammengefasster Form über den Ablauf des Beteiligungsverfahrens und über die Gründe und Erwägungen, auf denen die getroffene Entscheidung beruht, zu unterrichten. [2]Der angenommene Plan ist zur Einsicht für die Öffentlichkeit auszulegen, hierauf ist in der öffentlichen Bekanntmachung nach Satz 1 hinzuweisen.

(4) Die Absätze 1 bis 3 finden keine Anwendung, wenn es sich bei dem Abfallwirtschaftsplan um einen Plan handelt, für den nach dem Gesetz über die Umweltverträglichkeitsprüfung[1)] eine Strategische Umweltprüfung durchzuführen ist.

(5) [1]Unbeschadet der Beteiligung der Öffentlichkeit nach den Absätzen 1 bis 4 unterrichten die Länder die Öffentlichkeit über den Stand der Abfallwirtschaftsplanung. [2]Die Unterrichtung enthält unter Beachtung der bestehenden Geheimhaltungsvorschriften eine zusammenfassende Darstellung und Bewertung der Abfallwirtschaftspläne, einen Vergleich zum vorangegangenen sowie eine Prognose für den folgenden Unterrichtungszeitraum.

§ 33[2)] Abfallvermeidungsprogramme. (1) [1]Der Bund erstellt ein Abfallvermeidungsprogramm. [2]Die Länder können sich an der Erstellung des Abfallvermeidungsprogramms beteiligen. [3]In diesem Fall leisten sie für ihren jeweiligen

---

[1)] Nr. **295**.

[2)] § 33 Abs. 5 Satz 3 geänd. mWv 24.10.2015 durch G v. 20.10.2015 (BGBl. I S. 1739); Abs. 3 Nr. 2 neu gef., Abs. 4–7 eingef., bish. Abs. 4 wird Abs. 8, bish. Abs. 5 wird Abs. 9 und Satz 1 neu gef., Satz 3 geänd. mWv 29.10.2020 durch G v. 23.10.2020 (BGBl. I S. 2232); Abs. 3 Nr. 2 Buchst. l und m geänd., Buchst. n angef. mWv 3.7.2021 durch G v. 9.6.2021 (BGBl. I S. 1699).

Zuständigkeitsbereich eigenverantwortliche Beiträge; diese Beiträge werden in das Abfallvermeidungsprogramm des Bundes aufgenommen.

(2) Soweit die Länder sich nicht an einem Abfallvermeidungsprogramm des Bundes beteiligen, erstellen sie eigene Abfallvermeidungsprogramme.

(3) Das Abfallvermeidungsprogramm

1. legt die Abfallvermeidungsziele fest; die Ziele sind darauf gerichtet, das Wirtschaftswachstum und die mit der Abfallerzeugung verbundenen Auswirkungen auf Mensch und Umwelt zu entkoppeln,
2. sieht mindestens die folgenden Abfallvermeidungsmaßnahmen vor:
   a) die Förderung und Unterstützung nachhaltiger Produktions- und Konsummodelle,
   b) die Förderung der Entwicklung, der Herstellung und der Verwendung von Produkten, die ressourceneffizient und auch in Bezug auf ihre Lebensdauer und den Ausschluss geplanter Obsoleszenz langlebig, reparierbar sowie wiederverwendbar oder aktualisierbar sind,
   c) die gezielte Identifizierung von Produkten, die kritische Rohstoffe enthalten, um zu verhindern, dass diese Materialien zu Abfall werden,
   d) die Unterstützung der Wiederverwendung von Produkten und der Schaffung von Systemen zur Förderung von Tätigkeiten zur Reparatur und Wiederverwendung, insbesondere von Elektro- und Elektronikgeräten, Textilien, Möbeln, Verpackungen sowie Baumaterialien und -produkten,
   e) unbeschadet der Rechte des geistigen Eigentums die Förderung der Verfügbarkeit von Ersatzteilen, Bedienungsanleitungen, technischen Informationen oder anderen Mitteln und Geräten sowie Software, die es ermöglichen, Produkte ohne Beeinträchtigung ihrer Qualität und Sicherheit zu reparieren und wiederzuverwenden,
   f) die Verringerung der Abfallerzeugung bei Prozessen im Zusammenhang mit der industriellen Produktion, bei der Gewinnung von Mineralien, bei der Herstellung, bei Bau- und Abbruchtätigkeiten, jeweils unter Berücksichtigung der besten verfügbaren Techniken,
   g) die Verringerung der Verschwendung von Lebensmitteln in der Primärerzeugung, Verarbeitung und Herstellung, im Einzelhandel und bei anderen Formen des Vertriebs von Lebensmitteln, in Gaststätten und bei Verpflegungsdienstleistungen sowie in privaten Haushaltungen, um zu dem Ziel der Vereinten Nationen für nachhaltige Entwicklung beizutragen, bis 2030 die weltweit im Einzelhandel und bei den Verbrauchern pro Kopf anfallenden Lebensmittelabfälle zu halbieren und die Verluste von Lebensmitteln entlang der Produktions- und Lieferkette einschließlich Nachernteverlusten zu reduzieren,
   h) die Förderung
      aa) von Lebensmittelspenden und anderen Formen der Umverteilung von Lebensmitteln für den menschlichen Verzehr, damit der Verzehr durch den Menschen Vorrang gegenüber dem Einsatz als Tierfutter und der Verarbeitung zu sonstigen Erzeugnissen hat,
      bb) von Sachspenden,
   i) die Förderung der Senkung des Gehalts an gefährlichen Stoffen in Materialien und Produkten,

j) die Reduzierung der Entstehung von Abfällen, insbesondere von Abfällen, die sich nicht für die Vorbereitung zur Wiederverwendung oder für das Recycling eignen,

k) die Ermittlung von Produkten, die Hauptquellen der Vermüllung insbesondere der Natur und der Meeresumwelt sind, und die Durchführung geeigneter Maßnahmen zur Vermeidung und Reduzierung des durch diese Produkte verursachten Müllaufkommens,

l) die Vermeidung und deutliche Reduzierung von Meeresmüll als Beitrag zu dem Ziel der Vereinten Nationen für nachhaltige Entwicklung, jegliche Formen der Meeresverschmutzung zu vermeiden und deutlich zu reduzieren,

m) die Entwicklung und Unterstützung von Informationskampagnen, in deren Rahmen für Abfallvermeidung und Vermüllung sensibilisiert wird, sowie

n) Maßnahmen, die zur Umsetzung der Artikel 4 bis 10 der Richtlinie (EU) 2019/904 getroffen wurden,

3. legt, soweit erforderlich, weitere Abfallvermeidungsmaßnahmen fest und
4. gibt zweckmäßige, spezifische, qualitative oder quantitative Maßstäbe für festgelegte Abfallvermeidungsmaßnahmen vor, anhand derer die bei den Maßnahmen erzielten Fortschritte überwacht und bewertet werden; als Maßstab können Indikatoren oder andere geeignete spezifische qualitative oder quantitative Ziele herangezogen werden.

(4) Bei der Festlegung der Abfallvermeidungsmaßnahmen ist Folgendes zu berücksichtigen:
1. die Verhältnismäßigkeit der Maßnahmen entsprechend § 7 Absatz 4,
2. andere Rechtsvorschriften zur Verwendung von Erzeugnissen, zur Produktverantwortung sowie zum Schutz von Mensch und Umwelt und
3. Festlegungen des Unionsrechts über den freien Warenverkehr.

(5) Bei der Erstellung des Abfallvermeidungsprogramms
1. sind die bestehenden Abfallvermeidungsmaßnahmen und ihr Beitrag zur Abfallvermeidung zu beschreiben,
2. ist die Zweckmäßigkeit der in der Anlage 4 angegebenen oder anderer geeigneter Abfallvermeidungsmaßnahmen zu bewerten und
3. ist, soweit relevant, der Beitrag zu beschreiben, den die in der Anlage 5 aufgeführten Instrumente und Maßnahmen zur Abfallvermeidung leisten.

(6) Das Abfallvermeidungsprogramm nimmt auf spezielle Programme zur Vermeidung von Lebensmittelabfällen Bezug und gibt deren Abfallvermeidungsziele und -maßnahmen an.

(7) [1]Das Abfallvermeidungsprogramm kann sich auf andere umweltpolitische Programme oder stoffstromspezifische Programme beziehen. [2]Wird auf ein solches Programm Bezug genommen, sind dessen Abfallvermeidungsziele und -maßnahmen im Abfallvermeidungsprogramm deutlich auszuweisen.

(8) [1]Beiträge der Länder nach Absatz 1 oder Abfallvermeidungsprogramme der Länder nach Absatz 2 können in die Abfallwirtschaftspläne nach § 30 aufgenommen oder als eigenständiges umweltpolitisches Programm oder Teil eines solchen erstellt werden. [2]Wird ein Beitrag oder ein Abfallvermeidungsprogramm in den Abfallwirtschaftsplan oder in ein anderes Programm aufgenommen, sind die Abfallvermeidungsmaßnahmen deutlich auszuweisen.

(9) [1]Bestehende Abfallvermeidungsprogramme sind bis zum Ablauf des 12. Dezember 2025 an die Anforderungen nach Absatz 3 Nummer 2, den Absätzen 4 und 5 anzupassen, alle sechs Jahre auszuwerten und bei Bedarf fortzuschreiben. [2]Bei der Aufstellung oder Änderung von Abfallvermeidungsprogrammen ist die Öffentlichkeit von der zuständigen Behörde entsprechend § 32 Absatz 1 bis 4 zu beteiligen. [3]Zuständig für die Erstellung des Abfallvermeidungsprogramms des Bundes ist das Bundesministerium für Umwelt, Naturschutz und nukleare Sicherheit oder eine von diesem zu bestimmende Behörde. [4]Das Abfallvermeidungsprogramm des Bundes wird im Einvernehmen mit den fachlich betroffenen Bundesministerien erstellt.

Abschnitt 3. Zulassung von Anlagen, in denen Abfälle entsorgt werden

§ 34 Erkundung geeigneter Standorte. (1) [1]Eigentümer und Nutzungsberechtigte von Grundstücken haben zu dulden, dass Beauftragte der zuständigen Behörde und der öffentlich-rechtlichen Entsorgungsträger zur Erkundung geeigneter Standorte für Deponien und öffentlich zugängliche Abfallbeseitigungsanlagen Grundstücke mit Ausnahme von Wohnungen betreten und Vermessungen, Boden- und Grundwasseruntersuchungen sowie ähnliche Maßnahmen durchführen. [2]Die Absicht, Grundstücke zu betreten und solche Maßnahmen durchzuführen, ist den Eigentümern und Nutzungsberechtigten der Grundstücke rechtzeitig vorher bekannt zu geben.

(2) [1]Die zuständige Behörde und die öffentlich-rechtlichen Entsorgungsträger haben nach Abschluss der Maßnahmen den vorherigen Zustand unverzüglich wiederherzustellen. [2]Sie können anordnen, dass bei der Erkundung geschaffene Einrichtungen aufrechtzuerhalten sind. [3]Die Einrichtungen sind zu beseitigen, wenn sie für die Erkundung nicht mehr benötigt werden oder wenn eine Entscheidung darüber nicht innerhalb von zwei Jahren nach Schaffung der Einrichtung getroffen worden ist und der Eigentümer oder Nutzungsberechtigte dem weiteren Verbleib der Einrichtung gegenüber der Behörde widersprochen hat.

(3) Eigentümer und Nutzungsberechtigte von Grundstücken können für durch Maßnahmen nach Absatz 1 oder Absatz 2 entstandene Vermögensnachteile von der zuständigen Behörde Entschädigung in Geld verlangen.

§ 35[1)] Planfeststellung und Genehmigung. (1) Die Errichtung und der Betrieb von Anlagen, in denen eine Entsorgung von Abfällen durchgeführt wird, sowie die wesentliche Änderung einer solchen Anlage oder ihres Betriebes bedürfen der Genehmigung nach den Vorschriften des Bundes-Immissionsschutzgesetzes[2)]; einer weiteren Zulassung nach diesem Gesetz bedarf es nicht.

(2) [1]Die Errichtung und der Betrieb von Deponien sowie die wesentliche Änderung einer solchen Anlage oder ihres Betriebes bedürfen der Planfeststellung durch die zuständige Behörde. [2]In dem Planfeststellungsverfahren ist eine Umweltverträglichkeitsprüfung nach den Vorschriften des Gesetzes über die Umweltverträglichkeitsprüfung[3)] durchzuführen.

[1)] § 35 Abs. 3 Satz 1 Nr. 1, 2 und Satz 2 geänd. mWv 29.7.2017 durch G v. 20.7.2017 (BGBl. I S. 2808).

[2)] Nr. **296**.

[3)] Nr. **295**.

(3) [1] § 74 Absatz 6 des Verwaltungsverfahrensgesetzes[1)] gilt mit der Maßgabe, dass die zuständige Behörde nur dann an Stelle eines Planfeststellungsbeschlusses auf Antrag oder von Amts wegen eine Plangenehmigung erteilen kann, wenn

1. die Errichtung und der Betrieb einer unbedeutenden Deponie beantragt werden, soweit die Errichtung und der Betrieb keine erheblichen nachteiligen Auswirkungen auf ein in § 2 Absatz 1 des Gesetzes über die Umweltverträglichkeitsprüfung genanntes Schutzgut haben können, oder
2. die wesentliche Änderung einer Deponie oder ihres Betriebes beantragt wird, soweit die Änderung keine erheblichen nachteiligen Auswirkungen auf ein in § 2 Absatz 1 des Gesetzes über die Umweltverträglichkeitsprüfung genanntes Schutzgut haben kann, oder
3. die Errichtung und der Betrieb einer Deponie beantragt werden, die ausschließlich oder überwiegend der Entwicklung und Erprobung neuer Verfahren dient,

(Fortsetzung nächstes Blatt)

1) Nr. **100**.

und die Genehmigung für einen Zeitraum von höchstens zwei Jahren nach Inbetriebnahme der Anlage erteilt werden soll; soweit diese Deponie der Ablagerung gefährlicher Abfälle dient, darf die Genehmigung für einen Zeitraum von höchstens einem Jahr nach Inbetriebnahme der Anlage erteilt werden.

[2] Die zuständige Behörde soll ein Genehmigungsverfahren durchführen, wenn die wesentliche Änderung keine erheblichen nachteiligen Auswirkungen auf ein in § 2 Absatz 1 des Gesetzes über die Umweltverträglichkeitsprüfung genanntes Schutzgut hat und den Zweck verfolgt, eine wesentliche Verbesserung für diese Schutzgüter herbeizuführen. [3] Eine Plangenehmigung nach Satz 1 Nummer 1 kann nicht erteilt werden

1. für Deponien zur Ablagerung von gefährlichen Abfällen,
2. für Deponien zur Ablagerung von nicht gefährlichen Abfällen mit einer Aufnahmekapazität von 10 Tonnen oder mehr pro Tag oder mit einer Gesamtkapazität von 25 000 Tonnen oder mehr; dies gilt nicht für Deponien für Inertabfälle.

(4) [1] § 15 Absatz 1 Satz 1 bis 4 und Absatz 2 des Bundes-Immissionsschutzgesetzes gilt entsprechend. [2] Satz 1 findet auch auf die in § 39 genannten Deponien Anwendung.

(5) Für nach Absatz 4 anzeigebedürftige Änderungen kann der Träger des Vorhabens eine Planfeststellung oder eine Plangenehmigung beantragen.

§ 36 Erteilung, Sicherheitsleistung, Nebenbestimmungen. (1) Der Planfeststellungsbeschluss nach § 35 Absatz 2 darf nur erlassen oder die Plangenehmigung nach § 35 Absatz 3 darf nur erteilt werden, wenn

1. sichergestellt ist, dass das Wohl der Allgemeinheit nicht beeinträchtigt wird, insbesondere
   a) keine Gefahren für die in § 15 Absatz 2 Satz 2 genannten Schutzgüter hervorgerufen werden können,
   b) Vorsorge gegen die Beeinträchtigungen der in § 15 Absatz 2 Satz 2 genannten Schutzgüter in erster Linie durch bauliche, betriebliche oder organisatorische Maßnahmen entsprechend dem Stand der Technik getroffen wird und
   c) Energie sparsam und effizient verwendet wird,
2. keine Tatsachen bekannt sind, aus denen sich Bedenken gegen die Zuverlässigkeit des Betreibers oder der für die Errichtung, Leitung oder Beaufsichtigung des Betriebes oder für die Nachsorge der Deponie verantwortlichen Personen ergeben,
3. die Personen im Sinne der Nummer 2 und das sonstige Personal über die für ihre Tätigkeit erforderliche Fach- und Sachkunde verfügen,
4. keine nachteiligen Wirkungen auf das Recht eines anderen zu erwarten sind und
5. die für verbindlich erklärten Feststellungen eines Abfallwirtschaftsplans dem Vorhaben nicht entgegenstehen.

(2) [1] Dem Erlass eines Planfeststellungsbeschlusses oder der Erteilung einer Plangenehmigung stehen die in Absatz 1 Nummer 4 genannten nachteiligen Wirkungen auf das Recht eines anderen nicht entgegen, wenn sie durch Auflagen oder Bedingungen verhütet oder ausgeglichen werden können oder der Betroffene den nachteiligen Wirkungen auf sein Recht nicht widerspricht. [2] Absatz 1 Nummer 4 gilt nicht, wenn das Vorhaben dem Wohl der Allgemeinheit dient. [3] Wird in

diesem Fall der Planfeststellungsbeschluss erlassen, ist der Betroffene für den dadurch eingetretenen Vermögensnachteil in Geld zu entschädigen.

(3) Die zuständige Behörde soll verlangen, dass der Betreiber einer Deponie für die Rekultivierung sowie zur Verhinderung oder Beseitigung von Beeinträchtigungen des Wohls der Allgemeinheit nach Stilllegung der Anlage Sicherheit im Sinne von § 232 des Bürgerlichen Gesetzbuchs[1)] leistet oder ein gleichwertiges Sicherungsmittel erbringt.

(4) [1]Der Planfeststellungsbeschluss und die Plangenehmigung nach Absatz 1 können von Bedingungen abhängig gemacht, mit Auflagen verbunden und befristet werden, soweit dies zur Wahrung des Wohls der Allgemeinheit erforderlich ist. [2]Die zuständige Behörde überprüft regelmäßig sowie aus besonderem Anlass, ob der Planfeststellungsbeschluss und die Plangenehmigung nach Absatz 1 dem neuesten Stand der in Absatz 1 Nummer 1 bis 3 und 5 genannten Anforderungen entsprechen. [3]Die Aufnahme, Änderung oder Ergänzung von Auflagen über Anforderungen an die Deponie oder ihren Betrieb ist auch nach dem Ergehen des Planfeststellungsbeschlusses oder nach der Erteilung der Plangenehmigung zulässig. [4]Die Bundesregierung wird ermächtigt, nach Anhörung der beteiligten Kreise (§ 68) durch Rechtsverordnung[2)] mit Zustimmung des Bundesrates zu bestimmen, wann die zuständige Behörde Überprüfungen vorzunehmen und die in Satz 3 genannten Auflagen zu erlassen hat.

§ 37 Zulassung des vorzeitigen Beginns. (1) [1]In einem Planfeststellungs- oder Plangenehmigungsverfahren kann die für die Feststellung des Plans oder Erteilung der Plangenehmigung zuständige Behörde unter dem Vorbehalt des Widerrufs für einen Zeitraum von sechs Monaten zulassen, dass bereits vor Feststellung des Plans oder der Erteilung der Plangenehmigung mit der Errichtung einschließlich der Maßnahmen, die zur Prüfung der Betriebstüchtigkeit der Deponie erforderlich sind, begonnen wird, wenn

1. mit einer Entscheidung zugunsten des Trägers des Vorhabens gerechnet werden kann,
2. an dem vorzeitigen Beginn ein öffentliches Interesse besteht und
3. der Träger des Vorhabens sich verpflichtet, alle bis zur Entscheidung durch die Ausführung verursachten Schäden zu ersetzen und, sofern kein Planfeststellungsbeschluss oder keine Plangenehmigung erfolgt, den früheren Zustand wiederherzustellen.

[2]Diese Frist kann auf Antrag um sechs Monate verlängert werden.

(2) Die zuständige Behörde hat die Leistung einer Sicherheit zu verlangen, soweit dies erforderlich ist, um die Erfüllung der Verpflichtungen des Trägers des Vorhabens nach Absatz 1 Satz 1 Nummer 3 zu sichern.

§ 38 Planfeststellungsverfahren und weitere Verwaltungsverfahren.

(1) [1]Für das Planfeststellungsverfahren gelten die §§ 72 bis 78 des Verwaltungsverfahrensgesetzes[3)]. [2]Die Bundesregierung wird ermächtigt, durch Rechtsverordnung[4)] mit Zustimmung des Bundesrates weitere Einzelheiten des Planfeststellungs- und Plangenehmigungsverfahrens zu regeln, insbesondere

---

[1)] ***Schönfelder* Nr. 20.**

[2)] Siehe die Anmerkung am Titel.

[3)] Nr. **100**.

[4)] Siehe die GrundwasserVO **(Sartorius ErgBd. Nr. 845b)** und die DeponieVO **(Sartorius ErgBd. Nr. 298h)**.

1. Art und Umfang der Antragsunterlagen,
2. nähere Einzelheiten für das Anzeigeverfahren nach § 35 Absatz 4,
3. nähere Einzelheiten für das Verfahren zur Feststellung der endgültigen Stilllegung nach § 40 Absatz 3 sowie
4. nähere Einzelheiten für das Verfahren zur Feststellung des Abschlusses der Nachsorgephase nach § 40 Absatz 5.

(2) Einwendungen im Rahmen des Zulassungsverfahrens können innerhalb der gesetzlich festgelegten Frist nur schriftlich erhoben werden.

§ 39 Bestehende Abfallbeseitigungsanlagen. (1) [1]Die zuständige Behörde kann für Deponien, die vor dem 11. Juni 1972 betrieben wurden oder mit deren Errichtung begonnen war, für deren Betrieb Befristungen, Bedingungen und Auflagen anordnen. [2]Sie kann den Betrieb dieser Anlagen ganz oder teilweise untersagen, wenn eine erhebliche Beeinträchtigung des Wohls der Allgemeinheit durch Auflagen, Bedingungen oder Befristungen nicht verhindert werden kann.

(2) [1]In dem in Artikel 3 des Einigungsvertrages[1)] genannten Gebiet kann die zuständige Behörde für Deponien, die vor dem 1. Juli 1990 betrieben wurden oder mit deren Errichtung begonnen war, Befristungen, Bedingungen und Auflagen für deren Errichtung und Betrieb anordnen. [2]Absatz 1 Satz 2 gilt entsprechend.

§ 40 Stilllegung. (1) [1]Der Betreiber einer Deponie hat ihre beabsichtigte Stilllegung der zuständigen Behörde unverzüglich anzuzeigen. [2]Der Anzeige sind Unterlagen über Art, Umfang und Betriebsweise sowie die beabsichtigte Rekultivierung und sonstige Vorkehrungen zum Schutz des Wohls der Allgemeinheit beizufügen.

(2) [1]Soweit entsprechende Regelungen noch nicht in dem Planfeststellungsbeschluss nach § 35 Absatz 2, der Plangenehmigung nach § 35 Absatz 3, in Bedingungen und Auflagen nach § 39 oder den für die Deponie geltenden umweltrechtlichen Vorschriften enthalten sind, hat die zuständige Behörde den Betreiber der Deponie zu verpflichten,

1. auf seine Kosten das Gelände, das für eine Deponie nach Absatz 1 verwendet worden ist, zu rekultivieren,
2. auf seine Kosten alle sonstigen erforderlichen Vorkehrungen, einschließlich der Überwachungs- und Kontrollmaßnahmen während der Nachsorgephase, zu treffen, um die in § 36 Absatz 1 bis 3 genannten Anforderungen auch nach der Stilllegung zu erfüllen, und
3. der zuständigen Behörde alle Überwachungsergebnisse zu melden, aus denen sich Anhaltspunkte für erhebliche nachteilige Auswirkungen auf Mensch und Umwelt ergeben.

[2]Besteht der Verdacht, dass von einer endgültig stillgelegten Deponie nach Absatz 3 schädliche Bodenveränderungen oder sonstige Gefahren für den Einzelnen oder die Allgemeinheit ausgehen, so sind für die Erfassung, Untersuchung, Bewertung und Sanierung die Vorschriften des Bundes-Bodenschutzgesetzes[2)] anzuwenden.

(3) Die zuständige Behörde hat den Abschluss der Stilllegung (endgültige Stilllegung) festzustellen.

[1)] **Sartorius III Nr. 2.**
[2)] Nr. **299**.

(4) Die Verpflichtung nach Absatz 1 besteht auch für Betreiber von Anlagen, in denen gefährliche Abfälle anfallen.

(5) Die zuständige Behörde hat auf Antrag den Abschluss der Nachsorgephase festzustellen.

§ 41 Emissionserklärung. (1) [1] Der Betreiber einer Deponie ist verpflichtet, der zuständigen Behörde zu dem in der Rechtsverordnung nach Absatz 2 festgesetzten Zeitpunkt Angaben zu machen über Art und Menge sowie räumliche und zeitliche Verteilung der Emissionen, die von der Anlage in einem bestimmten Zeitraum ausgegangen sind, sowie über die Austrittsbedingungen (Emissionserklärung); er hat die Emissionserklärung nach Maßgabe der Rechtsverordnung nach Absatz 2 entsprechend dem neuesten Stand zu ergänzen. [2] Dies gilt nicht für Betreiber von Deponien, von denen nur in geringem Umfang Emissionen ausgehen können. [3] Die zuständige Behörde kann abweichend von Satz 1 eine kürzere Frist setzen, sofern dies im Einzelfall auf Grund besonderer Umstände erforderlich ist.

(2) [1] Die Bundesregierung wird ermächtigt, durch Rechtsverordnung mit Zustimmung des Bundesrates zu bestimmen, für welche Deponien und für welche Emissionen die Verpflichtung zur Emissionserklärung gilt, sowie Inhalt, Umfang, Form und Zeitpunkt der Abgabe der Emissionserklärung und das bei der Ermittlung der Emissionen einzuhaltende Verfahren zu regeln. [2] In der Rechtsverordnung wird auch bestimmt, welche Betreiber nach Absatz 1 Satz 2 von der Pflicht zur Abgabe einer Emissionserklärung befreit sind.

(3) § 27 Absatz 1 Satz 2, Absatz 2 und 3 des Bundes-Immissionsschutzgesetzes[1)] gilt entsprechend.

(4) Die Verpflichtung nach Absatz 1, eine Emissionserklärung abzugeben, entsteht mit Inkrafttreten der Rechtsverordnung nach Absatz 2.

§ 42 Zugang zu Informationen. Planfeststellungsbeschlüsse nach § 35 Absatz 2, Plangenehmigungen nach § 35 Absatz 3, Anordnungen nach § 39 und alle Ablehnungen und Änderungen dieser Entscheidungen sowie die bei der zuständigen Behörde vorliegenden Ergebnisse der Überwachung der von einer Deponie ausgehenden Emissionen sind nach den Bestimmungen des Umweltinformationsgesetzes mit Ausnahme des § 12 des Umweltinformationsgesetzes[2)] der Öffentlichkeit zugänglich; für Landesbehörden gelten die landesrechtlichen Vorschriften.

§ 43[3)] Anforderungen an Deponien. (1) [1] Die Bundesregierung wird ermächtigt, nach Anhörung der beteiligten Kreise (§ 68) durch Rechtsverordnung[4)] mit Zustimmung des Bundesrates vorzuschreiben, dass die Errichtung, die Beschaffenheit, der Betrieb, der Zustand nach Stilllegung und die betreibereigene Überwachung von Deponien zur Erfüllung des § 36 Absatz 1 und der §§ 39 und 40 sowie zur Umsetzung von Rechtsakten der Europäischen Union zu dem in § 1 genannten Zweck bestimmten Anforderungen genügen müssen, insbesondere dass

1. die Standorte bestimmten Anforderungen entsprechen müssen,
2. die Deponien bestimmten betrieblichen, organisatorischen und technischen Anforderungen entsprechen müssen,

---

1) Nr. **296**.
2) Nr. **294**.
3) § 43 Abs. 1 Satz 1 Nr. 8 neu gef., Nr. 9 geänd. mWv 13.4.2013 durch G v. 8.4.2013 (BGBl. I S. 734).
4) Siehe die Anmerkung am Titel.

3. die in Deponien zur Ablagerung gelangenden Abfälle bestimmten Anforderungen entsprechen müssen; dabei kann insbesondere bestimmt werden, dass Abfälle mit bestimmten Metallgehalten nicht abgelagert werden dürfen und welche Abfälle als Inertabfälle gelten,
4. die von Deponien ausgehenden Emissionen bestimmte Grenzwerte nicht überschreiten dürfen,
5. die Betreiber während des Betriebes und in der Nachsorgephase bestimmte Mess- und Überwachungsmaßnahmen vorzunehmen haben oder vornehmen lassen müssen,
6. die Betreiber durch einen Sachverständigen bestimmte Prüfungen vornehmen lassen müssen
   a) während der Errichtung oder sonst vor der Inbetriebnahme der Deponie,
   b) nach Inbetriebnahme der Deponie oder einer Änderung im Sinne des § 35 Absatz 2 oder Absatz 5,
   c) in regelmäßigen Abständen oder
   d) bei oder nach der Stilllegung,
7. es den Betreibern erst nach einer Abnahme durch die zuständige Behörde gestattet ist,
   a) die Deponie in Betrieb zu nehmen,
   b) eine wesentliche Änderung in Betrieb zu nehmen oder
   c) die Stilllegung abzuschließen,
8. bei bestimmten Ereignissen der Betreiber innerhalb bestimmter Fristen die zuständige Behörde unterrichten muss, die erforderlichen Maßnahmen zur Begrenzung und Vermeidung von Beeinträchtigungen des Wohls der Allgemeinheit ergreifen muss oder die zuständige Behörde den Betreiber zu solchen Maßnahmen verpflichten muss,
9. die Betreiber der zuständigen Behörde während des Betriebes und in der Nachsorgephase unverzüglich alle Überwachungsergebnisse, aus denen sich Anhaltspunkte für erhebliche nachteilige Umweltauswirkungen ergeben, sowie bestimmte Ereignisse, die solche Auswirkungen haben können, zu melden und der zuständigen Behörde regelmäßig einen Bericht über die Ergebnisse der in der Rechtsverordnung vorgeschriebenen Mess- und Überwachungsmaßnahmen vorzulegen haben.

[2] Bei der Festlegung der Anforderungen sind insbesondere mögliche Verlagerungen von nachteiligen Auswirkungen von einem Schutzgut auf ein anderes zu berücksichtigen; ein hohes Schutzniveau für die Umwelt insgesamt ist zu gewährleisten.

(2) [1] In der Rechtsverordnung nach Absatz 1 kann bestimmt werden, inwieweit die nach Absatz 1 zur Vorsorge gegen Beeinträchtigungen der in § 15 Absatz 2 Satz 2 *genannten* Schutzgüter festgelegten Anforderungen nach Ablauf bestimmter Übergangsfristen erfüllt werden müssen, soweit zum Zeitpunkt des Inkrafttretens der Rechtsverordnung in einem Planfeststellungsbeschluss, einer Plangenehmigung oder einer landesrechtlichen Vorschrift geringere Anforderungen gestellt worden sind. [2] Bei der Bestimmung der Dauer der Übergangsfristen und der einzuhaltenden Anforderungen sind insbesondere Art, Beschaffenheit und Menge der abgelagerten Abfälle, die Standortbedingungen, Art, Menge und Gefährlichkeit der von den Deponien ausgehenden Emissionen sowie die Nutzungsdauer und technische Besonderheiten der Deponien zu berücksichtigen. [3] Die Sätze 1 und 2 gelten für die in § 39 Absatz 1 und 2 genannten Deponien entsprechend.

(3) Die Bundesregierung wird ermächtigt, nach Anhörung der beteiligten Kreise (§ 68) durch Rechtsverordnung mit Zustimmung des Bundesrates vorzuschreiben, welche Anforderungen an die Zuverlässigkeit, die Sach- und Fachkunde der für die Errichtung, Leitung oder Beaufsichtigung des Betriebes der Deponie verantwortlichen Personen und die Sach- und Fachkunde des sonstigen Personals, einschließlich der laufenden Fortbildung der verantwortlichen Personen und des sonstigen Personals zu stellen sind.

(4) Die Bundesregierung wird ermächtigt, durch Rechtsverordnung[1)] mit Zustimmung des Bundesrates

1. zu bestimmen, dass die Betreiber bestimmter Deponien eine Sicherheit im Sinne von § 232 des Bürgerlichen Gesetzbuchs[2)] leisten oder ein anderes gleichwertiges Sicherungsmittel erbringen müssen,
2. Vorschriften über Art, Umfang und Höhe der nach § 36 Absatz 3 zu leistenden Sicherheit im Sinne von § 232 des Bürgerlichen Gesetzbuchs oder eines anderen gleichwertigen Sicherungsmittels zu erlassen sowie
3. zu bestimmen, wie lange die Sicherheit nach Nummer 1 geleistet oder ein anderes gleichwertiges Sicherungsmittel erbracht werden muss.

(5) Durch Rechtsverordnung nach Absatz 1 können auch Verfahren zur Überprüfung der dort festgelegten Anforderungen bestimmt werden, insbesondere Verfahren entsprechend § 10 Absatz 2 Nummer 1 bis 9 und Absatz 3.

§ 44 Kosten der Ablagerung von Abfällen. (1) [1] Die vom Betreiber für die Ablagerung von Abfällen in Rechnung zu stellenden privatrechtlichen Entgelte müssen alle Kosten für die Errichtung und den Betrieb der Deponie, einschließlich der Kosten einer vom Betreiber zu leistenden Sicherheit im Sinne von § 232 des Bürgerlichen Gesetzbuchs[2)] oder eines zu erbringenden gleichwertigen Sicherungsmittels, sowie die geschätzten Kosten für die Stilllegung und die Nachsorge für mindestens 30 Jahre abdecken. [2] Soweit dies nach Satz 1 durch Freistellungen nach Artikel 4 § 3 des Umweltrahmengesetzes vom 29. Juni 1990 (GBl. I Nr. 42 S. 649), das durch Artikel 12 des Gesetzes vom 22. März 1991 (BGBl. I S. 766, 1928) geändert worden ist, gewährleistet ist, entfällt eine entsprechende Veranlagung der Kosten für die Stilllegung und die Nachsorge sowie der Kosten der Sicherheitsleistung bei der Berechnung der Entgelte.

(2) Der Betreiber hat die in Absatz 1 genannten Kosten zu erfassen und der zuständigen Behörde innerhalb einer von ihr zu setzenden Frist Übersichten über die Kosten und die erhobenen Entgelte zur Verfügung zu stellen.

(3) Die Gebühren der öffentlich-rechtlichen Entsorgungsträger richten sich nach Landesrecht.

(4) Die Absätze 1 bis 3 gelten entsprechend für die Abdeckung der Kosten von genehmigungsbedürftigen Anlagen zum Lagern von Abfällen im Sinne des Bundes-Immissionsschutzgesetzes[3)], soweit in diesen Anlagen Abfälle vor deren Beseitigung jeweils über einen Zeitraum von mehr als einem Jahr oder Abfälle vor deren Verwertung jeweils über einen Zeitraum von mehr als drei Jahren gelagert werden.

[1)] Siehe die Anmerkung am Titel.
[2)] **Schönfelder Nr. 20.**
[3)] Nr. **296**.

Teil 5. Absatzförderung und Abfallberatung

§ 45[1)] Pflichten der öffentlichen Hand. (1) Die Behörden des Bundes sowie die der Aufsicht des Bundes unterstehenden juristischen Personen des öffentlichen Rechts, Sondervermögen und sonstigen Stellen sind verpflichtet, durch ihr Verhalten zur Erfüllung des Zweckes des § 1 beizutragen.

(2) [1] Die Verpflichteten nach Absatz 1 haben, insbesondere unter Berücksichtigung der §§ 6 bis 8, bei der Gestaltung von Arbeitsabläufen, bei der Beschaffung oder Verwendung von Material und Gebrauchsgütern, bei Bauvorhaben und sonstigen Aufträgen, ohne damit Rechtsansprüche Dritter zu begründen, Erzeugnissen den Vorzug zu geben, die

1. in rohstoffschonenden, energiesparenden, wassersparenden, schadstoffarmen oder abfallarmen Produktionsverfahren hergestellt worden sind,
2. durch Vorbereitung zur Wiederverwendung oder durch Recycling von Abfällen, insbesondere unter Einsatz von Rezyklaten, oder aus nachwachsenden Rohstoffen hergestellt worden sind,
3. sich durch Langlebigkeit, Reparaturfreundlichkeit, Wiederverwendbarkeit und Recyclingfähigkeit auszeichnen oder
4. im Vergleich zu anderen Erzeugnissen zu weniger oder schadstoffärmeren Abfällen führen oder sich besser zur umweltverträglichen Abfallbewirtschaftung eignen.

[2] Die Pflicht des Satzes 1 gilt, soweit die Erzeugnisse für den vorgesehenen Verwendungszweck geeignet sind, durch ihre Beschaffung oder Verwendung keine unzumutbaren Mehrkosten entstehen, ein ausreichender Wettbewerb gewährleistet wird und keine anderen Rechtsvorschriften entgegenstehen. [3] Soweit vergaberechtliche Bestimmungen anzuwenden sind, sind diese zu beachten. [4] § 7 der Bundeshaushaltsordnung[2)] bleibt unberührt. [5] Abweichend von der Pflicht des Satzes 1 ist bei der Beschaffung oder Verwendung von Material und Gebrauchsgütern und bei Bauvorhaben sowie sonstigen Aufträgen, die verteidigungs- oder sicherheitsspezifische Aufträge sind oder die Verteidigungs- und Sicherheitsaspekte umfassen sowie bei sonstigen Aufträgen, soweit diese für die Einsatzfähigkeit der Bundeswehr erforderlich sind, zu prüfen, ob und in welchem Umfang die in Satz 1 genannten Erzeugnisse eingesetzt werden können.

(3) Die Verpflichteten nach Absatz 1 wirken im Rahmen ihrer Möglichkeiten darauf hin, dass die rechtsfähigen Gesellschaften des privaten Rechts, an denen sie beteiligt sind, die Verpflichtungen nach den Absätzen 1 und 2 beachten.

(4) Die öffentliche Hand hat im Rahmen ihrer Pflichten nach den Absätzen 1 bis 3 Regelungen für die Verwendung von Erzeugnissen oder Materialien sowie zum Schutz von Mensch und Umwelt nach anderen Rechtsvorschriften zu berücksichtigen.

§ 46[3)] Abfallberatungspflicht. (1) [1] Die öffentlich-rechtlichen Entsorgungsträger im Sinne des § 20 sind im Rahmen der ihnen übertragenen Aufgaben in Selbstverwaltung zur Information und Beratung über Möglichkeiten der Vermeidung,

---

[1)] § 45 Abs. 1 Satz 2 aufgeh., Abs. 2 eingef., bish. Abs. 2 und 3 werden Abs. 3 und 4 und neu gef. mWv 29.10.2020 durch G v. 23.10.2020 (BGBl. I S. 2232); Abs. 3 geänd. mWv 1.1.2024 durch G v. 10.8.2021 (BGBl. I S. 3436).

[2)] Nr. **700**.

[3)] § 46 Abs. 2 und 3 eingef., bish. Abs. 2 wird Abs. 4 mWv 29.10.2020 durch G v. 23.10.2020 (BGBl. I S. 2232); Abs. 2 Satz 2, Abs. 3 Satz 2 neu gef. mWv 3.7.2021 durch G v. 9.6.2021 (BGBl. I S. 1699).

Verwertung und Beseitigung von Abfällen verpflichtet. [2] Zur Beratung verpflichtet sind auch die Industrie- und Handelskammern, Handwerkskammern und Landwirtschaftskammern.

(2) [1] Für die Beratung über Möglichkeiten der Abfallvermeidung sind insbesondere die in § 33 Absatz 3 Nummer 2 genannten Vermeidungsmaßnahmen und die Festlegungen des geltenden Abfallvermeidungsprogramms des Bundes und des jeweiligen Landes zugrunde zu legen. [2] Bei der Beratung ist insbesondere hinzuweisen auf

1. die Einrichtungen des öffentlich-rechtlichen Entsorgungsträgers und, soweit möglich, auf die Einrichtungen sonstiger natürlicher oder juristischer Personen, durch die Erzeugnisse, die kein Abfall sind, erfasst und einer Wiederverwendung zugeführt werden, und
2. die Verfügbarkeit von Mehrwegprodukten, insbesondere als Alternative zu den Einwegkunststoffprodukten nach Artikel 3 Nummer 2 der Richtlinie (EU) 2019/904.

(3) [1] Im Rahmen der Beratung über die Abfallverwertung ist insbesondere auf die Pflicht zur getrennten Sammlung von Abfällen und die Rücknahmepflichten hinzuweisen. [2] Die Beratung umfasst auch

1. die Beratung über die möglichst ressourcenschonende Bereitstellung von Sperrmüll,
2. die Information über die Auswirkungen einer Vermüllung oder einer sonstigen nicht ordnungsgemäßen Verwertung und Beseitigung von Abfällen auf die Umwelt, insbesondere die Meeresumwelt, und die Beratung über Maßnahmen zur Vermeidung dieser Vermüllung sowie
3. die Information über die Auswirkungen einer nicht ordnungsgemäßen Verwertung und Beseitigung von Abfällen auf Abwasseranlagen.

(4) Die zuständige Behörde hat den nach diesem Gesetz zur Beseitigung Verpflichteten Auskunft über geeignete Abfallbeseitigungsanlagen zu erteilen.

Teil 6. Überwachung

§ 47[1)] Allgemeine Überwachung. (1) [1] Die Vermeidung nach Maßgabe der auf Grund der §§ 24 und 25 erlassenen Rechtsverordnungen und die Abfallbewirtschaftung unterliegen der Überwachung durch die zuständige Behörde. [2] Für den Vollzug der nach den §§ 24 und 25 ergangenen Rechtsverordnungen sind die §§ 6, 7 Absatz 1 bis 3, § 8 Absatz 2 und die §§ 9 und 10 des Marktüberwachungsgesetzes[2)] vom 9. Juni 2021 (BGBl. I S. 1723) entsprechend anzuwenden. [3] Die nach Satz 2 verpflichteten Personen sind verpflichtet, das Betreten von Geschäfts- und Betriebsgrundstücken und -räumen außerhalb der üblichen Geschäftszeiten sowie das Betreten von Wohnräumen zu gestatten, wenn dies zur Verhütung dringender Gefahren für die öffentliche Sicherheit oder Ordnung erforderlich ist. [4] Das Grundrecht auf Unverletzlichkeit der Wohnung (Artikel 13 Absatz 1 des Grundgesetzes[3)]) wird insoweit eingeschränkt.

[1)] § 47 Abs. 7–9 angef. mWv 13.4.2013 durch G v. 8.4.2013 (BGBl. I S. 734); Abs. 8 Satz 1, Abs. 9 Satz 1 geänd. mWv *24.10.2015 durch G v. 20.10.2015* (BGBl. I S. 1739); Abs. 8 Satz 1 geänd. mWv 29.10.2020 *durch G* v. 23.10.2020 (BGBl. I S. 2232); Abs. 8 Satz 4, Abs. 9 Satz 2 neu gef. mWv 15.12.2020 durch G v. 9.12.2020 (BGBl. I S. 2873); Abs. 1 Satz 2 neu gef. mWv 16.7.2021 durch G v. 27.7.2021 (BGBl. I S. 3146).

[2)] **Sartorius ErgBd. Nr. 869.**

[3)] Nr. **1**.

(2) [1] Die zuständige Behörde überprüft in regelmäßigen Abständen und in angemessenem Umfang Erzeuger von gefährlichen Abfällen, Anlagen und Unternehmen, die Abfälle entsorgen, sowie Sammler, Beförderer, Händler und Makler von Abfällen. [2] Die Überprüfung der Tätigkeiten der Sammler und Beförderer von Abfällen erstreckt sich auch auf den Ursprung, die Art, die Menge und den Bestimmungsort der gesammelten und beförderten Abfälle.

(3) [1] Auskunft über Betrieb, Anlagen, Einrichtungen und sonstige der Überwachung unterliegende Gegenstände haben den Bediensteten und Beauftragten der zuständigen Behörde auf Verlangen zu erteilen

1. Erzeuger und Besitzer von Abfällen,

(Fortsetzung nächstes Blatt)

2. zur Abfallentsorgung Verpflichtete,
3. Betreiber sowie frühere Betreiber von Unternehmen oder Anlagen, die Abfälle entsorgen oder entsorgt haben, auch wenn diese Anlagen stillgelegt sind, sowie
4. Sammler, Beförderer, Händler und Makler von Abfällen.

[2] Die nach Satz 1 zur Auskunft verpflichteten Personen haben den Bediensteten und Beauftragten der zuständigen Behörde zur Prüfung der Einhaltung ihrer Verpflichtungen nach den §§ 7 und 15 das Betreten der Grundstücke sowie der Geschäfts- und Betriebsräume zu den üblichen Geschäftszeiten, die Einsicht in Unterlagen und die Vornahme von technischen Ermittlungen und Prüfungen zu gestatten. [3] Die nach Satz 1 zur Auskunft verpflichteten Personen sind ferner verpflichtet, zu diesen Zwecken das Betreten von Geschäfts- und Betriebsgrundstücken und -räumen außerhalb der üblichen Geschäftszeiten sowie das Betreten von Wohnräumen zu gestatten, wenn dies zur Verhütung dringender Gefahren für die öffentliche Sicherheit oder Ordnung erforderlich ist. [4] Das Grundrecht auf Unverletzlichkeit der Wohnung (Artikel 13 Absatz 1 des Grundgesetzes) wird insoweit eingeschränkt.

(4) Betreiber von Verwertungs- und Abfallbeseitigungsanlagen oder von Anlagen, in denen Abfälle mitverwertet oder mitbeseitigt werden, haben diese Anlagen den Bediensteten oder Beauftragten der zuständigen Behörde zugänglich zu machen, die zur Überwachung erforderlichen Arbeitskräfte, Werkzeuge und Unterlagen zur Verfügung zu stellen und nach Anordnung der zuständigen Behörde Zustand und Betrieb der Anlage auf eigene Kosten prüfen zu lassen.

(5) Für die nach dieser Vorschrift zur Auskunft verpflichteten Personen gilt § 55 der Strafprozessordnung[1)] entsprechend.

(6) Die behördlichen Überwachungsbefugnisse nach den Absätzen 1 bis 5 erstrecken sich auch auf die Prüfung, ob bestimmte Stoffe oder Gegenstände gemäß den Voraussetzungen der §§ 4 und 5 nicht oder nicht mehr als Abfall anzusehen sind.

(7) [1] Für alle zulassungspflichtigen Deponien stellen die zuständigen Behörden in ihrem Zuständigkeitsbereich Überwachungspläne und Überwachungsprogramme zur Durchführung der Absätze 1 bis 4 auf. [2] Satz 1 gilt nicht für Deponien für Inertabfälle und Deponien, die eine Aufnahmekapazität von 10 Tonnen oder weniger je Tag und eine Gesamtkapazität von 25 000 Tonnen oder weniger haben. [3] Zur Überwachung nach Satz 1 gehören insbesondere auch die Überwachung der Errichtung, Vor-Ort-Besichtigungen, die Überwachung der Emissionen und die Überprüfung interner Berichte, Folgedokumente sowie Messungen und Kontrollen, die Überprüfung der Eigenkontrolle, die Prüfung der angewandten Techniken und der Eignung des Umweltmanagements der Deponie. [4] Die Bundesregierung wird ermächtigt, nach Anhörung der beteiligten Kreise (§ 68) durch Rechtsverordnung mit Zustimmung des Bundesrates die Einzelheiten zum Inhalt der Überwachungspläne und Überwachungsprogramme nach Satz 1 zu bestimmen.

(8) [1] Die Länder übermitteln dem Bundesministerium für Umwelt, Naturschutz und nukleare Sicherheit nach Anforderung Informationen über die Umsetzung der Richtlinie 2010/75/EU des Europäischen Parlaments und des Rates vom 24. November 2010 über Industrieemissionen (integrierte Vermeidung und Verminderung der Umweltverschmutzung) (Neufassung) (ABl. L 334 vom 17.12. 2010, S. 17), insbesondere über repräsentative Daten über Emissionen und sonstige Arten von Umweltverschmutzung, über Emissionsgrenzwerte sowie über die

[1)] **Schönfelder Nr. 90.**

Anwendung des Standes der Technik. ²Die Länder stellen diese Informationen auf elektronischem Wege zur Verfügung. ³Art und Form der von den Ländern zu übermittelnden Informationen sowie der Zeitpunkt ihrer Übermittlung richten sich nach den Anforderungen, die auf der Grundlage von Artikel 72 Absatz 2 der Richtlinie 2010/75/EU festgelegt werden. ⁴§ 5 Absatz 1 Satz 3 und Absatz 2 bis 6 des Gesetzes zur Ausführung des Protokolls über Schadstofffreisetzungs- und -verbringungsregister vom 21. Mai 2003 sowie zur Durchführung der Verordnung (EG) Nr. 166/2006 vom 6. Juni 2007 (BGBl. I S. 1002), das durch Artikel 1 des Gesetzes vom 9. Dezember 2020 (BGBl. I S. 2873) geändert worden ist, gilt entsprechend.

(9) ¹Die zuständige Behörde kann anordnen, dass der Betreiber einer Deponie ihr Daten zu übermitteln hat, die in einem Durchführungsrechtsakt nach Artikel 72 Absatz 2 der Richtlinie 2010/75/EU aufgeführt sind und die zur Erfüllung der Berichtspflicht nach Absatz 8 erforderlich sind, soweit der zuständigen Behörde solche Daten nicht bereits auf Grund anderer Vorschriften vorliegen. ²§ 3 Absatz 1 Satz 2 und § 5 Absatz 2 bis 6 des Gesetzes zur Ausführung des Protokolls über Schadstofffreisetzungs- und -verbringungsregister vom 21. Mai 2003 sowie zur Durchführung der Verordnung (EG) Nr. 166/2006 vom 6. Juni 2007 (BGBl. I S. 1002), das durch Artikel 1 des Gesetzes vom 9. Dezember 2020 (BGBl. I S. 2873) geändert worden ist, gelten entsprechend.

§ 48 Abfallbezeichnung, gefährliche Abfälle. ¹An die Entsorgung sowie die Überwachung gefährlicher Abfälle sind nach Maßgabe dieses Gesetzes besondere Anforderungen zu stellen. ²Zur Umsetzung von Rechtsakten der Europäischen Union wird die Bundesregierung ermächtigt, nach Anhörung der beteiligten Kreise (§ 68) durch Rechtsverordnung[1)] mit Zustimmung des Bundesrates die Bezeichnung von Abfällen sowie gefährliche Abfälle zu bestimmen und die Bestimmung gefährlicher Abfälle durch die zuständige Behörde im Einzelfall zuzulassen.

§ 49[2)] Registerpflichten. (1) Die Betreiber von Anlagen oder Unternehmen, die Abfälle in einem Verfahren nach Anlage 1 oder Anlage 2 entsorgen (Entsorger von Abfällen), haben ein Register zu führen, in dem hinsichtlich der Vorgänge nach Anlage 1 oder Anlage 2 folgende Angaben verzeichnet sind:

1. die Menge, die Art und der Ursprung sowie
2. die Bestimmung, die Häufigkeit der Sammlung, die Beförderungsart sowie die Art der Verwertung oder Beseitigung, einschließlich der Vorbereitung vor der Verwertung oder Beseitigung, soweit diese Angaben zur Gewährleistung einer ordnungsgemäßen Abfallbewirtschaftung von Bedeutung sind.

(2) ¹Entsorger, die Abfälle behandeln oder lagern, haben die nach Absatz 1 erforderlichen Angaben, insbesondere die Bestimmung der behandelten oder gelagerten Abfälle, auch für die weitere Entsorgung zu verzeichnen, soweit dies erforderlich ist, um auf Grund der Zweckbestimmung der Abfallentsorgungsanlage eine ordnungsgemäße Entsorgung zu gewährleisten. ²Satz 1 gilt entsprechend für die weitere Verwendung von Erzeugnissen, Materialien und Stoffen, die aus der Vorbereitung zur Wiederverwendung, aus dem Recycling oder einem sonstigen

---

1) Siehe die Anmerkung am Titel.

2) § 49 Abs. 2 Satz 1 geänd., Satz 2 angef. mWv 2.5.2013 durch G v. 8.4.2013 (BGBl. I S. 734); Abs. 2 Satz 2 eingef., bish. Satz 2 wird Satz 3 mWv 29.10.2020 durch G v. 23.10.2020 (BGBl. I S. 2232).

Verwertungsverfahren hervorgegangen sind. [3]Entsorger nach Satz 1 werden durch Rechtsverordnung nach § 52 Absatz 1 Satz 1 bestimmt.

(3) Die Pflicht nach Absatz 1, ein Register zu führen, gilt auch für die Erzeuger, Besitzer, Sammler, Beförderer, Händler und Makler von gefährlichen Abfällen.

(4) Auf Verlangen der zuständigen Behörde sind die Register vorzulegen oder Angaben aus diesen Registern mitzuteilen.

(5) In ein Register eingetragene Angaben oder eingestellte Belege über gefährliche Abfälle haben die Erzeuger, Besitzer, Händler, Makler und Entsorger von Abfällen mindestens drei Jahre, die Beförderer von Abfällen mindestens zwölf Monate jeweils ab dem Zeitpunkt der Eintragung oder Einstellung in das Register gerechnet aufzubewahren, soweit eine Rechtsverordnung nach § 52 keine längere Frist vorschreibt.

(6) Die Registerpflichten nach den Absätzen 1 bis 3 gelten nicht für private Haushaltungen.

§ 50 Nachweispflichten. (1) [1]Die Erzeuger, Besitzer, Sammler, Beförderer und Entsorger von gefährlichen Abfällen haben sowohl der zuständigen Behörde gegenüber als auch untereinander die ordnungsgemäße Entsorgung gefährlicher Abfälle nachzuweisen. [2]Der Nachweis wird geführt

1. vor Beginn der Entsorgung in Form einer Erklärung des Erzeugers, Besitzers, Sammlers oder Beförderers von Abfällen zur vorgesehenen Entsorgung, einer Annahmeerklärung des Abfallentsorgers sowie der Bestätigung der Zulässigkeit der vorgesehenen Entsorgung durch die zuständige Behörde und
2. über die durchgeführte Entsorgung oder Teilabschnitte der Entsorgung in Form von Erklärungen der nach Satz 1 Verpflichteten über den Verbleib der entsorgten Abfälle.

(2) [1]Die Nachweispflichten nach Absatz 1 gelten nicht für die Entsorgung gefährlicher Abfälle, welche die Erzeuger oder Besitzer von Abfällen in eigenen Abfallentsorgungsanlagen entsorgen, wenn diese Entsorgungsanlagen in einem engen räumlichen und betrieblichen Zusammenhang mit den Anlagen oder Stellen stehen, in denen die zu entsorgenden Abfälle angefallen sind. [2]Die Registerpflichten nach § 49 bleiben unberührt.

(3) [1]Die Nachweispflichten nach Absatz 1 gelten nicht bis zum Abschluss der Rücknahme oder Rückgabe von Erzeugnissen oder der nach Gebrauch der Erzeugnisse verbleibenden gefährlichen Abfälle, die einer verordneten Rücknahme oder Rückgabe nach § 25 unterliegen. [2]Eine Rücknahme oder Rückgabe von Erzeugnissen und der nach Gebrauch der Erzeugnisse verbleibenden Abfälle gilt spätestens mit der Annahme an einer Anlage zur weiteren Entsorgung, ausgenommen Anlagen zur Zwischenlagerung der Abfälle, als abgeschlossen, soweit die Rechtsverordnung, welche die Rückgabe oder Rücknahme anordnet, keinen früheren Zeitpunkt bestimmt.

(4) Die Nachweispflichten nach Absatz 1 gelten nicht für private Haushaltungen.

§ 51 Überwachung im Einzelfall. (1) [1]Die zuständige Behörde kann anordnen, dass die Erzeuger, Besitzer, Sammler, Beförderer, Händler, Makler oder Entsorger von Abfällen, jedoch ausgenommen private Haushaltungen,

1. Register oder Nachweise zu führen und vorzulegen oder Angaben aus den Registern mitzuteilen haben, soweit Pflichten nach den §§ 49 und 50 nicht bestehen, oder

2. bestimmten Anforderungen entsprechend § 10 Absatz 2 Nummer 2 und 3 sowie 5 bis 8 nachzukommen haben.

[2] Durch Anordnung nach Satz 1 kann auch bestimmt werden, dass Nachweise und Register elektronisch geführt und Dokumente in elektronischer Form nach § 3a Absatz 2 Satz 2 und 3 des Verwaltungsverfahrensgesetzes[1)] vorzulegen sind.

(2) [1] Ist der Erzeuger, Besitzer, Sammler, Beförderer, Händler, Makler oder Entsorger von Abfällen Entsorgungsfachbetrieb im Sinne des § 56 oder auditierter Unternehmensstandort im Sinne des § 61, so hat die zuständige Behörde dies bei Anordnungen nach Absatz 1, insbesondere auch im Hinblick auf mögliche Beschränkungen des Umfangs oder des Inhalts der Nachweispflicht, zu berücksichtigen. [2] Dies umfasst vor allem die Berücksichtigung der vom Umweltgutachter geprüften und im Rahmen der Teilnahme an dem Gemeinschaftssystem für das Umweltmanagement und die Umweltbetriebsprüfung (EMAS) erstellten Unterlagen.

§ 52[2)] Anforderungen an Nachweise und Register. (1) [1] Die Bundesregierung wird ermächtigt, nach Anhörung der beteiligten Kreise (§ 68) durch Rechtsverordnung[3)] mit Zustimmung des Bundesrates zur Erfüllung der sich aus den §§ 49 bis 51 ergebenden Pflichten die näheren Anforderungen an die Form, den Inhalt sowie das Verfahren zur Führung und Vorlage der Nachweise, Register und der Mitteilung bestimmter Angaben aus den Registern festzulegen sowie die nach § 49 Absatz 2 verpflichteten Anlagen oder Unternehmen zu bestimmen. [2] Durch Rechtsverordnung nach Satz 1 kann auch bestimmt werden, dass

1. der Nachweis nach § 50 Absatz 1 Satz 2 Nummer 1 nach Ablauf einer bestimmten Frist als bestätigt gilt oder eine Bestätigung entfällt, soweit jeweils die ordnungsgemäße Entsorgung gewährleistet bleibt,
2. auf Verlangen der zuständigen Behörde oder eines früheren Besitzers Belege über die Durchführung der Entsorgung der Behörde oder dem früheren Besitzer vorzulegen sind,
3. für bestimmte Kleinmengen, die nach Art und Beschaffenheit der Abfälle auch unterschiedlich festgelegt werden können, oder für einzelne Abfallbewirtschaftungsmaßnahmen, Abfallarten oder Abfallgruppen bestimmte Anforderungen nicht oder abweichende Anforderungen gelten, soweit jeweils die ordnungsgemäße Entsorgung gewährleistet bleibt,
4. die zuständige Behörde unter dem Vorbehalt des Widerrufs auf Antrag oder von Amts wegen Verpflichtete ganz oder teilweise von der Führung von Nachweisen oder Registern freistellen kann, soweit die ordnungsgemäße Entsorgung gewährleistet bleibt,
5. die Register in Form einer sachlich und zeitlich geordneten Sammlung der vorgeschriebenen Nachweise oder der Belege, die in der Entsorgungspraxis gängig sind, geführt werden,
6. die Nachweise und Register bis zum Ablauf bestimmter Fristen aufzubewahren sind sowie
7. bei der Beförderung von Abfällen geeignete Angaben zum Zweck der Überwachung mitzuführen sind.

(2) Durch Rechtsverordnung nach Absatz 1 kann auch angeordnet werden, dass

---

1) Nr. **100**.
2) § 52 Abs. 1 Satz 1 geänd. mWv 2.5.2013 durch G v. 8.4.2013 (BGBl. I S. 734).
3) Siehe die Anmerkung am Titel.

1. Nachweise und Register elektronisch zu führen und Dokumente in elektronischer Form gemäß § 3a Absatz 2 Satz 2 und 3 des Verwaltungsverfahrensgesetzes[1)] vorzulegen sind,
2. die zur Erfüllung der in Nummer 1 genannten Pflichten erforderlichen Voraussetzungen geschaffen und vorgehalten werden sowie
3. den zuständigen Behörden oder den beteiligten Nachweispflichtigen bestimmte Angaben zu den technischen Voraussetzungen nach Nummer 2, insbesondere die erforderlichen Empfangszugänge sowie Störungen der für die Kommunikation erforderlichen Einrichtungen, mitgeteilt werden.

§ 53[2)] Sammler, Beförderer, Händler und Makler von Abfällen. (1) [1]Sammler, Beförderer, Händler und Makler von Abfällen haben die Tätigkeit ihres Betriebes vor Aufnahme der Tätigkeit der zuständigen Behörde anzuzeigen, es sei denn, der Betrieb verfügt über eine Erlaubnis nach § 54 Absatz 1. [2]Die zuständige Behörde bestätigt dem Anzeigenden unverzüglich schriftlich den Eingang der Anzeige. [3]Zuständig ist die Behörde des Landes, in dem der Anzeigende seinen Hauptsitz hat.

(2) [1]Der Inhaber eines Betriebes im Sinne des Absatzes 1 sowie die für die Leitung und Beaufsichtigung des Betriebes verantwortlichen Personen müssen zuverlässig sein. [2]Der Inhaber, soweit er für die Leitung des Betriebes verantwortlich ist, die für die Leitung und Beaufsichtigung des Betriebes verantwortlichen Personen und das sonstige Personal müssen über die für ihre Tätigkeit notwendige Fach- und Sachkunde verfügen.

(3) [1]Die zuständige Behörde kann die angezeigte Tätigkeit von Bedingungen abhängig machen, sie zeitlich befristen oder Auflagen für sie vorsehen, soweit dies zur Wahrung des Wohls der Allgemeinheit erforderlich ist. [2]Sie kann Unterlagen über den Nachweis der Zuverlässigkeit und der Fach- und Sachkunde vom Anzeigenden verlangen. [3]Sie hat die angezeigte Tätigkeit zu untersagen, wenn Tatsachen bekannt sind, aus denen sich Bedenken gegen die Zuverlässigkeit des Inhabers oder der für die Leitung und Beaufsichtigung des Betriebes verantwortlichen Personen ergeben, oder wenn die erforderliche Fach- oder Sachkunde nach Absatz 2 Satz 2 nicht nachgewiesen wurde.

(4) [1]Nachweise aus einem anderen Mitgliedstaat der Europäischen Union oder einem anderen Vertragsstaat des Abkommens über den Europäischen Wirtschaftsraum über die Erfüllung der Anforderungen nach Absatz 2 stehen inländischen Nachweisen gleich, wenn aus ihnen hervorgeht, dass die betreffenden Anforderungen oder die auf Grund ihrer Zielsetzung im Wesentlichen vergleichbaren Anforderungen des Ausstellungsstaates erfüllt sind. [2]Gleichwertige Nachweise nach Satz 1 sind auf Verlangen der zuständigen Behörde im Original oder in Kopie vorzulegen. [3]Eine Beglaubigung der Kopie sowie eine beglaubigte deutsche Übersetzung können verlangt werden.

(5) Hinsichtlich der Überprüfung der erforderlichen Fach- und Sachkunde nach Absatz 2 Satz 2 eines Anzeigenden aus einem anderen Mitgliedstaat der Europäischen Union oder einem anderen Vertragsstaat des Abkommens über den Europäischen Wirtschaftsraum gilt § 36a Absatz 1 Satz 2, Absatz 2 und 4 Satz 4 der Gewerbeordnung entsprechend; bei vorübergehender und nur gelegentlicher Tätigkeit eines in einem anderen Mitgliedstaat der Europäischen Union oder in

[1)] Nr. **100**.
[2)] § 53 Abs. 6 Nr. 3, 4 geänd., Nr. 5 angef. mWv 24.10.2015 durch G v. 20.10.2015 (BGBl. I S. 1739).

einem anderen Vertragsstaat des Abkommens über den Europäischen Wirtschaftsraum niedergelassenen Dienstleistungserbringers gilt hinsichtlich der erforderlichen Fach- und Sachkunde § 13a Absatz 2 Satz 2 bis 5 und Absatz 3 der Gewerbeordnung[1] entsprechend.

(6) Die Bundesregierung wird ermächtigt, nach Anhörung der beteiligten Kreise (§ 68) durch Rechtsverordnung[2] mit Zustimmung des Bundesrates für die Anzeige und Tätigkeit der Sammler, Beförderer, Händler und Makler von Abfällen, für Sammler und Beförderer von Abfällen insbesondere unter Berücksichtigung der Besonderheiten der jeweiligen Verkehrsträger, Verkehrswege oder der jeweiligen Beförderungsart,

1. Vorschriften zu erlassen über die Form, den Inhalt und das Verfahren zur Erstattung der Anzeige, über Anforderungen an die Zuverlässigkeit, die Fach- und Sachkunde und deren Nachweis,
2. anzuordnen, dass das Verfahren zur Erstattung der Anzeige elektronisch zu führen ist und Dokumente in elektronischer Form gemäß § 3a Absatz 2 Satz 2 und 3 des Verwaltungsverfahrensgesetzes[3] vorzulegen sind,
3. bestimmte Tätigkeiten von der Anzeigepflicht nach Absatz 1 auszunehmen, soweit eine Anzeige aus Gründen des Wohls der Allgemeinheit nicht erforderlich ist,
4. Anforderungen an die Anzeigepflichtigen und deren Tätigkeit zu bestimmen, die sich aus Rechtsvorschriften der Europäischen Union ergeben, sowie
5. anzuordnen, dass bei der Beförderung von Abfällen geeignete Unterlagen zum Zweck der Überwachung mitzuführen sind.

§ 54 Sammler, Beförderer, Händler und Makler von gefährlichen Abfällen. (1) [1]Sammler, Beförderer, Händler und Makler von gefährlichen Abfällen bedürfen der Erlaubnis. [2]Die zuständige Behörde hat die Erlaubnis zu erteilen, wenn

1. keine Tatsachen bekannt sind, aus denen sich Bedenken gegen die Zuverlässigkeit des Inhabers oder der für die Leitung und Beaufsichtigung des Betriebes verantwortlichen Personen ergeben, sowie
2. der Inhaber, soweit er für die Leitung des Betriebes verantwortlich ist, die für die Leitung und Beaufsichtigung des Betriebes verantwortlichen Personen und das sonstige Personal über die für ihre Tätigkeit notwendige Fach- und Sachkunde verfügen.

[3]Zuständig ist die Behörde des Landes, in dem der Antragsteller seinen Hauptsitz hat. [4]Die Erlaubnis nach Satz 1 gilt für die Bundesrepublik Deutschland.

(2) Die zuständige Behörde kann die Erlaubnis mit Nebenbestimmungen versehen, soweit dies zur Wahrung des Wohls der Allgemeinheit erforderlich ist.

(3) Von der Erlaubnispflicht nach Absatz 1 Satz 1 ausgenommen sind

1. öffentlich-rechtliche Entsorgungsträger sowie
2. Entsorgungsfachbetriebe im Sinne von § 56, soweit sie für die erlaubnispflichtige Tätigkeit zertifiziert sind.

(4) [1]Erlaubnisse aus einem anderen Mitgliedstaat der Europäischen Union oder einem anderen Vertragsstaat des Abkommens über den Europäischen Wirtschafts-

[1] Nr. **800**.
[2] Siehe die Anmerkung am Titel.
[3] Nr. **100**.

raum stehen Erlaubnissen nach Absatz 1 Satz 1 gleich, soweit sie ihnen gleichwertig sind. [2]Bei der Prüfung des Antrags auf Erlaubnis nach Absatz 1 Satz 1 stehen Nachweise aus einem anderen Mitgliedstaat der Europäischen Union oder einem anderen Vertragsstaat des Abkommens über den Europäischen Wirtschaftsraum inländischen Nachweisen gleich, wenn aus ihnen hervorgeht, dass der Antragsteller die betreffenden Anforderungen des Absatzes 1 Satz 2 oder die auf Grund ihrer Zielsetzung im Wesentlichen vergleichbaren Anforderungen des Ausstellungsstaates erfüllt. [3]Unterlagen über die gleichwertige Erlaubnis nach Satz 1 und sonstige Nachweise nach Satz 2 sind der zuständigen Behörde vor Aufnahme der Tätigkeit im Original oder in Kopie vorzulegen. [4]Eine Beglaubigung der Kopie sowie eine beglaubigte deutsche Übersetzung können verlangt werden.

(5) Hinsichtlich der Überprüfung der erforderlichen Fach- und Sachkunde nach Absatz 1 Satz 2 Nummer 2 eines Antragstellers aus einem anderen Mitgliedstaat der Europäischen Union oder einem anderen Vertragsstaat des Abkommens über den Europäischen Wirtschaftsraum gilt § 36a Absatz 1 Satz 2, Absatz 2 und 4 Satz 4 der Gewerbeordnung entsprechend; bei vorübergehender und nur gelegentlicher Tätigkeit eines in einem anderen Mitgliedstaat der Europäischen Union oder in einem anderen Vertragsstaat des Abkommens über den Europäischen Wirtschaftsraum niedergelassenen Dienstleistungserbringers gilt hinsichtlich der erforderlichen Fach- und Sachkunde § 13a Absatz 2 Satz 2 bis 5 und Absatz 3 der Gewerbeordnung[1)] entsprechend.

(6) [1]Erlaubnisverfahren nach Absatz 1 und 4 können über eine einheitliche Stelle abgewickelt werden. [2]§ 42a des Verwaltungsverfahrensgesetzes[2)] findet für das Verfahren nach den Absätzen 1 und 4 Anwendung, sofern der Antragsteller Staatsangehöriger eines Mitgliedstaates der Europäischen Union oder eines anderen Vertragsstaates des Abkommens über den Europäischen Wirtschaftsraum ist oder als juristische Person in einem dieser Staaten seinen Sitz hat.

(7) Die Bundesregierung wird ermächtigt, nach Anhörung der beteiligten Kreise (§ 68) durch Rechtsverordnung[3)] mit Zustimmung des Bundesrates für die Erlaubnispflicht und Tätigkeit der Sammler, Beförderer, Händler und Makler von gefährlichen Abfällen, für Sammler und Beförderer von gefährlichen Abfällen, insbesondere unter Berücksichtigung der Besonderheiten der jeweiligen Verkehrsträger, Verkehrswege oder Beförderungsart,

1. Vorschriften zu erlassen über die Antragsunterlagen, die Form, den Inhalt und das Verfahren zur Erteilung der Erlaubnis, die Anforderungen an die Zuverlässigkeit, Fach- und Sachkunde sowie deren Nachweis, die Fristen, nach denen das Vorliegen der Voraussetzungen erneut zu überprüfen ist,
2. anzuordnen, dass das Erlaubnisverfahren elektronisch zu führen ist und Dokumente in elektronischer Form gemäß § 3a Absatz 2 Satz 2 und 3 des Verwaltungsverfahrensgesetzes vorzulegen sind,
3. bestimmte Tätigkeiten von der Erlaubnispflicht nach Absatz 1 auszunehmen, soweit eine Erlaubnis aus Gründen des Wohls der Allgemeinheit nicht erforderlich ist,
4. Anforderungen an die Erlaubnispflichtigen und deren Tätigkeit zu bestimmen, die sich aus Rechtsvorschriften der Europäischen Union ergeben sowie

---

1) Nr. **800**.
2) Nr. **100**.
3) Siehe die Anmerkung am Titel.

5. anzuordnen, dass bei der Beförderung von Abfällen geeignete Unterlagen zum Zweck der Überwachung mitzuführen sind.

§ 55 Kennzeichnung der Fahrzeuge. (1) [1]Sammler und Beförderer haben Fahrzeuge, mit denen sie Abfälle in Ausübung ihrer Tätigkeit auf öffentlichen Straßen befördern, vor Antritt der Fahrt mit zwei rückstrahlenden weißen Warntafeln gemäß Satz 3 zu versehen (A-Schilder). [2]Satz 1 gilt nicht für Sammler und Beförderer, die im Rahmen wirtschaftlicher Unternehmen Abfälle sammeln oder befördern. [3]Hinsichtlich der Anforderungen an die Kennzeichnung der Fahrzeuge gilt § 10 des Abfallverbringungsgesetzes[1)] vom 19. Juli 2007 (BGBl. I S. 1462) in der jeweils geltenden Fassung entsprechend.

(2) Die Bundesregierung wird ermächtigt, in einer Rechtsverordnung nach § 53 Absatz 6 oder § 54 Absatz 7 Ausnahmen von der Kennzeichnungspflicht nach Absatz 1 Satz 1 vorzusehen.

(3) Rechtsvorschriften, die aus Gründen der Sicherheit im Zusammenhang mit der Beförderung gefährlicher Güter erlassen sind, bleiben unberührt.

Teil 7. Entsorgungsfachbetriebe

§ 56[2)] Zertifizierung von Entsorgungsfachbetrieben. (1) Entsorgungsfachbetriebe wirken an der Förderung der Kreislaufwirtschaft und der Sicherstellung des Schutzes von Mensch und Umwelt bei der Erzeugung und Bewirtschaftung von Abfällen nach Maßgabe der hierfür geltenden Rechtsvorschriften mit.

(2) Entsorgungsfachbetrieb ist ein Betrieb, der

1. gewerbsmäßig, im Rahmen wirtschaftlicher Unternehmen oder öffentlicher Einrichtungen Abfälle sammelt, befördert, lagert, behandelt, verwertet, beseitigt, mit diesen handelt oder makelt und
2. in Bezug auf eine oder mehrere der in Nummer 1 genannten Tätigkeiten durch eine technische Überwachungsorganisation oder eine Entsorgergemeinschaft als Entsorgungsfachbetrieb zertifiziert ist.

(3) [1]Das Zertifikat darf nur erteilt werden, wenn der Betrieb die für die ordnungsgemäße Wahrnehmung seiner Aufgaben erforderlichen Anforderungen an seine Organisation, seine personelle, gerätetechnische und sonstige Ausstattung, seine Tätigkeit sowie die Zuverlässigkeit und Fach- und Sachkunde seines Personals erfüllt. [2]In dem Zertifikat sind die zertifizierten Tätigkeiten des Betriebes, insbesondere bezogen auf seine Standorte und Anlagen sowie die Abfallarten, genau zu bezeichnen. [3]Das Zertifikat ist zu befristen. [4]Die Gültigkeitsdauer darf einen Zeitraum von 18 Monaten nicht überschreiten. [5]Das Vorliegen der Voraussetzungen des Satzes 1 wird mindestens jährlich von der technischen Überwachungsorganisation oder der Entsorgergemeinschaft überprüft.

(4) [1]Mit Erteilung des Zertifikats ist dem Betrieb von der technischen Überwachungsorganisation oder Entsorgergemeinschaft die Berechtigung zum Führen eines Überwachungszeichens zu erteilen, das die Bezeichnung „Entsorgungsfachbetrieb" in Verbindung mit dem Hinweis auf die zertifizierte Tätigkeit und die das Überwachungszeichen erteilende technische Überwachungsorganisation oder Entsorgergemeinschaft aufweist. [2]Ein Betrieb darf das Überwachungszeichen nur führen, soweit und solange er als Entsorgungsfachbetrieb zertifiziert ist.

[1)] **Gewerberecht Nr. 875.**
[2)] § 56 Abs. 6 Satz 2 geänd. mWv 2.5.2013 durch G v. 8.4.2013 (BGBl. I S. 734).

(5) [1]Eine technische Überwachungsorganisation ist ein rechtsfähiger Zusammenschluss mehrerer Sachverständiger, deren Sachverständigentätigkeit auf dauernde Zusammenarbeit angelegt ist. [2]Die Erteilung des Zertifikats und der Berechtigung zum Führen des Überwachungszeichens durch die technische Überwachungsorganisation erfolgt auf der Grundlage eines Überwachungsvertrages, der insbesondere die Anforderungen an den Betrieb und seine Überwachung sowie an die Erteilung und den Entzug des Zertifikats und der Berechtigung zum Führen des Überwachungszeichens festlegt. [3]Der Überwachungsvertrag bedarf der Zustimmung der zuständigen Behörde.

(6) [1]Eine Entsorgergemeinschaft ist ein rechtsfähiger Zusammenschluss von Entsorgungsfachbetrieben im Sinne des Absatzes 2. [2]Sie bedarf der Anerkennung der zuständigen Behörde. [3]Die Erteilung des Zertifikats und der Berechtigung zum Führen des Überwachungszeichens durch die Entsorgergemeinschaft erfolgt auf der Grundlage einer Satzung oder sonstigen Regelung, die insbesondere die Anforderungen an die zu zertifizierenden Betriebe und ihre Überwachung sowie an die Erteilung und den Entzug des Zertifikats und der Berechtigung zum Führen des Überwachungszeichens festlegt.

(7) Technische Überwachungsorganisation und Entsorgergemeinschaft haben sich für die Überprüfung der Betriebe Sachverständiger zu bedienen, die die für die Durchführung der Überwachung erforderliche Zuverlässigkeit, Unabhängigkeit sowie Fach- und Sachkunde besitzen.

(8) [1]Entfallen die Voraussetzungen für die Erteilung des Zertifikats, hat die technische Überwachungsorganisation oder die Entsorgergemeinschaft dem Betrieb das von ihr erteilte Zertifikat und die Berechtigung zum Führen des Überwachungszeichens zu entziehen sowie den Betrieb aufzufordern, das Zertifikat zurückzugeben und das Überwachungszeichen nicht weiterzuführen. [2]Kommt der Betrieb dieser Aufforderung innerhalb einer von der technischen Überwachungsorganisation oder Entsorgergemeinschaft gesetzten Frist nicht nach, kann die zuständige Behörde dem Betrieb das erteilte Zertifikat und die Berechtigung zum Führen des Überwachungszeichens entziehen sowie die sonstige weitere Verwendung der Bezeichnung „Entsorgungsfachbetrieb“ untersagen.

§ 57 Anforderungen an Entsorgungsfachbetriebe, technische Überwachungsorganisationen und Entsorgergemeinschaften. [1]Die Bundesregierung wird ermächtigt, nach Anhörung der beteiligten Kreise (§ 68) durch Rechtsverordnung[1)] mit Zustimmung des Bundesrates Anforderungen an Entsorgungsfachbetriebe, technische Überwachungsorganisationen und Entsorgergemeinschaften zu bestimmen. [2]In der Rechtsverordnung können insbesondere

1. Anforderungen an die Organisation, die personelle, gerätetechnische und sonstige Ausstattung und die Tätigkeit eines Entsorgungsfachbetriebes bestimmt sowie ein ausreichender Haftpflichtversicherungsschutz gefordert werden,
2. Anforderungen an den Inhaber und die im Entsorgungsfachbetrieb beschäftigten Personen, insbesondere Mindestanforderungen an die Fach- und Sachkunde und die Zuverlässigkeit sowie an deren Nachweis, bestimmt werden,
3. Anforderungen an die Tätigkeit der technischen Überwachungsorganisationen, insbesondere Mindestanforderungen an den Überwachungsvertrag sowie dessen Abschluss, Durchführung, Auflösung und Erlöschen, bestimmt werden,

---

[1)] Siehe die Anmerkung am Titel.

4. Anforderungen an die Tätigkeit der Entsorgergemeinschaften, insbesondere an deren Bildung, Auflösung, Organisation und Arbeitsweise, einschließlich der Bestellung, Aufgaben und Befugnisse der Prüforgane sowie Mindestanforderungen an die Mitglieder dieser Prüforgane, bestimmt werden,
5. Mindestanforderungen an die für die technischen Überwachungsorganisationen oder für die Entsorgergemeinschaften tätigen Sachverständigen sowie deren Bestellung, Tätigkeit und Kontrolle bestimmt werden,
6. Anforderungen an das Überwachungszeichen und das zugrunde liegende Zertifikat, insbesondere an die Form und den Inhalt, sowie Anforderungen an ihre Erteilung, ihre Aufhebung, ihr Erlöschen und ihren Entzug bestimmt werden,
7. die besonderen Voraussetzungen, das Verfahren, die Erteilung und Aufhebung
   a) der Zustimmung zum Überwachungsvertrag durch die zuständige Behörde geregelt werden sowie
   b) der Anerkennung der Entsorgergemeinschaften durch die zuständige Behörde geregelt werden; dabei kann die Anerkennung der Entsorgergemeinschaften bei drohenden Beschränkungen des Wettbewerbes widerrufen werden,
8. die näheren Anforderungen an den Entzug des Zertifikats und der Berechtigung zum Führen des Überwachungszeichens sowie an die Untersagung der sonstigen weiteren Verwendung der Bezeichnung „Entsorgungsfachbetrieb" durch die zuständige Behörde nach § 56 Absatz 8 Satz 2 bestimmt werden sowie
9. für die erforderlichen Erklärungen, Nachweise, Benachrichtigungen oder sonstigen Daten die elektronische Führung und die Vorlage von Dokumenten in elektronischer Form gemäß § 3a Absatz 2 Satz 2 und 3 des Verwaltungsverfahrensgesetzes[1)] angeordnet werden.

Teil 8. Betriebsorganisation, Betriebsbeauftragter für Abfall und Erleichterungen für auditierte Unternehmensstandorte

§ 58[2)] Mitteilungspflichten zur Betriebsorganisation. (1) [1]Besteht bei Kapitalgesellschaften das vertretungsberechtigte Organ aus mehreren Mitgliedern oder sind bei rechtsfähigen Personengesellschaften mehrere vertretungsberechtigte Gesellschafter vorhanden, so ist der zuständigen Behörde anzuzeigen, wer von ihnen nach den Bestimmungen über die Geschäftsführungsbefugnis für die Gesellschaft die Pflichten des Betreibers einer genehmigungsbedürftigen Anlage im Sinne des § 4 des Bundes-Immissionsschutzgesetzes[3)] oder die Pflichten des Besitzers im Sinne des § 27 wahrnimmt, die ihm nach diesem Gesetz und nach den auf Grund dieses Gesetzes erlassenen Rechtsverordnungen obliegen. [2]Die Gesamtverantwortung aller Organmitglieder oder Gesellschafter bleibt hiervon unberührt.

(2) Der Betreiber einer genehmigungsbedürftigen Anlage im Sinne des § 4 des Bundes-Immissionsschutzgesetzes, der Besitzer im Sinne des § 27 oder im Rahmen ihrer Geschäftsführungsbefugnis die nach Absatz 1 Satz 1 anzuzeigende Person hat der zuständigen Behörde mitzuteilen, auf welche Weise sichergestellt ist, dass die Vorschriften und Anordnungen, die der Vermeidung, Verwertung und umweltverträglichen Beseitigung von Abfällen dienen, beim Betrieb beachtet werden.

[1)] Nr. **100**.
[2)] § 58 Abs. 1 Satz 1 geänd. mWv 1.1.2024 durch G v. 10.8.2021 (BGBl. I S. 3436).
[3)] Nr. **296**.

§ 59[1)] Bestellung eines Betriebsbeauftragten für Abfall. (1) [1]Betreiber von genehmigungsbedürftigen Anlagen im Sinne des § 4 des Bundes-Immissionsschutzgesetzes[2)], Betreiber von Anlagen, in denen regelmäßig gefährliche Abfälle anfallen, Betreiber ortsfester Sortier-, Verwertungs- oder Abfallbeseitigungsanlagen, Besitzer im Sinne des § 27 sowie Betreiber von Rücknahmesystemen und -stellen, die von den Besitzern im Sinne des § 27 eingerichtet worden sind oder an denen sie sich beteiligen, haben unverzüglich einen oder mehrere Betriebsbeauftragte für Abfall (Abfallbeauftragte) zu bestellen, sofern dies im Hinblick auf die Art oder die Größe der Anlagen oder die Bedeutung der abfallwirtschaftlichen Tätigkeit, insbesondere unter Berücksichtigung von Art oder Umfang der Rücknahme der Abfälle und der damit verbundenen Besitzerpflichten, erforderlich ist wegen der

1. anfallenden, zurückgenommenen, verwerteten oder beseitigten Abfälle,
2. technischen Probleme der Vermeidung, Verwertung oder Beseitigung oder
3. Eignung der Produkte oder Erzeugnisse, die bei oder nach bestimmungsgemäßer Verwendung Probleme hinsichtlich der ordnungsgemäßen und schadlosen Verwertung oder umweltverträglichen Beseitigung hervorrufen.

[2]Das Bundesministerium für Umwelt, Naturschutz und nukleare Sicherheit bestimmt nach Anhörung der beteiligten Kreise (§ 68) durch Rechtsverordnung[3)] mit Zustimmung des Bundesrates die Betreiber von Anlagen nach Satz 1, die Besitzer nach Satz 1 sowie die Betreiber von Rücknahmesystemen und -stellen nach Satz 1, die Abfallbeauftragte zu bestellen haben. [3]Durch Rechtsverordnung nach Satz 2 kann auch bestimmt werden, welche Besitzer von Abfällen und welche Betreiber von Rücknahmesystemen und -stellen, für die Satz 1 entsprechend gilt, Abfallbeauftragte zu bestellen haben.

(2) Die zuständige Behörde kann anordnen, dass Betreiber von Anlagen nach Absatz 1 Satz 1, Besitzer nach Absatz 1 Satz 1 und Betreiber von Rücknahmesystemen und -stellen nach Absatz 1 Satz 1, für die die Bestellung eines Abfallbeauftragten nicht durch Rechtsverordnung nach Absatz 1 Satz 2 und 3 vorgeschrieben ist, einen oder mehrere Abfallbeauftragte zu bestellen haben, soweit sich im Einzelfall die Notwendigkeit der Bestellung aus den in Absatz 1 Satz 1 genannten Gesichtspunkten ergibt.

(3) Ist nach § 53 des Bundes-Immissionsschutzgesetzes ein Immissionsschutzbeauftragter oder nach § 64 des Wasserhaushaltsgesetzes[4)] ein Gewässerschutzbeauftragter zu bestellen, so können diese auch die Aufgaben und Pflichten eines Abfallbeauftragten nach diesem Gesetz wahrnehmen.

§ 60[5)] Aufgaben des Betriebsbeauftragten für Abfall. (1) [1]Der Abfallbeauftragte berät den zur Bestellung Verpflichteten und die Betriebsangehörigen in Angelegenheiten, die für die Abfallvermeidung und Abfallbewirtschaftung bedeutsam sein können. [2]Er ist berechtigt und verpflichtet,

---

[1)] § 59 Abs. 1 Satz 1 einl. Satzteil und Nr. 1 sowie Satz 2 geänd., Satz 3 angef., Abs. 2 geänd. mWv 24.10.2015 durch G v. 20.10.2015 (BGBl. I S. 1739); Abs. 1 Satz 2 geänd. mWv 29.10.2020 durch G v. 23.10.2020 (BGBl. I S. 2232).

[2)] Nr. **296**.

[3)] Siehe die Anmerkung am Titel.

[4)] Nr. **845**.

[5)] § 60 Abs. 3 Satz 1 geänd. mWv 2.5.2013 durch G v. 8.4.2013 (BGBl. I S. 734); Abs. 1 Satz 1, Satz 2 Nr. 2, 3 Buchst. a, Nr. 4, 6, Abs. 2, Abs. 3 Satz 2 geänd. mWv 24.10.2015 durch G v. 20.10.2015 (BGBl. I S. 1739); Abs. 3 Satz 2 geänd. mWv 29.10.2020 durch G v. 23.10.2020 (BGBl. I S. 2232).

1. den Weg der Abfälle von ihrer Entstehung oder Anlieferung bis zu ihrer Verwertung oder Beseitigung zu überwachen,
2. die Einhaltung der Vorschriften dieses Gesetzes und der auf Grund dieses Gesetzes erlassenen Rechtsverordnungen sowie die Erfüllung erteilter Bedingungen und Auflagen zu überwachen, insbesondere durch Kontrolle der Betriebsstätte und der Art und Beschaffenheit der bewirtschafteten Abfälle in regelmäßigen Abständen, Mitteilung festgestellter Mängel und Vorschläge zur Mängelbeseitigung,
3. die Betriebsangehörigen aufzuklären
   a) über Beeinträchtigungen des Wohls der Allgemeinheit, welche von den Abfällen oder der abfallwirtschaftlichen Tätigkeit ausgehen können,
   b) über Einrichtungen und Maßnahmen zur Verhinderung von Beeinträchtigungen des Wohls der Allgemeinheit unter Berücksichtigung der für die Vermeidung, Verwertung und Beseitigung von Abfällen geltenden Gesetze und Rechtsverordnungen,
4. hinzuwirken auf die Entwicklung und Einführung
   a) umweltfreundlicher und abfallarmer Verfahren, einschließlich Verfahren zur Vermeidung, ordnungsgemäßen und schadlosen Verwertung oder umweltverträglichen Beseitigung von Abfällen,
   b) umweltfreundlicher und abfallarmer Erzeugnisse, einschließlich Verfahren zur Wiederverwendung, Verwertung oder umweltverträglichen Beseitigung nach Wegfall der Nutzung, sowie
5. bei der Entwicklung und Einführung der in Nummer 4 Buchstabe a und b genannten Verfahren mitzuwirken, insbesondere durch Begutachtung der Verfahren und Erzeugnisse unter den Gesichtspunkten der Abfallbewirtschaftung,
6. bei Anlagen, in denen Abfälle anfallen, verwertet oder beseitigt werden, zudem auf Verbesserungen des Verfahrens hinzuwirken.

(2) Der Abfallbeauftragte erstattet dem zur Bestellung Verpflichteten jährlich einen schriftlichen Bericht über die nach Absatz 1 Satz 2 Nummer 1 bis 5 getroffenen und beabsichtigten Maßnahmen.

(3) [1] Auf das Verhältnis zwischen dem zur Bestellung Verpflichteten und dem Abfallbeauftragten finden § 55 Absatz 1, 1a, 2 Satz 1 und 2, Absatz 3 und 4 und die §§ 56 bis 58 des Bundes-Immissionsschutzgesetzes[1)] entsprechende Anwendung. [2] Das Bundesministerium für Umwelt, Naturschutz und nukleare Sicherheit wird ermächtigt, nach Anhörung der beteiligten Kreise (§ 68) durch Rechtsverordnung mit Zustimmung des Bundesrates vorzuschreiben, welche Anforderungen an die Fachkunde und Zuverlässigkeit des Abfallbeauftragten zu stellen sind.

§ 61[2)] Anforderungen an Erleichterungen für auditierte Unternehmensstandorte. (1) Die Bundesregierung wird ermächtigt, zur Förderung der privaten Eigenverantwortung für Standorte des Gemeinschaftssystems für das Umweltmanagement und die Umweltbetriebsprüfung (EMAS) durch Rechtsverordnung[3)] mit Zustimmung des Bundesrates Erleichterungen zum Inhalt der Antragsunterlagen in abfallrechtlichen Verfahren sowie überwachungsrechtliche Erleichterungen vorzusehen, soweit die entsprechenden Anforderungen der Verordnung (EG) Nr. 1221/2009 des Europäischen Parlaments und des Rates vom 25. November

---

[1)] Nr. **296**.
[2)] § 61 Abs. 3 abschl. Satzteil geänd. mWv 2.5.2013 durch G v. 8.4.2013 (BGBl. I S. 734).
[3)] Siehe die Anmerkung am Titel.

2009 über die freiwillige Teilnahme von Organisationen an einem Gemeinschaftssystem für Umweltmanagement und Umweltbetriebsprüfung und zur Aufhebung der Verordnung (EG) Nr. 761/2001 sowie der Beschlüsse der Kommission 2001/681/EG und 2006/193/EG (ABl. L 342 vom 22.12.2009, S. 1) gleichwertig mit den Anforderungen sind, die zur Überwachung und zu den Antragsunterlagen nach diesem Gesetz oder den auf Grund dieses Gesetzes erlassenen Rechtsverordnungen vorgesehen sind oder soweit die Gleichwertigkeit durch die Rechtsverordnung nach dieser Vorschrift sichergestellt wird.

(2) Durch Rechtsverordnung nach Absatz 1 können weitere Voraussetzungen für die Inanspruchnahme und die Rücknahme von Erleichterungen oder die vollständige oder teilweise Aussetzung von Erleichterungen für Fälle festgelegt werden, in denen die Voraussetzungen für deren Gewährung nicht mehr vorliegen.

(3) Durch Rechtsverordnung nach Absatz 1 können ordnungsrechtliche Erleichterungen, insbesondere zu

1. Kalibrierungen, Ermittlungen, Prüfungen und Messungen,
2. Messberichten sowie sonstigen Berichten und Mitteilungen von Ermittlungsergebnissen,
3. Aufgaben des Betriebsbeauftragten für Abfall,
4. Mitteilungspflichten zur Betriebsorganisation und
5. der Häufigkeit der behördlichen Überwachung

nur gewährt werden, wenn der Umweltgutachter oder die Umweltgutachterorganisation im Sinne des Umweltauditgesetzes die Einhaltung der Umweltvorschriften geprüft hat, keine Abweichungen festgestellt hat und dies in der Validierung bescheinigt.

(4) Durch Rechtsverordnung nach Absatz 1 können unter den dort genannten Voraussetzungen Erleichterungen im Genehmigungsverfahren sowie überwachungsrechtliche Erleichterungen für Entsorgungsfachbetriebe gewährt werden.

Teil 9. Schlussbestimmungen

§ 62 Anordnungen im Einzelfall. Die zuständige Behörde kann im Einzelfall die erforderlichen Anordnungen zur Durchführung dieses Gesetzes und der auf Grund dieses Gesetzes erlassenen Rechtsverordnungen treffen.

§ 63 Geheimhaltung und Datenschutz. Die Rechtsvorschriften über Geheimhaltung und Datenschutz bleiben unberührt.

§ 64 Elektronische Kommunikation. Soweit auf Grund dieses Gesetzes oder einer auf Grund dieses Gesetzes erlassenen Rechtsverordnung die Schriftform angeordnet wird, ist auch die elektronische Form nach Maßgabe des § 3a des Verwaltungsverfahrensgesetzes[1] zugelassen.

§ 65 Umsetzung von Rechtsakten der Europäischen Union. (1) [1] Zur Umsetzung von Rechtsakten der Europäischen Union kann die Bundesregierung mit Zustimmung des Bundesrates zu dem in § 1 genannten Zweck Rechtsverordnungen[2] zur Sicherstellung der umweltverträglichen Abfallvermeidung und Abfallbewirtschaftung, insbesondere zur ordnungsgemäßen und schadlosen Verwertung

---

[1] Nr. **100**.
[2] Siehe die Anmerkung am Titel.

sowie zur umweltverträglichen Beseitigung von Abfällen erlassen. [2] In den Rechtsverordnungen kann auch geregelt werden, wie die Öffentlichkeit zu unterrichten ist.

(2) Zur Umsetzung von Rechtsakten der Europäischen Union kann die Bundesregierung durch Rechtsverordnung mit Zustimmung des Bundesrates das Verwaltungsverfahren zur Erteilung von Genehmigungen und Erlaubnissen oder Erstattung von Anzeigen nach diesem Gesetz oder nach einer auf Grund dieses Gesetzes erlassenen Rechtsverordnung regeln.

§ 66[1)] Vollzug im Bereich der Bundeswehr. (1) Im Geschäftsbereich des Bundesministeriums der Verteidigung obliegt der Vollzug des Gesetzes und der auf Grund dieses Gesetzes erlassenen Rechtsverordnungen für Material, das zur Verwendung für militärische Zwecke bestimmt ist, sowie für die Verwertung und Beseitigung militäreigentümlicher Abfälle sowie von Abfällen, für die ein besonderes militärisches Sicherheitsinteresse besteht, dem Bundesministerium der Verteidigung und den von ihm bestimmten Stellen.

(2) Das Bundesministerium der Verteidigung wird ermächtigt, für Material, das zur Verwendung für militärische Zwecke bestimmt ist, sowie für die Verwertung oder die Beseitigung von Abfällen im Sinne des Absatzes 1 aus dem Bereich der Bundeswehr Ausnahmen von diesem Gesetz und den auf Grund dieses Gesetzes erlassenen Rechtsverordnungen zuzulassen, soweit zwingende Gründe der Verteidigung oder die Erfüllung zwischenstaatlicher Pflichten dies erfordern.

§ 67 Beteiligung des Bundestages beim Erlass von Rechtsverordnungen.

[1] Rechtsverordnungen nach § 8 Absatz 2, § 10 Absatz 1 Nummer 1 und 4, den §§ 24, 25 und 65 sind dem Bundestag zuzuleiten. [2] Die Zuleitung erfolgt vor der Zuleitung an den Bundesrat. [3] Die Rechtsverordnungen können durch Beschluss des Bundestages geändert oder abgelehnt werden. [4] Der Beschluss des Bundestages wird der Bundesregierung zugeleitet. [5] Hat sich der Bundestag nach Ablauf von drei Sitzungswochen seit Eingang der Rechtsverordnung nicht mit ihr befasst, so wird die unveränderte Rechtsverordnung dem Bundesrat zugeleitet.

§ 68 Anhörung beteiligter Kreise. Soweit Ermächtigungen zum Erlass von Rechtsverordnungen und allgemeinen Verwaltungsvorschriften die Anhörung der beteiligten Kreise vorschreiben, ist ein jeweils auszuwählender Kreis von Vertretern der Wissenschaft, der Betroffenen, der beteiligten Wirtschaft, der für die Abfallwirtschaft zuständigen obersten Landesbehörden, der Gemeinden und Gemeindeverbände zu hören.

§ 69[2)] Bußgeldvorschriften. (1) Ordnungswidrig handelt, wer vorsätzlich oder fahrlässig

1. entgegen § 9a Absatz 1 gefährliche Abfälle vermischt,

1a. entgegen § 9a Absatz 3 Abfälle nicht oder nicht rechtzeitig trennt oder nicht oder nicht rechtzeitig behandelt,

---

[1)] § 66 Abs. 1 und 2 geänd. mWv 29.10.2020 durch G v. 23.10.2020 (BGBl. I S. 2232).

[2)] *§ 69 Abs. 1 Nr. 8, Abs. 2 Nr. 7 geänd. mWv 2.5.2013 durch G v. 8.4.2013* (BGBl. I S. 734); Abs. 2 Nr. 1, 14 und 15 geänd. mWv 24.10.2015 durch G v. 20.10.2015 (BGBl. I S. 1739); Abs. 1 Nr. 1 und 1a eingef., bish. Nr. 1 wird Nr. 1b, Nr. 8, Abs. 2 Nr. 15 geänd. mWv 29.10.2020 durch G v. 23.10.2020 (BGBl. I S. 2232); Abs. 1 Nr. 4, Abs. 2 Nr. 4 geänd. mWv 3.7.2021 durch G v. 9.6.2021 (BGBl. I S. 1699); Abs. 4 geänd. mWv 9.3.2023 durch G v. 2.3.2023 (BGBl. 2023 I Nr. 56).

1b. entgegen § 12 Absatz 4 oder § 56 Absatz 4 Satz 2 ein dort genanntes Zeichen führt,
2. entgegen § 28 Absatz 1 Satz 1 Abfälle zur Beseitigung behandelt, lagert oder ablagert,
3. ohne Planfeststellungsbeschluss nach § 35 Absatz 2 Satz 1 oder ohne Plangenehmigung nach § 35 Absatz 3 Satz 1 eine Deponie errichtet oder wesentlich ändert,
4. einer vollziehbaren Auflage nach § 36 Absatz 4 Satz 1 oder Satz 3, § 39 Absatz 1 Satz 1 oder Absatz 2 Satz 1, § 53 Absatz 3 Satz 1 oder § 54 Absatz 2 zuwiderhandelt,
5. einer mit einer Zulassung nach § 37 Absatz 1 Satz 1 verbundenen vollziehbaren Auflage zuwiderhandelt,
6. einer vollziehbaren Untersagung nach § 53 Absatz 3 Satz 3 zuwiderhandelt,
7. ohne Erlaubnis nach § 54 Absatz 1 Satz 1 gefährliche Abfälle sammelt, befördert, mit ihnen Handel treibt oder diese makelt oder
8. einer Rechtsverordnung nach § 4 Absatz 2, § 5 Absatz 2, § 10 Absatz 1 oder 4 Nummer 2, § 11 Absatz 2 Satz 1 oder 2 oder Absatz 3 Satz 1 Nummer 1 bis 3 oder Satz 2 Nummer 2, § 12 Absatz 7, § 16 Satz 1 Nummer 1 oder Nummer 2, § 24, § 25 Absatz 1 Nummer 1 bis 3 oder 5 oder Absatz 2 Nummer 5 bis 7 oder 10, § 28 Absatz 3 Satz 2, § 43 Absatz 1 Satz 1 Nummer 2 bis 5, 7 oder Nummer 8 oder § 57 Satz 2 Nummer 1 bis 7 oder Nummer 8 oder einer vollziehbaren Anordnung auf Grund einer solchen Rechtsverordnung zuwiderhandelt, soweit die Rechtsverordnung für einen bestimmten Tatbestand auf diese Bußgeldvorschrift verweist.

(2) Ordnungswidrig handelt, wer vorsätzlich oder fahrlässig
1. entgegen § 18 Absatz 1, § 26 Absatz 2, § 40 Absatz 1 Satz 1 oder § 53 Absatz 1 Satz 1 eine Anzeige nicht, nicht richtig, nicht vollständig oder nicht rechtzeitig erstattet,
2. entgegen § 34 Absatz 1 Satz 1 das Betreten eines Grundstücks oder eine dort genannte Maßnahme nicht duldet,
3. entgegen § 41 Absatz 1 Satz 1 in Verbindung mit einer Rechtsverordnung nach § 41 Absatz 2 Satz 1 eine Emissionserklärung nicht, nicht richtig, nicht vollständig oder nicht rechtzeitig abgibt oder nicht, nicht richtig, nicht vollständig oder nicht rechtzeitig ergänzt,
4. entgegen § 47 Absatz 3 Satz 1 eine Auskunft nicht, nicht richtig, nicht vollständig oder nicht rechtzeitig erteilt,
5. entgegen § 47 Absatz 3 Satz 2 oder Satz 3 das Betreten eines Grundstücks oder eines Wohn-, Geschäfts- oder Betriebsraumes, die Einsicht in eine Unterlage oder die Vornahme einer technischen Ermittlung oder Prüfung nicht gestattet,
6. entgegen § 47 Absatz 4 eine dort genannte Anlage nicht zugänglich macht oder eine Arbeitskraft, ein Werkzeug oder eine Unterlage nicht zur Verfügung stellt,
7. einer vollziehbaren Anordnung nach § 47 Absatz 4 oder Absatz 9 Satz 1, § 51 Absatz 1 Satz 1 oder § 59 Absatz 2 zuwiderhandelt,
8. entgegen § 49 Absatz 1, auch in Verbindung mit § 49 Absatz 3 oder einer Rechtsverordnung nach § 10 Absatz 2 Nummer 1 Buchstabe b oder § 52 Absatz 1 Satz 1 oder Satz 2 Nummer 3 oder Nummer 5, ein Register nicht, nicht richtig oder nicht vollständig führt,

9. entgegen § 49 Absatz 2 in Verbindung mit einer Rechtsverordnung nach § 52 Absatz 1 Satz 1 eine Angabe nicht, nicht richtig, nicht vollständig oder nicht rechtzeitig verzeichnet,
10. entgegen § 49 Absatz 4, auch in Verbindung mit einer Rechtsverordnung nach § 10 Absatz 2 Nummer 1 Buchstabe b oder § 52 Absatz 1 Satz 1 oder Satz 2 Nummer 3, ein Register nicht, nicht richtig, nicht vollständig oder nicht rechtzeitig vorlegt oder eine Mitteilung nicht, nicht richtig, nicht vollständig oder nicht rechtzeitig macht,
11. entgegen § 49 Absatz 5, auch in Verbindung mit einer Rechtsverordnung nach § 52 Absatz 1 Satz 2 Nummer 6, eine Angabe oder einen Beleg nicht oder nicht für die vorgeschriebene Dauer aufbewahrt,
12. entgegen § 50 Absatz 1 in Verbindung mit einer Rechtsverordnung nach § 52 Absatz 1 Satz 1, jeweils auch in Verbindung mit einer Rechtsverordnung nach § 10 Absatz 2 Nummer 1 Buchstabe b oder § 52 Absatz 1 Satz 2 Nummer 3, einen Nachweis nicht, nicht richtig, nicht vollständig oder nicht rechtzeitig führt,
13. entgegen § 55 Absatz 1 Satz 1 ein Fahrzeug nicht, nicht richtig, nicht vollständig oder nicht rechtzeitig mit Warntafeln versieht,
14. entgegen § 59 Absatz 1 Satz 1 in Verbindung mit einer Rechtsverordnung nach § 59 Absatz 1 Satz 2 und 3 einen Abfallbeauftragten nicht oder nicht rechtzeitig bestellt oder
15. einer Rechtsverordnung nach § 10 Absatz 2 Nummer 1 Buchstabe a, Nummer 2 bis 7 oder Nummer 8, jeweils auch in Verbindung mit § 11 Absatz 3 Satz 1 Nummer 4, § 16 Satz 1 Nummer 3 oder § 43 Absatz 5, nach § 10 Absatz 4 Nummer 1, § 11 Absatz 3 Satz 2 Nummer 1, § 25 Absatz 1 Nummer 7 oder 8 oder Absatz 2 Nummer 3, 9 oder 11, § 43 Absatz 1 Satz 1 Nummer 6 oder Nummer 9, § 52 Absatz 1 Satz 1 und Absatz 2 Nummer 2 oder Nummer 3, § 53 Absatz 6 Nummer 1, 2, 4 oder Nummer 5, § 54 Absatz 7 Nummer 1, 2, 4 oder Nummer 5 oder § 57 Satz 2 Nummer 9 oder einer vollziehbaren Anordnung auf Grund einer solchen Rechtsverordnung zuwiderhandelt, soweit die Rechtsverordnung für einen bestimmten Tatbestand auf diese Vorschrift verweist.

(3) Die Ordnungswidrigkeit nach Absatz 1 kann mit einer Geldbuße bis zu hunderttausend Euro, die Ordnungswidrigkeit nach Absatz 2 mit einer Geldbuße bis zu zehntausend Euro geahndet werden.

(4) Verwaltungsbehörde im Sinne des § 36 Absatz 1 Nummer 1 des Gesetzes über Ordnungswidrigkeiten[1)] ist das Bundesamt für Logistik und Mobilität, soweit es sich um Ordnungswidrigkeiten nach Absatz 1 Nummer 6 bis 8 oder nach Absatz 2 Nummer 1, 7, 8, 10 bis 13 und 15 handelt und die Zuwiderhandlung im Zusammenhang mit der Beförderung von Abfällen durch Fahrzeuge zur Güterbeförderung auf der Straße in einem Unternehmen begangen wird, das im Inland weder seinen Sitz noch eine geschäftliche Niederlassung hat, und soweit die betroffene Person im Inland keinen Wohnsitz hat.

§ 70 Einziehung. [1] Ist eine Ordnungswidrigkeit nach § 69 Absatz 1 Nummer 2 bis 7 oder Nummer 8 begangen worden, so können Gegenstände eingezogen werden,
1. auf die sich die Ordnungswidrigkeit bezieht oder

---
1) Habersack Nr. 94.

2. die zu ihrer Begehung oder Vorbereitung gebraucht worden oder bestimmt gewesen sind.

[2] § 23 des Gesetzes über Ordnungswidrigkeiten[1)] ist anzuwenden.

§ 71 Ausschluss abweichenden Landesrechts. Von den in diesem Gesetz oder auf Grund dieses Gesetzes getroffenen Regelungen des Verwaltungsverfahrens kann durch Landesrecht nicht abgewichen werden.

(Fortsetzung nächstes Blatt)

[1)] **Habersack Nr. 94.**

§ 72[1)] Übergangsvorschrift. (1) [1] Pflichtenübertragungen nach § 16 Absatz 2, § 17 Absatz 3 oder § 18 Absatz 2 des Kreislaufwirtschafts- und Abfallgesetzes[2)] vom 27. September 1994 (BGBl. I S. 2705), das zuletzt durch Artikel 5 des Gesetzes vom 6. Oktober 2011 (BGBl. I S. 1986) geändert worden ist, gelten fort. [2] Die zuständige Behörde kann bestehende Pflichtenübertragungen nach Maßgabe des § 13 Absatz 2 und der §§ 16 bis 18 des Kreislaufwirtschafts- und Abfallgesetzes vom 27. September 1994 (BGBl. I S. 2705), das zuletzt durch Artikel 5 des Gesetzes vom 6. Oktober 2011 (BGBl. I S. 1986) geändert worden ist, verlängern.

(2) [1] Für Verfahren zur Aufstellung von Abfallwirtschaftsplänen, die bis zum Ablauf des 5. Juli 2020 eingeleitet worden sind, ist § 30 des Kreislaufwirtschaftsgesetzes vom 24. Februar 2012 (BGBl. I S. 212) in der bis zum 28. Oktober 2020 geltenden Fassung anzuwenden. [2] Für Verfahren zur Aufstellung von Abfallwirtschaftsplänen, die bis zum Ablauf des 3. Juli 2021 eingeleitet worden sind, ist § 30 des Kreislaufwirtschaftsgesetzes vom 24. Februar 2012 (BGBl. I S. 212) in der bis zum Ablauf des 3. Juli 2021 geltenden Fassung anzuwenden.

(3) Eine Transportgenehmigung nach § 49 Absatz 1 des Kreislaufwirtschafts- und Abfallgesetzes vom 27. September 1994 (BGBl. I S. 2705), das zuletzt durch Artikel 5 des Gesetzes vom 6. Oktober 2011 (BGBl. I S. 1986) geändert worden ist, auch in Verbindung mit § 1 der Transportgenehmigungsverordnung[3)] vom 10. September 1996 (BGBl. I S. 1411; 1997 I S. 2861), die zuletzt durch Artikel 5 des Gesetzes vom 19. Juli 2007 (BGBl. I S. 1462) geändert worden ist, gilt bis zum Ende ihrer Befristung als Erlaubnis nach § 54 Absatz 1 fort.

(4) Eine Genehmigung für Vermittlungsgeschäfte nach § 50 Absatz 1 des Kreislaufwirtschafts- und Abfallgesetzes vom 27. September 1994 (BGBl. I S. 2705), das zuletzt durch Artikel 5 des Gesetzes vom 6. Oktober 2011 (BGBl. I S. 1986) geändert worden ist, gilt bis zum Ende ihrer Befristung als Erlaubnis nach § 54 Absatz 1 fort.

Anlage 1

Beseitigungsverfahren

D 1	Ablagerungen in oder auf dem Boden (zum Beispiel Deponien)
D 2	Behandlung im Boden (zum Beispiel biologischer Abbau von flüssigen oder schlammigen Abfällen im Erdreich)
D 3	Verpressung (zum Beispiel Verpressung pumpfähiger Abfälle in Bohrlöcher, Salzdome oder natürliche Hohlräume)
D 4	Oberflächenaufbringung (zum Beispiel Ableitung flüssiger oder schlammiger Abfälle in Gruben, Teiche oder Lagunen)
D 5	Speziell angelegte Deponien (zum Beispiel Ablagerung in abgedichteten, getrennten Räumen, die gegeneinander und gegen die Umwelt verschlossen und isoliert werden)
D 6	Einleitung in ein Gewässer mit Ausnahme von Meeren und Ozeanen
D 7	Einleitung in Meere und Ozeane einschließlich Einbringung in den Meeresboden
D 8	Biologische Behandlung, die nicht an anderer Stelle in dieser Anlage beschrieben ist und durch die Endverbindungen oder Gemische entstehen, die mit einem der in D 1 bis D 12 aufgeführten Verfahren entsorgt werden
D 9	Chemisch-physikalische Behandlung, die nicht an anderer Stelle in dieser Anlage beschrieben ist und durch die Endverbindungen oder Gemische entstehen, die mit einem der in D 1 bis D 12 aufgeführten Verfahren entsorgt werden (zum Beispiel Verdampfen, Trocknen, Kalzinieren)
D 10	Verbrennung an Land

[1)] § 72 Abs. 2 neu gef., Abs. 3 und 4 aufgeh., bish. Abs. 5 und 6 werden Abs. 3 und 4 mWv 29.10.2020 durch G v. 23.10.2020 (BGBl. I S. 2232); Abs. 2 Satz 2 angef. mWv 3.7.2021 durch G v. 9.6.2021 (BGBl. I S. 1699).

[2)] **Gewerberecht Nr. 850.**

[3)] **Gewerberecht Nr. 854.**

D 11 Verbrennung auf See[1)]
D 12 Dauerlagerung (zum Beispiel Lagerung von Behältern in einem Bergwerk)
D 13 Vermengung oder Vermischung vor Anwendung eines der in D 1 bis D 12 aufgeführten Verfahren[2)]
D 14 Neuverpacken vor Anwendung eines der in D 1 bis D 13 aufgeführten Verfahren
D 15 Lagerung bis zur Anwendung eines der in D 1 bis D 14 aufgeführten Verfahren (ausgenommen zeitweilige Lagerung bis zur Sammlung auf dem Gelände der Entstehung der Abfälle)[3)]

Anlage 2[4)]

Verwertungsverfahren

R 1 Hauptverwendung als Brennstoff oder als anderes Mittel der Energieerzeugung[5)]

(Fortsetzung nächstes Blatt)

[1)] **Amtl. Anm.:** Nach EU-Recht und internationalen Übereinkünften verbotenes Verfahren.

[2)] **Amtl. Anm.:** Falls sich kein anderer D-Code für die Einstufung eignet, kann das Verfahren D 13 auch vorbereitende Verfahren einschließen, die der Beseitigung einschließlich der Vorbehandlung vorangehen, zum Beispiel Sortieren, Zerkleinern, Verdichten, Pelletieren, Trocknen, Schreddern, Konditionierung oder Trennung vor Anwendung eines der in D 1 bis D 12 aufgeführten Verfahren.

[3)] **Amtl. Anm.:** Unter einer zeitweiligen Lagerung ist eine vorläufige Lagerung im Sinne des § 3 Absatz 15 zu verstehen.

[4)] Anl. 2 geänd. mWv 26.11.2015 durch G v. 20.11.2015 (BGBl. I S. 2071).

[5)] **Amtl. Anm.:**

a) Hierunter fallen Verbrennungsanlagen, deren Zweck in der Behandlung fester Siedlungsabfälle besteht, nur dann, wenn deren Energieeffizienz mindestens folgende Werte hat:
   aa) 0,60 für in Betrieb befindliche Anlagen, die bis zum 31. Dezember 2008 genehmigt worden sind,
   bb) 0,65 für Anlagen, die nach dem 31. Dezember 2008 genehmigt worden sind oder genehmigt werden.
b) Bei der Berechnung nach Buchstabe a wird folgende Formel verwendet:
   Energieeffizienz = (Ep – (Ef + Ei)) / (0,97 × (Ew + Ef)).
c) Im Rahmen der in Buchstabe b enthaltenen Formel bedeutet
   aa) Ep die jährlich als Wärme oder Strom erzeugte Energie. Der Wert wird berechnet, indem Elektroenergie mit dem Faktor 2,6 und für gewerbliche Zwecke erzeugte Wärme mit dem Faktor 1,1 (Gigajoule pro Jahr) multipliziert wird;
   bb) Ef der jährliche Input von Energie in das System aus Brennstoffen, die zur Erzeugung von Dampf eingesetzt werden (Gigajoule pro Jahr);
   cc) Ew die jährliche Energiemenge, die im behandelten Abfall enthalten ist, berechnet anhand des unteren Heizwerts des Abfalls (Gigajoule pro Jahr);
   dd) Ei die jährliche importierte Energiemenge ohne Ew und Ef (Gigajoule pro Jahr);
   ee) 0,97 ein Faktor zur Berechnung der Energieverluste durch Rost- und Kesselasche sowie durch Strahlung.
d) Der Wert der Energieeffizienzformel wird mit einem Klimakorrekturfaktor (Climate Correction Factor, CCF) wie folgt multipliziert:
   aa) CCF für vor dem 1. September 2015 in Betrieb befindliche und nach geltendem EU-Recht genehmigte Anlagen:
   CCF = 1, wenn HDD > = 3 350
   CCF = 1,25, wenn HDD < = 2 150
   CCF = – (0,25/1 200) × HDD + 1,698, wenn 2 150 < HDD < 3 350;
   bb) CCF für nach dem 31. August 2015 genehmigte Anlagen und für Anlagen gemäß Nummer 1 ab 31. Dezember 2029:
   CCF = 1, wenn HDD > = 3 350
   CCF = 1,12, wenn HDD < = 2 150
   CCF = – (0,12/1 200) × HDD + 1,335, wenn 2 150 < HDD < 3 350.

R 2 Rückgewinnung und Regenerierung von Lösemitteln
R 3 Recycling und Rückgewinnung organischer Stoffe, die nicht als Lösemittel verwendet werden (einschließlich der Kompostierung und sonstiger biologischer Umwandlungsverfahren)[1)]
R 4 Recycling und Rückgewinnung von Metallen und Metallverbindungen
R 5 Recycling und Rückgewinnung von anderen anorganischen Stoffen[2)]
R 6 Regenerierung von Säuren und Basen
R 7 Wiedergewinnung von Bestandteilen, die der Bekämpfung von Verunreinigungen dienen
R 8 Wiedergewinnung von Katalysatorenbestandteilen
R 9 Erneute Ölraffination oder andere Wiederverwendungen von Öl
R 10 Aufbringung auf den Boden zum Nutzen der Landwirtschaft oder zur ökologischen Verbesserung
R 11 Verwendung von Abfällen, die bei einem der in R 1 bis R 10 aufgeführten Verfahren gewonnen werden
R 12 Austausch von Abfällen, um sie einem der in R 1 bis R 11 aufgeführten Verfahren zu unterziehen[3)]
R 13 Lagerung von Abfällen bis zur Anwendung eines der in R 1 bis R 12 aufgeführten Verfahren (ausgenommen zeitweilige Lagerung bis zur Sammlung auf dem Gelände der Entstehung der Abfälle)[4)]

Anlage 3[5)]

Kriterien zur Bestimmung des Standes der Technik

Bei der Bestimmung des Standes der Technik sind unter Berücksichtigung der Verhältnismäßigkeit zwischen Aufwand und Nutzen möglicher Maßnahmen sowie des Grundsatzes der Vorsorge und der Vorbeugung, jeweils bezogen auf Anlagen einer bestimmten Art, insbesondere folgende Kriterien zu berücksichtigen:

1. Einsatz abfallarmer Technologie,
2. Einsatz weniger gefährlicher Stoffe,
3. Förderung der Rückgewinnung und Wiederverwertung der bei den einzelnen Verfahren erzeugten und verwendeten Stoffe und gegebenenfalls der Abfälle,

---

(Fortsetzung der Anm. von voriger Seite)

bb) CCF für nach dem 31. August 2015 genehmigte Anlagen und für Anlagen gemäß Nummer 1 ab 31. Dezember 2029:
CCF = 1, wenn HDD > = 3 350
CCF = 1,12, wenn HDD < = 2 150
CCF = − (0,12/1 200) × HDD + 1,335, wenn 2 150 < HDD < 3 350.
(Der sich daraus ergebende CCF-Wert wird auf drei Dezimalstellen gerundet).
Der HDD-Wert (Heizgradtage) sollte dem Durchschnitt der jährlichen HDD-Werte für den Standort der Verbrennungsanlage entsprechen, berechnet für einen Zeitraum von 20 aufeinanderfolgenden Jahren vor dem Jahr, für das der CCF bestimmt wird. Der HDD-Wert sollte nach der folgenden Eurostat-Methode berechnet werden: HDD = (18° C − Tm) × d, wenn Tm weniger als oder gleich 15° C (Heizschwelle) beträgt, und HDD = null, wenn Tm über 15° C beträgt; dabei ist Tm der mittleren (Tmin + Tmax)/2 Außentemperatur über einen Zeitraum von d Tagen. Die Berechnungen sind täglich durchzuführen (d = 1) und auf ein Jahr hochzurechnen.

e) Diese Formel ist entsprechend dem Referenzdokument zu den besten verfügbaren Techniken für die Abfallverbrennung zu verwenden.

[1)] **Amtl. Anm.:** Dies schließt Vergasung und Pyrolyse unter Verwendung der Bestandteile als Chemikalien ein.

[2)] **Amtl. Anm.:** Dies schließt die Bodenreinigung, die zu einer Verwertung des Bodens und zu einem Recycling anorganischer Baustoffe führt, ein.

[3)] **Amtl. Anm.:** Falls sich kein anderer R-Code für die Einstufung eignet, kann das Verfahren R 12 vorbereitende Verfahren einschließen, die der Verwertung einschließlich der Vorbehandlung vorangehen, zum Beispiel Demontage, Sortieren, Zerkleinern, Verdichten, Pelletieren, Trocknen, Schreddern, Konditionierung, Neuverpacken, Trennung, Vermengen oder Vermischen vor Anwendung eines der unter R 1 bis R 11 aufgeführten Verfahren.

[4)] **Amtl. Anm.:** Unter einer zeitweiligen Lagerung ist eine vorläufige Lagerung im Sinne des § 3 Absatz 15 zu verstehen.

[5)] Anl. 3 geänd. mWv 2.5.2013 durch G v. 8.4.2013 (BGBl. I S. 734, ber. S. 3753).

4. vergleichbare Verfahren, Vorrichtungen und Betriebsmethoden, die mit Erfolg im Betrieb erprobt wurden,
5. Fortschritte in der Technologie und in den wissenschaftlichen Erkenntnissen,
6. Art, Auswirkungen und Menge der jeweiligen Emissionen,
7. Zeitpunkte der Inbetriebnahme der neuen oder der bestehenden Anlagen,
8. für die Einführung einer besseren, verfügbaren Technik erforderliche Zeit,
9. Verbrauch an Rohstoffen und die Art der bei den einzelnen Verfahren verwendeten Rohstoffe (einschließlich Wasser) sowie Energieeffizienz,
10. Notwendigkeit, die Gesamtwirkung der Emissionen und die Gefahren für den Menschen und die Umwelt so weit wie möglich zu vermeiden oder zu verringern,
11. Notwendigkeit, Unfällen vorzubeugen und deren Folgen für den Menschen und die Umwelt zu verringern,
12. Informationen, die von internationalen Organisationen veröffentlicht werden,
13. Informationen, die in BVT-Merkblättern enthalten sind.

Anlage 4

Beispiele für Abfallvermeidungsmaßnahmen nach § 33

1. Maßnahmen, die sich auf die Rahmenbedingungen im Zusammenhang mit der Abfallerzeugung auswirken können:
   a) Einsatz von Planungsmaßnahmen oder sonstigen wirtschaftlichen Instrumenten, die die Effizienz der Ressourcennutzung fördern,
   b) Förderung einschlägiger Forschung und Entwicklung mit dem Ziel, umweltfreundlichere und weniger abfallintensive Produkte und Technologien hervorzubringen, sowie Verbreitung und Einsatz dieser Ergebnisse aus Forschung und Entwicklung,
   c) Entwicklung wirksamer und aussagekräftiger Indikatoren für die Umweltbelastungen im Zusammenhang mit der Abfallerzeugung als Beitrag zur Vermeidung der Abfallerzeugung auf sämtlichen Ebenen, vom Produktvergleich auf Gemeinschaftsebene über Aktivitäten kommunaler Behörden bis hin zu nationalen Maßnahmen.
2. Maßnahmen, die sich auf die Konzeptions-, Produktions- und Vertriebsphase auswirken können:
   a) Förderung von Ökodesign (systematische Einbeziehung von Umweltaspekten in das Produktdesign mit dem Ziel, die Umweltbilanz des Produkts über den gesamten Lebenszyklus hinweg zu verbessern),
   b) Bereitstellung von Informationen über Techniken zur Abfallvermeidung im Hinblick auf einen erleichterten Einsatz der besten verfügbaren Techniken in der Industrie,
   c) Schulungsmaßnahmen für die zuständigen Behörden hinsichtlich der Einbeziehung der Abfallvermeidungsanforderungen bei der Erteilung von Genehmigungen auf Grund dieses Gesetzes sowie des Bundes-Immissionsschutzgesetzes[1] und der auf Grundlage des Bundes-Immissionsschutzgesetzes[1] erlassenen Rechtsverordnungen,
   d) Einbeziehung von Maßnahmen zur Vermeidung der Abfallerzeugung in Anlagen, die keiner Genehmigung nach § 4 des Bundes-Immissionsschutzgesetzes[1] bedürfen. Hierzu könnten gegebenenfalls Maßnahmen zur Bewertung der Abfallvermeidung und zur Aufstellung von Plänen gehören,
   e) Sensibilisierungsmaßnahmen oder Unterstützung von Unternehmen bei der Finanzierung oder der Entscheidungsfindung. Besonders wirksam dürften derartige Maßnahmen sein, wenn sie sich gezielt an kleine und mittlere Unternehmen richten, auf diese zugeschnitten sind und auf bewährte Netzwerke des Wirtschaftslebens zurückgreifen,
   f) Rückgriff auf freiwillige Vereinbarungen, Verbraucher- und Herstellergremien oder branchenbezogene Verhandlungen, damit die jeweiligen Unternehmen oder Branchen eigene Abfallvermeidungspläne oder -ziele festlegen oder abfallintensive Produkte oder Verpackungen verbessern,
   g) Förderung anerkannter Umweltmanagementsysteme.
3. Maßnahmen, die sich auf die Verbrauchs- und Nutzungsphase auswirken können:

[1] Nr. **296**.

a) Wirtschaftliche Instrumente wie zum Beispiel Anreize für umweltfreundlichen Einkauf oder die Einführung eines vom Verbraucher zu zahlenden Aufpreises für einen Verpackungsartikel oder Verpackungsteil, der sonst unentgeltlich bereitgestellt werden würde,

b) Sensibilisierungsmaßnahmen und Informationen für die Öffentlichkeit oder eine bestimmte Verbrauchergruppe,

c) Förderung von Ökozeichen,

d) Vereinbarungen mit der Industrie, wie der Rückgriff auf Produktgremien etwa nach dem Vorbild der integrierten Produktpolitik, oder mit dem Einzelhandel über die Bereitstellung von Informationen über Abfallvermeidung und umweltfreundliche Produkte,

e) Einbeziehung von Kriterien des Umweltschutzes und der Abfallvermeidung in Ausschreibungen des öffentlichen und privaten Beschaffungswesens im Sinne des Handbuchs für eine umweltgerechte öffentliche Beschaffung, das von der Kommission am 29. Oktober 2004 veröffentlicht wurde (Amt für amtliche Veröffentlichungen der Europäischen Gemeinschaften, 2005),

f) Förderung der Wiederverwendung und Reparatur geeigneter entsorgter Produkte oder ihrer Bestandteile, vor allem durch den Einsatz pädagogischer, wirtschaftlicher, logistischer oder anderer Maßnahmen wie Unterstützung oder Einrichtung von akkreditierten Zentren und Netzen für Reparatur und Wiederverwendung, insbesondere in dicht besiedelten Regionen.

Anlage 5[1)]
(zu § 6 Absatz 3)

Beispiele für wirtschaftliche Instrumente und andere Maßnahmen zur Schaffung von Anreizen für die Anwendung der Abfallhierarchie

1. Gebühren und Beschränkungen für die Ablagerung von Abfällen auf Deponien und die Verbrennung von Abfällen als Anreiz für Abfallvermeidung und Recycling, wobei die Ablagerung von Abfällen auf Deponien die am wenigsten bevorzugte Abfallbewirtschaftungsoption bleibt,
2. verursacherbezogene Gebührensysteme, in deren Rahmen Abfallerzeugern ausgehend von der tatsächlich verursachten Abfallmenge Gebühren in Rechnung gestellt werden und die Anreize für die getrennte Sammlung recycelbarer Abfälle und für die Verringerung gemischter Abfälle schaffen,
3. steuerliche Anreize für die Spende von Produkten, insbesondere von Lebensmitteln und Textilien,
4. Produktverantwortung für verschiedene Arten von Abfällen und Maßnahmen zur Optimierung der Wirksamkeit, Kosteneffizienz und Steuerung dieser Produktverantwortung,
5. Pfandsysteme und andere Maßnahmen zur Förderung der effizienten Sammlung gebrauchter Erzeugnisse, Materialien und Stoffe,
6. solide Planung von Investitionen in die Infrastruktur zur Abfallbewirtschaftung, auch über die Unionsfonds,
7. ein auf Nachhaltigkeit ausgerichtetes öffentliches Beschaffungswesen zur Förderung einer besseren Abfallbewirtschaftung und des Einsatzes von recycelten Erzeugnissen, Materialien und Stoffen,
8. schrittweise Abschaffung von Subventionen, die nicht mit der Abfallhierarchie vereinbar sind,
9. Einsatz steuerlicher Maßnahmen oder anderer Mittel zur Förderung des Absatzes von Erzeugnissen, Materialien und Stoffen, die zur Wiederverwendung vorbereitet oder recycelt wurden,
10. Förderung von Forschung und Innovation im Bereich moderner Recycling- und Generalüberholungstechnologie,
11. Nutzung der besten verfügbaren Verfahren der Abfallbehandlung,
12. wirtschaftliche Anreize für Behörden, insbesondere zur Förderung der Abfallvermeidung und zur verstärkten Einführung von Systemen der getrennten Sammlung, bei gleichzeitiger Vermeidung der Förderung der Ablagerung von Abfällen auf Deponien und der Verbrennung von Abfällen,
13. Kampagnen zur Sensibilisierung der Öffentlichkeit, insbesondere in Bezug auf die Abfallvermeidung, die getrennte Sammlung und die Vermeidung von Vermüllung, sowie durchgängige Berücksichtigung dieser Fragen im Bereich Aus- und Weiterbildung,
14. Systeme für die Koordinierung, auch mit digitalen Mitteln, aller für die Abfallbewirtschaftung zuständigen Behörden,

---

1) Anl. 5 angef. mWv 29.10.2020 durch G v. 23.10.2020 (BGBl. I S. 2232).

15. Förderung des fortgesetzten Dialogs und der Zusammenarbeit zwischen allen Interessenträgern der Abfallbewirtschaftung sowie Unterstützung von freiwilligen Vereinbarungen und der Berichterstattung über Abfälle durch Unternehmen.

299. Gesetz zum Schutz vor schädlichen Bodenveränderungen und zur Sanierung von Altlasten (Bundes-Bodenschutzgesetz – BBodSchG)[1]

Vom 17. März 1998
(BGBl. I S. 502)

FNA 2129-32

geänd. durch Art. 17 Siebtes Euro-EinführungsG v. 9.9.2001 (BGBl. I S. 2331), Art. 3 G zur Anpassung von Verjährungsvorschriften an das SchuldrechtsmodernisierungsG v. 9.12.2004 (BGBl. I S. 3214), Art. 5 Abs. 30 G zur Neuordnung des Kreislaufwirtschafts- und Abfallrechts v. 24.2.2012 (BGBl. I S. 212), Art. 101 Zehnte ZuständigkeitsanpassungsVO v. 31.8.2015 (BGBl. I S. 1474), Art. 14 G zur Neuordnung des Rechts zum Schutz vor der schädlichen Wirkung ionisierender Strahlung v. 27.6.2017 (BGBl. I S. 1966), Art. 2 Abs. 5 G zur Modernisierung des Rechts der Umweltverträglichkeitsprüfung v. 20.7.2017 (BGBl. I S. 2808), Art. 3 Abs. 3 VO zur Neuordnung der Klärschlammverwertung v. 27.9.2017 (BGBl. I S. 3465) und Art. 7 G zur Änd. des UmweltschadensG, des UmweltinformationsG und weiterer umweltrechtlicher Vorschriften v. 25.2.2021 (BGBl. I S. 306)

Inhaltsübersicht

---

[1] Verkündet als Art. 1 BodenschutzG v. 17.3.1998 (BGBl. I S. 502); Inkrafttreten gem. Art. 4 Satz 2 dieses G am 1.3.1999 mit Ausnahme von § 20, der gem. Art. 4 Satz 1 dieses G am 25.3.1998 in Kraft getreten ist.

Erster Teil. Allgemeine Vorschriften

§ 1 Zweck und Grundsätze des Gesetzes. [1] Zweck dieses Gesetzes ist es, nachhaltig die Funktionen des Bodens zu sichern oder wiederherzustellen. [2] Hierzu sind schädliche Bodenveränderungen abzuwehren, der Boden und Altlasten sowie hierdurch verursachte Gewässerverunreinigungen zu sanieren und Vorsorge gegen nachteilige Einwirkungen auf den Boden zu treffen. [3] Bei Einwirkungen auf den Boden sollen Beeinträchtigungen seiner natürlichen Funktionen sowie seiner Funktion als Archiv der Natur- und Kulturgeschichte so weit wie möglich vermieden werden.

§ 2 Begriffsbestimmungen. (1) Boden im Sinne dieses Gesetzes ist die obere Schicht der Erdkruste, soweit sie Träger der in Absatz 2 genannten Bodenfunktionen ist, einschließlich der flüssigen Bestandteile (Bodenlösung) und der gasförmigen Bestandteile (Bodenluft), ohne Grundwasser und Gewässerbetten.

(2) Der Boden erfüllt im Sinne dieses Gesetzes

1. natürliche Funktionen als
   a) Lebensgrundlage und Lebensraum für Menschen, Tiere, Pflanzen und Bodenorganismen,
   b) Bestandteil des Naturhaushalts, insbesondere mit seinen Wasser- und Nährstoffkreisläufen,
   c) Abbau-, Ausgleichs- und Aufbaumedium für stoffliche Einwirkungen auf Grund der Filter-, Puffer- und Stoffumwandlungseigenschaften, insbesondere auch zum Schutz des Grundwassers,
2. Funktionen als Archiv der Natur- und Kulturgeschichte sowie
3. Nutzungsfunktionen als
   a) Rohstofflagerstätte,
   b) Fläche für Siedlung und Erholung,
   c) Standort für die land- und forstwirtschaftliche Nutzung,
   d) Standort für sonstige wirtschaftliche und öffentliche Nutzungen, Verkehr, Ver- und Entsorgung.

(3) Schädliche Bodenveränderungen im Sinne dieses Gesetzes sind Beeinträchtigungen der Bodenfunktionen, die geeignet sind, Gefahren, erhebliche Nachteile oder erhebliche Belästigungen für den einzelnen oder die Allgemeinheit herbeizuführen.

(4) Verdachtsflächen im Sinne dieses Gesetzes sind Grundstücke, bei denen der Verdacht schädlicher Bodenveränderungen besteht.

(5) Altlasten im Sinne dieses Gesetzes sind

1. stillgelegte Abfallbeseitigungsanlagen sowie sonstige Grundstücke, auf denen Abfälle behandelt, gelagert oder abgelagert worden sind (Altablagerungen), und
2. Grundstücke stillgelegter Anlagen und sonstige Grundstücke, auf denen mit umweltgefährdenden Stoffen umgegangen worden ist, ausgenommen Anlagen,

deren Stillegung einer Genehmigung nach dem Atomgesetz[1] bedarf (Altstandorte),

durch die schädliche Bodenveränderungen oder sonstige Gefahren für den einzelnen oder die Allgemeinheit hervorgerufen werden.

(6) Altlastverdächtige Flächen im Sinne dieses Gesetzes sind Altablagerungen und Altstandorte, bei denen der Verdacht schädlicher Bodenveränderungen oder sonstiger Gefahren für den einzelnen oder die Allgemeinheit besteht.

(7) Sanierung im Sinne dieses Gesetzes sind Maßnahmen

1. zur Beseitigung oder Verminderung der Schadstoffe (Dekontaminationsmaßnahmen),
2. die eine Ausbreitung der Schadstoffe langfristig verhindern oder vermindern, ohne die Schadstoffe zu beseitigen (Sicherungsmaßnahmen),
3. zur Beseitigung oder Verminderung schädlicher Veränderungen der physikalischen, chemischen oder biologischen Beschaffenheit des Bodens.

(8) Schutz- und Beschränkungsmaßnahmen im Sinne dieses Gesetzes sind sonstige Maßnahmen, die Gefahren, erhebliche Nachteile oder erhebliche Belästigungen für den einzelnen oder die Allgemeinheit verhindern oder vermindern, insbesondere Nutzungsbeschränkungen.

§ 3 Anwendungsbereich.[2] (1) Dieses Gesetz findet auf schädliche Bodenveränderungen und Altlasten Anwendung, soweit

1. Vorschriften des Kreislaufwirtschaftsgesetzes[3] über das Aufbringen von Abfällen zur Verwertung als Düngemittel im Sinne des § 2 des Düngegesetzes und der hierzu auf Grund des Kreislaufwirtschaftsgesetzes und des bis zum 1. Juni 2012 geltenden Kreislaufwirtschafts- und Abfallgesetzes[4] erlassenen Rechtsverordnungen,
2. Vorschriften des Kreislaufwirtschaftsgesetzes über die Zulassung und den Betrieb von Abfallbeseitigungsanlagen zur Beseitigung von Abfällen sowie über die Stillegung von Deponien,
3. Vorschriften über die Beförderung gefährlicher Güter,
4. Vorschriften des Düngemittel- und Pflanzenschutzrechts,
5. Vorschriften des Gentechnikgesetzes[5],
6. Vorschriften des Zweiten Kapitels des Bundeswaldgesetzes[6] und der Forst- und Waldgesetze der Länder,
7. Vorschriften des Flurbereinigungsgesetzes[7] über das Flurbereinigungsgebiet, auch in Verbindung mit dem Landwirtschaftsanpassungsgesetz[8],

---

[1] Nr. **835**.

[2] § 3 Abs. 1 Nr. 1 neu gef., Nr. 2 geänd. mWv 1.6.2012 durch G v. 24.2.2012 (BGBl. I S. 212); Abs. 2 Satz 1 geänd. mWv 31.12.2018 durch G v. 27.6.2017 (BGBl. I S. 1966); Abs. 1 Nr. 1 geänd. mWv 3.10.2017 durch VO v. 27.9.2017 (BGBl. I S. 3465).

[3] Nr. **298**.

[4] **Gewerberecht Nr. 850.**

[5] Nr. **270**.

[6] Nr. **875**.

[7] **Sartorius III Nr. 400.**

[8] **Sartorius III Nr. 405.**

8. Vorschriften über Bau, Änderung, Unterhaltung und Betrieb von Verkehrswegen oder Vorschriften, die den Verkehr regeln,
9. Vorschriften des Bauplanungs- und Bauordnungsrechts,
10. Vorschriften des Bundesberggesetzes[1] und der auf Grund dieses Gesetzes erlassenen Rechtsverordnungen über die Errichtung, Führung oder Einstellung eines Betriebes sowie
11. Vorschriften des Bundes-Immissionsschutzgesetzes[2] und der auf Grund dieses Gesetzes erlassenen Rechtsverordnungen über die Errichtung und den Betrieb von Anlagen unter Berücksichtigung von Absatz 3

Einwirkungen auf den Boden nicht regeln.

(2) [1] Dieses Gesetz findet keine Anwendung auf Anlagen, Tätigkeiten, Geräte oder Vorrichtungen, Kernbrennstoffe und sonstige radioaktive Stoffe, Grundstücke, Teile von Grundstücken, Gewässer und Grubenbaue, soweit Rechtsvorschriften den Schutz vor den Gefahren der Kernenergie oder der Wirkung ionisierender Strahlen regeln. [2] Dieses Gesetz gilt ferner nicht für das Aufsuchen, Bergen, Befördern, Lagern, Behandeln und Vernichten von Kampfmitteln.

(3) [1] Im Hinblick auf das Schutzgut Boden gelten schädliche Bodenveränderungen im Sinne des § 2 Abs. 3 dieses Gesetzes und der auf Grund dieses Gesetzes erlassenen Rechtsverordnungen, soweit sie durch Immissionen verursacht werden, als schädliche Umwelteinwirkungen nach § 3 Abs. 1 des Bundes-Immissionsschutzgesetzes, im übrigen als sonstige Gefahren, erhebliche Nachteile oder erhebliche Belästigungen nach § 5 Abs. 1 Nr. 1 des Bundes-Immissionsschutzgesetzes. [2] Zur näheren Bestimmung der immissionsschutzrechtlichen Vorsorgepflichten sind die in einer Rechtsverordnung nach § 8 Abs. 2 festgelegten Werte heranzuziehen, sobald in einer Rechtsverordnung oder in einer Verwaltungsvorschrift des Bundes bestimmt worden ist, welche Zusatzbelastungen durch den Betrieb einer Anlage nicht als ursächlicher Beitrag zum Entstehen schädlicher Bodenveränderungen anzusehen sind. [3] In der Rechtsverordnung oder der Verwaltungsvorschrift soll gleichzeitig geregelt werden, daß bei Unterschreitung bestimmter Emissionsmassenströme auch ohne Ermittlung der Zusatzbelastung davon auszugehen ist, daß die Anlage nicht zu schädlichen Bodenveränderungen beiträgt.

Zweiter Teil. Grundsätze und Pflichten

§ 4 Pflichten zur Gefahrenabwehr. (1) Jeder, der auf den Boden einwirkt, hat sich so zu verhalten, daß schädliche Bodenveränderungen nicht hervorgerufen werden.

(2) Der Grundstückseigentümer und der Inhaber der tatsächlichen Gewalt über ein Grundstück sind verpflichtet, Maßnahmen zur Abwehr der von ihrem Grundstück drohenden schädlichen Bodenveränderungen zu ergreifen.

(3) [1] Der Verursacher einer schädlichen Bodenveränderung oder Altlast sowie dessen Gesamtrechtsnachfolger, der Grundstückseigentümer und der Inhaber der tatsächlichen Gewalt über ein Grundstück sind ver-

(Fortsetzung nächstes Blatt)

---

[1] **Sartorius III Nr. 460.**
[2] Nr. **296.**

pflichtet, den Boden und Altlasten sowie durch schädliche Bodenveränderungen oder Altlasten verursachte Verunreinigungen von Gewässern so zu sanieren, daß dauerhaft keine Gefahren, erheblichen Nachteile oder erheblichen Belästigungen für den einzelnen oder die Allgemeinheit entstehen. [2]Hierzu kommen bei Belastungen durch Schadstoffe neben Dekontaminations- auch Sicherungsmaßnahmen in Betracht, die eine Ausbreitung der Schadstoffe langfristig verhindern. [3]Soweit dies nicht möglich oder unzumutbar ist, sind sonstige Schutz- und Beschränkungsmaßnahmen durchzuführen. [4]Zur Sanierung ist auch verpflichtet, wer aus handelsrechtlichem oder gesellschaftsrechtlichem Rechtsgrund für eine juristische Person einzustehen hat, der ein Grundstück, das mit einer schädlichen Bodenveränderung oder einer Altlast belastet ist, gehört, und wer das Eigentum an einem solchen Grundstück aufgibt.

(4) [1]Bei der Erfüllung der boden- und altlastenbezogenen Pflichten nach den Absätzen 1 bis 3 ist die planungsrechtlich zulässige Nutzung des Grundstücks und das sich daraus ergebende Schutzbedürfnis zu beachten, soweit dies mit dem Schutz der in § 2 Abs. 2 Nr. 1 und 2 genannten Bodenfunktionen zu vereinbaren ist. [2]Fehlen planungsrechtliche Festsetzungen, bestimmt die Prägung des Gebiets unter Berücksichtigung der absehbaren Entwicklung das Schutzbedürfnis. [3]Die bei der Sanierung von Gewässern zu erfüllenden Anforderungen bestimmen sich nach dem Wasserrecht.

(5) [1]Sind schädliche Bodenveränderungen oder Altlasten nach dem 1. März 1999 eingetreten, sind Schadstoffe zu beseitigen, soweit dies im Hinblick auf die Vorbelastung des Bodens verhältnismäßig ist. [2]Dies gilt für denjenigen nicht, der zum Zeitpunkt der Verursachung auf Grund der Erfüllung der für ihn geltenden gesetzlichen Anforderungen darauf vertraut hat, daß solche Beeinträchtigungen nicht entstehen werden, und sein Vertrauen unter Berücksichtigung der Umstände des Einzelfalles schutzwürdig ist.

(6) [1]Der frühere Eigentümer eines Grundstücks ist zur Sanierung verpflichtet, wenn er sein Eigentum nach dem 1. März 1999 übertragen hat und die schädliche Bodenveränderung oder Altlast hierbei kannte oder kennen mußte. [2]Dies gilt für denjenigen nicht, der beim Erwerb des Grundstücks darauf vertraut hat, daß schädliche Bodenveränderungen oder Altlasten nicht vorhanden sind, und sein Vertrauen unter Berücksichtigung der Umstände des Einzelfalles schutzwürdig ist.

§ 5 Entsiegelung. [1]Soweit die Vorschriften des Baurechts die Befugnisse der Behörden nicht regeln, wird die Bundesregierung ermächtigt, nach Anhörung der beteiligten Kreise (§ 20) durch Rechtsverordnung mit Zustimmung des Bundesrates Grundstückseigentümer zu verpflichten, bei dauerhaft nicht mehr genutzten Flächen, deren Versiegelung im Widerspruch zu planungsrechtlichen Festsetzungen steht, den Boden in seiner Leistungsfähigkeit im Sinne des § 1 so weit wie möglich und zumutbar zu erhalten oder wiederherzustellen. [2]Bis zum Inkrafttreten einer Rechtsverordnung nach Satz 1 können durch die nach

Landesrecht zuständigen Behörden im Einzelfall gegenüber den nach Satz 1 Verpflichteten Anordnungen zur Entsiegelung getroffen werden, wenn die in Satz 1 im übrigen genannten Voraussetzungen vorliegen.

§ 6 Auf- und Einbringen von Materialien auf oder in den Boden. Die Bundesregierung wird ermächtigt, nach Anhörung der beteiligten Kreise (§ 20) durch Rechtsverordnung mit Zustimmung des Bundesrates zur Erfüllung der sich aus diesem Gesetz ergebenden Anforderungen an das Auf- und Einbringen von Materialien hinsichtlich der Schadstoffgehalte und sonstiger Eigenschaften, insbesondere

1. Verbote oder Beschränkungen nach Maßgabe von Merkmalen wie Art und Beschaffenheit der Materialien und des Bodens, Aufbringungsort und -zeit und natürliche Standortverhältnisse sowie
2. Untersuchungen der Materialien oder des Bodens, Maßnahmen zur Vorbehandlung dieser Materialien oder geeignete andere Maßnahmen

zu bestimmen.

§ 7 Vorsorgepflicht. [1]Der Grundstückseigentümer, der Inhaber der tatsächlichen Gewalt über ein Grundstück und derjenige, der Verrichtungen auf einem Grundstück durchführt oder durchführen läßt, die zu Veränderungen der Bodenbeschaffenheit führen können, sind verpflichtet, Vorsorge gegen das Entstehen schädlicher Bodenveränderungen zu treffen, die durch ihre Nutzung auf dem Grundstück oder in dessen Einwirkungsbereich hervorgerufen werden können. [2]Vorsorgemaßnahmen sind geboten, wenn wegen der räumlichen, langfristigen oder komplexen Auswirkungen einer Nutzung auf die Bodenfunktionen die Besorgnis einer schädlichen Bodenveränderung besteht. [3]Zur Erfüllung der Vorsorgepflicht sind Bodeneinwirkungen zu vermeiden oder zu vermindern, soweit dies auch im Hinblick auf den Zweck der Nutzung des Grundstücks verhältnismäßig ist. [4]Anordnungen zur Vorsorge gegen schädliche Bodenveränderungen dürfen nur getroffen werden, soweit Anforderungen in einer Rechtsverordnung nach § 8 Abs. 2 festgelegt sind. [5]Die Erfüllung der Vorsorgepflicht bei der landwirtschaftlichen Bodennutzung richtet sich nach § 17 Abs. 1 und 2, für die forstwirtschaftliche Bodennutzung richtet sie sich nach dem Zweiten Kapitel des Bundeswaldgesetzes und den Forst- und Waldgesetzen der Länder. [6]Die Vorsorge für das Grundwasser richtet sich nach wasserrechtlichen Vorschriften. [7]Bei bestehenden Bodenbelastungen bestimmen sich die zu erfüllenden Pflichten nach § 4.

§ 8 Werte und Anforderungen. (1) [1]Die Bundesregierung wird ermächtigt, nach Anhörung der beteiligten Kreise (§ 20) durch Rechtsverordnung mit Zustimmung des Bundesrates Vorschriften über die Erfüllung der sich aus § 4 ergebenden boden- und altlastenbezogenen Pflichten sowie die Untersuchung und Bewertung von Verdachtsflächen, schädlichen Bodenveränderungen, altlastverdächtigen Flächen und Altlasten zu erlassen. [2]Hierbei können insbesondere

1. Werte, bei deren Überschreiten unter Berücksichtigung der Bodennutzung eine einzelfallbezogene Prüfung durchzuführen und festzustellen ist, ob eine schädliche Bodenveränderung oder Altlast vorliegt (Prüfwerte),
2. Werte für Einwirkungen oder Belastungen, bei deren Überschreiten unter Berücksichtigung der jeweiligen Bodennutzung in der Regel von einer schädlichen Bodenveränderung oder Altlast auszugehen ist und Maßnahmen erforderlich sind (Maßnahmenwerte),
3. Anforderungen an
   a) die Abwehr schädlicher Bodenveränderungen; hierzu gehören auch Anforderungen an den Umgang mit ausgehobenem, abgeschobenem und behandeltem Bodenmaterial,
   b) die Sanierung des Bodens und von Altlasten, insbesondere an
      – die Bestimmung des zu erreichenden Sanierungsziels,
      – den Umfang von Dekontaminations- und Sicherungsmaßnahmen, die langfristig eine Ausbreitung von Schadstoffen verhindern, sowie
      – Schutz- und Beschränkungsmaßnahmen festgelegt werden.

(2) Die Bundesregierung wird ermächtigt, nach Anhörung der beteiligten Kreise (§ 20) durch Rechtsverordnung mit Zustimmung des Bundesrates zur Erfüllung der sich aus § 7 ergebenden Pflichten sowie zur Festlegung von Anforderungen an die damit verbundene Untersuchung und Bewertung von Flächen mit der Besorgnis einer schädlichen Bodenveränderung Vorschriften zu erlassen, insbesondere über

1. Bodenwerte, bei deren Überschreiten unter Berücksichtigung von geogenen oder großflächig siedlungsbedingten Schadstoffgehalten in der Regel davon auszugehen ist, daß die Besorgnis einer schädlichen Bodenveränderung besteht (Vorsorgewerte),
2. zulässige Zusatzbelastungen und Anforderungen zur Vermeidung oder Verminderung von Stoffeinträgen.

(3) [1] Mit den in den Absätzen 1 und 2 genannten Werten sind Verfahren zur Ermittlung von umweltgefährdenden Stoffen in Böden, biologischen und anderen Materialien festzulegen. [2] Diese Verfahren umfassen auch Anforderungen an eine repräsentative Probenahme, Probenbehandlung und Qualitätssicherung einschließlich der Ermittlung der Werte für unterschiedliche Belastungen.

§ 9 Gefährdungsabschätzung und Untersuchungsanordnungen.

(1) [1] Liegen der zuständigen Behörde Anhaltspunkte dafür vor, daß eine schädliche Bodenveränderung oder Altlast vorliegt, so soll sie zur Ermittlung des Sachverhalts die geeigneten Maßnahmen ergreifen. [2] Werden die in einer Rechtsverordnung nach § 8 Abs. 1 Satz 2 Nr. 1 festgesetzten Prüfwerte überschritten, soll die zuständige Behörde die notwendigen Maßnahmen treffen, um festzustellen, ob eine schädliche Bodenveränderung oder Altlast vorliegt. [3] Im Rahmen der Untersuchung und Bewertung sind insbesondere Art und Konzentration der Schadstoffe, die Möglichkeit ihrer Ausbreitung in die Umwelt und ihrer Aufnahme durch Menschen, Tiere und Pflanzen sowie die Nutzung

des Grundstücks nach § 4 Abs. 4 zu berücksichtigen. [4]Der Grundstückseigentümer und, wenn dieser bekannt ist, auch der Inhaber der tatsächlichen Gewalt sind über die getroffenen Feststellungen und über die Ergebnisse der Bewertung auf Antrag schriftlich zu unterrichten.

(2) [1]Besteht auf Grund konkreter Anhaltspunkte der hinreichende Verdacht einer schädlichen Bodenveränderung oder einer Altlast, kann die zuständige Behörde anordnen, daß die in § 4 Abs. 3, 5 und 6 genannten Personen die notwendigen Untersuchungen zur Gefährdungsabschätzung durchzuführen haben. [2]Die zuständige Behörde kann verlangen, daß Untersuchungen von Sachverständigen oder Untersuchungsstellen nach § 18 durchgeführt werden. [3]Sonstige Pflichten zur Mitwirkung der in § 4 Abs. 3, 5 und 6 genannten Personen sowie Duldungspflichten der nach § 12 Betroffenen bestimmen sich nach Landesrecht.

§ 10 Sonstige Anordnungen. (1) [1]Zur Erfüllung der sich aus §§ 4 und 7 und den auf Grund von § 5 Satz 1, §§ 6 und 8 erlassenen Rechtsverordnungen ergebenden Pflichten kann die zuständige Behörde die notwendigen Maßnahmen treffen. [2]Werden zur Erfüllung der Verpflichtung aus § 4 Abs. 3 und 6 Sicherungsmaßnahmen angeordnet, kann die zuständige Behörde verlangen, daß der Verpflichtete für die Aufrechterhaltung der Sicherungs- und Überwachungsmaßnahmen in der Zukunft Sicherheit leistet. [3]Anordnungen zur Erfüllung der Pflichten nach § 7 dürfen getroffen werden, soweit Anforderungen in einer Rechtsverordnung festgelegt sind. [4]Die zuständige Behörde darf eine Anordnung nicht treffen, wenn sie auch im Hinblick auf die berechtigten Nutzungsinteressen einzelner unverhältnismäßig wäre.

(2) Trifft die zuständige Behörde gegenüber dem Grundstückseigentümer oder dem Inhaber der tatsächlichen Gewalt zur Erfüllung der Pflichten nach § 4 Anordnungen zur Beschränkung der land- und forstwirtschaftlichen Bodennutzung sowie zur Bewirtschaftung von Böden, so hat sie, wenn diese nicht Verursacher der schädlichen Bodenveränderungen sind, für die nach zumutbaren innerbetrieblichen Anpassungsmaßnahmen verbliebenen wirtschaftlichen Nachteile nach Maßgabe des Landesrechts einen angemessenen Ausgleich zu gewähren, wenn die Nutzungsbeschränkung andernfalls zu einer über die damit verbundene allgemeine Belastung erheblich hinausgehenden besonderen Härte führen würde.

Dritter Teil. Ergänzende Vorschriften für Altlasten

§ 11 Erfassung. Die Länder können die Erfassung der Altlasten und altlastverdächtigen Flächen regeln.

§ 12 Information der Betroffenen. [1]Die nach § 9 Abs. 2 Satz 1 zur Untersuchung der Altlast und die nach § 4 Abs. 3, 5 und 6 zur Sanierung der Altlast Verpflichteten haben die Eigentümer der betroffenen Grundstücke, die sonstigen betroffenen Nutzungsberechtigten und die betroffene Nachbarschaft (Betroffenen) von der bevorstehenden Durchführung der geplanten Maßnahmen zu informieren. [2]Die zur Beurteilung der Maßnahmen wesentlichen vorhandenen Unterlagen sind zur Einsichtnahme zur Verfügung zu stellen. [3]Enthalten Unterlagen Geschäfts- oder Betriebsgeheimnisse, muß ihr Inhalt, soweit es ohne Preisgabe des Geheimnisses geschehen kann, so ausführlich dargestellt sein, daß es den Betroffenen möglich ist, die Auswirkungen der Maßnahmen auf ihre Belange zu beurteilen.

§ 13[1)] Sanierungsuntersuchungen und Sanierungsplanung. (1) [1]Bei Altlasten, bei denen wegen der Verschiedenartigkeit der nach § 4 erforderlichen Maßnahmen ein abgestimmtes Vorgehen notwendig ist oder von denen auf Grund von Art, Ausbreitung oder Menge der Schadstoffe in besonderem Maße schädliche Bodenveränderungen oder sonstige Gefahren für den einzelnen oder die Allgemeinheit ausgehen, soll die zuständige Behörde von einem nach § 4 Abs. 3, 5 oder 6 zur Sanierung Verpflichteten die notwendigen Untersuchungen zur Entscheidung über Art und Umfang der erforderlichen Maßnahmen (Sanierungsuntersuchungen) sowie die Vorlage eines Sanierungsplans verlangen, der insbesondere

1. eine Zusammenfassung der Gefährdungsabschätzung und der Sanierungsuntersuchungen,
2. Angaben über die bisherige und künftige Nutzung der zu sanierenden Grundstücke,
3. die Darstellung des Sanierungsziels und die hierzu erforderlichen Dekontaminations-, Sicherungs-, Schutz-, Beschränkungs- und Eigenkontrollmaßnahmen sowie die zeitliche Durchführung dieser Maßnahmen

enthält. [2]Die Bundesregierung wird ermächtigt, nach Anhörung der beteiligten Kreise (§ 20) durch Rechtsverordnung[2)] mit Zustimmung des Bundesrates Vorschriften über die Anforderungen an Sanierungsuntersuchungen sowie den Inhalt von Sanierungsplänen zu erlassen.

(2) Die zuständige Behörde kann verlangen, daß die Sanierungsuntersuchungen sowie der Sanierungsplan von einem Sachverständigen nach § 18 erstellt werden.

(3) [1]Wer nach Absatz 1 einen Sanierungsplan vorzulegen hat, hat die nach § 12 Betroffenen frühzeitig, in geeigneter Weise und unaufgefordert über die geplanten Maßnahmen zu informieren. [2]§ 12 Satz 2 und 3 gilt entsprechend.

(4) Mit dem Sanierungsplan kann der Entwurf eines Sanierungsvertrages über die Ausführung des Plans vorgelegt werden, der die Einbeziehung Dritter vorsehen kann.

(5) Soweit entnommenes Bodenmaterial im Bereich der von der Altlastensanierung betroffenen Fläche wieder eingebracht werden soll, gilt § 28 Absatz 1 Satz 1 des Kreislaufwirtschaftsgesetzes[3)] nicht, wenn durch einen für verbindlich erklärten Sanierungsplan oder eine Anordnung zur Durchsetzung der Pflichten nach § 4 sichergestellt wird, daß das Wohl der Allgemeinheit nicht beeinträchtigt wird.

(6) [1]Die zuständige Behörde kann den Plan, auch unter Abänderungen oder mit Nebenbestimmungen, für verbindlich erklären. [2]Ein für verbindlich erklärter

---

[1)] § 13 Abs. 5 geänd. mWv 1.6.2012 durch G v. 24.2.2012 (BGBl. I S. 212); Abs. 6 Satz 2 geänd. mWv 29.7.2017 durch G v. 20.7.2017 (BGBl. I S. 2808); Abs. 6 Satz 2 geänd. mWv 4.3.2021 durch G v. 25.2.2021 (BGBl. I S. 306).

[2)] Siehe die Bundes-Bodenschutz-VO (Nr. **299a**) und die GefahrstoffVO v. 26.11.2010 (BGBl. I S. 1643, 1644), zuletzt geänd. durch G v. 29.3.2017 (BGBl. I S. 626).

[3)] Nr. **298**.

Plan schließt andere die Sanierung betreffende behördliche Entscheidungen mit Ausnahme von Zulassungsentscheidungen für Vorhaben, die nach § 1 in Verbindung mit der Anlage 1 des Gesetzes über die Umweltverträglichkeitsprüfung[1)] oder kraft Landesrechts einer Umweltverträglichkeitsprüfung unterliegen, mit ein, soweit sie im Einvernehmen mit der jeweils zuständigen Behörde erlassen und in dem für verbindlich erklärten Plan die miteingeschlossenen Entscheidungen aufgeführt werden.

§ 14 Behördliche Sanierungsplanung. [1]Die zuständige Behörde kann den Sanierungsplan nach § 13 Abs. 1 selbst erstellen oder ergänzen oder durch einen Sachverständigen nach § 18 erstellen oder ergänzen lassen, wenn

1. der Plan nicht, nicht innerhalb der von der Behörde gesetzten Frist oder fachlich unzureichend erstellt worden ist,
2. ein nach § 4 Abs. 3, 5 oder 6 Verpflichteter nicht oder nicht rechtzeitig herangezogen werden kann oder
3. auf Grund der großflächigen Ausdehnung der Altlast, der auf der Altlast beruhenden weiträumigen Verunreinigung eines Gewässers oder auf Grund der Anzahl der nach § 4 Abs. 3, 5 oder 6 Verpflichteten ein koordiniertes Vorgehen erforderlich ist.

[2]§ 13 Abs. 3 bis 6 gilt entsprechend.

§ 15 Behördliche Überwachung, Eigenkontrolle. (1) [1]Altlasten und altlastverdächtige Flächen unterliegen, soweit erforderlich, der Überwachung durch die zuständige Behörde. [2]Bei Altstandorten und Altablagerungen bleibt die Wirksamkeit von behördlichen Zulassungsentscheidungen sowie von nachträglichen Anordnungen durch die Anwendung dieses Gesetzes unberührt.

(2) [1]Liegt eine Altlast vor, so kann die zuständige Behörde von den nach § 4 Abs. 3, 5 oder 6 Verpflichteten, soweit erforderlich, die Durchführung von Eigenkontrollmaßnahmen, insbesondere Boden- und Wasseruntersuchungen, sowie die Einrichtung und den Betrieb von Meßstellen verlangen. [2]Die Ergebnisse der Eigenkontrollmaßnahmen sind aufzuzeichnen und fünf Jahre lang aufzubewahren. [3]Die zuständige Behörde kann eine längerfristige Aufbewahrung anordnen, soweit dies im Einzelfall erforderlich ist. [4]Die zuständige Behörde kann Eigenkontrollmaßnahmen auch nach Durchführung von Dekontaminations-, Sicherungs- und Beschränkungsmaßnahmen anordnen. [5]Sie kann verlangen, daß die Eigenkontrollmaßnahmen von einem Sachverständigen nach § 18 durchgeführt werden.

(3) [1]Die Ergebnisse der Eigenkontrollmaßnahmen sind von den nach § 4 Abs. 3, 5 oder 6 Verpflichteten der zuständigen Behörde auf Verlangen mitzuteilen. [2]Sie hat diese Aufzeichnungen und die Ergebnisse ihrer Überwachungsmaßnahmen fünf Jahre lang aufzubewahren.

(Fortsetzung nächstes Blatt)

[1)] Nr. **295**.

§ 16[1] **Ergänzende Anordnungen zur Altlastensanierung.** (1) Neben den im Zweiten Teil dieses Gesetzes vorgesehenen Anordnungen kann die zuständige Behörde zur Erfüllung der Pflichten, die sich aus dem Dritten Teil dieses Gesetzes ergeben, die erforderlichen Anordnungen treffen.

(2) Soweit ein für verbindlich erklärter Sanierungsplan im Sinne des § 13 Abs. 6 nicht vorliegt, schließen Anordnungen zur Durchsetzung der Pflichten nach § 4 andere die Sanierung betreffende behördliche Entscheidungen mit Ausnahme von Zulassungsentscheidungen für Vorhaben, die nach § 1 Absatz 1 Nummer 1 in Verbindung mit der Anlage 1 des Gesetzes über die Umweltverträglichkeitsprüfung[2] oder kraft Landesrechts einer Umweltverträglichkeitsprüfung unterliegen, mit ein, soweit sie im Einvernehmen mit der jeweils zuständigen Behörde erlassen und in der Anordnung die miteingeschlossenen Entscheidungen aufgeführt werden.

Vierter Teil. Landwirtschaftliche Bodennutzung

§ 17 Gute fachliche Praxis in der Landwirtschaft. (1) [1]Bei der landwirtschaftlichen Bodennutzung wird die Vorsorgepflicht nach § 7 durch die gute fachliche Praxis erfüllt. [2]Die nach Landesrecht zuständigen landwirtschaftlichen Beratungsstellen sollen bei ihrer Beratungstätigkeit die Grundsätze der guten fachlichen Praxis nach Absatz 2 vermitteln.

(2) [1]Grundsätze der guten fachlichen Praxis der landwirtschaftlichen Bodennutzung sind die nachhaltige Sicherung der Bodenfruchtbarkeit und Leistungsfähigkeit des Bodens als natürlicher Ressource. [2]Zu den Grundsätzen der guten fachlichen Praxis gehört insbesondere, daß

1. die Bodenbearbeitung unter Berücksichtigung der Witterung grundsätzlich standortangepaßt zu erfolgen hat,
2. die Bodenstruktur erhalten oder verbessert wird,
3. Bodenverdichtungen, insbesondere durch Berücksichtigung der Bodenart, Bodenfeuchtigkeit und des von den zur landwirtschaftlichen Bodennutzung eingesetzten Geräten verursachten Bodendrucks, so weit wie möglich vermieden werden,
4. Bodenabträge durch eine standortangepaßte Nutzung, insbesondere durch Berücksichtigung der Hangneigung, der Wasser- und Windverhältnisse sowie der Bodenbedeckung, möglichst vermieden werden,
5. die naturbetonten Strukturelemente der Feldflur, insbesondere Hecken, Feldgehölze, Feldraine und Ackerterrassen, die zum Schutz des Bodens notwendig sind, erhalten werden,
6. die biologische Aktivität des Bodens durch entsprechende Fruchtfolgegestaltung erhalten oder gefördert wird und
7. der standorttypische Humusgehalt des Bodens, insbesondere durch eine ausreichende Zufuhr an organischer Substanz oder durch Reduzierung der Bearbeitungsintensität erhalten wird.

---

[1] § 16 Abs. 2 geänd. mWv 29.7.2017 durch G v. 20.7.2017 (BGBl. I S. 2808); Abs. 2 geänd. mWv 29.7.2017 durch G v. 20.7.2017 (BGBl. I S. 2808).

[2] Nr. **295**.

(3) Die Pflichten nach § 4 werden durch die Einhaltung der in § 3 Abs. 1 genannten Vorschriften erfüllt; enthalten diese keine Anforderungen an die Gefahrenabwehr und ergeben sich solche auch nicht aus den Grundsätzen der guten fachlichen Praxis nach Absatz 2, so gelten die übrigen Bestimmungen dieses Gesetzes.

Fünfter Teil. Schlußvorschriften

§ 18 Sachverständige und Untersuchungsstellen. [1] Sachverständige und Untersuchungsstellen, die Aufgaben nach diesem Gesetz wahrnehmen, müssen die für diese Aufgaben erforderliche Sachkunde und Zuverlässigkeit besitzen sowie über die erforderliche gerätetechnische Ausstattung verfügen. [2] Die Länder können Einzelheiten der an Sachverständige und Untersuchungsstellen nach Satz 1 zu stellenden Anforderungen, Art und Umfang der von ihnen wahrzunehmenden Aufgaben, die Vorlage der Ergebnisse ihrer Tätigkeit und die Bekanntgabe von Sachverständigen, welche die Anforderungen nach Satz 1 erfüllen, regeln.

§ 19 Datenübermittlung. (1) [1] Soweit eine Datenübermittlung zwischen Bund und Ländern zur Erfüllung der jeweiligen Aufgaben dieses Gesetzes notwendig ist, werden Umfang, Inhalt und Kosten des gegenseitigen Datenaustausches in einer Verwaltungsvereinbarung zwischen Bund und Ländern geregelt. [2] Die Übermittlung personenbezogener Daten ist unzulässig.

(2) Der Bund kann unter Verwendung der von Ländern übermittelten Daten ein länderübergreifendes Bodeninformationssystem für Bundesaufgaben einrichten.

§ 20 Anhörung beteiligter Kreise. [1] Soweit Ermächtigungen zum Erlaß von Rechtsverordnungen die Anhörung der beteiligten Kreise vorschreiben, ist ein jeweils auszuwählender Kreis von Vertretern der Wissenschaft, der Betroffenen, der Wirtschaft, Landwirtschaft, Forstwirtschaft, der Natur- und Umweltschutzverbände, des archäologischen Denkmalschutzes, der kommunalen Spitzenverbände und der für den Bodenschutz, die Altlasten, die geowissenschaftlichen Belange und die Wasserwirtschaft zuständigen obersten Landesbehörden zu hören. [2] Sollen die in Satz 1 genannten Rechtsvorschriften Regelungen zur land- und forstwirtschaftlichen Bodennutzung enthalten, sind auch die für die Land- und Forstwirtschaft zuständigen obersten Landesbehörden zu hören.

§ 21 Landesrechtliche Regelungen. (1) Zur Ausführung des Zweiten und Dritten Teils dieses Gesetzes können die Länder ergänzende Verfahrensregelungen erlassen.

(2) Die Länder können bestimmen, daß über die im Dritten Teil geregelten altlastverdächtigen Flächen und Altlasten hinaus bestimmte Verdachtsflächen

(Fortsetzung nächstes Blatt)

1. von der zuständigen Behörde zu erfassen und
2. von den Verpflichteten der zuständigen Behörde mitzuteilen sind sowie

daß bei schädlichen Bodenveränderungen, von denen auf Grund von Art, Ausbreitung oder Menge der Schadstoffe in besonderem Maße Gefahren, erhebliche Nachteile oder erhebliche Belästigungen für den einzelnen oder die Allgemeinheit ausgehen,

1. Sanierungsuntersuchungen sowie die Erstellung von Sanierungsplänen und
2. die Durchführung von Eigenkontrollmaßnahmen

verlangt werden können.

(3) Die Länder können darüber hinaus Gebiete, in denen flächenhaft schädliche Bodenveränderungen auftreten oder zu erwarten sind, und die dort zu ergreifenden Maßnahmen bestimmen sowie weitere Regelungen über gebietsbezogene Maßnahmen des Bodenschutzes treffen.

(4) [1] Die Länder können bestimmen, daß für das Gebiet ihres Landes oder für bestimmte Teile des Gebiets Bodeninformationssysteme eingerichtet und geführt werden. [2] Hierbei können insbesondere Daten von Dauerbeobachtungsflächen und Bodenzustandsuntersuchungen über die physikalische, chemische und biologische Beschaffenheit des Bodens und über die Bodennutzung erfaßt werden. [3] Die Länder können regeln, daß Grundstückseigentümer und Inhaber der tatsächlichen Gewalt über ein Grundstück zur Duldung von Bodenuntersuchungen verpflichtet werden, die für Bodeninformationssysteme erforderlich sind. [4] Hierbei ist auf die berechtigten Belange dieser Personen Rücksicht zu nehmen und Ersatz für Schäden vorzusehen, die bei Untersuchungen verursacht werden.

§ 22 Erfüllung von bindenden Beschlüssen der Europäischen Gemeinschaften. (1) Zur Erfüllung von bindenden Beschlüssen der Europäischen Gemeinschaften kann die Bundesregierung zu dem in § 1 genannten Zweck mit Zustimmung des Bundesrates Rechtsverordnungen über die Festsetzung der in § 8 Abs. 1 und 2 genannten Werte einschließlich der notwendigen Maßnahmen zur Ermittlung und Überwachung dieser Werte erlassen.

(2) Die in Rechtsverordnungen nach Absatz 1 festgelegten Maßnahmen sind durch Anordnungen oder sonstige Entscheidungen der zuständigen Träger öffentlicher Verwaltungen nach diesem Gesetz oder nach anderen Rechtsvorschriften des Bundes und der Länder durchzusetzen; soweit planungsrechtliche Festlegungen vorgesehen sind, haben die zuständigen Planungsträger zu befinden, ob und inwieweit Planungen in Betracht zu ziehen sind.

§ 23 Landesverteidigung. (1) [1] Das Bundesministerium der Verteidigung kann Ausnahmen von diesem Gesetz und von den auf dieses Gesetz gestützten Rechtsverordnungen zulassen, soweit dies zwingende Gründe der Verteidigung oder die Erfüllung zwischenstaatlicher Verpflichtungen erfordern. [2] Dabei ist der Schutz vor schädlichen Bodenveränderungen zu berücksichtigen.

(2) Die Bundesregierung wird ermächtigt, durch Rechtsverordnung mit Zustimmung des Bundesrates zu bestimmen, daß der Vollzug dieses Gesetzes und der auf dieses Gesetz gestützten Rechtsverordnungen im Geschäftsbereich des Bundesministeriums der Verteidigung und für die auf Grund völkerrechtlicher Verträge in der Bundesrepublik Deutschland stationierten Streitkräfte

dem Bundesministerium der Verteidigung oder den von ihm bestimmten Stellen obliegt.

§ 24[1] Kosten. (1) [1] Die Kosten der nach § 9 Abs. 2, § 10 Abs. 1, §§ 12, 13, 14 Satz 1 Nr. 1, § 15 Abs. 2 und § 16 Abs. 1 angeordneten Maßnahmen tragen die zur Durchführung Verpflichteten. [2] Bestätigen im Fall des § 9 Abs. 2 Satz 1 die Untersuchungen den Verdacht nicht oder liegen die Voraussetzungen des § 10 Abs. 2 vor, sind den zur Untersuchung Herangezogenen die Kosten zu erstatten, wenn sie die den Verdacht begründenden Umstände nicht zu vertreten haben. [3] In den Fällen des § 14 Satz 1 Nr. 2 und 3 trägt derjenige die Kosten, von dem die Erstellung eines Sanierungsplans hätte verlangt werden können.

(2) [1] Mehrere Verpflichtete haben unabhängig von ihrer Heranziehung untereinander einen Ausgleichsanspruch. [2] Soweit nichts anderes vereinbart wird, hängt die Verpflichtung zum Ausgleich sowie der Umfang des zu leistenden Ausgleichs davon ab, inwieweit die Gefahr oder der Schaden vorwiegend von dem einen oder dem anderen Teil verursacht worden ist; § 426 Abs. 1 Satz 2 des Bürgerlichen Gesetzbuches[2] findet entsprechende Anwendung. [3] Der Ausgleichsanspruch verjährt in drei Jahren; die §§ 438, 548 und 606 des Bürgerlichen Gesetzbuchs sind nicht anzuwenden. [4] Die Verjährung beginnt nach der Beitreibung der Kosten, wenn eine Behörde Maßnahmen selbst ausführt, im übrigen nach der Beendigung der Maßnahmen durch den Verpflichteten zu dem Zeitpunkt, zu dem der Verpflichtete von der Person des Ersatzpflichtigen Kenntnis erlangt. [5] Der Ausgleichsanspruch verjährt ohne Rücksicht auf diese Kenntnis dreißig Jahre nach der Beendigung der Maßnahmen. [6] Für Streitigkeiten steht der Rechtsweg vor den ordentlichen Gerichten offen.

§ 25[3] Wertausgleich. (1) [1] Soweit durch den Einsatz öffentlicher Mittel bei Maßnahmen zur Erfüllung der Pflichten nach § 4 der Verkehrswert eines Grundstücks nicht nur unwesentlich erhöht wird und der Eigentümer die Kosten hierfür nicht oder nicht vollständig getragen hat, hat er einen von der zuständigen Behörde festzusetzenden Wertausgleich in Höhe der maßnahmenbedingten Wertsteigerung an den öffentlichen Kostenträger zu leisten. [2] Die Höhe des Ausgleichsbetrages wird durch die Höhe der eingesetzten öffentlichen Mittel begrenzt. [3] Die Pflicht zum Wertausgleich entsteht nicht, soweit hinsichtlich der auf einem Grundstück vorhandenen schädlichen Bodenveränderungen oder Altlasten eine Freistellung von der Verantwortung oder der Kostentragungspflicht nach Artikel 1 § 4 Abs. 3 Satz 1 des Umweltrahmengesetzes vom 29. Juni 1990 (GBl. I Nr. 42 S. 649), zuletzt geändert durch Artikel 12 des Gesetzes vom 22. März 1991 (BGBl. I S. 766), in der jeweils geltenden Fassung erfolgt ist. [4] Soweit Maßnahmen im Sinne des Satzes 1 in förmlich festgelegten Sanierungsgebieten oder Entwicklungsbereichen als Ordnungsmaßnahmen von der Gemeinde durchgeführt werden, wird die dadurch bedingte Erhöhung des Verkehrswertes im Rahmen des Ausgleichsbetrags nach § 154 des Baugesetzbuchs[4] abgegolten.

---

[1] § 24 Abs. 2 Satz 3 geänd. mWv 15. 12. 2004 durch G v. 9. 12. 2004 (BGBl. I S. 3214).
[2] ***Schönfelder Nr. 20.***
[3] § 25 Abs. 6 Satz 2 geänd. mWv 8. 9. 2015 durch VO v. 31. 8. 2015 (BGBl. I S. 1474).
[4] Nr. **300**.

(2) Die durch Sanierungsmaßnahmen bedingte Erhöhung des Verkehrswerts eines Grundstücks besteht aus dem Unterschied zwischen dem Wert, der sich für das Grundstück ergeben würde, wenn die Maßnahmen nicht durchgeführt worden wären (Anfangswert), und dem Verkehrswert, der sich für das Grundstück nach Durchführung der Erkundungs- und Sanierungsmaßnahmen ergibt (Endwert).

(3) [1] Der Ausgleichsbetrag wird fällig, wenn die Sicherung oder Sanierung abgeschlossen und der Betrag von der zuständigen Behörde festgesetzt worden ist. [2] Die Pflicht zum Wertausgleich erlischt, wenn der Betrag nicht bis zum Ende des vierten Jahres nach Abschluß der Sicherung oder Sanierung festgesetzt worden ist.

(4) [1] Die zuständige Behörde hat von dem Wertausgleich nach Absatz 1 die Aufwendungen abzuziehen, die der Eigentümer für eigene Maßnahmen der Sicherung oder Sanierung oder die er für den Erwerb des Grundstücks im berechtigten Vertrauen darauf verwendet hat, daß keine schädlichen Bodenveränderungen oder Altlasten vorhanden sind. [2] Kann der Eigentümer von Dritten Ersatz erlangen, so ist dies bei der Entscheidung nach Satz 1 zu berücksichtigen.

(5) [1] Im Einzelfall kann von der Festsetzung eines Ausgleichsbetrages ganz oder teilweise abgesehen werden, wenn dies im öffentlichen Interesse oder zur Vermeidung unbilliger Härten geboten ist. [2] Werden dem öffentlichen Kostenträger Kosten der Sicherung oder Sanierung erstattet, so muß insoweit von der Festsetzung des Ausgleichsbetrages abgesehen, ein festgesetzter Ausgleichsbetrag erlassen oder ein bereits geleisteter Ausgleichsbetrag erstattet werden.

(6) [1] Der Ausgleichsbetrag ruht als öffentliche Last auf dem Grundstück. [2] Das Bundesministerium der Justiz und für Verbraucherschutz wird ermächtigt, durch Rechtsverordnung mit Zustimmung des Bundesrates die Art und Weise, wie im Grundbuch auf das Vorhandensein der öffentlichen Last hinzuweisen ist, zu regeln.

§ 26[1)] Bußgeldvorschriften. (1) Ordnungswidrig handelt, wer vorsätzlich oder fahrlässig

1. einer Rechtsverordnung nach § 5 Satz 1, §§ 6, 8 Abs. 1 oder § 22 Abs. 1 oder einer vollziehbaren Anordnung auf Grund einer solchen Rechtsverordnung zuwiderhandelt, soweit die Rechtsverordnung für einen bestimmten Tatbestand auf diese Bußgeldvorschrift verweist,
2. einer vollziehbaren Anordnung nach § 10 Abs. 1 Satz 1 zuwiderhandelt, soweit sie sich auf eine Pflicht nach § 4 Abs. 3, 5 oder 6 bezieht,
3. einer vollziehbaren Anordnung nach § 13 Abs. 1 oder § 15 Abs. 2 Satz 1, 3 oder 4 zuwiderhandelt oder
4. entgegen § 15 Abs. 3 Satz 1 eine Mitteilung nicht, nicht richtig, nicht vollständig oder nicht rechtzeitig macht.

(2) Die Ordnungswidrigkeit kann in den Fällen des Absatzes 1 Nr. 2 mit einer Geldbuße bis zu fünfzigtausend Euro, in den übrigen Fällen mit einer Geldbuße bis zu zehntausend Euro geahndet werden.

[1)] § 26 Abs. 2 geänd. mWv 1. 1. 2002 durch G v. 9. 9. 2001 (BGBl. I S. 2331).

299a. Bundes-Bodenschutz- und Altlastenverordnung (BBodSchV)[1)]

Vom 9. Juli 2021

(BGBl. I S. 2598, 2716)

FNA 2129-32-2

Inhaltsübersicht

[1)] Verkündet als Art. 2 Abs. 1 Satz 1 VO v. 9.7.2021 (BGBl. I S. 2598); Inkrafttreten gem. Art. 5 dieser VO am 1.8.2023.

Anlage 4 Technische Regeln und Normen

Abschnitt 1. Allgemeine Vorschriften

§ 1 Anwendungsbereich. (1) Diese Verordnung regelt nähere Anforderungen, insbesondere

1. zur Vorsorge gegen das Entstehen schädlicher Bodenveränderungen, einschließlich Anforderungen an das Auf- oder Einbringen von Materialien auf oder in den Boden sowie Vorsorgewerte und zulässige Zusatzbelastungen,
2. zur Gefahrenabwehr bei Bodenerosion,
3. zur Untersuchung, Bewertung und Sanierung von schädlichen Bodenveränderungen und Altlasten, einschließlich Anforderungen an Sanierungsuntersuchungen und Sanierungsplanung sowie Prüf- und Maßnahmenwerte,
4. an die Vorerkundung, Probennahme und -analyse.

(2) Diese Verordnung gilt nicht für

1. den Einbau von mineralischen Ersatzbaustoffen in technische Bauwerke, soweit dieser nach Maßgabe der Ersatzbaustoffverordnung vom 9. Juli 2021 (BGBl. I S. 2598) erfolgt,
2. das Auf- oder Einbringen von Baggergut unterhalb oder außerhalb einer durchwurzelbaren Bodenschicht im Deichbau,
3. das Auf- oder Einbringen von Materialien unterhalb oder außerhalb einer durchwurzelbaren Bodenschicht auf Halden oder in Absetzteichen des Bergbaus sowie die Herstellung einer durchwurzelbaren Bodenschicht auf Halden des Kalibergbaus, soweit auf der Halde nicht eine regelmäßige Nutzung durch Park- und Freizeitanlagen geplant ist,
4. das Einbringen von Materialien in bergbauliche Hohlräume gemäß der Versatzverordnung,
5. das Einbringen von Materialien in Anlagen des Bundes gemäß § 9a Absatz 3 des Atomgesetzes[1] in der Fassung der Bekanntmachung vom 15. Juli 1985 (BGBl. I S. 1565), das zuletzt durch Artikel 3 des Gesetzes vom 12. Mai 2021 (BGBl. I S. 1087) geändert worden ist,
6. das Auf- oder Einbringen von Materialien nach den Vorschriften des Dünge- und Pflanzenschutzrechts.

§ 2 Begriffsbestimmungen. Für diese Verordnung gelten folgende Begriffsbestimmungen:

1. Bodenansprache: Beschreibung von Bodenhorizonten und -profilen sowie die bodenkundliche und sensorische Beurteilung von Bodenproben in dem Umfang, in dem er jeweils für den vorsorgenden Bodenschutz oder für die Gefahrenbeurteilung nach dieser Verordnung erforderlich ist;
2. Oberboden: oberer Teil des Mineralbodens, der einen der jeweiligen Bodenbildung entsprechenden Anteil an Humus und Bodenorganismen enthält und der sich meist durch dunklere Bodenfarbe vom Unterboden abhebt, in der Regel Ah-, Aa-, Al-, Ac- und Ap-Horizonte; die organischen O- und L-Horizonte zählen zum Oberboden im Sinne dieser Verordnung; Mutterboden *im Sinne des § 202 Baugesetzbuch*[2] entspricht dem Oberboden;

---

[1] Nr. **835**.
[2] Nr. **300**.

3. Unterboden: Bereich zwischen Oberboden und Untergrund, der im Allgemeinen die B-Horizonte umfasst, je nach Bodentyp auch P-, T-, S-, G-, M-, und Yo-Horizonte;
4. Untergrund: Bereich unterhalb des Unterbodens mit durch Verwitterung und Bodenbildung nicht beeinflusstem Gestein, einschließlich Lockersedimenten, der in der Regel das Ausgangsgestein der Bodenbildung darstellt; in der Regel C-Horizonte; auch H-, G- und S-Horizonte, wenn bei Stau- und Grundwasserböden sowie Mooren keine C-Horizonte erkennbar sind und mehr als die Hälfte der Horizontmächtigkeit tiefer als 120 Zentimeter unterhalb der Erdoberfläche liegt;
5. durchwurzelbare Bodenschicht: Bodenschicht, die von den Pflanzenwurzeln in Abhängigkeit von den natürlichen Standortbedingungen durchdrungen werden kann; sie schließt in der Regel den Oberboden und den Unterboden ein;
6. Bodenmaterial: Material aus dem Oberboden, dem Unterboden oder dem Untergrund, das ausgehoben, abgeschoben, abgetragen oder in einer Aufbereitungsanlage behandelt wird oder wurde;
7. Baggergut: Material, das im Rahmen von Unterhaltungs-, Neu- und Ausbaumaßnahmen oder bei Maßnahmen der Errichtung, Unterhaltung oder Stilllegung von Anlagen in, an, über und unter oberirdischen Gewässern entnommen wurde; Baggergut kann bestehen aus Sedimenten und Material aus subhydrischen Böden der Gewässersohle, aus dem Oberboden, dem Unterboden oder dem Untergrund im unmittelbaren Umfeld des Gewässerbettes oder aus Material aus Oberböden im Ufer- und Überschwemmungsbereich des Gewässers;
8. mineralische Fremdbestandteile: mineralische Bestandteile im Bodenmaterial oder im Baggergut, die keine natürlichen Bodenausgangssubstrate sind, insbesondere Beton, Ziegel, Keramik, Bauschutt, Straßenaufbruch und Schlacke;
9. Störstoffe: in der Regel Gegenstände im Bodenmaterial oder im Baggergut, die deren Verwertungseignung nachteilig beeinflussen können, insbesondere behandeltes Holz, Kunststoffe, Glas und Metallteile;
10. Erosionsfläche: Fläche, von der Bodenmaterial durch Wind oder Wasser abgetragen wird;
11. Schadstoffe: Stoffe und Stoffgemische, die auf Grund ihrer Gesundheitsschädlichkeit, Ökotoxizität oder anderer Eigenschaften geeignet sind, in Abhängigkeit von ihren Gehalten oder Konzentrationen unter Berücksichtigung ihrer Bioverfügbarkeit und Langlebigkeit, schädliche Bodenveränderungen oder sonstige Gefahren herbeizuführen;
12. Expositionsbedingungen: durch örtliche Umstände und die Grundstücksnutzung im Einzelfall geprägte Art und Weise, in der Schutzgüter der Wirkung von Schadstoffen oder physikalischen Einwirkungen ausgesetzt sein können;
13. Wirkungspfad: Weg eines Schadstoffes von der Schadstoffquelle bis zu dem Ort einer möglichen Wirkung auf ein Schutzgut;
14. Einwirkungsbereich: Bereich, in dem von einem Grundstück im Sinne des § 2 Absatz 4 bis 6 des Bundes-Bodenschutzgesetzes[1] oder von einem schädlich veränderten Boden im Sinne des § 2 Absatz 3 des Bundes-Bodenschutzgesetzes Einwirkungen auf Schutzgüter zu erwarten sind oder in dem durch Einwirkungen auf den Boden die Besorgnis des Entstehens schädlicher Bodenveränderungen hervorgerufen wird;

[1] Nr. **299**.

15. Sickerwasserprognose: Abschätzung der von einer Verdachtsfläche, altlastverdächtigen Fläche, schädlichen Bodenveränderung oder Altlast ausgehenden oder zu erwartenden Schadstoffeinträge über das Sickerwasser in das Grundwasser, unter Berücksichtigung von Konzentrationen und Frachten und bezogen auf den Ort der Beurteilung;
16. Ort der Beurteilung: für den Wirkungspfad Boden-Grundwasser der Übergangsbereich von der wasserungesättigten zur wassergesättigten Bodenzone;
17. natürliche Schadstoffminderung: Ergebnis biologischer, chemischer oder physikalischer Prozesse, die ohne menschliches Eingreifen zu einer Verringerung der Masse, des Volumens, der Fracht, der Konzentration, der Toxizität oder der Mobilität eines Schadstoffes im Boden oder im Grundwasser führen;
18. Kinderspielflächen: Aufenthaltsbereiche für Kinder, die regelmäßig zum Spielen genutzt werden, ohne den Spielsand von Sandkästen;
19. Wohngebiete: dem Wohnen dienende Gebiete, einschließlich Hausgärten und sonstiger Gärten gleichartiger Nutzung, auch wenn sie nicht im Sinne der Baunutzungsverordnung[1] als Wohngebiet planungsrechtlich dargestellt oder festgesetzt sind, ausgenommen Park- und Freizeitanlagen, Kinderspielflächen sowie befestigte Verkehrsflächen;
20. Park- und Freizeitanlagen:
    a) Anlagen für soziale, gesundheitliche oder sportliche Zwecke, insbesondere öffentliche und private Grünanlagen, einschließlich Bolzplätzen und Sportflächen,
    b) unbefestigte Flächen, die regelmäßig zugänglich sind und vergleichbar zu den in Buchstabe a genannten Anlagen genutzt werden;
21. Industrie- und Gewerbegrundstücke: unbefestigte Flächen von Arbeits- und Produktionsstätten, die nur während der Arbeitszeit genutzt werden;
22. Ackerflächen: Flächen zum Anbau von Ackerkulturen, einschließlich Gemüse und Feldfutter, hierzu zählen auch erwerbsgärtnerisch genutzte Flächen;
23. Nutzgärten: Hausgarten-, Kleingarten- und sonstige Gartenflächen, die zum Anbau von Nahrungspflanzen genutzt werden;
24. Grünlandflächen: landwirtschaftlich genutzte Flächen, auf denen Gräser oder andere krautige Pflanzen eingesät sind oder natürlich wachsen und die beweidet oder zur Futtergewinnung genutzt werden.

Abschnitt 2. Vorsorge gegen das Entstehen schädlicher Bodenveränderungen

§ 3 Besorgnis schädlicher Bodenveränderungen. (1) Das Entstehen schädlicher Bodenveränderungen ist in der Regel zu besorgen, wenn

1. Böden Schadstoffgehalte aufweisen, die die Vorsorgewerte nach Anlage 1 Tabelle 1 oder 2 überschreiten,
2. eine erhebliche Anreicherung von anderen Schadstoffen in Böden erfolgt, die auf Grund ihrer krebserzeugenden, erbgutverändernden, fortpflanzungsgefährdenden oder toxischen Eigenschaften in besonderem Maße geeignet sind, schädliche Bodenveränderungen herbeizuführen,

[1] Nr. **311**.

3. physikalische Einwirkungen den Boden verändern und dadurch die natürlichen Funktionen sowie die Nutzungsfunktion als Standort für die land- oder forstwirtschaftliche Nutzung erheblich beeinträchtigt werden können, oder
4. Stoffeinträge den Bodenzustand irreversibel verändern und dadurch die Bodenfunktionen erheblich beeinträchtigt werden können.

(2) Bei Böden mit naturbedingt oder großflächig siedlungsbedingt erhöhten Schadstoffgehalten besteht bei Überschreiten von Vorsorgewerten nach Anlage 1 Tabelle 1 oder 2 die Besorgnis des Entstehens schädlicher Bodenveränderungen nur dann, wenn eine erhebliche Freisetzung von Schadstoffen oder zusätzliche Einträge durch die nach § 7 Satz 1 des Bundes-Bodenschutzgesetzes[1] Pflichtigen nachteilige Auswirkungen auf die Bodenfunktionen erwarten lassen.

§ 4 Vorsorgeanforderungen. (1) [1]In den Fällen des § 3 Absatz 1 Satz 1 Nummer 1, auch unter Berücksichtigung von Absatz 2, haben die nach § 7 Satz 1 des Bundes-Bodenschutzgesetzes[1] Pflichtigen Vorkehrungen zu treffen, um weitere durch sie auf dem Grundstück und in dessen Einwirkungsbereich verursachte Schadstoffeinträge zu vermeiden oder wirksam zu vermindern, soweit dies wegen der räumlichen, langfristigen oder komplexen Auswirkungen geboten und auch im Hinblick auf den Zweck der Nutzung des Grundstücks verhältnismäßig ist. [2]Dazu gehören auch technische Vorkehrungen an Anlagen oder Verfahren sowie Maßnahmen zur Untersuchung und Überwachung von Böden.

(2) [1]Einträge von Schadstoffen im Sinne des § 3 Absatz 1 Satz 1 Nummer 2, für die keine Vorsorgewerte festgesetzt sind, sind, soweit technisch möglich und unabhängig vom Zweck der Nutzung des Grundstückes wirtschaftlich vertretbar, zu begrenzen. [2]Dies gilt insbesondere für die Stoffe, die nach der Gefahrstoffverordnung in der Fassung der Bekanntmachung vom 26. November 2010 (BGBl. I S. 2010, 1643, 1644), die zuletzt durch Artikel 148 des Gesetzes vom 29. März 2017 (BGBl. I S. 626) geändert worden ist, als krebserzeugend, erbgutverändernd oder fortpflanzungsgefährdend eingestuft sind. [3]Im Übrigen gelten die Maßgaben von Absatz 1.

(3) [1]In den Fällen des § 3 Absatz 1 Satz 1 Nummer 3 haben die nach § 7 Satz 1 des Bundes-Bodenschutzgesetzes Pflichtigen Vorkehrungen zu treffen, um die physikalischen Einwirkungen zu vermeiden oder wirksam zu vermindern, soweit dies auch im Hinblick auf den Zweck der Nutzung des Grundstücks verhältnismäßig ist. [2]Auf Verlangen der zuständigen Behörde sind Untersuchungen der physikalischen Bodeneigenschaften am Standort durchzuführen. [3]Satz 2 gilt nicht für unvermeidbare Einwirkungen bei Einhaltung des § 17 Absatz 1 des Bundes-Bodenschutzgesetzes.

(4) Zur Einhaltung der sich aus den Absätzen 1, 2 und 3 ergebenden Anforderungen kann die zuständige Behörde nach § 10 Absatz 1 Satz 1 des Bundes-Bodenschutzgesetzes die erforderlichen Maßnahmen treffen.

(5) [1]Bei Vorhaben, bei denen auf einer Fläche von mehr als 3 000 Quadratmetern Materialien auf oder in die durchwurzelbare Bodenschicht auf- oder eingebracht werden, Bodenmaterial aus dem Ober- oder Unterboden ausgehoben oder abgeschoben wird oder der Ober- und Unterboden dauerhaft oder vorübergehend vollständig oder teilweise verdichtet wird, kann die für die Zulassung des Vorhabens zuständige Behörde im Benehmen mit der für den Bodenschutz zuständigen Behörde von dem nach § 7 Satz 1 des Bundes-Bodenschutzgesetzes

[1] Nr. **299**.

Pflichtigen die Beauftragung einer bodenkundlichen Baubegleitung nach DIN 19639 im Einzelfall verlangen. [2] Satz 1 gilt entsprechend, wenn das Vorhaben einer Anzeige an eine Behörde bedarf oder von einer Behörde durchgeführt wird.

§ 5 Zulässige Zusatzbelastung. (1) [1] Werden Vorsorgewerte nach Anlage 1 Tabelle 1 oder 2 bei einem Schadstoff überschritten, ist insoweit unter Berücksichtigung der zu erwartenden Gesamtfracht eine Zusatzbelastung bis zur Höhe der in Anlage 1 Tabelle 3 festgelegten jährlichen Frachten des Schadstoffes zulässig. [2] Dabei sind die Einwirkungen auf den Boden über Luft und Gewässer sowie unmittelbare Einträge zu beachten.

(2) Wenn die in Anlage 1 Tabelle 3 festgelegte zulässige Zusatzbelastung bei einem Schadstoff überschritten ist, sind die naturbedingt oder großflächig siedlungsbedingten Vorbelastungen des Bodens im Einzelfall zu berücksichtigen.

(3) Die in Anlage 1 Tabelle 3 festgelegten Frachten bestimmen nicht die Zusatzbelastungen im Sinne des § 3 Absatz 3 Satz 2 des Bundes-Bodenschutzgesetzes[1)].

§ 6 Allgemeine Anforderungen an das Auf- oder Einbringen von Materialien auf oder in den Boden. (1) [1] Die §§ 6 bis 8 gelten für das Auf- oder Einbringen von Materialien auf oder in den Boden, insbesondere im Rahmen der Rekultivierung, der Wiedernutzbarmachung, des Landschaftsbaus, der landwirtschaftlichen und gartenbaulichen Folgenutzung und der Herstellung einer durchwurzelbaren Bodenschicht insbesondere auf technischen Bauwerken im Sinne des § 2 Nummer 3 der Ersatzbaustoffverordnung und auf Deichen. [2] Die §§ 6 bis 8 gelten nicht für das Auf- oder Einbringen von Materialien auf oder in den Boden im Rahmen der Sanierung von schädlichen Bodenveränderungen und Altlasten, soweit die Materialien im Bereich derselben schädlichen Bodenveränderung oder Altlast oder innerhalb des Gebietes eines für verbindlich erklärten Sanierungsplans umgelagert werden.

(2) Das Auf- und Einbringen von Materialien oder die Herstellung einer durchwurzelbaren Bodenschicht ist nur zulässig, wenn

1. nach Art, Menge, Schadstoffgehalten, Schadstoffkonzentrationen und physikalischen Eigenschaften der Materialien sowie nach den Schadstoffgehalten der Böden am Ort des Auf- und Einbringens das Entstehen einer schädlichen Bodenveränderung nach § 3 nicht zu besorgen ist und
2. mindestens eine der in § 2 Absatz 2 Nummer 1 und Nummer 3 Buchstabe b und c des Bundes-Bodenschutzgesetzes[1)] genannten Bodenfunktionen nachhaltig verbessert, gesichert oder wiederhergestellt wird.

(3) Eine schädliche Bodenveränderung im Sinne des Absatzes 2 ist aufgrund von Schadstoffgehalten nicht zu besorgen, wenn Bodenmaterial oder Baggergut am Herkunftsort oder in dessen räumlichen Umfeld unter vergleichbaren Bodenverhältnissen sowie geologischen und hydrogeologischen Bedingungen umgelagert wird und das Vorliegen einer Altlast oder sonstigen schädlichen Bodenveränderung aufgrund von Schadstoffgehalten auszuschließen ist.

(4) [1] Eine schädliche Bodenveränderung im Sinne des Absatzes 2 ist auch dann nicht zu besorgen, wenn in Gebieten oder räumlich abgegrenzten Industriestandorten mit erhöhten Schadstoffgehalten in Böden Bodenmaterial mit erhöhten *Schadstoffgehalten innerhalb des Gebietes* oder Standortes umgelagert wird und die in § 2 Absatz 2 Nummer 1 und 3 Buchstabe b und c des Bundes-Bodenschutz-

---

[1)] Nr. **299**.

gesetzes genannten Bodenfunktionen nicht zusätzlich beeinträchtigt werden sowie die stoffliche Situation am Ort des Auf- oder Einbringens nicht nachteilig verändert wird. [2]Gebiete und Standorte im Sinne des Satzes 1 können von der zuständigen Behörde im Einzelfall der Bewertung zugrunde gelegt oder allgemein festgelegt werden. [3]Die zuständige Behörde kann Ausnahmen von § 7 Absatz 3 zulassen. [4]Die Sätze 1 bis 3 gelten für Gebiete, die Sätze 1 und 2 gelten für räumlich abgegrenzte Industriestandorte mit jeweils mehr als 10 Volumenprozent mineralischer Fremdbestandteile in Böden entsprechend.

(5) [1]Die nach § 7 Satz 1 des Bundes-Bodenschutzgesetzes Pflichtigen haben Materialien, die auf oder in den Boden oder zur Herstellung einer durchwurzelbaren Bodenschicht auf- oder eingebracht werden sollen, spätestens vor dem Auf- oder Einbringen nach den nachfolgenden Vorschriften zu untersuchen oder untersuchen zu lassen, soweit dies nicht bereits erfolgt ist. [2]Die Materialien sind mindestens auf die in Anlage 1 Tabelle 1 und 2 dieser Verordnung aufgeführten Stoffe analytisch zu untersuchen. [3]Liegen Anhaltspunkte vor, dass die Materialien erhöhte Gehalte weiterer Stoffe aufweisen, ist auf diese zusätzlich analytisch zu untersuchen. [4]Darüber hinaus kann die zuständige Behörde auch Untersuchungen des Ortes des Auf- oder Einbringens anordnen. [5]Probennahme und -analyse sind nach Abschnitt 4 durchzuführen.

(6) Von einer analytischen Untersuchung von Bodenmaterial und Baggergut nach Absatz 5 Satz 2 und 3 kann abgesehen werden, wenn

1. sich bei einer Vorerkundung nach § 18 durch einen Sachverständigen im Sinne des § 18 des Bundes-Bodenschutzgesetzes oder durch eine Person mit vergleichbarer Sachkunde keine Anhaltspunkte ergeben, dass die Materialien die Vorsorgewerte nach Anlage 1 Tabelle 1 und 2 dieser Verordnung überschreiten und keine Hinweise auf weitere Belastungen der Materialien vorliegen,
2. die im Rahmen der jeweiligen Maßnahme angefallene Menge nicht mehr als 500 Kubikmeter beträgt und sich nach Inaugenscheinnahme der Materialien am Herkunftsort und auf Grund der Vornutzung der betreffenden Grundstücke keine Anhaltspunkte ergeben, dass die Materialen die in Nummer 1 genannten Werte überschreiten und keine Hinweise auf weitere Belastungen der Materialien vorliegen oder
3. die Materialien am Herkunftsort oder in dessen räumlichen Umfeld oder innerhalb eines Gebietes im Sinne des Absatzes 4 umgelagert werden, das Vorliegen einer Altlast oder sonstigen schädlichen Bodenveränderung aufgrund von Schadstoffgehalten auszuschließen ist und durch die Umlagerung das Entstehen einer schädlichen Bodenveränderung nicht zu besorgen ist.

(7) [1]Die nach § 7 Satz 1 des Bundes-Bodenschutzgesetzes Pflichtigen haben die Untersuchungsergebnisse nach Absatz 5 oder das Vorliegen der Voraussetzungen des Absatzes 6 spätestens vor dem Auf- oder Einbringen zu dokumentieren. [2]Die Dokumente sind nach Beendigung der Auf- oder Einbringungsmaßnahme zehn Jahre aufzubewahren und der zuständigen Behörde auf Verlangen vorzulegen.

(8) [1]Die nach § 7 Satz 1 des Bundes-Bodenschutzgesetzes Pflichtigen müssen das Auf- oder Einbringen von Materialien nach § 7 oder § 8 Absatz 1 bis 3, Absatz 5 bis 6 und Absatz 8 in einem Volumen von mehr als 500 Kubikmetern der zuständigen Behörde mindestens zwei Wochen vor Beginn der Auf- oder Einbringungsmaßnahme unter Angabe der Lage der Auf- oder Einbringungsfläche, der Art und Menge der Materialien sowie des Zwecks der Maßnahme anzeigen, es sei denn, die Maßnahme bedarf einer behördlichen Zulassung oder Anzeige nach

anderen Rechtsvorschriften. [2]Die Länder können abweichende Regelungen treffen.

(9) [1]Beim Auf- oder Einbringen oder der Herstellung einer durchwurzelbaren Bodenschicht sowie beim Um- oder Zwischenlagern von Materialien sind Verdichtungen, Vernässungen und sonstige nachteilige Einwirkungen auf den Boden durch geeignete Maßnahmen zu vermeiden oder wirksam zu vermindern. [2]Die entsprechenden Anforderungen der DIN 19639, der DIN 19731 und der DIN 18915 sind zu beachten. [3]Die Sätze 1 und 2 gelten nicht für Verdichtungen, die im Rahmen der bergbaulichen Gewinnung erforderlich sind.

(10) [1]Beim Auf- oder Einbringen von Materialien sind die Anforderungen an einen guten Bodenaufbau und ein stabiles Bodengefüge zu beachten. [2]Die verwendeten Materialien müssen unter Berücksichtigung des jeweiligen Ortes des Auf- oder Einbringens geeignet sein, die für den Standort erforderlichen Bodenfunktionen sowie die chemischen und physikalischen Eigenschaften des Bodens zu sichern oder herzustellen. [3]Die entsprechenden Anforderungen der DIN 19639 und der DIN 19731 sind zu beachten.

(11) [1]Vor dem Auf- oder Einbringen von Materialien in den Unterboden oder Untergrund ist bei Hinweisen auf erhöhte Gehalte an organischem Kohlenstoff der Gehalt an organischem Kohlenstoff nach Anlage 3 Tabelle 1 zu bestimmen. [2]Beträgt der Gehalt mehr als 1 Masseprozent, dürfen die Materialien nur auf- oder eingebracht werden, wenn der organische Kohlenstoff in den Materialien natürlich vorkommt oder auf einen zulässigen Anteil an mineralischen Fremdbestandteilen zurückzuführen ist und die Materialien nicht aus dem Oberboden stammen. [3]Es ist sicherzustellen, dass durch Abbauprozesse der organischen Substanz, insbesondere auch nach dem Auf- oder Einbringen, keine schädlichen Bodenveränderungen zu besorgen sind und die Nährstoffzufuhr nach Menge und Verfügbarkeit unter Berücksichtigung der zu erwartenden Abbauprozesse dem Bedarf der vorhandenen oder künftigen Vegetation angepasst ist. [4]Das Einbringen von nährstoffreichen organischen Materialien, insbesondere Klärschlamm, Kompost oder Gärsubstrate, in den Unterboden oder Untergrund ist auch im Gemisch mit Bodenmaterial, Baggergut oder anderen mineralischen Materialien unzulässig. [5]Die Anforderungen der Sätze 1 bis 3 gelten nicht für die Umlagerung von Materialien im Rahmen des Braunkohletagebaus.

(12) Die zuständige Behörde kann Nachweise über die Erfüllung der Anforderungen nach den Absätzen 9 bis 11 verlangen.

§ 7 Zusätzliche Anforderungen an das Auf- oder Einbringen von Materialien auf oder in eine durchwurzelbare Bodenschicht. (1) [1]Die nach § 7 Satz 1 des Bundes-Bodenschutzgesetzes[1)] Pflichtigen dürfen für das Auf- oder Einbringen auf oder in eine durchwurzelbare Bodenschicht sowie für die Herstellung einer durchwurzelbaren Bodenschicht nur

1. Bodenmaterial und Baggergut sowie
2. Gemische von Materialien nach Nummer 1 mit solchen Abfällen, die die stofflichen Qualitätsanforderungen nach § 3 Absatz 2 Satz 1, § 3a Satz 2 und § 4 Absatz 1, Absatz 3 Satz 1 bis 3, Absatz 4, auch in Verbindung mit § 5 Absatz 1 der Bioabfallverordnung sowie nach § 8 Absatz 1, Absatz 2 Satz 1 und § 11 der Klärschlammverordnung erfüllen,

[1)] Nr. **299**.

verwenden. [2] Mineralische Fremdbestandteile in Bodenmaterial und Baggergut sind zulässig, sofern sie bereits beim Anfall enthalten waren und ihr Anteil 10 Volumenprozent nicht überschreitet. [3] Störstoffe sind nur in einem vernachlässigbaren und unvermeidbaren Anteil zulässig.

(2) [1] Eine schädliche Bodenveränderung im Sinne des § 6 Absatz 2 ist aufgrund von Schadstoffgehalten nicht zu besorgen, wenn die nach Absatz 1 zur Verwendung zulässigen Materialien die Vorsorgewerte nach Anlage 1 Tabelle 1 und 2 dieser Verordnung einhalten oder nach Anlage 1 Tabelle 3 der Ersatzbaustoffverordnung als Bodenmaterial der Klasse 0 oder Baggergut der Klasse 0 – BM-0 oder BG-0 – klassifiziert wurden und auf Grund der Herkunft und der bisherigen Nutzung keine Hinweise auf weitere Belastungen der Materialien vorliegen. [2] Sind die Anforderungen nach Satz 1 erfüllt, bedarf das Auf- oder Einbringen keiner Erlaubnis nach § 8 Absatz 1 des Wasserhaushaltsgesetzes[1)].

(3) [1] Bei der Herstellung einer durchwurzelbaren Bodenschicht mit landwirtschaftlicher oder gartenbaulicher Folgenutzung sollen im Hinblick auf künftige unvermeidliche Schadstoffeinträge durch Bewirtschaftungsmaßnahmen oder atmosphärische Schadstoffeinträge die Schadstoffgehalte in der entstandenen durchwurzelbaren Bodenschicht 70 Prozent der jeweiligen Vorsorgewerte nach Anlage 1 Tabelle 1 und 2 nicht überschreiten. [2] Satz 1 gilt nicht für die Umlagerung von Bodenmaterial im Rahmen der Wiedernutzbarmachung von Tagebauen.

(4) Die nach § 7 Satz 1 des Bundes-Bodenschutzgesetzes Pflichtigen haben beim Auf- oder Einbringen von nach Absatz 1 zur Verwendung zulässigen Materialien auf landwirtschaftlich einschließlich gartenbaulich genutzten Böden dafür Sorge zu tragen, dass die Ertragsfähigkeit der Böden nachhaltig gesichert oder wiederhergestellt wird.

(5) [1] Die Nährstoffzufuhr durch das Auf- oder Einbringen der Materialien ist nach Menge und Verfügbarkeit dem Pflanzenbedarf der Folgevegetation anzupassen, um insbesondere Nährstoffeinträge in Gewässer zu vermeiden. [2] Die entsprechenden Anforderungen der DIN 18919 sind zu beachten.

(6) [1] Das Auf- oder Einbringen von Materialien auf oder in eine bestehende durchwurzelbare Bodenschicht ist nicht zulässig auf Flächen, die die in § 2 Absatz 2 Nummer 1 oder 2 des Bundes-Bodenschutzgesetzes genannten Bodenfunktionen im besonderen Maße erfüllen. [2] Das Auf- oder Einbringungsverbot gilt auch für Böden in

1. Wäldern,
2. Wasserschutzgebieten und Heilquellenschutzgebieten der Zonen I und II,
3. Naturschutzgebieten,
4. Nationalparks,
5. nationalen Naturmonumenten,
6. Biosphärenreservaten,
7. Naturdenkmälern,
8. geschützten Landschaftsbestandteilen,
9. Natura 2000-Gebieten und
10. gesetzlich geschützten Biotopen im Sinne des § 30 des Bundesnaturschutzgesetzes[2)] sowie

---

1) Nr. **845**.
2) Nr. **880**.

11. den Kernzonen von Naturschutzgroßprojekten des Bundes von gesamtstaatlicher Bedeutung.

[3]Die für den Schutz der in den Sätzen 1 und 2 Nummer 2 bis 11 genannten Flächen zuständige Behörde und im Falle des Satzes 2 Nummer 1 die Forstbehörde kann im Benehmen mit der für den Bodenschutz zuständigen Behörde Abweichungen von den Verboten der Sätze 1 und 2 zulassen, wenn das Auf- oder Einbringen aus land- oder forstwirtschaftlichen Gründen, aus Gründen des Naturschutzes und der Landschaftspflege oder zum Schutz des Grundwassers erforderlich ist. [4]Regelungen aufgrund der §§ 51 bis 53 des Wasserhaushaltsgesetzes bleiben unberührt.

(7) [1]Beim Auf- oder Einbringen von

1. abgetragenem Bodenmaterial nach Erosionsereignissen,
2. Bodenmaterial aus der Reinigung landwirtschaftlicher Ernteprodukte oder
3. Baggergut aus der Unterhaltung von Entwässerungsgräben

im räumlichen Umfeld des Herkunftsortes unter vergleichbaren Bodenverhältnissen sowie geologischen und hydrogeologischen Bedingungen ist eine schädliche Bodenveränderung im Sinne des § 6 Absatz 2 aufgrund von Schadstoffgehalten nicht zu besorgen. [2]Überschreiten die Materialien die Vorsorgewerte nach Anlage 1 Tabelle 1 und 2 nicht erheblich und sollen Materialien nach Satz 1 Nummer 2 nicht im räumlichen Umfeld des Herkunftsortes auf- oder eingebracht werden oder ist der Herkunftsort der Materialien nicht mehr eindeutig zuzuordnen, kann die für den Bodenschutz zuständige Behörde im Einzelfall das Auf- oder Einbringen gestatten, wenn nachgewiesen wird, dass trotz der Überschreitung eine ordnungsgemäße und schadlose Verwertung erfolgt und das Entstehen einer schädlichen Bodenveränderung nicht zu besorgen ist.

§ 8 Zusätzliche Anforderungen an das Auf- oder Einbringen von Materialien unterhalb oder außerhalb einer durchwurzelbaren Bodenschicht.

(1) [1]Die nach § 7 Satz 1 des Bundes-Bodenschutzgesetzes[1)] Pflichtigen dürfen für das Auf- oder Einbringen unterhalb oder außerhalb einer durchwurzelbaren Bodenschicht nur

1. Bodenmaterial ohne Oberboden und
2. Baggergut, das aus Sanden und Kiesen besteht und dessen Feinkornanteil, der kleiner als 63 Mikrometer ist, höchstens 10 Masseprozent beträgt,

verwenden. [2]Mineralische Fremdbestandteile sind zulässig, sofern sie bereits beim Anfall enthalten waren und ihr Anteil 10 Volumenprozent nicht überschreiten. [3]Störstoffe sind nur in einem vernachlässigbaren und unvermeidbaren Anteil zulässig. [4]Ist bei der Umlagerung von Bodenmaterial in Braunkohletagebauen der gesonderte Abtrag des Oberbodens mit einem unverhältnismäßigen Aufwand verbunden, darf abweichend von Satz 1 Nummer 1 Bodenmaterial mit Oberboden unterhalb der durchwurzelbaren Bodenschicht verwendet werden.

(2) Eine schädliche Bodenveränderung im Sinne des § 6 Absatz 2 ist aufgrund von Schadstoffgehalten nicht zu besorgen, wenn die Materialien die Vorsorgewerte nach Anlage 1 Tabelle 1 und 2 dieser Verordnung einhalten oder nach Anlage 1 *Tabelle 3 der Ersatzbaustoffverordnung* als Bodenmaterial der Klasse 0 oder Baggergut der Klasse 0 Sand – BM-0 oder BG-0 Sand – klassifiziert wurden und auf

[1)] Nr. **299**.

Grund von Herkunft und bisheriger Nutzung keine Hinweise auf weitere Belastungen der Materialien vorliegen.

(3) Bei der Verfüllung einer Abgrabung oder eines Tagebaus und beim Massenausgleich im Rahmen einer Baumaßnahme ist eine schädliche Bodenveränderung auch dann nicht zu besorgen, wenn

1. die Materialien die Werte nach Anlage 1 Tabelle 4 dieser Verordnung einhalten oder nach Anlage 1 Tabelle 3 der Ersatzbaustoffverordnung als Bodenmaterial der Klasse 0* oder Baggergut der Klasse 0* – BM-0* oder BG-0* – klassifiziert wurden,
2. auf Grund von Herkunft und bisheriger Nutzung keine Hinweise auf weitere Belastungen der Materialien vorliegen,
3. die Materialien gemessen vom tiefsten Punkt der Auf- oder Einbringung in einem Abstand von mindestens 1 Meter zum höchsten aus Messdaten ermittelten oder abgeleiteten sowie jeweils von nicht dauerhafter, künstlicher Grundwasserabsenkung unbeeinflussten Grundwasserstand am Auf- und Einbringungsort zuzüglich eines Sicherheitsabstands von 0,5 Meter auf- oder eingebracht werden und
4. oberhalb der auf- oder eingebrachten Materialien eine mindestens 2 Meter mächtige durchwurzelbare Bodenschicht gemäß den Anforderungen der §§ 6 und 7 aufgebracht wird, soweit auf der betreffenden Fläche nicht ein technisches Bauwerk errichtet werden soll. Die zuständige Behörde kann im Einzelfall geringere Mächtigkeiten gestatten, wenn nachgewiesen ist, dass eine schädliche Bodenveränderung nicht zu besorgen ist.

(4) Sind die Anforderungen nach Absatz 2 oder 3 erfüllt, bedarf das Auf- oder Einbringen keiner Erlaubnis nach § 8 Absatz 1 des Wasserhaushaltsgesetzes[1].

(5) [1] Bei Vorliegen der Voraussetzungen nach Absatz 2 ist das Auf- und Einbringen von Materialien abweichend von Absatz 2 nicht zulässig in Wasserschutzgebieten der Zone I und Heilquellenschutzgebieten der Zone I. [2] Bei Vorliegen der Voraussetzungen nach Absatz 3 ist das Auf- und Einbringen von Materialien abweichend von Absatz 3 nicht zulässig in

1. Wasserschutzgebieten der Zonen I und II,
2. Heilquellenschutzgebieten der Zonen I und II,
3. empfindlichen Gebieten, wie insbesondere Karstgebieten und Gebieten mit stark klüftigem, besonders wasserwegsamem Untergrund.

[3] Die für den Schutz der in den Sätzen 1 und 2 genannten Flächen zuständige Behörde kann im Benehmen mit der für den Bodenschutz zuständigen Behörde Abweichungen von den Sätzen 1 und 2 zulassen, wenn das Auf- oder Einbringen zum Schutz des Grundwassers erforderlich ist. [4] In empfindlichen Gebieten nach Satz 2 Nummer 3 kann das Auf- oder Einbringen von Materialien bis zur Höhe der Vorsorgewerte für die Bodenart Ton nach Anlage 1 Tabelle 1 und 2 auch zugelassen werden, wenn günstige Materialeigenschaften und Standortbedingungen vorliegen. [5] Regelungen aufgrund der §§ 51 bis 53 des Wasserhaushaltsgesetzes bleiben unberührt.

(6) Die für die Zulassung der Verfüllung einer Abgrabung oder eines Tagebaus zuständige Behörde kann im Einvernehmen mit der für den Bodenschutz zuständigen Behörde das Auf- oder Einbringen anderer als der in Absatz 1 genannten mineralischen Materialien gestatten, wenn sie die Anforderungen nach Absatz 2

---

[1] Nr. **845**.

oder 3 erfüllen und die Werte nach Anlage 1 Tabelle 5 einhalten, dies bau- oder betriebstechnisch erforderlich ist und der Anteil der Materialien 5 Prozent des im Rahmen des Vorhabens jährlich verfüllten Volumens nicht überschreitet.

(7) [1] Die für die Zulassung der Verfüllung einer Abgrabung zuständige Behörde kann im Einvernehmen mit der für den Bodenschutz zuständigen Behörde das Auf- oder Einbringen von in Absatz 1 genannten Materialien gestatten, die die Werte nach Anlage 1 Tabelle 4 nicht erheblich überschreiten, wenn nachgewiesen ist, dass trotz der Überschreitung eine ordnungsgemäße und schadlose Verwertung erfolgt. [2] Dabei sind die Standortverhältnisse, insbesondere die geologischen und hydrogeologischen Bedingungen, die natürlichen Bodenfunktionen des Untergrundes und der Umgebung sowie etwa bereits vorhandene Verfüllkörper zu berücksichtigen. [3] Die für die Zulassung zuständige Behörde kann von dem Träger des Vorhabens, soweit erforderlich, die Durchführung von Eigenkontrollmaßnahmen, insbesondere Boden- und Wasseruntersuchungen sowie die Einrichtung und den Betrieb von Messstellen verlangen. [4] § 15 Absatz 2 Satz 2 bis 4 und Absatz 3 des Bundes-Bodenschutzgesetzes gelten entsprechend. [5] Der Standort des Vorhabens kann in bestehende Bodenkataster oder sonstige Verzeichnisse aufgenommen werden. [6] Die Sätze 1 bis 5 gelten entsprechend für das Auf- oder Einbringen anderer als der in Absatz 1 genannten mineralischen Materialien, die die Werte nach Anlage 1 Tabelle 4 und 5 einhalten oder nicht erheblich überschreiten und sich als Ausgangsmaterial für eine Bodenbildung eignen. [7] Absatz 3 Nummer 4 gilt entsprechend.

(8) Die Länder können Regelungen treffen, dass auch andere als die in Absatz 1 genannten Materialien zur Verfüllung genutzt werden und Überschreitungen der Werte nach Anlage 1 Tabellen 4 und 5 zulässig sind, wenn nachgewiesen wird, dass eine ordnungsgemäße und schadlose Verwertung erfolgt.

Abschnitt 3. Abwehr und Sanierung schädlicher Bodenveränderungen und Altlasten

Unterabschnitt 1. Gefahrenabwehr bei Bodenerosion

§ 9 Gefahrenabwehr bei Bodenerosion durch Wasser oder Wind. (1) [1] Von dem Vorliegen einer schädlichen Bodenveränderung auf Grund von Bodenerosion durch Wasser oder Wind ist insbesondere auszugehen, wenn erhebliche Mengen Bodenmaterial von einer Erosionsfläche durch Oberflächenabfluss oder Abwehung abgetragen wurden und weitere erhebliche Bodenabträge zu erwarten sind.
[2] Weitere Bodenabträge nach einem Erosionsereignis sind im Sinne des Satzes 1 zu erwarten, wenn

1. in den zurückliegenden zehn Jahren bereits mindestens in einem weiteren Fall erhebliche Mengen Bodenmaterial von derselben Erosionsfläche abgetragen wurden oder
2. sich aus den Standortdaten und den Daten über die langjährigen Niederschlags- oder Wind- und Witterungsverhältnisse des Gebietes ergibt, dass in einem Zeitraum von zehn Jahren mit hinreichender Wahrscheinlichkeit erneut mit Bodenabträgen gemäß Satz 1 zu rechnen ist.

(2) Anhaltspunkte für das Vorliegen einer schädlichen Bodenveränderung auf Grund von Bodenerosion durch Wasser oder Wind ergeben sich insbesondere, wenn sich auf einer Fläche Erosionsformen oder -schäden in erheblichem Ausmaß zeigen oder außerhalb einer möglichen Erosionsfläche gelegene Bereiche durch erhebliche Mengen abgetragenen Bodenmaterials befrachtet wurden.

(3) [1] Bestehen Anhaltspunkte nach Absatz 2, hat die zuständige Behörde festzustellen, auf welche Erosionsfläche der Bodenabtrag zurückzuführen ist und abzuschätzen, in welchem Umfang Bodenmaterial abgetragen wurde und mit welcher Wahrscheinlichkeit weitere Bodenabträge zu erwarten sind. [2] Besteht auf Grund dieser Ermittlungen der hinreichende Verdacht einer schädlichen Bodenveränderung, kann die zuständige Behörde Anordnungen nach § 9 Absatz 2 des Bundes-Bodenschutzgesetzes[1)] treffen.

(4) Zur Bewertung der Erosionsgefährdung ist in der Regel die DIN 19708 oder die DIN 19706 heranzuziehen.

(5) [1] Wird die Erosionsfläche landwirtschaftlich genutzt, soll die nach Landesrecht zuständige landwirtschaftliche Beratungsstelle bei ihrer Beratungstätigkeit einzelfallbezogene erosionsmindernde Maßnahmen für die Bewirtschaftung der Erosionsfläche empfehlen. [2] Maßnahmen zur Gefahrenabwehr im Einzelfall werden von der zuständigen Behörde nach § 10 Absatz 1 Satz 1 des Bundes-Bodenschutzgesetzes im Einvernehmen mit der zuständigen Landwirtschaftsbehörde getroffen. [3] Maßnahmen nach Satz 2 können auch solche sein, die sich aus den Grundsätzen der guten fachlichen Praxis nach § 17 Absatz 2 des Bundes-Bodenschutzgesetzes ergeben.

Unterabschnitt 2. Untersuchung, Bewertung und Sanierung schädlicher Bodenveränderungen und Altlasten

§ 10 Erforderlichkeit von Untersuchungen. (1) [1] Anhaltspunkte im Sinne des § 9 Absatz 1 Satz 1 des Bundes-Bodenschutzgesetzes[1)] für das Vorliegen einer Altlast bestehen bei einem Altstandort insbesondere, wenn auf Grundstücken über einen längeren Zeitraum oder in erheblicher Menge mit Schadstoffen umgegangen wurde und die jeweilige Betriebs-, Bewirtschaftungs- oder Verfahrensweise oder Störungen des bestimmungsgemäßen Betriebs nicht unerhebliche Einträge solcher Stoffe in den Boden vermuten lassen. [2] Die jeweilige Betriebsweise lässt einen solchen Eintrag insbesondere vermuten, wenn die angewendeten Sicherheitsmaßnahmen erheblich vom heutigen Stand der Technik abweichen. [3] Bei Altablagerungen sind diese Anhaltspunkte insbesondere dann gegeben, wenn die Art des Betriebs oder der Zeitpunkt der Stilllegung den Verdacht nahelegen, dass Abfälle nicht sachgerecht behandelt, gelagert oder abgelagert wurden.

(2) [1] Absatz 1 Satz 1 gilt für schädliche Bodenveränderungen durch Schadstoffe entsprechend. [2] Anhaltspunkte für das Vorliegen einer schädlichen Bodenveränderung ergeben sich auch durch Hinweise auf

1. den Eintrag von Schadstoffen über einen längeren Zeitraum oder in erheblicher Menge über die Luft oder Gewässer oder durch eine Aufbringung erheblicher Frachten an Abfällen oder Abwässern auf Böden,
2. eine erhebliche Freisetzung von Schadstoffen aus Böden mit naturbedingt höheren Gehalten,
3. erhöhte Schadstoffgehalte in Nahrungs- oder Futterpflanzen am Standort oder
4. das Austreten von Wasser mit erheblichen Frachten an Schadstoffen aus Böden oder Altablagerungen

sowie aus Erkenntnissen auf Grund allgemeiner Untersuchungen oder von Erfahrungswerten aus Vergleichssituationen insbesondere zur Ausbreitung von Schadstoffen.

[1)] Nr. **299**.

(3) Bestehen Anhaltspunkte für das Vorliegen einer Altlast oder einer schädlichen Bodenveränderung, soll die altlastverdächtige Fläche oder die Verdachtsfläche zunächst einer orientierenden Untersuchung nach § 12 unterzogen werden.

(4) Konkrete Anhaltspunkte, die den hinreichenden Verdacht einer schädlichen Bodenveränderung oder Altlast im Sinne des § 9 Absatz 2 Satz 1 des Bundes-Bodenschutzgesetzes begründen, liegen in der Regel vor, wenn Untersuchungen eine Überschreitung von Prüfwerten nach Anlage 2 Tabelle 2 bis 4 oder 6 bis 8 ergeben oder wenn auf Grund einer Sickerwasserprognose eine Überschreitung von Prüfwerten nach Anlage 2 Tabelle 2 oder 3 zu erwarten ist.

(5) [1] Besteht der hinreichende Verdacht einer schädlichen Bodenveränderung oder Altlast, soll eine Detailuntersuchung nach § 13 durchgeführt werden. [2] Von einer Detailuntersuchung kann abgesehen werden, wenn Gefahren, erhebliche Nachteile oder erhebliche Belästigungen nach Feststellung der zuständigen Behörde mit einfachen Mitteln abgewehrt oder auf andere Weise beseitigt werden können.

(6) Wenn auf Grund der örtlichen Umstände oder nach den Ergebnissen von Bodenluft- oder Deponiegasuntersuchungen Anhaltspunkte für die Ausbreitung von flüchtigen Schadstoffen aus einer Verdachtsfläche oder altlastverdächtigen Fläche in Gebäude bestehen, soll im Rahmen der Detailuntersuchung eine Untersuchung der Innenraumluft erfolgen; die Aufgaben und Befugnisse anderer Behörden bleiben unberührt.

(7) Im Rahmen von Untersuchungsanordnungen nach § 9 Absatz 2 Satz 1 des Bundes-Bodenschutzgesetzes können auch wiederkehrende Untersuchungen der Schadstoffausbreitung und der hierfür maßgebenden Umstände angeordnet werden.

§ 11 Allgemeine Anforderungen an Untersuchungen. (1) Bei der Festlegung des Untersuchungsumfangs sind alle verfügbaren Informationen, insbesondere die Kenntnisse oder begründeten Vermutungen über das Vorkommen bestimmter Schadstoffe und deren Verteilung, die sich im Sinne des § 4 Absatz 4 des Bundes-Bodenschutzgesetzes[1)] ergebenden Schutzbedürfnisse sowie die sonstigen beurteilungserheblichen örtlichen Umstände zu berücksichtigen.

(2) Bei der Untersuchung zum Wirkungspfad Boden-Mensch sind als Nutzungen zu unterscheiden:

1. Kinderspielflächen,
2. Wohngebiete,
3. Park- und Freizeitanlagen sowie
4. Industrie- und Gewerbegrundstücke.

(3) Bei der Untersuchung zum Wirkungspfad Boden-Nutzpflanze sind als Nutzungen zu unterscheiden:

1. Ackerflächen und Nutzgärten sowie
2. Grünlandflächen.

(4) Probennahme und -analyse sind nach Abschnitt 4 durchzuführen.

§ 12 Orientierende Untersuchung. (1) Ziel der orientierenden Untersuchung ist, auf der Grundlage der Ergebnisse der Erfassung mit Hilfe örtlicher Unter-

[1)] Nr. **299**.

suchungen, insbesondere Messungen, festzustellen, ob ein hinreichender Verdacht für das Vorliegen einer Altlast oder einer schädlichen Bodenveränderung besteht.

(2) Bei altlastverdächtigen Altablagerungen sollen neben der Charakterisierung des Schadstoffpotenzials des Ablagerungsmaterials insbesondere Untersuchungen der vom Abfallkörper ausgehenden Wirkungen durch Ausgasung leichtflüchtiger Stoffe und Deponiegas hinsichtlich des Übergangs von Schadstoffen in das Grundwasser durchgeführt werden.

(3) [1] Wird bei Untersuchungen für den Wirkungspfad Boden-Grundwasser ein Prüfwert nach Anlage 2 Tabelle 1 oder 3 am Ort der Probennahme überschritten, soll durch eine Sickerwasserprognose abgeschätzt werden, ob zu erwarten ist, dass die Konzentration dieses Schadstoffs im Sickerwasser am Ort der Beurteilung den Prüfwert nach Anlage 2 Tabelle 2 oder 3 übersteigen wird. [2] Ergänzend kann die Einmischung des Sickerwassers in das Grundwasser berücksichtigt werden.

§ 13 Detailuntersuchung. (1) [1] Ziel der Detailuntersuchung ist, mit Hilfe vertiefender und weitergehender Untersuchungen eine abschließende Gefährdungsabschätzung zu ermöglichen. [2] Sie dient insbesondere der Feststellung von Menge und räumlicher Verteilung von Schadstoffen, ihrer mobilen oder mobilisierbaren Anteile, ihrer Ausbreitungsmöglichkeiten im Boden, in Gewässern und in der Luft sowie der Möglichkeit ihrer Aufnahme durch Menschen, Tiere und Pflanzen.

(2) Bei Detailuntersuchungen soll festgestellt werden, ob sich aus räumlich begrenzten Anreicherungen von Schadstoffen innerhalb einer Verdachtsfläche oder altlastverdächtigen Fläche Gefahren ergeben und ob und wie eine Abgrenzung von nicht belasteten Flächen geboten ist.

(3) [1] Im Rahmen der Detailuntersuchung sollen die für die jeweils betroffenen Wirkungspfade im Sinne des § 11 Absatz 2 und 3 maßgeblichen Expositionsbedingungen und die bedeutsamen resorptionsverfügbaren, mobilen oder mobilisierbaren Anteile der Schadstoffgehalte ermittelt werden. [2] Die Resorptionsverfügbarkeit ist nach der DIN 19738 zu bestimmen.

(4) Bei altlastverdächtigen Altablagerungen sollen insbesondere Untersuchungen der vom Abfallkörper ausgehenden Wirkungen hinsichtlich des Übergangs von Schadstoffen in das Grundwasser durch Rückschlüsse und Rückrechnung aus Abstrom-Messungen im Grundwasser unter Berücksichtigung insbesondere auch der Schadstoffkonzentration im Anstrom durchgeführt werden.

(5) [1] Ergibt sich auf Grund einer Abschätzung nach § 12 Absatz 3 der hinreichende Verdacht einer schädlichen Bodenveränderung oder Altlast, sollen durch eine weitergehende Sickerwasserprognose die Schadstoffeinträge in das Grundwasser abgeschätzt werden. [2] Ergänzend kann die zuständige Behörde eine Einmischungsprognose verlangen.

(6) Die Detailuntersuchung kann auch die Ermittlung natürlich ablaufender Abbau- und Rückhalteprozesse umfassen, soweit sie als Standortbedingungen bei der Gefährdungsabschätzung zu berücksichtigen sind.

§ 14 Sickerwasserprognose. (1) Die Prognose der Stoffkonzentration für einen Prüfwertvergleich am Ort der Beurteilung kann, auch unter Anwendung von Stofftransportmodellen, vorgenommen werden

1. auf der Grundlage von Materialuntersuchungen durch Elution mit Wasser in Verbindung mit einer Transportprognose,
2. durch Rückschlüsse oder Rückrechnungen aus Untersuchungen im Grundwasserabstrom unter Berücksichtigung der Stoffkonzentration im Grundwasser-

anstrom, der Verdünnung, des Schadstoffverhaltens in der wasserungesättigten und der wassergesättigten Bodenzone sowie des Schadstoffinventars im Boden oder

3. auf der Grundlage von in situ-Untersuchungen.

(2) Wenn im Einzelfall ein Eindringen von sauren Sickerwässern, ein Eindringen von Lösevermittlern oder eine Änderung des Reduktions- und Oxidations-Potentials zu erwarten ist, sollen entsprechende weitere Extraktions-, Elutions- oder Perkolationsverfahren angewendet werden.

(3) [1]Bei der Prognose ist insbesondere die Abbau- und Rückhaltewirkung der wasserungesättigten Zone zu berücksichtigen. [2]Hierbei sind insbesondere folgende Kriterien maßgebend:

1. Länge der Sickerstrecke,
2. Bodenart,
3. Gehalt an organischer Substanz,
4. pH-Wert,
5. Sickerwasserrate,
6. Grundwasserneubildungsrate sowie
7. Mobilität, Mobilisierbarkeit und Abbaubarkeit der Stoffe.

(4) Bei direkter Beprobung und Untersuchung von Sickerwasser und Grundwasser ist bei der Bewertung die witterungsbedingte Variabilität der ermittelten Stoffkonzentrationen zu berücksichtigen.

(5) [1]Bei der Einmischungsprognose gemäß § 12 Absatz 3 und § 13 Absatz 5 soll die Einmischung des Sickerwassers in das Grundwasser über eine pauschale Einmischtiefe von einem Meter rechnerisch berücksichtigt werden. [2]Die Bezugsfläche dieses anrechenbaren Grundwasservolumens ist diejenige, auf der Prüfwertüberschreitungen im Sickerwasser festgestellt oder abgeschätzt werden.

§ 15 Bewertung. (1) [1]Die Ergebnisse der Untersuchungen nach den §§ 12 bis 14 sind unter Beachtung der Umstände des Einzelfalls, insbesondere anhand der Prüf- und Maßnahmenwerte nach Anlage 2 unter Berücksichtigung der jeweiligen Anwendungshinweise, zu bewerten. [2]Die Prüf- und Maßnahmenwerte nach Anlage 2 Tabelle 4 bis 8 gelten für die in Anlage 3 Tabelle 3 genannten Beprobungstiefen. [3]Für die dort für den Wirkungspfad Boden-Nutzpflanze jeweils genannten größeren Beprobungstiefen sind die 1,5-fachen Werte maßgeblich.

(2) Werden nach den durchgeführten Untersuchungen und Prognosen die in Anlage 2 Tabelle 1 bis 4 und 6 bis 8 festgelegten Prüfwerte nicht überschritten, besteht insoweit nicht der Verdacht einer schädlichen Bodenveränderung oder Altlast.

(3) [1]Die Ergebnisse der Detailuntersuchung sind unter Beachtung der Umstände des Einzelfalls daraufhin zu bewerten, inwieweit Sanierungs-, Schutz- oder Beschränkungsmaßnahmen im Sinne des § 2 Absatz 7 und 8 des Bundes-Bodenschutzgesetzes[1)] erforderlich sind. [2]Treffen im Einzelfall alle bei der Ableitung eines Prüfwertes angenommenen ungünstigen Umstände zusammen, können Maßnahmen bereits dann erforderlich sein, wenn der Gehalt oder die Konzentration eines Schadstoffes geringfügig oberhalb des jeweiligen Prüfwertes liegt.

(4) [1]Wenn in dieser Verordnung für einen Schadstoff kein Prüf- oder Maßnahmenwert festgelegt ist, sind für seine Bewertung die zur Ableitung der fest-

[1)] Nr. **299**.

gelegten Prüf- und Maßnahmenwerte dieser Verordnung herangezogenen Methoden und Maßstäbe zu beachten. [2]Die Methoden und Maßstäbe sind im Bundesanzeiger Nummer 161a vom 28. August 1999 veröffentlicht.

(5) Erfolgt innerhalb einer Verdachtsfläche oder altlastverdächtigen Fläche auf Teilflächen eine von der vorherrschenden Nutzung abweichende empfindlichere Nutzung, sind diese Teilflächen nach den für ihre Nutzung festgelegten Prüf- und Maßnahmenwerten zu bewerten.

(6) [1]Naturbedingt erhöhte Gehalte an Schadstoffen begründen nur dann den Verdacht einer schädlichen Bodenveränderung, wenn diese Stoffe durch Einwirkungen auf den Boden in erheblichem Umfang freigesetzt wurden oder werden. [2]Bei Böden mit großflächig siedlungsbedingt erhöhten Schadstoffgehalten kann ein Vergleich dieser Gehalte mit den im Einzelfall ermittelten Schadstoffgehalten in die Gefahrenbeurteilung einbezogen werden.

(7) Neben dem Eintrag über das Sickerwasser sind auch Einträge von Schadstoffen über die Bodenluft oder über flüssige Phasen in das Grundwasser bei der Bewertung zu berücksichtigen.

(8) Bei der Bewertung der Untersuchungsergebnisse und der Entscheidung über die zu treffenden Maßnahmen ist zu berücksichtigen, ob erhöhte Schadstoffkonzentrationen im Sickerwasser oder andere Schadstoffausträge auf Dauer nur geringe Schadstofffrachten und nur lokal begrenzt erhöhte Schadstoffkonzentrationen in Gewässern erwarten lassen.

§ 16 Sanierungsuntersuchungen und Sanierungsplanung. (1) Ziel von Sanierungsuntersuchungen ist, anhand eines Sanierungsziels zu ermitteln, mit welchen Maßnahmen eine Sanierung im Sinne des § 4 Absatz 3 des Bundes-Bodenschutzgesetzes[1)] erreicht werden kann, inwieweit Veränderungen des Bodens nach der Sanierung verbleiben und welche rechtlichen, organisatorischen und finanziellen Umstände für die Durchführung der Maßnahmen von Bedeutung sind.

(2) [1]Im Rahmen von Sanierungsuntersuchungen sind die geeigneten, erforderlichen und angemessenen Maßnahmen unter Berücksichtigung von Maßnahmenkombinationen zu ermitteln. [2]Insbesondere sind die Eignung der Verfahren, deren technische Durchführbarkeit, Zuverlässigkeit, Verfügbarkeit und Nachhaltigkeit, der erforderliche Zeitaufwand, die Wirkungsdauer der Maßnahmen und deren Überwachungsmöglichkeiten, die Erfordernisse der Nachsorge und die Nachbesserungsmöglichkeiten, die Auswirkungen auf die Betroffenen im Sinne des § 12 Satz 1 des Bundes-Bodenschutzgesetzes und auf die Umwelt, Zulassungserfordernisse sowie die Entstehung, Verwertung und Beseitigung von Abfällen zu prüfen und miteinander zu vergleichen. [3]Die Ergebnisse der Prüfung und das danach vorzugswürdige Maßnahmenkonzept sind mit einer Abschätzung der Kosten darzustellen.

(3) [1]Bei der Erstellung eines Sanierungsplans sind die Maßnahmen nach § 13 Absatz 1 Satz 1 Nummer 3 des Bundes-Bodenschutzgesetzes textlich und zeichnerisch vollständig darzustellen. [2]Im Sanierungsplan ist darzulegen, dass die vorgesehenen Maßnahmen geeignet sind, dauerhaft Gefahren, erhebliche Nachteile oder erhebliche Belästigungen für den Einzelnen oder die Allgemeinheit zu vermeiden. [3]Darzustellen sind insbesondere auch die Auswirkungen der Maßnahmen auf die Umwelt und die voraussichtlichen Kosten sowie die erforderlichen Zulassungen,

[1)] Nr. **299**.

auch soweit ein verbindlicher Sanierungsplan nach § 13 Absatz 6 des Bundes-Bodenschutzgesetzes diese nicht einschließen kann.

(4) Über die in § 13 Absatz 1 Satz 1 des Bundes-Bodenschutzgesetzes aufgeführten Angaben hinaus soll ein Sanierungsplan Angaben enthalten zu

1. den Standortverhältnissen,
2. der äußeren Abgrenzung des Sanierungsplans sowie dem Einwirkungsbereich, der durch die Altlast und die Schadstoffausbreitung bereits betroffen ist oder der durch die vorgesehenen Maßnahmen zu prognostizieren ist,
3. der technischen Ausgestaltung von Sanierungsmaßnahmen sowie Art und Umfang sonstiger Maßnahmen, den Elementen und dem Ablauf der Sanierung,
4. fachspezifischen Berechnungen zu den Maßnahmenkomponenten,
5. den Eigenkontrollmaßnahmen zur Überprüfung der sachgerechten Ausführung und Wirksamkeit der vorgesehenen Maßnahmen,
6. den zu behandelnden Mengen und den Transport-, Verwertungs- und Entsorgungswegen,
7. den getroffenen behördlichen Entscheidungen und den geschlossenen öffentlich-rechtlichen Verträgen, die sich auf die Erfüllung der Pflichten nach § 4 des Bundes-Bodenschutzgesetzes auswirken,
8. den behördlichen Zulassungserfordernissen für die durchzuführenden Maßnahmen,
9. den für eine Verbindlichkeitserklärung nach § 13 Absatz 6 des Bundes-Bodenschutzgesetzes durch die zuständige Behörde geforderten Angaben und Unterlagen sowie
10. dem Zeitplan und den Kosten.

(5) Soll Bodenmaterial im Rahmen der Sanierung im Bereich derselben schädlichen Bodenveränderung oder Altlast oder innerhalb des Gebietes eines für verbindlich erklärten Sanierungsplans umgelagert werden, sind die Anforderungen nach § 4 Absatz 3 des Bundes-Bodenschutzgesetzes zu erfüllen.

§ 17 Sanierungsmaßnahmen, Schutz- und Beschränkungsmaßnahmen, natürliche Schadstoffminderung. (1) Dekontaminations- und Sicherungsmaßnahmen müssen gewährleisten oder wesentlich dazu beitragen, dass durch im Boden oder in Altlasten verbleibende Schadstoffe und deren Umwandlungsprodukte dauerhaft keine Gefahren, erheblichen Nachteile oder erheblichen Belästigungen für den Einzelnen oder die Allgemeinheit bestehen.

(2) [1] Wenn Schadstoffe nach § 4 Absatz 5 des Bundes-Bodenschutzgesetzes[1)] zu beseitigen sind und eine Vorbelastung besteht, sind von den nach § 4 Absatz 3, 5 oder 6 des Bundes-Bodenschutzgesetzes Pflichtigen grundsätzlich die Leistungen zu verlangen, die sie ohne Vorbelastung zu erbringen hätten. [2] Die zuvor bestehenden Nutzungsmöglichkeiten des Grundstücks sollen wiederhergestellt werden.

(3) [1] Nach Abschluss einer Dekontaminationsmaßnahme ist das Erreichen des Sanierungsziels gegenüber der zuständigen Behörde nachzuweisen. [2] Die Wirksamkeit von Sicherungsmaßnahmen ist für den von der zuständigen Behörde bestimmten Zeitraum zu überwachen und zu gewährleisten sowie gegenüber der zuständigen Behörde nachzuweisen.

(4) Im Rahmen der Entscheidung über Sanierungsmaßnahmen kann die natürliche Schadstoffminderung berücksichtigt werden, wenn

---

[1)] Nr. **299**.

1. die Schadstoffminderungsprozesse identifiziert und hinreichend quantifizierbar sind,
2. die voraussichtliche Zeitdauer sowie Prognoseunsicherheiten beachtet werden,
3. Zwischenziele und Überwachungsmaßnahmen festgelegt werden und
4. Verdünnungsprozesse im Gesamtkonzept nur eine untergeordnete Rolle spielen.

(5) [1] Auf land- oder forstwirtschaftlich genutzten Flächen kommen bei schädlichen Bodenveränderungen oder Altlasten insbesondere Schutz- und Beschränkungsmaßnahmen durch Anpassungen der Nutzung und der Bewirtschaftung von Böden sowie Maßnahmen zur Veränderungen der Bodenbeschaffenheit in Betracht. [2] Über Art und Umfang der Maßnahmen ist zwischen den zuständigen Behörden Einvernehmen herzustellen. [3] Über die Durchführung der getroffenen Schutz- und Beschränkungsmaßnahmen sind von den nach § 4 Absatz 3, 5 oder 6 des Bundes-Bodenschutzgesetzes Pflichtigen Aufzeichnungen zu führen, zehn Jahre lang aufzubewahren und der zuständigen Behörde auf Verlangen vorzulegen. [4] § 17 Absatz 3 des Bundes-Bodenschutzgesetzes bleibt unberührt.

(6) Maßnahmen zur Abwehr gegenwärtiger Gefahren können von der zuständigen Behörde auch ohne vorherige Untersuchung ergriffen oder angeordnet werden.

Abschnitt 4. Vorerkundung, Probennahme und -analyse

§ 18 Vorerkundung. (1) Die Vorerkundung von Böden in situ und von Materialien in Haufwerken dient

1. einer Einschätzung der Beschaffenheit der Böden und Materialien, insbesondere zur Ermittlung des erforderlichen Untersuchungsumfangs und analytischen Untersuchungsbedarfs,
2. als Grundlage einer repräsentativen Probennahme, insbesondere zur Entwicklung einer geeigneten Probennahmestrategie und
3. der Bewertung der Ergebnisse analytischer Untersuchungen, insbesondere bei deren Übertragung auf den Untersuchungsraum.

(2) [1] Im Rahmen der Vorerkundung sind vorhandene Hintergrundinformationen zu ermitteln und auszuwerten. [2] Hierzu zählen aktuelle und historische Unterlagen, Luftbilder und Karten sowie Auskünfte und Stellungnahmen zuständiger Behörden.

(3) [1] Die gewonnenen Erkenntnisse sind durch eine Inaugenscheinnahme auf ihre Plausibilität zu überprüfen und, soweit dies für das weitere Vorgehen erforderlich ist, zu vertiefen und zu ergänzen. [2] Im Rahmen der Inaugenscheinnahme sind insbesondere Auffälligkeiten in Hinblick auf anthropogene Veränderungen der Böden zu dokumentieren.

(4) Bei der Vorerkundung sind die Anforderungen der DIN 19731 zu beachten.

(5) Liegen keine geeigneten bodenbezogenen Informationen vor, soll eine bodenkundliche Kartierung oder Bodenansprache auf der Grundlage der „Arbeitshilfe für die Bodenansprache im vor- und nachsorgenden Bodenschutz – Auszug aus der Bodenkundlichen Kartieranleitung KA 5" in dem Umfang durchgeführt werden, der für die jeweilige Fragestellung erforderlich ist.

§ 19 Allgemeine Anforderungen an die Probennahme. (1) [1] Die Probennahme ist von Sachverständigen im Sinne des § 18 des Bundes-Bodenschutzgesetzes[1] oder Personen mit vergleichbarer Sachkunde zu entwickeln und zu begründen, zu begleiten und zu dokumentieren. 2 Die Probennahme ist von einer nach DIN EN ISO/IEC 17025 oder DIN EN ISO/IEC 17020 akkreditierten oder nach Regelungen der Länder gemäß § 18 Satz 2 des Bundes-Bodenschutzgesetzes notifizierten Untersuchungsstelle durchzuführen.

(2) Die Probennahme muss sicherstellen, dass die zu untersuchenden Böden oder Materialien, dem Ziel der Untersuchung entsprechend, hinreichend repräsentativ erfasst werden.

(3) 1 Die Probennahme hat insbesondere das jeweilige Ziel der Untersuchung, die örtlichen Umstände, die Eigenarten des zu untersuchenden Materials, die zu untersuchenden Parameter sowie den erforderlichen Umfang an Genauigkeit und Zuverlässigkeit der Ergebnisse zu berücksichtigen. 2 Die Hinweise der DIN ISO 10381-1 sind zu berücksichtigen.

(4) Liegen Hinweise auf Inhomogenitäten oder Heterogenitäten in dem zu untersuchenden Boden in situ oder in dem zu untersuchenden Haufwerk vor, ist für die Probennahme, soweit möglich, eine für die jeweilige Fragestellung geeignete Untergliederung in Teilbereiche vorzunehmen.

(5) 1 Vermutete Schadstoffanreicherungen sind gezielt zu beproben. 2 Die Zahl und die räumliche Anordnung der Probennahmestellen sind so zu planen, dass eine räumliche Abgrenzung von Schadstoffanreicherungen erfolgen, ein Belastungsverdacht geklärt und eine mögliche Gefahr bewertet werden kann.

(6) Wenn die jeweilige Fragestellung Mischproben erfordert, sollen diese in der Regel aus 20 Einzelstichproben je Teilbereich hergestellt werden.

(7) Bei vorbereitenden Schritten zur Gewinnung der Feldprobe, wie der Grobsortierung, der Grobzerkleinerung und der Klassierung des zu untersuchenden Materials, sind die Hinweise der DIN 19747 zu beachten.

(8) 1 Grobe Materialien mit einer Korngröße von mehr als 2 Millimetern sowie Fremdbestandteile und Störstoffe, die möglicherweise Schadstoffe enthalten oder denen diese anhaften können, sind bei Feststoffuntersuchungen aus der gesamten Probenmenge zu entnehmen und gesondert der Laboruntersuchung zuzuführen. 2 Ihr Masseanteil an dem beprobten Bodenhorizont oder der Schichteinheit ist zu ermitteln, zu dokumentieren und bei der Bewertung der Messergebnisse einzubeziehen.

(9) Die Probennahme bei Bodenluft- und Deponiegasuntersuchungen richtet sich nach Anlage 3 Tabelle 8.

§ 20 Besondere Anforderungen an die Probennahme aus Böden in situ.

(1) 1 Böden sind in der Regel horizontweise zu beproben. 2 Grundlage für die Ermittlung der Horizontabfolge ist die „Arbeitshilfe für die Bodenansprache im vor- und nachsorgenden Bodenschutz – Auszug aus der Bodenkundlichen Kartieranleitung KA 5“. 3 Ist eine eindeutige Horizontansprache nicht möglich, sind für den Wirkungspfad Boden-Nutzpflanze die Beprobungstiefen nach Anlage 3 Tabelle 3 heranzuziehen.

(2) 1 Zur Bestimmung der Beprobungstiefe für den Wirkungspfad Boden-Mensch gilt bei Untersuchung auf anorganische und schwerflüchtige organische Schadstoffe die Anlage 3 Tabelle 3. 2 Sind in den Beprobungstiefen Horizontwechsel vorhanden, ist zusätzlich eine Beprobung nach Horizonten vorzunehmen, wenn dies für die jeweilige Fragestellung erforderlich ist.

[1] Nr. **299**.

(3) Zur Probengewinnung sind Verfahren anzuwenden, die in der DIN EN ISO 22475-1 und der DIN ISO 10381-2 aufgeführt sind.

§ 21 Besondere Anforderungen an die Probennahme aus Haufwerken.

(1) Die Beprobung von Haufwerken ist gemäß der „Richtlinie für das Vorgehen bei physikalischen, chemischen und biologischen Untersuchungen im Zusammenhang mit der Verwertung/Beseitigung von Abfällen" (LAGA PN 98) vorzunehmen.

(2) Die gemäß LAGA PN 98 im Regelfall vorgesehene Anzahl von Laborproben kann für größere Chargen von Bodenmaterial, wie aufgemietete Homogenbereiche im Sinne der DIN 18300, in Abstimmung mit der zuständigen Behörde im Einzelfall verringert werden, wenn insbesondere durch eine Vorerkundung oder Vor-Ort-Analytik eine homogene Schadstoffverteilung hinreichend belegt ist.

§ 22 Zusätzliche wirkungspfadbezogene Anforderungen an die Probennahme bei orientierenden Untersuchungen und Detailuntersuchungen.

(1) Beim Wirkungspfad Boden-Mensch sind im Rahmen der Festlegung der Probennahmestellen und der Beprobungstiefe auch Ermittlungen zu den im Einzelfall vorliegenden Expositionsbedingungen vorzunehmen, insbesondere über die

1. tatsächliche Nutzung der Fläche nach Art, Häufigkeit und Dauer,
2. Zugänglichkeit der Fläche,
3. Versiegelung der Fläche und über den Aufwuchs,
4. Möglichkeit der inhalativen Aufnahme von Bodenpartikeln und
5. Relevanz weiterer Wirkungspfade.

(2) [1] Beim Wirkungspfad Boden-Mensch gilt für die Beurteilung der Gefahren durch orale und dermale Aufnahme die Beprobungstiefe nach Anlage 3 Tabelle 3. [2] Werden leichtflüchtige Schadstoffe untersucht, um gemäß § 10 Absatz 6 Anhaltspunkte für die Ausbreitung dieser Stoffe in Gebäude hinein zu ermitteln, richten sich die Beprobungstiefen nach dem dazu verwendeten Expositionsszenario (Boden-Bodenluft-Innenraumluft). [3] Für die inhalative Aufnahme von Bodenpartikeln sind in der Regel die obersten 2 Zentimeter des Bodens maßgebend. [4] Bei Überschreitung der Prüfwerte ist zur Bewertung der inhalativen Wirkung die Feinkornfraktion bis 63 Mikrometer heranzuziehen.

(3) [1] Beim Wirkungspfad Boden-Mensch kann bei Flächen unter 500 Quadratmetern sowie in Hausgärten oder sonstigen Gärten entsprechender Nutzung auf eine Teilung verzichtet werden. [2] Für Flächen über 10 000 Quadratmetern sollen mindestens jedoch zehn Teilflächen beprobt werden.

(4) [1] Beim Wirkungspfad Boden-Nutzpflanze ist bei Ackerflächen oder Grünlandflächen mit annähernd gleichmäßiger Bodenbeschaffenheit und Schadstoffverteilung auf Flächen bis 10 Hektar in der Regel für jeweils 1 Hektar, mindestens aber von drei Teilflächen, je eine Mischprobe nach § 19 Absatz 6 entsprechend den Beprobungstiefen zu entnehmen. [2] Bei Flächen unter 5 000 Quadratmetern kann auf eine Teilung verzichtet werden. [3] Für Flächen über 10 Hektar sollen mindestens jedoch zehn Teilflächen beprobt werden. [4] In Nutzgärten soll die Probennahme in der Regel durch Entnahme einer grundstücksbezogenen Mischprobe nach § 19 Absatz 6 für jede Beprobungstiefe erfolgen.

(5) [1] Beim Wirkungspfad Boden-Grundwasser ist zur Feststellung der vertikalen Schadstoffverteilung die wasserungesättigte Bodenzone bis unterhalb einer mutmaßlichen Schadstoffanreicherung unter besonderer Berücksichtigung der Zone

schwankender Grundwasserstände zu beproben. [2]Im Untergrund dürfen abweichend von § 20 Absatz 1 Satz 1 Proben aus Tiefenintervallen bis zu 1 Meter entnommen werden. [3]In begründeten Fällen ist die Zusammenfassung engräumiger Bodenhorizonte oder -schichten bis zu 1 Meter Tiefenintervall zulässig. [4]Die Beprobungstiefe ist zu verringern, wenn erkennbar wird, dass bei Durchbohrung von Wasser stauenden Schichten im Untergrund eine hierdurch entstehende Verunreinigung des Grundwassers zu besorgen ist. [5]Ist das Durchbohren von Wasser stauenden Schichten erforderlich, sind besondere Sicherungsmaßnahmen zu ergreifen.

§ 23 Konservierung, Transport und Aufbewahrung von Proben; Probenvorbehandlung, -vorbereitung und -aufarbeitung. (1) Für die Auswahl von Probengefäßen sowie für Konservierung, Transport und Aufbewahrung von Proben sind die DIN ISO 10381-1, die DIN 19747 und die DIN EN ISO 5667-3 zu beachten.

(2) Das Vorgehen bei der Probenvorbehandlung, der Probenvorbereitung und der Probenaufarbeitung für chemische, biologische oder physikalische Untersuchungen von Feststoffproben aus Böden und Materialien richtet sich nach der DIN 19747.

(3) [1]Repräsentative Teile der Proben sind mindestens bis zum Abschluss des Verfahrens als Rückstellproben nach der DIN 19747 aufzubewahren. [2]Die zuständige Behörde kann Art und Umfang der Rückstellung nach den Erfordernissen des Einzelfalls festlegen.

§ 24 Physikalisch-chemische und chemische Analyse. (1) Die physikalisch-chemische und chemische Analyse der Proben ist durch eine nach DIN EN ISO/IEC 17025 akkreditierte Untersuchungsstelle durchzuführen.

(2) Die Bestimmung der physikalisch-chemischen Eigenschaften hat nach Anlage 3 Tabelle 1 zu erfolgen.

(3) [1]Zur Bestimmung der Schadstoffgehalte sind aus den nach § 23 vorbehandelten, vorbereiteten und aufgearbeiteten Proben gemäß den nachfolgenden Absätzen Extrakte und Eluate herzustellen und zu analysieren. [2]Die Schadstoffgehalte sind auf Trockenmasse zu beziehen, die bei 105 °C nach der DIN EN 14346 Methode A gewonnen wurde. [3]Bei summarischen Messgrößen, wie etwa PCB, LHKW, BTEX und PAK, sind neben der Summe auch die zugrunde gelegten Einzelergebnisse anzugeben. [4]Für die Summenbildung bleiben Ergebnisse unterhalb der Bestimmungsgrenze unberücksichtigt.

(4) Die Bestimmung der Gehalte an anorganischen Schadstoffen hinsichtlich

1. der Vorsorgewerte nach Anlage 1 Tabelle 1,
2. der Feststoffwerte nach Anlage 1 Tabelle 4,
3. der Prüfwerte für den Wirkungspfad Boden-Mensch nach Anlage 2 Tabelle 4, mit Ausnahme der Cyanide und von Chrom VI,
4. der Prüf- und Maßnahmenwerte für Arsen und Quecksilber für den Wirkungspfad Boden-Nutzpflanze auf Ackerflächen und in Nutzgärten im Hinblick auf die Pflanzenqualität nach Anlage 2 Tabelle 6 und
5. der Prüf- und Maßnahmenwerte für den Wirkungspfad Boden-Nutzpflanze auf *Grünlandflächen im Hinblick auf* die Pflanzenqualität nach Anlage 2 Tabelle 7

hat aus dem Königswasser-Extrakt nach der mit den Verfahren nach Nummer 9.2 der DIN EN 13657 oder nach der DIN EN 16174 mit den in Anlage 3 Tabelle 4 angegebenen Verfahren zu erfolgen.

(5) Die Bestimmung der Gehalte an Cyaniden und Chrom VI hinsichtlich der Prüfwerte für den Wirkungspfad Boden-Mensch nach Anlage 2 Tabelle 4 hat mit den in Anlage 3 Tabelle 4 angegebenen Verfahren zu erfolgen.

(6) Die Bestimmung der Gehalte an anorganischen Schadstoffen hinsichtlich

1. der Prüf- und Maßnahmenwerte für Blei, Cadmium und Thallium für den Wirkungspfad Boden-Nutzpflanze auf Ackerflächen und in Nutzgärten im Hinblick auf die Pflanzenqualität nach Anlage 2 Tabelle 6 und
2. der Prüfwerte auf Ackerflächen im Hinblick auf Wachstumsbeeinträchtigungen bei Kulturpflanzen nach Anlage 2 Tabelle 8

hat aus dem Ammoniumnitrat-Extrakt nach der DIN ISO 19730 mit den in Anlage 3 Tabelle 4 angegebenen Verfahren zu erfolgen.

(7) Die Bestimmung der Gehalte an organischen Schadstoffen hinsichtlich

1. der Vorsorgewerte nach Anlage 1 Tabelle 2,
2. der Prüf- und Maßnahmenwerte für den Wirkungspfad Boden-Mensch nach Anlage 2 Tabelle 4 und 5 sowie
3. der Prüf- und Maßnahmenwerte für den Wirkungspfad Boden-Nutzpflanze nach Anlage 2 Tabelle 6 und 7

hat mit den in Anlage 3 Tabelle 5 angegebenen Verfahren zu erfolgen.

(8) Die Bestimmung der flüchtigen Schadstoffe in der Bodenluft hat mit den in Anlage 3 Tabelle 8 angegebenen Analyseverfahren zu erfolgen.

(9) [1] Die Bestimmung der Konzentration anorganischer Schadstoffe hinsichtlich

1. der Eluatwerte nach Anlage 1 Tabelle 4 und 5 sowie
2. der Prüfwerte für den Wirkungspfad Boden-Grundwasser am Ort der Probennahme nach Anlage 2 Tabelle 1 und im Sickerwasser am Ort der Beurteilung nach Anlage 2 Tabelle 2

hat mit den in Anlage 3 Tabelle 6 angegebenen Verfahren zu erfolgen. [2] Für die Herstellung von Eluaten mit Wasser sind die in Anlage 3 Tabelle 2 angegebenen Verfahren anzuwenden.

(10) [1] Die Bestimmung der Konzentration organischer Schadstoffe hinsichtlich

1. der Eluatwerte nach Anlage 1 Tabelle 4 und
2. der Prüfwerte für den Wirkungspfad Boden-Grundwasser am Ort der Probennahme und im Sickerwasser am Ort der Beurteilung nach Anlage 2 Tabelle 3

hat mit den in Anlage 3 Tabelle 7 angegebenen Verfahren zu erfolgen. [2] Absatz 9 Satz 2 gilt entsprechend.

(11) Abweichend von § 23 und den vorstehenden Absätzen dürfen auch andere Verfahren und Methoden zur Probennahme, -vorbehandlung, -vorbereitung und -aufarbeitung sowie zur physikalisch-chemischen und chemischen Analyse angewendet werden, wenn deren Gleichwertigkeit und praktische Eignung

1. durch den Fachbeirat Bodenuntersuchungen allgemein festgestellt und die Feststellung durch das Bundesministerium für Umwelt, Naturschutz und nukleare Sicherheit im Bundesanzeiger veröffentlicht wurde oder
2. vom Anwender im Einzelfall gegenüber der zuständigen Behörde nachgewiesen wird.

Abschnitt 5. Gemeinsame Bestimmungen

§ 25 Fachbeirat Bodenuntersuchungen. (1) [1]Beim Bundesministerium für Umwelt, Naturschutz und nukleare Sicherheit wird ein Fachbeirat Bodenuntersuchungen (FBU) eingerichtet. [2]Er hat die Aufgabe, Erkenntnisse über fortschrittliche Verfahren und Methoden, deren praktische Eignung zur Erfüllung der Anforderungen der §§ 10 bis 15 und des Abschnitts 4 gesichert erscheint, sowie über deren Anwendung zusammenzustellen. [3]Zu diesem Zweck kann der Fachbeirat insbesondere

1. Maßstäbe zur Beurteilung der Gleichwertigkeit und praktischen Eignung von Verfahren und Methoden zur Probennahme, -vorbehandlung, -vorbereitung und -aufarbeitung sowie zur physikalisch-chemischen und chemischen Analyse aufstellen,
2. die Gleichwertigkeit und praktische Eignung von Verfahren und Methoden zur Probennahme, -vorbehandlung, -vorbereitung und -aufarbeitung sowie zur physikalisch-chemischen und chemischen Analyse allgemein feststellen und
3. Empfehlungen zur Eignung von Qualitätssicherungsmaßnahmen einschließlich der zulässigen Ergebnisunsicherheit von Verfahren und Methoden im Sinne der Nummern 1 und 2 abgeben.

(2) [1]In den Fachbeirat sind fachlich qualifizierte und erfahrene Personen aus Bundes- und Landesbehörden, aus der Wissenschaft sowie aus Wirtschaftsbereichen, die vom Vollzug dieser Verordnung berührt sind, zu berufen. [2]Der Fachbeirat soll nicht mehr als zwölf Mitglieder umfassen. [3]Die Mitglieder des Fachbeirats sind nicht weisungsgebunden und nehmen zu den ihnen vorgelegten Fragen auf Grund ihrer fachlichen Qualifikation und Erfahrung Stellung. [4]Die Mitgliedschaft ist ehrenamtlich.

(3) [1]Das Bundesministerium für Umwelt, Naturschutz und nukleare Sicherheit beruft die Mitglieder des Fachbeirats. [2]Der Fachbeirat gibt sich eine Geschäftsordnung und wählt aus seiner Mitte eine Vorsitzende oder einen Vorsitzenden. [3]Die Geschäftsordnung bedarf der Zustimmung des Bundesministeriums für Umwelt, Naturschutz und nukleare Sicherheit.

§ 26 Ordnungswidrigkeiten. Ordnungswidrig im Sinne des § 26 Absatz 1 Nummer 1 des Bundes-Bodenschutzgesetzes[1)] handelt, wer vorsätzlich oder fahrlässig

1. entgegen § 6 Absatz 2, § 7 Absatz 6 Satz 1, auch in Verbindung mit Satz 2, oder § 8 Absatz 5 Satz 1 oder 2 Material aufbringt oder einbringt,
2. entgegen § 6 Absatz 5 Satz 1 eine Untersuchung nicht, nicht richtig, nicht vollständig oder nicht rechtzeitig durchführt und nicht, nicht richtig, nicht vollständig oder nicht rechtzeitig durchführen lässt,
3. entgegen § 6 Absatz 7 Satz 1 eine Dokumentation nicht, nicht richtig oder nicht rechtzeitig erstellt,
4. entgegen § 6 Absatz 7 Satz 2 ein Dokument nicht oder nicht mindestens zehn Jahre aufbewahrt oder nicht oder nicht rechtzeitig vorlegt,
5. *entgegen § 6 Absatz 8 Satz 1* eine Anzeige nicht, nicht richtig, nicht vollständig oder nicht rechtzeitig erstattet oder

---

1) Nr. **299**.

6. entgegen § 7 Absatz 1 Satz 1 oder § 8 Absatz 1 Satz 1 ein Material oder ein Gemisch verwendet.

§ 27 Zugänglichkeit technischer Regeln und Normen. (1) [1]Die in dieser Verordnung genannten DIN- und ISO-Normen, Normentwürfe und VDI-Richtlinien sind in Anlage 4 mit ihrer vollständigen Bezeichnung aufgeführt und können bei der Beuth-Verlag GmbH, 10772 Berlin, bezogen werden. [2]Die „Arbeitshilfe für die Bodenansprache im vor- und nachsorgenden Bodenschutz – Auszug aus der Bodenkundlichen Kartieranleitung KA 5"; Hannover 2009, kann bei der E. Schweizerbart'sche Verlagsbuchhandlung, 70176 Stuttgart, bezogen werden.

(2) Die in Absatz 1 genannten technischen Regeln und Normen sind bei der Deutschen Nationalbibliothek archivmäßig gesichert niedergelegt.

(3) Verweisungen auf Entwürfe von technischen Normen in den Anlagen beziehen sich jeweils auf die Fassung, die zu dem in der Verweisung angegebenen Zeitpunkt veröffentlicht ist.

§ 28 Übergangsregelung. (1) Werden Materialien bei Verfüllungen von Abgrabungen auf Grund von Zulassungen, die vor dem 16. Juli 2021 erteilt wurden und die Anforderungen an die auf- oder einzubringenden Materialien festlegen, auf oder in den Boden auf- oder eingebracht, sind die Anforderungen dieser Verordnung erst ab dem 1. August 2031 einzuhalten.

(2) Die sich aus § 19 Absatz 1 Satz 1 und 2 ergebenden allgemeinen Anforderungen an die Probennahme sind ab dem 1. August 2028 einzuhalten.

Anlage 1
(zu § 3 Absatz 1 Satz 1 Nummer 1 und Absatz 2, § 5, § 6 Absatz 5 Satz 2 und Absatz 6 Nummer 1, § 7 Absatz 2, 3 und 5, § 8 Absatz 2, Absatz 3 Nummer 1, Absatz 6 Nummer 1 und Absatz 7 Satz 1 und 6, § 24 Absatz 4 Nummer 1 und 2, Absatz 7 Nummer 1, Absatz 9 Nummer 1 und Absatz 10 Nummer 1)

Vorsorgewerte und Werte zur Beurteilung von Materialien

Tabelle 1: Vorsorgewerte für anorganische Stoffe*1

Stoff	Vorsorgewert bei Bodenart*2 Sand	Vorsorgewert bei Bodenart*2 Lehm/Schluff	Vorsorgewert bei Bodenart*2 Ton
	[mg/kg TM]		
Arsen	10	20	20
Blei*3	40	70	100
Cadmium*4	0,4	1	1,5
$Chrom_{gesamt}$	30	60	100
Kupfer	20	40	60
Nickel*5	15	50	70
Quecksilber	0,2	0,3	0,3
Thallium	0,5	1	1
Zink*6	60	150	200

*1 **Amtl. Anm.:** Die Vorsorgewerte finden für Böden und Materialien mit einem nach Anlage 3 Tabelle 1 bestimmten Gehalt an organischem Kohlenstoff (TOC-Gehalt) von mehr als 9 Masseprozent keine Anwendung. Für diese Böden und Materialien müssen die maßgeblichen Werte im Einzelfall in Anlehnung an regional vergleichbarer Bodenverhältnisse abgeleitet werden.

*2 **Amtl. Anm.:** Bodenarten-Hauptgruppen gemäß Bodenkundlicher Kartieranleitung, 5. Auflage, Hannover 2009 (KA 5); stark schluffige Sande, lehmig-schluffige Sande und stark lehmige Sande sind entsprechend der Bodenart Lehm/Schluff zu bewerten.

*3 **Amtl. Anm.:** Bei Blei gelten bei einem pH-Wert < 5,0 bei der Bodenart Ton die Vorsorgewerte der Bodenart Lehm/Schluff und bei der Bodenart Lehm/Schluff die Vorsorgewerte der Bodenart Sand.

*4 **Amtl. Anm.:** Bei Cadmium gelten bei einem pH-Wert < 6,0 bei der Bodenart Ton die Vorsorgewerte der Bodenart Lehm/Schluff und bei der Bodenart Lehm/Schluff die Vorsorgewerte der Bodenart Sand.

*5 **Amtl. Anm.:** Bei Nickel gelten bei einem pH-Wert < 6,0 bei der Bodenart Ton die Vorsorgewerte der Bodenart Lehm/Schluff und bei der Bodenart Lehm/Schluff die Vorsorgewerte der Bodenart Sand.

*6 **Amtl. Anm.:** Bei Zink gelten bei einem pH-Wert < 6,0 bei der Bodenart Ton die Vorsorgewerte der Bodenart Lehm/Schluff und bei der Bodenart Lehm/Schluff die Vorsorgewerte der Bodenart Sand.

Tabelle 2: Vorsorgewerte für organische Stoffe

Stoff	Vorsorgewert bei TOC-Gehalt ≤ 4 %	Vorsorgewert bei TOC-Gehalt > 4 % bis 9 %*1
	[mg/kg TM]	
Summe aus PCB_6 und PCB-118*2	0,05	0,1
Benzo(a)pyren	0,3	0,5
PAK_{16}*3	3	5

*1 **Amtl. Anm.:** Für Böden mit einem TOC-Gehalt von mehr als 9 Masseprozent müssen die maßgeblichen Werte im Einzelfall abgeleitet werden.

*2 **Amtl. Anm.:** Summe aus PCB_6 und PCB-118: Stellvertretend für die Gruppe der polychlorierten Biphenyle (PCB) werden für PCB-Gemische sechs Leit-Kongenere nach Ballschmiter (PCB-Nummer 28, 52, 101, 138, 153, 180) sowie PCB-118 untersucht.

*3 **Amtl. Anm.:** PAK_{16}: Stellvertretend für die Gruppe der polyzyklischen aromatischen Kohlenwasserstoffe (PAK) werden nach der Liste der Environmental Protection Agency (EPA) 16 ausgewählte PAK untersucht: Acenaphthen, Acenaphthylen, Anthracen, Benzo[a]anthracen, Benzo[a]pyren, Benzo[b]fluoranthen, Benzo[g,h,i]perylen, Benzo[k]fluoranthen, Chrysen, Dibenzo[a,h]anthracen, Fluoranthen, Fluoren, Indeno[1,2,3-cd]pyren, Naphthalin, Phenanthren und Pyren.

Tabelle 3: Zulässige zusätzliche jährliche Frachten an Schadstoffen über alle Eintragspfade

Stoff	Fracht
	[g/ha·a]
Arsen	35
Blei	200
Cadmium	5
$Chrom_{gesamt}$	150
Kupfer	300
Nickel	75
Quecksilber	1
Thallium	1,5
Zink	1 200
Benzo(a)pyren	1

Tabelle 4:. Werte zur Beurteilung von Materialien für das Auf- oder Einbringen unterhalb oder außerhalb einer durchwurzelbaren Bodenschicht

Hinweis: Die Eluatwerte sind mit Ausnahme des Eluatwertes für Sulfat nur maßgeblich, wenn für den betreffenden Stoff der jeweilige Vorsorgewert nach Tabelle 1 oder 2 überschritten wird.

Stoff	Feststoffwert	Eluatwert	
		bei TOC-Gehalt < 0,5 %	bei TOC-Gehalt ≥ 0,5 %
	[mg/kg TM]	[µg/l]	
Anorganische Stoffe			
Arsen	20	8	13
Blei	140	23	43
Cadmium	1	2	4

Stoff	Feststoffwert	Eluatwert	
		bei TOC-Gehalt < 0,5 %	bei TOC-Gehalt ≥ 0,5 %
	[mg/kg TM]	[µg/l]	
$Chrom_{gesamt}$	120	10	19
Kupfer	80	20	41
Nickel	100	20	31
Quecksilber	0,6	0,1	0,1
Thallium	1	0,2	0,3
Zink	300	100	210
Sulfat*1		250 000	250 000
Organische Stoffe			
Summe aus PCB_6 und PCB-118	0,1	0,01	0,01
PAK_{16}	6		
PAK_{15}*2		0,2*3	0,2*3
Naphthalin und Methylnaphthaline		2*3	2*3
Extrahierbare organisch gebundene Halogene (EOX)*4	1		

*1 **Amtl. Anm.:** Bei Überschreitung des Wertes ist die Ursache zu prüfen. Handelt es sich um naturbedingt erhöhte Sulfatkonzentrationen, ist eine Verwertung innerhalb der betroffenen Gebiete möglich. Außerhalb dieser Gebiete ist über die Verwertungseignung im Einzelfall und in Abstimmung mit der zuständigen Behörde zu entscheiden.

*2 **Amtl. Anm.:** PAK_{15}: PAK_{16} ohne Naphthalin und Methylnaphthaline.

*3 **Amtl. Anm.:** Eluatwert ist maßgeblich, wenn der Vorsorgewert von PAK_{16} nach Anlage 1 Tabelle 2 überschritten wird.

*4 **Amtl. Anm.:** Bei Überschreitung des Wertes sind die Materialien auf fallspezifische Belastungen hin zu untersuchen.

Tabelle 5: Werte für zusätzlich zu untersuchende Stoffe beim Auf- oder Einbringen von Materialien mit mehr als 10 % Volumenprozent mineralischer Fremdbestandteile unterhalb oder außerhalb einer durchwurzelbaren Bodenschicht

Stoff	Feststoffwert	Eluatwert	
		bei TOC-Gehalt < 0,5 %	bei TOC-Gehalt ≥ 0,5 %
	[mg/kg TM]	[µg/l]	
Antimon	4	5	5
Kobalt	50	26	62
Molybdän	4	35	35
Selen	3	5	5
Vanadium	200	20	35

Anlage 2

(zu § 10 Absatz 4, § 12 Absatz 3, § 15 Absatz 1 Satz 1 und Absatz 2, § 24 Absatz 4 Nummer 3, 4 und 5, Absatz 5 und 6 Nummer 1 und 2, Absatz 7 Nummer 2 und 3, Absatz 9 Nummer 2 und Absatz 10 Nummer 2)

Prüf- und Maßnahmenwert

Tabelle 1: Prüfwerte für anorganische Stoffe für den Wirkungspfad Boden-Grundwasser am Ort der Probennahme

Stoff	Prüfwert bei TOC-Gehalt < 0,5 %	Prüfwert bei TOC-Gehalt ≥ 0,5 %
	[µg/l]	
Antimon	10	10
Arsen	15	25

Stoff	Prüfwert bei TOC-Gehalt < 0,5 %	Prüfwert bei TOC-Gehalt ≥ 0,5 %
	[µg/l]	
Blei	45	85
Bor	1 000	1 000
Cadmium	4	7,5
$Chrom_{gesamt}$	50	50
$Chrom_{VI}$	8	8
Kobalt	50	125
Kupfer	50	80
Molybdän	70	70
Nickel	40	60
Quecksilber	1	1
Selen	10	10
Zink	600	600
$Cyanide_{gesamt}$	50	50
$Cyanid_{leicht\ freisetzbar}$	10	10
Fluorid	1 500	1 500

Tabelle 2: Prüfwerte für anorganische Stoffe für den Wirkungspfad Boden-Grundwasser im Sickerwasser am Ort der Beurteilung

Stoff	Prüfwert
	[µg/l]
Antimon	5
Arsen	10
Blei	10
Bor	1 000
Cadmium	3
$Chrom_{gesamt}$	50
$Chrom_{VI}$	8
Kobalt	10
Kupfer	50
Molybdän	35
Nickel	20
Quecksilber	1
Selen	10
Zink	600
$Cyanide_{gesamt}$	50
$Cyanide_{leicht\ freisetzbar}$	10
Fluorid	1 500

Tabelle 3: Prüfwerte für organische Stoffe für den Wirkungspfad Boden-Grundwasser am Ort der Probennahme und im Sickerwasser am Ort der Beurteilung

Stoff	Prüfwert
	[µg/l]
Aldrin	0,03
Summe alkylierte Benzole (BTEX)*1	20
Benzol	1
Summe Chlorbenzole	2
Chlorethen (Vinylchlorid)	0,5
Summe Chlorphenole	2
Hexachlorbenzol (HCB)	0,1
Summe Kohlenwasserstoffe*2	200

Stoff	Prüfwert
	[µg/l]
Summe leichtflüchtige Halogenkohlenwasserstoffe (LHKW)*3	20
Summe Tri- und Tetrachlorethen	10
Methyl-tertiär-butylether (MTBE)	10
Summe Nonylphenole (=4-Nonylphenol, verzweigt und Nonylphenol-Isomere)	3
Pentachlorphenol (PCP)	0,1
Phenol	80
Summe aus PCB_6 und PCB 118	0,01
PAK_{15}*4	0,2
Naphthalin und Methylnaphthaline	2
2,4-Dinitrotoluol	0,05
2,6-Dinitrotoluol	0,05
2,4,6-Trinitrotoluol (TNT)	0,2
2,2‘, 4,4‘, 6,6‘-Hexanitrodiphenylamin (Hexyl)	2
1,3,5-Trinitro-hexahydro-1,3,5-triazin (Hexogen)	1
Nitropenta (Pentaerythrityltetranitrat (PETN))	10
Perfluorbutansäure (PFBA)	10
Perfluorhexansäure (PFHxA)	6
Perfluoroktansäure (PFOA)	0,1
Perfluornonansäure (PFNA)	0,06
Perfluorbutansulfonsäure (PFBS)	6
Perfluorhexansulfonsäure (PFHxS)	0,1
Perfluoroktansulfonsäure (PFOS)	0,1

*1 **Amtl. Anm.:** Summe Benzol, Toluol, Ethylbenzol und Xylole.

*2 **Amtl. Anm.:** Summe der Kohlenwasserstoffe, die zwischen n-Dekan (C 10) und n-Tetracontan (C 40) von der gaschromatographischen Säule eluieren.

*3 **Amtl. Anm.:** Summe leichtflüchtiger Halogenkohlenwasserstoffe (LHKW): Summe der halogenierten C1- und C2-Kohlenwasserstoffe; einschließlich Trihalogenmethane. Der Prüfwert für Chlorethen ist zusätzlich einzuhalten.

*4 **Amtl. Anm.:** PAK_{15}: PAK_{16} ohne Naphthalin und Methylnaphthaline.

Tabelle 4: Prüfwerte für den Wirkungspfad Boden-Mensch

Stoff	Kinderspielflächen	Wohngebiete	Park- und Freizeitanlagen	Industrie- und Gewerbegrundstücke
	[mg/kg TM]			
Antimon	50	100	250	250
Arsen	25	50	125	140
Blei	200	400	1 000	2 000
Cadmium	10*1	20*1	50	60
Cyanide	50	50	50	100
$Chrom_{gesamt}$*2	200	400	400	200
$Chrom_{VI}$*2	130	250	250	130
Kobalt	300	600	600	300
Nickel	70	140	350	900
Quecksilber	10	20	50	100
Thallium	5	10	25	–
Aldrin	2	4	10	–
2,4-Dinitrotoluol	3	6	15	50
2,6-Dinitrotoluol	0,2	0,4	1	5

Stoff	Kinderspielflächen	Wohngebiete	Park- und Freizeitanlagen	Industrie- und Gewerbegrundstücke
	[mg/kg TM]			
DDT (Dichlordiphenyltrichlorethan)	40	80	200	400
Hexachlorbenzol	4	8	20	200
Hexachlorcyclohexan (HCH-Gemisch oder β-HCH)	5	10	25	400
2,2', 4,4', 6,6'-Hexa-nitrodiphenylamin (Hexyl)	150	300	750	1 500
1,3,5-Trinitro-hexahydro-1,3, 5-triazin (Hexogen)	100	200	500	1 000
Nitropenta	500	1 000	2 500	5 000
Pentachlorphenol	50	100	250	500
Polyzyklische Aromatische Kohlenwasserstoffe (PAK_{16}) vertreten durch Benzo(a)pyren*3	0,5	1	1	5
PCB_6	0,4	0,8	2	40
2,4,6 Trinitrotoluol (TNT)	20	40	100	200

*1 **Amtl. Anm.:** In Haus- und Kleingärten, die sowohl als Aufenthaltsbereiche für Kinder als auch für den Anbau von Nahrungspflanzen genutzt werden, gilt für Cadmium ein Prüfwert von 2,0 mg/kg Trockenmasse.

*2 **Amtl. Anm.:** Bei Überschreitung der Prüfwerte für $Chrom_{gesamt}$ ist der Anteil an $Chrom_{VI}$ zu messen und anhand der Prüfwerte für Chrom VI zu bewerten.

*3 **Amtl. Anm.:** Der Boden ist auf alle PAK_{16} hin zu untersuchen. Die Prüfwerte beziehen sich auf den Gehalt an Benzo(a)pyren im Boden. Benzo(a)pyren repräsentiert dabei die Wirkung typischer PAK-Gemische auf ehemaligen Kokereien, ehemaligen Gaswerksgeländen und ehemaligen Teermischwerken/-ölläger. Weicht das PAK-Muster oder der Anteil von Benzo(a)pyren an der Summe der Toxizitätsäquivalente im zu bewertenden Einzelfall deutlich von diesen typischen PAK-Gemischen ab, so ist dies bei der Anwendung der Prüfwerte zu berücksichtigen. Liegen die siedlungsbedingten Hintergrundwerte oberhalb der Prüfwerte für Benzo(a)pyren, ist dies bei der Bewertung der Untersuchungsergebnisse gemäß § 15 zu berücksichtigen.

Tabelle 5: Maßnahmenwerte für den Wirkungspfad Boden-Mensch

Stoff	Kinderspielflächen	Wohngebiete	Park- und Freizeitanlagen	Industrie- und Gewerbegrundstücke
	[ng WHO-TEQ*1/kg TM]			
Summe der Dioxine/Furane (PCDD/F) und dl-PCB*2	100	1 000	1 000	10 000

*1 **Amtl. Anm.:** Toxizitätsäquivalente, berechnet unter Verwendung der Toxizitätsäquivalenzfaktoren (WHO-TEF) von 2005.

*2 **Amtl. Anm.:** Summe der Dioxine (polychlorierte Dibenzo-para-dioxine (PCDD) und polychlorierte Dibenzofurane (PCDF)) und dioxinähnlichen polychlorierten Biphenyle (dl-PCB) nach der DIN EN 16190:2019-10.

Tabelle 6: Prüf- und Maßnahmenwerte für den Wirkungspfad Boden-Nutzpflanze auf Ackerflächen und in Nutzgärten im Hinblick auf die Pflanzenqualität

Stoff	Extraktionsverfahren	Prüfwert	Maßnahmenwert
		[mg/kg TM]	
Arsen	Königswasser (KW)	200*1	–
Blei	Ammoniumnitrat (AN)	0,1	–
Cadmium	AN	–	0,04/0,1*2
Quecksilber	KW	5	–
Thallium	AN	0,1	–

Stoff	Extraktionsverfahren	Prüfwert	Maßnahmenwert
		[mg/kg TM]	
Benzo(a)pyren	siehe Anlage 3 Tabelle 5	1	–
DDT (Dichlordiphenyl-trichlorethan)	siehe Anlage 3 Tabelle 5	1	–

[*1] **Amtl. Anm.:** Bei Böden mit zeitweise reduzierenden Verhältnissen gilt ein Prüfwert von 50 mg/kg.
[*2] **Amtl. Anm.:** Auf Flächen mit Brotweizenanbau oder Gemüseanbau gilt ein Maßnahmenwert von 0,04 mg/kg; ansonsten gilt ein Maßnahmenwert von 0,1 mg/kg.

Tabelle 7: Prüf- und Maßnahmenwerte für den Wirkungspfad Boden-Nutzpflanze auf Grünlandflächen im Hinblick auf die Pflanzenqualität

Stoff	Extraktionsverfahren	Prüfwert	Maßnahmenwert
		[mg/kg TM]	
Arsen	KW	50	–
Blei	KW	–	1 200
Cadmium	KW	–	20[*1]
Kupfer	KW	–	1 300[*2]
Nickel	KW	–	1 900
Quecksilber	KW	–	2
Thallium	KW	–	15
Hexachlorbenzol	siehe Anlage 3 Tabelle 5	0,5	–
Hexachlorcyclohexan, gesamt	siehe Anlage 3 Tabelle 5	0,05	–
PCB_6	siehe Anlage 3 Tabelle 5	–	0,2
		[ng WHO-TEQ/kg TM]	
PCDD/F[*3]	siehe Anlage 3 Tabelle 5	15	–

[*1] **Amtl. Anm.:** Bei Flächen mit pH-Werten unter pH 5 gilt ein Maßnahmenwert von 15 mg/kg.
[*2] **Amtl. Anm.:** Bei Grünlandnutzung durch Schafe gilt ein Maßnahmenwert von 200 mg/kg.
[*3] **Amtl. Anm.:** Summe der Dioxine, Furane (PCDD/F): polychlorierte Dibenzo-para-dioxine (PCDD) und polychlorierte Dibenzofurane (PCDF)) ausgedrückt in WHO-TEQ (2005).

Tabelle 8: Prüfwerte für den Wirkungspfad Boden-Nutzpflanze auf Ackerflächen im Hinblick auf Wachstumsbeeinträchtigungen bei Kulturpflanzen

Stoff	Extraktionsverfahren	Prüfwert
		[mg/kg TM]
Arsen	Ammoniumnitrat (AN)	0,4
Kupfer	AN	1
Nickel	AN	1,5
Zink	AN	2

Anlage 3
(zu § 6 Absatz 11 Satz 1, § 15 Absatz 1 Satz 2, § 19 Absatz 9, § 20 Absatz 1 Satz 3 und 4, § 24 Absatz 2 und 4 bis 10)

Untersuchungsverfahren

Tabelle 1: Verfahren zur Bestimmung der physikalisch-chemischen Eigenschaften

Eigenschaft	Methode	Norm
Bestimmung der Trockenmasse	feldfrische oder luftgetrocknete Bodenproben	DIN EN 14346:2007-03 Verfahren A
		DIN EN 15934:2012-11
Organischer Kohlenstoff und Gesamtkohlenstoff nach trockener Verbrennung	luftgetrocknete Bodenproben	DIN EN 15936:2012-11
		DIN 19539:2016-12

Eigenschaft	Methode	Norm
Organischer Kohlenstoff (TOC 400) nach trockener Verbrennung bis 400 °C	luftgetrocknete Bodenproben	DIN 19539:2016-12
pH-Wert ($CaCl_2$)	Suspension der feldfrischen oder luftgetrockneten Bodenprobe in $CaCl_2$-Lösung; Konzentration ($CaCl_2$): 0,01 mol/l	DIN EN 15933:2012-11
Bodenart	Fingerprobe im Gelände	Bodenkundliche Kartieranleitung, 5. Auflage Hannover 2009 (KA 5); Arbeitshilfe für die Bodenansprache im vor- und nachsorgenden Bodenschutz, Hannover 2009; DIN ISO 11277:2002-08
Korngrößenverteilung/Bodenart	Siebung, Dispergierung, Pipett-Analyse	DIN ISO 11277:2002-08
	Siebung, Dispergierung, Aräometermethode	DIN ISO 11277:2002-08 DIN EN ISO 17892-4:2017-04
Rohdichte	Trocknung einer volumengerecht entnommenen Bodenprobe bei 105 °C, rückwiegen	DIN EN ISO 11272:2017-07

Tabelle 2: Verfahren zur Herstellung von Eluaten mit Wasser

Verfahren	Verfahrenshinweise	Norm
Anorganische und organische Stoffe		
Elution mit Wasser durch Schüttelverfahren oder Säulenschnellverfahren	Flüssigkeits-Feststoffverhältnis 2:1	DIN 19528:2009-01 DIN 19529:2015-12

Tabelle 3: Nutzungsorientierte Beprobungstiefe bei Untersuchungen zu den Wirkungspfaden Boden-Mensch und Boden-Nutzpflanze

Wirkungspfad	Nutzungsarten	Beprobungstiefe
Boden-Mensch	Kinderspielflächen, Wohngebiete	0 – 10 cm*1 10 – 30 cm*2
	Park- und Freizeitanlagen	0 – 10 cm*1
	Industrie- und Gewerbegrundstücke	0 – 10 cm*1
Boden-Nutzpflanze	Ackerflächen, Nutzgärten	0 – 30 cm*3 30 – 60 cm
	Grünlandflächen	0 – 10 cm*4 10 – 30 cm

*1 **Amtl. Anm.:** Kontaktbereich für orale und dermale Schadstoffaufnahme, zusätzlich 0 – 2 cm bei Relevanz des inhalativen Aufnahmepfades.

*2 **Amtl. Anm.:** 30 cm durchschnittliche Mächtigkeit aufgebrachter Bodenschichten, zugleich von Kindern erreichbare Tiefe.

*3 **Amtl. Anm.:** Bei abweichender Mächtigkeit des Bearbeitungshorizontes bis zur Untergrenze des Bearbeitungshorizontes.

*4 **Amtl. Anm.:** Bei abweichender Mächtigkeit des Hauptwurzelbereiches bis zur Untergrenze des Hauptwurzelbereiches.

Tabelle 4: Verfahren zur Bestimmung anorganischer Stoffgehalte

Stoff	Methode	Norm
Antimon, Arsen, Blei, Cadmium, $Chrom_{gesamt}$, Kobalt, Kupfer, Nickel, Molybdän, Selen, Thallium, Vanadium, Zink	ICP-Atomemissionsspektrometrie (ICP-AES/ICP-OES)	DIN ISO 22036:2009-06
	induktiv gekoppelte Plasma-Atom-Emissionsspektrometrie (ICP-OES)	DIN EN ISO 11885:2009-09 DIN EN 16170:2017-01

Stoff	Methode	Norm
	ICP-Massenspektrometrie (ICP-MS) möglich, Berücksichtigung von spektralen Störungen bei hohen Matrixkonzentrationen erforderlich	DIN EN 16171:2017-01 DIN EN ISO 17294-2:2017-01
Arsen	ICP-AES/ICP-OES	DIN ISO 22036:2009-06
	ICP-MS	DIN EN ISO 17294-2:2017-01
	Hydrid-Atom-absorptionsspektrometrie (Hydrid-AAS)	E DIN ISO 17378-2:2017-01 DIN ISO 20280:2010-05
Quecksilber	AAS-Kaltdampftechnik; bei der Probenvorbehandlung darf die Trocknungstemperatur 40 °C nicht überschreiten	DIN EN ISO 15586:2004-02
	ICP-MS	DIN EN ISO 17294-2:2017-01
$Chrom_{VI}$	alkalisches Heiß-Extraktionsverfahren mit Natronlauge (0,5 mol/l)/Na_2CO_3-Lösung (0,28 mol/l)	DIN EN 15192:2007-02
Cyanide	Verfahren mittels kontinuierlicher Durchflussanalyse	DIN EN ISO 17380:2013-10

Tabelle 5: Verfahren zur Bestimmung organischer Stoffgehalte

Stoff	Methode	Norm
PAK_{16} Benzo(a)pyren	Extraktion mit Aceton, Zugeben von Petrolether, Entfernen des Acetons, chromatographische Reinigung des Petroletherextraktes; Quantifizierung mittels GC-MS oder Aufnahme des Petroletherextraktes in Acetonitril; Quantifizierung mittels HPLC mit UV/DAD bzw. FLD	DIN ISO 18287:2006-05 DIN EN 16181:2019-08
Hexachlorbenzol	Extraktion mit Aceton/Cyclohexan-Gemisch oder Aceton/Petrolether, ggf. chromatographische Reinigung nach Entfernen des Acetons; Quantifizierung mittels GC-ECD oder GC-MS	DIN ISO 10382:2003-05
Pentachlorphenol	Soxhlet-Extraktion mit Heptan oder Aceton/Heptan (50:50); Derivatisierung mit Essigsäureanhydrid; Quantifizierung mittels GC-ECD oder GC-MS	DIN ISO 14154:2005-12
Aldrin, DDT, Hexachlorcyclohexan (HCH-Gemisch oder β-HCH)	Extraktion mit Aceton/Cyclohexan-Gemisch oder Aceton/Petrolether, ggf. chromatographische Reinigung nach Entfernen des Acetons; Quantifizierung mittels GC-ECD oder GC-MS	DIN ISO 10382:2003-05
PCB_6	Extraktion mit Aceton/Cyclohexan-Gemisch oder Aceton/Petrolether, ggf. chromatographische Reinigung nach Entfernen des Acetons; Quantifizierung mittels GC-ECD oder GC-MS	DIN ISO 10382:2003-05 DIN EN 16167:2019-06
PCDD/F, dl-PCB	Soxhlet-Extraktion der Proben mit Toluol, chromatographische Reinigung; Quantifizierung mittels HR GC-MS	DIN 38414-24:2000-10 DIN EN 16190:2019-10
2,4-Dinitrotoluol, 2,6-Dinitrotoluol, 2,2', 4,4', 6,6'-Hexanitrodiphenylamin (Hexyl), 1,3,5-Trinitro-hexahydro- 1,3,5-triazin (Hexogen), Nitropenta,	Extraktion mit Methanol oder Acetonitril und Quantifizierung mittels HPLC mit UV/DAD oder Extraktion mit Methanol, Umlösen in Toluol und Quantifizierung mittels GC-ECD oder GC-MS	DIN ISO 11916-1:2014-11 DIN ISO 11916-2:2014-11 für Hexogen und Hexyl ausschließlich: DIN ISO 11916-1:2014-11

Stoff	Methode	Norm
2,4,6-Trinitrotoluol (TNT)		
EOX	Die extrahierbare organisch gebundenen Halogene werden nach Gefriertrocknung und Extraktion mit z.B. Hexan erfasst und im Sauerstoffstrom verbrannt. Die Temperatur im Verbrennungsraum während der gesamten Analysenzeit muss mindestens 950 °C betragen (Gerät, z.B. Microcoulometer)	DIN 38414-17:2017-01

Tabelle 6: Verfahren zur Bestimmung der Konzentration anorganischer Stoffe

Stoff	Methode	Norm
Antimon, Arsen, Barium, Blei, Bor, Cadmium, Chrom gesamt, Kobalt, Kupfer, Molybdän, Nickel, Selen, Thallium, Vanadium, Zink	ICP-AES/ICP-OES	DIN ISO 22036:2009-06
	ICP-MS möglich	DIN EN ISO 17294-2:2017-01
Arsen, Antimon	AAS-Graphitrohr	DIN EN ISO 15586:2004-02
	ICP-AES/ICP-OES	DIN ISO 22036:2009-06
	ICP-MS	DIN EN ISO 17294-2:2017-01
$Chrom_{VI}$	Trennung und Bestimmung analog der Behandlung der Extraktionslösung	DIN EN 15192:2007-02
Quecksilber	AAS	DIN EN 16175-1:2016-12 DIN EN ISO 12846:2012-08
	ICP-MS	DIN EN ISO 17294-2:2017-01
	Atomfluoreszenz-spektrometrie (AFS)	DIN EN 16175-2:2016-12 DIN EN ISO 17852:2008-04
Selen	ICP-AES/ICP-OES	DIN ISO 22036:2009-06
	ICP-MS	DIN EN ISO 17294-2:2017-01
$Cyanide_{gesamt}$	Spektralphotometrie	DIN 38405-13:2011-04 DIN EN ISO 14403-1:2012-10 DIN EN ISO 14403-2:2012-10
$Cyanide_{leicht\ freisetzbar}$	Spektralphotometrie	DIN 38405-13:2011-04 DIN EN ISO 14403-1:2012-10 DIN EN ISO 14403-2:2012-10
Fluorid, Sulfat	Fluoridsensitive Elektrode	DIN 38405-4:1985-07
	Ionenchromatographie	DIN EN ISO 10304-1:2009-07

Tabelle 7: Verfahren zur Bestimmung der Konzentration organischer Stoffe

Stoff	Methode	Norm
BTEX*1	GC-FID (Matrixbelastung beachten), HS-GC-MS	DIN 38407-43:2014-10
	Purge und Trap-Anreicherung und thermischer Desorption	DIN EN ISO 15680:2004-04
Anthracen	HPLC-F, GC-MS	DIN EN ISO 17993:2004-03 DIN 38407-39:2011-09
Benzo(a)pyren	HPLC-F, GC-MS	DIN EN ISO 17993:2004-03 DIN 38407-39:2011-09
Benzol	HS-GC-MS, *HS-SPME GC-MS*	DIN 38407-43:2014-10 DIN EN ISO 17943:2016-10
Summe Chlorbenzole	GC-MS	DIN 38407-37:2013-11
Chlorethen (Vinylchlorid)	HS-SPME GC-MS	DIN EN ISO 17943:2016-10

Stoff	Methode	Norm
Summe Chlorphenole	GC-ECD, GC-MS	DIN EN 12673:1999-05
Pentachlorphenol	GC-ECD, GC-MS	DIN EN 12673:1999-05
Hexachlorbenzol (HCB)	GC-MS	DIN 38407-37:2013-11
Summe Kohlenwasserstoffe*2	Extraktion mit Petrolether, gaschromatographische Quantifizierung	DIN EN ISO 9377-2:2001-07
LHKW*3	GC-MS GC HS-SPME GC-MS	DIN 38407-43:2014-10 DIN EN ISO 10301:1997-08 DIN EN ISO 17943:2016-10
Methyl-tertiär-butylether (MTBE)	GC-MS, HS-SPME GC-MS	DIN 38407-43:2014-10 DIN EN ISO 17943:2016-10
Naphthalin und Methylnaphthaline	GC-MS Purge und Trap-Anreicherung und thermischer Desorption GC-MS HS-SPME GC-MS	DIN 38407-39:2011-09 DIN EN ISO 15680:2004-04 DIN 38407-43:2014-10 DIN EN ISO 17943:2016-10
Summe Nonylphenol (= 4-Nonylphenol, verzweigt, und Nonylphenol-Isomere)	GC-MS	DIN EN ISO 18857-1:2007-02
Phenole	GC-MS	DIN 38407-27:2012-10
Summe aus PCB_6 und PCB-118	GC-MS	DIN 38407-37:2013-11
PAK_{16}	HPLC-F, GC-MS	DIN EN ISO 17993:2004-03 DIN 38407-39:2011-09
Summe aus Tri- und Tetrachlorethen	GC-MS HS-SPME GC-MS	DIN 38407-43:2014-10 DIN EN ISO 17943:2016-10
Perfluorbutansäure (PFBA), Perfluoroktansäure (PFOA), Perfluornonansäure (PFNA), Perfluorbutansulfonsäure (PFBS), Perfluorhexansäure (PFHxA), Perfluorhexansulfonsäure (PFHxS), Perfluoroktansulfonsäure (PFOS)	Verfahren mittels Hochleistungs-Flüssigkeitschromatographie und massenspektrometrischer Detektion (HPLC-MS/MS) nach Fest-Flüssig-Extraktion	DIN 38407-42:2011-03 DIN 38414-14:2011-08
2,4-Dinitrotoluol, 2,6-Dinitrotoluol, 2,2', 4,4', 6,6'-Hexanitrodiphenylamin (Hexyl), 1,3,5-Trinitro-hexahydro- 1,3,5-triazin (Hexogen), Nitropenta, 2,4,6-Trinitrotoluol (TNT)	HPLC mit UV-Detektion	DIN EN ISO 22478:2006-07

*1 **Amtl. Anm.:** BTEX: Summe Benzol, Toluol, Ethylbenzol und Xylole.

*2 **Amtl. Anm.:** Summe der Kohlenwasserstoffe, die zwischen n-Dekan (C 10) und n-Tetracontan (C 40) von der gaschromatographischen Säule eluieren.

*3 **Amtl. Anm.:** LHKW, gesamt: Leichtflüchtige Halogenkohlenwasserstoffe, d.h. Summe der halogenierten C1- und C2-Kohlenwasserstoffe; einschließlich Trihalogenmethane.

Tabelle 8: Bodenluft- und Deponiegasuntersuchung

Stoff	Methode	Norm
BTEX, LHKW, leichtflüchtige aliphatische Kohlenwasserstoffe (Alkane, Cycloalkane und Alkene mit 5 bis 10 C-Atomen), MTBE	Messplanung Bodenluft	VDI 3865-1:2005-06
	Probennahmetechnik, Messstellen	VDI 3865-2:1998-01
	Anreicherungstechnik	VDI 3865-3:1998-06
	Direktmesstechnik	VDI 3865-4:2000-12
CO_2, CH_4, O_2, N_2, H_2S, NH_3	Messplanung	VDI 3860-4:2012-06
	Bestimmung der Haupt- und Spurenkomponenten	VDI 3860-2:2019-05
	Diffuse CH_4-Ausgasung; oberflächennahe CH_4-Bestimmung	VDI 3860-3:2017-11

Anlage 4
(zu § 27 Absatz 1 Satz 1)

Technische Regeln und Normen

DIN 18300:2019-09
VOB Vergabe- und Vertragsordnung für Bauleistungen – Teil C: Allgemeine Technische Vertragsbedingungen für Bauleistungen (ATV) – Erdarbeiten

DIN EN ISO 17892-4:2017-04
Geotechnische Erkundung und Untersuchung – Laborversuche an Bodenproben – Teil 4: Bestimmung der Korngrößenverteilung

DIN 18915:2018-06
Vegetationstechnik im Landschaftsbau – Bodenarbeiten

DIN 18919:2016-12
Vegetationstechnik im Landschaftsbau – Instandhaltungsleistungen für die Entwicklung und Unterhaltung von Vegetation (Entwicklungs- und Unterhaltungspflege)

DIN 19639:2019-09
Bodenschutz bei der Planung und Durchführung von Bauvorhaben

DIN 19706:2013-02
Bodenbeschaffenheit – Ermittlung der Erosionsgefährdung von Böden durch Wind

DIN 19708:2017-08
Bodenbeschaffenheit – Ermittlung der Erosionsgefährdung von Böden durch Wasser mit Hilfe der ABAG

DIN 19731:1998-05
Bodenbeschaffenheit – Verwertung von Bodenmaterial

DIN 19747:2009-07
Untersuchung von Feststoffen – Probenvorbehandlung, -vorbereitung und -aufarbeitung für chemische, biologische und physikalische Untersuchungen

DIN 19528:2009-01
Elution von Feststoffen – Perkolationsverfahren zur gemeinsamen Untersuchung des Elutionsverhaltens von anorganischen und organischen Stoffen

DIN 19529:2015-12
Elution von Feststoffen – Schüttelverfahren zur Untersuchung des Elutionsverhaltens von anorganischen und organischen Stoffen mit einem Wasser/Feststoff-Verhältnis von 2 l/kg

DIN 19539:2016-12
Untersuchung von Feststoffen – Temperaturabhängige Differenzierung des Gesamtkohlenstoffs (TOC400, ROC, TIC900)

DIN 19738:2017-06
Bodenbeschaffenheit – Resorptionsverfügbarkeit von organischen und anorganischen Schadstoffen aus *kontaminiertem Bodenmaterial*

DIN 32645:2008-11
Chemische Analytik – Nachweis-, Erfassungs- und Bestimmungsgrenze unter Wiederholbedingungen – Begriffe, Verfahren, Auswertung

DIN 38405-4:1985-07

Deutsche Einheitsverfahren zur Wasser-, Abwasser- und Schlammuntersuchung; Anionen (Gruppe D); Bestimmung von Fluorid (D 4)

DIN 38405-13:2011-04

Deutsche Einheitsverfahren zur Wasser-, Abwasser- und Schlammuntersuchung – Anionen (Gruppe D) – Teil 13: Bestimmung von Cyaniden (D 13)

DIN 38407-27:2012-10

Deutsche Einheitsverfahren zur Wasser-, Abwasser- und Schlammuntersuchung – Gemeinsam erfassbare Stoffgruppen (Gruppe F) – Teil 27: Bestimmung ausgewählter Phenole in Grund- und Bodensickerwasser, wässrigen Eluaten und Perkolaten (F 27)

DIN 38407-37:2013-11

Deutsche Einheitsverfahren zur Wasser-, Abwasser- und Schlammuntersuchung – Gemeinsam erfassbare Stoffgruppen (Gruppe F) – Teil 37: Bestimmung von Organochlorpestiziden, Polychlorbiphenylen und Chlorbenzolen in Wasser – Verfahren mittels Gaschromatographie und massenspektrometrischer Detektion (GC-MS) nach Flüssig-Flüssig-Extraktion (F 37)

DIN 38407-39:2011-09

Deutsche Einheitsverfahren zur Wasser-, Abwasser- und Schlammuntersuchung – Gemeinsam erfassbare Stoffgruppen (Gruppe F) – Teil 39: Bestimmung ausgewählter polycyclischer aromatischer Kohlenwasserstoffe (PAK) – Verfahren mittels Gaschromatographie und massenspektrometrischer Detektion (GC-MS) (F 39)

DIN 38407-42:2011-03

Deutsche Einheitsverfahren zur Wasser-, Abwasser- und Schlammuntersuchung – Gemeinsam erfassbare Stoffgruppen (Gruppe F) – Teil 42: Bestimmung ausgewählter polyfluorierter Verbindungen (PFC) in Wasser – Verfahren mittels Hochleistungs-Flüssigkeitschromatographie und massenspektrometrischer Detektion (HPLC-MS/MS) nach Fest-Flüssig-Extraktion (F 42)

DIN 38407-43:2014-10

Deutsche Einheitsverfahren zur Wasser-, Abwasser- und Schlammuntersuchung – Gemeinsam erfassbare Stoffgruppen (Gruppe F) – Teil 43: Bestimmung ausgewählter leichtflüchtiger organischer Verbindungen in Wasser – Verfahren mittels Gaschromatographie und Massenspektrometrie nach statischer Headspacetechnik (HS-GC-MS) (F 43)

DIN 38414-8:1985-06

Deutsche Einheitsverfahren zur Wasser-, Abwasser- und Schlammuntersuchung; Schlamm und Sedimente (Gruppe S); Bestimmung des Faulverhaltens (S 8)

DIN 38414-14:2011-08

Deutsche Einheitsverfahren zur Wasser-, Abwasser- und Schlammuntersuchung – Schlamm und Sedimente (Gruppe S) – Teil 14: Bestimmung ausgewählter polyfluorierter Verbindungen (PFC) in Schlamm, Kompost und Boden – Verfahren mittels Hochleistungs-Flüssigkeitschromatographie und massenspektrometrischer Detektion (HPLC-MS/MS) (S 14)

DIN 38414-17:2017-01

Deutsche Einheitsverfahren zur Wasser-, Abwasser- und Schlammuntersuchung – Schlamm und Sedimente (Gruppe S) – Teil 17: Bestimmung von extrahierbaren organisch gebundenen Halogenen (EOX) (S 17)

DIN 38414-24:2000-10

Deutsche Einheitsverfahren zur Wasser-, Abwasser- und Schlammuntersuchung – Schlamm und Sedimente (Gruppe S) – Teil 24: Bestimmung von polychlorierten Dibenzodioxinen (PCDD) und polychlorierten Dibenzofuranen (PCDF) (S 24)

DIN EN 12673:1999-05

Wasserbeschaffenheit – Gaschromatographische Bestimmung einiger ausgewählter Chlorphenole in Wasser; Deutsche Fassung EN 12673:1998

DIN EN 13657:2003-01

Charakterisierung von Abfällen – Aufschluß zur anschließenden Bestimmung des in Königswasser löslichen Anteils an Elementen in Abfällen; Deutsche Fassung EN 13657:2002

DIN EN 14346:2007-03

Charakterisierung von Abfällen – Berechnung der Trockenmasse durch Bestimmung des Trockenrückstandes oder des Wassergehaltes; Deutsche Fassung EN 14346:2006

DIN EN 15192:2007-02

Charakterisierung von Abfällen und Boden – Bestimmung von sechswertigem Chrom in Feststoffen durch alkalischen Aufschluss und Ionenchromatographie mit photometrischer Detektion; Deutsche Fassung EN 15192:2006

DIN EN 15933:2012-11

Schlamm, behandelter Bioabfall und Boden – Bestimmung des pH-Werts; Deutsche Fassung EN 15933:2012

DIN EN 15934:2012-11

Schlamm, behandelter Bioabfall, Boden und Abfall – Berechnung des Trockenmassenanteils nach Bestimmung des Trockenrückstands oder des Wassergehalts; Deutsche Fassung EN 15934:2012

DIN EN 15936:2012-11

Schlamm, behandelter Bioabfall, Boden und Abfall – Bestimmung des gesamten organischen Kohlenstoffs (TOC) mittels trockener Verbrennung; Deutsche Fassung EN 15936:2012

DIN EN 16167:2019-06

Boden, behandelter Bioabfall und Schlamm – Bestimmung von polychlorierten Biphenylen (PCB) mittels Gaschromatographie mit Massenspektrometrie-Kopplung (GC-MS) und Gaschromatographie mit Elektroneneinfangdetektion (GC-ECD); Deutsche Fassung EN 16167:2018+AC:2019

DIN EN 16170:2017-01

Schlamm, behandelter Bioabfall und Boden – Bestimmung von Spurenelementen mittels optischer Emissionsspektrometrie mit induktiv gekoppeltem Plasma (ICP-OES); Deutsche Fassung EN 16170:2016

DIN EN 16171:2017-01

Schlamm, behandelter Bioabfall und Boden – Bestimmung von Spurenelementen mittels Massenspektrometrie mit induktiv gekoppeltem Plasma (ICP-MS); Deutsche Fassung EN 16171:2016

DIN EN 16174:2012-11

Schlamm, behandelter Bioabfall und Boden – Aufschluss von mit Königswasser löslichen Anteilen von Elementen; Deutsche Fassung EN 16174:2012

DIN EN 16175-1:2016-12

Schlamm, behandelter Bioabfall und Boden – Bestimmung von Quecksilber – Teil 1: Kaltdampf-Atomabsorptionsspektrometrie (CV-AAS); Deutsche Fassung EN 16175-1:2016

DIN EN 16175-2:2016-12

Schlamm, behandelter Bioabfall und Boden – Bestimmung von Quecksilber – Teil 2: Kaltdampf-Atomfluoreszenzspektrometrie (CV-AFS); Deutsche Fassung EN 16175-2:2016

DIN EN 16181:2019-08

Boden, behandelter Bioabfall und Schlamm – Bestimmung von polycyclischen aromatischen Kohlenwasserstoffen (PAK) mittels Gaschromatographie (GC) und Hochleistungs-Flüssigkeitschromatographie (HPLC); Deutsche Fassung EN 16181:2018

DIN EN 16190:2019-10

Boden, behandelter Bioabfall und Schlamm – Bestimmung von Dioxinen und Furanen sowie Dioxinvergleichbaren polychlorierten Biphenylen mittels Gaschromatographie und hochauflösender massenspektrometrischer Detektion (HR GC-MS); Deutsche Fassung EN 16190:2018

DIN EN ISO 5667-3:2019-07

Wasserbeschaffenheit – Probenahme – Teil 3: Konservierung und Handhabung von Wasserproben (ISO 5667-3:2018); Deutsche Fassung EN ISO 5667-3:2018

DIN EN ISO 9377-2:2001-07

Wasserbeschaffenheit – Bestimmung des Kohlenwasserstoff-Index – Teil 2: Verfahren nach Lösemittelextraktion und Gaschromatographie (ISO 9377-2:2000); Deutsche Fassung EN ISO 9377-2:2000

DIN EN ISO 10301:1997-08

Wasserbeschaffenheit – Bestimmung leichtflüchtiger halogenierter Kohlenwasserstoffe – Gaschromatographische Verfahren (ISO 10301:1997); Deutsche Fassung EN ISO 10301:1997

DIN EN ISO 10304-1:2009-07

Wasserbeschaffenheit – Bestimmung von gelösten Anionen mittels Flüssigkeits-Ionenchromatographie – Teil 1: Bestimmung von Bromid, Chlorid, Fluorid, Nitrat, Nitrit, Phosphat und Sulfat (ISO 10304-1:2007); Deutsche Fassung EN ISO 10304-1:2009

DIN EN ISO 11272:2017-07

Bodenbeschaffenheit – Bestimmung der Trockenrohdichte (ISO 11272:2017); Deutsche Fassung EN ISO 11272:2017

DIN EN ISO/IEC 17020:2012-07

Konformitätsbewertung – Anforderungen an den Betrieb verschiedener Typen von Stellen, die Inspektionen durchführen (ISO/IEC 17020:2012); Deutsche und Englische Fassung EN ISO/IEC 17020:2012

DIN EN ISO 11885:2009-09

Wasserbeschaffenheit – Bestimmung von ausgewählten Elementen durch induktiv gekoppelte Plasma-Atom-Emissionsspektrometrie (ICP-OES) (ISO 11885:2007); Deutsche Fassung EN ISO 11885:2009

DIN EN ISO 12846:2012-08

Wasserbeschaffenheit – Bestimmung von Quecksilber – Verfahren mittels Atomabsorptionsspektrometrie (AAS) mit und ohne Anreicherung (ISO 12846: 2012); Deutsche Fassung EN ISO 12846:2012

DIN EN ISO 14403-1:2012-10

Wasserbeschaffenheit – Bestimmung von Gesamtcyanid und freiem Cyanid mittels Fließanalytik (FIA und CFA) – Teil 1: Verfahren mittels Fließinjektionsanalyse (FIA) (ISO 14403-1:2012); Deutsche Fassung EN ISO 14403-1:2012 DIN EN ISO 14403-2:2012-10

Wasserbeschaffenheit – Bestimmung von Gesamtcyanid und freiem Cyanid mittels Fließanalytik (FIA und CFA) – Teil 2: Verfahren mittels kontinuierlicher Durchflussanalyse (CFA) (ISO 14403-2:2012); Deutsche Fassung EN ISO 14403-2:2012

DIN EN ISO 15586:2004-02

Wasserbeschaffenheit – Bestimmung von Spurenelementen mittels Atomabsorptionsspektrometrie mit dem Graphitrohr-Verfahren (ISO 15586:2003); Deutsche Fassung EN ISO 15586:2003

DIN EN ISO 15680:2004-04

Wasserbeschaffenheit – Gaschromatographische Bestimmung einer Anzahl monocyclischer aromatischer Kohlenwasserstoffe, Naphthalin und einiger chlorierter Substanzen mittels Purge und Trap-Anreicherung und thermischer Desorption (ISO 15680:2003); Deutsche Fassung EN ISO 15680:2003

DIN EN ISO/IEC 17025:2018-03

Allgemeine Anforderungen an die Kompetenz von Prüf- und Kalibrierlaboratorien (ISO/IEC 17025:2017); Deutsche und Englische Fassung EN ISO/IEC 17025:2017

DIN EN ISO 17892-4:2017-04

Geotechnische Erkundung und Untersuchung – Laborversuche an Bodenproben – Teil 4: Bestimmung der Korngrößenverteilung (ISO 17892-4:2016); Deutsche Fassung EN ISO 17892-4:2016

DIN EN ISO 17294-2:2017-01

Wasserbeschaffenheit – Anwendung der induktiv gekoppelten Plasma-Massenspektrometrie (ICP-MS) – Teil 2: Bestimmung von ausgewählten Elementen einschließlich Uran-Isotope (ISO 17294-2:2016); Deutsche Fassung EN ISO 17294-2:2017

DIN EN ISO 17380:2013-10

Bodenbeschaffenheit – Bestimmung des Gehalts an Gesamtcyanid und leicht freisetzbarem Cyanid – Verfahren mittels kontinuierlicher Durchflussanalyse (ISO 17380:2013); Deutsche Fassung EN ISO 17380:2013

DIN EN ISO 17852:2008-04

Wasserbeschaffenheit – Bestimmung von Quecksilber – Verfahren mittels Atomfluoreszenzspektrometrie (ISO 17852:2006); Deutsche Fassung EN ISO 17852:2008

DIN EN ISO 17943:2016-10

Wasserbeschaffenheit – Bestimmung flüchtiger organischer Verbindungen in Wasser – Verfahren mittels Headspace-Festphasenmikroextraktion (HS-SPME) gefolgt von der Gaschromatographie und Massenspektrometrie (GC-MS) (ISO 17943:2016); Deutsche Fassung EN ISO 17943:2016

DIN EN ISO 17993:2004-03

Wasserbeschaffenheit – Bestimmung von 15 polycyclischen aromatischen Kohlenwasserstoffen (PAK) in Wasser durch HPLC mit Fluoreszenzdetektion nach Flüssig-Flüssig-Extraktion (ISO 17993:2002); Deutsche Fassung EN ISO 17993:2003

DIN EN ISO 18857-1:2007-02

Wasserbeschaffenheit- Bestimmung ausgewählter Alkylphenole – Teil 1: Verfahren für nichtfiltrierte Proben mittels Flüssig-Flüssig-Extraktion und Gaschromatographie mit massenselektiver Detektion (ISO 18857-1:2005); Deutsche Fassung EN ISO 18857-1:2006

DIN EN ISO 22475-1:2007-01

Geotechnische Erkundung und Untersuchung – Probenentnahmeverfahren und Grundwassermessungen – Teil 1: Technische Grundlagen der Ausführung (ISO 22475-1:2006); Deutsche Fassung EN ISO 22475-1:2006

DIN EN ISO 22478:2006-07

Wasserbeschaffenheit – Bestimmung ausgewählter Explosivstoffe und verwandter Verbindungen – Verfahren mittels Hochleistungs-Flüssigkeitschromatographie (HPLC) mit UV-Detektion (ISO 22478:2006); Deutsche Fassung EN ISO 22478:2006

DIN ISO 10381-1:2003-08

Bodenbeschaffenheit – Probenahme – Teil 1: Anleitung zur Aufstellung von Probenahmeprogrammen (ISO 10381-1:2002)

DIN ISO 10381-2:2003-08

Bodenbeschaffenheit – Probenahme – Teil 2: Anleitung für Probenahmeverfahren (ISO 10381-2:2002)

DIN ISO 10382:2003-05

Bodenbeschaffenheit – Bestimmung von Organochlorpestiziden und polychlorierten Biphenylen – Gaschromatographisches Verfahren mit Elektroneneinfang-Detektor (ISO 10382:2002)

DIN ISO 11262:2012-04

Bodenbeschaffenheit – Bestimmung von Gesamtcyanid (ISO 11262:2011)

DIN ISO 11277:2002-08

Bodenbeschaffenheit – Bestimmung der Partikelgrößenverteilung in Mineralböden – Verfahren mittels Siebung und Sedimentation (ISO 11277:1998 + ISO 11277:1998 Corrigendum 1:2002)

DIN ISO 11352:2013-03

Wasserbeschaffenheit – Abschätzung der Messunsicherheit beruhend auf Validierungs- und Kontrolldaten (ISO 11352:2012)

DIN ISO 11916-1:2014-11

Bodenbeschaffenheit – Bestimmung von ausgewählten Explosivstoffen und verwandten Verbindungen – Teil 1: Verfahren mittels Hochleistungs-Flüssigkeitschromatographie (HPLC) und UV-Detektion (ISO 11916-1:2013)

DIN ISO 11916-2:2014-11

Bodenbeschaffenheit – Bestimmung von ausgewählten Explosivstoffen und verwandten Verbindungen – Teil 2: Verfahren mittels Gaschromatographie (GC) und Elektronen-Einfang-Detektion (ECD) oder massenspektrometrischer Detektion (MS) (ISO 11916-2:2013)

DIN ISO 14154:2005-12

Bodenbeschaffenheit – Bestimmung von ausgewählten Chlorphenolen – Gaschromatographisches Verfahren mit Elektronen-Einfang-Detektion (ISO 14154:2005)

E DIN ISO 17378-2:2017-01

Wasserbeschaffenheit – Bestimmung von Arsen und Antimon – Teil 2: Atomabsorptionsspektrometrie mit Hydridbildung (HG-AAS) (ISO 17378-2:2014)

DIN ISO 18287:2006-05

Bodenbeschaffenheit – Bestimmung der polycyclischen aromatischen Kohlenwasserstoffe (PAK) – Gaschromatographisches Verfahren mit Nachweis durch Massenspektrometrie (GC-MS) (ISO 18287:2006)

DIN ISO 19730:2009-07

Bodenbeschaffenheit – Extraktion von Spurenelementen aus Böden mit Ammoniumnitratlösung (ISO 19730:2008) DIN ISO 20280:2010-05 Bodenbeschaffenheit – Bestimmung von Arsen, Antimon und Selen in Königswasser-Bodenextrakten mittels elektrothermischer oder Hydrid-Atomabsorptionsspektrometrie (ISO 20280:2007)

DIN ISO 22036:2009-06

Bodenbeschaffenheit – Bestimmung von Spurenelementen in Bodenextrakten mittels Atomemissionsspektrometrie mit induktiv gekoppeltem Plasma (ICP-AES) (ISO 22036:2008)

LAGA PN 98:2019-05

Richtlinie für das Vorgehen bei physikalischen, chemischen und biologischen Untersuchungen im Zusammenhang mit der Verwertung/Beseitigung von Abfällen; Mitteilungen Länderarbeitsgemeinschaft Abfall (LAGA) 32; 2002

VDI 3865 Blatt 1:2005-06

Messen organischer Bodenverunreinigungen – Messplanung für die Untersuchung der Bodenluft auf *leichtflüchtige organische Verbindungen*

VDI 3865 Blatt 2:1998-01

Messen organischer Bodenverunreinigungen – Techniken für die aktive Entnahme von Bodenluftproben

VDI 3865 Blatt 3:1998-06

Messen organischer Bodenverunreinigungen – Gaschromatographische Bestimmung von niedrigsiedenden organischen Verbindungen in Bodenluft nach Anreicherung an Aktivkohle oder XAD-4 und Desorption mit organischem Lösungsmittel

VDI 3860 Blatt 1:2006-05

Messen von Deponiegas – Grundlagen

VDI 3860 Blatt 2:2019-05

Messen von Deponiegasen – Messungen im Gaserfassungssystem

VDI 3860 Blatt 3:2017-11

Messen von Deponiegasen – Messung von Methan an der Deponieoberfläche mittels Sauggglockenverfahren

VDI 3865 Blatt 4:2000-12

Messen organischer Bodenverunreinigungen – Gaschromatographische Bestimmung von niedrigsiedenden organischen Verbindungen in Bodenluft durch Direktmessung

---

*[1] **Amtl. Anm.:** Die Vorsorgewerte finden für Böden und Materialien mit einem nach Anlage 3 Tabelle 1 bestimmten Gehalt an organischem Kohlenstoff (TOC-Gehalt) von mehr als 9 Masseprozent keine Anwendung. Für diese Böden und Materialien müssen die maßgeblichen Werte im Einzelfall in Anlehnung an regional vergleichbarer Bodenverhältnisse abgeleitet werden.

*[2] **Amtl. Anm.:** Bodenarten-Hauptgruppen gemäß Bodenkundlicher Kartieranleitung, 5. Auflage, Hannover 2009 (KA 5); stark schluffige Sande, lehmig-schluffige Sande und stark lehmige Sande sind entsprechend der Bodenart Lehm/Schluff zu bewerten.

*[3] **Amtl. Anm.:** Bei Blei gelten bei einem pH-Wert < 5,0 bei der Bodenart Ton die Vorsorgewerte der Bodenart Lehm/Schluff und bei der Bodenart Lehm/Schluff die Vorsorgewerte der Bodenart Sand.

*[4] **Amtl. Anm.:** Bei Cadmium gelten bei einem pH-Wert < 6,0 bei der Bodenart Ton die Vorsorgewerte der Bodenart Lehm/Schluff und bei der Bodenart Lehm/Schluff die Vorsorgewerte der Bodenart Sand.

*[5] **Amtl. Anm.:** Bei Nickel gelten bei einem pH-Wert < 6,0 bei der Bodenart Ton die Vorsorgewerte der Bodenart Lehm/Schluff und bei der Bodenart Lehm/Schluff die Vorsorgewerte der Bodenart Sand.

*[6] **Amtl. Anm.:** Bei Zink gelten bei einem pH-Wert < 6,0 bei der Bodenart Ton die Vorsorgewerte der Bodenart Lehm/Schluff und bei der Bodenart Lehm/Schluff die Vorsorgewerte der Bodenart Sand.

---

*[1] **Amtl. Anm.:** Für Böden mit einem TOC-Gehalt von mehr als 9 Masseprozent müssen die maßgeblichen Werte im Einzelfall abgeleitet werden.

*[2] **Amtl. Anm.:** Summe aus PCB_6 und PCB-118: Stellvertretend für die Gruppe der polychlorierten Biphenyle (PCB) werden für PCB-Gemische sechs Leit-Kongenere nach Ballschmiter (PCB-Nummer 28, 52, 101, 138, 153, 180) sowie PCB-118 untersucht.

*[3] **Amtl. Anm.:** PAK_{16}: Stellvertretend für die Gruppe der polyzyklischen aromatischen Kohlenwasserstoffe (PAK) werden nach der Liste der Environmental Protection Agency (EPA) 16 ausgewählte PAK untersucht: Acenaphthen, Acenaphthylen, Anthracen, Benzo[a]anthracen, Benzo[a]pyren, Benzo[b]fluoranthen, Benzo[g,h,i]perylen, Benzo[k]fluoranthen, Chrysen, Dibenzo[a,h]anthracen, Fluoranthen, Fluoren, Indeno[1,2,3-cd]pyren, Naphthalin, Phenanthren und Pyren.

---

*[1] **Amtl. Anm.:** Bei Überschreitung des Wertes ist die Ursache zu prüfen. Handelt es sich um naturbedingt erhöhte Sulfatkonzentrationen, ist eine Verwertung innerhalb der betroffenen Gebiete möglich. Außerhalb dieser Gebiete ist über die Verwertungseignung im Einzelfall und in Abstimmung mit der zuständigen Behörde zu entscheiden.

*[2] **Amtl. Anm.:** PAK_{15}: PAK_{16} ohne Naphthalin und Methylnaphthaline.

*[3] **Amtl. Anm.:** Eluatwert ist maßgeblich, wenn der Vorsorgewert von PAK_{16} nach Anlage 1 Tabelle 2 überschritten wird.

*[4] **Amtl. Anm.:** Bei Überschreitung des Wertes sind die Materialien auf fallspezifische Belastungen hin zu untersuchen.

---

*[1] **Amtl. Anm.:** Summe Benzol, Toluol, Ethylbenzol und Xylole.

*[2] **Amtl. Anm.:** Summe der Kohlenwasserstoffe, die zwischen n-Dekan (C 10) und n-Tetracontan (C 40) von der gaschromatographischen Säule eluieren.

*[3] **Amtl. Anm.:** Summe leichtflüchtiger Halogenkohlenwasserstoffe (LHKW): Summe der halogenierten C1- und C2-Kohlenwasserstoffe; einschließlich Trihalogenmethane. Der Prüfwert für Chlorethen ist zusätzlich einzuhalten.

*4 **Amtl. Anm.:** PAK_{15}: PAK_{16} ohne Naphthalin und Methylnaphthaline.

---

*1 **Amtl. Anm.:** In Haus- und Kleingärten, die sowohl als Aufenthaltsbereiche für Kinder als auch für den Anbau von Nahrungspflanzen genutzt werden, gilt für Cadmium ein Prüfwert von 2,0 mg/kg Trockenmasse.

*2 **Amtl. Anm.:** Bei Überschreitung der Prüfwerte für $Chrom_{gesamt}$ ist der Anteil an $Chrom_{VI}$ zu messen und anhand der Prüfwerte für Chrom VI zu bewerten.

*3 **Amtl. Anm.:** Der Boden ist auf alle PAK_{16} hin zu untersuchen. Die Prüfwerte beziehen sich auf den Gehalt an Benzo(a)pyren im Boden. Benzo(a)pyren repräsentiert dabei die Wirkung typischer PAK-Gemische auf ehemaligen Kokereien, ehemaligen Gaswerksgeländen und ehemaligen Teermischwerken/-ölläger. Weicht das PAK-Muster oder der Anteil von Benzo(a)pyren an der Summe der Toxizitätsäquivalente im zu bewertenden Einzelfall deutlich von diesen typischen PAK-Gemischen ab, so ist dies bei der Anwendung der Prüfwerte zu berücksichtigen. Liegen die siedlungsbedingten Hintergrundwerte oberhalb der Prüfwerte für Benzo(a)pyren, ist dies bei der Bewertung der Untersuchungsergebnisse gemäß § 15 zu berücksichtigen.

---

*1 **Amtl. Anm.:** Toxizitätsäquivalente, berechnet unter Verwendung der Toxizitätsäquivalenzfaktoren (WHO-TEF) von 2005.

*2 **Amtl. Anm.:** Summe der Dioxine (polychlorierte Dibenzo-para-dioxine (PCDD) und polychlorierte Dibenzofurane (PCDF)) und dioxinähnlichen polychlorierten Biphenyle (dl-PCB) nach der DIN EN 16190:2019-10.

---

*1 **Amtl. Anm.:** Bei Böden mit zeitweise reduzierenden Verhältnissen gilt ein Prüfwert von 50 mg/kg.

*2 **Amtl. Anm.:** Auf Flächen mit Brotweizenanbau oder Gemüseanbau gilt ein Maßnahmenwert von 0,04 mg/kg; ansonsten gilt ein Maßnahmenwert von 0,1 mg/kg.

---

*1 **Amtl. Anm.:** Bei Flächen mit pH-Werten unter pH 5 gilt ein Maßnahmenwert von 15 mg/kg.

*2 **Amtl. Anm.:** Bei Grünlandnutzung durch Schafe gilt ein Maßnahmenwert von 200 mg/kg.

*3 **Amtl. Anm.:** Summe der Dioxine, Furane (PCDD/F): polychlorierte Dibenzo-para-dioxine (PCDD) und polychlorierte Dibenzofurane (PCDF)) ausgedrückt in WHO-TEQ (2005).

---

*1 **Amtl. Anm.:** Kontaktbereich für orale und dermale Schadstoffaufnahme, zusätzlich 0 – 2 cm bei Relevanz des inhalativen Aufnahmepfades.

*2 **Amtl. Anm.:** 30 cm durchschnittliche Mächtigkeit aufgebrachter Bodenschichten, zugleich von Kindern erreichbare Tiefe.

*3 **Amtl. Anm.:** Bei abweichender Mächtigkeit des Bearbeitungshorizontes bis zur Untergrenze des Bearbeitungshorizontes.

*4 **Amtl. Anm.:** Bei abweichender Mächtigkeit des Hauptwurzelbereiches bis zur Untergrenze des Hauptwurzelbereiches.

---

*1 **Amtl. Anm.:** BTEX: Summe Benzol, Toluol, Ethylbenzol und Xylole.

*2 **Amtl. Anm.:** Summe der Kohlenwasserstoffe, die zwischen n-Dekan (C 10) und n-Tetracontan (C 40) von der gaschromatographischen Säule eluieren.

*3 **Amtl. Anm.:** LHKW, gesamt: Leichtflüchtige Halogenkohlenwasserstoffe, d.h. Summe der halogenierten C1- und C2-Kohlenwasserstoffe; einschließlich Trihalogenmethane.

300. Baugesetzbuch (BauGB)[1) 2)]

In der Fassung der Bekanntmachung vom 3. November 2017[3)]

(BGBl. I S. 3634)

FNA 213-1

geänd. durch Art. 2 HochwasserschutzG II v. 30.6.2017 (BGBl. I S. 2193), Art. 6 G zum Schutz der Bevölkerung bei einer epidemischen Lage von nationaler Tragweite v. 27.3.2020 (BGBl. I S. 587), Art. 2 G zur Vereinheitlichung des Energieeinsparrechts für Gebäude und zur Änd. weiterer Gesetze v. 8.8.2020 (BGBl. I S. 1728), Art. 1 BaulandmobilisierungsG v. 14.6.2021 (BGBl. I S. 1802), Art. 1 G zur baulichen Anpassung von Anlagen der Jungsauen- und Sauenhaltung v. 16.7.2021 (BGBl. I S. 2939), Art. 9 AufbauhilfeG 2021 v. 10.9.2021 (BGBl. I S. 4147), Art. 2 G zur Änd. des EnergiewirtschaftsG zur Einführung von Füllstandsvorgaben für Gasspeicheranlagen sowie zur Änd. von § 246 des BauGB v. 26.4.2022 (BGBl. I S. 674), Art. 2 G zur Erhöhung und Beschleunigung des Ausbaus von Windenergieanlagen an Land v. 20.7.2022 (BGBl. I S. 1353), Art. 11 G zur Änd. des EnergiesicherungsG und anderer energiewirtschaftlicher Vorschriften v. 8.10.2022 (BGBl. I S. 1726), Art. 1, 2 G zur sofortigen Verbesserung der Rahmenbedingungen für die erneuerbaren Energien im Städtebaurecht v. 4.1.2023 (BGBl. 2023 I Nr. 6), Art. 1 G zur Stärkung der Digitalisierung im Bauleitplanverfahren und zur Änd. weiterer Vorschriften v. 3.7.2023 (BGBl. 2023 I Nr. 176; 2023 I Nr. 214), Art. 3 G zur Änd. des LNG-BeschleunigungsG und zur Änd. des EnergiewirtschaftsG und zur Änd. des BauGB v. 12.7.2023 (BGBl. 2023 I Nr. 184), Art. 1 G zur Erleichterung der baulichen Anpassung von Tierhaltungsanlagen an die Anforderungen des TierhaltungskennzeichnungsG v. 28.7.2023 (BGBl. 2023 I Nr. 221), Art. 3 G für die Wärmeplanung und zur Dekarbonisierung der Wärmenetze v. 20.12.2023 (BGBl. 2023 I Nr. 394), Art. 5 G zur Umsetzung von Vorgaben der RL (EU) 2023/2413 für Zulassungsverfahren nach dem BImSchG und dem WHG sowie für Planverfahren nach dem BauGB und dem ROG, zur Änd. des WaStrG und zur Änd. des WindBG v. 12.8.2025 (BGBl. 2025 I Nr. 189), Art. 1 G zur Beschleunigung des Wohnungsbaus und zur Wohnraumsicherung v. 27.10.2025 (BGBl. 2025 I Nr. 257), Art. 3 G zur Änd. des Energiewirtschaftsrechts zur Stärkung des Verbraucherschutzes im Energiebereich sowie zur Änd. weiterer energierechtlicher Vorschriften v. 18.12.2025 (BGBl. 2025 I Nr. 347) und Art. 5 G zur Beschleunigung des Ausbaus von Geothermieanlagen, Wärmepumpen und Wärmespeichern sowie zur Änd. des BauGB und des BImSchG v. 22.12.2025 (BGBl. 2025 I Nr. 348)

Zum BauGB haben die **Länder** ua folgende Vorschriften erlassen:

- **Baden-Württemberg:** AusführungsG zum BauGB v. 23.6.2009 (GBl. S. 251); GutachterausschußVO v. 11.12.1989 (GBl. S. 541), zuletzt geänd. durch G v. 10.2.2026 (GBl. Nr. 20); DurchführungsVO zum BauGB v. 2.3.1998 (GBl. S. 185), zuletzt geänd. durch VO v. 21.12.2021 (GBl. 2022 S. 1);
- **Bayern:** AusführungsG zum Bau- und RaumordnungsG 1998 v. 9.5.1998 (GVBl. S. 242); UmlegungsausschussVO v. 18.1.1961 (BayRS 2130-1-B), zuletzt geänd. durch V v. 30.9.2014 (GVBl S. 411); Gerichtliche ZuständigkeitsVO Justiz v. 11.6.2012 (GVBl. S. 295), zuletzt geänd. durch V v. 23.3.2026 (GVBl. S. 174); GutachterausschussVO v. 5.4.2005 (GVBl. S. 88), zuletzt geänd. durch V v. 24.5.2022 (GVBl. S. 246); Bauwesen-ZuständigkeitsVO v. 5.7.1994 (GVBl. S. 573), zuletzt geänd. durch G v. 26.3.2026 (GVBl. S. 75);

[1)] **Amtl. Anm.:** Dieses Gesetz dient der Umsetzung folgender Richtlinien:

1. Richtlinie 92/43/EWG des Rates vom 21. Mai 1992 zur Erhaltung der natürlichen Lebensräume sowie der wild lebenden Tiere und Pflanzen (ABl. L 206 vom 22.7.1992, S. 7), die zuletzt durch die Richtlinie 2013/17/EU (ABl. L 158 vom 10.6.2013, S. 193) geändert worden ist,
2. Richtlinie 2001/42/EG des Europäischen Parlaments und des Rates vom 27. Juni 2001 über die Prüfung der Umweltauswirkungen bestimmter Pläne und Programme (ABl. L 197 vom 21.7.2001, S. 30),
3. Richtlinie 2009/147/EG des Europäischen Parlaments und des Rates vom 30. November 2009 über die Erhaltung der wildlebenden Vogelarten (ABl. L 20 vom 26.1.2010, S. 7), die zuletzt durch die Richtlinie 2013/17/EU (ABl. L 158 vom 10.6.2013, S. 193) geändert worden ist,
4. Richtlinie 2011/92/EU des Europäischen Parlaments und des Rates vom 13. Dezember 2011 über die Umweltverträglichkeitsprüfung bei bestimmten öffentlichen und privaten Projekten (ABl. L 26 vom 28.1.2012, S. 1), die zuletzt durch die Richtlinie 2014/52/EU (ABl. L 124 vom 25.4.2014, S. 1) geändert worden ist.

[2)] Beachte hierzu u.a. das Planungssicherstellungsgesetz v. 20.5.2020 (BGBl. I S. 1041).

[3)] Neubekanntmachung des BauGB idF der Bek. v. 23.9.2004 (BGBl. I S. 2414) in der ab 1.10.2017 geltenden Fassung.

– **Berlin:** BauGB-AusführungsG idF der Bek. v. 7.11.1999 (GVBl. S. 578), zuletzt geänd. durch G v. 10.7.2025 (GVBl. S. 285); BauGB-DurchführungsVO v. 5.6.2018 (GVBl. S. 407), zuletzt geänd. durch G v. 27.9.2021 (GVBl. S. 1119); ErschließungsbeitragsG v. 12.7.1995 (GVBl. S. 444), zuletzt geänd. durch G v. 12.10.2020 (GVBl. S. 807);
– **Brandenburg:** UmlegungsausschussVO v. 23.2.2009 (GVBl. II S. 101), geänd. durch G v. 5.3.2024 (GVBl. I Nr. 9); GutachterausschussVO v. 12.5.2010 (GVBl. II Nr. 27), zuletzt geänd. durch VO v. 7.5. 2024 (GVBl. II Nr. 30); Gutachterausschuss-GebührenO v. 30.7.2010 (GVBl. II Nr. 51), zuletzt geänd. durch VO v. 10.11.2025 (GVBl. II Nr. 81);
– **Bremen:** BauGB-DurchführungsVO v. 22.6.1993 (Brem.GBl. S. 234), zuletzt geänd. durch Bek. v. 2.9. 2025 (Brem.GBl. S. 674); Erschließungsanlagen-BeitragserhebungsG v. 12.6.1973 (Brem.GBl. S. 127), zuletzt geänd. durch G v. 25.5.2010 (Brem.GBl. S. 365); ErschließungsbeitragsG v. 20.12.1982 (Brem.GBl. S. 405), zuletzt geänd. durch OG v. 2.5.2023 (Brem.GBl. S. 432); GutachterausschussVO v. 2.9.2008 (Brem.GBl. S. 321), geänd. durch VO v. 17.6.2014 (Brem.GBl. S. 314); BauGB-GenehmigungswegfallG idF der Bek. v. 7.7.1987 (Brem.GBl. S. 215), zuletzt geänd. durch G v. 26.5.1998 (Brem. GBl. S. 134);
– **Hamburg:** BauleitplanfeststellungsG idF der Bek. v. 30.11.1999 (HmbGVBl. S. 271), zuletzt geänd. durch G v. 18.11.2025 (HmbGVBl. S. 679); GutachterausschussVO v. 12.5.2009 (HmbGVBl. S. 124); Enteignungsverfahren-DurchführungsVO v. 18.2.2004 (HmbGVBl. S. 107), geänd. durch G v. 31.3. 2021 (HmbGVBl. S. 182); BodenordnungskommissionsG v. 29.4.1997 (HmbGVBl. S. 131), zuletzt geänd. durch G v. 23.5.2025 (HmbGVBl. S. 351);
– **Hessen:** BauGB-AusführungsVO v. 15.6.2018 (GVBl. S. 258), zuletzt geänd. durch VO v. 24.7.2025 (GVBl. Nr. 45)
– **Mecklenburg-Vorpommern:** BaugesetzbuchausführungsG v. 30.1.1998 (GVOBl. M-V S. 110), zuletzt geänd. durch G v. 19.11.2025 (GVOBl. M-V S. 623); GutachterausschusslandesVO v. 29.6.2011 (GVOBl. M-V S. 441), geänd. durch VO v. 14.12.2023 (GVOBl. M-V S. 945); Enteignungsverfahren-DurchführungsVO v. 4.5.1993 (GVOBl. M-V S. 515); AnzeigepflichtVO v. 5.2.1998 (GVOBl. M-V S. 124), geänd. durch VO v. 10.10.2000 (GVOBl. M-V S. 530);
– **Niedersachsen:** NBauGB-DurchführungsG v. 13.5.2009 (Nds. GVBl. S. 169); Baugesetzbuch-DVO idF der Bek. v. 24.5.2005 (Nds. GVBl. S. 183), zuletzt geänd. durch VO v. 11.10.2022 (Nds. GVBl. S. 634); Gutachterausschuss-GebührenO 2023 v. 6.11.2023 (Nds. GVBl. S. 263, 286), geänd. durch VO v. 13.5.2024 (Nds. GVBl. Nr. 41);
– **Nordrhein-Westfalen:** Baugesetzbuch-AusführungsG v. 3.2.2015 (GV. NRW. S. 211), zuletzt geänd. durch G v. 29.8.2023 (GV. NRW. S. 1112); BauGB-DurchführungsVO v. 7.7.1987 (GV. NRW. S. 220), zuletzt geänd. durch VO v. 14.12.2021 (GV. NRW. S. 1473); GrundstückswertermittlungsVO v. 8.12. 2020 (GV. NRW. S. 1186), geänd. durch VO v. 9.6.2021 (GV. NRW. S. 751);
– **Rheinland-Pfalz:** BauGB-ZuständigkeitsVO v. 21.12.2007 (GVBl. 2008 S. 22); UmlegungsausschussVO v. 27.6.2007 (GVBl. S. 102); GutachterausschussVO v. 20.4.2005 (GVBl. S. 139), zuletzt geänd. durch VO v. 22.12.2025 (GVBl. S. 789);
– **Saarland:** BauGB-ZuständigkeitsVO v. 13.12.2012 (Amtsbl. 2013 I S. 3), zuletzt geänd. durch VO v. 8.1.2024 (Amtsbl. I S. 20); GutachterausschußVO v. 21.8.1990 (Amtsbl. S. 957), zuletzt geänd. durch G v. 27.8.2025 (Amtsbl. I S. 854); UmlegungsausschußV v. 11.9.1998 (Amtsbl. S. 950), zuletzt geänd. durch G v. 27.8.2025 (Amtsbl. I S. 854);
– **Sachsen:** GutachterausschussVO v. 15.11.2011 (SächsGVBl. S. 598), zuletzt geänd. durch G v. 19.6. 2024 (SächsGVBl. S. 636);
– **Sachsen-Anhalt:** Durchführung des Baugesetzbuchs LSA v. 1.12.1999 (MBl. LSA 2000 S. 227); GutachterausschussVO v. 18.12.2013 (GVBl. LSA S. 555), zuletzt geänd. durch VO v. 6.12.2023 (GVBl. LSA S. 623); Bodenordnung-VO v. 31.10.1991 (GVBl. LSA S. 430), zuletzt geänd. durch G v. 19.3. 2002 (GVBl. LSA S. 130); UntersagungsVO zur Bebauungsteilgenehmigung v. 2.1.1998 (GVBl. LSA S. 2);
– **Schleswig-Holstein:** Baugesetzbuch-AusführungsG v. 21.10.1998 (GVOBl. Schl.-H. S. 303), zuletzt geänd. durch G v. 8.10.2009 (GVOBl. Schl.-H. S. 640); Vierte BundesbauG-DurchführungsVO v. 30.3. 1961 (GVOBl. Schl.-H. S. 45), zuletzt geänd. durch VO v. 17.10.1980 (GVOBl. Schl.-H. S. 315); Sechste BundesbauG-DurchführungsVO v. 14.6.1961 (GVOBl. Schl.-H. S. 108); GutachterausschussVO v. 27.4.2022 (GVOBl. Schl.-H. S. 588); BauGB-ZuständigkeitsVO v. 2.9.2021 (GVOBl. Schl.-H. S. 1057);
– **Thüringen:** Vorläufige BauGB-ZuständigkeitsVO v. 25.3.1991 (GVBl. S. 67); UmlegungsausschussVO v. 22.3.2005 (GVBl. S. 155), zuletzt geänd. durch G v. 18.12.2018 (GVBl. S. 731); GutachterausschussVO v. 30.6.2021 (GVBl. S. 356), geänd. durch G v. 2.7.2024 (GVBl. S. 277).

Außerdem haben die Länder **Bauordnungen** und ua folgende zugehörige Vorschriften erlassen:

– **Baden-Württemberg:** LandesbauO idF der Bek. v. 16.3.2026 (GBl. Nr. 44, S. 3); VersammlungsstättenVO v. 28.4.2004 (GBl. S. 311, 653), zuletzt geänd. durch VO v. 12.6.2025 (GBl. Nr. 53); Elektrische Betriebsräume-Bau-VO v. 8.12.2020 (GBl. S. 1182, 1192), geänd. durch VO v. 21.12.2021

(GBl. 2022 S. 1); Camping- und WochenendplatzVO v. 13.6.2023 (GBl. S. 251); BauprüfVO v. 10.5. 2010 (GBl. S. 446), zuletzt geänd. durch VO v. 21.12.2021 (GBl. 2022 S. 1); Verfahrensverordnung zur LBO v. 13.11.1995 (GBl. S. 794), zuletzt geänd. durch VO v. 12.6.2025 (GBl. Nr. 53); VerkaufsstättenVO v. 11.2.1997 (GBl. S. 84), zuletzt geänd. durch VO v. 12.6.2025 (GBl. Nr. 53); GaragenVO v. 7.7.1997 (GBl. S. 332), zuletzt geänd. durch VO v. 12.6.2025 (GBl. Nr. 53);

- **Bayern:** BauO idF der Bek. v. 14.8.2007 (GVBl. S. 588), zuletzt geänd. durch G v. 23.4.2026 (GVBl. S. 190); Elektrische Anlagen-BetriebsräumebauVO v. 13.4.1977 (BayRS 2132-1-8-B), zuletzt geänd. durch V v. 8.12.1997 (GVBl. S. 827); VersammlungsstättenVO v. 2.11.2007 (GVBl. S. 736), zuletzt geänd. durch V v. 7.8.2018 (GVBl. S. 694); Garagen- und Stellplatzverordnung v. 30.11.1993 (GVBl. S. 910), zuletzt geänd. durch G v. 23.12.2024 (GVBl. S. 619); BauvorlagenVO v. 10.11.2007 (GVBl. S. 792), zuletzt geänd. durch G v. 23.12.2024 (GVBl. S. 619); FeuerungsVO v. 11.11.2007 (GVBl. S. 800), zuletzt geänd. durch V v. 7.8.2018 (GVBl. S. 694); FeuerbeschauVO v. 5.6.1999 (GVBl. S. 270), zuletzt geänd. durch G v. 25.7.2025 (GVBl. S. 254); PrüfsachverständigenVO v. 29.11.2007 (GVBl. S. 829), zuletzt geänd. durch G v. 23.12.2020 (GVBl. S. 663);
- **Berlin:** BauO v. 29.9.2005 (GVBl. S. 495), zuletzt geänd. durch G v. 21.1.2026 (GVBl. S. 22); Bautechnische PrüfungsVO v. 12.2.2010 (GVBl. S. 62), zuletzt geänd. durch VO v. 13.11.2024 (GVBl. S. 565); BauvorlagenVO v. 19.6.2025 (GVBl. S. 334);
- **Brandenburg:** BauO idF der Bek. v. 15.11.2018 (GVBl. I Nr. 39), zuletzt geänd. durch G v. 28.9.2023 (GVBl. I Nr. 18); Brandenburgische Garagen- und StellplatzVO v. 11.11.2025 (GVBl. II Nr. 83); Bautechnische PrüfungsVO v. 10.9.2008 (GVBl. II S. 374), zuletzt geänd. durch VO v. 11.11.2025 (GVBl. II Nr. 83); BauvorlagenVO v. 7.11.2016 (GVBl. II Nr. 60), zuletzt geänd. durch VO v. 31.3. 2021 (GVBl. II Nr. 33); FeuerungsVO v. 13.1.2006 (GVBl. II S. 58), zuletzt geänd. durch VO v. 13.3. 2023 (GVBl. II Nr. 17); Verkaufsstätten-BauVO v. 8.11.2017 (GVBl. II Nr. 60), geänd. durch VO v. 11.11.2025 (GVBl. II Nr. 83); BaugebührenO v. 20.8.2009 (GVBl. II S. 562), zuletzt geänd. durch VO v. 25.11.2025 (GVBl. II Nr. 90);
- **Bremen:** Bremische Landesbauordnung v. 29.5.2024 (Brem.GBl. S. 270, 380), geänd. durch G v. 29.5. 2024 (Brem.GBl. S. 270); VO über Prüfingenieurinnen und Prüfingenieure v. 14.3.2025 (Brem.GBl. S. 73); Bremische BauvorlagenVO v. 1.9.2022 (Brem.GBl. S. 753), geänd. durch VO v. 24.10.2024 (Brem.GBl. S. 792);
- **Hamburg:** BauO v. 14.12.2005 (HmbGVBl. S. 525, 563), zuletzt geänd. durch G v. 5.3.2025 (HmbGVBl. S. 270); FeuerungsVO v. 3.6.2025 (HmbGVBl. S. 354, 356); BauvorlagenVO; Baugebührenordnung v. 2.12.2025 (HmbGVBl. S. 789); GaragenVO 2026 v. 3.6.2025 (HmbGVBl. S. 354, 361), geänd. durch VO v. 11.11.2025 (HmbGVBl. S. 653);
- **Hessen:** BauO v. 28.5.2018 (GVBl. S. 198), zuletzt geänd. durch G v. 9.10.2025 (GVBl. Nr. 66); Bauprodukte- und Bauartenverordnung v. 20.1.2004 (GVBl. I S. 56), zuletzt geänd. durch VO v. 1.12. 2025 (GVBl. Nr. 90); FeuerungsVO v. 15.10.2020 (GVBl. S. 748); Prüfberechtigten- und PrüfsachverständigenVO v. 18.12.2006 (GVBl. I S. 745), zuletzt geänd. durch G v. 16.12.2025 (GVBl. Nr. 110); GaragenVO v. 17.11.2014 (GVBl. S. 286);
- **Mecklenburg-Vorpommern:** LandesbauO idF der Bek. v. 15.10.2015 (GVOBl. M-V S. 334; 2016 S. 28), zuletzt geänd. durch G v. 18.3.2025 (GVOBl. M-V S. 130); BauvorlagenVO v. 10.7.2006 (GVOBl. M-V S. 612), zuletzt geänd. durch VO v. 30.11.2022 (GVOBl. M-V S. 581); Bauprodukte- und BauartenVO v. 8.12.2025 (GVOBl. M-V S. 801); CampingplatzVO v. 9.1.1996 (GVOBl. M-V S. 84), zuletzt geänd. durch VO v. 7.12.2010 (GVOBl. M-V S. 771); BauprüfVO v. 14.4.2016 (GVOBl. M-V S. 171), geänd. durch VO v. 11.6.2021 (GVOBl. M-V S. 1019);
- **Niedersachsen:** NBauO v. 3.4.2012 (Nds. GVBl. S. 46), zuletzt geänd. durch G v. 25.6.2025 (Nds. GVBl. Nr. 52); NBauO-DurchführungsVO v. 26.9.2012 (Nds. GVBl. S. 382), zuletzt geänd. durch VO v. 17.12.2024 (Nds. GVBl. Nr. 119); Elektrische Anlagen-BetriebsräumebauVO v. 25.1.2011 (Nds. GVBl. S. 19); VersammlungsstättenVO v. 8.11.2004 (Nds. GVBl. S. 426), zuletzt geänd. durch VO v. 23.11.2021 (Nds. GVBl. S. 758); CampingplatzVO v. 12.4.1984 (Nds. GVBl. S. 109), zuletzt geänd. durch VO v. 13.11.2012 (Nds. GVBl. S. 438); Bautechnische PrüfungsVO v. 24.7.1987 (Nds. GVBl. S. 129), zuletzt geänd. durch VO v. 23.11.2021 (Nds. GVBl. S. 758); BauvorlagenVO v. 23.11.2021 (Nds. GVBl. S. 760); Garagen- und StellplatzVO v. 4.9.1989 (Nds. GVBl. S. 327), zuletzt geänd. durch VO v. 18.5.2022 (Nds. GVBl. S. 357); VerkaufsstättenVO v. 17.1.1997 (Nds. GVBl. S. 31), zuletzt geänd. durch VO v. 13.11.2012 (Nds. GVBl. S. 438); BaugebührenO v. 13.1.1998 (Nds. GVBl. S. 3), zuletzt geänd. durch VO v. 20.7.2025 (Nds. GVBl. Nr. 57); FeuerungsVO v. 27.3.2008 (Nds. GVBl. S. 96), zuletzt geänd. durch VO v. 30.6.2020 (Nds. GVBl. S. 199);
- **Nordrhein-Westfalen:** LandesbauO v. 21.7.2018 (GV. NRW. S. 421), zuletzt geänd. durch G v. 31.10. 2023 (GV. NRW. S. 1172); SonderbauvO v. 2.12.2016 (GV. NRW. 2017 S. 2, 120; 2020 S. 148); Camping- und WochenendplatzVO v. 24.3.2011 (GV. NRW. S. 197), zuletzt geänd. durch VO v. 10.12. 2018 (GV. NRW. S. 680); Bautechnische PrüfungsVO v. 6.12.1995 (GV. NRW. S. 1241), zuletzt geänd. durch VO v. 12.11.2024 (GV. NRW. S. 881); FeuerungsVO v. 10.12.2018 (GV. NRW. S. 675);

– **Rheinland-Pfalz:** LandesbauO v. 24.11.1998 (GVBl. S. 365), zuletzt geänd. durch G v. 19.11.2025 (GVBl. S. 672); VersammlungsstättenVO v. 13.3.2018 (GVBl. S. 29), zuletzt geänd. durch VO v. 21.1.2025 (GVBl. S. 5); Elektrische-Anlagen-BetriebsräumeVO v. 27.7.2023 (GVBl. S. 234); Camping- und WochenendplatzVO v. 18.9.1984 (GVBl. S. 195), zuletzt geänd. durch VO v. 8.8.2017 (GVBl. S. 184); Garagen- und StellplatzanlagenVO v. 8.12.2022 (GVBl. S. 445), geänd. durch VO v. 21.1.2025 (GVBl. S. 5); VerkaufsstättenVO v. 21.1.2025 (GVBl. S. 5); VO über die Gebühren für Amtshandlungen der Bauaufsichtsbehörden und über die Vergütung der Leistungen der Prüfingenieurinnen und Prüfingenieure für Baustatik v. 9.1.2007 (GVBl. S. 22), zuletzt geänd. durch VO v. 7.3.2025 (GVBl. S. 71);
– **Saarland:** LandesbauO v. 18.2.2004 (Amtsbl. S. 822), zuletzt geänd. durch G v. 27.8.2025 (Amtsbl. I S. 854); BauvorlagenVO v. 15.6.2011 (Amtsbl. I S. 254), zuletzt geänd. durch G v. 19.2.2025 (Amtsbl. I S. 369_2); GaragenVO idF der Bek. v. 30.8.1976 (Amtsbl. S. 951), geänd. durch VO v. 25.8.2008 (Amtsbl. S. 1470); Prüfberechtigten- und PrüfsachverständigenVO v. 26.1.2011 (Amtsbl. I S. 30), zuletzt geänd. durch G v. 27.8.2025 (Amtsbl. I S. 854); Technische PrüfVO v. 26.1.2011 (Amtsbl. I S. 30, 48), zuletzt geänd. durch VO v. 12.11.2015 (Amtsbl. I S. 888); VersammlungsstättenVO v. 21.6.2021 (Amtsbl. I S. 1684), geänd. durch G v. 16.3.2022 (Amtsbl. I S. 648); Elektroanlagen-BauVO v. 25.1.2024 (Amtsbl. I S. 68, 69); Camping- und WochenendplatzVO v. 22.6.1999 (Amtsbl. S. 1158), zuletzt geänd. durch G v. 15.7.2015 (Amtsbl. I S. 632); VerkaufsstättenVO v. 25.9.2000 (Amtsbl. S. 1934), zuletzt geänd. durch G v. 15.7.2015 (Amtsbl. I S. 632);
– **Sachsen:** BauO idF der Bek. v. 11.5.2016 (SächsGVBl. S. 186), zuletzt geänd. durch G v. 1.3.2024 (SächsGVBl. S. 169); BauO-DurchführungsVO v. 2.9.2004 (SächsGVBl. S. 427), zuletzt geänd. durch VO v. 16.7.2024 (SächsGVBl. S. 748); VwV zur BauO v. 18.3.2005 (SächsABl. SDr. S. 59, SächsABl. S. 363), zuletzt geänd. durch VwV v. 9.5.2019 (SächsABl. S. 782); RLn für die Durchführung von Bauaufgaben des Freistaates Sachsen im Zuständigkeitsbereich des Staatshochbauverwaltung; VO über Bauvorlagen und bautechnische Prüfungen v. 2.9.1997 (SächsABl. S. 533);
– **Sachsen-Anhalt:** BauO idF der Bek. v. 10.9.2013 (GVBl. LSA S. 440), zuletzt geänd. durch G v. 14.1.2026 (GVBl. LSA S. 10); BaugebührenO v. 4.5.2006 (GVBl. LSA S. 315), zuletzt geänd. durch VO v. 12.9.2024 (GVBl. LSA S. 238); FeuerungsVO v. 11.8.2025 (GVBl. LSA S. 587)
– **Schleswig-Holstein:** LandesbauO v. 22.1.2009 (GVOBl. Schl.-H. S. 6), zuletzt geänd. durch G v. 6.12.2021 (GVOBl. Schl.-H. S. 1422); Allg. LandesVO zur Durchführung der LBO v. 25.4.1968 (GVOBl. Schl.-H. S. 105), zuletzt geänd. durch VO v. 10.7.1980 (GVOBl. Schl.-H. S. 263); VersammlungsstättenVO v. 6.9.2022 (GVOBl. Schl.-H. S. 810); Sch.-H. Elektrische Anlagen-BetriebsräumebauVO v. 2.5.2022 (GVOBl. Schl.-H. S. 602); BauvorlagenVO 2022 v. 5.1.2022 (GVOBl. Schl.-H. S. 26), zuletzt geänd. durch VO v. 8.7.2025 (GVOBl. Schl.-H. Nr. 109); LandesVO über die Zuständigkeiten der Landesbauämter v. 19.5.1995 (GVOBl. Schl.-H. S. 227); Schl.-H. Prüfingenieure-VO v. 26.7.2022 (GVOBl. Schl.-H. S. 747), geänd. durch VO v. 28.2.2025 (GVOBl. Schl.-H. Nr. 41); Garagen- und StellplatzVO v. 3.7.2023 (GVOBl. Schl.-H. S. 315); FeuerungsVO v. 2.9.2022 (GVOBl. Schl.-H. S. 803); BaugebührenVO v. 10.6.2022 (GVOBl. Schl.-H. S. 704), zuletzt geänd. durch VO v. 8.7.2025 (GVOBl. Schl.-H. Nr. 109); VerkaufsstättenVO v. 7.6.2022 (GVOBl. Schl.-H. S. 686); Camping- und WochenendplatzVO v. 13.7.2010 (GVOBl. Schl.-H. S. 522), geänd. durch VO v. 24.7.2015 (GVOBl. Schl.-H. S. 301);
– **Thüringen:** Thüringer BauO v. 2.7.2024 (GVBl. S. 298); BauvorlagenVO v. 23.3.2010 (GVBl. S. 129), zuletzt geänd. durch VO v. 24.2.2026 (GVBl. S. 84); FeuerungsVO v. 10.8.2009 (GVBl. S. 745), zuletzt geänd. durch VO v. 16.6.2021 (GVBl. S. 274).

Inhaltsübersicht[1)]

Erstes Kapitel. Allgemeines Städtebaurecht

Erster Teil. Bauleitplanung

Erster Abschnitt. Allgemeine Vorschriften

[1)] Inhaltsübersicht geänd. mWv 28.3.2020 durch G v. 27.3.2020 (BGBl. I S. 587); geänd. mWv 23.6.2021 durch G v. 14.6.2021 (BGBl. I S. 1802); geänd. mWv 23.7.2021 durch G v. 16.7.2021 (BGBl. I S. 2939); geänd. mWv 15.9.2021 durch G v. 10.9.2021 (BGBl. I S. 4147); geänd. mWv 1.2.2023 durch G *v. 20.7.2022 (BGBl. I S. 1353); geänd. m*Wv 13.10.2022 durch G v. 8.10.2022 (BGBl. I S. 1726); geänd. mWv 1.1.2023 durch G v. 4.1.2023 (BGBl. 2023 I Nr. 6); geänd. mWv 7.7.2023 durch G v. 3.7.2023 (BGBl. 2023 I Nr. 176); geänd. mWv 1.1.2024 durch G v. 20.12.2023 (BGBl. 2023 I Nr. 394); geänd. mWv 15.8.2025 durch G v. 12.8.2025 (BGBl. 2025 I Nr. 189); geänd. mWv 30.10.2025 durch G v. 27.10.2025 (BGBl. 2025 I Nr. 257).

(Fortsetzung nächstes Blatt)

Erstes Kapitel. Allgemeines Städtebaurecht

Erster Teil. Bauleitplanung

Erster Abschnitt. Allgemeine Vorschriften

§ 1[1)] Aufgabe, Begriff und Grundsätze der Bauleitplanung. (1) Aufgabe der Bauleitplanung ist es, die bauliche und sonstige Nutzung der Grundstücke in der Gemeinde nach Maßgabe dieses Gesetzbuchs vorzubereiten und zu leiten.

(2) Bauleitpläne sind der Flächennutzungsplan (vorbereitender Bauleitplan) und der Bebauungsplan (verbindlicher Bauleitplan).

(3) [1] Die Gemeinden haben die Bauleitpläne aufzustellen, sobald und soweit es für die städtebauliche Entwicklung und Ordnung erforderlich ist; die Aufstellung kann insbesondere bei der Ausweisung von Flächen für den Wohnungsbau in Betracht kommen. [2] Auf die Aufstellung von Bauleitplänen und städtebaulichen Satzungen besteht kein Anspruch; ein Anspruch kann auch nicht durch Vertrag begründet werden.

(4) Die Bauleitpläne sind den Zielen der Raumordnung anzupassen.

(5) [1] Die Bauleitpläne sollen eine nachhaltige städtebauliche Entwicklung, die die sozialen, wirtschaftlichen und umweltschützenden Anforderungen auch in Verantwortung gegenüber künftigen Generationen miteinander in Einklang bringt, und eine dem Wohl der Allgemeinheit dienende sozialgerechte Bodennutzung unter Berücksichtigung der Wohnbedürfnisse der Bevölkerung gewährleisten. [2] Sie sollen dazu beitragen, eine menschenwürdige Umwelt zu sichern, die natürlichen Lebensgrundlagen zu schützen und zu entwickeln sowie den Klimaschutz und die Klimaanpassung, insbesondere auch in der Stadtentwicklung, zu fördern und zur Erfüllung der Klimaschutzziele des Bundes-Klimaschutzgesetzes[2)] die Wärme- und Energieversorgung von Gebäuden treibhausgasneutral zu gestalten sowie die städtebauliche Gestalt und das Orts- und Landschaftsbild baukulturell zu erhalten und zu entwickeln. [3] Hierzu soll die städtebauliche Entwicklung vorrangig durch Maßnahmen der Innenentwicklung erfolgen.

(6) Bei der Aufstellung der Bauleitpläne sind insbesondere zu berücksichtigen:

1. die allgemeinen Anforderungen an gesunde Wohn- und Arbeitsverhältnisse und die Sicherheit der Wohn- und Arbeitsbevölkerung,
2. die Wohnbedürfnisse der Bevölkerung, insbesondere auch von Familien mit mehreren Kindern, die Schaffung und Erhaltung sozial stabiler Bewohnerstrukturen, die Eigentumsbildung weiter Kreise der Bevölkerung und die Anforderungen kostensparenden Bauens sowie die Bevölkerungsentwicklung,
3. die sozialen und kulturellen Bedürfnisse der Bevölkerung, insbesondere die Bedürfnisse der Familien, der jungen, alten und behinderten Menschen, unterschiedliche Auswirkungen auf Frauen und Männer sowie die Belange des Bildungswesens und von Sport, Freizeit und Erholung,
4. die Erhaltung, Erneuerung, Fortentwicklung, Anpassung und der Umbau vorhandener Ortsteile sowie die Erhaltung und Entwicklung zentraler Versorgungsbereiche,

---

[1)] *§ 1 Abs. 3 Satz 1, Abs. 6 Nr. 8 Buchst. d, Nr.* 9, 13 geänd., Nr. 14 angef. mWv 23.6.2021 durch G v. 14.6.2021 (BGBl. I S. 1802); Abs. 5 Satz 2 und Abs. 6 Nr. 7 Buchst. f geänd., Buchst. g neu gef. mWv 1.1.2024 durch G v. 20.12.2023 (BGBl. 2023 I Nr. 394); Abs. 6 Nr. 8 Buchst. a geänd., Nr. 9 neu gef. mWv 30.10.2025 durch G v. 27.10.2025 (BGBl. 2025 I Nr. 257).

[2)] Nr. **290**.

5. die Belange der Baukultur, des Denkmalschutzes und der Denkmalpflege, die erhaltenswerten Ortsteile, Straßen und Plätze von geschichtlicher, künstlerischer oder städtebaulicher Bedeutung und die Gestaltung des Orts- und Landschaftsbildes,
6. die von den Kirchen und Religionsgesellschaften des öffentlichen Rechts festgestellten Erfordernisse für Gottesdienst und Seelsorge,
7. die Belange des Umweltschutzes, einschließlich des Naturschutzes und der Landschaftspflege, insbesondere
   a) die Auswirkungen auf Tiere, Pflanzen, Fläche, Boden, Wasser, Luft, Klima und das Wirkungsgefüge zwischen ihnen sowie die Landschaft und die biologische Vielfalt,
   b) die Erhaltungsziele und der Schutzzweck der Natura 2000-Gebiete im Sinne des Bundesnaturschutzgesetzes[1)],
   c) umweltbezogene Auswirkungen auf den Menschen und seine Gesundheit sowie die Bevölkerung insgesamt,
   d) umweltbezogene Auswirkungen auf Kulturgüter und sonstige Sachgüter,
   e) die Vermeidung von Emissionen sowie der sachgerechte Umgang mit Abfällen und Abwässern,
   f) die Nutzung erneuerbarer Energien, insbesondere auch im Zusammenhang mit der Wärmeversorgung von Gebäuden, sowie die sparsame und effiziente Nutzung von Energie,
   g) die Darstellungen von Landschaftsplänen und sonstigen Plänen, insbesondere des Wasser-, des Abfall- und des Immissionsschutzrechts, sowie die Darstellungen in Wärmeplänen und die Entscheidungen über die Ausweisung als Gebiet zum Neu- oder Ausbau von Wärmenetzen oder als Wasserstoffnetzausbaugebiet gemäß § 26 des Wärmeplanungsgesetzes vom 20. Dezember 2023 (BGBl. 2023 I Nr. 394),
   h) die Erhaltung der bestmöglichen Luftqualität in Gebieten, in denen die durch Rechtsverordnung zur Erfüllung von Rechtsakten der Europäischen Union festgelegten Immissionsgrenzwerte nicht überschritten werden,
   i) die Wechselwirkungen zwischen den einzelnen Belangen des Umweltschutzes nach den Buchstaben a bis d,
   j) unbeschadet des § 50 Satz 1 des Bundes-Immissionsschutzgesetzes[2)], die Auswirkungen, die aufgrund der Anfälligkeit der nach dem Bebauungsplan zulässigen Vorhaben für schwere Unfälle oder Katastrophen zu erwarten sind, auf die Belange nach den Buchstaben a bis d und i,
8. die Belange
   a) der Wirtschaft, auch ihrer mittelständischen Struktur im Interesse einer verbrauchernahen Versorgung der Bevölkerung, einschließlich ihrer Bestands- und Entwicklungsinteressen,
   b) der Land- und Forstwirtschaft,
   c) der Erhaltung, Sicherung und Schaffung von Arbeitsplätzen,
   d) des Post- und Telekommunikationswesens, insbesondere des Mobilfunkausbaus,
   e) der Versorgung, insbesondere mit Energie und Wasser, einschließlich der Versorgungssicherheit,

---

[1)] Nr. **880**.
[2)] Nr. **296**.

f) der Sicherung von Rohstoffvorkommen,

9. die Belange des Personen- und Güterverkehrs und der Mobilität der Bevölkerung unter besonderer Berücksichtigung einer auf Vermeidung und Verringerung von Verkehr ausgerichteten städtebaulichen Entwicklung, einschließlich
   a) des Bestands- und Entwicklungsinteresses bei Verkehrsanlagen und
   b) der Belange des öffentlichen Personennahverkehrs, des Verkehrs mit elektrisch betriebenen Kraftfahrzeugen und des nicht motorisierten Verkehrs,
10. die Belange der Verteidigung und des Zivilschutzes sowie der zivilen Anschlussnutzung von Militärliegenschaften,
11. die Ergebnisse eines von der Gemeinde beschlossenen städtebaulichen Entwicklungskonzeptes oder einer von ihr beschlossenen sonstigen städtebaulichen Planung,
12. die Belange des Küsten- oder Hochwasserschutzes und der Hochwasservorsorge, insbesondere die Vermeidung und Verringerung von Hochwasserschäden,
13. die Belange von Flüchtlingen oder Asylbegehrenden und ihrer Unterbringung,
14. die ausreichende Versorgung mit Grün- und Freiflächen.

(7) Bei der Aufstellung der Bauleitpläne sind die öffentlichen und privaten Belange gegeneinander und untereinander gerecht abzuwägen.

(8) Die Vorschriften dieses Gesetzbuchs über die Aufstellung von Bauleitplänen gelten auch für ihre Änderung, Ergänzung und Aufhebung.

§ 1a Ergänzende Vorschriften zum Umweltschutz. (1) Bei der Aufstellung der Bauleitpläne sind die nachfolgenden Vorschriften zum Umweltschutz anzuwenden.

(Fortsetzung nächstes Blatt)

(2) [1] Mit Grund und Boden soll sparsam und schonend umgegangen werden; dabei sind zur Verringerung der zusätzlichen Inanspruchnahme von Flächen für bauliche Nutzungen die Möglichkeiten der Entwicklung der Gemeinde insbesondere durch Wiedernutzbarmachung von Flächen, Nachverdichtung und andere Maßnahmen zur Innenentwicklung zu nutzen sowie Bodenversiegelungen auf das notwendige Maß zu begrenzen. [2] Landwirtschaftlich, als Wald oder für Wohnzwecke genutzte Flächen sollen nur im notwendigen Umfang umgenutzt werden. [3] Die Grundsätze nach den Sätzen 1 und 2 sind in der Abwägung nach § 1 Absatz 7 zu berücksichtigen. [4] Die Notwendigkeit der Umwandlung landwirtschaftlich oder als Wald genutzter Flächen soll begründet werden; dabei sollen Ermittlungen zu den Möglichkeiten der Innenentwicklung zugrunde gelegt werden, zu denen insbesondere Brachflächen, Gebäudeleerstand, Baulücken und andere Nachverdichtungsmöglichkeiten zählen können.

(3) [1] Die Vermeidung und der Ausgleich voraussichtlich erheblicher Beeinträchtigungen des Landschaftsbildes sowie der Leistungs- und Funktionsfähigkeit des Naturhaushalts in seinen in § 1 Absatz 6 Nummer 7 Buchstabe a bezeichneten Bestandteilen (Eingriffsregelung nach dem Bundesnaturschutzgesetz[1)]) sind in der Abwägung nach § 1 Absatz 7 zu berücksichtigen. [2] Der Ausgleich erfolgt durch geeignete Darstellungen und Festsetzungen nach den §§ 5 und 9 als Flächen oder Maßnahmen zum Ausgleich. [3] Soweit dies mit einer nachhaltigen städtebaulichen Entwicklung und den Zielen der Raumordnung sowie des Naturschutzes und der Landschaftspflege vereinbar ist, können die Darstellungen und Festsetzungen auch an anderer Stelle als am Ort des Eingriffs erfolgen. [4] Anstelle von Darstellungen und Festsetzungen können auch vertragliche Vereinbarungen nach § 11 oder sonstige geeignete Maßnahmen zum Ausgleich auf von der Gemeinde bereitgestellten Flächen getroffen werden. [5] § 15 Absatz 3 des Bundesnaturschutzgesetzes gilt entsprechend. [6] Ein Ausgleich ist nicht erforderlich, soweit die Eingriffe bereits vor der planerischen Entscheidung erfolgt sind oder zulässig waren.

(4) Soweit ein Gebiet im Sinne des § 1 Absatz 6 Nummer 7 Buchstabe b in seinen für die Erhaltungsziele oder den Schutzzweck maßgeblichen Bestandteilen erheblich beeinträchtigt werden kann, sind die Vorschriften des Bundesnaturschutzgesetzes über die Zulässigkeit und Durchführung von derartigen Eingriffen einschließlich der Einholung der Stellungnahme der Europäischen Kommission anzuwenden.

(5) [1] Den Erfordernissen des Klimaschutzes soll sowohl durch Maßnahmen, die dem Klimawandel entgegenwirken, als auch durch solche, die der Anpassung an den Klimawandel dienen, Rechnung getragen werden. [2] Der Grundsatz nach Satz 1 ist in der Abwägung nach § 1 Absatz 7 zu berücksichtigen.

§ 2 Aufstellung der Bauleitpläne. (1) [1] Die Bauleitpläne sind von der Gemeinde in eigener Verantwortung aufzustellen. [2] Der Beschluss, einen Bauleitplan aufzustellen, ist ortsüblich bekannt zu machen.

(2) [1] Die Bauleitpläne benachbarter Gemeinden sind aufeinander abzustimmen. [2] Dabei können sich Gemeinden auch auf die ihnen durch Ziele der Raumordnung zugewiesenen Funktionen sowie auf Auswirkungen auf ihre zentralen Versorgungsbereiche berufen.

(3) Bei der Aufstellung der Bauleitpläne sind die Belange, die für die Abwägung von Bedeutung sind (Abwägungsmaterial), zu ermitteln und zu bewerten.

[1)] Nr. **880**.

(4) [1] Für die Belange des Umweltschutzes nach § 1 Absatz 6 Nummer 7 und § 1a wird eine Umweltprüfung durchgeführt, in der die voraussichtlichen erheblichen Umweltauswirkungen ermittelt werden und in einem Umweltbericht beschrieben und bewertet werden; die Anlage 1 zu diesem Gesetzbuch ist anzuwenden. [2] Die Gemeinde legt dazu für jeden Bauleitplan fest, in welchem Umfang und Detaillierungsgrad die Ermittlung der Belange für die Abwägung erforderlich ist. [3] Die Umweltprüfung bezieht sich auf das, was nach gegenwärtigem Wissensstand und allgemein anerkannten Prüfmethoden sowie nach Inhalt und Detaillierungsgrad des Bauleitplans angemessenerweise verlangt werden kann. [4] Das Ergebnis der Umweltprüfung ist in der Abwägung zu berücksichtigen. [5] Wird eine Umweltprüfung für das Plangebiet oder für Teile davon in einem Raumordnungs-, Flächennutzungs- oder Bebauungsplanverfahren durchgeführt, soll die Umweltprüfung in einem zeitlich nachfolgend oder gleichzeitig durchgeführten Bauleitplanverfahren auf zusätzliche oder andere erhebliche Umweltauswirkungen beschränkt werden. [6] Liegen Landschaftspläne oder sonstige Pläne nach § 1 Absatz 6 Nummer 7 Buchstabe g vor, sind deren Bestandsaufnahmen und Bewertungen in der Umweltprüfung heranzuziehen.

§ 2a Begründung zum Bauleitplanentwurf, Umweltbericht. [1] Die Gemeinde hat im Aufstellungsverfahren dem Entwurf des Bauleitplans eine Begründung beizufügen. [2] In ihr sind entsprechend dem Stand des Verfahrens

1. die Ziele, Zwecke und wesentlichen Auswirkungen des Bauleitplans und
2. in dem Umweltbericht nach der Anlage 1 zu diesem Gesetzbuch die auf Grund der Umweltprüfung nach § 2 Absatz 4 ermittelten und bewerteten Belange des Umweltschutzes

darzulegen. [3] Der Umweltbericht bildet einen gesonderten Teil der Begründung.

§ 3[1] Beteiligung der Öffentlichkeit. (1) [1] Die Öffentlichkeit ist möglichst frühzeitig über die allgemeinen Ziele und Zwecke der Planung, sich wesentlich unterscheidende Lösungen, die für die Neugestaltung oder Entwicklung eines Gebiets in Betracht kommen, und die voraussichtlichen Auswirkungen der Planung öffentlich zu unterrichten; ihr ist Gelegenheit zur Äußerung und Erörterung zu geben. [2] Auch Kinder und Jugendliche sind Teil der Öffentlichkeit im Sinne des Satzes 1. [3] Von der Unterrichtung und Erörterung kann abgesehen werden, wenn

1. ein Bebauungsplan aufgestellt oder aufgehoben wird und sich dies auf das Plangebiet und die Nachbargebiete nicht oder nur unwesentlich auswirkt oder
2. die Unterrichtung und Erörterung bereits zuvor auf anderer Grundlage erfolgt sind.

[4] An die Unterrichtung und Erörterung schließt sich das Verfahren nach Absatz 2 auch an, wenn die Erörterung zu einer Änderung der Planung führt.

(2) [1] Die Entwürfe der Bauleitpläne sind mit der Begründung und den nach Einschätzung der Gemeinde wesentlichen, bereits vorliegenden umweltbezogenen Stellungnahmen für die Dauer eines Monats, mindestens jedoch für die Dauer von 30 Tagen, oder bei Vorliegen eines wichtigen Grundes für die Dauer einer angemessenen längeren Frist im Internet zu veröffentlichen. [2] Zusätzlich zur Veröffentlichung im Internet nach Satz 1 sind eine oder mehrere andere leicht zu erreichende Zugangsmöglichkeiten, etwa durch öffentlich zugängliche Lesegeräte oder durch eine öffentliche Auslegung der in Satz 1 genannten Unterlagen, zur

[1] § 3 Abs. 2 neu gef., Abs. 3 geänd. mWv 7.7.2023 durch G v. 3.7.2023 (BGBl. 2023 I Nr. 176).

Verfügung zu stellen. [3]Die nach § 4 Absatz 2 Beteiligten sollen von der Veröffentlichung im Internet auf elektronischem Weg benachrichtigt werden. [4]Die Internetseite oder Internetadresse, unter der die in Satz 1 genannten Unterlagen eingesehen werden können, die Dauer der Veröffentlichungsfrist sowie Angaben dazu, welche Arten umweltbezogener Informationen verfügbar sind, sind vor Beginn der Veröffentlichungsfrist ortsüblich bekannt zu machen; in der Bekanntmachung ist darauf hinzuweisen,

1. dass Stellungnahmen während der Dauer der Veröffentlichungsfrist abgegeben werden können,
2. dass Stellungnahmen elektronisch übermittelt werden sollen, bei Bedarf aber auch auf anderem Weg abgegeben werden können,
3. dass nicht fristgerecht abgegebene Stellungnahmen bei der Beschlussfassung über den Bauleitplan unberücksichtigt bleiben können und
4. welche anderen leicht zu erreichenden Zugangsmöglichkeiten nach Satz 2 bestehen.

[5]Der Inhalt der Bekanntmachung ist zusätzlich in das Internet einzustellen; die nach Satz 1 zu veröffentlichenden Unterlagen und der Inhalt der Bekanntmachung sind über ein zentrales Internetportal des Landes zugänglich zu machen. [6]Die fristgemäß abgegebenen Stellungnahmen sind zu prüfen; das Ergebnis ist mitzuteilen. [7]Haben mehr als 50 Personen Stellungnahmen mit im Wesentlichen gleichem Inhalt abgegeben, kann die Mitteilung dadurch ersetzt werden, dass diesen Personen die Einsicht in das Ergebnis ermöglicht wird; die Stelle, bei der das Ergebnis der Prüfung während der Dienststunden eingesehen werden kann, ist ortsüblich und über das Internet bekannt zu machen. [8]Bei der Vorlage der Bauleitpläne nach § 6 oder § 10 Absatz 2 sind die nicht berücksichtigten Stellungnahmen mit einer Stellungnahme der Gemeinde beizufügen.

(3) Bei Flächennutzungsplänen ist ergänzend zu dem Hinweis nach Absatz 2 Satz 4 zweiter Halbsatz darauf hinzuweisen, dass eine Vereinigung im Sinne des § 4 Absatz 3 Satz 1 Nummer 2 des Umwelt-Rechtsbehelfsgesetzes[1)] in einem Rechtsbehelfsverfahren nach § 7 Absatz 2 des Umwelt-Rechtsbehelfsgesetzes gemäß § 7 Absatz 3 Satz 1 des Umwelt-Rechtsbehelfsgesetzes mit allen Einwendungen ausgeschlossen ist, die sie im Rahmen der Veröffentlichungsfrist nicht oder nicht rechtzeitig geltend gemacht hat, aber hätte geltend machen können.

§ 4[2)] Beteiligung der Behörden. (1) [1]Die Behörden und sonstigen Träger öffentlicher Belange, deren Aufgabenbereich durch die Planung berührt werden kann, sind entsprechend § 3 Absatz 1 Satz 1 Halbsatz 1 zu unterrichten und zur Äußerung auch im Hinblick auf den erforderlichen Umfang und Detaillierungsgrad der Umweltprüfung nach § 2 Absatz 4 aufzufordern. [2]Hieran schließt sich das Verfahren nach Absatz 2 auch an, wenn die Äußerung zu einer Änderung der Planung führt.

(2) [1]Die Gemeinde holt die Stellungnahmen der Behörden und sonstigen Träger öffentlicher Belange, deren Aufgabenbereich durch die Planung berührt werden kann, zum Planentwurf und zur Begründung ein. [2]Die Bereitstellung der Unterlagen sowie die Mitteilung hierüber sollen elektronisch erfolgen. [3]Die Behörden und sonstigen Träger öffentlicher Belange haben ihre Stellungnahmen innerhalb eines Monats abzugeben, wobei jedoch die Frist zur Abgabe von

---

1) Nr. **293**.

2) § 4 Abs. 2 neu gef. mWv 7.7.2023 durch G v. 3.7.2023 (BGBl. 2023 I Nr. 176).

Stellungnahmen 30 Tage nicht unterschreiten darf; die Gemeinde soll diese Frist bei Vorliegen eines wichtigen Grundes angemessen verlängern. [4]Die Stellungnahmen sollen elektronisch übermittelt werden. [5]In den Stellungnahmen sollen sich die Behörden und sonstigen Träger öffentlicher Belange auf ihren Aufgabenbereich beschränken; sie haben auch Aufschluss über von ihnen beabsichtigte oder bereits eingeleitete Planungen und sonstige Maßnahmen sowie deren zeitliche Abwicklung zu geben, die für die städtebauliche Entwicklung und Ordnung des Gebiets bedeutsam sein können. [6]Verfügen sie über Informationen, die für die Ermittlung und Bewertung des Abwägungsmaterials zweckdienlich sind, haben sie diese Informationen der Gemeinde zur Verfügung zu stellen.

(3) Nach Abschluss des Verfahrens zur Aufstellung des Bauleitplans unterrichten die Behörden die Gemeinde, sofern nach den ihnen vorliegenden Erkenntnissen die Durchführung des Bauleitplans erhebliche, insbesondere unvorhergesehene nachteilige Auswirkungen auf die Umwelt hat.

§ 4a[1)] Gemeinsame Vorschriften zur Beteiligung. (1) Die Vorschriften über die Öffentlichkeits- und Behördenbeteiligung dienen insbesondere der vollständigen Ermittlung und zutreffenden Bewertung der von der Planung berührten Belange und der Information der Öffentlichkeit.

(2) Die Unterrichtung nach § 3 Absatz 1 kann gleichzeitig mit der Unterrichtung nach § 4 Absatz 1, die Veröffentlichung im Internet nach § 3 Absatz 2 kann gleichzeitig mit der Einholung der Stellungnahmen nach § 4 Absatz 2 durchgeführt werden.

(3) [1]Wird der Entwurf des Bauleitplans nach dem Verfahren nach § 3 Absatz 2 oder § 4 Absatz 2 geändert oder ergänzt, ist er erneut nach § 3 Absatz 2 im Internet zu veröffentlichen und sind die Stellungnahmen erneut einzuholen, es sei denn, die Änderung oder Ergänzung führt offensichtlich nicht zu einer erstmaligen oder stärkeren Berührung von Belangen. [2]Ist der Entwurf des Bauleitplans erneut zu veröffentlichen, ist in Bezug auf die Änderung oder Ergänzung und ihre möglichen Auswirkungen Gelegenheit zur Stellungnahme zu geben; hierauf ist in der erneuten Bekanntmachung nach § 3 Absatz 2 Satz 4 hinzuweisen. [3]Die Dauer der Veröffentlichungsfrist im Internet und der Frist zur Stellungnahme soll angemessen verkürzt werden. [4]Werden durch die Änderung oder Ergänzung des Entwurfs des Bauleitplans die Grundzüge der Planung nicht berührt, soll die Einholung der Stellungnahmen auf die von der Änderung oder Ergänzung betroffene Öffentlichkeit sowie die berührten Behörden und sonstigen Träger öffentlicher Belange beschränkt werden, es sei denn, diese Beschränkung führt nach Einschätzung der Gemeinde zu einer längeren Verfahrensdauer.

(4) [1]Bei Bauleitplänen, die erhebliche Auswirkungen auf Nachbarstaaten haben können, sind die Gemeinden und Behörden des Nachbarstaates nach den Grundsätzen der Gegenseitigkeit und Gleichwertigkeit zu unterrichten. [2]Abweichend von Satz 1 ist bei Bauleitplänen, die erhebliche Umweltauswirkungen auf einen anderen Staat haben können, dieser nach den Vorschriften des Gesetzes über die Umweltverträglichkeitsprüfung[2)] zu beteiligen; für die Stellungnahmen der Öffentlichkeit und Behörden des anderen Staates, einschließlich der Rechtsfolgen nicht rechtzeitig abgegebener Stellungnahmen, sind abweichend von den Vor-

[1)] § 4a Abs. 2 geänd., Abs. 3 neu gef., Abs. 4 aufgeh., bish. Abs. 5 wird Abs. 4 und Satz 3 geänd., bish. Abs. 6 wird Abs. 5 und Satz 2 geänd., Abs. 6 angef. mWv 7.7.2023 durch G v. 3.7.2023 (BGBl. 2023 I Nr. 176).

[2)] Nr. **295**.

schriften des Gesetzes über die Umweltverträglichkeitsprüfung die Vorschriften dieses Gesetzbuchs entsprechend anzuwenden. [3] Ist bei Bauleitplänen eine grenzüberschreitende Beteiligung nach Satz 2 erforderlich, ist hierauf bei der Bekanntmachung nach § 3 Absatz 2 Satz 4 hinzuweisen.

(5) [1] Stellungnahmen, die im Verfahren der Öffentlichkeits- und Behördenbeteiligung nicht rechtzeitig abgegeben worden sind, können bei der Beschlussfassung über den Bauleitplan unberücksichtigt bleiben, sofern die Gemeinde deren Inhalt nicht kannte und nicht hätte kennen müssen und deren Inhalt für die Rechtmäßigkeit des Bauleitplans nicht von Bedeutung ist. [2] Satz 1 gilt für in der Öffentlichkeitsbeteiligung abgegebene Stellungnahmen nur, wenn darauf in der Bekanntmachung nach § 3 Absatz 2 Satz 4 zur Öffentlichkeitsbeteiligung hingewiesen worden ist.

(6) Die Digitalisierung des Bauleitplanverfahrens richtet sich im Übrigen nach den Beschlüssen des IT-Planungsrats zur Festsetzung von IT-Interoperabilitäts- und IT-Sicherheitsstandards sowie den Vorgaben des Online-Zugangsgesetzes, soweit die Beschlüsse und die Vorgaben für die Gemeinden verbindlich sind.

§ 4b Einschaltung eines Dritten. [1] Die Gemeinde kann insbesondere zur Beschleunigung des Bauleitplanverfahrens die Vorbereitung und Durchführung von Verfahrensschritten nach den §§ 2a bis 4a einem Dritten übertragen. [2] Sie kann einem Dritten auch die Durchführung einer Mediation oder eines anderen Verfahrens der außergerichtlichen Konfliktbeilegung übertragen.

§ 4c Überwachung. [1] Die Gemeinden überwachen die erheblichen Umweltauswirkungen, die auf Grund der Durchführung der Bauleitpläne eintreten, um insbesondere unvorhergesehene nachteilige Auswirkungen frühzeitig zu ermitteln und in der Lage zu sein, geeignete Maßnahmen zur Abhilfe zu ergreifen; Gegenstand der Überwachung ist auch die Durchführung von Darstellungen oder Festsetzungen nach § 1a Absatz 3 Satz 2 und von Maßnahmen nach § 1a Absatz 3 Satz 4. [2] Sie nutzen dabei die im Umweltbericht nach Nummer 3 Buchstabe b der Anlage 1 zu diesem Gesetzbuch angegebenen Überwachungsmaßnahmen und die Informationen der Behörden nach § 4 Absatz 3.

Zweiter Abschnitt. Vorbereitender Bauleitplan (Flächennutzungsplan)

§ 5[1)] Inhalt des Flächennutzungsplans. (1) [1] Im Flächennutzungsplan ist für das ganze Gemeindegebiet die sich aus der beabsichtigten städtebaulichen Entwicklung ergebende Art der Bodennutzung nach den voraussehbaren Bedürfnissen der Gemeinde in den Grundzügen darzustellen. [2] Aus dem Flächennutzungsplan können Flächen und sonstige Darstellungen ausgenommen werden, wenn dadurch die nach Satz 1 darzustellenden Grundzüge nicht berührt werden und die Gemeinde beabsichtigt, die Darstellung zu einem späteren Zeitpunkt vorzunehmen; in der Begründung sind die Gründe hierfür darzulegen.

(2) Im Flächennutzungsplan können insbesondere dargestellt werden:

1. die für die Bebauung vorgesehenen Flächen nach der allgemeinen Art ihrer baulichen Nutzung (Bauflächen), nach der besonderen Art ihrer baulichen Nutzung (Baugebiete) sowie nach dem allgemeinen Maß der baulichen Nut-

[1)] § 5 Abs. 4a Satz 1 geänd. mWv 5.1.2018 durch G v. 30.6.2017 (BGBl. I S. 2193); Abs. 2b geänd. mWv 1.2.2023 durch G v. 20.7.2022 (BGBl. I S. 1353); Abs. 2 Nr. 5 geänd., Nr. 5a eingef. mWv 1.1. 2024 durch G v. 20.12.2023 (BGBl. 2023 I Nr. 394); Abs. 2b neu gef. mWv 15.8.2025 durch G v. 12.8. 2025 (BGBl. 2025 I Nr. 189).

zung; Bauflächen, für die eine zentrale Abwasserbeseitigung nicht vorgesehen ist, sind zu kennzeichnen;

2. die Ausstattung des Gemeindegebiets
   a) mit Anlagen und Einrichtungen zur Versorgung mit Gütern und Dienstleistungen des öffentlichen und privaten Bereichs, insbesondere mit der Allgemeinheit dienenden baulichen Anlagen und Einrichtungen des Gemeinbedarfs, wie mit Schulen und Kirchen sowie mit sonstigen kirchlichen, sozialen, gesundheitlichen und kulturellen Zwecken dienenden Gebäuden und Einrichtungen, sowie mit Flächen für Sport- und Spielanlagen,
   b) mit Anlagen, Einrichtungen und sonstigen Maßnahmen, die dem Klimawandel entgegenwirken, insbesondere zur dezentralen und zentralen Erzeugung, Verteilung, Nutzung oder Speicherung von Strom, Wärme oder Kälte aus erneuerbaren Energien oder Kraft-Wärme-Kopplung,
   c) mit Anlagen, Einrichtungen und sonstigen Maßnahmen, die der Anpassung an den Klimawandel dienen,
   d) mit zentralen Versorgungsbereichen;
3. die Flächen für den überörtlichen Verkehr und für die örtlichen Hauptverkehrszüge;
4. die Flächen für Versorgungsanlagen, für die Abfallentsorgung und Abwasserbeseitigung, für Ablagerungen sowie für Hauptversorgungs- und Hauptabwasserleitungen;
5. die Grünflächen, wie Parkanlagen, Naturerfahrungsräume, Dauerkleingärten, Sport-, Spiel-, Zelt- und Badeplätze, Friedhöfe;

5a. die Flächen zur Gewährleistung eines natürlichen Klimaschutzes;

6. die Flächen für Nutzungsbeschränkungen oder für Vorkehrungen zum Schutz gegen schädliche Umwelteinwirkungen im Sinne des Bundes-Immissionsschutzgesetzes[1];
7. die Wasserflächen, Häfen und die für die Wasserwirtschaft vorgesehenen Flächen sowie die Flächen, die im Interesse des Hochwasserschutzes und der Regelung des Wasserabflusses freizuhalten sind;
8. die Flächen für Aufschüttungen, Abgrabungen oder für die Gewinnung von Steinen, Erden und anderen Bodenschätzen;
9. a) die Flächen für die Landwirtschaft und
   b) Wald;
10. die Flächen für Maßnahmen zum Schutz, zur Pflege und zur Entwicklung von Boden, Natur und Landschaft.

(2a) Flächen zum Ausgleich im Sinne des § 1a Absatz 3 im Geltungsbereich des Flächennutzungsplans können den Flächen, auf denen Eingriffe in Natur und Landschaft zu erwarten sind, ganz oder teilweise zugeordnet werden.

(2b) Für die Zwecke des § 35 Absatz 3 Satz 3, des § 249 Absatz 2 und des § 249c Absatz 1 können sachliche Teilflächennutzungspläne aufgestellt werden; sie können auch für Teile des Gemeindegebiets aufgestellt werden.

(3) Im Flächennutzungsplan sollen gekennzeichnet werden:

1. Flächen, bei deren Bebauung besondere bauliche Vorkehrungen gegen äußere Einwirkungen oder bei denen besondere bauliche Sicherungsmaßnahmen gegen Naturgewalten erforderlich sind;

[1] Nr. **296**.

2. Flächen, unter denen der Bergbau umgeht oder die für den Abbau von Mineralien bestimmt sind;

3. für bauliche Nutzungen vorgesehene Flächen, deren Böden erheblich mit umweltgefährdenden Stoffen belastet sind.

(4) [1] Planungen und sonstige Nutzungsregelungen, die nach anderen gesetzlichen Vorschriften festgesetzt sind, sowie nach Landesrecht denkmalgeschützte Mehrheiten von baulichen Anlagen sollen nachrichtlich übernommen werden. [2] Sind derartige Festsetzungen in Aussicht genommen, sollen sie im Flächennutzungsplan vermerkt werden.

(4a) [1] Festgesetzte Überschwemmungsgebiete im Sinne des § 76 Absatz 2 des Wasserhaushaltsgesetzes[1)], Risikogebiete außerhalb von Überschwemmungsgebieten im Sinne des § 78b Absatz 1 des Wasserhaushaltsgesetzes sowie Hochwasserentstehungsgebiete im Sinne des § 78d Absatz 1 des Wasserhaushaltsgesetzes sollen nachrichtlich übernommen werden. [2] Noch nicht festgesetzte Überschwemmungsgebiete im Sinne des § 76 Absatz 3 des Wasserhaushaltsgesetzes sowie als Risikogebiete im Sinne des § 73 Absatz 1 Satz 1 des Wasserhaushaltsgesetzes bestimmte Gebiete sollen im Flächennutzungsplan vermerkt werden.

(5) Dem Flächennutzungsplan ist eine Begründung mit den Angaben nach § 2a beizufügen.

§ 6[2)] Genehmigung des Flächennutzungsplans. (1) Der Flächennutzungsplan bedarf der Genehmigung der höheren Verwaltungsbehörde.

(2) Die Genehmigung darf nur versagt werden, wenn der Flächennutzungsplan nicht ordnungsgemäß zustande gekommen ist oder diesem Gesetzbuch, den auf Grund dieses Gesetzbuchs erlassenen oder sonstigen Rechtsvorschriften widerspricht.

(3) Können Versagungsgründe nicht ausgeräumt werden, kann die höhere Verwaltungsbehörde räumliche oder sachliche Teile des Flächennutzungsplans von der Genehmigung ausnehmen.

(4) [1] Über die Genehmigung ist binnen eines Monats zu entscheiden; die höhere Verwaltungsbehörde kann räumliche und sachliche Teile des Flächennutzungsplans vorweg genehmigen. [2] Aus wichtigen Gründen kann die Frist auf Antrag der Genehmigungsbehörde von der zuständigen übergeordneten Behörde verlängert werden, in der Regel jedoch nur bis zu drei Monaten. [3] Die Gemeinde ist von der Fristverlängerung in Kenntnis zu setzen. [4] Die Genehmigung gilt als erteilt, wenn sie nicht innerhalb der Frist unter Angabe von Gründen abgelehnt wird.

(5) [1] Die Erteilung der Genehmigung ist ortsüblich bekannt zu machen. [2] Mit der Bekanntmachung wird der Flächennutzungsplan wirksam. [3] Jedermann kann den Flächennutzungsplan, die Begründung und die zusammenfassende Erklärung nach § 6a Absatz 1 einsehen und über deren Inhalt Auskunft verlangen.

(6) Mit dem Beschluss über eine Änderung oder Ergänzung des Flächennutzungsplans kann die Gemeinde auch bestimmen, dass der Flächennutzungsplan in der Fassung, die er durch die Änderung oder Ergänzung erfahren hat, neu bekannt zu machen ist.

[1)] Nr. **845**.

[2)] § 6 Abs. 4 Satz 1 geänd. mWv 7.7.2023 durch G v. 3.7.2023 (BGBl. 2023 I Nr. 176).

§ 6a Zusammenfassende Erklärung zum Flächennutzungsplan; Einstellen in das Internet. (1) Dem wirksamen Flächennutzungsplan ist eine zusammenfassende Erklärung beizufügen über die Art und Weise, wie die Umweltbelange und die Ergebnisse der Öffentlichkeits- und Behördenbeteiligung in dem Flächennutzungsplan berücksichtigt wurden, und über die Gründe, aus denen der Plan nach Abwägung mit den geprüften, in Betracht kommenden anderweitigen Planungsmöglichkeiten gewählt wurde.

(2) Der wirksame Flächennutzungsplan mit der Begründung und der zusammenfassenden Erklärung soll ergänzend auch in das Internet eingestellt und über ein zentrales Internetportal des Landes zugänglich gemacht werden.

§ 7 Anpassung an den Flächennutzungsplan. [1] Öffentliche Planungsträger, die nach § 4 oder § 13 beteiligt worden sind, haben ihre Planungen dem Flächennutzungsplan insoweit anzupassen, als sie diesem Plan nicht widersprochen haben. [2] Der Widerspruch ist bis zum Beschluss der Gemeinde einzulegen. [3] Macht eine Veränderung der Sachlage eine abweichende Planung erforderlich, haben sie sich unverzüglich mit der Gemeinde ins Benehmen zu setzen. [4] Kann ein Einvernehmen zwischen der Gemeinde und dem öffentlichen Planungsträger nicht erreicht werden, kann der öffentliche Planungsträger nachträglich widersprechen. [5] Der Widerspruch ist nur zulässig, wenn die für die abweichende Planung geltend gemachten Belange die sich aus dem Flächennutzungsplan ergebenden städtebaulichen Belange nicht nur unwesentlich überwiegen. [6] Im Falle einer abweichenden Planung ist § 37 Absatz 3 auf die durch die Änderung oder Ergänzung des Flächennutzungsplans oder eines Bebauungsplans, der aus dem Flächennutzungsplan entwickelt worden ist und geändert, ergänzt oder aufgehoben werden musste, entstehenden Aufwendungen und Kosten entsprechend anzuwenden; § 38 Satz 3 bleibt unberührt.

Dritter Abschnitt. Verbindlicher Bauleitplan (Bebauungsplan)

§ 8 Zweck des Bebauungsplans. (1) [1] Der Bebauungsplan enthält die rechtsverbindlichen Festsetzungen für die städtebauliche Ordnung. [2] Er bildet die Grundlage für weitere, zum Vollzug dieses Gesetzbuchs erforderliche Maßnahmen.

(2) [1] Bebauungspläne sind aus dem Flächennutzungsplan zu entwickeln. [2] Ein Flächennutzungsplan ist nicht erforderlich, wenn der Bebauungsplan ausreicht, um die städtebauliche Entwicklung zu ordnen.

(3) [1] Mit der Aufstellung, Änderung, Ergänzung oder Aufhebung eines Bebauungsplans kann gleichzeitig auch der Flächennutzungsplan aufgestellt, geändert oder ergänzt werden (Parallelverfahren). [2] Der Bebauungsplan kann vor dem Flächennutzungsplan bekannt gemacht werden, wenn nach dem Stand der Planungsarbeiten anzunehmen ist, dass der Bebauungsplan aus den künftigen Darstellungen des Flächennutzungsplans entwickelt sein wird.

(4) [1] Ein Bebauungsplan kann aufgestellt, geändert, ergänzt oder aufgehoben werden, bevor der Flächennutzungsplan aufgestellt ist, wenn dringende Gründe es erfordern und wenn der Bebauungsplan der beabsichtigten städtebaulichen Entwicklung des Gemeindegebiets nicht entgegenstehen wird (vorzeitiger Bebau*ungsplan). [2] Gilt bei Gebiets*- oder Bestandsänderungen von Gemeinden oder anderen Veränderungen der Zuständigkeit für die Aufstellung von Flächennutzungsplänen ein Flächennutzungsplan fort, kann ein vorzeitiger Bebauungsplan auch aufgestellt werden, bevor der Flächennutzungsplan ergänzt oder geändert ist.

§ 9[1] Inhalt des Bebauungsplans. (1) Im Bebauungsplan können aus städtebaulichen Gründen festgesetzt werden:

1. die Art und das Maß der baulichen Nutzung;
2. die Bauweise, die überbaubaren und die nicht überbaubaren Grundstücksflächen sowie die Stellung der baulichen Anlagen;

2a. vom Bauordnungsrecht abweichende Maße der Tiefe der Abstandsflächen;

3. für die Größe, Breite und Tiefe der Baugrundstücke Mindestmaße und aus Gründen des sparsamen und schonenden Umgangs mit Grund und Boden für Wohnbaugrundstücke auch Höchstmaße;
4. die Flächen für Nebenanlagen, die auf Grund anderer Vorschriften für die Nutzung von Grundstücken erforderlich sind, wie Spiel-, Freizeit- und Erholungsflächen sowie die Flächen für Stellplätze und Garagen mit ihren Einfahrten;
5. die Flächen für den Gemeinbedarf sowie für Sport- und Spielanlagen;
6. die höchstzulässige Zahl der Wohnungen in Wohngebäuden;
7. die Flächen, auf denen ganz oder teilweise nur Wohngebäude, die mit Mitteln der sozialen Wohnraumförderung gefördert werden könnten, errichtet werden dürfen;
8. einzelne Flächen, auf denen ganz oder teilweise nur Wohngebäude errichtet werden dürfen, die für Personengruppen mit besonderem Wohnbedarf bestimmt sind;
9. der besondere Nutzungszweck von Flächen;
10. die Flächen, die von der Bebauung freizuhalten sind, und ihre Nutzung;
11. die Verkehrsflächen sowie Verkehrsflächen besonderer Zweckbestimmung, wie Fußgängerbereiche, Flächen für das Parken von Fahrzeugen, Flächen für Ladeinfrastruktur elektrisch betriebener Fahrzeuge, Flächen für das Abstellen von Fahrrädern sowie den Anschluss anderer Flächen an die Verkehrsflächen; die Flächen können auch als öffentliche oder private Flächen festgesetzt werden;
12. die Versorgungsflächen, einschließlich der Flächen für Anlagen und Einrichtungen zur dezentralen und zentralen Erzeugung, Verteilung, Nutzung oder Speicherung von Strom, Wärme oder Kälte aus erneuerbaren Energien oder Kraft-Wärme-Kopplung;
13. die Führung von oberirdischen oder unterirdischen Versorgungsanlagen und -leitungen;
14. die Flächen für die Abfall- und Abwasserbeseitigung, einschließlich der Rückhaltung und Versickerung von Niederschlagswasser, sowie für Ablagerungen;
15. die öffentlichen und privaten Grünflächen, wie Parkanlagen, Naturerfahrungsräume, Dauerkleingärten, Sport-, Spiel-, Zelt- und Badeplätze, Friedhöfe;

15a. die Flächen zur Gewährleistung eines natürlichen Klimaschutzes;

16. a) die Wasserflächen und die Flächen für die Wasserwirtschaft,

---

[1] § 9 Abs. 6a Satz 1 geänd. mWv 5.1.2018 durch G v. 30.6.2017 (BGBl. I S. 2193); Abs. 1 Nr. 11, 15 geänd., Abs. 2d eingef. mWv 23.6.2021 durch G v. 14.6.2021 (BGBl. I S. 1802), die Änd. des Abs. 1a Satz 1 durch G v. 14.6.2021 (BGBl. I S. 1802) ist obsolet, vgl. Bek. v. 3.11.2017 (BGBl. I S. 3634); Abs. 1 Nr. 15a eingef., Nr. 16 Buchst. b neu gef. mWv 1.1.2024 durch G v. 20.12.2023 (BGBl. 2023 I Nr. 394); Abs. 1 Nr. 23 Buchst. a neu gef., Nr. 24 geänd. mWv 30.10.2025 durch G v. 27.10.2025 (BGBl. 2025 I Nr. 257).

b) die Flächen für Hochwasserschutzanlagen, für die Regelung des Wasserabflusses, einschließlich des Niederschlagswassers aus Starkregenereignissen,

c) Gebiete, in denen bei der Errichtung baulicher Anlagen bestimmte bauliche oder technische Maßnahmen getroffen werden müssen, die der Vermeidung oder Verringerung von Hochwasserschäden einschließlich Schäden durch Starkregen dienen, sowie die Art dieser Maßnahmen,

d) die Flächen, die auf einem Baugrundstück für die natürliche Versickerung von Wasser aus Niederschlägen freigehalten werden müssen, um insbesondere Hochwasserschäden, einschließlich Schäden durch Starkregen, vorzubeugen;

17. die Flächen für Aufschüttungen, Abgrabungen oder für die Gewinnung von Steinen, Erden und anderen Bodenschätzen;

18. a) die Flächen für die Landwirtschaft und

b) Wald;

19. die Flächen für die Errichtung von Anlagen für die Kleintierhaltung wie Ausstellungs- und Zuchtanlagen, Zwinger, Koppeln und dergleichen;

20. die Flächen oder Maßnahmen zum Schutz, zur Pflege und zur Entwicklung von Boden, Natur und Landschaft;

21. die mit Geh-, Fahr- und Leitungsrechten zugunsten der Allgemeinheit, eines Erschließungsträgers oder eines beschränkten Personenkreises zu belastenden Flächen;

22. die Flächen für Gemeinschaftsanlagen für bestimmte räumliche Bereiche wie Kinderspielplätze, Freizeiteinrichtungen, Stellplätze und Garagen;

23. Gebiete, in denen

a) zum Schutz vor schädlichen Umwelteinwirkungen nach § 3 Absatz 1 des Bundes-Immissionsschutzgesetzes

aa) bestimmte Werte zum Schutz vor Geräuschimmissionen nicht überschritten werden dürfen, wobei in begründeten Fällen Abweichungen von den Vorgaben der Technischen Anleitung zum Schutz gegen Lärm vom 26. August 1998 (GMBl S. 503), die zuletzt durch Verwaltungsvorschrift vom 1. Juni 2017 (BAnz AT 08.06.2017 B5) geändert worden ist, in der jeweils geltenden Fassung, zulässig sind, oder

bb) bestimmte Geräuschemissionskontingente nicht überschritten werden dürfen oder

cc) bestimmte Luft verunreinigende Stoffe nicht oder nur beschränkt verwendet werden dürfen,

b) bei der Errichtung von Gebäuden oder bestimmten sonstigen baulichen Anlagen bestimmte bauliche und sonstige technische Maßnahmen für die Erzeugung, Nutzung oder Speicherung von Strom, Wärme oder Kälte aus erneuerbaren Energien oder Kraft-Wärme-Kopplung getroffen werden müssen,

c) bei der Errichtung, Änderung oder Nutzungsänderung von nach Art, Maß oder Nutzungsintensität zu bestimmenden Gebäuden oder sonstigen baulichen Anlagen in der Nachbarschaft von Betriebsbereichen nach § 3 Absatz 5a des Bundes-Immissionsschutzgesetzes[1] bestimmte bauliche und *sonstige technische Maßnahmen*, die der Vermeidung oder Minderung der Folgen von Störfällen dienen, getroffen werden müssen;

---

[1] Nr. **296**.

24. die von der Bebauung freizuhaltenden Schutzflächen und ihre Nutzung, die Flächen für besondere Anlagen und Vorkehrungen zum Schutz vor schädlichen Umwelteinwirkungen und sonstigen Gefahren im Sinne des Bundes-Immissionsschutzgesetzes sowie die zum Schutz vor solchen Einwirkungen oder zur Vermeidung oder Minderung solcher Einwirkungen zu treffenden baulichen und sonstigen technischen Vorkehrungen, einschließlich von Maßnahmen zum Schutz vor schädlichen Umwelteinwirkungen durch Geräusche, wobei die Vorgaben des Immissionsschutzrechts und Festsetzungen nach § 9 Absatz 1 Nummer 23 Buchstabe a Doppelbuchstabe aa unberührt bleiben;
25. für einzelne Flächen oder für ein Bebauungsplangebiet oder Teile davon sowie für Teile baulicher Anlagen mit Ausnahme der für landwirtschaftliche Nutzungen oder Wald festgesetzten Flächen
    a) das Anpflanzen von Bäumen, Sträuchern und sonstigen Bepflanzungen,
    b) Bindungen für Bepflanzungen und für die Erhaltung von Bäumen, Sträuchern und sonstigen Bepflanzungen sowie von Gewässern;
26. die Flächen für Aufschüttungen, Abgrabungen und Stützmauern, soweit sie zur Herstellung des Straßenkörpers erforderlich sind.

(1a) [1] Flächen oder Maßnahmen zum Ausgleich im Sinne des § 1a Absatz 3 können auf den Grundstücken, auf denen Eingriffe in Natur und Landschaft zu erwarten sind, oder an anderer Stelle sowohl im sonstigen Geltungsbereich des Bebauungsplans als auch in einem anderen Bebauungsplan festgesetzt werden. [2] Die Flächen oder Maßnahmen zum Ausgleich an anderer Stelle können den Grundstücken, auf denen Eingriffe zu erwarten sind, ganz oder teilweise zugeordnet werden; dies gilt auch für Maßnahmen auf von der Gemeinde bereitgestellten Flächen.

(2) [1] Im Bebauungsplan kann in besonderen Fällen festgesetzt werden, dass bestimmte der in ihm festgesetzten baulichen und sonstigen Nutzungen und Anlagen nur

1. für einen bestimmten Zeitraum zulässig oder
2. bis zum Eintritt bestimmter Umstände zulässig oder unzulässig

sind. [2] Die Folgenutzung soll festgesetzt werden.

(2a) [1] Für im Zusammenhang bebaute Ortsteile (§ 34) kann zur Erhaltung oder Entwicklung zentraler Versorgungsbereiche, auch im Interesse einer verbrauchernahen Versorgung der Bevölkerung und der Innenentwicklung der Gemeinden, in einem Bebauungsplan festgesetzt werden, dass nur bestimmte Arten der nach § 34 Absatz 1 und 2 zulässigen baulichen Nutzungen zulässig oder nicht zulässig sind oder nur ausnahmsweise zugelassen werden können; die Festsetzungen können für Teile des räumlichen Geltungsbereichs des Bebauungsplans unterschiedlich getroffen werden. [2] Dabei ist insbesondere ein hierauf bezogenes städtebauliches Entwicklungskonzept im Sinne des § 1 Absatz 6 Nummer 11 zu berücksichtigen, das Aussagen über die zu erhaltenden oder zu entwickelnden zentralen Versorgungsbereiche der Gemeinde oder eines Gemeindeteils enthält. [3] In den zu erhaltenden oder zu entwickelnden zentralen Versorgungsbereichen sollen die planungsrechtlichen Voraussetzungen für Vorhaben, die diesen Versorgungsbereichen dienen, nach § 30 oder § 34 vorhanden oder durch einen Bebauungsplan, dessen Aufstellung förmlich eingeleitet ist, vorgesehen sein.

(2b) Für im Zusammenhang bebaute Ortsteile (§ 34) kann in einem Bebauungsplan, auch für Teile des räumlichen Geltungsbereichs des Bebauungsplans, festgesetzt werden, dass Vergnügungsstätten oder bestimmte Arten von Vergnügungsstätten zulässig oder nicht zulässig sind oder nur ausnahmsweise zugelassen werden können, um

1. eine Beeinträchtigung von Wohnnutzungen oder anderen schutzbedürftigen Anlagen wie Kirchen, Schulen und Kindertagesstätten oder
2. eine Beeinträchtigung der sich aus der vorhandenen Nutzung ergebenden städtebaulichen Funktion des Gebiets, insbesondere durch eine städtebaulich nachteilige Häufung von Vergnügungsstätten,

zu verhindern.

(2c) Für im Zusammenhang bebaute Ortsteile nach § 34 und für Gebiete nach § 30 in der Nachbarschaft von Betriebsbereichen nach § 3 Absatz 5a des Bundes-Immissionsschutzgesetzes kann zur Vermeidung oder Verringerung der Folgen von Störfällen für bestimmte Nutzungen, Arten von Nutzungen oder für nach Art,

(Fortsetzung nächstes Blatt)

Maß oder Nutzungsintensität zu bestimmende Gebäude oder sonstige bauliche Anlagen in einem Bebauungsplan festgesetzt werden, dass diese zulässig, nicht zulässig oder nur ausnahmsweise zulässig sind; die Festsetzungen können für Teile des räumlichen Geltungsbereichs des Bebauungsplans unterschiedlich getroffen werden.

(2d) [1] Für im Zusammenhang bebaute Ortsteile (§ 34) können in einem Bebauungsplan zur Wohnraumversorgung eine oder mehrere der folgenden Festsetzungen getroffen werden:

1. Flächen, auf denen Wohngebäude errichtet werden dürfen;
2. Flächen, auf denen nur Gebäude errichtet werden dürfen, bei denen einzelne oder alle Wohnungen die baulichen Voraussetzungen für eine Förderung mit Mitteln der sozialen Wohnraumförderung erfüllen, oder
3. Flächen, auf denen nur Gebäude errichtet werden dürfen, bei denen sich ein Vorhabenträger hinsichtlich einzelner oder aller Wohnungen dazu verpflichtet, die zum Zeitpunkt der Verpflichtung geltenden Förderbedingungen der sozialen Wohnraumförderung, insbesondere die Miet- und Belegungsbindung, einzuhalten und die Einhaltung dieser Verpflichtung in geeigneter Weise sichergestellt wird.

[2] Ergänzend können eine oder mehrere der folgenden Festsetzungen getroffen werden:

1. das Maß der baulichen Nutzung;
2. die Bauweise, die überbaubaren und die nicht überbaubaren Grundstücksflächen sowie die Stellung der baulichen Anlagen;
3. vom Bauordnungsrecht abweichende Maße der Tiefe der Abstandsflächen;
4. Mindestmaße für die Größe, Breite und Tiefe der Baugrundstücke;
5. Höchstmaße für die Größe, Breite und Tiefe der Wohnbaugrundstücke, aus Gründen des sparsamen und schonenden Umgangs mit Grund und Boden.

[3] Die Festsetzungen nach den Sätzen 1 und 2 können für Teile des räumlichen Geltungsbereichs des Bebauungsplans getroffen werden. [4] Die Festsetzungen nach den Sätzen 1 bis 3 können für Teile des räumlichen Geltungsbereichs des Bebauungsplans oder für Geschosse, Ebenen oder sonstige Teile baulicher Anlagen unterschiedlich getroffen werden. [5] Das Verfahren zur Aufstellung eines Bebauungsplans nach diesem Absatz kann nur bis zum Ablauf des 31. Dezember 2024 förmlich eingeleitet werden. [6] Der Satzungsbeschluss nach § 10 Absatz 1 ist bis zum Ablauf des 31. Dezember 2026 zu fassen.

(3) [1] Bei Festsetzungen nach Absatz 1 kann auch die Höhenlage festgesetzt werden. [2] Festsetzungen nach Absatz 1 für übereinander liegende Geschosse und Ebenen und sonstige Teile baulicher Anlagen können gesondert getroffen werden; dies gilt auch, soweit Geschosse, Ebenen und sonstige Teile baulicher Anlagen unterhalb der Geländeoberfläche vorgesehen sind.

(4) Die Länder können durch Rechtsvorschriften bestimmen, dass auf Landesrecht beruhende Regelungen in den Bebauungsplan als Festsetzungen aufgenommen werden können und inwieweit auf diese Festsetzungen die Vorschriften dieses Gesetzbuchs Anwendung finden.

(5) Im Bebauungsplan sollen gekennzeichnet werden:

1. Flächen, bei deren Bebauung besondere bauliche Vorkehrungen gegen äußere Einwirkungen oder bei denen besondere bauliche Sicherungsmaßnahmen gegen Naturgewalten erforderlich sind;

2. Flächen, unter denen der Bergbau umgeht oder die für den Abbau von Mineralien bestimmt sind;
3. Flächen, deren Böden erheblich mit umweltgefährdenden Stoffen belastet sind.

(6) Nach anderen gesetzlichen Vorschriften getroffene Festsetzungen, gemeindliche Regelungen zum Anschluss- und Benutzungszwang sowie Denkmäler nach Landesrecht sollen in den Bebauungsplan nachrichtlich übernommen werden, soweit sie zu seinem Verständnis oder für die städtebauliche Beurteilung von Baugesuchen notwendig oder zweckmäßig sind.

(6a) [1] Festgesetzte Überschwemmungsgebiete im Sinne des § 76 Absatz 2 des Wasserhaushaltsgesetzes[1)], Risikogebiete außerhalb von Überschwemmungsgebieten im Sinne des § 78b Absatz 1 des Wasserhaushaltsgesetzes sowie Hochwasserentstehungsgebiete im Sinne des § 78d Absatz 1 des Wasserhaushaltsgesetzes sollen nachrichtlich übernommen werden. [2] Noch nicht festgesetzte Überschwemmungsgebiete im Sinne des § 76 Absatz 3 des Wasserhaushaltsgesetzes sowie als Risikogebiete im Sinne des § 73 Absatz 1 Satz 1 des Wasserhaushaltsgesetzes bestimmte Gebiete sollen im Bebauungsplan vermerkt werden.

(7) Der Bebauungsplan setzt die Grenzen seines räumlichen Geltungsbereichs fest.

(8) Dem Bebauungsplan ist eine Begründung mit den Angaben nach § 2a beizufügen.

§ 9a[2)] Verordnungsermächtigung. (1) Das Bundesministerium für Wohnen, Stadtentwicklung und Bauwesen wird ermächtigt, mit Zustimmung des Bundesrates durch Rechtsverordnung[3)] Vorschriften zu erlassen über

1. Darstellungen und Festsetzungen in den Bauleitplänen über
   a) die Art der baulichen Nutzung,
   b) das Maß der baulichen Nutzung und seine Berechnung,
   c) die Bauweise sowie die überbaubaren und die nicht überbaubaren Grundstücksflächen;
2. die in den Baugebieten zulässigen baulichen und sonstigen Anlagen;
3. die Zulässigkeit der Festsetzung nach Maßgabe des § 9 Absatz 3 über verschiedenartige Baugebiete oder verschiedenartige in den Baugebieten zulässige bauliche und sonstige Anlagen;
4. die Ausarbeitung der Bauleitpläne einschließlich der dazugehörigen Unterlagen sowie über die Darstellung des Planinhalts, insbesondere über die dabei zu verwendenden Planzeichen und ihre Bedeutung.

(2) [1] Das Bundesministerium für Wohnen, Stadtentwicklung und Bauwesen wird ermächtigt, im Einvernehmen mit dem Bundesministerium für Umwelt, Naturschutz, nukleare Sicherheit und Verbraucherschutz mit Zustimmung des Bundesrates durch Rechtsverordnung Vorgaben zu erlassen zur Berücksichtigung von artenschutzrechtlichen Belangen im Rahmen der Umweltprüfung bei der Aufstellung von Bauleitplänen. [2] Sofern dabei auch Fragen der Windenergie an Land berührt sind, sind die Vorgaben auch im Einvernehmen mit dem Bundesministerium für Wirtschaft und Klimaschutz zu erlassen.

[1)] *Nr. 845.*

[2)] § 9a einl. Satzteil geänd. mWv 23.6.2021 durch G v. 14.6.2021 (BGBl. I S. 1802); Abs. 2 angef. mWv 1.2.2023 durch G v. 20.7.2022 (BGBl. I S. 1353); einl. Satzteil geänd. mWv 1.1.2023 durch G v. 4.1.2023 (BGBl. I Nr. 6).

[3)] Siehe die BaunutzungsVO (Nr. **311**) und die PlanzeichenVO **(Sartorius ErgBd. Nr. 312)**.

§ 10 Beschluss, Genehmigung und Inkrafttreten des Bebauungsplans.

(1) Die Gemeinde beschließt den Bebauungsplan als Satzung.

(2) [1] Bebauungspläne nach § 8 Absatz 2 Satz 2, Absatz 3 Satz 2 und Absatz 4 bedürfen der Genehmigung der höheren Verwaltungsbehörde. [2] § 6 Absatz 2 und 4 ist entsprechend anzuwenden.

(3) [1] Die Erteilung der Genehmigung oder, soweit eine Genehmigung nicht erforderlich ist, der Beschluss des Bebauungsplans durch die Gemeinde ist ortsüblich bekannt zu machen. [2] Der Bebauungsplan ist mit der Begründung und der

(Fortsetzung nächstes Blatt)

zusammenfassenden Erklärung nach § 10a Absatz 1 zu jedermanns Einsicht bereitzuhalten; über den Inhalt ist auf Verlangen Auskunft zu geben. [3] In der Bekanntmachung ist darauf hinzuweisen, wo der Bebauungsplan eingesehen werden kann. [4] Mit der Bekanntmachung tritt der Bebauungsplan in Kraft. [5] Die Bekanntmachung tritt an die Stelle der sonst für Satzungen vorgeschriebenen Veröffentlichung.

§ 10a Zusammenfassende Erklärung zum Bebauungsplan; Einstellen in das Internet. (1) Dem in Kraft getretenen Bebauungsplan ist eine zusammenfassende Erklärung beizufügen über die Art und Weise, wie die Umweltbelange und die Ergebnisse der Öffentlichkeits- und Behördenbeteiligung in dem Bebauungsplan berücksichtigt wurden, und über die Gründe, aus denen der Plan nach Abwägung mit den geprüften, in Betracht kommenden anderweitigen Planungsmöglichkeiten gewählt wurde.

(2) Der in Kraft getretene Bebauungsplan mit der Begründung und der zusammenfassenden Erklärung soll ergänzend auch in das Internet eingestellt und über ein zentrales Internetportal des Landes zugänglich gemacht werden.

Vierter Abschnitt. Zusammenarbeit mit Privaten; vereinfachtes Verfahren

§ 11 Städtebaulicher Vertrag. (1) [1] Die Gemeinde kann städtebauliche Verträge schließen. [2] Gegenstände eines städtebaulichen Vertrags können insbesondere sein:

1. die Vorbereitung oder Durchführung städtebaulicher Maßnahmen durch den Vertragspartner auf eigene Kosten; dazu gehören auch die Neuordnung der Grundstücksverhältnisse, die Bodensanierung und sonstige vorbereitende Maßnahmen, die Erschließung durch nach Bundes- oder nach Landesrecht beitragsfähige sowie nicht beitragsfähige Erschließungsanlagen, die Ausarbeitung der städtebaulichen Planungen sowie erforderlichenfalls des Umweltberichts; die Verantwortung der Gemeinde für das gesetzlich vorgesehene Planaufstellungsverfahren bleibt unberührt;
2. die Förderung und Sicherung der mit der Bauleitplanung verfolgten Ziele, insbesondere die Grundstücksnutzung, auch hinsichtlich einer Befristung oder einer Bedingung, die Durchführung des Ausgleichs im Sinne des § 1a Absatz 3, die Berücksichtigung baukultureller Belange, die Deckung des Wohnbedarfs von Bevölkerungsgruppen mit besonderen Wohnraumversorgungsproblemen sowie der Erwerb angemessenen Wohnraums durch einkommensschwächere und weniger begüterte Personen der örtlichen Bevölkerung;
3. die Übernahme von Kosten oder sonstigen Aufwendungen, die der Gemeinde für städtebauliche Maßnahmen entstehen oder entstanden sind und die Voraussetzung oder Folge des geplanten Vorhabens sind; dazu gehört auch die Bereitstellung von Grundstücken;
4. entsprechend den mit den städtebaulichen Planungen und Maßnahmen verfolgten Zielen und Zwecken die Errichtung und Nutzung von Anlagen und Einrichtungen zur dezentralen und zentralen Erzeugung, Verteilung, Nutzung oder Speicherung von Strom, Wärme oder Kälte aus erneuerbaren Energien oder Kraft-Wärme-Kopplung;
5. entsprechend den mit den städtebaulichen Planungen und Maßnahmen verfolgten Zielen und Zwecken die Anforderungen an die energetische Qualität von Gebäuden.

[3]Die Gemeinde kann städtebauliche Verträge auch mit einer juristischen Person abschließen, an der sie beteiligt ist.

(2) [1]Die vereinbarten Leistungen müssen den gesamten Umständen nach angemessen sein. [2]Die Vereinbarung einer vom Vertragspartner zu erbringenden Leistung ist unzulässig, wenn er auch ohne sie einen Anspruch auf die Gegenleistung hätte. [3]Trägt oder übernimmt der Vertragspartner Kosten oder sonstige Aufwendungen, ist unbeschadet des Satzes 1 eine Eigenbeteiligung der Gemeinde nicht erforderlich.

(3) Ein städtebaulicher Vertrag bedarf der Schriftform, soweit nicht durch Rechtsvorschriften eine andere Form vorgeschrieben ist.

(4) Die Zulässigkeit anderer städtebaulicher Verträge bleibt unberührt.

§ 12 Vorhaben- und Erschließungsplan. (1) [1]Die Gemeinde kann durch einen vorhabenbezogenen Bebauungsplan die Zulässigkeit von Vorhaben bestimmen, wenn der Vorhabenträger auf der Grundlage eines mit der Gemeinde abgestimmten Plans zur Durchführung der Vorhaben und der Erschließungsmaßnahmen (Vorhaben- und Erschließungsplan) bereit und in der Lage ist und sich zur Durchführung innerhalb einer bestimmten Frist und zur Tragung der Planungs- und Erschließungskosten ganz oder teilweise vor dem Beschluss nach § 10 Absatz 1 verpflichtet (Durchführungsvertrag). [2]Die Begründung des Planentwurfs hat die nach § 2a erforderlichen Angaben zu enthalten. [3]Für die grenzüberschreitende Beteiligung ist eine Übersetzung der Angaben vorzulegen, soweit dies nach den Vorschriften des Gesetzes über die Umweltverträglichkeitsprüfung[1)] notwendig ist. [4]Für den vorhabenbezogenen Bebauungsplan nach Satz 1 gelten ergänzend die Absätze 2 bis 6.

(2) [1]Die Gemeinde hat auf Antrag des Vorhabenträgers über die Einleitung des Bebauungsplanverfahrens nach pflichtgemäßem Ermessen zu entscheiden. [2]Auf Antrag des Vorhabenträgers oder sofern die Gemeinde es nach Einleitung des Bebauungsplanverfahrens für erforderlich hält, informiert die Gemeinde diesen über den voraussichtlich erforderlichen Untersuchungsrahmen der Umweltprüfung nach § 2 Absatz 4 unter Beteiligung der Behörden nach § 4 Absatz 1.

(3) [1]Der Vorhaben- und Erschließungsplan wird Bestandteil des vorhabenbezogenen Bebauungsplans. [2]Im Bereich des Vorhaben- und Erschließungsplans ist die Gemeinde bei der Bestimmung der Zulässigkeit der Vorhaben nicht an die Festsetzungen nach § 9 und nach der auf Grund von § 9a erlassenen Verordnung gebunden; die §§ 14 bis 18, 22 bis 28, 39 bis 79, 127 bis 135c sind nicht anzuwenden. [3]Soweit der vorhabenbezogene Bebauungsplan auch im Bereich des Vorhaben- und Erschließungsplans Festsetzungen nach § 9 für öffentliche Zwecke trifft, kann gemäß § 85 Absatz 1 Nummer 1 enteignet werden.

(3a) [1]Wird in einem vorhabenbezogenen Bebauungsplan für den Bereich des Vorhaben- und Erschließungsplans durch Festsetzung eines Baugebiets auf Grund der Baunutzungsverordnung[2)] oder auf sonstige Weise eine bauliche oder sonstige Nutzung allgemein festgesetzt, ist unter entsprechender Anwendung des § 9 Absatz 2 festzusetzen, dass im Rahmen der festgesetzten Nutzungen nur solche Vorhaben zulässig sind, zu deren Durchführung sich der Vorhabenträger im Durchführungsvertrag verpflichtet. [2]Änderungen des Durchführungsvertrags oder der Abschluss eines neuen Durchführungsvertrags sind zulässig.

[1)] Nr. **295**.
[2)] Nr. **311**.

(4) Einzelne Flächen außerhalb des Bereichs des Vorhaben- und Erschließungsplans können in den vorhabenbezogenen Bebauungsplan einbezogen werden.

(5) [1] Ein Wechsel des Vorhabenträgers bedarf der Zustimmung der Gemeinde. [2] Die Zustimmung darf nur dann verweigert werden, wenn Tatsachen die Annahme rechtfertigen, dass die Durchführung des Vorhaben- und Erschließungsplans innerhalb der Frist nach Absatz 1 gefährdet ist.

(6) [1] Wird der Vorhaben- und Erschließungsplan nicht innerhalb der Frist nach Absatz 1 durchgeführt, soll die Gemeinde den Bebauungsplan aufheben. [2] Aus der Aufhebung können Ansprüche des Vorhabenträgers gegen die Gemeinde nicht geltend gemacht werden. [3] Bei der Aufhebung kann das vereinfachte Verfahren nach § 13 angewendet werden.

(7) Soll in bisherigen Erholungssondergebieten nach § 10 der Baunutzungsverordnung auch Wohnnutzung zugelassen werden, kann die Gemeinde nach Maßgabe der Absätze 1 bis 6 einen vorhabenbezogenen Bebauungsplan aufstellen, der insbesondere die Zulässigkeit von baulichen Anlagen zu Wohnzwecken in diesen Gebieten regelt.

§ 13[1)] Vereinfachtes Verfahren. (1) Werden durch die Änderung oder Ergänzung eines Bauleitplans die Grundzüge der Planung nicht berührt oder wird durch die Aufstellung eines Bebauungsplans in einem Gebiet nach § 34 der sich aus der vorhandenen Eigenart der näheren Umgebung ergebende Zulässigkeitsmaßstab nicht wesentlich verändert oder enthält er lediglich Festsetzungen nach § 9 Absatz 2a oder Absatz 2b, kann die Gemeinde das vereinfachte Verfahren anwenden, wenn

1. die Zulässigkeit von Vorhaben, die einer Pflicht zur Durchführung einer Umweltverträglichkeitsprüfung nach Anlage 1 zum Gesetz über die Umweltverträglichkeitsprüfung[2)] oder nach Landesrecht unterliegen, nicht vorbereitet oder begründet wird,
2. keine Anhaltspunkte für eine Beeinträchtigung der in § 1 Absatz 6 Nummer 7 Buchstabe b genannten Schutzgüter bestehen und
3. keine Anhaltspunkte dafür bestehen, dass bei der Planung Pflichten zur Vermeidung oder Begrenzung der Auswirkungen von schweren Unfällen nach § 50 Satz 1 des Bundes-Immissionsschutzgesetzes[3)] zu beachten sind.

(2) [1] Im vereinfachten Verfahren kann

1. von der frühzeitigen Unterrichtung und Erörterung nach § 3 Absatz 1 und § 4 Absatz 1 abgesehen werden,
2. der betroffenen Öffentlichkeit Gelegenheit zur Stellungnahme innerhalb angemessener Frist gegeben oder wahlweise die Veröffentlichung im Internet nach § 3 Absatz 2 durchgeführt werden,
3. den berührten Behörden und sonstigen Trägern öffentlicher Belange Gelegenheit zur Stellungnahme innerhalb angemessener Frist gegeben oder wahlweise die Beteiligung nach § 4 Absatz 2 durchgeführt werden.

[2] Wird nach Satz 1 Nummer 2 die betroffene Öffentlichkeit beteiligt, gilt die Hinweispflicht des § 3 Absatz 2 Satz 4 zweiter Halbsatz entsprechend.

(3) [1] Im vereinfachten Verfahren wird von der Umweltprüfung nach § 2 Absatz 4, von dem Umweltbericht nach § 2a, von der Angabe nach § 3 Absatz 2 Satz 4, welche Arten umweltbezogener Informationen verfügbar sind, sowie von der zusammenfas-

---

1) § 13 Abs. 2 Satz 1 Nr. 2 Satz 2, Abs. 3 Satz 1 geänd. mWv 7.7.2023 durch G v. 3.7.2023 (BGBl. 2023 I Nr. 176).

2) Nr. **295**.

3) Nr. **296**.

senden Erklärung nach § 6a Absatz 1 und § 10a Absatz 1 abgesehen; § 4c ist nicht anzuwenden. [2] Bei der Beteiligung nach Absatz 2 Nummer 2 ist darauf hinzuweisen, dass von einer Umweltprüfung abgesehen wird.

§ 13a[1)] Bebauungspläne der Innenentwicklung. (1) [1] Ein Bebauungsplan für die Wiedernutzbarmachung von Flächen, die Nachverdichtung oder andere Maßnahmen der Innenentwicklung (Bebauungsplan der Innenentwicklung) kann im beschleunigten Verfahren aufgestellt werden. [2] Der Bebauungsplan darf im beschleunigten Verfahren nur aufgestellt werden, wenn in ihm eine zulässige Grundfläche im Sinne des § 19 Absatz 2 der Baunutzungsverordnung[2)] oder eine Größe der Grundfläche festgesetzt wird von insgesamt

1. weniger als 20 000 Quadratmetern, wobei die Grundflächen mehrerer Bebauungspläne, die in einem engen sachlichen, räumlichen und zeitlichen Zusammenhang aufgestellt werden, mitzurechnen sind, oder
2. 20 000 Quadratmetern bis weniger als 70 000 Quadratmetern, wenn auf Grund einer überschlägigen Prüfung unter Berücksichtigung der in Anlage 2 dieses Gesetzes genannten Kriterien die Einschätzung erlangt wird, dass der Bebauungsplan voraussichtlich keine erheblichen Umweltauswirkungen hat, die nach § 2 Absatz 4 Satz 4 in der Abwägung zu berücksichtigen wären (Vorprüfung des Einzelfalls); die Behörden und sonstigen Träger öffentlicher Belange, deren Aufgabenbereiche durch die Planung berührt werden können, sind an der Vorprüfung des Einzelfalls zu beteiligen.

[3] Wird in einem Bebauungsplan weder eine zulässige Grundfläche noch eine Größe der Grundfläche festgesetzt, ist bei Anwendung des Satzes 2 die Fläche maßgeblich, die bei Durchführung des Bebauungsplans voraussichtlich versiegelt wird. [4] Das beschleunigte Verfahren ist ausgeschlossen, wenn durch den Bebauungsplan die Zulässigkeit von Vorhaben begründet wird, die einer Pflicht zur Durchführung einer Umweltverträglichkeitsprüfung nach dem Gesetz über die Umweltverträglichkeitsprüfung oder nach Landesrecht unterliegen. [5] Das beschleunigte Verfahren ist auch ausgeschlossen, wenn Anhaltspunkte für eine Beeinträchtigung der in § 1 Absatz 6 Nummer 7 Buchstabe b genannten Schutzgüter oder dafür bestehen, dass bei der Planung Pflichten zur Vermeidung oder Begrenzung der Auswirkungen von schweren Unfällen nach § 50 Satz 1 des Bundes-Immissionsschutzgesetzes[3)] zu beachten sind.

(2) Im beschleunigten Verfahren

1. gelten die Vorschriften des vereinfachten Verfahrens nach § 13 Absatz 2 und 3 Satz 1 entsprechend;
2. kann ein Bebauungsplan, der von Darstellungen des Flächennutzungsplans abweicht, auch aufgestellt werden, bevor der Flächennutzungsplan geändert oder ergänzt ist; die geordnete städtebauliche Entwicklung des Gemeindegebiets darf nicht beeinträchtigt werden; der Flächennutzungsplan ist im Wege der Berichtigung anzupassen;
3. soll einem Bedarf an Investitionen zur Erhaltung, Sicherung und Schaffung von Arbeitsplätzen, zur Versorgung der Bevölkerung mit Wohnraum oder zur Ver-

(Fortsetzung nächstes Blatt)

[1)] § 13a Abs. 4 geänd. mWv 23.6.2021 durch G v. 14.6.2021 (BGBl. I S. 1802).
[2)] Nr. **311**.
[3)] Nr. **296**.

wirklichung von Infrastrukturvorhaben in der Abwägung in angemessener Weise Rechnung getragen werden;

4. gelten in den Fällen des Absatzes 1 Satz 2 Nummer 1 Eingriffe, die auf Grund der Aufstellung des Bebauungsplans zu erwarten sind, als im Sinne des § 1a Absatz 3 Satz 6 vor der planerischen Entscheidung erfolgt oder zulässig.

(3) [1] Bei Aufstellung eines Bebauungsplans im beschleunigten Verfahren ist ortsüblich bekannt zu machen,

1. dass der Bebauungsplan im beschleunigten Verfahren ohne Durchführung einer Umweltprüfung nach § 2 Absatz 4 aufgestellt werden soll, in den Fällen des Absatzes 1 Satz 2 Nummer 2 einschließlich der hierfür wesentlichen Gründe, und
2. wo sich die Öffentlichkeit über die allgemeinen Ziele und Zwecke sowie die wesentlichen Auswirkungen der Planung unterrichten kann und dass sich die Öffentlichkeit innerhalb einer bestimmten Frist zur Planung äußern kann, sofern keine frühzeitige Unterrichtung und Erörterung im Sinne des § 3 Absatz 1 stattfindet.

[2] Die Bekanntmachung nach Satz 1 kann mit der ortsüblichen Bekanntmachung nach § 2 Absatz 1 Satz 2 verbunden werden. [3] In den Fällen des Absatzes 1 Satz 2 Nummer 2 erfolgt die Bekanntmachung nach Satz 1 nach Abschluss der Vorprüfung des Einzelfalls

(4) Die Absätze 1 bis 3 gelten entsprechend für die Änderung, Ergänzung und Aufhebung eines Bebauungsplans.

§ 13b[1)] *(aufgehoben)*

Zweiter Teil. Sicherung der Bauleitplanung

Erster Abschnitt. Veränderungssperre und Zurückstellung von Baugesuchen

§ 14 Veränderungssperre. (1) Ist ein Beschluss über die Aufstellung eines Bebauungsplans gefasst, kann die Gemeinde zur Sicherung der Planung für den künftigen Planbereich eine Veränderungssperre mit dem Inhalt beschließen, dass

1. Vorhaben im Sinne des § 29 nicht durchgeführt oder bauliche Anlagen nicht beseitigt werden dürfen;
2. erhebliche oder wesentlich wertsteigernde Veränderungen von Grundstücken und baulichen Anlagen, deren Veränderungen nicht genehmigungs-, zustimmungs- oder anzeigepflichtig sind, nicht vorgenommen werden dürfen.

(2) [1] Wenn überwiegende öffentliche Belange nicht entgegenstehen, kann von der Veränderungssperre eine Ausnahme zugelassen werden. [2] Die Entscheidung über Ausnahmen trifft die Baugenehmigungsbehörde im Einvernehmen mit der Gemeinde.

(3) Vorhaben, die vor dem Inkrafttreten der Veränderungssperre baurechtlich genehmigt worden sind, Vorhaben, von denen die Gemeinde nach Maßgabe des Bauordnungsrechts Kenntnis erlangt hat und mit deren Ausführung vor dem Inkrafttreten der Veränderungssperre hätte begonnen werden dürfen, sowie Unterhaltungsarbeiten und die Fortführung einer bisher ausgeübten Nutzung werden von der Veränderungssperre nicht berührt.

---

1) § 13b aufgeh. mWv 1.1.2024 durch G v. 20.12.2023 (BGBl. 2023 I Nr. 394).

(4) Soweit für Vorhaben im förmlich festgelegten Sanierungsgebiet oder im städtebaulichen Entwicklungsbereich eine Genehmigungspflicht nach § 144 Absatz 1 besteht, sind die Vorschriften über die Veränderungssperre nicht anzuwenden.

§ 15 Zurückstellung von Baugesuchen. (1) [1] Wird eine Veränderungssperre nach § 14 nicht beschlossen, obwohl die Voraussetzungen gegeben sind, oder ist eine beschlossene Veränderungssperre noch nicht in Kraft getreten, hat die Baugenehmigungsbehörde auf Antrag der Gemeinde die Entscheidung über die Zulässigkeit von Vorhaben im Einzelfall für einen Zeitraum bis zu zwölf Monaten auszusetzen, wenn zu befürchten ist, dass die Durchführung der Planung durch das Vorhaben unmöglich gemacht oder wesentlich erschwert werden würde. [2] Wird kein Baugenehmigungsverfahren durchgeführt, wird auf Antrag der Gemeinde anstelle der Aussetzung der Entscheidung über die Zulässigkeit eine vorläufige Untersagung innerhalb einer durch Landesrecht festgesetzten Frist ausgesprochen. [3] Die vorläufige Untersagung steht der Zurückstellung nach Satz 1 gleich.

(2) Soweit für Vorhaben im förmlich festgelegten Sanierungsgebiet oder im städtebaulichen Entwicklungsbereich eine Genehmigungspflicht nach § 144 Absatz 1 besteht, sind die Vorschriften über die Zurückstellung von Baugesuchen nicht anzuwenden; mit der förmlichen Festlegung des Sanierungsgebiets oder des städtebaulichen Entwicklungsbereichs wird ein Bescheid über die Zurückstellung des Baugesuchs nach Absatz 1 unwirksam.

(3) [1] Auf Antrag der Gemeinde hat die Baugenehmigungsbehörde die Entscheidung über die Zulässigkeit von Vorhaben nach § 35 Absatz 1 Nummer 2 bis 6 für einen Zeitraum bis zu längstens einem Jahr nach Zustellung der Zurückstellung des Baugesuchs auszusetzen, wenn die Gemeinde beschlossen hat, einen Flächennutzungsplan aufzustellen, zu ändern oder zu ergänzen, mit dem die Rechtswirkungen des § 35 Absatz 3 Satz 3 erreicht werden sollen, und zu befürchten ist, dass die Durchführung der Planung durch das Vorhaben unmöglich gemacht oder wesentlich erschwert werden würde. [2] Auf diesen Zeitraum ist die Zeit zwischen dem Eingang des Baugesuchs bei der zuständigen Behörde bis zur Zustellung der Zurückstellung des Baugesuchs nicht anzurechnen, soweit der Zeitraum für die Bearbeitung des Baugesuchs erforderlich ist. [3] Der Antrag der Gemeinde nach Satz 1 ist nur innerhalb von sechs Monaten, nachdem die Gemeinde in einem Verwaltungsverfahren von dem Bauvorhaben förmlich Kenntnis erhalten hat, zulässig. [4] Wenn besondere Umstände es erfordern, kann die Baugenehmigungsbehörde auf Antrag der Gemeinde die Entscheidung nach Satz 1 um höchstens ein weiteres Jahr aussetzen.

§ 16 Beschluss über die Veränderungssperre. (1) Die Veränderungssperre wird von der Gemeinde als Satzung beschlossen.

(Fortsetzung nächstes Blatt)

(2) [1]Die Gemeinde hat die Veränderungssperre ortsüblich bekannt zu machen. [2]Sie kann auch ortsüblich bekannt machen, dass eine Veränderungssperre beschlossen worden ist; § 10 Absatz 3 Satz 2 bis 5 ist entsprechend anzuwenden.

§ 17 Geltungsdauer der Veränderungssperre. (1) [1]Die Veränderungssperre tritt nach Ablauf von zwei Jahren außer Kraft. [2]Auf die Zweijahresfrist ist der seit der Zustellung der ersten Zurückstellung eines Baugesuchs nach § 15 Absatz 1 abgelaufene Zeitraum anzurechnen. [3]Die Gemeinde kann die Frist um ein Jahr verlängern.

(2) Wenn besondere Umstände es erfordern, kann die Gemeinde die Frist bis zu einem weiteren Jahr nochmals verlängern.

(3) Die Gemeinde kann eine außer Kraft getretene Veränderungssperre ganz oder teilweise erneut beschließen, wenn die Voraussetzungen für ihren Erlass fortbestehen.

(4) Die Veränderungssperre ist vor Fristablauf ganz oder teilweise außer Kraft zu setzen, sobald die Voraussetzungen für ihren Erlass weggefallen sind.

(5) Die Veränderungssperre tritt in jedem Fall außer Kraft, sobald und soweit die Bauleitplanung rechtsverbindlich abgeschlossen ist.

(6) [1]Mit der förmlichen Festlegung des Sanierungsgebiets oder des städtebaulichen Entwicklungsbereichs tritt eine bestehende Veränderungssperre nach § 14 außer Kraft. [2]Dies gilt nicht, wenn in der Sanierungssatzung die Genehmigungspflicht nach § 144 Absatz 1 ausgeschlossen ist.

§ 18 Entschädigung bei Veränderungssperre. (1) [1]Dauert die Veränderungssperre länger als vier Jahre über den Zeitpunkt ihres Beginns oder der ersten Zurückstellung eines Baugesuchs nach § 15 Absatz 1 hinaus, ist den Betroffenen für dadurch entstandene Vermögensnachteile eine angemessene Entschädigung in Geld zu leisten. [2]Die Vorschriften über die Entschädigung im Zweiten Abschnitt des Fünften Teils sowie § 121 gelten entsprechend; dabei ist der Grundstückswert zugrunde zu legen, der nach den Vorschriften des Zweiten Abschnitts des Dritten Teils zu entschädigen wäre.

(2) [1]Zur Entschädigung ist die Gemeinde verpflichtet. [2]Der Entschädigungsberechtigte kann Entschädigung verlangen, wenn die in Absatz 1 Satz 1 bezeichneten Vermögensnachteile eingetreten sind. [3]Er kann die Fälligkeit des Anspruchs dadurch herbeiführen, dass er die Leistung der Entschädigung schriftlich bei dem Entschädigungspflichtigen beantragt. [4]Kommt eine Einigung über die Entschädigung nicht zustande, entscheidet die höhere Verwaltungsbehörde. [5]Für den Bescheid über die Festsetzung der Entschädigung gilt § 122 entsprechend.

(3) [1]Auf das Erlöschen des Entschädigungsanspruchs findet § 44 Absatz 4 mit der Maßgabe Anwendung, dass bei einer Veränderungssperre, die die Sicherung einer Festsetzung nach § 40 Absatz 1 oder § 41 Absatz 1 zum Gegenstand hat, die Erlöschensfrist frühestens ab Rechtsverbindlichkeit des Bebauungsplans beginnt. [2]In der Bekanntmachung nach § 16 Absatz 2 ist auf die Vorschriften des Absatzes 2 Satz 2 und 3 hinzuweisen.

Zweiter Abschnitt. Teilung von Grundstücken; Gebiete mit Fremdenverkehrsfunktionen

§ 19 Teilung von Grundstücken. (1) Die Teilung eines Grundstücks ist die dem Grundbuchamt gegenüber abgegebene oder sonst wie erkennbar gemachte Erklärung des Eigentümers, dass ein Grundstücksteil grundbuchmäßig abgeschrieben und als selbständiges Grundstück oder als ein Grundstück zusammen mit anderen Grundstücken oder mit Teilen anderer Grundstücke eingetragen werden soll.

(2) Durch die Teilung eines Grundstücks im Geltungsbereich eines Bebauungsplans dürfen keine Verhältnisse entstehen, die den Festsetzungen des Bebauungsplans widersprechen.

§ 20 (weggefallen)

§ 21 (weggefallen)

§ 22[1)] Sicherung von Gebieten mit Fremdenverkehrsfunktionen.

(1) [1] Die Gemeinden, die oder deren Teile überwiegend durch den Fremdenverkehr geprägt sind, können in einem Bebauungsplan oder durch eine sonstige Satzung bestimmen, dass zur Sicherung der Zweckbestimmung von Gebieten mit Fremdenverkehrsfunktionen Folgendes der Genehmigung unterliegt:

1. die Begründung oder Teilung von Wohnungseigentum oder Teileigentum nach § 1 des Wohnungseigentumsgesetzes[2)],
2. die Begründung der in den §§ 30 und 31 des Wohnungseigentumsgesetzes bezeichneten Rechte,
3. die Begründung von Bruchteilseigentum nach § 1008 des Bürgerlichen Gesetzbuchs[3)] an Grundstücken mit Wohngebäuden oder Beherbergungsbetrieben, wenn zugleich nach § 1010 Absatz 1 des Bürgerlichen Gesetzbuchs im Grundbuch als Belastung eingetragen werden soll, dass Räume einem oder mehreren Miteigentümern zur ausschließlichen Benutzung zugewiesen sind und die Aufhebung der Gemeinschaft ausgeschlossen ist,
4. bei bestehendem Bruchteilseigentum nach § 1008 des Bürgerlichen Gesetzbuchs an Grundstücken mit Wohngebäuden oder Beherbergungsbetrieben eine im Grundbuch als Belastung einzutragende Regelung nach § 1010 Absatz 1 des Bürgerlichen Gesetzbuchs, wonach Räume einem oder mehreren Miteigentümern zur ausschließlichen Benutzung zugewiesen sind und die Aufhebung der Gemeinschaft ausgeschlossen ist,
5. die Nutzung von Räumen in Wohngebäuden oder Beherbergungsbetrieben als Nebenwohnung, wenn die Räume insgesamt an mehr als der Hälfte der Tage eines Jahres unbewohnt sind.

[2] Voraussetzung für die Bestimmung ist, dass durch die Begründung oder Teilung der Rechte, durch die Regelung nach § 1010 des Bürgerlichen Gesetzbuchs oder durch die Nutzung als Nebenwohnung die vorhandene oder vorgesehene Zweckbestimmung des Gebiets für den Fremdenverkehr und dadurch die geordnete städtebauliche Entwicklung beeinträchtigt werden kann. [3] Die Zweckbestimmung eines Gebiets für den Fremdenverkehr ist insbesondere anzunehmen bei Kurgebieten, Gebieten für die Fremdenbeherbergung, Wochenend- und Ferienhausgebieten, die im Bebauungsplan festgesetzt sind, und bei im Zusammenhang bebauten Ortsteilen, deren Eigenart solchen Gebieten entspricht, sowie bei sonstigen Gebieten mit Fremdenverkehrsfunktionen, die durch Beherbergungsbetriebe und Wohngebäude mit Fremdenbeherbergung geprägt sind.

[1)] § 22 Abs. 10 Satz 2 geänd. mWv 23.6.2021 durch G v. 14.6.2021 (BGBl. I S. 1802).
[2)] **Schönfelder Nr. 37.**
[3)] **Schönfelder Nr. 20.**

(2) [1]Die Gemeinde hat die Satzung ortsüblich bekannt zu machen. [2]Sie kann die Bekanntmachung auch in entsprechender Anwendung des § 10 Absatz 3 Satz 2 bis 5 vornehmen. [3]Für Bestimmungen nach Absatz 1 Satz 1 Nummer 1 bis 4 teilt die Gemeinde dem Grundbuchamt den Beschluss über die Satzung, das Datum ihres Inkrafttretens sowie die genaue Bezeichnung der betroffenen Grundstücke vor ihrer Bekanntmachung rechtzeitig mit. [4]Von der genauen Bezeichnung der betroffenen Grundstücke kann in den Fällen des Absatzes 1 Satz 1 Nummer 1 und 2 abgesehen werden, wenn die gesamte Gemarkung betroffen ist und die Gemeinde dies dem Grundbuchamt mitteilt.

(3) (weggefallen)

(4) [1]Die Genehmigung darf nur versagt werden, wenn durch die Begründung oder Teilung der Rechte, durch die Regelung nach § 1010 des Bürgerlichen Gesetzbuchs oder durch die Nutzung als Nebenwohnung die Zweckbestimmung des Gebiets für den Fremdenverkehr und dadurch die städtebauliche Entwicklung und Ordnung beeinträchtigt wird. [2]Die Genehmigung nach Absatz 1 Satz 1 Nummer 1 bis 4 ist zu erteilen, wenn sie erforderlich ist, damit Ansprüche Dritter erfüllt werden können, zu deren Sicherung vor dem Wirksamwerden des Genehmigungsvorbehalts eine Vormerkung im Grundbuch eingetragen oder der Antrag auf Eintragung einer Vormerkung beim Grundbuchamt eingegangen ist; die Genehmigung kann auch von dem Dritten beantragt werden. [3]Die Genehmigung kann erteilt werden, um wirtschaftliche Nachteile zu vermeiden, die für den Eigentümer eine besondere Härte bedeuten.

(5) [1]Über die Genehmigung entscheidet die Baugenehmigungsbehörde im Einvernehmen mit der Gemeinde. [2]Über die Genehmigung ist innerhalb eines Monats nach Eingang des Antrags bei der Baugenehmigungsbehörde zu entscheiden. [3]Kann die Prüfung des Antrags in dieser Zeit nicht abgeschlossen werden, ist die Frist vor ihrem Ablauf in einem dem Antragsteller mitzuteilenden Zwischenbescheid um den Zeitraum zu verlängern, der notwendig ist, um die Prüfung abschließen zu können; höchstens jedoch um drei Monate. [4]Die Genehmigung gilt als erteilt, wenn sie nicht innerhalb der Frist versagt wird. [5]Darüber hat die Baugenehmigungsbehörde auf Antrag eines Beteiligten ein Zeugnis auszustellen. [6]Das Einvernehmen gilt als erteilt, wenn es nicht binnen zwei Monaten nach Eingang des Ersuchens der Genehmigungsbehörde verweigert wird; dem Ersuchen gegenüber der Gemeinde steht die Einreichung des Antrags bei der Gemeinde gleich, wenn sie nach Landesrecht vorgeschrieben ist.

(6) [1]Bei einem Grundstück, das im Geltungsbereich einer Satzung nach Absatz 1 liegt, darf das Grundbuchamt die von Absatz 1 Satz 1 Nummer 1 bis 4 erfassten Eintragungen in das Grundbuch nur vornehmen, wenn der Genehmigungsbescheid oder ein Zeugnis gemäß Absatz 5 Satz 5 vorgelegt wird oder wenn die Freistellungserklärung der Gemeinde gemäß Absatz 8 beim Grundbuchamt eingegangen ist. [2]Ist dennoch eine Eintragung in das Grundbuch vorgenommen worden, kann die Baugenehmigungsbehörde, falls die Genehmigung erforderlich war, das Grundbuchamt um die Eintragung eines Widerspruchs ersuchen; § 53 Absatz 1 der Grundbuchordnung[1)] bleibt unberührt. [3]Der Widerspruch ist zu löschen, wenn die Baugenehmigungsbehörde darum ersucht oder die Genehmigung erteilt ist.

(7) [1]Wird die Genehmigung versagt, kann der Eigentümer von der Gemeinde unter den Voraussetzungen des § 40 Absatz 2 die Übernahme des Grundstücks

---

1) Habersack Nr. 114.

verlangen. [2] § 43 Absatz 1, 4 und 5 sowie § 44 Absatz 3 und 4 sind entsprechend anzuwenden.

(8) [1] Die Gemeinde hat den Genehmigungsvorbehalt aufzuheben oder im Einzelfall einzelne Grundstücke durch Erklärung gegenüber dem Eigentümer vom Genehmigungsvorbehalt freizustellen, wenn die Voraussetzungen für den Genehmigungsvorbehalt entfallen sind. [2] Die Gemeinde teilt dem Grundbuchamt die Aufhebung des Genehmigungsvorbehalts sowie die genaue Bezeichnung der hiervon betroffenen Grundstücke unverzüglich mit. [3] Von der genauen Bezeichnung kann abgesehen werden, wenn die gesamte Gemarkung betroffen ist und die Gemeinde dies dem Grundbuchamt mitteilt. [4] Sobald die Mitteilung über die Aufhebung des Genehmigungsvorbehalts beim Grundbuchamt eingegangen ist, ist Absatz 6 Satz 1 nicht mehr anzuwenden.

(9) [1] In der sonstigen Satzung nach Absatz 1 kann neben der Bestimmung des Genehmigungsvorbehalts die höchstzulässige Zahl der Wohnungen in Wohngebäuden nach Maßgabe des § 9 Absatz 1 Nummer 6 festgesetzt werden. [2] Vor der Festsetzung nach Satz 1 ist der betroffenen Öffentlichkeit und den berührten Behörden und sonstigen Trägern öffentlicher Belange Gelegenheit zur Stellungnahme innerhalb angemessener Frist zu geben.

(10) [1] Der sonstigen Satzung nach Absatz 1 ist eine Begründung beizufügen. [2] In der Begründung zum Bebauungsplan (§ 9 Absatz 8) oder zur sonstigen Satzung ist darzulegen, dass die in Absatz 1 Satz 2 bezeichneten Voraussetzungen für die Festlegung des Gebiets vorliegen.

§ 23 (weggefallen)

Dritter Abschnitt. Gesetzliche Vorkaufsrechte der Gemeinde

§ 24[1)] Allgemeines Vorkaufsrecht. (1) [1] Der Gemeinde steht ein Vorkaufsrecht zu beim Kauf von Grundstücken

1. im Geltungsbereich eines Bebauungsplans, soweit es sich um Flächen handelt, für die nach dem Bebauungsplan eine Nutzung für öffentliche Zwecke oder für Flächen oder Maßnahmen zum Ausgleich im Sinne des § 1a Absatz 3 festgesetzt ist,
2. in einem Umlegungsgebiet,
3. in einem förmlich festgelegten Sanierungsgebiet und städtebaulichen Entwicklungsbereich,
4. im Geltungsbereich einer Satzung zur Sicherung von Durchführungsmaßnahmen des Stadtumbaus und einer Erhaltungssatzung,
5. im Geltungsbereich eines Flächennutzungsplans, soweit es sich um unbebaute Flächen im Außenbereich handelt, für die nach dem Flächennutzungsplan eine Nutzung als Wohnbaufläche oder Wohngebiet dargestellt ist,
6. in Gebieten, die nach den §§ 30, 33 oder 34 Absatz 2 vorwiegend mit Wohngebäuden bebaut werden können, soweit die Grundstücke unbebaut sind, wobei ein Grundstück auch dann als unbebaut gilt, wenn es lediglich mit einer Einfriedung oder zu erkennbar vorläufigen Zwecken bebaut ist,
7. in Gebieten, die zum Zweck des vorbeugenden Hochwasserschutzes von Bebauung freizuhalten sind, insbesondere in Überschwemmungsgebieten, sowie

---

[1)] § 24 Abs. 1 Satz 1 Nr. 6 neu gef., Nr. 7 geänd., Nr. 8 angef., Abs. 3 Satz 2 eingef., bish. Satz 2 wird Satz 3 mWv 23.6.2021 durch G v. 14.6.2021 (BGBl. I S. 1802); Abs. 1 Satz 2 geänd. mWv 7.7.2023 durch G v. 3.7.2023 (BGBl. 2023 I Nr. 176).

8. in Gebieten nach den §§ 30, 33 oder 34, wenn
   a) in diesen ein städtebaulicher Missstand im Sinne des § 136 Absatz 2 Satz 2 in Verbindung mit Absatz 3 vorliegt oder
   b) die baulichen Anlagen einen Missstand im Sinne des § 177 Absatz 2 aufweisen und die Grundstücke dadurch erhebliche nachteilige Auswirkungen auf das soziale oder städtebauliche Umfeld aufweisen, insbesondere durch ihren baulichen Zustand oder ihre der öffentlichen Sicherheit und Ordnung widersprechende Nutzung.

[2] Im Falle der Nummer 1 kann das Vorkaufsrecht bereits nach Beginn der Veröffentlichungsfrist nach § 3 Absatz 2 Satz 1 ausgeübt werden, wenn die Gemeinde einen Beschluss gefasst hat, einen Bebauungsplan aufzustellen, zu ändern oder zu ergänzen. [3] Im Falle der Nummer 5 kann das Vorkaufsrecht bereits ausgeübt werden, wenn die Gemeinde einen Beschluss gefasst und ortsüblich bekannt gemacht hat, einen Flächennutzungsplan aufzustellen, zu ändern oder zu ergänzen und wenn nach dem Stand der Planungsarbeiten anzunehmen ist, dass der künftige Flächennutzungsplan eine solche Nutzung darstellen wird.

(2) Das Vorkaufsrecht steht der Gemeinde nicht zu beim Kauf von Rechten nach dem Wohnungseigentumsgesetz[1] und von Erbbaurechten.

(3) [1] Das Vorkaufsrecht darf nur ausgeübt werden, wenn das Wohl der Allgemeinheit dies rechtfertigt. [2] Dem Wohl der Allgemeinheit kann insbesondere die Deckung eines Wohnbedarfs in der Gemeinde dienen. [3] Bei der Ausübung des Vorkaufsrechts hat die Gemeinde den Verwendungszweck des Grundstücks anzugeben.

§ 25[2] Besonderes Vorkaufsrecht. (1) [1] Die Gemeinde kann

1. im Geltungsbereich eines Bebauungsplans durch Satzung ihr Vorkaufsrecht an unbebauten Grundstücken begründen;
2. in Gebieten, in denen sie städtebauliche Maßnahmen in Betracht zieht, zur Sicherung einer geordneten städtebaulichen Entwicklung durch Satzung Flächen bezeichnen, an denen ihr ein Vorkaufsrecht an den Grundstücken zusteht;
3. im Geltungsbereich eines Bebauungsplans an brachliegenden Grundstücken oder für im Zusammenhang bebaute Ortsteile (§ 34) an unbebauten oder brachliegenden Grundstücken durch Satzung ihr Vorkaufsrecht begründen, wenn
   a) diese vorwiegend mit Wohngebäuden bebaut werden können und
   b) es sich um ein nach § 201a bestimmtes Gebiet mit einem angespannten Wohnungsmarkt handelt.

[2] Ein Grundstück gilt auch dann als unbebaut, wenn es lediglich mit einer Einfriedung oder zu erkennbar vorläufigen Zwecken bebaut ist. [3] Das Vorkaufsrecht nach Satz 1 Nummer 3 erlischt mit dem Ende der Geltungsdauer der Rechtsverordnung nach § 201a. [4] Auf die Satzung ist § 16 Absatz 2 entsprechend anzuwenden.

(2) [1] § 24 Absatz 2 und 3 Satz 1 und 2 ist anzuwenden. [2] Der Verwendungszweck des Grundstücks ist anzugeben, soweit das bereits zum Zeitpunkt der Ausübung des Vorkaufsrechts möglich ist.

§ 26 Ausschluss des Vorkaufsrechts. Die Ausübung des Vorkaufsrechts ist ausgeschlossen, wenn

---

[1] **Habersack Nr. 37.**

[2] § 25 Abs. 1 Satz 1 Nr. 2 geänd., Nr. 3 angef., Sätze 2, 3 eingef., bish. Satz 2 wird Satz 4, Abs. 2 Satz 1 geänd. mWv 23.6.2021 durch G v. 14.6.2021 (BGBl. I S. 1802).

1. der Eigentümer das Grundstück an seinen Ehegatten oder an eine Person verkauft, die mit ihm in gerader Linie verwandt oder verschwägert oder in der Seitenlinie bis zum dritten Grad verwandt ist,
2. das Grundstück
   a) von einem öffentlichen Bedarfsträger für Zwecke der Landesverteidigung, der Bundespolizei, der Zollverwaltung, der Polizei oder des Zivilschutzes oder
   b) von Kirchen und Religionsgesellschaften des öffentlichen Rechts für Zwecke des Gottesdienstes oder der Seelsorge

   gekauft wird,
3. auf dem Grundstück Vorhaben errichtet werden sollen, für die ein in § 38 genanntes Verfahren eingeleitet oder durchgeführt worden ist, oder
4. das Grundstück entsprechend den Festsetzungen des Bebauungsplans oder den Zielen und Zwecken der städtebaulichen Maßnahme bebaut ist und genutzt wird und eine auf ihm errichtete bauliche Anlage keine Missstände oder Mängel im Sinne des § 177 Absatz 2 und 3 Satz 1 aufweist.

§ 27 Abwendung des Vorkaufsrechts. (1) [1]Der Käufer kann die Ausübung des Vorkaufsrechts abwenden, wenn die Verwendung des Grundstücks nach den baurechtlichen Vorschriften oder den Zielen und Zwecken der städtebaulichen Maßnahme bestimmt oder mit ausreichender Sicherheit bestimmbar ist, der Käufer in der Lage ist, das Grundstück binnen angemessener Frist dementsprechend zu nutzen, und er sich vor Ablauf der Frist nach § 28 Absatz 2 Satz 1 hierzu verpflichtet. [2]Weist eine auf dem Grundstück befindliche bauliche Anlage Missstände oder Mängel im Sinne des § 177 Absatz 2 und 3 Satz 1 auf, kann der Käufer die Ausübung des Vorkaufsrechts abwenden, wenn er diese Missstände oder Mängel binnen angemessener Frist beseitigen kann und er sich vor Ablauf der Frist nach § 28 Absatz 2 Satz 1 zur Beseitigung verpflichtet. [3]Die Gemeinde hat die Frist nach § 28 Absatz 2 Satz 1 auf Antrag des Käufers um zwei Monate zu verlängern, wenn der Käufer vor Ablauf dieser Frist glaubhaft macht, dass er in der Lage ist, die in Satz 1 oder 2 genannten Voraussetzungen zu erfüllen.

(2) Ein Abwendungsrecht besteht nicht

1. in den Fällen des § 24 Absatz 1 Satz 1 Nummer 1 und
2. in einem Umlegungsgebiet, wenn das Grundstück für Zwecke der Umlegung (§ 45) benötigt wird.

§ 27a Ausübung des Vorkaufsrechts zugunsten Dritter. (1) [1]Die Gemeinde kann

1. ihr Vorkaufsrecht zugunsten eines Dritten ausüben, wenn der Dritte zu der mit der Ausübung des Vorkaufsrechts bezweckten Verwendung des Grundstücks innerhalb angemessener Frist in der Lage ist und sich hierzu verpflichtet, oder
2. das ihr nach § 24 Absatz 1 Satz 1 Nummer 1 zustehende Vorkaufsrecht zugunsten eines öffentlichen Bedarfs- oder Erschließungsträgers sowie das ihr nach § 24 Absatz 1 Satz 1 Nummer 3 zustehende Vorkaufsrecht zugunsten eines Sanierungs- oder Entwicklungsträgers ausüben, wenn der Träger einverstanden ist.

[2]In den Fällen der Nummer 1 hat die Gemeinde bei der Ausübung des Vorkaufsrechts zugunsten eines Dritten die Frist, in der das Grundstück für den vorgesehenen Zweck zu verwenden ist, zu bezeichnen.

(2) [1] Mit der Ausübung des Vorkaufsrechts kommt der Kaufvertrag zwischen dem Begünstigten und dem Verkäufer zustande. [2] Die Gemeinde haftet für die Verpflichtung aus dem Kaufvertrag neben dem Begünstigten als Gesamtschuldnerin.

(3) [1] Für den von dem Begünstigten zu zahlenden Betrag und das Verfahren gilt § 28 Absatz 2 bis 4 entsprechend. [2] Kommt der Begünstigte seiner Verpflichtung nach Absatz 1 Satz 1 Nummer 1 nicht nach, soll die Gemeinde in entsprechender Anwendung des § 102 die Übertragung des Grundstücks zu ihren Gunsten oder zugunsten eines Übernahmewilligen verlangen, der zur Verwirklichung des Verwendungszwecks innerhalb angemessener Frist in der Lage ist und sich hierzu verpflichtet. [3] Für die Entschädigung und das Verfahren gelten die Vorschriften des Fünften Teils über die Rückenteignung entsprechend. [4] Die Haftung der Gemeinde nach § 28 Absatz 3 Satz 7 bleibt unberührt.

§ 28[1)] Verfahren und Entschädigung. (1) [1] Der Verkäufer hat der Gemeinde den Inhalt des Kaufvertrags unverzüglich mitzuteilen; die Mitteilung des Verkäufers wird durch die Mitteilung des Käufers ersetzt. [2] Das Grundbuchamt darf bei Kaufverträgen den Käufer als Eigentümer in das Grundbuch nur eintragen, wenn ihm die Nichtausübung oder das Nichtbestehen des Vorkaufsrechts nachgewiesen ist. [3] Besteht ein Vorkaufsrecht nicht oder wird es nicht ausgeübt, hat die Gemeinde auf Antrag eines Beteiligten darüber unverzüglich ein Zeugnis auszustellen. [4] Das Zeugnis gilt als Verzicht auf die Ausübung des Vorkaufsrechts.

(2) [1] Das Vorkaufsrecht kann nur binnen drei Monaten nach Mitteilung des Kaufvertrags durch Verwaltungsakt gegenüber dem Verkäufer ausgeübt werden. [2] Die §§ 463, 464 Absatz 2, §§ 465 bis 468 und 471 des Bürgerlichen Gesetzbuchs[2)] sind anzuwenden. [3] Nach Mitteilung des Kaufvertrags ist auf Ersuchen der Gemeinde zur Sicherung ihres Anspruchs auf Übereignung des Grundstücks eine Vormerkung in das Grundbuch einzutragen; die Gemeinde trägt die Kosten der Eintragung der Vormerkung und ihrer Löschung. [4] Das Vorkaufsrecht ist nicht übertragbar. [5] Bei einem Eigentumserwerb auf Grund der Ausübung des Vorkaufsrechts erlöschen rechtsgeschäftliche Vorkaufsrechte. [6] Wird die Gemeinde nach Ausübung des Vorkaufsrechts im Grundbuch als Eigentümerin eingetragen, kann sie das Grundbuchamt ersuchen, eine zur Sicherung des Übereignungsanspruchs des Käufers im Grundbuch eingetragene Vormerkung zu löschen; sie darf das Ersuchen nur stellen, wenn die Ausübung des Vorkaufsrechts für den Käufer unanfechtbar ist.

(3) [1] Abweichend von Absatz 2 Satz 2 kann die Gemeinde den zu zahlenden Betrag nach dem Verkehrswert des Grundstücks (§ 194) im Zeitpunkt des Kaufes bestimmen, wenn der vereinbarte Kaufpreis den Verkehrswert überschreitet. [2] In diesem Falle ist der Verkäufer berechtigt, bis zum Ablauf eines Monats nach Unanfechtbarkeit des Verwaltungsakts über die Ausübung des Vorkaufsrechts vom Vertrag zurückzutreten. [3] Auf das Rücktrittsrecht sind die §§ 346 bis 349 und 351 des Bürgerlichen Gesetzbuchs entsprechend anzuwenden. [4] Tritt der Verkäufer vom Vertrag zurück, trägt die Gemeinde die Kosten des Vertrags auf der Grundlage des Verkehrswerts. [5] Tritt der Verkäufer vom Vertrag nicht zurück, erlischt nach Ablauf der Rücktrittsfrist nach Satz 2 die Pflicht des Verkäufers aus dem Kaufvertrag, der Gemeinde das Eigentum an dem Grundstück zu übertragen. [6] In diesem Falle geht das Eigentum an dem Grundstück auf die Gemeinde über, wenn auf Ersuchen der Gemeinde der Übergang des Eigentums in das Grundbuch eingetragen ist. [7] Führt die Gemeinde das Grundstück nicht innerhalb einer angemessenen Frist dem mit

---

[1)] § 28 Abs. 2 Satz 1, Abs. 3 Satz 1 geänd. mWv 23.6.2021 durch G v. 14.6.2021 (BGBl. I S. 1802).
[2)] **Habersack Nr. 20.**

der Ausübung des Vorkaufsrechts verfolgten Zweck zu, hat sie dem Verkäufer einen Betrag in Höhe des Unterschieds zwischen dem vereinbarten Kaufpreis und dem Verkehrswert zu zahlen. [8] § 44 Absatz 3 Satz 2 und 3, § 43 Absatz 2 Satz 1 sowie die §§ 121 und 122 sind entsprechend anzuwenden.

(4) [1] In den Fällen des § 24 Absatz 1 Satz 1 Nummer 1 bestimmt die Gemeinde den zu zahlenden Betrag nach den Vorschriften des Zweiten Abschnitts des Fünften Teils, wenn der Erwerb des Grundstücks für die Durchführung des Bebauungsplans erforderlich ist und es nach dem festgesetzten Verwendungszweck enteignet werden könnte. [2] Mit der Unanfechtbarkeit des Bescheids über die Ausübung des Vorkaufsrechts erlischt die Pflicht des Verkäufers aus dem Kaufvertrag, der Gemeinde das Eigentum an dem Grundstück zu übertragen. [3] In diesem Falle geht das Eigentum an dem Grundstück auf die Gemeinde über, wenn auf Ersuchen der Gemeinde der Übergang des Eigentums in das Grundbuch eingetragen ist.

(5) [1] Die Gemeinde kann für das Gemeindegebiet oder für sämtliche Grundstücke einer Gemarkung auf die Ausübung der ihr nach diesem Abschnitt zustehenden Rechte verzichten. [2] Sie kann den Verzicht jederzeit für zukünftig abzuschließende Kaufverträge widerrufen. [3] Der Verzicht und sein Widerruf sind ortsüblich bekannt zu machen. [4] Die Gemeinde teilt dem Grundbuchamt den Wortlaut ihrer Erklärung mit. [5] Hat die Gemeinde auf die Ausübung ihrer Rechte verzichtet, bedarf es eines Zeugnisses nach Absatz 1 Satz 3 nicht, soweit nicht ein Widerruf erklärt ist.

(6) [1] Hat die Gemeinde das Vorkaufsrecht ausgeübt und sind einem Dritten dadurch Vermögensnachteile entstanden, hat sie dafür Entschädigung zu leisten, soweit dem Dritten ein vertragliches Recht zum Erwerb des Grundstücks zustand, bevor ein gesetzliches Vorkaufsrecht der Gemeinde auf Grund dieses Gesetzbuchs oder solcher landesrechtlicher Vorschriften, die durch § 186 des Bundesbaugesetzes aufgehoben worden sind, begründet worden ist. [2] Die Vorschriften über die Entschädigung im Zweiten Abschnitt des Fünften Teils sind entsprechend anzuwenden. [3] Kommt eine Einigung über die Entschädigung nicht zustande, entscheidet die höhere Verwaltungsbehörde.

Dritter Teil. Regelung der baulichen und sonstigen Nutzung; Entschädigung

Erster Abschnitt. Zulässigkeit von Vorhaben

§ 29 Begriff des Vorhabens; Geltung von Rechtsvorschriften. (1) Für Vorhaben, die die Errichtung, Änderung oder Nutzungsänderung von baulichen Anlagen zum Inhalt haben, und für Aufschüttungen und Abgrabungen größeren Umfangs sowie für Ausschachtungen, Ablagerungen einschließlich Lagerstätten gelten die §§ 30 bis 37.

(2) Die Vorschriften des Bauordnungsrechts und andere öffentlich-rechtliche Vorschriften bleiben unberührt.

§ 30 Zulässigkeit von Vorhaben im Geltungsbereich eines Bebauungsplans. (1) Im Geltungsbereich eines Bebauungsplans, der allein oder gemeinsam mit sonstigen baurechtlichen Vorschriften mindestens Festsetzungen über die Art und das Maß der baulichen Nutzung, die überbaubaren Grundstücksflächen und die örtlichen Verkehrsflächen enthält, ist ein Vorhaben zulässig, wenn es diesen Festsetzungen nicht widerspricht und die Erschließung gesichert ist.

(2) Im Geltungsbereich eines vorhabenbezogenen Bebauungsplans nach § 12 ist ein Vorhaben zulässig, wenn es dem Bebauungsplan nicht widerspricht und die Erschließung gesichert ist.

(3) Im Geltungsbereich eines Bebauungsplans, der die Voraussetzungen des Absatzes 1 nicht erfüllt (einfacher Bebauungsplan), richtet sich die Zulässigkeit von Vorhaben im Übrigen nach § 34 oder § 35.

§ 31[1)] **Ausnahmen und Befreiungen.** (1) Von den Festsetzungen des Bebauungsplans können solche Ausnahmen zugelassen werden, die in dem Bebauungsplan nach Art und Umfang ausdrücklich vorgesehen sind.

(2) Von den Festsetzungen des Bebauungsplans kann befreit werden, wenn die Grundzüge der Planung nicht berührt werden und

1. Gründe des Wohls der Allgemeinheit, einschließlich der Wohnbedürfnisse der Bevölkerung, des Bedarfs zur Unterbringung von Flüchtlingen oder Asylbegehrenden, des Bedarfs an Anlagen für soziale Zwecke und des Bedarfs an einem zügigen Ausbau der erneuerbaren Energien, die Befreiung erfordern oder
2. die Abweichung städtebaulich vertretbar ist oder
3. die Durchführung des Bebauungsplans zu einer offenbar nicht beabsichtigten Härte führen würde

und wenn die Abweichung auch unter Würdigung nachbarlicher Interessen mit den öffentlichen Belangen vereinbar ist.

(3) [1] Mit Zustimmung der Gemeinde kann im Einzelfall oder in mehreren vergleichbaren Fällen von den Festsetzungen des Bebauungsplans zugunsten des Wohnungsbaus befreit werden, wenn die Befreiung auch unter Würdigung nachbarlicher Interessen mit den öffentlichen Belangen vereinbar ist. [2] Die Befreiung nach Satz 1 ist mit öffentlichen Belangen insbesondere dann nicht vereinbar, wenn sie aufgrund einer überschlägigen Prüfung voraussichtlich zusätzliche erhebliche Umweltauswirkungen hat.

§ 32 Nutzungsbeschränkungen auf künftigen Gemeinbedarfs-, Verkehrs-, Versorgungs- und Grünflächen. [1] Sind überbaute Flächen in dem Bebauungsplan als Baugrundstücke für den Gemeinbedarf oder als Verkehrs-, Versorgungs- oder Grünflächen festgesetzt, dürfen auf ihnen Vorhaben, die eine wertsteigernde Änderung baulicher Anlagen zur Folge haben, nur zugelassen und für sie Befreiungen von den Festsetzungen des Bebauungsplans nur erteilt werden, wenn der Bedarfs- oder Erschließungsträger zustimmt oder der Eigentümer für sich und seine Rechtsnachfolger auf Ersatz der Werterhöhung für den Fall schriftlich verzichtet, dass der Bebauungsplan durchgeführt wird. [2] Dies gilt auch für die dem Bebauungsplan nicht widersprechenden Teile einer baulichen Anlage, wenn sie für sich allein nicht wirtschaftlich verwertbar sind oder wenn bei der Enteignung die Übernahme der restlichen überbauten Flächen verlangt werden kann.

§ 33[2)] **Zulässigkeit von Vorhaben während der Planaufstellung.** (1) In Gebieten, für die ein Beschluss über die Aufstellung eines Bebauungsplans gefasst ist, ist ein Vorhaben zulässig, wenn

1. die Öffentlichkeits- und Behördenbeteiligung nach § 3 Absatz 2, § 4 Absatz 2 und § 4a Absatz 2 bis 4 durchgeführt worden ist,
2. anzunehmen ist, dass das Vorhaben den künftigen Festsetzungen des Bebauungsplans nicht entgegensteht,

---

[1)] § 31 Abs. 2 Nr. 1 geänd., Abs. 3 angef. mWv 23.6.2021 durch G v. 14.6.2021 (BGBl. I S. 1802); Abs. 2 Nr. 1 neu gef. mWv 7.7.2023 durch G v. 3.7.2023 (BGBl. 2023 I Nr. 176; 2023 I Nr. 214); Abs. 3 neu gef. mWv 30.10.2025 durch G v. 27.10.2025 (BGBl. 2025 I Nr. 257).

[2)] § 33 Abs. 1 Nr. 1 geänd. mWv 7.7.2023 durch G v. 3.7.2023 (BGBl. 2023 I Nr. 176).

3. der Antragsteller diese Festsetzungen für sich und seine Rechtsnachfolger schriftlich anerkennt und
4. die Erschließung gesichert ist.

(2) In Fällen des § 4a Absatz 3 Satz 1 kann vor der erneuten Öffentlichkeits- und Behördenbeteiligung ein Vorhaben zugelassen werden, wenn sich die vorgenommene Änderung oder Ergänzung des Bebauungsplanentwurfs nicht auf das Vorhaben auswirkt und die in Absatz 1 Nummer 2 bis 4 bezeichneten Voraussetzungen erfüllt sind.

(3) [1] Wird ein Verfahren nach § 13 oder § 13a durchgeführt, kann ein Vorhaben vor Durchführung der Öffentlichkeits- und Behördenbeteiligung zugelassen werden, wenn die in Absatz 1 Nummer 2 bis 4 bezeichneten Voraussetzungen erfüllt sind. [2] Der betroffenen Öffentlichkeit und den berührten Behörden und sonstigen Trägern öffentlicher Belange ist vor Erteilung der Genehmigung Gelegenheit zur Stellungnahme innerhalb angemessener Frist zu geben, soweit sie dazu nicht bereits zuvor Gelegenheit hatten.

§ 34[1)] Zulässigkeit von Vorhaben innerhalb der im Zusammenhang bebauten Ortsteile. (1) [1] Innerhalb der im Zusammenhang bebauten Ortsteile ist ein Vorhaben zulässig, wenn es sich nach Art und Maß der baulichen Nutzung, der Bauweise und der Grundstücksfläche, die überbaut werden soll, in die Eigenart der näheren Umgebung einfügt und die Erschließung gesichert ist. [2] Die Anforderungen an gesunde Wohn- und Arbeitsverhältnisse müssen gewahrt bleiben; das Ortsbild darf nicht beeinträchtigt werden.

(2) Entspricht die Eigenart der näheren Umgebung einem der Baugebiete, die in der auf Grund des § 9a erlassenen Verordnung bezeichnet sind, beurteilt sich die Zulässigkeit des Vorhabens nach seiner Art allein danach, ob es nach der Verordnung in dem Baugebiet allgemein zulässig wäre; auf die nach der Verordnung ausnahmsweise zulässigen Vorhaben ist § 31 Absatz 1, im Übrigen ist § 31 Absatz 2 und 3 Satz 1 über die Befreiung entsprechend anzuwenden.

(3) Von Vorhaben nach Absatz 1 oder 2 dürfen keine schädlichen Auswirkungen auf zentrale Versorgungsbereiche in der Gemeinde oder in anderen Gemeinden zu erwarten sein.

(3a) [1] Vom Erfordernis des Einfügens in die Eigenart der näheren Umgebung nach Absatz 1 Satz 1 kann im Einzelfall abgewichen werden, wenn die Abweichung

1. einem der nachfolgend genannten Vorhaben dient:
   a) der Erweiterung, Änderung, Nutzungsänderung oder Erneuerung eines zulässigerweise errichteten Gewerbe- oder Handwerksbetriebs,
   b) der Erweiterung, Änderung oder Erneuerung zulässigerweise errichteter Gebäude, wenn hierdurch neue Wohnungen geschaffen oder vorhandener Wohnraum wieder nutzbar wird, oder
   c) der Nutzungsänderung einer zulässigerweise errichteten baulichen Anlage zu Wohnzwecken, einschließlich einer erforderlichen Änderung oder Erneuerung,
2. städtebaulich vertretbar ist und

---

1) § 34 Abs. 3a Satz 3 angef. mWv 23.6.2021 durch G v. 14.6.2021 (BGBl. I S. 1802); Abs. 2 geänd., Abs. 3a Satz 1 Nummer 1 Buchst. b neu gef., Abs. 3b eingef. mWv 30.10.2025 durch G v. 27.10.2025 (BGBl. 2025 I Nr. 257).

3. auch unter Würdigung nachbarlicher Interessen mit den öffentlichen Belangen vereinbar ist.

[2] Satz 1 findet keine Anwendung auf Einzelhandelsbetriebe, die die verbrauchernahe Versorgung der Bevölkerung beeinträchtigen oder schädliche Auswirkungen auf zentrale Versorgungsbereiche in der Gemeinde oder in anderen Gemeinden haben können. [3] In den Fällen des Satzes 1 Nummer 1 Buchstabe b und c kann darüber hinaus vom Erfordernis des Einfügens im Einzelfall im Sinne des Satzes 1 in mehreren vergleichbaren Fällen abgewichen werden, wenn die übrigen Voraussetzungen des Satzes 1 vorliegen und die Aufstellung eines Bebauungsplans nicht erforderlich ist.

(3b) Mit Zustimmung der Gemeinde kann im Einzelfall oder in mehreren vergleichbaren Fällen vom Erfordernis des Einfügens in die nähere Umgebung abgewichen werden, wenn das Vorhaben der Errichtung eines Wohngebäudes dient und auch unter Würdigung nachbarlicher Interessen mit den öffentlichen Belangen vereinbar ist.

(4) [1] Die Gemeinde kann durch Satzung

1. die Grenzen für im Zusammenhang bebaute Ortsteile festlegen,
2. bebaute Bereiche im Außenbereich als im Zusammenhang bebaute Ortsteile festlegen, wenn die Flächen im Flächennutzungsplan als Baufläche dargestellt sind,
3. einzelne Außenbereichsflächen in die im Zusammenhang bebauten Ortsteile einbeziehen, wenn die einbezogenen Flächen durch die bauliche Nutzung des angrenzenden Bereichs entsprechend geprägt sind.

[2] Die Satzungen können miteinander verbunden werden.

(5) [1] Voraussetzung für die Aufstellung von Satzungen nach Absatz 4 Satz 1 Nummer 2 und 3 ist, dass

1. sie mit einer geordneten städtebaulichen Entwicklung vereinbar sind,
2. die Zulässigkeit von Vorhaben, die einer Pflicht zur Durchführung einer Umweltverträglichkeitsprüfung nach Anlage 1 zum Gesetz über die Umweltverträglichkeitsprüfung[1] oder nach Landesrecht unterliegen, nicht begründet wird und
3. keine Anhaltspunkte für eine Beeinträchtigung der in § 1 Absatz 6 Nummer 7 Buchstabe b genannten Schutzgüter oder dafür bestehen, dass bei der Planung Pflichten zur Vermeidung oder Begrenzung der Auswirkungen von schweren Unfällen nach § 50 Satz 1 des Bundes-Immissionsschutzgesetzes[2] zu beachten sind.

[2] In den Satzungen nach Absatz 4 Satz 1 Nummer 2 und 3 können einzelne Festsetzungen nach § 9 Absatz 1 und 3 Satz 1 sowie Absatz 4 getroffen werden. [3] § 9 Absatz 6 und § 31 sind entsprechend anzuwenden. [4] Auf die Satzung nach Absatz 4 Satz 1 Nummer 3 sind ergänzend § 1a Absatz 2 und 3 und § 9 Absatz 1a entsprechend anzuwenden; ihr ist eine Begründung mit den Angaben entsprechend § 2a Satz 2 Nummer 1 beizufügen.

(6) [1] Bei der Aufstellung der Satzungen nach Absatz 4 Satz 1 Nummer 2 und 3 sind die Vorschriften über die Öffentlichkeits- und Behördenbeteiligung nach § 13 Absatz 2 Satz 1 Nummer 2 und 3 sowie Satz 2 entsprechend anzuwenden. [2] Auf

[1] Nr. **295**.
[2] Nr. **296**.

die Satzungen nach Absatz 4 Satz 1 Nummer 1 bis 3 ist § 10 Absatz 3 entsprechend anzuwenden.

§ 35[1] **Bauen im Außenbereich.** (1) Im Außenbereich ist ein Vorhaben nur zulässig, wenn öffentliche Belange nicht entgegenstehen, die ausreichende Erschließung gesichert ist und wenn es

1. einem land- oder forstwirtschaftlichen Betrieb dient und nur einen untergeordneten Teil der Betriebsfläche einnimmt,
2. einem Betrieb der gartenbaulichen Erzeugung dient,
3. der öffentlichen Versorgung mit Elektrizität, Gas, Telekommunikationsdienstleistungen, Wärme und Wasser, der Abwasserwirtschaft oder einem ortsgebundenen gewerblichen Betrieb dient,
4. wegen seiner besonderen Anforderungen an die Umgebung, wegen seiner nachteiligen Wirkung auf die Umgebung oder wegen seiner besonderen Zweckbestimmung nur im Außenbereich ausgeführt werden soll, es sei denn, es handelt sich um die Errichtung, Änderung oder Erweiterung einer baulichen Anlage zur Tierhaltung, die dem Anwendungsbereich der Nummer 1 nicht unterfällt und die einer Pflicht zur Durchführung einer standortbezogenen oder allgemeinen Vorprüfung oder einer Umweltverträglichkeitsprüfung nach dem Gesetz über die Umweltverträglichkeitsprüfung[2] unterliegt, wobei bei kumulierenden Vorhaben für die Annahme eines engen Zusammenhangs diejenigen Tierhaltungsanlagen zu berücksichtigen sind, die auf demselben Betriebs- oder Baugelände liegen und mit gemeinsamen betrieblichen oder baulichen Einrichtungen verbunden sind,
5. der Erforschung, Entwicklung oder Nutzung der Windenergie nach Maßgabe des § 249 oder der Erforschung, Entwicklung oder Nutzung der geothermischen Energie oder der Wasserenergie dient,
6. der energetischen Nutzung von Biomasse im Rahmen eines Betriebs nach Nummer 1 oder 2 oder eines Betriebs nach Nummer 4, der Tierhaltung betreibt, sowie dem Anschluss solcher Anlagen an das öffentliche Versorgungsnetz dient, unter folgenden Voraussetzungen:
   a) das Vorhaben steht in einem räumlich-funktionalen Zusammenhang mit dem Betrieb,
   b) die Biomasse stammt überwiegend aus dem Betrieb oder überwiegend aus diesem und aus nahe gelegenen Betrieben nach den Nummern 1, 2 oder 4, soweit letzterer Tierhaltung betreibt,
   c) es wird je Hofstelle oder Betriebsstandort nur eine Anlage betrieben und
   d) die Kapazität einer Anlage zur Erzeugung von Biogas überschreitet nicht 2,3 Millionen Normkubikmeter Biogas pro Jahr, die Feuerungswärmeleistung anderer Anlagen überschreitet nicht 2,0 Megawatt,
7. der Erforschung, Entwicklung oder Nutzung der Kernenergie zu friedlichen Zwecken oder der Entsorgung radioaktiver Abfälle dient, mit Ausnahme der

---

[1] § 35 Abs. 4 Satz 1 Nr. 1 einl. Satzteil, Buchst. f, Nr. 2 Buchst. c geänd. mWv 23.6.2021 durch G v. 14.6.2021 (BGBl. I S. 1802); Abs. 1 Nr. 5 neu gef. mWv 1.2.2023 durch G v. 20.7.2022 (BGBl. I S. 1353); Abs. 1 Nr. 8 neu gef., Abs. 5 Satz 2 geänd. mWv 1.1.2023 durch G v. 4.1.2023 (BGBl. 2023 I Nr. 6); *Abs. 1 Nr. 7, 8 Buchst. b geänd., Nr. 9 angef.*, Abs. 5 Satz 2 geänd. mWv 7.7.2023 durch G v. 3.7.2023 (BGBl. 2023 I Nr. 176); Abs. 1 Nr. 9 Buchst. c geänd., Nr. 10, 11 angef. mWv 23.12.2025 durch G v. 18.12.2025 (BGBl. 2025 I Nr. 347); Abs. 1 Nr. 5, 8 Buchst. b geänd., Nr. 10, 11 neu gef., Nr. 12 angef., Abs. 5 Satz 2 geänd. mWv 23.12.2025 durch G v. 22.12.2025 (BGBl. 2025 I Nr. 348).

[2] Nr. **295**.

Neuerrichtung von Anlagen zur Spaltung von Kernbrennstoffen zur gewerblichen Erzeugung von Elektrizität,

8. der Nutzung solarer Strahlungsenergie dient
   a) in, an und auf Dach- und Außenwandflächen von zulässigerweise genutzten Gebäuden, wenn die Anlage dem Gebäude baulich untergeordnet ist, oder
   b) auf einer Fläche längs von
      aa) Autobahnen oder
      bb) Schienenwegen des übergeordneten Netzes im Sinne des § 2b des Allgemeinen Eisenbahngesetzes[1] mit mindestens zwei Hauptgleisen

   und in einer Entfernung zu diesen von bis zu 200 Metern, gemessen vom äußeren Rand der Fahrbahn,
9. der Nutzung solarer Strahlungsenergie durch besondere Solaranlagen im Sinne des § 48 Absatz 1 Satz 1 Nummer 5 Buchstabe a, b oder c des Erneuerbare-Energien-Gesetzes[2] dient, unter folgenden Voraussetzungen:
   a) das Vorhaben steht in einem räumlich-funktionalen Zusammenhang mit einem Betrieb nach Nummer 1 oder 2,
   b) die Grundfläche der besonderen Solaranlage überschreitet nicht 25 000 Quadratmeter und
   c) es wird je Hofstelle oder Betriebsstandort nur eine Anlage betrieben,
10. der untertägigen Speicherung von Wärme dient und das Vorhaben in einem räumlich-funktionalen Zusammenhang mit Wärmequellen und Wärmesenken steht,
11. der Speicherung von elektrischer Energie in einer Batteriespeicheranlage dient und das Vorhaben in einem räumlich-funktionalen Zusammenhang mit einer vorhandenen Anlage zur Nutzung erneuerbarer Energien steht oder
12. der Speicherung von elektrischer Energie in einer nicht unter Nummer 11 fallenden Batteriespeicheranlage dient, unter folgenden Voraussetzungen:
    a) das Vorhaben steht in einer Entfernung von höchstens 200 Metern zu der Grundstücksgrenze einer Umspannanlage von Höchstspannung zu Hochspannung oder von Hochspannung zu Mittelspannung oder zu der Grundstücksgrenze eines in Betrieb befindlichen oder aufgegebenen Kraftwerks mit einer Nennleistung ab 50 Megawatt und
    b) die Batteriespeicheranlage verfügt über eine Nennleistung von mindestens 4 Megawatt und
    c) die von allen nach dieser Nummer zugelassenen Batteriespeicheranlagen einschließlich der zugehörigen Nebenanlagen und Freiflächen insgesamt in Anspruch genommene Gesamtfläche in derselben Gemeinde überschreitet nicht 0,5 Prozent der Gemeindefläche und beträgt höchstens 50 000 Quadratmeter.

(2) Sonstige Vorhaben können im Einzelfall zugelassen werden, wenn ihre Ausführung oder Benutzung öffentliche Belange nicht beeinträchtigt und die Erschließung gesichert ist.

(3) [1] Eine Beeinträchtigung öffentlicher Belange liegt insbesondere vor, wenn das Vorhaben

1. den Darstellungen des Flächennutzungsplans widerspricht,

---

[1] **Sartorius III Nr. 200.**
[2] **Sartorius ErgBd. Nr. 833.**

2. den Darstellungen eines Landschaftsplans oder sonstigen Plans, insbesondere des Wasser-, Abfall- oder Immissionsschutzrechts, widerspricht,
3. schädliche Umwelteinwirkungen hervorrufen kann oder ihnen ausgesetzt wird,
4. unwirtschaftliche Aufwendungen für Straßen oder andere Verkehrseinrichtungen, für Anlagen der Versorgung oder Entsorgung, für die Sicherheit oder Gesundheit oder für sonstige Aufgaben erfordert,
5. Belange des Naturschutzes und der Landschaftspflege, des Bodenschutzes, des Denkmalschutzes oder die natürliche Eigenart der Landschaft und ihren Erholungswert beeinträchtigt oder das Orts- und Landschaftsbild verunstaltet,
6. Maßnahmen zur Verbesserung der Agrarstruktur beeinträchtigt, die Wasserwirtschaft oder den Hochwasserschutz gefährdet,
7. die Entstehung, Verfestigung oder Erweiterung einer Splittersiedlung befürchten lässt oder
8. die Funktionsfähigkeit von Funkstellen und Radaranlagen stört.

[2] Raumbedeutsame Vorhaben dürfen den Zielen der Raumordnung nicht widersprechen; öffentliche Belange stehen raumbedeutsamen Vorhaben nach Absatz 1 nicht entgegen, soweit die Belange bei der Darstellung dieser Vorhaben als Ziele der Raumordnung abgewogen worden sind. [3] Öffentliche Belange stehen einem Vorhaben nach Absatz 1 Nummer 2 bis 6 in der Regel auch dann entgegen, soweit hierfür durch Darstellungen im Flächennutzungsplan oder als Ziele der Raumordnung eine Ausweisung an anderer Stelle erfolgt ist.

(4) [1] Den nachfolgend bezeichneten sonstigen Vorhaben im Sinne des Absatzes 2 kann nicht entgegengehalten werden, dass sie Darstellungen des Flächennutzungsplans oder eines Landschaftsplans widersprechen, die natürliche Eigenart der Landschaft beeinträchtigen oder die Entstehung, Verfestigung oder Erweiterung einer Splittersiedlung befürchten lassen, soweit sie im Übrigen außenbereichsverträglich im Sinne des Absatzes 3 sind:

1. die Änderung der bisherigen Nutzung eines Gebäudes, das unter den Voraussetzungen des Absatzes 1 Nummer 1 errichtet wurde, unter folgenden Voraussetzungen:
   a) das Vorhaben dient einer zweckmäßigen Verwendung erhaltenswerter Bausubstanz,
   b) die äußere Gestalt des Gebäudes bleibt im Wesentlichen gewahrt,
   c) die Aufgabe der bisherigen Nutzung liegt nicht länger als sieben Jahre zurück,
   d) das Gebäude ist vor mehr als sieben Jahren zulässigerweise errichtet worden,
   e) das Gebäude steht im räumlich-funktionalen Zusammenhang mit der Hofstelle des land- oder forstwirtschaftlichen Betriebs,
   f) im Falle der Änderung zu Wohnzwecken entstehen neben den bisher nach Absatz 1 Nummer 1 zulässigen Wohnungen höchstens fünf Wohnungen je Hofstelle und
   g) es wird eine Verpflichtung übernommen, keine Neubebauung als Ersatz für die aufgegebene Nutzung vorzunehmen, es sei denn, die Neubebauung wird im Interesse der Entwicklung des Betriebs im Sinne des Absatzes 1 Nummer 1 erforderlich,
2. die Neuerrichtung eines gleichartigen Wohngebäudes an gleicher Stelle unter folgenden Voraussetzungen:
   a) das vorhandene Gebäude ist zulässigerweise errichtet worden,
   b) das vorhandene Gebäude weist Missstände oder Mängel auf,

c) das vorhandene Gebäude wurde oder wird seit längerer Zeit vom Eigentümer selbst genutzt und

d) Tatsachen rechtfertigen die Annahme, dass das neu errichtete Gebäude für den Eigenbedarf des bisherigen Eigentümers oder seiner Familie genutzt wird; hat der Eigentümer das vorhandene Gebäude im Wege der Erbfolge von einem Voreigentümer erworben, der es seit längerer Zeit selbst genutzt hat, reicht es aus, wenn Tatsachen die Annahme rechtfertigen, dass das neu errichtete Gebäude für den Eigenbedarf des Eigentümers oder seiner Familie genutzt wird,

3. die alsbaldige Neuerrichtung eines zulässigerweise errichteten, durch Brand, Naturereignisse oder andere außergewöhnliche Ereignisse zerstörten, gleichartigen Gebäudes an gleicher Stelle,
4. die Änderung oder Nutzungsänderung von erhaltenswerten, das Bild der Kulturlandschaft prägenden Gebäuden, auch wenn sie aufgegeben sind, wenn das Vorhaben einer zweckmäßigen Verwendung der Gebäude und der Erhaltung des Gestaltwerts dient,
5. die Erweiterung eines Wohngebäudes auf bis zu höchstens zwei Wohnungen unter folgenden Voraussetzungen:
   a) das Gebäude ist zulässigerweise errichtet worden,
   b) die Erweiterung ist im Verhältnis zum vorhandenen Gebäude und unter Berücksichtigung der Wohnbedürfnisse angemessen und
   c) bei der Errichtung einer weiteren Wohnung rechtfertigen Tatsachen die Annahme, dass das Gebäude vom bisherigen Eigentümer oder seiner Familie selbst genutzt wird,
6. die bauliche Erweiterung eines zulässigerweise errichteten gewerblichen Betriebs, wenn die Erweiterung im Verhältnis zum vorhandenen Gebäude und Betrieb angemessen ist.

[2] In begründeten Einzelfällen gilt die Rechtsfolge des Satzes 1 auch für die Neuerrichtung eines Gebäudes im Sinne des Absatzes 1 Nummer 1, dem eine andere Nutzung zugewiesen werden soll, wenn das ursprüngliche Gebäude vom äußeren Erscheinungsbild auch zur Wahrung der Kulturlandschaft erhaltenswert ist, keine stärkere Belastung des Außenbereichs zu erwarten ist als in Fällen des Satzes 1 und die Neuerrichtung auch mit nachbarlichen Interessen vereinbar ist; Satz 1 Nummer 1 Buchstabe b bis g gilt entsprechend. [3] In den Fällen des Satzes 1 Nummer 2 und 3 sowie des Satzes 2 sind geringfügige Erweiterungen des neuen Gebäudes gegenüber dem beseitigten oder zerstörten Gebäude sowie geringfügige Abweichungen vom bisherigen Standort des Gebäudes zulässig.

(5) [1] Die nach den Absätzen 1 bis 4 zulässigen Vorhaben sind in einer flächensparenden, die Bodenversiegelung auf das notwendige Maß begrenzenden und den Außenbereich schonenden Weise auszuführen. [2] Für Vorhaben nach Absatz 1 Nummer 2 bis 6, 8 Buchstabe b und Nummer 9 bis 12 ist als weitere Zulässigkeitsvoraussetzung eine Verpflichtungserklärung abzugeben, das Vorhaben nach dauerhafter Aufgabe der zulässigen Nutzung zurückzubauen und Bodenversiegelungen zu beseitigen; bei einer nach Absatz 1 Nummer 2 bis 6, 8 Buchstabe b und Nummer 9 bis 12 zulässigen Nutzungsänderung ist die Rückbauverpflichtung zu übernehmen, bei einer nach Absatz 1 Nummer 1 oder Absatz 2 zulässigen Nutzungsänderung entfällt sie. [3] Die Baugenehmigungsbehörde soll durch nach Landesrecht vorgesehene Baulast oder in anderer Weise die Einhaltung der Verpflichtung nach Satz 2 sowie nach Absatz 4 Satz 1 Nummer 1 Buchstabe g sicherstellen. [4] Im Übrigen soll sie in den Fällen des Absatzes 4 Satz 1 sicherstellen, dass die

bauliche oder sonstige Anlage nach Durchführung des Vorhabens nur in der vorgesehenen Art genutzt wird.

(6) [1] Die Gemeinde kann für bebaute Bereiche im Außenbereich, die nicht überwiegend landwirtschaftlich geprägt sind und in denen eine Wohnbebauung von einigem Gewicht vorhanden ist, durch Satzung bestimmen, dass Wohnzwecken dienenden Vorhaben im Sinne des Absatzes 2 nicht entgegengehalten werden kann, dass sie einer Darstellung im Flächennutzungsplan über Flächen für die Landwirtschaft oder Wald widersprechen oder die Entstehung oder Verfestigung einer Splittersiedlung befürchten lassen. [2] Die Satzung kann auch auf Vorhaben erstreckt werden, die kleineren Handwerks- und Gewerbebetrieben dienen. [3] In der Satzung können nähere Bestimmungen über die Zulässigkeit getroffen werden. [4] Voraussetzung für die Aufstellung der Satzung ist, dass

1. sie mit einer geordneten städtebaulichen Entwicklung vereinbar ist,
2. die Zulässigkeit von Vorhaben, die einer Pflicht zur Durchführung einer Umweltverträglichkeitsprüfung nach Anlage 1 zum Gesetz über die Umweltverträglichkeitsprüfung oder nach Landesrecht unterliegen, nicht begründet wird und
3. keine Anhaltspunkte für eine Beeinträchtigung der in § 1 Absatz 6 Nummer 7 Buchstabe b genannten Schutzgüter oder dafür bestehen, dass bei der Planung Pflichten zur Vermeidung oder Begrenzung der Auswirkungen von schweren Unfällen nach § 50 Satz 1 des Bundes-Immissionsschutzgesetzes[1)] zu beachten sind.

[5] Bei Aufstellung der Satzung sind die Vorschriften über die Öffentlichkeits- und Behördenbeteiligung nach § 13 Absatz 2 Satz 1 Nummer 2 und 3 sowie Satz 2 entsprechend anzuwenden. [6] § 10 Absatz 3 ist entsprechend anzuwenden. [7] Von der Satzung bleibt die Anwendung des Absatzes 4 unberührt.

§ 36[2)] Einvernehmen der Gemeinde und Zustimmung der höheren Verwaltungsbehörde. (1) [1] Über die Zulässigkeit von Vorhaben nach § 31 Absatz 1 und 2, den §§ 33, 34 Absatz 1, 2 und 3a sowie § 35 wird im bauaufsichtlichen Verfahren von der Baugenehmigungsbehörde im Einvernehmen mit der Gemeinde entschieden. [2] Das Einvernehmen der Gemeinde ist auch erforderlich, wenn in einem anderen Verfahren über die Zulässigkeit nach den in Satz 1 bezeichneten Vorschriften entschieden wird; dies gilt nicht für Vorhaben der in § 29 Absatz 1 bezeichneten Art, die der Bergaufsicht unterliegen. [3] Richtet sich die Zulässigkeit von Vorhaben nach § 30 Absatz 1, stellen die Länder sicher, dass die Gemeinde rechtzeitig vor Ausführung des Vorhabens über Maßnahmen zur Sicherung der Bauleitplanung nach den §§ 14 und 15 entscheiden kann. [4] In den Fällen des § 35 Absatz 2 und 4 kann die Landesregierung durch Rechtsverordnung allgemein oder für bestimmte Fälle festlegen, dass die Zustimmung der höheren Verwaltungsbehörde erforderlich ist.

(2) [1] Das Einvernehmen der Gemeinde und die Zustimmung der höheren Verwaltungsbehörde dürfen nur aus den sich aus § 31 Absatz 1 und 2, den §§ 33, 34 Absatz 1, 2 und 3a sowie aus § 35 ergebenden Gründen versagt werden. [2] Das Einvernehmen der Gemeinde und die Zustimmung der höheren Verwaltungsbehörde gelten als erteilt, wenn sie nicht binnen zwei Monaten nach Eingang des Ersuchens der Genehmigungsbehörde verweigert werden; dem Ersuchen gegen-

---

[1)] Nr. **296**.

[2)] § 36 Überschrift neu gef., Abs. 1 Satz 1, Abs. 2 Satz 1 geänd. mWv 30.10.2025 durch G v. 27.10.2025 (BGBl. 2025 I Nr. 257).

über der Gemeinde steht die Einreichung des Antrags bei der Gemeinde gleich, wenn sie nach Landesrecht vorgeschrieben ist. [3] Die nach Landesrecht zuständige Behörde kann ein rechtswidrig versagtes Einvernehmen der Gemeinde ersetzen.

§ 36a[1] Zustimmung der Gemeinde. (1) [1] Vorhaben nach § 31 Absatz 3 und § 34 Absatz 3b sind nur mit Zustimmung der Gemeinde zulässig, auch wenn die Gemeinde selbst die zuständige Bauaufsichtsbehörde ist. [2] Die Gemeinde erteilt die Zustimmung, wenn das Vorhaben mit ihren Vorstellungen von der städtebaulichen Entwicklung und Ordnung vereinbar ist. [3] Sie kann ihre Zustimmung unter der Bedingung erteilen, dass der Vorhabenträger sich verpflichtet, bestimmte städtebauliche Anforderungen einzuhalten. [4] Die Zustimmung der Gemeinde gilt als erteilt, wenn sie nicht binnen drei Monaten nach Eingang des Ersuchens der Genehmigungsbehörde verweigert wird; § 36 Absatz 2 Satz 2 zweiter Halbsatz gilt entsprechend.

(2) [1] Die Gemeinde kann der betroffenen Öffentlichkeit vor der Entscheidung über die Zustimmung Gelegenheit zur Stellungnahme zu dem Antrag innerhalb angemessener Frist geben, höchstens jedoch innerhalb eines Monats. [2] In diesem Fall verlängert sich die nach Absatz 1 Satz 4 anzuwendende Entscheidungsfrist um die Dauer der Stellungnahmefrist.

(Fortsetzung nächstes Blatt)

---

[1] § 36a eingef. mWv 30.10.2025 durch G v. 27.10.2025 (BGBl. 2025 I Nr. 257).

(3) Die Entscheidung der Gemeinde über die Zustimmung kann nur im Rahmen des Rechtsbehelfsverfahrens gegen die Zulassungsentscheidung überprüft werden.

§ 37[1)] Bauliche Maßnahmen des Bundes und der Länder. (1) Macht die besondere öffentliche Zweckbestimmung für bauliche Anlagen des Bundes oder eines Landes erforderlich, von den Vorschriften dieses Gesetzbuchs oder den auf Grund dieses Gesetzbuchs erlassenen Vorschriften abzuweichen oder ist das Einvernehmen mit der Gemeinde nach § 14 oder § 36 nicht erreicht worden, entscheidet die höhere Verwaltungsbehörde.

(2) [1] Handelt es sich dabei um Vorhaben, die dienstlichen Zwecken der Bundeswehr oder der verbündeten Streitkräfte, einschließlich der Herstellung und Lagerung von Produkten zur Landesverteidigung, dienstlichen Zwecken der Bundespolizei oder dem zivilen Bevölkerungsschutz dienen, entscheidet über die Abweichung die höhere Verwaltungsbehörde nach Anhörung der Gemeinde. [2] Die Anhörung der Gemeinde ist entbehrlich, wenn diese bereits zuvor beteiligt war. [3] Versagt die höhere Verwaltungsbehörde ihre Zustimmung oder widerspricht die Gemeinde dem beabsichtigten Vorhaben, entscheidet das zuständige Bundesministerium im Einvernehmen mit den beteiligten Bundesministerien und im Benehmen mit der zuständigen obersten Landesbehörde.

(3) [1] Entstehen der Gemeinde infolge der Durchführung von Maßnahmen nach den Absätzen 1 und 2 Aufwendungen für Entschädigungen nach diesem Gesetzbuch, sind sie ihr vom Träger der Maßnahmen zu ersetzen. [2] Muss infolge dieser Maßnahmen ein Bebauungsplan aufgestellt, geändert, ergänzt oder aufgehoben werden, sind ihr auch die dadurch entstandenen Kosten zu ersetzen.

(4) [1] Sollen bauliche Anlagen auf Grundstücken errichtet werden, die nach dem Landbeschaffungsgesetz beschafft werden, sind in dem Verfahren nach § 1 Absatz 2 des Landbeschaffungsgesetzes alle von der Gemeinde oder der höheren Verwaltungsbehörde nach den Absätzen 1 und 2 zulässigen Einwendungen abschließend zu erörtern. [2] Eines Verfahrens nach Absatz 2 bedarf es in diesem Falle nicht.

§ 37a[2)] Außenbereichsvorhaben zur Herstellung oder Lagerung von Produkten zur Landesverteidigung. (1) [1] Vorhaben, die der Herstellung oder Lagerung von Produkten zur Landesverteidigung, insbesondere von Munition, Sprengstoffen und deren Vorprodukten, dienen und deren Erforderlichkeit für die Einsatzfähigkeit und Versorgungssicherheit der Bundeswehr durch eine Erklärung des Bundesministeriums der Verteidigung bestätigt wird, sind, auch sofern sie nicht von § 35 Absatz 1 Nummer 4 erfasst sind, im Außenbereich zulässig, wenn öffentliche Belange nicht entgegenstehen und die Erschließung gesichert ist. [2] Die Erklärung nach Satz 1 ist unanfechtbar; auf ihre Abgabe besteht kein Anspruch. [3] § 35 Absatz 5 Satz 1 bis 3 ist anzuwenden.

(2) [1] Über die Zulässigkeit von Vorhaben nach Absatz 1 entscheidet die höhere Verwaltungsbehörde im Einvernehmen mit der Gemeinde. [2] Lehnt die höhere Verwaltungsbehörde das Vorhaben ab oder versagt die Gemeinde das nach Satz 1 oder nach § 14 Absatz 2 Satz 1 erforderliche Einvernehmen, entscheidet das Bundesministerium der Verteidigung im Benehmen mit der zuständigen obersten Landesbehörde; die Gemeinde ist anzuhören, wenn sie nicht bereits zuvor beteiligt war. [3] § 36 Absatz 2 Satz 3 findet keine Anwendung.

---

1) § 37 Abs. 2 neu gef. mWv 30.10.2025 durch G v. 27.10.2025 (BGBl. 2025 I Nr. 257).
2) § 37a eingef. mWv 30.10.2025 durch G v. 27.10.2025 (BGBl. 2025 I Nr. 257).

(3) § 37 Absatz 3 gilt entsprechend.

(4) [1] Die Absätze 1 bis 3 sind auch anzuwenden, wenn es um die Änderung oder Erweiterung von Vorhaben nach Absatz 1 geht, für die im bisherigen Außenbereich ein Bebauungsplan aufgestellt wurde. [2] In diesen Fällen kann zugleich von Festsetzungen dieses Bebauungsplans befreit werden.

§ 38 Bauliche Maßnahmen von überörtlicher Bedeutung auf Grund von Planfeststellungsverfahren; öffentlich zugängliche Abfallbeseitigungsanlagen. [1] Auf Planfeststellungsverfahren und sonstige Verfahren mit den Rechtswirkungen der Planfeststellung für Vorhaben von überörtlicher Bedeutung sowie auf die auf Grund des Bundes-Immissionsschutzgesetzes[1)] für die Errichtung und den Betrieb öffentlich zugänglicher Abfallbeseitigungsanlagen geltenden Verfahren sind die §§ 29 bis 37 nicht anzuwenden, wenn die Gemeinde beteiligt wird; städtebauliche Belange sind zu berücksichtigen. [2] Eine Bindung nach § 7 bleibt unberührt. [3] § 37 Absatz 3 ist anzuwenden.

Zweiter Abschnitt. Entschädigung

§ 39 Vertrauensschaden. [1] Haben Eigentümer oder in Ausübung ihrer Nutzungsrechte sonstige Nutzungsberechtigte im berechtigten Vertrauen auf den Bestand eines rechtsverbindlichen Bebauungsplans Vorbereitungen für die Verwirklichung von Nutzungsmöglichkeiten getroffen, die sich aus dem Bebauungsplan ergeben, können sie angemessene Entschädigung in Geld verlangen, soweit die Aufwendungen durch die Änderung, Ergänzung oder Aufhebung des Bebauungsplans an Wert verlieren. [2] Dies gilt auch für Abgaben nach bundes- oder landesrechtlichen Vorschriften, die für die Erschließung des Grundstücks erhoben wurden.

§ 40 Entschädigung in Geld oder durch Übernahme. (1) [1] Sind im Bebauungsplan

1. Flächen für den Gemeinbedarf sowie für Sport- und Spielanlagen,
2. Flächen für Personengruppen mit besonderem Wohnbedarf,
3. Flächen mit besonderem Nutzungszweck,
4. von der Bebauung freizuhaltende Schutzflächen und Flächen für besondere Anlagen und Vorkehrungen zum Schutz vor Einwirkungen,
5. Verkehrsflächen,
6. Versorgungsflächen,
7. Flächen für die Abfall- und Abwasserbeseitigung, einschließlich der Rückhaltung und Versickerung von Niederschlagswasser, sowie für Ablagerungen,
8. Grünflächen,
9. Flächen für Aufschüttungen, Abgrabungen oder für die Gewinnung von Steinen, Erden und anderen Bodenschätzen,
10. Flächen für Gemeinschaftsstellplätze und Gemeinschaftsgaragen,
11. Flächen für Gemeinschaftsanlagen,
12. von der Bebauung freizuhaltende Flächen,
13. Wasserflächen, Flächen für die Wasserwirtschaft, Flächen für Hochwasserschutzanlagen und Flächen für die Regelung des Wasserabflusses,

---

[1)] Nr. **296**.

14. Flächen zum Schutz, zur Pflege und zur Entwicklung von Boden, Natur und Landschaft

festgesetzt, ist der Eigentümer nach Maßgabe der folgenden Absätze zu entschädigen, soweit ihm Vermögensnachteile entstehen. [2] Dies gilt in den Fällen des Satzes 1 Nummer 1 in Bezug auf Flächen für Sport- und Spielanlagen sowie des Satzes 1 Nummer 4 und 10 bis 14 nicht, soweit die Festsetzungen oder ihre Durchführung den Interessen des Eigentümers oder der Erfüllung einer ihm obliegenden Rechtspflicht dienen.

(2) [1] Der Eigentümer kann die Übernahme der Flächen verlangen,

1. wenn und soweit es ihm mit Rücksicht auf die Festsetzung oder Durchführung des Bebauungsplans wirtschaftlich nicht mehr zuzumuten ist, das Grundstück zu behalten oder es in der bisherigen oder einer anderen zulässigen Art zu nutzen, oder
2. wenn Vorhaben nach § 32 nicht ausgeführt werden dürfen und dadurch die bisherige Nutzung einer baulichen Anlage aufgehoben oder wesentlich herabgesetzt wird.

[2] Der Eigentümer kann anstelle der Übernahme die Begründung von Miteigentum oder eines geeigneten Rechts verlangen, wenn die Verwirklichung des Bebauungsplans nicht die Entziehung des Eigentums erfordert.

(3) [1] Dem Eigentümer ist eine angemessene Entschädigung in Geld zu leisten, wenn und soweit Vorhaben nach § 32 nicht ausgeführt werden dürfen und dadurch die bisherige Nutzung seines Grundstücks wirtschaftlich erschwert wird. [2] Sind die Voraussetzungen des Übernahmeanspruchs nach Absatz 2 gegeben, kann nur dieser Anspruch geltend gemacht werden. [3] Der zur Entschädigung Verpflichtete kann den Entschädigungsberechtigten auf den Übernahmeanspruch verweisen, wenn das Grundstück für den im Bebauungsplan festgesetzten Zweck alsbald benötigt wird.

§ 41 Entschädigung bei Begründung von Geh-, Fahr- und Leitungsrechten und bei Bindungen für Bepflanzungen. (1) [1] Sind im Bebauungsplan Flächen festgesetzt, die mit Geh-, Fahr- und Leitungsrechten zu belasten sind, kann der Eigentümer unter den Voraussetzungen des § 40 Absatz 2 verlangen, dass an diesen Flächen einschließlich der für die Leitungsführungen erforderlichen Schutzstreifen das Recht zugunsten des in § 44 Absatz 1 und 2 Bezeichneten begründet wird. [2] Dies gilt nicht für die Verpflichtung zur Duldung solcher örtlichen Leitungen, die der Erschließung und Versorgung des Grundstücks dienen. [3] Weitergehende Rechtsvorschriften, nach denen der Eigentümer zur Duldung von Versorgungsleitungen verpflichtet ist, bleiben unberührt.

(2) Sind im Bebauungsplan Bindungen für Bepflanzungen und für die Erhaltung von Bäumen, Sträuchern, sonstigen Bepflanzungen und Gewässern sowie das Anpflanzen von Bäumen, Sträuchern und sonstigen Bepflanzungen festgesetzt, ist dem Eigentümer eine angemessene Entschädigung in Geld zu leisten, wenn und soweit infolge dieser Festsetzungen

(Fortsetzung nächstes Blatt)

1. besondere Aufwendungen notwendig sind, die über das bei ordnungsgemäßer Bewirtschaftung erforderliche Maß hinausgehen, oder
2. eine wesentliche Wertminderung des Grundstücks eintritt.

§ 42 Entschädigung bei Änderung oder Aufhebung einer zulässigen Nutzung. (1) Wird die zulässige Nutzung eines Grundstücks aufgehoben oder geändert und tritt dadurch eine nicht nur unwesentliche Wertminderung des Grundstücks ein, kann der Eigentümer nach Maßgabe der folgenden Absätze eine angemessene Entschädigung in Geld verlangen.

(2) Wird die zulässige Nutzung eines Grundstücks innerhalb einer Frist von sieben Jahren ab Zulässigkeit aufgehoben oder geändert, bemisst sich die Entschädigung nach dem Unterschied zwischen dem Wert des Grundstücks auf Grund der zulässigen Nutzung und seinem Wert, der sich infolge der Aufhebung oder Änderung ergibt.

(3) [1] Wird die zulässige Nutzung eines Grundstücks nach Ablauf der in Absatz 2 bezeichneten Frist aufgehoben oder geändert, kann der Eigentümer nur eine Entschädigung für Eingriffe in die ausgeübte Nutzung verlangen, insbesondere wenn infolge der Aufhebung oder Änderung der zulässigen Nutzung die Ausübung der verwirklichten Nutzung oder die sonstigen Möglichkeiten der wirtschaftlichen Verwertung des Grundstücks, die sich aus der verwirklichten Nutzung ergeben, unmöglich gemacht oder wesentlich erschwert werden. [2] Die Höhe der Entschädigung hinsichtlich der Beeinträchtigung des Grundstückswerts bemisst sich nach dem Unterschied zwischen dem Wert des Grundstücks auf Grund der ausgeübten Nutzung und seinem Wert, der sich infolge der in Satz 1 bezeichneten Beschränkungen ergibt.

(4) Entschädigungen für Eingriffe in ausgeübte Nutzungen bleiben unberührt.

(5) Abweichend von Absatz 3 bemisst sich die Entschädigung nach Absatz 2, wenn der Eigentümer an der Verwirklichung eines der zulässigen Nutzung entsprechenden Vorhabens vor Ablauf der in Absatz 2 bezeichneten Frist durch eine Veränderungssperre oder eine befristete Zurückstellung seines Vorhabens gehindert worden ist und er das Vorhaben infolge der Aufhebung oder Änderung der zulässigen Nutzung des Grundstücks nicht mehr verwirklichen kann.

(6) Ist vor Ablauf der in Absatz 2 bezeichneten Frist eine Baugenehmigung oder über die bodenrechtliche Zulässigkeit eines Vorhabens ein Vorbescheid nach Bauaufsichtsrecht erteilt worden und kann der Eigentümer das Vorhaben infolge der Aufhebung oder Änderung der zulässigen Nutzung des Grundstücks nach Ablauf der Frist nicht mehr verwirklichen oder ist die Verwirklichung dadurch für ihn wirtschaftlich unzumutbar geworden, kann der Eigentümer in Höhe des Unterschieds zwischen dem Wert des Grundstücks unter Zugrundelegung der nach der Genehmigung vorgesehenen Nutzung und dem Wert des Grundstücks, der sich infolge der Aufhebung oder Änderung der zulässigen Nutzung ergibt, Entschädigung verlangen.

(7) [1] Ist vor Ablauf der in Absatz 2 bezeichneten Frist ein Antrag auf Erteilung einer Baugenehmigung oder eines Vorbescheids nach Bauaufsichtsrecht, der die bodenrechtliche Zulässigkeit eines Vorhabens zum Gegenstand hat, rechtswidrig abgelehnt worden und kann nach dem Ergebnis eines Rechtsmittelverfahrens die Genehmigung oder der Vorbescheid mit dem

beantragten Inhalt nicht erteilt werden, weil die im Zeitpunkt der Antragstellung zulässige Nutzung aufgehoben oder geändert worden ist, bemisst sich die Entschädigung nach Absatz 6. [2] Entsprechend findet Absatz 6 auch Anwendung, wenn über einen den gesetzlichen Vorschriften entsprechenden und zu genehmigenden Bauantrag oder einen Vorbescheid nach Bauaufsichtsrecht, der die bodenrechtliche Zulässigkeit eines Vorhabens zum Gegenstand hat, innerhalb der in Absatz 2 bezeichneten Frist nicht entschieden wurde, obwohl der Antrag so rechtzeitig gestellt wurde, dass eine Genehmigung innerhalb der Frist hätte erteilt werden können.

(8) [1] In den Fällen der Absätze 5 bis 7 besteht der Anspruch auf Entschädigung nicht, wenn der Eigentümer nicht bereit oder nicht in der Lage war, das beabsichtigte Vorhaben zu verwirklichen. [2] Der Eigentümer hat die Tatsachen darzulegen, die seine Bereitschaft und Möglichkeiten, das Vorhaben zu verwirklichen, aufzeigen.

(9) Wird die zulässige Nutzung eines Grundstücks aufgehoben, besteht auch der Übernahmeanspruch nach § 40 Absatz 2 Satz 1 Nummer 1.

(10) Die Gemeinde hat dem Eigentümer auf Verlangen Auskunft zu erteilen, ob ein sich aus Absatz 2 ergebender vermögensrechtlicher Schutz der zulässigen Nutzung für sein Grundstück besteht und wann dieser durch Ablauf der in Absatz 2 bezeichneten Frist endet.

§ 43 Entschädigung und Verfahren. (1) [1] Ist die Entschädigung durch Übernahme des Grundstücks oder durch Begründung eines Rechts zu leisten und kommt eine Einigung nicht zustande, kann der Eigentümer die Entziehung des Eigentums oder die Begründung des Rechts verlangen. [2] Der Eigentümer kann den Antrag auf Entziehung des Eigentums oder auf Begründung des Rechts bei der Enteignungsbehörde stellen. [3] Auf die Entziehung des Eigentums oder die Begründung des Rechts finden die Vorschriften des Fünften Teils entsprechend Anwendung.

(2) [1] Ist die Entschädigung in Geld zu leisten und kommt eine Einigung über die Geldentschädigung nicht zustande, entscheidet die höhere Verwaltungsbehörde. [2] Die Vorschriften über die Entschädigung im Zweiten Abschnitt des Fünften Teils sowie § 121 gelten entsprechend. [3] Für Bescheide über die Festsetzung der zu zahlenden Geldentschädigung gilt § 122 entsprechend.

(3) [1] Liegen die Voraussetzungen der §§ 40 und 41 Absatz 1 vor, ist eine Entschädigung nur nach diesen Vorschriften zu gewähren. [2] In den Fällen der §§ 40 und 41 sind solche Wertminderungen nicht zu berücksichtigen, die bei Anwendung des § 42 nicht zu entschädigen wären.

(4) Bodenwerte sind nicht zu entschädigen, soweit sie darauf beruhen, dass

1. die zulässige Nutzung auf dem Grundstück den allgemeinen Anforderungen an gesunde Wohn- und Arbeitsverhältnisse oder an die Sicherheit der auf dem Grundstück oder im umliegenden Gebiet wohnenden oder arbeitenden Menschen nicht entspricht oder
2. in einem Gebiet städtebauliche Missstände im Sinne des § 136 Absatz 2 und 3 bestehen und die Nutzung des Grundstücks zu diesen Missständen wesentlich beiträgt.

(5) [1] Nach Vorliegen der Entschädigungsvoraussetzungen bleiben Werterhöhungen unberücksichtigt, die eingetreten sind, nachdem der Entschädigungsberechtigte in der Lage war, den Antrag auf Festsetzung der Entschädigung in Geld zu stellen, oder ein Angebot des Entschädigungspflichtigen, die Entschädigung in Geld in angemessener Höhe zu leisten, abgelehnt hat. [2] Hat der Entschädigungsberechtigte den Antrag auf Übernahme des Grundstücks oder Begründung eines geeigneten Rechts gestellt und hat der Entschädigungspflichtige daraufhin ein Angebot auf Übernahme des Grundstücks oder Begründung des Rechts zu angemessenen Bedingungen gemacht, gilt § 95 Absatz 2 Nummer 3 entsprechend.

§ 44 Entschädigungspflichtige, Fälligkeit und Erlöschen der Entschädigungsansprüche. (1) [1] Zur Entschädigung ist der Begünstigte verpflichtet, wenn er mit der Festsetzung zu seinen Gunsten einverstanden ist. [2] Ist ein Begünstigter nicht bestimmt oder liegt sein Einverständnis nicht vor, ist die Gemeinde zur Entschädigung verpflichtet. [3] Erfüllt der Begünstigte seine Verpflichtung nicht, ist dem Eigentümer gegenüber auch die Gemeinde verpflichtet; der Begünstigte hat der Gemeinde Ersatz zu leisten.

(2) [1] Dient die Festsetzung der Beseitigung oder Minderung von Auswirkungen, die von der Nutzung eines Grundstücks ausgehen, ist der Eigentümer zur Entschädigung verpflichtet, wenn er mit der Festsetzung einverstanden war. [2] Ist der Eigentümer auf Grund anderer gesetzlicher Vorschriften verpflichtet, Auswirkungen, die von der Nutzung seines Grundstücks ausgehen, zu beseitigen oder zu mindern, ist er auch ohne Einverständnis zur Entschädigung verpflichtet, soweit er durch die Festsetzung Aufwendungen erspart. [3] Erfüllt der Eigentümer seine Verpflichtungen nicht, gilt Absatz 1 Satz 3 entsprechend. [4] Die Gemeinde soll den Eigentümer anhören, bevor sie Festsetzungen trifft, die zu einer Entschädigung nach Satz 1 oder 2 führen können.

(3) [1] Der Entschädigungsberechtigte kann Entschädigung verlangen, wenn die in den §§ 39 bis 42 bezeichneten Vermögensnachteile eingetreten sind. [2] Er kann die Fälligkeit des Anspruchs dadurch herbeiführen, dass er die Leistung der Entschädigung schriftlich bei dem Entschädigungspflichtigen beantragt. [3] Entschädigungsleistungen in Geld sind ab Fälligkeit mit 2 vom Hundert über dem Basiszinssatz nach § 247 des Bürgerlichen Gesetzbuchs[1)] jährlich zu verzinsen. [4] Ist Entschädigung durch Übernahme des Grundstücks zu leisten, findet auf die Verzinsung § 99 Absatz 3 Anwendung.

(4) Ein Entschädigungsanspruch erlischt, wenn nicht innerhalb von drei Jahren nach Ablauf des Kalenderjahres, in dem die in Absatz 3 Satz 1 bezeichneten Vermögensnachteile eingetreten sind, die Fälligkeit des Anspruchs herbeigeführt wird.

(5) In der Bekanntmachung nach § 10 Absatz 3 ist auf die Vorschriften des Absatzes 3 Satz 1 und 2 sowie des Absatzes 4 hinzuweisen.

[1)] **Schönfelder Nr. 20.**

Vierter Teil. Bodenordnung

Erster Abschnitt. Umlegung

§ 45 Zweck und Anwendungsbereich. [1] Zur Erschließung oder Neugestaltung von Gebieten können bebaute und unbebaute Grundstücke durch Umlegung in der Weise neu geordnet werden, dass nach Lage, Form und Größe für die bauliche oder sonstige Nutzung zweckmäßig gestaltete Grundstücke entstehen. [2] Die Umlegung kann

1. im Geltungsbereich eines Bebauungsplans im Sinne des § 30 oder
2. innerhalb eines im Zusammenhang bebauten Ortsteils im Sinne des § 34, wenn sich aus der Eigenart der näheren Umgebung oder einem einfachen Bebauungsplan im Sinne des § 30 Absatz 3 hinreichende Kriterien für die Neuordnung der Grundstücke ergeben,

durchgeführt werden.

§ 46 Zuständigkeit und Voraussetzungen. (1) Die Umlegung ist von der Gemeinde (Umlegungsstelle) in eigener Verantwortung anzuordnen und durchzuführen, wenn und sobald sie zur Verwirklichung eines Bebauungsplans oder aus Gründen einer geordneten städtebaulichen Entwicklung zur Verwirklichung der innerhalb eines im Zusammenhang bebauten Ortsteils zulässigen Nutzung erforderlich ist.

(2) Die Landesregierungen können durch Rechtsverordnung bestimmen,

1. dass von der Gemeinde Umlegungsausschüsse mit selbständigen Entscheidungsbefugnissen für die Durchführung der Umlegung gebildet werden,
2. in welcher Weise die Umlegungsausschüsse zusammenzusetzen und mit welchen Befugnissen sie auszustatten sind,
3. dass der Umlegungsausschuss die Entscheidung über Vorgänge nach § 51 von geringer Bedeutung einer Stelle übertragen kann, die seine Entscheidungen vorbereitet,
4. dass zur Entscheidung über einen Rechtsbehelf im Umlegungsverfahren Obere Umlegungsausschüsse gebildet werden und wie diese Ausschüsse zusammenzusetzen sind,
5. dass die Flurbereinigungsbehörde oder eine andere geeignete Behörde verpflichtet ist, auf Antrag der Gemeinde (Umlegungsstelle) die im Umlegungsverfahren zu treffenden Entscheidungen vorzubereiten.

(3) Auf die Anordnung und Durchführung einer Umlegung besteht kein Anspruch.

(4) [1] Die Gemeinde kann ihre Befugnis zur Durchführung der Umlegung auf die Flurbereinigungsbehörde oder eine andere geeignete Behörde für das Gemeindegebiet oder Teile des Gemeindegebiets übertragen. [2] Die Einzelheiten der Übertragung einschließlich der Mitwirkungsrechte der Gemeinde können in einer Vereinbarung zwischen ihr und der die Umlegung durchführenden Behörde geregelt werden. [3] Die Gemeinde kann die Vorbereitung der im Umlegungsverfahren zu treffenden Entscheidungen sowie die zur Durchführung der Umlegung erforderlichen vermessungs- und katastertech*nischen* Aufgaben öffentlich bestellten Vermessungsingenieuren übertragen.

(5) [1] Die Gemeinde kann dem Umlegungsausschuss für einzelne Fälle oder bestimmte Gebiete die Befugnis zur Ausübung eines ihr nach § 24 Absatz 1

Satz 1 Nummer 2 zustehenden Vorkaufsrechts übertragen; die Gemeinde kann die Übertragung jederzeit widerrufen. [2] Das Recht der Gemeinde, nach der Übertragung ein Vorkaufsrecht zu anderen als Umlegungszwecken auszuüben, bleibt unberührt. [3] Ansprüche Dritter werden durch die Sätze 1 und 2 nicht begründet.

§ 47 Umlegungsbeschluss. (1) [1] Die Umlegung wird nach Anhörung der Eigentümer durch einen Beschluss der Umlegungsstelle eingeleitet. [2] Im Umlegungsbeschluss ist das Umlegungsgebiet (§ 52) zu bezeichnen. [3] Die im Umlegungsgebiet gelegenen Grundstücke sind einzeln aufzuführen.

(2) [1] Soll die Umlegung für den Geltungsbereich eines Bebauungsplans eingeleitet werden, kann das Umlegungsverfahren auch eingeleitet werden, wenn der Bebauungsplan noch nicht aufgestellt ist. [2] In diesem Falle muss der Bebauungsplan vor dem Beschluss über die Aufstellung des Umlegungsplans (§ 66 Absatz 1) in Kraft getreten sein.

§ 48 Beteiligte. (1) Im Umlegungsverfahren sind Beteiligte

1. die Eigentümer der im Umlegungsgebiet gelegenen Grundstücke,
2. die Inhaber eines im Grundbuch eingetragenen oder durch Eintragung gesicherten Rechts an einem im Umlegungsgebiet gelegenen Grundstück oder an einem das Grundstück belastenden Recht,
3. die Inhaber eines nicht im Grundbuch eingetragenen Rechts an dem Grundstück oder an einem das Grundstück belastenden Recht, eines Anspruchs mit dem Recht auf Befriedigung aus dem Grundstück oder eines persönlichen Rechts, das zum Erwerb, zum Besitz oder zur Nutzung des Grundstücks berechtigt oder den Verpflichteten in der Benutzung des Grundstücks beschränkt,
4. die Gemeinde,
5. unter den Voraussetzungen des § 55 Absatz 5 die Bedarfsträger und
6. die Erschließungsträger.

(2) [1] Die in Absatz 1 Nummer 3 bezeichneten Personen werden zu dem Zeitpunkt Beteiligte, in dem die Anmeldung ihres Rechts der Umlegungsstelle zugeht. [2] Die Anmeldung kann bis zur Beschlussfassung über den Umlegungsplan (§ 66 Absatz 1) erfolgen.

(3) [1] Bestehen Zweifel an einem angemeldeten Recht, so hat die Umlegungsstelle dem Anmeldenden unverzüglich eine Frist zur Glaubhaftmachung seines Rechts zu setzen. [2] Nach fruchtlosem Ablauf der Frist ist er bis zur Glaubhaftmachung seines Rechts nicht mehr zu beteiligen.

(4) [1] Der im Grundbuch eingetragene Gläubiger einer Hypothek, Grundschuld oder Rentenschuld, für die ein Brief erteilt ist, sowie jeder seiner Rechtsnachfolger hat auf Verlangen der Umlegungsstelle eine Erklärung darüber abzugeben, ob ein anderer die Hypothek, Grundschuld oder Rentenschuld oder ein Recht daran erworben hat; die Person des Erwerbers hat er dabei zu bezeichnen. [2] § 208 Satz 2 bis 4 gilt entsprechend.

§ 49 Rechtsnachfolge. Wechselt die Person eines Beteiligten während eines Umlegungsverfahrens, so tritt sein Rechtsnachfolger in dieses Verfahren in dem Zustand ein, in dem es sich im Zeitpunkt des Übergangs des Rechts befindet.

§ 50 Bekanntmachung des Umlegungsbeschlusses. (1) Der Umlegungsbeschluss ist in der Gemeinde ortsüblich bekannt zu machen.

(2) Die Bekanntmachung des Umlegungsbeschlusses hat die Aufforderung zu enthalten, innerhalb eines Monats Rechte, die aus dem Grundbuch nicht ersichtlich sind, aber zur Beteiligung am Umlegungsverfahren berechtigen, bei der Umlegungsstelle anzumelden.

(3) Werden Rechte erst nach Ablauf der in Absatz 2 bezeichneten Frist angemeldet oder nach Ablauf der in § 48 Absatz 3 gesetzten Frist glaubhaft gemacht, so muss ein Berechtigter die bisherigen Verhandlungen und Festsetzungen gegen sich gelten lassen, wenn die Umlegungsstelle dies bestimmt.

(4) Der Inhaber eines in Absatz 2 bezeichneten Rechts muss die Wirkung eines vor der Anmeldung eingetretenen Fristablaufs ebenso gegen sich gelten lassen wie der Beteiligte, dem gegenüber die Frist durch Bekanntmachung des Verwaltungsakts zuerst in Lauf gesetzt worden ist.

(5) Auf die rechtlichen Wirkungen nach den Absätzen 3 und 4 sowie nach § 51 ist in der Bekanntmachung hinzuweisen.

§ 51 Verfügungs- und Veränderungssperre. (1) [1]Von der Bekanntmachung des Umlegungsbeschlusses bis zur Bekanntmachung nach § 71 dürfen im Umlegungsgebiet nur mit schriftlicher Genehmigung der Umlegungsstelle

1. ein Grundstück geteilt oder Verfügungen über ein Grundstück und über Rechte an einem Grundstück getroffen oder Vereinbarungen abgeschlossen werden, durch die einem anderen ein Recht zum Erwerb, zur Nutzung oder Bebauung eines Grundstücks oder Grundstücksteils eingeräumt wird, oder Baulasten neu begründet, geändert oder aufgehoben werden;
2. erhebliche Veränderungen der Erdoberfläche oder wesentlich wertsteigernde sonstige Veränderungen der Grundstücke vorgenommen werden;
3. nicht genehmigungs-, zustimmungs- oder anzeigepflichtige, aber wertsteigernde bauliche Anlagen errichtet oder wertsteigernde Änderungen solcher Anlagen vorgenommen werden;
4. genehmigungs-, zustimmungs- oder anzeigepflichtige bauliche Anlagen errichtet oder geändert werden.

[2]Einer Genehmigung nach Satz 1 bedarf es im förmlich festgelegten Sanierungsgebiet nur, wenn und soweit eine Genehmigungspflicht nach § 144 nicht besteht.

(2) Vorhaben, die vor dem Inkrafttreten der Veränderungssperre baurechtlich genehmigt worden sind, Vorhaben, von denen die Gemeinde nach Maßgabe des Bauordnungsrechts Kenntnis erlangt hat und mit deren Ausführung vor dem Inkrafttreten der Veränderungssperre hätte begonnen werden dürfen, sowie Unterhaltungsarbeiten und die Fortführung einer bisher ausgeübten Nutzung werden von der Veränderungssperre nicht berührt.

(3) [1]Die Genehmigung darf nur versagt werden, wenn Grund zu der Annahme besteht, dass das Vorhaben die Durchführung der Umlegung un-

möglich machen oder wesentlich erschweren würde. [2] § 22 Absatz 5 Satz 2 bis 5 ist entsprechend anzuwenden.

(4) [1] Die Genehmigung kann unter Auflagen und außer bei Verfügungen über Grundstücke und über Rechte an Grundstücken auch unter Bedingungen oder Befristungen erteilt werden. [2] Wird die Genehmigung unter Auflagen, Bedingungen oder Befristungen erteilt, ist die hierdurch betroffene Vertragspartei berechtigt, bis zum Ablauf eines Monats nach Unanfechtbarkeit der Entscheidung vom Vertrag zurückzutreten. [3] Auf das Rücktrittsrecht sind die §§ 346 bis 349 und 351 des Bürgerlichen Gesetzbuchs[1)] entsprechend anzuwenden.

(5) [1] Überträgt der Umlegungsausschuss auf Grund einer Verordnung nach § 46 Absatz 2 Nummer 3 der dort bezeichneten Stelle Entscheidungen über Vorgänge nach Absatz 1, unterliegt diese Stelle seinen Weisungen; bei Einlegung von Rechtsbehelfen tritt der Umlegungsausschuss an ihre Stelle. [2] Der Umlegungsausschuss kann die Übertragung jederzeit widerrufen.

§ 52 Umlegungsgebiet. (1) [1] Das Umlegungsgebiet ist so zu begrenzen, dass die Umlegung sich zweckmäßig durchführen lässt. [2] Es kann aus räumlich getrennten Flächen bestehen.

(2) Einzelne Grundstücke, die die Durchführung der Umlegung erschweren, können von der Umlegung ganz oder teilweise ausgenommen werden.

(3) [1] Unwesentliche Änderungen des Umlegungsgebiets können bis zum Beschluss über die Aufstellung des Umlegungsplans (§ 66 Absatz 1) von der Umlegungsstelle nach vorheriger Anhörung der Eigentümer der betroffenen Grundstücke auch ohne ortsübliche Bekanntmachung vorgenommen werden. [2] Die Änderung wird mit ihrer Bekanntgabe an die Eigentümer der betroffenen Grundstücke wirksam.

§ 53 Bestandskarte und Bestandsverzeichnis. (1) [1] Die Umlegungsstelle fertigt eine Karte und ein Verzeichnis der Grundstücke des Umlegungsgebiets an (Bestandskarte und Bestandsverzeichnis). [2] Die Bestandskarte weist mindestens die bisherige Lage und Form der Grundstücke des Umlegungsgebiets und die auf ihnen befindlichen Gebäude aus und bezeichnet die Eigentümer. [3] In dem Bestandsverzeichnis sind für jedes Grundstück mindestens aufzuführen

1. die im Grundbuch eingetragenen Eigentümer,
2. die grundbuch- und katastermäßige Bezeichnung, die Größe und die im Liegenschaftskataster angegebene Nutzungsart der Grundstücke unter Angabe von Straße und Hausnummer sowie
3. die im Grundbuch in Abteilung II eingetragenen Lasten und Beschränkungen.

(2) [1] Die Bestandskarte und die in Absatz 1 Satz 3 Nummer 1 und 2 bezeichneten Teile des Bestandsverzeichnisses sind auf die Dauer eines Monats in der Gemeinde öffentlich auszulegen. [2] Ort und Dauer der Auslegung sind mindestens eine Woche vor der Auslegung ortsüblich bekannt zu machen.

[1)] **Schönfelder Nr. 20.**

(3) Betrifft die Umlegung nur wenige Grundstücke, so genügt anstelle der ortsüblichen Bekanntmachung die Mitteilung an die Eigentümer und die Inhaber sonstiger Rechte, soweit sie aus dem Grundbuch ersichtlich sind oder ihr Recht bei der Umlegungsstelle angemeldet haben.

(4) In den in Absatz 1 Satz 3 Nummer 3 bezeichneten Teil des Bestandsverzeichnisses ist die Einsicht jedem gestattet, der ein berechtigtes Interesse darlegt.

§ 54 Benachrichtigungen und Umlegungsvermerk. (1) [1] Die Umlegungsstelle teilt dem Grundbuchamt und der für die Führung des Liegenschaftskatasters zuständigen Stelle die Einleitung (§ 47) des Umlegungsverfahrens und die nachträglichen Änderungen des Umlegungsgebiets (§ 52) mit. [2] Das Grundbuchamt hat in die Grundbücher der umzulegenden Grundstücke einzutragen, dass das Umlegungsverfahren eingeleitet ist (Umlegungsvermerk).

(2) [1] Das Grundbuchamt und die für die Führung des Liegenschaftskatasters zuständige Stelle haben die Umlegungsstelle von allen Eintragungen zu benachrichtigen, die nach dem Zeitpunkt der Einleitung des Umlegungsverfahrens im Grundbuch der betroffenen Grundstücke und im Liegenschaftskataster vorgenommen sind oder vorgenommen werden. [2] § 22 Absatz 6 ist entsprechend anzuwenden.

(3) Ist im Grundbuch die Anordnung der Zwangsversteigerung oder Zwangsverwaltung eingetragen, so gibt die Umlegungsstelle dem Vollstreckungsgericht von dem Umlegungsbeschluss Kenntnis, soweit dieser das Grundstück betrifft, das Gegenstand des Vollstreckungsverfahrens ist.

§ 55 Umlegungsmasse und Verteilungsmasse. (1) Die im Umlegungsgebiet gelegenen Grundstücke werden nach ihrer Fläche rechnerisch zu einer Masse vereinigt (Umlegungsmasse).

(2) [1] Aus der Umlegungsmasse sind vorweg die Flächen auszuscheiden und der Gemeinde oder dem sonstigen Erschließungsträger zuzuteilen, die nach dem Bebauungsplan festgesetzt sind oder aus Gründen der geordneten städtebaulichen Entwicklung zur Verwirklichung der nach § 34 zulässigen Nutzung erforderlich sind als

1. örtliche Verkehrsflächen für Straßen, Wege einschließlich Fuß- und Wohnwege und für Plätze sowie für Sammelstraßen,
2. Flächen für Parkplätze, Grünanlagen einschließlich Kinderspielplätze und Anlagen zum Schutz gegen schädliche Umwelteinwirkungen im Sinne des Bundes-Immissionsschutzgesetzes[1)], soweit sie nicht schon Bestandteil der in Nummer 1 genannten Verkehrsanlagen sind, sowie für Regenklär- und Regenüberlaufbecken, wenn die Flächen überwiegend den Bedürfnissen der Bewohner des Umlegungsgebiets dienen sollen.

[2] Zu den vorweg auszuscheidenden Flächen gehören auch die Flächen zum Ausgleich im Sinne des § 1a Absatz 3 für die in Satz 1 genannten Anlagen. [3] Grünflächen nach Satz 1 Nummer 2 können auch bauflächenbedingte Flächen zum Ausgleich im Sinne des § 1a Absatz 3 umfassen.

---

1) Nr. **296**.

(3) Mit der Zuteilung ist die Gemeinde oder der sonstige Erschließungsträger für von ihnen in die Umlegungsmasse eingeworfene Flächen nach Absatz 2 abgefunden.

(4) Die verbleibende Masse ist die Verteilungsmasse.

(5) [1] Sonstige Flächen, für die nach dem Bebauungsplan eine Nutzung für öffentliche Zwecke festgesetzt ist, können einschließlich der Flächen zum Ausgleich im Sinne des § 1a Absatz 3 ausgeschieden und dem Bedarfs- oder Erschließungsträger zugeteilt werden, wenn dieser geeignetes Ersatzland, das auch außerhalb des Umlegungsgebiets liegen kann, in die Verteilungsmasse einbringt. [2] Die Umlegungsstelle soll von dieser Befugnis Gebrauch machen, wenn dies zur alsbaldigen Durchführung des Bebauungsplans zweckmäßig ist.

§ 56 Verteilungsmaßstab. (1) [1] Für die Errechnung der den beteiligten Grundeigentümern an der Verteilungsmasse zustehenden Anteile (Sollanspruch) ist entweder von dem Verhältnis der Flächen oder dem Verhältnis der Werte auszugehen, in dem die früheren Grundstücke vor der Umlegung zueinander gestanden haben. [2] Der Maßstab ist von der Umlegungsstelle nach pflichtmäßigem Ermessen unter gerechter Abwägung der Interessen der Beteiligten je nach Zweckmäßigkeit einheitlich zu bestimmen.

(2) Sind alle Beteiligten einverstanden, so kann die Verteilungsmasse auch nach einem anderen Maßstab aufgeteilt werden.

§ 57 Verteilung nach Werten. [1] Geht die Umlegungsstelle von dem Verhältnis der Werte aus, so wird die Verteilungsmasse in dem Verhältnis verteilt, in dem die zu berücksichtigenden Eigentümer an der Umlegung beteiligt sind. [2] Jedem Eigentümer soll ein Grundstück mindestens mit dem Verkehrswert zugeteilt werden, den sein früheres Grundstück auch unter Berücksichtigung der Pflicht zur Bereitstellung von Flächen zum Ausgleich im Sinne des § 1a Absatz 3 im Zeitpunkt des Umlegungsbeschlusses hatte. [3] Für die zuzuteilenden Grundstücke ist der Verkehrswert, bezogen auf den Zeitpunkt des Umlegungsbeschlusses, zu ermitteln. [4] Dabei sind Wertänderungen, die durch die Umlegung bewirkt werden, zu berücksichtigen; sollen Grundstücke in Bezug auf Flächen nach § 55 Absatz 2 erschließungsbeitragspflichtig zugeteilt werden, bleiben Wertänderungen insoweit unberücksichtigt. [5] Unterschiede zwischen den so ermittelten Verkehrswerten sind in Geld auszugleichen.

§ 58 Verteilung nach Flächen. (1) [1] Geht die Umlegungsstelle von dem Verhältnis der Flächen aus, hat sie von den eingeworfenen Grundstücken unter Anrechnung des Flächenabzugs nach § 55 Absatz 2 einen Flächenbeitrag in einem solchen Umfang abzuziehen, dass die Vorteile ausgeglichen werden, die durch die Umlegung erwachsen; dabei bleiben in den Fällen des § 57 Satz 4 Halbsatz 2 die Vorteile insoweit unberücksichtigt. [2] Der Flächenbeitrag darf in Gebieten, die erstmalig erschlossen werden, nur bis zu 30 vom Hundert, in anderen Gebieten nur bis zu 10 vom Hundert der eingeworfenen Fläche betragen. [3] Die Umlegungsstelle kann statt eines Flächenbeitrags ganz oder teilweise einen entsprechenden Geldbeitrag erheben. [4] Soweit der Umlegungsvorteil den Flächenbeitrag nach Satz 1 übersteigt, ist der Vorteil in Geld auszugleichen.

(2) Kann das neue Grundstück nicht in gleicher oder gleichwertiger Lage zugeteilt werden, so sind dadurch begründete Wertunterschiede in Fläche oder Geld auszugleichen.

(3) Für die Bemessung von Geldbeiträgen und Ausgleichsleistungen sind die Wertverhältnisse im Zeitpunkt des Umlegungsbeschlusses maßgebend.

§ 59 Zuteilung und Abfindung. (1) Aus der Verteilungsmasse sind den Eigentümern dem Umlegungszweck entsprechend nach Möglichkeit Grundstücke einschließlich Flächen zum Ausgleich im Sinne des § 1a Absatz 3 in gleicher oder gleichwertiger Lage wie die eingeworfenen Grundstücke und entsprechend den nach den §§ 57 und 58 errechneten Anteilen zuzuteilen.

(2) [1] Soweit es unter Berücksichtigung der öffentlich-rechtlichen Vorschriften nicht möglich ist, die nach den §§ 57 und 58 errechneten Anteile tatsächlich zuzuteilen, findet ein Ausgleich in Geld statt. [2] Auf den Geldausgleich sind die Vorschriften über die Entschädigung im Zweiten Abschnitt des Fünften Teils entsprechend anzuwenden, soweit die Zuteilung den Einwurfswert oder mehr als nur unwesentlich den Sollanspruch unterschreitet. [3] Der Geldausgleich bemisst sich nach dem Verkehrswert, bezogen auf den Zeitpunkt der Aufstellung des Umlegungsplans, soweit die Zuteilung den Sollanspruch mehr als nur unwesentlich überschreitet und dadurch die bauplanungsrechtlich zulässige Nutzung ermöglicht.

(3) Beantragt ein Eigentümer, der im Umlegungsgebiet eigen genutzten Wohn- oder Geschäftsraum aufgeben muss und im Umlegungsverfahren kein Grundstück erhält, dass für ihn als Abfindung im Umlegungsverfahren eines der in Absatz 4 Nummer 2 und 3 bezeichneten Rechte vorgesehen wird, so soll dem entsprochen werden, sofern dies in der Umlegung möglich ist.

(4) Mit Einverständnis der betroffenen Eigentümer können als Abfindung

1. Geld oder
2. Grundeigentum außerhalb des Umlegungsgebiets oder
3. die Begründung von Miteigentum an einem Grundstück, die Gewährung von grundstücksgleichen Rechten, Rechten nach dem Wohnungseigentumsgesetz[1)] oder sonstigen dinglichen Rechten innerhalb und außerhalb des Umlegungsgebiets

vorgesehen werden.

(5) [1] Sofern die Umlegung im Geltungsbereich eines Bebauungsplans durchgeführt wird, können Eigentümer in Geld oder mit außerhalb des Umlegungsgebiets gelegenen Grundstücken abgefunden werden, wenn sie im Gebiet keine bebauungsfähigen Grundstücke erhalten können oder wenn dies sonst zur Erreichung der Ziele und Zwecke des Bebauungsplans erforderlich ist; wer die Abfindung mit Grundstücken außerhalb des Gebiets ablehnt, kann mit Geld abgefunden werden. [2] Die Vorschriften über die Entschädigung im Zweiten Abschnitt des Fünften Teils sind entsprechend anzuwenden.

(6) [1] Lehnt der Eigentümer eine Abfindung mit den in Absatz 4 Nummer 2 und 3 bezeichneten Rechten ab, obgleich durch eine solche Abfindung für eine größere Anzahl von Beteiligten eine Abfindung in Geld vermieden werden kann und die Abfindung in diesen Rechtsformen mit dem Bebau-

---

1) Schönfelder Nr. 37.

ungsplan vereinbar ist, ist der Eigentümer in Geld abzufinden. [2] Die Vorschriften über die Entschädigung im Zweiten Abschnitt des Fünften Teils sind entsprechend anzuwenden.

(7) Die Umlegungsstelle – der Umlegungsausschuss auf Antrag der Gemeinde – kann bei der Zuteilung von Grundstücken unter den Voraussetzungen des § 176 ein Baugebot, unter den Voraussetzungen des § 177 ein Modernisierungs- oder Instandsetzungsgebot und unter den Voraussetzungen des § 178 ein Pflanzgebot anordnen.

(8) [1] Sofern die Umlegung im Geltungsbereich eines Bebauungsplans durchgeführt wird, sind im Umlegungsplan die Gebäude oder sonstigen baulichen Anlagen zu bezeichnen, die dem Bebauungsplan widersprechen und der Verwirklichung der im Umlegungsplan in Aussicht genommenen Neugestaltung (§ 66 Absatz 2) entgegenstehen. [2] Die Eigentümer und die sonstigen Nutzungsberechtigten haben die Beseitigung der im Umlegungsplan bezeichneten Gebäude und sonstigen baulichen Anlagen zu dulden, wenn die Gemeinde die Beseitigung zum Vollzug des Umlegungsplans durchführt.

(9) Die Befugnis der Gemeinde, ein Baugebot, ein Modernisierungs- oder Instandsetzungsgebot, ein Pflanzgebot oder ein Rückbau- oder Entsiegelungsgebot nach den §§ 176 bis 179 anzuordnen, bleibt unberührt.

§ 60 Abfindung und Ausgleich für bauliche Anlagen, Anpflanzungen und sonstige Einrichtungen. [1] Für bauliche Anlagen, Anpflanzungen und für sonstige Einrichtungen ist nur eine Geldabfindung zu gewähren und im Falle der Zuteilung ein Ausgleich in Geld festzusetzen, soweit das Grundstück wegen dieser Einrichtungen einen über den Bodenwert hinausgehenden Verkehrswert hat. [2] Die Vorschriften über die Entschädigung im Zweiten Abschnitt des Fünften Teils sind entsprechend anzuwenden.

§ 61 Aufhebung, Änderung und Begründung von Rechten.

(1) [1] Grundstücksgleiche Rechte sowie andere Rechte an einem im Umlegungsgebiet gelegenen Grundstück oder an einem das Grundstück belastenden Recht, ferner Ansprüche mit dem Recht auf Befriedigung aus dem Grundstück oder persönliche Rechte, die zum Erwerb, zum Besitz oder zur Nutzung eines im Umlegungsgebiet gelegenen Grundstücks berechtigen oder den Verpflichteten in der Benutzung des Grundstücks beschränken, können durch den Umlegungsplan aufgehoben, geändert oder neu begründet werden. [2] In Übereinstimmung mit den Zielen des Bebauungsplans oder zur Verwirklichung einer nach § 34 zulässigen Nutzung können zur zweckmäßigen und wirtschaftlichen Ausnutzung der Grundstücke Flächen für Zuwege, gemeinschaftliche Hofräume, Kinderspielplätze, Freizeiteinrichtungen, Stellplätze, Garagen, Flächen zum Ausgleich im Sinne des § 1a Absatz 3 oder andere Gemeinschaftsanlagen festgelegt und ihre Rechtsverhältnisse geregelt werden. [3] Im Landesrecht vorgesehene öffentlich-rechtliche Verpflichtungen zu einem das Grundstück betreffenden Tun, Dulden oder Unterlassen (Baulast) können im Einvernehmen mit der Baugenehmigungsbehörde aufgehoben, geändert oder neu begründet werden.

(2) [1] Soweit durch die Aufhebung, Änderung oder Begründung von Rechten oder Baulasten Vermögensnachteile oder Vermögensvorteile entstehen, findet eine Ausgleich in Geld statt. [2] Für den Fall, dass Vermögensnachteile entstehen, sind die Vorschriften über die Entschädigung im Zweiten Abschnitt des Fünften Teils und über den Härteausgleich nach § 181 entsprechend anzuwenden.

(3) Die Absätze 1 und 2 gelten auch für die nach § 55 Absatz 5 in die Verteilungsmasse eingebrachten Grundstücke.

§ 62 Gemeinschaftliches Eigentum; besondere rechtliche Verhältnisse. (1) Wenn es dem Zweck der Umlegung dient und die Eigentümer zustimmen, kann gemeinschaftliches Eigentum an Grundstücken geteilt werden.

(2) [1] Wenn einem Eigentümer für mehrere verschiedenen Rechtsverhältnissen unterliegende alte Grundstücke oder Berechtigungen ein neues Grundstück zugeteilt wird, so werden entsprechend den verschiedenen Rechtsverhältnissen Bruchteile der Gesamtabfindung bestimmt, die an die Stelle der einzelnen Grundstücke oder Berechtigungen treten. [2] In diesen Fällen kann für jedes eingeworfene Grundstück oder jede Berechtigung anstelle des Bruchteils ein besonderes Grundstück zugeteilt werden.

(3) Wenn gemeinschaftliches Eigentum geteilt wird (Absatz 1) oder einem Eigentümer für sein Grundstück mehrere neue Grundstücke zugeteilt werden, so kann die Umlegungsstelle Grundpfandrechte und Reallasten, mit denen eingeworfene Grundstücke belastet sind, entsprechend den im Umlegungsverfahren ermittelten Werten auf die zuzuteilenden Grundstücke verteilen.

§ 63 Übergang von Rechtsverhältnissen auf die Abfindung. (1) [1] Die zugeteilten Grundstücke treten hinsichtlich der Rechte an den alten Grundstücken und der diese Grundstücke betreffenden Rechtsverhältnisse, die nicht aufgehoben werden, an die Stelle der alten Grundstücke. [2] Die örtlich gebundenen öffentlichen Lasten, die auf den alten Grundstücken ruhen, gehen auf die in deren örtlicher Lage ausgewiesenen neuen Grundstücke über.

(2) Erhält der Eigentümer, dem ein neues Grundstück zugeteilt wird, für das alte Grundstück zum Ausgleich von Wertunterschieden einen Geldausgleich oder nach § 59, § 60 oder § 61 eine Geldabfindung, so sind dinglich Berechtigte, deren Rechte durch die Umlegung beeinträchtigt werden, insoweit auf den Geldanspruch des Eigentümers angewiesen.

§ 64 Geldleistungen. (1) Die Gemeinde ist Gläubigerin und Schuldnerin der im Umlegungsplan festgesetzten Geldleistungen.

(2) [1] Geldleistungen werden mit der Bekanntmachung nach § 71 fällig. [2] Die Fälligkeit der Ausgleichsleistungen für Mehrwerte (§§ 57 bis 61) kann bis zu längstens zehn Jahren hinausgeschoben werden; dabei kann vorgesehen werden, dass die Bezahlung dieser Ausgleichsleistungen ganz oder teilweise in wiederkehrenden Leistungen erfolgt. [3] In den Fällen des Satzes 2 soll die *Ausgleichsleistung ab Fälligkeit* und bei Anfechtung des Umlegungsplans lediglich wegen der Höhe einer Geldleistung soll diese in Höhe des angefochtenen Betrags ab Inkrafttreten des Umlegungsplans dem Grund nach mit

2 vom Hundert über dem Basiszinssatz nach § 247 des Bürgerlichen Gesetzbuchs[1)] jährlich verzinst werden.

(3) Die Verpflichtungen des Eigentümers oder des Erbbauberechtigten zu Geldleistungen nach den §§ 57 bis 61 gelten als Beitrag und ruhen als öffentliche Last auf dem Grundstück oder dem Erbbaurecht.

(4) [1] Wird zur Sicherung eines Kredits, der

1. der Errichtung von Neubauten, dem Wiederaufbau zerstörter Gebäude oder dem Ausbau oder der Erweiterung bestehender Gebäude oder
2. der Durchführung notwendiger außerordentlicher Instandsetzungen an Gebäuden

auf dem belasteten Grundstück dient, ein Grundpfandrecht bestellt, so kann für dieses auf Antrag ein Befriedigungsvorrecht vor der öffentlichen Last nach Absatz 3 oder einem Teil derselben für den Fall der Zwangsvollstreckung in das Grundstück bewilligt werden, wenn dadurch die Sicherheit der öffentlichen Last nicht gefährdet wird und die Zins- und Tilgungssätze für das Grundpfandrecht den üblichen Jahresleistungen für erstrangige Tilgungshypotheken entsprechen. [2] Die Bewilligung kann von der Erfüllung von Bedingungen abhängig gemacht werden.

(5) Soweit die Kosten und Geldleistungen der Umlegung von einem Bedarfs- oder Erschließungsträger verursacht sind, sind sie von ihm der Gemeinde zu erstatten.

(6) Die öffentlichen Lasten (Absatz 3) sind im Grundbuch zu vermerken.

§ 65 Hinterlegung und Verteilungsverfahren. Für die Hinterlegung von Geldleistungen und für das Verteilungsverfahren gelten die Vorschriften der §§ 118 und 119 entsprechend.

§ 66 Aufstellung und Inhalt des Umlegungsplans. (1) [1] Der Umlegungsplan ist von der Umlegungsstelle nach Erörterung mit den Eigentümern durch Beschluss aufzustellen. [2] Er kann auch für Teile des Umlegungsgebiets aufgestellt werden (Teilumlegungsplan).

(2) [1] Aus dem Umlegungsplan muss der in Aussicht genommene Neuzustand mit allen tatsächlichen und rechtlichen Änderungen hervorgehen, die die im Umlegungsgebiet gelegenen Grundstücke erfahren. [2] Der Umlegungsplan muss nach Form und Inhalt zur Übernahme in das Liegenschaftskataster geeignet sein.

(3) Der Umlegungsplan besteht aus der Umlegungskarte und dem Umlegungsverzeichnis.

§ 67 Umlegungskarte. [1] Die Umlegungskarte stellt den künftigen Zustand des Umlegungsgebiets dar. [2] In die Karte sind insbesondere die neuen Grundstücksgrenzen und -bezeichnungen sowie die Flächen im Sinne des § 55 Absatz 2 einzutragen.

[1)] **Schönfelder Nr. 20.**

§ 68 Umlegungsverzeichnis. (1) Das Umlegungsverzeichnis führt auf
1. die Grundstücke, einschließlich der außerhalb des Umlegungsgebiets zugeteilten, nach Lage, Größe und Nutzungsart unter Gegenüberstellung des alten und neuen Bestands mit Angabe ihrer Eigentümer;
2. die Rechte an einem Grundstück oder einem das Grundstück belastenden Recht, ferner Ansprüche mit dem Recht auf Befriedigung aus dem Grundstück oder persönliche Rechte, die zum Erwerb, zum Besitz oder zur Nutzung eines Grundstücks berechtigen oder den Verpflichteten in der Benutzung des Grundstücks beschränken, soweit sie aufgehoben, geändert oder neu begründet werden;
3. die Grundstückslasten nach Rang und Betrag;
4. die Geldleistungen, deren Fälligkeit und Zahlungsart sowie der Wert der Flächen nach § 55 Absatz 2 bei einer insoweit erschließungsbeitragspflichtigen Zuteilung;
5. diejenigen, zu deren Gunsten oder Lasten Geldleistungen festgesetzt sind;
6. die einzuziehenden und die zu verlegenden Flächen im Sinne des § 55 Absatz 2 und die Wasserläufe;
7. die Gebote nach § 59 Absatz 7 sowie
8. die Baulasten nach § 61 Absatz 1 Satz 3.

(2) Das Umlegungsverzeichnis kann für jedes Grundstück gesondert aufgestellt werden.

§ 69 Bekanntmachung des Umlegungsplans, Einsichtnahme.

(1) [1] Die Umlegungsstelle hat den Beschluss über die Aufstellung des Umlegungsplans (§ 66 Absatz 1) in der Gemeinde ortsüblich bekannt zu machen. [2] In der Bekanntmachung ist darauf hinzuweisen, dass der Umlegungsplan an einer zu benennenden Stelle nach Absatz 2 eingesehen werden kann und auszugsweise nach § 70 Absatz 1 Satz 1 zugestellt wird.

(2) Den Umlegungsplan kann jeder einsehen, der ein berechtigtes Interesse darlegt.

§ 70 Zustellung des Umlegungsplans. (1) [1] Den Beteiligten ist ein ihre Rechte betreffender Auszug aus dem Umlegungsplan zuzustellen. [2] Dabei ist darauf hinzuweisen, dass der Umlegungsplan an einer zu benennenden Stelle nach § 69 Absatz 2 eingesehen werden kann.

(2) Hält die Umlegungsstelle Änderungen des Umlegungsplans für erforderlich, so können die Bekanntmachung und die Zustellung des geänderten Umlegungsplans auf die von der Änderung Betroffenen beschränkt werden.

(3) Ist im Grundbuch die Anordnung der Zwangsversteigerung oder Zwangsverwaltung eingetragen, so gibt die Umlegungsstelle dem Vollstreckungsgericht von dem Umlegungsverzeichnis Kenntnis, soweit dieses das Grundstück, das Gegenstand des Vollstreckungsverfahrens ist, und die daran bestehenden Rechte betrifft.

§ 71 Inkrafttreten des Umlegungsplans. (1) [1] Die Umlegungsstelle hat ortsüblich bekannt zu machen, in welchem Zeitpunkt der Umlegungsplan unanfechtbar geworden ist. [2] Dem Eintritt der Unanfechtbarkeit des Umlegungsplans steht es gleich, wenn der Umlegungsplan lediglich wegen der Höhe einer Geldabfindung anfechtbar ist.

(2) [1] Vor Unanfechtbarkeit des Umlegungsplans kann die Umlegungsstelle räumliche und sachliche Teile des Umlegungsplans durch Bekanntmachung in Kraft setzen, wenn sich die Entscheidung über eingelegte Rechtsbehelfe auf diese Teile des Umlegungsplans nicht auswirken kann. [2] Personen, die Rechtsbehelfe eingelegt haben, sind von der Inkraftsetzung zu unterrichten.

§ 72 Wirkungen der Bekanntmachung. (1) [1] Mit der Bekanntmachung nach § 71 wird der bisherige Rechtszustand durch den in dem Umlegungsplan vorgesehenen neuen Rechtszustand ersetzt. [2] Die Bekanntmachung schließt die Einweisung der neuen Eigentümer in den Besitz der zugeteilten Grundstücke ein.

(2) [1] Die Gemeinde hat den Umlegungsplan zu vollziehen, sobald seine Unanfechtbarkeit nach § 71 bekannt gemacht worden ist. [2] Sie hat den Beteiligten die neuen Besitz- und Nutzungsrechte, erforderlichenfalls mit den Mitteln des Verwaltungszwangs, zu verschaffen.

§ 73 Änderung des Umlegungsplans. Die Umlegungsstelle kann den Umlegungsplan auch nach Eintritt der Unanfechtbarkeit ändern, wenn

1. der Bebauungsplan geändert wird,
2. eine rechtskräftige Entscheidung eines Gerichts die Änderung notwendig macht oder
3. die Beteiligten mit der Änderung einverstanden sind.

§ 74 Berichtigung der öffentlichen Bücher. (1) [1] Die Umlegungsstelle übersendet dem Grundbuchamt und der für die Führung des Liegenschaftskatasters zuständigen Stelle eine beglaubigte Abschrift der Bekanntmachung nach § 71 sowie eine beglaubigte Ausfertigung des Umlegungsplans und ersucht diese, die Rechtsänderungen in das Grundbuch und in das Liegenschaftskataster einzutragen sowie den Umlegungsvermerk im Grundbuch zu löschen. [2] Dies gilt auch für außerhalb des Umlegungsgebiets zugeteilte Grundstücke.

(2) [1] Bis zur Berichtigung des Liegenschaftskatasters dienen die Umlegungskarte und das Umlegungsverzeichnis als amtliches Verzeichnis der Grundstücke im Sinne des § 2 Absatz 2 der Grundbuchordnung[1)], wenn die für die Führung des Liegenschaftskatasters zuständige Stelle auf diesen Urkunden bescheinigt hat, dass sie nach Form und Inhalt zur Übernahme in das Liegenschaftskataster geeignet sind. [2] Diese Bescheinigung ist nicht erforderlich, wenn die Flurbereinigungsbehörde die Umlegungskarte und das Umlegungsverzeichnis gefertigt hat (§ 46 Absatz 2 Nummer 5 und Absatz 4).

§ 75 Einsichtnahme in den Umlegungsplan. Bis zur Berichtigung des Grundbuchs ist die Einsicht in den Umlegungsplan jedem gestattet, der ein berechtigtes Interesse darlegt.

[1)] **Schönfelder Nr. 114.**

§ 76 Vorwegnahme der Entscheidung. [1] Mit Einverständnis der betroffenen Rechtsinhaber können die Eigentums- und Besitzverhältnisse für einzelne Grundstücke sowie andere Rechte nach den §§ 55 bis 62 geregelt werden, bevor der Umlegungsplan aufgestellt ist. [2] Die §§ 70 bis 75 gelten entsprechend.

§ 77 Vorzeitige Besitzeinweisung. (1) Sofern die Umlegung im Geltungsbereich eines Bebauungsplans durchgeführt wird, kann die Umlegungsstelle nach dem Inkrafttreten des Bebauungsplans, wenn das Wohl der Allgemeinheit es erfordert,

1. vor Aufstellung des Umlegungsplans die Gemeinde oder den sonstigen Bedarfs- oder Erschließungsträger in den Besitz der Grundstücke, die in dem Bebauungsplan als Flächen im Sinne des § 9 Absatz 1 Nummer 21 oder des § 55 Absatz 2 und 5 festgesetzt sind, einweisen;
2. nach Aufstellung des Umlegungsplans und Übertragung der Grenzen der neuen Grundstücke in die Örtlichkeit auch sonstige am Umlegungsverfahren Beteiligte in den Besitz der nach dem Umlegungsplan für sie vorgesehenen Grundstücke oder Nutzungsrechte einweisen.

(2) Das Wohl der Allgemeinheit kann die vorzeitige Einweisung in den Besitz insbesondere erfordern

1. in den Fällen des Absatzes 1 Nummer 1 zugunsten der Gemeinde oder eines sonstigen Bedarfs- oder Erschließungsträgers, wenn Maßnahmen zur Verwirklichung des Bebauungsplans bevorstehen und die Flächen für die vorgesehenen Anlagen und Einrichtungen der Erschließung oder Versorgung des Gebiets benötigt werden,
2. in den Fällen des Absatzes 1 Nummer 2 zugunsten sonstiger Umlegungsbeteiligter, wenn dringende städtebauliche Gründe für die Verschaffung des Besitzes bestehen und wenn diese Gründe die Interessen der Betroffenen an der weiteren Ausübung des Besitzes wesentlich überwiegen.

(3) Die §§ 116 und 122 gelten entsprechend.

§ 78 Verfahrens- und Sachkosten.
Die Gemeinde trägt die Verfahrenskosten und die nicht durch Beiträge nach § 64 Absatz 3 gedeckten Sachkosten.

§ 79 Abgaben- und Auslagenbefreiung. (1) [1] Geschäfte und Verhandlungen, die der Durchführung oder Vermeidung der Umlegung dienen, einschließlich der Berichtigung der öffentlichen Bücher, sind frei von Gebühren und ähnlichen nichtsteuerlichen Abgaben sowie von Auslagen; dies gilt nicht für die Kosten eines Rechtsstreits. [2] Unberührt bleiben Regelungen nach landesrechtlichen Vorschriften.

(2) Die Abgabenfreiheit ist von der zuständigen Behörde ohne Nachprüfung anzuerkennen, wenn die Umlegungsstelle versichert, dass ein Geschäft oder eine Verhandlung der Durchführung oder Vermeidung der Umlegung dient.

Zweiter Abschnitt. Vereinfachte Umlegung

§ 80 Zweck, Anwendungsbereich, Zuständigkeiten. (1) [1] Die Gemeinde kann eine Umlegung im Sinne des § 45 als vereinfachte Umlegung durchführen, wenn die in § 46 Absatz 1 bezeichneten Voraussetzungen vorliegen und wenn mit der Umlegung lediglich

1. unmittelbar aneinander grenzende oder in enger Nachbarschaft liegende Grundstücke oder Teile von Grundstücken untereinander getauscht oder
2. Grundstücke, insbesondere Splittergrundstücke oder Teile von Grundstücken, einseitig zugeteilt

werden. [2] Die auszutauschenden oder einseitig zuzuteilenden Grundstücke oder Grundstücksteile dürfen nicht selbständig bebaubar sein. [3] Eine einseitige Zuteilung muss im öffentlichen Interesse geboten sein.

(2) [1] Auf die vereinfachte Umlegung sind die Vorschriften des Ersten Abschnitts nur anzuwenden, soweit die Vorschriften dieses Abschnitts dies bestimmen. [2] Einer Anordnung der vereinfachten Umlegung durch die Gemeinde bedarf es nicht.

(3) [1] Die vereinfachte Umlegung ist so durchzuführen, dass jedem Eigentümer nach dem Verhältnis des Werts seines früheren Grundstücks zum Wert der übrigen Grundstücke möglichst ein Grundstück in gleicher oder gleichwertiger Lage zugeteilt wird. [2] Eine durch die vereinfachte Umlegung für den Grundstückseigentümer bewirkte Wertminderung darf nur unerheblich sein. [3] Mit Zustimmung der Eigentümer können von den Sätzen 1 und 2 abweichende Regelungen getroffen werden.

(4) [1] Im Rahmen des Verfahrens der vereinfachten Umlegung betroffene Dienstbarkeiten und Baulasten nach Maßgabe des § 61 Absatz 1 Satz 3 können neugeordnet und zu diesem Zweck auch neu begründet und aufgehoben werden. [2] Betroffene Grundpfandrechte können neugeordnet werden, wenn die Beteiligten dem vorgesehenen neuen Rechtszustand zustimmen.

(5) [1] Die Landesregierungen können durch Rechtsverordnungen bestimmen, dass die nach Maßgabe des § 46 Absatz 2 Nummer 1 und 2 gebildeten Umlegungsausschüsse auch vereinfachte Umlegungsverfahren selbständig durchführen. [2] Die Vorschriften des § 46 Absatz 4 zur Übertragung der Umlegung auf die Flurbereinigungsbehörde oder eine andere geeignete Behörde sind für vereinfachte Umlegungsverfahren entsprechend anzuwenden.

§ 81 Geldleistungen. (1) [1] Vorteile, die durch die vereinfachte Umlegung bewirkt werden, sind von den Eigentümern in Geld auszugleichen. [2] Die Vorschriften über die Entschädigung im Zweiten Abschnitt des Fünften Teils sind entsprechend anzuwenden.

(2) [1] Gläubigerin und Schuldnerin der Geldleistungen ist die Gemeinde. [2] Die Beteiligten können mit Zustimmung der Gemeinde andere Vereinbarungen treffen. [3] Die Geldleistungen werden mit der Bekanntmachung nach § 83 Absatz 1 fällig. [4] § 64 Absatz 3, 4 und 6 über Beitrag und öffentliche Last ist entsprechend anzuwenden, wenn die Gemeinde Gläubigerin der Geldleistungen ist.

(3) [1] Dinglich Berechtigte, deren Rechte durch die vereinfachte Umlegung beeinträchtigt werden, sind insoweit auf den Geldanspruch des Eigentümers

angewiesen. 2 Für die Hinterlegung von Geldleistungen und für das Verteilungsverfahren gelten die Vorschriften der §§ 118 und 119 entsprechend.

§ 82 Beschluss über die vereinfachte Umlegung. (1) 1 Die Gemeinde setzt nach Erörterung mit den Eigentümern durch Beschluss die neuen Grenzen sowie die Geldleistung fest und regelt in ihm, soweit es erforderlich ist, die Neuordnung und zu diesem Zweck auch die Neubegründung und Aufhebung von Dienstbarkeiten, Grundpfandrechten und Baulasten. 2 Beteiligten, deren Rechte ohne Zustimmung durch den Beschluss betroffen werden, ist vorher Gelegenheit zur Stellungnahme zu geben. 3 Der Beschluss muss nach Form und Inhalt zur Übernahme in das Liegenschaftskataster geeignet sein.

(2) 1 Allen Beteiligten ist ein ihre Rechte betreffender Auszug aus dem Beschluss zuzustellen. 2 Dabei ist darauf hinzuweisen, dass der Beschluss bei einer zu benennenden Stelle eingesehen werden kann.

§ 83 Bekanntmachung und Rechtswirkungen der vereinfachten Umlegung. (1) 1 Die Gemeinde hat ortsüblich bekannt zu machen, in welchem Zeitpunkt der Beschluss über die vereinfachte Umlegung unanfechtbar geworden ist. 2 § 71 Absatz 2 über die vorzeitige Inkraftsetzung ist entsprechend anzuwenden.

(2) 1 Mit der Bekanntmachung wird der bisherige Rechtszustand durch den in dem Beschluss über die vereinfachte Umlegung vorgesehenen neuen Rechtszustand ersetzt. 2 Die Bekanntmachung schließt die Einweisung der neuen Eigentümer in den Besitz der zugeteilten Grundstücke oder Grundstücksteile ein. 3 § 72 Absatz 2 über die Vollziehung ist entsprechend anzuwenden.

(3) 1 Das Eigentum an ausgetauschten oder einseitig zugeteilten Grundstücksteilen und Grundstücken geht lastenfrei auf die neuen Eigentümer über; Unschädlichkeitszeugnisse sind nicht erforderlich. 2 Sofern Grundstücksteile oder Grundstücke einem Grundstück zugeteilt werden, werden sie Bestandteil dieses Grundstücks. 3 Die dinglichen Rechte an diesem Grundstück erstrecken sich auf die zugeteilten Grundstücksteile und Grundstücke. 4 Satz 1 Halbsatz 1 und Satz 3 gelten nur, soweit sich nicht aus einer Regelung nach § 80 Absatz 4 etwas anderes ergibt.

§ 84 Berichtigung der öffentlichen Bücher. (1) 1 Die Gemeinde übersendet dem Grundbuchamt und der für die Führung des Liegenschaftskatasters zuständigen Stelle eine beglaubigte Abschrift des Beschlusses über die vereinfachte Umlegung, teilt den Zeitpunkt der Bekanntmachung nach § 83 Absatz 1 mit und ersucht diese, die Rechtsänderungen in das Grundbuch und in das Liegenschaftskataster einzutragen. 2 § 74 Absatz 2 gilt entsprechend.

(2) Für die Kosten der vereinfachten Umlegung gelten die §§ 78 und 79 *entsprechend.*

Fünfter Teil. Enteignung

Erster Abschnitt. Zulässigkeit der Enteignung

§ 85 Enteignungszweck. (1) Nach diesem Gesetzbuch kann nur enteignet werden, um

1. entsprechend den Festsetzungen des Bebauungsplans ein Grundstück zu nutzen oder eine solche Nutzung vorzubereiten,
2. unbebaute oder geringfügig bebaute Grundstücke, die nicht im Bereich eines Bebauungsplans, aber innerhalb im Zusammenhang bebauter Ortsteile liegen, insbesondere zur Schließung von Baulücken, entsprechend den baurechtlichen Vorschriften zu nutzen oder einer baulichen Nutzung zuzuführen,
3. Grundstücke für die Entschädigung in Land zu beschaffen,
4. durch Enteignung entzogene Rechte durch neue Rechte zu ersetzen,
5. Grundstücke einer baulichen Nutzung zuzuführen, wenn ein Eigentümer die Verpflichtung nach § 176 Absatz 1 oder 2 nicht erfüllt,
6. im Geltungsbereich einer Erhaltungssatzung eine bauliche Anlage aus den in § 172 Absatz 3 bis 5 bezeichneten Gründen zu erhalten oder
7. im Geltungsbereich einer Satzung zur Sicherung von Durchführungsmaßnahmen des Stadtumbaus eine bauliche Anlage aus den in § 171d Absatz 3 bezeichneten Gründen zu erhalten oder zu beseitigen.

(2) Unberührt bleiben

1. die Vorschriften über die Enteignung zu anderen als den in Absatz 1 genannten Zwecken,
2. landesrechtliche Vorschriften über die Enteignung zu den in Absatz 1 Nummer 6 genannten Zwecken.

§ 86 Gegenstand der Enteignung. (1) Durch Enteignung können

1. das Eigentum an Grundstücken entzogen oder belastet werden;
2. andere Rechte an Grundstücken entzogen oder belastet werden;
3. Rechte entzogen werden, die zum Erwerb, zum Besitz oder zur Nutzung von Grundstücken berechtigen oder die den Verpflichteten in der Benutzung von Grundstücken beschränken; hierzu zählen auch Rückübertragensansprüche nach dem Vermögensgesetz[1];
4. soweit es in den Vorschriften dieses Teils vorgesehen ist, Rechtsverhältnisse begründet werden, die Rechte der in Nummer 3 bezeichneten Art gewähren.

(2) Auf das Zubehör eines Grundstücks sowie auf Sachen, die nur zu einem vorübergehenden Zweck mit dem Grundstück verbunden oder in ein Gebäude eingefügt sind, darf die Enteignung nur nach Maßgabe des § 92 Absatz 4 ausgedehnt werden.

(3) Die für die Entziehung oder Belastung des Eigentums an Grundstücken geltenden Vorschriften sind auf die Entziehung, Belastung oder Begründung der in Absatz 1 Nummer 2 bis 4 bezeichneten Rechte entsprechend anzuwenden.

---

[1] **Sartorius III Nr. 50.**

§ 87 Voraussetzungen für die Zulässigkeit der Enteignung. (1) Die Enteignung ist im einzelnen Fall nur zulässig, wenn das Wohl der Allgemeinheit sie erfordert und der Enteignungszweck auf andere zumutbare Weise nicht erreicht werden kann.

(2) [1] Die Enteignung setzt voraus, dass der Antragsteller sich ernsthaft um den freihändigen Erwerb des zu enteignenden Grundstücks zu angemessenen Bedingungen, unter den Voraussetzungen des § 100 Absatz 1 und 3 unter Angebot geeigneten anderen Landes, vergeblich bemüht hat. [2] Der Antragsteller hat glaubhaft zu machen, dass das Grundstück innerhalb angemessener Frist zu dem vorgesehenen Zweck verwendet wird.

(3) [1] Die Enteignung eines Grundstücks zu dem Zweck, es für die bauliche Nutzung vorzubereiten (§ 85 Absatz 1 Nummer 1) oder es der baulichen Nutzung zuzuführen (§ 85 Absatz 1 Nummer 2), darf nur zugunsten der Gemeinde oder eines öffentlichen Bedarfs- oder Erschließungsträgers erfolgen. [2] In den Fällen des § 85 Absatz 1 Nummer 5 kann die Enteignung eines Grundstücks zugunsten eines Bauwilligen verlangt werden, der in der Lage ist, die Baumaßnahmen innerhalb angemessener Frist durchzuführen, und sich hierzu verpflichtet. [3] Soweit im förmlich festgelegten Sanierungsgebiet die Enteignung zugunsten der Gemeinde zulässig ist, kann sie auch zugunsten eines Sanierungsträgers erfolgen.

(4) Die Zulässigkeit der Enteignung wird durch die Vorschriften des Sechsten Teils des Zweiten Kapitels nicht berührt.

§ 88 Enteignung aus zwingenden städtebaulichen Gründen. [1] Wird die Enteignung eines Grundstücks von der Gemeinde zu den in § 85 Absatz 1 Nummer 1 und 2 bezeichneten Zwecken aus zwingenden städtebaulichen Gründen beantragt, so genügt anstelle des § 87 Absatz 2 der Nachweis, dass die Gemeinde sich ernsthaft um den freihändigen Erwerb dieses Grundstücks zu angemessenen Bedingungen vergeblich bemüht hat. [2] Satz 1 ist entsprechend anzuwenden, wenn die Enteignung eines im förmlich festgelegten Sanierungsgebiet gelegenen Grundstücks zugunsten der Gemeinde oder eines Sanierungsträgers beantragt wird.

§ 89 Veräußerungspflicht. (1) [1] Die Gemeinde hat Grundstücke zu veräußern,

1. die sie durch Ausübung des Vorkaufsrechts erlangt hat oder
2. die zu ihren Gunsten enteignet worden sind, um sie für eine bauliche Nutzung vorzubereiten oder der baulichen Nutzung zuzuführen.

[2] Dies gilt nicht für Grundstücke, die als Austauschland für beabsichtigte städtebauliche Maßnahmen, zur Entschädigung in Land oder für sonstige öffentliche Zwecke benötigt werden. [3] Die Veräußerungspflicht entfällt, wenn für das Grundstück entsprechendes Ersatzland hergegeben oder Miteigentum an einem Grundstück übertragen wurde oder wenn grundstücksgleiche Rechte, Rechte nach dem Wohnungseigentumsgesetz[1] oder sonstige dingliche Rechte an einem Grundstück begründet oder gewährt wurden.

(2) Die Gemeinde soll ein Grundstück veräußern, sobald der mit dem *Erwerb verfolgte Zweck verwirklicht* werden kann oder entfallen ist.

---

[1] **Schönfelder Nr. 37.**

(3) [1] Die Gemeinde hat die Grundstücke unter Berücksichtigung weiter Kreise der Bevölkerung an Personen zu veräußern, die sich verpflichten, das Grundstück innerhalb angemessener Frist entsprechend den baurechtlichen Vorschriften oder den Zielen und Zwecken der städtebaulichen Maßnahme zu nutzen. [2] Dabei sind in den Fällen des Absatzes 1 Satz 1 Nummer 1 die früheren Käufer, in den Fällen des Absatzes 1 Satz 1 Nummer 2 die früheren Eigentümer vorrangig zu berücksichtigen.

(4) [1] Die Gemeinde kann ihrer Veräußerungspflicht nachkommen, indem sie

1. das Eigentum an dem Grundstück überträgt,
2. grundstücksgleiche Rechte oder Rechte nach dem Wohnungseigentumsgesetz oder
3. sonstige dingliche Rechte

begründet oder gewährt. [2] Die Verschaffung eines Anspruchs auf den Erwerb solcher Rechte steht ihrer Begründung oder Gewährung oder der Eigentumsübertragung gleich.

§ 90 Enteignung von Grundstücken zur Entschädigung in Land.

(1) Die Enteignung von Grundstücken zur Entschädigung in Land (Ersatzland) ist zulässig, wenn

1. die Entschädigung eines Eigentümers nach § 100 in Land festzusetzen ist,
2. die Bereitstellung von Grundstücken, die im Rahmen der beabsichtigten städtebaulichen Entwicklung als Ersatzland geeignet sind, weder aus dem Grundbesitz des Enteignungsbegünstigten noch aus dem Grundbesitz des Bundes, des Landes, einer Gemeinde (Gemeindeverband) oder einer juristischen Person des Privatrechts, an der der Bund, das Land oder eine Gemeinde (Gemeindeverband) allein oder gemeinsam überwiegend beteiligt sind, möglich und zumutbar ist sowie
3. von dem Enteignungsbegünstigten geeignete Grundstücke freihändig zu angemessenen Bedingungen, insbesondere, soweit ihm dies möglich und zumutbar ist, unter Angebot geeigneten anderen Landes aus dem eigenen Vermögen oder aus dem Besitzstand von juristischen Personen des Privatrechts, an deren Kapital er überwiegend beteiligt ist, nicht erworben werden können.

(2) Grundstücke unterliegen nicht der Enteignung zur Entschädigung in Land, wenn und soweit

1. der Eigentümer oder bei land- oder forstwirtschaftlich genutzten Grundstücken auch der sonstige Nutzungsberechtigte auf das zu enteignende Grundstück mit seiner Berufs- oder Erwerbstätigkeit angewiesen und ihm im Interesse der Erhaltung der Wirtschaftlichkeit seines Betriebs die Abgabe nicht zuzumuten ist oder
2. die Grundstücke oder ihre Erträge unmittelbar öffentlichen Zwecken oder der Wohlfahrtspflege, dem Unterricht, der Forschung, der Kranken- und Gesundheitspflege, der Erziehung, der Körperertüchtigung oder den Aufgaben der Kirchen und anderer Religionsgesellschaften des öffentlichen Rechts sowie deren Einrichtungen dienen oder zu dienen bestimmt sind.

(3) Außerhalb des räumlichen Geltungsbereichs eines Bebauungsplans und außerhalb der im Zusammenhang bebauten Ortsteile können Grundstücke zur Entschädigung in Land nur enteignet werden, wenn sie land- oder forstwirtschaftlich genutzt werden sollen.

(4) Die Enteignung zum Zweck der Entschädigung eines Eigentümers, dessen Grundstück zur Beschaffung von Ersatzland enteignet wird, ist unzulässig.

§ 91 Ersatz für entzogene Rechte. [1] Die Enteignung zu dem Zweck, durch Enteignung entzogene Rechte durch neue Rechte zu ersetzen, ist nur zulässig, soweit der Ersatz in den Vorschriften des Zweiten Abschnitts vorgesehen ist. [2] Für den Ersatz entzogener Rechte durch neue Rechte im Wege der Enteignung nach § 97 Absatz 2 Satz 3 gelten die in § 90 Absatz 1 und 2 für die Enteignung zur Entschädigung in Land getroffenen Vorschriften entsprechend.

§ 92 Umfang, Beschränkung und Ausdehnung der Enteignung.

(1) [1] Ein Grundstück darf nur in dem Umfang enteignet werden, in dem dies zur Verwirklichung des Enteignungszwecks erforderlich ist. [2] Reicht eine Belastung des Grundstücks mit einem Recht zur Verwirklichung des Enteignungszwecks aus, so ist die Enteignung hierauf zu beschränken.

(2) [1] Soll ein Grundstück mit einem Erbbaurecht belastet werden, kann der Eigentümer anstelle der Belastung die Entziehung des Eigentums verlangen. [2] Soll ein Grundstück mit einem anderen Recht belastet werden, kann der Eigentümer die Entziehung des Eigentums verlangen, wenn die Belastung mit dem dinglichen Recht für ihn unbillig ist.

(3) Soll ein Grundstück oder ein räumlich oder wirtschaftlich zusammenhängender Grundbesitz nur zu einem Teil enteignet werden, kann der Eigentümer die Ausdehnung der Enteignung auf das Restgrundstück oder den Restbesitz insoweit verlangen, als das Restgrundstück oder der Restbesitz nicht mehr in angemessenem Umfang baulich oder wirtschaftlich genutzt werden kann.

(4) Der Eigentümer kann verlangen, dass die Enteignung auf die in § 86 Absatz 2 bezeichneten Gegenstände ausgedehnt wird, wenn und soweit er sie infolge der Enteignung nicht mehr wirtschaftlich nutzen oder in anderer Weise angemessen verwerten kann.

(5) Ein Verlangen nach den Absätzen 2 bis 4 ist schriftlich oder zur Niederschrift bei der Enteignungsbehörde bis zum Schluss der mündlichen Verhandlung geltend zu machen.

Zweiter Abschnitt. Entschädigung

§ 93 Entschädigungsgrundsätze. (1) Für die Enteignung ist Entschädigung zu leisten.

(2) Die Entschädigung wird gewährt

1. für den durch die Enteignung eintretenden Rechtsverlust,
2. für andere durch die Enteignung eintretende Vermögensnachteile.

(3) [1] Vermögensvorteile, die dem Entschädigungsberechtigten (§ 94) infolge der Enteignung entstehen, sind bei der Festsetzung der Entschädigung zu

berücksichtigen. [2] Hat bei der Entstehung eines Vermögensnachteils ein Verschulden des Entschädigungsberechtigten mitgewirkt, so gilt § 254 des Bürgerlichen Gesetzbuchs[1)] entsprechend.

(4) [1] Für die Bemessung der Entschädigung ist der Zustand des Grundstücks in dem Zeitpunkt maßgebend, in dem die Enteignungsbehörde über den Enteignungsantrag entscheidet. [2] In den Fällen der vorzeitigen Besitzeinweisung ist der Zustand in dem Zeitpunkt maßgebend, in dem diese wirksam wird.

§ 94 Entschädigungsberechtigter und Entschädigungsverpflichteter.

(1) Entschädigung kann verlangen, wer in seinem Recht durch die Enteignung beeinträchtigt wird und dadurch einen Vermögensnachteil erleidet.

(2) [1] Zur Leistung der Entschädigung ist der Enteignungsbegünstigte verpflichtet. [2] Wird Ersatzland enteignet, so ist zur Entschädigung derjenige verpflichtet, der dieses Ersatzland für das zu enteignende Grundstück beschaffen muss.

§ 95 Entschädigung für den Rechtsverlust. (1) [1] Die Entschädigung für den durch die Enteignung eintretenden Rechtsverlust bemisst sich nach dem Verkehrswert (§ 194) des zu enteignenden Grundstücks oder sonstigen Gegenstands der Enteignung. [2] Maßgebend ist der Verkehrswert in dem Zeitpunkt, in dem die Enteignungsbehörde über den Enteignungsantrag entscheidet.

(2) Bei der Festsetzung der Entschädigung bleiben unberücksichtigt

1. Wertsteigerungen eines Grundstücks, die in der Aussicht auf eine Änderung der zulässigen Nutzung eingetreten sind, wenn die Änderung nicht in absehbarer Zeit zu erwarten ist;
2. Wertänderungen, die infolge der bevorstehenden Enteignung eingetreten sind;
3. Werterhöhungen, die nach dem Zeitpunkt eingetreten sind, in dem der Eigentümer zur Vermeidung der Enteignung ein Kauf- oder Tauschangebot des Antragstellers mit angemessenen Bedingungen (§ 87 Absatz 2 Satz 1 und § 88) hätte annehmen können, es sei denn, dass der Eigentümer Kapital oder Arbeit für sie aufgewendet hat;
4. wertsteigernde Veränderungen, die während einer Veränderungssperre ohne Genehmigung der Baugenehmigungsbehörde vorgenommen worden sind;
5. wertsteigernde Veränderungen, die nach Einleitung des Enteignungsverfahrens ohne behördliche Anordnung oder Zustimmung der Enteignungsbehörde vorgenommen worden sind;
6. Vereinbarungen, soweit sie von üblichen Vereinbarungen auffällig abweichen und Tatsachen die Annahme rechtfertigen, dass sie getroffen worden sind, um eine höhere Entschädigungsleistung zu erlangen;
7. Bodenwerte, die nicht zu berücksichtigen wären, wenn der Eigentümer eine Entschädigung in den Fällen der §§ 40 bis 42 geltend machen würde.

[1)] **Schönfelder Nr. 20.**

(3) [1] Für bauliche Anlagen, deren Rückbau jederzeit auf Grund öffentlich-rechtlicher Vorschriften entschädigungslos gefordert werden kann, ist eine Entschädigung nur zu gewähren, wenn es aus Gründen der Billigkeit geboten ist. [2] Kann der Rückbau entschädigungslos erst nach Ablauf einer Frist gefordert werden, so ist die Entschädigung nach dem Verhältnis der restlichen zu der gesamten Frist zu bemessen.

(4) Wird der Wert des Eigentums an dem Grundstück durch Rechte Dritter gemindert, die an dem Grundstück aufrechterhalten, an einem anderen Grundstück neu begründet oder gesondert entschädigt werden, so ist dies bei der Festsetzung der Entschädigung für den Rechtsverlust zu berücksichtigen.

§ 96 Entschädigung für andere Vermögensnachteile. (1) [1] Wegen anderer durch die Enteignung eintretender Vermögensnachteile ist eine Entschädigung nur zu gewähren, wenn und soweit diese Vermögensnachteile nicht bei der Bemessung der Entschädigung für den Rechtsverlust berücksichtigt sind. [2] Die Entschädigung ist unter gerechter Abwägung der Interessen der Allgemeinheit und der Beteiligten festzusetzen, insbesondere für

1. den vorübergehenden oder dauernden Verlust, den der bisherige Eigentümer in seiner Berufstätigkeit, seiner Erwerbstätigkeit oder in Erfüllung der ihm wesensgemäß obliegenden Aufgaben erleidet, jedoch nur bis zu dem Betrag des Aufwands, der erforderlich ist, um ein anderes Grundstück in der gleichen Weise wie das zu enteignende Grundstück zu nutzen;
2. die Wertminderung, die durch die Enteignung eines Grundstücksteils oder eines Teils eines räumlich oder wirtschaftlich zusammenhängenden Grundbesitzes bei dem anderen Teil oder durch Enteignung des Rechts an einem Grundstück bei einem anderen Grundstück entsteht, soweit die Wertminderung nicht schon bei der Festsetzung der Entschädigung nach Nummer 1 berücksichtigt ist;
3. die notwendigen Aufwendungen für einen durch die Enteignung erforderlich werdenden Umzug.

(2) Im Falle des Absatzes 1 Nummer 2 ist § 95 Absatz 2 Nummer 3 anzuwenden.

§ 97 Behandlung der Rechte der Nebenberechtigten. (1) Rechte an dem zu enteignenden Grundstück sowie persönliche Rechte, die zum Besitz oder zur Nutzung des Grundstücks berechtigen oder den Verpflichteten in der Benutzung des Grundstücks beschränken, können aufrechterhalten werden, soweit dies mit dem Enteignungszweck vereinbar ist.

(2) [1] Als Ersatz für ein Recht an einem Grundstück, das nicht aufrechterhalten wird, kann mit Zustimmung des Rechtsinhabers das Ersatzland oder ein anderes Grundstück des Enteignungsbegünstigten mit einem gleichen Recht belastet werden. [2] Als Ersatz für ein persönliches Recht, das nicht aufrechterhalten wird, kann mit Zustimmung des Rechtsinhabers ein Rechtsverhältnis begründet werden, das ein Recht gleicher Art in Bezug auf das Ersatzland oder auf ein anderes Grundstück des Enteignungsbegünstigten gewährt. [3] Als Ersatz für dingliche oder persönliche Rechte eines öffentlichen Verkehrsunternehmens oder eines Trägers der öffentlichen Versorgung mit Elektrizität, Gas, Wärme oder Wasser, der auf diese zur Erfüllung seiner

wesensgemäßen Aufgaben angewiesen ist, sind auf seinen Antrag Rechte gleicher Art zu begründen; soweit dazu Grundstücke des Enteignungsbegünstigten nicht geeignet sind, können zu diesem Zweck auch andere Grundstücke in Anspruch genommen werden. [4] Anträge nach Satz 3 müssen vor Beginn der mündlichen Verhandlung schriftlich oder zur Niederschrift der Enteignungsbehörde gestellt werden.

(3) Soweit Rechte nicht aufrechterhalten oder nicht durch neue Rechte ersetzt werden, sind bei der Enteignung eines Grundstücks gesondert zu entschädigen

1. Erbbauberechtigte, Altenteilsberechtigte sowie Inhaber von Dienstbarkeiten und Erwerbsrechten an dem Grundstück,
2. Inhaber von persönlichen Rechten, die zum Besitz oder zur Nutzung des Grundstücks berechtigen, wenn der Berechtigte im Besitz des Grundstücks ist,
3. Inhaber von persönlichen Rechten, die zum Erwerb des Grundstücks berechtigen oder den Verpflichteten in der Nutzung des Grundstücks beschränken.

(4) [1] Berechtigte, deren Rechte nicht aufrechterhalten, nicht durch neue Rechte ersetzt und nicht gesondert entschädigt werden, haben bei der Enteignung eines Grundstücks Anspruch auf Ersatz des Werts ihres Rechts aus der Geldentschädigung für das Eigentum an dem Grundstück, soweit sich ihr Recht auf dieses erstreckt. [2] Das gilt entsprechend für die Geldentschädigungen, die für den durch die Enteignung eintretenden Rechtsverlust in anderen Fällen oder nach § 96 Absatz 1 Satz 2 Nummer 2 festgesetzt werden.

§ 98 Schuldübergang. (1) [1] Haftet bei einer Hypothek, die aufrechterhalten oder durch ein neues Recht an einem anderen Grundstück ersetzt wird, der von der Enteignung Betroffene zugleich persönlich, so übernimmt der Enteignungsbegünstigte die Schuld in Höhe der Hypothek. [2] Die §§ 415 und 416 des Bürgerlichen Gesetzbuchs[1)] gelten entsprechend; als Veräußerer im Sinne des § 416 ist der von der Enteignung Betroffene anzusehen.

(2) Das Gleiche gilt, wenn bei einer Grundschuld oder Rentenschuld, die aufrechterhalten oder durch ein neues Recht an einem anderen Grundstück ersetzt wird, der von der Enteignung Betroffene zugleich persönlich haftet, sofern er spätestens in dem nach § 108 anzuberaumenden Termin die gegen ihn bestehende Forderung unter Angabe ihres Betrags und Grunds angemeldet und auf Verlangen der Enteignungsbehörde oder eines Beteiligten glaubhaft gemacht hat.

§ 99 Entschädigung in Geld. (1) [1] Die Entschädigung ist in einem einmaligen Betrag zu leisten, soweit dieses Gesetzbuch nichts anderes bestimmt. [2] Auf Antrag des Eigentümers kann die Entschädigung in wiederkehrenden Leistungen festgesetzt werden, wenn dies den übrigen Beteiligten zuzumuten ist.

(2) Für die Belastung eines Grundstücks mit einem Erbbaurecht ist die Entschädigung in einem Erbbauzins zu leisten.

---

1) Schönfelder Nr. 20.

(3) [1] Einmalige Entschädigungsbeträge sind mit 2 vom Hundert über dem Basiszinssatz nach § 247 des Bürgerlichen Gesetzbuchs[1)] jährlich von dem Zeitpunkt an zu verzinsen, in dem die Enteignungsbehörde über den Enteignungsantrag entscheidet. [2] Im Falle der vorzeitigen Besitzeinweisung ist der Zeitpunkt maßgebend, in dem diese wirksam wird.

§ 100 Entschädigung in Land. (1) Die Entschädigung ist auf Antrag des Eigentümers in geeignetem Ersatzland festzusetzen, wenn er zur Sicherung seiner Berufstätigkeit, seiner Erwerbstätigkeit oder zur Erfüllung der ihm wesensgemäß obliegenden Aufgaben auf Ersatzland angewiesen ist und

1. der Enteignungsbegünstigte über als Ersatzland geeignete Grundstücke verfügt, auf die er nicht mit seiner Berufstätigkeit, seiner Erwerbstätigkeit oder zur Erfüllung der ihm wesensgemäß obliegenden Aufgaben angewiesen ist, oder
2. der Enteignungsbegünstigte geeignetes Ersatzland nach pflichtmäßigem Ermessen der Enteignungsbehörde freihändig zu angemessenen Bedingungen beschaffen kann oder
3. geeignetes Ersatzland durch Enteignung nach § 90 beschafft werden kann.

(2) [1] Wird die Entschädigung in Ersatzland festgesetzt, sind auch der Verwendungszweck des Ersatzlands und die Frist, in der das Grundstück zu dem vorgesehenen Zweck zu verwenden ist, zu bezeichnen. [2] Die §§ 102 und 103 gelten entsprechend.

(3) [1] Unter den Voraussetzungen der Nummern 1 bis 3 des Absatzes 1 ist die Entschädigung auf Antrag des Eigentümers auch dann in geeignetem Ersatzland festzusetzen, wenn ein Grundstück enteignet werden soll, das mit einem Eigenheim oder einer Kleinsiedlung bebaut ist. [2] Dies gilt nicht, wenn nach öffentlich-rechtlichen Vorschriften der Rückbau des Gebäudes jederzeit entschädigungslos gefordert werden kann.

(4) Die Entschädigung kann auf Antrag des Enteigneten oder Enteignungsbegünstigten ganz oder teilweise in Ersatzland festgesetzt werden, wenn diese Art der Entschädigung nach pflichtmäßigem Ermessen der Enteignungsbehörde unter gerechter Abwägung der Interessen der Allgemeinheit und der Beteiligten billig ist und bei dem Enteignungsbegünstigten die in Absatz 1 Nummer 1 oder 2 genannten Voraussetzungen vorliegen.

(5) [1] Auf die Ermittlung des Werts des Ersatzlands ist § 95 entsprechend anzuwenden. [2] Hierbei kann eine Werterhöhung berücksichtigt werden, die das übrige Grundvermögen des von der Enteignung Betroffenen durch den Erwerb des Ersatzlands über dessen Wert nach Satz 1 hinaus erfährt. [3] Hat das Ersatzland einen geringeren Wert als das zu enteignende Grundstück, so ist eine dem Wertunterschied entsprechende zusätzliche Geldentschädigung festzusetzen. [4] Hat das Ersatzland einen höheren Wert als das zu enteignende Grundstück, so ist festzusetzen, dass der Entschädigungsberechtigte an den durch die Enteignung Begünstigten eine dem Wertunterschied entsprechende Ausgleichszahlung zu leisten hat. [5] Die Ausgleichszahlung wird mit dem nach § 117 Absatz 5 Satz 1 in der Ausführungsanordnung festgesetzten Tag fällig.

[1)] **Schönfelder Nr. 20.**

(6) [1] Wird die Entschädigung in Land festgesetzt, sollen dingliche oder persönliche Rechte, soweit sie nicht an dem zu enteignenden Grundstück aufrechterhalten werden, auf Antrag des Rechtsinhabers ganz oder teilweise nach Maßgabe des § 97 Absatz 2 ersetzt werden. [2] Soweit dies nicht möglich ist oder nicht ausreicht, sind die Inhaber der Rechte gesondert in Geld zu entschädigen; dies gilt für die in § 97 Absatz 4 bezeichneten Berechtigungen nur, soweit ihre Rechte nicht durch eine dem Eigentümer nach Absatz 5 zu gewährende zusätzliche Geldentschädigung gedeckt werden.

(7) Anträge nach den Absätzen 1, 3, 4 und 6 sind schriftlich oder zur Niederschrift der Enteignungsbehörde zu stellen, und zwar in den Fällen der Absätze 1, 3 und 4 vor Beginn und im Falle des Absatzes 6 bis zum Schluss der mündlichen Verhandlung (§ 108).

(8) [1] Sind Miteigentum, grundstücksgleiche Rechte oder Rechte nach dem Wohnungseigentumsgesetz[1)] ebenso zur Sicherung der Berufs- oder Erwerbstätigkeit des Berechtigten oder zur Erfüllung der ihm wesensgemäß obliegenden Aufgaben geeignet, können dem Eigentümer diese Rechte anstelle des Ersatzlands angeboten werden. [2] Der Eigentümer ist in Geld abzufinden, wenn er die ihm nach Satz 1 angebotene Entschädigung ablehnt. [3] § 101 bleibt unberührt.

(9) [1] Hat der Eigentümer nach Absatz 1 oder 3 einen Anspruch auf Ersatzland und beschafft er sich mit Zustimmung des Enteignungsbegünstigten außerhalb des Enteignungsverfahrens Ersatzland oder die in Absatz 8 bezeichneten Rechte selbst, so hat er gegen den Enteignungsbegünstigten einen Anspruch auf Erstattung der erforderlichen Aufwendungen. [2] Der Enteignungsbegünstigte ist nur insoweit zur Erstattung verpflichtet, als er selbst Aufwendungen erspart. [3] Kommt eine Einigung über die Erstattung nicht zustande, entscheidet die Enteignungsbehörde; für den Bescheid gilt § 122 entsprechend.

§ 101 Entschädigung durch Gewährung anderer Rechte. (1) [1] Der Eigentümer eines zu enteignenden Grundstücks kann auf seinen Antrag, wenn dies unter Abwägung der Belange der Beteiligten billig ist, ganz oder teilweise entschädigt werden

1. durch Bestellung oder Übertragung von Miteigentum an einem Grundstück, grundstücksgleichen Rechten, Rechten nach dem Wohnungseigentumsgesetz[1)], sonstigen dinglichen Rechten an dem zu enteignenden Grundstück oder an einem anderen Grundstück des Enteignungsbegünstigten oder
2. durch Übertragung von Eigentum an einem bebauten Grundstück des Enteignungsbegünstigten oder
3. durch Übertragung von Eigentum an einem Grundstück des Enteignungsbegünstigten, das mit einem Eigenheim oder einer Kleinsiedlung bebaut werden soll.

[2] Bei Wertunterschieden zwischen den Rechten nach Satz 1 und dem zu enteignenden Grundstück gilt § 100 Absatz 5 entsprechend.

[1)] **Schönfelder Nr. 37.**

(2) Der Antrag nach Absatz 1 muss bis zum Schluss der mündlichen Verhandlung schriftlich oder zur Niederschrift der Enteignungsbehörde gestellt werden.

§ 102 Rückenteignung. (1) Der enteignete frühere Eigentümer kann verlangen, dass das enteignete Grundstück zu seinen Gunsten wieder enteignet wird (Rückenteignung), wenn und soweit

1. der durch die Enteignung Begünstigte oder sein Rechtsnachfolger das Grundstück nicht innerhalb der festgesetzten Fristen (§ 113 Absatz 2 Nummer 3 und § 114) zu dem Enteignungszweck verwendet oder den Enteignungszweck vor Ablauf der Frist aufgegeben hat oder
2. die Gemeinde ihre Verpflichtung zur Übereignung nach § 89 nicht erfüllt hat.

(2) Die Rückenteignung kann nicht verlangt werden, wenn

1. der Enteignete selbst das Grundstück im Wege der Enteignung nach den Vorschriften dieses Gesetzbuchs oder des Baulandbeschaffungsgesetzes erworben hatte oder
2. ein Verfahren zur Enteignung des Grundstücks nach diesem Gesetzbuch zugunsten eines anderen Bauwilligen eingeleitet worden ist und der enteignete frühere Eigentümer nicht glaubhaft macht, dass er das Grundstück binnen angemessener Frist zu dem vorgesehenen Zweck verwenden wird.

(3) [1] Der Antrag auf Rückenteignung ist binnen zwei Jahren seit Entstehung des Anspruchs bei der zuständigen Enteignungsbehörde einzureichen. [2] § 206 des Bürgerlichen Gesetzbuchs[1)] gilt entsprechend. [3] Der Antrag ist nicht mehr zulässig, wenn in den Fällen des Absatzes 1 mit der zweckgerechten Verwendung begonnen oder die Veräußerung oder Ausgabe des Grundstücks in Erbbaurecht vor Eingang des Antrags bei der Enteignungsbehörde eingeleitet worden ist.

(4) Die Enteignungsbehörde kann die Rückenteignung ablehnen, wenn das Grundstück erheblich verändert oder ganz oder überwiegend Entschädigung in Land gewährt worden ist.

(5) [1] Der frühere Inhaber eines Rechts, das durch Enteignung nach den Vorschriften dieses Gesetzbuchs aufgehoben ist, kann unter den in Absatz 1 bezeichneten Voraussetzungen verlangen, dass ein gleiches Recht an dem früher belasteten Grundstück zu seinen Gunsten durch Enteignung wieder begründet wird. [2] Die Vorschriften über die Rückenteignung gelten entsprechend.

(6) Für das Verfahren gelten die §§ 104 bis 122 entsprechend.

§ 103 Entschädigung für die Rückenteignung. [1] Wird dem Antrag auf Rückenteignung stattgegeben, so hat der Antragsteller dem von der Rückenteignung Betroffenen Entschädigung für den Rechtsverlust zu leisten. [2] § 93 Absatz 2 Nummer 2 ist nicht anzuwenden. [3] Ist dem Antragsteller bei der ersten Enteignung eine Entschädigung für andere Vermögensnachteile gewährt worden, so hat er diese Entschädigung insoweit zurückzugewähren, als die Nachteile auf Grund der Rückenteignung entfallen. [4] Die dem Eigentü-

---

1) Schönfelder Nr. 20.

mer zu gewährende Entschädigung darf den bei der ersten Enteignung zugrunde gelegten Verkehrswert des Grundstücks nicht übersteigen, jedoch sind Aufwendungen zu berücksichtigen, die zu einer Werterhöhung des Grundstücks geführt haben. [5] Im Übrigen gelten die Vorschriften über die Entschädigung im Zweiten Abschnitt entsprechend.

Dritter Abschnitt. Enteignungsverfahren

§ 104 Enteignungsbehörde. (1) Die Enteignung wird von der höheren Verwaltungsbehörde durchgeführt (Enteignungsbehörde).

(2) Die Landesregierungen können durch Rechtsverordnung bestimmen, dass an den Entscheidungen der Enteignungsbehörde ehrenamtliche Beisitzer mitzuwirken haben.

§ 105 Enteignungsantrag. [1] Der Enteignungsantrag ist bei der Gemeinde, in deren Gemarkung das zu enteignende Grundstück liegt, einzureichen. [2] Die Gemeinde legt ihn mit ihrer Stellungnahme binnen eines Monats der Enteignungsbehörde vor.

§ 106 Beteiligte. (1) In dem Enteignungsverfahren sind Beteiligte

1. der Antragsteller,
2. der Eigentümer und diejenigen, für die ein Recht an dem Grundstück oder an einem das Grundstück belastenden Recht im Grundbuch eingetragen oder durch Eintragung gesichert ist,
3. Inhaber eines nicht im Grundbuch eingetragenen Rechts an dem Grundstück oder an einem das Grundstück belastenden Recht, eines Anspruchs mit dem Recht auf Befriedigung aus dem Grundstück oder eines persönlichen Rechts, das zum Erwerb, zum Besitz oder zur Nutzung des Grundstücks berechtigt oder die Benutzung des Grundstücks beschränkt,
4. wenn Ersatzland bereitgestellt wird, der Eigentümer und die Inhaber der in den Nummern 2 und 3 genannten Rechte hinsichtlich des Ersatzlands,
5. die Eigentümer der Grundstücke, die durch eine Enteignung nach § 91 betroffen werden, und
6. die Gemeinde.

(2) [1] Die in Absatz 1 Nummer 3 bezeichneten Personen werden in dem Zeitpunkt Beteiligte, in dem die Anmeldung ihres Rechts der Enteignungsbehörde zugeht. [2] Die Anmeldung kann spätestens bis zum Schluss der mündlichen Verhandlung mit den Beteiligten erfolgen.

(3) [1] Bestehen Zweifel an einem angemeldeten Recht, so hat die Enteignungsbehörde dem Anmeldenden unverzüglich eine Frist zur Glaubhaftmachung seines Rechts zu setzen. [2] Nach fruchtlosem Ablauf der Frist ist er bis zur Glaubhaftmachung seines Rechts nicht mehr zu beteiligen.

(4) [1] Der im Grundbuch eingetragene Gläubiger einer Hypothek, Grundschuld oder Rentenschuld, für die ein Brief erteilt ist, sowie jeder seiner Rechtsnachfolger hat auf Verlangen der Enteignungsbehörde eine Erklärung darüber abzugeben, ob ein anderer die Hypothek, Grundschuld oder Rentenschuld oder ein Recht daran erworben hat; die Person eines Erwerbers hat er dabei zu bezeichnen. [2] § 208 Satz 2 bis 4 gilt entsprechend.

§ 107 Vorbereitung der mündlichen Verhandlung. (1) [1] Das Enteignungsverfahren soll beschleunigt durchgeführt werden. [2] Die Enteignungsbehörde soll schon vor der mündlichen Verhandlung alle Anordnungen treffen, die erforderlich sind, um das Verfahren tunlichst in einem Verhandlungstermin zu erledigen. [3] Sie hat dem Eigentümer, dem Antragsteller sowie den Behörden, für deren Geschäftsbereich die Enteignung von Bedeutung ist, Gelegenheit zur Äußerung zu geben. [4] Bei der Ermittlung des Sachverhalts hat die Enteignungsbehörde ein Gutachten des Gutachterausschusses (§ 192) einzuholen, wenn Eigentum entzogen oder ein Erbbaurecht bestellt werden soll.

(2) Die Enteignungsbehörde hat die Landwirtschaftsbehörde zu hören, wenn landwirtschaftlich genutzte Grundstücke, die außerhalb des räumlichen Geltungsbereichs eines Bebauungsplans liegen, zur Entschädigung in Land enteignet werden sollen.

(3) [1] Enteignungsverfahren können miteinander verbunden werden. [2] Sie sind zu verbinden, wenn die Gemeinde es beantragt. [3] Verbundene Enteignungsverfahren können wieder getrennt werden.

§ 108[1)] Einleitung des Enteignungsverfahrens und Anberaumung des Termins zur mündlichen Verhandlung; Enteignungsvermerk. (1) [1] Das Enteignungsverfahren wird durch Anberaumung eines Termins zu einer mündlichen Verhandlung mit den Beteiligten eingeleitet. [2] Zu der mündlichen Verhandlung sind der Antragsteller, der Eigentümer des betroffenen Grundstücks, die sonstigen aus dem Grundbuch ersichtlichen Beteiligten und die Gemeinde zu laden. [3] Die Ladung ist zuzustellen. [4] Die Ladungsfrist beträgt einen Monat.

(2) [1] Das Enteignungsverfahren zugunsten der Gemeinde kann bereits eingeleitet werden, wenn

1. der Entwurf des Bebauungsplans nach § 3 Absatz 2 im Internet veröffentlicht worden ist,
2. die Veröffentlichungsfrist nach § 3 Absatz 2 Satz 1 abgelaufen ist und
3. mit den Beteiligten die Verhandlungen nach § 87 Absatz 2 geführt und die von ihnen gegen den Entwurf des Bebauungsplans fristgemäß vorgebrachten Anregungen erörtert worden sind. Die Gemeinde kann in demselben Termin die Verhandlungen nach § 87 Absatz 2 führen und die Anregungen erörtern.

[2] Das Verfahren ist so zu fördern, dass der Enteignungsbeschluss ergehen kann, sobald der Bebauungsplan rechtsverbindlich geworden ist. [3] Eine Einigung nach § 110 oder § 111 kann auch vor Rechtsverbindlichkeit des Bebauungsplans erfolgen.

(3) Die Ladung muss enthalten

1. die Bezeichnung des Antragstellers und des betroffenen Grundstücks,
2. den wesentlichen Inhalt des Enteignungsantrags mit dem Hinweis, dass der Antrag mit den ihm beigefügten Unterlagen bei der Enteignungsbehörde eingesehen werden kann,
3. die Aufforderung, etwaige Einwendungen gegen den Enteignungsantrag möglichst vor der mündlichen Verhandlung bei der Enteignungsbehörde schriftlich einzureichen oder zur Niederschrift zu erklären, und
4. den Hinweis, dass auch bei Nichterscheinen über den Enteignungsantrag und andere im Verfahren zu erledigende Anträge entschieden werden kann.

(Fortsetzung nächstes Blatt)

[1)] § 108 Abs. 2 Satz 1 neu gef. mWv 7.7.2023 durch G v. 3.7.2023 (BGBl. 2023 I Nr. 176).

(4) Die Ladung von Personen, deren Beteiligung auf einem Antrag auf Entschädigung in Land beruht, muss außer dem in Absatz 3 vorgeschriebenen Inhalt auch die Bezeichnung des Eigentümers, dessen Entschädigung in Land beantragt ist, und des Grundstücks, für das die Entschädigung in Land gewährt werden soll, enthalten.

(5) [1] Die Einleitung des Enteignungsverfahrens ist unter Bezeichnung des betroffenen Grundstücks und des im Grundbuch als Eigentümer Eingetragenen sowie des ersten Termins der mündlichen Verhandlung mit den Beteiligten ortsüblich bekannt zu machen. [2] In der Bekanntmachung sind alle Beteiligten aufzufordern, ihre Rechte spätestens in der mündlichen Verhandlung wahrzunehmen mit dem Hinweis, dass auch bei Nichterscheinen über den Enteignungsantrag und andere im Verfahren zu erledigende Anträge entschieden werden kann.

(6) [1] Die Enteignungsbehörde teilt dem Grundbuchamt die Einleitung des Enteignungsverfahrens mit. [2] Sie ersucht das Grundbuchamt, in das Grundbuch des betroffenen Grundstücks einzutragen, dass das Enteignungsverfahren eingeleitet ist (Enteignungsvermerk); ist das Enteignungsverfahren beendigt, ersucht die Enteignungsbehörde das Grundbuchamt, den Enteignungsvermerk zu löschen. [3] Das Grundbuchamt hat die Enteignungsbehörde von allen Eintragungen zu benachrichtigen, die nach dem Zeitpunkt der Einleitung des Enteignungsverfahrens im Grundbuch des betroffenen Grundstücks vorgenommen sind und vorgenommen werden.

(7) Ist im Grundbuch die Anordnung der Zwangsversteigerung oder Zwangsverwaltung eingetragen, gibt die Enteignungsbehörde dem Vollstreckungsgericht von der Einleitung des Enteignungsverfahrens Kenntnis, soweit dieses das Grundstück betrifft, das Gegenstand des Vollstreckungsverfahrens ist.

§ 109 Genehmigungspflicht. (1) Von der Bekanntmachung über die Einleitung des Enteignungsverfahrens an bedürfen die in § 51 bezeichneten Rechtsvorgänge, Vorhaben und Teilungen der schriftlichen Genehmigung der Enteignungsbehörde.

(2) Die Enteignungsbehörde darf die Genehmigung nur versagen, wenn Grund zu der Annahme besteht, dass der Rechtsvorgang, das Vorhaben oder die Teilung die Verwirklichung des Enteignungszwecks unmöglich machen oder wesentlich erschweren würde.

(3) [1] Sind Rechtsvorgänge oder Vorhaben nach Absatz 1 vor der Bekanntmachung zu erwarten, kann die Enteignungsbehörde anordnen, dass die Genehmigungspflicht nach Absatz 1 bereits zu einem früheren Zeitpunkt eintritt. [2] Die Anordnung ist ortsüblich bekannt zu machen und dem Grundbuchamt mitzuteilen.

(4) § 22 Absatz 5 Satz 2 bis 5, § 51 Absatz 2 und § 116 Absatz 6 sind entsprechend anzuwenden.

§ 110 Einigung. (1) Die Enteignungsbehörde hat auf eine Einigung zwischen den Beteiligten hinzuwirken.

(2) [1] Einigen sich die Beteiligten, so hat die Enteignungsbehörde eine Niederschrift über die Einigung aufzunehmen. [2] Die Niederschrift muss den Erfordernissen des § 113 Absatz 2 entsprechen. [3] Sie ist von den Beteiligten

zu unterschreiben. [4] Ein Bevollmächtigter des Eigentümers bedarf einer öffentlich beglaubigten Vollmacht.

(3) [1] Die beurkundete Einigung steht einem nicht mehr anfechtbaren Enteignungsbeschluss gleich. [2] § 113 Absatz 5 ist entsprechend anzuwenden.

§ 111 Teileinigung. [1] Einigen sich die Beteiligten nur über den Übergang oder die Belastung des Eigentums an dem zu enteignenden Grundstück, jedoch nicht über die Höhe der Entschädigung, so ist § 110 Absatz 2 und 3 entsprechend anzuwenden. [2] Die Enteignungsbehörde hat anzuordnen, dass dem Berechtigten eine Vorauszahlung in Höhe der zu erwartenden Entschädigung zu leisten ist, soweit sich aus der Einigung nichts anderes ergibt. [3] Im Übrigen nimmt das Enteignungsverfahren seinen Fortgang.

§ 112 Entscheidung der Enteignungsbehörde. (1) Soweit eine Einigung nicht zustande kommt, entscheidet die Enteignungsbehörde auf Grund der mündlichen Verhandlung durch Beschluss über den Enteignungsantrag, die übrigen gestellten Anträge sowie über die erhobenen Einwendungen.

(2) [1] Auf Antrag eines Beteiligten hat die Enteignungsbehörde vorab über den Übergang oder die Belastung des Eigentums an dem zu enteignenden Grundstück oder über sonstige durch die Enteignung zu bewirkende Rechtsänderungen zu entscheiden. [2] In diesem Falle hat die Enteignungsbehörde anzuordnen, dass dem Berechtigten eine Vorauszahlung in Höhe der zu erwartenden Entschädigung zu leisten ist.

(3) Gibt die Enteignungsbehörde dem Enteignungsantrag statt, so entscheidet sie zugleich

1. darüber, welche Rechte der in § 97 bezeichneten Berechtigten an dem Gegenstand der Enteignung aufrechterhalten bleiben,
2. darüber, mit welchen Rechten der Gegenstand der Enteignung, das Ersatzland oder ein anderes Grundstück belastet werden,
3. darüber, welche Rechtsverhältnisse begründet werden, die Rechte der in § 86 Absatz 1 Nummer 3 und 4 bezeichneten Art gewähren,
4. im Falle der Entschädigung in Ersatzland über den Eigentumsübergang oder die Enteignung des Ersatzlands.

§ 113 Enteignungsbeschluss. (1) [1] Der Beschluss der Enteignungsbehörde ist den Beteiligten zuzustellen. [2] Der Beschluss ist mit einer Belehrung über Zulässigkeit, Form und Frist des Antrags auf gerichtliche Entscheidung (§ 217) zu versehen.

(2) Gibt die Enteignungsbehörde dem Enteignungsantrag statt, so muss der Beschluss (Enteignungsbeschluss) bezeichnen

1. die von der Enteignung Betroffenen und den Enteignungsbegünstigten;
2. die sonstigen Beteiligten;
3. den Enteignungszweck und die Frist, innerhalb der das Grundstück zu dem vorgesehenen Zweck zu verwenden ist;
4. den Gegenstand der Enteignung, und zwar

a) wenn das Eigentum an einem Grundstück Gegenstand der Enteignung ist, das Grundstück nach Größe, grundbuchmäßiger, katastermäßiger und sonst üblicher Bezeichnung; im Falle der Enteignung eines Grundstücksteils ist zu seiner Bezeichnung auf Vermessungsschriften (Vermessungsrisse und -karten) Bezug zu nehmen, die von einer zu Fortführungsvermessungen befugten Stelle oder von einem öffentlich bestellten Vermessungsingenieur gefertigt sind,

b) wenn ein anderes Recht an einem Grundstück Gegenstand einer selbständigen Enteignung ist, dieses Recht nach Inhalt und grundbuchmäßiger Bezeichnung,

c) wenn ein persönliches Recht, das zum Erwerb, zum Besitz oder zur Nutzung von Grundstücken berechtigt oder den Verpflichteten in der Nutzung von Grundstücken beschränkt, Gegenstand einer selbständigen Enteignung ist, dieses Recht nach seinem Inhalt und dem Grund seines Bestehens,

d) die in § 86 Absatz 2 bezeichneten Gegenstände, wenn die Enteignung auf diese ausgedehnt wird;

5. bei der Belastung eines Grundstücks mit einem Recht die Art, den Inhalt, soweit er durch Vertrag bestimmt werden kann, sowie den Rang des Rechts, den Berechtigten und das Grundstück;
6. bei der Begründung eines Rechts der in Nummer 4 Buchstabe c bezeichneten Art den Inhalt des Rechtsverhältnisses und die daran Beteiligten;
7. die Eigentums- und sonstigen Rechtsverhältnisse vor und nach der Enteignung;
8. die Art und Höhe der Entschädigungen und die Höhe der Ausgleichszahlungen nach § 100 Absatz 5 Satz 4 und § 101 Absatz 1 Satz 2 mit der Angabe, von wem und an wen sie zu leisten sind; Geldentschädigungen, aus denen andere von der Enteignung Betroffene nach § 97 Absatz 4 zu entschädigen sind, müssen von den sonstigen Geldentschädigungen getrennt ausgewiesen werden;
9. bei der Entschädigung in Land das Grundstück in der in Nummer 4 Buchstabe a bezeichneten Weise.

(3) In den Fällen der §§ 111 und 112 Absatz 2 ist der Enteignungsbeschluss entsprechend zu beschränken.

(4) [1] Kann ein Grundstücksteil noch nicht entsprechend Absatz 2 Nummer 4 Buchstabe a bezeichnet werden, so kann der Enteignungsbeschluss ihn auf Grund fester Merkmale in der Natur oder durch Bezugnahme auf die Eintragung in einen Lageplan bezeichnen. [2] Wenn das Ergebnis der Vermessung vorliegt, ist der Enteignungsbeschluss durch einen Nachtragsbeschluss anzupassen.

(5) Ist im Grundbuch die Anordnung der Zwangsversteigerung oder der Zwangsverwaltung eingetragen, gibt die Enteignungsbehörde dem Vollstreckungsgericht von dem Enteignungsbeschluss Kenntnis, wenn dem Enteignungsantrag stattgegeben worden ist.

§ 114 Lauf der Verwendungsfrist. (1) Die Frist, innerhalb der der Enteignungszweck nach § 113 Absatz 2 Nummer 3 zu verwirklichen ist, beginnt mit dem Eintritt der Rechtsänderung.

(2) [1] Die Enteignungsbehörde kann diese Frist vor ihrem Ablauf auf Antrag verlängern, wenn

1. der Enteignungsbegünstigte nachweist, dass er den Enteignungszweck ohne Verschulden innerhalb der festgesetzten Frist nicht erfüllen kann, oder
2. vor Ablauf der Frist eine Gesamtrechtsnachfolge eintritt und der Rechtsnachfolger nachweist, dass er den Enteignungszweck innerhalb der festgesetzten Frist nicht erfüllen kann.

[2] Der enteignete frühere Eigentümer ist vor der Entscheidung über die Verlängerung zu hören.

§ 115 Verfahren bei der Entschädigung durch Gewährung anderer Rechte. (1) Soll die Entschädigung des Eigentümers eines zu enteignenden Grundstücks nach § 101 festgesetzt werden und ist die Bestellung, Übertragung oder die Ermittlung des Werts eines der dort bezeichneten Rechte im Zeitpunkt des Erlasses des Enteignungsbeschlusses noch nicht möglich, kann die Enteignungsbehörde, wenn es der Eigentümer unter Bezeichnung eines Rechts beantragt, im Enteignungsbeschluss neben der Festsetzung der Entschädigung in Geld dem Enteignungsbegünstigten aufgeben, binnen einer bestimmten Frist dem von der Enteignung Betroffenen ein Recht der bezeichneten Art zu angemessenen Bedingungen anzubieten.

(2) [1] Bietet der Enteignungsbegünstigte binnen der bestimmten Frist ein Recht der bezeichneten Art nicht an oder einigt er sich mit dem von der Enteignung Betroffenen nicht, so wird ihm ein solches Recht auf Antrag zugunsten des von der Enteignung Betroffenen durch Enteignung entzogen. [2] Die Enteignungsbehörde setzt den Inhalt des Rechts fest, soweit dessen Inhalt durch Vereinbarung bestimmt werden kann. [3] Die Vorschriften dieses Teils über das Verfahren und die Entschädigung sind entsprechend anzuwenden.

(3) Der Antrag nach Absatz 2 kann nur innerhalb von sechs Monaten nach Ablauf der bestimmten Frist gestellt werden.

§ 116 Vorzeitige Besitzeinweisung. (1) [1] Ist die sofortige Ausführung der beabsichtigten Maßnahme aus Gründen des Wohls der Allgemeinheit dringend geboten, so kann die Enteignungsbehörde den Antragsteller auf Antrag durch Beschluss in den Besitz des von dem Enteignungsverfahren betroffenen Grundstücks einweisen. [2] Die Besitzeinweisung ist nur zulässig, wenn über sie in einer mündlichen Verhandlung verhandelt worden ist. [3] Der Beschluss über die Besitzeinweisung ist dem Antragsteller, dem Eigentümer und dem unmittelbaren Besitzer zuzustellen. [4] Die Besitzeinweisung wird in dem von der Enteignungsbehörde bezeichneten Zeitpunkt wirksam. [5] Auf Antrag des unmittelbaren Besitzers ist dieser Zeitpunkt auf mindestens zwei Wochen nach Zustellung der Anordnung über die vorzeitige Besitzeinweisung an ihn festzusetzen.

(2) [1] Die Enteignungsbehörde kann die vorzeitige Besitzeinweisung von der Leistung einer Sicherheit in Höhe der voraussichtlichen Entschädigung und von der vorherigen Erfüllung anderer Bedingungen abhängig machen. [2] Auf Antrag des Inhabers eines Rechts, das zum Besitz oder zur Nutzung des Grundstücks berechtigt, ist die Einweisung von der Leistung einer Sicherheit in Höhe der *ihm voraussichtlich zu* gewährenden Entschädigung abhängig zu *machen.* [3] Die Anordnung ist dem Antragsteller, dem Besitzer und dem Eigentümer zuzustellen.

(3) [1] Durch die Besitzeinweisung wird dem Besitzer der Besitz entzogen und der Eingewiesene Besitzer. [2] Der Eingewiesene darf auf dem Grundstück das von ihm im Enteignungsantrag bezeichnete Bauvorhaben ausführen und die dafür erforderlichen Maßnahmen treffen.

(4) [1] Der Eingewiesene hat für die durch die vorzeitige Besitzeinweisung entstehenden Vermögensnachteile Entschädigung zu leisten, soweit die Nachteile nicht durch die Verzinsung der Geldentschädigung (§ 99 Absatz 3) ausgeglichen werden. [2] Art und Höhe der Entschädigung werden durch die Enteignungsbehörde spätestens in dem in § 113 bezeichneten Beschluss festgesetzt. [3] Wird der Beschluss über Art und Höhe der Entschädigung vorher erlassen, so ist er den in Absatz 2 Satz 3 bezeichneten Personen zuzustellen. [4] Die Entschädigung für die Besitzeinweisung ist ohne Rücksicht darauf, ob ein Antrag auf gerichtliche Entscheidung gestellt wird, zu dem in Absatz 1 Satz 4 bezeichneten Zeitpunkt fällig.

(5) [1] Auf Antrag einer der in Absatz 2 Satz 3 bezeichneten Personen hat die Enteignungsbehörde den Zustand des Grundstücks vor der Besitzeinweisung in einer Niederschrift feststellen zu lassen, soweit er für die Besitzeinweisungs- oder die Enteignungsentschädigung von Bedeutung ist. [2] Den Beteiligten ist eine Abschrift der Niederschrift zu übersenden.

(6) [1] Wird der Enteignungsantrag abgewiesen, so ist die vorzeitige Besitzeinweisung aufzuheben und der vorherige unmittelbare Besitzer wieder in den Besitz einzuweisen. [2] Der Eingewiesene hat für alle durch die vorzeitige Besitzeinweisung entstandenen besonderen Nachteile Entschädigung zu leisten. [3] Absatz 4 Satz 2 gilt entsprechend.

§ 117 Ausführung des Enteignungsbeschlusses. (1) [1] Ist der Enteignungsbeschluss oder sind die Entscheidungen nach § 112 Absatz 2 nicht mehr anfechtbar, so ordnet auf Antrag eines Beteiligten die Enteignungsbehörde die Ausführung des Enteignungsbeschlusses oder der Vorabentscheidung an (Ausführungsanordnung), wenn der durch die Enteignung Begünstigte die Geldentschädigung, im Falle der Vorabentscheidung die nach § 112 Absatz 2 Satz 2 festgesetzte Vorauszahlung gezahlt oder in zulässiger Weise unter Verzicht auf das Recht der Rücknahme hinterlegt hat. [2] Auf Antrag des Entschädigungsberechtigten kann im Falle des § 112 Absatz 2 die Enteignungsbehörde die Ausführungsanordnung davon abhängig machen, dass der durch die Enteignung Begünstigte im Übrigen für einen angemessenen Betrag Sicherheit leistet.

(2) [1] In den Fällen des § 111 ist auf Antrag eines Beteiligten die Ausführungsanordnung zu erlassen, wenn der durch die Enteignung Begünstigte den zwischen den Beteiligten unstreitigen Entschädigungsbetrag gezahlt oder in zulässiger Weise unter Verzicht auf das Recht der Rücknahme hinterlegt hat. [2] Absatz 1 Satz 2 gilt entsprechend, soweit sich nicht aus der Einigung etwas anderes ergibt.

(3) [1] Im Falle des § 113 Absatz 4 ist auf Antrag eines Beteiligten die Ausführungsanordnung zu erlassen, wenn der durch die Enteignung Begünstigte die im Enteignungsbeschluss in Verbindung mit dem Nachtragsbeschluss festgesetzte Geldentschädigung gezahlt oder zulässigerweise unter Verzicht auf das Recht der Rücknahme hinterlegt hat. [2] Der Nachtragsbeschluss braucht nicht unanfechtbar zu sein.

(4) [1] Die Ausführungsanordnung ist allen Beteiligten zuzustellen, deren Rechtsstellung durch den Enteignungsbeschluss betroffen wird. [2] Die Ausführungsanordnung ist der Gemeinde abschriftlich mitzuteilen, in deren Bezirk das von der Enteignung betroffene Grundstück liegt. [3] § 113 Absatz 5 gilt entsprechend.

(5) [1] Mit dem in der Ausführungsanordnung festzusetzenden Tag wird der bisherige Rechtszustand durch den im Enteignungsbeschluss geregelten neuen Rechtszustand ersetzt. [2] Gleichzeitig entstehen die nach § 113 Absatz 2 Nummer 6 begründeten Rechtsverhältnisse; sie gelten von diesem Zeitpunkt an als zwischen den an dem Rechtsverhältnis Beteiligten vereinbart.

(6) Die Ausführungsanordnung schließt die Einweisung in den Besitz des enteigneten Grundstücks und des Ersatzlands zu dem festgesetzten Tag ein.

(7) Die Enteignungsbehörde übersendet dem Grundbuchamt eine beglaubigte Abschrift des Enteignungsbeschlusses und der Ausführungsanordnung und ersucht es, die Rechtsänderungen in das Grundbuch einzutragen.

§ 118 Hinterlegung. (1) [1] Geldentschädigungen, aus denen andere Berechtigte nach § 97 Absatz 4 zu befriedigen sind, sind unter Verzicht auf das Recht der Rücknahme zu hinterlegen, soweit mehrere Personen auf sie Anspruch haben und eine Einigung über die Auszahlung nicht nachgewiesen ist. [2] Die Hinterlegung erfolgt bei dem Amtsgericht, in dessen Bezirk das von der Enteignung betroffene Grundstück liegt; § 2 des Zwangsversteigerungsgesetzes[1)] gilt entsprechend.

(2) Andere Vorschriften, nach denen die Hinterlegung geboten oder statthaft ist, werden hierdurch nicht berührt.

§ 119 Verteilungsverfahren. (1) Nach Eintritt des neuen Rechtszustands kann jeder Beteiligte sein Recht an der hinterlegten Summe gegen einen Mitbeteiligten, der dieses Recht bestreitet, vor den ordentlichen Gerichten geltend machen oder die Einleitung eines gerichtlichen Verteilungsverfahrens beantragen.

(2) Für das Verteilungsverfahren ist das Amtsgericht zuständig, in dessen Bezirk das von der Enteignung betroffene Grundstück liegt; in Zweifelsfällen gilt § 2 des Zwangsversteigerungsgesetzes[1)] entsprechend.

(3) Auf das Verteilungsverfahren sind die Vorschriften über die Verteilung des Erlöses im Falle der Zwangsversteigerung mit folgenden Abweichungen entsprechend anzuwenden:

1. Das Verteilungsverfahren ist durch Beschluss zu eröffnen;
2. die Zustellung des Eröffnungsbeschlusses an den Antragsteller gilt als Beschlagnahme im Sinne des § 13 des Zwangsversteigerungsgesetzes; ist das Grundstück schon in einem Zwangsversteigerungs- oder Zwangsverwaltungsverfahren beschlagnahmt, so hat es hierbei sein Bewenden;
3. das Verteilungsgericht hat bei Eröffnung des Verfahrens von Amts wegen das Grundbuchamt um die in § 19 Absatz 2 des Zwangsversteigerungsgesetzes bezeichneten Mitteilungen zu ersuchen; in die beglaubigte Abschrift des Grundbuchblatts sind die zur Zeit der Zustellung des Enteig-

---

[1)] **Schönfelder Nr. 108.**

nungsbeschlusses an den Enteigneten vorhandenen Eintragungen sowie die später eingetragenen Veränderungen und Löschungen aufzunehmen;

4. bei dem Verfahren sind die in § 97 Absatz 4 bezeichneten Entschädigungsberechtigten nach Maßgabe des § 10 des Zwangsversteigerungsgesetzes zu berücksichtigen, wegen der Ansprüche auf wiederkehrende Nebenleistungen jedoch nur für die Zeit bis zur Hinterlegung.

(4) [1] Soweit auf Grund landesrechtlicher Vorschriften die Verteilung des Erlöses im Falle einer Zwangsversteigerung nicht von dem Vollstreckungsgericht, sondern von einer anderen Stelle wahrzunehmen ist, kann durch Landesrecht bestimmt werden, dass diese andere Stelle auch für das Verteilungsverfahren nach den Absätzen 1 bis 3 zuständig ist. [2] Wird die Änderung einer Entscheidung dieser anderen Stelle verlangt, so ist die Entscheidung des Vollstreckungsgerichts nachzusuchen. [3] Die Beschwerde findet gegen die Entscheidung des Vollstreckungsgerichts statt.

§ 120 Aufhebung des Enteignungsbeschlusses. (1) [1] Ist die Ausführungsanordnung noch nicht ergangen, so hat die Enteignungsbehörde den Enteignungsbeschluss auf Antrag aufzuheben, wenn der durch die Enteignung Begünstigte die ihm durch den Enteignungsbeschluss auferlegten Zahlungen nicht innerhalb eines Monats nach dem Zeitpunkt geleistet hat, in dem der Beschluss unanfechtbar geworden ist. [2] Antragsberechtigt ist jeder Beteiligte, dem eine nicht gezahlte Entschädigung zusteht oder der nach § 97 Absatz 4 aus ihr zu befriedigen ist.

(2) [1] Vor der Aufhebung ist der durch die Enteignung Begünstigte zu hören. [2] Der Aufhebungsbeschluss ist allen Beteiligten zuzustellen und der Gemeinde und dem Grundbuchamt abschriftlich mitzuteilen.

§ 121 Kosten. (1) [1] Der Antragsteller hat die Kosten zu tragen, wenn der Antrag auf Enteignung abgelehnt oder zurückgenommen wird. [2] Wird dem Antrag auf Enteignung stattgegeben, so hat der Entschädigungsverpflichtete die Kosten zu tragen. [3] Wird einem Antrag auf Rückenteignung stattgegeben, so hat der von der Rückenteignung Betroffene die Kosten zu tragen. [4] Wird ein Antrag eines sonstigen Beteiligten abgelehnt oder zurückgenommen, sind diesem die durch die Behandlung seines Antrags verursachten Kosten aufzuerlegen, wenn sein Antrag offensichtlich unbegründet war.

(2) [1] Kosten sind die Kosten des Verfahrens und die zur zweckentsprechenden Rechtsverfolgung oder Rechtsverteidigung notwendigen Aufwendungen der Beteiligten. [2] Die Gebühren und Auslagen eines Rechtsanwalts oder eines sonstigen Bevollmächtigten sind erstattungsfähig, wenn die Zuziehung eines Bevollmächtigten notwendig war. [3] Aufwendungen für einen Bevollmächtigten, für den Gebühren und Auslagen gesetzlich nicht vorgesehen sind, können nur bis zur Höhe der gesetzlichen Gebühren und Auslagen von Rechtsbeiständen erstattet werden.

(3) Aufwendungen, die durch das Verschulden eines Erstattungsberechtigten entstanden sind, hat dieser selbst zu tragen; das Verschulden eines Vertreters ist dem Vertretenen zuzurechnen.

(4) [1] Die Kosten des Verfahrens richten sich nach den landesrechtlichen Vorschriften. [2] Die Enteignungsbehörde setzt die Kosten im Enteignungsbeschluss oder durch besonderen Beschluss fest. [3] Der Beschluss bestimmt

auch, ob die Zuziehung eines Rechtsanwalts oder eines sonstigen Bevollmächtigten notwendig war.

§ 122 Vollstreckbarer Titel. (1) [1] Die Zwangsvollstreckung nach den Vorschriften der Zivilprozessordnung[1)] über die Vollstreckung von Urteilen in bürgerlichen Rechtsstreitigkeiten[2)] findet statt

1. aus der Niederschrift über eine Einigung wegen der in ihr bezeichneten Leistungen;
2. aus nicht mehr anfechtbarem Enteignungsbeschluss wegen der zu zahlenden Geldentschädigung oder einer Ausgleichszahlung;
3. aus einem Beschluss über die vorzeitige Besitzeinweisung oder deren Aufhebung wegen der darin festgesetzten Leistungen.

[2] Die Zwangsvollstreckung wegen einer Ausgleichszahlung ist erst zulässig, wenn die Ausführungsanordnung wirksam und unanfechtbar geworden ist.

(2) [1] Die vollstreckbare Ausfertigung wird von dem Urkundsbeamten der Geschäftsstelle des Amtsgerichts erteilt, in dessen Bezirk die Enteignungsbehörde ihren Sitz hat und, wenn das Verfahren bei einem Gericht anhängig ist, von dem Urkundsbeamten der Geschäftsstelle dieses Gerichts. [2] In den Fällen der §§ 731, 767 bis 770, 785 und 786 der Zivilprozessordnung tritt das Amtsgericht, in dessen Bezirk die Enteignungsbehörde ihren Sitz hat, an die Stelle des Prozessgerichts.

Sechster Teil. Erschließung

Erster Abschnitt. Allgemeine Vorschriften

§ 123 Erschließungslast. (1) Die Erschließung ist Aufgabe der Gemeinde, soweit sie nicht nach anderen gesetzlichen Vorschriften oder öffentlich-rechtlichen Verpflichtungen einem anderen obliegt.

(2) Die Erschließungsanlagen sollen entsprechend den Erfordernissen der Bebauung und des Verkehrs kostengünstig hergestellt werden und spätestens bis zur Fertigstellung der anzuschließenden baulichen Anlagen benutzbar sein.

(3) Ein Rechtsanspruch auf Erschließung besteht nicht.

(4) Die Unterhaltung der Erschließungsanlagen richtet sich nach landesrechtlichen Vorschriften.

§ 124 Erschließungspflicht nach abgelehntem Vertragsangebot. Hat die Gemeinde einen Bebauungsplan im Sinne des § 30 Absatz 1 erlassen und lehnt sie das zumutbare Angebot zum Abschluss eines städtebaulichen Vertrags über die Erschließung ab, ist sie verpflichtet, die Erschließung selbst durchzuführen.

§ 125 Bindung an den Bebauungsplan. (1) Die Herstellung der Erschließungsanlagen im Sinne des § 127 Absatz 2 setzt einen Bebauungsplan voraus.

---

1) **Schönfelder Nr. 100.**
2) Siehe §§ 704 ff. ZPO **(Schönfelder Nr. 100).**

(2) Liegt ein Bebauungsplan nicht vor, so dürfen diese Anlagen nur hergestellt werden, wenn sie den in § 1 Absatz 4 bis 7 bezeichneten Anforderungen entsprechen.

(3) Die Rechtmäßigkeit der Herstellung von Erschließungsanlagen wird durch Abweichungen von den Festsetzungen des Bebauungsplans nicht berührt, wenn die Abweichungen mit den Grundzügen der Planung vereinbar sind und

1. die Erschließungsanlagen hinter den Festsetzungen zurückbleiben oder
2. die Erschließungsbeitragspflichtigen nicht mehr als bei einer plangemäßen Herstellung belastet werden und die Abweichungen die Nutzung der betroffenen Grundstücke nicht wesentlich beeinträchtigen.

§ 126 Pflichten des Eigentümers. (1) [1] Der Eigentümer hat das Anbringen von

1. Haltevorrichtungen und Leitungen für Beleuchtungskörper der Straßenbeleuchtung einschließlich der Beleuchtungskörper und des Zubehörs sowie
2. Kennzeichen und Hinweisschildern für Erschließungsanlagen

auf seinem Grundstück zu dulden. [2] Er ist vorher zu benachrichtigen.

(2) [1] Der Erschließungsträger hat Schäden, die dem Eigentümer durch das Anbringen oder das Entfernen der in Absatz 1 bezeichneten Gegenstände entstehen, zu beseitigen; er kann stattdessen eine angemessene Entschädigung in Geld leisten. [2] Kommt eine Einigung über die Entschädigung nicht zustande, so entscheidet die höhere Verwaltungsbehörde; vor der Entscheidung sind die Beteiligten zu hören.

(3) [1] Der Eigentümer hat sein Grundstück mit der von der Gemeinde festgesetzten Nummer zu versehen. [2] Im Übrigen gelten die landesrechtlichen Vorschriften.

Zweiter Abschnitt. Erschließungsbeitrag[1)]

§ 127 Erhebung des Erschließungsbeitrags. (1) Die Gemeinden erheben zur Deckung ihres anderweitig nicht gedeckten Aufwands für Erschließungsanlagen einen Erschließungsbeitrag nach Maßgabe der folgenden Vorschriften.

(2) Erschließungsanlagen im Sinne dieses Abschnitts sind

1. die öffentlichen zum Anbau bestimmten Straßen, Wege und Plätze;
2. die öffentlichen aus rechtlichen oder tatsächlichen Gründen mit Kraftfahrzeugen nicht befahrbaren Verkehrsanlagen innerhalb der Baugebiete (z.B. Fußwege, Wohnwege);
3. Sammelstraßen innerhalb der Baugebiete; Sammelstraßen sind öffentliche Straßen, Wege und Plätze, die selbst nicht zum Anbau bestimmt, aber zur Erschließung der Baugebiete notwendig sind;
4. Parkflächen und Grünanlagen mit Ausnahme von Kinderspielplätzen, soweit sie Bestandteil der in den Nummern 1 bis 3 genannten Verkehrsanlagen oder nach städtebaulichen Grundsätzen innerhalb der Baugebiete zu deren Erschließung notwendig sind;

[1)] Siehe **in Bayern** auch Art. 5a KommunalabgabenG idF der Bek. v. 4.4.1993 (GVBl. S. 264), zuletzt geänd. durch G v. 24.5.2019 (GVBl. S. 266).

5. Anlagen zum Schutz von Baugebieten gegen schädliche Umwelteinwirkungen im Sinne des Bundes-Immissionsschutzgesetzes[1)], auch wenn sie nicht Bestandteil der Erschließungsanlagen sind.

(3) Der Erschließungsbeitrag kann für den Grunderwerb, die Freilegung und für Teile der Erschließungsanlagen selbständig erhoben werden (Kostenspaltung).

(4) [1] Das Recht, Abgaben für Anlagen zu erheben, die nicht Erschließungsanlagen im Sinne dieses Abschnitts sind, bleibt unberührt. [2] Dies gilt insbesondere für Anlagen zur Ableitung von Abwasser sowie zur Versorgung mit Elektrizität, Gas, Wärme und Wasser.

§ 128 Umfang des Erschließungsaufwands. (1) [1] Der Erschließungsaufwand nach § 127 umfasst die Kosten für

1. den Erwerb und die Freilegung der Flächen für die Erschließungsanlagen;
2. ihre erstmalige Herstellung einschließlich der Einrichtungen für ihre Entwässerung und ihre Beleuchtung;
3. die Übernahme von Anlagen als gemeindliche Erschließungsanlagen.

[2] Der Erschließungsaufwand umfasst auch den Wert der von der Gemeinde aus ihrem Vermögen bereitgestellten Flächen im Zeitpunkt der Bereitstellung. [3] Zu den Kosten für den Erwerb der Flächen für Erschließungsanlagen gehört im Falle einer erschließungsbeitragspflichtigen Zuteilung im Sinne des § 57 Satz 4 und des § 58 Absatz 1 Satz 1 auch der Wert nach § 68 Absatz 1 Nummer 4.

(2) [1] Soweit die Gemeinden nach Landesrecht berechtigt sind, Beiträge zu den Kosten für Erweiterungen oder Verbesserungen von Erschließungsanlagen zu erheben, bleibt dieses Recht unberührt. [2] Die Länder können bestimmen, dass die Kosten für die Beleuchtung der Erschließungsanlagen in den Erschließungsaufwand nicht einzubeziehen sind.

(3) Der Erschließungsaufwand umfasst nicht die Kosten für

1. Brücken, Tunnels und Unterführungen mit den dazugehörigen Rampen;
2. die Fahrbahnen der Ortsdurchfahrten von Bundesstraßen sowie von Landstraßen I. und II. Ordnung, soweit die Fahrbahnen dieser Straßen keine größere Breite als ihre anschließenden freien Strecken erfordern.

§ 129 Beitragsfähiger Erschließungsaufwand. (1) [1] Zur Deckung des anderweitig nicht gedeckten Erschließungsaufwands können Beiträge nur insoweit erhoben werden, als die Erschließungsanlagen erforderlich sind, um die Bauflächen und die gewerblich zu nutzenden Flächen entsprechend den baurechtlichen Vorschriften zu nutzen (beitragsfähiger Erschließungsaufwand). [2] Soweit Anlagen nach § 127 Absatz 2 von dem Eigentümer hergestellt sind oder von ihm auf Grund baurechtlicher Vorschriften verlangt werden, dürfen Beiträge nicht erhoben werden. [3] Die Gemeinden tragen mindestens 10 vom Hundert des beitragsfähigen Erschließungsaufwands.

[1)] Nr. **296**.

(2) Kosten, die ein Eigentümer oder sein Rechtsvorgänger bereits für Erschließungsmaßnahmen aufgewandt hat, dürfen bei der Übernahme als gemeindliche Erschließungsanlagen nicht erneut erhoben werden.

§ 130 Art der Ermittlung des beitragsfähigen Erschließungsaufwands. (1) [1] Der beitragsfähige Erschließungsaufwand kann nach den tatsächlich entstandenen Kosten oder nach Einheitssätzen ermittelt werden. [2] Die Einheitssätze sind nach den in der Gemeinde üblicherweise durchschnittlich aufzuwendenden Kosten vergleichbarer Erschließungsanlagen festzusetzen.

(2) [1] Der beitragsfähige Erschließungsaufwand kann für die einzelne Erschließungsanlage oder für bestimmte Abschnitte einer Erschließungsanlage ermittelt werden. [2] Abschnitte einer Erschließungsanlage können nach örtlich erkennbaren Merkmalen oder nach rechtlichen Gesichtspunkten (z.B. Grenzen von Bebauungsplangebieten, Umlegungsgebieten, förmlich festgelegten Sanierungsgebieten) gebildet werden. [3] Für mehrere Anlagen, die für die Erschließung der Grundstücke eine Einheit bilden, kann der Erschließungsaufwand insgesamt ermittelt werden.

§ 131 Maßstäbe für die Verteilung des Erschließungsaufwands.

(1) [1] Der ermittelte beitragsfähige Erschließungsaufwand für eine Erschließungsanlage ist auf die durch die Anlage erschlossenen Grundstücke zu verteilen. [2] Mehrfach erschlossene Grundstücke sind bei gemeinsamer Aufwandsermittlung in einer Erschließungseinheit (§ 130 Absatz 2 Satz 3) bei der Verteilung des Erschließungsaufwands nur einmal zu berücksichtigen.

(2) [1] Verteilungsmaßstäbe sind

1. die Art und das Maß der baulichen oder sonstigen Nutzung;
2. die Grundstücksflächen;
3. die Grundstücksbreite an der Erschließungsanlage.

[2] Die Verteilungsmaßstäbe können miteinander verbunden werden.

(3) In Gebieten, die nach dem Inkrafttreten des Bundesbaugesetzes erschlossen werden, sind, wenn eine unterschiedliche bauliche oder sonstige Nutzung zulässig ist, die Maßstäbe nach Absatz 2 in der Weise anzuwenden, dass der Verschiedenheit dieser Nutzung nach Art und Maß entsprochen wird.

§ 132 Regelung durch Satzung. Die Gemeinden regeln durch Satzung

1. die Art und den Umfang der Erschließungsanlagen im Sinne des § 129,
2. die Art der Ermittlung und der Verteilung des Aufwands sowie die Höhe des Einheitssatzes,
3. die Kostenspaltung (§ 127 Absatz 3) und
4. die Merkmale der endgültigen Herstellung einer Erschließungsanlage.

§ 133 Gegenstand und Entstehung der Beitragspflicht. (1) [1] Der Beitragspflicht unterliegen Grundstücke, für die eine bauliche oder gewerbliche Nutzung festgesetzt ist, sobald sie bebaut oder gewerblich genutzt werden dürfen. [2] Erschlossene Grundstücke, für die eine bauliche oder gewerbliche Nutzung nicht festgesetzt ist, unterliegen der Beitragspflicht, wenn sie nach der Verkehrsauffassung Bauland sind und nach der geordneten baulichen

Entwicklung der Gemeinde zur Bebauung anstehen. [3] Die Gemeinde gibt bekannt, welche Grundstücke nach Satz 2 der Beitragspflicht unterliegen; die Bekanntmachung hat keine rechtsbegründende Wirkung.

(2) [1] Die Beitragspflicht entsteht mit der endgültigen Herstellung der Erschließungsanlagen, für Teilbeträge, sobald die Maßnahmen, deren Aufwand durch die Teilbeträge gedeckt werden soll, abgeschlossen sind. [2] Im Falle des § 128 Absatz 1 Satz 1 Nummer 3 entsteht die Beitragspflicht mit der Übernahme durch die Gemeinde.

(3) [1] Für ein Grundstück, für das eine Beitragspflicht noch nicht oder nicht in vollem Umfang entstanden ist, können Vorausleistungen auf den Erschließungsbeitrag bis zur Höhe des voraussichtlichen endgültigen Erschließungsbeitrags verlangt werden, wenn ein Bauvorhaben auf dem Grundstück genehmigt wird oder wenn mit der Herstellung der Erschließungsanlagen begonnen worden ist und die endgültige Herstellung der Erschließungsanlagen innerhalb von vier Jahren zu erwarten ist. [2] Die Vorausleistung ist mit der endgültigen Beitragsschuld zu verrechnen, auch wenn der Vorausleistende nicht beitragspflichtig ist. [3] Ist die Beitragspflicht sechs Jahre nach Erlass des Vorausleistungsbescheids noch nicht entstanden, kann die Vorausleistung zurückverlangt werden, wenn die Erschließungsanlage bis zu diesem Zeitpunkt noch nicht benutzbar ist. [4] Der Rückzahlungsanspruch ist ab Erhebung der Vorausleistung mit 2 vom Hundert über dem Basiszinssatz nach § 247 des Bürgerlichen Gesetzbuchs[1)] jährlich zu verzinsen. [5] Die Gemeinde kann Bestimmungen über die Ablösung des Erschließungsbeitrags im Ganzen vor Entstehung der Beitragspflicht treffen.

§ 134 Beitragspflichtiger. (1) [1] Beitragspflichtig ist derjenige, der im Zeitpunkt der Bekanntgabe des Beitragsbescheids Eigentümer des Grundstücks ist. [2] Ist das Grundstück mit einem Erbbaurecht belastet, so ist der Erbbauberechtigte anstelle des Eigentümers beitragspflichtig. [3] Ist das Grundstück mit einem dinglichen Nutzungsrecht nach Artikel 233 § 4 des Einführungsgesetzes zum Bürgerlichen Gesetzbuche[2)] belastet, so ist der Inhaber dieses Rechts anstelle des Eigentümers beitragspflichtig. [4] Mehrere Beitragspflichtige haften als Gesamtschuldner; bei Wohnungs- und Teileigentum sind die einzelnen Wohnungs- und Teileigentümer nur entsprechend ihrem Miteigentumsanteil beitragspflichtig.

(2) Der Beitrag ruht als öffentliche Last auf dem Grundstück, im Falle des Absatzes 1 Satz 2 auf dem Erbbaurecht, im Falle des Absatzes 1 Satz 3 auf dem dinglichen Nutzungsrecht, im Falle des Absatzes 1 Satz 4 auf dem Wohnungs- oder dem Teileigentum.

§ 135 Fälligkeit und Zahlung des Beitrags. (1) Der Beitrag wird einen Monat nach der Bekanntgabe des Beitragsbescheids fällig.

(2) [1] Die Gemeinde kann zur Vermeidung unbilliger Härten im Einzelfall, insbesondere soweit dies zur Durchführung eines genehmigten Bauvorhabens erforderlich ist, zulassen, dass der Erschließungsbeitrag in Raten oder in Form einer Rente gezahlt wird. [2] Ist die Finanzierung eines Bauvorhabens gesichert,

---

1) **Schönfelder Nr. 20.**
2) **Schönfelder Nr. 21.**

so soll die Zahlungsweise der Auszahlung der Finanzierungsmittel angepasst, jedoch nicht über zwei Jahre hinaus erstreckt werden.

(3) [1] Lässt die Gemeinde nach Absatz 2 eine Verrentung zu, so ist der Erschließungsbeitrag durch Bescheid in eine Schuld umzuwandeln, die in höchstens zehn Jahresleistungen zu entrichten ist. [2] In dem Bescheid sind Höhe und Zeitpunkt der Fälligkeit der Jahresleistungen zu bestimmen. [3] Der jeweilige Restbetrag ist mit höchstens 2 vom Hundert über dem Basiszinssatz nach § 247 des Bürgerlichen Gesetzbuchs[1)] jährlich zu verzinsen. [4] Die Jahresleistungen stehen wiederkehrenden Leistungen im Sinne des § 10 Absatz 1 Nummer 3 des Zwangsversteigerungsgesetzes[2)] gleich.

(4) [1] Werden Grundstücke landwirtschaftlich oder als Wald genutzt, ist der Beitrag so lange zinslos zu stunden, wie das Grundstück zur Erhaltung der Wirtschaftlichkeit des landwirtschaftlichen Betriebs genutzt werden muss. [2] Satz 1 gilt auch für die Fälle der Nutzungsüberlassung und Betriebsübergabe an Familienangehörige im Sinne des § 15 der Abgabenordnung. [3] Der Beitrag ist auch zinslos zu stunden, solange Grundstücke als Kleingärten im Sinne des Bundeskleingartengesetzes[3)] genutzt werden.

(5) [1] Im Einzelfall kann die Gemeinde auch von der Erhebung des Erschließungsbeitrags ganz oder teilweise absehen, wenn dies im öffentlichen Interesse oder zur Vermeidung unbilliger Härten geboten ist. [2] Die Freistellung kann auch für den Fall vorgesehen werden, dass die Beitragspflicht noch nicht entstanden ist.

(6) Weitergehende landesrechtliche Billigkeitsregelungen bleiben unberührt.

Siebter Teil. Maßnahmen für den Naturschutz

§ 135a Pflichten des Vorhabenträgers; Durchführung durch die Gemeinde; Kostenerstattung. (1) Festgesetzte Maßnahmen zum Ausgleich im Sinne des § 1a Absatz 3 sind vom Vorhabenträger durchzuführen.

(2) [1] Soweit Maßnahmen zum Ausgleich an anderer Stelle den Grundstücken nach § 9 Absatz 1a zugeordnet sind, soll die Gemeinde diese anstelle und auf Kosten der Vorhabenträger oder der Eigentümer der Grundstücke durchführen und auch die hierfür erforderlichen Flächen bereitstellen, sofern dies nicht auf andere Weise gesichert ist. [2] Die Maßnahmen zum Ausgleich können bereits vor den Baumaßnahmen und der Zuordnung durchgeführt werden.

(3) [1] Die Kosten können geltend gemacht werden, sobald die Grundstücke, auf denen Eingriffe zu erwarten sind, baulich oder gewerblich genutzt werden dürfen. [2] Die Gemeinde erhebt zur Deckung ihres Aufwands für Maßnahmen zum Ausgleich einschließlich der Bereitstellung hierfür erforderlicher Flächen einen Kostenerstattungsbetrag. [3] Die Erstattungspflicht entsteht mit der Herstellung der Maßnahmen zum Ausgleich durch die Gemeinde. [4] Der Betrag ruht als öffentliche Last auf dem Grundstück.

(4) Die landesrechtlichen Vorschriften über kommunale Beiträge einschließlich der Billigkeitsregelungen sind entsprechend anzuwenden.

§ 135b Verteilungsmaßstäbe für die Abrechnung. [1] Soweit die Gemeinde Maßnahmen zum Ausgleich nach § 135a Absatz 2 durchführt, sind die Kosten auf die zugeordneten Grundstücke zu verteilen. [2] Verteilungsmaßstäbe sind

---

1) Schönfelder Nr. 20.
2) Schönfelder Nr. 108.
3) Sartorius ErgBd. Nr. 350.

1. die überbaubare Grundstücksfläche,
2. die zulässige Grundfläche,
3. die zu erwartende Versiegelung oder
4. die Schwere der zu erwartenden Eingriffe.

[3] Die Verteilungsmaßstäbe können miteinander verbunden werden.

§ 135c Satzungsrecht. Die Gemeinde kann durch Satzung regeln

1. Grundsätze für die Ausgestaltung von Maßnahmen zum Ausgleich entsprechend den Festsetzungen eines Bebauungsplans,
2. den Umfang der Kostenerstattung nach § 135a; dabei ist § 128 Absatz 1 Satz 1 Nummer 1 und 2 und Satz 2 entsprechend anzuwenden,
3. die Art der Kostenermittlung und die Höhe des Einheitssatzes entsprechend § 130,
4. die Verteilung der Kosten nach § 135b einschließlich einer Pauschalierung der Schwere der zu erwartenden Eingriffe nach Biotop- und Nutzungstypen,
5. die Voraussetzungen für die Anforderung von Vorauszahlungen,
6. die Fälligkeit des Kostenerstattungsbetrags.

Zweites Kapitel. Besonderes Städtebaurecht

Erster Teil. Städtebauliche Sanierungsmaßnahmen

Erster Abschnitt. Allgemeine Vorschriften

§ 136[1] Städtebauliche Sanierungsmaßnahmen. (1) Städtebauliche Sanierungsmaßnahmen in Stadt und Land, deren einheitliche Vorbereitung und zügige Durchführung im öffentlichen Interesse liegen, werden nach den Vorschriften dieses Teils vorbereitet und durchgeführt.

(2) [1] Städtebauliche Sanierungsmaßnahmen sind Maßnahmen, durch die ein Gebiet zur Behebung städtebaulicher Missstände wesentlich verbessert oder umgestaltet wird. [2] Städtebauliche Missstände liegen vor, wenn

1. das Gebiet nach seiner vorhandenen Bebauung oder nach seiner sonstigen Beschaffenheit den allgemeinen Anforderungen an gesunde Wohn- und Arbeitsverhältnisse oder an die Sicherheit der in ihm wohnenden oder arbeitenden Menschen auch unter Berücksichtigung der Belange des Klimaschutzes und der Klimaanpassung nicht entspricht oder
2. das Gebiet in der Erfüllung der Aufgaben erheblich beeinträchtigt ist, die ihm nach seiner Lage und Funktion obliegen.

(3) Bei der Beurteilung, ob in einem städtischen oder ländlichen Gebiet städtebauliche Missstände vorliegen, sind insbesondere zu berücksichtigen

1. die Wohn- und Arbeitsverhältnisse oder die Sicherheit der in dem Gebiet wohnenden und arbeitenden Menschen in Bezug auf
   a) die Belichtung, Besonnung und Belüftung der Wohnungen und Arbeitsstätten,
   b) die bauliche Beschaffenheit von Gebäuden, Wohnungen und Arbeitsstätten,
   c) die Zugänglichkeit der Grundstücke,

---

[1] § 136 Abs. 3 Nr. 2 Buchst c geänd. mWv 23.6.2021 durch G v. 14.6.2021 (BGBl. I S. 1802).

d) die Auswirkungen einer vorhandenen Mischung von Wohn- und Arbeitsstätten,

e) die Nutzung von bebauten und unbebauten Flächen nach Art, Maß und Zustand,

f) die Einwirkungen, die von Grundstücken, Betrieben, Einrichtungen oder Verkehrsanlagen ausgehen, insbesondere durch Lärm, Verunreinigungen und Erschütterungen,

g) die vorhandene Erschließung,

h) die energetische Beschaffenheit, die Gesamtenergieeffizienz der vorhandenen Bebauung und der Versorgungseinrichtungen des Gebiets unter Berücksichtigung der allgemeinen Anforderungen an den Klimaschutz und die Klimaanpassung;

2. die Funktionsfähigkeit des Gebiets in Bezug auf

a) den fließenden und ruhenden Verkehr,

b) die wirtschaftliche Situation und Entwicklungsfähigkeit des Gebiets unter Berücksichtigung seiner Versorgungsfunktion im Verflechtungsbereich,

c) die infrastrukturelle Erschließung des Gebiets, seine Ausstattung mit und die Vernetzung von Grün- und Freiflächen unter Berücksichtigung der Belange des Klimaschutzes und der Klimaanpassung, seine Ausstattung mit Spiel- und Sportplätzen und mit Anlagen des Gemeinbedarfs, insbesondere unter Berücksichtigung der sozialen und kulturellen Aufgaben dieses Gebiets im Verflechtungsbereich.

(4) [1] Städtebauliche Sanierungsmaßnahmen dienen dem Wohl der Allgemeinheit. [2] Sie sollen dazu beitragen, dass

1. die bauliche Struktur in allen Teilen des Bundesgebiets nach den allgemeinen Anforderungen an den Klimaschutz und die Klimaanpassung sowie nach den sozialen, hygienischen, wirtschaftlichen und kulturellen Erfordernissen entwickelt wird,
2. die Verbesserung der Wirtschafts- und Agrarstruktur unterstützt wird,
3. die Siedlungsstruktur den Erfordernissen des Umweltschutzes, den Anforderungen an gesunde Lebens- und Arbeitsbedingungen der Bevölkerung und der Bevölkerungsentwicklung entspricht oder
4. die vorhandenen Ortsteile erhalten, erneuert und fortentwickelt werden, die Gestaltung des Orts- und Landschaftsbilds verbessert und den Erfordernissen des Denkmalschutzes Rechnung getragen wird.

[3] Die öffentlichen und privaten Belange sind gegeneinander und untereinander gerecht abzuwägen.

§ 137 Beteiligung und Mitwirkung der Betroffenen. [1] Die Sanierung soll mit den Eigentümern, Mietern, Pächtern und sonstigen Betroffenen möglichst frühzeitig erörtert werden. [2] Die Betroffenen sollen zur Mitwirkung bei der Sanierung und zur Durchführung der erforderlichen baulichen Maßnahmen angeregt und hierbei im Rahmen des Möglichen beraten werden.

§ 138 Auskunftspflicht. (1) [1] Eigentümer, Mieter, Pächter und sonstige zum Besitz oder zur Nutzung eines Grundstücks, Gebäudes oder Gebäudeteils Berechtigte sowie ihre Beauftragten sind verpflichtet, der Gemeinde oder ihren Beauftragten Auskunft über die Tatsachen zu erteilen, deren Kenntnis zur Beurteilung der Sanierungsbedürftigkeit eines Gebiets oder zur Vorbereitung oder Durchführung der Sanierung erforderlich ist. [2]An personenbezogenen Daten können insbesondere Angaben der Betroffenen über ihre persönlichen Lebensumstände im wirtschaftlichen und sozialen Bereich, namentlich über die Berufs-, Erwerbs- und Familienverhältnisse, das Lebensalter, die Wohnbedürfnisse, die sozialen Verflechtungen sowie über die örtlichen Bindungen, erhoben werden.

(2) [1]Die nach Absatz 1 erhobenen personenbezogenen Daten dürfen nur zu Zwecken der Sanierung verwendet werden. [2]Wurden die Daten von einem Beauftragten der Gemeinde erhoben, dürfen sie nur an die Gemeinde weitergegeben werden; die Gemeinde darf die Daten an andere Beauftragte im Sinne des § 157 sowie an die höhere Verwaltungsbehörde weitergeben, soweit dies zu Zwecken der Sanierung erforderlich ist. [3]Nach Aufhebung der förmlichen Festlegung des Sanierungsgebiets sind die Daten zu löschen. [4]Soweit die erhobenen Daten für die Besteuerung erforderlich sind, dürfen sie an die Finanzbehörden weitergegeben werden.

(3) [1]Die mit der Erhebung der Daten Beauftragten sind bei Aufnahme ihrer Tätigkeit nach Maßgabe des Absatzes 2 zu verpflichten. [2]Ihre Pflichten bestehen nach Beendigung ihrer Tätigkeit fort.

(4) [1]Verweigert ein nach Absatz 1 Auskunftspflichtiger die Auskunft, ist § 208 Satz 2 bis 4 über die Androhung und Festsetzung eines Zwangsgelds entsprechend anzuwenden. [2]Der Auskunftspflichtige kann die Auskunft auf solche Fragen verweigern, deren Beantwortung ihn selbst oder einen der in § 383 Absatz 1 Nummer 1 bis 3 der Zivilprozessordnung[1)] bezeichneten Angehörigen der Gefahr strafrechtlicher Verfolgung oder eines Verfahrens nach dem Gesetz über Ordnungswidrigkeiten[2)] aussetzen würde.

§ 139[3)] Beteiligung und Mitwirkung öffentlicher Aufgabenträger.

(1) Der Bund, einschließlich seiner Sondervermögen, die Länder, die Gemeindeverbände und die sonstigen Körperschaften, Anstalten und Stiftungen des öffentlichen Rechts sollen im Rahmen der ihnen obliegenden Aufgaben die Vorbereitung und Durchführung von städtebaulichen Sanierungsmaßnahmen unterstützen.

(2) [1]§ 4 Absatz 2 und § 4a Absatz 1 bis 3 und 5 sind bei der Vorbereitung und Durchführung der Sanierung auf Behörden und sonstige Träger öffent-

(Fortsetzung nächstes Blatt)

[1)] **Habersack Nr. 100.**
[2)] **Habersack Nr. 94.**
[3)] § 139 Abs. 2 Satz 1 geänd. mWv 7.7.2023 durch G v. 3.7.2023 (BGBl. 2023 I Nr. 176).

licher Belange sinngemäß anzuwenden. [2] Die Träger öffentlicher Belange haben die Gemeinde auch über Änderungen ihrer Absichten zu unterrichten.

(3) Ist eine Änderung von Zielen und Zwecken der Sanierung oder von Maßnahmen und Planungen der Träger öffentlicher Belange, die aufeinander abgestimmt wurden, beabsichtigt, haben sich die Beteiligten unverzüglich miteinander ins Benehmen zu setzen.

Zweiter Abschnitt. Vorbereitung und Durchführung

§ 140 Vorbereitung. Die Vorbereitung der Sanierung ist Aufgabe der Gemeinde; sie umfasst

1. die vorbereitenden Untersuchungen,
2. die förmliche Festlegung des Sanierungsgebiets,
3. die Bestimmung der Ziele und Zwecke der Sanierung,
4. die städtebauliche Planung; hierzu gehört auch die Bauleitplanung oder eine Rahmenplanung, soweit sie für die Sanierung erforderlich ist,
5. die Erörterung der beabsichtigten Sanierung,
6. die Erarbeitung und Fortschreibung des Sozialplans,
7. einzelne Ordnungs- und Baumaßnahmen, die vor einer förmlichen Festlegung des Sanierungsgebiets durchgeführt werden.

§ 141 Vorbereitende Untersuchungen. (1) [1] Die Gemeinde hat vor der förmlichen Festlegung des Sanierungsgebiets die vorbereitenden Untersuchungen durchzuführen oder zu veranlassen, die erforderlich sind, um Beurteilungsunterlagen zu gewinnen über die Notwendigkeit der Sanierung, die sozialen, strukturellen und städtebaulichen Verhältnisse und Zusammenhänge sowie die anzustrebenden allgemeinen Ziele und die Durchführbarkeit der Sanierung im Allgemeinen. [2] Die vorbereitenden Untersuchungen sollen sich auch auf nachteilige Auswirkungen erstrecken, die sich für die von der beabsichtigten Sanierung unmittelbar Betroffenen in ihren persönlichen Lebensumständen im wirtschaftlichen oder sozialen Bereich voraussichtlich ergeben werden.

(2) Von vorbereitenden Untersuchungen kann abgesehen werden, wenn hinreichende Beurteilungsunterlagen bereits vorliegen.

(3) [1] Die Gemeinde leitet die Vorbereitung der Sanierung durch den Beschluss über den Beginn der vorbereitenden Untersuchungen ein. [2] Der Beschluss ist ortsüblich bekannt zu machen. [3] Dabei ist auf die Auskunftspflicht nach § 138 hinzuweisen.

(4) [1] Mit der ortsüblichen Bekanntmachung des Beschlusses über den Beginn der vorbereitenden Untersuchungen finden die §§ 137, 138 und 139 über die Beteiligung und Mitwirkung der Betroffenen, die Auskunftspflicht und die Beteiligung und Mitwirkung öffentlicher Aufgabenträger Anwendung; ab diesem Zeitpunkt ist § 15 auf die Durchführung eines Vorhabens im Sinne des § 29 Absatz 1 und auf die Beseitigung einer baulichen Anlage entsprechend anzuwenden. [2] Mit der förmlichen Festlegung des Sanierungsgebiets wird ein Bescheid über die Zurückstellung des Baugesuchs sowie ein Bescheid über die Zurückstellung der Beseitigung einer baulichen Anlage nach Satz 1 zweiter Halbsatz unwirksam.

§ 142 Sanierungssatzung. (1) [1] Die Gemeinde kann ein Gebiet, in dem eine städtebauliche Sanierungsmaßnahme durchgeführt werden soll, durch Beschluss förmlich als Sanierungsgebiet festlegen (förmlich festgelegtes Sanierungsgebiet). [2] Das Sanierungsgebiet ist so zu begrenzen, dass sich die Sanierung zweckmäßig durchführen lässt. [3] Einzelne Grundstücke, die von der Sanierung nicht betroffen werden, können aus dem Gebiet ganz oder teilweise ausgenommen werden.

(2) [1] Ergibt sich aus den Zielen und Zwecken der Sanierung, dass Flächen außerhalb des förmlich festgelegten Sanierungsgebiets

1. für Ersatzbauten oder Ersatzanlagen zur räumlich zusammenhängenden Unterbringung von Bewohnern oder Betrieben aus dem förmlich festgelegten Sanierungsgebiet oder
2. für die durch die Sanierung bedingten Gemeinbedarfs- oder Folgeeinrichtungen

in Anspruch genommen werden müssen (Ersatz- und Ergänzungsgebiete), kann die Gemeinde geeignete Gebiete für diesen Zweck förmlich festlegen. [2] Für die förmliche Festlegung und die sich aus ihr ergebenden Wirkungen sind die für förmlich festgelegte Sanierungsgebiete geltenden Vorschriften anzuwenden.

(3) [1] Die Gemeinde beschließt die förmliche Festlegung des Sanierungsgebiets als Satzung (Sanierungssatzung). [2] In der Sanierungssatzung ist das Sanierungsgebiet zu bezeichnen. [3] Bei dem Beschluss über die Sanierungssatzung ist zugleich durch Beschluss die Frist festzulegen, in der die Sanierung durchgeführt werden soll; die Frist soll 15 Jahre nicht überschreiten. [4] Kann die Sanierung nicht innerhalb der Frist durchgeführt werden, kann die Frist durch Beschluss verlängert werden.

(4) In der Sanierungssatzung ist die Anwendung der Vorschriften des Dritten Abschnitts auszuschließen, wenn sie für die Durchführung der Sanierung nicht erforderlich ist und die Durchführung hierdurch voraussichtlich nicht erschwert wird (vereinfachtes Sanierungsverfahren); in diesem Falle kann in der Sanierungssatzung auch die Genehmigungspflicht nach § 144 insgesamt, nach § 144 Absatz 1 oder § 144 Absatz 2 ausgeschlossen werden.

§ 143 Bekanntmachung der Sanierungssatzung, Sanierungsvermerk.

(1) [1] Die Gemeinde hat die Sanierungssatzung ortsüblich bekannt zu machen. [2] Sie kann auch ortsüblich bekannt machen, dass eine Sanierungssatzung beschlossen worden ist; § 10 Absatz 3 Satz 2 bis 5 ist entsprechend anzuwenden. [3] In der Bekanntmachung nach den Sätzen 1 und 2 ist – außer im vereinfachten Sanierungsverfahren – auf die Vorschriften des Dritten Abschnitts hinzuweisen. [4] Mit der Bekanntmachung wird die Sanierungssatzung rechtsverbindlich.

(2) [1] Die Gemeinde teilt dem Grundbuchamt die rechtsverbindliche Sanierungssatzung mit und hat hierbei die von der Sanierungssatzung betroffenen Grundstücke einzeln aufzuführen. [2] Das Grundbuchamt hat in die Grundbücher dieser Grundstücke einzutragen, dass eine Sanierung durchgeführt wird (*Sanierungsvermerk*). [3] § 54 Absatz 2 und 3 ist entsprechend anzuwenden. [4] Die Sätze 1 bis 3 sind nicht anzuwenden, wenn in der Sanierungssatzung die Genehmigungspflicht nach § 144 Absatz 2 ausgeschlossen ist.

§ 144 Genehmigungspflichtige Vorhaben und Rechtsvorgänge.

(1) Im förmlich festgelegten Sanierungsgebiet bedürfen der schriftlichen Genehmigung der Gemeinde

1. die in § 14 Absatz 1 bezeichneten Vorhaben und sonstigen Maßnahmen;
2. Vereinbarungen, durch die ein schuldrechtliches Vertragsverhältnis über den Gebrauch oder die Nutzung eines Grundstücks, Gebäudes oder Gebäudeteils auf bestimmte Zeit von mehr als einem Jahr eingegangen oder verlängert wird.

(2) Im förmlich festgelegten Sanierungsgebiet bedürfen der schriftlichen Genehmigung der Gemeinde

1. die rechtsgeschäftliche Veräußerung eines Grundstücks und die Bestellung und Veräußerung eines Erbbaurechts;
2. die Bestellung eines das Grundstück belastenden Rechts; dies gilt nicht für die Bestellung eines Rechts, das mit der Durchführung von Baumaßnahmen im Sinne des § 148 Absatz 2 im Zusammenhang steht;
3. ein schuldrechtlicher Vertrag, durch den eine Verpflichtung zu einem der in Nummer 1 oder 2 genannten Rechtsgeschäfte begründet wird; ist der schuldrechtliche Vertrag genehmigt worden, gilt auch das in Ausführung dieses Vertrags vorgenommene dingliche Rechtsgeschäft als genehmigt;
4. die Begründung, Änderung oder Aufhebung einer Baulast;
5. die Teilung eines Grundstücks.

(3) Die Gemeinde kann für bestimmte Fälle die Genehmigung für das förmlich festgelegte Sanierungsgebiet oder Teile desselben allgemein erteilen; sie hat dies ortsüblich bekannt zu machen.

(4) Keiner Genehmigung bedürfen

1. Vorhaben und Rechtsvorgänge, wenn die Gemeinde oder der Sanierungsträger für das Treuhandvermögen als Vertragsteil oder Eigentümer beteiligt ist;
2. Rechtsvorgänge nach Absatz 2 Nummer 1 bis 3 zum Zwecke der Vorwegnahme der gesetzlichen Erbfolge;
3. Vorhaben nach Absatz 1 Nummer 1, die vor der förmlichen Festlegung des Sanierungsgebiets baurechtlich genehmigt worden sind, Vorhaben nach Absatz 1 Nummer 1, von denen die Gemeinde nach Maßgabe des Bauordnungsrechts Kenntnis erlangt hat und mit deren Ausführung vor dem Inkrafttreten der Veränderungssperre hätte begonnen werden dürfen, sowie Unterhaltungsarbeiten und die Fortführung einer bisher ausgeübten Nutzung;
4. Rechtsvorgänge nach Absatz 1 Nummer 2 und Absatz 2, die Zwecken der Landesverteidigung dienen;
5. der rechtsgeschäftliche Erwerb eines in ein Verfahren im Sinne des § 38 einbezogenen Grundstücks durch den Bedarfsträger.

§ 145 Genehmigung. (1) [1]Die Genehmigung wird durch die Gemeinde erteilt; § 22 Absatz 5 Satz 2 bis 5 ist entsprechend anzuwenden. [2]Ist eine baurechtliche Genehmigung oder an ihrer Stelle eine baurechtliche Zustimmung erforderlich, wird die Genehmigung durch die Baugenehmigungsbehörde im Einvernehmen mit der Gemeinde erteilt. [3]Im Falle des Satzes 2 ist über die Genehmigung innerhalb von zwei Monaten nach Eingang des Antrags bei der Baugenehmigungsbehörde zu entscheiden; § 22 Absatz 5 Satz 3 bis 6 ist mit der Maßgabe entsprechend anzuwenden, dass die Genehmigungsfrist höchstens um zwei Monate verlängert werden darf.

(2) Die Genehmigung darf nur versagt werden, wenn Grund zur Annahme besteht, dass das Vorhaben, der Rechtsvorgang einschließlich der Teilung eines Grundstücks oder die damit erkennbar bezweckte Nutzung die Durchführung der Sanierung unmöglich machen oder wesentlich erschweren oder den Zielen und Zwecken der Sanierung zuwiderlaufen würde.

(3) Die Genehmigung ist zu erteilen, wenn die wesentliche Erschwerung dadurch beseitigt wird, dass die Beteiligten für den Fall der Durchführung der Sanierung für sich und ihre Rechtsnachfolger

1. in den Fällen des § 144 Absatz 1 Nummer 1 auf Entschädigung für die durch das Vorhaben herbeigeführten Werterhöhungen sowie für werterhöhende Änderungen, die auf Grund der mit dem Vorhaben bezweckten Nutzung vorgenommen werden, verzichten;
2. in den Fällen des § 144 Absatz 1 Nummer 2 oder Absatz 2 Nummer 2 oder 3 auf Entschädigung für die Aufhebung des Rechts sowie für werterhöhende Änderungen verzichten, die auf Grund dieser Rechte vorgenommen werden.

(4) [1] Die Genehmigung kann unter Auflagen, in den Fällen des § 144 Absatz 1 auch befristet oder bedingt erteilt werden. [2] § 51 Absatz 4 Satz 2 und 3 ist entsprechend anzuwenden. [3] Die Genehmigung kann auch vom Abschluss eines städtebaulichen Vertrags abhängig gemacht werden, wenn dadurch Versagungsgründe im Sinne des Absatzes 2 ausgeräumt werden.

(5) [1] Wird die Genehmigung versagt, kann der Eigentümer von der Gemeinde die Übernahme des Grundstücks verlangen, wenn und soweit es ihm mit Rücksicht auf die Durchführung der Sanierung wirtschaftlich nicht mehr zuzumuten ist, das Grundstück zu behalten oder es in der bisherigen oder einer anderen zulässigen Art zu nutzen. [2] Liegen die Flächen eines land- oder forstwirtschaftlichen Betriebs sowohl innerhalb als auch außerhalb des förmlich festgelegten Sanierungsgebiets, kann der Eigentümer von der Gemeinde die Übernahme sämtlicher Grundstücke des Betriebs verlangen, wenn die Erfüllung des Übernahmeverlangens für die Gemeinde keine unzumutbare Belastung bedeutet; die Gemeinde kann sich auf eine unzumutbare Belastung nicht berufen, soweit die außerhalb des förmlich festgelegten Sanierungsgebiets gelegenen Grundstücke nicht mehr in angemessenem Umfang baulich oder wirtschaftlich genutzt werden können. [3] Kommt eine Einigung über die Übernahme nicht zustande, kann der Eigentümer die Entziehung des Eigentums an dem Grundstück verlangen. [4] Für die Entziehung des Eigentums sind die Vorschriften des Fünften Teils des Ersten Kapitels entsprechend anzuwenden. [5] § 43 Absatz 1, 4 und 5 sowie § 44 Absatz 3 und 4 sind entsprechend anzuwenden.

(6) [1] § 22 Absatz 6 ist entsprechend anzuwenden. [2] Ist eine Genehmigung allgemein erteilt oder nicht erforderlich, hat die Gemeinde darüber auf Antrag eines Beteiligten ein Zeugnis auszustellen.

§ 146 Durchführung. (1) Die Durchführung umfasst die Ordnungsmaßnahmen und die Baumaßnahmen innerhalb des förmlich festgelegten Sanierungsgebiets, die nach den Zielen und Zwecken der Sanierung erforderlich sind.

(2) [1] Auf Grundstücken, die den in § 26 Nummer 2 bezeichneten Zwecken dienen, und auf den in § 26 Nummer 3 bezeichneten Grundstücken dürfen im Rahmen städtebaulicher Sanierungsmaßnahmen einzelne Ordnungs- und Baumaßnahmen nur mit Zustimmung des Bedarfsträgers durchgeführt werden. [2] Der Bedarfsträger soll seine Zustimmung erteilen, wenn auch unter Berücksichtigung seiner Aufgaben ein überwiegendes öffentliches Interesse an der Durchführung der Sanierungsmaßnahmen besteht.

(3) [1] Die Gemeinde kann die Durchführung der Ordnungsmaßnahmen und die Errichtung oder Änderung von Gemeinbedarfs- und Folgeeinrichtungen im Sinne des § 148 Absatz 2 Satz 1 Nummer 3 auf Grund eines Vertrags ganz oder teilweise dem Eigentümer überlassen. [2] Ist die zügige und zweckmäßige Durchführung der vertraglich übernommenen Maßnahmen nach Satz 1 durch einzelne Eigentümer nicht gewährleistet, hat die Gemeinde insoweit für die Durchführung der Maßnahmen zu sorgen oder sie selbst zu übernehmen.

§ 147 Ordnungsmaßnahmen. [1] Die Durchführung der Ordnungsmaßnahmen ist Aufgabe der Gemeinde; hierzu gehören

1. die Bodenordnung einschließlich des Erwerbs von Grundstücken,
2. der Umzug von Bewohnern und Betrieben,
3. die Freilegung von Grundstücken,
4. die Herstellung und Änderung von Erschließungsanlagen sowie
5. sonstige Maßnahmen, die notwendig sind, damit die Baumaßnahmen durchgeführt werden können.

[2] Als Ordnungsmaßnahme gilt auch die Bereitstellung von Flächen und die Durchführung von Maßnahmen zum Ausgleich im Sinne des § 1a Absatz 3, soweit sie gemäß § 9 Absatz 1a an anderer Stelle den Grundstücken, auf denen Eingriffe in Natur und Landschaft zu erwarten sind, ganz oder teilweise zugeordnet sind. [3] Durch die Sanierung bedingte Erschließungsanlagen einschließlich Ersatzanlagen können außerhalb des förmlich festgelegten Sanierungsgebiets liegen.

§ 148 Baumaßnahmen. (1) [1] Die Durchführung von Baumaßnahmen bleibt den Eigentümern überlassen, soweit die zügige und zweckmäßige Durchführung durch sie gewährleistet ist; der Gemeinde obliegt jedoch

1. für die Errichtung und Änderung der Gemeinbedarfs- und Folgeeinrichtungen zu sorgen und
2. die Durchführung sonstiger Baumaßnahmen, soweit sie selbst Eigentümerin ist oder nicht gewährleistet ist, dass diese vom einzelnen Eigentümer zügig und zweckmäßig durchgeführt werden.

[2] Ersatzbauten, Ersatzanlagen und durch die Sanierung bedingte Gemeinbedarfs- und Folgeeinrichtungen können außerhalb des förmlich festgelegten Sanierungsgebiets liegen.

(2) [1] Zu den Baumaßnahmen gehören

1. die Modernisierung und Instandsetzung,
2. die Neubebauung und die Ersatzbauten,
3. die Errichtung und Änderung von Gemeinbedarfs- und Folgeeinrichtungen,
4. die Verlagerung oder Änderung von Betrieben sowie
5. die Errichtung oder Erweiterung von Anlagen und Einrichtungen zur dezentralen und zentralen Erzeugung, Verteilung, Nutzung oder Speicherung von Strom, Wärme oder Kälte aus erneuerbaren Energien oder Kraft-Wärme-Kopplung.

[2] Als Baumaßnahmen gelten auch Maßnahmen zum Ausgleich im Sinne des § 1a Absatz 3, soweit sie auf den Grundstücken durchgeführt werden, auf denen Eingriffe in Natur und Landschaft zu erwarten sind.

§ 149 Kosten- und Finanzierungsübersicht. (1) [1] Die Gemeinde hat nach dem Stand der Planung eine Kosten- und Finanzierungsübersicht aufzustellen. [2] Die Übersicht ist mit den Kosten- und Finanzierungsvorstellungen anderer Träger öffentlicher Belange, deren Aufgabenbereich durch die Sanierung berührt wird, abzustimmen und der höheren Verwaltungsbehörde vorzulegen.

(2) [1] In der Kostenübersicht hat die Gemeinde die Kosten der Gesamtmaßnahme darzustellen, die ihr voraussichtlich entstehen. [2] Die Kosten anderer Träger öffentlicher Belange für Maßnahmen im Zusammenhang mit der Sanierung sollen nachrichtlich angegeben werden.

(3) [1] In der Finanzierungsübersicht hat die Gemeinde ihre Vorstellungen über die Deckung der Kosten der Gesamtmaßnahme darzulegen. [2] Finanzierungs- und Förderungsmittel auf anderer gesetzlicher Grundlage sowie die Finanzierungsvorstellungen anderer Träger öffentlicher Belange sollen nachrichtlich angegeben werden.

(4) [1] Die Kosten- und Finanzierungsübersicht kann mit Zustimmung der nach Landesrecht zuständigen Behörde auf den Zeitraum der mehrjährigen Finanzplanung der Gemeinde beschränkt werden. [2] Das Erfordernis, die städtebauliche Sanierungsmaßnahme innerhalb eines absehbaren Zeitraums durchzuführen, bleibt unberührt.

(5) Die Gemeinde und die höhere Verwaltungsbehörde können von anderen Trägern öffentlicher Belange Auskunft über deren eigene Absichten im förmlich festgelegten Sanierungsgebiet und ihre Kosten- und Finanzierungsvorstellungen verlangen.

(6) [1] Die höhere Verwaltungsbehörde kann von der Gemeinde Ergänzungen oder Änderungen der Kosten- und Finanzierungsübersicht verlangen. [2] Sie hat für ein wirtschaftlich sinnvolles Zusammenwirken der Gemeinde und der anderen Träger öffentlicher Belange bei der Durchführung ihrer Maßnahmen zu sorgen und die Gemeinde bei der Beschaffung von Förderungsmitteln aus öffentlichen Haushalten zu unterstützen.

§ 150 ***Ersatz für Änderungen*** **von Einrichtungen, die der öffentlichen Versorgung dienen.** (1) [1] Stehen in einem förmlich festgelegten Sanierungsgebiet Anlagen der öffentlichen Versorgung mit Elektrizität, Gas,

Wasser, Wärme, Telekommunikationsdienstleistungen oder Anlagen der Abwasserwirtschaft infolge der Durchführung der Sanierung nicht mehr zur Verfügung und sind besondere Aufwendungen erforderlich, die über das bei ordnungsgemäßer Wirtschaft erforderliche Maß hinausgehen, zum Beispiel der Ersatz oder die Verlegung dieser Anlagen, hat die Gemeinde dem Träger der Aufgabe die ihm dadurch entstehenden Kosten zu erstatten. [2] Vorteile und Nachteile, die dem Träger der Aufgabe im Zusammenhang damit entstehen, sind auszugleichen.

(2) Kommt eine Einigung über den Erstattungsbetrag nicht zustande, entscheidet die höhere Verwaltungsbehörde.

§ 151 Abgaben- und Auslagenbefreiung. (1) Frei von Gebühren und ähnlichen nichtsteuerlichen Abgaben sowie von Auslagen sind Geschäfte und Verhandlungen

1. zur Vorbereitung oder Durchführung von städtebaulichen Sanierungsmaßnahmen,
2. zur Durchführung von Erwerbsvorgängen,
3. zur Gründung oder Auflösung eines Unternehmens, dessen Geschäftszweck ausschließlich darauf gerichtet ist, als Sanierungsträger tätig zu werden.

(2) [1] Die Abgabenbefreiung gilt nicht für die Kosten eines Rechtsstreits. [2] Unberührt bleiben Regelungen nach landesrechtlichen Vorschriften.

(3) Erwerbsvorgänge im Sinne des Absatzes 1 Nummer 2 sind

1. der Erwerb eines Grundstücks durch eine Gemeinde oder durch einen Rechtsträger im Sinne der §§ 157 und 205 zur Vorbereitung oder Durchführung von städtebaulichen Sanierungsmaßnahmen. Hierzu gehört auch der Erwerb eines Grundstücks zur Verwendung als Austausch- oder Ersatzland im Rahmen von städtebaulichen Sanierungsmaßnahmen;
2. der Erwerb eines Grundstücks durch eine Person, die zur Vorbereitung oder Durchführung von städtebaulichen Sanierungsmaßnahmen oder zur Verwendung als Austausch- oder Ersatzland ein Grundstück übereignet oder verloren hat. Die Abgabenbefreiung wird nur gewährt
   a) beim Erwerb eines Grundstücks im Sanierungsgebiet, in dem das übereignete oder verlorene Grundstück liegt, bis zum Abschluss der städtebaulichen Sanierungsmaßnahme,
   b) in anderen Fällen bis zum Ablauf von zehn Jahren, gerechnet von dem Zeitpunkt ab, in dem das Grundstück übereignet oder verloren wurde;
3. der Erwerb eines im förmlich festgelegten Sanierungsgebiet gelegenen Grundstücks, soweit die Gegenleistung in der Hingabe eines in demselben Sanierungsgebiet gelegenen Grundstücks besteht;
4. der Erwerb eines Grundstücks, der durch die Begründung, das Bestehen oder die Auflösung eines Treuhandverhältnisses im Sinne des § 160 oder des § 161 bedingt ist.

Dritter Abschnitt. Besondere sanierungsrechtliche Vorschriften

§ 152 Anwendungsbereich. Die Vorschriften dieses Abschnitts sind im förmlich festgelegten Sanierungsgebiet anzuwenden, sofern die Sanierung nicht im vereinfachten Sanierungsverfahren durchgeführt wird.

§ 153 Bemessung von Ausgleichs- und Entschädigungsleistungen, Kaufpreise, Umlegung. (1) [1] Sind auf Grund von Maßnahmen, die der Vorbereitung oder Durchführung der Sanierung im förmlich festgelegten Sanierungsgebiet dienen, nach den Vorschriften dieses Gesetzbuchs Ausgleichs- oder Entschädigungsleistungen zu gewähren, werden bei deren Bemessung Werterhöhungen, die lediglich durch die Aussicht auf die Sanierung, durch ihre Vorbereitung oder ihre Durchführung eingetreten sind, nur insoweit berücksichtigt, als der Betroffene diese Werterhöhungen durch eigene Aufwendungen zulässigerweise bewirkt hat. [2] Änderungen in den allgemeinen Wertverhältnissen auf dem Grundstücksmarkt sind zu berücksichtigen.

(2) [1] Liegt bei der rechtsgeschäftlichen Veräußerung eines Grundstücks sowie bei der Bestellung oder Veräußerung eines Erbbaurechts der vereinbarte Gegenwert für das Grundstück oder das Recht über dem Wert, der sich in Anwendung des Absatzes 1 ergibt, liegt auch hierin eine wesentliche Erschwerung der Sanierung im Sinne des § 145 Absatz 2. [2] Dies gilt nicht, wenn in den Fällen des § 154 Absatz 3 Satz 2 oder 3 die Verpflichtung zur Entrichtung des Ausgleichsbetrags erloschen ist.

(3) [1] Die Gemeinde oder der Sanierungsträger darf beim Erwerb eines Grundstücks keinen höheren Kaufpreis vereinbaren, als er sich in entsprechender Anwendung des Absatzes 1 ergibt. [2] In den Fällen des § 144 Absatz 4 Nummer 4 und 5 darf der Bedarfsträger keinen höheren Kaufpreis vereinbaren, als er sich in entsprechender Anwendung des Absatzes 1 ergibt.

(4) [1] Bei der Veräußerung nach den §§ 89 und 159 Absatz 3 ist das Grundstück zu dem Verkehrswert zu veräußern, der sich durch die rechtliche und tatsächliche Neuordnung des förmlich festgelegten Sanierungsgebiets ergibt. [2] § 154 Absatz 5 ist dabei auf den Teil des Kaufpreises entsprechend anzuwenden, der der durch die Sanierung bedingten Werterhöhung des Grundstücks entspricht.

(5) Im förmlich festgelegten Sanierungsgebiet sind

1. Absatz 1 auf die Ermittlung von Werten nach § 57 Satz 2 und im Falle der Geldabfindung nach § 59 Absatz 2 und 4 bis 6 sowie den §§ 60 und 61 Absatz 2 entsprechend anzuwenden;
2. Wertänderungen, die durch die rechtliche und tatsächliche Neuordnung des förmlich festgelegten Sanierungsgebiets eintreten, bei der Ermittlung von Werten nach § 57 Satz 3 und 4 und im Falle des Geldausgleichs nach § 59 Absatz 2 sowie den §§ 60 und 61 Absatz 2 zu berücksichtigen;
3. § 58 nicht anzuwenden.

§ 154 Ausgleichsbetrag des Eigentümers. (1) [1] Der Eigentümer eines im förmlich festgelegten Sanierungsgebiet gelegenen Grundstücks hat zur Finanzierung der Sanierung an die Gemeinde einen Ausgleichsbetrag in Geld zu entrichten, der der durch die Sanierung bedingten Erhöhung des Bodenwerts seines Grundstücks entspricht. [2] Miteigentümer haften als Gesamtschuldner; bei Wohnungs- und Teileigentum sind die einzelnen Wohnungs- und Teileigentümer nur entsprechend ihrem Miteigentumsanteil heranzuziehen. [3] Werden im förmlich festgelegten Sanierungsgebiet Erschließungsanlagen im Sinne des § 127 Absatz 2 hergestellt, erweitert oder verbessert, sind Vorschriften über die Erhebung von Beiträgen für diese Maßnahmen auf Grundstücke im förmlich festgelegten Sanierungsgebiet nicht anzuwenden.

[4] Satz 3 gilt entsprechend für die Anwendung der Vorschrift über die Erhebung von Kostenerstattungsbeträgen im Sinne des § 135a Absatz 3.

(2) Die durch die Sanierung bedingte Erhöhung des Bodenwerts des Grundstücks besteht aus dem Unterschied zwischen dem Bodenwert, der sich für das Grundstück ergeben würde, wenn eine Sanierung weder beabsichtigt noch durchgeführt worden wäre (Anfangswert), und dem Bodenwert, der sich für das Grundstück durch die rechtliche und tatsächliche Neuordnung des förmlich festgelegten Sanierungsgebiets ergibt (Endwert).

(2a) [1] Die Gemeinde kann durch Satzung bestimmen, dass der Ausgleichsbetrag abweichend von Absatz 1 Satz 1 ausgehend von dem Aufwand (ohne die Kosten seiner Finanzierung) für die Erweiterung oder Verbesserung von Erschließungsanlagen im Sinne des § 127 Absatz 2 Nummer 1 bis 3 (Verkehrsanlagen) in dem Sanierungsgebiet zu berechnen ist; Voraussetzung für den Erlass der Satzung sind Anhaltspunkte dafür, dass die sanierungsbedingte Erhöhung der Bodenwerte der Grundstücke in dem Sanierungsgebiet nicht wesentlich über der Hälfte dieses Aufwands liegt. [2] In der Satzung ist zu bestimmen, bis zu welcher Höhe der Aufwand der Berechnung zu Grunde zu legen ist; sie darf 50 vom Hundert nicht übersteigen. [3] Im Geltungsbereich der Satzung berechnet sich der Ausgleichsbetrag für das jeweilige Grundstück nach dem Verhältnis seiner Fläche zur Gesamtfläche; als Gesamtfläche ist die Fläche des Sanierungsgebiets ohne die Flächen für die Verkehrsanlagen zu Grunde zu legen. [4] § 128 Absatz 1 und 3 ist entsprechend anzuwenden.

(3) [1] Der Ausgleichsbetrag ist nach Abschluss der Sanierung (§§ 162 und 163) zu entrichten. [2] Die Gemeinde kann die Ablösung im Ganzen vor Abschluss der Sanierung zulassen; dabei kann zu Deckung von Kosten der Sanierungsmaßnahme auch ein höherer Betrag als der Ausgleichsbetrag vereinbart werden. [3] Die Gemeinde soll auf Antrag des Ausgleichsbetragspflichtigen den Ausgleichsbetrag vorzeitig festsetzen, wenn der Ausgleichsbetragspflichtige an der Festsetzung vor Abschluss der Sanierung ein berechtigtes Interesse hat und der Ausgleichsbetrag mit hinreichender Sicherheit ermittelt werden kann.

(4) [1] Die Gemeinde fordert den Ausgleichsbetrag durch Bescheid an; der Betrag wird einen Monat nach der Bekanntgabe des Bescheids fällig. [2] Vor der Festsetzung des Ausgleichsbetrags ist dem Ausgleichsbetragspflichtigen Gelegenheit zur Stellungnahme und Erörterung der für die Wertermittlung seines Grundstücks maßgeblichen Verhältnisse sowie der nach § 155 Absatz 1 anrechenbaren Beträge innerhalb angemessener Frist zu geben. [3] Der Ausgleichsbetrag ruht nicht als öffentliche Last auf dem Grundstück.

(5) [1] Die Gemeinde hat den Ausgleichsbetrag auf Antrag des Eigentümers in ein Tilgungsdarlehen umzuwandeln, sofern diesem nicht zugemutet werden kann, die Verpflichtung bei Fälligkeit mit eigenen oder fremden Mitteln zu erfüllen. [2] Die Darlehensschuld ist mit höchstens 6 vom Hundert jährlich zu verzinsen und mit 5 vom Hundert zuzüglich der ersparten Zinsen jährlich zu tilgen. [3] Der Tilgungssatz kann im Einzelfall bis auf 1 vom Hundert herabgesetzt werden und das Darlehen niedrig verzinslich oder zinsfrei gestellt werden, wenn dies im öffentlichen Interesse oder zur Vermeidung unbilliger Härten oder zur Vermeidung einer von dem Ausgleichsbetragspflichtigen nicht zu vertretenden Unwirtschaftlichkeit der Grundstücksnutzung geboten ist. [4] Die Gemeinde soll den zur Finanzierung der Neubebauung, Modernisierung oder Instandsetzung erforderlichen Grundpfandrechten den Vorrang

vor einem zur Sicherung ihres Tilgungsdarlehens bestellten Grundpfandrecht einräumen.

(6) Die Gemeinde kann von den Eigentümern auf den nach den Absätzen 1 bis 4 zu entrichtenden Ausgleichsbetrag Vorauszahlungen verlangen, sobald auf dem Grundstück eine den Zielen und Zwecken der Sanierung entsprechende Bebauung oder sonstige Nutzung zulässig ist; die Absätze 1 bis 5 sind sinngemäß anzuwenden.

§ 155 Anrechnung auf den Ausgleichsbetrag, Absehen. (1) Auf den Ausgleichsbetrag sind anzurechnen

1. die durch die Sanierung entstandenen Vorteile oder Bodenwerterhöhungen des Grundstücks, die bereits in einem anderen Verfahren, insbesondere in einem Enteignungsverfahren berücksichtigt worden sind; für Umlegungsverfahren bleibt Absatz 2 unberührt,
2. die Bodenwerterhöhungen des Grundstücks, die der Eigentümer zulässigerweise durch eigene Aufwendungen bewirkt hat; soweit der Eigentümer gemäß § 146 Absatz 3 Ordnungsmaßnahmen durchgeführt oder Gemeinbedarfs- und Folgeeinrichtungen im Sinne des § 148 Absatz 2 Satz 1 Nummer 3 errichtet oder geändert hat, sind jedoch die ihm entstandenen Kosten anzurechnen,
3. die Bodenwerterhöhungen des Grundstücks, die der Eigentümer beim Erwerb des Grundstücks als Teil des Kaufpreises in einem den Vorschriften der Nummern 1 und 2 sowie des § 154 entsprechenden Betrag zulässigerweise bereits entrichtet hat.

(2) Ein Ausgleichsbetrag entfällt, wenn eine Umlegung nach Maßgabe des § 153 Absatz 5 durchgeführt worden ist.

(3) [1] Die Gemeinde kann für das förmlich festgelegte Sanierungsgebiet oder für zu bezeichnende Teile des Sanierungsgebiets von der Festsetzung des Ausgleichsbetrags absehen, wenn

1. eine geringfügige Bodenwerterhöhung gutachtlich ermittelt worden ist und
2. der Verwaltungsaufwand für die Erhebung des Ausgleichsbetrags in keinem Verhältnis zu den möglichen Einnahmen steht.

[2] Die Entscheidung nach Satz 1 kann auch getroffen werden, bevor die Sanierung abgeschlossen ist.

(4) [1] Die Gemeinde kann im Einzelfall von der Erhebung des Ausgleichsbetrags ganz oder teilweise absehen, wenn dies im öffentlichen Interesse oder zur Vermeidung unbilliger Härten geboten ist. [2] Die Freistellung kann auch vor Abschluss der Sanierung erfolgen.

(5) Im Übrigen sind die landesrechtlichen Vorschriften über kommunale Beiträge einschließlich der Bestimmungen über die Stundung und den Erlass entsprechend anzuwenden.

(6) Sind dem Eigentümer Kosten der Ordnungsmaßnahmen oder Kosten für die Errichtung oder Änderung von Gemeinbedarfs- und Folgeeinrichtungen im Sinne des § 148 Absatz 2 Satz 1 Nummer 3 entstanden, hat die *Gemeinde sie ihm zu erstatten,* soweit sie über den nach § 154 und Absatz 1 ermittelten Ausgleichsbetrag hinausgehen und die Erstattung nicht vertraglich ausgeschlossen wurde.

§ 156 Überleitungsvorschriften zur förmlichen Festlegung. (1) [1] Beitragspflichten für Erschließungsanlagen im Sinne des § 127 Absatz 2, die vor der förmlichen Festlegung entstanden sind, bleiben unberührt. [2] Entsprechendes gilt für Kostenerstattungsbeträge im Sinne des § 135a Absatz 3.

(2) Hat die Umlegungsstelle vor der förmlichen Festlegung des Sanierungsgebiets in einem Umlegungsverfahren, das sich auf Grundstücke im Gebiet bezieht, den Umlegungsplan nach § 66 Absatz 1 aufgestellt oder ist eine Vorwegentscheidung nach § 76 getroffen worden, bleibt es dabei.

(3) Hat die Enteignungsbehörde vor der förmlichen Festlegung des Sanierungsgebiets den Enteignungsbeschluss nach § 113 für ein in dem Gebiet gelegenes Grundstück erlassen oder ist eine Einigung nach § 110 beurkundet worden, sind die Vorschriften des Ersten Kapitels weiter anzuwenden.

§ 156a Kosten und Finanzierung der Sanierungsmaßnahme.

(1) [1] Ergibt sich nach der Durchführung der städtebaulichen Sanierungsmaßnahme und der Übertragung eines Treuhandvermögens des Sanierungsträgers auf die Gemeinde bei ihr ein Überschuss der bei der Vorbereitung und Durchführung der städtebaulichen Sanierungsmaßnahme erzielten Einnahmen über die hierfür getätigten Ausgaben, so ist dieser Überschuss auf die Eigentümer der im Sanierungsgebiet gelegenen Grundstücke zu verteilen. [2] Maßgebend sind die Eigentumsverhältnisse bei der Bekanntmachung des Beschlusses über die förmliche Festlegung des Sanierungsgebiets. [3] Ist nach diesem Zeitpunkt das Eigentum gegen Entgelt übertragen worden, so steht der auf das Grundstück entfallende Anteil dem früheren Eigentümer und dem Eigentümer, der zu einem Ausgleichsbetrag nach § 154 herangezogen worden ist, je zur Hälfte zu.

(2) Die auf die einzelnen Grundstücke entfallenden Anteile des Überschusses sind nach dem Verhältnis der Anfangswerte der Grundstücke im Sinne des § 154 Absatz 2 zu bestimmen.

(3) [1] Die Gemeinde hat bei der Errechnung des Überschusses Zuschüsse abzuziehen, die ihr oder Eigentümern aus Mitteln eines anderen öffentlichen Haushalts zur Deckung von Kosten der Vorbereitung oder Durchführung der Sanierungsmaßnahme gewährt worden sind. [2] Im Übrigen bestimmt sich das Verfahren zur Verteilung des Überschusses nach landesrechtlichen Regelungen.

Vierter Abschnitt. Sanierungsträger und andere Beauftragte

§ 157 Erfüllung von Aufgaben für die Gemeinde. (1) [1] Die Gemeinde kann sich zur Erfüllung von Aufgaben, die ihr bei der Vorbereitung oder Durchführung der Sanierung obliegen, eines geeigneten Beauftragten bedienen. [2] Sie darf jedoch die Aufgabe,

1. städtebauliche Sanierungsmaßnahmen durchzuführen, die der Gemeinde nach den §§ 146 bis 148 obliegen,
2. Grundstücke oder Rechte an ihnen zur Vorbereitung oder Durchführung der Sanierung im Auftrag der Gemeinde zu erwerben,
3. der Sanierung dienende Mittel zu bewirtschaften,

nur einem Unternehmen (Sanierungsträger) übertragen, das die Voraussetzungen für die Übernahme der Aufgaben als Sanierungsträger nach § 158 erfüllt.

(2) Die Gemeinde soll die Ausarbeitung der Bauleitpläne und die Aufgaben eines für eigene Rechnung tätigen Sanierungsträgers nicht demselben Unternehmen oder einem rechtlich oder wirtschaftlich von ihm abhängigen Unternehmen übertragen.

§ 158 Voraussetzungen für die Beauftragung als Sanierungsträger. Dem Unternehmen können die Aufgaben als Sanierungsträger nur übertragen werden, wenn

1. das Unternehmen nicht selbst als Bauunternehmen tätig oder von einem Bauunternehmen abhängig ist,
2. das Unternehmen nach seiner Geschäftstätigkeit und seinen wirtschaftlichen Verhältnissen geeignet und in der Lage ist, die Aufgaben eines Sanierungsträgers ordnungsgemäß zu erfüllen,
3. das Unternehmen, sofern es nicht bereits kraft Gesetzes einer jährlichen Prüfung seiner Geschäftstätigkeit und seiner wirtschaftlichen Verhältnisse unterliegt, sich einer derartigen Prüfung unterworfen hat oder unterwirft,
4. die zur Vertretung berufenen Personen sowie die leitenden Angestellten die erforderliche geschäftliche Zuverlässigkeit besitzen.

§ 159 Erfüllung der Aufgaben als Sanierungsträger. (1) [1] Der Sanierungsträger erfüllt die ihm von der Gemeinde übertragenen Aufgaben nach § 157 Absatz 1 Satz 2 Nummer 1 oder 2 im eigenen Namen für Rechnung der Gemeinde als deren Treuhänder oder im eigenen Namen für eigene Rechnung. [2] Die ihm von der Gemeinde übertragene Aufgabe nach § 157 Absatz 1 Satz 2 Nummer 3 erfüllt er im eigenen Namen für Rechnung der Gemeinde als deren Treuhänder. [3] Der Sanierungsträger hat der Gemeinde auf Verlangen Auskunft zu erteilen.

(2) [1] Die Gemeinde und der Sanierungsträger legen mindestens die Aufgaben, die Rechtsstellung, in der sie der Sanierungsträger zu erfüllen hat, eine von der Gemeinde hierfür zu entrichtende angemessene Vergütung und die Befugnis der Gemeinde zur Erteilung von Weisungen durch schriftlichen Vertrag fest. [2] Der Vertrag bedarf nicht der Form des § 311b Absatz 1 des Bürgerlichen Gesetzbuchs[1]. [3] Er kann von jeder Seite nur aus wichtigem Grund gekündigt werden.

(3) [1] Der Sanierungsträger ist verpflichtet, die Grundstücke, die er nach Übertragung der Aufgabe zur Vorbereitung oder Durchführung der Sanierung erworben hat, nach Maßgabe des § 89 Absatz 3 und 4 und unter Beachtung der Weisungen der Gemeinde zu veräußern. [2] Er hat die Grundstücke, die er nicht veräußert hat, der Gemeinde anzugeben und auf ihr Verlangen an Dritte oder an sie zu veräußern.

(4) [1] Ist in dem von dem Erwerber an den Sanierungsträger entrichteten Kaufpreis ein Betrag enthalten, der nach den §§ 154 und 155 vom Eigentümer zu tragen wäre, hat der Sanierungsträger diesen Betrag an die Gemeinde

[1] **Schönfelder Nr. 20.**

abzuführen oder mit ihr zu verrechnen. [2] In den Fällen des § 153 Absatz 4 Satz 2 hat der Sanierungsträger Ansprüche aus dem Darlehen auf Verlangen entweder an die Gemeinde abzutreten und empfangene Zinsen und Tilgungen an sie abzuführen oder sie mit ihr zu verrechnen.

(5) Der Sanierungsträger hat für die Grundstücke, deren Eigentümer er bleibt, an die Gemeinde Ausgleichsbeträge nach Maßgabe der §§ 154 und 155 zu entrichten.

(6) [1] Kündigt die Gemeinde im Falle der Eröffnung des Insolvenzverfahrens über das Vermögen des für eigene Rechnung tätigen Sanierungsträgers den mit diesem geschlossenen Vertrag, kann sie vom Insolvenzverwalter verlangen, ihr die im förmlich festgelegten Sanierungsgebiet gelegenen Grundstücke, die der Sanierungsträger nach Übertragung der Aufgaben zur Vorbereitung oder Durchführung der Sanierung erworben hat, gegen Erstattung der vom Sanierungsträger erbrachten Aufwendungen zu übereignen. [2] Der Insolvenzverwalter ist verpflichtet, der Gemeinde ein Verzeichnis dieser Grundstücke zu übergeben. [3] Die Gemeinde kann ihren Anspruch nur binnen sechs Monaten nach Übergabe des Grundstücksverzeichnisses geltend machen. [4] Im Übrigen haftet die Gemeinde den Gläubigern von Verbindlichkeiten aus der Durchführung der Ordnungsmaßnahmen wie ein Bürge, soweit sie aus dem Vermögen des Sanierungsträgers im Insolvenzverfahren keine vollständige Befriedigung erlangt haben.

§ 160 Treuhandvermögen. (1) [1] Ist dem Sanierungsträger eine Aufgabe als Treuhänder der Gemeinde übertragen, erfüllt er sie mit einem Treuhandvermögen in eigenem Namen für Rechnung der Gemeinde. [2] Der Sanierungsträger erhält von der Gemeinde für den Rechtsverkehr eine Bescheinigung über die Übertragung der Aufgabe als Treuhänder. [3] Er soll bei Erfüllung der Aufgabe seinem Namen einen das Treuhandverhältnis kennzeichnenden Zusatz hinzufügen.

(2) Der als Treuhänder tätige Sanierungsträger hat das in Erfüllung der Aufgabe gebildete Treuhandvermögen getrennt von anderem Vermögen zu verwalten.

(3) [1] Zum Treuhandvermögen gehören die Mittel, die die Gemeinde dem Sanierungsträger zur Erfüllung der Aufgabe zur Verfügung stellt. [2] Zum Treuhandvermögen gehört auch, was der Sanierungsträger mit Mitteln des Treuhandvermögens oder durch ein Rechtsgeschäft, das sich auf das Treuhandvermögen bezieht, oder auf Grund eines zum Treuhandvermögen gehörenden Rechts oder als Ersatz für die Zerstörung, Beschädigung oder Entziehung eines zum Treuhandvermögen gehörenden Gegenstands erwirbt.

(4) [1] Die Gemeinde gewährleistet die Erfüllung der Verbindlichkeiten, für die der Sanierungsträger mit dem Treuhandvermögen haftet. [2] Mittel, die der Sanierungsträger darlehensweise von einem Dritten erhält, gehören nur dann zum Treuhandvermögen, wenn die Gemeinde der Darlehensaufnahme schriftlich zugestimmt hat. [3] Das Gleiche gilt für eigene Mittel, die der Sanierungsträger einbringt.

(5) [1] Grundstücke im förmlich festgelegten Sanierungsgebiet, die der Sanierungsträger vor oder nach Übertragung der Aufgabe mit Mitteln, die nicht zum Treuhandvermögen gehören, oder unter Hergabe von eigenem Austauschland erworben hat, hat er auf Verlangen der Gemeinde gegen Ersatz

seiner Aufwendungen in das Treuhandvermögen zu überführen. [2] Dabei sind als Grundstückswerte die Werte zu berücksichtigen, die sich in Anwendung des § 153 Absatz 1 ergeben.

(6) [1] Der als Treuhänder tätige Sanierungsträger hat der Gemeinde nach Beendigung seiner Tätigkeit Rechenschaft abzulegen. [2] Er hat nach Beendigung seiner Tätigkeit das Treuhandvermögen einschließlich der Grundstücke, die er nicht veräußert hat, auf die Gemeinde zu übertragen. [3] Von der Übertragung an haftet die Gemeinde anstelle des Sanierungsträgers für die noch bestehenden Verbindlichkeiten, für die dieser mit dem Treuhandvermögen gehaftet hat.

(7) [1] Der Sanierungsträger darf vor der Übertragung nach Absatz 6 die Grundstücke des Treuhandvermögens, die er unter Hergabe von entsprechendem nicht zum Treuhandvermögen gehörendem eigenem Austauschland oder mindestens zwei Jahre, bevor ihm die Gemeinde einen mit der Sanierung zusammenhängenden Auftrag erteilt hat, erworben und in das Treuhandvermögen überführt hat, in sein eigenes Vermögen zurücküberführen. [2] Sind die von ihm in das Treuhandvermögen überführten Grundstücke veräußert oder im Rahmen der Ordnungsmaßnahmen zur Bildung neuer Grundstücke verwendet oder sind ihre Grenzen verändert worden, kann der Sanierungsträger andere Grundstücke, die wertmäßig seinen in das Treuhandvermögen überführten Grundstücken entsprechen, in sein eigenes Vermögen zurücküberführen; er bedarf hierzu der Genehmigung der Gemeinde. [3] Er hat dem Treuhandvermögen den Verkehrswert der Grundstücke zu erstatten, der sich durch die rechtliche und tatsächliche Neuordnung des förmlich festgelegten Sanierungsgebiets ergibt.

§ 161 Sicherung des Treuhandvermögens. (1) Der Sanierungsträger haftet Dritten mit dem Treuhandvermögen nicht für Verbindlichkeiten, die sich nicht auf das Treuhandvermögen beziehen.

(2) Wird in das Treuhandvermögen wegen einer Verbindlichkeit, für die der Sanierungsträger nicht mit dem Treuhandvermögen haftet, die Zwangsvollstreckung betrieben, kann die Gemeinde auf Grund des Treuhandverhältnisses gegen die Zwangsvollstreckung nach Maßgabe des § 771 der Zivilprozessordnung[1)] Widerspruch, der Sanierungsträger unter entsprechender Anwendung des § 767 Absatz 1 der Zivilprozessordnung Einwendungen geltend machen.

(3) [1] Im Falle der Eröffnung des Insolvenzverfahrens über das Vermögen des Sanierungsträgers gehört das Treuhandvermögen nicht zur Insolvenzmasse. [2] Kündigt die Gemeinde das Treuhandverhältnis, so hat der Insolvenzverwalter das Treuhandvermögen auf die Gemeinde zu übertragen und bis zur Übertragung zu verwalten. [3] Von der Übertragung an haftet die Gemeinde anstelle des Sanierungsträgers für die Verbindlichkeiten, für die dieser mit dem Treuhandvermögen gehaftet hat. [4] Die mit der Eröffnung des Insolvenzverfahrens verbundenen Rechtsfolgen treten hinsichtlich der Verbindlichkeiten nicht ein. [5] § 418 des Bürgerlichen Gesetzbuchs[2)] ist nicht anzuwenden.

[1)] **Schönfelder Nr. 100.**
[2)] **Schönfelder Nr. 20.**

Fünfter Abschnitt. Abschluss der Sanierung

§ 162 Aufhebung der Sanierungssatzung. (1) [1] Die Sanierungssatzung ist aufzuheben, wenn

1. die Sanierung durchgeführt ist oder
2. die Sanierung sich als undurchführbar erweist oder
3. die Sanierungsabsicht aus anderen Gründen aufgegeben wird oder
4. die nach § 142 Absatz 3 Satz 3 oder 4 für die Durchführung der Sanierung festgelegte Frist abgelaufen ist.

[2] Sind diese Voraussetzungen nur für einen Teil des förmlich festgelegten Sanierungsgebiets gegeben, ist die Satzung für diesen Teil aufzuheben.

(2) [1] Der Beschluss der Gemeinde, durch den die förmliche Festlegung des Sanierungsgebiets ganz oder teilweise aufgehoben wird, ergeht als Satzung. [2] Die Satzung ist ortsüblich bekannt zu machen. [3] Die Gemeinde kann auch ortsüblich bekannt machen, dass eine Satzung zur Aufhebung der förmlichen Festlegung des Sanierungsgebiets beschlossen worden ist; § 10 Absatz 3 Satz 2 bis 5 ist entsprechend anzuwenden. [4] Mit der Bekanntmachung wird die Satzung rechtsverbindlich.

(3) Die Gemeinde ersucht das Grundbuchamt, die Sanierungsvermerke zu löschen.

§ 163 Fortfall von Rechtswirkungen für einzelne Grundstücke.

(1) [1] Die Gemeinde kann die Sanierung für ein Grundstück als abgeschlossen erklären, wenn entsprechend den Zielen und Zwecken der Sanierung

1. das Grundstück bebaut ist oder in sonstiger Weise genutzt wird oder
2. das Gebäude modernisiert oder instand gesetzt ist.

[2] Auf Antrag des Eigentümers hat die Gemeinde die Sanierung für das Grundstück als abgeschlossen zu erklären.

(2) [1] Die Gemeinde kann bereits vor dem in Absatz 1 bezeichneten Zeitpunkt die Durchführung der Sanierung für einzelne Grundstücke durch Bescheid an die Eigentümer für abgeschlossen erklären, wenn die den Zielen und Zwecken der Sanierung entsprechende Bebauung oder sonstige Nutzung oder die Modernisierung oder Instandsetzung auch ohne Gefährdung der Ziele und Zwecke der Sanierung zu einem späteren Zeitpunkt möglich ist. [2] Ein Rechtsanspruch auf Abgabe der Erklärung besteht in diesem Falle nicht.

(3) [1] Mit der Erklärung entfällt die Anwendung der §§ 144, 145 und 153 für dieses Grundstück. [2] Die Gemeinde ersucht das Grundbuchamt, den Sanierungsvermerk zu löschen.

§ 164 Anspruch auf Rückübertragung. (1) Wird die Sanierungssatzung aus den in § 162 Absatz 1 Satz 1 Nummer 2 oder 3 bezeichneten Gründen aufgehoben oder ist im Falle der Aufhebung nach § 162 Absatz 1 Satz 1 Nummer 4 die Sanierung nicht durchgeführt worden, hat der frühere Eigentümer eines Grundstücks einen Anspruch gegenüber dem jeweiligen Eigentümer auf Rückübertragung dieses Grundstücks, wenn es die Gemeinde oder der Sanierungsträger von ihm nach der förmlichen Festlegung des Sanierungsgebiets zur Durchführung der Sanierung freihändig oder nach den Vorschriften dieses Gesetzbuchs ohne Hergabe von entsprechendem Austauschland, Ersatzland oder Begründung von Rechten der in § 101 Absatz 1 Satz 1 Nummer 1 bezeichneten Art erworben hatte.

(2) Der Anspruch besteht nicht, wenn

1. das Grundstück als Baugrundstück für den Gemeinbedarf oder als Verkehrs-, Versorgungs- oder Grünfläche in einem Bebauungsplan festgesetzt ist oder für sonstige öffentliche Zwecke benötigt wird oder
2. der frühere Eigentümer selbst das Grundstück im Wege der Enteignung erworben hatte oder
3. der Eigentümer mit der zweckgerechten Verwendung des Grundstücks begonnen hat oder
4. das Grundstück auf Grund des § 89 oder des § 159 Absatz 3 an einen Dritten veräußert wurde oder
5. die Grundstücksgrenzen erheblich verändert worden sind.

(3) Die Rückübertragung kann nur binnen zwei Jahren seit der Aufhebung der Sanierungssatzung verlangt werden.

(4) Der frühere Eigentümer hat als Kaufpreis den Verkehrswert zu zahlen, den das Grundstück im Zeitpunkt der Rückübertragung hat.

(5) [1] Ein Anspruch auf Rückenteignung nach § 102 bleibt unberührt. [2] Die dem Eigentümer zu gewährende Entschädigung nach § 103 bemisst sich nach dem Verkehrswert des Grundstücks, der sich auf Grund des rechtlichen und tatsächlichen Zustands im Zeitpunkt der Aufhebung der förmlichen Festlegung ergibt.

Sechster Abschnitt. Städtebauförderung

§ 164a Einsatz von Städtebauförderungsmitteln. (1) [1] Zur Deckung der Kosten der einheitlichen Vorbereitung und zügigen Durchführung der städtebaulichen Sanierungsmaßnahme als Einheit (Gesamtmaßnahme) werden Finanzierungs- und Förderungsmittel (Städtebauförderungsmittel) eingesetzt. [2] Für Maßnahmen im Zusammenhang mit der Sanierung, deren Finanzierung oder Förderung auf anderer gesetzlicher Grundlage beruht, sollen die in den jeweiligen Haushaltsgesetzen zur Verfügung gestellten Finanzierungs- oder Förderungsmittel so eingesetzt werden, dass die Maßnahmen im Rahmen der Sanierung durchgeführt werden können.

(2) Städtebauförderungsmittel können eingesetzt werden für

1. die Vorbereitung von Sanierungsmaßnahmen (§ 140),
2. die Durchführung von Ordnungsmaßnahmen nach § 147 einschließlich Entschädigungen, soweit durch sie kein bleibender Gegenwert erlangt wird; zu den Kosten der Ordnungsmaßnahmen gehören nicht die persönlichen oder sachlichen Kosten der Gemeindeverwaltung,
3. die Durchführung von Baumaßnahmen nach § 148,
4. die Gewährung einer angemessenen Vergütung von nach Maßgabe dieses Gesetzes beauftragten Dritten,
5. die Verwirklichung des Sozialplans nach § 180 sowie die Gewährung eines Härteausgleichs nach § 181.

(3) [1] Städtebauförderungsmittel können für Modernisierungs- und Instandsetzungsmaßnahmen im Sinne des § 177 eingesetzt werden. [2] Soweit nichts

anderes vereinbart ist, gilt dies auch für entsprechende Maßnahmen, zu deren Durchführung sich der Eigentümer gegenüber der Gemeinde vertraglich verpflichtet hat, sowie für darüber hinausgehende Maßnahmen, die der Erhaltung, Erneuerung und funktionsgerechten Verwendung eines Gebäudes dienen, das wegen seiner geschichtlichen, künstlerischen oder städtebaulichen Bedeutung erhalten bleiben soll.

§ 164b Verwaltungsvereinbarung. (1) [1]Der Bund kann zur Förderung städtebaulicher Sanierungsmaßnahmen nach Artikel 104b des Grundgesetzes[1)] den Ländern nach Maßgabe des jeweiligen Haushaltsgesetzes Finanzhilfen für Investitionen der Gemeinden und Gemeindeverbände nach einem in gleicher Weise geltenden, allgemeinen und sachgerechten Maßstab gewähren. [2]Der Maßstab und das Nähere für den Einsatz der Finanzhilfen werden durch Verwaltungsvereinbarung zwischen Bund und Ländern festgelegt.

(2) Schwerpunkt für den Einsatz solcher Finanzhilfen sind

1. die Stärkung von Innenstädten und Ortsteilzentren in ihrer städtebaulichen Funktion unter besonderer Berücksichtigung des Wohnungsbaus sowie der Belange des Denkmalschutzes und der Denkmalpflege,
2. die Wiedernutzung von Flächen, insbesondere der in Innenstädten brachliegenden Industrie-, Konversions- oder Eisenbahnflächen, zur Errichtung von Wohn- und Arbeitsstätten, Gemeinbedarfs- und Folgeeinrichtungen unter Berücksichtigung ihrer funktional sinnvollen Zuordnung (Nutzungsmischung) sowie von umweltschonenden, kosten- und flächensparenden Bauweisen,
3. städtebauliche Maßnahmen zur Behebung sozialer Missstände.

Zweiter Teil. Städtebauliche Entwicklungsmaßnahmen

§ 165 Städtebauliche Entwicklungsmaßnahmen. (1) Städtebauliche Entwicklungsmaßnahmen in Stadt und Land, deren einheitliche Vorbereitung und zügige Durchführung im öffentlichen Interesse liegen, werden nach den Vorschriften dieses Teils vorbereitet und durchgeführt.

(2) Mit städtebaulichen Entwicklungsmaßnahmen nach Absatz 1 sollen Ortsteile und andere Teile des Gemeindegebiets entsprechend ihrer besonderen Bedeutung für die städtebauliche Entwicklung und Ordnung der Gemeinde oder entsprechend der angestrebten Entwicklung des Landesgebiets oder der Region erstmalig entwickelt oder im Rahmen einer städtebaulichen Neuordnung einer neuen Entwicklung zugeführt werden.

(3) [1]Die Gemeinde kann einen Bereich, in dem eine städtebauliche Entwicklungsmaßnahme durchgeführt werden soll, durch Beschluss förmlich als *städtebaulichen* Entwicklungsbereich festlegen, wenn

1. die Maßnahme den Zielen und Zwecken nach Absatz 2 entspricht,
2. das Wohl der Allgemeinheit die Durchführung der städtebaulichen Entwicklungsmaßnahme erfordert, insbesondere zur Deckung eines erhöhten Bedarfs an Wohn- und Arbeitsstätten, zur Errichtung von Gemeinbedarfs- und Folgeeinrichtungen oder zur Wiedernutzung brachliegender Flächen,

---

[1)] Nr. 1.

3. die mit der städtebaulichen Entwicklungsmaßnahme angestrebten Ziele und Zwecke durch städtebauliche Verträge nicht erreicht werden können oder Eigentümer der von der Maßnahme betroffenen Grundstücke unter entsprechender Berücksichtigung des § 166 Absatz 3 nicht bereit sind, ihre Grundstücke an die Gemeinde oder den von ihr beauftragten Entwicklungsträger zu dem Wert zu veräußern, der sich in Anwendung des § 169 Absatz 1 Nummer 6 und Absatz 4 ergibt,
4. die zügige Durchführung der Maßnahme innerhalb eines absehbaren Zeitraums gewährleistet ist.

[2] Die öffentlichen und privaten Belange sind gegeneinander und untereinander gerecht abzuwägen.

(4) [1] Die Gemeinde hat vor der förmlichen Festlegung des städtebaulichen Entwicklungsbereichs die vorbereitenden Untersuchungen durchzuführen oder zu veranlassen, die erforderlich sind, um Beurteilungsunterlagen über die Festlegungsvoraussetzungen nach Absatz 3 zu gewinnen. [2] Die §§ 137 bis 141 sind entsprechend anzuwenden.

(5) [1] Der städtebauliche Entwicklungsbereich ist so zu begrenzen, dass sich die Entwicklung zweckmäßig durchführen lässt. [2] Einzelne Grundstücke, die von der Entwicklung nicht betroffen werden, können aus dem Bereich ganz oder teilweise ausgenommen werden. [3] Grundstücke, die den in § 26 Nummer 2 und § 35 Absatz 1 Nummer 7 bezeichneten Zwecken dienen, die in § 26 Nummer 3 bezeichneten Grundstücke sowie Grundstücke, für die nach § 1 Absatz 2 des Landbeschaffungsgesetzes[1)] ein Anhörungsverfahren eingeleitet worden ist, und bundeseigene Grundstücke, bei denen die Absicht, sie für Zwecke der Landesverteidigung zu verwenden, der Gemeinde bekannt ist, dürfen nur mit Zustimmung des Bedarfsträgers in den städtebaulichen Entwicklungsbereich einbezogen werden. [4] Der Bedarfsträger soll seine Zustimmung erteilen, wenn auch bei Berücksichtigung seiner Aufgaben ein überwiegendes öffentliches Interesse an der Durchführung der städtebaulichen Entwicklungsmaßnahme besteht.

(6) [1] Die Gemeinde beschließt die förmliche Festlegung des städtebaulichen Entwicklungsbereichs als Satzung (Entwicklungssatzung). [2] In der Entwicklungssatzung ist der städtebauliche Entwicklungsbereich zu bezeichnen.

(7) [1] Der Entwicklungssatzung ist eine Begründung beizufügen. [2] In der Begründung sind die Gründe darzulegen, die die förmliche Festlegung des entwicklungsbedürftigen Bereichs rechtfertigen.

(8) [1] Der Beschluss der Entwicklungssatzung ist ortsüblich bekannt zu machen. [2] § 10 Absatz 3 Satz 2 bis 5 ist entsprechend anzuwenden. [3] In der Bekanntmachung nach Satz 1 ist auf die Genehmigungspflicht nach den §§ 144, 145 und 153 Absatz 2 hinzuweisen. [4] Mit der Bekanntmachung wird die Entwicklungssatzung rechtsverbindlich.

(9) [1] Die Gemeinde teilt dem Grundbuchamt die rechtsverbindliche Entwicklungssatzung mit. [2] Sie hat hierbei die von der Entwicklungssatzung betroffenen Grundstücke einzeln aufzuführen. [3] Das Grundbuchamt hat in die Grundbücher dieser Grundstücke einzutragen, dass eine städtebauliche Ent-

---

[1)] **Wehrrecht Nr. 1405.**

wicklungsmaßnahme durchgeführt wird (Entwicklungsvermerk). [4] § 54 Absatz 2 Satz 1 und Absatz 3 ist entsprechend anzuwenden.

§ 166 Zuständigkeit und Aufgaben. (1) [1] Die Entwicklungsmaßnahme wird von der Gemeinde vorbereitet und durchgeführt, sofern nicht nach Absatz 4 eine abweichende Regelung getroffen wird. [2] Die Gemeinde hat für den städtebaulichen Entwicklungsbereich ohne Verzug Bebauungspläne aufzustellen und, soweit eine Aufgabe nicht nach sonstigen gesetzlichen Vorschriften einem anderen obliegt, alle erforderlichen Maßnahmen zu ergreifen, um die vorgesehene Entwicklung im städtebaulichen Entwicklungsbereich zu verwirklichen.

(2) Die Gemeinde hat die Voraussetzungen dafür zu schaffen, dass ein funktionsfähiger Bereich entsprechend der beabsichtigten städtebaulichen Entwicklung und Ordnung entsteht, der nach seinem wirtschaftlichen Gefüge und der Zusammensetzung seiner Bevölkerung den Zielen und Zwecken der städtebaulichen Entwicklungsmaßnahme entspricht und in dem eine ordnungsgemäße und zweckentsprechende Versorgung der Bevölkerung mit Gütern und Dienstleistungen sichergestellt ist.

(3) [1] Die Gemeinde soll die Grundstücke im städtebaulichen Entwicklungsbereich erwerben. [2] Dabei soll sie feststellen, ob und in welcher Rechtsform die bisherigen Eigentümer einen späteren Erwerb von Grundstücken oder Rechten im Rahmen des § 169 Absatz 6 anstreben. [3] Die Gemeinde soll von dem Erwerb eines Grundstücks absehen, wenn

1. bei einem baulich genutzten Grundstück die Art und das Maß der baulichen Nutzung bei der Durchführung der Entwicklungsmaßnahme nicht geändert werden sollen oder
2. der Eigentümer eines Grundstücks, dessen Verwendung nach den Zielen und Zwecken der städtebaulichen Entwicklungsmaßnahme bestimmt oder mit ausreichender Sicherheit bestimmbar ist, in der Lage ist, das Grundstück binnen angemessener Frist dementsprechend zu nutzen, und er sich hierzu verpflichtet.

[4] Erwirbt die Gemeinde ein Grundstück nicht, ist der Eigentümer verpflichtet, einen Ausgleichsbetrag an die Gemeinde zu entrichten, der der durch die Entwicklungsmaßnahme bedingten Erhöhung des Bodenwerts seines Grundstücks entspricht.

(4) Die Vorbereitung und Durchführung der Entwicklungsmaßnahme kann einem Planungsverband nach § 205 Absatz 4 übertragen werden.

§ 167 Erfüllung von Aufgaben für die Gemeinde; Entwicklungsträger. (1) [1] Die Gemeinde kann sich zur Erfüllung von Aufgaben, die ihr bei der Vorbereitung oder Durchführung der städtebaulichen Entwicklungsmaßnahme obliegen, eines geeigneten Beauftragten, insbesondere eines Entwicklungsträgers, bedienen. [2] § 157 Absatz 1 Satz 2 und § 158 sind entsprechend anzuwenden.

(2) [1] Der Entwicklungsträger erfüllt die ihm von der Gemeinde übertragenen Aufgaben in eigenem Namen für Rechnung der Gemeinde als deren Treuhänder. [2] § 159 Absatz 1 Satz 3 und Absatz 2 sowie die §§ 160 und 161 sind entsprechend anzuwenden.

(3) Der Entwicklungsträger ist verpflichtet, die Grundstücke des Treuhandvermögens nach Maßgabe des § 169 Absatz 5 bis 8 zu veräußern; er ist dabei an Weisungen der Gemeinde gebunden.

§ 168 Übernahmeverlangen. [1] Der Eigentümer eines im städtebaulichen Entwicklungsbereich gelegenen Grundstücks kann von der Gemeinde die Übernahme des Grundstücks verlangen, wenn es ihm mit Rücksicht auf die Erklärung zum städtebaulichen Entwicklungsbereich oder den Stand der Entwicklungsmaßnahme wirtschaftlich nicht mehr zuzumuten ist, das Grundstück zu behalten oder in der bisherigen oder einer anderen zulässigen Art zu nutzen. [2] Die Vorschrift des § 145 Absatz 5 Satz 2 bis 5 ist entsprechend anzuwenden.

§ 169 Besondere Vorschriften für den städtebaulichen Entwicklungsbereich. (1) Im städtebaulichen Entwicklungsbereich sind entsprechend anzuwenden

1. die §§ 137, 138 und 139 (Beteiligung und Mitwirkung der Betroffenen; Auskunftspflicht; Beteiligung und Mitwirkung öffentlicher Aufgabenträger),
2. § 142 Absatz 2 (Ersatz- und Ergänzungsgebiete),
3. die §§ 144 und 145 (Genehmigungspflichtige Vorhaben und Rechtsvorgänge; Genehmigung),
4. die §§ 146 bis 148 (Durchführung; Ordnungsmaßnahmen; Baumaßnahmen),
5. die §§ 150 und 151 (Ersatz für Änderungen von Einrichtungen, die der öffentlichen Versorgung dienen; Abgaben- und Auslagenbefreiung),
6. § 153 Absatz 1 bis 3 (Bemessung von Ausgleichs- und Entschädigungsleistungen; Kaufpreise),
7. die §§ 154 bis 156, ohne § 154 Absatz 2a (Ausgleichsbetrag des Eigentümers; Anrechnung auf den Ausgleichsbetrag, Absehen; Überleitungsvorschriften zur förmlichen Festlegung),
8. §§ 162 bis 164 (Abschluss der Maßnahme),
9. die §§ 164a und 164b (Einsatz von Städtebauförderungsmitteln; Verwaltungsvereinbarung),
10. § 191 (Vorschriften über den Verkehr mit land- und forstwirtschaftlichen Grundstücken).

(2) Die Vorschriften des Vierten Teils des Ersten Kapitels über die Bodenordnung sind im städtebaulichen Entwicklungsbereich nicht anzuwenden.

(3) [1] Die Enteignung ist im städtebaulichen Entwicklungsbereich ohne Bebauungsplan zugunsten der Gemeinde oder des Entwicklungsträgers zur Erfüllung ihrer Aufgaben zulässig. [2] Sie setzt voraus, dass der Antragsteller sich ernsthaft um den freihändigen Erwerb des Grundstücks zu angemessenen Bedingungen bemüht hat. [3] Die §§ 85, 87, 88 und 89 Absatz 1 bis 3 sind im städtebaulichen Entwicklungsbereich nicht anzuwenden.

(4) Auf land- oder forstwirtschaftlich genutzte Grundstücke ist § 153 Absatz 1 mit der Maßgabe entsprechend anzuwenden, dass in den Gebieten, in denen sich kein von dem innerlandwirtschaftlichen Verkehrswert abweichen-

der Verkehrswert gebildet hat, der Wert maßgebend ist, der in vergleichbaren Fällen im gewöhnlichen Geschäftsverkehr auf dem allgemeinen Grundstücksmarkt dort zu erzielen wäre, wo keine Entwicklungsmaßnahmen vorgesehen sind.

(5) Die Gemeinde ist verpflichtet, Grundstücke, die sie zur Durchführung der Entwicklungsmaßnahme freihändig oder nach den Vorschriften dieses Gesetzbuchs erworben hat, nach Maßgabe der Absätze 6 bis 8 zu veräußern mit Ausnahme der Flächen, die als Baugrundstücke für den Gemeinbedarf oder als Verkehrs-, Versorgungs- oder Grünflächen in einem Bebauungsplan festgesetzt sind oder für sonstige öffentliche Zwecke oder als Austauschland oder zur Entschädigung in Land benötigt werden.

(6) [1] Die Grundstücke sind nach ihrer Neuordnung und Erschließung unter Berücksichtigung weiter Kreise der Bevölkerung und unter Beachtung der Ziele und Zwecke der Entwicklungsmaßnahme an Bauwillige zu veräußern, die sich verpflichten, dass sie die Grundstücke innerhalb angemessener Frist entsprechend den Festsetzungen des Bebauungsplans und den Erfordernissen der Entwicklungsmaßnahme bebauen werden. [2] Dabei sind zunächst die früheren Eigentümer zu berücksichtigen. [3] Auf die Veräußerungspflicht ist § 89 Absatz 4 anzuwenden. [4] Zur land- oder forstwirtschaftlichen Nutzung festgesetzte Grundstücke sind Land- oder Forstwirten anzubieten, die zur Durchführung der Entwicklungsmaßnahme Grundstücke übereignet haben oder abgeben mussten.

(7) [1] Die Gemeinde hat bei der Veräußerung dafür zu sorgen, dass die Bauwilligen die Bebauung in wirtschaftlich sinnvoller Aufeinanderfolge derart durchführen, dass die Ziele und Zwecke der städtebaulichen Entwicklung erreicht werden und die Vorhaben sich in den Rahmen der Gesamtmaßnahme einordnen. [2] Sie hat weiter sicherzustellen, dass die neu geschaffenen baulichen Anlagen entsprechend den Zielen und Zwecken der städtebaulichen Entwicklungsmaßnahme dauerhaft genutzt werden.

(8) [1] Zur Finanzierung der Entwicklung ist das Grundstück oder das Recht zu dem Verkehrswert zu veräußern, der sich durch die rechtliche und tatsächliche Neuordnung des städtebaulichen Entwicklungsbereichs ergibt. [2] § 154 Absatz 5 ist auf den Teil des Kaufpreises entsprechend anzuwenden, der der durch die Entwicklung bedingten Werterhöhung des Grundstücks entspricht.

§ 170 Sonderregelung für Anpassungsgebiete. [1] Ergeben sich aus den Zielen und Zwecken der städtebaulichen Entwicklungsmaßnahme in einem im Zusammenhang bebauten Gebiet Maßnahmen zur Anpassung an die vorgesehene Entwicklung, kann die Gemeinde dieses Gebiet in der Entwicklungssatzung förmlich festlegen (Anpassungsgebiet). [2] Das Anpassungsgebiet ist in der Entwicklungssatzung zu bezeichnen. [3] Die förmliche Festlegung darf erst erfolgen, wenn entsprechend § 141 vorbereitende Untersuchungen durchgeführt worden sind. [4] In dem Anpassungsgebiet sind neben den für städtebauliche Entwicklungsmaßnahmen geltenden Vorschriften mit Ausnahme des § 166 Absatz 3 und des § 169 Absatz 2 bis 8 die Vorschriften über städtebauliche Sanierungsmaßnahmen entsprechend anzuwenden, mit Ausnahme der §§ 136, 142 und 143.

§ 171 Kosten und Finanzierung der Entwicklungsmaßnahme.

(1) [1] Einnahmen, die bei der Vorbereitung und Durchführung der Entwicklungsmaßnahme entstehen, sind zur Finanzierung der Entwicklungsmaßnahme zu verwenden. [2] Ergibt sich nach der Durchführung der städtebaulichen Entwicklungsmaßnahme und der Übertragung eines Treuhandvermögens des Entwicklungsträgers auf die Gemeinde bei ihr ein Überschuss der bei der Vorbereitung und Durchführung der städtebaulichen Entwicklungsmaßnahme erzielten Einnahmen über die hierfür getätigten Ausgaben, so ist dieser Überschuss in entsprechender Anwendung des § 156a zu verteilen.

(2) [1] Die Gemeinde hat entsprechend § 149 nach dem Stand der Planung eine Kosten- und Finanzierungsübersicht aufzustellen. [2] Zu berücksichtigen sind die Kosten, die nach den Zielen und Zwecken der Entwicklung erforderlich sind.

Dritter Teil. Stadtumbau

§ 171a Stadtumbaumaßnahmen. (1) Stadtumbaumaßnahmen in Stadt- und Ortsteilen, deren einheitliche und zügige Durchführung im öffentlichen Interesse liegen, können auch anstelle von oder ergänzend zu sonstigen Maßnahmen nach diesem Gesetzbuch nach den Vorschriften dieses Teils durchgeführt werden.

(2) [1] Stadtumbaumaßnahmen sind Maßnahmen, durch die in von erheblichen städtebaulichen Funktionsverlusten betroffenen Gebieten Anpassungen zur Herstellung nachhaltiger städtebaulicher Strukturen vorgenommen werden. [2] Erhebliche städtebauliche Funktionsverluste liegen insbesondere vor, wenn ein dauerhaftes Überangebot an baulichen Anlagen für bestimmte Nutzungen, namentlich für Wohnzwecke, besteht oder zu erwarten ist, oder wenn die allgemeinen Anforderungen an den Klimaschutz und die Klimaanpassung nicht erfüllt werden.

(3) [1] Stadtumbaumaßnahmen dienen dem Wohl der Allgemeinheit. [2] Sie sollen insbesondere dazu beitragen, dass

1. die Siedlungsstruktur den Erfordernissen der Entwicklung von Bevölkerung und Wirtschaft sowie den allgemeinen Anforderungen an den Klimaschutz und die Klimaanpassung angepasst wird,
2. die Wohn- und Arbeitsverhältnisse sowie die Umwelt verbessert werden,
3. innerstädtische Bereiche gestärkt werden,
4. nicht mehr bedarfsgerechte bauliche Anlagen einer neuen Nutzung zugeführt werden,
5. einer anderen Nutzung nicht zuführbare bauliche Anlagen zurückgebaut werden,
6. brachliegende oder freigelegte Flächen einer nachhaltigen, insbesondere dem Klimaschutz und der Klimaanpassung dienenden städtebaulichen Entwicklung oder einer mit dieser verträglichen Zwischennutzung zugeführt werden,
7. innerstädtische Altbaubestände nachhaltig erhalten werden.

§ 171b Stadtumbaugebiet, städtebauliches Entwicklungskonzept.

(1) [1] Die Gemeinde legt das Gebiet, in dem Stadtumbaumaßnahmen durchgeführt werden sollen, durch Beschluss als Stadtumbaugebiet fest. [2] Es ist in seinem räumlichen Umfang so festzulegen, dass sich die Maßnahmen zweckmäßig durchführen lassen.

(2) [1] Grundlage für den Beschluss nach Absatz 1 ist ein von der Gemeinde aufzustellendes städtebauliches Entwicklungskonzept, in dem die Ziele und Maßnahmen (§ 171a Absatz 3) im Stadtumbaugebiet schriftlich darzustellen sind. [2] Die öffentlichen und privaten Belange sind gegeneinander und untereinander gerecht abzuwägen.

(3) Die §§ 137 und 139 sind bei der Vorbereitung und Durchführung der Stadtumbaumaßnahmen entsprechend anzuwenden.

(4) Die §§ 164a und 164b sind im Stadtumbaugebiet entsprechend anzuwenden.

§ 171c Stadtumbauvertrag. [1] Die Gemeinde soll soweit erforderlich zur Umsetzung ihres städtebaulichen Entwicklungskonzeptes die Möglichkeit nutzen, Stadtumbaumaßnahmen auf der Grundlage von städtebaulichen Verträgen im Sinne des § 11 insbesondere mit den beteiligten Eigentümern durchzuführen. [2] Gegenstände der Verträge können insbesondere auch sein

1. die Durchführung des Rückbaus oder der Anpassung baulicher Anlagen innerhalb einer bestimmten Frist und die Kostentragung dafür;
2. der Verzicht auf die Ausübung von Ansprüchen nach den §§ 39 bis 44;
3. der Ausgleich von Lasten zwischen den beteiligten Eigentümern.

§ 171d Sicherung von Durchführungsmaßnahmen. (1) [1] Die Gemeinde kann durch Satzung ein Gebiet bezeichnen, das ein festgelegtes Stadtumbaugebiet (§ 171b Absatz 1) oder Teile davon umfasst und in dem zur Sicherung und sozialverträglichen Durchführung von Stadtumbaumaßnahmen die in § 14 Absatz 1 bezeichneten Vorhaben und sonstigen Maßnahmen der Genehmigung bedürfen. [2] Auf die Satzung ist § 16 Absatz 2 entsprechend anzuwenden.

(2) Ist der Beschluss über die Aufstellung einer Satzung nach Absatz 1 gefasst und ortsüblich bekannt gemacht, ist § 15 Absatz 1 auf die Durchführung der Vorhaben und Maßnahmen im Sinne von Absatz 1 entsprechend anzuwenden.

(3) [1] In den Fällen des Absatzes 1 darf die Genehmigung nur versagt werden, um einen den städtebaulichen und sozialen Belangen Rechnung tragenden Ablauf der Stadtumbaumaßnahmen auf der Grundlage des von der Gemeinde aufgestellten städtebaulichen Entwicklungskonzeptes (§ 171b Absatz 2) oder eines Sozialplans (§ 180) zu sichern. [2] Die Genehmigung ist zu erteilen, wenn auch unter Berücksichtigung des Allgemeinwohls ein Absehen von dem Vorhaben oder der Maßnahme wirtschaftlich nicht zumutbar ist.

(4) Die §§ 138, 173 und 174 sind im Gebiet der Satzung nach Absatz 1 entsprechend anzuwenden.

Vierter Teil. Soziale Stadt

§ 171e Maßnahmen der Sozialen Stadt. (1) Städtebauliche Maßnahmen der Sozialen Stadt in Stadt- und Ortsteilen, deren einheitliche und zügige Durchführung im öffentlichen Interesse liegen, können auch anstelle von oder ergänzend zu sonstigen Maßnahmen nach diesem Gesetzbuch nach den Vorschriften dieses Teils durchgeführt werden.

(2) [1] Städtebauliche Maßnahmen der Sozialen Stadt sind Maßnahmen zur Stabilisierung und Aufwertung von durch soziale Missstände benachteiligten Ortsteilen oder anderen Teilen des Gemeindegebiets, in denen ein besonderer Entwicklungsbedarf besteht. [2] Soziale Missstände liegen insbesondere vor, wenn ein Gebiet auf Grund der Zusammensetzung und wirtschaftlichen Situation der darin lebenden und arbeitenden Menschen erheblich benachteiligt ist. [3] Ein besonderer Entwicklungsbedarf liegt insbesondere vor, wenn es sich um benachteiligte innerstädtische oder innenstadtnah gelegene Gebiete oder verdichtete Wohn- und Mischgebiete handelt, in denen es einer aufeinander abgestimmten Bündelung von investiven und sonstigen Maßnahmen bedarf.

(3) [1] Die Gemeinde legt das Gebiet, in dem die Maßnahmen durchgeführt werden sollen, durch Beschluss fest. [2] Es ist in seinem räumlichen Umfang so festzulegen, dass sich die Maßnahmen zweckmäßig durchführen lassen.

(4) [1] Grundlage für den Beschluss nach Absatz 3 ist ein von der Gemeinde unter Beteiligung der Betroffenen (§ 137) und der öffentlichen Aufgabenträger (§ 139) aufzustellendes Entwicklungskonzept, in dem die Ziele und Maßnahmen schriftlich darzustellen sind. [2] Das Entwicklungskonzept soll insbesondere Maßnahmen enthalten, die der Verbesserung der Wohn- und Arbeitsverhältnisse sowie der Schaffung und Erhaltung sozial stabiler Bewohnerstrukturen dienen.

(5) [1] Bei der Erstellung des Entwicklungskonzeptes und bei seiner Umsetzung sollen die Beteiligten in geeigneter Form einbezogen und zur Mitwirkung angeregt werden. [2] Die Gemeinde soll die Beteiligten im Rahmen des Möglichen fortlaufend beraten und unterstützen. [3] Dazu kann im Zusammenwirken von Gemeinde und Beteiligten eine Koordinierungsstelle eingerichtet werden. [4] Soweit erforderlich, soll die Gemeinde zur Verwirklichung und zur Förderung der mit dem Entwicklungskonzept verfolgten Ziele sowie zur Übernahme von Kosten mit den Eigentümern und sonstigen Maßnahmenträgern städtebauliche Verträge schließen.

(6) [1] Die §§ 164a und 164b sind im Gebiet nach Absatz 3 entsprechend anzuwenden. [2] Dabei ist § 164a Absatz 1 Satz 2 über den Einsatz von Finanzierungs- und Fördermitteln auf Grund anderer gesetzlicher Grundlage insbesondere auch auf sonstige Maßnahmen im Sinne des Absatzes 2 Satz 3 anzuwenden.

Fünfter Teil. Private Initiativen

§ 171f Private Initiativen zur Stadtentwicklung, Landesrecht. [1] Nach Maßgabe des Landesrechts[1)] können unbeschadet sonstiger Maßnahmen nach

[1)] Siehe hierzu ua G zur Stärkung der Quartiersentwicklung durch Privatinitiative v. 9.12.2014 (GBl. S. 687).

diesem Gesetzbuch Gebiete festgelegt werden, in denen in privater Verantwortung standortbezogene Maßnahmen durchgeführt werden, die auf der Grundlage eines mit den städtebaulichen Zielen der Gemeinde abgestimmten Konzepts der Stärkung oder Entwicklung von Bereichen der Innenstädte, Stadtteilzentren, Wohnquartiere und Gewerbezentren sowie von sonstigen für die städtebauliche Entwicklung bedeutsamen Bereichen dienen. 2 Zur Finanzierung der Maßnahmen und gerechten Verteilung des damit verbundenen Aufwands können durch Landesrecht Regelungen getroffen werden.

Sechster Teil. Erhaltungssatzung und städtebauliche Gebote

Erster Abschnitt. Erhaltungssatzung

§ 172[1] Erhaltung baulicher Anlagen und der Eigenart von Gebieten (Erhaltungssatzung) (1) 1 Die Gemeinde kann in einem Bebauungsplan oder durch eine sonstige Satzung Gebiete bezeichnen, in denen

1. zur Erhaltung der städtebaulichen Eigenart des Gebiets auf Grund seiner städtebaulichen Gestalt (Absatz 3),
2. zur Erhaltung der Zusammensetzung der Wohnbevölkerung (Absatz 4) oder
3. bei städtebaulichen Umstrukturierungen (Absatz 5)

der Rückbau, die Änderung oder die Nutzungsänderung baulicher Anlagen der Genehmigung bedürfen. 2 In den Fällen des Satzes 1 Nummer 1 bedarf auch die Errichtung baulicher Anlagen der Genehmigung. 3 Auf die Satzung ist § 16 Absatz 2 entsprechend anzuwenden. 4 Die Landesregierungen werden ermächtigt, für die Grundstücke in Gebieten einer Satzung nach Satz 1 Nummer 2 durch Rechtsverordnung mit einer Geltungsdauer von höchstens fünf Jahren zu bestimmen, dass die Begründung von Wohnungseigentum oder Teileigentum (§ 1 des Wohnungseigentumsgesetzes[2]) an Gebäuden, die ganz oder teilweise Wohnzwecken zu dienen bestimmt sind, nicht ohne Genehmigung erfolgen darf. 5 Ein solches Verbot gilt als Verbot im Sinne des § 135 des Bürgerlichen Gesetzbuchs[3]. 6 In den Fällen des Satzes 4 ist § 22 Absatz 2 Satz 3 und 4, Absatz 6 und 8 entsprechend anzuwenden.

(2) Ist der Beschluss über die Aufstellung einer Erhaltungssatzung gefasst und ortsüblich bekannt gemacht, ist § 15 Absatz 1 auf die Durchführung eines Vorhabens im Sinne des Absatzes 1 entsprechend anzuwenden.

(3) 1 In den Fällen des Absatzes 1 Satz 1 Nummer 1 darf die Genehmigung nur versagt werden, wenn die bauliche Anlage allein oder im Zusammenhang mit anderen baulichen Anlagen das Ortsbild, die Stadtgestalt oder das Landschaftsbild prägt oder sonst von städtebaulicher, insbesondere geschichtlicher oder künstlerischer Bedeutung ist. 2 Die Genehmigung zur Errichtung der baulichen Anlage darf nur versagt werden, wenn die städtebauliche Gestalt des Gebiets durch die beabsichtigte bauliche Anlage beeinträchtigt wird.

(4) 1 *In* den Fällen des Absatzes 1 Satz 1 Nummer 2 und Satz 4 darf die Genehmigung nur versagt werden, wenn die Zusammensetzung der Wohnbevölkerung aus besonderen städtebaulichen Gründen erhalten werden soll. 2 Sie ist zu erteilen, wenn auch unter Berücksichtigung des Allgemeinwohls die Erhaltung der baulichen Anlage oder ein Absehen von der Begründung von

---

[1] § 172 Abs. 4 Satz 3 Nr. 1a geänd. mWv 1.11.2020 durch G v. 8.8.2020 (BGBl. I S. 1728).
[2] **Schönfelder Nr. 37.**
[3] **Schönfelder Nr. 20.**

Wohnungseigentum oder Teileigentum wirtschaftlich nicht mehr zumutbar ist. [3]Die Genehmigung ist ferner zu erteilen, wenn

1. die Änderung einer baulichen Anlage der Herstellung des zeitgemäßen Ausstattungszustands einer durchschnittlichen Wohnung unter Berücksichtigung der bauordnungsrechtlichen Mindestanforderungen dient,

1a. die Änderung einer baulichen Anlage der Anpassung an die baulichen oder anlagentechnischen Mindestanforderungen des Gebäudeenergiegesetzes oder der Energieeinsparverordnung[1)] vom 24. Juli 2007 (BGBl. I S. 1519), die zuletzt durch Artikel 257 der Verordnung vom 19. Juni 2020 (BGBl. I S. 1328) geändert worden ist, wenn diese nach § 111 Absatz 1 des Gebäudeenergiegesetzes weiter anzuwenden ist, dient,

2. das Grundstück zu einem Nachlass gehört und Wohnungseigentum oder Teileigentum zugunsten von Miterben oder Vermächtnisnehmern begründet werden soll,

3. das Wohnungseigentum oder Teileigentum zur eigenen Nutzung an Familienangehörige des Eigentümers veräußert werden soll,

4. ohne die Genehmigung Ansprüche Dritter auf Übertragung von Wohnungseigentum oder Teileigentum nicht erfüllt werden können, zu deren Sicherung vor dem Wirksamwerden des Genehmigungsvorbehalts eine Vormerkung im Grundbuch eingetragen ist,

5. das Gebäude im Zeitpunkt der Antragstellung zur Begründung von Wohnungseigentum oder Teileigentum nicht zu Wohnzwecken genutzt wird oder

6. sich der Eigentümer verpflichtet, innerhalb von sieben Jahren ab der Begründung von Wohnungseigentum Wohnungen nur an die Mieter zu veräußern; eine Frist nach § 577a Absatz 2 Satz 1 des Bürgerlichen Gesetzbuchs verkürzt sich um fünf Jahre; die Frist nach § 577a Absatz 1 des Bürgerlichen Gesetzbuchs entfällt.

[4]In den Fällen des Satzes 3 Nummer 6 kann in der Genehmigung bestimmt werden, dass auch die Veräußerung von Wohnungseigentum an dem Gebäude während der Dauer der Verpflichtung der Genehmigung der Gemeinde bedarf. [5]Diese Genehmigungspflicht kann auf Ersuchen der Gemeinde in das Wohnungsgrundbuch eingetragen werden; sie erlischt nach Ablauf der Verpflichtung.

(5) [1]In den Fällen des Absatzes 1 Satz 1 Nummer 3 darf die Genehmigung nur versagt werden, um einen den sozialen Belangen Rechnung tragenden Ablauf auf der Grundlage eines Sozialplans (§ 180) zu sichern. [2]Ist ein Sozialplan nicht aufgestellt worden, hat ihn die Gemeinde in entsprechender Anwendung des § 180 aufzustellen. [3]Absatz 4 Satz 2 ist entsprechend anzuwenden.

§ 173 Genehmigung, Übernahmeanspruch. (1) [1]Die Genehmigung wird durch die Gemeinde erteilt; § 22 Absatz 5 Satz 2 bis 5 ist entsprechend anzuwenden. [2]Ist eine baurechtliche Genehmigung oder an ihrer Stelle eine baurechtliche Zustimmung erforderlich, wird die Genehmigung durch die Baugenehmigungsbehörde im Einvernehmen mit der Gemeinde erteilt; im

---

1) Sartorius ErgBd. Nr. 832a.

Baugenehmigungs- oder Zustimmungsverfahren wird über die in § 172 Absatz 3 bis 5 bezeichneten Belange entschieden.

(2) [1] Wird in den Fällen des § 172 Absatz 3 die Genehmigung versagt, kann der Eigentümer von der Gemeinde unter den Voraussetzungen des § 40 Absatz 2 die Übernahme des Grundstücks verlangen. [2] § 43 Absatz 1, 4 und 5 sowie § 44 Absatz 3 und 4 sind entsprechend anzuwenden.

(3) [1] Vor der Entscheidung über den Genehmigungsantrag hat die Gemeinde mit dem Eigentümer oder sonstigen zur Unterhaltung Verpflichteten die für die Entscheidung erheblichen Tatsachen zu erörtern. [2] In den Fällen des § 172 Absatz 4 und 5 hat sie auch Mieter, Pächter und sonstige Nutzungsberechtigte zu hören. [3] In den Fällen des § 172 Absatz 4 Satz 3 Nummer 6 hat sie die nach Satz 2 anzuhörenden Personen über die Erteilung einer Genehmigung zu informieren.

(4) Die landesrechtlichen Vorschriften, insbesondere über den Schutz und die Erhaltung von Denkmälern, bleiben unberührt.

§ 174 Ausnahmen. (1) § 172 ist nicht auf Grundstücke anzuwenden, die den in § 26 Nummer 2 bezeichneten Zwecken dienen, und auf die in § 26 Nummer 3 bezeichneten Grundstücke.

(2) [1] Befindet sich ein Grundstück der in Absatz 1 bezeichneten Art im Geltungsbereich einer Erhaltungssatzung, hat die Gemeinde den Bedarfsträger hiervon zu unterrichten. [2] Beabsichtigt der Bedarfsträger ein Vorhaben im Sinne des § 172 Absatz 1, hat er dies der Gemeinde anzuzeigen. [3] Der Bedarfsträger soll auf Verlangen der Gemeinde von dem Vorhaben absehen, wenn die Voraussetzungen vorliegen, die die Gemeinde berechtigen würden, die Genehmigung nach § 172 zu versagen, und wenn die Erhaltung oder das Absehen von der Errichtung der baulichen Anlage dem Bedarfsträger auch unter Berücksichtigung seiner Aufgaben zuzumuten ist.

Zweiter Abschnitt. Städtebauliche Gebote

§ 175[1)] Allgemeines. (1) [1] Beabsichtigt die Gemeinde, ein Baugebot (§ 176), ein Modernisierungs- oder Instandsetzungsgebot (§ 177), ein Pflanzgebot (§ 178) oder ein Rückbau- oder Entsiegelungsgebot (§ 179) zu erlassen, soll sie die Maßnahme vorher mit den Betroffenen erörtern. [2] Die Gemeinde soll die Eigentümer, Mieter, Pächter und sonstigen Nutzungsberechtigten im Rahmen ihrer Möglichkeiten beraten, wie die Maßnahme durchgeführt werden kann und welche Finanzierungsmöglichkeiten aus öffentlichen Kassen bestehen.

(2) [1] Die Anordnung von Maßnahmen nach den §§ 176 bis 179 setzt voraus, dass die alsbaldige Durchführung der Maßnahmen aus städtebaulichen Gründen erforderlich ist; bei Anordnung eines Baugebots nach § 176 kann dabei auch ein dringender Wohnbedarf der Bevölkerung berücksichtigt werden. [2] Dies ist unter anderem insbesondere dann der Fall, wenn es sich um ein nach § 201a bestimmtes Gebiet mit einem angespannten Wohnungsmarkt handelt.

(3) Mieter, Pächter und sonstige Nutzungsberechtigte haben die Durchführung der Maßnahmen nach den §§ 176 bis 179 zu dulden.

(4) [1] Die §§ 176 bis 179 sind nicht auf Grundstücke anzuwenden, die den in § 26 Nummer 2 bezeichneten Zwecken dienen, und auf die in § 26 Nummer 3 bezeichneten Grundstücke. [2] Liegen für diese Grundstücke die Voraussetzungen für die Anordnung eines Gebots nach den §§ 176 bis 179 vor, soll auf Verlangen

[1)] § 175 Abs. 2 Satz 2 angef. mWv 23.6.2021 durch G v. 14.6.2021 (BGBl. I S. 1802).

der Gemeinde der Bedarfsträger die entsprechenden Maßnahmen durchführen oder ihre Durchführung dulden, soweit dadurch nicht die Erfüllung seiner Aufgaben beeinträchtigt wird.

(5) Die landesrechtlichen Vorschriften, insbesondere über den Schutz und die Erhaltung von Denkmälern, bleiben unberührt.

§ 176[1)] Baugebot. (1) [1]Im Geltungsbereich eines Bebauungsplans kann die Gemeinde den Eigentümer durch Bescheid verpflichten, innerhalb einer zu bestimmenden angemessenen Frist

1. sein Grundstück entsprechend den Festsetzungen des Bebauungsplans zu bebauen,
2. ein vorhandenes Gebäude oder eine vorhandene sonstige bauliche Anlage den Festsetzungen des Bebauungsplans anzupassen oder
3. sein Grundstück mit einer oder mehreren Wohneinheiten zu bebauen, wenn in dem Bebauungsplan Wohnnutzungen zugelassen sind und wenn es sich um ein nach § 201a bestimmtes Gebiet mit einem angespannten Wohnungsmarkt handelt. Dabei kann die Gemeinde auch ein den Festsetzungen des Bebauungsplans entsprechendes Maß der Nutzung anordnen.

[2]Die Wirksamkeit eines nach Satz 1 Nummer 3 erlassenen Baugebots wird durch das Ende der Geltungsdauer der Rechtsverordnung nach § 201a nicht berührt.

(2) Das Baugebot kann außerhalb der in Absatz 1 bezeichneten Gebiete, aber innerhalb im Zusammenhang bebauter Ortsteile angeordnet werden, um unbebaute oder geringfügig bebaute Grundstücke entsprechend den baurechtlichen Vorschriften zu nutzen oder einer baulichen Nutzung zuzuführen, insbesondere zur Schließung von Baulücken.

(3) [1]Die Gemeinde hat von dem Baugebot abzusehen, wenn die Durchführung des Vorhabens aus wirtschaftlichen Gründen einem Eigentümer nicht zuzumuten ist. [2]Die Gemeinde hat weiter bis zum 23. Juni 2026 von dem Baugebot abzusehen, wenn ein Eigentümer im Falle des Absatzes 1 Satz 1 Nummer 3 glaubhaft macht, dass ihm die Durchführung des Vorhabens aus Gründen des Erhalts der Entscheidungsbefugnis über die Nutzung des Grundstücks für seinen Ehegatten oder eine in gerader Linie verwandte Person nicht zuzumuten ist. [3]Die Regelung ist zu evaluieren.

(4) [1]Der Eigentümer kann von der Gemeinde die Übernahme des Grundstücks verlangen, wenn er glaubhaft macht, dass ihm die Durchführung des Vorhabens aus wirtschaftlichen Gründen nicht zuzumuten ist. [2]In diesem Fall kann die Gemeinde das Grundstück zugunsten einer kommunalen Wohnungsbaugesellschaft übernehmen, wenn diese innerhalb angemessener Frist in der Lage ist, das Baugebot zu erfüllen und sich hierzu verpflichtet. [3]§ 43 Absatz 1, 4 und 5 sowie § 44 Absatz 3 und 4 sind entsprechend anzuwenden.

(5) [1]Ist die Durchführung eines Baugebots nur möglich, wenn zuvor eine bauliche Anlage oder Teile davon beseitigt werden, ist der Eigentümer mit dem Baugebot auch zur Beseitigung verpflichtet. [2]§ 179 Absatz 2 und 3 Satz 1, § 43 Absatz 2 und 5 sowie § 44 Absatz 3 und 4 sind entsprechend anzuwenden.

(6) Ist für ein Grundstück eine andere als bauliche Nutzung festgesetzt, sind die *Absätze 1 und 3 bis 5* entsprechend anzuwenden.

---

1) § 176 Abs. 1 Satz 1 Nr. 1 und Nr. 2 geänd., Nr. 3, Satz 2 angef., Abs. 3 neu gef., Abs. 4 Satz 2 eingef., bish. Satz 2 wird Satz 3 mWv 23.6.2021 durch G v. 14.6.2021 (BGBl. I S. 1802).

(7) Mit dem Baugebot kann die Verpflichtung verbunden werden, innerhalb einer zu bestimmenden angemessenen Frist den für eine bauliche Nutzung des Grundstücks erforderlichen Antrag auf Erteilung einer bauaufsichtlichen Genehmigung zu stellen.

(8) Kommt der Eigentümer der Verpflichtung nach Absatz 7 auch nach Vollstreckungsmaßnahmen auf Grund landesrechtlicher Vorschriften nicht nach, kann das Enteignungsverfahren nach § 85 Absatz 1 Nummer 5 auch vor Ablauf der Frist nach Absatz 1 eingeleitet werden.

(9) [1] In dem Enteignungsverfahren ist davon auszugehen, dass die Voraussetzungen des Baugebots vorliegen; die Vorschriften über die Zulässigkeit der Enteignung bleiben unberührt. [2] Bei der Bemessung der Entschädigung bleiben Werterhöhungen unberücksichtigt, die nach Unanfechtbarkeit des Baugebots eingetreten sind, es sei denn, dass der Eigentümer die Werterhöhungen durch eigene Aufwendungen zulässigerweise bewirkt hat.

§ 176a[1)] Städtebauliches Entwicklungskonzept zur Stärkung der Innenentwicklung. (1) Die Gemeinde kann ein städtebauliches Entwicklungskonzept beschließen, das Aussagen zum räumlichen Geltungsbereich, zu Zielen und zur Umsetzung von Maßnahmen enthält, die der Stärkung der Innenentwicklung dienen.

(2) Das städtebauliche Entwicklungskonzept nach Absatz 1 soll insbesondere der baulichen Nutzbarmachung auch von im Gemeindegebiet ohne Zusammenhang verteilt liegenden unbebauten oder brachliegenden Grundstücken dienen.

(3) Die Gemeinde kann ein städtebauliches Entwicklungskonzept nach Absatz 1 zum Bestandteil der Begründung eines Bebauungsplans machen.

(Fortsetzung nächstes Blatt)

---

1) § 176a eingef. mWv 23.6.2021 durch G v. 14.6.2021 (BGBl. I S. 1802).

§ 177 Modernisierungs- und Instandsetzungsgebot. (1) [1] Weist eine bauliche Anlage nach ihrer inneren oder äußeren Beschaffenheit Missstände oder Mängel auf, deren Beseitigung oder Behebung durch Modernisierung oder Instandsetzung möglich ist, kann die Gemeinde die Beseitigung der Missstände durch ein Modernisierungsgebot und die Behebung der Mängel durch ein Instandsetzungsgebot anordnen. [2] Zur Beseitigung der Missstände und zur Behebung der Mängel ist der Eigentümer der baulichen Anlage verpflichtet. [3] In dem Bescheid, durch den die Modernisierung oder Instandsetzung angeordnet wird, sind die zu beseitigenden Missstände oder zu behebenden Mängel zu bezeichnen und eine angemessene Frist für die Durchführung der erforderlichen Maßnahmen zu bestimmen.

(2) Missstände liegen insbesondere vor, wenn die bauliche Anlage nicht den allgemeinen Anforderungen an gesunde Wohn- und Arbeitsverhältnisse entspricht.

(3) [1] Mängel liegen insbesondere vor, wenn durch Abnutzung, Alterung, Witterungseinflüsse oder Einwirkungen Dritter

1. die bestimmungsgemäße Nutzung der baulichen Anlage nicht nur unerheblich beeinträchtigt wird,
2. die bauliche Anlage nach ihrer äußeren Beschaffenheit das Straßen- oder Ortsbild nicht nur unerheblich beeinträchtigt oder
3. die bauliche Anlage erneuerungsbedürftig ist und wegen ihrer städtebaulichen, insbesondere geschichtlichen oder künstlerischen Bedeutung erhalten bleiben soll.

[2] Kann die Behebung der Mängel einer baulichen Anlage nach landesrechtlichen Vorschriften auch aus Gründen des Schutzes und der Erhaltung von Baudenkmälern verlangt werden, darf das Instandsetzungsgebot nur mit Zustimmung der zuständigen Landesbehörde erlassen werden. [3] In dem Bescheid über den Erlass des Instandsetzungsgebots sind die auch aus Gründen des Denkmalschutzes gebotenen Instandsetzungsmaßnahmen besonders zu bezeichnen.

(4) [1] Der Eigentümer hat die Kosten der von der Gemeinde angeordneten Maßnahmen insoweit zu tragen, als er sie durch eigene oder fremde Mittel decken und die sich daraus ergebenden Kapitalkosten sowie die zusätzlich entstehenden Bewirtschaftungskosten aus Erträgen der baulichen Anlage aufbringen kann. [2] Sind dem Eigentümer Kosten entstanden, die er nicht zu tragen hat, hat die Gemeinde sie ihm zu erstatten, soweit nicht eine andere Stelle einen Zuschuss zu ihrer Deckung gewährt. [3] Dies gilt nicht, wenn der Eigentümer auf Grund anderer Rechtsvorschriften verpflichtet ist, die Kosten selbst zu tragen, oder wenn er Instandsetzungen unterlassen hat und nicht nachweisen kann, dass ihre Vornahme wirtschaftlich unvertretbar oder ihm nicht zuzumuten war. [4] Die Gemeinde kann mit dem Eigentümer den Kostenerstattungsbetrag unter Verzicht auf eine Berechnung im Einzelfall als Pauschale in Höhe eines bestimmten Vomhundertsatzes der Modernisierungs- oder Instandsetzungskosten vereinbaren.

(5) Der vom Eigentümer zu tragende Kostenanteil wird nach der Durchführung der Modernisierungs- oder Instandsetzungsmaßnahmen unter Berücksichtigung der Erträge ermittelt, die für die modernisierte oder instand gesetzte bauliche Anlage bei ordentlicher Bewirtschaftung nachhaltig erzielt werden können; dabei sind die mit einem Bebauungsplan, einem Sozialplan,

einer städtebaulichen Sanierungsmaßnahme oder einer sonstigen städtebaulichen Maßnahme verfolgten Ziele und Zwecke zu berücksichtigen.

§ 178 Pflanzgebot. Die Gemeinde kann den Eigentümer durch Bescheid verpflichten, sein Grundstück innerhalb einer zu bestimmenden angemessenen Frist entsprechend den nach § 9 Absatz 1 Nummer 25 getroffenen Festsetzungen des Bebauungsplans zu bepflanzen.

§ 179 Rückbau- und Entsiegelungsgebot. (1) [1] Die Gemeinde kann den Eigentümer verpflichten zu dulden, dass eine bauliche Anlage ganz oder teilweise beseitigt wird, wenn sie

1. den Festsetzungen eines Bebauungsplans nicht entspricht und ihnen nicht angepasst werden kann oder
2. Missstände oder Mängel im Sinne des § 177 Absatz 2 und 3 Satz 1 aufweist, die auch durch eine Modernisierung oder Instandsetzung nicht behoben werden können.

[2] Satz 1 Nummer 1 gilt entsprechend für die sonstige Wiedernutzbarmachung von dauerhaft nicht mehr genutzten Flächen, bei denen der durch Bebauung oder Versiegelung beeinträchtigte Boden in seiner Leistungsfähigkeit erhalten oder wiederhergestellt werden soll; die sonstige Wiedernutzbarmachung steht der Beseitigung nach Satz 1 gleich. [3] Diejenigen, für die ein Recht an dem Grundstück oder an einem das Grundstück belastenden Recht im Grundbuch eingetragen oder durch Eintragung gesichert ist, das nicht zur Nutzung berechtigt, sollen von dem Bescheid benachrichtigt werden, wenn sie von der Beseitigung betroffen werden. [4] Unberührt bleibt das Recht des Eigentümers, die Beseitigung selbst vorzunehmen.

(2) [1] Der Bescheid darf bei Wohnraum nur vollzogen werden, wenn im Zeitpunkt der Beseitigung angemessener Ersatzwohnraum für die Bewohner unter zumutbaren Bedingungen zur Verfügung steht. [2] Strebt der Inhaber von Raum, der überwiegend gewerblichen oder beruflichen Zwecken dient (Geschäftsraum), eine anderweitige Unterbringung an, soll der Bescheid nur vollzogen werden, wenn im Zeitpunkt der Beseitigung anderer geeigneter Geschäftsraum unter zumutbaren Bedingungen zur Verfügung steht.

(3) [1] Entstehen dem Eigentümer, Mieter, Pächter oder sonstigen Nutzungsberechtigten durch die Beseitigung Vermögensnachteile, hat die Gemeinde angemessene Entschädigung in Geld zu leisten. [2] Der Eigentümer kann anstelle der Entschädigung nach Satz 1 von der Gemeinde die Übernahme des Grundstücks verlangen, wenn es ihm mit Rücksicht auf das Rückbau- oder Entsiegelungsgebot wirtschaftlich nicht mehr zuzumuten ist, das Grundstück zu behalten. [3] § 43 Absatz 1, 2, 4 und 5 sowie § 44 Absatz 3 und 4 sind entsprechend anzuwenden.

(4) [1] Im Falle des Absatzes 1 Satz 1 Nummer 2 sind die Beseitigungskosten vom Eigentümer bis zur Höhe der ihm durch die Beseitigung entstehenden Vermögensvorteile zu tragen. [2] Der Kostenerstattungsbetrag kann durch Bescheid geltend gemacht werden, sobald die bauliche Anlage ganz oder teilweise beseitigt ist. [3] Der Betrag ruht als öffentliche Last auf dem Grundstück.

Siebter Teil. Sozialplan und Härteausgleich

§ 180 Sozialplan. (1) [1] Wirken sich Bebauungspläne, städtebauliche Sanierungsmaßnahmen, städtebauliche Entwicklungsmaßnahmen oder Stadtumbaumaßnahmen voraussichtlich nachteilig auf die persönlichen Lebensumstände der in dem Gebiet wohnenden oder arbeitenden Menschen aus, soll die Gemeinde Vorstellungen entwickeln und mit den Betroffenen erörtern, wie nachteilige Auswirkungen möglichst vermieden oder gemildert werden können. [2] Die Gemeinde hat den Betroffenen bei ihren eigenen Bemühungen, nachteilige Auswirkungen zu vermeiden oder zu mildern, zu helfen, insbesondere beim Wohnungs- und Arbeitsplatzwechsel sowie beim Umzug von Betrieben; soweit öffentliche Leistungen in Betracht kommen können, soll die Gemeinde hierauf hinweisen. [3] Sind Betroffene nach ihren persönlichen Lebensumständen nicht in der Lage, Empfehlungen und anderen Hinweisen der Gemeinde zur Vermeidung von Nachteilen zu folgen oder Hilfen zu nutzen oder sind aus anderen Gründen weitere Maßnahmen der Gemeinde erforderlich, hat die Gemeinde geeignete Maßnahmen zu prüfen.

(2) Das Ergebnis der Erörterungen und Prüfungen nach Absatz 1 sowie die voraussichtlich in Betracht zu ziehenden Maßnahmen der Gemeinde und die Möglichkeiten ihrer Verwirklichung sind schriftlich darzustellen (Sozialplan).

(3) [1] Steht die Verwirklichung einer Durchführungsmaßnahme durch einen anderen als die Gemeinde bevor, kann die Gemeinde verlangen, dass der andere im Einvernehmen mit ihr die sich aus Absatz 1 ergebenden Aufgaben übernimmt. [2] Die Gemeinde kann diese Aufgaben ganz oder teilweise auch selbst übernehmen und dem anderen die Kosten auferlegen.

§ 181 Härteausgleich. (1) [1] Soweit es die Billigkeit erfordert, soll die Gemeinde bei der Durchführung dieses Gesetzbuchs zur Vermeidung oder zum Ausgleich wirtschaftlicher Nachteile – auch im sozialen Bereich – auf Antrag einen Härteausgleich in Geld gewähren

1. einem Mieter oder Pächter, wenn das Miet- oder Pachtverhältnis mit Rücksicht auf die Durchführung städtebaulicher Maßnahmen aufgehoben oder enteignet worden ist;
2. einer gekündigten Vertragspartei, wenn die Kündigung zur Durchführung städtebaulicher Maßnahmen erforderlich ist; dies gilt entsprechend, wenn ein Miet- oder Pachtverhältnis vorzeitig durch Vereinbarung der Beteiligten beendigt wird; die Gemeinde hat zu bestätigen, dass die Beendigung des Rechtsverhältnisses im Hinblick auf die alsbaldige Durchführung der städtebaulichen Maßnahmen geboten ist;
3. einer Vertragspartei, wenn ohne Beendigung des Rechtsverhältnisses die vermieteten oder verpachteten Räume ganz oder teilweise vorübergehend unbenutzbar sind und die Gemeinde bestätigt hat, dass dies durch die alsbaldige Durchführung städtebaulicher Maßnahmen bedingt ist;
4. einem Mieter oder Pächter für die Umzugskosten, die dadurch entstehen, dass er nach der Räumung seiner Wohnung vorübergehend anderweitig untergebracht worden ist und später ein neues Miet- oder Pachtverhältnis in dem Gebiet begründet wird, sofern dies im Sozialplan vorgesehen ist.

[2] Voraussetzung ist, dass der Nachteil für den Betroffenen in seinen persönlichen Lebensumständen eine besondere Härte bedeutet, eine Ausgleichs- oder

Entschädigungsleistung nicht zu gewähren ist und auch ein Ausgleich durch sonstige Maßnahmen nicht erfolgt.

(2) Absatz 1 ist entsprechend anzuwenden auf andere Vertragsverhältnisse, die zum Gebrauch oder zur Nutzung eines Grundstücks, Gebäudes oder Gebäudeteils oder einer sonstigen baulichen Einrichtung berechtigen.

(3) Ein Härteausgleich wird nicht gewährt, soweit der Antragsteller es unterlassen hat und unterlässt, den wirtschaftlichen Nachteil durch zumutbare Maßnahmen, insbesondere unter Einsatz eigener oder fremder Mittel abzuwenden.

Achter Teil. Miet- und Pachtverhältnisse

§ 182 Aufhebung von Miet- oder Pachtverhältnissen. (1) Erfordert die Verwirklichung der Ziele und Zwecke der Sanierung im förmlich festgelegten Sanierungsgebiet, der Entwicklung im städtebaulichen Entwicklungsbereich oder eine Maßnahme nach den §§ 176 bis 179 die Aufhebung eines Miet- oder Pachtverhältnisses, kann die Gemeinde das Rechtsverhältnis auf Antrag des Eigentümers oder im Hinblick auf ein städtebauliches Gebot mit einer Frist von mindestens sechs Monaten, bei einem land- oder forstwirtschaftlich genutzten Grundstück nur zum Schluss eines Pachtjahres aufheben.

(2) [1] Die Gemeinde darf ein Mietverhältnis über Wohnraum nur aufheben, wenn im Zeitpunkt der Beendigung des Mietverhältnisses angemessener Ersatzwohnraum für den Mieter und die zu seinem Hausstand gehörenden Personen zu zumutbaren Bedingungen zur Verfügung steht. [2] Strebt der Mieter oder Pächter von Geschäftsraum eine anderweitige Unterbringung an, soll die Gemeinde das Miet- oder Pachtverhältnis nur aufheben, wenn im Zeitpunkt der Beendigung des Rechtsverhältnisses anderer geeigneter Geschäftsraum zu zumutbaren Bedingungen zur Verfügung steht.

(3) Wird die Erwerbsgrundlage eines Mieters oder Pächters von Geschäftsraum im förmlich festgelegten Sanierungsgebiet oder in einem städtebaulichen Entwicklungsbereich infolge der Durchführung städtebaulicher Sanierungsmaßnahmen oder städtebaulicher Entwicklungsmaßnahmen wesentlich beeinträchtigt und ist ihm deshalb die Fortsetzung des Miet- oder Pachtverhältnisses nicht mehr zuzumuten, kann die Gemeinde auf Antrag des Mieters oder Pächters das Rechtsverhältnis mit einer Frist von mindestens sechs Monaten aufheben.

§ 183 Aufhebung von Miet- oder Pachtverhältnissen über unbebaute Grundstücke. (1) Ist nach den Festsetzungen des Bebauungsplans für ein unbebautes Grundstück eine andere Nutzung vorgesehen und ist die alsbaldige Änderung der Nutzung beabsichtigt, kann die Gemeinde auf Antrag des Eigentümers Miet- oder Pachtverhältnisse aufheben, die sich auf das Grundstück beziehen und der neuen Nutzung entgegenstehen.

(2) Auf die Aufhebung ist § 182 Absatz 1 entsprechend anzuwenden.

§ 184 Aufhebung anderer Vertragsverhältnisse. Die §§ 182 und 183 sind entsprechend auf andere schuldrechtliche Vertragsverhältnisse anzuwenden, die zum Gebrauch oder zur Nutzung eines Grundstücks, Gebäudes oder Gebäudeteils oder einer sonstigen baulichen Anlage berechtigen.

§ 185 Entschädigung bei Aufhebung von Miet- oder Pachtverhältnissen. (1) [1] Ist ein Rechtsverhältnis auf Grund des § 182, des § 183 oder des § 184 aufgehoben worden, ist den Betroffenen insoweit eine angemessene Entschädigung in Geld zu leisten, als ihnen durch die vorzeitige Beendigung des Rechtsverhältnisses Vermögensnachteile entstehen. [2] Die Vorschriften des Zweiten Abschnitts des Fünften Teils des Ersten Kapitels sind entsprechend anzuwenden.

(2) [1] Zur Entschädigung ist die Gemeinde verpflichtet. [2] Kommt eine Einigung über die Entschädigung nicht zustande, entscheidet die höhere Verwaltungsbehörde.

(3) [1] Wird ein Pachtvertrag über kleingärtnerisch genutztes Land nach § 182, § 183 oder § 184 aufgehoben, ist die Gemeinde außer zur Entschädigung nach Absatz 1 auch zur Bereitstellung oder Beschaffung von Ersatzland verpflichtet. [2] Bei der Entschädigung in Geld ist die Bereitstellung oder Beschaffung des Ersatzlands angemessen zu berücksichtigen. [3] Die höhere Verwaltungsbehörde kann die Gemeinde von der Verpflichtung zur Bereitstellung oder Beschaffung von Ersatzland befreien, wenn die Gemeinde nachweist, dass sie zur Erfüllung außerstande ist.

§ 186 Verlängerung von Miet- oder Pachtverhältnissen. Die Gemeinde kann auf Antrag des Mieters oder Pächters ein Miet- oder Pachtverhältnis über Wohn- oder Geschäftsraum im förmlich festgelegten Sanierungsgebiet, im städtebaulichen Entwicklungsbereich oder im Hinblick auf Maßnahmen nach den §§ 176 bis 179 verlängern, soweit dies zur Verwirklichung des Sozialplans erforderlich ist.

Neunter Teil. Städtebauliche Maßnahmen im Zusammenhang mit Maßnahmen zur Verbesserung der Agrarstruktur

§ 187 Abstimmung von Maßnahmen; Bauleitplanung und Maßnahmen zur Verbesserung der Agrarstruktur. (1) [1] Bei der Vorbereitung und Durchführung städtebaulicher Maßnahmen sind Maßnahmen zur Verbesserung der Agrarstruktur, insbesondere auch die Ergebnisse der Vorplanung nach § 1 Absatz 2 des Gesetzes über die Gemeinschaftsaufgabe „Verbesserung der Agrarstruktur und des Küstenschutzes“, zu berücksichtigen. [2] Ist zu erwarten, dass Maßnahmen zur Verbesserung der Agrarstruktur zu Auswirkungen auf die bauliche Entwicklung des Gemeindegebiets führen, hat die Gemeinde darüber zu befinden, ob Bauleitpläne aufzustellen sind und ob sonstige städtebauliche Maßnahmen durchgeführt werden sollen.

(2) Bei der Aufstellung von Bauleitplänen hat die obere Flurbereinigungsbehörde zu prüfen, ob im Zusammenhang damit eine Flurbereinigung oder andere Maßnahmen zur Verbesserung der Agrarstruktur einzuleiten sind.

(3) Die Gemeinde hat die Flurbereinigungsbehörde und, sofern die Maßnahmen zur Verbesserung der Agrarstruktur von anderen Stellen durchgeführt werden, diese bei den Vorarbeiten zur Aufstellung der Bauleitpläne möglichst frühzeitig zu beteiligen.

§ 188 Bauleitplanung und Flurbereinigung. (1) Ist eine Flurbereinigung auf Grund des Flurbereinigungsgesetzes[1)] in einer Gemeinde nach Mitteilung der Flurbereinigungsbehörde beabsichtigt oder ist sie bereits angeordnet, ist die Gemeinde verpflichtet, rechtzeitig Bauleitpläne aufzustellen, es sei denn, dass sich die Flurbereinigung auf die bauliche Entwicklung des Gemeindegebiets voraussichtlich nicht auswirkt.

(2) [1] Die Flurbereinigungsbehörde und die Gemeinde sind verpflichtet, ihre das Gemeindegebiet betreffenden Absichten möglichst frühzeitig aufeinander abzustimmen. [2] Die Planungen sollen bis zum Abschluss der Flurbereinigung nur geändert werden, wenn zwischen der Flurbereinigungsbehörde und der Gemeinde Übereinstimmung besteht oder wenn zwingende Gründe die Änderung erfordern.

§ 189 Ersatzlandbeschaffung. (1) [1] Wird bei einer städtebaulichen Maßnahme ein land- oder forstwirtschaftlicher Betrieb ganz oder teilweise in Anspruch genommen, soll die Gemeinde mit dem Eigentümer des Betriebs auch klären, ob er einen anderen land- oder forstwirtschaftlichen Betrieb oder land- oder forstwirtschaftliches Ersatzland anstrebt. [2] Handelt es sich bei dem in Anspruch genommenen Betrieb um eine Siedlerstelle im Sinne des Reichssiedlungsgesetzes, ist die zuständige Siedlungsbehörde des Landes zu beteiligen.

(2) Die Gemeinde soll sich um die Beschaffung oder Bereitstellung geeigneten Ersatzlands bemühen und ihr gehörende Grundstücke als Ersatzland zur Verfügung stellen, soweit sie diese nicht für die ihr obliegenden Aufgaben benötigt.

§ 190 Flurbereinigung aus Anlass einer städtebaulichen Maßnahme.

(1) [1] Werden für städtebauliche Maßnahmen land- oder forstwirtschaftliche Grundstücke in Anspruch genommen, kann auf Antrag der Gemeinde mit Zustimmung der höheren Verwaltungsbehörde nach § 87 Absatz 1 des Flurbereinigungsgesetzes[1)] ein Flurbereinigungsverfahren eingeleitet werden, wenn der den Betroffenen entstehende Landverlust auf einen größeren Kreis von Eigentümern verteilt oder Nachteile für die allgemeine Landeskultur, die durch die städtebaulichen Maßnahmen entstehen, vermieden werden sollen. [2] Das Flurbereinigungsverfahren kann bereits angeordnet werden, wenn ein Bebauungsplan noch nicht rechtsverbindlich ist. [3] In diesem Falle muss der Bebauungsplan vor Bekanntgabe des Flurbereinigungsplans (§ 59 Absatz 1 des Flurbereinigungsgesetzes) in Kraft getreten sein. [4] Die Gemeinde ist Träger des Unternehmens im Sinne des § 88 des Flurbereinigungsgesetzes.

(2) Die vorzeitige Ausführung des Flurbereinigungsplans nach § 63 des Flurbereinigungsgesetzes kann bereits angeordnet werden, wenn der Flurbereinigungsplan bekannt gegeben ist.

(3) Die Zulässigkeit einer Enteignung nach den Vorschriften dieses Gesetzbuchs bleibt auch nach Einleitung des Flurbereinigungsverfahrens unberührt.

[1)] **Sartorius III Nr. 150.**

§ 191 Vorschriften über den Verkehr mit land- und forstwirtschaftlichen Grundstücken. Im räumlichen Geltungsbereich eines Bebauungsplans oder einer Sanierungssatzung sind die Vorschriften über den Verkehr mit land- und forstwirtschaftlichen Grundstücken nicht anzuwenden, es sei denn, dass es sich um die Veräußerung der Wirtschaftsstelle eines land- oder forstwirtschaftlichen Betriebs oder solcher Grundstücke handelt, die im Bebauungsplan als Flächen für die Landwirtschaft oder als Wald ausgewiesen sind.

Drittes Kapitel. Sonstige Vorschriften

Erster Teil. Wertermittlung

§ 192 Gutachterausschuss. (1) Zur Ermittlung von Grundstückswerten und für sonstige Wertermittlungen werden selbständige, unabhängige Gutachterausschüsse gebildet.

(2) Die Gutachterausschüsse bestehen aus einem Vorsitzenden und ehrenamtlichen weiteren Gutachtern.

(3) [1] Der Vorsitzende und die weiteren Gutachter sollen in der Ermittlung von Grundstückswerten oder sonstigen Wertermittlungen sachkundig und erfahren sein und dürfen nicht hauptamtlich mit der Verwaltung der Grundstücke der Gebietskörperschaft, für deren Bereich der Gutachterausschuss gebildet ist, befasst sein. [2] Zur Ermittlung der Bodenrichtwerte sowie der in § 193 Absatz 5 Satz 2 genannten sonstigen für die Wertermittlung erforderlichen Daten ist ein Bediensteter der zuständigen Finanzbehörde mit Erfahrung in der steuerlichen Bewertung von Grundstücken als Gutachter hinzuzuziehen.

(4) Die Gutachterausschüsse bedienen sich einer Geschäftsstelle.

§ 193 Aufgaben des Gutachterausschusses. (1) [1] Der Gutachterausschuss erstattet Gutachten über den Verkehrswert von bebauten und unbebauten Grundstücken sowie Rechten an Grundstücken, wenn

1. die für den Vollzug dieses Gesetzbuchs zuständigen Behörden bei der Erfüllung der Aufgaben nach diesem Gesetzbuch,
2. die für die Feststellung des Werts eines Grundstücks oder der Entschädigung für ein Grundstück oder ein Recht an einem Grundstück auf Grund anderer gesetzlicher Vorschriften zuständigen Behörden,
3. die Eigentümer, ihnen gleichstehende Berechtigte, Inhaber anderer Rechte am Grundstück und Pflichtteilsberechtigte, für deren Pflichtteil der Wert des Grundstücks von Bedeutung ist, oder
4. *Gerichte und Justizbehörden*

es beantragen. [2] Unberührt bleiben Antragsberechtigungen nach anderen Rechtsvorschriften.

(2) Der Gutachterausschuss kann außer über die Höhe der Entschädigung für den Rechtsverlust auch Gutachten über die Höhe der Entschädigung für andere Vermögensnachteile erstatten.

(3) Die Gutachten haben keine bindende Wirkung, soweit nichts anderes bestimmt oder vereinbart ist.

(4) Eine Abschrift des Gutachtens ist dem Eigentümer zu übersenden.

(5) [1] Der Gutachterausschuss führt eine Kaufpreissammlung, wertet sie aus und ermittelt Bodenrichtwerte und sonstige zur Wertermittlung erforderliche Daten. [2] Zu den sonstigen für die Wertermittlung erforderlichen Daten gehören insbesondere

1. Kapitalisierungszinssätze, mit denen die Verkehrswerte von Grundstücken im Durchschnitt marktüblich verzinst werden (Liegenschaftszinssätze), für die verschiedenen Grundstücksarten, insbesondere Mietwohngrundstücke, Geschäftsgrundstücke und gemischt genutzte Grundstücke,
2. Faktoren zur Anpassung der Sachwerte an die jeweilige Lage auf dem Grundstücksmarkt (Sachwertfaktoren), insbesondere für die Grundstücksarten Ein- und Zweifamilienhäuser,
3. Umrechnungskoeffizienten für das Wertverhältnis von sonst gleichartigen Grundstücken, z.B. bei unterschiedlichem Maß der baulichen Nutzung und
4. Vergleichsfaktoren für bebaute Grundstücke, insbesondere bezogen auf eine Raum- oder Flächeneinheit der baulichen Anlage (Gebäudefaktor) oder auf den nachhaltig erzielbaren jährlichen Ertrag (Ertragsfaktor).

[3] Die erforderlichen Daten im Sinne der Sätze 1 und 2 sind den zuständigen Finanzämtern für Zwecke der steuerlichen Bewertung mitzuteilen.

§ 194 Verkehrswert. Der Verkehrswert (Marktwert) wird durch den Preis bestimmt, der in dem Zeitpunkt, auf den sich die Ermittlung bezieht, im gewöhnlichen Geschäftsverkehr nach den rechtlichen Gegebenheiten und tatsächlichen Eigenschaften, der sonstigen Beschaffenheit und der Lage des Grundstücks oder des sonstigen Gegenstands der Wertermittlung ohne Rücksicht auf ungewöhnliche oder persönliche Verhältnisse zu erzielen wäre.

§ 195 Kaufpreissammlung. (1) [1] Zur Führung der Kaufpreissammlung ist jeder Vertrag, durch den sich jemand verpflichtet, Eigentum an einem Grundstück gegen Entgelt, auch im Wege des Tausches, zu übertragen oder ein Erbbaurecht erstmals oder erneut zu bestellen, von der beurkundenden Stelle in Abschrift dem Gutachterausschuss zu übersenden. [2] Dies gilt auch für das Angebot und die Annahme eines Vertrags, wenn diese getrennt beurkundet werden, sowie entsprechend für die Einigung vor einer Enteignungsbehörde, den Enteignungsbeschluss, den Beschluss über die Vorwegnahme einer Entscheidung im Umlegungsverfahren, den Beschluss über die Aufstellung eines Umlegungsplans, den Beschluss über eine vereinfachte Umlegung und für den Zuschlag in einem Zwangsversteigerungsverfahren.

(2) [1] Die Kaufpreissammlung darf nur dem zuständigen Finanzamt für Zwecke der Besteuerung übermittelt werden. [2] Vorschriften, nach denen Urkunden oder Akten den Gerichten oder Staatsanwaltschaften vorzulegen sind, bleiben unberührt.

(3) Auskünfte aus der Kaufpreissammlung sind bei berechtigtem Interesse nach Maßgabe landesrechtlicher Vorschriften zu erteilen (§ 199 Absatz 2 Nummer 4).

§ 196[1] Bodenrichtwerte. (1) [1]Auf Grund der Kaufpreissammlung sind flächendeckend durchschnittliche Lagewerte für den Boden unter Berücksichtigung des unterschiedlichen Entwicklungszustands zu ermitteln (Bodenrichtwerte). [2]In bebauten Gebieten sind Bodenrichtwerte mit dem Wert zu ermitteln, der sich ergeben würde, wenn der Boden unbebaut wäre. [3]Es sind Richtwertzonen zu bilden, die jeweils Gebiete umfassen, die nach Art und Maß der Nutzung weitgehend übereinstimmen. [4]Die wertbeeinflussenden Merkmale des Bodenrichtwertgrundstücks sind darzustellen. [5]Die Bodenrichtwerte sind jeweils zu Beginn jedes zweiten Kalenderjahres zu ermitteln, wenn nicht eine häufigere Ermittlung bestimmt ist. [6]Für Zwecke der steuerlichen Bewertung des Grundbesitzes sind Bodenrichtwerte nach ergänzenden Vorgaben der Finanzverwaltung zum jeweiligen Hauptfeststellungszeitpunkt oder sonstigen Feststellungszeitpunkt zu ermitteln. [7]Auf Antrag der für den Vollzug dieses Gesetzbuchs zuständigen Behörden sind Bodenrichtwerte für einzelne Gebiete bezogen auf einen abweichenden Zeitpunkt zu ermitteln.

(2) [1]Hat sich in einem Gebiet die Qualität des Bodens durch einen Bebauungsplan oder andere Maßnahmen geändert, sind bei der nächsten Fortschreibung der Bodenrichtwerte auf der Grundlage der geänderten Qualität auch Bodenrichtwerte bezogen auf die Wertverhältnisse zum Zeitpunkt der letzten Hauptfeststellung oder dem letzten sonstigen Feststellungszeitpunkt für steuerliche Zwecke zu ermitteln. [2]Die Ermittlung kann unterbleiben, wenn das zuständige Finanzamt darauf verzichtet.

(3) [1]Die Bodenrichtwerte sind zu veröffentlichen und dem zuständigen Finanzamt mitzuteilen. [2]Jedermann kann von der Geschäftsstelle Auskunft über die Bodenrichtwerte verlangen.

§ 197 Befugnisse des Gutachterausschusses. (1) [1]Der Gutachterausschuss kann mündliche oder schriftliche Auskünfte von Sachverständigen und von Personen einholen, die Angaben über das Grundstück und, wenn das zur Ermittlung von Geldleistungen im Umlegungsverfahren, von Ausgleichsbeträgen und von Enteignungsentschädigungen erforderlich ist, über ein Grundstück, das zum Vergleich herangezogen werden soll, machen können. [2]Er kann verlangen, dass Eigentümer und sonstige Inhaber von Rechten an einem Grundstück die zur Führung der Kaufpreissammlung und zur Begutachtung notwendigen Unterlagen vorlegen. [3]Der Eigentümer und der Besitzer des Grundstücks haben zu dulden, dass Grundstücke zur Auswertung von Kaufpreisen und zur Vorbereitung von Gutachten betreten werden. [4]Wohnungen dürfen nur mit Zustimmung der Wohnungsinhaber betreten werden.

(2) [1]Alle Gerichte und Behörden haben dem Gutachterausschuss Rechts- und Amtshilfe zu leisten. [2]Die Finanzbehörden erteilen dem Gutachterausschuss auf Ersuchen Auskünfte über Grundstücke, soweit ihnen die Verhältnisse der Grundstücke bekannt sind und dies zur Ermittlung von Ausgleichsbeträgen und Enteignungsentschädigungen sowie zur Ermittlung von Verkehrswerten und der für die Wertermittlung erforderlichen Daten einschließlich der Bodenrichtwerte erforderlich ist. [3]Die Auskunftspflicht besteht nicht, soweit deren Erfüllung mit einem unverhältnismäßigen Aufwand verbunden wäre.

§ 198 Oberer Gutachterausschuss. (1) [1]Für den Bereich einer oder mehrerer höherer Verwaltungsbehörden sind Obere Gutachterausschüsse oder Zentrale Ge-

[1] § 196 Abs. 1 Satz 5 geänd. mWv 23.6.2021 durch G v. 14.6.2021 (BGBl. I S. 1802).

schäftsstellen zu bilden, wenn in dem Bereich der höheren Verwaltungsbehörde mehr als zwei Gutachterausschüsse gebildet sind. [2] Auf die Oberen Gutachterausschüsse sind die Vorschriften über die Gutachterausschüsse entsprechend anzuwenden.

(2) [1] Der Obere Gutachterausschuss oder die Zentrale Geschäftsstelle haben insbesondere die Aufgabe, überregionale Auswertungen und Analysen des Grundstücksmarktgeschehens zu erstellen, auch um zu einer bundesweiten Grundstücksmarkttransparenz beizutragen. [2] Ist nach Absatz 1 kein Oberer Gutachterausschuss oder keine Zentrale Geschäftsstelle zu bilden, gilt Satz 1 für die Gutachterausschüsse entsprechend.

(3) Der Obere Gutachterausschuss hat auf Antrag eines Gerichts ein Obergutachten zu erstatten, wenn schon das Gutachten eines Gutachterausschusses vorliegt.

§ 199 Ermächtigungen. (1) Die Bundesregierung wird ermächtigt, mit Zustimmung des Bundesrates durch Rechtsverordnung[1] Vorschriften über die Anwendung gleicher Grundsätze bei der Ermittlung der Verkehrswerte und bei der Ableitung der für die Wertermittlung erforderlichen Daten einschließlich der Bodenrichtwerte zu erlassen.

(2) Die Landesregierungen werden ermächtigt, durch Rechtsverordnung

1. die Bildung und das Tätigwerden der Gutachterausschüsse und der Oberen Gutachterausschüsse sowie der Zentralen Geschäftsstellen, soweit in diesem Gesetzbuch nicht bereits geschehen, die Mitwirkung der Gutachter und deren Ausschluss im Einzelfall,
2. die Aufgaben des Vorsitzenden,
3. die Einrichtung und die Aufgaben der Geschäftsstelle,
4. die Führung und Auswertung der Kaufpreissammlung, die Häufigkeit der Bodenrichtwertermittlung sowie die Veröffentlichung der Bodenrichtwerte und sonstiger Daten der Wertermittlung und die Erteilung von Auskünften aus der Kaufpreissammlung,
5. die Übermittlung von Daten der Flurbereinigungsbehörden zur Führung und Auswertung der Kaufpreissammlung,
6. die Übertragung weiterer Aufgaben auf den Gutachterausschuss und den Oberen Gutachterausschuss und
7. die Entschädigung der Mitglieder des Gutachterausschusses und des Oberen Gutachterausschusses

zu regeln.

Zweiter Teil. Allgemeine Vorschriften; Zuständigkeiten; Verwaltungsverfahren; Planerhaltung

Erster Abschnitt. Allgemeine Vorschriften

§ 200[2] Grundstücke; Rechte an Grundstücken; Baulandkataster.

(1) Die für Grundstücke geltenden Vorschriften dieses Gesetzbuchs sind entsprechend auch auf Grundstücksteile anzuwenden.

---

[1] Siehe ua die ImmobilienwertermittlungsVO **(Sartorius ErgBd. Nr. 310)**.

[2] § 200 Abs. 3 Satz 2 eingef., bish. Satz 2 wird Satz 3 und geänd., Satz 4 eingef., bish. Satz 3 wird Satz 5 mWv 7.7.2023 durch G v. 3.7.2023 (BGBl. 2023 I Nr. 176).

(2) Die für das Eigentum an Grundstücken bestehenden Vorschriften sind, soweit dieses Gesetzbuch nichts anderes vorschreibt, entsprechend auch auf grundstücksgleiche Rechte anzuwenden.

(3) [1]Die Gemeinde kann sofort oder in absehbarer Zeit bebaubare Flächen in Karten oder Listen auf der Grundlage eines Lageplans erfassen, der Flur- und Flurstücksnummern, Straßennamen und Angaben zur Grundstücksgröße enthält (Baulandkataster). [2]Baulandkataster können elektronisch geführt werden. [3]Die Gemeinde kann die Flächen in Karten oder Listen veröffentlichen, soweit der Grundstückseigentümer nicht widersprochen hat. [4]Diese Veröffentlichung kann auch im Internet erfolgen. [5]Die Gemeinde hat ihre Absicht zur Veröffentlichung einen Monat vorher öffentlich bekannt zu geben und dabei auf das Widerspruchsrecht der Grundstückseigentümer hinzuweisen.

§ 200a Ersatzmaßnahmen. [1]Darstellungen für Flächen zum Ausgleich und Festsetzungen für Flächen oder Maßnahmen zum Ausgleich im Sinne des § 1a Absatz 3 umfassen auch Ersatzmaßnahmen. [2]Ein unmittelbarer räumlicher Zusammenhang zwischen Eingriff und Ausgleich ist nicht erforderlich, soweit dies mit einer geordneten städtebaulichen Entwicklung und den Zielen der Raumordnung sowie des Naturschutzes und der Landschaftspflege vereinbar ist.

§ 201 Begriff der Landwirtschaft. Landwirtschaft im Sinne dieses Gesetzbuchs ist insbesondere der Ackerbau, die Wiesen- und Weidewirtschaft einschließlich Tierhaltung, soweit das Futter überwiegend auf den zum landwirtschaftlichen Betrieb gehörenden, landwirtschaftlich genutzten Flächen erzeugt werden kann, die gartenbauliche Erzeugung, der Erwerbsobstbau, der Weinbau, die berufsmäßige Imkerei und die berufsmäßige Binnenfischerei.

§ 201a[1)] Verordnungsermächtigung zur Bestimmung von Gebieten mit einem angespannten Wohnungsmarkt. [1]Die Landesregierungen werden ermächtigt, durch Rechtsverordnung Gebiete mit einem angespannten Wohnungsmarkt zu bestimmen. [2]Die Rechtsverordnung nach Satz 1 gilt für die Anwendung der Regelungen in § 25 Absatz 1 Satz 1 Nummer 3, § 175 Absatz 2 Satz 2 und § 176 Absatz 1 Satz 1 Nummer 3. [3]Ein Gebiet mit einem angespannten Wohnungsmarkt liegt vor, wenn die ausreichende Versorgung der Bevölkerung mit Mietwohnungen in einer Gemeinde oder einem Teil der Gemeinde zu angemessenen Bedingungen besonders gefährdet ist. [4]Dies kann insbesondere dann der Fall sein, wenn

1. die Mieten deutlich stärker steigen als im bundesweiten Durchschnitt,
2. die durchschnittliche Mietbelastung der Haushalte den bundesweiten Durchschnitt deutlich übersteigt,
3. die Wohnbevölkerung wächst, ohne dass durch Neubautätigkeit insoweit erforderlicher Wohnraum geschaffen wird, oder
4. geringer Leerstand bei großer Nachfrage besteht.

[5]Eine Rechtsverordnung nach Satz 1 muss spätestens mit Ablauf des 31. Dezember 2031 außer Kraft treten. [6]Sie muss begründet werden. [7]Aus der Begründung muss sich ergeben, auf Grund welcher Tatsachen ein Gebiet mit einem angespannten Wohnungsmarkt im Einzelfall vorliegt. [8]Die betroffenen Gemeinden und die auf Landesebene bestehenden kommunalen Spitzenverbände sollen vor dem Erlass der Rechtsverordnung beteiligt werden.

[1)] § 201a eingef. mWv 23.6.2021 durch G v. 14.6.2021 (BGBl. I S. 1802); Sätze 2, 5 geänd. mWv 30.10.2025 durch G v. 27.10.2025 (BGBl. 2025 I Nr. 257).

§ 202 Schutz des Mutterbodens. Mutterboden, der bei der Errichtung und Änderung baulicher Anlagen sowie bei wesentlichen anderen Veränderungen der Erdoberfläche ausgehoben wird, ist in nutzbarem Zustand zu erhalten und vor Vernichtung oder Vergeudung zu schützen.

Zweiter Abschnitt. Zuständigkeiten

§ 203 Abweichende Zuständigkeitsregelung. (1) Die Landesregierung oder die von ihr bestimmte Behörde kann im Einvernehmen mit der Gemeinde durch Rechtsverordnung bestimmen, dass die nach diesem Gesetzbuch der Gemeinde obliegenden Aufgaben auf eine andere Gebietskörperschaft übertragen werden oder auf einen Verband, an dessen Willensbildung die Gemeinde mitwirkt.

(2) [1] Durch Landesgesetz können Aufgaben der Gemeinden nach diesem Gesetzbuch auf Verbandsgemeinden, Verwaltungsgemeinschaften oder vergleichbare gesetzliche Zusammenschlüsse von Gemeinden, denen nach Landesrecht örtliche Selbstverwaltungsaufgaben der Gemeinde obliegen, übertragen werden. [2] In dem Landesgesetz ist zu regeln, wie die Gemeinden an der Aufgabenerfüllung mitwirken.

(3) Die Landesregierung kann durch Rechtsverordnung die nach diesem Gesetzbuch der höheren Verwaltungsbehörde zugewiesenen Aufgaben auf andere staatliche Behörden, Landkreise oder kreisfreie Gemeinden übertragen.

(4) [1] Unterliegen die Planungsbereiche gemeinsamer Flächennutzungspläne (§ 204) oder von Flächennutzungsplänen und Satzungen eines Planungsverbands (§ 205) der Zuständigkeit verschiedener höherer Verwaltungsbehörden, ist die Oberste Landesbehörde für die Entscheidung im Genehmigungs- und Zustimmungsverfahren zuständig. [2] Liegen die Geltungsbereiche in verschiedenen Ländern, entscheiden die Obersten Landesbehörden im gegenseitigen Einvernehmen.

§ 204[1)] Gemeinsamer Flächennutzungsplan, Bauleitplanung bei Bildung von Planungsverbänden und bei Gebiets- oder Bestandsänderung. (1) [1] Benachbarte Gemeinden sollen einen gemeinsamen Flächennutzungsplan aufstellen, wenn ihre städtebauliche Entwicklung wesentlich durch gemeinsame Voraussetzungen und Bedürfnisse bestimmt wird oder ein gemeinsamer Flächennutzungsplan einen gerechten Ausgleich der verschiedenen Belange ermöglicht. [2] Ein gemeinsamer Flächennutzungsplan soll insbesondere aufgestellt werden, wenn die Ziele der Raumordnung, die Umsetzung eines Wärmeplans oder mehrerer Wärmepläne sowie Einrichtungen und Anlagen des öffentlichen Verkehrs, sonstige Erschließungsanlagen oder Gemeinbedarfs- oder sonstige Folgeeinrichtungen eine gemeinsame Planung erfordern. [3] Der gemeinsame Flächennutzungsplan kann von den beteiligten Gemeinden nur gemeinsam aufgehoben, geändert oder ergänzt werden; die Gemeinden können vereinbaren, dass sich die Bindung nur auf bestimmte räumliche oder sachliche Teilbereiche erstreckt. [4] Ist eine gemeinsame Planung nur für räumliche oder sachliche Teilbereiche erforderlich, genügt anstelle eines gemeinsamen Flächennutzungsplans eine Vereinbarung der beteiligten Gemeinden über bestimmte Darstellungen in ihren Flächennutzungsplänen. [5] Sind die Voraussetzungen für eine gemeinsame Planung nach Satz 1 und 4 entfallen oder ist ihr Zweck *erreicht, können die beteiligten* Gemeinden den Flächennutzungsplan für ihr Gemeindegebiet ändern

---

[1)] § 204 Abs. 1 Satz 2 neu gef. mWv 1.1.2024 durch G v. 20.12.2023 (BGBl. 2023 I Nr. 394).

oder ergänzen; vor Einleitung des Bauleitplanverfahrens ist die Zustimmung der höheren Verwaltungsbehörde erforderlich.

(2) [1]Werden Gemeinden in ihrem Gebiet oder Bestand geändert oder geht die Zuständigkeit zur Aufstellung von Flächennutzungsplänen auf Verbände oder sonstige kommunale Körperschaften über, gelten unbeschadet abweichender landesrechtlicher Regelungen bestehende Flächennutzungspläne fort. [2]Dies gilt auch für räumliche und sachliche Teile der Flächennutzungspläne. [3]Die Befugnis und die Pflicht der Gemeinde, eines Verbands oder einer sonstigen Körperschaft, fortgeltende Flächennutzungspläne aufzuheben oder für das neue Gemeindegebiet zu ergänzen oder durch einen neuen Flächennutzungsplan zu ersetzen, bleiben unberührt.

(3) [1]Verfahren zur Aufstellung, Änderung, Ergänzung oder Aufhebung von Bebauungsplänen können nach einer Gebiets- oder Bestandsänderung in ihrem jeweiligen Stand fortgeführt werden. [2]Satz 1 gilt entsprechend bei Bildung von Planungsverbänden und für Zusammenschlüsse nach § 205 Absatz 6. [3]Die höhere Verwaltungsbehörde kann verlangen, dass bestimmte Verfahrensabschnitte wiederholt werden.

§ 205[1)] Planungsverbände. (1) [1]Gemeinden und sonstige öffentliche Planungsträger können sich zu einem Planungsverband zusammenschließen, um durch gemeinsame zusammengefasste Bauleitplanung den Ausgleich der verschiedenen Belange zu erreichen. [2]Der Planungsverband tritt nach Maßgabe seiner Satzung für die Bauleitplanung und ihre Durchführung an die Stelle der Gemeinden.

(2) [1]Kommt ein Zusammenschluss nach Absatz 1 nicht zustande, können die Beteiligten auf Antrag eines Planungsträgers zu einem Planungsverband zusammengeschlossen werden, wenn dies zum Wohl der Allgemeinheit dringend geboten ist. [2]Ist der Zusammenschluss aus Gründen der Raumordnung geboten, kann den Antrag auch die für die Landesplanung nach Landesrecht zuständige Stelle stellen. [3]Über den Antrag entscheidet die Landesregierung. [4]Sind Planungsträger verschiedener Länder beteiligt, erfolgt der Zusammenschluss nach Vereinbarung zwischen den beteiligten Landesregierungen. [5]Sollen der Bund oder eine bundesunmittelbare Körperschaft oder Anstalt an dem Planungsverband beteiligt werden, erfolgt der Zusammenschluss nach Vereinbarung zwischen der Bundesregierung und der Landesregierung, sofern die beteiligte Behörde des Bundes oder der bundesunmittelbaren Körperschaft oder Anstalt dem Zusammenschluss durch die Landesregierung widerspricht.

(3) [1]Kommt eine Einigung über die Satzung oder über den Plan unter den Mitgliedern nicht zustande, stellt die zuständige Landesbehörde eine Satzung oder einen Plan auf und legt sie dem Planungsverband zur Beschlussfassung vor. [2]Einigen sich die Mitglieder über diese Satzung oder diesen Plan nicht, setzt die Landesregierung die Satzung oder den Plan fest. [3]Absatz 2 Satz 4 ist entsprechend anzuwenden. [4]Ist der Bund oder eine bundesunmittelbare Körperschaft oder Anstalt an dem Planungsverband beteiligt, wird die Satzung oder der Plan nach Vereinbarung zwischen der Bundesregierung und der Landesregierung festgesetzt, sofern die beteiligte Behörde des Bundes oder der bundesunmittelbaren Körperschaft oder Anstalt der Festsetzung durch die Landesregierung widerspricht.

(4) Dem Planungsverband können nach Maßgabe der Satzung die Aufgaben der Gemeinde, die ihr nach diesem Gesetzbuch obliegen, übertragen werden.

---

1) § 205 Abs. 7 Satz 2 geänd. mWv 7.7.2023 durch G v. 3.7.2023 (BGBl. 2023 I Nr. 176).

(5) [1] Der Planungsverband ist aufzulösen, wenn die Voraussetzungen für den Zusammenschluss entfallen sind oder der Zweck der gemeinsamen Planung erreicht ist. [2] Kommt ein übereinstimmender Beschluss über die Auflösung nicht zustande, ist unter den in Satz 1 bezeichneten Voraussetzungen die Auflösung auf Antrag eines Mitglieds anzuordnen; im Übrigen ist Absatz 2 entsprechend anzuwenden. [3] Nach Auflösung des Planungsverbands gelten die von ihm aufgestellten Pläne als Bauleitpläne der einzelnen Gemeinden.

(6) Ein Zusammenschluss nach dem Zweckverbandsrecht oder durch besondere Landesgesetze wird durch diese Vorschriften nicht ausgeschlossen.

(7) [1] Wird die Befugnis zur Aufstellung von Bauleitplänen nach den Absätzen 1 bis 3 oder 6 übertragen, sind die Entwürfe der Bauleitpläne mit Begründung vor der Beschlussfassung hierüber oder der Festsetzung nach Absatz 3 Satz 2 oder 4 den Gemeinden, für deren Gebiet der Bauleitplan aufgestellt werden soll, zur Stellungnahme innerhalb angemessener Frist zuzuleiten. [2] Auf die Behandlung der von den Gemeinden fristgemäß vorgebrachten Anregungen ist § 3 Absatz 2 Satz 6 und 8 entsprechend anzuwenden.

§ 206 Örtliche und sachliche Zuständigkeit. (1) [1] Örtlich zuständig ist die Behörde, in deren Bereich das betroffene Grundstück liegt. [2] Werden Grundstücke betroffen, die örtlich oder wirtschaftlich zusammenhängen und demselben Eigentümer gehören, und liegen diese Grundstücke im Bereich mehrerer nach diesem Gesetzbuch sachlich zuständiger Behörden, so wird die örtlich zuständige Behörde durch die nächsthöhere gemeinsame Behörde bestimmt.

(2) Ist eine höhere Verwaltungsbehörde nicht vorhanden, so ist die Oberste Landesbehörde zugleich höhere Verwaltungsbehörde.

Dritter Abschnitt. Verwaltungsverfahren

§ 207 Von Amts wegen bestellter Vertreter. [1] Ist ein Vertreter nicht vorhanden, so hat das Betreuungsgericht, für einen minderjährigen Beteiligten das Familiengericht auf Ersuchen der zuständigen Behörde einen rechts- und sachkundigen Vertreter zu bestellen

1. für einen Beteiligten, dessen Person unbekannt, oder für eine Person, deren Beteiligung ungewiss ist,
2. für einen abwesenden Beteiligten, dessen Aufenthalt unbekannt oder dessen Aufenthalt zwar bekannt, der aber an der Besorgung seiner Vermögensangelegenheiten verhindert ist,
3. für einen Beteiligten, dessen Aufenthalt sich nicht innerhalb des Geltungsbereichs dieses Gesetzbuchs befindet, wenn er der Aufforderung der zuständigen Behörde, einen Vertreter zu bestellen, innerhalb der ihm gesetzten Frist nicht nachgekommen ist,
4. für Gesamthandseigentümer oder Eigentümer nach Bruchteilen sowie für mehrere Inhaber eines sonstigen Rechts an einem Grundstück oder an einem das Grundstück belastenden Recht, wenn sie der Aufforderung der zuständigen Behörden, einen gemeinsamen Vertreter zu bestellen, innerhalb der ihnen gesetzten Fristen nicht nachgekommen sind,
5. bei herrenlosen Grundstücken zur Wahrung der aus dem Eigentum sich ergebenden Rechte und Pflichten.

[2] Für die Bestellung und für das Amt des Vertreters gelten die Vorschriften des Bürgerlichen Gesetzbuchs[1)] für die Pflegschaft[2)] entsprechend.

§ 208 Anordnungen zur Erforschung des Sachverhalts. [1] Die Behörden können zur Erforschung des Sachverhalts auch anordnen, dass

1. Beteiligte persönlich erscheinen,
2. Urkunden und sonstige Unterlagen vorgelegt werden, auf die sich ein Beteiligter bezogen hat,
3. Hypotheken-, Grundschuld- und Rentenschuldgläubiger die in ihrem Besitz befindlichen Hypotheken-, Grundschuld- und Rentenschuldbriefe vorlegen.

[2] Für den Fall, dass ein Beteiligter der Anordnung nicht nachkommt, kann ein Zwangsgeld bis zu fünfhundert Euro angedroht und festgesetzt werden. [3] Ist Beteiligter eine juristische Person oder eine nichtrechtsfähige Personenvereinigung, so ist das Zwangsgeld dem nach Gesetz oder Satzung Vertretungsberechtigten anzudrohen und gegen ihn festzusetzen. [4] Androhung und Festsetzung können wiederholt werden.

§ 209 Vorarbeiten auf Grundstücken. (1) [1] Eigentümer und Besitzer haben zu dulden, dass Beauftragte der zuständigen Behörden zur Vorbereitung der von ihnen nach diesem Gesetzbuch zu treffenden Maßnahmen Grundstücke betreten und Vermessungen, Boden- und Grundwasseruntersuchungen oder ähnliche Arbeiten ausführen. [2] Die Absicht, solche Arbeiten auszuführen, ist den Eigentümern oder Besitzern vorher bekannt zu geben. [3] Wohnungen dürfen nur mit Zustimmung der Wohnungsinhaber betreten werden.

(2) [1] Entstehen durch eine nach Absatz 1 zulässige Maßnahme dem Eigentümer oder Besitzer unmittelbare Vermögensnachteile, so ist dafür von der Stelle, die den Auftrag erteilt hat, eine angemessene Entschädigung in Geld zu leisten; kommt eine Einigung über die Geldentschädigung nicht zustande, so entscheidet die höhere Verwaltungsbehörde; vor der Entscheidung sind die Beteiligten zu hören. [2] Hat eine Enteignungsbehörde den Auftrag erteilt, so hat der Antragsteller, in dessen Interesse die Enteignungsbehörde tätig geworden ist, dem Betroffenen die Entschädigung zu leisten; kommt eine Einigung über die Geldentschädigung nicht zustande, so setzt die Enteignungsbehörde die Entschädigung fest; vor der Entscheidung sind die Beteiligten zu hören.

§ 210 Wiedereinsetzung. (1) Wenn ein Beteiligter ohne Verschulden verhindert war, eine gesetzliche oder auf Grund dieses Gesetzbuchs bestimmte Frist für eine Verfahrenshandlung einzuhalten, so ist ihm auf Antrag Wiedereinsetzung in den vorigen Stand zu gewähren.

(2) Die nach § 32 Absatz 4 des Verwaltungsverfahrensgesetzes[3)] zuständige Behörde *kann* nach Wiedereinsetzung in den vorigen Stand anstelle einer Entscheidung, die den durch das bisherige Verfahren herbeigeführten neuen Rechtszustand ändern würde, eine Entschädigung festsetzen.

§ 211 Belehrung über Rechtsbehelfe. Den nach diesem Gesetzbuch ergehenden Verwaltungsakten ist eine Erklärung beizufügen, durch die der Beteiligte über

---

[1)] **Habersack Nr. 20.**
[2)] Siehe §§ 1909–1921 BGB **(Habersack Nr. 20).**
[3)] Nr. **100.**

den Rechtsbehelf, der gegen den Verwaltungsakt gegeben ist, über die Stelle, bei der der Rechtsbehelf einzulegen ist, und über die Frist belehrt wird.

§ 212 Vorverfahren. (1) Die Landesregierungen können durch Rechtsverordnung bestimmen, dass ein nach dem Vierten oder Fünften Teil des Ersten Kapitels erlassener Verwaltungsakt durch Antrag auf gerichtliche Entscheidung nach § 217 erst angefochten werden kann, nachdem seine Rechtmäßigkeit und Zweckmäßigkeit in einem Vorverfahren nachgeprüft worden ist; das Vorverfahren ist in Anlehnung an die Vorschriften der Verwaltungsgerichtsordnung[1)] zu regeln.

(2) [1] Ist ein Vorverfahren vorgesehen, hat der Widerspruch gegen

1. den Umlegungsbeschluss nach § 47 Absatz 1,
2. die Bekanntmachung der Unanfechtbarkeit des Umlegungsplans nach § 71 Absatz 1 sowie
3. die vorzeitige Besitzeinweisung nach § 77 oder § 116

keine aufschiebende Wirkung. [2] § 80 Absatz 4 und 5 der Verwaltungsgerichtsordnung ist entsprechend anzuwenden.

§ 212a Entfall der aufschiebenden Wirkung. (1) Widerspruch und Anfechtungsklage eines Dritten gegen die bauaufsichtliche Zulassung eines Vorhabens haben keine aufschiebende Wirkung.

(2) Widerspruch und Anfechtungsklage gegen die Geltendmachung des Kostenerstattungsbetrags nach § 135a Absatz 3 sowie des Ausgleichsbetrags nach § 154 durch die Gemeinde haben keine aufschiebende Wirkung.

§ 213 Ordnungswidrigkeiten. (1) Ordnungswidrig handelt, wer

1. wider besseres Wissen unrichtige Angaben macht oder unrichtige Pläne oder Unterlagen vorlegt, um einen begünstigenden Verwaltungsakt zu erwirken oder einen belastenden Verwaltungsakt zu verhindern;
2. Pfähle, Pflöcke oder sonstige Markierungen, die Vorarbeiten dienen, wegnimmt, verändert, unkenntlich macht oder unrichtig setzt;
3. einer in einem Bebauungsplan nach § 9 Absatz 1 Nummer 25 Buchstabe b festgesetzten Bindung für Bepflanzungen und für die Erhaltung von Bäumen, Sträuchern und sonstigen Bepflanzungen sowie von Gewässern dadurch zuwiderhandelt, dass diese beseitigt, wesentlich beeinträchtigt oder zerstört werden;
4. eine bauliche Anlage im Geltungsbereich einer Erhaltungssatzung (§ 172 Absatz 1 Satz 1) oder einer Satzung über die Durchführung von Stadtumbaumaßnahmen (§ 171d Absatz 1) ohne Genehmigung rückbaut oder ändert.

(2) Ordnungswidrig handelt, wer vorsätzlich oder fahrlässig ohne Genehmigung nach § 22 Absatz 1 Satz 1 Nummer 5 einen dort genannten Raum als Nebenwohnung nutzt.

(3) Die Ordnungswidrigkeit kann in den Fällen des Absatzes 2 mit einer Geldbuße bis zu fünfzigtausend Euro, in den Fällen des Absatzes 1 Nummer 4 mit einer Geldbuße bis zu dreißigtausend Euro, in den Fällen des Absatzes 1 Nummer 3 *mit einer Geldbuße bis zu zehntausend* Euro und in den übrigen Fällen mit einer Geldbuße bis zu tausend Euro geahndet werden.

[1)] Nr. **600**.

Vierter Abschnitt. Planerhaltung

§ 214[1)] Beachtlichkeit der Verletzung von Vorschriften über die Aufstellung des Flächennutzungsplans und der Satzungen; ergänzendes Verfahren. (1) [1] Eine Verletzung von Verfahrens- und Formvorschriften dieses Gesetzbuchs ist für die Rechtswirksamkeit des Flächennutzungsplans und der Satzungen nach diesem Gesetzbuch nur beachtlich, wenn

1. entgegen § 2 Absatz 3 die von der Planung berührten Belange, die der Gemeinde bekannt waren oder hätten bekannt sein müssen, in wesentlichen Punkten nicht zutreffend ermittelt oder bewertet worden sind und wenn der Mangel offensichtlich und auf das Ergebnis des Verfahrens von Einfluss gewesen ist;
2. die Vorschriften über die Öffentlichkeits- und Behördenbeteiligung nach § 3 Absatz 2, § 4 Absatz 2, § 4a Absatz 3, Absatz 4 Satz 2, nach § 13 Absatz 2 Satz 1 Nummer 2 und 3, auch in Verbindung mit § 13a Absatz 2 Nummer 1, nach § 22 Absatz 9 Satz 2, § 34 Absatz 6 Satz 1 sowie § 35 Absatz 6 Satz 5 verletzt worden sind; dabei ist unbeachtlich, wenn
   a) bei Anwendung der Vorschriften einzelne Personen, Behörden oder sonstige Träger öffentlicher Belange nicht beteiligt worden sind, die entsprechenden Belange jedoch unerheblich waren oder in der Entscheidung berücksichtigt worden sind,
   b) einzelne Angaben dazu, welche Arten umweltbezogener Informationen verfügbar sind, gefehlt haben,
   c) (weggefallen)
   d) bei Vorliegen eines wichtigen Grundes nach § 3 Absatz 2 Satz 1 nicht für die Dauer einer angemessenen längeren Frist im Internet veröffentlicht worden ist und die Begründung für die Annahme des Nichtvorliegens eines wichtigen Grundes nachvollziehbar ist,
   e) bei Anwendung des § 3 Absatz 2 Satz 5 der Inhalt der Bekanntmachung zwar in das Internet eingestellt wurde, aber die Bekanntmachung und die nach § 3 Absatz 2 Satz 1 zu veröffentlichenden Unterlagen nicht über das zentrale Internetportal des Landes zugänglich gemacht wurden,
   f) bei Anwendung des § 13 Absatz 3 Satz 2 die Angabe darüber, dass von einer Umweltprüfung abgesehen wird, unterlassen wurde oder
   g) bei Anwendung des § 4a Absatz 3 Satz 4 oder des § 13, auch in Verbindung mit § 13a Absatz 2 Nummer 1, die Voraussetzungen für die Durchführung der Beteiligung nach diesen Vorschriften verkannt worden sind;
3. die Vorschriften über die Begründung des Flächennutzungsplans und der Satzungen sowie ihrer Entwürfe nach §§ 2a, 3 Absatz 2, § 5 Absatz 1 Satz 2 Halbsatz 2 und Absatz 5, § 9 Absatz 8 und § 22 Absatz 10 verletzt worden sind; dabei ist unbeachtlich, wenn die Begründung des Flächennutzungsplans oder der Satzung oder ihr Entwurf unvollständig ist; abweichend von Halbsatz 2 ist eine Verletzung von Vorschriften in Bezug auf den Umweltbericht unbeachtlich, wenn die Begründung hierzu nur in unwesentlichen Punkten unvollständig ist;
4. ein Beschluss der Gemeinde über den Flächennutzungsplan oder die Satzung nicht gefasst, eine Genehmigung nicht erteilt oder der mit der Bekanntmachung

---

[1)] § 214 Abs. 1 Satz 1 Nr. 2 einl. Satzteil, Buchst. d geänd., Buchst. e neu gef. mWv 7.7.2023 durch G v. 3.7.2023 (BGBl. 2023 I Nr. 176); Abs. 1 Satz 1 Nr. 2 einl. Satzteil, Buchst. g und Abs. 2a einl. Satzteil geänd. mWv 1.1.2024 durch G v. 20.12.2023 (BGBl. 2023 I Nr. 394).

des Flächennutzungsplans oder der Satzung verfolgte Hinweiszweck nicht erreicht worden ist.

2 Soweit in den Fällen des Satzes 1 Nummer 3 die Begründung in wesentlichen Punkten unvollständig ist, hat die Gemeinde auf Verlangen Auskunft zu erteilen, wenn ein berechtigtes Interesse dargelegt wird.

(2) Für die Rechtswirksamkeit der Bauleitpläne ist auch unbeachtlich, wenn

1. die Anforderungen an die Aufstellung eines selbständigen Bebauungsplans (§ 8 Absatz 2 Satz 2) oder an die in § 8 Absatz 4 bezeichneten dringenden Gründe für die Aufstellung eines vorzeitigen Bebauungsplans nicht richtig beurteilt worden sind;
2. § 8 Absatz 2 Satz 1 hinsichtlich des Entwickelns des Bebauungsplans aus dem Flächennutzungsplan verletzt worden ist, ohne dass hierbei die sich aus dem Flächennutzungsplan ergebende geordnete städtebauliche Entwicklung beeinträchtigt worden ist;
3. der Bebauungsplan aus einem Flächennutzungsplan entwickelt worden ist, dessen Unwirksamkeit sich wegen Verletzung von Verfahrens- oder Formvorschriften einschließlich des § 6 nach Bekanntmachung des Bebauungsplans herausstellt;
4. im Parallelverfahren gegen § 8 Absatz 3 verstoßen worden ist, ohne dass die geordnete städtebauliche Entwicklung beeinträchtigt worden ist.

(2a) Für Bebauungspläne, die im beschleunigten Verfahren nach § 13a aufgestellt worden sind, gilt ergänzend zu den Absätzen 1 und 2 Folgendes:

1. (weggefallen)
2. Das Unterbleiben der Hinweise nach § 13a Absatz 3 ist für die Rechtswirksamkeit des Bebauungsplans unbeachtlich.
3. Beruht die Feststellung, dass eine Umweltprüfung unterbleiben soll, auf einer Vorprüfung des Einzelfalls nach § 13a Absatz 1 Satz 2 Nummer 2, gilt die Vorprüfung als ordnungsgemäß durchgeführt, wenn sie entsprechend den Vorgaben von § 13a Absatz 1 Satz 2 Nummer 2 durchgeführt worden ist und ihr Ergebnis nachvollziehbar ist; dabei ist unbeachtlich, wenn einzelne Behörden oder sonstige Träger öffentlicher Belange nicht beteiligt worden sind; andernfalls besteht ein für die Rechtswirksamkeit des Bebauungsplans beachtlicher Mangel.
4. Die Beurteilung, dass der Ausschlussgrund nach § 13a Absatz 1 Satz 4 nicht vorliegt, gilt als zutreffend, wenn das Ergebnis nachvollziehbar ist und durch den Bebauungsplan nicht die Zulässigkeit von Vorhaben nach Spalte 1 der Anlage 1 zum Gesetz über die Umweltverträglichkeitsprüfung[1] begründet wird; andernfalls besteht ein für die Rechtswirksamkeit des Bebauungsplans beachtlicher Mangel.

(3) 1 Für die Abwägung ist die Sach- und Rechtslage im Zeitpunkt der Beschlussfassung über den Flächennutzungsplan oder die Satzung maßgebend. 2 Mängel, die Gegenstand der Regelung in Absatz 1 Satz 1 Nummer 1 sind, können nicht als Mängel der Abwägung geltend gemacht werden; im Übrigen sind Mängel im Abwägungsvorgang nur erheblich, wenn sie offensichtlich und auf das Abwägungsergebnis von Einfluss gewesen sind.

(4) Der Flächennutzungsplan oder die Satzung können durch ein ergänzendes Verfahren zur Behebung von Fehlern auch rückwirkend in Kraft gesetzt werden.

[1] Nr. **295**.

§ 215 Frist für die Geltendmachung der Verletzung von Vorschriften.

(1) [1] Unbeachtlich werden

1. eine nach § 214 Absatz 1 Satz 1 Nummer 1 bis 3 beachtliche Verletzung der dort bezeichneten Verfahrens- und Formvorschriften,
2. eine unter Berücksichtigung des § 214 Absatz 2 beachtliche Verletzung der Vorschriften über das Verhältnis des Bebauungsplans und des Flächennutzungsplans und
3. nach § 214 Absatz 3 Satz 2 beachtliche Mängel des Abwägungsvorgangs,

wenn sie nicht innerhalb eines Jahres seit Bekanntmachung des Flächennutzungsplans oder der Satzung schriftlich gegenüber der Gemeinde unter Darlegung des die Verletzung begründenden Sachverhalts geltend gemacht worden sind. [2] Satz 1 gilt entsprechend, wenn Fehler nach § 214 Absatz 2a beachtlich sind.

(2) Bei Inkraftsetzung des Flächennutzungsplans oder der Satzung ist auf die Voraussetzungen für die Geltendmachung der Verletzung von Vorschriften sowie auf die Rechtsfolgen hinzuweisen.

§ 215a[1)] Beendigung von Bebauungsplanverfahren und ergänzendes Verfahren für Bebauungspläne nach § 13b in der bis zum Ablauf des 22. Juni 2021 oder bis zum Ablauf des 31. Dezember 2023 geltenden Fassung. (1) Bebauungsplanverfahren nach § 13b in der bis zum Ablauf des 22. Juni 2021 oder bis zum Ablauf des 31. Dezember 2023 geltenden Fassung, die vor Ablauf des 31. Dezember 2022 förmlich eingeleitet wurden, können nach Maßgabe des Absatzes 3 im beschleunigten Verfahren in entsprechender Anwendung des § 13a abgeschlossen werden, wenn der Satzungsbeschluss nach § 10 Absatz 1 bis zum Ablauf des 31. Dezember 2024 gefasst wird.

(2) [1] Sollen Bebauungspläne, die im Verfahren nach § 13b in der bis zum Ablauf des 22. Juni 2021 oder bis zum Ablauf des 31. Dezember 2023 geltenden Fassung aufgestellt wurden, durch ein ergänzendes Verfahren gemäß § 214 Absatz 4 in Kraft gesetzt werden, kann § 13a nach Maßgabe des Absatzes 3 entsprechend angewendet werden. [2] Der Satzungsbeschluss nach § 10 Absatz 1 ist bis zum Ablauf des 31. Dezember 2024 zu fassen.

(3) [1] § 13a Absatz 2 Nummer 1 in Verbindung mit § 13 Absatz 3 Satz 1 sowie § 13a Absatz 2 Nummer 4 können nur dann entsprechend angewendet werden, wenn die Gemeinde auf Grund einer Vorprüfung des Einzelfalls entsprechend § 13a Absatz 1 Satz 2 Nummer 2 zu der Einschätzung gelangt, dass der Bebauungsplan voraussichtlich keine erheblichen Umweltauswirkungen hat, die nach § 2 Absatz 4 Satz 4 in der Abwägung zu berücksichtigen wären oder die als Beeinträchtigungen des Landschaftsbildes oder der Leistungs- und Funktionsfähigkeit des Naturhaushalts entsprechend § 1a Absatz 3 auszugleichen wären. [2] Die Behörden und sonstigen Träger öffentlicher Belange, deren Aufgabenbereiche durch die Planung berührt werden können, sind an der Vorprüfung des Einzelfalls zu beteiligen. [3] Wird das Verfahren nach Absatz 1 oder Absatz 2 nach Abschluss der Vorprüfung des Einzelfalls ohne Durchführung einer Umweltprüfung nach § 2 Absatz 4 fortgesetzt, hat die Gemeinde dies einschließlich der hierfür wesentlichen Gründe ortsüblich bekanntzumachen.

(4) Auf Bebauungspläne, deren Aufstellung nach Absatz 1 abgeschlossen worden ist oder die im ergänzenden Verfahren nach Absatz 2 in Kraft gesetzt worden sind,

---

[1)] § 215a eingef. mWv 1.1.2024 durch G v. 20.12.2023 (BGBl. 2023 I Nr. 394).

sind die Bestimmungen der §§ 214 und 215 zur Planerhaltung entsprechend anzuwenden.

§ 216 Aufgaben im Genehmigungsverfahren. Die Verpflichtung der für das Genehmigungsverfahren zuständigen Behörde, die Einhaltung der Vorschriften zu prüfen, deren Verletzung sich nach den §§ 214 und 215 auf die Rechtswirksamkeit eines Flächennutzungsplans oder einer Satzung nicht auswirkt, bleibt unberührt.

§ 216a[1] Unwirksamkeit von Bebauungsplänen mit Abweichungen von der Technischen Anleitung zum Schutz gegen Lärm. (1) [1] Erweist sich ein Bebauungsplan mit Festsetzungen nach § 9 Absatz 1 Nummer 23 Buchstabe a Doppelbuchstabe aa, die von der Technischen Anleitung zum Schutz gegen Lärm abweichen, durch gerichtliche Entscheidung als unwirksam, nachdem ein Wohnbauvorhaben entsprechend diesen abweichenden Festsetzungen verwirklicht wurde, entscheiden die zuständige Bauaufsichts- und die zuständige Immissionsschutzbehörde im Einvernehmen über die Anordnung von lärmmindernden Maßnahmen nach dem Bauordnungsrecht oder dem Immissionsschutzrecht, die zur Wahrung gesunder Wohn- und Arbeitsverhältnisse erforderlich sind. [2] Kann ein Einvernehmen nicht erreicht werden, entscheidet die höhere Verwaltungsbehörde. [3] Ist eine geräuschemittierende Anlage betroffen, welche im Wege einer das Bau- und Immissionsschutzrecht konzentrierenden Planfeststellung oder Plangenehmigung genehmigt wurde, entscheidet in Bezug auf diese Anlage die Planfeststellungs- oder Plangenehmigungsbehörde im Benehmen mit der zuständigen Bauaufsichts- und der zuständigen Immissionsschutzbehörde. [4] Dabei ziehen die zuständigen Behörden sämtliche Maßnahmen zur Lärmminderung an der Schallquelle, auf dem Ausbreitungsweg und an der schutzbedürftigen Wohnnutzung in Betracht. [5] In Bezug auf den baulichen Bestand, der auf Grundlage der von der Technischen Anleitung zum Schutz gegen Lärm abweichenden unwirksamen Festsetzungen nach § 9 Absatz 1 Nummer 23 Buchstabe a Doppelbuchstabe aa errichtet wurde, ist die Technische Anleitung zum Schutz gegen Lärm insoweit nicht anzuwenden.

(2) [1] An geräuschemittierende Anlagen, die sich vor dem Hinzutreten des Wohnbauvorhabens nach Absatz 1 Satz 1 bereits in Betrieb befanden, dürfen Anforderungen nach Absatz 1 nur gestellt werden, wenn diese zumutbar sind und sich die Gemeinde, der Vorhabenträger des Wohnbauvorhabens oder ein anderer Eigentümer oder Nutzungsberechtigter zur Übernahme der hierdurch entstehenden Kosten verpflichtet. [2] Weitergehende Anforderungen zum Schutz oder zur Vorsorge gegen schädliche Umwelteinwirkungen durch Geräusche in Bezug auf die auf Grundlage der unwirksamen Festsetzungen hinzugetretene bauliche Nutzung aufgrund des Bundes-Immissionsschutzgesetzes sind ausgeschlossen.

(3) Anstelle von Anordnungen nach den Absätzen 1 und 2 können zur Wahrung gesunder Wohn- und Arbeitsverhältnisse auch vertragliche Vereinbarungen nach § 11 getroffen werden.

(4) Die Möglichkeit der Gemeinde, den Bebauungsplan im ergänzenden Verfahren nach § 214 Absatz 4 zu heilen, bleibt unberührt.

---

[1] § 216a eingef. mWv 30.10.2025 durch G v. 27.10.2025 (BGBl. 2025 I Nr. 257).

Dritter Teil. Verfahren vor den Kammern (Senaten) für Baulandsachen

§ 217 Antrag auf gerichtliche Entscheidung. (1) [1] Verwaltungsakte nach dem Vierten und Fünften Teil des Ersten Kapitels sowie nach den §§ 18, 28 Absatz 3, 4 und 6, den §§ 39 bis 44, 126 Absatz 2, § 150 Absatz 2, § 179 Absatz 4, den §§ 181, 209 Absatz 2 oder § 210 Absatz 2 können nur durch Antrag auf gerichtliche Entscheidung angefochten werden. [2] Satz 1 ist auch anzuwenden auf andere Verwaltungsakte auf Grund dieses Gesetzbuchs, für die die Anwendung des Zweiten Abschnitts des Fünften Teils des Ersten Kapitels vorgeschrieben ist oder die in einem Verfahren nach dem Vierten oder Fünften Teil des Ersten Kapitels erlassen werden, sowie auf Streitigkeiten über die Höhe der Geldentschädigung nach § 190 in Verbindung mit § 88 Nummer 7 und § 89 Absatz 2 des Flurbereinigungsgesetzes[1)]. [3] Mit dem Antrag auf gerichtliche Entscheidung kann auch die Verurteilung zum Erlass eines Verwaltungsakts oder zu einer sonstigen Leistung sowie eine Feststellung begehrt werden. [4] Über den Antrag entscheidet das Landgericht, Kammer für Baulandsachen.

(2) [1] Der Antrag ist binnen eines Monats seit der Zustellung des Verwaltungsakts bei der Stelle einzureichen, die den Verwaltungsakt erlassen hat. [2] Ist die ortsübliche Bekanntmachung des Verwaltungsakts vorgeschrieben, so ist der Antrag binnen sechs Wochen seit der Bekanntmachung einzureichen. [3] Hat ein Vorverfahren (§ 212) stattgefunden, so beginnt die in Satz 1 bestimmte Frist mit der Zustellung des Bescheids, der das Vorverfahren beendet hat.

(3) [1] Der Antrag muss den Verwaltungsakt bezeichnen, gegen den er sich richtet. [2] Er soll die Erklärung, inwieweit der Verwaltungsakt angefochten wird, und einen bestimmten Antrag enthalten. [3] Er soll die Gründe sowie die Tatsachen und Beweismittel angeben, die zur Rechtfertigung des Antrags dienen.

(4) [1] Die Stelle, die den Verwaltungsakt erlassen hat, hat den Antrag mit ihren Akten unverzüglich dem zuständigen Landgericht vorzulegen. [2] Ist das Verfahren vor der Stelle noch nicht abgeschlossen, so sind statt der Akten Abschriften der bedeutsamen Aktenstücke vorzulegen.

§ 218 Wiedereinsetzung in den vorigen Stand. (1) [1] War ein Beteiligter ohne Verschulden verhindert, die Frist nach § 217 Absatz 2 einzuhalten, so ist ihm auf Antrag vom Landgericht, Kammer für Baulandsachen, Wiedereinsetzung in den vorigen Stand zu gewähren, wenn er den Antrag auf gerichtliche Entscheidung binnen zwei Wochen nach Beseitigung des Hindernisses einreicht und die Tatsachen, die die Wiedereinsetzung begründen, glaubhaft macht. [2] Gegen die Entscheidung über den Antrag findet die sofortige Beschwerde an das Oberlandesgericht, Senat für Baulandsachen, statt. [3] Nach Ablauf eines Jahres, vom Ende der versäumten Frist an gerechnet, kann die Wiedereinsetzung nicht mehr beantragt werden.

(2) Ist der angefochtene Verwaltungsakt ein Enteignungsbeschluss und ist der bisherige Rechtszustand bereits durch den neuen Rechtszustand ersetzt (§ 117 Absatz 5), so kann das Gericht im Falle der Wiedereinsetzung den Enteignungsbeschluss nicht aufheben und hinsichtlich des Gegenstands der Enteignung oder der Art der Entschädigung nicht ändern.

§ 219 Örtliche Zuständigkeit der Landgerichte. (1) Örtlich zuständig ist das Landgericht, in dessen Bezirk die Stelle, die den Verwaltungsakt erlassen hat, ihren Sitz hat.

[1)] **Sartorius III Nr. 400.**

(2) [1] Die Landesregierungen können durch Rechtsverordnung die Verhandlung und Entscheidung über Anträge auf gerichtliche Entscheidung einem Landgericht für die Bezirke mehrerer Landgerichte zuweisen, wenn die Zusammenfassung für eine Förderung oder schnellere Erledigung der Verfahren sachdienlich ist. [2] Die Landesregierungen können diese Ermächtigung auf die Landesjustizverwaltungen übertragen.

§ 220 Zusammensetzung der Kammern für Baulandsachen. (1) [1] Bei den Landgerichten werden eine oder mehrere Kammern für Baulandsachen gebildet. [2] Die Kammer für Baulandsachen entscheidet in der Besetzung mit zwei Richtern des Landgerichts einschließlich des Vorsitzenden sowie einem hauptamtlichen Richter eines Verwaltungsgerichts. [3] Die Vorschriften über den Einzelrichter sind nicht anzuwenden.

(Fortsetzung nächstes Blatt)

(2) Die Richter der Verwaltungsgerichte und die für den Fall ihrer Verhinderung erforderlichen Vertreter werden von der für die Verwaltungsgerichtsbarkeit zuständigen Obersten Landesbehörde auf die Dauer von drei Jahren bestellt.

§ 221 Allgemeine Verfahrensvorschriften. (1) [1] In den Sachen, die auf Grund eines Antrags auf gerichtliche Entscheidung bei den Gerichten anhängig werden, sind die bei Klagen in bürgerlichen Rechtsstreitigkeiten geltenden Vorschriften entsprechend anzuwenden, soweit sich aus den §§ 217 bis 231 nichts anderes ergibt. [2] § 227 Absatz 3 Satz 1 der Zivilprozessordnung[1)] ist nicht anzuwenden.

(2) Das Gericht kann auch von Amts wegen die Aufnahme von Beweisen anordnen und nach Anhörung der Beteiligten auch solche Tatsachen berücksichtigen, die von ihnen nicht vorgebracht worden sind.

(3) Sind gegen denselben Verwaltungsakt mehrere Anträge auf gerichtliche Entscheidung gestellt, so wird über sie gleichzeitig verhandelt und entschieden.

(4) Die Vorschriften über die Vorauszahlung der Gebühr für das Verfahren im Allgemeinen nach § 12 Absatz 1 Satz 1 und 2 des Gerichtskostengesetzes[2)] sind nicht anzuwenden.

§ 222 Beteiligte. (1) [1] Wer an dem Verfahren, in dem der Verwaltungsakt erlassen worden ist, Beteiligter war, ist auch in dem gerichtlichen Verfahren Beteiligter, wenn seine Rechte oder Pflichten durch die Entscheidung des Gerichts betroffen werden können. [2] In dem gerichtlichen Verfahren ist auch die Stelle Beteiligte, die den Verwaltungsakt erlassen hat.

(2) Der Antrag auf gerichtliche Entscheidung ist den übrigen in Absatz 1 Satz 1 bezeichneten Beteiligten, soweit sie bekannt sind, zuzustellen.

(3) [1] Auf die Beteiligten sind die für die Parteien geltenden Vorschriften der Zivilprozessordnung[3)] entsprechend anzuwenden. [2] § 78 der Zivilprozessordnung[1)] gilt in dem Verfahren vor dem Landgericht und dem Oberlandesgericht nur für Beteiligte, die Anträge in der Hauptsache stellen.

§ 223 Anfechtung von Ermessensentscheidungen. [1] Soweit die Stelle, die den Verwaltungsakt erlassen hat, ermächtigt ist, nach ihrem Ermessen zu handeln, kann der Antrag nur darauf gestützt werden, dass die Entscheidung rechtswidrig ist, weil die gesetzlichen Grenzen des Ermessens überschritten sind oder von dem Ermessen in einer dem Zweck der Ermächtigung nicht entsprechenden Weise Gebrauch gemacht worden ist. [2] Dies gilt nicht, soweit in dem Verwaltungsakt über einen Anspruch auf eine Geldleistung entschieden worden ist.

§ 224 Entfall der aufschiebenden Wirkung bei Antrag auf gerichtliche Entscheidung. [1] Der Antrag auf gerichtliche Entscheidung gegen

1. den Umlegungsbeschluss nach § 47 Absatz 1,

[1)] **Schönfelder Nr. 100.**
[2)] **Schönfelder Nr. 115.**
[3)] Siehe §§ 50 ff. ZPO **(Schönfelder Nr. 100).**

2. die Bekanntmachung der Unanfechtbarkeit des Umlegungsplans nach § 71 Absatz 1,
3. die vorzeitige Besitzeinweisung nach § 77 oder § 116 sowie
4. die Geltendmachung des Kostenerstattungsbetrags nach § 179 Absatz 4

hat keine aufschiebende Wirkung. [2] § 80 Absatz 5 der Verwaltungsgerichtsordnung[1)] ist entsprechend anzuwenden.

§ 225 Vorzeitige Ausführungsanordnung. [1] Ist nur noch die Höhe einer Geldentschädigung streitig, so kann das Gericht auf Antrag des Enteignungsbegünstigten beschließen, dass die Enteignungsbehörde die Ausführung des Enteignungsbeschlusses anzuordnen hat. [2] In dem Beschluss kann bestimmt werden, dass der Enteignungsbegünstigte für den im Streit befindlichen Betrag Sicherheit zu leisten hat. [3] Die Ausführungsanordnung darf erst ergehen, wenn der Enteignungsbegünstigte die festgesetzte Geldentschädigung gezahlt oder zulässigerweise unter Verzicht auf das Recht der Rücknahme hinterlegt hat.

§ 226 Urteil. (1) Über den Antrag auf gerichtliche Entscheidung wird durch Urteil entschieden.

(2) [1] Wird ein Antrag auf gerichtliche Entscheidung, der einen Anspruch auf eine Geldleistung betrifft, für begründet erachtet, so hat das Gericht den Verwaltungsakt zu ändern. [2] Wird in anderen Fällen ein Antrag auf gerichtliche Entscheidung für begründet erachtet, so hat das Gericht den Verwaltungsakt aufzuheben und erforderlichenfalls auszusprechen, dass die Stelle, die den Verwaltungsakt erlassen hat, verpflichtet ist, in der Sache unter Beachtung der Rechtsauffassung des Gerichts anderweit zu entscheiden.

(3) [1] Einen Enteignungsbeschluss kann das Gericht auch ändern, wenn der Antrag auf gerichtliche Entscheidung nicht einen Anspruch auf Geldleistung betrifft. [2] Es darf in diesem Falle über den Antrag des Beteiligten hinaus, der den Antrag auf gerichtliche Entscheidung gestellt hat, den Enteignungsbeschluss auch ändern, soweit ein anderer Beteiligter es beantragt hat; dabei ist eine Änderung des Enteignungsbeschlusses zum Nachteil dessen, der den Antrag auf gerichtliche Entscheidung gestellt hat, nicht statthaft. [3] Wird ein Enteignungsbeschluss geändert, so ist § 113 Absatz 2 entsprechend anzuwenden. [4] Wird ein Enteignungsbeschluss aufgehoben oder hinsichtlich des Gegenstands der Enteignung geändert, so gibt das Gericht im Falle des § 113 Absatz 5 dem Vollstreckungsgericht von seinem Urteil Kenntnis.

(4) Ist von mehreren Anträgen nur der eine oder ist nur ein Teil eines Antrags zur Endentscheidung reif, so soll das Gericht hierüber ein Teilurteil nur erlassen, wenn es zur Beschleunigung des Verfahrens notwendig erscheint.

§ 227 Säumnis eines Beteiligten. (1) [1] Erscheint der Beteiligte, der den Antrag auf gerichtliche Entscheidung gestellt hat, in einem Termin zur mündlichen Verhandlung, so kann auch dann mündlich verhandelt werden, wenn einer der anderen Beteiligten *nicht* erscheint. [2] Über einen Antrag, den

[1)] Nr. **600**.

ein nichterschienener Beteiligter in einer früheren mündlichen Verhandlung gestellt hat, kann nach Lage der Akten entschieden werden.

(2) Erscheint der Beteiligte, der den Antrag auf gerichtliche Entscheidung gestellt hat, in einem Termin zur mündlichen Verhandlung nicht, so kann jeder andere Beteiligte eine Entscheidung nach Lage der Akten beantragen.

(3) [1] Die §§ 332 bis 335, 336 Absatz 2 und § 337 der Zivilprozessordnung[1)] gelten entsprechend. [2] Im Übrigen sind die Vorschriften über die Versäumnisurteile nicht anzuwenden.

§ 228 Kosten des Verfahrens. (1) Soweit der Beteiligte obsiegt, der den Antrag auf gerichtliche Entscheidung gestellt hat, gilt, wenn keiner der Beteiligten dazu im Widerspruch stehende Anträge in der Hauptsache gestellt hat, bei Anwendung der Kostenbestimmungen der Zivilprozessordnung[2)] die Stelle, die den Verwaltungsakt erlassen hat, als unterliegende Partei.

(2) Über die Erstattung der Kosten eines Beteiligten, der zur Hauptsache keinen Antrag gestellt hat, entscheidet das Gericht auf Antrag des Beteiligten nach billigem Ermessen.

§ 229 Berufung, Beschwerde. (1) [1] Über die Berufung und die Beschwerde entscheidet das Oberlandesgericht, Senat für Baulandsachen, in der Besetzung mit zwei Richtern des Oberlandesgerichts einschließlich des Vorsitzenden und einem hauptamtlichen Richter eines Oberverwaltungsgerichts. [2] § 220 Absatz 1 Satz 3 und Absatz 2 gilt entsprechend.

(2) [1] Die Landesregierungen können durch Rechtsverordnung die Verhandlung und Entscheidung über die Berufungen und Beschwerden gegen die Entscheidungen der Kammern für Baulandsachen einem Oberlandesgericht oder dem obersten Landesgericht für die Bezirke mehrerer Oberlandesgerichte zuweisen, wenn die Zusammenfassung für eine Förderung oder schnellere Erledigung der Verfahren sachdienlich ist. [2] Die Landesregierungen können diese Ermächtigung durch Rechtsverordnung auf die Landesjustizverwaltungen übertragen.

§ 230 Revision. Über die Revision entscheidet der Bundesgerichtshof.

§ 231 Einigung. [1] Einigen sich die Beteiligten während eines gerichtlichen Verfahrens, das eine Enteignung betrifft, so gelten die §§ 110 und 111 entsprechend. [2] Das Gericht tritt an die Stelle der Enteignungsbehörde.

§ 232 Weitere Zuständigkeit der Kammern (Senate) für Baulandsachen. Die Länder können durch Gesetz den Kammern und Senaten für Baulandsachen die Verhandlung und Entscheidung über Maßnahmen der Enteignung und enteignungsgleiche Eingriffe, die die in § 86 genannten Gegenstände betreffen und auf Landesrecht beruhen oder nach Landesrecht vorgenommen werden, und über Entschädigungsansprüche übertragen sowie die Vorschriften dieses Teils für anwendbar erklären.

[1)] **Schönfelder Nr. 100.**
[2)] Siehe §§ 91 ff. ZPO **(Schönfelder Nr. 100).**

Viertes Kapitel. Überleitungs- und Schlussvorschriften

Erster Teil. Überleitungsvorschriften

§ 233 Allgemeine Überleitungsvorschriften. (1) [1] Verfahren nach diesem Gesetz, die vor dem Inkrafttreten einer Gesetzesänderung förmlich eingeleitet worden sind, werden nach den bisher geltenden Rechtsvorschriften abgeschlossen, soweit nachfolgend nichts anderes bestimmt ist. [2] Ist mit gesetzlich vorgeschriebenen einzelnen Schritten des Verfahrens noch nicht begonnen worden, können diese auch nach den Vorschriften dieses Gesetzes durchgeführt werden.

(2) [1] Die Vorschriften des Dritten Kapitels Zweiter Teil Vierter Abschnitt zur Planerhaltung sind auch auf Flächennutzungspläne und Satzungen entsprechend anzuwenden, die auf der Grundlage bisheriger Fassungen dieses Gesetzes in Kraft getreten sind. [2] Unbeschadet des Satzes 1 sind auf der Grundlage bisheriger Fassungen dieses Gesetzes unbeachtliche oder durch Fristablauf unbeachtliche Fehler bei der Aufstellung von Flächennutzungsplänen und Satzungen auch weiterhin für die Rechtswirksamkeit dieser Flächennutzungspläne und Satzungen unbeachtlich. [3] Abweichend von Satz 1 sind für vor dem Inkrafttreten einer Gesetzesänderung in Kraft getretene Flächennutzungspläne und Satzungen die vor dem Inkrafttreten der Gesetzesänderung geltenden Vorschriften über die Geltendmachung der Verletzung von Verfahrens- und Formvorschriften, von Mängeln der Abwägung und von sonstigen Vorschriften einschließlich ihrer Fristen weiterhin anzuwenden.

(3) Auf der Grundlage bisheriger Fassungen dieses Gesetzes wirksame oder übergeleitete Pläne, Satzungen und Entscheidungen gelten fort.

§ 234 Überleitungsvorschriften für das Vorkaufsrecht. (1) Für das Vorkaufsrecht sind die jeweils zur Zeit des Verkaufsfalls geltenden städtebaurechtlichen Vorschriften anzuwenden.

(2) Satzungen, die auf Grund von § 25 des Bundesbaugesetzes erlassen worden sind, gelten als Satzungen nach § 25 Absatz 1 Satz 1 Nummer 2 weiter.

§ 235 Überleitungsvorschriften für städtebauliche Sanierungs- und Entwicklungsmaßnahmen. (1) [1] Auf städtebauliche Sanierungs- und Entwicklungsmaßnahmen, für die vor dem Inkrafttreten einer Gesetzesänderung nach den bisher geltenden Rechtsvorschriften der Beginn der vorbereitenden Untersuchungen oder der Voruntersuchungen beschlossen worden ist, sind abweichend von § 233 Absatz1 die Vorschriften dieses Gesetzes anzuwenden; abgeschlossene Verfahrensschritte bleiben unberührt. [2] Ist eine städtebauliche Entwicklungsmaßnahme jedoch vor dem 1. Juli 1987 förmlich festgelegt worden, sind die §§ 165 bis 171 in der bis zum 30. April 1993 geltenden Fassung weiter anzuwenden; wird zur zweckmäßigen Durchführung entsprechend den Zielen und Zwecken einer solchen Entwicklungsmaßnahme eine Änderung des Geltungsbereichs der Entwicklungsmaßnahmeverordnung erforderlich, ist § 53 in Verbindung mit § 1 des Städtebauförderungsgesetzes weiter anzuwenden.

(2) [1] Ist eine städtebauliche Sanierungsmaßnahme vor dem 1. Januar 1998 förmlich festgelegt worden und ist nach der Sanierungssatzung nur die Genehmigungspflicht nach § 144 Absatz 2 in der bis zum 31. Dezember 1997 geltenden Fassung ausgeschlossen, bedarf eine Teilung auch weiterhin der schriftlichen Genehmigung der Gemeinde. [2] Die Gemeinde hat dem Grundbuchamt Sanierungssatzungen im Sinne des Satzes 1 in entsprechender Anwendung des ab dem 1. Januar 1998 geltenden § 143 Absatz 2 Satz 1 bis 3 unverzüglich nachträglich mitzuteilen.

(3) In dem Gebiet, in dem das Grundgesetz[1)] schon vor dem 3. Oktober 1990 galt, ist § 141 Absatz 4 auf Beschlüsse über den Beginn der vorbereitenden Untersuchungen, die vor dem 1. Mai 1993 bekannt gemacht worden sind, nicht anzuwenden.

(4) Sanierungssatzungen, die vor dem 1. Januar 2007 bekannt gemacht worden sind, sind spätestens bis zum 31. Dezember 2021 mit den Rechtswirkungen des § 162 Absatz 1 Satz 1 Nummer 4 aufzuheben, es sei denn, es ist entsprechend § 142 Absatz 3 Satz 3 oder 4 eine andere Frist für die Durchführung der Sanierung festgelegt worden.

§ 236 Überleitungsvorschriften für das Baugebot und die Erhaltung baulicher Anlagen. (1) § 176 Absatz 9 ist auf Enteignungsverfahren nach § 85 Absatz 1 Nummer 5 anzuwenden, wenn der Eigentümer die Verpflichtung aus einem Baugebot nicht erfüllt, das nach dem 31. Mai 1990 angeordnet worden ist.

(2) [1] § 172 Absatz 1 Satz 4 bis 6 gilt nicht für die Bildung von Teil- und Wohnungseigentum, dessen Eintragung vor dem 26. Juni 1997 beantragt worden ist. [2] Dies gilt auch, wenn ein Anspruch auf Bildung oder Übertragung von Teil- und Wohnungseigentum vor dem 26. Juni 1997 durch eine Vormerkung gesichert wurde. [3] § 172 in der ab dem 1. Januar 1998 geltenden Fassung ist auch auf Satzungen, die vor dem 1. Januar 1998 ortsüblich bekannt gemacht worden sind, anzuwenden.

§ 237 (weggefallen)

§ 238 Überleitungsvorschrift für Entschädigungen. [1] Wurde durch die Änderung des § 34 des Bundesbaugesetzes durch das Gesetz zur Änderung des Bundesbaugesetzes vom 18. August 1976 die bis dahin zulässige Nutzung eines Grundstücks aufgehoben oder wesentlich geändert, ist eine Entschädigung in entsprechender Anwendung der §§ 42, 43 Absatz 1, 2, 4 und 5 und des § 44 Absatz 1 Satz 2, Absatz 3 und 4 zu gewähren; dies gilt nicht, soweit in dem Zeitpunkt, in dem nach § 44 Absatz 3 bis 5 Entschädigung verlangt werden kann, eine entsprechende Aufhebung oder Änderung der zulässigen Nutzung auch nach § 34 des Bundesbaugesetzes in der bis zum 31. Dezember 1976 geltenden Fassung hätte eintreten können, ohne dass die Aufhebung oder Änderung nach § 44 des Bundesbaugesetzes in der bis zum 31. Dezember 1976 geltenden Fassung zu entschädigen gewesen wäre. [2] Wird durch die Änderung des § 34 durch das Europarechtsanpassungsgesetz Bau vom 24. Juni 2004 die bis dahin zulässige Nutzung eines Grundstücks aufgehoben oder wesentlich geändert, ist Satz 1 entsprechend anzuwenden.

[1)] Nr. **1**.

§ 239 Überleitungsvorschrift für die Grenzregelung. Hat die Gemeinde den Beschluss über die Grenzregelung (§ 82 in der vor dem 20. Juli 2004 geltenden Fassung) vor dem 20. Juli 2004 gefasst, sind die Vorschriften des Zweiten Abschnitts des Vierten Teils des Ersten Kapitels in der vor dem 20. Juli 2004 geltenden Fassung weiterhin anzuwenden.

§§ 240, 241 (weggefallen)

§ 242 Überleitungsvorschriften für die Erschließung. (1) Für vorhandene Erschließungsanlagen, für die eine Beitragspflicht auf Grund der bis zum 29. Juni 1961 geltenden Vorschriften nicht entstehen konnte, kann auch nach diesem Gesetzbuch kein Beitrag erhoben werden.

(2) Soweit am 29. Juni 1961 zur Erfüllung von Anliegerbeitragspflichten langfristige Verträge oder sonstige Vereinbarungen, insbesondere über das Ansammeln von Mitteln für den Straßenbau in Straßenbaukassen oder auf Sonderkonten bestanden, können die Länder ihre Abwicklung durch Gesetz regeln.

(3) § 125 Absatz 3 ist auch auf Bebauungspläne anzuwenden, die vor dem 1. Juli 1987 in Kraft getreten sind.

(4) [1] § 127 Absatz 2 Nummer 2 ist auch auf Verkehrsanlagen anzuwenden, die vor dem 1. Juli 1987 endgültig hergestellt worden sind. [2] Ist vor dem 1. Juli 1987 eine Beitragspflicht nach Landesrecht entstanden, so verbleibt es dabei.

(5) [1] Ist für einen Kinderspielplatz eine Beitragspflicht bereits auf Grund der vor dem 1. Juli 1987 geltenden Vorschriften (§ 127 Absatz 2 Nummer 3 und 4 des Bundesbaugesetzes) entstanden, so verbleibt es dabei. [2] Die Gemeinde soll von der Erhebung des Erschließungsbeitrags ganz oder teilweise absehen, wenn dies auf Grund der örtlichen Verhältnisse, insbesondere unter Berücksichtigung des Nutzens des Kinderspielplatzes für die Allgemeinheit, geboten ist. [3] Satz 2 ist auch auf vor dem 1. Juli 1987 entstandene Beiträge anzuwenden, wenn

1. der Beitrag noch nicht entrichtet ist oder
2. er entrichtet worden, aber der Beitragsbescheid noch nicht unanfechtbar geworden ist.

(6) § 128 Absatz 1 ist auch anzuwenden, wenn der Umlegungsplan (§ 66 des Bundesbaugesetzes) oder die Vorwegregelung (§ 76 des Bundesbaugesetzes) vor dem 1. Juli 1987 ortsüblich bekannt gemacht worden ist (§ 71 des Bundesbaugesetzes).

(7) Ist vor dem 1. Juli 1987 über die Stundung des Beitrags für landwirtschaftlich genutzte Grundstücke (§ 135 Absatz 4 des Bundesbaugesetzes) entschieden und ist die Entscheidung noch nicht unanfechtbar geworden, ist § 135 Absatz 4 dieses Gesetzbuchs anzuwenden.

(8) [1] § 124 Absatz 2 Satz 2 in der bis zum 21. Juni 2013 geltenden Fassung ist auch auf Kostenvereinbarungen in Erschließungsverträgen anzuwenden, die vor dem 1. Mai 1993 geschlossen worden sind. [2] Auf diese Verträge ist § 129 Absatz 1 Satz 3 weiterhin anzuwenden.

(9) [1] Für Erschließungsanlagen oder Teile von Erschließungsanlagen in dem in Artikel 3 des Einigungsvertrags[1)] genannten Gebiet, die vor dem Wirksamwerden des Beitritts bereits hergestellt worden sind, kann nach diesem Gesetz ein Erschließungsbeitrag nicht erhoben werden. [2] Bereits hergestellte Erschließungsanlagen oder Teile von Erschließungsanlagen sind die einem technischen Ausbauprogramm oder den örtlichen Ausbaugepflogenheiten entsprechend fertiggestellten Erschließungsanlagen oder Teile von Erschließungsanlagen. [3] Leistungen, die Beitragspflichtige für die Herstellung von Erschließungsanlagen oder Teilen von Erschließungsanlagen erbracht haben, sind auf den Erschließungsbeitrag anzurechnen. [4] Die Landesregierungen werden ermächtigt, bei Bedarf Überleitungsregelungen durch Rechtsverordnung zu treffen.

§ 243 Überleitungsvorschriften für das Maßnahmengesetz zum Baugesetzbuch und das Bundesnaturschutzgesetz. (1) § 233 ist auf Verfahren, Pläne, Satzungen und Entscheidungen, die auf der Grundlage des Maßnahmengesetzes zum Baugesetzbuch eingeleitet, in Kraft getreten oder wirksam geworden sind, entsprechend anzuwenden.

(2) Bei Bauleitplanverfahren, die vor dem 1. Januar 1998 förmlich eingeleitet worden sind, kann die Eingriffsregelung nach dem Bundesnaturschutzgesetz[2)] in der bis zum 31. Dezember 1997 geltenden Fassung weiter angewendet werden.

§ 244 Überleitungsvorschriften für das Europarechtsanpassungsgesetz Bau. (1) Abweichend von § 233 Absatz 1 werden Verfahren für Bauleitpläne und Satzungen nach § 34 Absatz 4 Satz 1 und § 35 Absatz 6, die nach dem 20. Juli 2004 förmlich eingeleitet worden sind oder die nach dem 20. Juli 2006 abgeschlossen werden, nach den Vorschriften dieses Gesetzes zu Ende geführt.

(2) [1] Abweichend von Absatz 1 finden auf Bebauungsplanverfahren, die in der Zeit vom 14. März 1999 bis zum 20. Juli 2004 förmlich eingeleitet worden sind und die vor dem 20. Juli 2006 abgeschlossen werden, die Vorschriften des Baugesetzbuchs in der vor dem 20. Juli 2004 geltenden Fassung weiterhin Anwendung. [2] Ist mit gesetzlich vorgeschriebenen einzelnen Verfahrensschritten noch nicht begonnen worden, können diese auch nach den Vorschriften dieses Gesetzes durchgeführt werden.

(3) § 4 Absatz 3 und § 4c gelten nur für Bauleitpläne, die nach Absatz 1 oder 2 nach den Vorschriften dieses Gesetzes zu Ende geführt werden.

(4) (weggefallen)

(5) [1] Die Gemeinden können Satzungen, die auf der Grundlage des § 19 in der vor dem 20. Juli 2004 geltenden Fassung erlassen worden sind, durch Satzung aufheben. [2] Die Gemeinde hat diese Satzung ortsüblich bekannt zu machen; sie kann die Bekanntmachung auch in entsprechender Anwendung des § 10 Absatz 3 Satz 2 bis 5 vornehmen. [3] Unbeschadet der Sätze 1 und 2 sind Satzungen auf der Grundlage des § 19 in der vor dem 20. Juli 2004 geltenden Fassung nicht mehr anzuwenden. [4] Die Gemeinde hat auf die

---

1) **Sartorius III Nr. 2.**
2) Nr. **880**.

Nichtanwendbarkeit dieser Satzungen bis zum 31. Dezember 2004 durch ortsübliche Bekanntmachung hinzuweisen. [5] Die Gemeinde hat das Grundbuchamt um Löschung eines von ihr nach § 20 Absatz 3 in der vor dem 20. Juli 2004 geltenden Fassung veranlassten Widerspruchs zu ersuchen.

(6) [1] Für eine auf der Grundlage des § 22 in der vor dem 20. Juli 2004 geltenden Fassung wirksam erlassene Satzung bleibt § 22 in der vor dem 20. Juli 2004 geltenden Fassung bis zum 30. Juni 2005 weiterhin anwendbar. [2] Auf die Satzung ist § 22 in der geltenden Fassung anzuwenden, wenn beim Grundbuchamt vor Ablauf des 30. Juni 2005 eine den Anforderungen des § 22 Absatz 2 Satz 3 und 4 entsprechende Mitteilung der Gemeinde eingegangen ist. [3] Ist die Mitteilung hinsichtlich der Satzung nicht fristgerecht erfolgt, ist die Satzung auf die von ihr erfassten Vorgänge nicht mehr anzuwenden. [4] Eine Aussetzung der Zeugniserteilung nach § 22 Absatz 6 Satz 3 in der vor dem 20. Juli 2004 geltenden Fassung ist längstens bis zum 30. Juni 2005 wirksam. [5] Die Baugenehmigungsbehörde hat das Grundbuchamt um Löschung eines von ihr nach § 20 Absatz 3 in der vor dem 20. Juli 2004 geltenden Fassung oder auf Grundlage von Satz 1 oder 4 in Verbindung mit § 20 Absatz 3 in der vor dem 20. Juli 2004 geltenden Fassung veranlassten Widerspruchs im Grundbuch zu ersuchen, wenn die Satzung nicht mehr anwendbar ist oder die Aussetzung der Zeugniserteilung unwirksam wird.

(7) § 35 Absatz 5 Satz 2 gilt nicht für die Zulässigkeit eines Vorhabens, das die Nutzungsänderung einer baulichen Anlage zum Inhalt hat, deren bisherige Nutzung vor dem 20. Juli 2004 zulässigerweise aufgenommen worden ist.

§ 245 Überleitungsvorschriften für den Stadtumbau, die Soziale Stadt und die Förderung städtebaulicher Maßnahmen. (1) Ein von einer Gemeinde bis zum 20. Juli 2004 im Hinblick auf die Verwaltungsvereinbarungen über die Gewährung von Finanzhilfen des Bundes an die Länder nach Artikel 104a Absatz 4 des Grundgesetzes in seiner bis zum 20. Juli 2004 geltenden Fassung zur Förderung städtebaulicher Maßnahmen beschlossenes Gebiet für Stadtumbaumaßnahmen sowie ein hierfür aufgestelltes städtebauliches Entwicklungskonzept der Gemeinde gilt als Stadtumbaugebiet und städtebauliches Entwicklungskonzept im Sinne des § 171b.

(2) Ein von der Gemeinde bis zum 20. Juli 2004 im Hinblick auf die Verwaltungsvereinbarungen über die Gewährung von Finanzhilfen des Bundes an die Länder nach Artikel 104a Absatz 4 des Grundgesetzes in seiner bis zum 20. Juli 2004 geltenden Fassung zur Förderung städtebaulicher Maßnahmen beschlossenes Gebiet für Maßnahmen der Sozialen Stadt sowie ein hierfür aufgestelltes Konzept der Gemeinde gilt als Gebiet und Entwicklungskonzept im Sinne des § 171e.

(3) Für die zur Förderung städtebaulicher Maßnahmen bis zum 1. September 2006 geschlossenen Verwaltungsvereinbarungen über die Gewährung von Finanzhilfen des Bundes an die Länder nach Artikel 104a Absatz 4 des Grundgesetzes in seiner bis zum 1. September 2006 geltenden Fassung ist § 164b in seiner bis zum 12. September 2006 geltenden Fassung bis zum 31. Dezember 2019 anzuwenden.

§ 245a[1)] Überleitungsvorschriften und Vorschriften im Zusammenhang mit dem Gesetz zur Stärkung der Innenentwicklung in den Städten und Gemeinden und weiteren Fortentwicklung des Städtebaurechts. (1) [1]Die Regelungen zur Zulässigkeit von Anlagen zur Kinderbetreuung sowie von Anlagen zur Nutzung solarer Strahlungsenergie und Kraft-Wärme-Kopplungsanlagen in § 3 Absatz 2 Nummer 2 und § 14 Absatz 3 der Baunutzungsverordnung[2)] in der ab dem 20. September 2013 geltenden Fassung gelten vorbehaltlich des Satzes 2 und des Absatzes 2 auch für Bebauungspläne, die auf der Grundlage der Baunutzungsverordnung in einer Fassung vor dem 20. September 2013 in Kraft getreten sind. [2]Satz 1 gilt nicht in Bezug auf Anlagen zur Kinderbetreuung, wenn vor dem 20. September 2013 die ausnahmsweise Zulässigkeit dieser Anlagen nach § 3 Absatz 3 Nummer 2 der Baunutzungsverordnung in der vom 27. Januar 1990 bis zum 20. September 2013 geltenden Fassung durch Festsetzungen nach § 1 Absatz 6 Nummer 1, Absatz 8 und 9 der Baunutzungsverordnung ausgeschlossen worden ist.

(2) [1]Die sich aus § 3 Absatz 2 Nummer 2 und § 14 Absatz 3 der Baunutzungsverordnung in der ab dem 20. September 2013 geltenden Fassung in Verbindung mit Absatz 1 Satz 1 ergebende Zulässigkeit von Anlagen zur Kinderbetreuung sowie von Anlagen zur Nutzung solarer Strahlungsenergie und von Kraft-Wärme-Kopplungsanlagen kann durch Änderung der Bebauungspläne nach Maßgabe der Vorschriften der Baunutzungsverordnung eingeschränkt oder ausgeschlossen werden; hierauf sind die Vorschriften dieses Gesetzbuchs über die Aufstellung der Bauleitpläne, einschließlich der §§ 14 bis 18, anzuwenden. [2]Das Verfahren für die Änderung von Bebauungsplänen nach Satz 1 kann vor dem 20. September 2013 eingeleitet werden.

(3) [1]Darstellungen in Flächennutzungsplänen, die vor dem 20. September 2013 in Bezug auf bauliche Anlagen zur Tierhaltung im Sinne des § 35 Absatz 1 Nummer 4 die Rechtswirkungen des § 35 Absatz 3 Satz 3 erzielt haben, haben diese Rechtswirkungen auch in Bezug auf bauliche Anlagen zur Tierhaltung im Sinne der ab dem 20. September 2013 geltenden Fassung des § 35 Absatz 1 Nummer 4. [2]Wenn ein Fortgelten der Rechtswirkungen nach Satz 1 der ursprünglichen planerischen Zielsetzung widerspricht, stellt die Gemeinde dies in einem Beschluss fest, der ortsüblich bekannt zu machen ist. [3]Mit der ortsüblichen Bekanntmachung des Beschlusses gelten die entsprechenden Darstellungen als aufgehoben; der Flächennutzungsplan ist im Wege der Berichtigung anzupassen.

(4) Soweit für Zulassungsentscheidungen über Anlagen zur Tierhaltung, die dem § 35 Absatz 1 Nummer 4 unterfallen, vor Ablauf des 4. Juli 2012 bei der zuständigen Behörde ein Antrag eingegangen ist, ist § 35 Absatz 1 Nummer 4 in seiner bis zum 20. September 2013 geltenden Fassung anzuwenden.

(5) [1]Soweit bei einer Zulassungsentscheidung über Anlagen zur Tierhaltung auf Grund von Absatz 4 § 35 Absatz 1 Nummer 4 in seiner bis zum Ablauf des 20. September 2013 geltenden Fassung anzuwenden war, ist die Änderung der danach errichteten baulichen Anlage zur Tierhaltung ebenfalls unter den Voraussetzungen des § 35 Absatz 1 Nummer 4 in seiner bis zum Ablauf des 20. September 2013 geltenden Fassung zulässig, wenn

1. es sich ausschließlich um eine Änderung zur Umsetzung eines Betriebs- und Umbaukonzepts zur Umstellung der vorhandenen Haltungseinrichtungen auf

---

[1)] § 245a Überschrift neu gef., Abs. 5 angef. mWv 23.7.2021 durch G v. 16.7.2021 (BGBl. I S. 2939); Abs. 6 angef. mWv 1.10.2023 durch G v. 28.7.2023 (BGBl. 2023 I Nr. 221).
[2)] Nr. **311**.

Haltungseinrichtungen zum Halten von Jungsauen und Sauen, das den Anforderungen des § 30 Absatz 2 und 2a der Tierschutz-Nutztierhaltungsverordnung in der Fassung der Bekanntmachung vom 22. August 2006 (BGBl. I S. 2043), die zuletzt durch Artikel 1a der Verordnung vom 29. Januar 2021 (BGBl. I S. 146) geändert worden ist, jeweils in Verbindung mit § 24 Absatz 2 der Tierschutz-Nutztierhaltungsverordnung, genügt, oder eines Betriebs- und Umbaukonzepts zur Umstellung der vorhandenen Abferkelbuchten auf Abferkelbuchten zum Halten von Jungsauen und Sauen, das den Anforderungen des § 24 Absatz 3 Satz 3 und Absatz 4 sowie § 30 Absatz 2b der Tierschutz-Nutztierhaltungsverordnung genügt, handelt sowie

2. die Anzahl der Tierplätze nicht erhöht und die Tierart im Sinne der Nummer 7.8 der Anlage 1 zum Gesetz über die Umweltverträglichkeitsprüfung[1] nicht geändert wird.

[2] Satz 1 gilt auch für bauliche Anlagen zur Tierhaltung im Außenbereich nach § 35, die dem Anwendungsbereich des § 35 Absatz 1 Nummer 1 nicht oder nicht mehr unterfallen und deren Zulassungsentscheidung vor dem 20. September 2013 getroffen worden ist. [3] Unbeschadet von Satz 1 und 2 bleibt die Möglichkeit, ein Vorhaben nach § 35 zuzulassen.

(6) [1] Soweit bei einer Zulassungsentscheidung über Anlagen zur Tierhaltung auf Grund von Absatz 4 § 35 Absatz 1 Nummer 4 in seiner bis zum Ablauf des 20. September 2013 geltenden Fassung anzuwenden war, ist die Änderung der danach errichteten baulichen Anlage zur Tierhaltung ebenfalls unter den Voraussetzungen des § 35 Absatz 1 Nummer 4 in seiner bis zum Ablauf des 20. September 2013 geltenden Fassung zulässig, wenn

1. es sich ausschließlich um eine Änderung handelt, durch die eine vorhandene bauliche Anlage zur Tierhaltung auf eine bauliche Anlage zur Tierhaltung umgestellt wird, die den Anforderungen an die Haltungsform Frischluftstall, Auslauf/Weide oder Bio im Sinne des § 4 Absatz 1 Nummer 3 bis 5 des Tierhaltungskennzeichnungsgesetzes vom 17. August 2023 (BGBl. 2023 I Nr. 220) in der jeweils geltenden Fassung genügt,
2. die Tierart im Sinne der Nummern 7.1 bis 7.9 der Anlage 1 zum Gesetz über die Umweltverträglichkeitsprüfung, die bis zur Änderung in der baulichen Anlage zur Tierhaltung gehalten wurde, nicht geändert wird, es sei denn, mit der Änderung erfolgt zugleich ein Wechsel in eine höhere Haltungsform im Sinne des § 4 Absatz 1 des Tierhaltungskennzeichnungsgesetzes und
3. durch die Änderung die Grundfläche und die Höhe der baulichen Anlage zur Tierhaltung nur insoweit vergrößert wird, als dies unter Beibehaltung der vor dem Umbau zulässigen Höchsttierzahl zur Erfüllung der Anforderungen an die Haltungsform Frischluftstall, Auslauf/Weide oder Bio im Sinne des § 4 Absatz 1 Nummer 3 bis 5 des Tierhaltungskennzeichnungsgesetzes erforderlich ist, wobei Flächen für einen Auslauf, der den Anforderungen an die Haltungsform Frischluftstall, Auslauf/Weide oder Bio im Sinne des § 4 Absatz 1 Nummer 3 bis 5 des Tierhaltungskennzeichnungsgesetzes genügt, nicht in die Grundfläche einzurechnen sind.

[2] Bei einer Änderung der Tierart im Sinne von Satz 1 Nummer 2 bestimmt sich die zulässige Höchsttierzahl im Sinne von Satz 1 Nummer 3 durch die Umrechnung über Großvieheinheiten im Sinne des Anhangs A der technischen Regel

[1] Nr. **295**.

VDI 3894 Blatt 1 Ausgabe September 2011, die bei der Beuth Verlag GmbH, Berlin, zu beziehen ist. [3] Satz 1 gilt auch für bauliche Anlagen zur Tierhaltung im Außenbereich nach § 35, die dem Anwendungsbereich des § 35 Absatz 1 Nummer 1 nicht oder nicht mehr unterfallen und deren Zulassungsentscheidung vor dem 20. September 2013 getroffen worden ist. [4] Satz 1 gilt entsprechend für den Rückbau einer vorhandenen baulichen Anlage zur Tierhaltung und die Errichtung eines gleichartigen Ersatzbaus, wenn

1. hierdurch keine stärkere Belastung des Außenbereichs zu erwarten ist als im Fall der Änderung, insbesondere wenn auch die Bodenversiegelung durch die zurückzubauende Anlage beseitigt wird,
2. der Standort des Ersatzbaus im räumlichen Zusammenhang mit dem Standort der zurückzubauenden Anlage steht und
3. die Errichtung des Ersatzbaus mit nachbarlichen Interessen vereinbar ist.

[5] Für Änderungen an baulichen Anlagen zur Tierhaltung, auf deren Zulassungsentscheidung dieses Gesetz in seiner ab dem 20. September 2013 geltenden Fassung anzuwenden war, soll eine Befreiung nach § 31 Absatz 2 erteilt werden, wenn das Änderungsvorhaben die Voraussetzung von Satz 1 erfüllt. [6] Satz 4 gilt entsprechend. [7] Unbeschadet der Sätze 1 bis 5 bleibt die Möglichkeit, ein Vorhaben nach § 35 zuzulassen.

§ 245b Überleitungsvorschriften für Vorhaben im Außenbereich.

(1) (weggefallen)

(2) Die Länder können bestimmen, dass die Frist nach § 35 Absatz 4 Satz 1 Nummer 1 Buchstabe c nicht anzuwenden ist.

§ 245c Überleitungsvorschrift aus Anlass des Gesetzes zur Umsetzung der Richtlinie 2014/52/EU im Städtebaurecht und zur Stärkung des neuen Zusammenlebens in der Stadt. (1) [1] Abweichend von § 233 Absatz 1 Satz 1 können Verfahren nach diesem Gesetz, die förmlich vor dem 13. Mai 2017 eingeleitet worden sind, nur dann nach den vor dem 13. Mai 2017 geltenden Rechtsvorschriften abgeschlossen werden, wenn die Beteiligung der Behörden und der sonstigen Träger öffentlicher Belange nach § 4 Absatz 1 Satz 1 oder nach sonstigen Vorschriften dieses Gesetzes vor dem 16. Mai 2017 eingeleitet worden ist. [2] § 233 Absatz 1 Satz 2 bleibt unberührt.

(2) [1] Bebauungspläne oder Satzungen mit Regelungen nach § 22 Absatz 1 Satz 1 Nummer 3 und 4 finden keine Anwendung, wenn die Regelung nach § 1010 Absatz 1 des Bürgerlichen Gesetzbuchs[1)] vor dem 13. Mai 2017 getroffen worden ist. [2] Bebauungspläne oder Satzungen mit Regelungen nach § 22 Absatz 1 Satz 1 Nummer 5 finden keine Anwendung, wenn die Nutzung als Nebenwohnung vor dem 13. Mai 2017 aufgenommen worden ist.

(3) § 34 Absatz 2 findet auf Baugebiete nach § 6a der Baunutzungsverordnung[2)] keine Anwendung.

§ 245d[3)] Überleitungsvorschrift aus Anlass des Gesetzes zur Mobilisierung von Bauland. (1) § 34 Absatz 2 findet auf Baugebiete nach § 5a der Baunutzungsverordnung[2)] keine Anwendung.

[1)] **Habersack Nr. 20.**
[2)] Nr. **311**.
[3)] § 245d eingef. mWv 23.6.2021 durch G v. 14.6.2021 (BGBl. I S. 1802).

(2) Im Anwendungsbereich des § 34 Absatz 2 ist § 14 Absatz 1a der Baunutzungsverordnung nicht anzuwenden; für die der öffentlichen Versorgung mit Telekommunikationsdienstleistungen dienenden Nebenanlagen gilt dort § 14 Absatz 2 der Baunutzungsverordnung entsprechend.

§ 245e[1] Überleitungsvorschriften aus Anlass des Gesetzes zur Erhöhung und Beschleunigung des Ausbaus von Windenergieanlagen an Land.

(1) [1] Die Rechtswirkungen eines Raumordnungs- oder Flächennutzungsplans gemäß § 35 Absatz 3 Satz 3 in der bis zum 1. Februar 2023 geltenden Fassung für Vorhaben nach § 35 Absatz 1 Nummer 5, die der Erforschung, Entwicklung oder Nutzung der Windenergie dienen, gelten vorbehaltlich des § 249 Absatz 5 Satz 2 fort, wenn der Plan bis zum 1. Februar 2024 wirksam geworden ist. [2] Sie entfallen, soweit für den Geltungsbereich des Plans das Erreichen des Flächenbeitragswerts oder eines daraus abgeleiteten Teilflächenziels gemäß § 5 Absatz 1 oder Absatz 2 des Windenergieflächenbedarfsgesetzes festgestellt wird, spätestens aber mit Ablauf des Stichtags für den Flächenbeitragswert nach Spalte 1 der Anlage des Windenergieflächenbedarfsgesetzes. [3] Der Plan gilt im Übrigen fort, wenn nicht im Einzelfall die Grundzüge der Planung berührt werden. [4] Die Möglichkeit des Planungsträgers, den Plan zu ändern, zu ergänzen oder aufzuheben, bleibt unberührt. [5] Werden in einem Flächennutzungsplan oder Raumordnungsplan zusätzliche Flächen für die Nutzung von Windenergie ausgewiesen, kann die Abwägung auf die Belange beschränkt werden, die durch die Ausweisung der zusätzlichen Flächen berührt werden. [6] Dabei kann von dem Planungskonzept, das der Abwägung über bereits ausgewiesene Flächen zu Grunde gelegt wurde, abgewichen werden, sofern die Grundzüge der Planung erhalten werden. [7] Von der Wahrung der Grundzüge der bisherigen Planung ist regelmäßig auszugehen, wenn Flächen im Umfang von nicht mehr als 25 Prozent der schon bislang ausgewiesenen Flächen zusätzlich ausgewiesen werden. [8] § 249 Absatz 6 bleibt unberührt.

(2) [1] § 15 Absatz 3 ist entsprechend anzuwenden, wenn die Gemeinde beschlossen hat, einen Flächennutzungsplan aufzustellen, zu ändern oder zu ergänzen, um den Flächenbeitragswert im Sinne des § 3 Absatz 1 des Windenergieflächenbedarfsgesetzes oder ein daraus abgeleitetes Teilflächenziel zu erreichen. [2] Die Entscheidung kann längstens bis zum Ablauf des Stichtags für den Flächenbeitragswert nach Spalte 1 der Anlage des Windenergieflächenbedarfsgesetzes ausgesetzt werden.

(3) [1] Die in Absatz 1 Satz 1 genannten Rechtswirkungen gemäß § 35 Absatz 3 Satz 3 können Vorhaben im Sinne des § 16b Absatz 1 und 2 des Bundes-Immissionsschutzgesetzes[2] in der Fassung der Bekanntmachung vom 17. Mai 2013 (BGBl. I S. 1274; 2021 I S. 123), das zuletzt durch Artikel 1 des Gesetzes vom 24. September 2021 (BGBl. I S. 4458) geändert worden ist, nicht entgegengehalten werden, es sei denn, die Grundzüge der Planung werden berührt. [2] Dies gilt nicht, wenn das Vorhaben in einem Natura 2000-Gebiet im Sinne des § 7 Absatz 1 Nummer 8 des Bundesnaturschutzgesetzes[3] vom 29. Juli 2009 (BGBl. I S. 2542), das zuletzt durch Artikel 1 des Gesetzes vom 18. August 2021 (BGBl. I S. 3908)

---

[1] § 245e eingef. mWv 1.2.2023 durch G v. 20.7.2022 (BGBl. I S. 1353); Abs. 1 Sätze 5–8, Abs. 4 angef. mWv 1.2.2023 durch G v. 8.10.2022 (BGBl. I S. 1726); Abs. 1 Sätze 2, 5, 6, 7 geänd., Abs. 4 geänd., Satz 2 angef. mWv 6.1.2024 durch G v. 3.7.2023 (BGBl. 2023 I Nr. 176); Abs. 1 Satz 2, Abs. 2 Satz 2 geänd., Abs. 5 angef. mWv 14.1.2024 durch G v. 12.7.2023 (BGBl. 2023 I Nr. 184); Abs. 5 neu gef. mWv 15.8.2025 durch G v. 12.8.2025 (BGBl. 2025 I Nr. 189).

[2] Nr. **296**.

[3] Nr. **880**.

geändert worden ist, oder in einem Naturschutzgebiet im Sinne des § 23 des Bundesnaturschutzgesetzes verwirklicht werden soll.

(4) [1]Die in Absatz 1 Satz 1 genannten Rechtswirkungen können Vorhaben nach § 35 Absatz 1 Nummer 5, die der Erforschung, Entwicklung oder Nutzung der Windenergie dienen, nicht entgegengehalten werden, wenn für den Standort des Vorhabens in einem Planentwurf eine Ausweisung für Vorhaben nach § 35 Absatz 1 Nummer 5, die der Erforschung, Entwicklung oder Nutzung der Windenergie dienen, vorgesehen ist, für den Planentwurf bereits eine Beteiligung nach § 3 Absatz 2, § 4 Absatz 2 und § 4a Absatz 3 dieses Gesetzes oder § 9 Absatz 2 und 3 des Raumordnungsgesetzes[1)] durchgeführt wurde und anzunehmen ist, dass das Vorhaben den künftigen Ausweisungen entspricht. [2]In Fällen des § 4a Absatz 3 Satz 1 dieses Gesetzes oder des § 9 Absatz 3 Satz 1 des Raumordnungsgesetzes kann ein Vorhaben unter den Voraussetzungen des Satzes 1 vor Durchführung der Öffentlichkeits- und Behördenbeteiligung zugelassen werden, wenn sich die vorgenommene Änderung oder Ergänzung des Planentwurfs nicht auf das Vorhaben auswirkt.

(5) Eine Gemeinde, die nicht zuständige Planungsträgerin nach § 249 Absatz 5 dieses Gesetzes in Verbindung mit § 3 Absatz 2 Satz 1 Nummer 2 des Windenergieflächenbedarfsgesetzes ist, kann vor dem in Absatz 1 Satz 2 genannten Zeitpunkt ein Windenergiegebiet gemäß § 2 Nummer 1 des Windenergieflächenbedarfsgesetzes auch dann ausweisen, wenn die Ausweisung mit einem Ziel der Raumordnung nicht vereinbar ist, es sei denn, bei diesem Ziel handelt es sich um ein Vorranggebiet für mit der Windenergie unvereinbare Nutzungen oder Funktionen.

§ 245f[2)] Überleitungsvorschriften aus Anlass des Gesetzes zur Stärkung der Digitalisierung im Bauleitplanverfahren und zur Änderung weiterer Vorschriften sowie aus Anlass der Einführung des § 249c; Evaluierung.

(1) Abweichend von § 233 Absatz 1 ist § 6 Absatz 4 in der Fassung dieses Gesetzes anzuwenden, wenn der Genehmigungsantrag bei der höheren Verwaltungsbehörde nach dem 7. Juli 2023 eingegangen ist.

(2) Das Bundesministerium für Wohnen, Stadtentwicklung und Bauwesen evaluiert die Auswirkungen der Änderungen der §§ 3, 4, 4a und 200 zur Digitalisierung und die Änderung des § 6 zur Fristverkürzung auf die Bauleitplanverfahren bis zum 31. Dezember 2027.

(3) [1]Abweichend von § 233 Absatz 1 sind in Aufstellung befindliche Windenergiegebiete gemäß § 2 Nummer 1 des Windenergieflächenbedarfsgesetzes, für die vor dem 15. August 2025 ein Beschluss über die Aufstellung, Änderung oder Ergänzung eines Flächennutzungsplans gefasst wurde, als Beschleunigungsgebiete nach § 249c darzustellen, soweit die dort genannten Voraussetzungen dafür vorliegen. [2]Die Darstellung als Beschleunigungsgebiet kann ausnahmsweise in einem nachfolgenden, innerhalb von drei Monaten förmlich einzuleitenden separaten Planverfahren erfolgen. [3]Die Sätze 1 und 2 gelten entsprechend für Windenergiegebiete, die nach Ablauf des 19. Mai 2024 und vor dem 15. August 2025 ausgewiesen worden sind.

[1)] Nr. **340**.

[2)] § 245f eingef. mWv 7.7.2023 durch G v. 3.7.2023 (BGBl. 2023 I Nr. 176; 2023 I Nr. 214); Überschrift neu gef., Abs. 3 eingef. mWv 15.8.2025 durch G v. 12.8.2025 (BGBl. 2025 I Nr. 189).

Zweiter Teil. Schlussvorschriften

§ 246[1] Sonderregelungen für einzelne Länder; Sonderregelungen für Flüchtlingsunterkünfte. (1) In den Ländern Berlin und Hamburg entfallen die in § 6 Absatz 1, § 10 Absatz 2 und § 190 Absatz 1 vorgesehenen Genehmigungen oder Zustimmungen; das Land Bremen kann bestimmen, dass diese Genehmigungen oder Zustimmungen entfallen.

(1a) [1] Die Länder können bestimmen, dass Bebauungspläne, die nicht der Genehmigung bedürfen, und Satzungen nach § 34 Absatz 4 Satz 1, § 35 Absatz 6 und § 165 Absatz 6 vor ihrem Inkrafttreten der höheren Verwaltungsbehörde anzuzeigen sind; dies gilt nicht für Bebauungspläne nach § 13. [2] Die höhere Verwaltungsbehörde hat die Verletzung von Rechtsvorschriften, die eine Versagung der Genehmigung nach § 6 Absatz 2 rechtfertigen würde, innerhalb eines Monats nach Eingang der Anzeige geltend zu machen. [3] Der Bebauungsplan und die Satzungen dürfen nur in Kraft gesetzt werden, wenn die höhere Verwaltungsbehörde die Verletzung von Rechtsvorschriften nicht innerhalb der in Satz 2 bezeichneten Frist geltend gemacht hat.

(2) [1] Die Länder Berlin und Hamburg bestimmen, welche Form der Rechtsetzung an die Stelle der in diesem Gesetzbuch vorgesehenen Satzungen tritt. [2] Das Land Bremen kann eine solche Bestimmung treffen. [3] Die Länder Berlin, Bremen und Hamburg können eine von § 10 Absatz 3, § 16 Absatz 2, § 22 Absatz 2, § 143 Absatz 1, § 162 Absatz 2 Satz 2 bis 4 und § 165 Absatz 8 abweichende Regelung treffen.

(3) § 171f ist auch auf Rechtsvorschriften der Länder anzuwenden, die vor dem 1. Januar 2007 in Kraft getreten sind.

(4) Die Senate der Länder Berlin, Bremen und Hamburg werden ermächtigt, die Vorschriften dieses Gesetzbuchs über die Zuständigkeit von Behörden dem besonderen Verwaltungsaufbau ihrer Länder anzupassen.

(5) Das Land Hamburg gilt für die Anwendung dieses Gesetzbuchs auch als Gemeinde.

(6) § 9 Absatz 2d gilt entsprechend für Pläne, die gemäß § 173 Absatz 3 Satz 1 des Bundesbaugesetzes in Verbindung mit § 233 Absatz 3 als Bebauungspläne fortgelten.

(7) [1] Die Länder können bestimmen, dass § 34 Absatz 1 Satz 1 bis zum 31. Dezember 2004 nicht für Einkaufszentren, großflächige Einzelhandelsbetriebe und sonstige großflächige Handelsbetriebe im Sinne des § 11 Absatz 3 der Baunutzungsverordnung[2] anzuwenden ist. [2] Wird durch eine Regelung nach Satz 1 die bis dahin zulässige Nutzung eines Grundstücks aufgehoben oder wesentlich geändert, ist § 238 entsprechend anzuwenden.

(8) Bis zum Ablauf des 31. Dezember 2027 gilt § 34 Absatz 3a Satz 1 entsprechend für die Nutzungsänderung zulässigerweise errichteter baulicher Anlagen in bauliche Anlagen, die der Unterbringung von Flüchtlingen oder Asylbegehrenden dienen, und für deren Erweiterung, Änderung oder Erneuerung.

---

[1] § 246 Abs. 6 neu gef., Abs. 8, 9, 10 Satz 1, 11 Satz 1, 12 Satz 1 geänd., Sätze 2, 3 eingef., bish. Satz 2 wird Satz 4, Abs. 13 Satz 1 geänd., Sätze 2, 3 eingef., bish. Sätze 2–5 werden Sätze 4–7, neue Sätze 6, 7 geänd., Abs. 13a eingef., Abs. 14 Satz 6, Abs. 15–17 geänd. mWv 23.6.2021 durch G v. 14.6.2021 (BGBl. I S. 1802); *Abs. 14 neu gef., Abs. 16, 17 geänd.* mWv 30.4.2022 durch G v. 26.4.2022 (BGBl. I S. 674); Abs. 8, 9, 10 Satz 1 geänd., Abs. 11 Satz 1 neu gef., Abs. 12 Satz 1 einl. Satzteil, Sätze 2, 3, Abs. 13 Satz 1 einl. Satzteil, Sätze 2, 3, Abs. 14 Sätze 1, 9, Abs. 15–17 geänd. mWv 7.7.2023 durch G v. 3.7.2023 (BGBl. 2023 I Nr. 176).

[2] Nr. **311**.

(9) Bis zum Ablauf des 31. Dezember 2027 gilt die Rechtsfolge des § 35 Absatz 4 Satz 1 für Vorhaben entsprechend, die der Unterbringung von Flüchtlingen oder Asylbegehrenden dienen, wenn das Vorhaben im unmittelbaren räumlichen Zusammenhang mit nach § 30 Absatz 1 oder § 34 zu beurteilenden bebauten Flächen innerhalb des Siedlungsbereichs erfolgen soll.

(10) [1] Bis zum Ablauf des 31. Dezember 2027 kann in Gewerbegebieten (§ 8 der Baunutzungsverordnung, auch in Verbindung mit § 34 Absatz 2) für Aufnahmeeinrichtungen, Gemeinschaftsunterkünfte oder sonstige Unterkünfte für Flüchtlinge oder Asylbegehrende von den Festsetzungen des Bebauungsplans befreit werden, wenn an dem Standort Anlagen für soziale Zwecke als Ausnahme zugelassen werden können oder allgemein zulässig sind und die Abweichung auch unter Würdigung nachbarlicher Interessen mit öffentlichen Belangen vereinbar ist. [2] § 36 gilt entsprechend.

(11) [1] Soweit in den Baugebieten nach den §§ 2 bis 8 der Baunutzungsverordnung (auch in Verbindung mit § 34 Absatz 2) Anlagen für soziale Zwecke als Ausnahme zugelassen werden können, gilt § 31 Absatz 1 mit der Maßgabe, dass Anlagen für soziale Zwecke, die der Unterbringung und weiteren Versorgung von Flüchtlingen und Asylbegehrenden dienen, dort bis zum Ablauf des 31. Dezember 2027 in der Regel zugelassen werden sollen. [2] Satz 1 gilt entsprechend für in übergeleiteten Plänen festgesetzte Baugebiete, die den in Satz 1 genannten Baugebieten vergleichbar sind.

(Fortsetzung nächstes Blatt)

(12) [1] Bis zum Ablauf des 31. Dezember 2027 kann für die auf längstens drei Jahre zu befristende

1. Errichtung mobiler Unterkünfte für Flüchtlinge oder Asylbegehrende,
2. Nutzungsänderung zulässigerweise errichteter baulicher Anlagen in Gewerbe- und Industriegebieten sowie in Sondergebieten nach den §§ 8 bis 11 der Baunutzungsverordnung (auch in Verbindung mit § 34 Absatz 2) in Aufnahmeeinrichtungen, Gemeinschaftsunterkünfte oder sonstige Unterkünfte für Flüchtlinge oder Asylbegehrende

von den Festsetzungen des Bebauungsplans befreit werden, wenn die Befreiung auch unter Würdigung nachbarlicher Interessen mit den öffentlichen Belangen vereinbar ist. [2] Die in Satz 1 genannte Frist von drei Jahren kann bei Vorliegen der dort genannten Befreiungsvoraussetzungen um weitere drei Jahre verlängert werden, längstens jedoch bis zum Ablauf des 31. Dezember 2030. [3] Sofern die Frist bereits abgelaufen ist, gilt Satz 1 auch für die auf drei Jahre, längstens jedoch bis zum Ablauf des 31. Dezember 2030 zu befristende Fortsetzung der zuvor ausgeübten Nutzung einer bestehenden baulichen Anlage entsprechend. [4] § 36 gilt entsprechend.

(13) [1] Im Außenbereich (§ 35) gilt unbeschadet des Absatzes 9 bis zum Ablauf des 31. Dezember 2027 die Rechtsfolge des § 35 Absatz 4 Satz 1 entsprechend für

1. die auf längstens drei Jahre zu befristende Errichtung mobiler Unterkünfte für Flüchtlinge oder Asylbegehrende,
2. die Nutzungsänderung zulässigerweise errichteter baulicher Anlagen, auch wenn deren bisherige Nutzung aufgegeben wurde, in Aufnahmeeinrichtungen, Gemeinschaftsunterkünfte oder sonstige Unterkünfte für Flüchtlinge oder Asylbegehrende, einschließlich einer erforderlichen Erneuerung oder Erweiterung.

[2] Die in Satz 1 Nummer 1 genannte Frist von drei Jahren kann um weitere drei Jahre, längstens jedoch bis zum Ablauf des 31. Dezember 2030 verlängert werden; für die Verlängerung gilt die Rechtsfolge des § 35 Absatz 4 Satz 1 entsprechend. [3] Sofern die Frist bereits abgelaufen ist, gilt auch für die Entscheidung über die auf drei Jahre, längstens jedoch bis zum Ablauf des 31. Dezember 2030 zu befristende erneute Zulässigkeit einer bereits errichteten mobilen Unterkunft für Flüchtlinge oder Asylbegehrende die Rechtsfolge des § 35 Absatz 4 Satz 1 entsprechend. [4] Für Vorhaben nach Satz 1 gilt § 35 Absatz 5 Satz 2 Halbsatz 1 und Satz 3 entsprechend. [5] Wird zum Zeitpunkt einer Nutzungsänderung nach Satz 1 Nummer 2 eine Nutzung zulässigerweise ausgeübt, kann diese im Anschluss wieder aufgenommen werden; im Übrigen gelten für eine nachfolgende Nutzungsänderung die allgemeinen Regeln. [6] Die Rückbauverpflichtung nach Satz 4 entfällt, wenn eine nach Satz 5 zulässige Nutzung aufgenommen wird oder wenn sich die Zulässigkeit der nachfolgenden Nutzung aus § 30 Absatz 1, 2 oder § 33 ergibt. [7] Die Sicherstellung der Rückbauverpflichtung nach Satz 4 in entsprechender Anwendung des § 35 Absatz 5 Satz 3 ist nicht erforderlich, wenn Vorhabenträger ein Land oder eine Gemeinde ist.

(13a) Von den Absätzen 8 bis 13 darf nur Gebrauch gemacht werden, soweit dringend benötigte Unterkünfte im Gebiet der Gemeinde, in der sie entstehen sollen, nicht oder nicht rechtzeitig bereitgestellt werden können.

(14) [1] Soweit auch bei Anwendung der Absätze 8 bis 13 dringend benötigte Unterkunftsmöglichkeiten im Gebiet der Gemeinde, in der sie entstehen sollen, nicht oder nicht rechtzeitig bereitgestellt werden können, kann bei Aufnahmeeinrichtungen, Gemeinschaftsunterkünften oder sonstigen Unterkünften für

Flüchtlinge oder Asylbegehrende bis zum Ablauf des 31. Dezember 2027 von den Vorschriften dieses Gesetzbuchs oder den aufgrund dieses Gesetzbuchs erlassenen Vorschriften in erforderlichem Umfang abgewichen werden. [2]Zuständig ist die höhere Verwaltungsbehörde. [3]Die Gemeinde ist anzuhören; diese Anhörung tritt auch an die Stelle des in § 14 Absatz 2 Satz 2 vorgesehenen Einvernehmens. [4]Satz 3 findet keine Anwendung, wenn Vorhabenträger die Gemeinde oder in deren Auftrag ein Dritter ist. [5]Für Vorhaben nach Satz 1 gilt § 35 Absatz 5 Satz 2 erster Halbsatz und Satz 3 entsprechend. [6]Absatz 13 Satz 5 gilt entsprechend. [7]Die Rückbauverpflichtung nach Satz 5 entfällt, wenn eine nach Satz 6 zulässige Nutzung aufgenommen wird oder wenn sich die Zulässigkeit der nachfolgenden Nutzung aus § 30 Absatz 1, 2 oder § 33 ergibt. [8]Die Sicherstellung der Rückbauverpflichtung nach Satz 5 in entsprechender Anwendung des § 35 Absatz 5 Satz 3 ist nicht erforderlich, wenn Vorhabenträger ein Land oder eine Gemeinde ist. [9]Wenn Vorhabenträger ein Land oder in dessen Auftrag ein Dritter ist, gilt § 37 Absatz 3 entsprechend; im Übrigen findet § 37 bis zum Ablauf des 31. Dezember 2027 auf Vorhaben nach Satz 1 keine Anwendung.

(15) In Verfahren zur Genehmigung von baulichen Anlagen, die der Unterbringung von Flüchtlingen oder Asylbegehrenden dienen, gilt bis zum Ablauf des 31. Dezember 2027 das Einvernehmen abweichend von § 36 Absatz 2 Satz 2 (auch in Verbindung mit Absatz 10 Satz 2 und Absatz 12 Satz 2) als erteilt, wenn es nicht innerhalb eines Monats verweigert wird.

(16) Bei Vorhaben nach den Absätzen 9 und 13 sowie bei Vorhaben nach Absatz 14 im Außenbereich gilt § 18 Absatz 3 Satz 2 des Bundesnaturschutzgesetzes[1)] bis zum Ablauf des 31. Dezember 2027 entsprechend.

(17) Die Befristung bis zum Ablauf des 31. Dezember 2027 in den Absätzen 8 bis 13 sowie 14 bis 16 bezieht sich nicht auf die Geltungsdauer einer Genehmigung, sondern auf den Zeitraum, bis zu dessen Ende im bauaufsichtlichen Zulassungsverfahren von den Vorschriften Gebrauch gemacht werden kann.

§ 246a Überschwemmungsgebiete, überschwemmungsgefährdete Gebiete. Anlässlich der Neubekanntmachung eines Flächennutzungsplans nach § 6 Absatz 6 sollen die in § 5 Absatz 4a bezeichneten Gebiete nach Maßgabe dieser Bestimmung nachrichtlich übernommen und vermerkt werden.

§ 246b[2)] Sonderregelungen für Anlagen für gesundheitliche Zwecke im Zuge der COVID-19-Pandemie. (1) [1]Soweit Anlagen für gesundheitliche Zwecke zur Versorgung von Personen, die sich mit dem Coronavirus SARS-CoV-2 infiziert haben oder möglicherweise infiziert haben oder die gegen das Coronavirus SARS-CoV-2 geimpft oder auf dieses getestet werden sollen, im Gebiet der Gemeinde, in der sie im Wege der Errichtung, Änderung oder Nutzungsänderung von baulichen Anlagen entstehen sollen, nicht oder nicht rechtzeitig bereitgestellt werden können, kann bei der Zulassung dieser Vorhaben bis zum Ablauf des 31. Dezember 2022 von den Vorschriften dieses Gesetzbuchs oder den aufgrund dieses Gesetzbuchs erlassenen Vorschriften in erforderlichem Umfang, erforderlichenfalls auch befristet, unter der Voraussetzung abgewichen werden, dass Vorhabenträger der Bund, ein Land, ein Landkreis oder eine Gemeinde oder ein im Auftrag eines der Vorgenannten tätiger Dritter ist. [2]Zuständig ist die höhere Verwaltungsbehörde. [3]Die Gemeinde ist anzuhören; diese Anhörung tritt auch an

---

[1)] Nr. 880.

[2)] § 246b neu gef. mWv 23.6.2021 durch G v. 14.6.2021 (BGBl. I S. 1802).

die Stelle des in § 14 Absatz 2 Satz 2 vorgesehenen Einvernehmens. [4]Satz 3 findet keine Anwendung, wenn Vorhabenträger die Gemeinde oder in deren Auftrag ein Dritter ist. [5]Für Vorhaben nach Satz 1 gilt § 35 Absatz 5 Satz 2 erster Halbsatz und Satz 3 entsprechend. [6]§ 246 Absatz 13 Satz 5 gilt entsprechend auch bei zwischenzeitlichen Nutzungsänderungen zu Anlagen für gesundheitliche Zwecke nach Satz 1. [7]Die Rückbauverpflichtung nach Satz 5 entfällt, wenn eine nach Satz 6 zulässige Nutzung aufgenommen wird oder wenn sich die Zulässigkeit der nachfolgenden Nutzung aus § 30 Absatz 1, 2 oder § 33 ergibt. [8]Die Sicherstellung der Rückbauverpflichtung nach Satz 5 in entsprechender Anwendung des § 35 Absatz 5 Satz 3 ist nicht erforderlich, wenn Vorhabenträger der Bund, ein Land, ein Landkreis oder eine Gemeinde ist. [9]Wenn Vorhabenträger der Bund, ein Land, ein Landkreis oder ein im Auftrag eines der Vorgenannten tätiger Dritter ist, gilt § 37 Absatz 3 entsprechend; im Übrigen findet § 37 bis zum Ablauf des 31. Dezember 2022 auf Vorhaben nach Satz 1 keine Anwendung.

(2) In Verfahren zur Genehmigung von baulichen Anlagen im Sinne des Absatzes 1 Satz 1 gilt bis zum Ablauf des 31. Dezember 2022 das Einvernehmen abweichend von § 36 Absatz 2 Satz 2 als erteilt, wenn es nicht innerhalb eines Monats verweigert wird.

(3) Bei Vorhaben nach Absatz 1 im Außenbereich gilt § 18 Absatz 3 Satz 2 des Bundesnaturschutzgesetzes[1)] bis zum Ablauf des 31. Dezember 2022 entsprechend.

(4) Die Befristung in Absatz 1 Satz 1 bezieht sich nicht auf die Geltungsdauer einer Genehmigung, sondern auf den Zeitraum, bis zu dessen Ende im bauaufsichtlichen Zulassungsverfahren von der Vorschrift Gebrauch gemacht werden kann.

§ 246c[2)] Abweichungen vom Baugesetzbuch für den Wiederaufbau im Katastrophenfall; Verordnungsermächtigung. (1) [1]Die Landesregierungen werden ermächtigt, durch Rechtsverordnung Wiederaufbaugebiete zu bestimmen. [2]Ein Wiederaufbaugebiet ist ein Gebiet, in dem ein Katastrophenfall zu einer so erheblichen Schädigung oder unmittelbaren Gefährdung der Bausubstanz nicht nur einzelner baulicher Anlagen geführt hat, dass zum Zwecke der Katastrophenbewältigung eine oder mehrere der in Absatz 2 aufgeführten Abweichungen von den Vorschriften dieses Gesetzbuchs oder von den auf Grund dieses Gesetzbuchs erlassenen Vorschriften erforderlich sind.

(2) In der Rechtsverordnung kann vorgesehen werden, dass

1. zugunsten eines Vorhabens im Wiederaufbaugebiet oder in einer benachbarten Gemeinde, das die Errichtung, Änderung oder Nutzungsänderung einer dringend benötigten baulichen Anlage oder Infrastruktureinrichtung zum Inhalt hat, vorübergehend von den §§ 29 bis 35 abgewichen werden kann, wenn diese oder vergleichbare Anlagen oder Einrichtungen bei Anwendung der genannten Vorschriften im Gebiet der Gemeinde, in der sie entstehen sollen, nicht oder nicht rechtzeitig zur Verfügung gestellt werden könnten; ergänzend sind die Voraussetzungen des Absatzes 4 zu beachten;
2. durch die Katastrophe zerstörte oder beschädigte Gebäude oder Gebäudeteile im Einvernehmen mit der für die jeweilige Katastrophenvorsorge zuständigen Behörde
   a) an gleicher Stelle in angepasster Weise oder,

---

1) Nr. **880**.
2) § 246c neu gef. mWv 7.7.2023 durch G v. 3.7.2023 (BGBl. 2023 I Nr. 176; 2023 I Nr. 214).

b) wenn dies unter Würdigung nachbarlicher Interessen mit den öffentlichen Belangen vereinbar ist, geringfügig vom bisherigen Standort versetzt in gleicher oder angepasster Weise

abweichend von den §§ 29 bis 35 wiederaufgebaut oder instand gesetzt werden können, um so zukünftige Schädigungen durch Katastrophenfälle zu vermeiden oder zu mindern;

3. bei der Aufstellung, Änderung oder Ergänzung von Bauleitplänen zur Neuausweisung oder Umplanung von Baugebieten in einer Gemeinde mit einem Wiederaufbaugebiet oder in einer benachbarten Gemeinde Beeinträchtigungen des Landschaftsbildes sowie der Leistungs- und Funktionsfähigkeit des Naturhaushalts im Sinne des § 1a Absatz 3 als ausgeglichen gelten, wenn im Wiederaufbaugebiet Flächen im Umfang der neu ausgewiesenen zulässigen Grundfläche im Sinne des § 19 Absatz 2 der Baunutzungsverordnung[1] entsiegelt werden und die Durchführung der Entsiegelung in geeigneter Weise sichergestellt ist;
4. für Bebauungspläne im Sinne der Nummer 3 das beschleunigte Verfahren mit einer Vorprüfung des Einzelfalls nach § 13a Absatz 1 Satz 2 Nummer 2 genutzt werden kann, wenn in dem Plan auch bei entsprechender Anwendung des § 13a Absatz 1 Satz 3 eine zulässige Grundfläche im Sinne des § 19 Absatz 2 der Baunutzungsverordnung oder eine Größe der Grundfläche von weniger als 70 000 Quadratmetern festgesetzt wird und das beschleunigte Verfahren nicht gemäß § 13a Absatz 1 Satz 4 und 5 ausgeschlossen ist; die zusammenfassenden Erklärungen nach § 6a Absatz 1 und § 10a Absatz 1 sind entgegen § 13 Absatz 3 jedoch beizufügen; bei der Vorprüfung des Einzelfalls ist zu berücksichtigen, inwieweit Umweltauswirkungen durch die Entsiegelung nach Nummer 3 ausgeglichen werden;
5. eine Ersatzzahlung entsprechend § 15 Absatz 6 des Bundesnaturschutzgesetzes[2] geleistet werden kann, wenn ein Ausgleich nach § 1a Absatz 3 wegen der Erfordernisse der Katastrophenbewältigung nicht oder nicht rechtzeitig möglich ist; dies gilt nur, soweit nicht von den Regelungen in den Nummern 3 und 4 Gebrauch gemacht wurde.

(3) [1] Bei dem Erlass der Rechtsverordnung sind relevante Umweltinformationen sowie Erkenntnisse und Maßnahmen zum Katastrophenschutz und zur Katastrophenvorsorge zu berücksichtigen, soweit sie bei dem für die Erarbeitung der Verordnung zuständigen Landesressort vorliegen. [2] Öffentlich-rechtliche Vorgaben außerhalb dieses Gesetzbuchs, insbesondere die baulichen Schutzvorschriften für festgesetzte Überschwemmungsgebiete in § 78 des Wasserhaushaltsgesetzes[3] sowie die Vorschriften des Bauordnungsrechts der Länder, bleiben unberührt.

(4) [1] Wird ein Vorhaben nach Absatz 2 Nummer 1 abweichend von den §§ 29 bis 35 zugelassen, ist die Geltungsdauer der Genehmigung auf höchstens fünf Jahre zu befristen. [2] Die Genehmigung kann innerhalb der Geltungsdauer der Rechtsverordnung für höchstens fünf Jahre neu erteilt werden. [3] § 35 Absatz 5 Satz 2 erster Halbsatz und Satz 3 gilt entsprechend. [4] Bei Vorhaben im Außenbereich gilt § 18 Absatz 3 Satz 2 des Bundesnaturschutzgesetzes entsprechend.

(5) [1] Wird ein Vorhaben nach Absatz 2 Nummer 1 oder Nummer 2 abweichend von den §§ 29 bis 35 zugelassen, ist § 36 mit der Maßgabe anzuwenden, dass das

[1] Nr. **311**.
[2] Nr. **880**.
[3] Nr. **845**.

Einvernehmen nur dann aus den sich aus den §§ 31, 33 bis 35 ergebenden Gründen versagt werden kann, wenn die städtebauliche Entwicklung des Gemeindegebiets beeinträchtigt würde. [2] Abweichend von § 36 Absatz 2 Satz 2 gilt das Einvernehmen als erteilt, wenn es nicht innerhalb eines Monats verweigert wird.

(6) [1] Eine Rechtsverordnung nach Absatz 1 kann nur innerhalb von zwei Jahren nach Eintritt des Katastrophenfalls erstmals in Kraft gesetzt werden. [2] Ihre Geltungsdauer ist auf höchstens ein Jahr nach dem Kabinettsbeschluss zu befristen; sie kann unter den Voraussetzungen des Absatzes 1 jeweils um höchstens ein Jahr verlängert werden. [3] Verfahren zur Aufstellung von Bebauungsplänen nach Absatz 2 Nummer 3 bis 5 können nach Außerkrafttreten der Verordnung unter Anwendung der Sonderregelungen abgeschlossen werden, wenn die Planunterlagen während der Geltungsdauer der Verordnung gemäß § 3 Absatz 2 im Internet veröffentlicht wurden. [4] Satz 1 findet bis zum Ablauf des 7. Juli 2024 keine Anwendung.[1)]

(7) [1] In den ersten sechs Monaten nach Eintritt des Katastrophenfalls kann die Baugenehmigungsbehörde mit Zustimmung der höheren Verwaltungsbehörde im Gebiet der von der Katastrophe betroffenen Gemeinde sowie in benachbarten Gemeinden bei der Zulassung von Vorhaben im Sinne des Absatzes 2 Nummer 1 und unter den dort genannten weiteren Voraussetzungen von den §§ 29 bis 35 vorübergehend abweichen, wenn eine Rechtsverordnung nach den Absätzen 1 und 2 Nummer 1 nicht ergangen ist. [2] Die Absätze 4 und 5 sind entsprechend anzuwenden.

§ 246d[2)] Sonderregelungen für Biogasanlagen. (1) [1] Vor dem 1. September 2022 errichtete Anlagen zur Erzeugung von Biogas im Sinne des § 35 Absatz 1 Nummer 6 sind bis zum Ablauf des 31. Dezember 2024 abweichend von § 35 Absatz 1 Nummer 6 Buchstabe a, b und d auch dann bauplanungsrechtlich zulässig, wenn die Biogasproduktion erhöht wird und die Biomasse überwiegend aus dem Betrieb oder überwiegend aus diesem und aus weniger als 50 Kilometer entfernten Betrieben nach § 35 Absatz 1 Nummer 1, 2 oder 4 stammt, soweit Letzterer Tierhaltung betreibt. [2] Zu den in Satz 1 genannten Betrieben nach § 35 Absatz 1 Nummer 4 zählen auch solche, die dem Anwendungsbereich des § 245a Absatz 5 Satz 1 oder 2 unterfallen.

(2) Von § 35 Absatz 1 Nummer 6 werden bis zum 31. Dezember 2028 auch Vorhaben erfasst, die der energetischen Nutzung von Biomasse im Rahmen eines am 1. Januar 2024 bestehenden Tierhaltung betreibenden gewerblichen Betriebes dienen, der auf Grundlage der vor dem 20. September 2013 geltenden Fassung des § 35 Absatz 1 Nummer 4 zugelassen worden ist.

(3) Bis zum Ablauf des 31. Dezember 2028 gilt § 35 Absatz 1 Nummer 6 Buchstabe b mit der Maßgabe, dass die Biomasse zusätzlich auch aus zulässigerweise errichteten und am 1. Januar 2024 bestehenden, weniger als 50 Kilometer entfernten Betrieben aller Art stammen kann, soweit es sich um Biomasse handelt, die in diesen Betrieben als Reststoff anfällt.

[1)] Art. 6 Abs. 2 G v. 3.7.2023 (BGBl. 2023 I Nr. 176; 2023 I Nr. 214) lautet: „Artikel 1 Nummer 19 § 246c Absatz 6 Satz 4 des Baugesetzbuches tritt mit Ablauf des 7. Juli 2024 außer Kraft." bzw. berichtigt „In Artikel 1 Nummer 19 tritt § 246c Absatz 6 Satz 4 des Baugesetzbuchs mit Ablauf des 7. Juli 2024 außer Kraft." Diese Regelung bezieht sich in beiden Formulierungen auf Bestandteile der Änderungsvorschrift und nicht auf die in Kraft getretene Stammvorschrift; § 246c Abs. 6 Satz 4 BauGB gilt daher unbefristet, vgl. Rdnr. 680 des Handbuchs der Rechtsförmlichkeit des BMJ.

[2)] § 246d eingef. mWv 13.10.2022 durch G v. 8.10.2022 (BGBl. I S. 1726); Überschrift geänd., Abs. 2–5 angef. mWv 1.1.2024 durch G v. 20.12.2023 (BGBl. 2023 I Nr. 394).

(4) Im Außenbereich ist unbeschadet des § 35 Absatz 1 bis zum Ablauf des 31. Dezember 2028 ein Vorhaben zulässig, das

1. der Aufbereitung von Biogas zu Biomethan einschließlich des Anschlusses an das öffentliche Versorgungsnetz dient, oder
2. als Blockheizkraftwerk der Erzeugung von Strom einschließlich dessen Einspeisung in das öffentliche Netz sowie der Erzeugung von Wärme zur Einspeisung in ein bestehendes lokales Wärmenetz oder zur Wärmeversorgung von zulässigerweise errichteten Gebäuden in räumlicher Nähe zum Vorhaben dient,

wenn das Vorhaben in einem räumlich-funktionalen Zusammenhang mit einer am 1. Januar 2024 bestehenden, zulässigerweise nach § 35 Absatz 1 Nummer 6 errichteten Anlage steht und keine größere Grundfläche in Anspruch nimmt als diese Anlage und wenn das verwendete Biogas aus dieser Anlage oder aus nahegelegenen Anlagen nach § 35 Absatz 1 Nummer 6 stammt.

(5) [1] Die Befristung in den Absätzen 1 bis 4 bezieht sich nicht auf die Geltungsdauer einer Genehmigung, sondern auf den Zeitraum, bis zu dessen Ende bei der zuständigen Behörde ein Antrag eingegangen ist. [2] Die Änderung einer Anlage, die nach einem der Absätze 1 bis 4 zugelassen worden ist, ist nach dem 31. Dezember 2028 nach demselben Absatz zulässig, wenn durch die Änderung die Grundfläche oder Höhe der Anlage nicht oder nur insoweit vergrößert wird, als dies zur Erfüllung rechtlicher Anforderungen an die Anlage erforderlich ist.

§ 246e[1)] Befristete Sonderregelung für den Wohnungsbau. (1) [1] Mit Zustimmung der Gemeinde kann bis zum Ablauf des 31. Dezember 2030 von den Vorschriften dieses Gesetzbuchs oder den aufgrund dieses Gesetzbuchs erlassenen Vorschriften abgewichen werden, wenn die Abweichung unter Würdigung nachbarlicher Interessen mit den öffentlichen Belangen vereinbar ist und einem der folgenden Vorhaben dient:

1. der Errichtung Wohnzwecken dienender Gebäude,
2. der Erweiterung, Änderung oder Erneuerung zulässigerweise errichteter Gebäude, wenn hierdurch neue Wohnungen geschaffen oder vorhandener Wohnraum wieder nutzbar wird, oder
3. der Nutzungsänderung zulässigerweise errichteter baulicher Anlagen zu Wohnzwecken, einschließlich einer erforderlichen Änderung oder Erneuerung.

[2] Hat eine Abweichung für Vorhaben im Außenbereich oder eine Abweichung von Bebauungsplänen nach überschlägiger Prüfung voraussichtlich zusätzliche erhebliche Umweltauswirkungen, ist eine Strategische Umweltprüfung nach den §§ 38 bis 46 des Gesetzes über die Umweltverträglichkeitsprüfung durchzuführen. [3] Bei Vorhaben nach den Nummern 18.7 und 18.8 der Anlage 1 zum Gesetz über die Umweltverträglichkeitsprüfung bleibt die Verpflichtung zur Durchführung einer Umweltverträglichkeitsprüfung oder einer allgemeinen Vorprüfung des Einzelfalls unberührt.

(2) Für die Zustimmung der Gemeinde nach Absatz 1 Satz 1 gilt § 36a entsprechend.

(3) [1] Im Außenbereich sind die Absätze 1 und 2 nur auf Vorhaben anzuwenden, die im räumlichen Zusammenhang mit Flächen stehen, die nach § 30 Absatz 1, *Absatz 2 oder § 34 zu beurteilen* sind. [2] § 18 Absatz 2 Satz 2 und Absatz 3 Satz 1 des Bundesnaturschutzgesetzes ist anzuwenden.

[1)] § 246e eingef. mWv 30.10.2025 durch G v. 27.10.2025 (BGBl. 2025 I Nr. 257).

(4) Die Befristung nach Absatz 1 Satz 1 bezieht sich nicht auf die Geltungsdauer einer Genehmigung, sondern auf den Zeitraum, bis zu dessen Ende im bauaufsichtlichen Verfahren von der Vorschrift Gebrauch gemacht werden kann.

(5) Wird ein Vorhaben nach Absatz 1 zugelassen, können in entsprechender Anwendung der Absätze 1 bis 4 auch zugelassen werden:

1. den Bedürfnissen der Bewohner dienende Anlagen für kulturelle, gesundheitliche und soziale Zwecke,
2. Läden, die zur Deckung des täglichen Bedarfs für die Bewohner dienen.

§ 247 Sonderregelungen für Berlin als Hauptstadt der Bundesrepublik Deutschland. (1) Bei der Aufstellung von Bauleitplänen und sonstigen Satzungen nach diesem Gesetzbuch soll in der Abwägung den Belangen, die sich aus der Entwicklung Berlins als Hauptstadt Deutschlands ergeben, und den Erfordernissen der Verfassungsorgane des Bundes für die Wahrnehmung ihrer Aufgabe besonders Rechnung getragen werden.

(2) Die Belange und Erfordernisse nach Absatz 1 werden zwischen Bund und Berlin in einem Gemeinsamen Ausschuss erörtert.

(3) [1] Kommt es in dem Ausschuss zu keiner Übereinstimmung, können die Verfassungsorgane des Bundes ihre Erfordernisse eigenständig feststellen; sie haben dabei eine geordnete städtebauliche Entwicklung Berlins zu berücksichtigen. [2] Die Bauleitpläne und sonstigen Satzungen nach diesem Gesetzbuch sind so anzupassen, dass den festgestellten Erfordernissen in geeigneter Weise Rechnung getragen wird.

(4) Haben die Verfassungsorgane des Bundes Erfordernisse nach Absatz 3 Satz 1 festgestellt und ist zu deren Verwirklichung die Aufstellung eines Bauleitplans oder einer sonstigen Satzung nach diesem Gesetzbuch geboten, soll der Bauleitplan oder die Satzung aufgestellt werden.

(5) (weggefallen)

(6) (weggefallen)

(7) Die Entwicklung der Parlaments- und Regierungsbereiche in Berlin entspricht den Zielen und Zwecken einer städtebaulichen Entwicklungsmaßnahme nach § 165 Absatz 2.

(8) [1] Ist im Rahmen von Genehmigungs-, Zustimmungs- oder sonstigen Verfahren für Vorhaben der Verfassungsorgane des Bundes Ermessen auszuüben oder sind Abwägungen oder Beurteilungen vorzunehmen, sind die von den Verfassungsorganen des Bundes entsprechend Absatz 3 festgestellten Erfordernisse mit dem ihnen nach dem Grundgesetz[1)] zukommenden Gewicht zu berücksichtigen. [2] Absatz 2 ist entsprechend anzuwenden.

§ 248 Sonderregelung zur sparsamen und effizienten Nutzung von Energie. [1] In Gebieten mit Bebauungsplänen oder Satzungen nach § 34 Absatz 4 Satz 1 *Nummer* 2 oder 3 sind bei Maßnahmen an bestehenden Gebäuden zum Zwecke der Energieeinsparung geringfügige Abweichungen von dem festgesetzten Maß der baulichen Nutzung, der Bauweise und der überbaubaren Grundstücksfläche zulässig, soweit dies mit nachbarlichen Interessen und baukulturellen Belangen vereinbar ist. [2] Satz 1 gilt entsprechend für Anlagen zur Nutzung solarer Strahlungsenergie in, an und auf Dach- und Außenwandflächen. [3] In den im Zusammenhang bebauten Ortsteilen gelten die Sätze 1 und 2 entsprechend für Abweichungen vom Erfordernis des Einfügens in die Eigenart der näheren Umgebung (§ 34 Absatz 1 Satz 1).

[1)] Nr. **1**.

§ 249[1]) Sonderregelungen für Windenergieanlagen an Land. (1) § 35 Absatz 3 Satz 3 ist auf Vorhaben nach § 35 Absatz 1 Nummer 5, die der Erforschung, Entwicklung oder Nutzung der Windenergie dienen, nicht anzuwenden.

(2) [1] Wurde das Erreichen eines in der Anlage des Windenergieflächenbedarfsgesetzes bezeichneten Flächenbeitragswerts des Landes gemäß § 5 Absatz 1 oder Absatz 2 des Windenergieflächenbedarfsgesetzes festgestellt, kann außerhalb der Windenergiegebiete gemäß § 2 Nummer 1 des Windenergieflächenbedarfsgesetzes ein in Absatz 1 genanntes Vorhaben nur ausnahmsweise nach § 35 Absatz 2 zugelassen werden, wenn ausgeschlossen ist, dass die in § 35 Absatz 3 Satz 1 Nummer 5 genannten Belange oder das Orts- und Landschaftsbild berührt sind. [2] Hat ein Land gemäß § 3 Absatz 2 Satz 1 Nummer 2 oder Satz 2 des Windenergieflächenbedarfsgesetzes regionale oder kommunale Teilflächenziele bestimmt und wird deren Erreichen gemäß § 5 Absatz 1 oder Absatz 2 des Windenergieflächenbedarfsgesetzes festgestellt, gilt die Rechtsfolge des Satzes 1 für das Gebiet der jeweiligen Region oder Gemeinde. [3] Der Eintritt der Rechtsfolge der Sätze 1 und 2 ist gesetzliche Folge der Feststellung.

(3) Die Rechtsfolge des Absatzes 2 gilt bis zum Ablauf des 31. Dezember 2030 nicht für Vorhaben im Sinne des § 16b Absatz 1 und 2 des Bundes-Immissionsschutzgesetzes[2]) in der Fassung der Bekanntmachung vom 17. Mai 2013 (BGBl. I S. 1274; 2021 I S. 123), das zuletzt durch Artikel 1 des Gesetzes vom 24. September 2021 (BGBl. I S. 4458) geändert worden ist, es sei denn, das Vorhaben soll in einem Natura 2000-Gebiet im Sinne des § 7 Absatz 1 Nummer 8 des Bundesnaturschutzgesetzes[3]) vom 29. Juli 2009 (BGBl. I S. 2542), das zuletzt durch Artikel 1 des Gesetzes vom 18. August 2021 (BGBl. I S. 3908) geändert worden ist, oder in einem Naturschutzgebiet im Sinne des § 23 des Bundesnaturschutzgesetzes verwirklicht werden.

(4) Die Feststellung des Erreichens eines Flächenbeitragswerts oder Teilflächenziels steht der Ausweisung zusätzlicher Flächen für Vorhaben nach § 35 Absatz 1 Nummer 5, die der Erforschung, Entwicklung oder Nutzung der Windenergie dienen, nicht entgegen.

(5) [1] Der nach § 3 Absatz 2 Satz 1 Nummer 1 oder Nummer 2 des Windenergieflächenbedarfsgesetzes jeweils zuständige Planungsträger ist bei der Ausweisung von Windenergiegebieten gemäß § 2 Nummer 1 des Windenergieflächenbedarfsgesetzes an entgegenstehende Ziele der Raumordnung oder entgegenstehende Darstellungen in Flächennutzungsplänen nicht gebunden, soweit dies erforderlich ist, um den Flächenbeitragswert im Sinne des § 3 Absatz 1 des Windenergieflächenbedarfsgesetzes oder ein daraus abgeleitetes Teilflächenziel zu erreichen. [2] Wurden Windenergiegebiete unter Anwendung von Satz 1 ausgewiesen, entfallen innerhalb dieser Gebiete die entsprechenden Bindungen auch im Zulassungsverfahren.

(6) [1] Die Ausweisung von Windenergiegebieten gemäß § 2 Nummer 1 des Windenergieflächenbedarfsgesetzes erfolgt nach den für die jeweiligen Planungsebenen geltenden Vorschriften für Gebietsausweisungen. [2] Für die Rechtswirksamkeit des Plans ist es hingegen unbeachtlich, ob und welche sonstigen Flächen im Planungsraum für die Ausweisung von Windenergiegebieten geeignet sind.

---

[1]) § 249 neu gef. mWv 1.2.2023 durch G v. 20.7.2022 (BGBl. I S. 1353); Abs. 10 angef. mWv 1.2.2023 *durch G v. 4.1.2023 (BGBl. 2023 I Nr. 6); Abs. 2 Satz 1*, Abs. 7 Satz 1 einl. Satzteil, Satz 2 geänd. mWv 7.7. *2023* durch G v. 3.7.2023 (BGBl. 2023 I Nr. 176); Abs. 2 Satz 1 neu gef., Abs. 6a eingef. mWv 15.8.2025 durch G v. 12.8.2025 (BGBl. 2025 I Nr. 189).

[2]) Nr. **296**.

[3]) Nr. **880**.

(6a) [1] In dem Plan kann bestimmt werden, dass Vorhaben zur Speicherung von Strom oder Wärme mit Ausnahme von Vorhaben zur Speicherung von Wärme mit Bohrung ins Erdreich, ebenfalls als Vorhaben nach § 35 Absatz 1 Nummer 5 gelten, wenn sie

1. weder planfeststellungs- noch plangenehmigungsbedürftig sind und
2. im räumlich-funktionalen Zusammenhang stehen mit einer Anlage, die der Erforschung, Entwicklung oder Nutzung der Windenergie dient, und gegenüber dieser Anlage eine dienende Funktion aufweisen.

[2] Die Art und das Maß der Vorhaben nach Satz 1 können im Plan näher bestimmt werden.

(7) [1] Sobald und solange nach Ablauf des jeweiligen Stichtages gemäß § 3 Absatz 1 Satz 2 des Windenergieflächenbedarfsgesetzes weder der Flächenbeitragswert nach Spalte 1 oder Spalte 2 der Anlage zum Windenergieflächenbedarfsgesetz noch ein daraus abgeleitetes Teilflächenziel nach § 3 Absatz 2 Satz 1 Nummer 2 oder Satz 2 des Windenergieflächenbedarfsgesetzes erreicht wird,

1. entfällt die Rechtsfolge des Absatzes 2 und
2. können Darstellungen in Flächennutzungsplänen, Ziele der Raumordnung sowie sonstige Maßnahmen der Landesplanung einem Vorhaben nach § 35 Absatz 1 Nummer 5, das der Erforschung, Entwicklung oder Nutzung der Windenergie dient, nicht entgegengehalten werden.

[2] Landesgesetze nach Absatz 9 Satz 1 und 4 sind nicht mehr anzuwenden, wenn gemäß § 5 Absatz 3 Satz 2 des Windenergieflächenbedarfsgesetzes festgestellt wurde, dass ein Land den Nachweis gemäß § 3 Absatz 3 des Windenergieflächenbedarfsgesetzes bis zum Ablauf des 30. November 2024 nicht erbracht hat oder wenn der Flächenbeitragswert nach Spalte 1 oder Spalte 2 der Anlage zum Windenergieflächenbedarfsgesetz zum jeweiligen Stichtag nicht erreicht wird.

(8) [1] Nach § 9 Absatz 2 Satz 1 Nummer 2 kann auch festgesetzt werden, dass die im Bebauungsplan festgesetzten Windenergieanlagen nur zulässig sind, wenn sichergestellt ist, dass nach der Errichtung der im Bebauungsplan festgesetzten Windenergieanlagen andere im Bebauungsplan bezeichnete Windenergieanlagen innerhalb einer im Bebauungsplan zu bestimmenden angemessenen Frist zurückgebaut werden. [2] Die Standorte der zurückzubauenden Windenergieanlagen können auch außerhalb des Bebauungsplangebiets oder außerhalb des Gemeindegebiets liegen. [3] Darstellungen im Flächennutzungsplan können mit Bestimmungen entsprechend den Sätzen 1 und 2 mit Wirkung für die Zulässigkeit der Windenergieanlagen nach § 35 Absatz 1 Nummer 5 verbunden sein.

(9) [1] Die Länder können durch Landesgesetze bestimmen, dass § 35 Absatz 1 Nummer 5 auf Vorhaben, die der Erforschung, Entwicklung oder Nutzung der Windenergie dienen, nur Anwendung findet, wenn sie bestimmte Mindestabstände zu den im Landesgesetz bezeichneten zulässigen baulichen Nutzungen zu Wohnzwecken einhalten. [2] Ein Mindestabstand nach Satz 1 darf höchstens 1000 Meter von der Mitte des Mastfußes der Windenergieanlage bis zur nächstgelegenen im Landesgesetz bezeichneten baulichen Nutzung zu Wohnzwecken betragen. [3] Die weiteren Einzelheiten, insbesondere zur Abstandsfestlegung, sind in den Landesgesetzen nach Satz 1 zu regeln. [4] Auf der Grundlage dieses Absatzes in der bis zum 14. August 2020 oder bis zum 1. Februar 2023 geltenden Fassung erlassene Landesgesetze gelten fort; sie können geändert werden, sofern die wesentlichen Elemente der in dem fortgeltenden Landesgesetz enthaltenen Regelung beibehalten werden. [5] In den Landesgesetzen nach den Sätzen 1 und 4 ist zu regeln, dass die Mindestabstände nicht auf

Flächen in Windenergiegebieten gemäß § 2 Nummer 1 des Windenergieflächenbedarfsgesetzes anzuwenden sind. [6] Für Landesgesetze nach Satz 4 ist dies bis zum Ablauf des 31. Mai 2023 zu regeln.

(10) [1] Der öffentliche Belang einer optisch bedrängenden Wirkung steht einem Vorhaben nach § 35 Absatz 1 Nummer 5, das der Erforschung, Entwicklung oder Nutzung der Windenergie dient, in der Regel nicht entgegen, wenn der Abstand von der Mitte des Mastfußes der Windenergieanlage bis zu einer zulässigen baulichen Nutzung zu Wohnzwecken mindestens der zweifachen Höhe der Windenergieanlage entspricht. [2] Höhe im Sinne des Satzes 1 ist die Nabenhöhe zuzüglich Radius des Rotors.

§ 249a[1)] Sonderregelung für Vorhaben zur Herstellung oder Speicherung von Wasserstoff aus erneuerbaren Energien. (1) Ein Vorhaben, das der Herstellung oder Speicherung von Wasserstoff dient und in einem räumlich-funktionalen Zusammenhang mit einer Anlage zur Erforschung, Entwicklung oder Nutzung der Windenergie nach § 35 Absatz 1 Nummer 5 steht, gilt unter den in Absatz 4 genannten weiteren Voraussetzungen ebenfalls als Vorhaben nach § 35 Absatz 1 Nummer 5.

(2) Ein Vorhaben, das der Herstellung oder Speicherung von Wasserstoff dient und in einem räumlich-funktionalen Zusammenhang mit einer Anlage zur Nutzung solarer Strahlungsenergie nach § 35 Absatz 1 Nummer 8 Buchstabe b oder Nummer 9 steht, gilt unter den in Absatz 4 genannten weiteren Voraussetzungen ebenfalls als Vorhaben nach § 35 Absatz 1 Nummer 8 Buchstabe b oder Nummer 9.

(3) Ein Vorhaben, das der Herstellung oder Speicherung von Wasserstoff dient, ist unter den in den Absätzen 4 und 5 genannten weiteren Voraussetzungen im Außenbereich auch dann zulässig, wenn es im unmittelbar an eine vorhandene Anlage zur Nutzung solarer Strahlungsenergie anschließenden Außenbereich verwirklicht werden soll und der dieser Anlage zugrunde liegende Bebauungsplan vor dem 1. Januar 2023 öffentlich ausgelegt worden ist.

(4) Ein Vorhaben ist nach den Absätzen 1 bis 3 nur zulässig, wenn

1. durch technische Vorkehrungen sichergestellt ist, dass der Wasserstoff ausschließlich aus dem Strom der in Absatz 1, 2 oder 3 genannten Anlage oder ergänzend dazu aus dem Strom sonstiger Anlagen zur Nutzung erneuerbarer Energien erzeugt wird,
2. die Größe der Grundfläche der zum Vorhaben gehörenden baulichen Anlagen 100 Quadratmeter und der Höhenunterschied zwischen der Geländeoberfläche im Mittel und dem höchsten Punkt der baulichen Anlagen 3,5 Meter nicht überschreitet,
3. die in Absatz 1, 2 oder 3 genannte Anlage oder die sonstigen Anlagen zur Nutzung erneuerbarer Energien nach Nummer 1 nicht bereits mit einem anderen Vorhaben zur Herstellung oder Speicherung von Wasserstoff verbunden sind und
4. die Kapazität des Wasserstoffspeichers, sofern das Vorhaben einen solchen umfasst, die in der Spalte 4 zu der Zeile 2.44 der Stoffliste in Anhang I der Störfall-Verordnung genannte Mengenschwelle für Wasserstoff nicht erreicht.

(5) [1] Ein Vorhaben ist nach Absatz 3 nur zulässig, wenn ergänzend zu den in *Absatz 4 genannten Voraussetzungen*

[1)] § 249a eingef. mWv 1.1.2023 durch G v. 4.1.2023 (BGBl. 2023 I Nr. 6); Abs. 2 geänd., Abs. 5 Satz 2 angef. mWv 7.7.2023 durch G v. 3.7.2023 (BGBl. 2023 I Nr. 176).

1. dem Vorhaben öffentliche Belange im Sinne des § 35 Absatz 3 nicht entgegenstehen und das Vorhaben den Zielen der Raumordnung entsprechend § 35 Absatz 3 Satz 2 nicht widerspricht,
2. die ausreichende Erschließung des Vorhabens gesichert ist und
3. die Voraussetzungen des § 35 Absatz 5 Satz 2 erster Halbsatz und Satz 3 gegeben sind.

[2] § 36 ist entsprechend anzuwenden.

§ 249b[1)] **Verordnungsermächtigungen zum Ausbau der erneuerbaren Energien in Abbaubereichen des Braunkohletagebaus.** (1) [1] Die Landesregierungen werden ermächtigt, durch Rechtsverordnung zu bestimmen, dass für die Entscheidung über die Zulässigkeit eines Vorhabens nach § 35 Absatz 1 Nummer 5, das der Erforschung, Entwicklung oder Nutzung der Windenergie dient, innerhalb des Abbaubereichs eines Braunkohlen- oder Sanierungsplans folgende Maßgaben gelten, die Zulässigkeitsvoraussetzungen im Übrigen aber unberührt bleiben:

1. Darstellungen in Flächennutzungsplänen und Ziele der Raumordnung stehen dem genannten Vorhaben nicht entgegen; die Rekultivierungsziele nach dem Braunkohlen- oder Sanierungsplan sind aber angemessen zu berücksichtigen und
2. das Vorhaben soll die bergbaulichen Tätigkeiten nicht erheblich beeinträchtigen.

[2] Der Geltungsbereich der Rechtsverordnung kann auf bestimmte Teile eines Abbaubereichs beschränkt werden. [3] Die Rechtsfolge des § 249 Absatz 2 Satz 1 und 2 tritt im Geltungsbereich der Rechtsverordnung nicht ein.

(2) [1] Die Landesregierungen werden ermächtigt, durch Rechtsverordnung zu bestimmen, dass ein Vorhaben zur Nutzung solarer Strahlungsenergie innerhalb des Abbaubereichs eines Braunkohlen- oder Sanierungsplans dann zulässig ist, wenn

1. öffentliche Belange dem Vorhaben nicht entgegenstehen, wobei jedoch Darstellungen in Flächennutzungsplänen und Ziele der Raumordnung dem Vorhaben nicht entgegenstehen, die Rekultivierungsziele nach dem Braunkohlen- oder Sanierungsplan aber angemessen zu berücksichtigen sind,
2. die ausreichende Erschließung des Vorhabens gesichert ist,
3. das Vorhaben die bergbaulichen Tätigkeiten nicht erheblich beeinträchtigt und
4. die Voraussetzungen des § 35 Absatz 5 Satz 2 erster Halbsatz und Satz 3 gegeben sind.

[2] Der Geltungsbereich der Rechtsverordnung kann auf bestimmte Teile eines Abbaubereichs beschränkt werden. [3] Im Geltungsbereich der Rechtsverordnung ist § 36 bei der Entscheidung über die Zulässigkeit eines Vorhabens nach Satz 1 entsprechend anzuwenden.

§ 249c[2)] **Beschleunigungsgebiete für die Windenergie an Land.** (1) Werden im Flächennutzungsplan Windenergiegebiete gemäß § 2 Nummer 1 des Windenergieflächenbedarfsgesetzes dargestellt, sind diese vorbehaltlich des Absatzes 2 zugleich als Beschleunigungsgebiete für die Windenergie an Land darzustellen.

(2) [1] Soweit das Windenergiegebiet in einem der folgenden Gebiete liegt, ist die Darstellung als Beschleunigungsgebiet ausgeschlossen:

[1)] § 249b eingef. mWv 1.1.2023 durch G v. 4.1.2023 (BGBl. 2023 I Nr. 6); Abs. 1 Satz 3 angef. mWv 1.2.2023 durch G v. 4.1.2023 (BGBl. 2023 I Nr. 6).

[2)] § 249c eingef. mWv 15.8.2025 durch G v. 12.8.2025 (BGBl. 2025 I Nr. 189).

1. Natura 2000-Gebiete, Naturschutzgebiete, Nationalparke oder Kern- und Pflegezonen von Biosphärenreservaten nach dem Bundesnaturschutzgesetz[1)] oder
2. Gebiete mit landesweit bedeutendem Vorkommen mindestens einer durch den Ausbau der Windenergie betroffenen europäischen Vogelart nach § 7 Absatz 2 Nummer 12 des Bundesnaturschutzgesetzes, einer in Anhang IV der Richtlinie 92/43/EWG aufgeführten Art oder einer Art, die in einer Rechtsverordnung nach § 54 Absatz 1 Nummer 2 des Bundesnaturschutzgesetzes aufgeführt ist; diese Gebiete können auf der Grundlage von vorhandenen Daten zu bekannten Artvorkommen oder zu besonders geeigneten Lebensräumen ermittelt werden.

[2] Eine in Satz 1 Nummer 2 genannte Art ist betroffen, wenn durch den Ausbau der Windenergie Verstöße gegen § 44 Absatz 1 Nummer 1 bis 3 des Bundesnaturschutzgesetzes zu erwarten sind. [3] Besonders geeignete Lebensräume sind insbesondere die Lebensraumtypen nach Anhang I der Richtlinie 92/43/EWG, die für durch den Ausbau der Windenergie betroffene Arten als Habitate geeignet sind.

(3) [1] Bei der Darstellung der Beschleunigungsgebiete sind geeignete Regeln für wirksame Minderungsmaßnahmen für die Errichtung und den Betrieb von Anlagen und ihrem Netzanschluss darzustellen, um in der Umweltprüfung nach § 2 Absatz 4ermittelte mögliche negative Umweltauswirkungen zu vermeiden oder, falls dies nicht möglich ist, erheblich zu verringern. [2] Abweichend von § 2 Absatz 4 und der Anlage 1 sind Umweltauswirkungen nach Satz 1 nur Auswirkungen auf

1. die Erhaltungsziele nach § 7 Absatz 1 Nummer 9 des Bundesnaturschutzgesetzes,
2. europäische Vogelarten nach § 7 Absatz 2 Nummer 12 des Bundesnaturschutzgesetzes, in Anhang IV der Richtlinie 92/43/EWG aufgeführte Arten oder Arten, die in einer Rechtsverordnung nach § 54 Absatz 1 Nummer 2 des Bundesnaturschutzgesetzes aufgeführt sind, und
3. die Bewirtschaftungsziele nach § 27 des Wasserhaushaltsgesetzes[2)].

[3] Die Darstellung von Regeln für Minderungsmaßnahmen kann entsprechend der Anlage 3 erfolgen.

(4) Die Länder können durch Landesgesetz bestimmen, dass es abweichend von Absatz 1 Satz 1 im Ermessen der Gemeinde steht, zusätzliche Windenergiegebiete als Beschleunigungsgebiete darzustellen, sobald und solange der Flächenbeitragswert nach der Anlage Spalte 2 des Windenergieflächenbedarfsgesetzes oder das jeweilige daraus abgeleitete Teilflächenziel nach § 3 Absatz 2 Satz 1 Nummer 2 oder Satz 2 des Windenergieflächenbedarfsgesetzes erreicht ist.

(5) [1] In einer Rechtsverordnung nach § 249b Absatz 1 können Flächen im Geltungsbereich zu Beschleunigungsgebieten für die Windenergie an Land erklärt werden. [2] Die Absätze 2 und 3 sind entsprechend anzuwenden.

(6) Eine Verletzung der Anforderungen der Absätze 1 bis 3 und 5 an die Ausweisung von Beschleunigungsgebieten ist für die Rechtswirksamkeit des Windenergiegebiets im Übrigen unbeachtlich.

§ 250[3)] Bildung von Wohnungseigentum in Gebieten mit angespannten Wohnungsmärkten. (1) [1] Sofern Gebiete mit angespannten Wohnungsmärkten im Sinne von § 201a Satz 3 und 4 vorliegen und diese Gebiete nach Satz 3 bestimmt sind, bedarf bei Wohngebäuden, die bereits am Tag des erstmaligen Inkrafttretens

---

[1)] Nr. **880**.
[2)] Nr. **845**.
[3)] § 250 angef. mWv 23.6.2021 durch G v. 14.6.2021 (BGBl. I S. 1802); Abs. 1 Satz 1 geänd., Satz 2 neu gef., Satz 3 geänd. mWv 30.10.2025 durch G v. 27.10.2025 (BGBl. 2025 I Nr. 257).

einer Rechtsverordnung nach Satz 3 bestanden, die Begründung oder Teilung von Wohnungseigentum oder Teileigentum nach § 1 des Wohnungseigentumsgesetzes[1)] der Genehmigung. [2]Das Genehmigungserfordernis nach Satz 1 gilt nicht für Flächen, auf denen zusätzlicher Wohnraum geschaffen wird, oder wenn sich in dem Wohngebäude nicht mehr als fünf Wohnungen befinden. [3]Die Landesregierungen werden ermächtigt, die Gebiete nach Satz 1 durch Rechtsverordnung zu bestimmen, die spätestens mit Ablauf des 31. Dezember 2030 außer Kraft treten muss. [4]Sie muss begründet werden. [5]Aus der Begründung muss sich ergeben, auf Grund welcher Tatsachen ein Gebiet mit einem angespannten Wohnungsmarkt im Einzelfall vorliegt. [6]In der Rechtsverordnung nach Satz 3 kann eine von Satz 2 abweichende Anzahl an Wohnungen bestimmt werden; diese Anzahl kann zwischen drei und 15 liegen.

(2) [1]Zuständig für die Genehmigung ist die von der Landesregierung bestimmte Stelle. [2]§ 173 Absatz 3 gilt entsprechend.

(3) [1]Die Genehmigung ist zu erteilen, wenn

1. das Grundstück zu einem Nachlass gehört und Wohnungseigentum oder Teileigentum zugunsten von Miterben oder Vermächtnisnehmern begründet werden soll,
2. das Wohnungseigentum oder Teileigentum zur eigenen Nutzung an Familienangehörige des Eigentümers veräußert werden soll,
3. das Wohnungseigentum oder Teileigentum zur eigenen Nutzung an mindestens zwei Drittel der Mieter veräußert werden soll,
4. auch unter Berücksichtigung des Allgemeinwohls ein Absehen von der Begründung von Wohnungseigentum oder Teileigentum nicht mehr zumutbar ist oder
5. ohne die Genehmigung Ansprüche Dritter auf Übertragung von Wohnungseigentum oder Teileigentum nicht erfüllt werden können, zu deren Sicherung vor dem Wirksamwerden des Genehmigungsvorbehalts eine Vormerkung im Grundbuch eingetragen ist.

[2]In der Genehmigung kann bestimmt werden, dass auch die Veräußerung von Wohnungseigentum oder Teileigentum der Genehmigung entsprechend Satz 1 Nummer 1 bis 3 bedarf. [3]Diese Genehmigungspflicht ist in das Wohnungs- oder Teileigentumsgrundbuch einzutragen; die Eintragung erfolgt auf Ersuchen der nach Absatz 2 Satz 1 zuständigen Stelle. [4]Die Genehmigungspflicht erlischt mit Außerkrafttreten der Verordnung nach Absatz 1 Satz 3.

(4) [1]Unbeschadet des Absatzes 3 darf eine Genehmigung nur versagt werden, wenn dies für die ausreichende Versorgung der Bevölkerung mit Mietwohnraum erforderlich ist. [2]Unter der Voraussetzung von Satz 1 kann die Genehmigung mit einer Auflage erteilt werden.

(5) [1]Bei einem Grundstück, das im Geltungsbereich einer Rechtsverordnung nach Absatz 1 Satz 3 liegt, darf das Grundbuchamt die Eintragungen in das Grundbuch nur vornehmen, wenn ihm die Genehmigung oder das Nichtbestehen der Genehmigungspflicht nachgewiesen ist. [2]Mit der Eintragung gilt die Genehmigung als erteilt.

(6) [1]Der Genehmigung nach Absatz 1 Satz 1 bedarf ferner

1. die Begründung der in den §§ 30 und 31 des Wohnungseigentumsgesetzes bezeichneten Rechte,

---

[1)] **Habersack Nr. 37.**

2. die Begründung von Bruchteilseigentum nach § 1008 des Bürgerlichen Gesetzbuchs[1] an Grundstücken mit Wohngebäuden, wenn zugleich nach § 1010 Absatz 1 des Bürgerlichen Gesetzbuchs im Grundbuch als Belastung eingetragen werden soll, dass Räume einem oder mehreren Miteigentümern zur ausschließlichen Benutzung zugewiesen sind und die Aufhebung der Gemeinschaft ausgeschlossen ist, sowie
3. bei bestehendem Bruchteilseigentum nach § 1008 des Bürgerlichen Gesetzbuchs an Grundstücken mit Wohngebäuden eine im Grundbuch als Belastung einzutragende Regelung nach § 1010 Absatz 1 des Bürgerlichen Gesetzbuchs, wonach Räume einem oder mehreren Miteigentümern zur ausschließlichen Benutzung zugewiesen sind und die Aufhebung der Gemeinschaft ausgeschlossen ist.

[2] Die Bestimmungen der Absätze 2 bis 5 gelten sinngemäß.

(7) [1] Diese Vorschrift geht im räumlichen Anwendungsbereich von Rechtsverordnungen nach Absatz 1 Satz 3 den Rechtsverordnungen nach § 172 Absatz 1 Satz 4 vor. [2] Satz 1 findet keine Anwendung, wenn nach Absatz 1 Satz 2 und 6 keine Genehmigungspflicht besteht.

Anlage 1
(zu § 2 Absatz 4 und den §§ 2a und 4c)

[Umweltbericht]

Der Umweltbericht nach § 2 Absatz 4 und § 2a Satz 2 Nummer 2 hat folgende Bestandteile:

1. Eine Einleitung mit folgenden Angaben:
   a) Kurzdarstellung des Inhalts und der wichtigsten Ziele des Bauleitplans, einschließlich einer Beschreibung der Festsetzungen des Plans mit Angaben über Standorte, Art und Umfang sowie Bedarf an Grund und Boden der geplanten Vorhaben;
   b) Darstellung der in einschlägigen Fachgesetzen und Fachplänen festgelegten Ziele des Umweltschutzes, die für den Bauleitplan von Bedeutung sind, und der Art, wie diese Ziele und die Umweltbelange bei der Aufstellung des Bauleitplans berücksichtigt wurden;
2. eine Beschreibung und Bewertung der erheblichen Umweltauswirkungen, die in der Umweltprüfung nach § 2 Absatz 4 Satz 1 ermittelt wurden; hierzu gehören folgende Angaben:
   a) eine Bestandsaufnahme der einschlägigen Aspekte des derzeitigen Umweltzustands (Basisszenario), einschließlich der Umweltmerkmale der Gebiete, die voraussichtlich erheblich beeinflusst werden, und eine Übersicht über die voraussichtliche Entwicklung des Umweltzustands bei Nichtdurchführung der Planung, soweit diese Entwicklung gegenüber dem Basisszenario mit zumutbarem Aufwand auf der Grundlage der verfügbaren Umweltinformationen und wissenschaftlichen Erkenntnisse abgeschätzt werden kann;
   b) eine Prognose über die Entwicklung des Umweltzustands bei Durchführung der Planung; hierzu sind, soweit möglich, insbesondere die möglichen erheblichen Auswirkungen während der Bau- und Betriebsphase der geplanten Vorhaben auf die Belange nach § 1 Absatz 6 Nummer 7 Buchstabe a bis i zu beschreiben, unter anderem infolge
      aa) des Baus und des Vorhandenseins der geplanten Vorhaben, soweit relevant einschließlich Abrissarbeiten,
      bb) der Nutzung natürlicher Ressourcen, insbesondere Fläche, Boden, Wasser, Tiere, Pflanzen und biologische Vielfalt, wobei soweit möglich die nachhaltige Verfügbarkeit dieser Ressourcen zu berücksichtigen ist,
      cc) der Art und Menge an Emissionen von Schadstoffen, Lärm, Erschütterungen, Licht, Wärme und Strahlung sowie der Verursachung von Belästigungen,
      dd) der Art und Menge der erzeugten Abfälle und ihrer Beseitigung und Verwertung,
      ee) der Risiken für die menschliche Gesundheit, das kulturelle Erbe oder die Umwelt (zum Beispiel durch Unfälle oder Katastrophen),

---

[1] **Habersack Nr. 20.**

ff) der Kumulierung mit den Auswirkungen von Vorhaben benachbarter Plangebiete unter Berücksichtigung etwaiger bestehender Umweltprobleme in Bezug auf möglicherweise betroffene Gebiete mit spezieller Umweltrelevanz oder auf die Nutzung von natürlichen Ressourcen,

gg) der Auswirkungen der geplanten Vorhaben auf das Klima (zum Beispiel Art und Ausmaß der Treibhausgasemissionen) und der Anfälligkeit der geplanten Vorhaben gegenüber den Folgen des Klimawandels,

hh) der eingesetzten Techniken und Stoffe;

die Beschreibung nach Halbsatz 2 soll sich auf die direkten und die etwaigen indirekten, sekundären, kumulativen, grenzüberschreitenden, kurzfristigen, mittelfristigen und langfristigen, ständigen und vorübergehenden sowie positiven und negativen Auswirkungen der geplanten Vorhaben erstrecken; die Beschreibung nach Halbsatz 2 soll zudem den auf Ebene der Europäischen Union oder auf Bundes-, Landes- oder kommunaler Ebene festgelegten Umweltschutzzielen Rechnung tragen;

c) eine Beschreibung der geplanten Maßnahmen, mit denen festgestellte erhebliche nachteilige Umweltauswirkungen vermieden, verhindert, verringert oder soweit möglich ausgeglichen werden sollen, sowie gegebenenfalls geplante Überwachungsmaßnahmen. In dieser Beschreibung ist zu erläutern, inwieweit erhebliche nachteilige Auswirkungen auf die Umwelt vermieden, verhindert, verringert oder ausgeglichen werden, wobei sowohl die Bauphase als auch die Betriebsphase abzudecken ist;

d) in Betracht kommende anderweitige Planungsmöglichkeiten, wobei die Ziele und der räumliche Geltungsbereich des Bauleitplans zu berücksichtigen sind, und die Angabe der wesentlichen Gründe für die getroffene Wahl;

e) eine Beschreibung der erheblichen nachteiligen Auswirkungen nach § 1 Absatz 6 Nummer 7 Buchstabe j; zur Vermeidung von Mehrfachprüfungen können die vorhandenen Ergebnisse anderer rechtlich vorgeschriebener Prüfungen genutzt werden; soweit angemessen, sollte diese Beschreibung Maßnahmen zur Verhinderung oder Verminderung der erheblichen nachteiligen Auswirkungen solcher Ereignisse auf die Umwelt sowie Einzelheiten in Bezug auf die Bereitschafts- und vorgesehenen Bekämpfungsmaßnahmen für derartige Krisenfälle erfassen;

3. zusätzliche Angaben:

a) eine Beschreibung der wichtigsten Merkmale der verwendeten technischen Verfahren bei der Umweltprüfung sowie Hinweise auf Schwierigkeiten, die bei der Zusammenstellung der Angaben aufgetreten sind, zum Beispiel technische Lücken oder fehlende Kenntnisse,

b) eine Beschreibung der geplanten Maßnahmen zur Überwachung der erheblichen Auswirkungen der Durchführung des Bauleitplans auf die Umwelt,

c) eine allgemein verständliche Zusammenfassung der erforderlichen Angaben nach dieser Anlage,

d) eine Referenzliste der Quellen, die für die im Bericht enthaltenen Beschreibungen und Bewertungen herangezogen wurden.

Anlage 2
(zu § 13a Absatz 1 Satz 2 Nummer 2)

[Kriterien]

Nachstehende Kriterien sind anzuwenden, soweit auf Anlage 2 Bezug genommen wird.

1. Merkmale des Bebauungsplans, insbesondere in Bezug auf

1.1 das Ausmaß, in dem der Bebauungsplan einen Rahmen im Sinne des § 35 Absatz 3 des Gesetzes über die Umweltverträglichkeitsprüfung[1] setzt;

1.2 das Ausmaß, in dem der Bebauungsplan andere Pläne und Programme beeinflusst;

1.3 die Bedeutung des Bebauungsplans für die Einbeziehung umweltbezogener, einschließlich gesundheitsbezogener Erwägungen, insbesondere im Hinblick auf die Förderung der nachhaltigen Entwicklung;

1.4 die für den Bebauungsplan relevanten umweltbezogenen, einschließlich gesundheitsbezogener Probleme;

1.5 die Bedeutung des Bebauungsplans für die Durchführung nationaler und europäischer Umweltvorschriften.

---

[1] Nr. **295**.

2. Merkmale der möglichen Auswirkungen und der voraussichtlich betroffenen Gebiete, insbesondere in Bezug auf

2.1 die Wahrscheinlichkeit, Dauer, Häufigkeit und Umkehrbarkeit der Auswirkungen;

2.2 den kumulativen und grenzüberschreitenden Charakter der Auswirkungen;

2.3 die Risiken für die Umwelt, einschließlich der menschlichen Gesundheit (zum Beispiel bei Unfällen);

2.4 den Umfang und die räumliche Ausdehnung der Auswirkungen;

2.5 die Bedeutung und die Sensibilität des voraussichtlich betroffenen Gebiets auf Grund der besonderen natürlichen Merkmale, des kulturellen Erbes, der Intensität der Bodennutzung des Gebiets jeweils unter Berücksichtigung der Überschreitung von Umweltqualitätsnormen und Grenzwerten;

2.6 folgende Gebiete:

2.6.1 Natura 2000-Gebiete nach § 7 Absatz 1 Nummer 8 des Bundesnaturschutzgesetzes[1],

2.6.2 Naturschutzgebiete gemäß § 23 des Bundesnaturschutzgesetzes[1], soweit nicht bereits von Nummer 2.6.1 erfasst,

2.6.3 Nationalparke gemäß § 24 des Bundesnaturschutzgesetzes[1], soweit nicht bereits von Nummer 2.6.1 erfasst,

2.6.4 Biosphärenreservate und Landschaftsschutzgebiete gemäß den §§ 25 und 26 des Bundesnaturschutzgesetzes[1],

2.6.5 gesetzlich geschützte Biotope gemäß § 30 des Bundesnaturschutzgesetzes[1],

2.6.6 Wasserschutzgebiete gemäß § 51 des Wasserhaushaltsgesetzes[2], Heilquellenschutzgebiete gemäß § 53 Absatz 4 des Wasserhaushaltsgesetzes sowie Überschwemmungsgebiete gemäß § 76 des Wasserhaushaltsgesetzes,

2.6.7 Gebiete, in denen die in Rechtsakten der Europäischen Union festgelegten Umweltqualitätsnormen bereits überschritten sind,

2.6.8 Gebiete mit hoher Bevölkerungsdichte, insbesondere Zentrale Orte im Sinne des § 2 Absatz 2 Nummer 2 des Raumordnungsgesetzes[3],

2.6.9 in amtlichen Listen oder Karten verzeichnete Denkmäler, Denkmalensembles, Bodendenkmäler oder Gebiete, die von der durch die Länder bestimmten Denkmalschutzbehörde als archäologisch bedeutende Landschaften eingestuft worden sind.

Anlage 3[4]
(zu § 249c Absatz 3 Satz 3)

Darstellung von geeigneten Regeln für wirksame Minderungsmaßnahmen durch die Gemeinde

Als Regeln für Minderungsmaßnahmen bestimmt die Gemeinde für das jeweilige Beschleunigungsgebiet und unter Berücksichtigung der dort zu erwartenden Umweltauswirkungen, welche Arten von Minderungsmaßnahmen regelmäßig oder anlassbezogen durchzuführen oder zu prüfen sind.

Hat die Gemeinde auf der Grundlage der nach Nummer I.3 ermittelten Umweltauswirkungen die einschlägigen Kategorien von Minderungsmaßnahmen aus den Kategorien II.1 bis II.2 ausgewählt und der Zulassungsbehörde aufgegeben, hieraus projektbezogene Minderungsmaßnahmen zu entwickeln, werden die Verpflichtungen in § 249c Absatz 3 damit erfüllt. Die Anwendung der Anlage 3 ist für die Gemeinden nicht verbindlich; sie können auch abweichende Konzepte zur Aufstellung von Regeln für Minderungsmaßnahmen anwenden.

I. Kriterien für die Darstellung von geeigneten Regeln für wirksame Minderungsmaßnahmen

Die Gemeinde richtet die Regeln an den folgenden Kriterien nach Artikel 15c Absatz 1 Unterabsatz 2 der Richtlinie (EU) 2018/2001 in der Fassung vom 17. Mai 2024 aus:

---

[1] Nr. **880**.
[2] Nr. **845**.
[3] Nr. **340**.
[4] Anl. 3 angef. mWv 15.8.2025 durch G v. 12.8.2025 (BGBl. 2025 I Nr. 189).

I.1. Besonderheiten des jeweiligen Beschleunigungsgebietes

Die Besonderheiten des jeweiligen Beschleunigungsgebietes werden auf der Grundlage aller vorhandenen umweltbezogenen Daten einschließlich der Ergebnisse der Prüfung nach § 1a Absatz 4, sofern diese durchzuführen ist, sowie der Prüfung nach § 2 Absatz 4 bestimmt; dies sind die Prüfungsergebnisse bezogen auf die Windenergiegebiete, die den darzustellenden Beschleunigungsgebieten zugrunde liegen. Auf die Bestandsaufnahme im Umweltbericht auf der Grundlage der Anlage 1 Nummer 2 Buchstabe a kann Bezug genommen werden. Neben bedeutenden Artvorkommen sind die vorhandenen Biotope und deren Wertigkeit, die Habitatausstattung sowie der ökologische Zustand oder das ökologische Potenzial eines oberirdischen Gewässers zu berücksichtigen.

I.2. Art der vorrangigen Erneuerbare-Energien-Technologie

Art der Erneuerbare-Energien-Technologien, für die ein Beschleunigungsgebiet ausgewiesen wird, sind die Windenergie an Land sowie die auf der Grundlage von § 249 Absatz 6a im Plan bestimmten zulässigen Anlagen zur Speicherung von Strom oder Wärme, jeweils einschließlich der zulässigen Nebenanlagen, insbesondere ihres Netzanschlusses.

I.3. Ermittelte Umweltauswirkungen

Bei der Ermittlung der Umweltauswirkungen sind zu berücksichtigen:

a) die Kriterien nach den Nummern I.1 und I.2,

b) die Prognose im Umweltbericht auf der Grundlage der Anlage 1 Nummer 2 Buchstabe b,

c) die technologiebezogenen, nicht vorhabenbezogenen Wirkfaktoren von Windenergie, die Konfliktintensität sowie die Wirksamkeit der potenziellen Minderungsmaßnahmen und

d) die Sensibilität und die naturschutzfachliche Bedeutung der betroffenen besonders geschützten Arten unter Berücksichtigung des Erhaltungszustands und des Gefährdungsgrads sowie der besonders geeigneten Lebensräume dieser Arten.

I.4. Auflistung möglicher Umweltauswirkungen

Mögliche Umweltauswirkungen sind:

a) baubedingte Beeinträchtigungen der boden- und gehölzbrütenden europäischen Vogelarten und Arten, die im Anhang IV der Richtlinie 92/43/EWG aufgeführt sind, insbesondere der Fledermäuse,

b) Beschädigung oder Zerstörung von Fortpflanzungs- und Ruhestätten von europäischen Vogelarten und Arten, die im Anhang IV der Richtlinie 92/43/EWG aufgeführt sind (§ 44 Absatz 1 Nummer 3 des Bundesnaturschutzgesetzes[1]),

c) bau-, anlagen- und betriebsbedingte Auswirkungen auf Rastgebiete, Kolonien, Schlafplatzgemeinschaften oder sonstige Ansammlungen störungsempfindlicher europäischer Vogelarten (§ 44 Absatz 1 Nummer 2 des Bundesnaturschutzgesetzes),

d) erhebliche Beeinträchtigung eines in der Nähe des Beschleunigungsgebiets gelegenen Natura 2000-Gebiets (§ 34 Absatz 1 des Bundesnaturschutzgesetzes),

e) Auswirkungen auf den ökologischen Zustand oder das ökologische Potenzial eines oberirdischen Gewässers (§ 27 des Wasserhaushaltsgesetzes[2]),

f) betriebsbedingte Tötung oder Verletzung von Vorkommen kollisionsgefährdeter europäischer Vogelarten und Arten, die im Anhang IV der Richtlinie 92/43/EWG aufgeführt sind, insbesondere von

   aa) kollisionsgefährdeten Brutvogelarten als Einzelbrutpaaren nach der Anlage 1 Abschnitt 1 des Bundesnaturschutzgesetzes (§ 44 Absatz 1 Nummer 1 des Bundesnaturschutzgesetzes),

   bb) kollisionsgefährdeten Brutvogelarten in Kolonien, Schlafplatzgemeinschaften oder sonstigen Ansammlungen (§ 44 Absatz 1 Nummer 1 des Bundesnaturschutzgesetzes),

   cc) Fledermausarten (§ 44 Absatz 1 Nummer 1 des Bundesnaturschutzgesetzes),

g) betriebsbedingte Störung von europäischen Vogelarten und Arten, die im Anhang IV der Richtlinie 92/43/EWG aufgeführt sind, einschließlich Fledermäusen (§ 44 Absatz 1 Nummer 2 des Bundesnaturschutzgesetzes).

II. Darstellung der geeigneten Regeln für wirksame Minderungsmaßnahmen

Die Gemeinde hat für das jeweilige Beschleunigungsgebiet Regeln für Minderungsmaßnahmen auf Basis der Kriterien nach Nummer I darzustellen.

---

[1] Nr. **880**.
[2] Nr. **845**.

Als Regeln für Minderungsmaßnahmen kann die Gemeinde Kategorien von Minderungsmaßnahmen sowie Beispiele für in Betracht kommende Maßnahmen darstellen. Bei dieser Darstellung kann die planaufstellende Behörde insbesondere Bezug nehmen auf

a) die Darlegungen im Umweltbericht auf der Grundlage von Anlage 1 Nummer 2 Buchstabe c und d,

b) den nachfolgenden, nicht abschließenden Katalog von Kategorien von Minderungsmaßnahmen einschließlich der allgemeinen Beispiele für Maßnahmen.

II.1. Kategorien von Minderungsmaßnahmen für Windenergieanlagen

a) baubedingte Minderungsmaßnahmen, insbesondere

aa) ökologische Baubegleitung und zeitliche Beschränkung der Baufeldfreimachung,

bb) Schutzzäune für Amphibien und Reptilien,

cc) Schutzmaßnahmen in Anlehnung an vorgezogene Ausgleichsmaßnahmen zur dauerhaften Sicherung der ökologischen Funktion (CEF-Maßnahmen) wie Fledermauskästen;

b) anlagenbedingte Minderungsmaßnahmen;

c) betriebsbedingte Minderungsmaßnahmen, insbesondere

aa) Schutzmaßnahmen nach Anlage 1 Abschnitt 2 des Bundesnaturschutzgesetzes[1] für kollisionsgefährdete Brutvogelarten als Einzelbrutpaare,

bb) Schutzmaßnahmen in Anlehnung an Anlage 1 Abschnitt 2 des Bundesnaturschutzgesetzes für kollisionsgefährdete Brutvogelarten in Kolonien, Schlafplatzgemeinschaften oder sonstigen Ansammlungen.

II.2. Kategorien von Minderungsmaßnahmen für im Plan bestimmte zulässige Anlagen zur Speicherung von Strom oder Wärme und Nebenanlagen

a) baubedingte Maßnahmen, insbesondere

aa) ökologische Baubegleitung und zeitliche Beschränkung der Baufeldfreimachung,

bb) Vermeidung der Inanspruchnahme sensibler Bereiche wie gesetzlich geschützter Biotope nach § 30 des Bundesnaturschutzgesetzes[1],

cc) boden- und grundwasserschonender und rückstandsloser Rückbau;

b) anlagenbedingte Maßnahmen, insbesondere

aa) Begrenzung der maximal versiegelten Fläche,

bb) Integration von standortangepassten Typen von Biotopelementen,

cc) Dachbegrünung,

dd) Sicherstellung, dass bei thermischer Beeinflussung des Grundwassers und von Oberflächengewässern diese gering gehalten wird;

c) betriebsbedingte Maßnahmen, insbesondere Pflegekonzept zur Förderung und Entwicklung autochthoner, standorttypischer, artenreicher Pflanzengesellschaften.

---

[1] Nr. **880**.

311. Verordnung über die bauliche Nutzung der Grundstücke (Baunutzungsverordnung – BauNVO)

In der Fassung der Bekanntmachung vom 21. November 2017[1)]
(BGBl. I S. 3786)

FNA 213-1-2

geänd. durch Art. 2 BaulandmobilisierungsG v. 14.6.2021 (BGBl. I S. 1802), Art. 3 G zur sofortigen Verbesserung der Rahmenbedingungen für die erneuerbaren Energien im Städtebaurecht v. 4.1.2023 (BGBl. 2023 I Nr. 6) und Art. 2 G zur Stärkung der Digitalisierung im Bauleitplanverfahren und zur Änd. weiterer Vorschriften v. 3.7.2023 (BGBl. 2023 I Nr. 176)

Inhaltsübersicht[2)]

[1)] Neubekanntmachung der BauNVO idF der Bek. v. 27.1.1990 (BGBl. I S. 132) in der ab 1.10.2017 geltenden Fassung.

[2)] Inhaltsübersicht geänd. mWv 23.6.2021 durch G v. 14.6.2021 (BGBl. I S. 1802); geänd. mWv 1.1. 2023 durch G v. 4.1.2023 (BGBl. 2023 I Nr. 6); geänd. mWv 7.7.2023 durch G v. 3.7.2023 (BGBl. 2023 I Nr. 176).

Fünfter Abschnitt. Überleitungs- und Schlussvorschriften

Erster Abschnitt. Art der baulichen Nutzung

§ 1[1)] Allgemeine Vorschriften für Bauflächen und Baugebiete. (1) Im Flächennutzungsplan können die für die Bebauung vorgesehenen Flächen nach der allgemeinen Art ihrer baulichen Nutzung (Bauflächen) dargestellt werden als

1.	Wohnbauflächen	(W)
2.	gemischte Bauflächen	(M)
3.	gewerbliche Bauflächen	(G)
4.	Sonderbauflächen	(S).

(2) Die für die Bebauung vorgesehenen Flächen können nach der besonderen Art ihrer baulichen Nutzung (Baugebiete) dargestellt werden als

1.	Kleinsiedlungsgebiete	(WS)
2.	reine Wohngebiete	(WR)
3.	allgemeine Wohngebiete	(WA)
4.	besondere Wohngebiete	(WB)
5.	Dorfgebiete	(MD)
6.	dörfliche Wohngebiete	(MDW)
7.	Mischgebiete	(MI)
8.	urbane Gebiete	(MU)
9.	Kerngebiete	(MK)
10.	Gewerbegebiete	(GE)
11.	Industriegebiete	(GI)
12.	Sondergebiete	(SO).

(3) [1]Im Bebauungsplan können die in Absatz 2 bezeichneten Baugebiete festgesetzt werden. [2]Durch die Festsetzung werden die Vorschriften der §§ 2 bis 14 Bestandteil des Bebauungsplans, soweit nicht auf Grund der Absätze 4 bis 10 etwas anderes bestimmt wird. [3]Bei Festsetzung von Sondergebieten finden die Vorschriften über besondere Festsetzungen nach den Absätzen 4 bis 10 keine Anwendung; besondere Festsetzungen über die Art der Nutzung können nach den §§ 10 und 11 *getroffen werden.*

[1)] § 1 Abs. 2 Nr. 6 eingef., bish. Nr. 6–11 werden Nr. 7–12 mWv 23.6.2021 durch G v. 14.6.2021 (BGBl. I S. 1802).

(4) [1] Für die in den §§ 4 bis 9 bezeichneten Baugebiete können im Bebauungsplan für das jeweilige Baugebiet Festsetzungen getroffen werden, die das Baugebiet

1. nach der Art der zulässigen Nutzung,
2. nach der Art der Betriebe und Anlagen und deren besonderen Bedürfnissen und Eigenschaften

gliedern. [2] Die Festsetzungen nach Satz 1 können auch für mehrere Gewerbegebiete einer Gemeinde im Verhältnis zueinander getroffen werden; dies gilt auch für Industriegebiete. [3] Absatz 5 bleibt unberührt.

(Fortsetzung nächstes Blatt)

(5) Im Bebauungsplan kann festgesetzt werden, dass bestimmte Arten von Nutzungen, die nach den §§ 2 bis 9 sowie 13 und 13a allgemein zulässig sind, nicht zulässig sind oder nur ausnahmsweise zugelassen werden können, sofern die allgemeine Zweckbestimmung des Baugebiets gewahrt bleibt.

(6) Im Bebauungsplan kann festgesetzt werden, dass alle oder einzelne Ausnahmen, die in den Baugebieten nach den §§ 2 bis 9 vorgesehen sind,

1. nicht Bestandteil des Bebauungsplans werden oder
2. in dem Baugebiet allgemein zulässig sind, sofern die allgemeine Zweckbestimmung des Baugebiets gewahrt bleibt.

(7) In Bebauungsplänen für Baugebiete nach den §§ 4 bis 9 kann, wenn besondere städtebauliche Gründe dies rechtfertigen (§ 9 Absatz 3 des Baugesetzbuchs[1)]), festgesetzt werden, dass in bestimmten Geschossen, Ebenen oder sonstigen Teilen baulicher Anlagen

1. nur einzelne oder mehrere der in dem Baugebiet allgemein zulässigen Nutzungen zulässig sind,
2. einzelne oder mehrere der in dem Baugebiet allgemein zulässigen Nutzungen unzulässig sind oder als Ausnahme zugelassen werden können oder
3. alle oder einzelne Ausnahmen, die in den Baugebieten nach den §§ 4 bis 9 vorgesehen sind, nicht zulässig oder, sofern die allgemeine Zweckbestimmung des Baugebiets gewahrt bleibt, allgemein zulässig sind.

(8) Die Festsetzungen nach den Absätzen 4 bis 7 können sich auch auf Teile des Baugebiets beschränken.

(9) Wenn besondere städtebauliche Gründe dies rechtfertigen, kann im Bebauungsplan bei Anwendung der Absätze 5 bis 8 festgesetzt werden, dass nur bestimmte Arten der in den Baugebieten allgemein oder ausnahmsweise zulässigen baulichen oder sonstigen Anlagen zulässig oder nicht zulässig sind oder nur ausnahmsweise zugelassen werden können.

(10) [1] Wären bei Festsetzung eines Baugebiets nach den §§ 2 bis 9 in überwiegend bebauten Gebieten bestimmte vorhandene bauliche und sonstige Anlagen unzulässig, kann im Bebauungsplan festgesetzt werden, dass Erweiterungen, Änderungen, Nutzungsänderungen und Erneuerungen dieser Anlagen allgemein zulässig sind oder ausnahmsweise zugelassen werden können. [2] Im Bebauungsplan können nähere Bestimmungen über die Zulässigkeit getroffen werden. [3] Die allgemeine Zweckbestimmung des Baugebiets muss in seinen übrigen Teilen gewahrt bleiben. [4] Die Sätze 1 bis 3 gelten auch für die Änderung und Ergänzung von Bebauungsplänen.

§ 2 Kleinsiedlungsgebiete. (1) Kleinsiedlungsgebiete dienen vorwiegend der Unterbringung von Kleinsiedlungen einschließlich Wohngebäuden mit entsprechenden Nutzgärten und landwirtschaftlichen Nebenerwerbsstellen.

(2) Zulässig sind

1. Kleinsiedlungen einschließlich Wohngebäude mit entsprechenden Nutzgärten, landwirtschaftliche Nebenerwerbsstellen und Gartenbaubetriebe,
2. die der Versorgung des Gebiets dienenden Läden, Schank- und Speisewirtschaften sowie nicht störenden Handwerksbetriebe.

(3) Ausnahmsweise können zugelassen werden

[1)] Nr. **300**.

1. sonstige Wohngebäude mit nicht mehr als zwei Wohnungen,
2. Anlagen für kirchliche, kulturelle, soziale, gesundheitliche und sportliche Zwecke,
3. Tankstellen,
4. nicht störende Gewerbebetriebe.

§ 3 Reine Wohngebiete. (1) Reine Wohngebiete dienen dem Wohnen.

(2) Zulässig sind
1. Wohngebäude,
2. Anlagen zur Kinderbetreuung, die den Bedürfnissen der Bewohner des Gebiets dienen.

(3) Ausnahmsweise können zugelassen werden
1. Läden und nicht störende Handwerksbetriebe, die zur Deckung des täglichen Bedarfs für die Bewohner des Gebiets dienen, sowie kleine Betriebe des Beherbergungsgewerbes,
2. sonstige Anlagen für soziale Zwecke sowie den Bedürfnissen der Bewohner des Gebiets dienende Anlagen für kirchliche, kulturelle, gesundheitliche und sportliche Zwecke.

(4) Zu den nach Absatz 2 sowie den §§ 2, 4 bis 7 zulässigen Wohngebäuden gehören auch solche, die ganz oder teilweise der Betreuung und Pflege ihrer Bewohner dienen.

§ 4 Allgemeine Wohngebiete. (1) Allgemeine Wohngebiete dienen vorwiegend dem Wohnen.

(2) Zulässig sind
1. Wohngebäude,
2. die der Versorgung des Gebiets dienenden Läden, Schank- und Speisewirtschaften sowie nicht störenden Handwerksbetriebe,
3. Anlagen für kirchliche, kulturelle, soziale, gesundheitliche und sportliche Zwecke.

(3) Ausnahmsweise können zugelassen werden
1. Betriebe des Beherbergungsgewerbes,
2. sonstige nicht störende Gewerbebetriebe,
3. Anlagen für Verwaltungen,
4. Gartenbaubetriebe,
5. Tankstellen.

§ 4a Gebiete zur Erhaltung und Entwicklung der Wohnnutzung (besondere Wohngebiete) (1) [1]Besondere Wohngebiete sind überwiegend bebaute Gebiete, die aufgrund ausgeübter Wohnnutzung und vorhandener sonstiger in Absatz 2 genannter Anlagen eine besondere Eigenart aufweisen und in denen unter Berücksichtigung dieser Eigenart die Wohnnutzung erhalten und fortentwickelt werden soll. [2]Besondere Wohngebiete dienen vorwiegend dem Wohnen; sie dienen auch der Unterbringung von Gewerbebetrieben und sonstigen Anlagen im Sinne der Absätze 2 und 3, soweit diese Betriebe und Anlagen nach der besonderen Eigenart des Gebiets mit der Wohnnutzung vereinbar sind.

(2) Zulässig sind

1. Wohngebäude,
2. Läden, Betriebe des Beherbergungsgewerbes, Schank- und Speisewirtschaften,
3. sonstige Gewerbebetriebe,
4. Geschäfts- und Bürogebäude,
5. Anlagen für kirchliche, kulturelle, soziale, gesundheitliche und sportliche Zwecke.

(3) Ausnahmsweise können zugelassen werden
1. Anlagen für zentrale Einrichtungen der Verwaltung,
2. Vergnügungsstätten, soweit sie nicht wegen ihrer Zweckbestimmung oder ihres Umfangs nur in Kerngebieten allgemein zulässig sind,
3. Tankstellen.

(4) Für besondere Wohngebiete oder Teile solcher Gebiete kann, wenn besondere städtebauliche Gründe dies rechtfertigen (§ 9 Absatz 3 des Baugesetzbuchs[1)]), festgesetzt werden, dass
1. oberhalb eines im Bebauungsplan bestimmten Geschosses nur Wohnungen zulässig sind oder
2. in Gebäuden ein im Bebauungsplan bestimmter Anteil der zulässigen Geschossfläche oder eine bestimmte Größe der Geschossfläche für Wohnungen zu verwenden ist.

§ 5 Dorfgebiete. (1) [1]Dorfgebiete dienen der Unterbringung der Wirtschaftsstellen land- und forstwirtschaftlicher Betriebe, dem Wohnen und der Unterbringung von nicht wesentlich störenden Gewerbebetrieben sowie der Versorgung der Bewohner des Gebiets dienenden Handwerksbetrieben. [2]Auf die Belange der land- und forstwirtschaftlichen Betriebe einschließlich ihrer Entwicklungsmöglichkeiten ist vorrangig Rücksicht zu nehmen.

(2) Zulässig sind
1. Wirtschaftsstellen land- und forstwirtschaftlicher Betriebe und die dazugehörigen Wohnungen und Wohngebäude,
2. Kleinsiedlungen einschließlich Wohngebäude mit entsprechenden Nutzgärten und landwirtschaftliche Nebenerwerbsstellen,
3. sonstige Wohngebäude,
4. Betriebe zur Be- und Verarbeitung und Sammlung land- und forstwirtschaftlicher Erzeugnisse,
5. Einzelhandelsbetriebe, Schank- und Speisewirtschaften sowie Betriebe des Beherbergungsgewerbes,
6. sonstige Gewerbebetriebe,
7. Anlagen für örtliche Verwaltungen sowie für kirchliche, kulturelle, soziale, gesundheitliche und sportliche Zwecke,
8. Gartenbaubetriebe,
9. Tankstellen.

(3) Ausnahmsweise können Vergnügungsstätten im Sinne des § 4a Absatz 3 Nummer 2 zugelassen werden.

[1)] Nr. **300**.

§ 5a[1)] Dörfliche Wohngebiete. (1) [1]Dörfliche Wohngebiete dienen dem Wohnen sowie der Unterbringung von land- und forstwirtschaftlichen Nebenerwerbsstellen und nicht wesentlich störenden Gewerbebetrieben. [2]Die Nutzungsmischung muss nicht gleichgewichtig sein.

(2) Zulässig sind
1. Wohngebäude,
2. Wirtschaftsstellen land- und forstwirtschaftlicher Nebenerwerbsbetriebe und die dazugehörigen Wohnungen und Wohngebäude,
3. Kleinsiedlungen einschließlich Wohngebäude mit entsprechenden Nutzgärten,
4. nicht gewerbliche Einrichtungen und Anlagen für die Tierhaltung,
5. die der Versorgung des Gebiets dienenden Läden sowie Schank- und Speisewirtschaften,
6. Betriebe des Beherbergungsgewerbes,
7. sonstige Gewerbebetriebe,
8. Anlagen für örtliche Verwaltungen sowie für kirchliche, kulturelle, soziale, gesundheitliche und sportliche Zwecke.

(3) Ausnahmsweise können zugelassen werden
1. Wirtschaftsstellen land- und forstwirtschaftlicher Betriebe und die dazugehörigen Wohnungen und Wohngebäude,
2. Gartenbaubetriebe,
3. Tankstellen.

§ 6 Mischgebiete. (1) Mischgebiete dienen dem Wohnen und der Unterbringung von Gewerbebetrieben, die das Wohnen nicht wesentlich stören.

(2) Zulässig sind
1. Wohngebäude,
2. Geschäfts- und Bürogebäude,
3. Einzelhandelsbetriebe, Schank- und Speisewirtschaften sowie Betriebe des Beherbergungsgewerbes,
4. sonstige Gewerbebetriebe,
5. Anlagen für Verwaltungen sowie für kirchliche, kulturelle, soziale, gesundheitliche und sportliche Zwecke,
6. Gartenbaubetriebe,
7. Tankstellen,
8. Vergnügungsstätten im Sinne des § 4a Absatz 3 Nummer 2 in den Teilen des Gebiets, die überwiegend durch gewerbliche Nutzungen geprägt sind.

(3) Ausnahmsweise können Vergnügungsstätten im Sinne des § 4a Absatz 3 Nummer 2 außerhalb der in Absatz 2 Nummer 8 bezeichneten Teile des Gebiets zugelassen werden.

§ 6a Urbane Gebiete. (1) [1]Urbane Gebiete dienen dem Wohnen sowie der Unterbringung von Gewerbebetrieben und sozialen, kulturellen und anderen Einrichtungen, die die Wohnnutzung nicht wesentlich stören. [2]Die Nutzungsmischung muss *nicht gleichgewichtig sein.*

(2) Zulässig sind

[1)] § 5a eingef. mWv 23.6.2021 durch G v. 14.6.2021 (BGBl. I S. 1802).

1. Wohngebäude,
2. Geschäfts- und Bürogebäude,
3. Einzelhandelsbetriebe, Schank- und Speisewirtschaften sowie Betriebe des Beherbergungsgewerbes,
4. sonstige Gewerbebetriebe,
5. Anlagen für Verwaltungen sowie für kirchliche, kulturelle, soziale, gesundheitliche und sportliche Zwecke.

(3) Ausnahmsweise können zugelassen werden

1. Vergnügungsstätten, soweit sie nicht wegen ihrer Zweckbestimmung oder ihres Umfangs nur in Kerngebieten allgemein zulässig sind,
2. Tankstellen.

(4) Für urbane Gebiete oder Teile solcher Gebiete kann festgesetzt werden, dass in Gebäuden

1. im Erdgeschoss an der Straßenseite eine Wohnnutzung nicht oder nur ausnahmsweise zulässig ist,
2. oberhalb eines im Bebauungsplan bestimmten Geschosses nur Wohnungen zulässig sind,
3. ein im Bebauungsplan bestimmter Anteil der zulässigen Geschossfläche oder eine im Bebauungsplan bestimmte Größe der Geschossfläche für Wohnungen zu verwenden ist, oder
4. ein im Bebauungsplan bestimmter Anteil der zulässigen Geschossfläche oder eine im Bebauungsplan bestimmte Größe der Geschossfläche für gewerbliche Nutzungen zu verwenden ist.

§ 7 Kerngebiete. (1) Kerngebiete dienen vorwiegend der Unterbringung von Handelsbetrieben sowie der zentralen Einrichtungen der Wirtschaft, der Verwaltung und der Kultur.

(2) Zulässig sind

1. Geschäfts-, Büro- und Verwaltungsgebäude,
2. Einzelhandelsbetriebe, Schank- und Speisewirtschaften, Betriebe des Beherbergungsgewerbes und Vergnügungsstätten,
3. sonstige nicht wesentlich störende Gewerbebetriebe,
4. Anlagen für kirchliche, kulturelle, soziale, gesundheitliche und sportliche Zwecke,
5. Tankstellen im Zusammenhang mit Parkhäusern und Großgaragen,
6. Wohnungen für Aufsichts- und Bereitschaftspersonen sowie für Betriebsinhaber und Betriebsleiter,
7. sonstige Wohnungen nach Maßgabe von Festsetzungen des Bebauungsplans.

(3) Ausnahmsweise können zugelassen werden

1. Tankstellen, die nicht unter Absatz 2 Nummer 5 fallen,
2. Wohnungen, die nicht unter Absatz 2 Nummer 6 und 7 fallen.

(4) [1] Für Teile eines Kerngebiets kann, wenn besondere städtebauliche Gründe dies rechtfertigen (§ 9 Absatz 3 des Baugesetzbuchs), festgesetzt werden, dass

1. oberhalb eines im Bebauungsplan bestimmten Geschosses nur Wohnungen zulässig sind oder

2. in Gebäuden ein im Bebauungsplan bestimmter Anteil der zulässigen Geschossfläche oder eine bestimmte Größe der Geschossfläche für Wohnungen zu verwenden ist.

[2] Dies gilt auch, wenn durch solche Festsetzungen dieser Teil des Kerngebiets nicht vorwiegend der Unterbringung von Handelsbetrieben sowie der zentralen Einrichtungen der Wirtschaft, der Verwaltung und der Kultur dient.

§ 8[1)] Gewerbegebiete. (1) Gewerbegebiete dienen vorwiegend der Unterbringung von nicht erheblich belästigenden Gewerbebetrieben.

(2) Zulässig sind

1. Gewerbebetriebe aller Art einschließlich Anlagen zur Erzeugung von Strom oder Wärme aus solarer Strahlungsenergie oder Windenergie, Lagerhäuser, Lagerplätze und öffentliche Betriebe,
2. Geschäfts-, Büro- und Verwaltungsgebäude,
3. Tankstellen,
4. Anlagen für sportliche Zwecke.

(3) Ausnahmsweise können zugelassen werden

1. Wohnungen für Aufsichts- und Bereitschaftspersonen sowie für Betriebsinhaber und Betriebsleiter, die dem Gewerbebetrieb zugeordnet und ihm gegenüber in Grundfläche und Baumasse untergeordnet sind,
2. Anlagen für kirchliche, kulturelle, soziale und gesundheitliche Zwecke,
3. Vergnügungsstätten.

§ 9[2)] Industriegebiete. (1) Industriegebiete dienen ausschließlich der Unterbringung von Gewerbebetrieben, und zwar vorwiegend solcher Betriebe, die in anderen Baugebieten unzulässig sind.

(2) Zulässig sind

1. Gewerbebetriebe aller Art einschließlich Anlagen zur Erzeugung von Strom oder Wärme aus solarer Strahlungsenergie oder Windenergie, Lagerhäuser, Lagerplätze und öffentliche Betriebe,
2. Tankstellen.

(3) Ausnahmsweise können zugelassen werden

1. Wohnungen für Aufsichts- und Bereitschaftspersonen sowie für Betriebsinhaber und Betriebsleiter, die dem Gewerbebetrieb zugeordnet und ihm gegenüber in Grundfläche und Baumasse untergeordnet sind,
2. Anlagen für kirchliche, kulturelle, soziale, gesundheitliche und sportliche Zwecke.

§ 10 Sondergebiete, die der Erholung dienen. (1) Als Sondergebiete, die der Erholung dienen, kommen insbesondere in Betracht

Wochenendhausgebiete,

Ferienhausgebiete,

Campingplatzgebiete.

---

1) § 8 Abs. 2 Nr. 1 geänd. mWv 7.7.2023 durch G v. 3.7.2023 (BGBl. 2023 I Nr. 176).

2) § 9 Abs. 2 Nr. 1 geänd. mWv 7.7.2023 durch G v. 3.7.2023 (BGBl. 2023 I Nr. 176).

(2) [1] Für Sondergebiete, die der Erholung dienen, sind die Zweckbestimmung und die Art der Nutzung darzustellen und festzusetzen. [2] Im Bebauungsplan kann festgesetzt werden, dass bestimmte, der Eigenart des Gebiets entsprechende Anlagen und Einrichtungen zur Versorgung des Gebiets und für sportliche Zwecke allgemein zulässig sind oder ausnahmsweise zugelassen werden können.

(3) [1] In Wochenendhausgebieten sind Wochenendhäuser als Einzelhäuser zulässig. [2] Im Bebauungsplan kann festgesetzt werden, dass Wochenendhäuser nur als Hausgruppen zulässig sind oder ausnahmsweise als Hausgruppen zugelassen werden können. [3] Die zulässige Grundfläche der Wochenendhäuser ist im Bebauungsplan, begrenzt nach der besonderen Eigenart des Gebiets, unter Berücksichtigung der landschaftlichen Gegebenheiten festzusetzen.

(4) [1] In Ferienhausgebieten sind Ferienhäuser zulässig, die aufgrund ihrer Lage, Größe, Ausstattung, Erschließung und Versorgung für den Erholungsaufenthalt geeignet und dazu bestimmt sind, überwiegend und auf Dauer einem wechselnden Personenkreis zur Erholung zu dienen. [2] Im Bebauungsplan kann die Grundfläche der Ferienhäuser, begrenzt nach der besonderen Eigenart des Gebiets, unter Berücksichtigung der landschaftlichen Gegebenheiten festgesetzt werden.

(5) In Campingplatzgebieten sind Campingplätze und Zeltplätze zulässig.

§ 11[1)] Sonstige Sondergebiete. (1) Als sonstige Sondergebiete sind solche Gebiete darzustellen und festzusetzen, die sich von den Baugebieten nach den §§ 2 bis 10 wesentlich unterscheiden.

(2) [1] Für sonstige Sondergebiete sind die Zweckbestimmung und die Art der Nutzung darzustellen und festzusetzen. [2] Als sonstige Sondergebiete kommen insbesondere in Betracht

Gebiete für den Fremdenverkehr, wie Kurgebiete und Gebiete für die Fremdenbeherbergung, auch mit einer Mischung von Fremdenbeherbergung oder Ferienwohnen einerseits sowie Dauerwohnen andererseits,

Ladengebiete,

Gebiete für Einkaufszentren und großflächige Handelsbetriebe,

Gebiete für Messen, Ausstellungen und Kongresse,

Hochschulgebiete,

Klinikgebiete,

Hafengebiete,

Gebiete für Anlagen, die der Erforschung, Entwicklung oder Nutzung erneuerbarer Energien, wie Windenergie und solare Strahlungsenergie, dienen.

(3) [1]

1. Einkaufszentren,
2. großflächige Einzelhandelsbetriebe, die sich nach Art, Lage oder Umfang auf die Verwirklichung der Ziele der Raumordnung und Landesplanung oder auf die städtebauliche Entwicklung und Ordnung nicht nur unwesentlich auswirken können,
3. sonstige großflächige Handelsbetriebe, die im Hinblick auf den Verkauf an letzte Verbraucher und auf die Auswirkungen den in Nummer 2 bezeichneten Einzelhandelsbetrieben vergleichbar sind,

---

[1)] § 11 Abs. 2 Satz 2 geänd. mWv 7.7.2023 durch G v. 3.7.2023 (BGBl. 2023 I Nr. 176).

sind außer in Kerngebieten nur in für sie festgesetzten Sondergebieten zulässig. [2]Auswirkungen im Sinne des Satzes 1 Nummer 2 und 3 sind insbesondere schädliche Umwelteinwirkungen im Sinne des § 3 des Bundes-Immissionsschutzgesetzes sowie Auswirkungen auf die infrastrukturelle Ausstattung, auf den Verkehr, auf die Versorgung der Bevölkerung im Einzugsbereich der in Satz 1 bezeichneten Betriebe, auf die Entwicklung zentraler Versorgungsbereiche in der Gemeinde oder in anderen Gemeinden, auf das Orts- und Landschaftsbild und auf den Naturhaushalt. [3]Auswirkungen im Sinne des Satzes 2 sind bei Betrieben nach Satz 1 Nummer 2 und 3 in der Regel anzunehmen, wenn die Geschossfläche 1 200 m^2 überschreitet. [4]Die Regel des Satzes 3 gilt nicht, wenn Anhaltspunkte dafür bestehen, dass Auswirkungen bereits bei weniger als 1 200 m^2 Geschossfläche vorliegen oder bei mehr als 1 200 m^2 Geschossfläche nicht vorliegen; dabei sind in Bezug auf die in Satz 2 bezeichneten Auswirkungen insbesondere die Gliederung und Größe der Gemeinde und ihrer Ortsteile, die Sicherung der verbrauchernahen Versorgung der Bevölkerung und das Warenangebot des Betriebs zu berücksichtigen.

§ 12 Stellplätze und Garagen. (1) Stellplätze und Garagen sind in allen Baugebieten zulässig, soweit sich aus den Absätzen 2 bis 6 nichts anderes ergibt.

(2) In Kleinsiedlungsgebieten, reinen Wohngebieten und allgemeinen Wohngebieten sowie Sondergebieten, die der Erholung dienen, sind Stellplätze und Garagen nur für den durch die zugelassene Nutzung verursachten Bedarf zulässig.

(3) Unzulässig sind

1. Stellplätze und Garagen für Lastkraftwagen und Kraftomnibusse sowie für Anhänger dieser Kraftfahrzeuge in reinen Wohngebieten,
2. Stellplätze und Garagen für Kraftfahrzeuge mit einem Eigengewicht über 3,5 Tonnen sowie für Anhänger dieser Kraftfahrzeuge in Kleinsiedlungsgebieten und allgemeinen Wohngebieten.

(4) [1]Im Bebauungsplan kann, wenn besondere städtebauliche Gründe dies rechtfertigen (§ 9 Absatz 3 des Baugesetzbuchs), festgesetzt werden, dass in bestimmten Geschossen nur Stellplätze oder Garagen und zugehörige Nebeneinrichtungen (Garagengeschosse) zulässig sind. [2]Eine Festsetzung nach Satz 1 kann auch für Geschosse unterhalb der Geländeoberfläche getroffen werden. [3]Bei Festsetzungen nach den Sätzen 1 und 2 sind Stellplätze und Garagen auf dem Grundstück nur in den festgesetzten Geschossen zulässig, soweit der Bebauungsplan nichts anderes bestimmt.

(5) [1]Im Bebauungsplan kann, wenn besondere städtebauliche Gründe dies rechtfertigen (§ 9 Absatz 3 des Baugesetzbuchs), festgesetzt werden, dass in Teilen von Geschossen nur Stellplätze und Garagen zulässig sind. [2]Absatz 4 Satz 2 und 3 gilt entsprechend.

(6) Im Bebauungsplan kann festgesetzt werden, dass in Baugebieten oder bestimmten Teilen von Baugebieten Stellplätze und Garagen unzulässig oder nur in beschränktem Umfang zulässig sind, soweit landesrechtliche Vorschriften nicht entgegenstehen.

(7) Die landesrechtlichen Vorschriften über die Ablösung der Verpflichtung zur Herstellung von Stellplätzen und Garagen sowie die Verpflichtung zur Herstellung von Stellplätzen und Garagen außerhalb der im Bebauungsplan festgesetzten Bereiche bleiben bei Festsetzungen nach den Absätzen 4 bis 6 unberührt.

§ 13 Gebäude und Räume für freie Berufe. Für die Berufsausübung freiberuflich Tätiger und solcher Gewerbetreibender, die ihren Beruf in ähnlicher Art ausüben, sind in den Baugebieten nach den §§ 2 bis 4 Räume, in den Baugebieten nach den §§ 4a bis 9 auch Gebäude zulässig.

§ 13a[1] Ferienwohnungen. [1] Räume oder Gebäude, die einem ständig wechselnden Kreis von Gästen gegen Entgelt vorübergehend zur Unterkunft zur Verfügung gestellt werden und die zur Begründung einer eigenen Häuslichkeit geeignet und bestimmt sind (Ferienwohnungen), gehören unbeschadet des § 10 in der Regel zu den nicht störenden Gewerbebetrieben nach § 2 Absatz 3 Nummer 4 und § 4 Absatz 3 Nummer 2 oder zu den Gewerbebetrieben nach § 4a Absatz 2 Nummer 3, § 5 Absatz 2 Nummer 6, § 5a Absatz 2 Nummer 7, § 6 Absatz 2 Nummer 4, § 6a Absatz 2 Nummer 4 und § 7 Absatz 2 Nummer 3. [2] Abweichend von Satz 1 können Räume nach Satz 1 in den übrigen Fällen insbesondere bei einer baulich untergeordneten Bedeutung gegenüber der in dem Gebäude vorherrschenden Hauptnutzung zu den Betrieben des Beherbergungsgewerbes nach § 4 Absatz 3 Nummer 1, § 4a Absatz 2 Nummer 2, § 5 Absatz 2 Nummer 5, § 5a Absatz 2 Nummer 6, § 6 Absatz 2 Nummer 3, § 6a Absatz 2 Nummer 3 und § 7 Absatz 2 Nummer 2 oder zu den kleinen Betrieben des Beherbergungsgewerbes nach § 3 Absatz 3 Nummer 1 gehören.

§ 14[2] Nebenanlagen; Anlagen zur Nutzung solarer Strahlungsenergie und Kraft-Wärme-Kopplungsanlagen. (1) [1] Außer den in den §§ 2 bis 13 genannten Anlagen sind auch untergeordnete Nebenanlagen und Einrichtungen zulässig, die dem Nutzungszweck der in dem Baugebiet gelegenen Grundstücke oder des Baugebiets selbst dienen und die seiner Eigenart nicht widersprechen. [2] Soweit nicht bereits in den Baugebieten nach dieser Verordnung Einrichtungen und Anlagen für die Tierhaltung, einschließlich der Kleintiererhaltungszucht, zulässig sind, gehören zu den untergeordneten Nebenanlagen und Einrichtungen im Sinne des Satzes 1 auch solche für die Kleintierhaltung. [3] Zu den untergeordneten Nebenanlagen und Einrichtungen im Sinne des Satzes 1 gehören auch Anlagen zur Erzeugung von Strom oder Wärme aus erneuerbaren Energien. [4] Im Bebauungsplan kann die Zulässigkeit der Nebenanlagen und Einrichtungen eingeschränkt oder ausgeschlossen werden.

(1a) In den Baugebieten nach den §§ 2 bis 11 sind Nebenanlagen, die der öffentlichen Versorgung mit Telekommunikationsdienstleistungen dienen, zulässig; Absatz 1 Satz 4 gilt entsprechend.

(2) [1] Die der Versorgung der Baugebiete mit Elektrizität, Gas, Wärme und Wasser sowie zur Ableitung von Abwasser dienenden Nebenanlagen können in den Baugebieten als Ausnahme zugelassen werden, auch soweit für sie im Bebauungsplan keine besonderen Flächen festgesetzt sind. [2] Dies gilt auch für fernmeldetechnische Nebenanlagen sowie für Anlagen für erneuerbare Energien, soweit nicht Absatz 1 Satz 1 oder Absatz 1a Anwendung findet.

(3) [1] Soweit baulich untergeordnete Anlagen zur Nutzung solarer Strahlungsenergie in, an oder auf Dach- und Außenwandflächen oder Kraft-Wärme-Kopplungsanlagen innerhalb von Gebäuden nicht bereits nach den §§ 2 bis 13 zulässig

---

[1] § 13a Sätze 1 und 2 geänd. mWv 23.6.2021 durch G v. 14.6.2021 (BGBl. I S. 1802).

[2] § 14 Abs. 1a eingef., Abs. 2 Satz 2 geänd. mWv 23.6.2021 durch G v. 14.6.2021 (BGBl. I S. 1802); Abs. 4 angef. mWv 1.1.2023 durch G v. 4.1.2023 (BGBl. 2023 I Nr. 6); Abs. 1 Satz 3 eingef., bish. Satz 3 wird Satz 4, Abs. 1a geänd., Abs. 3 Satz 2 angef., Abs. 4 Sätze 1–3 geänd. mWv 7.7.2023 durch G v. 3.7. 2023 (BGBl. 2023 I Nr. 176).

sind, gelten sie auch dann als Anlagen im Sinne des Absatzes 1 Satz 1, wenn die erzeugte Energie vollständig oder überwiegend in das öffentliche Netz eingespeist wird. [2] In Gewerbe-, Industrie- und sonstigen Sondergebieten gilt Satz 1 auch für sonstige baulich untergeordnete Anlagen zur Nutzung solarer Strahlungsenergie.

(4) [1] In einem Gebiet nach § 11 Absatz 2 für Anlagen, die der Nutzung solarer Strahlungsenergie dienen, sind Anlagen zur Herstellung oder Speicherung von Wasserstoff zulässig, wenn die Voraussetzungen entsprechend § 249a Absatz 4 gegeben sind. [2] In Gewerbe- und Industriegebieten gilt Satz 1 entsprechend, wenn dort eine Anlage, die der Nutzung solarer Strahlungsenergie dient und die keine Nebenanlage im Sinne dieser Vorschrift ist, tatsächlich vorhanden ist. [3] Absatz 1 Satz 4 gilt entsprechend.

§ 15 Allgemeine Voraussetzungen für die Zulässigkeit baulicher und sonstiger Anlagen. (1) [1] Die in den §§ 2 bis 14 aufgeführten baulichen und sonstigen Anlagen sind im Einzelfall unzulässig, wenn sie nach Anzahl, Lage, Umfang oder Zweckbestimmung der Eigenart des Baugebiets widersprechen. [2] Sie sind auch unzulässig, wenn von ihnen Belästigungen oder Störungen ausgehen können, die nach der Eigenart des Baugebiets im Baugebiet selbst oder in dessen Umgebung unzumutbar sind, oder wenn sie solchen Belästigungen oder Störungen ausgesetzt werden.

(2) Die Anwendung des Absatzes 1 hat nach den städtebaulichen Zielen und Grundsätzen des § 1 Absatz 5 des Baugesetzbuchs zu erfolgen.

(3) Die Zulässigkeit der Anlagen in den Baugebieten ist nicht allein nach den verfahrensrechtlichen Einordnungen des Bundes-Immissionsschutzgesetzes und der auf seiner Grundlage erlassenen Verordnungen zu beurteilen.

Zweiter Abschnitt. Maß der baulichen Nutzung

§ 16 Bestimmung des Maßes der baulichen Nutzung. (1) Wird im Flächennutzungsplan das allgemeine Maß der baulichen Nutzung dargestellt, genügt die Angabe der Geschossflächenzahl, der Baumassenzahl oder der Höhe baulicher Anlagen.

(2) Im Bebauungsplan kann das Maß der baulichen Nutzung bestimmt werden durch Festsetzung

1. der Grundflächenzahl oder der Größe der Grundflächen der baulichen Anlagen,
2. der Geschossflächenzahl oder der Größe der Geschossfläche, der Baumassenzahl oder der Baumasse,
3. der Zahl der Vollgeschosse,
4. der Höhe baulicher Anlagen.

(3) Bei Festsetzung des Maßes der baulichen Nutzung im Bebauungsplan ist festzusetzen

1. stets die Grundflächenzahl oder die Größe der Grundflächen der baulichen Anlagen,
2. die Zahl der Vollgeschosse oder die Höhe baulicher Anlagen, wenn ohne ihre Festsetzung öffentliche Belange, insbesondere das Orts- und Landschaftsbild, beeinträchtigt werden können.

(4) [1] Bei Festsetzung des Höchstmaßes für die Geschossflächenzahl oder die Größe der Geschossfläche, für die Zahl der Vollgeschosse und die Höhe baulicher Anlagen im Bebauungsplan kann zugleich ein Mindestmaß festgesetzt werden.

[2]Die Zahl der Vollgeschosse und die Höhe baulicher Anlagen können auch als zwingend festgesetzt werden.

(5) Im Bebauungsplan kann das Maß der baulichen Nutzung für Teile des Baugebiets, für einzelne Grundstücke oder Grundstücksteile und für Teile baulicher Anlagen unterschiedlich festgesetzt werden; die Festsetzungen können oberhalb und unterhalb der Geländeoberfläche getroffen werden.

(6) Im Bebauungsplan können nach Art und Umfang bestimmte Ausnahmen von dem festgesetzten Maß der baulichen Nutzung vorgesehen werden.

§ 17[1)] Orientierungswerte für die Bestimmung des Maßes der baulichen Nutzung. [1]Bei der Bestimmung des Maßes der baulichen Nutzung nach § 16 bestehen, auch wenn eine Geschossflächenzahl oder eine Baumassenzahl nicht dargestellt oder festgesetzt wird, folgende Orientierungswerte für Obergrenzen:

1	2	3	4
Baugebiet	Grund-flächenzahl (GRZ)	Geschoss-flächenzahl (GFZ)	Bau-massenzahl (BMZ)
in Kleinsiedlungsgebieten (WS)	0,2	0,4	–
in reinen Wohngebieten (WR) allgemeinen Wohngebieten (WA) Ferienhausgebieten	0,4	1,2	–
in besonderen Wohngebieten (WB)	0,6	1,6	–
in Dorfgebieten (MD) Mischgebieten (MI) dörflichen Wohngebieten (MDW)	0,6	1,2	–
in urbanen Gebieten (MU)	0,8	3,0	–
in Kerngebieten (MK)	1,0	3,0	–
in Gewerbegebieten (GE) Industriegebieten (GI) sonstigen Sondergebieten	0,8	2,4	10,0
in Wochenendhausgebieten	0,2	0,2	–

[2]In Wochenendhausgebieten und Ferienhausgebieten dürfen die Orientierungswerte für Obergrenzen nach Satz 1 nicht überschritten werden.

§ 18 Höhe baulicher Anlagen. (1) Bei Festsetzung der Höhe baulicher Anlagen sind die erforderlichen Bezugspunkte zu bestimmen.

(2) Ist die Höhe baulicher Anlagen als zwingend festgesetzt (§ 16 Abs. 4 Satz 2), können geringfügige Abweichungen zugelassen werden.

§ 19[2)] Grundflächenzahl, zulässige Grundfläche. (1) Die Grundflächenzahl gibt an, wieviel Quadratmeter Grundfläche je Quadratmeter Grundstücksfläche im Sinne des Absatzes 3 zulässig sind.

(2) Zulässige Grundfläche ist der nach Absatz 1 errechnete Anteil des Baugrundstücks, der von baulichen Anlagen überdeckt werden darf.

---

1) § 17 neu gef. mWv 23.6.2021 durch G v. 14.6.2021 (BGBl. I S. 1802).
2) § 19 Abs. 5 angef. mWv 7.7.2023 durch G v. 3.7.2023 (BGBl. 2023 I Nr. 176).

(3) [1] Für die Ermittlung der zulässigen Grundfläche ist die Fläche des Baugrundstücks maßgebend, die im Bauland und hinter der im Bebauungsplan festgesetzten Straßenbegrenzungslinie liegt. [2] Ist eine Straßenbegrenzungslinie nicht festgesetzt, so ist die Fläche des Baugrundstücks maßgebend, die hinter der tatsächlichen Straßengrenze liegt oder die im Bebauungsplan als maßgebend für die Ermittlung der zulässigen Grundfläche festgesetzt ist.

(4) [1] Bei der Ermittlung der Grundfläche sind die Grundflächen von

1. Garagen und Stellplätzen mit ihren Zufahrten,
2. Nebenanlagen im Sinne des § 14,
3. baulichen Anlagen unterhalb der Geländeoberfläche, durch die das Baugrundstück lediglich unterbaut wird,

mitzurechnen. [2] Die zulässige Grundfläche darf durch die Grundflächen der in Satz 1 bezeichneten Anlagen bis zu 50 vom Hundert überschritten werden, höchstens jedoch bis zu einer Grundflächenzahl von 0,8; weitere Überschreitungen in geringfügigem Ausmaß können zugelassen werden. [3] Im Bebauungsplan können von Satz 2 abweichende Bestimmungen getroffen werden. [4] Soweit der Bebauungsplan nichts anderes festsetzt, kann im Einzelfall von der Einhaltung der sich aus Satz 2 ergebenden Grenzen abgesehen werden

1. bei Überschreitungen mit geringfügigen Auswirkungen auf die natürlichen Funktionen des Bodens oder
2. wenn die Einhaltung der Grenzen zu einer wesentlichen Erschwerung der zweckentsprechenden Grundstücksnutzung führen würde.

(5) Soweit der Bebauungsplan nichts anderes festsetzt, darf die zulässige Grundfläche in Gewerbe-, Industrie- und sonstigen Sondergebieten durch die Grundflächen von Anlagen zur Erzeugung von Strom und Wärme aus solarer Strahlungsenergie und Windenergie überschritten werden.

§ 20 Vollgeschosse, Geschossflächenzahl, Geschossfläche. (1) Als Vollgeschosse gelten Geschosse, die nach landesrechtlichen Vorschriften Vollgeschosse sind oder auf ihre Zahl angerechnet werden.

(2) Die Geschossflächenzahl gibt an, wieviel Quadratmeter Geschossfläche je Quadratmeter Grundstücksfläche im Sinne des § 19 Abs. 3 zulässig sind.

(3) [1] Die Geschossfläche ist nach den Außenmaßen der Gebäude in allen Vollgeschossen zu ermitteln. [2] Im Bebauungsplan kann festgesetzt werden, dass die Flächen von Aufenthaltsräumen in anderen Geschossen einschließlich der zu ihnen gehörenden Treppenräume und einschließlich ihrer Umfassungswände ganz oder teilweise mitzurechnen oder ausnahmsweise nicht mitzurechnen sind.

(4) Bei der Ermittlung der Geschossfläche bleiben Nebenanlagen im Sinne des § 14, Balkone, Loggien, Terrassen sowie bauliche Anlagen, soweit sie nach Landesrecht in den Abstandsflächen (seitlicher Grenzabstand und sonstige Abstandsflächen) zulässig sind oder zugelassen werden können, unberücksichtigt.

§ 21 Baumassenzahl, Baumasse. (1) Die Baumassenzahl gibt an, wieviel Kubikmeter Baumasse je Quadratmeter Grundstücksfläche im Sinne des § 19 Abs. 3 zulässig sind.

(2) [1] Die Baumasse ist nach den Außenmaßen der Gebäude vom Fußboden des untersten Vollgeschosses bis zur Decke des obersten Vollgeschosses zu ermitteln. [2] Die Baumassen von Aufenthaltsräumen in anderen Geschossen einschließlich der zu ihnen gehörenden Treppenräume und einschließlich ihrer Umfassungswände

und Decken sind mitzurechnen. [3]Bei baulichen Anlagen, bei denen eine Berechnung der Baumasse nach Satz 1 nicht möglich ist, ist die tatsächliche Baumasse zu ermitteln.

(3) Bauliche Anlagen und Gebäudeteile im Sinne des § 20 Abs. 4 bleiben bei der Ermittlung der Baumasse unberücksichtigt.

(4) Ist im Bebauungsplan die Höhe baulicher Anlagen oder die Baumassenzahl nicht festgesetzt, darf bei Gebäuden, die Geschosse von mehr als 3,50 m Höhe haben, eine Baumassenzahl, die das Dreieinhalbfache der zulässigen Geschossflächenzahl beträgt, nicht überschritten werden.

§ 21a Stellplätze, Garagen und Gemeinschaftsanlagen. (1) Garagengeschosse oder ihre Baumasse sind in sonst anders genutzten Gebäuden auf die Zahl der zulässigen Vollgeschosse oder auf die zulässige Baumasse nicht anzurechnen, wenn der Bebauungsplan dies festsetzt oder als Ausnahme vorsieht.

(2) Der Grundstücksfläche im Sinne des § 19 Abs. 3 sind Flächenanteile an außerhalb des Baugrundstücks festgesetzten Gemeinschaftsanlagen im Sinne des § 9 Abs. 1 Nr. 22 des Baugesetzbuchs hinzuzurechnen, wenn der Bebauungsplan dies festsetzt oder als Ausnahme vorsieht.

(3) Soweit § 19 Abs. 4 nicht entgegensteht, ist eine Überschreitung der zulässigen Grundfläche durch überdachte Stellplätze und Garagen bis zu 0,1 der Fläche des Baugrundstücks zulässig; eine weitergehende Überschreitung kann ausnahmsweise zugelassen werden

1. in Kerngebieten, Gewerbegebieten und Industriegebieten,
2. in anderen Baugebieten, soweit solche Anlagen nach § 9 Abs. 1 Nr. 4 des Baugesetzbuchs im Bebauungsplan festgesetzt sind.

(4) Bei der Ermittlung der Geschossfläche oder der Baumasse bleiben unberücksichtigt die Flächen oder Baumassen von

1. Garagengeschossen, die nach Absatz 1 nicht angerechnet werden,
2. Stellplätzen und Garagen, deren Grundflächen die zulässige Grundfläche unter den Voraussetzungen des Absatzes 3 überschreiten,
3. Stellplätzen und Garagen in Vollgeschossen, wenn der Bebauungsplan dies festsetzt oder als Ausnahme vorsieht.

(5) Die zulässige Geschossfläche oder die zulässige Baumasse ist um die Flächen oder Baumassen notwendiger Garagen, die unter der Geländeoberfläche hergestellt werden, insoweit zu erhöhen, als der Bebauungsplan dies festsetzt oder als Ausnahme vorsieht.

Dritter Abschnitt. Bauweise, überbaubare Grundstücksfläche

§ 22 Bauweise. (1) Im Bebauungsplan kann die Bauweise als offene oder geschlossene Bauweise festgesetzt werden.

(2) [1]In der offenen Bauweise werden die Gebäude mit seitlichem Grenzabstand als Einzelhäuser, Doppelhäuser oder Hausgruppen errichtet. [2]Die Länge der in Satz 1 bezeichneten Hausformen darf höchstens 50 m betragen. [3]Im Bebauungsplan können Flächen festgesetzt werden, auf denen nur Einzelhäuser, nur Doppelhäuser, nur Hausgruppen oder nur zwei dieser Hausformen zulässig sind.

(3) In der geschlossenen Bauweise werden die Gebäude ohne seitlichen Grenzabstand errichtet, es sei denn, dass die vorhandene Bebauung eine Abweichung erfordert.

(4) [1] Im Bebauungsplan kann eine von Absatz 1 abweichende Bauweise festgesetzt werden. [2] Dabei kann auch festgesetzt werden, inwieweit an die vorderen, rückwärtigen und seitlichen Grundstücksgrenzen herangebaut werden darf oder muss.

§ 23 Überbaubare Grundstücksfläche. (1) [1] Die überbaubaren Grundstücksflächen können durch die Festsetzung von Baulinien, Baugrenzen oder Bebauungstiefen bestimmt werden. [2] § 16 Abs. 5 ist entsprechend anzuwenden.

(2) [1] Ist eine Baulinie festgesetzt, so muss auf dieser Linie gebaut werden. [2] Ein Vor- oder Zurücktreten von Gebäudeteilen in geringfügigem Ausmaß kann zugelassen werden. [3] Im Bebauungsplan können weitere nach Art und Umfang bestimmte Ausnahmen vorgesehen werden.

(3) [1] Ist eine Baugrenze festgesetzt, so dürfen Gebäude und Gebäudeteile diese nicht überschreiten. [2] Ein Vortreten von Gebäudeteilen in geringfügigem Ausmaß kann zugelassen werden. [3] Absatz 2 Satz 3 gilt entsprechend.

(4) [1] Ist eine Bebauungstiefe festgesetzt, so gilt Absatz 3 entsprechend. [2] Die Bebauungstiefe ist von der tatsächlichen Straßengrenze ab zu ermitteln, sofern im Bebauungsplan nichts anderes festgesetzt ist.

(5) [1] Wenn im Bebauungsplan nichts anderes festgesetzt ist, können auf den nicht überbaubaren Grundstücksflächen Nebenanlagen im Sinne des § 14 zugelassen werden. [2] Das gleiche gilt für bauliche Anlagen, soweit sie nach Landesrecht in den Abstandsflächen zulässig sind oder zugelassen werden können.

Vierter Abschnitt

§ 24 (weggefallen)

Fünfter Abschnitt. Überleitungs- und Schlussvorschriften

§ 25 Fortführung eingeleiteter Verfahren[1]. Für Bauleitpläne, deren Aufstellung oder Änderung bereits eingeleitet ist, sind die dieser Verordnung entsprechenden bisherigen Vorschriften weiterhin anzuwenden, wenn die Pläne bei dem Inkrafttreten dieser Verordnung bereits ausgelegt sind.

§ 25a Überleitungsvorschriften aus Anlass der zweiten Änderungsverordnung. (1) Für Bauleitpläne, deren Aufstellung oder Änderung bereits eingeleitet ist, gilt diese Verordnung in ihrer bis zum Inkrafttreten der Zweiten Verordnung zur Änderung dieser Verordnung vom 15. September 1977 (BGBl. I S. 1757) gültigen Fassung, wenn die Pläne bei Inkrafttreten der zweiten Änderungsverordnung nach § 2a Abs. 6 des Bundesbaugesetzes oder § 2 Abs. 6 des Bundesbaugesetzes in der bis zum 1. Januar 1977 geltenden Fassung ausgelegt sind.

(2) [1] Von der Geltung der Vorschriften der zweiten Änderungsverordnung über gesonderte Festsetzungen für übereinanderliegende Geschosse und Ebenen sowie

---

[1] **Amtl. Anm.:** Diese Vorschrift betrifft die Fortführung eingeleiteter Verfahren bei Inkrafttreten der Baunutzungsverordnung (1. August 1962) in der ursprünglichen Fassung vom 26. Juni 1962 (BGBl. I S. 429). Für die Fortführung eingeleiteter Verfahren bei Inkrafttreten der Änderungsverordnung (1. Januar 1969) bestimmt Artikel 2 der *Verordnung zur Änderung* der Baunutzungsverordnung vom 26. November *1968 (BGBl. I S. 1233):*

„Für Bauleitpläne, deren Aufstellung oder Änderung bereits eingeleitet ist, gilt die Verordnung in der bisherigen Fassung, wenn die Pläne bei Inkrafttreten dieser Verordnung bereits nach § 2 Abs. 6 des Bundesbaugesetzes ausgelegt sind."

sonstige Teile baulicher Anlagen sind solche Bebauungspläne ausgenommen, auf die § 9 Abs. 3 des Bundesbaugesetzes in der ab 1. Januar 1977 geltenden Fassung nach Maßgabe des Artikels 3 § 1 Abs. 3 des Gesetzes zur Änderung des Bundesbaugesetzes vom 18. August 1976 (BGBl. I S. 2221) keine Anwendung findet. [2]Auf diese Bebauungspläne finden die Vorschriften dieser Verordnung über gesonderte Festsetzungen für übereinanderliegende Geschosse und Ebenen und sonstige Teile baulicher Anlagen in der bis zum Inkrafttreten der zweiten Änderungsverordnung gültigen Fassung weiterhin Anwendung.

§ 25b Überleitungsvorschrift aus Anlass der dritten Änderungsverordnung. (1) [1]Ist der Entwurf eines Bebauungsplans vor dem Inkrafttreten der dritten Änderungsverordnung nach § 2a Abs. 6 des Bundesbaugesetzes öffentlich ausgelegt worden, ist auf ihn § 11 Abs. 3 Satz 3 in der bis zum Inkrafttreten der dritten Änderungsverordnung geltenden Fassung anzuwenden. [2]Das Recht der Gemeinde, das Verfahren zur Aufstellung des Bebauungsplans erneut einzuleiten, bleibt unberührt.

(2) Auf Bebauungspläne, auf die § 11 Abs. 3 in der Fassung der Bekanntmachung vom 15. September 1977 Anwendung findet, ist § 11 Abs. 3 Satz 4 entsprechend anzuwenden.

§ 25c Überleitungsvorschrift aus Anlass der vierten Änderungsverordnung. [1]Ist der Entwurf eines Bauleitplans vor dem 27. Januar 1990 nach § 3 Abs. 2 des Baugesetzbuchs öffentlich ausgelegt worden, ist auf ihn diese Verordnung in der bis zum 26. Januar 1990 geltenden Fassung anzuwenden. [2]Das Recht der Gemeinde, das Verfahren zur Aufstellung des Bauleitplans erneut einzuleiten, bleibt unberührt.

§ 25d Überleitungsvorschrift aus Anlass des Gesetzes zur Stärkung der Innenentwicklung in den Städten und Gemeinden und weiteren Fortentwicklung des Städtebaurechts. [1]Ist der Entwurf eines Bauleitplans vor dem 20. September 2013 nach § 3 Absatz 2 des Baugesetzbuchs öffentlich ausgelegt worden, ist auf ihn diese Verordnung in der bis zum 20. September 2013 geltenden Fassung anzuwenden. [2]Das Recht der Gemeinde, das Verfahren zur Aufstellung des Bauleitplans erneut einzuleiten, bleibt unberührt.

§ 25e[1)] Überleitungsvorschrift aus Anlass des Gesetzes zur Mobilisierung von Bauland. [1]Ist der Entwurf eines Bauleitplans vor dem 23. Juni 2021 nach § 3 Absatz 2 des Baugesetzbuchs oder nach dem Planungssicherstellungsgesetz öffentlich ausgelegt worden, ist auf ihn diese Verordnung in der bis zum 23. Juni 2021 geltenden Fassung anzuwenden. [2]Das Recht der Gemeinde, das Verfahren zur Aufstellung des Bauleitplans erneut einzuleiten, bleibt unberührt.

§ 25f[2)] Überleitungsvorschrift aus Anlass des Gesetzes zur sofortigen Verbesserung der Rahmenbedingungen für die erneuerbaren Energien im Städtebaurecht. [1]Ist der Entwurf eines Bauleitplans vor dem 1. Januar 2023 nach § 3 Absatz 2 des Baugesetzbuchs öffentlich ausgelegt oder nach § 3 Absatz 1 des Planungssicherstellungsgesetzes im Internet veröffentlicht worden, ist auf ihn diese Verordnung in der bis zum 1. Januar 2023 geltenden Fassung anzuwenden. [2]Das Recht der Gemeinde, das Verfahren zur Aufstellung des Bauleitplans erneut einzuleiten, bleibt unberührt.

[1)] § 25e eingef. mWv 23.6.2021 durch G v. 14.6.2021 (BGBl. I S. 1802).
[2)] § 25f eingef. mWv 1.1.2023 durch G v. 4.1.2023 (BGBl. 2023 I Nr. 6).

§ 25g[1)] Überleitungsvorschrift aus Anlass des Gesetzes zur Stärkung der Digitalisierung im Bauleitplanverfahren und zur Änderung weiterer Vorschriften. [1]Ist der Entwurf eines Bauleitplans vor dem 7. Juli 2023 nach § 3 Absatz 2 des Baugesetzbuchs in der vor dem 7. Juli 2023 geltenden Fassung öffentlich ausgelegt oder nach § 3 Absatz 1 des Planungssicherstellungsgesetzes im Internet veröffentlicht worden, so ist auf ihn diese Verordnung in der bis zum 7. Juli 2023 geltenden Fassung anzuwenden. [2]Das Recht der Gemeinde, das Verfahren zur Aufstellung des Bauleitplans erneut einzuleiten, bleibt unberührt.

§ 26 (Berlin-Klausel) *(gegenstandslos)*

§ 26a Überleitungsregelungen aus Anlass der Herstellung der Einheit Deutschlands. [1]Soweit in dieser Verordnung auf Vorschriften verwiesen wird, die in dem in Artikel 3 des Einigungsvertrages genannten Gebiet keine Anwendung finden, sind die entsprechenden Vorschriften der Deutschen Demokratischen Republik anzuwenden. [2]Bestehen solche Vorschriften nicht oder würde ihre Anwendung dem Sinn der Verweisung widersprechen, gelten die Vorschriften, auf die verwiesen wird, entsprechend.

§ 27 (Inkrafttreten)

---

1) § 25g eingef. mWv 7.7.2023 durch G v. 3.7.2023 (BGBl. 2023 I Nr. 176).

340. Raumordnungsgesetz (ROG)[1) 2)]

Vom 22. Dezember 2008

(BGBl. I S. 2986)

FNA 2301-2

geänd. durch Art. 4 Drittes G zur Änd. des EnergieeinsparungsG v. 28.3.2009 (BGBl. I S. 643), Art. 9 G zur Neuregelung des Rechts des Naturschutzes und der Landschaftspflege v. 29.7.2009 (BGBl. I S. 2542), Art. 9 G zur Neuregelung des Wasserrechts v. 31.7.2009 (BGBl. I S. 2585), Art. 124 Zehnte ZuständigkeitsanpassungsVO v. 31.8.2015 (BGBl. I S. 1474), Art. 1, 5 Satz 2 G zur Änderung raumordnungsrechtlicher Vorschriften v. 23.5.2017 (BGBl. I S. 1245), Art. 2 Abs. 14a, 15 G zur Modernisierung des Rechts der Umweltverträglichkeitsprüfung v. 20.7.2017 (BGBl. I S. 2808), Art. 159 Elfte ZuständigkeitsanpassungsVO v. 19.6.2020 (BGBl. I S. 1328), Art. 5 G zur Beschleunigung von Investitionen v. 3.12.2020 (BGBl. I S. 2694), Art. 3 G zur Erhöhung und Beschleunigung des Ausbaus von Windenergieanlagen an Land v. 20.7.2022 (BGBl. I S. 1353), Art. 1 G zur Änd. des RaumordnungsG und anderer Vorschriften v. 22.3.2023 (BGBl. 2023 I Nr. 88) und Art. 7 G zur Umsetzung von Vorgaben der RL (EU) 2023/2413 für Zulassungsverfahren nach dem BImSchG und dem WHG sowie für Planverfahren nach dem BauGB und dem ROG, zur Änd. des WaStrG und zur Änd. des WindBG v. 12.8.2025 (BGBl. 2025 I Nr. 189)

Inhaltsübersicht[3)]

---

1) **Amtl. Anm.:** Das Gesetz dient der Umsetzung folgender Rechtsakte des Gemeinschaftsrechts:

Richtlinie 79/409/EWG des Rates vom 2. April 1979 über die Erhaltung der wild lebenden Vogelarten (ABl. EG Nr. L 103 S. 1), zuletzt geändert durch Art. 1 der Änderungsrichtlinie 2006/105/EG vom 20. November 2006 (ABl. EU Nr. L 363 S. 368),

Richtlinie 92/43/EWG des Rates vom 21. Mai 1992 zur Erhaltung der natürlichen Lebensräume sowie der wild lebenden Tiere und Pflanzen (ABl. EG Nr. L 206 S. 7), zuletzt geändert durch Art. 1 der Änderungsrichtlinie 2006/105/EG vom 20. November 2006 (ABl. EU Nr. L 363 S. 368),

Richtlinie 2001/42/EG des europäischen Parlaments und des Rates vom 27. Juni 2001 über die Prüfung der Umweltauswirkungen bestimmter Pläne und Programme (ABl. EG Nr. L 197 S. 30).

2) Verkündet als Art. 1 G v. 22.12.2008 (BGBl. I S. 2986); Inkrafttreten von Abschnitt 3 (§§ 17–25) und § 29 gem. Art. 9 Nr. 1 Satz 1 dieses G am 31.12.2008; die übrigen Abschnitte und Paragraphen treten gem. Art. 9 Nr. 1 Satz 2 dieses G am 30.6.2009 in Kraft.

3) Inhaltsübersicht neu gef. mWv 29.11.2017 durch G v. 23.5.2017 (BGBl. I S. 1245); geänd. mWv 28.9.2023 durch G v. 22.3.2023 (BGBl. 2023 I Nr. 88); geänd. mWv 15.8.2025 durch G v. 12.8.2025 (BGBl. 2025 I Nr. 189); sie wurde nichtamtlich an die nachträgliche Änderung mWv 1.10.2021 durch G v. 23.5.2017 (BGBl. I S. 1245) angepasst.

Abschnitt 1. Allgemeine Vorschriften

§ 1[1] Aufgabe und Leitvorstellung der Raumordnung (1) [1]Der Gesamtraum der Bundesrepublik Deutschland und seine Teilräume sind durch Raumordnungspläne, durch raumordnerische Zusammenarbeit und durch Abstimmung raumbedeutsamer Planungen und Maßnahmen zu entwickeln, zu ordnen und zu sichern. [2]Dabei sind

1. unterschiedliche Anforderungen an den Raum aufeinander abzustimmen und die auf der jeweiligen Planungsebene auftretenden Konflikte auszugleichen,
2. Vorsorge für einzelne Nutzungen und Funktionen des Raums zu treffen.

(2) Leitvorstellung bei der Erfüllung der Aufgabe nach Absatz 1 ist eine nachhaltige Raumentwicklung, die die sozialen und wirtschaftlichen Ansprüche an den Raum mit seinen ökologischen Funktionen in Einklang bringt und zu einer dauerhaften, großräumig ausgewogenen Ordnung mit gleichwertigen Lebensverhältnissen in den Teilräumen führt.

(3) Die Entwicklung, Ordnung und Sicherung der Teilräume soll sich in die Gegebenheiten und Erfordernisse des Gesamtraums einfügen; die Entwicklung, Ordnung und Sicherung des Gesamtraums soll die Gegebenheiten und Erfordernisse seiner Teilräume berücksichtigen (Gegenstromprinzip).

(4) Raumordnung findet im Rahmen der Vorgaben des Seerechtsübereinkommens der Vereinten Nationen vom 10. Dezember 1982 (BGBl. 1994 II S. 1798) auch in der deutschen ausschließlichen Wirtschaftszone statt.

§ 2[2] Grundsätze der Raumordnung. (1) Die Grundsätze der Raumordnung sind im Sinne der Leitvorstellung einer nachhaltigen Raumentwicklung nach § 1 Abs. 2 anzuwenden und durch Festlegungen in Raumordnungsplänen zu konkretisieren, soweit dies erforderlich ist.

---

[1] § 1 Abs. 1 Satz 1 geänd. mWv *29.11.2017* durch G v. 23.5.2017 (BGBl. I S. 1245).

[2] § 2 Abs. 2 Nr. 1 Satz 4, Nr. 3 Satz 6, Nr. 5 Satz 2 geänd., Nr. 6 Satz 2 neu gef., Satz 3 geänd., Satz 9 angef. mWv 29.11.2017 durch G v. 23.5.2017 (BGBl. I S. 1245); Abs. 2 Nr. 2 Satz 6 neu gef., Satz 7 angef., Nr. 6 Satz 2 geänd., Sätze 3–5 eingef., bish. Sätze 3–9 werden Sätze 6–12 mWv 28.9.2023 durch G v. 22.3.2023 (BGBl. 2023 I Nr. 88).

(2) Grundsätze der Raumordnung sind insbesondere:

1. [1] Im Gesamtraum der Bundesrepublik Deutschland und in seinen Teilräumen sind ausgeglichene soziale, infrastrukturelle, wirtschaftliche, ökologische und kulturelle Verhältnisse anzustreben. [2] Dabei ist die nachhaltige Daseinsvorsorge zu sichern, nachhaltiges Wirtschaftswachstum und Innovation sind zu unterstüt-

(Fortsetzung nächstes Blatt)

zen, Entwicklungspotenziale sind zu sichern und Ressourcen nachhaltig zu schützen. [3]Diese Aufgaben sind gleichermaßen in Ballungsräumen wie in ländlichen Räumen, in strukturschwachen wie in strukturstarken Regionen zu erfüllen. [4]Demographischen, wirtschaftlichen, sozialen sowie anderen strukturverändernden Herausforderungen ist Rechnung zu tragen, auch im Hinblick auf den Rückgang und den Zuwachs von Bevölkerung und Arbeitsplätzen; regionale Entwicklungskonzepte und Bedarfsprognosen der Landes- und Regionalplanung sind einzubeziehen. [5]Auf einen Ausgleich räumlicher und struktureller Ungleichgewichte zwischen den Regionen ist hinzuwirken. [6]Die Gestaltungsmöglichkeiten der Raumnutzung sind langfristig offen zu halten.

2. [1]Die prägende Vielfalt des Gesamtraums und seiner Teilräume ist zu sichern. [2]Es ist dafür Sorge zu tragen, dass Städte und ländliche Räume auch künftig ihre vielfältigen Aufgaben für die Gesellschaft erfüllen können. [3]Mit dem Ziel der Stärkung und Entwicklung des Gesamtraums und seiner Teilräume ist auf Kooperationen innerhalb von Regionen und von Regionen miteinander, die in vielfältigen Formen, auch als Stadt-Land-Partnerschaften, möglich sind, hinzuwirken. [4]Die Siedlungstätigkeit ist räumlich zu konzentrieren, sie ist vorrangig auf vorhandene Siedlungen mit ausreichender Infrastruktur und auf Zentrale Orte auszurichten. [5]Der Freiraum ist durch übergreifende Freiraum-, Siedlungs- und weitere Fachplanungen zu schützen; es ist ein großräumig übergreifendes, ökologisch wirksames Freiraumverbundsystem zu schaffen. [6]Die Brachflächenentwicklung soll gegenüber neuer Flächeninanspruchnahme nach Möglichkeit vorgezogen werden. [7]Die weitere Zerschneidung der freien Landschaft sowie von Wald- und Moorflächen ist dabei so weit wie möglich zu vermeiden.

3. [1]Die Versorgung mit Dienstleistungen und Infrastrukturen der Daseinsvorsorge, insbesondere die Erreichbarkeit von Einrichtungen und Angeboten der Grundversorgung für alle Bevölkerungsgruppen, ist zur Sicherung von Chancengerechtigkeit in den Teilräumen in angemessener Weise zu gewährleisten; dies gilt auch in dünn besiedelten Regionen. [2]Die soziale Infrastruktur ist vorrangig in Zentralen Orten zu bündeln; die Erreichbarkeits- und Tragfähigkeitskriterien des Zentrale-Orte-Konzepts sind flexibel an regionalen Erfordernissen auszurichten. [3]Es sind die räumlichen Voraussetzungen für die Erhaltung der Innenstädte und örtlichen Zentren als zentrale Versorgungsbereiche zu schaffen. [4]Dem Schutz kritischer Infrastrukturen ist Rechnung zu tragen. [5]Es sind die räumlichen Voraussetzungen für nachhaltige Mobilität und ein integriertes Verkehrssystem zu schaffen. [6]Auf eine gute Erreichbarkeit der Teilräume untereinander durch schnellen und reibungslosen Personen- und Güterverkehr ist hinzuwirken. [7]Vor allem in verkehrlich hoch belasteten Räumen und Korridoren sind die Voraussetzungen zur Verlagerung von Verkehr auf umweltverträglichere Verkehrsträger wie Schiene und Wasserstraße zu verbessern. [8]Raumstrukturen sind so zu gestalten, dass die Verkehrsbelastung verringert und zusätzlicher Verkehr vermieden wird.

4. [1]Der Raum ist im Hinblick auf eine langfristig wettbewerbsfähige und räumlich ausgewogene Wirtschaftsstruktur und wirtschaftsnahe Infrastruktur sowie auf ein ausreichendes und vielfältiges Angebot an Arbeits- und Ausbildungsplätzen zu entwickeln. [2]Regionale Wachstums- und Innovationspotenziale sind in den Teilräumen zu stärken. [3]Insbesondere in Räumen, in denen die Lebensverhältnisse in ihrer Gesamtheit im Verhältnis zum Bundesdurchschnitt wesentlich zurückgeblieben sind oder ein solches Zurückbleiben zu befürchten ist (strukturschwache Räume), sind die Entwicklungsvoraussetzungen zu verbessern. [4]Es

sind die räumlichen Voraussetzungen für die vorsorgende Sicherung sowie für die geordnete Aufsuchung und Gewinnung von standortgebundenen Rohstoffen zu schaffen. [5] Den räumlichen Erfordernissen für eine kostengünstige, sichere und umweltverträgliche Energieversorgung einschließlich des Ausbaus von Energienetzen ist Rechnung zu tragen. [6] Ländliche Räume sind unter Berücksichtigung ihrer unterschiedlichen wirtschaftlichen und natürlichen Entwicklungspotenziale als Lebens- und Wirtschaftsräume mit eigenständiger Bedeutung zu erhalten und zu entwickeln; dazu gehört auch die Umwelt- und Erholungsfunktion ländlicher Räume. [7] Es sind die räumlichen Voraussetzungen für die Land- und Forstwirtschaft in ihrer Bedeutung für die Nahrungs- und Rohstoffproduktion zu erhalten oder zu schaffen.

5. [1] Kulturlandschaften sind zu erhalten und zu entwickeln. [2] Historisch geprägte und gewachsene Kulturlandschaften sind in ihren prägenden Merkmalen und mit ihren Kultur- und Naturdenkmälern sowie dem UNESCO-Kultur- und Naturerbe der Welt zu erhalten. [3] Die unterschiedlichen Landschaftstypen und Nutzungen der Teilräume sind mit den Zielen eines harmonischen Nebeneinanders, der Überwindung von Strukturproblemen und zur Schaffung neuer wirtschaftlicher und kultureller Konzeptionen zu gestalten und weiterzuentwickeln. [4] Es sind die räumlichen Voraussetzungen dafür zu schaffen, dass die Land- und Forstwirtschaft ihren Beitrag dazu leisten kann, die natürlichen Lebensgrundlagen in ländlichen Räumen zu schützen sowie Natur und Landschaft zu pflegen und zu gestalten.

6. [1] Der Raum ist in seiner Bedeutung für die Funktionsfähigkeit der Böden, des Wasserhaushalts, der Tier- und Pflanzenwelt sowie des Klimas einschließlich der jeweiligen Wechselwirkungen zu entwickeln, zu sichern oder, soweit erforderlich, möglich und angemessen, wiederherzustellen. [2] Bei der Gestaltung räumlicher Nutzungen sind Naturgüter sparsam und schonend in Anspruch zu nehmen; Grundwasservorkommen und die biologische Vielfalt sind zu schützen und weiterzuentwickeln. [3] Der regionale Landschaftswasserhaushalt ist zu stabilisieren, und die ökologische Gewässerentwicklung ist zu fördern. [4] Dieser ist zu stabilisieren, und die ökologische Gewässerentwicklung ist zu fördern. [5] Der in Satz 1 geregelte Wasserhaushalt umfasst auch den Landschaftswasserhaushalt. [6] Die erstmalige Inanspruchnahme von Freiflächen für Siedlungs- und Verkehrszwecke ist zu verringern, insbesondere durch quantifizierte Vorgaben zur Verringerung der Flächeninanspruchnahme sowie durch die vorrangige Ausschöpfung der Potenziale für die Wiedernutzbarmachung von Flächen, für die Nachverdichtung und für andere Maßnahmen zur Innenentwicklung der Städte und Gemeinden sowie zur Entwicklung vorhandener Verkehrsflächen. [7] Beeinträchtigungen des Naturhaushalts sind auszugleichen, den Erfordernissen des Biotopverbundes ist Rechnung zu tragen. [8] Für den vorbeugenden Hochwasserschutz an der Küste und im Binnenland ist zu sorgen, im Binnenland vor allem durch Sicherung oder Rückgewinnung von Auen, Rückhalteflächen und Entlastungsflächen. [9] Der Schutz der Allgemeinheit vor Lärm und die Reinhaltung der Luft sind sicherzustellen. [10] Den räumlichen Erfordernissen des Klimaschutzes ist Rechnung zu tragen, sowohl durch Maßnahmen, die dem Klimawandel entgegenwirken, als auch durch solche, die der Anpassung an den Klimawandel dienen. [11] Dabei sind die räumlichen Voraussetzungen für den Ausbau der erneuerbaren Energien, für eine sparsame Energienutzung sowie für den Erhalt *und die Entwicklung* natürlicher Senken für klimaschädliche Stoffe und für die Einlagerung dieser Stoffe zu schaffen. [12] Die nachhaltige Entwicklung im Meeresbereich ist unter Anwendung eines Ökosystemansatzes gemäß der Richtlinie

2014/89/EU des Europäischen Parlaments und des Rates vom 23. Juli 2014 zur Schaffung eines Rahmens für die maritime Raumplanung (ABl. L 257 vom 28.8.2014, S. 135) zu unterstützen.

7. Den räumlichen Erfordernissen der Verteidigung und des Zivilschutzes ist Rechnung zu tragen.
8. [1] Die räumlichen Voraussetzungen für den Zusammenhalt der Europäischen Union und im größeren europäischen Raum sowie für den Ausbau und die Gestaltung der transeuropäischen Netze sind zu gewährleisten. [2] Raumbedeutsamen Planungen und Maßnahmen der Europäischen Union und der europäischen Staaten ist Rechnung zu tragen. [3] Die Zusammenarbeit der Staaten und die grenzüberschreitende Zusammenarbeit der Städte und Regionen sind zu unterstützen.

§ 3[1)] Begriffsbestimmungen. (1) Im Sinne dieses Gesetzes sind

1. Erfordernisse der Raumordnung:
   Ziele der Raumordnung, Grundsätze der Raumordnung und sonstige Erfordernisse der Raumordnung;
2. Ziele der Raumordnung:
   verbindliche Vorgaben in Form von räumlich und sachlich bestimmten oder bestimmbaren, vom Träger der Raumordnung abschließend abgewogenen textlichen oder zeichnerischen Festlegungen in Raumordnungsplänen zur Entwicklung, Ordnung und Sicherung des Raums;
3. Grundsätze der Raumordnung:
   Aussagen zur Entwicklung, Ordnung und Sicherung des Raums als Vorgaben für nachfolgende Abwägungs- oder Ermessensentscheidungen; Grundsätze der Raumordnung können durch Gesetz oder als Festlegungen in einem Raumordnungsplan aufgestellt werden;
4. sonstige Erfordernisse der Raumordnung:
   in Aufstellung befindliche Ziele der Raumordnung, Ergebnisse förmlicher landesplanerischer Verfahren wie der Raumverträglichkeitsprüfung und landesplanerische Stellungnahmen;

4a. in Aufstellung befindliche Ziele der Raumordnung:
   Ziele der Raumordnung, die nach Durchführung des Beteiligungsverfahrens nach § 9 Absatz 2 in einem die Ergebnisse der Beteiligung berücksichtigenden Planentwurf enthalten sind und als solche den Verfahrensbeteiligten zur Kenntnis gegeben wurden;

5. öffentliche Stellen:
   Behörden des Bundes und der Länder, kommunale Gebietskörperschaften, bundesunmittelbare und die der Aufsicht eines Landes unterstehenden Körperschaften, Anstalten und Stiftungen des öffentlichen Rechts;
6. raumbedeutsame Planungen und Maßnahmen:
   Planungen einschließlich der Raumordnungspläne, Vorhaben und sonstige Maßnahmen, durch die Raum in Anspruch genommen oder die räumliche Entwicklung oder Funktion eines Gebietes beeinflusst wird, einschließlich des Einsatzes der hierfür vorgesehenen öffentlichen Finanzmittel;
7. Raumordnungspläne:

[1)] § 3 Abs. 1 Nr. 2, 3 und 7 geänd. mWv 29.11.2017 durch G v. 23.5.2017 (BGBl. I S. 1245); Abs. 1 Nr. 4 geänd., Nr. 4a eingef. mWv 28.9.2023 durch G v. 22.3.2023 (BGBl. 2023 I Nr. 88).

zusammenfassende, überörtliche und fachübergreifende Pläne nach §§ 13 und 17.

(2) Werden die Begriffe nach Absatz 1 Nr. 1 bis 4 in anderen Bundesgesetzen verwandt, sind sie, soweit sich aus diesen Bundesgesetzen nicht etwas anderes ergibt, im Sinne von Absatz 1 auszulegen.

§ 4[1)] Bindungswirkung der Erfordernisse der Raumordnung. (1) [1] Bei

1. raumbedeutsamen Planungen und Maßnahmen öffentlicher Stellen,
2. Entscheidungen öffentlicher Stellen über die Zulässigkeit raumbedeutsamer Planungen und Maßnahmen anderer öffentlicher Stellen,
3. Entscheidungen öffentlicher Stellen über die Zulässigkeit raumbedeutsamer Planungen und Maßnahmen von Personen des Privatrechts, die der Planfeststellung oder der Genehmigung mit der Rechtswirkung der Planfeststellung bedürfen,

sind Ziele der Raumordnung zu beachten sowie Grundsätze und sonstige Erfordernisse der Raumordnung in Abwägungs- oder Ermessensentscheidungen zu berücksichtigen. [2] Satz 1 Nr. 1 und 2 gilt entsprechend bei raumbedeutsamen Planungen und Maßnahmen, die Personen des Privatrechts in Wahrnehmung öffentlicher Aufgaben durchführen, wenn öffentliche Stellen an den Personen mehrheitlich beteiligt sind oder die Planungen und Maßnahmen überwiegend mit öffentlichen Mitteln finanziert werden. [3] Weitergehende Bindungswirkungen von Erfordernissen der Raumordnung nach Maßgabe der für diese Entscheidungen geltenden Vorschriften bleiben unberührt.

(2) Bei sonstigen Entscheidungen öffentlicher Stellen über die Zulässigkeit raumbedeutsamer Planungen und Maßnahmen von Personen des Privatrechts sind die Erfordernisse der Raumordnung nach den für diese Entscheidungen geltenden Vorschriften zu berücksichtigen.

(3) Bei Genehmigungen über die Errichtung und den Betrieb von öffentlich zugänglichen Abfallbeseitigungsanlagen von Personen des Privatrechts nach den Vorschriften des Bundes-Immissionsschutzgesetzes[2)] sind die Ziele der Raumordnung zu beachten sowie die Grundsätze der Raumordnung und die sonstigen Erfordernisse der Raumordnung zu berücksichtigen.

§ 5[3)] Beschränkung der Bindungswirkung nach § 4. (1) Bei raumbedeutsamen Planungen und Maßnahmen von öffentlichen Stellen des Bundes, von anderen öffentlichen Stellen, die im Auftrag des Bundes tätig sind, sowie von Personen des Privatrechts nach § 4 Abs. 1 Satz 2, die für den Bund öffentliche Aufgaben durchführen, gilt die Bindungswirkung der Ziele der Raumordnung in Raumordnungsplänen nach § 13 Absatz 1 nur, wenn die zuständige Stelle oder Person bei der Aufstellung des Raumordnungsplans nach § 9 beteiligt worden ist und sie innerhalb einer Frist von zwei Monaten nach Mitteilung des rechtsverbindlichen Ziels nicht widersprochen hat.

(2) Der Widerspruch nach Absatz 1 lässt die Bindungswirkung des Ziels der Raumordnung gegenüber der widersprechenden Stelle oder Person nicht entstehen, wenn

---

[1)] § 4 Überschrift geänd. mWv 29.11.2017 durch G v. 23.5.2017 (BGBl. I S. 1245).

[2)] Nr. **296**.

[3)] § 5 Überschrift neu gef., Abs. 1 geänd., Abs. 4 angef. mWv 29.11.2017 durch G v. 23.5.2017 (BGBl. I S. 1245).

1. das ihre Belange berührende Ziel der Raumordnung auf einer fehlerhaften Abwägung beruht oder
2. sie ihre raumbedeutsamen Planungen und Maßnahmen nicht auf anderen geeigneten Flächen durchführen kann als auf denen, für die ein entgegenstehendes Ziel im Raumordnungsplan festgelegt wurde.

(3) [1] Macht eine Veränderung der Sachlage ein Abweichen von den Zielen der Raumordnung erforderlich, kann die Stelle oder Person nach Absatz 1 mit Zustimmung der nächsthöheren Behörde innerhalb angemessener Frist, spätestens sechs Monate ab Kenntnis der veränderten Sachlage, unter den Voraussetzungen von Absatz 2 nachträglich widersprechen. [2] Muss infolge des nachträglichen Widerspruchs der Raumordnungsplan geändert, ergänzt oder aufgehoben werden, hat die widersprechende Stelle oder Person die dadurch entstehenden Kosten zu ersetzen.

(4) Die Absätze 1 bis 3 gelten entsprechend für raumbedeutsame Planungen und Maßnahmen öffentlicher Stellen der Länder und der Träger der Regionalplanung hinsichtlich der Bindungswirkung der Ziele der Raumordnung in Raumordnungsplänen des Bundes nach § 17 Absatz 2.

§ 6[1)] Ausnahmen und Zielabweichung. (1) Von Zielen der Raumordnung können im Raumordnungsplan Ausnahmen festgelegt werden.

(2) [1] Die zuständige Raumordnungsbehörde soll einem Antrag auf Abweichung von einem Ziel der Raumordnung stattgeben, wenn die Abweichung unter raumordnerischen Gesichtspunkten vertretbar ist und die Grundzüge der Planung nicht berührt werden. [2] Antragsberechtigt sind die öffentlichen Stellen und die Personen des Privatrechts, die das Ziel, von dem eine Abweichung zugelassen werden soll, nach § 4 zu beachten haben. [3] Antragsberechtigt sind auch Personen des Privatrechts, deren beantragtes Vorhaben der Planfeststellung oder der Genehmigung mit der Rechtswirkung der Planfeststellung bedarf oder deren beantragtes Vorhaben nach § 4 Absatz 2 zu beurteilen ist. [4] Die Bundesregierung berichtet dem Deutschen Bundestag bis zum 28. September 2024, welche Auswirkungen die Zielabweichungsverfahren nach den Sätzen 1 bis 3 auf die kommunale Planungshoheit haben.

§ 7[2)] Allgemeine Vorschriften über Raumordnungspläne. (1) [1] In Raumordnungsplänen sind für einen bestimmten Planungsraum und einen regelmäßig mittelfristigen Zeitraum Festlegungen als Ziele und Grundsätze der Raumordnung zur Entwicklung, Ordnung und Sicherung des Raums, insbesondere zu den Nutzungen und Funktionen des Raums, zu treffen. [2] Es kann festgelegt werden, dass bestimmte Flächen des Planungsraums einschließlich Gebietsausweisungen nach Absatz 3 für mehrere miteinander vereinbare Nutzungen und Funktionen vorgesehen werden (Mehrfachnutzung); ebenfalls kann festgelegt werden, dass bestimmte Nutzungen und Funktionen des Raums nur für einen bestimmten Zeitraum oder ab oder bis zum Eintritt bestimmter Umstände vorgesehen sind; eine Folge- oder Zwischennutzung kann festgelegt werden. [3] Die Festlegungen nach Satz 1 und 2

[1)] § 6 Abs. 2 Satz 2 geänd. mWv 29.11.2017 durch G v. 23.5.2017 (BGBl. I S. 1245); Abs. 2 neu gef. mWv 28.9.2023 durch G v. 22.3.2023 (BGBl. 2023 I Nr. 88).

[2)] § 7 Abs. 1 Satz 2 eingef., bish. 2 wird Satz 3 und geänd., Satz 4 angef., Abs. 2 Sätze 1 und 2 geänd., Satz 3 angef., Abs. 3 und 4 neu gef., Abs. 6 geänd., Abs. 8 angef. mWv 29.11.2017 durch G v. 23.5.2017 (BGBl. I S. 1245); Abs. 3 Satz 2 Nr. 2 geänd., Nr. 3 und 4 aufgeh., Satz 3 neu gef., Sätze 4–7 angef., Abs. 8 geänd. mWv 28.9.2023 durch G v. 22.3.2023 (BGBl. 2023 I Nr. 88); Abs. 1 Satz 2 neu gef., Abs. 3 Satz 6 aufgeh., bish. Satz 7 wird Satz 6 mWv 15.8.2025 durch G v. 12.8.2025 (BGBl. 2025 I Nr. 189).

können auch in räumlichen und sachlichen Teilplänen getroffen werden. [4] Ziele und Grundsätze der Raumordnung sind als solche zu kennzeichnen.

(2) [1] Bei der Aufstellung der Raumordnungspläne sind die öffentlichen und privaten Belange, soweit sie auf der jeweiligen Planungsebene erkennbar und von Bedeutung sind, gegeneinander und untereinander abzuwägen. [2] Das Ergebnis der Umweltprüfung nach § 8 sowie die Stellungnahmen im Beteiligungsverfahren nach § 9 sind in der Abwägung nach Satz 1 zu berücksichtigen. [3] Raumordnungspläne benachbarter Planungsräume sind aufeinander abzustimmen.

(3) [1] Die Festlegungen nach Absatz 1 können auch Gebiete bezeichnen. [2] Insbesondere können dies Gebiete sein,

1. die für bestimmte raumbedeutsame Funktionen oder Nutzungen vorgesehen sind und andere raumbedeutsame Funktionen oder Nutzungen in diesem Gebiet ausschließen, soweit diese mit den vorrangigen Funktionen oder Nutzungen nicht vereinbar sind (Vorranggebiete),
2. die bestimmten raumbedeutsamen Funktionen oder Nutzungen vorbehalten bleiben sollen, denen bei der Abwägung mit konkurrierenden raumbedeutsamen Funktionen oder Nutzungen besonderes Gewicht beizumessen ist (Vorbehaltsgebiete).

[3] Wird durch die Festlegung von Vorranggebieten der jeweiligen Nutzung oder Funktion substanziell Raum verschafft, kann festgelegt werden, dass diese Nutzung oder Funktion an anderer Stelle im Planungsraum ausgeschlossen ist (Vorranggebiete mit Ausschlusswirkung). [4] Die Ermittlung der Vorranggebiete mit Ausschlusswirkung erfolgt auf der Grundlage eines gesamträumlichen Planungskonzepts der planaufstellenden Stelle. [5] Werden in diesem Planungskonzept Teile des Planungsraums für eine Nutzung oder Funktion ausgeschlossen, ist eine systematische Unterscheidung, ob der Ausschluss aus tatsächlichen, rechtlichen oder planerischen Gründen erfolgt, nicht erforderlich. [6] Die Sätze 3 bis 5 finden keine Anwendung auf die *Nutzung Photovoltaik*[1].

(4) Die Raumordnungspläne sollen auch diejenigen Festlegungen zu raumbedeutsamen Planungen und Maßnahmen von öffentlichen Stellen und Personen des Privatrechts nach § 4 Absatz 1 Satz 2 enthalten, die zur Aufnahme in Raumordnungspläne geeignet und zur Koordinierung von Raumansprüchen erforderlich sind und die durch Ziele oder Grundsätze der Raumordnung gesichert werden können.

(5) Den Raumordnungsplänen ist eine Begründung beizufügen.

(6) Soweit ein Gebiet von gemeinschaftlicher Bedeutung oder ein europäisches Vogelschutzgebiet in seinen für die Erhaltungsziele oder den Schutzzweck maßgeblichen Bestandteilen erheblich beeinträchtigt werden kann, sind bei der Aufstellung von Raumordnungsplänen nach den § 13 und § 17 Absatz 1 und 2 die Vorschriften des Bundesnaturschutzgesetzes[2] über die Zulässigkeit und Durchführung von derartigen Eingriffen einschließlich der Einholung der Stellungnahme der Europäischen Kommission anzuwenden.

(7) Die Vorschriften dieses Gesetzes über die Aufstellung von Raumordnungsplänen gelten auch für ihre Änderung, Ergänzung und Aufhebung.

(8) Raumordnungspläne sind mindestens alle zehn Jahre zu überprüfen.

---

[1] Wortlaut amtlich.
[2] Nr. **880**.

§ 8[1] Umweltprüfung bei der Aufstellung von Raumordnungsplänen.

(1) [1]Bei der Aufstellung von Raumordnungsplänen ist von der für den Raumordnungsplan zuständigen Stelle eine Umweltprüfung durchzuführen, in der die voraussichtlichen erheblichen Auswirkungen des Raumordnungsplans auf

1. Menschen, einschließlich der menschlichen Gesundheit, Tiere, Pflanzen und die biologische Vielfalt,
2. Fläche, Boden, Wasser, Luft, Klima und Landschaft,
3. Kulturgüter und sonstige Sachgüter sowie
4. die Wechselwirkung zwischen den vorgenannten Schutzgütern

zu ermitteln und in einem Umweltbericht frühzeitig zu beschreiben und zu bewerten sind; der Umweltbericht enthält die Angaben nach der Anlage 1. [2]Der Untersuchungsrahmen der Umweltprüfung einschließlich des erforderlichen Umfangs und Detaillierungsgrads des Umweltberichts ist festzulegen; die öffentlichen Stellen, deren umwelt- und gesundheitsbezogener Aufgabenbereich von den Umweltauswirkungen des Raumordnungsplans berührt werden kann, sind hierbei zu beteiligen. [3]Die Umweltprüfung bezieht sich auf das, was nach gegenwärtigem Wissensstand und allgemein anerkannten Prüfmethoden sowie nach Inhalt und Detaillierungsgrad des Raumordnungsplans angemessenerweise verlangt werden kann.

(2) [1]Bei geringfügigen Änderungen von Raumordnungsplänen kann von einer Umweltprüfung abgesehen werden, wenn durch eine überschlägige Prüfung unter Berücksichtigung der in Anlage 2 genannten Kriterien festgestellt wurde, dass sie voraussichtlich keine erheblichen Umweltauswirkungen haben werden. [2]Diese Prüfung ist unter Beteiligung der öffentlichen Stellen, deren umwelt- und gesundheitsbezogener Aufgabenbereich von den Umweltauswirkungen des Raumordnungsplans berührt werden kann, durchzuführen. [3]Sofern festgestellt wurde, dass keine erheblichen Umweltauswirkungen zu erwarten sind, sind die zu diesem Ergebnis führenden Erwägungen in die Begründung des Plans aufzunehmen.

(3) [1]Die Umweltprüfung soll bei der Aufstellung eines Raumordnungsplans auf zusätzliche oder andere erhebliche Umweltauswirkungen beschränkt werden, wenn in anderen das Plangebiet ganz oder teilweise umfassenden Plänen oder Programmen bereits eine Umweltprüfung nach Absatz 1 durchgeführt wurde. [2]Die Umweltprüfung kann mit anderen Prüfungen zur Ermittlung oder Bewertung von Umweltauswirkungen verbunden werden.

(4) [1]Die erheblichen Auswirkungen der Durchführung der Raumordnungspläne auf die Umwelt sind auf Grundlage der in der zusammenfassenden Erklärung nach § 10 Abs. 3 genannten Überwachungsmaßnahmen von der in den Landesplanungsgesetzen genannten Stelle, oder, sofern Landesplanungsgesetze keine Regelung treffen, von der für den Raumordnungsplan zuständigen oder der im Raumordnungsplan bezeichneten öffentlichen Stelle zu überwachen, um insbesondere unvorhergesehene nachteilige Auswirkungen frühzeitig zu ermitteln und um in der Lage zu sein, geeignete Maßnahmen zur Abhilfe zu ergreifen. [2]Die in ihren Belangen berührten öffentlichen Stellen unterrichten die öffentliche Stelle nach Satz 1, sofern nach den ihnen vorliegenden Erkenntnissen die Durchführung des Raumordnungsplans erhebliche, insbesondere unvorhergesehene nachteilige Auswirkungen auf die Umwelt hat.

---

[1] Überschrift Abschnitt 2 (vor § 8) und § 8 aufgeh., bish. § 9 wird § 8 und Überschrift neu gef., Abs. 1 Satz 1 einl. Satzteil, Nr. 2 und Abs. 4 Satz 1 geänd. mWv 29.11.2017 durch G v. 23.5.2017 (BGBl. I S. 1245); Abs. 5 angef. mWv 1.2.2023 durch G v. 20.7.2022 (BGBl. I S. 1353).

(5) [1]Das Bundesministerium für Wohnen, Stadtentwicklung und Bauwesen wird ermächtigt, im Einvernehmen mit dem Bundesministerium für Umwelt, Naturschutz, nukleare Sicherheit und Verbraucherschutz mit Zustimmung des Bundesrates durch Rechtsverordnung Vorgaben zu erlassen zur Berücksichtigung von artenschutzrechtlichen Belangen im Rahmen der Umweltprüfung bei der Aufstellung von Raumordnungsplänen. [2]Sofern dabei auch Fragen der Windenergie an Land berührt sind, sind die Vorgaben auch im Einvernehmen mit dem Bundesministerium für Wirtschaft und Klimaschutz zu erlassen.

§ 9[1)] Beteiligung bei der Aufstellung von Raumordnungsplänen. (1) [1]Die Öffentlichkeit sowie die in ihren Belangen berührten öffentlichen Stellen sind von der Aufstellung des Raumordnungsplans zu unterrichten. [2]Die öffentlichen Stellen sind aufzufordern, Aufschluss über diejenigen von ihnen beabsichtigten oder bereits eingeleiteten Planungen und Maßnahmen sowie über deren zeitliche Abwicklung zu geben, die für die Planaufstellung bedeutsam sein können. [3]Gleiches gilt für weitere ihnen vorliegende Informationen, die für die Ermittlung und Bewertung des Abwägungsmaterials zweckdienlich sind.

(2) [1]Die planaufstellende Stelle beteiligt die Öffentlichkeit und die in ihren Belangen berührten öffentlichen Stellen frühzeitig; sie gibt ihnen Gelegenheit zur Stellungnahme zum Entwurf des Raumordnungsplans, zu seiner Begründung und im Falle einer durchgeführten Umweltprüfung zum Umweltbericht. [2]Dazu sind die in Satz 1 genannten sowie weitere nach Einschätzung der planaufstellenden Stelle zweckdienliche Unterlagen für die Dauer von mindestens einem Monat im Internet zu veröffentlichen. [3]Internetseite oder Internetadresse und Dauer der Veröffentlichung sind mindestens eine Woche vor Beginn der Veröffentlichung öffentlich bekannt zu machen. [4]In der Bekanntmachung ist unter Angabe einer angemessenen Frist, die zumindest der Veröffentlichungsfrist entspricht und drei Monate nicht übersteigen soll, darauf hinzuweisen, dass

1. Stellungnahmen abgegeben werden können,
2. die Stellungnahmen elektronisch übermittelt werden sollen,
3. mit Ablauf der Frist alle Stellungnahmen ausgeschlossen sind, die nicht auf besonderen privatrechtlichen Titeln beruhen.

[5]Zusätzlich zur Veröffentlichung im Internet ist eine oder sind mehrere andere leicht zu erreichende, auch analoge Zugangsmöglichkeiten zur Verfügung zu stellen, soweit dies nach Feststellung der das Beteiligungsverfahren durchführenden Stelle angemessen und zumutbar ist. [6]In der Bekanntmachung ist auf diese Zugangsmöglichkeiten hinzuweisen.

(3) [1]Wird der Planentwurf nach Durchführung der Verfahrensschritte nach Absatz 2 dergestalt geändert, dass dies zu einer erstmaligen oder stärkeren Berührung von Belangen führt, so ist der geänderte Teil erneut im Internet zu veröffentlichen; in Bezug auf die Änderung ist erneut Gelegenheit zur Stellungnahme zu geben. [2]Die Dauer der Veröffentlichung und die Frist zur Stellungnahme können angemessen verkürzt werden. [3]Die Beteiligung nach Satz 1 soll auf die von der Änderung erstmalig oder stärker in ihren Belangen berührte Öffentlichkeit sowie auf die von der Änderung erstmalig oder stärker in ihren Belangen berührten öffentlichen Stellen beschränkt werden, wenn durch die Änderung des Planent-

[1)] Bish. § 10 wird § 9 und neu gef. mWv 29.11.2017 durch G v. 23.5.2017 (BGBl. I S. 1245); Abs. 4 Satz 4 geänd. mWv 29.11.2017 durch G v. 20.7.2017 (BGBl. I S. 2808); Abs. 2–4 neu gef., Abs. 5 angef. mWv 28.9.2023 durch G v. 22.3.2023 (BGBl. 2023 I Nr. 88).

wurfs die Grundzüge der Planung nicht berührt werden. 4 Absatz 2 Satz 3 bis 6 gilt entsprechend.

(4) 1 Wird die Durchführung eines Raumordnungsplans voraussichtlich erhebliche Auswirkungen auf das Gebiet eines Nachbarstaates haben, so ist die von diesem Staat als zuständig benannte Behörde zu unterrichten. 2 Hat der Staat keine Behörde benannt, so ist die oberste für Raumordnung zuständige Behörde dieses Staates zu unterrichten. 3 Der zu unterrichtenden Behörde ist ein Exemplar des Planentwurfs elektronisch zu übermitteln. 4 Der Behörde nach Satz 1 ist eine angemessene Frist zu setzen, innerhalb derer sie Gelegenheit zur Stellungnahme hat. 5 Absatz 3 Satz 1 bis 3 gilt entsprechend. 6 Wenn die Durchführung des Plans erhebliche Umweltauswirkungen auf einen Nachbarstaat haben kann, ist dieser nach den §§ 60 und 61 des Gesetzes über die Umweltverträglichkeitsprüfung[1] in der Fassung der Bekanntmachung vom 18. März 2021 (BGBl. I S. 540), das durch Artikel 14 des Gesetzes vom 10. September 2021 (BGBl. I S. 4147) geändert worden ist, zu beteiligen.

(5) 1 Bei geringfügigen Änderungen eines Raumordnungsplans einschließlich der Ergänzung oder Aufhebung einzelner Festlegungen kann die Beteiligung auf die von der Änderung in ihren Belangen berührte Öffentlichkeit und die von der Änderung in ihren Belangen berührten öffentlichen Stellen beschränkt werden, wenn

1. die Grundzüge der Planung nicht berührt werden,
2. nach § 8 Absatz 2 Satz 1 festgestellt wurde, dass die Änderungen, Ergänzungen oder Aufhebungen voraussichtlich keine erheblichen Umweltauswirkungen haben werden, und
3. der Meeresbereich nicht berührt ist.

2 Satz 1 gilt auch für die vollständige oder teilweise Aufhebung von Raumordnungsplänen, die funktionslos geworden sind, weil ihre Verwirklichung aufgrund tatsächlicher oder rechtlicher Entwicklungen auf unabsehbare Zeit offenkundig ausgeschlossen ist. 3 In den Fällen der Sätze 1 und 2 finden die Absätze 1 und 4 keine Anwendung.

§ 10[2] Bekanntmachung von Raumordnungsplänen; Bereithaltung von Raumordnungsplänen und von Unterlagen. (1) Soweit der Raumordnungsplan nicht als Gesetz oder Rechtsverordnung verkündet wird, ist er oder seine Genehmigung oder der Beschluss über ihn öffentlich bekannt zu machen; mit der Bekanntmachung wird der Raumordnungsplan wirksam.

(2) 1 Der Raumordnungsplan ist mit der Begründung und, wenn über die Annahme des Raumordnungsplans nicht durch Gesetz entschieden wird, einer Rechtsbehelfsbelehrung sowie im Falle einer durchgeführten Umweltprüfung mit der zusammenfassenden Erklärung nach Absatz 3 und der Aufstellung der Überwachungsmaßnahmen nach § 8 Absatz 4 Satz 1 im Internet zu veröffentlichen. 2 Zusätzlich ist Einsichtnahme an einem oder mehreren Orten zu gewähren. 3 Wenn das Landesrecht keine Bestimmungen zum Ort der Einsichtnahme trifft, wird er von der planaufstellenden Stelle bestimmt. 4 In der Bekanntmachung oder in der Verkündung des Raumordnungsplans ist auf die Veröffentlichung unter

[1] Nr. **295**.

[2] Bish. § 11 wird § 10 und Abs. 2 neu gef., Abs. 3 geänd., Abs. 4 angef. mWv 29.11.2017 durch G v. 23.5.2017 (BGBl. I S. 1245); Abs. 2 neu gef. mWv 28.9.2023 durch G v. 22.3.2023 (BGBl. 2023 I Nr. 88).

Angabe der Internetseite oder Internetadresse sowie auf die Einsichtnahmemöglichkeit hinzuweisen.

(3) Dem Raumordnungsplan ist eine zusammenfassende Erklärung beizufügen über die Art und Weise, wie die Umweltbelange und die Ergebnisse der Öffentlichkeits- und Behördenbeteiligung in dem Aufstellungsverfahren berücksichtigt wurden, und aus welchen Gründen der Plan nach Abwägung mit den geprüften in Betracht kommenden anderweitigen Planungsmöglichkeiten gewählt wurde, sowie über die im Rahmen der Überwachung der Auswirkungen auf die Umwelt nach § 8 Abs. 4 Satz 1 durchzuführenden Maßnahmen.

(4) Im Falle der Beteiligung von Nachbarstaaten nach § 9 Absatz 4 werden die in den Absätzen 2 und 3 genannten Informationen der dort zuständigen Behörde übermittelt.

§ 11[1)] Planerhaltung. (1) Eine Verletzung von Verfahrens- und Formvorschriften dieses Gesetzes ist für die Rechtswirksamkeit eines Raumordnungsplans nur beachtlich, wenn

1. die Vorschriften des § 9 über die Beteiligung verletzt worden sind; dabei ist unbeachtlich, wenn einzelne Personen oder öffentliche Stellen nicht beteiligt worden sind oder eine grenzüberschreitende Beteiligung fehlerhaft erfolgte, die entsprechenden Belange jedoch unerheblich waren oder in der Entscheidung berücksichtigt worden sind;
2. die Vorschriften des § 7 Absatz 5 und des § 9 Absatz 2 über die Begründung des Raumordnungsplans sowie seiner Entwürfe verletzt worden sind; dabei ist unbeachtlich, wenn die Begründung unvollständig ist;
3. der mit der Bekanntmachung (§ 10) verfolgte Hinweiszweck nicht erreicht wurde.

(2) Für die Rechtswirksamkeit eines Regionalplans ist auch unbeachtlich, wenn der Regionalplan aus einem Raumordnungsplan für das Landesgebiet entwickelt worden ist, dessen Unwirksamkeit wegen Verletzung von Verfahrens- oder Formvorschriften sich nach Bekanntmachung oder Verkündung des Regionalplans herausstellt.

(3) [1] Für die Abwägung nach § 7 Abs. 2 ist die Sach- und Rechtslage im Zeitpunkt der Beschlussfassung über den Raumordnungsplan maßgebend. [2] Mängel im Abwägungsvorgang sind nur erheblich, wenn sie offensichtlich und auf das Abwägungsergebnis von Einfluss gewesen sind. [3] Werden in einem Raumordnungsplan einzelne Vorranggebiete mit Ausschlusswirkung oder Teile dieser Gebiete fehlerhaft festgelegt, bleibt der Raumordnungsplan im Übrigen wirksam, sofern die Grundzüge der Planung nicht berührt sind und der vorrangigen Nutzung oder Funktion substanziell Raum verschafft wird.

(4) Bei Anwendung des § 8 gilt ergänzend zu den Absätzen 1 bis 3:

1. Ein für die Rechtmäßigkeit des Raumordnungsplans beachtlicher Mangel des nach § 9 Absatz 2 bei der Beteiligung beizufügenden Umweltberichts (§ 8 Abs. 1) besteht, wenn dieser in wesentlichen Punkten unvollständig ist und diese Punkte nicht Bestandteil der zusammenfassenden Erklärung nach § 10 Abs. 3 sind.

---

1) Bish. § 12 wird § 11 und Abs. 1 Nr. 1–3 geänd., Abs. 2 neu gef., Abs. 4 geänd., Abs. 5 Nr. 2 aufgeh., bish. Nr. 3 und 4 werden Nr. 2 und 3 mWv 29.11.2017 durch G v. 23.5.2017 (BGBl. I S. 1245); Abs. 2 neu gef., Abs. 3 Satz 3 angef. mWv 28.9.2023 durch G v. 22.3.2023 (BGBl. 2023 I Nr. 88).

2. Unterbleibt nach § 8 Abs. 2 eine Umweltprüfung, gilt die Vorprüfung des Einzelfalls als ordnungsgemäß durchgeführt, wenn sie entsprechend den Vorgaben von § 8 Abs. 2 durchgeführt worden ist und ihr Ergebnis nachvollziehbar ist; dabei ist unbeachtlich, wenn einzelne öffentliche Stellen nicht beteiligt worden sind; andernfalls besteht ein für die Rechtswirksamkeit des Raumordnungsplans beachtlicher Mangel.

(5) [1] Unbeachtlich werden

1. eine nach Absatz 1 Nr. 1 und 2 beachtliche Verletzung der dort bezeichneten Verfahrens- und Formvorschriften,
2. nach Absatz 3 beachtliche Mängel des Abwägungsvorgangs,
3. eine nach Absatz 4 beachtliche Verletzung der Vorschriften über die Umweltprüfung,

wenn sie nicht innerhalb eines Jahres seit Bekanntmachung des Raumordnungsplans gegenüber der zuständigen Stelle unter Darlegung des die Verletzung begründenden Sachverhalts geltend gemacht worden sind. [2] Bei Inkraftsetzung des Raumordnungsplans ist auf die Voraussetzungen für die Geltendmachung der Verletzung von Vorschriften sowie auf die Rechtsfolgen hinzuweisen.

(6) Der Raumordnungsplan kann durch ein ergänzendes Verfahren zur Behebung von Fehlern auch rückwirkend in Kraft gesetzt werden.

§ 12[1)] Untersagung raumbedeutsamer Planungen und Maßnahmen.

(1) Die Raumordnungsbehörde kann raumbedeutsame Planungen und Maßnahmen sowie die Entscheidung über deren Zulässigkeit gegenüber den in § 4 genannten öffentlichen Stellen unbefristet untersagen, wenn Ziele der Raumordnung entgegenstehen.

(2) [1] Die Raumordnungsbehörde kann raumbedeutsame Planungen und Maßnahmen sowie die Entscheidung über deren Zulässigkeit gegenüber den in § 4 genannten öffentlichen Stellen befristet untersagen, wenn sich ein Raumordnungsplan in Aufstellung befindet und wenn zu befürchten ist, dass die Planung oder Maßnahme die Verwirklichung der vorgesehenen Ziele der Raumordnung unmöglich machen oder wesentlich erschweren würde. [2] Die Dauer der Untersagung beträgt bis zu zwei Jahre. [3] Die Untersagung kann um ein weiteres Jahr verlängert werden.

(3) Rechtsbehelfe gegen eine Untersagung haben keine aufschiebende Wirkung.

Abschnitt 2.[2)] Raumordnung in den Ländern

§ 13[3)] Landesweite Raumordnungspläne, Regionalpläne und regionale Flächennutzungspläne. (1) [1] In den Ländern sind aufzustellen:

1. ein Raumordnungsplan für das Landesgebiet (landesweiter Raumordnungsplan) und
2. Raumordnungspläne für die Teilräume der Länder (Regionalpläne).

[1)] § 12 eingef. mWv 29.11.2017 durch G v. 23.5.2017 (BGBl. I S. 1245).

[2)] Überschrift Abschnitt 2 (vor § 13) eingef. mWv 29.11.2017 durch G v. 23.5.2017 (BGBl. I S. 1245).

[3)] § 13 eingef. mWv 29.11.2017 durch G v. 23.5.2017 (BGBl. I S. 1245); Abs. 1a eingef., Abs. 5 Satz 1 Nr. 2 Buchst. d geänd., Buchst. e angef. mWv 28.9.2023 durch G v. 22.3.2023 (BGBl. 2023 I Nr. 88).

[2] In den Ländern Berlin, Bremen und Hamburg kann ein Flächennutzungsplan nach § 5 des Baugesetzbuchs[1)] die Funktion eines Plans nach Satz 1 Nummer 1 übernehmen; hierfür gelten die Absätze 5 und 6, § 7 Absatz 3, 4 und 8 sowie die §§ 9 und 10 entsprechend. [3] Satz 1 Nummer 2 gilt nicht in den Ländern Berlin, Bremen, Hamburg und Saarland.

(1a) [1] Raumordnungspläne nach Absatz 1 Satz 1 sind den Zielen der Raumordnung anzupassen, die in den Bundesraumordnungsplänen nach § 17 festgelegt sind. [2] § 4 Absatz 1 bleibt unberührt.

(2) [1] Die Regionalpläne sind aus dem Raumordnungsplan für das Landesgebiet zu entwickeln. [2] Die Flächennutzungspläne und die Ergebnisse der von Gemeinden beschlossenen sonstigen städtebaulichen Planungen sind entsprechend § 1 Absatz 3 in der Abwägung nach § 7 Absatz 2 zu berücksichtigen.

(3) Ist eine Planung angesichts bestehender Verflechtungen, insbesondere in einem verdichteten Raum, über die Grenzen eines Landes hinaus erforderlich, soll eine gemeinsame Regionalplanung erwogen werden.

(4) [1] Erfolgt die Regionalplanung durch Zusammenschlüsse von Gemeinden und Gemeindeverbänden zu regionalen Planungsgemeinschaften, kann ein Regionalplan zugleich die Funktion eines gemeinsamen Flächennutzungsplans nach § 204 des Baugesetzbuchs übernehmen, wenn er den §§ 7 bis 13 dieses Gesetzes und den Vorschriften des Baugesetzbuchs entspricht (regionaler Flächennutzungsplan). [2] Im Plan nach Satz 1 sind sowohl die Festlegungen im Sinne des Absatzes 5 und des § 7 Absatz 3 und 4 als auch die Darstellungen im Sinne des § 5 des Baugesetzbuchs zu kennzeichnen; Ziele und Grundsätze der Raumordnung sind als solche zu kennzeichnen.

(5) [1] Die Raumordnungspläne sollen Festlegungen zur Raumstruktur enthalten, insbesondere zu

1. der anzustrebenden Siedlungsstruktur; hierzu können gehören
   a) Raumkategorien,
   b) Zentrale Orte,
   c) besondere Gemeindefunktionen wie Entwicklungsschwerpunkte und Entlastungsorte,
   d) Siedlungsentwicklungen,
   e) Achsen;
2. der anzustrebenden Freiraumstruktur; hierzu können gehören
   a) großräumig übergreifende Freiräume und Freiraumschutz,
   b) Nutzungen im Freiraum wie Standorte für die vorsorgende Sicherung sowie die geordnete Aufsuchung und Gewinnung von standortgebundenen Rohstoffen,
   c) Sanierung und Entwicklung von Raumfunktionen,
   d) Freiräume zur Gewährleistung des vorbeugenden Hochwasserschutzes,
   e) Freiräume zur Gewährleistung eines natürlichen Klimaschutzes, insbesondere für Moorerhalt und Moorschutz;
3. den zu sichernden Standorten und Trassen für Infrastruktur; hierzu können gehören
   a) Verkehrsinfrastruktur und Umschlaganlagen von Gütern,

---

1) Nr. **300**.

b) Ver- und Entsorgungsinfrastruktur einschließlich Energieleitungen und -anlagen.

[2] Bei Festlegungen nach Satz 1 Nummer 2 kann zugleich bestimmt werden, dass in diesem Gebiet unvermeidbare Beeinträchtigungen der Leistungsfähigkeit des Naturhaushalts oder des Landschaftsbildes an anderer Stelle ausgeglichen, ersetzt oder gemindert werden.

(6) [1] Soweit ein Plan nach Absatz 1 Regelungen für ein Gebiet der deutschen Küstengewässer nach § 3 Nummer 2 des Wasserhaushaltsgesetzes[1)] trifft, soll er unter Berücksichtigung etwaiger Wechselwirkungen zwischen Land und Meer sowie unter Berücksichtigung von Sicherheitsaspekten Festlegungen treffen insbesondere

1. zur Gewährleistung der Sicherheit und Leichtigkeit des Schiffsverkehrs,
2. zu weiteren wirtschaftlichen Nutzungen,
3. zu wissenschaftlichen Nutzungen sowie
4. zum Schutz und zur Verbesserung der Meeresumwelt.

[2] Die Absätze 2 bis 5 finden insoweit keine Anwendung.

§ 14[2)] Raumordnerische Zusammenarbeit. (1) [1] Zur Vorbereitung oder Verwirklichung von Raumordnungsplänen oder von sonstigen raumbedeutsamen Planungen und Maßnahmen sollen die Träger der Landes- und Regionalplanung mit den hierfür maßgeblichen öffentlichen Stellen und Personen des Privatrechts einschließlich Nichtregierungsorganisationen und der Wirtschaft zusammenarbeiten oder auf die Zusammenarbeit dieser Stellen und Personen hinwirken. [2] Die Zusammenarbeit nach Satz 1 kann sowohl zur Entwicklung einer Region als auch im Hinblick auf regionen- oder grenzübergreifende Belange erfolgen; die Zusammenarbeit von Gemeinden zur Stärkung teilräumlicher Entwicklungen (interkommunale Zusammenarbeit) ist zu unterstützen.

(2) [1] Formelle und informelle Arten der Zusammenarbeit nach Absatz 1 können insbesondere sein:

1. Vertragliche Vereinbarungen, insbesondere zur Koordinierung oder Verwirklichung von raumordnerischen Entwicklungskonzepten und zur Vorbereitung oder Verwirklichung von Raumordnungsplänen,
2. Maßnahmen wie regionale Entwicklungskonzepte, überregionale, regionale und interkommunale Netzwerke und Kooperationsstrukturen, regionale Foren und Aktionsprogramme zu aktuellen Handlungsanforderungen,
3. Durchführung einer Raumbeobachtung und Bereitstellung der Ergebnisse für regionale und kommunale Träger sowie für Träger der Fachplanung im Hinblick auf raumbedeutsame Planungen und Maßnahmen, sowie Beratung dieser Träger.

[2] Im Falle des Satzes 1 Nr. 1 kann Gegenstand der vertraglichen Vereinbarung auch die Übernahme von Kosten sein, die dem Träger der Landes- oder Regionalplanung bei der im Interesse des Vertragspartners liegenden Vorbereitung oder Verwirklichung von Raumordnungsplänen entstehen.

---

1) Nr. **845**.

2) § 14 aufgeh., bish. § 13 wird § 14 und Abs. 1 Satz 2, Abs. 2 Satz 1 einl. Satzteil und Nr. 2 geänd. mWv 29.11.2017 durch G v. 23.5.2017 (BGBl. I S. 1245).

§ 15[1] Raumverträglichkeitsprüfung. (1) [1]Die nach Landesrecht zuständige Raumordnungsbehörde (zuständige Raumordnungsbehörde) prüft nach Maßgabe dieser Vorschrift in einem besonderen Verfahren die Raumverträglichkeit raumbedeutsamer Planungen und Maßnahmen im Sinne von § 1 der Raumordnungsverordnung[2]. [2]Gegenstand der Raumverträglichkeitsprüfung sind die

1. Prüfung der raumbedeutsamen Auswirkungen der Planung oder Maßnahme unter überörtlichen Gesichtspunkten, insbesondere die Übereinstimmung mit den Erfordernissen der Raumordnung und die Abstimmung mit anderen raumbedeutsamen Planungen und Maßnahmen,
2. Prüfung der ernsthaft in Betracht kommenden Standort- oder Trassenalternativen und
3. überschlägige Prüfung der Auswirkungen des Vorhabens auf die Schutzgüter nach § 2 Absatz 1 des Gesetzes über die Umweltverträglichkeitsprüfung[3] unter Berücksichtigung der Kriterien nach Anlage 3 des Gesetzes über die Umweltverträglichkeitsprüfung.

[3]Die Raumverträglichkeitsprüfung endet innerhalb einer Frist von sechs Monaten nach Vorliegen der vollständigen Verfahrensunterlagen. [4]Die Raumordnungsbehörde übermittelt dem Vorhabenträger das Ergebnis ihrer Prüfung in Form einer gutachterlichen Stellungnahme. [5]Erfolgt keine Übermittlung innerhalb der Frist nach Satz 3, ist das Verfahren der Raumverträglichkeitsprüfung gleichwohl abgeschlossen, und die Zulassungsbehörde kann das Zulassungsverfahren auf Antrag des Vorhabenträgers einleiten; in diesem Fall beteiligt sie die Raumordnungsbehörde im Rahmen der fachrechtlichen Behördenbeteiligung. [6]Der Vorhabenträger kann zudem, sofern dies gesetzlich vorgesehen ist, das Verfahren zur Bestimmung der Planung und Linienführung beantragen. [7]Übermittelt die Raumordnungsbehörde ihre gutachterliche Stellungnahme nicht fristgerecht, kann der Vorhabenträger beantragen, dass die Raumordnungsbehörde die Raumverträglichkeitsprüfung abweichend von den Sätzen 3 und 5 weiterführt. [8]In den Fällen des Satzes 7 kann der Vorhabenträger im weiteren Verlauf jederzeit einen Antrag auf Zulassung des Vorhabens oder auf Durchführung des Verfahrens zur Bestimmung der Planung und Linienführung stellen; mit einem solchen Antrag endet zugleich die Raumverträglichkeitsprüfung.

(2) [1]Der Vorhabenträger legt der zuständigen Raumordnungsbehörde die Verfahrensunterlagen vor, die notwendig sind, um eine Bewertung der raumbedeutsamen Auswirkungen des Vorhabens zu ermöglichen; hierzu gehören auch geeignete Angaben entsprechend der Anlage 2 des Gesetzes über die Umweltverträglichkeitsprüfung zu den Merkmalen des Vorhabens und des Standorts sowie zu den möglichen erheblichen Umweltauswirkungen des Vorhabens. [2]Die Verfahrensunterlagen sollen in einem verkehrsüblichen elektronischen Format eingereicht werden. [3]Innerhalb eines Monats nach Eingang der Verfahrensunterlagen prüft die zuständige Raumordnungsbehörde deren Vollständigkeit und fordert den Vorhabenträger bei Bedarf unter genauer Bezeichnung der noch erforderlichen Unterlagen oder Daten zur Vervollständigung auf. [4]Fordert die Raumordnungsbehörde den Vorhabenträger zur Vervollständigung der Unterlagen auf, hat sie, soweit möglich, die Raumverträglichkeitsprüfung vor der Vervollständigung zu beginnen. [5]Fordert die Raumordnungsbehörde den Vorhabenträger nicht innerhalb der Frist

---

[1] § 15 neu gef. mWv 28.9.2023 durch G v. 22.3.2023 (BGBl. 2023 I Nr. 88).
[2] Nr. **340a**.
[3] Nr. **295**.

nach Satz 3 zur Vervollständigung der Verfahrensunterlagen auf, beginnt die Frist des Absatzes 1 Satz 3 am Tag des Eingangs der Verfahrensunterlagen nach Satz 1. [6] Bei raumbedeutsamen Planungen und Maßnahmen der Verteidigung entscheidet das Bundesministerium der Verteidigung oder die von ihm bestimmte Stelle, bei raumbedeutsamen Planungen und Maßnahmen des Zivilschutzes die zuständige Stelle über Art und Umfang der Angaben für die Planung oder Maßnahme.

(3) [1] Die zuständige Raumordnungsbehörde beteiligt frühzeitig die Öffentlichkeit und die in ihren Belangen berührten öffentlichen Stellen. [2] Sie hat die Verfahrensunterlagen für die Dauer von mindestens einem Monat im Internet zu veröffentlichen. [3] Der Vorhabenträger hat Anspruch darauf, dass seine Betriebs- und Geschäftsgeheimnisse nicht unbefugt offenbart werden. [4] Bestehen Anhaltspunkte dafür, dass eine Bekanntgabe der Angaben nach Absatz 2 Satz 1 für die Interessen des Bundes oder eines Landes nachteilig sein kann oder dass diese Angaben nach einem Gesetz oder ihrem Wesen nach geheim gehalten werden müssen, kann die zuständige Raumordnungsbehörde die Vorlage einer aus sich heraus verständlichen und zusammenhängenden Darstellung verlangen, die den Inhalt der Unterlagen ohne Preisgabe des Geheimnisses beschreibt. [5] Internetseite oder Internetadresse und Dauer der Veröffentlichung sind mindestens eine Woche vor Beginn der Veröffentlichung öffentlich bekannt zu machen. [6] In der Bekanntmachung ist unter Angabe einer angemessenen Frist, die zumindest der Veröffentlichungsfrist entspricht, darauf hinzuweisen, dass Stellungnahmen abgegeben werden können und dass die Übermittlung elektronisch erfolgen soll. [7] Zusätzlich zur Veröffentlichung im Internet ist eine oder sind mehrere andere leicht zu erreichende, auch analoge Zugangsmöglichkeiten zur Verfügung zu stellen, soweit dies nach Feststellung der zuständigen Raumordnungsbehörde angemessen und zumutbar ist. [8] In der Bekanntmachung ist auf diese Zugangsmöglichkeiten hinzuweisen. [9] Bei raumbedeutsamen Planungen und Maßnahmen nach Absatz 2 Satz 6 erfolgt die Entscheidung darüber, ob und in welchem Umfang die Öffentlichkeit einbezogen wird, im Einvernehmen mit den dort genannten Stellen. [10] Bei raumbedeutsamen Planungen und Maßnahmen, die erhebliche Auswirkungen auf Nachbarstaaten haben können, erfolgt die Beteiligung der betroffenen Nachbarstaaten nach den Grundsätzen der Gegenseitigkeit und Gleichwertigkeit.

(4) [1] Der Vorhabenträger kann die Durchführung einer Raumverträglichkeitsprüfung bei der zuständigen Raumordnungsbehörde beantragen. [2] Stellt der Vorhabenträger keinen Antrag, so zeigt er dies der zuständigen Raumordnungsbehörde vor Einleitung eines Zulassungsverfahrens oder, sofern dies gesetzlich vorgesehen ist, eines Verfahrens zur Bestimmung der Planung und Linienführung an. [3] Der Anzeige sind die für die Raumverträglichkeitsprüfung erforderlichen Unterlagen nach Absatz 2 Satz 1 beizufügen. [4] Die zuständige Raumordnungsbehörde soll die Raumverträglichkeitsprüfung einleiten, wenn sie erwartet, dass das Vorhaben zu raumbedeutsamen Konflikten mit den Erfordernissen der Raumordnung oder mit anderen raumbedeutsamen Planungen und Maßnahmen führen wird. [5] Die zuständige Raumordnungsbehörde teilt ihre Entscheidung über die Einleitung der Prüfung dem Vorhabenträger innerhalb von vier Wochen nach dessen Anzeige mit. [6] Bei raumbedeutsamen Planungen und Maßnahmen von öffentlichen Stellen des Bundes, von anderen öffentlichen Stellen, die im Auftrag des Bundes tätig sind, sowie von Personen des Privatrechts nach § 5 Absatz 1 trifft die zuständige Raumordnungsbehörde die Entscheidung über die Einleitung der Prüfung im Benehmen mit dieser Stelle oder Person.

(5) [1] Hält der Vorhabenträger nach Abschluss der Raumverträglichkeitsprüfung an der Realisierung seines Vorhabens fest, soll er zeitnah die Durchführung des

hierfür erforderlichen Zulassungsverfahrens oder, sofern es gesetzlich vorgesehen ist, des Verfahrens zur Bestimmung der Planung und Linienführung beantragen. [2]Im Zuge der Antragstellung übermittelt der Vorhabenträger der Zulassungsbehörde die Unterlagen, die Gegenstand der Raumverträglichkeitsprüfung waren, sowie im Falle ihres Vorliegens die gutachterliche Stellungnahme in einem verkehrsüblichen elektronischen Format. [3]Im Zulassungsverfahren soll die Prüfung auf Belange beschränkt werden, die nicht Gegenstand der Raumverträglichkeitsprüfung waren, jedoch bleibt die Prüfung der Umweltauswirkungen im Rahmen der Umweltverträglichkeitsprüfung nach dem Gesetz über die Umweltverträglichkeitsprüfung und nach Maßgabe des Fachrechts im Rahmen des Zulassungsverfahrens unberührt. [4]Die Zulassungsbehörde bezieht die gutachterliche Stellungnahme der zuständigen Raumordnungsbehörde auf der Grundlage des § 4 Absatz 1 Satz 1 in Verbindung mit § 3 Absatz 1 Nummer 4 nach Maßgabe des Fachrechts in ihre Entscheidung ein. [5]Wird das Vorhaben abschnittsweise zugelassen, können die Raumverträglichkeitsprüfung sowie das Zulassungsverfahren oder, sofern es gesetzlich vorgesehen ist, das Verfahren zur Bestimmung der Planung und Linienführung insoweit aufeinander abgestimmt werden.

(6) Das Ergebnis der Raumverträglichkeitsprüfung kann nur im Rahmen des Rechtsbehelfsverfahrens gegen die nachfolgende Zulassungsentscheidung überprüft werden.

(7) In den Ländern Berlin, Bremen und Hamburg gelten die Absätze 1 bis 6 nur, wenn das Landesrecht eine Raumverträglichkeitsprüfung vorsieht.

§ 16[1)] Beschleunigte Raumverträglichkeitsprüfung; Absehen von Raumverträglichkeitsprüfungen. (1) [1]Bei der Prüfung der Raumverträglichkeit raumbedeutsamer Planungen und Maßnahmen kann, soweit keine anderen Rechtsvorschriften entgegenstehen, auf die Beteiligung einzelner öffentlicher Stellen nach § 15 Absatz 3 Satz 1 und 10 verzichtet werden, wenn die raumbedeutsamen Auswirkungen dieser Planungen und Maßnahmen gering sind oder wenn für die Prüfung der Raumverträglichkeit erforderliche Stellungnahmen schon in einem anderen Verfahren abgegeben wurden (beschleunigte Raumverträglichkeitsprüfung). [2]Die Frist nach § 15 Absatz 1 Satz 3 beträgt bei der beschleunigten Raumverträglichkeitsprüfung grundsätzlich drei Monate.

(2) [1]Von der Durchführung einer Raumverträglichkeitsprüfung soll bei solchen Planungen und Maßnahmen abgesehen werden, für die sichergestellt ist, dass ihre Raumverträglichkeit anderweitig geprüft wird. [2]Die Landesregierungen können durch Rechtsverordnung regeln, welche Fälle die Durchführung einer Raumverträglichkeitsprüfung erübrigen.

Abschnitt 3.[2)] Raumordnung im Bund

§ 17[3)] Raumordnungspläne für die deutsche ausschließliche Wirtschaftszone und für den Gesamtraum. (1) [1]Das Bundesministerium für Wohnen, Stadtentwicklung und Bauwesen stellt im Einvernehmen mit den fachlich betrof-

---

[1)] § 16 Überschrift neu gef., Abs. 1 Sätze 1 und 2 geänd., Abs. 2 angef. mWv 29.11.2017 durch G v. 23.5.2017 (BGBl. I S. 1245); Überschrift neu gef., Abs. 1 Sätze 1 und 2 geänd., Abs. 2 Sätze 1 und 2 *geänd. mWv 28.9.2023 durch G v. 22.3.2023 (BGBl. 2023 I Nr. 88).*

[2)] Abschnitt 3 (§§ 17–25) tritt gem. Art. 9 Nr. 1 Satz 1 G v. 22.12.2008 (BGBl. I S. 2986) am 31.12. 2008 in Kraft.

[3)] § 17 neu gef. mWv 29.11.2017 durch G v. 23.5.2017 (BGBl. I S. 1245); Abs. 1 Sätze 1, 3, 4, Abs. 2 Sätze 1, 4, 5, Abs. 3 Sätze 1, 3, 4 geänd. mWv 27.6.2020 durch VO v. 19.6.2020 (BGBl. I S. 1328); Abs. 1 →

fenen Bundesministerien für die deutsche ausschließliche Wirtschaftszone einen Raumordnungsplan als Rechtsverordnung auf. [2]Der Raumordnungsplan soll unter Berücksichtigung etwaiger Wechselwirkungen zwischen Land und Meer sowie unter Berücksichtigung von Sicherheitsaspekten Festlegungen treffen

1. zur Gewährleistung der Sicherheit und Leichtigkeit des Schiffsverkehrs,
2. zu weiteren wirtschaftlichen Nutzungen,
3. zu wissenschaftlichen Nutzungen sowie
4. zum Schutz und zur Verbesserung der Meeresumwelt.

[3]Das Bundesamt für Seeschifffahrt und Hydrographie führt mit Zustimmung des Bundesministeriums für Wohnen, Stadtentwicklung und Bauwesen die vorbereitenden Verfahrensschritte zur Aufstellung des Raumordnungsplans durch. [4]Das Bundesministerium für Wohnen, Stadtentwicklung und Bauwesen arbeitet mit den angrenzenden Staaten und Ländern zusammen, um die Abstimmung und Kohärenz des Raumordnungsplans mit den Raumplanungen der angrenzenden Staaten und Länder sicherzustellen.

(2) [1]Das Bundesministerium für Wohnen, Stadtentwicklung und Bauwesen kann im Einvernehmen mit den fachlich betroffenen Bundesministerien länderübergreifende Raumordnungspläne für den Hochwasserschutz sowie zu Standortkonzepten für Häfen und Flughäfen als Grundlage für ihre verkehrliche Anbindung im Rahmen der Bundesverkehrswegeplanung als Rechtsverordnung aufstellen. [2]Voraussetzung ist, dass dies für die räumliche Entwicklung und Ordnung des Bundesgebietes unter nationalen oder europäischen Gesichtspunkten erforderlich ist. [3]Die Beratungs- und Unterrichtungspflicht nach § 24 Absatz 1 und 4 ist zu beachten. [4]Das Bundesamt für Bauwesen und Raumordnung führt mit Zustimmung des Bundesministeriums für Wohnen, Stadtentwicklung und Bauwesen die vorbereitenden Verfahrensschritte zur Aufstellung der Raumordnungspläne durch. [5]Das Bundesministerium für Wohnen, Stadtentwicklung und Bauwesen beteiligt bei der Planaufstellung die Bundesministerien und stellt das Benehmen mit den Ländern und den angrenzenden Staaten her.

(3) [1]Das Bundesministerium für Wohnen, Stadtentwicklung und Bauwesen kann im Einvernehmen mit den fachlich betroffenen Bundesministerien für die räumliche Entwicklung des Bundesgebietes einzelne Grundsätze der Raumordnung nach § 2 Absatz 2 durch Grundsätze in einem Raumordnungsplan konkretisieren. [2]Die Beratungs- und Unterrichtungspflicht nach § 24 Absatz 1 und 4 ist zu beachten. [3]Das Bundesamt für Bauwesen und Raumordnung führt mit Zustimmung des Bundesministeriums für Wohnen, Stadtentwicklung und Bauwesen die vorbereitenden Verfahrensschritte zur Aufstellung des Raumordnungsplans durch. [4]Das Bundesministerium für Wohnen, Stadtentwicklung und Bauwesen beteiligt bei der Planaufstellung die Bundesministerien und stellt das Benehmen mit den Ländern und den angrenzenden Staaten her.

(4) Zur Vorbereitung oder Verwirklichung von Raumordnungsplänen nach den Absätzen 1 und 2 kann der Träger der Bundesraumordnung entsprechend § 14 Absatz 1 und Absatz 2 Satz 1 Nummer 1 vertragliche Vereinbarungen treffen; Gegenstand dieser Vereinbarungen kann auch die Übernahme von Kosten sein, die dem Träger der Bundesraumordnung bei der im Interesse des Vertragspartners

---

(Fortsetzung der Anm. von voriger Seite)
Sätze 1, 3, 4, Abs. 2 Sätze 1, 4, 5, Abs. 3 Sätze 1, 3, 4 geänd., Abs. 5 Satz 1 geänd., Sätze 2–4 aufgeh. mWv 28.9.2023 durch G v. 22.3.2023 (BGBl. 2023 I Nr. 88).

liegenden Vorbereitung oder Verwirklichung von Raumordnungsplänen entstehen.

(5) Auf den Raumordnungsplan nach Absatz 3 findet § 8 keine Anwendung.

§ 18[1)] Beteiligung bei der Aufstellung von Raumordnungsplänen des Bundes; Bekanntmachung von Raumordnungsplänen des Bundes.

(1) [1] Bei der Aufstellung der Raumordnungspläne nach § 17 Absatz 1 und 2 findet § 9 Absatz 2 Satz 3 mit der Maßgabe Anwendung, dass die öffentliche Bekanntmachung auf der Internetseite und im Verkündungsblatt der auslegenden Behörde erfolgt. [2] Auf Raumordnungspläne nach § 17 Absatz 3 findet § 9 Absatz 1 und 4 keine Anwendung; § 9 Absatz 2 und 3 findet mit der Maßgabe Anwendung, dass die Beteiligung auf in ihren Belangen berührte öffentliche Stellen beschränkt werden kann.

(2) [1] Das Erfordernis der Veröffentlichung einer Rechtsbehelfsbelehrung nach § 10 Absatz 2 Satz 1 findet auf die Raumordnungspläne des Bundes nach § 17 keine Anwendung. [2] Raumordnungspläne des Bundes nach § 17 Absatz 3 sind im Bundesanzeiger bekannt zu machen; § 10 Absatz 1, 3 und 4 findet auf diese Pläne keine Anwendung.

§ 19[2)] Zielabweichung bei Raumordnungsplänen des Bundes. [1] Hinsichtlich der Zielabweichung bei Raumordnungsplänen des Bundes gilt § 6 Abs. 2 mit der Maßgabe, dass über den Antrag auf Zielabweichung bei Raumordnungsplänen nach § 17 Absatz 1 das Bundesamt für Seeschifffahrt und Hydrographie und bei Raumordnungsplänen nach § 17 Absatz 2 das Bundesamt für Bauwesen und Raumordnung entscheidet. [2] Wird über den Antrag auf Zielabweichung im Zulassungsverfahren über eine raumbedeutsame Planung oder Maßnahme oder in einem anderen Verfahren entschieden, ist das Benehmen mit dem Bundesministerium für Wohnen, Stadtentwicklung und Bauwesen erforderlich.

§ 20[3)] Untersagung raumbedeutsamer Planungen und Maßnahmen bei Raumordnungsplänen des Bundes. Für die Untersagung raumbedeutsamer Planungen und Maßnahmen bei Raumordnungsplänen des Bundes gilt § 12 Abs. 2 und 3 mit der Maßgabe, dass für die Untersagung das Bundesministerium für Wohnen, Stadtentwicklung und Bauwesen zuständig ist.

§ 21[4)] Ermächtigung zum Erlass von Rechtsverordnungen. (1) Die Bundesregierung wird ermächtigt, durch Rechtsverordnung mit Zustimmung des Bundesrates Planungen und Maßnahmen zu bestimmen, für die eine Raumverträglichkeitsprüfung durchgeführt werden soll, wenn sie im Einzelfall raumbedeutsam sind und überörtliche Bedeutung haben.

---

1) § 18 neu gef. mWv 28.9.2023 durch G v. 22.3.2023 (BGBl. 2023 I Nr. 88).

2) Früherer § 21 Sätze 1 und 2 geänd. mWv 8.9.2015 durch VO v. 31.8.2015 (BGBl. I S. 1474); § 19 aufgeh., bish. § 21 wird § 19 und Satz 1 geänd. mWv 29.11.2017 durch G v. 23.5.2017 (BGBl. I S. 1245); Sätze 1, 2 geänd. mWv 27.6.2020 durch VO v. 19.6.2020 (BGBl. I S. 1328); Sätze 1 und 2 geänd. mWv 28.9.2023 durch G v. 22.3.2023 (BGBl. 2023 I Nr. 88).

3) Früherer § 22 geänd. mWv 8.9.2015 durch VO v. 31.8.2015 (BGBl. I S. 1474); § 20 aufgeh., bish. § 22 wird § 20 und geänd. mWv 29.11.2017 durch G v. 23.5.2017 (BGBl. I S. 1245); geänd. mWv 27.6.2020 durch VO v. 19.6.2020 (BGBl. I S. 1328); geänd. mWv 28.9.2023 durch G v. 22.3.2023 *(BGBl. 2023 I Nr. 88)*.

4) Früherer § 23 Abs. 2 Satz 1 geänd. mWv 8.9.2015 durch VO v. 31.8.2015 (BGBl. I S. 1474); bish. § 23 wird § 21 und Abs. 2 Sätze 1, 2 geänd. mWv 29.11.2017 durch G v. 23.5.2017 (BGBl. I S. 1245); Abs. 2 Satz 1 geänd. mWv 27.6.2020 durch VO v. 19.6.2020 (BGBl. I S. 1328); Abs. 1, Abs. 2 Satz 1 geänd. mWv 28.9.2023 durch G v. 22.3.2023 (BGBl. 2023 I Nr. 88).

(2) [1]Das Bundesministerium für Wohnen, Stadtentwicklung und Bauwesen wird ermächtigt, durch Rechtsverordnung die Bedeutung und Form der Planzeichen zu bestimmen, die für die Festlegungen in Raumordnungsplänen notwendig sind. [2]Die Rechtsverordnung nach Satz 1 bedarf der Zustimmung des Bundesrates, wenn sie die Bedeutung und Form der Planzeichen bestimmt, die für Festlegungen in Raumordnungsplänen der Länder notwendig sind.

§ 22[1)] Zuständigkeiten des Bundesamtes für Bauwesen und Raumordnung. (1) [1]Das Bundesamt für Bauwesen und Raumordnung führt ein Informationssystem zur räumlichen Entwicklung im Bundesgebiet und in den angrenzenden Gebieten. [2]Das Bundesministerium für Wohnen, Stadtentwicklung und Bauwesen stellt den Ländern die Ergebnisse des Informationssystems zur Verfügung.

(2) [1]Das Bundesamt für Bauwesen und Raumordnung erstattet dem Bundesministerium für Wohnen, Stadtentwicklung und Bauwesen zur Vorlage an den Deutschen Bundestag in regelmäßigen Abständen Berichte, insbesondere über

1. die bei der räumlichen Entwicklung des Bundesgebietes zugrunde zu legenden Tatsachen (Bestandsaufnahme, Entwicklungstendenzen),
2. die im Rahmen der angestrebten räumlichen Entwicklung durchgeführten und beabsichtigten raumbedeutsamen Planungen und Maßnahmen,
3. die räumliche Verteilung der raumbedeutsamen Planungen und Maßnahmen des Bundes und der Europäischen Union im Bundesgebiet und deren Wirkung,
4. die Auswirkungen der europäischen Integration auf die räumliche Entwicklung des Bundesgebietes.

[2]Die Berichte können sich auf fachliche und teilräumliche Aspekte beschränken.

§ 23[2)] Beirat für Raumentwicklung. (1) Der Beirat für Raumentwicklung hat die Aufgabe, das Bundesministerium für Wohnen, Stadtentwicklung und Bauwesen in Grundsatzfragen der räumlichen Entwicklung zu beraten.

(2) Das Bundesministerium für Wohnen, Stadtentwicklung und Bauwesen beruft in den Beirat Vertreter aus der Wissenschaft und der Praxis aus Bereichen mit relevanten Bezügen zur räumlichen Entwicklung des Bundesgebietes.

Abschnitt 4. Ergänzende Vorschriften und Schlussvorschriften

§ 24[3)] Zusammenarbeit von Bund und Ländern. (1) Grundsätzliche Angelegenheiten der Raumordnung sollen vom Bundesministerium für Wohnen, Stadtentwicklung und Bauwesen und den für Raumordnung zuständigen obersten Landesbehörden in der Raumentwicklungsministerkonferenz gemeinsam beraten werden.

[1)] § 22 eingef. mWv 29.11.2017 durch G v. 23.5.2017 (BGBl. I S. 1245); Abs. 1 Satz 2, Abs. 2 Satz 1 einl. Satzteil geänd. mWv 27.6.2020 durch VO v. 19.6.2020 (BGBl. I S. 1328); Abs. 1 Satz 2, Abs. 2 Satz 1 einl. Satzteil geänd. mWv 28.9.2023 durch G v. 22.3.2023 (BGBl. 2023 I Nr. 88).

[2)] Früherer § 24 Abs. 1 und 2 geänd. mWv 8.9.2015 durch VO v. 31.8.2015 (BGBl. I S. 1474); bish. § 24 wird § 23 und Abs. 2 geänd. mWv 29.11.2017 durch G v. 23.5.2017 (BGBl. I S. 1245); Abs. 1, 2 geänd. mWv 27.6.2020 durch VO v. 19.6.2020 (BGBl. I S. 1328); Abs. 1, 2 geänd. mWv 28.9.2023 durch G v. 22.3.2023 (BGBl. 2023 I Nr. 88).

[3)] Früherer § 26 Abs. 1 geänd. mWv 8.9.2015 durch VO v. 31.8.2015 (BGBl. I S. 1474); bish. § 26 wird § 24 mWv 29.11.2017 durch G v. 23.5.2017 (BGBl. I S. 1245); Abs. 1 geänd. mWv 27.6.2020 durch VO v. 19.6.2020 (BGBl. I S. 1328); Abs. 1, 2 geänd. mWv 28.9.2023 durch G v. 22.3.2023 (BGBl. 2023 I Nr. 88).

(2) Bund und Länder können im Rahmen der Raumentwicklungsministerkonferenz Leitbilder für die räumlichen Entwicklung des Bundesgebietes oder von über die Länder hinausgreifenden Zusammenhängen entwickeln.

(3) [1]Der Bund beteiligt sich in Zusammenarbeit mit den Ländern an einer Politik des räumlichen Zusammenhalts in der Europäischen Union und im größeren europäischen Raum. [2]Bund und Länder wirken bei der grenzüberschreitenden Zusammenarbeit mit den Nachbarstaaten im Bereich der Raumordnung eng zusammen.

(4) Bund und Länder sind verpflichtet, sich gegenseitig alle Auskünfte zu erteilen, die zur Durchführung der Aufgaben der Raumordnung notwendig sind.

§ 25[1)] Beteiligung bei der Aufstellung von Raumordnungsplänen der Nachbarstaaten. (1) Wird die Durchführung eines in einem Nachbarstaat vorgesehenen Raumordnungsplans voraussichtlich erhebliche Auswirkungen auf das angrenzende Plangebiet in der Bundesrepublik Deutschland haben, so ersucht diejenige deutsche Stelle, an deren Plangebiet der ausländische Raumordnungsplan angrenzt und die für einen gleichartigen Raumordnungsplan in Deutschland zuständig wäre, die zuständige Behörde des Nachbarstaates um Unterlagen über den Raumordnungsplan, insbesondere um eine Beschreibung des Planinhalts und um Angaben über grenzüberschreitende Auswirkungen des Plans.

(2) [1]Hält die deutsche Stelle nach Absatz 1 eine Beteiligung für erforderlich, so teilt sie dies der zuständigen Behörde des Nachbarstaates mit und ersucht, soweit erforderlich, um weitere Angaben zum Raumordnungsplan. [2]Sodann unterrichtet sie die in ihren Belangen berührten öffentlichen Stellen und die Öffentlichkeit, gibt ihnen Gelegenheit zur Einsichtnahme in die Unterlagen und weist, sofern sie nicht die Abgabe einer einheitlichen Stellungnahme für angezeigt hält, darauf hin, welcher Behörde des Nachbarstaates innerhalb welcher Frist eine Stellungnahme zugeleitet werden kann. [3]Die deutsche Stelle nach Absatz 1 gibt der zuständigen Behörde des Nachbarstaates zudem alle ihr vorliegenden Informationen, die für die Aufstellung des Raumordnungsplans bedeutsam sein können.

(3) Grenzt das Plangebiet eines ausländischen Raumordnungsplans an die deutsche ausschließliche Wirtschaftszone an, so ist im Hinblick auf die dortigen Auswirkungen die für das Beteiligungsverfahren zuständige deutsche Stelle das Bundesministerium für Wohnen, Stadtentwicklung und Bauwesen.

§ 26[2)] *(aufgehoben)*

§ 27[3)] Anwendungsvorschrift für die Raumordnung in den Ländern.

(1) [1]Verfahren zur Aufstellung von Raumordnungsplänen nach § 13 sowie Raumordnungsverfahren, die nach § 15 in der bis zum 27. September 2023 geltenden Fassung förmlich eingeleitet wurden, werden nach den bis zum 27. September 2023 geltenden Raumordnungsgesetzen von Bund und Ländern abge-

---

[1)] § 25 eingef. mWv 29.11.2017 durch G v. 23.5.2017 (BGBl. I S. 1245); Abs. 3 geänd. mWv 27.6.2020 durch VO v. 19.6.2020 (BGBl. I S. 1328); Abs. 3 geänd. mWv 28.9.2023 durch G v. 22.3.2023 (BGBl. 2023 I Nr. 88).

[2)] § 26 aufgeh. mWv 1.10.2021 durch G v. 23.5.2017 (BGBl. I S. 1245).

[3)] *Früherer § 29 aufgeh., bish. § 28 wird § 27* und Abs. 1 Satz 1 geänd., Abs. 2 neu gef., Abs. 3 geänd. mWv 29.11.2017 durch G v. 23.5.2017 (BGBl. I S. 1245); Abs. 4 angef. mWv 1.2.2023 durch G v. 20.7. 2022 (BGBl. I S. 1353); Abs. 1 Satz 1, Abs. 2 Satz 1 geänd., Satz 3 angef., Abs. 3 geänd. mWv 28.9.2023 durch G v. 22.3.2023 (BGBl. 2023 I Nr. 88); Abs. 4 aufgeh. mWv 15.8.2025 durch G v. 12.8.2025 (BGBl. 2025 I Nr. 189).

schlossen. [2] Ist mit gesetzlich vorgeschriebenen einzelnen Schritten des Verfahrens noch nicht begonnen worden, können diese auch nach den Vorschriften dieses Gesetzes durchgeführt werden.

(2) [1] § 11 ist auch auf Raumordnungspläne der Länder anzuwenden, die vor dem 28. September 2023 in Kraft getreten sind. [2] Weiter gehende landesrechtliche Regelungen zur Unbeachtlichkeit von Fehlern bei der Planaufstellung oder durch Fristablauf bleiben unberührt. [3] Auf Raumordnungspläne, die vor dem 28. September 2023 in Kraft getreten sind, findet § 11 Absatz 2 in der bis zum 27. September 2023 geltenden Fassung weiterhin Anwendung.

(3) Am 28. September 2023 geltendes Landesrecht, das § 2 Absatz 2, die §§ 6 bis 12 oder die Vorschriften des Abschnitts 2 dieses Gesetzes ergänzt, sowie landesrechtliche Gebührenregelungen und weiter gehendes Landesrecht zur Beschleunigung des Verfahrens bei Änderung eines ausgelegten Raumordnungsplanentwurfs bleiben unberührt.

§ 28[1] Sonderregelung für die Windenergie an Land. (1) Auf Windenergiegebiete nach § 2 Nummer 1 des Windenergieflächenbedarfsgesetzes sind vorrangig die §§ 245e und 249 des Baugesetzbuchs[2] anzuwenden; § 7 Absatz 3 Satz 3 bis 5 ist nicht anzuwenden.

(2) [1] Vorranggebiete für Windenergie sind zusätzlich als Beschleunigungsgebiete für die Windenergie an Land auszuweisen, soweit sie nicht in einem der folgenden Gebiete liegen:

1. Natura 2000-Gebiete, Naturschutzgebiete, Nationalparke sowie Kern- und Pflegezonen von Biosphärenreservaten nach dem Bundesnaturschutzgesetz[3] oder
2. Gebiete mit landesweit bedeutenden Vorkommen mindestens einer durch den Ausbau der Windenergie betroffenen europäischen Vogelart nach § 7 Absatz 2 Nummer 12 des Bundesnaturschutzgesetzes, einer in Anhang IV der Richtlinie 92/43/EWG aufgeführten Art oder einer Art, die in einer Rechtsverordnung nach § 54 Absatz 1 Nummer 2 des Bundesnaturschutzgesetzes aufgeführt ist; diese Gebiete können auf der Grundlage von vorhandenen Daten zu bekannten Artvorkommen oder zu besonders geeigneten Lebensräumen ermittelt werden.

[2] Eine in Satz 1 Nummer 2 genannte Art ist betroffen, wenn durch den Ausbau der Windenergie Verstöße gegen § 44 Absatz 1 Nummer 1 bis 3 des Bundesnaturschutzgesetzes zu erwarten sind. [3] Besonders geeignete Lebensräume sind insbesondere die Lebensraumtypen nach Anhang I der Richtlinie 92/43/EWG, die für durch den Ausbau der Windenergie betroffene Arten als Habitate geeignet sind.

(3) [1] Die Länder können durch Landesgesetz bestimmen, dass es abweichend von der Verpflichtung in Absatz 2 Satz 1 im Ermessen der planaufstellenden Behörde steht, zusätzliche Vorranggebiete für Windenergie als Beschleunigungsgebiete auszuweisen, sobald und solange der Flächenbeitragswert nach der Anlage Spalte 2 des Windenergieflächenbedarfsgesetzes oder das jeweilige daraus abgeleitete Teilflächenziel nach § 3 Absatz 2 Satz 1 Nummer 2 oder Satz 2 des Windenergieflächenbedarfsgesetzes erreicht ist. [2] § 6a des Windenergieflächenbedarfsgesetzes bleibt unberührt.

---

[1] § 28 angef. mWv 15.8.2025 durch G v. 12.8.2025 (BGBl. 2025 I Nr. 189).
[2] Nr. **300**.
[3] Nr. **880**.

(4) [1] Bei der Ausweisung der Beschleunigungsgebiete sind Regeln für wirksame Minderungsmaßnahmen für die Errichtung und den Betrieb von Anlagen und deren Netzanschluss aufzustellen, um mögliche negative Auswirkungen vorrangiger Vorhaben zu vermeiden oder, falls dies nicht möglich ist, erheblich zu verringern. [2] Auswirkungen nach Satz 1 sind nur Auswirkungen auf

1. Erhaltungsziele nach § 7 Absatz 1 Nummer 9 des Bundesnaturschutzgesetzes,
2. europäische Vogelarten nach § 7 Absatz 2 Nummer 12 des Bundesnaturschutzgesetzes, in Anhang IV der Richtlinie 92/43/EWG aufgeführte Arten oder Arten, die in einer Rechtsverordnung nach § 54 Absatz 1 Nummer 2 des Bundesnaturschutzgesetzes aufgeführt sind,
3. Bewirtschaftungsziele nach § 27 des Wasserhaushaltsgesetzes[1)].

[3] Die Aufstellung von Regeln für Minderungsmaßnahmen kann entsprechend Anlage 3 erfolgen.

(5) [1] Die Ausweisung als Beschleunigungsgebiet und die Aufstellung von Regeln für Minderungsmaßnahmen erfolgen im Rahmen des Planaufstellungsverfahrens zur Festlegung der Vorranggebiete für Windenergie. [2] Wurden die Planaufstellungsverfahren vor dem 15. August 2025 förmlich eingeleitet, kann die erforderliche Ausweisung von Beschleunigungsgebieten und die Aufstellung von Regeln für Minderungsmaßnahmen ausnahmsweise in einem nachfolgenden, innerhalb von drei Monaten förmlich einzuleitenden separaten Planungsverfahren erfolgen; in diesem Fall sind § 7 Absatz 5, die §§ 8, 9 Absatz 5 und die §§ 10 und 11 für Raumordnungspläne entsprechend anzuwenden.

(6) Eine Verletzung der Vorschriften der Absätze 2 bis 5 über die zusätzliche Ausweisung als Beschleunigungsgebiet ist für die Rechtswirksamkeit des Vorranggebiets im Übrigen unbeachtlich.

(7) Für Vorranggebiete für Windenergie, die nach Ablauf des 19. Mai 2024 und vor dem 15. August 2025 ausgewiesen worden sind, gelten die Absätze 2 bis 6 entsprechend.

§ 29[2)] *(aufgehoben)*

Anlage 1[3)]
(zu § 8 Abs. 1)

[Angaben]

Der Umweltbericht nach § 8 Abs. 1 besteht aus

1. einer Einleitung mit folgenden Angaben:
   a) Kurzdarstellung des Inhalts und der wichtigsten Ziele des Raumordnungsplans,
   b) Darstellung der in den einschlägigen Gesetzen und Plänen festgelegten Ziele des Umweltschutzes, die für den Raumordnungsplan von Bedeutung sind, und der Art, wie diese Ziele und die Umweltbelange bei der Aufstellung berücksichtigt wurden;
2. einer Beschreibung und Bewertung der Umweltauswirkungen, die in der Umweltprüfung nach § 8 Abs. 1 ermittelt wurden, mit Angaben der
   a) Bestandsaufnahme der einschlägigen Aspekte des derzeitigen Umweltzustands, einschließlich der Umweltmerkmale der Gebiete, die voraussichtlich erheblich beeinflusst werden, einschließlich der Gebiete von gemeinschaftlicher Bedeutung und der Europäischen Vogelschutzgebiete im Sinne des Bundesnaturschutzgesetzes[4)],

---

[1)] *Nr. **845**.*
[2)] § 29 aufgeh. mWv 29.11.2017 durch G v. 23.5.2017 (BGBl. I S. 1245).
[3)] Anl. 1 geänd. mWv 29.11.2017 durch G v. 23.5.2017 (BGBl. I S. 1245).
[4)] Nr. **880**.

b) Prognose über die Entwicklung des Umweltzustands bei Durchführung der Planung und bei Nichtdurchführung der Planung,

c) geplanten Maßnahmen zur Vermeidung, Verringerung und zum Ausgleich der nachteiligen Auswirkungen und

d) in Betracht kommenden anderweitigen Planungsmöglichkeiten, wobei die Ziele und der räumliche Geltungsbereich des Raumordnungsplans zu berücksichtigen sind;

3. folgenden zusätzlichen Angaben:

a) Beschreibung der wichtigsten Merkmale der verwendeten technischen Verfahren bei der Umweltprüfung sowie Hinweise auf Schwierigkeiten, die bei der Zusammenstellung der Angaben aufgetreten sind, zum Beispiel technische Lücken oder fehlende Kenntnisse,

b) Beschreibung der geplanten Maßnahmen zur Überwachung der erheblichen Auswirkungen der Durchführung des Raumordnungsplans auf die Umwelt und

c) allgemein verständliche Zusammenfassung der erforderlichen Angaben nach dieser Anlage.

Anlage 2[1]
(zu § 8 Abs. 2)

[Kriterien]

Nachstehende Kriterien sind anzuwenden, soweit auf Anlage 2 Bezug genommen wird:

1. Merkmale des Raumordnungsplans, insbesondere in Bezug auf

1.1 das Ausmaß, in dem der Raumordnungsplan einen Rahmen im Sinne des § 35 Absatz 3 des Gesetzes über die Umweltverträglichkeitsprüfung[2] setzt;

1.2 das Ausmaß, in dem der Raumordnungsplan andere Pläne und Programme beeinflusst;

1.3 die Bedeutung des Raumordnungsplans für die Einbeziehung umweltbezogener, einschließlich gesundheitsbezogener Erwägungen, insbesondere im Hinblick auf die Förderung der nachhaltigen Entwicklung;

1.4 die für den Raumordnungsplan relevanten umweltbezogenen, einschließlich gesundheitsbezogener Probleme;

1.5 die Bedeutung des Raumordnungsplans für die Durchführung nationaler und europäischer Umweltvorschriften.

2. Merkmale der möglichen Auswirkungen und der voraussichtlich betroffenen Gebiete, insbesondere in Bezug auf

2.1 die Wahrscheinlichkeit, Dauer, Häufigkeit und Umkehrbarkeit der Auswirkungen;

2.2 den kumulativen und grenzüberschreitenden Charakter der Auswirkungen;

2.3 die Risiken für die Umwelt, einschließlich der menschlichen Gesundheit (zum Beispiel bei Unfällen);

2.4 den Umfang und die räumliche Ausdehnung der Auswirkungen;

2.5 die Bedeutung und die Sensibilität des voraussichtlich betroffenen Gebiets auf Grund der besonderen natürlichen Merkmale, des kulturellen Erbes, der Intensität der Bodennutzung des Gebiets jeweils unter Berücksichtigung der Überschreitung von Umweltqualitätsnormen und Grenzwerten;

2.6 folgende Gebiete:

2.6.1 Natura 2000-Gebiete nach § 7 Absatz 1 Nummer 8 des Bundesnaturschutzgesetzes[3],

2.6.2 Naturschutzgebiete gemäß § 23 des Bundesnaturschutzgesetzes[3], soweit nicht bereits von Nummer 2.6.1 erfasst,

2.6.3 Nationalparke gemäß § 24 des Bundesnaturschutzgesetzes[3], soweit nicht bereits von Nummer 2.6.1 erfasst,

---

[1] Anl. 2 geänd. mWv 1.3.2010 durch G v. 29.7.2009 (BGBl. I S. 2542); geänd. mWv 1.3.2010 durch G v. 31.7.2009 (BGBl. I S. 2585); geänd. mWv 29.11.2017 durch G v. 23.5.2017 (BGBl. I S. 1245); geänd. mWv 29.7.2017 durch G v. 20.7.2017 (BGBl. I S. 2808).

[2] Nr. **295**.

[3] Nr. **880**.

2.6.4 Biosphärenreservate und Landschaftsschutzgebiete gemäß den §§ 25 und 26 des Bundesnaturschutzgesetzes[1)],

2.6.5 gesetzlich geschützte Biotope gemäß § 30 des Bundesnaturschutzgesetzes[1)],

2.6.6 Wasserschutzgebiete gemäß § 51 des Wasserhaushaltsgesetzes[2)], Heilquellenschutzgebiete gemäß § 53 Absatz 4 des Wasserhaushaltsgesetzes sowie Überschwemmungsgebiete gemäß § 76 des Wasserhaushaltsgesetzes,

2.6.7 Gebiete, in denen die in den Gemeinschaftsvorschriften festgelegten Umweltqualitätsnormen bereits überschritten sind,

2.6.8 Gebiete mit hoher Bevölkerungsdichte, insbesondere Zentrale Orte im Sinne des § 2 Abs. 2 Nr. 2 dieses Gesetzes,

2.6.9 in amtlichen Listen oder Karten verzeichnete Denkmäler, Denkmalensembles, Bodendenkmäler oder Gebiete, die von der durch die Länder bestimmten Denkmalschutzbehörde als archäologisch bedeutende Landschaften eingestuft worden sind.

Anlage 3[3)]
(zu § 28 Absatz 4 Satz 3)

Regeln für Minderungsmaßnahmen

Aufstellung von Regeln für wirksame Minderungsmaßnahmen durch die planaufstellende Behörde (§ 28 Absatz 4 Satz 3)

Als Regeln für Minderungsmaßnahmen bestimmt die planaufstellende Behörde für das jeweilige Beschleunigungsgebiet und unter Berücksichtigung der dort zu erwartenden Umweltauswirkungen, welche Arten von Minderungsmaßnahmen regelmäßig oder anlassbezogen durchzuführen oder zu prüfen sind.

Hat die planaufstellende Behörde auf der Grundlage der nach Nummer I.3 ermittelten Umweltauswirkungen die einschlägigen Kategorien von Minderungsmaßnahmen aus den Kategorien II.1 bis II.2 ausgewählt und der Zulassungsbehörde aufgegeben, hieraus projektbezogene Minderungsmaßnahmen zu entwickeln, werden die Verpflichtungen in § 28 Absatz 4 damit erfüllt. Die Anwendung der Anlage 3 ist für die planaufstellenden Behörden nicht verbindlich; sie können auch abweichende Konzepte zur Aufstellung von Regeln für Minderungsmaßnahmen anwenden.

I. Kriterien für die Aufstellung von geeigneten Regeln für wirksame Minderungsmaßnahmen

Die planaufstellende Behörde richtet die Regeln an den folgenden Kriterien nach Artikel 15c Absatz 1 Unterabsatz 2 der Richtlinie (EU) 2018/2001 in der Fassung vom 17. Mai 2024 aus:

I.1. Besonderheiten des jeweiligen Beschleunigungsgebietes

Die Besonderheiten des jeweiligen Beschleunigungsgebietes werden auf der Grundlage aller vorhandenen umweltbezogenen Daten einschließlich der Ergebnisse der Prüfung nach § 7 Absatz 6, sofern diese durchzuführen ist, sowie der Umweltprüfung nach § 8 bestimmt; dies sind die Prüfungsergebnisse bezogen auf die Windenergiegebiete, die den auszuweisenden Beschleunigungsgebieten zugrunde liegen. Auf die Bestandsaufnahme im Umweltbericht auf der Grundlage der Anlage 1 Nummer 2 Buchstabe a kann Bezug genommen werden. Neben bedeutenden Artvorkommen sind die vorhandenen Biotope und deren Wertigkeit, die Habitatausstattung sowie der ökologische Zustand oder das ökologische Potenzial eines oberirdischen Gewässers zu berücksichtigen.

I.2. Art der vorrangigen Erneuerbare-Energien-Technologie

Art der vorrangigen Erneuerbare-Energien-Technologien, für die ein Beschleunigungsgebiet ausgewiesen wird, sind die Windenergie an Land sowie die im Plan bestimmten zulässigen Anlagen zur Speicherung von Strom oder Wärme, jeweils einschließlich der zulässigen Nebenanlagen, insbesondere ihres Netzanschlusses.

I.3. Ermittelte Umweltauswirkungen

Bei der Ermittlung der Umweltauswirkungen sind zu berücksichtigen:

a) die Kriterien nach den Nummern I.1 und I.2,

b) die Prognose im Umweltbericht auf der Grundlage der Anlage 1 Nummer 2 Buchstabe b,

c) die technologiebezogenen, nicht vorhabenbezogenen Wirkfaktoren von Windenergie, die Konfliktintensität sowie die Wirksamkeit der potenziellen Minderungsmaßnahmen und

---

1) Nr. **880**.
2) Nr. **845**.
3) Anl. 3 angef. mWv 15.8.2025 durch G v. 12.8.2025 (BGBl. 2025 I Nr. 189).

d) die Sensibilität und die naturschutzfachliche Bedeutung der betroffenen besonders geschützten Arten unter Berücksichtigung des Erhaltungszustands und des Gefährdungsgrads sowie der besonders geeigneten Lebensräume dieser Arten.

I.4. Auflistung möglicher Umweltauswirkungen

Mögliche Umweltauswirkungen sind:

a) baubedingte Beeinträchtigungen der boden- und gehölzbrütenden europäischen Vogelarten und Arten, die im Anhang IV der Richtlinie 92/43/EWG aufgeführt sind, insbesondere der Fledermäuse,

b) Beschädigung oder Zerstörung von Fortpflanzungs- und Ruhestätten von europäischen Vogelarten und Arten, die im Anhang IV der Richtlinie 92/43/EWG aufgeführt sind (§ 44 Absatz 1 Nummer 3 des Bundesnaturschutzgesetzes[1]),

c) bau-, anlagen- und betriebsbedingte Auswirkungen auf Rastgebiete, Kolonien, Schlafplatzgemeinschaften oder sonstige Ansammlungen störungsempfindlicher europäischer Vogelarten (§ 44 Absatz 1 Nummer 2 des Bundesnaturschutzgesetzes),

d) erhebliche Beeinträchtigung eines in der Nähe des Beschleunigungsgebiets gelegenen Natura 2000-Gebiets (§ 34 Absatz 1 des Bundesnaturschutzgesetzes),

e) Auswirkungen auf den ökologischen Zustand oder das ökologische Potenzial eines oberirdischen Gewässers (§ 27 des Wasserhaushaltsgesetzes[2]),

f) betriebsbedingte Tötung oder Verletzung von Vorkommen kollisionsgefährdeter europäischer Vogelarten und Arten, die im Anhang IV der Richtlinie 92/43/EWG aufgeführt sind, insbesondere von

  aa) kollisionsgefährdeten Brutvogelarten als Einzelbrutpaaren nach der Anlage 1 Abschnitt 1 des Bundesnaturschutzgesetzes (§ 44 Absatz 1 Nummer 1 des Bundesnaturschutzgesetzes),

  bb) kollisionsgefährdeten Brutvogelarten in Kolonien, Schlafplatzgemeinschaften oder sonstigen Ansammlungen (§ 44 Absatz 1 Nummer 1 des Bundesnaturschutzgesetzes),

  cc) Fledermausarten (§ 44 Absatz 1 Nummer 1 des Bundesnaturschutzgesetzes),

g) betriebsbedingte Störung von europäischen Vogelarten und Arten, die im Anhang IV der Richtlinie 92/43/EWG aufgeführt sind, einschließlich Fledermäusen (§ 44 Absatz 1 Nummer 2 des Bundesnaturschutzgesetzes).

II. Aufstellung der geeigneten Regeln für wirksame Minderungsmaßnahmen

Die planaufstellende Behörde hat für das jeweilige Beschleunigungsgebiet Regeln für Minderungsmaßnahmen auf Basis der Kriterien nach Nummer I aufzustellen.

Als Regeln für Minderungsmaßnahmen kann die planaufstellende Behörde Kategorien von Minderungsmaßnahmen sowie Beispiele für in Betracht kommende Maßnahmen aufstellen. Bei dieser Aufstellung kann die planaufstellende Behörde insbesondere Bezug nehmen auf

a) die Darlegungen im Umweltbericht auf der Grundlage von Anlage 1 Nummer 2 Buchstabe c und d,

b) den nachfolgenden, nicht abschließenden Katalog von Kategorien von Minderungsmaßnahmen einschließlich der allgemeinen Beispiele für Maßnahmen.

II.1. Kategorien von Minderungsmaßnahmen für Windenergieanlagen

a) baubedingte Minderungsmaßnahmen, insbesondere

  aa) ökologische Baubegleitung und zeitliche Beschränkung der Baufeldfreimachung,

  bb) Schutzzäune für Amphibien und Reptilien,

  cc) Schutzmaßnahmen in Anlehnung an vorgezogene Ausgleichsmaßnahmen zur dauerhaften Sicherung der ökologischen Funktion (CEF-Maßnahmen) wie Fledermauskästen;

b) anlagenbedingte Minderungsmaßnahmen;

c) betriebsbedingte Minderungsmaßnahmen, insbesondere

  aa) Schutzmaßnahmen nach Anlage 1 Abschnitt 2 des Bundesnaturschutzgesetzes[1] für kollisionsgefährdete Brutvogelarten als Einzelbrutpaare,

  bb) Schutzmaßnahmen in Anlehnung an Anlage 1 Abschnitt 2 des Bundesnaturschutzgesetzes für kollisionsgefährdete Brutvogelarten in Kolonien, Schlafplatzgemeinschaften oder sonstigen Ansammlungen.

---

[1] Nr. **880**.
[2] Nr. **845**.

II.2. Kategorien von Minderungsmaßnahmen für im Plan bestimmte zulässige Anlagen zur Speicherung von Strom oder Wärme und Nebenanlagen

a) baubedingte Maßnahmen, insbesondere
   aa) ökologische Baubegleitung und zeitliche Beschränkung der Baufeldfreimachung,
   bb) Vermeidung der Inanspruchnahme sensibler Bereiche wie gesetzlich geschützter Biotope,
   cc) boden- und grundwasserschonender und rückstandsloser Rückbau;

b) anlagenbedingte Maßnahmen, insbesondere
   aa) Begrenzung der maximal versiegelten Fläche,
   bb) Integration von standortangepassten Typen von Biotopelementen,
   cc) Dachbegrünung,
   dd) Sicherstellung, dass bei thermischer Beeinflussung des Grundwassers und von Oberflächengewässern diese gering gehalten wird;

c) betriebsbedingte Maßnahmen, insbesondere Pflegekonzept zur Förderung und Entwicklung autochthoner, standorttypischer, artenreicher Pflanzengesellschaften.

340a. Raumordnungsverordnung (RoV)[1)]

Vom 13. Dezember 1990

(BGBl. I S. 2766)

FNA 2300-1-1

geänd. durch Art. 6 Abs. 34 EisenbahnneuordnungsG v. 27.12.1993 (BGBl. I S. 2378), Art. 1 ÄndVO v. 15.8. 1994 (BGBl. I S. 2116), Art. 2 MagnetschwebebahnplanungsG v. 23.11.1994 (BGBl. I S. 3486), Art. 4 Bau- und RaumordnungsG 1998 v. 18.8.1997 (BGBl. I S. 2081), Art. 22a UVP-ÄnderungsrichtlinienumsetzungsG v. 27.7.2001 (BGBl. I S. 1950), Art. 2b Siebtes G zur Änd. des WasserhaushaltsG v. 18.6.2002 (BGBl. I S. 1914), Art. 21 G zur Neuregelung des Wasserrechts v. 31.7.2009 (BGBl. I S. 2585), Art. 5 Abs. 35 G zur Neuordnung des Kreislaufwirtschafts- und Abfallrechts v. 24.2.2012 (BGBl. I S. 212), Art. 9 G zur Beschleunigung des Energieleitungsausbaus v. 13.5.2019 (BGBl. I S. 706), Art. 6 Investitionen-BeschleunigungsG v. 3.12.2020 (BGBl. I S. 2694) und Art. 12 G zur Änd. des RaumordnungsG und anderer Vorschriften v. 22.3.2023 (BGBl. 2023 I Nr. 88)

Auf Grund des § 6a Abs. 2 Satz 1 des Raumordnungsgesetzes[2)] in der Fassung der Bekanntmachung vom 19. Juli 1989 (BGBl. I S. 1461) verordnet die Bundesregierung:

§ 1[3)] **Anwendungsbereich.** [1] Die Durchführung einer Raumverträglichkeitsprüfung erfolgt nur auf Grundlage eines Antrags nach § 15 Absatz 4 Satz 1 des Raumordnungsgesetzes[2)] oder auf Grundlage einer Entscheidung nach § 15 Absatz 4 Satz 4 des Raumordnungsgesetzes für die nachfolgend aufgeführten Planungen und Maßnahmen, wenn sie im Einzelfall raumbedeutsam sind und überörtliche Bedeutung haben:

1. Errichtung einer Anlage im Außenbereich im Sinne des § 35 des Baugesetzbuchs[4)], die der Genehmigung in einem Verfahren unter Einbeziehung der Öffentlichkeit nach § 4 des Bundes-Immissionsschutzgesetzes[5)] bedarf und die in den Nummern 1 bis 10 der Anlage 1 des Gesetzes über die Umweltverträglichkeitsprüfung[6)] aufgeführt ist; sachlich und räumlich miteinander im Verbund stehende Anlagen sind dabei als Einheit anzusehen;
2. Errichtung einer ortsfesten kerntechnischen Anlage, die der Genehmigung in einem Verfahren unter Einbeziehung der Öffentlichkeit nach § 7 des Atomgesetzes[7)] bedarf;
3. Errichtung einer Anlage zur Sicherstellung und zur Endlagerung radioaktiver Abfälle, die einer Planfeststellung nach § 9b des Atomgesetzes bedarf;
4. Errichtung einer Anlage zur Ablagerung von Abfällen (Deponie), die der Planfeststellung nach § 35 Absatz 2 des Kreislaufwirtschaftsgesetzes[8)] bedarf;
5. Bau einer Abwasserbehandlungsanlage, die einer Genehmigung nach § 60 Absatz 3 Satz 1 des Wasserhaushaltsgesetzes[9)] bedarf;
6. Errichtung und wesentliche Trassenänderung einer Rohrleitungsanlage zum Befördern wassergefährdender Stoffe, die der Genehmigung nach § 65 in Verbin-

---

[1)] Überschrift neu gef. mWv 3.8.2001 durch G v. 27.7.2001 (BGBl. I S. 1950).
[2)] Nr. **340**.
[3)] § 1 neu gef. mWv 28.9.2023 durch G v. 22.3.2023 (BGBl. 2023 I Nr. 88).
[4)] Nr. **300**.
[5)] Nr. **296**.
[6)] Nr. **295**.
[7)] Nr. **835**.
[8)] Nr. **298**.
[9)] Nr. **845**.

dung mit § 1 Absatz 1 Nummer 1 und Nummer 19.3 der Anlage 1 des Gesetzes über die Umweltverträglichkeitsprüfung bedarf;
7. Herstellung, Beseitigung und wesentliche Umgestaltung eines Gewässers oder seiner Ufer, die einer Planfeststellung nach § 68 Absatz 1 des Wasserhaushaltsgesetzes bedürfen, sowie von Häfen ab einer Größe von 100 Hektar, Deich- und Dammbauten und Anlagen zur Landgewinnung am Meer;
8. Bau einer Bundesfernstraße, die der Entscheidung nach § 16 des Bundesfernstraßengesetzes[1] bedarf;
9. Neubau und wesentliche Trassenänderung von Schienenstrecken der Eisenbahnen des Bundes sowie Neubau von Rangierbahnhöfen und von Umschlagseinrichtungen für den kombinierten Verkehr;
10. Errichtung einer Versuchsanlage nach dem Gesetz über den Bau und den Betrieb von Versuchsanlagen zur Erprobung von Techniken für den spurgeführten Verkehr;
11. Ausbau, Neubau und Beseitigung einer Bundeswasserstraße, die der Bestimmung der Planung und Linienführung nach § 13 des Bundeswasserstraßengesetzes[2] bedürfen;
12. Anlage und wesentliche Änderung eines Flugplatzes, die einer Planfeststellung nach § 8 des Luftverkehrsgesetzes[3] bedürfen;
13. (weggefallen)
14. Errichtung von Hochspannungsfreileitungen mit einer Nennspannung von 110 Kilovolt oder mehr, ausgenommen Errichtungen in Bestandstrassen, unmittelbar neben Bestandstrassen oder unter weit überwiegender Nutzung von Bestandstrassen, und von Gasleitungen mit einem Durchmesser von mehr als 300 Millimetern;
15. Errichtung von Feriendörfern, Hotelkomplexen und sonstigen großen Einrichtungen für die Ferien- und Fremdenbeherbergung sowie von großen Freizeitanlagen;
16. bergbauliche Vorhaben, soweit sie der Planfeststellung nach § 52 Absatz 2a bis 2c des Bundesberggesetzes[4] bedürfen;
17. andere als bergbauliche Vorhaben zum Abbau von oberflächennahen Rohstoffen mit einer vom Vorhaben beanspruchten Gesamtfläche von 10 Hektar oder mehr;
18. Neubau und wesentliche Trassenänderung von Magnetschwebebahnen;
19. Errichtung von Einkaufszentren, großflächigen Einzelhandelsbetrieben und sonstigen großflächigen Handelsbetrieben.

[2] Die Befugnis der für die Raumordnung zuständigen Landesbehörden, bei weiteren raumbedeutsamen Planungen und Maßnahmen von überörtlicher Bedeutung nach landesrechtlichen Vorschriften eine Raumverträglichkeitsprüfung durchzuführen, bleibt unberührt.

§ 2[5] *(aufgehoben)*

§ 3 Inkrafttreten. Diese Verordnung tritt am Tage nach der Verkündung[6] in Kraft.

---

[1] Nr. 932.
[2] *Nr. 971.*
[3] **Sartorius ErgBd. Nr. 975.**
[4] **Sartorius III Nr. 460.**
[5] § 2 aufgeh. durch G v. 18.8.1997 (BGBl. I S. 2081).
[6] Verkündet am 19.12.1990.

355. Gesetz über die soziale Wohnraumförderung (Wohnraumförderungsgesetz–WoFG)[1) 2)]

Vom 13. September 2001
(BGBl. I S. 2376)

FNA 2330-32

geänd. durch Art. 53a Behindertengleichstellungs-EinführungsG v. 27.4.2002 (BGBl. I S. 1467), Art. 2 Wohnungsrechts-ÄndG v. 19.7.2002 (BGBl. I S. 2690), Art. 16 Viertes G für moderne Dienstleistungen am Arbeitsmarkt v. 24.12.2003 (BGBl. I S. 2954), Art. 24 G zur Einordnung des Sozialhilferechts in das SGB v. 27.12.2003 (BGBl. I S. 3022, geänd. durch Art. 2 G v. 15.12.2004, BGBl. I S. 3450), Art. 7 HaushaltsbegleitG 2004 v. 29.12.2003 (BGBl. I S. 3076), Art. 14 AlterseinkünfteG v. 5.7.2004 (BGBl. I S. 1427), Art. 4 Zweites ÄndG v. 15.12.2004 (BGBl. I S. 3450), Art. 9 Föderalismusreform-BegleitG v. 5.9.2006 (BGBl. I S. 2098), Art. 2 Abs. 13 Elterngeld-EinführungsG v. 5.12.2006 (BGBl. I S. 2748), Art. 4 G zur Neuregelung des Wohngeldrechts und zur Änd. des SGB v. 24.9.2008 (BGBl. I S. 1856), Art. 8 ELENA-VerfahrensG v. 28.3.2009 (BGBl. I S. 634), Art. 2 HaushaltsbegleitG 2011 v. 9.12.2010 (BGBl. I S. 1885), Art. 3 Abs. 10 G zur Neuregelung der Unterhaltssicherung sowie zur Änd. soldatenrechtlicher Vorschriften v. 29.6.2015 (BGBl. I S. 1061), Art. 3 WohngeldreformG v. 2.10.2015 (BGBl. I S. 1610), Art. 32 Bundeswehr-EinsatzbereitschaftsstärkungsG v. 4.8.2019 (BGBl. I S. 1147), Art. 42

[1)] Verkündet als Art. 1 Wohnungsbaurechts-ReformG v. 13.9.2001 (BGBl. I S. 2376); Inkrafttreten gem. Art. 28 Abs. 1 dieses G am 1.1.2002 mit Ausnahme des § 9 Abs. 3, der gem. Art. 28 Abs. 2 am 20.9. 2001 in Kraft getreten ist.

[2)] Nach der Neuregelung der Art. 72 ff. GG (Nr. **1**) durch das FöderalismusreformG v. 28.8.2006 (BGBl. I S. 2034) fallen Teilbereiche des Wohnungswesens in die Gesetzgebungskompetenz der Länder. Das WohnraumförderungsG gilt gem. Art. 125a Abs. 1 GG (Nr. **1**) seit dem 1.9.2006 als Bundesrecht fort, kann aber durch Landesrecht ersetzt werden. Der Bundesgesetzgeber besitzt nach dem 31.8.2006 für Änderungen des WohnraumförderungsG keine Gesetzgebungskompetenz mehr.

Bisher haben die Länder auf dem Gebiet der Wohnraumförderung ua folgende Vorschriften erlassen:
- **Baden-Württemberg:** LandeswohnraumförderungsG v. 11.12.2007 (GBl. S. 581), geänd. durch G v. 7.5.2020 (GBl. S. 253);
- **Bayern:** Bayerisches WohnraumförderungsG v. 10.4.2007 (GVBl. S. 260), zuletzt geänd. durch V v. 1.7. 2023 (GVBl. S. 508);
- **Berlin:** Wohnraumförderung-EinkommensgrenzenVO v. 10.3.2020 (GVBl. S. 306), zuletzt geänd. durch VO v. 7.1.2025 (GVBl. S. 15);
- **Brandenburg:** Brandenburgisches WohnraumförderungsG v. 5.6.2019 (GVBl. I Nr. 17);
- **Bremen:** VO über Abweichungen von den Einkommensgrenzen des § 9 Abs. 2 WoFG v. 18.5.2009 (Brem.GBl. S. 189);
- **Hamburg:** Hamburgisches WohnraumförderungsG v. 19.2.2008 (HmbGVBl. S. 74), zuletzt geänd. durch G v. 21.5.2013 (HmbGVBl. S. 244);
- **Hessen:** Hessisches WohnraumförderG v. 13.12.2012 (GVBl. S. 600), zuletzt geänd. durch G v. 16.11. 2022 (GVBl. S. 566);
- **Mecklenburg-Vorpommern:** VO über die Einkommensgrenzen nach dem WohnraumförderungsG v. 22.4.2003 (GVOBl. M-V S. 310), zuletzt geänd. durch VO v. 19.9.2024 (GVOBl. M-V S. 547);
- **Niedersachsen** Niedersächsisches Wohnraum- und WohnquartierförderG v. 29.10.2009 (Nds. GVBl. S. 403), zuletzt geänd. durch G v. 18.12.2025 (Nds. GVBl. Nr. 106);
- **Nordrhein-Westfalen:** WohnraumförderungsG NRW v. 8.12.2009 (GV. NRW. S. 772), zuletzt geänd. durch G v. 17.12.2021 (GV. NRW. S. 1474);
- **Rheinland-Pfalz:** LandeswohnraumförderungsG v. 22.11.2013 (GVBl. S. 472), geänd. durch v. 20.12. 2024 (GVBl. S. 473);
- **Saarland:** Wohnraumförderung-EinkommensgrenzenVO v. 24.10.2019 (Amtsbl. I S. 886), Saarländisches Wohnraumförderungsgesetz v. 12.6.2024 (Amtsbl. I S. 548);
- **Sachsen:** G über die Zuständigkeiten auf dem Gebiet der sozialen Wohnraumförderung v. 6.10.2013 (SächsGVBl. S. 804), geänd. durch VO v. 12.4.2021 (SächsGVBl. S. 517);
- **Sachsen-Anhalt:** VO über die Einkommensgrenzen bei der sozialen Wohnraumförderung v. 23.5.2005 (GVBl. LSA S. 295), zuletzt geänd. durch VO v. 10.12.2025 (GVBl. LSA S. 855);
- **Schleswig-Holstein:** Schleswig-Holsteinisches WohnraumförderungsG v. 25.4.2009 (GVOBl. Schl.-H. S. 194), zuletzt geänd. durch G v. 11.1.2022 (GVOBl. Schl.-H. S. 2);
- **Thüringen:** Thüringer WohnraumförderG v. 31.1.2013 (GVBl. S. 1), geänd. durch G v. 2.7.2024 (GVBl. S. 277).

Zweites Datenschutz-Anpassungs- und Umsetzungsgesetz EU v. 20.11.2019 (BGBl. I S. 1626), Art. 12 Abs. 15 Bürgergeld-G v. 16.12.2022 (BGBl. I S. 2328) und Art. 11 Abs. 2 13. G zur Änd. des Zweiten Buches Sozialgesetzbuch und anderer Gesetze v. 16.4.2026 (BGBl. 2026 I Nr. 107)

Inhaltsübersicht[1)]

Teil 1. Allgemeines zur Förderung

Abschnitt 1. Zweck und Maßnahmen der Förderung

Abschnitt 2. Grundsätze, Voraussetzungen und Förderzusage

Abschnitt 3. Kooperationsvertrag

Teil 2. Begriffsbestimmungen, Durchführung der sozialen Wohnraumförderung

Abschnitt 1. Begriffsbestimmungen

Abschnitt 2. Einkommensermittlung

Abschnitt 3. Begründung und Sicherung von Belegungs- und Mietbindungen sowie von Bindungen für selbst genutztes Wohneigentum

Abschnitt 4. Ausgleich von Fehlförderungen

1) Die Inhaltsübersicht wurde nichtamtlich an die nachträglichen Änderungen angepasst.

Teil 1. Allgemeines zur Förderung

Abschnitt 1. Zweck und Maßnahmen der Förderung

§ 1 Zweck und Anwendungsbereich, Zielgruppe (1) Dieses Gesetz regelt die Förderung des Wohnungsbaus und anderer Maßnahmen zur Unterstützung von Haushalten bei der Versorgung mit Mietwohnraum, einschließlich genossenschaftlich genutzten Wohnraums, und bei der Bildung von selbst genutztem Wohneigentum (soziale Wohnraumförderung).

(2) [1] Zielgruppe der sozialen Wohnraumförderung sind Haushalte, die sich am Markt nicht angemessen mit Wohnraum versorgen können und auf Unterstützung angewiesen sind. [2] Unter diesen Voraussetzungen unterstützt

1. die Förderung von Mietwohnraum insbesondere Haushalte mit geringem Einkommen sowie Familien und andere Haushalte mit Kindern, Alleinerziehende, Schwangere, ältere Menschen, behinderte Menschen, Wohnungslose und sonstige hilfebedürftige Personen,
2. die Förderung der Bildung selbst genutzten Wohneigentums insbesondere Familien und andere Haushalte mit Kindern sowie behinderte Menschen, die unter Berücksichtigung ihres Einkommens und der Eigenheimzulage die Belastungen des Baus oder Erwerbs von Wohnraum ohne soziale Wohnraumförderung nicht tragen können.

§ 2 Fördergegenstände und Fördermittel. (1) Fördergegenstände sind:

1. Wohnungsbau, einschließlich des erstmaligen Erwerbs des Wohnraums innerhalb von zwei Jahren nach Fertigstellung (Ersterwerb),
2. Modernisierung von Wohnraum,
3. Erwerb von Belegungsrechten an bestehendem Wohnraum und
4. Erwerb bestehenden Wohnraums,

wenn damit die Unterstützung von Haushalten bei der Versorgung mit Mietwohnraum durch Begründung von Belegungs- und Mietbindungen oder bei der Bildung von selbst genutztem Wohneigentum erfolgt.

(2) Die Förderung erfolgt durch

1. Gewährung von Fördermitteln, die aus öffentlichen Haushalten oder Zweckvermögen als Darlehen zu Vorzugsbedingungen, auch zur nachstelligen Finanzierung, oder als Zuschüsse bereitgestellt werden,
2. Übernahme von Bürgschaften, Garantien und sonstigen Gewährleistungen sowie
3. Bereitstellung von verbilligtem Bauland.

§ 3[1] Durchführung der Aufgaben und Zuständigkeiten. (1) Länder, Gemeinden und Gemeindeverbände wirken nach Maßgabe dieses Gesetzes bei der sozialen Wohnraumförderung zusammen.

(2) [1]Die Länder führen die soziale Wohnraumförderung als eigene Aufgabe durch[2]. [2]Sie legen das Verwaltungsverfahren fest, soweit dieses Gesetz keine Regelungen trifft. [3]Zuständige Stelle im Sinne dieses Gesetzes ist die Stelle, die nach Landesrecht zuständig ist oder von der Landesregierung in sonstiger Weise bestimmt wird.

(3) [1]Die Länder sollen bei der sozialen Wohnraumförderung die wohnungswirtschaftlichen Belange der Gemeinden und Gemeindeverbände berücksichtigen; dies gilt insbesondere, wenn sich eine Gemeinde oder ein Gemeindeverband an der Förderung beteiligt. [2]Die Länder können bei ihrer Förderung ein von einer Gemeinde oder einem Gemeindeverband beschlossenes Konzept zur sozialen Wohnraumversorgung (kommunales Wohnraumversorgungskonzept) zu Grunde legen.

(4) Gemeinden und Gemeindeverbände können mit eigenen Mitteln eine Förderung nach diesem Gesetz und den hierzu erlassenen landesrechtlichen Vorschriften durchführen, soweit nicht im Übrigen Landesrecht entgegensteht.

§ 4[3] Bauland, sonstige Rahmenbedingungen. (1) Länder, Gemeinden, Gemeindeverbände, sonstige Körperschaften, Anstalten und Stiftungen des öffentlichen Rechts und die von ihnen wirtschaftlich abhängigen Unternehmen sollen in ausreichendem Umfang geeignete Grundstücke als Bauland für den Wohnungsbau unter Berücksichtigung der Anforderungen des Kosten und Flächen sparenden Bauens zu Eigentum oder in Erbbaurecht überlassen.

(2) [1]Die Gemeinden sollen im Rahmen der Gesetze dafür Sorge tragen, dass für den Wohnungsbau erforderliche Grundstücke bebaut und erforderliche Modernisierungsmaßnahmen durchgeführt werden können. [2]Dabei soll auf die Anforderungen des Kosten und Flächen sparenden Bauens geachtet werden.

(3) Die Gemeinden sollen Bauwillige, die ein Baugrundstück erwerben wollen, beraten und unterstützen.

(4) Aus den Absätzen 1 bis 3 können Ansprüche nicht hergeleitet werden.

---

[1] § 3 Abs. 1 geänd. mWv 1.1.2007 durch G v. 5.9.2006 (BGBl. I S. 2098).

[2] *Für den Geltungsbereich Hamburg* siehe das Hamburgische Wohnraumförderungsgesetz v. 19.2. 2008 (HmbGVBl. S. 74), zuletzt geänd. durch G v. 21.5.2013 (HmbGVBl. S. 244).

[3] § 4 Abs. 1 geänd. mWv 1.1.2007 durch G v. 5.9.2006 (BGBl. I S. 2098).

Abschnitt 2. Grundsätze, Voraussetzungen und Förderzusage

§ 5 Anforderungen an die Förderung. (1) Die soziale Wohnraumförderung wird nach diesem Gesetz und hierzu erlassenen Vorschriften des Landes durchgeführt.

(2) Die Länder treffen soweit erforderlich auf der Grundlage dieses Gesetzes Bestimmungen, insbesondere über Voraussetzungen der Förderung und deren Durchführung.

(3) [1]Die in den §§ 6 bis 8 und 10 bezeichneten Grundsätze sind bei den Bestimmungen nach Absatz 2 und, soweit solche Bestimmungen nicht getroffen sind, bei Entscheidungen, die zur Förderung ergehen, in der Abwägung und bei der Ermessensausübung zu berücksichtigen. [2]Die Länder können weitere Grundsätze aufstellen.

§ 6 Allgemeine Fördergrundsätze. [1]Die soziale Wohnraumförderung ist der Nachhaltigkeit einer Wohnraumversorgung verpflichtet, die die wirtschaftlichen und sozialen Erfordernisse mit der Erhaltung der Umwelt in Einklang bringt. [2]Bei der Förderung sind zu berücksichtigen:

1. die örtlichen und regionalen wohnungswirtschaftlichen Verhältnisse und Zielsetzungen, die erkennbaren unterschiedlichen Investitionsbedingungen des Bauherrn sowie die besonderen Anforderungen des zu versorgenden Personenkreises;
2. der Beitrag des genossenschaftlichen Wohnens zur Erreichung der Ziele und Zwecke der sozialen Wohnraumförderung;
3. die Schaffung und Erhaltung sozial stabiler Bewohnerstrukturen;
4. die Schaffung und Erhaltung ausgewogener Siedlungsstrukturen sowie ausgeglichener wirtschaftlicher, sozialer und kultureller Verhältnisse, die funktional sinnvolle Zuordnung der Wohnbereiche zu den Arbeitsplätzen und der Infrastruktur (Nutzungsmischung) sowie die ausreichende Anbindung des zu fördernden Wohnraums an den öffentlichen Personennahverkehr;
5. die Nutzung des Wohnungs- und Gebäudebestandes für die Wohnraumversorgung;

(Fortsetzung nächstes Blatt)

6. die Erhaltung preisgünstigen Wohnraums im Fall der Förderung der Modernisierung;
7. die Anforderungen des Kosten sparenden Bauens, insbesondere durch
   a) die Begrenzung der Förderung auf einen bestimmten Betrag (Förderpauschale),
   b) die Festlegung von Kostenobergrenzen, deren Überschreitung eine Förderung ausschließt, oder
   c) die Vergabe von Fördermitteln im Rahmen von Wettbewerbsverfahren;
8. die Anforderungen des barrierefreien Bauens für die Nutzung von Wohnraum und seines Umfelds durch Personen, die infolge von Alter, Behinderung oder Krankheit dauerhaft oder vorübergehend in ihrer Mobilität eingeschränkt sind;
9. der sparsame Umgang mit Grund und Boden, die ökologischen Anforderungen an den Bau und die Modernisierung von Wohnraum sowie Ressourcen schonende Bauweisen.

[3]Maßnahmen der sozialen Wohnraumförderung, die im Zusammenhang mit städtebaulichen Sanierungs- und Entwicklungsmaßnahmen stehen, sind bevorzugt zu berücksichtigen.

§ 7 Besondere Grundsätze zur Förderung von Mietwohnraum. Bei der Förderung von Mietwohnraum sind folgende Grundsätze zu berücksichtigen:

1. Um tragbare Wohnkosten für Haushalte im Sinne des § 1 Abs. 2 Satz 2 Nr. 1 zu erreichen, können Wohnkostenentlastungen durch Bestimmung höchstzulässiger Mieten unterhalb von ortsüblichen Vergleichsmieten oder durch sonstige Maßnahmen vorgesehen werden. Dabei sind insbesondere die Leistungen nach dem Wohngeldgesetz sowie das örtliche Mietenniveau und das Haushaltseinkommen des Mieters sowie deren Entwicklungen zu berücksichtigen.
2. Wohnkostenentlastungen, die nach Förderzweck und Zielgruppe sowie Förderintensität unangemessen sind (Fehlförderungen), sind zu vermeiden oder auszugleichen. Maßnahmen zur Vermeidung von Fehlförderungen sind Vorkehrungen bei der Förderung, durch die die Wohnkostenentlastung
   a) auf Grund von Bestimmungen in der Förderzusage oder
   b) auf Grund eines Vorbehalts in der Förderzusage durch Entscheidung der zuständigen Stelle

   vermindert wird. Eine Maßnahme zum Ausgleich entstandener Fehlförderungen in Fällen der Festlegung von höchstzulässigen Mieten ist die Erhebung von Ausgleichszahlungen nach den §§ 34 bis 37.
3. Bei der Vermeidung und dem Ausgleich von Fehlförderungen sind soweit erforderlich Veränderungen der für die Wohnkostenentlastung maßgeblichen Einkommensverhältnisse und der Haushaltsgröße durch Überprüfungen in regelmäßigen zeitlichen Abständen zu berücksichtigen.

§ 8 Besondere Grundsätze zur Förderung der Bildung selbst genutzten Wohneigentums. Bei der Förderung der Bildung selbst genutzten Wohneigentums nach § 1 Abs. 2 Satz 2 Nr. 2 sind folgende Grundsätze zu berücksichtigen:

1. Die Förderung der Bildung selbst genutzten Wohneigentums erfolgt bevorzugt für Familien und andere Haushalte mit zwei und mehr Kindern im Sinne des § 32 Abs. 1 bis 5 des Einkommensteuergesetzes sowie für Haushalte, bei denen wegen einer Behinderung eines Haushaltsangehörigen oder aus sonstigen Gründen ein besonderer baulicher Bedarf besteht.
2. Um eine angemessene Belastung des Bauherrn oder des Erwerbers des selbst genutzten Wohneigentums zu erreichen, sind bei der Festlegung der Förderung insbesondere die Einkommensentwicklung und die Eigenheimzulage nach dem Eigenheimzulagengesetz zu berücksichtigen. Fehlförderungen sind zu vermeiden. Soweit dies durch eine Förderung erfolgt, die auf die Entwicklung des Haushaltseinkommens abstellt, sind Veränderungen der maßgeblichen Einkommensverhältnisse und der Haushaltsgröße durch Überprüfungen in regelmäßigen zeitlichen Abständen zu berücksichtigen.

§ 9[1] Einkommensgrenzen. (1) [1]Die Förderung darf nur Haushalte begünstigen, deren Einkommen die Grenzen für das jährliche Einkommen, die in Absatz 2 bezeichnet oder von den Ländern nach Absatz 3 abweichend festgelegt sind, nicht überschreiten. [2]Bei der Ermittlung des Einkommens sind die §§ 20 bis 24 anzuwenden.

(2) [1]Die Einkommensgrenze beträgt:

für einen Einpersonenhaushalt	12 000 Euro,
für einen Zweipersonenhaushalt	18 000 Euro,
zuzüglich für jede weitere zum Haushalt rechnende Person	4 100 Euro.

[2]Sind zum Haushalt rechnende Personen Kinder im Sinne des § 32 Abs. 1 bis 5 des Einkommensteuergesetzes, erhöht sich die Einkommensgrenze nach Satz 1 für jedes Kind um weitere 500 Euro.

(3) [1]Die Landesregierungen werden ermächtigt, durch Rechtsverordnung von den in Absatz 2 bezeichneten Einkommensgrenzen nach den örtlichen und regionalen wohnungswirtschaftlichen Verhältnissen insbesondere

1. zur Berücksichtigung von Haushalten mit Schwierigkeiten bei der Wohnraumversorgung,
2. im Rahmen der Förderung von selbst genutztem Wohneigentum oder
3. zur Schaffung oder Erhaltung sozial stabiler Bewohnerstrukturen

Abweichungen festzulegen. [2]Die Landesregierungen können diese Ermächtigung durch Rechtsverordnung auf eine oberste Landesbehörde übertragen.

§ 10 Wohnungsgrößen. (1) Bei Bestimmungen der Länder über die Grenzen für Wohnungsgrößen sind folgende Grundsätze zu berücksichtigen:

---

[1] § 9 Abs. 3 Satz 2 angef. durch G v. 27. 4. 2002 (BGBl. I S. 1467).

1. Die Größe der zu fördernden Wohnung muss entsprechend ihrer Zweckbestimmung angemessen sein.
2. Besonderheiten bei Maßnahmen im Gebäudebestand und bei selbst genutztem Wohneigentum sowie besonderen persönlichen oder beruflichen Bedürfnissen von Haushaltsangehörigen und einem nach der Lebenserfahrung in absehbarer Zeit zu erwartenden zusätzlichen Raumbedarf ist Rechnung zu tragen.

(2) Bei der Berechnung der Wohnfläche ist § 19 Abs. 1 anzuwenden.

§ 11 Förderempfänger. (1) Empfänger der Förderung ist
1. bei Maßnahmen des Wohnungsbaus und der Modernisierung derjenige, der das Bauvorhaben für eigene oder fremde Rechnung im eigenen Namen durchführt oder durch Dritte durchführen lässt (Bauherr),
2. beim Ersterwerb vom Bauherrn zur Selbstnutzung der Erwerber des Wohnraums,
3. beim Erwerb aus dem Bestand zur Selbstnutzung der Erwerber des Wohnraums,
4. beim Erwerb von Belegungsrechten der Eigentümer oder der sonstige zur Einräumung von Belegungsrechten an dem Wohnraum Berechtigte.

(2) Soweit Fördermittel an einen Bauträger vergeben werden, ist die Vergabe mit der Auflage zu verbinden, dass der Bauträger den geförderten Wohnraum zu angemessenen Bedingungen dem Erwerber alsbald zur Selbstnutzung überträgt.

(3) [1] Die Gewährung von Fördermitteln setzt voraus, dass
1. der Bauherr Eigentümer eines geeigneten Baugrundstücks ist oder nachweist, dass der Erwerb eines derartigen Grundstücks gesichert ist oder durch die Gewährung der Fördermittel gesichert wird,
2. die Gewähr für eine ordnungsmäßige und wirtschaftliche Durchführung des Bauvorhabens und für eine ordnungsmäßige Verwaltung des Wohnraums besteht,
3. der Bauherr die erforderliche Leistungsfähigkeit und Zuverlässigkeit besitzt,
4. bei der Förderung von selbst genutztem Wohneigentum die Belastung auf Dauer tragbar erscheint und
5. der Bauherr eine angemessene Eigenleistung erbringt, für die eigene Geldmittel, der Wert des nicht durch Fremdmittel finanzierten Baugrundstücks oder Selbsthilfe im Sinne des § 12 Abs. 1 Satz 2 in Betracht kommen.

[2] Fördermittel können auch einem Bauherrn oder einem sonstigen Förderempfänger gewährt werden, für den an einem geeigneten Grundstück ein Erbbaurecht von angemessener Dauer bestellt ist oder der nachweist, dass der Erwerb eines derartigen Erbbaurechts gesichert ist.

§ 12 Bevorzugung von Maßnahmen, zusätzliche Förderung. (1) [1]Maßnahmen, bei denen Bauherren in Selbsthilfe tätig werden oder bei denen Mieter von Wohnraum Leistungen erbringen, durch die sie im Rahmen des Mietverhältnisses Vergünstigungen erlangen, können bei der Förderung bevorzugt werden. [2]Selbsthilfe sind die Arbeitsleistungen, die zur Durchführung der geförderten Maßnahmen vom Bauherrn selbst, seinen Angehörigen oder von anderen unentgeltlich oder auf Gegenseitigkeit oder von Mitgliedern von Genossenschaften erbracht werden. [3]Leistungen von Mietern sind die von

1. Mietern für die geförderten Maßnahmen erbrachten Finanzierungsanteile, Arbeitsleistungen oder Sachleistungen und
2. Genossenschaftsmitgliedern übernommenen weiteren Geschäftsanteile, soweit sie für die geförderten Maßnahmen über die Pflichtanteile hinaus erbracht werden.

(2) Eine zusätzliche Förderung für notwendigen Mehraufwand kann insbesondere gewährt werden bei

1. Ressourcen schonenden Bauweisen, die besonders wirksam zur Entlastung der Umwelt, zum Schutz der Gesundheit und zur rationellen Energieverwendung beitragen,
2. besonderen baulichen Maßnahmen, mit denen Belangen behinderter oder älterer Menschen Rechnung getragen wird,
3. einer organisierten Gruppenselbsthilfe für den bei der Vorbereitung und Durchführung der Maßnahmen entstehenden Aufwand,
4. besonderen experimentellen Ansätzen zur Weiterentwicklung des Wohnungsbaus.

§ 13 Förderzusage. (1) Die Förderung wird auf Antrag durch eine Förderzusage der zuständigen Stelle gewährt.

(2) [1]In der Förderzusage sind Bestimmungen zu treffen

1. über Zweckbestimmung, Einsatzart und Höhe der Förderung, Dauer der Gewährung, Verzinsung und Tilgung der Fördermittel, Einhaltung von Einkommensgrenzen und Wohnungsgrößen, Rechtsfolgen eines Eigentumswechsels an dem geförderten Gegenstand sowie
2. bei der Förderung von Mietwohnraum zusätzlich unter Anwendung des Abschnitts 3 des Teils 2 über Gegenstand, Art und Dauer der Belegungsbindungen sowie Art, Höhe und Dauer der Mietbindungen.

[2]In die Förderzusage können weitere für den jeweiligen Förderzweck erforderliche Bestimmungen aufgenommen werden.

(3) [1]Die Förderzusage erfolgt durch Verwaltungsakt oder durch öffentlich-rechtlichen Vertrag; sie bedarf der Schriftform. [2]Die sich aus der Förderzusage ergebenden Berechtigungen und Verpflichtungen gehen nach den in der Förderzusage für den Fall des Eigentumswechsels enthaltenen Bestimmungen auf den Rechtsnachfolger über.

(4) Ein Anspruch auf Förderung besteht nicht.

Abschnitt 3. Kooperationsvertrag

§ 14 Zweck, Beteiligte. (1) Gemeinden, Gemeindeverbände und sonstige öffentliche Stellen können mit Eigentümern oder sonstigen Verfügungsberechtigten von Wohnraum Vereinbarungen über Angelegenheiten der örtlichen Wohnraumversorgung treffen (Kooperationsverträge), insbesondere zur Unterstützung von Maßnahmen der sozialen Wohnraumversorgung einschließlich der Verbesserung der Wohnverhältnisse sowie der Schaffung oder Erhaltung sozial stabiler Bewohnerstrukturen.

(2) [1]In die Vereinbarungen können Dritte, insbesondere öffentliche und private Träger sozialer Aufgaben und andere mit der Durchführung des Kooperationsvertrags Beauftragte, einbezogen werden. [2]Soweit durch Vereinbarungen die Aufgaben der nach § 3 Abs. 2 Satz 3 zuständigen Stellen berührt werden, sind diese Stellen zu beteiligen.

§ 15 Gegenstände des Kooperationsvertrags. (1) Gegenstände des Kooperationsvertrags können insbesondere sein:

1. die Begründung oder Verlängerung von Belegungs- und Mietbindungen an Wohnraum des Eigentümers oder sonstigen Verfügungsberechtigten zu Gunsten der Gemeinde, einer zuständigen Stelle oder eines Trägers sozialer Aufgaben; die entsprechende Anwendung von Bestimmungen der §§ 26 bis 32 kann vereinbart werden;
2. im Zusammenhang mit Vereinbarungen nach Nummer 1 die Übernahme von Bewirtschaftungsrisiken sowie die Übernahme von Bürgschaften für die Erbringung einmaliger oder sonstiger Nebenleistungen der Mieter;
3. die Aufhebung oder Änderung von Belegungs- und Mietbindungen an Wohnraum, soweit dies nach den §§ 30 und 31 zulässig ist und Bestimmungen der Förderzusage nicht entgegenstehen;
4. die Übernahme von wohnungswirtschaftlichen, baulichen und sozialen Maßnahmen, insbesondere von solchen der Verbesserung des Wohnumfelds, der Behebung sozialer Missstände und der Quartiersverwaltung;
5. die Überlassung von Grundstücken und Räumen für die mit dem Kooperationsvertrag verfolgten Zwecke.

(2) [1]Die vereinbarten Leistungen eines Kooperationsvertrags müssen den gesamten Umständen nach angemessen sein und in sachlichem Zusammenhang mit den jeweils beabsichtigten Maßnahmen der Wohnraumversorgung stehen. [2]Die Vereinbarung einer vom Eigentümer oder sonstigen Verfügungsberechtigten oder von einem in den Vertrag einbezogenen Dritten zu erbringenden Leistung ist unzulässig, wenn er auch ohne sie einen Anspruch auf die Gegenleistung hätte.

(3) Ein Kooperationsvertrag bedarf der Schriftform, soweit nicht durch Rechtsvorschriften eine andere Form vorgeschrieben ist.

(4) Die Zulässigkeit anderer Verträge bleibt unberührt.

Teil 2. Begriffsbestimmungen, Durchführung der sozialen Wohnraumförderung

Abschnitt 1. Begriffsbestimmungen

§ 16 Wohnungsbau, Modernisierung. (1) Wohnungsbau ist das Schaffen von Wohnraum durch

1. Baumaßnahmen, durch die Wohnraum in einem neuen selbstständigen Gebäude geschaffen wird,
2. Beseitigung von Schäden an Gebäuden unter wesentlichem Bauaufwand, durch die die Gebäude auf Dauer wieder zu Wohnzwecken nutzbar gemacht werden,
3. Änderung, Nutzungsänderung oder Erweiterung von Gebäuden, durch die unter wesentlichem Bauaufwand Wohnraum geschaffen wird, oder
4. Änderung von Wohnraum unter wesentlichem Bauaufwand zur Anpassung an geänderte Wohnbedürfnisse.

(2) Wohnraum oder anderer Raum ist in Fällen des Absatzes 1 Nr. 2 nicht auf Dauer nutzbar, wenn ein zu seiner Nutzung erforderlicher Gebäudeteil zerstört ist oder wenn sich der Raum oder der Gebäudeteil in einem Zustand befindet, der aus bauordnungsrechtlichen Gründen eine dauernde, der Zweckbestimmung entsprechende Nutzung nicht gestattet; dabei ist es unerheblich, ob der Raum oder der Gebäudeteil tatsächlich genutzt wird.

(3) [1] Modernisierung sind bauliche Maßnahmen, die

1. den Gebrauchswert des Wohnraums oder des Wohngebäudes nachhaltig erhöhen,
2. die allgemeinen Wohnverhältnisse auf Dauer verbessern oder
3. nachhaltig Einsparungen von Energie oder Wasser bewirken.

[2] Instandsetzungen, die durch Maßnahmen der Modernisierung verursacht werden, fallen unter die Modernisierung.

§ 17 Wohnraum. (1) [1] Wohnraum ist umbauter Raum, der tatsächlich und rechtlich zur dauernden Wohnnutzung geeignet und vom Verfügungsberechtigten dazu bestimmt ist. [2] Wohnraum können Wohnungen oder einzelne Wohnräume sein.

(2) Selbst genutztes Wohneigentum ist Wohnraum im eigenen Haus oder in einer eigenen Eigentumswohnung, der zu eigenen Wohnzwecken genutzt wird.

(3) Mietwohnraum ist Wohnraum, der den Bewohnern auf Grund eines Mietverhältnisses oder eines genossenschaftlichen oder sonstigen ähnlichen Nutzungsverhältnisses zum Gebrauch überlassen wird.

§ 18 Haushaltsangehörige. (1) [1] Zum Haushalt rechnen die in Absatz 2 bezeichneten Personen, die miteinander eine Wohn- und Wirt*schaftsgemeinschaft führen* (Haushaltsangehörige). [2] Zum Haushalt rechnen auch Personen im Sinne des Absatzes 2, die alsbald in den Haushalt aufgenommen werden sollen.

(2) Haushaltsangehörige sind:
1. der Antragsteller,
2. der Ehegatte,
3. der Lebenspartner und
4. der Partner einer sonstigen auf Dauer angelegten Lebensgemeinschaft

sowie deren Verwandte in gerader Linie und zweiten Grades in der Seitenlinie, Verschwägerte in gerader Linie und zweiten Grades in der Seitenlinie, Pflegekinder ohne Rücksicht auf ihr Alter und Pflegeeltern.

§ 19[1)] **Wohnfläche.** [1]Die Wohnfläche einer Wohnung ist die Summe der anrechenbaren Grundflächen der ausschließlich zur Wohnung gehörenden Räume. [2]Die Landesregierungen werden ermächtigt, durch Rechtsverordnung Vorschriften zur Berechnung der Grundfläche und zur Anrechenbarkeit auf die Wohnfläche zu erlassen. [3]Die Landesregierungen können die Ermächtigung durch Rechtsverordnung auf eine oberste Landesbehörde übertragen.

Abschnitt 2. Einkommensermittlung

§ 20 Gesamteinkommen. [1]Maßgebendes Einkommen ist das Gesamteinkommen des Haushalts. [2]Gesamteinkommen des Haushalts im Sinne dieses Gesetzes ist die Summe der Jahreseinkommen der Haushaltsangehörigen abzüglich der Frei- und Abzugsbeträge nach § 24. [3]Maßgebend sind die Verhältnisse im Zeitpunkt der Antragstellung.

§ 21[2)] **Begriff des Jahreseinkommens.** (1) [1]Jahreseinkommen im Sinne dieses Gesetzes ist, vorbehaltlich der Absätze 2 und 3 sowie der §§ 22 und 23, die Summe der positiven Einkünfte im Sinne des § 2 Abs. 1, 2 und 5a des Einkommensteuergesetzes jedes Haushaltsangehörigen. [2]Bei den Einkünften im Sinne des § 2 Abs. 1 Satz 1 Nr. 1 bis 3 des Einkommensteuergesetzes ist § 7g Abs. 1 bis 4 und 7 des Einkommensteuergesetzes nicht anzuwenden. [3]Ein Ausgleich mit negativen Einkünften aus anderen Einkunftsarten und mit negativen Einkünften des zusammenveranlagten Ehegatten ist nicht zulässig.

(2) Zum Jahreseinkommen gehören:

1.1 der nach § 19 Abs. 2 und § 22 Nr. 4 Satz 4 Buchstabe b des Einkommensteuergesetzes steuerfreie Betrag von Versorgungsbezügen,

---

[1)] § 19 neu gef. mWv 1.1.2007 durch G v. 5.9.2006 (BGBl. I S. 2098).

[2)] § 21 Abs. 2 Nr. 7 geänd. und Nr. 8 eingef., bish. Nr. 8 wird Nr. 9 mWv 1.1.2003 durch G v. 19.7. 2002 (BGBl. I S. 2690); Abs. 2 Nr. 1.7 Buchst. d, Nrn. 1.8 bis 1.10, 5.5 und 6.3 eingef., bish. Nr. 5.5 wird Nr. 5.6, Nr. 2.2 aufgeh., bish. Nr. 2.3 wird Nr. 2.2, Nr. 6.1 neu gef. sowie Abs. 3 geänd. mWv 1.1.2004 durch G v. 24.12.2003 (BGBl. I S. 2954); Abs. 2 Nr. 9 eingef., bish. Nr. 9 wird Nr. 10 mWv 1.1.2005 durch G v. 24.12.2003 (BGBl. I S. 2954); Abs. 2 Nr. 7 geänd. mWv 1.1.2005 durch G v. 27.12.2003 (BGBl. I S. 3022); Abs. 2 Nr. 1.3 geänd. mWv 1.1.2005 durch G v. 5.7.2004 (BGBl. I S. 1427); Abs. 2 Nr. 5.1 geänd., Nr. 1.2 und Nr. 7 neu gef., Nr. 1.9 aufgeh., bish. Nr. 1.10 wird Nr. 1.9, Nr. 8 aufgeh., bish. Nr. 9 wird Nr. 8 mWv 1.1.2005 durch G v. 15.12.2004 (BGBl. I S. 3450); Abs. 2 Nr. 1.6 geänd. mWv 1.1.2007 durch G v. 5.12.2006 (BGBl. I S. 2748); Abs. 2 Nr. 3.1 neu gef. mWv 1.1.2009 durch G v. 24.9.2008 (BGBl. I S. 1856); Abs. 1 Satz 2 eingef., bish. Satz 2 wird Satz 3, Abs. 2 Nr. 3.2 und 5.3 aufgeh., Nr. 3.3 neu gef. mWv 2.4.2009 durch G v. 28.3.2009 (BGBl. I S. 634); Abs. 2 Nr. 7.1 geänd. mWv 1.1.2011 durch G v. 9.12.2010 (BGBl. I S. 1885); Abs. 2 Nr. 5.2 neu gef. mWv 1.11.2015 durch G v. 29.6.2015 (BGBl. I S. 1061); Abs. 2 Nr. 7.1 neu gef., Nr. 7.3 geänd. mWv 9.10.2015 durch G v. 2.10. 2015 (BGBl. I S. 1610); Abs. 2 Nr. 5.2 aufgeh. mWv 1.1.2020 durch G v. 4.8.2019 (BGBl. I S. 1147); Abs. 2 Nr. 7.1 geänd. mWv 1.1.2023 durch G v. 16.12.2022 (BGBl. I S. 2328); Abs. 2 Nr. 7.1 geänd. mWv 1.7.2026 durch G v. 16.4.2026 (BGBl. 2026 I Nr. 107).

1.2 die einkommensabhängigen, nach § 3 Nr. 6 des Einkommensteuergesetzes steuerfreien Bezüge, die auf Grund gesetzlicher Vorschriften aus öffentlichen Mitteln versorgungshalber an Wehr- und Zivildienstbeschädigte oder ihre Hinterbliebenen, Kriegsbeschädigte und Kriegshinterbliebene sowie ihnen gleichgestellte Personen gezahlt werden,

1.3 die den Ertragsanteil oder den der Besteuerung unterliegenden Anteil nach § 22 Nr. 1 Satz 3 Buchstabe a des Einkommensteuergesetzes übersteigenden Teile von Leibrenten,

1.4 die nach § 3 Nr. 3 des Einkommensteuergesetzes steuerfreien Kapitalabfindungen auf Grund der gesetzlichen Rentenversicherung und auf Grund der Beamten-(Pensions-)Gesetze,

1.5 die nach § 3 Nr. 1 Buchstabe a des Einkommensteuergesetzes steuerfreien

a) Renten wegen Minderung der Erwerbsfähigkeit nach den §§ 56 bis 62 des Siebten Buches Sozialgesetzbuch[1)],

b) Renten und Beihilfen an Hinterbliebene nach den §§ 63 bis 71 des Siebten Buches Sozialgesetzbuch,

c) Abfindungen nach den §§ 75 bis 80 des Siebten Buches Sozialgesetzbuch,

1.6 die Lohn- und Einkommensersatzleistungen nach § 32b Abs. 1 Nr. 1 des Einkommensteuergesetzes, mit Ausnahme der nach § 3 Nr. 1 Buchstabe d des Einkommensteuergesetzes steuerfreien Mutterschutzleistungen und des nach § 3 Nr. 67 des Einkommensteuergesetzes steuerfreien Elterngeldes bis zur Höhe der nach § 10 des Bundeselterngeld- und Elternzeitgesetzes[2)] anrechnungsfreien Beträge,

1.7 die Hälfte der nach § 3 Nr. 7 des Einkommensteuergesetzes steuerfreien

a) Unterhaltshilfe nach den §§ 261 bis 278a des Lastenausgleichsgesetzes[3)], mit Ausnahme der Pflegezulage nach § 269 Abs. 2 des Lastenausgleichsgesetzes,

b) Beihilfe zum Lebensunterhalt nach den §§ 301 bis 301b des Lastenausgleichsgesetzes,

c) Unterhaltshilfe nach § 44 und Unterhaltsbeihilfe nach § 45 des Reparationsschädengesetzes,

d) Beihilfe zum Lebensunterhalt nach den §§ 10 bis 15 des Flüchtlingshilfegesetzes, mit Ausnahme der Pflegezulage nach § 269 Abs. 2 des Lastenausgleichsgesetzes,

1.8 die nach § 3 Nr. 1 Buchstabe a des Einkommensteuergesetzes steuerfreien Krankentagegelder,

1.9 die Hälfte der nach § 3 Nr. 68 des Einkommensteuergesetzes steuerfreien Renten nach § 3 Abs. 2 des Anti-D-Hilfegesetzes,

2.1 die nach § 3b des Einkommensteuergesetzes steuerfreien Zuschläge für Sonntags-, Feiertags- oder Nachtarbeit,

2.2 der nach § 40a des Einkommensteuergesetzes vom Arbeitgeber pauschal besteuerte Arbeitslohn,

3.1 der nach § 20 Abs. 9 des Einkommensteuergesetzes steuerfreie Betrag (Sparer-Pauschbetrag), soweit die Kapitalerträge 100 Euro übersteigen,

3.2 *(aufgehoben)*

[1)] **Aichberger, SGB Nr. 7.**
[2)] **Habersack ErgBd. Nr. 45e.**
[3)] **Sartorius III Nr. 960.**

3.3 die auf erhöhte Absetzungen entfallenden Beträge, soweit sie die höchstmöglichen Absetzungen für Abnutzung nach § 7 des Einkommensteuergesetzes übersteigen, und die auf Sonderabschreibungen entfallenden Beträge,

4.1 der nach § 3 Nr. 9 des Einkommensteuergesetzes steuerfreie Betrag von Abfindungen wegen einer vom Arbeitgeber veranlassten oder gerichtlich ausgesprochenen Auflösung des Dienstverhältnisses,

4.2 der nach § 3 Nr. 27 des Einkommensteuergesetzes steuerfreie Grundbetrag der Produktionsaufgaberente und das Ausgleichsgeld nach dem Gesetz zur Förderung der Einstellung der landwirtschaftlichen Erwerbstätigkeit,

4.3 die nach § 3 Nr. 60 des Einkommensteuergesetzes steuerfreien Leistungen aus öffentlichen Mitteln an Arbeitnehmer des Steinkohlen-, Pechkohlen- und Erzbergbaues, des Braunkohlentiefbaues und der Eisen- und Stahlindustrie aus Anlass von Stilllegungs-, Einschränkungs-, Umstellungs- oder Rationalisierungsmaßnahmen,

5.1 die nach § 22 Nr. 1 Satz 2 des Einkommensteuergesetzes dem Empfänger nicht zuzurechnenden Bezüge, die ihm von nicht zum Haushalt rechnenden Personen gewährt werden, und die Leistungen nach dem Unterhaltsvorschussgesetz[1)],

5.2 *(aufgehoben)*

5.3 *(aufgehoben)*

5.4 die Hälfte des für die Kosten zur Erziehung bestimmten Anteils an Leistungen zum Unterhalt
   a) des Kindes oder Jugendlichen in Fällen
      aa) der Vollzeitpflege nach § 39 in Verbindung mit § 33 oder mit § 35a Abs. 2 Nr. 3 des Achten Buches Sozialgesetzbuch[2)] oder
      bb) einer vergleichbaren Unterbringung nach § 21 des Achten Buches Sozialgesetzbuch,
   b) des jungen Volljährigen in Fällen der Vollzeitpflege nach § 41 in Verbindung mit den §§ 39 und 33 oder mit den §§ 39 und 35a Abs. 2 Nr. 3 des Achten Buches Sozialgesetzbuch,

5.5 die Hälfte der laufenden Leistungen für die Kosten des notwendigen Unterhalts einschließlich der Unterkunft sowie der Krankenhilfe für Minderjährige und junge Volljährige nach § 13 Abs. 3 Satz 2, § 19 Abs. 3, § 21 Satz 2, § 39 Abs. 1 und § 41 Abs. 2 des Achten Buches Sozialgesetzbuch,

5.6 die Hälfte des Pflegegeldes nach § 37 des Elften Buches Sozialgesetzbuch[3)] für Pflegehilfen, die keine Wohn- und Wirtschaftsgemeinschaft mit dem Pflegebedürftigen führen,

6.1 die Hälfte der als Zuschüsse erbrachten
   a) Leistungen zur Förderung der Ausbildung nach dem Bundesausbildungsförderungsgesetz[4)],
   b) Leistungen der Begabtenförderungswerke, soweit sie nicht von Nummer 6.2 erfasst sind,
   c) Stipendien, soweit sie nicht von Buchstabe b, Nummer 6.2 oder Nummer 6.3 erfasst sind,

---

[1)] **Habersack ErgBd. Nr. 45d.**
[2)] **Habersack ErgBd. Nr. 46.**
[3)] **Aichberger, SGB Nr. 11.**
[4)] Nr. **420**.

d) Berufsausbildungsbeihilfen und des Ausbildungsgeldes nach dem Dritten Buch Sozialgesetzbuch[1)],

e) Beiträge zur Deckung des Unterhaltsbedarfs nach dem Aufstiegsfortbildungsförderungsgesetz[2)],

6.2 die als Zuschuss gewährte Graduiertenförderung,

6.3 die Hälfte der nach § 3 Nr. 42 des Einkommensteuergesetzes steuerfreien Zuwendungen, die auf Grund des Fulbright-Abkommens gezahlt werden,

7.1 das Grundsicherungsgeld nach § 19 Absatz 1 des Zweiten Buches Sozialgesetzbuch[3)],

7.2 die Leistungen der Hilfe zum Lebensunterhalt nach den §§ 27 bis 30 des Zwölften Buches Sozialgesetzbuch[4)],

7.3 die Leistungen der Grundsicherung im Alter und bei Erwerbsminderung nach § 42 Nr. 1, 2 und 4 des Zwölften Buches Sozialgesetzbuch mit Ausnahme der Leistungen für einmalige Bedarfe,

7.4 die Leistungen nach dem Asylbewerberleistungsgesetz[5)],

7.5 die Leistungen der ergänzenden Hilfe zum Lebensunterhalt nach § 27a des Bundesversorgungsgesetzes oder nach einem Gesetz, das dieses für anwendbar erklärt, mit Ausnahme der Leistungen für einmalige Bedarfe,
soweit diese Leistungen die bei ihrer Berechnung berücksichtigten Kosten für Wohnraum übersteigen,

8. die Leistungen zur Sicherung des Lebensunterhalts nach § 19 sowie den §§ 24 und 28 in Verbindung mit § 19 Satz 1 Nr. 1 des Zweiten Buches Sozialgesetzbuch, soweit diese die bei ihrer Berechnung berücksichtigten Kosten für den Wohnraum übersteigen,

9. die ausländischen Einkünfte nach § 32b Abs. 1 Nr. 2 und 3 des Einkommensteuergesetzes.

(3) Aufwendungen zum Erwerb, zur Sicherung und zur Erhaltung von Einnahmen nach Absatz 2 mit Ausnahme der Nummern 5.3 bis 5.5 dürfen in der im Sinne des § 22 Abs. 1 und 2 zu erwartenden oder nachgewiesenen Höhe abgezogen werden.

§ 22 Zeitraum für die Ermittlung des Jahreseinkommens. (1) [1] Bei der Ermittlung des Jahreseinkommens ist das Einkommen zu Grunde zu legen, das in den zwölf Monaten ab dem Monat der Antragstellung zu erwarten ist.

(Fortsetzung nächstes Blatt)

---

1) *Aichberger, SGB Nr. 3.*
2) **Loseblatt-Textsammlung Arbeitsrecht Nr. 418.**
3) **Sartorius ErgBd. Nr. 402.**
4) **Sartorius ErgBd. Nr. 412.**
5) **Sartorius ErgBd. Nr. 418.**

[2] Hierzu kann auch von dem Einkommen ausgegangen werden, das innerhalb der letzten zwölf Monate vor Antragstellung erzielt worden ist. [3] Änderungen sind zu berücksichtigen, wenn sie im Zeitpunkt der Antragstellung innerhalb von zwölf Monaten mit Sicherheit zu erwarten sind; Änderungen, deren Beginn oder Ausmaß nicht ermittelt werden können, bleiben außer Betracht.

(2) Kann die Höhe des zu erwartenden Einkommens nicht nach Absatz 1 ermittelt werden, so ist grundsätzlich das Einkommen der letzten zwölf Monate vor Antragstellung zu Grunde zu legen.

(3) Bei Personen, die zur Einkommensteuer veranlagt werden, kann bei Anwendung des Absatzes 1 von den Einkünften ausgegangen werden, die sich aus dem letzten Einkommensteuerbescheid, den Vorauszahlungsbescheiden oder der letzten Einkommensteuererklärung ergeben; die sich hieraus ergebenden Einkünfte sind bei Anwendung des Absatzes 2 zu Grunde zu legen.

(4) [1] Einmaliges Einkommen, das in einem nach Absatz 1 oder 2 maßgebenden Zeitraum anfällt, aber einem anderen Zeitraum zuzurechnen ist, ist so zu behandeln, als wäre es während des anderen Zeitraums angefallen. [2] Einmaliges Einkommen, das einem nach Absatz 1 oder 2 maßgebenden Zeitraum zuzurechnen, aber in einem früheren Zeitraum angefallen ist, ist so zu behandeln, als wäre es während des nach Absatz 1 oder 2 maßgebenden Zeitraums angefallen. [3] Satz 2 gilt nur für Einkommen, das innerhalb von drei Jahren vor Antragstellung angefallen ist.

§ 23 Pauschaler Abzug. (1) Bei der Ermittlung des Jahreseinkommens wird von dem nach den §§ 21 und 22 ermittelten Betrag ein pauschaler Abzug in Höhe von jeweils 10 Prozent für die Leistung von

1. Steuern vom Einkommen,
2. Pflichtbeiträgen zur gesetzlichen Kranken- und Pflegeversicherung und
3. Pflichtbeiträgen zur gesetzlichen Rentenversicherung

vorgenommen.

(Fortsetzung nächstes Blatt)

(2) [1]Werden keine Pflichtbeiträge nach Absatz 1 Nr. 2 oder 3 geleistet, so werden laufende Beiträge zu öffentlichen oder privaten Versicherungen oder ähnlichen Einrichtungen in der tatsächlich geleisteten Höhe, höchstens bis zu jeweils 10 Prozent des sich nach den §§ 21 und 22 ergebenden Betrages abgezogen, wenn die Beiträge der Zweckbestimmung der Pflichtbeiträge nach Absatz 1 Nr. 2 oder 3 entsprechen. [2]Dies gilt auch, wenn die Beiträge zu Gunsten eines zum Haushalt rechnenden Angehörigen geleistet werden. [3]Die Sätze 1 und 2 gelten nicht, wenn eine im Wesentlichen beitragsfreie Sicherung oder eine Sicherung, für die Beiträge von einem Dritten geleistet werden, besteht.

§ 24 Frei- und Abzugsbeträge. (1) Bei der Ermittlung des Gesamteinkommens werden folgende Freibeträge abgesetzt:

1. 4500 Euro für jeden schwerbehinderten Menschen mit einem Grad der Behinderung
   a) von 100 oder
   b) von wenigstens 80, wenn der schwerbehinderte Mensch häuslich pflegebedürftig im Sinne des § 14 des Elften Buches Sozialgesetzbuch ist;
2. 2100 Euro für jeden schwerbehinderten Menschen mit einem Grad der Behinderung von unter 80, wenn der schwerbehinderte Mensch häuslich pflegebedürftig im Sinne des § 14 des Elften Buches Sozialgesetzbuch ist;
3. 4000 Euro bei jungen Ehepaaren bis zum Ablauf des fünften Kalenderjahres nach dem Jahr der Eheschließung; junge Ehepaare sind solche, bei denen keiner der Ehegatten das 40. Lebensjahr vollendet hat;
4. 600 Euro für jedes Kind unter zwölf Jahren, für das Kindergeld nach dem Einkommensteuergesetz oder dem Bundeskindergeldgesetz oder eine Leistung im Sinne des § 65 Abs. 1 des Einkommensteuergesetzes oder des § 4 Abs. 1 des Bundeskindergeldgesetzes gewährt wird, wenn die antragsberechtigte Person allein mit Kindern zusammenwohnt und wegen Erwerbstätigkeit oder Ausbildung nicht nur kurzfristig vom Haushalt abwesend ist;
5. bis zu 600 Euro, soweit ein zum Haushalt rechnendes Kind eigenes Einkommen hat und das 16., aber noch nicht das 25. Lebensjahr vollendet hat.

(2) [1]Aufwendungen zur Erfüllung gesetzlicher Unterhaltsverpflichtungen werden bis zu dem in einer notariell beurkundeten Unterhaltsvereinbarung festgelegten oder in einem Unterhaltstitel oder Unterhaltsbescheid festgestellten Betrag abgesetzt. [2]Liegen eine notariell beurkundete Unterhaltsvereinbarung, ein Unterhaltstitel oder ein Unterhaltsbescheid nicht vor, können Aufwendungen zur Erfüllung gesetzlicher Unterhaltsverpflichtungen wie folgt abgesetzt werden:

1. bis zu 3000 Euro für einen Haushaltsangehörigen, der auswärts untergebracht ist und sich in der Berufsausbildung befindet;
2. bis zu 6000 Euro für einen nicht zum Haushalt rechnenden früheren oder dauernd getrennt lebenden Ehegatten oder Lebenspartner;

3. bis zu 3000 Euro für eine sonstige nicht zum Haushalt rechnende Person.

Abschnitt 3. Begründung und Sicherung von Belegungs- und Mietbindungen sowie von Bindungen für selbst genutztes Wohneigentum

§ 25 Anwendungsbereich. (1) 1 Mietwohnraum unterliegt den in der Förderzusage nach § 13 Abs. 2 bestimmten Bindungen, insbesondere Belegungs- und Mietbindungen. 2 Auf diese Bestimmungen sind die §§ 26 bis 33 und 52 anzuwenden.

(2) 1 Selbst genutztes Wohneigentum unterliegt den in der Förderzusage nach § 13 Abs. 2 bestimmten Bindungen. 2 Auf diese Bestimmungen sind § 27 Abs. 7 Satz 1 Nr. 2 und 3 und Satz 3 bis 5 sowie Abs. 8, § 32 Abs. 1, 2 und 4 sowie die §§ 33 und 52 entsprechend anzuwenden.

§ 26 Gegenstände und Arten der Belegungsrechte. (1) Belegungsrechte können

1. an den geförderten Wohnungen (unmittelbare Belegung),
2. an diesen und an anderen Wohnungen (verbundene Belegung),
3. nur an anderen Wohnungen (mittelbare Belegung)

begründet werden.

(2) 1 Belegungsrechte können in der Förderzusage als allgemeine Belegungsrechte, Benennungsrechte und Besetzungsrechte begründet werden. 2 Ein allgemeines Belegungsrecht ist das Recht der zuständigen Stelle, von dem durch die Förderung berechtigten und verpflichteten Eigentümer oder sonstigen Verfügungsberechtigten zu fordern, eine bestimmte belegungsgebundene Wohnung einem Wohnungssuchenden zu überlassen, dessen Wohnberechtigung sich aus einer Bescheinigung nach § 27 ergibt. 3 Ein Benennungsrecht ist das Recht der zuständigen Stelle, dem Verfügungsberechtigten für die Vermietung einer bestimmten belegungsgebundenen Wohnung mindestens drei Wohnungssuchende zur Auswahl zu benennen. 4 Ein Besetzungsrecht ist das Recht der zuständigen Stelle, einen Wohnungssuchenden zu bestimmen, dem der Verfügungsberechtigte eine bestimmte belegungsgebundene Wohnung zu überlassen hat.

(3) In der Förderzusage kann bestimmt werden, dass die zuständige Stelle unter in der Förderzusage festgelegten Voraussetzungen befristet oder unbefristet statt eines allgemeinen Belegungsrechts ein Benennungsrecht oder ein Besetzungsrecht im Sinne des Absatzes 2 ausüben kann.

§ 27 Wohnberechtigungsschein, Sicherung der Belegungsrechte. (1) 1 Der Verfügungsberechtigte darf die Wohnung nur einem Wohnungssuchenden zum Gebrauch überlassen, wenn dieser ihm vorher seine Wohnberechtigung durch Übergabe eines Wohnberechtigungsscheins nachweist. 2 Der Wohnberechtigungsschein wird nach Maßgabe der Absätze 2 bis 5 erteilt.

(2) [1]Der Wohnberechtigungsschein wird auf Antrag des Wohnungssuchenden von der zuständigen Stelle für die Dauer eines Jahres erteilt. [2]Antragsberechtigt sind Wohnungssuchende, die sich nicht nur vorübergehend im Geltungsbereich dieses Gesetzes aufhalten und die rechtlich und tatsächlich in der Lage sind, für sich und ihre Haushaltsangehörigen nach § 18 auf längere Dauer einen Wohnsitz als Mittelpunkt der Lebensbeziehungen zu begründen und dabei einen selbstständigen Haushalt zu führen.

(3) [1]Der Wohnberechtigungsschein ist zu erteilen, wenn vom Wohnungssuchenden und seinen Haushaltsangehörigen die Einkommensgrenze nach § 9 Abs. 2 eingehalten wird. [2]Hat ein Land nach § 9 Abs. 3 eine Abweichung von der Einkommensgrenze festgelegt, ist der Wohnberechtigungsschein unter Zugrundelegung dieser abweichenden Einkommensgrenze zu erteilen. [3]In dem Wohnberechtigungsschein ist anzugeben, welche maßgebliche Einkommensgrenze eingehalten wird. [4]Der Wohnberechtigungsschein kann in Abweichung von der Einkommensgrenze nach Satz 1 oder 2 mit Geltung für das Gebiet eines Landes erteilt werden, wenn

1. die Versagung für den Wohnungssuchenden eine besondere Härte bedeuten würde oder
2. der Wohnungssuchende durch den Bezug der Wohnung eine andere geförderte Wohnung freimacht, deren Miete, bezogen auf den Quadratmeter Wohnfläche, niedriger ist oder deren Größe die für ihn maßgebliche Wohnungsgröße übersteigt.

[5]Die Erteilung des Wohnberechtigungsscheins ist zu versagen, wenn sie auch bei Einhaltung der nach Satz 1 oder 2 maßgeblichen Einkommensgrenze offensichtlich nicht gerechtfertigt wäre.

(4) [1]In dem Wohnberechtigungsschein ist die für den Wohnungssuchenden und seine Haushaltsangehörigen nach den Bestimmungen des Landes maßgebliche Wohnungsgröße nach der Raumzahl oder nach der Wohnfläche anzugeben. [2]Von der maßgeblichen Grenze kann im Einzelfall

1. zur Berücksichtigung
   a) besonderer persönlicher oder beruflicher Bedürfnisse eines Haushaltsangehörigen oder
   b) eines nach der Lebenserfahrung in absehbarer Zeit zu erwartenden zusätzlichen Raumbedarfs oder
2. zur Vermeidung besonderer Härten

abgewichen werden.

(5) Soweit Wohnungen nach der Förderzusage bestimmten Haushalten vorbehalten sind und der Wohnungssuchende und seine Haushaltsangehörigen zu diesen Haushalten gehören, sind im Wohnberechtigungsschein Angaben zur Zugehörigkeit zu diesen Haushalten aufzunehmen.

(6) [1]Ist eine Wohnung entgegen Absatz 1 Satz 1 überlassen worden, hat der Verfügungsberechtigte auf Verlangen der zuständigen Stelle das Mietverhältnis zu kündigen und die Wohnung einem Wohnungs-

suchenden nach Absatz 1 Satz 1 zu überlassen. 2 Kann der Verfügungsberechtigte die Beendigung des Mietverhältnisses durch Kündigung nicht alsbald erreichen, kann die zuständige Stelle von dem Mieter, dem der Verfügungsberechtigte die Wohnung entgegen Absatz 1 Satz 1 überlassen hat, die Räumung der Wohnung verlangen.

(7) 1 Der Verfügungsberechtigte darf eine Wohnung nur mit Genehmigung der zuständigen Stelle

1. selbst nutzen,
2. nicht nur vorübergehend, mindestens drei Monate, leer stehen lassen oder
3. anderen als Wohnzwecken zuführen oder entsprechend baulich ändern.

2 Im Fall des Satzes 1 Nr. 1 ist die Genehmigung zu erteilen, wenn der Verfügungsberechtigte und seine Haushaltsangehörigen die Voraussetzungen für die Erteilung eines Wohnberechtigungsscheins nach den Absätzen 1 bis 5 erfüllen. 3 Im Fall des Satzes 1 Nr. 2 darf die Genehmigung nur erteilt werden, wenn und solange eine Vermietung nicht möglich ist und der Förderzweck nicht auf andere Weise, auch nicht durch Freistellung von Belegungsbindungen nach § 30 oder durch Übertragung von Belegungs- und Mietbindungen nach § 31, erreicht werden kann. 4 Im Fall des Satzes 1 Nr. 3 kann die Genehmigung erteilt werden, wenn und soweit ein überwiegendes öffentliches Interesse oder ein überwiegendes berechtigtes Interesse des Verfügungsberechtigten oder eines Dritten an der anderen Verwendung oder baulichen Änderung der Wohnung besteht; die Genehmigung kann unter der Verpflichtung zu einem Geldausgleich in angemessener Höhe oder zur vertraglichen Einräumung eines Belegungsrechts für eine andere nicht gebundene Wohnung (Ersatzwohnung) erteilt werden. 5 Wer der sich aus Satz 1 Nr. 3 ergebenden Verpflichtung zuwiderhandelt, hat auf Verlangen der zuständigen Stelle die Eignung für Wohnzwecke auf seine Kosten wiederherzustellen.

(8) Sobald voraussehbar ist, dass eine Wohnung bezugsfertig oder frei wird, hat der Verfügungsberechtigte dies der zuständigen Stelle unverzüglich schriftlich anzuzeigen und den voraussichtlichen Zeitpunkt der Bezugsfertigkeit oder des Freiwerdens mitzuteilen.

§ 28 Bestimmung und Sicherung der höchstzulässigen Miete. (1) 1 In der Förderzusage ist eine höchstzulässige Miete zu bestimmen; sie ist die Miete ohne den Betrag für Betriebskosten. 2 In der Förderzusage können Änderungen der höchstzulässigen Miete während der Dauer der Förderung, auch für Mieterhöhungen nach durchgeführten Modernisierungen, vorgesehen oder vorbehalten werden. 3 Bestimmungen über die höchstzulässige Miete dürfen nicht zum Nachteil des Mieters von den allgemeinen mietrechtlichen Vorschriften abweichen.

(2) 1 Der Vermieter darf eine Wohnung nicht gegen eine höhere als die höchstzulässige Miete zum Gebrauch überlassen. 2 Er hat die in der Förderzusage enthaltenen Bestimmungen über die höchstzulässige Miete und das Bindungsende im Mietvertrag anzugeben.

(3) Der Vermieter kann die Miete nach Maßgabe der allgemeinen mietrechtlichen Vorschriften erhöhen, jedoch nicht höher als bis zur höchstzulässigen Miete und unter Einhaltung sonstiger Bestimmungen der Förderzusage zur Mietbindung.

(4) Der Vermieter darf

1. eine Leistung zur Abgeltung von Betriebskosten nur nach Maßgabe der §§ 556, 556 a und 560 des Bürgerlichen Gesetzbuchs[1)] und
2. eine einmalige oder sonstige Nebenleistung nur insoweit, als sie nach Vorschriften des Landes oder nach den Bestimmungen der Förderzusage zugelassen ist,

fordern, sich versprechen lassen oder annehmen.

(5) [1] Der Mieter kann sich gegenüber dem Vermieter auf die Bestimmung der Förderzusage über die höchstzulässige Miete und auf die sonstigen Bestimmungen der Förderzusage zur Mietbindung berufen. [2] Hierzu hat ihm der Vermieter die erforderlichen Auskünfte zu erteilen. [3] Erteilt der Vermieter die Auskünfte nicht oder nur unzureichend, hat dies auf Verlangen des Mieters durch die zuständige Stelle zu erfolgen.

(6) Von den Absätzen 1 bis 5 abweichende Vereinbarungen im Mietvertrag sind unwirksam.

§ 29 Dauer der Belegungs- und Mietbindungen. (1) [1] Die Dauer der Belegungs- und Mietbindungen ist in der Förderzusage durch Festlegung einer Frist zu bestimmen; bei der Gewährung von Darlehen sind Bestimmungen über die Dauer der Bindungen bei vorzeitiger vollständiger Rückzahlung der Darlehen zu treffen, die dem mit dem Einsatz der Fördermittel verfolgten Förderzweck Rechnung tragen. [2] Die Bindungen bleiben bestehen

1. bei Rückzahlung der Darlehen auf Grund einer Kündigung wegen Verstoßes gegen Bestimmungen der Förderzusage bis zu dem in der Förderzusage bestimmten Ende der Bindungen, längstens jedoch bis zum Ablauf des zwölften Kalenderjahres nach dem Jahr der Rückzahlung,
2. bei einer Zwangsversteigerung des Grundstücks bis zu dem in der Förderzusage bestimmten Ende der Bindungen, längstens jedoch bis zum Ablauf des dritten Kalenderjahres nach dem Kalenderjahr, in dem der Zuschlag erteilt worden ist und die auf Grund der Darlehensförderung begründeten Grundpfandrechte mit dem Zuschlag erloschen sind.

[3] Bei der Gewährung von Zuschüssen bleiben die Bindungen im Fall der Rückforderung der Zuschüsse wegen Verstoßes gegen die Bestimmungen der Förderzusage längstens zwölf Kalenderjahre nach dem Jahr der Rückzahlung, im Fall der Zwangsversteigerung des Grundstücks bis zum Zuschlag bestehen.

(2) [1] Die zuständige Stelle hat auf Antrag dem Verfügungsberechtigten und bei berechtigtem Interesse auch einem Wohnungssuchenden und dem Mieter schriftlich zu bestätigen, wie lange die Belegungs- und

---

1) **Schönfelder Nr. 20.**

Mietbindungen dauern. [2]Die Bestätigung ist gegenüber dem Verfügungsberechtigten und dem Mieter in tatsächlicher und rechtlicher Hinsicht verbindlich.

§ 30 Freistellung von Belegungsbindungen. (1) Die zuständige Stelle kann den Verfügungsberechtigten von den Verpflichtungen nach § 27 Abs. 1 und 7 Satz 1 freistellen, wenn und soweit

1. nach den örtlichen wohnungswirtschaftlichen Verhältnissen ein überwiegendes öffentliches Interesse an den Bindungen nicht mehr besteht oder
2. an der Freistellung ein überwiegendes öffentliches Interesse besteht oder
3. die Freistellung der Schaffung oder Erhaltung sozial stabiler Bewohnerstrukturen dient oder
4. an der Freistellung ein überwiegendes berechtigtes Interesse des Verfügungsberechtigten oder eines Dritten besteht

und für die Freistellung ein Ausgleich dadurch erfolgt, dass der Verfügungsberechtigte der zuständigen Stelle das Belegungsrecht für Ersatzwohnungen, die bezugsfertig oder frei sind, für die Dauer der Freistellung vertraglich einräumt oder einen Geldausgleich in angemessener Höhe oder einen sonstigen Ausgleich in angemessener Art und Weise leistet.

(2) Freistellungen können für bestimmte Wohnungen, für Wohnungen bestimmter Art oder für Wohnungen in bestimmten Gebieten erteilt werden.

(3) Bei einer Freistellung kann von einem Ausgleich abgesehen werden, wenn und soweit die Freistellung im überwiegenden öffentlichen Interesse erteilt wird.

§ 31 Übertragung von Belegungs- und Mietbindungen. (1) Die zuständige Stelle kann mit dem Verfügungsberechtigten vereinbaren, dass die Belegungs- und Mietbindungen von geförderten Wohnungen (Förderwohnungen) auf Ersatzwohnungen des Verfügungsberechtigten übergehen, wenn

1. dies der Schaffung oder Erhaltung sozial stabiler Bewohnerstrukturen dient oder aus anderen Gründen der örtlichen wohnungswirtschaftlichen Verhältnisse geboten ist und
2. Förderwohnungen und Ersatzwohnungen unter Berücksichtigung des Förderzwecks gleichwertig sind und
3. sichergestellt ist, dass zum Zeitpunkt des Übergangs die Wohnungen bezugsfertig oder frei sind.

(2) Gegenstand der Vereinbarung können ohne Vorliegen der Voraussetzungen des Absatzes 1 Nr. 2 auch Änderungen der Belegungs- und Mietbindungen, insbesondere deren Anzahl, Dauer, Art oder Höhe sein, wenn die Änderungen unter Berücksichtigung der maßgeblichen Umstände, insbesondere des Wohnwerts der Wohnungen, nicht zu einem mehr als nur unerheblichen wirtschaftlichen Vorteil des Verfügungsberechtigten führen.

(3) [1] In der Vereinbarung sind weitere zum Übergang und zur Änderung der Belegungs- und Mietbindungen sowie zu sonstigen in der Förderzusage festgelegten Berechtigungen und Verpflichtungen erforderliche Bestimmungen zu treffen, namentlich zum Zeitpunkt des Übergangs. [2] Mit dem Zeitpunkt des Übergangs gelten die Ersatzwohnungen als geförderte Wohnungen im Sinne der Förderzusage; auf die Ersatzwohnungen sind die Vorschriften dieses und des vierten Abschnitts anzuwenden.

(4) Sind gewährte Fördermittel durch dingliche Rechte am Grundstück der Förderwohnungen gesichert, können die zuständige Stelle, der Verfügungsberechtigte und der Gläubiger vereinbaren, dass die dinglichen Rechte aufgehoben und am Grundstück der Ersatzwohnungen neu bestellt werden.

§ 32[1)] Sonstige Vorschriften der Sicherung. (1) [1] Die zuständige Stelle kann Bestimmungen der Förderzusage nach den allgemeinen Vorschriften im Wege des Verwaltungszwangs vollziehen. [2] Soweit die Bestimmungen in einem öffentlich-rechtlichen Vertrag getroffen werden, hat sich der Förderempfänger der sofortigen Vollstreckung nach § 61 des Verwaltungsverfahrensgesetzes[2)] oder nach entsprechenden landesrechtlichen Vorschriften zu unterwerfen.

(2) [1] Die zuständige Stelle darf Daten hinsichtlich
1. Wohnungen,
2. der Nutzung von Wohnungen,
3. der jeweiligen Mieter und Vermieter,
4. der Belegungsrechte und
5. der höchstzulässigen Mieten

verarbeiten, soweit dies zur Sicherung der Zweckbestimmung der Wohnungen und der sonstigen Bestimmungen der Förderzusage erforderlich ist. [2] Der Vermieter und der Mieter sind verpflichtet, der zuständigen Stelle auf Verlangen Auskunft zu erteilen und Einsicht in ihre Unterlagen zu gewähren und ihr die Besichtigung von Grundstücken, Gebäuden und Wohnungen zu gestatten, soweit dies zur Sicherung der Zweckbestimmung der Wohnungen und der sonstigen Bestimmungen der Förderzusage erforderlich ist. [3] Durch Satz 2 wird das Grundrecht der Unverletzlichkeit der Wohnung (Artikel 13 des Grundgesetzes[3)]) eingeschränkt.

(3) [1] Der Vermieter hat der zuständigen Stelle die Veräußerung von belegungs- oder mietgebundenen Wohnungen und die Begründung von Wohnungseigentum an solchen Wohnungen unverzüglich schriftlich mitzuteilen. [2] Der Vermieter, der eine Wohnung erworben hat, an der nach der Überlassung an einen Mieter Wohnungseigentum begründet worden ist, darf sich dem Mieter gegenüber auf berechtigte Interessen an der Beendigung des Mietverhältnisses im Sinne des § 573 Abs. 2 Nr. 2 des Bürgerlichen Gesetzbuchs[4)] nicht berufen, solange die Wohnung Belegungs- oder Mietbindungen unterliegt; im Übrigen bleibt § 577a Abs. 1 und 2 des Bürgerlichen Gesetzbuchs unberührt, soweit in dieser Bestimmung auf § 573 Abs. 2 Nr. 2 des Bürgerlichen Gesetzbuchs verwiesen wird.

[1)] § 32 Abs. 2 Satz 1 neu gef. mWv 26.11.2019 durch G v. 20.11.2019 (BGBl. I S. 1626).
[2)] Nr. **100**.
[3)] Nr. **1**.
[4)] **Schönfelder Nr. 20.**

(4) [1] Finanzbehörden und Arbeitgeber haben der zuständigen Stelle Auskunft über die Einkommensverhältnisse der Wohnungssuchenden zu erteilen, soweit dies zur Sicherung der Zweckbestimmung der Wohnungen und der sonstigen Bestimmungen der Förderzusage erforderlich ist und begründete Zweifel an der Richtigkeit der Angaben und der hierzu vorgelegten Nachweise bestehen. [2] Vor einem Auskunftsersuchen an den Arbeitgeber soll dem Wohnungssuchenden Gelegenheit zur Stellungnahme gegeben werden.

(5) Fördermittel, die in Abhängigkeit vom jeweiligen Haushaltseinkommen des Mieters gewährt werden, können auch dann an den Vermieter ausgezahlt werden, wenn dieser aus den geleisteten Zahlungen Rückschlüsse auf das Einkommen des Mieterhaushalts ziehen kann.

(6) Die für Wohnungen geltenden Vorschriften dieses Abschnitts gelten entsprechend für einzelne Wohnräume mit Ausnahme solcher in Wohnheimen.

(7) Für die Zwecke der Sicherung der höchstzulässigen Miete nach § 28 Abs. 2 bis 6 und für die übrigen Sicherungsvorschriften der Absätze 2, 3, 5 und 6 ist der sonstige Verfügungsberechtigte dem Vermieter gleichgestellt.

§ 33 Geldleistung bei Gesetzesverstößen. (1) [1] Für die Zeit, während der der Verfügungsberechtigte oder ein von ihm Beauftragter schuldhaft gegen die Vorschriften des § 27 Abs. 1 oder 6 Satz 1 oder Abs. 7 Satz 1 oder Abs. 8 oder des § 28 Abs. 2 bis 4 oder des § 32 Abs. 3 Satz 1 verstößt, kann die zuständige Stelle für die Dauer des Verstoßes durch Verwaltungsakt von dem Verfügungsberechtigten Geldleistungen bis zu monatlich 5 Euro je Quadratmeter Wohnfläche der Wohnung, auf die sich der Verstoß bezieht, erheben. [2] Für die Bemessung der Geldleistungen sind ausschließlich der Wohnwert der Wohnung und die Schwere des Verstoßes maßgebend. [3] Die eingezogenen Geldleistungen sind für Maßnahmen der sozialen Wohnraumförderung einzusetzen.

Abschnitt 4. Ausgleich von Fehlförderungen

§ 34[1)] Grundlagen der Ausgleichszahlung. (1) [1] Die Länder können, um eine Fehlförderung im Sinne des § 7 Nr. 2 Satz 1 und 3 auszugleichen, landesrechtliche Vorschriften über die Erhebung einer Ausgleichszahlung von Mietern geförderter Wohnungen erlassen; sie treffen dazu nach Maßgabe der Absätze 2 bis 4, des § 35 Abs. 1 Satz 2, des § 36 Abs. 1 und 3 sowie des § 37 Abs. 2 Satz 1 und 4 die erforderlichen Bestimmungen. [2] Auf die Erhebung von Ausgleichszahlungen sind die Absätze 5 bis 7 sowie § 35 Abs. 1 Satz 1, 3 und 4 und Abs. 2 bis 4, § 36 Abs. 2 sowie § 37 Abs. 1 und 2 Satz 2 und 3 anzuwenden. [3] § 32 Abs. 6 gilt entsprechend für die Vorschriften dieses Abschnitts.

(2) [1] Die Länder legen fest, in welchen Gemeinden und für welche Arten von geförderten Wohnungen eine Ausgleichszahlung erhoben

(Fortsetzung nächstes Blatt)

[1)] § 34 Abs. 4 Satz 1 Nr. 2 geänd. mWv 1.1.2005 durch G v. 24.12.2003 (BGBl. I S. 2954) und G v. 27.12.2003 (BGBl. I S. 3022, geänd. durch G v. 15.12.2004, BGBl. I S. 3450).

werden soll. [2]Dabei kann von der Festlegung einer Gemeinde auch abgesehen werden, wenn in der Gemeinde

1. die für die Wohnungen bestimmten höchstzulässigen Mieten nur geringfügige Wohnkostenentlastungen beinhalten oder
2. der Verwaltungsaufwand für die Erhebung einer Ausgleichszahlung in einem unangemessenen Verhältnis zu den erwarteten Einnahmen stehen würde.

(3) Die Verpflichtung zur Leistung einer Ausgleichszahlung darf für Mieter nur vorgesehen werden, wenn das Gesamteinkommen der Haushaltsangehörigen und der die Wohnung nicht nur vorübergehend nutzenden sonstigen Personen die entsprechend § 9 maßgebliche Einkommensgrenze mehr als unerheblich übersteigt.

(4) [1]Eine Verpflichtung zur Leistung einer Ausgleichszahlung darf nicht vorgesehen werden

1. für Mieter, die Wohngeld nach dem Wohngeldgesetz erhalten,
2. für Mieter, die Leistungen der Hilfe zum Lebensunterhalt nach dem Zwölften Buch Sozialgesetzbuch oder Leistungen zur Sicherung des Lebensunterhalts nach dem Zweiten Buch Sozialgesetzbuch oder Leistungen der ergänzenden Hilfe zum Lebensunterhalt nach § 27 a des Bundesversorgungsgesetzes erhalten und daneben keine weiteren Einkünfte erzielen, bei deren Berücksichtigung eine Ausgleichszahlung zu leisten wäre, oder
3. wenn eine Freistellung nach § 30 Abs. 1 und 2 für das Gebiet, in dem die Wohnung liegt, erfolgt ist.

[2]Die Tatsachen für die Ausnahme von der Leistungspflicht nach Satz 1 hat der Mieter nachzuweisen.

(5) [1]Von der Erhebung einer Ausgleichszahlung kann für bestimmte Wohnungen, für Wohnungen bestimmter Art, für Wohnungen in bestimmten Gebieten von Gemeinden oder für Wohnungen in bestimmten Teilen von Gemeinden ganz oder teilweise abgesehen werden, wenn nach dem Förderzweck unter Berücksichtigung der örtlichen wohnungswirtschaftlichen Verhältnisse das Absehen der Schaffung oder Erhaltung sozial stabiler Bewohnerstrukturen dient. [2]Satz 1 gilt entsprechend für bestimmte Wohnungen oder für Wohnungen bestimmter Art, wenn Tatsachen die Annahme rechtfertigen, dass die Vermietbarkeit dieser Wohnungen während des Leistungszeitraums sonst nicht gesichert wäre, oder für eine Wohnung, die vom Verfügungsberechtigten, der mindestens vier geförderte Wohnungen geschaffen hat, selbst genutzt wird.

(6) [1]Die zuständige Stelle hat die eingezogenen Ausgleichszahlungen an das Land abzuführen, soweit nichts anderes bestimmt ist. [2]Das Aufkommen aus der Erhebung der Ausgleichszahlungen ist laufend für die soziale Wohnraumförderung zu verwenden.

(7) Für die Zwecke des Ausgleichs von Fehlförderungen nach diesem Abschnitt sind sonstige Wohnungsinhaber den Mietern gleichgestellt.

§ 35 Einkommensermittlung und Einkommensnachweis.

(1) [1]Auf die Ermittlung des Gesamteinkommens sind die §§ 20 bis 24 unter Einbeziehung der die Wohnung nicht nur vorübergehend

nutzenden Personen anzuwenden. [2]Die Länder können bestimmen, dass abweichend von Satz 1 zur weitergehenden Berücksichtigung sozialer Gründe, die der Vermeidung nicht vertretbarer Belastungen dient, zusätzliche Freibeträge vom Gesamteinkommen abgesetzt werden können. [3]Maßgebend für die Einkommensermittlung nach den Sätzen 1 und 2 sind die Verhältnisse neun Monate vor Beginn des durch landesrechtliche Vorschriften nach § 36 Abs. 1 Nr. 3 bestimmten Leistungszeitraums. [4]Abweichend hiervon ist in den Fällen des § 37 Abs. 2 der Zeitpunkt der Antragstellung maßgebend.

(2) [1]Der Mieter hat auf Anforderung der zuständigen Stelle sein Einkommen nachzuweisen und die weiteren Haushaltsangehörigen sowie die die Wohnung nicht nur vorübergehend nutzenden sonstigen Personen zu benennen sowie deren Einkommen nachzuweisen. [2]Dem Mieter ist hierfür eine angemessene Frist einzuräumen. [3]Verweigert eine für die Einkommensermittlung heranzuziehende Person gegenüber dem Mieter Angaben über ihr Einkommen, ist sie verpflichtet, die erforderlichen Angaben gegenüber der zuständigen Stelle zu machen und nachzuweisen; Satz 2 gilt entsprechend. [4]Der Mieter hat die zur Angabe des Einkommens verpflichtete Person vorab darauf hinzuweisen, dass sie ihre Angabe gegenüber der zuständigen Stelle machen und nachweisen kann.

(3) [1]Versäumt der Mieter oder die zur Angabe des Einkommens verpflichtete Person die Frist nach Absatz 2 Satz 2 und 3, wird vermutet, dass eine Überschreitung der Einkommensgrenze in dem Umfang vorliegt, der den Mieter zu der nach § 36 festgelegten höchstmöglichen Ausgleichszahlung verpflichtet. [2]Wird die Verpflichtung nach Absatz 2 Satz 1 nachträglich erfüllt, ist vom ersten Tag des nächsten Kalendermonats an nur der Betrag zu entrichten, der sich nach Überprüfung der Einkommensverhältnisse ergibt.

(4) [1]Finanzbehörden und Arbeitgeber haben der zuständigen Stelle Auskunft über die Einkommensverhältnisse zu erteilen, soweit dies für die Festsetzung der Ausgleichszahlung erforderlich ist und begründete Zweifel an der Richtigkeit der Angaben und der hierzu vorgelegten Nachweise bestehen. [2]Vor einem Auskunftsersuchen an den Arbeitgeber soll dem Mieter oder der zur Angabe des Einkommens verpflichteten Person Gelegenheit zur Stellungnahme gegeben werden.

§ 36 Höhe der Ausgleichszahlung und Leistungszeitraum.

(1) Die Länder bestimmen

1. den monatlichen Höchstbetrag je Quadratmeter Wohnfläche, auf den die Ausgleichszahlung festgesetzt werden kann,
2. die Höhe der nach dem Gesamteinkommen des Haushalts zu staffelnden monatlichen Ausgleichszahlung je Quadratmeter Wohnfläche sowie
3. den Leistungszeitraum, für den die Ausgleichszahlung erhoben wird, und den Beginn der Leistungspflicht.

(2) Der Gesamtbetrag aus höchstzulässiger Miete und Ausgleichszahlung darf die ortsübliche Vergleichsmiete im Sinne des § 558 Abs. 2 des Bürgerlichen Gesetzbuchs nicht überschreiten.

(3) [1]Die Länder können zum Zwecke der Begrenzung der Ausgleichszahlung durch ortsübliche Vergleichsmieten nach Absatz 2 Höchstbeträge bestimmen. [2]Sie können hierfür

1. Beträge bis zum Mittelwert der in einem Mietspiegel enthaltenen Mietspanne oder bis zu den in einem Mietspiegel enthaltenen Festbeträgen für Wohnungen vergleichbarer Art, Größe, Ausstattung, Beschaffenheit und Lage oder,
2. wenn ein Mietspiegel nicht besteht oder keine entsprechenden Angaben enthält, die nach statistischen Erhebungen und deren Fortschreibung oder sonstigen Erkenntnismitteln erfahrungsgemäß zu erzielenden Entgelte für Wohnungen vergleichbarer Art, Größe, Ausstattung, Beschaffenheit und Lage nach Gemeinden unterschiedlich

festlegen. [3]Sie können auch bestimmen, dass bei der Festsetzung der Ausgleichszahlung bestimmte eigene Leistungen des Mieters und der sich hieraus ergebende Mietvorteil zu seinen Gunsten berücksichtigt werden.

§ 37 Wegfall und Minderung der Ausgleichszahlung. (1) Die Verpflichtung zur Leistung einer Ausgleichszahlung erlischt, sobald die Wohnung nicht mehr der Mietbindung unterliegt oder von keinem der Mieter mehr genutzt wird.

(2) [1]Die Zahlungspflicht ist auf Antrag mit Wirkung vom ersten Tag des auf den Antrag folgenden Kalendermonats an auf den Betrag herabzusetzen, der den Verhältnissen im Zeitpunkt des Antrags entspricht, wenn dieser Betrag niedriger ist, weil

1. das Gesamteinkommen die nach Absatz 2 oder auf Grund des Absatzes 3 des § 9 maßgebliche Einkommensgrenze unterschreitet,
2. sich das Gesamteinkommen um mehr als 15 Prozent verringert hat,
3. sich die Zahl der Haushaltsangehörigen und der die Wohnung nicht nur vorübergehend nutzenden sonstigen Personen erhöht hat oder
4. sich die Miete nach § 28 Abs. 1 Satz 1 um mehr als 15 Prozent erhöht hat.

[2]Die Herabsetzung nach Satz 1 soll rückwirkend erfolgen, wenn das die Herabsetzung begründende Ereignis durch eine amtliche Bescheinigung nachgewiesen wird und diese Bescheinigung erst zu einem späteren Zeitpunkt beigebracht werden kann. [3]Der Antrag kann in den Fällen des Satzes 1 nur bis sechs Monate vor Ablauf des Leistungszeitraums, im Fall des Satzes 2 nur bis zum Ablauf des Leistungszeitraums gestellt werden. [4]Die Länder können zur Vermeidung eines unvertretbaren Verwaltungsaufwands von Satz 1 abweichende Bestimmungen erlassen.

Teil 3. Bundesmittel

§§ 38 bis 40.[1] *(aufgehoben)*

[1] §§ 38 bis 40 aufgeh. mWv 1. 1. 2007 durch G v. 5. 9. 2006 (BGBl. I S. 2098).

Teil 4. Ergänzungsvorschriften

§§ 41 bis 43.[1] *(aufgehoben)*

§ 44 Sonderregelungen für einzelne Länder. In dem in Artikel 3 des Einigungsvertrags genannten Gebiet gelten:

1. Fördergegenstand ist bis zum 31. Dezember 2008 in Ergänzung des § 2 Abs. 1 auch die Instandsetzung vorhandener Wohnungen.
2. Bei der Förderung der Modernisierung und, soweit sie nach Nummer 1 Fördergegenstand ist, der Instandsetzung von Mietwohnungen kann von der Begründung von Belegungsbindungen abgesehen werden, soweit in dem Gebiet auf Grund von nach § 12 Abs. 2 Satz 1 und 2 und § 13 des Altschuldenhilfe-Gesetzes erlassenen landesrechtlichen Vorschriften genügend Wohnungen belegungsgebunden sind.

§ 45 Förderung mit Wohnungsfürsorgemitteln. (1) Bei der Vergabe von Fördermitteln für Wohnungen, die für Angehörige des öffentlichen Dienstes oder ähnlicher Personengruppen aus öffentlichen Haushalten und Zweckvermögen unter Vereinbarung eines Wohnungsbesetzungsrechts unmittelbar oder mittelbar zur Verfügung gestellt werden (Wohnungsfürsorgemittel), findet § 28 entsprechende Anwendung.

(2) Auf die nach Absatz 1 geförderten Wohnungen sind die §§ 34 bis 37 und die hierzu ergangenen landesrechtlichen Vorschriften über die Erhebung von Ausgleichszahlungen mit folgenden Maßgaben anzuwenden:

1. Für diese Wohnungen sind die landesrechtlichen Vorschriften des Landes, in dem die geförderten Wohnungen liegen, maßgeblich.
2. [1]Die eingezogenen Ausgleichszahlungen stehen den öffentlichen Haushalten oder Zweckvermögen zu, aus denen die Fördermittel verausgabt wurden; sie sind zur Förderung von Wohnungen nach Absatz 1 zu verwenden, soweit hierfür ein Bedarf besteht, im Übrigen für die soziale Wohnraumförderung. [2]Sind für die Wohnungen auch Mittel der sozialen Wohnraumförderung eingesetzt worden, stehen die Einnahmen aus den Ausgleichszahlungen dem jeweiligen öffentlichen Haushalt oder Zweckvermögen, aus dem die Wohnungsfürsorgemittel verausgabt worden sind, nur zu, wenn im Zeitpunkt der Bewilligung oder Förderzusage die Förderung mit Wohnungsfürsorgemitteln dem Betrage nach überwogen hat.

---

[1] §§ 41 bis 43 aufgeh. mWv 1. 1. 2007 durch G v. 5. 9. 2006 (BGBl. I S. 2098).

Teil 5. Überleitungs- und Schlussvorschriften

§ 46 Zeitlicher Anwendungsbereich. (1) Die §§ 1 bis 45 dieses Gesetzes finden auf Maßnahmen der sozialen Wohnraumförderung Anwendung, für die die Förderzusage nach dem 31. Dezember 2001 erteilt wird.

(2) [1] Fördermittel können abweichend von Absatz 1 bis zum 31. Dezember 2002 auf der Grundlage des Zweiten Wohnungsbaugesetzes oder des Wohnungsbaugesetzes für das Saarland in der jeweils bis zum 31. Dezember 2001 geltenden Fassung bewilligt werden. [2] Dabei können an Stelle des § 8 des Zweiten Wohnungsbaugesetzes und des § 6 des Wohnungsbaugesetzes für das Saarland § 18 und an Stelle des § 25 Abs. 2 und 3 und der §§ 25 a bis 25 d des Zweiten Wohnungsbaugesetzes sowie des § 14 Abs. 2 und 3 und der §§ 14 a bis 14 d des Wohnungsbaugesetzes für das Saarland § 9 Abs. 2 und die §§ 20 bis 24 angewendet werden.

(3) [1] Bis zum Erlass der Rechtsverordnung nach § 19 Abs. 1 Satz 2 sind die §§ 42 bis 44 der Zweiten Berechnungsverordnung[1)] in der Fassung der Bekanntmachung vom 12. Oktober 1990 (BGBl. I S. 2178), die zuletzt durch Artikel 8 Abs. 2 des Gesetzes vom 19. Juni 2001 (BGBl. I S. 1149) geändert worden ist, anzuwenden. [2] Bis zum Erlass der Rechtsverordnung nach § 19 Abs. 2 Satz 2 ist hinsichtlich der Betriebskosten § 27 der Zweiten Berechnungsverordnung mit ihrer Anlage 3 anzuwenden.

§ 47[2)] Darlehen des Bundes und Förderung auf Grund früheren Rechts. (1) *(aufgehoben)*

(2) [1] Für die Einkommensermittlung nach § 88 d Abs. 2 Nr. 4 des Zweiten Wohnungsbaugesetzes und nach § 51 e Abs. 2 Nr. 4 des Wohnungsbaugesetzes für das Saarland bei Wohnungen, die nach § 88 d des Zweiten Wohnungsbaugesetzes oder nach § 51 e des Wohnungsbaugesetzes für das Saarland gefördert worden sind, finden an Stelle des § 25 Abs. 1 und 3 und der §§ 25 a bis 25 d des Zweiten Wohnungsbaugesetzes sowie des § 14 Abs. 1 und 3 und der §§ 14 a bis 14 d des Wohnungsbaugesetzes für das Saarland die §§ 20 bis 24 Anwendung. [2] Satz 1 gilt entsprechend bei Wohnungen, die nach den §§ 88 bis 88 c des Zweiten Wohnungsbaugesetzes gefördert worden sind.

(3) [1] Ist in einer Bewilligung oder Förderzusage nach § 88 oder § 88 d des Zweiten Wohnungsbaugesetzes bei der Bestimmung der Einkommensgrenze auf § 25 Abs. 2 des Zweiten Wohnungsbaugesetzes Bezug genommen worden, findet an Stelle dieser Bestimmung § 9 Abs. 2 Anwendung. [2] Ist bei einer Förderzusage nach § 88 d des Zweiten Wohnungsbaugesetzes eine Einkommensgrenze ohne Bezugnahme auf § 25 Abs. 2 des Zweiten Wohnungsbaugesetzes bestimmt worden, bleibt diese Bestimmung unberührt.

(4) Für die Sicherung der Zweckbestimmung von Wohnungen, die nach den §§ 87 a, 87 b, 88, 88 d und 88 e des Zweiten Wohnungsbaugesetzes gefördert worden sind, findet an Stelle des § 88 f Abs. 1 Satz 1 und Abs. 2 des

---

[1)] VO idF der Bek. v. 12. 10. 1990 (BGBl. I S. 2178), zuletzt geänd. durch G v. 23. 11. 2007 (BGBl. I S. 2614), **Sartorius ErgBd. Nr. 357.**

[2)] § 47 Abs. 1 aufgeh. mWv 1. 1. 2007 durch G v. 5. 9. 2006 (BGBl. I S. 2098).

Zweiten Wohnungsbaugesetzes § 32 Abs. 2 und 3 Satz 1 sowie Abs. 4 und 5 Anwendung.

(5) [1] Erfolgt zur Bestätigung der Wohnberechtigung für Wohnungen, die bis zum 31. Dezember 2001 und in den Fällen des § 46 Abs. 2 bis zum 31. Dezember 2002 nach den Vorschriften des Wohnungsbaugesetzes für das Saarland gefördert wurden, eine Einkommensberechnung, sind § 9 Abs. 2 und die §§ 20 bis 24 anzuwenden. [2] Zum Haushalt des Wohnungssuchenden rechnen die in § 18 bezeichneten Angehörigen.

(6) Für Wohnungen, die bis zum 31. Dezember 2001 und in den Fällen des § 46 Abs. 2 bis zum 31. Dezember 2002 nach den Vorschriften des Wohnungsbaugesetzes für das Saarland gefördert wurden, gilt:

1. auf die Erhebung von Daten ist § 32 Abs. 2 Satz 1 anzuwenden;
2. auf die Erteilung von Auskünften über die Einkommensverhältnisse ist § 32 Abs. 2 und 3 Satz 1 und Abs. 4 anzuwenden.

§ 48[1)] Anwendung des Zweiten Wohnungsbaugesetzes. (1) Folgende Vorschriften des Zweiten Wohnungsbaugesetzes in der bis zum 31. Dezember 2001 geltenden Fassung sind weiter anzuwenden[2)]:

1. Auf vor dem 1. Januar 2002 und in den Fällen des § 46 Abs. 2 vor dem 1. Januar 2003
   a) nach den §§ 42 bis 45 des Zweiten Wohnungsbaugesetzes bewilligte Darlehen für die Bilanzierung von Aufwendungsdarlehen und Annuitätsdarlehen § 42 Abs. 1 Satz 3 in Verbindung mit § 88 Abs. 3 des Zweiten Wohnungsbaugesetzes, für Zinserhöhungen und erstmalige Verzinsungen § 44 Abs. 2 und 3 des Zweiten Wohnungsbaugesetzes, für Tilgungserhöhungen § 44 Abs. 4 Satz 2 und 3 des Zweiten Wohnungsbaugesetzes, für Kündigungen § 44 Abs. 5 Satz 2 und 3 des Zweiten Wohnungsbaugesetzes, für die Bewilligung eines Zusatzdarlehens bei Kaufeigenheimen, Trägerkleinsiedlungen und Kaufeigentumswohnungen § 45 Abs. 3 Satz 2 Halbsatz 2, Abs. 6 Satz 4 und Abs. 7 des Zweiten Wohnungsbaugesetzes, für die Rückzahlung eines Familienzusatzdarlehens § 45 Abs. 8 des Zweiten Wohnungsbaugesetzes;
   b) nach § 87 a des Zweiten Wohnungsbaugesetzes bewilligte Wohnungsfürsorgemittel, mit Ausnahme von Wohnungsfürsorgemitteln des Bundes sowie der früheren öffentlich-rechtlichen Sondervermögen des Bundes oder deren Rechtsnachfolger, § 87 a des Zweiten Wohnungsbaugesetzes;
   c) nach den §§ 87 a und 87 b des Zweiten Wohnungsbaugesetzes geförderte Wohnungen § 88 f Abs. 1 Satz 2 des Zweiten Wohnungsbaugesetzes mit der Maßgabe, dass sich die Aufgaben derzuständigen Stelle auf den nach § 47 Abs. 4 anzuwendenden § 32 Abs. 2 und 4 beziehen;
   d) nach § 88 des Zweiten Wohnungsbaugesetzes bewilligte Aufwendungsdarlehen und -zuschüsse § 88 b Abs. 2 bis 4 und § 88 c des Zweiten

---

[1)] § 48 Abs. 1 Nr. 1 Buchst. c und e geänd. mWv 1. 1. 2004 durch G v. 24. 12. 2003 (BGBl. I S. 2954); Abs. 1 Nr. 1 Buchst. b geänd. mWv 1. 1. 2007 durch G v. 5. 9. 2006 (BGBl. I S. 2098); *Abs. 1 Nr. 1 Buchst. e geänd. mWv 1. 1. 2009* durch G v. 24. 9. 2008 (BGBl. I S. 1856).

[2)] Vorschriften des Zweiten WohnungsbauG v. 19. 8. 1994 (BGBl. I S. 2137) wiedergegeben als Anhang I nach § 52.

Wohnungsbaugesetzes und für die Ausweisung eines Aufwendungsdarlehens in der Bilanz § 88 Abs. 3 des Zweiten Wohnungsbaugesetzes;

e) nach § 88 e des Zweiten Wohnungsbaugesetzes bewilligte einkommensorientierte Förderung § 88 e Abs. 2 und 3 und § 88 f Abs. 2 des Zweiten Wohnungsbaugesetzes;

2. für die Ablösung von öffentlichen Baudarlehen durch Eigentümer eines Eigenheims, einer Eigensiedlung oder einer eigen genutzten Eigentumswohnung, für die öffentliche Mittel nach dem 31. Dezember 1969 bewilligt worden sind, bis zum 28. Februar 2002 § 69 des Zweiten Wohnungsbaugesetzes;

3. auf den sich ergebenden Ausfall an Rückflüssen durch die Ablösung nach § 69 des Zweiten Wohnungsbaugesetzes § 70 Abs. 1 des Zweiten Wohnungsbaugesetzes.

(2) Auf der Grundlage des Zweiten Wohnungsbaugesetzes wirksame Entscheidungen und sonstige Maßnahmen gelten weiter.

§ 49 Anwendung des Wohnungsbaugesetzes für das Saarland.

(1) Folgende Vorschriften des Wohnungsbaugesetzes für das Saarland in der bis zum 31. Dezember 2001 geltenden Fassung sind weiter anzuwenden:

1. Auf vor dem 1. Januar 2002 und in den Fällen des § 46 Abs. 2 vor dem 1. Januar 2003

a) nach den §§ 24 bis 27 des Wohnungsbaugesetzes für das Saarland bewilligte Darlehen für Zinserhöhungen und erstmalige Verzinsungen § 26 Abs. 2 und 3 des Wohnungsbaugesetzes für das Saarland, für Tilgungserhöhungen § 26 Abs. 4 Satz 2 und 3 des Wohnungsbaugesetzes für das Saarland, für Kündigungen § 26 Abs. 5 Satz 2 und 3 des Wohnungsbaugesetzes für das Saarland, für die Bewilligung eines Zusatzdarlehens bei Kaufeigenheimen, Trägerkleinsiedlungen und Kaufeigentumswohnungen § 27 Abs. 3 Satz 2 Halbsatz 2, Abs. 6 Satz 4 und Abs. 7 des Wohnungsbaugesetzes für das Saarland, für die Rückzahlung eines Familienzusatzdarlehens § 27 Abs. 8 des Wohnungsbaugesetzes für das Saarland, für die höchstzulässige Miete § 29 a des Wohnungsbaugesetzes für das Saarland;

b) nach § 38 des Wohnungsbaugesetzes für das Saarland bewilligte Wohnungsfürsorgemittel § 38 des Wohnungsbaugesetzes für das Saarland;

c) nach § 51 a des Wohnungsbaugesetzes für das Saarland bewilligte Aufwendungsdarlehen und -zuschüsse § 51 c Abs. 2 und 3 und § 51 d des Wohnungsbaugesetzes für das Saarland, für die Ausweisung eines Aufwendungsdarlehens in der Bilanz § 51 a Abs. 3 des Wohnungsbaugesetzes für das Saarland;

2. für die Ablösung von öffentlichen Baudarlehen durch Eigentümer eines Eigenheims, einer Eigensiedlung oder einer eigen genutzten Eigentumswohnung, für die öffentliche Mittel nach dem 31. Dezember 1969 bewilligt worden sind, bis zum 28. Februar 2002 § 34 des Wohnungsbaugesetzes für das Saarland;

3. auf den sich ergebenden Ausfall an Rückflüssen durch die Ablösung nach § 34 des Wohnungsbaugesetzes für das Saarland § 35 des Wohnungsbaugesetzes für das Saarland;

4. für die Anpassung von Förderungsbestimmungen, deren Gegenstand die Errechnung und Anpassung der Kostenmiete für Wohnungen ist, die nach § 24 des Wohnungsbaugesetzes für das Saarland vor dem 1. Januar 2002 und in Fällen des § 46 Abs. 2 vor dem 1. Januar 2003 gefördert wurden, § 57 Abs. 2 des Wohnungsbaugesetzes für das Saarland.

(2) Auf der Grundlage des Wohnungsbaugesetzes für das Saarland wirksame Entscheidungen, die auf seiner Grundlage erlassenen Bestimmungen und sonstige Maßnahmen gelten weiter.

§ 50[1] Anwendung des Wohnungsbindungsgesetzes[2], der Neubaumietenverordnung[3] und der Zweiten Berechnungsverordnung.[4]

(1) [1] Das Wohnungsbindungsgesetz in der Fassung der Bekanntmachung vom 19. August 1994 (BGBl. I S. 2166, 2319), geändert durch Artikel 7 Abs. 11 des Gesetzes vom 19. Juni 2001 (BGBl. I S. 1149), die Neubaumietenverordnung in der Fassung der Bekanntmachung vom 12. Oktober 1990 (BGBl. I S. 2203), geändert durch Artikel 2 der Verordnung vom 13. Juli 1992 (BGBl. I S. 1250), und die Zweite Berechnungsverordnung in der Fassung der Bekanntmachung vom 12. Oktober 1990 (BGBl. I S. 2178), zuletzt geändert durch Artikel 8 Abs. 2 des Gesetzes vom 19. Juni 2001 (BGBl. I S. 1149), sind ab 1. Januar 2002 in der jeweils geltenden Fassung auf Wohnraum,

1. für den öffentliche Mittel im Sinne des § 6 Abs. 1 des Zweiten Wohnungsbaugesetzes bis zum 31. Dezember 2001 bewilligt worden sind,
2. für den öffentliche Mittel im Sinne des § 3 des Ersten Wohnungsbaugesetzes bewilligt worden sind,
3. für dessen Bau ein Darlehen oder ein Zuschuss aus Wohnungsfürsorgemitteln, mit Ausnahme von Wohnungsfürsorgemitteln des Bundes sowie der früheren öffentlich-rechtlichen Sondervermögen des Bundes oder deren Rechtsnachfolger, nach § 87 a Abs. 1 Satz 1 des Zweiten Wohnungsbaugesetzes bis zum 31. Dezember 2001 bewilligt worden ist,
4. für den Aufwendungszuschüsse und Aufwendungsdarlehen nach § 88 des Zweiten Wohnungsbaugesetzes bis zum 31. Dezember 2001 bewilligt worden sind,

vorbehaltlich des Absatzes 2 anzuwenden, soweit das Wohnungsbindungsgesetz, die Neubaumietenverordnung und die Zweiten Berechnungsverordnung hierfür am 31. Dezember 2001 Anwendung finden. [2] Satz 1 gilt auch, wenn Fördermittel nach § 46 Abs. 2 bewilligt werden.

(2) [1] Verfahren nach dem Wohnungsbindungsgesetz, der Neubaumietenverordnung und der Zweiten Berechnungsverordnung, die vor dem 1. Januar 2002 und im Fall des § 46 Abs. 2 vor dem 1. Januar 2003 förmlich eingeleitet worden sind, werden nach den bis zum 31. Dezember 2001 geltenden Vor-

---

[1] § 50 Abs. 1 Satz 1 geänd. mWv 1. 5. 2002 durch G v. 27. 4. 2002 (BGBl. I S. 1467); Abs. 1 Satz 1 Nr. 3 geänd. und Nr. 5 aufgeh. mWv 1. 1. 2007 durch G v. 5. 9. 2006 (BGBl. I S. 2098).

[2] Nr. **387**.

[3] VO idF der Bek. v. 12. 10. 1990 (BGBl. I S. 2203), zuletzt geänd. durch VO v. 25. 11. 2003 *(BGBl. I S. 2346)*, ***Sartorius ErgBd. Nr. 353.***

[4] VO idF der Bek. v. 12. 10. 1990 (BGBl. I S. 2178), zuletzt geänd. durch G v. 23. 11. 2007 (BGBl. I S. 2614), **Sartorius ErgBd. Nr. 357.**

schriften abgeschlossen. [2] Auf der Grundlage der jeweils bis zum 31. Dezember 2001 geltenden Fassung des Wohnungsbindungsgesetzes, der Neubaumietenverordnung und der Zweiten Berechnungsverordnung wirksame Entscheidungen und sonstige Maßnahmen gelten weiter. [3] Verfahren, die nach dem 1. Januar 2002 nach § 46 Abs. 2 förmlich eingeleitet worden sind, können nach dem Wohnungsbindungsgesetz, der Neubaumietenverordnung und der Zweiten Berechnungsverordnung in der jeweils ab dem 1. Januar 2002 geltenden Fassung durchgeführt werden.

§ 51[1)] Anwendung des Gesetzes über den Abbau der Fehlsubventionierung im Wohnungswesen. (1) Das Gesetz über den Abbau der Fehlsubventionierung im Wohnungswesen in der Fassung der Bekanntmachung vom 19. August 1994 (BGBl. I S. 2180), zuletzt geändert durch Artikel 7 Abs. 13 des Gesetzes vom 19. Juni 2001 (BGBl. I S. 1149), ist ab 1. Januar 2002 in der jeweils geltenden Fassung für den in § 50 Abs. 1 Satz 1 Nr. 1 bis 3 und Satz 2 und den in § 2 Abs. 2 Nr. 2 des Wohnraumförderung-Überleitungsgesetzes[2)] vom 5. September 2006 (BGBl. I S. 2098, 2100) bezeichneten Wohnraum anzuwenden, bis das Land für die Erhebung von Ausgleichszahlungen nach Maßgabe des § 15 des Gesetzes über den Abbau der Fehlsubventionierung im Wohnungswesen Vorschriften erlassen hat.

(2) § 50 Abs. 2 gilt für Verfahren sowie für wirksame Entscheidungen und sonstige Maßnahmen nach dem Gesetz über den Abbau der Fehlsubventionierung im Wohnungswesen entsprechend.

§ 52[3)] Bußgeldvorschriften. (1) Ordnungswidrig handelt, wer

1. entgegen § 27 Abs. 1 eine Wohnung zum Gebrauch überlässt,
2. ohne Genehmigung nach § 27 Abs. 7 Satz 1 Nr. 1 oder 2 eine Wohnung selbst nutzt oder nicht nur vorübergehend, mindestens drei Monate, leer stehen lässt,
3. ohne Genehmigung nach § 27 Abs. 7 Satz 1 Nr. 3 eine Wohnung anderen als Wohnzwecken zuführt oder entsprechend baulich ändert,
4. entgegen § 28 Abs. 2 eine Wohnung zum Gebrauch überlässt,
5. entgegen § 28 Abs. 4 eine dort genannte Leistung fordert, sich versprechen lässt oder annimmt oder
6. entgegen § 32 Abs. 3 Satz 1 eine Mitteilung nicht, nicht richtig, nicht vollständig oder nicht rechtzeitig macht.

(2) Die Ordnungswidrigkeit kann in den Fällen des Absatzes 1 Nr. 6 mit einer Geldbuße bis zu zweitausendfünfhundert Euro, in den Fällen des Absatzes 1 Nr. 1 und 2 mit einer Geldbuße bis zu zehntausend Euro, in den übrigen Fällen mit einer Geldbuße bis zu fünfzigtausend Euro geahndet werden.

---

1) § 51 Abs. 1 geänd. mWv 1. 1. 2004 durch G v. 24. 12. 2003 (BGBl. I S. 2954); Abs. 1 geänd. mWv 1. 1. 2007 durch G v. 5. 9. 2006 (BGBl. I S. 2098).

2) Siehe das Wohnraumförderung-ÜberleitungsG v. 5. 9. 2006 (BGBl. I S. 2098, 2100), wiedergegeben in Anh. II nach § 52.

3) § 52 Abs. 2 geänd. mWv 1. 1. 2004 durch G v. 24. 12. 2003 (BGBl. I S. 2954).

Fortgeltende Vorschriften des Zweiten Wohnungsbaugesetzes in der bis zum 31. Dezember 2001 geltenden Fassung

§ 42. Einsatz der öffentlichen Mittel

(1) [1] Die öffentlichen Mittel können als Darlehen zur Deckung der für den Bau der Wohnungen entstehenden Gesamtkosten (öffentliche Baudarlehen) eingesetzt werden. [2] Neben oder an Stelle von öffentlichen Baudarlehen können öffentliche Mittel auch als Darlehen oder Zuschüsse zur Deckung der laufenden Aufwendungen (Aufwendungsdarlehen, Aufwendungszuschüsse), als Zuschüsse zur Deckung der für Finanzierungsmittel zu entrichtenden Zinsen (Zinszuschüsse) oder als Darlehen zur Deckung der für Finanzierungsmittel zu entrichtenden Zinsen oder Tilgungen (Annuitätsdarlehen) bewilligt werden. [3] Für Aufwendungsdarlehen und für Annuitätsdarlehen gelten die Vorschriften des § 88 Abs. 3 sowie des § 88 b Abs. 3 Buchstabe b entsprechend; keine Anwendung findet jedoch § 88 b Abs. 3 Buchstabe b auf Tilgungsbeträge für Annuitätsdarlehen, soweit diese zur Deckung der für Finanzierungsmittel zu entrichtenden Tilgungen bewilligt wurden.

§ 44. Einsatz des nachstelligen Baudarlehens

(1) ...

(2) [1] Das Baudarlehen soll zu Zinsbedingungen gewährt werden, die eine für die breiten Schichten des Volkes tragbare Miete oder Belastung ermöglichen. [2] In dem Darlehnsvertrag soll eine Erhöhung der Verzinsung für den Fall vorbehalten werden, daß dies zur Fortführung des sozialen Wohnungsbaues erforderlich und im Hinblick auf die allgemeine wirtschaftliche Entwicklung, insbesondere auf die allgemeine Einkommensentwicklung der breiten Schichten des Volkes vertretbar ist. [3] Die darlehnsverwaltende Stelle darf die Verzinsung nur erhöhen, wenn und soweit die für das Wohnungs- und Siedlungswesen zuständige oberste Landesbehörde dies zugelassen hat.

(3) [1] Bei Familienheimen in der Form von Eigenheimen, Kaufeigenheimen und Kleinsiedlungen und bei Eigentumswohnungen darf eine Erhöhung des für das Baudarlehen bestimmten Zinssatzes oder eine Verzinsung für das zinslos gewährte Baudarlehen frühestens nach Ablauf von 10 Jahren nach der Bezugsfertigkeit gefordert werden. [2] Dies gilt nicht, wenn das Familienheim oder die Eigentumswohnung nicht entsprechend der gemäß 7 oder § 12 getroffenen Bestimmungen genutzt wird oder entgegen einer nach § 52 Abs. 2 auferlegten Verpflichtung veräußert worden ist.

(4) [1] Das Baudarlehen soll mit einem gleichbleibenden Tilgungssatz unter Zuwachs der ersparten Zinsen getilgt werden. [2] Eine Erhöhung der Tilgung kann nach der Tilgung erststelliger Finanzierungsmittel gefordert werden, wenn und soweit die oberste Landesbehörde dies zugelassen hat. [3] Ist bei der Bewilligung des Baudarlehens ein Tilgungssatz von weniger als 1 vom Hundert festgesetzt worden, so kann er bereits vor der Tilgung erststelliger Finanzierungsmittel bis auf 1 vom Hundert erhöht werden, wenn und soweit die oberste Landesbehörde dies zugelassen hat.

(5) [1] Im Darlehensvertrag soll sichergestellt werden, daß das Baudarlehen mit angemessener Frist zum Zwecke der Ersetzung aus Mitteln des Kapitalmarktes ganz oder teilweise gekündigt werden kann. [2] Die Kündigung ist nur zulässig, wenn und soweit die oberste Landesbehörde dies zugelassen hat. [3] Die oberste Landesbehörde soll sicherstellen, daß die Kündigung nur erfolgt, wenn die Ersetzung möglich und im Hinblick auf die sich ergebende höhere Miete oder Belastung zumutbar ist.

§ 45. Familienzusatzdarlehen

(1), (2) ...

(3) [1] Maßgebend für die Bewilligung des Familienzusatzdarlehens sind die Verhältnisse bei Antragstellung; ändern sich die Verhältnisse bis zum Ablauf des dritten Monats nach Bezugsfertigkeit zugunsten des Bauherrn, so sind die geänderten Verhältnisse zu berücksichtigen. [2] Der Antrag auf Bewilligung des Familienzusatzdarlehens kann bis zur Bewilligung der öffentlichen Mittel gestellt werden; haben sich die Verhältnisse geändert, so kann der Antrag bis zum Ablauf des vierten Monats nach Bezugsfertigkeit gestellt werden.

(4), (5) ...

(6) [1] Hat der Bauherr eines Familienheims in der Form des Kaufeigenheims oder der Trägerkleinsiedlung einen auf Übertragung des Eigentums gerichteten Vertrag oder Vorvertrag mit einem geeigneten Bewerber abgeschlossen und erfüllt der Bewerber die Voraussetzungen, die in Absatz 1 *für die Gewährung* eines Familienzusatzdarlehens an einen Bauherrn bestimmt sind, so ist auf seinen Antrag ein Familienzusatzdarlehen unter entsprechender Anwendung der Vorschriften der Absätze 1, 2, 4 und 5 zu bewilligen. [2] Maßgebend sind die Verhältnisse bei Bezugsfertigkeit; ändern sich

die Verhältnisse bis zum Ablauf des dritten Monats nach Bezugsfertigkeit zugunsten des Bewerbers, so sind die geänderten Verhältnisse maßgebend. [3] Wird der auf Übertragung des Eigentums gerichtete Vertrag oder Vorvertrag erst später abgeschlossen, so sind die Verhältnisse bei Vertragsabschluß maßgebend. [4] Der Antrag auf Bewilligung des Familienzusatzdarlehens kann bis zu einem Jahr nach Bezugsfertigkeit des Familienheims gestellt werden.

(7) Absatz 6 gilt beim Bau einer Kaufeigentumswohnung entsprechend zugunsten des Bewerbers für diese Wohnung.

(8) Das Familienzusatzdarlehen ist zurückzuzahlen, soweit bei einer Übereignung der geförderten Wohnung auf einen Rechtsnachfolger nach dessen persönlichen Verhältnissen die Voraussetzungen für die Gewährung eines Familienzusatzdarlehens nicht vorliegen.

§ 69. Ablösung des öffentlichen Baudarlehens

(1) Der Eigentümer eines Eigenheims, einer Eigensiedlung oder einer eigengenutzten Eigentumswohnung, für die öffentliche Mittel nach dem 31. Dezember 1969 als öffentliche Baudarlehen bewilligt worden sind, kann nach Ablauf von zwei Jahren seit Bezugsfertigkeit über die vereinbarungsgemäß zu entrichtenden Tilgungen hinaus das öffentliche Baudarlehen ganz oder in Teilen vorzeitig durch Zahlung noch nicht fälliger Leistungen abzüglich von Zwischenzinsen unter Berücksichtigung von Zinseszinsen ablösen.

(2) Der mit der Ablösung zu gewährende Schuldnachlaß kann versagt werden, wenn der Eigentümer

1. eine Wohnung einem Wohnungsuchenden überlassen hat, dem sie nach den Vorschriften der §§ 4 und 5 des Wohnungsbindungsgesetzes[1)] nicht überlassen werden durfte,
2. eine Wohnung ohne die nach § 6 des Wohnungsbindungsgesetzes erforderliche Genehmigung der zuständigen Stelle selbst benutzt oder leerstehen läßt,
3. für die Überlassung einer Wohnung ein höheres Entgelt fordert, sich versprechen läßt oder annimmt, als nach den Vorschriften der §§ 8 bis 8 b des Wohnungsbindungsgesetzes zulässig ist,
4. entgegen den Vorschriften des § 9 des Wohnungsbindungsgesetzes eine einmalige Leistung von dem Mieter oder einem Dritten angenommen hat oder
5. eine Wohnung entgegen den Vorschriften des § 12 des Wohnungsbindungsgesetzes verwendet oder anderen als Wohnzwecken zugeführt oder baulich verändert hat.

(3) Von der Versagung des Schuldnachlasses nach Absatz 2 kann abgesehen werden, wenn dies unter Berücksichtigung der Verhältnisse des Einzelfalles, namentlich der geringen Bedeutung des Verstoßes, unbillig wäre.

(4) [1] Die Bundesregierung wird ermächtigt, durch Rechtsverordnung nähere Vorschriften über die Ablösung der noch nicht fälligen Jahresleistungen zu erlassen und den zugrunde zu legenden Zinssatz zu bestimmen. [2] Der Zinssatz ist nach der Kinderzahl zu staffeln; für Schwerbehinderte und ihnen Gleichgestellte kann eine günstigere Staffelung vorgesehen werden. [3] Für die Ermittlung des zur Ablösung zu zahlenden Betrages oder des Schuldnachlasses können Tabellen aufgestellt werden; die Tabellenwerte können von den Ergebnissen der Zinseszinsrechnung abweichen, soweit dies zur Vereinfachung erforderlich ist. [4] Die Bundesregierung kann in der Rechtsverordnung auch bestimmen, auf welchen Zeitpunkt des Kalenderjahres die Ablösung zugelassen wird und für welche Leistungen sie wenigstens erfolgen muß.

§ 70. Tragung des Ausfalls

(1) Der durch die Ablösung nach § 69 sich bei den Ländern ergebende Ausfall an Rückflüssen wird anteilig vom Bund, vom Ausgleichsfonds und von den Ländern getragen.

§ 87 a. Miete für steuerbegünstigte und frei finanzierte Wohnungen, die mit Wohnungsfürsorgemitteln gefördert worden sind

(1) [1] Ist für den Bau einer steuerbegünstigten oder frei finanzierten Wohnung unter Vereinbarung eines Wohnungsbesetzungsrechts ein Darlehen oder ein Zuschuß aus Wohnungsfürsorgemitteln gewährt worden, die für Angehörige des öffentlichen Dienstes oder ähnliche Personengruppen aus öffentlichen Haushalten mittelbar oder unmittelbar zur Verfügung gestellt worden sind, und ist die für diese Wohnung zu entrichtende Miete niedriger als die nach Absatz 2 sich ergebende Kostenmiete, so kann der Vermieter die Miete durch schriftliche Erklärung gegenüber dem Mieter bis zur

---

1) Nr. **387**.

Kostenmiete erhöhen; das gleiche gilt für eine Wohnung, für die das Wohnungsbesetzungsrecht an Stelle der nach vorstehendem Halbsatz 1 geförderten Wohnung vereinbart worden ist. [2] Auf die Mieterhöhung sind die §§ 10 und 11 des Wohnungsbindungsgesetzes[1)] entsprechend anzuwenden. [3] Eine Vereinbarung mit dem Darlehns- oder Zuschußgeber, nach der der Vermieter nur eine niedrigere als die Kostenmiete erheben oder die Miete nur mit dessen Zustimmung erhöhen darf, steht der Mieterhöhung nach Satz 1 nicht entgegen; dies gilt nicht im Falle einer Vereinbarung, daß höhere Grundstücks- und Baukosten als in der Wirtschaftlichkeitsberechnung, die der Darlehns- oder Zuschußgewährung zugrunde liegt, veranschlagt worden sind, in spätere Wirtschaftlichkeitsberechnungen nicht eingesetzt werden dürfen.

(2) [1] Die Kostenmiete ist auf Grund einer Wirtschaftlichkeitsberechnung nach den für steuerbegünstigte Wohnungen geltenden Vorschriften zu ermitteln. [2] Dabei sind anzusetzen

1. als Wert des Baugrundstücks der Betrag, der sich aus den Vorschriften der Zweiten Berechnungsverordnung in der jeweils geltenden Fassung ergibt, soweit nicht zwischen dem Bauherrn und dem Darlehns- oder Zuschußgeber vertraglich etwas anderes vereinbart ist,
2. als Zinsen für die Eigenleistungen der Betrag, der sich aus dem zwischen dem Bauherrn und dem Darlehns- oder Zuschußgeber vereinbarten Zinssatz ergibt, wobei jedoch der für öffentlich geförderte Wohnungen zulässige Zinssatz nicht unterschritten werden darf.

[3] Der Darlehns- oder Zuschußgeber kann der Zusammenfassung von Wirtschaftseinheiten zustimmen; § 8 b Abs. 2 Satz 1, 2 und 4 des Wohnungsbindungsgesetzes gilt entsprechend.

(3) [1] Übersteigt die mit dem Mieter vereinbarte Miete die nach den Absätzen 1 und 2 zulässige Miete, so ist die Vereinbarung insoweit unwirksam. [2] Soweit die Vereinbarung unwirksam ist, ist die Leistung zurückzuerstatten und vom Empfang an zu verzinsen. [3] Der Anspruch auf Rückerstattung verjährt nach Ablauf von vier Jahren nach der jeweiligen Leistung, jedoch spätestens nach Ablauf eines Jahres von der Beendigung des Mietverhältnisses an.

(4) Die Vorschriften der Absätze 1 und 2 und des Absatzes 3 Satz 1 sind nur anzuwenden, solange das Besetzungsrecht zugunsten des Darlehns- oder Zuschußgebers besteht.

(5) [1] Die Vorschriften der §§ 18 a bis 18 d sowie des § 18 f des Wohnungsbindungsgesetzes finden auf Darlehen und Zuschüsse, die aus Wohnungsfürsorgemitteln im Sinne des Absatzes 1 Satz 1 zum Bau von Wohnungen sowie zum Erwerb vorhandenen Wohnraums zur Eigenversorgung gewährt worden sind, sinngemäß Anwendung; weitergehende vertragliche Vereinbarungen bleiben unberührt. [2] Satz 1 gilt auch für Darlehen und Zuschüsse aus Wohnungsfürsorgemitteln, die nach dem 31. Dezember 1969 für Familienheime in der Form von Eigenheimen, Kaufeigenheimen und Kleinsiedlungen sowie für eigengenutzte Eigentumswohnungen gewährt worden sind, mit folgenden Maßgaben:

1. Die als Darlehen bewilligten Mittel können mit einem Zinssatz bis höchstens 4,5 vom Hundert jährlich verzinst werden;
2. bei als Zins- und Tilgungshilfen im Sinne des § 18 d Abs. 1 des Wohnungsbindungsgesetzes bewilligten Mitteln kann die Zins- und Tilgungshilfe so weit herabgesetzt werden, daß der Darlehnsschuldner für das Darlehen eine Verzinsung bis höchstens 4,5 vom Hundert jährlich auf den ursprünglichen Darlehnsbetrag zu erbringen hat;
3. bei als Darlehen oder Zuschüssen im Sinne des § 18 d Abs. 4 des Wohnungsbindungsgesetzes bewilligten Mitteln können für Darlehen die Zinsen entsprechend Nummer 1 erhöht oder die Zuschüsse entsprechend Nummer 2 herabgesetzt werden.

[3] Die Bundesregierung wird ermächtigt, in den Fällen der Sätze 1 und 2 für Darlehen oder Zuschüsse aus Wohnungsfürsorgemitteln, die aus öffentlichen Haushalten des Bundes mittelbar oder unmittelbar zur Verfügung gestellt worden sind, Zeitpunkt und Höhe des Zinssatzes oder der Herabsetzung der Zuschüsse durch Rechtsverordnung zu bestimmen.

§ 88. Gewährung von Aufwendungszuschüssen und Aufwendungsdarlehen

(1), (2) …

(3) [1] Bauherren, die eine Jahresbilanz aufstellen, brauchen die Aufwendungsdarlehen in der Jahresbilanz nicht auszuweisen. [2] Werden die Aufwendungsdarlehen nicht ausgewiesen, ist in der Bilanz der auf den Zeitpunkt des Tilgungsbeginns unter Berücksichtigung von Zinseszinsen abgezinste Wert der Aufwendungsdarlehen sowie der Beginn der Tilgung und die Höhe des Tilgungssatzes zu *vermerken.* [3] *Bei der Abzinsung ist von einem Zinssatz* von 5,5 vom Hundert auszugehen. [4] Satz 1

[1)] Nr. **387**.

gilt nicht für die Aufstellung einer Übersicht (Bilanz) des Vermögensstandes zur Feststellung der Überschuldung; im übrigen wird durch die Inanspruchnahme von Aufwendungsdarlehen eine Überschuldung im Sinne der handels- und insolvenzrechtlichen Vorschriften nicht herbeigeführt, wenn der Darlehnsgläubiger des Bauherrn mit diesem vereinbart, mit seiner Forderung hinter die Forderung aller anderen Gläubiger in der Weise zurückzutreten, daß sie nur aus künftigen Gewinnen oder aus seinem die sonstigen Verbindlichkeiten übersteigenden Vermögen bedient zu werden braucht.

§ 88 c. Wegfall der Aufwendungszuschüsse und Aufwendungsdarlehen

(1) [1] Die Bewilligung der Aufwendungszuschüsse kann für den Zeitraum widerrufen werden, in dem der Bauherr oder sein Rechtsnachfolger schuldhaft gegen eine nach § 88 a oder § 88 b begründete Verpflichtung verstoßen hat. [2] Soweit die Bewilligung der Zuschüsse widerrufen worden ist, sind diese zurückzuerstatten. [3] Der Widerruf berührt nicht die Dauer der Zweckbestimmung nach § 88 a Abs. 2.

(2) [1] Aufwendungsdarlehen können fristlos gekündigt werden, wenn der Bauherr oder sein Rechtsnachfolger schuldhaft gegen eine nach § 88 a oder § 88 b begründete Verpflichtung verstoßen hat. [2] Die Kündigung kann auf die Teilbeträge des Aufwendungsdarlehens beschränkt werden, die während der Dauer des Verstoßes ausgezahlt worden sind. [3] Die Kündigung berührt nicht die Dauer der Zweckbestimmung nach § 88 a Abs. 2.

(3) [1] Verzichtet der Bauherr oder sein Rechtsnachfolger in vollem Umfang auf die Auszahlung noch ausstehender Aufwendungszuschüsse, so endet die Zweckbestimmung mit Ablauf des Zeitraumes, für den sich durch die Gewährung der Zuschüsse die laufenden Aufwendungen vermindern. [2] Verzichtet der Bauherr oder sein Rechtsnachfolger in vollem Umfang auf die Auszahlung noch ausstehender Teilbeträge eines Aufwendungsdarlehens, so verkürzt sich die Dauer der Zweckbestimmung nach § 88 a Abs. 2 um den Zeitraum, für den auf die Auszahlung verzichtet wird, jedoch höchstens um drei Jahre. [3] Wird das Aufwendungsdarlehen ohne rechtliche Verpflichtung vorzeitig vollständig zurückgezahlt, so endet die Zweckbestimmung mit der Rückzahlung.

§ 88 f. Sicherung der Zweckbestimmung, Datenschutz

(1) [1] § 2 des Wohnungsbindungsgesetzes ist auf die nach den §§ 87 a, 87 b, 88, 88 d und 88 e geförderten Wohnungen entsprechend anzuwenden. [2] Die sich aus Satz 1 ergebenden Aufgaben der zuständigen Stelle obliegen in den Fällen der §§ 87 a und 87 b derjenigen Stelle, die das Besetzungsrecht ausübt, soweit nicht der Darlehens- oder Zuschußgeber eine andere Stelle bestimmt.

(2) Die Zusatzförderung nach § 88 e kann auch dann an den Bauherrn oder seine Rechtsnachfolger als Vermieter ausgezahlt werden, wenn dieser aus den geleisteten Zahlungen Rückschlüsse auf das Einkommen des Mieterhaushalts ziehen kann.

Wohnraumförderung-Überleitungsgesetz

vom 5. September 2006 (BGBl. I S. 2098, 2100)
geänd. durch G v. 9. 11. 2012 (BGBl. I S. 2291)

§ 1. Verzinsung und Tilgung der den Ländern zur Förderung des Wohnungsbaus gewährten Darlehen des Bundes

[1] Die den Ländern zur Förderung des Wohnungsbaus als Darlehen gewährten Bundesmittel und Finanzhilfen sind mindestens so zu verzinsen und zu tilgen, dass die Zins- und Tilgungsbeträge demjenigen Anteil aller im Land aufgekommenen Zins- und Tilgungsbeträge einschließlich außerplanmäßiger Tilgungen entsprechen, der sich nach dem Verhältnis der am Ende des Kalenderjahres dem Land insgesamt als Darlehen gewährten Bundesmittel und Finanzhilfen zu den übrigen Mitteln des Landes errechnet. [2] Die Tilgung der Bundesmittel und Finanzhilfen muss mindestens ein Prozent betragen. [3] Die Verpflichtung des Landes zur vollständigen Tilgung der als Darlehen gewährten Bundesmittel und Finanzhilfen bleibt unberührt. [4] Näheres wird durch Verwaltungsvereinbarung geregelt.

§ 2. Wohnungsfürsorge des Bundes, Bergarbeiterwohnungsbau

(1) Auf Wohnungsfürsorgemittel, die aus Haushalten des Bundes sowie der früheren öffentlich-rechtlichen Sondervermögen des Bundes oder deren Rechtsnachfolger zur Verfügung gestellt worden sind und die

1. vor dem 1. Januar 2002,
2. in den Fällen des § 46 Abs. 2 des Wohnraumförderungsgesetzes[1] vom 13. September 2001 (BGBl. I S. 2376), das zuletzt durch Artikel 4 des Gesetzes vom 15. Dezember 2004 (BGBl. I S. 3450) geändert worden ist, vor dem 1. Januar 2003

nach § 87 a des Zweiten Wohnungsbaugesetzes in der Fassung der Bekanntmachung vom 19. August 1994 (BGBl. I S. 2137), das zuletzt durch Artikel 7 Abs. 8 des Gesetzes vom 19. Juni 2001 (BGBl. I S. 1149) geändert worden ist, bewilligt worden sind, ist § 87 a des Zweiten Wohnungsbaugesetzes in der am 31. Dezember 2001 geltenden Fassung weiter anzuwenden.

(2) Auf Wohnraum,

1. für dessen Bau ein Darlehen oder ein Zuschuss aus den in Absatz 1 genannten Wohnungsfürsorgemitteln vor dem 1. Januar 2002 und in den Fällen des § 46 Abs. 2 des Wohnraumförderungsgesetzes[1] vor dem 1. Januar 2003 bewilligt worden ist,
2. der nach dem Gesetz zur Förderung des Bergarbeiterwohnungsbaues im Kohlenbergbau in der Fassung der Bekanntmachung vom 25. Juli 1997 (BGBl. I S. 1942), zuletzt geändert durch Artikel 59 der Verordnung vom 25. November 2003 (BGBl. I S. 2304), gefördert worden ist,

sind das Wohnungsbindungsgesetz[2] in der Fassung der Bekanntmachung vom 13. September 2001 (BGBl. I S. 2404), das zuletzt durch Artikel 2 des Gesetzes vom 9. November 2012 (BGBl. I S. 2291) geändert worden ist, die Neubaumietenverordnung 1970[3] in der Fassung der Bekanntmachung vom 12. Oktober 1990 (BGBl. I S. 2203), zuletzt geändert durch Artikel 4 der Verordnung vom 25. November 2003 (BGBl. I S. 2346), und die Zweite Berechnungsverordnung[4] in der Fassung der Bekanntmachung vom 12. Oktober 1990 (BGBl. I S. 2178), zuletzt geändert durch Artikel 3 der Verordnung vom 25. November 2003 (BGBl. I S. 2346), weiter anzuwenden, soweit diese Vorschriften am 31. Dezember 2006 Anwendung finden.

---

[1] Nr. **355**.
[2] *Nr. 387.*
[3] **Sartorius ErgBd. Nr. 353.**
[4] **Sartorius ErgBd. Nr. 357.**

385. Wohngeldgesetz (WoGG)[1)]

Vom 24. September 2008

(BGBl. I S. 1856)

FNA 8601-3

geänd. durch Art. 1 Erstes ÄndG v. 22.12.2008 (BGBl. I S. 2963), Art. 9 ELENA-VerfahrensG v. 28.3. 2009 (BGBl. I S. 634, geänd. durch G v. 23.11.2011, BGBl. I S. 2298), Art. 7 Abs. 8 G zur Reform des Kontopfändungsschutzes v. 7.7.2009 (BGBl. I S. 1707), Art. 22 HaushaltsbegleitG 2011 v. 9.12.2010 (BGBl. I S. 1885), Art. 12 Abs. 2 G zur Ermittlung von Regelbedarfen und zur Änd. des Zweiten und Zwölften Buches Sozialgesetzbuch v. 24.3.2011 (BGBl. I S. 453), Art. 9 G zur Änd. des Beherbergungsstatistik G und des HandelsstatistikG sowie zur Aufhebung von Vorschriften zum Verfahren des elektronischen Entgeltnachweises v. 23.11.2011 (BGBl. I S. 2298), Art. 35 G zur Verbesserung der Eingliederungschancen am Arbeitsmarkt v. 20.12.2011 (BGBl. I S. 2854), Art. 1 Drittes G zur Änd. wohnungsrechtl. Vorschriften v. 9.11.2012 (BGBl. I S. 2291), Art. 9 Abs. 5 SEPA-BegleitG v. 3.4.2013 (BGBl. I S. 610), Art. 1 WohngeldreformG v. 2.10.2015 (BGBl. I S. 1610), Art. 14 Nr. 12 AsylverfahrensbeschleunigungsG v. 20.10.2015 (BGBl. I S. 1722), Art. 3 Abs. 4 Neuntes G zur Änd. des SGB II – Rechtsvereinfachung – sowie zur vorübergehenden Aussetzung der Insolvenzantragspflicht v. 26.7.2016 (BGBl. I S. 1824), Art. 22 Abs. 4 6. SGB IV-ÄndG v. 11.11.2016 (BGBl. I S. 2500), Art. 43 FachkräfteeinwanderungsG v. 15.8.2019 (BGBl. I S. 1307), Art. 134 Zweites Datenschutz-Anpassungs- und UmsetzungsG EU v. 20.11.2019 (BGBl. I S. 1626), Art. 1 WohngeldstärkungsG v. 30.11.2019 (BGBl. I S. 1877), Art. 55 G zur Regelung des Sozialen Entschädigungsrechts v. 12.12.2019 (BGBl. I S. 2652, geänd. 2020, S. 1015), Art. 1 und 1b Wohngeld-CO2-BepreisungsentlastungsG v. 15.5.2020 (BGBl. I S. 1015), Art. 5 GrundrentenG v. 12.8.2020 (BGBl. I S. 1879), Art. 7 G zur Ermittlung der Regelbedarfe und zur Änd. des Zwölften Buches Sozialgesetzbuch sowie weiterer Gesetze v. 9.12.2020 (BGBl. I S. 2855), § 23 Abs. 2, § 24 Abs. 3 WohngeldVO v. 3.6.2021 (BGBl. I S. 1369), Art. 88 G über die Entschädigung der Soldatinnen und Soldaten und zur Neuordnung des Soldatenversorgungsrechts v. 20.8.2021 (BGBl. I S. 3932), Art. 1 Wohngeld-Plus-Gesetz v. 5.12.2022 (BGBl. I S. 2160), Art. 36 JahressteuerG 2022 v. 16.12.2022 (BGBl. I S. 2294), Art. 12 Abs. 14 Bürgergeld-G v. 16.12.2022 (BGBl. I S. 2328), Art. 17 G zur Anpassung des Zwölften und des Vierzehnten Buches Sozialgesetzbuch und weiterer Gesetze v. 22.12.2023 (BGBl. 2023 I Nr. 408), Art. 1 Zweite VO zur Fortschreibung des Wohngeldes nach § 43 des WohngeldG v. 21.10.2024 (BGBl. 2024 I Nr. 314), Art. 50 Jahressteuergesetz 2024 v. 2.12.2024 (BGBl. 2024 I Nr. 387), Art. 3 G zur Überleitung öffentlicher Aufgaben bei Umwandlungsmaßnahmen der Deutsche Post AG sowie zur Änd. weiterer Vorschriften v. 22.12.2025 (BGBl. 2025 I Nr. 345), Art. 2 Aktivrentengesetz v. 22.12.2025 (BGBl. 2025 I Nr. 361), Art. 62 Abs. 6 StandortförderG v. 4.2.2026 (BGBl. 2026 I Nr. 33) und Art. 11 Abs. 8 13. G zur Änd. des Zweiten Buches Sozialgesetzbuch und anderer Gesetze v. 16.4.2026 (BGBl. 2026 I Nr. 107)

Inhaltsübersicht[2)]

Teil 1. Zweck des Wohngeldes und Wohngeldberechtigung

Teil 2. Berechnung und Höhe des Wohngeldes

Kapitel 1. Berechnungsgrößen des Wohngeldes

[1)] Verkündet als Art. 1 G zur Neuregelung des Wohngeldrechts und zur Änd. des Sozialgesetzbuches v. 24.9.2008 (BGBl. I S. 1856); Inkrafttreten gem. Art. 6 Abs. 1 Satz 1 dieses G am 1.1.2009 mit Ausnahme des § 12 Abs. 2 bis 5 und des § 38, die gem. Art. 6 Abs. 2 Satz 1 am 1.10.2008 in Kraft getreten sind.

[2)] Inhaltsübersicht geänd. mWv 30.12.2008 durch G v. 22.12.2008 (BGBl. I S. 2963); geänd. mWv 1.1. 2011 durch G v. 9.12.2010 (BGBl. I S. 1885); geänd. mWv 1.1.2016 durch G v. 2.10.2015 (BGBl. I S. 1610); geänd. mWv 1.8.2016 durch G v. 26.7.2016 (BGBl. I S. 1824); geänd. mWv 1.1.2020 durch G v. 30.11.2019 (BGBl. I S. 1877); geänd. mWv 1.1.2024 durch G v. 12.12.2019 (BGBl. I S. 2652); geänd. mWv 1.1.2021 durch G v. 15.5.2020 (BGBl. I S. 1015); geänd. mWv 1.1.2021 durch G v. 12.8.2020 (BGBl. I S. 1879); geänd. mWv 1.1.2023 durch G v. 5.12.2022 (BGBl. I S. 2160); geänd. mWv 23.12. 2025 durch G v. 22.12.2025 (BGBl. 2025 I Nr. 345).

Teil 1. Zweck des Wohngeldes und Wohngeldberechtigung

§ 1 Zweck des Wohngeldes. (1) Das Wohngeld dient der wirtschaftlichen Sicherung angemessenen und familiengerechten Wohnens.

(2) Das Wohngeld wird als Zuschuss zur Miete (Mietzuschuss) oder zur Belastung (Lastenzuschuss) für den selbst genutzten Wohnraum geleistet.

§ 2 Wohnraum. Wohnraum sind Räume, die vom Verfügungsberechtigten zum Wohnen bestimmt und hierfür nach ihrer baulichen Anlage und Ausstattung tatsächlich geeignet sind.

§ 3[1] Wohngeldberechtigung. (1) [1] Wohngeldberechtigte Person ist für den Mietzuschuss jede natürliche Person, die Wohnraum gemietet hat und diesen selbst nutzt. [2] Ihr gleichgestellt sind

1. die nutzungsberechtigte Person des Wohnraums bei einem dem Mietverhältnis ähnlichen Nutzungsverhältnis (zur mietähnlichen Nutzung berechtigte Person), insbesondere die Person, die ein mietähnliches Dauerwohnrecht hat,
2. die Person, die Wohnraum im eigenen Haus, das mehr als zwei Wohnungen hat, bewohnt, und
3. die Person, die in einem Heim im Sinne des Heimgesetzes[2] oder entsprechender Gesetze der Länder nicht nur vorübergehend aufgenommen ist.

(2) [1] Wohngeldberechtigte Person ist für den Lastenzuschuss jede natürliche Person, die Eigentum an selbst genutztem Wohnraum hat. [2] Ihr gleichgestellt sind

1. die erbbauberechtigte Person,
2. die Person, die ein eigentumsähnliches Dauerwohnrecht, ein Wohnungsrecht oder einen Nießbrauch innehat, und
3. die Person, die einen Anspruch auf Bestellung oder Übertragung des Eigentums, des Erbbaurechts, des eigentumsähnlichen Dauerwohnrechts, des Wohnungsrechts oder des Nießbrauchs hat.

[3] Die Sätze 1 und 2 gelten nicht im Fall des Absatzes 1 Satz 2 Nr. 2.

(3) [1] Erfüllen mehrere Personen für denselben Wohnraum die Voraussetzungen des Absatzes 1 oder des Absatzes 2 und sind sie zugleich Haushaltsmitglieder (§ 5), ist nur eine dieser Personen wohngeldberechtigt. [2] In diesem Fall bestimmen diese Personen die wohngeldberechtigte Person.

---

[1] § 3 Abs. 4 geänd. mWv 1.1.2016 durch G v. 2.10.2015 (BGBl. I S. 1610); Abs. 5 Satz 1 Nr. 4 geänd. mWv 24.10.2015 durch G v. 20.10.2015 (BGBl. I S. 1722); Abs. 5 Satz 3 angef. mWv 1.3.2020 durch G v. 15.8.2019 (BGBl. I S. 1307); Abs. 5 Satz 3 neu gef. mWv 1.1.2024 durch G v. 2.12.2024 (BGBl. 2024 I Nr. 387).

[2] **Sartorius ErgBd. Nr. 419.**

(4) Wohngeldberechtigt ist nach Maßgabe der Absätze 1 bis 3 auch, wer zwar nach den §§ 7 und 8 Abs. 1 vom Wohngeld ausgeschlossen ist, aber mit mindestens einem zu berücksichtigenden Haushaltsmitglied (§ 6) Wohnraum gemeinsam bewohnt.

(5) [1] Ausländer im Sinne des § 2 Abs. 1 des Aufenthaltsgesetzes[1)] (ausländische Personen) sind nach Maßgabe der Absätze 1 bis 4 nur wohngeldberechtigt, wenn sie sich im Bundesgebiet tatsächlich aufhalten und

1. ein Aufenthaltsrecht nach dem Freizügigkeitsgesetz/EU[2)] haben,
2. einen Aufenthaltstitel oder eine Duldung nach dem Aufenthaltsgesetz haben,
3. ein Recht auf Aufenthalt nach einem völkerrechtlichen Abkommen haben,
4. eine Aufenthaltsgestattung nach dem Asylgesetz[3)] haben,
5. die Rechtsstellung eines heimatlosen Ausländers im Sinne des Gesetzes über die Rechtsstellung heimatloser Ausländer im Bundesgebiet[4)] haben oder
6. auf Grund einer Rechtsverordnung vom Erfordernis eines Aufenthaltstitels befreit sind.

[2] Nicht wohngeldberechtigt sind ausländische Personen, die durch eine völkerrechtliche Vereinbarung von der Anwendung deutscher Vorschriften auf dem Gebiet der sozialen Sicherheit befreit sind. [3] In der Regel nicht wohngeldberechtigt sind Ausländer, die im Besitz eines Aufenthaltstitels zur Ausbildungsplatzsuche nach § 17 Absatz 1 des Aufenthaltsgesetzes, zur Arbeitsplatzsuche im Anschluss an Aufenthalte im Bundesgebiet nach § 20 des Aufenthaltsgesetzes, aufgrund einer Chancenkarte nach § 20a des Aufenthaltsgesetzes, für ein studienbezogenes Praktikum nach § 16e des Aufenthaltsgesetzes oder zur Teilnahme am europäischen Freiwilligendienst nach § 19e des Aufenthaltsgesetzes sind.

Teil 2. Berechnung und Höhe des Wohngeldes

Kapitel 1. Berechnungsgrößen des Wohngeldes

§ 4 Berechnungsgrößen des Wohngeldes. Das Wohngeld richtet sich nach

1. der Anzahl der zu berücksichtigenden Haushaltsmitglieder (§§ 5 bis 8),
2. der zu berücksichtigenden Miete oder Belastung (§§ 9 bis 12) und
3. dem Gesamteinkommen (§§ 13 bis 18) und ist nach § 19 zu berechnen.

Kapitel 2. Haushaltsmitglieder

§ 5[5)] Haushaltsmitglieder. (1) [1] Haushaltsmitglied ist die wohngeldberechtigte Person, wenn der Wohnraum, für den sie Wohngeld beantragt, der Mittelpunkt ihrer Lebensbeziehungen ist. [2] Haushaltsmitglied ist auch, wer

1. als Ehegatte eines Haushaltsmitgliedes von diesem nicht dauernd getrennt lebt,
2. als Lebenspartner oder Lebenspartnerin eines Haushaltsmitgliedes von diesem nicht dauernd getrennt lebt,

---

[1)] Nr. **565**.
[2)] *Nr. 560.*
[3)] Nr. **567**.
[4)] Nr. **563**.
[5)] § 5 Abs. 1 Satz 2 abschl. Satzteil geänd., Abs. 3 und 4 aufgeh., bish. Abs. 5 wird Abs. 3, bish. Abs. 6 wird Abs. 4 und neu gef. mWv 1.1.2016 durch G v. 2.10.2015 (BGBl. I S. 1610).

3. mit einem Haushaltsmitglied so zusammenlebt, dass nach verständiger Würdigung der wechselseitige Wille anzunehmen ist, Verantwortung füreinander zu tragen und füreinander einzustehen,
4. mit einem Haushaltsmitglied in gerader Linie oder zweiten oder dritten Grades in der Seitenlinie verwandt oder verschwägert ist,
5. ohne Rücksicht auf das Alter Pflegekind eines Haushaltsmitgliedes ist,
6. Pflegemutter oder Pflegevater eines Haushaltsmitgliedes ist

und mit der wohngeldberechtigten Person den Wohnraum, für den Wohngeld beantragt wird, gemeinsam bewohnt, wenn dieser Wohnraum der jeweilige Mittelpunkt der Lebensbeziehungen ist.

(2) Ein wechselseitiger Wille, Verantwortung füreinander zu tragen und füreinander einzustehen, wird vermutet, wenn mindestens eine der Voraussetzungen nach den Nummern 1 bis 4 des § 7 Abs. 3a des Zweiten Buches Sozialgesetzbuch[1] erfüllt ist.

(3) Ausländische Personen sind nur Haushaltsmitglieder nach Absatz 1 Satz 2, wenn sie die Voraussetzungen der Wohngeldberechtigung nach § 3 Abs. 5 erfüllen.

(4) [1] Betreuen nicht nur vorübergehend getrennt lebende Eltern ein Kind oder mehrere Kinder zu annähernd gleichen Teilen, ist jedes dieser Kinder bei beiden Elternteilen Haushaltsmitglied. [2] Gleiches gilt bei einer Aufteilung der Betreuung bis zu einem Verhältnis von mindestens einem Drittel zu zwei Dritteln je Kind. [3] Betreuen die Eltern mindestens zwei dieser Kinder nicht in einem Verhältnis nach Satz 1 oder 2, ist bei dem Elternteil mit dem geringeren Betreuungsanteil nur das jüngste dieser Kinder Haushaltsmitglied. [4] Für Pflegekinder und Pflegeeltern gelten die Sätze 1 bis 3 entsprechend.

§ 6 Zu berücksichtigende Haushaltsmitglieder. (1) Bei der Berechnung des Wohngeldes sind vorbehaltlich des Absatzes 2 und der §§ 7 und 8 sämtliche Haushaltsmitglieder zu berücksichtigen (zu berücksichtigende Haushaltsmitglieder).

(2) [1] Stirbt ein zu berücksichtigendes Haushaltsmitglied, ist dies für die Dauer von zwölf Monaten nach dem Sterbemonat ohne Einfluss auf die bisher maßgebende Anzahl der zu berücksichtigenden Haushaltsmitglieder. [2] Satz 1 ist nicht mehr anzuwenden, wenn nach dem Todesfall

1. die Wohnung aufgegeben wird,
2. die Zahl der zu berücksichtigenden Haushaltsmitglieder sich mindestens auf den Stand vor dem Todesfall erhöht oder
3. der auf den Verstorbenen entfallende Anteil der Kosten der Unterkunft in einer Leistung nach § 7 Abs. 1 mindestens teilweise berücksichtigt wird.

§ 7[2] Ausschluss vom Wohngeld. (1) [1] Vom Wohngeld ausgeschlossen sind Empfänger und Empfängerinnen von

---

[1] **Sartorius ErgBd. Nr. 402.**

[2] § 7 Abs. 1 Satz 3, Abs. 2 Satz 2 neu gef. mWv 30.12.2008 durch G v. 22.12.2008 (BGBl. I S. 2963); Abs. 1 Satz 1 Nr. 2 geänd. mWv 1.4.2011 durch G v. 24.3.2011 (BGBl. I S. 453); Abs. 1 Satz 1 Nr. 2 aufgeh. mWv 1.8.2016 durch G v. 26.7.2016 (BGBl. I S. 1824); Abs. 1 Satz 1 Nr. 2 neu gef. mWv 1.1.2020 durch G v. 30.11.2019 (BGBl. I S. 1877); Abs. 1 Satz 1 Nr. 7 Buchst. a, b und abschl. Satzteil, Abs. 2 Satz 1 Nr. 3 geänd. mWv 1.1.2024 durch G v. 12.12.2019 (BGBl. I S. 2652, geänd. 2020 S. 1015.); Abs. 2 Satz 1 neu gef. mWv 23.5.2020, Abs. 2 Satz 1 Nr. 4 geänd. mWv 1.1.2024 durch G v. 15.5.2020 (BGBl. I S. 1015); Abs. 1 Satz 1 Nr. 1, 3 und 4 geänd., Satz 2 neu gef., Abs. 3 aufgeh. mWv 1.1.2023; Abs. 1 Satz 1 →

1. Grundsicherungsgeld nach dem Zweiten Buch Sozialgesetzbuch[1], auch in den Fällen des § 25 des Zweiten Buches Sozialgesetzbuch,
2. Leistungen für Auszubildende nach § 27 Absatz 3 des Zweiten Buches Sozialgesetzbuch, die als Zuschuss erbracht werden,
3. *(aufgehoben)*
4. Verletztengeld in Höhe des Betrages des Grundsicherungsgeldes nach § 19 Absatz 1 Satz 1 des Zweiten Buches Sozialgesetzbuch nach § 47 Abs. 2 des Siebten Buches Sozialgesetzbuch[2],
5. Grundsicherung im Alter und bei Erwerbsminderung nach dem Zwölften Buch Sozialgesetzbuch[3],
6. Hilfe zum Lebensunterhalt nach dem Zwölften Buch Sozialgesetzbuch,
7. a) Leistungen zum Lebensunterhalt oder
   b) anderen Leistungen in einer stationären Einrichtung, die den Lebensunterhalt umfassen,

   nach dem Vierzehnten Buch Sozialgesetzbuch[4] oder nach einem Gesetz, das dieses für anwendbar erklärt,
8. Leistungen in besonderen Fällen und Grundleistungen nach dem Asylbewerberleistungsgesetz[5] oder
9. Leistungen nach dem Achten Buch Sozialgesetzbuch[6] in Haushalten, zu denen ausschließlich Personen gehören, die diese Leistungen empfangen,

wenn bei deren Berechnung Kosten der Unterkunft berücksichtigt worden sind (Leistungen). [2]Der Ausschluss besteht im Fall des Satzes 1 Nummer 4, wenn bei der Berechnung des Grundsicherungsgeldes nach § 19 Absatz 1 Satz 1 des Zweiten Buches Sozialgesetzbuch Kosten der Unterkunft berücksichtigt worden sind. [3]Der Ausschluss besteht nicht, wenn

1. die Leistungen nach den Sätzen 1 und 2 ausschließlich als Darlehen gewährt werden oder
2. durch Wohngeld die Hilfebedürftigkeit im Sinne des § 9 des Zweiten Buches Sozialgesetzbuch, des § 19 Abs. 1 und 2 des Zwölften Buches Sozialgesetzbuch oder des § 27a des Bundesversorgungsgesetzes vermieden oder beseitigt werden kann und
   a) die Leistungen nach Satz 1 Nr. 1 bis 7 während der Dauer des Verwaltungsverfahrens zur Feststellung von Grund und Höhe dieser Leistungen noch nicht erbracht worden sind oder
   b) der zuständige Träger eine der in Satz 1 Nr. 1 bis 7 genannten Leistungen als nachrangig verpflichteter Leistungsträger nach § 104 des Zehnten Buches Sozialgesetzbuch[7] erbringt.

(2) [1]Ausgeschlossen sind auch Haushaltsmitglieder, die keine Empfänger der in Absatz 1 Satz 1 genannten Leistungen sind und

---

(Fortsetzung der Anm. von voriger Seite)
Nr. 3 aufgeh. mWv 1.7.2023 durch G v. 16.12.2022 (BGBl. I S. 2328); Abs. 1 Satz 1 Nr. 1 und 4, Satz 2 geänd. mWv 1.7.2026 durch G v. 16.4.2026 (BGBl. 2026 I Nr. 107).

[1] **Sartorius ErgBd. Nr. 402.**
[2] **Aichberger, SGB Nr. 7.**
[3] ***Sartorius ErgBd. Nr. 412.***
[4] **Sartorius III Nr. 600.**
[5] **Sartorius ErgBd. Nr. 418.**
[6] **Habersack ErgBd. Nr. 46.**
[7] **Sartorius ErgBd. Nr. 410.**

1. die in § 7 Absatz 3 des Zweiten Buches Sozialgesetzbuch, auch in den Fällen des Übergangs- oder Verletztengeldes nach Absatz 1 Satz 1 Nummer 3 und 4 genannt und deren Einkommen und Vermögen bei der Ermittlung der Leistungen eines anderen Haushaltsmitglieds nach Absatz 1 Satz 1 Nummer 1, 3 oder 4 berücksichtigt worden sind,
2. deren Einkommen und Vermögen nach § 43 Absatz 1 Satz 2 des Zwölften Buches Sozialgesetzbuch bei der Ermittlung der Leistung eines anderen Haushaltsmitglieds nach Absatz 1 Satz 1 Nummer 5 berücksichtigt worden sind,
3. deren Einkommen und Vermögen nach § 27 Absatz 2 Satz 2 oder 3 des Zwölften Buches Sozialgesetzbuch bei der Ermittlung der Leistung eines anderen Haushaltsmitglieds nach Absatz 1 Satz 1 Nummer 6 berücksichtigt worden sind,
4. deren Einkommen und Vermögen nach § 93 des Vierzehnten Buches Sozialgesetzbuch in Verbindung mit § 27 Absatz 2 Satz 2 oder 3 des Zwölften Buches

(Fortsetzung nächstes Blatt)

Sozialgesetzbuch bei der Ermittlung der Leistung eines anderen Haushaltsmitglieds nach Absatz 1 Satz 1 Nummer 7 berücksichtigt worden sind, oder
5. deren Einkommen und Vermögen nach § 7 Absatz 1 des Asylbewerberleistungsgesetzes bei der Ermittlung der Leistung eines anderen Haushaltsmitglieds nach Absatz 1 Satz 1 Nummer 8 berücksichtigt worden sind.

[2] Der Ausschluss besteht nicht, wenn
1. die Leistungen nach Absatz 1 Satz 1 und 2 ausschließlich als Darlehen gewährt werden oder
2. die Voraussetzungen des Absatzes 1 Satz 3 Nr. 2 vorliegen.

§ 8[1)] Dauer des Ausschlusses vom Wohngeld und Verzicht auf Leistungen. (1) [1] Der Ausschluss vom Wohngeld besteht vorbehaltlich des § 7 Abs. 1 Satz 3 Nr. 2 und Abs. 2 Satz 2 Nr. 2 für die Dauer des Verwaltungsverfahrens zur Feststellung von Grund und Höhe der Leistungen nach § 7 Abs. 1. [2] Der Ausschluss besteht vorbehaltlich des § 7 Abs. 1 Satz 3 Nr. 2 und Abs. 2 Satz 2 Nr. 2
1. nach der Antragstellung auf eine Leistung nach § 7 Abs. 1 ab dem Ersten
   a) des Monats, für den der Antrag gestellt worden ist, oder
   b) des nächsten Monats, wenn die Leistung nach § 7 Abs. 1 nicht vom Ersten eines Monats an beantragt wird,
2. nach der Bewilligung einer Leistung nach § 7 Abs. 1 ab dem Ersten
   a) des Monats, für den die Leistung nach § 7 Abs. 1 bewilligt wird, oder
   b) des nächsten Monats, wenn die Leistung nach § 7 Abs. 1 nicht vom Ersten eines Monats an bewilligt wird,
3. bis zum Letzten
   a) des Monats, wenn die Leistung nach § 7 Abs. 1 bis zum Letzten eines Monats bewilligt wird, oder
   b) des Vormonats, wenn die Leistung nach § 7 Abs. 1 nicht bis zum Letzten eines Monats bewilligt wird.

[3] Der Ausschluss gilt für den Zeitraum als nicht erfolgt, für den
1. der Antrag auf eine Leistung nach § 7 Absatz 1 zurückgenommen wird,
2. die Leistung nach § 7 Absatz 1 abgelehnt, versagt, entzogen oder ausschließlich als Darlehen gewährt wird,
3. der Bewilligungsbescheid über eine Leistung nach § 7 Absatz 1 zurückgenommen oder aufgehoben wird,
4. der Anspruch auf eine Leistung nach § 7 Absatz 1 nachträglich im Sinne des § 103 Absatz 1 des Zehnten Buches Sozialgesetzbuch[2)] ganz entfallen ist oder nach § 104 Absatz 1 oder 2 des Zehnten Buches Sozialgesetzbuch oder nach § 40a des Zweiten Buches Sozialgesetzbuch[3)] nachrangig ist oder
5. die Leistung nach § 7 Absatz 1 nachträglich durch den Übergang eines Anspruchs in vollem Umfang erstattet wird.

(2) Verzichten Haushaltsmitglieder auf die Leistungen nach § 7 Abs. 1, um Wohngeld zu beantragen, gilt ihr Ausschluss vom Zeitpunkt der Wirkung des

[1)] § 8 Abs. 1 Satz 1, Satz 2 einl. Satzteil geänd. mWv 30.12.2008 durch G v. 22.12.2008 (BGBl. I S. 2963); Abs. 1 Satz 3 neu gef. mWv 1.1.2016 durch G v. 2.10.2015 (BGBl. I S. 1610).
[2)] **Sartorius ErgBd. Nr. 410.**
[3)] **Sartorius ErgBd. Nr. 402.**

Verzichts an als nicht erfolgt; § 46 Abs. 2 des Ersten Buches Sozialgesetzbuch[1)] ist in diesem Fall nicht anzuwenden.

Kapitel 3. Miete und Belastung

§ 9[2)] Miete. (1) Miete ist das vereinbarte Entgelt für die Gebrauchsüberlassung von Wohnraum auf Grund von Mietverträgen oder ähnlichen Nutzungsverhältnissen einschließlich Umlagen, Zuschlägen und Vergütungen.

(2) [1] Bei der Ermittlung der Miete nach Absatz 1 bleiben folgende Kosten und Vergütungen außer Betracht:

1. Heizkosten und Kosten für die Erwärmung von Wasser,
2. Kosten der eigenständig gewerblichen Lieferung von Wärme und Warmwasser, soweit sie den in Nummer 1 bezeichneten Kosten entsprechen,
3. die Kosten der Haushaltsenergie, soweit sie nicht von den Nummern 1 und 2 erfasst sind,
4. Vergütungen für die Überlassung einer Garage sowie eines Stellplatzes für Kraftfahrzeuge,
5. Vergütungen für Leistungen, die über die Gebrauchsüberlassung von Wohnraum hinausgehen, insbesondere für allgemeine Unterstützungsleistungen wie die Vermittlung von Pflege- oder Betreuungsleistungen, Leistungen der hauswirtschaftlichen Versorgung oder Notrufdienste.

[2] Ergeben sich diese Beträge nicht aus dem Mietvertrag oder entsprechenden Unterlagen, sind Pauschbeträge abzusetzen.

(3) [1] Im Fall des § 3 Abs. 1 Satz 2 Nr. 2 ist als Miete der Mietwert des Wohnraums zu Grunde zu legen. [2] Im Fall des § 3 Abs. 1 Satz 2 Nr. 3 ist als Miete die Summe aus dem Höchstbetrag nach § 12 Absatz 1 und der Klimakomponente nach § 12 Absatz 7 zu Grunde zu legen.

§ 10[3)] Belastung. (1) Belastung sind die Kosten für den Kapitaldienst und die Bewirtschaftung von Wohnraum in vereinbarter oder festgesetzter Höhe.

(2) [1] Die Belastung ist von der Wohngeldbehörde (§ 24 Abs. 1 Satz 1) in einer Wohngeld-Lastenberechnung zu ermitteln. [2] Von einer vollständigen Wohngeld-Lastenberechnung kann abgesehen werden, wenn die auf den Wohnraum entfallende Belastung aus Zinsen und Tilgungen die Summe aus dem Höchstbetrag nach § 12 Absatz 1 und der Klimakomponente nach § 12 Absatz 7 erreicht oder übersteigt.

§ 11[4)] Zu berücksichtigende Miete und Belastung. (1) [1] Die bei der Berechnung des Wohngeldes zu berücksichtigende Miete oder Belastung ist die Summe aus

---

[1)] **Sartorius ErgBd. Nr. 401.**

[2)] § 9 Abs. 2 neu gef. mWv 1.1.2016 durch G v. 2.10.2015 (BGBl. I S. 1610); Abs. 2 Satz 1 Nr. 4 geänd., Nr. 5 angef. mWv 1.1.2020 durch G v. 30.11.2019 (BGBl. I S. 1877); Abs. 3 Satz 2 geänd. mWv *1.1.2023 durch G v. 5.12.2022 (BGBl. I S. 2160).*

[3)] § 10 Abs. 2 Satz 2 geänd. mWv 1.1.2023 durch G v. 5.12.2022 (BGBl. I S. 2160).

[4)] § 11 Abs. 1 und Abs. 3 Satz 2 neu gef. mWv 1.1.2011 durch G v. 9.12.2010 (BGBl. I S. 1885); Abs. 1, Abs. 3 Satz 2 neu gef., Satz 3 angef. mWv 1.1.2021 durch G v. 15.5.2020 (BGBl. I S. 1015); Abs. 1 und Abs. 3 Sätze 2 und 3 neu gef. mWv 1.1.2023 durch G v. 5.12.2022 (BGBl. I S. 2160).

1. der Miete oder Belastung, die sich nach § 9 oder § 10 ergibt, soweit sie nicht nach Absatz 2 oder Absatz 3 in dieser Berechnungsreihenfolge außer Betracht bleibt, jedoch nur bis zur Höhe der Summe, die sich aus dem Höchstbetrag nach § 12 Absatz 1 und der Klimakomponente nach § 12 Absatz 7 ergibt, und
2. dem Gesamtbetrag zur Entlastung bei den Heizkosten nach § 12 Absatz 6.

[2] Im Fall des § 3 Absatz 1 Satz 2 Nummer 3 ist die Summe aus dem Höchstbetrag nach § 12 Absatz 1, dem Gesamtbetrag zur Entlastung bei den Heizkosten nach § 12 Absatz 6 und der Klimakomponente nach § 12 Absatz 7 zu berücksichtigen.

(2) Die Miete oder Belastung, die sich nach § 9 oder § 10 ergibt, bleibt in folgender Berechnungsreihenfolge und zu dem Anteil außer Betracht,

1. der auf den Teil des Wohnraums entfällt, der ausschließlich gewerblich oder beruflich genutzt wird;
2. der auf den Teil des Wohnraums entfällt, der einer Person, die kein Haushaltsmitglied ist, entgeltlich oder unentgeltlich zum Gebrauch überlassen ist; übersteigt das Entgelt für die Gebrauchsüberlassung die auf diesen Teil des Wohnraums entfallende Miete oder Belastung, ist das Entgelt in voller Höhe abzuziehen;
3. der dem Anteil einer entgeltlich oder unentgeltlich mitbewohnenden Person, die kein Haushaltsmitglied ist, aber deren Mittelpunkt der Lebensbeziehungen der Wohnraum ist und die nicht selbst die Voraussetzungen des § 3 Abs. 1 oder Abs. 2 erfüllt, an der Gesamtzahl der Bewohner und Bewohnerinnen entspricht; übersteigt das Entgelt der mitbewohnenden Person die auf diese entfallende Miete oder Belastung, ist das Entgelt in voller Höhe abzuziehen;
4. der durch Leistungen aus öffentlichen Haushalten oder Zweckvermögen, insbesondere Leistungen zur Wohnkostenentlastung nach dem Zweiten Wohnungsbaugesetz, dem Wohnraumförderungsgesetz[1)] oder entsprechenden Gesetzen der Länder, an den Mieter oder den selbst nutzenden Eigentümer zur Senkung der Miete oder Belastung gedeckt wird, soweit die Leistungen nicht von § 14 Abs. 2 Nr. 30 erfasst sind;
5. der durch Leistungen einer nach § 68 des Aufenthaltsgesetzes[2)] verpflichteten Person gedeckt wird, die ein zu berücksichtigendes Haushaltsmitglied zur Bezahlung der Miete oder Aufbringung der Belastung erhält.

(3) [1] Ist mindestens ein Haushaltsmitglied vom Wohngeld ausgeschlossen, ist nur der Anteil der Miete oder Belastung zu berücksichtigen, der dem Anteil der zu berücksichtigenden Haushaltsmitglieder an der Gesamtzahl der Haushaltsmitglieder entspricht. [2] In diesem Fall sind nur der Anteil des Höchstbetrages nach § 12 Absatz 1, der Anteil des Gesamtbetrages zur Entlastung bei den Heizkosten nach § 12 Absatz 6 und der Anteil des Betrages der Klimakomponente nach § 12 Absatz 7 zu berücksichtigen, der jeweils dem Anteil der zu berücksichtigenden Haushaltsmitglieder an der Gesamtzahl der Haushaltsmitglieder entspricht. [3] Für die Ermittlung des Höchstbetrages nach § 12 Absatz 1, des Gesamtbetrages zur Entlastung bei den Heizkosten nach § 12 Absatz 6 und des Betrages der Klimakomponente nach § 12 Absatz 7 ist jeweils die Gesamtzahl der Haushaltsmitglieder maßgebend.

[1)] Nr. **355**.
[2)] Nr. **565**.

§ 12[1) 2)] Höchstbeträge für Miete und Belastung sowie Entlastung bei den Heizkosten und die Klimakomponente. (1) [1]Die monatlichen Höchstbeträge für Miete und Belastung sind vorbehaltlich des § 11 Absatz 3 nach der Anzahl der zu berücksichtigenden Haushaltsmitglieder und nach der Mietenstufe zu berücksichtigen. [2]Sie ergeben sich aus Anlage 1.

(2) [1]Die Zugehörigkeit einer Gemeinde zu einer Mietenstufe richtet sich nach dem Mietenniveau von Wohnraum der Hauptmieter und Hauptmieterinnen sowie der gleichzustellenden zur mietähnlichen Nutzung berechtigten Personen, für den Mietzuschuss geleistet wird. [2]Das Mietenniveau ist die durchschnittliche prozentuale Abweichung der Quadratmetermieten von Wohnraum in Gemeinden vom Durchschnitt der Quadratmetermieten des Wohnraums im Bundesgebiet. [3]Zu berücksichtigen sind nur Quadratmetermieten von Wohnraum im Sinne des Satzes 1.

(3) [1]Das Mietenniveau ist vom Statistischen Bundesamt festzustellen für Gemeinden mit

1. einer Einwohnerzahl von 10 000 und mehr gesondert,
2. einer Einwohnerzahl von weniger als 10 000 und gemeindefreie Gebiete nach Kreisen zusammengefasst.

[2]Maßgebend für die Zuordnung nach Satz 1 ist die Einwohnerzahl, die auf der Grundlage von § 5 des Bevölkerungsstatistikgesetzes[3)] fortgeschrieben wurde.

(4) [1]Das Mietenniveau wird vom Statistischen Bundesamt bei einer Anpassung der Höchstbeträge nach Absatz 1 oder einer entsprechenden strukturellen Änderung der höchstens zu berücksichtigenden Miete oder Belastung auf der Grundlage von zwei aufeinanderfolgenden Ergebnissen der jährlichen Wohngeldstatistik für Dezember (§ 36 Absatz 1 Satz 2 Nummer 2) festgestellt. [2]Es ist ein bundesweit einheitlicher Stichtag für die Ergebnisse der Bevölkerungsstatistik zu Grunde zu legen.

(4a) [1]Für die Gemeinden Baltrum, Borkum (Stadt), Juist, Langeoog, Norderney (Stadt), Spiekeroog, Wangerooge (Nordseebad), Nebel, Norddorf auf Amrum, Wittdün auf Amrum, Alkersum, Borgsum, Dunsum, Midlum, Nieblum, Oevenum, Oldsum, Süderende, Utersum, Witsum, Wrixum, Wyk auf Föhr (Stadt), Helgoland, Gröde, Hallig Hooge, Langeneß, Pellworm und Insel Hiddensee, die auf Inseln ohne Festlandanschluss liegen, wird ein gemeinsames Mietenniveau festgestellt. [2]Sie erhalten eine eigene gemeinsame Mietenstufenzuordnung und für die Anlage zu § 1 Absatz 3 der Wohngeldverordnung die Bezeichnung Inseln ohne Festlandanschluss. [3]Abweichend von Absatz 4 wird das Statistische Bundesamt nach den Absätzen 2 und 3 einmalig ausschließlich das gemeinsame Mietenniveau dieser Gemeinden und das jeweilige Mietenniveau der von dieser Änderung betroffenen Kreise vor der nächsten Anpassung der Höchstbeträge nach Absatz 1 feststellen. [4]Diese Feststellung erfolgt auf der Grundlage der Ergebnisse der Wohngeldstatistiken für Dezember 2016 und Dezember 2017 (§ 36 Absatz 1 Satz 2

[1)] § 12 Überschr. geänd., Abs. 6 aufgeh. mWv 1.1.2011 durch G v. 9.12.2010 (BGBl. I S. 1885); Abs. 1 geänd., Abs. 2 Sätze 2 und 3 angef., Abs. 3 und 4 neu gef.mWv 1.1.2016 durch G v. 2.10.2015 (BGBl. I S. 1610); Abs. 1 neu gef., Abs. 4a eingef., Abs. 5 geänd. mWv 1.1.2020 durch G v. 30.11.2019 (BGBl. I S. 1877); Abs. 4a Satz 1 geänd. mWv 1.1.2020, Überschrift geänd., Abs. 6 neu gef. mWv 1.1.2021 durch *G v. 15.5.2020 (BGBl. I S. 1015); Überschrift* neu gef., Abs. 4 Satz 1 geänd., Abs. 6 neu gef., Abs. 7 angef. mWv 1.1.2023 durch G v. 5.12.2022 (BGBl. I S. 2160).

[2)] § 12 Abs. 2 bis 5 sind gem. Art. 6 Abs. 2 Satz 1 G v. 24.9.2008 (BGBl. I S. 1856) am 1.10.2008 in Kraft getreten.

[3)] **Sartorius III Nr. 935.**

Nummer 2). [5] Die Anlage zu § 1 Absatz 3 der Wohngeldverordnung[1)] kann vor der nächsten Anpassung der Höchstbeträge entsprechend angepasst werden.

(5) Den Mietenstufen nach Absatz 1 sind folgende Mietenniveaus zugeordnet:

Mietenstufe	Mietenniveau
I	niedriger als minus 15 Prozent
II	minus 15 Prozent bis niedriger als minus 5 Prozent
III	minus 5 Prozent bis niedriger als 5 Prozent
IV	5 Prozent bis niedriger als 15 Prozent
V	15 Prozent bis niedriger als 25 Prozent
VI	25 Prozent bis niedriger als 35 Prozent
VII	35 Prozent und höher

(6) Der folgende monatliche Gesamtbetrag zur Entlastung bei den Heizkosten als Summe aus dem Betrag zur Entlastung bei den Heizkosten auf Grund der CO_2-Bepreisung und dem Betrag der dauerhaften Heizkostenkomponente ist vorbehaltlich des § 11 Absatz 3 nach der Anzahl der zu berücksichtigenden Haushaltsmitglieder zu berücksichtigen:

Anzahl der zu berücksichtigenden Haushaltsmitglieder	Betrag zur Entlastung bei den Heizkosten auf Grund der CO_2-Bepreisung in Euro	Betrag der dauerhaften Heizkostenkomponente in Euro	Gesamtbetrag zur Entlastung bei den Heizkosten in Euro
1	14,40	96	110,40
2	18,60	124	142,60
3	22,20	148	170,20
4	25,80	172	197,80
5	29,40	196	225,40
Mehrbetrag für jedes weitere zu berücksichtigende Haushaltsmitglied	3,60	24	27,60

(7) Der folgende monatliche Betrag ist vorbehaltlich des § 11 Absatz 3 nach der Anzahl der zu berücksichtigenden Haushaltsmitglieder als Klimakomponente zu berücksichtigen:

Anzahl der zu berücksichtigenden Haushaltsmitglieder	Als Klimakomponente zu berücksichtigender Zuschlag zu den Höchstbeträgen nach § 12 Absatz 1 in Euro
1	19,20
2	24,80
3	29,60
4	34,40
5	39,20
Mehrbetrag für jedes weitere zu berücksichtigende Haushaltsmitglied	4,80

1) Nr. **386**.

Kapitel 4. Einkommen

§ 13[1] **Gesamteinkommen.** (1) Das Gesamteinkommen ist die Summe der Jahreseinkommen (§ 14) der zu berücksichtigenden Haushaltsmitglieder abzüglich der Freibeträge (die §§ 17 und 17a) und der Abzugsbeträge für Unterhaltsleistungen (§ 18).

(2) Das monatliche Gesamteinkommen ist ein Zwölftel des Gesamteinkommens.

§ 14[2] **Jahreseinkommen.** (1) [1]Das Jahreseinkommen eines zu berücksichtigenden Haushaltsmitgliedes ist vorbehaltlich des Absatzes 3 die Summe der positiven Einkünfte im Sinne des § 2 Abs. 1 und 2 des Einkommensteuergesetzes zuzüglich der Einnahmen nach Absatz 2 abzüglich der Abzugsbeträge für Steuern und Sozialversicherungsbeiträge (§ 16). [2]Bei den Einkünften im Sinne des § 2 Abs. 1 Satz 1 Nr. 1 bis 3 des Einkommensteuergesetzes ist § 7g Abs. 1 bis 4 und 7 des Einkommensteuergesetzes nicht anzuwenden. [3]Von den Einkünften aus nichtselbständiger Arbeit, die nach dem Einkommensteuergesetz vom Arbeitgeber pauschal besteuert werden, zählen zum Jahreseinkommen nur

1. die nach § 37b des Einkommensteuergesetzes pauschal besteuerten Sachzuwendungen und
2. der nach § 40a des Einkommensteuergesetzes pauschal besteuerte Arbeitslohn und das pauschal besteuerte Arbeitsentgelt, jeweils abzüglich der Aufwendungen zu dessen Erwerbung, Sicherung oder Erhaltung, höchstens jedoch bis zur Höhe dieser Einnahmen.

[4]Ein Ausgleich mit negativen Einkünften aus anderen Einkunftsarten oder mit negativen Einkünften des zusammenveranlagten Ehegatten ist nicht zulässig.

(2) Zum Jahreseinkommen gehören:

1. der nach § 19 Abs. 2 und § 22 Nr. 4 Satz 4 Buchstabe b des Einkommensteuergesetzes steuerfreie Betrag von Versorgungsbezügen;
2. die einkommensabhängigen, nach § 3 Nr. 6 des Einkommensteuergesetzes steuerfreien Bezüge, die auf Grund gesetzlicher Vorschriften aus öffentlichen Mitteln versorgungshalber an Wehrdienstbeschädigte, im freiwilligen Wehrdienst Beschädigte, Zivildienstbeschädigte und im Bundesfreiwilligendienst Beschädigte oder ihre Hinterbliebenen, Kriegsbeschädigte und Kriegshinterbliebene sowie ihnen gleichgestellte Personen gezahlt werden;
3. die den Ertragsanteil oder den der Besteuerung unterliegenden Anteil nach § 22 Nr. 1 Satz 3 Buchstabe a des Einkommensteuergesetzes übersteigenden Teile von Leibrenten sowie der nach § 3 Nummer 14a des Einkommensteuergesetzes steuerfreie Anteil der Rente aus der gesetzlichen Rentenversicherung, der auf Grund des Zuschlags an Entgeltpunkten für langjährige Versicherung nach dem Sechsten Buch Sozialgesetzbuch[3] geleistet wird;

---

[1] § 13 Abs. 1 geänd. mWv 1.1.2021 durch G v. 12.8.2020 (BGBl. I S. 1879).

[2] § 14 Abs. 1 Satz 2, Abs. 2 Nr. 30 geänd. mWv 30.12.2008 durch G v. 22.12.2008 (BGBl. I S. 2963); Abs. 2 Nr. 6 und 7 geänd. mWv 1.1.2011 durch G v. 9.12.2010 (BGBl. I S. 1885); Abs. 2 Nr. 26 geänd. mWv 16.11. 2012 durch G v. 9.11.2012 (BGBl. I S. 2291); Abs. 2 Nr. 23 aufgeh. mWv 1.11.2015, Abs. 1 Satz 3 eingef., bish. Satz 3 wird Satz 4, Abs. 2 Nr. 2 geänd., Nr. 12 und 13 aufgeh., Nr. 19 geänd., Nr. 20 Buchst. b neu gef. und abschl. Satzteil, Nr. 27 Buchst. a und e geänd., Buchst f angef., Nr. 30 neu gef. mWv 1.1.2016 durch G v. 2.10.2015 (BGBl. I S. 1610); Abs. 2 Nr. 30 Buchst. d geänd. mWv 1.8.2016 durch G v. 26.7.2016 (BGBl. I S. 1824); Abs. 2 Nr. 19 neu gef., Nr. 20 Buchst. a, Nr. 22 und 26 geänd. mWv 1.1.2020 durch G v. 30.11.2019 (BGBl. I S. 1877); Abs. 2 Nr. 3 geänd. mWv 1.1.2021 durch G v. 16.12.2022 (BGBl. I S. 2294); Abs. 2 Nr. 30 Buchst. c geänd. mWv 1.1.2023 durch G v. 16.12.2022 (BGBl. I S. 2328); Abs. 2 Nr. 12 neu gef. mWv 1.1. 2026 durch G v. 22.12.2025 (BGBl. 2025 I Nr. 361).

[3] **Aichberger, SGB Nr. 6.**

4. die nach § 3 Nr. 3 des Einkommensteuergesetzes steuerfreien
   a) Rentenabfindungen,
   b) Beitragserstattungen,
   c) Leistungen aus berufsständischen Versorgungseinrichtungen,
   d) Kapitalabfindungen,
   e) Ausgleichszahlungen;
5. die nach § 3 Nr. 1 Buchstabe a des Einkommensteuergesetzes steuerfreien
   a) Renten wegen Minderung der Erwerbsfähigkeit nach den §§ 56 bis 62 des Siebten Buches Sozialgesetzbuch[1)],
   b) Renten und Beihilfen an Hinterbliebene nach den §§ 63 bis 71 des Siebten Buches Sozialgesetzbuch,
   c) Abfindungen nach den §§ 75 bis 80 des Siebten Buches Sozialgesetzbuch;
6. die Lohn- und Einkommensersatzleistungen nach § 32b Absatz 1 Satz 1 Nummer 1 des Einkommensteuergesetzes; § 10 des Bundeselterngeld- und Elternzeitgesetzes[2)] bleibt unberührt;
7. die ausländischen Einkünfte nach § 32b Absatz 1 Satz 1 Nummer 2 bis 5 sowie Satz 2 und 3 des Einkommensteuergesetzes;
8. die Hälfte der nach § 3 Nr. 7 des Einkommensteuergesetzes steuerfreien
   a) Unterhaltshilfe nach den §§ 261 bis 278a des Lastenausgleichsgesetzes[3)],
   b) Beihilfe zum Lebensunterhalt nach den §§ 301 bis 301b des Lastenausgleichsgesetzes,
   c) Unterhaltshilfe nach § 44 und Unterhaltsbeihilfe nach § 45 des *Reparationsschädengesetzes*[4)],
   d) Beihilfe zum Lebensunterhalt nach den §§ 10 bis 15 des Flüchtlingshilfegesetzes,

   mit Ausnahme der Pflegezulage nach § 269 Abs. 2 des Lastenausgleichsgesetzes;
9. die nach § 3 Nr. 1 Buchstabe a des Einkommensteuergesetzes steuerfreien Krankentagegelder;
10. die Hälfte der nach § 3 Nr. 68 des Einkommensteuergesetzes steuerfreien Renten nach § 3 Abs. 2 des Anti-D-Hilfegesetzes;
11. die nach § 3b des Einkommensteuergesetzes steuerfreien Zuschläge für Sonntags-, Feiertags- oder Nachtarbeit;
12. die nach § 3 Nummer 21 des Einkommensteuergesetzes steuerfreien Einnahmen;
13. *(aufgehoben)*
14. die nach § 3 Nr. 56 des Einkommensteuergesetzes steuerfreien Zuwendungen des Arbeitgebers an eine Pensionskasse und die nach § 3 Nr. 63 des Einkommensteuergesetzes steuerfreien Beiträge des Arbeitgebers an einen Pensionsfonds, eine Pensionskasse oder für eine Direktversicherung zum Aufbau einer kapitalgedeckten betrieblichen Altersversorgung;
15. der nach § 20 Abs. 9 des Einkommensteuergesetzes steuerfreie Betrag (Sparer-Pauschbetrag), soweit die Kapitalerträge 100 Euro übersteigen;

---

1) **Aichberger, SGB Nr. 7.**
2) **Habersack ErgBd. Nr. 45e.**
3) **Sartorius III Nr. 960.**
4) **Aufgeh. mWv 30.6.2006** durch G v. 21.6.2006 (BGBl. I S. 1323).

16. die auf erhöhte Absetzungen entfallenden Beträge, soweit sie die höchstmöglichen Absetzungen für Abnutzung nach § 7 des Einkommensteuergesetzes übersteigen, und die auf Sonderabschreibungen entfallenden Beträge;
17. der nach § 3 Nr. 27 des Einkommensteuergesetzes steuerfreie Grundbetrag der Produktionsaufgaberente und das Ausgleichsgeld nach dem Gesetz zur Förderung der Einstellung der landwirtschaftlichen Erwerbstätigkeit[1]);
18. die nach § 3 Nr. 60 des Einkommensteuergesetzes steuerfreien Leistungen aus öffentlichen Mitteln an Arbeitnehmer des Steinkohlen-, Pechkohlen- und Erzbergbaues, des Braunkohlentiefbaues und der Eisen- und Stahlindustrie aus Anlass von Stilllegungs-, Einschränkungs-, Umstellungs- oder Rationalisierungsmaßnahmen;
19. die nach § 22 Nummer 1 Satz 2 des Einkommensteuergesetzes der Empfängerin oder dem Empfänger nicht zuzurechnenden Bezüge, die ihr oder ihm von einer natürlichen Person, die kein Haushaltsmitglied ist, oder von einer juristischen Person gewährt werden, mit Ausnahme der Bezüge
    a) bis zu einer Höhe von 6 540 Euro jährlich, die für eine Pflegeperson oder Pflegekraft aufgewendet werden, die die Empfängerin oder den Empfänger wegen ihrer oder seiner Pflegebedürftigkeit im Sinne des § 14 des Elften Buches Sozialgesetzbuch[2]) pflegt, oder
    b) bis zu einer Höhe von insgesamt 480 Euro jährlich von einer natürlichen Person, die gegenüber der Empfängerin oder dem Empfänger nicht vorrangig gesetzlich unterhaltsverpflichtet ist oder war, oder von einer juristischen Person;

    dies gilt entsprechend, wenn anstelle von wiederkehrenden Unterhaltsleistungen Unterhaltsleistungen als Einmalbetrag gewährt werden;
20. a) die Unterhaltsleistungen des geschiedenen oder dauernd getrennt lebenden Ehegatten, mit Ausnahme der Unterhaltsleistungen bis zu einer Höhe von 6 540 Euro jährlich, die für eine Pflegeperson oder Pflegekraft geleistet werden, die den Empfänger oder die Empfängerin wegen eigener Pflegebedürftigkeit im Sinne des § 14 des Elften Buches Sozialgesetzbuch pflegt,
    b) die Versorgungsleistungen, die Leistungen auf Grund eines schuldrechtlichen Versorgungsausgleichs und Ausgleichsleistungen zur Vermeidung eines Versorgungsausgleichs,

    soweit diese Leistungen nicht von § 22 Nummer 1a des Einkommensteuergesetzes erfasst sind;
21. die Leistungen nach dem Unterhaltsvorschussgesetz[3]);
22. die Leistungen von natürlichen Personen, die keine Haushaltsmitglieder sind, zur Bezahlung der Miete oder Aufbringung der Belastung, soweit die Leistungen nicht von Absatz 1 Satz 1 oder Satz 3, von Nummer 19 oder Nummer 20 erfasst sind;
23. *(aufgehoben)*
24. die Hälfte der Pauschale für die laufenden Leistungen für den notwendigen Unterhalt ohne die Kosten der Erziehung von Kindern, Jugendlichen oder jungen Volljährigen nach § 39 Abs. 1 in Verbindung mit § 33 oder mit § 35a

(Fortsetzung nächstes Blatt)

[1]) **Aichberger, SGB Nr. 30/40.**
[2]) **Aichberger, SGB Nr. 11.**
[3]) **Habersack ErgBd. Nr. 45d.**

Abs. 2 Nr. 3, auch in Verbindung mit § 41 Abs. 2 des Achten Buches Sozialgesetzbuch[1]), als Einkommen des Kindes, Jugendlichen oder jungen Volljährigen;

25. die Hälfte der Pauschale für die laufenden Leistungen für die Kosten der Erziehung von Kindern, Jugendlichen oder jungen Volljährigen nach § 39 Abs. 1 in Verbindung mit § 33 oder mit § 35a Abs. 2 Nr. 3, auch in Verbindung mit § 41 Abs. 2 des Achten Buches Sozialgesetzbuch, als Einkommen der Pflegeperson;
26. die Hälfte der nach § 3 Nr. 36 des Einkommensteuergesetzes steuerfreien Einnahmen für Leistungen zu körperbezogenen Pflegemaßnahmen, pflegerischen Betreuungsmaßnahmen oder Hilfen bei der Haushaltsführung einer Person, die kein Haushaltsmitglied ist;
27. die Hälfte der als Zuschüsse erbrachten
    a) Leistungen zur Förderung der Ausbildung nach dem Bundesausbildungsförderungsgesetz[2]), mit Ausnahme der Leistungen nach § 14a des Bundesausbildungsförderungsgesetzes in Verbindung mit den §§ 6 und 7 der Verordnung über Zusatzleistungen in Härtefällen nach dem Bundesausbildungsförderungsgesetz und mit Ausnahme des Kinderbetreuungszuschlages nach Maßgabe des § 14b des Bundesausbildungsförderungsgesetzes,
    b) Leistungen der Begabtenförderungswerke, soweit sie nicht von Nummer 28 erfasst sind,
    c) Stipendien, soweit sie nicht von Buchstabe b, Nummer 28 oder Nummer 29 erfasst sind,
    d) Berufsausbildungsbeihilfen und des Ausbildungsgeldes nach dem Dritten Buch Sozialgesetzbuch[3]),
    e) Beiträge zur Deckung des Unterhaltsbedarfs nach dem Aufstiegsfortbildungsförderungsgesetz[4]),
    f) Leistungen zur Sicherung des Lebensunterhaltes während des ausbildungsbegleitenden Praktikums oder der betrieblichen Berufsausbildung bei Teilnahme am Sonderprogramm Förderung der beruflichen Mobilität von ausbildungsinteressierten Jugendlichen und arbeitslosen jungen Fachkräften aus Europa;
28. die als Zuschuss gewährte Graduiertenförderung;
29. die Hälfte der nach § 3 Nr. 42 des Einkommensteuergesetzes steuerfreien Zuwendungen, die auf Grund des Fulbright-Abkommens gezahlt werden;
30. die wiederkehrenden Leistungen nach § 7 Absatz 1 Satz 1 Nummer 1 bis 9, auch wenn bei deren Berechnung die Kosten der Unterkunft nicht berücksichtigt worden sind, mit Ausnahme
    a) der darin enthaltenen Kosten der Unterkunft, wenn diese nicht für den Wohnraum gewährt werden, für den Wohngeld beantragt wurde,
    b) der von Nummer 24 oder Nummer 25 erfassten Leistungen,
    c) des Bürgergeldes nach § 19 Absatz 1 Satz 2 des Zweiten Buches Sozialgesetzbuch[5]), das ein zu berücksichtigendes Kind als Mitglied der Bedarfs-

---

[1]) **Habersack ErgBd. Nr. 46.**
[2]) Nr. 420.
[3]) **Aichberger, SGB Nr. 3.**
[4]) **Loseblatt-Textsammlung Arbeitsrecht Nr. 418.**
[5]) **Sartorius ErgBd. Nr. 402.**

gemeinschaft im Haushalt des getrennt lebenden anderen Elternteils anteilig erhält,

d) der Hilfe zum Lebensunterhalt, die ein nach dem Dritten Kapitel des Zwölften Buches Sozialgesetzbuch[1] leistungsberechtigtes Kind im Haushalt des getrennt lebenden Elternteils anteilig erhält, oder

e) der Leistungen, die in den Fällen des § 7 Absatz 1 Satz 3 oder Absatz 2 Satz 2 erbracht werden, in denen kein Ausschluss vom Wohngeld besteht;

31. der Mietwert des von den in § 3 Abs. 1 Satz 2 Nr. 2 genannten Personen selbst genutzten Wohnraums.

(3) Zum Jahreseinkommen gehören nicht:

1. Einkünfte aus Vermietung oder Verpachtung eines Teils des Wohnraums, für den Wohngeld beantragt wird;
2. das Entgelt, das eine den Wohnraum mitbewohnende Person im Sinne des § 11 Abs. 2 Nr. 3 hierfür zahlt;
3. Leistungen einer nach § 68 des Aufenthaltsgesetzes[2] verpflichteten Person, soweit sie von § 11 Abs. 2 Nr. 5 erfasst sind.

§ 15[3] Ermittlung des Jahreseinkommens. (1) [1]Bei der Ermittlung des Jahreseinkommens ist das Einkommen zu Grunde zu legen, das im Zeitpunkt der Antragstellung im Bewilligungszeitraum zu erwarten ist. [2]Hierzu können die Verhältnisse vor dem Zeitpunkt der Antragstellung herangezogen werden; § 24 Abs. 2 bleibt unberührt.

(2) [1]Einmaliges Einkommen, das für einen bestimmten Zeitraum bezogen wird, ist diesem Zeitraum zuzurechnen. [2]Ist kein Zurechnungszeitraum festgelegt oder vereinbart, so ist das einmalige Einkommen zu einem Zwölftel in den zwölf Monaten nach dem Zuflussmonat zuzurechnen. [3]Ist das einmalige Einkommen vor der Antragstellung zugeflossen, ist es nur dann nach Satz 1 oder Satz 2 zuzurechnen, wenn es innerhalb von einem Jahr vor der Antragstellung zugeflossen ist.

(3) Sonderzuwendungen, Gratifikationen und gleichartige Bezüge und Vorteile, die in größeren als monatlichen Abständen gewährt werden, sind den im Bewilligungszeitraum liegenden Monaten zu je einem Zwölftel zuzurechnen, wenn sie in den nächsten zwölf Monaten nach Beginn des Bewilligungszeitraums zufließen.

(4) Beträgt der Bewilligungszeitraum nicht zwölf Monate, ist als Einkommen das Zwölffache des im Sinne der Absätze 1 bis 3 und des § 24 Abs. 2 im Bewilligungszeitraum zu erwartenden durchschnittlichen monatlichen Einkommens zu Grunde zu legen.

§ 16[4] Abzugsbeträge für Steuern und Sozialversicherungsbeiträge. [1]Bei der Ermittlung des Jahreseinkommens sind von dem Betrag, der sich nach den §§ 14 und 15 ergibt, jeweils 10 Prozent abzuziehen, wenn zu erwarten ist, dass im Bewilligungszeitraum die folgenden Steuern und Pflichtbeiträge zu leisten sind:

1. Steuern vom Einkommen,
2. Pflichtbeiträge zur gesetzlichen Kranken- und Pflegeversicherung,

---

[1] *Sartorius ErgBd. Nr. 412.*

[2] Nr. **565**.

[3] § 15 Abs. 2 Sätze 2 und 3 neu gef. mWv 1.1.2016 durch G v. 2.10.2015 (BGBl. I S. 1610); Abs. 2 Sätze 2 und 3 geänd. mWv 1.1.2023 durch G v. 5.12.2022 (BGBl. I S. 2160).

[4] § 16 neu gef. mWv 1.1.2016 durch G v. 2.10.2015 (BGBl. I S. 1610).

3. Pflichtbeiträge zur gesetzlichen Rentenversicherung.

[2] Satz 1 Nummer 2 und 3 gilt entsprechend, wenn keine Pflichtbeiträge, aber laufende Beiträge zu öffentlichen oder privaten Versicherungen oder ähnlichen Einrichtungen zu leisten sind, die dem Zweck der Pflichtbeiträge nach Satz 1 Nummer 2 oder Nummer 3 entsprechen. [3] Satz 2 gilt auch, wenn die Beiträge zu Gunsten eines zu berücksichtigenden Haushaltsmitgliedes zu leisten sind. [4] Die Sätze 2 und 3 gelten nicht, wenn eine im Wesentlichen beitragsfreie Sicherung oder eine Sicherung besteht, für die Beiträge von Dritten zu leisten sind. [5] Die Sätze 1 und 2 gelten bei einmaligem Einkommen im Sinne des § 15 Absatz 2 in jedem Jahr der Zurechnung entsprechend.

§ 17[1)] Freibeträge. Bei der Ermittlung des Gesamteinkommens sind die folgenden jährlichen Freibeträge abzuziehen:

1. 1 800 Euro für jedes schwerbehinderte zu berücksichtigende Haushaltsmitglied mit einem Grad der Behinderung
   a) von 100 oder
   b) von unter 100 bei Pflegebedürftigkeit im Sinne des § 14 des Elften Buches Sozialgesetzbuch[2)] und gleichzeitiger häuslicher oder teilstationärer Pflege oder Kurzzeitpflege;
2. 750 Euro für jedes zu berücksichtigende Haushaltsmitglied, das Opfer der nationalsozialistischen Verfolgung oder ihm im Sinne des Bundesentschädigungsgesetzes[3)] gleichgestellt ist;
3. 1 320 Euro, wenn
   a) ein zu berücksichtigendes Haushaltsmitglied ausschließlich mit einem Kind oder mehreren Kindern Wohnraum gemeinsam bewohnt und
   b) mindestens eines dieser Kinder noch nicht 18 Jahre alt ist und für dieses Kindergeld nach dem Einkommensteuergesetz oder dem Bundeskindergeldgesetz[4)] oder eine in § 65 Absatz 1 Satz 1 des Einkommensteuergesetzes genannte Leistung gewährt wird;
4. ein Betrag in Höhe der eigenen Einnahmen aus Erwerbstätigkeit jedes Kindes eines Haushaltsmitgliedes, höchstens jedoch 1 200 Euro, wenn das Kind ein zu berücksichtigendes Haushaltsmitglied und noch nicht 25 Jahre alt ist.

§ 17a[5)] Freibetrag für zu berücksichtigende Haushaltsmitglieder mit Grundrentenzeiten oder entsprechenden Zeiten aus anderweitigen Alterssicherungssystemen. (1) [1] Für jedes zu berücksichtigende Haushaltsmitglied, das mindestens 33 Jahre an Grundrentenzeiten nach § 76g Absatz 2 des Sechsten Buches Sozialgesetzbuch[6)] erreicht hat, ist bei der Ermittlung des Gesamteinkommens ein jährlicher Freibetrag abzuziehen. [2] Dieser beträgt 1 200 Euro vom jährlichen Einkommen aus der gesetzlichen Rente zuzüglich 30 Prozent des diesen

---

[1)] § 17 Nr. 1 neu gef., Nr. 2 aufgeh., bish. Nr. 3 wird Nr. 2, bish. Nr. 4 und 5 werden Nr. 3 und 4 und neu gef. mWv 1.1.2016 durch G v. 2.10.2015 (BGBl. I S. 1610); Nr. 1 einl. Satzteil geänd. mWv 1.1.2020 durch G v. 30.11.2019 (BGBl. I S. 1877).

[2)] **Aichberger, SGB Nr. 11.**

[3)] **Sartorius III Nr. 981.**

[4)] **Habersack ErgBd. Nr. 45b.**

[5)] § 17a eingef. mWv 1.1.2021 durch G v. 12.8.2020 (BGBl. I S. 1879); Abs. 3 Satz 1 neu gef., Satz 2 aufgeh., bish. Satz 3 wird Satz 2 und neue Sätze 3–5 angef. mWv 1.1.2021 durch G v. 9.12.2020 (BGBl. I S. 2855).

[6)] **Aichberger, SGB Nr. 6.**

Betrag übersteigenden jährlichen Einkommens aus der gesetzlichen Rente, höchstens jedoch ein mit zwölf zu multiplizierender Betrag in Höhe von 50 Prozent der Regelbedarfsstufe 1 nach der Anlage zu § 28 des Zwölften Buches Sozialgesetzbuch[1)].

(2) [1] Absatz 1 gilt entsprechend für zu berücksichtigende Haushaltsmitglieder, die mindestens 33 Jahre an Grundrentenzeiten vergleichbaren Zeiten in

1. einer Versicherungspflicht nach § 1 des Gesetzes über die Alterssicherung der Landwirte[2)],
2. einer Beschäftigung, in der Versicherungsfreiheit nach § 5 Absatz 1 oder Befreiung von der Versicherungspflicht nach § 6 Absatz 1 Satz 1 Nummer 2 des Sechsten Buches Sozialgesetzbuch bestand, oder
3. einer Versicherungspflicht in einer Versicherungs- oder Versorgungseinrichtung, die für Angehörige bestimmter Berufe errichtet ist,

erreicht haben. [2] Absatz 1 gilt auch, wenn die 33 Jahre durch die Zusammenrechnung der Zeiten nach Satz 1 Nummer 1 bis 3 und der Grundrentenzeiten nach § 76g Absatz 2 des Sechsten Buches Sozialgesetzbuch erfüllt werden. [3] Je Kalendermonat wird eine Grundrentenzeit oder eine nach Satz 1 vergleichbare Zeit angerechnet.

(3) [1] Ist Wohngeld vor dem 1. Januar 2021 bewilligt worden und liegt mindestens ein Teil des Bewilligungszeitraums nach dem 31. Dezember 2020, so ist abweichend von § 41 Absatz 2 von Amts wegen über die Leistung des Wohngeldes für den Zeitraum vom 1. Januar 2021 neu zu entscheiden, wenn die Wohngeldbehörde erstmals durch eine Mitteilung des Rentenversicherungsträgers oder der sich aus Absatz 2 Satz 1 ergebenden Träger davon Kenntnis erlangt, dass die Voraussetzungen nach Absatz 1 Satz 1 oder Absatz 2 Satz 1 oder 2 im Zeitraum ab dem 1. Januar 2021 vorliegen. [2] Die Entscheidung nach Satz 1 folgt der Entscheidung nach § 42c Absatz 1 nach. [3] Die Wohngeldbehörde entscheidet über Wohngeldleistungen ohne Berücksichtigung eines möglichen Freibetrages nach Absatz 1 oder 2, solange sie nicht durch eine Mitteilung des Rentenversicherungsträgers oder der sich aus Absatz 2 Satz 1 ergebenden Träger Kenntnis davon hat, dass die Voraussetzungen nach Absatz 1 Satz 1 oder Absatz 2 Satz 1 oder 2 vorliegen. [4] Sie entscheidet von Amts wegen neu, wenn sie erstmals Kenntnis davon erlangt, dass die Voraussetzungen nach Absatz 1 Satz 1 oder Absatz 2 Satz 1 oder 2 vorliegen. [5] Der Zeitpunkt der Kenntnis der Wohngeldbehörde nach Satz 1 oder 4 gilt als Zeitpunkt der Antragstellung im Sinne des § 24 Absatz 2.

(4) Wurde der Freibetrag bei der Wohngeldbewilligung bereits berücksichtigt, so werden im laufenden Bewilligungszeitraum Änderungen der Höhe des Freibetrages nach Absatz 1 oder 2 nur unter den Voraussetzungen des § 27 berücksichtigt.

§ 18[3)] Abzugsbeträge für Unterhaltsleistungen. [1] Bei der Ermittlung des Gesamteinkommens sind die folgenden zu erwartenden Aufwendungen zur Erfüllung gesetzlicher Unterhaltsverpflichtungen abzuziehen:

[1)] **Sartorius ErgBd. Nr. 412.**

[2)] **Aichberger, SGB Nr. 30/10.**

[3)] § 18 Satz 1 Nr. 3 geänd. mWv 30.12.2008 durch G v. 22.12.2008 (BGBl. I S. 2963); Satz 1 Nr. 2 geänd. mWv 1.1.2016 durch G v. 2.10.2015 (BGBl. I S. 1610).

1. bis zu 3 000 Euro jährlich für ein zu berücksichtigendes Haushaltsmitglied, das wegen Berufsausbildung auswärts wohnt, soweit es nicht von Nummer 2 erfasst ist;
2. bis zu 3 000 Euro jährlich für ein Kind, das Haushaltsmitglied nach § 5 Absatz 4 ist; dies gilt nur für Aufwendungen, die an das Kind als Haushaltsmitglied bei dem anderen Elternteil geleistet werden;
3. bis zu 6 000 Euro jährlich für einen früheren oder dauernd getrennt lebenden Ehegatten oder Lebenspartner oder eine frühere oder dauernd getrennt lebende Lebenspartnerin, der oder die kein Haushaltsmitglied ist;
4. bis zu 3 000 Euro jährlich für eine sonstige Person, die kein Haushaltsmitglied ist.

²Liegt in den Fällen des Satzes 1 eine notariell beurkundete Unterhaltsvereinbarung, ein Unterhaltstitel oder ein Bescheid vor, sind die jährlichen Aufwendungen bis zu dem darin festgelegten Betrag abzuziehen.

Kapitel 5. Höhe des Wohngeldes

§ 19[1)] **Höhe des Wohngeldes.** (1) ¹Das ungerundete monatliche Wohngeld für bis zu zwölf zu berücksichtigende Haushaltsmitglieder beträgt

$$1{,}15 \cdot (M - (a + b \cdot M + c \cdot Y) \cdot Y) \text{ Euro.}$$

²„M" ist die zu berücksichtigende monatliche Miete oder Belastung in Euro. ³„Y" ist das monatliche Gesamteinkommen in Euro. ⁴„a", „b" und „c" sind nach der Anzahl der zu berücksichtigenden Haushaltsmitglieder unterschiedene Werte und ergeben sich aus der Anlage 2.

(2) Die zur Berechnung des Wohngeldes erforderlichen Rechenschritte und Rundungen sind in der Reihenfolge auszuführen, die sich aus der Anlage 3 ergibt.

(3) Sind mehr als zwölf Haushaltsmitglieder zu berücksichtigen, erhöht sich für das 13. und jedes weitere zu berücksichtigende Haushaltsmitglied das nach den Absätzen 1 und 2 berechnete monatliche Wohngeld um jeweils 65 Euro, höchstens jedoch bis zur Höhe der zu berücksichtigenden Miete oder Belastung.

Teil 3. Nichtbestehen des Wohngeldanspruchs

§ 20[2)] **Gesetzeskonkurrenz.** (1) *(aufgehoben)*

(2) ¹Es besteht kein Wohngeldanspruch, wenn allen Haushaltsmitgliedern eine der folgenden Leistungen dem Grunde nach zusteht oder im Fall ihres Antrages dem Grunde nach zustünde:
1. Leistungen zur Förderung der Ausbildung nach dem Bundesausbildungsförderungsgesetz[3)],
2. Leistungen nach den §§ 56, 116 Absatz 3 oder 4 oder § 122 des Dritten Buches Sozialgesetzbuch[4)] oder

---

[1)] § 19 Abs. 1 Sätze 1–3 und Abs. 3 geänd. mWv 1.1.2016 durch G v. 2.10.2015 (BGBl. I S. 1610); Abs. 1 Satz 4, Abs. 2 und 3 geänd. mWv 1.1.2020 durch G v. 30.11.2019 (BGBl. I S. 1877); Abs. 3 geänd. mWv 1.1.2023 durch G v. 5.12.2022 (BGBl. I S. 2160); Abs. 3 geänd. mWv 1.1.2025 durch VO v. 21.10. 2024 (BGBl. 2024 I Nr. 314).

[2)] § 20 Abs. 2 Satz 1 geänd. mWv 1.4.2012 durch G v. 20.12.2011 (BGBl. I S. 2854); Abs. 1 neu gef. mWv 1.11.2015, Abs. 2 Sätze 1–3 neu gef. mWv 1.1.2016 durch G v. 2.10.2015 (BGBl. I S. 1610); Abs. 1 aufgeh., Abs. 2 Satz 1 Nr. 2 geänd. mWv 1.1.2020 durch G v. 30.11.2019 (BGBl. I S. 1877).

[3)] Nr. **420**.

[4)] **Aichberger, SGB Nr. 3.**

3. Leistungen zur Sicherung des Lebensunterhaltes während des ausbildungsbegleitenden Praktikums oder der betrieblichen Berufsausbildung bei Teilnahme am Sonderprogramm Förderung der beruflichen Mobilität von ausbildungsinteressierten Jugendlichen und arbeitslosen jungen Fachkräften aus Europa.

2 Satz 1 gilt auch, wenn dem Grunde nach Förderungsberechtigte der Höhe nach keinen Anspruch auf Förderung haben. 3 Satz 1 gilt nicht, wenn die Leistungen ausschließlich als Darlehen gewährt werden. 4 Ist Wohngeld für einen Zeitraum bewilligt, in den der Beginn der Ausbildung fällt, ist das Wohngeld bis zum Ablauf des Bewilligungszeitraums in gleicher Höhe weiterzuleisten; § 27 Abs. 2 und § 28 bleiben unberührt.

§ 21 Sonstige Gründe. Ein Wohngeldanspruch besteht nicht,
1. wenn das Wohngeld weniger als 10 Euro monatlich betragen würde,
2. wenn alle Haushaltsmitglieder nach den §§ 7 und 8 Abs. 1 vom Wohngeld ausgeschlossen sind oder
3. soweit die Inanspruchnahme missbräuchlich wäre, insbesondere wegen erheblichen Vermögens.

Teil 4. Bewilligung, Zahlung und Änderung des Wohngeldes

§ 22 Wohngeldantrag. (1) Wohngeld wird nur auf Antrag der wohngeldberechtigten Person geleistet.

(2) Im Fall des § 3 Abs. 3 wird vermutet, dass die antragstellende Person von den anderen Haushaltsmitgliedern als wohngeldberechtigte Person bestimmt ist.

(3) 1 Zieht die wohngeldberechtigte Person aus oder stirbt sie, kann der Antrag nach § 27 Abs. 1 auch von einem anderen Haushaltsmitglied gestellt werden, das die Voraussetzungen des § 3 Abs. 1 oder Abs. 2 erfüllt. 2 § 3 Abs. 3 bis 5 gilt entsprechend.

(4) Wird ein Wohngeldantrag für die Zeit nach dem laufenden Bewilligungszeitraum früher als zwei Monate vor Ablauf dieses Zeitraums gestellt, gilt der Erste des zweiten Monats vor Ablauf dieses Zeitraums als Zeitpunkt der Antragstellung im Sinne des § 24 Abs. 2.

(5) § 65a des Ersten[1)] und § 115 des Zehnten Buches Sozialgesetzbuch[2)] sind nicht anzuwenden.

§ 23[3)] Auskunftspflicht. (1) 1 Soweit die Durchführung dieses Gesetzes es erfordert, sind folgende Personen verpflichtet, auf Verlangen der Wohngeldbehörde Auskunft über ihre für das Wohngeld maßgebenden Verhältnisse zu geben:
1. die Haushaltsmitglieder,
2. die sonstigen Personen, die mit der wohngeldberechtigten Person den Wohnraum gemeinsam bewohnen, und
3. bei einer Prüfung nach § 21 Nr. 3 zur Feststellung eines Unterhaltsanspruchs auch
   a) der Ehegatte, der Lebenspartner oder die Lebenspartnerin,

---

1) ***Sartorius ErgBd. Nr. 401.***
2) **Sartorius ErgBd. Nr. 410.**
3) § 23 Abs. 1 Satz 1 Nr. 3 Buchst. a und b neu gef. mWv 30.12.2008 durch G v. 22.12.2008 (BGBl. I S. 2963); Abs. 4 neu gef. mWv 16.11.2012 durch G v. 9.11.2012 (BGBl. I S. 2291); Abs. 1 Satz 1 geänd., Satz 3 angef., Abs. 2 und 3 geänd. mWv 1.1.2016 durch G v. 2.10.2015 (BGBl. I S. 1610).

b) der frühere Ehegatte, der frühere Lebenspartner oder die frühere Lebenspartnerin,

c) die Kinder der zu berücksichtigenden Haushaltsmitglieder und

d) die Eltern der zu berücksichtigenden Haushaltsmitglieder,

die keine Haushaltsmitglieder sind.

[2] Die Haushaltsmitglieder sind verpflichtet, ihr Geschlecht anzugeben (§ 33 Abs. 3 Satz 1 Nr. 6 und § 35 Abs. 1 Nr. 5). [3] Die wohngeldberechtigte Person hat im Wohngeldantrag nach § 22 und im Antrag nach § 27 Absatz 1 alle Tatsachen anzugeben, die für die Leistung erheblich sind.

(2) Soweit die Durchführung dieses Gesetzes es erfordert, sind die Arbeitgeber der zu berücksichtigenden Haushaltsmitglieder verpflichtet, auf Verlangen der Wohngeldbehörde über Art und Dauer des Arbeitsverhältnisses sowie über Arbeitsstätte und Arbeitsverdienst Auskunft zu geben.

(3) Der Empfänger oder die Empfängerin der Miete ist verpflichtet, auf Verlangen der Wohngeldbehörde über die Höhe und Zusammensetzung der Miete sowie über andere das Miet- oder Nutzungsverhältnis betreffende Umstände Auskunft zu geben, soweit die Durchführung dieses Gesetzes es erfordert.

(4) [1] Zur Aufdeckung rechtswidriger Inanspruchnahme von Wohngeld sind die Kapitalerträge auszahlenden Stellen, denen ein zu berücksichtigendes Haushaltsmitglied einen Freistellungsauftrag für Kapitalerträge erteilt hat, verpflichtet, der Wohngeldbehörde Auskunft über die Höhe der zugeflossenen Kapitalerträge zu erteilen. [2] § 21 Absatz 3 Satz 4 des Zehnten Buches Sozialgesetzbuch[1)] gilt entsprechend. [3] Ein Auskunftsersuchen der Wohngeldbehörde ist nur zulässig, wenn auf Grund eines Datenabgleichs nach § 33 der Verdacht besteht oder feststeht, dass Wohngeld rechtswidrig in Anspruch genommen wurde oder wird und dass das zu berücksichtigende Haushaltsmitglied, auch soweit es dazu berechtigt ist, nicht oder nicht vollständig bei der Ermittlung der Kapitalerträge mitwirkt. [4] Die Auslagen für Auskünfte von Kapitalerträge auszahlenden Stellen, die durch die Ermittlung der rechtswidrigen Inanspruchnahme von Wohngeld entstanden sind, sollen abweichend von § 64 Absatz 1 des Zehnten Buches Sozialgesetzbuch von der Person, die Wohngeld zu erstatten hat, erhoben werden.

(5) Auf die nach den Absätzen 1 bis 3 Auskunftspflichtigen sind die §§ 60 und 65 Abs. 1 und 3 des Ersten Buches Sozialgesetzbuch[2)] entsprechend anzuwenden.

§ 24[3)] Wohngeldbehörde und Entscheidung. (1) [1] Zuständig für die Durchführung dieses Gesetzes sind die nach Landesrecht zuständigen Stellen. [2] Die Landesregierung kann diese Befugnis nach Satz 1 auf die für die Ausführung des Wohngeldgesetzes zuständige oberste Landesbehörde übertragen. [3] Die nach Satz 1 bestimmte Stelle ist eine Wohngeldbehörde im Sinne dieses Gesetzes. [4] § 69 des Ersten Buches Sozialgesetzbuch[2)] bleibt unberührt.

(2) [1] Die Entscheidung über den Wohngeldantrag ist durch die Wohngeldbehörde schriftlich zu erlassen. [2] Der Entscheidung sind die Verhältnisse im Bewilligungszeitraum, die im Zeitpunkt der Antragstellung zu erwarten sind, zu Grunde zu legen. [3] Treten nach dem Zeitpunkt der Antragstellung bis zur Bekanntgabe des

---

[1)] **Sartorius ErgBd. Nr. 410.**

[2)] **Sartorius ErgBd. Nr. 401.**

[3)] § 24 Abs. 3 Satz 2 geänd., Abs. 4 eingef., bish. Abs. 4 wird Abs. 5 und neu gef. mWv 1.1.2016 durch G v. 2.10.2015 (BGBl. I S. 1610); Abs. 2 Satz 2 geänd. mWv 1.1.2020 durch G v. 30.11.2019 (BGBl. I S. 1877); Abs. 1 neu gef., Abs. 2 Satz 1 eingef., bish. Sätze 1-3 werden Sätze 2-4, neuer Satz 4 geänd. mWv 1.1.2023 durch G v. 5.12.2022 (BGBl. I S. 2160).

Wohngeldbescheides Änderungen der Verhältnisse im Bewilligungszeitraum ein, sind sie grundsätzlich nicht zu berücksichtigen; Änderungen im Sinne des § 27 Absatz 1 und 2 oder § 28 Absatz 1 bis 3 sollen berücksichtigt werden. [4] Satz 3 gilt für nach dem Zeitpunkt der Antragstellung bis zur Bekanntgabe des Wohngeldbescheides zu erwartende Änderungen entsprechend.

(3) [1] Der Bewilligungsbescheid muss die in § 27 Abs. 3 Satz 1 Nr. 2 und 3 genannten Beträge ausweisen und einen Hinweis über die Mitteilungspflichten nach § 27 Abs. 3 und 4 sowie § 28 Abs. 1 Satz 2 und Abs. 4 Satz 1 enthalten. [2] Er soll einen Hinweis enthalten, dass der Wohngeldantrag für die Zeit nach Ablauf des Bewilligungszeitraums wiederholt werden kann und dass eine Neuentscheidung von Amts wegen mit der Folge des Wohngeldwegfalles oder eines verringerten Wohngeldes auch dann möglich ist, wenn keine Mitteilungspflicht besteht.

(4) Erzielt mindestens eines der zu berücksichtigenden Haushaltsmitglieder Einkünfte aus selbständiger Arbeit, aus Gewerbebetrieb oder aus Land- und Forstwirtschaft, so kann der Wohngeldbewilligungsbescheid mit der Auflage verbunden werden, dass die Einkommensteuerbescheide, die den Zeitraum der Wohngeldbewilligung betreffen, unverzüglich der Wohngeldbehörde zur Prüfung, ob ein Fall des § 27 Absatz 2 Satz 1 Nummer 3 vorliegt, vorzulegen sind.

(5) Wenn infolge des Umzugs der wohngeldberechtigten Person eine andere Wohngeldbehörde zuständig wird, bleibt abweichend von § 44 Absatz 3 des Zehnten Buches Sozialgesetzbuch[1)] die Wohngeldbehörde, die den Wohngeldbescheid erlassen hat, zuständig für

1. die Aufhebung eines Wohngeldbescheides,
2. die Rückforderung des zu erstattenden Wohngeldes sowie
3. die Unterrichtung und den Hinweis nach § 28 Absatz 5.

§ 25[2)] Bewilligungszeitraum. (1) [1] Das Wohngeld soll für zwölf Monate bewilligt werden. [2] Der Bewilligungszeitraum kann unter Berücksichtigung der zu erwartenden maßgeblichen Verhältnisse verkürzt, geteilt oder bei voraussichtlich gleichbleibenden Verhältnissen auf bis zu 24 Monate verlängert werden.

(2) [1] Der Bewilligungszeitraum beginnt am Ersten des Monats, in dem der Wohngeldantrag gestellt worden ist. [2] Treten die Voraussetzungen für die Bewilligung des Wohngeldes erst in einem späteren Monat ein, beginnt der Bewilligungszeitraum am Ersten dieses Monats.

(3) [1] Der Bewilligungszeitraum beginnt am Ersten des Monats, von dem ab Leistungen im Sinne des § 7 Abs. 1 abgelehnt worden sind, wenn der Wohngeldantrag vor Ablauf des Kalendermonats gestellt wird, der auf die Kenntnis der Ablehnung folgt. [2] Dies gilt entsprechend, wenn der Ausschluss nach § 8 Abs. 1 Satz 3 oder Abs. 2 als nicht erfolgt gilt.

(4) [1] Ist ein Wohngeldbewilligungsbescheid nach § 28 Absatz 3 unwirksam geworden, beginnt der Wohngeldbewilligungszeitraum abweichend von § 25 Absatz 3 Satz 1 frühestens am Ersten des Monats, von dem an die Unwirksamkeit des Wohngeldbewilligungsbescheides eingetreten ist; dies gilt nur unter der Voraussetzung, dass der Wohngeldantrag vor Ablauf des Kalendermonats gestellt wird, der

---

[1)] **Sartorius ErgBd. Nr. 410.**

[2)] § 25 Abs. 3 Satz 3 aufgeh., bish. Abs. 4 wird Abs. 5, bish. Abs. 5 wird Abs. 4 und neu gef. mWv 1.1. 2016 durch G v. 2.10.2015 (BGBl. I S. 1610); Abs. 1 Satz 2 neu gef. mWv 1.1.2023 durch G v. 5.12.2022 (BGBl. I S. 2160).

1. auf die Kenntnis der Ablehnung einer Leistung nach § 7 Absatz 1 folgt oder
2. auf die Kenntnis von der Unwirksamkeit des Wohngeldbewilligungsbescheides folgt, wenn nur ein Teil der zu berücksichtigenden Haushaltsmitglieder nach § 7 vom Wohngeld ausgeschlossen ist.

2 Der Ablehnung einer Leistung nach § 7 Absatz 1 im Sinne des § 25 Absatz 4 Satz 1 Nummer 1 stehen die Fälle des § 8 Absatz 1 Satz 3 und Absatz 2 gleich. 3 Wird eine Leistung nach § 7 Absatz 1 rückwirkend für alle zu berücksichtigenden Haushaltsmitglieder und nur für einen Teil des bisherigen Wohngeldbewilligungszeitraums gewährt, beginnt der neue Wohngeldbewilligungszeitraum am Ersten des Monats, von dem an die Leistung nach § 7 Absatz 1 nicht mehr gewährt wird; dies gilt nur unter der Voraussetzung, dass der Wohngeldantrag vor Ablauf des Kalendermonats gestellt wird, der auf die Kenntnis von dem Ende des Bewilligungszeitraums einer Leistung nach § 7 Absatz 1 folgt.

(5) Der neue Bewilligungszeitraum im Fall des § 27 Abs. 1 Satz 2 beginnt am Ersten des Monats, von dem an die erhöhte Miete oder Belastung rückwirkend berücksichtigt wird, wenn der Antrag vor Ablauf des Kalendermonats gestellt wird, der auf die Kenntnis von der Erhöhung der Miete oder Belastung folgt.

§ 26[1] Zahlung des Wohngeldes. (1) 1 Das Wohngeld ist an die wohngeldberechtigte Person zu zahlen. 2 Es kann mit schriftlicher Einwilligung der wohngeldberechtigten Person oder, wenn dies im Einzelfall geboten ist, auch ohne deren Einwilligung, an ein anderes Haushaltsmitglied, an den Empfänger oder die Empfängerin der Miete oder in den Fällen des § 3 Abs. 1 Satz 2 Nr. 3 an den Leistungsträger im Sinne des § 12 des Ersten Buches Sozialgesetzbuch[2] gezahlt werden. 3 Wird das Wohngeld nach Satz 2 gezahlt, ist die wohngeldberechtigte Person hiervon zu unterrichten.

(2) 1 Das Wohngeld ist monatlich im Voraus auf ein Konto eines Haushaltsmitgliedes bei einem Geldinstitut, für das die Verordnung (EU) Nr. 260/2012 des Europäischen Parlaments und des Rates vom 14. März 2012 zur Festlegung der technischen Vorschriften und der Geschäftsanforderungen für Überweisungen und Lastschriften in Euro und zur Änderung der Verordnung (EG) Nr. 924/2009 (ABl. L 94 vom 30.3.2012, S. 22), die zuletzt durch die Verordnung (EU) 2024/886 (ABl. L, 2024/886, 19.3.2024) geändert worden ist, gilt (Geldinstitut), zu zahlen. 2 Ist ein solches Konto nicht vorhanden, kann das Wohngeld an den Wohnsitz der wohngeldberechtigten Person übermittelt werden; die dadurch veranlassten Kosten sollen vom Wohngeld abgezogen werden.

§ 26a[3] Vorläufige Zahlung des Wohngeldes. (1) 1 Eine vorläufige Zahlung des Wohngeldes kann erfolgen, wenn zur Feststellung des Wohngeldanspruchs voraussichtlich längere Zeit erforderlich ist und mit hinreichender Wahrscheinlichkeit ein Anspruch auf Wohngeld besteht. 2 Grundlage der vorläufigen Zahlung sind ausschließlich die für das Wohngeld maßgeblichen Berechnungsgrößen nach § 4.

(2) 1 Die Entscheidung über die vorläufige Zahlung des Wohngeldes steht unter dem Vorbehalt der endgültigen Entscheidung über Wohngeld. 2 Der Bewil-

[1] § 26 Abs. 2 Satz 1 geänd. mWv 9.4.2013 durch G v. 3.4.2013 (BGBl. I S. 610); Abs. 1 Satz 4 aufgeh. mWv 1.1.2016 durch G v. 2.10.2015 (BGBl. I S. 1610); Abs. 2 Satz 1 geänd. mWv 10.2.2026 durch G v. 4.2.2026 (BGBl. 2026 I Nr. 33).

[2] **Sartorius ErgBd. Nr. 401.**

[3] § 26a eingef. mWv 1.1.2023 durch G v. 5.12.2022 (BGBl. I S. 2160).

ligungsbescheid muss den Hinweis enthalten, dass die Zahlung unter Vorbehalt der endgültigen Entscheidung über Wohngeld und der möglichen Rückforderung von zu viel gezahltem Wohngeld erfolgt.

(3) [1] Die endgültige Entscheidung über Wohngeld kann auch im Zusammenhang mit der Entscheidung über einen Weiterleistungsantrag erfolgen. [2] Der Zeitpunkt der Antragstellung für die vorläufige Zahlung gilt auch als Zeitpunkt der Antragstellung für die endgültige Entscheidung über Wohngeld. [3] Über den Wohngeldanspruch ist endgültig zu entscheiden, sofern die vorläufige Entscheidung nicht der endgültigen Entscheidung entspricht. [4] Ergeht innerhalb eines Jahres nach Ablauf des Bewilligungszeitraums keine endgültige Entscheidung, gilt eine vorläufig bewilligte Zahlung als endgültig festgesetzt. [5] Dies gilt nicht, wenn die wohngeldberechtigte Person innerhalb der Frist nach Satz 4 eine endgültige Entscheidung beantragt oder wenn die Wohngeldbehörde Kenntnis von Tatsachen erlangt, dass der Wohngeldanspruch nicht oder nur in geringerer Höhe als die vorläufige Zahlung besteht und sie über den Wohngeldanspruch innerhalb eines Jahres seit Kenntniserlangung von diesen Tatsachen, spätestens aber nach Ablauf von zehn Jahren nach der Bekanntgabe der vorläufigen Zahlung, endgültig entscheidet.

(4) [1] Das vorläufig gezahlte Wohngeld ist auf das endgültig zu leistende Wohngeld anzurechnen. [2] Übersteigt das vorläufig gezahlte das endgültig zu leistende Wohngeld, so ist der übersteigende Betrag zu erstatten. [3] § 30a gilt entsprechend.

§ 27[1)] Änderung des Wohngeldes. (1) [1] Das Wohngeld ist auf Antrag neu zu bewilligen, wenn sich im laufenden Bewilligungszeitraum

1. die Anzahl der zu berücksichtigenden Haushaltsmitglieder erhöht,
2. die zu berücksichtigende Miete oder Belastung abzüglich des Gesamtbetrages zur Entlastung bei den Heizkosten um mehr als 10 Prozent erhöht oder
3. das Gesamteinkommen um mehr als 10 Prozent verringert

und sich dadurch das Wohngeld erhöht. [2] Im Fall des Satzes 1 Nr. 2 ist das Wohngeld auch rückwirkend zu bewilligen, frühestens jedoch ab Beginn des laufenden Bewilligungszeitraums, wenn sich die zu berücksichtigende Miete oder Belastung abzüglich des Gesamtbetrages zur Entlastung bei den Heizkosten rückwirkend um mehr als 10 Prozent erhöht hat. [3] Satz 1 Nr. 3 ist auch anzuwenden, wenn sich das Gesamteinkommen um mehr als 10 Prozent verringert, weil sich die Anzahl der zu berücksichtigenden Haushaltsmitglieder verringert hat.

(2) [1] Über die Leistung des Wohngeldes ist von Amts wegen mit Wirkung ab dem Zeitpunkt der Änderung der Verhältnisse unter Aufhebung des Bewilligungsbescheides neu zu entscheiden, wenn sich im laufenden Bewilligungszeitraum nicht nur vorübergehend

1. die Anzahl der zu berücksichtigenden Haushaltsmitglieder auf mindestens ein zu berücksichtigendes Haushaltsmitglied verringert; § 6 Abs. 2 bleibt unberührt,

---

[1)] § 27 Abs. 1 Satz 1 Nr. 2 und Satz 2, Abs. 2 Satz 1 Nr. 2 und Satz 2 geänd. mWv 1.1.2011 durch G *v. 9.12.2010 (BGBl. I S. 1885); Abs. 2* Satz 1 einl. Satzteil geänd., Sätze 6 und 7 angef., Abs. 3 Satz 1 einl. Satzteil und Satz 2 geänd., Abs. 4 neu gef. mWv 1.1.2016 durch G v. 2.10.2015 (BGBl. I S. 1610); Abs. 1 Satz 1 Nr. 2, Satz 2, Abs. 2 Satz 1 Nr. 2 und Satz 2 geänd. mWv 1.1.2021 durch G v. 15.5.2020 (BGBl. I S. 1015); Abs. 1 Satz 1 Nr. 2 und 3, Sätze 2 und 3, Abs. 2 Satz 1 Nr. 2 und Satz 2 geänd. mWv 1.1.2023 durch G v. 5.12.2022 (BGBl. I S. 2160).

2. die zu berücksichtigende Miete oder Belastung abzüglich des Gesamtbetrages zur Entlastung bei den Heizkosten um mehr als 15 Prozent verringert; § 6 Abs. 2 bleibt unberührt, oder
3. das Gesamteinkommen um mehr als 15 Prozent erhöht

(Fortsetzung nächstes Blatt)

und dadurch das Wohngeld wegfällt oder sich verringert. [2] Als Zeitpunkt der Änderung der Verhältnisse gilt im Fall des Satzes 1 Nr. 1 der Tag nach dem Auszug, im Fall des Satzes 1 Nr. 2 der Beginn des Zeitraums, für den sich die zu berücksichtigende Miete oder Belastung abzüglich des Gesamtbetrages zur Entlastung bei den Heizkosten um mehr als 15 Prozent verringert, und im Fall des Satzes 1 Nr. 3 der Beginn des Zeitraums, für den das erhöhte Einkommen bezogen wird, das zu einer Erhöhung des Gesamteinkommens um mehr als 15 Prozent führt. [3] Tritt die Änderung der Verhältnisse nicht zum Ersten eines Monats ein, ist mit Wirkung vom Ersten des nächsten Monats an zu entscheiden. [4] Satz 1 Nr. 3 ist auch anzuwenden, wenn sich das Gesamteinkommen um mehr als 15 Prozent erhöht, weil sich die Anzahl der zu berücksichtigenden Haushaltsmitglieder erhöht hat. [5] Als Zeitpunkt der Antragstellung im Sinne des § 24 Abs. 2 gilt der Zeitpunkt der Kenntnis der Wohngeldbehörde von den geänderten Verhältnissen. [6] Eine Neuentscheidung von Amts wegen muss innerhalb eines Jahres, nachdem die Wohngeldbehörde von der Änderung der Verhältnisse Kenntnis erlangt hat, erfolgen. [7] Die Neuentscheidung ist unabhängig vom Bestehen einer Mitteilungspflicht.

(3) [1] Die wohngeldberechtigte Person muss der Wohngeldbehörde unverzüglich mitteilen, wenn sich im laufenden Bewilligungszeitraum nicht nur vorübergehend

1. die Anzahl der zu berücksichtigenden Haushaltsmitglieder (§ 6 Abs. 1) auf mindestens ein zu berücksichtigendes Haushaltsmitglied verringert oder die Anzahl der vom Wohngeld ausgeschlossenen Haushaltsmitglieder (§§ 7 und 8 Abs. 1) erhöht,
2. die monatliche Miete (§ 9) oder die monatliche Belastung (§ 10) um mehr als 15 Prozent gegenüber der im Bewilligungsbescheid genannten Miete oder Belastung verringert oder
3. die Summe aus den monatlichen positiven Einkünften nach § 14 Abs. 1 und den monatlichen Einnahmen nach § 14 Abs. 2 aller zu berücksichtigenden Haushaltsmitglieder um mehr als 15 Prozent gegenüber dem im Bewilligungsbescheid genannten Betrag erhöht; dies gilt auch, wenn sich der Betrag um mehr als 15 Prozent erhöht, weil sich die Anzahl der zu berücksichtigenden Haushaltsmitglieder erhöht hat.

[2] Die zu berücksichtigenden Haushaltsmitglieder sind verpflichtet, der wohngeldberechtigten Person Änderungen ihrer monatlichen positiven Einkünfte nach § 14 Abs. 1 und ihrer monatlichen Einnahmen nach § 14 Abs. 2 mitzuteilen.

(4) [1] Die Absätze 2 und 3 gelten entsprechend, wenn sich die Änderungen nach Absatz 2 Satz 1 und 4 und Absatz 3 Satz 1 auf einen abgelaufenen Bewilligungszeitraum beziehen. [2] Werden die Änderungen erst nach Ablauf des Bewilligungszeitraums bekannt und wirken sie auf einen oder mehrere abgelaufene Bewilligungszeiträume zurück, so ist eine Entscheidung nach Absatz 2 längstens für die drei Jahre, bevor die wohngeldberechtigte Person oder die zu berücksichtigenden Haushaltsmitglieder von der Änderung der Verhältnisse Kenntnis erlangt haben, zulässig; der Kenntnis steht die Nichtkenntnis infolge grober Fahrlässigkeit gleich. [3] Hat die wohngeldberechtigte Person eine Änderung nach Absatz 2 Satz 1 und 4 im laufenden Bewilligungszeitraum nicht mitgeteilt und erhält die Wohngeldbehörde daher erst nach Ablauf des Bewilligungszeitraums von der Änderung Kenntnis, so ist eine Entscheidung nach Absatz 2 längstens für zehn Jahre seit Änderung der Verhältnisse zulässig.

§ 28[1)] Unwirksamkeit des Bewilligungsbescheides und Wegfall des Wohngeldanspruchs. (1) [1]Der Bewilligungsbescheid wird vom Ersten des Monats an unwirksam, in dem der Wohnraum, für den Wohngeld bewilligt ist, von keinem zu berücksichtigenden Haushaltsmitglied mehr genutzt wird; erfolgt die Nutzungsaufgabe nicht zum Ersten eines Monats, wird der Bewilligungsbescheid vom Ersten des nächsten Monats an unwirksam. [2]Die wohngeldberechtigte Person muss der Wohngeldbehörde unverzüglich mitteilen, dass der Wohnraum nicht mehr genutzt wird. [3]Der Wechsel des Wohnraums innerhalb desselben Heimes im Sinne des Heimgesetzes[2)] oder entsprechender Gesetze der Länder gilt nicht als Nutzungsaufgabe.

(2) [1]Der Wohngeldanspruch fällt für den Monat weg, in dem das Wohngeld vollständig oder überwiegend nicht zur Bezahlung der Miete oder zur Aufbringung der Belastung verwendet wird (zweckwidrige Verwendung). [2]Der Bewilligungsbescheid ist mit Wirkung vom Ersten des Monats der zweckwidrigen Verwendung an aufzuheben, wenn seine Bekanntgabe nicht länger als zehn Jahre und die Kenntnis der Wohngeldbehörde von der zweckwidrigen Verwendung nicht länger als ein Jahr zurückliegt. [3]Die Sätze 1 und 2 gelten nicht, soweit der Wohngeldanspruch Gegenstand einer Aufrechnung, Verrechnung oder Pfändung nach den §§ 51, 52 und 54 des Ersten Buches Sozialgesetzbuch[3)] ist oder auf einen Leistungsträger im Sinne des § 12 des Ersten Buches Sozialgesetzbuch übergegangen ist.

(3) [1]Der Bewilligungsbescheid wird von dem Zeitpunkt an unwirksam, ab dem ein zu berücksichtigendes Haushaltsmitglied nach den §§ 7 und 8 Abs. 1 vom Wohngeld ausgeschlossen ist. [2]Im Fall des § 8 Abs. 1 Satz 3 bleibt der Bewilligungsbescheid unwirksam.

(4) [1]Die wohngeldberechtigte Person muss der Wohngeldbehörde unverzüglich mitteilen, wenn für ein zu berücksichtigendes Haushaltsmitglied ein Verwaltungsverfahren zur Feststellung von Grund und Höhe einer Leistung nach § 7 Abs. 1 oder Abs. 2 begonnen hat oder ein zu berücksichtigendes Haushaltsmitglied eine Leistung nach § 7 Abs. 1 empfängt. [2]Die zu berücksichtigenden Haushaltsmitglieder sind verpflichtet, der wohngeldberechtigten Person die in Satz 1 genannten Tatsachen mitzuteilen.

(5) Die wohngeldberechtigte Person ist von der Unwirksamkeit des Bewilligungsbescheides zu unterrichten und im Fall des Absatzes 3 auf die Antragsfrist nach § 25 Absatz 4 hinzuweisen.

(6) Der Wohngeldanspruch ändert sich nur wegen der in § 17a Absatz 3, § 27, den vorstehenden Absätzen 1 bis 3, § 42a oder der in den §§ 42b bis 44 genannten Umstände.

---

1) § 28 Abs. 2 Satz 3 geänd. mWv 1.1.2012 durch G v. 7.7.2009 (BGBl. I S. 1707); Abs. 1 Satz 2 geänd., Satz 3 angef., Abs. 2 Satz 2 neu gef., Abs. 4 Sätze 1 und 2, Abs. 5 und Abs. 6 geänd. mWv 1.1.2016 durch *G v. 2.10.2015 (BGBl. I S. 1610); Abs.* 5 geänd. mWv 1.8.2016 durch G v. 26.7.2016 (BGBl. I S. 1824); Abs. 6 geänd. mWv 1.1.2020 durch G v. 30.11.2019 (BGBl. I S. 1877); Abs. 6 geänd. mWv 1.1.2021 durch G v. 12.8.2020 (BGBl. I S. 1879).

2) **Sartorius ErgBd. Nr. 419.**

3) **Sartorius ErgBd. Nr. 401.**

§ 29[1] **Haftung, Aufrechnung, Verrechnung und vorläufige Zahlungseinstellung.** (1) Ist Wohngeld nach § 50 des Zehnten Buches Sozialgesetzbuch[2] zu erstatten, haften neben der wohngeldberechtigten Person die volljährigen und bei der Berechnung des Wohngeldes berücksichtigten Haushaltsmitglieder als Gesamtschuldner.

(2) Die Wohngeldbehörde kann mit Ansprüchen auf Erstattung zu Unrecht erbrachten Wohngeldes abweichend von § 51 Abs. 2 des Ersten Buches Sozialgesetzbuch[3] gegen Wohngeldansprüche statt bis zu deren Hälfte in voller Höhe aufrechnen.

(3) Die Wohngeldbehörde kann Ansprüche eines anderen Leistungsträgers abweichend von § 52 des Ersten Buches Sozialgesetzbuch mit der ihr obliegenden Wohngeldleistung verrechnen, soweit nach Absatz 2 die Aufrechnung zulässig ist.

(4) [1] Die Wohngeldbehörde kann die Zahlung des Wohngeldes ohne Erlass eines Bescheides vorläufig ganz oder teilweise einstellen, wenn sie Kenntnis von Tatsachen erhält, die die Annahme rechtfertigen, dass
1. der Bewilligungsbescheid bei Erlass rechtswidrig war und die wohngeldberechtigte Person sich nach § 45 Absatz 2 Satz 3 des Zehnten Buches Sozialgesetzbuch nicht auf Vertrauensschutz berufen kann oder
2. die Voraussetzungen des § 27 Absatz 2, auch in Verbindung mit Absatz 4 oder § 28 Absatz 1 bis 3, vorliegen.

[2] Soweit die Kenntnis nicht auf Angaben der wohngeldberechtigten Person beruht, sind dieser unverzüglich die vorläufige Einstellung der Wohngeldzahlung sowie die dafür maßgeblichen Gründe mitzuteilen und ist ihr Gelegenheit zu geben, sich zu äußern. [3] Die Wohngeldbehörde hat eine vorläufig eingestellte Wohngeldleistung unverzüglich nachzuzahlen, wenn nicht entweder der Bewilligungsbescheid, aus dem sich der Anspruch ergibt, zwei Monate nach der Einstellung der Zahlung mit Wirkung für die Vergangenheit aufgehoben oder nachträglich die Unwirksamkeit des Bewilligungsbescheides festgestellt worden ist. [4] Satz 3 gilt nicht, wenn die Wohngeldleistung zwischenzeitlich nach Maßgabe des § 66 des Ersten Buches Sozialgesetzbuch entzogen wurde.

§ 30[4] **Rücküberweisung und Erstattung im Todesfall.** (1) [1] Wird der Bewilligungsbescheid nach § 28 Abs. 1 Satz 1 auf Grund eines Todesfalles unwirksam, gilt Wohngeld, das für die Zeit nach dem Tod des zu berücksichtigenden Haushaltsmitgliedes auf ein Konto bei einem Geldinstitut überwiesen wurde, als unter Vorbehalt geleistet. [2] Das Geldinstitut muss es der überweisenden Behörde oder der Wohngeldbehörde zurücküberweisen, wenn diese es als zu Unrecht geleistet zurückfordert. [3] Eine Verpflichtung zur Rücküberweisung besteht nicht, soweit
1. über den entsprechenden Betrag bei Eingang der Rückforderung bereits anderweitig verfügt worden ist, es sei denn, die Rücküberweisung kann aus einem Guthaben erfolgen, oder
2. die Wohngeldbehörde das Wohngeld an den Empfänger oder die Empfängerin der Miete überwiesen hat.

[4] Das Geldinstitut darf den nach Satz 1 überwiesenen Betrag nicht zur Befriedigung eigener Forderungen verwenden.

---

[1] § 29 Überschrift neu gef., Abs. 4 angef. mWv 1.1.2016 durch G v. 2.10.2015 (BGBl. I S. 1610).
[2] **Sartorius ErgBd. Nr. 410.**
[3] **Sartorius ErgBd. Nr. 401.**
[4] § 30 Abs. 1 Satz 1 geänd. mWv 9.4.2013 durch G v. 3.4.2013 (BGBl. I S. 610).

(2) [1] Wird der Bewilligungsbescheid nach § 28 Abs. 1 Satz 1 auf Grund eines Todesfalles unwirksam und ist Wohngeld weiterhin geleistet worden, sind mit Ausnahme des Empfängers oder der Empfängerin der Miete folgende Personen verpflichtet, der Wohngeldbehörde den entsprechenden Betrag zu erstatten:

1. Personen, die das Wohngeld unmittelbar in Empfang genommen haben,
2. Personen, auf deren Konto der entsprechende Betrag durch ein banküblkiches Zahlungsgeschäft weitergeleitet wurde, und
3. Personen, die über den entsprechenden Betrag verfügungsberechtigt sind und ein bankübliches Zahlungsgeschäft zu Lasten des Kontos vorgenommen oder zugelassen haben.

[2] Der Erstattungsanspruch ist durch Verwaltungsakt geltend zu machen. [3] Ein Geldinstitut, das eine Rücküberweisung mit dem Hinweis abgelehnt hat, dass über den entsprechenden Betrag bereits anderweitig verfügt wurde, muss der überweisenden Behörde oder der Wohngeldbehörde auf Verlangen Name und Anschrift der in Satz 1 Nr. 2 und 3 genannten Personen und etwaiger neuer Kontoinhaber oder Kontoinhaberinnen benennen. [4] Ein Anspruch nach § 50 des Zehnten Buches Sozialgesetzbuch[1)] bleibt unberührt.

(3) Der Rücküberweisungs- und der Erstattungsanspruch verjähren in vier Jahren nach Ablauf des Kalenderjahres, in dem die Wohngeldbehörde Kenntnis von der Überzahlung erlangt hat.

§ 30a[2)] Bagatellgrenze bei Rückforderungen. [1] Zur Erprobung einer Bagatellgrenze wird nach Aufhebung der Bewilligung oder Feststellung der Unwirksamkeit eines Wohngeldbescheides durch die Wohngeldbehörde bis zu einer Höhe von 50 Euro von einer Erstattung überzahlten Wohngeldes abgesehen. [2] Dies gilt auch in Fällen einer Aufrechnung oder Verrechnung. [3] Die Erprobung dauert bis zum 31. Dezember 2024.

§ 31 Rücknahme eines rechtswidrigen nicht begünstigenden Wohngeldbescheides. [1] Wird ein rechtswidriger nicht begünstigender Wohngeldbescheid mit Wirkung für die Vergangenheit zurückgenommen, muss die Wohngeldbehörde längstens für zwei Jahre vor der Rücknahme Wohngeld leisten. [2] Im Übrigen bleibt § 44 des Zehnten Buches Sozialgesetzbuch[1)] unberührt.

Teil 5. Kostentragung und Datenabgleich

§ 32 Erstattung des Wohngeldes durch den Bund. Wohngeld nach diesem Gesetz, das von einem Land gezahlt worden ist, ist diesem zur Hälfte vom Bund zu erstatten.

§ 33[3)] Datenabgleich. (1) [1] Die Wohngeldbehörde ist verpflichtet, auf Verlangen

---

[1)] **Sartorius ErgBd. Nr. 410.**

[2)] § 30a eingef. mWv 1.1.2023 durch G v. 5.12.2022 (BGBl. I S. 2160).

[3)] § 33 Abs. 1a eingef. mWv 2.4.2009 durch G v. 28.3.2009 (BGBl. I S. 634); Abs. 1a aufgeh. mWv *3.12.2011 durch G v. 23.11.2011 (BGBl. I S. 2298)*; Abs. 2 Satz 1 Nr. 5 neu gef., Nr. 6, Abs. 3 Satz 1 Nr. 3 und ausl. Satzteil, Satz 2 geänd., Abs. 4 Satz 1 neu gef., Abs. 5 Sätze 4 und 5, Abs. 6 Satz 1 geänd. mWv 16.11.2012 durch G v. 9.11.2012 (BGBl. I S. 2291); Abs. 2 Satz 1 Nr. 2, Abs. 3 Satz 1 abschl. Satzteil geänd. mWv 1.1.2016 durch G v. 2.10.2015 (BGBl. I S. 1610); Abs. 2 Nr. 6 geänd. mWv 1.1.2017 durch G v. 11.11.2016 (BGBl. I S. 2500); Abs. 3 Satz 4, Abs. 5 Satz 4 geänd. mWv 26.11.2019 durch G v. 20.11. →

1. der zuständigen Behörde für die Erhebung der Ausgleichszahlung nach dem Gesetz über den Abbau der Fehlsubventionierung im Wohnungswesen und den hierzu erlassenen landesrechtlichen Vorschriften und
2. der jeweils zuständigen Behörde nach entsprechenden Gesetzen der Länder

diesen Behörden mitzuteilen, ob der betroffene Wohnungsinhaber Wohngeld erhält. [2] Maßgebend hierfür ist der Zeitraum, der zwischen dem Zeitpunkt nach § 3 Abs. 2 des Gesetzes über den Abbau der Fehlsubventionierung im Wohnungswesen und den hierzu erlassenen landesrechtlichen Vorschriften oder nach entsprechenden Gesetzen der Länder und der Erteilung des Bescheides über die Ausgleichszahlung liegt.

(2) [1] Die Wohngeldbehörde darf, um die rechtswidrige Inanspruchnahme von Wohngeld zu vermeiden oder aufzudecken, die Haushaltsmitglieder regelmäßig durch einen Datenabgleich daraufhin überprüfen,

1. ob und für welche Zeiträume Leistungen nach § 7 Abs. 1 beantragt oder empfangen werden oder wurden oder ein Ausschlussgrund nach § 7 Abs. 2, Abs. 3 oder § 8 Abs. 1 vorliegt oder vorlag,
2. ob und welche Daten nach § 45d Abs. 1 und § 45e des Einkommensteuergesetzes, insbesondere zu der Höhe von Kapitalerträgen, für die ein Freistellungsauftrag erteilt worden ist, dem Bundeszentralamt für Steuern übermittelt worden sind,
3. ob und für welche Zeiträume bereits Wohngeld beantragt oder empfangen wird oder wurde,
4. ob und von welchem Zeitpunkt an die Bundesagentur für Arbeit die Leistung von Arbeitslosengeld eingestellt hat,
5. ob, mit welchem Wohnungsstatus und von welchem Zeitpunkt an ein Haushaltsmitglied unter der Anschrift der Wohnung, für die Wohngeld beantragt wird oder geleistet wird oder wurde, bei der Meldebehörde gemeldet ist oder nicht mehr gemeldet ist und unter welcher neuen Anschrift es gemeldet ist,
6. ob, für welche Zeiträume und bei welchem Arbeitgeber eine Versicherungspflicht im Sinne des § 2 Abs. 1 des Vierten Buches Sozialgesetzbuch[1)] oder eine geringfügige Beschäftigung besteht oder bestand und entsprechende Daten an die Datenstelle der Rentenversicherung (Datenstelle) und die Minijob-Zentrale der Deutschen Rentenversicherung Knappschaft-Bahn-See übermittelt worden sind,
7. ob, in welcher Höhe und für welche Zeiträume Leistungen der Renten- und Unfallversicherungen durch die Deutsche Post AG oder die Deutsche Rentenversicherung Knappschaft-Bahn-See gezahlt worden sind.

[2] Richtet sich eine Überprüfung auf einen abgelaufenen Bewilligungszeitraum, ist diese bis zum Ablauf von zehn Jahren nach Bekanntgabe des zugehörigen Bewilligungsbescheides zulässig.

(3) [1] Zur Durchführung des Datenabgleichs dürfen nur

1. Familienname, Vornamen unter Kennzeichnung des gebräuchlichen Vornamens, Geburtsname,
2. Geburtsdatum, Geburtsort,

(Fortsetzung der Anm. von voriger Seite)
2019 (BGBl. I S. 1626); Abs. 3 Satz 1 Nr. 1 neu gef. mWv 1.1.2020 durch G v. 30.11.2019 (BGBl. I S. 1877).

[1)] **Aichberger, SGB Nr. 4.**

3. Anschrift der Wohnung, für die Wohngeld beantragt oder bewilligt wurde,
4. Tatsache des Wohngeldantrages und des Wohngeldempfangs,
5. Zeitraum des Wohngeldempfangs und
6. Geschlecht

an die in Absatz 1 Satz 1 und Absatz 2 Satz 1 Nr. 2, 4, 6 und 7 genannten und die für die Leistungen nach Absatz 2 Satz 1 Nummer 1 und 3 zuständigen Stellen sowie an die Meldebehörden übermittelt werden. [2]Die Daten, die der Wohngeldbehörde oder der sonst nach Landesrecht für den Datenabgleich zuständigen oder von der Landesregierung durch Rechtsverordnung oder auf sonstige Weise für den Datenabgleich bestimmten Stelle (zentralen Landesstelle) übermittelt werden, dürfen nur für den Zweck der Überprüfung nach den Absätzen 1 und 2 genutzt werden. [3]Die übermittelten Daten, bei denen die Überprüfung zu keinen abweichenden Feststellungen führt, sind unverzüglich zu löschen oder zu vernichten. [4]Die betroffenen Personen sind von der Wohngeldbehörde auf die Datenübermittlung hinzuweisen.

(4) [1]Die in Absatz 2 Satz 1 Nummer 2, 4, 6 und 7 genannten und die für die Leistungen nach Absatz 2 Satz 1 Nummer 1 und 3 zuständigen Stellen sowie die Meldebehörden führen den Datenabgleich durch und übermitteln die Daten über Feststellungen im Sinne des Absatzes 2 an die Wohngeldbehörde oder die zentrale Landesstelle oder über die zentrale Landesstelle an die Wohngeldbehörde. [2]Die jenen Stellen überlassenen Daten und Datenträger sind nach Durchführung des Datenabgleichs unverzüglich zurückzugeben, zu löschen oder zu vernichten.

(5) [1]Der Datenabgleich nach den Absätzen 1 und 2 ist auch in automatisierter Form zulässig. [2]Hierzu dürfen die erforderlichen Daten nach den Absätzen 1 bis 3 auch der Datenstelle als Vermittlungsstelle übermittelt werden. [3]Die Datenstelle darf die nach den Absätzen 1 bis 3 übermittelten Daten speichern, nutzen und an die in Absatz 2 Satz 1 Nr. 2, 4, 6 und 7 genannten Stellen weiter übermitteln, soweit dies für den Datenabgleich nach den Absätzen 1 und 2 erforderlich ist. [4]Die Datenstelle darf die nach § 52 Absatz 1 und 2 des Zweiten Buches Sozialgesetzbuch[1)] und nach § 118 Absatz 2 des Zwölften Buches Sozialgesetzbuch[2)] übermittelten Daten sowie die Daten der Stammsatzdatei im Sinne des § 150 des Sechsten Buches Sozialgesetzbuch[3)] und des bei ihr für die Prüfung bei den Arbeitgebern geführten Dateisystems im Sinne des § 28p Absatz 8 Satz 3 des Vierten Buches Sozialgesetzbuch nutzen, soweit dies für den Datenabgleich nach den Absätzen 1 und 2 erforderlich ist. [5]Die Datenstelle gleicht die übermittelten Daten ab und leitet Feststellungen im Sinne des Absatzes 2 an die übermittelnde Wohngeldbehörde oder die zentrale Landesstelle oder über die zentrale Landesstelle an die übermittelnde Wohngeldbehörde zurück. [6]Die nach Satz 3 bei der Datenstelle gespeicherten Daten sind unverzüglich nach Abschluss der Datenabgleiche zu löschen. [7]Bei einer Weiterübermittlung der Daten nach Satz 3 gilt Absatz 4 für die in Absatz 2 Satz 1 Nr. 2, 4, 6 und 7 genannten Stellen entsprechend.

(6) [1]Die Landesregierung kann ihre Befugnis, eine zentrale Landesstelle für den Datenabgleich zu bestimmen (Absatz 3 Satz 2, Absatz 4 Satz 1 und Absatz 5 Satz 5), auf die für die Ausführung des Wohngeldgesetzes zuständige oberste Landesbehörde übertragen. [2]§ 69 des Ersten Buches Sozialgesetzbuch[4)] bleibt unberührt.

[1)] **Sartorius ErgBd. Nr. 402.**
[2)] **Sartorius ErgBd. Nr. 412.**
[3)] **Aichberger, SGB Nr. 6.**
[4)] **Sartorius ErgBd. Nr. 401.**

(7) Die Landesregierungen werden ermächtigt, durch Rechtsverordnung die Einzelheiten des Verfahrens des automatisierten Datenabgleichs und die Kosten des Verfahrens zu regeln, solange und soweit nicht die Bundesregierung von der Ermächtigung nach § 38 Nr. 3 Gebrauch gemacht hat.

Teil 6. Wohngeldstatistik

§ 34[1)] Zweck der Wohngeldstatistik, Auskunfts- und Hinweispflicht.

(1) Über die Anträge und Entscheidungen nach diesem Gesetz sowie über die persönlichen und sachlichen Verhältnisse der zu berücksichtigenden Haushaltsmitglieder, die für die Berechnung des regionalen Mietenniveaus (§ 12 Abs. 3 und 4), den Wohngeld- und Mietenbericht (§ 39), die Beurteilung der Auswirkungen dieses Gesetzes und dessen Fortentwicklung erforderlich sind, ist eine Bundesstatistik zu führen.

(2) [1] Für die Erhebung sind die Wohngeldbehörden auskunftspflichtig. [2] Die Angaben der in § 23 Abs. 1 bis 3 bezeichneten Personen dienen zur Ermittlung der statistischen Daten im Rahmen der Erhebungsmerkmale (§ 35).

(3) Die wohngeldberechtigte Person ist auf die Verwendung der auf Grund der Bearbeitung bekannten Daten für die Wohngeldstatistik und auf die Möglichkeit der Übermittlung nach § 36 Abs. 2 Satz 2 hinzuweisen.

§ 35[2)] Erhebungs- und Hilfsmerkmale. (1) Erhebungsmerkmale sind

1. die Art des Wohngeldantrages und der Entscheidung;
2. der Betrag des im Erhebungszeitraum gezahlten Wohngeldes;
3. der Beginn und das Ende des Bewilligungszeitraums nach Monat und Jahr; die Art und die Höhe des monatlichen Wohngeldes;
4. die Anzahl der zu berücksichtigenden Haushaltsmitglieder, ihre jeweilige Beteiligung am Erwerbsleben und Stellung im Beruf sowie jeweils die Anzahl derjenigen zu berücksichtigenden Haushaltsmitglieder, die
   a) noch nicht 18 Jahre alt sind oder
   b) mindestens 18 Jahre, aber noch nicht 25 Jahre alt sind;
   ist mindestens ein Haushaltsmitglied vom Wohngeld ausgeschlossen, sind auch die Gesamtzahl der Haushaltsmitglieder und die Zahl der vom Wohngeld ausgeschlossenen Haushaltsmitglieder Erhebungsmerkmale;
5. das jeweilige Geschlecht der zu berücksichtigenden Haushaltsmitglieder;
6. der bei der Berechnung des Wohngeldes berücksichtigte Höchstbetrag für Miete und Belastung (§ 12 Abs. 1), im Fall des § 11 Abs. 3 der Anteil des Höchstbetrages, der dem Anteil der zu berücksichtigenden Haushaltsmitglieder an der Gesamtzahl der Haushaltsmitglieder entspricht;
7. die Wohnverhältnisse der zu berücksichtigenden Haushaltsmitglieder nach Größe der Wohnung, nach Höhe der monatlichen Miete oder Belastung, im Fall des § 10 Abs. 2 Satz 2 die Belastung aus Zinsen und Tilgung, nach öffentlicher Förderung der Wohnung oder Förderung nach dem Wohnraumförderungs-

---

[1)] § 34 Abs. 1 geänd. mWv 1.1.2013 durch G v. 9.11.2012 (BGBl. I S. 2291).

[2)] § 35 Abs. 1 Nr. 9 geänd., Nr. 10 angef. mWv 30.12.2008 durch G v. 22.12.2008 (BGBl. I S. 2963); Abs. 1 Nr. 2 geänd., Nr. 4, 5 und 8 neu gef., mWv 1.1.2013 durch G v. 9.11.2012 (BGBl. I S. 2291); Überschrift und Abs. 2 neu gef., Abs. 1 Nr. 9 geänd., Abs. 3 aufgeh. mWv 1.1.2016 durch G v. 2.10.2015 (BGBl. I S. 1610); Abs. 1 Nr. 9 geänd., Nr. 10 aufgeh. mWv 1.1.2020 durch G v. 30.11.2019 (BGBl. I S. 1877); Abs. 1 Nr. 8 Buchst. a geänd. mWv 1.1.2021 durch G v. 12.8.2020 (BGBl. I S. 1879).

gesetz[1]) oder entsprechenden Gesetzen der Länder, der Grund der Wohngeldberechtigung (§ 3 Abs. 1 bis 3) sowie die Gemeinde und deren Mietenstufe (§ 12); ist mindestens ein Haushaltsmitglied vom Wohngeld ausgeschlossen, sind die Größe der Wohnung und die Höhe der monatlichen Miete oder Belastung kopfteilig zu erheben;

8. a) das monatliche Gesamteinkommen, die Freibeträge nach den §§ 17, 17a und die Abzugsbeträge für Unterhaltsleistungen nach § 18;
   b) die Summe der positiven Einkünfte und der Einnahmen nach § 14 sowie die Abzugsbeträge für Steuern und Sozialversicherungsbeiträge nach § 16 für jedes einzelne zu berücksichtigende Haushaltsmitglied;

   im Fall einer nach den §§ 7 und 8 Absatz 1 vom Wohngeld ausgeschlossenen wohngeldberechtigten Person ist die Art der beantragten oder empfangenen Leistung nach § 7 Absatz 1 Erhebungsmerkmal;
9. das Datum der Berechnung des Wohngeldes und die angewandte Gesetzesfassung.

(2) [1] Hilfsmerkmale sind:

1. Name und Anschrift der auskunftspflichtigen Wohngeldbehörde;
2. Wohngeldnummern; diese dürfen keine Angaben über persönliche oder sachliche Verhältnisse der wohngeldberechtigten Personen sowie der in § 23 Absatz 1 bis 3 bezeichneten Personen enthalten oder einen Rückschluss auf diese Verhältnisse zulassen.

[2] Die Wohngeldnummern sind zu löschen, sobald bei den statistischen Landesämtern die Überprüfung der Erhebungs- und Hilfsmerkmale auf ihre Schlüssigkeit und Vollständigkeit sowie die Erstellung und Prüfung von Ergebnissen aus der Bestandsfortschreibung abgeschlossen sind, spätestens jedoch nach Ablauf von fünf Jahren seit dem Zeitpunkt, zu dem die Erhebung durchgeführt worden ist (§ 36 Absatz 1).

§ 36[2]) Erhebungszeitraum und Zusatzaufbereitungen. (1) [1] Die Erhebung der Angaben nach § 35 Abs. 1 ist vierteljährlich für das jeweils abgelaufene Kalendervierteljahr durchzuführen. [2] Die statistischen Landesämter stellen dem Statistischen Bundesamt unverzüglich nach Ablauf des Erhebungszeitraums oder zu dem in der Rechtsverordnung nach § 38 angegebenen Zeitpunkt folgende Angaben zur Verfügung:

1. vierteljährlich
   a) für den Erhebungszeitraum die Angaben nach § 35 Abs. 1 Nr. 1 bis 3;
   b) für den vergleichbaren Erhebungszeitraum des vorausgehenden Kalenderjahres die Angaben nach § 35 Abs. 1 Nr. 1 und 3 unter Berücksichtigung der rückwirkenden Entscheidungen aus den folgenden zwölf Monaten;
2. jährlich die Angaben nach § 35 Abs. 1 Nr. 3 bis 9 für den Monat Dezember unter Berücksichtigung der rückwirkenden Entscheidungen aus dem folgenden Kalendervierteljahr.

---

1) Nr. **355**.

2) *§ 36 Abs. 1 Satz 2 einl. Satzteil, Nr. 1* Buchst a und b, Abs. 2 Satz 1 geänd. mWv 1.1.2013 durch G v. 9.11.2012 (BGBl. I S. 2291); Abs. 2 Satz 2 neu gef., Satz 3 eingef., bish. Sätze 3–6 werden Sätze 4–7, Abs. 3 aufgeh. mWv 1.1.2016 durch G v. 2.10.2015 (BGBl. I S. 1610); Überschrift neu gef. mWv 1.8. 2016 durch G v. 26.7.2016 (BGBl. I S. 1824); Abs. 2 Satz 2 geänd. mWv 1.1.2020 durch G v. 30.11.2019 (BGBl. I S. 1877); Abs. 2 Satz 2 geänd. mWv 1.1.2023 durch G v. 5.12.2022 (BGBl. I S. 2160).

(2) [1]Einzelangaben nach § 35 Abs. 1 aus einer Zufallsstichprobe mit einem Auswahlsatz von 25 Prozent der wohngeldberechtigten Personen sind dem Statistischen Bundesamt jährlich unverzüglich nach Ablauf des Erhebungszeitraums für Zusatzaufbereitungen zur Verfügung zu stellen. [2]Zu diesem Zweck dürfen die Einzelangaben auch dem Bundesministerium für Wohnen, Stadtentwicklung und Bauwesen oder, wenn die Aufgabe der Zusatzaufbereitung an das Bundesamt für Bauwesen und Raumordnung übertragen worden ist, an dieses übermittelt werden. [3]Dabei sind mehr als fünf zu berücksichtigende Haushaltsmitglieder, die Wohnraum gemeinsam bewohnen, in einer Gruppe zusammenzufassen. [4]Bei der empfangenden Stelle ist eine Organisationseinheit einzurichten, die räumlich, organisatorisch und personell von anderen Aufgabenbereichen zu trennen ist. [5]Die in dieser Organisationseinheit tätigen Personen müssen Amtsträger oder für den öffentlichen Dienst besonders Verpflichtete sein. [6]Sie dürfen aus ihrer Tätigkeit gewonnene Erkenntnisse nur für Zwecke des § 34 Abs. 1 verwenden. [7]Die nach Satz 2 übermittelten Einzelangaben dürfen nicht mit anderen Daten zusammengeführt werden.

Teil 7. Schlussvorschriften

§ 37[1)] Bußgeld. (1) Ordnungswidrig handelt, wer vorsätzlich oder leichtfertig

1. entgegen § 23 Absatz 1 Satz 1, Absatz 2 oder Absatz 3 eine Auskunft nicht, nicht richtig, nicht vollständig oder nicht rechtzeitig gibt,
2. entgegen § 23 Absatz 1 Satz 3 eine Angabe nicht richtig macht oder
3. entgegen § 27 Abs. 3 Satz 1, auch in Verbindung mit Abs. 4, oder § 28 Abs. 1 Satz 2 oder Abs. 4 Satz 1 eine Änderung in den Verhältnissen, die für den Wohngeldanspruch erheblich ist, nicht, nicht richtig, nicht vollständig oder nicht rechtzeitig mitteilt.

(2) Die Ordnungswidrigkeit kann mit einer Geldbuße bis zu zweitausend Euro geahndet werden.

(3) Verwaltungsbehörden im Sinne des § 36 Abs. 1 Nr. 1 des Gesetzes über Ordnungswidrigkeiten[2)] sind die Wohngeldbehörden.

§ 38[3) 4)] Verordnungsermächtigung. Die Bundesregierung wird ermächtigt, durch Rechtsverordnung[5)] mit Zustimmung des Bundesrates

1. nähere Vorschriften zur Durchführung dieses Gesetzes über die Ermittlung
   a) der zu berücksichtigenden Miete oder Belastung (§§ 9 bis 12) und
   b) des Einkommens (§§ 13 bis 18)

   zu erlassen, wobei pauschalierende Regelungen getroffen werden dürfen, soweit die Ermittlung im Einzelnen nicht oder nur mit unverhältnismäßig großen Schwierigkeiten möglich ist;
2. *die Mietenstufen für Gemeinden festzulegen (§ 12);*

[1)] § 37 Abs. 1 Nr. 1 geänd., Nr. 2 eingef., bish. Nr. 2 wird Nr. 3 mWv 1.1.2016 durch G v. 2.10.2015 (BGBl. I S. 1610).

[2)] **Habersack Nr. 94.**

[3)] § 38 ist gem. Art. 6 Abs. 2 Satz 1 G v. 24.9.2008 (BGBl. I S. 1856) am 1.10.2008 in Kraft getreten.

[4)] § 38 Nr. 3 zweiter Halbs. angef. mWv 16.11.2012 durch G v. 9.11.2012 (BGBl. I S. 2291); Nr. 3 geänd., Nr. 4 angef. mWv 1.1.2020 durch G v. 30.11.2019 (BGBl. I S. 1877); Nr. 4 neu gef. mWv 1.1.2024 durch G v. 22.12.2023 (BGBl. 2023 I Nr. 408).

[5)] Siehe hierzu ua die Erste VO zur Fortschreibung des Wohngeldes nach § 43 des WohngeldG v. 3.6.2021 (BGBl. I S. 1369).

3. die Einzelheiten des Verfahrens des automatisierten Datenabgleichs und die Kosten des Verfahrens (§ 33) zu regeln; dabei kann auch geregelt werden, dass die Länder der Datenstelle die Kosten für die Durchführung des Datenabgleichs zu erstatten haben;
4. die in § 43 Absatz 1 Satz 1 Nummer 1 bis 6 genannten Berechnungsgrößen nach einer gesetzlichen Änderung nach § 43 zum 1. Januar jedes zweiten Jahres fortzuschreiben und die bisherigen Anlagen 1 bis 3 zu ersetzen. Soweit der Deutsche Bundestag beschließt, die Höchstbeträge für Miete und Belastung (§ 12 Absatz 1), die Mietenstufen (§ 12 Absatz 2) oder die Höhe des Wohngeldes (§ 19) für ein solches Jahr neu festzusetzen, hat dieser Beschluss Vorrang gegenüber der Verordnungsermächtigung.

§ 39[1)] Wohngeld- und Mietenbericht; Bericht über die Lage und Entwicklung der Wohnungs- und Immobilienwirtschaft in Deutschland. (1) [1] Die Höchstbeträge für Miete und Belastung (§ 12 Absatz 1), die Mietenstufen (§ 12 Absatz 2) und die Höhe des Wohngeldes (§ 19) sind alle zwei Jahre zu überprüfen. [2] Dabei ist der bundesdurchschnittlichen und regionalen Entwicklung der Wohnkosten sowie der Veränderung der Einkommensverhältnisse und der Lebenshaltungskosten Rechnung zu tragen. [3] Die Bundesregierung berichtet dem Deutschen Bundestag über die Überprüfung nach den Sätzen 1 und 2, über die Durchführung dieses Gesetzes und über die Entwicklung der Mieten für Wohnraum alle zwei Jahre bis zum 30. Juni. [4] Dabei fließen auch miet- und wohnungsmarktrelevante Daten der Länder ein. [5] Bis einschließlich 2025 fließen daneben auch die Einschätzungen der Länder zu den Wirkungen der dauerhaften Heizkostenkomponente nach § 12 Absatz 6 und der Klimakomponente nach § 12 Absatz 7 ein. [6] Der erste erweiterte Bericht erfolgt bis zum 30. Juni 2017.

(2) [1] Die Bundesregierung berichtet dem Deutschen Bundestag über die Lage und Entwicklung der Wohnungs- und Immobilienwirtschaft in Deutschland alle vier Jahre bis zum 30. Juni. [2] Der nächste Bericht erfolgt bis zum 30. Juni 2017. [3] Eine im gleichen Jahr vorzulegende Berichterstattung nach Absatz 1 ist jeweils zu integrieren.

(3) Zum Zwecke der Evaluierung berichten die Länder nach Ablauf von zwei Jahren spätestens bis zum 31. März 2025 gegenüber dem Bundesministerium für Wohnen, Stadtentwicklung und Bauwesen über die maßgeblichen Kennzahlen der Experimentierklausel des § 30a.

§ 40 Einkommen bei anderen Sozialleistungen. Das einer vom Wohngeld ausgeschlossenen wohngeldberechtigten Person bewilligte Wohngeld ist bei Sozialleistungen nicht als deren Einkommen zu berücksichtigen.

§ 41[2)] Auswirkung von Rechtsänderungen auf die Wohngeldentscheidung. (1) [1] Ist im Zeitpunkt des Inkrafttretens von Änderungen dieses Gesetzes oder der Wohngeldverordnung[3)] über einen Wohngeldantrag noch nicht entschieden, ist für die Zeit bis zum Inkrafttreten der Änderungen nach dem bis dahin geltenden Recht, für die darauf folgende Zeit nach dem neuen Recht zu entscheiden. [2] Ist über einen nach dem Zeitpunkt des Inkrafttretens von Änderungen

(Fortsetzung nächstes Blatt)

[1)] § 39 neu gef. mWv 1.1.2016 durch G v. 2.10.2015 (BGBl. I S. 1610); Abs. 1 Satz 5 eingef., bish. Satz 5 wird Satz 6, Abs. 3 angef. mWv 1.1.2023 durch G v. 5.12.2022 (BGBl. I S. 2160).

[2)] § 41 Abs. 1 Satz 2 angef. mWv 16.11.2012 durch G v. 9.11.2012 (BGBl. I S. 2291).

[3)] Nr. **386**.

dieses Gesetzes oder der Wohngeldverordnung gestellten Wohngeldantrag, einen Antrag nach § 27 Absatz 1 oder in einem Verfahren nach § 27 Absatz 2 zu entscheiden und beginnt der Bewilligungszeitraum vor dem Zeitpunkt des Inkrafttretens von Änderungen dieses Gesetzes oder der Wohngeldverordnung, ist Satz 1 entsprechend anzuwenden.

(2) Ist vor dem Inkrafttreten von Änderungen dieses Gesetzes oder der Wohngeldverordnung über einen Wohngeldantrag entschieden worden, verbleibt es für die Leistung des Wohngeldes auf Grund dieses Antrages bei der Anwendung des jeweils bis zu der Entscheidung geltenden Rechts.

Teil 8. Überleitungsvorschriften

§ 42 Gesetz zur Neuregelung des Wohngeldrechts und zur Änderung des Sozialgesetzbuches. (1) [1] Ist bis zum 31. Dezember 2008 über einen Wohngeldantrag, einen Antrag nach § 29 Abs. 1 oder Abs. 2 des Wohngeldgesetzes in der bis zum 31. Dezember 2008 geltenden Fassung oder in einem Verfahren nach § 29 Abs. 3 des Wohngeldgesetzes in der bis zum 31. Dezember 2008 geltenden Fassung noch nicht entschieden worden, ist für die Zeit bis zum 31. Dezember 2008 nach dem bis dahin geltenden Recht, für die darauf folgende Zeit nach dem neuen Recht zu entscheiden. [2] Ist in den Fällen des Satzes 1 das ab dem 1. Januar 2009 zu bewilligende Wohngeld geringer als das für Dezember 2008 zu bewilligende Wohngeld, verbleibt es auch für den Teil des Bewilligungszeitraums ab dem 1. Januar 2009 bei diesem Wohngeld; § 24 Abs. 2 und § 27 Abs. 2 bleiben unberührt.

(2) [1] Ist Wohngeld vor dem 1. Januar 2009 bewilligt worden und liegt mindestens ein Teil des Bewilligungszeitraums im Jahr 2009, ist von Amts wegen über die Leistung des Wohngeldes für den nach dem 31. Dezember 2008 liegenden Teil des Bewilligungszeitraums unter Anwendung des ab dem 1. Januar 2009 geltenden Rechts nach Ablauf des Bewilligungszeitraums schriftlich neu zu entscheiden; ergibt sich kein höheres Wohngeld, verbleibt es bei dem bereits bewilligten Wohngeld. [2] In den Fällen des Satzes 1 sind bei der Entscheidung abweichend von § 24 Abs. 2 die tatsächlichen Verhältnisse im Zeitraum, für den über die Leistung des Wohngeldes rückwirkend neu zu entscheiden ist, zu Grunde zu legen. [3] Die §§ 29 und 30 des Wohngeldgesetzes in der bis zum 31. Dezember 2008 geltenden Fassung und die §§ 27 und 28 bleiben unberührt. [4] Liegt das Ende des Bewilligungszeitraums, über den nach Satz 1 neu zu entscheiden ist, nach dem 31. März 2009, kann eine angemessene vorläufige Zahlung geleistet werden.

(3) Ist über einen nach dem 31. Dezember 2008 gestellten Wohngeldantrag, einen Antrag nach § 27 Abs. 1 oder in einem Verfahren nach § 27 Abs. 2 zu entscheiden und beginnt der Bewilligungszeitraum vor dem 1. Januar 2009, ist Absatz 1 entsprechend anzuwenden.

(4) [1] Wären bei einer Entscheidung nach den Absätzen 1 und 3 Haushaltsmitglieder nach § 6 zu berücksichtigen, die in einem anderen Bescheid für denselben Wohnraum bereits als zum Haushalt rechnende Familienmitglieder berücksichtigt worden sind, bleibt dieser andere Bescheid von der Entscheidung nach den Absätzen 1 und 3 unberührt. [2] Bei der Entscheidung nach den Absätzen 1 und 3 ist das Wohngeld ohne die Haushaltsmitglieder nach Satz 1 und unter entsprechender Anwendung des § 11 Abs. 3 zu berechnen. [3] Die Fälle der Sätze 1 und 2 gelten als erhebliche Änderung der maßgeblichen Verhältnisse nach § 25 Abs. 1 Satz 2

(5) [1] Bei Wohn- und Wirtschaftsgemeinschaften von Personen, welche die Voraussetzungen nach § 4 des Wohngeldgesetzes in der bis zum 31. Dezember 2008

geltenden Fassung nicht erfüllen und keinen gemeinsamen Wohngeldbescheid erhalten haben, ist bei der Entscheidung nach Absatz 2 rückwirkend das Wohngeld gemeinsam zu berechnen, wenn die Voraussetzungen nach den §§ 5 und 6 Abs. 1 erfüllt werden. [2] Enden die Bewilligungszeiträume in den Fällen des Satzes 1 nicht gleichzeitig, ist abweichend von Absatz 2 Satz 1 Halbsatz 1 nach dem Ende des zuletzt ablaufenden Bewilligungszeitraums für alle zu berücksichtigenden Haushaltsmitglieder nach § 6 einheitlich neu zu entscheiden. [3] Beträgt der Zeitraum zwischen dem Ende des zuerst ablaufenden Bewilligungszeitraums und dem Ende des zuletzt ablaufenden Bewilligungszeitraums mehr als drei Monate, ist auf Antrag eine angemessene vorläufige Zahlung zu leisten.

§ 42a[1)] Übergangsregelung aus Anlass des Gesetzes zur Reform des Wohngeldrechts und zur Änderung des Wohnraumförderungsgesetzes.

(1) [1] Ist Wohngeld vor dem 1. Januar 2016 bewilligt worden und liegt mindestens ein Teil des Bewilligungszeitraums nach dem 31. Dezember 2015, so ist abweichend von § 41 Absatz 2 von Amts wegen über die Leistung des Wohngeldes für den Zeitraum vom 1. Januar 2016 bis zum Ende des bisherigen Bewilligungszeitraums neu zu entscheiden. [2] Bei der Entscheidung nach Satz 1 sind die §§ 12 und 16 Satz 1 bis 4 und § 19 dieses Gesetzes sowie die Anlage zu § 1 Absatz 3 der Wohngeldverordnung[2)] in der ab dem 1. Januar 2016 geltenden Fassung anzuwenden, alle anderen Vorschriften in der bis zum 31. Dezember 2015 geltenden Fassung. [3] Ergibt sich bei der Entscheidung nach Satz 1 kein höheres Wohngeld, verbleibt es bis zum Ende des bisherigen Bewilligungszeitraums bei dem bereits bewilligten Wohngeld. [4] Ist bei der Entscheidung nach Satz 1 nicht berücksichtigt worden, dass sich die Anzahl der zu berücksichtigenden Haushaltsmitglieder, die zu berücksichtigende Miete oder Belastung oder das Gesamteinkommen verändert hat oder das Wohngeld zweckwidrig verwendet wird, so ist abweichend von § 45 des Zehnten Buches Sozialgesetzbuch[3)] die Entscheidung nach Satz 1 nur rechtswidrig, wenn gleichzeitig die Voraussetzungen des § 27 oder § 28 Absatz 2 dieses Gesetzes vorliegen; im Übrigen bleibt § 45 des Zehnten Buches Sozialgesetzbuch unberührt. [5] Wird die Entscheidung nach Satz 1 unter den Voraussetzungen des § 45 des Zehnten Buches Sozialgesetzbuch zurückgenommen, wird der bisherige Bewilligungsbescheid wieder wirksam; die §§ 27 und 28 bleiben unberührt. [6] Ist Wohngeld vor dem 1. Januar 2016 bewilligt worden und liegt mindestens ein Teil des Bewilligungszeitraums nach dem 31. Dezember 2015 und ist über einen Antrag nach § 27 Absatz 1 oder in einem Verfahren nach § 27 Absatz 2 neu zu entscheiden, so ist für die Zeit bis zum 31. Dezember 2015 nach dem bis dahin geltenden Recht, ab dem 1. Januar 2016 bis zum Ende des bisherigen Bewilligungszeitraums nach neuem Recht nach Maßgabe des Satzes 2 und danach vollständig nach neuem Recht zu entscheiden. [7] Der Bewilligungsbescheid nach Satz 1 muss auf die besonderen Entscheidungsgrundlagen der Sätze 1 bis 5 hinweisen, insbesondere darauf, dass eine Entscheidung nach § 27 oder § 28 Absatz 2 dem Bewilligungsbescheid nach Satz 1 noch nachfolgen kann und bezogen auf den Zeitpunkt der Änderung, der auch vor dem 1. Januar 2016 liegen kann, das Wohngeld wegfallen oder sich verringern kann.

(2) [1] Ist bis zum 31. Dezember 2015 über einen Wohngeldantrag nach § 22 noch nicht entschieden, so ist für die Zeit bis zum 31. Dezember 2015 nach dem

---

1) § 42a eingef. mWv 1.1.2016 durch G v. 2.10.2015 (BGBl. I S. 1610) mit Ausnahme des Abs. 3 Satz 1, der bereits am 1.11.2015 in Kraft getreten ist.

2) Nr. **386.**

3) **Sartorius ErgBd. Nr. 410.**

bis dahin geltenden Recht und für die darauffolgende Zeit nach dem neuen Recht zu entscheiden. [2]Ist in den Fällen des Satzes 1 das ab dem 1. Januar 2016 zu bewilligende Wohngeld geringer als das für Dezember 2015 zu bewilligende Wohngeld, verbleibt es auch für den Teil des Bewilligungszeitraums ab dem 1. Januar 2016 bei diesem Wohngeld. [3]Ist über einen nach dem 31. Dezember 2015 gestellten Wohngeldantrag nach § 22 zu entscheiden und beginnt der Bewilligungszeitraum vor dem 1. Januar 2016, so sind die Sätze 1 und 2 entsprechend anzuwenden. [4]§ 24 Absatz 2 und § 27 bleiben unberührt.

(3) [1]In Fällen des § 31 Absatz 1 Satz 1 des Unterhaltssicherungsgesetzes[1)] sind § 14 Absatz 2 Nummer 23 und § 20 Absatz 1 dieses Gesetzes in der bis zum 31. Oktober 2015 geltenden Fassung anzuwenden. [2]Im Übrigen gelten die Absätze 1 und 2.

§ 42b[2)] Übergangsregelung aus Anlass des Gesetzes zur Stärkung des Wohngeldes. (1) [1]Ist Wohngeld vor dem 1. Januar 2020 bewilligt worden und liegt mindestens ein Teil des Bewilligungszeitraums nach dem 31. Dezember 2019, so ist abweichend von § 41 Absatz 2 von Amts wegen über die Leistung des Wohngeldes für den Zeitraum vom 1. Januar 2020 bis zum Ende des bisherigen Bewilligungszeitraums neu zu entscheiden. [2]Bei der Entscheidung nach Satz 1 sind die §§ 12, 17 und 19 dieses Gesetzes und die Anlage zu § 1 Absatz 3 der Wohngeldverordnung[3)] in der ab dem 1. Januar 2020 geltenden Fassung anzuwenden. [3]Ergibt sich aus der Entscheidung nach Satz 1 kein höheres Wohngeld, verbleibt es bis zum Ende des bisherigen Bewilligungszeitraums bei dem bereits bewilligten Wohngeld.

(2) [1]Ist bei der Entscheidung nach Absatz 1 Satz 1 nicht berücksichtigt worden, dass

1. sich die Anzahl der zu berücksichtigenden Haushaltsmitglieder, die zu berücksichtigende Miete oder Belastung oder das Gesamteinkommen geändert hat,
2. das Wohngeld zweckwidrig verwendet wird oder
3. die Voraussetzungen für den erhöhten anrechnungsfreien Betrag nach § 14 Absatz 2 Nummer 19 Buchstabe a oder Nummer 20 Buchstabe a oder einen anrechnungsfreien Betrag nach § 14 Absatz 2 Nummer 19 Buchstabe b vorliegen,

so ist diese Entscheidung nur rechtswidrig, wenn gleichzeitig die Voraussetzungen der §§ 27 oder 28 Absatz 2 dieses Gesetzes vorliegen; im Übrigen bleibt § 45 des Zehnten Buches Sozialgesetzbuch[4)] unberührt. [2]Wird die Entscheidung nach Absatz 1 Satz 1 unter den Voraussetzungen des § 45 des Zehnten Buches Sozialgesetzbuch zurückgenommen, so wird der bisherige Bewilligungsbescheid wieder wirksam; die §§ 27 und 28 bleiben unberührt.

(3) Ist Wohngeld vor dem 1. Januar 2020 bewilligt worden und liegt mindestens ein Teil des Bewilligungszeitraums nach dem 31. Dezember 2019 und ist über einen Antrag nach § 27 Absatz 1 oder in einem Verfahren nach § 27 Absatz 2 neu zu entscheiden, so ist für die Zeit bis zum 31. Dezember 2019 nach dem bis dahin geltenden Recht, ab dem 1. Januar 2020 nach neuem Recht zu entscheiden.

(4) Der Bewilligungsbescheid nach Absatz 1 Satz 1 muss auf die besonderen Entscheidungsgrundlagen der Absätze 1 und 2 hinweisen, insbesondere darauf,

---

1) **Sartorius III Nr. 871.**
2) § 42b eingef. mWv 1.1.2020 durch G v. 30.11.2019 (BGBl. I S. 1877).
3) Nr. **386.**
4) **Sartorius ErgBd. Nr. 410.**

dass eine Entscheidung nach den §§ 27 oder 28 Absatz 2 oder die Mitteilung über die Unwirksamkeit nach § 28 Absatz 1 oder 3 dem Bewilligungsbescheid noch folgen kann und bezogen auf den Zeitpunkt der Änderung der Verhältnisse, der auch vor dem 1. Januar 2020 liegen kann, das Wohngeld wegfallen oder sich verringern kann.

(5) [1] Ist bis zum 31. Dezember 2019 über einen Wohngeldantrag nach § 22 noch nicht entschieden, so ist für die Zeit bis zum 31. Dezember 2019 nach dem bis dahin geltenden Recht und für die darauffolgende Zeit nach dem neuen Recht zu entscheiden. [2] Ist in den Fällen des Satzes 1 das ab dem 1. Januar 2020 zu bewilligende Wohngeld geringer als das für Dezember 2019 zu bewilligende Wohngeld, so verbleibt es auch für den Teil des Bewilligungszeitraums ab dem 1. Januar 2020 bei diesem Wohngeld.

(6) [1] Ist über einen nach dem 31. Dezember 2019 gestellten Wohngeldantrag nach § 22 zu entscheiden und beginnt der Bewilligungszeitraum vor dem 1. Januar 2020, so ist Absatz 5 entsprechend anzuwenden. [2] § 24 Absatz 2 und § 27 bleiben unberührt.

§ 42c[1)] Übergangsregelung aus Anlass des Gesetzes zur Entlastung bei den Heizkosten im Wohngeld im Kontext der CO2-Bepreisung. (1) [1] Ist Wohngeld vor dem 1. Januar 2021 bewilligt worden und liegt mindestens ein Teil des Bewilligungszeitraums nach dem 31. Dezember 2020, so ist abweichend von § 41 Absatz 2 von Amts wegen über die Leistung des Wohngeldes für den Zeitraum vom 1. Januar 2021 bis zum Ende des bisherigen Bewilligungszeitraums neu zu entscheiden. [2] Bei der Entscheidung nach Satz 1 sind die §§ 11 und 12 dieses Gesetzes in der ab dem 1. Januar 2021 geltenden Fassung anzuwenden.

(2) [1] Ist bei der Entscheidung nach Absatz 1 Satz 1 nicht berücksichtigt worden, dass sich die Anzahl der zu berücksichtigenden Haushaltsmitglieder, die zu berücksichtigende Miete oder Belastung oder das Gesamteinkommen geändert hat, so ist diese Entscheidung nur rechtswidrig, wenn gleichzeitig die Voraussetzungen des § 27 Absatz 1 oder 2 vorliegen. [2] Im Übrigen bleibt § 45 des Zehnten Buches Sozialgesetzbuch[2)] unberührt. [3] Wird die Entscheidung nach Absatz 1 Satz 1 unter den Voraussetzungen des § 45 des Zehnten Buches Sozialgesetzbuch zurückgenommen, so wird der bisherige Bewilligungsbescheid wieder wirksam. [4] Die §§ 27 und 28 bleiben unberührt.

(3) Ist Wohngeld vor dem 1. Januar 2021 bewilligt worden und liegt mindestens ein Teil des Bewilligungszeitraums nach dem 31. Dezember 2020 und ist über einen Antrag nach § 27 Absatz 1 oder in einem Verfahren nach § 27 Absatz 2 neu zu entscheiden, so ist für die Zeit bis zum 31. Dezember 2020 nach dem bis dahin geltenden Recht und ab dem 1. Januar 2021 nach neuem Recht zu entscheiden.

(4) Der Bewilligungsbescheid nach Absatz 1 Satz 1 muss auf die besonderen Entscheidungsgrundlagen der Absätze 1 und 2 hinweisen, insbesondere darauf, dass eine Entscheidung nach den §§ 27 oder 28 Absatz 2 oder die Mitteilung über die Unwirksamkeit nach § 28 Absatz 1 oder 3 dem Bewilligungsbescheid noch folgen kann und dass ab dem Zeitpunkt der Änderung der Verhältnisse, der auch vor dem 1. Januar 2021 liegen kann, das Wohngeld wegfallen oder sich verringern kann.

(5) Ist bis zum 31. Dezember 2020 über einen Wohngeldantrag nach § 22 noch *nicht entschieden, so ist für die Zeit* bis zum 31. Dezember 2020 nach dem bis

---

[1)] § 42c eingef. mWv 1.1.2021 durch G v. 15.5.2020 (BGBl. I S. 1015).
[2)] **Sartorius ErgBd. Nr. 410.**

dahin geltenden Recht und für die darauf folgende Zeit nach dem neuen Recht zu entscheiden.

(6) [1]Ist über einen nach dem 31. Dezember 2020 gestellten Wohngeldantrag nach § 22 zu entscheiden und beginnt der Bewilligungszeitraum vor dem 1. Januar 2021, so ist Absatz 5 entsprechend anzuwenden. [2]§ 24 Absatz 2 und § 27 bleiben unberührt.

§ 42d[1)] Übergangsregelung aus Anlass des Wohngeld-Plus-Gesetzes.

(1) [1]Ist Wohngeld vor dem 1. Januar 2023 bewilligt worden und liegt mindestens ein Teil des Bewilligungszeitraums nach dem 31. Dezember 2022, so ist abweichend von § 41 Absatz 2 von Amts wegen über die Leistung des Wohngeldes für den Zeitraum vom 1. Januar 2023 bis zum Ende des bisherigen Bewilligungszeitraums neu zu entscheiden. [2]Bei der Entscheidung nach Satz 1 sind die §§ 11, 12 und 19 dieses Gesetzes und die sich aus der Anlage zu § 1 Absatz 3 der Wohngeldverordnung[2)] in der ab dem 1. Januar 2023 geltenden Fassung ergebenden Mietenstufen anzuwenden. [3]Ergibt sich aus der Entscheidung nach Satz 1 kein höheres Wohngeld, verbleibt es bis zum Ende des bisherigen Bewilligungszeitraums bei dem bereits bewilligten Wohngeld.

(2) [1]Ist bei der Entscheidung nach Absatz 1 Satz 1 nicht berücksichtigt worden, dass sich die Anzahl der zu berücksichtigenden Haushaltsmitglieder, die zu berücksichtigende Miete oder Belastung oder das Gesamteinkommen geändert hat oder das Wohngeld zweckwidrig verwendet wird, so ist die Entscheidung nur rechtswidrig, wenn gleichzeitig die Voraussetzungen des § 27 vorliegen. [2]Im Übrigen bleibt § 45 des Zehnten Buches Sozialgesetzbuch[3)] unberührt. [3]Wird die Entscheidung nach Absatz 1 Satz 1 unter den Voraussetzungen des § 45 des Zehnten Buches Sozialgesetzbuch zurückgenommen, so wird der bisherige Bewilligungsbescheid wieder wirksam. [4]Die §§ 27 und 28 bleiben unberührt.

(3) Ist Wohngeld vor dem 1. Januar 2023 bewilligt worden und liegt mindestens ein Teil des Bewilligungszeitraums nach dem 31. Dezember 2022 und ist über einen Antrag nach § 27 Absatz 1 oder in einem Verfahren nach § 27 Absatz 2 neu zu entscheiden, so ist für die Zeit bis zum 31. Dezember 2022 nach dem bis dahin geltenden Recht und ab dem 1. Januar 2023 nach neuem Recht zu entscheiden.

(4) Der Bewilligungsbescheid nach Absatz 1 Satz 1 muss auf die besonderen Entscheidungsgrundlagen der Absätze 1 und 2 hinweisen, insbesondere darauf, dass eine Entscheidung nach § 27 oder § 28 Absatz 2 oder die Mitteilung über die Unwirksamkeit nach § 28 Absatz 1 oder Absatz 3 dem Bewilligungsbescheid noch folgen kann und dass ab dem Zeitpunkt der Änderung der Verhältnisse, der auch vor dem 1. Januar 2023 liegen kann, das Wohngeld wegfallen oder sich verringern kann.

(5) [1]Ist bis zum 31. Dezember 2022 über einen Wohngeldantrag nach § 22 *noch nicht entschieden*, so ist für die Zeit bis zum 31. Dezember 2022 nach dem bis dahin geltenden Recht und für die darauf folgende Zeit nach dem neuen Recht zu entscheiden. [2]Ist in den Fällen des Satzes 1 das ab dem 1. Januar 2023 zu bewilligende Wohngeld geringer als das für Dezember 2022 zu bewilligende Wohngeld, so verbleibt es auch für den Teil des Bewilligungszeitraums ab dem 1. Januar 2023 bei dem für Dezember 2022 zu bewilligenden höheren Wohngeld.

---

1) § 42d eingef. mWv 1.1.2023 durch G v. 5.12.2022 (BGBl. I S. 2160).
2) Nr. **386.**
3) **Sartorius ErgBd. Nr. 410.**

(6) [1]Ist über einen nach dem 31. Dezember 2022 gestellten Wohngeldantrag nach § 22 zu entscheiden und beginnt der Bewilligungszeitraum vor dem 1. Januar 2023, so ist Absatz 5 entsprechend anzuwenden. [2]§ 24 Absatz 2 und § 27 bleiben unberührt.

§ 43[1) 2)] Fortschreibung des Wohngeldes. (1) [1]Wurden durch die Änderung dieses Gesetzes die Höchstbeträge für Miete und Belastung (§ 12 Absatz 1), die Mietenstufen (§ 12 Absatz 2) oder die Höhe des Wohngeldes (§ 19) neu ermittelt und festgesetzt, so werden danach zum 1. Januar jedes zweiten Jahres die folgenden Berechnungsgrößen des Wohngeldes durch Rechtsverordnung mit Zustimmung des Bundesrates (§ 38 Nummer 4) fortgeschrieben:

1. die Höchstbeträge für Miete und Belastung (Anlage 1) auf Grund der Entwicklung der bundesweiten Bruttokaltmieten, gemessen durch den Teilindex für Nettokaltmiete und Wohnungsnebenkosten des Verbraucherpreisindex für Deutschland des Statistischen Bundesamtes;
2. die Werte für „b“ (Anlage 2) auf Grund der Entwicklung der bundesweiten Bruttokaltmieten, gemessen durch den Teilindex für Nettokaltmiete und Wohnungsnebenkosten des Verbraucherpreisindex für Deutschland des Statistischen Bundesamtes;
3. die Werte für „c“ (Anlage 2) auf Grund der bundesweiten Entwicklung der Verbraucherpreise, gemessen durch den Verbraucherpreisindex für Deutschland des Statistischen Bundesamtes;
4. die Werte für „M“ (Anlage 3) auf Grund der Entwicklung der bundesweiten Bruttokaltmieten, gemessen durch den Teilindex für Nettokaltmiete und Wohnungsnebenkosten des Verbraucherpreisindex für Deutschland des Statistischen Bundesamtes;
5. die Werte für „Y“ (Anlage 3) auf Grund der bundesweiten Entwicklung der Verbraucherpreise, gemessen durch den Verbraucherpreisindex für Deutschland des Statistischen Bundesamtes;
6. das zusätzliche Wohngeld für das 13. und jedes weitere zu berücksichtigende Haushaltsmitglied nach § 19 Absatz 3 auf Grund der bundesweiten Entwicklung der Verbraucherpreise, gemessen durch den Verbraucherpreisindex für Deutschland des Statistischen Bundesamtes.

[2]Die erste Fortschreibung der Werte für „M“ und „Y“ (Anlage 3) und des zusätzlichen Wohngeldes für das 13. und jedes weitere zu berücksichtigende Haushaltsmitglied nach § 19 Absatz 3 erfolgt zum 1. Januar 2025.

(2) § 12 Absatz 4 Satz 1 findet bei der Fortschreibung des Wohngeldes keine Anwendung.

(3) Für die Fortschreibung der Berechnungsgrößen maßgeblich ist die prozentuale Veränderung der Jahresdurchschnittswerte der in Absatz 1 genannten Indizes des zweiten Jahres vor Inkrafttreten der Fortschreibung des Wohngeldes gegenüber den jeweiligen Jahresdurchschnittswerten des vierten Jahres vor Inkrafttreten der Fortschreibung.

---

1) *§ 43 neu gef. mWv 1.1.2020 durch* G v. 30.11.2019 (BGBl. I S. 1877); Abs. 1 Satz 1 Nr. 3 geänd., Nr. 4–6 eingef., Satz 2 neu gef., Abs. 4 Sätze 1 und 2, Abs. 5 Sätze 1–3, Abs. 6 Sätze 1 und 2 geänd., Abs. 7 neu gef., Abs. 8–10 angef. mWv 1.1.2023 durch G v. 5.12.2022 (BGBl. I S. 2160).

2) Siehe hierzu die Erste VO zur Fortschreibung des Wohngeldes nach § 43 des WohngeldG v. 3.6.2021 (BGBl. I S. 1369).

(4) [1] Die Höchstbeträge für Miete und Belastung (Anlage 1) werden am 1. Januar 2025 und dann alle zwei Jahre zum 1. Januar um den Prozentsatz erhöht oder verringert, um den sich der vom Statistischen Bundesamt festgestellte Teilindex nach Absatz 1 Nummer 1 verändert hat. [2] Für die Veränderung am 1. Januar 2025 ist die Erhöhung oder Verringerung des Jahresdurchschnitts des Teilindex nach Absatz 1 Nummer 1 maßgeblich, die im Jahr 2023 gegenüber dem Jahr 2021 eingetreten ist. [3] Die sich danach ergebenden Beträge sind jeweils bis unter 0,50 Euro auf den nächsten vollen Euro-Betrag abzurunden sowie ab 0,50 Euro auf den nächsten vollen Euro-Betrag aufzurunden und ergeben die fortgeschriebenen Höchstbeträge für Miete und Belastung (Anlage 1).

(5) [1] Die Werte für „b" (Anlage 2) werden am 1. Januar 2025 und dann alle zwei Jahre zum 1. Januar mit einhundert multipliziert und anschließend durch die Summe aus einhundert und dem Prozentsatz dividiert, um den sich der vom Statistischen Bundesamt festgestellte Teilindex nach Absatz 1 Nummer 2 verändert hat. [2] Für die prozentuale Veränderung am 1. Januar 2025 ist die Erhöhung oder Verringerung des Jahresdurchschnitts des Teilindex nach Absatz 1 Nummer 2 maßgeblich, die im Jahr 2023 gegenüber dem Jahr 2021 eingetreten ist. [3] Die sich danach ergebenden Werte sind jeweils auf die siebte Nachkommastelle abzurunden und ergeben die fortgeschriebenen Werte für „b" (Anlage 2).

(6) [1] Die Werte für „c" (Anlage 2) werden am 1. Januar 2025 und dann alle zwei Jahre zum 1. Januar mit einhundert multipliziert und anschließend durch die Summe aus einhundert und dem Prozentsatz dividiert, um den sich der vom Statistischen Bundesamt festgestellte Verbraucherpreisindex nach Absatz 1 Nummer 3 verändert hat. [2] Für die prozentuale Veränderung am 1. Januar 2025 ist die Erhöhung oder Verringerung des Jahresdurchschnitts des Verbraucherpreisindex nach Absatz 1 Nummer 3 maßgeblich, die im Jahr 2023 gegenüber dem Jahr 2021 eingetreten ist. [3] Die sich danach ergebenden Werte sind jeweils auf die siebte Nachkommastelle abzurunden und ergeben die fortgeschriebenen Werte für „c" (Anlage 2).

(7) [1] Die Werte für „M" (Anlage 3) werden am 1. Januar 2025 und dann alle zwei Jahre zum 1. Januar um den Prozentsatz erhöht oder verringert, um den sich der vom Statistischen Bundesamt festgestellte Teilindex nach Absatz 1 Satz 1 Nummer 4 verändert hat. [2] Für die Veränderung am 1. Januar 2025 ist die Erhöhung oder Verringerung des Jahresdurchschnitts des Teilindex nach Absatz 1 Satz 1 Nummer 4 maßgeblich, die im Jahr 2023 gegenüber dem Jahr 2021 eingetreten ist. [3] Die sich danach ergebenden Beträge sind bei einem Nachkommawert unter 0,50 Euro auf den nächsten vollen Euro-Betrag abzurunden sowie bei einem Nachkommawert ab 0,50 Euro auf den nächsten vollen Euro-Betrag aufzurunden; die gerundeten Beträge ergeben die neuen Werte für „M" (Anlage 3).

(8) [1] Die Werte für „Y" (Anlage 3) werden am 1. Januar 2025 und dann alle zwei Jahre zum 1. Januar um den Prozentsatz erhöht oder verringert, um den sich der vom Statistischen Bundesamt festgestellte Verbraucherpreisindex nach Absatz 1 Satz 1 Nummer 5 verändert hat. [2] Für die Veränderung am 1. Januar 2025 ist die Erhöhung oder Verringerung des Jahresdurchschnitts des Verbraucherpreisindex nach Absatz 1 Satz 1 Nummer 5 maßgeblich, die im Jahr 2023 gegenüber dem Jahr 2021 eingetreten ist. [3] Die sich danach ergebenden Beträge sind bei einem Nachkommawert bis unter 0,50 Euro auf den nächsten vollen Euro-Betrag abzurunden sowie bei einem Nachkommawert ab 0,50 Euro auf den nächsten vollen Euro-Betrag aufzurunden; die gerundeten Beträge ergeben die neuen Werte für „Y" (Anlage 3).

(9) [1] Der Wert für das zusätzliche Wohngeld für das 13. und jedes weitere zu berücksichtigende Haushaltsmitglied nach § 19 Absatz 3 wird am 1. Januar 2025 und dann alle zwei Jahre zum 1. Januar um den Prozentsatz erhöht oder verringert, um den sich der vom Statistischen Bundesamt festgestellte Verbraucherpreisindex nach Absatz 1 Satz 1 Nummer 6 verändert hat. [2] Für die Veränderung am 1. Januar 2025 ist die Erhöhung oder Verringerung des Jahresdurchschnitts des Verbraucherpreisindex nach Absatz 1 Satz 1 Nummer 6 maßgeblich, die im Jahr 2023 gegenüber dem Jahr 2021 eingetreten ist. [3] Die sich danach ergebenden Beträge sind bei einem Nachkommawert bis unter 0,50 Euro auf den nächsten vollen Euro-Betrag abzurunden sowie bei einem Nachkommawert ab 0,50 Euro auf den nächsten vollen Euro-Betrag aufzurunden; die gerundeten Beträge ergeben die neuen Werte für das zusätzliche Wohngeld für das 13. und jedes weitere zu berücksichtigende Haushaltsmitglied nach § 19 Absatz 3.

(10) Für die Fortschreibungen nach dem 1. Januar 2025 gelten die Absätze 4 bis 9 entsprechend.

§ 44[1)] Übergangsregelung bei Fortschreibung des Wohngeldes. (1) [1] Ist Wohngeld vor dem Inkrafttreten der Fortschreibung des Wohngeldes (§ 43) bewilligt worden und dauert mindestens ein Teil des Bewilligungszeitraums nach dem Inkrafttreten der Fortschreibung noch an, so ist abweichend von § 41 Absatz 2 von Amts wegen über die Leistung des Wohngeldes für den Zeitraum vom Inkrafttreten der Fortschreibung bis zum Ende des bisherigen Bewilligungszeitraums neu zu entscheiden. [2] Bei der Entscheidung sind die Berechnungsgrößen des Wohngeldes nach § 43 Absatz 1 Satz 1 Nummer 1 bis 6 in der ab dem Inkrafttreten der aktuellen Fortschreibung geltenden Fassung anzuwenden.

(2) [1] Ist bei der Entscheidung nach Absatz 1 Satz 1 nicht berücksichtigt worden, dass sich die Anzahl der zu berücksichtigenden Haushaltsmitglieder, die zu berücksichtigende Miete oder Belastung oder das Gesamteinkommen geändert hat, so ist diese Entscheidung nur rechtswidrig, wenn gleichzeitig die Voraussetzungen des § 27 Absatz 1 oder 2 vorliegen. [2] Im Übrigen bleibt § 45 des Zehnten Buches Sozialgesetzbuch[2)] unberührt. [3] Wird die Entscheidung nach Absatz 1 Satz 1 unter den Voraussetzungen des § 45 des Zehnten Buches Sozialgesetzbuch zurückgenommen, so wird der bisherige Bewilligungsbescheid wieder wirksam. [4] Die §§ 27 und 28 bleiben unberührt.

(3) Ist Wohngeld vor dem Inkrafttreten der aktuellen Fortschreibung bewilligt worden und dauert mindestens ein Teil des Bewilligungszeitraums nach dem Inkrafttreten der Fortschreibung noch an und ist über einen Antrag nach § 27 Absatz 1 oder in einem Verfahren nach § 27 Absatz 2 neu zu entscheiden, so ist für die Zeit bis zum Inkrafttreten der Fortschreibung nach dem bis dahin geltenden Recht, ab dem Inkrafttreten der Fortschreibung nach neuem Recht zu entscheiden.

(4) Der Bewilligungsbescheid nach Absatz 1 Satz 1 muss auf die besonderen Entscheidungsgrundlagen der Absätze 1 und 2 hinweisen, insbesondere darauf, dass eine Entscheidung nach den §§ 27 oder 28 Absatz 2 oder die Mitteilung über die Unwirksamkeit nach § 28 Absatz 1 oder 3 dem Bewilligungsbescheid noch folgen kann und bezogen auf den Zeitpunkt der Änderung der Verhältnisse, der

---

[1)] § 44 neu gef. mWv 1.1.2020 durch G v. 30.11.2019 (BGBl. I S. 1877); Abs. 2 neu gef. mWv 1.1.2021 durch G v. 15.5.2020 (BGBl. I S. 1015); Abs. 1 Satz 2 neu gef. mWv 1.1.2023 durch G v. 5.12.2022 (BGBl. I S. 2160).

[2)] **Sartorius ErgBd. Nr. 410.**

auch vor dem Inkrafttreten der aktuellen Fortschreibung liegen kann, das Wohngeld wegfallen oder sich verringern kann.

(5) [1] Ist bis zum Inkrafttreten der Fortschreibung über einen Wohngeldantrag nach § 22 noch nicht entschieden, so ist für die Zeit bis zum Inkrafttreten der Fortschreibung nach dem bis dahin geltenden Recht und für die darauf folgende Zeit nach dem neuen Recht zu entscheiden. [2] Ist über einen vor dem Inkrafttreten der Fortschreibung gestellten Wohngeldantrag nach § 22 zu entscheiden und beginnt der Bewilligungszeitraum vor dem Inkrafttreten der Fortschreibung, so ist Satz 1 entsprechend anzuwenden. [3] § 24 Absatz 2 und § 27 bleiben unberührt.

§ 45[1)] Übergangsregelung aus Anlass des Gesetzes zur Regelung des Sozialen Entschädigungsrechts. [1] Personen, die

a) ergänzende Hilfe zum Lebensunterhalt oder
b) andere Hilfen in einer stationären Einrichtung, die den Lebensunterhalt umfassen,

nach dem Bundesversorgungsgesetz in der am 31. Dezember 2023 geltenden Fassung oder nach einem Gesetz, das dieses für anwendbar erklärt, empfangen, sind vom Wohngeld ausgeschlossen, wenn bei der Berechnung ihrer Hilfen Kosten der Unterkunft berücksichtigt worden sind. [2] § 7 Absatz 1 Satz 3 und Absatz 2 und 3 in der Fassung bis zum 31. Dezember 2023 gelten entsprechend.

§ 46[2)] Übergangsregelung zu § 33. [1] Ab dem in § 3 Absatz 1 des Postaufgabenüberleitungsgesetzes vom 22. Dezember 2025 (BGBl. 2025 I Nr. 345) genannten Zeitpunkt ist § 33 mit der Maßgabe anzuwenden, dass sich § 33 Absatz 2 Satz 1 Nummer 7 auch auf Leistungen der Renten- und Unfallversicherungen bezieht, die durch das Vorgängerunternehmen im Sinne des § 1 Absatz 1 des Postaufgabenüberleitungsgesetzes gezahlt worden sind. [2] Das Nachfolgeunternehmen nach § 1 Absatz 1 des Postaufgabenüberleitungsgesetzes ist auch insoweit nach § 33 Absatz 3 bis 5 berechtigt und verpflichtet.

Anlage 1[3)]
(zu § 12 Absatz 1)

Anzahl der zu berücksichtigenden Haushaltsmitglieder	Mietenstufe	Höchstbetrag in Euro
1	I	361
	II	408
	III	456
	IV	511
	V	562
	VI	615
	VII	677
2	I	437
	II	493
	III	551
	IV	619
	V	680
	VI	745

[1)] § 45 angef. mWv 1.1.2024 durch G v. 12.12.2019 (BGBl. I S. 2652); Abs. 2 aufgeh. mWv 1.1.2025 durch G v. 20.8.2021 (BGBl. I S. 3932).
[2)] § 46 angef. mWv 23.12.2025 durch G v. 22.12.2025 (BGBl. 2025 I Nr. 345).
[3)] Anl. 1 neu gef. mWv 1.1.2025 durch VO v. 21.10.2024 (BGBl. 2024 I Nr. 314).

Anzahl der zu berücksichtigenden Haushaltsmitglieder	Mietenstufe	Höchstbetrag in Euro
	VII	820
3	I	521
	II	587
	III	657
	IV	737
	V	809
	VI	887
	VII	975
4	I	608
	II	686
	III	766
	IV	858
	V	946
	VI	1 035
	VII	1 139
5	I	694
	II	782
	III	875
	IV	982
	V	1 080
	VI	1 183
	VII	1 302
Mehrbetrag für jedes weitere zu berücksichtigende Haushaltsmitglied	I	82
	II	94
	III	106
	IV	119
	V	129
	VI	149
	VII	163

Anlage 2[1)]
(zu § 19 Absatz 1)

Werte für „a“, „b“ und „c“

Die in die Formel nach § 19 Absatz 1 Satz 1 einzusetzenden, nach der Anzahl der zu berücksichtigenden Haushaltsmitglieder unterschiedenen Werte „a“, „b“ und „c“ sind der nachfolgenden Tabelle zu entnehmen:

	1 Haushalts-mitglied	2 Haushalts-mitglieder	3 Haushalts-mitglieder	4 Haushalts-mitglieder	5 Haushalts-mitglieder	6 Haushalts-mitglieder
a	4,000E-2	3,000E-2	2,000E-2	1,000E-2	0	– 1,000E-2
b	4,797E-4	3,571E-4	2,917E-4	2,163E-4	1,907E-4	1,722E-4
c	4,080E-5	3,040E-5	2,450E-5	1,760E-5	1,720E-5	1,660E-5

	7 Haushalts-mitglieder	8 Haushalts-mitglieder	9 Haushalts-mitglieder	10 Haushalts-mitglieder	11 Haushalts-mitglieder	12 Haushalts-mitglieder
a	– 2,000E-2	– 3,000E-2	– 4,000E-2	– 6,000E-2	– 9,000E-2	– 1,200E-1
b	1,592E-4	1,583E-4	1,376E-4	1,249E-4	1,141E-4	1,107E-4
c	1,650E-5	1,650E-5	1,660E-5	1,660E-5	1,960E-5	2,210E-5

1) Anl. 2 neu gef. mWv 1.1.2025 durch VO v. 21.10.2024 (BGBl. 2024 I Nr. 314).

Hierbei bedeuten:	E-1 geteilt durch	10,
	E-2 geteilt durch	100,
	E-4 geteilt durch	10 000,
	E-5 geteilt durch	100 000.

Anlage 3[1)]
(zu § 19 Absatz 2)

Rechenschritte und Rundungen

1. Werte für „M“ und „Y“, die unterhalb der folgenden Tabellenwerte liegen, werden durch diese ersetzt:

	1 Haushalts-mitglied	2 Haushalts-mitglieder	3 Haushalts-mitglieder	4 Haushalts-mitglieder	5 Haushalts-mitglieder	6 Haushalts-mitglieder
M	54	67	79	92	103	103
Y	396	679	906	1 132	1 358	1 585

	7 Haushalts-mitglieder	8 Haushalts-mitglieder	9 Haushalts-mitglieder	10 Haushalts-mitglieder	11 Haushalts-mitglieder	12 Haushalts-mitglieder
M	115	128	140	152	187	298
Y	1 811	2 037	2 264	2 490	2 717	2 943

2. Das ungerundete monatliche Wohngeld ergibt sich durch Einsetzen der Werte für „a“, „b“, „c“ (Anlage 2) und für „M“ und „Y“ in die Formel nach § 19 Absatz 1 Satz 1 und durch Ausführen der vier folgenden Rechenschritte
   Berechnung der Dezimalzahlen
   $z1 = a + b \cdot M + c \cdot Y$,
   $z2 = z1 \cdot Y$,
   $z3 = M - z2$,
   $z4 = 1{,}15 \cdot z3$.
   Hierbei sind die Dezimalzahlen als Festkommazahlen mit zehn Nachkommastellen zu berechnen.
3. Dieses ungerundete monatliche Wohngeld ist bis unter 0,50 Euro auf den nächsten vollen Euro-Betrag abzurunden sowie von 0,50 Euro an auf den nächsten vollen Euro-Betrag aufzurunden.

[1)] Anlage 3 neu gef. mWv 1.1.2025 durch G v. 5.12.2022 (BGBl. I S. 2160).

386. Wohngeldverordnung (WoGV)[1]

In der Fassung der Bekanntmachung vom 19. Oktober 2001[2]
(BGBl. I S. 2722)

FNA 8601-1-1

geänd. durch Art. 5a VO zur Berechnung der Wohnfläche, über die Aufstellung von Betriebskosten und zur Änd. anderer VOen v. 25.11.2003 (BGBl. I S. 2346), Art. 54 Viertes G für moderne Dienstleistungen am Arbeitsmarkt v. 24.12.2003 (BGBl. I S. 2954), Art. 3 G zur Neuregelung des Wohngeldrechts und zur Änd. des SGB v. 24.9.2008 (BGBl. I S. 1856), Art. 1 Zehnte ÄndVO v. 15.12.2008 (BGBl. I S. 2486), Art. 1 Elfte ÄndVO v. 11.12.2012 (BGBl. I S. 2654), Art. 2 WohngeldreformG v. 2.10.2015 (BGBl. I S. 1610), Art. 22 Abs. 10 6. SGB IV-ÄndG v. 11.11.2016 (BGBl. I S. 2500), Art. 2 Wohngeldstärkungsgesetz v. 30.11.2019 (BGBl. I S. 1877), Art. 1 Zwölfte ÄndVO v. 6.7.2020 (BGBl. I S. 1594), Art. 1 Erste VO zur Fortschreibung des Wohngeldes nach § 43 des WohngeldG v. 3.6.2021 (BGBl. I S. 1369), Art. 5 Wohngeld-Plus-Gesetz v. 5.12.2022 (BGBl. I S. 2160), Art. 1 13. ÄndVO v. 17.4.2023 (BGBl. 2023 I Nr. 102) und Art. 2 Zweite VO zur Fortschreibung des Wohngeldes nach § 43 des WohngeldG v. 21.10. 2024 (BGBl. 2024 I Nr. 314)

Inhaltsübersicht[3]

---

[1] Die VO wurde erlassen auf Grund von § 36 Abs. 1 WoGG.

[2] Neubekanntmachung der WoGV idF der Bek. v. 6.2.2001 (BGBl. I S. 192) in der ab 1.1.2002 geltenden Fassung.

[3] Inhaltsübers. neu gef. mWv 1.1.2009 durch G v. 24.9.2008 (BGBl. I S. 1856); geänd. mWv 1.1.2009 durch VO v. 15.12.2008 (BGBl. I S. 2486); geänd. mWv 1.1.2013 durch VO v. 11.12.2012 (BGBl. I S. 2654); geänd. mWv 1.1.2016 durch G v. 2.10.2015 (BGBl. I S. 1610); geänd. mWv 1.1.2020 durch G v. 30.11.2019 (BGBl. I S. 1877); geänd. mWv 1.1.2022 durch VO v. 3.6.2021 (BGBl. I S. 1369); geänd. mWv 1.1.2025 durch VO v. 21.10.2024 (BGBl. 2024 I Nr. 314).

Teil 1.[1] Anwendungsbereich

§ 1[2] Anwendungsbereich. (1) Die Miete und der Mietwert im Sinne des Wohngeldgesetzes[3] sind nach den Vorschriften des Teils 2 dieser Verordnung zu ermitteln.

(2) Die Belastung im Sinne des Wohngeldgesetzes ist nach Teil 3 dieser Verordnung zu berechnen, soweit nicht nach § 10 Abs. 2 Satz 2 des Wohngeldgesetzes von einer vollständigen Wohngeld-Lastenberechnung abgesehen werden kann.

(3) Die Mietenstufen für Gemeinden ergeben sich aus der dieser Verordnung beigefügten Anlage.

§ 1a[4] *(aufgehoben)*

Teil 2.[5] Ermittlung der Miete

§ 2[6] Miete. (1) Zur Miete im Sinne des § 9 Abs. 1 des Wohngeldgesetzes[3] gehören auch Beträge, die im Zusammenhang mit dem Miet- oder mietähnlichen Nutzungsverhältnis auf Grund eines Vertrages mit dem Vermieter oder einem Dritten an einen Dritten zu zahlen sind.

(2) [1] Von der Miete sind keine anderen Beträge als die in § 9 Absatz 2 des Wohngeldgesetzes genannten Kosten und Vergütungen abzusetzen. [2] § 5 bleibt unberührt.

§ 3[7] Mietvorauszahlungen und Mieterdarlehen. (1) Ist die Miete ganz oder teilweise im Voraus bezahlt worden (Mietvorauszahlung), sind die im Voraus bezahlten Beträge so zu behandeln, als ob sie jeweils in dem Zeitraum bezahlt worden wären, für den sie bestimmt sind.

(2) Hat der Mieter dem Vermieter ein Mieterdarlehen gegeben und wird die Forderung des Mieters aus dem Mieterdarlehen ganz oder teilweise mit der Miete verrechnet, gehören zur Miete auch die Beträge, um die sich die Miete hierdurch tatsächlich vermindert.

§ 4[8] Sach- und Dienstleistungen des Mieters. (1) Erbringt der Mieter Sach- oder Dienstleistungen für den Vermieter und wird deshalb die Miete ermäßigt, ist die ermäßigte Miete zu Grunde zu legen.

---

[1] Überschr. Teil 1 neu gef. mWv 1.1.2009 durch G v. 24.9.2008 (BGBl. I S. 1856).

[2] § 1 Abs. 2 aufgeh. mWv 1.1.2005 durch G v. 24.12.2003 (BGBl. I S. 2954); Abs. 1 geänd., bish. Abs. 3 wird Abs. 2 und neu gef., bish. Abs. 4 wird Abs. 3 und geänd. mWv 1.1.2009 durch G v. 24.9.2008 (BGBl. I S. 1856).

[3] Nr. **385**.

[4] § 1a aufgeh. mWv 1.1.2009 durch G v. 24.9.2008 (BGBl. I S. 1856).

[5] Überschr. Teil 2 neu gef. mWv 1.1.2009 durch G v. 24.9.2008 (BGBl. I S. 1856).

[6] § 2 Abs. 1 geänd. mWv 1.1.2009 durch G v. 24.9.2008 (BGBl. I S. 1856); Abs. 2 neu gef. mWv 1.1.2016 durch G v. 2.10.2015 (BGBl. I S. 1610).

[7] § 3 Abs. 2 geänd. mWv 1.1.2009 durch G v. 24.9.2008 (BGBl. I S. 1856).

[8] § 4 Abs. 1 und 2 geänd. mWv 1.1.2009 durch G v. 24.9.2008 (BGBl. I S. 1856).

(2) Erbringt der Mieter Sach- oder Dienstleistungen für den Vermieter und erhält er dafür von diesem eine bestimmte Vergütung, ist diese Vergütung ohne Einfluss auf die Miete.

§ 5[1] Nicht feststehende Betriebskosten. Stehen bei der Entscheidung über den Mietzuschussantrag die Umlagen für Betriebskosten ganz oder teilweise nicht fest, sind Erfahrungswerte als Pauschbeträge anzusetzen.

§ 6[2] Außer Betracht bleibende Kosten und Vergütungen. (1) Kosten, die nach § 9 Absatz 2 Nummer 1 und 2 des Wohngeldgesetzes[3] außer Betracht bleiben, sind:

1. Betriebskosten für Heizungs- und Brennstoffversorgungsanlagen sowie Warmwasserversorgungsanlagen im Sinne des § 2 Nummer 4 Buchstabe a, b und d, Nummer 5 Buchstabe a und c und Nummer 6 Buchstabe a und c der Betriebskostenverordnung[4];
2. Kosten der eigenständig gewerblichen Lieferung von Wärme und Warmwasser im Sinne des § 2 Nummer 4 Buchstabe c, Nummer 5 Buchstabe b und Nummer 6 Buchstabe b der Betriebskostenverordnung.

(2) Kommt nach § 9 Absatz 2 Satz 2 des Wohngeldgesetzes nur der Abzug eines Pauschbetrages von der Miete in Betracht, so beträgt dieser:

1. für Betriebskosten für zentrale Heizungs- und Brennstoffversorgungsanlagen oder für die Kosten der eigenständig gewerblichen Lieferung von Wärme 1,25 Euro monatlich je Quadratmeter Wohnfläche;
2. für Betriebskosten für zentrale Warmwasserversorgungsanlagen oder für die Kosten der eigenständig gewerblichen Lieferung von Warmwasser für eine Bewohnerin oder einen Bewohner 9 Euro monatlich, für zwei Bewohnerinnen oder Bewohner 17 Euro monatlich und für jede weitere Bewohnerin oder jeden weiteren Bewohner 3 Euro monatlich;
3. für die übrigen Kosten der Haushaltsenergie für eine Bewohnerin oder einen Bewohner 41 Euro monatlich, für zwei Bewohnerinnen oder Bewohner 74 Euro monatlich und für jede weitere Bewohnerin oder jeden weiteren Bewohner 15 Euro monatlich;
4. für die Überlassung einer Garage 36 Euro monatlich; für die Überlassung eines Stellplatzes zum Abstellen von Kraftfahrzeugen 25 Euro monatlich.

(3) Bei der Ermittlung des Mietwertes nach § 7 und der Untermiete sind die Absätze 1 und 2 entsprechend anzuwenden.

§ 7[5] Mietwert. (1) [1] Als Mietwert des Wohnraums (§ 9 Abs. 3 Satz 1 des Wohngeldgesetzes[3]) soll der Betrag zu Grunde gelegt werden, der der Miete für vergleichbaren Wohnraum entspricht. [2] Dabei sind Unterschiede des Wohn-

---

[1] § 5 geänd. mWv 1.1.2009 durch G v. 24.9.2008 (BGBl. I S. 1856).

[2] § 6 Abs. 1 Nrn. 1 und 2 geänd. mWv 1.1.2004 durch VO v. 25.11.2003 (BGBl. I S. 2346); Abs. 1 einl. Satzteil und Nr. 1 geänd., Abs. 2 Satz 1 neu gef., Satz 2 Nr. 1 Buchst. a und b, Nr. 2 geänd. mWv 1.1.2009 durch G v. 24.9.2008 (BGBl. I S. 1856); Abs. 2 Satz 1 Nr. 3 geänd. mWv 1.1.2009 durch VO v. 15.12.2008 (BGBl. I S. 2486); Überschrift geänd., Abs. 1 und 2 neu gef. mWv 1.1.2016 durch G v. 2.10.2015 (BGBl. I S. 1610).

[3] Nr. **385**.

[4] **Sartorius ErgBd. Nr. 359.**

[5] § 7 Abs. 1 Satz 1 geänd. mWv 1.1.2009 durch G v. 24.9.2008 (BGBl. I S. 1856).

wertes, insbesondere in der Größe, Lage und Ausstattung des Wohnraums, durch angemessene Zu- oder Abschläge zu berücksichtigen.

(2) Der Mietwert ist zu schätzen, wenn ein der Miete für vergleichbaren Wohnraum entsprechender Betrag nicht zu Grunde gelegt werden kann.

Teil 3.[1)] Wohngeld-Lastenberechnung

§ 8[2)] Aufstellung der Wohngeld-Lastenberechnung. [1] Bei der Aufstellung der Wohngeld-Lastenberechnung ist von der im Bewilligungszeitraum zu erwartenden Belastung auszugehen. [2] Ist die Belastung für das dem Bewilligungszeitraum vorangegangene Kalenderjahr feststellbar und ist eine Änderung im Bewilligungszeitraum nicht zu erwarten, ist von dieser Belastung auszugehen.

§ 9[3)] Gegenstand und Inhalt der Wohngeld-Lastenberechnung.

(1) [1] Als Belastung ist die Belastung zu berücksichtigen, die auf den selbst genutzten Wohnraum entfällt. [2] Selbst genutzter Wohnraum ist der Wohnraum, der von der wohngeldberechtigten Person und den zu berücksichtigenden Haushaltsmitgliedern zu Wohnzwecken benutzt wird.

(2) Als Belastung ist zu berücksichtigen:

1. bei einer Eigentumswohnung die Belastung für den im Sondereigentum stehenden Wohnraum und den damit verbundenen Miteigentumsanteil an dem gemeinschaftlichen Eigentum,
2. bei einer Wohnung in der Rechtsform des eigentumsähnlichen Dauerwohnrechts die Belastung für den Wohnraum und den Teil des Grundstücks, auf den sich das Dauerwohnrecht erstreckt,
3. bei einem landwirtschaftlichen Betrieb die Belastung für den Wohnraum.

(3) [1] In die Wohngeld-Lastenberechnung sind in den Fällen des § 3 Abs. 2 des Wohngeldgesetzes[4)] auch zugehörige Nebengebäude, Anlagen und bauliche Einrichtungen sowie das Grundstück einzubeziehen; dies gilt jedoch nicht bei einem landwirtschaftlichen Betrieb mit Wohnteil. [2] Das Grundstück besteht aus den überbauten und den dazugehörigen Flächen.

(4) In der Wohngeld-Lastenberechnung sind die Fremdmittel und die Belastung auszuweisen.

§ 10[5)] Fremdmittel. Fremdmittel im Sinne dieser Verordnung sind

1. Darlehen,
2. gestundete Restkaufgelder,
3. gestundete öffentliche Lasten des Grundstücks

ohne Rücksicht darauf, ob sie dinglich gesichert sind oder nicht.

[1)] Bish. Dritter Teil (§ 8) aufgeh., bish. Vierter Teil (§§ 9–16) wird Teil 3 (§§ 8–15) mWv 1.1.2009 durch G v. 24.9.2008 (BGBl. I S. 1856).

[2)] Bish. § 9 wird § 8 und Satz 2 geänd. mWv 1.1.2009 durch G v. 24.9.2008 (BGBl. I S. 1856).

[3)] Bish. § 10 wird § 9, Abs. 1 neu gef., Abs. 2 einl. Satzteil und Abs. 3 Satz 1 geänd. mWv 1.1.2009 *durch G v. 24.9.2008 (BGBl. I S. 1856).*

[4)] Nr. **385**.

[5)] Bish. § 11 wird § 10 mWv 1.1.2009 durch G v. 24.9.2008 (BGBl. I S. 1856).

§ 11[1)] Ausweisung der Fremdmittel. (1) [1] In der Wohngeld-Lastenberechnung sind Fremdmittel mit dem Nennbetrag auszuweisen, wenn sie der Finanzierung folgender Zwecke gedient haben:

1. des Wohnungsbaus im Sinne des § 16 Abs. 1 und 2 des Wohnraumförderungsgesetzes[2)]; maßgebend ist der Wohnraumbegriff des § 2 des Wohngeldgesetzes[3)];
2. der Verbesserung des Gegenstandes der Wohngeld-Lastenberechnung durch Modernisierung im Sinne des § 16 Abs. 3 des Wohnraumförderungsgesetzes; maßgebend ist der Wohnraumbegriff des § 2 des Wohngeldgesetzes;
3. der nachträglichen Errichtung oder des nachträglichen Ausbaus einer dem öffentlichen Verkehr dienenden Verkehrsfläche oder des nachträglichen Anschlusses an Versorgungs- und Entwässerungsanlagen;
4. des Kaufpreises und der Erwerbskosten für den Gegenstand der Wohngeld-Lastenberechnung.

[2] Zu den mit dem Nennbetrag auszuweisenden Fremdmitteln gehören auch Darlehen zur Deckung der laufenden Aufwendungen sowie Annuitätsdarlehen aus Mitteln öffentlicher Haushalte.

(2) [1] Sind die in Absatz 1 bezeichneten Fremdmittel durch andere Fremdmittel ersetzt worden, so sind in der Wohngeld-Lastenberechnung die anderen Fremdmittel an Stelle der ersetzten Fremdmittel höchstens mit dem Betrag auszuweisen, der bis zur Ersetzung noch nicht getilgt war. [2] Eine Ersetzung liegt nicht vor, wenn Dauerfinanzierungsmittel an die Stelle von Zwischenfinanzierungsmitteln treten.

(3) Ist für die in den Absätzen 1 und 2 bezeichneten Fremdmittel Kapitaldienst nicht, noch nicht oder nicht mehr zu leisten, sind sie in der Wohngeld-Lastenberechnung nicht auszuweisen.

§ 12[4)] Belastung aus dem Kapitaldienst. (1) [1] Als Belastung aus dem Kapitaldienst sind auszuweisen:

1. die Zinsen und laufenden Nebenleistungen, insbesondere Verwaltungskostenbeiträge der ausgewiesenen Fremdmittel,
2. die Tilgungen der ausgewiesenen Fremdmittel,
3. die laufenden Bürgschaftskosten der ausgewiesenen Fremdmittel,
4. die Erbbauzinsen, Renten und sonstigen wiederkehrenden Leistungen zur Finanzierung der in § 11 genannten Zwecke.

[2] Als Tilgungen sind auch die

a) Prämien für Personenversicherungen zur Rückzahlung von Festgeldhypotheken und
b) Bausparbeiträge, wenn der angesparte Betrag für die Rückzahlung von Fremdmitteln zweckgebunden ist,

---

[1)] Bish. § 12 wird § 11, Abs. 1 Satz 1 Nr. 1 und 2 geänd. mWv 1.1.2009 durch G v. 24.9.2008 (BGBl. I S. 1856); Abs. 2 Satz 1 neu gef. mWv 1.1.2013 durch VO v. 11.12.2012 (BGBl. I S. 2654).

[2)] Nr. **355**.

[3)] Nr. **385**.

[4)] Bish. § 13 wird § 12, Abs. 1 Satz 1 einl. Satzteil und Nr. 4, Satz 2, Abs. 2 Satz 2 geänd. mWv 1.1. 2009 durch G v. 24.9.2008 (BGBl. I S. 1856).

in Höhe von 2 Prozent dieser Fremdmittel auszuweisen.

(2) [1] Für die in Absatz 1 Nr. 1 und 2 genannte Belastung aus dem Kapitaldienst darf höchstens die vereinbarte Jahresleistung angesetzt werden. [2] Ist die tatsächliche Leistung geringer, ist die geringere Leistung anzusetzen.

§ 13[1)] Belastung aus der Bewirtschaftung. (1) Als Belastung aus der Bewirtschaftung sind Instandhaltungskosten, Verwaltungskosten und Betriebskosten ohne die Heizkosten auszuweisen.

(2) [1] Als Instandhaltungs- und Betriebskosten sind im Jahr 36 Euro je Quadratmeter Wohnfläche und je Quadratmeter Nutzfläche der Geschäftsräume sowie die für den Gegenstand der Wohngeld-Lastenberechnung entrichtete Grundsteuer anzusetzen. [2] Als Verwaltungskosten sind die für den Gegenstand der Wohngeld-Lastenberechnung an einen Dritten für die Verwaltung geleisteten Beträge anzusetzen. [3] Über die in den Sätzen 1 und 2 genannten Beträge hinaus dürfen Bewirtschaftungskosten nicht angesetzt werden.

§ 14[2)] Nutzungsentgelte und Wärmelieferungskosten. (1) [1] Leistet die wohngeldberechtigte Person an Stelle des Kapitaldienstes, der Instandhaltungskosten, der Betriebskosten und der Verwaltungskosten ein Nutzungsentgelt an einen Dritten, so ist das Nutzungsentgelt in der Wohngeld-Lastenberechnung in Höhe der nach den §§ 12 und 13 ansetzbaren Beträge anzusetzen. [2] Soweit die Beträge nach Satz 1 im Nutzungsentgelt nicht enthalten sind und von der wohngeldberechtigten Person unmittelbar an den Gläubiger entrichtet werden, sind diese Beträge dem Nutzungsentgelt hinzuzurechnen. [3] Soweit eine Aufgliederung des Nutzungsentgelts nicht möglich ist, ist in der Wohngeld-Lastenberechnung das gesamte Nutzungsentgelt anzusetzen.

(2) [1] Bezahlt die wohngeldberechtigte Person Beträge zur Deckung der Kosten der eigenständig gewerblichen Lieferung von Wärme und Warmwasser, so sind diese Beträge mit Ausnahme der in § 15 Abs. 2 Satz 1 Nr. 2 bezeichneten Kosten in der Wohngeld-Lastenberechnung anzusetzen. [2] § 6 Abs. 2 Satz 1 Nr. 1 und 2 ist entsprechend anzuwenden.

§ 15[3)] Außer Betracht bleibende Belastung. (1) [1] In den Fällen des § 11 Abs. 2 Nr. 1 des Wohngeldgesetzes[4)] bleibt die Belastung insoweit außer Betracht, als sie auf die in § 9 Abs. 2 und 3 dieser Verordnung bezeichneten Räume oder Flächen entfällt, die ausschließlich gewerblich oder beruflich benutzt werden. [2] Soweit die Belastung auf Räume oder Flächen entfällt, die zum Wirtschaftsteil einer Kleinsiedlung oder einer landwirtschaftlichen Nebenerwerbsstelle gehören, wird sie jedoch berücksichtigt, soweit sie nicht nach § 11 Abs. 2 und 3 des Wohngeldgesetzes außer Betracht bleiben.

[1)] Bish. § 14 wird § 13 und Abs. 1 geänd. mWv 1.1.2009 durch G v. 24.9.2008 (BGBl. I S. 1856); Abs. 2 Satz 1 geänd. mWv 1.1.2016 durch G v. 2.10.2015 (BGBl. I S. 1610); Abs. 1 neu gef. mWv 1.1.2020 durch G v. 30.11.2019 (BGBl. I S. 1877).

[2)] Bish. § 15 wird § 14, Abs. 1 Sätze 1 und 2, Abs. 2 Satz 1 geänd. mWv 1.1.2009 durch G v. 24.9.2008 (BGBl. I S. 1856).

[3)] Bish. § 16 wird § 15, Abs. 1 Sätze 1 und 2, Abs. 2 Satz 1 einl. Satzteil, Nr. 1 und 3, Abs. 3 Satz 3 *geänd., Abs. 4 aufgeh.* mWv *1.1.2009* durch G v. 24.9.2008 (BGBl. I S. 1856); Abs. 2 Satz 1 Nr. 1 und 2 neu gef., Nr. 3 aufgeh., Abs. 3 neu gef. mWv 1.1.2016 durch G v. 2.10.2015 (BGBl. I S. 1610).

[4)] Nr. **385**.

(2) [1] In den Fällen des § 11 Abs. 2 Nr. 2 des Wohngeldgesetzes sind von dem Entgelt für die Gebrauchsüberlassung von Räumen oder Flächen an einen anderen die darin enthaltenen Beträge

1. zur Deckung der Betriebskosten für Heizungs- und Brennstoffversorgungsanlagen sowie Warmwasserversorgungsanlagen und
2. zur Deckung der Kosten der eigenständig gewerblichen Lieferung von Wärme und Warmwasser, soweit sie den in Nummer 1 bezeichneten Kosten entsprechen,

abzusetzen. [2] § 6 Abs. 1 und 2 dieser Verordnung ist entsprechend anzuwenden.

(3) [1] Ist eine Garage oder ein Stellplatz zum Abstellen von Kraftfahrzeugen Gegenstand der Wohngeld-Lastenberechnung, gilt hinsichtlich der außer Betracht bleibenden Belastung § 6 Absatz 2 Nummer 4[1)] entsprechend. [2] Ist die Garage oder der Stellplatz einem anderen gegen ein höheres Entgelt überlassen als zu den in § 6 Absatz 2 Nummer 4 genannten Beträgen, so ist das Entgelt in voller Höhe abzusetzen.

Teil 4.[2)] Verfahren und Kosten des automatisierten Datenabgleichs

§ 16[3)] Anwendungsbereich. [1] Die §§ 17 bis 22 gelten für den automatisierten Datenabgleich nach § 33 Absatz 5 in Verbindung mit Absatz 2 des Wohngeldgesetzes[4)] zwischen der Wohngeldbehörde, der sonst nach Landesrecht für den Datenabgleich zuständigen oder von der Landesregierung durch Rechtsverordnung oder auf sonstige Weise für den Datenabgleich bestimmten Stelle (zentrale Landesstelle) und der Datenstelle der Rentenversicherung (Datenstelle), dem Bundeszentralamt für Steuern, der Deutschen Post AG sowie der Deutschen Rentenversicherung Knappschaft-Bahn-See. [2] Rechtsverordnungen der Landesregierungen, die über die Regelungen der §§ 16 bis 22 hinausgehen, bleiben unberührt.

§ 17[5)] Abgleichszeitraum und Übermittlungsverfahren. (1) [1] Der automatisierte Datenabgleich nach § 33 Absatz 5 in Verbindung mit Absatz 2 Satz 1 des Wohngeldgesetzes[4)] wird vierteljährlich für das ihm jeweils vorangegangene Kalendervierteljahr (Abgleichszeitraum) durchgeführt. [2] Abweichend von Satz 1 werden in den Datenabgleich nach § 18 Absatz 2 im dritten Kalendervierteljahr alle zu berücksichtigenden Haushaltsmitglieder einbezogen, die innerhalb der dem Abgleich vorangegangenen zwölf Kalendermonate bei der Berechnung des Wohngeldes berücksichtigt wurden.

(2) [1] Die Wohngeldbehörde übermittelt der Datenstelle nach § 33 Absatz 5 in Verbindung mit Absatz 2 Satz 1 Nummer 1, 2, 6 und 7 des Wohngeldgesetzes zwischen dem ersten und dem 15. des auf den Abgleichszeitraum folgenden Monats für jedes im Abgleichszeitraum bei der Berechnung des Wohngeldes berücksichtigte Haushaltsmitglied einen Anfragedatensatz. [2] Der Anfra-

[1)] Nr. **386**.

[2)] 4. Teil (§§ 16–22) angef. mWv 1.1.2013 durch VO v. 11.12.2012 (BGBl. I S. 2654).

[3)] § 16 angef. mWv 1.1.2013 durch VO v. 11.12.2012 (BGBl. I S. 2654); Satz 1 geänd. mWv 1.1.2017 durch G v. 11.11.2016 (BGBl. I S. 2500).

[4)] Nr. **385**.

[5)] § 17 angef. mWv 1.1.2013 durch VO v. 11.12.2012 (BGBl. I S. 2654); Abs. 4 Satz 1 geänd. mWv 1.1.2016 durch G v. 2.10.2015 (BGBl. I S. 1610); Abs. 1 Satz 2 geänd. mWv 1.1.2020 durch G v. 30.11.2019 (BGBl. I S. 1877).

gedatensatz enthält die Wohngeldnummer und die in § 33 Absatz 3 Satz 1 Nummer 1 bis 3, 5 und 6 des Wohngeldgesetzes genannten Daten. [3] Er wird über die zentrale Landesstelle übermittelt, wenn diese für die Erfassung und Weiterübermittlung der Daten an die Datenstelle zuständig ist.

(3) [1] Die Datenstelle übermittelt die Anfragedatensätze bis zum Ende des auf den Abgleichszeitraum folgenden Monats an

1. das Bundeszentralamt für Steuern,
2. die Deutsche Post AG und
3. die Deutsche Rentenversicherung Knappschaft-Bahn-See.

[2] Im Fall des Satzes 1 Nummer 1 werden vor der Übermittlung der Anfragedatensätze die Angaben zum Geschlecht und Geburtsort entfernt. [3] Im Fall des Satzes 1 Nummer 2 und 3 werden die Anfragedatensätze, wenn möglich, um die Versicherungsnummer ergänzt. [4] Die in Satz 1 genannten Stellen übermitteln die Antwortdatensätze bis zum 15. des zweiten auf den Abgleichszeitraum folgenden Monats an die Datenstelle.

(4) [1] Die Datenstelle übermittelt der Wohngeldbehörde die Antwortdatensätze aus dem automatisierten Datenabgleich nach § 18 Absatz 1 und die Antwortdatensätze nach Absatz 3 Satz 4 bis zum Ende des zweiten auf den Abgleichszeitraum folgenden Monats. [2] Im Fall des Absatzes 2 Satz 3 erfolgt die Übermittlung über die zentrale Landesstelle, die in diesem Fall die Antwortdatensätze ordnend aufbereiten darf.

§ 18[1)] Einzelheiten des automatisierten Datenabgleichs. (1) Die Datenstelle gleicht die ihr nach § 17 Absatz 2 übermittelten Daten ab mit den bei ihr gespeicherten Daten nach

1. § 52 Absatz 1 und 2 des Zweiten Buches Sozialgesetzbuch[2)] zur Prüfung, ob und für welche Zeiträume im Abgleichszeitraum Leistungen nach dem Zweiten Buch Sozialgesetzbuch empfangen wurden,
2. § 118 Absatz 2 des Zwölften Buches Sozialgesetzbuch[3)] zur Prüfung, ob und für welche Zeiträume im Abgleichszeitraum Leistungen der Hilfe zum Lebensunterhalt und der Grundsicherung im Alter und bei Erwerbsminderung nach dem Zwölften Buch Sozialgesetzbuch empfangen wurden,
3. § 150 des Sechsten Buches Sozialgesetzbuch[4)] zur Feststellung der Versicherungsnummer,
4. § 28p Absatz 8 Satz 3 des Vierten Buches Sozialgesetzbuch[5)] zur Prüfung des Bestehens einer versicherungspflichtigen oder einer geringfügigen Beschäftigung unter Angabe des jeweiligen Arbeitgebers und des Beschäftigungszeitraums.

(2) [1] Das Bundeszentralamt für Steuern gleicht die ihm nach § 17 Absatz 3 Satz 1 Nummer 1 übermittelten Daten mit den Daten ab, die bei ihm nach § 45d Absatz 1 und § 45e des Einkommensteuergesetzes in Verbindung mit § 9

---

1) § 18 angef. mWv 1.1.2013 durch VO v. 11.12.2012 (BGBl. I S. 2654); Abs. 1 Nr. 2 geänd. mWv 1.1.2020 durch G v. 30.11.2019 (BGBl. I S. 1877).
2) **Sartorius ErgBd. Nr. 402.**
3) ***Sartorius ErgBd. Nr. 412.***
4) **Aichberger, SGB Nr. 6.**
5) **Aichberger, SGB Nr. 4.**

Absatz 3 der Zinsinformationsverordnung gespeichert sind. [2] Dieser automatisierte Datenabgleich dient der Feststellung

1. der Höhe von Kapitalerträgen, für die ein Freistellungsauftrag erteilt worden ist,
2. von Namen und Anschrift des Empfängers oder der Empfängerin des Freistellungsauftrags sowie
3. der Höhe von Zinszahlungen, die dem Bundeszentralamt für Steuern von den zuständigen Behörden der anderen Mitgliedstaaten der Europäischen Union mitgeteilt worden sind.

(3) [1] Die Deutsche Post AG und die Deutsche Rentenversicherung Knappschaft-Bahn-See gleichen die ihnen nach § 17 Absatz 3 Satz 1 Nummer 2 und 3 übermittelten Daten mit den Daten ab, die bei ihnen im Rahmen der §§ 119 und 148 des Sechsten Buches Sozialgesetzbuch sowie des § 99 des Siebten Buches Sozialgesetzbuch[1)] gespeichert sind. [2] Dieser automatisierte Datenabgleich dient der Feststellung der Höhe und des Leistungszeitraums von

1. laufenden Leistungen und
2. Einmalzahlungen

aus der gesetzlichen Renten- und Unfallversicherung.

§ 19[2)] Anforderungen an die Datenübermittlung und Datenspeicherung.

(1) [1] Bei der Datenübermittlung und Datenspeicherung sind alle erforderlichen und angemessenen technischen und organisatorischen Maßnahmen zu treffen, um die Verfügbarkeit, Integrität und Vertraulichkeit der Daten sowie die Authentizität von Absender und Empfänger der übermittelten Daten entsprechend dem jeweiligen Stand der Technik sicherzustellen. [2] Im Fall der Nutzung allgemein zugänglicher Netze sind Verschlüsselungsverfahren anzuwenden, die dem jeweiligen Stand der Technik entsprechen. [3] Die einschlägigen Standards für eine sichere Datenübermittlung durch die Datenstelle sind im Einvernehmen mit dem Bundesamt für Sicherheit in der Informationstechnik festzulegen.

(2) [1] Werden Mängel festgestellt, die eine ordnungsgemäße Übernahme der Daten beeinträchtigen, kann die Übernahme ganz oder teilweise abgelehnt werden. [2] Die übermittelnde Stelle ist über die festgestellten Mängel unter Beachtung der Verfahrensgrundsätze (§ 21) zu unterrichten. [3] Sie soll die abgelehnten Datensätze unverzüglich berichtigen und für den ursprünglichen Abgleichszeitraum erneut übermitteln.

(3) [1] Das Bundeszentralamt für Steuern, die Deutsche Post AG und die Deutsche Rentenversicherung Knappschaft-Bahn-See haben den Eingang der Anfragedatensätze, die ihnen von der Datenstelle übermittelt werden, zu überwachen und die eingegangenen Anfragedatensätze auf Vollständigkeit zu überprüfen. [2] Sie haben der Datenstelle unverzüglich den Eingang zu bestätigen und das Ergebnis der Prüfung auf Vollständigkeit mitzuteilen. [3] Satz 1 gilt entsprechend für die Datenstelle hinsichtlich der ihr vom Bundeszentralamt für Steuern, von der Deutschen Post AG und der Deutschen Rentenversicherung Knappschaft-Bahn-See übermittelten Antwortdatensätze.

(4) [1] Das Bundeszentralamt für Steuern, die Deutsche Post AG, die Deutsche Rentenversicherung Knappschaft-Bahn-See und die Datenstelle haben die ihnen übermittelten Daten unverzüglich nach Abschluss des automatisierten Daten-

---

[1)] **Aichberger, SGB Nr. 7.**

[2)] 4. Teil (§§ 16–22) angef. mWv 1.1.2013 durch VO v. 11.12.2012 (BGBl. I S. 2654).

abgleichs zu löschen. [2] Im Fall des § 17 Absatz 2 Satz 3 darf die zentrale Landesstelle die Antwortdatensätze nach Abschluss eines automatisierten Datenabgleichs bis zum Abschluss des nächsten automatisierten Datenabgleichs speichern, um in beiden automatisierten Datenabgleichen identische Antwortdatensätze zu identifizieren.

§ 20[1)] Weiterverwendung der Antwortdatensätze. [1] Die von der Datenstelle oder der zentralen Landesstelle an die Wohngeldbehörde übermittelten Antwortdatensätze dürfen in das Wohngeldfachverfahren übernommen werden und sind durch die Wohngeldbehörde zu überprüfen. [2] Führt die Überprüfung nicht zu abweichenden Feststellungen, sind diese Antwortdatensätze unverzüglich zu löschen. [3] Führt die Überprüfung zu abweichenden Feststellungen, dürfen diese Antwortdatensätze zur Weiterverwendung im Wohngeldfachverfahren gespeichert werden, um eine mögliche rechtswidrige Inanspruchnahme von Wohngeld zu klären und überzahlte Beträge zurückzufordern. [4] In diesem Fall erfolgt eine maschinelle Löschung der Daten erst bei Löschung der Akte im Wohngeldverfahren.

§ 21[2)] Verfahrensgrundsätze. [1] Die technischen Einzelheiten des automatisierten Datenabgleichsverfahrens nach § 16, insbesondere des Aufbaus, der Übermittlung sowie der Prüfung und Berichtigung der Datensätze, sind von der Datenstelle, dem Bundeszentralamt für Steuern, der Deutschen Post AG, der Deutschen Rentenversicherung Knappschaft-Bahn-See und den für die Durchführung des Wohngeldgesetzes zuständigen obersten Landesbehörden in einheitlichen Verfahrensgrundsätzen einvernehmlich festzulegen. [2] Der Bundesbeauftragte für den Datenschutz und die Informationsfreiheit ist vor Festlegung der Verfahrensgrundsätze zu hören. [3] Die Verfahrensgrundsätze sind von der Datenstelle auf der Internetseite der Deutschen Rentenversicherung zu veröffentlichen.

§ 22[2)] Kosten. (1) [1] Die Länder haben der Datenstelle die notwendigen Kosten für die Durchführung und Vermittlung des automatisierten Datenabgleichs nach § 16 zu erstatten. [2] Diese Kostenerstattung richtet sich in den Fällen des § 17 Absatz 2 Satz 3 nach den Absätzen 2 und 3.

(2) [1] Für die Länder, die vor dem 1. Januar 2013 einen automatisierten Datenabgleich unter Vermittlung der Datenstelle durchführen und weiterhin daran teilnehmen, legt die Datenstelle die für das Jahr 2013 zu erstattenden Kosten auf der Grundlage der tatsächlich entstandenen Kosten einheitlich neu fest, wobei jedoch die zu erstattenden Kosten höchstens 3 800 Euro je Land betragen. [2] Die festgelegten Kosten erhöhen sich für jedes weitere Kalenderjahr der Teilnahme am automatisierten Datenabgleich pauschal um 3 Prozent. [3] Die Datenstelle teilt den für die Durchführung des Wohngeldgesetzes zuständigen obersten Landesbehörden die zu erstattenden Kosten mit; die Erstattung ist jeweils am 1. April für das laufende Kalenderjahr fällig und berechtigt zur viermaligen Teilnahme am automatisierten Datenabgleich.

(3) [1] Die übrigen Länder haben für das erste Kalenderjahr der Teilnahme eines Landes am automatisierten Datenabgleich pauschal einmalige Kosten in Höhe von 2 700 Euro zuzüglich 950 Euro je Kalendervierteljahr der Teilnahme zu erstatten. [2] Die Erstattung ist am 31. Januar des folgenden Kalenderjahres fällig. [3] Für jedes

---

[1)] 4. Teil (§§ 16–22) angef. mWv 1.1.2013 durch VO v. 11.12.2012 (BGBl. I S. 2654); § 20 Satz 2 geänd. mWv 1.1.2025 durch VO v. 21.10.2024 (BGBl. 2024 I Nr. 314).

[2)] 4. Teil (§§ 16–22) angef. mWv 1.1.2013 durch VO v. 11.12.2012 (BGBl. I S. 2654).

weitere Kalenderjahr der Teilnahme am automatisierten Datenabgleich sind die Kosten nach Absatz 2 Satz 1 in Verbindung mit Absatz 2 Satz 2 zu erstatten; Absatz 2 Satz 3 gilt entsprechend.

Teil 5.[1] *(aufgehoben)*

§§ 23–24[1] *(aufgehoben)*

Anlage[2]
(zu § 1 Absatz 3)

Mietenstufen der Gemeinden nach Ländern ab 1. Januar 2023

(hier nicht abgedruckt)

[1] 5. Teil (§§ 23 und 24) aufgeh. mWv 1.1.2025 durch VO v. 21.10.2024 (BGBl. 2024 I Nr. 314).
[2] Anl. neu gef. mWv 1.1.2023 durch G v. 5.12.2022 (BGBl. I S. 2160); geänd. mWv 1.1.2023 durch VO v. 17.4.2023 (BGBl. 2023 I Nr. 102).

387. Gesetz zur Sicherung der Zweckbestimmung von Sozialwohnungen (Wohnungsbindungsgesetz – WoBindG)[1)]

In der Fassung der Bekanntmachung vom 13. September 2001[2)]
(BGBl. I S. 2404)

FNA 2330-14

geänd. durch Art. 7 Föderalismusreform-BegleitG v. 5.9.2006 (BGBl. I S. 2098), Art. 87 Neunte ZuständigkeitsanpassungsVO v. 31.10.2006 (BGBl. I S. 2407), Art. 2 Drittes G zur Änd. wohnungsrechtlicher Vorschriften v. 9.11.2012 (BGBl. I S. 2291), Art. 126 Zehnte ZuständigkeitsanpassungsVO v. 31.8.2015 (BGBl. I S. 1474) und Art. 161 Elfte ZuständigkeitsanpassungsVO v. 19.6.2020 (BGBl. I S. 1328)

Erster Abschnitt. Allgemeine Vorschriften

§ 1[3)] Anwendungsbereich. Dieses Gesetz gilt nach Maßgabe des § 50 des Wohnraumförderungsgesetzes[4)] für den in dessen Absatz 1 und nach Maßgabe des § 2 des Wohnraumförderung-Überleitungsgesetzes vom 5. September 2006 (BGBl. I S. 2098, 2100) für den in dessen Absatz 2 genannten Wohnraum, der öffentlich gefördert ist oder als öffentlich gefördert gilt.

§ 2 Sicherung der Zweckbestimmung. Auf die Erhebung, Verarbeitung und Nutzung von Daten, die Erteilung von Auskünften, die Gewährung von Einsicht in Unterlagen, die Besichtigung von Grundstücken, Gebäuden und Wohnungen, die Erteilung von Auskünften durch Finanzbehörden und Arbeitgeber sowie die Mitteilungspflichten und die Einschränkung der Rechte zur Beendigung von Mietverhältnissen bei der Veräußerung und Umwandlung von öffentlich geförderten Wohnungen ist § 32 Abs. 2 bis 4 des Wohnraumförderungsgesetzes[4)] entsprechend anzuwenden.

§§ 2a und 2b (weggefallen)

[1)] Nach der Neuregelung der Art. 72 ff. GG (Nr. **1**) durch das FöderalismusreformG v. 28.8.2006 (BGBl. I S. 2034) fallen Teilbereiche des Wohnungswesens in die Gesetzgebungskompetenz der Länder.

Das WohnungsbindungsG gilt gem. Art. 125a Abs. 1 GG (Nr. **1**) seit dem 1.9.2006 als Bundesrecht fort, kann aber durch Landesrecht ersetzt werden. Der Bundesgesetzgeber besitzt nach dem 31.8.2006 für Änderungen des WohnungsbindungsG keine Gesetzgebungskompetenz mehr.

Bislang haben die Länder auf dem Gebiet des Wohnungswesens ua folgende Vorschriften erlassen:
- **Bayern:** Bayerisches WohnungsbindungsG idF der Bek. v. 23.7.2007 (GVBl. S. 562, 781; 2011 S. 115), zuletzt geänd. durch V v. 26.3.2019 (GVBl. S. 98);
- **Berlin:** Wohnraumförderung-EinkommensgrenzenVO v. 10.3.2020 (GVBl. S. 306), geänd. durch VO v. 11.8.2020 (GVBl. S. 682);
- **Bremen:** Bremisches WohnungsbindungsG v. 18.11.2008 (Brem.GBl. S. 392), zuletzt geänd. durch Bek. v. 20.10.2020 (Brem.GBl. S. 1172), wobei die bundesrechtliche Vorschrift gem. § 28 BremWoBindG v. 18.11.2008 (Brem.GBl. S. 392), zuletzt geänd. durch Bek. v. 20.10.2020 (Brem.GBl. S. 1172) übergangsweise weitergilt;
- **Hamburg:** Hamburgisches WohnungsbindungsG v. 19.2.2008 (HmbGVBl. S. 74), zuletzt geänd. durch G v. 21.5.2013 (HmbGVBl. S. 244);
- **Hessen:** Hessisches WohnungsbindungsG idF der Bek. v. 3.4.2013 (GVBl. S. 142), zuletzt geänd. durch G v. 11.12.2020 (GVBl. S. 941);

[2)] Neubekanntmachung des WoBindG v. 19.8.1994 (BGBl. I S. 2166, ber. S. 2319) in der ab 1.1.2002 geltenden Fassung.

[3)] § 1 geänd. mWv 1.1.2007 durch G v. 5.9.2006 (BGBl. I S. 2098).

[4)] Nr. **355**.

§ 3 Zuständige Stelle. Zuständige Stelle im Sinne dieses Gesetzes ist die Stelle, die von der Landesregierung bestimmt wird oder die nach Landesrecht zuständig ist.

Zweiter Abschnitt. Bindungen des Verfügungsberechtigten

§ 4 Überlassung an Wohnberechtigte. (1) Sobald voraussehbar ist, dass eine Wohnung bezugsfertig oder frei wird, hat der Verfügungsberechtigte dies der zuständigen Stelle unverzüglich schriftlich anzuzeigen und den voraussichtlichen Zeitpunkt der Bezugsfertigkeit oder des Freiwerdens mitzuteilen.

(2) [1] Der Verfügungsberechtigte darf die Wohnung einem Wohnungssuchenden nur zum Gebrauch überlassen, wenn dieser ihm vor der Überlassung eine Bescheinigung über die Wohnberechtigung im öffentlich geförderten sozialen Wohnungsbau (§ 5) übergibt, und wenn die in der Bescheinigung angegebene Wohnungsgröße nicht überschritten wird. [2] Auf Antrag des Verfügungsberechtigten kann die zuständige Stelle die Überlassung einer Wohnung, die die angegebene Wohnungsgröße geringfügig überschreitet, genehmigen, wenn dies nach den wohnungswirtschaftlichen Verhältnissen vertretbar erscheint.

(3) Ist die Wohnung bei der Bewilligung der öffentlichen Mittel für Angehörige eines bestimmten Personenkreises vorbehalten worden, so darf der Verfügungsberechtigte sie für die Dauer des Vorbehalts einem Wohnberechtigten nur zum Gebrauch überlassen, wenn sich aus der Bescheinigung außerdem ergibt, dass er diesem Personenkreis angehört.

(4) [1] Sind für den Bau der Wohnung Mittel einer Gemeinde oder eines Gemeindeverbandes mit der Auflage gewährt, dass die Wohnung einem von der zuständigen Stelle benannten Wohnungsuchenden zu überlassen ist, so hat die zuständige Stelle dem Verfügungsberechtigten bis zur Bezugsfertigkeit oder bis zum Freiwerden der Wohnung mindestens drei Wohnungsuchende zur Auswahl zu benennen, bei denen die Voraussetzungen erfüllt sind, die zur Erlangung einer Bescheinigung nach § 5 erforderlich wären. [2] Der Verfügungsberechtigte darf die Wohnung nur einem der benannten Wohnungsuchenden überlassen; der Vorlage einer Bescheinigung nach § 5 bedarf es insoweit nicht. [3] Bei der Benennung sind die Maßstäbe des § 5a Satz 3 zu beachten. [4] Dies gilt entsprechend, wenn zugunsten der zuständigen Stelle ein vertragliches Besetzungsrecht besteht.

(5) [1] Besteht ein Besetzungsrecht zugunsten einer Stelle, die für den Bau der Wohnung Wohnungsfürsorgemittel für Angehörige des öffentlichen Dienstes gewährt hat, so bedarf es der Vorlage einer Bescheinigung nach § 5 nicht, wenn diese Stelle das Besetzungsrecht ausübt. [2] Die in Satz 1 bezeichnete Stelle darf das Besetzungsrecht zugunsten eines Wohnungsuchenden nur ausüben, wenn bei ihm die Voraussetzungen erfüllt sind, die zur Erlangung einer Bescheinigung nach § 5 erforderlich wären. [3] Bei der Ausübung des Besetzungsrechts sind die Maßstäbe des § 5a Satz 3 zu beachten.

(6) Der Verfügungsberechtigte hat binnen zwei Wochen, nachdem er die Wohnung einem Wohnungsuchenden überlassen hat, der zuständigen Stelle den Namen des Wohnungsuchenden mitzuteilen und ihr in den Fällen der Absätze 2 und 3 den ihm übergebenen Wohnberechtigungsschein vorzulegen.

(7) Wenn der Inhaber des Wohnberechtigungsscheins oder der entsprechend Berechtigte aus der Wohnung ausgezogen ist, darf der Verfügungsberechtigte die Wohnung dessen Haushaltsangehörigen im Sinne des § 18 des Wohnraumför-

derungsgesetzes[1] nur nach Maßgabe der Absätze 1 bis 6 zum Gebrauch überlassen; Personen, die nach dem Tod des Inhabers des Wohnberechtigungsscheins nach § 563 Abs. 1 bis 3 des Bürgerlichen Gesetzbuchs[2] in das Mietverhältnis eingetreten sind,

(Fortsetzung nächstes Blatt)

---

[1] Nr. **355**.
[2] **Schönfelder Nr. 20.**

darf die Wohnung auch ohne Übergabe eines Wohnberechtigungsscheins zum Gebrauch überlassen werden.

(8) [1]Der Verfügungsberechtigte, der eine Wohnung entgegen den Absätzen 2 bis 5 und 7 überlassen hat, hat auf Verlangen der zuständigen Stelle das Mietverhältnis zu kündigen und die Wohnung einem Wohnungssuchenden nach den Absätzen 1 bis 7 zu überlassen. [2]Kann der Verfügungsberechtigte die Beendigung des Mietverhältnisses durch Kündigung nicht alsbald erreichen, so kann die zuständige Stelle von dem Inhaber der Wohnung, dem der Verfügungsberechtigte sie entgegen den Absätzen 2 bis 5 und 7 überlassen hat, die Räumung der Wohnung verlangen; dies gilt nicht, wenn der Inhaber der Wohnung vor dem Bezug eine Bestätigung nach § 18 Abs. 2 erhalten hat, dass die Wohnung nicht eine öffentlich geförderte Wohnung sei.

§ 5 Ausstellung der Bescheinigung über die Wohnberechtigung. Die Bescheinigung über die Wohnberechtigung (Wohnberechtigungsschein) wird in entsprechender Anwendung des § 27 Abs. 1 bis 5 des Wohnraumförderungsgesetzes[1)] erteilt.

§ 5a Sondervorschriften für Gebiete mit erhöhtem Wohnungsbedarf. [1]Die Landesregierungen werden ermächtigt, für Gebiete mit erhöhtem Wohnungsbedarf Rechtsverordnungen zu erlassen, die befristet oder unbefristet bestimmen, dass der Verfügungsberechtigte eine frei oder bezugsfertig werdende Wohnung nur einem von der zuständigen Stelle benannten Wohnungssuchenden zum Gebrauch überlassen darf. [2]Die zuständige Stelle hat dem Verfügungsberechtigten mindestens drei wohnberechtigte Wohnungssuchende zur Auswahl zu benennen. [3]Bei der Benennung sind ungeachtet des Satzes 5 insbesondere schwangere Frauen, Familien und andere Haushalte mit Kindern, junge Ehepaare, allein stehende Elternteile mit Kindern, ältere Menschen und schwerbehinderte Menschen vorrangig zu berücksichtigen; sind schwangere Frauen wohnberechtigte Wohnungssuchende, haben sie Vorrang vor den anderen Personengruppen. [4]Als junge Ehepaare sind diejenigen zu berücksichtigen, bei denen keiner der Ehegatten das 40. Lebensjahr vollendet hat; als ältere Menschen sind diejenigen zu berücksichtigen, die das 60. Lebensjahr vollendet haben. [5]Für die Benennung gilt § 4 Abs. 3 sinngemäß; im Übrigen können in der Rechtsverordnung nähere Bestimmungen darüber getroffen werden, nach welchen weiteren Gesichtspunkten die Benennung erfolgen soll.

§ 6. (weggefallen)

§ 7 Freistellung von Belegungsbindungen, Übertragung von Belegungs- und Mietbindungen, Erhaltung der Mietwohnnutzung, Kooperationsverträge. (1) Die zuständige Stelle kann den Verfügungsberechtigten von Belegungsbindungen in entsprechender Anwendung des § 30 des Wohnraumförderungsgesetzes[1)] freistellen.

[1)] Nr. **355**.

(2) Die zuständige Stelle kann mit dem Verfügungsberechtigten die Übertragung und Änderung von Belegungs- und Mietbindungen sowie von sonstigen Berechtigungen und Verpflichtungen in entsprechender Anwendung des § 31 des Wohnraumförderungsgesetzes vereinbaren.

(3) [1] In Fällen der Selbstnutzung, Nichtvermietung, Zweckentfremdung und baulichen Änderung der Wohnung gilt § 27 Abs. 7 des Wohnraumförderungsgesetzes entsprechend. [2] Hat der Verfügungsberechtigte mindestens vier geförderte Wohnungen geschaffen, von denen er eine selbst nutzen will, so ist die Genehmigung auch zu erteilen, wenn das Gesamteinkommen die maßgebliche Einkommensgrenze übersteigt.

(4) Kooperationsverträge können in entsprechender Anwendung der §§ 14 und 15 des Wohnraumförderungsgesetzes abgeschlossen werden.

§ 8 Kostenmiete. (1) [1] Der Verfügungsberechtigte darf die Wohnung nicht gegen ein höheres Entgelt zum Gebrauch überlassen, als zur Deckung der laufenden Aufwendungen erforderlich ist (Kostenmiete). [2] Die Kostenmiete ist nach den §§ 8a und 8b zu ermitteln.

(2) [1] Soweit das vereinbarte Entgelt die Kostenmiete übersteigt, ist die Vereinbarung unwirksam. [2] Soweit die Vereinbarung unwirksam ist, ist die Leistung zurückzuerstatten und vom Empfang an zu verzinsen. [3] Der Anspruch auf Rückerstattung verjährt nach Ablauf von vier Jahren nach der jeweiligen Leistung, jedoch spätestens nach Ablauf eines Jahres von der Beendigung des Mietverhältnisses an.

(3) [1] Sind für eine Wohnung in einem Eigenheim oder einer Kleinsiedlung oder für eine sonstige Wohnung die öffentlichen Mittel ohne Vorlage einer Wirtschaftlichkeitsberechnung oder auf Grund einer vereinfachten Wirtschaftlichkeitsberechnung bewilligt worden, so darf der Verfügungsberechtigte die Wohnung höchstens gegen ein Entgelt bis zur Höhe der Kostenmiete für vergleichbare öffentlich geförderte Wohnungen (Vergleichsmiete) überlassen. [2] Die zuständige Stelle kann genehmigen, dass der Verfügungsberechtigte von der Vergleichsmiete zur Kostenmiete übergeht. [3] Absatz 2 ist entsprechend anzuwenden.

(4) [1] Der Vermieter hat dem Mieter auf Verlangen Auskunft über die Ermittlung und Zusammensetzung der Miete zu geben und, soweit der Miete eine Genehmigung der Bewilligungsstelle zugrunde liegt, die zuletzt erteilte Genehmigung vorzulegen. [2] Wird eine Genehmigung nicht vorgelegt oder ist die Auskunft über die Ermittlung und Zusammensetzung der Miete unzureichend, so hat die zuständige Stelle dem Mieter auf Verlangen die Höhe der nach Absatz 1 oder 3 zulässigen Miete mitzuteilen, soweit diese sich aus ihren Unterlagen ergibt.

(5) Die diesem Gesetz unterliegenden Wohnungen sind preisgebundener Wohnraum.

§ 8a Ermittlung der Kostenmiete und der Vergleichsmiete. (1) [1] Bei der Ermittlung der Kostenmiete ist von dem Mietbetrag *auszugehen, der sich* für die öffentlich geförderten Wohnungen des Gebäudes oder der Wirtschaftseinheit auf Grund der Wirtschaftlichkeitsberechnung für den Quadratmeter der Wohnfläche durchschnittlich ergibt (Durchschnittsmiete). [2]In der Wirtschaftlichkeitsberechnung darf für den Wert der Eigenleistung, soweit er 15 vom Hundert der Gesamtkosten des Bauvorhabens nicht übersteigt, eine Verzinsung von 4 vom Hundert angesetzt werden; für den darüber hinausgehenden Betrag darf angesetzt werden

a) eine Verzinsung in Höhe des marktüblichen Zinssatzes für erststellige Hypotheken, sofern die öffentlichen Mittel vor dem 1. Januar 1974 bewilligt worden sind,

b) in den übrigen Fällen eine Verzinsung in Höhe von 6,5 vom Hundert.

(2) Bei Wohnungen, die nach den Vorschriften des Zweiten Wohnungsbaugesetzes gefördert worden sind, ist bei der Ermittlung der Kostenmiete von der Durchschnittsmiete auszugehen, die von der Bewilligungsstelle nach § 72 des Zweiten Wohnungsbaugesetzes genehmigt worden ist.

(3) [1]Ändern sich nach der erstmaligen Berechnung der Durchschnittsmiete oder nach der Genehmigung der Durchschnittsmiete nach § 72 des Zweiten Wohnungsbaugesetzes die laufenden Aufwendungen (Kapitalkosten, Bewirtschaftungskosten), so tritt jeweils eine entsprechend geänderte Durchschnittsmiete an die Stelle der bisherigen Durchschnittsmiete. [2]Bei einer Erhöhung der laufenden Aufwendungen gilt Satz 1 nur, soweit sie auf Umständen beruht, die der Vermieter nicht zu vertreten hat; als Erhöhung der Aufwendungen gilt auch eine durch Gesetz oder Rechtsverordnung zugelassene Erhöhung eines Ansatzes in der Wirtschaftlichkeitsberechnung.

(4) [1]Bei einer Erhöhung der laufenden Aufwendungen, die bis zur Anerkennung der Schlussabrechnung, spätestens jedoch bis zu zwei Jahren nach der Bezugsfertigkeit eintritt, bedarf die Erhöhung der Durchschnittsmiete nach Absatz 3 der Genehmigung der Bewilligungsstelle. [2]Die Genehmigung wirkt auf den Zeitpunkt der Erhöhung der laufenden Aufwendungen, längstens jedoch drei Monate vor Stellung eines Antrags mit prüffähigen Unterlagen zurück; der Vermieter kann jedoch eine rückwirkende Mieterhöhung nur verlangen, wenn dies bei der Vereinbarung der Miete vorbehalten worden ist.

(5) [1]Auf der Grundlage der Durchschnittsmiete hat der Vermieter die Miete für die einzelnen Wohnungen unter angemessener Berücksichtigung ihres unterschiedlichen Wohnwertes, insbesondere von Lage, Ausstattung und Zuschnitt zu berechnen (Einzelmiete). [2]Der Durchschnitt der Einzelmieten muss der Durchschnittsmiete entsprechen.

(6) [1]Ändern sich in den Fällen der Vergleichsmiete (§ 8 Abs. 3) nach der Bewilligung der öffentlichen Mittel die laufenden Aufwendungen, so ändert sich die Vergleichsmiete um den Betrag, der anteilig auf die Wohnung entfällt. [2]Absatz 3 Satz 2 gilt entsprechend.

(7) Die nach den Absätzen 1 bis 6 sich ergebende Einzelmiete oder Vergleichsmiete zuzüglich zulässiger Umlagen, Zuschläge und Vergütungen ist das zulässige Entgelt im Sinne des § 8 Abs. 1 oder 3.

(8) Das Nähere über die Ermittlung des zulässigen Entgelts bestimmt die Rechtsverordnung nach § 28.

§ 8b Ermittlung der Kostenmiete in besonderen Fällen. (1) Wird die Kostenmiete nach Ablauf von sechs Jahren seit Bezugsfertigkeit der Wohnungen ermittelt, dürfen bei der Aufstellung der Wirtschaftlichkeitsberechnung laufende Aufwendungen, insbesondere Zinsen für die Eigenleistungen, auch dann angesetzt werden, wenn sie in einer früheren Wirtschaftlichkeitsberechnung nicht oder nur in geringerer Höhe in Anspruch genommen oder anerkannt worden sind oder wenn auf ihren Ansatz ganz oder teilweise verzichtet worden ist.

(2) 1 Die Bewilligungsstelle kann zustimmen, dass demselben Eigentümer gehörende Gebäude mit öffentlich geförderten Wohnungen, die bisher selbständige Wirtschaftseinheiten bildeten, oder mehrere bisherige Wirtschaftseinheiten zu einer Wirtschaftseinheit zusammengefasst werden, sofern die Gebäude oder Wirtschaftseinheiten in örtlichem Zusammenhang stehen und die Wohnungen keine wesentlichen Unterschiede in ihrem Wohnwert aufweisen. 2 In die neue Wirtschaftlichkeitsberechnung sind die bisherigen Gesamtkosten, Finanzierungsmittel und laufenden Aufwendungen zu übernehmen. 3 Die sich hieraus ergebende neue Durchschnittsmiete bedarf der Genehmigung der Bewilligungsstelle. 4 Die öffentlichen Mittel gelten als für sämtliche Wohnungen der neuen Wirtschaftseinheit bewilligt.

(3) 1 Die Bewilligungsstelle kann zustimmen, dass eine Wirtschaftseinheit aufgeteilt wird. 2 Ist eine Wirtschaftseinheit nach Satz 1 aufgeteilt worden, ist insbesondere Wohneigentum an öffentlich geförderten Wohnungen einer Wirtschaftseinheit oder eines Gebäudes begründet worden, sind Wirtschaftlichkeitsberechnungen jeweils für die neuen Wirtschaftseinheiten, für die Gebäude oder für die einzelnen Wohnungen aufzustellen. 3 Absatz 2 Satz 2 bis 4 gilt entsprechend.

§ 9 Einmalige Leistungen. (1) 1 Eine Vereinbarung, nach der der Mieter oder für ihn ein Dritter mit Rücksicht auf die Überlassung der Wohnung eine einmalige Leistung zu erbringen hat, ist, vorbehaltlich der Absätze 2 bis 6, unwirksam. 2 Satz 1 gilt nicht für Einzahlungen auf Geschäftsanteile bei Wohnungsunternehmen in der Rechtsform der Genossenschaft oder ähnliche Mitgliedsbeiträge.

(2) Die Vereinbarung einer Mietvorauszahlung oder eines Mieterdarlehens als Finanzierungsbeitrag zum Bau der Wohnung ist nur insoweit unwirksam, als die Annahme des Finanzierungsbeitrags nach § 28 des Ersten Wohnungsbaugesetzes oder nach § 50 des Zweiten Wohnungsbaugesetzes ausgeschlossen oder nicht zugelassen ist.

(3) Die Vereinbarung einer Mietvorauszahlung oder eines Mieterdarlehens zur Deckung der Kosten für eine Modernisierung, der die zuständige Stelle zugestimmt hat, ist nur unwirksam, soweit die Leistung das Vierfache des nach § 8 zulässigen jährlichen Entgelts überschreitet.

(4) Ist ein von einem Mieter oder einem Dritten nach § 28 des Ersten Wohnungsbaugesetzes oder § 50 des Zweiten Wohnungsbaugesetzes zulässigerweise geleisteter Finanzierungsbeitrag oder eine nach Absatz 3 zulässige Leistung wegen einer vorzeitigen Beendigung des Mietverhältnisses dem Leistenden ganz oder teilweise zurückerstattet

worden, so ist eine Vereinbarung, wonach der Mietnachfolger oder für ihn ein Dritter die Leistung unter den gleichen Bedingungen bis zur Höhe des zurückerstatteten Betrags zu erbringen hat, zulässig.

(5) 1 Die Vereinbarung einer Sicherheitsleistung des Mieters ist zulässig, soweit sie dazu bestimmt ist, Ansprüche des Vermieters gegen den Mieter aus Schäden an der Wohnung oder unterlassenen Schönheitsreparaturen zu sichern. 2 Im Übrigen gilt § 551 des Bürgerlichen Gesetzbuchs.

(6) 1 Eine Vereinbarung, nach der der Mieter oder für ihn ein Dritter mit Rücksicht auf die Überlassung der Wohnung Waren zu beziehen oder andere Leistungen in Anspruch zu nehmen oder zu erbringen hat, ist unwirksam. 2 Satz 1 gilt nicht für die Überlassung einer Garage, eines Stellplatzes oder eines Hausgartens und für die Übernahme von Sach- oder Arbeitsleistungen, die zu einer Verringerung von Bewirtschaftungskosten führen. 3 Die zuständige Stelle kann eine Vereinbarung zwischen dem Verfügungsberechtigten und dem Mieter über die Mitvermietung von Einrichtungs- und Ausstattungsgegenständen und über laufende Leistungen zur persönlichen Betreuung und Versorgung genehmigen; sie hat die Genehmigung zu versagen, wenn die vereinbarte Vergütung offensichtlich unangemessen hoch ist.

(7) 1 Soweit eine Vereinbarung nach den Absätzen 1 bis 6 unwirksam ist, ist die Leistung zurückzuerstatten und vom Empfang an zu verzinsen. 2 Der Anspruch auf Rückerstattung verjährt nach Ablauf eines Jahres von der Beendigung des Mietverhältnisses an.

(8) 1 Für Vereinbarungen, die vor dem 1. August 1968 in denjenigen kreisfreien Städten, Landkreisen oder Gemeinden eines Landkreises, in denen zu diesem Zeitpunkt die Mietpreisfreigabe noch nicht erfolgt war, getroffen worden sind, gelten die Vorschriften des Absatzes 7 entsprechend, soweit die Vereinbarungen nach den bis zu diesem Zeitpunkt geltenden Vorschriften unzulässig waren. 2 Das Gleiche gilt für Vereinbarungen, die vor dem 1. September 1965 in denjenigen kreisfreien Städten, Landkreisen oder Gemeinden eines Landkreises getroffen worden sind, in denen zu diesem Zeitpunkt die Mietpreisfreigabe bereits erfolgt war.

§ 10 Einseitige Mieterhöhung. (1) 1 Ist der Mieter nur zur Entrichtung eines niedrigeren als des nach diesem Gesetz zulässigen Entgelts verpflichtet, so kann der Vermieter dem Mieter gegenüber schriftlich erklären, dass das Entgelt um einen bestimmten Betrag, bei Umlagen um einen bestimmbaren Betrag, bis zur Höhe des zulässigen Entgelts erhöht werden soll. 2 Die Erklärung ist nur wirksam, wenn in ihr die Erhöhung berechnet und erläutert ist. 3 Der Berechnung der Kostenmiete ist eine Wirtschaftlichkeitsberechnung oder ein Auszug daraus, der die Höhe der laufenden Aufwendungen erkennen lässt, beizufügen. 4 An Stelle einer Wirtschaftlichkeitsberechnung kann auch eine Zusatzberechnung zu der letzten Wirtschaftlichkeitsberechnung oder, wenn das zulässige Entgelt von der Bewilligungsstelle auf Grund einer Wirtschaftlichkeitsberechnung genehmigt worden ist, eine Abschrift der Genehmigung beigefügt werden. 5 Hat der Vermieter seine

Erklärung mit Hilfe automatischer Einrichtungen gefertigt, so bedarf es nicht seiner eigenhändigen Unterschrift.

(2) [1]Die Erklärung des Vermieters hat die Wirkung, dass von dem Ersten des auf die Erklärung folgenden Monats an das erhöhte Entgelt an die Stelle des bisher zu entrichtenden Entgelts tritt; wird die Erklärung erst nach dem Fünfzehnten eines Monats abgegeben, so tritt diese Wirkung von dem Ersten des übernächsten Monats an ein. [2]Wird die Erklärung bereits vor dem Zeitpunkt abgegeben, von dem an das erhöhte Entgelt nach den dafür maßgebenden Vorschriften zulässig ist, so wird sie frühestens von diesem Zeitpunkt an wirksam. [3]Soweit die Erklärung darauf beruht, dass sich die Betriebskosten rückwirkend erhöht haben, wirkt sie auf den Zeitpunkt der Erhöhung der Betriebskosten, höchstens jedoch auf den Beginn des der Erklärung vorangehenden Kalenderjahres zurück, sofern der Vermieter die Erklärung innerhalb von drei Monaten nach Kenntnis von der Erhöhung abgibt.

(3) Ist der Erklärung ein Auszug aus der Wirtschaftlichkeitsberechnung oder die Genehmigung der Bewilligungsstelle beigefügt, so hat der Vermieter dem Mieter auf Verlangen Einsicht in die Wirtschaftlichkeitsberechnung zu gewähren.

(4) Dem Vermieter steht das Recht zur einseitigen Mieterhöhung nicht zu, soweit und solange eine Erhöhung der Miete durch ausdrückliche Vereinbarung mit dem Mieter oder einem Dritten ausgeschlossen ist oder der Ausschluss sich aus den Umständen ergibt.

§ 11 Kündigungsrecht des Mieters. (1) Der Mieter ist im Falle einer Erklärung des Vermieters nach § 10 berechtigt, das Mietverhältnis spätestens am dritten Werktag des Kalendermonats, von dem an die Miete erhöht werden soll, für den Ablauf des nächsten Kalendermonats zu kündigen.

(2) Kündigt der Mieter nach Absatz 1, so tritt die Mieterhöhung nach § 10 nicht ein.

(3) Eine zum Nachteil des Mieters abweichende Vereinbarung ist unwirksam.

§ 12. (weggefallen)

Dritter Abschnitt. Beginn und Ende der Eigenschaft „öffentlich gefördert“

§ 13 Beginn der Eigenschaft „öffentlich gefördert“. (1) [1]Eine Wohnung, für die die öffentlichen Mittel vor der Bezugsfertigkeit bewilligt worden sind, gilt von dem Zeitpunkt an als öffentlich gefördert, in dem der Bescheid über die Bewilligung der öffentlichen Mittel (Bewilligungsbescheid) dem Bauherrn zugegangen ist. [2]Sind die öffentlichen Mittel erstmalig nach der Bezugsfertigkeit der Wohnung bewilligt worden, so gilt die Wohnung, wenn der Bauherr die Bewilligung der öffentlichen Mittel vor der Bezugsfertigkeit beantragt hat, von der

Bezugsfertigkeit an als öffentlich gefördert, im Übrigen von dem Zugang des Bewilligungsbescheids an.

(2) [1]Wird die Bewilligung der öffentlichen Mittel vor der Bezugsfertigkeit der Wohnung widerrufen, so gilt die Wohnung als von Anfang an nicht öffentlich gefördert. [2]Das Gleiche gilt, wenn die Bewilligung nach der Bezugsfertigkeit der Wohnung, jedoch vor der erstmaligen Auszahlung der öffentlichen Mittel widerrufen wird.

(3) Für die Anwendung der Vorschriften der Absätze 1 und 2 ist es unerheblich, in welcher Höhe, zu welchen Bedingungen, für welche Zeitdauer und für welchen Finanzierungszeitraum die öffentlichen Mittel bewilligt worden sind.

(4) [1]Eine Wohnung gilt als bezugsfertig, wenn sie so weit fertig gestellt ist, dass den zukünftigen Bewohnern zugemutet werden kann, sie zu beziehen; die Genehmigung der Bauaufsichtsbehörde zum Beziehen ist nicht entscheidend. [2]Im Falle des Wiederaufbaus ist für die Bezugsfertigkeit der Zeitpunkt maßgebend, in dem die durch den Wiederaufbau geschaffene Wohnung bezugsfertig geworden ist; Entsprechendes gilt im Falle der Wiederherstellung, des Ausbaus oder der Erweiterung.

§ 14 Einbeziehung von Zubehörräumen, Wohnungsvergrößerung, Umbau. (1) Werden die Zubehörräume einer öffentlich geförderten Wohnung ohne Genehmigung der Bewilligungsstelle zu Wohnräumen oder Wohnungen ausgebaut, so gelten auch diese als öffentlich gefördert.

(2) Wird eine öffentlich geförderte Wohnung um weitere Wohnräume vergrößert, so gelten auch diese als öffentlich gefördert.

(3) [1]Wird eine öffentlich geförderte Wohnung durch eine Änderung von nicht mehr Wohnzwecken dienenden Räumen unter wesentlichem Bauaufwand zur Anpassung an geänderte Wohnbedürfnisse ohne Inanspruchnahme von öffentlichen Mitteln ausgebaut, so gilt die neu geschaffene Wohnung weiterhin als öffentlich gefördert. [2]Dies gilt nicht, wenn vor dem Umbau die für die Wohnung als Darlehen bewilligten öffentlichen Mittel zurückgezahlt und die für sie als Zuschüsse bewilligten öffentlichen Mittel letztmalig gezahlt worden sind.

§ 15 Ende der Eigenschaft „öffentlich gefördert". (1) [1]Eine Wohnung, für die die öffentlichen Mittel als Darlehen bewilligt worden sind, gilt, soweit sich aus dem § 16 oder dem § 17 nichts anderes ergibt, als öffentlich gefördert

a) im Falle einer Rückzahlung der Darlehen nach Maßgabe der Tilgungsbedingungen bis zum Ablauf des Kalenderjahres, in dem die Darlehen vollständig zurückgezahlt worden sind,

b) im Falle einer vorzeitigen Rückzahlung auf Grund einer Kündigung wegen Verstoßes gegen Bestimmungen des Bewilligungsbescheids oder des Darlehensvertrags bis zum Ablauf des Kalenderjahres, in dem die Darlehen nach Maßgabe der Tilgungsbedingungen vollständig zurückgezahlt worden wären, längstens jedoch bis zum Ablauf des zwölften Kalenderjahres nach dem Jahr der Rückzahlung,

2 Sind neben den Darlehen Zuschüsse zur Deckung der laufenden Aufwendungen oder Zinszuschüsse aus öffentlichen Mitteln bewilligt worden, so gilt die Wohnung mindestens bis zum Ablauf des Kalenderjahres als öffentlich gefördert, in dem der Zeitraum endet, für den sich die laufenden Aufwendungen durch die Gewährung der Zuschüsse vermindern (Förderungszeitraum).

(2) 1 Eine Wohnung, für die die öffentlichen Mittel lediglich als Zuschüsse zur Deckung der laufenden Aufwendungen oder als Zinszuschüsse bewilligt worden sind, gilt als öffentlich gefördert bis zum Ablauf des dritten Kalenderjahres nach dem Ende des Förderungszeitraums. 2 Endet der Förderungszeitraum durch planmäßige Einstellung oder durch Verzicht auf weitere Auszahlungen der Zuschüsse, so gilt für ein Eigenheim, eine Eigensiedlung oder eine eigengenutzte Eigentumswohnung § 16 Abs. 5 und 7 sinngemäß. 3 § 17 bleibt unberührt.

(3) Sind die öffentlichen Mittel für eine Wohnung lediglich als Zuschuss zur Deckung der für den Bau der Wohnung entstandenen Gesamtkosten bewilligt worden, so gilt die Wohnung als öffentlich gefördert bis zum Ablauf des zehnten Kalenderjahres nach dem Jahr der Bezugsfertigkeit.

(4) 1 Sind die öffentlichen Mittel für mehrere Wohnungen eines Gebäudes oder einheitlich für Wohnungen mehrerer Gebäude bewilligt worden, so gelten die Absätze 1 und 2 nur, wenn die für sämtliche Wohnungen eines Gebäudes als Darlehen bewilligten öffentlichen Mittel zurückgezahlt werden und die für sie als Zuschüsse bewilligten öffentlichen Mittel nicht mehr gezahlt werden. 2 Der Anteil der auf ein einzelnes Gebäude entfallenden öffentlichen Mittel errechnet sich nach dem Verhältnis der Wohnfläche der Wohnungen des Gebäudes zur Wohnfläche der Wohnungen aller Gebäude. 3 Die Sätze 1 und 2 sind insoweit nicht anzuwenden, als öffentliche Mittel ab 29. August 1990 für neue Wohnungen bewilligt sind, die durch Ausbau oder Erweiterung in einem Gebäude oder einer Wirtschaftseinheit mit öffentlich geförderten Wohnungen geschaffen werden.

§ 16 Ende der Eigenschaft „öffentlich gefördert" bei freiwilliger vorzeitiger Rückzahlung. (1) 1 Werden die für eine Wohnung als Darlehen bewilligten öffentlichen Mittel ohne rechtliche Verpflichtung vorzeitig vollständig zurückgezahlt, so gilt die Wohnung vorbehaltlich der Absätze 2 und 5 als öffentlich gefördert bis zum Ablauf des zehnten Kalenderjahres nach dem Jahr der Rückzahlung, längstens jedoch bis zum Ablauf des Kalenderjahres, in dem die Darlehen nach Maßgabe der Tilgungsbedingungen vollständig zurückgezahlt wären (Nachwirkungsfrist). 2 Sind neben den Darlehen Zuschüsse zur Deckung der laufenden Aufwendungen oder Zinszuschüsse aus öffentlichen Mitteln bewilligt worden, so gilt § 15 Abs. 1 Satz 2 entsprechend.

(2) Abweichend von Absatz 1 Satz 1 gilt eine Wohnung, für deren Bau ein Darlehen aus öffentlichen Mitteln von nicht mehr als 1550 Euro bewilligt worden ist, als öffentlich gefördert bis zum Zeitpunkt der Rückzahlung; dabei ist von dem durchschnittlichen Förderungsbetrag je Wohnung des Gebäudes auszugehen.

(3) (weggefallen)

(4) (weggefallen)

(5) [1]Sind die für ein Eigenheim, eine Eigensiedlung oder eine eigengenutzte Eigentumswohnung als Darlehen bewilligten öffentlichen Mittel ohne rechtliche Verpflichtung vorzeitig vollständig zurückgezahlt oder nach § 69 des Zweiten Wohnungsbaugesetzes ganz abgelöst worden, so gilt die Wohnung als öffentlich gefördert bis zum Zeitpunkt der Rückzahlung oder Ablösung; bei Rückzahlung oder Ablösung vor dem 17. Juli 1985 gilt die Wohnung längstens bis zum 16. Juli 1985 als öffentlich gefördert. [2]§ 15 Abs. 1 Satz 2 bleibt unberührt. [3]Eine Eigentumswohnung, die durch Umwandlung einer öffentlich geförderten Mietwohnung entstanden ist, gilt als eigengenutzt, wenn sie vom Eigentümer oder seinen Angehörigen als Berechtigte im Sinne dieses Gesetzes selbst genutzt wird; erfolgt in dem Falle die Eigennutzung nach Rückzahlung oder Ablösung, so gilt die Wohnung vom Beginn der Eigennutzung an nicht mehr als öffentlich gefördert.

(6) Sind die öffentlichen Mittel für mehrere Wohnungen eines Gebäudes oder einheitlich für Wohnungen mehrerer Gebäude bewilligt worden, so gilt vorbehaltlich des Absatzes 7 der Absatz 1 nur, wenn die für sämtliche Wohnungen eines Gebäudes als Darlehen bewilligten öffentlichen Mittel zurückgezahlt werden und die für sie als Zuschüsse bewilligten öffentlichen Mittel nicht mehr gezahlt werden; § 15 Abs. 4 Satz 2 gilt entsprechend.

(7) [1]Sind die öffentlichen Mittel für zwei Wohnungen eines Eigenheims, eines Kaufeigenheims oder einer Kleinsiedlung bewilligt worden, so gelten die Absätze 1 bis 5 auch für die einzelne Wohnung, wenn der auf sie entfallende Anteil der als Darlehen gewährten Mittel zurückgezahlt oder abgelöst und der anteilige Zuschussbetrag nicht mehr gezahlt wird; der Anteil errechnet sich nach dem Verhältnis der Wohnflächen der einzelnen Wohnungen zueinander, sofern nicht der Bewilligung ein anderer Berechnungsmaßstab zugrunde gelegen hat. [2]Satz 1 gilt entsprechend für Rückzahlungen und Ablösungen bei Eigentumswohnungen, wenn die öffentlichen Mittel für mehrere Wohnungen eines Gebäudes oder einheitlich für Wohnungen mehrerer Gebäude bewilligt worden sind.

§ 17 Ende der Eigenschaft „öffentlich gefördert" bei Zwangsversteigerung. (1) [1]Bei einer Zwangsversteigerung des Grundstücks gelten die Wohnungen, für die öffentliche Mittel als Darlehen bewilligt worden sind, bis zum Ablauf des dritten Kalenderjahres nach dem Kalenderjahr, in dem der Zuschlag erteilt worden ist, als öffentlich gefördert, sofern die wegen der öffentlichen Mittel begründeten Grundpfandrechte mit dem Zuschlag erlöschen; abweichend hiervon gilt ein Eigenheim, eine Eigensiedlung oder eine eigengenutzte Eigentumswohnung im Sinne des § 16 Abs. 5 nur bis zum Zuschlag als öffentlich gefördert, sofern die wegen der öffentlichen Mittel begründeten Grundpfandrechte mit dem Zuschlag erlöschen. [2]Sind die öffentlichen Mittel lediglich als Zuschüsse bewilligt worden, so gelten die Wohnungen bis zum Zuschlag als öffentlich gefördert. [3]Soweit nach den Vorschriften des § 15 oder des § 16 die Wohnungen nur bis zu einem früheren Zeitpunkt als öffentlich gefördert gelten, ist dieser Zeitpunkt maßgebend.

(2) Sind die wegen der öffentlichen Mittel begründeten Grundpfandrechte mit dem Zuschlag nicht erloschen, so gelten die Wohnungen bis zu dem sich aus § 15 oder § 16 ergebenden Zeitpunkt als öffentlich gefördert.

§ 18 Bestätigung. (1) [1]Die zuständige Stelle hat dem Verfügungsberechtigten und bei berechtigtem Interesse auch dem Mieter schriftlich zu bestätigen, von welchem Zeitpunkt an die Wohnung nicht mehr als öffentlich gefördert gilt. [2]Die Bestätigung ist in tatsächlicher und rechtlicher Hinsicht verbindlich.

(2) [1]Die zuständige Stelle hat einem Wohnungssuchenden auf dessen Verlangen schriftlich zu bestätigen, ob die Wohnung, die er benutzen will, eine neu geschaffene öffentlich geförderte Wohnung ist. [2]Absatz 1 Satz 1 gilt bei berechtigtem Interesse für den Wohnungssuchenden entsprechend.

Vierter Abschnitt. Einschränkung von Zinsvergünstigungen bei öffentlich geförderten Wohnungen

§ 18 a Höhere Verzinsung der öffentlichen Baudarlehen. (1) [1]Öffentliche Mittel im Sinne des § 3 des Ersten Wohnungsbaugesetzes oder des § 6 des Zweiten Wohnungsbaugesetzes, die vor dem 1. Januar 1960 als öffentliche Baudarlehen bewilligt worden sind, können mit einem Zinssatz bis höchstens 8 vom Hundert jährlich verzinst werden, wenn dies durch landesrechtliche Regelung in einem Gesetz oder einer Verordnung der Landesregierung bestimmt ist; § 18 b Abs. 2 ist anzuwenden. [2]Dies gilt auch, wenn vertraglich eine Höherverzinsung ausdrücklich ausgeschlossen ist. [3]Eine Vereinbarung, nach der eine höhere Verzinsung des öffentlichen Baudarlehens verlangt werden kann, bleibt unberührt.

(2) Öffentliche Mittel, die nach dem 31. Dezember 1959, jedoch vor dem 1. Januar 1970 als öffentliche Baudarlehen bewilligt worden sind, können mit einem Zinssatz bis höchstens 6 vom Hundert jährlich verzinst werden; Absatz 1 gilt im Übrigen entsprechend.

(3) [1]Die Landesregierungen stellen durch Rechtsverordnung sicher, dass die aus der höheren Verzinsung nach den Absätzen 1 und 2 folgenden Durchschnittsmieten bestimmte Beträge, die für die öffentlich geförderten Wohnungen nach Gemeindegrößenklassen und unter Berücksichtigung von Alter und Ausstattung der Wohnungen festgelegt werden, nicht übersteigen. [2]Sie haben dabei die sich aus der höheren Verzinsung ergebende Mieterhöhung angemessen zu begrenzen. [3]Einwendungen gegen die Auswirkungen der Zinserhöhung sind dabei nur innerhalb einer festzusetzenden Ausschlussfrist von höchstens sechs *Monaten* seit Zugang der Mitteilung über die Zinserhöhung zuzulassen.

(4) Soweit bei Wohnungen, für die die öffentlichen Baudarlehen vom 1. Januar 1960 an bewilligt worden sind, die Durchschnittsmiete auf Grund einer nach der Zinserhöhung durchgeführten Modernisierung die nach Absatz 3 bestimmten Beträge nicht nur unerheblich überschreitet, ist der nach Absatz 2 festgesetzte Zinssatz auf Antrag des Verfügungsberechtigten oder des Mieters entsprechend herabzusetzen.

(5) [1] Eine Zinserhöhung nach den Absätzen 1 und 2 ist bei Familienheimen in der Form von Eigenheimen, Kaufeigenheimen und Kleinsiedlungen sowie bei solchen Eigentumswohnungen, die vom Eigentümer oder seinen Angehörigen genutzt werden, nur unter den Voraussetzungen des § 44 Abs. 3 des Zweiten Wohnungsbaugesetzes zulässig. [2] Dabei ist die aus der höheren Verzinsung folgende Mehrbelastung angemessen zu begrenzen. [3] Absatz 3 Satz 3 gilt entsprechend.

(6) Die Absätze 1 bis 5 gelten für Annuitätsdarlehen entsprechend.

§ 18 b Berechnung der neuen Jahresleistung. (1) Die für das Wohnungs- und Siedlungswesen zuständigen obersten Landesbehörden treffen nähere Bestimmungen über die Durchführung der höheren Verzinsung.

(2) [1] Die darlehnsverwaltende Stelle hat bei der Erhöhung des Zinssatzes die neue Jahresleistung für das öffentliche Baudarlehen in der Weise zu berechnen, dass der erhöhte Zinssatz und der Tilgungssatz auf den ursprünglichen Darlehnsbetrag bezogen werden; ein Verwaltungskostenbeitrag bis zu 0,5 vom Hundert ist auf den Zinssatz nicht anzurechnen. [2] Die Zinsleistungen sind nach der Darlehnsrestschuld zu berechnen und die durch die fortschreitende Darlehnstilgung ersparten Zinsen zur erhöhten Tilgung zu verwenden.

(3) Die darlehnsverwaltende Stelle hat dem Darlehnsschuldner die Erhöhung des Zinssatzes, die Höhe der neuen Jahresleistung sowie den Zahlungsabschnitt, für den die höhere Leistung erstmalig entrichtet werden soll, schriftlich mitzuteilen.

(4) [1] Die höhere Leistung ist erstmalig für denjenigen nach dem Darlehnsvertrag maßgeblichen Zahlungsabschnitt zu entrichten, der frühestens nach Ablauf von zwei Monaten nach dem Zugang der in Absatz 3 bezeichneten Mitteilung beginnt. [2] Der Zeitpunkt der Fälligkeit bestimmt sich nach dem Darlehnsvertrag.

§ 18 c Öffentliche Baudarlehen verschiedener Gläubiger. (1) [1] Sind für die Wohnungen des Gebäudes oder der Wirtschaftseinheit öffentliche Baudarlehen von verschiedenen Gläubigern gewährt worden und wird für diese Baudarlehen eine höhere Verzinsung nach § 18 a verlangt, so haben die Gläubiger möglichst einheitliche Zinssätze festzusetzen und diese so zu bemessen, dass sich die zulässige Durchschnittsmiete nicht um mehr, als nach § 18 a Abs. 3 zulässig ist, erhöht. [2] Werden die Zinssätze für diese öffentlichen Baudarlehen nacheinander erhöht und würde durch die spätere Erhöhung des Zinssatzes für eines dieser Darlehen die Durchschnittsmiete über den nach § 18 a

Abs. 3 zulässigen Umfang hinaus erhöht werden, so ist auf Verlangen des Gläubigers dieses Darlehens der vorher erhöhte Zinssatz für die anderen Darlehen so weit herabzusetzen, dass bei möglichst einheitlichem Zinssatz der öffentlichen Baudarlehen der nach § 18a Abs. 3 zulässige Erhöhungsbetrag nicht überschritten wird; die Herabsetzung darf frühestens von dem Zeitpunkt an verlangt werden, von dem an die spätere Zinserhöhung wirksam werden soll.

(2) [1]Die für das Wohnungs- und Siedlungswesen zuständigen obersten Landesbehörden treffen die näheren Bestimmungen über die Festsetzung der Zinssätze nach Absatz 1. [2]Im Übrigen gelten die Vorschriften des § 18b sinngemäß.

§ 18d Zins- und Tilgungshilfen sowie Zuschüsse und Darlehen zur Deckung der laufenden Aufwendungen. (1) [1]Sind vor dem 1. Januar 1960 neben oder an Stelle eines öffentlichen Baudarlehens Zins- und Tilgungshilfen aus öffentlichen Mitteln für ein zur Deckung der Gesamtkosten aufgenommenes Darlehen bewilligt worden, so kann die Zins- und Tilgungshilfe so weit herabgesetzt werden, dass der Darlehnsschuldner für das Darlehen eine Verzinsung bis höchstens 8 vom Hundert jährlich auf den ursprünglichen Darlehnsbetrag selbst zu erbringen hat, wenn dies durch landesrechtliche Regelung in einem Gesetz oder einer Verordnung der Landesregierung bestimmt ist. [2]Erfolgte die Bewilligung nach dem 31. Dezember 1959, jedoch vor dem 1. Januar 1970, so kann unter den gleichen Voraussetzungen die Zins- und Tilgungshilfe so weit herabgesetzt werden, dass der Darlehnsschuldner für das Darlehen eine Verzinsung bis höchstens 6 vom Hundert jährlich auf den ursprünglichen Darlehnsbetrag selbst zu erbringen hat. [3]Die Sätze 1 und 2 gelten auch, wenn eine Einstellung oder Herabsetzung vertraglich ausdrücklich ausgeschlossen ist. [4]Die Vorschriften des § 18a Abs. 3 bis 5 gelten entsprechend. [5]Verbleibt nach der Herabsetzung eine Zins- und Tilgungshilfe von weniger als insgesamt 60 Euro je Wohnung jährlich, so entfällt diese.

(2) Für die Durchführung des Absatzes 1 gelten die Vorschriften des § 18b sinngemäß.

(3) Sind von verschiedenen Gläubigern aus öffentlichen Mitteln Zins- und Tilgungshilfen nebeneinander oder Zins- und Tilgungshilfen neben öffentlichen Baudarlehen gewährt worden, so ist auch § 18c sinngemäß anzuwenden.

(4) [1]Sind vor dem 1. Januar 1970 neben oder an Stelle eines öffentlichen Baudarlehens oder einer Zins- und Tilgungshilfe Zuschüsse oder Darlehen zur Deckung der laufenden Aufwendungen bewilligt worden, so können die Zuschüsse herabgesetzt oder für Darlehen die Zinsen nach Maßgabe des § 18a Abs. 1 und 2 erhöht werden, wenn dies durch landesrechtliche Regelung in einem Gesetz oder einer Verordnung der Landesregierung bestimmt ist. [2]Dies gilt auch, wenn nach dem Bewilligungsbescheid eine Herabsetzung oder Höherverzinsung zu diesem Zeitpunkt oder in diesem Umfang nicht vorgesehen oder vertraglich ausdrücklich ausgeschlossen ist. [3]Die Vorschriften des § 18a Abs. 3 bis 5 gelten entsprechend.

§ 18e[1)] Entsprechende Anwendung für öffentliche Mittel im Bereich des Bergarbeiterwohnungsbaus. [1]Die Vorschriften der §§ 18a bis 18d gelten entsprechend für öffentliche Baudarlehen und Zins- und Tilgungshilfen, die nach dem Gesetz zur Förderung des Bergarbeiterwohnungsbaus im Kohlenbergbau aus Mitteln des Treuhandvermögens des Bundes bewilligt worden sind. [2]Die in § 18b Abs. 1 bezeichneten Aufgaben obliegen dem Bundesministerium des Innern, für Bau und Heimat im Benehmen mit den für das Wohnungs- und Siedlungswesen zuständigen obersten Landesbehörden. [3]Das Bundesministerium des Innern, für Bau und Heimat wird ermächtigt, die Bestimmungen nach § 18a Abs. 1 bis 3 und 5 sowie nach § 18d durch Rechtsverordnung[2)] mit Zustimmung des Bundesrates zu treffen.

§ 18f Mieterhöhung. (1) [1]Für die Durchführung einer Mieterhöhung auf Grund der höheren Verzinsung oder der Herabsetzung der Zins- und Tilgungshilfen oder der Zuschüsse zur Deckung der laufenden Aufwendungen nach den §§ 18a bis 18e finden die Vorschriften des § 10 Abs. 1, 2 und 4 Anwendung. [2]Soweit sich eine Mieterhöhung nur auf Grund der §§ 18a bis 18e ergibt, braucht der Vermieter jedoch abweichend von § 10 Abs. 1 der Erklärung eine Wirtschaftlichkeitsberechnung oder einen Auszug daraus oder eine Zusatzberechnung nicht beizufügen; er hat dem Mieter auf Verlangen Einsicht in die Mitteilung der darlehnsverwaltenden Stelle nach § 18b Abs. 3 und, soweit eine Wirtschaftlichkeitsberechnung aufzustellen ist, auch in diese zu gewähren.

(2) Für Mieterhöhungen auf Grund der §§ 18a bis 18e ist eine vertragliche Vereinbarung, wonach eine höhere Miete für eine zurückliegende Zeit verlangt werden kann, unwirksam.

Fünfter Abschnitt. Schlussvorschriften

§ 19 Gleichstellungen. (1) Die Vorschriften dieses Gesetzes für Wohnungen gelten für einzelne öffentlich geförderte Wohnräume entsprechend, soweit sich nicht aus Inhalt oder Zweck der Vorschriften etwas anderes ergibt.

(2) [1]Dem Vermieter einer öffentlich geförderten Wohnung steht derjenige gleich, der die Wohnung einem Wohnungsuchenden auf Grund eines anderen Schuldverhältnisses, insbesondere eines genossenschaftlichen Nutzungsverhältnisses, zum Gebrauch überlässt. [2]Dem Mieter einer öffentlich geförderten Wohnung steht derjenige gleich, der die Wohnung auf Grund eines anderen Schuldverhältnisses, insbesondere eines genossenschaftlichen Nutzungsverhältnisses, bewohnt.

(3) Dem Verfügungsberechtigten steht ein von ihm Beauftragter gleich.

(4) Dem Bauherrn eines Kaufeigenheimes oder einer Kaufeigentumswohnung steht der Bewerber gleich, wenn diesem die öffentlichen Mittel nach den Vorschriften des Zweiten Wohnungsbaugesetzes bewilligt worden sind.

§ 20 Wohnheime. Die Vorschriften dieses Gesetzes gelten nicht für öffentlich geförderte Wohnheime.

[1)] § 18e Sätze 2 und 3 geänd. mWv 8.11.2006 durch VO v. 31.10.2006 (BGBl. I S. 2407); Sätze 2 und 3 geänd. mWv 8.9.2015 durch VO v. 31.8.2015 (BGBl. I S. 1474); Sätze 2, 3 geänd. mWv 27.6.2020 durch VO v. 19.6.2020 (BGBl. I S. 1328).

[2)] Siehe VO über die Erhebung der Zinsen für Darlehen des Bundes zum Bergarbeiterwohnungsbau (BergWoZErhV) v. 11.10.1982 (BGBl. I S. 1400).

§ 21 Untermietverhältnisse. (1) [1]Die Vorschriften dieses Gesetzes gelten sinngemäß für den Inhaber einer öffentlich geförderten Wohnung, wenn dieser die Wohnung ganz oder mit mehr als der Hälfte der Wohnfläche untervermietet. [2]Wird nur ein Teil der Wohnung untervermietet, finden jedoch die Vorschriften des § 4 Abs. 1, 4 und 5 sowie der §§ 5a und 7 Abs. 3 in Verbindung mit § 27 Abs. 7 Satz 1 Nr. 1 und 2 des Wohnraumförderungsgesetzes[1)] keine Anwendung.

(2) Vermietet der Verfügungsberechtigte einen Teil der von ihm genutzten Wohnung, sind die Vorschriften dieses Gesetzes nur anzuwenden, wenn mehr als die Hälfte der Wohnfläche vermietet wird; die Vorschriften des § 4 Abs. 1, 4 und 5 sowie der §§ 5a und 7Abs. 3 in Verbindung mit § 27 Abs. 7 Satz 1 Nr. 1 und 2 des Wohnraumförderungsgesetzes finden jedoch keine Anwendung.

§ 22[2)] Bergarbeiterwohnungen. (1) Für die in § 2 Abs. 2 Nr. 2 des Wohnraumförderung-Überleitungsgesetzes bezeichneten Wohnungen sind die Vorschriften dieses Gesetzes nach Maßgabe der Absätze 2 bis 4 anzuwenden.

(2) An die Stelle der Wohnberechtigung im öffentlich geförderten sozialen Wohnungsbau im Sinne des § 5 dieses Gesetzes in Verbindung mit § 27 Abs. 2 und 3 des Wohnraumförderungsgesetzes[1)] tritt die Wohnberechtigung nach § 4 Abs. 1 Buchstabe a, b oder c des Gesetzes zur Förderung des Bergarbeiterwohnungsbaus im Kohlenbergbau.

(3) Der Verfügungsberechtigte darf eine Bergarbeiterwohnung einem Wohnungsberechtigten im Sinne des § 4 Abs. 1 Buchstabe d des Gesetzes zur Förderung des Bergarbeiterwohnungsbaus im Kohlenbergbau oder einem Nichtwohnungsberechtigten vermieten oder überlassen,

a) wenn die zuständige Stelle diesem eine Bescheinigung über die Wohnberechtigung im Kohlenbergbau unter den Voraussetzungen des § 6 Abs. 2 des Gesetzes zur Förderung des Bergarbeiterwohnungsbaus im Kohlenbergbau erteilt hat oder

b) wenn die zuständige Stelle eine Freistellung von der Zweckbindung der Bergarbeiterwohnung unter den Voraussetzungen des § 6 Abs. 3 oder 4 des Gesetzes zur Förderung des Bergarbeiterwohnungsbaus im Kohlenbergbau zugunsten von Wohnberechtigten im Sinne des Wohnungsbindungsgesetzes oder entsprechender landesrechtlicher Vorschriften ausgesprochen hat.

(4) Ist bei den in § 5 Abs. 2 des Gesetzes zur Förderung des Bergarbeiterwohnungsbaus im Kohlenbergbau bezeichneten Wohnungen die Zweckbindung zugunsten von Wohnungsberechtigten im Kohlenbergbau beendet, so sind hinsichtlich der Zweckbindung die Vorschriften der §§ 4 bis 7 dieses Gesetzes oder entsprechende landesrechtliche Vorschriften anzuwenden; der

(Fortsetzung nächstes Blatt)

[1)] *Nr. 355.*

[2)] § 22 Abs. 1 geänd. mWv 1.1.2007 durch G v. 5.9.2006 (BGBl. I S. 2098); Abs. 3 Buchst. b und Abs. 4 erster Halbs. geänd. mWv 16.11.2012 durch G v. 9.11.2012 (BGBl. I S. 2291).

Verfügungsberechtigte darf die Wohnung jedoch auch einem Wohnungsberechtigten im Sinne des § 4 Abs. 1 Buchstabe a bis c des Gesetzes zur Förderung des Bergarbeiterwohnungsbaus im Kohlenbergbau vermieten oder überlassen.

§ 23 Erweiterter Anwendungsbereich. Die Vorschriften der §§ 13 bis 18 über den Beginn und das Ende der Eigenschaft „öffentlich gefördert" gelten auch für die Anwendung von Rechtsvorschriften außerhalb dieses Gesetzes, sofern nicht in jenen Rechtsvorschriften ausdrücklich etwas anderes bestimmt ist.

§ 24 Verwaltungszwang. Verwaltungsakte der zuständigen Stelle können im Wege des Verwaltungszwanges vollzogen werden.

§ 25 Maßnahmen bei Gesetzesverstößen. (1) [1] Für die Zeit, während der der Verfügungsberechtigte schuldhaft gegen die Vorschriften der §§ 4, 7 Abs. 3, des § 8 Abs. 1 und 3, des § 8 a, 8 b, 9 oder 21 oder gegen die nach § 5 a erlassenen Vorschriften verstößt, kann die zuständige Stelle durch Verwaltungsakt von dem Verfügungsberechtigten Geldleistungen bis zu 5 Euro je Quadratmeter Wohnfläche der Wohnung monatlich, auf die sich der Verstoß bezieht, erheben. [2] Für die Bemessung der Geldleistungen sind ausschließlich der Wohnwert der Wohnung und die Schwere des Verstoßes maßgebend.

(2) [1] Bei einem schuldhaften Verstoß des Verfügungsberechtigten gegen die in Absatz 1 bezeichneten Vorschriften kann der Gläubiger die als Darlehen bewilligten öffentlichen Mittel fristlos kündigen; er soll sie bei einem Verstoß gegen § 7 Abs. 3 in Verbindung mit § 27 Abs. 7 Satz 1 Nr. 3 des Wohnraumförderungsgesetzes[1)] kündigen. [2] Zuschüsse zur Deckung der laufenden Aufwendungen und Zinszuschüsse können für die in Absatz 1 bezeichnete Zeit zurückgefordert werden. [3] Soweit Darlehen oder Zuschüsse bewilligt, aber noch nicht ausgezahlt sind, kann die Bewilligung widerrufen werden.

(3) Die Befugnisse nach den Absätzen 1 und 2 sollen nicht geltend gemacht werden, wenn die Geltendmachung unter Berücksichtigung der Verhältnisse des Einzelfalls, namentlich der Bedeutung des Verstoßes, unbillig sein würde.

(4) Die zuständige Stelle hat die nach Absatz 1 eingezogenen Geldleistungen an die Stelle abzuführen, welche die für das Wohnungs- und Siedlungswesen zuständige oberste Landesbehörde bestimmt; sie sind für den öffentlich geförderten sozialen Wohnungsbau einzusetzen.

§ 26 Ordnungswidrigkeiten. (1) Ordnungswidrig handelt, wer

1. entgegen § 2 in Verbindung mit § 32 Abs. 3 Satz 1 des Wohnraumförderungsgesetzes[1)] eine Mitteilung nicht, nicht richtig, nicht vollständig oder nicht rechtzeitig macht,
2. eine Wohnung entgegen § 4 Abs. 2 bis 5 oder entgegen den nach § 5 a erlassenen Vorschriften zum Gebrauch überlässt oder belässt,
3. entgegen § 7 Abs. 3 in Verbindung mit § 27 Abs. 7 Satz 1 Nr. 1 oder 2 des Wohnraumförderungsgesetzes eine Wohnung selbst nutzt oder nicht nur vorübergehend, mindestens drei Monate, leer stehen lässt,

---

[1)] Nr. **355**.

4. für die Überlassung einer Wohnung ein höheres Entgelt fordert, sich versprechen lässt oder annimmt, als nach den §§ 8 bis 9 zulässig ist, oder
5. entgegen § 7 Abs. 3 in Verbindung mit § 27 Abs. 7 Satz 1 Nr. 3 des Wohnraumförderungsgesetzes eine Wohnung anderen als Wohnzwecken zuführt oder entsprechend baulich ändert.

(2) Die Ordnungswidrigkeit kann in den Fällen des Absatzes 1 Nr. 1 mit einer Geldbuße bis zu zweitausendfünfhundert Euro je Wohnung, in den Fällen des Absatzes 1 Nr. 2 und 3 mit einer Geldbuße bis zu zehntausend Euro, in den Fällen des Absatzes 1 Nr. 4 mit einer Geldbuße bis zu fünfzehntausend Euro und in den Fällen des Absatzes 1 Nr. 5 mit einer Geldbuße bis zu fünfzigtausend Euro geahndet werden.

(3) Die Ordnungswidrigkeit nach Absatz 1 Nr. 4 kann mit einer Geldbuße bis zu fünfzigtausend Euro geahndet werden, wenn jemand vorsätzlich oder leichtfertig ein wesentlich höheres Entgelt fordert, sich versprechen lässt oder annimmt, als nach den §§ 8 bis 9 zulässig ist.

§ 27 Weitergehende Verpflichtungen. 1 Weitergehende vertragliche Verpflichtungen der in diesem Gesetz bestimmten Art, die im Zusammenhang mit der Gewährung öffentlicher Mittel vertraglich begründet worden sind oder begründet werden, bleiben wirksam, soweit sie über die Verpflichtungen aus diesem Gesetz hinausgehen; andersartige vertragliche Verpflichtungen bleiben unberührt. 2 Satz 1 gilt nicht für Strafversprechen und Ansprüche auf erhöhte Verzinsung wegen eines Verstoßes gegen die in § 25 Abs. 1 bezeichneten Vorschriften, sofern Geldleistungen nach § 25 Abs. 1 entrichtet worden sind.

§ 28[1] Ermächtigungen. (1) 1 Die Landesregierungen werden ermächtigt, zur Durchführung der §§ 8 bis 9 und des § 18 f durch Rechtsverordnung[2] Vorschriften zu erlassen über

a) die Berechnung der Wirtschaftlichkeit, namentlich auch über die Ermittlung und Anerkennung der Gesamtkosten der Finanzierungsmittel, der laufenden Aufwendungen (Kapitalkosten und Bewirtschaftungskosten) und der Erträge, die Ermittlung und Anerkennung von Änderungen der Kosten und Finanzierungsmittel, die Begrenzung der Ansätze und Ausweise sowie die Bewertung der Eigenleistung,
b) die Zulässigkeit und Berechnung von Umlagen, Vergütungen und Zuschlägen,
c) die Berechnung von Wohnflächen,
d) die Genehmigung zum Übergang von der Vergleichsmiete zur Kostenmiete,
e) die Mietpreisbildung und Mietpreisüberwachung.

2 In der Rechtsverordnung ist vorzusehen, dass

a) in Fällen, in denen die als Darlehen gewährten öffentlichen Mittel nach § 16 vorzeitig zurückgezahlt und durch andere Finanzierungsmittel ersetzt

---

1) *§ 28 Abs. 1 einl. Satzteil geänd. und Abs. 3* angef. mWv 1. 1. 2007 durch G v. 5. 9. 2006 (BGBl. I S. 2098).

2) Siehe die NeubaumietenVO 1970 und die II. BerechnungsVO (**Sartorius ErgBd. Nr. 357**)).

worden sind, für die neuen Finanzierungsmittel keine höhere Verzinsung angesetzt werden darf, als im Zeitpunkt der Rückzahlung für das öffentliche Baudarlehen zu entrichten war, solange die Bindung nach § 8 besteht;

b) in Fällen, in denen nach § 15 Abs. 2 Satz 2 oder § 16 Abs. 2 oder 7 nur noch einzelne Wohnungen eines Gebäudes als öffentlich gefördert gelten, für die Ermittlung der Kostenmiete dieser Wohnungen die bisherige Art der Wirtschaftlichkeitsberechnung und die im öffentlich geförderten sozialen Wohnungsbau zulässigen Ansätze für Gesamtkosten, Finanzierungsmittel und laufende Aufwendungen weiterhin in der Weise maßgebend bleiben, wie sie für alle bisherigen öffentlich geförderten Wohnungen des Gebäudes maßgebend gewesen wären.

(2) Im Rahmen der Ermächtigung nach Absatz 1 kann die Zweite Berechnungsverordnung[1)] entsprechend geändert und ergänzt werden.

(3) Die Landesregierungen können die Ermächtigung nach Absatz 1 durch Rechtsverordnung auf eine oberste Landesbehörde übertragen.

§ 29 Einschränkung des Grundrechts der Unverletzlichkeit der Wohnung. Durch dieses Gesetz wird das Grundrecht der Unverletzlichkeit der Wohnung (Artikel 13 des Grundgesetzes[2)]) eingeschränkt.

§ 30 Geltung im Saarland. Dieses Gesetz gilt nicht im Saarland.

§§ 31 bis 33 a und 34 (weggefallen)

[1)] **Sartorius ErgBd. Nr. 357.**
[2)] Nr. 1.

390. Gesetz zur Förderung von Jugendfreiwilligendiensten (Jugendfreiwilligendienstegesetz – JFDG)[1)]

Vom 16. Mai 2008
(BGBl. I S. 842)

FNA 2160-3

geänd. durch Art. 30 G zur Verbesserung der Eingliederungschancen am Arbeitsmarkt v. 20.12.2011 (BGBl. I S. 2854), Art. 2 G zur Einführung einer Teilzeitmöglichkeit in den Jugendfreiwilligendiensten sowie im Bundesfreiwilligendienst für Personen vor Vollendung des 27. Lebensjahres v. 6.5.2019 (BGBl. I S. 644), Art. 35 Zweites Datenschutz-Anpassungs- und UmsetzungsG EU v. 20.11.2019 (BGBl. I S. 1626), Art. 47 G zur Regelung des Sozialen Entschädigungsrechts v. 12.12.2019 (BGBl. I S. 2652, geänd. BGBl. 2021 I S. 3932), Art. 79 G über die Entschädigung der Soldatinnen und Soldaten und zur Neuordnung des Soldatenversorgungsrechts v. 20.8.2021 (BGBl. I S. 3932) und Art. 1, Art. 2 Freiwilligen-TeilzeitG v. 23.5.2024 (BGBl. 2024 I Nr. 170)

§ 1 Fördervoraussetzungen. (1) [1]Jugendfreiwilligendienste fördern die Bildungsfähigkeit der Jugendlichen und gehören zu den besonderen Formen des bürgerschaftlichen Engagements. [2]Ein Jugendfreiwilligendienst wird gefördert, wenn die in den §§ 2 bis 8 genannten Voraussetzungen erfüllt sind und der Dienst von einem nach § 10 zugelassenen Träger durchgeführt wird. [3]Die Förderung dient dazu, die Härten und Nachteile zu beseitigen, die mit der Ableistung des Jugendfreiwilligendienstes im Sinne dieses Gesetzes verbunden sind.

(2) Jugendfreiwilligendienste im Sinne des Gesetzes sind das freiwillige soziale Jahr (FSJ) und das freiwillige ökologische Jahr (FÖJ).

§ 2[2)] Freiwillige. (1) [1]Freiwillige im Sinne dieses Gesetzes sind Personen, die

1. die Vollzeitschulpflicht erfüllt haben, aber das 27. Lebensjahr noch nicht vollendet haben,
2. einen freiwilligen Dienst leisten ohne Erwerbsabsicht, außerhalb einer Berufsausbildung und vergleichbar
   a) einer Vollzeitbeschäftigung oder
   b) einer Teilzeitbeschäftigung von mehr als 20 Stunden pro Woche,
3. sich auf Grund einer Vereinbarung nach § 11 zur Leistung des freiwilligen Dienstes für eine Zeit von mindestens sechs Monaten und höchstens 24 Monaten verpflichtet haben und
4. für den Dienst nur folgende Geld- und Sachleistungen erhalten dürfen:
   a) ein angemessenes Taschengeld,
   b) unentgeltliche Unterkunft, Verpflegung und Arbeitskleidung oder entsprechende Geldersatzleistungen sowie
   c) Mobilitätszuschläge oder entsprechende Sachleistungen.

[2]Angemessen ist ein monatliches Taschengeld, das 8 Prozent der in der allgemeinen Rentenversicherung monatlich geltenden Beitragsbemessungsgrenze nicht übersteigt. [3]Bei einem freiwilligen Dienst vergleichbar einer Teilzeitbeschäftigung ist das Taschengeld zu kürzen.

---

1) Verkündet als Art. 1 G v. 16.5.2008 (BGBl. I S. 842); Inkrafttreten gem. Art. 3 dieses G am 1.6.2008.

2) § 2 Abs. 1 neu gef., Abs. 2 geänd. mWv 11.5.2019 durch G v. 6.5.2019 (BGBl. I S. 644); Abs. 1 Satz 1 Nr. 2 und 4, Sätze 2 und 3 neu gef. mWv 29.5.2024 durch G v. 23.5.2024 (BGBl. 2024 I Nr. 170).

(2) Als Freiwillige gelten auch Personen, die durch einen nach § 10 zugelassenen Träger des Jugendfreiwilligendienstes darauf vorbereitet werden, einen Jugendfreiwilligendienst im Ausland zu leisten (Vorbereitungsdienst), für den Vorbereitungsdienst nur Leistungen erhalten, die dieses Gesetz vorsieht, und neben dem Vorbereitungsdienst keine Tätigkeit gegen Entgelt ausüben sowie die Voraussetzungen des Absatzes 1 Nummer 1 und 3 erfüllen.

§ 3[1)] Freiwilliges soziales Jahr. (1) Das freiwillige soziale Jahr wird als überwiegend praktische Hilfstätigkeit, die an Lernzielen orientiert ist, in gemeinwohlorientierten Einrichtungen geleistet, insbesondere in Einrichtungen der Wohlfahrtspflege, in Einrichtungen der Kinder- und Jugendhilfe, einschließlich der Einrichtungen für außerschulische Jugendbildung und Einrichtungen für Jugendarbeit, in Einrichtungen der Gesundheitspflege, in Einrichtungen der Kultur und Denkmalpflege oder in Einrichtungen des Sports.

(2) [1] Das freiwillige soziale Jahr wird pädagogisch begleitet. [2] Die pädagogische Begleitung wird von einer zentralen Stelle eines nach § 10 zugelassenen Trägers des Jugendfreiwilligendienstes sichergestellt mit dem Ziel, soziale, kulturelle und interkulturelle Kompetenzen zu vermitteln und das Verantwortungsbewusstsein für das Gemeinwohl zu stärken.

§ 4[2)] Freiwilliges ökologisches Jahr. (1) Das freiwillige ökologische Jahr wird als überwiegend praktische Hilfstätigkeit, die an Lernzielen orientiert ist, in geeigneten Stellen und Einrichtungen geleistet, die im Bereich des Natur- und Umweltschutzes einschließlich der Bildung zur Nachhaltigkeit tätig sind.

(2) [1] Das freiwillige ökologische Jahr wird pädagogisch begleitet. [2] Die pädagogische Begleitung wird von einer zentralen Stelle eines nach § 10 zugelassenen Trägers des Jugendfreiwilligendienstes sichergestellt mit dem Ziel, soziale, kulturelle und interkulturelle Kompetenzen zu vermitteln und das Verantwortungsbewusstsein für das Gemeinwohl zu stärken. [3] Im freiwilligen ökologischen Jahr sollen insbesondere der nachhaltige Umgang mit Natur und Umwelt gestärkt und Umweltbewusstsein entwickelt werden, um ein kompetentes Handeln für Natur und Umwelt zu fördern.

§ 5[3)] Jugendfreiwilligendienste im Inland. (1) [1] Das freiwillige soziale Jahr und das freiwillige ökologische Jahr im Inland werden in der Regel für eine Dauer von zwölf zusammenhängenden Monaten geleistet. [2] Die Mindestdauer bei demselben nach § 10 anerkannten Träger beträgt sechs Monate, der Dienst kann bis zu der Gesamtdauer von insgesamt 18 Monaten verlängert werden. [3] Der Träger kann den Jugendfreiwilligendienst im Rahmen des pädagogischen Gesamtkonzepts auch unterbrochen zur Ableistung in Abschnitten anbieten, wenn ein Abschnitt mindestens drei Monate dauert.

(2) [1] Die pädagogische Begleitung umfasst die an Lernzielen orientierte fachliche Anleitung der Freiwilligen durch die Einsatzstelle, die individuelle Betreuung durch pädagogische Kräfte des Trägers und durch die Einsatzstelle sowie die Seminararbeit. [2] Es werden ein Einführungs-, ein Zwischen- und ein Abschlussseminar durchgeführt, deren Mindestdauer je fünf Tage beträgt. [3] Die Gesamtdauer der Seminare beträgt bezogen auf eine zwölfmonatige Teilnahme am Jugendfrei-

[1)] § 3 Abs. 1 geänd. mWv 11.5.2019 durch G v. 6.5.2019 (BGBl. I S. 644).
[2)] § 4 Abs. 1 geänd. mWv 11.5.2019 durch G v. 6.5.2019 (BGBl. I S. 644).
[3)] § 5 Abs. 3 Satz 3 angef. mWv 11.5.2019 durch G v. 6.5.2019 (BGBl. I S. 644); Abs. 2 Sätze 5-7 neu gef., Sätze 8 und 9 angef. mWv 29.5.2024 durch G v. 23.5.2024 (BGBl. 2024 I Nr. 170).

willigendienst mindestens 25 Tage. 4 Wird ein Dienst über den Zeitraum von zwölf Monaten hinaus vereinbart oder verlängert, erhöht sich die Zahl der Seminartage um mindestens einen Tag je Monat der Verlängerung. 5 Die Teilnahme an den Seminaren ist Pflicht. 6 Die Seminarzeit gilt als Dienstzeit. 7 An den Seminartagen gilt die regelmäßige Dienstzeit des jeweiligen Tages als geleistet. 8 Fallen Seminartage auf Tage, die ansonsten für die an dem Seminar teilnehmende Person in der Einsatzstelle dienstfrei wären, so erhält die teilnehmende Person die gleiche Anzahl an dienstfreien Tagen als Ersatz. 9 Die Freiwilligen wirken an der inhaltlichen Gestaltung und der Durchführung der Seminare mit.

(3) 1 Bis zu einer Höchstdauer von insgesamt 18 Monaten können ein freiwilliges soziales Jahr und ein freiwilliges ökologisches Jahr mit einer Mindestdienstdauer von sechs Monaten nacheinander geleistet werden. 2 In diesem Fall richtet sich die Zahl der Seminartage für jeden einzelnen Dienst nach Absatz 2. 3 Auf die Gesamtdauer ist ein Bundesfreiwilligendienst nach dem Bundesfreiwilligendienstgesetz[1)] anzurechnen.

(4) 1 Zur Durchführung des Jugendfreiwilligendienstes nach diesem Gesetz schließen zugelassene Träger und Einsatzstellen eine vertragliche Vereinbarung. 2 Die Vereinbarung legt fest, in welcher Weise Träger und Einsatzstellen die Ziele des Dienstes, insbesondere soziale Kompetenz, Persönlichkeitsbildung sowie die Förderung der Bildungs- und Beschäftigungsfähigkeit der Freiwilligen gemeinsam verfolgen.

§ 6[2)] Jugendfreiwilligendienst im Ausland. (1) Ein freiwilliges soziales Jahr oder ein freiwilliges ökologisches Jahr im Sinne dieses Gesetzes kann auch im Ausland geleistet werden.

(2) 1 Der Jugendfreiwilligendienst im Ausland wird als Dienst gemäß § 2 Abs. 1 Nr. 1 und ausschließlich ununterbrochen geleistet. 2 § 5 gilt entsprechend, soweit keine abweichenden Regelungen für den Jugendfreiwilligendienst im Ausland vorgesehen sind. 3 Zum freiwilligen sozialen Jahr im Ausland gehört insbesondere auch der Dienst für Frieden und Versöhnung. 4 Der Jugendfreiwilligendienst im Ausland wird nach Maßgabe der Nummern 1 bis 3 pädagogisch begleitet:

1. Die pädagogische Begleitung wird von einem nach § 10 zugelassenen Träger sichergestellt,
2. zur Vorbereitung auf den Jugendfreiwilligendienst und während des Dienstes im Ausland erfolgt die pädagogische Begleitung in Form von Bildungsmaßnahmen (Seminaren oder pädagogischen Veranstaltungen), durch fachliche Anleitung durch die Einsatzstelle und die individuelle Betreuung durch pädagogische Kräfte der Einsatzstelle oder des Trägers; die Freiwilligen wirken an der inhaltlichen Gestaltung und Durchführung der Bildungsmaßnahmen mit,
3. die Gesamtdauer der Bildungsmaßnahmen beträgt, bezogen auf eine zwölfmonatige Teilnahme am Jugendfreiwilligendienst im Ausland, mindestens fünf Wochen.

5 Die pädagogische Begleitung soll in der Weise erfolgen, dass jeweils in der Bundesrepublik Deutschland vorbereitende Veranstaltungen von mindestens vierwöchiger Dauer und nachbereitende Veranstaltungen von mindestens einwöchiger Dauer stattfinden. 6 Falls der Träger ein Zwischenseminar im Ausland sicherstellen

1) Nr. **627**.

2) § 6 Abs. 2 Satz 1 geänd., Abs. 3 Satz 3 neu gef., Satz 4 angef. mWv 11.5.2019 durch G v. 6.5.2019 (BGBl. I S. 644).

kann, das regelmäßig bis zu zwei Wochen dauern kann, verkürzen sich die vorbereitenden Veranstaltungen entsprechend. [7] Die Teilnahme an den Bildungsmaßnahmen gilt als Dienstzeit. [8] Die Teilnahme ist Pflicht.

(3) [1] Der Dienst muss nach Maßgabe des § 11 Abs. 1 mit dem Träger vereinbart und gestaltet werden. [2] § 11 Abs. 2 findet keine Anwendung. [3] Die Höchstdauer der Entsendung beträgt 18 Monate. [4] Für die Zahl zusätzlicher Seminartage gilt § 5 Absatz 2 Satz 3 und 4 entsprechend.

§ 7[1)] Kombinierter Jugendfreiwilligendienst. [1] Ein kombinierter Jugendfreiwilligendienst im In- und Ausland kann vom Träger angeboten werden, wenn insgesamt eine Dauer von 18 zusammenhängenden Monaten nicht überschritten wird und die Einsatzabschnitte im In- und Ausland jeweils mindestens drei Monate dauern. [2] Der Dienst ist für den Gesamtzeitraum nach § 11 Abs. 1 mit dem Träger zu vereinbaren und zu gestalten. [3] § 11 Abs. 2 findet keine Anwendung. [4] Die pädagogische Begleitung soll nach Maßgabe des § 6 erfolgen; Zwischenseminare können auch im Inland stattfinden. [5] § 5 Abs. 2 gilt für kürzer oder länger als zwölf Monate dauernde Dienste entsprechend.

§ 8[2)] Zeitliche Ausnahmen. Der Jugendfreiwilligendienst nach den §§ 5, 6 und 7 kann ausnahmsweise bis zu einer Dauer von 24 Monaten geleistet werden, wenn dies im Rahmen eines besonderen pädagogischen Konzepts begründet ist.

§ 9[3)] *(aufgehoben)*

§ 10 Träger. (1) Als Träger des freiwilligen sozialen Jahres im Inland im Sinne dieses Gesetzes sind zugelassen:

1. die Verbände, die in der Bundesarbeitsgemeinschaft der freien Wohlfahrtspflege zusammengeschlossen sind, und ihre Untergliederungen,
2. Religionsgemeinschaften mit dem Status einer öffentlich-rechtlichen Körperschaft und
3. die Gebietskörperschaften sowie nach näherer Bestimmung der Länder sonstige Körperschaften des öffentlichen Rechts.

(2) Als weitere Träger des freiwilligen sozialen Jahres im Inland und als Träger des freiwilligen ökologischen Jahres im Inland im Sinne dieses Gesetzes kann die zuständige Landesbehörde solche Einrichtungen zulassen, die für eine den Bestimmungen der §§ 2, 3 oder 4 und 5 entsprechende Durchführung Gewähr bieten.

(3) [1] Als Träger des freiwilligen sozialen Jahres im Ausland oder als Träger des freiwilligen ökologischen Jahres im Ausland im Sinne dieses Gesetzes werden juristische Personen zugelassen, die

1. Maßnahmen im Sinne der §§ 6 oder 7 durchführen und Freiwillige für einen Dienst im Ausland vorbereiten, entsenden und betreuen,
2. Gewähr dafür bieten, dass sie auf Grund ihrer nachgewiesenen Auslandserfahrungen ihre Aufgabe auf Dauer erfüllen und den ihnen nach dem Gesetz obliegenden Verpflichtungen nachkommen,
3. ausschließlich und unmittelbar steuerbegünstigten Zwecken im Sinne der §§ 51 bis 68 der Abgabenordnung dienen und
4. ihren Sitz in der Bundesrepublik Deutschland haben.

---

1) § 7 Satz 1 neu gef. mWv 11.5.2019 durch G v. 6.5.2019 (BGBl. I S. 644).
2) § 8 Satz 1 geänd., Satz 2 aufgeh. mWv 11.5.2019 durch G v. 6.5.2019 (BGBl. I S. 644).
3) § 9 aufgeh. mWv 1.1.2025 durch G v. 23.5.2024 (BGBl. 2024 I Nr. 170).

[2] Über die Zulassung eines Trägers des freiwilligen sozialen Jahres im Ausland und über die Zulassung eines Trägers des freiwilligen ökologischen Jahres im Ausland entscheidet die zuständige Landesbehörde.

(4) [1] Die zuständige Landesbehörde hat die Zulassung von Trägern im Sinne dieses Gesetzes zu widerrufen, wenn eine der in Absatz 2 oder 3 genannten Voraussetzungen nicht mehr vorliegt. [2] Die Zulassung kann auch aus anderen wichtigen Gründen widerrufen werden, insbesondere, wenn eine Auflage nicht erfüllt worden ist. [3] Durch den Widerruf oder die Rücknahme der Zulassung werden die Rechte der Freiwilligen nach diesem Gesetz nicht berührt.

(5) Bestehende Zulassungen von Trägern nach dem Gesetz zur Förderung eines freiwilligen sozialen Jahres oder nach dem Gesetz zur Förderung eines freiwilligen ökologischen Jahres bleiben unberührt.

§ 11[1)] Vereinbarung, Bescheinigung, Zeugnis. (1) [1] Der zugelassene Träger des Jugendfreiwilligendienstes und die oder der Freiwillige schließen vor Beginn des Jugendfreiwilligendienstes eine schriftliche Vereinbarung ab. [2] Sie muss enthalten:

1. Vor- und Familienname, Geburtsdatum und Anschrift der oder des Freiwilligen,
2. die Bezeichnung des Trägers des Jugendfreiwilligendienstes und der Einsatzstelle,
3. die Angabe des Zeitraumes, für den die oder der Freiwillige sich zum Jugendfreiwilligendienst verpflichtet hat, sowie Regelungen für den Fall der vorzeitigen Beendigung des Dienstes,
4. die Erklärung, dass die Bestimmungen dieses Gesetzes während der Durchführung des Jugendfreiwilligendienstes einzuhalten sind,
5. die Angabe des Zulassungsbescheides des Trägers oder der gesetzlichen Zulassung,
6. Angaben zur Art und Höhe der Geld- und Sachleistungen,
7. die Angabe der Anzahl der Urlaubstage und
8. die Ziele des Dienstes und die wesentlichen der Zielerreichung dienenden Maßnahmen.

(2) [1] Die Vereinbarung nach Absatz 1 kann auch als gemeinsame Vereinbarung zwischen dem zugelassenen Träger, der Einsatzstelle und der oder dem Freiwilligen geschlossen werden, in der die Einsatzstelle die Geld- und Sachleistungen auf eigene Rechnung übernimmt. [2] Der Träger haftet für die Erfüllung dieser Pflichten gegenüber der oder dem Freiwilligen und Dritten wie ein selbstschuldnerischer Bürge.

(3) [1] Der Träger stellt der Freiwilligen oder dem Freiwilligen nach Abschluss des Dienstes eine Bescheinigung aus. [2] Absatz 1 Satz 2 Nr. 4 und 5 gilt entsprechend; außerdem muss die Bescheinigung den Zeitraum des Dienstes enthalten.

(4) [1] Bei Beendigung des Jugendfreiwilligendienstes kann die Freiwillige oder der Freiwillige von dem Träger ein schriftliches Zeugnis über die Art und Dauer des Jugendfreiwilligendienstes fordern. [2] Die Einsatzstelle soll bei der Zeugniserstellung angemessen beteiligt werden; im Falle des § 11 Abs. 2 ist das Zeugnis im Einvernehmen mit der Einsatzstelle zu erstellen. [3] Das Zeugnis ist auf Verlangen auf die Leistungen und die Führung während der Dienstzeit zu erstrecken. [4] Dabei

[1)] § 11 Abs. 1 Satz 2 Nr. 6 und Abs. 2 Satz 1 geänd. mWv 29.5.2024 durch G v. 23.5.2024 (BGBl. 2024 I Nr. 170).

sind in das Zeugnis berufsqualifizierende Merkmale des Jugendfreiwilligendienstes aufzunehmen.

§ 12[1)] Datenschutz. [1] Die Einsatzstellen, Zentralstellen und Träger des Jugendfreiwilligendienstes dürfen personenbezogene Daten nach § 11 Absatz 1 Satz 2 verarbeiten, soweit dies für die Durchführung dieses Gesetzes erforderlich ist. [2] Die Daten sind nach Abwicklung des Jugendfreiwilligendienstes zu löschen.

§ 13[2)] Anwendung arbeitsrechtlicher und arbeitsschutzrechtlicher Bestimmungen. [1] Für eine Tätigkeit im Rahmen eines Jugendfreiwilligendienstes im Sinne dieses Gesetzes sind die Arbeitsschutzbestimmungen und das Jugendarbeitsschutzgesetz entsprechend anzuwenden. [2] Für Schäden bei der Ausübung ihrer Tätigkeit haften Freiwillige nur wie Arbeitnehmerinnen und Arbeitnehmer.

§ 13a[3)] Urlaub. (1) [1] Freiwillige haben Anspruch auf Erholungsurlaub.

(2) [1] Bei Freiwilligen, die das 18. Lebensjahr vollendet haben, beträgt der Anspruch auf Erholungsurlaub bei einer Dienstdauer von zwölf Monaten und einer Verteilung der regelmäßigen Dienstzeit auf fünf Werktage in der Kalenderwoche mindestens 20 Werktage. [2] Ist die regelmäßige Dienstzeit auf mehr oder weniger als fünf Tage in der Kalenderwoche verteilt, ist der Urlaubsanspruch nach Satz 1 entsprechend umzurechnen. [3] Bei Freiwilligen, die das 18. Lebensjahr noch nicht vollendet haben, richtet sich der Anspruch auf Erholungsurlaub nach § 19 Absatz 2 des Jugendarbeitsschutzgesetzes[4)].

(3) Bei einer kürzeren oder längeren Dienstdauer als zwölf Monate verringert oder erhöht sich der Urlaubsanspruch nach Absatz 1 für jeden vollen Monat um ein Zwölftel. Bruchteile von Urlaubstagen, die mindestens einen halben Tag ergeben, werden auf volle Urlaubstage aufgerundet.

(4) Während des Urlaubs sind die den Freiwilligen nach der Vereinbarung zustehenden Geld- und Sachleistungen weiter zu gewähren.

(5) Kann der Urlaub wegen Beendigung des Dienstes ganz oder teilweise nicht mehr gewährt werden, ist er abzugelten.

§§ 14, 15[5)] *(aufgehoben)*

[1)] § 12 Satz 1 geänd. mWv 26.11.2019 durch G v. 20.11.2019 (BGBl. I S. 1626); Satz 1 neu gef. mWv 1.1.2025 durch G v. 23.5.2024 (BGBl. 2024 I Nr. 170).

[2)] § 13 neu gef. mWv 29.5.2024 durch G v. 23.5.2024 (BGBl. 2024 I Nr. 170).

[3)] § 13a eingef. mWv 29.5.2024 durch G v. 23.5.2024 (BGBl. 2024 I Nr. 170).

[4)] **Loseblatt-Textsammlung Arbeitsrecht Nr. 420.**

[5)] §§ 14, 15 aufgeh. mWv 1.1.2025 durch G v. 20.8.2021 (BGBl. I S. 3932).

400. Jugendschutzgesetz (JuSchG)

Vom 23. Juli 2002

(BGBl. I S. 2730; 2003 I S. 476)

FNA 2161-6

geänd. durch Art. 7 Abs. 2 G zur Änd. der Vorschriften über die Straftaten gegen die sexuelle Selbstbestimmung und zur Änd. anderer Vorschriften v. 27.12.2003 (BGBl. I S. 3007), Art. 3 HaushaltsbegleitG 2004 v. 29.12.2003 (BGBl. I S. 3076), Art. 2 G zur Verbesserung des Schutzes junger Menschen vor Gefahren des Alkohol- und Tabakkonsums v. 23.7.2004 (BGBl. I S. 1857), Art. 2 Elektronischer-Geschäftsverkehr-VereinheitlichungsG v. 26.2.2007 (BGBl. I S. 179), Art. 3 Passivrauchen-SchutzG v. 20.7.2007 (BGBl. I S. 1595), Art. 1 Erstes ÄndG v. 24.6.2008 (BGBl. I S. 1075), Art. 3 Abs. 1 G zur Umsetzung des Rahmenbeschlusses des Rates der Europäischen Union zur Bekämpfung der sexuellen Ausbeutung von Kindern und der Kinderpornographie v. 31.10.2008 (BGBl. I S. 2149), Art. 2 Abs. 55, Art. 4 Abs. 36 G zur Strukturreform des Gebührenrechts des Bundes v. 7.8.2013 (BGBl. I S. 3154, Art. 4 Abs. 36 dieses G aufgeh. durch Art. 2 G v. 18.7.2016, BGBl. I S. 1666), Art. 1 G zum Schutz von Kindern und Jugendlichen vor den Gefahren des Konsums von elektronischen Zigaretten und elektronischen Shishas v. 3.3.2016 (BGBl. I S. 369), Art. 4 Abs. 33 G zur Aktualisierung der Strukturreform des Gebührenrechts des Bundes v. 18.7.2016 (BGBl. I S. 1666), Art. 11 Branntweinmonopolverwaltung-AuflösungsG v. 10.3.2017 (BGBl. I S. 420), Art. 2 Zweites G zur Änd. des TabakerzeugnisG v. 23.10. 2020 (BGBl. I S. 2229), Art. 1 Zweites G zur Änd. des JugendschutzG v. 9.4.2021 (BGBl. I S. 742) und Art. 12 G zur Durchführung der VO (EU) 2022/2065 v. 6.5.2024 (BGBl. 2024 I Nr. 149)

Der Bundestag hat mit Zustimmung des Bundesrates das folgende Gesetz beschlossen:

Abschnitt 1. Allgemeines

§ 1[1] Begriffsbestimmungen. (1) Im Sinne dieses Gesetzes

1. sind Kinder Personen, die noch nicht 14 Jahre alt sind,
2. sind Jugendliche Personen, die 14, aber noch nicht 18 Jahre alt sind,
3. ist personensorgeberechtigte Person, wem allein oder gemeinsam mit einer anderen Person nach den Vorschriften des Bürgerlichen Gesetzbuchs[2] die Personensorge zusteht,
4. ist erziehungsbeauftragte Person, jede Person über 18 Jahren, soweit sie auf Dauer oder zeitweise aufgrund einer Vereinbarung mit der personensorgeberechtigten Person Erziehungsaufgaben wahrnimmt oder soweit sie ein Kind oder eine jugendliche Person im Rahmen der Ausbildung oder der Jugendhilfe betreut.

(1a) Medien im Sinne dieses Gesetzes sind Trägermedien und digitale Dienste sowie abgrenzbare Inhalte innerhalb eines digitalen Dienstes im Sinne einer Bewertungseinheit.

(2) [1] Trägermedien im Sinne dieses Gesetzes sind Medien mit Texten, Bildern oder Tönen auf gegenständlichen Trägern, die zur Weitergabe geeignet, zur unmittelbaren Wahrnehmung bestimmt oder in einem Vorführ- oder Spielgerät eingebaut sind. [2] Dem gegenständlichen Verbreiten, Überlassen, Anbieten oder Zugänglichmachen von Trägermedien steht das elektronische Verbreiten, Über-

---

[1] § 1 Abs. 3 neu gef. mWv 1.3.2007 durch G v. 26.2.2007 (BGBl. I S. 179) iVm der Bek. v. 1.3.2006 (BGBl. I S. 251); Abs. 1a eingef., Abs. 6 angef. mWv 1.5.2021 durch G v. 9.4.2021 (BGBl. I S. 742); Abs. 1a, 3 neu gef., Abs. 6 geänd. mWv 14.5.2024 durch G v. 6.5.2024 (BGBl. 2024 I Nr. 149).

[2] **Habersack Nr. 20.**

lassen, Anbieten oder Zugänglichmachen gleich, soweit es sich nicht um Rundfunk im Sinne des § 2 des Rundfunkstaatsvertrages handelt.

(3) Digitale Dienste im Sinne dieses Gesetzes sind digitale Dienste nach § 1 Absatz 4 Nummer 1 des Digitale-Dienste-Gesetzes.

(4) Versandhandel im Sinne dieses Gesetzes ist jedes entgeltliche Geschäft, das im Wege der Bestellung und Übersendung einer Ware durch Postversand oder elektronischen Versand ohne persönlichen Kontakt zwischen Lieferant und Besteller oder ohne dass durch technische oder sonstige Vorkehrungen sichergestellt ist, dass kein Versand an Kinder und Jugendliche erfolgt, vollzogen wird.

(5) Die Vorschriften der §§ 2 bis 14 dieses Gesetzes gelten nicht für verheiratete Jugendliche.

(6) Diensteanbieter im Sinne dieses Gesetzes sind Diensteanbieter nach dem Digitale-Dienste-Gesetz in der jeweils geltenden Fassung.

§ 2 Prüfungs- und Nachweispflicht. (1) [1] Soweit es nach diesem Gesetz auf die Begleitung durch eine erziehungsbeauftragte Person ankommt, haben die in § 1 Abs. 1 Nr. 4 genannten Personen ihre Berechtigung auf Verlangen darzulegen. [2] Veranstalter und Gewerbetreibende haben in Zweifelsfällen die Berechtigung zu überprüfen.

(2) [1] Personen, bei denen nach diesem Gesetz Altersgrenzen zu beachten sind, haben ihr Lebensalter auf Verlangen in geeigneter Weise nachzuweisen. [2] Veranstalter und Gewerbetreibende haben in Zweifelsfällen das Lebensalter zu überprüfen.

§ 3[1)] Bekanntmachung der Vorschriften. (1) Veranstalter und Gewerbetreibende haben die nach den §§ 4 bis 13 für ihre Betriebseinrichtungen und Veranstaltungen geltenden Vorschriften sowie bei öffentlichen Filmveranstaltungen die Alterseinstufung von Filmen oder die Anbieterkennzeichnung nach § 14 Abs. 7 durch deutlich sichtbaren und gut lesbaren Aushang bekannt zu machen.

(2) [1] Zur Bekanntmachung der Alterseinstufung von Filmen und von Spielprogrammen dürfen Veranstalter und Gewerbetreibende nur die in § 14 Abs. 2 genannten Kennzeichnungen verwenden. [2] Wer einen Film für öffentliche Filmveranstaltungen weitergibt, ist verpflichtet, den Veranstalter bei der Weitergabe auf die Alterseinstufung oder die Anbieterkennzeichnung nach § 14 Abs. 7 hinzuweisen. [3] Für Filme und Spielprogramme, die nach § 14 Abs. 2 von der obersten Landesbehörde oder einer Organisation der freiwilligen Selbstkontrolle im Rahmen des Verfahrens nach § 14 Abs. 6 gekennzeichnet sind, darf bei der Ankündigung oder Werbung weder auf jugendbeeinträchtigende Inhalte hingewiesen werden noch darf die Ankündigung oder Werbung in jugendbeeinträchtigender Weise erfolgen.

Abschnitt 2. Jugendschutz in der Öffentlichkeit

§ 4 Gaststätten. (1) [1] Der Aufenthalt in Gaststätten darf Kindern und Jugendlichen unter 16 Jahren nur gestattet werden, wenn eine personensorgeberechtigte oder erziehungsbeauftragte Person sie begleitet oder wenn sie in der Zeit zwischen 5 Uhr und 23 Uhr eine Mahlzeit oder ein Getränk einnehmen. [2] Jugendlichen ab 16 Jahren darf der Aufenthalt in Gaststätten ohne Begleitung einer personensorgeberechtigten oder erziehungsbeauftragten Person in der Zeit von 24 Uhr und 5 Uhr morgens nicht gestattet werden.

[1)] § 3 Abs. 2 Sätze 1, 3 geänd. mWv 1.5.2021 durch G v. 9.4.2021 (BGBl. I S. 742).

(2) Absatz 1 gilt nicht, wenn Kinder oder Jugendliche an einer Veranstaltung eines anerkannten Trägers der Jugendhilfe teilnehmen oder sich auf Reisen befinden.

(3) Der Aufenthalt in Gaststätten, die als Nachtbar oder Nachtclub geführt werden, und in vergleichbaren Vergnügungsbetrieben darf Kindern und Jugendlichen nicht gestattet werden.

(4) Die zuständige Behörde kann Ausnahmen von Absatz 1 genehmigen.

§ 5 Tanzveranstaltungen. (1) Die Anwesenheit bei öffentlichen Tanzveranstaltungen ohne Begleitung einer personensorgeberechtigten oder erziehungsbeauftragten Person darf Kindern und Jugendlichen unter 16 Jahren nicht und Jugendlichen ab 16 Jahren längstens bis 24 Uhr gestattet werden.

(2) Abweichend von Absatz 1 darf die Anwesenheit Kindern bis 22 Uhr und Jugendlichen unter 16 Jahren bis 24 Uhr gestattet werden, wenn die Tanzveranstaltung von einem anerkannten Träger der Jugendhilfe durchgeführt wird oder der künstlerischen Betätigung oder der Brauchtumspflege dient.

(3) Die zuständige Behörde kann Ausnahmen genehmigen.

§ 6 Spielhallen, Glücksspiele. (1) Die Anwesenheit in öffentlichen Spielhallen oder ähnlichen vorwiegend dem Spielbetrieb dienenden Räumen darf Kindern und Jugendlichen nicht gestattet werden.

(2) Die Teilnahme an Spielen mit Gewinnmöglichkeit in der Öffentlichkeit darf Kindern und Jugendlichen nur auf Volksfesten, Schützenfesten, Jahrmärkten, Spezialmärkten oder ähnlichen Veranstaltungen und nur unter der Voraussetzung gestattet werden, dass der Gewinn in Waren von geringem Wert besteht.

§ 7 Jugendgefährdende Veranstaltungen und Betriebe. [1] Geht von einer öffentlichen Veranstaltung oder einem Gewerbebetrieb eine Gefährdung für das körperliche, geistige oder seelische Wohl von Kindern oder Jugendlichen aus, so kann die zuständige Behörde anordnen, dass der Veranstalter oder Gewerbetreibende Kindern und Jugendlichen die Anwesenheit nicht gestatten darf. [2] Die Anordnung kann Altersbegrenzungen, Zeitbegrenzungen oder andere Auflagen enthalten, wenn dadurch die Gefährdung ausgeschlossen oder wesentlich gemindert wird.

§ 8 Jugendgefährdende Orte. [1] Hält sich ein Kind oder eine jugendliche Person an einem Ort auf, an dem ihm oder ihr eine unmittelbare Gefahr für das körperliche, geistige oder seelische Wohl droht, so hat die zuständige Behörde oder Stelle die zur Abwendung der Gefahr erforderlichen Maßnahmen zu treffen. [2] Wenn nötig, hat sie das Kind oder die jugendliche Person

1. zum Verlassen des Ortes anzuhalten,
2. der erziehungsberechtigten Person im Sinne des § 7 Abs. 1 Nr. 6 des Achten Buches Sozialgesetzbuch[1)] zuzuführen oder, wenn keine erziehungsberechtigte Person erreichbar ist, in die Obhut des Jugendamtes zu bringen.

[3] In schwierigen Fällen hat die zuständige Behörde oder Stelle das Jugendamt über den jugendgefährdenden Ort zu unterrichten.

[1)] **Habersack ErgBd. Nr. 46.**

§ 9[1] **Alkoholische Getränke.** (1) In Gaststätten, Verkaufsstellen oder sonst in der Öffentlichkeit dürfen

1. Bier, Wein, weinähnliche Getränke oder Schaumwein oder Mischungen von Bier, Wein, weinähnlichen Getränken oder Schaumwein mit nichtalkoholischen Getränken an Kinder und Jugendliche unter 16 Jahren,
2. andere alkoholische Getränke oder Lebensmittel, die andere alkoholische Getränke in nicht nur geringfügiger Menge enthalten, an Kinder und Jugendliche

weder abgegeben noch darf ihnen der Verzehr gestattet werden.

(2) [1] Absatz 1 Nummer 1 gilt nicht, wenn Jugendliche von einer personensorgeberechtigten Person begleitet werden.

(3) [1] In der Öffentlichkeit dürfen alkoholische Getränke nicht in Automaten angeboten werden. [2] Dies gilt nicht, wenn ein Automat

1. an einem für Kinder und Jugendliche unzugänglichen Ort aufgestellt ist oder
2. in einem gewerblich genutzten Raum aufgestellt und durch technische Vorrichtungen oder durch ständige Aufsicht sichergestellt ist, dass Kinder und Jugendliche alkoholische Getränke nicht entnehmen können.

[3] § 20 Nr. 1 des Gaststättengesetzes[2] bleibt unberührt.

(4) [1] Alkoholhaltige Süßgetränke im Sinne des § 1 Abs. 2 und 3 des Alkopopsteuergesetzes dürfen gewerbsmäßig nur mit dem Hinweis „Abgabe an Personen unter 18 Jahren verboten, § 9 Jugendschutzgesetz" in den Verkehr gebracht werden. [2] Dieser Hinweis ist auf der Fertigpackung in der gleichen Schriftart und in der gleichen Größe und Farbe wie die Marken- oder Phantasienamen oder, soweit nicht vorhanden, wie die Verkehrsbezeichnung zu halten und bei Flaschen auf dem Frontetikett anzubringen.

§ 10[3] **Rauchen in der Öffentlichkeit, Tabakwaren.** (1) In Gaststätten, Verkaufsstellen oder sonst in der Öffentlichkeit dürfen Tabakwaren und andere nikotinhaltige Erzeugnisse und deren Behältnisse an Kinder oder Jugendliche weder abgegeben noch darf ihnen das Rauchen oder der Konsum nikotinhaltiger Produkte gestattet werden.

(2) [1] In der Öffentlichkeit dürfen Tabakwaren und andere nikotinhaltige Erzeugnisse und deren Behältnisse nicht in Automaten angeboten werden. [2] Dies gilt nicht, wenn ein Automat

1. an einem Kindern und Jugendlichen unzugänglichen Ort aufgestellt ist oder
2. durch technische Vorrichtungen oder durch ständige Aufsicht sichergestellt ist, dass Kinder und Jugendliche Tabakwaren und andere nikotinhaltige Erzeugnisse und deren Behältnisse nicht entnehmen können.

(3) Tabakwaren und andere nikotinhaltige Erzeugnisse und deren Behältnisse dürfen Kindern und Jugendlichen weder im Versandhandel angeboten noch an Kinder und Jugendliche im Wege des Versandhandels abgegeben werden.

---

[1] § 9 Abs. 4 angef. mWv 30.9.2004 durch G v. 23.7.2004 (BGBl. I S. 1857) iVm der Bek. v. 13.10. 2004 (BGBl. I S. 2600); Abs. 1 Nr. 1 und 2 neu gef., Abs. 2 geänd. mWv 1.1.2018 durch G v. 10.3.2017 (BGBl. I S. 420).

[2] Nr. **810**.

[3] § 10 Abs. 1 geänd. mWv 1.9.2007, Abs. 2 Satz 2 Nr. 1 und 2 geänd. mWv 1.1.2009 durch G v. 20.7. 2007 (BGBl. I S. 1595); Abs. 1, Abs. 2 Sätze 1 und 2 Nr. 2 geänd., Abs. 3 und 4 angef. mWv 1.4.2016 durch G v. 3.3.2016 (BGBl. I S. 369).

(4) Die Absätze 1 bis 3 gelten auch für nikotinfreie Erzeugnisse, wie elektronische Zigaretten oder elektronische Shishas, in denen Flüssigkeit durch ein elektronisches Heizelement verdampft und die entstehenden Aerosole mit dem Mund eingeatmet werden, sowie für deren Behältnisse.

Abschnitt 3.[1] Jugendschutz im Bereich der Medien

§ 10a[2] Schutzziele des Kinder- und Jugendmedienschutzes. Zum Schutz im Bereich der Medien gehören

1. der Schutz vor Medien, die geeignet sind, die Entwicklung von Kindern oder Jugendlichen oder ihre Erziehung zu einer eigenverantwortlichen und gemeinschaftsfähigen Persönlichkeit zu beeinträchtigen (entwicklungsbeeinträchtigende Medien),
2. der Schutz vor Medien, die geeignet sind, die Entwicklung von Kindern oder Jugendlichen oder ihre Erziehung zu einer eigenverantwortlichen und gemeinschaftsfähigen Persönlichkeit zu gefährden (jugendgefährdende Medien),
3. der Schutz der persönlichen Integrität von Kindern und Jugendlichen bei der Mediennutzung und
4. die Förderung von Orientierung für Kinder, Jugendliche, personensorgeberechtigte Personen sowie pädagogische Fachkräfte bei der Mediennutzung und Medienerziehung; die Vorschriften des Achten Buches Sozialgesetzbuch[3] bleiben unberührt.

§ 10b[4] Entwicklungsbeeinträchtigende Medien. (1) Zu den entwicklungsbeeinträchtigenden Medien nach § 10a Nummer 1 zählen insbesondere übermäßig ängstigende, Gewalt befürwortende oder das sozialethische Wertebild beeinträchtigende Medien.

(2) Bei der Beurteilung der Entwicklungsbeeinträchtigung können auch außerhalb der medieninhaltlichen Wirkung liegende Umstände der jeweiligen Nutzung des Mediums berücksichtigt werden, wenn diese auf Dauer angelegter Bestandteil des Mediums sind und eine abweichende Gesamtbeurteilung über eine Kennzeichnung nach § 14 Absatz 2a hinaus rechtfertigen.

(3) [1] Insbesondere sind nach konkreter Gefahrenprognose als erheblich einzustufende Risiken für die persönliche Integrität von Kindern und Jugendlichen, die im Rahmen der Nutzung des Mediums auftreten können, unter Einbeziehung etwaiger Vorsorgemaßnahmen im Sinne des § 24a Absatz 1 und 2 angemessen zu berücksichtigen. [2] Hierzu zählen insbesondere Risiken durch Kommunikations- und Kontaktfunktionen, durch Kauffunktionen, durch glücksspielähnliche Mechanismen, durch Mechanismen zur Förderung eines exzessiven Mediennutzungsverhaltens, durch die Weitergabe von Bestands- und Nutzungsdaten ohne Einwilligung an Dritte sowie durch nicht altersgerechte Kaufappelle insbesondere durch werbende Verweise auf andere Medien.

---

[1] Unterabschnitt 1 (§§ 11–15) Überschrift und Unterabschnitt 2 (§ 16) Überschrift aufgeh. mWv 1.5. 2021 durch G v. 9.4.2021 (BGBl. I S. 742).

[2] § 10a eingef. mWv 1.5.2021 durch G v. 9.4.2021 (BGBl. I S. 742).

[3] **Habersack ErgBd. Nr. 46.**

[4] § 10b eingef. mWv 1.5.2021 durch G v. 9.4.2021 (BGBl. I S. 742).

§ 11[1] **Filmveranstaltungen.** (1) Die Anwesenheit bei öffentlichen Filmveranstaltungen darf Kindern und Jugendlichen nur gestattet werden, wenn die Filme von der obersten Landesbehörde oder einer Organisation der freiwilligen Selbstkontrolle im Rahmen des Verfahrens nach § 14 Abs. 6 zur Vorführung vor ihnen freigegeben worden sind oder wenn es sich um Informations-, Instruktions- und Lehrfilme handelt, die vom Anbieter mit „Infoprogramm" oder „Lehrprogramm" gekennzeichnet sind.

(2) Abweichend von Absatz 1 darf die Anwesenheit bei öffentlichen Filmveranstaltungen mit Filmen, die für Kinder und Jugendliche ab zwölf Jahren freigegeben und gekennzeichnet sind, auch Kindern ab sechs Jahren gestattet werden, wenn sie von einer personensorgeberechtigten oder erziehungsbeauftragten Person begleitet sind.

(3) Unbeschadet der Voraussetzungen des Absatzes 1 darf die Anwesenheit bei öffentlichen Filmveranstaltungen nur mit Begleitung einer personensorgeberechtigten oder erziehungsbeauftragten Person gestattet werden

1. Kindern unter sechs Jahren,
2. Kindern ab sechs Jahren, wenn die Vorführung nach 20 Uhr beendet ist,
3. Jugendlichen unter 16 Jahren, wenn die Vorführung nach 22 Uhr beendet ist,
4. Jugendlichen ab 16 Jahren, wenn die Vorführung nach 24 Uhr beendet ist.

(4) [1] Die Absätze 1 bis 3 gelten für die öffentliche Vorführung von Filmen unabhängig von der Art der Aufzeichnung und Wiedergabe. [2] Sie gelten auch für Werbevorspanne und Beiprogramme. [3] Sie gelten nicht für Filme, die zu nichtgewerblichen Zwecken hergestellt werden, solange die Filme nicht gewerblich genutzt werden.

(5) Werbefilme oder Werbeprogramme, die für alkoholische Getränke werben, dürfen unbeschadet der Voraussetzungen der Absätze 1 bis 4 nur nach 18 Uhr vorgeführt werden.

(6) Werbefilme oder Werbeprogramme, die für Tabakerzeugnisse, elektronische Zigaretten oder Nachfüllbehälter im Sinne des § 1 Absatz 1 Nummer 1 des Tabakerzeugnisgesetzes[2] werben, dürfen nur im Zusammenhang mit Filmen vorgeführt werden, die

1. von der obersten Landesbehörde oder einer Organisation der freiwilligen Selbstkontrolle im Rahmen des Verfahrens nach § 14 Absatz 6 mit „Keine Jugendfreigabe" nach § 14 Absatz 2 gekennzeichnet sind oder
2. nicht nach den Vorschriften dieses Gesetzes gekennzeichnet sind.

§ 12[3] **Bildträger mit Filmen oder Spielen.** (1) Zur Weitergabe geeignete, für die Wiedergabe auf oder das Spiel an Bildschirmgeräten mit Filmen oder Spielen programmierte Datenträger (Bildträger) dürfen einem Kind oder einer jugendlichen Person in der Öffentlichkeit nur zugänglich gemacht werden, wenn die Programme von der obersten Landesbehörde oder einer Organisation der freiwilligen Selbstkontrolle im Rahmen des Verfahrens nach § 14 Abs. 6 für ihre Alters-

---

[1] § 11 Abs. 5 geänd., Abs. 6 angef. mWv 1.1.2021 durch G v. 23.10.2020 (BGBl. I S. 2229); Abs. 2 geänd. mWv 1.5.2021 durch G v. 9.4.2021 (BGBl. I S. 742).

[2] **Sartorius ErgBd. *Nr. 861*.**

[3] *§ 12 Abs. 2* Satz 2 eingef., bish. Sätze 2 und 3 werden Sätze 3 und 4, Abs. 5 Satz 3 geänd. mWv 1.7.2008 durch G v. 24.6.2008 (BGBl. I S. 1075); Abs. 1, Abs. 2 Satz 4, Abs. 5 Satz 1 geänd. mWv 1.5.2021 durch G v. 9.4.2021 (BGBl. I S. 742); Abs. 2 Satz 4 geänd. mWv 14.5.2024 durch G v. 6.5.2024 (BGBl. 2024 I Nr. 149).

stufe freigegeben und gekennzeichnet worden sind oder wenn es sich um Informations-, Instruktions- und Lehrprogramme handelt, die vom Anbieter mit „Infoprogramm" oder „Lehrprogramm" gekennzeichnet sind.

(2) [1] Auf die Kennzeichnungen nach Absatz 1 ist auf dem Bildträger und der Hülle mit einem deutlich sichtbaren Zeichen hinzuweisen. [2] Das Zeichen ist auf der Frontseite der Hülle links unten auf einer Fläche von mindestens 1 200 Quadratmillimetern und dem Bildträger auf einer Fläche von mindestens 250 Quadratmillimetern anzubringen. [3] Die oberste Landesbehörde kann

1. Näheres über Inhalt, Größe, Form, Farbe und Anbringung der Zeichen anordnen und
2. Ausnahmen für die Anbringung auf dem Bildträger oder der Hülle genehmigen.

[4] Anbieter von digitalen Diensten, die Filme und Spielprogramme verbreiten, müssen auf eine vorhandene Kennzeichnung in ihrem Angebot deutlich hinweisen.

(3) Bildträger, die nicht oder mit „Keine Jugendfreigabe" nach § 14 Abs. 2 von der obersten Landesbehörde oder einer Organisation der freiwilligen Selbstkontrolle im Rahmen des Verfahrens nach § 14 Abs. 6 oder nach § 14 Abs. 7 vom Anbieter gekennzeichnet sind, dürfen

1. einem Kind oder einer jugendlichen Person nicht angeboten, überlassen oder sonst zugänglich gemacht werden,
2. nicht im Einzelhandel außerhalb von Geschäftsräumen, in Kiosken oder anderen Verkaufsstellen, die Kunden nicht zu betreten pflegen, oder im Versandhandel angeboten oder überlassen werden.

(4) Automaten zur Abgabe bespielter Bildträger dürfen

1. auf Kindern oder Jugendlichen zugänglichen öffentlichen Verkehrsflächen,
2. außerhalb von gewerblich oder in sonstiger Weise beruflich oder geschäftlich genutzten Räumen oder
3. in deren unbeaufsichtigten Zugängen, Vorräumen oder Fluren

nur aufgestellt werden, wenn ausschließlich nach § 14 Abs. 2 Nr. 1 bis 4 gekennzeichnete Bildträger angeboten werden und durch technische Vorkehrungen gesichert ist, dass sie von Kindern und Jugendlichen, für deren Altersgruppe ihre Programme nicht nach § 14 Abs. 2 Nr. 1 bis 4 freigegeben sind, nicht bedient werden können.

(5) [1] Bildträger, die Auszüge von *Filme*[1)] und Spielprogrammen enthalten, dürfen abweichend von den Absätzen 1 und 3 im Verbund mit periodischen Druckschriften nur vertrieben werden, wenn sie mit einem Hinweis des Anbieters versehen sind, der deutlich macht, dass eine Organisation der freiwilligen Selbstkontrolle festgestellt hat, dass diese Auszüge keine Jugendbeeinträchtigungen enthalten. [2] Der Hinweis ist sowohl auf der periodischen Druckschrift als auch auf dem Bildträger vor dem Vertrieb mit einem deutlich sichtbaren Zeichen anzubringen. [3] Absatz 2 Satz 1 bis 3 gilt entsprechend. [4] Die Berechtigung nach Satz 1 kann die oberste Landesbehörde für einzelne Anbieter ausschließen.

§ 13 Bildschirmspielgeräte. (1) Das Spielen an elektronischen Bildschirmspielgeräten ohne Gewinnmöglichkeit, die öffentlich aufgestellt sind, darf Kindern und Jugendlichen ohne Begleitung einer personensorgeberechtigten oder erzie-

[1)] Richtig wohl: „Filmen".

hungsbeauftragten Person nur gestattet werden, wenn die Programme von der obersten Landesbehörde oder einer Organisation der freiwilligen Selbstkontrolle im Rahmen des Verfahrens nach § 14 Abs. 6 für ihre Altersstufe freigegeben und gekennzeichnet worden sind oder wenn es sich um Informations-, Instruktions- oder Lehrprogramme handelt, die vom Anbieter mit „Infoprogramm" oder „Lehrprogramm" gekennzeichnet sind.

(2) Elektronische Bildschirmspielgeräte dürfen

1. auf Kindern oder Jugendlichen zugänglichen öffentlichen Verkehrsflächen,
2. außerhalb von gewerblich oder in sonstiger Weise beruflich oder geschäftlich genutzten Räumen oder
3. in deren unbeaufsichtigten Zugängen, Vorräumen oder Fluren

nur aufgestellt werden, wenn ihre Programme für Kinder ab sechs Jahren freigegeben und gekennzeichnet oder nach § 14 Abs. 7 mit „Infoprogramm" oder „Lehrprogramm" gekennzeichnet sind.

(3) Auf das Anbringen der Kennzeichnungen auf Bildschirmspielgeräten findet § 12 Abs. 2 Satz 1 bis 3 entsprechende Anwendung.

§ 14[1)] Kennzeichnung von Filmen und Spielprogrammen. (1) Filme und Spielprogramme dürfen nicht für Kinder und Jugendliche freigegeben werden, wenn sie für Kinder und Jugendliche in der jeweiligen Altersstufe entwicklungsbeeinträchtigend sind.

(2) Die oberste Landesbehörde oder eine Organisation der freiwilligen Selbstkontrolle im Rahmen des Verfahrens nach Absatz 6 kennzeichnet die Filme und Spielprogramme mit

1. „Freigegeben ohne Altersbeschränkung",
2. „Freigegeben ab sechs Jahren",
3. „Freigegeben ab zwölf Jahren",
4. „Freigegeben ab sechzehn Jahren",
5. „Keine Jugendfreigabe".

(2a) [1] Die oberste Landesbehörde oder eine Organisation der freiwilligen Selbstkontrolle soll im Rahmen des Verfahrens nach Absatz 6 über die Altersstufen des Absatzes 2 hinaus Filme und Spielprogramme mit Symbolen und weiteren Mitteln kennzeichnen, mit denen die wesentlichen Gründe für die Altersfreigabe des Mediums und dessen potenzielle Beeinträchtigung der persönlichen Integrität angegeben werden. [2] Die oberste Landesbehörde kann Näheres über die Ausgestaltung und Anbringung der Symbole und weiteren Mittel anordnen.

(3) [1] Hat ein Film oder ein Spielprogramm nach Einschätzung der obersten Landesbehörde oder einer Organisation der freiwilligen Selbstkontrolle im Rahmen des Verfahrens nach Absatz 6 einen der in § 15 Abs. 2 Nr. 1 bis 5 bezeichneten Inhalte oder ist es in die Liste nach § 18 aufgenommen, wird es nicht gekennzeichnet. [2] Die oberste Landesbehörde hat Tatsachen, die auf einen Verstoß gegen § 15 Abs. 1 schließen lassen, der zuständigen Strafverfolgungsbehörde mitzuteilen.

(4) [1] Ist ein Film oder ein Spielprogramm mit einem in die Liste nach § 18 aufgenommenen Medium ganz oder im Wesentlichen inhaltsgleich, ist die Kenn-

---

[1)] *§ 14 Überschrift*, Abs. 1 neu gef., Abs. 2 einl. Satzteil geänd., Abs. 2a eingef., Abs. 3 Satz 1 geänd., Abs. 4 neu gef., Abs. 4a eingef., Abs. 5 neu gef., Abs. 6 Satz 1 geänd., Satz 3 angef., Abs. 6a eingef., Abs. 7 Sätze 1, 3, Abs. 8 geänd., Abs. 9, 10 angef. mWv 1.5.2021 durch G v. 9.4.2021 (BGBl. I S. 742); Abs. 5 Satz 2, Abs. 9 geänd. mWv 14.5.2024 durch G v. 6.5.2024 (BGBl. 2024 I Nr. 149).

zeichnung ausgeschlossen. [2] Über das Vorliegen einer Inhaltsgleichheit entscheidet die Prüfstelle für jugendgefährdende Medien. [3] Satz 1 gilt entsprechend, wenn die Voraussetzungen für eine Aufnahme in die Liste vorliegen. [4] In Zweifelsfällen führt die oberste Landesbehörde oder eine Organisation der freiwilligen Selbstkontrolle im Rahmen des Verfahrens nach Absatz 6 eine Entscheidung der Prüfstelle für jugendgefährdende Medien herbei.

(4a) Absatz 4 gilt nicht für Freigabeentscheidungen nach § 11 Absatz 1.

(5) [1] Die Kennzeichnungen von Filmen gelten auch für die Vorführung in öffentlichen Filmveranstaltungen von inhaltsgleichen Filmen, wenn und soweit die obersten Landesbehörden nicht in der Vereinbarung zum Verfahren nach Absatz 6 etwas Anderes bestimmen. [2] Die Kennzeichnung von Filmen für öffentliche Filmveranstaltungen können auf inhaltsgleiche Filme für Bildträger, Bildschirmspielgeräte und digitale Dienste übertragen werden; Absatz 4 gilt entsprechend.

(6) [1] Die obersten Landesbehörden können ein gemeinsames Verfahren für die Freigabe und Kennzeichnung der Filme sowie Spielprogramme auf der Grundlage der Ergebnisse der Prüfung durch von Verbänden der Wirtschaft getragene oder unterstützte Organisationen freiwilliger Selbstkontrolle vereinbaren. [2] Im Rahmen dieser Vereinbarung kann bestimmt werden, dass die Freigaben und Kennzeichnungen durch eine Organisation der freiwilligen Selbstkontrolle Freigaben und Kennzeichnungen der obersten Landesbehörden aller Länder sind, soweit nicht eine oberste Landesbehörde für ihren Bereich eine abweichende Entscheidung trifft. [3] Nach den Bestimmungen des Jugendmedienschutz-Staatsvertrages[1)] anerkannte Einrichtungen der freiwilligen Selbstkontrolle können nach den Sätzen 1 und 2 eine Vereinbarung mit den obersten Landesbehörden schließen.

(6a) [1] Das gemeinsame Verfahren nach Absatz 6 soll vorsehen, dass von der zentralen Aufsichtsstelle der Länder für den Jugendmedienschutz bestätigte Altersbewertungen nach dem Jugendmedienschutz-Staatsvertrag oder Altersbewertungen der Veranstalter des öffentlich-rechtlichen Rundfunks als Freigaben im Sinne des Absatzes 6 Satz 2 wirken, sofern dies mit der Spruchpraxis der obersten Landesbehörden nicht unvereinbar ist. [2] Die Absätze 3 und 4 bleiben unberührt.

(7) [1] Filme und Spielprogramme zu Informations-, Instruktions- oder Lehrzwecken dürfen vom Anbieter mit „Infoprogramm" oder „Lehrprogramm" nur gekennzeichnet werden, wenn sie offensichtlich nicht die Entwicklung oder Erziehung von Kindern und Jugendlichen beeinträchtigen. [2] Die Absätze 1 bis 5 finden keine Anwendung. [3] Die oberste Landesbehörde kann das Recht zur Anbieterkennzeichnung für einzelne Anbieter oder für besondere Filme und Spielprogramme ausschließen und durch den Anbieter vorgenommene Kennzeichnungen aufheben.

(8) Enthalten Filme, Bildträger oder Bildschirmspielgeräte neben den zu kennzeichnenden Filmen oder Spielprogrammen Titel, Zusätze oder weitere Darstellungen in Texten, Bildern oder Tönen, bei denen in Betracht kommt, dass sie die Entwicklung oder Erziehung von Kindern oder Jugendlichen beeinträchtigen, so sind diese bei der Entscheidung über die Kennzeichnung mit zu berücksichtigen.

(9) Die Absätze 1 bis 6 und 8 gelten für die Kennzeichnung von zur Verbreitung in digitalen Diensten bestimmten und kennzeichnungsfähigen Filmen und Spielprogrammen entsprechend.

[1)] **Sartorius III Nr. 796.**

(10) Die oberste Landesbehörde kann Näheres über die Ausgestaltung und Anbringung der Kennzeichnung nach § 14a Absatz 1 mit den Einrichtungen der freiwilligen Selbstkontrolle vereinbaren.

§ 14a[1)] Kennzeichnung bei Film- und Spielplattformen. (1) [1] Film- und Spielplattformen sind Diensteanbieter, die Filme oder Spielprogramme in einem Gesamtangebot zusammenfassen und mit Gewinnerzielungsabsicht als eigene Inhalte zum individuellen Abruf zu einem von den Nutzerinnen und Nutzern gewählten Zeitpunkt bereithalten. [2] Film- und Spielplattformen nach Satz 1 dürfen einen Film oder ein Spielprogramm nur bereithalten, wenn sie gemäß den Altersstufen des § 14 Absatz 2 mit einer entsprechenden deutlich wahrnehmbaren Kennzeichnung versehen sind, die

1. im Rahmen des Verfahrens des § 14 Absatz 6 oder
2. durch eine nach § 19 des Jugendmedienschutz-Staatsvertrages[2)] anerkannte Einrichtung der freiwilligen Selbstkontrolle oder durch einen von einer Einrichtung der freiwilligen Selbstkontrolle zertifizierten Jugendschutzbeauftragten nach § 7 des Jugendmedienschutz-Staatsvertrages oder,
3. wenn keine Kennzeichnung im Sinne der Nummer 1 oder 2 gegeben ist, durch ein von den obersten Landesbehörden anerkanntes automatisiertes Bewertungssystem einer im Rahmen einer Vereinbarung nach § 14 Absatz 6 tätigen Einrichtung der freiwilligen Selbstkontrolle

vorgenommen wurde. [3] Die §§ 10b und 14 Absatz 2a gelten entsprechend.

(2) [1] Der Diensteanbieter ist von der Pflicht nach Absatz 1 Satz 2 befreit, wenn die Film- oder Spielplattform im Inland nachweislich weniger als eine Million Nutzerinnen und Nutzer hat. [2] Die Pflicht besteht zudem bei Filmen und Spielprogrammen nicht, bei denen sichergestellt ist, dass sie ausschließlich Erwachsenen zugänglich gemacht werden.

(3) [1] Die Vorschrift findet auch auf Diensteanbieter Anwendung, deren Sitzland nicht Deutschland ist. [2] Die §§ 2 und 3 des Digitale-Dienste-Gesetzes bleiben unberührt.

§ 15[3)] Jugendgefährdende Medien. (1) Medien, deren Aufnahme in die Liste jugendgefährdender Medien nach § 24 Abs. 3 Satz 1 bekannt gemacht ist, dürfen als Trägermedien nicht

1. einem Kind oder einer jugendlichen Person angeboten, überlassen oder sonst zugänglich gemacht werden,
2. an einem Ort, der Kindern oder Jugendlichen zugänglich ist oder von ihnen eingesehen werden kann, ausgestellt, angeschlagen, vorgeführt oder sonst zugänglich gemacht werden,
3. im Einzelhandel außerhalb von Geschäftsräumen, in Kiosken oder anderen Verkaufsstellen, die Kunden nicht zu betreten pflegen, im Versandhandel oder

---

[1)] § 14a eingef. mWv 1.5.2021 durch G v. 9.4.2021 (BGBl. I S. 742); Abs. 3 Satz 2 geänd. mWv 14.5. 2024 durch G v. 6.5.2024 (BGBl. 2024 I Nr. 149).

[2)] **Sartorius III Nr. 796.**

[3)] § 15 Abs. 2 Nr. 1 *geänd. mWv 1.4.2004 durch* G v. 27.12.2003 (BGBl. I S. 3007); Abs. 2 Nr. 3a *eingef. mWv 1.7.2008 durch G* v. 24.6.2008 (BGBl. I S. 1075); Abs. 2 Nr. 1 geänd. mWv 5.11.2008 durch G v. 31.10.2008 (BGBl. I S. 2149); Überschrift, Abs. 1 einl. Satzteil geänd., Abs. 1a eingef., Abs. 3, 5 geänd. mWv 1.5.2021 durch G v. 9.4.2021 (BGBl. I S. 742); Abs. 1 Nr. 6, Abs. 1a geänd. mWv 14.5. 2024 durch G v. 6.5.2024 (BGBl. 2024 I Nr. 149).

in gewerblichen Leihbüchereien oder Lesezirkeln einer anderen Person angeboten oder überlassen werden,
4. im Wege gewerblicher Vermietung oder vergleichbarer gewerblicher Gewährung des Gebrauchs, ausgenommen in Ladengeschäften, die Kindern und Jugendlichen nicht zugänglich sind und von ihnen nicht eingesehen werden können, einer anderen Person angeboten oder überlassen werden,
5. im Wege des Versandhandels eingeführt werden,
6. öffentlich an einem Ort, der Kindern oder Jugendlichen zugänglich ist oder von ihnen eingesehen werden kann, oder durch Verbreiten von Trägermedien oder digitalen Diensten außerhalb des Geschäftsverkehrs mit dem einschlägigen Handel angeboten, angekündigt oder angepriesen werden,
7. hergestellt, bezogen, geliefert, vorrätig gehalten oder eingeführt werden, um sie oder aus ihnen gewonnene Stücke im Sinne der Nummern 1 bis 6 zu verwenden oder einer anderen Person eine solche Verwendung zu ermöglichen.

(1a) Medien, deren Aufnahme in die Liste jugendgefährdender Medien nach § 24 Absatz 3 Satz 1 bekannt gemacht ist, dürfen als Inhalte eines digitalen Dienstes nicht an einem Ort, der Kindern oder Jugendlichen zugänglich ist oder von ihnen eingesehen werden kann, vorgeführt werden.

(2) Den Beschränkungen des Absatzes 1 unterliegen, ohne dass es einer Aufnahme in die Liste und einer Bekanntmachung bedarf, schwer jugendgefährdende Trägermedien, die

1. einen der in § 86, § 130, § 130a, § 131, § 184, § 184a, § 184b oder § 184c des Strafgesetzbuches[1] bezeichneten Inhalte haben,
2. den Krieg verherrlichen,
3. Menschen, die sterben oder schweren körperlichen oder seelischen Leiden ausgesetzt sind oder waren, in einer die Menschenwürde verletzenden Weise darstellen und ein tatsächliches Geschehen wiedergeben, ohne dass ein überwiegendes berechtigtes Interesse gerade an dieser Form der Berichterstattung vorliegt,

3a. besonders realistische, grausame und reißerische Darstellungen selbstzweckhafter Gewalt beinhalten, die das Geschehen beherrschen,

4. Kinder oder Jugendliche in unnatürlicher, geschlechtsbetonter Körperhaltung darstellen oder
5. offensichtlich geeignet sind, die Entwicklung von Kindern oder Jugendlichen oder ihre Erziehung zu einer eigenverantwortlichen und gemeinschaftsfähigen Persönlichkeit schwer zu gefährden.

(3) Den Beschränkungen des Absatzes 1 unterliegen auch, ohne dass es einer Aufnahme in die Liste und einer Bekanntmachung bedarf, Trägermedien, die mit einem Medium, dessen Aufnahme in die Liste bekannt gemacht ist, ganz oder im Wesentlichen inhaltsgleich sind.

(4) Die Liste der jugendgefährdenden Medien darf nicht zum Zweck der geschäftlichen Werbung abgedruckt oder veröffentlicht werden.

(5) Bei geschäftlicher Werbung für Trägermedien darf nicht darauf hingewiesen werden, dass ein Verfahren zur Aufnahme des Mediums oder eines inhaltsgleichen Mediums in die Liste anhängig ist oder gewesen ist.

[1] **Habersack Nr. 85.**

(6) Soweit die Lieferung erfolgen darf, haben Gewerbetreibende vor Abgabe an den Handel die Händler auf die Vertriebsbeschränkungen des Absatzes 1 Nr. 1 bis 6 hinzuweisen.

§ 16[1] **Landesrecht.** [1]Die Länder können im Bereich der digitalen Dienste über dieses Gesetz hinausgehende Regelungen zum Jugendschutz treffen. [2]Die an die Inhalte von digitalen Diensten zu richtenden besonderen Anforderungen ergeben sich aus dem Jugendmedienschutz-Staatsvertrag[2].

Abschnitt 4.[3] Bundeszentrale für Kinder- und Jugendmedienschutz

§ 17[4] **Zuständige Bundesbehörde und Leitung.** (1) Zuständig für die Durchführung der Aufgaben, die nach diesem Gesetz in bundeseigener Verwaltung ausgeführt werden, ist die Bundesprüfstelle für jugendgefährdende Medien als selbstständige Bundesoberbehörde; sie erhält die Bezeichnung „Bundeszentrale für Kinder- und Jugendmedienschutz" (Bundeszentrale) und untersteht dem Bundesministerium für Familie, Senioren, Frauen und Jugend.

(2) Die Bundeszentrale wird von einer Direktorin oder einem Direktor geleitet (Behördenleitung).

§ 17a[5] **Aufgaben.** (1) Die Bundeszentrale unterhält eine Prüfstelle für jugendgefährdende Medien, die über die Aufnahme von Medien in die Liste jugendgefährdender Medien nach § 18 und über Streichungen aus dieser Liste entscheidet.

(2) [1]Die Bundeszentrale fördert durch geeignete Maßnahmen die Weiterentwicklung des Kinder- und Jugendmedienschutzes. [2]Hierzu gehören insbesondere

1. die Förderung einer gemeinsamen Verantwortungsübernahme von Staat, Wirtschaft und Zivilgesellschaft zur Koordinierung einer Gesamtstrategie zur Verwirklichung der Schutzziele des § 10a,
2. die Nutzbarmachung und Weiterentwicklung der aus der Gesamtheit der Spruchpraxis der Prüfstelle abzuleitenden Erkenntnisse hinsichtlich durch Medien verursachter sozialethischer Desorientierung von Kindern und Jugendlichen, insbesondere durch Orientierungshilfen für Kinder und Jugendliche, personensorgeberechtigte Personen, Fachkräfte und durch Förderung öffentlicher Diskurse sowie
3. ein regelmäßiger Informationsaustausch mit den im Bereich des Kinder- und Jugendmedienschutzes tätigen Institutionen hinsichtlich der jeweiligen Spruchpraxis.

(3) Die Bundeszentrale kann zur Erfüllung ihrer Aufgabe aus Absatz 2 Maßnahmen, die von überregionaler Bedeutung sind, fördern oder selbst durchführen.

§ 17b[6] **Beirat.** [1]Die Bundeszentrale richtet einen Beirat ein, der sie bei der Erfüllung der Aufgaben nach § 17a Absatz 2 Satz 1 berät. [2]Dem Beirat gehören bis

---

[1] § 16 neu gef. mWv 1.5.2021 durch G v. 9.4.2021 (BGBl. I S. 742); Sätze 1, 2 geänd. mWv 14.5.2024 durch G v. 6.5.2024 (BGBl. 2024 I Nr. 149).

[2] **Sartorius III Nr. 796.**

[3] Abschnitt 4 *Überschrift neu gef.* mWv 1.5.2021 durch G v. 9.4.2021 (BGBl. I S. 742).

[4] *§ 17 neu gef.* mWv 1.5.2021 durch G v. 9.4.2021 (BGBl. I S. 742).

[5] § 17a eingef. mWv 1.5.2021 durch G v. 9.4.2021 (BGBl. I S. 742); Abs. 3 aufgeh., bish. Abs. 4 wird Abs. 3 mWv 14.5.2024 durch G v. 6.5.2024 (BGBl. 2024 I Nr. 149).

[6] § 17b eingef. mWv 1.5.2021 durch G v. 9.4.2021 (BGBl. I S. 742).

zu zwölf Personen an, die sich in besonderer Weise für die Verwirklichung der Rechte und den Schutz von Kindern und Jugendlichen einsetzen. [3] Vertretungen der Interessen von Kindern und Jugendlichen stehen drei Plätze zu. [4] Hiervon sind zwei Sitze mit Personen zu besetzen, die zum Zeitpunkt ihrer Berufung höchstens 17 Jahre alt sind und von auf Bundesebene tätigen Vertretungen der Interessen von Kindern und Jugendlichen vorgeschlagen wurden. [5] Die Berufung von Beiratsmitgliedern erfolgt durch die Bundeszentrale für eine Dauer von jeweils drei Jahren. [6] Das Nähere regelt eine Geschäftsordnung.

§ 18[1)] Liste jugendgefährdender Medien. (1) [1] Medien, die geeignet sind, die Entwicklung von Kindern oder Jugendlichen oder ihre Erziehung zu einer eigenverantwortlichen und gemeinschaftsfähigen Persönlichkeit zu gefährden, sind von der Bundeszentrale nach Entscheidung der Prüfstelle für jugendgefährdende Medien in eine Liste (Liste jugendgefährdender Medien) aufzunehmen. [2] Dazu zählen vor allem unsittliche, verrohend wirkende, zu Gewalttätigkeit, Verbrechen oder Rassenhass anreizende Medien sowie Medien, in denen

1. Gewalthandlungen wie Mord- und Metzelszenen selbstzweckhaft und detailliert dargestellt werden oder
2. Selbstjustiz als einzig bewährtes Mittel zur Durchsetzung der vermeintlichen Gerechtigkeit nahe gelegt wird.

(2) *(aufgehoben)*

(3) Ein Medium darf nicht in die Liste aufgenommen werden

1. allein wegen seines politischen, sozialen, religiösen oder weltanschaulichen Inhalts,
2. wenn es der Kunst oder der Wissenschaft, der Forschung oder der Lehre dient,
3. wenn es im öffentlichen Interesse liegt, es sei denn, dass die Art der Darstellung zu beanstanden ist.

(4) In Fällen von geringer Bedeutung kann davon abgesehen werden, ein Medium in die Liste aufzunehmen.

(5) [1] Medien sind in die Liste aufzunehmen, wenn ein Gericht in einer rechtskräftigen Entscheidung festgestellt hat, dass das Medium einen der in § 86, § 130, § 130a, § 131, § 184, § 184a, § 184b oder § 184c des Strafgesetzbuches[2)] bezeichneten Inhalte hat. [2] § 21 Absatz 5 Nummer 2 bleibt unberührt.

(5a) Erlangt die Prüfstelle für jugendgefährdende Medien davon Kenntnis, dass eine den Listeneintrag auslösende Entscheidung nach Absatz 5 Satz 1 aufgehoben wurde, hat sie unverzüglich von Amts wegen zu prüfen, ob die Voraussetzungen für den Verbleib des Mediums in der Liste weiterhin vorliegen.

(6) [1] Die Prüfstelle für jugendgefährdende Medien schätzt in ihren Entscheidungen ein, ob ein Medium einen der in den §§ 86, 130, 130a, 131, 184, 184a, 184b oder 184c des Strafgesetzbuches genannten Inhalte hat. [2] Im Bejahungsfall hat sie ihre auch insoweit begründete Entscheidung der zuständigen Strafverfolgungsbehörde zuzuleiten.

[1)] § 18 Abs. 2 Nr. 2 und 4 sowie Abs. 5 geänd. mWv 1.4.2004 durch G v. 27.12.2003 (BGBl. I S. 3007); Abs. 1 Satz 2 geänd., Nr. 1 und 2 angef. mWv 1.7.2008 durch G v. 24.6.2008 (BGBl. I S. 1075); Abs. 2 Nr. 2 und 4, Abs. 5 geänd. mWv 5.11.2008 durch G v. 31.10.2008 (BGBl. I S. 2149); Abs. 1 Satz 1 neu gef., Abs. 2 aufgeh., Abs. 5 Satz 2 angef., Abs. 5a eingef., Abs. 6 neu gef., Abs. 8 Sätze 1, 3 geänd. mWv 1.5.2021 durch G v. 9.4.2021 (BGBl. I S. 742); Abs. 8 Sätze 2, 3 geänd. mWv 14.5.2024 durch G v. 6.5. 2024 (BGBl. 2024 I Nr. 149).

[2)] **Habersack Nr. 85.**

(7) [1] Medien sind aus der Liste zu streichen, wenn die Voraussetzungen für eine Aufnahme nicht mehr vorliegen. [2] Nach Ablauf von 25 Jahren verliert eine Aufnahme in die Liste ihre Wirkung.

(8) [1] Auf Filme und Spielprogramme, die nach § 14 Abs. 2 Nr. 1 bis 5, auch in Verbindung mit § 14 Absatz 9 gekennzeichnet sind, findet Absatz 1 keine Anwendung. [2] Absatz 1 ist außerdem nicht anzuwenden, wenn die zentrale Aufsichtsstelle der Länder für den Jugendmedienschutz über den digitalen Dienst zuvor eine Entscheidung dahin gehend getroffen hat, dass die Voraussetzungen für die Aufnahme in die Liste jugendgefährdender Medien nach Absatz 1 nicht vorliegen. [3] Hat eine anerkannte Einrichtung der Selbstkontrolle den digitalen Dienst zuvor bewertet, so findet Absatz 1 nur dann Anwendung, wenn die zentrale Aufsichtsstelle der Länder für den Jugendmedienschutz die Voraussetzungen für die Aufnahme in die Liste jugendgefährdender Medien nach Absatz 1 für gegeben hält oder eine Entscheidung der zentralen Aufsichtsstelle der Länder für den Jugendmedienschutz nicht vorliegt.

§ 19[1] Personelle Besetzung der Prüfstelle für jugendgefährdende Medien. (1) [1] Die Prüfstelle für jugendgefährdende Medien besteht aus

1. der oder dem Vorsitzenden,
2. je einer oder einem von jeder Landesregierung zu ernennenden Beisitzerin oder Beisitzer und
3. weiteren von dem Bundesministerium für Familie, Senioren, Frauen und Jugend zu ernennenden Beisitzerinnen oder Beisitzern.

[2] Die oder der Vorsitzende wird vom Bundesministerium für Familie, Senioren, Frauen und Jugend ernannt. [3] Die Behördenleitung schlägt hierfür eine bei der Bundeszentrale beschäftigte Person vor, die die Befähigung zum Richteramt nach dem Deutschen Richtergesetz[2] besitzt. [4] Die Behördenleitung kann den Vorsitz auch selbst ausüben. [5] Für die Vorsitzende oder den Vorsitzenden und die Beisitzerinnen oder Beisitzer ist mindestens je eine Stellvertreterin oder ein Stellvertreter zu ernennen. [6] Die jeweilige Landesregierung kann ihr Ernennungsrecht nach Satz 1 Nummer 2 auf eine oberste Landesbehörde übertragen.

(2) [1] Die von dem Bundesministerium für Familie, Senioren, Frauen und Jugend zu ernennenden Beisitzerinnen und Beisitzer sind den Kreisen

1. der Kunst,
2. der Literatur,
3. des Buchhandels und der Verlegerschaft,
4. der Anbieter von Bildträgern und von digitalen Diensten,
5. der Träger der freien Jugendhilfe,
6. der Träger der öffentlichen Jugendhilfe,
7. der Lehrerschaft und
8. der Kirchen, der jüdischen Kultusgemeinden und anderer Religionsgemeinschaften, die Körperschaften des öffentlichen Rechts sind,

auf Vorschlag der genannten Gruppen zu entnehmen. [2] Dem Buchhandel und der Verlegerschaft sowie dem Anbieter von Bildträgern und von digitalen Diensten

[1] *§ 19* Überschrift geänd., Abs. 1 neu gef., Abs. 4, 5 Sätze 1, 2, Abs. 6 Satz 1 geänd. mWv 1.5.2021 durch G v. 9.4.2021 (BGBl. I S. 742); Abs. 2 Satz 1 Nr. 4, Satz 2, Abs. 3 Satz 2 geänd. mWv 14.5.2024 durch G v. 6.5.2024 (BGBl. 2024 I Nr. 149).

[2] **Habersack ErgBd. Nr. 97.**

stehen diejenigen Kreise gleich, die eine vergleichbare Tätigkeit bei der Auswertung und beim Vertrieb der Medien unabhängig von der Art der Aufzeichnung und der Wiedergabe ausüben.

(3) [1] Die oder der Vorsitzende und die Beisitzerinnen oder Beisitzer werden auf die Dauer von drei Jahren bestimmt. [2] Sie können von der Stelle, die sie bestimmt hat, vorzeitig abberufen werden, wenn sie der Verpflichtung zur Mitarbeit in der Prüfstelle für jugendgefährdende Medien nicht nachkommen.

(4) Die Mitglieder der Prüfstelle für jugendgefährdende Medien sind bei ihren Entscheidungen an Weisungen nicht gebunden.

(5) [1] Die Prüfstelle für jugendgefährdende Medien entscheidet in der Besetzung von zwölf Mitgliedern, die aus der oder dem Vorsitzenden, drei Beisitzerinnen oder Beisitzern der Länder und je einer Beisitzerin oder einem Beisitzer aus den in Absatz 2 genannten Gruppen bestehen. [2] Erscheinen zur Sitzung einberufene Beisitzerinnen oder Beisitzer oder ihre Stellvertreterinnen oder Stellvertreter nicht, so ist die Prüfstelle für jugendgefährdende Medien auch in einer Besetzung von mindestens neun Mitgliedern beschlussfähig, von denen mindestens zwei den in Absatz 2 Nr. 1 bis 4 genannten Gruppen angehören müssen.

(6) [1] Zur Anordnung der Aufnahme in die Liste bedarf es einer Mehrheit von zwei Dritteln der an der Entscheidung mitwirkenden Mitglieder der Prüfstelle für jugendgefährdende Medien. [2] In der Besetzung des Absatzes 5 Satz 2 ist für die Listenaufnahme eine Mindestzahl von sieben Stimmen erforderlich.

§ 20[1)] Vorschlagsberechtigte Verbände. (1) [1] Das Vorschlagsrecht nach § 19 Abs. 2 wird innerhalb der nachfolgenden Kreise durch folgende Organisationen für je eine Beisitzerin oder einen Beisitzer und eine Stellvertreterin oder einen Stellvertreter ausgeübt:

1. für die Kreise der Kunst durch
   Deutscher Kulturrat,
   Bund Deutscher Kunsterzieher e.V.,
   Künstlergilde e.V.,
   Bund Deutscher Grafik-Designer,
2. für die Kreise der Literatur durch
   Verband deutscher Schriftsteller,
   Freier Deutscher Autorenverband,
   Deutscher Autorenverband e.V.,
   PEN-Zentrum,
3. für die Kreise des Buchhandels und der Verlegerschaft durch
   Börsenverein des Deutschen Buchhandels e.V.,
   Verband Deutscher Bahnhofsbuchhändler,
   Bundesverband Deutscher Buch-, Zeitungs- und Zeitschriftengrossisten e.V.,
   Bundesverband Deutscher Zeitungsverleger e.V.,
   Verband Deutscher Zeitschriftenverleger e.V.,
   Börsenverein des Deutschen Buchhandels e.V. – Verlegerausschuss,
   Arbeitsgemeinschaft der Zeitschriftenverlage (AGZV) im Börsenverein des Deutschen Buchhandels,
4. für die Kreise der Anbieter von Bildträgern und von digitalen Diensten durch
   Bundesverband Video,

---

1) § 20 Abs. 1 Satz 1 Nr. 4, Abs. 2 Satz 6 geänd. mWv 14.5.2024 durch G v. 6.5.2024 (BGBl. 2024 I Nr. 149).

Verband der Unterhaltungssoftware Deutschland e.V.,
Spitzenorganisation der Filmwirtschaft e.V.,
Bundesverband Informationswirtschaft, Telekommunikation und neue Medien e.V.,
Deutscher Multimedia Verband e.V.,
Electronic Commerce Organisation e.V.,
Verband der Deutschen Automatenindustrie e.V.,
IVD Interessengemeinschaft der Videothekare Deutschlands e.V.,

5. für die Kreise der Träger der freien Jugendhilfe durch
Bundesarbeitsgemeinschaft der Freien Wohlfahrtspflege,
Deutscher Bundesjugendring,
Deutsche Sportjugend,
Bundesarbeitsgemeinschaft Kinder- und Jugendschutz (BAJ) e.V.,

6. für die Kreise der Träger der öffentlichen Jugendhilfe durch
Deutscher Landkreistag,
Deutscher Städtetag,
Deutscher Städte- und Gemeindebund,

7. für die Kreise der Lehrerschaft durch
Gewerkschaft Erziehung u. Wissenschaft im Deutschen Gewerkschaftsbund,
Deutscher Lehrerverband,
Verband Bildung und Erziehung,
Verein Katholischer deutscher Lehrerinnen und

8. für die Kreise der in § 19 Abs. 2 Nr. 8 genannten Körperschaften des öffentlichen Rechts durch
Bevollmächtigter des Rates der EKD am Sitz der Bundesrepublik Deutschland,
Kommissariat der deutschen Bischöfe – Katholisches Büro in Berlin,
Zentralrat der Juden in Deutschland.

[2] Für jede Organisation, die ihr Vorschlagsrecht ausübt, ist eine Beisitzerin oder ein Beisitzer und eine stellvertretende Beisitzerin oder ein stellvertretender Beisitzer zu ernennen. [3] Reicht eine der in Satz 1 genannten Organisationen mehrere Vorschläge ein, wählt das Bundesministerium für Familie, Senioren, Frauen und Jugend eine Beisitzerin oder einen Beisitzer aus.

(2) [1] Für die in § 19 Abs. 2 genannten Gruppen können Beisitzerinnen oder Beisitzer und stellvertretende Beisitzerinnen und Beisitzer auch durch namentlich nicht bestimmte Organisationen vorgeschlagen werden. [2] Das Bundesministerium für Familie, Senioren, Frauen und Jugend fordert im Januar jedes Jahres im Bundesanzeiger dazu auf, innerhalb von sechs Wochen derartige Vorschläge einzureichen. [3] Aus den fristgerecht eingegangenen Vorschlägen hat es je Gruppe je eine zusätzliche Beisitzerin oder einen zusätzlichen Beisitzer und eine stellvertretende Beisitzerin oder einen stellvertretenden Beisitzer zu ernennen. [4] Vorschläge von Organisationen, die kein eigenes verbandliches Gewicht besitzen oder eine dauerhafte Tätigkeit nicht erwarten lassen, sind nicht zu berücksichtigen. [5] Zwischen den Vorschlägen mehrerer Interessenten entscheidet das Los, sofern diese sich nicht auf einen Vorschlag einigen; Absatz 1 Satz 3 gilt entsprechend. [6] Sofern es unter Berücksichtigung der Geschäftsbelastung der Prüfstelle für jugendgefährdende Medien erforderlich erscheint und sofern die Vorschläge der innerhalb einer Gruppe *namentlich bestimmten* Organisationen zahlenmäßig nicht ausreichen, kann das Bundesministerium für Familie, Senioren, Frauen und Jugend auch mehrere Beisitzerinnen oder Beisitzer und stellvertretende Beisitzerinnen oder Beisitzer ernennen; Satz 5 gilt entsprechend.

§ 21[1)] Verfahren der Prüfstelle für jugendgefährdende Medien. (1) Die Prüfstelle für jugendgefährdende Medien wird in der Regel auf Antrag tätig.

(2) Antragsberechtigt sind

1. das Bundesministerium für Familie, Senioren, Frauen und Jugend,
2. die obersten Landesjugendbehörden,
3. die zentrale Aufsichtsstelle der Länder für den Jugendmedienschutz,
4. die Landesjugendämter,
5. die Jugendämter,
6. die anerkannten Einrichtungen der freiwilligen Selbstkontrolle,
7. die aus Mitteln der Europäischen Union, des Bundes, der Länder oder der Landesmedienanstalten geförderten Internet-Beschwerdestellen sowie
8. für den Antrag auf Streichung aus der Liste und für den Antrag auf Feststellung, dass ein Medium nicht mit einem bereits in die Liste aufgenommenen Medium ganz oder im Wesentlichen inhaltsgleich ist, auch die in Absatz 7 genannten Personen.

(3) Kommt eine Listenaufnahme oder eine Streichung aus der Liste offensichtlich nicht in Betracht, so kann die oder der Vorsitzende das Verfahren einstellen.

(4) Die Prüfstelle für jugendgefährdende Medien wird von Amts wegen tätig, wenn eine in Absatz 2 nicht genannte Behörde oder ein anerkannter Träger der freien Jugendhilfe dies anregt und die oder der Vorsitzende der Prüfstelle für jugendgefährdende Medien die Durchführung des Verfahrens im Interesse des Jugendschutzes für geboten hält.

(4a) Anträge und Anregungen, die sich auf Medien beziehen, die bei Kindern und Jugendlichen besonders verbreitet sind oder durch die die Belange des Jugendschutzes in besonderem Maße betroffen scheinen, können vorrangig behandelt werden.

(5) Die Prüfstelle für jugendgefährdende Medien wird auf Veranlassung der oder des Vorsitzenden von Amts wegen tätig,

1. wenn zweifelhaft ist, ob ein Medium mit einem bereits in die Liste aufgenommenen Medium ganz oder im Wesentlichen inhaltsgleich ist,
2. wenn bekannt wird, dass die Voraussetzungen für die Aufnahme eines Mediums in die Liste nach § 18 Abs. 7 Satz 1 nicht mehr vorliegen, oder
3. wenn die Aufnahme in die Liste nach § 18 Abs. 7 Satz 2 wirkungslos wird und weiterhin die Voraussetzungen für die Aufnahme in die Liste vorliegen.

(6) [1] Vor der Entscheidung über die Aufnahme eines digitalen Dienstes oder eines abgrenzbaren Inhalts innerhalb eines digitalen Dienstes im Sinne einer Bewertungseinheit in die Liste hat die Prüfstelle für jugendgefährdende Medien der zentralen Aufsichtsstelle der Länder für den Jugendmedienschutz Gelegenheit zu geben, zu dem Telemedium unverzüglich Stellung zu nehmen. [2] Stellungnahmen und Anträge der zentralen Stelle der Länder für den Jugendmedienschutz hat die Prüfstelle für jugendgefährdende Medien bei ihren Entscheidungen maßgeblich zu

---

[1)] § 21 Abs. 2 geänd., Abs. 10 angef. mWv 1.1.2004 durch G v. 29.12.2003 (BGBl. I S. 3076); Abs. 10 Satz 1 geänd., Satz 3 aufgeh. mWv 15.8.2013 durch G v. 7.8.2013 (BGBl. I S. 3154); Abs. 10 aufgeh. mWv 1.10.2021 durch G v. 18.7.2016 (BGBl. I S. 1666); Überschrift, Abs. 1, 2, 4 geänd., Abs. 4a eingef., Abs. 5 einl. Satzteil, Abs. 6 Satz 1 geänd, Satz 2 neu gef., Satz 3, Abs. 7, Abs. 8 Satz 1 Nr. 2, 3 geänd., Nr. 4 aufgeh., Satz 4 angef., Abs. 9, 10 Satz 1 geänd. mWv 1.5.2021 durch G v. 9.4.2021 (BGBl. I S. 742); Abs. 2 neu gef., Abs. 6 Satz 1, Abs. 7, 8 Satz 1 Nr. 2 geänd., Satz 4 neu gef. mWv 14.5.2024 durch G v. 6.5.2024 (BGBl. 2024 I Nr. 149).

berücksichtigen. [3] Soweit der Prüfstelle für jugendgefährdende Medien eine Stellungnahme der zentralen Aufsichtsstelle der Länder für den Jugendmedienschutz innerhalb von fünf Werktagen nach Aufforderung nicht vorliegt, kann sie ohne diese Stellungnahme entscheiden.

(7) Der Urheberin oder dem Urheber, der Inhaberin oder dem Inhaber der Nutzungsrechte sowie bei digitalen Diensten oder einem abgrenzbaren Inhalt innerhalb eines digitalen Dienstes im Sinne einer Bewertungseinheit dem Anbieter ist Gelegenheit zur Stellungnahme zu geben, soweit der Prüfstelle für jugendgefährdende Medien die Anschriften bekannt sind oder die Prüfstelle für jugendgefährdende Medien die Anschriften durch Angaben im Zusammenhang mit dem Medium unter zumutbarem Aufwand aus öffentlich zugänglichen Quellen ermitteln kann.

(8) [1] Die Entscheidungen sind

1. bei Trägermedien der Urheberin oder dem Urheber sowie der Inhaberin oder dem Inhaber der Nutzungsrechte,
2. bei digitalen Diensten oder einem abgrenzbaren Inhalt innerhalb eines digitalen Dienstes im Sinne einer Bewertungseinheit der Urheberin oder dem Urheber sowie dem Anbieter und
3. der antragstellenden Behörde

zuzustellen. [2] Sie hat die sich aus der Entscheidung ergebenden Verbreitungs- und Werbebeschränkungen im Einzelnen aufzuführen. [3] Die Begründung ist beizufügen oder innerhalb einer Woche durch Zustellung nachzureichen. [4] Die begründete Entscheidung ist zu übermitteln:

1. dem Bundesministerium für Familie, Senioren, Frauen und Jugend,
2. den obersten Landesjugendbehörden,
3. der zentralen Aufsichtsstelle der Länder für den Jugendmedienschutz,
4. den anerkannten Einrichtungen der freiwilligen Selbstkontrolle, den aus Mitteln der Europäischen Union, des Bundes, der Länder oder der Landesmedienanstalten geförderten Internet-Beschwerdestellen und
5. der das Verfahren anregenden Behörde oder Einrichtung oder dem das Verfahren nach Absatz 4 anregenden Träger.

(9) Die Prüfstelle für jugendgefährdende Medien soll mit der zentralen Aufsichtsstelle der Länder für den Jugendmedienschutz zusammenarbeiten und einen regelmäßigen Informationsaustausch pflegen.

§ 22[1)] Aufnahme periodisch erscheinender Medien in die Liste jugendgefährdender Medien. [1] Periodisch erscheinende Medien können auf die Dauer von drei bis zwölf Monaten in die Liste jugendgefährdender Medien aufgenommen werden, wenn innerhalb von zwölf Monaten mehr als zwei ihrer Folgen in die Liste aufgenommen worden sind. [2] Dies gilt nicht für Tageszeitungen und politische Zeitschriften sowie für deren digitale Ausgaben.

§ 23[2)] Vereinfachtes Verfahren. (1) [1] In einem vereinfachten Verfahren kann die Prüfstelle für jugendgefährdende Medien über die Aufnahme von Medien in die Liste jugendgefährdender Medien entscheiden, wenn

---

[1)] *§ 22 Überschrift* neu gef., Abs. 1 Sätze 1, 2 geänd., Abs. 2 aufgeh. mWv 1.5.2021 durch G v. 9.4. 2021 (BGBl. I S. 742).

[2)] § 23 Abs. 1 neu gef., Abs. 3, 4, 5 Satz 1, Abs. 6 Satz 1 geänd. mWv 1.5.2021 durch G v. 9.4.2021 (BGBl. I S. 742); Abs. 1 Satz 1 Nr. 2 geänd. mWv 14.5.2024 durch G v. 6.5.2024 (BGBl. 2024 I Nr. 149).

1. das Medium offensichtlich geeignet ist, die Entwicklung von Kindern oder Jugendlichen oder ihre Erziehung zu einer eigenverantwortlichen und gemeinschaftsfähigen Persönlichkeit zu gefährden oder
2. bei einem digitalen Dienst auf Antrag oder nach einer Stellungnahme der zentralen Aufsichtsstelle der Länder für den Jugendmedienschutz entschieden wird.

[2] Im vereinfachten Verfahren treffen die oder der Vorsitzende und zwei weitere Mitglieder der Prüfstelle für jugendgefährdende Medien, von denen ein Mitglied einer der in § 19 Absatz 2 Nummer 1 bis 4 genannten Gruppen angehören muss, die Entscheidung. [3] Die Entscheidung kann im vereinfachten Verfahren nur einstimmig getroffen werden. [4] Kommt eine einstimmige Entscheidung nicht zustande, entscheidet die Prüfstelle für jugendgefährdende Medien in voller Besetzung (§ 19 Absatz 5).

(2) Eine Aufnahme in die Liste nach § 22 ist im vereinfachten Verfahren nicht möglich.

(3) Gegen die Entscheidung können die Betroffenen (§ 21 Abs. 7) innerhalb eines Monats nach Zustellung Antrag auf Entscheidung durch die Prüfstelle für jugendgefährdende Medien in voller Besetzung stellen.

(4) Nach Ablauf von zehn Jahren seit Aufnahme eines Mediums in die Liste kann die Prüfstelle für jugendgefährdende Medien die Streichung aus der Liste unter der Voraussetzung des § 21 Abs. 5 Nr. 2 im vereinfachten Verfahren beschließen.

(5) [1] Wenn die Gefahr besteht, dass ein Medium kurzfristig in großem Umfange vertrieben, verbreitet oder zugänglich gemacht wird und die endgültige Listenaufnahme offensichtlich zu erwarten ist, kann die Aufnahme in die Liste im vereinfachten Verfahren vorläufig angeordnet werden. [2] Absatz 2 gilt entsprechend.

(6) [1] Die vorläufige Anordnung ist mit der abschließenden Entscheidung der Prüfstelle für jugendgefährdende Medien, jedoch spätestens nach Ablauf eines Monats, aus der Liste zu streichen. [2] Die Frist des Satzes 1 kann vor ihrem Ablauf um höchstens einen Monat verlängert werden. [3] Absatz 1 gilt entsprechend. [4] Soweit die vorläufige Anordnung im Bundesanzeiger bekannt zu machen ist, gilt dies auch für die Verlängerung.

§ 24[1)] Führung der Liste jugendgefährdender Medien. (1) Die Bundeszentrale führt die Liste jugendgefährdender Medien nach § 17a Absatz 1.

(2) [1] Entscheidungen über die Aufnahme in die Liste oder über Streichungen aus der Liste sind unverzüglich auszuführen. [2] Die Liste ist unverzüglich zu korrigieren, wenn Entscheidungen der Prüfstelle für jugendgefährdende Medien aufgehoben werden oder außer Kraft treten.

(2a) [1] Die Liste jugendgefährdender Medien ist als öffentliche Liste zu führen. [2] Würde die Bekanntmachung eines Mediums in der öffentlichen Liste jedoch der Wahrung des Kinder- und Jugendschutzes schaden, so ist dieses Medium in einem nichtöffentlichen Teil der Liste zu führen. [3] Ein solcher Schaden ist insbesondere dann anzunehmen, wenn eine Bezeichnung des Mediums in der öffentlichen Liste nur in der Weise erfolgen kann, dass durch die Bezeichnung für Kinder und Jugendliche zugleich der unmittelbare Zugang möglich wird.

[1)] § 24 Abs. 1 neu gef., Abs. 2 Satz 2 geänd., Abs. 2a eingef., Abs. 3 neu gef., Abs. 4 aufgeh., bish. Abs. 5 wird Abs. 4 und neu gef., Abs. 5 angef. mWv 1.5.2021 durch G v. 9.4.2021 (BGBl. I S. 742); Abs. 4 Satz 1, Abs. 5 Satz 1 geänd. mWv 14.5.2024 durch G v. 6.5.2024 (BGBl. 2024 I Nr. 149).

(3) Wird ein Medium in den öffentlichen Teil der Liste aufgenommen oder aus ihm gestrichen, so ist dies unter Hinweis auf die zugrunde liegende Entscheidung im Bundesanzeiger bekannt zu machen.

(4) [1] Die Bundeszentrale kann die Liste der zentralen Aufsichtsstelle der Länder für den Jugendmedienschutz, den im Bereich der digitalen Dienste anerkannten Einrichtungen der Selbstkontrolle und den aus Mitteln des Bundes, der Länder oder der Landesmedienanstalten geförderten Internet-Beschwerdestellen in geeigneter Form mitteilen, damit der Listeninhalt zum Abgleich von Angeboten in digitalen Diensten mit in die Liste aufgenommenen Medien genutzt werden kann, um Kindern und Jugendlichen möglichst ungefährdeten Zugang zu Angeboten zu ermöglichen und die Bearbeitung von Hinweisen auf jugendgefährdende Inhalte zu vereinfachen. [2] Die Mitteilung umfasst einen Hinweis auf Einschätzungen nach § 18 Absatz 6.

(5) [1] In Bezug auf die vor Ablauf des 30. April 2021 in die Liste jugendgefährdender Medien aufgenommenen Trägermedien und digitalen Dienste gelten § 18 Absatz 2 und § 24 Absatz 2 in der bis zu diesem Tag geltenden Fassung fort. [2] Die Trägermedien, deren Aufnahme in die Liste jugendgefährdender Medien bis zum 30. April 2021 bekannt gemacht worden ist, können unter Benennung der Listenteile A oder B in eine gemeinsame Listenstruktur mit der ab diesem Tag zu führenden Liste überführt werden.

§ 24a[1)] Vorsorgemaßnahmen. (1) Die Bundeszentrale für Kinder- und Jugendmedienschutz ist gemäß § 12 Absatz 2 Satz 1 des Digitale-Dienste-Gesetzes zuständige Behörde für die Durchsetzung des Artikels 28 Absatz 1 der Verordnung (EU) 2022/2065 des Europäischen Parlaments und des Rates vom 19. Oktober 2022 über einen Binnenmarkt für digitale Dienste und zur Änderung der Richtlinie 2000/31/EG (Gesetz über digitale Dienste) (ABl. L 277 vom 27.10.2022, S. 1; L 310 vom 1.12.2022, S. 17), wonach Anbieter von Online-Plattformen, die für Minderjährige zugänglich sind, geeignete und verhältnismäßige Maßnahmen ergreifen müssen, um ein hohes Maß an Privatsphäre, Sicherheit und Schutz von Kindern und Jugendlichen innerhalb ihres Dienstes zu gewährleisten (Vorsorgemaßnahmen).

(2) Als Vorsorgemaßnahmen kommen insbesondere in Betracht:

1. die Bereitstellung eines Melde- und Abhilfeverfahrens mit einer für Kinder und Jugendliche geeigneten Benutzerführung, im Rahmen dessen insbesondere minderjährige Nutzer und Nutzerinnen Beeinträchtigungen ihrer persönlichen Integrität durch nutzergenerierte Informationen dem Diensteanbieter melden können;
2. die Bereitstellung eines Einstufungssystems für nutzergenerierte audiovisuelle Inhalte, mit dem Nutzerinnen und Nutzer im Zusammenhang mit der Generierung standardmäßig insbesondere dazu aufgefordert werden, die Eignung eines Inhalts entsprechend der Altersstufe „ab 18 Jahren“ als nur für Erwachsene zu bewerten;
3. die Bereitstellung technischer Mittel zur Altersverifikation für nutzergenerierte audiovisuelle Inhalte, die die Nutzerin oder der Nutzer im Zusammenhang mit der Generierung entsprechend der Altersstufe „ab 18 Jahren“ als nur für Erwachsene geeignet bewertet hat;

---

1) § 24a eingef. mWv 1.5.2021 durch G v. 9.4.2021 (BGBl. I S. 742); Abs. 1 neu gef., Abs. 2 Nr. 1, 8 aufgeh., bish. Nr. 2–6 werden Nr. 1–5, bish. Nr. 7 wird Nr. 6 und Buchst. d geänd., Abs. 3, 4 neu gef. mWv 14.5.2024 durch G v. 6.5.2024 (BGBl. 2024 I Nr. 149).

4. der leicht auffindbare Hinweis auf anbieterunabhängige Beratungsangebote, Hilfe- und Meldemöglichkeiten;
5. die Bereitstellung technischer Mittel zur Steuerung und Begleitung der Nutzung der Angebote durch personensorgeberechtigte Personen;
6. die Einrichtung von Voreinstellungen, die Nutzungsrisiken für Kinder und Jugendliche unter Berücksichtigung ihres Alters begrenzen, indem insbesondere ohne ausdrückliche anderslautende Einwilligung
   a) Nutzerprofile weder durch Suchdienste aufgefunden werden können noch für nicht angemeldete Personen einsehbar sind,
   b) Standort- und Kontaktdaten und die Kommunikation mit anderen Nutzerinnen und Nutzern nicht veröffentlicht werden,
   c) die Kommunikation mit anderen Nutzerinnen und Nutzern auf einen von den Nutzerinnen und Nutzern vorab selbst gewählten Kreis eingeschränkt ist und
   d) die Nutzung anonym oder unter Pseudonym erfolgt.

(3) § 24b Absatz 3 gilt entsprechend für die Durchsetzung des Artikels 14 Absatz 3 der Verordnung (EU) 2022/2065.

(4) Die §§ 2 und 3 des Digitale-Dienste-Gesetzes sowie die Bestimmungen der Verordnung (EU) 2016/679[1] des Europäischen Parlaments und des Rates vom 27. April 2016 zum Schutz natürlicher Personen bei der Verarbeitung personenbezogener Daten, zum freien Datenverkehr und zur Aufhebung der Richtlinie 95/46/EG (Datenschutz-Grundverordnung) (ABl. L 119 vom 4.5.2016, S. 1; L 314 vom 22.11.2016, S. 72; L 127 vom 23.5.2018, S. 2) bleiben unberührt.

§ 24b[2] Befugnisse und Verfahren. (1) Im Rahmen ihrer Zuständigkeit nach § 12 Absatz 2 Satz 1 des Digitale-Dienste-Gesetzes verfügt die Bundeszentrale unter Berücksichtigung der ergänzenden Vorschriften des Digitale-Dienste-Gesetzes über die in der Verordnung (EU) 2022/2065 vorgesehenen Befugnisse.

(2) [1]Das gemeinsame Kompetenzzentrum von Bund und Ländern für den Jugendmedienschutz im Internet „jugendschutz.net" nimmt erste Einschätzungen der von den Anbietern von Online-Plattformen getroffenen Vorsorgemaßnahmen vor und unterrichtet die Bundeszentrale über seine Einschätzung. [2]Im Rahmen ihrer Zuständigkeit nach § 12 Absatz 2 Satz 1 des Digitale-Dienste-Gesetzes berücksichtigt die Bundeszentrale die Stellungnahme der zentralen Aufsichtsstelle der Länder für den Jugendmedienschutz.

(3) [1]Stellt die Bundeszentrale fest, dass ein Anbieter keine oder nur unzureichende Vorsorgemaßnahmen nach Artikel 28 Absatz 1 der Verordnung (EU) 2022/2065 getroffen hat, gibt sie ihm Gelegenheit, Stellung zu nehmen und berät ihn über die erforderlichen Vorsorgemaßnahmen. [2]Trifft der Anbieter auch nach Abschluss der Beratung die erforderlichen Vorsorgemaßnahmen nicht, so fordert die Bundeszentrale den Anbieter unter angemessener Fristsetzung auf, die Vorsorgemaßnahmen zu treffen.

(4) [1]Kommt der Anbieter der Aufforderung nach Absatz 3 Satz 2 innerhalb der gesetzten Frist nicht oder nur unzureichend nach, kann die Bundeszentrale die erforderlichen Vorsorgemaßnahmen nach Artikel 28 Absatz 1 der Verordnung (EU) 2022/2065 unter erneuter angemessener Fristsetzung selbst anordnen. [2]Vor

---

[1] Nr. **246**.

[2] § 24b neu gef. mWv 14.5.2024 durch G v. 6.5.2024 (BGBl. 2024 I Nr. 149).

der Anordnung gibt die Bundeszentrale der zentralen Aufsichtsstelle der Länder für den Jugendmedienschutz Gelegenheit zur Stellungnahme.

§§ 24c, 24d[1] *(aufgehoben)*

§ 25[2] **Rechtsweg.** (1) Für Klagen gegen eine Entscheidung der Prüfstelle für jugendgefährdende Medien, ein Medium in die Liste jugendgefährdender Medien aufzunehmen oder einen Antrag auf Streichung aus der Liste abzulehnen, ist der Verwaltungsrechtsweg gegeben.

(2) Gegen eine Entscheidung der Prüfstelle für jugendgefährdende Medien, ein Medium nicht in die Liste jugendgefährdender Medien aufzunehmen, sowie gegen eine Einstellung des Verfahrens kann die antragstellende Behörde im Verwaltungsrechtsweg Klage erheben.

(3) Die Klage ist gegen den Bund, vertreten durch die Bundeszentrale für Kinder- und Jugendmedienschutz, zu richten.

(4) [1]Die Klage hat keine aufschiebende Wirkung. [2]Vor Erhebung der Klage bedarf es keiner Nachprüfung in einem Vorverfahren, bei einer Entscheidung im vereinfachten Verfahren nach § 23 ist jedoch zunächst eine Entscheidung der Prüfstelle für jugendgefährdende Medien in der Besetzung nach § 19 Abs. 5 herbeizuführen.

Abschnitt 5. Verordnungsermächtigung

§ 26[3] **Verordnungsermächtigung.** Die Bundesregierung wird ermächtigt, durch Rechtsverordnung mit Zustimmung des Bundesrates Näheres über den Sitz und das Verfahren der Prüfstelle für jugendgefährdende Medien und die Führung der Liste jugendgefährdender Medien zu regeln.

Abschnitt 6. Ahndung von Verstößen

§ 27[4] **Strafvorschriften.** (1) Mit Freiheitsstrafe bis zu einem Jahr oder mit Geldstrafe wird bestraft, wer

1. entgegen § 15 Abs. 1 Nr. 1 bis 5 oder 6, jeweils auch in Verbindung mit Abs. 2, oder entgegen § 15 Absatz 1a ein dort genanntes Medium anbietet, überlässt, zugänglich macht, ausstellt, anschlägt, vorführt, einführt, ankündigt oder anpreist,
2. entgegen § 15 Abs. 1 Nr. 7, auch in Verbindung mit Abs. 2, ein Trägermedium herstellt, bezieht, liefert, vorrätig hält oder einführt,
3. entgegen § 15 Abs. 4 die Liste der jugendgefährdenden Medien abdruckt oder veröffentlicht,
4. entgegen § 15 Abs. 5 bei geschäftlicher Werbung einen dort genannten Hinweis gibt oder
5. einer vollziehbaren Entscheidung nach § 21 Abs. 8 Satz 1 Nr. 1 zuwiderhandelt.

(2) Ebenso wird bestraft, wer als Veranstalter oder Gewerbetreibender

---

[1] *§§ 24c, 24d aufgeh. mWv 14.5.2024 durch G v. 6.5.2024 (BGBl. 2024 I Nr. 149).*

[2] § 25 Abs. 1–3, 4 Satz 2 geänd. mWv 1.5.2021 durch G v. 9.4.2021 (BGBl. I S. 742).

[3] § 26 geänd. mWv 1.5.2021 durch G v. 9.4.2021 (BGBl. I S. 742).

[4] § 27 Abs. 1 Nr. 1 geänd., Abs. 4 Satz 1 neu gef., Satz 2 geänd. mWv 1.5.2021 durch G v. 9.4.2021 (BGBl. I S. 742).

1. eine in § 28 Abs. 1 Nr. 4 bis 18 oder 19 bezeichnete vorsätzliche Handlung begeht und dadurch wenigstens leichtfertig ein Kind oder eine jugendliche Person in der körperlichen, geistigen oder sittlichen Entwicklung schwer gefährdet oder
2. eine in § 28 Abs. 1 Nr. 4 bis 18 oder 19 bezeichnete vorsätzliche Handlung aus Gewinnsucht begeht oder beharrlich wiederholt.

(3) Wird die Tat in den Fällen
1. des Absatzes 1 Nr. 1 oder
2. des Absatzes 1 Nr. 3, 4 oder 5

fahrlässig begangen, so ist die Strafe Freiheitsstrafe bis zu sechs Monaten oder Geldstrafe bis zu hundertachtzig Tagessätzen.

(4) [1] Absatz 1 Nummer 1 und 2 und Absatz 3 Nummer 1 sind nicht anzuwenden, wenn eine personensorgeberechtigte Person oder eine Person, die im Einverständnis mit einer personensorgeberechtigten Person handelt, das Medium einem Kind oder einer jugendlichen Person anbietet, überlässt, zugänglich macht oder vorführt. [2] Dies gilt nicht, wenn die personensorgeberechtigte Person durch das Erteilen des Einverständnisses, das Anbieten, Überlassen, Zugänglichmachen oder Vorführen ihre Erziehungspflicht gröblich verletzt.

§ 28[1)] Bußgeldvorschriften. (1) Ordnungswidrig handelt, wer als Veranstalter oder Gewerbetreibender vorsätzlich oder fahrlässig

1. entgegen § 3 Abs. 1 die für seine Betriebseinrichtung oder Veranstaltung geltenden Vorschriften nicht, nicht richtig oder nicht in der vorgeschriebenen Weise bekannt macht,
2. entgegen § 3 Abs. 2 Satz 1 eine Kennzeichnung verwendet,
3. entgegen § 3 Abs. 2 Satz 2 einen Hinweis nicht, nicht richtig oder nicht rechtzeitig gibt,
4. entgegen § 3 Abs. 2 Satz 3 einen Hinweis gibt, einen Film oder ein Spielprogramm ankündigt oder für einen Film oder ein Spielprogramm wirbt,
5. entgegen § 4 Abs. 1 oder 3 einem Kind oder einer jugendlichen Person den Aufenthalt in einer Gaststätte gestattet,
6. entgegen § 5 Abs. 1 einem Kind oder einer jugendlichen Person die Anwesenheit bei einer öffentlichen Tanzveranstaltung gestattet,
7. entgegen § 6 Abs. 1 einem Kind oder einer jugendlichen Person die Anwesenheit in einer öffentlichen Spielhalle oder einem dort genannten Raum gestattet,
8. entgegen § 6 Abs. 2 einem Kind oder einer jugendlichen Person die Teilnahme an einem Spiel mit Gewinnmöglichkeit gestattet,
9. einer vollziehbaren Anordnung nach § 7 Satz 1 zuwiderhandelt,

---

1) § 28 Abs. 1 Nr. 11a eingef. mWv 30.9.2004 durch G v. 23.7.2004 (BGBl. I S. 1857) iVm der Bek. v. 13.10.2004 (BGBl. I S. 2600); Abs. 2 Nr. 1 und 2 geänd. mWv 1.3.2007 durch G v. 26.2.2007 (BGBl. I S. 179) iVm der Bek. v. 1.3.2006 (BGBl. I S. 251); Abs. 1 Nr. 12 geänd. mWv 1.9.2007 durch G v. 20.7.2007 (BGBl. I S. 1595); Abs. 2 Nr. 1, 2 und Abs. 3 Nr. 1 geänd. mWv 1.7.2008 durch G v. 24.6.2008 (BGBl. I S. 1075); Abs. 1 Nr. 12 und 13 neu gef. mWv 1.4.2016 durch G v. 3.3.2016 (BGBl. I S. 369); Abs. 1 Nr. 14a geänd. mWv 1.1.2021 durch G v. 23.10.2020 (BGBl. I S. 2229); Abs. 1 Nr. 4, Abs. 2 Nr. 4, Abs. 3 Nr. 1 geänd., Nr. 2 eingef., bish. Nr. 2 wird Nr. 3 und geänd., Nr. 4, 5 angef., Abs. 5 neu gef., Nr. 6, 7 angef. mWv 1.5.2021 durch G v. 9.4.2021 (BGBl. I S. 742); Abs. 3 Nr. 3, 4 geänd., Nr. 5 aufgeh., Abs. 6, 7 geänd. mWv 14.5.2024 durch G v. 6.5.2024 (BGBl. 2024 I Nr. 149).

10. entgegen § 9 Abs. 1 ein alkoholisches Getränk an ein Kind oder eine jugendliche Person abgibt oder ihm oder ihr den Verzehr gestattet,
11. entgegen § 9 Abs. 3 Satz 1 ein alkoholisches Getränk in einem Automaten anbietet,

11a. entgegen § 9 Abs. 4 alkoholhaltige Süßgetränke in den Verkehr bringt,

12. entgegen § 10 Absatz 1, auch in Verbindung mit Absatz 4, ein dort genanntes Produkt an ein Kind oder eine jugendliche Person abgibt oder einem Kind oder einer jugendlichen Person das Rauchen oder den Konsum gestattet,
13. entgegen § 10 Absatz 2 Satz 1 oder Absatz 3, jeweils auch in Verbindung mit Absatz 4, ein dort genanntes Produkt anbietet oder abgibt,
14. entgegen § 11 Abs. 1 oder 3, jeweils auch in Verbindung mit Abs. 4 Satz 2, einem Kind oder einer jugendlichen Person die Anwesenheit bei einer öffentlichen Filmveranstaltung, einem Werbevorspann oder einem Beiprogramm gestattet,

14a. entgegen § 11 Absatz 5 oder 6 einen Werbefilm oder ein Werbeprogramm vorführt,

15. entgegen § 12 Abs. 1 einem Kind oder einer jugendlichen Person einen Bildträger zugänglich macht,
16. entgegen § 12 Abs. 3 Nr. 2 einen Bildträger anbietet oder überlässt,
17. entgegen § 12 Abs. 4 oder § 13 Abs. 2 einen Automaten oder ein Bildschirmspielgerät aufstellt,
18. entgegen § 12 Abs. 5 Satz 1 einen Bildträger vertreibt,
19. entgegen § 13 Abs. 1 einem Kind oder einer jugendlichen Person das Spielen an Bildschirmspielgeräten gestattet oder
20. entgegen § 15 Abs. 6 einen Hinweis nicht, nicht richtig oder nicht rechtzeitig gibt.

(2) Ordnungswidrig handelt, wer als Anbieter vorsätzlich oder fahrlässig

1. entgegen § 12 Abs. 2 Satz 1 und 2, auch in Verbindung mit Abs. 5 Satz 3 oder § 13 Abs. 3, einen Hinweis nicht, nicht richtig oder nicht in der vorgeschriebenen Weise gibt,
2. einer vollziehbaren Anordnung nach § 12 Abs. 2 Satz 3 Nr. 1, auch in Verbindung mit Abs. 5 Satz 3 oder § 13 Abs. 3, oder nach § 14 Abs. 7 Satz 3 zuwiderhandelt,
3. entgegen § 12 Abs. 5 Satz 2 einen Hinweis nicht, nicht richtig, nicht in der vorgeschriebenen Weise oder nicht rechtzeitig anbringt oder
4. entgegen § 14 Abs. 7 Satz 1 einen Film oder ein Spielprogramm mit „Infoprogramm" oder „Lehrprogramm" kennzeichnet.

(3) Ordnungswidrig handelt, wer vorsätzlich oder fahrlässig

1. entgegen § 12 Abs. 2 Satz 4 einen Hinweis nicht, nicht richtig oder nicht in der vorgeschriebenen Weise gibt,
2. entgegen § 14a Absatz 1 Satz 2 einen Film oder ein Spielprogramm bereithält,
3. entgegen § 24 Abs. 5 Satz 2 eine Mitteilung verwendet oder
4. einer vollziehbaren Anordnung nach § 24b Absatz 4 Satz 1 zuwiderhandelt.

(4) [1] *Ordnungswidrig handelt,* wer als Person über 18 Jahren ein Verhalten eines Kindes oder einer jugendlichen Person herbeiführt oder fördert, das durch ein in Absatz 1 Nr. 5 bis 8, 10, 12, 14 bis 16 oder 19 oder in § 27 Abs. 1 Nr. 1 oder 2 bezeichnetes oder in § 12 Abs. 3 Nr. 1 enthaltenes Verbot oder durch eine

vollziehbare Anordnung nach § 7 Satz 1 verhindert werden soll. [2] Hinsichtlich des Verbots in § 12 Abs. 3 Nr. 1 gilt dies nicht für die personensorgeberechtigte Person und für eine Person, die im Einverständnis mit der personensorgeberechtigten Person handelt.

(5) [1] Die Ordnungswidrigkeit kann in den Fällen des Absatzes 3 Nummer 4 mit einer Geldbuße bis zu fünf Millionen Euro und in den übrigen Fällen mit einer Geldbuße bis zu fünfzigtausend Euro geahndet werden. [2] § 30 Absatz 2 Satz 3 des Gesetzes über Ordnungswidrigkeiten[1)] ist für die Fälle des Absatzes 3 Nummer 4 anzuwenden.

(6) In den Fällen des Absatzes 3 Nummer 2 und 4 kann die Ordnungswidrigkeit auch dann geahndet werden, wenn sie nicht im Geltungsbereich dieses Gesetzes begangen wird.

(7) Verwaltungsbehörde im Sinne des § 36 Absatz 1 Nummer 1 des Gesetzes über Ordnungswidrigkeiten ist in den Fällen des Absatzes 3 Nummer 2 und 4 die Bundeszentrale für Kinder- und Jugendmedienschutz.

Abschnitt 7. Schlussvorschriften

§ 29 Übergangsvorschriften. Auf die nach bisherigem Recht mit „Nicht freigegeben unter achtzehn Jahren" gekennzeichneten Filmprogramme für Bildträger findet § 18 Abs. 8 Satz 1 mit der Maßgabe Anwendung, dass an die Stelle der Angabe „§ 14 Abs. 2 Nr. 1 bis 5" die Angabe „§ 14 Abs. 2 Nr. 1 bis 4" tritt.

§ 29a[2)] Weitere Übergangsregelung. Beisitzerinnen und Beisitzer der Bundesprüfstelle für jugendgefährdende Medien und ihre Vertreterinnen und Vertreter, die sich am 1. Mai 2021 im Amt befinden, können unabhängig von ihrer bisherigen Mitgliedschaft in der Bundesprüfstelle noch höchstens zweimal als Beisitzerin oder Beisitzer oder als Vertreterin oder Vertreter berufen werden.

§ 29b[3)] Bericht und Evaluierung. [1] Dieses Gesetz wird fünf Jahre nach Inkrafttreten evaluiert, um zu untersuchen, inwiefern die in § 10a niedergelegten Schutzziele erreicht wurden. [2] Die Bundesregierung unterrichtet den Deutschen Bundestag über das Ergebnis der Evaluation. [3] In der Folge wird alle zwei Jahre dem Beirat Bericht erstattet über die weitere Entwicklung bei dem Erreichen der Schutzziele des § 10a. [4] Alle vier Jahre ist dieser Bericht von der Bundesregierung dem Deutschen Bundestag vorzulegen.

§ 30 Inkrafttreten, Außerkrafttreten. (1) [1] Dieses Gesetz tritt an dem Tag in Kraft, an dem der Staatsvertrag der Länder über den Schutz der Menschenwürde und den Jugendschutz in Rundfunk und Telemedien[4)] in Kraft[5)] tritt. [2] Gleichzeitig treten das Gesetz zum Schutze der Jugend in der Öffentlichkeit vom 25. Februar 1985 (BGBl. I S. 425), zuletzt geändert durch Artikel 8a des Gesetzes vom 15. Dezember 2001 (BGBl. I S. 3762) und das Gesetz über die Verbreitung jugendgefährdender Schriften und Medieninhalte in der Fassung der Bekannt-

[1)] **Habersack Nr. 94.**

[2)] § 29a neu gef. mWv 1.5.2021 durch G v. 9.4.2021 (BGBl. I S. 742).

[3)] § 29b eingef. mWv 1.5.2021 durch G v. 9.4.2021 (BGBl. I S. 742); Satz 1 geänd. mWv 14.5.2024 durch G v. 6.5.2024 (BGBl. 2024 I Nr. 149).

[4)] **Sartorius III Nr. 796.**

[5)] Inkrafttreten des Jugendmedienschutz-StaatsV **(Sartorius III Nr. 796)** gem. seinem § 28 Abs. 1 am 1.4.2003.

machung vom 12. Juli 1985 (BGBl. I S. 1502), zuletzt geändert durch Artikel 8b des Gesetzes vom 15. Dezember 2001 (BGBl. I S. 3762) außer Kraft. [3]Das Bundesministerium für Familie, Senioren, Frauen und Jugend gibt das Datum des Inkrafttretens dieses Gesetzes im Bundesgesetzblatt bekannt[1)].

(2) Abweichend von Absatz 1 Satz 1 treten § 10 Abs. 2 und § 28 Abs. 1 Nr. 13 am 1. Januar 2007 in Kraft.

[1)] Siehe die Bek. v. 1.4.2003 (BGBl. I S. 476), wonach das JugendschutzG am 1.4.2003 in Kraft getreten ist.

400a. Verordnung zur Durchführung des Jugendschutzgesetzes (DVO-JuSchG)

Vom 9. September 2003
(BGBl. I S. 1791)

FNA 2161-6-1

geänd. durch Art. 4 Abs. 11 KostenrechtsmodernisierungsG v. 5.5.2004 (BGBl. I S. 718), Art. 1 ÄndVO v. 23.11.2022 (BGBl. I S. 2066) und Art. 13 G zur Durchführung der VO (EU) 2022/2065 v. 6.5.2024 (BGBl. 2024 I Nr. 149)

Auf Grund des § 26 des Jugendschutzgesetzes[1] vom 23. Juli 2002 (BGBI. I S. 2730, 2003 I S. 476) verordnet die Bundesregierung:

§ 1[2] Sitz der Prüfstelle für jugendgefährdende Medien. Sitz der Prüfstelle für jugendgefährdende Medien ist Bonn.

§ 2[3] Beginn des Verfahrens. (1) [1]Der Antrag auf Aufnahme eines Mediums in die Liste jugendgefährdender Medien (Liste) muss schriftlich oder elektronisch gestellt und begründet werden. [2]Dem Antrag sollen bei Trägermedien mindestens ein Exemplar und bei digitalen Diensten mindestens die technischen Zugangsdaten zu den Angeboten der digitalen Dienste beigefügt werden. [3]Wird der Antrag durch Telefax oder elektronisch übermittelt, so können die erforderlichen Anlagen nachgereicht werden.

(2) [1]Die Anregung auf Aufnahme eines Mediums in die Liste soll schriftlich begründet werden. [2]Absatz 1 Satz 2 und 3 gilt entsprechend. [3]Erfolgt die Anregung durch einen anerkannten Träger der freien Jugendhilfe, soll dieser seine Anerkennung nach § 75 des Achten Buches Sozialgesetzbuch[4] nachweisen. [4]Die Begründung sowie der Nachweis der Anerkennung können auch durch Telefax oder elektronisch übermittelt werden.

§ 3 Einheitliches Verfahren. Werden wegen desselben Mediums mehrere Anträge gestellt oder Anregungen eingereicht, so ist über sämtliche Anträge und Anregungen in einem einheitlichen Verfahren zu verhandeln und zu entscheiden.

§ 4[5] Beteiligte, Anregende. (1) [1]Beteiligte sind in einem Verfahren:
1. die Antragstellerin oder der Antragsteller,
2. die Urheberin oder der Urheber und
3. die Inhaberin oder der Inhaber der Nutzungsrechte.

[2]Bei digitalen Diensten sind zusätzlich die Anbieterin oder der Anbieter Beteiligte im Sinne des Satz 1.

(2) Anregende im Sinne dieser Verordnung sind die in § 21 Absatz 4 des Jugendschutzgesetzes[1] genannten zur Verfahrensanregung berechtigten Stellen und die zu deren Vertretung berechtigten Personen.

---

[1] Nr. **400**.

[2] § 1 Überschrift und Wortlaut geänd. mWv 29.11.2022 durch VO v. 23.11.2022 (BGBl. I S. 2066).

[3] § 2 Abs. 1 neu gef., Abs. 2 Satz 1 geänd., Satz 2 neu gef. mWv 29.11.2022 durch VO v. 23.11.2022 (BGBl. I S. 2066).; Abs. 1 Satz 2 geänd. mWv 14.5.2024 durch G v. 6.5.2024 (BGBl. 2024 I Nr. 149)

[4] **Habersack ErgBd. Nr. 46.**

[5] § 4 neu gef. mWv 29.11.2022 durch VO v. 23.11.2022 (BGBl. I S. 2066); Abs. 1 Satz 2 geänd. mWv 14.5.2024 durch G v. 6.5.2024 (BGBl. 2024 I Nr. 149).

§ 5[1)] Verhandlungstermin. (1) Die oder der Vorsitzende der Prüfstelle für jugendgefährdende Medien bestimmt den Verhandlungstermin.

(2) [1] Die Benachrichtigung über den Verhandlungstermin muss den Beteiligten und Anregenden mindestens zwei Wochen vor der Verhandlung zugestellt werden. [2] Gleichzeitig sind den Beteiligten die zur Mitwirkung bei der Entscheidung berufenen Mitglieder der Prüfstelle für jugendgefährdende Medien und deren Vertretung namhaft zu machen. [3] Der Benachrichtigung der Beteiligten, die nicht Antragstellerin oder Antragsteller sind, muss eine Kopie der Antragsschrift oder der Verfahrensanregung beigefügt werden. [4] Die Pflicht zur Benachrichtigung eines Beteiligten entfällt, wenn dessen ladungsfähige Anschrift auch nach zumutbarem Aufwand aus öffentlich zugänglichen Quellen nicht ermittelt werden kann.

(3) Die Bundeszentrale für Kinder- und Jugendmedienschutz hat den Beteiligten einen Abdruck der Stellungnahme der Kommission für Jugendmedienschutz (§ 21 Absatz 6 des Jugendschutzgesetzes[2)]) zuzusenden.

(4) Die Beteiligten können auf die Benachrichtigung über den Termin und die Einhaltung der Frist verzichten.

(5) [1] Die fristgemäße Benachrichtigung ist zu Beginn der Verhandlung festzustellen; Absatz 2 Satz 4 bleibt unberührt. [2] Kann nicht festgestellt werden, dass die Benachrichtigung zugestellt worden ist, oder ist die Benachrichtigung nicht fristgemäß erfolgt, so ist die Verhandlung zu vertagen, wenn die Beteiligten nicht auf die Benachrichtigung oder die Einhaltung der Frist verzichtet haben.

§ 6[3)] Ablehnung von Mitgliedern der Prüfstelle für jugendgefährdende Medien. (1) [1] Ein Mitglied der Prüfstelle für jugendgefährdende Medien, das sich im Einzelfall für befangen erklärt, darf bei der Verhandlung und Entscheidung nicht mitwirken. [2] Diese Erklärung soll rechtzeitig vor Beginn der Verhandlung abgegeben werden.

(2) Die Beteiligten können ein Mitglied der Prüfstelle für jugendgefährdende Medien wegen Besorgnis der Befangenheit ablehnen, wenn ein Grund vorliegt, der geeignet ist, Misstrauen gegen die Unparteilichkeit des Mitglieds zu rechtfertigen.

(3) [1] Die Ablehnung durch eine oder einen der Beteiligten soll bei der Bundeszentrale für Kinder- und Jugendmedienschutz schriftlich bis zum dritten Tage vor der Verhandlung vorliegen. [2] Der Ablehnungsgrund ist glaubhaft zu machen. [3] Über den Ablehnungsantrag entscheiden die übrigen Mitglieder der Prüfstelle für jugendgefährdende Medien nach Anhörung des abgelehnten Mitglieds mit einfacher Stimmenmehrheit in dessen Abwesenheit. [4] Der Beschluss ist nicht anfechtbar.

(4) In den Fällen der Absätze 1 und 2 tritt an die Stelle der oder des Vorsitzenden eine zur Vertretung berechtigte Person.

§ 7[4)] Verhandlungsgrundsätze. (1) [1] Die Verhandlung ist mündlich. [2] Die oder der Vorsitzende kann Zeuginnen oder Zeugen und Sachverständige zur Verhandlung heranziehen. [3] Zeugnisse und Sachverständigengutachten sowie sonstige Ur-

---

[1)] § 5 Abs. 1 geänd., Abs. 2 neu gef., Abs. 3 geänd., Abs. 5 neu gef. mWv 29.11.2022 durch VO v. 23.11.2022 (BGBl. I S. 2066).

[2)] Nr. **400**.

[3)] *§ 6 Überschrift,* Abs. 1 Satz 1, Abs. 2, Abs. 3 Sätze 1 und 3 und Abs. 4 geänd. mWv 29.11.2022 durch VO v. 23.11.2022 (BGBl. I S. 2066).

[4)] § 7 Abs. 1 Satz 4 geänd. mWv 1.7.2004 durch G v. 5.5.2004 (BGBl. I S. 718); Abs. 2 Satz 2 geänd., Abs. 3 neu gef. mWv 29.11.2022 durch VO v. 23.11.2022 (BGBl. I S. 2066).

kunden können verlesen werden. [4] Für die Entschädigung von Zeuginnen und Zeugen sowie die Vergütung von Sachverständigen gelten die Vorschriften des Justizvergütungs- und -entschädigungsgesetzes[1]) entsprechend.

(2) [1] Die Verhandlung ist nicht öffentlich. [2] Die Beteiligten und die Anregenden haben ein Recht auf Anwesenheit; die oder der Vorsitzende kann weiteren Personen die Anwesenheit gestatten.

(3) Beteiligte können sich durch eine schriftlich bevollmächtigte Person vertreten lassen.

§ 8[2]) Durchführung der Verhandlung. (1) [1] Die oder der Vorsitzende der Prüfstelle für jugendgefährdende Medien eröffnet, leitet und schließt die Verhandlung. [2] Ihr oder ihm obliegt die Aufrechterhaltung der Ordnung in der Sitzung.

(2) [1] Nach Aufruf der Sache führt die oder der Vorsitzende in den Sachstand ein. [2] Die Einführung kann auch von den hinzugezogenen Berichterstatterinnen oder Berichterstattern erfolgen. [3] Die anwesenden Beteiligten oder die zu ihrer Vertretung jeweils berechtigte Person sowie anwesende Anregende sind anzuhören.

(3) Die Beisitzerinnen und Beisitzer sind berechtigt, Fragen an die Beteiligten zu richten.

(4) Über die Verhandlung ist eine Niederschrift zu fertigen.

§ 8a[3]) Durchführung der Sitzung des Gremiums im Wege der Bild- und Tonübertragung. (1) [1] Die oder der Vorsitzende der Prüfstelle für jugendgefährdende Medien kann folgenden Personen auf deren Antrag oder von Amts wegen gestatten, sich während der Verhandlung an einem anderen Ort aufzuhalten und dort Verfahrenshandlungen vorzunehmen:

1. den Beteiligten und den zu ihrer Vertretung jeweils berechtigten Personen,
2. den Anregenden,
3. den Beisitzerinnen und Beisitzern sowie
4. den in § 9 Absatz 1 Satz 1 genannten Personen.

[2] Ist eine solche Gestattung erfolgt, so muss es für die Verhandlung eine gleichzeitige Bild- und Tonübertragung geben zwischen

1. dem jeweils anderen Ort, an dem sich die Person aufhält und
2. dem Ort der Verhandlung.

(2) [1] Die oder der Vorsitzende kann Zeuginnen und Zeugen und Sachverständigen auf Antrag oder von Amts wegen gestatten, sich während ihrer Vernehmung an einem anderen Ort aufzuhalten. [2] Die Vernehmung wird zeitgleich im Wege der Bild- und Tonübertragung an diesen Ort und den Ort der Verhandlung übertragen. [3] Ist einer Person nach Absatz 1 Satz 1 gestattet worden, sich an einem anderen Ort aufzuhalten, so wird die Vernehmung auch an diesen Ort übertragen.

(3) Die Übertragung darf nicht aufgezeichnet werden.

§ 9[4]) Beratung, Abstimmung, Entscheidung, Zustellung. (1) [1] Bei der Beratung und Abstimmung sind anwesend

---

[1]) **Habersack Nr. 116.**

[2]) § 8 Abs. 1 Satz 1 geänd., Abs. 2 neu gef. mWv 29.11.2022 durch VO v. 23.11.2022 (BGBl. I S. 2066).

[3]) § 8a eingef. mWv 29.11.2022 durch VO v. 23.11.2022 (BGBl. I S. 2066).

[4]) § 9 Abs. 1 Satz 1 neu gef., Abs. 2 Sätze 1 und 3 geänd., Abs. 3 aufgeh. mWv 29.11.2022 durch VO v. 23.11.2022 (BGBl. I S. 2066).

1. die zur Entscheidung berufenen Mitglieder der Prüfstelle für jugendgefährdende Medien und
2. mit Genehmigung der oder des Vorsitzenden
   a) die hinzugezogenen Berichterstatterinnen und Berichterstatter,
   b) weitere Bedienstete der Bundeszentrale für Kinder- und Jugendmedienschutz, die durch Protokollierung oder andere Handlungen die Erstellung der schriftlichen Entscheidung unterstützen und
   c) Personen, die der Bundeszentrale für Kinder- und Jugendmedienschutz zur Ausbildung im höheren Dienst zugeteilt sind.

[2] Sie sind verpflichtet, über den Hergang bei der Beratung und Abstimmung Stillschweigen zu bewahren.

(2) [1] Die Entscheidung erfolgt auf Grund der mündlichen Verhandlung durch die ordnungsgemäß besetzte Prüfstelle für jugendgefährdende Medien. [2] Sie wird im Anschluss an die Beratung und Abstimmung verkündet und ist von der oder dem Vorsitzenden zu unterzeichnen. [3] Die Zustellung der Entscheidung nach § 21 Absatz 8 des Jugendschutzgesetzes[1)] soll innerhalb von vier Wochen nach dem Abschluss der Verhandlung erfolgen.

§ 10[2)] Vereinfachtes Verfahren. (1) [1] Soll ein Medium im vereinfachten Verfahren in die Liste aufgenommen werden, so muss die oder der Vorsitzende der Prüfstelle für jugendgefährdende Medien die Beteiligten, die nicht Antragstellerin oder Antragsteller sind, hiervon benachrichtigen. [2] Die Benachrichtigung muss der oder dem Beteiligten mindestens eine Woche vor der Entscheidung zugehen. [3] Der Benachrichtigung der Beteiligten muss ein Abdruck der Antragsschrift oder der Anregung beigefügt werden. [4] Auch im vereinfachten Verfahren muss die Prüfstelle den Beteiligten, die nicht Antragstellerin oder Antragsteller sind, ein Abdruck der Stellungnahme der Kommission für Jugendmedienschutz zusenden.

(2) Die Entscheidung nach § 23 des Jugendschutzgesetzes[1)] ergeht ohne mündliche Verhandlung.

(3) [1] Der Antrag der Betroffenen nach § 23 Absatz 3 des Jugendschutzgesetzes ist schriftlich oder elektronisch zu begründen und hat auf die in der Entscheidung benannten Punkte der Jugendgefährdung einzugehen. [2] Gleiches gilt für den Antrag auf Listenstreichung nach § 23 Absatz 4 des Jugendschutzgesetzes. [3] Sind Anträge nicht ausreichend begründet, so kann die oder der Vorsitzende veranlassen, dass die Prüfstelle für jugendgefährdende Medien nicht tätig wird.

(4) § 8a gilt entsprechend.

§ 11[3)] Belehrungspflichten. [1] Die oder der Vorsitzende der Prüfstelle für jugendgefährdende Medien hat die Beisitzerinnen und Beisitzer sowie Personen, denen sie oder er nach § 9 Absatz 1 Satz 1 die Anwesenheit gestattet hat, zu Beginn der ersten Sitzung, an der sie teilnehmen, über das Beratungs- und Abstimmungsgeheimnis, die Beisitzerinnen und Beisitzer außerdem über ihre Weisungsfreiheit bei ihren Entscheidungen zu belehren. [2] Ferner sind die Gruppenbeisitzerinnen und -beisitzer von der oder dem Vorsitzenden auf die gewissenhafte und unparteiische Ausübung ihres Amtes zu verpflichten. [3] Die Verpflichtung ist in die Niederschrift nach § 8 Absatz 4 aufzunehmen.

[1)] Nr. **400**.

[2)] § 10 Abs. 1 neu gef., Abs. 2 und Abs. 3 Sätze 1–3 geänd., Abs. 4 angef. mWv 29.11.2022 durch VO v. 23.11.2022 (BGBl. I S. 2066).

[3)] § 11 neu gef. mWv 29.11.2022 durch VO v. 23.11.2022 (BGBl. I S. 2066).

§ 12[1)] Stellvertretende Mitglieder der Prüfstelle für jugendgefährdende Medien. (1) Die Reihenfolge, in der die Gruppenbeisitzerinnen und -beisitzer nach § 19 Absatz 2 des Jugendschutzgesetzes[2)] an den einzelnen Verhandlungen teilnehmen, wird von der oder dem Vorsitzenden der Prüfstelle für jugendgefährdende Medien für einen bestimmten Zeitraum im Voraus festgelegt.

(2) Für den Wechsel der Länderbeisitzerinnen und -beisitzer wird durch die Vorsitzende oder den Vorsitzenden der Prüfstelle für jugendgefährdende Medien im Einvernehmen mit den Länderbeisitzerinnen und -beisitzern für einen bestimmten Zeitraum im Voraus eine feste Reihenfolge festgelegt.

(3) Die beiden Beisitzerinnen oder Beisitzer, die bei Entscheidungen nach § 23 des Jugendschutzgesetzes mitzuwirken haben, und die zu ihrer Vertretung berechtigten Personen werden von der Prüfstelle für jugendgefährdende Medien in der jeweiligen Verhandlungsbesetzung für einen bestimmten Zeitraum im Voraus festgestellt.

(4) [1]An die Stelle verhinderter oder ausgeschiedener Beisitzerinnen und Beisitzer treten die zu ihrer Vertretung berechtigten Personen nach der Reihenfolge, die in Absatz 1 bis 3 festgelegt ist. [2]An die Stelle einer oder eines verhinderten oder ausgeschiedenen Vorsitzenden tritt die zu ihrer oder seiner Vertretung berufene Person.

§ 13[3)] Führung und Veröffentlichung der Liste. [1]Die Bundeszentrale für Kinder- und Jugendmedienschutz hat den als öffentlich geführten Teil der Liste in geeigneter Weise in einer übersichtlichen Zusammenstellung zu veröffentlichen. [2]Dies gilt auch für die Teile A und B der bis zum 30. April 2021 bei der Bundesprüfstelle für jugendgefährdende Medien geführten Liste.

§ 14[4)] Zusammenarbeit mit der Kommission für Jugendmedienschutz.

(1) Die Prüfstelle für jugendgefährdende Medien hat vor der Entscheidung über die Aufnahme eines digitalen Dienstes in die Liste nur dann keine Stellungnahme der Kommission für Jugendmedienschutz nach § 21 Absatz 6 Satz 1 des Jugendschutzgesetzes[2)] einzuholen, wenn diese hierüber bereits entschieden und die Prüfstelle für jugendgefährdende Medien benachrichtigt hat.

(2) Zur Mitteilung von Entscheidungen über die Aufnahme eines digitalen Dienstes in die Liste nach § 24 Absatz 4 des Jugendschutzgesetzes holt die Bundeszentrale für Kinder- und Jugendmedienschutz von der Kommission für Jugendmedienschutz eine Übersicht über die anerkannten Einrichtungen der Selbstkontrolle und eine Übersicht der aus Mitteln der Länder oder der Landesmedienanstalten geförderten Internet-Beschwerdestellen ein.

(3) Zur Gewährleistung einer effektiven Zusammenarbeit informiert die Bundeszentrale für Kinder- und Jugendmedienschutz die Kommission für Jugendmedienschutz neben Entscheidungen der Prüfstelle für jugendgefährdende Medien über die Listenaufnahme von digitalen Diensten auch über damit zusammenhängende relevante Fragen und Ereignisse.

[1)] § 12 Überschrift geänd., Abs. 1 aufgeh., bish. Abs. 2 wird Abs. 1 und geänd., bish. Abs. 3 wird Abs. 2 und geänd., bish. Abs. 4 wird Abs. 3 und geänd., bish. Abs. 5 wird Abs. 4 und neu gef. mWv 29.11.2022 durch VO v. 23.11.2022 (BGBl. I S. 2066).

[2)] Nr. **400**.

[3)] § 13 Abs. 1 aufgeh., bish. Abs. 2 neu gef. mWv 29.11.2022 durch VO v. 23.11.2022 (BGBl. I S. 2066).

[4)] § 14 Abs. 1 und 2 neu gef., Abs. 3 geänd. mWv 29.11.2022 durch VO v. 23.11.2022 (BGBl. I S. 2066); Abs. 1–3 geänd. mWv 14.5.2024 durch G v. 6.5.2024 (BGBl. 2024 I Nr. 149).

§ 15[1)] Mitteilungspflichten. (1) Wird ein Trägermedium in die Liste jugendgefährdender Medien aufgenommen, die Aufnahme in die Liste jedoch nach § 24 Absatz 2a Satz 2 des Jugendschutzgesetzes[2)] nicht bekannt gemacht, so teilt die Bundeszentrale für Kinder- und Jugendmedienschutz den obersten Landesjugendbehörden den Zeitpunkt der Zustellung der Entscheidung mit.

(2) Wird ein digitaler Dienst in die Liste aufgenommen oder aus dieser gestrichen, so teilt die Bundeszentrale für Kinder- und Jugendmedienschutz der Kommission für Jugendmedienschutz den Zeitpunkt der Entscheidung mit.

(3) Bei erfolgloser Zustellung soll die Bundeszentrale für Kinder- und Jugendmedienschutz die Entscheidungen den im Bereich der *Telemedien*[3)] anerkannten Einrichtungen der Selbstkontrolle mitteilen.

§ 16[4)] Inkrafttreten. [1] Diese Verordnung tritt am Tag nach der Verkündung[5)] in Kraft. [2] Gleichzeitig tritt die Verordnung zur Durchführung des Gesetzes über die Verbreitung jugendgefährdender Schriften in der im Bundesgesetzblatt Teil III, Gliederungsnummer 2161-1-1, veröffentlichten bereinigten Fassung, zuletzt geändert durch Artikel 48 der Verordnung vom 21. September 1997 (BGBl. I S. 2390) außer Kraft.

[1)] § 15 Abs. 1 geänd., Abs. 2 und 3 neu gef. mWv 29.11.2022 durch VO v. 23.11.2022 (BGBl. I S. 2066); Abs. 2 und 3 geänd. mWv 14.5.2024 durch G v. 6.5.2024 (BGBl. 2024 I Nr. 149).

[2)] Nr. **400**.

[3)] Gem. Art. 13 Nr. 4 *Buchst. b G v. 6.5.2024 (BGBl. 2024* I Nr. 149) soll mWv 14.5.2024 in § 15 *Abs. 3 DVO-JuSchG* das dort nicht vorkommende Wort „Telemedium" durch die Wörter „digitalen Dienste" ersetzt werden.

[4)] § 16 Überschrift geänd. mWv 29.11.2022 durch VO v. 23.11.2022 (BGBl. I S. 2066).

[5)] Verkündet am 12.9.2003.

420. Bundesgesetz über individuelle Förderung der Ausbildung (Bundesausbildungsförderungsgesetz – BAföG)[1)]

In der Fassung der Bekanntmachung vom 7. Dezember 2010[2)]
(BGBl. I S. 1952, ber. BGBl. 2012 I S. 197)

FNA 2212-2

geänd. durch Art. 11 Abs. 3 G zur Umsetzung aufenthaltsrechtlicher Richtlinien der EU und zur Anpassung nationaler Rechtsvorschriften an den EU-Visakodex v. 22.11.2011 (BGBl. I S. 2258), Art. 1 24. ÄndG v. 6.12.2011 (BGBl. I S. 2569), Art. 19 BeitreibungsRL-UmsetzungsG v. 7.12.2011 (BGBl. I S. 2592), Art. 31 G zur Verbesserung der Eingliederungschancen am Arbeitsmarkt v. 20.12.2011 (BGBl. I S. 2854), Art. 5 G zur Verbesserung der Rechte von international Schutzberechtigten und ausländischen Arbeitnehmern v. 29.8.2013 (BGBl. I S. 3484, ber. S. 3899), Art. 1 25. ÄndG v. 23.12.2014 (BGBl. I S. 2475, geänd durch G v. 21.12.2015, BGBl. I S. 2557), Art. 6 G zur Neubestimmung des Bleiberechts und der Aufenthaltsbeendigung v. 27.7.2015 (BGBl. I S. 1386), Art. 71 G zum Abbau verzichtbarer Anordnungen der Schriftform im Verwaltungsrecht des Bundes v. 29.3.2017 (BGBl. I S. 626), Art. 2 FamiliennachzugsneuregelungsG v. 12.7.2018 (BGBl. I S. 1147), Art. 2 G zu Übergangsregelungen in den Bereichen Arbeit, Bildung, Gesundheit, Soziales und Staatsangehörigkeit nach dem Austritt des Vereinigten Königreichs Großbritannien und Nordirland aus der EU v. 8.4.2019 (BGBl. I S. 418), Art. 1, 2 und 3 26. G zur Änd. des BundesausbildungsförderungsG v. 8.7.2019 (BGBl. I S. 1048), Art. 51 G zur Regelung des Sozialen Entschädigungsrechts v. 12.12.2019 (BGBl. I S. 2652, geänd. durch G v. 20.8.2021, BGBl. 2021 I S. 3932), Art. 13 MDK-Reformgesetz v. 14.12.2019 (BGBl. I S. 2789), Art. 5 COVID-19-KrankenhausentlastungsG v. 27.3.2020 (BGBl. I S. 580), Art. 2 Wissenschafts- und StudierendenunterstützungsG v. 25.5.2020 (BGBl. I S. 1073), Art. 4 G zur aktuellen Anpassung des FreizügigkeitsG/EU und weiterer Vorschriften an das Unionsrecht v. 12.11.2020 (BGBl. I S. 2416), Art. 82 G über die Entschädigung der Soldatinnen und

---

[1)] Zum BAföG haben die Länder ua folgende Vorschriften erlassen:
- **Baden-Württemberg:** AGBAföG idF der Bek. v. 15.5.1985 (GBl. S. 177), zuletzt geänd. durch VO v. 23.2.2017 (GBl. S. 99),
- **Bayern:** BayAGBAföG v. 27.6.1980 (BayRS 2230-2-1-K/WK), zuletzt geänd. durch G v. 5.8.2022 (GVBl. S. 414),
- **Berlin:** DVO-BAföG v. 28.9.1971 (GVBl. S. 1818), zuletzt geänd. durch G v. 25.2.2016 (GVBl. S. 58),
- **Brandenburg:** BAföGZV v. 30.1.1996 (GVBl. II S. 79), zuletzt geänd. durch VO v. 16.3.2004 (GVBl II S. 147),
- **Bremen:** BAföG-Zuständigkeits-Bekanntmachung v. 3.5.2022 (Brem.ABl. S. 244), geänd. durch Bek. v. 7.4.2026 (Brem.GBl. S. 288),
- **Hessen:** BAföG-HAG v. 23.5.1973 (GVBl. I S. 173), zuletzt geänd. durch G v. 13.12.2012 (GVBl. S. 622),
- **Mecklenburg-Vorpommern:** AGBAföG v. 15.12.1993 (GVOBl. M-V 1994 S. 15), zuletzt geänd. durch G v. 13.12.2013 (GVOBl. M-V S. 699),
- **Niedersachsen:** VO über die Ämter für Ausbildungsförderung bei den Hochschulen v. 9.8.2011 (Nds. GVBl. S. 277), zuletzt geänd. durch VO v. 23.1.2020 (Nds. GVBl. S. 25),
- **Nordrhein-Westfalen:** AG BAföG NRW v. 30.1.1973 (GV. NRW. S. 57), zuletzt geänd. durch G v. 23.1. 2018 (GV. NRW. S. 90),
- **Rheinland-Pfalz:** AGBAföG v. 21.12.1978 (GVBl. S. 759), zuletzt geänd. durch G v. 17.6.2025 (GVBl. S. 202),
- **Saarland:** BAföG-AusführungsG v. 31.3.2004 (Amtsbl. S. 786), geänd. durch G v. 16.6.2021 (Amtsbl. I S. 1762),
- **Sachsen:** SächsAG-BAföG v. 7.1.1993 (SächsGVBl. S. 16), zuletzt geänd. durch G v. 31.5.2023 (SächsGVBl. S. 329),
- **Sachsen-Anhalt:** AGBAföG idF der Bek. v. 24.4.2007 (GVBl. LSA S. 150), zuletzt geänd. durch G v. 17.2.2017 (GVBl. LSA S. 14),
- **Schleswig-Holstein:** BAföGZustVO v. 22.12.1975 (GVOBl. Schl.-H. S. 340), zuletzt geänd. durch VO v. 27.10.2023 (GVOBl. Schl.-H. S. 514),
- **Thüringen:** ThürAGBAföG idF der Bek. v. 29.5.2002 (GVBl. S. 201), zuletzt geänd. durch G v. 2.7.2016 (GVBl. S. 226).

[2)] Neubekanntmachung des BAföG idF der Bek. v. 6.6.1983 (BGBl. I S. 645, ber. S. 1680) in der ab 28.10.2010 geltenden Fassung.

Soldaten und zur Neuordnung des Soldatenversorgungsrechts v. 20.8.2021 (BGBl. I S. 3932), Art. 15 G zur Änd. des InfektionsschutzG und weiterer Gesetze anlässlich der Aufhebung der Feststellung der epidemischen Lage von nationaler Tragweite v. 22.11.2021 (BGBl. I S. 4906), Art. 8 G zur Regelung eines Sofortzuschlages und einer Einmalzahlung in den sozialen Mindestsicherungssystemen sowie zur Änd. des FinanzausgleichsG und weiterer G v. 23.5.2022 (BGBl. I S. 760), Art. 1 27. ÄndG v. 15.7.2022 (BGBl. I S. 1150), Art. 1 28. ÄndG v. 19.10.2022 (BGBl. I S. 1796), Art. 12 Abs. 12 Bürgergeld-G v. 16.12.2022 (BGBl. I S. 2328), Art. 3 G zur Einführung eines Chancen-Aufenthaltsrechts v. 21.12.2022 (BGBl. I S. 2847), Art. 18 G zur Anpassung des Zwölften und des Vierzehnten Buches Sozialgesetzbuch und weiterer Gesetze v. 22.12.2023 (BGBl. 2023 I Nr. 408), Art. 1 29. G zur Änd. des BundesausbildungsförderungsG v. 19.7. 2024 (BGBl. 2024 I Nr. 249) und Art. 11 Abs. 1 13. G zur Änd. des Zweiten Buches Sozialgesetzbuch und anderer Gesetze v. 16.4.2026 (BGBl. 2026 I Nr. 107)

Nichtamtliche Gliederungsübersicht

§ 1 Grundsatz. Auf individuelle Ausbildungsförderung besteht für eine der Neigung, Eignung und Leistung entsprechende Ausbildung ein Rechtsanspruch nach Maßgabe dieses Gesetzes, wenn dem Auszubildenden die für seinen Lebensunterhalt und seine Ausbildung erforderlichen Mittel anderweitig nicht zur Verfügung stehen.

Abschnitt I. Förderungsfähige Ausbildung

§ 2[1] Ausbildungsstätten. (1) [1]Ausbildungsförderung wird geleistet für den Besuch von

1. weiterführenden allgemeinbildenden Schulen und Berufsfachschulen, einschließlich der Klassen aller Formen der beruflichen Grundbildung, ab Klasse 10 sowie von Fach- und Fachoberschulklassen, deren Besuch eine abgeschlossene Berufsausbildung nicht voraussetzt, wenn der Auszubildende die Voraussetzungen des Absatzes 1a erfüllt,
2. Berufsfachschulklassen und Fachschulklassen, deren Besuch eine abgeschlossene Berufsausbildung nicht voraussetzt, sofern sie in einem zumindest zweijährigen Bildungsgang einen berufsqualifizierenden Abschluss vermitteln,
3. Fach- und Fachoberschulklassen, deren Besuch eine abgeschlossene Berufsausbildung voraussetzt,
4. Abendhauptschulen, Berufsaufbauschulen, Abendrealschulen, Abendgymnasien und Kollegs,

---

[1] § 2 Abs. 1a Satz 2 und Abs. 3 einl. Satzteil geänd. mWv 1.1.2015 durch G v. 23.12.2014 (BGBl. I S. 2475); Abs. 1 Satz 1 Nr. 5 *neu gef., Nr. 6 und* Abs. 2 Satz 1 geänd. mWv 16.7.2019 durch G v. 8.7.2019 *(BGBl. I S. 1048)*; Abs. 6 Nr. 4 neu gef. mWv 22.7.2022 durch G v. 15.7.2022 (BGBl. I S. 1150); Abs. 5 Satz 1 neu gef. mWv 26.10.2022 durch G v. 19.10.2022 (BGBl. I S. 1796); Abs. 6 Nr. 1 geänd. mWv 1.1. 2023 durch G v. 16.12.2022 (BGBl. I S. 2328); Abs. 6 Nr. 1 geänd. mWv 1.7.2026 durch G v. 16.4.2026 (BGBl. 2026 I Nr. 107).

5. Höheren Fachschulen sowie von Akademien, die Abschlüsse verleihen, die nicht nach Landesrecht Hochschulabschlüssen gleichgestellt sind,
6. Hochschulen sowie von Akademien, die Abschlüsse verleihen, die nach Landesrecht Hochschulabschlüssen gleichgestellt sind.

[2] Maßgebend für die Zuordnung sind Art und Inhalt der Ausbildung. [3] Ausbildungsförderung wird geleistet, wenn die Ausbildung an einer öffentlichen Einrichtung – mit Ausnahme nichtstaatlicher Hochschulen – oder einer genehmigten Ersatzschule durchgeführt wird.

(1a) [1] Für den Besuch der in Absatz 1 Nummer 1 bezeichneten Ausbildungsstätten wird Ausbildungsförderung nur geleistet, wenn der Auszubildende nicht bei seinen Eltern wohnt und

1. von der Wohnung der Eltern aus eine entsprechende zumutbare Ausbildungsstätte nicht erreichbar ist,
2. einen eigenen Haushalt führt und verheiratet oder in einer Lebenspartnerschaft verbunden ist oder war,
3. einen eigenen Haushalt führt und mit mindestens einem Kind zusammenlebt.

[2] Die Bundesregierung kann durch Rechtsverordnung ohne Zustimmung des Bundesrates bestimmen, dass über Satz 1 hinaus Ausbildungsförderung für den Besuch der in Absatz 1 Nummer 1 bezeichneten Ausbildungsstätten auch in Fällen geleistet wird, in denen die Verweisung des Auszubildenden auf die Wohnung der Eltern aus schwerwiegenden sozialen Gründen unzumutbar ist.

(2) [1] Für den Besuch von Ergänzungsschulen und nichtstaatlichen Hochschulen sowie von nichtstaatlichen Akademien im Sinne des Absatzes 1 Satz 1 Nummer 6 wird Ausbildungsförderung nur geleistet, wenn die zuständige Landesbehörde anerkennt, dass der Besuch der Ausbildungsstätte dem Besuch einer in Absatz 1 bezeichneten Ausbildungsstätte gleichwertig ist. [2] Die Prüfung der Gleichwertigkeit nach Satz 1 erfolgt von Amts wegen im Rahmen des Bewilligungsverfahrens oder auf Antrag der Ausbildungsstätte.

(3) Das Bundesministerium für Bildung und Forschung kann durch Rechtsverordnung ohne Zustimmung des Bundesrates bestimmen, dass Ausbildungsförderung geleistet wird für den Besuch von

1. Ausbildungsstätten, die nicht in den Absätzen 1 und 2 bezeichnet sind,
2. Ausbildungsstätten, an denen Schulversuche durchgeführt werden,

wenn er dem Besuch der in den Absätzen 1 und 2 bezeichneten Ausbildungsstätten gleichwertig ist.

(4) [1] Ausbildungsförderung wird auch für die Teilnahme an einem Praktikum geleistet, das in Zusammenhang mit dem Besuch einer der in den Absätzen 1 und 2 bezeichneten oder nach Absatz 3 bestimmten Ausbildungsstätten gefordert wird und dessen Inhalt in Ausbildungsbestimmungen geregelt ist. [2] Wird das Praktikum in Zusammenhang mit dem Besuch einer in Absatz 1 Nummer 1 bezeichneten Ausbildungsstätte gefordert, wird Ausbildungsförderung nur geleistet, wenn der Auszubildende nicht bei seinen Eltern wohnt.

(5) [1] Ausbildungsförderung wird nur geleistet, wenn

1. der Ausbildungsabschnitt mindestens ein Schul- oder Studienhalbjahr dauert und
2. die Ausbildung die Arbeitskraft des Auszubildenden im Allgemeinen voll in Anspruch nimmt.

[2] Ausbildungsabschnitt im Sinne dieses Gesetzes ist die Zeit, die an Ausbildungsstätten einer Ausbildungsstättenart einschließlich der im Zusammenhang hiermit geforderten Praktika bis zu einem Abschluss oder Abbruch verbracht wird. [3] Ein Masterstudiengang nach § 7 Absatz 1a gilt im Verhältnis zu dem Studiengang, auf den er aufbaut, in jedem Fall als eigener Ausbildungsabschnitt.

(6) Ausbildungsförderung wird nicht geleistet, wenn der Auszubildende

1. Unterhaltsgeld, Arbeitslosengeld bei beruflicher Weiterbildung nach dem Dritten Buch Sozialgesetzbuch[1)] oder Grundsicherungsgeld bei beruflicher Weiterbildung nach dem Zweiten Buch Sozialgesetzbuch[2)] erhält,
2. Leistungen von den Begabtenförderungswerken erhält,
3. als Beschäftigter im öffentlichen Dienst Anwärterbezüge oder ähnliche Leistungen aus öffentlichen Mitteln erhält oder
4. als Strafgefangener Anspruch auf Ausbildungsbeihilfe nach einer Landesvorschrift für den Strafvollzug hat.

§ 3 Fernunterricht. (1) Ausbildungsförderung wird für die Teilnahme an Fernunterrichtslehrgängen geleistet, soweit sie unter denselben Zugangsvoraussetzungen auf denselben Abschluss vorbereiten wie die in § 2 Absatz 1 bezeichneten oder nach § 2 Absatz 3 bestimmten Ausbildungsstätten.

(2) Ausbildungsförderung wird nur für die Teilnahme an Lehrgängen geleistet, die nach § 12 des Fernunterrichtsschutzgesetzes zugelassen sind oder, ohne unter die Bestimmungen des Fernunterrichtsschutzgesetzes zu fallen, von einem öffentlich-rechtlichen Träger veranstaltet werden.

(3) [1] Ausbildungsförderung wird nur geleistet, wenn

1. der Auszubildende in den sechs Monaten vor Beginn des Bewilligungszeitraumes erfolgreich an dem Lehrgang teilgenommen hat und er die Vorbereitung auf den Ausbildungsabschluss in längstens zwölf Monaten beenden kann,
2. die Teilnahme an dem Lehrgang die Arbeitskraft des Auszubildenden voll in Anspruch nimmt und diese Zeit zumindest drei aufeinanderfolgende Kalendermonate dauert.

[2] Das ist durch eine Bescheinigung des Fernlehrinstituts nachzuweisen.

(4) [1] Die zuständige Landesbehörde entscheidet, den Auszubildenden welcher Ausbildungsstättenart die Teilnehmer an dem jeweiligen Fernunterrichtslehrgang gleichzustellen sind. [2] Auszubildende, die an Lehrgängen teilnehmen, die

1. auf den Hauptschulabschluss vorbereiten, werden nach Vollendung des 17. Lebensjahres den Schülern von Abendhauptschulen,
2. auf den Realschulabschluss vorbereiten, werden nach Vollendung des 18. Lebensjahres den Schülern von Abendrealschulen,
3. auf die Fachhochschulreife vorbereiten, werden nach Vollendung des 19. Lebensjahres den Schülern von Fachoberschulklassen, deren Besuch eine abgeschlossene Berufsausbildung voraussetzt,
4. auf die allgemeine oder eine fachgebundene Hochschulreife vorbereiten, werden nach Vollendung des 21. Lebensjahres den Schülern von Abendgymnasien

gleichgestellt.

(5) § 2 Absatz 4 *und 6 ist entsprechend anzuwenden.*

[1)] **Aichberger, SGB Nr. 3.**
[2)] **Sartorius ErgBd. Nr. 402.**

§ 4 Ausbildung im Inland. Ausbildungsförderung wird vorbehaltlich der §§ 5 und 6 für die Ausbildung im Inland geleistet.

§ 5[1] Ausbildung im Ausland. (1) Der ständige Wohnsitz im Sinne dieses Gesetzes ist an dem Ort begründet, der nicht nur vorübergehend Mittelpunkt der Lebensbeziehungen ist, ohne dass es auf den Willen zur ständigen Niederlassung ankommt; wer sich lediglich zum Zwecke der Ausbildung an einem Ort aufhält, hat dort nicht seinen ständigen Wohnsitz begründet.

(2) [1] Auszubildenden, die ihren ständigen Wohnsitz im Inland haben, wird Ausbildungsförderung geleistet für den Besuch einer im Ausland gelegenen Ausbildungsstätte, wenn

1. er der Ausbildung nach dem Ausbildungsstand förderlich ist und außer bei Schulen mit gymnasialer Oberstufe und bei Fachoberschulen zumindest ein Teil dieser Ausbildung auf die vorgeschriebene oder übliche Ausbildungszeit angerechnet werden kann oder
2. im Rahmen der grenzüberschreitenden Zusammenarbeit einer deutschen und mindestens einer ausländischen Ausbildungsstätte die aufeinander aufbauenden Lehrveranstaltungen einer einheitlichen Ausbildung abwechselnd von den beteiligten deutschen und ausländischen Ausbildungsstätten angeboten werden oder
3. eine Ausbildung an einer Ausbildungsstätte in einem Mitgliedstaat der Europäischen Union oder in der Schweiz aufgenommen oder fortgesetzt wird oder
4. die Ausbildung nach einer der Regelstudienzeit nach § 10 Absatz 2 des Hochschulrahmengesetzes[2] vergleichbaren Festsetzung regelmäßig innerhalb eines Jahres abgeschlossen werden kann.

[2] Die Ausbildung muss mindestens sechs Monate oder ein Semester dauern; findet sie im Rahmen einer mit der besuchten Ausbildungsstätte vereinbarten Kooperation statt, muss sie mindestens zwölf Wochen dauern. [3] Satz 2 gilt nicht für die in § 8 Absatz 1 Nummer 1 bis 5 bezeichneten Auszubildenden beim Besuch einer Ausbildungsstätte in Mitgliedstaaten der Europäischen Union, sofern eine vergleichbare Ausbildung im Inland förderungsfähig wäre. [4] Satz 1 ist auf die in § 8 Absatz 1 Nummer 1 bis 5 bezeichneten Auszubildenden auch dann anzuwenden, wenn sie ihren ständigen Wohnsitz nicht im Inland haben, aber nach den besonderen Umständen des Einzelfalls ihre hinreichende Verbundenheit zum Inland anderweitig nachweisen. [5] Satz 1 Nummer 3 gilt für die in § 8 Absatz 1 Nummer 6 und 7, Absatz 2 und 3 bezeichneten Auszubildenden nur, wenn sie die Zugangsvoraussetzungen für die geförderte Ausbildung im Inland erworben haben oder eine Aufenthaltserlaubnis nach § 25 Absatz 1 und 2 des Aufenthaltsgesetzes[3] besitzen.

(3) (weggefallen)

(4) [1] Absatz 2 Nummer 1 und 2 gilt nur für den Besuch von Ausbildungsstätten, der dem Besuch von folgenden im Inland gelegenen Ausbildungsstätten nach § 2 gleichwertig ist:

1. Schulen mit gymnasialer Oberstufe ab Klasse 11,

---

[1] § 5 Abs. 2 Satz 2 aufgeh., bish. Satz 3 wird Satz 2, Satz 3 eingef., Abs. 4 Satz 1 einl. Satzteil und Nr. 4 geänd., Nr. 3 und Abs. 5 Satz 1 neu gef. mWv 1.1.2015 durch G v. 23.12.2014 (BGBl. I S. 2475); Abs. 2 Satz 1 Nr. 3 geänd., Nr. 4 angef., Satz 3 eingef., bish. Sätze 3 und 4 werden Sätze 4 und 5, Abs. 5 Satz 3 angef. mWv 22.7.2022 durch G v. 15.7.2022 (BGBl. I S. 1150).

[2] Nr. **500**.

[3] Nr. **565**.

2. Schulen mit gymnasialer Oberstufe ab Klasse 10, soweit die Hochschulzugangsberechtigung nach 12 Schuljahren erworben werden kann,
3. Berufsfachschulen,
4. Fach- und Fachoberschulklassen,
5. Höheren Fachschulen, Akademien oder Hochschulen;

Absatz 2 Nummer 3 gilt nur für den Besuch von Ausbildungsstätten, der dem Besuch der Ausbildungsstätten in den Nummern 3 bis 5 gleichwertig ist, wobei die Fachoberschulklassen ausgenommen sind. 2 Die Prüfung der Gleichwertigkeit erfolgt von Amts wegen im Rahmen des Bewilligungsverfahrens.

(5) 1 Wird im Zusammenhang mit dem Besuch einer im Inland gelegenen Berufsfachschule, einer Fachschulklasse, einer Höheren Fachschule, Akademie oder Hochschule oder mit dem nach Absatz 2 Satz 1 Nummer 3 geförderten Besuch einer in einem Mitgliedstaat der Europäischen Union gelegenen vergleichbaren Ausbildungsstätte ein Praktikum gefordert, so wird für die Teilnahme an einem Praktikum im Ausland Ausbildungsförderung nur geleistet, wenn die Ausbildungsstätte oder die zuständige Prüfungsstelle anerkennt, das[1] diese fachpraktische Ausbildung den Anforderungen der Prüfungsordnung an die Praktikantenstelle genügt. 2 Das Praktikum im Ausland muss der Ausbildung nach dem Ausbildungsstand förderlich sein und mindestens zwölf Wochen dauern. 3 Satz 2 gilt nicht für die in § 8 Absatz 1 Nummer 1 bis 5 bezeichneten Auszubildenden bei einem Praktikum in Mitgliedstaaten der Europäischen Union, sofern ein vergleichbares Praktikum im Inland förderungsfähig wäre.

§ 5a[2] Unberücksichtigte Ausbildungszeiten. 1 Bei der Leistung von Ausbildungsförderung für eine Ausbildung im Inland bleibt die Zeit einer Ausbildung, die der Auszubildende im Ausland durchgeführt hat, längstens jedoch bis zu einem Jahr, unberücksichtigt. 2 Wenn während einer Ausbildung, die im Inland begonnen wurde und nach § 5 Absatz 2 Nummer 1 im Ausland fortgesetzt wird, die Förderungshöchstdauer oder die Förderungsdauer nach § 15 Absatz 3 oder 4 erreicht würde, verlängert sich diese um die im Ausland verbrachte Ausbildungszeit, höchstens jedoch um ein Jahr. 3 Insgesamt bleibt nach den Sätzen 1 und 2 höchstens ein Jahr unberücksichtigt; dies gilt auch bei mehrfachem Wechsel zwischen In- und Ausland. 4 Die Sätze 1 und 2 gelten nicht, wenn der Auslandsaufenthalt in Ausbildungsbestimmungen als ein notwendig im Ausland durchzuführender Teil der Ausbildung vorgeschrieben ist.

§ 6[3] Förderung der Deutschen im Ausland. 1 Deutschen im Sinne des Grundgesetzes[4], die ihren ständigen Wohnsitz in einem ausländischen Staat haben und dort oder von dort aus in einem Nachbarstaat eine Ausbildungsstätte besuchen, ohne dass ein Anspruch nach § 5 besteht, kann Ausbildungsförderung geleistet werden, wenn die besonderen Umstände des Einzelfalles dies rechtfertigen. 2 Art und Dauer der Leistungen sowie die Anrechnung des Einkommens und Vermögens richten sich nach den besonderen Verhältnissen im Aufenthaltsland. 3 § 9 Absatz 1 und 2 sowie § 48 sind entsprechend, die §§ 36 bis 38 sind nicht anzuwenden.

---

[1] Richtig wohl: „dass".
[2] *§ 5a Satz 2* geänd. mWv 1.1.2015 durch G v. 23.12.2014 (BGBl. I S. 2475); Satz 2 geänd. mWv 25.7.2024 durch G v. 19.7.2024 (BGBl. 2024 I Nr. 249).
[3] § 6 Satz 1 geänd. mWv 1.1.2015 durch G v. 23.12.2014 (BGBl. I S. 2475).
[4] Siehe Art. 116.

§ 7[1)] Erstausbildung, weitere Ausbildung. (1) [1] Ausbildungsförderung wird für die weiterführende allgemeinbildende und zumindest für drei Schul- oder Studienjahre berufsbildender Ausbildung im Sinne der §§ 2 und 3 bis zu einem daran anschließenden berufsqualifizierenden Abschluss geleistet, längstens bis zum Erwerb eines Hochschulabschlusses oder eines damit gleichgestellten Abschlusses. [2] Berufsqualifizierend ist ein Ausbildungsabschluss auch dann, wenn er im Ausland erworben wurde und dort zur Berufsausübung befähigt. [3] Satz 2 ist nicht anzuwenden, wenn der Auszubildende eine im Inland begonnene Ausbildung fortsetzt, nachdem er im Zusammenhang mit einer nach § 5 Absatz 2 Nummer 1 und 2 dem Grunde nach förderungsfähigen Ausbildung einen berufsqualifizierenden Abschluss erworben hat.

(1a) [1] Für einen Master- oder Magisterstudiengang oder für einen postgradualen Diplomstudiengang sowie jeweils für vergleichbare Studiengänge in Mitgliedstaaten der Europäischen Union und der Schweiz wird Ausbildungsförderung geleistet, wenn

1. er auf einem Bachelor- oder Bakkalaureusabschluss aufbaut oder im Rahmen einer Ausbildung nach § 5 Absatz 2 Nummer 1 oder Nummer 3 erfolgt und auf einem noch nicht abgeschlossenen einstufigen Inlandsstudium aufbaut, das von der aufnehmenden Hochschule oder der aufnehmenden Akademie im Sinne des § 2 Absatz 1 Satz 1 Nummer 6 als einem Bachelorabschluss entsprechend anerkannt wird, und
2. der Auszubildende bislang ausschließlich einen Bachelor- oder Bakkalaureusstudiengang abgeschlossen oder im Sinne der Nummer 1 eine Anerkennung des bisherigen Studiums als einem solchen Abschluss entsprechend erreicht hat.

[2] Für nach Satz 1 förderungsfähige Ausbildungen findet Absatz 3 Satz 1 Nummer 1 keine Anwendung. [3] Auszubildenden, die von der Ausbildungsstätte auf Grund vorläufiger Zulassung für einen nach Satz 1 förderungsfähigen Studiengang eingeschrieben worden sind, wird für die Dauer der vorläufigen Zulassung, längstens jedoch für zwölf Monate, Ausbildungsförderung unter dem Vorbehalt der Rückforderung für den Fall geleistet, dass bis dahin keine endgültige Zulassung erfolgt. [4] Der Rückforderungsvorbehalt gilt nur für den Zeitraum nach Ablauf der für den noch nicht abgeschlossenen Bachelor- oder Bakkalaureusstudiengang geltenden Förderungshöchstdauer oder der nach § 15 Absatz 3 oder 4 verlängerten Förderungsdauer.

(1b) [1] Für einen Studiengang, der ganz oder teilweise mit einer staatlichen Prüfung abschließt (Staatsexamensstudiengang), wird Ausbildungsförderung auch geleistet, nachdem Auszubildende einen Bachelor- oder Bakkalaureusstudiengang abgeschlossen haben. [2] Voraussetzung der Leistung ist, dass der Studiengang durch Studien- oder Prüfungsordnung in der Weise vollständig in den Staatsexamensstudiengang integriert ist, dass innerhalb der Regelstudienzeit des Bachelor- oder Bakkalaureusstudiengangs auch sämtliche Ausbildungs- und Prüfungsleistungen zu erbringen sind, die für den Staatsexamensstudiengang in der Studien- oder Prüfungsordnung für denselben Zeitraum vorgesehen sind.

[1)] § 7 Abs. 1a Satz 3 angef. mWv 1.8.2015, Abs. 1 Satz 1 und Abs. 1a Satz 2 geänd., Abs. 1b eingef. und Abs. 4 aufgeh. mWv 1.8.2016 durch G v. 23.12.2014 (BGBl. I S. 2475); Abs. 1 Satz 1, Abs. 1a Satz 1 einl. Satzteil neu gef., Nr. 1 geänd., Abs. 2 Satz 1 Nr. 4 Buchst. b neu gef. mWv 16.7.2019 durch G v. 8.7. 2019 (BGBl. I S. 1048); Abs. 1a Satz 3 neu gef., Satz 4 angef. mWv 22.7.2022 durch G v. 15.7.2022 (BGBl. I S. 1150); Abs. 1a Satz 4, Abs. 3 Sätze 1 und 4 geänd. mWv 25.7.2024 durch G v. 19.7.2024 (BGBl. 2024 I Nr. 249).

(2) [1] Für eine einzige weitere Ausbildung wird Ausbildungsförderung längstens bis zu einem berufsqualifizierenden Abschluss geleistet,

1. (weggefallen)
2. wenn sie eine Hochschulausbildung oder eine dieser nach Landesrecht gleichgestellte Ausbildung insoweit ergänzt, als dies für die Aufnahme des angestrebten Berufs rechtlich erforderlich ist,
3. wenn im Zusammenhang mit der vorhergehenden Ausbildung der Zugang zu ihr eröffnet worden ist, sie in sich selbständig ist und in derselben Richtung fachlich weiterführt,
4. wenn der Auszubildende
   a) eine Fachoberschulklasse, deren Besuch eine abgeschlossene Berufsausbildung voraussetzt, eine Abendhauptschule, eine Berufsaufbauschule, eine Abendrealschule, ein Abendgymnasium oder ein Kolleg besucht oder
   b) die Zugangsvoraussetzungen für die zu fördernde weitere Ausbildung an einer in Buchstabe a genannten Ausbildungsstätte, durch eine Nichtschülerprüfung oder durch eine Zugangsprüfung zu einer Hochschule oder zu einer Akademie im Sinne des § 2 Absatz 1 Satz 1 Nummer 6 erworben hat oder
5. wenn der Auszubildende als erste berufsbildende eine zumindest dreijährige Ausbildung an einer Berufsfachschule oder in einer Fachschulklasse, deren Besuch eine abgeschlossene Berufsausbildung nicht voraussetzt, abgeschlossen hat.

[2] Im übrigen wird Ausbildungsförderung für eine einzige weitere Ausbildung nur geleistet, wenn die besonderen Umstände des Einzelfalles, insbesondere das angestrebte Ausbildungsziel, dies erfordern.

(3) [1] Hat der Auszubildende

1. aus wichtigem Grund oder
2. aus unabweisbarem Grund

die Ausbildung abgebrochen oder die Fachrichtung gewechselt, so wird Ausbildungsförderung für eine andere Ausbildung geleistet; bei Auszubildenden an Höheren Fachschulen, Akademien und Hochschulen gilt Nummer 1 nur bis zum Beginn des fünften Fachsemesters. [2] Ein Auszubildender bricht die Ausbildung ab, wenn er den Besuch von Ausbildungsstätten einer Ausbildungsstättenart einschließlich der im Zusammenhang hiermit geforderten Praktika endgültig aufgibt. [3] Ein Auszubildender wechselt die Fachrichtung, wenn er einen anderen berufsqualifizierenden Abschluss oder ein anderes bestimmtes Ausbildungsziel eines rechtlich geregelten Ausbildungsganges an einer Ausbildungsstätte derselben Ausbildungsstättenart anstrebt. [4] Beim erstmaligen Fachrichtungswechsel oder Abbruch der Ausbildung wird in der Regel vermutet, dass die Voraussetzungen nach Nummer 1 erfüllt sind; bei Auszubildenden an Höheren Fachschulen, Akademien und Hochschulen gilt dies nur, wenn der Wechsel oder Abbruch bis zum Beginn des vierten Fachsemesters erfolgt. [5] Bei der Bestimmung des nach den Sätzen 1 und 4 maßgeblichen Fachsemesters wird die Zahl der Semester abgezogen, die nach Entscheidung der Ausbildungsstätte aus der ursprünglich betriebenen Fachrichtung auf den neuen Studiengang angerechnet werden.

Abschnitt II. Persönliche Voraussetzungen

§ 8[1] Staatsangehörigkeit. (1) Ausbildungsförderung wird geleistet

1. Deutschen im Sinne des Grundgesetzes[2],
2. Unionsbürgern sowie deren Familienangehörigen im Sinne von § 1 Absatz 2 Nummer 3 des Freizügigkeitsgesetzes/EU[3] und nahestehenden Personen im Sinne von § 1 Absatz 2 Nummer 4 des Freizügigkeitsgesetzes/EU, die ein Recht auf Daueraufenthalt im Sinne des Freizügigkeitsgesetzes/EU besitzen sowie Ausländern, die eine Niederlassungserlaubnis oder eine Erlaubnis zum Daueraufenthalt – EU nach dem Aufenthaltsgesetz[4] besitzen,
3. Unionsbürgern, die nach § 2 Absatz 2 des Freizügigkeitsgesetzes/EU als Arbeitnehmer oder Selbständige unionsrechtlich freizügigkeitsberechtigt sind, sowie deren Familienangehörigen im Sinne von § 1 Absatz 2 Nummer 3 des Freizügigkeitsgesetzes/EU und nahestehenden Personen im Sinne von § 1 Absatz 2 Nummer 4 des Freizügigkeitsgesetzes/EU, wenn sie ein Aufenthaltsrecht nach dem Freizügigkeitsgesetz/EU besitzen oder denen diese Rechte als Kinder nur deshalb nicht zustehen, weil sie 21 Jahre oder älter sind und von ihren Eltern oder deren Ehegatten oder Lebenspartnern keinen Unterhalt erhalten,
4. Unionsbürgern, die vor dem Beginn der Ausbildung im Inland in einem Beschäftigungsverhältnis gestanden haben, dessen Gegenstand mit dem der Ausbildung in inhaltlichem Zusammenhang steht,
5. Staatsangehörigen eines anderen Vertragsstaates des Abkommens über den Europäischen Wirtschaftsraum sowie deren Familienangehörigen im Sinne von § 1 Absatz 2 Nummer 3 des Freizügigkeitsgesetzes/EU und nahestehenden Personen im Sinne von § 1 Absatz 2 Nummer 4 des Freizügigkeitsgesetzes/EU unter den Voraussetzungen der Nummern 2 bis 4,
6. Ausländern, die ihren gewöhnlichen Aufenthalt im Inland haben und die außerhalb des Bundesgebiets als Flüchtlinge im Sinne des Abkommens über die Rechtsstellung der Flüchtlinge[5] vom 28. Juli 1951 (BGBl. 1953 II S. 559) anerkannt und im Gebiet der Bundesrepublik Deutschland nicht nur vorübergehend zum Aufenthalt berechtigt sind,
7. heimatlosen Ausländern im Sinne des Gesetzes über die Rechtsstellung heimatloser Ausländer im Bundesgebiet[6] in der im Bundesgesetzblatt Teil III, Gliederungsnummer 243-1, veröffentlichten bereinigten Fassung, zuletzt geändert durch Artikel 7 des Gesetzes vom 30. Juli 2004 (BGBl. I S. 1950).

(2) Anderen Ausländern wird Ausbildungsförderung geleistet, wenn sie ihren ständigen Wohnsitz im Inland haben und

---

[1] § 8 Abs. 2 Nr. 1 geänd. mWv 26.11.2011 durch G v. 22.11.2011 (BGBl. I S. 2258); Abs. 1 Nr. 2 geänd. mWv 2.12.2013 durch G v. 29.8.2013 (BGBl. I S. 3484); Abs. 1 Nr. 3 neu gef. mWv 1.1.2015, Abs. 2 Nr. 2 und Abs. 2a geänd. mWv 1.1.2016 durch G v. 23.12.2014 (BGBl. I S. 2475, geänd. durch G v. 21.12.2015, BGBl. I S. 2557); Abs. 2 Nr. 1 geänd. mWv 1.8.2015 durch G v. 27.7.2015 (BGBl. I S. 1386); Abs. 2 Nr. 2 geänd. mWv 1.8.2018 durch G v. 12.7.2018 (BGBl. I S. 1147); Abs. 1 Nr. 3 geänd. mWv 24.11.2020 durch G v. 12.11.2020 (BGBl. I S. 2416); Abs. 2 Nr. 1 geänd. mWv 31.12.2022 durch G v. 21.12.2022 (BGBl. I S. 2847); Abs. 1 Nr. 2, 3 und 5, Abs. 2 Nr. 1 und 2 geänd. mWv 25.7.2024 durch G v. 19.7.2024 (BGBl. 2024 I Nr. 249).

[2] Nr. **1**.

[3] Nr. **560**.

[4] Nr. **565**.

[5] Nr. **568**.

[6] Nr. **563**.

1. eine Aufenthaltserlaubnis nach den §§ 22, 23 Absatz 1, 2 oder 4, den §§ 23a, 25 Absatz 1 oder 2, den §§ 25a, 25b, 28, 37, 38 Absatz 1 Nummer 2, den §§ 104a, 104c oder als Ehegatte oder Lebenspartner oder Kind eines Ausländers mit Niederlassungserlaubnis oder Erlaubnis zum Daueraufenthalt – EU nach dem Aufenthaltsgesetz eine Aufenthaltserlaubnis nach § 30 oder den §§ 32 bis 34 oder § 36 Absatz 2 des Aufenthaltsgesetzes besitzen,
2. eine Aufenthaltserlaubnis nach § 25 Absatz 3, Absatz 4 Satz 2 oder Absatz 5, § 31 des Aufenthaltsgesetzes oder als Ehegatte oder Lebenspartner oder Kind eines Ausländers mit Aufenthaltserlaubnis eine Aufenthaltserlaubnis nach § 30, den §§ 32 bis 34, § 36 Absatz 2 oder nach § 36a des Aufenthaltsgesetzes besitzen und sich seit mindestens 15 Monaten in Deutschland ununterbrochen rechtmäßig, gestattet oder geduldet aufhalten.

(2a) Geduldeten Ausländern (§ 60a des Aufenthaltsgesetzes), die ihren ständigen Wohnsitz im Inland haben, wird Ausbildungsförderung geleistet, wenn sie sich seit mindestens 15 Monaten ununterbrochen rechtmäßig, gestattet oder geduldet im Bundesgebiet aufhalten.

(3) Im Übrigen wird Ausländern Ausbildungsförderung geleistet, wenn

1. sie selbst sich vor Beginn des förderungsfähigen Teils des Ausbildungsabschnitts insgesamt fünf Jahre im Inland aufgehalten haben und rechtmäßig erwerbstätig gewesen sind oder
2. zumindest ein Elternteil während der letzten sechs Jahre vor Beginn des förderungsfähigen Teils des Ausbildungsabschnitts sich insgesamt drei Jahre im Inland aufgehalten hat und rechtmäßig erwerbstätig gewesen ist, im Übrigen von dem Zeitpunkt an, in dem im weiteren Verlauf des Ausbildungsabschnitts diese Voraussetzungen vorgelegen haben. Die Voraussetzungen gelten auch für einen einzigen weiteren Ausbildungsabschnitt als erfüllt, wenn der Auszubildende in dem vorhergehenden Ausbildungsabschnitt die Zugangsvoraussetzungen erworben hat und danach unverzüglich den Ausbildungsabschnitt beginnt. Von dem Erfordernis der Erwerbstätigkeit des Elternteils während der letzten sechs Jahre kann abgesehen werden, wenn sie aus einem von ihm nicht zu vertretenden Grunde nicht ausgeübt worden ist und er im Inland mindestens sechs Monate erwerbstätig gewesen ist.

(4) Auszubildende, die nach Absatz 1 oder 2 als Ehegatten oder Lebenspartner persönlich förderungsberechtigt sind, verlieren den Anspruch auf Ausbildungsförderung nicht dadurch, dass sie dauernd getrennt leben oder die Ehe oder Lebenspartnerschaft aufgelöst worden ist, wenn sie sich weiterhin rechtmäßig in Deutschland aufhalten.

(5) Rechts- und Verwaltungsvorschriften, nach denen anderen Ausländern Ausbildungsförderung zu leisten ist, bleiben unberührt.

§ 9 Eignung. (1) Die Ausbildung wird gefördert, wenn die Leistungen des Auszubildenden erwarten lassen, dass er das angestrebte Ausbildungsziel erreicht.

(2) [1] Dies wird in der Regel angenommen, solange der Auszubildende die Ausbildungsstätte besucht oder an dem Praktikum teilnimmt und bei dem Besuch einer Höheren Fachschule, Akademie oder Hochschule die den jeweiligen Ausbildungs- und Prüfungsordnungen entsprechenden Studienfortschritte erkennen lässt. [2] Hierüber sind die nach § 48 erforderlichen Nachweise zu erbringen.

(3) Bei der Teilnahme an Fernunterrichtslehrgängen wird dies angenommen, wenn der Auszubildende die Bescheinigung nach § 3 Absatz 3 beigebracht hat.

§ 10[1)] **Alter.** (1) (weggefallen)

(2) (weggefallen)

(3) [1] Ausbildungsförderung wird nicht geleistet, wenn Auszubildende bei Beginn des Ausbildungsabschnitts, für den sie Ausbildungsförderung beantragen, das 45. Lebensjahr vollendet haben. [2] Satz 1 gilt nicht, wenn

1. der Auszubildende die Zugangsvoraussetzungen für die zu fördernde Ausbildung an einer in § 7 Absatz 2 Satz 1 Nummer 4 Buchstabe a genannten Ausbildungsstätte, durch eine Nichtschülerprüfung oder durch eine Zugangsprüfung zu einer Hochschule oder zu einer Akademie im Sinne des § 2 Absatz 1 Satz 1 Nummer 6 erworben hat,

1a. der Auszubildende ohne Hochschulzugangsberechtigung auf Grund seiner beruflichen Qualifikation an einer Hochschule oder an einer Akademie im Sinne des § 2 Absatz 1 Satz 1 Nummer 6 eingeschrieben worden ist,

1b. der Auszubildende eine weitere Ausbildung nach § 7 Absatz 2 Nummer 2 oder 3 aufnimmt,

2. Auszubildende, die das 45. Lebensjahr während eines zuvor abgeschlossenen Bachelor- oder Bakkalaureusstudiengangs vollendet haben, danach unverzüglich einen nach § 7 Absatz 1a förderungsfähigen Studiengang beginnen,

3. Auszubildende aus persönlichen oder familiären Gründen gehindert waren, den Ausbildungsabschnitt rechtzeitig zu beginnen; dies ist insbesondere der Fall, wenn sie bei Erreichen der Altersgrenzen bis zur Aufnahme der Ausbildung ein eigenes Kind unter 14 Jahren ohne Unterbrechung erziehen und während dieser Zeit bis zu höchstens 30 Wochenstunden im Monatsdurchschnitt erwerbstätig sind; Alleinerziehende dürfen auch mehr als 30 Wochenstunden erwerbstätig sein, um dadurch Unterstützung durch Leistungen der Grundsicherung zu vermeiden, oder

4. der Auszubildende infolge einer einschneidenden Veränderung seiner persönlichen Verhältnisse bedürftig geworden ist und noch keine Ausbildung, die nach diesem Gesetz gefördert werden kann, berufsqualifizierend abgeschlossen hat.

[3] Satz 2 Nummer 1, 1b, 3 und 4 gilt nur, wenn der Auszubildende die Ausbildung unverzüglich nach Erreichen der Zugangsvoraussetzungen, dem Wegfall der Hinderungsgründe oder dem Eintritt einer Bedürftigkeit infolge einschneidender Veränderungen seiner persönlichen Verhältnisse aufnimmt.

Abschnitt III. Leistungen

§ 11[2)] **Umfang der Ausbildungsförderung.** (1) Ausbildungsförderung wird für den Lebensunterhalt und die Ausbildung geleistet (Bedarf).

(2) [1] Auf den Bedarf sind nach Maßgabe der folgenden Vorschriften Einkommen und Vermögen des Auszubildenden sowie Einkommen seines Ehegatten oder Lebenspartners und seiner Eltern in dieser Reihenfolge anzurechnen; die Anrechnung erfolgt zunächst auf den nach § 17 Absatz 2 Satz 1 als Zuschuss und Darlehen, dann auf den nach § 17 Absatz 3 als als Darlehen und anschließend auf den nach § 17 Absatz 1 als Zuschuss zu leistenden Teil des Bedarfs. [2] Als Ehegatte

---

[1)] § 10 Abs. 3 Satz 2 Nr. 1 neu gef., Nr. 1a und 3 geänd. mWv 16.7.2019 durch G v. 8.7.2019 (BGBl. I S. 1048); Abs. 3 Satz 1 neu gef., Satz 2 Nr. 2 neu gef. mWv 22.7.2022 durch G v. 15.7.2022 (BGBl. I S. 1150).

[2)] § 11 Abs. 4 Satz 1 geänd. mWv 1.4.2012 durch G v. 20.12.2011 (BGBl. I S. 2854); Abs. 2 Satz 1 geänd. mWv 16.7.2019 durch G v. 8.7.2019 (BGBl. I S. 1048).

oder Lebenspartner im Sinne dieses Gesetzes gilt der nicht dauernd Getrenntlebende, sofern dieses Gesetz nichts anderes bestimmt.

(2a) Einkommen der Eltern bleibt außer Betracht, wenn ihr Aufenthaltsort nicht bekannt ist oder sie rechtlich oder tatsächlich gehindert sind, im Inland Unterhalt zu leisten.

(3) [1]Einkommen der Eltern bleibt ferner außer Betracht, wenn der Auszubildende

1. ein Abendgymnasium oder Kolleg besucht,
2. bei Beginn des Ausbildungsabschnitts das 30. Lebensjahr vollendet hat,
3. bei Beginn des Ausbildungsabschnitts nach Vollendung des 18. Lebensjahres fünf Jahre erwerbstätig war oder
4. bei Beginn des Ausbildungsabschnitts nach Abschluss einer vorhergehenden, zumindest dreijährigen berufsqualifizierenden Ausbildung drei Jahre oder im Falle einer kürzeren Ausbildung entsprechend länger erwerbstätig war.

[2]Satz 1 Nummer 3 und 4 gilt nur, wenn der Auszubildende in den Jahren seiner Erwerbstätigkeit in der Lage war, sich aus deren Ertrag selbst zu unterhalten.

(4) [1]Ist Einkommen des Ehegatten oder Lebenspartners, der Eltern oder eines Elternteils außer auf den Bedarf des Antragstellers auch auf den anderer Auszubildender anzurechnen, die in einer Ausbildung stehen, die nach diesem Gesetz oder nach § 56 des Dritten Buches Sozialgesetzbuch[1)] gefördert werden kann, so wird es zu gleichen Teilen angerechnet. [2]Dabei sind auch die Kinder des Einkommensbeziehers zu berücksichtigen, die Ausbildungsförderung ohne Anrechnung des Einkommens der Eltern erhalten können und nicht ein Abendgymnasium oder Kolleg besuchen oder bei Beginn der Ausbildung das 30. Lebensjahr vollendet haben. [3]Nicht zu berücksichtigen sind Auszubildende, die eine Universität der Bundeswehr oder Verwaltungsfachhochschule besuchen, sofern diese als Beschäftigte im öffentlichen Dienst Anwärterbezüge oder ähnliche Leistungen aus öffentlichen Mitteln erhalten.

§ 12[2)] Bedarf für Schüler. (1) Als monatlicher Bedarf gelten für Schüler

1. von Berufsfachschulen und Fachschulklassen, deren Besuch eine abgeschlossene Berufsausbildung nicht voraussetzt, 276 Euro,
2. von Abendhauptschulen, Berufsaufbauschulen, Abendrealschulen und von Fachoberschulklassen, deren Besuch eine abgeschlossene Berufsausbildung voraussetzt, 498 Euro.

(2) Als monatlicher Bedarf gelten, wenn der Auszubildende nicht bei seinen Eltern wohnt, für Schüler

1. von weiterführenden allgemeinbildenden Schulen und Berufsfachschulen sowie von Fach- und Fachoberschulklassen, deren Besuch eine abgeschlossene Berufsausbildung nicht voraussetzt, 666 Euro,

---

[1)] **Aichberger, SGB Nr. 3.**

[2)] *§ 12 Abs. 1 Nr. 1 und 2 sowie Abs. 2 Nr. 1* und 2 geänd. mWv 1.8.2016 durch G v. 23.12.2014 *(BGBl. I S. 2475)*; Abs. 1 Nr. 1 und 2, Abs. 2 Nr. 1 und 2 geänd. mWv 16.7.2019 und mWv 1.8.2020 durch G v. 8.7.2019 (BGBl. I S. 1048); Abs. 1 Nr. 1 und 2, Abs. 2 Nr. 1 und 2 geänd. mWv 22.7.2022 durch G v. 15.7.2022 (BGBl. I S. 1150); Abs. 1 Nr. 1 und 2, Abs. 2 Nr. 1 und 2 geänd. mWv 25.7.2024 durch G v. 19.7.2024 (BGBl. 2024 I Nr. 249).

2. von Abendhauptschulen, Berufsaufbauschulen, Abendrealschulen und von Fachoberschulklassen, deren Besuch eine abgeschlossene Berufsausbildung voraussetzt, 775 Euro.

(3) (weggefallen)

(3a) Ein Auszubildender wohnt auch dann bei seinen Eltern, wenn der von ihm bewohnte Raum im Eigentum der Eltern steht.

(4) [1]Bei einer Ausbildung im Ausland wird für die Hinreise zum Ausbildungsort sowie für eine Rückreise ein Reisekostenzuschlag geleistet. [2]Der Reisekostenzuschlag beträgt jeweils 250 Euro bei einer Reise innerhalb Europas, sonst jeweils 500 Euro. [3]In besonderen Härtefällen können die notwendigen Aufwendungen für eine weitere Hin- und Rückreise geleistet werden.

§ 13[1)] Bedarf für Studierende. (1) Als monatlicher Bedarf gelten für Auszubildende in

1. Fachschulklassen, deren Besuch eine abgeschlossene Berufsausbildung voraussetzt, Abendgymnasien und Kollegs 442 Euro,
2. Höheren Fachschulen, Akademien und Hochschulen 475 Euro.

(2) Die Bedarfe nach Absatz 1 erhöhen sich für die Unterkunft, wenn der Auszubildende

1. bei seinen Eltern wohnt, um monatlich 59 Euro,
2. nicht bei seinen Eltern wohnt, um monatlich 380 Euro.

(3) (weggefallen)

(3a) Ein Auszubildender wohnt auch dann bei seinen Eltern, wenn der von ihm bewohnte Raum im Eigentum der Eltern steht.

(4) Bei einer Ausbildung im Ausland nach § 5 Absatz 2 wird, soweit die Lebens- und Ausbildungsverhältnisse im Ausbildungsland dies erfordern, bei dem Bedarf ein Zu- oder Abschlag vorgenommen, dessen Höhe die Bundesregierung durch Rechtsverordnung[2)] ohne Zustimmung des Bundesrates bestimmt.

§ 13a[3)] Kranken- und Pflegeversicherungszuschlag. (1) [1]Für Auszubildende, die in der gesetzlichen Krankenversicherung nach § 5 Absatz 1 Nummer 9 oder 10 des Fünften Buches Sozialgesetzbuch[4)] versichert sind, erhöht sich der Bedarf um 102 Euro monatlich für ihren Krankenversicherungsbeitrag. [2]Für ihren Versicherungsbeitrag als Pflichtmitglied in der sozialen Pflegeversicherung nach § 20 Absatz 1 Nummer 9 oder 10 des Elften Buches Sozialgesetzbuch[5)] erhöht sich der Bedarf um weitere 35 Euro monatlich. [3]Für Auszubildende, die als freiwilliges

---

[1)] § 13 Abs. 4 geänd. mWv 1.1.2015, Abs. 1 Nr. 1 und 2, Abs. 2 Nr. 1 und 2 geänd. mWv 1.8.2016 durch G v. 23.12.2014 (BGBl. I S. 2475), Abs. 1 Nr. 1 und 2, Abs. 2 Nr. 1 und 2 geänd. mWv 16.7.2019, Abs. 1 Nr. 1 und 2, Abs. 2 Nr. 1 mWv 1.8.2020 durch G v. 8.7.2019 (BGBl. I S. 1048); Abs. 1 Nr. 1 und 2, Abs. 2 Nr. 1 und 2 geänd. mWv 22.7.2022 durch G v. 15.7.2022 (BGBl. I S. 1150); Abs. 1 Nr. 1 und 2, Abs. 2 Nr. 2 geänd. mWv 25.7.2024 durch G v. 19.7.2024 (BGBl. 2024 I Nr. 249).

[2)] Siehe die VO über die Zuschläge zu dem Bedarf bei einer Ausbildung im Ausland (BAföG-AuslandzuschlagsV) v. 25.6.1986 (BGBl. I S. 935), zuletzt geänd. durch VO v. 15.7.2022 (BGBl. I S. 1162).

[3)] § 13a neu gef. mWv 16.7.2019 durch G v. 8.7.2019 (BGBl. I S. 1048); Abs. 3 Satz 4 geänd. mWv 1.1.2020 durch G v. 14.12.2019 (BGBl. I S. 2789); Abs. 1 Sätze 1 und 2, Abs. 2 Sätze 1 und 2, Abs. 3 Satz 1 abschl. Satzteil und Satz 3 geänd. mWv 22.7.2022 durch G v. 15.7.2022 (BGBl. I S. 1150); Abs. 1 Sätze 1 und 2, Abs. 2 Sätze 1 und 2, Abs. 3 Sätze 1 und 3 geänd. mWv 25.7.2024 durch G v. 19.7.2024 (BGBl. 2024 I Nr. 249).

[4)] **Aichberger, SGB Nr. 5.**

[5)] **Aichberger, SGB Nr. 11.**

Mitglied in der gesetzlichen Krankenversicherung beitragspflichtig versichert sind und deren Kranken- und Pflegeversicherungsbeiträge nach § 240 Absatz 4 Satz 2 des Fünften Buches Sozialgesetzbuch und § 57 Absatz 4 des Elften Buches Sozialgesetzbuch berechnet werden, gelten die Sätze 1 und 2 entsprechend.

(2) [1] Für Auszubildende, die – außer in den Fällen des Absatzes 1 Satz 3 – als freiwilliges Mitglied oder nach § 5 Absatz 1 Nummer 13 des Fünften Buches Sozialgesetzbuch in der gesetzlichen Krankenversicherung beitragspflichtig versichert sind, erhöht sich der Bedarf um 185 Euro monatlich. [2] Für ihren Versicherungsbeitrag als Pflichtmitglied in der sozialen Pflegeversicherung nach § 20 Absatz 1 Nummer 12 oder Absatz 3 des Elften Buches Sozialgesetzbuch – außer in den Fällen des Absatzes 1 Satz 3 – erhöht sich der Bedarf um 48 Euro monatlich.

(3) [1] Für Auszubildende, die ausschließlich

1. beitragspflichtig bei einem privaten Krankenversicherungsunternehmen versichert sind, das die in § 257 Absatz 2a Satz 1 des Fünften Buches Sozialgesetzbuch genannten Voraussetzungen erfüllt, und
2. aus dieser Versicherung Leistungen beanspruchen können, die der Art nach den Leistungen des Fünften Buches Sozialgesetzbuch mit Ausnahme des Kranken- und Mutterschaftsgeldes entsprechen,

erhöht sich der Bedarf um 102 Euro monatlich. [2] Sind die in Satz 1 Nummer 2 genannten Leistungen auf einen bestimmten Anteil der erstattungsfähigen Kosten begrenzt, erhöht sich der Bedarf stattdessen um die nachgewiesenen Krankenversicherungsbeiträge, höchstens aber um den in Satz 1 genannten Betrag. [3] Für Auszubildende, die nach § 23 des Elften Buches Sozialgesetzbuch beitragspflichtig bei einem privaten Versicherungsunternehmen versichert sind, das die in § 61 Absatz 5 des Elften Buches Sozialgesetzbuch genannten Voraussetzungen erfüllt, erhöht sich der Bedarf um weitere 35 Euro monatlich. [4] Abweichend von den Sätzen 1 bis 3 gilt für Auszubildende, die die Altersgrenze des § 5 Absatz 1 Nummer 9 oder Nummer 10 des Fünften Buches Sozialgesetzbuch überschreiten, Absatz 2 entsprechend.

§ 14 Bedarf für Praktikanten. [1] Als monatlicher Bedarf für Praktikanten gelten die Beträge, die für Schüler und Studenten der Ausbildungsstätten geleistet werden, mit deren Besuch das Praktikum in Zusammenhang steht. [2] § 13 Absatz 4 ist entsprechend anzuwenden.

§ 14a[1)] Zusatzleistungen in Härtefällen. [1] Die Bundesregierung kann durch Rechtsverordnung[2)] ohne Zustimmung des Bundesrates bestimmen, dass bei einer Ausbildung im Inland Ausbildungsförderung über die Beträge nach § 12 Absatz 1 und 2, § 13 Absatz 1 und 2 sowie § 13a hinaus geleistet wird zur Deckung besonderer Aufwendungen des Auszubildenden

1. für seine Ausbildung, wenn sie hiermit in unmittelbarem Zusammenhang stehen und soweit dies zur Erreichung des Ausbildungszieles notwendig ist,
2. für seine Unterkunft, soweit dies zur Vermeidung unbilliger Härten erforderlich ist.

[2] In der Rechtsverordnung können insbesondere Regelungen getroffen werden über

---

1) § 14a Satz 1 einl. Satzteil geänd. mWv 1.1.2015 durch G v. 23.12.2014 (BGBl. I S. 2475).

2) Siehe die VO über Zusatzleistungen in Härtefällen nach dem BAföG (HärteV) v. 15.7.1974 (BGBl. I S. 1449), zuletzt geänd. durch VO v. 15.7.2022 (BGBl. I S. 1162).

1. die Ausbildungsgänge, für die ein zusätzlicher Bedarf gewährt wird,
2. die Arten der Aufwendungen, die allgemein als bedarfserhöhend berücksichtigt werden,
3. die Arten der Lern- und Arbeitsmittel, deren Anschaffungskosten als zusätzlicher Bedarf anzuerkennen sind,
4. die Verteilung des zusätzlichen Bedarfs auf den Ausbildungsabschnitt,
5. die Höhe oder die Höchstbeträge des zusätzlichen Bedarfs und die Höhe einer Selbstbeteiligung.

§ 14b[1)] Zusatzleistung für Auszubildende mit Kind (Kinderbetreuungszuschlag) (1) [1] Für Auszubildende, die mit mindestens einem eigenen Kind, das das 14. Lebensjahr noch nicht vollendet hat, in einem Haushalt leben, erhöht sich der Bedarf um monatlich 160 Euro für jedes dieser Kinder. [2] Der Zuschlag wird für denselben Zeitraum nur einem Elternteil gewährt. [3] Sind beide Elternteile nach diesem Gesetz dem Grunde nach förderungsberechtigt und leben in einem gemeinsamen Haushalt, bestimmen sie untereinander den Berechtigten.

(2) [1] Der Zuschlag nach Absatz 1 bleibt als Einkommen bei Sozialleistungen unberücksichtigt. [2] Für die Ermittlung eines Kostenbeitrags nach § 90 des Achten Buches Sozialgesetzbuch[2)] gilt dies jedoch nur, soweit der Kostenbeitrag für eine Kindertagesbetreuung an Wochentagen während der regulären Betreuungszeiten erhoben wird.

§ 15[3)] Förderungsdauer. (1) Ausbildungsförderung wird vom Beginn des Monats an geleistet, in dem die Ausbildung aufgenommen wird, frühestens jedoch vom Beginn des Antragsmonats an.

(2) [1] Ausbildungsförderung wird für die Dauer der Ausbildung – einschließlich der unterrichts- und vorlesungsfreien Zeit – geleistet. [2] Abweichend von Satz 1 wird bei Studiengängen an Hochschulen und an Akademien im Sinne des § 2 Absatz 1 Satz 1 Nummer 6 Ausbildungsförderung jedoch grundsätzlich nur bis zum Ende der Förderungshöchstdauer nach § 15a geleistet. [3] Für die Teilnahme an Einrichtungen des Fernunterrichts wird Ausbildungsförderung höchstens für 12 Kalendermonate geleistet.

(2a) Ausbildungsförderung wird auch geleistet, solange die Auszubildenden infolge von Erkrankung oder Schwangerschaft gehindert sind, die Ausbildung durchzuführen, nicht jedoch über das Ende des dritten Kalendermonats hinaus.

(3) [1] Über die Förderungshöchstdauer hinaus wird für eine angemessene Zeit Ausbildungsförderung geleistet, wenn sie

1. aus schwerwiegenden Gründen,
2. infolge der in häuslicher Umgebung erfolgenden Pflege eines oder einer pflegebedürftigen nahen Angehörigen im Sinne des § 7 Absatz 3 des Pflegezeitge-

---

[1)] § 14b Abs. 1 Satz 1 geänd. mWv 1.8.2016 durch G v. 23.12.2014 (BGBl. I S. 2475); Abs. 1 Satz 1 und 3 geänd. mWv 16.7.2019 und Abs. 1 Satz 1 geänd. mWv 1.8.2020 durch G v. 8.7.2019 (BGBl. I S. 1048); Abs. 1 Satz 1 geänd. mWv 22.7.2022 durch G v. 15.7.2022 (BGBl. I S. 1150).

[2)] **Habersack ErgBd. Nr. 46.**

[3)] § 15 Abs. 2 Satz 1 geänd., Abs. 3 Nr. 2 eingef., Nr. 3 neu gef., Nr. 5 geänd., Abs. 3a neu gef. mWv 16.7.2019 durch G v. 8.7.2019 (BGBl. I S. 1048); Abs. 3a Satz 1 geänd. mWv 22.7.2022 durch G v. 15.7. 2022 (BGBl. I S. 1150); Abs. 2 Satz 1 neu gef., Satz 2 eingef., bish. Satz 2 wird Satz 3 mWv 26.10.2022 durch G v. 19.10.2022 (BGBl. I S. 1796); Abs. 3 Sätze 2 und 3 angef., Abs. 4 eingef., bish. Abs. 3a wird Abs. 5 und neu gef. mWv 25.7.2024 durch G v. 19.7.2024 (BGBl. 2024 I Nr. 249).

setzes[1], der oder die nach den §§ 14 und 15 des Elften Buches Sozialgesetzbuch[2] – Soziale Pflegeversicherung – mindestens in Pflegegrad 3 eingeordnet ist,

3. infolge einer Mitwirkung in gesetzlich oder satzungsmäßig vorgesehenen Gremien und Organen
   a) der Hochschulen und der Akademien im Sinne des § 2 Absatz 1 Satz 1 Nummer 6,
   b) der Selbstverwaltung der Studierenden an Ausbildungsstätten im Sinne des Buchstabens a,
   c) der Studentenwerke und
   d) der Länder,
4. infolge des erstmaligen Nichtbestehens der Abschlussprüfung,
5. infolge einer Behinderung, einer Schwangerschaft oder der Pflege und Erziehung eines Kindes bis zu 14 Jahren

überschritten worden ist. 2 Bei der Bestimmung der angemessenen Zeit, um die die Förderungsdauer über die Förderungshöchstdauer hinaus verlängert wird, bleibt ein Flexibilitätssemester nach Absatz 4 außer Betracht. 3 Eine bereits erfolgte Verlängerung nach Absatz 4 schließt eine Verlängerung der Förderungsdauer nach Satz 1 nicht aus.

(4) 1 Ausbildungsförderung wird Auszubildenden an Hochschulen und an Akademien im Sinne des § 2 Absatz 1 Satz 1 Nummer 6 nach Ablauf der Förderungshöchstdauer oder der Förderungsdauer nach Absatz 3 Satz 1 Nummer 1, 2, 3 oder 5 für ein weiteres sich unmittelbar anschließendes Semester gewährt (Flexibilitätssemester), wenn die Auszubildenden noch kein Flexibilitätssemester für einen früheren Ausbildungsabschnitt in Anspruch genommen haben. 2 Werden während eines Flexibilitätssemesters eingetretene Umstände im Sinne von Absatz 3 Satz 1 geltend gemacht, wird nach Ablauf des Flexibilitätssemesters für eine angemessene Zeit Ausbildungsförderung geleistet.

(5) 1 Auszubildenden an Hochschulen und an Akademien im Sinne des § 2 Absatz 1 Satz 1 Nummer 6, die sich in einem in sich selbständigen Studiengang befinden, wird als Hilfe zum Studienabschluss für höchstens zwölf Monate Ausbildungsförderung auch nach dem Ende der Förderungshöchstdauer oder der Förderungsdauer nach Absatz 3 Satz 1 Nummer 1, 2, 3 oder 5 oder Absatz 4 geleistet, wenn die Auszubildenden spätestens innerhalb von vier Semestern nach diesem Zeitpunkt zur Abschlussprüfung zugelassen worden sind und die Prüfungsstelle bescheinigt, dass sie die Ausbildung innerhalb der Dauer der Hilfe zum Studienabschluss abschließen können. 2 Ist eine Abschlussprüfung nicht vorgesehen, gilt Satz 1 unter der Voraussetzung, dass die Auszubildenden eine Bestätigung der Ausbildungsstätte darüber vorlegen, dass sie die Ausbildung innerhalb der Dauer der Hilfe zum Studienabschluss abschließen können.

§ 15a[3] Förderungshöchstdauer, Verordnungsermächtigung. (1) Die Förderungshöchstdauer entspricht vorbehaltlich der Absätze 1a und 1b der Regelstudienzeit nach § 10 Absatz 2 des Hochschulrahmengesetzes[4] oder einer vergleichbaren Festsetzung.

---

[1] ***Aichberger*, SGB Nr. 11/10.**

[2] ***Aichberger*, SGB Nr. 11.**

[3] § 15a Überschr. neu gef., Abs. 1 geänd., Abs. 1a und 1b eingef. mWv 22.7.2022 durch G v. 15.7. 2022 (BGBl. I S. 1150).

[4] Nr. **500**.

(1a) Für die Bestimmung der Förderungshöchstdauer sind Verlängerungen der Regelstudienzeit nicht zu berücksichtigen, die als Ausnahme von hochschulrechtlichen Vorgaben zur Berücksichtigung vorübergehender außergewöhnlicher Beeinträchtigungen des Lehrbetriebs festgesetzt werden.

(1b) Die Bundesregierung darf abweichend von Absatz 1 durch Rechtsverordnung mit Zustimmung des Bundesrates bestimmen, dass die Förderungshöchstdauer über die Regelstudienzeit nach Absatz 1 hinaus um einen bestimmten Zeitraum verlängert wird, soweit der Studien- und Lehrbetrieb an Ausbildungsstätten gemäß § 2 Absatz 1 Nummer 6 erheblich beeinträchtigt ist.

(2) [1] Auf die Förderungshöchstdauer sind anzurechnen

1. Zeiten, die der Auszubildende vor Förderungsbeginn in der zu fördernden Ausbildung verbracht hat,
2. Zeiten, die durch die zuständige Stelle auf Grund einer vorangegangenen Ausbildung oder berufspraktischen Tätigkeit oder eines vorangegangenen Praktikums für die zu fördernde Ausbildung anerkannt werden,
3. in Fällen der Förderung eines nach dem 31. Dezember 2007 aufgenommenen Masterstudiengangs nach § 5 Absatz 2 Nummer 1 und 3 Zeiten, die der Auszubildende in einem gemäß § 7 Absatz 1a Nummer 1 als einem Bachelorabschluss entsprechend anerkannten einstufigen Studiengang über das achte Fachsemester hinaus verbracht hat.

[2] Zeiten, in denen der Auszubildende eine Teilzeitausbildung durchgeführt hat, sind in Vollzeitausbildungszeiten umzurechnen. [3] Legt der Auszubildende eine Anerkennungsentscheidung im Sinne des Satzes 1 Nummer 2 nicht vor, setzt das Amt für Ausbildungsförderung die anzurechnenden Zeiten unter Berücksichtigung der jeweiligen Studien- und Prüfungsordnungen sowie der Umstände des Einzelfalles fest. [4] Weicht eine spätere Anerkennungsentscheidung der zuständigen Stelle von der Festsetzung nach Satz 3 ab, so ist sie zu berücksichtigen, wenn der Auszubildende nachweist, dass er den Antrag auf Anerkennung zu dem für ihn frühestmöglichen Zeitpunkt gestellt hat.

(3) [1] Setzt ein Studiengang Sprachkenntnisse über die Sprachen Deutsch, Englisch, Französisch oder Latein hinaus voraus und werden diese Kenntnisse von dem Auszubildenden während des Besuchs der Hochschule erworben, verlängert sich die Förderungshöchstdauer für jede Sprache um ein Semester. [2] Satz 1 gilt für Auszubildende, die die Hochschulzugangsberechtigung vor dem 1. Oktober 2001 in dem in Artikel 3 des Einigungsvertrages[1)] genannten Gebiet erworben haben, mit der Maßgabe, dass auch der Erwerb erforderlicher Lateinkenntnisse während des Besuchs der Hochschule zu einer Verlängerung der Förderungshöchstdauer führt.

§ 15b[2)] Aufnahme und Beendigung der Ausbildung. (1) Die Ausbildung gilt im Sinne dieses Gesetzes als mit dem Anfang des Monats aufgenommen, in dem Unterricht oder Vorlesungen tatsächlich begonnen werden.

(2) [1] Liegt zwischen dem Ende eines Ausbildungsabschnitts und dem Beginn eines anderen nur ein Monat, so gilt die Ausbildung abweichend von Absatz 1 als bereits zu Beginn dieses Monats aufgenommen. [2] Der Kalendermonat ist in den ersten Bewilligungszeitraum des späteren Ausbildungsabschnitts einzubeziehen.

[1)] **Sartorius III Nr. 2.**

[2)] § 15b Abs. 3 Satz 1 neu gef., Satz 2 geänd., Satz 3 angef. mWv 1.8.2016 durch G v. 23.12.2014 (BGBl. I S. 2475); Abs. 3 Satz 3 neu gef. mWv 22.7.2022 durch G v. 15.7.2022 (BGBl. I S. 1150).

(2a) [1]Besucht ein Auszubildender zwischen dem Ende einer Ausbildung im Ausland und dem frühestmöglichen Beginn der anschließenden Ausbildung im Inland für längstens vier Monate keine Ausbildungsstätte, so wird ihm längstens für die Dauer der beiden Monate vor Beginn der anschließenden Ausbildung Ausbildungsförderung geleistet. [2]Die beiden Kalendermonate sind in den folgenden Bewilligungszeitraum einzubeziehen.

(3) [1]Die Ausbildung endet mit dem Ablauf des Monats, in dem die Abschlussprüfung des Ausbildungsabschnitts bestanden wurde, oder, wenn eine solche nicht vorgesehen ist, mit dem Ablauf des Monats, in dem der Ausbildungsabschnitt tatsächlich planmäßig geendet hat. [2]Abweichend von Satz 1 ist, sofern ein Prüfungs- oder Abgangszeugnis erteilt wird, das Datum dieses Zeugnisses maßgebend. [3]Eine Hochschulausbildung ist abweichend von den Sätzen 1 und 2 mit Ablauf des Monats beendet, in dem der erfolgreiche Abschluss des Ausbildungsabschnitts dem Auszubildenden erstmals bekanntgegeben ist, spätestens jedoch mit Ablauf des zweiten Monats nach dem Monat, in dem der letzte Prüfungsteil abgelegt wurde.

(4) Die Ausbildung ist ferner beendet, wenn der Auszubildende die Ausbildung abbricht (§ 7 Absatz 3 Satz 2) und sie nicht an einer Ausbildungsstätte einer anderen Ausbildungsstättenart weiterführt.

§ 16[1)] Förderungsdauer im Ausland. (1) [1]Für eine Ausbildung im Ausland nach § 5 Absatz 2 Nummer 1 oder Absatz 5 wird Ausbildungsförderung längstens für die Dauer eines Jahres geleistet. [2]Innerhalb eines Ausbildungsabschnitts gilt Satz 1 nur für einen einzigen zusammenhängenden Zeitraum, soweit nicht der Besuch von Ausbildungsstätten in mehreren Ländern für die Ausbildung von besonderer Bedeutung ist.

(2) Darüber hinaus kann in den Fällen einer Ausbildung im Ausland im Sinne des § 5 Absatz 2 Satz 1 Nummer 1 während drei weiterer Semester Ausbildungsförderung geleistet werden für den Besuch einer Ausbildungsstätte, die den im Inland gelegenen Hochschulen gleichwertig ist, wenn er für die Ausbildung von besonderer Bedeutung ist.

(3) In den Fällen des § 5 Absatz 2 Nummer 2 und 3 wird Ausbildungsförderung ohne die zeitliche Begrenzung der Absätze 1 und 2 geleistet.

§ 17[2)] Förderungsarten. (1) Ausbildungsförderung wird vorbehaltlich der Absätze 2 und 3 als Zuschuss geleistet.

(2) [1]Bei dem Besuch von Höheren Fachschulen, Akademien und Hochschulen sowie bei der Teilnahme an einem Praktikum, das im Zusammenhang mit dem Besuch dieser Ausbildungsstätten steht, wird der monatliche Förderungsbetrag vorbehaltlich des Absatzes 3 zur Hälfte als Darlehen geleistet. [2]Satz 1 gilt nicht

1. für den Zuschlag zum Bedarf nach § 13 Absatz 4 für nachweisbar notwendige Studiengebühren,
2. für die Ausbildungsförderung, die nach § 15 Absatz 3 Nummer 5 über die Förderungshöchstdauer hinaus geleistet wird,
3. für den Kinderbetreuungszuschlag nach § 14b.

---

1) *§ 16 Abs. 3 geänd. mWv* 1.1.2015 durch G v. 23.12.2014 (BGBl. I S. 2475); Abs. 2 geänd. mWv 22.7.2022 durch G v. 15.7.2022 (BGBl. I S. 1150).

2) § 17 Abs. 2 Satz 1 und Abs. 3 Satz 1 einl. Satzteil geänd., Nr. 1 aufgeh. mWv 16.7.2019 durch G v. 8.7.2019 (BGBl. I S. 1048); Abs. 3 Satz 1 Nr. 3 und Satz 3 neu gef., Satz 4 angef. mWv 25.7.2024 durch G v. 19.7.2024 (BGBl. 2024 I Nr. 249).

(3) [1]Bei dem Besuch von Höheren Fachschulen, Akademien und Hochschulen sowie bei der Teilnahme an einem Praktikum, das im Zusammenhang mit dem Besuch dieser Ausbildungsstätten steht, erhält der Auszubildende Ausbildungsförderung ausschließlich als Darlehen

1. *(aufgehoben)*
2. für eine andere Ausbildung nach § 7 Absatz 3, soweit die Semesterzahl der hierfür maßgeblichen Förderungshöchstdauer, die um die Fachsemester der vorangegangenen, nicht abgeschlossenen Ausbildung zu kürzen ist, überschritten wird,
3. nach Überschreiten der Förderungshöchstdauer oder der Förderungsdauer nach § 15 Absatz 3 Satz 1 Nummer 1, 2, 3 oder 5 oder Absatz 4 in den Fällen des § 15 Absatz 5.

[2]Nummer 2 gilt nicht, wenn der Auszubildende erstmalig aus wichtigem Grund oder aus unabweisbarem Grund die Ausbildung abgebrochen oder die Fachrichtung gewechselt hat. [3]Satz 1 gilt nicht für den Kinderbetreuungszuschlag nach § 14b. [4]Satz 1 Nummer 2 gilt auch nicht für die Ausbildungsförderung, die nach § 15 Absatz 3 oder 4 über die Förderungshöchstdauer hinaus geleistet wird.

§ 18[1)] Darlehensbedingungen. (1) Für

1. nach § 17 Absatz 2 Satz 1 geleistete Darlehen gelten die Absätze 2 bis 14 und die §§ 18a und 18b,
2. nach § 17 Absatz 3 Satz 1 geleistete Darlehen oder für Ausbildungsförderung, die nach einer Rechtsverordnung nach § 59 ausschließlich als Darlehen geleistet wird, gelten die Absätze 2 bis 12, 14 und § 18a.

(2) [1]Die Darlehen sind nicht zu verzinsen. [2]Wenn Darlehensnehmende einen Zahlungstermin um mehr als 45 Tage überschritten haben, ist abweichend von Satz 1 jeweils der gesamte bis zu diesem Zeitpunkt noch nicht getilgte Betrag, höchstens jedoch der nach Maßgabe des Absatzes 13 Satz 1 zu tilgende Rückzahlungsbetrag – vorbehaltlich des Gleichbleibens der Rechtslage – mit 6 vom Hundert für das Jahr zu verzinsen. [3]Für nach § 17 Absatz 3 Satz 1 geleistete Darlehen gilt die Pflicht zur Verzinsung für den gesamten noch zu tilgenden Rückzahlungsbetrag. [4]Kosten für die Geltendmachung der Darlehensforderung sind durch die Verzinsung nicht abgegolten.

(3) [1]Die Darlehen sind – vorbehaltlich des Gleichbleibens der Rechtslage – in gleichbleibenden monatlichen Raten von mindestens 130 Euro innerhalb von 20 Jahren zurückzuzahlen. [2]Für die Rückzahlung gelten als ein Darlehen jeweils alle nach § 17 Absatz 2 Satz 1 und alle nach § 17 Absatz 3 Satz 1 geleisteten Darlehen. [3]Von der Verpflichtung zur Rückzahlung sind Darlehensnehmende auf Antrag freizustellen, solange sie Leistungen nach diesem Gesetz erhalten.

(4) [1]Für die Tilgung des nach § 17 Absatz 2 Satz 1 geleisteten Darlehens ist die erste Rate

1. bei einer Ausbildung an einer Hochschule oder an einer Akademie im Sinne des § 2 Absatz 1 Satz 1 Nummer 6 fünf Jahre nach dem Ende der Förderungshöchstdauer,

---

[1)] § 18 neu gef. mWv 16.7.2019 durch G v. 8.7.2019 (BGBl. I S. 1048); Abs. 11 geänd., Abs. 12 Sätze 1, 3 und 4 neu gef. mWv 22.7.2022 durch G v. 15.7.2022 (BGBl. I S. 1150); Abs. 1 Nr. 2, Abs. 14 Nr. 2 und 3 geänd., Nr. 4 angef. mWv 26.10.2022 durch G v. 19.10.2022 (BGBl. I S. 1796); Abs. 15 angef. mWv 1.1.2024 durch G v. 22.12.2023 (BGBl. 2023 I Nr. 408); Abs. 4 Satz 4 angef. mWv 25.7.2024 durch G v. 19.7.2024 (BGBl. 2024 I Nr. 249).

2. bei einer Ausbildung an einer Höheren Fachschule oder an einer Akademie im Sinne des § 2 Absatz 1 Satz 1 Nummer 5 fünf Jahre nach dem Ende der in der Ausbildungs- und Prüfungsordnung vorgesehenen Ausbildungszeit

zu zahlen. [2] Maßgeblich ist jeweils der zuletzt mit Darlehen geförderte Ausbildungs- oder Studiengang. [3] Wurden Darlehensbeträge nach § 17 Absatz 2 Satz 1 in mehreren Ausbildungsabschnitten geleistet, ist jeweils das Ende derjenigen Förderungshöchstdauer oder vorgesehenen Ausbildungszeit maßgeblich, die für den ersten Ausbildungsabschnitt zuletzt gegolten hat. [4] Wurde die Darlehensschuld für den ersten Ausbildungsabschnitt bereits vollständig getilgt und wird nach vollständiger Tilgung für einen neuen Ausbildungsabschnitt eine weitere Förderung nach § 17 Absatz 2 Satz 1 festgesetzt, so ist die erste Rate für den neuen Ausbildungsabschnitt unbeschadet der Regelungen in Absatz 3 Satz 1 und 2 drei Jahre nach dem Ende der Förderungshöchstdauer oder vorgesehenen Ausbildungszeit des neuen Ausbildungsabschnitts zu zahlen.

(5) Wurden ausschließlich nach § 17 Absatz 3 Satz 1 Darlehen geleistet, so ist die erste Rate drei Jahre nach dem Ende der Förderungshöchstdauer oder der vorgesehenen Ausbildungszeit zu zahlen.

(6) [1] Wurden sowohl nach § 17 Absatz 2 Satz 1 als auch nach § 17 Absatz 3 Satz 1 Darlehen geleistet, ist zunächst das nach § 17 Absatz 2 Satz 1 geleistete Darlehen zurückzuzahlen. [2] Die erste Rate des nach § 17 Absatz 3 Satz 1 geleisteten Darlehens ist in diesem Fall in dem Monat zu leisten, der auf die Fälligkeit der letzten Rate des nach § 17 Absatz 2 Satz 1 geleisteten Darlehens folgt.

(7) Nach Aufforderung durch das Bundesverwaltungsamt sind die Raten für jeweils drei aufeinanderfolgende Monate in einer Summe zu entrichten.

(8) Die Zinsen nach Absatz 2 sind sofort fällig.

(9) [1] Nach dem Ende der Förderungshöchstdauer erteilt das Bundesverwaltungsamt den Darlehensnehmenden – unbeschadet der Fälligkeit nach den Absätzen 4 bis 6 – jeweils einen Bescheid, in dem die Höhe der Darlehensschuld und die Förderungshöchstdauer festgestellt werden. [2] Nach Eintritt der Unanfechtbarkeit des Bescheides sind diese Feststellungen nicht mehr zu überprüfen; insbesondere gelten die Vorschriften des § 44 des Zehnten Buches Sozialgesetzbuch[1)] nicht. [3] Ist für ein Kalenderjahr ein Betrag geleistet worden, auf das sich die Feststellung der Höhe der Darlehensschuld nach Satz 1 nicht erstreckt, so wird diese insoweit durch einen ergänzenden Bescheid festgestellt; Satz 2 gilt entsprechend.

(10) [1] Die nach § 17 Absatz 2 Satz 1 oder Absatz 3 Satz 1 geleisteten Darlehen können jeweils ganz oder teilweise vorzeitig zurückgezahlt werden. [2] Auf Antrag ist ein Nachlass auf die verbleibende Darlehensschuld zu gewähren.

(11) Mit dem Tod der Darlehensnehmenden erlischt die verbliebene Darlehensschuld einschließlich damit verbundener Kosten und Zinsen.

(12) [1] Darlehensnehmenden, die während des Rückzahlungszeitraums nach Absatz 3 Satz 1 nicht oder nur in geringfügigem Umfang gegen ihre Zahlungs- oder Mitwirkungspflichten verstoßen haben, ist die verbleibende Darlehensschuld einschließlich damit verbundener Kosten und Zinsen zu erlassen. [2] Sind die Voraussetzungen des Satzes 1 nicht erfüllt, ist dies durch Bescheid festzustellen. [3] Die Sätze 1 und 2 gelten für Darlehensnehmende, denen Förderung mit Darlehen nach § 17 in einer vor dem 1. September 2019 geltenden Fassung, mit Ausnahme von *Bankdarlehen nach § 18c,* gewährt wurde, auch wenn sie eine Erklärung nach § 66a Absatz 7 Satz 1 abgegeben haben, mit der Maßgabe, dass ihnen die ver-

[1)] **Sartorius ErgBd. Nr. 410.**

bleibende Darlehensschuld einschließlich damit verbundener Kosten und Zinsen 20 Jahre nach Beginn des für sie geltenden Rückzahlungszeitraums erlassen wird. [4] Der Erlass nach Satz 3 erfolgt für Darlehensnehmende, die die 20 Jahre bereits vor dem 22. Juli 2022 überschritten haben, zum 1. Oktober 2022.

(13) [1] Bereits vor Ablauf der nach Absatz 3 je nach Höhe der Darlehensschuld planmäßigen Rückzahlungsdauer ist Darlehensnehmenden, die Tilgungsleistungen in 77 monatlichen Raten in jeweils der nach Absatz 3 geschuldeten Höhe erbracht haben, die noch verbleibende Darlehensschuld zu erlassen. [2] Für Zeiträume, in denen eine Freistellung nach § 18a Absatz 1 mit verminderter Ratenzahlung gewährt wurde, genügen für einen Erlass nach Satz 1 Tilgungsleistungen jeweils in Höhe der vom Bundesverwaltungsamt zugleich festgesetzten verminderten Rückzahlungsraten; Absatz 10 bleibt unberührt.

(14) Das Bundesministerium für Bildung und Forschung kann durch Rechtsverordnung ohne Zustimmung des Bundesrates für die Aufgaben gemäß § 39 Absatz 2 das Nähere bestimmen über

1. den Beginn und das Ende der Verzinsung sowie den Verzicht auf Zinsen aus besonderen Gründen,
2. das Verfahren zur Verwaltung und Einziehung der Darlehen – einschließlich der erforderlichen Nachweise oder der Zulässigkeit des Glaubhaftmachens mittels der Versicherung an Eides statt sowie der Maßnahmen zur Sicherung der Rückzahlungsansprüche – sowie zur Rückleitung der eingezogenen Beträge an Bund und Länder,
3. die Erhebung von Kostenpauschalen für die Ermittlung der jeweiligen Anschrift der Darlehensnehmenden und für das Mahnverfahren und
4. die Voraussetzungen für das Vorliegen eines geringfügigen Verstoßes gegen die Zahlungs- und Mitwirkungspflichten im Sinne des Absatzes 12 Satz 1.

(15) [1] Darlehensnehmende werden während der Rückzahlungsfrist des § 18 Absatz 3 Satz 1 mit Beginn des Monats, in dem die Mitteilung nach § 94 Absatz 4 Satz 1 des Vierzehnten Buches Sozialgesetzbuch[1)] zugeht, von der Verpflichtung zur Rückzahlung freigestellt. [2] Rückwirkend erfolgt die Freistellung für längstens vier Monate vor Zugang der Mitteilung nach Satz 1. [3] Die Freistellung endet

1. mit der vollständigen Tilgung der Darlehensschuld durch den Träger der Sozialen Entschädigung nach § 94 Absatz 1 des Vierzehnten Buches Sozialgesetzbuch,
2. mit Beginn des Monats, in dem die Mitteilung nach § 94 Absatz 4 Satz 2 des Vierzehnten Buches Sozialgesetzbuch über eine vollständige Ablehnung zugeht oder
3. mit Beginn des Monats, in dem neben der Mitteilung nach § 94 Absatz 4 Satz 2 des Vierzehnten Buches Sozialgesetzbuch über die teilweise Rückzahlung des Darlehens die Tilgung in dieser Höhe erfolgt ist.

4. § *18a Absatz 4 Satz 1 gilt* entsprechend.

§ 18a[2)] Einkommensabhängige Rückzahlung. (1) [1] Auf Antrag sind Darlehensnehmende während der Rückzahlungsfrist des § 18 Absatz 3 Satz 1 bis

---

[1)] **Sartorius III Nr. 600.**

[2)] § 18a Abs. 1 Satz 2 geänd. mWv 1.4.2012 durch G v. 20.12.2011 (BGBl. I S. 2854); Abs. 1 Satz 1, Satz 2 Nr. 1 und 2 sowie Satz 6 Nr. 1 geänd. mWv 1.8.2016 durch G v. 23.12.2014 (BGBl. I S. 2475); Abs. 1 neu gef., Abs. 2 eingef., bish. Abs. 2 wird Abs. 3 und Satz 2 geänd., Satz 3 neu gef., Satz 4 angef., bish. Abs. 3 wird Abs. 4, Abs. 5 aufgeh. mWv 16.7.2019, Abs. 1 Satz 1, Satz 2 Nr. 1 und 2 geänd. mWv →

spätestens zu deren Ablauf von der Verpflichtung zur Rückzahlung freizustellen, soweit ihr Einkommen monatlich jeweils den Betrag von 1690 Euro nicht um mindestens 42 Euro übersteigt. [2] Der in Satz 1 bezeichnete Betrag erhöht sich für

1. Ehegattinnen, Ehegatten, Lebenspartnerinnen oder Lebenspartner um 850 Euro,
2. jedes Kind der Darlehensnehmenden um 770 Euro,

wenn sie nicht in einer Ausbildung stehen, die nach diesem Gesetz oder nach § 56 des Dritten Buches Sozialgesetzbuch[1)] gefördert werden kann. [3] Die Beträge nach Satz 2 mindern sich um das Einkommen der Ehegattinnen, Ehegatten, Lebenspartnerinnen oder Lebenspartner und volljährigen Kinder. [4] Als Kinder gelten insoweit außer eigenen Kindern der Darlehensnehmenden die in § 25 Absatz 5 Nummer 1 bis 3 bezeichneten Personen. [5] § 47 Absatz 4 und 5 gilt entsprechend.

(2) Auf besonderen Antrag erhöht sich der in Absatz 1 Satz 1 bezeichnete Betrag

1. bei behinderten Menschen um den Betrag der behinderungsbedingten Aufwendungen entsprechend § 33b des Einkommensteuergesetzes,
2. bei Alleinstehenden um den Betrag der notwendigen Aufwendungen für die Dienstleistungen zur Betreuung eines zum Haushalt gehörenden Kindes, das das 16. Lebensjahr noch nicht vollendet hat, bis zur Höhe von monatlich 175 Euro für das erste und je 85 Euro für jedes weitere Kind.

(3) [1] Auf den Antrag nach Absatz 1 Satz 1 erfolgt die Freistellung vom Beginn des Antragsmonats an in der Regel für ein Jahr, rückwirkend erfolgt sie für längstens vier Monate vor dem Antragsmonat (Freistellungszeitraum). [2] Bei erstmaliger Bewilligung einer Freistellung nach Absatz 1 Satz 1 erfolgt die Freistellung abweichend von Satz 1 in der Regel für zwei Jahre. [3] Das im Antragsmonat erzielte Einkommen gilt vorbehaltlich des Absatzes 4 als monatliches Einkommen für alle Monate des Freistellungszeitraums. [4] Die Darlehensnehmenden haben das Vorliegen der Freistellungsvoraussetzungen nachzuweisen, soweit nicht durch Rechtsverordnung auf Grund des § 18 Absatz 14 Nummer 2 etwas Abweichendes geregelt ist. [5] Soweit eine Glaubhaftmachung mittels der Versicherung an Eides statt zugelassen ist, ist das Bundesverwaltungsamt für die Abnahme derselben zuständig.

(4) [1] Ändert sich ein für die Freistellung maßgeblicher Umstand nach der Antragstellung, so wird der Bescheid vom Beginn des Monats an geändert, in dem die Änderung eingetreten ist. [2] Nicht als Änderung im Sinne des Satzes 1 gelten Regelanpassungen gesetzlicher Renten und Versorgungsbezüge.

§ 18b[2)] Teilerlass des Darlehens. (1) (weggefallen)

(2) [1] Auszubildenden, die die Abschlussprüfung bis zum 31. Dezember 2012 bestanden haben und nach ihrem Ergebnis zu den ersten 30 vom Hundert aller Prüfungsabsolventen gehören, die diese Prüfung in demselben Kalenderjahr abge-

---

(Fortsetzung der Anm. von voriger Seite)
1.8.2020 und Abs. 1 Sätze 1 und 2 geänd. mWv 1.8.2021 durch G v. 8.7.2019 (BGBl. I S. 1048); Abs. 1 Satz 1, Satz 2 Nr. 1 und 2 geänd. mWv 22.7.2022 durch G v. 15.7.2022 (BGBl. I S. 1150); Abs. 1 Satz 1, Satz 2 Nr. 1 und 2, Satz 3 geänd., Abs. 3 Satz 2 eingef., bish. Sätze 2–4 werden Sätze 3–5 mWv 25.7.2024 *durch G v. 19.7.2024 (BGBl. 2024 I Nr. 249).*

[1)] **Aichberger, SGB Nr. 3.**

[2)] § 18b Abs. 4 und 5 neu gef, Abs. 5a eingef. mWv 14.12.2011 durch G v. 6.12.2011 (BGBl. I S. 2569); Abs. 6 Satz 1 geänd. mWv 1.1.2015 durch G v. 23.12.2014 (BGBl. I S. 2475); Abs. 2 Satz 3, Abs. 3 Satz 3 und Abs. 4 Satz 3 geänd. mWv 16.7.2019 durch G v. 8.7.2019 (BGBl. I S. 1048).

schlossen haben, wird auf Antrag der für diesen Ausbildungsabschnitt geleistete Darlehensbetrag teilweise erlassen. [2]Der Erlass beträgt von dem nach dem 31. Dezember 1983 für diesen Ausbildungsabschnitt geleisteten Darlehensbetrag

1. 25 vom Hundert, wenn innerhalb der Förderungshöchstdauer,
2. 20 vom Hundert, wenn innerhalb von sechs Monaten nach dem Ende der Förderungshöchstdauer,
3. 15 vom Hundert, wenn innerhalb von zwölf Monaten nach dem Ende der Förderungshöchstdauer

die Abschlussprüfung bestanden wurde. [3]Der Antrag ist innerhalb eines Monats nach Bekanntgabe des Bescheids nach § 18 Absatz 9 zu stellen. [4]Abweichend von Satz 1 erhalten Auszubildende, die zu den ersten 30 vom Hundert der Geförderten gehören, unter den dort genannten Voraussetzungen den Erlass

a) in Ausbildungs- und Studiengängen, in denen als Gesamtergebnis der Abschlussprüfung nur das Bestehen festgestellt wird, nach den in dieser Prüfung erbrachten Leistungen,

b) in Ausbildungs- und Studiengängen ohne Abschlussprüfung nach den am Ende der planmäßig abgeschlossenen Ausbildung ausgewiesenen Leistungen; dabei ist eine differenzierte Bewertung über die Zuordnung zu den ersten 30 vom Hundert der Geförderten hinaus nicht erforderlich.

[5]Auszubildende, die ihre Ausbildung an einer im Ausland gelegenen Ausbildungsstätte bestanden haben, erhalten den Teilerlass nicht. [6]Abweichend von Satz 5 wird den Auszubildenden, die eine nach § 5 Absatz 1 oder 3 in der bis zum 31. Dezember 2007 geltenden Fassung des Gesetzes oder eine nach § 6 förderungsfähige Ausbildung vor dem 1. April 2001 aufgenommen haben, die Abschlussprüfung an einer im Ausland gelegenen Ausbildungsstätte bestanden haben und zu den ersten 30 vom Hundert der Geförderten gehören, der Teilerlass nach Satz 1 gewährt, wenn der Besuch der im Ausland gelegenen Ausbildungsstätte dem einer im Inland gelegenen Höheren Fachschule, Akademie oder Hochschule gleichwertig ist. [7]Die Funktion der Prüfungsstelle nimmt in diesen Fällen das nach § 45 zuständige Amt für Ausbildungsförderung wahr.

(2a) Für Auszubildende an Akademien gilt Absatz 2 mit der Maßgabe, dass der Teilerlass unabhängig vom Zeitpunkt des Bestehens der Abschlussprüfung 20 vom Hundert beträgt.

(3) [1]*Beendet der Auszubildende bis zum 31. Dezember 2012 die Ausbildung vier Monate vor dem Ende der Förderungshöchstdauer mit dem Bestehen der Abschlussprüfung oder, wenn eine solche nicht vorgesehen ist, nach den Ausbildungsvorschriften planmäßig, so werden auf seinen Antrag 2 560 Euro des Darlehens erlassen.*[1)] [2]Beträgt der in Satz 1 genannte Zeitraum nur zwei Monate, werden 1 025 Euro erlassen. [3]Der Antrag ist innerhalb eines Monats nach Bekanntgabe des Bescheides nach § 18 Absatz 9 zu stellen.

(4) [1]Ist für eine Ausbildung eine Mindestausbildungszeit im Sinne von Absatz 5 festgelegt und liegen zwischen deren Ende und dem Ende der Förderungshöchst-

---

[1)] Gem. Ent. des BVerfG – 1 BvR 2035/07 – v. 21.6.2011 (BGBl. I S. 1726) ist § 18b Abs. 3 Satz 1 BAföG idF des 12. BAföGÄndG v. 22. Mai 1990 (BGBl. I S. 936) in dieser und den nachfolgenden Fassungen mit Art. 3 Abs. 1 des Grundgesetzes unvereinbar, soweit er den großen Teilerlass der Rückforderung von Förderungsdarlehen davon abhängig macht, dass Auszubildende die Ausbildung vier Monate vor dem Ende der Förderungshöchstdauer mit Bestehen der Abschlussprüfung beenden, obwohl in dem betreffenden Studiengang die gesetzlich festgelegte Mindeststudienzeit weniger als vier Monate vor dem Ende der Förderungshöchstdauer endet.

dauer weniger als vier Monate, wird auf Antrag der Erlass nach Absatz 3 Satz 1 auch gewährt, wenn die Ausbildung mit Ablauf der Mindestausbildungszeit beendet wurde. [2] Der Erlass nach Absatz 3 Satz 2 wird auf Antrag auch gewährt, wenn die Mindestausbildungszeit um höchstens zwei Monate überschritten wurde. [3] Der Antrag ist innerhalb eines Monats nach Bekanntgabe des Bescheides nach § 18 Absatz 9 zu stellen. [4] Ist der Bescheid vor dem 21. Juni 2011 nicht bestandskräftig oder rechtskräftig geworden, aber vor dem 13. Dezember 2011 bekannt gegeben worden, ist der Antrag bis zum 13. Januar 2012 zu stellen.

(5) [1] Mindestausbildungszeit ist die durch Rechtsvorschrift festgelegte Zeit, vor deren Ablauf die Ausbildung nicht durch Abschlussprüfung oder sonst planmäßig beendet werden kann. [2] Bei Ausbildungen, für die eine Mindeststudienzeit im Sinne von Satz 3 bestimmt ist und zugleich eine Abschlussprüfung vorgeschrieben ist, die insgesamt oder hinsichtlich bestimmter Prüfungsteile erst nach der Mindeststudienzeit begonnen werden darf, gilt die Mindeststudienzeit zuzüglich der Prüfungszeit im Sinne von Satz 4 als Mindestausbildungszeit. [3] Mindeststudienzeit ist die durch Rechtsvorschrift festgelegte Mindestzeit für die reinen Ausbildungsleistungen, einschließlich geforderter Praktika, ohne Abschlussprüfung. [4] Prüfungszeit ist die Zeit, die ab dem frühestmöglichen Beginn der Prüfung oder der bestimmten Prüfungsteile bis zum letzten Prüfungsteil regelmäßig erforderlich ist; wenn die Prüfungszeit nicht durch Rechtsvorschrift festgelegt ist, wird vermutet, dass sie drei Monate beträgt.

(5a) Absatz 4 ist nicht anzuwenden, wenn über die Gewährung eines Teilerlasses nach Absatz 3 vor dem 21. Juni 2011 bestandskräftig oder rechtskräftig entschieden worden ist.

(6) [1] Das Bundesministerium für Bildung und Forschung bestimmt durch Rechtsverordnung ohne Zustimmung des Bundesrates das Nähere über das Verfahren, insbesondere über die Mitwirkung der Prüfungsstellen. [2] Diese sind zur Auskunft und Mitwirkung verpflichtet, soweit dies für die Durchführung dieses Gesetzes erforderlich ist.

§ 18c[1)] Bankdarlehen. (1) Bankdarlehen der Kreditanstalt für Wiederaufbau für Förderungsleistungen im Sinne des § 17 Absatz 3 Satz 1 in der am 31. Juli 2019 geltenden Fassung sind nach Maßgabe der Absätze 1a bis 11 zurückzuzahlen.

(1a) Auszubildende und die Kreditanstalt für Wiederaufbau können von den Absätzen 2 bis 11 abweichende Darlehensbedingungen vereinbaren.

(2) [1] Das Bankdarlehen nach Absatz 1 ist von der Auszahlung an zu verzinsen. [2] Bis zum Beginn der Rückzahlung werden die Zinsen gestundet. [3] Die Darlehensschuld erhöht sich jeweils zum 31. März und 30. September um die gestundeten Zinsen.

(3) [1] Als Zinssatz für den jeweiligen Darlehensgesamtbetrag gelten – vorbehaltlich des Gleichbleibens der Rechtslage – ab 1. April und 1. Oktober jeweils für ein halbes Jahr die Euro Interbank Offered Rate-Sätze für die Beschaffung von Sechsmonatsgeld von ersten Adressen in den Teilnehmerstaaten der Europäischen Währungsunion (EURIBOR) mit einer Laufzeit von sechs Monaten zuzüglich eines Aufschlags von 1 vom Hundert. [2] Falls die in Satz 1 genannten Termine nicht auf

[1)] § 18c Abs. 11 geänd. mWv 1.1.2015 durch G v. 23.12.2014 (BGBl. I S. 2475); Abs. 1 neu gef., Abs. 1a eingef., Abs. 5 Satz 1 geänd., Satz 2 angef., Abs. 6 Satz 1 geänd., Abs. 7 neu gef. mWv 16.7.2019 durch G v. 8.7.2019 (BGBl. I S. 1048); Abs. 5 Satz 1 geänd. mWv 1.1.2024 durch G v. 22.12.2023 (BGBl. 2023 I Nr. 408).

einen Tag fallen, an dem ein EURIBOR-Satz ermittelt wird, so gilt der nächste festgelegte EURIBOR-Satz.

(4) [1] Vom Beginn der Rückzahlung an ist auf Antrag des Darlehensnehmers ein Festzins für die (Rest-)Laufzeit, längstens jedoch für zehn Jahre zu vereinbaren. [2] Der Antrag kann jeweils zum 1. April und 1. Oktober gestellt werden und muss einen Monat im Voraus bei der Kreditanstalt für Wiederaufbau eingegangen sein. [3] Es gilt – vorbehaltlich des Gleichbleibens der Rechtslage – der Zinssatz für Bankschuldverschreibungen mit entsprechender Laufzeit, zuzüglich eines Aufschlags von eins vom Hundert.

(5) [1] § 18 Absatz 3 Satz 3, Absatz 11 und Absatz 15 ist entsprechend anzuwenden. [2] Für die Rückzahlung gelten alle nach § 17 Absatz 3 Satz 1 in der am 31. Juli 2019 geltenden Fassung geleisteten Darlehen als ein Darlehen.

(6) [1] Das Bankdarlehen ist einschließlich der Zinsen – vorbehaltlich des Gleichbleibens der Rechtslage – in möglichst gleichbleibenden monatlichen Raten von mindestens 130 Euro innerhalb von 20 Jahren zurückzuzahlen. [2] Die erste Rate ist achtzehn Monate nach dem Ende des Monats, für den der Auszubildende zuletzt mit Bankdarlehen gefördert worden ist, zu zahlen.

(7) [1] Hat jemand ein in Absatz 1 bezeichnetes Darlehen und ein in § 18 Absatz 1 Nummer 1 bezeichnetes Darlehen erhalten, ist deren Rückzahlung so aufeinander abzustimmen, dass ein in Absatz 1 bezeichnetes Darlehen vor einem in § 18 Absatz 1 Nummer 1 bezeichneten Darlehen und beide Darlehen einschließlich der Zinsen in möglichst gleichbleibenden monatlichen Raten von – vorbehaltlich des Gleichbleibens der Rechtslage – mindestens 130 Euro innerhalb von 22 Jahren zurückzuzahlen sind. [2] Die erste Rate des in § 18 Absatz 1 Nummer 1 bezeichneten Darlehens ist in dem Monat zu leisten, der auf die Fälligkeit der letzten Rate des in Absatz 1 bezeichneten Darlehens folgt. [3] Wird das in Absatz 1 bezeichnete Darlehen vor diesem Zeitpunkt getilgt, ist die erste Rate des in § 18 Absatz 1 Nummer 1 bezeichneten Darlehens am Ende des Monats zu leisten, der auf den Monat der Tilgung folgt. [4] § 18 Absatz 4 bleibt unberührt.

(8) [1] Vor Beginn der Rückzahlung teilt die Kreditanstalt für Wiederaufbau dem Darlehensnehmer – unbeschadet der Fälligkeit nach Absatz 6 – die Höhe der Darlehensschuld und der gestundeten Zinsen, die für ihn geltende Zinsregelung, die Höhe der monatlichen Zahlungsbeträge sowie den Rückzahlungszeitraum mit. [2] Nach Aufforderung durch die Kreditanstalt für Wiederaufbau sind die Raten für jeweils drei aufeinanderfolgende Monate in einer Summe zu entrichten.

(9) Das Darlehen kann jederzeit ganz oder teilweise zurückgezahlt werden.

(10) [1] Auf Verlangen der Kreditanstalt für Wiederaufbau ist ihr die Darlehens- und Zinsschuld eines Darlehensnehmers zu zahlen, von dem eine termingerechte Zahlung nicht zu erwarten ist. [2] Dies ist insbesondere der Fall, wenn

1. der Darlehensnehmer fällige Rückzahlungsraten für sechs aufeinanderfolgende Monate nicht geleistet hat oder für diesen Zeitraum mit einem Betrag in Höhe des Vierfachen der monatlichen Rückzahlungsrate im Rückstand ist,
2. der Darlehensvertrag von der Kreditanstalt für Wiederaufbau entsprechend den gesetzlichen Bestimmungen wirksam gekündigt worden ist,
3. die Rückzahlung des Darlehens infolge der Erwerbs- oder Arbeitsunfähigkeit oder einer Erkrankung des Darlehensnehmers von mehr als einem Jahr Dauer nachhaltig erschwert oder unmöglich geworden ist,

4. der Darlehensnehmer zahlungsunfähig geworden ist oder seit mindestens einem Jahr Hilfe zum Lebensunterhalt nach dem Zwölften Buch Sozialgesetzbuch[1] oder Leistungen zur Sicherung des Lebensunterhalts nach dem Zweiten Buch Sozialgesetzbuch[2] erhält oder
5. der Aufenthalt des Darlehensnehmers seit mehr als sechs Monaten nicht ermittelt werden konnte.

[3] Mit der Zahlung nach Satz 1 geht der Anspruch aus dem Darlehensvertrag auf den Bund über.

(11) Das Bundesministerium für Bildung und Forschung bestimmt durch Rechtsverordnung ohne Zustimmung des Bundesrates das Nähere über die Anpassung der Höhe der Aufschläge nach den Absätzen 3 und 4 an die tatsächlichen Kosten.

§ 18d[3] Kreditanstalt für Wiederaufbau. (1) Die nach § 18c Absatz 10 auf den Bund übergegangenen Darlehensbeträge werden von der Kreditanstalt für Wiederaufbau verwaltet und eingezogen.

(2) Der Kreditanstalt für Wiederaufbau werden erstattet:
1. die Darlehensbeträge, die in entsprechender Anwendung von § 18 Absatz 11 erlöschen, und
2. die Darlehens- und Zinsbeträge nach § 18c Absatz 10 Satz 1.

(3) Verwaltungskosten werden der Kreditanstalt für Wiederaufbau nur für die Verwaltung der nach § 18c Absatz 10 auf den Bund übergegangenen Darlehensbeträge erstattet, soweit die Kosten nicht von den Darlehensnehmern getragen werden.

(4) [1] Die Kreditanstalt für Wiederaufbau übermittelt den Ländern nach Ablauf eines Kalenderjahres eine Aufstellung sowohl über die Höhe der nach Absatz 1 für den Bund eingezogenen Beträge und Zinsen aus den Darlehen, deren Erstattung nach Absatz 2 sie bis zum 31. Dezember 2014 verlangt hat, als auch über deren Aufteilung nach Maßgabe des § 56 Absatz 2a. [2] Sie zahlt zum Ende des jeweiligen Kalenderjahres jedem Land einen Abschlag in Höhe des ihm voraussichtlich zustehenden Betrages, bis zum 30. Juni des folgenden Jahres den Restbetrag.

§ 19 Aufrechnung. [1] Mit einem Anspruch auf Erstattung von Ausbildungsförderung (§ 50 des Zehnten Buches Sozialgesetzbuch[4] und § 20) kann gegen den Anspruch auf Ausbildungsförderung für abgelaufene Monate abweichend von § 51 des Ersten Buches Sozialgesetzbuch[5] in voller Höhe aufgerechnet werden. [2] Ist der Anspruch auf Ausbildungsförderung von einem Auszubildenden an einen Träger der Sozialhilfe zum Ausgleich seiner Aufwendungen abgetreten worden, kann das Amt für Ausbildungsförderung gegenüber dem Träger der Sozialhilfe mit einem Anspruch auf Erstattung von Ausbildungsförderung nicht aufrechnen. [3] Die Sätze 1 und 2 gelten nicht für Bankdarlehen nach § 18c.

§ 20 Rückzahlungspflicht. (1) [1] Haben die Voraussetzungen für die Leistung von Ausbildungsförderung an keinem Tage des Kalendermonats vorgelegen, für

---

[1] **Sartorius ErgBd. Nr. 412.**
[2] ***Sartorius ErgBd. Nr. 402.***
[3] § 18d Abs. 4 Satz 1 neu gef. mWv 1.1.2015 durch G v. 23.12.2014 (BGBl. I S. 2475); Abs. 2 Nr. 1 geänd. mWv 16.7.2019 durch G v. 8.7.2019 (BGBl. I S. 1048).
[4] **Sartorius ErgBd. Nr. 410.**
[5] **Sartorius ErgBd. Nr. 401.**

den sie gezahlt worden ist, so ist – außer in den Fällen der §§ 44 bis 50 des Zehnten Buches Sozialgesetzbuch[1]) – insoweit der Bewilligungsbescheid aufzuheben und der Förderungsbetrag zu erstatten, als

1. (weggefallen)
2. (weggefallen)
3. der Auszubildende Einkommen im Sinne des § 21 erzielt hat, das bei der Bewilligung der Ausbildungsförderung nicht berücksichtigt worden ist; Regelanpassungen gesetzlicher Renten und Versorgungsbezüge bleiben hierbei außer Betracht,
4. Ausbildungsförderung unter dem Vorbehalt der Rückforderung geleistet worden ist.

[2] Die Regelung über die Erstattungspflicht gilt nicht für Bankdarlehen nach § 18c.

(2) [1] Der Förderungsbetrag ist für den Kalendermonat oder den Teil eines Kalendermonats zurückzuzahlen, in dem der Auszubildende die Ausbildung aus einem von ihm zu vertretenden Grund unterbrochen hat. [2] Die Regelung über die Erstattungspflicht gilt nicht für Bankdarlehen nach § 18c.

Abschnitt IV. Einkommensanrechnung

§ 21[2]) **Einkommensbegriff.** (1) [1] Als Einkommen gilt – vorbehaltlich des Satzes 3, der Absätze 2a, 3 und 4 – die Summe der positiven Einkünfte im Sinne des § 2 Absatz 1 und 2 des Einkommensteuergesetzes. [2] Ein Ausgleich mit Verlusten aus anderen Einkunftsarten und mit Verlusten des zusammenveranlagten Ehegatten oder Lebenspartners ist nicht zulässig. [3] Abgezogen werden können:

1. der Altersentlastungsbetrag (§ 24a des Einkommensteuergesetzes),
2. *(aufgehoben)*
3. die für den Berechnungszeitraum zu leistende Einkommensteuer, Kirchensteuer und Gewerbesteuer,
4. die für den Berechnungszeitraum zu leistenden Pflichtbeiträge zur Sozialversicherung und zur Bundesagentur für Arbeit sowie die geleisteten freiwilligen Aufwendungen zur Sozialversicherung und für eine private Kranken-, Pflege-, Unfall- oder Lebensversicherung in angemessenem Umfang und
5. geförderte Altersvorsorgebeiträge nach § 82 des Einkommensteuergesetzes, soweit sie den Mindesteigenbeitrag nach § 86 des Einkommensteuergesetzes nicht überschreiten.

[4] Leibrenten, einschließlich Unfallrenten, und Versorgungsrenten gelten in vollem Umfang als Einnahmen aus nichtselbständiger Arbeit.

(2) [1] Zur Abgeltung der Abzüge nach Absatz 1 Nummer 4 wird von der – um *die Beträge nach* Absatz 1 Nummer 1 und Absatz 4 Nummer 4 geminderten –

---

[1]) **Sartorius ErgBd. Nr. 410.**

[2]) § 21 Abs. 3 Satz 1 Nr. 4 geänd. mWv 1.1.2015, Abs. 1 Satz 2 geänd., Satz 3 Nr. 2 und Satz 4 aufgeh., bish. Satz 5 wird Satz 4, Abs. 2 Satz 1 Nr. 1–4 geänd. mWv 1.8.2016 durch G v. 23.12.2014 (BGBl. I S. 2475); Abs. 1 Satz 1, Abs. 2 Satz 1 einl. Satzteil und Nr. 1-4 geänd. mWv 16.7.2019 durch G v. 8.7. 2019 (BGBl. I S. 1048); Abs. 3 Satz 2 geänd., Abs. 4 Nr. 1 und 2 neu gef., Nr. 3 geänd. mWv 1.1.2024 durch G v. 12.12.2019 (BGBl. I S. 2652); Abs. 4 Nr. 4 geänd., Nr. 5 angef. mWv 1.3.2020 durch G v. 25.5.2020 (BGBl. I S. 1073); Abs. 2 Satz 1 Nr. 1–4 geänd. mWv 22.7.2022 durch G v. 15.7.2022 (BGBl. I S. 1150); Abs. 2 Satz 1 Nr. 1-4, Abs. 4 Nr. 4 geänd., Nr. 5 aufgeh. mWv 25.7.2024 durch G v. 19.7.2024 (BGBl. 2024 I Nr. 249).

Summe der positiven Einkünfte ein Betrag in Höhe folgender Vomhundertsätze dieses Gesamtbetrages abgesetzt:

1. für rentenversicherungspflichtige Arbeitnehmer und für Auszubildende 22,3 vom Hundert, höchstens jedoch ein Betrag von jährlich 17 200 Euro,
2. für nichtrentenversicherungspflichtige Arbeitnehmer und für Personen im Ruhestandsalter, die einen Anspruch auf Alterssicherung aus einer renten- oder nichtrentenversicherungspflichtigen Beschäftigung oder Tätigkeit haben, 16,5 vom Hundert, höchstens jedoch ein Betrag von jährlich 10 200 Euro,
3. für Nichtarbeitnehmer und auf Antrag von der Versicherungspflicht befreite oder wegen geringfügiger Beschäftigung versicherungsfreie Arbeitnehmer 38,8 vom Hundert, höchstens jedoch ein Betrag von jährlich 29 500 Euro,
4. für Personen im Ruhestandsalter, soweit sie nicht erwerbstätig sind, und für sonstige Nichterwerbstätige 16,5 vom Hundert, höchstens jedoch ein Betrag von jährlich 10 200 Euro.

[2] Jeder Einkommensbezieher ist nur einer der in den Nummern 1 bis 4 bezeichneten Gruppen zuzuordnen; dies gilt auch, wenn er die Voraussetzungen nur für einen Teil des Berechnungszeitraums erfüllt. [3] Einer Gruppe kann nur zugeordnet werden, wer nicht unter eine in den jeweils vorhergehenden Nummern bezeichnete Gruppe fällt.

(2a) [1] Als Einkommen gelten auch nur ausländischem Steuerrecht unterliegende Einkünfte eines Einkommensbeziehers, der seinen ständigen Wohnsitz im Ausland hat. [2] Von dem Bruttobetrag sind in entsprechender Anwendung des Einkommensteuergesetzes Beträge entsprechend der jeweiligen Einkunftsart, gegebenenfalls mindestens Beträge in Höhe der Pauschbeträge für Werbungskosten nach § 9a des Einkommensteuergesetzes, abzuziehen. [3] Die so ermittelte Summe der positiven Einkünfte vermindert sich um die gezahlten Steuern und den nach Absatz 2 entsprechend zu bestimmenden Pauschbetrag für die soziale Sicherung.

(3) [1] Als Einkommen gelten ferner in Höhe der tatsächlich geleisteten Beträge

1. Waisenrenten und Waisengelder, die der Antragsteller bezieht,
2. Ausbildungsbeihilfen und gleichartige Leistungen, die nicht nach diesem Gesetz gewährt werden; wenn sie begabungs- und leistungsabhängig nach von dem Geber allgemeingültig erlassenen Richtlinien ohne weitere Konkretisierung des Verwendungszwecks vergeben werden, gilt dies jedoch nur, soweit sie im Berechnungszeitraum einen Gesamtbetrag übersteigen, der einem Monatsdurchschnitt von 300 Euro entspricht; Absatz 4 Nummer 4 bleibt unberührt;
3. (weggefallen)
4. sonstige Einnahmen[1)], die zur Deckung des Lebensbedarfs bestimmt sind, mit Ausnahme der Unterhaltsleistungen der Eltern des Auszubildenden und seines Ehegatten oder Lebenspartners, soweit sie das Bundesministerium für Bildung und Forschung in einer Rechtsverordnung ohne Zustimmung des Bundesrates bezeichnet hat.

[2] Die Erziehungsbeihilfe, die ein Beschädigter für ein Kind erhält (§ 145 Absatz 1 und 2 Nummer 3 des Vierzehnten Buches Sozialgesetzbuch[2)] in Verbindung mit § 27 des Bundesversorgungsgesetzes in der am 31. Dezember 2023 geltenden Fassung), gilt als Einkommen des Kindes.

[1)] Siehe die BAföG-EinkommensV v. 5.4.1988 (BGBl. I S. 505), zuletzt geänd. durch G v. 20.8.2021 (BGBl. I S. 3932).

[2)] **Sartorius III Nr. 600.**

(4) Nicht als Einkommen gelten

1. Entschädigungszahlungen nach Kapitel 9 des Vierzehnten Buches Sozialgesetzbuch, die Einmalzahlungen nach § 102 Absatz 4 und 5 des Vierzehnten Buches Sozialgesetzbuch sowie Geldleistungen nach § 144 in Verbindung mit § 149 des Vierzehnten Buches Sozialgesetzbuch,
2. ein der monatlichen Entschädigungszahlung nach Kapitel 9 des Vierzehnten Buches Sozialgesetzbuch entsprechender Betrag, soweit der Anspruch auf Leistung nach § 8 Absatz 3 des Vierzehnten Buches Sozialgesetzbuch ruht,
3. Renten, die den Opfern nationalsozialistischer Verfolgung wegen einer durch die Verfolgung erlittenen Gesundheitsschädigung geleistet werden, bis zur Höhe des Betrages, der nach Kapitel 9 des Vierzehnten Buches Sozialgesetzbuch bei gleicher Minderung der Erwerbsfähigkeit als monatliche Entschädigungszahlung geleistet würde,
4. Einnahmen, deren Zweckbestimmung einer Anrechnung auf den Bedarf entgegensteht; dies gilt insbesondere für Einnahmen, die für einen anderen Zweck als für die Deckung des Bedarfs im Sinne dieses Gesetzes bestimmt sind.

§ 22 Berechnungszeitraum für das Einkommen des Auszubildenden.

(1) [1] Für die Anrechnung des Einkommens des Auszubildenden sind die Einkommensverhältnisse im Bewilligungszeitraum maßgebend. [2] Sind bei ihrer Ermittlung Pauschbeträge für Werbungskosten nach § 9a des Einkommensteuergesetzes zu berücksichtigen, so ist der Betrag abzuziehen, der sich ergibt, wenn ein Zwölftel des Jahrespauschbetrages mit der Zahl der Kalendermonate des Bewilligungszeitraumes vervielfacht wird.

(2) Auf den Bedarf jedes Kalendermonats des Bewilligungszeitraums wird der Betrag angerechnet, der sich ergibt, wenn das Gesamteinkommen durch die Zahl der Kalendermonate des Bewilligungszeitraums geteilt wird.

(3) Die Absätze 1 und 2 gelten entsprechend für die Berücksichtigung des Einkommens

1. der Kinder nach § 23 Absatz 2,
2. der Kinder, der in § 25 Absatz 5 Nummer 1 bis 3 bezeichneten Personen und der sonstigen Unterhaltsberechtigten nach § 25 Absatz 3.

§ 23[1)] **Freibeträge vom Einkommen des Auszubildenden.** (1)[2)] [1] Vom Einkommen des Auszubildenden bleiben monatlich anrechnungsfrei

1. für den Auszubildenden selbst vorbehaltlich einer Bekanntmachung nach Absatz 6 Satz 3 353 Euro,

---

[1)] § 23 Abs. 1 Satz 2 geänd. mWv 1.4.2012 durch G v. 20.12.2011 (BGBl. I S. 2854); Abs. 1 Satz 1 Nr. 1–3, Abs. 4 Nr. 1 und Abs. 5 geänd. mWv 1.8.2016 durch G v. 23.12.2014 (BGBl. I S. 2475); Abs. 1 Satz 1 Nr. 2 und 3, Abs. 4 Nr. 1 und Abs. 5 geänd. mWv 16.7.2019, mWv 1.8.2020 und mWv 1.8. 2021 durch G v. 8.7.2019 (BGBl. I S. 1048); Abs. 1 Satz 1 Nr. 1-3, Abs. 4 Nr. 1 und Abs. 5 geänd. mWv 22.7.2022 durch G v. 15.7.2022 (BGBl. I S. 1150); Abs. 1 Satz 1 Nr. 1 neu gef., Nr. 2 und 3, Abs. 2, Abs. 4 Nr. 1 und Abs. 5 geänd., Abs. 6 angef. mWv 25.7.2024 durch G v. 19.7.2024 (BGBl. 2024 I Nr. 249).

[2)] Siehe hierzu u.a. die Bek.des Freibetrags für Auszubildende nach § 23 Absatz 1 Satz 1 Nummer 1 des BAfoeG v. 18.11.2025 (BGBl. 2025 I Nr. 279): Der Freibetrag für Auszubildende nach § 23 Absatz 1 Satz 1 Nummer 1 des Bundesausbildungsförderungsgesetzes wird zum 1. Januar 2026 auf 389 Euro festgesetzt. Die Festsetzung beruht auf den Vorgaben des § 23 Absatz 6 Satz 1 bis 3 des Bundesausbildungsförderungsgesetzes. Der nach Satz 1 festgesetzte Betrag ist ab dem in Satz 1 genannten Zeitpunkt anzuwenden.

2. für den Ehegatten oder Lebenspartner des Auszubildenden 850 Euro,
3. für jedes Kind des Auszubildenden 770 Euro.

[2] Satz 1 Nummer 2 und 3 findet keine Anwendung auf Ehegatten oder Lebenspartner und Kinder, die in einer Ausbildung stehen, die nach diesem Gesetz oder nach § 56 des Dritten Buches Sozialgesetzbuch[1)] gefördert werden kann.

(2) Die Freibeträge nach Absatz 1 Nummer 2 und 3 mindern sich um Einnahmen des Auszubildenden sowie Einkommen des Ehegatten oder Lebenspartners und des volljährigen Kindes, die dazu bestimmt sind oder üblicher- oder zumutbarerweise dazu verwendet werden, den Unterhaltsbedarf des Ehegatten oder Lebenspartners und der volljährigen Kinder des Auszubildenden zu decken.

(3) Die Vergütung aus einem Ausbildungsverhältnis wird abweichend von den Absätzen 1 und 2 voll angerechnet.

(4) Abweichend von Absatz 1 werden

1. von der Waisenrente und dem Waisengeld der Auszubildenden, deren Bedarf sich nach § 12 Absatz 1 Nummer 1 bemisst, monatlich 270 Euro, anderer Auszubildender 190 Euro monatlich nicht angerechnet,
2. Ausbildungsbeihilfen und gleichartige Leistungen aus öffentlichen Mitteln oder von Förderungseinrichtungen, die hierfür öffentliche Mittel erhalten, sowie Förderungsleistungen ausländischer Staaten voll auf den Bedarf angerechnet; zu diesem Zweck werden Ausbildungsbeihilfen und gleichartige Leistungen, die zugleich aus öffentlichen und privaten Mitteln finanziert und dem Empfänger insgesamt als eine Leistung zugewendet werden, als einheitlich aus öffentlichen Mitteln erbracht behandelt. Voll angerechnet wird auch Einkommen, das aus öffentlichen Mitteln zum Zweck der Ausbildung bezogen wird,
3. (weggefallen)
4. Unterhaltsleistungen des geschiedenen oder dauernd getrennt lebenden Ehegatten voll auf den Bedarf angerechnet; dasselbe gilt für Unterhaltsleistungen des Lebenspartners nach Aufhebung der Lebenspartnerschaft oder des dauernd getrennt lebenden Lebenspartners.

(5) Zur Vermeidung unbilliger Härten kann auf besonderen Antrag, der vor dem Ende des Bewilligungszeitraums zu stellen ist, abweichend von den Absätzen 1 und 4 ein weiterer Teil des Einkommens des Auszubildenden anrechnungsfrei gestellt werden, soweit er zur Deckung besonderer Kosten der Ausbildung erforderlich ist, die nicht durch den Bedarfssatz gedeckt sind, höchstens jedoch bis zu einem Betrag von 390 Euro monatlich.

(6) [1] Der in Absatz 1 Satz 1 Nummer 1 genannte Betrag ändert sich zu dem in Satz 4 genannten Zeitpunkt in dem Maße, in dem sich seit dem 25. Juli 2024 oder in den Fällen einer späteren Festsetzung nach Satz 3 seit der jeweils unmittelbar vorausgegangenen Festsetzung dieses Betrages die Differenz aus dem Betrag nach § 8 Absatz 1a des Vierten Buches Sozialgesetzbuch[2)] abzüglich des Betrages eines Zwölftels des in § 9a Satz 1 Nummer 1 Buchstabe a des Einkommensteuergesetzes genannten Arbeitnehmer-Pauschbetrags für Werbungskosten und abzüglich des Produkts aus dieser Differenz und dem Vomhundertsatz nach § 21 Absatz 2 Satz 1 Nummer 1 geändert hat. [2] Das Bundesministerium für Bildung und Forschung hat jeweils zum 1. Januar eines Jahres den sich nach Satz 1 *ergebenden Betrag zu berechnen*; der Betrag ist auf einen vollen Euro-Betrag

[1)] **Aichberger, SGB Nr. 3.**
[2)] **Aichberger, SGB Nr. 4.**

aufzurunden. [3]Das Bundesministerium für Bildung und Forschung setzt den nach Satz 2 berechneten und aufgerundeten Betrag im Falle einer Änderung gegenüber dem in Absatz 1 Satz 1 Nummer 1 genannten Betrag oder gegenüber dem zuletzt bekanntgemachten Betrag fest und macht diesen im Bundesgesetzblatt bekannt. [4]In der Bekanntmachung ist der Zeitpunkt festzulegen, ab dem der geänderte Betrag anzuwenden ist.

(Fortsetzung nächstes Blatt)

§ 24[1)] Berechnungszeitraum für das Einkommen der Eltern und des Ehegatten oder Lebenspartners. (1) Für die Anrechnung des Einkommens der Eltern und des Ehegatten oder Lebenspartners des Auszubildenden sind die Einkommensverhältnisse im vorletzten Kalenderjahr vor Beginn des Bewilligungszeitraums maßgebend.

(2) [1] Ist der Einkommensbezieher für diesen Zeitraum zur Einkommensteuer zu veranlagen, liegt jedoch der Steuerbescheid dem Amt für Ausbildungsförderung noch nicht vor, so wird unter Berücksichtigung der glaubhaft gemachten Einkommensverhältnisse über den Antrag entschieden. [2] Ausbildungsförderung wird insoweit – außer in den Fällen des § 18c – unter dem Vorbehalt der Rückforderung geleistet. [3] Sobald der Steuerbescheid dem Amt für Ausbildungsförderung vorliegt, wird über den Antrag abschließend entschieden.

(3) [1] Ist das Einkommen im Bewilligungszeitraum voraussichtlich wesentlich niedriger als in dem nach Absatz 1 maßgeblichen Zeitraum, so ist auf besonderen Antrag des Auszubildenden bei der Anrechnung von den Einkommensverhältnissen im Bewilligungszeitraum auszugehen; nach dessen Ende gestellte Anträge werden nicht berücksichtigt. [2] Der Auszubildende hat das Vorliegen der Voraussetzungen des Satzes 1 glaubhaft zu machen. [3] Ausbildungsförderung wird insoweit – außer in den Fällen des § 18c – unter dem Vorbehalt der Rückforderung geleistet. [4] Sobald sich das Einkommen in dem Bewilligungszeitraum endgültig feststellen lässt, wird über den Antrag abschließend entschieden.

(4) [1] Auf den Bedarf für jeden Kalendermonat des Bewilligungszeitraums ist ein Zwölftel des im Berechnungszeitraum erzielten Jahreseinkommens anzurechnen. [2] Abweichend von Satz 1 ist in den Fällen des Absatzes 3 der Betrag anzurechnen, der sich ergibt, wenn die Summe der Monatseinkommen des Bewilligungszeitraums durch die Zahl der Kalendermonate des Bewilligungszeitraums geteilt wird; als Monatseinkommen gilt ein Zwölftel des jeweiligen Kalenderjahreseinkommens.

§ 25[2)] Freibeträge vom Einkommen der Eltern und des Ehegatten oder Lebenspartners. (1) Es bleiben monatlich anrechnungsfrei

1. vom Einkommen der miteinander verheirateten oder in einer Lebenspartnerschaft verbundenen Eltern, wenn sie nicht dauernd getrennt leben, 2540 Euro,
2. vom Einkommen jedes Elternteils in sonstigen Fällen sowie vom Einkommen des Ehegatten oder Lebenspartners des Auszubildenden je 1690 Euro.

(2) (weggefallen)

(3) [1] Die Freibeträge des Absatzes 1 erhöhen sich

1. für den nicht in Eltern-Kind-Beziehung zum Auszubildenden stehenden Ehegatten oder Lebenspartner des Einkommensbeziehers um 850 Euro,

[1)] § 24 Abs. 2 Satz 2 ber. BGBl. 2012 I S. 197.

[2)] § 25 Abs. 3 Satz 1 geänd. mWv 1.4.2012 durch G v. 20.12.2011 (BGBl. I S. 2854); Abs. 1 Nr. 1 und 2 sowie Abs. 3 Satz 1 Nr. 1 und 2 geänd. mWv 1.8.2016 durch G v. 23.12.2014 (BGBl. I S. 2475); Abs. 1 Nr. 1 und 2, Abs. 3 Satz 1 Nr. 1 und 2 geänd. mWv 16.7.2019, mWv 1.8.2020 und mWv 1.8.2021 durch G v. 8.7.2019 (BGBl. I S. 1048); Abs. 1 Nr. 1 und 2, Abs. 3 Satz 1 Nr. 1 und 2 geänd. mWv 22.7.2022 durch G v. 15.7.2022 (BGBl. I S. 1150); Abs. 1 Nr. 1 und 2, Abs. 3 Satz 1 Nr. 1 und 2, Satz 2 geänd. mWv 25.7.2024 durch G v. 19.7.2024 (BGBl. 2024 I Nr. 249).

2. für Kinder des Einkommensbeziehers sowie für weitere dem Einkommensbezieher gegenüber nach dem bürgerlichen Recht Unterhaltsberechtigte um je 770 Euro,

wenn sie nicht in einer Ausbildung stehen, die nach diesem Gesetz oder nach § 56 des Dritten Buches Sozialgesetzbuch[1] gefördert werden kann. [2] Die Freibeträge nach Satz 1 mindern sich um das Einkommen des Ehegatten oder Lebenspartners, des volljährigen Kindes oder des sonstigen volljährigen Unterhaltsberechtigten.

(4) Das die Freibeträge nach den Absätzen 1, 3 und 6 übersteigende Einkommen der Eltern und des Ehegatten oder Lebenspartners bleibt anrechnungsfrei

1. zu 50 vom Hundert und
2. zu 5 vom Hundert für jedes Kind, für das ein Freibetrag nach Absatz 3 gewährt wird.

(5) Als Kinder des Einkommensbeziehers gelten außer seinen eigenen Kindern

1. Pflegekinder (Personen, mit denen er durch ein familienähnliches, auf längere Dauer berechnetes Band verbunden ist, sofern er sie in seinen Haushalt aufgenommen hat und das Obhuts- und Pflegeverhältnis zu den Eltern nicht mehr besteht),
2. in seinen Haushalt aufgenommene Kinder seines Ehegatten oder Lebenspartners,
3. in seinen Haushalt aufgenommene Enkel.

(6) [1] Zur Vermeidung unbilliger Härten kann auf besonderen Antrag, der vor dem Ende des Bewilligungszeitraums zu stellen ist, abweichend von den vorstehenden Vorschriften ein weiterer Teil des Einkommens anrechnungsfrei bleiben. [2] Hierunter fallen insbesondere außergewöhnliche Belastungen nach den §§ 33 bis 33b des Einkommensteuergesetzes sowie Aufwendungen für behinderte Personen, denen der Einkommensbezieher nach dem bürgerlichen Recht unterhaltspflichtig ist.

Abschnitt V. Vermögensanrechnung

§ 26 Umfang der Vermögensanrechnung. Vermögen des Auszubildenden wird nach Maßgabe der §§ 27 bis 30 angerechnet.

§ 27[2] Vermögensbegriff. (1) [1] Als Vermögen gelten alle

1. beweglichen und unbeweglichen Sachen,
2. Forderungen und sonstige Rechte.

[2] Ausgenommen sind Gegenstände, soweit der Auszubildende sie aus rechtlichen Gründen nicht verwerten kann.

(2) Nicht als Vermögen gelten

1. Rechte auf Versorgungsbezüge, auf Renten und andere wiederkehrende Leistungen,
2. Übergangsbeihilfen nach den §§ 12 und 13 des Soldatenversorgungsgesetzes[3] in der Fassung der Bekanntmachung vom 21. April 1983 (BGBl. I S. 457) sowie

[1] **Aichberger, SGB Nr. 3.**
[2] § 27 Abs. 2 Nr. 2 geänd. mWv 1.8.2016 durch G v. 23.12.2014 (BGBl. I S. 2475).
[3] **Sartorius III Nr. 865.**

die Wiedereingliederungsbeihilfe nach § 4 Absatz 1 Nummer 2 des Entwicklungshelfer-Gesetzes[1]),
3. Nießbrauchsrechte,
4. Haushaltsgegenstände.

§ 28 Wertbestimmung des Vermögens. (1) Der Wert eines Gegenstandes ist zu bestimmen
1. bei Wertpapieren auf die Höhe des Kurswertes,
2. bei sonstigen Gegenständen auf die Höhe des Zeitwertes.

(2) Maßgebend ist der Wert im Zeitpunkt der Antragstellung.

(3) [1] Von dem nach den Absätzen 1 und 2 ermittelten Betrag sind die im Zeitpunkt der Antragstellung bestehenden Schulden und Lasten abzuziehen. [2] Dies gilt nicht für das nach diesem Gesetz erhaltene Darlehen.

(4) Veränderungen zwischen Antragstellung und Ende des Bewilligungszeitraums bleiben unberücksichtigt.

§ 29[2]) **Freibeträge vom Vermögen.** (1) [1] Von dem Vermögen bleiben anrechnungsfrei
1. für Auszubildende, die das 30. Lebensjahr noch nicht vollendet haben, 15 000 Euro, für Auszubildende, die das 30. Lebensjahr vollendet haben, 45 000 Euro,
2. für den Ehegatten oder Lebenspartner des Auszubildenden 2 300 Euro,
3. für jedes Kind des Auszubildenden 2 300 Euro.

[2] Maßgebend sind die Verhältnisse im Zeitpunkt der Antragstellung.

(2) (weggefallen)

(3) Zur Vermeidung unbilliger Härten kann ein weiterer Teil des Vermögens anrechnungsfrei bleiben.

§ 30 Monatlicher Anrechnungsbetrag. Auf den monatlichen Bedarf des Auszubildenden ist der Betrag anzurechnen, der sich ergibt, wenn der Betrag des anzurechnenden Vermögens durch die Zahl der Kalendermonate des Bewilligungszeitraums geteilt wird.

§§ 31–34 (weggefallen)

Abschnitt VI. [Anpassung der Bedarfssätze und Freibeträge]

§ 35[3]) **Anpassung der Bedarfssätze und Freibeträge.** [1] Die Bedarfssätze, Freibeträge sowie die Vomhundertsätze und Höchstbeträge nach § 21 Absatz 2 sind alle zwei Jahre zu überprüfen und durch Gesetz gegebenenfalls neu festzusetzen. [2] Dabei ist der Entwicklung der Einkommensverhältnisse und der Vermögensbildung, den Veränderungen der Lebenshaltungskosten sowie der finanzwirtschaftli-

---

[1]) **Aichberger, SGB Nr. 40/10.**

[2]) § 29 Abs. 1 Satz 1 Nr. 1–3 geänd. mWv 1.8.2016 durch G v. 23.12.2014 (BGBl. I S. 2475); Abs. 1 Satz 1 Nr. 1-3 geänd. mWv 1.8.2020 durch G v. 8.7.2019 (BGBl. I S. 1048); Abs. 1 Satz 1 Nr. 1 neu gef. mWv 22.7.2022 durch G v. 15.7.2022 (BGBl. I S. 1150).

[3]) § 35 Satz 4 angef. mWv 1.1.2015 durch G v. 23.12.2014 (BGBl. I S. 2475); Satz 4 neu gef. mWv 16.7.2019 durch G v. 8.7.2019 (BGBl. I S. 1048); Satz 4 aufgeh. mWv 22.7.2022 durch G v. 15.7.2022 (BGBl. I S. 1150).

chen Entwicklung Rechnung zu tragen. [3]Die Bundesregierung hat hierüber dem Deutschen Bundestag und dem Bundesrat zu berichten.

Abschnitt VII. Vorausleistung und Anspruchsübergang

§ 36[1)] Vorausleistung von Ausbildungsförderung. (1) Macht der Auszubildende glaubhaft, dass seine Eltern den nach den Vorschriften dieses Gesetzes angerechneten Unterhaltsbetrag nicht leisten, und ist die Ausbildung – auch unter Berücksichtigung des Einkommens des Ehegatten oder Lebenspartners im Bewilligungszeitraum – gefährdet, so wird auf Antrag nach Anhörung der Eltern Ausbildungsförderung ohne Anrechnung dieses Betrages geleistet; nach Ende des Bewilligungszeitraumes gestellte Anträge werden nicht berücksichtigt.

(2) Absatz 1 ist entsprechend anzuwenden, wenn

1. der Auszubildende glaubhaft macht, dass seine Eltern den Bedarf nach den §§ 12 bis 14b nicht leisten, und die Eltern entgegen § 47 Absatz 4 die für die Anrechnung ihres Einkommens erforderlichen Auskünfte nicht erteilen oder Urkunden nicht vorlegen und darum ihr Einkommen nicht angerechnet werden kann, und wenn
2. Bußgeldfestsetzung oder Einleitung des Verwaltungszwangsverfahrens nicht innerhalb zweier Monate zur Erteilung der erforderlichen Auskünfte geführt haben oder rechtlich unzulässig sind, insbesondere weil die Eltern ihren ständigen Wohnsitz im Ausland haben.

(3) Eine Anrechnung des weitergeleiteten oder direkt ausgezahlten Kindergeldes auf den vorausgeleisteten Betrag sowie eine Anrechnung überobligatorischer Leistungen eines Elternteils auf den angerechneten Unterhaltsbetrag des anderen Elternteils findet nicht statt.

(4) Ausbildungsförderung wird nicht vorausgeleistet, soweit die Eltern bereit sind, Unterhalt entsprechend einer gemäß § 1612 Absatz 2 des Bürgerlichen Gesetzbuches[2)] getroffenen Bestimmung zu leisten.

(5) Von der Anhörung der Eltern kann aus wichtigem Grund oder, wenn der Auszubildende in demselben Ausbildungsabschnitt für den vorhergehenden Bewilligungszeitraum Leistungen nach Absatz 1 oder 2 erhalten hat, abgesehen werden.

§ 37 Übergang von Unterhaltsansprüchen. (1) [1]Hat der Auszubildende für die Zeit, für die ihm Ausbildungsförderung gezahlt wird, nach bürgerlichem Recht einen Unterhaltsanspruch gegen seine Eltern, so geht dieser zusammen mit dem unterhaltsrechtlichen Auskunftsanspruch mit der Zahlung bis zur Höhe der geleisteten Aufwendungen auf das Land über, jedoch nur soweit auf den Bedarf des Auszubildenden das Einkommen der Eltern nach diesem Gesetz anzurechnen ist. [2]Die Zahlungen, welche die Eltern auf Grund der Mitteilung über den Anspruchsübergang erbringen, werden entsprechend § 11 Absatz 2 angerechnet. [3]Die Sätze 1 und 2 gelten nicht, soweit der Auszubildende Ausbildungsförderung als Bankdarlehen nach § 18c erhalten hat.

(2) (weggefallen)

(3) (weggefallen)

[1)] § 36 Abs. 2 Nr. 1 geänd. mWv 16.7.2019 durch G v. 8.7.2019 (BGBl. I S. 1048); Abs. 3 eingef., bish. Abs. 3 und 4 werden Abs. 4 und 5 mWv 25.7.2024 durch G v. 19.7.2024 (BGBl. 2024 I Nr. 249).

[2)] **Habersack Nr. 20.**

(4) Für die Vergangenheit können die Eltern des Auszubildenden nur von dem Zeitpunkt an in Anspruch genommen werden, in dem

1. die Voraussetzungen des bürgerlichen Rechts vorgelegen haben oder
2. sie bei dem Antrag auf Ausbildungsförderung mitgewirkt haben oder von ihm Kenntnis erhalten haben und darüber belehrt worden sind, unter welchen Voraussetzungen dieses Gesetz eine Inanspruchnahme von Eltern ermöglicht.

(5) (weggefallen)

(6) [1] Der Anspruch ist von der Fälligkeit an mit 6 vom Hundert zu verzinsen. [2] Zinsen werden jedoch erst vom Beginn des Monats an erhoben, der auf die Mitteilung des Amtes für Ausbildungsförderung über den erfolgten Anspruchsübergang folgt.

§ 38 Übergang von anderen Ansprüchen. [1] Hat der Auszubildende für die Zeit, für die ihm Ausbildungsförderung gezahlt wird, gegen eine öffentlich-rechtliche Stelle, die nicht Leistungsträger ist, Anspruch auf Leistung, die auf den Bedarf anzurechnen ist oder eine Leistung nach diesem Gesetz ausschließt, geht dieser mit der Zahlung in Höhe der geleisteten Aufwendungen auf das Land über. [2] Die §§ 104 und 115 des Zehnten Buches Sozialgesetzbuch[1] bleiben unberührt.

Abschnitt VIII. Organisation

§ 39[2] Auftragsverwaltung. (1) Dieses Gesetz wird vorbehaltlich des Absatzes 2 im Auftrag des Bundes von den Ländern ausgeführt.

(2) [1] Die nach § 18 Absatz 1 geleisteten Darlehen werden durch das Bundesverwaltungsamt verwaltet und eingezogen. [2] Die zuständige Bundeskasse nimmt die Aufgaben der Kasse beim Einzug der Darlehen einschließlich damit verbundener Kosten und Zinsen und deren Anmahnung für das Bundesverwaltungsamt wahr.

(3) Jedes Land bestimmt die zuständigen Behörden für die Entscheidungen nach § 2 Absatz 2 und § 3 Absatz 4 hinsichtlich der Ausbildungsstätten und Fernlehrinstitute, die ihren Sitz in diesem Land haben.

(4) Die Bundesregierung kann durch Allgemeine Verwaltungsvorschrift mit Zustimmung des Bundesrates eine einheitliche maschinelle Berechnung, Rückrechnung und Abrechnung der Leistungen nach diesem Gesetz in Form einer algorithmischen Darstellung materiellrechtlicher Regelungen (Programmablaufplan) regeln.

§ 40[3] Ämter für Ausbildungsförderung. (1) [1] Die Länder errichten für jeden Kreis und jede kreisfreie Stadt ein Amt für Ausbildungsförderung. [2] Die Länder können für mehrere Kreise oder kreisfreie Städte ein gemeinsames Amt für Ausbildungsförderung errichten. [3] Im Land Berlin können mehrere Ämter für Ausbildungsförderung errichtet werden. [4] In den Ländern Berlin, Bremen und Hamburg kann davon abgesehen werden, Ämter für Ausbildungsförderung zu errichten.

(2) [1] Für Auszubildende, die eine im Inland gelegene Hochschule besuchen, richten die Länder abweichend von Absatz 1 Ämter für Ausbildungsförderung bei

---

[1] **Sartorius ErgBd. Nr. 410.**

[2] § 39 Abs. 2 Satz 2 geänd. mWv 22.7.2022 durch G v. 15.7.2022 (BGBl. I S. 1150).

[3] § 40 Abs. 1 Satz 2, Abs. 2 Satz 3 Nr. 1 geänd. mWv 16.7.2019 durch G v. 8.7.2019 (BGBl. I S. 1048).

staatlichen Hochschulen oder bei Studentenwerken ein; diesen kann auch die Zuständigkeit für andere Auszubildende übertragen werden, die Ausbildungsförderung wie Studierende an Hochschulen erhalten. [2]Die Länder können bestimmen, dass ein bei einer staatlichen Hochschule errichtetes Amt für Ausbildungsförderung ein Studentenwerk zur Durchführung seiner Aufgaben heranzieht. [3]Ein Studentenwerk kann Amt für Ausbildungsförderung nur sein, wenn

1. es eine Anstalt oder Stiftung des öffentlichen Rechts ist und
2. ein Bediensteter die Befähigung zu einem Richteramt nach dem Deutschen Richtergesetz[1)] oder für den höheren allgemeinen Verwaltungsdienst hat.

(3) Für Auszubildende, die eine im Ausland gelegene Ausbildungsstätte besuchen, können die Länder abweichend von Absatz 1 Ämter für Ausbildungsförderung bei staatlichen Hochschulen, Studentenwerken oder Landesämtern für Ausbildungsförderung einrichten.

§ 40a Landesämter für Ausbildungsförderung. [1]Die Länder können Landesämter für Ausbildungsförderung errichten. [2]Mehrere Länder können ein gemeinsames Landesamt für Ausbildungsförderung errichten. [3]Im Falle der Errichtung eines Landesamtes für Ausbildungsförderung nach Satz 1 findet § 40 Absatz 2 Satz 3 Nummer 2 keine Anwendung.

§ 41[2)] Aufgaben der Ämter für Ausbildungsförderung. (1) [1]Das Amt für Ausbildungsförderung nimmt die zur Durchführung dieses Gesetzes erforderlichen Aufgaben wahr, soweit sie nicht anderen Stellen übertragen sind. [2]Bei der Bearbeitung der Anträge können zentrale Verwaltungsstellen herangezogen werden.

(2) Es trifft die zur Entscheidung über den Antrag erforderlichen Feststellungen, entscheidet über den Antrag und erlässt den Bescheid hierüber.

(3) Das Amt für Ausbildungsförderung hat die Auszubildenden und ihre Eltern über die individuelle Förderung der Ausbildung nach bundes- und landesrechtlichen Vorschriften zu beraten.

(4) [1]Die Ämter für Ausbildungsförderung dürfen Personen, die Leistungen nach diesem Gesetz beziehen, auch regelmäßig im Wege des automatisierten Datenabgleichs daraufhin überprüfen, ob und welche Daten nach § 45d Absatz 1 des Einkommensteuergesetzes dem Bundeszentralamt für Steuern übermittelt worden sind. [2]Die Ämter für Ausbildungsförderung dürfen zu diesem Zweck Namen, Vornamen, Geburtsdatum und Anschrift der Personen, die Leistungen nach diesem Gesetz beziehen, sowie die Amts- und Förderungsnummer an das Bundeszentralamt für Steuern übermitteln. [3]Die Übermittlung kann auch über eine von der zuständigen Landesbehörde bestimmte zentrale Landesstelle erfolgen. [4]Das Bundeszentralamt für Steuern hat die ihm überlassenen Daten und Datenträger nach Durchführung des Abgleichs unverzüglich zurückzugeben, zu löschen oder zu vernichten. [5]Die Ämter für Ausbildungsförderung dürfen die ihnen übermittelten Daten nur zur Überprüfung nach Satz 1 nutzen. [6]Die übermittelten Daten der Personen, bei denen die Überprüfung zu keinen abweichenden Feststellungen führt, sind unverzüglich zu löschen.

§§ 42 und 43 *(weggefallen)*

[1)] **Habersack ErgBd. Nr. 97.**

[2)] § 41 Abs. 2 Satz 2 aufgeh. mWv 16.7.2019 durch G v. 8.7.2019 (BGBl. I S. 1048).

§ 44[1] Beirat für Ausbildungsförderung. (1) Das Bundesministerium für Bildung und Forschung kann durch Rechtsverordnung[2] ohne Zustimmung des Bundesrates einen Beitrag für Ausbildungsförderung bilden, der es bei

1. der Durchführung des Gesetzes,
2. der weiteren Ausgestaltung der gesetzlichen Regelung der individuellen Ausbildungsförderung und
3. der Berücksichtigung neuer Ausbildungsformen

berät.

(2) In den Beirat sind Vertreter der an der Ausführung des Gesetzes beteiligten Landes- und Gemeindebehörden, des Deutschen Studentenwerkes e.V., der Bundesagentur für Arbeit, der Lehrkörper der Ausbildungsstätten, der Auszubildenden, der Elternschaft, der Rechts-, Wirtschafts- oder Sozialwissenschaften, der Arbeitgeber sowie der Arbeitnehmer zu berufen.

Abschnitt IX. Verfahren

§ 45[3] Örtliche Zuständigkeit. (1) [1]Für die Entscheidung über die Ausbildungsförderung ist das Amt für Ausbildungsförderung zuständig, in dessen Bezirk die Eltern des Auszubildenden oder, wenn nur noch ein Elternteil lebt, dieser den ständigen Wohnsitz haben. [2]Das Amt für Ausbildungsförderung, in dessen Bezirk der Auszubildende seinen ständigen Wohnsitz hat, ist zuständig, wenn

1. der Auszubildende verheiratet oder in einer Lebenspartnerschaft verbunden ist oder war,
2. seine Eltern nicht mehr leben,
3. dem überlebenden Elternteil die elterliche Sorge nicht zusteht oder bei Erreichen der Volljährigkeit des Auszubildenden nicht zustand,
4. nicht beide Elternteile ihren ständigen Wohnsitz in dem Bezirk desselben Amtes für Ausbildungsförderung haben,
5. kein Elternteil einen Wohnsitz im Inland hat,
6. der Auszubildende eine Fachschulklasse besucht, deren Besuch eine abgeschlossene Berufsausbildung voraussetzt,
7. der Auszubildende Ausbildungsförderung für die Teilnahme an Fernunterrichtslehrgängen erhält (§ 3).

[3]Hat in den Fällen des Satzes 2 der Auszubildende im Inland keinen ständigen Wohnsitz, so ist das Amt für Ausbildungsförderung zuständig, in dessen Bezirk die Ausbildungsstätte liegt.

(2) Abweichend von Absatz 1 ist für die Auszubildenden an

1. *Abendgymnasien* und Kollegs,
2. Höheren Fachschulen und Akademien

das Amt für Ausbildungsförderung zuständig, in dessen Bezirk die Ausbildungsstätte gelegen ist, die der Auszubildende besucht.

---

[1] § 44 Abs. 1 einl. Satzteil geänd. mWv 1.1.2015 durch G v. 23.12.2014 (BGBl. I S. 2475).

[2] Siehe die VO über die Errichtung eines Beirates für die Ausbildungsförderung (BeiratsV) v. 11.11. 1971 (BGBl. I S. 1801), zuletzt geänd. durch G v. 23.12.2003 (BGBl. I S. 2848).

[3] § 45 Abs. 4 Satz 2 geänd., Abs. 1 Satz 2 Nr. 6 neu gef. mWv 1.8.2016 mWv 1.1.2015 durch G v. 23.12.2014 (BGBl. I S. 2475).

(3) [1] Abweichend von den Absätzen 1 und 2 ist das bei einer staatlichen Hochschule errichtete Amt für Ausbildungsförderung für die an dieser Hochschule immatrikulierten Auszubildenden zuständig; diese Zuständigkeit gilt auch für Auszubildende, die im Zusammenhang mit dem Hochschulbesuch ein Vor- oder Nachpraktikum ableisten. [2] Die Länder können bestimmen, dass das an einer staatlichen Hochschule errichtete Amt für Ausbildungsförderung auch zuständig ist für Auszubildende, die an anderen Hochschulen immatrikuliert sind, und andere Auszubildende, die Ausbildungsförderung wie Studierende an Hochschulen erhalten. [3] Ist das Amt für Ausbildungsförderung bei einem Studentenwerk errichtet, so wird dessen örtliche Zuständigkeit durch das Land bestimmt.

(4) [1] Für die Entscheidung über Ausbildungsförderung für eine Ausbildung im Ausland nach § 5 Absatz 2 und 5 sowie § 6 ist ausschließlich das durch das zuständige Land bestimmte Amt für Ausbildungsförderung örtlich zuständig. [2] Das Bundesministerium für Bildung und Forschung bestimmt durch Rechtsverordnung[1)] ohne Zustimmung des Bundesrates, welches Land das für alle Auszubildenden, die die in einem anderen Staat gelegenen Ausbildungsstätten besuchen, örtlich zuständige Amt bestimmt.

§ 45a Wechsel in der Zuständigkeit. (1) [1] Wird ein anderes Amt für Ausbildungsförderung zuständig, so tritt dieses Amt für sämtliche Verwaltungshandlungen einschließlich des Vorverfahrens an die Stelle des bisher zuständigen Amtes. [2] § 2 Absatz 2 des Zehnten Buches Sozialgesetzbuch[2)] bleibt unberührt.

(2) Hat die örtliche Zuständigkeit gewechselt, muss das bisher zuständige Amt die Leistungen noch solange erbringen, bis sie von dem nunmehr zuständigen Amt fortgesetzt werden.

(3) Sobald ein Amt zuständig ist, das in einem anderen Land liegt, gehen die Ansprüche nach § 50 Absatz 1 des Zehnten Buches Sozialgesetzbuch und § 20 auf dieses Land über.

§ 46[3)] Antrag. (1) Über die Leistung von Ausbildungsförderung wird auf schriftlichen oder elektronischen Antrag entschieden.

(2) [1] Der Antrag ist an das örtlich zuständige Amt für Ausbildungsförderung zu richten. [2] Die zur Feststellung des Anspruchs erforderlichen Tatsachen sind auf den Formblättern anzugeben, soweit solche vorgesehen sind.

(3) *(aufgehoben)*

(4) (weggefallen)

(5) [1] Auf Antrag hat das Amt für Ausbildungsförderung dem Grunde nach vorab zu entscheiden, ob die Förderungsvoraussetzungen für eine nach Fachrichtung und Ausbildungsstätte bestimmt bezeichnete

1. Ausbildung im Ausland nach § 5 Absatz 2 und 5,
2. Ausbildung nach § 7 Absatz 1a,
3. weitere Ausbildung nach § 7 Absatz 2,
4. andere Ausbildung nach § 7 Absatz 3,

---

1) Siehe die BAföG-AuslandszuständigkeitsV v. 6.1.2004 (BGBl. I S. 42), geänd. durch VO v. 19.10. 2011 (BGBl. I S. 2098).

2) ***Sartorius ErgBd. Nr. 410.***

3) § 46 Abs. 1 Satz 2 eingef., bish. Satz 2 wird Satz 3 mWv 1.1.2015, Abs. 5 Satz 1 Nr. 2 eingef., bish. Nr. 2–4 werden Nr. 3–5, Satz 2 geänd. mWv 1.8.2015 durch G v. 23.12.2014 (BGBl. I S. 2475); Abs. 1 neu gef. mWv 22.7.2022 durch G v. 15.7.2022 (BGBl. I S. 1150); Abs. 2 Satz 2 angef., Abs. 3 aufgeh. mWv 25.7.2024 durch G v. 19.7.2024 (BGBl. 2024 I Nr. 249).

5. Ausbildung nach Überschreiten der Altersgrenze nach § 10 Absatz 3

vorliegen. [2]Die Entscheidung nach den Nummern 2 bis 5 ist für den ganzen Ausbildungsabschnitt zu treffen. [3]Das Amt ist an die Entscheidung nicht mehr gebunden, wenn der Auszubildende die Ausbildung nicht binnen eines Jahres nach Antragstellung beginnt.

§ 47[1)] Auskunftspflichten. (1) [1]Ausbildungsstätten, Fernlehrinstitute und Prüfungsstellen sind verpflichtet, die nach § 3 Absatz 3, § 15 Absatz 5 sowie den §§ 48 und 49 erforderlichen Bescheinigungen, Bestätigungen und gutachterlichen Stellungnahmen abzugeben. [2]Das jeweils nach Landesrecht zuständige hauptamtliche Mitglied des Lehrkörpers der Ausbildungsstätte stellt die Eignungsbescheinigung nach § 48 Absatz 1 Nummer 2 aus und legt für den Nachweis nach § 48 Absatz 1 Nummer 3 die zum jeweils maßgeblichen Zeitpunkt übliche Zahl an ECTS-Leistungspunkten fest.

(2) Ausbildungsstätten und Fernlehrinstitute sowie deren Träger sind verpflichtet, den zuständigen Behörden auf Verlangen alle Auskünfte zu erteilen und Urkunden vorzulegen sowie die Besichtigung der Ausbildungsstätte zu gestatten, soweit die Durchführung dieses Gesetzes, insbesondere des § 2 Absatz 2 und des § 3 Absatz 2 es erfordert.

(3) Ist dem Auszubildenden von einer der in § 2 Absatz 1 Nummer 1 bis 4 bezeichneten oder diesen nach § 2 Absatz 3 als gleichwertig bestimmten Ausbildungsstätten für Zwecke dieses Gesetzes bescheinigt worden, dass er sie besucht, so unterrichtet die Ausbildungsstätte das Amt für Ausbildungsförderung unverzüglich, wenn der Auszubildende die Ausbildung abbricht.

(4) § 60 des Ersten Buches Sozialgesetzbuch[2)] gilt auch für die Eltern und den Ehegatten oder Lebenspartner, auch den dauernd getrennt lebenden, des Auszubildenden.

(5) Soweit dies zur Durchführung des Gesetzes erforderlich ist, hat

1. der jeweilige Arbeitgeber auf Verlangen dem Auszubildenden, seinen Eltern und seinem Ehegatten oder Lebenspartner sowie dem Amt für Ausbildungsförderung eine Bescheinigung über den Arbeitslohn und den als Lohnsteuerabzugsmerkmal mitgeteilten Freibetrag auszustellen,
2. die jeweilige Zusatzversorgungseinrichtung des öffentlichen Dienstes oder öffentlich-rechtliche Zusatzversorgungseinrichtung dem Amt für Ausbildungsförderung Auskünfte über die von ihr geleistete Alters- und Hinterbliebenenversorgung des Auszubildenden, seiner Eltern und seines Ehegatten oder Lebenspartners zu erteilen.

(6) Das Amt für Ausbildungsförderung kann den in den Absätzen 2, 4 und 5 bezeichneten Institutionen und Personen eine angemessene Frist zur Erteilung von Auskünften und Vorlage von Urkunden setzen.

§ 47a[3)] Ersatzpflicht des Ehegatten oder Lebenspartners und der Eltern.

[1]Haben der Ehegatte oder Lebenspartner oder die Eltern des Auszubildenden die Leistung von Ausbildungsförderung an den Auszubildenden dadurch herbeigeführt, dass sie vorsätzlich oder fahrlässig falsche oder unvollständige Angaben

[1)] § 47 Abs. 5 Nr. 1 geänd. mWv 1.1.2012 durch G v. 7.12.2011 (BGBl. I S. 2592); Abs. 1 Satz 1 geänd. mWv 25.7.2024 durch G v. 19.7.2024 (BGBl. 2024 I Nr. 249).

[2)] **Sartorius ErgBd. Nr. 401.**

[3)] § 47a Satz 1 geänd. mWv 16.7.2019 durch G v. 8.7.2019 (BGBl. I S. 1048).

gemacht oder eine Anzeige nach § 60 Absatz 1 Nummer 2 des Ersten Buches Sozialgesetzbuch[1)] unterlassen haben, so haben sie den Betrag, der nach § 17 für den Auszubildenden als Förderungsbetrag zu Unrecht geleistet worden ist, dem Land zu ersetzen. [2]Der Betrag ist vom Zeitpunkt der zu Unrecht erfolgten Leistung an mit 6 vom Hundert für das Jahr zu verzinsen.

§ 48[2)] Mitwirkung von Ausbildungsstätten. (1) [1]Vom fünften Fachsemester an wird Ausbildungsförderung für den Besuch einer Höheren Fachschule, Akademie oder einer Hochschule nur von dem Zeitpunkt an geleistet, in dem der Auszubildende vorgelegt hat

1. ein Zeugnis über eine bestandene Zwischenprüfung, die nach den Ausbildungsbestimmungen erst vom Ende des dritten Fachsemesters an abgeschlossen werden kann und vor dem Ende des vierten Fachsemesters abgeschlossen worden ist,
2. eine nach Beginn des vierten Fachsemesters ausgestellte Bescheinigung der Ausbildungsstätte darüber, dass er die bei geordnetem Verlauf seiner Ausbildung bis zum Ende des jeweils erreichten Fachsemesters üblichen Leistungen erbracht hat, oder
3. einen nach Beginn des vierten Fachsemesters ausgestellten Nachweis über die bis dahin erworbene Anzahl von Leistungspunkten nach dem Europäischen System zur Anrechnung von Studienleistungen (ECTS), wenn die bei geordnetem Verlauf der Ausbildung bis zum Ende des jeweils erreichten Fachsemesters übliche Zahl an ECTS-Leistungspunkten nicht unterschritten wird.

[2]Die Nachweise gelten als zum Ende des vorhergehenden Semesters vorgelegt, wenn sie innerhalb der ersten vier Monate des folgenden Semesters vorgelegt werden und sich aus ihnen ergibt, dass die darin ausgewiesenen Leistungen bereits in dem vorhergehenden Semester erbracht worden sind.

(2) Liegen Tatsachen vor, die voraussichtlich eine spätere Überschreitung der Förderungshöchstdauer nach § 15 Absatz 3 oder eine Verlängerung der Förderungshöchstdauer nach § 15a Absatz 3 rechtfertigen, kann das Amt für Ausbildungsförderung die Vorlage der Bescheinigung zu einem entsprechend späteren Zeitpunkt zulassen.

(3) Während des Besuchs einer Höheren Fachschule, Akademie und Hochschule kann das Amt für Ausbildungsförderung bei begründeten Zweifeln an der Eignung (§ 9) des Auszubildenden für die gewählte Ausbildung eine gutachtliche Stellungnahme der Ausbildungsstätte einholen, die der Auszubildende besucht.

(4) In den Fällen des § 5 Absatz 2 Nummer 2 und 3 sind die Absätze 1 und 2 entsprechend anzuwenden.

(5) In den Fällen des § 7 Absatz 2 Satz 2 und Absatz 3 kann das Amt für Ausbildungsförderung eine gutachtliche Stellungnahme der Ausbildungsstätte einholen.

(6) Das Amt für Ausbildungsförderung kann von der gutachtlichen Stellungnahme nur aus wichtigem Grund abweichen, der dem Auszubildenden schriftlich oder elektronisch mitzuteilen ist.

[1)] **Sartorius ErgBd. Nr. 401.**

[2)] § 48 Abs. 1 Satz 2 aufgeh., bish. Satz 3 wird Satz 2 mWv 1.8.2015 durch G v. 23.12.2014 (BGBl. I S. 2475); Abs. 6 geänd. mWv 5.4.2017 durch G v. 29.3.2017 (BGBl. I S. 626).

§ 49 Feststellung der Voraussetzungen der Förderung im Ausland.

(1) Der Auszubildende hat auf Verlangen des Amtes für Ausbildungsförderung eine gutachtliche Stellungnahme der Ausbildungsstätte, die er bisher besucht hat, darüber beizubringen, dass

1. die fachlichen Voraussetzungen für eine Ausbildung im Ausland vorliegen (§ 5 Absatz 2 Nummer 1),
2. (weggefallen)
3. der Besuch einer im Ausland gelegenen Hochschule während drei weiterer Semester für die Ausbildung von besonderer Bedeutung ist (§ 16 Absatz 2).

(1a) Der Auszubildende hat eine Bescheinigung der Ausbildungsstätte, die er besuchen will oder besucht hat, oder der zuständigen Prüfungsstelle darüber beizubringen, dass das von ihm beabsichtigte Auslandspraktikum den Erfordernissen des § 5 Absatz 5 entspricht.

(2) § 48 Absatz 6 ist anzuwenden.

§ 50[1)] Bescheid. (1) [1] Die Entscheidung ist dem Antragsteller schriftlich oder elektronisch mitzuteilen (Bescheid). [2] Unter dem Vorbehalt der Rückforderung kann ein Bescheid nur ergehen, soweit dies in diesem Gesetz vorgesehen ist. [3] Ist in einem Bescheid dem Grunde nach über

1. eine Ausbildung nach § 7 Absatz 1a,
2. eine weitere Ausbildung nach § 7 Absatz 2,
3. eine andere Ausbildung nach § 7 Absatz 3 oder
4. eine Ausbildung nach Überschreiten der Altersgrenze nach § 10 Absatz 3

entschieden worden, so gilt diese Entscheidung für den ganzen Ausbildungsabschnitt.

(2) [1] In dem Bescheid sind anzugeben

1. die Höhe und Zusammensetzung des Bedarfs,
2. die Höhe des Einkommens des Auszubildenden, seines Ehegatten oder Lebenspartners und seiner Eltern sowie des Vermögens des Auszubildenden,
3. die Höhe der bei der Ermittlung des Einkommens berücksichtigten Steuern und Abzüge zur Abgeltung der Aufwendungen für die soziale Sicherung,
4. die Höhe der gewährten Freibeträge und des nach § 11 Absatz 4 auf den Bedarf anderer Auszubildender angerechneten Einkommens des Ehegatten oder Lebenspartners und der Eltern,
5. die Höhe der auf den Bedarf angerechneten Beträge vom Einkommen und Vermögen des Auszubildenden sowie vom Einkommen seines Ehegatten oder Lebenspartners und seiner Eltern.

[2] Satz 1 gilt nicht, wenn der Antrag auf Ausbildungsförderung dem Grunde nach abgelehnt wird. [3] Auf Verlangen eines Elternteils oder des Ehegatten oder Lebenspartners, für das Gründe anzugeben sind, entfallen die Angaben über das Einkommen dieser Personen mit Ausnahme des Betrages des angerechneten Einkommens; dies gilt nicht, soweit der Auszubildende im Zusammenhang mit der Geltendmachung seines Anspruchs auf Leistungen nach diesem Gesetz ein beson-

---

[1)] § 50 Abs. 1 Satz 4 Nr. 1 eingef., bish. Nr. 1–3 werden Nr. 2–4 mWv 1.8.2015 durch G v. 23.12.2014 (BGBl. I S. 2475); Abs. 1 Satz 1 geänd. mWv 5.4.2017 durch G v. 29.3.2017 (BGBl. I S. 626); Abs. 1 Satz 1, Abs. 2 Satz 4 geänd. mWv 16.7.2019 durch G v. 8.7.2019 (BGBl. I S. 1048); Abs. 1 Satz 2 aufgeh., bish. Sätze 3 und 4 werden Sätze 2 und 3 mWv 1.8.2020 durch G v. 8.7.2019 (BGBl. I S. 1048).

deres berechtigtes Interesse an der Kenntnis hat. [4] Besucht der Auszubildende eine Hochschule oder eine Akademie im Sinne des § 2 Absatz 1 Satz 1 Nummer 6, so ist in jedem Bescheid das Ende der Förderungshöchstdauer anzugeben.

(3) Über die Ausbildungsförderung wird in der Regel für ein Jahr (Bewilligungszeitraum) entschieden.

(4) [1] Endet ein Bewilligungszeitraum und ist ein neuer Bescheid nicht ergangen, so wird innerhalb desselben Ausbildungsabschnitts Ausbildungsförderung nach Maßgabe des früheren Bewilligungsbescheids unter dem Vorbehalt der Rückforderung geleistet. [2] Dies gilt nur, wenn der neue Antrag im Wesentlichen vollständig zwei Kalendermonate vor Ablauf des Bewilligungszeitraums gestellt war und ihm die erforderlichen Nachweise beigefügt wurden.

§ 51[1)] Zahlweise. (1) Der Förderungsbetrag ist unbar monatlich im Voraus zu zahlen.

(2) Können bei der erstmaligen Antragstellung in einem Ausbildungsabschnitt oder nach einer Unterbrechung der Ausbildung die zur Entscheidung über den Antrag erforderlichen Feststellungen nicht binnen sechs Kalenderwochen getroffen oder Zahlungen nicht binnen zehn Kalenderwochen geleistet werden, so wird für vier Monate Ausbildungsförderung bis zur Höhe von monatlich vier Fünfteln des für die zu fördernde Ausbildung nach § 12 Absatz 1 und 2, § 13 Absatz 1 und 2 sowie nach den §§ 13a und 14b voraussichtlich zustehenden Bedarfs unter dem Vorbehalt der Rückforderung geleistet.

(3) Monatliche Förderungsbeträge, die nicht volle Euro ergeben, sind bei Restbeträgen bis zu 0,49 Euro abzurunden und von 0,50 Euro an aufzurunden.

(4) Nicht geleistet werden monatliche Förderungsbeträge unter 10 Euro.

§ 52 (weggefallen)

§ 53[2)] Änderung des Bescheides. [1] Ändert sich ein für die Leistung der Ausbildungsförderung maßgeblicher Umstand, so wird der Bescheid geändert

1. zugunsten des Auszubildenden vom Beginn des Monats, in dem die Änderung eingetreten ist, rückwirkend jedoch höchstens für die drei Monate vor dem Monat, in dem sie dem Amt mitgeteilt wurde,
2. zuungunsten des Auszubildenden vom Beginn des Monats an, der auf den Eintritt der Änderung folgt.

[2] Nicht als Änderung im Sinne des Satzes 1 gelten Regelanpassungen gesetzlicher Renten und Versorgungsbezüge. [3] § 48 des Zehnten Buches Sozialgesetzbuch[3)] findet keine Anwendung; Erstattungen richten sich nach § 50 des Zehnten Buches Sozialgesetzbuch. [4] Abweichend von Satz 1 wird der Bescheid vom Beginn des Bewilligungszeitraums an geändert, wenn in den Fällen des § 22 Absatz 1 und des § 24 Absatz 3 eine Änderung des Einkommens oder in den Fällen des § 25 Absatz 6 eine Änderung des Freibetrages eingetreten ist. [5] In den Fällen des § 22 Absatz 3 gilt Satz 1 mit der Maßgabe, dass das Einkommen ab dem Zeitpunkt, ab dem der Bescheid zu ändern ist, durch die Zahl der verbleibenden Kalendermonate des Bewilligungszeitraums geteilt und auf diese angerechnet wird.

[1)] *§ 51 Abs. 2 geänd. mWv 1.8.2015* durch G v. 23.12.2014 (BGBl. I S. 2475); Abs. 1 Satz 2 aufgeh. mWv 1.8.2021 durch G v. 8.7.2019 (BGBl. I S. 1048).

[2)] § 53 Abs. 2 angef. mWv 1.3.2020 durch G v. 27.3.2020 (BGBl. I S. 580); Abs. 2 aufgeh. mWv 1.3.2020 durch G v. 25.5.2020 (BGBl. I S. 1073).

[3)] **Sartorius ErgBd. Nr. 410.**

§ 54 Rechtsweg. Für öffentlich-rechtliche Streitigkeiten aus diesem Gesetz ist der Verwaltungsrechtsweg gegeben.

§ 55[1] Statistik. (1) Über die Ausbildungsförderung nach diesem Gesetz wird eine Bundesstatistik durchgeführt.

(2) Die Statistik erfasst jährlich für das vorausgegangene Kalenderjahr für jeden geförderten Auszubildenden folgende Erhebungsmerkmale:

1. von dem Auszubildenden: Geschlecht, Geburtsjahr, Staatsangehörigkeit, Familienstand, Unterhaltsberechtigtenverhältnis der Kinder, Wohnung während der Ausbildung, Art eines berufsqualifizierenden Ausbildungsabschlusses, Ausbildungsstätte nach Art und rechtlicher Stellung, Klasse bzw. (Fach-) Semester, Monat und Jahr des Endes der Förderungshöchstdauer, Bewilligung eines Flexibilitätssemesters, Bewilligung einer Studienstarthilfe, Höhe und Zusammensetzung des Einkommens nach § 21 und den Freibetrag nach § 23 Absatz 1 Satz 2 sowie, wenn eine Vermögensanrechnung erfolgt, die Höhe des Vermögens nach § 27 und des Härtefreibetrags nach § 29 Absatz 3,
2. von dem Ehegatten oder Lebenspartner des Auszubildenden: Berufstätigkeit oder Art der Ausbildung, Höhe und Zusammensetzung des Einkommens nach § 21 und des Härtefreibetrags nach § 25 Absatz 6, Unterhaltsberechtigtenverhältnis der Kinder und der weiteren nach dem bürgerlichen Recht Unterhaltsberechtigten, für die ein Freibetrag nach diesem Gesetz gewährt wird,
3. von den Eltern des Auszubildenden: Familienstand, Bestehen einer Ehe oder Lebenspartnerschaft zwischen den Eltern, Berufstätigkeit, Höhe und Zusammensetzung des Einkommens nach § 21 und des Härtefreibetrags nach § 25 Absatz 6, Unterhaltsberechtigtenverhältnis und Art der Ausbildung der weiteren unterhaltsberechtigten Kinder sowie der nach dem bürgerlichen Recht Unterhaltsberechtigten, für die ein Freibetrag nach diesem Gesetz gewährt wird,
4. Höhe und Zusammensetzung des monatlichen Gesamtbedarfs des Auszubildenden, Kennzeichnung, ob das Einkommen der Eltern bei der Berechnung des Bedarfs außer Betracht zu bleiben hatte, auf den Bedarf anzurechnende Beträge von Einkommen und Vermögen des Auszubildenden sowie vom Einkommen seines Ehegatten oder Lebenspartners und seiner Eltern, von den Eltern tatsächlich geleistete Unterhaltsbeträge, Monat und Jahr des Beginns und Endes des Bewilligungszeitraums, Monat des Zuständigkeitswechsels im Berichtszeitraum sowie Art und Höhe des Förderungsbetrags, gegliedert nach Monaten.

(2a) Die Statistik erfasst jährlich für das vorausgegangene Kalenderjahr für jeden mit Ausbildungsförderung für den Studienstart (Studienstarthilfe) geförderten Auszubildenden folgende Erhebungsmerkmale: Geschlecht, Geburtsjahr sowie die Art des nach § 56 Absatz 1 zugrundeliegenden Sozialleistungsbezugs.

(3) Hilfsmerkmale sind Name und Anschrift der Ämter für Ausbildungsförderung.

(4) [1] Für die Durchführung der Statistik besteht Auskunftspflicht. [2] Auskunftspflichtig sind vorbehaltlich des Satzes 3 die Ämter für Ausbildungsförderung. [3] Für das Erhebungsmerkmal Bewilligung einer Studienstarthilfe nach Absatz 2 Nummer 1 sowie die Merkmale nach Absatz 2a sind die nach Landesrecht zuständigen Stellen auskunftspflichtig, sofern sie auf Grund einer Rechtsverordnung nach § 56

[1] § 55 Abs. 2 Nr. 4 geänd. mWv 1.8.2016 durch G v. 23.12.2014 (BGBl. I S. 2475); Abs. 2 Nr. 1 neu gef., Abs. 2a eingef., Abs. 4 neu gef. mWv 25.7.2024 durch G v. 19.7.2024 (BGBl. 2024 I Nr. 249).

Absatz 4 abweichend von den §§ 40, 41 Absatz 1 mit der Durchführung dieser Aufgabe betraut wurden.

Abschnitt X.[1] Studienstarthilfe

§ 56[1] Leistungsberechtigte, Verfahren, Zuständigkeit; Verordnungsermächtigung. (1) [1]Auszubildenden, die sich erstmalig an einer Ausbildungsstätte nach § 2 Absatz 1 Satz 1 Nummer 6 oder an einer nichtstaatlichen Hochschule oder Akademie nach § 2 Absatz 2 immatrikulieren und das 25. Lebensjahr bei Beginn des Ausbildungsabschnitts, für den sie die Leistung beantragen, noch nicht vollendet haben, wird auf Antrag Ausbildungsförderung zum Studienstart (Studienstarthilfe) geleistet, sofern sie im Monat vor dem Ausbildungsbeginn

1. Leistungen nach dem Zweiten Buch Sozialgesetzbuch[2],
2. Leistungen der Hilfe zum Lebensunterhalt nach dem Dritten Kapitel des Zwölften Buches Sozialgesetzbuch[3],
3. Leistungen der Grundsicherung im Alter und bei Erwerbsminderung nach dem Vierten Kapitel des Zwölften Buches Sozialgesetzbuch,
4. Leistungen zum Lebensunterhalt nach § 93 des Vierzehnten Buches Sozialgesetzbuch[4],
5. ergänzende Hilfe zum Lebensunterhalt nach § 145 Absatz 1 des Vierzehnten Buches Sozialgesetzbuch in Verbindung mit § 27a des Bundesversorgungsgesetzes in der am 31. Dezember 2023 geltenden Fassung,
6. Leistungen nach dem Asylbewerberleistungsgesetz[5],
7. selbst oder ihre Eltern für sie Kinderzuschlag nach dem Bundeskindergeldgesetz[6] oder
8. selbst oder als Haushaltsmitglied Wohngeld nach dem Wohngeldgesetz[7]

beziehen. [2]Studienstarthilfe wird auch für den Besuch einer Ausbildungsstätte nach § 5 Absatz 2 Satz 1 Nummer 3 in Verbindung mit § 5 Absatz 4 Satz 1 Nummer 5 und Satz 2 geleistet, mit Ausnahme der Höheren Fachschulen. [3]§ 2 Absatz 5 Satz 1 bleibt unberührt. [4]Studienstarthilfe wird auch gewährt, wenn Auszubildenden nach Satz 1 eine in § 91 Absatz 1 des Achten Buches Sozialgesetzbuch[8] genannte Leistung der Kinder- und Jugendhilfe gewährt wird und die Elternteile nicht nach der Verordnung zur Festsetzung der Kostenbeiträge für Leistungen und vorläufige Maßnahmen in der Kinder- und Jugendhilfe aus ihrem Einkommen zu den Kosten herangezogen werden.

(2) § 2 Absatz 6 Nummer 1 und 2, § 8 sowie § 11 Absatz 2 finden keine Anwendung.

(3) [1]Der Antrag kann bis zum Ende des Monats, der auf den Monat des Ausbildungsbeginns folgt, gestellt werden. [2]Der Antrag ist elektronisch über das Portal „BAföG Digital" zu stellen. [3]Auszubildende, denen eine elektronische Antragstellung nicht möglich ist, werden durch das nach Absatz 4 zuständige Amt für Ausbildungsförderung oder die andere vom Land mit der Durchführung betraute

---

[1] Abschnitt X (§§ 56–56b) eingef. mWv 25.7.2024 durch G v. 19.7.2024 (BGBl. 2024 I Nr. 249).
[2] **Sartorius ErgBd. Nr. 402.**
[3] **Sartorius ErgBd. Nr. 412.**
[4] ***Sartorius III Nr. 600.***
[5] **Sartorius ErgBd. Nr. 418.**
[6] **Habersack ErgBd. Nr. 45b.**
[7] Nr. **385**.
[8] **Habersack ErgBd. Nr. 46.**

Stelle unterstützt. [4]Dem Antrag ist der Nachweis über den Bezug einer der in Absatz 1 Satz 1 Nummer 1 bis 6 genannten Leistungen, des Kinderzuschlags, von Wohngeld oder einer in Absatz 1 Satz 4 genannten Leistung im Monat vor dem Ausbildungsbeginn sowie der Immatrikulation beizufügen.

(4) Die Landesregierungen werden ermächtigt, abweichend von den §§ 40, 41 Absatz 1 durch Rechtsverordnung andere Stellen als die Ämter für Ausbildungsförderung mit der Durchführung der Studienstarthilfe zu betrauen.

(5) Für die Entscheidung über die Studienstarthilfe ist das im Zeitpunkt der Antragstellung örtlich zuständige Amt für Ausbildungsförderung oder die im Zeitpunkt der Antragstellung örtlich zuständige mit der Durchführung betraute Stelle zuständig.

§ 56a[1)] Förderungsart und Umfang; Datenabgleich. (1) Die Studienstarthilfe wird einmalig als Zuschuss zum Beginn der Ausbildung in Höhe von 1000 Euro geleistet.

(2) [1]Um eine mehrfache Beantragung und Auszahlung der Studienstarthilfe zu vermeiden, führt die für das Antragsportal „BAföG Digital" zuständige Stelle vor Weiterleitung der Anträge an das zuständige Amt für Ausbildungsförderung oder die vom Land mit der Durchführung betraute Stelle einen automatischen Abgleich von den im Rahmen der Antragstellung angegebenen Daten des Antragstellers mit den Daten von bisherigen Antragstellern der Studienstarthilfe durch. [2]Zu diesem Zweck speichert die für das Antragsportal zuständige Stelle folgende Daten aus dem Antrag:

1. Name und Vorname sowie Geburtsname,
2. Geburtsort und Geburtsdatum,

und führt mit den Daten bei Antragstellung den in Satz 1 genannten Abgleich durch. [3]Die für das Antragsportal zuständige Stelle speichert für jeden Antrag auch das nach § 56 Absatz 5 zuständige Amt oder die betraute Stelle. [4]Die nach Satz 2 gespeicherten Daten dürfen außer zu ihrer Übermittlung im Rahmen der Antragstellung ausschließlich für den Zweck des Datenabgleichs nach Satz 1 verwendet werden und sind nach Ablauf von drei Jahren zu löschen. [5]Sofern mit den in Satz 2 genannten Daten bereits ein Antrag auf Studienstarthilfe im Antragsportal gespeichert ist, ist die erneute Antragstellung ausgeschlossen, der Antragsteller ist im Antragsportal darauf hinzuweisen und an das zuständige Amt für Ausbildungsförderung oder die mit der Durchführung der Studienstarthilfe betraute Stelle zu verweisen. [6]Die Möglichkeit der Datenkorrektur durch erneute Eingabe der Antragsdaten bleibt unberührt. [7]Besteht nach Prüfung des Amtes oder der zuständigen Stelle trotz des Ergebnisses des Datenabgleichs ein Anspruch auf Studienstarthilfe, ist dem Antrag stattzugeben.

§ 56b[1)] Nichtanrechnung. (1) [1]Die Studienstarthilfe ist bei der Gewährung von einkommensabhängigen Sozialleistungen und von Leistungen nach dem Asylbewerberleistungsgesetz *nicht* als Einkommen zu berücksichtigen. [2]Die Studienstarthilfe ist weder Einkommen nach § 93 Absatz 1 Satz 1 des Achten Buches Sozialgesetzbuch[2)] noch als zweckgleiche Leistung nach § 93 Absatz 1 Satz 3 des Achten Buches Sozialgesetzbuch einzusetzen.

(2) Die Studienstarthilfe ist nicht auf leistungs- oder begabungsabhängige Stipendienleistungen aus öffentlichen Mitteln anzurechnen.

[1)] Abschnitt X (§§ 56-56b) eingef. mWv 25.7.2024 durch G v. 19.7.2024 (BGBl. 2024 I Nr. 249).
[2)] **Habersack ErgBd. Nr. 46.**

Abschnitt XI.[1] [Aufbringung der Mittel]

§ 57[2) [Aufbringung der Mittel] (1) [1]Die für die Ausführung dieses Gesetzes erforderlichen Mittel, einschließlich der Erstattungsbeträge an die Kreditanstalt für Wiederaufbau nach § 18d Absatz 2, trägt der Bund. [2]Die Mittel für die Darlehen nach § 17 Absatz 2 und 3 Satz 1 können von der Kreditanstalt für Wiederaufbau bereitgestellt werden. [3]In diesen Fällen trägt der Bund die der Kreditanstalt für Wiederaufbau entstehenden Aufwendungen für die Bereitstellung der Mittel und das Ausfallrisiko.

(2) [1]Das Bundesverwaltungsamt hat von den ab dem Jahr 2015 eingezogenen Beträgen und Zinsen aus Darlehen nach § 17 Absatz 2 Satz 1 insgesamt 2,058 Milliarden Euro an die Länder abzuführen. [2]Dies hat in jährlichen Raten in Höhe des Betrages zu erfolgen, der für die Kalenderjahre 2012 bis 2014 nach der vor dem 1. Januar 2015 gültigen Fassung dieses Absatzes im Jahresdurchschnitt an die Länder weitergeleitet worden ist, höchstens jedoch in Höhe von jeweils 35 vom Hundert der in einem Kalenderjahr vom Bundesverwaltungsamt insgesamt eingezogenen Beträge und Zinsen. [3]Bleibt in einem Kalenderjahr wegen der vorgesehenen Begrenzung nach Satz 2 ein Differenzbetrag bis zum maßgeblichen Durchschnittsbetrag der Kalenderjahre 2012 bis 2014 offen, ist die Differenz im jeweils nächsten Kalenderjahr zusätzlich an die Länder abzuführen; für den Betrag, der daneben für dieses jeweils nächste Kalenderjahr abzuführen ist, bleibt Satz 2 unberührt. [4]Das Bundesverwaltungsamt hat den so ermittelten jährlich abzuführenden Gesamtbetrag jeweils in dem Verhältnis an die Länder abzuführen, in dem die in den Jahren 2012 bis 2014 an das Bundesverwaltungsamt gemeldeten Darlehensleistungen der einzelnen Länder zueinander stehen.

(2a) Die Kreditanstalt für Wiederaufbau hat 35 vom Hundert der von ihr nach § 18d Absatz 1 für den Bund eingezogenen Beträge und Zinsen aus Darlehen, die ihr bis zum 31. Dezember 2014 erstattet wurden, in dem Verhältnis an die Länder abzuführen, in dem die auf Bewilligungsbescheide der Ämter aus den Jahren 2012 bis 2014 gezahlten Darlehensbeträge zueinander stehen.

(3) Das Land führt die auf Grund des § 50 des Zehnten Buches Sozialgesetzbuch[3] sowie der §§ 20, 37, 38 und 47a eingezogenen Beträge an den Bund ab.

(4) Im Falle einer vor dem Jahr 2015 geleisteten Förderung nach § 5 Absatz 2 bis 5 erstattet das Land, in dem der Auszubildende seinen ständigen Wohnsitz hat, dem nach der Rechtsverordnung auf Grund des § 45 Absatz 4 Satz 2 zuständigen Land 35 vom Hundert der Ausgaben.

---

[1] Bish. Abschn. X wird Abschn. XI, bish. § 56 wird § 57 mWv 25.7.2024 durch G v. 19.7.2024 (BGBl. 2024 I Nr. 249).

[2] Bish. *Abschn. X wird Abschn. XI,* bish. § 56 Abs. 1 Sätze 1 und 2 geänd., Abs. 2 und 2a neu gef., *Abs. 4 Satz 1* aufgeh., bish. Satz 2 geänd. mWv 1.1.2015, Abs. 3 geänd. mWv 1.1.2016 durch G v. 23.12.2014 (BGBl. I S. 2475); Abs. 1 Satz 2 geänd. mWv 16.7.2019 durch G v. 8.7.2019 (BGBl. I S. 1048); bish. § 56 wird § 57 mWv 25.7.2024 durch G v. 19.7.2024 (BGBl. 2024 I Nr. 249).

[3] **Sartorius ErgBd. Nr. 410.**

Abschnitt XII.[1] Bußgeldvorschriften, Übergangs- und Schlussvorschriften

§ 58[2] Ordnungswidrigkeiten. (1) Ordnungswidrig handelt, wer vorsätzlich oder fahrlässig

1. entgegen § 60 Absatz 1 des Ersten Buches Sozialgesetzbuch[3], jeweils auch in Verbindung mit § 47 Absatz 4, eine Angabe oder eine Änderungsmitteilung nicht, nicht richtig, nicht vollständig oder nicht rechtzeitig macht oder eine Beweisurkunde nicht, nicht richtig, nicht vollständig oder nicht rechtzeitig vorlegt;
2. entgegen § 47 Absatz 2 oder 5 Nummer 1 eine Auskunft nicht, nicht richtig, nicht vollständig oder nicht rechtzeitig erteilt oder eine Urkunde nicht oder nicht rechtzeitig vorlegt oder nicht oder nicht rechtzeitig ausstellt;

2a. entgegen § 47 Absatz 3 das Amt für Ausbildungsförderung nicht oder nicht rechtzeitig unterrichtet oder

3. einer Rechtsverordnung nach § 18 Absatz 14 Nummer 2 zuwiderhandelt, soweit sie für einen bestimmten Tatbestand auf diese Bußgeldvorschrift verweist.

(2) Die Ordnungswidrigkeit kann mit einer Geldbuße bis zu 2 500 Euro geahndet werden.

(3) Verwaltungsbehörde im Sinne des § 36 Absatz 1 Nummer 1 des Gesetzes über Ordnungswidrigkeiten[4] ist in den Fällen des Absatzes 1 Nummer 1, 2 und 2a das Amt für Ausbildungsförderung oder die auf Grund einer Rechtsverordnung nach § 56 Absatz 4 mit der Durchführung der Studienstarthilfe betraute Stelle, in den Fällen des Absatzes 1 Nummer 3 das Bundesverwaltungsamt.

§ 59[5] Verordnungsermächtigung für Fälle bundesweiter Notlagen.

(1) [1] Die Bundesregierung wird ermächtigt, durch Rechtsverordnung ohne Zustimmung des Bundesrates im Fall einer vom Deutschen Bundestag auf Antrag der Bundesregierung durch Beschluss festgestellten bundesweiten Notlage für Auszubildende im Hinblick auf erhebliche Nachfrageeinbrüche auf dem Arbeitsmarkt für ausbildungsbegleitende Erwerbstätigkeiten (Notlage) den Kreis der Förderungsberechtigten nach diesem Gesetz vorübergehend auszuweiten. [2] Der Deutsche Bundestag hat die Feststellung der Notlage wieder aufzuheben, wenn die Voraussetzungen nach Satz 1 nicht mehr vorliegen. [3] Die Feststellung der Notlage gilt als aufgehoben, sofern der Deutsche Bundestag nicht spätestens drei Monate nach der Feststellung nach Satz 1 auf Antrag der Bundesregierung das Fortbestehen der Notlage feststellt.

(2) [1] Eine Rechtsverordnung nach Absatz 1 Satz 1 ist unverzüglich nach ihrer Verkündung dem Deutschen Bundestag mitzuteilen. [2] Die Rechtsverordnung ist unverzüglich aufzuheben oder zu ändern, soweit es der Deutsche Bundestag binnen vier Wochen nach Verkündung der Rechtsverordnung verlangt.

---

[1] Bish. Abschn. XI wird Abschn. XII mWv 25.7.2024 durch G v. 19.7.2024 (BGBl. 2024 I Nr. 249).

[2] § 58 Abs. 1 Nr. 3 geänd. mWv 16.7.2019 durch G v. 8.7.2019 (BGBl. I S. 1048); Abs. 3 geänd. mWv 25.7.2024 durch G v. 19.7.2024 (BGBl. 2024 I Nr. 249).

[3] **Sartorius ErgBd. Nr. 401.**

[4] **Habersack Nr. 94.**

[5] § 59 neu gef. mWv 26.10.2022 durch G v. 19.10.2022 (BGBl. I S. 1796).

(3) In der Rechtsverordnung nach Absatz 1 Satz 1 kann insbesondere für Auszubildende, die an einer Ausbildungsstätte nach § 2 im Inland ausgebildet werden, bestimmt werden, dass Förderungsvoraussetzungen nach § 2 Absatz 5 Satz 1 Nummer 2 und den §§ 7, 10, 11 und 15 Absatz 2 Satz 1 und nach § 48 nicht anzuwenden sind.

(4) In der Rechtsverordnung nach Absatz 1 Satz 1 ist vorzusehen,

1. dass im Einzelfall nur unter der Voraussetzung des Nachweises einer individuellen Betroffenheit von der Notlage
   a) Ausbildungsförderung nach § 17 Absatz 1 oder
   b) m Fall des Besuchs höherer Fachschulen, Akademien oder Hochschulen sowie bei Praktika im Zusammenhang mit solchen Ausbildungen Ausbildungsförderung nach § 17 Absatz 2

   geleistet wird, und
2. wie der nach Nummer 1 erforderliche Nachweis zu führen ist.

(5) [1] In der Rechtsverordnung nach Absatz 1 Satz 1 kann vorgesehen werden, dass ohne Nachweis einer individuellen Betroffenheit von der Notlage im Sinne des Absatzes 4 abweichend von § 17 Absatz 1 oder 2 Ausbildungsförderung ausschließlich als Darlehen geleistet wird. [2] Sobald der Deutsche Bundestag das Fortbestehen der Notlage in zwei aufeinander folgenden Beschlüssen festgestellt hat, kann in der Rechtsverordnung abweichend von Absatz 4 vorgesehen werden, dass Ausbildungsförderung nur nach Satz 1 geleistet wird.

(6) In der Rechtsverordnung nach Absatz 1 Satz 1 kann ferner vorgesehen werden,

1. dass kürzere Bewilligungszeiträume als nach § 50 Absatz 3 für den Regelfall bestimmt anzuwenden sind,
2. dass die Höhe der Förderung abweichend von § 11 Absatz 1 auf einen in der Rechtsverordnung festgesetzten monatlichen Höchstbetrag begrenzt ist,
3. dass die Antragstellenden im Fall der Förderung nach Absatz 5 die Höhe der monatlichen Auszahlungsrate bis zu einem in der Rechtsverordnung festgesetzten Höchstbetrag selbst bestimmen können.

(7) Eine Rechtsverordnung nach Absatz 1 Satz 1 tritt spätestens mit dem Ende des Monats außer Kraft, der auf die Aufhebung der Notlage durch den Deutschen Bundestag folgt.

(8) Eine Förderung auf Grundlage einer Rechtsverordnung nach Absatz 1 Satz 1 ist zusätzlich zu § 55 Absatz 2 als weiteres Erhebungsmerkmal zu erfassen.

§ 60[1)] Opfer politischer Verfolgung durch SED-Unrecht. Verfolgten nach § 1 des Beruflichen Rehabilitierungsgesetzes[2)] oder verfolgten Schülern nach § 3 des Beruflichen Rehabilitierungsgesetzes wird für Ausbildungsabschnitte, die vor dem 1. Januar 2003 beginnen,

1. Ausbildungsförderung ohne Anwendung der Altersgrenze des § 10 Absatz 3 Satz 1 geleistet, sofern sie eine Bescheinigung nach § 17 oder § 18 des Beruflichen Rehabilitierungsgesetzes erhalten haben; § 10 Absatz 3 Satz 2 Nummer 3 *bleibt unberührt,*

[1)] § 60 einl. Satzteil, Nr. 2 und 3 geänd. mWv 16.7.2019 durch G v. 8.7.2019 (BGBl. I S. 1048).
[2)] **Sartorius III Nr. 95.**

2. auf Antrag der nach dem 31. Dezember 1990 nach § 17 Absatz 2 geleistete Darlehensbetrag erlassen, sofern in der Bescheinigung nach § 17 des Beruflichen Rehabilitierungsgesetzes eine Verfolgungszeit oder verfolgungsbedingte Unterbrechung der Ausbildung vor dem 3. Oktober 1990 von insgesamt mehr als drei Jahren festgestellt wird; der Antrag ist innerhalb eines Monats nach Bekanntgabe des Bescheides nach § 18 Absatz 9 zu stellen,
3. auf Antrag der nach dem 31. Juli 1996 nach § 17 Absatz 3 in der am 31. Juli 2019 geltenden Fassung geleistete Darlehensbetrag unter den Voraussetzungen der Nummer 2 erlassen; der Antrag ist innerhalb eines Monats nach Erhalt der Mitteilung nach § 18c Absatz 8 an die Kreditanstalt für Wiederaufbau zu richten.

§ 61[1] **Förderung von Ausländerinnen und Ausländern mit einer Aufenthaltserlaubnis oder einer entsprechenden Fiktionsbescheinigung.** (1) Ergänzend zu § 8 Absatz 2 Nummer 1 wird Ausländerinnen und Ausländern Ausbildungsförderung auch geleistet, die gemäß § 49 des Aufenthaltsgesetzes[2] erkennungsdienstlich behandelt worden sind, ihren ständigen Wohnsitz im Inland haben und

1. denen eine Aufenthaltserlaubnis nach § 24 Absatz 1 des Aufenthaltsgesetzes erteilt worden ist oder
2. die eine Aufenthaltserlaubnis nach § 24 Absatz 1 des Aufenthaltsgesetzes beantragt haben und denen ausgestellt worden ist
   a) eine entsprechende Fiktionsbescheinigung nach § 81 Absatz 5 in Verbindung mit Absatz 3 des Aufenthaltsgesetzes oder
   b) eine entsprechende Fiktionsbescheinigung nach § 81 Absatz 5 in Verbindung mit Absatz 4 des Aufenthaltsgesetzes.

(2) § 74 Absatz 3 und 4 des Zweiten Buches Sozialgesetzbuch[3] gilt entsprechend.

(3) § 5 Absatz 2 Satz 4 gilt entsprechend.

§§ 62 bis 64 (weggefallen)

§ 65[4] **Weitergeltende Vorschriften.** (1) Die Vorschriften über die Leistung individueller Förderung der Ausbildung nach

1. dem Vierzehnten Buch Sozialgesetzbuch[5],
2. den Gesetzen, die das *Vierzehnten*[6]Buch Sozialgesetzbuch für anwendbar erklären,
3. (weggefallen)
4. dem Bundesentschädigungsgesetz[7] sowie
5. dem Häftlingshilfegesetz[8] in der Fassung der Bekanntmachung vom 2. Juni 1993 (BGBl. I S. 838), zuletzt geändert durch Artikel 4 des Gesetzes vom 17. Dezember 1999 (BGBl. I S. 2662)

---

[1] § 61 neu gef. mWv 1.6.2022 durch G v. 23.5.2022 (BGBl. I S. 760).
[2] Nr. **565**.
[3] **Sartorius ErgBd. Nr. 402.**
[4] § 65 Abs. 1 Nr. 1 und 2, Abs. 2 geänd. mWv 1.1.2024 durch G v. 12.12.2019 (BGBl. I S. 2652).
[5] **Sartorius III Nr. 600.**
[6] Richtig wohl: „Vierzehnte".
[7] **Sartorius III Nr. 981.**
[8] **Sartorius III Nr. 965.**

werden durch dieses Gesetz nicht berührt.

(2) Die in Absatz 1 Nummer 2, 4 und 5 bezeichneten Vorschriften haben Vorrang vor diesem Gesetz.

§ 66[1)] *(aufgehoben)*

§ 66a[2)] **Übergangs- und Anwendungsvorschrift; Verordnungsermächtigung.** (1) [1] Für Auszubildende, denen bis zum 31. Juli 2016 nach zuvor bereits erworbenem Hochschulabschluss die Leistung von Ausbildungsförderung nach § 7 Absatz 1 bewilligt wurde, ist diese Vorschrift bis zum Ende des Ausbildungsabschnitts in der bis zum 31. Juli 2016 geltenden Fassung weiter anzuwenden. [2] Für Auszubildende, deren Bewilligungszeitraum vor dem 1. August 2016 begonnen hat, ist § 45 Absatz 1 Satz 2 Nummer 6 bis zum Ende des Ausbildungsabschnitts in der bis zum 31. Juli 2016 geltenden Fassung weiter anzuwenden.

(2) Die §§ 12, 13, 13a, 18a, 21 Absatz 2 sowie die §§ 23, 25 und 36 in der durch Artikel 1 des Gesetzes vom 19. Juli 2024 (BGBl. 2024 I Nr. 249) geänderten Fassung sind erst ab dem 1. August 2024 anzuwenden, soweit nachstehend nichts anderes bestimmt ist.

(3) [1] Für Bewilligungszeiträume, die vor dem 1. August 2024 begonnen haben, sind vorbehaltlich des Satzes 2 auch ab dem in Absatz 2 genannten Stichtag die §§ 12, 13, 13a, 18a, 21 Absatz 2 sowie die §§ 23, 25 und 36 in der am 24. Juli 2024 geltenden Fassung weiter anzuwenden. [2] Ab dem 1. Oktober 2024 sind die in Satz 1 genannten Vorschriften in der am 25. Juli 2024 geltenden Fassung auch für Bewilligungszeiträume anzuwenden, die vor dem 1. August 2024 begonnen haben.

(4) *(aufgehoben)*

(5) [1] Für Auszubildende, denen für einen vor dem 1. August 2019 begonnenen Ausbildungsabschnitt Förderung geleistet wurde für den Besuch einer staatlichen Akademie, welche Abschlüsse verleiht, die nach Landesrecht Hochschulabschlüssen gleichgestellt sind, sind bis zum Ende dieses Ausbildungsabschnitts § 15 Absatz 2 Satz 1 und § 50 Absatz 2 Satz 4 in der am 31. Juli 2019 geltenden Fassung weiter anzuwenden. [2] § 18 Absatz 4 Satz 1 in der ab dem 1. September 2019 geltenden Fassung gilt für sie mit der Maßgabe, dass ausschließlich die Nummer 2 anzuwenden ist.

(6) [1] Für Darlehensnehmende, denen vor dem 1. September 2019 Förderung nach § 17 Absatz 2 Satz 1 in der am 31. August 2019 anzuwendenden Fassung geleistet wurde, sind diese Regelung, § 18 mit Ausnahme des Absatzes 3 Satz 1, des Absatzes 4 Satz 4 und des Absatzes 5c sowie § 18a Absatz 5, die §§ 18b, 58 Absatz 1 Nummer 3 und § 60 Nummer 2 in der am 31. August 2019 geltenden Fassung weiter anzuwenden; dies gilt auch, soweit die Förderungsleistungen jeweils auch noch über den 31. August 2019 hinaus erbracht werden. [2] Abweichend von Satz 1 ist § 18 Absatz 14 in der ab dem 26. Oktober 2022 geltenden Fassung anzuwenden.

[1)] § 66 aufgeh. mWv 1.1.2025 durch G v. 20.8.2021 (BGBl. I S. 3932).

[2)] § 66a neu gef. mWv 16.7.2019, Abs. 9 angef. mWv 1.8.2020 und Abs. 10 angef. mWv 1.8.2021 durch G v. 8.7.2019 (BGBl. I S. 1048); Abs. 8a angef. mWv 1.3.2020 durch G v. 25.5.2020 (BGBl. I S. 1073); Überschr. und Abs. 8a neu gef., Abs. 8b eingef. mWv 24.11.2021 durch G v. 22.11.2021 (BGBl. I S. 4906); Abs. 2 und 3 neu gef., Abs. 4, Abs. 7 Satz 2, Abs. 8–10 aufgeh. mWv 22.7.2022 durch G v. 15.7.2022 (BGBl. I S. 1150); Abs. 6 Satz 2 angef. mWv 26.10.2022 durch G v. 19.10.2022 (BGBl. I S. 1796); Abs. 2 und 3, Abs. 6 Satz 1, Abs. 7 und 8 neu gef., Abs. 8a und 8b aufgeh. mWv 25.7.2024 durch G v. 19.7.2024 (BGBl. 2024 I Nr. 249).

(7) [1] Für Auszubildende, deren Förderungshöchstdauer für den laufenden Ausbildungsabschnitt vor dem 25. Juli 2024 endet, ist § 15 für diesen Ausbildungsabschnitt in der am 24. Juli 2024 geltenden Fassung weiter anzuwenden. [2] Satz 1 gilt nicht für Auszubildende, die am 25. Juli 2024 Förderung nach § 15 Absatz 3 beziehen oder nur deshalb nicht beziehen, weil über ihren Antrag auf Förderung nach § 15 Absatz 3 noch nicht entschieden worden ist.

(8) [1] Für Auszubildende an Höheren Fachschulen, Akademien und Hochschulen, die bis zum für ihre jeweilige Ausbildung geltenden Beginn des Semesters, der vor dem 25. Juli 2024 liegt, im Sinne von § 7 Absatz 3 Satz 3 die Fachrichtung gewechselt oder im Sinne von § 7 Absatz 3 Satz 2 die Ausbildung abgebrochen haben, ist § 7 Absatz 3 in der am 24. Juli 2024 geltenden Fassung für diesen Fachrichtungswechsel oder Abbruch der Ausbildung weiter anzuwenden. [2] Satz 1 gilt auch, wenn der Fachrichtungswechsel oder der Abbruch der Ausbildung zum Beginn des Semesters, der vor dem 25. Juli 2024 liegt, als vollzogen gilt.

§ 66b[1)] Übergangsvorschrift aus Anlass des Endes des Übergangszeitraums nach dem Abkommen über den Austritt des Vereinigten Königreichs Großbritannien und Nordirland aus der Europäischen Union und der Europäischen Atomgemeinschaft. Auszubildenden, die bis zum Ende des Übergangszeitraums nach Teil Vier des Abkommens über den Austritt des Vereinigten Königreichs Großbritannien und Nordirland aus der Europäischen Union und der Europäischen Atomgemeinschaft vom 24. Januar 2020 (ABl. L 29 vom 31.1.2020, S. 7) einen Ausbildungsabschnitt an einer Ausbildungsstätte im Vereinigten Königreich Großbritannien und Nordirland beginnen oder fortsetzen, wird Ausbildungsförderung nach § 5 Absatz 2 Satz 1 Nummer 3 noch bis zum Abschluss oder Abbruch dieses Ausbildungsabschnitts an einer dortigen Ausbildungsstätte nach Maßgabe der im Übrigen unverändert geltenden sonstigen Förderungsvoraussetzungen dieses Gesetzes gewährt.

§ 67[2)] (weggefallen)

§ 68 (Inkrafttreten)

[1)] § 66b eingef. mWv 24.11.2020 durch G v. 12.11.2020 (BGBl. I S. 2416).

[2)] Neufassung des § 67 mWv 1.1.2024 durch Art. 51 Nr. 4 G v. 12.12.2019 (BGBl. I S. 2652) aufgeh. durch G v. 20.8.2021 (BGBl. I S. 3932).

425. Gesetz zur Regelung des öffentlichen Vereinsrechts (Vereinsgesetz)

Vom 5. August 1964
(BGBl. I S. 593)

FNA 2180-1

geänd. durch Art. 31 EinführungsG zum OWiG v. 24.5.1968 (BGBl. I S. 503), Art. 6 Nr. 1 Achtes StrafrechtsänderungsG v. 25.6.1968 (BGBl. I S. 741), Art. 80 EinführungsG zum StGB v. 2.3.1974 (BGBl. I S. 469), Art. 2 Drittes RechtsbereinigungsG v. 28.6.1990 (BGBl. I S. 1221), Art. 19 G zur Neuregelung des verwaltungsgerichtlichen Verfahrens v. 17.12.1990 (BGBl. I S. 2809), Art. 7 EinführungsG zur InsO v. 5.10.1994 (BGBl. I S. 2911), Art. 14 VerbrechensbekämpfungsG v. 28.10.1994 (BGBl. I S. 3186), Art. 4 Abs. 1 Sechstes StrafrechtsreformG v. 26.1.1998 (BGBl. I S. 164), Art. 13 Zweites ZuständigkeitslockerungsG v. 3.5.2000 (BGBl. I S. 632), Art. 1 Erstes ÄndG v. 4.12.2001 (BGBl. I S. 3319), Art. 9 TerrorismusbekämpfungsG v. 9.1.2002 (BGBl. I S. 361), Art. 15 Drittes VerwaltungsverfahrensrechtsÄndG v. 21.8.2002 (BGBl. I S. 3322), Art. 5 Abs. 2 Vierunddreißigstes StrafrechtsänderungsG v. 22.8.2002 (BGBl. I S. 3390), Art. 7a TerrorismusbekämpfungsergänzungsG v. 5.1.2007 (BGBl. I S. 2), Art. 6 G zur Neuregelung der Telekommunikationsüberwachung und anderer verdeckter Ermittlungsmaßnahmen sowie zur Umsetzung der RL 2006/24/EG v. 21.12.2007 (BGBl. I S. 3198), Art. 2 Abs. 29 G zur Modernisierung der Finanzaufsicht über Versicherungen v. 1.4.2015 (BGBl. I S. 434), Art. 6 G zum besseren Informationsaustausch bei der Bekämpfung des internationalen Terrorismus v. 26.7.2016 (BGBl. I S. 1818), Art. 1 Zweites ÄndG v. 10.3.2017 (BGBl. I S. 419), Art. 149 Elfte ZuständigkeitsanpassungsVO v. 19.6.2020 (BGBl. I S. 1328) und Art. 5 60. G zur Änd. des Strafgesetzbuches v. 30.11.2020 (BGBl. I S. 2600)

Der Bundestag hat mit Zustimmung des Bundesrates das folgende Gesetz beschlossen:

Erster Abschnitt. Allgemeine Vorschriften

§ 1 Vereinsfreiheit. (1) Die Bildung von Vereinen ist frei (Vereinsfreiheit).

(2) Gegen Vereine, die die Vereinsfreiheit mißbrauchen, kann zur Wahrung der öffentlichen Sicherheit oder Ordnung nur nach Maßgabe dieses Gesetzes eingeschritten werden.

§ 2[1] Begriff des Vereins. (1) Verein im Sinne dieses Gesetzes ist ohne Rücksicht auf die Rechtsform jede Vereinigung, zu der sich eine Mehrheit natürlicher oder juristischer Personen für längere Zeit zu einem gemeinsamen Zweck freiwillig zusammengeschlossen und einer organisierten Willensbildung unterworfen hat.

(2) Vereine im Sinne dieses Gesetzes sind nicht

1. politische Parteien im Sinne des Artikels 21 des Grundgesetzes[2],
2. Fraktionen des Deutschen Bundestages und der Parlamente der Länder.

Zweiter Abschnitt. Verbot von Vereinen

§ 3[3] Verbot. (1) [1] Ein Verein darf erst dann als verboten (Artikel 9 Abs. 2 des Grundgesetzes[2]) behandelt werden, wenn durch Verfügung der Verbotsbehörde festgestellt ist, daß seine Zwecke oder seine Tätigkeit den Strafgesetzen zuwider-

[1] § 2 Abs. 2 Nr. 2 geänd. und Nr. 3 aufgeh. mWv 8.12.2001 durch G v. 4.12.2001 (BGBl. I S. 3319).
[2] Nr. 1.
[3] § 3 Abs. 4 Satz 2 neu gef. durch G v. 28.6.1990 (BGBl. I S. 1221); Abs. 1 Satz 2 neu gef. und Abs. 5 angef. durch G v. 28.10.1994 (BGBl. I S. 3186); Abs. 2 Satz 1 Nr. 1 sowie Sätze 2 und 3 geänd. mWv 11.5.2000 durch G v. 3.5.2000 (BGBl. I S. 632); Abs. 4 Satz 1 geänd. mWv 1.2.2003 durch G v. 21.8. →

laufen oder daß er sich gegen die verfassungsmäßige Ordnung oder den Gedanken der Völkerverständigung richtet; in der Verfügung ist die Auflösung des Vereins anzuordnen (Verbot). [2] Mit dem Verbot ist in der Regel die Beschlagnahme und die Einziehung

1. des Vereinsvermögens,
2. von Forderungen Dritter, soweit die Einziehung in § 12 Abs. 1 vorgesehen ist, und
3. von Sachen Dritter, soweit der Berechtigte durch die Überlassung der Sachen an den Verein dessen verfassungswidrige Bestrebungen vorsätzlich gefördert hat oder die Sachen zur Förderung dieser Bestrebungen bestimmt sind,

zu verbinden.

(2) [1] Verbotsbehörde ist

1. die oberste Landesbehörde oder die nach Landesrecht zuständige Behörde für Vereine und Teilvereine, deren erkennbare Organisation und Tätigkeit sich auf das Gebiet eines Landes beschränken;
2. das Bundesministerium des Innern, für Bau und Heimat für Vereine und Teilvereine, deren Organisation oder Tätigkeit sich über das Gebiet eines Landes hinaus erstreckt.

[2] Die oberste Landesbehörde oder die nach Landesrecht zuständige Behörde entscheidet im Benehmen mit dem Bundesministerium des Innern, für Bau und Heimat, wenn sich das Verbot gegen den Teilverein eines Vereins richtet, für dessen Verbot nach Satz 1 Nr. 2 das Bundesministerium des Innern, für Bau und Heimat zuständig ist. [3] Das Bundesministerium des Innern, für Bau und Heimat entscheidet im Benehmen mit den Behörden, die nach Satz 1 Nr. 1 für das Verbot von Teilvereinen zuständig gewesen wären.

(3) [1] Das Verbot erstreckt sich, wenn es nicht ausdrücklich beschränkt wird, auf alle Organisationen, die dem Verein derart eingegliedert sind, daß sie nach dem Gesamtbild der tatsächlichen Verhältnisse als Gliederung dieses Vereins erscheinen (Teilorganisationen). [2] Auf nichtgebietliche Teilorganisationen mit eigener Rechtspersönlichkeit erstreckt sich das Verbot nur, wenn sie in der Verbotsverfügung ausdrücklich benannt sind.

(4) [1] Das Verbot ist schriftlich oder elektronisch mit einer dauerhaft überprüfbaren Signatur nach § 37 Abs. 4 des Verwaltungsverfahrensgesetzes[1)] abzufassen, zu begründen und dem Verein, im Falle des Absatzes 3 Satz 2 auch den Teilorganisationen, zuzustellen. [2] Der verfügende Teil des Verbots ist im Bundesanzeiger und danach im amtlichen Mitteilungsblatt des Landes bekanntzumachen, in dem der Verein oder, sofern sich das Verbot hierauf beschränkt, der Teilverein seinen Sitz hat; Verbote nach § 15 werden nur im Bundesanzeiger bekanntgemacht. [3] Das Verbot wird mit der Zustellung, spätestens mit der Bekanntmachung im Bundesanzeiger, wirksam und vollziehbar; § 80 der Verwaltungsgerichtsordnung[2)] bleibt unberührt.

(5) Die Verbotsbehörde kann das Verbot auch auf Handlungen von Mitgliedern des Vereins stützen, wenn

---

(Fortsetzung der Anm. von voriger Seite)
2002 (BGBl. I S. 3322); Abs. 2 Satz 1 Nr. 2 (im BGBl. I wohl irrtümlich: „Nr. 1"), Sätze 2, 3 geänd. mWv 27.6.2020 durch VO v. 19.6.2020 (BGBl. I S. 1328).

[1)] Nr. **100**.

[2)] Nr. **600**.

1. ein Zusammenhang zur Tätigkeit im Verein oder zu seiner Zielsetzung besteht,
2. die Handlungen auf einer organisierten Willensbildung beruhen und
3. nach den Umständen anzunehmen ist, daß sie vom Verein geduldet werden.

§ 4[1] Ermittlungen. (1) [1]Die Verbotsbehörde kann für ihre Ermittlungen die Hilfe der für die Wahrung der öffentlichen Sicherheit oder Ordnung zuständigen Behörden und Dienststellen in Anspruch nehmen. [2]Ermittlungsersuchen des Bundesministeriums des Innern, für Bau und Heimat sind an die zuständige oberste Landesbehörde zu richten.

(2) [1]Hält die Verbotsbehörde oder eine gemäß Absatz 1 Satz 1 ersuchte Stelle eine richterliche Vernehmung von Zeugen, eine Beschlagnahme von Beweismitteln oder eine Durchsuchung für erforderlich, so stellt sie ihre Anträge bei dem Verwaltungsgericht, in dessen Bezirk die Handlung vorzunehmen ist. [2]Die richterlichen Anordnungen oder Maßnahmen trifft der Vorsitzende oder ein von ihm bestimmtes Mitglied des Gerichts.

(3) Für die richterliche Vernehmung von Zeugen gilt § 98 der Verwaltungsgerichtsordnung[2] entsprechend.

(4) [1]Für die Beschlagnahme von Gegenständen, die als Beweismittel von Bedeutung sein können, gelten die §§ 94 bis 97, 98 Abs. 4 sowie die §§ 99 bis 101 der Strafprozeßordnung[3] entsprechend. [2]Bestehen hinreichende Anhaltspunkte dafür, daß eine Durchsuchung zur Auffindung solcher Beweismittel führen werde, so kann die Durchsuchung der Räume des Vereins sowie der Räume, der Sachen und der Person eines Mitglieds oder Hintermannes des Vereins angeordnet werden. [3]Bei anderen Personen ist die Durchsuchung nur zur Beschlagnahme bestimmter Beweismittel und nur dann zulässig, wenn Tatsachen darauf schließen lassen, daß sich die gesuchte Sache in ihrem Gewahrsam befindet. [4]Die §§ 104, 105 Abs. 2 bis 4, §§ 106 bis 110 der Strafprozeßordnung gelten entsprechend.

(5) [1]Bei Gefahr im Verzug kann auch die Verbotsbehörde oder eine gemäß Absatz 1 Satz 1 ersuchte Stelle eine Beschlagnahme, mit Ausnahme der Beschlagnahme nach § 99 der Strafprozeßordnung, oder eine Durchsuchung anordnen. [2]Die Vorschriften des Absatzes 4 sowie § 98 Abs. 2 Satz 1 und 2 der Strafprozeßordnung gelten entsprechend.

§ 5[4] Vollzug des Verbots. (1) Soweit das Verbot nach diesem Gesetz nicht von der Verbotsbehörde selbst oder den von ihr gemäß § 10 Abs. 3 und § 11 Abs. 3 beauftragten Stellen zu vollziehen ist, wird es von den von der Landesregierung bestimmten Behörden vollzogen.

(2) Folgt dem Verbot eines Teilvereins, bevor es unanfechtbar geworden ist, ein den Teilverein einschließendes Verbot des Gesamtvereins, so ist von diesem Zeitpunkt an nur noch das Verbot des Gesamtvereins zu vollziehen.

§ 6 Anfechtung des Verbotsvollzugs. (1) Wird eine Maßnahme zum Vollzug des Verbots angefochten und kommt es für die Entscheidung darauf an, ob das Verbot rechtmäßig ist, so hat das Verwaltungsgericht, wenn es die Rechtmäßigkeit

---

[1] § 4 Abs. 5 Satz 3 aufgeh. durch G v. 28.10.1994 (BGBl. I S. 3186); Abs. 1 Satz 2 geänd. mWv 27.6. 2020 durch VO v. 19.6.2020 (BGBl. I S. 1328).

[2] Nr. **600**.

[3] **Schönfelder Nr. 90.**

[4] § 5 Abs. 2 aufgeh., bish. Abs. 3 wird Abs. 2 durch G v. 28.10.1994 (BGBl. I S. 3186).

des Verbots bezweifelt, das Verfahren auszusetzen, bis über das Verbot unanfechtbar entschieden ist, und dieses Ergebnis seiner Entscheidung zugrunde zu legen.

(2) Widerspruch und Anfechtungsklage gegen Maßnahmen zum Vollzug des Verbots haben keine aufschiebende Wirkung.

§ 7[1] Unanfechtbarkeit des Verbots, Eintragung in öffentliche Register.

(1) Ist das Verbot unanfechtbar geworden, so ist sein verfügender Teil nochmals unter Hinweis auf die Unanfechtbarkeit im Bundesanzeiger und in dem in § 3 Abs. 4 Satz 2 genannten Mitteilungsblatt zu veröffentlichen.

(2) Ist der Verein oder eine Teilorganisation in ein öffentliches Register eingetragen, so sind auf Anzeige der Verbotsbehörde einzutragen

die Beschlagnahme des Vereinsvermögens und ihre Aufhebung,
die Bestellung und Abberufung von Verwaltern (§ 10 Abs. 3),
die Auflösung des Vereins, nachdem das Verbot unanfechtbar geworden ist, und
das Erlöschen des Vereins.

§ 8 Verbot der Bildung von Ersatzorganisationen. (1) Es ist verboten, Organisationen zu bilden, die verfassungswidrige Bestrebungen (Artikel 9 Abs. 2 des Grundgesetzes[2]) eines nach § 3 dieses Gesetzes verbotenen Vereins an dessen Stelle weiterverfolgen (Ersatzorganisationen) oder bestehende Organisationen als Ersatzorganisationen fortzuführen.

(2) [1]Gegen eine Ersatzorganisation, die Verein im Sinne dieses Gesetzes ist, kann zur verwaltungsmäßigen Durchführung des in Absatz 1 enthaltenen Verbots nur auf Grund einer besonderen Verfügung vorgegangen werden, in der festgestellt wird, daß sie Ersatzorganisation des verbotenen Vereins ist. [2]Die §§ 3 bis 7 und 10 bis 13 gelten entsprechend. [3]Widerspruch und Anfechtungsklage gegen die Verfügung haben keine aufschiebende Wirkung. [4]Die für die Wahrung der öffentlichen Sicherheit oder Ordnung zuständigen Behörden und Dienststellen sind bei Gefahr im Verzug zu vorläufigen Maßnahmen berechtigt, die außer Kraft treten, wenn die Verbotsbehörde nicht binnen zweier Wochen die in Satz 1 bestimmte Verfügung trifft.

§ 9[3] Kennzeichenverbot. (1) [1]Kennzeichen des verbotenen Vereins dürfen für die Dauer der Vollziehbarkeit des Verbots nicht mehr

1. öffentlich, in einer Versammlung oder
2. in einem Inhalt (§ 11 Absatz 3 des Strafgesetzbuches[4]), der verbreitet wird oder zur Verbreitung bestimmt ist,

verwendet werden. [2]Ausgenommen ist eine Verwendung von Kennzeichen im Rahmen der staatsbürgerlichen Aufklärung, der Abwehr verfassungswidriger Bestrebungen und ähnlicher Zwecke.

(2) [1]Kennzeichen im Sinne des Absatzes 1 sind insbesondere Fahnen, Abzeichen, Uniformstücke, Parolen und Grußformen. [2]Den in Satz 1 genannten Kennzeichen stehen solche gleich, die ihnen zum Verwechseln ähnlich sind.

---

[1] § 7 Abs. 1 neu gef. durch G v. 28.6.1990 (BGBl. I S. 1221).

[2] Nr. **1**.

[3] § 9 Abs. 1 Nr. 2 geänd. durch G v. 2.3.1974 (BGBl. I S. 469); Abs. 2 Satz 2 angef., bish. Wortlaut *wird Satz 1* sowie Abs. 3 eingef., bish. Abs. 3 wird Abs. 4 mWv 1.1.2002 durch G v. 9.1.2002 (BGBl. I S. 361); Abs. 3 neu gef. mWv 16.3.2017 durch G v. 10.3.2017 (BGBl. I S. 419); Abs. 1 Satz 1 Nr. 2 geänd. mWv 1.1.2021 durch G v. 30.11.2020 (BGBl. I S. 2600).

[4] **Schönfelder Nr. 85.**

(3) [1] Absatz 1 gilt entsprechend für Kennzeichen eines verbotenen Vereins, die in im Wesentlichen gleicher Form von anderen nicht verbotenen Teilorganisationen oder von selbständigen Vereinen verwendet werden. [2] Ein Kennzeichen eines verbotenen Vereins wird insbesondere dann in im Wesentlichen gleicher Form verwendet, wenn bei ähnlichem äußerem Gesamterscheinungsbild das Kennzeichen des verbotenen Vereins oder Teile desselben mit einer anderen Orts- oder Regionalbezeichnung versehen wird.

(4) Diese Vorschriften gelten auch für die Verwendung von Kennzeichen einer Ersatzorganisation für die Dauer der Vollziehbarkeit einer Verfügung nach § 8 Abs. 2 Satz 1.

Dritter Abschnitt. Beschlagnahme und Einziehung des Vermögens verbotener Vereine

§ 10[1] Vermögensbeschlagnahme. (1) [1] Die Beschlagnahme (§ 3 Abs. 1 Satz 2) hat die Wirkung eines Veräußerungsverbots. [2] Rechtsgeschäfte, die gegen das Veräußerungsverbot verstoßen, sind nichtig, es sei denn, daß der andere Teil weder wußte noch wissen mußte, daß der Gegenstand, auf den sich das Rechtsgeschäft bezieht, der Beschlagnahme unterliegt. [3] Die Beschlagnahme erfaßt auch die Gegenstände, die der Verein einem Dritten zu treuen Händen übertragen hat oder die ein Dritter als Treuhänder für den Verein erworben hat. [4] In den Fällen des Satzes 3 sind die Vorschriften zugunsten derjenigen, welche Rechte von einem Nichtberechtigten herleiten, entsprechend anzuwenden.

(2) [1] Auf Grund der Beschlagnahme können Sachen im Gewahrsam des Vereins und auf Grund besonderer Anordnung Sachen im Gewahrsam Dritter sichergestellt werden. [2] Soweit es der Zweck der Sicherstellung erfordert, dürfen auch Räume betreten sowie verschlossene Türen und Behältnisse geöffnet werden. [3] Die Anwendung unmittelbaren Zwanges ist ohne vorherige Androhung oder Fristsetzung zulässig, wenn sonst die Sicherstellung gefährdet wäre. [4] Werden von der Beschlagnahme Gegenstände im Sinne des § 99 der Strafprozeßordnung[2] erfaßt, gelten für die Sicherstellung die §§ 99, 100 und 101 Abs. 3 bis 8 der Strafprozeßordnung entsprechend. [5] Maßnahmen nach Satz 4 und die Durchsuchung von Wohnungen ordnet nur das Verwaltungsgericht an, in dessen Bezirk die Handlungen vorzunehmen sind. [6] Anordnungen nach Satz 5 trifft der Vorsitzende oder ein von ihm bestimmtes Mitglied des Gerichts.

(3) [1] Die Verbotsbehörde kann für das beschlagnahmte Vermögen Verwalter bestellen und abberufen. [2] Die Verwalter unterliegen den Weisungen der Verbotsbehörde.

(4) [1] Die Vorstandsmitglieder sind verpflichtet, Auskunft über den Bestand und Verbleib des Vereinsvermögens zu geben. [2] Auf Verlangen der Verbotsbehörde haben sie ein Verzeichnis des Bestandes vorzulegen und zu beeiden. [3] Der Eid ist mit dem in § 260 Abs. 2 des Bürgerlichen Gesetzbuchs[3] bezeichneten Inhalt auf Ersuchen der Verbotsbehörde vor dem für den Wohnsitz des Eidespflichtigen zuständigen Amtsgericht zu leisten.

(5) Die Aufhebung der Beschlagnahme sowie der Aufschub und die Wiederherstellung ihrer Vollziehbarkeit haben keine rückwirkende Kraft.

---

[1] § 10 Abs. 2 Satz 1 geänd. und Sätze 4–6 angef. durch G v. 28.10.1994 (BGBl. I S. 3186); Abs. 2 Satz 4 geänd. mWv 1.1.2008 durch G v. 9.11.2007 (BGBl. I S. 3198).

[2] **Schönfelder Nr. 90.**

[3] **Schönfelder Nr. 20.**

§ 11[1] Vermögenseinziehung. (1) [1]Die Einziehung (§ 3 Abs. 1 Satz 2) wird im Fall des § 3 Abs. 2 Nr. 1 zugunsten des Landes, im Fall des § 3 Abs. 2 Nr. 2 zugunsten des Bundes angeordnet. [2]Die Einziehung erfaßt auch die Gegenstände, auf die sich nach § 10 Abs. 1 Satz 3 die Beschlagnahme erstreckt, mit Ausnahme der vom Verein einem Dritten zur Sicherung übertragenen Gegenstände.

(2) [1]Mit Eintritt der Unanfechtbarkeit des Verbots und der Einziehungsanordnung erwirbt der Einziehungsbegünstigte das Vereinsvermögen und die nach Absatz 1 Satz 2 eingezogenen Gegenstände als besondere Vermögensmasse. [2]Gegenstände, die einer Teilorganisation in der Rechtsform eines Vereins, einer Gesellschaft oder einer Stiftung gehört haben, bilden eine eigene Vermögensmasse. [3]Der Verein und die von der Einziehung betroffenen Teilorganisationen erlöschen. [4]Ihre Rechtsverhältnisse sind im Einziehungsverfahren abzuwickeln.

(3) [1]Das Bundesministerium des Innern, für Bau und Heimat als Verbotsbehörde kann mit der Durchführung der Einziehung und mit der Abwicklung (§ 13) das Bundesverwaltungsamt oder eine andere Bundesbehörde beauftragen (Einziehungsbehörde). [2]§ 10 Abs. 3 gilt entsprechend. [3]Die Beauftragung ist im Bundesanzeiger und in dem in § 3 Abs. 4 Satz 2 genannten Mitteilungsblatt zu veröffentlichen.

(4) [1]Die Verbotsbehörde kann von der Einziehung absehen, wenn keine Gefahr besteht, daß Vermögenswerte des Vereins von neuem zur Förderung von Handlungen oder Bestrebungen der in Artikel 9 Abs. 2 des Grundgesetzes[2] genannten Art verwendet werden oder daß die Vermögensauseinandersetzung dazu mißbraucht wird, den organisatorischen Zusammenhalt des Vereins aufrechtzuerhalten, ferner, soweit es sich um Gegenstände von unerheblichem Wert handelt. [2]Die Verbotsbehörde kann die Liquidatoren bestellen. [3]§ 12 Abs. 1 Satz 1 gilt sinngemäß für den Anspruch auf den Liquidationserlös.

(Fortsetzung nächstes Blatt)

---

[1] § 11 Abs. 3 Satz 3 neu gef. durch G v. 28.6.1990 (BGBl. I S. 1221); Abs. 3 Satz 1 geänd. mWv 27.6. 2020 durch VO v. 19.6.2020 (BGBl. I S. 1328).

[2] Nr. 1.

§ 12[1)] Einziehung von Gegenständen Dritter. (1) [1] Die Verbotsbehörde oder die Einziehungsbehörde zieht Forderungen Dritter gegen den Verein ein, wenn

1. sie aus Beziehungen entstanden sind, die sich nach Art, Umfang oder Zweck als eine vorsätzliche Förderung der verfassungswidrigen Bestrebungen des Vereins darstellen, oder
2. sie begründet wurden, um Vermögenswerte des Vereins dem behördlichen Zugriff zu entziehen oder den Wert des Vereinsvermögens zu mindern.

[2] Hat der Gläubiger eine solche Forderung durch Abtretung erworben, so kann sie nur eingezogen werden, wenn der Gläubiger die in Satz 1 bezeichneten Tatsachen bei dem Erwerb kannte.

(2) Sachen Dritter werden eingezogen, wenn der Berechtigte durch die Überlassung der Sachen an den Verein dessen verfassungswidrige Bestrebungen vorsätzlich gefördert hat oder die Sachen zur Förderung dieser Bestrebungen bestimmt sind.

(3) [1] Rechte Dritter an den nach § 11 Abs. 1 oder nach § 12 Abs. 1 oder 2 eingezogenen Gegenständen bleiben bestehen. [2] Sie werden eingezogen, wenn sie unter den in Absatz 1 bezeichneten Voraussetzungen begründet oder erworben worden sind.

(4) [1] Die nach den Absätzen 1 bis 3 eingezogenen Gegenstände gehen mit Eintritt der Unanfechtbarkeit des Verbots und der Einziehungsverfügung auf den Einziehungsbegünstigten über. [2] Nicht vererbliche Rechte erlöschen.

(5) [1] Verfügungen des Vereins, die in den letzten sechs Monaten vor Erlaß des Verbots in der dem anderen Teil bekannten Absicht vorgenommen wurden, Gegenstände des Vereinsvermögens beiseite zu schaffen, sind dem Einziehungsbegünstigten gegenüber unwirksam. [2] Ist zugunsten eines Vereinsmitglieds oder einer Person, die ihm im Sinne des § 138 Abs. 1 der Insolvenzordnung[2)] nahesteht, verfügt worden, so wird vermutet, daß diesen die in Satz 1 bezeichnete Absicht bekannt war.

§ 13[3)] Abwicklung. (1) [1] Die Gläubiger, die ihre Forderungen innerhalb der von der Verbotsbehörde oder Einziehungsbehörde gesetzten Ausschlußfrist angemeldet haben, sind aus der besonderen Vermögensmasse zu befriedigen. [2] Die Befriedigung von Gläubigern, die im Falle des Insolvenzverfahrens Insolvenzgläubiger wären, ist, soweit nicht eine Rechtsverordnung etwas anderes bestimmt, erst zulässig, wenn die Verwertung des eingezogenen Vermögens (§ 11 Abs. 1) eine zur Befriedigung aller Gläubiger ausreichende bare Masse ergeben hat. [3] Forderungen, die innerhalb der Ausschlußfrist nicht angemeldet werden, erlöschen.

(2) Zur Vermeidung unbilliger Härten kann die Verbotsbehörde oder die Einziehungsbehörde anordnen, daß ein nach § 11 Abs. 1 Satz 2 eintretender Rechtsverlust unterbleibt, oder von der Einziehung nach § 12 absehen.

(3) [1] Reicht das Vermögen nicht zur Befriedigung aller Ansprüche gegen die besondere Vermögensmasse aus, so findet auf Antrag der Verbotsbehörde oder

---

[1)] § 12 Abs. 5 Satz 2 geänd. durch G v. 5.10.1994 (BGBl. I S. 2911); Abs. 2 neu gef. durch G v. 28.10.1994 (BGBl. I S. 3186).

[2)] **Schönfelder Nr. 110.**

[3)] § 13 Abs. 1 Satz 2, Abs. 3 Sätze 1, 3 und 4 geänd. und Satz 5 neu gef. durch G v. 5.10.1994 (BGBl. I S. 2911).

der Einziehungsbehörde ein Insolvenzverfahren über die besondere Vermögensmasse statt. [2] § 12 bleibt unberührt. [3] Die von der Beschlagnahme (§ 3 Abs. 1 Satz 2) ab entstandenen Verwaltungsaufwendungen und die dem Verein nach dem Verbot durch die Inanspruchnahme von Rechtsbehelfen entstandenen Prozeßkosten sowie die Verwaltungsschulden gelten als Masseverbindlichkeiten. [4] Der Insolvenzverwalter wird auf Vorschlag der Verbotsbehörde oder der Einziehungsbehörde vom Insolvenzgericht bestellt und entlassen. [5] Die §§ 57, 67 bis 73, 101 der Insolvenzordnung[1)] sind nicht anzuwenden.

(4) Das nach Befriedigung der gegen die besondere Vermögensmasse gerichteten Ansprüche verbleibende Vermögen und die nach § 12 eingezogenen Gegenstände sind vom Einziehungsbegünstigten für gemeinnützige Zwecke zu verwenden.

Vierter Abschnitt. Sondervorschriften

§ 14[2)] Ausländervereine. (1) [1] Vereine, deren Mitglieder oder Leiter sämtlich oder überwiegend Ausländer sind (Ausländervereine), können über die in Artikel 9 Abs. 2 des Grundgesetzes[3)] genannten Gründe hinaus unter den Voraussetzungen des Absatzes 2 verboten werden. [2] Vereine, deren Mitglieder oder Leiter sämtlich oder überwiegend ausländische Staatsangehörige eines Mitgliedstaates der Europäischen Union sind, gelten nicht als Ausländervereine. [3] § 3 Abs. 1 Satz 2 und § 12 Abs. 1 und 2 sind mit der Maßgabe anzuwenden, dass die Beschlagnahme und die Einziehung von Forderungen und Sachen Dritter auch im Falle des Absatzes 2 zulässig sind.

(2) Ausländervereine können verboten werden, soweit ihr Zweck oder ihre Tätigkeit

1. die politische Willensbildung in der Bundesrepublik Deutschland oder das friedliche Zusammenleben von Deutschen und Ausländern oder von verschiedenen Ausländergruppen im Bundesgebiet, die öffentliche Sicherheit oder Ordnung oder sonstige erhebliche Interessen der Bundesrepublik Deutschland beeinträchtigt oder gefährdet,
2. den völkerrechtlichen Verpflichtungen der Bundesrepublik Deutschland zuwiderläuft,
3. Bestrebungen außerhalb des Bundesgebiets fördert, deren Ziele oder Mittel mit den Grundwerten einer die Würde des Menschen achtenden staatlichen Ordnung unvereinbar sind,
4. Gewaltanwendung als Mittel zur Durchsetzung politischer, religiöser oder sonstiger Belange unterstützt, befürwortet oder hervorrufen soll oder
5. Vereinigungen innerhalb oder außerhalb des Bundesgebiets unterstützt, die Anschläge gegen Personen oder Sachen veranlassen, befürworten oder androhen.

(3) [1] Anstelle des Vereinsverbots kann die Verbotsbehörde gegenüber Ausländervereinen Betätigungsverbote erlassen, die sie auch auf bestimmte Handlungen oder bestimmte Personen beschränken kann. [2] Im übrigen bleiben

---

1) **Schönfelder Nr. 110.**

2) *§ 14 Abs. 2 neu gef. durch G v. 28.10.1994* (BGBl. I S. 3186); Abs. 1 neu gef. und Abs. 2 eingef., bish. Abs. 2 wird Abs. 3 mWv 1.1.2002 durch G v. 9.1.2002 (BGBl. I S. 361).

3) Nr. **1**.

Ausländervereinen gegenüber die gesetzlichen Vorschriften zur Wahrung der öffentlichen Sicherheit oder Ordnung unberührt.

§ 15[1)] **Ausländische Vereine.** (1) [1] Für Vereine mit Sitz im Ausland (ausländische Vereine), deren Organisation oder Tätigkeit sich auf den räumlichen Geltungsbereich dieses Gesetzes erstreckt, gilt § 14 entsprechend. [2] Zuständig für das Verbot ist das Bundesministerium des Innern, für Bau und Heimat.

(2) Ausländische Vereine und die einem ausländischen Verein eingegliederten Teilvereine, deren Mitglieder und Leiter sämtlich oder überwiegend Deutsche oder ausländische Unionsbürger sind, können nur aus den in Artikel 9 Abs. 2 des Grundgesetzes[2)] genannten Gründen verboten oder in ein Verbot einbezogen werden.

§ 16[3)] **Arbeitnehmer- und Arbeitgebervereinigungen.** (1) [1] Verbote nach § 3 Abs. 1 oder Verfügungen nach § 8 Abs. 2 Satz 1 gegen Vereinigungen, die den Schutz des Übereinkommens Nr. 87 der Internationalen Arbeitsorganisation vom 9. Juli 1948 über die Vereinigungsfreiheit und den Schutz des Vereinigungsrechts (Bundesgesetzbl. 1956 II S. 2072) genießen, werden erst wirksam, wenn das Gericht ihre Rechtmäßigkeit bestätigt hat. [2] § 3 Abs. 4 und § 8 Abs. 2 Satz 3 und 4 sind nicht anzuwenden.

(2) [1] Die Verbotsbehörde legt dem nach § 48 Abs. 2 und 3, § 50 Abs. 1 Nr. 2 der Verwaltungsgerichtsordnung[4)] zuständigen Gericht ihre schriftlich oder elektronisch mit einer dauerhaft überprüfbaren Signatur nach § 37 Abs. 4 des Verwaltungsverfahrensgesetzes[5)] abgefaßte und begründete Entscheidung vor. [2] Das Gericht stellt sie der Vereinigung und ihren darin benannten nichtgebietlichen Teilorganisationen mit eigener Rechtspersönlichkeit (§ 3 Abs. 3 Satz 2) zu. [3] Beteiligt am Verfahren sind die Verbotsbehörde, die Vereinigung und ihre in der Entscheidung benannten nichtgebietlichen Teilorganisationen mit eigener Rechtspersönlichkeit sowie die nach § 63 Nr. 3 und 4 der Verwaltungsgerichtsordnung Beteiligten.

(3) Versagt das Gericht die Bestätigung, so hebt es in dem Urteil zugleich das Verbot oder die Verfügung auf.

(4) [1] Auf Antrag der Verbotsbehörde kann das Gericht die nötigen einstweiligen Anordnungen treffen, insbesondere die Beschlagnahme des Vereinsvermögens verfügen. [2] Betätigungsverbote und Beschlagnahmeanordnungen hat das Gericht entsprechend § 3 Abs. 4 Satz 2 bekanntzumachen.

§ 17[6)] **Wirtschaftsvereinigungen.** Die Vorschriften dieses Gesetzes sind auf Aktiengesellschaften, Kommanditgesellschaften auf Aktien, Gesellschaften mit beschränkter Haftung, konzessionierte Wirtschaftsvereine nach § 22 des Bürgerlichen Gesetzbuches[7)], Europäische Gesellschaften, Genossenschaften, Euro-

---

1) § 15 Abs. 2 geänd. mWv 1.1.2002 durch G v. 9.1.2002 (BGBl. I S. 361); Abs. 1 Satz 2 geänd. mWv 27.6.2020 durch VO v. 19.6.2020 (BGBl. I S. 1328).

2) Nr. **1**.

3) § 16 Abs. 2 Satz 1 geänd. durch G v. 17.12.1990 (BGBl. I S. 2809); Abs. 2 Satz 1 geänd. mWv 1.2.2003 durch G v. 21.8.2002 (BGBl. I S. 3322).

4) Nr. **600**.

5) Nr. **100**.

6) § 17 Überschr. neu gef., einl. Satzteil und Nr. 1 geänd. sowie Nr. 2 eingef., bish. Nr. 2 und 3 werden Nr. 3 und 4 und geänd. mWv 11.1.2007 durch G v. 5.1.2007 (BGBl. I S. 2).

7) **Schönfelder Nr. 20.**

päische Genossenschaften und Versicherungsvereine auf Gegenseitigkeit nur anzuwenden,

1. wenn sie sich gegen die verfassungsmäßige Ordnung oder gegen den Gedanken der Völkerverständigung richten oder
2. wenn ihre Zwecke oder ihre Tätigkeit den in § 74a Abs. 1 oder § 120 Abs. 1 und 2 des Gerichtsverfassungsgesetzes[1)] genannten Strafgesetzen oder dem § 130 des Strafgesetzbuches[2)] zuwiderlaufen oder
3. wenn sie von einem Verbot, das aus einem der in Nummer 1 oder 2 genannten Gründe erlassen wurde, nach § 3 Abs. 3 als Teilorganisation erfaßt werden, oder
4. wenn sie Ersatzorganisation eines Vereins sind, der aus einem der in Nummer 1 oder 2 genannten Gründe verboten wurde.

§ 18 Räumlicher Geltungsbereich von Vereinsverboten. [1]Verbote von Vereinen, die ihren Sitz außerhalb des räumlichen Geltungsbereichs dieses Gesetzes, aber Teilorganisationen innerhalb dieses Bereichs haben, erstrecken sich nur auf die Teilorganisationen innerhalb dieses Bereichs. [2]Hat der Verein im räumlichen Geltungsbereich dieses Gesetzes keine Organisation, so richtet sich das Verbot (§ 3 Abs. 1) gegen seine Tätigkeit in diesem Bereich.

Fünfter Abschnitt. Schlußbestimmungen

§ 19[3)] Rechtsverordnungen. Die Bundesregierung kann durch Rechtsverordnung[4)] mit Zustimmung des Bundesrates

1. Bestimmungen über den Vollzug des Verbotes, insbesondere die Durchführung der Auflösung eines Vereins, die Durchführung und Aufhebung der Beschlagnahme sowie die Verwaltung des Vereinsvermögens während der Beschlagnahme erlassen,
2. Bestimmungen über das Verfahren der Einziehung, die Ausschlußfrist (§ 13 Abs. 1 Satz 1), die vorzeitige Befriedigung von Gläubigern (§ 13 Abs. 1 Satz 2), die Anwendung des § 13 Abs. 2 oder die Berichtigung des Grundbuchs treffen und das Insolvenzverfahren über die besondere Vermögensmasse in Anpassung an die besonderen Gegebenheiten bei der Einziehung näher regeln,
3. nähere Vorschriften über die Verwendung des eingezogenen Vermögens treffen,
4. Ausländervereine und ausländische Vereine einer Anmelde- und Auskunftspflicht unterwerfen, Vorschriften über Inhalt, Form und Verfahren der Anmeldung erlassen und die Auskunftspflicht näher regeln.

§ 20[5)] Zuwiderhandlungen gegen Verbote. (1) [1]Wer im räumlichen Geltungsbereich dieses Gesetzes durch eine darin ausgeübte Tätigkeit

---

[1)] **Schönfelder Nr. 95.**
[2)] **Schönfelder Nr. 85.**
[3)] § 19 Nr. 2 geänd. durch G v. 5.10.1994 (BGBl. I S. 2911).
[4)] Siehe die VereinsG-DurchführungsVO (Nr. **426**).
[5)] *§ 20 neu gef. durch G v. 25.6.1968* (BGBl. I S. 741); Abs. 2 neu gef. und Abs. 1 Satz 1 geänd. durch G v. 2.3.1974 (BGBl. I S. 469); Abs. 1 Satz 1 Nr. 4 geänd. durch G v. 28.10.1994 (BGBl. I S. 3186); Abs. 1 Satz 1 Nr. 5 geänd. durch G v. 26.1.1998 (BGBl. I S. 164); Abs. 1 Satz 1 Nr. 4 und 5

1. den organisatorischen Zusammenhalt eines Vereins entgegen einem vollziehbaren Verbot oder entgegen einer vollziehbaren Feststellung, daß er Ersatzorganisation eines verbotenen Vereins ist, aufrechterhält oder sich in einem solchen Verein als Mitglied betätigt,
2. den organisatorischen Zusammenhalt einer Partei oder eines Vereins entgegen einer vollziehbaren Feststellung, daß sie Ersatzorganisation einer verbotenen Partei sind (§ 33 Abs. 3 des Parteiengesetzes[1]), aufrechterhält, oder sich in einer solchen Partei oder in einem solchen Verein als Mitglied betätigt,
3. den organisatorischen Zusammenhalt eines Vereins oder einer Partei der in den Nummern 1 und 2 bezeichneten Art oder deren weitere Betätigung unterstützt,
4. einem vollziehbaren Verbot nach § 14 Abs. 3 Satz 1 oder § 18 Satz 2 zuwiderhandelt oder
5. Kennzeichen einer der in den Nummern 1 und 2 bezeichneten Vereine oder Parteien oder eines von einem Betätigungsverbot nach § 15 Abs. 1 in Verbindung mit § 14 Abs. 3 Satz 1 betroffenen Vereins während der Vollziehbarkeit des Verbots oder der Feststellung verbreitet oder öffentlich oder in einer Versammlung verwendet,

wird mit Freiheitsstrafe bis zu einem Jahr oder mit Geldstrafe bestraft, wenn die Tat nicht in den §§ 84, 85, 86a oder den §§ 129 bis 129b des Strafgesetzbuches[2] mit Strafe bedroht ist. [2] In den Fällen der Nummer 5 gilt § 9 Absatz 1 Satz 2, Absatz 2 oder 3 entsprechend.

(2) Das Gericht kann von einer Bestrafung nach Absatz 1 absehen, wenn

1. bei Beteiligten die Schuld gering oder deren Mitwirkung von untergeordneter Bedeutung ist oder
2. der Täter sich freiwillig und ernsthaft bemüht, das Fortbestehen der Partei oder des Vereins zu verhindern; erreicht er dieses Ziel oder wird es ohne sein Bemühen erreicht, so wird der Täter nicht bestraft.

(3) Kennzeichen, auf die sich eine Straftat nach Absatz 1 Nr. 5 bezieht, können eingezogen werden.

§ 21[3] Zuwiderhandlungen gegen Rechtsverordnungen. (1) Ordnungswidrig handelt, wer vorsätzlich oder fahrlässig einer Vorschrift einer nach § 19 Nr. 4 erlassenen Rechtsverordnung zuwiderhandelt, wenn die Rechtsverordnung für einen bestimmten Tatbestand auf diese Bußgeldvorschrift verweist.

(2) Die Ordnungswidrigkeit kann mit einer Geldbuße bis zu zweitausend Deutsche Mark[4] geahndet werden.

§§ 22–29 *(nicht wiedergegebene Änderungsvorschriften)*

(Fortsetzung der Anm. von voriger Seite)
geänd. mWv 1.1.2002 durch G v. 9.1.2002 (BGBl. I S. 361); Abs. 1 Satz 1 geänd. mWv 30.8.2002 durch G v. 22.8.2002 (BGBl. I S. 3390); Abs. 1 Satz 1 Nr. 3 und abschl. Satzteil geänd. mWv 30.7.2016 durch G v. 26.7.2016 (BGBl. I S. 1818); Abs. 1 Satz 2 geänd. mWv 16.3.2017 durch G v. 10.3.2017 (BGBl. I S. 419).

[1] Nr. **58**.

[2] **Schönfelder Nr. 85.**

[3] § 21 Abs. 2 neu gef. durch G v. 24.5.1968 (BGBl. I S. 503).

[4] Der Betrag wurde amtlich noch nicht auf Euro umgestellt; 1 Euro = 1,95583 DM.

§ 30[1] Aufhebung und Fortgeltung von Rechtsvorschriften. (1) Es werden aufgehoben

1. das Vereinsgesetz vom 19. April 1908 (Reichsgesetzbl. S. 151)[2] in der Fassung des Gesetzes vom 26. Juni 1916 (Reichsgesetzbl. S. 635),
2. das Gesetz betreffend das Vereinswesen vom 11. Dezember 1899 (Reichsgesetzbl. S. 699)[3],
3. die Verordnung des Reichspräsidenten zur Erhaltung des inneren Friedens vom 19. Dezember 1932 (Reichsgesetzbl. I S. 548)[4],
4. Artikel 10 des Einführungsgesetzes zum Bürgerlichen Gesetzbuch[5][6],
5. die Abschnitte I und III des saarländischen Gesetzes Nr. 458 über das Vereinswesen (Vereinsgesetz) vom 8. Juli 1955 (Amtsblatt des Saarlandes S. 1030), soweit sie sich nicht auf politische Parteien im Sinne des Artikels 21 des Grundgesetzes[7] beziehen.

(2) Unberührt bleiben

1. § 39 Abs. 2 des Gesetzes über das Bundesverfassungsgericht[8],
2. die §§ 43 und 44 des Bürgerlichen Gesetzbuches[9],
3. § 62 des Gesetzes betreffend die Gesellschaften mit beschränkter Haftung[10], §§ 288 bis 293 des Aktiengesetzes[11], § 81 des Gesetzes betreffend die Erwerbs- und Wirtschaftsgenossenschaften[12], § 304 des Versicherungsaufsichtsgesetzes und § 38 Abs. 1 des Gesetzes über das Kreditwesen[13],
4. § 13 des Gesetzes über die Rechtsstellung heimatloser Ausländer im Bundesgebiet[14] vom 25. April 1951 (Bundesgesetzbl. I S. 269) und
5. die in zwischenstaatlichen Vereinbarungen getroffenen Sonderregelungen über Ausländervereine und ausländische Vereine.

§ 30a[15] Zuständige Stelle zur Ausführung der Verordnung (EU, Euratom) Nr. 1141/2014. Zuständige Stelle im Sinne der Artikel 16 Absatz 3, Artikel 23 Absatz 1 und Absatz 5 sowie des Artikels 28 Absatz 1 der Verordnung (EU, Euratom) Nr. 1141/2014 des Europäischen Parlaments und des Rates vom 22. Oktober 2014 über das Statut und die Finanzierung europäischer politischer Parteien und europäischer politischer Stiftungen (ABl. L 317 vom 4.11.2014, S. 1, L 131 vom 20.5.2016, S. 91) ist das Bundesministerium des Innern, für Bau und Heimat.

---

1) § 30 Abs. 2 Nr. 3 geänd. mWv 1.1.2016 durch G v. 1.4.2015 (BGBl. I S. 434).
2) **Amtl. Anm.:** Bundesgesetzbl. III 2180-2
3) **Amtl. Anm.:** Bundesgesetzbl. III 2180-1
4) **Amtl. Anm.:** Bundesgesetzbl. III 2180-3
5) **Schönfelder Nr. 21.**
6) **Amtl. Anm.:** Bundesgesetzbl. III 400-1
7) Nr. **1.**
8) Nr. **40.**
9) **Schönfelder Nr. 20.**
10) **Schönfelder Nr. 52.**
11) **Schönfelder Nr. 51.**
12) **Schönfelder Nr. 53.**
13) **Sartorius ErgBd. Nr. 856.**
14) *Nr. 563.*
15) § 30a eingef. mWv 16.3.2017 durch G v. 10.3.2017 (BGBl. I S. 419); geänd. mWv 27.6.2020 durch VO v. 19.6.2020 (BGBl. I S. 1328).

§ 31 Übergangsregelungen. (1) Auf vereinsrechtliche Entscheidungen, die vor Inkrafttreten dieses Gesetzes ergangen sind, sind die bisher geltenden Vorschriften anzuwenden.

(2) Die §§ 8, 9 und 20 dieses Gesetzes sowie § 90b des Strafgesetzbuches[1)] in der Fassung des § 22 Nr. 3 dieses Gesetzes sind auch anzuwenden, wenn ein Verein vor Inkrafttreten dieses Gesetzes verboten worden ist.

(3) Unanfechtbar verboten im Sinne des § 90b des Strafgesetzbuches in der Fassung des § 22 Nr. 3 dieses Gesetzes ist ein Verein auch dann, wenn das Bundesverwaltungsgericht oder das oberste Verwaltungsgericht eines Landes unanfechtbar festgestellt hat, daß er nach Artikel 9 Abs. 2 des Grundgesetzes[2)] verboten ist.

(4) [1] Rechtshängige Verfahren nach § 129a Abs. 3 des Strafgesetzbuches in der Fassung des Strafrechtsänderungsgesetzes vom 30. August 1951 (Bundesgesetzbl. I S. 739) sind mit Inkrafttreten dieses Gesetzes beendet. [2] Gerichtskosten werden nicht erhoben; jede Partei trägt ihre außergerichtlichen Kosten.

§ 32 Einschränkung von Grundrechten. Die Grundrechte des Brief- und Postgeheimnisses (Artikel 10 des Grundgesetzes[2)]) und der Unverletzlichkeit der Wohnung (Artikel 13 des Grundgesetzes) werden nach Maßgabe dieses Gesetzes eingeschränkt.

§ 33[3)] Inkrafttreten. Dieses Gesetz tritt einen Monat nach seiner Verkündung[4)] in Kraft.

[1)] **Schönfelder Nr. 85.**

[2)] Nr. **1**.

[3)] § 33 aufgeh., bish. § 34 wird § 33 durch G v. 28.10.1994 (BGBl. I S. 3186).

[4)] Verkündet am 12.8.1964.

426. Verordnung zur Durchführung des Gesetzes zur Regelung des öffentlichen Vereinsrechts (Vereinsgesetz)

Vom 28. Juli 1966

(BGBl. I S. 457), geänd. durch Art. 19 Drittes G zur Änd. verwaltungsverfahrensrechtl. Vorschriften v. 21. 8. 2002 (BGBl. I S. 3322) und Art. 6 Abs. 1 Vierunddreißigstes StrafrechtsändG v. 22. 8. 2002 (BGBl. I S. 3390)

BGBl. III 2180–1–1

Auf Grund des § 19 des Gesetzes zur Regelung des öffentlichen Vereinsrechts (Vereinsgesetz)[1] vom 5. August 1964 (Bundesgesetzbl. I S. 593) verordnet die Bundesregierung mit Zustimmung des Bundesrates:

§ 1[2] Bekanntgabe des Verbots an Teilorganisationen. (1) Nach Erlaß eines Vereinsverbots geben die für seinen Vollzug zuständigen Landesbehörden (Vollzugsbehörden) das Verbot sämtlichen im Bereich des Landes bestehenden Teilorganisationen des verbotenen Vereins bekannt.

(2) Bei der Bekanntgabe ist darauf hinzuweisen, daß

1. das Verbot dem Verein zugestellt und im Bundesanzeiger sowie im amtlichen Mitteilungsblatt des Landes veröffentlicht worden oder nach § 16 des Vereinsgesetzes wirksam geworden ist,
2. eine Zuwiderhandlung gegen das Verbot nach § 20 des Vereinsgesetzes mit Gefängnis bis zu einem Jahr oder mit Geldstrafe bestraft wird, sofern die Tat nicht nach den §§ 49b, 90a, 90b, 96a oder den §§ 129 bis 129b des Strafgesetzbuches, jeweils allein oder in Verbindung mit § 94 des Strafgesetzbuchs mit schwererer Strafe bedroht ist.

§ 2 Registereintragung. (1) Nach Eintritt der Vollziehbarkeit ist die Beschlagnahme in das Grundbuch, das Schiffsregister und das Schiffsbauregister einzutragen

1. bei den Grundstücken, eingetragenen Schiffen und Schiffsbauwerken, als deren Eigentümer der Verein oder eine Teilorganisation eingetragen ist,
2. bei den für den Verein oder eine Teilorganisation eingetragenen Rechten an Grundstücken, eingetragenen Schiffen oder Schiffsbauwerken oder an eingetragenen Rechten,
3. bei den nach § 10 Abs. 1 Satz 3 des Vereinsgesetzes von der Beschlagnahme erfaßten Grundstücken, eingetragenen Schiffen oder Schiffsbauwerken sowie eingetragenen Rechten Dritter.

---

[1] Nr. **425**.

[2] § 1 Abs. 2 Nr. 2 geänd. durch G v. 22. 8. 2002 (BGBl. I S. 3390).

(2) [1]Die Eintragung erfolgt auf Ersuchen der Verbotsbehörde, der Vollzugsbehörde oder der Einziehungsbehörde. [2]Sie erfolgt ferner auf Antrag des Verwalters (§ 10 Abs. 3 des Vereinsgesetzes); einer Bewilligung des von der Eintragung Betroffenen bedarf es nicht. [3]Die Eintragung ist gebührenfrei.

(3) Für die Löschung der Eintragung gilt Absatz 2 entsprechend.

(4) Zu einer Eintragung nach den Absätzen 1 bis 3 bei einer Hypothek, Grundschuld oder Rentenschuld, über die ein Brief erteilt ist, braucht der Brief nicht vorgelegt zu werden.

§ 3 Sicherstellung von Sachen. [1]Sachen und Sachgesamtheiten werden dadurch sichergestellt, daß die Vollzugsbehörde sie in Gewahrsam nimmt. [2]Läßt die Eigenart der sicherzustellenden Sachen dies nicht zu, ist die Sicherstellung durch Anbringung von Siegelmarken oder auf andere Weise kenntlich zu machen. [3]Die Sicherstellung soll dem Gewahrsamsinhaber angezeigt werden.

§ 4 Sicherstellung von Sachen im Gewahrsam Dritter. [1]Von der Beschlagnahme erfaßte Sachen des Vereinsvermögens im Gewahrsam Dritter können nur auf Grund einer besonderen Anordnung der Vollzugsbehörde nach § 10 Abs. 2 Satz 1 des Vereinsgesetzes (Sicherstellungsbescheid) sichergestellt werden. [2]Der Sicherstellungsbescheid ist schriftlich abzufassen und dem Gewahrsamsinhaber zuzustellen. [3]In der schriftlichen Begründung ist auf das Vereinsverbot und auf die Beschlagnahme des Vereinsvermögens hinzuweisen sowie darzulegen, daß die sichergestellte Sache zum Vereinsvermögen gehört.

§ 5 Aufhebung der Sicherstellung. [1]Die Sicherstellung ist aufzuheben, wenn ihre Voraussetzungen weggefallen sind. [2]Die Sicherstellung von Sachen, die im Gewahrsam des Vereins gestanden, ihm aber nicht gehört haben, ist aufzuheben, wenn die Sachen nicht innerhalb von sechs Monaten seit der Beschlagnahme nach § 12 Abs. 2 des Vereinsgesetzes eingezogen wurden. [3]Die Frist endet nicht vor Ablauf eines Monats nach Eintritt der Rechtskraft des Urteils in einem Rechtsstreit über das Eigentum.

§ 6 Beschlagnahme von Rechten. (1) [1]Die Vollzugsbehörde setzt die Schuldner des Vereins sowie die Gläubiger und Schuldner der nach § 10 Abs. 1 Satz 3 des Vereinsgesetzes von der Beschlagnahme erfaßten Forderungen von der Beschlagnahme in Kenntnis. [2]Gleichzeitig verbietet sie den Schuldnern, an den Verein oder an den Gläubiger zu leisten, und den Gläubigern, über die Forderung zu verfügen.

(2) Für die Beschlagnahme anderer Vermögensrechte gilt Absatz 1 entsprechend.

§ 7 Beendigung der Beschlagnahme. (1) Mit dem Eintritt der Rechtskraft des das Vereinsverbot aufhebenden Urteils endet auch die Beschlagnahme des Vereinsvermögens.

(2) Die Verbotsbehörde hat die Beschlagnahme aufzuheben, wenn von einer Einziehung des Vereinsvermögens endgültig abgesehen wor-

den ist oder wenn seit der Beschlagnahme sechs Monate vergangen sind, ohne daß die Einziehung des Vereinsvermögens angeordnet wurde.

(3) Die Verbotsbehörde hat einzelne Gegenstände von der Beschlagnahme auszunehmen, auf die § 13 Abs. 2 des Vereinsgesetzes angewandt wurde.

§ 8[1)] Bestellung und Abberufung von Verwaltern. (1) [1]Zum Verwalter ist eine geschäftskundige, vom Verein unabhängige Person zu bestellen. [2]Für Teile des Vereinsvermögens, die eigene Vermögensmassen bilden, kann die Verbotsbehörde besondere Verwalter bestellen; jeder Verwalter ist in seiner Geschäftsführung selbständig.

(2) [1]Dem Verwalter ist eine Bestellungsurkunde auszuhändigen, die er bei Beendigung seines Amtes der Verbotsbehörde zurückzugeben hat. [2]Eine Bestellung in elektronischer Form ist ausgeschlossen. [3]Wird der Verwalter nur für einen Teil des Vereinsvermögens bestellt, ist dieser in der Urkunde zu bezeichnen.

(3) [1]Das Amt des Verwalters erlischt mit der Beendigung der Beschlagnahme des Vereinsvermögens, mit dem Erwerb des Vereinsvermögens durch den Einziehungsbegünstigten (§ 11 Abs. 2 Satz 1 des Vereinsgesetzes) oder mit der Abberufung durch die Verbotsbehörde. [2]Die Abberufung kann jederzeit ohne Angabe von Gründen erfolgen.

§ 9 Rechte und Pflichten des Verwalters. (1) [1]Der Verwalter hat das beschlagnahmte Vermögen in Besitz zu nehmen und unbeschadet der Weisungsbefugnis der Verbotsbehörde alle Handlungen vorzunehmen, die erforderlich sind, um den wirtschaftlichen Wert des Vereinsvermögens zu erhalten. [2]Er ist befugt, über Gegenstände des Vereinsvermögens zu verfügen und Verbindlichkeiten für den Verein einzugehen.

(2) Der Verwalter ist der Verbotsbehörde gegenüber verpflichtet, folgende Handlungen nur mit ihrer Zustimmung vorzunehmen:

1. Weiterführung eines zum beschlagnahmten Vermögen gehörenden Geschäftsbetriebs,
2. Herausgabe und Veräußerung beschlagnahmter Gegenstände,
3. Anerkennung oder Erfüllung von Ansprüchen Dritter gegen den Verein.

(3) Der Verwalter hat nach der Übernahme seines Amtes unverzüglich ein Verzeichnis der von der Beschlagnahme betroffenen Gegenstände und, wenn zu dem beschlagnahmten Vermögen ein Geschäftsbetrieb gehört, eine Bilanz aufzustellen und der Verbotsbehörde vorzulegen.

(4) [1]Der Verwalter nimmt als Partei kraft Amtes die Interessen des beschlagnahmten Vermögens in gerichtlichen Verfahren wahr. [2]In anhängigen gerichtlichen Verfahren geht die Befugnis zur Prozeßführung mit der Beschlagnahme auf den Verwalter über. [3]Die §§ 241, 246 der Zivilprozeßordnung gelten entsprechend.

---

1) § 8 Abs. 2 Satz 2 eingef. mWv 1. 2. 2003 durch G v. 21. 8. 2002 (BGBl. I S. 3322).

§ 10 Vergütung des Verwalters. (1) Der Verwalter kann für seine Tätigkeit eine angemessene Vergütung beanspruchen.

(2) Für die Berechnung der Höhe der Vergütung ist § 3 der Verordnung über die Vergütung des Konkursverwalters, des Vergleichsverwalters, der Mitglieder des Gläubigerausschusses und der Mitglieder des Gläubigerbeirats vom 25. Mai 1960 (Bundesgesetzbl. I S. 329) anzuwenden mit der Maßgabe, daß an die Stelle der Teilungsmasse das beschlagnahmte, dem Verwalter unterstellte Aktivvermögen tritt, die Vomhundertsätze jeweils um zwei Drittel vermindert werden und der Mindestsatz 150 Deutsche Mark beträgt.

(3) Von den Sätzen des Absatzes 2 kann die Verbotsbehörde im Einzelfall nach oben oder unten abweichen, wenn die Vergütung nach den Regelsätzen wegen der Besonderheit des Falls, insbesondere wegen der Dauer oder des Umfangs der Tätigkeit des Verwalters, nicht angemessen erscheint.

(4) 1 Mit der Vergütung sind die allgemeinen Geschäftsunkosten des Verwalters abgegolten. 2 Daneben kann der Verwalter den Ersatz notwendiger Auslagen verlangen.

(5) 1 Vergütung und Auslagen werden auf Antrag des Verwalters von der Verbotsbehörde festgesetzt. 2 Die Festsetzung erfolgt für Vergütung und Auslagen gesondert. 3 In dem Antrag sind die Auslagen einzeln anzuführen und zu belegen. 4 Der Verwalter kann die Zahlung eines angemessenen Vorschusses verlangen, wenn seine Tätigkeit zwei Monate gedauert hat und nicht zu erwarten ist, daß sie innerhalb eines weiteren Monats beendet sein wird.

(6) Vermag der Verwalter die Vergütung oder Ersatz der Auslagen nicht aus dem beschlagnahmten Vermögen zu erlangen, richtet sich sein Anspruch im Falle des § 3 Abs. 2 Nr. 1 des Vereinsgesetzes gegen das Land, im Falle des § 3 Abs. 2 Nr. 2 des Vereinsgesetzes gegen den Bund.

§ 11 Von der Einziehungsbehörde bestellte Verwalter. 1 Ein von der Einziehungsbehörde bestellter Verwalter (§ 11 Abs. 3 Satz 2 des Vereinsgesetzes) ist unbeschadet der Weisungsbefugnis der Einziehungsbehörde berechtigt, alle zur Durchführung der Einziehung und Abwicklung notwendigen Handlungen vorzunehmen, soweit diese nicht nach den §§ 11 bis 13 des Vereinsgesetzes der Verbotsbehörde oder der Einziehungsbehörde vorbehalten sind. 2 Die §§ 8, 9 Abs. 1, 3, 4 und § 10 gelten entsprechend.

§ 12 Verwaltung durch die Vollzugsbehörde. 1 Ist kein Verwalter bestellt, hat die Vollzugsbehörde das beschlagnahmte Vermögen zu verwalten. 2 Sie hat das beschlagnahmte Vermögen in Besitz zu nehmen und alle Handlungen vorzunehmen, die erforderlich sind, um den wirtschaftlichen Wert des Vereinsvermögens zu erhalten. 3 § 9 Abs. 1 Satz 2, Abs. 3 und 4 gilt entsprechend.

§ 13 Mitteilung des Rechtsübergangs. Die Verbotsbehörde oder die Einziehungsbehörde setzt von dem nach § 11 Abs. 2 Satz 1 des Vereinsgesetzes erfolgten Rechtsübergang in Kenntnis

1. die Schuldner des Vereins,
2. die Eigentümer von Sachen, die nach § 11 Abs. 2 des Vereinsgesetzes von der Einziehung erfaßt werden,
3. die Gläubiger und die Schuldner von Forderungen, die nach § 11 Abs. 2 des Vereinsgesetzes von der Einziehung erfaßt werden,
4. die Inhaber sonstiger Rechte, die nach § 11 Abs. 2 des Vereinsgesetzes von der Einziehung erfaßt werden.

§ 14 Einziehungsverfügung. [1]Einziehungsverfügungen nach § 12 des Vereinsgesetzes sind schriftlich abzufassen und dem Inhaber des eingezogenen Gegenstands zuzustellen. [2]Sie müssen den Gegenstand der Einziehung und dessen Inhaber bezeichnen. [3]In der schriftlichen Begründung ist auf das Vereinsverbot und den Grund der Einziehung hinzuweisen.

§ 15 Anmeldung von Forderungen. (1) Sind das Verbot und die Einziehung (§ 3 Abs. 1 Satz 2 des Vereinsgesetzes) unanfechtbar geworden, fordert die Verbotsbehörde oder die Einziehungsbehörde die Gläubiger des Vereins durch Veröffentlichung im Bundesanzeiger auf,
1. ihre Forderungen bis zum Ablauf eines bestimmten Tages schriftlich unter Angabe des Betrages und des Grundes bei der auffordernden Behörde anzumelden,
2. ein im Falle des Konkurses beanspruchtes Vorrecht anzugeben, soweit dieses Voraussetzung für eine vorzeitige Befriedigung nach § 16 Abs. 1 ist,
3. nach Möglichkeit urkundliche Beweisstücke oder Abschriften hiervon beizufügen.

(2) In der Aufforderung weist die Behörde darauf hin, daß Forderungen, die innerhalb der Ausschlußfrist nach Absatz 1 Nr. 1 nicht angemeldet werden, nach § 13 Abs. 1 Satz 3 des Vereinsgesetzes erlöschen.

(3) [1]Die Ausschlußfrist nach Absatz 1 Nr. 1 muß mindestens drei Wochen betragen. [2]Die Behörde soll die Aufforderung rechtzeitig vor dem Ablauf der Ausschlußfrist in den amtlichen Mitteilungsblättern der Länder nachrichtlich veröffentlichen.

§ 16 Vorzeitige Befriedigung von Forderungen. (1) Forderungen, für die ein Vorrecht nach § 61 Nr. 1 der Konkursordnung bestehen würde, wenn im Zeitpunkt der Beschlagnahme des Vereinsvermögens der Konkurs über das Vermögen eröffnet worden wäre, können bei der Abwicklung nach § 13 Abs. 1 des Vereinsgesetzes vorzeitig befriedigt werden, wenn gesichert erscheint, daß alle derartigen Forderungen und alle Forderungen, die im Falle des Konkurses Massenansprüche im Sinne der §§ 58, 59 der Konkursordnung wären, in voller Höhe befriedigt werden können.

(2) Andere Forderungen, die im Falle des Konkurses Konkursforderungen wären, können abweichend von § 13 Abs. 1 Satz 2 des Vereinsgesetzes auch dann vorzeitig befriedigt werden, wenn mit Sicherheit

zu erwarten ist, daß die Verwertung des eingezogenen Vermögens eine zur Befriedigung aller Gläubiger ausreichende bare Masse ergeben wird.

§ 17 Härtefälle. (1) Eine unbillige Härte im Sinne des § 13 Abs. 2 des Vereinsgesetzes liegt insbesondere vor, wenn das Interesse des Betroffenen an der Aufrechterhaltung des bestehenden Zustands das öffentliche Interesse an der Einziehung erheblich übersteigt.

(2) [1] Die Anordnung, daß ein nach § 11 Abs. 1 Satz 2 des Vereinsgesetzes eintretender Rechtsverlust unterbleibt oder von der Einziehung nach § 12 des Vereinsgesetzes abgesehen wird, ergeht durch schriftlichen Bescheid an den Betroffenen. [2] Ergeht die Anordnung nach Eintritt des Rechtsverlustes oder nach erfolgter Einziehung, so hebt sie diese auf.

§ 18 Berichtigung des Grundbuchs, des Schiffsregisters und des Schiffsbauregisters. (1) [1] Werden durch eine wirksam gewordene Einziehung nach § 11 oder § 12 des Vereinsgesetzes Grundstücke oder Rechte erfaßt, die für den Verein, eine vom Verbot erfaßte Teilorganisation desselben oder den in § 12 des Vereinsgesetzes bezeichneten Dritten im Grundbuch eingetragen sind, ersucht die Verbotsbehörde oder die Einziehungsbehörde das Grundbuchamt um Berichtigung des Grundbuchs. [2] Der Eintragung für den Verein, die Teilorganisation oder den Dritten steht es gleich, wenn ein Fall des § 39 Abs. 2 oder des § 40 Abs. 1 der Grundbuchordnung vorliegt. [3] Die §§ 41 bis 43 der Grundbuchordnung bleiben unberührt.

(2) [1] Bei einer Hypothek, Grundschuld oder Rentenschuld, über die ein Brief erteilt ist, kann die Verbotsbehörde oder die Einziehungsbehörde, solange die Berichtigung des Grundbuchs nach Absatz 1 nicht erfolgt ist, das Grundbuchamt um die Eintragung eines Widerspruchs gegen die Richtigkeit des Grundbuchs ersuchen; der Widerspruch hat die Wirkung eines nach § 899 des Bürgerlichen Gesetzbuchs eingetragenen Widerspruchs. [2] Der Brief braucht nicht vorgelegt zu werden. [3] Für die Löschung des Widerspruchs gelten diese Vorschriften entsprechend.

(3) Absatz 1 gilt für die Berichtigung des Schiffsregisters und des Schiffsbauregisters entsprechend mit der Maßgabe, daß an die Stelle des § 39 Abs. 2 und des § 40 Abs. 1 der Grundbuchordnung § 46 der Schiffsregisterordnung in der Fassung vom 26. Mai 1951 (Bundesgesetzbl. I S. 359) tritt.

§ 19 Anmeldepflicht für Ausländervereine. (1) [1] Ausländervereine, die ihren Sitz im Geltungsbereich des Vereinsgesetzes haben, sind innerhalb von zwei Wochen nach ihrer Gründung bei der für ihren Sitz zuständigen Behörde anzumelden. [2] Zur Anmeldung verpflichtet sind der Vorstand oder, wenn der Verein keinen Vorstand hat, die zur Vertretung berechtigten Mitglieder. [3] Ausländervereine, die bei *Inkrafttreten dieser Verordnung* bereits bestehen, haben die Anmeldung innerhalb eines Monats nach Inkrafttreten dieser Verordnung vorzunehmen.

(2) [1]Die Anmeldung hat zu enthalten

1. die Satzung oder, wenn der Verein keine Satzung hat, Angaben über Name, Sitz und Zweck des Vereins,
2. Namen und Anschriften der Vorstandsmitglieder oder der zur Vertretung berechtigten Personen,
3. Angaben, in welchen Ländern der Verein Teilorganisationen hat.

[2]Die zur Anmeldung verpflichteten Personen haben der zuständigen Behörde jede Änderung der in Satz 1 genannten Angaben sowie die Auflösung des Vereins innerhalb von zwei Wochen mitzuteilen.

(3) Ausländervereine, deren Zweck auf einen wirtschaftlichen Geschäftsbetrieb gerichtet ist, sind zur Anmeldung nur verpflichtet, wenn sie von der nach Absatz 1 Satz 1 zuständigen Behörde dazu aufgefordert werden.

(4) [1]Anmeldungen und Mitteilungen nach den Absätzen 1 bis 3 sind in deutscher Sprache zu erstatten. [2]Die Behörde erteilt hierüber eine Bescheinigung, für die keine Gebühren und Auslagen erhoben werden.

§ 20 Auskunftspflicht für Ausländervereine. (1) Ausländervereine mit Sitz im Geltungsbereich des Vereinsgesetzes haben der nach § 19 Abs. 1 Satz 1 zuständigen Behörde auf Verlangen Auskunft zu geben

1. über ihre Tätigkeit;
2. wenn sie sich politisch betätigen,
   a) über Namen und Anschrift ihrer Mitglieder,
   b) über Herkunft und Verwendung ihrer Mittel.

(2) Die Auskunftspflicht obliegt den in § 19 Abs. 1 Satz 2 bezeichneten Personen.

§ 21 Anmelde- und Auskunftspflicht ausländischer Vereine. (1) [1]Für ausländische Vereine, die im Geltungsbereich des Vereinsgesetzes organisatorische Einrichtungen gründen oder unterhalten, gelten die §§ 19, 20 entsprechend. [2]Die Anmelde- und Auskunftspflicht obliegt auch den Personen, die diese organisatorischen Einrichtungen leiten. [3]Zuständig sind die Behörden der Länder, in denen sich organisatorische Einrichtungen des Vereins befinden. [4]Besteht in einem Land der organisatorische Schwerpunkt, ist nur die Behörde dieses Landes zuständig.

(2)[1)] *Absatz 1 gilt entsprechend für Ausländervereine, die ihren Sitz in Deutschland, jedoch außerhalb des Geltungsbereichs des Vereinsgesetzes haben.*

§ 22 Mitteilung an das Bundesverwaltungsamt. Die zuständigen Behörden teilen die Angaben, die sie auf Grund der §§ 19 bis 21 erhalten, dem Bundesverwaltungsamt mit.

§ 23 Zuwiderhandlungen gegen Anmelde- und Auskunftspflichten. Ordnungswidrig im Sinne des § 21 des Vereinsgesetzes

---

1) Gegenstandslos.

handelt, wer den Anmelde- oder Auskunftspflichten nach den §§ 19 bis 21 zuwiderhandelt.

§ 24 *(gegenstandslos)*

§ 25 Inkrafttreten. Diese Verordnung tritt am 1. August 1966 in Kraft.

434. Gesetz über befriedete Bezirke für Verfassungsorgane des Bundes[1)]

Vom 8. Dezember 2008
(BGBl. I S. 2366)

FNA 2180-7

geänd. durch Art. 151 Elfte ZuständigkeitsanpassungsVO v. 19.6.2020 (BGBl. I S. 1328)

§ 1 Befriedete Bezirke. [1] Für den Deutschen Bundestag, den Bundesrat und das Bundesverfassungsgericht werden befriedete Bezirke gebildet. [2] Die Abgrenzung der befriedeten Bezirke ergibt sich aus der Anlage zu diesem Gesetz.

§ 2 Schutz von Verfassungsorganen. [1] Öffentliche Versammlungen unter freiem Himmel und Aufzüge sind innerhalb der befriedeten Bezirke nach § 1 verboten. [2] Ebenso ist es verboten, zu Versammlungen oder Aufzügen nach Satz 1 aufzufordern.

§ 3[2)] Zulassung von Versammlungen unter freiem Himmel und Aufzügen. (1) [1] Öffentliche Versammlungen unter freiem Himmel und Aufzüge innerhalb der nach § 1 gebildeten befriedeten Bezirke sind zuzulassen, wenn eine Beeinträchtigung der Tätigkeit des Deutschen Bundestages und seiner Fraktionen, des Bundesrates oder des Bundesverfassungsgerichts sowie ihrer Organe und Gremien und eine Behinderung des freien Zugangs zu ihren in dem befriedeten Bezirk gelegenen Gebäuden nicht zu besorgen ist. [2] Davon ist im Falle des Deutschen Bundestages und des Bundesrates in der Regel dann auszugehen, wenn die Versammlung oder der Aufzug an einem Tag durchgeführt werden soll, an dem Sitzungen der in Satz 1 genannten Stellen nicht stattfinden. [3] Die Zulassung kann mit Auflagen verbunden werden.

(2) [1] Anträge auf Zulassung von Versammlungen nach Absatz 1 sollen spätestens sieben Tage vor der beabsichtigten Versammlung oder dem Aufzug schriftlich, elektronisch oder zur Niederschrift beim Bundesministerium des Innern, für Bau und Heimat gestellt werden. [2] Das Bundesministerium des Innern, für Bau und Heimat entscheidet jeweils im Einvernehmen mit dem Präsidenten oder der Präsidentin der in § 1 Satz 1 genannten Verfassungsorgane. [3] Die Entscheidung nach Satz 2 ergeht schriftlich oder elektronisch.

(3) Durch die Zulassung werden die in den Ländern Berlin und Baden-Württemberg jeweils geltenden versammlungsrechtlichen Vorschriften nicht berührt.

§ 4 Bußgeldvorschriften. (1) Ordnungswidrig handelt, wer entgegen § 2 an einer öffentlichen Versammlung unter freiem Himmel oder einem Aufzug teilnimmt oder zu einer solchen Versammlung oder zu einem Aufzug auffordert.

(2) Die Ordnungswidrigkeit kann mit einer Geldbuße bis zu zwanzigtausend Euro geahndet werden.

[1)] Verkündet als Art. 1 des G v. 8.12.2008 (BGBl. I S. 2366); Inkrafttreten gem. Art. 3 dieses G am 11.12.2008.

[2)] § 3 Abs. 2 Sätze 1 und 2 geänd. mWv 27.6.2020 durch VO v. 19.6.2020 (BGBl. I S. 1328).

§ 5 Einschränkung des Grundrechts der Versammlungsfreiheit. Das Grundrecht der Versammlungsfreiheit (Artikel 8 des Grundgesetzes[1]) wird durch dieses Gesetz eingeschränkt.

Anlage
(zu § 1 Satz 2)

1. Deutscher Bundestag

Die Abgrenzung des befriedeten Bezirks für den Deutschen Bundestag umfasst das Gebiet der Bundeshauptstadt Berlin, das umgrenzt wird durch die Wilhelmstraße bis zur Straße Unter den Linden, die Straße Unter den Linden bis zum Pariser Platz, den Pariser Platz, den Platz des 18. März bis zur Straße des 17. Juni, die Straße des 17. Juni bis zur Yitzhak-Rabin-Straße, die Yitzhak-Rabin-Straße, die Heinrich-von-Gagern-Straße, die öffentliche Grünanlage zwischen dem Bundeskanzleramt und dem Paul-Löbe-Haus, die Willy-Brandt-Straße, die Moltkebrücke, das nördliche Spreeufer bis zur Reinhardtstraße, die Reinhardtstraße bis zur Stadtbahntrasse, die Stadtbahntrasse bis zur Luisenstraße, die Luisenstraße und die Marschallbrücke. Soweit die genannten Straßen, Plätze und Brücken den befriedeten Bezirk umgrenzen, gehören sie nicht zu dem befriedeten Bezirk. Dies gilt nicht für die Wilhelmstraße, die öffentliche Grünanlage zwischen dem Bundeskanzleramt und dem Paul-Löbe-Haus und die Willy-Brandt-Straße.

2. Bundesrat

Die Abgrenzung des befriedeten Bezirks für den Bundesrat umfasst das Gebiet der Bundeshauptstadt Berlin, das umgrenzt wird durch den Potsdamer Platz, den Leipziger Platz und die Leipziger Straße vom Potsdamer Platz bis zur Wilhelmstraße, die Wilhelmstraße von der Leipziger Straße bis zur Niederkirchnerstraße, die Niederkirchnerstraße von der Wilhelmstraße bis zur Stresemannstraße und die Stresemannstraße von der Niederkirchnerstraße bis zum Potsdamer Platz. Soweit die genannten Straßen und Plätze den befriedeten Bezirk umgrenzen, gehören sie nicht zu dem befriedeten Bezirk. Dies gilt nicht für den Leipziger Platz, die Leipziger Straße und die Niederkirchnerstraße.

3. Bundesverfassungsgericht

Die Abgrenzung des befriedeten Bezirks für das Bundesverfassungsgericht umfasst das Gebiet der Stadt Karlsruhe, das umgrenzt wird durch den Zirkel von der Herrenstraße bis zur Hans-Thoma-Straße, die Hans-Thoma-Straße bis zur Bismarckstraße, die Gebäudenordseiten der Gebäude der Orangerie, der Schauhäuser des Botanischen Gartens, des Torbogengebäudes, der Badischen Weinstuben, die Schloßgartenmauer mit dem Mühlburger Tor von den Badischen Weinstuben zum Durmflügel des Schlosses, die Nordostseite des Durmflügels des Schlosses bis zum Südwestflügel des Schlosses, den Weg parallel zur verlängerten Waldstraße vom Südwestflügel des Schlosses bis zur Straße Unterführung Schloßplatz, die Straße Unterführung Schloßplatz bis zur Herrenstraße, die Herrenstraße bis zum Zirkel. Die genannten Straßen und Wege gehören zum befriedeten Bezirk, soweit sie ihn umgrenzen.

---

[1] Nr. 1.

435. Gesetz über Versammlungen und Aufzüge (Versammlungsgesetz)[1) 2)]

In der Fassung der Bekanntmachung vom 15. November 1978[3)]
(BGBl. I S. 1789)

FNA 2180-4

geänd. durch Art. 2 ÄndG v. 18.7.1985 (BGBl. I S. 1511), Art. 3 ÄndG v. 9.6.1989 (BGBl. I S. 1059), Art. 4 G zur Neuregelung des Schutzes von Verfassungsorganen des Bundes v. 11.8.1999 (BGBl. I S. 1818), Art. 1 ÄndG v. 24.3.2005 (BGBl. I S. 969), Art. 2 G zur Zusammenführung der Regelungen über befriedete Bezirke für Verfassungsorgane des Bundes v. 8.12.2008 (BGBl. I S. 2366), Art. 150 Elfte ZuständigkeitsanpassungsVO v. 19.6.2020 (BGBl. I S. 1328) und Art. 6 60. G zur Änd. des Strafgesetzbuches v. 30.11.2020 (BGBl. I S. 2600)

Abschnitt I. Allgemeines

§ 1 [Versammlungsrecht] (1) Jedermann hat das Recht, öffentliche Versammlungen und Aufzüge zu veranstalten und an solchen Veranstaltungen teilzunehmen.

(2) Dieses Recht hat nicht,

1. wer das Grundrecht der Versammlungsfreiheit gemäß Artikel 18 des Grundgesetzes[4)] verwirkt hat,
2. wer mit der Durchführung oder Teilnahme an einer solchen Veranstaltung die Ziele einer nach Artikel 21 Abs. 2 des Grundgesetzes durch das Bundesverfassungsgericht für verfassungswidrig erklärten Partei oder Teil- oder Ersatzorganisation einer Partei fördern will,
3. eine Partei, die nach Artikel 21 Abs. 2 des Grundgesetzes durch das Bundesverfassungsgericht für verfassungswidrig erklärt worden ist, oder
4. eine Vereinigung, die nach Artikel 9 Abs. 2 des Grundgesetzes verboten ist.

§ 2 [Namensangabe des Veranstalters, Störungs- und Waffentragungsverbot] (1) Wer zu einer öffentlichen Versammlung oder zu einem Aufzug öffentlich einlädt, muß als Veranstalter in der Einladung seinen Namen angeben.

[1)] Das Gesetz wurde u.a. in folgenden Ländern in Landesrecht überführt:
– **Bayern:** Bayerisches Versammlungsgesetz (BayVersG) v. 22.7.2008 (GVBl. S. 421), zuletzt geänd. durch G v. 23.7.2021 (GVBl. S. 418)
– **Berlin:** Versammlungsfreiheitsgesetz Berlin (VersFG BE) v. 23.2.2021 (GVBl. S. 180)
– **Hessen:** Hessisches Versammlungsfreiheitsgesetz (HVersFG) v. 22.3.2023 (GVBl. S. 150)
– **Niedersachsen:** Niedersächsisches Versammlungsgesetz (NVersG) v. 7.10.2010 (Nds. GVBl. S. 465, 532), zuletzt geänd. durch G v. 20.5.2019 (Nds. GVBl. S. 88)
– **Sachsen:** Sächsisches Versammlungsgesetz v. 22.7.2024 (SächsGVBl. S. 724)
– **Sachsen-Anhalt:** Gesetz des Landes Sachsen-Anhalt über Versammlungen und Aufzüge (Landesversammlungsgesetz – VersammlG LSA) v. 3.12.2009 (GVBl. LSA S. 558)

[2)] Zum VersammlungsG wurden in den Ländern u.a. folgende Vorschriften erlassen:
– **Hamburg:** Gesetz zum Schutz der KZ-Gedenkstätte Neuengamme v. 21.9.2005 (HmbGVBl. S. 398)
– **Brandenburg:** Gesetz zu § 15 Abs. 2 Satz 1 Nr. 1 des Versammlungsgesetzes v. 23.5.2005 (GVBl. I S. 174)

[3)] Neubekanntmachung des VersammlungsG v. 24.7.1953 (BGBl. I S. 684) in der ab 1.10.1978 geltenden Fassung.

[4)] Nr. **1**.

(2) Bei öffentlichen Versammlungen und Aufzügen hat jedermann Störungen zu unterlassen, die bezwecken, die ordnungsmäßige Durchführung zu verhindern.

(3) [1] Niemand darf bei öffentlichen Versammlungen oder Aufzügen Waffen oder sonstige Gegenstände, die ihrer Art nach zur Verletzung von Personen oder zur Beschädigung von Sachen geeignet und bestimmt sind, mit sich führen, ohne dazu behördlich ermächtigt zu sein. [2] Ebenso ist es verboten, ohne behördliche Ermächtigung Waffen oder die in Satz 1 genannten Gegenstände auf dem Weg zu öffentlichen Versammlungen oder Aufzügen mit sich zu führen, zu derartigen Veranstaltungen hinzuschaffen oder sie zur Verwendung bei derartigen Veranstaltungen bereitzuhalten oder zu verteilen.

§ 3[1)] **[Uniformverbot]** (1) Es ist verboten, öffentlich oder in einer Versammlung Uniformen, Uniformteile oder gleichartige Kleidungsstücke als Ausdruck einer gemeinsamen politischen Gesinnung zu tragen.

(2) [1] Jugendverbänden, die sich vorwiegend der Jugendpflege widmen, ist auf Antrag für ihre Mitglieder eine Ausnahmegenehmigung von dem Verbot des Absatzes 1 zu erteilen. [2] Zuständig ist bei Jugendverbänden, deren erkennbare Organisation oder Tätigkeit sich über das Gebiet eines Landes hinaus erstreckt, das Bundesministerium des Innern, für Bau und Heimat, sonst die oberste Landesbehörde. [3] Die Entscheidung des Bundesministeriums des Innern, für Bau und Heimat ist im Bundesanzeiger und im Gemeinsamen Ministerialblatt, die der obersten Landesbehörden in ihren amtlichen Mitteilungsblättern bekanntzumachen.

§ 4 (weggefallen)

Abschnitt II. Öffentliche Versammlungen in geschlossenen Räumen

§ 5 [Verbot von Versammlungen in geschlossenen Räumen] Die Abhaltung einer Versammlung kann nur im Einzelfall und nur dann verboten werden, wenn

1. der Veranstalter unter die Vorschriften des § 1 Abs. 2 Nr. 1 bis 4 fällt, und im Falle der Nummer 4 das Verbot durch die zuständige Verwaltungsbehörde festgestellt worden ist,
2. der Veranstalter oder Leiter der Versammlung Teilnehmern Zutritt gewährt, die Waffen oder sonstige Gegenstände im Sinne von § 2 Abs. 3 mit sich führen,
3. Tatsachen festgestellt sind, aus denen sich ergibt, daß der Veranstalter oder sein Anhang einen gewalttätigen oder aufrührerischen Verlauf der Versammlung anstreben,
4. Tatsachen festgestellt sind, aus denen sich ergibt, daß der Veranstalter oder sein Anhang Ansichten vertreten oder Äußerungen dulden werden, die ein Verbrechen oder ein von Amts wegen zu verfolgendes Vergehen zum Gegenstand haben.

---

1) § 3 Abs. 2 Sätze 2, 3 geänd. mWv 27.6.2020 durch VO v. 19.6.2020 (BGBl. I S. 1328).

§ 6 [Ausschlussrecht bestimmter Personen] (1) Bestimmte Personen oder Personenkreise können in der Einladung von der Teilnahme an einer Versammlung ausgeschlossen werden.

(2) Pressevertreter können nicht ausgeschlossen werden; sie haben sich dem Leiter der Versammlung gegenüber durch ihren Presseausweis ordnungsgemäß auszuweisen.

§ 7 [Versammlungsleiter] (1) Jede öffentliche Versammlung muß einen Leiter haben.

(2) [1] Leiter der Versammlung ist der Veranstalter. [2] Wird die Versammlung von einer Vereinigung veranstaltet, so ist ihr Vorsitzender der Leiter.

(3) Der Veranstalter kann die Leitung einer anderen Person übertragen.

(4) Der Leiter übt das Hausrecht aus.

§ 8 [Aufgaben des Versammlungsleiters] [1] Der Leiter bestimmt den Ablauf der Versammlung. [2] Er hat während der Versammlung für Ordnung zu sorgen. [3] Er kann die Versammlung jederzeit unterbrechen oder schließen. [4] Er bestimmt, wann eine unterbrochene Versammlung fortgesetzt wird.

§ 9 [Ordner] (1) [1] Der Leiter kann sich bei der Durchführung seiner Rechte aus § 8 der Hilfe einer angemessenen Zahl ehrenamtlicher Ordner bedienen. [2] Diese dürfen keine Waffen oder sonstigen Gegenstände im Sinne von § 2 Abs. 3 mit sich führen, müssen volljährig und ausschließlich durch weiße Armbinden, die nur die Bezeichnung „Ordner" tragen dürfen, kenntlich sein.

(2) [1] Der Leiter ist verpflichtet, die Zahl der von ihm bestellten Ordner der Polizei auf Anfordern mitzuteilen. [2] Die Polizei kann die Zahl der Ordner angemessen beschränken.

§ 10 [Folgepflicht der Versammlungsteilnehmer] Alle Versammlungsteilnehmer sind verpflichtet, die zur Aufrechterhaltung der Ordnung getroffenen Anweisungen des Leiters oder der von ihm bestellten Ordner zu befolgen.

§ 11 [Ausschluss von Störern] (1) Der Leiter kann Teilnehmer, welche die Ordnung gröblich stören, von der Versammlung ausschließen.

(2) Wer aus der Versammlung ausgeschlossen wird, hat sie sofort zu verlassen.

§ 12 [Polizeibeamte] [1] Werden Polizeibeamte in eine öffentliche Versammlung entsandt, so haben sie sich dem Leiter zu erkennen zu geben. [2] Es muß ihnen ein angemessener Platz eingeräumt werden.

§ 12 a[1)] ***[Bild- und Tonaufnahmen durch die Polizei]*** (1) [1] Die Polizei darf Bild- und Tonaufnahmen von Teilnehmern bei oder im Zusammenhang mit öffentlichen Versammlungen nur anfertigen, wenn tatsächliche Anhaltspunkte die Annahme rechtfertigen, daß von ihnen erhebliche Gefahren für die öffentliche Sicherheit oder Ordnung ausgehen. [2] Die Maßnahmen dürfen auch durchgeführt werden, wenn Dritte unvermeidbar betroffen werden.

[1)] § 12 a eingef. durch G v. 9. 6. 1989 (BGBl. I S. 1059).

(2) [1] Die Unterlagen sind nach Beendigung der öffentlichen Versammlung oder zeitlich und sachlich damit unmittelbar im Zusammenhang stehender Ereignisse unverzüglich zu vernichten, soweit sie nicht benötigt werden

1. für die Verfolgung von Straftaten von Teilnehmern oder
2. im Einzelfall zur Gefahrenabwehr, weil die betroffene Person verdächtig ist, Straftaten bei oder im Zusammenhang mit der öffentlichen Versammlung vorbereitet oder begangen zu haben, und deshalb zu besorgen ist, daß von ihr erhebliche Gefahren für künftige öffentliche Versammlungen oder Aufzüge ausgehen.

[2] Unterlagen, die aus den in Satz 1 Nr. 2 aufgeführten Gründen nicht vernichtet wurden, sind in jedem Fall spätestens nach Ablauf von drei Jahren seit ihrer Entstehung zu vernichten, es sei denn, sie würden inzwischen zu dem in Satz 1 Nr. 1 aufgeführten Zweck benötigt.

(3) Die Befugnisse zur Erhebung personenbezogener Informationen nach Maßgabe der Strafprozeßordnung[1)] und des Gesetzes über Ordnungswidrigkeiten[2)] bleiben unberührt.

§ 13 [Polizeiliche Auflösung von Versammlungen] (1) [1] Die Polizei (§ 12) kann die Versammlung nur dann und unter Angabe des Grundes auflösen, wenn

1. der Veranstalter unter die Vorschriften des § 1 Abs. 2 Nr. 1 bis 4 fällt, und im Falle der Nummer 4 das Verbot durch die zuständige Verwaltungsbehörde festgestellt worden ist,
2. die Versammlung einen gewalttätigen oder aufrührerischen Verlauf nimmt oder unmittelbare Gefahr für Leben und Gesundheit der Teilnehmer besteht,
3. der Leiter Personen, die Waffen oder sonstige Gegenstände im Sinne von § 2 Abs. 3 mit sich führen, nicht sofort ausschließt und für die Durchführung des Ausschlusses sorgt,
4. durch den Verlauf der Versammlung gegen Strafgesetze verstoßen wird, die ein Verbrechen oder von Amts wegen zu verfolgendes Vergehen zum Gegenstand haben, oder wenn in der Versammlung zu solchen Straftaten aufgefordert oder angereizt wird und der Leiter dies nicht unverzüglich unterbindet.

[2] In den Fällen der Nummern 2 bis 4 ist die Auflösung nur zulässig, wenn andere polizeiliche Maßnahmen, insbesondere eine Unterbrechung, nicht ausreichen.

(2) Sobald eine Versammlung für aufgelöst erklärt ist, haben alle Teilnehmer sich sofort zu entfernen.

---

1) Schönfelder Nr. 90.
2) Schönfelder Nr. 94.

Abschnitt III. Öffentliche Versammlungen unter freiem Himmel und Aufzüge

§ 14 [Anmeldungspflicht] (1) Wer die Absicht hat, eine öffentliche Versammlung unter freiem Himmel oder einen Aufzug zu veranstalten, hat dies spätestens 48 Stunden vor der Bekanntgabe der zuständigen Behörde unter Angabe des Gegenstandes der Versammlung oder des Aufzuges anzumelden.

(2) In der Anmeldung ist anzugeben, welche Person für die Leitung der Versammlung oder des Aufzuges verantwortlich sein soll.

§ 15[1] [Verbot von Versammlungen im Freien, Auflagen, Auflösung]

(1) Die zuständige Behörde kann die Versammlung oder den Aufzug verbieten oder von bestimmten Auflagen abhängig machen, wenn nach den zur Zeit des Erlasses der Verfügung erkennbaren Umständen die öffentliche Sicherheit oder Ordnung bei Durchführung der Versammlung oder des Aufzuges unmittelbar gefährdet ist.

(2) [1] Eine Versammlung oder ein Aufzug kann insbesondere verboten oder von bestimmten Auflagen abhängig gemacht werden, wenn

1. die Versammlung oder der Aufzug an einem Ort stattfindet, der als Gedenkstätte von historisch herausragender, überregionaler Bedeutung an die Opfer der menschenunwürdigen Behandlung unter der nationalsozialistischen Gewalt- und Willkürherrschaft erinnert, und
2. nach den zur Zeit des Erlasses der Verfügung konkret feststellbaren Umständen zu besorgen ist, dass durch die Versammlung oder den Aufzug die Würde der Opfer beeinträchtigt wird.

[2] Das Denkmal für die ermordeten Juden Europas in Berlin ist ein Ort nach Satz 1 Nr. 1. [3] Seine Abgrenzung ergibt sich aus der Anlage zu diesem Gesetz. [4] Andere Orte nach Satz 1 Nr. 1 und deren Abgrenzung werden durch Landesgesetz bestimmt.

(3) Sie kann eine Versammlung oder einen Aufzug auflösen, wenn sie nicht angemeldet sind, wenn von den Angaben der Anmeldung abgewichen oder den Auflagen zuwidergehandelt wird oder wenn die Voraussetzungen zu einem Verbot nach Absatz 1 oder 2 gegeben sind.

(4) Eine verbotene Veranstaltung ist aufzulösen.

§ 16[2] [Bannkreise] (1) [1] Öffentliche Versammlungen unter freiem Himmel und Aufzüge sind innerhalb des befriedeten Bannkreises der Gesetzgebungsorgane der Länder verboten. [2] Ebenso ist es verboten, zu öffentlichen Versammlungen unter freiem Himmel oder Aufzügen nach Satz 1 aufzufordern.

(2) Die befriedeten Bannkreise für die Gesetzgebungsorgane der Länder werden durch Landesgesetze bestimmt.

(3) Das Weitere regeln die Bannmeilengesetze der Länder.

---

[1] § 15 Abs. 2 eingef., bish. Abs. 2 und 3 werden Abs. 3 und 4 und Abs. 3 geänd. mWv 1. 4. 2005 durch G v. 24. 3. 2005 (BGBl. I S. 969).

[2] § 16 Abs. 1 Satz 2 angef., bish. Wortlaut wird Satz 1 und Abs. 3 geänd. durch G v. 11. 8. 1999 (BGBl. I S. 1818); Abs. 1 Satz 1, Abs. 2 und Abs. 3 geänd. mWv 11. 12. 2008 durch G v. 8. 12. 2008 (BGBl. I S. 2366).

§ 17 [Ausnahme für religiöse Feiern usw., Volksfeste] Die §§ 14 bis 16 gelten nicht für Gottesdienste unter freiem Himmel, kirchliche Prozessionen, Bittgänge und Wallfahrten, gewöhnliche Leichenbegängnisse, Züge von Hochzeitsgesellschaften und hergebrachte Volksfeste.

§ 17 a[1)] [Schutzwaffenverbot, Vermummungsverbot] (1) Es ist verboten, bei öffentlichen Versammlungen unter freiem Himmel, Aufzügen oder sonstigen öffentlichen Veranstaltungen unter freiem Himmel oder auf dem Weg dorthin Schutzwaffen oder Gegenstände, die als Schutzwaffen geeignet und den Umständen nach dazu bestimmt sind, Vollstreckungsmaßnahmen eines Trägers von Hoheitsbefugnissen abzuwehren, mit sich zu führen.

(2) Es ist auch verboten,

1. an derartigen Veranstaltungen in einer Aufmachung, die geeignet und den Umständen nach darauf gerichtet ist, die Feststellung der Identität zu verhindern, teilzunehmen oder den Weg zu derartigen Veranstaltungen in einer solchen Aufmachung zurückzulegen,
2. bei derartigen Veranstaltungen oder auf dem Weg dorthin Gegenstände mit sich zu führen, die geeignet und den Umständen nach dazu bestimmt sind, die Feststellung der Identität zu verhindern.

(3) [1] Die Absätze 1 und 2 gelten nicht, wenn es sich um Veranstaltungen im Sinne des § 17 handelt. [2] Die zuständige Behörde kann weitere Ausnahmen von den Verboten der Absätze 1 und 2 zulassen, wenn eine Gefährdung der öffentlichen Sicherheit oder Ordnung nicht zu besorgen ist.

(4) [1] Die zuständige Behörde kann zur Durchsetzung der Verbote der Absätze 1 und 2 Anordnungen treffen. [2] Sie kann insbesondere Personen, die diesen Verboten zuwiderhandeln, von der Veranstaltung ausschließen.

§ 18 [Besondere Vorschriften für Versammlungen unter freiem Himmel] (1) Für Versammlungen unter freiem Himmel sind § 7 Abs. 1, §§ 8, 9 Abs. 1, §§ 10, 11 Abs. 2, §§ 12 und 13 Abs. 2 entsprechend anzuwenden.

(2) [1] Die Verwendung von Ordnern bedarf polizeilicher Genehmigung. [2] Sie ist bei der Anmeldung zu beantragen.

(3) Die Polizei kann Teilnehmer, welche die Ordnung gröblich stören, von der Versammlung ausschließen.

§ 19 [Besondere Vorschriften für Aufzüge] (1) [1] Der Leiter des Aufzuges hat für den ordnungsmäßigen Ablauf zu sorgen. [2] Er kann sich der Hilfe ehrenamtlicher Ordner bedienen, für welche § 9 Abs. 1 und § 18 gelten.

(2) Die Teilnehmer sind verpflichtet, die zur Aufrechterhaltung der Ordnung getroffenen Anordnungen des Leiters oder der von ihm bestellten Ordner zu befolgen.

---

1) § 17 a eingef. durch G v. 18. 7. 1985 (BGBl. I S. 1511); neu gef. durch G v. 9. 6. 1989 (BGBl. I S. 1059).

(3) Vermag der Leiter sich nicht durchzusetzen, so ist er verpflichtet, den Aufzug für beendet zu erklären.

(4) Die Polizei kann Teilnehmer, welche die Ordnung gröblich stören, von dem Aufzug ausschließen.

§ 19a[1] **[Bild- und Tonaufnahmen durch die Polizei]** Für Bild- und Tonaufnahmen durch die Polizei bei Versammlungen unter freiem Himmel und Aufzügen gilt § 12a.

§ 20 [Einschränkung des Grundrechts der Versammlungsfreiheit] Das Grundrecht des Artikels 8 des Grundgesetzes[2] wird durch die Bestimmungen dieses Abschnitts eingeschränkt.

Abschnitt IV. Straf- und Bußgeldvorschriften

§ 21 [Störung von Versammlungen und Aufzügen] Wer in der Absicht, nichtverbotene Versammlungen oder Aufzüge zu verhindern oder zu sprengen oder sonst ihre Durchführung zu vereiteln, Gewalttätigkeiten vornimmt oder androht oder grobe Störungen verursacht, wird mit Freiheitsstrafe bis zu drei Jahren oder mit Geldstrafe bestraft.

§ 22 [Beeinträchtigung und Bedrohung der Versammlungsleitung und Ordner] Wer bei einer öffentlichen Versammlung oder einem Aufzug dem Leiter oder einem Ordner in der rechtmäßigen Ausübung seiner Ordnungsbefugnisse mit Gewalt oder Drohung mit Gewalt Widerstand leistet oder ihn während der rechtmäßigen Ausübung seiner Ordnungsbefugnisse tätlich angreift, wird mit Freiheitsstrafe bis zu einem Jahr oder mit Geldstrafe bestraft.

§ 23[3] **[Öffentliche Aufforderung zur Teilnahme an verbotener Versammlung]** Wer öffentlich in einer Versammlung oder durch Verbreiten eines Inhalts (§ 11 Absatz 3 des Strafgesetzbuches[4]) zur Teilnahme an einer öffentlichen Versammlung oder einem Aufzug auffordert, nachdem die Durchführung durch ein vollziehbares Verbot untersagt oder die Auflösung angeordnet worden ist, wird mit Freiheitsstrafe bis zu einem Jahr oder mit Geldstrafe bestraft.

§ 24 [Verwendung bewaffneter Ordner] Wer als Leiter einer öffentlichen Versammlung oder eines Aufzuges Ordner verwendet, die Waffen oder sonstige Gegenstände, die ihrer Art nach zur Verletzung von Personen oder Beschädigung von Sachen geeignet und bestimmt sind, mit sich führen, wird mit Freiheitsstrafe bis zu einem Jahr oder mit Geldstrafe bestraft.

§ 25[5] **[Abweichende Durchführung von Versammlungen und Aufzügen]** Wer als Leiter einer öffentlichen Versammlung unter freiem Himmel oder eines Aufzuges

1. die Versammlung oder den Aufzug wesentlich anders durchführt, als die Veranstalter bei der Anmeldung angegeben haben, oder

---

[1] § 19a eingef. durch G v. 9.6.1989 (BGBl. I S. 1059).

[2] Nr. **1**.

[3] § 23 eingef. durch G v. 9.6.1989 (BGBl. I S. 1059); geänd. mWv 1.1.2021 durch G v. 30.11.2020 (BGBl. I S. 2600).

[4] **Schönfelder Nr. 85.**

[5] § 25 Nr. 2 geänd. mWv 1.4.2005 durch G v. 24.3.2005 (BGBl. I S. 969).

2. Auflagen nach § 15 Abs. 1 oder 2 nicht nachkommt,

wird mit Freiheitsstrafe bis zu sechs Monaten oder mit Geldstrafe bis zu einhundertachtzig Tagessätzen bestraft.

§ 26 [Abhaltung verbotener oder nicht angemeldeter Versammlungen und Aufzüge] Wer als Veranstalter oder Leiter

1. eine öffentliche Versammlung oder einen Aufzug trotz vollziehbaren Verbots durchführt oder trotz Auflösung oder Unterbrechung durch die Polizei fortsetzt oder
2. eine öffentliche Versammlung unter freiem Himmel oder einen Aufzug ohne Anmeldung (§ 14) durchführt, wird mit Freiheitsstrafe bis zu einem Jahr oder mit Geldstrafe bestraft.

§ 27[1)] [Führung von Waffen] (1) [1] Wer bei öffentlichen Versammlungen oder Aufzügen Waffen oder sonstige Gegenstände, die ihrer Art nach zur Verletzung von Personen oder Beschädigung von Sachen geeignet und bestimmt sind, mit sich führt, ohne dazu behördlich ermächtigt zu sein, wird mit Freiheitsstrafe bis zu einem Jahr oder mit Geldstrafe bestraft. [2] Ebenso wird bestraft, wer ohne behördliche Ermächtigung Waffen oder sonstige Gegenstände im Sinne des Satzes 1 auf dem Weg zu öffentlichen Versammlungen oder Aufzügen mit sich führt, zu derartigen Veranstaltungen hinschafft oder sie zur Verwendung bei derartigen Veranstaltungen bereithält oder verteilt.

(2) Wer

1. entgegen § 17a Abs. 1 bei öffentlichen Versammlungen unter freiem Himmel, Aufzügen oder sonstigen öffentlichen Veranstaltungen unter freiem Himmel oder auf dem Weg dorthin Schutzwaffen oder Gegenstände, die als Schutzwaffen geeignet und den Umständen nach dazu bestimmt sind, Vollstreckungsmaßnahmen eines Trägers von Hoheitsbefugnissen abzuwehren, mit sich führt,
2. entgegen § 17a Abs. 2 Nr. 1 an derartigen Veranstaltungen in einer Aufmachung, die geeignet und den Umständen nach darauf gerichtet ist, die Feststellung der Identität zu verhindern, teilnimmt oder den Weg zu derartigen Veranstaltungen in einer solchen Aufmachung zurücklegt oder
3. sich im Anschluß an oder sonst im Zusammenhang mit derartigen Veranstaltungen mit anderen zusammenrottet und dabei
   a) Waffen oder sonstige Gegenstände, die ihrer Art nach zur Verletzung von Personen oder Beschädigung von Sachen geeignet und bestimmt sind, mit sich führt,
   b) Schutzwaffen oder sonstige in Nummer 1 bezeichnete Gegenstände mit sich führt oder
   c) in der in Nummer 2 bezeichneten Weise aufgemacht ist,

wird mit Freiheitsstrafe bis zu einem Jahr oder mit Geldstrafe bestraft.

§ 28 [Verstöße gegen Uniform- und politisches Kennzeichenverbot]

Wer der Vorschrift des § 3 zuwiderhandelt, wird mit Freiheitsstrafe bis zu zwei Jahren oder mit Geldstrafe bestraft.

1) § 27 Abs. 2 angef., bish. Wortlaut wird Abs. 1 durch G v. 9.6.1989 (BGBl. I S. 1059).

§ 29[1] **[Ordnungswidrigkeiten]** (1) Ordnungswidrig handelt, wer

1. an einer öffentlichen Versammlung oder einem Aufzug teilnimmt, deren Durchführung durch vollziehbares Verbot untersagt ist,

1a. entgegen § 17a Abs. 2 Nr. 2 bei einer öffentlichen Versammlung unter freiem Himmel, einen Aufzug oder einer sonstigen öffentlichen Veranstaltung unter freiem Himmel oder auf dem Weg dorthin Gegenstände, die geeignet und den Umständen nach dazu bestimmt sind, die Feststellung der Identität zu verhindern, mit sich führt,

1b. *(aufgehoben)*

2. sich trotz Auflösung einer öffentlichen Versammlung oder eines Aufzuges durch die zuständige Behörde nicht unverzüglich entfernt,

3. als Teilnehmer einer öffentlichen Versammlung unter freiem Himmel oder eines Aufzuges einer vollziehbaren Auflage nach § 15 Abs. 1 oder 2 nicht nachkommt,

4. trotz wiederholter Zurechtweisung durch den Leiter oder einen Ordner fortfährt, den Ablauf einer öffentlichen Versammlung oder eines Aufzuges zu stören,

5. sich nicht unverzüglich nach seiner Ausschließung aus einer öffentlichen Versammlung oder einem Aufzug entfernt,

6. der Aufforderung der Polizei, die Zahl der von ihm bestellten Ordner mitzuteilen, nicht nachkommt oder eine unrichtige Zahl mitteilt (§ 9 Abs. 2),

7. als Leiter oder Veranstalter einer öffentlichen Versammlung oder eines Aufzuges eine größere Zahl von Ordnern verwendet, als die Polizei zugelassen oder genehmigt hat (§ 9 Abs. 2, § 18 Abs. 2), oder Ordner verwendet, die anders gekennzeichnet sind, als es nach § 9 Abs. 1 zulässig ist, oder

8. als Leiter den in eine öffentliche Versammlung entsandten Polizeibeamten die Anwesenheit verweigert oder ihnen keinen angemessenen Platz einräumt.

(2) Die Ordnungswidrigkeit kann in den Fällen des Absatzes 1 Nr. 1 bis 5 mit einer Geldbuße bis *tausend Deutsche Mark*[2] und in den Fällen des Absatzes 1 Nr. 6 bis 8 mit einer Geldbuße bis zu *fünftausend Deutsche Mark*[2] geahndet werden.

§ 29a[3] **[Ordnungswidrigkeiten]** (1) Ordnungswidrig handelt, wer entgegen § 16 Abs. 1 an einer öffentlichen Versammlung unter freiem Himmel oder an einem Aufzug teilnimmt oder zu einer öffentlichen Versammlung unter freiem Himmel oder zu einem Aufzug auffordert.

(2) Die Ordnungswidrigkeit kann mit einer Geldbuße bis zu *dreißigtausend Deutsche Mark*[2] geahndet werden.

§ 30[4] **[Einziehung]** [1] Gegenstände, auf die sich eine Straftat nach § 27 oder § 28 oder eine Ordnungswidrigkeit nach § 29 Abs. 1 Nr. 1a oder 3 bezieht, können eingezogen werden. [2] § 74a des Strafgesetzbuches[5] und § 23 des Gesetzes über Ordnungswidrigkeiten[6] sind anzuwenden.

---

[1] § 29 Abs. 1 Nr. 1a neu gef. und Nr. 1b aufgeh. durch G v. 9.6.1989 (BGBl. I S. 1059); Abs. 1 Nr. 3 geänd. mWv 1.4.2005 durch G v. 24.3.2005 (BGBl. I S. 969).

[2] Der Betrag wurde amtlich noch nicht auf Euro umgestellt; 1 Euro = 1,95583 DM.

[3] § 29a eingef. durch G v. 11.8.1999 (BGBl. I S. 1818).

[4] § 30 neu gef. durch G v. 9.6.1989 (BGBl. I S. 1059).

[5] **Schönfelder Nr. 85.**

[6] **Schönfelder Nr. 94.**

Abschnitt V. Schlußbestimmungen

§ 31 (Aufhebungsvorschriften)

§ 32 *(gegenstandslos)*

§ 33 (Inkrafttreten)

Anlage[1)]
(zu § 15 Abs. 2)

Anlage

Die Abgrenzung des Ortes nach § 15 Abs. 2 Satz 2 (Denkmal für die ermordeten Juden Europas) umfasst das Gebiet der Bundeshauptstadt Berlin, das umgrenzt wird durch die Ebertstraße, zwischen der Straße In den Ministergärten bzw. Lennéstraße und der Umfahrung Platz des 18. März, einschließlich des unbefestigten Grünflächenbereichs Ebertpromenade und des Bereichs der unbefestigten Grünfläche im Bereich des J.-W.-von-Goethe-Denkmals, die Behrenstraße, zwischen Ebertstraße und Wilhelmstraße, die Cora-Berliner-Straße, die Gertrud-Kolmar-Straße, nördlich der Einmündung der Straße In den Ministergärten, die Hannah-Arendt-Straße, einschließlich der Verlängerung zur Wilhelmstraße. Die genannten Umgrenzungslinien sind einschließlich der Fahrbahnen, Gehwege und aller sonstigen zum Betreten oder Befahren bestimmten öffentlichen Flächen Bestandteil des Gebiets.

[1)] Anl. angef. mWv 1.4.2005 durch G v. 24.3.2005 (BGBl. I S. 969).

450. Gesetz über das Bundeskriminalamt und die Zusammenarbeit des Bundes und der Länder in kriminalpolizeilichen Angelegenheiten (Bundeskriminalamtgesetz – BKAG)[1) 2)]

Vom 1. Juni 2017

(BGBl. I S. 1354, ber. 2019 S. 400)

FNA 2190-3

geänd. durch Art. 152 Elfte ZuständigkeitsanpassungsVO v. 19.6.2020 (BGBl. I S. 1328), Nr. 1 Buchst. g Beschl. des BVerfG – 1 BvR 1873/13, 1 BvR 2618/13 - v. 27.5.2020 (BGBl. I S. 1931), Art. 5 G zur Stärkung der Sicherheit im Pass-, Ausweis- und ausländerrechtlichen Dokumentenwesen v. 3.12.2020 (BGBl. I S. 2744), Art. 5 Rechtsextremismus-BekämpfungsG v. 30.3.2021 (BGBl. I S. 441, aufgeh. durch Art. 15 Nr. 2 G v. 30.3.2021, BGBl. I S. 448), Art. 7 G zur Anpassung der Regelungen über die Bestandsdatenauskunft an die Vorgaben aus der Entscheidung des BVerfG v. 27.5.2020 v. 30.3.2021 (BGBl. I S. 448, ber. S. 1380), Art. 14 TelekommunikationsmodernisierungsG v. 23.6.2021 (BGBl. I S. 1858), Art. 9 G zur Regelung des Datenschutzes und des Schutzes der Privatsphäre in der Telekommunikation und bei Telemedien v. 23.6.2021 (BGBl. I S. 1982), Art. 6 Transparenzregister- und FinanzinformationsG v. 25.6.2021 (BGBl. I S. 2083), Art. 2 G zur Fortentwicklung der StrafprozessO und zur Änd. weiterer Vorschriften v. 25.6.2021 (BGBl. I S. 2099), Art. 2 G zur Durchführung der VO (EU) 2021/784 und zur Änd. weiterer Gesetze v. 21.7.2022 (BGBl. I S. 1182), Art. 20 SanktionsdurchsetzungsG II v. 19.12.2022 (BGBl. I S. 2606), Art. 3 SIS-III-G v. 19.12.2022 (BGBl. I S. 2632 iVm iK-Bek. v. 8.3.2023, BGBl. I Nr. 60), Art. 14 G zur Durchführung der VO (EU) 2022/2065 v. 6.5.2024 (BGBl. 2024 I Nr. 149), Art. 5 G zur Fortentwicklung des Völkerstrafrechts v. 30.7.2024 (BGBl. 2024 I Nr. 255), Urt. des BVerfG – 1 BvR 1160/19 – v. 1.10.2024 (BGBl. 2024 I Nr. 349), Art. 1 G zur Anpassung von Regelungen über den polizeilichen Informationsverbund im BundeskriminalamtG sowie zur Einführung der Erlaubnispflicht für bestimmte Druckluftwaffen und zur Änd. weiterer waffen- und sprengstoffrechtlicher Vorschriften v. 17.7.2025 (BGBl. 2025 I Nr. 171), Art. 1 G zur Anpassung der Befugnis zur Datenerhebung bei Kontaktpersonen im BundeskriminalamtG v. 17.7.2025 (BGBl. 2025 I Nr. 172), Art. 14 G zur Modernisierung und Digitalisierung der Schwarzarbeitsbekämpfung v. 22.12.2025 (BGBl. 2025 I Nr. 369), Art. 1 G über den Informationsaustausch zwischen den Strafverfolgungsbehörden der Mitgliedstaaten der EU v. 10.2.2026 (BGBl. 2026 I Nr. 39), Art. 2 Abs. 2 G zur Umsetzung der RL (EU) 2017/541 zur Terrorismusbekämpfung und zur Anpassung des Strafrahmens bei geheimdienstlicher Agententätigkeit v. 20.3.2026 (BGBl. 2026 I Nr. 95) und Art. 11 GEAS-AnpassungsG v. 23.4.2026 (BGBl. 2026 I Nr. 111)

Inhaltsübersicht[3)]

---

1) *Verkündet* als Art. 1 G v. 1.6.2017 (BGBl. I S. 1354, ber. 2019 S. 400); Inkrafttreten gem. Art. 13 Abs. 1 dieses G am 25.5.2018, mit Ausnahme des § 20, der am 9.6.2017 in Kraft tritt, vgl. Art. 13 Abs. 2 dieses G.

2) **Amtl. Anm. an der Überschrift des MantelG:** Dieses Gesetz dient der Umsetzung der Richtlinie (EU) 2016/680 des Europäischen Parlaments und des Rates vom 27. April 2016 zum Schutz natürlicher Personen bei der Verarbeitung personenbezogener Daten durch die zuständigen Behörden zum Zwecke der Verhütung, Ermittlung, Aufdeckung oder Verfolgung von Straftaten oder der Strafvollstreckung sowie zum freien Datenverkehr und zur Aufhebung des Rahmenbeschlusses 2008/977/JI des Rates (ABl. L 119 vom 4.5. 2016, S. 89).

3) Inhaltsübersicht geänd. mWv 2.4.2021 durch G v. 30.3.2021 (BGBl. I S. 448); geänd. mWv 1.7.2021 durch G v. 25.6.2021 (BGBl. I S. 2099); geänd. mWv 28.12.2022 durch G v. 19.12.2022 (BGBl. I S. 2632); geänd. mWv 24.7.2025 durch G v. 17.7.2025 (BGBl. 2025 I Nr. 171); geänd. mWv 14.2.2026 durch G v. 10.2.2026 (BGBl. 2026 I Nr. 39).

Abschnitt 1. Zentrale Einrichtungen zur Zusammenarbeit in kriminalpolizeilichen Angelegenheiten, Aufgaben des Bundeskriminalamtes

§ 1 Zentrale Einrichtungen zur Zusammenarbeit in kriminalpolizeilichen Angelegenheiten. (1) Der Bund unterhält ein Bundeskriminalamt zur Zusammenarbeit des Bundes und der Länder in kriminalpolizeilichen Angelegenheiten.

(2) [1] Die Länder unterhalten für ihr Gebiet zentrale Dienststellen der Kriminalpolizei (Landeskriminalämter) zur Sicherung der Zusammenarbeit des Bundes und der Länder. [2] Mehrere Länder können ein gemeinsames Landeskriminalamt unterhalten.

(3) Die Verfolgung sowie die Verhütung von Straftaten und die Aufgaben der sonstigen Gefahrenabwehr bleiben Sache der Länder, soweit gesetzlich nichts anderes bestimmt ist.

§ 2 Zentralstelle. (1) Das Bundeskriminalamt unterstützt als Zentralstelle für das polizeiliche Auskunfts- und Nachrichtenwesen und für die Kriminalpolizei die Polizeien des Bundes und der Länder bei der Verhütung und Verfolgung von Straftaten mit länderübergreifender, internationaler oder erheblicher Bedeutung.

(2) Das Bundeskriminalamt hat zur Wahrnehmung dieser Aufgabe

1. alle hierfür erforderlichen Informationen zu sammeln und auszuwerten,
2. die Strafverfolgungsbehörden des Bundes und der Länder unverzüglich über die sie betreffenden Informationen und die in Erfahrung gebrachten Zusammenhänge von Straftaten zu unterrichten.

(3) Das Bundeskriminalamt unterhält als Zentralstelle einen einheitlichen polizeilichen Informationsverbund nach Maßgabe dieses Gesetzes.

(4) [1] Das Bundeskriminalamt unterhält als Zentralstelle zur Unterstützung und Koordinierung der Polizeien des Bundes und der Länder bei der Verhütung und Verfolgung von Straftaten und der Gefahrenabwehr zentrale Einrichtungen und Sammlungen, insbesondere

1. zentrale erkennungsdienstliche und kriminaltechnische Einrichtungen und Sammlungen sowie
2. zentrale Einrichtungen für die Fahndung nach Personen und Sachen.

[2] Die zentralen Einrichtungen und Sammlungen können auch elektronisch geführt werden.

(5) [1] Das Bundeskriminalamt kann als Zentralstelle zur Unterstützung der Polizeien des Bundes und der Länder

1. *Aus- und Fortbildungsveranstaltungen* auf kriminalpolizeilichen Spezialgebieten durchführen,
2. Kompetenzzentren für informationstechnische Systeme und Infrastrukturen sowie Einsatztechnik, technische Einsatzmittel und kriminaltechnische Unter-

suchungsmethoden im kriminalpolizeilichen Bereich aufbauen, unterhalten und deren Entwicklungen und Ergebnisse den Polizeien des Bundes und der Länder zur Verfügung stellen,
3. auf Ersuchen bei der Durchführung von kriminaltechnischen Untersuchungen unterstützen sowie
4. auf Ersuchen bei der Datenverarbeitung unterstützen.

[2] Die Verarbeitung von personenbezogenen Daten in den Fällen von Satz 1 Nummer 3 und 4 erfolgt nach den Weisungen der Polizeien des Bundes und der Länder und nach deren Vorschriften über die Auftragsverarbeitung. [3] Die Behörden der Länder haben dem Bundeskriminalamt die durch die Inanspruchnahme der Leistungen nach Satz 1 Nummer 2, 3 und 4 entstehenden Kosten zu erstatten. [4] Im Einzelfall kann das Bundeskriminalamt aus Gründen des öffentlichen Interesses von der Erhebung der Kosten absehen.

(6) Das Bundeskriminalamt hat als Zentralstelle ferner zur Unterstützung der Polizeien des Bundes und der Länder bei der Verhütung und Verfolgung von Straftaten
1. strategische und operative kriminalpolizeiliche Analysen, Statistiken, einschließlich der Kriminalstatistik, und Lageberichte zu erstellen und hierfür die Entwicklung der Kriminalität zu beobachten und auszuwerten,
2. die erforderlichen Einrichtungen für alle Bereiche kriminaltechnischer Untersuchungen und für kriminaltechnische Forschung zu unterhalten und die Zusammenarbeit der Polizei auf diesen Gebieten zu koordinieren,
3. polizeiliche Methoden und Arbeitsweisen der Kriminalitätsbekämpfung zu erforschen und zu entwickeln sowie
4. angemessene organisatorische und technische Vorkehrungen sowie Verfahren zur Umsetzung von Datenschutzgrundsätzen, insbesondere der Grundsätze der Datenvermeidung und Datensparsamkeit, einschließlich der Pseudonymisierung, zu entwickeln.

(7) Das Bundeskriminalamt erstattet erkennungsdienstliche und kriminaltechnische Gutachten für Strafverfahren auf Anforderungen von Polizeidienststellen, Staatsanwaltschaften und Gerichten.

§ 3[1] Internationale Zusammenarbeit. (1) Das Bundeskriminalamt ist Nationales Zentralbüro der Bundesrepublik Deutschland für die Internationale Kriminalpolizeiliche Organisation und nationale Stelle für Europol nach § 1 des Europol-Gesetzes[2].

(2) Das Bundeskriminalamt ist
1. die zentrale nationale Stelle für den Informationsaustausch nach Artikel 39 Absatz 3 und Artikel 46 Absatz 2 des Schengener Durchführungsübereinkommens (BGBl. 2000 II S. 1106),
2. die zentrale nationale Stelle für den Betrieb des nationalen Teils des Schengener Informationssystems
   a) nach Artikel 7 Absatz 1 der Verordnung (EU) 2018/1862 des Europäischen Parlaments und des Rates vom 28. November 2018 über die Einrichtung,

[1] § 3 Abs. 2a eingef. mWv 1.8.2021 durch G v. 25.6.2021 (BGBl. I S. 2083); Abs. 2 neu gef. mWv 28.12.2022 durch G v. 19.12.2022 (BGBl. I S. 2632); Abs. 2 Nr. 2 Buchst. b und Nr. 3 Buchst. b geänd., Nr. 4 angef. mWv 14.2.2026 durch G v. 10.2.2026 (BGBl. 2026 I Nr. 39).
[2] **Sartorius III Nr. 807.**

den Betrieb und die Nutzung des Schengener Informationssystems (SIS) im Bereich der polizeilichen Zusammenarbeit und der justiziellen Zusammenarbeit in Strafsachen, zur Änderung und Aufhebung des Beschlusses 2007/533/JI des Rates und zur Aufhebung der Verordnung (EG) Nr. 1986/2006 des Europäischen Parlaments und des Rates und des Beschlusses 2010/261/EU der Kommission (ABl. L 312 vom 7.12.2018, S. 56) sowie

b) nach Artikel 7 Absatz 1 der Verordnung (EU) 2018/1861 des Europäischen Parlaments und des Rates vom 28. November 2018 über die Einrichtung, den Betrieb und die Nutzung des Schengener Informationssystems (SIS) im Bereich der Grenzkontrollen, zur Änderung des Übereinkommens zur Durchführung des Übereinkommens von Schengen und zur Änderung und Aufhebung der Verordnung (EG) Nr. 1987/2006 (ABl. L 312 vom 7.12.2018, S. 14),

3. das SIRENE-Büro

a) nach Artikel 7 Absatz 2 der Verordnung (EU) 2018/1862 sowie

b) nach Artikel 7 Absatz 2 der Verordnung (EU) 2018/1861 und

4. zentrale Kontaktstelle für den Informationsaustausch nach Artikel 14 Absatz 1 der Richtlinie (EU) 2023/977 (zentrale Kontaktstelle).

(2a) [1]Das Bundeskriminalamt ist Vermögensabschöpfungsstelle nach Artikel 1 des Beschlusses 2007/845/JI des Rates vom 6. Dezember 2007 über die Zusammenarbeit zwischen den Vermögensabschöpfungsstellen der Mitgliedstaaten auf dem Gebiet des Aufspürens und der Ermittlung von Erträgen aus Straftaten oder anderen Vermögensgegenständen im Zusammenhang mit Straftaten (ABl. L 332 vom 18.12.2007, S. 103). [2]Das Bundeskriminalamt nimmt im Rahmen der bestehenden Zuständigkeiten seine Aufgaben auch als benannte Behörde nach Artikel 3 Absatz 1 und 2 der Richtlinie (EU) 2019/1153 des Europäischen Parlaments und des Rates vom 20. Juni 2019 zur Festlegung von Vorschriften zur Erleichterung der Nutzung von Finanz- und sonstigen Informationen für die Verhütung, Aufdeckung, Untersuchung oder Verfolgung bestimmter Straftaten und zur Aufhebung des Beschlusses 2000/642/JI des Rates (ABl. L 186 vom 11.7.2019, S. 122) wahr.

(3) [1]Der zur Verhütung oder Verfolgung von Straftaten erforderliche Dienstverkehr der Polizeien des Bundes und der Länder mit den Polizei- und Justizbehörden sowie sonstigen insoweit zuständigen öffentlichen Stellen anderer Staaten und mit für die Verhütung oder Verfolgung von Straftaten zuständigen zwischen- und überstaatlichen Stellen obliegt dem Bundeskriminalamt. [2]Unberührt hiervon bleiben

1. besondere bundesgesetzliche Vorschriften, insbesondere die Vorschriften über die internationale Rechtshilfe in Strafsachen,
2. die internationale Zusammenarbeit der Zollbehörden,
3. Vereinbarungen der zuständigen obersten Landesbehörden mit den zuständigen ausländischen Stellen im Rahmen der vom Bund abgeschlossenen völkerrechtlichen Abkommen sowie
4. abweichende Regelungen durch Vereinbarungen des Bundeskriminalamtes mit den zuständigen Bundes- oder Landesbehörden, welche der Zustimmung der *jeweils zuständigen* obersten Bundes- oder Landesbehörden bedürfen.

[3]Die abweichenden Vereinbarungen nach Satz 2 Nummer 4 sollen vorsehen, dass das Bundeskriminalamt von dem Dienstverkehr automatisiert unterrichtet wird.

(4) [1]Absatz 3 Satz 1 gilt nicht für den Dienstverkehr mit den zuständigen Behörden der Nachbarstaaten und der Mitgliedstaaten der Europäischen Union, soweit dieser sich auf Kriminalität von regionaler Bedeutung im Grenzgebiet bezieht oder soweit Gefahr im Verzug ist. [2]Die übermittelnden Polizeien unterrichten das Bundeskriminalamt unverzüglich über den Dienstverkehr nach Satz 1.

(5) Bei regional abgrenzbaren Fallgestaltungen können die Polizeien des Bundes und der Länder zur Wahrnehmung ihrer Aufgaben abweichend von Absatz 3 Satz 1 im Einvernehmen mit dem Bundeskriminalamt den erforderlichen Dienstverkehr mit den zuständigen Behörden anderer Staaten und für die Verhütung oder Verfolgung von Straftaten zuständigen zwischen- und überstaatlichen Stellen führen.

§ 4[1)] Strafverfolgung. (1) [1]Das Bundeskriminalamt nimmt die polizeilichen Aufgaben auf dem Gebiet der Strafverfolgung wahr

1. in Fällen des international organisierten ungesetzlichen Handels mit Waffen, Munition, Sprengstoffen, Betäubungsmitteln, neuen psychoaktiven Stoffen oder Arzneimitteln und der international organisierten Herstellung oder Verbreitung von Falschgeld, die eine Sachaufklärung im Ausland erfordern, sowie damit im Zusammenhang begangener Straftaten einschließlich der international organisierten Geldwäsche,
2. in Fällen von Straftaten, die sich gegen das Leben (§§ 211, 212 des Strafgesetzbuchs[2)]) oder die Freiheit (§§ 234 bis 234b, 239, 239b des Strafgesetzbuchs) des Bundespräsidenten, von Mitgliedern der Bundesregierung, des Deutschen Bundestages und des Bundesverfassungsgerichts oder der Gäste der Verfassungsorgane des Bundes aus anderen Staaten oder der Leitungen und Mitglieder der bei der Bundesrepublik Deutschland beglaubigten diplomatischen Vertretungen richten, wenn anzunehmen ist, dass der Täter aus politischen Motiven gehandelt hat und die Tat bundes- oder außenpolitische Belange berührt,
3. in den Fällen international organisierter Straftaten
   a) nach § 129a, auch in Verbindung mit § 129b Absatz 1, des Strafgesetzbuchs,
   b) nach den §§ 105 und 106 des Strafgesetzbuchs zum Nachteil des Bundespräsidenten, eines Verfassungsorgans des Bundes oder des Mitgliedes eines Verfassungsorgans des Bundes und damit im Zusammenhang stehender Straftaten,
4. in den Fällen der in § 129a Absatz 1 Nummer 1 und 2 des Strafgesetzbuchs genannten Straftaten und damit im Zusammenhang stehender Straftaten, soweit es sich um eine Auslandstat handelt und ein Gerichtsstand noch nicht feststeht,
5. in den Fällen von Straftaten nach den §§ 202a, 202b, 202c, 263a, 303a und 303b des Strafgesetzbuchs, soweit tatsächliche Anhaltspunkte dafür vorliegen, dass die Tat sich richtet gegen
   a) die innere oder äußere Sicherheit der Bundesrepublik Deutschland oder
   b) Behörden oder Einrichtungen des Bundes oder sicherheitsempfindliche Stellen von lebenswichtigen Einrichtungen, bei deren Ausfall oder Zerstörung eine erhebliche Bedrohung für die Gesundheit oder das Leben von Menschen zu befürchten ist oder die für das Funktionieren des Gemeinwesens unverzichtbar sind,

---

[1)] § 4 Abs. 1 Satz 3, Abs. 2 Satz 1 Nr. 2 geänd. mWv 27.6.2020 durch VO v. 19.6.2020 (BGBl. I S. 1328); Abs. 1 Satz 1 Nr. 2 und Nr. 6 Buchst. b geänd. mWv 3.8.2024 durch G v. 30.7.2024 (BGBl. 2024 I Nr. 255); Abs. 1 Satz 1 Nr. 6 Buchst. a neu gef. mWv 2.4.2026 durch G v. 20.3.2026 (BGBl. 2026 I Nr. 95).

[2)] **Habersack Nr. 85.**

6. in den Fällen von
   a) Straftaten nach den §§ 81, 83 Absatz 1, den §§ 87, 87a, 88 und 94 bis 100a des Strafgesetzbuchs und nach § 13 des Völkerstrafgesetzbuchs[1)] sowie
   b) Straftaten nach den §§ 211, 212, 234, 234 bis 234b, 239, 239a, 239b des Strafgesetzbuchs, wenn anzunehmen ist, dass die Tat durch Angehörige des Geheimdienstes einer fremden Macht oder im Auftrag einer fremden Macht oder den Geheimdienst einer fremden Macht begangen worden ist.

[2] Die Staatsanwaltschaft kann im Benehmen mit dem Bundeskriminalamt die Ermittlungen einer anderen sonst zuständigen Polizeibehörde übertragen. [3] Die Wahrnehmung der Aufgaben nach Satz 1 Nummer 2 und 3 Buchstabe b bedarf der Zustimmung des Bundesministeriums des Innern, für Bau und Heimat; bei Gefahr im Verzug kann das Bundeskriminalamt vor Erteilung der Zustimmung tätig werden.

(2) [1] Das Bundeskriminalamt nimmt darüber hinaus die polizeilichen Aufgaben auf dem Gebiet der Strafverfolgung wahr, wenn

1. eine zuständige Landesbehörde darum ersucht,
2. das Bundesministerium des Innern, für Bau und Heimat es nach Unterrichtung der obersten Landesbehörde aus schwerwiegenden Gründen anordnet oder
3. der Generalbundesanwalt darum ersucht oder einen Auftrag erteilt.

[2] Satz 1 Nummer 1 und 3 gilt entsprechend für die Fahndung nach Verurteilten zum Zwecke der Vollstreckung.

(3) [1] Die für die Strafrechtspflege und die Polizei zuständigen obersten Landesbehörden sind unverzüglich zu benachrichtigen, wenn das Bundeskriminalamt polizeiliche Aufgaben auf dem Gebiet der Strafverfolgung wahrnimmt; außerdem sind unverzüglich zu benachrichtigen die zuständigen Landeskriminalämter, der Generalbundesanwalt in den Fällen, in denen er für die Führung der Ermittlungen zuständig ist, und in den übrigen Fällen die Generalstaatsanwaltschaften, in deren Bezirken ein Gerichtsstand begründet ist. [2] Die Verpflichtung anderer Polizeibehörden zur Durchführung der notwendigen unaufschiebbaren Maßnahmen sowie die Befugnisse der Staatsanwaltschaft nach § 161 der Strafprozessordnung[2)] bleiben unberührt.

(4) [1] In den Fällen der Absätze 1 und 2 kann das Bundeskriminalamt den zuständigen Landeskriminalämtern Weisungen für die Zusammenarbeit geben. [2] Die oberste Landesbehörde ist unverzüglich zu benachrichtigen.

§ 5[3)] Abwehr von Gefahren des internationalen Terrorismus. (1) [1] Das Bundeskriminalamt kann die Aufgabe der Abwehr von Gefahren des internationalen Terrorismus in Fällen wahrnehmen, in denen

1. eine länderübergreifende Gefahr vorliegt,
2. die Zuständigkeit einer Landespolizeibehörde nicht erkennbar ist oder
3. die oberste Landesbehörde um eine Übernahme ersucht.

[2] Gefahren des internationalen Terrorismus sind Gefahren der Verwirklichung von Straftaten, die in § 129a Absatz 1 und 2 des Strafgesetzbuchs[4)] bezeichnet und dazu bestimmt sind,

---

[1)] **Habersack ErgBd. Nr. 85g.**
[2)] **Habersack Nr. 90.**
[3)] § 5 Abs. 3 angef. mWv 27.7.2022 durch G v. 21.7.2022 (BGBl. I S. 1182).
[4)] **Habersack Nr. 85.**

1. die Bevölkerung auf erhebliche Weise einzuschüchtern,
2. eine Behörde oder eine internationale Organisation rechtswidrig mit Gewalt oder durch Drohung mit Gewalt zu nötigen oder
3. die politischen, verfassungsrechtlichen, wirtschaftlichen oder sozialen Grundstrukturen eines Staates oder einer internationalen Organisation zu beseitigen oder erheblich zu beeinträchtigen,

und durch die Art ihrer Begehung oder ihre Auswirkungen einen Staat oder eine internationale Organisation erheblich schädigen können. [3] Das Bundeskriminalamt kann in den in Satz 1 bezeichneten Fällen auch zur Verhütung von Straftaten nach Satz 2 tätig werden.

(2) [1] Die Befugnisse der Länder und anderer Polizeibehörden des Bundes bleiben unberührt. [2] Die zuständigen obersten Landesbehörden und, soweit zuständig, anderen Polizeibehörden des Bundes sind unverzüglich zu benachrichtigen, wenn das Bundeskriminalamt die Aufgabe nach Absatz 1 wahrnimmt. [3] Die Aufgabenwahrnehmung erfolgt in gegenseitigem Benehmen. [4] Stellt das Bundeskriminalamt bei der Aufgabenwahrnehmung nach Absatz 1 Satz 1 Nummer 2 die Zuständigkeit einer Landespolizeibehörde fest, so gibt es diese Aufgabe an diese Polizeibehörde ab, wenn nicht ein Fall des Absatzes 1 Satz 1 Nummer 1 oder Nummer 3 vorliegt.

(3) Das Bundeskriminalamt ist unbeschadet der Absätze 1 und 2 zuständige Behörde nach § 1 Absatz 1 des Terroristische-Online-Inhalte-Bekämpfungs-Gesetzes für den Erlass und die Überprüfung von Entfernungsanordnungen nach den Artikeln 3 und 4 der Verordnung (EU) 2021/784 des Europäischen Parlaments und des Rates vom 29. April 2021 zur Bekämpfung der Verbreitung terroristischer Online-Inhalte (ABl. L 172 vom 17.5.2021, S. 79).

§ 6[1)] Schutz von Mitgliedern der Verfassungsorgane und der Leitung des Bundeskriminalamtes. (1) [1] Unbeschadet der Rechte des Präsidenten des Deutschen Bundestages und der Zuständigkeit der Bundespolizei und der Polizeien der Länder obliegt dem Bundeskriminalamt

1. der erforderliche Personenschutz
   a) für die Mitglieder der Verfassungsorgane des Bundes,
   b) in besonders festzulegenden Fällen der Gäste dieser Verfassungsorgane aus anderen Staaten,
   c) auf Ersuchen des Präsidenten des Deutschen Bundestages für Hilfsorgane des Deutschen Bundestages und
   d) für die Leitung des Bundeskriminalamtes;
2. der innere Schutz der Dienst- und der Wohnsitze sowie der jeweiligen Aufenthaltsräume des Bundespräsidenten, der Mitglieder der Bundesregierung und in besonders festzulegenden Fällen ihrer Gäste aus anderen Staaten.

[2] In den Fällen des Satzes 1 Nummer 1 Buchstabe a, c und d kann der erforderliche Schutz insbesondere auch über die Amtsdauer hinaus erstreckt werden und Familienangehörige einbeziehen.

(Fortsetzung nächstes Blatt)

[1)] § 6 Abs. 2 geänd. mWv 27.6.2020 durch VO v. 19.6.2020 (BGBl. I S. 1328).

(2) Sollen Beamtinnen und Beamte des Bundeskriminalamtes und der Polizei eines Landes in den Fällen des Absatzes 1 zugleich eingesetzt werden, so entscheidet darüber das Bundesministerium des Innern, für Bau und Heimat im Einvernehmen mit der obersten Landesbehörde.

§ 7 Zeugenschutz. (1) [1] In den Fällen des § 4 Absatz 1 und 2 Satz 1 obliegt dem Bundeskriminalamt der Schutz von Personen, deren Aussage zur Erforschung der Wahrheit von Bedeutung ist oder war. [2] Entsprechendes gilt für deren Angehörige und sonstige ihnen nahestehende Personen. [3] Das Bundeskriminalamt unterrichtet die zuständigen Landeskriminalämter unverzüglich von der Übernahme des Zeugenschutzes.

(2) [1] Das Bundeskriminalamt kann Zeugenschutzmaßnahmen aufgrund eines Ersuchens eines anderen Staates oder einer für die Verfolgung von Straftaten zuständigen zwischen- und überstaatlichen Stelle durchführen, soweit es sich um einen Fall von besonderer Bedeutung handelt. [2] Absatz 1 Satz 2 und 3 gilt entsprechend.

(3) [1] In Einzelfällen können Zeugenschutzmaßnahmen im Einvernehmen zwischen dem Bundeskriminalamt und einem Landeskriminalamt durch Polizeibeamtinnen und Polizeibeamte dieses Landes durchgeführt werden. [2] Die Verpflichtung anderer Polizeibehörden, die zur Abwehr von Gefahren erforderlichen unaufschiebbaren Maßnahmen zu treffen, bleibt unberührt.

§ 8 Sicherung des Bundeskriminalamtes, behördlicher Eigenschutz.

(1) [1] Dem Bundeskriminalamt obliegt die Sicherung seiner behördlichen Liegenschaften, sonstigen Einrichtungen und eigenen Veranstaltungen gegen Gefahren, welche die Erfüllung seiner Aufgaben beeinträchtigen. [2] Die Sicherung beschränkt sich auf die in Satz 1 bezeichneten Liegenschaften und Einrichtungen sowie auf die Grundstücke, auf denen diese Liegenschaften und Einrichtungen untergebracht sind oder Veranstaltungen stattfinden.

(2) Dem Bundeskriminalamt obliegt die Sicherung seines Dienstbetriebs gegen Gefahren, die von Personen ausgehen, die für das Bundeskriminalamt tätig werden sollen.

Abschnitt 2. Allgemeine Befugnisse zur Datenverarbeitung

Unterabschnitt 1. Datenerhebung

§ 9[1)] Allgemeine Datenerhebung durch und Datenübermittlung an das Bundeskriminalamt. (1) [1] Das Bundeskriminalamt kann, soweit dies zur Erfüllung seiner Aufgabe als Zentralstelle nach § 2 Absatz 2 Nummer 1 und Absatz 6 erforderlich ist, personenbezogene Daten zur Ergänzung vorhandener Sachverhalte oder sonst zu Zwecken der Auswertung mittels Auskünften oder Anfragen bei öffentlichen oder nichtöffentlichen Stellen erheben. [2] Das Bundeskriminalamt kann unter den Voraussetzungen des Satzes 1 auch Daten erheben

1. bei den in den §§ 26 und 27 genannten Behörden und Stellen anderer Staaten,
2. bei zwischen- und überstaatlichen Stellen, die mit der Verfolgung und Verhütung von Straftaten befasst sind, sowie

---

1) § 9 Abs. 6 angef. mWv 1.8.2021 durch G v. 25.6.2021 (BGBl. I S. 2083).

3. unter den Voraussetzungen des § 81 des Bundesdatenschutzgesetzes[1)] auch bei sonstigen öffentlichen und nichtöffentlichen Stellen im Ausland.

[3]In anhängigen Strafverfahren steht dem Bundeskriminalamt diese Befugnis nur im Einvernehmen mit der zuständigen Strafverfolgungsbehörde zu.

(2) [1]Das Bundeskriminalamt kann, soweit dies zur Erfüllung seiner Aufgaben nach den §§ 6 bis 8 erforderlich ist, personenbezogene Daten erheben. [2]Die personenbezogenen Daten sind offen und bei der betroffenen Person zu erheben. [3]Sie können bei anderen öffentlichen oder bei nichtöffentlichen Stellen erhoben werden, wenn die Erhebung bei der betroffenen Person nicht möglich ist oder durch sie die Erfüllung der dem Bundeskriminalamt obliegenden Aufgaben nach Satz 1 gefährdet oder erheblich erschwert würde. [4]Eine Datenerhebung, die nicht als Maßnahme des Bundeskriminalamtes erkennbar sein soll, ist nur zulässig, wenn auf andere Weise die Erfüllung der dem Bundeskriminalamt obliegenden Aufgaben nach Satz 1 erheblich gefährdet wird oder wenn anzunehmen ist, dass dies dem überwiegenden Interesse der betroffenen Person entspricht.

(3) [1]Soweit das Bundeskriminalamt für seine Aufgaben nach den §§ 6 bis 8 personenbezogene Daten bei der betroffenen Person oder bei nichtöffentlichen Stellen erhebt, sind diese auf Verlangen auf den Umfang ihrer Auskunftspflicht und auf die Rechtsgrundlage der Datenerhebung hinzuweisen. [2]Der Hinweis kann unterbleiben, wenn durch ihn die Erfüllung der jeweiligen Aufgabe des Bundeskriminalamtes nach Absatz 2 gefährdet oder erheblich erschwert würde. [3]Sofern eine Auskunftspflicht nicht besteht, ist auf die Freiwilligkeit der Auskunft hinzuweisen.

(4) [1]Öffentliche Stellen können von sich aus dem Bundeskriminalamt Informationen einschließlich personenbezogener Daten übermitteln, wenn tatsächliche Anhaltspunkte dafür bestehen, dass die Übermittlung für die Erfüllung der Aufgaben des Bundeskriminalamtes erforderlich ist. [2]Die Vorschriften der Strafprozessordnung[2)], des Artikel 10-Gesetzes[3)], des Bundesverfassungsschutzgesetzes[4)], des BND-Gesetzes[5)] und des MAD-Gesetzes[6)] bleiben unberührt. [3]Die Verantwortung für die Zulässigkeit der Übermittlung trägt die übermittelnde Stelle. [4]Erfolgt die Übermittlung auf Ersuchen des Bundeskriminalamtes, trägt dieses die Verantwortung.

(5) Eine Übermittlungspflicht besteht, wenn die Informationen zur Abwehr einer Gefahr für den Bestand oder die Sicherheit des Bundes oder eines Landes oder Leib, Leben oder Freiheit einer Person oder einer Sache von bedeutendem Wert, deren Erhaltung im öffentlichen Interesse liegt, erforderlich sind.

(6) [1]Das Bundeskriminalamt als Vermögensabschöpfungsstelle kann die in § 24c Absatz 1 des Kreditwesengesetzes[7)] bezeichneten Kontoinformationen automatisiert abrufen, soweit dies im Einzelfall für die Wahrnehmung seiner Aufgaben nach § 3 Absatz 2a zur Verhütung und Verfolgung einer schweren Straftat oder zur Unterstützung einer strafrechtlichen Ermittlung im Zusammenhang mit einer schweren Straftat im Rahmen seiner Zuständigkeiten erforderlich ist, einschließlich der Ermittlung, Rückverfolgung und Sicherstellung der mit dieser Ermittlung

---

[1)] Nr. **245**.
[2)] **Schönfelder Nr. 90.**
[3)] Nr. **7**.
[4)] Nr. ***80***.
[5)] **Sartorius III Nr. 805.**
[6)] **Sartorius III Nr. 806.**
[7)] **Sartorius ErgBd. Nr. 856.**

zusammenhängenden Vermögenswerte. [2] Als schwere Straftat im Sinne von Satz 1 gelten die in Anhang I der Verordnung (EU) 2016/794 des Europäischen Parlaments und des Rates vom 11. Mai 2016 über die Agentur der Europäischen Union für die Zusammenarbeit auf dem Gebiet der Strafverfolgung (Europol) und zur Ersetzung und Aufhebung der Beschlüsse 2009/371/JI, 2009/934/JI, 2009/935/JI, 2009/936/JI und 2009/968/JI des Rates genannten Straftaten. [3] Das Bundeskriminalamt trägt die Verantwortung dafür, dass die Voraussetzungen des Satzes 1 vorliegen. [4] Automatisierte Abrufe von Kontoinformationen dürfen nur durch Personen vorgenommen werden, die dazu besonders ermächtigt und entweder Amtsträger im Sinne des § 11 Absatz 1 Nummer 2 des Strafgesetzbuchs[1)] oder nach dem Verpflichtungsgesetz förmlich verpflichtet sind.

§ 10[2)] Bestandsdatenauskunft. (1) [1] Zur Erfüllung der Aufgabe als Zentralstelle nach § 2 Absatz 2 Nummer 1 und Absatz 6 darf nach Maßgabe der nachfolgenden Vorschriften Auskunft verlangt werden von demjenigen, der geschäftsmäßig

1. Telekommunikationsdienste erbringt oder daran mitwirkt, über Bestandsdaten gemäß § 3 Nummer 6 des Telekommunikationsgesetzes und über die nach § 172 des Telekommunikationsgesetzes erhobenen Daten (§ 174 Absatz 1 Satz 1 des Telekommunikationsgesetzes), oder
2. eigene oder fremde digitale Dienste nach § 1 Absatz 4 Nummer 1 des Digitale-Dienste-Gesetzes zur Nutzung bereithält oder den Zugang zur Nutzung vermittelt, über Bestandsdaten gemäß § 2 Absatz 2 Nummer 2 des Telekommunikation-Digitale-Dienste-Datenschutz-Gesetzes (§ 22 Absatz 1 Satz 1 des Telekommunikation-Digitale-Dienste-Datenschutz-Gesetzes).

[2] Die Auskunft nach Satz 1 darf nur verlangt werden, sofern im Einzelfall

1. zureichende tatsächliche Anhaltspunkte für eine Straftat im Sinne des § 2 Absatz 1 vorliegen und die zu erhebenden Daten erforderlich sind, um
   a) die zuständige Strafverfolgungsbehörde zu ermitteln, oder
   b) ein Auskunftsersuchen einer ausländischen Strafverfolgungsbehörde im Rahmen des polizeilichen Dienstverkehrs, das nach Maßgabe der Vorschriften über die internationale Rechtshilfe in Strafsachen bearbeitet wird, zu erledigen, oder
2. die zu erhebenden Daten im Rahmen der Strafvollstreckung erforderlich sind, um ein Auskunftsersuchen einer ausländischen Strafverfolgungsbehörde im Rahmen des polizeilichen Dienstverkehrs, das nach Maßgabe der Vorschriften über die internationale Rechtshilfe in Strafsachen bearbeitet wird, zu erledigen, oder
3. die Gefahr besteht, dass eine Person an der Begehung einer Straftat im Sinne des § 2 Absatz 1 beteiligt sein wird und die zu erhebenden Daten erforderlich sind, um
   a) die für die Verhütung der Straftat zuständige Polizeibehörde zu ermitteln, oder

---

[1)] **Habersack Nr. 85.**

[2)] § 10 Abs. 1, 2 neu gef., Abs. 3 eingef., bish. Abs. 3, 4 werden Abs. 4, 5 und jeweils Satz 1 geänd., bish. Abs. 5 wird Abs. 6 und neu gef., Abs. 7 angef. mWv 2.4.2021 durch G v. 30.3.2021 (BGBl. I S. 448); Abs. 1 Satz 1 Nr. 1, Abs. 2, Abs. 3 Satz 1 geänd. mWv 1.12.2021 durch G v. 23.6.2021 (BGBl. I S. 1858); Abs. 1 Satz 1 Nr. 2, Abs. 3 Sätze 1, 2 geänd. mWv 1.12.2021 durch G v. 23.6.2021 (BGBl. I S. 1982); Abs. 1 Satz 1 Nr. 2 , Abs. 3 Sätze 1, 2 geänd. mWv 14.5.2024 durch G v. 6.5.2024 (BGBl. 2024 I Nr. 149).

b) ein Auskunftsersuchen einer ausländischen Polizeibehörde im Rahmen des polizeilichen Dienstverkehrs zur Verhütung der Straftat zu erledigen, oder

4. Tatsachen die Annahme rechtfertigen, dass eine Person innerhalb eines übersehbaren Zeitraums auf eine zumindest ihrer Art nach konkretisierte Weise an einer Straftat von erheblicher Bedeutung beteiligt sein wird und die zu erhebenden Daten erforderlich sind, um
   a) die für die Verhütung der Straftat zuständige Polizeibehörde zu ermitteln, oder
   b) ein Auskunftsersuchen einer ausländischen Polizeibehörde im Rahmen des polizeilichen Dienstverkehrs zur Verhütung der Straftat zu erledigen, oder
5. das individuelle Verhalten einer Person die konkrete Wahrscheinlichkeit begründet, dass sie innerhalb eines übersehbaren Zeitraums eine schwere Straftat nach § 100a Absatz 2 der Strafprozessordnung[1)] begehen wird, und die zu erhebenden Daten erforderlich sind, um
   a) die für die Verhütung der Straftat zuständige Polizeibehörde zu ermitteln, oder
   b) ein Auskunftsersuchen einer ausländischen Polizeibehörde im Rahmen des polizeilichen Dienstverkehrs zur Verhütung der Straftat zu erledigen.

(2) Bezieht sich das Auskunftsverlangen nach Absatz 1 auf Daten, mittels derer der Zugriff auf Endgeräte oder auf Speichereinrichtungen, die in diesen Endgeräten oder hiervon räumlich getrennt eingesetzt werden, geschützt wird (§ 174 Absatz 1 Satz 2 des Telekommunikationsgesetzes), darf die Auskunft nur verlangt werden, wenn im Einzelfall die gesetzlichen Voraussetzungen für die Nutzung der Daten vorliegen.

(3) [1] Die Auskunft nach den Absätzen 1 und 2 darf auch anhand einer zu einem bestimmten Zeitpunkt zugewiesenen Internetprotokoll-Adresse verlangt werden (§ 174 Absatz 1 Satz 3, § 177 Absatz 1 Nummer 3 des Telekommunikationsgesetzes und § 22 Absatz 1 Satz 3 und 4 des Telekommunikation-Digitale-Dienste-Datenschutz-Gesetzes) mit der Maßgabe, dass sich das Auskunftsverlangen in den Fällen des Absatzes 1 Satz 2 Nummer 4 und 5 auf eine schwere Straftat nach § 100a Absatz 2 der Strafprozessordnung bezieht. [2] Die Auskunft nach den Absätzen 1 und 2 anhand einer zu einem bestimmten Zeitpunkt zugewiesenen Internetprotokoll-Adresse nach § 22 Absatz 1 Satz 3 und 4 des Telekommunikation-Digitale-Dienste-Datenschutz-Gesetzes darf darüber hinaus nur verlangt werden, wenn tatsächliche Anhaltspunkte dafür vorliegen, dass die betroffene Person Nutzer des digitalen Dienstes ist, bei dem die Daten erhoben werden sollen. [3] Die rechtlichen und tatsächlichen Grundlagen des Auskunftsverlangens sind aktenkundig zu machen.

(4) [1] Auskunftsverlangen nach Absatz 2 dürfen nur auf Antrag der Präsidentin oder des Präsidenten des Bundeskriminalamtes oder ihrer oder seiner Vertretung durch das Gericht angeordnet werden. [2] Bei Gefahr im Verzug kann die Anordnung durch die Präsidentin oder den Präsidenten des Bundeskriminalamtes oder ihre oder seine Vertretung getroffen werden. [3] In diesem Fall ist die gerichtliche Entscheidung unverzüglich nachzuholen. [4] Die Sätze 1 bis 3 finden keine Anwendung, wenn die betroffene Person vom Auskunftsverlangen bereits Kenntnis hat oder haben muss oder wenn die Nutzung der Daten bereits durch eine gerichtliche Entscheidung gestattet wird. [5] Das Vorliegen der Voraussetzungen nach Satz 4 ist aktenkundig zu machen.

[1)] **Habersack Nr. 90.**

(5) [1]Die betroffene Person ist in den Fällen der Absätze 2 und 3 über die Beauskunftung zu benachrichtigen. [2]Die Benachrichtigung erfolgt, soweit und sobald hierdurch der Zweck der Auskunft nicht vereitelt wird. [3]Sie unterbleibt, wenn ihr überwiegende schutzwürdige Belange Dritter oder der betroffenen Person selbst entgegenstehen. [4]Wird die Benachrichtigung nach Satz 2 zurückgestellt oder nach Satz 3 von ihr abgesehen, sind die Gründe aktenkundig zu machen.

(6) Der auf Grund eines Auskunftsverlangens Verpflichtete hat die zur Auskunftserteilung erforderlichen Daten unverzüglich und vollständig zu übermitteln.

(7) [1]Das Bundeskriminalamt hat den Verpflichteten für ihm erteilte Auskünfte eine Entschädigung zu gewähren. [2]Der Umfang der Entschädigung bemisst sich nach § 23 und Anlage 3 des Justizvergütungs- und -entschädigungsgesetzes[1]; die Vorschriften über die Verjährung in § 2 Absatz 1 und 4 des Justizvergütungs- und -entschädigungsgesetzes finden entsprechend Anwendung.

§ 10a[2] Erhebung von Nutzerdaten zur Identifizierung. (1) Das Bundeskriminalamt darf im Rahmen seiner Aufgaben als Zentralstelle nach § 2 Absatz 2 Nummer 1 und Absatz 6 von demjenigen, der geschäftsmäßig eigene oder fremde digitale Dienste nach § 1 Absatz 4 Nummer 1 des Digitale-Dienste-Gesetzes[3] zur Nutzung bereithält oder den Zugang zur Nutzung vermittelt, Auskunft über Nutzungsdaten nach § 2 Absatz 2 Nummer 3 Buchstabe a des Telekommunikation-Digitale-Dienste-Datenschutz-Gesetzes verlangen, sofern im Einzelfall

1. dem Bundeskriminalamt der Inhalt der Nutzung des digitalen Dienstes bereits bekannt ist,
2. eine erhebliche Gefahr für die öffentliche Sicherheit vorliegt oder zureichende tatsächliche Anhaltspunkte für eine Straftat vorliegen,
3. die hierauf bezogenen Daten im Sinne des § 2 Absatz 2 Nummer 3 Buchstabe a des Telekommunikation-Digitale-Dienste-Datenschutz-Gesetzes zur Identifizierung des Nutzers erforderlich sind und
4. die Daten erforderlich sind, die zuständige Strafverfolgungsbehörde oder zuständige Polizeibehörde zu ermitteln, um zur Ermöglichung der Strafverfolgung oder zur Ermöglichung der Gefahrenabwehr die Identität des Nutzers und den Inhalt der Nutzung der digitalen Dienste nach § 1 Absatz 4 Nummer 1 des Digitale-Dienste-Gesetzes an diese weiterzuleiten.

(2) § 62 gilt entsprechend.

(3) Der auf Grund eines Auskunftsverlangens Verpflichtete hat die zur Auskunftserteilung erforderlichen Daten unverzüglich und vollständig zu übermitteln.

(4) [1]Das Bundeskriminalamt hat den Verpflichteten für ihm erteilte Auskünfte eine Entschädigung zu gewähren. [2]Der Umfang der Entschädigung bemisst sich nach § 23 und Anlage 3 des Justizvergütungs- und -entschädigungsgesetzes[1]; die Vorschriften über die Verjährung in § 2 Absatz 1 und 4 des Justizvergütungs- und -entschädigungsgesetzes finden entsprechend Anwendung.

---

[1] **Habersack Nr. 116.**

[2] § 10a eingef. mWv 2.4.2021 durch G v. 30.3.2021 (BGBl. I S. 448); Abs. 1 einl. Satzteil und Nr. 3 geänd. mWv 1.12.2021 durch G v. 23.6.2021 (BGBl. I S. 1982); Abs. 1 einl. Satzteil, Nr. 1, 3, 4 geänd. mWv 14.5.2024 durch G v. 6.5.2024 (BGBl. 2024 I Nr. 149).

[3] **Sartorius ErgBd. Nr. 922.**

§ 11 Aufzeichnung eingehender Telefonanrufe. [1]Das Bundeskriminalamt kann Telefonanrufe aufzeichnen, die über Rufnummern eingehen, die der Öffentlichkeit bekannt gegeben wurden

1. für die Entgegennahme sachdienlicher Hinweise im Zusammenhang mit der Erfüllung der Aufgaben nach den §§ 4 bis 8 oder
2. im Hinblick auf ein bestimmtes Ereignis,

soweit dies zur Erfüllung seiner Aufgaben erforderlich ist. [2]Die Aufzeichnungen sind sofort und spurenlos zu löschen, sobald sie nicht mehr zur Aufgabenerfüllung erforderlich sind, spätestens jedoch nach 30 Tagen, es sei denn, sie werden im Einzelfall zur Erfüllung der Aufgaben nach den §§ 4 bis 6 benötigt.

Unterabschnitt 2. Weiterverarbeitung von Daten

§ 12[1)] Zweckbindung, Grundsatz der hypothetischen Datenneuerhebung. (1) [1]Das Bundeskriminalamt kann personenbezogene Daten, die es selbst erhoben hat, weiterverarbeiten

1. zur Erfüllung derselben Aufgabe und
2. zum Schutz derselben Rechtsgüter oder zur Verfolgung oder Verhütung derselben Straftaten.

[2]Für die Weiterverarbeitung von personenbezogenen Daten, die aus Maßnahmen nach § 46 erlangt wurden, muss im Einzelfall eine dringende Gefahr im Sinne des § 46 Absatz 1 vorliegen, und für die Weiterverarbeitung von personenbezogenen Daten, die aus Maßnahmen nach § 49 erlangt wurden, muss im Einzelfall eine Gefahrenlage im Sinne des § 49 Absatz 1 vorliegen.

(2) [1]Das Bundeskriminalamt kann zur Erfüllung seiner Aufgaben personenbezogene Daten zu anderen Zwecken, als denjenigen, zu denen sie erhoben worden sind, weiterverarbeiten, wenn

1. mindestens
   a) vergleichbar schwerwiegende Straftaten verhütet, aufgedeckt oder verfolgt oder
   b) vergleichbar bedeutsame Rechtsgüter geschützt

   werden sollen und
2. sich im Einzelfall konkrete Ermittlungsansätze
   a) zur Verhütung, Aufdeckung oder Verfolgung solcher Straftaten ergeben oder
   b) zur Abwehr von in einem übersehbaren Zeitraum drohenden Gefahren für mindestens vergleichbar bedeutsame Rechtsgüter erkennen lassen.

[2]Die §§ 21 und 22 bleiben unberührt.

(3) [1]Für die Weiterverarbeitung von personenbezogenen Daten, die durch einen verdeckten Einsatz technischer Mittel in oder aus Wohnungen oder verdeckten Eingriff in informationstechnische Systeme erlangt wurden, gilt Absatz 2 Satz 1 Nummer 2 Buchstabe b mit der Maßgabe entsprechend, dass

1. bei personenbezogenen Daten, die durch einen verdeckten Einsatz technischer Mittel in oder aus Wohnungen erlangt wurden, im Einzelfall eine dringende Gefahr im Sinne des § 46 Absatz 1 vorliegen muss und

---

1) § 12 Abs. 3a eingef. mWv 14.2.2026 durch G v. 10.2.2026 (BGBl. 2026 I Nr. 39).

2. bei personenbezogenen Daten, die durch einen verdeckten Eingriff in informationstechnische Systeme erlangt wurden, im Einzelfall eine Gefahrenlage im Sinne des § 49 Absatz 1 vorliegen muss.

[2]Personenbezogene Daten, die durch Herstellung von Lichtbildern oder Bildaufzeichnungen über eine Person im Wege eines verdeckten Einsatzes technischer Mittel in oder aus Wohnungen erlangt wurden, dürfen nicht zu Strafverfolgungszwecken weiterverarbeitet werden.

(3a) Eine zweckändernde Weiterverarbeitung personenbezogener Daten ist ausgeschlossen, wenn deren Offenbarung oder Verwertung nach § 30 der Abgabenordnung unzulässig ist.

(4) Abweichend von Absatz 2 kann das Bundeskriminalamt die vorhandenen Grunddaten (§ 18 Absatz 2 Nummer 1 Buchstabe a) einer Person auch weiterverarbeiten, um diese Person zu identifizieren.

(5) Bei der Weiterverarbeitung von personenbezogenen Daten stellt das Bundeskriminalamt durch organisatorische und technische Vorkehrungen sicher, dass die Absätze 1 bis 4 beachtet werden.

§ 13[1)] Informationssystem des Bundeskriminalamtes. (1) Das Bundeskriminalamt betreibt ein Informationssystem zur Erfüllung seiner Aufgaben nach den §§ 2 bis 8.

(2) Im Zusammenhang mit den Aufgaben des Bundeskriminalamtes als Zentralstelle, bei der Strafverfolgung und bei der Gefahrenabwehr erfüllt das Informationssystem insbesondere folgende Grundfunktionen:

1. Unterstützung bei polizeilichen Ermittlungen,
2. Unterstützung bei Ausschreibungen von sowie Fahndungen nach Personen und Sachen,
3. Unterstützung bei der polizeilichen Informationsverdichtung durch Abklärung von Hinweisen und Spurenansätzen,
4. Durchführung von Abgleichen von personenbezogenen Daten,
5. Unterstützung bei der Erstellung von strategischen Analysen und Statistiken.

(3) Mit seinem Informationssystem nimmt das Bundeskriminalamt nach Maßgabe der §§ 29, 30 und 30a am polizeilichen Informationsverbund nach § 29 teil.

§ 14 Kennzeichnung. (1) [1]Bei der Speicherung im Informationssystem sind personenbezogene Daten wie folgt zu kennzeichnen:

1. Angabe des Mittels der Erhebung der Daten einschließlich der Angabe, ob die Daten offen oder verdeckt erhoben wurden,
2. Angabe der Kategorie nach den §§ 18 und 19 bei Personen, zu denen Grunddaten angelegt wurden,
3. Angabe der
   a) Rechtsgüter, deren Schutz die Erhebung dient oder
   b) Straftaten, deren Verfolgung oder Verhütung die Erhebung dient,
4. Angabe der Stelle, die sie erhoben hat, sofern nicht das Bundeskriminalamt die Daten erhoben hat.

[2]Die Kennzeichnung nach Satz 1 Nummer 1 kann auch durch Angabe der Rechtsgrundlage der jeweiligen Mittel der Datenerhebung ergänzt werden.

[1)] § 13 Abs. 3 geänd. mWv 24.7.2025 durch G v. 17.7.2025 (BGBl. 2025 I Nr. 171).

(2) Personenbezogene Daten, die nicht entsprechend den Anforderungen des Absatzes 1 gekennzeichnet sind, dürfen so lange nicht weiterverarbeitet oder übermittelt werden, bis eine Kennzeichnung entsprechend den Anforderungen des Absatzes 1 erfolgt ist.

(3) Nach einer Übermittlung an eine andere Stelle ist die Kennzeichnung nach Absatz 1 durch diese Stelle aufrechtzuerhalten.

§ 15 Regelung von Zugriffsberechtigungen. (1) Das Bundeskriminalamt hat bei der Erteilung von Zugriffsberechtigungen der Nutzer des Informationssystems sicherzustellen, dass

1. auf Grundlage der nach § 14 Absatz 1 vorzunehmenden Kennzeichnungen die Vorgaben des § 12 bei der Nutzung des Informationssystems beachtet werden und
2. der Zugriff nur auf diejenigen personenbezogenen Daten und Erkenntnisse möglich ist, deren Kenntnis für die Erfüllung der jeweiligen dienstlichen Pflichten erforderlich ist.

(2) Das Bundeskriminalamt hat darüber hinaus sicherzustellen, dass Änderungen, Berichtigungen und Löschungen von personenbezogenen Daten im Informationssystem nur durch eine hierzu befugte Person erfolgen können.

(3) [1] Das Bundeskriminalamt trifft hierzu alle erforderlichen organisatorischen und technischen Vorkehrungen und Maßnahmen, die dem Stand der Technik entsprechen. [2] Die Vergabe von Zugriffsberechtigungen auf die im Informationssystem gespeicherten Daten erfolgt auf der Grundlage eines abgestuften Rechte- und Rollenkonzeptes, das die Umsetzung der Maßgaben der Absätze 1 und 2 technisch und organisatorisch sicherstellt. [3] Die Erstellung und Fortschreibung des abgestuften Rechte- und Rollenkonzeptes erfolgt im Benehmen mit der oder dem Bundesbeauftragten für den Datenschutz und die Informationsfreiheit.

(4) Das Informationssystem ist so zu gestalten, dass eine weitgehende Standardisierung der nach § 76 Absatz 1 des Bundesdatenschutzgesetzes[1)] zu protokollierenden Abfragegründe im Rahmen der Aufgaben des Bundeskriminalamtes erfolgt.

§ 16[2)] Datenweiterverarbeitung im Informationssystem. (1) Das Bundeskriminalamt kann personenbezogene Daten nach Maßgabe des § 12 im Informationssystem weiterverarbeiten, soweit dies zur Erfüllung seiner Aufgaben erforderlich ist und soweit dieses Gesetz keine zusätzlichen besonderen Voraussetzungen vorsieht.

(2) [1] Das Bundeskriminalamt kann personenbezogene Daten im Informationssystem weiterverarbeiten, soweit dies erforderlich ist zur Fahndung und polizeilichen Beobachtung, Ermittlungsanfrage oder gezielten Kontrolle, wenn das Bundeskriminalamt oder die die Ausschreibung veranlassende Stelle nach dem für sie geltenden Recht befugt ist, die mit der Ausschreibung für Zwecke der Strafverfolgung, des Strafvollzugs, der Strafvollstreckung oder der Abwehr erheblicher Gefahren vorgesehene Maßnahme vorzunehmen oder durch eine Polizeibehörde vornehmen zu lassen. [2] Satz 1 gilt entsprechend für Ausschreibungen zur Durchführung aufenthaltsbeendender oder einreiseverhindernder Maßnahmen. [3] Die veranlassende Stelle trägt die Verantwortung für die Zulässigkeit der Maßnahme. [4] *Sie hat in ihrem Ersuchen die bezweckte* Maßnahme sowie Umfang und Dauer

[1)] Nr. **245**.
[2)] § 16 Abs. 2 Satz 1 geänd. mWv 28.12.2022 durch G v. 19.12.2022 (BGBl. I S. 2632).

der Ausschreibung zu bezeichnen. [5] Nach Beendigung einer Ausschreibung nach Satz 1 oder Satz 2 sind die zu diesem Zweck gespeicherten Daten unverzüglich zu löschen.

(3) Das Bundeskriminalamt kann personenbezogene Daten, die es bei der Wahrnehmung seiner Aufgaben auf dem Gebiet der Strafverfolgung erlangt hat, unter den Voraussetzungen der §§ 18 und 19 im Informationssystem für Zwecke künftiger Strafverfahren weiterverarbeiten.

(Fortsetzung nächstes Blatt)

(4) [1]Das Bundeskriminalamt kann im Informationssystem personenbezogene Daten mit Daten, auf die es zur Erfüllung seiner Aufgaben zugreifen darf, abgleichen, wenn Grund zu der Annahme besteht, dass dies zur Erfüllung einer Aufgabe erforderlich ist. [2]Rechtsvorschriften über den Datenabgleich in anderen Fällen bleiben unberührt.

(5) [1]Das Bundeskriminalamt kann zur Erfüllung seiner Aufgaben nach § 2 Absatz 4 im Informationssystem personenbezogene Daten, die bei der Durchführung erkennungsdienstlicher Maßnahmen erhoben worden sind, weiterverarbeiten,

1. wenn eine andere Rechtsvorschrift dies erlaubt oder
2. wenn dies erforderlich ist,
   a) weil bei Beschuldigten und Personen, die einer Straftat verdächtig sind, wegen der Art oder Ausführung der Tat, der Persönlichkeit der betroffenen Person oder sonstiger Erkenntnisse Grund zu der Annahme besteht, dass gegen sie Strafverfahren zu führen sind, oder
   b) um eine erhebliche Gefahr abzuwehren.

[2]§ 18 Absatz 5 gilt entsprechend.

(6) Das Bundeskriminalamt kann in den Fällen, in denen bereits Daten zu einer Person vorhanden sind, zu dieser Person auch weiterverarbeiten:

1. personengebundene Hinweise, die zum Schutz dieser Person oder zur Eigensicherung von Beamten erforderlich sind, oder
2. weitere Hinweise, die geeignet sind, dem Schutz Dritter oder der Gewinnung von Ermittlungsansätzen zu dienen.

§ 17[1)] Projektbezogene gemeinsame Dateien. (1) [1]Das Bundeskriminalamt kann für die Dauer einer befristeten projektbezogenen Zusammenarbeit mit den Verfassungsschutzbehörden des Bundes und der Länder, dem Militärischen Abschirmdienst, dem Bundesnachrichtendienst, Polizeibehörden des Bundes und der Länder und dem Zollkriminalamt eine gemeinsame Datei errichten. [2]Die projektbezogene Zusammenarbeit bezweckt nach Maßgabe der Aufgaben und Befugnisse der in Satz 1 genannten Behörden den Austausch und die gemeinsame Auswertung von polizeilichen oder nachrichtendienstlichen Erkenntnissen zu

1. Straftaten nach den §§ 94 bis 96 und den §§ 97a bis 100a des Strafgesetzbuchs[2)],
2. Straftaten nach § 129a, auch in Verbindung mit § 129b Absatz 1, den §§ 89a bis 89c und 91 des Strafgesetzbuchs,
3. vorsätzlichen Straftaten nach den §§ 17 und 18 des Außenwirtschaftsgesetzes, soweit es sich um einen Fall von besonderer Bedeutung handelt, oder
4. Straftaten, die mit Straftaten nach den Nummern 1 bis 3 in einem unmittelbaren Zusammenhang stehen.

[3]Personenbezogene Daten zu Straftaten nach Satz 2 dürfen unter Einsatz der gemeinsamen Datei durch die an der projektbezogenen Zusammenarbeit beteiligten Behörden im Rahmen ihrer Befugnisse weiterverarbeitet werden, soweit dies in diesem Zusammenhang zur Erfüllung ihrer Aufgaben erforderlich ist. [4]Bei der Weiterverarbeitung der personenbezogenen Daten finden für die beteiligten

---

[1)] § 17 Abs. 6 Satz 1 einl. Satzeil, Satz 5 geänd. mWv 27.6.2020 durch VO v. 19.6.2020 (BGBl. I S. 1328).

[2)] **Habersack Nr. 85.**

Behörden die jeweils für sie geltenden Vorschriften über die Weiterverarbeitung von Daten Anwendung.

(2) [1] Für die Eingabe personenbezogener Daten in die gemeinsame Datei gelten die jeweiligen Übermittlungsvorschriften zugunsten der an der Zusammenarbeit beteiligten Behörden entsprechend mit der Maßgabe, dass die Eingabe nur zulässig ist, wenn die Daten allen an der projektbezogenen Zusammenarbeit teilnehmenden Behörden übermittelt werden dürfen. [2] Eine Eingabe ist ferner nur zulässig, wenn die Behörde, die die Daten eingegeben hat, die Daten auch in eigenen Dateien weiterverarbeiten darf. [3] Die Daten sind zu kennzeichnen.

(3) [1] Für die Führung einer projektbezogenen gemeinsamen Datei gelten § 29 Absatz 5, die §§ 31 und 86 entsprechend. [2] § 81 Absatz 2 findet mit der Maßgabe Anwendung, dass die Protokollierung bei jedem Datenabruf erfolgt. [3] § 84 Absatz 1 Satz 1 und 2 ist mit der Maßgabe anzuwenden, dass das Bundeskriminalamt die Auskunft im Einvernehmen mit der nach § 84 Absatz 1 Satz 1 zu beteiligenden Behörde erteilt und diese die Zulässigkeit der Auskunftserteilung nach den für sie geltenden Bestimmungen prüft.

(4) [1] Eine gemeinsame Datei nach Absatz 1 ist auf höchstens zwei Jahre zu befristen. [2] Die Frist kann um zwei Jahre und danach um ein weiteres Jahr verlängert werden, wenn das Ziel der projektbezogenen Zusammenarbeit bei Projektende noch nicht erreicht worden ist und die Datei weiterhin für die Erreichung des Ziels erforderlich ist.

(5) [1] Für die Berichtigung, Verarbeitungseinschränkung und Löschung personenbezogener Daten durch die Behörde, die die Daten eingegeben hat, gelten die jeweiligen für sie anwendbaren Vorschriften über die Berichtigung, Verarbeitungseinschränkung und Löschung von Daten entsprechend. [2] Für Daten, die das Bundeskriminalamt eingegeben hat, finden § 75 Absatz 1, 2 und 4 des Bundesdatenschutzgesetzes[1)] sowie § 77 mit Ausnahme von § 77 Absatz 2 Satz 5 und Absatz 3 Anwendung.

(6) [1] Das Bundeskriminalamt hat mit Zustimmung des Bundesministeriums des Innern, für Bau und Heimat sowie der für die Fachaufsicht der zusammenarbeitenden Behörden zuständigen obersten Bundes- und Landesbehörden für die projektbezogene gemeinsame Datei folgende Festlegungen zu treffen:

1. Bezeichnung der Datei,
2. Rechtsgrundlage und Zweck der Datei,
3. Personenkreis, über den Daten gespeichert werden,
4. Art der zu speichernden personenbezogenen Daten,
5. Arten der personenbezogenen Daten, die der Erschließung der Datei dienen,
6. Anlieferung oder Eingabe der zu speichernden Daten,
7. Voraussetzungen, unter denen in der Datei gespeicherte personenbezogene Daten an welche Empfänger und in welchem Verfahren übermittelt werden,
8. Prüffristen und Speicherungsdauer,
9. Protokollierung.

[2] Das Bundeskriminalamt hat im Einvernehmen mit den an der projektbezogenen Zusammenarbeit teilnehmenden Behörden deren jeweilige Organisationseinheiten zu bestimmen, die zur Eingabe und zum Abruf befugt sind. [3] Die oder der Bundesbeauftragte für den Datenschutz und die Informationsfreiheit ist vor den Fest-

---

1) Nr. **245**.

legungen anzuhören. [4] Ist im Hinblick auf die Dringlichkeit der Aufgabenerfüllung eine Mitwirkung der in den Sätzen 1 und 3 genannten Stellen nicht möglich, so kann das Bundeskriminalamt eine Sofortanordnung treffen. [5] Das Bundeskriminalamt unterrichtet gleichzeitig unter Vorlage der Sofortanordnung das Bundesministerium des Innern, für Bau und Heimat. [6] Das Verfahren nach den Sätzen 1 und 3 ist unverzüglich nachzuholen.

§ 18 Daten zu Verurteilten, Beschuldigten, Tatverdächtigen und sonstigen Anlasspersonen. (1) Das Bundeskriminalamt kann zur Erfüllung seiner Aufgaben nach § 2 Absatz 1 bis 3 personenbezogene Daten weiterverarbeiten von

1. Verurteilten,
2.[1)] *Beschuldigten,*
3. Personen, die einer Straftat verdächtig sind, sofern die Weiterverarbeitung der Daten erforderlich ist, weil wegen der Art oder Ausführung der Tat, der Persönlichkeit der betroffenen Person oder sonstiger Erkenntnisse Grund zu der Annahme besteht, dass zukünftig Strafverfahren gegen sie zu führen sind, und
4. Personen, bei denen Anlass zur Weiterverarbeitung der Daten besteht, weil tatsächliche Anhaltspunkte dafür vorliegen, dass die betroffenen Personen in naher Zukunft Straftaten von erheblicher Bedeutung begehen werden (Anlasspersonen).

(2) Das Bundeskriminalamt kann weiterverarbeiten:

1. von Personen nach Absatz 1 Nummer 1 bis 4
   a) die Grunddaten und
   b) soweit erforderlich, andere zur Identifizierung geeignete Merkmale,
   c) die kriminalaktenführende Polizeidienststelle und die Kriminalaktennummer,
   d) die Tatzeiten und Tatorte,
   e) die Tatvorwürfe durch Angabe der gesetzlichen Vorschriften und die nähere Bezeichnung der Straftaten;
2. von Personen nach Absatz 1 Nummer 1 und 2 weitere personenbezogene Daten, soweit die Weiterverarbeitung der Daten erforderlich ist, weil wegen der Art oder Ausführung der Tat, der Persönlichkeit der betroffenen Person oder sonstiger Erkenntnisse Grund zu der Annahme besteht, dass zukünftig Strafverfahren gegen sie zu führen sind;
3. von Personen nach Absatz 1 Nummer 3 und 4 weitere personenbezogene Daten.

(3) [1] Das Bundeskriminalamt kann personenbezogene Daten weiterverarbeiten, um festzustellen, ob die betreffenden Personen die Voraussetzungen nach Absatz 1 erfüllen. [2] Die Daten dürfen ausschließlich zu diesem Zweck weiterverarbeitet werden und sind im Informationssystem gesondert zu speichern. [3] Die Daten sind nach Abschluss der Prüfung, spätestens jedoch nach zwölf Monaten zu löschen,

---

[1)] Beachte hierzu das Urt. des BVerfG – 1 BvR 1160/19 – v. .1.10.2024 (BGBl. 2024 I Nr. 349):
„1. § 18 Absatz 1 Nummer 2 in Verbindung mit § 18 Absatz 2 Nummer 1, soweit dieser in Verbindung mit § 13 Absatz 3, § 29 die Speicherung von Daten durch das Bundeskriminalamt in seiner Funktion als Zentralstelle erlaubt sowie […] sind mit Artikel 2 Absatz 1 in Verbindung mit Artikel 1 Absatz 1 des Grundgesetzes nicht vereinbar.
2. Bis zu einer Neuregelung, längstens jedoch bis zum 31. Juli 2025, gelten die für mit dem Grundgesetz unvereinbar erklärten Vorschriften nach Maßgabe der Gründe zu D II 2 b fort."

soweit nicht festgestellt wurde, dass die betreffende Person die Voraussetzungen nach Absatz 1 erfüllt.

(4) [1] Das Bundeskriminalamt kann personenbezogene Daten weiterverarbeiten, soweit dies erforderlich ist zum Zweck des Nachweises von Personen, die wegen des Verdachts oder des Nachweises einer rechtswidrigen Tat einer richterlich angeordneten Freiheitsentziehung unterliegen. [2] Die Löschung von Daten, die allein zu diesem Zweck weiterverarbeitet werden, erfolgt nach zwei Jahren.

(5) Wird der Beschuldigte rechtskräftig freigesprochen, die Eröffnung des Hauptverfahrens gegen ihn unanfechtbar abgelehnt oder das Verfahren nicht nur vorläufig eingestellt, so ist die Weiterverarbeitung unzulässig, wenn sich aus den Gründen der Entscheidung ergibt, dass die betroffene Person die Tat nicht oder nicht rechtswidrig begangen hat.

§ 19 Daten zu anderen Personen. (1) [1] Soweit dies zur Verhütung oder zur Vorsorge für die künftige Verfolgung einer Straftat mit erheblicher Bedeutung erforderlich ist, kann das Bundeskriminalamt zur Erfüllung seiner Aufgaben nach § 2 Absatz 1 bis 3 personenbezogene Daten von Personen weiterverarbeiten, bei denen tatsächliche Anhaltspunkte dafür vorliegen, dass

1. sie bei einer künftigen Strafverfolgung als Zeugen in Betracht kommen,
2. sie als Opfer einer künftigen Straftat in Betracht kommen,
3. sie mit in § 18 Absatz 1 Nummer 1 bis 3 bezeichneten Personen nicht nur flüchtig oder in zufälligem Kontakt und in einer Weise in Verbindung stehen, die erwarten lässt, dass Hinweise für die Verfolgung oder vorbeugende Bekämpfung dieser Straftaten gewonnen werden können, weil Tatsachen die Annahme rechtfertigen, dass die Personen von der Planung oder der Vorbereitung der Straftaten oder der Verwertung der Tatvorteile Kenntnis haben oder daran mitwirken, oder
4. es sich um Hinweisgeber und sonstige Auskunftspersonen handelt.

[2] Die Weiterverarbeitung nach Satz 1 ist zu beschränken auf die in § 18 Absatz 2 Nummer 1 Buchstabe a bis c bezeichneten Daten sowie auf die Angabe, in welcher Eigenschaft der Person und in Bezug auf welchen Sachverhalt die Speicherung der Daten erfolgt. [3] Personenbezogene Daten über Personen nach Satz 1 Nummer 1, 2 und 4 dürfen nur mit Einwilligung der betroffenen Person gespeichert werden. [4] Die Einwilligung ist nicht erforderlich, wenn das Bekanntwerden der Speicherungsabsicht den mit der Speicherung verfolgten Zweck gefährden würde.

(2) [1] Das Bundeskriminalamt kann personenbezogene Daten weiterverarbeiten von Vermissten, unbekannten Personen und unbekannten Toten

1. zu Zwecken der Identifizierung,
2. zur Abwehr einer erheblichen Gefahr für die genannten Personen.

[2] Entsprechendes gilt, soweit es sonst zur Erfüllung seiner Aufgaben erforderlich ist, weil tatsächliche Anhaltspunkte dafür vorliegen, dass es sich um Täter, Opfer oder Zeugen im Zusammenhang mit einer Straftat handelt.

(3) [1] Das Bundeskriminalamt kann personenbezogene Daten weiterverarbeiten, *um festzustellen, ob die betreffenden Personen* die Voraussetzungen nach Absatz 1 oder Absatz 2 erfüllen. [2] Die Daten dürfen ausschließlich zu diesem Zweck weiterverarbeitet werden und sind im Informationssystem gesondert zu speichern. [3] Die Daten sind nach Abschluss der Prüfung, spätestens jedoch nach zwölf Monaten zu

löschen, soweit nicht festgestellt wurde, dass die betreffende Person die Voraussetzungen nach Absatz 1 oder Absatz 2 erfüllt.

§ 20[1) 2)] Verordnungsermächtigung. [1] Das Bundesministerium des Innern, für Bau und Heimat bestimmt durch Rechtsverordnung mit Zustimmung des Bundesrates das Nähere über die Art und den Umfang der Daten, die nach den §§ 16, 18 und 19 weiterverarbeitet werden dürfen. [2] In der Rechtsverordnung nach Satz 1 bestimmt es insbesondere

1. die Grunddaten nach § 18 Absatz 2 Nummer 1 Buchstabe a, die der Identifizierung dienen, wie insbesondere Namen, Geschlecht, Geburtsdatum, Geburtsort, Staatsangehörigkeit und Anschrift,
2. andere zur Identifizierung geeignete Merkmale nach § 18 Absatz 2 Nummer 1 Buchstabe b, wie insbesondere Lichtbilder und Personenbeschreibungen,
3. weitere personenbezogene Daten nach § 18 Absatz 2 Nummer 2 und 3,
4. bei der Durchführung erkennungsdienstlicher Maßnahmen erhobene personenbezogene Daten, die nach § 16 Absatz 5 weiterverarbeitet werden können,

(Fortsetzung nächstes Blatt)

1) § 20 tritt am 9.6.2017 in Kraft; vgl. Art. 13 Abs. 2 G v. 1.6.2017 (BGBl. I S. 1354).

2) § 20 Satz 1 geänd. mWv 27.6.2020 durch VO v. 19.6.2020 (BGBl. I S. 1328); Satz 2 Nr. 5 geänd. mWv 28.12.2022 durch G v. 19.12.2022 (BGBl. I S. 2632).

5. personenbezogene Daten zur Fahndung und polizeilichen Beobachtung, Ermittlungsanfrage sowie gezielten Kontrolle,
6. personenbezogene Daten zum Zwecke des Nachweises von Personen, die einer richterlich angeordneten Freiheitsentziehung unterliegen und
7. personenbezogene Daten von Vermissten, unbekannten Personen und unbekannten Toten.

§ 21 Weiterverarbeitung für die wissenschaftliche Forschung. (1) [1] Das Bundeskriminalamt kann im Rahmen seiner Aufgaben bei ihm vorhandene personenbezogene Daten, wenn dies für bestimmte wissenschaftliche Forschungsarbeiten erforderlich ist, weiterverarbeiten, soweit eine Verwendung anonymisierter Daten zu diesem Zweck nicht möglich ist und das öffentliche Interesse an der Forschungsarbeit das schutzwürdige Interesse der betroffenen Person erheblich überwiegt. [2] Eine solche Weiterverarbeitung von personenbezogenen Daten, die aus in § 12 Absatz 3 genannten Maßnahmen erlangt wurden, ist ausgeschlossen.

(2) [1] Das Bundeskriminalamt kann personenbezogene Daten an Hochschulen, andere Einrichtungen, die wissenschaftliche Forschung betreiben, und öffentliche Stellen übermitteln, soweit

1. dies für die Durchführung bestimmter wissenschaftlicher Forschungsarbeiten erforderlich ist,
2. eine Weiterverarbeitung anonymisierter Daten zu diesem Zweck nicht möglich ist und
3. das öffentliche Interesse an der Forschungsarbeit das schutzwürdige Interesse der betroffenen Person an dem Ausschluss der Übermittlung erheblich überwiegt.

[2] Eine Übermittlung von personenbezogenen Daten im Sinne des Absatzes 1 Satz 2 ist ausgeschlossen.

(3) [1] Die Übermittlung der Daten erfolgt durch Erteilung von Auskünften, wenn hierdurch der Zweck der Forschungsarbeit erreicht werden kann und die Erteilung keinen unverhältnismäßigen Aufwand erfordert. [2] Andernfalls kann auch Akteneinsicht gewährt werden. [3] Einsicht in elektronische Akten wird durch Bereitstellen des Inhalts der Akte zum Abruf gewährt. [4] Ein Aktenausdruck oder ein Datenträger mit dem Inhalt der elektronischen Akten wird auf besonders zu begründenden Antrag nur übermittelt, wenn die antragstellende Person hieran ein berechtigtes Interesse hat. [5] Einsicht in Akten, die in Papierform vorliegen, wird durch Bereitstellen des Inhalts der Akte zur Einsichtnahme in Diensträumen gewährt. [6] Auf besonderen Antrag wird die Einsicht in Akten, die in Papierform vorliegen, durch Übersendung von Kopien, durch Übergabe zur Mitnahme oder durch Übersendung der Akten gewährt.

(4) [1] Personenbezogene Daten werden nur an solche Personen übermittelt, die Amtsträger oder für den öffentlichen Dienst besonders Verpflichtete sind oder die zur Geheimhaltung verpflichtet worden sind. [2] § 1 Absatz 2, 3 und 4 Nummer 2 des Verpflichtungsgesetzes findet auf die Verpflichtung zur Geheimhaltung entsprechende Anwendung.

(5) [1] Die personenbezogenen Daten dürfen nur für die Forschungsarbeit weiterverarbeitet werden, für die sie übermittelt worden sind. [2] Die Weiterverarbeitung für andere Forschungsarbeiten oder die Weitergabe richtet sich nach den Absätzen 2 bis 4 und bedarf der Zustimmung der Stelle, die die Daten übermittelt hat.

(6) Durch organisatorische und technische Maßnahmen hat die wissenschaftliche Forschung betreibende Stelle zu gewährleisten, dass die Daten gegen unbefugte Kenntnisnahme geschützt sind.

(7) [1] Sobald der Forschungszweck es erlaubt, sind die personenbezogenen Daten zu anonymisieren. [2] Solange dies noch nicht möglich ist, sind die Merkmale gesondert aufzubewahren, mit denen Einzelangaben über persönliche oder sachliche Verhältnisse einer bestimmten oder bestimmbaren Person zugeordnet werden können. [3] Sie dürfen mit den Einzelangaben nur zusammengeführt werden, soweit der Forschungszweck dies erfordert.

(8) Wer nach den Absätzen 2 bis 4 personenbezogene Daten erhalten hat, darf diese nur veröffentlichen, wenn dies für die Darstellung von Forschungsergebnissen über Ereignisse der Zeitgeschichte unerlässlich ist und das Bundeskriminalamt zugestimmt hat.

§ 22 Weiterverarbeitung von Daten zur Aus- und Fortbildung, zu statistischen Zwecken und zur Vorgangsverwaltung. (1) [1] Das Bundeskriminalamt kann bei ihm vorhandene personenbezogene Daten zur polizeilichen Aus- und Fortbildung oder zu statistischen Zwecken weiterverarbeiten, soweit eine Weiterverarbeitung anonymisierter Daten zu diesem Zweck nicht möglich ist. [2] Entsprechendes gilt für die Übermittlung an die Landeskriminalämter zu kriminalstatistischen Zwecken. [3] Die Daten sind zum frühestmöglichen Zeitpunkt zu anonymisieren. [4] § 21 Absatz 1 Satz 2 und Absatz 2 Satz 2 gilt entsprechend.

(2) Das Bundeskriminalamt kann, wenn dies zur Vorgangsverwaltung oder zur befristeten Dokumentation polizeilichen Handelns erforderlich ist, personenbezogene Daten ausschließlich zu diesem Zweck weiterverarbeiten.

§ 23[1)] Elektronische Aktenführung. (1) Die Akten des Bundeskriminalamtes sollen elektronisch geführt werden.

(2) Das Bundesministerium des Innern, für Bau und Heimat regelt die für die elektronische Aktenführung geltenden organisatorischen und technischen Rahmenbedingungen einschließlich der einzuhaltenden Anforderungen des Datenschutzes, der Datensicherheit und der Barrierefreiheit, die die Grundsätze ordnungsgemäßer Aktenführung und den Stand der Technik beachten, in Verwaltungsvorschriften.

(3) Die Vorschriften über die elektronische Aktenführung im Strafverfahren bleiben unberührt.

§ 24 Speicherung von DNA-Identifizierungsmustern zur Erkennung von DNA-Trugspuren. (1) [1] Das Bundeskriminalamt kann von seinen Mitarbeiterinnen und Mitarbeitern, die Umgang mit Spurenmaterial haben oder die Bereiche in seinen Liegenschaften und Einrichtungen betreten müssen, in denen mit Spurenmaterial umgegangen oder dieses gelagert wird,

1. mittels eines Mundschleimhautabstrichs oder einer hinsichtlich ihrer Eingriffsintensität vergleichbaren Methode Körperzellen entnehmen,
2. diese zur Feststellung des DNA-Identifizierungsmusters molekulargenetisch untersuchen und
3. die festgestellten DNA-Identifizierungsmuster mit den an Spurenmaterial festgestellten DNA-Identifizierungsmustern automatisiert abgleichen,

---

[1)] § 23 Abs. 2 geänd. mWv 27.6.2020 durch VO v. 19.6.2020 (BGBl. I S. 1328).

um zur Erkennung von DNA-Trugspuren festzustellen, ob an Spurenmaterial festgestellte DNA-Identifizierungsmuster von diesen Personen stammen. [2]Die Entnahme der Körperzellen darf nicht erzwungen werden. [3]Die entnommenen Körperzellen dürfen nur für die in Satz 1 genannte molekulargenetische Untersuchung verwendet werden; sie sind unverzüglich zu vernichten, sobald sie hierfür nicht mehr erforderlich sind. [4]Bei der Untersuchung dürfen andere Feststellungen als diejenigen, die zur Ermittlung des DNA-Identifizierungsmusters erforderlich sind, nicht getroffen werden; hierauf gerichtete Untersuchungen sind unzulässig.

(2) Untersuchungen und Abgleiche nach Absatz 1 bei Personen, die nicht Mitarbeiterinnen und Mitarbeiter des Bundeskriminalamtes sind, dürfen nur mit deren schriftlicher Einwilligung erfolgen.

(3) [1]Die nach den Absätzen 1 und 2 erhobenen Daten sind zu pseudonymisieren und darüber hinaus im Informationssystem des Bundeskriminalamtes gesondert zu speichern. [2]Eine Verwendung dieser Daten zu anderen als den in den Absätzen 1 und 2 genannten Zwecken ist unzulässig. [3]Die DNA-Identifizierungsmuster sind zu löschen, wenn sie für die genannten Zwecke nicht mehr erforderlich sind. [4]Die Löschung hat spätestens drei Jahre nach dem letzten Umgang der betreffenden Person mit Spurenmaterial oder dem letzten Zutritt zu einem in Absatz 1 Satz 1 genannten Bereich zu erfolgen. [5]Betroffene Personen sind schriftlich über den Zweck und die Weiterverarbeitung sowie die Löschung der erhobenen Daten zu informieren.

Unterabschnitt 3. Datenübermittlung

§ 25[1)] Datenübermittlung im innerstaatlichen Bereich. (1) Das Bundeskriminalamt kann unter Beachtung des § 12 Absatz 2 bis 4 an andere Polizeien des Bundes und an Polizeien der Länder personenbezogene Daten übermitteln, soweit dies zur Erfüllung seiner Aufgaben oder der des Empfängers erforderlich ist.

(2) Das Bundeskriminalamt kann an andere als die in Absatz 1 genannten Behörden und sonstige öffentliche Stellen personenbezogene Daten übermitteln, soweit dies

1. in anderen Rechtsvorschriften vorgesehen ist oder
2. unter Beachtung des § 12 Absatz 2 bis 4 zulässig und erforderlich ist
   a) zur Erfüllung seiner Aufgaben nach diesem Gesetz,
   b) für Zwecke der Strafverfolgung, der Strafvollstreckung, des Strafvollzugs und der Gnadenverfahren,
   c) für Zwecke der Gefahrenabwehr oder
   d) zur Abwehr einer schwerwiegenden Beeinträchtigung der Rechte Einzelner

und Zwecke des Strafverfahrens nicht entgegenstehen.

(3) [1]Unter den Voraussetzungen des Absatzes 2 kann das Bundeskriminalamt personenbezogene Daten auch an nichtöffentliche Stellen übermitteln. [2]Das Bundeskriminalamt hat einen Nachweis zu führen, aus dem Anlass, Inhalt, Empfänger und Tag der Übermittlung sowie die Aktenfundstelle ersichtlich sind; die Nachweise sind gesondert aufzubewahren, gegen unberechtigten Zugriff zu sichern und am Ende des Kalenderjahres, das dem Jahr ihrer Erstellung folgt, zu löschen. [3]Die Löschung unterbleibt, solange der Nachweis für Zwecke eines bereits eingeleiteten Datenschutzkontrollverfahrens oder zur Verhinderung oder Verfolgung einer schwerwiegenden Straftat gegen Leib, Leben oder Freiheit einer Person benötigt

---

1) § 25 Abs. 7 Satz 1 geänd. mWv 27.6.2020 durch VO v. 19.6.2020 (BGBl. I S. 1328).

wird oder Grund zu der Annahme besteht, dass im Falle einer Löschung schutzwürdige Interessen der betroffenen Person beeinträchtigt würden.

(4) [1] Besteht Grund zu der Annahme, dass durch die Übermittlung von Daten nach Absatz 3 der der Erhebung dieser Daten zugrunde liegende Zweck gefährdet würde, holt das Bundeskriminalamt vor der Übermittlung die Zustimmung der Stelle ein, von der die Daten dem Bundeskriminalamt übermittelt wurden. [2] Unter den Voraussetzungen des Satzes 1 kann die übermittelnde Stelle bestimmte von ihr übermittelte Daten so kennzeichnen oder mit einem Hinweis versehen, dass vor einer Übermittlung nach Absatz 3 ihre Zustimmung einzuholen ist.

(5) [1] Daten, die den §§ 41 und 61 des Bundeszentralregistergesetzes[1)] unterfallen würden, können nach den Absätzen 2 und 3 nur den in den §§ 41 und 61 des Bundeszentralregistergesetzes genannten Stellen zu den dort genannten Zwecken übermittelt werden. [2] Die Verwertungsverbote nach den §§ 51, 52 und 63 des Bundeszentralregistergesetzes sind zu beachten.

(6) [1] Der Empfänger darf die übermittelten personenbezogenen Daten nur zu dem Zweck verarbeiten, für den sie ihm übermittelt worden sind. [2] Eine Verarbeitung für andere Zwecke ist unter Beachtung des § 12 Absatz 2 bis 4 zulässig; im Falle des Absatzes 3 gilt dies nur, soweit zusätzlich das Bundeskriminalamt zustimmt. [3] Bei Übermittlungen an nichtöffentliche Stellen hat das Bundeskriminalamt die empfangende Stelle darauf hinzuweisen.

(7) [1] Die Einrichtung eines automatisierten Verfahrens für die Übermittlung von personenbezogenen Daten durch Abruf aus dem Informationssystem ist unter Beachtung des § 12 Absatz 2 bis 4 nur zur Erfüllung vollzugspolizeilicher Aufgaben mit Zustimmung des Bundesministeriums des Innern, für Bau und Heimat und der Innenministerien und Senatsinnenverwaltungen der Länder zulässig, soweit diese Form der Datenübermittlung unter Berücksichtigung der schutzwürdigen Interessen der betroffenen Personen wegen der Vielzahl der Übermittlungen oder wegen ihrer besonderen Eilbedürftigkeit angemessen ist. [2] § 81 Absatz 2 gilt entsprechend.

(8) [1] Die Verantwortung für die Zulässigkeit der Übermittlung trägt das Bundeskriminalamt. [2] Erfolgt die Übermittlung in den Fällen der Absätze 1 und 2 Nummer 2 auf Ersuchen der empfangenden Stelle, trägt diese die Verantwortung. [3] In diesen Fällen prüft das Bundeskriminalamt nur, ob das Übermittlungsersuchen im Rahmen der Aufgaben des Empfängers liegt, es sei denn, dass besonderer Anlass zur Prüfung der Zulässigkeit der Übermittlung besteht.

(9) Sind mit personenbezogenen Daten, die nach den Absätzen 1 und 2 übermittelt werden dürfen, weitere personenbezogene Daten der betroffenen Person oder eines Dritten in Akten so verbunden, dass eine Trennung nicht oder nur mit unvertretbarem Aufwand möglich ist, so ist die Übermittlung auch dieser Daten zulässig, soweit nicht berechtigte Interessen der betroffenen Person oder eines Dritten an der Geheimhaltung offensichtlich überwiegen; eine Verwendung dieser Daten ist unzulässig.

§ 26 Datenübermittlung an Mitgliedstaaten der Europäischen Union.

(1) [1] § 25 gilt entsprechend für die Übermittlung von personenbezogenen Daten an

1. öffentliche und nichtöffentliche Stellen in Mitgliedstaaten der Europäischen Union und

---

[1)] **Habersack Nr. 92.**

2. zwischen- und überstaatliche Stellen der Europäischen Union oder deren Mitgliedstaaten, die mit Aufgaben der Verhütung und Verfolgung von Straftaten befasst sind.

[2] Die Verantwortung für die Zulässigkeit der Datenübermittlung trägt das Bundeskriminalamt. [3] Für die Übermittlung an Polizei- und Justizbehörden sowie an sonstige für die Verhütung oder Verfolgung von Straftaten zuständige öffentliche Stellen zum Zwecke der Verfolgung von Straftaten und zur Strafvollstreckung bleiben die Vorschriften über die internationale Rechtshilfe in strafrechtlichen Angelegenheiten unberührt. [4] Die Zulässigkeit der Übermittlung personenbezogener Daten durch das Bundeskriminalamt an eine Polizeibehörde oder eine sonstige für die Verhütung und Verfolgung von Straftaten zuständige öffentliche Stelle eines Mitgliedstaates der Europäischen Union auf der Grundlage besonderer völkerrechtlicher Vereinbarungen bleibt unberührt.

(2) Absatz 1 findet auch Anwendung auf die Übermittlung von personenbezogenen Daten an Polizeibehörden oder sonstige für die Verhütung und Verfolgung von Straftaten zuständige öffentliche Stellen von Staaten, welche die Bestimmungen des Schengen-Besitzstandes aufgrund eines Assoziierungsübereinkommens mit der Europäischen Union über die Umsetzung, Anwendung und Entwicklung des Schengen-Besitzstandes anwenden.

§ 26a[1] Datenübermittlung an Mitgliedstaaten der Europäischen Union und Schengen-assoziierte Staaten im Anwendungsbereich der Richtlinie (EU) 2023/977. (1) [1] Für die Übermittlung von Daten an Polizeibehörden oder sonstige für die Verhütung oder Verfolgung von Straftaten zuständige öffentliche Stellen und zentrale Kontaktstellen der Mitgliedstaaten der Europäischen Union und der in § 26 Absatz 2 genannten Staaten gelten im Anwendungsbereich der Richtlinie (EU) 2023/977 ergänzend zu den §§ 25 und 26 die Absätze 2 bis 8. [2] Wird das Bundeskriminalamt als zentrale Kontaktstelle oder im Rahmen der Wahrnehmung der Aufgaben nach den §§ 5 bis 8 tätig, übermittelt es Daten ausschließlich nach den Vorschriften dieses Unterabschnitts. [3] Die Absätze 4 bis 7 gelten ausschließlich für die Wahrnehmung der Aufgabe als zentrale Kontaktstelle. [4] Im Rahmen der Wahrnehmung der Aufgabe nach § 4 gelten gemäß § 26 Absatz 1 Satz 3 die §§ 92 bis 92h des Gesetzes über die internationale Rechtshilfe in Strafsachen[2].

(2) Eine für die Übermittlung von Daten nach deutschem Recht erforderliche Erlaubnis durch eine Justizbehörde ist unverzüglich einzuholen.

(3) [1] Bei der Übermittlung von Daten ist mitzuteilen, dass die Verwendung als Beweismittel in einem Gerichtsverfahren unzulässig ist, es sei denn,

1. die nach § 92 Absatz 4 des Gesetzes über die internationale Rechtshilfe in Strafsachen zuständige Stelle hat ihre Zustimmung zur Verwendung als Beweismittel erteilt oder
2. die Verwendung als Beweismittel ist durch eine anwendbare völkerrechtliche Vereinbarung oder einen unmittelbar anwendbaren Rechtsakt der Europäischen Union zugelassen.

[2] Die Zuständigkeit für die Zustimmung zu einer Verwendung als Beweismittel nach Satz 1 Nummer 1 richtet sich nach den Vorschriften des Gesetzes über die internationale Rechtshilfe in Strafsachen.

---

[1] § 26a eingef. mWv 14.2.2026 durch G v. 10.2.2026 (BGBl. 2026 I Nr. 39).
[2] **Habersack ErgBd. Nr. 90h.**

(4) Die Übermittlung von Daten an eine zentrale Kontaktstelle eines anderen Staats ist in einer Sprache vorzunehmen, die der Staat, an dessen zentrale Kontaktstelle Daten übermittelt werden, zugelassenen hat.

(5) Ein an eine zentrale Kontaktstelle eines anderen Staats gerichtetes Ersuchen muss mindestens die folgenden Angaben enthalten:

1. die Angabe, ob das Ersuchen dringend ist und, wenn dies der Fall ist, die Angabe der Gründe für die Dringlichkeit,
2. eine Präzisierung der angeforderten Informationen, die so detailliert ist, wie dies unter den gegebenen Umständen in angemessener Weise möglich ist,
3. die Beschreibung des Zwecks, zu dem die Informationen angefordert werden, einschließlich einer Beschreibung des Sachverhalts und der zugrundeliegenden Straftat, und
4. etwaige Beschränkungen einer Verwendung der in dem Ersuchen enthaltenen Informationen zu anderen Zwecken als denen, für die sie übermittelt wurden.

(6) Übermittelt das Bundeskriminalamt ein Ersuchen einer inländischen Polizeibehörde, ist diese für die Prüfung der Erforderlichkeit des Ersuchens und der Voraussetzungen nach den Absätzen 4 und 5 verantwortlich.

(7) [1] Bei der Übermittlung von Daten an Polizeibehörden oder sonstige für die Verhütung oder Verfolgung von Straftaten zuständige öffentliche Stellen, die nicht zugleich zentrale Kontaktstellen sind, ist der zentralen Kontaktstelle des jeweiligen Staats gleichzeitig eine Kopie der Daten zu übermitteln. [2] Hiervon kann abgewichen werden, wenn die Übermittlung von Daten Terrorismusfälle betrifft, bei denen es sich nicht um Not- oder Krisenmanagementsituationen handelt.

(8) [1] Daten, die beim Bundeskriminalamt als zentraler Kontaktstelle aufgrund eines Ersuchens eines anderen Staats angefordert werden, sind unter den Voraussetzungen von § 26 und vorbehaltlich des § 28 innerhalb folgender Fristen zur Verfügung zu stellen:

1. acht Stunden im Falle von dringenden Ersuchen bei dem Bundeskriminalamt unmittelbar zugänglichen Informationen,
2. drei Kalendertage im Falle von dringenden Ersuchen bei dem Bundeskriminalamt mittelbar zugänglichen Informationen sowie
3. sieben Kalendertage im Falle aller anderen Ersuchen.

[2] Die Pflicht nach Satz 1 besteht nur bei Ersuchen von zentralen Kontaktstellen sowie Polizeibehörden oder sonstigen für die Verhütung oder Verfolgung von Straftaten zuständigen öffentlichen Stellen, die von den Mitgliedstaaten der Europäischen Union oder den in § 26 Absatz 2 genannten Staaten nach Artikel 4 Absatz 1 Unterabsatz 2 Satz 1 der Richtlinie (EU) 2023/977 notifiziert wurden. [3] Die in Satz 1 genannten Fristen beginnen mit Eingang des Ersuchens beim Bundeskriminalamt. [4] Satz 1 gilt nicht, soweit eine Abweichung von den Fristen für eine Einholung einer Erlaubnis nach Absatz 2 erforderlich ist. [5] Die Stelle, die das Ersuchen gestellt hat, ist in diesem Fall unter Angabe von Gründen über die Dauer der erwarteten Verzögerung zu unterrichten. [6] Nach Einholung der Erlaubnis nach Absatz 2 sind die Daten unverzüglich zu übermitteln.

(9) Daten, die das Bundeskriminalamt selbst erhoben hat, sind unter den Voraussetzungen von § 26 aus eigener Initiative zu übermitteln oder bereitzustellen, wenn tatsächliche Anhaltspunkte dafür vorliegen, dass diese Daten für einen anderen Mitgliedstaat der Europäischen Union oder einen in § 26 Absatz 2 genannten Staat zum Zwecke der Verhütung von Straftaten nach Artikel 2 Absatz 3

der Richtlinie (EU) 2023/977 relevant sein können und diese Daten diesem Staat nicht bereits anderweitig übermittelt oder bereitgestellt wurden.

§ 27[1] Datenübermittlung im internationalen Bereich. (1) [1] Das Bundeskriminalamt kann unter Beachtung des § 12 Absatz 2 bis 4 und unter Beachtung der §§ 78 bis 80 des Bundesdatenschutzgesetzes[2] an Polizei- und Justizbehörden sowie an sonstige für die Verhütung oder Verfolgung von Straftaten zuständige öffentliche Stellen in anderen als den in § 26 Absatz 1 genannten Staaten (Drittstaaten) und an andere als die in § 26 Absatz 1 genannten zwischen- und überstaatlichen Stellen, die mit Aufgaben der Verhütung oder Verfolgung von Straftaten befasst sind, personenbezogene Daten übermitteln, soweit dies erforderlich ist

1. zur Erfüllung einer ihm obliegenden Aufgabe,
2. zur Verfolgung von Straftaten und zur Strafvollstreckung nach Maßgabe der Vorschriften über die internationale Rechtshilfe in strafrechtlichen Angelegenheiten oder der Vorschriften über die Zusammenarbeit mit dem Internationalen Strafgerichtshof oder
3. zur Abwehr einer im Einzelfall bestehenden erheblichen Gefahr für die öffentliche Sicherheit.

[2] Entsprechendes gilt, wenn Anhaltspunkte dafür vorliegen, dass Straftaten von erheblicher Bedeutung begangen werden sollen.

(2) Mit Zustimmung des Bundesministeriums des Innern, für Bau und Heimat kann das Bundeskriminalamt gespeicherte nicht personenbezogene Daten, die der Suche nach Sachen dienen (Sachfahndung), für zentrale Polizeibehörden anderer Staaten nach Maßgabe zwischenstaatlicher Vereinbarungen zum Abruf im automatisierten Verfahren zur Sicherstellung von gestohlenen, unterschlagenen oder sonst abhanden gekommenen Sachen bereithalten.

(3) [1] Für Daten, die zu Zwecken der Fahndung nach Personen oder der polizeilichen Beobachtung, Ermittlungsanfrage oder gezielten Kontrolle gespeichert sind, ist die Einrichtung eines automatisierten Abrufverfahrens nach Absatz 2 mit Zustimmung des Bundesministeriums des Innern, für Bau und Heimat im Benehmen mit den Innenministerien und Senatsinnenverwaltungen der Länder unter Beachtung des § 12 Absatz 2 bis 4 zulässig, soweit

1. tatsächliche Anhaltspunkte dafür vorliegen, dass die Abrufe zur Verhinderung und Verfolgung von Straftaten von erheblicher Bedeutung sowie zur Abwehr von Gefahren für die öffentliche Sicherheit erforderlich sind,
2. diese Form der Datenübermittlung unter Berücksichtigung der schutzwürdigen Interessen der betroffenen Personen wegen der Vielzahl der Übermittlungen oder wegen ihrer besonderen Eilbedürftigkeit angemessen ist und
3. der Empfängerstaat das Übereinkommen des Europarates über den Schutz des Menschen bei der automatisierten Verarbeitung personenbezogener Daten vom 28. Januar 1981 (BGBl. 1985 II S. 538) ratifiziert hat oder ein gleichwertiger Schutz gewährleistet ist und eine Kontrollinstanz besteht, die die Gewährleistung des Datenschutzes unabhängig überwacht.

[2] Wird das Abrufverfahren für einen längeren Zeitraum als drei Monate eingerichtet, bedarf die Vereinbarung der Mitwirkung der gesetzgebenden Körperschaf-

---

[1] § 27 Abs. 2, 3 Satz 1 einl. Satzteil, Abs. 4 Satz 2 geänd. mWv 27.6.2020 durch VO v. 19.6.2020 (BGBl. I S. 1328); Abs. 3 Satz 1 einl. Satzteil geänd. mWv 28.12.2022 durch G v. 19.12.2022 (BGBl. I S. 2632).

[2] Nr. **245**.

ten nach Artikel 59 Absatz 2 des Grundgesetzes[1]. [3]Die empfangende Stelle ist darauf hinzuweisen, dass sie die Daten für Ausschreibungen zur Fahndung nur nach Vorliegen eines Rechtshilfeersuchens nutzen darf.

(4) [1]Die regelmäßige, im Rahmen einer systematischen Zusammenarbeit erfolgende Übermittlung personenbezogener Daten an internationale Datenbestände ist zulässig nach Maßgabe von Rechtsakten der Europäischen Union und völkerrechtlicher Verträge, die der Mitwirkung der gesetzgebenden Körperschaften nach Artikel 59 Absatz 2 des Grundgesetzes bedürfen. [2]Entsprechendes gilt, wenn durch das Bundesministerium des Innern, für Bau und Heimat im Einzelfall im Benehmen mit der oder dem Bundesbeauftragten für den Datenschutz und die Informationsfreiheit festgestellt wird, dass durch die Nutzung datenschutzfreundlicher und datenminimierender Vorkehrungen die schutzwürdigen Belange der betroffenen Personen nicht überwiegen.

(5) Das Bundeskriminalamt kann als Nationales Zentralbüro der Bundesrepublik Deutschland für die Internationale Kriminalpolizeiliche Organisation personenbezogene Daten an das Generalsekretariat der Organisation unter den Voraussetzungen des Absatzes 1 übermitteln, soweit dies zur weiteren Übermittlung der Daten an andere Nationale Zentralbüros oder an die in Absatz 1 genannten Stellen geboten oder zu Zwecken der Informationssammlung und Auswertung durch das Generalsekretariat erforderlich ist.

(6) [1]Das Bundeskriminalamt kann unter Beachtung des § 12 Absatz 2 bis 4 personenbezogene Daten an Dienststellen der Stationierungsstreitkräfte im Rahmen des Artikels 3 des Zusatzabkommens zu dem Abkommen zwischen den Parteien des Nordatlantikvertrages über die Rechtsstellung ihrer Truppen hinsichtlich der in der Bundesrepublik Deutschland stationierten ausländischen Streitkräfte vom 3. August 1959 (BGBl. 1961 II S. 1183) übermitteln, wenn dies zur rechtmäßigen Erfüllung der in deren Zuständigkeit liegenden Aufgaben erforderlich ist. [2]§ 78 Absatz 2 des Bundesdatenschutzgesetzes gilt entsprechend.

(7) [1]Die Verantwortung für die Zulässigkeit der Übermittlung trägt das Bundeskriminalamt. [2]§ 25 Absatz 4 Satz 2 gilt entsprechend. [3]Das Bundeskriminalamt hat die Übermittlung und ihren Anlass aufzuzeichnen. [4]Die empfangende Stelle personenbezogener Daten ist darauf hinzuweisen, dass sie nur zu dem Zweck genutzt werden dürfen, zu dem sie übermittelt worden sind. [5]Ferner ist ihr der beim Bundeskriminalamt vorgesehene Löschungszeitpunkt mitzuteilen.

(8) [1]Das Bundeskriminalamt kann unter den Voraussetzungen des § 81 des Bundesdatenschutzgesetzes und unter Beachtung des § 12 Absatz 2 bis 4 Daten an die in § 81 des Bundesdatenschutzgesetzes genannten Stellen übermitteln. [2]Zusätzlich kann es unter den Voraussetzungen des Satzes 1 an andere als die in Absatz 1 genannten zwischen- und überstaatlichen Stellen personenbezogene Daten übermitteln, soweit dies erforderlich ist

1. zur Erfüllung einer ihm obliegenden Aufgabe oder
2. zur Abwehr einer im Einzelfall bestehenden erheblichen Gefahr für die öffentliche Sicherheit.

[3]Entsprechendes gilt, wenn tatsächliche Anhaltspunkte dafür vorliegen, dass Straftaten von erheblicher Bedeutung begangen werden sollen.

---

[1] Nr. 1.

§ 28[1] Übermittlungsverbote und Verweigerungsgründe. (1) [1]Die Übermittlung nach den Vorschriften dieses Gesetzes unterbleibt, wenn

1. für die übermittelnde Stelle erkennbar ist, dass unter Berücksichtigung der Art der Daten und ihrer Erhebung die schutzwürdigen Interessen der betroffenen Person das Allgemeininteresse an der Übermittlung überwiegen, oder
2. besondere bundesgesetzliche Verwendungsregelungen entgegenstehen; die Verpflichtung zur Wahrung gesetzlicher Geheimhaltungspflichten oder von Berufs- oder besonderen Amtsgeheimnissen, die nicht auf gesetzlichen Vorschriften beruhen, bleibt unberührt.

[2]Satz 1 Nummer 1 gilt nicht für Übermittlungen an die Staatsanwaltschaften.

(2) Die Datenübermittlung nach den §§ 26, 26a und 27 unterbleibt darüber hinaus,

1. wenn hierdurch wesentliche Sicherheitsinteressen des Bundes oder der Länder beeinträchtigt würden,
2. wenn hierdurch der Erfolg laufender Ermittlungen oder Leib, Leben oder Freiheit einer Person gefährdet würde,
3. soweit Grund zu der Annahme besteht, dass durch sie gegen den Zweck eines deutschen Gesetzes verstoßen würde, oder
4. wenn tatsächliche Anhaltspunkte dafür vorliegen, dass die Übermittlung der Daten zu den in der Charta der Grundrechte der Europäischen Union[2] enthaltenen Grundsätzen, insbesondere dadurch, dass durch die Nutzung der übermittelten Daten im Empfängerstaat Verletzungen von elementaren rechtsstaatlichen Grundsätzen oder Menschenrechtsverletzungen drohen, in Widerspruch stünde.

(2a) [1]Die Datenübermittlung nach § 26 in Verbindung mit § 26a unterbleibt über die Absätze 1 und 2 hinaus, soweit

1. eine nach deutschem Recht erforderliche Erlaubnis durch eine Justizbehörde verweigert wurde,
2. es sich bei den angeforderten personenbezogenen Daten um andere als die in Anhang II Abschnitt B zu der Verordnung (EU) 2016/794 genannten Kategorien handelt oder
3. die Daten von einem Mitgliedstaat der Europäischen Union oder einem Drittstaat erlangt wurden und dieser der Übermittlung nicht zugestimmt hat oder die Übermittlung in Widerspruch zu den von dem Staat festgelegten Voraussetzungen für die Verwendung der Daten stünde.

[2]Im Übrigen darf die auf einem Ersuchen nach der Richtlinie (EU) 2023/977 beruhende Übermittlung von Daten nur abgelehnt werden, soweit

1. die angeforderten Daten dem Bundeskriminalamt und den zuständigen Polizeibehörden oder sonstigen für die Verhütung oder Verfolgung von Straftaten zuständigen öffentlichen Stellen nicht zur Verfügung stehen,
2. das Ersuchen nicht den Anforderungen des § 26a Absatz 5 entspricht,
3. das Ersuchen eine Straftat betrifft, die nach deutschem Recht mit einer Freiheitsstrafe von höchstens einem Jahr geahndet werden kann, oder
4. das Ersuchen eine Tat betrifft, die nach deutschem Recht keine Straftat darstellt.

---

[1] § 28 Abs. 2 einl. Satzteil geänd., Abs. 2a eingef. mWv 14.2.2026 durch G v. 10.2.2026 (BGBl. 2026 I Nr. 39).

[2] Nr. **1002**.

[3] Vor Ablehnung der Datenübermittlung soll der ersuchenden Stelle die Möglichkeit gegeben werden, Klarstellungen oder Präzisierungen beizubringen. [4] Im Falle der Ablehnung ist dies der ersuchenden Stelle einschließlich der Ablehnungsgründe mitzuteilen. [5] § 26a Absatz 8 gilt entsprechend.

(3) [1] Das Bundeskriminalamt führt für den polizeilichen Informationsaustausch und Rechtshilfeverkehr eine fortlaufend aktualisierte Aufstellung über die Einhaltung der elementaren rechtsstaatlichen Grundsätze und Menschenrechtsstandards sowie das Datenschutzniveau in den jeweiligen Drittstaaten, die die speziellen Erfordernisse des polizeilichen Informationsaustauschs berücksichtigt. [2] Hierbei berücksichtigt es insbesondere die jeweils aktuellen Erkenntnisse der Bundesregierung und maßgeblich, ob ein Angemessenheitsbeschluss der Europäischen Kommission nach Artikel 36 der Richtlinie (EU) 2016/680 des Europäischen Parlaments und des Rates vom 27. April 2016 zum Schutz natürlicher Personen bei der Verarbeitung personenbezogener Daten durch die zuständigen Behörden zum Zwecke der Verhütung, Ermittlung, Aufdeckung oder Verfolgung von Straftaten oder der Strafvollstreckung sowie zum freien Datenverkehr und zur Aufhebung des Rahmenbeschlusses 2008/977/JI des Rates (ABl. L 119 vom 4.5.2016, S. 89) vorliegt.

Abschnitt 3. Zentralstelle

§ 29[1)] Polizeilicher Informationsverbund, Verordnungsermächtigung.

(1) [1] Das Bundeskriminalamt ist im Rahmen seiner Aufgabe nach § 2 Absatz 3 Zentralstelle für den polizeilichen Informationsverbund zwischen Bund und Ländern. [2] Es stellt zu diesem Zweck ein einheitliches Verbundsystem zur Verfügung.

(2) [1] Das Verbundsystem erfüllt die Grundfunktionen nach § 13 Absatz 2. [2] Innerhalb des Verbundsystems stellen die daran teilnehmenden Behörden einander Daten zum Abruf und zur Verarbeitung zur Verfügung. [3] Das Bundesministerium des Innern, für Bau und Heimat bestimmt im Einvernehmen mit den Innenministerien und Senatsinnenverwaltungen der Länder sowie im Benehmen mit der oder dem Bundesbeauftragten für den Datenschutz und die Informationsfreiheit die in den polizeilichen Informationsverbund einzubeziehenden Daten.

(3) [1] Außer dem Bundeskriminalamt und den Landeskriminalämtern sind zur Teilnahme am polizeilichen Informationsverbund berechtigt:

1. sonstige Polizeibehörden der Länder,
2. die Bundespolizei,
3. die Polizei beim Deutschen Bundestag,
4. die Behörden der Zollverwaltung, soweit
   a) sie betraut sind mit der Wahrnehmung grenzpolizeilicher Aufgaben,
   b) sie betraut sind mit der Verhütung, Aufdeckung und Verfolgung von Steuerstraftaten,
   c) sie betraut sind mit der Bekämpfung der Schwarzarbeit und der illegalen Beschäftigung oder

---

1) § 29 Abs. 2 Satz 4, Abs. 7, 8 geänd. mWv 27.6.2020 durch VO v. 19.6.2020 (BGBl. I S. 1328); Abs. 3 *Satz 1 Nr. 5, 6 geänd., Nr. 7 angef.* mWv 1.8.2021 durch G v. 25.6.2021 (BGBl. I S. 2083); Abs. 8 geänd. mWv 28.12.2022 durch G v. 19.12.2022 (BGBl. I S. 2606); Abs. 2 Satz 3 aufgeh., bish. Satz 4 wird Satz 3, Abs. 6 Satz 2 Nr. 1 geänd. mWv 7.3.2023 durch G v. 19.12.2022 (BGBl. I S. 2632 iVm iK-Bek. v. 8.3. 2023, BGBl. I Nr. 60); Abs. 4 Satz 2 aufgeh. mWv 24.7.2025 durch G v. 17.7.2025 (BGBl. 2025 I Nr. 171); Abs. 3 Satz 1 Nr. 4 neu gef. mWv 30.12.2025 durch G v. 22.12.2025 (BGBl. 2025 I Nr. 369).

d) dies bei der Erfüllung ihrer Aufgaben nach dem Zollverwaltungsgesetz oder dem Zollfahndungsdienstgesetz zur Sicherung ihrer selbst, anderer Zollbediensteter sowie von für die Durchführung der Aufgaben der Bundesfinanzbehörden notwendigen Einrichtungen und Einsatzmittel erforderlich ist,

5. die Zollfahndungsämter,
6. das Zollkriminalamt und
7. die mit der Steuerfahndung betrauten Dienststellen der Landesfinanzbehörden[1)]

[2] Die am polizeilichen Informationsverbund teilnehmenden Stellen haben das Recht, Daten zur Erfüllung der Verpflichtung nach § 32 im automatisierten Verfahren einzugeben und, soweit dies zur jeweiligen Aufgabenerfüllung erforderlich ist, abzurufen.

(4) Durch organisatorische und technische Maßnahmen hat das Bundeskriminalamt sicherzustellen, dass Eingaben von und Zugriffe auf Daten im polizeilichen Informationsverbund nur möglich sind, soweit die jeweiligen Behörden hierzu berechtigt sind.

(5) [1] Nur die Behörde, die Daten zu einer Person eingegeben hat, ist befugt, diese zu ändern, zu berichtigen oder zu löschen. [2] Hat eine teilnehmende Stelle des polizeilichen Informationsverbundes Anhaltspunkte dafür, dass Daten unrichtig oder zu löschen sind, teilt sie dies umgehend der eingebenden Behörde mit, die verpflichtet ist, diese Mitteilung unverzüglich zu prüfen und erforderlichenfalls die Daten unverzüglich zu berichtigen oder zu löschen oder in ihrer Verarbeitung einzuschränken. [3] Sind Daten zu einer Person gespeichert, kann jede teilnehmende Stelle des polizeilichen Informationsverbundes weitere Daten ergänzend eingeben.

(6) [1] Das Auswärtige Amt ist zum Abruf im automatisierten Verfahren der Fahndungsausschreibungen zur Festnahme und Aufenthaltsermittlung berechtigt, soweit dies für die Auslandsvertretungen in ihrer Eigenschaft als Pass- und Personalausweisbehörden erforderlich ist. [2] Die Staatsanwaltschaften sind befugt, für Zwecke der Strafrechtspflege im automatisierten Verfahren abzurufen:

1. Fahndungsausschreibungen zur Festnahme und Aufenthaltsermittlung,
2. Daten über Freiheitsentziehungen und
3. Daten aus dem DNA-Analyse-System.

(7) Das Bundesministerium des Innern, für Bau und Heimat wird ermächtigt, im Einvernehmen mit dem Bundesministerium der Justiz und für Verbraucherschutz durch Rechtsverordnung, die der Zustimmung des Bundesrates bedarf, weitere im polizeilichen Informationsverbund gespeicherte Daten, die von den Staatsanwaltschaften zur Erfüllung ihrer Aufgaben benötigt werden, zum automatisierten Abruf freizugeben, soweit diese Form der Datenübermittlung unter Berücksichtigung der schutzwürdigen Interessen der betroffenen Personen wegen der Vielzahl der Übermittlungen oder wegen ihrer besonderen Eilbedürftigkeit angemessen ist.

(8) Die Einrichtung eines automatisierten Abrufverfahrens ist für andere Behörden zur Erfüllung vollzugspolizeilicher Aufgaben sowie für die Zentralstelle für Sanktionsdurchsetzung für Aufgaben nach dem Sanktionsdurchsetzungsgesetz mit Zustimmung des Bundesministeriums des Innern, für Bau und Heimat und der Innenministerien und Senatsinnenverwaltungen der Länder zulässig, soweit diese Form der Datenübermittlung unter Berücksichtigung der schutzwürdigen Interes-

[1)] Satzzeichen fehlt amtlich.

sen der betroffenen Personen wegen der Vielzahl der Übermittlungen oder wegen ihrer besonderen Eilbedürftigkeit angemessen ist.

§ 30 Verbundrelevanz. (1) Die am polizeilichen Informationsverbund teilnehmenden Stellen verarbeiten im polizeilichen Informationsverbund ausschließlich

1. personenbezogene Daten, deren Verarbeitung für die Verhütung und Verfolgung von Straftaten mit länderübergreifender, internationaler oder erheblicher Bedeutung erforderlich ist;
2. personenbezogene Daten, deren Verarbeitung im Informationsverbund erforderlich ist
   a) zu erkennungsdienstlichen Zwecken, soweit das Bundeskriminalamt diese Daten nach § 16 Absatz 5 auch im Informationssystem weiterverarbeiten dürfte oder
   b) zu Zwecken der Fahndung nach Personen und Sachen, soweit das Bundeskriminalamt diese Daten nach § 16 Absatz 2 auch im Informationssystem weiterverarbeiten dürfte

(Verbundrelevanz).

(2) [1]Die am polizeilichen Informationsverbund teilnehmenden Stellen legen unter Beteiligung der jeweils zuständigen obersten Bundes- oder Landesbehörden Kriterien fest, die bestimmen, welche Straftaten nach allgemeiner kriminalistischer Erfahrung die Voraussetzungen nach Absatz 1 Nummer 1 erfüllen. [2]Die Kriterien können sich an den unterschiedlichen kriminalistischen Phänomenbereichen orientieren. [3]Die Kriterien sind in angemessenen Abständen und, soweit erforderlich, zu aktualisieren. [4]Die Festlegung und Aktualisierung dieser Kriterien erfolgen im Benehmen mit der oder dem Bundesbeauftragten für den Datenschutz und die Informationsfreiheit.

§ 30a[1)] Besondere Regelungen für die Weiterverarbeitung personenbezogener Daten im polizeilichen Informationsverbund. (1) Für die Weiterverarbeitung von Daten im polizeilichen Informationsverbund gelten § 12 Absatz 2 bis 5, die §§ 14, 15 und 16 Absatz 1, 2, 5 und 6, § 18 Absatz 1, 2, 4 und 5, § 19 Absatz 1 und 2 sowie die §§ 20 und 91 entsprechend, soweit in Absatz 2 nichts anderes geregelt ist.

(2) Die vorsorgende Speicherung personenbezogener Daten von Beschuldigten und Tatverdächtigen ist nur zulässig, wenn tatsächliche Anhaltspunkte dafür vorliegen, dass wegen der Art oder Ausführung der Tat, der Persönlichkeit der betroffenen Person oder sonstiger Erkenntnisse eine hinreichende Wahrscheinlichkeit dafür besteht, dass die betroffene Person künftig Straftaten begehen wird und gerade die Weiterverarbeitung der gespeicherten Daten zu deren Verhütung und Verfolgung beitragen kann.

§ 31 Datenschutzrechtliche Verantwortung im polizeilichen Informationsverbund. (1) Das Bundeskriminalamt hat als Zentralstelle für den polizeilichen Informationsverbund die Einhaltung der Regelungen zur Zusammenarbeit und zur Führung des Verbundsystems zu überwachen.

(2) [1]Im Rahmen des polizeilichen Informationsverbundes obliegt die datenschutzrechtliche Verantwortung für die bei der Zentralstelle gespeicherten Daten, *namentlich für die Rechtmäßigkeit* der Erhebung, die Zulässigkeit der Eingabe sowie die Richtigkeit oder Aktualität der Daten, den Stellen, die die Daten

[1)] § 30a eingef. mWv 24.7.2025 durch G v. 17.7.2025 (BGBl. 2025 I Nr. 171).

unmittelbar eingeben. [2]Die verantwortliche Stelle muss feststellbar sein. [3]Die Verantwortung für die Zulässigkeit des Abrufs im automatisierten Verfahren trägt die empfangende Stelle.

(3) [1]Die Datenschutzkontrolle obliegt der oder dem Bundesbeauftragten für den Datenschutz und die Informationsfreiheit. [2]Die von den Ländern in den polizeilichen Informationsverbund eingegebenen Datensätze können auch von den jeweiligen im Landesrecht bestimmten öffentlichen Stellen, die für die Kontrolle der Einhaltung der Vorschriften über den Datenschutz zuständig sind, im Zusammenhang mit der Wahrnehmung ihrer Prüfungsaufgaben in den Ländern kontrolliert werden, soweit die Länder nach Absatz 2 verantwortlich sind. [3]Die oder der Bundesbeauftragte für den Datenschutz und die Informationsfreiheit arbeitet insoweit mit den im Landesrecht bestimmten öffentlichen Stellen, die für die Kontrolle der Einhaltung der Vorschriften über den Datenschutz zuständig sind, zusammen.

§ 32[1)] Unterrichtung der Zentralstelle. (1) [1]Die Landeskriminalämter übermitteln dem Bundeskriminalamt nach Maßgabe der Rechtsverordnung nach § 20 die zur Erfüllung seiner Aufgaben als Zentralstelle erforderlichen Informationen. [2]Die Verpflichtung der Landeskriminalämter nach Satz 1 kann im Benehmen mit dem Bundeskriminalamt auch von anderen Polizeibehörden des Landes erfüllt werden. [3]Das Bundeskriminalamt legt im Benehmen mit den Landeskriminalämtern Einzelheiten der Informationsübermittlung fest.

(2) [1]Die Justiz- und Verwaltungsbehörden der Länder teilen dem jeweils zuständigen Landeskriminalamt unverzüglich den Beginn, die Unterbrechung und die Beendigung von Freiheitsentziehungen mit, die wegen des Verdachts oder des Nachweises einer rechtswidrigen Tat von einem Gericht angeordnet worden sind. [2]Die Justizbehörden des Bundes und der Länder teilen dem jeweils zuständigen Landeskriminalamt unverzüglich und, soweit technisch möglich, automatisiert mit:

1. die Entscheidung, dass
   a) die beschuldigte Person rechtskräftig freigesprochen wurde,
   b) die Eröffnung des Hauptverfahrens gegen die beschuldigte Person unanfechtbar abgelehnt wurde oder
   c) das Verfahren nicht nur vorläufig eingestellt wurde

   sowie
2. die tragenden Gründe der Entscheidung nach Nummer 1.

(3) [1]Absatz 1 Satz 1 gilt entsprechend für die Polizeien des Bundes, soweit die Informationen Vorgänge betreffen, die sie in eigener Zuständigkeit bearbeiten. [2]Satz 1 gilt im Bereich der Zollverwaltung, soweit

1. aufgrund einer Rechtsverordnung nach § 68 des Bundespolizeigesetzes[2)] grenzpolizeiliche Aufgaben wahrgenommen werden,
2. die Finanzkontrolle Schwarzarbeit Ermittlungsbefugnisse nach § 14 des Schwarzarbeitsbekämpfungsgesetzes[3)] wahrnimmt,
3. Ermittlungsbefugnisse zur Verfolgung von Steuerstraftaten nach § 369 der Abgabenordnung wahrgenommen werden.

[1)] § 32 Abs. 3 Satz 2 neu gef., Satz 3 geänd. mWv 30.12.2025 durch G v. 22.12.2025 (BGBl. 2025 I Nr. 369).

[2)] Nr. **90**.

[3)] **Habersack ErgBd. Nr. 94b.**

[3] Im Übrigen richtet sich die Informationsübermittlung der Zollbehörden an das Bundeskriminalamt nach den Vorschriften der Abgabenordnung, des Zollverwaltungsgesetzes und des Zollfahndungsdienstgesetzes sowie des Schwarzarbeitsbekämpfungsgesetzes.

(4) Für die im Rahmen seiner Aufgaben nach den §§ 3 bis 8 gewonnenen Informationen gelten für das Bundeskriminalamt die Unterrichtungspflichten nach Absatz 1 Satz 1 entsprechend.

(5) Die Verantwortlichkeit für die Zulässigkeit der Übermittlung nach den Absätzen 1 bis 3 trägt die übermittelnde Stelle.

§ 33[1] Ausschreibungen bei der Zusammenarbeit im internationalen Bereich. (1) Das Bundeskriminalamt kann auf ein der Verfolgung von Straftaten oder der Strafvollstreckung dienendes Ersuchen einer zuständigen Behörde eines ausländischen Staates oder eines internationalen Strafgerichtshofes, der durch einen für die Bundesrepublik Deutschland verbindlichen Rechtsakt errichtet wurde,

1. eine Person, hinsichtlich derer die Anordnung von Auslieferungshaft oder Überstellungshaft zulässig erscheint, zur Festnahme oder Aufenthaltsermittlung ausschreiben,
2. andere Personen zur Aufenthaltsermittlung ausschreiben,
3. eine Person oder eine Sache ausschreiben zur polizeilichen Beobachtung (§ 47 Absatz 1 Nummer 1), zur Ermittlungsanfrage (§ 47 Absatz 1 Nummer 2) oder zur gezielten Kontrolle (§ 47 Absatz 1 Nummer 3) und
4. Verfahren zur Feststellung der Identität von Personen durchführen.

(2) Maßnahmen nach Absatz 1 Nummer 2, 3 und 4 sind nur zulässig, wenn sie bei dem zugrunde liegenden Sachverhalt auch nach deutschem Recht zulässig wären.

(3) Das Bundeskriminalamt holt in Fällen des Absatzes 1, denen besondere Bedeutung in politischer, tatsächlicher oder rechtlicher Beziehung zukommt, zuvor die Bewilligung des Bundesministeriums der Justiz und für Verbraucherschutz ein.

(4) Das Bundeskriminalamt kann auf Ersuchen der in § 26 Absatz 1 und § 27 Absatz 1 genannten Behörden

1. vermisste Minderjährige, die der Obhut der oder des Sorgeberechtigten entzogen worden sind oder sich dieser entzogen haben, und Personen, bei denen eine Ingewahrsamnahme zum Schutz gegen eine Gefahr für ihren Leib oder ihr Leben erforderlich ist, insbesondere, weil die Person sich erkennbar in einem die freie Willensbestimmung ausschließenden Zustand oder sonst in hilfloser Lage befindet, zur Ingewahrsamnahme ausschreiben,
2. Vermisste, soweit sie nicht in Gewahrsam genommen werden sollen, zur Aufenthaltsermittlung ausschreiben,
3. eine Person ausschreiben zur polizeilichen Beobachtung (§ 47 Absatz 1 Nummer 1), zur Ermittlungsanfrage (§ 47 Absatz 1 Nummer 2) oder zur gezielten Kontrolle (§ 47 Absatz 1 Nummer 3), wenn Tatsachen die Annahme rechtfertigen, dass die Person Straftaten von erheblicher Bedeutung begehen wird *und dies zur Verhütung solcher* Straftaten erforderlich ist,

---

[1] § 33 Abs. 1 Nr. 3, Abs. 4 Nr. 3, 4, Abs. 8 Satz 1 Nr. 3 neu gef. mWv 28.12.2022 durch G v. 19.12. 2022 (BGBl. I S. 2632).

4. Kraftfahrzeuge unabhängig von der Antriebsart, Anhänger mit einem Leergewicht von mehr als 750 Kilogramm, Wohnwagen, Wasserfahrzeuge, Container, Luftfahrzeuge, Schusswaffen, amtliche oder gefälschte Blankodokumente, amtliche oder gefälschte Identitätsdokumente und bargeldlose Zahlungsmittel ausschreiben zur polizeilichen Beobachtung (§ 47 Absatz 1 Nummer 1), Ermittlungsanfrage (§ 47 Absatz 1 Nummer 2) oder gezielten Kontrolle (§ 47 Absatz 1 Nummer 3), wenn Tatsachen die Annahme rechtfertigen, dass dies zur Ingewahrsamnahme nach Nummer 1, zur Aufenthaltsermittlung nach Nummer 2 oder zur Straftatenverhütung nach Nummer 3 erforderlich ist.

(5) [1] Ausschreibungen nach Absatz 1 Nummer 2 und 3 und Absatz 4 Nummer 3, soweit sie aufgrund des Ersuchens eines Staates erfolgen, der nicht Mitgliedstaat der Europäischen Union ist, bedürfen der Anordnung durch das Gericht. [2] Soweit Maßnahmen nach Absatz 1 Nummer 3 und Absatz 4 keiner gerichtlichen Anordnung bedürfen, werden sie durch die zuständige Abteilungsleitung des Bundeskriminalamtes oder deren Vertretung angeordnet. [3] Die Anordnung ist aktenkundig zu machen.

(6) [1] Anordnungen nach Absatz 1 Nummer 3 und Absatz 4 Nummer 3 sind auf höchstens ein Jahr zu befristen. [2] Spätestens nach Ablauf von sechs Monaten ist zu prüfen, ob die Voraussetzungen für die Anordnung noch bestehen. [3] Das Ergebnis dieser Prüfung ist aktenkundig zu machen. [4] Die Verlängerung der Laufzeit über insgesamt ein Jahr hinaus bedarf der erneuten Anordnung.

(7) Besondere Regelungen aufgrund von Rechtsakten der Europäischen Union und völkerrechtlicher Verträge bleiben unberührt.

(8) [1] Das Bundeskriminalamt kann für den Fall, dass die Zuständigkeit eines Landes nicht festgestellt werden kann, bei Warnmeldungen von Sicherheitsbehörden anderer Staaten

1. eine Person zur Ingewahrsamnahme ausschreiben, wenn und solange die Ingewahrsamnahme unerlässlich ist, um eine unmittelbar bevorstehende Gefahr für Leib, Leben, Freiheit oder wesentliche Vermögenswerte abzuwehren,
2. eine Person zur Aufenthaltsermittlung ausschreiben, wenn Tatsachen die Annahme rechtfertigen, dass von ihr eine Gefahr für Leib, Leben, Gesundheit oder wesentliche Vermögenswerte ausgeht, oder
3. eine Person sowie die von ihr genutzten oder eingesetzten Kraftfahrzeuge unabhängig von der Antriebsart, Anhänger mit einem Leergewicht von mehr als 750 Kilogramm, Wohnwagen, Wasserfahrzeuge, Container, Luftfahrzeuge, Schusswaffen, amtliche oder gefälschte Blankodokumente, amtliche oder gefälschte Identitätsdokumente und bargeldlose Zahlungsmittel ausschreiben zur polizeilichen Beobachtung (§ 47 Absatz 1 Nummer 1), zur Ermittlungsanfrage (§ 47 Absatz 1 Nummer 2) oder zur gezielten Kontrolle (§ 47 Absatz 1 Nummer 3), wenn Tatsachen die Annahme rechtfertigen, dass die Person eine Straftat von erheblicher Bedeutung begehen wird und dies zur Verhütung dieser Straftat erforderlich ist.

[2] Die Absätze 5 und 6 gelten entsprechend. [3] Die Innenministerien und Senatsinnenverwaltungen der Länder sind unverzüglich zu unterrichten.

§ 33a[1)] Schengener Informationssystem (SIS) (1) [1] Als zentrale nationale Stelle nach § 3 Absatz 2 Nummer 2 ist das Bundeskriminalamt dafür zuständig, ein

[1)] § 33a eingef. mWv 7.3.2023 durch G v. 19.12.2022 (BGBl. I S. 2632 iVm iK-Bek. v. 8.3.2023, BGBl. I Nr. 60); Abs. 1 Satz 2 geänd. mWv 30.12.2025 durch G v. 22.12.2025 (BGBl. 2025 I Nr. 369).

einheitliches nationales System (N.SIS) zu errichten, zu betreiben, zu warten sowie weiterzuentwickeln und an das zentrale SIS anzuschließen

1. nach Artikel 19 der Verordnung (EU) 2018/1860 des Europäischen Parlaments und des Rates vom 28. November 2018 über die Nutzung des Schengener Informationssystems für die Rückkehr illegal aufhältiger Drittstaatsangehöriger (ABl. L 312 vom 7.12.2018, S. 1) in Verbindung mit Artikel 6 der Verordnung (EU) 2018/1861,
2. nach Artikel 6 der Verordnung (EU) 2018/1861 und
3. nach Artikel 6 der Verordnung (EU) 2018/1862.

[2] Das Bundeskriminalamt stellt den nach § 33b Absatz 1 Satz 1 Nummer 1 bis 17 berechtigten staatlichen Stellen das N.SIS für den Zugriff dieser Stellen auf das SIS auf Grundlage der in Satz 1 genannten Verordnungen zur Verfügung, damit diese Stellen Daten aus dem SIS abrufen sowie Ausschreibungen in das SIS eingeben und diese Ausschreibungen bearbeiten können.

(2) Das Bundeskriminalamt hat durch organisatorische und technische Maßnahmen sicherzustellen, dass Zugriffe auf das N.SIS nur möglich sind, soweit die jeweiligen staatlichen Stellen nach den in Absatz 1 Satz 1 genannten Verordnungen hierzu berechtigt sind.

(3) [1] Zugriffe auf das SIS durch das Bundeskriminalamt, die Landeskriminalämter und die in § 29 Absatz 3 Satz 1 Nummer 1 bis 7 genannten Behörden erfolgen im polizeilichen Informationsverbund. [2] Ausgenommen hiervon sind Ausschreibungen der Bundespolizei nach Artikel 3 der Verordnung (EU) 2018/1860; hierfür gilt Absatz 1 Satz 2 entsprechend.

(4) [1] Das Bundeskriminalamt kann sich bei der Zurverfügungstellung des Zugriffs nach Absatz 1 Satz 2 für die Ausländerbehörden, das Auswärtige Amt, das Bundesamt für Auswärtige Angelegenheiten, die Auslandsvertretungen, das Bundesamt für Migration und Flüchtlinge und die obersten Landesbehörden der Unterstützung des Bundesverwaltungsamtes sowie bei der Zurverfügungstellung für die für die Zulassung von Kraftfahrzeugen zuständigen Behörden der technischen Unterstützung des Kraftfahrt-Bundesamtes bedienen. [2] Soweit die in Satz 1 genannte Unterstützung des Bundesverwaltungsamtes über eine technische Unterstützung hinausgeht, verarbeitet es im Auftrag und nach Weisung des Bundeskriminalamtes Daten für den Betrieb des nationalen Teils des SIS.

§ 33b[1)] Auf das SIS zugriffsberechtigte Stellen. (1) [1] Die auf Grundlage der in § 33a Absatz 1 Satz 1 genannten Verordnungen auf das SIS zugriffsberechtigten staatlichen Stellen sind neben dem Bundeskriminalamt, den Landeskriminalämtern und den in § 29 Absatz 3 Satz 1 Nummer 1 bis 7 genannten Behörden:

1. die Ausländerbehörden für die Zwecke des Artikels 34 Absatz 1 Buchstabe d der Verordnung (EU) 2018/1861 sowie des Artikels 44 Absatz 1 Buchstabe d der Verordnung (EU) 2018/1862,
2. das Auswärtige Amt für die Zwecke des Artikels 34 Absatz 1 Buchstabe d und f der Verordnung (EU) 2018/1861 sowie des Artikels 44 Absatz 1 Buchstabe d der Verordnung (EU) 2018/1862,

[1)] *§ 33b eingef. mWv* 7.3.2023 *durch G v.* 19.12.2022 (BGBl. I S. 2632 iVm iK-Bek. v. 8.3.2023, BGBl. I Nr. 60); Abs. 1 Satz 1 Nr. 17 aufgeh., bish. Nr. 18 wird Nr. 17, Satz 2 geänd. mWv 30.12.2025 durch G v. 22.12.2025 (BGBl. 2025 I Nr. 369); Abs. 1 Sätze 2 und 3 eingef., bish. Satz 2 wird Satz 4 und geänd. (Änd. zum neuen Satz 4 mangels Textübereinstimmung nicht ausführbar) mWv 12.6.2026 durch G v. 23.4.2026 (BGBl. 2026 I Nr. 111).

3. das Bundesamt für Auswärtige Angelegenheiten für die Zwecke des Artikels 34 Absatz 1 Buchstabe d und f der Verordnung (EU) 2018/1861 sowie des Artikels 44 Absatz 1 Buchstabe d der Verordnung (EU) 2018/1862,
4. die Auslandsvertretungen für die Zwecke des Artikels 34 Absatz 1 Buchstabe d und f der Verordnung (EU) 2018/1861 sowie des Artikels 44 Absatz 1 Buchstabe d der Verordnung (EU) 2018/1862,
5. das Bundesamt für Migration und Flüchtlinge für die Zwecke des Artikels 34 Absatz 1 Buchstabe d der Verordnung (EU) 2018/1861 sowie des Artikels 44 Absatz 1 Buchstabe d der Verordnung (EU) 2018/1862,
6. das Bundesamt für Seeschifffahrt und Hydrographie für die Zwecke des Artikels 46 Absatz 1 der Verordnung (EU) 2018/1862,
7. die Wasserstraßen- und Schifffahrtsämter für die Zwecke des Artikels 46 Absatz 1 der Verordnung (EU) 2018/1862,
8. die Berufsgenossenschaft Verkehrswirtschaft Post-Logistik Telekommunikation für die Zwecke des Artikels 46 Absatz 1 der Verordnung (EU) 2018/1862,
9. das Luftfahrt-Bundesamt für die Zwecke des Artikels 46 Absatz 1 der Verordnung (EU) 2018/1862,
10. das Kraftfahrt-Bundesamt für die Zwecke des Artikels 45 Absatz 1 der Verordnung (EU) 2018/1862,
11. die für die Zulassung von Kraftfahrzeugen zuständigen Behörden für die Zwecke des Artikels 45 Absatz 1 der Verordnung (EU) 2018/1862,
12. das Bundesverwaltungsamt für die Zwecke des Artikels 34 Absatz 1 Buchstabe d und f der Verordnung (EU) 2018/1861 sowie des Artikels 44 Absatz 1 Buchstabe d der Verordnung (EU) 2018/1862,
13. die Waffenbehörden bei der Erteilung waffenrechtlicher Erlaubnisse für die Zwecke des Artikels 47 Absatz 1 der Verordnung (EU) 2018/1862,
14. die für die Eintragung von Wasserfahrzeugen in ein Schiffsregister zuständigen Amtsgerichte für die Zwecke des Artikels 46 Absatz 1 der Verordnung (EU) 2018/1862,
15. die für die Erteilung von amtlichen Kennzeichen für Wasserfahrzeuge nach landesrechtlichen Vorschriften zuständigen Landesbehörden für die Zwecke des Artikels 46 Absatz 1 der Verordnung (EU) 2018/1862,
16. die obersten Landesbehörden im Rahmen ihrer Zuständigkeiten nach dem Aufenthaltsgesetz[1] für die Zwecke des Artikels 34 Absatz 1 Buchstabe d der Verordnung (EU) 2018/1861,
17. die Staatsanwaltschaften für die Zwecke des Artikels 44 Absatz 3 der Verordnung (EU) 2018/1862.

[2]Die nach § 71 Absatz 3 Nummer 9 und Absatz 4a des Aufenthaltsgesetzes zuständigen Behörden sind auf das SIS zugriffsberechtigt für Zwecke der Artikel 14, 15 und 16 der Verordnung (EU) 2024/1356. [3]Die in Satz 2 genannten Behörden können sich bei der Zurverfügungstellung des Zugriffs nach Satz 2 der technischen Unterstützung durch das Bundesverwaltungsamt bedienen. [4]Die in Satz 1 Nummer 1 bis *17*[2] genannten berechtigten staatlichen Stellen haben einen direkten Zugriff auf das N.SIS.

---

[1] Nr. **565**.

[2] Siehe hierzu die Änderungsanweisung gem. Art. 11 Nr. 2 G v. 23.4.2026 (BGBl. 2026 I Nr. 111) „In dem neuen Satz 4 wird nach der Angabe „Satz 1 Nummer 1 bis 18" die Angabe „und Satz 2" eingefügt.".

(2) [1] Ausschreibungen des Bundesamtes für Verfassungsschutz, des Militärischen Abschirmdienstes und des Bundesnachrichtendienstes nach Artikel 36 Absatz 4 der Verordnung (EU) 2018/1862 in Verbindung mit § 17 Absatz 3 des Bundesverfassungsschutzgesetzes[1)] erfolgen durch das Bundeskriminalamt in Amtshilfe im polizeilichen Informationsverbund. [2] Soweit das Bundeskriminalamt auf eine Ausschreibung einer der in Satz 1 genannten Behörden Informationen nach Artikel 37 Absatz 1 der Verordnung (EU) 2018/1862 erhält, übermittelt es diese Informationen an diejenige in Satz 1 genannte Behörde, für die die Ausschreibung erfolgt ist.

(3) [1] Nichtstaatliche Stellen im Sinne des Artikels 46 Absatz 3 Satz 1 der Verordnung (EU) 2018/1862 sind die in den §§ 1 bis 4a der Verordnung zur Beauftragung von Luftsportverbänden vom 16. Dezember 1993 (BGBl. I S. 2111), die zuletzt durch Artikel 5 der Verordnung vom 12. Dezember 2016 (BGBl. I S. 2864) geändert worden ist, und die in § 5 Satz 2 der Binnenschifffahrt-Kennzeichnungsverordnung vom 21. Februar 1995 (BGBl. I S. 226), die zuletzt durch Artikel 2 § 4 der Verordnung vom 21. September 2018 (BGBl. I S. 1398) geändert worden ist, genannten Organisationen. [2] Sie erhalten über das Bundeskriminalamt Zugang zu den in Artikel 46 Absatz 1 der Verordnung (EU) 2018/1862 genannten Daten im SIS.

(4) [1] Die in Absatz 1 Satz 1 Nummer 6 bis 11 und 13 bis 15 genannten berechtigten staatlichen Stellen sowie die in Absatz 3 genannten nichtstaatlichen Stellen sind verpflichtet, in jedem der in den Artikeln 45 bis 47 der Verordnung (EU) 2018/1862 genannten Verfahren die ihnen zugänglichen Daten zu der in Artikel 45 Absatz 1, Artikel 46 Absatz 1 oder Artikel 47 Absatz 1 der Verordnung (EU) 2018/1862 vorgesehenen Überprüfung abzurufen. [2] Im Falle eines Treffers informieren die in Satz 1 genannten Stellen darüber die jeweils zuständige Landespolizeidienststelle.

(5) Soweit den nach Absatz 1 Satz 1 berechtigten staatlichen Stellen ein direkter Zugriff auf das N.SIS technisch nicht möglich ist, erhalten sie über das Bundeskriminalamt Zugang zu den Daten im SIS für die in Absatz 1 Satz 1 jeweils genannten Zwecke.

(6) [1] Nur die berechtigte staatliche Stelle, die Daten zu einer Person oder Sache eingegeben hat, ist befugt, diese zu ändern, zu berichtigen und zu löschen. [2] Hat eine teilnehmende Stelle des SIS Anhaltspunkte dafür, dass Daten unrichtig oder zu löschen sind, teilt sie dies umgehend der eingebenden Behörde mit, die verpflichtet ist, diese Mitteilung unverzüglich zu prüfen und erforderlichenfalls die Daten unverzüglich zu berichtigen oder zu löschen oder in ihrer Verarbeitung einzuschränken. [3] Im Falle einer Löschung der Daten hat die Behörde nach Satz 1 auch die Daten zu der Person nach § 3 Absatz 3f des AZR-Gesetzes[2)], die sie an die Registerbehörde nach § 1 Absatz 1 Satz 1 des AZR-Gesetzes übermittelt hat, unverzüglich im Ausländerzentralregister zu löschen oder die Löschung durch die Registerbehörde zu veranlassen.

(7) [1] Im Rahmen des nationalen SIS obliegt die datenschutzrechtliche Verantwortung für die dort gespeicherten Daten, namentlich für die Rechtmäßigkeit der Erhebung, die Zulässigkeit der Eingabe sowie die Richtigkeit oder Aktualität der Daten, den Stellen, die die Daten unmittelbar eingeben. [2] Die verantwortliche Stelle muss feststellbar sein. [3] Die Verantwortung für die Zulässigkeit des Abrufs im *automatisierten Verfahren trägt* die empfangende Stelle.

[1)] Nr. 80.
[2)] **Sartorius ErgBd. Nr. 569.**

(8) [1]Die Datenschutzkontrolle obliegt der oder dem Bundesbeauftragten für den Datenschutz und die Informationsfreiheit. [2]Die von den Ländern in das SIS eingegebenen Datensätze können auch von den jeweiligen im Landesrecht bestimmten öffentlichen Stellen, die für die Kontrolle der Einhaltung der Vorschriften über den Datenschutz zuständig sind, im Zusammenhang mit der Wahrnehmung ihrer Prüfungsaufgaben in den Ländern kontrolliert werden, soweit die Länder nach Absatz 7 verantwortlich sind. [3]Die oder der Bundesbeauftragte für den Datenschutz und die Informationsfreiheit arbeitet insoweit mit den im Landesrecht bestimmten öffentlichen Stellen, die für die Kontrolle der Einhaltung der Vorschriften über den Datenschutz zuständig sind, zusammen.

Abschnitt 4. Befugnisse im Rahmen der Strafverfolgung

§ 34 Einsatz technischer Mittel zur Eigensicherung. (1) Werden vom Bundeskriminalamt beauftragte Personen im Rahmen der Befugnisse des Bundeskriminalamtes aus Gründen der Strafverfolgung tätig, dürfen, soweit dies zur Abwehr von Gefahren für deren Leib, Leben oder Freiheit unerlässlich ist, ohne Wissen der betroffenen Personen im Beisein oder in unmittelbarem zeitlichem Zusammenhang mit dem Einsatz der vom Bundeskriminalamt beauftragten Person das innerhalb oder außerhalb einer Wohnung nicht öffentlich gesprochene Wort mit technischen Mitteln abgehört und aufgezeichnet und Lichtbilder und Bildaufzeichnungen hergestellt werden.

(2) [1]Ergeben sich bei der Maßnahme während der Durchführung tatsächliche Anhaltspunkte dafür, dass der Kernbereich privater Lebensgestaltung betroffen ist, ist die Maßnahme zu unterbrechen, sobald dies ohne Gefährdung der beauftragten Person möglich ist. [2]Wenn tatsächliche Anhaltspunkte für die Annahme vorliegen, dass durch eine Maßnahme allein Kenntnisse aus dem Kernbereich privater Lebensgestaltung erlangt würden, ist die Maßnahme unzulässig. [3]Aufzeichnungen über Vorgänge, die den Kernbereich privater Lebensgestaltung betreffen, sind unverzüglich zu löschen. [4]Erkenntnisse über solche Vorgänge dürfen nicht verwertet werden. [5]Die Tatsache der Erfassung der Daten und ihrer Löschung sind zu dokumentieren. [6]Die Dokumentation darf ausschließlich für Zwecke der Datenschutzkontrolle verwendet werden. [7]Sie ist sechs Monate nach der Benachrichtigung nach § 74 oder sechs Monate nach Erteilung der gerichtlichen Zustimmung über das endgültige Absehen von der Benachrichtigung zu löschen. [8]Ist die Datenschutzkontrolle nach § 69 Absatz 1 noch nicht beendet, ist die Dokumentation bis zu ihrem Abschluss aufzubewahren.

(3) [1]Maßnahmen nach Absatz 1 werden durch die Präsidentin oder den Präsidenten des Bundeskriminalamtes oder ihre oder seine Vertretung angeordnet. [2]Bei Gefahr im Verzug dürfen Maßnahmen nach Absatz 1 auch durch die Leitung einer Abteilung des Bundeskriminalamtes oder ihre Vertretung angeordnet werden.

(4) [1]Personenbezogene Daten, die durch den Einsatz technischer Mittel zur Eigensicherung erlangt werden, dürfen außer für den in Absatz 1 genannten Zweck nur zur Gefahrenabwehr verwendet werden. [2]Wurden die personenbezogenen Daten in oder aus einer Wohnung erlangt, so ist die Verwendung für die in Satz 1 genannten Zwecke nur zulässig nach Feststellung der Rechtmäßigkeit der Maßnahme durch das Gericht; bei Gefahr im Verzug ist die gerichtliche Entscheidung unverzüglich nachzuholen (Artikel 13 Absatz 5 des Grundgesetzes[1]).

---

[1] Nr. **1**.

(Fortsetzung nächstes Blatt)

[3] Die Zulässigkeit der Verwendung dieser Daten für Zwecke der Strafverfolgung richtet sich nach der Strafprozessordnung[1)].

(5) Nach Abschluss der Maßnahmen sind die nach Absatz 1 hergestellten Aufzeichnungen unverzüglich zu löschen, es sei denn, sie werden für die in Absatz 4 genannten Zwecke noch benötigt.

§ 35 Unterstützung der Polizeibehörden der Länder bei der Strafverfolgung. (1) [1] Zur Unterstützung von Strafverfolgungsmaßnahmen kann das Bundeskriminalamt Bedienstete zu den Polizeibehörden in den Ländern entsenden, wenn die zuständige Landesbehörde darum ersucht oder wenn dies den Ermittlungen dienlich sein kann. [2] Die Zuständigkeit der Polizeibehörden in den Ländern bleibt unberührt.

(2) Die oberste Landesbehörde ist unverzüglich zu benachrichtigen.

§ 36 Koordinierung bei der Strafverfolgung. (1) [1] Berührt eine Straftat den Bereich mehrerer Länder oder besteht ein Zusammenhang mit einer anderen Straftat in einem anderen Land und ist angezeigt, dass die polizeilichen Aufgaben auf dem Gebiet der Strafverfolgung einheitlich wahrgenommen werden, so unterrichtet das Bundeskriminalamt die obersten Landesbehörden und die Generalstaatsanwaltschaften, in deren Bezirken ein Gerichtsstand begründet ist. [2] Das Bundeskriminalamt weist im Einvernehmen mit einer Generalstaatsanwaltschaft und einer obersten Landesbehörde eines Landes diesem Land die polizeilichen Aufgaben auf dem Gebiet der Strafverfolgung mit der Maßgabe zu, diese Aufgaben insgesamt wahrzunehmen.

(2) [1] Zuständig für die Durchführung der einem Land nach Absatz 1 übertragenen Aufgaben ist das Landeskriminalamt. [2] Die oberste Landesbehörde kann an Stelle des Landeskriminalamtes eine andere Polizeibehörde im Land für zuständig erklären.

§ 37 Amtshandlungen, Unterstützungspflichten der Länder. (1) [1] Vollzugsbeamtinnen und Vollzugsbeamte des Bundes und der Länder können in den Fällen des § 4 Absatz 1 und 2 und des § 36 Absatz 1 im Geltungsbereich dieses Gesetzes Amtshandlungen vornehmen. [2] Sie sind insoweit Ermittlungspersonen der zuständigen Staatsanwaltschaft, wenn sie mindestens vier Jahre dem Polizeivollzugsdienst angehören. [3] Sie unterrichten die örtlichen Polizeidienststellen rechtzeitig über Ermittlungen in deren Zuständigkeitsbereich, sofern nicht schwerwiegende Gründe entgegenstehen. [4] Zu den Ermittlungshandlungen sollen, soweit es zweckmäßig ist, Beamtinnen und Beamte der örtlich zuständigen Polizeidienststellen hinzugezogen werden.

(2) [1] Die polizeilichen Dienststellen des Bundes und der Länder geben dem Bundeskriminalamt in Fällen, in denen es im Rahmen seiner Zuständigkeit ermittelt, sowie den von ihm nach § 35 Absatz 1 entsandten Beamtinnen und Beamten Auskunft und gewähren Akteneinsicht. [2] Das Gleiche gilt für die nach § 36 Absatz 1 tätig werdenden Polizeibeamtinnen und Polizeibeamten der Länder.

(3) Die örtlich zuständigen Polizeidienststellen gewähren Beamtinnen und Beamten des Bundeskriminalamtes oder, im Falle einer Zuweisung nach § 36 Absatz 1, eines anderen Landes, die Ermittlungen durchführen, personelle und sachliche Unterstützung.

[1)] **Habersack Nr. 90.**

(4) Polizeivollzugsbeamtinnen und Polizeivollzugsbeamte des Bundeskriminalamtes können im Zuständigkeitsbereich eines Landes tätig werden, wenn das jeweilige Landesrecht es vorsieht.

Abschnitt 5. Befugnisse zur Abwehr von Gefahren des internationalen Terrorismus

§ 38 Allgemeine Befugnisse. (1) [1]Das Bundeskriminalamt kann zur Erfüllung seiner Aufgabe nach § 5 Absatz 1 Satz 1 die notwendigen Maßnahmen treffen, um eine Gefahr abzuwehren, soweit nicht dieses Gesetz die Befugnisse des Bundeskriminalamtes besonders regelt. [2]Die §§ 15 bis 20 des Bundespolizeigesetzes[1)] gelten entsprechend.

(2) Gefahr im Sinne dieses Abschnitts ist eine im Einzelfall bestehende Gefahr für die öffentliche Sicherheit im Zusammenhang mit Straftaten nach § 5 Absatz 1 Satz 2.

§ 39 Erhebung personenbezogener Daten. (1) Das Bundeskriminalamt kann, sofern in diesem Abschnitt nichts anderes bestimmt ist, personenbezogene Daten erheben, soweit dies zur Erfüllung der ihm nach § 5 Absatz 1 obliegenden Aufgabe erforderlich ist.

(2) Zur Verhütung von Straftaten nach § 5 Absatz 1 Satz 2 ist eine Erhebung personenbezogener Daten nur zulässig, soweit Tatsachen die Annahme rechtfertigen, dass

1. die Person eine Straftat nach § 5 Absatz 1 Satz 2 begehen will und die erhobenen Daten zur Verhütung dieser Straftat erforderlich sind oder
2. die Person mit einer Person nach Nummer 1 nicht nur flüchtig oder in zufälligem Kontakt in Verbindung steht und
   a) von der Vorbereitung einer Straftat nach § 5 Absatz 1 Satz 2 Kenntnis hat,
   b) aus der Verwertung der Tat Vorteile ziehen könnte oder
   c) die Person nach Nummer 1 sich ihrer zur Begehung der Straftat bedienen könnte

und die Verhütung dieser Straftaten auf andere Weise aussichtslos oder wesentlich erschwert wäre.

(3) § 9 Absatz 2 und 3 gilt entsprechend.

§ 40[2)] Bestandsdatenauskunft. (1) Das Bundeskriminalamt darf von demjenigen, der geschäftsmäßig Telekommunikationsdienste erbringt oder daran mitwirkt, Auskunft über Bestandsdaten gemäß § 3 Nummer 6 des Telekommunikationsgesetzes und über die nach § 172 des Telekommunikationsgesetzes erhobenen Daten verlangen (§ 174 Absatz 1 Satz 1 des Telekommunikationsgesetzes), sofern

1. dies im Einzelfall zur Abwehr einer Gefahr erforderlich ist oder
2. im Einzelfall

[1)] Nr. **90**.

[2)] § 40 Abs. 1 neu gef., Abs. 2, 3 eingef., bish. Abs. 2 wird Abs. 4 und neu gef., bish. Abs. 3 wird Abs. 5 und Satz 1 geänd., Sätze 6, 7 angef., bish. Abs. 4 wird Abs. 6 und Satz 1 geänd., bish. Abs. 5 wird Abs. 7 *und neu gef., Abs. 8 angef. mWv 2.4.2021 durch* G v. 30.3.2021 (BGBl. I S. 448, ber. S. 1380); Abs. 1 einl. Satzteil, Abs. 3 Satz 1, Abs. 4 Satz 1 geänd. mWv 1.12.2021 durch G v. 23.6.2021 (BGBl. I S. 1858); Abs. 2, Abs. 3 Satz 2, Abs. 4 Sätze 1, 2 geänd. mWv 1.12.2021 durch G v. 23.6.2021 (BGBl. I S. 1982); Abs. 2, Abs. 3 Satz 2, Abs. 4 Sätze 1, 2 geänd. mWv 14.5.2024 durch G v. 6.5.2024 (BGBl. 2024 I Nr. 149).

a) Tatsachen die Annahme rechtfertigen, dass eine Person innerhalb eines übersehbaren Zeitraums auf eine zumindest ihrer Art nach konkretisierte Weise eine Straftat nach § 5 Absatz 1 Satz 2 begehen wird, oder

b) das individuelle Verhalten einer Person die konkrete Wahrscheinlichkeit begründet, dass sie innerhalb eines übersehbaren Zeitraums eine Straftat nach § 5 Absatz 1 Satz 2 begehen wird,

und die zu erhebenden Daten zur Verhütung dieser Straftat erforderlich sind.

(2) Unter den Voraussetzungen des Absatzes 1 darf von demjenigen, der geschäftsmäßig eigene oder fremde digitale Dienste nach § 1 Absatz 4 Nummer 1 des Digitale-Dienste-Gesetzes zur Nutzung bereithält oder den Zugang zur Nutzung vermittelt, Auskunft über Bestandsdaten gemäß § 2 Absatz 2 Nummer 2 des Telekommunikation-Digitale-Dienste-Datenschutz-Gesetzes (§ 22 Absatz 1 Satz 1 und § 23 Absatz 1 Satz 1 des Telekommunikation-Digitale-Dienste-Datenschutz-Gesetzes).

(3) [1] Bezieht sich das Auskunftsverlangen nach Absatz 1 auf Daten, mittels derer der Zugriff auf Endgeräte oder auf Speichereinrichtungen, die in diesen Endgeräten oder hiervon räumlich getrennt eingesetzt werden, geschützt wird (§ 174 Absatz 1 Satz 2 des Telekommunikationsgesetzes), darf die Auskunft nur verlangt werden, wenn die gesetzlichen Voraussetzungen für die Nutzung der Daten vorliegen. [2] Bezieht sich das Auskunftsverlangen nach Absatz 2 auf nach als Bestandsdaten erhobene Passwörter oder auf andere Daten, mittels derer der Zugriff auf Endgeräte oder auf Speichereinrichtungen, die in diesen Endgeräten oder hiervon räumlich getrennt eingesetzt werden, geschützt wird (§ 23 Absatz 1 Satz 1 des Telekommunikation-Digitale-Dienste-Datenschutz-Gesetzes), darf die Auskunft nur verlangt werden zur Abwehr einer konkreten Gefahr für Leib, Leben, Freiheit oder die sexuelle Selbstbestimmung einer Person oder für den Bestand des Bundes oder eines Landes sowie Güter der Allgemeinheit, deren Bedrohung die Grundlagen der Existenz der Menschen berührt, und wenn die gesetzlichen Voraussetzungen für die Nutzung der Daten vorliegen.

(4) [1] Die Auskunft nach den Absätzen 1 bis 3 darf auch anhand einer zu einem bestimmten Zeitpunkt zugewiesenen Internetprotokoll-Adresse verlangt werden (§ 174 Absatz 1 Satz 3 des Telekommunikationsgesetzes und § 22 Absatz 1 Satz 3 und 4 des Telekommunikation-Digitale-Dienste-Datenschutz-Gesetzes). [2] Die Auskunft nach den Absätzen 1 bis 3 anhand einer zu einem bestimmten Zeitpunkt zugewiesenen Internetprotokoll-Adresse nach § 22 Absatz 1 Satz 3 und 4 des Telekommunikation-Digitale-Dienste-Datenschutz-Gesetzes darf nur verlangt werden, wenn tatsächliche Anhaltspunkte dafür vorliegen, dass die betroffene Person Nutzer des digitalen Dienstes ist, bei dem die Daten erhoben werden sollen. [3] Die rechtlichen und tatsächlichen Grundlagen des Auskunftsverlangens sind aktenkundig zu machen.

(5) [1] *Auskunftsverlangen* nach Absatz 3 dürfen nur auf Antrag der Präsidentin oder des Präsidenten des Bundeskriminalamtes oder ihrer oder seiner Vertretung durch das Gericht angeordnet werden. [2] Bei Gefahr im Verzug kann die Anordnung durch die Präsidentin oder den Präsidenten des Bundeskriminalamtes oder ihre oder seine Vertretung getroffen werden. [3] In diesem Fall ist die gerichtliche Entscheidung unverzüglich nachzuholen. [4] Die Sätze 1 bis 3 finden keine Anwendung, wenn die betroffene Person vom Auskunftsverlangen bereits Kenntnis hat oder haben muss oder wenn die Nutzung der Daten bereits durch eine gerichtliche Entscheidung gestattet wird. [5] Das Vorliegen der Voraussetzungen nach Satz 4 ist aktenkundig zu machen. [6] Die Sätze 2 bis 5 gelten nicht in den Fällen des Absatzes

3 Satz 2. [7] Werden dem Bundeskriminalamt aufgrund eines Auskunftsersuchens nach Absatz 3 Satz 2 Passwörter oder andere Daten unverschlüsselt beauskunftet, so informiert das Bundeskriminalamt hierüber die jeweils zuständige Datenschutzaufsichtsbehörde.

(6) [1] Die betroffene Person ist in den Fällen der Absätze 3 und 4 über die Beauskunftung zu benachrichtigen. [2] Die Benachrichtigung erfolgt, soweit und sobald hierdurch der Zweck der Auskunft nicht vereitelt wird. [3] Sie unterbleibt, wenn ihr überwiegende schutzwürdige Belange Dritter oder der betroffenen Person selbst entgegenstehen. [4] Wird die Benachrichtigung nach Satz 2 zurückgestellt oder nach Satz 3 von ihr abgesehen, sind die Gründe aktenkundig zu machen.

(7) Der aufgrund eines Auskunftsverlangens Verpflichtete hat die zur Auskunftserteilung erforderlichen Daten unverzüglich und vollständig zu übermitteln.

(8) [1] Das Bundeskriminalamt hat den Verpflichteten für ihm erteilte Auskünfte eine Entschädigung zu gewähren. [2] Der Umfang der Entschädigung bemisst sich nach § 23 und Anlage 3 des Justizvergütungs- und -entschädigungsgesetzes; die Vorschriften über die Verjährung in § 2 Absatz 1 und 4 des Justizvergütungs- und -entschädigungsgesetzes finden entsprechend Anwendung.

§ 41 Befragung und Auskunftspflicht. (1) [1] Das Bundeskriminalamt kann eine Person befragen, wenn Tatsachen die Annahme rechtfertigen, dass die Person sachdienliche Angaben für die Erfüllung der dem Bundeskriminalamt nach § 5 Absatz 1 Satz 1 obliegenden Aufgabe machen kann. [2] Zum Zwecke der Befragung kann die Person angehalten werden. [3] Auf Verlangen hat die Person mitgeführte Ausweispapiere zur Prüfung auszuhändigen.

(2) [1] Die befragte Person ist verpflichtet, Namen, Vornamen, Tag und Ort der Geburt, Wohnanschrift und Staatsangehörigkeit anzugeben, soweit dies zur Erfüllung der dem Bundeskriminalamt nach § 5 Absatz 1 Satz 1 obliegenden Aufgabe erforderlich ist. [2] Eine weitergehende Auskunftspflicht besteht nur für die entsprechend den §§ 17 und 18 des Bundespolizeigesetzes[1)] Verantwortlichen und entsprechend den Voraussetzungen des § 20 Absatz 1 des Bundespolizeigesetzes für die dort bezeichneten Personen sowie für die Personen, für die gesetzliche Handlungspflichten bestehen, soweit die Auskunft zur Abwehr einer Gefahr erforderlich ist.

(3) [1] Unter den in den §§ 52 bis 55 der Strafprozessordnung[2)] bezeichneten Voraussetzungen ist die betroffene Person zur Verweigerung der Auskunft berechtigt. [2] Dies gilt nicht, soweit die Auskunft zur Abwehr einer Gefahr für den Bestand oder die Sicherheit des Bundes oder eines Landes oder Leib, Leben oder Freiheit einer Person erforderlich ist. [3] Eine in § 53 Absatz 1 Satz 1 Nummer 1, 2, 3 oder Nummer 4 der Strafprozessordnung genannte Person ist auch in den Fällen des Satzes 2 zur Verweigerung der Auskunft berechtigt. [4] Die betroffene Person ist über ihr Recht zur Verweigerung der Auskunft zu belehren. [5] Auskünfte, die nach Satz 2 erlangt wurden, dürfen nur für den dort bezeichneten Zweck verwendet werden. [6] Für Personen nach § 53 Absatz 1 Satz 1 Nummer 3 der Strafprozessordnung gilt Satz 3 nur, soweit es sich um Rechtsanwälte und Kammerrechtsbeistände handelt.

(4) [1] § 136a der Strafprozessordnung gilt entsprechend. [2] § 12 des Verwaltungsvollstreckungsgesetzes[3)] findet keine Anwendung.

---

1) Nr. 90.
2) **Habersack Nr. 90.**
3) Nr. 112.

§ 42 Identitätsfeststellung und Prüfung von Berechtigungsscheinen.

(1) Wenn Tatsachen die Annahme rechtfertigen, dass eine Straftat nach § 5 Absatz 1 Satz 2 begangen werden soll, kann das Bundeskriminalamt entsprechend § 23 Absatz 3 Satz 1, 2, 4 und 5 des Bundespolizeigesetzes[1] die Identität einer Person feststellen,

1. um eine Gefahr abzuwehren,
2. wenn die Person sich an einem Ort aufhält, in Bezug auf den Tatsachen die Annahme rechtfertigen, dass
   a) dort Straftaten nach § 5 Absatz 1 Satz 2 verabredet, vorbereitet oder verübt werden sollen oder
   b) sich dort Personen ohne erforderlichen Aufenthaltstitel treffen oder
3. wenn die Person sich in einer Verkehrs- oder Versorgungsanlage oder -einrichtung, einem öffentlichen Verkehrsmittel, Amtsgebäude oder einem anderen besonders gefährdeten Objekt oder in unmittelbarer Nähe hiervon aufhält und Tatsachen die Annahme rechtfertigen, dass dort Straftaten nach § 5 Absatz 1 Satz 2 begangen werden sollen, durch die in oder an diesen Objekten befindliche Personen oder diese Objekte selbst unmittelbar gefährdet sind und die Feststellung der Identität aufgrund von auf die Person bezogenen Anhaltspunkten erforderlich ist.

(2) Das Bundeskriminalamt kann, soweit es zur Erfüllung der ihm nach § 5 Absatz 1 Satz 1 obliegenden Aufgabe erforderlich ist, verlangen, dass Berechtigungsscheine, Bescheinigungen, Nachweise oder sonstige Urkunden zur Prüfung ausgehändigt werden, wenn die betroffene Person aufgrund einer Rechtsvorschrift verpflichtet ist, diese Urkunden mitzuführen.

§ 43 Erkennungsdienstliche Maßnahmen. (1) Ist eine nach § 42 Absatz 1 zulässige Identitätsfeststellung auf andere Weise nicht oder nur unter erheblichen Schwierigkeiten möglich, kann das Bundeskriminalamt erkennungsdienstliche Maßnahmen entsprechend § 24 Absatz 3 des Bundespolizeigesetzes[1] vornehmen.

(2) [1] Ist die Identität festgestellt, sind die im Zusammenhang mit der Feststellung angefallenen Unterlagen zu vernichten, es sei denn, ihre weitere Aufbewahrung ist nach anderen Rechtsvorschriften zulässig. [2] Sind die Unterlagen an andere Stellen übermittelt worden, sind diese über die erfolgte Vernichtung zu unterrichten.

§ 44 Vorladung. (1) Das Bundeskriminalamt kann eine Person schriftlich oder mündlich vorladen, wenn

1. Tatsachen die Annahme rechtfertigen, dass die Person sachdienliche Angaben machen kann, die für die Erfüllung der dem Bundeskriminalamt nach § 5 Absatz 1 Satz 1 obliegenden Aufgabe erforderlich sind, oder
2. dies zur Durchführung erkennungsdienstlicher Maßnahmen erforderlich ist.

(2) § 25 Absatz 2 bis 4 des Bundespolizeigesetzes[1] gilt entsprechend.

§ 45[2] Besondere Mittel der Datenerhebung. (1) [1] Das Bundeskriminalamt kann personenbezogene Daten mit den besonderen Mitteln nach Absatz 2 erheben über

---

[1] Nr. **90**.
[2] § 45 Abs. 1 Satz 1 Nr. 4 neu gef. mWv 24.7.2025 durch G v. 17.7.2025 (BGBl. 2025 I Nr. 172).

1. den entsprechend § 17 oder § 18 des Bundespolizeigesetzes[1] Verantwortlichen oder entsprechend den Voraussetzungen des § 20 Absatz 1 des Bundespolizeigesetzes über die dort bezeichnete Person zur Abwehr einer Gefahr für den Bestand oder die Sicherheit des Bundes oder eines Landes oder für Leib, Leben oder Freiheit einer Person oder Sachen von bedeutendem Wert, deren Erhaltung im öffentlichen Interesse geboten ist,
2. eine Person, bei der bestimmte Tatsachen die Annahme rechtfertigen, dass sie innerhalb eines übersehbaren Zeitraums auf eine zumindest ihrer Art nach konkretisierte Weise eine Straftat nach § 5 Absatz 1 Satz 2 begehen wird,
3. eine Person, deren individuelles Verhalten die konkrete Wahrscheinlichkeit begründet, dass sie innerhalb eines übersehbaren Zeitraums eine Straftat nach § 5 Absatz 1 Satz 2 begehen wird, oder
4. eine Person, die in nicht nur flüchtigem oder zufälligem Kontakt mit einer Person steht, gegen die der Einsatz besonderer Mittel nach Nummer 1, 2 oder 3 zulässig wäre und
   a) die von der Vorbereitung der Straftat nach § 5 Absatz 1 Satz 2 Kenntnis hat,
   b) die aus der Verwertung der Tat Vorteile ziehen könnte oder
   c) derer sich die Person nach Nummer 1, 2 oder 3 zur Begehung der Straftat bedienen könnte,

wenn die Abwehr der Gefahr oder die Verhütung der Straftaten auf andere Weise aussichtslos ist oder wesentlich erschwert wäre. [2] Die Maßnahme kann auch durchgeführt werden, wenn Dritte unvermeidbar betroffen werden.

(2) Besondere Mittel der Datenerhebung sind

1. die planmäßig angelegte Beobachtung einer Person, die durchgehend länger als 24 Stunden dauern oder an mehr als zwei Tagen stattfinden soll (längerfristige Observation),
2. der Einsatz technischer Mittel außerhalb von Wohnungen in einer für die betroffene Person nicht erkennbaren Weise
   a) zur Anfertigung von Bildaufnahmen oder -aufzeichnungen von Personen oder Sachen, die sich außerhalb von Wohnungen befinden, oder
   b) zum Abhören oder Aufzeichnen des außerhalb von Wohnungen nicht öffentlich gesprochenen Wortes,
3. sonstige besondere für Observationszwecke bestimmte technische Mittel zur Erforschung des Sachverhalts oder zur Bestimmung des Aufenthaltsortes einer in Absatz 1 genannten Person,
4. der Einsatz von Privatpersonen, deren Zusammenarbeit mit dem Bundeskriminalamt Dritten nicht bekannt ist (Vertrauensperson), und
5. der Einsatz einer Polizeivollzugsbeamtin oder eines Polizeivollzugsbeamten unter einer ihr oder ihm verliehenen und auf Dauer angelegten Legende (Verdeckter Ermittler).

(3) [1] Maßnahmen nach

1. Absatz 2 Nummer 1,
2. Absatz 2 Nummer 2 Buchstabe a, bei denen durchgehend länger als 24 Stunden oder an mehr als zwei Tagen Bildaufzeichnungen bestimmter Personen angefertigt werden sollen,
3. Absatz 2 Nummer 2 Buchstabe b,

---

[1] Nr. 90.

4. Absatz 2 Nummer 3, bei denen für Observationszwecke bestimmte technische Mittel durchgehend länger als 24 Stunden oder an mehr als zwei Tagen zum Einsatz kommen und
5. Absatz 2 Nummer 4 und 5, die sich gegen eine bestimmte Person richten oder bei denen die Vertrauensperson oder der Verdeckte Ermittler eine Wohnung betritt, die nicht allgemein zugänglich ist,

dürfen nur auf Antrag der zuständigen Abteilungsleitung oder deren Vertretung durch das Gericht angeordnet werden. Bei Gefahr im Verzug kann die Anordnung einer Maßnahme nach Satz 1 durch die zuständige Abteilungsleitung oder deren Vertretung getroffen werden. In diesem Fall ist die gerichtliche Entscheidung unverzüglich nachzuholen. Soweit die Anordnung nach Satz 2 nicht binnen drei Tagen durch das Gericht bestätigt wird, tritt sie außer Kraft. Die übrigen Maßnahmen nach Absatz 2 Nummer 1 bis 5 dürfen, außer bei Gefahr im Verzug, nur durch die zuständige Abteilungsleitung oder deren Vertretung angeordnet werden.

(4) Im Antrag sind anzugeben:
1. die Person, gegen die sich die Maßnahme richtet, soweit möglich, mit Name und Anschrift,
2. Art, Umfang und Dauer der Maßnahme,
3. der Sachverhalt sowie
4. eine Begründung.

(5) [1] Die Anordnung ergeht schriftlich. [2] In ihr sind anzugeben:
1. die Person, gegen die sich die Maßnahme richtet, soweit möglich, mit Name und Anschrift,
2. Art, Umfang und Dauer der Maßnahme sowie
3. die wesentlichen Gründe.

[3] Die Anordnung ist auf höchstens einen Monat zu befristen; im Falle des Absatzes 2 Nummer 4 und 5 ist die Maßnahme auf höchstens drei Monate zu befristen. [4] Die Verlängerung der Maßnahme bedarf einer neuen Anordnung. [5] Absatz 3 Satz 4 und 5 gilt entsprechend.

(6) [1] Ein Verdeckter Ermittler darf unter der Legende
1. zur Erfüllung seines Auftrags am Rechtsverkehr teilnehmen und
2. mit Einverständnis der berechtigten Person deren Wohnung betreten; das Einverständnis darf nicht durch ein über die Nutzung der Legende hinausgehendes Vortäuschen eines Zutrittsrechts herbeigeführt werden.

[2] Soweit es für den Aufbau und die Aufrechterhaltung der Legende eines Verdeckten Ermittlers nach Absatz 2 Nummer 5 unerlässlich ist, dürfen entsprechende Urkunden hergestellt, verändert oder gebraucht werden. [3] Im Übrigen richten sich die Befugnisse eines Verdeckten Ermittlers nach diesem Abschnitt. [4] Für den Einsatz technischer Mittel zur Eigensicherung innerhalb von Wohnungen gilt § 34 entsprechend.

(7) [1] Liegen tatsächliche Anhaltspunkte für die Annahme vor, dass durch eine Maßnahme nach Absatz 2 allein Erkenntnisse aus dem Kernbereich privater Lebensgestaltung erlangt würden, ist die Maßnahme unzulässig. [2] Ergeben sich bei Maßnahmen nach Absatz 2 Nummer 4 und 5 während der Durchführung tatsächliche Anhaltspunkte dafür, dass der Kernbereich betroffen ist, ist die Maßnahme zu unterbrechen, sobald dies ohne Gefährdung der

beauftragten Person möglich ist. [3] Soweit im Rahmen einer Maßnahme nach Absatz 2 Nummer 1 bis 3 eine unmittelbare Kenntnisnahme, auch neben einer automatischen Aufzeichnung, erfolgt, ist die Maßnahme unverzüglich zu unterbrechen, soweit sich während der Überwachung tatsächliche Anhaltspunkte dafür ergeben, dass Inhalte, die dem Kernbereich privater Lebensgestaltung zuzurechnen sind, erfasst werden. [4] Bestehen insoweit Zweifel, darf die Maßnahme in den Fällen des Absatzes 2 Nummer 2 Buchstabe a und b als automatische Aufzeichnung weiter fortgesetzt werden. [5] Automatische Aufzeichnungen sind unverzüglich dem anordnenden Gericht vorzulegen. [6] Das Gericht entscheidet unverzüglich über die Verwertbarkeit oder Löschung der Daten. [7] Ist die Maßnahme nach Satz 3 unterbrochen worden, so darf sie für den Fall, dass sie nicht nach Satz 1 unzulässig ist, fortgeführt werden. [8] Erkenntnisse aus dem Kernbereich privater Lebensgestaltung, die durch eine Maßnahme nach Absatz 2 erlangt worden sind, dürfen nicht verwertet werden. [9] Aufzeichnungen hierüber sind unverzüglich zu löschen. [10] Die Tatsachen der Erfassung der Daten und der Löschung sind zu dokumentieren. [11] Die Dokumentation darf ausschließlich für Zwecke der Datenschutzkontrolle verwendet werden. [12] Sie ist sechs Monate nach der Benachrichtigung nach § 74 oder sechs Monate nach Erteilung der gerichtlichen Zustimmung über das endgültige Absehen von der Benachrichtigung zu löschen. [13] Ist die Datenschutzkontrolle nach § 69 Absatz 1 noch nicht beendet, ist die Dokumentation bis zu ihrem Abschluss aufzubewahren.

(8) [1] Bei Gefahr im Verzug kann die Präsidentin oder der Präsident des Bundeskriminalamtes oder ihre oder seine Vertretung im Benehmen mit der oder dem Datenschutzbeauftragten des Bundeskriminalamtes über die Verwertung der Erkenntnisse entscheiden. [2] Bei der Sichtung der erhobenen Daten kann sie oder er sich der technischen Unterstützung von zwei weiteren Bediensteten des Bundeskriminalamtes bedienen, von denen einer die Befähigung zum Richteramt haben muss. [3] Die Bediensteten des Bundeskriminalamtes sind zur Verschwiegenheit über die ihnen bekannt werdenden Erkenntnisse, die nicht verwertet werden dürfen, verpflichtet. [4] Die gerichtliche Entscheidung nach Absatz 7 ist unverzüglich nachzuholen.

§ 46 Besondere Bestimmungen über den Einsatz technischer Mittel in oder aus Wohnungen. (1) Das Bundeskriminalamt kann zur Abwehr einer dringenden Gefahr für den Bestand oder die Sicherheit des Bundes oder eines Landes oder für Leib, Leben oder Freiheit einer Person oder Sachen von bedeutendem Wert, deren Erhaltung im öffentlichen Interesse geboten ist, durch den verdeckten Einsatz technischer Mittel in oder aus Wohnungen

1. das nichtöffentlich gesprochene Wort einer Person abhören und aufzeichnen,
   a) die entsprechend § 17 oder § 18 des Bundespolizeigesetzes[1)] verantwortlich ist oder
   b) bei der konkrete Vorbereitungshandlungen für sich oder zusammen mit weiteren bestimmten Tatsachen die begründete Annahme rechtfertigen, dass sie Straftaten nach § 5 Absatz 1 Satz 2 begehen wird, und
2. Lichtbilder und Bildaufzeichnungen über diese Person herstellen,

---

[1)] Nr. **90**.

wenn die Abwehr der Gefahr auf andere Weise aussichtslos oder wesentlich erschwert wäre.

(2) [1]Die Maßnahme darf sich nur gegen die in Absatz 1 genannte Person richten und nur in deren Wohnung durchgeführt werden. [2]In Wohnungen anderer Personen ist die Maßnahme nur zulässig, wenn aufgrund bestimmter Tatsachen anzunehmen ist, dass

1. sich eine in Absatz 1 Nummer 1 Buchstabe a oder b genannte Person dort aufhält und
2. die Maßnahme in der Wohnung dieser Person allein nicht zur Abwehr der Gefahr nach Absatz 1 führen wird.

[3]Die Maßnahme darf auch durchgeführt werden, wenn andere Personen unvermeidbar betroffen werden.

(3) [1]Maßnahmen nach Absatz 1 dürfen nur auf Antrag der Präsidentin oder des Präsidenten des Bundeskriminalamtes oder ihrer oder seiner Vertretung durch das Gericht angeordnet werden. [2]Bei Gefahr im Verzug kann die Anordnung auch durch die Präsidentin oder den Präsidenten des Bundeskriminalamtes oder ihre oder seine Vertretung getroffen werden. [3]In diesem Fall ist die gerichtliche Entscheidung unverzüglich nachzuholen. [4]Soweit die Anordnung der Präsidentin oder des Präsidenten des Bundeskriminalamtes oder ihrer oder seiner Vertretung nicht binnen drei Tagen durch das Gericht bestätigt wird, tritt sie außer Kraft.

(4) Im Antrag sind anzugeben:

1. die Person, gegen die sich die Maßnahme richtet, soweit möglich, mit Name und Anschrift,
2. die zu überwachende Wohnung oder die zu überwachenden Wohnräume,
3. Art, Umfang und Dauer der Maßnahme,
4. der Sachverhalt sowie
5. eine Begründung.

(5) [1]Die Anordnung ergeht schriftlich. [2]In ihr sind anzugeben:

1. der Name und die Anschrift der Person, gegen die sich die Maßnahme richtet, soweit möglich,
2. die zu überwachende Wohnung oder die zu überwachenden Wohnräume,
3. Art, Umfang und Dauer der Maßnahme sowie
4. die wesentlichen Gründe.

[3]Die Anordnung ist auf höchstens einen Monat zu befristen. [4]Eine Verlängerung um jeweils nicht mehr als einen Monat ist zulässig, soweit die in den Absätzen 1, 6 und 7 bezeichneten Voraussetzungen unter Berücksichtigung der gewonnenen Erkenntnisse fortbestehen. [5]Liegen die Voraussetzungen der Anordnung nicht mehr vor, so sind die aufgrund der Anordnung ergriffenen Maßnahmen unverzüglich zu beenden.

(6) [1]Die Maßnahme nach Absatz 1 darf nur angeordnet und durchgeführt werden, soweit aufgrund tatsächlicher Anhaltspunkte, insbesondere zu der Art der zu überwachenden Räumlichkeiten und dem Verhältnis der zu überwachenden Personen zueinander, anzunehmen ist, dass durch die Überwachung Äußerungen, die dem Kernbereich privater Lebensgestaltung zuzurechnen sind, nicht erfasst werden. [2]Das Abhören und Beobachten nach Satz 1 ist unverzüglich zu unterbrechen, soweit sich während der Überwachung tatsächliche Anhaltspunkte dafür ergeben, dass Inhalte, die dem Kernbereich privater Lebensgestaltung zuzurechnen

sind, erfasst werden. [3] Sind das Abhören und Beobachten nach Satz 2 unterbrochen worden, so darf es unter den in Satz 1 genannten Voraussetzungen fortgeführt werden.

(7) [1] Erkenntnisse, die durch Maßnahmen nach Absatz 1 erlangt worden sind, sind dem anordnenden Gericht unverzüglich vorzulegen. [2] Das Gericht entscheidet unverzüglich über die Verwertbarkeit oder Löschung. [3] Erkenntnisse aus dem Kernbereich privater Lebensgestaltung, die durch eine Maßnahme nach Absatz 1 erlangt worden sind, dürfen nicht verwertet werden. [4] Aufzeichnungen hierüber sind unverzüglich zu löschen. [5] Die Tatsachen der Erfassung der Daten und der Löschung sind zu dokumentieren. [6] Die Dokumentation darf ausschließlich für Zwecke der Datenschutzkontrolle verwendet werden. [7] Sie ist sechs Monate nach der Benachrichtigung nach § 74 oder sechs Monate nach Erteilung der gerichtlichen Zustimmung über das endgültige Absehen von der Benachrichtigung zu löschen. [8] Ist die Datenschutzkontrolle nach § 69 Absatz 1 noch nicht beendet, ist die Dokumentation bis zu ihrem Abschluss aufzubewahren.

(8) [1] Bei Gefahr im Verzug kann die Präsidentin oder der Präsident des Bundeskriminalamtes oder ihre oder seine Vertretung im Benehmen mit der oder dem Datenschutzbeauftragten des Bundeskriminalamtes über die Verwertung der Erkenntnisse entscheiden. [2] Bei der Sichtung der erhobenen Daten kann sie oder er sich der technischen Unterstützung von zwei weiteren Bediensteten des Bundeskriminalamtes bedienen, von denen einer die Befähigung zum Richteramt haben muss. [3] Die Bediensteten des Bundeskriminalamtes sind zur Verschwiegenheit über die ihnen bekannt werdenden Erkenntnisse, die nicht verwertet werden dürfen, verpflichtet. [4] Die gerichtliche Entscheidung nach Absatz 7 ist unverzüglich nachzuholen.

§ 47[1)] Ausschreibung zur polizeilichen Beobachtung, Ermittlungsanfrage oder gezielten Kontrolle. (1) Das Bundeskriminalamt kann personenbezogene Daten, insbesondere die Personalien einer Person und die von ihr genutzten oder eingesetzten Kraftfahrzeuge unabhängig von der Antriebsart, Anhänger mit einem Leergewicht von mehr als 750 Kilogramm, Wohnwagen, Wasserfahrzeuge, Container, Luftfahrzeuge, Schusswaffen, amtliche oder gefälschte Blankodokumente, amtliche oder gefälschte Identitätsdokumente und bargeldlose Zahlungsmittel, in den nationalen Fahndungssystemen zur polizeilichen Beobachtung, Ermittlungsanfrage oder gezielten Kontrolle speichern, damit die Landeskriminalämter und die in § 29 Absatz 3 Nummer 1 bis 7 genannten Behörden

1. Erkenntnisse über Ort und Zeit des Antreffens der Person, etwaiger Begleiter, des Fahrzeugs und seines Führers, mitgeführte Sachen oder die in Satz 1 genannten Sachen sowie unbare Zahlungsmittel und Umstände des Antreffens bei Gelegenheit einer Überprüfung aus anderem Anlass melden (Ausschreibung zur polizeilichen Beobachtung),
2. eine Befragung der Person auf der Grundlage von Informationen oder spezifischen Fragen, die vom Bundeskriminalamt zur Erforschung des Sachverhalts in die Ausschreibung aufgenommen wurden, nach Maßgabe der geltenden Rechtsvorschriften vornehmen (Ausschreibung zur Ermittlungsanfrage) oder
3. die Person, etwaige Begleiter, das Fahrzeug und seinen Führer, mitgeführte Sachen oder die in Satz 1 genannten Sachen nach Maßgabe der geltenden *Rechtsvorschriften durchsuchen* (Ausschreibung zur gezielten Kontrolle).

[1)] § 47 Überschrift geänd., Abs. 1 neu gef., Abs. 2, 3 Satz 1 und Abs. 5 geänd. mWv 28.12.2022 durch G v. 19.12.2022 (BGBl. I S. 2632).

(2) Die Ausschreibung zur polizeilichen Beobachtung, Ermittlungsanfrage oder gezielten Kontrolle nach Absatz 1 ist nur zulässig, wenn

1. die Gesamtwürdigung der Person und ihre bisher begangenen Straftaten erwarten lassen, dass sie künftig Straftaten nach § 5 Absatz 1 Satz 2 begehen wird,
2. Tatsachen die Annahme rechtfertigen, dass die Person Straftaten nach § 5 Absatz 1 Satz 2 begehen wird, oder
3. die Person mit einer Person nach den Nummern 1 und 2 nicht nur flüchtig oder in zufälligem Kontakt in Verbindung steht und tatsächliche Anhaltspunkte die Annahme rechtfertigen, dass sie von der Vorbereitung einer Straftat nach § 5 Absatz 1 Satz 2 Kenntnis hat

und dies zur Verhütung der Straftaten erforderlich ist.

(3) [1]Die Ausschreibung zur polizeilichen Beobachtung, Ermittlungsanfrage oder gezielten Kontrolle darf nur durch die zuständige Abteilungsleitung oder deren Vertretung angeordnet werden. [2]Die Anordnung ist unter Angabe der maßgeblichen Gründe zu dokumentieren.

(4) [1]Die Anordnung ist auf höchstens ein Jahr zu befristen. [2]Spätestens nach Ablauf von sechs Monaten ist zu prüfen, ob die Voraussetzungen für die Anordnung noch bestehen. [3]Das Ergebnis dieser Prüfung ist zu dokumentieren. [4]Die Verlängerung der Laufzeit über insgesamt ein Jahr hinaus bedarf der gerichtlichen Anordnung.

(5) Liegen die Voraussetzungen für die Anordnung nicht mehr vor, ist der Zweck der Maßnahme erreicht oder zeigt sich, dass er nicht erreicht werden kann, ist die Ausschreibung zur polizeilichen Beobachtung, Ermittlungsanfrage oder gezielten Kontrolle unverzüglich zu löschen.

§ 48 Rasterfahndung. (1) [1]Das Bundeskriminalamt kann von öffentlichen oder nichtöffentlichen Stellen die Übermittlung von personenbezogenen Daten von bestimmten Personengruppen zum Zwecke des automatisierten Abgleichs mit anderen Datenbeständen verlangen, soweit dies zur Abwehr einer Gefahr für den Bestand oder die Sicherheit des Bundes oder eines Landes oder für Leib, Leben oder Freiheit einer Person oder Sachen von bedeutendem Wert, deren Erhalt im öffentlichen Interesse geboten ist, erforderlich ist; eine solche Gefahr liegt in der Regel auch dann vor, wenn konkrete Vorbereitungshandlungen die Annahme rechtfertigen, dass eine Straftat nach § 5 Absatz 1 Satz 2 begangen werden soll. [2]Vom Bundesamt für Verfassungsschutz und von den Verfassungsschutzbehörden der Länder, dem Militärischen Abschirmdienst sowie dem Bundesnachrichtendienst kann die Übermittlung nach Satz 1 nicht verlangt werden.

(2) [1]Das Übermittlungsersuchen ist auf Namen, Anschrift, Tag und Ort der Geburt sowie auf andere im Einzelfall festzulegende Merkmale zu beschränken; es darf sich nicht auf personenbezogene Daten erstrecken, die einem Berufs- oder besonderen Amtsgeheimnis unterliegen. [2]Von Übermittlungsersuchen nicht erfasste personenbezogene Daten dürfen übermittelt werden, wenn wegen erheblicher technischer Schwierigkeiten oder wegen eines unangemessenen Zeit- oder Kostenaufwands eine Beschränkung auf die angeforderten Daten nicht möglich ist; diese Daten dürfen vom Bundeskriminalamt nicht verwendet werden.

(3) [1]Ist der Zweck der Maßnahme erreicht oder zeigt sich, dass er nicht erreicht werden kann, sind die übermittelten und im Zusammenhang mit der Maßnahme zusätzlich angefallenen Daten zu löschen und die Akten zu vernichten, soweit sie nicht für ein mit dem Sachverhalt zusammenhängendes Verfahren erforderlich sind. [2]Die getroffene Maßnahme ist zu dokumentieren. [3]Diese Dokumentation ist

gesondert aufzubewahren und durch organisatorische und technische Maßnahmen zu sichern. [4] Sie ist sechs Monate nach der Benachrichtigung nach § 74 oder sechs Monate nach Erteilung der gerichtlichen Zustimmung über das endgültige Absehen von der Benachrichtigung zu löschen. [5] Ist die Datenschutzkontrolle nach § 69 Absatz 1 noch nicht beendet, ist die Dokumentation bis zu ihrem Abschluss aufzubewahren.

(4) Die Maßnahme darf nur auf Antrag der Präsidentin oder des Präsidenten des Bundeskriminalamtes oder ihrer oder seiner Vertretung durch das Gericht angeordnet werden.

§ 49 Verdeckter Eingriff in informationstechnische Systeme. (1) [1] Das Bundeskriminalamt darf ohne Wissen der betroffenen Person mit technischen Mitteln in von der betroffenen Person genutzte informationstechnische Systeme eingreifen und aus ihnen Daten erheben, wenn bestimmte Tatsachen die Annahme rechtfertigen, dass eine Gefahr vorliegt für

1. Leib, Leben oder Freiheit einer Person oder
2. solche Güter der Allgemeinheit, deren Bedrohung die Grundlagen oder den Bestand des Bundes oder eines Landes oder die Grundlagen der Existenz der Menschen berührt.

[2] Eine Maßnahme nach Satz 1 ist auch zulässig, wenn

1. bestimmte Tatsachen die Annahme rechtfertigen, dass innerhalb eines übersehbaren Zeitraums auf eine zumindest ihrer Art nach konkretisierte Weise eine Schädigung der in Satz 1 genannten Rechtsgüter eintritt oder
2. das individuelle Verhalten einer Person die konkrete Wahrscheinlichkeit begründet, dass sie innerhalb eines übersehbaren Zeitraums die in Satz 1 genannten Rechtsgüter schädigen wird.

[3] Die Maßnahme darf nur durchgeführt werden, wenn sie für die Aufgabenerfüllung nach § 5 erforderlich ist und diese ansonsten aussichtslos oder wesentlich erschwert wäre.

(2) [1] Es ist technisch sicherzustellen, dass

1. an dem informationstechnischen System nur Veränderungen vorgenommen werden, die für die Datenerhebung unerlässlich sind, und
2. die vorgenommenen Veränderungen bei Beendigung der Maßnahme soweit technisch möglich automatisiert rückgängig gemacht werden.

[2] Das eingesetzte Mittel ist nach dem Stand der Technik gegen unbefugte Nutzung zu schützen. [3] Kopierte Daten sind nach dem Stand der Technik gegen Veränderung, unbefugte Löschung und unbefugte Kenntnisnahme zu schützen.

(3) [1] Die Maßnahme darf sich nur gegen eine Person richten, die entsprechend § 17 oder § 18 des Bundespolizeigesetzes[1)] verantwortlich ist. [2] Die Maßnahme darf auch durchgeführt werden, wenn andere Personen unvermeidbar betroffen werden.

[1)] Nr. 90.

(4) Die Maßnahme nach Absatz 1 darf nur auf Antrag der Präsidentin oder des Präsidenten des Bundeskriminalamtes oder ihrer oder seiner Vertretung durch das Gericht angeordnet werden.

(5) Im Antrag sind anzugeben:
1. die Person, gegen die sich die Maßnahme richtet, soweit möglich, mit Name und Anschrift,
2. eine möglichst genaue Bezeichnung des informationstechnischen Systems, in das zur Datenerhebung eingegriffen werden soll,
3. Art, Umfang und Dauer der Maßnahme,
4. der Sachverhalt sowie
5. eine Begründung.

(6) [1] Die Anordnung ergeht schriftlich. [2] In ihr sind anzugeben:
1. die Person, gegen die sich die Maßnahme richtet, soweit möglich, mit Name und Anschrift,
2. eine möglichst genaue Bezeichnung des informationstechnischen Systems, in das zur Datenerhebung eingegriffen werden soll,
3. Art, Umfang und Dauer der Maßnahme unter Benennung des Endzeitpunktes sowie
4. die wesentlichen Gründe.

[3] Die Anordnung ist auf höchstens drei Monate zu befristen. [4] Eine Verlängerung um jeweils nicht mehr als drei weitere Monate ist zulässig, soweit die Anordnungsvoraussetzungen unter Berücksichtigung der gewonnenen Erkenntnisse fortbestehen. [5] Liegen die Voraussetzungen der Anordnung nicht mehr vor, sind die aufgrund der Anordnung ergriffenen Maßnahmen unverzüglich zu beenden.

(7) [1] Liegen tatsächliche Anhaltspunkte für die Annahme vor, dass durch die Maßnahme allein Erkenntnisse aus dem Kernbereich privater Lebensgestaltung erlangt würden, ist die Maßnahme unzulässig. [2] Soweit möglich, ist technisch sicherzustellen, dass Daten, die den Kernbereich privater Lebensgestaltung betreffen, nicht erhoben werden. [3] Erkenntnisse, die durch Maßnahmen nach Absatz 1 erlangt worden sind, sind dem anordnenden Gericht unverzüglich vorzulegen. [4] Das Gericht entscheidet unverzüglich über die Verwertbarkeit oder Löschung. [5] Daten, die den Kernbereich privater Lebensgestaltung betreffen, dürfen nicht verwertet werden und sind unverzüglich zu löschen. [6] Die Tatsachen der Erfassung der Daten und der Löschung sind zu dokumentieren. [7] Die Dokumentation darf ausschließlich für Zwecke der Datenschutzkontrolle verwendet werden. [8] Sie ist sechs Monate nach der Benachrichtigung nach § 74 oder sechs Monate nach Erteilung der gerichtlichen Zustimmung über das endgültige Absehen von der Benachrichtigung zu löschen. [9] Ist die Datenschutzkontrolle nach § 69 Absatz 1 noch nicht beendet, ist die Dokumentation bis zu ihrem Abschluss aufzubewahren.

(8) [1] Bei Gefahr im Verzug kann die Präsidentin oder der Präsident des Bundeskriminalamtes oder ihre oder seine Vertretung im Benehmen mit der oder dem Datenschutzbeauftragten des Bundeskriminalamtes über die Verwertung der Erkenntnisse entscheiden. [2] Bei der Sichtung der erhobenen Daten kann sie oder er sich der technischen Unterstützung von zwei weiteren Bediensteten des Bundeskriminalamtes bedienen, von denen einer die Befähigung zum Richteramt haben muss. [3] Die Bediensteten des Bundeskriminalamtes sind zur Verschwiegenheit über die ihnen bekannt werdenden Erkenntnisse, die nicht verwertet werden dürfen,

verpflichtet. [4] Die gerichtliche Entscheidung nach Absatz 7 ist unverzüglich nachzuholen.

§ 50[1)] Postbeschlagnahme und Auskunftsverlangen. (1) Das Bundeskriminalamt kann ohne Wissen der betroffenen Person Postsendungen und Telegramme beschlagnahmen, die sich im Gewahrsam von Personen oder Unternehmen befinden, die geschäftsmäßig Post- oder Telekommunikationsdienste erbringen oder daran mitwirken und die an eine Person gerichtet sind,

1. die entsprechend § 17 oder § 18 des Bundespolizeigesetzes[2)] verantwortlich ist und dies zur Abwehr einer dringenden Gefahr für den Bestand oder die Sicherheit des Bundes oder eines Landes oder für Leib, Leben oder Freiheit einer Person oder Sachen von bedeutendem Wert, deren Erhaltung im öffentlichen Interesse liegt, geboten ist,
2. bei der bestimmte Tatsachen die Annahme rechtfertigen, dass sie innerhalb eines übersehbaren Zeitraums auf eine zumindest ihrer Art nach konkretisierte Weise eine Straftat nach § 5 Absatz 1 Satz 2 begehen wird,
3. deren individuelles Verhalten die konkrete Wahrscheinlichkeit begründet, dass sie innerhalb eines übersehbaren Zeitraums eine Straftat nach § 5 Absatz 1 Satz 2 begehen wird oder
4. bei der bestimmte Tatsachen die Annahme rechtfertigen, dass sie für eine Person nach Nummer 1 bestimmte oder von dieser herrührende Postsendungen oder Telegramme entgegennimmt oder weitergibt

und die Abwehr der Gefahr oder Verhütung der Straftaten auf andere Weise aussichtslos oder wesentlich erschwert wäre.

(2) [1] Unter den Voraussetzungen des Absatzes 1 ist es auch zulässig, von Personen oder Unternehmen, die geschäftsmäßig Postdienste erbringen oder daran mitwirken, Auskunft über Postsendungen zu verlangen, die an eine Person nach Absatz 1 Nummer 1 bis 4 gerichtet sind. [2] Die Auskunft umfasst ausschließlich die aufgrund von Rechtsvorschriften außerhalb dieses Gesetzes erhobenen Daten, sofern sie Folgendes betreffen:

1. Namen und Anschriften von Absendern, Empfängern und, soweit abweichend, von denjenigen Personen, welche die jeweilige Postsendung eingeliefert oder entgegengenommen haben,
2. Art des in Anspruch genommenen Postdienstes,
3. Maße und Gewicht der jeweiligen Postsendung,
4. die vom Postdienstleister zugeteilte Sendungsnummer der jeweiligen Postsendung sowie, sofern der Empfänger eine Abholstation mit Selbstbedienungs-Schließfächern nutzt, dessen persönliche Postnummer,
5. Zeit- und Ortsangaben zum jeweiligen Postsendungsverlauf sowie
6. zu Zwecken der Erbringung der Postdienstleistung erstellte Bildaufnahmen von der Postsendung.

[3] Auskunft über den Inhalt der Postsendung darf darüber hinaus nur verlangt werden, wenn die Personen oder Unternehmen, die geschäftsmäßig Postdienste erbringen oder daran mitwirken, davon auf rechtmäßige Weise Kenntnis erlangt

---

[1)] *§ 50 Überschrift neu gef., Abs. 2 eingef.,* bish. Abs. 2 wird Abs. 3 und Satz 1 geänd., Satz 4 neu gef., bish. Abs. 3 wird Abs. 4 und Nr. 2, 3 geänd., bish. Abs. 4 wird Abs. 5 und Satz 2 Nr. 3 neu gef., Nr. 4 eingef., bish. Nr. 4 wird Nr. 5, bish. Abs. 5 wird Abs. 6, bish. Abs. 6 wird Abs. 7 und Satz 1 geänd., bish. Abs. 7 und 8 werden Abs. 8 und 9 mWv 1.7.2021 durch G v. 25.6.2021 (BGBl. I S. 2099).

[2)] Nr. **90**.

haben. [4]Auskunft nach den Sätzen 2 und 3 müssen sie auch über solche Postsendungen erteilen, die sich noch nicht oder nicht mehr in ihrem Gewahrsam befinden.

(3) [1]Maßnahmen nach den Absätzen 1 und 2 dürfen nur auf Antrag der Präsidentin oder des Präsidenten des Bundeskriminalamtes oder ihrer oder seiner Vertretung durch das Gericht angeordnet werden. [2]Bei Gefahr im Verzug kann die Anordnung durch die Präsidentin oder den Präsidenten des Bundeskriminalamtes oder ihre oder seine Vertretung getroffen werden. [3]In diesem Fall ist die gerichtliche Entscheidung unverzüglich nachzuholen. [4]Soweit diese Anordnung nicht binnen drei Tagen durch das Gericht bestätigt wird, tritt sie außer Kraft, auch wenn sie eine Auslieferung nach Absatz 1 oder eine Auskunftserteilung nach Absatz 2 noch nicht zur Folge gehabt hat.

(4) Im Antrag sind anzugeben:

1. die Person, gegen die sich die Maßnahme richtet, soweit möglich, mit Name und Anschrift,
2. eine möglichst genaue Bezeichnung der Postsendungen, die der Beschlagnahme unterliegen sollen,[1)] oder zu der die Auskunft erteilt werden soll,
3. Art, Umfang und Dauer der Maßnahme und im Fall eines Auskunftsverlangens die Daten nach Absatz 2 Satz 2, zu denen Auskunft erteilt werden soll,
4. der Sachverhalt sowie
5. eine Begründung.

(5) [1]Die Anordnung ergeht schriftlich. [2]In ihr sind anzugeben:

1. die Person, gegen die sich die Maßnahme richtet, soweit möglich, mit Name und Anschrift,
2. Dauer der Maßnahme unter Benennung des Endzeitpunktes,
3. eine möglichst genaue Bezeichnung der Postsendung, die der Beschlagnahme unterliegt, oder zu der Auskunft erteilt werden soll,
4. im Fall des Auskunftsverlangens nach Absatz 2 die Daten nach Absatz 2 Satz 2, zu der die Auskunft zu erteilen ist, sowie
5. die wesentlichen Gründe.

[3]Die Anordnung ist auf höchstens drei Monate zu befristen. [4]Eine Verlängerung um jeweils nicht mehr als drei weitere Monate ist zulässig, soweit die Voraussetzungen der Anordnung unter Berücksichtigung der gewonnenen Erkenntnisse fortbestehen. [5]Liegen die Voraussetzungen der Anordnung nicht mehr vor, ist die Maßnahme unverzüglich zu beenden.

(6) [1]Die Öffnung der ausgelieferten Postsendung und die Entscheidung über die Verwertbarkeit der erlangten Erkenntnisse stehen dem Gericht zu. [2]Es kann die Befugnis zur Öffnung sowie die Entscheidung über die Verwertbarkeit auf die Präsidentin oder den Präsidenten des Bundeskriminalamtes oder auf ihre oder seine Vertretung übertragen, soweit dies erforderlich ist, um die Abwehr der Gefahr nicht durch Verzögerung zu gefährden. [3]In diesen Fällen hat die Entscheidung über die Verwertbarkeit im Benehmen mit der oder dem Datenschutzbeauftragten des Bundeskriminalamtes zu erfolgen. [4]Die gerichtliche Entscheidung nach Satz 1 ist unverzüglich nachzuholen. [5]Die Übertragung kann jederzeit widerrufen werden.

[1)] Zeichensetzung amtlich.

(7) [1]Ist eine Übertragung nach Absatz 6 nicht erfolgt, legt das Bundeskriminalamt die ausgelieferten Postsendungen unverzüglich und, soweit sie verschlossen sind, ungeöffnet dem Gericht vor. [2]Das Gericht entscheidet unverzüglich über die Öffnung.

(8) § 100 Absatz 5 und 6 der Strafprozessordnung[1)] gilt entsprechend.

(9) [1]Liegen tatsächliche Anhaltspunkte für die Annahme vor, dass durch die Maßnahme allein Erkenntnisse aus dem Kernbereich privater Lebensgestaltung erlangt würden, ist die Maßnahme unzulässig. [2]Erkenntnisse aus dem Kernbereich privater Lebensgestaltung dürfen nicht verwertet werden.

§ 51 Überwachung der Telekommunikation. (1) [1]Das Bundeskriminalamt kann ohne Wissen der betroffenen Person die Telekommunikation einer Person überwachen und aufzeichnen,

1. die entsprechend § 17 oder § 18 des Bundespolizeigesetzes[2)] verantwortlich ist und dies zur Abwehr einer dringenden Gefahr für den Bestand oder die Sicherheit des Bundes oder eines Landes oder für Leib, Leben oder Freiheit einer Person oder Sachen von bedeutendem Wert, deren Erhaltung im öffentlichen Interesse liegt, geboten ist,
2. bei der bestimmte Tatsachen die Annahme rechtfertigen, dass sie innerhalb eines übersehbaren Zeitraums auf eine zumindest ihrer Art nach konkretisierte Weise eine Straftat nach § 5 Absatz 1 Satz 2 begehen wird,
3. deren individuelles Verhalten die konkrete Wahrscheinlichkeit begründet, dass sie innerhalb eines übersehbaren Zeitraums eine Straftat nach § 5 Absatz 1 Satz 2 begehen wird,
4. bei der bestimmte Tatsachen die Annahme rechtfertigen, dass sie für eine Person nach Nummer 1 bestimmte oder von dieser herrührende Mitteilungen entgegennimmt oder weitergibt oder
5. bei der bestimmte Tatsachen die Annahme rechtfertigen, dass eine Person nach Nummer 1 deren Telekommunikationsanschluss oder Endgerät benutzen wird

und die Abwehr der Gefahr oder Verhütung der Straftaten auf andere Weise aussichtslos oder wesentlich erschwert wäre. [2]Die Maßnahme darf auch durchgeführt werden, wenn andere Personen unvermeidbar betroffen werden.

(2) [1]Die Überwachung und Aufzeichnung der Telekommunikation darf ohne Wissen der betroffenen Person in der Weise erfolgen, dass mit technischen Mitteln in von der betroffenen Person genutzte informationstechnische Systeme eingegriffen wird, wenn

1. durch technische Maßnahmen sichergestellt ist, dass ausschließlich laufende Telekommunikation überwacht und aufgezeichnet wird und
2. der Eingriff in das informationstechnische System notwendig ist, um die Überwachung und Aufzeichnung der Telekommunikation insbesondere auch in unverschlüsselter Form zu ermöglichen.

[2]§ 49 Absatz 2 gilt entsprechend. [3]§ 49 bleibt im Übrigen unberührt.

(3) [1]Maßnahmen nach den Absätzen 1 und 2 dürfen nur auf Antrag der Präsidentin oder des Präsidenten des Bundeskriminalamtes oder ihrer oder seiner Vertretung durch das Gericht angeordnet werden. [2]Bei Gefahr im Verzug kann *die Anordnung durch die Präsiden*tin oder den Präsidenten des Bundeskriminal-

---

[1)] **Schönfelder Nr. 90.**
[2)] Nr. **90.**

amtes oder ihre oder seine Vertretung getroffen werden. [3] In diesem Fall ist die gerichtliche Entscheidung unverzüglich nachzuholen. [4] Soweit diese Anordnung nicht binnen drei Tagen durch das Gericht bestätigt wird, tritt sie außer Kraft.

(4) Im Antrag sind anzugeben:

1. die Person, gegen die sich die Maßnahme richtet, soweit möglich, mit Name und Anschrift,
2. die Rufnummer oder eine andere Kennung des zu überwachenden Anschlusses oder des Endgeräts, sofern sich nicht aus bestimmten Tatsachen ergibt, dass diese zugleich einem anderen Endgerät zugeordnet ist,
3. Art, Umfang und Dauer der Maßnahme,
4. im Falle des Absatzes 2 auch eine möglichst genaue Bezeichnung des informationstechnischen Systems, in das zur Datenerhebung eingegriffen werden soll,
5. der Sachverhalt sowie
6. eine Begründung.

(5) [1] Die Anordnung ergeht schriftlich. [2] In ihr sind anzugeben:

1. die Person, gegen die sich die Maßnahme richtet, soweit möglich, mit Name und Anschrift,

(Fortsetzung nächstes Blatt)

2. die Rufnummer oder eine andere Kennung des zu überwachenden Anschlusses oder des Endgeräts, sofern sich nicht aus bestimmten Tatsachen ergibt, dass diese zugleich einem anderen Endgerät zugeordnet ist,
3. Art, Umfang und Dauer der Maßnahme,
4. im Falle des Absatzes 2 auch eine möglichst genaue Bezeichnung des informationstechnischen Systems, in das zur Datenerhebung eingegriffen werden soll,
5. der Sachverhalt sowie
6. eine Begründung.

(5) [1] Die Anordnung ergeht schriftlich. [2] In ihr sind anzugeben:

1. die Person, gegen die sich die Maßnahme richtet, soweit möglich, mit Name und Anschrift,
2. die Rufnummer oder eine andere Kennung des zu überwachenden Anschlusses oder des Endgeräts, sofern sich nicht aus bestimmten Tatsachen ergibt, dass diese zugleich einem anderen Endgerät zugeordnet ist,
3. Art, Umfang und Dauer der Maßnahme unter Benennung des Endzeitpunktes,
4. im Falle des Absatzes 2 auch eine möglichst genaue Bezeichnung des informationstechnischen Systems, in das zur Datenerhebung eingegriffen werden soll, sowie
5. die wesentlichen Gründe.

[3] Die Anordnung ist auf höchstens drei Monate zu befristen. [4] Eine Verlängerung um jeweils nicht mehr als drei weitere Monate ist zulässig, soweit die Voraussetzungen der Anordnung unter Berücksichtigung der gewonnenen Erkenntnisse fortbestehen. [5] Liegen die Voraussetzungen der Anordnung nicht mehr vor, sind die aufgrund der Anordnung ergriffenen Maßnahmen unverzüglich zu beenden.

(6) [1] Aufgrund der Anordnung hat jeder, der Telekommunikationsdienste erbringt oder daran mitwirkt (Diensteanbieter), dem Bundeskriminalamt die Maßnahmen nach Absatz 1 zu ermöglichen und die erforderlichen Auskünfte unverzüglich zu erteilen. [2] Ob und in welchem Umfang hierfür Vorkehrungen zu treffen sind, bestimmt sich nach dem Telekommunikationsgesetz und der Telekommunikations-Überwachungsverordnung. [3] Für die Entschädigung der Diensteanbieter ist § 23 des Justizvergütungs- und -entschädigungsgesetzes[1)] entsprechend anzuwenden.

(7) [1] Liegen tatsächliche Anhaltspunkte für die Annahme vor, dass durch eine Maßnahme nach den Absätzen 1 und 2 allein Erkenntnisse aus dem Kernbereich privater Lebensgestaltung erlangt würden, ist die Maßnahme unzulässig. [2] Soweit im Rahmen von Maßnahmen nach den Absätzen 1 und 2 neben einer automatischen Aufzeichnung eine unmittelbare Kenntnisnahme erfolgt, ist die Maßnahme unverzüglich zu unterbrechen, soweit sich während der Überwachung tatsächliche Anhaltspunkte dafür ergeben, dass Inhalte, die dem Kernbereich privater Lebensgestaltung zuzurechnen sind, erfasst werden. [3] Bestehen insoweit Zweifel, darf nur eine automatische Aufzeichnung fortgesetzt werden. [4] Automatische Aufzeichnungen sind unverzüglich dem anordnenden Gericht vorzulegen. [5] Das Gericht entscheidet unverzüglich über die Verwertbarkeit oder Löschung der Daten. [6] Ist die Maßnahme nach Satz 2 unterbrochen worden, so darf sie für den Fall, dass sie nicht nach Satz 1 unzulässig ist, fortgeführt werden. [7] Erkenntnisse aus dem Kernbereich privater Lebensgestaltung, die durch eine Maßnahme nach den Absätzen 1 und 2 erlangt worden sind, dürfen nicht verwertet werden. [8] Aufzeichnungen hierüber sind unverzüglich zu löschen. [9] Die Tatsachen der Erfassung der Daten und der Löschung sind zu dokumentieren. [10] Die Dokumentation darf ausschließlich für Zwecke der Datenschutzkontrolle ver-

[1)] **Habersack Nr. 116.**

wendet werden. [11] Sie ist sechs Monate nach der Benachrichtigung nach § 74 oder sechs Monate nach Erteilung der gerichtlichen Zustimmung über das endgültige Absehen von der Benachrichtigung zu löschen. [12] Ist die Datenschutzkontrolle nach § 69 Absatz 1 noch nicht beendet, ist die Dokumentation bis zu ihrem Abschluss aufzubewahren.

(8) [1] Bei Gefahr im Verzug kann die Präsidentin oder der Präsident des Bundeskriminalamtes oder ihre oder seine Vertretung im Benehmen mit der oder dem Datenschutzbeauftragten des Bundeskriminalamtes über die Verwertung der Erkenntnisse entscheiden. [2] Bei der Sichtung der erhobenen Daten kann sie oder er sich der technischen Unterstützung von zwei weiteren Bediensteten des Bundeskriminalamtes bedienen, von denen einer die Befähigung zum Richteramt haben muss. [3] Die Bediensteten des Bundeskriminalamtes sind zur Verschwiegenheit über die ihnen bekannt werdenden Erkenntnisse, die nicht verwertet werden dürfen, verpflichtet. [4] Die gerichtliche Entscheidung nach Absatz 7 ist unverzüglich nachzuholen.

§ 52[1)] Erhebung von Telekommunikationsverkehrsdaten und Nutzungsdaten. (1) Das Bundeskriminalamt kann ohne Wissen der betroffenen Person Verkehrsdaten (§§ 9 und 12 des Telekommunikation-Digitale-Dienste-Datenschutz-Gesetzes) erheben zu

1. den entsprechend § 17 oder § 18 des Bundespolizeigesetzes[2)] Verantwortlichen zur Abwehr einer dringenden Gefahr für den Bestand oder die Sicherheit des Bundes oder eines Landes oder für Leib, Leben oder Freiheit einer Person oder Sachen von bedeutendem Wert, deren Erhaltung im öffentlichen Interesse geboten ist,
2. der Person, bei der bestimmte Tatsachen die Annahme rechtfertigen, dass sie innerhalb eines übersehbaren Zeitraums auf eine zumindest ihrer Art nach konkretisierte Weise eine Straftat nach § 5 Absatz 1 Satz 2 begehen wird,
3. der Person, deren individuelles Verhalten die konkrete Wahrscheinlichkeit begründet, dass sie innerhalb eines übersehbaren Zeitraums eine Straftat nach § 5 Absatz 1 Satz 2 begehen wird,
4. der Person, bei der bestimmte Tatsachen die Annahme rechtfertigen, dass sie für eine Person nach Nummer 1 bestimmte oder von dieser herrührende Mitteilungen entgegennimmt oder weitergibt, oder
5. der Person, bei der bestimmte Tatsachen die Annahme rechtfertigen, dass eine Person nach Nummer 1 deren Telekommunikationsanschluss oder Endgerät benutzen wird,

wenn die Abwehr der Gefahr oder Verhütung der Straftaten auf andere Weise aussichtslos oder wesentlich erschwert wäre.

(2) [1] Unter den Voraussetzungen des Absatzes 1 kann das Bundeskriminalamt von denjenigen, die geschäftsmäßig eigene oder fremde digitale Dienste nach § 1 Absatz 4 Nummer 1 des Digitale-Dienste-Gesetzes zur Nutzung bereithalten oder den Zugang zur Nutzung vermitteln, Auskunft über Nutzungsdaten (§ 2 Absatz 2 Nummer 3 des Telekommunikation-Digitale-Dienste-Datenschutz-Gesetzes) verlangen. [2] Die Auskunft kann auch über zukünftige Nutzungsdaten angeordnet werden. [3] Der Diensteanbieter hat die Daten dem Bundeskriminalamt unverzüglich auf dem vom Bundeskriminalamt bestimmten Weg zu übermitteln.

[1)] § 52 Abs. 1 einl. Satzteil geänd. mWv 1.12.2021 durch G v. 23.6.2021 (BGBl. I S. 1858); Abs. 2 Satz 1 geänd. mWv 1.12.2021 durch G v. 23.6.2021 (BGBl. I S. 1982); Abs. 1 einl. Satzteil, Abs. 2 Satz 1 geänd. mWv 14.5.2024 durch G v. 6.5.2024 (BGBl. 2024 I Nr. 149).

[2)] Nr. **90**.

(3) [1] § 51 Absatz 3 bis 6 gilt entsprechend mit der Maßgabe, dass an die Stelle der Präsidentin oder des Präsidenten des Bundeskriminalamtes oder ihrer oder seiner Vertretung die zuständige Abteilungsleitung oder deren Vertretung tritt. [2] Abweichend von § 51 Absatz 4 Nummer 2 und Absatz 5 Satz 1 Nummer 2 genügt eine räumlich und zeitlich hinreichende Bezeichnung der Telekommunikation, sofern anderenfalls die Erreichung des Zwecks der Maßnahme aussichtslos oder wesentlich erschwert wäre.

§ 53 Identifizierung und Lokalisierung von Mobilfunkkarten und -endgeräten. (1) Das Bundeskriminalamt kann unter den Voraussetzungen des § 51 Absatz 1 durch technische Mittel ermitteln:

1. die Gerätenummer eines Mobilfunkendgeräts und die Kartennummer der darin verwendeten Karte sowie
2. den Standort eines Mobilfunkendgeräts.

(2) [1] Personenbezogene Daten Dritter dürfen anlässlich einer Maßnahme nach Absatz 1 nur erhoben werden, wenn dies aus technischen Gründen zur Erreichung des Zwecks nach Absatz 1 unvermeidbar ist. [2] Über den Datenabgleich zur Ermittlung der gesuchten Geräte- und Kartennummer hinaus dürfen sie nicht verwendet werden und sind nach Beendigung der Maßnahme unverzüglich zu löschen.

(3) [1] § 51 Absatz 3 und 5 Satz 1 und 5 gilt entsprechend. [2] Die Anordnung ist auf höchstens sechs Monate zu befristen. [3] Eine Verlängerung um jeweils nicht mehr als sechs Monate ist zulässig, soweit die in Absatz 1 bezeichneten Voraussetzungen fortbestehen.

(4) Aufgrund der Anordnung einer Maßnahme nach Absatz 1 Nummer 2 hat jeder, der Telekommunikationsdienste erbringt oder daran mitwirkt, dem Bundeskriminalamt die für die Ermittlung des Standortes des Mobilfunkendgeräts erforderliche Geräte- und Kartennummer unverzüglich mitzuteilen.

§ 54 Platzverweisung. Das Bundeskriminalamt kann zur Abwehr einer Gefahr eine Person vorübergehend von einem Ort verweisen oder ihr vorübergehend das Betreten eines Ortes verbieten.

§ 55 Aufenthaltsvorgabe und Kontaktverbot. (1) Das Bundeskriminalamt kann zur Abwehr einer Gefahr oder zur Verhütung von Straftaten nach § 5 Absatz 1 Satz 2 einer Person untersagen, sich ohne Erlaubnis des Bundeskriminalamtes von ihrem Wohn- oder Aufenthaltsort oder aus einem bestimmten Bereich zu entfernen oder sich an bestimmten Orten aufzuhalten (Aufenthaltsvorgabe), wenn

1. bestimmte Tatsachen die Annahme rechtfertigen, dass die betroffene Person innerhalb eines übersehbaren Zeitraums auf eine zumindest ihrer Art nach konkretisierte Weise eine Straftat nach § 5 Absatz 1 Satz 2 begehen wird oder
2. das individuelle Verhalten der betroffenen Person die konkrete Wahrscheinlichkeit begründet, dass sie innerhalb eines übersehbaren Zeitraums eine Straftat nach § 5 Absatz 1 Satz 2 begehen wird.

(2) Unter den Voraussetzungen des Absatzes 1 kann das Bundeskriminalamt zur Abwehr einer Gefahr oder zur Verhütung von Straftaten nach § 5 Ab-

satz 1 Satz 2 einer Person auch den Kontakt mit bestimmten Personen oder Personen einer bestimmten Gruppe untersagen (Kontaktverbot).

(3) [1] Maßnahmen nach den Absätzen 1 und 2 dürfen nur auf Antrag der zuständigen Abteilungsleitung oder deren Vertretung durch das Gericht angeordnet werden. [2] Bei Gefahr im Verzug kann die Anordnung durch die zuständige Abteilungsleitung oder deren Vertretung getroffen werden. [3] In diesem Fall ist die gerichtliche Entscheidung unverzüglich nachzuholen. [4] Soweit die Anordnung nicht binnen drei Tagen durch das Gericht bestätigt wird, tritt sie außer Kraft.

(4) Im Antrag sind anzugeben:

1. die Person, gegen die sich die Maßnahme richtet, mit Name und Anschrift,
2. Art, Umfang und Dauer der Maßnahme, einschließlich
   a) im Falle der Aufenthaltsvorgabe nach Absatz 1 einer Bezeichnung der Orte nach Absatz 1, von denen sich die Person ohne Erlaubnis des Bundeskriminalamtes nicht entfernen oder an denen sich die Person ohne Erlaubnis des Bundeskriminalamtes nicht aufhalten darf,
   b) im Falle des Kontaktverbots nach Absatz 2 der Personen oder Gruppe, mit denen oder mit der der betroffenen Person der Kontakt untersagt ist, soweit möglich, mit Name und Anschrift,
3. der Sachverhalt sowie
4. eine Begründung.

(5) [1] Die Anordnung ergeht schriftlich. [2] In ihr sind anzugeben:

1. die Person, gegen die sich die Maßnahme richtet mit Name und Anschrift,
2. Art, Umfang und Dauer der Maßnahme, einschließlich
   a) im Falle der Aufenthaltsvorgabe nach Absatz 1 einer Bezeichnung der Orte nach Absatz 1, von denen sich die Person ohne Erlaubnis des Bundeskriminalamtes nicht entfernen oder an denen sich die Person ohne Erlaubnis des Bundeskriminalamtes nicht aufhalten darf,
   b) im Falle des Kontaktverbots nach Absatz 2 der Personen oder Gruppe, mit denen oder mit der der betroffenen Person der Kontakt untersagt ist, soweit möglich, mit Name und Anschrift,
3. die wesentlichen Gründe.

(6) [1] Aufenthaltsvorgaben und Kontaktverbote sind auf den zur Abwehr der Gefahr oder zur Verhütung von Straftaten nach § 5 Absatz 1 Satz 2 erforderlichen Umfang zu beschränken. [2] Sie sind auf höchstens drei Monate zu befristen. [3] Eine Verlängerung um jeweils nicht mehr als drei Monate ist möglich, soweit ihre Voraussetzungen fortbestehen. [4] Liegen die Voraussetzungen für die Aufenthaltsvorgabe oder das Kontaktverbot nicht mehr vor, ist die Maßnahme unverzüglich zu beenden.

(7) Die Vorschriften des Versammlungsrechts bleiben unberührt.

§ 56 Elektronische Aufenthaltsüberwachung. (1) Das Bundeskriminalamt kann eine Person dazu verpflichten, ein technisches Mittel, mit dem der Aufenthaltsort dieser Person elektronisch überwacht werden kann, ständig in betriebsbereitem Zustand am Körper bei sich zu führen und dessen Funktionsfähigkeit nicht zu beeinträchtigen, wenn

1. bestimmte Tatsachen die Annahme rechtfertigen, dass diese Person innerhalb eines übersehbaren Zeitraums auf eine zumindest ihrer Art nach konkretisierte Weise eine Straftat nach § 5 Absatz 1 Satz 2 begehen wird oder
2. deren individuelles Verhalten eine konkrete Wahrscheinlichkeit dafür begründet, dass sie innerhalb eines übersehbaren Zeitraums eine Straftat nach § 5 Absatz 1 Satz 2 begehen wird,

um diese Person durch die Überwachung und die Datenverwendung von der Begehung dieser Straftat abzuhalten.

(2) [1] Das Bundeskriminalamt verarbeitet mit Hilfe der von der betroffenen Person mitgeführten technischen Mittel automatisiert Daten über deren Aufenthaltsort sowie über etwaige Beeinträchtigungen der Datenerhebung. [2] Soweit es technisch möglich ist, ist sicherzustellen, dass innerhalb der Wohnung der betroffenen Person keine über den Umstand ihrer Anwesenheit hinausgehenden Aufenthaltsdaten erhoben werden. [3] Die Daten dürfen ohne Einwilligung der betroffenen Person nur verwendet werden, soweit dies erforderlich ist für die folgenden Zwecke:

1. zur Verhütung oder zur Verfolgung von Straftaten nach § 5 Absatz 1 Satz 2,
2. zur Feststellung von Verstößen gegen Aufenthaltsvorgaben nach § 55 Absatz 1 und Kontaktverbote nach § 55 Absatz 2,
3. zur Verfolgung einer Straftat nach § 87,
4. zur Abwehr einer erheblichen gegenwärtigen Gefahr für Leib, Leben oder Freiheit einer dritten Person,
5. zur Aufrechterhaltung der Funktionsfähigkeit der technischen Mittel.

[4] Zur Einhaltung der Zweckbindung nach Satz 3 hat die Verarbeitung der Daten automatisiert zu erfolgen, und es sind die Daten gegen unbefugte Kenntnisnahme besonders zu sichern. [5] Die in Satz 1 genannten Daten sind spätestens zwei Monate nach ihrer Erhebung zu löschen, soweit sie nicht für die in Satz 3 genannten Zwecke verwendet werden. [6] Werden innerhalb der Wohnung der betroffenen Person über den Umstand ihrer Anwesenheit hinausgehende Aufenthaltsdaten erhoben, dürfen diese nicht verwendet werden und sind unverzüglich nach Kenntnisnahme zu löschen. [7] Die Tatsache ihrer Kenntnisnahme und Löschung ist zu dokumentieren. [8] Die Dokumentation darf ausschließlich für Zwecke der Datenschutzkontrolle verwendet werden. [9] Sie ist nach Abschluss der Datenschutzkontrolle nach § 69 Absatz 1 zu löschen.

(3) [1] Die zuständigen Polizeibehörden des Bundes und der Länder sowie sonstige öffentliche Stellen übermitteln dem Bundeskriminalamt personenbezogene Daten über die betroffene Person, soweit dies zur Durchführung der Maßnahme nach den Absätzen 1 und 2 erforderlich ist. [2] Das Bundeskriminalamt kann zu diesem Zweck auch bei anderen Stellen personenbezogene Daten über die betroffene Person erheben.

(4) Zur Durchführung der Maßnahme nach Absatz 1 hat das Bundeskriminalamt

1. Daten des Aufenthaltsortes der betroffenen Person an die zuständigen Polizei- und Strafverfolgungsbehörden weiterzugeben, wenn dies zur Ver-

hütung oder zur Verfolgung einer Straftat nach § 5 Absatz 1 Satz 2 erforderlich ist,

2. Daten des Aufenthaltsortes der betroffenen Person an die zuständigen Polizeibehörden weiterzugeben, sofern dies zur Durchsetzung von Maßnahmen nach Absatz 2 Satz 3 Nummer 2 erforderlich ist,
3. Daten des Aufenthaltsortes der betroffenen Person an die zuständige Strafverfolgungsbehörde zur Verfolgung einer Straftat nach § 87 weiterzugeben,
4. Daten des Aufenthaltsortes der betroffenen Person an zuständige Polizeibehörden weiterzugeben, sofern dies zur Abwehr einer erheblichen gegenwärtigen Gefahr im Sinne von Absatz 2 Satz 3 Nummer 4 erforderlich ist,
5. eingehende Systemmeldungen über Verstöße nach Absatz 2 Satz 3 Nummer 2 entgegenzunehmen und zu bewerten,
6. die Ursache einer Meldung zu ermitteln; hierzu kann das Bundeskriminalamt Kontakt mit der betroffenen Person aufnehmen, sie befragen, sie auf den Verstoß hinweisen und ihr mitteilen, wie sie dessen Beendigung bewirken kann,
7. eine Überprüfung der bei der betroffenen Person vorhandenen technischen Geräte auf ihre Funktionsfähigkeit oder Manipulation und die zu der Behebung einer Funktionsbeeinträchtigung erforderlichen Maßnahmen, insbesondere den Austausch der technischen Mittel oder von Teilen davon, einzuleiten,
8. Anfragen der betroffenen Person zum Umgang mit den technischen Mitteln zu beantworten.

(5) [1] Maßnahmen nach Absatz 1 dürfen nur auf Antrag der zuständigen Abteilungsleitung oder deren Vertretung durch das Gericht angeordnet werden. [2] Bei Gefahr im Verzug kann die Anordnung durch die zuständige Abteilungsleitung oder deren Vertretung getroffen werden. [3] In diesem Fall ist die gerichtliche Entscheidung unverzüglich nachzuholen. [4] Soweit die Anordnung nicht binnen drei Tagen durch das Gericht bestätigt wird, tritt sie außer Kraft.

(6) Im Antrag sind anzugeben:

1. die Person, gegen die sich die Maßnahme richtet, mit Name und Anschrift,
2. Art, Umfang und Dauer der Maßnahme,
3. die Angabe, ob gegenüber der Person, gegen die sich die Maßnahme richtet, eine Aufenthaltsvorgabe oder ein Kontaktverbot besteht,
4. der Sachverhalt sowie
5. eine Begründung.

(7) [1] Die Anordnung ergeht schriftlich. [2] In ihr sind anzugeben:

1. die Person, gegen die sich die Maßnahme richtet, mit Name und Anschrift,
2. Art, Umfang und Dauer der Maßnahme sowie
3. die wesentlichen Gründe.

(8) [1] Die Anordnung ist auf höchstens drei Monate zu befristen. [2] Eine Verlängerung um jeweils nicht mehr als drei Monate ist möglich, soweit die Anordnungsvoraussetzungen fortbestehen. [3] Liegen die Voraussetzungen der Anordnung nicht mehr vor, ist die Maßnahme unverzüglich zu beenden.

§ 57 Gewahrsam. (1) Das Bundeskriminalamt kann eine Person in Gewahrsam nehmen, wenn dies unerlässlich ist,

1. um eine Platzverweisung nach § 54 durchzusetzen oder
2. um die unmittelbar bevorstehende Begehung oder Fortsetzung von Straftaten nach § 5 Absatz 1 Satz 2 zu verhindern.

(2) § 40 Absatz 1 und 2 sowie die §§ 41 und 42 Absatz 1 Satz 1, 3 und Absatz 2 des Bundespolizeigesetzes[1)] gelten entsprechend mit der Maßgabe, dass an die Stelle der dort genannten Freiheitsentziehungen die Maßnahme nach Absatz 1 tritt.

§ 58 Durchsuchung von Personen. (1) [1] Das Bundeskriminalamt kann eine Person durchsuchen, wenn

1. sie nach diesem Abschnitt festgehalten werden kann,
2. Tatsachen die Annahme rechtfertigen, dass sie Sachen mit sich führt, die nach § 60 sichergestellt werden dürfen,
3. sie sich an einem der in § 42 Absatz 1 Nummer 2 genannten Orte aufhält,
4. sie sich an einem der in § 42 Absatz 1 Nummer 3 genannten Orte aufhält und Tatsachen die Annahme rechtfertigen, dass dort Straftaten nach § 5 Absatz 1 Satz 2 begangen werden sollen, oder
5. sie sich in unmittelbarer Nähe einer Person aufhält, die aufgrund bestimmter Tatsachen durch die Begehung von Straftaten nach § 5 Absatz 1 Satz 2 gefährdet ist

und die Durchsuchung aufgrund von auf die zu durchsuchende Person bezogenen Anhaltspunkten erforderlich ist. [2] § 42 Absatz 1 bleibt unberührt.

(2) Das Bundeskriminalamt kann eine Person, deren Identität nach diesem Gesetz oder anderen Rechtsvorschriften festgestellt werden soll, nach Waffen, Explosionsmitteln oder anderen gefährlichen Gegenständen durchsuchen, soweit dies nach den Umständen zum Schutz der Bediensteten des Bundeskriminalamtes, der Person selbst oder eines Dritten gegen eine Gefahr für Leib oder Leben erforderlich ist.

(3) § 43 Absatz 4 und 5 des Bundespolizeigesetzes[1)] gilt entsprechend.

§ 59 Durchsuchung von Sachen. (1) [1] Das Bundeskriminalamt kann eine Sache durchsuchen, wenn

1. sie von einer Person mitgeführt wird, die nach § 58 durchsucht werden darf,
2. Tatsachen die Annahme rechtfertigen, dass sich in ihr eine andere Sache befindet, die sichergestellt werden darf,
3. Tatsachen die Annahme rechtfertigen, dass sich in ihr eine Person befindet, die in Gewahrsam genommen werden darf,
4. sie sich an einem der in § 42 Absatz 1 Nummer 2 genannten Orte aufhält,
5. sie sich an einem der in § 42 Absatz 1 Nummer 3 genannten Orte aufhält und Tatsachen die Annahme rechtfertigen, dass dort Straftaten nach § 5 Absatz 1 Satz 2 begangen werden sollen, oder

---

1) Nr. **90**.

6. sie sich in unmittelbarer Nähe einer Person befindet, die aufgrund bestimmter Tatsachen durch die Begehung von Straftaten nach § 5 Absatz 1 Satz 2 gefährdet ist

und die Durchsuchung aufgrund von auf die Sache bezogenen Anhaltspunkten erforderlich ist. [2] § 42 Absatz 1 bleibt unberührt.

(2) § 44 Absatz 4 des Bundespolizeigesetzes[1)] gilt entsprechend.

§ 60 Sicherstellung. (1) Das Bundeskriminalamt kann eine Sache sicherstellen,

1. um eine gegenwärtige Gefahr abzuwehren oder
2. wenn sie von einer Person mitgeführt wird, die nach diesem Abschnitt festgehalten wird, und die Sache verwendet werden kann, um
   a) sich zu töten oder zu verletzen,
   b) Leben oder Gesundheit anderer zu schädigen,
   c) fremde Sachen zu beschädigen oder
   d) sich oder einem anderen die Flucht zu ermöglichen oder zu erleichtern.

(2) Die §§ 48 bis 50 des Bundespolizeigesetzes[1)] gelten entsprechend.

§ 61 Betreten und Durchsuchen von Wohnungen. (1) [1] Das Bundeskriminalamt kann eine Wohnung ohne Einwilligung des Inhabers betreten und durchsuchen, wenn

1. Tatsachen die Annahme rechtfertigen, dass sich in ihr eine Person befindet, die nach § 44 Absatz 2 vorgeführt oder nach § 57 in Gewahrsam genommen werden darf,
2. Tatsachen die Annahme rechtfertigen, dass sich in ihr eine Sache befindet, die nach § 60 Absatz 1 Nummer 1 sichergestellt werden darf oder
3. dies zur Abwehr einer gegenwärtigen Gefahr für Bestand oder Sicherheit des Bundes oder eines Landes oder für Leib, Leben oder Freiheit einer Person oder für Sachen von bedeutendem Wert, deren Erhaltung in öffentlichem Interesse geboten ist, erforderlich ist.

[2] Die Wohnung umfasst die Wohn- und Nebenräume, Arbeits-, Betriebs- und Geschäftsräume sowie anderes befriedetes Besitztum.

(2) Während der Nachtzeit (§ 104 Absatz 3 der Strafprozessordnung[2)]) ist das Betreten und Durchsuchen einer Wohnung nur in den Fällen des Absatzes 1 Satz 1 Nummer 3 zulässig.

(3) Zur Erfüllung der ihm nach § 5 Absatz 1 obliegenden Aufgabe kann das Bundeskriminalamt Wohnungen zur Abwehr dringender Gefahren jederzeit betreten, wenn Tatsachen die Annahme rechtfertigen, dass dort erfahrungsgemäß Personen Straftaten nach § 5 Absatz 1 Satz 2 verabreden, vorbereiten oder verüben.

(4) Arbeits-, Betriebs- und Geschäftsräume sowie andere Räume und Grundstücke, die der Öffentlichkeit zugänglich sind, dürfen zum Zwecke der Gefahrenabwehr im Rahmen der dem Bundeskriminalamt nach § 5 Absatz 1

---

1) Nr. **90**.
2) **Schönfelder Nr. 90.**

obliegenden Aufgabe während der Arbeits-, Geschäfts- oder Aufenthaltszeit betreten werden.

(5) § 46 des Bundespolizeigesetzes[1] gilt entsprechend.

§ 62 Schutz zeugnisverweigerungsberechtigter Personen. (1) [1] Maßnahmen nach diesem Abschnitt, die sich gegen eine in § 53 Absatz 1 Satz 1 Nummer 1, 2, 3 oder Nummer 4 der Strafprozessordnung[2] genannte Person richten und voraussichtlich Erkenntnisse erbringen würden, über die diese Person das Zeugnis verweigern dürfte, sind unzulässig. [2] § 41 Absatz 3 bleibt unberührt. [3] Dennoch erlangte Erkenntnisse dürfen nicht verwertet werden. [4] Aufzeichnungen hierüber sind unverzüglich zu löschen. [5] Die Tatsache ihrer Erlangung und Löschung ist zu dokumentieren. [6] Die Sätze 3 bis 5 gelten entsprechend, wenn durch eine Maßnahme, die sich nicht gegen eine in § 53 Absatz 1 Satz 1 Nummer 1, 2, 3 oder Nummer 4 der Strafprozessordnung genannte Person richtet, von einer dort genannten Person Erkenntnisse erlangt werden, über die sie das Zeugnis verweigern dürfte. [7] Für Personen nach § 53 Absatz 1 Satz 1 Nummer 3 der Strafprozessordnung gelten die Sätze 1 bis 6 nur, soweit es sich um Rechtsanwälte oder Kammerrechtsbeistände handelt.

(2) [1] Soweit durch eine Maßnahme eine in § 53 Absatz 1 Satz 1 Nummer 3, 3a und 3b oder Nummer 5 der Strafprozessordnung genannte Person betroffen wäre und dadurch voraussichtlich Erkenntnisse erlangt würden, über die diese Person das Zeugnis verweigern dürfte, ist dies im Rahmen der Prüfung der Verhältnismäßigkeit unter Würdigung des öffentlichen Interesses an den von dieser Person wahrgenommenen Aufgaben und des Interesses an der Geheimhaltung der dieser Person anvertrauten oder bekannt gewordenen Tatsachen besonders zu berücksichtigen. [2] Soweit hiernach geboten, ist die Maßnahme zu unterlassen oder, soweit dies nach der Art der Maßnahme möglich ist, zu beschränken. [3] Für Personen nach § 53 Absatz 1 Satz 1 Nummer 3 der Strafprozessordnung gelten die Sätze 1 und 2 nur, soweit es sich nicht um Rechtsanwälte oder Kammerrechtsbeistände handelt.

(3) Die Absätze 1 und 2 gelten entsprechend, soweit die in § 53a der Strafprozessordnung genannten Personen das Zeugnis verweigern dürften.

(4) Die Absätze 1 bis 3 gelten nicht, sofern Tatsachen die Annahme rechtfertigen, dass die zeugnisverweigerungsberechtigte Person für die Gefahr verantwortlich ist.

Abschnitt 6. Befugnisse zum Schutz von Mitgliedern der Verfassungsorgane und der Leitung des Bundeskriminalamtes

§ 63 Allgemeine Befugnisse. (1) [1] Zur Erfüllung seiner Aufgaben nach § 6 kann das Bundeskriminalamt die notwendigen Maßnahmen treffen, um eine im Einzelfall bestehende Gefahr für die öffentliche Sicherheit abzuwehren, soweit nicht dieses Gesetz die Befugnisse des Bundeskriminalamtes besonders regelt. [2] Die zur Erfüllung der Aufgaben nach § 6 geregelten Befug-

---

[1] Nr. 90.
[2] **Schönfelder Nr. 90.**

nisse gelten in Bezug auf Personen nur, wenn Anhaltspunkte dafür vorliegen, dass von ihnen Gefährdungen für die zu schützende Person ausgehen können. [3] Die §§ 15 bis 20 des Bundespolizeigesetzes[1)] gelten entsprechend.

(2) Wenn Tatsachen die Annahme rechtfertigen, dass Straftaten begangen werden sollen, durch die die zu schützenden Personen oder Räumlichkeiten unmittelbar gefährdet sind, kann das Bundeskriminalamt

1. die Identität einer Person feststellen, wenn die Feststellung der Identität aufgrund der Gefährdungslage oder von auf die Person bezogenen Anhaltspunkten erforderlich ist; § 23 Absatz 3 Satz 1, 2, 4 und 5 des Bundespolizeigesetzes gilt entsprechend,
2. verlangen, dass Berechtigungsscheine, Bescheinigungen, Nachweise oder sonstige Urkunden zur Prüfung ausgehändigt werden, soweit es zur Erfüllung seiner Aufgabe erforderlich ist und die betroffene Person aufgrund einer Rechtsvorschrift verpflichtet ist, diese Urkunden mitzuführen,
3. eine Person oder eine Sache durchsuchen, wenn die Durchsuchung aufgrund der Gefährdungslage oder von auf die Person oder Sache bezogenen Anhaltspunkten erforderlich ist; § 43 Absatz 3 bis 5 und § 44 Absatz 4 des Bundespolizeigesetzes gelten entsprechend.

(3) [1] Wenn Tatsachen die Annahme rechtfertigen, dass Straftaten begangen werden sollen, durch die die zu schützenden Personen unmittelbar gefährdet sind, kann das Bundeskriminalamt eine Person schriftlich oder mündlich vorladen, wenn

1. tatsächliche Anhaltspunkte dafür vorliegen, dass die Person sachdienliche Angaben machen kann, die für die Erfüllung der dem Bundeskriminalamt nach § 6 Absatz 1 obliegenden Aufgabe erforderlich sind, oder
2. dies zur Durchführung erkennungsdienstlicher Maßnahmen erforderlich ist.

[2] § 25 Absatz 2 bis 4 des Bundespolizeigesetzes gilt entsprechend.

(4) [1] Das Bundeskriminalamt kann erkennungsdienstliche Maßnahmen entsprechend § 24 Absatz 3 des Bundespolizeigesetzes vornehmen, wenn eine nach Absatz 2 Nummer 1 zulässige Identitätsfeststellung auf andere Weise nicht oder nur unter erheblichen Schwierigkeiten möglich ist. [2] Ist die Identität festgestellt, sind die im Zusammenhang mit der Feststellung angefallenen Unterlagen zu vernichten. [3] Dies gilt nicht, wenn ihre weitere Aufbewahrung zur Verhütung von Straftaten gegen die zu schützenden Personen oder Räumlichkeiten erforderlich ist, weil die betroffene Person verdächtig ist, eine solche Straftat begangen zu haben und wegen der Art oder Ausführung der Tat die Gefahr einer Wiederholung besteht oder wenn die weitere Aufbewahrung nach anderen Rechtsvorschriften zulässig ist. [4] Sind die Unterlagen an andere Stellen übermittelt worden, sind diese über die erfolgte Vernichtung zu unterrichten.

(5) Das Bundeskriminalamt kann zur Abwehr einer Gefahr für die zu schützenden Personen oder Räumlichkeiten eine Person vorübergehend von einem Ort verweisen oder ihr vorübergehend das Betreten eines Ortes verbieten.

[1)] Nr. **90**.

(6) [1]Das Bundeskriminalamt kann zur Abwehr einer gegenwärtigen Gefahr für die zu schützenden Personen oder Räumlichkeiten eine Sache sicherstellen. [2]Die §§ 48 bis 50 des Bundespolizeigesetzes gelten entsprechend.

(7) [1]Das Bundeskriminalamt kann eine Wohnung ohne Einwilligung des Inhabers betreten und durchsuchen, wenn dies zur Abwehr einer gegenwärtigen Gefahr für Leib, Leben oder Freiheit einer zu schützenden Person unerlässlich ist. [2]Die Wohnung umfasst die Wohn- und Nebenräume, Arbeits-, Betriebs- und Geschäftsräume sowie anderes befriedetes Besitztum. [3]§ 46 des Bundespolizeigesetzes gilt entsprechend.

(8) [1]Das Bundeskriminalamt kann eine Person in Gewahrsam nehmen, wenn dies unerlässlich ist, um die unmittelbar bevorstehende Begehung einer Straftat gegen die zu schützenden Personen oder Räumlichkeiten zu verhindern. [2]§ 40 Absatz 1 und 2, die §§ 41 und 42 Absatz 1 Satz 1 und Absatz 2 des Bundespolizeigesetzes gelten entsprechend.

§ 63a[1)] Bestandsdatenauskunft. (1) Das Bundeskriminalamt darf von demjenigen, der geschäftsmäßig Telekommunikationsdienste erbringt oder daran mitwirkt, Auskunft über Bestandsdaten gemäß § 3 Nummer 6 des Telekommunikationsgesetzes und über die nach § 172 des Telekommunikationsgesetzes erhobenen Daten verlangen (§ 174 Absatz 1 Satz 1 des Telekommunikationsgesetzes), soweit die zu erhebenden Daten im Einzelfall erforderlich sind

1. zur Abwehr einer Gefahr für eine zu schützende Person oder für eine zu schützende Räumlichkeit nach § 6 oder
2. zum Schutz von Leib, Leben, Freiheit, sexueller Selbstbestimmung oder bedeutenden Sachwerten einer zu schützenden Person oder zum Schutz einer zu schützenden Räumlichkeit nach § 6, wenn Tatsachen den Schluss auf ein wenigstens seiner Art nach konkretisiertes und zeitlich absehbares Geschehen zulassen, an dem bestimmte Personen beteiligt sein werden, oder
3. zum Schutz von Leib, Leben, Freiheit oder sexueller Selbstbestimmung einer zu schützenden Person oder zum Schutz einer zu schützenden Räumlichkeit nach § 6, wenn das individuelle Verhalten einer Person die konkrete Wahrscheinlichkeit begründet, dass sie in einem übersehbaren Zeitraum eine Straftat gegen eines dieser Rechtsgüter der zu schützenden Person oder gegen eine zu schützende Räumlichkeit begehen wird.

(2) Unter den Voraussetzungen des Absatzes 1 darf von demjenigen, der geschäftsmäßig eigene oder fremde digitale Dienste nach § 1 Absatz 4 Nummer 1 des *Digitale-Dienste-Gesetze*[2)] zur Nutzung bereithält oder den Zugang zur Nutzung vermittelt, Auskunft über Bestandsdaten gemäß § 2 Absatz 2 Nummer 2 des Telekommunikation-Digitale-Dienste-Datenschutz-Gesetzes (§ 22 Absatz 1 Satz 1 und § 23 Absatz 1 Satz 1 des Telekommunikation-Digitale-Dienste-Datenschutz-Gesetzes).

(3) [1]Bezieht sich das Auskunftsverlangen nach Absatz 1 auf Daten, mittels derer der Zugriff auf Endgeräte oder auf Speichereinrichtungen, die in diesen Endgeräten oder hiervon räumlich getrennt eingesetzt werden, geschützt wird (§ 174

[1)] § 63a eingef. mWv 2.4.2021 durch G v. 30.3.2021 (BGBl. I S. 448); Abs. 1 einl. Satzteil, Abs. 3 Satz 1, Abs. 4 Satz 1 einl. Satzteil geänd. mWv 1.12.2021 durch G v. 23.6.2021 (BGBl. I S. 1858); Abs. 2, Abs. 3 Satz 2, Abs. 4 Satz 1 einl. Satzteil, Satz 3 geänd. mWv 1.12.2021 durch G v. 23.6.2021 (BGBl. I S. 1982); Abs. 2, Abs. 3 Satz 2, Abs. 4 Satz 1 einl. Satzteil, Satz 3 geänd. mWv 14.5.2024 durch G v. 6.5.2024 (BGBl. 2024 I Nr. 149).

[2)] Richtig wohl: „Digitale-Dienste-Gesetzes".

Absatz 1 Satz 2 des Telekommunikationsgesetzes), darf die Auskunft nur verlangt werden, wenn die gesetzlichen Voraussetzungen für die Nutzung der Daten vorliegen. [2] Bezieht sich das Auskunftsverlangen nach Absatz 2 auf nach als Bestandsdaten erhobene Passwörter oder auf andere Daten, mittels derer der Zugriff auf Endgeräte oder auf Speichereinrichtungen, die in diesen Endgeräten oder hiervon räumlich getrennt eingesetzt werden, geschützt wird (§ 23 Absatz 1 Satz 1 des Telekommunikation-Digitale-Dienste-Datenschutz-Gesetzes), darf die Auskunft nur verlangt werden zur Abwehr einer konkreten Gefahr für Leib, Leben, Freiheit oder die sexuelle Selbstbestimmung der zu schützenden Person oder für den Bestand des Bundes oder eines Landes oder die freiheitlich demokratische Grundordnung und wenn die gesetzlichen Voraussetzungen für die Nutzung der Daten vorliegen. [3] Auskunftsverlangen nach den Sätzen 1 und 2 dürfen nur auf Antrag der Präsidentin oder des Präsidenten des Bundeskriminalamts oder ihrer oder seiner Vertretung durch das Gericht angeordnet werden. [4] In den Fällen des Satzes 1 ist Satz 3 nicht anzuwenden, wenn

1. die betroffene Person vom Auskunftsverlangen bereits Kenntnis hat oder haben muss, oder
2. die Verarbeitung der Daten bereits durch eine gerichtliche Entscheidung gestattet wird.

[5] Das Vorliegen der Voraussetzungen nach Satz 4 ist aktenkundig zu machen. [6] Zuständig ist das Amtsgericht, in dessen Bezirk das Bundeskriminalamt seinen Sitz hat. [7] Für das Verfahren gelten die Vorschriften des Gesetzes über das Verfahren in Familiensachen und in den Angelegenheiten der freiwilligen Gerichtsbarkeit entsprechend. [8] Werden dem Bundeskriminalamt aufgrund eines Auskunftsersuchens nach Satz 2 Passwörter oder andere Daten unverschlüsselt beauskunftet, so informiert das Bundeskriminalamt hierüber die jeweils zuständige Datenschutzaufsichtsbehörde.

(4) [1] Die Auskunft nach den Absätzen 1 und 2 darf auch anhand einer zu einem bestimmten Zeitpunkt zugewiesenen Internetprotokoll-Adresse verlangt werden (§ 174 Absatz 1 Satz 3 des Telekommunikationsgesetzes und § 22 Absatz 1 Satz 3 und 4 des Telekommunikation-Digitale-Dienste-Datenschutz-Gesetzes) in den Fällen von

1. Absatz 1 Nummer 1 bei Gefahr der Begehung einer Straftat oder
2. Absatz 1 Nummer 2 oder 3 zum Schutz eines in Absatz 1 Nummer 3 genannten Rechtsguts.

[2] Absatz 3 Satz 2 bleibt unberührt. [3] Die Auskunft nach den Absätzen 1 und 2 anhand einer zu einem bestimmten Zeitpunkt zugewiesenen Internetprotokoll-Adresse nach § 22 Absatz 1 Satz 3 und 4 des Telekommunikation-Digitale-Dienste-Datenschutz-Gesetzes darf darüber hinaus nur verlangt werden, wenn tatsächliche Anhaltspunkte dafür vorliegen, dass die betroffene Person Nutzer des digitalen Dienstes ist, bei dem die Daten erhoben werden sollen. [4] Die rechtlichen und tatsächlichen Grundlagen des Auskunftsverlangens sind aktenkundig zu machen.

(5) § 10 Absatz 5 bis 7 gilt entsprechend.

§ 64 Besondere Mittel der Datenerhebung. (1) [1] Das Bundeskriminalamt kann personenbezogene Daten mit den besonderen Mitteln nach Absatz 2 erheben über

1. Personen, bei denen Tatsachen die Annahme rechtfertigen, dass von ihnen eine Straftat gegen Leib, Leben oder Freiheit einer zu schützenden Person oder eine gemeingefährliche Straftat gegen eine der in § 6 genannten Räumlichkeiten verübt werden soll, oder
2. Personen nach § 39 Absatz 2 Nummer 2

und die Abwehr der Gefahr oder die Verhütung der Straftat auf andere Weise aussichtslos ist oder wesentlich erschwert würde. [2] Die Erhebung kann auch durchgeführt werden, wenn Dritte unvermeidbar betroffen werden.

(2) Besondere Mittel der Datenerhebung sind:

1. die längerfristige Observation,
2. der Einsatz technischer Mittel außerhalb der Wohnung in einer für die betroffene Person nicht erkennbaren Weise
   a) zur Anfertigung von Bildaufnahmen oder -aufzeichnungen,
   b) zum Abhören oder Aufzeichnen des nicht öffentlich gesprochenen Wortes und
3. der Einsatz von Vertrauenspersonen.

(3) [1] Maßnahmen nach

1. Absatz 2 Nummer 1,
2. Absatz 2 Nummer 2 Buchstabe a, bei denen durchgehend länger als 24 Stunden oder an mehr als zwei Tagen Bildaufzeichnungen bestimmter Personen angefertigt werden sollen,
3. Absatz 2 Nummer 2 Buchstabe b,
4. Absatz 2 Nummer 3, die sich gegen eine bestimmte Person richten oder bei denen die Vertrauensperson eine Wohnung betritt, die nicht allgemein zugänglich ist,

dürfen nur auf Antrag der Leitung der für den Personenschutz zuständigen Abteilung des Bundeskriminalamtes oder deren Vertretung durch das Gericht angeordnet werden. [2] Bei Gefahr im Verzug kann die Anordnung einer Maßnahme nach Satz 1 durch die Leitung der für den Personenschutz zuständigen Abteilung des Bundeskriminalamtes oder deren Vertretung getroffen werden. [3] In diesem Fall ist die gerichtliche Entscheidung unverzüglich nachzuholen. [4] Soweit die Anordnung nicht binnen drei Tagen durch das Gericht bestätigt wird, tritt sie außer Kraft. [5] Die übrigen Maßnahmen nach Absatz 2 Nummer 1 bis 3 dürfen, außer bei Gefahr im Verzug, nur durch die Leitung der für den Personenschutz zuständigen Abteilung des Bundeskriminalamtes oder deren Vertretung angeordnet werden.

(4) § 45 Absatz 4, 5, 7 und 8 gilt entsprechend.

(5) Personenbezogene Daten, die durch Maßnahmen nach Absatz 2 erlangt worden sind, sind unverzüglich zu löschen, soweit sie für den der Anordnung zugrunde liegenden Zweck oder nach Maßgabe der Strafprozessordnung[1)] zur Verfolgung einer Straftat nicht oder nicht mehr erforderlich sind.

§ 65[2)] Ausschreibung zur polizeilichen Beobachtung, Ermittlungsanfrage oder gezielten Kontrolle. (1) Das Bundeskriminalamt kann eine Ausschreibung zur polizeilichen Beobachtung, Ermittlungsanfrage oder gezielten Kontrolle vornehmen, wenn

---

[1)] **Habersack Nr. 90.**

[2)] § 65 Überschrift, Abs. 1 einl. Satzteil geänd. mWv 28.12.2022 durch G v. 19.12.2022 (BGBl. I S. 2632).

1. die Gesamtwürdigung der Person und ihre bisher begangenen Straftaten erwarten lassen, dass sie künftig Straftaten, durch die die zu schützenden Personen unmittelbar gefährdet sind, begehen wird,
2. Tatsachen die Annahme rechtfertigen, dass die Person Straftaten, durch die die zu schützenden Personen unmittelbar gefährdet sind, begehen wird oder
3. die Person mit einer Person nach den Nummern 1 und 2 nicht nur flüchtig oder in zufälligem Kontakt in Verbindung steht und tatsächliche Anhaltspunkte die Annahme rechtfertigen, dass sie von der Vorbereitung einer Straftat, durch die die zu schützenden Personen unmittelbar gefährdet sind, Kenntnis hat

und dies zur Verhütung der Straftaten erforderlich ist.

(2) § 47 Absatz 3 bis 5 gilt entsprechend.

Abschnitt 7. Zeugenschutz

§ 66 Befugnisse. (1) [1] Zur Erfüllung seiner Aufgabe nach § 7 kann das Bundeskriminalamt, soweit nicht dieses Gesetz oder das Zeugenschutz-Harmonisierungsgesetz[1)] die Befugnisse besonders regelt, die erforderlichen Maßnahmen treffen, um eine im Einzelfall bestehende Gefahr für Leib, Leben, Gesundheit, Freiheit der Willensentschließung und -betätigung oder wesentliche Vermögenswerte der in § 7 genannten Personen abzuwehren. [2] Die Maßnahmen können auch nach rechtskräftigem Abschluss des Strafverfahrens, in dem die Aussage erfolgt ist, fortgeführt werden; für den Fall, dass noch die Strafvollstreckung betrieben wird, sind die Maßnahmen im Einvernehmen mit der Strafvollstreckungsbehörde und im Falle fortdauernder Inhaftierung auch im Einvernehmen mit der Justizvollzugsbehörde durchzuführen. [3] § 63 Absatz 2 und 4 bis 8 und § 64 sowie die §§ 15 bis 20 des Bundespolizeigesetzes[2)] gelten entsprechend.

(2) [1] Von Maßnahmen des Bundeskriminalamtes, die nach Absatz 1 getroffen werden, sind die zuständigen Landeskriminalämter und die für die Strafverfolgung zuständige Staatsanwaltschaft unverzüglich zu unterrichten. [2] Nach Erhebung der öffentlichen Klage ist das Gericht unverzüglich zu unterrichten, ob das Bundeskriminalamt Maßnahmen nach Absatz 1 durchführt. [3] Sollen die Maßnahmen eingestellt werden, ist die Staatsanwaltschaft zu unterrichten.

§ 66a[3)] Bestandsdatenauskunft. (1) Das Bundeskriminalamt darf von demjenigen, der geschäftsmäßig Telekommunikationsdienste erbringt oder daran mitwirkt, Auskunft über Bestandsdaten gemäß § 3 Nummer 6 des Telekommunikationsgesetzes und über die nach § 172 des Telekommunikationsgesetzes erhobenen Daten verlangen (§ 174 Absatz 1 Satz 1 des Telekommunikationsgesetzes), soweit die zu erhebenden Daten im Einzelfall erforderlich sind

1. zur Abwehr einer Gefahr für eine der in § 7 genannten Personen oder
2. zum Schutz von Leib, Leben, sexueller Selbstbestimmung, Freiheit oder bedeutenden Sachwerten einer der in § 7 genannten Personen, wenn Tatsachen den

---

1) **Habersack ErgBd. Nr. 90b.**

2) Nr. **90**.

3) *§ 66a eingef. mWv 2.4.2021 durch G v. 30.3.2021* (BGBl. I S. 448, ber. S. 1380); Abs. 1 einl. Satzteil, Abs. 3 Satz 1, Abs. 4 Satz 1 einl. Satzteil geänd. mWv 1.12.2021 durch G v. 23.6.2021 (BGBl. I S. 1858); Abs. 2, Abs. 3 Satz 2, Abs. 4 Satz 1 einl. Satzteil, Satz 3 geänd. mWv 1.12.2021 durch G v. 23.6.2021 (BGBl. I S. 1982); Abs. 2, Abs. 3 Satz 2, Abs. 4 Satz 1 einl. Satzteil, Satz 3 geänd. mWv 14.5.2024 durch G v. 6.5.2024 (BGBl. 2024 I Nr. 149).

Schluss auf ein wenigstens seiner Art nach konkretisiertes und zeitlich absehbares Geschehen zulassen, an dem bestimmte Personen beteiligt sein werden, oder

3. zum Schutz von Leib, Leben, Freiheit oder sexueller Selbstbestimmung einer der in § 7 genannten Personen, wenn das individuelle Verhalten einer Person die konkrete Wahrscheinlichkeit begründet, dass sie in einem übersehbaren Zeitraum eine Straftat gegen eines dieser Rechtsgüter der zu schützenden Person begehen wird.

(2) Unter den Voraussetzungen des Absatzes 1 darf von demjenigen, der geschäftsmäßig eigene oder fremde digitale Dienste nach § 1 Absatz 4 Nummer 1 des Digitale-Dienste-Gesetzes zur Nutzung bereithält oder den Zugang zur Nutzung vermittelt, Auskunft über Bestandsdaten gemäß § 2 Absatz 2 Nummer 2 des Telekommunikation-Digitale-Dienste-Datenschutz-Gesetzes (§ 22 Absatz 1 Satz 1 und § 23 Absatz 1 Satz 1 des Telekommunikation-Digitale-Dienste-Datenschutz-Gesetzes).

(3) [1] Bezieht sich das Auskunftsverlangen nach Absatz 1 auf Daten, mittels derer der Zugriff auf Endgeräte oder auf Speichereinrichtungen, die in diesen Endgeräten oder hiervon räumlich getrennt eingesetzt werden, geschützt wird (§ 174 Absatz 1 Satz 2 des Telekommunikationsgesetzes), darf die Auskunft nur verlangt werden, wenn die gesetzlichen Voraussetzungen für die Nutzung der Daten vorliegen. [2] Bezieht sich das Auskunftsverlangen nach Absatz 2 auf nach als Bestandsdaten erhobene Passwörter oder andere Daten, mittels derer der Zugriff auf Endgeräte oder auf Speichereinrichtungen, die in diesen Endgeräten oder hiervon räumlich getrennt eingesetzt werden, geschützt wird (§ 23 Absatz 1 Satz 1 des Telekommunikation-Digitale-Dienste-Datenschutz-Gesetzes), darf die Auskunft nur verlangt werden zur Abwehr einer konkreten Gefahr für Leib, Leben, Freiheit oder die sexuelle Selbstbestimmung einer der in § 7 genannten Personen und wenn die gesetzlichen Voraussetzungen für die Nutzung der Daten vorliegen. [3] Auskunftsverlangen nach den Sätzen 1 und 2 dürfen nur auf Antrag der Präsidentin oder des Präsidenten des Bundeskriminalamts oder ihrer oder seiner Vertretung durch das Gericht angeordnet werden. [4] In den Fällen des Satzes 1 ist Satz 3 nicht anzuwenden, wenn

1. die betroffene Person vom Auskunftsverlangen bereits Kenntnis hat oder haben muss, oder
2. die Verarbeitung der Daten bereits durch eine gerichtliche Entscheidung gestattet wird.

[5] Das Vorliegen der Voraussetzungen nach Satz 4 ist aktenkundig zu machen. [6] Zuständig ist das Amtsgericht, in dessen Bezirk das Bundeskriminalamt seinen Sitz hat. [7] Für das Verfahren gelten die Vorschriften des Gesetzes über das Verfahren in Familiensachen und in den Angelegenheiten der freiwilligen Gerichtsbarkeit entsprechend. [8] Werden dem Bundeskriminalamt aufgrund eines Auskunftsersuchens *nach Satz 2* Passwörter oder andere Daten unverschlüsselt beauskunftet, so informiert das Bundeskriminalamt hierüber die jeweils zuständige Datenschutzaufsichtsbehörde.

(4) [1] Die Auskunft nach den Absätzen 1 und 2 darf auch anhand einer zu einem bestimmten Zeitpunkt zugewiesenen Internetprotokoll-Adresse verlangt werden (§ 174 Absatz 1 Satz 3 des Telekommunikationsgesetzes und § 22 Absatz 1 Satz 3 und 4 des Telekommunikation-Digitale-Dienste-Datenschutz-Gesetzes) in den Fällen von

1. Absatz 1 Nummer 1 bei Gefahr der Begehung einer Straftat oder

2. Absatz 1 Nummer 2 oder 3 zum Schutz eines in Absatz 1 Nummer 3 genannten Rechtsguts.

[2]Absatz 3 Satz 2 bleibt unberührt. [3]Die Auskunft nach den Absätzen 1 und 2 anhand einer zu einem bestimmten Zeitpunkt zugewiesenen Internetprotokoll-Adresse nach § 22 Absatz 1 Satz 3 und 4 des Telekommunikation-Digitale-Dienste-Datenschutz-Gesetzes darf darüber hinaus nur verlangt werden, wenn tatsächliche Anhaltspunkte dafür vorliegen, dass die betroffene Person Nutzer des digitalen Dienstes ist, bei dem die Daten erhoben werden sollen. [4]Die rechtlichen und tatsächlichen Grundlagen des Auskunftsverlangens sind aktenkundig zu machen.

(5) § 10 Absatz 5 bis 7 gilt entsprechend.

Abschnitt 8. Befugnisse zur Sicherung des Bundeskriminalamtes und zum behördlichen Eigenschutz

§ 67 Befugnisse zur Sicherung des Bundeskriminalamtes. [1]Das Bundeskriminalamt kann zur Erfüllung seiner Aufgabe nach § 8 Absatz 1 die erforderlichen Maßnahmen treffen, um Gefahren für seine behördlichen Liegenschaften, sonstigen Einrichtungen und Veranstaltungen abzuwehren. [2]§ 63 Absatz 2, 4 bis 6 und 8 sowie die §§ 15 bis 20 des Bundespolizeigesetzes[1)] gelten entsprechend.

§ 68 Sicherheitsüberprüfung. [1]Für Personen, die für das Bundeskriminalamt tätig werden sollen, ist eine einfache Sicherheitsüberprüfung nach dem Sicherheitsüberprüfungsgesetz[2)] durchzuführen. [2]§ 8 Absatz 2 Nummer 2 des Sicherheitsüberprüfungsgesetzes gilt entsprechend.

Abschnitt 9. Datenschutz und Datensicherheit, Rechte der betroffenen Person

Unterabschnitt 1. Datenschutzaufsicht

§ 69 Aufgaben und Befugnisse der oder des Bundesbeauftragten für den Datenschutz und die Informationsfreiheit. (1) [1]Die oder der Bundesbeauftragte für den Datenschutz und die Informationsfreiheit führt, unbeschadet ihrer oder seiner in § 14 des Bundesdatenschutzgesetzes[3)] genannten Aufgaben, auch im Hinblick auf die Datenverarbeitung im Informationssystem nach § 13 und im Informationsverbund nach § 29 Kontrollen bezüglich der Datenverarbeitung bei Maßnahmen nach Abschnitt 5, nach § 34 oder nach § 64 und von Übermittlungen nach § 27 mindestens alle zwei Jahre durch. [2]Sie oder er kontrolliert darüber hinaus mindestens alle zwei Jahre, dass Zugriffe auf personenbezogene Daten im Informationssystem und, im Rahmen ihrer oder seiner Zuständigkeit, im Informationsverbund nur innerhalb der Zugriffsberechtigungen nach § 15 Absatz 1 erfolgen.

(2) Sofern die oder der Bundesbeauftragte für den Datenschutz und die Informationsfreiheit Verstöße nach § 16 Absatz 2 des Bundesdatenschutzgesetzes beanstandet hat, kann sie oder er geeignete Maßnahmen anordnen, wenn dies zur

---

1) Nr. **90**.
2) **Sartorius III Nr. 810.**
3) Nr. **245**.

Beseitigung eines erheblichen Verstoßes gegen datenschutzrechtliche Vorschriften erforderlich ist.

Unterabschnitt 2. Datenschutzbeauftragte oder Datenschutzbeauftragter

§ 70[1] Benennung der oder des Datenschutzbeauftragten des Bundeskriminalamtes. [1]Unbeschadet des § 5 Absatz 1 des Bundesdatenschutzgesetzes[2] benennt das Bundeskriminalamt im Einvernehmen mit dem Bundesministerium des Innern, für Bau und Heimat schriftlich eine oder einen Beauftragten für den Datenschutz (Datenschutzbeauftragte oder Datenschutzbeauftragter des Bundeskriminalamtes). [2]Die Abberufung kann nur in entsprechender Anwendung des § 626 des Bürgerlichen Gesetzbuchs[3] erfolgen. [3]Über die Abberufung ist ferner das Einvernehmen mit dem Bundesministerium des Innern, für Bau und Heimat herzustellen.

§ 71 Aufgaben der oder des Datenschutzbeauftragten des Bundeskriminalamtes. (1) [1]Unbeschadet seiner in § 7 des Bundesdatenschutzgesetzes[2] genannten Aufgaben arbeitet die oder der Datenschutzbeauftragte des Bundeskriminalamtes mit den Datenschutzbeauftragten der Landeskriminalämter, der Bundespolizei und des Zollkriminalamts zusammen. [2]Diese Zusammenarbeit umfasst insbesondere den Informations- und Erfahrungsaustausch über Fragen zur Datenverarbeitung grundsätzlicher Art.

(2) Die Tätigkeit der oder des Datenschutzbeauftragten des Bundeskriminalamtes erstreckt sich auch auf personenbezogene Daten, die einem Berufs- oder besonderen Amtsgeheimnis, insbesondere dem Steuergeheimnis nach § 30 der Abgabenordnung, unterliegen.

§ 72[4] Stellung der oder des Datenschutzbeauftragten des Bundeskriminalamtes und Zusammenarbeit mit der oder dem Bundesbeauftragten für den Datenschutz und die Informationsfreiheit. (1) Die oder der Datenschutzbeauftragte des Bundeskriminalamtes ist der Leitung des Bundeskriminalamtes unmittelbar zu unterstellen.

(2) Zur Erfüllung ihrer oder seiner Aufgabe kann sich die oder der Datenschutzbeauftragte des Bundeskriminalamtes in Zweifelsfällen an die Bundesbeauftragte oder den Bundesbeauftragten für den Datenschutz und die Informationsfreiheit wenden, nachdem sie oder er das Benehmen mit der Leitung des Bundeskriminalamtes hergestellt hat; bei Unstimmigkeiten zwischen der oder dem Datenschutzbeauftragten des Bundeskriminalamtes und der Leitung des Bundeskriminalamtes entscheidet das Bundesministerium des Innern, für Bau und Heimat.

(Fortsetzung nächstes Blatt)

---

[1] § 70 Sätze 1, 3 geänd. mWv 27.6.2020 durch VO v. 19.6.2020 (BGBl. I S. 1328).
[2] Nr. **245**.
[3] **Habersack Nr. 20.**
[4] § 72 Abs. 2 geänd. mWv 27.6.2020 durch VO v. 19.6.2020 (BGBl. I S. 1328).

Unterabschnitt 3. Datenschutzrechtliche Verantwortung für die Tätigkeit der an deutsche Auslandsvertretungen abgeordneten Verbindungsbeamtinnen und Verbindungsbeamten des Bundeskriminalamtes

§ 73 Datenschutzrechtliche Verantwortung der Verbindungsbeamtinnen und Verbindungsbeamten des Bundeskriminalamtes. Die datenschutzrechtliche Verantwortung für die Tätigkeit der an deutsche Auslandsvertretungen abgeordneten Verbindungsbeamtinnen und Verbindungsbeamten des Bundeskriminalamtes verbleibt beim Bundeskriminalamt.

Unterabschnitt 4. Pflichten des Bundeskriminalamtes

§ 74 Benachrichtigung bei verdeckten und eingriffsintensiven Maßnahmen. (1) [1] Über eine Maßnahme nach den §§ 34, 45 bis 53 und 64 sind zu benachrichtigen im Falle

1. des § 34, bei der Vorgänge außerhalb von Wohnungen erfasst wurden, des § 45 Absatz 2 Nummer 1 bis 3 (längerfristige Observation, Bildaufnahmen, Tonaufnahmen, technische Observationsmittel) und des § 64 Absatz 2 Nummer 1 und 2 (längerfristige Observation, Bildaufnahmen, Tonaufnahmen) die Zielperson sowie die erheblich mitbetroffenen Personen,
2. des § 34, bei der Vorgänge innerhalb von Wohnungen erfasst wurden, des § 45 Absatz 2 Nummer 4 und 5 (Einsatz Vertrauensperson und Verdeckter Ermittler) und des § 64 Absatz 2 Nummer 3 (Einsatz Vertrauensperson)
   a) die Zielperson,
   b) die erheblich mitbetroffenen Personen,
   c) die Personen, deren nicht allgemein zugängliche Wohnung die beauftragte Person, die Vertrauensperson oder der Verdeckte Ermittler betreten hat,
3. des § 46 (Wohnraumüberwachung)
   a) die Person, gegen die sich die Maßnahme richtete,
   b) sonstige überwachte Personen,
   c) Personen, die die überwachte Wohnung zur Zeit der Durchführung der Maßnahme innehatten oder bewohnten,
4. des § 47 (Ausschreibung) die Zielperson und die Personen, deren personenbezogene Daten gemeldet worden sind,
5. des § 48 (Rasterfahndung) die betroffenen Personen, gegen die nach Auswertung der Daten weitere Maßnahmen getroffen wurden,
6. des § 49 (Verdeckter Eingriff in informationstechnische Systeme) die Zielperson sowie die mitbetroffenen Personen,
7. des § 50 (Postbeschlagnahme) der Absender und der Adressat der Postsendung,
8. des § 51 (Telekommunikationsüberwachung) die Beteiligten der überwachten Telekommunikation,
9. des § 52 Absatz 1 (Erhebung von Verkehrsdaten) die Beteiligten der betroffenen Telekommunikation,

10. des § 52 Absatz 2 (Erhebung von Nutzungsdaten) der Nutzer,

11. des § 53 (IMSI-Catcher) die Zielperson.

[2] Die Benachrichtigung unterbleibt, wenn ihr überwiegende schutzwürdige Belange einer betroffenen Person entgegenstehen. [3] Zudem kann die Benachrichtigung einer in Satz 1 Nummer 6 bis 9 bezeichneten Person, gegen die sich die Maßnahme nicht gerichtet hat, unterbleiben, wenn diese von der Maßnahme nur unerheblich betroffen ist und anzunehmen ist, dass sie kein Interesse an einer Benachrichtigung hat. [4] Nachforschungen zur Feststellung der Identität einer in Satz 1 bezeichneten Person sind nur vorzunehmen, wenn dies unter Berücksichtigung der Eingriffsintensität der Maßnahme gegenüber dieser Person, des Aufwands für die Feststellung ihrer Identität sowie der daraus für diese oder andere Personen folgenden Beeinträchtigungen geboten ist.

(2) [1] Die Benachrichtigung erfolgt, sobald dies ohne Gefährdung des Zwecks der Maßnahme, des Bestandes des Staates, von Leib, Leben oder Freiheit einer Person oder Sachen von bedeutendem Wert, deren Erhaltung im öffentlichen Interesse geboten ist, möglich ist. [2] Im Falle der §§ 34, 45 Absatz 2 Nummer 4 und 5 und des § 64 Absatz 2 Nummer 3 erfolgt die Benachrichtigung erst, sobald dies auch ohne Gefährdung der Möglichkeit der weiteren Verwendung des Verdeckten Ermittlers oder der Vertrauensperson möglich ist. [3] Wird wegen des zugrunde liegenden Sachverhaltes ein strafrechtliches Ermittlungsverfahren geführt, entscheidet die Strafverfolgungsbehörde entsprechend den Vorschriften des Strafverfahrensrechts, ob eine Benachrichtigung vorgenommen wird. [4] Die Benachrichtigung erfolgt durch das Bundeskriminalamt. [5] Wird die Benachrichtigung aus einem der vorgenannten Gründe zurückgestellt, ist dies zu dokumentieren.

(3) [1] Erfolgt die nach Absatz 2 zurückgestellte Benachrichtigung nicht binnen zwölf Monaten nach Beendigung der Maßnahme, bedarf die weitere Zurückstellung der gerichtlichen Zustimmung. [2] Im Falle der §§ 46 und 49 beträgt die Frist sechs Monate. [3] Das Gericht bestimmt die Dauer der weiteren Zurückstellung, im Falle der §§ 46 und 49 jedoch nicht länger als sechs Monate. [4] Verlängerungen der Zurückstellungsdauer sind zulässig. [5] Fünf Jahre nach Beendigung der Maßnahme kann mit gerichtlicher Zustimmung endgültig von der Benachrichtigung abgesehen werden, wenn die Voraussetzungen für die Benachrichtigung mit an Sicherheit grenzender Wahrscheinlichkeit auch in Zukunft nicht eintreten werden, eine weitere Verwendung der Daten gegen den Betroffenen ausgeschlossen ist und die Daten gelöscht wurden. [6] Sind mehrere Maßnahmen in einem engen zeitlichen Zusammenhang durchgeführt worden, beginnt die in Satz 1 genannte Frist mit der Beendigung der letzten Maßnahme.

§ 75 Benachrichtigung über die Speicherung personenbezogener Daten von Kindern. [1] Werden personenbezogene Daten von Kindern, die ohne Kenntnis der Sorgeberechtigten erhoben worden sind, gespeichert, sind die Sorgeberechtigten zu benachrichtigen, sobald die Aufgabenerfüllung hierdurch nicht mehr gefährdet wird. [2] Von der Benachrichtigung kann abgesehen werden, solange zu besorgen ist, dass die Benachrichtigung zu erheblichen Nachteilen für das Kind führt. [3] Im Rahmen des polizeilichen Informationsverbundes obliegt diese Verpflichtung der dateneingebenden Stelle.

§ 76[1] Nachträgliche Benachrichtigung über Ausschreibungen zur polizeilichen Beobachtung im Schengener Informationssystem. (1) Ist eine Ausschreibung zur polizeilichen Beobachtung nach Artikel 36 Absatz 1 der Verordnung (EU) 2018/1862 durch eine Bundes- oder Landesbehörde in das Schengener Informationssystem eingegeben worden, hat die Behörde, die die Ausschreibung veranlasst hat, die betroffene Person nach Beendigung der Ausschreibung über die Ausschreibung zu benachrichtigen.

(2) [1] Die Benachrichtigung unterbleibt, solange dadurch die Durchführung einer rechtmäßigen Aufgabe im Zusammenhang mit der Ausschreibung gefährdet würde. [2] Die Stelle, die die Ausschreibung veranlasst hat, unterrichtet das Bundeskriminalamt über die Löschung und darüber, ob die betroffene Person benachrichtigt wurde.

(3) [1] Erfolgt die nach Absatz 2 Satz 1 zurückgestellte Benachrichtigung nicht binnen zwölf Monaten nach Beendigung der Ausschreibung, bedürfen weitere Zurückstellungen auf Antrag der Stelle, die die Ausschreibung veranlasst hat, der gerichtlichen Zustimmung. [2] Das Gericht bestimmt die Dauer weiterer Zurückstellungen. [3] Fünf Jahre nach Beendigung der Ausschreibung kann es dem endgültigen Absehen von der Benachrichtigung zustimmen, wenn die Voraussetzungen für eine Benachrichtigung mit an Sicherheit grenzender Wahrscheinlichkeit auch in Zukunft nicht eintreten werden. [4] Die Zuständigkeit des Gerichts bestimmt sich nach dem jeweils für die Stelle, die die Ausschreibung veranlasst hat, geltenden Bundes- oder Landesrecht. [5] Ist insoweit keine Regelung getroffen, ist das Amtsgericht zuständig, in dessen Bezirk die Stelle, die die Ausschreibung veranlasst hat, ihren Sitz hat. [6] In diesem Fall gelten für das Verfahren die Bestimmungen des Gesetzes über das Verfahren in Familiensachen und in den Angelegenheiten der freiwilligen Gerichtsbarkeit[2] entsprechend.

(4) Im Falle einer Ausschreibung nach § 17 Absatz 3 des Bundesverfassungsschutzgesetzes[3] erfolgt die Benachrichtigung abweichend von Absatz 2 und 3 durch die Stelle, die die Ausschreibung veranlasst hat, nach Beendigung der Ausschreibung, sobald eine Gefährdung des Zwecks der Ausschreibung ausgeschlossen werden kann.

§ 77[4] Aussonderungsprüffrist; Mitteilung von Löschungsverpflichtungen. (1) [1] Das Bundeskriminalamt prüft nach § 75 des Bundesdatenschutzgesetzes[5] bei der Einzelfallbearbeitung und nach festgesetzten Fristen, ob gespeicherte personenbezogene Daten zu berichtigen oder zu löschen sind. [2] Die Aussonderungsprüffristen nach § 75 Absatz 4 des Bundesdatenschutzgesetzes dürfen bei im Informationssystem des Bundeskriminalamtes verarbeiteten personenbezogenen Daten bei Erwachsenen zehn Jahre, bei Jugendlichen fünf Jahre und bei Kindern zwei Jahre sowie bei der Verhütung und Verfolgung von Straftaten nach den §§ 6 bis 13 des Völkerstrafgesetzbuchs[6] bei Erwachsenen 15 Jahre und bei Jugendlichen

---

[1] § 76 Abs. 1 neu gef., Abs. 2 Satz 2, Abs. 4 geänd. mWv 28.12.2022 durch G v. 19.12.2022 (BGBl. I S. 2632).

[2] **Habersack Nr. 112.**

[3] Nr. **80**.

[4] § 77 Abs. 1 Satz 2, Abs. 2 Satz 1 geänd., Abs. 2 Satz 5 neu gef. mWv 12.12.2020 durch G v. 3.12. 2020 (BGBl. I S. 2744); Abs. 1 Satz 2, Abs. 2 Satz 1 und Satz 5 geänd., Abs. 2 Satz 6 angef. mWv 3.8.2024 durch G v. 30.7.2024 (BGBl. 2024 I Nr. 255); Abs. 6 Satz 1 geänd., Abs. 7 und 8 angef. mWv 24.7.2025 durch G v. 17.7.2025 (BGBl. 2025 I Nr. 171); Abs. 9 angef. mWv 14.2.2026 durch G v. 10.2.2026 (BGBl. 2026 I Nr. 39).

[5] Nr. **245**.

[6] **Habersack ErgBd. Nr. 85g.**

zehn Jahre nicht überschreiten, wobei nach Zweck der Speicherung sowie Art und Schwere des Sachverhalts zu unterscheiden ist. [3]Die Beachtung der Aussonderungsprüffristen ist durch geeignete technische Maßnahmen zu gewährleisten.

(2) [1]In den Fällen von § 19 Absatz 1 dürfen die Aussonderungsprüffristen bei Erwachsenen fünf Jahre und bei Jugendlichen drei Jahre nicht überschreiten. [2]Personenbezogene Daten der in § 19 Absatz 1 Satz 1 Nummer 1 bis 4 bezeichneten Personen können ohne Zustimmung der betroffenen Person nur für die Dauer eines Jahres gespeichert werden. [3]Die Speicherung für jeweils ein weiteres Jahr ist zulässig, soweit die Voraussetzungen des § 19 Absatz 1 weiterhin vorliegen. [4]Die maßgeblichen Gründe für die Aufrechterhaltung der Speicherung nach Satz 3 sind aktenkundig zu machen. [5]Die Speicherung nach Satz 2 darf jedoch insgesamt drei Jahre, bei der Verhütung und Verfolgung von Straftaten nach § 129a, auch in Verbindung mit § 129b Absatz 1, des Strafgesetzbuchs[1)] fünf Jahre nicht überschreiten. [6]Abweichend von Satz 1 dürfen die Aussonderungsprüffristen bei der Verhütung und Verfolgung von Straftaten nach den §§ 6 bis 13 des Völkerstrafgesetzbuchs bei Erwachsenen 15 Jahre und bei Jugendlichen zehn Jahre nicht überschreiten; die Sätze 2 bis 5 finden in diesen Fällen keine Anwendung.

(3) [1]Die Fristen beginnen mit dem Tag, an dem das letzte Ereignis eingetreten ist, das zur Speicherung der Daten geführt hat, jedoch nicht vor Entlassung der betroffenen Person aus einer Justizvollzugsanstalt oder Beendigung einer mit Freiheitsentziehung verbundenen Maßregel der Besserung und Sicherung. [2]Die Speicherung kann über die in Absatz 1 Satz 2 genannten Fristen hinaus auch allein für Zwecke der Vorgangsverwaltung aufrechterhalten werden, sofern dies erforderlich ist; in diesem Falle können die Daten nur noch für diesen Zweck oder zur Behebung einer bestehenden Beweisnot verwendet werden.

(4) [1]Bei der Übermittlung von personenbezogenen Daten an das Bundeskriminalamt als Zentralstelle außerhalb des polizeilichen Informationsverbundes teilt die anliefernde Stelle die nach ihrem Recht geltenden Löschungsverpflichtungen mit. [2]Das Bundeskriminalamt hat diese einzuhalten. [3]Die Löschung unterbleibt, wenn Anhaltspunkte dafür bestehen, dass die Daten für die Aufgabenerfüllung des Bundeskriminalamtes als Zentralstelle, namentlich bei Vorliegen weitergehender Erkenntnisse, erforderlich sind, es sei denn, auch das Bundeskriminalamt wäre zur Löschung verpflichtet.

(5) [1]Im Falle der Übermittlung nach Absatz 4 Satz 1 legt das Bundeskriminalamt bei Speicherung der personenbezogenen Daten im Informationssystem außerhalb des polizeilichen Informationsverbundes im Benehmen mit der übermittelnden Stelle die Aussonderungsprüffrist nach Absatz 1 oder Absatz 2 fest. [2]Die anliefernde Stelle hat das Bundeskriminalamt zu unterrichten, wenn sie feststellt, dass zu löschende oder in ihrer Verarbeitung einzuschränkende Daten übermittelt worden sind. [3]Entsprechendes gilt, wenn die anliefernde Stelle feststellt, dass unrichtige Daten übermittelt wurden und die Berichtigung zur Wahrung schutzwürdiger Interessen der betroffenen Person oder zur Erfüllung der Aufgaben der anliefernden Stelle oder des Bundeskriminalamtes erforderlich ist.

(6) [1]Bei im polizeilichen Informationsverbund gespeicherten personenbezogenen Daten obliegen die in § 75 des Bundesdatenschutzgesetzes und den Absätzen 1 bis 3 sowie 7 und 8 genannten Verpflichtungen der Stelle, die die datenschutzrechtliche Verantwortung nach § 31 Absatz 2 trägt. [2]Absatz 4 Satz 3 gilt für die zur Löschung verpflichtete Landesbehörde entsprechend. [3]In diesem Fall überlässt die

---

[1)] **Habersack Nr. 85.**

Landesbehörde dem Bundeskriminalamt die entsprechenden schriftlichen Unterlagen.

(7) [1]Für die Aussonderungsprüffristen nach § 75 Absatz 4 des Bundesdatenschutzgesetzes gilt für im polizeilichen Informationsverbund vorsorgend gespeicherte personenbezogene Daten von Beschuldigten und Tatverdächtigen, dass die Aussonderungsprüffrist nicht überschreiten darf

1. bei Erwachsenen fünf Jahre, bei Jugendlichen vier Jahre und bei Kindern zwei Jahre, sofern der Anlass eine schwere Straftat nach § 100a Absatz 2 der Strafprozessordnung[1)] ist;
2. in allen anderen Fällen bei Erwachsenen drei Jahre, bei Jugendlichen zwei Jahre und bei Kindern ein Jahr.

[2]Bei der Festlegung der Aussonderungsprüffrist ist nach Art und Schwere des zugrundliegenden Sachverhalts sowie des Eingriffsgewichts der Datenerhebung zu unterscheiden. [3]Liegen bei Ablauf der Aussonderungsprüffrist weiterhin oder neu hinzutretende relevante Umstände für die nach § 30a Absatz 2 zu treffende Prognose vor, kann eine erneute Aussonderungsprüffrist nach Satz 1 festgelegt werden. [4]Anderenfalls sind die Daten zu löschen. [5]In den Fällen des Satzes 1 Nummer 2 kann höchstens zweimal eine erneute Aussonderungsprüffrist festgelegt werden. [6]In den Fällen des Satzes 1 Nummer 1 kann auch mehr als zweimal eine erneute Aussonderungsprüffrist festgelegt werden.

(8) [1]Für die Aussonderungsprüffristen nach § 75 Absatz 4 des Bundesdatenschutzgesetzes gilt für im polizeilichen Informationsverbund vorsorgend gespeicherte personenbezogene Daten von Anlasspersonen, dass die Aussonderungsprüffrist bei Erwachsenen zwei Jahre, bei Jugendlichen und Kindern ein Jahr nicht überschreiten darf. [2]Absatz 7 Satz 2 gilt entsprechend. [3]Liegen bei Ablauf der Aussonderungsprüffrist weiterhin oder neu hinzutretende relevante Umstände für die nach § 30a Absatz 1 in Verbindung mit § 18 Absatz 1 Nummer 4 zu treffende Prognose vor, kann eine erneute Aussonderungsprüffrist nach Satz 1 festgelegt werden. [4]Anderenfalls sind die Daten zu löschen. [5]Eine erneute Aussonderungsprüffrist kann vorbehaltlich des Satzes 6 höchstens zweimal festgelegt werden. [6]Liegen in den Fällen des § 30a Absatz 1 in Verbindung mit § 18 Absatz 1 Nummer 4 tatsächliche Anhaltspunkte dafür vor, dass die betroffene Person in naher Zukunft eine schwere Straftat nach § 100a Absatz 2 der Strafprozessordnung begehen wird, kann auch mehr als zweimal eine erneute Aussonderungsprüffrist festgelegt werden.

(9) Das Bundeskriminalamt prüft die Speicherung von personenbezogenen Daten im Zusammenhang mit einem Informationsaustausch als zentrale Kontaktstelle spätestens sechs Monate nach Abschluss eines Informationsaustauschs und anschließend regelmäßig.

§ 78[2)] Berichtigung personenbezogener Daten sowie die Einschränkung der Verarbeitung in Akten sowie Vernichtung von Akten. (1) [1]Stellt das Bundeskriminalamt die Unrichtigkeit personenbezogener Daten in Akten fest, ist die in § 75 Absatz 1 des Bundesdatenschutzgesetzes[3)] genannte Berichtigungspflicht dadurch zu erfüllen, dass dies in der Akte vermerkt oder auf sonstige Weise festgehalten wird. [2]Bestreitet die betroffene Person die Richtigkeit sie betreffender

[1)] **Habersack Nr. 90.**
[2)] § 78 Abs. 4 ber. BGBl. 2019 I S. 400.
[3)] Nr. **245**.

personenbezogener Daten und lässt sich weder die Richtigkeit noch die Unrichtigkeit feststellen, sind die Daten entsprechend zu kennzeichnen, um eine Verarbeitungseinschränkung nach § 58 Absatz 1 Satz 2 des Bundesdatenschutzgesetzes zu ermöglichen.

(2) [1]Das Bundeskriminalamt hat die Verarbeitung personenbezogener Daten in Akten einzuschränken, wenn

1. die Verarbeitung unzulässig ist oder
2. aus Anlass einer Einzelfallbearbeitung festgestellt wird, dass die Kenntnis der Daten zur Erfüllung der dem Bundeskriminalamt obliegenden Aufgaben nicht mehr erforderlich ist oder eine Löschungsverpflichtung nach § 77 Absatz 3 bis 5 besteht.

[2]Die Akte ist zu vernichten, wenn sie insgesamt zur Erfüllung der Aufgaben des Bundeskriminalamtes nicht mehr erforderlich ist. [3]Die Vernichtung unterbleibt, wenn

1. Grund zu der Annahme besteht, dass andernfalls schutzwürdige Interessen der betroffenen Person beeinträchtigt würden oder
2. die personenbezogenen Daten für Zwecke eines gerichtlichen Verfahrens weiter aufbewahrt werden müssen.

[4]In diesen Fällen ist die Verarbeitung der Daten einzuschränken und sind die Unterlagen mit einem entsprechenden Einschränkungsvermerk zu versehen.

(3) In ihrer Verarbeitung eingeschränkte Daten dürfen nur für den Zweck verarbeitet werden, für den die Vernichtung der Akte unterblieben ist; sie dürfen auch verarbeitet werden, wenn dies zur Behebung einer bestehenden Beweisnot unerlässlich ist oder die betroffene Person einwilligt.

(4) Anstelle der Vernichtung nach Absatz 2 Satz 2 sind die Akten an das zuständige Archiv abzugeben, sofern diesen Unterlagen bleibender Wert im Sinne des § 1 Nummer 10 des Bundesarchivgesetzes zukommt.

(5) § 75 Absatz 4 des Bundesdatenschutzgesetzes sowie § 77 Absatz 4 und 5 gelten entsprechend.

§ 79[1)] Löschung von durch Maßnahmen zur Abwehr von Gefahren des internationalen Terrorismus oder vergleichbaren Maßnahmen erlangten personenbezogenen Daten. (1) [1]Sind die durch eine in Abschnitt 5 genannte Maßnahme oder durch Maßnahmen nach § 34 oder § 64 erlangten personenbezogenen Daten, die nicht dem Kernbereich privater Lebensgestaltung zuzuordnen sind, zur Erfüllung des der Maßnahme zugrunde liegenden Zwecks und für eine etwaige gerichtliche Überprüfung der Maßnahme nicht mehr erforderlich, sind sie unverzüglich zu löschen, soweit keine Weiterverarbeitung der Daten nach den Vorschriften des Abschnitts 2 Unterabschnitt 2 erfolgt. [2]Die Tatsache der Löschung ist zu dokumentieren. [3]Die Dokumentation darf ausschließlich für Zwecke der Datenschutzkontrolle verwendet werden. [4]Sie ist sechs Monate nach der Benachrichtigung nach § 74 oder sechs Monate nach Erteilung der gerichtlichen Zustimmung über das endgültige Absehen von der Benachrichtigung zu löschen. [5]Ist die Datenschutzkontrolle nach § 69 Absatz 1 noch nicht beendet, ist die Dokumentation bis zu ihrem Abschluss aufzubewahren.

(2) Absatz 1 gilt entsprechend für personenbezogene Daten, die

1. dem Bundeskriminalamt übermittelt worden sind und

[1)] § 79 Abs. 1 Satz 1 ber. BGBl. 2019 I S. 400.

2. durch Maßnahmen erlangt wurden, die den Maßnahmen nach § 34, Abschnitt 5 oder § 64 entsprechen.

§ 80 Verzeichnis von Verarbeitungstätigkeiten. (1) Das Bundeskriminalamt nimmt in das Verzeichnis nach § 70 des Bundesdatenschutzgesetzes[1] Angaben auf zu

1. Kategorien von innerhalb seines Informationssystems durchgeführten Tätigkeiten der Datenverarbeitungen, einschließlich derer, die es im Rahmen seiner Teilnahme am polizeilichen Informationsverbund nach § 29 Absatz 3 durchführt,
2. Kategorien von Tätigkeiten der Datenverarbeitungen, die es in Erfüllung seiner Aufgabe nach § 2 Absatz 3 durchführt.

(2) Die nach § 70 Absatz 1 Satz 2 Nummer 2 des Bundesdatenschutzgesetzes geforderte Darstellung der Zwecke der im Informationssystem des Bundeskriminalamtes und in Erfüllung der Aufgabe nach § 2 Absatz 3 durchgeführten Kategorien an Verarbeitungen richtet sich nach den in den §§ 2 bis 8 genannten Aufgaben des Bundeskriminalamtes.

(3) Die nach § 70 Absatz 1 Satz 2 Nummer 3 des Bundesdatenschutzgesetzes geforderte Darstellung der Kategorien von Empfängern enthält auch Angaben dazu, ob die Übermittlung im Wege eines nach § 25 Absatz 7 eingerichteten automatisierten Abrufverfahrens erfolgt.

(4) Die nach § 70 Absatz 1 Satz 2 Nummer 4 des Bundesdatenschutzgesetzes geforderte Beschreibung

1. der Kategorien betroffener Personen richtet sich insbesondere nach den in den §§ 18 und 19 genannten Personen,
2. der Kategorien personenbezogener Daten richtet sich insbesondere nach den in der Rechtsverordnung nach § 20 aufgeführten Datenarten.

(5) Die im Verzeichnis enthaltenen Angaben zu Kategorien von Datenverarbeitungen nach Absatz 1 Nummer 2 enthalten Aussagen zu den Kriterien nach § 30.

(6) Das Bundeskriminalamt stellt das Verzeichnis und dessen Aktualisierungen der oder dem Bundesbeauftragten für den Datenschutz und die Informationsfreiheit zur Verfügung.

(Fortsetzung nächstes Blatt)

---

[1] Nr. **245**.

§ 81[1)] Protokollierung. (1) Die Protokollierung nach § 76 des Bundesdatenschutzgesetzes[2)] erfolgt zu Verarbeitungsvorgängen im Informationssystem ergänzend zu den dort genannten Anforderungen in einer Weise, dass die Protokolle

1. der oder dem Datenschutzbeauftragten des Bundeskriminalamtes und der oder dem Bundesbeauftragten für den Datenschutz und die Informationsfreiheit in elektronisch auswertbarer Form für die Überprüfung der Rechtmäßigkeit der Datenverarbeitung zur Verfügung stehen und
2. eine Überprüfung ermöglichen, dass Zugriffe auf personenbezogene Daten im Informationssystem innerhalb der Zugriffsberechtigungen nach § 15 Absatz 1 und 2 erfolgen.

(2) [1] Absatz 1 gilt für Zugriffe der Teilnehmer am polizeilichen Informationsverbund entsprechend. [2] Das Bundeskriminalamt hat insbesondere den Zeitpunkt, die Angaben, die die Feststellung der aufgerufenen Datensätze ermöglichen, sowie die für den Zugriff verantwortliche Dienststelle zu protokollieren.

(3) Die nach § 76 des Bundesdatenschutzgesetzes und unter Beachtung der Absätze 1 und 2 generierten Protokolldaten sind nach zwölf Monaten zu löschen.

(4) [1] Bei eingehenden Ersuchen um Finanzinformationen oder Finanzanalysen nach Artikel 2 Nummer 5 und 11 der Richtlinie (EU) 2019/1153 werden protokolliert:

1. Der Name und die Kontaktdaten der Organisation und des Mitarbeiters, der die Informationen anfordert, sowie nach Möglichkeit des Empfängers der Ergebnisse der Abfrage oder Suche,
2. die Bezugnahme auf den nationalen Fall der ersuchenden zentralen Meldestelle, hinsichtlich dessen die Informationen angefordert werden
3. der Gegenstand der Ersuchen und
4. alle Maßnahmen, die getroffen wurden, um diesen Ersuchen nachzukommen.

[2] Abweichend von Absatz 3 sind die Protokolldaten nach fünf Jahren zu löschen. [3] Sie dürfen ausschließlich zur Überprüfung der Rechtmäßigkeit der Verarbeitung personenbezogener Daten verwendet werden und sind der oder dem Bundesbeauftragten für den Datenschutz und die Informationsfreiheit auf Anforderung zur Verfügung zu stellen. [4] Außerdem erhebt das Bundeskriminalamt die Dauer der Bearbeitung von Ersuchen im Sinne des Satzes 1 und übermittelt sie auf Anforderung an das Bundesministerium des Innern, für Bau und Heimat.

§ 82 Protokollierung bei verdeckten und eingriffsintensiven Maßnahmen. (1) Bei der Erhebung von Daten nach den §§ 34, 45 bis 53 und 64 sind zu protokollieren:

1. das zur Datenerhebung eingesetzte Mittel,
2. der Zeitpunkt des Einsatzes,
3. Angaben, die die Feststellung der erhobenen Daten ermöglichen, sowie
4. die Organisationseinheit, die die Maßnahme durchführt.

(2) Zu protokollieren sind auch

1. bei Maßnahmen nach § 34, bei denen Vorgänge außerhalb von Wohnungen erfasst wurden, nach § 45 Absatz 2 Nummer 1 bis 3 (längerfristige Observation, Bildaufnahmen, Tonaufnahmen, technische Observationsmittel) und

---

[1)] § 81 Abs. 4 angef. mWv 1.8.2021 durch G v. 25.6.2021 (BGBl. I S. 2083).
[2)] Nr. **245**.

nach § 64 Absatz 2 Nummer 1 und 2 (längerfristige Observation, Bildaufnahmen, Tonaufnahmen) die Zielperson sowie die erheblich mitbetroffenen Personen,

2. bei Maßnahmen nach § 34, bei denen Vorgänge innerhalb von Wohnungen erfasst wurden, nach § 45 Absatz 2 Nummer 4 und 5 (Einsatz einer Vertrauensperson und eines Verdeckten Ermittlers) und nach § 64 Absatz 2 Nummer 3 (Einsatz einer Vertrauensperson)
   a) die Zielperson,
   b) die erheblich mitbetroffenen Personen sowie
   c) die Personen, deren nicht allgemein zugängliche Wohnung die beauftragte Person, die Vertrauensperson oder der Verdeckte Ermittler betreten hat,
3. bei Maßnahmen nach § 46 (Wohnraumüberwachung)
   a) die Person, gegen die sich die Maßnahme richtete,
   b) sonstige überwachte Personen sowie
   c) Personen, die die überwachte Wohnung zur Zeit der Durchführung der Maßnahme innehatten oder bewohnten,
4. bei Maßnahmen nach § 47 (Ausschreibung) die Zielperson und die Personen, deren personenbezogene Daten gemeldet worden sind,
5. bei Maßnahmen nach § 48 (Rasterfahndung)
   a) die im Übermittlungsersuchen nach § 48 Absatz 2 enthaltenen Merkmale sowie
   b) die betroffenen Personen, gegen die nach Auswertung der Daten weitere Maßnahmen getroffen wurden,
6. bei Maßnahmen nach § 49 (Verdeckter Eingriff in informationstechnische Systeme)
   a) die Zielperson sowie die mitbetroffenen Personen sowie
   b) die Angaben zur Identifizierung des informationstechnischen Systems und die daran vorgenommenen nicht nur flüchtigen Veränderungen,
7. bei Maßnahmen nach § 50 (Postbeschlagnahme) der Absender und der Adressat der Postsendung sowie die Art und die Anzahl der beschlagnahmten Postsendungen,
8. bei Maßnahmen nach § 51 (Telekommunikationsüberwachung)
   a) die Beteiligten der überwachten Telekommunikation sowie
   b) im Falle, dass Überwachung mit einem Eingriff in von der betroffenen Person genutzte informationstechnische Systeme verbunden ist, die Angaben zur Identifizierung des informationstechnischen Systems und die daran vorgenommenen nicht nur flüchtigen Veränderungen,
9. bei Maßnahmen nach § 52 Absatz 1 (Erhebung von Verkehrsdaten) die Beteiligten der betroffenen Telekommunikation,
10. bei Maßnahmen nach § 52 Absatz 2 (Erhebung von Nutzungsdaten) der Nutzer,
11. bei Maßnahmen nach § 53 (IMSI-Catcher) die Zielperson.

(3) [1] Nachforschungen zur Feststellung der Identität einer in Absatz 2 bezeichneten Person sind nur vorzunehmen, wenn dies unter Berücksichtigung der Eingriffsintensität der Maßnahme gegenüber dieser Person, des Aufwands für die Feststellung ihrer Identität sowie der daraus für diese oder andere Personen folgenden Beeinträchtigungen geboten ist. [2] Die Zahl der Personen, deren Protokollierung unterblieben ist, ist im Protokoll anzugeben.

(4) [1] Die Protokolldaten dürfen nur verwendet werden für Zwecke der Benachrichtigung nach § 74 und um der betroffenen Person oder einer dazu befugten öffentlichen Stelle die Prüfung zu ermöglichen, ob die Maßnahmen rechtmäßig durchgeführt worden sind. [2] Sie sind bis zum Abschluss der Kontrolle nach § 69 Absatz 1 aufzubewahren und sodann automatisiert zu löschen, es sei denn, dass sie für den in Satz 1 genannten Zweck noch erforderlich sind.

§ 83 Benachrichtigung der oder des Bundesbeauftragten für den Datenschutz und die Informationsfreiheit bei Verletzungen des Schutzes personenbezogener Daten. Bei einer Verletzung des Schutzes personenbezogener Daten sind die teilnehmenden Behörden im Rahmen des polizeilichen Informationsverbunds entsprechend § 65 Absatz 6 des Bundesdatenschutzgesetzes[1)] zu benachrichtigen, wenn von ihnen eingegebene Daten betroffen sind.

Unterabschnitt 5. Rechte der betroffenen Person

§ 84[2)] Rechte der betroffenen Person. (1) [1] Über die in den §§ 57 und 58 des Bundesdatenschutzgesetzes[1)] enthaltenen Rechte der betroffenen Person hinaus gilt für die Verarbeitung im polizeilichen Informationsverbund die Besonderheit, dass bei Daten, die im polizeilichen Informationsverbund verarbeitet werden, das Bundeskriminalamt die Auskunft nach § 57 des Bundesdatenschutzgesetzes im Einvernehmen mit der Stelle, die die datenschutzrechtliche Verantwortung nach § 31 Absatz 2 trägt, erteilt. [2] Erteilt ein Landeskriminalamt Auskunft aus seinem Landessystem, kann es hiermit einen Hinweis auf einen vom Land in den polizeilichen Informationsverbund eingegebenen Datensatz verbinden. [3] Bei der Berichtigung, Löschung und Verarbeitungseinschränkung personenbezogener Daten findet Satz 1 entsprechende Anwendung bei Daten, die im polizeilichen Informationsverbund verarbeitet werden.

(2) [1] Bei Ausschreibungen zur polizeilichen Beobachtung durch ausländische Stellen nach Artikel 36 Absatz 1 der Verordnung (EU) 2018/1862 hat das Bundeskriminalamt eine Auskunft, die nach Artikel 67 Absatz 2 und 3 der Verordnung (EU) 2018/1862 unterblieben ist, nachträglich zu erteilen, wenn die der Auskunftserteilung entgegenstehenden Umstände entfallen sind. [2] Es hat dies im Zusammenwirken mit der Stelle, die die Ausschreibung veranlasst hat, spätestens zum vorgesehenen Zeitpunkt der Löschung im nationalen Teil des Schengener Informationssystems zu prüfen.

§ 85 Ausübung der Betroffenenrechte im polizeilichen Informationsverbund sowie bei projektbezogenen gemeinsamen Dateien. [1] Sind die Daten der betroffenen Person beim Bundeskriminalamt automatisiert in der Weise gespeichert, dass mehrere Stellen speicherungsberechtigt sind, und ist die betroffene Person nicht in der Lage festzustellen, welche Stelle die Daten gespeichert hat, so kann sie sich zur Geltendmachung ihrer Rechte an jede dieser Stellen wenden. [2] Diese ist verpflichtet, das Vorbringen der betroffenen Person an die Stelle, die die Daten gespeichert hat, weiterzuleiten. [3] Die betroffene Person ist über die Weiterleitung und jene Stelle zu unterrichten. [4] Das Bundeskriminalamt kann statt der betroffenen Person die oder den Bundesbeauftragten für den Datenschutz und die Informationsfreiheit unterrichten. [5] Das weitere Verfahren richtet sich nach § 57 Absatz 7 Satz 3 und 6 des Bundesdatenschutzgesetzes[1)].

[1)] Nr. **245**.
[2)] § 84 Abs. 2 Satz 1 geänd. mWv 28.12.2022 durch G v. 19.12.2022 (BGBl. I S. 2632).

Unterabschnitt 6. Schadensersatz

§ 86 Schadensersatz im polizeilichen Informationsverbund. (1) [1]Bei der Datenverarbeitung im polizeilichen Informationsverbund gilt das Bundeskriminalamt gegenüber einer betroffenen Person als allein Verantwortlicher im Sinne von § 83 Absatz 1 des Bundesdatenschutzgesetzes[1)]. [2]§ 83 Absatz 3 des Bundesdatenschutzgesetzes ist nicht anzuwenden.

(2) In den Fällen des Absatzes 1 ist der Schaden im Innenverhältnis auszugleichen, soweit er der datenschutzrechtlichen Verantwortung einer anderen Stelle zuzurechnen ist.

Abschnitt 10. Schlussvorschriften

§ 87 Strafvorschriften. (1) Mit Freiheitsstrafe bis zu drei Jahren oder mit Geldstrafe wird bestraft, wer

1. einer vollstreckbaren gerichtlichen Anordnung nach § 55 Absatz 3 Satz 1 oder einer vollziehbaren Anordnung nach § 55 Absatz 3 Satz 2 zuwiderhandelt und dadurch den Zweck der Anordnung gefährdet oder
2. einer vollstreckbaren gerichtlichen Anordnung nach § 56 Absatz 5 Satz 1 oder einer vollziehbaren Anordnung nach § 56 Absatz 5 Satz 2 zuwiderhandelt und dadurch die kontinuierliche Feststellung seines Aufenthaltsortes durch das Bundeskriminalamt verhindert.

(2) Die Tat wird nur auf Antrag des Bundeskriminalamtes verfolgt.

§ 88[2)] Berichtspflicht gegenüber dem Deutschen Bundestag. [1]Das Bundeskriminalamt berichtet dem Bundesministerium des Innern, für Bau und Heimat alle zwei Jahre, erstmals bis zum 1. Oktober 2019, über die Ausübung seiner in Abschnitt 5 und in den §§ 34 und 64 genannten Befugnisse sowie über Übermittlungen nach § 27. [2]In dieser Unterrichtung wird insbesondere dargestellt, in welchem Umfang von welchen Befugnissen aus Anlass welcher Art von Verdachtslagen Gebrauch gemacht wurde und inwieweit die betroffenen Personen hierüber benachrichtigt wurden. [3]Das Bundesministerium des Innern, für Bau und Heimat leitet diese Unterrichtung der Bundesregierung und dem Deutschen Bundestag innerhalb von zwei Monaten zu. [4]Der Deutsche Bundestag macht die Unterrichtung öffentlich zugänglich.

§ 89 Einschränkung von Grundrechten. Die Grundrechte der körperlichen Unversehrtheit (Artikel 2 Absatz 2 Satz 1 des Grundgesetzes[3)]), der Freiheit der Person (Artikel 2 Absatz 2 Satz 2 des Grundgesetzes), des Brief-, Post- und Fernmeldegeheimnisses (Artikel 10 des Grundgesetzes), der Freizügigkeit (Artikel 11 Absatz 1 des Grundgesetzes) und der Unverletzlichkeit der Wohnung (Artikel 13 des Grundgesetzes) werden nach Maßgabe dieses Gesetzes eingeschränkt.

§ 90 Gerichtliche Zuständigkeit, Verfahren. (1) Für Maßnahmen nach den §§ 10, 33, 34, Abschnitt 5 und § 64 sowie für gerichtliche Entscheidungen nach § 74 gelten, soweit nichts anderes bestimmt ist, die nachstehenden Regelungen.

---

1) Nr. **245**.
2) § 88 Sätze 1, 3 geänd. mWv 27.6.2020 durch VO v. 19.6.2020 (BGBl. I S. 1328).
3) Nr. **1**.

(2) [1] Für gerichtliche Entscheidungen ist das Amtsgericht zuständig, in dessen Bezirk das Bundeskriminalamt seinen Sitz hat. [2] Für das Verfahren gelten die Bestimmungen des Gesetzes über das Verfahren in Familiensachen und in den Angelegenheiten der freiwilligen Gerichtsbarkeit[1)] entsprechend.

(3) [1] Bei Entscheidungen über die Verwertbarkeit oder Löschung von Erkenntnissen, die bei Maßnahmen nach den §§ 34, 45, 46, 49, 51 und 64 erhoben worden sind, kann das Gericht sachkundige Bedienstete des Bundeskriminalamtes zur Berücksichtigung von ermittlungsspezifischem Fachverstand anhören. [2] Bei der Sichtung der erhobenen Daten kann sich das Gericht der technischen Unterstützung des Bundeskriminalamtes bedienen. [3] Die Bediensteten des Bundeskriminalamtes sind zur Verschwiegenheit über ihnen bekannt werdende Erkenntnisse, deren Löschung das Gericht anordnet, verpflichtet.

§ 91 Übergangsvorschrift. Abweichend von § 14 Absatz 2 ist eine Weiterverarbeitung oder Übermittlung personenbezogener Daten auch zulässig nach den Bestimmungen der für die Daten am 24. Mai 2018 jeweils geltenden Errichtungsanordnung nach § 34 des Bundeskriminalamtgesetzes in der bis zum 24. Mai 2018 geltenden Fassung.

[1)] **Habersack Nr. 112.**

500. Hochschulrahmengesetz (HRG)[1]

In der Fassung der Bekanntmachung vom 19. Januar 1999[2]
(BGBl. I S. 18)

FNA 2211-3

geänd. durch Art. 7 G zur Änd. des Begriffs „Erziehungsurlaub" v. 30.11.2000 (BGBl. I S. 1638), Art. 68 Siebente ZuständigkeitsanpassungsVO v. 29.10.2001 (BGBl. I S. 2785), Art. 1 Fünftes HochschulrahmenG-ÄndG v. 16.2.2002 (BGBl. I S. 693, nichtig gem. Urt. des BVerfG v. 27.7.2004 – 2 BvF 2/02 –), Art. 28 Behindertengleichstellungs-EinführungsG v. 27.4.2002 (BGBl. I S. 1467), Art. 1 Sechstes HochschulrahmenG-ÄndG v. 8.8.2002 (BGBl. I S. 3138, teilw. nichtig gem. Urt. des BVerfG v. 26.1.2005 – 2 BvF 1/03 –), Art. 1 Siebtes HochschulrahmenG-ÄndG v. 28.8.2004 (BGBl. I S. 2298), Art. 1 G zur Änd. dienst- und arbeitsrechtl. Vorschr. im Hochschulbereich v. 27.12.2004 (BGBl. I S. 3835), Art. 2 Abs. 3 Elterngeld- EinführungsG v. 5.12.2006 (BGBl. I S. 2748), Art. 2 G zur Änd. arbeitsrechtl. Vorschr. in der Wissenschaft v. 12.4.2007 (BGBl. I S. 506), Art. 6 Abs. 2 G zur Neuregelung des Mutterschutzrechts v. 23.5.2017 (BGBl. I S. 1228), Entsch. des BVerfG – 1 BvL 3/14, 1 BvL 4/14 – v. 19.12.2017 (BGBl. 2018 I S. 123) und Art. 1 Achtes ÄndG v. 15.11.2019 (BGBl. I S. 1622)

---

[1] Zum HRG haben die Länder u.a. folgende Vorschriften erlassen:
- **Baden-Württemberg:** LandeshochschulG v. 1.1.2005 (GBl. S. 1), zuletzt geänd. durch G v. 11.12.2025 (GBl. Nr. 139); LandeshochschulgebührenG v. 1.1.2005 (GBl. S. 1, 56), zuletzt geänd. durch G v. 11.12.2025 (GBl. Nr. 139),
- **Bayern:** Bayerisches Hochschulinnovationsgesetz v. 5.8.2022 (GVBl. S. 414), zuletzt geänd. durch G v. 23.12.2025 (GVBl. S. 657),
- **Berlin:** Berliner HochschulG idF der Bek. v. 26.7.2011 (GVBl. S. 378), zuletzt geänd. durch G v. 21.1.2026 (GVBl. S. 23),
- **Brandenburg:** Brandenburgisches Hochschulgesetz v. 9.4.2024 (GVBl. I Nr. 12), geänd. durch G v. 21.6.2024 (GVBl. I Nr. 30),
- **Bremen:** Bremisches HochschulG idF der Bek. v. 9.5.2007 (Brem.GBl. S. 339), zuletzt geänd. durch Bek. v. 2.9.2025 (Brem.GBl. S. 674),
- **Hamburg:** Hamburgisches HochschulG v. 18.7.2001 (HmbGVBl. S. 171), zuletzt geänd. durch G v. 19.2.2025 (HmbGVBl. S. 242),
- **Hessen:** Hessisches HochschulG v. 14.12.2021 (GVBl. S. 931), zuletzt geänd. durch G v. 10.10.2024 (GVBl. Nr. 56),
- **Mecklenburg-Vorpommern:** LandeshochschulG idF der Bek. v. 25.1.2011 (GVOBl. M-V S. 18), zuletzt geänd. durch G v. 11.12.2025 (GVOBl. M-V S. 764),
- **Niedersachsen:** Niedersächsisches HochschulG idF der Bek. v. 26.2.2007 (Nds. GVBl. S. 69), zuletzt geänd. durch G v. 13.12.2024 (Nds. GVBl. Nr. 118),
- **Nordrhein-Westfalen:** HochschulG v. 16.9.2014 (GV. NRW. S. 547), zuletzt geänd. durch G v. 19.12.2024 (GV. NRW. S. 1222),
- **Rheinland-Pfalz:** Hochschulgesetz Rheinland-Pfalz v. 23.9.2020 (GVBl. S. 461), zuletzt geänd. durch G v. 11.2.2026 (GVBl. S. 40); LandesG über die Deutsche Universität für Verwaltungswissenschaften Speyer v. 19.11.2025 (GVBl. S. 639),
- **Saarland:** Saarländisches HochschulG v. 30.11.2016 (Amtsbl. I S. 1080), zuletzt geänd. durch G v. 10.7.2024 (Amtsbl. I S. 555),
- **Sachsen:** Sächsische Hochschulgesetz v. 31.5.2023 (SächsGVBl. S. 329), zuletzt geänd. durch G v. 31.1.2024 (SächsGVBl. S. 83),
- **Sachsen-Anhalt:** HochschulG des Landes Sachsen-Anhalt idF der Bek. v. 1.7.2021 (GVBl. LSA S. 368, 369),
- **Schleswig-Holstein:** HochschulG idF der Bek. v. 5.2.2016 (GVOBl. Schl.-H. S. 39), zuletzt geänd. durch G v. 11.12.2025 (GVOBl. Schl.-H. Nr. 144),
- **Thüringen:** Thüringer HochschulG v. 10.5.2018 (GVBl. S. 149), zuletzt geänd. durch G v. 2.7.2024 (GVBl. S. 371); Thüringer VO zur Gründung von Fachhochschulen v. 17.9.1991 (GVBl. S. 414).

[2] Neubekanntmachung des HRG idF der Bek. v. 9.4.1987 (BGBl. I S. 1170) in der ab 25.8.1998 geltenden Fassung.

Inhaltsübersicht[1)]

[1)] Inhaltsübersicht geänd. mWv 4.9.2004 durch G v. 28.8.2004 (BGBl. I S. 2298); geänd. mWv 31.12. 2004 durch G v. 27.12.2004 (BGBl. I S. 3835); geänd. mWv 18.4.2007 durch G v. 12.4.2007 (BGBl. I S. 506); geänd. mWv 23.11.2019 durch G v. 15.11.2019 (BGBl. I S. 1622); sie wurde nichtamtlich an die Änderungen durch G v. 8.8.2002 (BGBl. I S. 3138) angepasst.

§ 1 Anwendungsbereich. [1]Hochschulen im Sinne dieses Gesetzes sind die Universitäten, die Pädagogischen Hochschulen, die Kunsthochschulen, die Fachhochschulen und die sonstigen Einrichtungen des Bildungswesens, die nach Landesrecht staatliche Hochschulen sind. [2]Dieses Gesetz betrifft, soweit dies in § 70 bestimmt ist, auch die staatlich anerkannten Hochschulen.

1. Kapitel. Aufgaben der Hochschulen

1. Abschnitt. Allgemeine Bestimmungen

§ 2[1)] Aufgaben. (1) [1]Die Hochschulen dienen entsprechend ihrer Aufgabenstellung der Pflege und der Entwicklung der Wissenschaften und der Künste durch Forschung, Lehre, Studium und Weiterbildung in einem freiheitlichen, demokratischen und sozialen Rechtsstaat. [2]Sie bereiten auf berufliche Tätig-

[1)] § 2 Abs. 4 neu gef. mWv 1.5.2002 durch G v. 27.4.2002 (BGBl. I S. 1467).

keiten vor, die die Anwendung wissenschaftlicher Erkenntnisse und wissenschaftlicher Methoden oder die Fähigkeit zu künstlerischer Gestaltung erfordern.

(2) Die Hochschulen fördern entsprechend ihrer Aufgabenstellung den wissenschaftlichen und künstlerischen Nachwuchs.

(3) Die Hochschulen fördern die Weiterbildung ihres Personals.

(4) [1] Die Hochschulen wirken an der sozialen Förderung der Studierenden mit; sie berücksichtigen die besonderen Bedürfnisse von Studierenden mit Kindern. [2] Sie tragen dafür Sorge, dass behinderte Studierende in ihrem Studium nicht benachteiligt werden und die Angebote der Hochschule möglichst ohne fremde Hilfe in Anspruch nehmen können. [3] Sie fördern in ihrem Bereich den Sport.

(5) Die Hochschulen fördern die internationale, insbesondere die europäische Zusammenarbeit im Hochschulbereich und den Austausch zwischen deutschen und ausländischen Hochschulen; sie berücksichtigen die besonderen Bedürfnisse ausländischer Studenten.

(6) [1] Die Hochschulen wirken bei der Wahrnehmung ihrer Aufgaben untereinander und mit anderen staatlichen und staatlich geförderten Forschungs- und Bildungseinrichtungen zusammen. [2] Dies gilt insbesondere für die nach der Herstellung der Einheit Deutschlands erforderliche Zusammenarbeit im Hochschulwesen.

(7) Die Hochschulen fördern den Wissens- und Technologietransfer.

(8) Die Hochschulen unterrichten die Öffentlichkeit über die Erfüllung ihrer Aufgaben.

(9) [1] Die unterschiedliche Aufgabenstellung der Hochschularten nach § 1 Satz 1 und die Aufgaben der einzelnen Hochschulen werden durch das Land bestimmt. [2] Andere als die in diesem Gesetz genannten Aufgaben dürfen den Hochschulen nur übertragen werden, wenn sie mit den in Absatz 1 genannten Aufgaben zusammenhängen.

(Fortsetzung nächstes Blatt)

§ 3 Gleichberechtigung von Frauen und Männern. [1]Die Hochschulen fördern die tatsächliche Durchsetzung der Gleichberechtigung von Frauen und Männern und wirken auf die Beseitigung bestehender Nachteile hin. [2]Die Aufgaben und Mitwirkungsrechte der Frauen- und Gleichstellungsbeauftragten der Hochschulen regelt das Landesrecht.

§ 4 Freiheit von Kunst und Wissenschaft, Forschung, Lehre und Studium. (1) Das Land und die Hochschulen haben sicherzustellen, daß die Mitglieder der Hochschule die durch Artikel 5 Abs. 3 Satz 1 des Grundgesetzes verbürgten Grundrechte wahrnehmen können.

(2) [1]Die Freiheit der Forschung (Artikel 5 Abs. 3 Satz 1 des Grundgesetzes) umfaßt insbesondere die Fragestellung, die Grundsätze der Methodik sowie die Bewertung des Forschungsergebnisses und seine Verbreitung. [2]Entscheidungen der zuständigen Hochschulorgane in Fragen der Forschung sind insoweit zulässig, als sie sich auf die Organisation des Forschungsbetriebes, die Förderung und Abstimmung von Forschungsvorhaben und auf die Bildung von Forschungsschwerpunkten beziehen; sie dürfen die Freiheit im Sinne von Satz 1 nicht beeinträchtigen. [3]Die Sätze 1 und 2 gelten für künstlerische Entwicklungsvorhaben und für die Kunstausübung entsprechend.

(3) [1]Die Freiheit der Lehre (Artikel 5 Abs. 3 Satz 1 des Grundgesetzes) umfaßt, unbeschadet des Artikels 5 Abs. 3 Satz 2 des Grundgesetzes, im Rahmen der zu erfüllenden Lehraufgaben insbesondere die Abhaltung von Lehrveranstaltungen und deren inhaltliche und methodische Gestaltung sowie das Recht auf Äußerung von wissenschaftlichen und künstlerischen Lehrmeinungen. [2]Entscheidungen der zuständigen Hochschulorgane in Fragen der Lehre sind insoweit zulässig, als sie sich auf die Organisation des Lehrbetriebes und auf die Aufstellung und Einhaltung von Studien- und Prüfungsordnungen beziehen; sie dürfen die Freiheit im Sinne von Satz 1 nicht beeinträchtigen.

(4) [1]Die Freiheit des Studiums umfaßt, unbeschadet der Studien- und Prüfungsordnungen, insbesondere die freie Wahl von Lehrveranstaltungen, das Recht, innerhalb eines Studiengangs Schwerpunkte nach eigener Wahl zu bestimmen, sowie die Erarbeitung und Äußerung wissenschaftlicher und künstlerischer Meinungen. [2]Entscheidungen der zuständigen Hochschulorgane in Fragen des Studiums sind insoweit zulässig, als sie sich auf die Organisation und ordnungsgemäße Durchführung des Lehr- und Studienbetriebes und auf die Gewährleistung eines ordnungsgemäßen Studiums beziehen.

§ 5 Staatliche Finanzierung. [1]Die staatliche Finanzierung der Hochschulen orientiert sich an den in Forschung und Lehre sowie bei der Förderung des wissenschaftlichen Nachwuchses erbrachten Leistungen. [2]Dabei sind auch Fortschritte bei der Erfüllung des Gleichstellungsauftrags zu berücksichtigen.

§ 6 Bewertung der Forschung, Lehre, Förderung des wissenschaftlichen Nachwuchses und der Gleichstellung der Geschlechter. [1]Die Arbeit der Hochschulen in Forschung und Lehre, bei der Förderung des wissenschaftlichen Nachwuchses sowie der Erfüllung des Gleichstellungsauftrags soll regelmäßig bewertet werden. [2]Die Studierenden sind bei der Bewertung der Qualität der Lehre zu beteiligen. [3]Die Ergebnisse der Bewertungen sollen veröffentlicht werden.

2. Abschnitt. Studium und Lehre

§ 7 Ziel des Studiums. Lehre und Studium sollen den Studenten auf ein berufliches Tätigkeitsfeld vorbereiten und ihm die dafür erforderlichen fachlichen Kenntnisse, Fähigkeiten und Methoden dem jeweiligen Studiengang entsprechend so vermitteln, daß er zu wissenschaftlicher oder künstlerischer Arbeit und zu verantwortlichem Handeln in einem freiheitlichen, demokratischen und sozialen Rechtsstaat befähigt wird.

§ 8 Studienreform. Die Hochschulen haben die ständige Aufgabe, im Zusammenwirken mit den zuständigen staatlichen Stellen Inhalte und Formen des Studiums im Hinblick auf die Entwicklungen in Wissenschaft und Kunst, die Bedürfnisse der beruflichen Praxis und die notwendigen Veränderungen in der Berufswelt zu überprüfen und weiterzuentwickeln.

§ 9 Koordinierung der Ordnung von Studium und Prüfungen. (1) Bund und Länder tragen gemeinsam Sorge für die Behandlung grundsätzlicher und struktureller Fragen des Studienangebots unter Berücksichtigung der Entwicklungen in der Wissenschaft, in der beruflichen Praxis und im Hochschulsystem.

(2) Die Länder tragen gemeinsam dafür Sorge, daß die Gleichwertigkeit einander entsprechender Studien- und Prüfungsleistungen sowie Studienabschlüsse und die Möglichkeit des Hochschulwechsels gewährleistet werden.

(3) Die Hochschulen und Sachverständige aus der Berufspraxis sind bei der Wahrnehmung der Aufgaben nach den Absätzen 1 und 2 zu beteiligen.

§ 10 Studiengänge. (1) [1]Die Studiengänge führen in der Regel zu einem berufsqualifizierenden Abschluß. [2]Als berufsqualifizierend im Sinne dieses Gesetzes gilt auch der Abschluß eines Studiengangs, durch den die fachliche Eignung für einen beruflichen Vorbereitungsdienst oder eine berufliche Einführung vermittelt wird. [3]Soweit bereits das jeweilige Studienziel eine berufspraktische Tätigkeit erfordert, ist sie mit den übrigen Teilen des Studiums inhaltlich und zeitlich abzustimmen und nach Möglichkeit in den Studiengang einzuordnen.

(2) [1]In den Prüfungsordnungen sind die Studienzeiten vorzusehen, in denen ein berufsqualifizierender Abschluß erworben werden kann (Regelstudienzeit). [2]Die Regelstudienzeit schließt Zeiten einer in den Studiengang eingeordneten berufspraktischen Tätigkeit, praktische Studiensemester und Prüfungszeiten ein. [3]Die Regelstudienzeit ist maßgebend für die Gestaltung der Studiengänge durch die Hochschule, für die Sicherstellung des Lehrangebots, für die Gestaltung des Prüfungsverfahrens sowie für die Ermittlung und Festsetzung der Ausbildungs-

kapazitäten (§ 29 Abs. 1) und die Berechnung von Studentenzahlen bei der Hochschulplanung.

§ 11 Regelstudienzeit bis zum ersten berufsqualifizierenden Abschluß.
[1] Die Regelstudienzeit bis zum ersten berufsqualifizierenden Abschluß beträgt, unbeschadet des § 19 Abs. 2 Satz 2,

1. bei Fachhochschulstudiengängen höchstens vier Jahre,
2. bei anderen Studiengängen viereinhalb Jahre.

[2] Darüber hinausgehende Regelstudienzeiten dürfen in besonders begründeten Fällen festgesetzt werden; dies gilt auch für Studiengänge, die in besonderen Studienformen durchgeführt werden. [3] In geeigneten Fachrichtungen sind Studiengänge einzurichten, die in kürzerer Zeit zu einem ersten berufsqualifizierenden Abschluß führen.

§ 12 Postgraduale Studiengänge. [1] Für Absolventen eines Hochschulstudiums können zur Vermittlung weiterer wissenschaftlicher oder beruflicher Qualifikationen oder zur Vertiefung eines Studiums, insbesondere zur Heranbildung des wissenschaftlichen und künstlerischen Nachwuchses, Zusatz-, Ergänzungs- und Aufbaustudien (postgraduale Studien) angeboten werden. [2] Postgraduale Studiengänge, die zu einem Diplom- oder Magistergrad führen, sollen höchstens zwei Jahre dauern. [3] § 19 Abs. 3 bleibt unberührt.

§ 13 Fernstudium, Multimedia. (1) [1] Bei der Reform von Studium und Lehre und bei der Bereitstellung des Lehrangebots sollen die Möglichkeiten eines Fernstudiums sowie der Informations- und Kommunikationstechnik genutzt werden. [2] Bund, Länder und Hochschulen fördern diese Entwicklung im Rahmen ihrer Zuständigkeiten.

(2) [1] Eine in einer Prüfungsordnung vorgesehene Studienleistung wird auch durch die erfolgreiche Teilnahme an einer entsprechenden Fernstudieneinheit nachgewiesen, soweit die Einheit dem entsprechenden Lehrangebot des Präsenzstudiums inhaltlich gleichwertig ist. [2] Die Feststellung der Gleichwertigkeit wird durch Landesrecht geregelt.

§ 14 Studienberatung. [1] Die Hochschule unterrichtet Studierende und Studienbewerber über die Studienmöglichkeiten und über Inhalte, Aufbau und Anforderungen eines Studiums. [2] Während des gesamten Studiums unterstützt sie die Studierenden durch eine studienbegleitende fachliche Beratung. [3] Sie orientiert sich bis zum Ende des ersten Jahres des Studiums über den bisherigen Studienverlauf, informiert die Studierenden und führt gegebenenfalls eine Studienberatung durch. [4] Die Hochschule soll bei der Studienberatung insbesondere mit den für die Berufsberatung und den für die staatlichen Prüfungen zuständigen Stellen zusammenwirken.

§ 15 Prüfungen und Leistungspunktsystem. (1) [1] Das Studium wird in der Regel durch eine Hochschulprüfung, eine staatliche oder eine kirchliche Prüfung abgeschlossen. [2] In Studiengängen mit einer Regelstudienzeit von mindestens vier Jahren findet eine Zwischenprüfung statt. [3] Prüfungen können auch studienbegleitend abgenommen werden. [4] Der Übergang in das Hauptstudium setzt in der Regel die erfolgreiche Ablegung einer Zwischenprüfung voraus.

(2) [1] Für alle geeigneten Studiengänge sind die Voraussetzungen zu bestimmen, unter denen eine innerhalb der Regelstudienzeit abgelegte Abschlußprüfung im

Falle des Nichtbestehens als nicht unternommen gilt (Freiversuch). [2]Das Landesrecht kann vorsehen, daß eine im Freiversuch bestandene Prüfung zur Notenverbesserung wiederholt werden kann.

(3) Zum Nachweis von Studien- und Prüfungsleistungen soll ein Leistungspunktsystem geschaffen werden, das auch die Übertragung erbrachter Leistungen auf andere Studiengänge derselben oder einer anderen Hochschule ermöglicht.

(4) Prüfungsleistungen dürfen nur von Personen bewertet werden, die selbst mindestens die durch die Prüfung festzustellende oder eine gleichwertige Qualifikation besitzen.

§ 16[1)] Prüfungsordnungen. [1]Hochschulprüfungen werden auf Grund von Prüfungsordnungen abgelegt, die der Genehmigung der nach Landesrecht zuständigen Stelle bedürfen. [2]Prüfungsanforderungen und -verfahren sind so zu gestalten, daß die Abschlußprüfung innerhalb der Regelstudienzeit vollständig abgelegt werden kann. [3]Prüfungsordnungen müssen die Inanspruchnahme der Schutzfristen des § 3 des Mutterschutzgesetzes[2)] sowie der Fristen der landesrechtlichen Regelungen über die Elternzeit ermöglichen. [4]Prüfungsordnungen müssen die besonderen Belange behinderter Studierender zur Wahrung ihrer Chancengleichheit berücksichtigen. [5]Die Genehmigung einer Prüfungsordnung ist zu versagen, wenn sie eine mit § 11 oder § 19 unvereinbare Regelstudienzeit vorsieht. [6]Die Genehmigung kann insbesondere versagt werden, wenn die Prüfungsordnung anderen Vorschriften über die Regelstudienzeit nicht entspricht. [7]Die nach Landesrecht zuständige Stelle kann die Änderung einer geltenden Prüfungsordnung insbesondere verlangen, wenn diese den Anforderungen der Sätze 2 bis 6 nicht entspricht.

§ 17 Vorzeitiges Ablegen der Prüfung. Hochschulprüfungen können vor Ablauf einer für die Meldung festgelegten Frist abgelegt werden, sofern die für die Zulassung zur Prüfung erforderlichen Leistungen nachgewiesen sind.

§ 18[3)] Hochschulgrade. (1) [1]Auf Grund der Hochschulprüfung, mit der ein berufsqualifizierender Abschluss erworben wird, kann die Hochschule einen Diplomgrad mit Angabe der Fachrichtung verleihen. [2]Auf Grund der Hochschulprüfung an Fachhochschulen oder in Fachhochschulstudiengängen anderer Hochschulen wird der Diplomgrad mit dem Zusatz „Fachhochschule" („FH") verliehen. [3]Die Hochschule kann einen Diplomgrad auch auf Grund einer staatlichen Prüfung oder einer kirchlichen Prüfung, mit der ein Hochschulstudium abgeschlossen wird, verleihen. [4]Das Landesrecht kann vorsehen, daß eine Hochschule für den berufsqualifizierenden Abschluß eines Studiums einen Magistergrad verleiht; dies gilt, unbeschadet des § 19, nicht für den Abschluß in einem Fachhochschulstudiengang. [5]Nach näherer Bestimmung des Landesrechts kann eine Hochschule für den berufsqualifizierenden Abschluß eines Studiums auf Grund einer Vereinbarung mit einer ausländischen Hochschule andere als die in den Sätzen 1, 2 und 4 genannten Grade verleihen. [6]Ein Grad nach Satz 5 kann auch zusätzlich zu einem der in den Sätzen 1, 2 und 4 genannten Grade verliehen werden.

[1)] *§ 16 Satz 3 geänd. mWv 2.1.2001 durch G v. 30.11.2000* (BGBl. I S. 1638); Satz 4 eingef., bish. Sätze 4 bis 6 werden Sätze 5 bis 7 und neuer Satz 7 geänd. mWv 1.5.2002 durch G v. 27.4.2002 (BGBl. I S. 1467).; Satz 3 geänd. mWv 1.1.2018 durch G v. 23.5.2017 (BGBl. I S. 1228)

[2)] **Habersack, Deutsche Gesetze ErgBd. Nr. 79.**

[3)] § 18 Abs. 1 Satz 1 neu gef. mWv 15.8.2002 durch G v. 8.8.2002 (BGBl. I S. 3138).

(2) [1]Im übrigen bestimmt das Landesrecht, welche Hochschulgrade verliehen werden. [2]Es kann vorsehen, daß die Kunsthochschulen für den berufsqualifizierenden Abschluß eines Studiums andere als die in Absatz 1 genannten Grade verleihen.

§ 19[1)] **Bachelor- und Masterstudiengänge.** (1) Die Hochschulen können Studiengänge einrichten, die zu einem Bachelor- oder Bakkalaureusgrad und zu einem Master- oder Magistergrad führen.

(2) [1]Auf Grund von Prüfungen, mit denen ein erster berufsqualifizierender Abschluß erworben wird, kann die Hochschule einen Bachelor- oder Bakkalaureusgrad verleihen. [2]Die Regelstudienzeit beträgt mindestens drei und höchstens vier Jahre.

(3) [1]Auf Grund von Prüfungen, mit denen ein weiterer berufsqualifizierender Abschluß erworben wird, kann die Hochschule einen Master- oder Magistergrad verleihen. [2]Die Regelstudienzeit beträgt mindestens ein Jahr und höchstens zwei Jahre.

(4) Bei konsekutiven Studiengängen, die zu Graden nach den Absätzen 2 und 3 führen, beträgt die Gesamtregelstudienzeit höchstens fünf Jahre.

(5) § 11 Satz 2 gilt entsprechend.

(6) Den Urkunden über die Verleihung der akademischen Grade fügen die Hochschulen auf Antrag eine englischsprachige Übersetzung bei.

§ 20 Studium an ausländischen Hochschulen. [1]Studien- und Prüfungsleistungen, die an ausländischen Hochschulen erbracht worden sind, werden anerkannt, wenn ihre Gleichwertigkeit festgestellt ist. [2]§ 5a Abs. 1 Satz 2 und § 112 des Deutschen Richtergesetzes[2)] bleiben unberührt.

§ 21 (weggefallen)

3. Abschnitt. Forschung

§ 22 Aufgaben und Koordination der Forschung. [1]Die Forschung in den Hochschulen dient der Gewinnung wissenschaftlicher Erkenntnisse sowie der wissenschaftlichen Grundlegung und Weiterentwicklung von Lehre und Studium. [2]Gegenstand der Forschung in den Hochschulen können unter Berücksichtigung der Aufgabenstellung der Hochschule alle wissenschaftlichen Bereiche sowie die Anwendung wissenschaftlicher Erkenntnisse in der Praxis einschließlich der Folgen sein, die sich aus der Anwendung wissenschaftlicher Erkenntnisse ergeben können. [3]Zur gegenseitigen Abstimmung von Forschungsvorhaben und Forschungsschwerpunkten und zur Planung und Durchführung gemeinsamer Forschungsvorhaben wirken die Hochschulen untereinander, mit anderen Forschungseinrichtungen und mit Einrichtungen der überregionalen Forschungsplanung und Forschungsförderung zusammen.

§ 23 (weggefallen)

§ 24 Veröffentlichung von Forschungsergebnissen. Bei der Veröffentlichung von Forschungsergebnissen sind Mitarbeiter, die einen eigenen wissenschaftlichen

---

[1)] § 19 Abs. 1 neu gef. mWv 15.8.2002 durch G v. 8.8.2002 (BGBl. I S. 3138).

[2)] **Habersack, Deutsche Gesetze ErgBd. Nr. 97.**

oder wesentlichen sonstigen Beitrag geleistet haben, als Mitautoren zu nennen; soweit möglich, ist ihr Beitrag zu kennzeichnen.

§ 25 Forschung mit Mitteln Dritter. (1) [1] Die in der Forschung tätigen Hochschulmitglieder sind berechtigt, im Rahmen ihrer dienstlichen Aufgaben auch solche Forschungsvorhaben durchzuführen, die nicht aus den der Hochschule zur Verfügung stehenden Haushaltsmitteln, sondern aus Mitteln Dritter finanziert werden; ihre Verpflichtung zur Erfüllung der übrigen Dienstaufgaben bleibt unberührt. [2] Die Durchführung von Vorhaben nach Satz 1 ist Teil der Hochschulforschung.

(2) Ein Hochschulmitglied ist berechtigt, ein Forschungsvorhaben nach Absatz 1 in der Hochschule durchzuführen, wenn die Erfüllung anderer Aufgaben der Hochschule sowie die Rechte und Pflichten anderer Personen dadurch nicht beeinträchtigt werden und entstehende Folgelasten angemessen berücksichtigt sind; die Forschungsergebnisse sollen in der Regel in absehbarer Zeit veröffentlicht werden.

(3) [1] Ein Forschungsvorhaben nach Absatz 1 ist anzuzeigen. [2] Die Durchführung eines solchen Vorhabens darf nicht von einer Genehmigung abhängig gemacht werden. [3] Die Inanspruchnahme von Personal, Sachmitteln und Einrichtungen der Hochschule darf nur untersagt oder durch Auflagen beschränkt werden, soweit die Voraussetzungen des Absatzes 2 dies erfordern.

(4) [1] Die Mittel für Forschungsvorhaben, die in der Hochschule durchgeführt werden, sollen von der Hochschule verwaltet werden. [2] Die Mittel sind für den vom Geldgeber bestimmten Zweck zu verwenden und nach dessen Bedingungen zu bewirtschaften, soweit gesetzliche Bestimmungen nicht entgegenstehen. [3] Treffen die Bedingungen keine Regelung, so gelten ergänzend die Bestimmungen des Landes. [4] Auf Antrag des Hochschulmitglieds, das das Vorhaben durchführt, soll von der Verwaltung der Mittel durch die Hochschule abgesehen werden, sofern dies mit den Bedingungen des Geldgebers vereinbar ist; Satz 3 gilt in diesem Falle nicht.

(5) [1] Aus Mitteln Dritter bezahlte hauptberufliche Mitarbeiter an Forschungsvorhaben, die in der Hochschule durchgeführt werden, sollen vorbehaltlich des Satzes 3 als Personal der Hochschule im Arbeitsver-

(Fortsetzung nächstes Blatt)

tragsverhältnis eingestellt werden. [2] Die Einstellung setzt voraus, daß der Mitarbeiter von dem Hochschulmitglied, das das Vorhaben durchführt, vorgeschlagen wurde. [3] Sofern dies mit den Bedingungen des Geldgebers vereinbar ist, kann das Hochschulmitglied in begründeten Fällen die Arbeitsverträge mit den Mitarbeitern abschließen.

(6) Finanzielle Erträge der Hochschule aus Forschungsvorhaben, die in der Hochschule durchgeführt werden, insbesondere aus Einnahmen, die der Hochschule als Entgelt für die Inanspruchnahme von Personal, Sachmitteln und Einrichtungen zufließen, stehen der Hochschule für die Erfüllung ihrer Aufgaben zur Verfügung.

§ 26 Entwicklungsvorhaben. Die Vorschriften dieses Abschnitts gelten für Entwicklungsvorhaben im Rahmen angewandter Forschung sowie für künstlerische Entwicklungsvorhaben sinngemäß.

2. Kapitel. Zulassung zum Studium

§ 27[1)] Allgemeine Voraussetzungen. (1) [1] Jeder Deutsche im Sinne des Artikels 116 des Grundgesetzes[2)] ist zu dem von ihm gewählten Hochschulstudium berechtigt, wenn er die für das Studium erforderliche Qualifikation nachweist. [2] Staatsangehörige eines anderen Mitgliedstaats der Europäischen Union sind Deutschen gleichgestellt, wenn die für das Studium erforderlichen Sprachkenntnisse nachgewiesen werden. [3] Zugangshindernisse, die in der Person des Studienbewerbers liegen, ohne sich auf die Qualifikation zu beziehen, regelt das Landesrecht.

(2) [1] Der Nachweis nach Absatz 1 Satz 1 wird für den Zugang zu einem Studium, das zu dem ersten berufsqualifizierenden Abschluß führt, grundsätzlich durch den erfolgreichen Abschluß einer auf das Studium vorbereitenden Schulbildung erbracht. [2] In der beruflichen Bildung Qualifizierte können den Nachweis nach näherer Bestimmung des Landesrechts auch auf andere Weise erbringen.

(3) Rechtsvorschriften, nach denen weitere Personen Deutschen nach Absatz 1 gleichgestellt sind, bleiben unberührt.

(4)[3)] [1] *Das Studium bis zum ersten berufsqualifizierenden Abschluss und das Studium in einem konsekutiven Studiengang, der zu einem weiteren berufsqualifizierenden Abschluss führt, ist studiengebührenfrei.* [2] *In besonderen Fällen kann das Landesrecht Ausnahmen vorsehen.*

§ 28 (weggefallen)

§ 29 Maßstäbe der Ausbildungskapazität. (1) [1] Im Zusammenwirken von Hochschulen und zuständigen staatlichen Stellen sind einheitliche Grundsätze für die Ermittlung und Festsetzung der Ausbildungskapazitäten der Hochschulen zu entwickeln. [2] Der Berechnung ist grundsätzlich die für den jeweiligen Studiengang festgesetzte Regelstudienzeit zugrunde zu legen.

---

1) § 27 Abs. 4 angef. mWv 15.8.2002 durch G v. 8.8.2002 (BGBl. I S. 3138).

2) Nr. **1**.

3) Gem. Urt. des BVerfG v. 26.1.2005 – 2 BvF 1/03 – (BGBl. I S. 253) ist § 27 Abs. 4 mit Art. 70 und Art. 75 Abs. 1 Satz 1 iVm Art. 72 Abs. 2 GG (Nr. **1**) unvereinbar und nichtig.

(2) [1] Ist nach der Feststellung der Zentralstelle (§ 31) zu erwarten, daß an den Hochschulen im Geltungsbereich dieses Gesetzes nicht alle Bewerber eines Studiengangs zugelassen werden können, so darf für diesen Studiengang die Zahl der von der einzelnen Hochschule höchstens aufzunehmenden Studenten (Zulassungszahl) nicht niedriger festgesetzt werden, als dies unter Berücksichtigung der personellen, räumlichen, sächlichen und fachspezifischen Gegebenheiten zur Aufrechterhaltung einer geordneten Wahrnehmung der Aufgaben der Hochschule in Forschung, Lehre und Studium sowie in der Krankenversorgung unbedingt erforderlich ist. [2] Der Festsetzung geht die Überprüfung voraus, ob im Rahmen der verfügbaren Mittel die Möglichkeiten zur Nutzung der vorhandenen Ausbildungskapazität ausgeschöpft worden sind.

§ 30[1)] Festsetzung von Zulassungszahlen. (1) [1] Zulassungszahlen werden durch Landesrecht festgesetzt. [2] Sie sind für jede Hochschule festzusetzen, wenn ein Studiengang in das Verfahren der Zentralstelle nach § 31 Abs. 1 einbezogen wird.

(2) Zulassungszahlen werden nur für einzelne Studiengänge und für einen bestimmten Zeitraum, höchstens für die Dauer eines Jahres, festgesetzt.

(3) [1] Vor der Festsetzung einer Zulassungszahl ist die Hochschule von der zuständigen Landesbehörde aufzufordern, ihre Vorstellungen über die Zahl der aufzunehmenden Studenten mitzuteilen. [2] In dem Bericht der Hochschule ist anzugeben, wie die Ausbildungskapazität berechnet worden ist; die einheitlichen Grundsätze nach § 29 Abs. 1 sind anzuwenden. [3] Im Falle des § 29 Abs. 2 ist das Ergebnis der Überprüfung, ob im Rahmen der verfügbaren Mittel die Möglichkeiten der Nutzung der vorhandenen Ausbildungskapazität ausgeschöpft worden sind, anzugeben.

§ 31[2)] Zentrale Vergabe von Studienplätzen. (1) [1] In Studiengängen, für die für mehrere Hochschulen Zulassungszahlen festgesetzt sind, können die Studienplätze von der von den Ländern errichteten Zentralstelle vergeben werden. [2] In das Verfahren der Zentralstelle ist ein Studiengang zum frühestmöglichen Zeitpunkt einzubeziehen, wenn für ihn nach der Feststellung der Zentralstelle Zulassungszahlen für alle staatlichen Hochschulen festgesetzt sind und zu erwarten ist, daß die Zahl der Bewerber die Gesamtzahl der zur Verfügung stehenden Plätze übersteigt, soweit nicht wegen der Art der Zugangsvoraussetzungen oder der Auswahlmaßstäbe den Hochschulen die Entscheidung vorbehalten wird. [3] In das Verfahren der Zentralstelle soll ein Studiengang einbezogen werden, wenn für ihn nach der Feststellung der Zentralstelle Zulassungszahlen für die Mehrzahl der staatlichen Hochschulen festgesetzt sind.

(2) *(aufgehoben)*

(3) *(aufgehoben)*

(4) Besteht an einer Hochschule für den ersten Teil eines Studiengangs eine höhere Ausbildungskapazität als für spätere Teile dieses Studiengangs, kann eine auf den ersten Teil des Studiengangs beschränkte Zuweisung und Einschrei-

---

1) § 30 Abs. 3 Satz 3 aufgeh., bish. Satz 4 wird Satz 3 mWv 4.9.2004 durch G v. 28.8.2004 (BGBl. I *S. 2298).*

2) § 31 Abs. 3 neu gef. mWv 4.9.2004 durch G v. 28.8.2004 (BGBl. I S. 2298); Abs. 2 und 3 aufgeh. mWv 23.11.2019 durch G v. 15.11.2019 (BGBl. I S. 1622).

bung erfolgen, wenn gewährleistet ist, daß der Student sein Studium an anderen Hochschulen im Geltungsbereich dieses Gesetzes fortsetzen kann.

§§ 32, 33[1] *(aufgehoben)*

§ 33a (weggefallen)

§ 34[2] **Benachteiligungsverbot.** Den Bewerbern dürfen keine Nachteile entstehen

1. aus der Erfüllung von Dienstpflichten nach Artikel 12a des Grundgesetzes[3] und der Übernahme solcher Dienstpflichten und entsprechender Dienstleistungen auf Zeit bis zur Dauer von drei Jahren,
2. aus dem Dienst als Entwicklungshelfer nach dem Entwicklungshelfergesetz[4] vom 18. Juni 1969 (BGBl. I S. 549), zuletzt geändert durch Artikel 15 des Gesetzes vom 21. Juni 2002 (BGBl. I S. 2167),
3. aus der Ableistung eines freiwilligen sozialen Jahres nach dem Gesetz zur Förderung eines freiwilligen sozialen Jahres vom 17. August 1964 (BGBl. I S. 640) in der Fassung der Bekanntmachung vom 15. Juli 2002 (BGBl. I S. 2596) oder eines freiwilligen ökologischen Jahres nach dem Gesetz zur Förderung eines freiwilligen ökologischen Jahres vom 17. Dezember 1993 (BGBl. I S. 2118) in der Fassung der Bekanntmachung vom 15. Juli 2002 (BGBl. I S. 2600) oder im Rahmen eines von der Bundesregierung geförderten Modellprojektes oder
4. aus der Betreuung oder Pflege eines Kindes unter 18 Jahren oder eines pflegebedürftigen sonstigen Angehörigen bis zur Dauer von drei Jahren.

§ 35[5] **Unabhängigkeit der Zulassung von der Landeszugehörigkeit.** Die Zulassung eines Studienbewerbers, der Deutscher im Sinne des Artikels 116 des Grundgesetzes[3] ist, darf nicht davon abhängig gemacht werden, in welchem Land der Bundesrepublik Deutschland der Geburtsort oder der Wohnsitz des Studienbewerbers oder seiner Angehörigen liegt oder in welchem Land der Bundesrepublik Deutschland der Studienbewerber die Qualifikation für das Hochschulstudium erworben hat.

3. Kapitel. Mitglieder der Hochschule

1. Abschnitt. Mitgliedschaft und Mitwirkung

§ 36 Mitgliedschaft. (1) [1] Mitglieder der Hochschule sind die an der Hochschule nicht nur vorübergehend oder gastweise hauptberuflich Tätigen und die

---

[1] § 32 aufgeh. mWv 23.11.2019 durch G v. 15.11.2019 (BGBl. I S. 1622), § 33 aufgeh. mWv 4.9. 2004 durch G v. 28.8.2004 (BGBl. I S. 2298).

[2] § 34 Satz 1 Nr. 2 und 3 geänd. sowie Satz 2 aufgeh., bish. Satz 3 wird Satz 2 und geänd. mWv 4.9.2004 durch G v. 28.8.2004 (BGBl. I S. 2298); Satz 2 aufgeh. mWv 23.11.2019 durch G v. 15.11. 2019 (BGBl. I S. 1622).

[3] Nr. **1**.

[4] **Aichberger, SGB Nr. 40/10.**

[5] § 35 zweiter Halbs. neu gef. mWv 4.9.2004 durch G v. 28.8.2004 (BGBl. I S. 2298); zweiter Halbs. aufgeh. mWv 23.11.2019 durch G v. 15.11.2019 (BGBl. I S. 1622).

eingeschriebenen Studierenden. [2]Das Landesrecht regelt die Stellung der sonstigen an der Hochschule Tätigen sowie der Ehrenbürger und Ehrensenatoren.

(2) Den Professoren stehen nach dem Eintritt in den Ruhestand die mit der Lehrbefugnis verbundenen Rechte zur Abhaltung von Lehrveranstaltungen und zur Beteiligung an Prüfungsverfahren zu.

§ 37[1)] Allgemeine Grundsätze der Mitwirkung. (1) [1]Die Mitwirkung an der Selbstverwaltung der Hochschule ist Recht und Pflicht aller Mitglieder. [2]Art und Umfang der Mitwirkung der einzelnen Mitgliedergruppen und innerhalb der Mitgliedergruppen bestimmen sich nach der Qualifikation, Funktion, Verantwortung und Betroffenheit der Mitglieder. [3]Für die Vertretung in den nach Mitgliedergruppen zusammengesetzten Gremien bilden die Hochschullehrerinnen und Hochschullehrer, die akademischen Mitarbeiterinnen und Mitarbeiter, die Studierenden und die sonstigen Mitarbeiterinnen und Mitarbeiter grundsätzlich je eine Gruppe; alle Mitgliedergruppen müssen vertreten sein und wirken nach Maßgabe des Satzes 2 grundsätzlich stimmberechtigt an Entscheidungen mit. [4]Das Landesrecht regelt die mitgliedschaftsrechtliche Stellung der sonstigen an der Hochschule tätigen Personen. [5]In nach Mitgliedergruppen zusammengesetzten Entscheidungsgremien verfügen die Hochschullehrerinnen und Hochschullehrer bei der Entscheidung in Angelegenheiten, die die Lehre mit Ausnahme der Bewertung der Lehre betreffen, mindestens über die Hälfte der Stim-

(Fortsetzung nächstes Blatt)

[1)] § 37 Abs. 1 Satz 2 geänd., Satz 3 neu gef., Satz 4 eingef., bish. Satz 4 wird Satz 5 und geänd. mWv 31.12.2004 durch G v. 27.12.2004 (BGBl. I S. 3835).

men, in Angelegenheiten, die die Forschung, künstlerische Entwicklungsvorhaben oder die Berufung von Hochschullehrerinnen und Hochschullehrern unmittelbar betreffen, über die Mehrheit der Stimmen.

(2) [1] Die Mitglieder eines Gremiums werden, soweit sie dem Gremium nicht kraft Amtes angehören, für eine bestimmte Amtszeit bestellt oder gewählt; sie sind an Weisungen nicht gebunden. [2] Eine angemessene Vertretung von Frauen und Männern ist anzustreben.

(3) Die Hochschulmitglieder dürfen wegen ihrer Tätigkeit in der Selbstverwaltung nicht benachteiligt werden.

§§ 38 bis 40 (weggefallen)

§ 41[1) 2)] ***Studierendenschaft*** (1) [1] *An den Hochschulen werden Studierendenschaften gebildet.* [2] *Sie haben folgende Aufgaben:*

1. *die Meinungsbildung in der Gruppe der Studierenden zu ermöglichen;*
2. *die Belange ihrer Mitglieder in Hochschule und Gesellschaft wahrzunehmen;*
3. *an der Erfüllung der Aufgaben der Hochschulen (§§ 2 und 3), insbesondere durch Stellungnahmen zu hochschul- oder wissenschaftspolitischen Fragen mitzuwirken;*
4. *auf der Grundlage der verfassungsmäßigen Ordnung die politische Bildung, das staatsbürgerliche Verantwortungsbewusstsein und die Bereitschaft ihrer Mitglieder zur aktiven Toleranz sowie zum Eintreten für die Grund- und Menschenrechte zu fördern;*
5. *kulturelle, fachliche, wirtschaftliche und soziale Belange ihrer Mitglieder wahrzunehmen;*
6. *die Integration ausländischer Studierender zu fördern;*
7. *den Studierendensport zu fördern;*
8. *die überregionalen und internationalen Studierendenbeziehungen zu pflegen.*

[3] *Zur Erfüllung ihrer Aufgaben kann die Studierendenschaft insbesondere auch zu solchen Fragen Stellung beziehen, die sich mit der gesellschaftlichen Aufgabenstellung der Hochschulen sowie mit der Anwendung der wissenschaftlichen Erkenntnisse und der Abschätzung ihrer Folgen für die Gesellschaft und die Natur beschäftigen.* [4] *Die Studierendenschaft und ihre Organe können für die Erfüllung ihrer Aufgaben Medien aller Art nutzen und in diesen Medien auch die Diskussion und Veröffentlichung zu allgemeinen gesellschaftlichen Fragen ermöglichen.*

---

1) § 41 neu gef. mWv 15. 8. 2002 durch G v. 8. 8. 2002 (BGBl. I S. 3138).

2) Gem. Urt. des BVerfG v. 26. 1. 2005 – 2 BvF 1/03 – (BGBl. I S. 253) ist § 41 mit Art. 70 und Art. 75 Abs. 1 Satz 1 iVm Art. 72 Abs. 2 GG (Nr. **1**) unvereinbar und nichtig. § 41 in seiner bish. Fassung lautet:

„**§ 41 Studentenschaft.** (1) Das Landesrecht kann vorsehen, daß an den Hochschulen zur Wahrnehmung hochschulpolitischer, sozialer und kultureller Belange der Studierenden, zur Pflege der überregionalen und internationalen Studentenbeziehungen sowie zur Wahrnehmung studentischer Belange in bezug auf die Aufgaben der Hochschulen (§§ 2 und 3) Studentenschaften gebildet werden.

(2) [1] Wird eine Studentenschaft gebildet, so verwaltet sie ihre Angelegenheiten im Rahmen der gesetzlichen Bestimmungen selbst. [2] Sie kann von ihren Mitgliedern zur Erfüllung ihrer Aufgaben Beiträge erheben. [3] Die Haushalts- und Wirtschaftsführung der Studentenschaft wird vom Landesrechnungshof geprüft. [4] Die Studentenschaft untersteht der Rechtsaufsicht der Leitung der Hochschule und der zuständigen Landesbehörde.

(3) Für die Mitwirkung in den Organen der Studentenschaft gilt § 37 Abs. 3 entsprechend."

(2) [1] *Die Studierendenschaft verwaltet ihre Angelegenheiten im Rahmen der gesetzlichen Bestimmungen selbst.* [2] *Sie kann von ihren Mitgliedern zur Erfüllung ihrer Aufgaben Beiträge erheben.*

(3) *Für die Mitwirkung in den Organen der Studierendenschaft gilt § 37 Abs. 3 entsprechend.*

2. Abschnitt. Wissenschaftliches und künstlerisches Personal

§ 42[1)] Hauptberufliches wissenschaftliches und künstlerisches Personal. [1] Das hauptberuflich tätige wissenschaftliche und künstlerische Personal der Hochschule besteht insbesondere aus den Hochschullehrerinnen und Hochschullehrern (Professorinnen und Professoren, Juniorprofessorinnen und Juniorprofessoren), den wissenschaftlichen und künstlerischen Mitarbeiterinnen und Mitarbeitern sowie den Lehrkräften für besondere Aufgaben. [2] Zur Durchsetzung der Gleichberechtigung von Frauen und Männern werden Frauen unter Beachtung des Vorrangs von Eignung, Befähigung und fachlicher Leistung (Artikel 33 Abs. 2 des Grundgesetzes[2)]) gefördert. [3] Ziel der Förderung ist vor allem die Erhöhung des Anteils der Frauen in der Wissenschaft.

§ 43[3)] Dienstliche Aufgaben der Hochschullehrerinnen und Hochschullehrer. Die Hochschullehrerinnen und Hochschullehrer nehmen die ihrer Hochschule jeweils obliegenden Aufgaben in Wissenschaft und Kunst, Forschung, Lehre und Weiterbildung in ihren Fächern nach näherer Ausgestaltung ihres Dienstverhältnisses selbständig wahr.

§ 44[3)] Einstellungsvoraussetzungen für Professorinnen und Professoren. Einstellungsvoraussetzungen für Professorinnen und Professoren sind neben den allgemeinen dienstrechtlichen Voraussetzungen grundsätzlich

1. ein abgeschlossenes Hochschulstudium,
2. pädagogische Eignung,
3. besondere Befähigung zu wissenschaftlicher Arbeit, die in der Regel durch die Qualität einer Promotion nachgewiesen wird, oder besondere Befähigung zu künstlerischer Arbeit und
4. darüber hinaus je nach den Anforderungen der Stelle
   a) zusätzliche wissenschaftliche Leistungen,
   b) zusätzliche künstlerische Leistungen oder
   c) besondere Leistungen bei der Anwendung oder Entwicklung wissenschaftlicher Erkenntnisse und Methoden in einer mehrjährigen beruflichen Praxis.

§ 45[3)] Ausschreibung von Stellen für Hochschullehrerinnen und Hochschullehrer. [1] Die Stellen für Hochschullehrerinnen und Hochschullehrer sind öffentlich und im Regelfall international auszuschreiben. [2] Das Landesrecht kann Ausnahmen von der Ausschreibungspflicht vorsehen, ins-

---

[1)] *§ 42 Satz 1 neu gef. mWv 31. 12. 2004* durch G v. 27. 12. 2004 (BGBl. I S. 3835).
[2)] Nr. 1.
[3)] §§ 43–45 neu gef. mWv 31. 12. 2004 durch G v. 27. 12. 2004 (BGBl. I S. 3835).

besondere wenn eine Juniorprofessorin oder ein Juniorprofessor auf eine Professur berufen werden soll.

§ 46 Dienstrechtliche Stellung der Professoren. Die Professoren werden, soweit sie in das Beamtenverhältnis berufen werden, zu Beamten auf Zeit oder auf Lebenszeit ernannt; durch Gesetz kann bestimmt werden, daß eine Probezeit zurückzulegen ist.

(Fortsetzung nächstes Blatt)

§ 47[1)] Einstellungsvoraussetzungen für Juniorprofessorinnen und Juniorprofessoren. [1] Einstellungsvoraussetzungen für Juniorprofessorinnen und Juniorprofessoren sind neben den allgemeinen dienstrechtlichen Voraussetzungen grundsätzlich

1. ein abgeschlossenes Hochschulstudium,
2. pädagogische Eignung,
3. besondere Befähigung zu wissenschaftlicher Arbeit, die in der Regel durch die herausragende Qualität einer Promotion nachgewiesen wird.

[2] Sofern vor oder nach der Promotion eine Beschäftigung als wissenschaftliche Mitarbeiterin oder wissenschaftlicher Mitarbeiter erfolgt ist, sollen Promotions- und Beschäftigungsphase zusammen nicht mehr als sechs Jahre, im Bereich der Medizin nicht mehr als neun Jahre betragen haben. [3] Verlängerungen nach § 2 Abs. 5 Satz 1 Nr. 1 und 3 bis 5 des Wissenschaftszeitvertragsgesetzes bleiben hierbei außer Betracht. [4] § 2 Abs. 3 Satz 1 des Wissenschaftszeitvertragsgesetzes gilt entsprechend.

§ 48[1)] Dienstrechtliche Stellung der Juniorprofessorinnen und Juniorprofessoren. (1) [1] Für Juniorprofessorinnen und Juniorprofessoren ist ein zweiphasiges Dienstverhältnis vorzusehen, das insgesamt nicht mehr als sechs Jahre betragen soll. [2] Eine Verlängerung für die zweite Phase soll erfolgen, wenn die Juniorprofessorin oder der Juniorprofessor sich als Hochschullehrerin oder Hochschullehrer bewährt hat; anderenfalls kann das Dienstverhältnis um bis zu einem Jahr verlängert werden.

(2) Werden Juniorprofessorinnen und Juniorprofessoren zu Beamten auf Zeit ernannt, so gelten, soweit dieses Gesetz nichts anderes bestimmt, die Vorschriften für Beamtinnen und Beamte auf Lebenszeit entsprechend.

§ 48 a bis 48 d.[1)] *(aufgehoben).*

§ 49[2)] Anwendung der Vorschriften des Beamtenrechtsrahmengesetzes. Auf beamtete Hochschullehrerinnen und Hochschullehrer sowie wissenschaftliche und künstlerische Mitarbeiterinnen und Mitarbeiter finden die Vorschriften des Beamtenrechtsrahmengesetzes[3)] Anwendung, soweit dieses Gesetz nichts anderes bestimmt.

§ 50[4)] Dienstrechtliche Sonderregelungen. (1) [1] Die Vorschriften des Beamtenrechtsrahmengesetzes über die Laufbahnen und den einstweiligen Ruhestand sind auf Hochschullehrerinnen und Hochschullehrer nicht anzuwenden. [2] Die Vorschriften über die Probezeit gelten

---

[1)] §§ 47, 48 neugef. u. §§ 48 a bis 48 d aufgeh. durch G v. 27. 12. 2004 (BGBl. I S. 3835), § 47 Sätze 3 u. 4 neugef. durch G v. 12. 4. 2007 (BGBl. I S. 506).

[2)] § 49 geänd. durch G v. 27. 12. 2004 (BGBl. I S. 3835).

[3)] Nr. **150**.

[4)] § 50 Abs. 3 Satz 2 Nr. 6 geänd. durch G v. 30. 11. 2000 (BGBl. I S. 1638), Abs. 1 Sätze 1 u. 3, Abs. 2 Satz 1 geänd., Abs. 2 Satz 2 u. Abs. 3 neugef., Abs. 4 geänd. durch G v. 27. 12. 2004 (BGBl. I S. 3835).

nur im Falle des § 46 zweiter Halbsatz. 3 Die Vorschriften des Beamtenrechtsrahmengesetzes[1] über die Arbeitszeit mit Ausnahme der §§ 44 a und 44 b sind auf Hochschullehrerinnen und Hochschullehrer nicht anzuwenden; erfordert jedoch der Aufgabenbereich einer Hochschuleinrichtung eine regelmäßige oder planmäßige Anwesenheit, können für bestimmte Beamtengruppen diese Vorschriften für anwendbar erklärt werden; die Vorschriften über den Verlust der Bezüge wegen nicht genehmigten schuldhaften Fernbleibens vom Dienst sind anzuwenden.

(2) 1 Beamtete Hochschullehrerinnen und Hochschullehrer können nur mit ihrer Zustimmung abgeordnet oder versetzt werden. 2 Abordnung und Versetzung in ein gleichwertiges Amt an einer anderen Hochschule sind auch ohne Zustimmung der Hochschullehrerin oder des Hochschullehrers zulässig, wenn die Hochschule oder die Hochschuleinrichtung, an der sie oder er tätig ist, aufgelöst oder mit einer anderen Hochschule zusammengeschlossen wird, oder wenn die Studien- oder Fachrichtung, in der sie oder er tätig ist, ganz oder teilweise aufgegeben oder an eine andere Hochschule verlegt wird; in diesen Fällen beschränkt sich eine Mitwirkung der aufnehmenden Hochschule oder Hochschuleinrichtung bei der Einstellung auf eine Anhörung.

(3) Soweit Hochschullehrerinnen und Hochschullehrer oder wissenschaftliche und künstlerische Mitarbeiterinnen und Mitarbeiter Beamtinnen oder Beamte auf Zeit sind, ist das Dienstverhältnis, sofern dienstliche Gründe nicht entgegenstehen, auf Antrag der Beamtin oder des Beamten nach näherer Maßgabe des Landesrechts zu verlängern, insbesondere im Falle eines mutterschutzrechtlichen Beschäftigungsverbots, bei Inanspruchnahme von Elternzeit sowie bei Beurlaubung oder Herabsetzung der Arbeitszeit wegen Betreuung oder Pflege eines Kindes unter 18 Jahren oder eines pflegebedürftigen sonstigen Angehörigen.

(4) Soweit für Hochschullehrerinnen und Hochschullehrer ein befristetes Angestelltenverhältnis begründet worden ist, gilt Absatz 3 entsprechend.

§ 51. (weggefallen)

§ 52.[2] *(aufgehoben)*

§ 53[2] **Wissenschaftliche und künstlerische Mitarbeiterinnen und Mitarbeiter.** (1) 1 Wissenschaftliche Mitarbeiterinnen und Mitarbeiter sind die Beamtinnen, Beamten und Angestellten, denen wissenschaftliche Dienstleistungen obliegen. 2 Im Bereich der Medizin gehören zu den wissenschaftlichen Dienstleistungen auch Tätigkeiten in der Krankenversorgung. 3 In begründeten Fällen kann wissenschaftlichen Mitarbeiterinnen und Mitarbeitern auch die selbständige Wahrnehmung von Aufgaben in Forschung und Lehre übertragen werden.

---

[1] Nr. **150**.

[2] § 52 aufgeh., § 53 neugef. durch G v. 27. 12. 2004 (BGBl. I S. 3835).

(2) Soweit befristet beschäftigten wissenschaftlichen Mitarbeiterinnen und Mitarbeitern Aufgaben übertragen werden, die auch der Vorbereitung einer Promotion oder der Erbringung zusätzlicher wissenschaftlicher Leistungen förderlich sind, soll ihnen im Rahmen ihrer Dienstaufgaben ausreichend Gelegenheit zu eigener wissenschaftlicher Arbeit gegeben werden.

(3) Einstellungsvoraussetzung für wissenschaftliche Mitarbeiterinnen und Mitarbeiter ist neben den allgemeinen dienstrechtlichen Voraussetzungen grundsätzlich ein abgeschlossenes Hochschulstudium.

(4) Die Absätze 1 und 2 gelten für künstlerische Mitarbeiterinnen und Mitarbeiter entsprechend.

§ 54.[1)] *(aufgehoben)*

§ 55 Lehrbeauftragte. [1]Zur Ergänzung des Lehrangebots können Lehraufträge erteilt werden. [2]An Kunsthochschulen können Lehraufträge auch zur Sicherstellung des Lehrangebots in einem Fach erteilt werden. [3]Die Lehrbeauftragten nehmen die ihnen übertragenen Lehraufgaben selbständig wahr. [4]Ein Lehrauftrag ist zu vergüten; dies gilt nicht, wenn der Lehrbeauftragte auf eine Vergütung verzichtet oder wenn die durch den Lehrauftrag entstehende Belastung bei der Bemessung der Dienstaufgaben eines hauptberuflich im öffentlichen Dienst Tätigen entsprechend berücksichtigt wird.

§ 56[1)] **Lehrkräfte für besondere Aufgaben.** Soweit überwiegend eine Vermittlung praktischer Fertigkeiten und Kenntnisse erforderlich ist, die nicht die Einstellungsvoraussetzungen für Hochschullehrerinnen und Hochschullehrer erfordert, kann diese hauptberuflich tätigen Lehrkräften für besondere Aufgaben übertragen werden.

§ 57. (weggefallen)

§§ 57 a bis 57 f. [2)] *(aufgehoben)*

4. Kapitel. Rechtsstellung der Hochschule

§ 58 Rechtsform und Selbstverwaltungsrecht. (1) [1]Die Hochschulen sind in der Regel Körperschaften des öffentlichen Rechts und zugleich staatliche Einrichtungen. [2]Sie können auch in anderer Rechtsform errichtet werden. [3]Sie haben das Recht der Selbstverwaltung im Rahmen der Gesetze.

(2) [1]Die Hochschulen geben sich Grundordnungen, die der Genehmigung des Landes bedürfen. [2]Die Voraussetzungen für eine Versagung der Genehmigung sind gesetzlich zu regeln.

---

1) § 54 aufgeh., § 56 geänd. durch G v. 27. 12. 2004 (BGBl. I S. 3835).
2) §§ 57 a bis 57 f aufgeh. durch G v. 12. 4. 2007 (BGBl. I S. 506).

§ 59 Aufsicht. [1]Das Land übt die Rechtsaufsicht aus. [2]Die Mittel der Rechtsaufsicht werden durch Gesetz bestimmt. [3]Soweit die Hochschulen staatliche Aufgaben wahrnehmen, ist durch Gesetz eine weitergehende Aufsicht vorzusehen.

§§ 60 bis 69. (weggefallen)

5. Kapitel. Staatliche Anerkennung

§ 70[1)] Anerkennung von Einrichtungen. (1) Einrichtungen des Bildungswesens, die nach Landesrecht nicht staatliche Hochschulen sind, können nach näherer Bestimmung des Landesrechts die Eigenschaft einer staatlich anerkannten Hochschule erhalten, wenn gewährleistet ist, daß

1. das Studium an dem in § 7 genannten Ziel ausgerichtet ist,
2. eine Mehrzahl von nebeneinander bestehenden oder aufeinander folgenden Studiengängen an der Einrichtung allein oder im Verbund mit anderen Einrichtungen des Bildungswesens vorhanden oder im Rahmen einer Ausbauplanung vorgesehen ist; dies gilt nicht, wenn innerhalb einer Fachrichtung die Einrichtung einer Mehrzahl von Studiengängen durch die wissenschaftliche Entwicklung oder das entsprechende berufliche Tätigkeitsfeld nicht nahegelegt wird,
3. die Studienbewerber die Voraussetzungen für die Aufnahme in eine entsprechende staatliche Hochschule erfüllen,
4. die hauptberuflich Lehrenden die Einstellungsvoraussetzungen erfüllen, die für entsprechende Tätigkeiten an staatlichen Hochschulen gefordert werden und
5. die Angehörigen der Einrichtung an der Gestaltung des Studiums in sinngemäßer Anwendung der für staatliche Hochschulen geltenden Grundsätze mitwirken.

(2) Für kirchliche Einrichtungen können nach näherer Bestimmung des Landesrechts Ausnahmen von einzelnen der in Absatz 1 genannten Voraussetzungen zugelassen werden, wenn gewährleistet ist, daß das Studium einem Studium an einer staatlichen Hochschule gleichwertig ist.

(3) [1]Eine staatlich anerkannte Hochschule kann nach näherer Bestimmung des Landesrechts Hochschulprüfungen abnehmen und Hochschulgrade verleihen. [2]Das an einer staatlich anerkannten Hochschule abgeschlossene Studium ist ein abgeschlossenes Hochschulstudium im Sinne dieses Gesetzes.

(4) [1]An Aufgaben der Koordinierung der Ordnung von Studium und Prüfungen (§ 9) können Angehörige staatlich anerkannter Hochschulen beteiligt werden. [2]Eine staatlich anerkannte Hochschule ist auf Antrag in die zentrale Vergabe von Studienplätzen (§ 31) einzubeziehen.

---

1) § 70 Abs. 5 aufgeh. durch G v. 12. 4. 2007 (BGBl. I S. 506).

§ 71 Gleichstellung von Abschlüssen der Notarschule. Die Abschlüsse der Ausbildung an der Notarschule des Landes Baden-Württemberg können den Abschlüssen eines vergleichbaren Studiengangs an einer staatlichen Hochschule gleichgestellt werden.

6. Kapitel. Anpassung des Landesrechts

§ 72[1] Anpassungsfristen. [1]Innerhalb von drei Jahren nach Inkrafttreten dieses Gesetzes in der Fassung vom 26. Januar 1976 (BGBl. I S. 185) sind den Vorschriften der Kapitel 1 bis 5 entsprechende Landesgesetze zu erlassen. [2]Innerhalb von zwei Jahren nach Inkrafttreten des Dritten Gesetzes zur Änderung des Hochschulrahmengesetzes vom 14. November 1985 (BGBl. I S. 2090) sind den Vorschriften des Artikels 1 Nr. 1 bis 42 dieses Gesetzes entsprechende Landesgesetze zu erlassen. [3]Innerhalb von drei Jahren nach dem Tag des Wirksamwerdens des Beitritts sind in den in Artikel 1 Abs. 1 des Einigungsvertrages[2] genannten Ländern und in dem Teil des Landes Berlin, in dem das Grundgesetz[3] bisher nicht galt, Landesgesetze zu erlassen, die den Vorschriften dieses Gesetzes in der ab 3. Oktober 1990 geltenden Fassung entsprechen. [4]In den in Artikel 1 Abs. 1 des Einigungsvertrages genannten Ländern und in dem Teil des Landes Berlin, in dem das Grundgesetz bisher nicht galt, sind innerhalb von drei Jahren nach dem Tag des Wirksamwerdens des Beitritts den Vorschriften des Artikels 1 Nr. 1 und 3 des Gesetzes über die Verlängerung von befristeten Dienst- und Arbeitsverhältnissen mit wissenschaftlichem Personal sowie mit Ärztinnen und Ärzten in der Weiterbildung vom 15. Dezember 1990 (BGBl. I S. 2806) entsprechende Landesgesetze zu erlassen; im übrigen sind entsprechende Landesgesetze innerhalb von zwei Jahren nach Inkrafttreten des genannten Gesetzes vom 15. Dezember 1990 zu erlassen. [5]Innerhalb von drei Jahren nach Inkrafttreten des Gesetzes zur Reform des öffentlichen Dienstrechts vom 24. Februar 1997 (BGBl. I S. 322) sind den Vorschriften des Artikels 12 Abs. 3 dieses Gesetzes entsprechende Landesgesetze zu erlassen. [6]Innerhalb von drei Jahren nach Inkrafttreten des Vierten Gesetzes zur Änderung des Hochschulrahmengesetzes vom 20. August 1998 (BGBl. I S. 2190) sind den Vorschriften des Artikels 1 dieses Gesetzes entsprechende Landesgesetze zu erlassen. [7]Innerhalb von drei Jahren nach Inkrafttreten des Sechsten Gesetzes zur Änderung des Hochschulrahmengesetzes vom 8. August 2002 (BGBl. I S. 3138) sind den Vorschriften des Artikels 1 dieses Gesetzes entsprechende Landesgesetze zu erlassen. [8]Innerhalb von drei Jahren nach Inkrafttreten des Siebten Gesetzes zur Änderung des Hochschulrahmengesetzes vom 28. August 2004 (BGBl. I S. 2298) sind den Vorschriften des Artikels 1 dieses Gesetzes entsprechende Landesgesetze zu erlassen. [9]Innerhalb von zwei Jahren nach Inkrafttreten des Gesetzes zur Änderung dienst- und arbeitsrechtlicher Vorschriften im Hochschulbereich vom 27. Dezember 2004 (BGBl. I S. 3835)

---

[1] § 72 Abs. 2 Satz 6 geänd. mWv 7.11.2001 durch G v. 29.10.2001 (BGBl. I S. 2785); Abs. 1 Satz 7 eingef., bish. Satz 7 wird Satz 8 mWv 15.8.2002 durch G v. 8.8.2002 (BGBl. I S. 3138); Abs. 1 Satz 9 angef., Abs. 2 Satz 2 neu gef. sowie Sätze 3 und 6 aufgeh., bish. Sätze 4 und 5 werden Sätze 3 und 4 und neuer Satz 4 geänd. mWv 4.9.2004 durch G v. 28.8.2004 (BGBl. I S. 2298); Abs. 1 Satz 9 eingef., bish. Satz 9 wird Satz 10 mWv 31.12.2004 durch G v. 27.12.2004 (BGBl. I S. 3835); Abs. 1 Sätze 7 bis 10 neu gef. mWv 18.4.2007 durch G v. 12.4.2007 (BGBl. I S. 506); Abs. 2 aufgeh. mWv 23.11. 2019 durch G v. 15.11.2019 (BGBl. I S. 1622).

[2] **Sartorius III Nr. 2.**

[3] Nr. 1.

sind den Vorschriften des Artikels 1 dieses Gesetzes entsprechende Landesgesetze zu erlassen. [10] § 9 gilt unmittelbar.

§ 73 Abweichende Regelungen. (1) Für Hochschulen, die ausschließlich ein weiterbildendes Studium anbieten, sowie für Hochschulen mit fachbedingt geringer Studentenzahl können durch Landesgesetz von den Vorschriften dieses Gesetzes abweichende Regelungen getroffen werden, soweit die besondere Struktur und Aufgabenstellung dieser Hochschulen es erfordern.

(2) [1] Für staatliche Hochschulen, deren Ausbildungsgänge ausschließlich auf den öffentlichen Dienst ausgerichtet sind, können durch Landesrecht von den Vorschriften dieses Gesetzes abweichende Regelungen getroffen werden, soweit die besondere Struktur und Aufgabenstellung dieser Hochschulen es erfordern. [2] Die Anforderungen des § 70 Abs. 1 Nr. 1 bis 3 und 5 müssen erfüllt sein.

§ 74[1)] Bisherige Dienstverhältnisse und Berufungsvereinbarungen.

(1) [1] Die bei Inkrafttreten des jeweiligen nach § 72 Abs. 1 Satz 9 zu erlassenden Landesgesetzes vorhandenen wissenschaftlichen und künstlerischen Assistentinnen und Assistenten, Oberassistentinnen und Oberassistenten, Oberingenieurinnen und Oberingenieure sowie Hochschuldozentinnen und Hochschuldozenten verbleiben in ihren bisherigen Dienstverhältnissen. [2] Ihre mitgliedschaftsrechtliche Stellung bleibt unverändert.

(2) Soweit Berufungsvereinbarungen über die personelle und sächliche Ausstattung der Professuren von Änderungen des 2. Abschnitts des 3. Kapitels betroffen sind, sind sie unter angemessener Berücksichtigung der beiderseitigen Interessen der neuen Rechtslage anzupassen.

§§ 75, 75a (weggefallen)

§ 76 Besitzstandswahrung bei der Entpflichtung. (1) [1] Das Recht der am Tage vor Inkrafttreten des nach § 72 Abs. 1 Satz 1 erlassenen Gesetzes vorhandenen ordentlichen und außerordentlichen Professoren, nach Erreichen der Altersgrenze von ihren amtlichen Pflichten entbunden zu werden (Entpflichtung), bleibt unberührt; dies gilt auch beim Wechsel des Dienstherrn. [2] In diesen Fällen werden die Dienstbezüge nach der Entpflichtung und die Versorgungsbezüge der Hinterbliebenen auf der Grundlage des am Tage vor Inkrafttreten des nach § 72 Abs. 1 Satz 1 erlassenen Gesetzes geltenden Beamten- und Besoldungsrechts gewährt. [3] Dabei wird das Grundgehalt nach der Dienstaltersstufe zugrunde gelegt, die bis zum Zeitpunkt der Entpflichtung hätte erreicht werden können. [4] Artikel VII § 1 Abs. 1 und 2 des Zweiten Gesetzes zur Vereinheitlichung und Neuregelung des Besoldungsrechts in Bund und Ländern[2)] vom 23. Mai 1975 (BGBl. I S. 1173), zuletzt geändert durch das Haushaltsstrukturgesetz vom 18. Dezember 1975 (BGBl. I S. 3091), gilt entsprechend.

(2) [1] Absatz 1 findet auf Antrag des Professors keine Anwendung. [2] Der Antrag kann nur gestellt werden, solange der Professor noch nicht entpflichtet ist. [3] Ist der Professor vor der Entpflichtung verstorben, ohne einen Antrag nach

[1)] § 74 eingef. mWv 31.12.2004 durch G v. 27.12.2004 (BGBl. I S. 3835).
[2)] **Bundesbeamtengesetze Nr. 52b.**

den Sätzen 1 und 2 gestellt zu haben, so werden die Hinterbliebenenbezüge auf Grund der Besoldungsgruppe berechnet, in die der Professor zuletzt eingestuft war.

(3) Die Rechtsverhältnisse der am Tage vor dem Inkrafttreten des nach § 72 Abs. 1 Satz 1 erlassenen Gesetzes entpflichteten oder im Ruhestand befindlichen Beamten im Sinne von Kapitel I Abschnitt V 3. Titel des Beamtenrechtsrahmengesetzes[1)] in der bisherigen Fassung und der zu diesem Zeitpunkt versorgungsberechtigten Hinterbliebenen dieser Beamten bleiben unberührt.

(4) [1] Für die an den Hochschulen der Bundeswehr in einem privatrechtlichen Arbeitsverhältnis beschäftigten Professoren, die zur Übernahme dieser Beschäftigung aus ihrem Beamtenverhältnis als ordentlicher oder außerordentlicher Professor im Landesbereich ausgeschieden sind und nach Inkrafttreten dieses Gesetzes ein ihrer Tätigkeit an einer Hochschule der Bundeswehr entsprechendes Beamtenverhältnis annehmen, gelten die Absätze 1 und 2 entsprechend. [2] Maßgebend nach Absatz 1 Satz 2 ist das am Tage ihres Ausscheidens aus dem Beamtenverhältnis als Professoren im Landesbereich geltende Beamten- und Besoldungsrecht.

§ 76a Übergangsvorschrift für Hochschulassistenten. Auf die beim Inkrafttreten des nach § 72 Abs. 1 Satz 2 erlassenen Gesetzes vorhandenen Hochschulassistenten finden die sie betreffenden Vorschriften des Hochschulrahmengesetzes, des Beamtenrechtsrahmengesetzes, des Bundesbeamtengesetzes und des Beamtenversorgungsgesetzes in der bis zum 22. November 1985 geltenden Fassung Anwendung.

7. Kapitel. Änderung von Bundesgesetzen, Schlußvorschriften

§§ 77 bis 80 (Änderung von Rechtsvorschriften)

§ 81 Verträge mit den Kirchen. Die Verträge mit den Kirchen werden durch dieses Gesetz nicht berührt.

§ 82 (weggefallen)

§ 83 (Inkrafttreten)

[1)] Nr. **150a**.

560. Gesetz über die allgemeine Freizügigkeit von Unionsbürgern (Freizügigkeitsgesetz/EU – FreizügG/EU)[1)]

Vom 30. Juli 2004
(BGBl. I S. 1950, 1986)

FNA 26-13

geänd. durch Art. 25 G zur Umbenennung des Bundesgrenzschutzes in Bundespolizei v. 21.6.2005 (BGBl. I S. 1818), Art. 3 RechtsanpassungsG EU-Beitritt Bulgarien und Rumänien v. 7.12.2006 (BGBl. I S. 2814), Art. 7 G zur Änd. des PassG und weiterer Vorschriften v. 20.7.2007 (BGBl. I S. 1566), Art. 2 EU-Aufenthalts- und AsylrechtsRL-UmsetzungsG v. 19.8.2007 (BGBl. I S. 1970), Art. 7 G zur Änd. des BundespolizeiG und anderer Gesetze v. 26.2.2008 (BGBl. I S. 215), Art. 2 G zur Anpassung des deutschen Rechts an die VO (EG) Nr. 380/2008 v. 12.4.2011 (BGBl. I S. 610), Art. 2 G zur Bekämpfung der Zwangsheirat und zum besseren Schutz der Opfer von Zwangsheirat sowie zur Änd. weiterer aufenthalts- und asylrechtlicher Vorschriften v. 23.6.2011 (BGBl. I S. 1266), Art. 6 G zur Umsetzung aufenthaltsrechtlicher RL der EU und zur Anpassung nationaler Rechtsvorschriften an den EU-Visakodex[2)] v. 22.11.2011 (BGBl. I S. 2258), Art. 14 G zur Verbesserung der Eingliederungschancen am Arbeitsmarkt v. 20.12.2011 (BGBl. I S. 2854), Art. 1 G zur Änd. des FreizügigkeitsG/EU und weiterer aufenthaltsrechtlicher Vorschriften v. 21.1.2013 (BGBl. I S. 86), Art. 2 und Art. 8 G zur Anpassung von Rechtsvorschriften des Bundes infolge des Beitritts der Republik Kroatien zur EU v. 17.6.2013 (BGBl. I S. 1555 iVm Bek. v. 21.6.2013, BGBl. II S. 680), Art. 1 G zur Änd. des FreizügigkeitsG/EU und weiterer Vorschriften v. 2.12. 2014 (BGBl. I S. 1922), Art. 4 G zur Neubestimmung des Bleiberechts und der Aufenthaltsbeendigung v. 27.7.2015 (BGBl. I S. 1386), Art. 14 Nr. 2 AsylverfahrensbeschleunigungsG v. 20.10.2015 (BGBl. I S. 1722), Art. 6 G zur Änd. des Zwölften Buches Sozialgesetzbuch und weiterer Vorschriften v. 21.12. 2015 (BGBl. I S. 2557), Art. 8 G zu bereichsspezifischen Regelungen der Gesichtsverhüllung und zur Änd. weiterer dienstrechtlicher Vorschriften v. 8.6.2017 (BGBl. I S. 1570), Art. 6 G zur besseren Durchsetzung der Ausreisepflicht v. 20.7.2017 (BGBl. I S. 2780), Art. 172 Elfte ZuständigkeitsanpassungsVO v. 19.6.2020 (BGBl. I S. 1328), Art. 1 G zur aktuellen Anpassung des FreizügigkeitsG/EU und weiterer Vorschriften an das Unionsrecht v. 12.11.2020 (BGBl. I S. 2416), Art. 4 G zur Weiterentwicklung des Ausländerzentralregisters v. 9.7.2021 (BGBl. I S. 2467), Art. 12 Abs. 4 Bürgergeld-G v. 16.12.2022 (BGBl. I S. 2328), Art. 4 G zur Durchführung der VO (EU) 2017/2226 und der VO (EU) 2018/1240 sowie zur Änd. des AufenthaltsG, des FreizügigkeitsG/EU, des G über das Ausländerzentralregister und der VO zur Durchführung des G über das Ausländerzentralregister v. 20.4.2023 (BGBl. 2023 I Nr. 106; 2025 I Nr. 202) und Art. 4 RückführungsverbesserungsG v. 21.2.2024 (BGBl. 2024 I Nr. 54)

§ 1[3)] Anwendungsbereich; Begriffsbestimmungen. (1) Dieses Gesetz regelt die Einreise und den Aufenthalt von

1. Unionsbürgern,
2. Staatsangehörigen der EWR-Staaten, die nicht Unionsbürger sind,

---

[1)] Verkündet als Art. 2 ZuwanderungsG v. 30.7.2004 (BGBl. I S. 1950); Inkrafttreten gem. Art. 15 Abs. 3 erster Halbs. dieses G am 1.1.2005 mit Ausnahme des § 11 Satz 1 der, soweit er auf die §§ 69 und 99 AufenthaltsG verweist, gem. Art. 15 Abs. 1 Satz 1 am 6.8.2004 in Kraft getreten ist.

[2)] Dieses Gesetz dient der Umsetzung folgender Richtlinien:
1. Richtlinie 2008/115/EG des Europäischen Parlaments und des Rates vom 16. Dezember 2008 über gemeinsame Normen und Verfahren in den Mitgliedstaaten zur Rückführung illegal aufhältiger Drittstaatsangehöriger (ABl. L 348 vom 24.12.2008, S. 98),
2. Richtlinie 2009/52/EG des Europäischen Parlaments und des Rates vom 18. Juni 2009 über Mindeststandards für Sanktionen und Maßnahmen gegen Arbeitgeber, die Drittstaatsangehörige ohne rechtmäßigen Aufenthalt beschäftigen (ABl. L 168 vom 30.6.2009, S. 24).

Ferner dient dieses Gesetz der Anpassung an die Verordnung (EG) Nr. 810/2009 des Europäischen Parlaments und des Rates vom 13. Juli 2009 über einen Visakodex der Gemeinschaft (ABl. L 243 vom 15.9.2009, S. 1).

[3)] § 1 neu gef. mWv 24.11.2020 durch G v. 12.11.2020 (BGBl. I S. 2416).

3. Staatsangehörigen des Vereinigten Königreichs Großbritannien und Nordirland nach dessen Austritt aus der Europäischen Union, denen nach dem Austrittsabkommen Rechte zur Einreise und zum Aufenthalt gewährt werden,
4. Familienangehörigen der in den Nummern 1 bis 3 genannten Personen,
5. nahestehenden Personen der in den Nummern 1 bis 3 genannten Personen sowie
6. Familienangehörigen und nahestehenden Personen von Deutschen, die von ihrem Recht auf Freizügigkeit nach Artikel 21 des Vertrages über die Arbeitsweise der Europäischen Union[1] nachhaltig Gebrauch gemacht haben.

(2) Im Sinne dieses Gesetzes

1. sind Unionsbürger Staatsangehörige anderer Mitgliedstaaten der Europäischen Union, die nicht Deutsche sind,
2. ist Lebenspartner einer Person
   a) ein Lebenspartner im Sinne des Lebenspartnerschaftsgesetzes[2] sowie
   b) eine Person, die auf der Grundlage der Rechtsvorschriften eines Mitgliedstaates der Europäischen Union oder eines EWR-Staates eine eingetragene Partnerschaft eingegangen ist,
3. sind Familienangehörige einer Person
   a) der Ehegatte,
   b) der Lebenspartner,
   c) die Verwandten in gerader absteigender Linie der Person oder des Ehegatten oder des Lebenspartners, die das 21. Lebensjahr noch nicht vollendet haben oder denen von diesen Unterhalt gewährt wird, und
   d) die Verwandten in gerader aufsteigender Linie der Person oder des Ehegatten oder des Lebenspartners, denen von diesen Unterhalt gewährt wird,
4. sind nahestehende Personen einer Person
   a) Verwandte im Sinne des § 1589 des Bürgerlichen Gesetzbuchs[3] und die Verwandten des Ehegatten oder des Lebenspartners, die nicht Familienangehörige der Person im Sinne der Nummer 3 sind,
   b) ledige Kinder, die das 18. Lebensjahr noch nicht vollendet haben, unter Vormundschaft von oder in einem Pflegekindverhältnis zu der Person stehen und keine Familienangehörigen im Sinne von Nummer 3 Buchstabe c sind, sowie
   c) eine Lebensgefährtin oder ein Lebensgefährte, mit der oder dem die Person eine glaubhaft dargelegte, auf Dauer angelegte Gemeinschaft eingegangen ist, die keine weitere Lebensgemeinschaft gleicher Art zulässt, wenn die Personen beide weder verheiratet noch Lebenspartner einer Lebenspartnerschaft im Sinne der Nummer 2 sind,
5. ist das Austrittsabkommen das Abkommen über den Austritt des Vereinigten Königreichs Großbritannien und Nordirland aus der Europäischen Union und der Europäischen Atomgemeinschaft (ABl. L 29 vom 31.1.2020, S. 7) und
6. sind britische Staatsangehörige die in Artikel 2 Buchstabe d des Austrittsabkommens genannten Personen.

---

[1] **Nr. 1001.**
[2] **Habersack ErgBd. Nr. 43.**
[3] **Habersack Nr. 20.**

§ 2[1)] Recht auf Einreise und Aufenthalt. (1) Freizügigkeitsberechtigte Unionsbürger und ihre Familienangehörigen haben das Recht auf Einreise und Aufenthalt nach Maßgabe dieses Gesetzes.

(2) Unionsrechtlich freizügigkeitsberechtigt sind:

1. Unionsbürger, die sich als Arbeitnehmer oder zur Berufsausbildung aufhalten wollen,

1a. Unionsbürger, die sich zur Arbeitsuche aufhalten, für bis zu sechs Monate und darüber hinaus nur, solange sie nachweisen können, dass sie weiterhin Arbeit suchen und begründete Aussicht haben, eingestellt zu werden,

2. Unionsbürger, wenn sie zur Ausübung einer selbständigen Erwerbstätigkeit berechtigt sind (niedergelassene selbständige Erwerbstätige),
3. Unionsbürger, die, ohne sich niederzulassen, als selbständige Erwerbstätige Dienstleistungen im Sinne des Artikels 57 des Vertrages über die Arbeitsweise der Europäischen Union[2)] erbringen wollen (Erbringer von Dienstleistungen), wenn sie zur Erbringung der Dienstleistung berechtigt sind,
4. Unionsbürger als Empfänger von Dienstleistungen,
5. nicht erwerbstätige Unionsbürger unter den Voraussetzungen des § 4,
6. Familienangehörige unter den Voraussetzungen der §§ 3 und 4,
7. Unionsbürger und ihre Familienangehörigen, die ein Daueraufenthaltsrecht erworben haben.

(3) [1] Das Recht nach Absatz 1 bleibt für Arbeitnehmer und selbständig Erwerbstätige unberührt bei

1. vorübergehender Erwerbsminderung infolge Krankheit oder Unfall,
2. unfreiwilliger durch die zuständige Agentur für Arbeit bestätigter Arbeitslosigkeit oder Einstellung einer selbständigen Tätigkeit infolge von Umständen, auf die der Selbständige keinen Einfluss hatte, nach mehr als einem Jahr Tätigkeit,
3. Aufnahme einer Berufsausbildung, wenn zwischen der Ausbildung und der früheren Erwerbstätigkeit ein Zusammenhang besteht; der Zusammenhang ist nicht erforderlich, wenn der Unionsbürger seinen Arbeitsplatz unfreiwillig verloren hat.

[2] Bei unfreiwilliger durch die zuständige Agentur für Arbeit bestätigter Arbeitslosigkeit nach weniger als einem Jahr Beschäftigung bleibt das Recht aus Absatz 1 während der Dauer von sechs Monaten unberührt.

(4) [1] Das Nichtbestehen des Rechts nach Absatz 1 kann festgestellt werden, wenn feststeht, dass die betreffende Person das Vorliegen einer Voraussetzung für dieses Recht durch die Verwendung von gefälschten oder verfälschten Dokumenten oder durch Vorspiegelung falscher Tatsachen vorgetäuscht hat. [2] Das Nichtbestehen des Rechts nach Absatz 1 kann bei einem Familienangehörigen, der nicht Unionsbürger ist, außerdem festgestellt werden, wenn feststeht, dass er dem Unionsbürger *nicht* zur Herstellung oder Wahrung der familiären Lebensgemein-

[1)] § 2 Abs. 2 Nr. 5 aufgeh., bish. Nr. 6 und 7 werden Nr. 5 und 6, neue Nr. 6 geänd., Nr. 7, Abs. 4 Satz 3 angef., Abs. 3 und 5 neu gef., Abs. 4 Satz 2, Abs. 6 geänd. mWv 28.8.2007 durch G v. 19.8.2007 (BGBl. I S. 1970); Abs. 2 einl. Satzteil, Nr. 3, Abs. 4 Satz 3 und Abs. 6 geänd., Abs. 7 angef. mWv 29.1.2013 durch G v. 21.1.2013 (BGBl. I S. 86); Abs. 2 Nr. 1 geänd., Nr. 1a eingef. mWv 9.12.2014 durch G v. 2.12.2014 (BGBl. I S. 1922); Abs. 4 Satz 2 geänd., Abs. 6 Sätze 2, 3 angef. mWv 24.11.2020 durch G v. 12.11.2020 (BGBl. I S. 2416); Abs. 4–6 aufgeh., bish. Abs. 7 wird Abs. 4 mWv 25.4.2023 durch G v. 20.4.2023 (BGBl. 2023 I Nr. 106); Abs. 4 Satz 5 angef. mWv 27.2.2024 durch G v. 21.2.2024 (BGBl. 2024 I Nr. 54).

[2)] Nr. **1001**.

schaft nachzieht oder ihn nicht zu diesem Zweck begleitet. [3] Einem Familienangehörigen, der nicht Unionsbürger ist, kann in diesen Fällen die Erteilung der Aufenthaltskarte oder des Visums versagt werden oder seine Aufenthaltskarte kann eingezogen werden. [4] Entscheidungen nach den Sätzen 1 bis 3 bedürfen der Schriftform. [5] Die Sätze 1, 2 und 4 sind auf nahestehende Personen, denen ein Recht zur Einreise und zum Aufenthalt im Bundesgebiet nach § 3a Absatz 1 verliehen worden ist, entsprechend anzuwenden.

§ 2a[1)] Visum, Dokumente, Visumverfahren. (1) [1] Unionsbürger bedürfen für die Einreise keines Visums und für den Aufenthalt keines Aufenthaltstitels. [2] Für ihren Aufenthalt von bis zu drei Monaten ist der Besitz eines gültigen Personalausweises oder Reisepasses ausreichend. [3] Satz 2 gilt auch für Familienangehörige, die nicht Unionsbürger sind, wenn sie im Besitz eines anerkannten oder sonst zugelassenen Passes oder Passersatzes sind und sie den Unionsbürger begleiten oder ihm nachziehen. [4] Soweit nach dem Europäischen Übereinkommen über die Regelung des Personenverkehrs zwischen den Mitgliedstaaten des Europarates vom 10. Februar 1959 (BGBl. 1959 II S. 389, 390) günstigere Regelungen Anwendung finden, bleiben diese unberührt.

(2) [1] Familienangehörige und nahestehende Personen, die nicht Unionsbürger sind, bedürfen für die Einreise eines Visums. [2] Für die Ausstellung des Visums werden keine Gebühren erhoben. [3] Satz 1 findet keine Anwendung auf Personen, die in entsprechender Anwendung des Aufenthaltsgesetzes[2)] oder einer nach § 99 Absatz 1 Nummer 2 des Aufenthaltsgesetzes erlassenen Rechtsverordnung wegen ihrer Staatsangehörigkeit auch für einen Aufenthalt, der kein Kurzaufenthalt ist, visumfrei in das Bundesgebiet einreisen und sich darin aufhalten dürfen.

(3) Der Besitz einer gültigen Aufenthaltskarte, auch derjenigen eines anderen Mitgliedstaates der Europäischen Union oder eines EWR-Staates, entbindet nach Artikel 5 Absatz 2 der Richtlinie 2004/38/EG des Europäischen Parlaments und des Rates vom 29. April 2004 über das Recht der Unionsbürger und ihrer Familienangehörigen, sich im Hoheitsgebiet der Mitgliedstaaten frei zu bewegen und aufzuhalten und zur Änderung der Verordnung (EWG) Nr. 1612/68 und zur Aufhebung der Richtlinien 64/221/EWG, 68/360/EWG, 72/194/EWG, 73/148/EWG, 75/34/EWG, 75/35/EWG, 90/364/EWG, 90/365/EWG und 93/96/EWG (ABl. L 158 vom 30.4.2004, S. 77; L 229 vom 29.6.2004, S. 35; L 204 vom 4.8.2007, S. 28) von der Visumpflicht.

(4) [1] Ein Visum kann vor Einreise annulliert werden, indem eine Feststellung nach § 2 Absatz 4, § 5 Absatz 4 oder § 6 Absatz 1 erfolgt. [2] Die Feststellung bedarf der Schriftform. [3] § 11 Absatz 8 Satz 1 und Absatz 12 Satz 2 bleibt unberührt. [4] Zuständig sind die Stelle, die das Visum ausgestellt hat, sowie die mit der polizeilichen Kontrolle des grenzüberschreitenden Verkehrs beauftragten Behörden.

(5) [1] Die zuständigen Landesbehörden unterrichten das Auswärtige Amt über Aufenthaltsrechte nach den §§ 2 und 16 dieses Gesetzes von Personen, die die Voraussetzungen nach § 1 Absatz 2 Nummer 2 oder Nummer 3 des Aufenthaltsgesetzes erfüllen. [2] Das Auswärtige Amt unterrichtet die zuständige Landesbehörde über ein Ende der Rechtsstellung nach § 1 Absatz 2 Nummer 2 oder Nummer 3 des Aufenthaltsgesetzes, wenn Tatsachen die Annahme rechtfertigen, dass sie Aufenthaltsrechte nach den §§ 2 und 16 dieses Gesetzes haben.

[1)] § 2a eingef. mWv 25.4.2023 durch G v. 20.4.2023 (BGBl. 2023 I Nr. 106).
[2)] Nr. **565**.

§ 3[1)] Familienangehörige. (1) [1] Familienangehörige der in § 2 Abs. 2 Nr. 1 bis 5 genannten Unionsbürger haben das Recht nach § 2 Abs. 1, wenn sie den Unionsbürger begleiten oder ihm nachziehen. [2] Für Familienangehörige der in § 2 Abs. 2 Nr. 5 genannten Unionsbürger gilt dies nach Maßgabe des § 4.

(2) Familienangehörige, die nicht Unionsbürger sind, behalten beim Tod des Unionsbürgers ein Aufenthaltsrecht, wenn sie die Voraussetzungen des § 2 Abs. 2 Nr. 1 bis 3 oder Nr. 5 erfüllen und sich vor dem Tod des Unionsbürgers mindestens ein Jahr als seine Familienangehörigen im Bundesgebiet aufgehalten haben.

(3) Die Kinder eines freizügigkeitsberechtigten Unionsbürgers und der Elternteil, der die elterliche Sorge für die Kinder tatsächlich ausübt, behalten auch nach dem Tod oder Wegzug des Unionsbürgers, von dem sie ihr Aufenthaltsrecht ableiten, bis zum Abschluss einer Ausbildung ihr Aufenthaltsrecht, wenn sich die Kinder im Bundesgebiet aufhalten und eine Ausbildungseinrichtung besuchen.

(4) Ehegatten oder Lebenspartner, die nicht Unionsbürger sind, behalten bei Scheidung oder Aufhebung der Ehe oder Aufhebung der Lebenspartnerschaft ein Aufenthaltsrecht, wenn sie die für Unionsbürger geltenden Voraussetzungen des § 2 Abs. 2 Nr. 1 bis 3 oder Nr. 5 erfüllen und wenn

1. die Ehe oder die Lebenspartnerschaft bis zur Einleitung des gerichtlichen Scheidungs- oder Aufhebungsverfahrens mindestens drei Jahre bestanden hat, davon mindestens ein Jahr im Bundesgebiet,
2. ihnen durch Vereinbarung der Ehegatten oder der Lebenspartner oder durch gerichtliche Entscheidung die elterliche Sorge für die Kinder des Unionsbürgers übertragen wurde,
3. es zur Vermeidung einer besonderen Härte erforderlich ist, insbesondere weil dem Ehegatten oder dem Lebenspartner wegen der Beeinträchtigung seiner schutzwürdigen Belange ein Festhalten an der Ehe oder der Lebenspartnerschaft nicht zugemutet werden konnte, oder
4. ihnen durch Vereinbarung der Ehegatten oder der Lebenspartner oder durch gerichtliche Entscheidung das Recht zum persönlichen Umgang mit dem minderjährigen Kind nur im Bundesgebiet eingeräumt wurde.

§ 3a[2)] Aufenthalt nahestehender Personen. (1) Einer nahestehenden Person eines Unionsbürgers, die selbst nicht als Unionsbürger und nicht nach den §§ 3 oder 4 freizügigkeitsberechtigt ist, kann auf Antrag das Recht zur Einreise und zum Aufenthalt im Bundesgebiet verliehen werden, wenn

1. es sich um eine nahestehende Person im Sinne des § 1 Absatz 2 Nummer 4 Buchstabe a handelt und
   a) der Unionsbürger ihr zum Zeitpunkt der erstmaligen Antragstellung nachhaltig, in der Regel mindestens zwei Jahre, und nicht nur vorübergehend Unterhalt gewährt,

---

[1)] § 3 Abs. 1, 3, 4 und 5 neu gef., Abs. 2 einl. Satzteil, Nr. 1 und 2, Abs. 6 geänd. mWv 28.8.2007 durch G v. 19.8.2007 (BGBl. I S. 1970); Abs. 2 Nr. 1 und 2, Abs. 5 Satz 1 einl. Satzteil, Nr. 1, 2, 3 und 4 geänd. Abs. 6 aufgeh. mWv 29.1.2013 durch G v. 21.1.2013 (BGBl. I S. 86); Abs. 2 Nr. 1 und 2 geänd. mWv 9.12.2014 durch G v. 2.12.2014 (BGBl. I S. 1922); Abs. 2 aufgeh., bish. Abs. 3 wird Abs. 2 und Satz 2 aufgeh., bish. Abs. 4 wird Abs. 3, bish. Abs. 5 wird Abs. 4 und Satz 2 aufgeh. mWv 24.11.2020 durch G v. 12.11.2020 (BGBl. I S. 2416).

[2)] § 3a eingef. mWv 24.11.2020 durch G v. 12.11.2020 (BGBl. I S. 2416); Abs. 1 Nr. 1 Buchst. a geänd. mWv 25.4.2023 durch G v. 20.4.2023 (BGBl. 2023 I Nr. 106).

b) der Unionsbürger mit ihr in dem Staat, in dem sie vor der Verlegung des Wohnsitzes in das Bundesgebiet gelebt hat oder lebt, in häuslicher Gemeinschaft gelebt hat und die häusliche Gemeinschaft zwischen dem Unionsbürger und ihr mindestens zwei Jahre bestanden hat oder

c) nicht nur vorübergehend schwerwiegende gesundheitliche Gründe zum Antragszeitpunkt die persönliche Pflege von ihr durch den Unionsbürger zwingend erforderlich machen,

2. es sich um eine nahestehende Person im Sinne des § 1 Absatz 2 Nummer 4 Buchstabe b handelt und der Unionsbürger mit ihr im Bundesgebiet für längere Zeit in familiärer Gemeinschaft zusammenleben wird und sie vom Unionsbürger abhängig ist oder

3. es sich um eine nahestehende Person im Sinne des § 1 Absatz 2 Nummer 4 Buchstabe c handelt und der Unionsbürger mit ihr im Bundesgebiet nicht nur vorübergehend zusammenleben wird.

(2) Bei der Entscheidung über die Verleihung eines Rechts nach Absatz 1 ist nach einer eingehenden Untersuchung der persönlichen Umstände maßgeblich zu berücksichtigen, ob der Aufenthalt der nahestehenden Person unter Berücksichtigung ihrer Beziehung zum Unionsbürger sowie von anderen Gesichtspunkten, wie dem Grad der finanziellen oder physischen Abhängigkeit oder dem Grad der Verwandtschaft zwischen ihr und dem Unionsbürger, im Hinblick auf einen in Absatz 1 genannten Anlass des Aufenthalts erforderlich ist.

(3) § 3 Absatz 2 findet entsprechende Anwendung.

§ 4[1)] Nicht erwerbstätige Freizügigkeitsberechtigte. [1] Nicht erwerbstätige Unionsbürger und ihre Familienangehörigen, die den Unionsbürger begleiten oder ihm nachziehen, haben das Recht nach § 2 Abs. 1, wenn sie über ausreichenden Krankenversicherungsschutz und ausreichende Existenzmittel verfügen. [2] Hält sich der Unionsbürger als Student im Bundesgebiet auf, haben dieses Recht nur sein Ehegatte, Lebenspartner und seine Kinder, denen Unterhalt gewährt wird.

§ 4a[2)] Daueraufenthaltsrecht. (1) [1] Unionsbürger, die sich seit fünf Jahren ständig rechtmäßig im Bundesgebiet aufgehalten haben, haben unabhängig vom weiteren Vorliegen der Voraussetzungen des § 2 Abs. 2 das Recht auf Einreise und Aufenthalt (Daueraufenthaltsrecht). [2] Ihre Familienangehörigen und nahestehenden Personen, die Inhaber eines Rechts nach § 3a Absatz 1 sind,[3)], die nicht Unionsbürger sind, haben dieses Recht, wenn sie sich seit fünf Jahren mit dem Unionsbürger ständig rechtmäßig im Bundesgebiet aufgehalten haben.

(2) [1] Abweichend von Absatz 1 haben Unionsbürger nach § 2 Abs. 2 Nr. 1 bis 3 vor Ablauf von fünf Jahren das Daueraufenthaltsrecht, wenn sie

1. sich mindestens drei Jahre ständig im Bundesgebiet aufgehalten und mindestens während der letzten zwölf Monate im Bundesgebiet eine Erwerbstätigkeit ausgeübt haben und

---

[1)] § 4 neu gef. mWv 28.8.2007 durch G v. 19.8.2007 (BGBl. I S. 1970); Satz 1 geänd. mWv 29.1.2013 durch G v. 21.1.2013 (BGBl. I S. 86).

[2)] § 4a eingef. mWv 28.8.2007 durch G v. 19.8.2007 (BGBl. I S. 1970); Abs. 1 Satz 1 geänd., Satz 2 angef., Abs. 2 Satz 2, Abs. 3 Nr. 3 und Abs. 4 geänd. mWv 29.1.2013 durch G v. 21.1.2013 (BGBl. I S. 86); Abs. 1 Satz 3 angef. mWv 1.8.2015 durch G v. 27.7.2015 (BGBl. I S. 1386); Abs. 1 Satz 2 geänd., Satz 3 aufgeh., Abs. 3, 4, 5 geänd. mWv 24.11.2020 durch G v. 12.11.2020 (BGBl. I S. 2416).

[3)] Zeichensetzung amtlich.

a) zum Zeitpunkt des Ausscheidens aus dem Erwerbsleben das 65. Lebensjahr erreicht haben oder

b) ihre Beschäftigung im Rahmen einer Vorruhestandsregelung beenden oder

2. ihre Erwerbstätigkeit infolge einer vollen Erwerbsminderung aufgeben,

a) die durch einen Arbeitsunfall oder eine Berufskrankheit eingetreten ist und einen Anspruch auf eine Rente gegenüber einem Leistungsträger im Bundesgebiet begründet oder

b) nachdem sie sich zuvor mindestens zwei Jahre ständig im Bundesgebiet aufgehalten haben oder

3. drei Jahre ständig im Bundesgebiet erwerbstätig waren und anschließend in einem anderen Mitgliedstaat der Europäischen Union erwerbstätig sind, ihren Wohnsitz im Bundesgebiet beibehalten und mindestens einmal in der Woche dorthin zurückkehren; für den Erwerb des Rechts nach den Nummern 1 und 2 gelten die Zeiten der Erwerbstätigkeit in einem anderen Mitgliedstaat der Europäischen Union als Zeiten der Erwerbstätigkeit im Bundesgebiet.

[2] Soweit der Ehegatte oder der Lebenspartner des Unionsbürgers Deutscher nach Artikel 116 des Grundgesetzes[1)] ist oder diese Rechtsstellung durch Eheschließung mit dem Unionsbürger bis zum 31. März 1953 verloren hat, entfallen in Satz 1 Nr. 1 und 2 die Voraussetzungen der Aufenthaltsdauer und der Dauer der Erwerbstätigkeit.

(3) Familienangehörige und nahestehende Personen eines verstorbenen Unionsbürgers nach § 2 Abs. 2 Nr. 1 bis 3, die im Zeitpunkt seines Todes bei ihm ihren ständigen Aufenthalt hatten, haben das Daueraufenthaltsrecht, wenn

1. der Unionsbürger sich im Zeitpunkt seines Todes seit mindestens zwei Jahren im Bundesgebiet ständig aufgehalten hat,
2. der Unionsbürger infolge eines Arbeitsunfalls oder einer Berufskrankheit gestorben ist oder
3. der überlebende Ehegatte oder Lebenspartner des Unionsbürgers Deutscher nach Artikel 116 des Grundgesetzes ist oder diese Rechtsstellung durch Eheschließung mit dem Unionsbürger vor dem 31. März 1953 verloren hat.

(4) Die Familienangehörigen und die nahestehenden Personen eines Unionsbürgers, der das Daueraufenthaltsrecht nach Absatz 2 erworben hat, haben ebenfalls das Daueraufenthaltsrecht, wenn sie bei dem Unionsbürger ihren ständigen Aufenthalt haben.

(5) Familienangehörige nach § 3 Absatz 2 bis 4 und nahestehende Personen nach § 3a Absatz 3 erwerben das Daueraufenthaltsrecht, wenn sie sich fünf Jahre ständig rechtmäßig im Bundesgebiet aufhalten.

(6) Der ständige Aufenthalt wird nicht berührt durch

1. Abwesenheiten bis zu insgesamt sechs Monaten im Jahr oder
2. Abwesenheit zur Ableistung des Wehrdienstes oder eines Ersatzdienstes sowie
3. eine einmalige Abwesenheit von bis zu zwölf aufeinander folgenden Monaten aus wichtigem Grund, insbesondere auf Grund einer Schwangerschaft und Entbindung, schweren Krankheit, eines Studiums, einer Berufsausbildung oder einer beruflichen Entsendung.

[1)] Nr. 1.

(7) Eine Abwesenheit aus einem seiner Natur nach nicht nur vorübergehenden Grund von mehr als zwei aufeinander folgenden Jahren führt zum Verlust des Daueraufenthaltsrechts.

§ 5[1)] Aufenthaltskarten, Bescheinigung über das Daueraufenthaltsrecht.

(1) [1] Freizügigkeitsberechtigten Familienangehörigen, die nicht Unionsbürger sind, wird von Amts wegen innerhalb von sechs Monaten, nachdem sie die erforderlichen Angaben gemacht haben, eine Aufenthaltskarte für Familienangehörige von Unionsbürgern ausgestellt, die fünf Jahre gültig sein soll. [2] Eine Bescheinigung darüber, dass die erforderlichen Angaben gemacht worden sind, erhält der Familienangehörige unverzüglich.

(2) [1] Die zuständige Ausländerbehörde kann verlangen, dass die Voraussetzungen des Rechts nach § 2 Abs. 1 drei Monate nach der Einreise glaubhaft gemacht werden. [2] Für die Glaubhaftmachung erforderliche Angaben und Nachweise können von der zuständigen Meldebehörde bei der meldebehördlichen Anmeldung entgegengenommen werden. [3] Diese leitet die Angaben und Nachweise an die zuständige Ausländerbehörde weiter. [4] Eine darüber hinausgehende Verarbeitung oder Nutzung durch die Meldebehörde erfolgt nicht.

(3) Das Vorliegen oder der Fortbestand der Voraussetzungen des Rechts nach § 2 Absatz 1 kann aus besonderem Anlass überprüft werden.

(4) [1] Sind die Voraussetzungen des Rechts nach § 2 Abs. 1 innerhalb von fünf Jahren nach Begründung des ständigen rechtmäßigen Aufenthalts im Bundesgebiet entfallen oder liegen diese nicht vor, kann der Verlust des Rechts nach § 2 Abs. 1 festgestellt und bei Familienangehörigen, die nicht Unionsbürger sind, die Aufenthaltskarte eingezogen werden. [2] § 4a Abs. 6 gilt entsprechend.

(5) [1] Auf Antrag wird Unionsbürgern unverzüglich ihr Daueraufenthaltsrecht bescheinigt. [2] Ihren daueraufenthaltsberechtigten Familienangehörigen, die nicht Unionsbürger sind, wird innerhalb von sechs Monaten nach Antragstellung eine Daueraufenthaltskarte ausgestellt.

(6) Für den Verlust des Daueraufenthaltsrechts nach § 4a Abs. 7 gilt Absatz 4 Satz 1 entsprechend.

(7) [1] Bei Verleihung des Rechts nach § 3a Absatz 1 stellt die zuständige Behörde eine Aufenthaltskarte für nahestehende Personen, die nicht Unionsbürger sind, aus, die fünf Jahre gültig sein soll. [2] Die Inhaber des Rechts dürfen eine Erwerbstätigkeit ausüben. [3] Absatz 5 Satz 2 findet entsprechende Anwendung.

§ 5a[2)] Vorlage von Dokumenten. (1) [1] Die zuständige Behörde darf in den Fällen des § 5 Absatz 2 von einem Unionsbürger den gültigen Personalausweis oder Reisepass und im Fall des

1. § 2 Abs. 2 Nr. 1 eine Einstellungsbestätigung oder eine Beschäftigungsbescheinigung des Arbeitgebers,

---

1) § 5 Überschr., Abs. 2 neu gef., Abs. 1, Abs. 3 Satz 1, Abs. 4 und 5 Sätze 1 und 2 geänd., Abs. 6 und 7 angef. mWv 28.8.2007 durch G v. 19.8.2007 (BGBl. I S. 1970); Überschr. neu gef., Abs. 1 aufgeh., bish. Abs. 2 und 3 werden Abs. 1 und 2, bish. Abs. 4 wird Abs. 3 und geänd., bish. Abs. 5 wird Abs. 4 und Satz 1 geänd., bish. Abs. 6 wird Abs. 5 und Satz 1 geänd., bish. Abs. 7 wird Abs. 6 und geänd. mWv 29.1.2013 durch G v. 21.1.2013 (BGBl. I S. 86); Abs. 4 Satz 1 geänd. mWv 9.12.2014 durch G v. 2.12.2014 (BGBl. I S. 1922); Abs. 7 angef. mWv 24.11.2020 durch G v. 12.11.2020 (BGBl. I S. 2416).

2) § 5a eingef. mWv 28.8.2007 durch G v. 19.8.2007 (BGBl. I S. 1970); Abs. 1 Satz 1, Abs. 2 einl. Satzteil, Nr. 2 geänd. Nr. 3 und abschl. Satzteil aufgeh. mWv 29.1.2013 durch G v. 21.1.2013 (BGBl. I S. 86); Abs. 1 Satz 1 Nr. 1 geänd. mWv 9.12.2014 durch G v. 2.12.2014 (BGBl. I S. 1922); Abs. 2 Nr. 1 geänd., Abs. 3 angef. mWv 24.11.2020 durch G v. 12.11.2020 (BGBl. I S. 2416).

2. § 2 Abs. 2 Nr. 2 einen Nachweis über seine selbständige Tätigkeit,
3. § 2 Abs. 2 Nr. 5 einen Nachweis über ausreichenden Krankenversicherungsschutz und ausreichende Existenzmittel

verlangen. [2]Ein nicht erwerbstätiger Unionsbürger im Sinne des § 2 Abs. 2 Nr. 5, der eine Bescheinigung vorlegt, dass er im Bundesgebiet eine Hochschule oder andere Ausbildungseinrichtung besucht, muss die Voraussetzungen nach Satz 1 Nr. 3 nur glaubhaft machen.

(2) Die zuständige Behörde darf von Familienangehörigen in den Fällen des § 5 Absatz 2 oder für die Ausstellung der Aufenthaltskarte einen anerkannten oder sonst zugelassenen gültigen Pass oder Passersatz und zusätzlich Folgendes verlangen:

1. einen Nachweis über das Bestehen der familiären Beziehung, bei Verwandten in absteigender und aufsteigender Linie einen urkundlichen Nachweis über Voraussetzungen des § 1 Absatz 2 Nummer 3,
2. eine Meldebestätigung des Unionsbürgers, den die Familienangehörigen begleiten oder dem sie nachziehen.

(3) Die zuständige Behörde verlangt in den Fällen des § 3a für die Ausstellung der Aufenthaltskarte über die in Absatz 2 genannten Nachweise hinaus

1. ein durch die zuständige Behörde des Ursprungs- oder Herkunftslands ausgestelltes Dokument, aus dem hervorgeht,
   a) in Fällen nach § 3a Absatz 1 Nummer 1 Buchstabe a, dass und seit wann die nahestehende Person vom Unionsbürger Unterhalt bezieht,
   b) in Fällen nach § 3a Absatz 1 Nummer 1 Buchstabe b, dass und wie lange die nahestehende Person mit dem Unionsbürger in häuslicher Gemeinschaft gelebt hat,
2. in Fällen nach § 3a Absatz 1 Nummer 1 Buchstabe c den Nachweis schwerwiegender gesundheitlicher Gründe, die die persönliche Pflege der nahestehenden Person durch den Unionsbürger zwingend erforderlich machen,
3. in Fällen nach § 3a Absatz 1 Nummer 2 den urkundlichen Nachweis des Bestehens der Vormundschaft oder des Pflegekindverhältnisses sowie einen Nachweis der Abhängigkeit der nahestehenden Person vom Unionsbürger und
4. in den Fällen nach § 3a Absatz 1 Nummer 3 den Nachweis über die Umstände für das Bestehen einer dauerhaften Beziehung nach § 1 Absatz 2 Nummer 4 Buchstabe c zwischen dem Unionsbürger und der nahestehenden Person.

§ 6[1)] Verlust des Rechts auf Einreise und Aufenthalt. (1) [1]Der Verlust des Rechts nach § 2 Abs. 1 kann unbeschadet des § 2 Absatz 4 und des § 5 Absatz 4 nur aus Gründen der öffentlichen Ordnung, Sicherheit oder Gesundheit (Artikel 45 Absatz 3, Artikel 52 Absatz 1 des Vertrages über die Arbeitsweise der Europäischen Union[2)]) festgestellt und die Bescheinigung über das Daueraufenthaltsrecht oder die Aufenthaltskarte oder Daueraufenthaltskarte eingezogen werden. [2]Aus den in Satz 1 genannten Gründen kann auch die Einreise verweigert

---

[1)] § 6 Abs. 1 Satz 1 geänd., Satz 3 angef., Abs. 3 neu gef., Abs. 4 und 5 eingef., bish. Abs. 4–6 werden Abs. 6–8, neue Abs. 6 und 8 geänd. mWv 28.8.2007 durch G v. 19.8.2007 (BGBl. I S. 1970); Abs. 1 Sätze 1 und 3 geänd. mWv 29.1.2013 durch G v. 21.1.2013 (BGBl. I S. 86); Abs. 1 Satz 3 geänd., Satz 4 angef. mWv 24.11.2020 durch G v. 12.11.2020 (BGBl. I S. 2416); Abs. 1 Satz 1 geänd. mWv 25.4.2023 durch G v. 20.4.2023 (BGBl. 2023 I Nr. 106); Abs. 5 Satz 3 geänd., Abs. 9 angef. mWv 27.2.2024 durch G v. 21.2.2024 (BGBl. 2024 I Nr. 54).

[2)] Nr. **1001**.

werden. [3] Die Feststellung aus Gründen der öffentlichen Gesundheit kann nur erfolgen, wenn es sich um Krankheiten mit epidemischem Potenzial im Sinne der einschlägigen Rechtsinstrumente der Weltgesundheitsorganisation und sonstige übertragbare, durch Infektionserreger oder Parasiten verursachte Krankheiten handelt, sofern gegen diese Krankheiten Maßnahmen im Bundesgebiet getroffen werden. [4] Krankheiten, die nach Ablauf einer Frist von drei Monaten ab dem Zeitpunkt der Einreise auftreten, stellen keinen Grund für eine Feststellung nach Satz 1 dar.

(2) [1] Die Tatsache einer strafrechtlichen Verurteilung genügt für sich allein nicht, um die in Absatz 1 genannten Entscheidungen oder Maßnahmen zu begründen. [2] Es dürfen nur im Bundeszentralregister noch nicht getilgte strafrechtliche Verurteilungen und diese nur insoweit berücksichtigt werden, als die ihnen zu Grunde liegenden Umstände ein persönliches Verhalten erkennen lassen, das eine gegenwärtige Gefährdung der öffentlichen Ordnung darstellt. [3] Es muss eine tatsächliche und hinreichend schwere Gefährdung vorliegen, die ein Grundinteresse der Gesellschaft berührt.

(3) Bei der Entscheidung nach Absatz 1 sind insbesondere die Dauer des Aufenthalts des Betroffenen in Deutschland, sein Alter, sein Gesundheitszustand, seine familiäre und wirtschaftliche Lage, seine soziale und kulturelle Integration in Deutschland und das Ausmaß seiner Bindungen zum Herkunftsstaat zu berücksichtigen.

(4) Eine Feststellung nach Absatz 1 darf nach Erwerb des Daueraufenthaltsrechts nur aus schwerwiegenden Gründen getroffen werden.

(5) [1] Eine Feststellung nach Absatz 1 darf bei Unionsbürgern und ihren Familienangehörigen, die ihren Aufenthalt in den letzten zehn Jahren im Bundesgebiet hatten, und bei Minderjährigen nur aus zwingenden Gründen der öffentlichen Sicherheit getroffen werden. [2] Für Minderjährige gilt dies nicht, wenn der Verlust des Aufenthaltsrechts zum Wohl des Kindes notwendig ist. [3] Zwingende Gründe der öffentlichen Sicherheit können nur dann vorliegen, wenn der Betroffene wegen einer oder mehrerer vorsätzlicher Straftaten rechtskräftig zu einer Freiheits- oder Jugendstrafe von mindestens fünf Jahren verurteilt oder bei der letzten rechtskräftigen Verurteilung Sicherungsverwahrung angeordnet wurde, wenn die Sicherheit der Bundesrepublik Deutschland betroffen ist oder wenn vom Betroffenen eine terroristische Gefahr ausgeht.

(6) Die Entscheidungen oder Maßnahmen, die den Verlust des Aufenthaltsrechts oder des Daueraufenthaltsrechts betreffen, dürfen nicht zu wirtschaftlichen Zwecken getroffen werden.

(7) Wird der Pass, Personalausweis oder sonstige Passersatz ungültig, so kann dies die Aufenthaltsbeendigung nicht begründen.

(8) [1] Vor der Feststellung nach Absatz 1 soll der Betroffene angehört werden. [2] Die Feststellung bedarf der Schriftform.

(9) Die Absätze 1 bis 8 finden auf Personen, die ein Recht zur Einreise und zum Aufenthalt im Bundesgebiet nach § 3a Absatz 1 haben, entsprechende Anwendung.

§ 7[1] Ausreisepflicht. (1) [1] Unionsbürger oder ihre Familienangehörigen sind ausreisepflichtig, wenn die Ausländerbehörde festgestellt hat, dass das Recht auf

[1] § 7 Abs. 1 Sätze 1 und 2 sowie Abs. 2 Sätze 1 und 2 geänd., Abs. 1 Satz 4 neu gef., Satz 5, Abs. 2 Satz 4 angef. mWv 28.8.2007 durch G v. 19.8.2007 (BGBl. I S. 1970); Abs. 1 Satz 1 geänd., Satz 2 →

Einreise und Aufenthalt nicht besteht. [2] In dem Bescheid soll die Abschiebung angedroht und eine Ausreisefrist gesetzt werden. [3] Außer in dringenden Fällen muss die Frist mindestens einen Monat betragen. [4] Wird ein Antrag nach § 80 Abs. 5 der Verwaltungsgerichtsordnung[1)] gestellt, darf die Abschiebung nicht erfolgen, bevor über den Antrag entschieden wurde.

(2) [1] Personen, die ihr Recht nach § 2 Absatz 1 oder ihr Recht nach § 3a Absatz 1 nach § 6 Absatz 1 verloren haben, soll untersagt werden, erneut in das Bundesgebiet einzureisen und sich darin aufzuhalten. [2] Personen, bei denen das Nichtbestehen des Freizügigkeitsrechts nach § 2 Absatz 4 festgestellt worden ist, kann untersagt werden, erneut in das Bundesgebiet einzureisen und sich darin aufzuhalten. [3] Personen nach Satz 2 soll untersagt werden, erneut in das Bundesgebiet einzureisen und sich darin aufzuhalten, wenn ein besonders schwerer Fall, insbesondere ein wiederholtes Vortäuschen des Vorliegens der Voraussetzungen des Rechts auf Einreise und Aufenthalt, vorliegt oder wenn der Aufenthalt dieser Personen die öffentliche Ordnung und Sicherheit der Bundesrepublik Deutschland in erheblicher Weise beeinträchtigt. [4] Bei einer Entscheidung nach den Sätzen 1 bis 3 ist § 6 Absatz 3, 6 und 8 entsprechend anzuwenden. [5] Das Verbot nach den Sätzen 1 bis 3 wird von Amts wegen befristet. [6] Die Frist ist unter Berücksichtigung der Umstände des Einzelfalles auf Grund der auf Tatsachen gestützten Annahme der künftig von einem Aufenthalt der Person innerhalb der Europäischen Union und der Schengen-Staaten ausgehenden Gefahren für die öffentliche Ordnung und Sicherheit festzusetzen und darf fünf Jahre nur in den Fällen des § 6 Absatz 1 überschreiten. [7] Die Frist beginnt mit der Ausreise. [8] Ein nach angemessener Frist oder nach drei Jahren gestellter Antrag auf Aufhebung oder auf Verkürzung der festgesetzten Frist ist innerhalb von sechs Monaten zu bescheiden.

§ 8[2)] Ausweispflicht. (1) Die Personen, deren Einreise und Aufenthalt nach § 1 Absatz 1 durch dieses Gesetz geregelt ist, sind verpflichtet,

1. bei der Einreise in das oder der Ausreise aus dem Bundesgebiet einen Pass oder anerkannten Passersatz
   a) mit sich zu führen und
   b) einem zuständigen Beamten auf Verlangen zur Prüfung vorzulegen,
2. für die Dauer des Aufenthalts im Bundesgebiet den erforderlichen Pass oder Passersatz zu besitzen,
3. den Pass oder Passersatz sowie die Aufenthaltskarte, die Bescheinigung des Daueraufenthalts und die Daueraufenthaltskarte den mit der Ausführung dieses Gesetzes betrauten Behörden auf Verlangen vorzulegen, auszuhändigen und vorübergehend zu überlassen, soweit dies zur Durchführung oder Sicherung von Maßnahmen nach diesem Gesetz erforderlich ist.

(Fortsetzung der Anm. von voriger Seite)
aufgeh., bish. Sätze 3–5 werden Sätze 2–4 mWv 29.1.2013 durch G v. 21.1.2013 (BGBl. I S. 86); Abs. 2 Sätze 2–4 eingef., bish. Satz 2 wird Satz 5 und geänd., bish. Satz 3 wird Satz 7, bish. Satz 4 wird Satz 8 und geänd., Satz 6 eingef. mWv 9.12.2014 durch G v. 2.12.2014 (BGBl. I S. 1922); Abs. 2 Satz 2, Abs. 2 Satz 6 geänd. mWv 25.4.2023 durch G v. 20.4.2023 (BGBl. 2023 I Nr. 106); Abs. 2 Sätze 1–4 neu gef. mWv 27.2.2024 durch G v. 21.2.2024 (BGBl. 2024 I Nr. 54).

[1)] Nr. **600**.

[2)] § 8 Abs. 2 angef., bish. Wortlaut wird Abs. 1 mWv 1.11.2007 durch G v. 20.7.2007 (BGBl. I S. 1566); Abs. 1 Nr. 1 und 3 geänd. mWv 28.8.2007 durch G v. 19.8.2007 (BGBl. I S. 1970); Abs. 2 Satz 1 geänd. mWv 1.9.2011 durch G v. 12.4.2011 (BGBl. I S. 610); Abs. 1 Nr. 1 Buchst. b, Nr. 3 geänd. mWv 29.1. 2013 durch G v. 21.1.2013 (BGBl. I S. 86); Abs. 1a eingef. mWv 15.6.2017 durch G v. 8.6.2017 (BGBl. I S. 1570); Abs. 1 einl. Satzteil, Abs. 1a geänd. mWv 24.11.2020 durch G v. 12.11.2020 (BGBl. I S. 2416).

(1a) Die Personen, deren Einreise und Aufenthalt nach § 1 Absatz 1 durch dieses Gesetz geregelt ist, sind verpflichtet, die in Absatz 1 Nummer 3 genannten Dokumente auf Verlangen einer zur Überprüfung der Identität befugten Behörde vorzulegen und es ihr zu ermöglichen, das Gesicht mit dem Lichtbild im Dokument abzugleichen.

(2) [1]Die mit dem Vollzug dieses Gesetzes betrauten Behörden dürfen unter den Voraussetzungen des Absatzes 1 Nr. 3 die auf dem elektronischen Speicher- und Verarbeitungsmedium eines Dokumentes nach Absatz 1 gespeicherten biometrischen und sonstigen Daten auslesen, die benötigten biometrischen Daten beim Inhaber des Dokumentes erheben und die biometrischen Daten miteinander vergleichen. [2]Biometrische Daten nach Satz 1 sind nur die Fingerabdrücke, das Lichtbild und die Irisbilder. [3]Die Polizeivollzugsbehörden, die Zollverwaltung und die Meldebehörden sind befugt, Maßnahmen nach Satz 1 zu treffen, soweit sie die Echtheit des Dokumentes oder die Identität des Inhabers überprüfen dürfen. [4]Die nach den Sätzen 1 und 3 erhobenen Daten sind unverzüglich nach Beendigung der Prüfung der Echtheit des Dokumentes oder der Identität des Inhabers zu löschen.

§ 9[1)] Strafvorschriften. (1) Mit Freiheitsstrafe bis zu drei Jahren oder mit Geldstrafe wird bestraft, wer unrichtige oder unvollständige Angaben macht oder benutzt, um für sich oder einen anderen eine Aufenthaltskarte, eine Daueraufenthaltskarte, eine Bescheinigung über das Daueraufenthaltsrecht, ein Aufenthaltsdokument-GB oder ein Aufenthaltsdokument für Grenzgänger-GB zu beschaffen oder eine so beschaffte Urkunde wissentlich zur Täuschung im Rechtsverkehr gebraucht.

(2) Mit Freiheitsstrafe bis zu einem Jahr oder mit Geldstrafe wird bestraft, wer entgegen § 7 Abs. 2 Satz 1 in das Bundesgebiet einreist oder sich darin aufhält.

(3) Gegenstände, auf die sich eine Straftat nach Absatz 1 bezieht, können eingezogen werden.

§ 10[2)] Bußgeldvorschriften. (1) Ordnungswidrig handelt, wer

1. entgegen § 8 Absatz 1 Nummer 1 Buchstabe b oder Nummer 3 ein dort genanntes Dokument nicht oder nicht rechtzeitig vorlegt oder
2. entgegen § 8 Absatz 1a ein dort genanntes Dokument nicht oder nicht rechtzeitig vorlegt oder einen Abgleich mit dem Lichtbild nicht oder nicht rechtzeitig ermöglicht.

(2) Ordnungswidrig handelt, wer vorsätzlich oder leichtfertig entgegen § 8 Abs. 1 Nr. 2 einen Pass oder Passersatz nicht besitzt.

(3) Ordnungswidrig handelt, wer vorsätzlich oder fahrlässig entgegen § 8 Abs. 1 Nr. 1 Buchstabe a einen Pass oder Passersatz nicht mit sich führt.

(4) Die Ordnungswidrigkeit kann in den Fällen der Absätze 1 und 3 mit einer Geldbuße bis zu dreitausend Euro, in den übrigen Fällen mit einer Geldbuße bis zu tausend Euro geahndet werden.

---

1) § 9 Abs. 1 eingef., Abs. 3 angef. mWv 9.12.2014 durch G v. 2.12.2014 (BGBl. I S. 1922); Abs. 1 geänd. mWv 24.11.2020 durch G v. 12.11.2020 (BGBl. I S. 2416).

2) *§ 10 Abs. 5 geänd. mWv 1.7.2005 durch G v. 21.6.2005* (BGBl. I S. 1818); Abs. 1–3 geänd. mWv 1.11.2007 durch G v. 20.7.2007 (BGBl. I S. 1566); Abs. 5 geänd. mWv 1.3.2008 durch G v. 26.2.2008 (BGBl. I S. 215); Abs. 1 neu gef. mWv 29.1.2013 durch G v. 21.1.2013 (BGBl. I S. 86); Abs. 1 neu gef., Abs. 4 geänd. mWv 15.6.2017 durch G v. 8.6.2017 (BGBl. I S. 1570).

(5) Verwaltungsbehörde im Sinne des § 36 Abs. 1 Nr. 1 des Gesetzes über Ordnungswidrigkeiten[1] ist in den Fällen der Absätze 1 und 3 die in der Rechtsverordnung nach § 58 Abs. 1 des Bundespolizeigesetzes[2] bestimmte Bundespolizeibehörde.

§ 11[3] Anwendung des allgemeinen Aufenthaltsrechts; Ausnahmen von der Anwendung dieses Gesetzes. (1) Auf die Personen, deren Einreise und Aufenthalt nach § 1 Absatz 1 durch dieses Gesetz geregelt ist, finden § 3 Absatz 2, § 11 Absatz 8, die §§ 13, 14 Absatz 2, § 44 Absatz 4, die §§ 45a, 46 Absatz 2, § 50 Absatz 3 bis 6, § 59 Absatz 1 Satz 6 und 7, die §§ 69, 71 Absatz 2 und 3 Nummer 2 erste Alternative, die §§ 73, 74 Absatz 2, § 77 Absatz 1, die §§ 80, 82 Absatz 5, die §§ 85 bis 88, 90, 91, 95 Absatz 1 Nummer 4 und 8, Absatz 2 Nummer 2, Absatz 4, die §§ 96, 97, 98 Absatz 2 Nummer 2, Absatz 2a, 3 Nummer 3, Absatz 4 und 5 sowie § 99 des Aufenthaltsgesetzes[4] entsprechende Anwendung.

(2) § 73 des Aufenthaltsgesetzes ist nur zur Feststellung von Gründen gemäß § 6 Absatz 1, hiervon abweichend in den Fällen des Absatzes 8 Satz 1 und des Absatzes 12 Satz 2 ohne Einschränkung anzuwenden.

(3) [1] § 78 des Aufenthaltsgesetzes ist für die Ausstellung von Aufenthaltskarten, Daueraufenthaltskarten, Aufenthaltsdokumenten-GB und Aufenthaltsdokumenten für Grenzgänger-GB entsprechend anzuwenden. [2] Auf die Angaben nach § 78 Absatz 1 Satz 3 Nummer 10 und 11 des Aufenthaltsgesetzes wird verzichtet, soweit zum Zeitpunkt der Veranlassung der Ausstellung ein anerkannter und gültiger ausländischer Pass vorhanden ist. [3] Sie tragen die nach Maßgabe der nach den §§ 11a und 99 Absatz 1 Nummer 13a Satz 1 des Aufenthaltsgesetzes erlassenen Rechtsverordnung festgelegten Bezeichnungen. [4] In der Zone für das automatische Lesen wird anstelle der Abkürzungen nach § 78 Absatz 2 Satz 2 Nummer 1 des Aufenthaltsgesetzes in Aufenthaltskarten und Daueraufenthaltskarten die Abkürzung „AF" und in Aufenthaltsdokumenten-GB und Aufenthaltsdokumenten für Grenzgänger-GB die Abkürzung „AR" verwendet.

(4) [1] Eine Fiktionsbescheinigung nach § 81 Absatz 5 des Aufenthaltsgesetzes ist auf Antrag auszustellen, wenn nach diesem Gesetz von Amts wegen eine Aufenthaltskarte, ein Aufenthaltsdokument-GB oder ein Aufenthaltsdokument für Grenzgänger-GB auszustellen ist und ein Dokument mit elektronischem Speicher- und Verarbeitungsmedium noch nicht zur Überlassung an den Inhaber bereitsteht. [2] In Fällen, in denen ein Recht auf Einreise und Aufenthalt nach diesem Gesetz nur auf Antrag besteht, findet § 81 des Aufenthaltsgesetzes entsprechende Anwendung.

(5) § 5 Absatz 1, 2 und 4, § 6 Absatz 3 Satz 2 und 3, § 7 Absatz 2 Satz 2 und § 82 Absatz 1 und 2 des Aufenthaltsgesetzes sowie § 82 Absatz 3 des Aufenthaltsgesetzes, soweit er sich auf § 82 Absatz 1 des Aufenthaltsgesetzes bezieht, sind in den Fällen des § 3a entsprechend anzuwenden.

(6) § 82 Absatz 4 des Aufenthaltsgesetzes ist in den Fällen des Absatzes 8 Satz 1 und des Absatzes 12 Satz 2 entsprechend anzuwenden.

---

[1] **Habersack Nr. 94.**

[2] Nr. **90**.

[3] § 11 neu gef. mWv 24.11.2020 durch G v. 12.11.2020 (BGBl. I S. 2416); Abs. 13 geänd. mWv 1.7. 2023 durch G v. 16.12.2022 (BGBl. I S. 2328); Abs. 1, Abs. 7 Satz 1, Abs. 8 Satz 1 Nr. 2 geänd. mWv 25.4.2023 durch G v. 20.4.2023 (BGBl. 2023 I Nr. 106); Abs. 1 geänd., Abs. 3 Satz 2 eingef., bish. Sätze 2 und 3 werden Sätze 3 und 4, Abs. 8 Satz 1 Nr. 3 und Satz 3 neu gef., Satz 4 aufgeh. mWv 27.2.2024 durch G v. 21.2.2024 (BGBl. 2024 I Nr. 54).

[4] Nr. **565**.

(7) [1]Die Mitteilungspflichten nach § 87 Absatz 2 Satz 1 Nummer 1 bis 3 des Aufenthaltsgesetzes bestehen insoweit entsprechend, als die dort genannten Umstände auch für die Feststellung nach § 2 Absatz 4, § 5 Absatz 4 und § 6 Absatz 1 entscheidungserheblich sein können. [2]Sie bestehen in den Fällen des Absatzes 8 Satz 1 und des Absatzes 12 Satz 2 ohne diese Einschränkung.

(8) [1]Auf den Aufenthalt von Personen, die

1. sich selbst als Familienangehörige im Bundesgebiet aufgehalten haben und nach § 3 Absatz 2 nach dem Tod eines Unionsbürgers ein Aufenthaltsrecht behalten,
2. nicht Unionsbürger sind, sich selbst als Ehegatten oder Lebenspartner im Bundesgebiet aufgehalten haben, und die nach der Scheidung oder Aufhebung der Ehe oder Aufhebung der Lebenspartnerschaft nach § 3 Absatz 4 ein Aufenthaltsrecht behalten, oder
3. sich als nahestehende Personen eines verstorbenen Unionsbürgers auf Grund eines Rechts zur Einreise und zum Aufenthalt im Bundesgebiet nach § 3a Absatz 3 in Verbindung mit § 3 Absatz 2 im Bundesgebiet aufgehalten haben,

sind die §§ 6 und 7 nicht anzuwenden. [2]Insoweit findet das Aufenthaltsgesetz entsprechende Anwendung. [3]Die Regelungen des Aufenthaltsgesetzes zum Familiennachzug zu Inhabern von Aufenthaltserlaubnissen aus familiären Gründen sind auf den Familiennachzug zu den in Satz 1 Nummer 1 und 2 genannten Personen sowie auf den Familiennachzug zu solchen nahestehenden Personen eines Unionsbürgers, denen ein Recht auf Einreise und Aufenthalt im Bundesgebiet nach § 3a verliehen wurde, entsprechend anzuwenden.

(9) [1]§ 3 Absatz 1 ist für den Aufenthalt von Familienangehörigen von Personen nicht anzuwenden, die selbst Familienangehörige oder nahestehende Personen und nicht Unionsbürger sind und nach § 4a Absatz 1 Satz 2 ein Daueraufenthaltsrecht haben. [2]Insoweit sind die Vorschriften des Aufenthaltsgesetzes zum Familiennachzug zu Inhabern einer Erlaubnis zum Daueraufenthalt – EU entsprechend anzuwenden.

(10) [1]Sofern Familienangehörige von Personen, die ein in § 16 Absatz 1 und 2 genanntes Recht zum Aufenthalt in der Bundesrepublik Deutschland ausüben, kein Recht zum Aufenthalt in der Bundesrepublik Deutschland haben, das nach dem Austrittsabkommen geregelt ist, finden die Vorschriften des Aufenthaltsgesetzes zum Familiennachzug entsprechende Anwendung. [2]Dabei werden gleichgestellt

1. Inhaber eines Daueraufenthaltsrechts nach Artikel 15 des Austrittsabkommens den Inhabern einer Erlaubnis zum Daueraufenthalt – EU,
2. Inhaber eines anderen Aufenthaltsrechts nach dem Austrittsabkommen, die britische Staatsangehörige sind, den Inhabern einer Blauen Karte EU und
3. Inhaber eines anderen Aufenthaltsrechts nach dem Austrittsabkommen, die weder britische Staatsangehörige noch Unionsbürger sind, den Inhabern einer Aufenthaltserlaubnis aus familiären Gründen.

(11) § 3a und die übrigen Bestimmungen dieses Gesetzes und des Aufenthaltsgesetzes, die in Fällen des § 3a dieses Gesetzes gelten, sind auf nahestehende Personen britischer Staatsangehöriger entsprechend anzuwenden, wenn die britischen Staatsangehörigen ein in § 16 Absatz 1 genanntes Aufenthaltsrecht im Bundesgebiet ausüben und wenn und solange die Voraussetzungen des Artikels 10 Absatz 2, 3 oder 4 des Austrittsabkommens erfüllt sind.

(12) [1]Die §§ 6 und 7 finden nach Maßgabe des Artikels 20 Absatz 1 des Austrittsabkommens entsprechende Anwendung, wenn ein Verhalten, auf Grund

dessen eine Beendigung des Aufenthalts eines Inhabers eines Rechts nach § 16 erfolgt oder durchgesetzt wird, vor dem Ende des Übergangszeitraums stattgefunden hat. [2]Im Übrigen findet hinsichtlich der Beendigung des Aufenthalts von Inhabern eines Rechts nach § 16 das Aufenthaltsgesetz Anwendung. [3]§ 52 des Verwaltungsverfahrensgesetzes[1)] findet entsprechende Anwendung.

(13) § 88a Absatz 1 Satz 1, 3 und 4 des Aufenthaltsgesetzes findet entsprechende Anwendung, soweit die Übermittlung von teilnehmerbezogenen Daten im Rahmen der Durchführung von Integrationskursen nach § 44 Absatz 4 des Aufenthaltsgesetzes, zur Überwachung einer Eingliederungsvereinbarung nach dem Zweiten Buch Sozialgesetzbuch[2)] in der bis zum 30. Juni 2023 gültigen Fassung oder eines Kooperationsplans nach dem Zweiten Buch Sozialgesetzbuch in der ab dem 1. Juli 2023 gültigen Fassung oder zur Durchführung des Einbürgerungsverfahrens erforderlich ist.

(14) [1]Das Aufenthaltsgesetz findet auch dann Anwendung, wenn es eine günstigere Rechtsstellung vermittelt als dieses Gesetz. [2]Hat die Ausländerbehörde das Nichtbestehen oder den Verlust des Rechts nach § 2 Absatz 1 festgestellt, findet das Aufenthaltsgesetz Anwendung, sofern dieses Gesetz keine besonderen Regelungen trifft.

(15) [1]Zeiten des rechtmäßigen Aufenthalts nach diesem Gesetz unter fünf Jahren entsprechen den Zeiten des Besitzes einer Aufenthaltserlaubnis. [2]Zeiten des rechtmäßigen Aufenthalts nach diesem Gesetz über fünf Jahren entsprechen dem Besitz einer Niederlassungserlaubnis.

§ 11a[3)] Verordnungsermächtigung. Das Bundesministerium des Innern, für Bau und Heimat wird ermächtigt, durch Rechtsverordnung mit Zustimmung des Bundesrates die Einzelheiten der Ausstellung von Aufenthaltskarten nach § 5 Absatz 1 Satz 1 und Absatz 7 Satz 1, Daueraufenthaltskarten nach § 5 Absatz 5 Satz 2, Aufenthaltsdokumenten-GB nach § 16 Absatz 2 Satz 1 und Aufenthaltsdokumenten für Grenzgänger-GB nach § 16 Absatz 3 entsprechend § 99 Absatz 1 Nummer 13a Satz 1 des Aufenthaltsgesetzes[4)] sowie Einzelheiten des Prüfverfahrens entsprechend § 34 Nummer 4 des Personalausweisgesetzes[5)] und Einzelheiten zum elektronischen Identitätsnachweis entsprechend § 34 Nummer 5 bis 7 des Personalausweisgesetzes festzulegen.

§ 12[3)] Staatsangehörige der EWR-Staaten. Die nach diesem Gesetz für Unionsbürger, Familienangehörige von Unionsbürgern und nahestehende Personen von Unionsbürgern geltenden Regelungen finden jeweils auch für Staatsangehörige der EWR-Staaten, die nicht Unionsbürger sind, und für ihre Familienangehörigen und ihre nahestehenden Personen Anwendung.

§ 12a[6)] Unionsrechtliches Aufenthaltsrecht. Auf Familienangehörige und nahestehende Personen von Deutschen, die von ihrem Recht auf Freizügigkeit nach Artikel 21 des Vertrages über die Arbeitsweise der Europäischen Union[7)] nachhaltig Gebrauch gemacht haben, finden die nach diesem Gesetz für Familien-

---

[1)] Nr. **100**.
[2)] **Sartorius ErgBd. Nr. 402.**
[3)] §§ 11a und 12 neu gef. mWv 24.11.2020 durch G v. 12.11.2020 (BGBl. I S. 2416).
[4)] Nr. **565**.
[5)] Nr. **255**.
[6)] § 12a eingef. mWv 24.11.2020 durch G v. 12.11.2020 (BGBl. I S. 2416).
[7)] Nr. **1001**.

angehörige und für nahestehende Personen von Unionsbürgern geltenden Regelungen entsprechende Anwendung.

§ 13[1)] Staatsangehörige der Beitrittsstaaten. Soweit nach Maßgabe des Beitrittsvertrages eines Mitgliedstaates zur Europäischen Union abweichende Regelungen anzuwenden sind, findet dieses Gesetz Anwendung, wenn die Beschäftigung durch die Bundesagentur für Arbeit nach § 284 Absatz 1 des Dritten Buches Sozialgesetzbuch[2)] genehmigt wurde.

§ 14[3)] Bestimmungen zum Verwaltungsverfahren. [1] Von den in § 11 Abs. 1 in Verbindung mit § 87 Absatz 1, 2 Satz 1 und 2, Absatz 4 Satz 1, 3 und 5, §§ 90, 91 Abs. 1 und 2, § 99 Abs. 1 und 2 des Aufenthaltsgesetzes[4)] getroffenen Regelungen des Verwaltungsverfahrens kann durch Landesrecht nicht abgewichen werden. [2] Dies gilt nicht im Hinblick auf Verfahren im Zusammenhang mit Aufenthaltsrechten nach § 3a und mit den in den §§ 12a und 16 geregelten Aufenthaltsrechten.

§ 15[5)] Übergangsregelung. Eine vor dem 28. August 2007 ausgestellte Aufenthaltserlaubnis-EU gilt als Aufenthaltskarte für Familienangehörige eines Unionsbürgers fort.

§ 16[6)] Rechtsstellung britischer Staatsangehöriger und ihrer Familienangehörigen. (1) [1] Das in Teil Zwei Titel II Kapitel 1 des Austrittsabkommens vorgesehene Recht auf Einreise und Aufenthalt im Bundesgebiet kann ausgeübt werden, ohne dass es hierfür eines Antrages bedarf. [2] Dieses Recht ist ein Aufenthaltsrecht im Sinne des Artikels 18 Absatz 4 des Austrittsabkommens.

(2) [1] Denjenigen,

1. die das Recht nach Absatz 1 ausüben oder
2. die das nach Artikel 24 Absatz 2, auch in Verbindung mit Artikel 25 Absatz 2, des Austrittsabkommens bestehende Recht ausüben, im Bundesgebiet zu wohnen,

wird von Amts wegen ein Aufenthaltsdokument im Sinne des Artikels 18 Absatz 4 des Austrittsabkommens (Aufenthaltsdokument-GB) ausgestellt. [2] Sie haben ihren Aufenthalt spätestens innerhalb von sechs Monaten nach dem Ende des Übergangszeitraums im Sinne des Teils Vier des Austrittsabkommens bei der zuständigen Ausländerbehörde anzuzeigen, wenn sie nicht bereits Inhaber einer Aufenthaltskarte oder Daueraufenthaltskarte sind. [3] Die Vorschriften des Artikels 18 Absatz 1 Unterabsatz 2 Buchstabe b Satz 2 Buchstabe c sowie i bis n des Austrittsabkommens finden entsprechende Anwendung.

(3) Britische Staatsangehörige, die nach Teil Zwei Titel II Kapitel 2 des Austrittsabkommens Rechte als Grenzgänger haben, sind verpflichtet, ein Dokument (Aufenthaltsdokument für Grenzgänger-GB) zu beantragen, mit dem diese Rechte bescheinigt werden.

---

1) § 13 neu gef. mWv 1.7.2015 durch G v. 21.12.2015 (BGBl. I S. 2557).

2) **Aichberger, SGB Nr. 3.**

3) § 14 angef. mWv 28.8.2007 durch G v. 19.8.2007 (BGBl. I S. 1970); geänd. mWv 29.7.2017 durch G v. 20.7.2017 (BGBl. I S. 2780); Satz 2 angef. mWv 24.11.2020 durch G v. 12.11.2020 (BGBl. I S. 2416); *Satz 1 geänd. mWv 15.7.2021 durch G v. 9.7.2021 (BGBl. I S. 2467).*

4) Nr. **565**.

5) § 15 angef. mWv 28.8.2007 durch G v. 19.8.2007 (BGBl. I S. 1970).

6) § 16 angef. mWv 24.11.2020 durch G v. 12.11.2020 (BGBl. I S. 2416); Abs. 4 geänd. mWv 25.4.2023 durch G v. 20.4.2023 (BGBl. 2023 I Nr. 106).

(4) § 2 Absatz 4, § 2a Absatz 2 und 4 sowie § 5 Absatz 3 und 4 finden entsprechende Anwendung.

(5) Für die Anwendung anderer Gesetze als des Aufenthaltsgesetzes[1)] und dieses Gesetzes stehen Aufenthaltsrechte, auf die in den Absätzen 1 und 2 Bezug genommen wird, dem Freizügigkeitsrecht nach § 2 gleich, sofern im Austrittsabkommen oder durch Gesetz nichts Abweichendes bestimmt ist.

(6) [1] Aufenthaltskarten und Daueraufenthaltskarten werden eingezogen, sobald der Inhaber infolge des Austritts des Vereinigten Königreichs Großbritannien und Nordirland aus der Europäischen Union kein Recht nach § 2 Absatz 1 mehr besitzt. [2] Sie verlieren ab dem 1. Januar 2022 auf jeden Fall ihre Gültigkeit.

§ 17[2)] Datenübermittlung zur Durchführung der Verordnung (EU) 2017/2226 und der Verordnung (EU) 2018/1240. (1) Die Behörde, die an eine Person, zu der Daten im Einreise-/Ausreisesystem nach der Verordnung (EU) 2017/2226 des Europäischen Parlaments und des Rates vom 30. November 2017 über ein Einreise-/Ausreisesystem (EES) zur Erfassung der Ein- und Ausreisedaten sowie der Einreiseverweigerungsdaten von Drittstaatsangehörigen an den Außengrenzen der Mitgliedstaaten und zur Festlegung der Bedingungen für den Zugang zum EES zu Gefahrenabwehr- und Strafverfolgungszwecken und zur Änderung des Übereinkommens zur Durchführung des Übereinkommens von Schengen sowie der Verordnungen (EG) Nr. 767/2008 und (EU) Nr. 1077/2011 (ABl. L 327 vom 9.12.2017, S. 20; L 258 vom 15.10.2018, S. 5), die zuletzt durch die Verordnung (EU) 2021/1152 (ABl. L 249 vom 14.7.2021, S. 15) geändert worden ist, gespeichert sind, eine Aufenthaltskarte, eine Daueraufenthaltskarte oder ein Aufenthaltsdokument-GB ausgibt, teilt dies unverzüglich dem Bundesverwaltungsamt als nationale EES-Behörde zum Zwecke einer vorzeitigen Löschung nach Artikel 35 Absatz 6 der Verordnung (EU) 2017/2226 mit.

(2) Die Behörde, die an eine Person, zu der Daten im Europäischen Reiseinformations- und -genehmigungssystem nach der Verordnung (EU) 2018/1240 des Europäischen Parlaments und des Rates vom 12. September 2018 über die Einrichtung eines Europäischen Reiseinformations- und -genehmigungssystems (ETIAS) und zur Änderung der Verordnungen (EU) Nr. 1077/2011, (EU) Nr. 515/2014, (EU) 2016/399, (EU) 2016/1624 und (EU) 2017/2226 (ABl. L 236 vom 19.9.2018, S. 1; L 323 vom 19.12.2018, S. 37; L 193 vom 17.6.2020, S. 16, ABl. L 266 vom 13.10.2022, S. 24), die zuletzt durch die Verordnung (EU) 2021/1152 (ABl. L 249 vom 14.7.2021, S. 15) geändert worden ist, gespeichert sind, eine Aufenthaltskarte, eine Daueraufenthaltskarte oder ein Aufenthaltsdokument-GB ausgibt, teilt dies unverzüglich der nationalen ETIAS- Stelle zum Zwecke einer vorzeitigen Löschung nach Artikel 55 Absatz 5 der Verordnung (EU) 2018/1240 mit.

(3) Die Übermittlungen nach den Absätzen 1 und 2 können automatisiert über das Bundesverwaltungsamt durchgeführt werden.

[1)] Nr. **565**.
[2)] § 17 angef. mWv 12.10.2025 durch G v. 20.4.2023 (BGBl. 2023 I Nr. 106; 2025 I Nr. 202).

563. Gesetz über die Rechtsstellung heimatloser Ausländer im Bundesgebiet[1)]

Vom 25. April 1951

(BGBl. I S. 269), geänd. durch § 141 Urheberrechtsgesetz vom 9. September 1965 (BGBl. I S. 1273), Art. 4 G über die Prozeßkostenhilfe v. 13. 6. 1980 (BGBl. I S. 677), Art. 4 G zur Neuregelung des Ausländerrechts v. 9. 7. 1990 (BGBl. I S. 1354), Art. 19 Sechstes Euro-EinführungsG v. 3. 12. 2001 (BGBl. I S. 3306) und durch Art. 7 G zur Steuerung und Begrenzung der Zuwanderung und zur Regelung des Aufenthalts und der Integration von Unionsbürgern und Ausländern (Zuwanderungsgesetz) v. 30. 7. 2004 (BGBl. I S. 1950)

FNA 243-1

Der Bundestag hat das folgende Gesetz beschlossen:

Kapitel I. Allgemeine Vorschriften

§ 1.[2)] (1) Heimatloser Ausländer im Sinne dieses Gesetzes ist ein fremder Staatsangehöriger oder Staatenloser, der

a) nachweist, daß er der Obhut der Internationalen Organisation untersteht, die von den Vereinten Nationen mit der Betreuung verschleppter Personen und Flüchtlinge beauftragt ist, und

b) nicht Deutscher nach Artikel 116 des Grundgesetzes[3)] ist und

c) am 30. Juni 1950 seinen Aufenthalt im Geltungsbereich des Grundgesetzes *oder in Berlin (West)* hatte oder die Rechtsstellung eines heimatlosen Ausländers auf Grund der Bestimmungen des § 2 Abs. 3 erwirbt.

(2) Wer seine Staatsangehörigkeit von einem heimatlosen Ausländer ableitet und am 1. Januar 1991 rechtmäßig seinen gewöhnlichen Aufenthalt im Geltungsbereich dieses Gesetzes hatte, steht einem heimatlosen Ausländer im Sinne dieses Gesetzes gleich.

§ 2. (1) Ein heimatloser Ausländer verliert diese Rechtsstellung, wenn er nach dem 30. Juni 1950 eine neue Staatsangehörigkeit erwirbt oder seinen gewöhnlichen Aufenthalt außerhalb des Geltungsbereichs des Grundgesetzes *oder von Berlin (West)* nimmt.

(2) [1]Hat ein heimatloser Ausländer seinen gewöhnlichen Aufenthalt außerhalb des Geltungsbereichs des Grundgesetzes *oder von Berlin (West)* genommen, so kann er innerhalb zweier Jahre seit dem Zeitpunkt seiner Ausreise aus dem Geltungsbereich des Grundgesetzes *oder aus Berlin (West)* seinen gewöhnlichen Aufenthalt in den Geltungsbereich des

---

[1)] Siehe auch das RdSchr. des BMI betr. Personenkreis der heimatlosen Ausländer, Aufenthaltsregelung und Ausstellen von amtlichen Ausweisen v. 27. 3. 1953 (GMBl. S. 313).

[2)] § 1 Abs. 2 aufgeh., bish. Abs. 3 wird Abs. 2 u. neugef. mWv 1. 1. 1991 durch G v. 9. 7. 1990 (BGBl. I S. 1354), Abs. 2 geänd. mWv 1. 1. 2005 durch G v. 30. 7. 2004 (BGBl. I S. 1950).

[3)] Nr. 1.

Grundgesetzes *oder nach Berlin (West)* zurückverlegen. [2]Mit der Rückkehr erlangt er wieder die Rechtsstellung eines heimatlosen Ausländers.

(3) Ein fremder Staatsangehöriger oder Staatenloser, der die Bestimmungen des § 1 Abs. 1 a und b erfüllt, nach dem 1. Juli 1948 seinen gewöhnlichen Aufenthalt im Geltungsbereich des Grundgesetzes *oder in Berlin (West)* hatte und ihn danach außerhalb des Geltungsbereichs des Grundgesetzes *oder von Berlin (West)* verlegt hat, erlangt die Rechtsstellung eines heimatlosen Ausländers, wenn er innerhalb von 2 Jahren seit dem Zeitpunkt seiner Ausreise aus dem Geltungsbereich des Grundgesetzes *oder aus Berlin (West)* rechtmäßig seinen Wohnsitz oder dauernden Aufenthalt in den Geltungsbereich des Grundgesetzes *oder nach Berlin (West)* zurückverlegt.

§ 3. (1) Ein heimatloser Ausländer darf wegen seiner Abstammung, seiner Rasse, seiner Sprache, seiner Heimat und Herkunft, seines Glaubens oder wegen seiner Flüchtlingseigenschaft nicht benachteiligt werden.

(2) Die ungestörte Religionsausübung wird gewährleistet.

§ 4. (1) Heimatlose Ausländer sind den im Geltungsbereich des Grundgesetzes *oder in Berlin (West)* geltenden Gesetzen und Vorschriften einschließlich der zur Aufrechterhaltung der öffentlichen Ordnung ergriffenen Maßnahmen unterworfen.

(2) Sie unterstehen der deutschen Gerichtsbarkeit.

§ 5. Rechte und Vergünstigungen, die allgemein Angehörigen fremder Staaten nur unter der Bedingung der Gegenseitigkeit gewährt werden, sind heimatlosen Ausländern auch dann nicht zu versagen, wenn die Gegenseitigkeit nicht verbürgt ist.

§ 6. Ausnahmemaßnahmen, die sich gegen Angehörige des früheren Heimatstaates eines heimatlosen Ausländers richten, dürfen gegen diesen nicht angewandt werden.

§ 7. In den Fällen, in denen der Erwerb oder die Ausübung eines Rechts von der Dauer des Aufenthalts im Geltungsbereich des Grundgesetzes *oder in Berlin (West)* abhängig ist, ist die Zeit des Zwangsaufenthalts einer Person im Falle einer Verschleppung in der Zeit vom 1. September 1939 bis zum 8. Mai 1945 anzurechnen.

Kapitel II. Bürgerliches Recht

§ 8. [1]Hat ein heimatloser Ausländer vor Inkrafttreten dieses Gesetzes nach anderen als den deutschen Vorschriften Rechte erworben, so behält er diese, sofern die Gesetze des Ortes beobachtet sind, an dem das Rechtsgeschäft vorgenommen ist. [2]Dies gilt insbesondere für eine vor Inkrafttreten dieses Gesetzes geschlossene Ehe.

§ 9. Heimatlose Ausländer können unter den gleichen Voraussetzungen wie deutsche Staatsangehörige Eigentum und andere Rechte an Grundstücken und beweglichen Sachen erwerben.

§ 10.[1] *(aufgehoben)*

§ 11.[2] [1]Im Verfahren vor allen deutschen Gerichten sind heimatlose Ausländer den deutschen Staatsangehörigen gleichgestellt. [2]Sie genießen unter den gleichen Bedingungen wie deutsche Staatsangehörige die Prozeßkostenhilfe und sind von den besonderen Pflichten der Angehörigen fremder Staaten und der Staatenlosen zur Sicherheitsleistung befreit.

Kapitel III. Öffentliches Recht

§ 12.[3] [1]Heimatlose Ausländer sind in der Wahl ihres Aufenthaltsortes und in der Freizügigkeit innerhalb des Bundesgebietes den deutschen Staatsangehörigen gleichgestellt. [2]Sie bedürfen keines Aufenthaltstitels. [3]Ausländischen Familienangehörigen heimatloser Ausländer wird nach den für ausländische Familienangehörige Deutscher geltenden Vorschriften eine Aufenthaltserlaubnis erteilt.

§ 13. (1) [1]Heimatlose Ausländer sind hinsichtlich des Rechts, sich in Vereinigungen für kulturelle, soziale, Wohlfahrts-, Selbsthilfe- und ähnliche Zwecke zusammenzuschließen, deutschen Staatsangehörigen gleichgestellt. [2]Diese Gleichstellung gilt nicht für die Bildung von Vereinigungen mit politischen Zwecken.

(2) Heimatlose Ausländer haben das Recht, sich in Gewerkschaften zusammenzuschließen oder ihre Aufnahme in deutsche Gewerkschaften zu beantragen.

§ 14. (1) [1]Heimatlose Ausländer haben zu allen öffentlichen Volksschulen, mittleren und höheren Lehranstalten sowie wissenschaftlichen Hochschulen und Kunsthochschulen unter den gleichen Bedingungen Zugang wie deutsche Staatsangehörige. [2]Sie werden nach Maßgabe des Landesrechts an Gebührenerlaß und an den Mitteln zur Förderung Begabter beteiligt.

(2) Heimatlose Ausländer können Staatsprüfungen unter den gleichen Bedingungen ablegen wie deutsche Staatsangehörige.

(3) Das Recht zur Errichtung von privaten Schulen für heimatlose Ausländer wird nach Maßgabe des Artikels 7 Abs. 4 und 5 des Grundgesetzes[4] gewährleistet.

---

[1] § 10 aufgeh. durch G v. 9. 9. 1965 (BGBl. I S. 1273).

[2] § 11 Satz 2 geänd. durch G v. 13. 6. 1980 (BGBl. I S. 677).

[3] § 12 Sätze 2 u. 3 angef. mWv 1. 1. 1991 durch G v. 9. 7. 1990 (BGBl. I S. 1354), Satz 2 geänd. mWv 1. 1. 2005 durch G v. 30. 7. 2004 (BGBl. I S. 1950).

[4] Nr. **1**.

§ 15. (1) Ausländische Prüfungen heimatloser Ausländer werden im Bundesgebiet anerkannt, wenn sie den entsprechenden inländischen Prüfungen gleichzuachten sind.

(2) Die Entscheidung darüber, welche ausländischen Prüfungen den inländischen Prüfungen gleichzuachten sind, wird von den Obersten Landesbehörden getroffen.

§ 16. Heimatlose Ausländer, die Prüfungen gemäß § 14 abgelegt haben oder deren ausländische Prüfungen gemäß § 15 anerkannt werden, sind zur Ausübung eines freien Berufes im Bundesgebiet unter den gleichen Bedingungen zuzulassen wie deutsche Staatsangehörige.

§ 17. (1) Heimatlose Ausländer sind in der Ausübung nichtselbständiger Arbeit deutschen Staatsangehörigen gleichgestellt.

(2) [1] Hinsichtlich des Rechts, sich in der Landwirtschaft, Industrie, im Handwerk und im Handel selbständig zu betätigen, sowie Handels- und Industrieunternehmungen, auch in der Form von Gesellschaften, zu gründen, sind heimatlose Ausländer den deutschen Staatsangehörigen gleichgestellt. [2] Das gilt nicht für das Wandergewerbe und den Straßenhandel. [3] Für die Ausübung dieser Gewerbe verbleibt es für heimatlose Ausländer bei der in *§ 56d und § 42b Abs. 4 der Gewerbeordnung*[1)] für Ausländer getroffenen Regelung.

§ 18. Heimatlose Ausländer sind in der Sozialversicherung, der Arbeitslosenversicherung und der Arbeitslosenfürsorge den deutschen Staatsangehörigen gleichgestellt.

§ 19. Heimatlose Ausländer erhalten in der öffentlichen Fürsorge Leistungen in gleicher Höhe wie deutsche Staatsangehörige.

§ 20. Die Erhebung von Steuern, Abgaben und Gebühren richtet sich für heimatlose Ausländer nach den für deutsche Staatsangehörige geltenden Vorschriften.

Kapitel IV. Verwaltungsmaßnahmen

§ 21.[2)] (1) [1] Ein heimatloser Ausländer wird auf Antrag eingebürgert, wenn er

1. seit sieben Jahren rechtmäßig seinen gewöhnlichen Aufenthalt im Geltungsbereich dieses Gesetzes hat und
2. nicht wegen einer Straftat verurteilt worden ist; außer Betracht bleiben Verurteilungen zu Geldstrafe oder zu Jugend- oder Freiheitsstrafe bis zu einem Jahr, deren Vollstreckung zur Bewährung ausgesetzt wurde.

---

1) Siehe jetzt §§ 55 ff. GewO (Nr. **800**).

2) *§ 21 neugef. mWv 1. 1. 1991 durch G* v. 9. 7. 1990 (BGBl. I S. 1354), Abs. 1 Satz 3 Betrag geänd. durch G v. 3. 12. 2001 (BGBl. I S. 3306), Abs. 2 Sätze 2 u. 3 aufgeh. mWv 1. 1. 2005 durch G v. 30. 7. 2004 (BGBl. I S. 1950).

[2]Der Ehegatte und minderjährige ledige Kinder eines heimatlosen Ausländers werden nach Maßgabe des Satzes 1 mit ihm eingebürgert, auch wenn sie noch nicht seit sieben Jahren rechtmäßig ihren gewöhnlichen Aufenthalt im Geltungsbereich dieses Gesetzes haben. [3]Für die Einbürgerung wird eine Gebühr in Höhe von 51 Euro erhoben.

(2) Im übrigen gelten für heimatlose Ausländer die allgemeinen Vorschriften über die Einbürgerung.

§ 22. Einem heimatlosen Ausländer darf die Rückkehr in seine Heimat oder die Auswanderung nicht versagt werden.

§ 23.[1)] (1) [1]Heimatlose Ausländer dürfen nur nach Maßgabe des § 56 des Aufenthaltsgesetzes[2)] aus schwerwiegenden Gründen der öffentlichen Sicherheit oder Ordnung ausgewiesen werden. [2]Sie dürfen nur abgeschoben werden, wenn sie unanfechtbar ausreisepflichtig sind.

(2) Bei der Ausweisung ist dem Betroffenen eine angemessene Frist zu gewähren, in welcher er um Aufnahme in einen anderen Staat nachsuchen kann.

(3) [1]Ein heimatloser Ausländer darf weder an einen Staat ausgeliefert noch in einen Staat ausgewiesen, abgeschoben oder zurückgesandt werden, in dem sein Leben oder seine Freiheit wegen seiner Rasse, seiner Abstammung, seiner Herkunft, seines Glaubens, seiner religiösen oder politischen Anschauungen bedroht ist. [2]§ 60 Abs. 10 des Aufenthaltsgesetzes findet entsprechende Anwendung.

(4) *Die Anwendung des Gesetzes Nr. 10 der Alliierten Hohen Kommission vom 27. Oktober 1949 über die Ausweisung unerwünschter Personen wird hierdurch nicht berührt.*[3)]

Kapitel V. Rechtsschutz

§ 24. (1) Die Bundesregierung wird ermächtigt, mit Zustimmung des Bundesrates Rechtsverordnungen zu erlassen,

a) um heimatlosen Ausländern den Schutz und Beistand zu gewähren, der fremden Staatsangehörigen sonst durch die Auslandsvertretungen ihrer Heimatstaaten geleistet wird, und

b) um die Ausstellung von Urkunden zu regeln, die fremden Staatsangehörigen sonst von ihren Heimatbehörden erteilt werden.

(2) Die so ausgestellten Urkunden haben die gleiche Gültigkeit, wie sie entsprechenden, den fremden Staatsangehörigen von ihren Heimatbehörden erteilten Urkunden zukommt.

[1)] § 23 Abs. 1 neugef. u. Abs. 3 Satz 2 angef. mWv 1. 1. 1991 durch G v. 9. 7. 1990 (BGBl. I S. 1354), Abs. 1 Satz 1 u. Abs. 3 Satz 2 geänd. mWv 1. 1. 2005 durch G v. 30. 7. 2004 (BGBl. I S. 1950).

[2)] Nr. **565**.

[3)] **Amtl. Anm.** in BGBl. III: § 23 Abs. 4 entfällt als abhängig von dem nicht mehr geltenden Gesetz Nr. 10 der AHK, aufgehoben durch Art. 3 des Gesetzes Nr. A–37 v. 5. 5. 1955 (AHKABl. S. 3267).

(3) Für die Ausstellung solcher Urkunden dürfen, vorbehaltlich einer günstigeren Behandlung für minderbemittelte heimatlose Ausländer, keine höheren Gebühren erhoben werden als von deutschen Staatsangehörigen.

Kapitel VI. Schluß- und Übergangsvorschriften

§ 25. Die aus der Durchführung dieses Gesetzes erwachsenden Kosten trägt der Bund nach Maßgabe eines Gesetzes gemäß Artikel 120 des Grundgesetzes.

§ 26. Dieses Gesetz findet keine Anwendung auf Personen, die in Umsiedlung begriffen sind und von der Internationalen Flüchtlings-Organisation (IRO) Fürsorge und Unterhalt erhalten.

§ 27.[1] *(aufgehoben)*

§ 28. Dieses Gesetz tritt am Tage nach seiner Verkündung[2] in Kraft.

[1] § 27 aufgeh. mWv 1. 1. 2005 durch G v. 30. 7. 2004 (BGBl. I S. 1950).
[2] Das Gesetz wurde am 27. 4. 1951 verkündet.

565. Gesetz über den Aufenthalt, die Erwerbstätigkeit und die Integration von Ausländern im Bundesgebiet (Aufenthaltsgesetz – AufenthG)[1) 2) 3)]

In der Fassung der Bekanntmachung vom 25. Februar 2008[4)]
(BGBl. I S. 162)

FNA 26-12

geänd. durch Art. 6 G zur Änd. des PassG und weiterer Vorschriften v. 20.7.2007 (BGBl. I S. 1566), Art. 1 G zur Umsetzung aufenthalts- und asylrechtlicher RL der EU v. 19.8.2007 (BGBl. I S. 1970), Art. 3 G zur Änd. des BundespolizeiG und anderer Gesetze v. 26.2.2008 (BGBl. I S. 215), Art. 2 Abs. 3 G zur Ergänzung des Rechts zur Anfechtung der Vaterschaft v. 13.3.2008 (BGBl. I S. 313), Art. 19 FGG-ReformG v. 17.12.2008 (BGBl. I S. 2586), Art. 1 ArbeitsmigrationssteuerungsG v. 20.12.2008 (BGBl. I S. 2846), Art. 1a Viertes G zur Änd. des StraßenverkehrsG v. 22.12.2008 (BGBl. I S. 2965), Art. 4 Abs. 22

[1)] **Amtl. Anm.:** Dieses Gesetz dient der Umsetzung folgender Richtlinien:
1. Richtlinie 2001/40/EG des Rates vom 28. Mai 2001 über die gegenseitige Anerkennung von Entscheidungen über die Rückführung von Drittstaatsangehörigen (ABl. EG Nr. L 149 S. 34),
2. Richtlinie 2001/51/EG des Rates vom 28. Juni 2001 zur Ergänzung der Regelungen nach Artikel 26 des Übereinkommens zur Durchführung des Übereinkommens von Schengen vom 14. Juni 1985 (ABl. EG Nr. L 187 S. 45),
3. Richtlinie 2001/55/EG des Rates vom 20. Juli 2001 über Mindestnormen für die Gewährung vorübergehenden Schutzes im Falle eines Massenzustroms von Vertriebenen und Maßnahmen zur Förderung einer ausgewogenen Verteilung der Belastungen, die mit der Aufnahme dieser Personen und den Folgen dieser Aufnahme verbunden sind, auf die Mitgliedstaaten (ABl. EG Nr. L 212 S. 12),
4. Richtlinie 2002/90/EG des Rates vom 28. November 2002 zur Definition der Beihilfe zur unerlaubten Ein- und Durchreise und zum unerlaubten Aufenthalt (ABl. EG Nr. L 328 S. 17),
5. Richtlinie 2003/86/EG des Rates vom 22. September 2003 betreffend das Recht auf Familienzusammenführung (ABl. EU Nr. L 251 S. 12),
6. Richtlinie 2003/110/EG des Rates vom 25. November 2003 über die Unterstützung bei der Durchbeförderung im Rahmen von Rückführungsmaßnahmen auf dem Luftweg (ABl. EU Nr. L 321 S. 26),
7. Richtlinie 2003/109/EG des Rates vom 25. November 2003 betreffend die Rechtsstellung der langfristig aufenthaltsberechtigten Drittstaatsangehörigen (ABl. EU 2004 Nr. L 16 S. 44),
8. Richtlinie 2004/81/EG vom 29. April 2004 über die Erteilung von Aufenthaltstiteln für Drittstaatsangehörige, die Opfer des Menschenhandels sind oder denen Beihilfe zur illegalen Einwanderung geleistet wurde und die mit den zuständigen Behörden kooperieren (ABl. EU Nr. L 261 S. 19),
9. Richtlinie 2004/83/EG des Rates vom 29. April 2004 über Mindestnormen für die Anerkennung und den Status von Drittstaatsangehörigen oder Staatenlosen als Flüchtlinge oder als Personen, die anderweitig internationalen Schutz benötigen, und über den Inhalt des zu gewährenden Schutzes (ABl. EU Nr. L 304 S. 12),
10. Richtlinie 2004/114/EG des Rates vom 13. Dezember 2004 über die Bedingungen für die Zulassung von Drittstaatsangehörigen zwecks Absolvierung eines Studiums oder Teilnahme an einem Schüleraustausch, einer unbezahlten Ausbildungsmaßnahme oder einem Freiwilligendienst (ABl. EU Nr. L 375 S. 12),
11. Richtlinie 2005/71/EG des Rates vom 12. Oktober 2005 über ein besonderes Zulassungsverfahren für Drittstaatsangehörige zum Zwecke der wissenschaftlichen Forschung (ABl. EU Nr. L 289 S. 15).

[2)] Die Änderungen durch G v. 21.12.2022 (BGBl. I S. 2847, geänd. durch G v. 22.12. 2025, BGBl. 2025 I Nr. 364) treten teilweise erst **mWv 1.7.2027**, die Änderungen durch G v. 20.4.2023 (BGBl. 2023 I Nr. 106; 2025 I Nr. 202, geänd. durch G v. 22.12.2025, BGBl. 2025 I Nr. 355) treten teilweise erst **mit noch unbestimmtem Datum**, die Änderungen durch G v. 16.8.2023 (BGBl. 2023 I Nr. 217) treten teilweise erst **mWv 1.1.2029**, die Änderungen durch G v. 22.12.2025 (BGBl. 2025 I Nr. 355) treten teilweise erst **mit noch unbestimmtem Datum** und die Änderungen durch G v. 23.4. 2026 (BGBl. 2026 I Nr. 111) treten teilweise erst **mWv 12.6.2029** in Kraft und sind insoweit im Text noch nicht berücksichtigt.

[3)] Siehe hierzu die AufenthaltsVO (Nr. **566**), das AusländerzentralregisterG **(Sartorius ErgBd. Nr. 569)** und die AZRG-DurchführungsVO v. 17.5.1995 (BGBl. I S. 695), zuletzt geänd. durch G v. 23.4.2026 (BGBl. 2026 I Nr. 112).

[4)] Neubekanntmachung des AufenthaltsG v. 30.7.2004 (BGBl. I S. 1950) in der ab 28.8.2007 geltenden Fassung.

G zur Reform der Sachaufklärung in der Zwangsvollstreckung v. 29.7.2009 (BGBl. I S. 2258), Art. 4 Abs. 5 G zur Verfolgung der Vorbereitung von schweren staatsgefährdenden Gewalttaten v. 30.7.2009 (BGBl. I S. 2437), Art. 1 G zur Anpassung des deutschen Rechts an die VO (EG) Nr. 380/2008 v. 12.4. 2011 (BGBl. I S. 610), Art. 1 G zur Bekämpfung der Zwangsheirat und zum besseren Schutz der Opfer von Zwangsheirat sowie zur Änd. weiterer aufenthalts- und asylrechtlicher Vorschriften v. 23.6.2011 (BGBl. I S. 1266), Art. 1 G zur Umsetzung aufenthaltsrechtlicher RL der EU und zur Anpassung nationaler Rechtsvorschriften an den EU-Visakodex v. 22.11.2011 (BGBl. I S. 2258), Art. 13 G zur Verbesserung der Eingliederungschancen am Arbeitsmarkt v. 20.12.2011 (BGBl. I S. 2854), Art. 2 G zur Errichtung einer Visa-Warndatei und zur Änd. des AufenthaltsG v. 22.12.2011 (BGBl. I S. 3037), Art. 2 Abs. 25 G zur Änd. von Vorschriften über Verkündung und Bekanntmachungen sowie der ZPO, des EGZPO und der AO v. 22.12.2011 (BGBl. I S. 3044), Art. 1 G zur Umsetzung der HochqualifiziertenRL der EU v. 1.6.2012 (BGBl. I S. 1224, geänd. durch G v. 27.7.2015, BGBl. I S. 1386), Art. 2 G zur Änd. des FreizügigkeitsG/EU und weiterer aufenthaltsrechtlicher Vorschriften v. 21.1.2013 (BGBl. I S. 86), Art. 2 Abs. 5 BetreuungsgeldG v. 15.2.2013 (BGBl. I S. 254), Art. 1, 7 G zur Anpassung von Rechtsvorschriften des Bundes infolge des Beitritts der Republik Kroatien zur EU v. 17.6.2013 (BGBl. I S. 1555 iVm Bek. v. 21.6.2013, BGBl. II S. 680), Art. 12 G zur Förderung der elektronischen Verwaltung sowie zur Änd. weiterer Vorschriften v. 25.7.2013 (BGBl. I S. 2749), Art. 2 Abs. 59 G zur Strukturreform des Gebührenrechts des Bundes v. 7.8.2013 (BGBl. I S. 3154), Art. 2 G zur Umsetzung der RL 2011/95/EU v. 28.8.2013 (BGBl. I S. 3474), Art. 1 G zur Verbesserung der Rechte von international Schutzberechtigten und ausländischen Arbeitnehmern v. 29.8.2013 (BGBl. I S. 3484, ber. S. 3899), Art. 3 G zur Änd. des BundeszentralregisterG und anderer registerrechtlicher Vorschriften v. 6.9.2013 (BGBl. I S. 3556), Art. 3 G zur Änd. des AntiterrordateiG und anderer Gesetze v. 18.12.2014 (BGBl. I S. 2318), Art. 1 G zur Verbesserung der Rechtsstellung von asylsuchenden und geduldeten Ausländern v. 23.12.2014 (BGBl. I S. 2439), Art. 1 G zur Neubestimmung des Bleiberechts und der Aufenthaltsbeendigung v. 27.7.2015 (BGBl. I S. 1386), Art. 128 Zehnte ZuständigkeitsanpassungsVO v. 31.8.2015 (BGBl. I S. 1474), Art. 3, 13 AsylverfahrensbeschleunigungsG v. 20.10.2015 (BGBl. I S. 1722), Art. 2 G zur Verbesserung der Unterbringung, Versorgung und Betreuung ausländischer Kinder und Jugendlicher v. 28.10.2015 (BGBl. I S. 1802), Art. 5 G zur Änd. des Zwölften Buches Sozialgesetzbuch und weiterer Vorschriften v. 21.12. 2015 (BGBl. I S. 2557), Art. 6 DatenaustauschverbesserungsG v. 2.2.2016 (BGBl. I S. 130), Art. 2 Abs. 1 VergaberechtsmodernisierungsG v. 17.2.2016 (BGBl. I S. 203), Art. 2 G zur Einführung beschleunigter Asylverfahren v. 11.3.2016 (BGBl. I S. 390), Art. 1 G zur erleichterten Ausweisung von straffälligen Ausländern und zum erweiterten Ausschluss der Flüchtlingsanerkennung bei straffälligen Asylbewerbern v. 11.3.2016 (BGBl. I S. 394), Art. 50 Zweites G über die weitere Bereinigung von Bundesrecht v. 8.7. 2016 (BGBl. I S. 1594), Art. 5, 8 Abs. 5, 6 IntegrationsG v. 31.7.2016 (BGBl. I S. 1939, Art. 8 Abs. 5, 6 dieses G aufgeh. durch Art. 2 G v. 4.7.2019, BGBl. I S. 914), Art. 4 Abs. 2 G zur Verbesserung der Bekämpfung des Menschenhandels und zur Änd. des BundeszentralregisterG sowie des Achten Buches Sozialgesetzbuch v. 11.10.2016 (BGBl. I S. 2226), Art. 2 Abs. 3 50. G zur Änd des StGB v. 4.11.2016 (BGBl. I S. 2460), Art. 4 G zur Regelung von Ansprüchen ausländischer Personen in der Grundsicherung für Arbeitsuchende nach dem SGB II und in der Sozialhilfe nach dem SGB XII v. 22.12.2016 (BGBl. I S. 3155), Art. 6 Abs. 15 G zur Reform der strafrechtlichen Vermögensabschöpfung v. 13.4.2017 (BGBl. I S. 872), Art. 1 G zur Umsetzung aufenthaltsrechtlicher Richtlinien der EU zur Arbeitsmigration v. 12.5. 2017 (BGBl. I S. 1106), Art. 7 G zu bereichsspezifischen Regelungen der Gesichtsverhüllung und zur Änd. weiterer dienstrechtlicher Vorschriften v. 8.6.2017 (BGBl. I S. 1570), Art. 2 G zur Verbesserung der Sachaufklärung in der Verwaltungsvollstreckung v. 30.6.2017 (BGBl. I S. 2094), Art. 4 G zur Förderung des elektronischen Identitätsnachweises v. 7.7.2017 (BGBl. I S. 2310), Art. 1 G zur Änd. gebührenrechtlicher Regelungen im Aufenthaltsrecht v. 13.7.2017 (BGBl. I S. 2350), Art. 5 G zur Bekämpfung von Kinderehen v. 17.7.2017 (BGBl. I S. 2429), Art. 11 Abs. 13 eIDAS-DurchführungsG v. 18.7.2017 (BGBl. I S. 2745), Art. 1 G zur besseren Durchsetzung der Ausreisepflicht v. 20.7.2017 (BGBl. I S. 2780), Art. 10 Abs. 4 G zur Neuregelung des Schutzes von Geheimnissen bei der Mitwirkung Dritter an der Berufsausübung schweigepflichtiger Personen v. 30.10.2017 (BGBl.I S. 3618), Art. 1 G zur Verlängerung der Aussetzung des Familiennachzugs zu subsidiär Schutzberechtigten v. 8.3.2018 (BGBl. I S. 342), Art. 1 FamiliennachzugsneuregelungsG v. 12.7.2018 (BGBl. I S. 1147), Art. 1 G zur Entfristung des IntegrationsG v. 4.7.2019 (BGBl. I S. 914), Art. 1, 3 G über Duldung bei Ausbildung und Beschäftigung v. 8.7. 2019 (BGBl. I S. 1021; 2023 I Nr. 390), Art. 3 AusländerbeschäftigungsförderungsG v. 8.7.2019 (BGBl. I S. 1029), Art. 4 G gegen illegale Beschäftigung und Sozialleistungsmissbrauch v. 11.7.2019 (BGBl. I S. 1066), Art. 3 Zweites DatenaustauschverbesserungsG v. 4.8.2019 (BGBl. I S. 1131), Art. 1, 6 Zweites G zur besseren Durchsetzung der Ausreisepflicht v. 15.8.2019 (BGBl. I S. 1294), Art. 1, 54 Abs. 2 FachkräfteeinwanderungsG v. 15.8.2019 (BGBl. I S. 1307, geänd. durch G v. 21.12.2022, BGBl. I S. 2847), Art. 49 Zweites Datenschutz-Anpassungs- und UmsetzungsG EU v. 20.11.2019 (BGBl. I S. 1626), Art. 4b Drittes WaffenrechtsänderungsG v. 17.2.2020 (BGBl. I S. 166), Art. 16 Covid-19-G zur Förderung der beruflichen Weiterbildung im Strukturwandel und zur Weiterentwicklung der Ausbildungsförderung v. 20.5.2020 (BGBl. I S. 1044), Art. 3 G über die Errichtung eines Bundesamts für Auswärtige Angelegenheiten und zur Änd. des G über den Auswärtigen Dienst, des AufenthaltsG und zur

Anpassung anderer Gesetze an die Errichtung des Bundesamts v. 12.6.2020 (BGBl. I S. 1241), Art. 26a Abs. 1 Siebtes G zur Änd. des SGB IV und anderer Gesetze v. 12.6.2020 (BGBl. I S. 1248), Art. 169 Elfte ZuständigkeitsanpassungsVO v. 19.6.2020 (BGBl. I S. 1328), Art. 3 G zur Verschiebung des Zensus in das Jahr 2022 und zur Änd. des AufenthaltsG v. 3.12.2020 (BGBl. I S. 2675), Art. 7 G zur Stärkung der Sicherheit im Pass-, Ausweis- und ausländerrechtlichen Dokumentenwesen v. 3.12.2020 (BGBl. I S. 2744), Art. 10 G zur Ermittlung der Regelbedarfe und zur Änd. des Zwölften Buches Sozialgesetzbuch sowie weiterer Gesetze v. 9.12.2020 (BGBl. I S. 2855), Art. 16 TelekommunikationsmodernisierungsG v. 23.6.2021 (BGBl. I S. 1858), Art. 4 G zur Einführung eines elektronischen Identitätsnachweises mit einem mobilen Endgerät v. 5.7.2021 (BGBl. I S. 2281), Art. 3 G zur Weiterentwicklung des Ausländerzentralregisters v. 9.7.2021 (BGBl. I S. 2467), Art. 4a G zur Regelung eines Sofortzuschlages und einer Einmalzahlung in den sozialen Mindestsicherungssystemen sowie zur Änd. des FinanzausgleichsG und weiterer Gesetze v. 23.5.2022 (BGBl. I S. 760), Art. 12 Abs. 3 Bürgergeld-G v. 16.12.2022 (BGBl. I S. 2328), Art. 2 G zur Beschleunigung der Asylgerichtsverfahren und Asylverfahren v. 21.12.2022 (BGBl. I S. 2817), Art. 1, 5 G zur Einführung eines Chancen-Aufenthaltsrechts v. 21.12.2022 (BGBl. I S. 2847, geänd. durch G v. 22.12.2025, BGBl. 2025 I Nr. 364), Art. 3 G zur Durchführung der VO (EU) 2017/2226 und der VO (EU) 2018/1240 sowie zur Änd. des AufenthaltsG, des FreizügigkeitsG/EU, des G über das Ausländerzentralregister und der VO zur Durchführung des G über das Ausländerzentralregister v. 20.4.2023 (BGBl. 2023 I Nr. 106; 2025 I Nr. 202, geänd. durch G v. 22.12.2025, BGBl. 2025 I Nr. 355), Art. 1, 2, 3, 4, 12 Abs. 7 G zur Weiterentwicklung der Fachkräfteeinwanderung v. 16.8.2023 (BGBl. 2023 I Nr. 217, 2023 I Nr. 390; 2024 I Nr. 54), Art. 4 G zur Modernisierung des Pass-, des Ausweis- und des ausländerrechtlichen Dokumentenwesens v. 8.10.2023 (BGBl. 2023 I Nr. 271), Art. 2 Sichere Herkunftsstaaten-G Georgien und Moldau v. 19.12.2023 (BGBl. 2023 I Nr. 382), Art. 2 G zur Änd. des G über die Angelegenheiten der Vertriebenen und Flüchtlinge v. 20.12.2023 (BGBl. 2023 I Nr. 390), Art. 1 RückführungsverbesserungsG v. 21.2.2024 (BGBl. 2024 I Nr. 54), Art. 7 Abs. 1 G zur Ums. der RL (EU) 2021/2118 im Hinblick auf die Kraftfahrzeug-Haftpflichtversicherung und die Kontrolle der entsprechenden Versicherungspflicht und zur Änd. anderer versicherungsrechtlicher Vorschriften v. 11.4.2024 (BGBl. 2024 I Nr. 119), Art. 3 G zur Anpassung von Datenübermittlungsvorschriften im Ausländer- und Sozialrecht v. 8.5.2024 (BGBl. 2024 I Nr. 152), Art. 3 G zur Verbesserung der inneren Sicherheit und des Asylsystems v. 25.10.2024 (BGBl. 2024 I Nr. 332), Art. 1 G zur Aussetzung des Familiennachzugs zu subsidiär Schutzberechtigten v. 17.7.2025 (BGBl. 2025 I Nr. 173), Art. 2 G zur Änd. des StaatsangehörigkeitsG sowie weiterer Vorschriften v. 27.10.2025 (BGBl. 2025 I Nr. 256), Art. 13 SGB VI-AnpassungsG v. 22.12.2025 (BGBl. 2025 I Nr. 355), Art. 2 G zur Bestimmung sicherer Herkunftsstaaten durch Rechtsverordnung und zur Abschaffung des anwaltlichen Vertreters bei Abschiebehaft und Ausreisegewahrsam v. 22.12.2025 (BGBl. 2025 I Nr. 364), Art. 19 Abs. 1 G zur Modernisierung und Digitalisierung der Schwarzarbeitsbekämpfung v. 22.12.2025 (BGBl. 2025 I Nr. 369), Art. 5 G zur Anpassung von Straftatbeständen und Sanktionen bei Verstößen gegen restriktive Maßnahmen der EU v. 3.2.2026 (BGBl. 2026 I Nr. 27), Art. 2 Abs. 4 G zur Umsetzung der RL (EU) 2017/541 zur Terrorismusbekämpfung und zur Anpassung des Strafrahmens bei geheimdienstlicher Agententätigkeit v. 20.3.2026 (BGBl. 2026 I Nr. 95), Art. 11 Abs. 4 13. G zur Änd. des Zweiten Buches Sozialgesetzbuch und anderer Gesetze v. 16.4.2026 (BGBl. 2026 I Nr. 107) und Art. 2 GEAS-AnpassungsG v. 23.4.2026 (BGBl. 2026 I Nr. 111)

Inhaltsübersicht[1)]

Kapitel 1. Allgemeine Bestimmungen

[1)] Inhaltsübersicht geänd. mWv 1.1.2009 durch G v. 20.12.2008 (BGBl. I S. 2846); geänd. mWv 1.9. 2011 durch G v. 12.4.2011 (BGBl. I S. 610); geänd. mWv 1.7.2011 durch G v. 23.6.2011 (BGBl. I S. 1266); geänd. mWv 26.11.2011 durch G v. 22.11.2011 (BGBl. I S. 2258); geänd. mWv 1.6.2013 durch G v. 22.12.2011 (BGBl. I S. 3037); geänd. mWv 1.8.2012 durch G v. 1.6.2012 (BGBl. I S. 1224); geänd. mWv 6.9.2013 und mWv 2.12.2013 durch G v. 29.8.2013 (BGBl. I S. 3484); geänd. mWv 1.1.2015 durch G v. 23.12.2014 (BGBl. I S. 2439); geänd. mWv 1.8.2015 und mWv 1.1.2016 durch G v. 27.7. 2015 (BGBl. I S. 1386); geänd. mWv 24.10.2015 durch G v. 20.10.2015 (BGBl. I S. 1722); geänd. mWv 1.11.2015 durch G v. 28.10.2015 (BGBl. I S. 1802); geänd. mWv 5.2.2016 durch G v. 2.2.2016 (BGBl. I S. 130); geänd. mWv 6.8.2016 und mWv 6.8.2019 durch G v. 31.7.2016 (BGBl. I S. 1939); geänd. mWv 1.8.2017 durch G v. 12.5.2017 (BGBl. I S. 1106); geänd. mWv 15.6.2017 durch G v. 8.6.2017 (BGBl. I S. 1570); geänd. mWv 29.7.2017 durch G v. 20.7.2017 (BGBl. I S. 2780); geänd. mWv 1.8.2018 durch G v. 12.7.2018 (BGBl. I S. 1147); geänd. mWv 1.1.2020 durch G v. 8.7.2019 (BGBl. I S. 1021); geänd. mWv 9.8.2019 durch G v. 4.8.2019 (BGBl. I S. 1131); geänd. mWv 21.8.2019 durch G v. 15.8.2019 (BGBl. I S. 1294); geänd. mWv 1.3.2020 durch G v. 15.8.2019 (BGBl. I S. 1307); geänd. mWv 26.11. →

(Fortsetzung der Anm. von voriger Seite)
2019 durch G v. 20.11.2019 (BGBl. I S. 1626); geänd. mWv 10.12.2020 durch G v. 3.12.2020 (BGBl. I S. 2675); geänd. mWv 31.12.2022 und mWv 31.12.2025 durch G v. 21.12.2022 (BGBl. I S. 2847); geänd. mWv 18.11.2023, mWv 1.3.2024, mWv 1.6.2024 und mWv 1.1.2026 durch G v. 16.8.2023 (BGBl. 2023 I Nr. 217; 2024 I Nr. 54); geänd. mWv 27.2.2024 durch G v. 21.2.2024 (BGBl. 2024 I Nr. 54); geänd. mWv 16.5.2024 durch G v. 8.5.2024 (BGBl. 2024 I Nr. 152); geänd. mWv 31.10.2024 durch G v. 25.10. 2024 (BGBl. 2024 I Nr. 332); geänd. mWv 1.6.2026 durch G v. 22.12.2025 (BGBl. 2025 I Nr. 364); geänd. mWv 6.2.2026 durch G v. 3.2.2026 (BGBl. 2026 I Nr. 27); geänd. mWv 12.6.2026 durch G v. 23.4.2026 (BGBl. 2026 I Nr. 111); sie wurde nichtamtlich an die nachträglichen Änderungen mWv 15.7. 2016 durch G v. 8.7.2016 (BGBl. I S. 1594), mWv 1.1.2024 durch G v. 8.7.2019 (BGBl. I S. 1021), mWv 1.1.2026 durch G v. 21.12.2022 (BGBl. I S. 2847), mWv 1.6.2024 durch G v. 16.8.2023 (BGBl. 2023 I Nr. 217) angepasst.

Kapitel 1. Allgemeine Bestimmungen

§ 1[1)] Zweck des Gesetzes; Anwendungsbereich. (1) [1]Das Gesetz dient der Steuerung und Begrenzung des Zuzugs von Ausländern in die Bundesrepublik Deutschland. [2]Es ermöglicht und gestaltet Zuwanderung unter Berücksichtigung der Aufnahme- und Integrationsfähigkeit sowie der wirtschaftlichen und arbeitsmarktpolitischen Interessen der Bundesrepublik Deutschland. [3]Das Gesetz dient zugleich der Erfüllung der humanitären Verpflichtungen der Bundesrepublik Deutschland. [4]Es regelt hierzu die Einreise, den Aufenthalt, die Erwerbstätigkeit und die Integration von Ausländern. [5]Die Regelungen in anderen Gesetzen bleiben unberührt.

(2) Dieses Gesetz findet keine Anwendung auf Ausländer,

1. deren Rechtsstellung von dem Gesetz über die allgemeine Freizügigkeit von Unionsbürgern[2)] geregelt ist, soweit nicht durch Gesetz etwas anderes bestimmt ist,
2. die nach Maßgabe der §§ 18 bis 20 des Gerichtsverfassungsgesetzes[3)] nicht der deutschen Gerichtsbarkeit unterliegen,
3. soweit sie nach Maßgabe völkerrechtlicher Verträge für den diplomatischen und konsularischen Verkehr und für die Tätigkeit internationaler Organisationen und Einrichtungen von Einwanderungsbeschränkungen, von der Verpflichtung, ihren Aufenthalt der Ausländerbehörde anzuzeigen und dem Erfordernis eines Aufenthaltstitels befreit sind und wenn Gegenseitigkeit besteht, sofern die Befreiungen davon abhängig gemacht werden können.

§ 2[4)] Begriffsbestimmungen. (1) Ausländer ist jeder, der nicht Deutscher im Sinne des Artikels 116 Abs. 1 des Grundgesetzes[5)] ist.

[1)] § 1 Abs. 1 Satz 1 geänd. mWv 18.11.2023 durch G v. 16.8.2023 (BGBl. 2023 I Nr. 217); Abs. 1 Satz 1 geänd. mWv 24.7.2025 durch G v. 17.7.2025 (BGBl. 2025 I Nr. 173).

[2)] Nr. **560**.

[3)] **Habersack Nr. 95.**

[4)] § 2 Abs. 3 Satz 2 geänd., Abs. 5 neu gef., Abs. 8–11 angef. mWv 26.11.2011 durch G v. 22.11.2011 (BGBl. I S. 2258); Abs. 3 Satz 2 geänd. mWv 1.8.2013 durch G v. 15.2.2013 (BGBl. I S. 254); Abs. 3 Satz 2 neu gef., Abs. 7 geänd., Abs. 8 eingef., bish. Abs. 8–11 werden Abs. 9–12, Abs. 13 angef. mWv 6.9. 2013 durch G v. 29.8.2013 (BGBl. I S. 3484); Abs. 3 Satz 2 Nr. 5 und 6 geänd., Nr. 7 und Abs. 14 und 15 angef. mWv 1.8.2015 durch G v. 27.7.2015 (BGBl. I S. 1386); Abs. 2 geänd., Abs. 3 Satz 6 aufgeh., bish. Satz 7 wird Satz 6 und geänd. mWv 1.8.2017 durch G v. 12.5.2017 (BGBl. I S. 1106); Abs. 14 Nr. 5 geänd., Nr. 5a eingef. mWv 29.7.2017 durch G v. 20.7.2017 (BGBl. I S. 2780); Abs. 5 Nr. 2 neu gef., Abs. 14 aufgeh., bish. Abs. 15 wird Abs. 14 und Satz 1 geänd., Satz 2 neu gef., Sätze 3 und 4 eingef., bish. Satz 3 wird Satz 5 mWv 21.8.2019 durch G v. 15.8.2019 (BGBl. I S. 1294); Abs. 3 Satz 5 geänd., Satz 6 eingef., bish. Satz 6 wird Satz 7, Abs. 11a, 12a–12c eingef. mWv 1.3.2020 durch G v. 15.8.2019 (BGBl. I S. 1307), Änd. von Abs. 5 Nr. 2 aufgrund der vorhergehenden Änd. nicht ausführbar; Abs. 3 Satz 7 geänd. mWv 27.6.2020 durch VO v. 19.6.2020 (BGBl. I S. 1328); Abs. 3 Satz 5 geänd. mWv 1.3.2024 durch G v. 16.8.2023 (BGBl. 2023 I Nr. 217; 2024 I Nr. 54); Abs. 14 Sätze 1 und 5 geänd. mWv 27.2.2024 durch →

(2) Erwerbstätigkeit ist die selbständige Tätigkeit, die Beschäftigung im Sinne von § 7 des Vierten Buches Sozialgesetzbuch[1] und die Tätigkeit als Beamter.

(3) [1] Der Lebensunterhalt eines Ausländers ist gesichert, wenn er ihn einschließlich ausreichenden Krankenversicherungsschutzes ohne Inanspruchnahme öffentlicher Mittel bestreiten kann. [2] Nicht als Inanspruchnahme öffentlicher Mittel gilt der Bezug von:

1. Kindergeld,
2. Kinderzuschlag,
3. Erziehungsgeld,
4. Elterngeld,
5. Leistungen der Ausbildungsförderung nach dem Dritten Buch Sozialgesetzbuch[2], dem Bundesausbildungsförderungsgesetz[3] und dem Aufstiegsfortbildungsförderungsgesetz[4],
6. öffentlichen Mitteln, die auf Beitragsleistungen beruhen oder die gewährt werden, um den Aufenthalt im Bundesgebiet zu ermöglichen und
7. Leistungen nach dem Unterhaltsvorschussgesetz[5].

[3] Ist der Ausländer in einer gesetzlichen Krankenversicherung krankenversichert, hat er ausreichenden Krankenversicherungsschutz. [4] Bei der Erteilung oder Verlängerung einer Aufenthaltserlaubnis zum Familiennachzug werden Beiträge der Familienangehörigen zum Haushaltseinkommen berücksichtigt. [5] Der Lebensunterhalt gilt für die Erteilung einer Aufenthaltserlaubnis nach den §§ 16a bis 16c, 16e sowie 16f mit Ausnahme der Teilnehmer an Sprachkursen, die nicht der Studienvorbereitung dienen, als gesichert, wenn der Ausländer über monatliche Mittel in Höhe des monatlichen Bedarfs, der nach den §§ 13 und 13a Abs. 1 des Bundesausbildungsförderungsgesetzes bestimmt wird, verfügt sowie für die Erteilung einer Aufenthaltserlaubnis nach § 16g als gesichert, wenn der Ausländer über monatliche Mittel in Höhe des monatlichen Bedarfs, der nach § 12 des Bundesausbildungsförderungsgesetzes bestimmt wird, verfügt. [6] Der Lebensunterhalt gilt für die Erteilung einer Aufenthaltserlaubnis nach den §§ 16d, 16f Absatz 1 für Teilnehmer an Sprachkursen, die nicht der Studienvorbereitung dienen, sowie § 17 als gesichert, wenn Mittel entsprechend Satz 5 zuzüglich eines Aufschlages um 10 Prozent zur Verfügung stehen. [7] Das Bundesministerium des Innern, für Bau und Heimat gibt die Mindestbeträge nach Satz 5 für jedes Kalenderjahr jeweils bis zum 31. August des Vorjahres im Bundesanzeiger bekannt.[6]

(Fortsetzung der Anm. von voriger Seite)
G v. 21.2.2024 (BGBl. 2024 I Nr. 54); Abs. 14 Satz 5 geänd. mWv 1.6.2026 durch G v. 22.12.2025 (BGBl. 2025 I Nr. 364); Abs. 14 Satz 1 neu gef., Satz 2 Nr. 2 geänd., Satz 5 neu gef. mWv 12.6.2026 durch G v. 23.4.2026 (BGBl. 2026 I Nr. 111).

[5] Nr. 1.

[1] **Aichberger, SGB Nr. 4.**

[2] **Aichberger, SGB Nr. 3.**

[3] Nr. 420.

[4] **Loseblatt-Textsammlung Arbeitsrecht Nr. 418.**

[5] **Habersack ErgBd. Nr. 45d.**

[6] Das Bundesministerium des Innern hat gemäß § 2 Abs. 3 Satz 7 folgende Mindestbeträge zur Sicherung des Lebensunterhalts nach § 2 Abs. 3 Satz 5 für das Jahr 2026 bekannt gegeben (Bek. v. 13.8. 2025 (BAnz AT 29.08.2025 B1) v. 13.8.2025, BAnz AT 29.08.2025 B1):

„Der Lebensunterhalt eines Ausländers gilt nach § 2 Absatz 3 Satz 5 AufenthG für die Erteilung einer Aufenthaltserlaubnis nach den §§ 16a bis 16c, 16e sowie 16f AufenthG mit Ausnahme der Teilnehmer an Sprachkursen, die nicht der Studienvorbereitung dienen, als gesichert, wenn der Ausländer über monatli- →

(4) [1]Als ausreichender Wohnraum wird nicht mehr gefordert, als für die Unterbringung eines Wohnungssuchenden in einer öffentlich geförderten Sozialmietwohnung genügt. [2]Der Wohnraum ist nicht ausreichend, wenn er den auch für Deutsche geltenden Rechtsvorschriften hinsichtlich Beschaffenheit und Belegung nicht genügt. [3]Kinder bis zur Vollendung des zweiten Lebensjahres werden bei der Berechnung des für die Familienunterbringung ausreichenden Wohnraumes nicht mitgezählt.

(5) Schengen-Staaten sind die Staaten, in denen folgende Rechtsakte in vollem Umfang Anwendung finden:

1. Übereinkommen zur Durchführung des Übereinkommens von Schengen vom 14. Juni 1985 zwischen den Regierungen der Staaten der Benelux-Wirtschaftsunion, der Bundesrepublik Deutschland und der Französischen Republik betreffend den schrittweisen Abbau der Kontrollen an den gemeinsamen Grenzen (ABl. L 239 vom 22.9.2000, S. 19),
2. die Verordnung (EU) 2016/399 des Europäischen Parlaments und des Rates vom 9. März 2016 über einen Gemeinschaftskodex für das Überschreiten der Grenzen durch Personen (Schengener Grenzkodex) (ABl. L 77 vom 23.3.2016, S. 1) und
3. die Verordnung (EG) Nr. 810/2009 des Europäischen Parlaments und des Rates vom 13. Juli 2009 über einen Visakodex der Gemeinschaft (ABl. L 243 vom 15.9.2009, S. 1).

(6) Vorübergehender Schutz im Sinne dieses Gesetzes ist die Aufenthaltsgewährung in Anwendung der Richtlinie 2001/55/EG des Rates vom 20. Juli 2001 über Mindestnormen für die Gewährung vorübergehenden Schutzes im Falle eines Massenzustroms von Vertriebenen und Maßnahmen zur Förderung einer ausgewogenen Verteilung der Belastungen, die mit der Aufnahme dieser Personen und den Folgen dieser Aufnahme verbunden sind, auf die Mitgliedstaaten (ABl. EG Nr. L 212 S. 12).

(7) Langfristig Aufenthaltsberechtigter ist ein Ausländer, dem in einem Mitgliedstaat der Europäischen Union die Rechtsstellung nach Artikel 2 Buchstabe b der Richtlinie 2003/109/EG des Rates vom 25. November 2003 betreffend die Rechtsstellung der langfristig aufenthaltsberechtigten Drittstaatsangehörigen (ABl. EU 2004 Nr. L 16 S. 44), die zuletzt durch die Richtlinie 2011/51/EU

(Fortsetzung der Anm. von voriger Seite)
che Mittel in Höhe des monatlichen Bedarfs, der nach den §§ 13 und 13a Absatz 1 des Bundesausbildungsförderungsgesetzes (BAföG) (Nr. **420**) bestimmt wird, verfügt.

Für Ausländer in betrieblicher oder schulischer Berufsausbildung ergibt sich hinsichtlich der Erteilung einer Aufenthaltserlaubnis nach § 16a AufenthG gemäß § 13 Absatz 1 Nummer 1 und § 13a Absatz 1 BAföG (Nr. **420**) ein Betrag für den monatlichen Bedarf in Höhe von 959 Euro.

In den übrigen Fällen einer Aufenthaltserlaubnis nach § 16a AufenthG sowie bei Aufenthaltserlaubnissen nach den §§ 16b, 16c, 16e und 16f AufenthG, mit Ausnahme der Teilnahme an Sprachkursen, die nicht der Studienvorbereitung dienen, ergibt sich gemäß § 13 Absatz 1 Nummer 2 und § 13a Absatz 1 BAföG (Nr. **420**) ein Betrag für den monatlichen Bedarf in Höhe von 992 Euro.

Der Lebensunterhalt eines Ausländers gilt nach § 2 Absatz 3 Satz 5 AufenthG für die Erteilung einer Aufenthaltserlaubnis nach 16g AufenthG als gesichert, wenn der Ausländer über monatliche Mittel in Höhe des monatlichen Bedarfs, der nach § 12 BAföG (Nr. **420**) bestimmt wird, verfügt.

Daraus ergibt sich ein monatlicher Bedarf in Höhe von jährlich 666 Euro (Betrag nach § 12 Absatz 2 Nummer 1 BAföG (Nr. **420**)).

Bei Nachweis einer Unterkunft, deren Miet- und Nebenkosten geringer sind als 380 Euro (Betrag nach § 13 Absatz 2 Nummer 2 BAföG (Nr. **420**)), mindert sich der nachzuweisende Betrag entsprechend."

(ABl. L 132 vom 19.5.2011, S. 1) geändert worden ist, verliehen und nicht entzogen wurde.

(8) Langfristige Aufenthaltsberechtigung – EU ist der einem langfristig Aufenthaltsberechtigten durch einen anderen Mitgliedstaat der Europäischen Union ausgestellte Aufenthaltstitel nach Artikel 8 der Richtlinie 2003/109/EG.

(9) Einfache deutsche Sprachkenntnisse entsprechen dem Niveau A 1 des Gemeinsamen Europäischen Referenzrahmens für Sprachen (Empfehlungen des Ministerkomitees des Europarates an die Mitgliedstaaten Nr. R (98) 6 vom 17. März 1998 zum Gemeinsamen Europäischen Referenzrahmen für Sprachen – GER).

(10) Hinreichende deutsche Sprachkenntnisse entsprechen dem Niveau A 2 des Gemeinsamen Europäischen Referenzrahmens für Sprachen.

(11) Ausreichende deutsche Sprachkenntnisse entsprechen dem Niveau B 1 des Gemeinsamen Europäischen Referenzrahmens für Sprachen.

(11a) Gute deutsche Sprachkenntnisse entsprechen dem Niveau B2 des Gemeinsamen Europäischen Referenzrahmens für Sprachen.

(12) Die deutsche Sprache beherrscht ein Ausländer, wenn seine Sprachkenntnisse dem Niveau C 1 des Gemeinsamen Europäischen Referenzrahmens für Sprachen entsprechen.

(12a) Eine qualifizierte Berufsausbildung im Sinne dieses Gesetzes liegt vor, wenn es sich um eine Berufsausbildung in einem staatlich anerkannten oder vergleichbar geregelten Ausbildungsberuf handelt, für den nach bundes- oder landesrechtlichen Vorschriften eine Ausbildungsdauer von mindestens zwei Jahren festgelegt ist.

(12b) Eine qualifizierte Beschäftigung im Sinne dieses Gesetzes liegt vor, wenn zu ihrer Ausübung Fertigkeiten, Kenntnisse und Fähigkeiten erforderlich sind, die in einem Studium oder einer qualifizierten Berufsausbildung erworben werden.

(12c) Bildungseinrichtungen im Sinne dieses Gesetzes sind

1. Ausbildungsbetriebe bei einer betrieblichen Berufsaus- oder Weiterbildung,
2. Schulen, Hochschulen sowie Einrichtungen der Berufsbildung oder der sonstigen Aus- und Weiterbildung.

(13) International Schutzberechtigter ist ein Ausländer, der internationalen Schutz genießt im Sinne der

1. Richtlinie 2004/83/EG des Rates vom 29. April 2004 über Mindestnormen für die Anerkennung und den Status von Drittstaatsangehörigen oder Staatenlosen als Flüchtlinge oder als Personen, die anderweitig internationalen Schutz benötigen, und über den Inhalt des zu gewährenden Schutzes (ABl. L 304 vom 30.9. 2004, S. 12) oder
2. Richtlinie 2011/95/EU des Europäischen Parlaments und des Rates vom 13. Dezember 2011 über Normen für die Anerkennung von Drittstaatsangehörigen oder Staatenlosen als Personen mit Anspruch auf internationalen Schutz, für einen einheitlichen Status für Flüchtlinge oder für Personen mit Anrecht auf subsidiären Schutz und für den Inhalt des zu gewährenden Schutzes (ABl. L 337 vom 20.12.2011, S. 9).

(14) [1] Soweit Artikel 44 der Verordnung (EU) 2024/1351, der die Inhaftnahme zum Zwecke der Überstellung betrifft, maßgeblich ist, gelten § 62 Absatz 3 Satz 1 Nummer 4 und Absatz 3a für die widerlegliche Vermutung einer Fluchtgefahr im Sinne von Artikel 2 Absatz 18 der Verordnung (EU) 2024/1351 und § 62 Absatz 3b Nummer 1 bis 5 als objektive Anhaltspunkte für die Annahme einer Fluchtgefahr

im Sinne von Artikel 2 Absatz 18 der Verordnung (EU) 2024/1351 entsprechend; im Anwendungsbereich der Verordnung (EU) 2024/1351 bleibt Artikel 44 Absatz 2 im Übrigen maßgeblich. [2] Ferner kann ein Anhaltspunkt für Fluchtgefahr vorliegen, wenn

1. der Ausländer einen Mitgliedstaat vor Abschluss eines dort laufenden Verfahrens zur Zuständigkeitsbestimmung oder zur Prüfung eines Antrags auf internationalen Schutz verlassen hat und die Umstände der Feststellung im Bundesgebiet konkret darauf hindeuten, dass er den zuständigen Mitgliedstaat in absehbarer Zeit nicht aufsuchen will,
2. der Ausländer zuvor mehrfach einen Asylantrag in anderen Mitgliedstaaten als der Bundesrepublik Deutschland im Geltungsbereich der Verordnung (EU) 2024/1351 gestellt und den jeweiligen anderen Mitgliedstaat der Asylantragstellung wieder verlassen hat, ohne den Ausgang des dort laufenden Verfahrens zur Zuständigkeitsbestimmung oder zur Prüfung eines Antrags auf internationalen Schutz abzuwarten.

[3] Die für den Antrag auf Inhaftnahme zum Zwecke der Überstellung zuständige Behörde kann einen Ausländer ohne vorherige richterliche Anordnung festhalten und vorläufig in Gewahrsam nehmen, wenn

a) der dringende Verdacht für das Vorliegen der Voraussetzungen nach Satz 1 oder 2 besteht,
b) die richterliche Entscheidung über die Anordnung der Überstellungshaft nicht vorher eingeholt werden kann und
c) der begründete Verdacht vorliegt, dass sich der Ausländer der Anordnung der Überstellungshaft entziehen will.

[4] Der Ausländer ist unverzüglich dem Richter zur Entscheidung über die Anordnung der Überstellungshaft vorzuführen. [5] Auf das Verfahren zur Anordnung von Haft zur Überstellung nach der Verordnung (EU) 2024/1351 finden § 62d sowie die Vorschriften in den Büchern 1 und 7 des Gesetzes über das Verfahren in Familiensachen und in den Angelegenheiten der freiwilligen Gerichtsbarkeit[1)] entsprechend Anwendung, soweit das Verfahren in der Verordnung (EU) 2024/1351 nicht abweichend geregelt ist.

Kapitel 2. Einreise und Aufenthalt im Bundesgebiet

Abschnitt 1. Allgemeines

§ 3[2)] Passpflicht. (1) [1] Ausländer dürfen nur in das Bundesgebiet einreisen oder sich darin aufhalten, wenn sie einen anerkannten und gültigen Pass oder Passersatz besitzen, sofern sie von der Passpflicht nicht durch Rechtsverordnung befreit sind. [2] Für den Aufenthalt im Bundesgebiet erfüllen sie die Passpflicht auch durch den Besitz eines Ausweisersatzes (§ 48 Abs. 2).

(2) Das Bundesministerium des Innern, für Bau und Heimat oder die von ihm bestimmte Stelle kann in begründeten Einzelfällen vor der Einreise des Ausländers für den Grenzübertritt und einen anschließenden Aufenthalt von bis zu sechs Monaten Ausnahmen von der Passpflicht zulassen.

[1)] **Habersack Nr. 112.**
[2)] § 3 Abs. 2 geänd. mWv 27.6.2020 durch VO v. 19.6.2020 (BGBl. I S. 1328).

§ 4[1]) Erfordernis eines Aufenthaltstitels. (1) [1] Ausländer bedürfen für die Einreise und den Aufenthalt im Bundesgebiet eines Aufenthaltstitels, sofern nicht durch Recht der Europäischen Union oder durch Rechtsverordnung etwas anderes bestimmt ist oder auf Grund des Abkommens vom 12. September 1963 zur Gründung einer Assoziation zwischen der Europäischen Wirtschaftsgemeinschaft und der Türkei (BGBl. 1964 II S. 509) (Assoziationsabkommen EWG/Türkei) ein Aufenthaltsrecht besteht. [2] Die Aufenthaltstitel werden erteilt als

1. Visum im Sinne des § 6 Absatz 1 Nummer 1 und Absatz 3,
2. Aufenthaltserlaubnis (§ 7),
2a. Blaue Karte EU (§ 18g),
2b. ICT-Karte (§ 19),
2c. Mobiler-ICT-Karte (§ 19b),
3. Niederlassungserlaubnis (§ 9) oder
4. Erlaubnis zum Daueraufenthalt – EU (§ 9a).

[3] Die für die Aufenthaltserlaubnis geltenden Rechtsvorschriften werden auch auf die Blaue Karte EU, die ICT-Karte und die Mobiler-ICT-Karte angewandt, sofern durch Gesetz oder Rechtsverordnung nichts anderes bestimmt ist.

(2) [1] Ein Ausländer, dem nach dem Assoziationsabkommen EWG/Türkei ein Aufenthaltsrecht zusteht, ist verpflichtet, das Bestehen des Aufenthaltsrechts durch den Besitz einer Aufenthaltserlaubnis nachzuweisen, sofern er weder eine Niederlassungserlaubnis noch eine Erlaubnis zum Daueraufenthalt – EU besitzt. [2] Die Aufenthaltserlaubnis wird auf Antrag ausgestellt.

§ 4a[2]) Zugang zur Erwerbstätigkeit. (1) [1] Ausländer, die einen Aufenthaltstitel besitzen, dürfen eine Erwerbstätigkeit ausüben, es sei denn, ein Gesetz bestimmt ein Verbot. [2] Die Erwerbstätigkeit kann durch Gesetz beschränkt sein. [3] Die Ausübung einer über das Verbot oder die Beschränkung hinausgehenden Erwerbstätigkeit bedarf der Erlaubnis.

(2) [1] Sofern die Ausübung einer Beschäftigung gesetzlich verboten oder beschränkt ist, bedarf die Ausübung einer Beschäftigung oder einer über die Beschränkung hinausgehenden Beschäftigung der Erlaubnis; diese kann dem Vorbehalt der Zustimmung durch die Bundesagentur für Arbeit nach § 39 unterliegen. [2] Die Zustimmung der Bundesagentur für Arbeit kann beschränkt erteilt werden. [3] Bedarf die Erlaubnis nicht der Zustimmung der Bundesagentur für

(Fortsetzung nächstes Blatt)

[1]) § 4 Abs. 1 Satz 2 Nr. 1 neu gef., Abs. 3 Satz 5 angef. mWv 26.11.2011 durch G v. 22.11.2011 (BGBl. I S. 2258); Abs. 1 Satz 2 Nr. 2a eingef., Satz 3 angef. mWv 1.8.2012 durch G v. 1.6.2012 (BGBl. I S. 1224); Abs. 4 aufgeh. mWv 6.9.2013, Abs. 1 Satz 2 Nr. 4 und Abs. 5 Satz 1 geänd. mWv 2.12.2013 durch G v. 29.8.2013 (BGBl. I S. 3484); Abs. 1 Satz 2 Nr. 2b und 2c eingef., Satz 3 und Abs. 3 Sätze 3 und 5 geänd. mWv 1.8.2017 durch G v. 12.5.2017 (BGBl. I S. 1106); Abs. 1 Satz 2 Nr. 2a–2c geänd., Abs. 2, 3 aufgeh., bish. Abs. 5 wird Abs. 2 mWv 1.3.2020 durch G v. 15.8.2019 (BGBl. I S. 1307); Abs. 1 Satz 2 Nr. 2a geänd. mWv 18.11.2023 durch G v. 16.8.2023 (BGBl. 2023 I Nr. 217).

[2]) § 4a eingef. mWv 1.3.2020 durch G v. 15.8.2019 (BGBl. I S. 1307); Abs. 2 Satz 3, Abs. 4 neu gef., Abs. 5 Satz 3 Nr. 2 geänd. mWv 1.3.2024 durch G v. 16.8.2023 (BGBl. 2023 I Nr. 217).

Arbeit, gelten § 39 Absatz 4 für die Erteilung der Erlaubnis und § 40 Absatz 2 oder Absatz 3 für die Versagung der Erlaubnis entsprechend.

(3) [1] Jeder Aufenthaltstitel muss erkennen lassen, ob die Ausübung einer Erwerbstätigkeit erlaubt ist und ob sie Beschränkungen unterliegt. [2] Zudem müssen Beschränkungen seitens der Bundesagentur für Arbeit für die Ausübung der Beschäftigung in den Aufenthaltstitel übernommen werden. [3] Für die Änderung einer Beschränkung im Aufenthaltstitel ist eine Erlaubnis erforderlich. [4] Wurde ein Aufenthaltstitel zum Zweck der Ausübung einer bestimmten Beschäftigung erteilt, ist die Ausübung einer anderen Erwerbstätigkeit verboten, solange und soweit die zuständige Behörde die Ausübung der anderen Erwerbstätigkeit nicht erlaubt hat. [5] Die Sätze 2 und 3 gelten nicht, wenn sich der Arbeitgeber auf Grund eines Betriebsübergangs nach § 613a des Bürgerlichen Gesetzbuchs[1)] ändert oder auf Grund eines Formwechsels eine andere Rechtsform erhält.

(4) Ein Ausländer, der keinen Aufenthaltstitel besitzt, darf eine kontingentierte kurzzeitige Beschäftigung oder eine Saisonbeschäftigung nach der Beschäftigungsverordnung nur ausüben, wenn er dafür eine Arbeitserlaubnis der Bundesagentur für Arbeit besitzt, sowie eine andere Erwerbstätigkeit nur ausüben, wenn er auf Grund einer zwischenstaatlichen Vereinbarung, eines Gesetzes oder einer Rechtsverordnung ohne Aufenthaltstitel hierzu berechtigt ist oder deren Ausübung ihm durch die zuständige Behörde erlaubt wurde.

(5) [1] Ein Ausländer darf nur beschäftigt oder mit anderen entgeltlichen Dienst- oder Werkleistungen beauftragt werden, wenn er einen Aufenthaltstitel besitzt und kein diesbezügliches Verbot oder keine diesbezügliche Beschränkung besteht. [2] Ein Ausländer, der keinen Aufenthaltstitel besitzt, darf nur unter den Voraussetzungen des Absatzes 4 beschäftigt werden. [3] Wer im Bundesgebiet einen Ausländer beschäftigt, muss

1. prüfen, ob die Voraussetzungen nach Satz 1 oder Satz 2 vorliegen,
2. für die Dauer der Beschäftigung eine Kopie des Aufenthaltstitels, der Arbeitserlaubnis der Bundesagentur für Arbeit oder der Bescheinigung über die Aufenthaltsgestattung oder über die Aussetzung der Abschiebung des Ausländers in elektronischer Form oder in Papierform aufbewahren und
3. der zuständigen Ausländerbehörde innerhalb von vier Wochen ab Kenntnis mitteilen, dass die Beschäftigung, für die ein Aufenthaltstitel nach Kapitel 2 Abschnitt 4 erteilt wurde, vorzeitig beendet wurde.

[4] Satz 3 Nummer 1 gilt auch für denjenigen, der einen Ausländer mit nachhaltigen entgeltlichen Dienst- oder Werkleistungen beauftragt, die der Ausländer auf Gewinnerzielung gerichtet ausübt.

§ 5[2)] Allgemeine Erteilungsvoraussetzungen. (1) Die Erteilung eines Aufenthaltstitels setzt in der Regel voraus, dass

---

1) **Habersack Nr. 20.**

2) § 5 Abs. 4 Satz 1 geänd. mWv 4.8.2009 durch G v. 30.7.2009 (BGBl. I S. 2437); Abs. 3 Satz 1 geänd. mWv 26.11.2011 durch G v. 22.11.2011 (BGBl. I S. 2258); Abs. 2 Satz 1 einl. Satzteil geänd. mWv 2.12.2013 durch G v. 29.8.2013 (BGBl. I S. 3484); Abs. 1 Nr. 2, Abs. 3 Satz 3, Abs. 4 Satz 1 geänd. mWv 1.8.2015 durch G v. 27.7.2015 (BGBl. I S. 1386); Abs. 3 Satz 1 geänd., Satz 4 angef. mWv 6.8.2016 durch G v. 31.7.2016 (BGBl. I S. 1939); Abs. 2 Satz 1 einl. Satzteil geänd., Satz 3 angef. mWv 1.8.2017 durch G v. 12.5.2017 (BGBl. I S. 1106); Abs. 4 Satz 2 und 3 aufgeh. mWv 1.8.2018 durch G v. 12.7.2018 (BGBl. I S. 1147); Abs. 4 geänd. mWv 21.8.2019 durch G v. 15.8.2019 (BGBl. I S. 1294); Abs. 2 Satz 1 einl. Satzteil geänd. mWv 1.3.2020 durch G v. 15.8.2019 (BGBl. I S. 1307); Abs. 2 Satz 2 neu gef. mWv 1.3.2024 durch G v. 16.8.2023 (BGBl. 2023 I Nr. 217); Abs. 3 Satz 5 angef. mWv 23.12.2023 durch G v. 20.12.2023 (BGBl. 2023 I Nr. 390).

1. der Lebensunterhalt gesichert ist,
1a. die Identität und, falls er nicht zur Rückkehr in einen anderen Staat berechtigt ist, die Staatsangehörigkeit des Ausländers geklärt ist,
2. kein Ausweisungsinteresse besteht,
3. soweit kein Anspruch auf Erteilung eines Aufenthaltstitels besteht, der Aufenthalt des Ausländers nicht aus einem sonstigen Grund Interessen der Bundesrepublik Deutschland beeinträchtigt oder gefährdet und
4. die Passpflicht nach § 3 erfüllt wird.

(2) [1] Des Weiteren setzt die Erteilung einer Aufenthaltserlaubnis, einer Blauen Karte EU, einer ICT-Karte, einer Niederlassungserlaubnis oder einer Erlaubnis zum Daueraufenthalt – EU voraus, dass der Ausländer
1. mit dem erforderlichen Visum eingereist ist und
2. die für die Erteilung maßgeblichen Angaben bereits im Visumantrag gemacht hat.

[2] Von den Voraussetzungen nach Satz 1 kann abgesehen werden, wenn die Voraussetzungen eines Anspruchs auf Erteilung erfüllt sind; von den Voraussetzungen nach Satz 1 ist abzusehen, wenn es auf Grund besonderer Umstände des Einzelfalls nicht zumutbar ist, das Visumverfahren nachzuholen. [3] Satz 2 gilt nicht für die Erteilung einer ICT-Karte.

(3) [1] In den Fällen der Erteilung eines Aufenthaltstitels nach § 24 oder § 25 Absatz 1 bis 3 ist von der Anwendung der Absätze 1 und 2, in den Fällen des § 25 Absatz 4a und 4b von der Anwendung des Absatzes 1 Nr. 1 bis 2 und 4 sowie des Absatzes 2 abzusehen. [2] In den übrigen Fällen der Erteilung eines Aufenthaltstitels nach Kapitel 2 Abschnitt 5 kann von der Anwendung der Absätze 1 und 2 abgesehen werden. [3] Wird von der Anwendung des Absatzes 1 Nr. 2 abgesehen, kann die Ausländerbehörde darauf hinweisen, dass eine Ausweisung wegen einzeln zu bezeichnender Ausweisungsinteressen, die Gegenstand eines noch nicht abgeschlossenen Straf- oder anderen Verfahrens sind, möglich ist. [4] In den Fällen der Erteilung eines Aufenthaltstitels nach § 26 Absatz 3 ist von der Anwendung des Absatzes 2 abzusehen. [5] Von der Anwendung des Absatzes 2 ist bei Erteilung einer Aufenthaltserlaubnis nach den §§ 18a, 18b, 19c Absatz 2 oder nach Abschnitt 6 in Anwendung von § 10 Absatz 3 Satz 5 abzusehen.

(4) Die Erteilung eines Aufenthaltstitels ist zu versagen, wenn ein Ausweisungsinteresse im Sinne von § 54 Absatz 1 Nummer 2 oder 4 besteht oder eine Abschiebungsanordnung nach § 58a erlassen wurde.

§ 6[1)] **Visum.** (1) Einem Ausländer können nach Maßgabe der Verordnung (EG) Nr. 810/2009 folgende Visa erteilt werden:
1. ein Visum für die Durchreise durch das Hoheitsgebiet der Schengen-Staaten oder für geplante Aufenthalte in diesem Gebiet von bis zu 90 Tagen je Zeitraum von 180 Tagen (Schengen-Visum),
2. ein Flughafentransitvisum für die Durchreise durch die internationalen Transitzonen der Flughäfen.

[1)] § 6 Abs. 1, 2 neu gef., Abs. 3 aufgeh., bish. Abs. 4 wird Abs. 3 mWv 26.11.2011 durch G v. 22.11. *2011 (BGBl. I S. 2258); Abs. 3 Sätze 2, 3 geänd.* mWv 1.8.2012 durch G v. 1.6.2012 (BGBl. I S. 1224); Abs. 4 angef. mWv 6.9.2013, Abs. 3 Sätze 2 und 3 geänd. mWv 2.12.2013 durch G v. 29.8.2013 (BGBl. I S. 3484); Abs. 1 Nr. 1, Abs. 2 Satz 1 und 2 geänd. mWv 1.8.2015 durch G v. 27.7.2015 (BGBl. I S. 1386); Abs. 3 Satz 2 geänd. mWv 1.8.2017 durch G v. 12.5.2017 (BGBl. I S. 1106); Abs. 2a eingef. mWv 1.3. 2020 durch G v. 15.8.2019 (BGBl. I S. 1307).

(2) 1 Schengen-Visa können nach Maßgabe der Verordnung (EG) Nr. 810/2009 bis zu einer Gesamtaufenthaltsdauer von 90 Tagen je Zeitraum von 180 Tagen verlängert werden. 2 Für weitere 90 Tage innerhalb des betreffenden Zeitraums von 180 Tagen kann ein Schengen-Visum aus den in Artikel 33 der Verordnung (EG) Nr. 810/2009/EG genannten Gründen, zur Wahrung politischer Interessen der Bundesrepublik Deutschland oder aus völkerrechtlichen Gründen als nationales Visum verlängert werden.

(2a) Schengen-Visa berechtigen nicht zur Ausübung einer Erwerbstätigkeit, es sei denn, sie wurden zum Zweck der Erwerbstätigkeit erteilt.

(3) 1 Für längerfristige Aufenthalte ist ein Visum für das Bundesgebiet (nationales Visum) erforderlich, das vor der Einreise erteilt wird. 2 Die Erteilung richtet sich nach den für die Aufenthaltserlaubnis, die Blaue Karte EU, die ICT-Karte, die Niederlassungserlaubnis und die Erlaubnis zum Daueraufenthalt – EU geltenden Vorschriften. 3 Die Dauer des rechtmäßigen Aufenthalts mit einem nationalen Visum wird auf die Zeiten des Besitzes einer Aufenthaltserlaubnis, Blauen Karte EU, Niederlassungserlaubnis oder Erlaubnis zum Daueraufenthalt – EU angerechnet.

(4) Ein Ausnahme-Visum im Sinne des § 14 Absatz 2 wird als Visum im Sinne des Absatzes 1 Nummer 1 oder des Absatzes 3 erteilt.

§ 7[1] Aufenthaltserlaubnis. (1) 1 Die Aufenthaltserlaubnis ist ein befristeter Aufenthaltstitel. 2 Sie wird zu den in den nachfolgenden Abschnitten genannten Aufenthaltszwecken erteilt. 3 In begründeten Fällen kann eine Aufenthaltserlaubnis auch für einen von diesem Gesetz nicht vorgesehenen Aufenthaltszweck erteilt werden. 4 Die Aufenthaltserlaubnis nach Satz 3 berechtigt nicht zur Erwerbstätigkeit; sie kann nach § 4a Absatz 1 erlaubt werden.

(2) 1 Die Aufenthaltserlaubnis ist unter Berücksichtigung des beabsichtigten Aufenthaltszwecks zu befristen. 2 Ist eine für die Erteilung, die Verlängerung oder die Bestimmung der Geltungsdauer wesentliche Voraussetzung entfallen, so kann die Frist auch nachträglich verkürzt werden.

§ 8[2] Verlängerung der Aufenthaltserlaubnis. (1) Auf die Verlängerung der Aufenthaltserlaubnis finden dieselben Vorschriften Anwendung wie auf die Erteilung.

(2) Die Aufenthaltserlaubnis kann in der Regel nicht verlängert werden, wenn die zuständige Behörde dies bei einem seiner Zweckbestimmung nach nur vorübergehenden Aufenthalt bei der Erteilung oder der zuletzt erfolgten Verlängerung der Aufenthaltserlaubnis ausgeschlossen hat.

(3) 1 Vor der Verlängerung der Aufenthaltserlaubnis ist festzustellen, ob der Ausländer einer etwaigen Pflicht zur ordnungsgemäßen Teilnahme am Integrationskurs nachgekommen ist. 2 Verletzt ein Ausländer seine Verpflichtung nach § 44a Abs. 1 Satz 1 zur ordnungsgemäßen Teilnahme an einem Integrationskurs, ist dies bei der Entscheidung über die Verlängerung der Aufenthaltserlaubnis zu berücksichtigen. 3 Besteht kein Anspruch auf Erteilung der Aufenthaltserlaubnis, soll bei wiederholter und gröblicher Verletzung der Pflichten nach Satz 1 die Verlängerung der Aufenthaltserlaubnis abgelehnt werden. 4 Besteht ein Anspruch auf Verlängerung der Aufenthaltserlaubnis nur nach diesem Gesetz, kann die Ver-

---

[1] § 7 Abs. 1 Satz 4 angef. mWv 1.3.2020 durch G v. 15.8.2019 (BGBl. I S. 1307).

[2] § 8 Abs. 3 Satz 1 eingef., bish. Sätze 1–4 werden Sätze 2–5, Satz 6 angef. mWv 1.7.2011 durch G v. 23.6.2011 (BGBl. I S. 1266); Abs. 4 geänd. mWv 26.11.2011 durch G v. 22.11.2011 (BGBl. I S. 2258).

längerung abgelehnt werden, es sei denn, der Ausländer erbringt den Nachweis, dass seine Integration in das gesellschaftliche und soziale Leben anderweitig erfolgt ist. [5] Bei der Entscheidung sind die Dauer des rechtmäßigen Aufenthalts, schutzwürdige Bindung des Ausländers an das Bundesgebiet und die Folgen einer Aufenthaltsbeendigung für seine rechtmäßig im Bundesgebiet lebenden Familienangehörigen zu berücksichtigen. [6] War oder ist ein Ausländer zur Teilnahme an einem Integrationskurs nach § 44a Absatz 1 Satz 1 verpflichtet, soll die Verlängerung der Aufenthaltserlaubnis jeweils auf höchstens ein Jahr befristet werden, solange er den Integrationskurs noch nicht erfolgreich abgeschlossen oder noch nicht den Nachweis erbracht hat, dass seine Integration in das gesellschaftliche und soziale Leben anderweitig erfolgt ist.

(4) Absatz 3 ist nicht anzuwenden auf die Verlängerung einer nach § 25 Absatz 1, 2 oder Absatz 3 erteilten Aufenthaltserlaubnis.

§ 9[1)] Niederlassungserlaubnis. (1) [1] Die Niederlassungserlaubnis ist ein unbefristeter Aufenthaltstitel. [2] Sie kann nur in den durch dieses Gesetz ausdrücklich zugelassenen Fällen mit einer Nebenbestimmung versehen werden. [3] § 47 bleibt unberührt.

(2) [1] Einem Ausländer ist die Niederlassungserlaubnis zu erteilen, wenn

1. er seit fünf Jahren die Aufenthaltserlaubnis besitzt,
2. sein Lebensunterhalt gesichert ist,
3. er mindestens 60 Monate Pflichtbeiträge oder freiwillige Beiträge zur gesetzlichen Rentenversicherung geleistet hat oder Aufwendungen für einen Anspruch auf vergleichbare Leistungen einer Versicherungs- oder Versorgungseinrichtung oder eines Versicherungsunternehmens nachweist; berufliche Ausfallzeiten auf Grund von Kinderbetreuung oder häuslicher Pflege werden entsprechend angerechnet,
4. Gründe der öffentlichen Sicherheit oder Ordnung unter Berücksichtigung der Schwere oder der Art des Verstoßes gegen die öffentliche Sicherheit oder Ordnung oder der vom Ausländer ausgehenden Gefahr unter Berücksichtigung der Dauer des bisherigen Aufenthalts und dem Bestehen von Bindungen im Bundesgebiet nicht entgegenstehen,
5. ihm die Beschäftigung erlaubt ist, sofern er Arbeitnehmer ist,
6. er im Besitz der sonstigen für eine dauernde Ausübung seiner Erwerbstätigkeit erforderlichen Erlaubnisse ist,
7. er über ausreichende Kenntnisse der deutschen Sprache verfügt,
8. er über Grundkenntnisse der Rechts- und Gesellschaftsordnung und der Lebensverhältnisse im Bundesgebiet verfügt und
9. er über ausreichenden Wohnraum für sich und seine mit ihm in häuslicher Gemeinschaft lebenden Familienangehörigen verfügt.

[2] Die Voraussetzungen des Satzes 1 Nr. 7 und 8 sind nachgewiesen, wenn ein Integrationskurs erfolgreich abgeschlossen wurde. [3] Von diesen Voraussetzungen wird abgesehen, wenn der Ausländer sie wegen einer körperlichen, geistigen oder seelischen Krankheit oder Behinderung nicht erfüllen kann. [4] Im Übrigen kann zur Vermeidung einer Härte von den Voraussetzungen des Satzes 1 Nr. 7 und 8 abgesehen werden. [5] Ferner wird davon abgesehen, wenn der Ausländer sich auf

[1)] § 9 Abs. 3 Satz 2 geänd. mWv 26.11.2011 durch G v. 22.11.2011 (BGBl. I S. 2258); Abs. 1 Satz 2 geänd. mWv 1.3.2020 durch G v. 15.8.2019 (BGBl. I S. 1307); Abs. 3a eingef. mWv 1.3.2024 durch G v. 16.8.2023 (BGBl. 2023 I Nr. 217).

einfache Art in deutscher Sprache mündlich verständigen kann und er nach § 44 Abs. 3 Nr. 2 keinen Anspruch auf Teilnahme am Integrationskurs hatte oder er nach § 44a Abs. 2 Nr. 3 nicht zur Teilnahme am Integrationskurs verpflichtet war. [6]Darüber hinaus wird von den Voraussetzungen des Satzes 1 Nr. 2 und 3 abgesehen, wenn der Ausländer diese aus den in Satz 3 genannten Gründen nicht erfüllen kann.

(3) [1]Bei Ehegatten, die in ehelicher Lebensgemeinschaft leben, genügt es, wenn die Voraussetzungen nach Absatz 2 Satz 1 Nr. 3, 5 und 6 durch einen Ehegatten erfüllt werden. [2]Von der Voraussetzung nach Absatz 2 Satz 1 Nr. 3 wird abgesehen, wenn sich der Ausländer in einer Ausbildung befindet, die zu einem anerkannten schulischen oder beruflichen Bildungsabschluss oder einem Hochschulabschluss führt. [3]Satz 1 gilt in den Fällen des § 26 Abs. 4 entsprechend.

(3a) [1]Dem Ehegatten eines Ausländers, der eine Niederlassungserlaubnis nach § 18c besitzt, ist eine Niederlassungserlaubnis zu erteilen, wenn

1. er in ehelicher Lebensgemeinschaft mit dem Ausländer lebt,
2. er seit drei Jahren die Aufenthaltserlaubnis besitzt,
3. er erwerbstätig im Umfang von mindestens 20 Stunden je Woche ist und
4. die Voraussetzungen nach Absatz 2 Satz 1 Nummer 2, 4 bis 9 vorliegen.

[2]Absatz 2 Satz 2 bis 6 gilt entsprechend. [3]Die Erteilung einer Niederlassungserlaubnis unter den Voraussetzungen des Absatzes 3 bleibt unberührt.

(4) Auf die für die Erteilung einer Niederlassungserlaubnis erforderlichen Zeiten des Besitzes einer Aufenthaltserlaubnis werden folgende Zeiten angerechnet:

1. die Zeit des früheren Besitzes einer Aufenthaltserlaubnis oder Niederlassungserlaubnis, wenn der Ausländer zum Zeitpunkt seiner Ausreise im Besitz einer Niederlassungserlaubnis war, abzüglich der Zeit der dazwischen liegenden Aufenthalte außerhalb des Bundesgebiets, die zum Erlöschen der Niederlassungserlaubnis führten; angerechnet werden höchstens vier Jahre,
2. höchstens sechs Monate für jeden Aufenthalt außerhalb des Bundesgebiets, der nicht zum Erlöschen der Aufenthaltserlaubnis führte,
3. die Zeit eines rechtmäßigen Aufenthalts zum Zweck des Studiums oder der Berufsausbildung im Bundesgebiet zur Hälfte.

§ 9a[1)] Erlaubnis zum Daueraufenthalt – EU. (1) [1]Die Erlaubnis zum Daueraufenthalt – EU ist ein unbefristeter Aufenthaltstitel. [2]§ 9 Abs. 1 Satz 2 und 3 gilt entsprechend. [3]Soweit dieses Gesetz nichts anderes regelt, ist die Erlaubnis zum Daueraufenthalt – EU der Niederlassungserlaubnis gleichgestellt.

(2) [1]Einem Ausländer ist eine Erlaubnis zum Daueraufenthalt – EU nach Artikel 2 Buchstabe b der Richtlinie 2003/109/EG zu erteilen, wenn

1. er sich seit fünf Jahren mit Aufenthaltstitel im Bundesgebiet aufhält,
2. sein Lebensunterhalt und derjenige seiner Angehörigen, denen er Unterhalt zu leisten hat, durch feste und regelmäßige Einkünfte gesichert ist,
3. er über ausreichende Kenntnisse der deutschen Sprache verfügt,
4. er über Grundkenntnisse der Rechts- und Gesellschaftsordnung und der Lebensverhältnisse im Bundesgebiet verfügt,

---

1) § 9a Abs. 3 Nr. 1 geänd. mWv 1.8.2012 durch G v. 1.6.2012 (BGBl. I S. 1224); Abs. 3 Nr. 1 und 2 geänd. mWv 6.9.2013, Überschrift, Abs. 1 Sätze 1 und 3 und Abs. 2 Satz 1 einl. Satzteil geänd. mWv 2.12.2013 durch G v. 29.8.2013 (BGBl. I S. 3484); Abs. 3 Nr. 4, 5 Buchst. a geänd. mWv 1.3.2020 durch G v. 15.8.2019 (BGBl. I S. 1307).

5. Gründe der öffentlichen Sicherheit oder Ordnung unter Berücksichtigung der Schwere oder der Art des Verstoßes gegen die öffentliche Sicherheit oder Ordnung oder der vom Ausländer ausgehenden Gefahr unter Berücksichtigung der Dauer des bisherigen Aufenthalts und dem Bestehen von Bindungen im Bundesgebiet nicht entgegenstehen und
6. er über ausreichenden Wohnraum für sich und seine mit ihm in familiärer Gemeinschaft lebenden Familienangehörigen verfügt.

[2] Für Satz 1 Nr. 3 und 4 gilt § 9 Abs. 2 Satz 2 bis 5 entsprechend.

(3) Absatz 2 ist nicht anzuwenden, wenn der Ausländer

1. einen Aufenthaltstitel nach Abschnitt 5 besitzt, der nicht auf Grund des § 23 Abs. 2 erteilt wurde, oder eine vergleichbare Rechtsstellung in einem anderen Mitgliedstaat der Europäischen Union innehat und weder in der Bundesrepublik Deutschland noch in einem anderen Mitgliedstaat der Europäischen Union als international Schutzberechtigter anerkannt ist; Gleiches gilt, wenn er einen solchen Titel oder eine solche Rechtsstellung beantragt hat und über den Antrag noch nicht abschließend entschieden worden ist,
2. in einem Mitgliedstaat der Europäischen Union einen Antrag auf Anerkennung als international Schutzberechtigter gestellt oder vorübergehenden Schutz im Sinne des § 24 beantragt hat und über seinen Antrag noch nicht abschließend entschieden worden ist,
3. in einem anderen Mitgliedstaat der Europäischen Union eine Rechtsstellung besitzt, die der in § 1 Abs. 2 Nr. 2 beschriebenen entspricht,
4. sich mit einer Aufenthaltserlaubnis nach § 16a oder § 16b oder
5. sich zu einem sonstigen seiner Natur nach vorübergehenden Zweck im Bundesgebiet aufhält, insbesondere
   a) auf Grund einer Aufenthaltserlaubnis nach § 19c, wenn die Befristung der Zustimmung der Bundesagentur für Arbeit auf einer Verordnung nach § 42 Abs. 1 bestimmten Höchstbeschäftigungsdauer beruht,
   b) wenn die Verlängerung seiner Aufenthaltserlaubnis nach § 8 Abs. 2 ausgeschlossen wurde oder
   c) wenn seine Aufenthaltserlaubnis der Herstellung oder Wahrung der familiären Lebensgemeinschaft mit einem Ausländer dient, der sich selbst nur zu einem seiner Natur nach vorübergehenden Zweck im Bundesgebiet aufhält, und bei einer Aufhebung der Lebensgemeinschaft kein eigenständiges Aufenthaltsrecht entstehen würde.

§ 9b[1)] Anrechnung von Aufenthaltszeiten. (1) [1] Auf die erforderlichen Zeiten nach § 9a Abs. 2 Satz 1 Nr. 1 werden folgende Zeiten angerechnet:

1. Zeiten eines Aufenthalts außerhalb des Bundesgebiets, in denen der Ausländer einen Aufenthaltstitel besaß und
   a) sich wegen einer Entsendung aus beruflichen Gründen im Ausland aufgehalten hat, soweit deren Dauer jeweils sechs Monate oder eine von der Ausländerbehörde nach § 51 Abs. 1 Nr. 7 bestimmte längere Frist nicht überschritten hat, oder

---

1) *§ 9b Abs. 2 angef. mWv 1.8.2012* durch G v. 1.6.2012 (BGBl. I S. 1224); Abs. 1 Satz 1 Nr. 4 geänd., Nr. 5 angef. mWv 6.9.2013, Abs. 1 Satz 1 Nr. 2 geänd. mWv 2.12.2013 durch G v. 29.8.2013 (BGBl. I S. 3484); Abs. 2 Satz 1 neu gef., Satz 2 eingef., bish. Sätze 2 und 3 werden Sätze 3 und 4, bish. Satz 4 wird Satz 5 und geänd. mWv 18.11.2023 durch G v. 16.8.2023 (BGBl. 2023 I Nr. 217); Abs. 1 Satz 5 angef. mWv 12.6.2026 durch G v. 23.4.2026 (BGBl. 2026 I Nr. 111).

b) die Zeiten sechs aufeinanderfolgende Monate und innerhalb des in § 9a Abs. 2 Satz 1 Nr. 1 genannten Zeitraums insgesamt zehn Monate nicht überschreiten,

2. Zeiten eines früheren Aufenthalts im Bundesgebiet mit Aufenthaltserlaubnis, Niederlassungserlaubnis oder Erlaubnis zum Daueraufenthalt – EU, wenn der Ausländer zum Zeitpunkt seiner Ausreise im Besitz einer Niederlassungserlaubnis oder einer Erlaubnis zum Daueraufenthalt – EU war und die Niederlassungserlaubnis oder die Erlaubnis zum Daueraufenthalt – EU allein wegen eines Aufenthalts außerhalb von Mitgliedstaaten der Europäischen Union oder wegen des Erwerbs der Rechtsstellung eines langfristig Aufenthaltsberechtigten in einem anderen Mitgliedstaat der Europäischen Union erloschen ist, bis zu höchstens vier Jahre,
3. Zeiten, in denen der Ausländer freizügigkeitsberechtigt war,
4. Zeiten eines rechtmäßigen Aufenthalts zum Zweck des Studiums oder der Berufsausbildung im Bundesgebiet zur Hälfte,
5. bei international Schutzberechtigten der Zeitraum zwischen dem Tag der Beantragung internationalen Schutzes und dem Tag der Erteilung eines aufgrund der Zuerkennung internationalen Schutzes gewährten Aufenthaltstitels.

[2] Nicht angerechnet werden Zeiten eines Aufenthalts nach § 9a Abs. 3 Nr. 5 und Zeiten des Aufenthalts, in denen der Ausländer auch die Voraussetzungen des § 9a Abs. 3 Nr. 3 erfüllte. [3] Zeiten eines Aufenthalts außerhalb des Bundesgebiets unterbrechen den Aufenthalt nach § 9a Abs. 2 Satz 1 Nr. 1 nicht, wenn der Aufenthalt außerhalb des Bundesgebiets nicht zum Erlöschen des Aufenthaltstitels geführt hat; diese Zeiten werden bei der Bestimmung der Gesamtdauer des Aufenthalts nach § 9a Abs. 2 Satz 1 Nr. 1 nicht angerechnet. [4] In allen übrigen Fällen unterbricht die Ausreise aus dem Bundesgebiet den Aufenthalt nach § 9a Abs. 2 Satz 1 Nr. 1. [5] Die Ausreise aus dem Bundesgebiet unterbricht den Aufenthalt nach § 9a Absatz 2 Satz 1 Nummer 1 auch, wenn ein Ausländer, dem im Bundesgebiet internationaler Schutz zuerkannt wurde, in einem anderen Mitgliedstaat angetroffen wird, in dem er nach dem einschlägigen nationalen Recht, Unionsrecht oder internationalen Recht kein Aufenthaltsrecht hat; diese Zeiten werden bei der Bestimmung der Gesamtdauer des Aufenthalts nach § 9a Absatz 2 Satz 1 Nummer 1 nicht angerechnet.

(2) [1] Auf die erforderlichen Zeiten nach § 9a Absatz 2 Satz 1 Nummer 1 werden die Zeiten angerechnet, in denen der Ausländer im Besitz

1. einer von einem anderen Mitgliedstaat der Europäischen Union ausgestellten Blauen Karte EU oder
2. eines von einem anderen Mitgliedstaat der Europäischen Union ausgestellten Aufenthaltstitels
   a) zum Zweck der Ausübung einer Beschäftigung in Berufen, für die ein Hochschulabschluss oder ein Abschluss eines mit einem Hochschulstudium gleichwertigen tertiären Bildungsprogramms, für dessen Erwerb die erforderlichen Studien mindestens drei Jahre dauern und die der Mitgliedstaat mindestens Stufe 6 der Internationalen Standardklassifikation im Bildungswesen (ISCED 2011) oder der Stufe 6 des Europäischen Qualifikationsrahmens zugeordnet hat, erforderlich ist,
   b) zum Zweck der Forschung,
   c) zum Zweck des Studiums oder
   d) auf Grund der Rechtsstellung eines international Schutzberechtigten

war, wenn sich der Ausländer bei Antragstellung seit mindestens zwei Jahren als Inhaber einer Blauen Karte EU im Bundesgebiet aufhält und unmittelbar vor der Erteilung dieser Blauen Karte EU im Besitz einer Blauen Karte EU war, die ein anderer Mitgliedstaat der Europäischen Union ausgestellt hat. [2] Für Voraufenthalte mit einem von einem anderen Mitgliedstaat der Europäischen Union erteilten Aufenthaltstitel zum Zweck des Studiums gilt Absatz 1 Satz 1 Nummer 4 entsprechend. [3] Nicht angerechnet werden Zeiten, in denen sich der Ausländer nicht in der Europäischen Union aufgehalten hat. [4] Diese Zeiten unterbrechen jedoch den Aufenthalt nach § 9a Absatz 2 Satz 1 Nummer 1 nicht, wenn sie zwölf aufeinanderfolgende Monate nicht überschreiten und innerhalb des Zeitraums nach § 9a Absatz 2 Satz 1 Nummer 1 insgesamt 18 Monate nicht überschreiten. [5] Die Sätze 1 bis 4 sind entsprechend auf Familienangehörige des Ausländers anzuwenden, denen eine Aufenthaltserlaubnis nach den §§ 30 oder 32 erteilt wurde.

§ 9c[1)] Lebensunterhalt. [1] Feste und regelmäßige Einkünfte im Sinne des § 9a Absatz 2 Satz 1 Nummer 2 liegen in der Regel vor, wenn

1. der Ausländer seine steuerlichen Verpflichtungen erfüllt hat,
2. der Ausländer oder sein mit ihm in familiärer Gemeinschaft lebender Ehegatte im In- oder Ausland Beiträge oder Aufwendungen für eine angemessene Altersversorgung geleistet hat, soweit er hieran nicht durch eine körperliche, geistige oder seelische Krankheit oder Behinderung gehindert war,
3. der Ausländer und seine mit ihm in familiärer Gemeinschaft lebenden Angehörigen gegen das Risiko der Krankheit und der Pflegebedürftigkeit durch die gesetzliche Krankenversicherung oder einen im Wesentlichen gleichwertigen, unbefristeten oder sich automatisch verlängernden Versicherungsschutz abgesichert sind und
4. der Ausländer, der seine regelmäßigen Einkünfte aus einer Erwerbstätigkeit bezieht, zu der Erwerbstätigkeit berechtigt ist und auch über die anderen dafür erforderlichen Erlaubnisse verfügt.

[2] Bei Ehegatten, die in ehelicher Lebensgemeinschaft leben, genügt es, wenn die Voraussetzung nach Satz 1 Nr. 4 durch einen Ehegatten erfüllt wird. [3] Als Beiträge oder Aufwendungen, die nach Satz 1 Nr. 2 erforderlich sind, werden keine höheren Beiträge oder Aufwendungen verlangt, als es in § 9 Abs. 2 Satz 1 Nr. 3 vorgesehen ist.

§ 10[2)] Aufenthaltstitel bei Asylantrag. (1) [1] Einem Ausländer, der einen Asylantrag gestellt hat, kann vor dem bestandskräftigen Abschluss des Asylverfahrens ein Aufenthaltstitel außer in den Fällen eines gesetzlichen Anspruchs nur mit Zustimmung der obersten Landesbehörde und nur dann erteilt werden, wenn wichtige Interessen der Bundesrepublik Deutschland es erfordern. [2] In den Fällen eines gesetzlichen Anspruchs nach § 18a oder § 18b darf vor dem bestandskräftigen Abschluss des Asylverfahrens ein Aufenthaltstitel nur mit Zustimmung der obersten Landesbehörde und nur dann erteilt werden, wenn wichtige Interessen der Bundesrepublik Deutschland es erfordern.

[1)] *§ 9c Satz 1 einl. Satzteil geänd.* mWv 6.9.2013 durch G v. 29.8.2013 (BGBl. I S. 3484).

[2)] *§ 10* Abs. 3 Satz 2 geänd. mWv 26.11.2011 durch G v. 22.11.2011 (BGBl. I S. 2258); Abs. 3 Satz 2 geänd. mWv 24.10.2015 durch G v. 20.10.2015 (BGBl. I S. 1722); Abs. 1 Satz 2 angef., Abs. 3 Sätze 4, 5 angef. mWv 23.12.2023 durch G v. 20.12.2023 (BGBl. 2023 I Nr. 390); Abs. 3 Satz 2 neu gef. mWv 12.6.2026 durch G v. 23.4.2026 (BGBl. 2026 I Nr. 111).

(2) Ein nach der Einreise des Ausländers von der Ausländerbehörde erteilter oder verlängerter Aufenthaltstitel kann nach den Vorschriften dieses Gesetzes ungeachtet des Umstandes verlängert werden, dass der Ausländer einen Asylantrag gestellt hat.

(3) [1] Einem Ausländer, dessen Asylantrag unanfechtbar abgelehnt worden ist oder der seinen Asylantrag zurückgenommen hat, darf vor der Ausreise ein Aufenthaltstitel nur nach Maßgabe des Abschnitts 5 erteilt werden. [2] Sofern sich die Ablehnung des Asylantrags nach § 30 des Asylgesetzes[1)] auf Artikel 42 Absatz 1 Unterabsatz 1 Buchstabe c, d oder f oder Absatz 3 Buchstabe b der Verordnung (EU) 2024/1348 stützt, darf vor der Ausreise kein Aufenthaltstitel erteilt werden. [3] Die Sätze 1 und 2 finden im Falle eines Anspruchs auf Erteilung eines Aufenthaltstitels keine Anwendung; Satz 2 ist ferner nicht anzuwenden, wenn der Ausländer die Voraussetzungen für die Erteilung einer Aufenthaltserlaubnis nach § 25 Absatz 3 erfüllt. [4] Ein Aufenthaltstitel nach § 18a, § 18b oder § 19c Absatz 2 darf einem Ausländer, dessen Asylantrag unanfechtbar abgelehnt worden ist, vor der Ausreise nicht erteilt werden. [5] Einem Ausländer, der seinen Asylantrag zurückgenommen hat, darf vor der Ausreise ein Aufenthaltstitel nach § 18a, § 18b oder § 19c Absatz 2 nur erteilt werden, wenn er vor dem 29. März 2023 eingereist ist; Gleiches gilt für die Erteilung einer Aufenthaltserlaubnis nach Maßgabe des Abschnitts 6 an den Ehegatten und das minderjährige ledige Kind des Ausländers.

§ 11[2)] Einreise- und Aufenthaltsverbot. (1) [1] Gegen einen Ausländer, der ausgewiesen, zurückgeschoben oder abgeschoben worden ist oder gegen den eine Abschiebungsanordnung nach § 58a erlassen wurde,[3)], ist ein Einreise- und Aufenthaltsverbot zu erlassen. [2] Ein Einreise- und Aufenthaltsverbot ist auch gegen einen Ausländer zu erlassen, der zurückgewiesen wurde, weil er unter Nutzung falscher oder verfälschter Dokumente einreisen wollte. [3] Infolge des Einreise- und Aufenthaltsverbots darf der Ausländer weder erneut in das Bundesgebiet und das Hoheitsgebiet der anderen Mitgliedstaaten der Europäischen Union oder der anderen Schengen-Staaten einreisen noch sich darin aufhalten noch darf ihm, selbst im Falle eines Anspruchs nach diesem Gesetz, ein Aufenthaltstitel erteilt werden. [4] Wenn dem Ausländer die Einreise und der Aufenthalt in einem anderen Mitgliedstaat der Europäischen Union oder in einem anderen Schengen-Staat erlaubt sind, erstreckt sich das Einreise- und Aufenthaltsverbot nicht auf diesen Mitgliedstaat der Europäischen Union oder diesen Schengen-Staat.

(2) [1] Im Falle der Ausweisung, der Abschiebungsanordnung nach § 58a oder der Zurückweisung ist das Einreise- und Aufenthaltsverbot gemeinsam mit der Ausweisungsverfügung, der Abschiebungsanordnung nach § 58a oder der Zurückweisungsentscheidung zu erlassen. [2] Ansonsten soll das Einreise- und Aufenthaltsverbot mit der Abschiebungsandrohung unter der aufschiebenden Bedingung der Ab- oder Zurückschiebung und spätestens mit der Ab- oder Zurückschiebung erlassen werden. [3] Das Einreise- und Aufenthaltsverbot ist bei seinem Erlass von Amts wegen zu befristen. [4] Die Frist beginnt mit der Ausreise oder der Zurückweisung. [5] Die Befristung kann zur Abwehr einer Gefahr für die öffentliche

---

[1)] Nr. **567**.

[2)] § 11 neu gef. mWv 21.8.2019 durch G v. 15.8.2019 (BGBl. I S. 1294); Abs. 1 Satz 1 geänd., Satz 2 eingef., bish. Satz 2 wird Satz 3 und geänd., Satz 4 angef., Abs. 2 Sätze 1, 2, 4, Abs. 5b Satz 2 und Abs. 7 Satz 3 geänd. mWv 27.2.2024 durch G v. 21.2.2024 (BGBl. 2024 I Nr. 54); Abs. 7 Satz 1 Nr. 1 geänd. mWv 24.12.2025 durch G v. 22.12.2025 (BGBl. 2025 I Nr. 364); Abs. 7 Satz 1 Nr. 2 geänd. mWv 12.6. 2026 durch G v. 23.4.2026 (BGBl. 2026 I Nr. 111).

[3)] Zeichensetzung amtlich.

Sicherheit und Ordnung mit einer Bedingung versehen werden, insbesondere einer nachweislichen Straf- oder Drogenfreiheit. [6]Tritt die Bedingung bis zum Ablauf der Frist nicht ein, gilt eine von Amts wegen zusammen mit der Befristung nach Satz 5 angeordnete längere Befristung.

(3) [1]Über die Länge der Frist des Einreise- und Aufenthaltsverbots wird nach Ermessen entschieden. [2]Sie darf außer in den Fällen der Absätze 5 bis 5b fünf Jahre nicht überschreiten.

(4) [1]Das Einreise- und Aufenthaltsverbot kann zur Wahrung schutzwürdiger Belange des Ausländers oder, soweit es der Zweck des Einreise- und Aufenthaltsverbots nicht mehr erfordert, aufgehoben oder die Frist des Einreise- und Aufenthaltsverbots verkürzt werden. [2]Das Einreise- und Aufenthaltsverbot soll aufgehoben werden, wenn die Voraussetzungen für die Erteilung eines Aufenthaltstitels nach Kapitel 2 Abschnitt 5 vorliegen. [3]Bei der Entscheidung über die Verkürzung der Frist oder die Aufhebung des Einreise- und Aufenthaltsverbots, das zusammen mit einer Ausweisung erlassen wurde, ist zu berücksichtigen, ob der Ausländer seiner Ausreisepflicht innerhalb der ihm gesetzten Ausreisefrist nachgekommen ist, es sei denn, der Ausländer war unverschuldet an der Ausreise gehindert oder die Überschreitung der Ausreisefrist war nicht erheblich. [4]Die Frist des Einreise- und Aufenthaltsverbots kann aus Gründen der öffentlichen Sicherheit und Ordnung verlängert werden. [5]Absatz 3 gilt entsprechend.

(5) [1]Die Frist des Einreise- und Aufenthaltsverbots soll zehn Jahre nicht überschreiten, wenn der Ausländer auf Grund einer strafrechtlichen Verurteilung ausgewiesen worden ist oder wenn von ihm eine schwerwiegende Gefahr für die öffentliche Sicherheit und Ordnung ausgeht. [2]Absatz 4 gilt in diesen Fällen entsprechend.

(5a) [1]Die Frist des Einreise- und Aufenthaltsverbots soll 20 Jahre betragen, wenn der Ausländer wegen eines Verbrechens gegen den Frieden, eines Kriegsverbrechens oder eines Verbrechens gegen die Menschlichkeit oder zur Abwehr einer Gefahr für die Sicherheit der Bundesrepublik Deutschland oder einer terroristischen Gefahr ausgewiesen wurde. [2]Absatz 4 Satz 4 und 5 gilt in diesen Fällen entsprechend. [3]Eine Verkürzung der Frist oder Aufhebung des Einreise- und Aufenthaltsverbots ist grundsätzlich ausgeschlossen. [4]Die oberste Landesbehörde kann im Einzelfall Ausnahmen hiervon zulassen.

(5b) [1]Wird der Ausländer auf Grund einer Abschiebungsanordnung nach § 58a aus dem Bundesgebiet abgeschoben, soll ein unbefristetes Einreise- und Aufenthaltsverbot erlassen werden. [2]In den Fällen des Absatzes 5a oder wenn der Ausländer wegen eines in § 54 Absatz 1 Nummer 1, 2 oder Nummer 2a genannten Ausweisungsinteresses ausgewiesen worden ist, kann im Einzelfall ein unbefristetes Einreise- und Aufenthaltsverbot erlassen werden. [3]Absatz 5a Satz 3 und 4 gilt entsprechend.

(5c) Die Behörde, die die Ausweisung, die Abschiebungsandrohung oder die Abschiebungsanordnung nach § 58a erlässt, ist auch für den Erlass und die erstmalige Befristung des damit zusammenhängenden Einreise- und Aufenthaltsverbots zuständig.

(6) [1]Gegen einen Ausländer, der seiner Ausreisepflicht nicht innerhalb einer ihm gesetzten Ausreisefrist nachgekommen ist, kann ein Einreise- und Aufenthaltsverbot angeordnet werden, es sei denn, der Ausländer ist unverschuldet an der Ausreise gehindert oder die Überschreitung der Ausreisefrist ist nicht erheblich. [2]Absatz 1 Satz 2, Absatz 2 Satz 3 bis 6, Absatz 3 Satz 1 und Absatz 4 Satz 1, 2 und 4 gelten entsprechend. [3]Das Einreise- und Aufenthaltsverbot ist mit seiner Anord-

nung nach Satz 1 zu befristen. [4]Bei der ersten Anordnung des Einreise- und Aufenthaltsverbots nach Satz 1 soll die Frist ein Jahr nicht überschreiten. [5]Im Übrigen soll die Frist drei Jahre nicht überschreiten. [6]Ein Einreise- und Aufenthaltsverbot wird nicht angeordnet, wenn Gründe für eine vorübergehende Aussetzung der Abschiebung nach § 60a vorliegen, die der Ausländer nicht verschuldet hat.

(7) [1]Gegen einen Ausländer,

1. dessen Asylantrag nach § 29a Absatz 1 oder § 29b Absatz 3 des Asylgesetzes[1)] als offensichtlich unbegründet abgelehnt wurde, dem kein subsidiärer Schutz zuerkannt wurde, das Vorliegen der Voraussetzungen für ein Abschiebungsverbot nach § 60 Absatz 5 oder 7 nicht festgestellt wurde und der keinen Aufenthaltstitel besitzt oder
2. dessen Antrag nach § 71 des Asylgesetzes wiederholt nicht zur Durchführung eines weiteren Asylverfahrens geführt hat,

kann das Bundesamt für Migration und Flüchtlinge ein Einreise- und Aufenthaltsverbot anordnen. [2]Das Einreise- und Aufenthaltsverbot wird mit Bestandskraft der Entscheidung über den Asylantrag wirksam. [3]Absatz 1 Satz 3 und 4, Absatz 2 Satz 3 bis 6, Absatz 3 Satz 1 und Absatz 4 Satz 1, 2 und 4 gelten entsprechend. [4]Das Einreise- und Aufenthaltsverbot ist mit seiner Anordnung nach Satz 1 zu befristen. [5]Bei der ersten Anordnung des Einreise- und Aufenthaltsverbots nach Satz 1 soll die Frist ein Jahr nicht überschreiten. [6]Im Übrigen soll die Frist drei Jahre nicht überschreiten. [7]Über die Aufhebung, Verlängerung oder Verkürzung entscheidet die zuständige Ausländerbehörde.

(8) [1]Vor Ablauf des Einreise- und Aufenthaltsverbots kann dem Ausländer ausnahmsweise erlaubt werden, das Bundesgebiet kurzfristig zu betreten, wenn zwingende Gründe seine Anwesenheit erfordern oder die Versagung der Erlaubnis eine unbillige Härte bedeuten würde. [2]Im Falle der Absätze 5a und 5b ist für die Entscheidung die oberste Landesbehörde zuständig.

(9) [1]Reist ein Ausländer entgegen einem Einreise- und Aufenthaltsverbot in das Bundesgebiet ein, wird der Ablauf einer festgesetzten Frist für die Dauer des Aufenthalts im Bundesgebiet gehemmt. [2]Die Frist kann in diesem Fall verlängert werden, längstens jedoch um die Dauer der ursprünglichen Befristung. [3]Der Ausländer ist auf diese Möglichkeit bei der erstmaligen Befristung hinzuweisen. [4]Für eine nach Satz 2 verlängerte Frist gelten die Absätze 3 und 4 Satz 1 entsprechend.

§ 12[2)] Geltungsbereich; Nebenbestimmungen. (1) [1]Der Aufenthaltstitel wird für das Bundesgebiet erteilt. [2]Seine Gültigkeit nach den Vorschriften des Schengener Durchführungsübereinkommens für den Aufenthalt im Hoheitsgebiet der Vertragsparteien bleibt unberührt.

(2) [1]Das Visum und die Aufenthaltserlaubnis können mit Bedingungen erteilt und verlängert werden. [2]Sie können, auch nachträglich, mit Auflagen, insbesondere einer räumlichen Beschränkung, verbunden werden. [3]Insbesondere kann die Aufenthaltserlaubnis mit einer räumlichen Beschränkung versehen werden, wenn ein Ausweisungsinteresse nach § 54 Absatz 1 Nummer 1 oder 1a besteht und dies erforderlich ist, um den Ausländer aus einem Umfeld zu lösen, welches die wiederholte Begehung erheblicher Straftaten begünstigt.

[1)] Nr. **567**.
[2)] § 12 Abs. 2 Satz 3 angef. mWv 21.8.2019 durch G v. 15.8.2019 (BGBl. I S. 1294).

(3) Ein Ausländer hat den Teil des Bundesgebiets, in dem er sich ohne Erlaubnis der Ausländerbehörde einer räumlichen Beschränkung zuwider aufhält, unverzüglich zu verlassen.

(4) Der Aufenthalt eines Ausländers, der keines Aufenthaltstitels bedarf, kann zeitlich und räumlich beschränkt sowie von Bedingungen und Auflagen abhängig gemacht werden.

(5) [1]Die Ausländerbehörde kann dem Ausländer das Verlassen des auf der Grundlage dieses Gesetzes beschränkten Aufenthaltsbereichs erlauben. [2]Die Erlaubnis ist zu erteilen, wenn hieran ein dringendes öffentliches Interesse besteht, zwingende Gründe es erfordern oder die Versagung der Erlaubnis eine unbillige Härte bedeuten würde. [3]Der Ausländer kann Termine bei Behörden und Gerichten, bei denen sein persönliches Erscheinen erforderlich ist, ohne Erlaubnis wahrnehmen.

§ 12a[1)] Wohnsitzregelung. (1) [1]Zur Förderung seiner nachhaltigen Integration in die Lebensverhältnisse der Bundesrepublik Deutschland ist ein Ausländer, dem internationaler Schutz nach der Verordnung (EU) 2024/1347 zuerkannt worden ist oder dem nach §§ 22, 23, 24 Absatz 1 oder 25 Absatz 3 erstmalig eine Aufenthaltserlaubnis erteilt worden ist, verpflichtet, für den Zeitraum von drei Jahren ab Anerkennung oder Erteilung der Aufenthaltserlaubnis in dem Land seinen gewöhnlichen Aufenthalt (Wohnsitz) zu nehmen, in das er zur Durchführung seines Asylverfahrens oder im Rahmen seines Aufnahmeverfahrens zugewiesen oder gemäß § 24 Absatz 3 verteilt worden ist. [2]Satz 1 findet keine Anwendung, wenn der Ausländer, sein Ehegatte, eingetragener Lebenspartner oder ein minderjähriges lediges Kind, mit dem er verwandt ist und in familiärer Lebensgemeinschaft lebt, eine sozialversicherungspflichtige Beschäftigung mit einem Umfang von mindestens 15 Stunden wöchentlich aufnimmt oder aufgenommen hat, durch die diese Person mindestens über ein Einkommen in Höhe des monatlichen durchschnittlichen Bedarfs nach den §§ 20 und 22 des Zweiten Buches Sozialgesetzbuch[2)] für eine Einzelperson verfügt, oder eine Berufsausbildung aufnimmt oder aufgenommen hat oder in einem Studien- oder Ausbildungsverhältnis steht oder einen Integrationskurs nach § 43, einen Berufssprachkurs nach § 45a, eine Qualifizierungsmaßnahme von einer Dauer von mindestens drei Monaten, die zu einer Berufsanerkennung führt, oder eine Weiterbildungsmaßnahme nach den §§ 81 und 82 des Dritten Buches Sozialgesetzbuch[3)] aufnimmt, aufgenommen oder abgeschlossen hat, sofern der Kurs oder die Maßnahme nicht an dem nach Satz 1 verpflichtenden Wohnsitz ohne Verzögerung durchgeführt oder fortgesetzt werden kann. [3]Die Frist nach Satz 1 kann um den Zeitraum verlängert werden, für den der Ausländer seiner nach Satz 1 bestehenden Verpflichtung nicht nachkommt. [4]Fallen die Gründe nach Satz 2 innerhalb von drei Monaten weg, wirkt die Verpflichtung zur Wohnsitznahme nach Satz 1 in dem Land fort, in das der Ausländer seinen Wohnsitz verlegt hat.

[1)] § 12a eingef. mWv 6.8.2016 durch G v. 31.7.2016 (BGBl. I S. 1939, geänd. durch G v. 4.7.2019, BGBl. I S. 914); Abs. 1 Satz 2 geänd., Sätze 3 und 4 angef., Abs. 1a eingef., Abs. 3 Satz 2 angef., Abs. 5 Satz 1 Nr 1 Buchst. a und b geänd., Satz 2 eingef., bish. Satz 2 wird Satz 3, Abs. 10 angef. mWv 12.7.2019 durch G v. 4.7.2019 (BGBl. I S. 914); Abs. 1 Sätze 1 und 2, Abs. 1a Satz 2, Abs. 2 Satz 1, Abs. 3 Satz 1 *Nr. 2, Abs. 5 Satz 1 Nr. 1 Buchst. a geänd.,* Buchst. b eingef., bish. Buchst. b wird c mWv 1.6.2022 durch *G v. 23.5.2022 (BGBl. I S. 760)*; Abs. 1 Satz 1, Abs. 1a Satz 2 geänd. mWv 12.6.2026 durch G v. 23.4. 2026 (BGBl. 2026 I Nr. 111).

[2)] **Sartorius ErgBd. Nr. 402.**

[3)] **Aichberger, SGB Nr. 3.**

(1a) [1] Wird ein Ausländer, dessen gewöhnlicher Aufenthalt durch eine Verteilungs- oder Zuweisungsentscheidung nach dem Achten Buch Sozialgesetzbuch[1)] bestimmt wird, volljährig, findet ab Eintritt der Volljährigkeit Absatz 1 Anwendung; die Wohnsitzverpflichtung erwächst in dem Land, in das er zuletzt durch Verteilungs- oder Zuweisungsentscheidung zugewiesen wurde. [2] Die bis zur Volljährigkeit verbrachte Aufenthaltszeit ab Zuerkennung internationalen Schutzes nach der Verordnung (EU) 2024/1347 oder nach erstmaliger Erteilung eines Aufenthaltstitels nach den §§ 22, 23, 24 Absatz 1 oder 25 Absatz 3 wird auf die Frist nach Absatz 1 Satz 1 angerechnet.

(2) [1] Ein Ausländer, der der Verpflichtung nach Absatz 1 unterliegt und der in einer Aufnahmeeinrichtung oder anderen vorübergehenden Unterkunft wohnt, kann innerhalb von sechs Monaten nach Anerkennung, Aufnahme oder Erteilung einer Aufenthaltserlaubnis nach § 24 Absatz 1 längstens bis zum Ablauf der nach Absatz 1 geltenden Frist zu seiner Versorgung mit angemessenem Wohnraum verpflichtet werden, seinen Wohnsitz an einem bestimmten Ort zu nehmen, wenn dies der Förderung seiner nachhaltigen Integration in die Lebensverhältnisse der Bundesrepublik Deutschland nicht entgegensteht. [2] Soweit im Einzelfall eine Zuweisung angemessenen Wohnraums innerhalb von sechs Monaten nicht möglich war, kann eine Zuweisung nach Satz 1 innerhalb von einmalig weiteren sechs Monaten erfolgen.

(3) [1] Zur Förderung seiner nachhaltigen Integration in die Lebensverhältnisse der Bundesrepublik Deutschland kann ein Ausländer, der der Verpflichtung nach Absatz 1 unterliegt, innerhalb von sechs Monaten nach Anerkennung oder erstmaliger Erteilung der Aufenthaltserlaubnis verpflichtet werden, längstens bis zum Ablauf der nach Absatz 1 geltenden Frist seinen Wohnsitz an einem bestimmten Ort zu nehmen, wenn dadurch

1. seine Versorgung mit angemessenem Wohnraum,
2. sein Erwerb ausreichender mündlicher Deutschkenntnisse im Sinne des Niveaus B1 des Gemeinsamen Europäischen Referenzrahmens für Sprachen und
3. unter Berücksichtigung der örtlichen Lage am Ausbildungs- und Arbeitsmarkt die Aufnahme einer Erwerbstätigkeit

erleichtert werden kann. [2] Bei der Entscheidung nach Satz 1 können zudem besondere örtliche, die Integration fördernde Umstände berücksichtigt werden, insbesondere die Verfügbarkeit von Bildungs- und Betreuungsangeboten für minderjährige Kinder und Jugendliche.

(4) [1] Ein Ausländer, der der Verpflichtung nach Absatz 1 unterliegt, kann zur Vermeidung von sozialer und gesellschaftlicher Ausgrenzung bis zum Ablauf der nach Absatz 1 geltenden Frist auch verpflichtet werden, seinen Wohnsitz nicht an einem bestimmten Ort zu nehmen, insbesondere wenn zu erwarten ist, dass der Ausländer Deutsch dort nicht als wesentliche Verkehrssprache nutzen wird. [2] Die Situation des dortigen Ausbildungs- und Arbeitsmarktes ist bei der Entscheidung zu berücksichtigen.

(5) [1] Eine Verpflichtung oder Zuweisung nach den Absätzen 1 bis 4 ist auf Antrag des Ausländers aufzuheben,

1. wenn der Ausländer nachweist, dass in den Fällen einer Verpflichtung oder Zuweisung nach den Absätzen 1 bis 3 an einem anderen Ort, oder im Falle

---

[1)] **Habersack ErgBd. Nr. 46.**

einer Verpflichtung nach Absatz 4 an dem Ort, an dem er seinen Wohnsitz nicht nehmen darf,

a) ihm oder seinem Ehegatten, eingetragenen Lebenspartner oder einem minderjährigen ledigen Kind, mit dem er verwandt ist und in familiärer Lebensgemeinschaft lebt, eine sozialversicherungspflichtige Beschäftigung im Sinne von Absatz 1 Satz 2, ein den Lebensunterhalt überwiegend sicherndes Einkommen oder ein Ausbildungs- oder Studienplatz zur Verfügung steht,

b) ihm oder seinem Ehegatten, seinem eingetragenen Lebenspartner oder einem minderjährigen ledigen Kind, mit dem er verwandt ist und in familiärer Lebensgemeinschaft lebt, ein Integrationskurs nach § 43, ein Berufssprachkurs nach § 45a, eine Qualifizierungsmaßnahme von einer Dauer von mindestens drei Monaten, die zu einer Berufsanerkennung führt, oder eine Weiterbildungsmaßnahme nach den §§ 81 und 82 des Dritten Buches Sozialgesetzbuch zeitnah zur Verfügung steht, oder

c) der Ehegatte, eingetragene Lebenspartner oder ein minderjähriges lediges Kind, mit dem er verwandt ist und mit dem er zuvor in familiärer Lebensgemeinschaft gelebt hat, an einem anderen Wohnort leben,

2. zur Vermeidung einer Härte; eine Härte liegt insbesondere vor, wenn

a) nach Einschätzung des zuständigen Jugendamtes Leistungen und Maßnahmen der Kinder- und Jugendhilfe nach dem Achten Buch Sozialgesetzbuch mit Ortsbezug beeinträchtigt würden,

b) aus anderen dringenden persönlichen Gründen die Übernahme durch ein anderes Land zugesagt wurde oder

c) für den Betroffenen aus sonstigen Gründen vergleichbare unzumutbare Einschränkungen entstehen.

[2] Fallen die Aufhebungsgründe nach Satz 1 Nummer 1 Buchstabe a innerhalb von drei Monaten ab Bekanntgabe der Aufhebung weg, wirkt die Verpflichtung zur Wohnsitznahme nach Absatz 1 Satz 1 in dem Land fort, in das der Ausländer seinen Wohnsitz verlegt hat. [3] Im Fall einer Aufhebung nach Satz 1 Nummer 2 ist dem Ausländer, längstens bis zum Ablauf der nach Absatz 1 geltenden Frist, eine Verpflichtung nach Absatz 3 oder 4 aufzuerlegen, die seinem Interesse Rechnung trägt.

(6) [1] Bei einem Familiennachzug zu einem Ausländer, der einer Verpflichtung oder Zuweisung nach den Absätzen 1 bis 4 unterliegt, gilt die Verpflichtung oder Zuweisung längstens bis zum Ablauf der nach Absatz 1 für den Ausländer geltenden Frist auch für den nachziehenden Familienangehörigen, soweit die zuständige Behörde nichts anderes angeordnet hat. [2] Absatz 5 gilt für die nachziehenden Familienangehörigen entsprechend.

(7) Die Absätze 1 bis 6 gelten nicht für Ausländer, deren Anerkennung oder erstmalige Erteilung der Aufenthaltserlaubnis im Sinne des Absatzes 1 vor dem 1. Januar 2016 erfolgte.

(8) Widerspruch und Klage gegen Verpflichtungen nach den Absätzen 2 bis 4 haben keine aufschiebende Wirkung.

(9) Die Länder können im Hinblick auf Ausländer, die der Verpflichtung nach Absatz 1 unterliegen, hinsichtlich Organisation, Verfahren und angemessenen Wohnraums durch Rechtsverordnung der Landesregierung oder andere landesrechtliche Regelungen Näheres bestimmen zu

1. der Verteilung innerhalb des Landes nach Absatz 2,

2. dem Verfahren für Zuweisungen und Verpflichtungen nach den Absätzen 2 bis 4,
3. den Anforderungen an den angemessenen Wohnraum im Sinne der Absätze 2, 3 Nummer 1 und von Absatz 5 Satz 1 Nummer 1 Buchstabe a sowie der Form seines Nachweises,
4. der Art und Weise des Belegs einer sozialversicherungspflichtigen Beschäftigung nach Absatz 1 Satz 2, eines den Lebensunterhalt sichernden Einkommens sowie eines Ausbildungs- oder Studienplatzes im Sinne der Absätze 1 und 5 Satz 1 Nummer 1 Buchstabe a,
5. der Verpflichtung zur Aufnahme durch die zum Wohnort bestimmte Gemeinde und zu dem Aufnahmeverfahren.

(10) § 12 Absatz 2 Satz 2 bleibt für wohnsitzbeschränkende Auflagen in besonders begründeten Einzelfällen unberührt.

Abschnitt 2. Einreise

§ 13[1)] Grenzübertritt. (1) [1] Die Einreise in das Bundesgebiet und die Ausreise aus dem Bundesgebiet sind nur an den zugelassenen Grenzübergangsstellen und innerhalb der festgesetzten Verkehrsstunden zulässig, soweit nicht auf Grund anderer Rechtsvorschriften oder zwischenstaatlicher Vereinbarungen Ausnahmen zugelassen sind. [2] Ausländer sind verpflichtet, bei der Einreise und der Ausreise einen anerkannten und gültigen Pass oder Passersatz gemäß § 3 Absatz 1 mitzuführen und sich der polizeilichen Kontrolle des grenzüberschreitenden Verkehrs zu unterziehen.

(2) [1] An einer zugelassenen Grenzübergangsstelle ist ein Ausländer erst eingereist, wenn er die Grenze überschritten und die Grenzübergangsstelle passiert hat. [2] Lassen die mit der polizeilichen Kontrolle des grenzüberschreitenden Verkehrs beauftragten Behörden einen Ausländer während der Überprüfung nach der Verordnung (EU) 2024/1356 (§ 14a) vor der Entscheidung über die Zurückweisung (§ 15 dieses Gesetzes, §§ 18 und 18a des Asylgesetzes[2)]) oder während der Vorbereitung, Sicherung oder Durchführung dieser Maßnahme die Grenzübergangsstelle zu einem bestimmten vorübergehenden Zweck passieren, so liegt keine Einreise im Sinne des Satzes 1 vor, solange ihnen eine Kontrolle des Aufenthalts des Ausländers möglich bleibt. [3] Im Übrigen ist ein Ausländer eingereist, wenn er die Grenze überschritten hat.

§ 14[3)] Unerlaubte Einreise; Ausnahme-Visum. (1) Die Einreise eines Ausländers in das Bundesgebiet ist unerlaubt, wenn er

1. einen erforderlichen Pass oder Passersatz gemäß § 3 Abs. 1 nicht besitzt,
2. den nach § 4 erforderlichen Aufenthaltstitel nicht besitzt,

2a. zwar ein nach § 4 erforderliches Visum bei Einreise besitzt, dieses aber durch Drohung, Bestechung oder Kollusion erwirkt oder durch unrichtige oder unvollständige Angaben erschlichen wurde und deshalb mit Wirkung für die Vergangenheit zurückgenommen oder annulliert wird, oder

---

[1)] § 13 Abs. 2 Satz 2 geänd. mWv 24.10.2015 durch G v. 20.10.2015 (BGBl. I S. 1722); Abs. 1 Satz 2 geänd., Abs. 2 Satz 2 neu gef. mWv 12.6.2026 durch G v. 23.4.2026 (BGBl. 2026 I Nr. 111).

[2)] Nr. **567**.

[3)] § 14 Abs. 1 Nr. 2 geänd., Nr. 2a eingef. mWv 6.9.2013 durch G v. 29.8.2013 (BGBl. I S. 3484); Abs. 1 Nr. 3 neu gef. mWv 1.8.2015 durch G v. 27.7.2015 (BGBl. I S. 1386); Abs. 3 angef. mWv 6.2.2026 durch G v. 3.2.2026 (BGBl. 2026 I Nr. 27).

3. nach § 11 Absatz 1, 6 oder 7 nicht einreisen darf, es sei denn, er besitzt eine Betretenserlaubnis nach § 11 Absatz 8.

(2) Die mit der polizeilichen Kontrolle des grenzüberschreitenden Verkehrs beauftragten Behörden können Ausnahme-Visa und Passersatzpapiere ausstellen.

(3) [1]Es ist verboten, einem Ausländer, der in einem Beschluss des Rates der Europäischen Union über restriktive Maßnahmen aufgeführt ist, mit dem die Einreise von Personen in oder die Durchreise von Personen durch das Hoheitsgebiet eines Mitgliedstaats der Europäischen Union verhindert werden soll, die Einreise in oder die Durchreise durch das Bundesgebiet zu ermöglichen. [2]Satz 1 dient der Umsetzung der Richtlinie (EU) 2024/1226 in der Fassung vom 24. April 2024.

§ 14a[1)] Überprüfung an der Außengrenze. (1) [1]Ein Ausländer, der einer Überprüfung nach Artikel 5 Absatz 1 und 2 der Verordnung (EU) 2024/1356 zu unterziehen ist, ist von der zuständigen Behörde zur Durchführung der Überprüfung in einen Transitbereich, eine Einrichtung auf einem Hafengelände oder Flughafengelände, eine Einrichtung im Umfeld einer Grenzübergangsstelle oder in eine Einrichtung im Bundesgebiet zu verbringen. [2]Der Ausländer darf an einer Abreise aus dem Bundesgebiet nicht gehindert werden. [3]Es ist zu gewährleisten, dass er auf Verlangen zu der Grenzübergangsstelle, an der er die Grenze passiert hat, oder, soweit ihm dort kein Verkehrsmittel zur Abreise zur Verfügung steht, an eine andere Grenzübergangsstelle, an der ihm ein Verkehrsmittel zur Abreise zur Verfügung steht, verbracht wird. [4]Den mit der polizeilichen Kontrolle des grenzüberschreitenden Verkehrs beauftragten Behörden muss die Kontrolle seines Aufenthalts möglich bleiben.

(2) [1]Ein Ausländer darf zur Sicherstellung der Durchführung der Überprüfung auf richterliche Anordnung in Überprüfungshaft genommen werden, wenn Gefahr besteht, dass er von einem in Absatz 1 genannten Ort flieht. [2]Die Fluchtgefahr wird widerleglich vermutet, wenn der Ausländer ausdrücklich erklärt hat, dass er sich der Überprüfung entziehen will oder er eine Flucht schon vorbereitet oder zu ihr unmittelbar angesetzt hat. [3]Die für den Haftantrag zuständige Behörde kann einen Ausländer ohne vorherige richterliche Anordnung festhalten und vorläufig in Gewahrsam nehmen, wenn

1. der dringende Verdacht für das Vorliegen der Voraussetzungen nach Satz 1 besteht,
2. die richterliche Entscheidung über die Anordnung der Überprüfungshaft nicht vorher eingeholt werden kann und
3. der begründete Verdacht vorliegt, dass sich der Ausländer der Anordnung der Überprüfungshaft entziehen will.

[4]Der Ausländer ist unverzüglich dem Richter zur Entscheidung über die Anordnung der Überprüfungshaft vorzuführen. [5]§ 69 Absatz 2 Satz 1 und 4 bis 6 sowie die §§ 70 und 70a des Asylgesetzes[2)] gelten entsprechend.

(3) [1]Der Zugang zu in Absatz 1 genannten Einrichtungen von Personen und Organisationen, die befugt sind, Rechtsauskunft und Beratungsleistungen zu erbringen, kann durch die für die Einrichtung zuständige Behörde beschränkt werden, wenn dies aus Gründen der Sicherheit, der öffentlichen Ordnung oder für die Gewährleistung der Funktionsfähigkeit der Einrichtung objektiv erforderlich

---

[1)] § 14a eingef. mWv 12.6.2026 durch G v. 23.4.2026 (BGBl. 2026 I Nr. 111).
[2)] Nr. **567**.

ist und der Zugang dadurch nicht wesentlich erschwert oder unmöglich gemacht wird. [2] Der Zugang für Rechtsvertreter bleibt davon ausgenommen.

§ 15[1)] Zurückweisung. (1) Ein Ausländer, der unerlaubt einreisen will, wird an der Grenze zurückgewiesen.

(2) Ein Ausländer kann an der Grenze zurückgewiesen werden, wenn

1. ein Ausweisungsinteresse besteht,
2. der begründete Verdacht besteht, dass der Aufenthalt nicht dem angegebenen Zweck dient,

2a. er nur über ein Schengen-Visum verfügt oder für einen kurzfristigen Aufenthalt von der Visumpflicht befreit ist und beabsichtigt, entgegen § 4a Absatz 1 und 2 eine Erwerbstätigkeit auszuüben oder

3. er die Voraussetzungen für die Einreise in das Hoheitsgebiet der Vertragsparteien nach Artikel 6 des Schengener Grenzkodex nicht erfüllt.

(3) Ein Ausländer, der für einen vorübergehenden Aufenthalt im Bundesgebiet vom Erfordernis eines Aufenthaltstitels befreit ist, kann zurückgewiesen werden, wenn er nicht die Voraussetzungen des § 3 Abs. 1 und des § 5 Abs. 1 erfüllt.

(4) [1] § 60 Abs. 1 bis 3, 5 und 7 bis 9 ist entsprechend anzuwenden. [2] Ein Ausländer, der einen Asylantrag gestellt hat, darf nicht zurückgewiesen werden, solange ihm der Aufenthalt im Bundesgebiet nach den Vorschriften des Asylgesetzes[2)] gestattet ist.

(5) [1] Ein Ausländer soll zur Sicherung der Zurückweisung auf richterliche Anordnung in Haft (Zurückweisungshaft) genommen werden, wenn eine Zurückweisungsentscheidung ergangen ist und diese nicht unmittelbar vollzogen werden kann. [2] Im Übrigen ist § 62 Absatz 4 entsprechend anzuwenden. [3] In den Fällen, in denen der Richter die Anordnung oder die Verlängerung der Haft ablehnt, findet Absatz 1 keine Anwendung.

(6) [1] Ist der Ausländer auf dem Luftweg in das Bundesgebiet gelangt und nicht nach § 13 Abs. 2 eingereist, sondern zurückgewiesen worden, ist er in den Transitbereich eines Flughafens oder in eine Unterkunft zu verbringen, von wo aus seine Abreise aus dem Bundesgebiet möglich ist, wenn Zurückweisungshaft nicht beantragt wird. [2] Der Aufenthalt des Ausländers im Transitbereich eines Flughafens oder in einer Unterkunft nach Satz 1 bedarf spätestens 30 Tage nach Ankunft am Flughafen oder, sollte deren Zeitpunkt nicht feststellbar sein, nach Kenntnis der zuständigen Behörden von der Ankunft, der richterlichen Anordnung. [3] Die Anordnung ergeht zur Sicherung der Abreise. [4] Sie ist nur zulässig, wenn die Abreise innerhalb der Anordnungsdauer zu erwarten ist. [5] Absatz 5 ist entsprechend anzuwenden.

§ 15a[3)] Verteilung unerlaubt eingereister Ausländer. (1) [1] Unerlaubt eingereiste Ausländer, die weder um Asyl nachsuchen noch unmittelbar nach der Feststellung der unerlaubten Einreise in Abschiebungshaft genommen und aus der Haft

---

[1)] § 15 Abs. 5 Satz 2 geänd. mWv 26.11.2011 durch G v. 22.11.2011 (BGBl. I S. 2258); Abs. 2 Nr. 1 geänd. mWv 1.8.2015 durch G v. 27.7.2015 (BGBl. I S. 1386); Abs. 4 Satz 2 geänd. mWv 24.10.2015 durch G v. 20.10.2015 (BGBl. I S. 1722); Abs. 2 Nr. 3 geänd. mWv 21.8.2019 durch G v. 15.8.2019 (BGBl. I S. 1294); Abs. 2 Nr. 2a geänd. mWv 1.3.2020 durch G v. 15.8.2019 (BGBl. I S. 1307), Änd. von Abs. 2 Nr. 3 aufgrund der vorhergehenden Änd. nicht ausführbar.

[2)] Nr. **567**.

[3)] § 15a Abs. 3 Sätze 3 und 4, Abs. 4 Satz 5 geänd. mWv 24.10.2015 durch G v. 20.10.2015 (BGBl. I S. 1722); Abs. 1 Satz 3 geänd. mWv 27.6.2020 durch VO v. 19.6.2020 (BGBl. I S. 1328).

abgeschoben oder zurückgeschoben werden können, werden vor der Entscheidung über die Aussetzung der Abschiebung oder die Erteilung eines Aufenthaltstitels auf die Länder verteilt. [2] Sie haben keinen Anspruch darauf, in ein bestimmtes Land oder an einen bestimmten Ort verteilt zu werden. [3] Die Verteilung auf die Länder erfolgt durch eine vom Bundesministerium des Innern, für Bau und Heimat bestimmte zentrale Verteilungsstelle. [4] Solange die Länder für die Verteilung keinen abweichenden Schlüssel vereinbart haben, gilt der für die Verteilung von Asylbewerbern festgelegte Schlüssel. [5] Jedes Land bestimmt bis zu sieben Behörden, die die Verteilung durch die nach Satz 3 bestimmte Stelle veranlassen und verteilte Ausländer aufnehmen. [6] Weist der Ausländer vor Veranlassung der Verteilung nach, dass eine Haushaltsgemeinschaft zwischen Ehegatten oder Eltern und ihren minderjährigen Kindern oder sonstige zwingende Gründe bestehen, die der Verteilung an einen bestimmten Ort entgegenstehen, ist dem bei der Verteilung Rechnung zu tragen.

(2) [1] Die Ausländerbehörden können die Ausländer verpflichten, sich zu der Behörde zu begeben, die die Verteilung veranlasst. [2] Dies gilt nicht, wenn dem Vorbringen nach Absatz 1 Satz 6 Rechnung zu tragen ist. [3] Gegen eine nach Satz 1 getroffene Verpflichtung findet kein Widerspruch statt. [4] Die Klage hat keine aufschiebende Wirkung.

(3) [1] Die zentrale Verteilungsstelle benennt der Behörde, die die Verteilung veranlasst hat, die nach den Sätzen 2 und 3 zur Aufnahme verpflichtete Aufnahmeeinrichtung. [2] Hat das Land, dessen Behörde die Verteilung veranlasst hat, seine Aufnahmequote nicht erfüllt, ist die dieser Behörde nächstgelegene aufnahmefähige Aufnahmeeinrichtung des Landes aufnahmepflichtig. [3] Andernfalls ist die von der zentralen Verteilungsstelle auf Grund der Aufnahmequote nach § 45 des Asylgesetzes[1)] und der vorhandenen freien Unterbringungsmöglichkeiten bestimmte Aufnahmeeinrichtung zur Aufnahme verpflichtet. [4] § 46 Abs. 4 und 5 des Asylgesetzes sind entsprechend anzuwenden.

(4) [1] Die Behörde, die die Verteilung nach Absatz 3 veranlasst hat, ordnet in den Fällen des Absatzes 3 Satz 3 an, dass der Ausländer sich zu der durch die Verteilung festgelegten Aufnahmeeinrichtung zu begeben hat; in den Fällen des Absatzes 3 Satz 2 darf sie dies anordnen. [2] Die Ausländerbehörde übermittelt das Ergebnis der Anhörung an die die Verteilung veranlassende Stelle, die die Zahl der Ausländer unter Angabe der Herkunftsländer und das Ergebnis der Anhörung der zentralen Verteilungsstelle mitteilt. [3] Ehegatten sowie Eltern und ihre minderjährigen ledigen Kinder sind als Gruppe zu melden und zu verteilen. [4] Der Ausländer hat in dieser Aufnahmeeinrichtung zu wohnen, bis er innerhalb des Landes weiterverteilt wird, längstens jedoch bis zur Aussetzung der Abschiebung oder bis zur Erteilung eines Aufenthaltstitels; die §§ 12 und 61 Abs. 1 bleiben unberührt. [5] Die Landesregierungen werden ermächtigt, durch Rechtsverordnung die Verteilung innerhalb des Landes zu regeln, soweit dies nicht auf der Grundlage dieses Gesetzes durch Landesgesetz geregelt wird; § 50 Abs. 4 des Asylgesetzes findet entsprechende Anwendung. [6] Die Landesregierungen können die Ermächtigung auf andere Stellen des Landes übertragen. [7] Gegen eine nach Satz 1 getroffene Anordnung findet kein Widerspruch statt. [8] Die Klage hat keine aufschiebende Wirkung. [9] Die Sätze 7 und 8 gelten entsprechend, wenn eine Verteilungsanordnung auf Grund eines Landesgesetzes oder einer Rechtsverordnung nach Satz 5 ergeht.

(5) [1] *Die zuständigen Behörden können* dem Ausländer nach der Verteilung erlauben, seine Wohnung in einem anderen Land zu nehmen. [2] Nach erlaubtem

---

[1)] Nr. **567**.

Wohnungswechsel wird der Ausländer von der Quote des abgebenden Landes abgezogen und der des aufnehmenden Landes angerechnet.

(6) Die Regelungen der Absätze 1 bis 5 gelten nicht für Personen, die nachweislich vor dem 1. Januar 2005 eingereist sind.

§ 15b[1] **Überprüfung im Bundesgebiet.** (1) [1] Ein Ausländer, der einer Überprüfung nach Artikel 7 Absatz 1 der Verordnung (EU) 2024/1356 zu unterziehen ist, ist von der zuständigen Behörde zur Durchführung der Überprüfung festzuhalten und an einen für die Überprüfung oder Unterbringung geeigneten Ort zu verbringen, wenn die Überprüfung auf andere Weise nicht oder nur unter erheblichen Schwierigkeiten durchgeführt werden kann. [2] Im Fall einer Freiheitsentziehung hat die zuständige Behörde unverzüglich eine richterliche Entscheidung über die Anordnung der Überprüfungshaft herbeizuführen. [3] Der Herbeiführung einer richterlichen Entscheidung bedarf es nicht, wenn anzunehmen ist, dass die Entscheidung des Richters erst nach Freilassung der festgehaltenen Person ergehen würde. [4] Der Ausländer ist freizulassen, wenn bis zum Ende des Tages nach dem Ergreifen die Fortdauer des Festhaltens nicht durch richterliche Entscheidung angeordnet ist.

(2) [1] Ein Ausländer darf zur Sicherstellung der Überprüfung auf richterliche Anordnung in Überprüfungshaft genommen werden, wenn dies zur ordnungsgemäßen Durchführung der Überprüfung erforderlich ist und die Gefahr besteht, dass der Ausländer von einem in Absatz 1 Satz 1 genannten Ort flieht. [2] Die für den Haftantrag zuständige Behörde kann einen Ausländer ohne vorherige richterliche Anordnung vorläufig in Gewahrsam nehmen, wenn

1. der dringende Verdacht für das Vorliegen der Voraussetzungen nach Satz 1 besteht,
2. die richterliche Entscheidung über die Anordnung der Überprüfungshaft nicht vorher eingeholt werden kann und
3. der begründete Verdacht vorliegt, dass sich der Ausländer der Anordnung der Überprüfungshaft entziehen will.

[3] Der Ausländer ist unverzüglich dem Richter zur Entscheidung über die Anordnung der Überprüfungshaft vorzuführen. [4] § 69 Absatz 2 Satz 1 und 4 bis 6 sowie die §§ 70 und 70a des Asylgesetze[2]s gelten entsprechend.

(3) [1] Von einem Festhalten nach Absatz 1 oder der Überprüfungshaft nach Absatz 2 ist, auch wenn die Überprüfung noch nicht abgeschlossen ist, abzusehen, wenn das Festhalten oder die Überprüfungshaft zur Durchführung der Überprüfung nicht mehr erforderlich sind. [2] Dies ist anzunehmen, wenn

1. die Identität nach Artikel 14 der Verordnung (EU) 2024/1356 verifiziert oder festgestellt ist,
2. die biometrischen Daten nach Artikel 8 Absatz 5 Buchstabe d der Verordnung (EU) 2024/1356 erfasst sind,
3. die Sicherheitskontrolle nach Artikel 15 und 16 der Verordnung (EU) 2024/1356 abgeschlossen ist,
4. eine Maßnahme zum Schutz der öffentlichen Sicherheit, insbesondere auf Grundlage der Ergebnisse der Sicherheitskontrolle nach Artikel 15 und 16 der Verordnung (EU) 2024/1356, nicht zu ergreifen sein wird und

[1] § 15b eingef. mWv 12.6.2026 durch G v. 23.4.2026 (BGBl. 2026 I Nr. 111).
[2] Nr. **567**.

5. im Anschluss der Überprüfung weder eine Rückführung nach der Richtlinie 2008/115/EG noch eine Überstellung nach der Verordnung (EU) 2024/1351 durchzuführen ist.

[3] Im Fall des Satzes 2 Nummer 5 gilt § 62 Absatz 3a Nummer 1, 5 und 6 sowie Absatz 3b Nummer 1 bis 4 entsprechend.

(4) [1] Ein Ausländer, der nicht mehr festgehalten wird, hat sich der zuständigen Behörde weiterhin für den Abschluss der Überprüfung zur Verfügung zu halten. [2] Wenn die Überprüfung noch nicht abgeschlossen ist, kann die zuständige Behörde ihn anweisen, zum Zweck der Durchführung der Überprüfung und bis zu deren Abschluss, höchstens bis zum Ablauf der Frist im Sinne des Artikels 8 Absatz 4 der Verordnung (EU) 2024/1356, eine von ihr bestimmte Unterkunft zu beziehen und seinen Aufenthalt auf das Gebiet der jeweiligen Kommune zu beschränken.

(5) [1] Der Zugang zu in Absatz 1 Satz 1 genannten Orten von Personen und Organisationen, die befugt sind, Rechtsauskunft und Beratungsleistungen zu erbringen, kann beschränkt werden, wenn dies aus Gründen der Sicherheit, der öffentlichen Ordnung oder für die Gewährleistung der Funktionsfähigkeit der Einrichtung des Ortes objektiv erforderlich ist und der Zugang dadurch nicht wesentlich erschwert oder unmöglich gemacht wird. [2] Der Zugang für Rechtsvertreter bleibt davon ausgenommen.

(6) Behörden des Bundes und der Länder, die einen Ausländer, der einer Überprüfung nach Artikel 7 Absatz 1 der Verordnung (EU) 2024/1356 zu unterziehen ist, feststellen, teilen dies der für die Überprüfung zuständigen Behörde mit.

Abschnitt 3.[1] Aufenthalt zum Zweck der Ausbildung

§ 16[1] Grundsatz des Aufenthalts zum Zweck der Ausbildung. [1] Der Zugang von Ausländern zur Ausbildung dient der allgemeinen Bildung und der internationalen Verständigung ebenso wie der Sicherung des Bedarfs des deutschen Arbeitsmarktes an Fachkräften. [2] Neben der Stärkung der wissenschaftlichen Beziehungen Deutschlands in der Welt trägt er auch zu internationaler Entwicklung bei. [3] Die Ausgestaltung erfolgt so, dass die Interessen der öffentlichen Sicherheit beachtet werden.

§ 16a[2] Berufsausbildung; berufliche Weiterbildung. (1) [1] Eine Aufenthaltserlaubnis zum Zweck der betrieblichen Aus- und Weiterbildung soll erteilt werden, wenn die Bundesagentur für Arbeit nach § 39 zugestimmt hat oder durch die Beschäftigungsverordnung[3] oder zwischenstaatliche Vereinbarung bestimmt ist, dass die Aus- und Weiterbildung ohne Zustimmung der Bundesagentur für Arbeit zulässig ist. [2] Während des Aufenthalts nach Satz 1 darf eine Aufenthaltserlaubnis nicht für Beschäftigungen nach § 19c Absatz 1 in Verbindung mit einer Regelung der Beschäftigungsverordnung für vorübergehende Beschäftigungen erteilt werden. [3] § 9 findet keine Anwendung, es sei denn, der Ausländer war vor Erteilung der Aufenthaltserlaubnis nach Satz 1 im Besitz einer Aufenthaltserlaubnis nach den §§ 18a oder 18b. [4] Der Aufenthaltszweck der betrieblichen qualifizierten Berufs-

---

[1] Abschnitt 3 (§§ 16–17) neu gef. mWv 1.3.2020 durch G v. 15.8.2019 (BGBl. I S. 1307).

[2] *§ 16a neu gef.* mWv *1.3.2020 durch G v. 15.8.2019* (BGBl. I S. 1307); Abs. 3 Satz 1 geänd. mWv 24.6.2020 durch G v. 12.6.2020 (BGBl. I S. 1248); Abs. 1 Satz 1 geänd., Satz 2 neu gef., Satz 3 eingef., bish. Satz 3 wird Satz 4, Abs. 2 Satz 1 geänd., Satz 4 angef., Abs. 3 Satz 1 neu gef. mWv 1.3.2024 durch G v. 16.8.2023 (BGBl. 2023 I Nr. 217).

[3] **Sartorius ErgBd. Nr. 566a.**

ausbildung nach Satz 1 umfasst auch den Besuch eines Deutschsprachkurses zur Vorbereitung auf die Berufsausbildung, insbesondere den Besuch eines berufsbezogenen Deutschsprachkurses nach der Deutschsprachförderverordnung.

(2) [1] Eine Aufenthaltserlaubnis zum Zweck der schulischen Berufsausbildung soll erteilt werden, wenn sie nach bundes- oder landesrechtlichen Regelungen zu einem staatlich anerkannten Berufsabschluss führt und sich der Bildungsgang nicht überwiegend an Staatsangehörige eines Staates richtet. [2] Bilaterale oder multilaterale Vereinbarungen der Länder mit öffentlichen Stellen in einem anderen Staat über den Besuch inländischer Schulen durch ausländische Schüler bleiben unberührt. [3] Aufenthaltserlaubnisse zur Teilnahme am Schulbesuch können auf Grund solcher Vereinbarungen nur erteilt werden, wenn die für das Aufenthaltsrecht zuständige oberste Landesbehörde der Vereinbarung zugestimmt hat. [4] Absatz 1 Satz 2 und 3 gilt entsprechend.

(3) [1] Die Aufenthaltserlaubnis berechtigt nur zur Ausübung einer vom Zweck nach Absatz 1 oder Absatz 2 unabhängigen Beschäftigung von bis zu 20 Stunden je Woche. [2] Bei einer qualifizierten Berufsausbildung wird ein Nachweis über ausreichende deutsche Sprachkenntnisse verlangt, wenn die für die konkrete qualifizierte Berufsausbildung erforderlichen Sprachkenntnisse weder durch die Bildungseinrichtung geprüft worden sind noch durch einen vorbereitenden Deutschsprachkurs erworben werden sollen.

(4) Bevor die Aufenthaltserlaubnis zum Zweck einer qualifizierten Berufsausbildung aus Gründen, die der Ausländer nicht zu vertreten hat, zurückgenommen, widerrufen oder gemäß § 7 Absatz 2 Satz 2 nachträglich verkürzt wird, ist dem Ausländer für die Dauer von bis zu sechs Monaten die Möglichkeit zu geben, einen anderen Ausbildungsplatz zu suchen.

§ 16b[1)] Studium. (1) [1] Einem Ausländer wird zum Zweck des Vollzeitstudiums an einer staatlichen Hochschule, an einer staatlich anerkannten Hochschule oder an einer vergleichbaren Bildungseinrichtung eine Aufenthaltserlaubnis erteilt, wenn er von der Bildungseinrichtung zugelassen worden ist. [2] Der Aufenthaltszweck des Studiums umfasst auch studienvorbereitende Maßnahmen und das Absolvieren eines Pflichtpraktikums. [3] Studienvorbereitende Maßnahmen sind

(Fortsetzung nächstes Blatt)

[1)] § 16b neu gef. mWv 1.3.2020 durch G v. 15.8.2019 (BGBl. I S. 1307); Abs. 3 Satz 1 geänd., Satz 2 neu gef. mWv 24.6.2020 durch G v. 12.6.2020 (BGBl. I S. 1248); Abs. 2 Satz 1, Abs. 3, Abs. 4 Satz 1, Abs. 5 Satz 3 neu gef., Abs. 7 Satz 1 geänd. mWv 1.3.2024 durch G v. 16.8.2023 (BGBl. 2023 I Nr. 217).

1. der Besuch eines studienvorbereitenden Sprachkurses, wenn der Ausländer zu einem Vollzeitstudium zugelassen worden ist und die Zulassung an den Besuch eines studienvorbereitenden Sprachkurses gebunden ist, und
2. der Besuch eines Studienkollegs oder einer vergleichbaren Einrichtung, wenn die Annahme zu einem Studienkolleg oder einer vergleichbaren Einrichtung nachgewiesen ist.

[4] Ein Nachweis über die für den konkreten Studiengang erforderlichen Kenntnisse der Ausbildungssprache wird nur verlangt, wenn diese Sprachkenntnisse weder bei der Zulassungsentscheidung geprüft worden sind noch durch die studienvorbereitende Maßnahme erworben werden sollen.

(2) [1] Die Geltungsdauer der Aufenthaltserlaubnis beträgt bei Ersterteilung und Verlängerung in der Regel zwei Jahre und soll eine Mindestdauer von einem Jahr nicht unterschreiten. [2] Sie beträgt mindestens zwei Jahre, wenn der Ausländer an einem Unions- oder multilateralen Programm mit Mobilitätsmaßnahmen teilnimmt oder wenn für ihn eine Vereinbarung zwischen zwei oder mehr Hochschuleinrichtungen gilt. [3] Dauert das Studium weniger als zwei Jahre, so wird die Aufenthaltserlaubnis nur für die Dauer des Studiums erteilt. [4] Die Aufenthaltserlaubnis wird verlängert, wenn der Aufenthaltszweck noch nicht erreicht ist und in einem angemessenen Zeitraum noch erreicht werden kann. [5] Zur Beurteilung der Frage, ob der Aufenthaltszweck noch erreicht werden kann, kann die aufnehmende Bildungseinrichtung beteiligt werden.

(3) [1] Die Aufenthaltserlaubnis berechtigt nach Maßgabe der folgenden Sätze nur zur Ausübung von Beschäftigungen, die insgesamt bis zu 140 Arbeitstage im Jahr nicht überschreiten dürfen (Arbeitstagekonto). [2] Studentische Nebentätigkeiten werden nicht angerechnet. [3] Teilzeitbeschäftigungen werden jeweils in der für den Ausländer günstigsten Weise wie folgt angerechnet:

1. Die Beschäftigungen können für jeden Tag, an dem die Arbeitszeit bis zu vier Stunden beträgt, als halber Arbeitstag, ansonsten als voller Arbeitstag auf das Arbeitstagekonto angerechnet werden oder
2. die Beschäftigungen können je Kalenderwoche
   a) während der Vorlesungszeit, wenn sie bis zu 20 Stunden je Kalenderwoche ausgeübt werden, und
   b) außerhalb der Vorlesungszeit

   unabhängig von der Verteilung der Arbeitszeit als zweieinhalb Arbeitstage auf das Arbeitstagekonto angerechnet werden. Die Günstigkeitsprüfung nach Satz 3 erfolgt derart, dass einzeln für jede Kalenderwoche bestimmt wird, ob eine Anrechnung der ausgeübten Tätigkeit nach Satz 3 Nummer 1 oder Nummer 2 erfolgt.

(4) [1] Während des Aufenthalts nach Absatz 1 darf eine Aufenthaltserlaubnis nicht *für Beschäftigungen nach* § 19c Absatz 1 in Verbindung mit einer Regelung der Beschäftigungsverordnung für vorübergehende Beschäftigungen erteilt werden. [2] § 9 findet keine Anwendung.

(5) [1] Einem Ausländer kann eine Aufenthaltserlaubnis erteilt werden, wenn

1. er von einer staatlichen Hochschule, einer staatlich anerkannten Hochschule oder einer vergleichbaren Bildungseinrichtung
   a) zum Zweck des Vollzeitstudiums zugelassen worden ist und die Zulassung mit einer Bedingung verbunden ist, die nicht auf den Besuch einer studienvorbereitenden Maßnahme gerichtet ist,

b) zum Zweck des Vollzeitstudiums zugelassen worden ist und die Zulassung mit der Bedingung des Besuchs eines Studienkollegs oder einer vergleichbaren Einrichtung verbunden ist, der Ausländer aber den Nachweis über die Annahme zu einem Studienkolleg oder einer vergleichbaren Einrichtung nach Absatz 1 Satz 3 Nummer 2 nicht erbringen kann oder

c) zum Zweck des Teilzeitstudiums zugelassen worden ist,

2. er zur Teilnahme an einem studienvorbereitenden Sprachkurs angenommen worden ist, ohne dass eine Zulassung zum Zweck eines Studiums an einer staatlichen Hochschule, einer staatlich anerkannten Hochschule oder einer vergleichbaren Bildungseinrichtung vorliegt, oder

3. ihm die Zusage eines Betriebs für das Absolvieren eines studienvorbereitenden Praktikums vorliegt.

[2] In den Fällen des Satzes 1 Nummer 1 sind Absatz 1 Satz 2 bis 4 und die Absätze 2 bis 4 entsprechend anzuwenden. [3] In den Fällen des Satzes 1 Nummer 2 und 3 sind die Absätze 2 bis 4 entsprechend anzuwenden; die Aufenthaltserlaubnis berechtigt darüber hinaus zur Ausübung des Praktikums nach Satz 1 Nummer 3.

(6) Bevor die Aufenthaltserlaubnis nach Absatz 1 oder Absatz 5 aus Gründen, die der Ausländer nicht zu vertreten hat, zurückgenommen, widerrufen oder gemäß § 7 Absatz 2 Satz 2 nachträglich verkürzt wird, ist dem Ausländer für bis zu neun Monate die Möglichkeit zu geben, die Zulassung bei einer anderen Bildungseinrichtung zu beantragen.

(7) [1] Einem Ausländer, der in einem anderen Mitgliedstaat der Europäischen Union international Schutzberechtigter ist, soll eine Aufenthaltserlaubnis zum Zweck des Studiums erteilt werden, wenn der Ausländer in einem anderen Mitgliedstaat der Europäischen Union seit mindestens zwei Jahren ein Studium betrieben hat und die Voraussetzungen des § 16c Absatz 1 Satz 1 Nummer 2 und 3 vorliegen. [2] Die Aufenthaltserlaubnis wird für die Dauer des Studienteils, der in Deutschland durchgeführt wird, erteilt. [3] Absatz 3 gilt entsprechend. [4] § 9 findet keine Anwendung.

(8) Die Absätze 1 bis 4 und 6 dienen der Umsetzung der Richtlinie (EU) 2016/801 des Europäischen Parlaments und des Rates vom 11. Mai 2016 über die Bedingungen für die Einreise und den Aufenthalt von Drittstaatsangehörigen zu Forschungs- oder Studienzwecken, zur Absolvierung eines Praktikums, zur Teilnahme an einem Freiwilligendienst, Schüleraustauschprogrammen oder Bildungsvorhaben und zur Ausübung einer Au-pair-Tätigkeit (ABl. L 132 vom 21.5.2016, S. 21).

§ 16c[1)] Mobilität im Rahmen des Studiums. (1) [1] Für einen Aufenthalt zum Zweck des Studiums, der 360 Tage nicht überschreitet, bedarf ein Ausländer abweichend von § 4 Absatz 1 keines Aufenthaltstitels, wenn die aufnehmende Bildungseinrichtung im Bundesgebiet dem Bundesamt für Migration und Flüchtlinge und der zuständigen Behörde des anderen Mitgliedstaates mitgeteilt hat, dass der Ausländer beabsichtigt, einen Teil seines Studiums im Bundesgebiet durchzuführen, und dem Bundesamt für Migration und Flüchtlinge mit der Mitteilung vorlegt:

1) § 16c neu gef. mWv 1.3.2020 durch G v. 15.8.2019 (BGBl. I S. 1307); Abs. 2 Satz 3, Abs. 5 Satz 1 geänd. mWv 24.6.2020 durch G v. 12.6.2020 (BGBl. I S. 1248); Abs. 2 Satz 3 neu gef. mWv 1.3.2024 durch G v. 16.8.2023 (BGBl. 2023 I Nr. 217).

1. den Nachweis, dass der Ausländer einen von einem anderen Mitgliedstaat der Europäischen Union für die Dauer des geplanten Aufenthalts gültigen Aufenthaltstitel zum Zweck des Studiums besitzt, der in den Anwendungsbereich der Richtlinie (EU) 2016/801 fällt,
2. den Nachweis, dass der Ausländer einen Teil seines Studiums an einer Bildungseinrichtung im Bundesgebiet durchführen möchte, weil er an einem Unions- oder multilateralen Programm mit Mobilitätsmaßnahmen teilnimmt oder für ihn eine Vereinbarung zwischen zwei oder mehr Hochschulen gilt,
3. den Nachweis, dass der Ausländer von der aufnehmenden Bildungseinrichtung zugelassen wurde,
4. die Kopie eines anerkannten und gültigen Passes oder Passersatzes des Ausländers und
5. den Nachweis, dass der Lebensunterhalt des Ausländers gesichert ist.

[2]Die aufnehmende Bildungseinrichtung hat die Mitteilung zu dem Zeitpunkt zu machen, zu dem der Ausländer in einem anderen Mitgliedstaat der Europäischen Union den Antrag auf Erteilung eines Aufenthaltstitels im Anwendungsbereich der Richtlinie (EU) 2016/801 stellt. [3]Ist der aufnehmenden Bildungseinrichtung zu diesem Zeitpunkt die Absicht des Ausländers, einen Teil des Studiums im Bundesgebiet durchzuführen, noch nicht bekannt, so hat sie die Mitteilung zu dem Zeitpunkt zu machen, zu dem ihr die Absicht bekannt wird. [4]Bei der Erteilung des Aufenthaltstitels nach Satz 1 Nummer 1 durch einen Staat, der nicht Schengen-Staat ist, und bei der Einreise über einen Staat, der nicht Schengen-Staat ist, hat der Ausländer eine Kopie der Mitteilung mitzuführen und den zuständigen Behörden auf deren Verlangen vorzulegen.

(2) [1]Erfolgt die Mitteilung zu dem in Absatz 1 Satz 2 genannten Zeitpunkt und wurden die Einreise und der Aufenthalt nicht nach § 19f Absatz 5 abgelehnt, so darf der Ausländer jederzeit innerhalb der Gültigkeitsdauer des in Absatz 1 Satz 1 Nummer 1 genannten Aufenthaltstitels des anderen Mitgliedstaates in das Bundesgebiet einreisen und sich dort zum Zweck des Studiums aufhalten. [2]Erfolgt die Mitteilung zu dem in Absatz 1 Satz 3 genannten Zeitpunkt und wurden die Einreise und der Aufenthalt nicht nach § 19f Absatz 5 abgelehnt, so darf der Ausländer in das Bundesgebiet einreisen und sich dort zum Zweck des Studiums aufhalten. [3]Während des Aufenthalts nach Absatz 1 findet § 16b Absatz 3 mit der Maßgabe Anwendung, dass der Ausländer bei einer kürzeren Aufenthaltsdauer als 360 Tage nur für die Zahl der entsprechend anteilig gekürzten zulässigen Arbeitstage des Arbeitstagekontos zur Beschäftigung berechtigt ist.

(3) [1]Werden die Einreise und der Aufenthalt nach § 19f Absatz 5 abgelehnt, so hat der Ausländer das Studium unverzüglich einzustellen. [2]Die bis dahin nach Absatz 1 Satz 1 bestehende Befreiung vom Erfordernis eines Aufenthaltstitels entfällt.

(4) Sofern innerhalb von 30 Tagen nach Zugang der in Absatz 1 Satz 1 genannten Mitteilung keine Ablehnung der Einreise und des Aufenthalts des Ausländers nach § 19f Absatz 5 erfolgt, ist dem Ausländer durch das Bundesamt für Migration und Flüchtlinge eine Bescheinigung über die Berechtigung zur Einreise und zum Aufenthalt zum Zweck des Studiums im Rahmen der kurzfristigen Mobilität auszustellen.

(5) [1]Nach der Ablehnung gemäß § 19f Absatz 5 oder der Ausstellung der Bescheinigung im Sinne von Absatz 4 durch das Bundesamt für Migration und Flüchtlinge ist die Ausländerbehörde gemäß § 71 Absatz 1 für weitere aufenthaltsrechtliche Maßnahmen und Entscheidungen zuständig. [2]Der Ausländer und die

aufnehmende Bildungseinrichtung sind verpflichtet, der Ausländerbehörde Änderungen in Bezug auf die in Absatz 1 genannten Voraussetzungen anzuzeigen.

§ 16d[1] Maßnahmen zur Anerkennung ausländischer Berufsqualifikationen. (1) [1] Einem Ausländer soll zum Zweck der Anerkennung seiner im Ausland erworbenen Berufsqualifikation eine Aufenthaltserlaubnis für die Durchführung einer Qualifizierungsmaßnahme einschließlich sich daran anschließender Prüfungen erteilt werden, wenn von einer nach den Regelungen des Bundes oder der Länder für die berufliche Anerkennung zuständigen Stelle festgestellt wurde, dass Anpassungs- oder Ausgleichsmaßnahmen oder weitere Qualifikationen

1. für die Feststellung der Gleichwertigkeit der Berufsqualifikation mit einer inländischen Berufsqualifikation oder
2. in einem im Inland reglementierten Beruf für die Erteilung der Berufsausübungserlaubnis

erforderlich sind. [2] Die Erteilung der Aufenthaltserlaubnis setzt voraus, dass

1. der Ausländer über der Qualifizierungsmaßnahme entsprechende deutsche Sprachkenntnisse, in der Regel mindestens über hinreichende deutsche Sprachkenntnisse, verfügt,
2. die Qualifizierungsmaßnahme geeignet ist, dem Ausländer die Anerkennung der Berufsqualifikation oder den Berufszugang zu ermöglichen, und
3. bei einer überwiegend betrieblichen Qualifizierungsmaßnahme die Bundesagentur für Arbeit nach § 39 zugestimmt hat oder durch die Beschäftigungsverordnung[2] oder zwischenstaatliche Vereinbarung bestimmt ist, dass die Teilnahme an der Qualifizierungsmaßnahme ohne Zustimmung der Bundesagentur für Arbeit zulässig ist.

[3] Die Aufenthaltserlaubnis wird für bis zu 24 Monate erteilt und um längstens zwölf Monate bis zu einer Höchstaufenthaltsdauer von drei Jahren verlängert. [4] Sie berechtigt nur zur Ausübung einer von der Qualifizierungsmaßnahme unabhängigen Beschäftigung bis zu 20 Stunden je Woche.

(2) [1] Die Aufenthaltserlaubnis nach Absatz 1 berechtigt zusätzlich zur Ausübung einer zeitlich nicht eingeschränkten Beschäftigung, deren Anforderungen in einem Zusammenhang mit den in der späteren Beschäftigung verlangten berufsfachlichen Kenntnissen stehen, wenn die Bundesagentur für Arbeit nach § 39 zugestimmt hat oder durch die Beschäftigungsverordnung bestimmt ist, dass die Beschäftigung ohne Zustimmung der Bundesagentur für Arbeit zulässig ist. [2] § 18 Absatz 2 Nummer 3 gilt entsprechend.

(3) [1] Einem Ausländer soll zur Durchführung eines Verfahrens zur Anerkennung seiner im Ausland erworbenen Berufsqualifikation mit begleitender Ausübung einer qualifizierten Beschäftigung eine Aufenthaltserlaubnis erteilt werden, wenn

1. der Ausländer
   a) über eine ausländische Berufsqualifikation verfügt, die von dem Staat, in dem sie erworben wurde, staatlich anerkannt ist und deren Erlangung eine Ausbildungsdauer von mindestens zwei Jahren vorausgesetzt hat, oder

---

[1] § 16d neu gef. mWv 1.3.2020 durch G v. 15.8.2019 (BGBl. I S. 1307); Abs. 1 Satz 4, Abs. 2 Satz 1 geänd., Abs. 3 Satz 2 angef., Abs. 4 Satz 3 geänd. mWv 24.6.2020 durch G v. 12.6.2020 (BGBl. I S. 1248); Abs. 1 Sätze 3 und 4, Abs. 2 Satz 1 geänd., Abs. 3 neu gef., Abs. 4 Satz 1 einl. Satzteil, Satz 3, Abs. 5 Satz 1 geänd., Satz 2, Abs. 6 neu gef. mWv 1.3.2024 durch G v. 16.8.2023 (BGBl. 2023 I Nr. 217).

[2] **Sartorius ErgBd. Nr. 566a.**

b) einen ausländischen Hochschulabschluss besitzt, der von dem Staat, in dem er erworben wurde, staatlich anerkannt ist, und
2. ein konkretes Arbeitsplatzangebot vorliegt,
3. sich aus einer zwischen dem Ausländer und dem Arbeitgeber zu schließenden Vereinbarung ergibt, dass
   a) sich der Ausländer verpflichtet, spätestens nach der Einreise bei der im Inland nach den Regelungen des Bundes oder der Länder für die berufliche Anerkennung zuständigen Stelle unverzüglich das Verfahren zur Anerkennung seiner im Ausland erworbenen Berufsqualifikation einzuleiten, und
   b) sich der Arbeitgeber gegenüber dem Ausländer verpflichtet, ihm die Wahrnehmung der von der zuständigen Stelle zur Anerkennung seiner Berufsqualifikation geforderten Qualifizierungsmaßnahmen im Rahmen des Arbeitsverhältnisses zu ermöglichen,
4. der Arbeitgeber für eine Ausbildung oder Nachqualifizierung geeignet ist,
5. der Ausländer über die der angestrebten Tätigkeit entsprechenden, mindestens jedoch über hinreichende deutsche Sprachkenntnisse verfügt und
6. die Bundesagentur für Arbeit nach § 39 zugestimmt hat oder durch die Beschäftigungsverordnung oder zwischenstaatliche Vereinbarung bestimmt ist, dass die Beschäftigung ohne Zustimmung der Bundesagentur für Arbeit zulässig ist.

[2] Von dem Erfordernis einer qualifizierten Beschäftigung nach Satz 1 ist abzusehen, wenn zur Ausübung dieser Beschäftigung eine Berufsausübungserlaubnis erforderlich wäre und

1. der Arbeitgeber tarifgebunden ist oder es sich um einen kirchlichen Arbeitgeber handelt, der an Regelungen paritätisch besetzter Kommissionen gebunden ist, die auf der Grundlage kirchlichen Rechts Arbeitsbedingungen festlegen,
2. der Arbeitgeber den Ausländer zu den bei ihm geltenden tariflichen oder den auf der Grundlage kirchlichen Rechts festgelegten Arbeitsbedingungen beschäftigt und
3. die Einstufung und das Entgelt einer Beschäftigung entsprechen, deren Anforderungen auf eine berufliche Tätigkeit im angestrebten Zielberuf hinführen.

[3] Von dem Erfordernis einer qualifizierten Beschäftigung nach Satz 1 ist ebenfalls abzusehen, wenn zur Ausübung dieser Beschäftigung eine Berufsausübungserlaubnis erforderlich wäre und

1. der Arbeitgeber eine nach § 72 des Elften Buches Sozialgesetzbuch zugelassene Pflegeeinrichtung ist und
2. die Einstufung und das Entgelt einer Beschäftigung entsprechen, deren Anforderungen auf eine berufliche Tätigkeit im angestrebten Zielberuf hinführen.

[4] Der Ausländer ist verpflichtet, sich das Vorliegen der Voraussetzungen nach Satz 1 Nummer 1 Buchstabe a oder b von einer fachkundigen inländischen Stelle bestätigen zu lassen. [5] Die Aufenthaltserlaubnis wird bei erstmaliger Erteilung für die Dauer der Zustimmung der Bundesagentur für Arbeit, höchstens jedoch für ein Jahr erteilt und bis zu einer Höchstaufenthaltsdauer von drei Jahren verlängert. [6] Nach zeitlichem Ablauf des Höchstzeitraumes der Aufenthaltserlaubnis darf keine Aufenthaltserlaubnis nach den §§ 16d und 19c Absatz 1 in Verbindung mit einer Regelung der Beschäftigungsverordnung für vorübergehende Beschäftigungen erteilt werden. [7] § 9 findet keine Anwendung. [8] Die Aufenthaltserlaubnis berechtigt nur zur Ausübung der Beschäftigung nach Satz 1, 2 oder Satz 3 Nummer 2 sowie zu einer Nebenbeschäftigung von bis zu 20 Stunden je Woche.

(4) [1] Einem Ausländer soll zum Zweck der Anerkennung seiner im Ausland erworbenen Berufsqualifikation eine Aufenthaltserlaubnis für ein Jahr erteilt und um jeweils ein Jahr bis zu einer Höchstaufenthaltsdauer von drei Jahren verlängert werden, wenn der Ausländer auf Grund einer Absprache der Bundesagentur für Arbeit mit der Arbeitsverwaltung des Herkunftslandes

1. über das Verfahren, die Auswahl, die Vermittlung und die Durchführung des Verfahrens zur Feststellung der Gleichwertigkeit der ausländischen Berufsqualifikation und zur Erteilung der Berufsausübungserlaubnis bei durch Bundes- oder Landesgesetz reglementierten Berufen im Gesundheits- und Pflegebereich oder
2. über das Verfahren, die Auswahl, die Vermittlung und die Durchführung des Verfahrens zur Feststellung der Gleichwertigkeit der ausländischen Berufsqualifikation und, soweit erforderlich, zur Erteilung der Berufsausübungserlaubnis für sonstige ausgewählte Berufsqualifikationen unter Berücksichtigung der Angemessenheit der Ausbildungsstrukturen des Herkunftslandes

in eine Beschäftigung vermittelt worden ist und die Bundesagentur für Arbeit nach § 39 zugestimmt hat oder durch die Beschäftigungsverordnung oder zwischenstaatliche Vereinbarung bestimmt ist, dass die Erteilung der Aufenthaltserlaubnis ohne Zustimmung der Bundesagentur für Arbeit zulässig ist. [2] Voraussetzung ist zudem, dass der Ausländer über die in der Absprache festgelegten deutschen Sprachkenntnisse, in der Regel mindestens hinreichende deutsche Sprachkenntnisse, verfügt. [3] Die Aufenthaltserlaubnis berechtigt nur zur Ausübung einer von der anzuerkennenden Berufsqualifikation unabhängigen Beschäftigung bis zu 20 Stunden je Woche.

(5) [1] Einem Ausländer soll zum Ablegen von Prüfungen zur Anerkennung seiner ausländischen Berufsqualifikation eine Aufenthaltserlaubnis erteilt werden, wenn er über deutsche Sprachkenntnisse, die der abzulegenden Prüfung entsprechen, in der Regel jedoch mindestens über hinreichende deutsche Sprachkenntnisse, verfügt, sofern diese nicht durch die Prüfung nachgewiesen werden sollen. [2] Die Aufenthaltserlaubnis berechtigt nicht zur Ausübung einer Erwerbstätigkeit.

(6) [1] Einem Ausländer soll zum Zweck der Feststellung seiner maßgeblichen beruflichen Fertigkeiten, Kenntnisse und Fähigkeiten, die zur Feststellung der Gleichwertigkeit seiner im Ausland erworbenen Berufsqualifikation erforderlich sind (Qualifikationsanalyse) und die ihn zu einer qualifizierten Beschäftigung befähigen, eine Aufenthaltserlaubnis von bis zu sechs Monaten erteilt werden. [2] Die Erteilung der Aufenthaltserlaubnis setzt voraus, dass

1. die zuständige Stelle entschieden hat, dass die gesetzlichen Voraussetzungen für ein sonstiges Verfahren zur Feststellung der Gleichwertigkeit der ausländischen Berufsqualifikation vorliegen und die Durchführung einer Qualifikationsanalyse zugesagt wurde,
2. der Ausländer über deutsche Sprachkenntnisse, die der abzulegenden Qualifikationsanalyse entsprechen, in der Regel jedoch mindestens über hinreichende deutsche Sprachkenntnisse, verfügt.

[3] Absatz 1 Satz 4 und Absatz 2 gelten entsprechend. [4] Stellt die zuständige Stelle nach Durchführung des Verfahrens fest, dass Anpassungs- oder Ausgleichsmaßnahmen erforderlich sind, kann der Aufenthalt nach Absatz 1 oder Absatz 3 fortgesetzt werden, sofern die dort jeweils festgelegten Voraussetzungen erfüllt sind. [5] Eine Anrechnung der Dauer des Aufenthalts nach Satz 1 auf die in Absatz 1 oder Absatz 3 genannte Höchstaufenthaltsdauer erfolgt nicht.

§ 16c[1)] Mobilität im Rahmen des Studiums. (1) [1]Für einen Aufenthalt zum Zweck des Studiums, der 360 Tage nicht überschreitet, bedarf ein Ausländer abweichend von § 4 Absatz 1 keines Aufenthaltstitels, wenn die aufnehmende Bildungseinrichtung im Bundesgebiet dem Bundesamt für Migration und Flüchtlinge und der zuständigen Behörde des anderen Mitgliedstaates mitgeteilt hat, dass der Ausländer beabsichtigt, einen Teil seines Studiums im Bundesgebiet durchzuführen, und dem Bundesamt für Migration und Flüchtlinge mit der Mitteilung vorlegt:

1. den Nachweis, dass der Ausländer einen von einem anderen Mitgliedstaat der Europäischen Union für die Dauer des geplanten Aufenthalts gültigen Aufenthaltstitel zum Zweck des Studiums besitzt, der in den Anwendungsbereich der Richtlinie (EU) 2016/801 fällt,
2. den Nachweis, dass der Ausländer einen Teil seines Studiums an einer Bildungseinrichtung im Bundesgebiet durchführen möchte, weil er an einem Unions- oder multilateralen Programm mit Mobilitätsmaßnahmen teilnimmt oder für ihn eine Vereinbarung zwischen zwei oder mehr Hochschulen gilt,
3. den Nachweis, dass der Ausländer von der aufnehmenden Bildungseinrichtung zugelassen wurde,
4. die Kopie eines anerkannten und gültigen Passes oder Passersatzes des Ausländers und
5. den Nachweis, dass der Lebensunterhalt des Ausländers gesichert ist.

[2]Die aufnehmende Bildungseinrichtung hat die Mitteilung zu dem Zeitpunkt zu machen, zu dem der Ausländer in einem anderen Mitgliedstaat der Europäischen Union den Antrag auf Erteilung eines Aufenthaltstitels im Anwendungsbereich der Richtlinie (EU) 2016/801 stellt. [3]Ist der aufnehmenden Bildungseinrichtung zu diesem Zeitpunkt die Absicht des Ausländers, einen Teil des Studiums im Bundesgebiet durchzuführen, noch nicht bekannt, so hat sie die Mitteilung zu dem Zeitpunkt zu machen, zu dem ihr die Absicht bekannt wird. [4]Bei der Erteilung des Aufenthaltstitels nach Satz 1 Nummer 1 durch einen Staat, der nicht Schengen-Staat ist, und bei der Einreise über einen Staat, der nicht Schengen-Staat ist, hat der Ausländer eine Kopie der Mitteilung mitzuführen und den zuständigen Behörden auf deren Verlangen vorzulegen.

(2) [1]Erfolgt die Mitteilung zu dem in Absatz 1 Satz 2 genannten Zeitpunkt und wurden die Einreise und der Aufenthalt nicht nach § 19f Absatz 5 abgelehnt, so darf der Ausländer jederzeit innerhalb der Gültigkeitsdauer des in Absatz 1 Satz 1 Nummer 1 genannten Aufenthaltstitels des anderen Mitgliedstaates in das Bundesgebiet einreisen und sich dort zum Zweck des Studiums aufhalten. [2]Erfolgt die Mitteilung zu dem in Absatz 1 Satz 3 genannten Zeitpunkt und wurden die Einreise und der Aufenthalt nicht nach § 19f Absatz 5 abgelehnt, so darf der Ausländer in das Bundesgebiet einreisen und sich dort zum Zweck des Studiums aufhalten. [3]Während des Aufenthalts nach Absatz 1 findet § 16b Absatz 3 mit der Maßgabe Anwendung, dass der Ausländer bei einer kürzeren Aufenthaltsdauer als 360 Tage nur für die Zahl der entsprechend anteilig gekürzten zulässigen Arbeitstage des Arbeitstagekontos zur Beschäftigung berechtigt ist.

(3) [1]Werden die Einreise und der Aufenthalt nach § 19f Absatz 5 abgelehnt, so hat der Ausländer das Studium unverzüglich einzustellen. [2]Die bis dahin nach

[1)] § 16c neu gef. mWv 1.3.2020 durch G v. 15.8.2019 (BGBl. I S. 1307); Abs. 2 Satz 3, Abs. 5 Satz 1 geänd. mWv 24.6.2020 durch G v. 12.6.2020 (BGBl. I S. 1248); Abs. 2 Satz 3 neu gef. mWv 1.3.2024 durch G v. 16.8.2023 (BGBl. 2023 I Nr. 217).

Absatz 1 Satz 1 bestehende Befreiung vom Erfordernis eines Aufenthaltstitels entfällt.

(4) Sofern innerhalb von 30 Tagen nach Zugang der in Absatz 1 Satz 1 genannten Mitteilung keine Ablehnung der Einreise und des Aufenthalts des Ausländers nach § 19f Absatz 5 erfolgt, ist dem Ausländer durch das Bundesamt für Migration und Flüchtlinge eine Bescheinigung über die Berechtigung zur Einreise und zum Aufenthalt zum Zweck des Studiums im Rahmen der kurzfristigen Mobilität auszustellen.

(5) [1]Nach der Ablehnung gemäß § 19f Absatz 5 oder der Ausstellung der Bescheinigung im Sinne von Absatz 4 durch das Bundesamt für Migration und Flüchtlinge ist die Ausländerbehörde gemäß § 71 Absatz 1 für weitere aufenthaltsrechtliche Maßnahmen und Entscheidungen zuständig. [2]Der Ausländer und die aufnehmende Bildungseinrichtung sind verpflichtet, der Ausländerbehörde Änderungen in Bezug auf die in Absatz 1 genannten Voraussetzungen anzuzeigen.

§ 16d[1)] Maßnahmen zur Anerkennung ausländischer Berufsqualifikationen. (1) [1]Einem Ausländer soll zum Zweck der Anerkennung seiner im Ausland erworbenen Berufsqualifikation eine Aufenthaltserlaubnis für die Durchführung einer Qualifizierungsmaßnahme einschließlich sich daran anschließender Prüfungen erteilt werden, wenn von einer nach den Regelungen des Bundes oder der Länder für die berufliche Anerkennung zuständigen Stelle festgestellt wurde, dass Anpassungs- oder Ausgleichsmaßnahmen oder weitere Qualifikationen

1. für die Feststellung der Gleichwertigkeit der Berufsqualifikation mit einer inländischen Berufsqualifikation oder
2. in einem im Inland reglementierten Beruf für die Erteilung der Berufsausübungserlaubnis

erforderlich sind. [2]Die Erteilung der Aufenthaltserlaubnis setzt voraus, dass

1. der Ausländer über der Qualifizierungsmaßnahme entsprechende deutsche Sprachkenntnisse, in der Regel mindestens über hinreichende deutsche Sprachkenntnisse, verfügt,
2. die Qualifizierungsmaßnahme geeignet ist, dem Ausländer die Anerkennung der Berufsqualifikation oder den Berufszugang zu ermöglichen, und
3. bei einer überwiegend betrieblichen Qualifizierungsmaßnahme die Bundesagentur für Arbeit nach § 39 zugestimmt hat oder durch die Beschäftigungsverordnung[2)] oder zwischenstaatliche Vereinbarung bestimmt ist, dass die Teilnahme an der Qualifizierungsmaßnahme ohne Zustimmung der Bundesagentur für Arbeit zulässig ist.

[3]Die Aufenthaltserlaubnis wird für bis zu 24 Monate erteilt und um längstens zwölf Monate bis zu einer Höchstaufenthaltsdauer von drei Jahren verlängert. [4]Sie berechtigt nur zur Ausübung einer von der Qualifizierungsmaßnahme unabhängigen Beschäftigung bis zu 20 Stunden je Woche.

(2) [1]Die Aufenthaltserlaubnis nach Absatz 1 berechtigt zusätzlich zur Ausübung einer zeitlich nicht eingeschränkten Beschäftigung, deren Anforderungen in einem Zusammenhang mit den in der späteren Beschäftigung verlangten berufsfachlichen

---

[1)] *§ 16d neu gef. mWv 1.3.2020 durch G v. 15.8.2019* (BGBl. I S. 1307); Abs. 1 Satz 4, Abs. 2 Satz 1 geänd., Abs. 3 Satz 2 angef., Abs. 4 Satz 3 geänd. mWv 24.6.2020 durch G v. 12.6.2020 (BGBl. I S. 1248); Abs. 1 Sätze 3 und 4, Abs. 2 Satz 1 geänd., Abs. 3 neu gef., Abs. 4 Satz 1 einl. Satzteil, Satz 3, Abs. 5 Satz 1 geänd., Satz 2, Abs. 6 neu gef. mWv 1.3.2024 durch G v. 16.8.2023 (BGBl. 2023 I Nr. 217).

[2)] **Sartorius ErgBd. Nr. 566a.**

Kenntnissen stehen, wenn die Bundesagentur für Arbeit nach § 39 zugestimmt hat oder durch die Beschäftigungsverordnung bestimmt ist, dass die Beschäftigung ohne Zustimmung der Bundesagentur für Arbeit zulässig ist. [2] § 18 Absatz 2 Nummer 3 gilt entsprechend.

(3) [1] Einem Ausländer soll zur Durchführung eines Verfahrens zur Anerkennung seiner im Ausland erworbenen Berufsqualifikation mit begleitender Ausübung einer qualifizierten Beschäftigung eine Aufenthaltserlaubnis erteilt werden, wenn

1. der Ausländer
   a) über eine ausländische Berufsqualifikation verfügt, die von dem Staat, in dem sie erworben wurde, staatlich anerkannt ist und deren Erlangung eine Ausbildungsdauer von mindestens zwei Jahren vorausgesetzt hat, oder
   b) einen ausländischen Hochschulabschluss besitzt, der von dem Staat, in dem er erworben wurde, staatlich anerkannt ist, und
2. ein konkretes Arbeitsplatzangebot vorliegt,
3. sich aus einer zwischen dem Ausländer und dem Arbeitgeber zu schließenden Vereinbarung ergibt, dass
   a) sich der Ausländer verpflichtet, spätestens nach der Einreise bei der im Inland nach den Regelungen des Bundes oder der Länder für die berufliche Anerkennung zuständigen Stelle unverzüglich das Verfahren zur Anerkennung seiner im Ausland erworbenen Berufsqualifikation einzuleiten, und
   b) sich der Arbeitgeber gegenüber dem Ausländer verpflichtet, ihm die Wahrnehmung der von der zuständigen Stelle zur Anerkennung seiner Berufsqualifikation geforderten Qualifizierungsmaßnahmen im Rahmen des Arbeitsverhältnisses zu ermöglichen,
4. der Arbeitgeber für eine Ausbildung oder Nachqualifizierung geeignet ist,
5. der Ausländer über die der angestrebten Tätigkeit entsprechenden, mindestens jedoch über hinreichende deutsche Sprachkenntnisse verfügt und
6. die Bundesagentur für Arbeit nach § 39 zugestimmt hat oder durch die Beschäftigungsverordnung oder zwischenstaatliche Vereinbarung bestimmt ist, dass die Beschäftigung ohne Zustimmung der Bundesagentur für Arbeit zulässig ist.

[2] Von dem Erfordernis einer qualifizierten Beschäftigung nach Satz 1 ist abzusehen, wenn zur Ausübung dieser Beschäftigung eine Berufsausübungserlaubnis erforderlich wäre und

1. der Arbeitgeber tarifgebunden ist oder es sich um einen kirchlichen Arbeitgeber handelt, der an Regelungen paritätisch besetzter Kommissionen gebunden ist, die auf der Grundlage kirchlichen Rechts Arbeitsbedingungen festlegen,
2. der Arbeitgeber den Ausländer zu den bei ihm geltenden tariflichen oder den auf der Grundlage kirchlichen Rechts festgelegten Arbeitsbedingungen beschäftigt und
3. die Einstufung und das Entgelt einer Beschäftigung entsprechen, deren Anforderungen auf eine berufliche Tätigkeit im angestrebten Zielberuf hinführen.

[3] Von dem Erfordernis einer qualifizierten Beschäftigung nach Satz 1 ist ebenfalls abzusehen, wenn zur Ausübung dieser Beschäftigung eine Berufsausübungserlaubnis erforderlich wäre und

1. der Arbeitgeber eine nach § 72 des Elften Buches Sozialgesetzbuch zugelassene Pflegeeinrichtung ist und
2. die Einstufung und das Entgelt einer Beschäftigung entsprechen, deren Anforderungen auf eine berufliche Tätigkeit im angestrebten Zielberuf hinführen.

[4] Der Ausländer ist verpflichtet, sich das Vorliegen der Voraussetzungen nach Satz 1 Nummer 1 Buchstabe a oder b von einer fachkundigen inländischen Stelle bestätigen zu lassen. [5] Die Aufenthaltserlaubnis wird bei erstmaliger Erteilung für die Dauer der Zustimmung der Bundesagentur für Arbeit, höchstens jedoch für ein Jahr erteilt und bis zu einer Höchstaufenthaltsdauer von drei Jahren verlängert. [6] Nach zeitlichem Ablauf des Höchstzeitraumes der Aufenthaltserlaubnis darf keine Aufenthaltserlaubnis nach den §§ 16d und 19c Absatz 1 in Verbindung mit einer Regelung der Beschäftigungsverordnung für vorübergehende Beschäftigungen erteilt werden. [7] § 9 findet keine Anwendung. [8] Die Aufenthaltserlaubnis berechtigt nur zur Ausübung der Beschäftigung nach Satz 1, 2 oder Satz 3 Nummer 2 sowie zu einer Nebenbeschäftigung von bis zu 20 Stunden je Woche.

(4) [1] Einem Ausländer soll zum Zweck der Anerkennung seiner im Ausland erworbenen Berufsqualifikation eine Aufenthaltserlaubnis für ein Jahr erteilt und um jeweils ein Jahr bis zu einer Höchstaufenthaltsdauer von drei Jahren verlängert werden, wenn der Ausländer auf Grund einer Absprache der Bundesagentur für Arbeit mit der Arbeitsverwaltung des Herkunftslandes

1. über das Verfahren, die Auswahl, die Vermittlung und die Durchführung des Verfahrens zur Feststellung der Gleichwertigkeit der ausländischen Berufsqualifikation und zur Erteilung der Berufsausübungserlaubnis bei durch Bundes- oder Landesgesetz reglementierten Berufen im Gesundheits- und Pflegebereich oder
2. über das Verfahren, die Auswahl, die Vermittlung und die Durchführung des Verfahrens zur Feststellung der Gleichwertigkeit der ausländischen Berufsqualifikation und, soweit erforderlich, zur Erteilung der Berufsausübungserlaubnis für sonstige ausgewählte Berufsqualifikationen unter Berücksichtigung der Angemessenheit der Ausbildungsstrukturen des Herkunftslandes

in eine Beschäftigung vermittelt worden ist und die Bundesagentur für Arbeit nach § 39 zugestimmt hat oder durch die Beschäftigungsverordnung oder zwischenstaatliche Vereinbarung bestimmt ist, dass die Erteilung der Aufenthaltserlaubnis ohne Zustimmung der Bundesagentur für Arbeit zulässig ist. [2] Voraussetzung ist zudem, dass der Ausländer über die in der Absprache festgelegten deutschen Sprachkenntnisse, in der Regel mindestens hinreichende deutsche Sprachkenntnisse, verfügt. [3] Die Aufenthaltserlaubnis berechtigt nur zur Ausübung einer von der anzuerkennenden Berufsqualifikation unabhängigen Beschäftigung bis zu 20 Stunden je Woche.

(5) [1] Einem Ausländer soll zum Ablegen von Prüfungen zur Anerkennung seiner ausländischen Berufsqualifikation eine Aufenthaltserlaubnis erteilt werden, wenn er über deutsche Sprachkenntnisse, die der abzulegenden Prüfung entsprechen, in der Regel jedoch mindestens über hinreichende deutsche Sprachkenntnisse, verfügt, sofern diese nicht durch die Prüfung nachgewiesen werden sollen. [2] Die Aufenthaltserlaubnis berechtigt nicht zur Ausübung einer Erwerbstätigkeit.

(6) [1] Einem Ausländer soll zum Zweck der Feststellung seiner maßgeblichen beruflichen Fertigkeiten, Kenntnisse und Fähigkeiten, die zur Feststellung der Gleichwertigkeit seiner im Ausland erworbenen Berufsqualifikation erforderlich sind (Qualifikationsanalyse) und die ihn zu einer qualifizierten Beschäftigung befähigen, eine Aufenthaltserlaubnis von bis zu sechs Monaten erteilt werden. [2] Die Erteilung der Aufenthaltserlaubnis setzt voraus, dass

1. *die zuständige Stelle entschieden* hat, dass die gesetzlichen Voraussetzungen für ein sonstiges Verfahren zur Feststellung der Gleichwertigkeit der ausländischen Berufsqualifikation vorliegen und die Durchführung einer Qualifikationsanalyse zugesagt wurde,

2. der Ausländer über deutsche Sprachkenntnisse, die der abzulegenden Qualifikationsanalyse entsprechen, in der Regel jedoch mindestens über hinreichende deutsche Sprachkenntnisse, verfügt.

[3] Absatz 1 Satz 4 und Absatz 2 gelten entsprechend. [4] Stellt die zuständige Stelle nach Durchführung des Verfahrens fest, dass Anpassungs- oder Ausgleichsmaßnahmen erforderlich sind, kann der Aufenthalt nach Absatz 1 oder Absatz 3 fortgesetzt werden, sofern die dort jeweils festgelegten Voraussetzungen erfüllt sind. [5] Eine Anrechnung der Dauer des Aufenthalts nach Satz 1 auf die in Absatz 1 oder Absatz 3 genannte Höchstaufenthaltsdauer erfolgt nicht.

§ 16e[1)] Studienbezogenes Praktikum EU. (1) Einem Ausländer wird eine Aufenthaltserlaubnis zum Zweck eines Praktikums nach der Richtlinie (EU) 2016/801 erteilt, wenn die Bundesagentur für Arbeit nach § 39 zugestimmt hat oder durch die Beschäftigungsverordnung[2)] oder durch zwischenstaatliche Vereinbarung bestimmt ist, dass das Praktikum ohne Zustimmung der Bundesagentur für Arbeit zulässig ist, und

1. das Praktikum dazu dient, dass sich der Ausländer Wissen, praktische Kenntnisse und Erfahrungen in einem beruflichen Umfeld aneignet,
2. der Ausländer eine Vereinbarung mit einer aufnehmenden Einrichtung über die Teilnahme an einem Praktikum vorlegt, die theoretische und praktische Schulungsmaßnahmen vorsieht, und Folgendes enthält:
   a) eine Beschreibung des Programms für das Praktikum einschließlich des Bildungsziels oder der Lernkomponenten,
   b) die Angabe der Dauer des Praktikums,
   c) die Bedingungen der Tätigkeit und der Betreuung des Ausländers,
   d) die Arbeitszeiten des Ausländers und
   e) das Rechtsverhältnis zwischen dem Ausländer und der aufnehmenden Einrichtung,
3. der Ausländer nachweist, dass er in den letzten zwei Jahren vor der Antragstellung einen Hochschulabschluss erlangt hat, oder nachweist, dass er ein Studium absolviert, das zu einem Hochschulabschluss führt,
4. das Praktikum fachlich und im Niveau dem in Nummer 3 genannten Hochschulabschluss oder Studium entspricht und
5. die aufnehmende Einrichtung sich schriftlich zur Übernahme der Kosten verpflichtet hat, die öffentlichen Stellen bis zu sechs Monate nach der Beendigung der Praktikumsvereinbarung entstehen für
   a) den Lebensunterhalt des Ausländers während eines unerlaubten Aufenthalts im Bundesgebiet und
   b) eine Abschiebung des Ausländers.

(2) Die Aufenthaltserlaubnis wird für die vereinbarte Dauer des Praktikums, höchstens jedoch für sechs Monate erteilt.

§ 16f[3)] Sprachkurse und Schulbesuch. (1) [1] Einem Ausländer kann eine Aufenthaltserlaubnis zur Teilnahme an Sprachkursen, die nicht der Studienvorbereitung dienen, oder zur Teilnahme an einem Schüleraustausch erteilt werden. [2] Eine

[1)] Abschnitt 3 (§§ 16–17) neu gef. mWv 1.3.2020 durch G v. 15.8.2019 (BGBl. I S. 1307).
[2)] **Sartorius ErgBd. Nr. 566a.**
[3)] § 16f neu gef. mWv 1.3.2020 durch G v. 15.8.2019 (BGBl. I S. 1307); Abs. 2 einl. Satzteil, Abs. 3 Satz 1 geänd., Satz 4 neu gef., Satz 5 angef. mWv 1.3.2024 durch G v. 16.8.2023 (BGBl. 2023 I Nr. 217).

Aufenthaltserlaubnis zur Teilnahme an einem Schüleraustausch kann auch erteilt werden, wenn kein unmittelbarer Austausch erfolgt.

(2) Einem Ausländer soll eine Aufenthaltserlaubnis zum Zweck des Schulbesuchs in der Regel ab der neunten Klassenstufe erteilt werden, wenn in der Schulklasse eine Zusammensetzung aus Schülern verschiedener Staatsangehörigkeiten gewährleistet ist und es sich handelt

1. um eine öffentliche oder staatlich anerkannte Schule mit internationaler Ausrichtung oder
2. um eine Schule, die nicht oder nicht überwiegend aus öffentlichen Mitteln finanziert wird und die Schüler auf internationale Abschlüsse, Abschlüsse anderer Staaten oder staatlich anerkannte Abschlüsse vorbereitet.

(3) [1] Während eines Aufenthalts zum Schulbesuch nach Absatz 2 soll in der Regel eine Aufenthaltserlaubnis zu einem anderen Aufenthaltszweck nur in Fällen eines gesetzlichen Anspruchs erteilt werden. [2] Im Anschluss an einen Aufenthalt zur Teilnahme an einem Schüleraustausch darf eine Aufenthaltserlaubnis für einen anderen Zweck nur in den Fällen eines gesetzlichen Anspruchs erteilt werden. [3] § 9 findet keine Anwendung. [4] Die Aufenthaltserlaubnis nach Absatz 1 zur Teilnahme an einem Sprachkurs berechtigt nur zur Ausübung einer Beschäftigung von bis zu 20 Stunden je Woche. [5] Die Aufenthaltserlaubnis nach Absatz 1 zur Teilnahme an einem Schüleraustausch und die Aufenthaltserlaubnis nach Absatz 2 berechtigen nicht zur Ausübung einer Erwerbstätigkeit.

(4) [1] Bilaterale oder multilaterale Vereinbarungen der Länder mit öffentlichen Stellen in einem anderen Staat über den Besuch inländischer Schulen durch ausländische Schüler bleiben unberührt. [2] Aufenthaltserlaubnisse zur Teilnahme am Schulbesuch können auf Grund solcher Vereinbarungen nur erteilt werden, wenn die für das Aufenthaltsrecht zuständige oberste Landesbehörde der Vereinbarung zugestimmt hat.

§ 16g[1)] Aufenthaltserlaubnis zur Berufsausbildung für ausreisepflichtige Ausländer. (1) [1] Einem Ausländer ist eine Aufenthaltserlaubnis zu erteilen, wenn er in Deutschland

1. als Asylbewerber eine
   a) qualifizierte Berufsausbildung in einem staatlich anerkannten oder vergleichbar geregelten Ausbildungsberuf aufgenommen hat oder
   b) Assistenz- oder Helferausbildung in einem staatlich anerkannten oder vergleichbar geregelten Ausbildungsberuf aufgenommen hat, an die eine qualifizierte Berufsausbildung in einem staatlich anerkannten oder vergleichbar geregelten Ausbildungsberuf, für den die Bundesagentur für Arbeit einen Engpass festgestellt hat, anschlussfähig ist und dazu eine Ausbildungsplatzzusage vorliegt,

   und nach Ablehnung des Asylantrags diese Berufsausbildung fortsetzen möchte oder
2. im Besitz einer Duldung nach § 60a ist und eine in Nummer 1 genannte Berufsausbildung aufnimmt.

[2] In Fällen offensichtlichen Missbrauchs kann die Aufenthaltserlaubnis versagt *werden.*

[1)] § 16g eingef. mWv 1.3.2024 durch G v. 16.8.2023 (BGBl. 2023 I Nr. 217; 2024 I Nr. 54); Abs. 2 Nr. 5 Buchst. e geänd. mWv 12.6.2026 durch G v. 23.4.2026 (BGBl. 2026 I Nr. 111).

(2) Die Aufenthaltserlaubnis nach Absatz 1 wird nicht erteilt, wenn

1. ein Ausschlussgrund nach § 60a Absatz 6 vorliegt,
2. im Fall von Absatz 1 Satz 1 Nummer 2 der Ausländer bei Antragstellung noch nicht drei Monate im Besitz einer Duldung ist,
3. die Identität nicht geklärt ist
   a) bei Einreise in das Bundesgebiet bis zum 31. Dezember 2016 bis zur Beantragung der Aufenthaltserlaubnis oder
   b) bei Einreise in das Bundesgebiet ab dem 1. Januar 2017 und vor dem 1. Januar 2020 bis zur Beantragung der Aufenthaltserlaubnis, spätestens jedoch bis zum 30. Juni 2020 oder
   c) bei Einreise in das Bundesgebiet nach dem 31. Dezember 2019 innerhalb der ersten sechs Monate nach der Einreise;

   die Frist gilt als gewahrt, wenn der Ausländer innerhalb der in den Buchstaben a bis c genannten Frist alle erforderlichen und ihm zumutbaren Maßnahmen für die Identitätsklärung ergriffen hat und die Identität erst nach dieser Frist geklärt werden kann, ohne dass der Ausländer dies zu vertreten hat,
4. ein Ausschlussgrund nach § 19d Absatz 1 Nummer 6 oder 7 vorliegt, oder gegen den Ausländer eine Ausweisungsverfügung oder eine Abschiebungsanordnung nach § 58a besteht oder
5. im Fall von Absatz 1 Satz 1 Nummer 2 zum Zeitpunkt der Antragstellung konkrete Maßnahmen zur Aufenthaltsbeendigung, die in einem hinreichenden sachlichen und zeitlichen Zusammenhang zur Aufenthaltsbeendigung stehen, bevorstehen; diese konkreten Maßnahmen zur Aufenthaltsbeendigung stehen bevor, wenn
   a) eine ärztliche Untersuchung zur Feststellung der Reisefähigkeit veranlasst wurde,
   b) der Ausländer einen Antrag zur Förderung einer freiwilligen Ausreise mit staatlichen Mitteln gestellt hat,
   c) die Buchung von Transportmitteln für die Abschiebung eingeleitet wurde,
   d) vergleichbar konkrete Vorbereitungsmaßnahmen zur Abschiebung des Ausländers eingeleitet wurden, es sei denn, es ist von vornherein absehbar, dass diese nicht zum Erfolg führen, oder
   e) ein Verfahren zur Bestimmung des zuständigen Mitgliedstaates gemäß Artikel 38 Absatz 1 der Verordnung (EU) 2024/1351 eingeleitet wurde.

(3) [1] Der Antrag auf Erteilung der Aufenthaltserlaubnis nach Absatz 1 kann frühestens sieben Monate vor Beginn der Berufsausbildung gestellt werden. [2] Die Aufenthaltserlaubnis nach Absatz 1 Satz 1 Nummer 2 wird frühestens sechs Monate vor Beginn der Berufsausbildung erteilt. [3] Sie wird erteilt, wenn zum Zeitpunkt der Antragstellung auf Erteilung der Aufenthaltserlaubnis nach Absatz 1

1. die Eintragung des Ausbildungsvertrages in das Verzeichnis der Berufsausbildungsverhältnisse bei der zuständigen Stelle bereits beantragt wurde,
2. die Eintragung des Ausbildungsvertrages in das Verzeichnis der Berufsausbildungsverhältnisse bei der zuständigen Stelle erfolgt ist,
3. soweit eine solche Eintragung nicht erforderlich ist, der Ausbildungsvertrag mit einer Bildungseinrichtung geschlossen wurde oder
4. die Zustimmung einer staatlichen oder staatlich anerkannten Bildungseinrichtung zu dem Ausbildungsvertrag vorliegt.

[4] Die Aufenthaltserlaubnis nach Absatz 1 wird für die im Ausbildungsvertrag bestimmte Dauer der Berufsausbildung erteilt.

(3a) Die Aufenthaltserlaubnis nach Absatz 1 berechtigt für die Dauer der Berufsausbildung nach Absatz 1 nur zur Ausübung einer vom Zweck nach Absatz 1 unabhängigen Beschäftigung von bis zu 20 Stunden je Woche.

(4) [1] Wird die Ausbildung vorzeitig beendet oder abgebrochen, ist die Bildungseinrichtung verpflichtet, dies unverzüglich, in der Regel innerhalb von zwei Wochen, der zuständigen Ausländerbehörde schriftlich oder elektronisch mitzuteilen. [2] In der Mitteilung sind neben den mitzuteilenden Tatsachen und dem Zeitpunkt ihres Eintritts die Namen, Vornamen und die Staatsangehörigkeit des Ausländers anzugeben.

(5) [1] Wird das Ausbildungsverhältnis vorzeitig beendet oder abgebrochen, wird die Aufenthaltserlaubnis nach Absatz 1 einmalig um sechs Monate zum Zweck der Suche nach einem weiteren Ausbildungsplatz zur Aufnahme einer Berufsausbildung nach Absatz 1 verlängert. [2] Die Aufenthaltserlaubnis nach Absatz 1 wird für sechs Monate zum Zweck der Suche nach einer der erworbenen beruflichen Qualifikation entsprechenden Beschäftigung verlängert, wenn nach erfolgreichem Abschluss der Berufsausbildung, für die die Aufenthaltserlaubnis nach Absatz 1 erteilt wurde, eine Weiterbeschäftigung im Ausbildungsbetrieb nicht erfolgt; die zur Ausbildungs- oder Arbeitsplatzsuche erteilte Aufenthaltserlaubnis nach Satz 1 oder 2 darf für diesen Zweck nicht verlängert werden.

(6) Eine Aufenthaltserlaubnis nach Absatz 1 Satz 1 kann unbeachtlich des Absatzes 2 Nummer 3 erteilt werden, wenn der Ausländer die erforderlichen und für ihn zumutbaren Maßnahmen für die Identitätsklärung getroffen hat.

(7) Die Aufenthaltserlaubnis nach Absatz 1 oder nach Absatz 5 wird widerrufen, wenn ein Ausschlussgrund nach Absatz 2 Nummer 4 eintritt oder die Ausbildung vorzeitig beendet oder abgebrochen wird.

(8) [1] Nach erfolgreichem Abschluss dieser Berufsausbildung ist für eine der erworbenen beruflichen Qualifikation entsprechenden Beschäftigung mit Zustimmung der Bundesagentur für Arbeit eine Aufenthaltserlaubnis für die Dauer von zwei Jahren zu erteilen, wenn die Voraussetzungen des § 19d Absatz 1 Nummer 2, 3, 6 und 7 vorliegen. [2] Die Aufenthaltserlaubnis berechtigt nach Ausübung einer zweijährigen der beruflichen Qualifikation entsprechenden Beschäftigung zu jeder Beschäftigung.

(9) Eine Aufenthaltserlaubnis nach Absatz 8 wird widerrufen, wenn das der Erteilung der Aufenthaltserlaubnis zugrundeliegende Arbeitsverhältnis aus Gründen, die in der Person des Ausländers liegen, aufgelöst wird oder ein Ausschlussgrund nach Absatz 2 Nummer 4 eintritt.

(10) [1] Die Aufenthaltserlaubnis wird abweichend von § 5 Absatz 2 und § 10 Absatz 3 Satz 1 erteilt. [2] § 5 Absatz 1 Nummer 1a findet keine Anwendung. [3] Solange der Ausländer Leistungen der Ausbildungsförderung nach dem Dritten Buch Sozialgesetzbuch[1)] bezieht, schließt die Inanspruchnahme öffentlicher Leistungen zur Sicherstellung des eigenen Lebensunterhalts die Erteilung der Aufenthaltserlaubnis nicht aus. [4] Die Aufenthaltserlaubnis nach Absatz 1 in Verbindung mit Absatz 5 wird abweichend von § 5 Absatz 1 Nummer 1 erteilt. [5] Von § 3 kann in *den Fällen des Absatzes 6 abgesehen* werden.

[1)] **Aichberger, SGB Nr. 3.**

§ 17[1)] Suche eines Ausbildungs- oder Studienplatzes. (1) [1] Einem Ausländer kann zum Zweck der Suche nach einem Ausbildungsplatz zur Durchführung einer qualifizierten Berufsausbildung eine Aufenthaltserlaubnis erteilt werden, wenn

1. er das 35. Lebensjahr noch nicht vollendet hat,
2. der Lebensunterhalt gesichert ist,
3. er über einen Abschluss einer deutschen Auslandsschule oder über einen Schulabschluss verfügt, der zum Hochschulzugang im Bundesgebiet oder in dem Staat berechtigt, in dem der Schulabschluss erworben wurde, und
4. er über ausreichende deutsche Sprachkenntnisse verfügt.

[2] Die Aufenthaltserlaubnis wird für bis zu neun Monate erteilt. [3] Sie kann erneut nur erteilt werden, wenn sich der Ausländer nach seiner Ausreise mindestens so lange im Ausland aufgehalten hat, wie er sich zuvor auf der Grundlage einer Aufenthaltserlaubnis nach Satz 1 im Bundesgebiet aufgehalten hat.

(2) [1] Einem Ausländer kann zum Zweck der Studienbewerbung eine Aufenthaltserlaubnis erteilt werden, wenn

(Fortsetzung nächstes Blatt)

[1)] § 17 neu gef. mWv 1.3.2020 durch G v. 15.8.2019 (BGBl. I S. 1307); Abs. 1 Satz 1 Nr. 1, 4, Satz 2 geänd., Abs. 3 neu gef. mWv 1.3.2024 durch G v. 16.8.2023 (BGBl. 2023 I Nr. 217).

1. er über die schulischen und sprachlichen Voraussetzungen zur Aufnahme eines Studiums verfügt oder diese innerhalb der Aufenthaltsdauer nach Satz 2 erworben werden sollen und
2. der Lebensunterhalt gesichert ist.

[2] Die Aufenthaltserlaubnis wird für bis zu neun Monate erteilt.

(3) [1] Die Aufenthaltserlaubnis nach den Absätzen 1 und 2 berechtigt nur zur Ausübung einer Beschäftigung von bis zu 20 Stunden je Woche und zur Ausübung von Probebeschäftigungen von bis zu insgesamt zwei Wochen. [2] Während des Aufenthalts nach den Absätzen 1 und 2 soll in der Regel eine Aufenthaltserlaubnis zu einem anderen Aufenthaltszweck nur nach den §§ 16a, 16b oder 19c Absatz 2 oder in Fällen eines gesetzlichen Anspruchs erteilt werden.

Abschnitt 4. Aufenthalt zum Zweck der Erwerbstätigkeit

§ 18[1)] Grundsatz der Fachkräfteeinwanderung; allgemeine Bestimmungen. (1) [1] Die Zulassung ausländischer Beschäftigter orientiert sich an den Erfordernissen des Wirtschafts- und Wissenschaftsstandortes Deutschland unter Berücksichtigung der Verhältnisse auf dem Arbeitsmarkt. [2] Die besonderen Möglichkeiten für ausländische Fach- und Arbeitskräfte dienen der Sicherung der Fach- und Arbeitskräftebasis und der Stärkung der sozialen Sicherungssysteme. [3] Sie sind ausgerichtet auf die nachhaltige Integration von Fachkräften sowie Arbeitskräften mit ausgeprägter Berufserfahrung in den Arbeitsmarkt und die Gesellschaft unter Beachtung der Interessen der öffentlichen Sicherheit.

(2) Die Erteilung eines Aufenthaltstitels zur Ausübung einer Beschäftigung nach diesem Abschnitt setzt voraus, dass

1. ein konkretes Arbeitsplatzangebot vorliegt,
2. die Bundesagentur für Arbeit nach § 39 zugestimmt hat; dies gilt nicht, wenn durch Gesetz, zwischenstaatliche Vereinbarung oder durch die Beschäftigungsverordnung[2)] bestimmt ist, dass die Ausübung der Beschäftigung ohne Zustimmung der Bundesagentur für Arbeit zulässig ist; in diesem Fall kann die Erteilung des Aufenthaltstitels auch versagt werden, wenn einer der Tatbestände des § 40 Absatz 2 oder 3 vorliegt,
3. eine Berufsausübungserlaubnis erteilt wurde oder zugesagt ist, soweit diese erforderlich ist,
4. die Gleichwertigkeit der Qualifikation festgestellt wurde oder ein anerkannter ausländischer oder ein einem deutschen Hochschulabschluss vergleichbarer ausländischer Hochschulabschluss vorliegt, soweit dies eine Voraussetzung für die Erteilung des Aufenthaltstitels ist,

4a. der Ausländer und der Arbeitgeber versichern, dass die Beschäftigung tatsächlich ausgeübt werden soll, und

5. in den Fällen der erstmaligen Erteilung eines Aufenthaltstitels nach § 18a oder § 18b nach Vollendung des 45. Lebensjahres des Ausländers die Höhe des Gehalts mindestens 55 Prozent der jährlichen Beitragsbemessungsgrenze in der allgemeinen Rentenversicherung entspricht, es sei denn, der Ausländer kann den Nachweis über eine angemessene Altersversorgung erbringen. Von den

---

1) § 18 neu gef. mWv 1.3.2020 durch G v. 15.8.2019 (BGBl. I S. 1307); Abs. 2 Nr. 5 Satz 1 geänd., Abs. 4 neu gef. mWv 18.11.2023, Abs. 1 Sätze 2 und 3 neu gef., Abs. 2 Nr. 4 geänd., Nr. 4a eingef., Nr. 5 Satz 2 neu gef. mWv 1.3.2024 durch G v. 16.8.2023 (BGBl. 2023 I Nr. 217), Änd. von Abs. 2 Nr. 5 Satz 1 aufgrund der vorhergehenden Änd. nicht ausführbar.

2) **Sartorius ErgBd. Nr. 566a.**

Voraussetzungen nach Satz 1 kann abgesehen werden, wenn ein öffentliches, insbesondere ein regionales, wirtschaftliches oder arbeitsmarktpolitisches Interesse an der Beschäftigung des Ausländers besteht, insbesondere, wenn die Gehaltsschwelle nur geringfügig unterschritten oder die Altersgrenze nur geringfügig überschritten wird. Das Bundesministerium des Innern, für Bau und Heimat gibt das Mindestgehalt für jedes Kalenderjahr jeweils bis zum 31. Dezember des Vorjahres im Bundesanzeiger bekannt.

(3) Fachkraft im Sinne dieses Gesetzes ist ein Ausländer, der

1. eine inländische qualifizierte Berufsausbildung oder eine mit einer inländischen qualifizierten Berufsausbildung gleichwertige ausländische Berufsqualifikation besitzt (Fachkraft mit Berufsausbildung) oder
2. einen deutschen, einen anerkannten ausländischen oder einen einem deutschen Hochschulabschluss vergleichbaren ausländischen Hochschulabschluss besitzt (Fachkraft mit akademischer Ausbildung).

(4) Aufenthaltstitel gemäß den §§ 18a, 18b, 18g und 19c werden für die Dauer von vier Jahren oder, wenn das Arbeitsverhältnis oder die Zustimmung der Bundesagentur für Arbeit auf einen kürzeren Zeitraum befristet sind, für diesen kürzeren Zeitraum zuzüglich dreier Monate, nicht jedoch für länger als vier Jahre, erteilt.

§ 18a[1] Fachkräfte mit Berufsausbildung. Einer Fachkraft mit Berufsausbildung wird eine Aufenthaltserlaubnis zur Ausübung jeder qualifizierten Beschäftigung erteilt.

§ 18b[2] Fachkräfte mit akademischer Ausbildung. Einer Fachkraft mit akademischer Ausbildung wird eine Aufenthaltserlaubnis zur Ausübung jeder qualifizierten Beschäftigung erteilt.

§ 18c[3] Niederlassungserlaubnis für Fachkräfte. (1) [1] Einer Fachkraft ist ohne Zustimmung der Bundesagentur für Arbeit eine Niederlassungserlaubnis zu erteilen, wenn

1. sie seit drei Jahren im Besitz eines Aufenthaltstitels nach den §§ 18a, 18b, 18d oder § 18g ist,
2. sie einen Arbeitsplatz innehat, der nach den Voraussetzungen der §§ 18a, 18b, 18d oder § 18g von ihr besetzt werden darf,
3. sie mindestens 36 Monate Pflichtbeiträge oder freiwillige Beiträge zur gesetzlichen Rentenversicherung geleistet hat oder Aufwendungen für einen Anspruch auf vergleichbare Leistungen einer Versicherungs- oder Versorgungseinrichtung oder eines Versicherungsunternehmens nachweist,
4. sie über ausreichende Kenntnisse der deutschen Sprache verfügt und
5. die Voraussetzungen des § 9 Absatz 2 Satz 1 Nummer 2 und 4 bis 6, 8 und 9 vorliegen; § 9 Absatz 2 Satz 2 bis 4 und 6 gilt entsprechend.

[2] Die Frist nach Satz 1 Nummer 1 verkürzt sich auf zwei Jahre und die Frist nach Satz 1 Nummer 3 verkürzt sich auf 24 Monate, wenn die Fachkraft eine inländi-

---

[1] *§ 18a neu gef. mWv 18.11.2023 durch G v. 16.8.2023* (BGBl. 2023 I Nr. 217).
[2] § 18b neu gef. mWv 18.11.2023 durch G v. 16.8.2023 (BGBl. 2023 I Nr. 217).
[3] § 18c neu gef. mWv 1.3.2020 durch G v. 15.8.2019 (BGBl. I S. 1307); Abs. 1 Satz 1 Nr. 1 und 2, Abs. 2 Satz 1 geänd. mWv 18.11.2023, Abs. 1 Satz 1 Nr. 1 und 3, Abs. 2 Satz 1, Abs. 3 Satz 1 geänd. mWv 1.3.2024 durch G v. 16.8.2023 (BGBl. 2023 I Nr. 217).

sche Berufsausbildung oder ein inländisches Studium erfolgreich abgeschlossen hat.

(2) [1]Abweichend von Absatz 1 ist dem Inhaber einer Blauen Karte EU eine Niederlassungserlaubnis zu erteilen, wenn er mindestens 27 Monate eine Beschäftigung nach § 18g ausgeübt hat und für diesen Zeitraum Pflichtbeiträge oder freiwillige Beiträge zur gesetzlichen Rentenversicherung geleistet hat oder Aufwendungen für einen Anspruch auf vergleichbare Leistungen einer Versicherungs- oder Versorgungseinrichtung oder eines Versicherungsunternehmens nachweist und die Voraussetzungen des § 9 Absatz 2 Satz 1 Nummer 2 und 4 bis 6, 8 und 9 vorliegen und er über einfache Kenntnisse der deutschen Sprache verfügt. [2]§ 9 Absatz 2 Satz 2 bis 4 und 6 gilt entsprechend. [3]Die Frist nach Satz 1 verkürzt sich auf 21 Monate, wenn der Ausländer über ausreichende Kenntnisse der deutschen Sprache verfügt.

(3) [1]Einer hoch qualifizierten Fachkraft mit akademischer Ausbildung soll ohne Zustimmung der Bundesagentur für Arbeit in besonderen Fällen eine Niederlassungserlaubnis erteilt werden, wenn die Annahme gerechtfertigt ist, dass die Integration in die Lebensverhältnisse der Bundesrepublik Deutschland und die Sicherung des Lebensunterhalts ohne staatliche Hilfe gewährleistet sind sowie die Voraussetzung des § 9 Absatz 2 Satz 1 Nummer 4 vorliegt. [2]Die Landesregierung kann bestimmen, dass die Erteilung der Niederlassungserlaubnis nach Satz 1 der Zustimmung der obersten Landesbehörde oder einer von ihr bestimmten Stelle bedarf. [3]Hoch qualifiziert nach Satz 1 sind bei mehrjähriger Berufserfahrung insbesondere

1. Wissenschaftler mit besonderen fachlichen Kenntnissen oder
2. Lehrpersonen in herausgehobener Funktion oder wissenschaftliche Mitarbeiter in herausgehobener Funktion.

§ 18d[1)] Forschung. (1) [1]Einem Ausländer wird ohne Zustimmung der Bundesagentur für Arbeit eine Aufenthaltserlaubnis nach der Richtlinie (EU) 2016/801 zum Zweck der Forschung erteilt, wenn

1. er
   a) eine wirksame Aufnahmevereinbarung oder einen entsprechenden Vertrag zur Durchführung eines Forschungsvorhabens mit einer Forschungseinrichtung abgeschlossen hat, die für die Durchführung des besonderen Zulassungsverfahrens für Forscher im Bundesgebiet anerkannt ist, oder
   b) eine wirksame Aufnahmevereinbarung oder einen entsprechenden Vertrag mit einer Forschungseinrichtung abgeschlossen hat, die Forschung betreibt, und
2. die Forschungseinrichtung sich schriftlich zur Übernahme der Kosten verpflichtet hat, die öffentlichen Stellen bis zu sechs Monate nach der Beendigung der Aufnahmevereinbarung entstehen für
   a) den Lebensunterhalt des Ausländers während eines unerlaubten Aufenthalts in einem Mitgliedstaat der Europäischen Union und
   b) eine Abschiebung des Ausländers.

[2]In den Fällen des Satzes 1 Nummer 1 Buchstabe a ist die Aufenthaltserlaubnis innerhalb von 60 Tagen nach Antragstellung zu erteilen.

1) § 18d neu gef. mWv 1.3.2020 durch G v. 15.8.2019 (BGBl. I S. 1307); Abs. 2 Satz 1, Abs. 2 Satz 3, Abs. 3 geänd. mWv 24.6.2020 durch G v. 12.6.2020 (BGBl. I S. 1248).

(2) [1] Von dem Erfordernis des Absatzes 1 Satz 1 Nummer 2 soll abgesehen werden, wenn die Tätigkeit der Forschungseinrichtung überwiegend aus öffentlichen Mitteln finanziert wird. [2] Es kann davon abgesehen werden, wenn an dem Forschungsvorhaben ein besonderes öffentliches Interesse besteht. [3] Auf die nach Absatz 1 Satz 1 Nummer 2 abgegebenen Erklärungen sind § 66 Absatz 5, § 67 Absatz 3 sowie § 68 Absatz 2 Satz 2 und 3 und Absatz 4 entsprechend anzuwenden.

(3) Die Forschungseinrichtung kann die Erklärung nach Absatz 1 Satz 1 Nummer 2 auch gegenüber der für ihre Anerkennung zuständigen Stelle allgemein für sämtliche Ausländer abgeben, denen auf Grund einer mit ihr geschlossenen Aufnahmevereinbarung eine Aufenthaltserlaubnis erteilt wird.

(4) [1] Die Aufenthaltserlaubnis wird für mindestens ein Jahr erteilt. [2] Nimmt der Ausländer an einem Unions- oder multilateralen Programm mit Mobilitätsmaßnahmen teil, so wird die Aufenthaltserlaubnis für mindestens zwei Jahre erteilt. [3] Wenn das Forschungsvorhaben in einem kürzeren Zeitraum durchgeführt wird, wird die Aufenthaltserlaubnis abweichend von den Sätzen 1 und 2 auf die Dauer des Forschungsvorhabens befristet; die Frist beträgt in den Fällen des Satzes 2 mindestens ein Jahr.

(5) [1] Eine Aufenthaltserlaubnis nach Absatz 1 berechtigt zur Aufnahme der Forschungstätigkeit bei der in der Aufnahmevereinbarung bezeichneten Forschungseinrichtung und zur Aufnahme von Tätigkeiten in der Lehre. [2] Änderungen des Forschungsvorhabens während des Aufenthalts führen nicht zum Wegfall dieser Berechtigung.

(6) [1] Einem Ausländer, der in einem Mitgliedstaat der Europäischen Union international Schutzberechtigter ist, kann eine Aufenthaltserlaubnis zum Zweck der Forschung erteilt werden, wenn die Voraussetzungen des Absatzes 1 erfüllt sind und er sich mindestens zwei Jahre nach Erteilung der Schutzberechtigung in diesem Mitgliedstaat aufgehalten hat. [2] Absatz 5 gilt entsprechend.

§ 18e[1] Kurzfristige Mobilität für Forscher. (1) [1] Für einen Aufenthalt zum Zweck der Forschung, der eine Dauer von 180 Tagen innerhalb eines Zeitraums von 360 Tagen nicht überschreitet, bedarf ein Ausländer abweichend von § 4 Absatz 1 keines Aufenthaltstitels, wenn die aufnehmende Forschungseinrichtung im Bundesgebiet dem Bundesamt für Migration und Flüchtlinge und der zuständigen Behörde des anderen Mitgliedstaates mitgeteilt hat, dass der Ausländer beabsichtigt, einen Teil seiner Forschungstätigkeit im Bundesgebiet durchzuführen, und dem Bundesamt für Migration und Flüchtlinge mit der Mitteilung vorlegt

1. den Nachweis, dass der Ausländer einen gültigen nach der Richtlinie (EU) 2016/801 erteilten Aufenthaltstitel eines anderen Mitgliedstaates zum Zweck der Forschung besitzt,
2. die Aufnahmevereinbarung oder den entsprechenden Vertrag, die oder der mit der aufnehmenden Forschungseinrichtung im Bundesgebiet geschlossen wurde,
3. die Kopie eines anerkannten und gültigen Passes oder Passersatzes des Ausländers und
4. den Nachweis, dass der Lebensunterhalt des Ausländers gesichert ist.

[2] Die aufnehmende Forschungseinrichtung hat die Mitteilung zu dem Zeitpunkt zu machen, zu dem der Ausländer in einem anderen Mitgliedstaat der Europäischen Union den Antrag auf Erteilung eines Aufenthaltstitels im Anwendungs-

[1] § 18e eingef. mWv 1.3.2020 durch G v. 15.8.2019 (BGBl. I S. 1307).

bereich der Richtlinie (EU) 2016/801 stellt. [3] Ist der aufnehmenden Forschungseinrichtung zu diesem Zeitpunkt die Absicht des Ausländers, einen Teil der Forschungstätigkeit im Bundesgebiet durchzuführen, noch nicht bekannt, so hat sie die Mitteilung zu dem Zeitpunkt zu machen, zu dem ihr die Absicht bekannt wird. [4] Bei der Erteilung des Aufenthaltstitels nach Satz 1 Nummer 1 durch einen Staat, der nicht Schengen-Staat ist, und bei der Einreise über einen Staat, der nicht Schengen-Staat ist, hat der Ausländer eine Kopie der Mitteilung mitzuführen und den zuständigen Behörden auf deren Verlangen vorzulegen.

(2) [1] Erfolgt die Mitteilung zu dem in Absatz 1 Satz 2 genannten Zeitpunkt und wurden die Einreise und der Aufenthalt nicht nach § 19f Absatz 5 abgelehnt, so darf der Ausländer jederzeit innerhalb der Gültigkeitsdauer des Aufenthaltstitels in das Bundesgebiet einreisen und sich dort zum Zweck der Forschung aufhalten. [2] Erfolgt die Mitteilung zu dem in Absatz 1 Satz 3 genannten Zeitpunkt, so darf der Ausländer nach Zugang der Mitteilung innerhalb der Gültigkeitsdauer des in Absatz 1 Satz 1 Nummer 1 genannten Aufenthaltstitels des anderen Mitgliedstaates in das Bundesgebiet einreisen und sich dort zum Zweck der Forschung aufhalten.

(3) Ein Ausländer, der die Voraussetzungen nach Absatz 1 erfüllt, ist berechtigt, in der aufnehmenden Forschungseinrichtung die Forschungstätigkeit aufzunehmen und Tätigkeiten in der Lehre aufzunehmen.

(4) [1] Werden die Einreise und der Aufenthalt nach § 19f Absatz 5 abgelehnt, so hat der Ausländer die Forschungsstätigkeit unverzüglich einzustellen. [2] Die bis dahin nach Absatz 1 Satz 1 bestehende Befreiung vom Erfordernis eines Aufenthaltstitels entfällt.

(5) Sofern keine Ablehnung der Einreise und des Aufenthalts nach § 19f Absatz 5 erfolgt, wird dem Ausländer durch das Bundesamt für Migration und Flüchtlinge eine Bescheinigung über die Berechtigung zur Einreise und zum Aufenthalt zum Zweck der Forschung im Rahmen der kurzfristigen Mobilität ausgestellt.

(6) [1] Nach der Ablehnung gemäß § 19f Absatz 5 oder der Ausstellung der Bescheinigung im Sinne von Absatz 5 durch das Bundesamt für Migration und Flüchtlinge ist die Ausländerbehörde gemäß § 71 Absatz 1 für weitere aufenthaltsrechtliche Maßnahmen und Entscheidungen zuständig. [2] Der Ausländer und die aufnehmende Forschungseinrichtung sind verpflichtet, der Ausländerbehörde Änderungen in Bezug auf die in Absatz 1 genannten Voraussetzungen anzuzeigen.

§ 18f[1)] Aufenthaltserlaubnis für mobile Forscher. (1) Für einen Aufenthalt zum Zweck der Forschung, der mehr als 180 Tage und höchstens ein Jahr dauert, wird einem Ausländer ohne Zustimmung der Bundesagentur für Arbeit eine Aufenthaltserlaubnis erteilt, wenn

1. er einen für die Dauer des Verfahrens gültigen nach der Richtlinie (EU) 2016/801 erteilten Aufenthaltstitel eines anderen Mitgliedstaates besitzt,
2. die Kopie eines anerkannten und gültigen Passes oder Passersatzes vorgelegt wird und
3. die Aufnahmevereinbarung oder der entsprechende Vertrag, die oder der mit der aufnehmenden Forschungseinrichtung im Bundesgebiet geschlossen wurde, vorgelegt wird.

(2) Wird der Antrag auf Erteilung der Aufenthaltserlaubnis mindestens 30 Tage vor Beginn des Aufenthalts im Bundesgebiet gestellt und ist der Aufenthaltstitel des anderen Mitgliedstaates weiterhin gültig, so gelten, bevor über den Antrag

---

[1)] § 18f eingef. mWv 1.3.2020 durch G v. 15.8.2019 (BGBl. I S. 1307).

entschieden wird, der Aufenthalt und die Erwerbstätigkeit des Ausländers für bis zu 180 Tage innerhalb eines Zeitraums von 360 Tagen als erlaubt.

(3) Für die Berechtigung zur Ausübung der Forschungstätigkeit und einer Tätigkeit in der Lehre gilt § 18d Absatz 5 entsprechend.

(4) Der Ausländer und die aufnehmende Forschungseinrichtung sind verpflichtet, der Ausländerbehörde Änderungen in Bezug auf die in Absatz 1 genannten Voraussetzungen anzuzeigen.

(5) [1]Der Antrag wird abgelehnt, wenn er parallel zu einer Mitteilung nach § 18e Absatz 1 Satz 1 gestellt wurde. [2]Abgelehnt wird ein Antrag auch, wenn er zwar während eines Aufenthalts nach § 18e Absatz 1, aber nicht mindestens 30 Tage vor Ablauf dieses Aufenthalts vollständig gestellt wurde.

§ 18g[1)] Blaue Karte EU. (1) [1]Einer Fachkraft mit akademischer Ausbildung wird ohne Zustimmung der Bundesagentur für Arbeit eine Blaue Karte EU zum Zweck einer ihrer Qualifikation angemessenen inländischen Beschäftigung erteilt, wenn sie ein Gehalt in Höhe von mindestens 50 Prozent der jährlichen Beitragsbemessungsgrenze in der allgemeinen Rentenversicherung erhält und keiner der in § 19f Absatz 1 und 2 geregelten Ablehnungsgründe vorliegt. [2]Fachkräften mit akademischer Ausbildung, die

1. einen Beruf ausüben, der zu den Gruppen 132, 133, 134, 21, 221, 222, 225, 226, 23 oder 25 nach der Empfehlung der Kommission vom 29. Oktober 2009 über die Verwendung der Internationalen Standardklassifikation der Berufe (ISCO-08) (ABl. L 292 vom 10.11.2009, S. 31) gehört, oder
2. einen Hochschulabschluss nicht mehr als drei Jahre vor der Beantragung der Blauen Karte EU erworben haben,

wird die Blaue Karte EU abweichend von Satz 1 mit Zustimmung der Bundesagentur für Arbeit erteilt, wenn die Höhe des Gehalts mindestens 45,3 Prozent der jährlichen Beitragsbemessungsgrenze in der allgemeinen Rentenversicherung beträgt. [3]Die Voraussetzungen nach § 18 Absatz 2 Nummer 3 gelten als erfüllt, wenn die Fachkraft Inhaberin einer Aufenthaltserlaubnis nach § 18b ist und für die Ausübung der Beschäftigung mit der Blauen Karte EU dieselbe Berufsausübungserlaubnis wie für die Aufenthaltserlaubnis nach § 18b erforderlich ist. [4]Die Voraussetzungen nach § 18 Absatz 2 Nummer 4 gelten als erfüllt, wenn die Fachkraft Inhaberin einer Aufenthaltserlaubnis nach § 18b ist und für die Erteilung dieser Aufenthaltserlaubnis denselben Hochschulabschluss vorgelegt hat, der für die Erteilung der Blauen Karte EU maßgeblich ist. [5]Die Sätze 1 bis 4 gelten entsprechend für eine Fachkraft, die ein tertiäres Bildungsprogramm, das mit einem Hochschulabschluss gleichwertig ist und mindestens drei Jahre Ausbildungsdauer erfordert, erfolgreich abgeschlossen hat, wenn diese Qualifikation einem Ausbildungsniveau entspricht, das in der Bundesrepublik Deutschland mindestens der Stufe 6 der Internationalen Standardklassifikation im Bildungswesen (ISCED 2011) oder der Stufe 6 des Europäischen Qualifikationsrahmens zugeordnet ist.

(2) Einem Ausländer, der die Voraussetzungen nach Absatz 1 nicht erfüllt, wird mit Zustimmung der Bundesagentur für Arbeit eine Blaue Karte EU zum Zweck der Ausübung einer der Qualifikation angemessenen inländischen Beschäftigung in einem Beruf, der zu den Gruppen 133 oder 25 nach der Empfehlung der *Kommission vom 29. Oktober* 2009 über die Verwendung der Internationalen

[1)] § 18g eingef. mWv 18.11.2023 durch G v. 16.8.2023 (BGBl. 2023 I Nr. 217); Abs. 2 einl. Satzteil geänd. mWv 23.12.2023 durch G v. 20.12.2023 (BGBl. 2023 I Nr. 390).

Standardklassifikation der Berufe (ISCO-08) (ABl. L 292 vom 10.11.2009, S. 31) gehört, abweichend von § 18 Absatz 2 Nummer 4 erteilt, wenn

1. die Höhe des Gehalts mindestens 45,3 Prozent der jährlichen Beitragsbemessungsgrenze in der allgemeinen Rentenversicherung beträgt,
2. keiner der in § 19f Absatz 1 und 2 geregelten Ablehnungsgründe vorliegt und
3. der Ausländer über Fertigkeiten, Kenntnisse und Fähigkeiten verfügt,
   a) die auf einer in den letzten sieben Jahren erworbenen, mindestens dreijährigen Berufserfahrung in einem Beruf beruhen, der zu den Gruppen 133 oder 25 nach der Empfehlung der Kommission vom 29. Oktober 2009 über die Verwendung der Internationalen Standardklassifikation der Berufe (ISCO-08) (ABl. L 292 vom 10.11.2009, S. 31) gehört,
   b) deren Niveau mit einem Hochschulabschluss oder einem Abschluss eines mit einem Hochschulstudium gleichwertigen tertiären Bildungsprogramms, das alle Voraussetzungen des Absatzes 1 Satz 5 erfüllt, vergleichbar ist, und
   c) die für die Ausübung der Beschäftigung erforderlich sind.

(3) Die Erteilung einer Blauen Karte EU setzt voraus, dass das konkrete Arbeitsplatzangebot nach § 18 Absatz 2 Nummer 1 eine Beschäftigungsdauer von mindestens sechs Monaten vorsieht.

(4) [1] Abweichend von § 4a Absatz 3 Satz 4 ist für den Arbeitsplatzwechsel eines Inhabers einer Blauen Karte EU keine Erlaubnis der Ausländerbehörde erforderlich. [2] In den ersten zwölf Monaten der Beschäftigung kann die zuständige Ausländerbehörde den Arbeitsplatzwechsel des Inhabers einer Blauen Karte EU für 30 Tage aussetzen und innerhalb dieses Zeitraums ablehnen, wenn die Voraussetzungen für die Erteilung einer Blauen Karte EU nicht vorliegen.

(5) Für die Erteilung einer Blauen Karte EU gilt der Lebensunterhalt als gesichert, wenn der Ausländer Inhaber einer Aufenthaltserlaubnis nach § 18a oder § 18b ist und der Arbeitsplatz nicht gewechselt wird.

(6) [1] Abweichend von § 8 Absatz 1 findet auf die Verlängerung einer Blauen Karte EU die Gehaltsschwelle gemäß Absatz 1 Satz 2 Anwendung, wenn der Antragsteller den Hochschulabschluss oder den Abschluss des mit einem Hochschulstudium gleichwertigen tertiären Bildungsprogramms nicht mehr als drei Jahre vor der Beantragung der Verlängerung der Blauen Karte EU erworben hat oder seit der Erteilung der ersten Blauen Karte EU gemäß Absatz 1 Satz 2 Nummer 2 weniger als 24 Monate vergangen sind. [2] Im Übrigen bleibt § 8 Absatz 1unberührt.

(7) Das Bundesministerium des Innern und für Heimat gibt die Mindestgehälter nach den Absätzen 1 und 2 für jedes Kalenderjahr jeweils bis zum 31. Dezember des Vorjahres im Bundesanzeiger bekannt[1)].

§ 18h[2)] Kurzfristige Mobilität für Inhaber einer Blauen Karte EU.

(1) [1] Ein Inhaber einer gültigen Blauen Karte EU, die ein anderer Mitgliedstaat der Europäischen Union ausgestellt hat, benötigt für die Einreise und den sich daran anschließenden Aufenthalt zum Zweck der Ausübung einer geschäftlichen Tätigkeit, die im direkten Zusammenhang mit den Pflichten aus dem Arbeitsvertrag steht, der Grundlage für die Erteilung der Blauen Karte EU war, abweichend von § 4 Absatz 1 keinen Aufenthaltstitel und keine Arbeitserlaubnis der

---

[1)] Siehe hierzu ua die Bek. Mindestbruttogehälter für die Blaue Karte EU 2023 v. 13.11.2023 (BAnz AT 17.11.2023 B1).

[2)] § 18h eingef. mWv 18.11.2023 durch G v. 16.8.2023 (BGBl. 2023 I Nr. 217).

Bundesagentur für Arbeit, wenn die Dauer des Aufenthalts 90 Tage innerhalb eines Zeitraums von 180 Tagen nicht überschreitet. [2] Ist die Blaue Karte EU von einem Mitgliedstaat der Europäischen Union ausgestellt, der nicht Schengen-Staat ist, hat der Ausländer neben der gültigen Blauen Karte EU zusätzlich einen Nachweis über den geschäftlichen Zweck des Aufenthalts mit sich zu führen und bei der Grenzkontrolle auf Verlangen vorzuzeigen.

(2) Absatz 1 gilt entsprechend, wenn der Ausländer in einem anderen Mitgliedstaat der Europäischen Union die Rechtsstellung eines langfristig Aufenthaltsberechtigten innehat und unmittelbar vor Erlangung dieser Rechtsstellung im Besitz einer von diesem Mitgliedstaat ausgestellten Blauen Karte EU war.

§ 18i[1)] Langfristige Mobilität für Inhaber einer Blauen Karte EU.

(1) [1] Einem Ausländer, der eine gültige Blaue Karte EU besitzt, die von einem anderen Mitgliedstaat der Europäischen Union erteilt wurde und mit der er sich seit mindestens zwölf Monaten rechtmäßig in diesem Mitgliedstaat der Europäischen Union aufhält, wird eine Blaue Karte EU nach § 18g erteilt, wenn die jeweils erforderlichen Voraussetzungen nach § 18g vorliegen. [2] Die Voraussetzung nach § 18 Absatz 2 Nummer 4 gilt als erfüllt, es sei denn

1. der Ausländer ist weniger als zwei Jahre im Besitz der Blauen Karte EU, die der andere Mitgliedstaat der Europäischen Union ausgestellt hat, oder
2. der andere Mitgliedstaat der Europäischen Union hat die Blaue Karte EU auf Grund von durch Berufserfahrungen erworbenen Fertigkeiten, Kenntnissen und Fähigkeiten zum Zweck der Ausübung eines Berufes erteilt, der nicht in Anhang I zu der Richtlinie (EU) 2021/1883 des Europäischen Parlaments und des Rates vom 20. Oktober 2021 über die Bedingungen für die Einreise und den Aufenthalt von Drittstaatsangehörigen zur Ausübung einer hoch qualifizierten Beschäftigung und zur Aufhebung der Richtlinie 2009/50/EG des Rates (ABl. L 382 vom 28.10.2021, S. 1) aufgeführt ist.

(2) Hat ein Mitgliedstaat der Europäischen Union, der nicht Schengen-Staat ist, die Blaue Karte EU nach Absatz 1 Satz 1 erster Halbsatz ausgestellt, so hat der Ausländer bei der Einreise neben der gültigen Blauen Karte EU einen Arbeitsvertrag oder ein verbindliches Arbeitsplatzangebot für eine der Qualifikation angemessene Beschäftigung auf dem Niveau eines Hochschulabschlusses oder dem Niveau eines mit einem Hochschulabschluss gleichwertigen tertiären Bildungsabschlusses, der alle Voraussetzungen nach § 18g Absatz 1 Satz 5 erfüllt, für einen Zeitraum von mindestens sechs Monaten im Bundesgebiet mit sich zu führen.

(3) Hat der Ausländer bereits einmal oder mehrfach von der Möglichkeit der langfristigen Mobilität nach Artikel 21 der Richtlinie (EU) 2021/1883 Gebrauch gemacht, beträgt die Mindestdauer des rechtmäßigen Aufenthalts in einem anderen Mitgliedstaat der Europäischen Union mit einer von diesem Mitgliedstaat ausgestellten und gültigen Blauen Karte EU abweichend von Absatz 1 Satz 1 sechs Monate.

§ 19[2)] ICT-Karte für unternehmensintern transferierte Arbeitnehmer.

(1) [1] Eine ICT-Karte ist ein Aufenthaltstitel zum Zweck eines unternehmensinternen Transfers eines Ausländers. [2] Ein unternehmensinterner Transfer ist die vorübergehende Abordnung eines Ausländers

---

[1)] § 18i eingef. mWv 18.11.2023 durch G v. 16.8.2023 (BGBl. 2023 I Nr. 217).

[2)] § 19 neu gef. mWv 1.3.2020 durch G v. 15.8.2019 (BGBl. I S. 1307); Abs. 6 Nr. 1 eingef., bish. Nr. 1, 2 werden Nr. 2, 3 mWv 24.6.2020 durch G v. 12.6.2020 (BGBl. I S. 1241).

1. in eine inländische Niederlassung des Unternehmens, dem der Ausländer angehört, wenn das Unternehmen seinen Sitz außerhalb der Europäischen Union hat, oder
2. in eine inländische Niederlassung eines anderen Unternehmens der Unternehmensgruppe, zu der auch dasjenige Unternehmen mit Sitz außerhalb der Europäischen Union gehört, dem der Ausländer angehört.

(2) [1] Einem Ausländer wird die ICT-Karte erteilt, wenn

1. er in der aufnehmenden Niederlassung als Führungskraft oder Spezialist tätig wird,
2. er dem Unternehmen oder der Unternehmensgruppe unmittelbar vor Beginn des unternehmensinternen Transfers seit mindestens sechs Monaten und für die Zeit des Transfers ununterbrochen angehört,
3. der unternehmensinterne Transfer mehr als 90 Tage dauert,
4. der Ausländer einen für die Dauer des unternehmensinternen Transfers gültigen Arbeitsvertrag und erforderlichenfalls ein Abordnungsschreiben vorweist, worin enthalten sind:
   a) Einzelheiten zu Ort, Art, Entgelt und zu sonstigen Arbeitsbedingungen für die Dauer des unternehmensinternen Transfers sowie
   b) der Nachweis, dass der Ausländer nach Beendigung des unternehmensinternen Transfers in eine außerhalb der Europäischen Union ansässige Niederlassung des gleichen Unternehmens oder der gleichen Unternehmensgruppe zurückkehren kann, und
5. er seine berufliche Qualifikation nachweist.

[2] Führungskraft im Sinne dieses Gesetzes ist eine in einer Schlüsselposition beschäftigte Person, die in erster Linie die aufnehmende Niederlassung leitet und die hauptsächlich unter der allgemeinen Aufsicht des Leitungsorgans oder der Anteilseigner oder gleichwertiger Personen steht oder von ihnen allgemeine Weisungen erhält. [3] Diese Position schließt die Leitung der aufnehmenden Niederlassung oder einer Abteilung oder Unterabteilung der aufnehmenden Niederlassung, die Überwachung und Kontrolle der Arbeit des sonstigen Aufsicht führenden Personals und der Fach- und Führungskräfte sowie die Befugnis zur Empfehlung einer Anstellung, Entlassung oder sonstigen personellen Maßnahme ein. [4] Spezialist im Sinne dieses Gesetzes ist, wer über unerlässliche Spezialkenntnisse über die Tätigkeitsbereiche, die Verfahren oder die Verwaltung der aufnehmenden Niederlassung, ein hohes Qualifikationsniveau sowie angemessene Berufserfahrung verfügt.

(3) [1] Die ICT-Karte wird einem Ausländer auch erteilt, wenn

1. er als Trainee im Rahmen eines unternehmensinternen Transfers tätig wird und
2. die in Absatz 2 Satz 1 Nummer 2 bis 4 genannten Voraussetzungen vorliegen.

[2] Trainee im Sinne dieses Gesetzes ist, wer über einen Hochschulabschluss verfügt, ein Traineeprogramm absolviert, das der beruflichen Entwicklung oder der Fortbildung in Bezug auf Geschäftstechniken und -methoden dient, und entlohnt wird.

(4) [1] Die ICT-Karte wird erteilt

1. bei Führungskräften und bei Spezialisten für die Dauer des Transfers, höchstens jedoch für drei Jahre und
2. bei Trainees für die Dauer des Transfers, höchstens jedoch für ein Jahr.

[2] Durch eine Verlängerung der ICT-Karte dürfen die in Satz 1 genannten Höchstfristen nicht überschritten werden.

(5) Die ICT-Karte wird nicht erteilt, wenn der Ausländer

1. auf Grund von Übereinkommen zwischen der Europäischen Union und ihren Mitgliedstaaten einerseits und Drittstaaten andererseits ein Recht auf freien Personenverkehr genießt, das dem der Unionsbürger gleichwertig ist,
2. in einem Unternehmen mit Sitz in einem dieser Drittstaaten beschäftigt ist oder
3. im Rahmen seines Studiums ein Praktikum absolviert.

(6) Die ICT-Karte wird darüber hinaus nicht erteilt, wenn

1. die aufnehmende Niederlassung hauptsächlich zu dem Zweck gegründet wurde, die Einreise von unternehmensintern transferierten Arbeitnehmern zu erleichtern,
2. sich der Ausländer im Rahmen der Möglichkeiten der Einreise und des Aufenthalts in mehreren Mitgliedstaaten der Europäischen Union zu Zwecken des unternehmensinternen Transfers im Rahmen des Transfers länger in einem anderen Mitgliedstaat aufhalten wird als im Bundesgebiet oder
3. der Antrag vor Ablauf von sechs Monaten seit dem Ende des letzten Aufenthalts des Ausländers zum Zweck des unternehmensinternen Transfers im Bundesgebiet gestellt wird.

(7) Diese Vorschrift dient der Umsetzung der Richtlinie 2014/66/EU des Europäischen Parlaments und des Rates vom 15. Mai 2014 über die Bedingungen für die Einreise und den Aufenthalt von Drittstaatsangehörigen im Rahmen eines unternehmensinternen Transfers (ABl. L 157 vom 27.5.2014, S. 1).

§ 19a[1)] Kurzfristige Mobilität für unternehmensintern transferierte Arbeitnehmer. (1) [1] Für einen Aufenthalt zum Zweck eines unternehmensinternen Transfers, der eine Dauer von bis zu 90 Tagen innerhalb eines Zeitraums von 180 Tagen nicht überschreitet, bedarf ein Ausländer abweichend von § 4 Absatz 1 keines Aufenthaltstitels, wenn die ihn aufnehmende Niederlassung in dem anderen Mitgliedstaat dem Bundesamt für Migration und Flüchtlinge und der zuständigen Behörde des anderen Mitgliedstaates mitgeteilt hat, dass der Ausländer die Ausübung einer Beschäftigung im Bundesgebiet beabsichtigt, und dem Bundesamt für Migration und Flüchtlinge mit der Mitteilung vorlegt

1. den Nachweis, dass der Ausländer einen gültigen nach der Richtlinie (EU) 2014/66 erteilten Aufenthaltstitel eines anderen Mitgliedstaates der Europäischen Union besitzt,
2. den Nachweis, dass die inländische aufnehmende Niederlassung demselben Unternehmen oder derselben Unternehmensgruppe angehört wie dasjenige Unternehmen mit Sitz außerhalb der Europäischen Union, dem der Ausländer angehört,
3. einen Arbeitsvertrag und erforderlichenfalls ein Abordnungsschreiben gemäß den Vorgaben in § 19 Absatz 2 Satz 1 Nummer 4, der oder das bereits den zuständigen Behörden des anderen Mitgliedstaates vorgelegt wurde,
4. die Kopie eines anerkannten und gültigen Passes oder Passersatzes des Ausländers,
5. den Nachweis, dass eine Berufsausübungserlaubnis erteilt wurde oder ihre Erteilung zugesagt ist, soweit diese erforderlich ist.

---

1) § 19a neu gef. mWv 1.3.2020 durch G v. 15.8.2019 (BGBl. I S. 1307).

[2] Die aufnehmende Niederlassung in dem anderen Mitgliedstaat hat die Mitteilung zu dem Zeitpunkt zu machen, zu dem der Ausländer in dem anderen Mitgliedstaat der Europäischen Union den Antrag auf Erteilung eines Aufenthaltstitels im Anwendungsbereich der Richtlinie (EU) 2014/66 stellt. [3] Ist der aufnehmenden Niederlassung in dem anderen Mitgliedstaat zu diesem Zeitpunkt die Absicht des Transfers in eine Niederlassung im Bundesgebiet noch nicht bekannt, so hat sie die Mitteilung zu dem Zeitpunkt zu machen, zu dem ihr die Absicht bekannt wird. [4] Bei der Erteilung des Aufenthaltstitels nach Satz 1 Nummer 1 durch einen Staat, der nicht Schengen-Staat ist, und bei der Einreise über einen Staat, der nicht Schengen-Staat ist, hat der Ausländer eine Kopie der Mitteilung mitzuführen und den zuständigen Behörden auf deren Verlangen vorzulegen.

(2) [1] Erfolgt die Mitteilung zu dem in Absatz 1 Satz 2 genannten Zeitpunkt und wurden die Einreise und der Aufenthalt nicht nach Absatz 4 abgelehnt, so darf der Ausländer jederzeit innerhalb der Gültigkeitsdauer des in Absatz 1 Satz 1 Nummer 1 genannten Aufenthaltstitels des anderen Mitgliedstaates in das Bundesgebiet einreisen und sich dort zum Zweck des unternehmensinternen Transfers aufhalten. [2] Erfolgt die Mitteilung zu dem in Absatz 1 Satz 3 genannten Zeitpunkt, so darf der Ausländer nach Zugang der Mitteilung innerhalb der Gültigkeitsdauer des in Absatz 1 Satz 1 Nummer 1 genannten Aufenthaltstitels des anderen Mitgliedstaates in das Bundesgebiet einreisen und sich dort zum Zweck des unternehmensinternen Transfers aufhalten.

(3) [1] Die Einreise und der Aufenthalt werden durch das Bundesamt für Migration und Flüchtlinge abgelehnt, wenn

1. das Arbeitsentgelt, das dem Ausländer während des unternehmensinternen Transfers im Bundesgebiet gewährt wird, ungünstiger ist als das Arbeitsentgelt vergleichbarer deutscher Arbeitnehmer,
2. die Voraussetzungen des Absatzes 1 Satz 1 Nummer 1, 2, 4 und 5 nicht vorliegen,
3. die nach Absatz 1 vorgelegten Unterlagen in betrügerischer Weise erworben oder gefälscht oder manipuliert wurden,
4. der Ausländer sich schon länger als drei Jahre in der Europäischen Union aufhält oder, falls es sich um einen Trainee handelt, länger als ein Jahr in der Europäischen Union aufhält oder
5. ein Ausweisungsinteresse besteht.

[2] Eine Ablehnung hat in den Fällen des Satzes 1 Nummer 1 bis 4 spätestens 20 Tage nach Zugang der vollständigen Mitteilung nach Absatz 1 Satz 1 beim Bundesamt für Migration und Flüchtlinge zu erfolgen. [3] Im Fall des Satzes 1 Nummer 5 ist eine Ablehnung durch die Ausländerbehörde jederzeit während des Aufenthalts des Ausländers möglich; § 73 Absatz 3c ist entsprechend anwendbar. [4] Die Ablehnung ist neben dem Ausländer auch der zuständigen Behörde des anderen Mitgliedstaates sowie der aufnehmenden Niederlassung in dem anderen Mitgliedstaat bekannt zu geben. [5] Bei fristgerechter Ablehnung hat der Ausländer die Erwerbstätigkeit unverzüglich einzustellen; die bis dahin nach Absatz 1 Satz 1 bestehende Befreiung vom Erfordernis eines Aufenthaltstitels entfällt.

(4) Sofern innerhalb von 20 Tagen nach Zugang der in Absatz 1 Satz 1 genannten Mitteilung keine Ablehnung der Einreise und des Aufenthalts des Ausländers nach Absatz 3 erfolgt, ist dem Ausländer durch das Bundesamt für Migration und Flüchtlinge eine Bescheinigung über die Berechtigung zur Einreise und zum Aufenthalt zum Zweck des unternehmensinternen Transfers im Rahmen der kurzfristigen Mobilität auszustellen.

(5) [1] Nach der Ablehnung gemäß Absatz 3 oder der Ausstellung der Bescheinigung im Sinne von Absatz 4 durch das Bundesamt für Migration und Flüchtlinge ist die Ausländerbehörde gemäß § 71 Absatz 1 für weitere aufenthaltsrechtliche Maßnahmen und Entscheidungen zuständig. [2] Der Ausländer hat der Ausländerbehörde unverzüglich mitzuteilen, wenn der Aufenthaltstitel nach Absatz 1 Satz 1 Nummer 1 durch den anderen Mitgliedstaat verlängert wurde.

§ 19b[1)] Mobiler-ICT-Karte. (1) Eine Mobiler-ICT-Karte ist ein Aufenthaltstitel nach der Richtlinie (EU) 2014/66 zum Zweck eines unternehmensinternen Transfers im Sinne des § 19 Absatz 1 Satz 2, wenn der Ausländer einen für die Dauer des Antragsverfahrens gültigen nach der Richtlinie (EU) 2014/66 erteilten Aufenthaltstitel eines anderen Mitgliedstaates besitzt.

(2) Einem Ausländer wird die Mobiler-ICT-Karte erteilt, wenn

1. er als Führungskraft, Spezialist oder Trainee tätig wird,
2. der unternehmensinterne Transfer mehr als 90 Tage dauert und
3. er einen für die Dauer des Transfers gültigen Arbeitsvertrag und erforderlichenfalls ein Abordnungsschreiben vorweist, worin enthalten sind:
   a) Einzelheiten zu Ort, Art, Entgelt und zu sonstigen Arbeitsbedingungen für die Dauer des Transfers sowie
   b) der Nachweis, dass der Ausländer nach Beendigung des Transfers in eine außerhalb der Europäischen Union ansässige Niederlassung des gleichen Unternehmens oder der gleichen Unternehmensgruppe zurückkehren kann.

(3) Wird der Antrag auf Erteilung der Mobiler-ICT-Karte mindestens 20 Tage vor Beginn des Aufenthalts im Bundesgebiet gestellt und ist der Aufenthaltstitel des anderen Mitgliedstaates weiterhin gültig, so gelten bis zur Entscheidung der Ausländerbehörde der Aufenthalt und die Beschäftigung des Ausländers für bis zu 90 Tage innerhalb eines Zeitraums von 180 Tagen als erlaubt.

(4) [1] Der Antrag wird abgelehnt, wenn er parallel zu einer Mitteilung nach § 19a Absatz 1 Satz 1 gestellt wurde. [2] Abgelehnt wird ein Antrag auch, wenn er zwar während des Aufenthalts nach § 19a, aber nicht mindestens 20 Tage vor Ablauf dieses Aufenthalts vollständig gestellt wurde.

(5) Die Mobiler-ICT-Karte wird nicht erteilt, wenn sich der Ausländer im Rahmen des unternehmensinternen Transfers im Bundesgebiet länger aufhalten wird als in anderen Mitgliedstaaten.

(6) Der Antrag kann abgelehnt werden, wenn

1. die Höchstdauer des unternehmensinternen Transfers nach § 19 Absatz 4 erreicht wurde oder
2. der in § 19 Absatz 6 Nummer 3 genannte Ablehnungsgrund vorliegt.

(7) Die inländische aufnehmende Niederlassung ist verpflichtet, der zuständigen Ausländerbehörde Änderungen in Bezug auf die in Absatz 2 genannten Voraussetzungen unverzüglich, in der Regel innerhalb einer Woche, anzuzeigen.

§ 19c[2)] Sonstige Beschäftigungszwecke; Beamte. (1) Einem Ausländer kann unabhängig von einer Qualifikation als Fachkraft eine Aufenthaltserlaubnis zur Ausübung einer Beschäftigung erteilt werden, wenn die Beschäftigungsverord-

---

[1)] § 19b neu gef. mWv 1.3.2020 durch G v. 15.8.2019 (BGBl. I S. 1307); Abs. 6 Nr. 2 geänd. mWv 24.6.2020 durch G v. 12.6.2020 (BGBl. I S. 1241).

[2)] § 19c neu gef. mWv 1.3.2020 durch G v. 15.8.2019 (BGBl. I S. 1307).

nung[1] oder eine zwischenstaatliche Vereinbarung bestimmt, dass der Ausländer zur Ausübung dieser Beschäftigung zugelassen werden kann.

(2) Einem Ausländer mit ausgeprägten berufspraktischen Kenntnissen kann eine Aufenthaltserlaubnis zur Ausübung einer qualifizierten Beschäftigung erteilt werden, wenn die Beschäftigungsverordnung bestimmt, dass der Ausländer zur Ausübung dieser Beschäftigung zugelassen werden kann.

(3) Einem Ausländer kann im begründeten Einzelfall eine Aufenthaltserlaubnis erteilt werden, wenn an seiner Beschäftigung ein öffentliches, insbesondere ein regionales, wirtschaftliches oder arbeitsmarktpolitisches Interesse besteht.

(4) [1] Einem Ausländer, der in einem Beamtenverhältnis zu einem deutschen Dienstherrn steht, wird ohne Zustimmung der Bundesagentur für Arbeit eine Aufenthaltserlaubnis zur Erfüllung seiner Dienstpflichten im Bundesgebiet erteilt. [2] Die Aufenthaltserlaubnis wird für die Dauer von drei Jahren erteilt, wenn das Dienstverhältnis nicht auf einen kürzeren Zeitraum befristet ist. [3] Nach drei Jahren wird eine Niederlassungserlaubnis abweichend von § 9 Absatz 2 Satz 1 Nummer 1 und 3 erteilt.

§ 19d[2] Aufenthaltserlaubnis für qualifizierte Geduldete zum Zweck der Beschäftigung. (1) Einem geduldeten Ausländer soll eine Aufenthaltserlaubnis zur Ausübung einer der beruflichen Qualifikation entsprechenden Beschäftigung erteilt werden, wenn der Ausländer

1. im Bundesgebiet
   a) eine qualifizierte Berufsausbildung in einem staatlich anerkannten oder vergleichbar geregelten Ausbildungsberuf, eine nach bundes- oder landesrechtlichen Vorschriften geregelte, staatlich anerkannte Ausbildung in einer Pflegehilfstätigkeit oder ein Hochschulstudium abgeschlossen hat, oder
   b) mit einem anerkannten oder einem deutschen Hochschulabschluss vergleichbaren ausländischen Hochschulabschluss seit zwei Jahren ununterbrochen eine dem Abschluss angemessene Beschäftigung ausgeübt hat, oder
   c) seit drei Jahren ununterbrochen eine qualifizierte Beschäftigung ausgeübt hat und innerhalb des letzten Jahres vor Beantragung der Aufenthaltserlaubnis für seinen Lebensunterhalt und den seiner Familienangehörigen oder anderen Haushaltsangehörigen nicht auf öffentliche Mittel mit Ausnahme von Leistungen zur Deckung der notwendigen Kosten für Unterkunft und Heizung angewiesen war, und
2. über ausreichenden Wohnraum verfügt,
3. über ausreichende Kenntnisse der deutschen Sprache verfügt,
4. die Ausländerbehörde nicht vorsätzlich über aufenthaltsrechtlich relevante Umstände getäuscht hat,
5. behördliche Maßnahmen zur Aufenthaltsbeendigung nicht vorsätzlich hinausgezögert oder behindert hat,
6. keine Bezüge zu extremistischen oder terroristischen Organisationen hat und diese auch nicht unterstützt und
7. nicht wegen einer im Bundesgebiet begangenen vorsätzlichen Straftat verurteilt wurde, wobei Geldstrafen von insgesamt bis zu 50 Tagessätzen oder bis zu 90 Tagessätzen wegen Straftaten, die nach dem Aufenthaltsgesetz oder dem Asylge-

---

[1] **Sartorius ErgBd. Nr. 566a.**

[2] § 19d neu gef. mWv 1.3.2020 durch G v. 15.8.2019 (BGBl. I S. 1307); Abs. 1 einl. Satzteil, Nr. 1 Buchst. a geänd., Abs. 4 angef. mWv 1.3.2024 durch G v. 16.8.2023 (BGBl. 2023 I Nr. 217).

setz[1)] nur von Ausländern begangen werden können, grundsätzlich außer Betracht bleiben.

(1a) Wurde die Duldung nach § 60a Absatz 2 Satz 3 in Verbindung mit § 60c erteilt, ist nach erfolgreichem Abschluss dieser Berufsausbildung für eine der erworbenen beruflichen Qualifikation entsprechenden Beschäftigung eine Aufenthaltserlaubnis für die Dauer von zwei Jahren zu erteilen, wenn die Voraussetzungen des Absatzes 1 Nummer 2 bis 3 und 6 bis 7 vorliegen.

(1b) Eine Aufenthaltserlaubnis nach Absatz 1a wird widerrufen, wenn das der Erteilung dieser Aufenthaltserlaubnis zugrunde liegende Arbeitsverhältnis aus Gründen, die in der Person des Ausländers liegen, aufgelöst wird oder der Ausländer wegen einer im Bundesgebiet begangenen vorsätzlichen Straftat verurteilt wurde, wobei Geldstrafen von insgesamt bis zu 50 Tagessätzen oder bis zu 90 Tagessätzen wegen Straftaten, die nach dem Aufenthaltsgesetz oder dem Asylgesetz nur von Ausländern begangen werden können, grundsätzlich außer Betracht bleiben.

(2) Die Aufenthaltserlaubnis berechtigt nach Ausübung einer zweijährigen der beruflichen Qualifikation entsprechenden Beschäftigung zu jeder Beschäftigung.

(3) Die Aufenthaltserlaubnis kann abweichend von § 5 Absatz 2 und § 10 Absatz 3 Satz 1 erteilt werden.

(4) Besitzt ein Ausländer eine Aufenthaltserlaubnis nach Kapitel 2 Abschnitt 5, die in Anwendung von § 10 Absatz 3 Satz 1 erteilt wurde, gilt Absatz 1 entsprechend.

§ 19e[2)] Teilnahme am europäischen Freiwilligendienst. (1) Einem Ausländer wird eine Aufenthaltserlaubnis zum Zweck der Teilnahme an einem europäischen Freiwilligendienst nach der Richtlinie (EU) 2016/801 erteilt, wenn die Bundesagentur für Arbeit nach § 39 zugestimmt hat oder durch die Beschäftigungsverordnung[3)] oder durch zwischenstaatliche Vereinbarung bestimmt ist, dass die Teilnahme an einem europäischen Freiwilligendienst ohne Zustimmung der Bundesagentur für Arbeit zulässig ist und der Ausländer eine Vereinbarung mit der aufnehmenden Einrichtung vorlegt, die Folgendes enthält:

1. eine Beschreibung des Freiwilligendienstes,
2. Angaben über die Dauer des Freiwilligendienstes und über die Dienstzeiten des Ausländers,
3. Angaben über die Bedingungen der Tätigkeit und der Betreuung des Ausländers,
4. Angaben über die dem Ausländer zur Verfügung stehenden Mittel für Lebensunterhalt und Unterkunft sowie Angaben über Taschengeld, das ihm für die Dauer des Aufenthalts mindestens zur Verfügung steht, und
5. Angaben über die Ausbildung, die der Ausländer gegebenenfalls erhält, damit er die Aufgaben des Freiwilligendienstes ordnungsgemäß durchführen kann.

(2) Der Aufenthaltstitel für den Ausländer wird für die vereinbarte Dauer der Teilnahme am europäischen Freiwilligendienst, höchstens jedoch für ein Jahr erteilt.

[1)] Nr. **567**.
[2)] § 19e eingef. mWv 1.3.2020 durch G v. 15.8.2019 (BGBl. I S. 1307).
[3)] **Sartorius ErgBd. Nr. 566a.**

§ 19f[1] Ablehnungsgründe bei Aufenthaltstiteln nach den §§ 16b, 16c, 16e, 16f, 17, 18d, 18e, 18f, 18g und 19e. (1) Ein Aufenthaltstitel nach § 16b Absatz 1 und 5, den §§ 16e, 17 Absatz 2, §§ 18d, 18g und 19e wird nicht erteilt an Ausländer,

1. die sich im Rahmen einer Regelung zum vorübergehenden Schutz in einem Mitgliedstaat der Europäischen Union aufhalten oder die in einem Mitgliedstaat einen Antrag auf Zuerkennung vorübergehenden Schutzes gestellt haben,
2. deren Abschiebung in einem Mitgliedstaat der Europäischen Union aus tatsächlichen oder rechtlichen Gründen ausgesetzt wurde,
3. die eine Erlaubnis zum Daueraufenthalt – EU oder einen Aufenthaltstitel, der durch einen anderen Mitgliedstaat der Europäischen Union auf der Grundlage der Richtlinie (EG) 2003/109 erteilt wurde, besitzen,
4. die auf Grund von Übereinkommen zwischen der Europäischen Union und ihren Mitgliedstaaten einerseits und Drittstaaten andererseits ein Recht auf freien Personenverkehr genießen, das dem der Unionsbürger gleichwertig ist.

(2) Eine Blaue Karte EU nach § 18g wird über die in Absatz 1 genannten Ausschlussgründe hinaus nicht erteilt an Ausländer,

1. die in einem Mitgliedstaat der Europäischen Union einen Antrag auf Zuerkennung internationalen Schutzes gestellt haben, über den noch nicht abschließend entschieden worden ist,
2. die einen Aufenthaltstitel nach Abschnitt 5, der nicht auf Grund des § 25 Absatz 1 oder 2 erteilt wurde, besitzen oder eine vergleichbare Rechtsstellung in einem anderen Mitgliedstaat der Europäischen Union innehaben,
3. die einen Aufenthaltstitel nach Abschnitt 5 oder eine vergleichbare Rechtsstellung in einem anderen Mitgliedstaat der Europäischen Union beantragt haben und über deren Antrag noch nicht abschließend entschieden worden ist,
4. deren Einreise in einen Mitgliedstaat der Europäischen Union Verpflichtungen unterliegt, die sich aus internationalen Abkommen zur Erleichterung der Einreise und des vorübergehenden Aufenthalts bestimmter Kategorien von natürlichen Personen, die handels- und investitionsbezogene Tätigkeiten ausüben, herleiten; hiervon ausgenommen sind Ausländer, die sich als unternehmensintern transferierte Arbeitnehmer gemäß der Richtlinie 2014/66/EU im Hoheitsgebiet eines Mitgliedstaats der Europäischen Union aufhalten, oder
5. die unter die Richtlinie 96/71/EG[2] des Europäischen Parlaments und des Rates vom 16. Dezember 1996 über die Entsendung von Arbeitnehmern im Rahmen der Erbringung von Dienstleistungen (ABl. L 18 vom 21.1.1997, S. 1), die zuletzt durch die Richtlinie (EU) 2018/957 (ABl. L 173 vom 9.7.2018, S. 16; L 91 vom 29.3.2019, S. 77) geändert worden ist, fallen, für die Dauer ihrer Entsendung nach Deutschland.

(3) Eine Aufenthaltserlaubnis nach den §§ 16b, 16e, 17 Absatz 2, den §§ 18d und 19e wird über die in Absatz 1 genannten Ausschlussgründe hinaus nicht erteilt an Ausländer,

1. die in einem Mitgliedstaat der Europäischen Union einen Antrag auf Zuerkennung internationalen Schutzes gestellt haben, über den noch nicht abschließend

[1] § 19f eingef. mWv 1.3.2020 durch G v. 15.8.2019 (BGBl. I S. 1307); Überschrift neu gef., Abs. 1 einl. Satzteil geänd., Nr. 1 aufgeh., bish. Nr. 2–5 werden Nr. 1–4, Abs. 2, 3 neu gef. mWv 18.11.2023 durch G v. 16.8.2023 (BGBl. 2023 I Nr. 217).

[2] **Loseblatt-Textsammlung Arbeitsrecht Nr. 890.**

entschieden worden ist, oder die in einem Mitgliedstaat internationalen Schutz genießen oder
2. die einen Antrag auf eine Blaue Karte EU nach § 18g oder in einem anderen Mitgliedstaat der Europäischen Union einen Antrag auf einen Aufenthaltstitel, der durch diesen Mitgliedstaat auf Grundlage der Richtlinie (EU) 2021/1883 erteilt wird, gestellt haben.

(4) Der Antrag auf Erteilung einer Aufenthaltserlaubnis nach den §§ 16b, 16e, 16f, 17, 18d, 18f und 19e kann abgelehnt werden, wenn
1. die aufnehmende Einrichtung hauptsächlich zu dem Zweck gegründet wurde, die Einreise und den Aufenthalt von Ausländern zu dem in der jeweiligen Vorschrift genannten Zweck zu erleichtern,
2. über das Vermögen der aufnehmenden Einrichtung ein Insolvenzverfahren eröffnet wurde, das auf Auflösung der Einrichtung und Abwicklung des Geschäftsbetriebs gerichtet ist,
3. die aufnehmende Einrichtung im Rahmen der Durchführung eines Insolvenzverfahrens aufgelöst wurde und der Geschäftsbetrieb abgewickelt wurde,
4. die Eröffnung eines Insolvenzverfahrens über das Vermögen der aufnehmenden Einrichtung mangels Masse abgelehnt wurde und der Geschäftsbetrieb eingestellt wurde,
5. die aufnehmende Einrichtung keine Geschäftstätigkeit ausübt oder
6. Beweise oder konkrete Anhaltspunkte dafür bestehen, dass der Ausländer den Aufenthalt zu anderen Zwecken nutzen wird als zu jenen, für die er die Erteilung der Aufenthaltserlaubnis beantragt.

(5) [1] Die Einreise und der Aufenthalt nach § 16c oder § 18e werden durch das Bundesamt für Migration und Flüchtlinge abgelehnt, wenn
1. die jeweiligen Voraussetzungen von § 16c Absatz 1 oder § 18e Absatz 1 nicht vorliegen,
2. die nach § 16c Absatz 1 oder § 18e Absatz 1 vorgelegten Unterlagen in betrügerischer Weise erworben, gefälscht oder manipuliert wurden,
3. einer der Ablehnungsgründe des Absatzes 4 vorliegt oder
4. ein Ausweisungsinteresse besteht.

[2] Eine Ablehnung nach Satz 1 Nummer 1 und 2 hat innerhalb von 30 Tagen nach Zugang der vollständigen Mitteilung nach § 16c Absatz 1 Satz 1 oder § 18e Absatz 1 Satz 1 beim Bundesamt für Migration und Flüchtlinge zu erfolgen. [3] Im Fall des Satzes 1 Nummer 4 ist eine Ablehnung durch die Ausländerbehörde jederzeit während des Aufenthalts des Ausländers möglich; § 73 Absatz 3c ist entsprechend anwendbar. [4] Die Ablehnung ist neben dem Ausländer auch der zuständigen Behörde des anderen Mitgliedstaates und der mitteilenden Einrichtung schriftlich bekannt zu geben.

§ 20[1)] Arbeitsplatzsuche im Anschluss an Aufenthalte im Bundesgebiet.

(1) Zur Suche nach einer Erwerbstätigkeit
1. wird einem Ausländer nach erfolgreichem Abschluss eines Studiums im Bundesgebiet im Rahmen eines Aufenthalts nach § 16b oder § 16c eine Aufenthaltserlaubnis erteilt,

1) § 20 neu gef. mWv 1.6.2024 durch G v. 16.8.2023 (BGBl. 2023 I Nr. 217).

2. wird einem Ausländer nach Abschluss der Forschungstätigkeit im Rahmen eines Aufenthalts nach § 18d oder § 18f eine Aufenthaltserlaubnis erteilt,
3. ist einem Ausländer nach erfolgreichem Abschluss einer qualifizierten Berufsausbildung im Bundesgebiet im Rahmen eines Aufenthalts nach § 16a eine Aufenthaltserlaubnis zu erteilen,
4. ist einem Ausländer nach der Feststellung der Gleichwertigkeit der Berufsqualifikation oder der Erteilung der Berufsausübungserlaubnis im Bundesgebiet im Rahmen eines Aufenthalts nach § 16d eine Aufenthaltserlaubnis zu erteilen,
5. wird einem Ausländer nach erfolgreichem Abschluss einer Assistenz- oder Helferausbildung in einem staatlich anerkannten oder vergleichbar geregelten Ausbildungsberuf in einem Beruf im Gesundheits- und Pflegewesen im Bundesgebiet eine Aufenthaltserlaubnis erteilt,

sofern die Tätigkeit nach den Bestimmungen der §§ 18a, 18b, 18d, 18g, 19c und 21 von Ausländern ausgeübt werden darf.

(2) [1] Die Erteilung einer Aufenthaltserlaubnis nach Absatz 1 setzt die Lebensunterhaltssicherung voraus. [2] Sie wird in den Fällen des Absatzes 1 Nummer 1 bis 4 für einen Zeitraum von bis zu 18 Monaten erteilt. [3] In den Fällen des Absatzes 1 Nummer 5 wird sie für einen Zeitraum von bis zu zwölf Monaten erteilt und kann einmalig um bis zu sechs Monate verlängert werden, wenn der Lebensunterhalt gesichert ist. [4] Die Verlängerung nach Absatz 1 über diese Zeiträume hinaus ist ausgeschlossen.

§ 20a[1)] Chancenkarte; Verordnungsermächtigung. (1) Eine Chancenkarte ist eine Aufenthaltserlaubnis zur Suche nach einer Erwerbstätigkeit oder nach Maßnahmen zur Anerkennung ausländischer Berufsqualifikationen.

(2) Die Chancenkarte berechtigt nur dazu,

1. eine Beschäftigung von durchschnittlich insgesamt höchstens 20 Stunden je Woche auszuüben und
2. eine Probebeschäftigung für jeweils höchstens zwei Wochen auszuüben, die jeweils
   a) qualifiziert sein muss,
   b) auf eine Ausbildung abzielen muss oder
   c) geeignet sein muss, im Rahmen einer Maßnahme zur Anerkennung ausländischer Berufsqualifikationen nach § 16d aufgenommen zu werden.

(3) Die Chancenkarte kann einem Ausländer erteilt werden, wenn

1. er eine Fachkraft ist oder
2. er nach Maßgabe der Tabelle in der Anlage zu diesem Gesetz eine ausreichende Punktzahl für die Erfüllung von Merkmalen nach § 20b Absatz 1 erhalten hat.

(4) [1] Die Chancenkarte darf jedoch nur erteilt werden, wenn der Lebensunterhalt gesichert ist. [2] Einem Ausländer, der sich bereits im Bundesgebiet aufhält, darf die Chancenkarte nur erteilt werden, wenn er im Besitz eines Aufenthaltstitels nach Abschnitt 3 oder Abschnitt 4 ist. [3] Die Chancenkarte nach Absatz 3 Nummer 2 kann nur erteilt werden, wenn er

1. entweder
   a) eine ausländische Berufsqualifikation hat,

[1)] § 20a eingef. mWv 1.6.2024 durch G v. 16.8.2023 (BGBl. 2023 I Nr. 217); Abs. 2 einl. Satzteil geänd. mWv 24.12.2025 durch G v. 22.12.2025 (BGBl. 2025 I Nr. 355).

aa) die von dem Staat, in dem sie erworben worden ist, staatlich anerkannt ist und

bb) deren Erlangung eine Ausbildungsdauer von mindestens zwei Jahren vorausgesetzt hat, oder

b) einen ausländischen Hochschulabschluss hat, der in dem Staat, in dem er erworben worden ist, staatlich anerkannt ist, oder

c) einen im Ausland erworbenen Berufsabschluss hat, der durch eine Ausbildung erworben wurde, die nach Inhalt, Dauer und der Art ihrer Durchführung die Anforderungen des Berufsbildungsgesetzes[1] an eine Berufsausbildung einhält und geeignet ist, die notwendige berufliche Handlungsfähigkeit für einen Ausbildungsberuf nach dem Berufsbildungsgesetz oder der Handwerksordnung zu vermitteln und der von einer deutschen Auslandshandelskammer erteilt worden ist, und

2. der Ausländer

a) mindestens einfache deutsche Sprachkenntnisse nachweist oder

b) englische Sprachkenntnisse mindestens auf dem Niveau B2 des Gemeinsamen Europäischen Referenzrahmens für Sprachen nachweist.

4 Der Ausländer ist verpflichtet, sich das Vorliegen der Voraussetzungen nach Satz 3 Nummer 1 Buchstabe a oder b von einer fachkundigen inländischen Stelle bestätigen zu lassen. 5 Das Vorliegen der nach Satz 3 Nummer 1 Buchstabe c an die Ausbildung im Ausland gestellten Anforderungen ist gegenüber der abschlusserteilenden Stelle auf deren Antrag und Kosten zu bestätigen.

(5) 1 Die Chancenkarte wird zunächst für einen Zeitraum von bis zu einem Jahr erteilt (Such-Chancenkarte). 2 Die Chancenkarte kann auf Grund eines während eines Aufenthaltes nach Satz 1 gestellten Antrags um bis zu zwei Jahre als solche verlängert werden, wenn der Ausländer einen Arbeitsvertrag oder ein verbindliches Arbeitsplatzangebot für eine inländische qualifizierte Beschäftigung hat und die Bundesagentur für Arbeit zugestimmt hat (Folge-Chancenkarte). 3 Eine Folge-Chancenkarte wird nur erteilt, wenn der Ausländer die Voraussetzungen für die Erteilung einer anderen Aufenthaltserlaubnis nach Abschnitt 4 nicht erfüllt. 4 Für eine Verlängerung als Folge-Chancenkarte und die zukünftige Beschäftigung findet bis zur Entscheidung über die Verlängerung § 81 Absatz 4 mit der Maßgabe Anwendung, dass nur die Ausübung der zukünftigen Beschäftigung nach Satz 2 erlaubt ist. 5 Absatz 2 findet auf die Folge-Chancenkarte keine Anwendung. 6 Eine über Satz 2 hinausgehende Verlängerung als Chancenkarte ist ausgeschlossen. 7 Eine Such-Chancenkarte kann erneut nur erteilt werden, wenn sich der Ausländer nach dem Ende der Geltungsdauer der letzten Such-Chancenkarte mindestens so lange im Ausland oder erlaubt im Bundesgebiet aufgehalten hat, wie er sich davor auf Grundlage einer Such-Chancenkarte im Bundesgebiet aufgehalten hat.

(6) § 9 findet in den Fällen von Absatz 5 Satz 1 keine Anwendung.

(7) 1 Zur Steuerung der Erwerbsmigration wird die Bundesregierung ermächtigt, durch Rechtsverordnung, die nicht der Zustimmung des Bundesrates bedarf, die Zahl der Chancenkarten, die Ausländern erteilt werden, die sich noch nicht im Bundesgebiet aufhalten, jährlich oder für einen kürzeren Zeitraum zu begrenzen. 2 Bei einer Begrenzung sollen arbeitsmarkt- und integrationspolitische Erwägungen und die Kapazitäten der beteiligten Behörden zugrunde gelegt werden.

---

[1] **Sartorius ErgBd. Nr. 422.**

§ 20b[1] **Punktevergabe für die Chancenkarte; Verordnungsermächtigung.** (1) [1] Punkte im Hinblick auf eine Erteilung der Chancenkarte nach § 20a Absatz 3 Nummer 2 erhält der Ausländer jeweils,

1. wenn er eine ausländische Berufsqualifikation hat, für die eine nach den Regelungen des Bundes oder der Länder für die berufliche Anerkennung zuständige Stelle festgestellt hat, dass Anpassungs- oder Ausgleichsmaßnahmen oder weitere Qualifikationen erforderlich sind
   a) für die Feststellung, dass die erworbene Berufsqualifikation gleichwertig mit einer inländischen Berufsqualifikation ist, oder
   b) für die Erteilung der Berufsausübungserlaubnis in einem Beruf, der im Inland reglementiert ist,
2. wenn er gute deutsche Sprachkenntnisse nachweist,
3. wenn er ausreichende deutsche Sprachkenntnisse nachweist, es sei denn, er erhält Punkte, weil er Sprachkenntnisse nach Nummer 2 nachweist,
4. wenn er hinreichende deutsche Sprachkenntnisse nachweist, es sei denn, er erhält Punkte, weil er Sprachkenntnisse nach Nummer 2 oder Nummer 3 nachweist,
5. wenn er englische Sprachkenntnisse auf dem Niveau C1 des Gemeinsamen Europäischen Referenzrahmens für Sprachen nachweist,
6. wenn er nach Erwerb einer Berufsqualifikation oder eines Hochschulabschlusses nach § 20a Absatz 4 Satz 3 Nummer 1 Buchstabe b in den letzten sieben Jahren mindestens fünf Jahre Berufserfahrung, die im Zusammenhang mit der Berufsqualifikation steht, erworben hat,
7. wenn er nach Erwerb einer Berufsqualifikation oder eines Hochschulabschlusses nach § 20a Absatz 4 Satz 3 Nummer 1 Buchstabe b in den letzten fünf Jahren mindestens zwei Jahre Berufserfahrung, die im Zusammenhang mit der Berufsqualifikation steht, erworben hat und keine Punkte nach Nummer 6 erhält,
8. wenn die erworbene Berufsqualifikation nach § 20a Absatz 4 Satz 3 Nummer 1 einer der Berufsgruppen nach § 18g Absatz 1 Satz 2 Nummer 1 zugehört,
9. wenn er bei der Beantragung der Chancenkarte nicht älter als 35 Jahre ist,
10. wenn er bei der Beantragung der Chancenkarte älter als 35 Jahre und nicht älter als 40 Jahre ist,
11. wenn er sich in den vergangenen fünf Jahren mindestens sechs Monate lang rechtmäßig und ununterbrochen im Bundesgebiet aufgehalten hat; unschädlich sind Unterbrechungen, die dazu geführt haben, dass sich bei einer Gesamtbetrachtung der räumliche Schwerpunkt des Aufenthalts weiterhin im Bundesgebiet befunden hatte, und
12. wenn sein Ehegatte oder eingetragener Lebenspartner die Voraussetzungen für die Erteilung der Chancenkarte erfüllt, bei derselben zuständigen Stelle ebenfalls eine Chancenkarte beantragt oder beantragt hat, gemeinsam mit dem Ausländer nach Deutschland einreist oder einzureisen beabsichtigt und der Ausländer bei der Antragstellung einen Bezug zum bestimmten Antrag des Ehegatten oder eingetragenen Lebenspartners herstellt.

[2] Erhält der Ausländer nach Satz 1 Nummer 1 Punkte, so entfallen bei ihm für die Erteilung der Chancenkarte die in § 20a Absatz 4 Satz 3 Nummer 1 genannten Voraussetzungen.

---

[1] § 20b eingef. mWv 1.6.2024 durch G v. 16.8.2023 (BGBl. 2023 I Nr. 217, 2023 I Nr. 390).

(2) [1] Für die in Absatz 1 Satz 1 genannten Merkmale werden Punkte nach der Tabelle in der Anlage zu diesem Gesetz vergeben. [2] Die Voraussetzung nach § 20a Absatz 3 Nummer 2 ist erfüllt, wenn die in der Tabelle genannte Mindestpunktzahl erreicht ist.

(3) Die Bundesregierung wird ermächtigt, zur Steuerung der Erwerbsmigration nach dem Punktesystem des § 20a Absatz 3 Nummer 2 und nach den Absätzen 1 und 2 durch Rechtsverordnung, die nicht der Zustimmung des Bundesrats bedarf, die Tabelle in der Anlage zu diesem Gesetz zu ändern hinsichtlich der für einzelne Merkmale nach Absatz 1 jeweils zu vergebenden Punkte und hinsichtlich der Mindestpunktzahl, die zu erreichen ist, um die Voraussetzung nach § 20a Absatz 3 Nummer 2 zu erfüllen.

§ 20c[1] *(aufgehoben)*

§ 21[2] **Selbständige Tätigkeit.** (1) [1] Einem Ausländer kann eine Aufenthaltserlaubnis zur Ausübung einer selbständigen Tätigkeit erteilt werden, wenn

1. ein wirtschaftliches Interesse oder ein regionales Bedürfnis besteht,
2. die Tätigkeit positive Auswirkungen auf die Wirtschaft erwarten lässt und
3. die Finanzierung der Umsetzung durch Eigenkapital oder durch eine Kreditzusage gesichert ist.

[2] Die Beurteilung der Voraussetzungen nach Satz 1 richtet sich insbesondere nach der Tragfähigkeit der zu Grunde liegenden Geschäftsidee, den unternehmerischen Erfahrungen des Ausländers, der Höhe des Kapitaleinsatzes, den Auswirkungen auf die Beschäftigungs- und Ausbildungssituation und dem Beitrag für Innovation und Forschung. [3] Bei der Prüfung sind die für den Ort der geplanten Tätigkeit fachkundigen Körperschaften, die zuständigen Gewerbebehörden, die öffentlich-rechtlichen Berufsvertretungen und die für die Berufszulassung zuständigen Behörden zu beteiligen.

(2) Eine Aufenthaltserlaubnis zur Ausübung einer selbständigen Tätigkeit kann auch erteilt werden, wenn völkerrechtliche Vergünstigungen auf der Grundlage der Gegenseitigkeit bestehen.

(2a) [1] Einem Ausländer, der sein Studium an einer staatlichen oder staatlich anerkannten Hochschule oder vergleichbaren Ausbildungseinrichtung im Bundesgebiet erfolgreich abgeschlossen hat oder der als Forscher oder Wissenschaftler eine Aufenthaltserlaubnis nach den §§ 18b, 18d, 19c Absatz 1 oder eine Blaue Karte EU besitzt, soll eine Aufenthaltserlaubnis zur Ausübung einer selbständigen Tätigkeit abweichend von Absatz 1 erteilt werden. [2] Die beabsichtigte selbständige Tätigkeit muss einen Zusammenhang mit den in der Hochschulausbildung erworbenen Kenntnissen oder der Tätigkeit als Forscher oder Wissenschaftler erkennen lassen.

(2b) [1] Einem Ausländer kann eine Aufenthaltserlaubnis für einen Aufenthalt zur Gründung eines Unternehmens erteilt werden, wenn

---

[1] § 20c aufgeh. mWv 24.6.2020 durch G v. 12.6.2020 (BGBl. I S. 1248).

[2] § 21 Abs. 1 Satz 2 geänd. mWv 1.1.2009 durch G v. 20.12.2008 (BGBl. I S. 2846); Abs. 1 Satz 1 Nr. 1 geänd., Satz 2 aufgeh., bish. Satz 3 wird Satz 2 und geänd., bish. Satz 4 wird Satz 3, Abs. 2a eingef. mWv *1.8.2012 durch G v. 1.6.2012 (BGBl. I S. 1224)*; Abs. 5 Satz 3 geänd. mWv 6.9.2013 durch G v. 29.8.2013 (BGBl. I S. 3484); Abs. 2a Satz 1, Abs. 4 Satz 2 geänd. mWv 1.3.2020 durch G v. 15.8.2019 (BGBl. I S. 1307); Abs. 2a Satz 1 geänd. mWv 24.6.2020 durch G v. 12.6.2020 (BGBl. I S. 1248); Abs. 2a Satz 1 geänd. mWv 18.11.2023, Abs. 2a Satz 1 geänd., Abs. 2b eingef., Abs. 4 Satz 2 geänd. mWv 1.3.2024 durch G v. 16.8.2023 (BGBl. 2023 I Nr. 217).

1. er eine Fachkraft ist und
2. ihm zur Vorbereitung der Gründung eines Unternehmens ein den Lebensunterhalt sicherndes Stipendium einer deutschen Wirtschaftsorganisation oder einer deutschen öffentlichen Stelle aus öffentlichen Mitteln gewährt wird.

[2] Die Aufenthaltserlaubnis wird für die Dauer des gewährten Stipendiums erteilt, höchstens jedoch für 18 Monate.

(3) Ausländern, die älter sind als 45 Jahre, soll die Aufenthaltserlaubnis nur erteilt werden, wenn sie über eine angemessene Altersversorgung verfügen.

(4) [1] Die Aufenthaltserlaubnis wird auf längstens drei Jahre befristet. [2] Nach drei Jahren kann abweichend von § 9 Abs. 2 eine Niederlassungserlaubnis erteilt werden, wenn der Ausländer seit drei Jahren selbständig ist und die gegenwärtig ausgeübte Tätigkeit insbesondere auf Grund ihres Erfolgs und ihrer Dauer eine weitere nachhaltige Entwicklung der Geschäftstätigkeit erwarten lässt sowie der Lebensunterhalt des Ausländers und seiner mit ihm in familiärer Gemeinschaft lebenden Angehörigen, denen er Unterhalt zu leisten hat, durch ausreichende Einkünfte gesichert ist und die Voraussetzung des § 9 Absatz 2 Satz 1 Nummer 4 vorliegt.

(5) [1] Einem Ausländer kann eine Aufenthaltserlaubnis zur Ausübung einer freiberuflichen Tätigkeit abweichend von Absatz 1 erteilt werden. [2] Eine erforderliche Erlaubnis zur Ausübung des freien Berufes muss erteilt worden oder ihre Erteilung zugesagt sein. [3] Absatz 1 Satz 3 ist entsprechend anzuwenden. [4] Absatz 4 ist nicht anzuwenden.

(6) Einem Ausländer, dem eine Aufenthaltserlaubnis zu einem anderen Zweck erteilt wird oder erteilt worden ist, kann unter Beibehaltung dieses Aufenthaltszwecks die Ausübung einer selbständigen Tätigkeit erlaubt werden, wenn die nach sonstigen Vorschriften erforderlichen Erlaubnisse erteilt wurden oder ihre Erteilung zugesagt ist.

Abschnitt 5. Aufenthalt aus völkerrechtlichen, humanitären oder politischen Gründen

§ 22[1)] Aufnahme aus dem Ausland. [1] Einem Ausländer kann für die Aufnahme aus dem Ausland aus völkerrechtlichen oder dringenden humanitären Gründen eine Aufenthaltserlaubnis erteilt werden. [2] Eine Aufenthaltserlaubnis ist zu erteilen, wenn das Bundesministerium des Innern, für Bau und Heimat oder die von ihm bestimmte Stelle zur Wahrung politischer Interessen der Bundesrepublik Deutschland die Aufnahme erklärt hat.

§ 23[2)] Aufenthaltsgewährung durch die obersten Landesbehörden; Aufnahme bei besonders gelagerten politischen Interessen; Neuansiedlung von Schutzsuchenden. (1) [1] Die oberste Landesbehörde kann aus völkerrechtlichen oder humanitären Gründen oder zur Wahrung politischer Interessen der Bundesrepublik Deutschland anordnen, dass Ausländern aus bestimmten Staaten oder in sonstiger Weise bestimmten Ausländergruppen eine Aufenthaltserlaubnis erteilt wird. [2] Die Anordnung kann unter der Maßgabe erfolgen, dass eine Ver-

---

1) § 22 Satz 3 aufgeh. mWv 1.3.2020 durch G v. 15.8.2019 (BGBl. I S. 1307); Satz 2 geänd. mWv 27.6.2020 durch VO v. 19.6.2020 (BGBl. I S. 1328).

2) § 23 Überschrift geänd., Abs. 4 angef. mWv 1.8.2015 durch G v. 27.7.2015 (BGBl. I S. 1386); Abs. 1 Satz 4 angef., Abs. 2 Satz 5 aufgeh., Abs. 4 Satz 2 geänd. mWv 1.3.2020 durch G v. 15.8.2019 (BGBl. I S. 1307); Abs. 1 Satz 3, Abs. 2 Satz 1, Abs. 4 Satz 1 geänd. mWv 27.6.2020 durch VO v. 19.6.2020 (BGBl. I S. 1328).

pflichtungserklärung nach § 68 abgegeben wird. [3] Zur Wahrung der Bundeseinheitlichkeit bedarf die Anordnung des Einvernehmens mit dem Bundesministerium des Innern, für Bau und Heimat. [4] Die Aufenthaltserlaubnis berechtigt nicht zur Erwerbstätigkeit; die Anordnung kann vorsehen, dass die zu erteilende Aufenthaltserlaubnis die Erwerbstätigkeit erlaubt oder diese nach § 4a Absatz 1 erlaubt werden kann.

(2) [1] Das Bundesministerium des Innern, für Bau und Heimat kann zur Wahrung besonders gelagerter politischer Interessen der Bundesrepublik Deutschland im Benehmen mit den obersten Landesbehörden anordnen, dass das Bundesamt für Migration und Flüchtlinge Ausländern aus bestimmten Staaten oder in sonstiger Weise bestimmten Ausländergruppen eine Aufnahmezusage erteilt. [2] Ein Vorverfahren nach § 68 der Verwaltungsgerichtsordnung[1)] findet nicht statt. [3] Den betroffenen Ausländern ist entsprechend der Aufnahmezusage eine Aufenthaltserlaubnis oder Niederlassungserlaubnis zu erteilen. [4] Die Niederlassungserlaubnis kann mit einer wohnsitzbeschränkenden Auflage versehen werden.

(3) Die Anordnung kann vorsehen, dass § 24 ganz oder teilweise entsprechende Anwendung findet.

(4) [1] Das Bundesministerium des Innern, für Bau und Heimat kann im Rahmen der Neuansiedlung von Schutzsuchenden im Benehmen mit den obersten Landesbehörden anordnen, dass das Bundesamt für Migration und Flüchtlinge bestimmten, für eine Neuansiedlung ausgewählten Schutzsuchenden (Resettlement-Flüchtlinge) eine Aufnahmezusage erteilt. [2] Absatz 2 Satz 2 bis 4 und § 24 Absatz 3 bis 5 gelten entsprechend.

§ 23a[2)] Aufenthaltsgewährung in Härtefällen. (1) [1] Die oberste Landesbehörde darf anordnen, dass einem Ausländer, der vollziehbar ausreisepflichtig ist, abweichend von den in diesem Gesetz festgelegten Erteilungs- und Verlängerungsvoraussetzungen für einen Aufenthaltstitel sowie von den §§ 10 und 11 eine Aufenthaltserlaubnis erteilt wird, wenn eine von der Landesregierung durch Rechtsverordnung eingerichtete Härtefallkommission darum ersucht (Härtefallersuchen). [2] Die Anordnung kann im Einzelfall unter Berücksichtigung des Umstandes erfolgen, ob der Lebensunterhalt des Ausländers gesichert ist oder eine Verpflichtungserklärung nach § 68 abgegeben wird. [3] Die Annahme eines Härtefalls ist in der Regel ausgeschlossen, wenn der Ausländer Straftaten von erheblichem Gewicht begangen hat oder wenn ein Rückführungstermin bereits konkret feststeht. [4] Die Befugnis zur Aufenthaltsgewährung steht ausschließlich im öffentlichen Interesse und begründet keine eigenen Rechte des Ausländers.

(2) [1] Die Landesregierungen werden ermächtigt, durch Rechtsverordnung eine Härtefallkommission nach Absatz 1 einzurichten, das Verfahren, Ausschlussgründe und qualifizierte Anforderungen an eine Verpflichtungserklärung nach Absatz 1 Satz 2 einschließlich vom Verpflichtungsgeber zu erfüllender Voraussetzungen zu bestimmen sowie die Anordnungsbefugnis nach Absatz 1 Satz 1 auf andere Stellen zu übertragen. [2] Die Härtefallkommissionen werden ausschließlich im Wege der Selbstbefassung tätig. [3] Dritte können nicht verlangen, dass eine Härtefallkommission sich mit einem bestimmten Einzelfall befasst oder eine bestimmte Entscheidung trifft. [4] Die Entscheidung für ein Härtefallersuchen setzt voraus, dass nach den Feststellungen der Härtefallkommission dringende humanitäre oder persönli-

---

[1)] Nr. **600**.

[2)] § 23a Abs. 1 Satz 1 geänd. mWv 26.11.2011 durch G v. 22.11.2011 (BGBl. I S. 2258); Abs. 1 Satz 3 neu gef. mWv 24.10.2015 durch G v. 20.10.2015 (BGBl. I S. 1722).

che Gründe die weitere Anwesenheit des Ausländers im Bundesgebiet rechtfertigen.

(3) [1] Verzieht ein sozialhilfebedürftiger Ausländer, dem eine Aufenthaltserlaubnis nach Absatz 1 erteilt wurde, in den Zuständigkeitsbereich eines anderen Leistungsträgers, ist der Träger der Sozialhilfe, in dessen Zuständigkeitsbereich eine Ausländerbehörde die Aufenthaltserlaubnis erteilt hat, längstens für die Dauer von drei Jahren ab Erteilung der Aufenthaltserlaubnis dem nunmehr zuständigen örtlichen Träger der Sozialhilfe zur Kostenerstattung verpflichtet. [2] Dies gilt entsprechend für die in § 6 Abs. 1 Satz 1 Nr. 2 des Zweiten Buches Sozialgesetzbuch[1)] genannten Leistungen zur Sicherung des Lebensunterhalts.

§ 24[2)] Aufenthaltsgewährung zum vorübergehenden Schutz. (1) Einem Ausländer, dem auf Grund eines Beschlusses des Rates der Europäischen Union gemäß der Richtlinie 2001/55/EG vorübergehender Schutz gewährt wird und der seine Bereitschaft erklärt hat, im Bundesgebiet aufgenommen zu werden, wird für die nach den Artikeln 4 und 6 der Richtlinie bemessene Dauer des vorübergehenden Schutzes eine Aufenthaltserlaubnis erteilt.

(2) Die Gewährung von vorübergehendem Schutz ist ausgeschlossen, wenn die Voraussetzungen des § 60 Absatz 8 vorliegen; die Aufenthaltserlaubnis ist zu versagen.

(3) [1] Die Ausländer im Sinne des Absatzes 1 werden auf die Länder verteilt. [2] Die Länder können Kontingente für die Aufnahme zum vorübergehenden Schutz und die Verteilung vereinbaren. [3] Die Verteilung auf die Länder erfolgt durch das Bundesamt für Migration und Flüchtlinge. [4] Solange die Länder für die Verteilung keinen abweichenden Schlüssel vereinbart haben, gilt der für die Verteilung von Asylbewerbern festgelegte Schlüssel.

(4) [1] Die oberste Landesbehörde des Landes, in das der Ausländer nach Absatz 3 verteilt wurde, oder die von ihr bestimmte Stelle kann eine Zuweisungsentscheidung erlassen. [2] Die Landesregierungen werden ermächtigt, die Verteilung innerhalb der Länder durch Rechtsverordnung zu regeln, sie können die Ermächtigung durch Rechtsverordnung auf andere Stellen übertragen; § 50 Abs. 4 des Asylgesetzes[3)] findet entsprechende Anwendung. [3] Ein Widerspruch gegen die Zuweisungsentscheidung findet nicht statt. [4] Die Klage hat keine aufschiebende Wirkung. [5] Die Zuweisungsentscheidung erlischt mit Erteilung einer Aufenthaltserlaubnis nach Absatz 1.

(5) [1] Der Ausländer hat keinen Anspruch darauf, sich in einem bestimmten Land oder an einem bestimmten Ort aufzuhalten. [2] Er hat seine Wohnung und seinen gewöhnlichen Aufenthalt an dem Ort zu nehmen, dem er nach den Absätzen 3 und 4 zugewiesen wurde.

(6) *(aufgehoben)*

(7) Der Ausländer wird über die mit dem vorübergehenden Schutz verbundenen Rechte und Pflichten schriftlich in einer ihm verständlichen Sprache unterrichtet.

[1)] **Sartorius ErgBd. Nr. 402.**

[2)] § 24 Abs. 2 und 4 Satz 2 geänd. mWv 24.10.2015 durch G v. 20.10.2015 (BGBl. I S. 1722); Abs. 6 Satz 2 neu gef. mWv 1.3.2020 durch G v. 15.8.2019 (BGBl. I S. 1307); Abs. 4 Satz 1 neu gef., Satz 5 angef., Abs. 6 aufgeh. mWv 1.6.2022 durch G v. 23.5.2022 (BGBl. I S. 760); Abs. 2 geänd. mWv 31.10.2024 durch G v. 25.10.2024 (BGBl. 2024 I Nr. 332).

[3)] Nr. **567**.

§ 25[1)] Aufenthalt aus humanitären Gründen. (1) [1] Einem Ausländer ist eine Aufenthaltserlaubnis zu erteilen, wenn er als Asylberechtigter anerkannt ist oder wenn das Bundesamt für Migration und Flüchtlinge nach § 26 Absatz 2 oder 3 des Asylgesetzes[2)] festgestellt hat, dass die Voraussetzungen des Artikels 23 Absatz 1 der Verordnung (EU) 2024/1347 vorliegen. [2] Dies gilt nicht, wenn der Ausländer unter den Voraussetzungen des § 53 Absatz 3a ausgewiesen worden ist. [3] Bis zur Erteilung der Aufenthaltserlaubnis gilt der Aufenthalt als erlaubt.

(2) [1] Einem Ausländer ist eine Aufenthaltserlaubnis zu erteilen, wenn das Bundesamt für Migration und Flüchtlinge die Flüchtlingseigenschaft im Sinne des Artikels 13 der Verordnung (EU) 2024/1347 zuerkannt hat oder wenn es nach § 26 Absatz 2 oder Absatz 3 des Asylgesetzes festgestellt hat, dass die Voraussetzungen des Artikels 23 Absatz 1 der Verordnung (EU) 2024/1347 vorliegen. [2] Eine Aufenthaltserlaubnis ist auch zu erteilen, wenn das Bundesamt für Migration und Flüchtlinge einem Ausländer subsidiären Schutz im Sinne des Artikels 18 der Verordnung (EU) 2024/1347 zuerkannt hat oder wenn es nach § 26 Absatz 2 oder 3 des Asylgesetzes festgestellt hat, dass die Voraussetzungen des Artikels 23 Absatz 1 der Verordnung (EU) 2024/1347 vorliegen. [3] Absatz 1 Satz 2 bis 3 gilt entsprechend.

(3) [1] Einem Ausländer soll eine Aufenthaltserlaubnis erteilt werden, wenn ein Abschiebungsverbot nach § 60 Absatz 5 oder 7 vorliegt. [2] Die Aufenthaltserlaubnis wird nicht erteilt, wenn die Ausreise in einen anderen Staat möglich und zumutbar ist oder der Ausländer wiederholt oder gröblich gegen entsprechende Mitwirkungspflichten verstößt. [3] Sie wird ferner nicht erteilt, wenn schwerwiegende Gründe die Annahme rechtfertigen, dass der Ausländer

1. ein Verbrechen gegen den Frieden, ein Kriegsverbrechen oder ein Verbrechen gegen die Menschlichkeit im Sinne der internationalen Vertragswerke begangen hat, die ausgearbeitet worden sind, um Bestimmungen bezüglich dieser Verbrechen festzulegen,
2. eine Straftat von erheblicher Bedeutung begangen hat,
3. sich Handlungen zuschulden kommen ließ, die den Zielen und Grundsätzen der Vereinten Nationen, wie sie in der Präambel und den Artikeln 1 und 2 der Charta der Vereinten Nationen verankert sind, zuwiderlaufen, oder
4. eine Gefahr für die Allgemeinheit oder eine Gefahr für die Sicherheit der Bundesrepublik Deutschland darstellt.

(4) [1] Einem nicht vollziehbar ausreisepflichtigen Ausländer kann für einen vorübergehenden Aufenthalt eine Aufenthaltserlaubnis erteilt werden, solange dringende humanitäre oder persönliche Gründe oder erhebliche öffentliche Interessen seine vorübergehende weitere Anwesenheit im Bundesgebiet erfordern. [2] Eine Aufenthaltserlaubnis kann abweichend von § 8 Abs. 1 und 2 verlängert werden, wenn auf Grund besonderer Umstände des Einzelfalls das Verlassen des Bundes-

---

[1)] § 25 Abs. 4b eingef. mWv 26.11.2011 durch G v. 22.11.2011 (BGBl. I S. 2258); Abs. 1 Satz 1, Abs. 2 Satz 1, Abs. 3 Satz 1 geänd., Satz 2 Buchst. a–d werden Nr. 1–4 mWv 1.12.2013 durch G v. 28.8.2013 (BGBl. I S. 3474); Abs. 4a Satz 1 und Satz 2 Nr. 1 geänd., Satz 3 angef., Abs. 4b Satz 1, Abs. 5 Satz 1 geänd. mWv 1.8.2015 durch G v. 27.7.2015 (BGBl. I S. 1386); Abs. 2 Satz 1 geänd., Abs. 3 Satz 2 neu gef., Satz 3 angef. mWv 24.10.2015 durch G v. 20.10.2015 (BGBl. I S. 1722); Abs. 4a Satz 1 geänd. mWv 15.10.2016 durch G v. 11.10.2016 (BGBl. I S. 2226); Abs. 1 Satz 2 neu gef. mWv 21.8.2019 durch G v. 15.8.2019 (BGBl. I S. 1294); Abs. 1 Satz 4 aufgeh., Abs. 2 Satz 2 geänd., Abs. 4 Satz 3, Abs. 4a Satz 4, Abs. 4b Satz 4 angef. mWv 1.3.2020 durch G v. 15.8.2019 (BGBl. I S. 1307); Abs. 1 Satz 2 geänd. mWv 31.12.2022 durch G v. 21.12.2022 (BGBl. I S. 2847); Abs. 1 Satz 1 geänd., Abs. 2 neu gef. mWv 12.6.2026 durch G v. 23.4.2026 (BGBl. 2026 I Nr. 111).

[2)] Nr. **567**.

gebiets für den Ausländer eine außergewöhnliche Härte bedeuten würde. [3]Die Aufenthaltserlaubnis berechtigt nicht zur Ausübung einer Erwerbstätigkeit; sie kann nach § 4a Absatz 1 erlaubt werden.

(4a) [1]Einem Ausländer, der Opfer einer Straftat nach den §§ 232 bis 233a des Strafgesetzbuches[1)] wurde, soll, auch wenn er vollziehbar ausreisepflichtig ist, für einen Aufenthalt eine Aufenthaltserlaubnis erteilt werden. [2]Die Aufenthaltserlaubnis darf nur erteilt werden, wenn

1. seine Anwesenheit im Bundesgebiet für ein Strafverfahren wegen dieser Straftat von der Staatsanwaltschaft oder dem Strafgericht für sachgerecht erachtet wird, weil ohne seine Angaben die Erforschung des Sachverhalts erschwert wäre,
2. er jede Verbindung zu den Personen, die beschuldigt werden, die Straftat begangen zu haben, abgebrochen hat und
3. er seine Bereitschaft erklärt hat, in dem Strafverfahren wegen der Straftat als Zeuge auszusagen.

[3]Nach Beendigung des Strafverfahrens soll die Aufenthaltserlaubnis verlängert werden, wenn humanitäre oder persönliche Gründe oder öffentliche Interessen die weitere Anwesenheit des Ausländers im Bundesgebiet erfordern. [4]Die Aufenthaltserlaubnis berechtigt nicht zur Ausübung einer Erwerbstätigkeit; sie kann nach § 4a Absatz 1 erlaubt werden.

(4b) [1]Einem Ausländer, der Opfer einer Straftat nach § 10 Absatz 1 oder § 11 Absatz 1 Nummer 3 des Schwarzarbeitsbekämpfungsgesetzes[2)] oder nach § 15a des Arbeitnehmerüberlassungsgesetzes[3)] wurde, kann, auch wenn er vollziehbar ausreisepflichtig ist, für einen vorübergehenden Aufenthalt eine Aufenthaltserlaubnis erteilt werden. [2]Die Aufenthaltserlaubnis darf nur erteilt werden, wenn

1. die vorübergehende Anwesenheit des Ausländers im Bundesgebiet für ein Strafverfahren wegen dieser Straftat von der Staatsanwaltschaft oder dem Strafgericht für sachgerecht erachtet wird, weil ohne seine Angaben die Erforschung des Sachverhalts erschwert wäre, und
2. der Ausländer seine Bereitschaft erklärt hat, in dem Strafverfahren wegen der Straftat als Zeuge auszusagen.

[3]Die Aufenthaltserlaubnis kann verlängert werden, wenn dem Ausländer von Seiten des Arbeitgebers die zustehende Vergütung noch nicht vollständig geleistet wurde und es für den Ausländer eine besondere Härte darstellen würde, seinen Vergütungsanspruch aus dem Ausland zu verfolgen. [4]Die Aufenthaltserlaubnis berechtigt nicht zur Ausübung einer Erwerbstätigkeit; sie kann nach § 4a Absatz 1 erlaubt werden.

(5) [1]Einem Ausländer, der vollziehbar ausreisepflichtig ist, kann eine Aufenthaltserlaubnis erteilt werden, wenn seine Ausreise aus rechtlichen oder tatsächlichen Gründen unmöglich ist und mit dem Wegfall der Ausreisehindernisse in absehbarer Zeit nicht zu rechnen ist. [2]Die Aufenthaltserlaubnis soll erteilt werden, wenn die Abschiebung seit 18 Monaten ausgesetzt ist. [3]Eine Aufenthaltserlaubnis darf nur erteilt werden, wenn der Ausländer unverschuldet an der Ausreise gehindert ist. [4]Ein Verschulden des Ausländers liegt insbesondere vor, wenn er falsche Angaben macht oder über seine Identität oder Staatsangehörigkeit täuscht oder zumutbare Anforderungen zur Beseitigung der Ausreisehindernisse nicht erfüllt.

[1)] **Habersack Nr. 85.**
[2)] **Habersack ErgBd. Nr. 94b.**
[3)] **Habersack ErgBd. Nr. 84a.**

§ 25a[1] Aufenthaltsgewährung bei gut integrierten Jugendlichen und jungen Volljährigen. (1) [1] Einem jugendlichen oder jungen volljährigen Ausländer, der Inhaber einer Aufenthaltserlaubnis nach § 104c oder seit mindestens zwölf Monaten im Besitz einer Duldung ist, soll eine Aufenthaltserlaubnis erteilt werden, wenn

1. er sich seit drei Jahren ununterbrochen erlaubt, geduldet oder mit einer Aufenthaltsgestattung im Bundesgebiet aufhält,
2. er im Bundesgebiet in der Regel seit drei Jahren erfolgreich eine Schule besucht oder einen anerkannten Schul- oder Berufsabschluss erworben hat. Von dieser Voraussetzung wird abgesehen, wenn der Ausländer sie wegen einer körperlichen, geistigen oder seelischen Krankheit oder Behinderung nicht erfüllen kann,
3. der Antrag auf Erteilung der Aufenthaltserlaubnis vor Vollendung des 27. Lebensjahres gestellt wird,
4. es gewährleistet erscheint, dass er sich auf Grund seiner bisherigen Ausbildung und Lebensverhältnisse in die Lebensverhältnisse der Bundesrepublik Deutschland einfügen kann und
5. keine konkreten Anhaltspunkte dafür bestehen, dass der Ausländer sich nicht zur freiheitlichen demokratischen Grundordnung der Bundesrepublik Deutschland bekennt.

[2] Solange sich der Jugendliche oder der junge Volljährige in einer schulischen oder beruflichen Ausbildung oder einem Hochschulstudium befindet, schließt die Inanspruchnahme öffentlicher Leistungen zur Sicherstellung des eigenen Lebensunterhalts die Erteilung der Aufenthaltserlaubnis nicht aus. [3] Die Erteilung einer Aufenthaltserlaubnis ist zu versagen, wenn die Abschiebung aufgrund eigener falscher Angaben des Ausländers oder aufgrund seiner Täuschung über seine Identität oder Staatsangehörigkeit ausgesetzt ist.

(2) [1] Den Eltern oder einem personensorgeberechtigten Elternteil eines minderjährigen Ausländers, der eine Aufenthaltserlaubnis nach Absatz 1 besitzt, kann eine Aufenthaltserlaubnis erteilt werden, wenn

1. die Abschiebung nicht aufgrund falscher Angaben oder aufgrund von Täuschungen über die Identität oder Staatsangehörigkeit oder mangels Erfüllung zumutbarer Anforderungen an die Beseitigung von Ausreisehindernissen verhindert oder verzögert wird und
2. der Lebensunterhalt eigenständig durch Erwerbstätigkeit gesichert ist.

[2] Minderjährigen Kindern eines Ausländers, der eine Aufenthaltserlaubnis nach Satz 1 besitzt, kann eine Aufenthaltserlaubnis erteilt werden, wenn sie mit ihm in familiärer Lebensgemeinschaft leben. [3] Dem Ehegatten oder Lebenspartner, der mit einem Begünstigten nach Absatz 1 in familiärer Lebensgemeinschaft lebt, soll unter den Voraussetzungen nach Satz 1 eine Aufenthaltserlaubnis erteilt werden. [4] § 31 gilt entsprechend. [5] Dem minderjährigen ledigen Kind, das mit einem Begünstigten nach Absatz 1 in familiärer Lebensgemeinschaft lebt, soll eine Aufenthaltserlaubnis erteilt werden.

---

[1] § 25a eingef. mWv 1.7.2011 durch G v. 23.6.2011 (BGBl. I S. 1266); Abs. 1 Satz 4 aufgeh. mWv 6.9. *2013 durch G v. 29.8.2013 (BGBl. I S. 3484)*; Abs. 1 Satz 1 neu gef., Abs. 2 Satz 1 einl. Satzteil geänd., Sätze 3–5 und Abs. 4 angef. mWv 1.8.2015 durch G v. 27.7.2015 (BGBl. I S. 1386); Abs. 3 geänd. mWv 24.10.2015 durch G v. 20.10.2015 (BGBl. I S. 1722); Abs. 4 geänd. mWv 1.3.2020 durch G v. 15.8.2019 (BGBl. I S. 1307); Überschrift, Abs. 1 Satz 1 einl. Satzteil und Nr. 1–3, Satz 2 geänd., Abs. 5, 6 angef. mWv 31.12.2022 durch G v. 21.12.2022 (BGBl. I S. 2847, geänd. durch BGBl. 2025 I Nr. 364).

(3) Die Erteilung einer Aufenthaltserlaubnis nach Absatz 2 ist ausgeschlossen, wenn der Ausländer wegen einer im Bundesgebiet begangenen vorsätzlichen Straftat verurteilt wurde, wobei Geldstrafen von insgesamt bis zu 50 Tagessätzen oder bis zu 90 Tagessätzen wegen Straftaten, die nach diesem Gesetz oder dem Asylgesetz[1)] nur von Ausländern begangen werden können, grundsätzlich außer Betracht bleiben.

(4) Die Aufenthaltserlaubnis kann abweichend von § 10 Absatz 3 Satz 2 erteilt werden.

(5) Besitzt der Ausländer eine Aufenthaltserlaubnis nach § 104c, sind für die Anwendung des Absatzes 1 Satz 1 Nummer 1 auch die in § 60b Absatz 5 Satz 1 genannten Zeiten anzurechnen.

(6) [1] Einem Ausländer mit einer Aufenthaltserlaubnis nach § 104c soll eine Aufenthaltserlaubnis nach Absatz 1 nur erteilt werden, wenn die Voraussetzungen des § 5 Absatz 1 Nummer 1a erfüllt sind. [2] Hat der Ausländer die erforderlichen und ihm zumutbaren Maßnahmen für die Identitätsklärung ergriffen, kann sie abweichend von Satz 1 erteilt werden.

§ 25b[2)] Aufenthaltsgewährung bei nachhaltiger Integration. (1) [1] Einem Ausländer, der geduldet oder Inhaber einer Aufenthaltserlaubnis nach § 104c ist, soll abweichend von § 5 Absatz 1 Nummer 1 und Absatz 2 eine Aufenthaltserlaubnis erteilt werden, wenn er sich nachhaltig in die Lebensverhältnisse der Bundesrepublik Deutschland integriert hat. [2] Dies setzt regelmäßig voraus, dass der Ausländer

1. sich seit mindestens sechs Jahren oder, falls er zusammen mit einem minderjährigen ledigen Kind in häuslicher Gemeinschaft lebt, seit mindestens vier Jahren ununterbrochen geduldet, gestattet oder mit einer Aufenthaltserlaubnis im Bundesgebiet aufgehalten hat,
2. sich zur freiheitlichen demokratischen Grundordnung der Bundesrepublik Deutschland bekennt und über Grundkenntnisse der Rechts- und Gesellschaftsordnung und der Lebensverhältnisse im Bundesgebiet verfügt,
3. seinen Lebensunterhalt überwiegend durch Erwerbstätigkeit sichert oder bei der Betrachtung der bisherigen Schul-, Ausbildungs-, Einkommens- sowie der familiären Lebenssituation zu erwarten ist, dass er seinen Lebensunterhalt im Sinne von § 2 Absatz 3 sichern wird, wobei der Bezug von Wohngeld unschädlich ist,
4. über hinreichende mündliche Deutschkenntnisse im Sinne des Niveaus A2 des Gemeinsamen Europäischen Referenzrahmens für Sprachen verfügt und
5. bei Kindern im schulpflichtigen Alter deren tatsächlichen Schulbesuch nachweist.

[3] Ein vorübergehender Bezug von Sozialleistungen ist für die Lebensunterhaltssicherung in der Regel unschädlich bei

1. Studierenden an einer staatlichen oder staatlich anerkannten Hochschule sowie Auszubildenden in anerkannten Lehrberufen oder in staatlich geförderten Berufsvorbereitungsmaßnahmen,

---

1) Nr. **567**.

2) § 25b eingef. mWv 1.8.2015 durch G v. 27.7.2015 (BGBl. I S. 1386); Abs. 6 angef. mWv 1.1.2020 durch G v. 8.7.2019 (BGBl. I S. 1021); Abs. 5 Satz 2 geänd. mWv 1.3.2020 durch G v. 15.8.2019 (BGBl. I S. 1307); Abs. 1 Satz 1 geänd., Satz 2 Nr. 1 neu gef., Abs. 7, 8 angef. mWv 31.12.2022 durch G v. 21.12. 2022 (BGBl. I S. 2847, geänd. durch BGBl. 2025 I Nr. 364).

2. Familien mit minderjährigen Kindern, die vorübergehend auf ergänzende Sozialleistungen angewiesen sind,
3. Alleinerziehenden mit minderjährigen Kindern, denen eine Arbeitsaufnahme nach § 10 Absatz 1 Nummer 3 des Zweiten Buches Sozialgesetzbuch[1)] nicht zumutbar ist oder
4. Ausländern, die pflegebedürftige nahe Angehörige pflegen.

(2) Die Erteilung einer Aufenthaltserlaubnis nach Absatz 1 ist zu versagen, wenn

1. der Ausländer die Aufenthaltsbeendigung durch vorsätzlich falsche Angaben, durch Täuschung über die Identität oder Staatsangehörigkeit oder Nichterfüllung zumutbarer Anforderungen an die Mitwirkung bei der Beseitigung von Ausreisehindernissen verhindert oder verzögert oder
2. ein Ausweisungsinteresse im Sinne von § 54 Absatz 1 oder Absatz 2 Nummer 1 und 2 besteht.

(3) Von den Voraussetzungen des Absatzes 1 Satz 2 Nummer 3 und 4 wird abgesehen, wenn der Ausländer sie wegen einer körperlichen, geistigen oder seelischen Krankheit oder Behinderung oder aus Altersgründen nicht erfüllen kann.

(4) [1]Dem Ehegatten, dem Lebenspartner und minderjährigen ledigen Kindern, die mit einem Begünstigten nach Absatz 1 in familiärer Lebensgemeinschaft leben, soll unter den Voraussetzungen des Absatzes 1 Satz 2 Nummer 2 bis 5 eine Aufenthaltserlaubnis erteilt werden. [2]Die Absätze 2, 3 und 5 finden Anwendung. [3]§ 31 gilt entsprechend.

(5) [1]Die Aufenthaltserlaubnis wird abweichend von § 26 Absatz 1 Satz 1 längstens für zwei Jahre erteilt und verlängert. [2]Sie kann abweichend von § 10 Absatz 3 Satz 2 erteilt werden. [3]§ 25a bleibt unberührt.

(6) Einem Ausländer, seinem Ehegatten oder seinem Lebenspartner und in familiärer Lebensgemeinschaft lebenden minderjährigen ledigen Kindern, die seit 30 Monaten im Besitz einer Duldung nach § 60d sind, soll eine Aufenthaltserlaubnis nach Absatz 1 abweichend von der in Absatz 1 Satz 2 Nummer 1 genannten Frist erteilt werden, wenn die Voraussetzungen nach § 60d erfüllt sind und der Ausländer über hinreichende mündliche deutsche Sprachkenntnisse verfügt; bestand die Möglichkeit des Besuchs eines Integrationskurses, setzt die Erteilung der Aufenthaltserlaubnis zudem voraus, dass der Ausländer, sein Ehegatte oder sein Lebenspartner über hinreichende schriftliche Kenntnisse der deutschen Sprache verfügt.

(7) Besitzt der Ausländer eine Aufenthaltserlaubnis nach § 104c, sind für die Anwendung des Absatzes 1 Satz 2 Nummer 1 auch die in § 60b Absatz 5 Satz 1 genannten Zeiten anzurechnen.

(8) [1]Einem Ausländer mit einer Aufenthaltserlaubnis nach § 104c soll eine Aufenthaltserlaubnis nach Absatz 1 nur erteilt werden, wenn die Voraussetzungen des § 5 Absatz 1 Nummer 1a erfüllt sind. [2]Hat der Ausländer die erforderlichen und ihm zumutbaren Maßnahmen für die Identitätsklärung ergriffen, kann sie abweichend von Satz 1 erteilt werden.

[1)] **Sartorius ErgBd. Nr. 402.**

§ 26[1)] Dauer des Aufenthalts. (1) [1] Die Aufenthaltserlaubnis nach diesem Abschnitt kann für jeweils längstens drei Jahre erteilt und verlängert werden, in den Fällen des § 25 Abs. 4 Satz 1 und Abs. 5 jedoch für längstens sechs Monate, solange sich der Ausländer noch nicht mindestens 18 Monate rechtmäßig im Bundesgebiet aufgehalten hat. [2] In den Fällen des § 25 Absatz 1 Satz 1 sowie Absatz 2 Satz 1 und 2 wird die Aufenthaltserlaubnis für drei Jahre erteilt. [3] Ausländern, die die Voraussetzungen des § 25 Absatz 3 erfüllen, wird die Aufenthaltserlaubnis für mindestens ein Jahr erteilt. [4] Die Aufenthaltserlaubnisse nach § 25 Absatz 4a Satz 1 und Absatz 4b werden jeweils für ein Jahr, Aufenthaltserlaubnisse nach § 25 Absatz 4a Satz 3 jeweils für zwei Jahre erteilt und verlängert; in begründeten Einzelfällen ist eine längere Geltungsdauer zulässig.

(2) Die Aufenthaltserlaubnis darf nicht verlängert werden, wenn das Ausreisehindernis oder die sonstigen einer Aufenthaltsbeendigung entgegenstehenden Gründe entfallen sind.

(3) [1] Einem Ausländer, der eine Aufenthaltserlaubnis nach § 25 Absatz 1 oder 2 Satz 1 besitzt, ist eine Niederlassungserlaubnis zu erteilen, wenn

1. er die Aufenthaltserlaubnis seit fünf Jahren besitzt, wobei die Aufenthaltszeit des der Erteilung der Aufenthaltserlaubnis vorangegangenen Asylverfahrens abweichend von § 55 Absatz 3 des Asylgesetzes[2)] auf die für die Erteilung der Niederlassungserlaubnis erforderliche Zeit des Besitzes einer Aufenthaltserlaubnis angerechnet wird,
2. das Bundesamt für Migration und Flüchtlinge nicht nach § 73b Absatz 3 des Asylgesetzes mitgeteilt hat, dass die Voraussetzungen für den Entzug, den Widerruf oder die Rücknahme vorliegen,
3. sein Lebensunterhalt überwiegend gesichert ist,
4. er über hinreichende Kenntnisse der deutschen Sprache verfügt und
5. die Voraussetzungen des § 9 Absatz 2 Satz 1 Nummer 4 bis 6, 8 und 9 vorliegen.

[2] § 9 Absatz 2 Satz 2 bis 6, § 9 Absatz 3 Satz 1 und § 9 Absatz 4 finden entsprechend Anwendung; von der Voraussetzung in Satz 1 Nummer 3 wird auch abgesehen, wenn der Ausländer die Regelaltersgrenze nach § 35 Satz 2 oder § 235 Absatz 2 des Sechsten Buches Sozialgesetzbuch[3)] erreicht hat. [3] Abweichend von Satz 1 und 2 ist einem Ausländer, der eine Aufenthaltserlaubnis nach § 25 Absatz 1 oder 2 Satz 1 besitzt, eine Niederlassungserlaubnis zu erteilen, wenn

1. er die Aufenthaltserlaubnis seit drei Jahren besitzt, wobei die Aufenthaltszeit des der Erteilung der Aufenthaltserlaubnis vorangegangenen Asylverfahrens abweichend von § 55 Absatz 3 des Asylgesetzes auf die für die Erteilung der Niederlassungserlaubnis erforderliche Zeit des Besitzes einer Aufenthaltserlaubnis angerechnet wird,

---

[1)] § 26 Abs. 1 Satz 3 geänd. mWv 26.11.2011 durch G v. 22.11.2011 (BGBl. I S. 2258); Abs. 1 Satz 2 neu gef., Sätze 3 und 4 eingef., bish. Satz 3 wird Satz 5, Abs. 3 geänd. mWv 1.12.2013 durch G v. 28.8. 2013 (BGBl. I S. 3474); Abs. 1 Satz 5 und Abs. 3 neu gef., Abs. 4 Satz 1geänd. mWv 1.8.2015 durch G v. 27.7.2015 (BGBl. I S. 1386); Abs. 1 Sätze 2 und 3, Abs. 3 Satz 1, Abs. 4 Satz 3 geänd. mWv 24.10.2015 durch G v. 20.10.2015 (BGBl. I S. 1722); Abs. 3 neu gef. mWv 6.8.2016 durch G v. 31.7.2016 (BGBl. I S. 1939); Abs. 3 Satz 1 Nr. 2 und Satz 3 Nr. 2 geänd. mWv 21.8.2019 durch G v. 15.8.2019 (BGBl. I S. 1294); Abs. 3 Satz 1 Nr. 2, Satz 3 Nr. 2 neu gef. mWv 1.1.2023 durch G v. 21.12.2022 (BGBl. I S. 2817); Abs. 1 Satz 2 neu gef., Satz 3 aufgeh., bish. Sätze 4, 5 werden Sätze 3, 4 mWv 27.2.2024 durch G v. 21.2.2024 (BGBl. 2024 I Nr. 54); Abs. 1 Satz 2, Abs. 3 Satz 1 einl. Satzteil und Nr. 2, Satz 3 einl. Satzteil geänd. mWv 12.6.2026 durch G v. 23.4.2026 (BGBl. 2026 I Nr. 111).

[2)] Nr. **567**.

[3)] **Aichberger, SGB Nr. 6.**

2. das Bundesamt für Migration und Flüchtlinge nicht nach § 73b Absatz 3 des Asylgesetzes mitgeteilt hat, dass die Voraussetzungen für den Widerruf oder die Rücknahme vorliegen,
3. er die deutsche Sprache beherrscht,
4. sein Lebensunterhalt weit überwiegend gesichert ist und
5. die Voraussetzungen des § 9 Absatz 2 Satz 1 Nummer 4 bis 6, 8 und 9 vorliegen.

[4] In den Fällen des Satzes 3 finden § 9 Absatz 3 Satz 1 und § 9 Absatz 4 entsprechend Anwendung. [5] Für Kinder, die vor Vollendung des 18. Lebensjahres nach Deutschland eingereist sind, kann § 35 entsprechend angewandt werden. [6] Die Sätze 1 bis 5 gelten auch für einen Ausländer, der eine Aufenthaltserlaubnis nach § 23 Absatz 4 besitzt, es sei denn, es liegen die Voraussetzungen für eine Rücknahme vor.

(4) [1] Im Übrigen kann einem Ausländer, der eine Aufenthaltserlaubnis nach diesem Abschnitt besitzt, eine Niederlassungserlaubnis erteilt werden, wenn die in § 9 Abs. 2 Satz 1 bezeichneten Voraussetzungen vorliegen. [2] § 9 Abs. 2 Satz 2 bis 6 gilt entsprechend. [3] Die Aufenthaltszeit des der Erteilung der Aufenthaltserlaubnis vorangegangenen Asylverfahrens wird abweichend von § 55 Abs. 3 des Asylgesetzes auf die Frist angerechnet. [4] Für Kinder, die vor Vollendung des 18. Lebensjahres nach Deutschland eingereist sind, kann § 35 entsprechend angewandt werden.

Abschnitt 6. Aufenthalt aus familiären Gründen

§ 27[1)] Grundsatz des Familiennachzugs. (1) Die Aufenthaltserlaubnis zur Herstellung und Wahrung der familiären Lebensgemeinschaft im Bundesgebiet für ausländische Familienangehörige (Familiennachzug) wird zum Schutz von Ehe und Familie gemäß Artikel 6 des Grundgesetzes[2)] erteilt und verlängert.

(1a) Ein Familiennachzug wird nicht zugelassen, wenn
1. feststeht, dass die Ehe oder das Verwandtschaftsverhältnis ausschließlich zu dem Zweck geschlossen oder begründet wurde, dem Nachziehenden die Einreise in das und den Aufenthalt im Bundesgebiet zu ermöglichen, oder
2. tatsächliche Anhaltspunkte die Annahme begründen, dass einer der Ehegatten zur Eingehung der Ehe genötigt wurde.

(2) Für die Herstellung und Wahrung einer lebenspartnerschaftlichen Gemeinschaft im Bundesgebiet finden die Absätze 1a und 3, § 9 Abs. 3, § 9c Satz 2, die *die*[3)] §§ 28 bis 31, 36a, 51 Absatz 2 und 10 Satz 2 entsprechende Anwendung.

(3) [1] Die Erteilung der Aufenthaltserlaubnis zum Zweck des Familiennachzugs kann versagt werden, wenn derjenige, zu dem der Familiennachzug stattfindet, für den Unterhalt von anderen Familienangehörigen oder anderen Haushaltsangehö-

---

[1)] § 27 Abs. 4 Satz 2 geänd. mWv 1.8.2012 durch G v. 1.6.2012 (BGBl. I S. 1224); Abs. 5 angef. mWv 6.9.2013 durch G v. 29.8.2013 (BGBl. I S. 3484); Abs. 2 geänd. mWv 15.7.2016 durch G v. 8.7.2016 (BGBl. I S. 1594); Abs. 4 Satz 2 neu gef. mWv 1.8.2017 durch G v. 12.5.2017 (BGBl. I S. 1106); Abs. 2 *geänd., Abs. 3a eingef. mWv 1.8.2018 durch* G v. 12.7.2018 (BGBl. I S. 1147); Abs. 4 Satz 2 geänd., Satz 3 aufgeh., bish. Satz 4 wird Satz 3, Abs. 5 aufgeh. mWv 1.3.2020 durch G v. 15.8.2019 (BGBl. I S. 1307); Abs. 3a Nr. 1 geänd. mWv 2.4.2026 durch G v. 20.3.2026 (BGBl. 2026 I Nr. 95).

[2)] Nr. 1.

[3)] Doppelter Artikel amtlich.

rigen auf Leistungen nach dem Zweiten[1] oder Zwölften Buch Sozialgesetzbuch[2] angewiesen ist. 2 Von § 5 Abs. 1 Nr. 2 kann abgesehen werden.

(3a) Die Erteilung der Aufenthaltserlaubnis zum Zweck des Familiennachzugs ist zu versagen, wenn derjenige, zu dem der Familiennachzug stattfinden soll,

1. die freiheitliche demokratische Grundordnung oder die Sicherheit der Bundesrepublik Deutschland gefährdet; hiervon ist auszugehen, wenn Tatsachen die Schlussfolgerung rechtfertigen, dass er einer Vereinigung angehört oder angehört hat, die den Terrorismus unterstützt oder er eine derartige Vereinigung unterstützt oder unterstützt hat oder er eine in § 89a Absatz 1 des Strafgesetzbuches[3] bezeichnete terroristische Straftat nach § 89a Absatz 2 des Strafgesetzbuches vorbereitet oder vorbereitet hat,
2. zu den Leitern eines Vereins gehörte, der unanfechtbar verboten wurde, weil seine Zwecke oder seine Tätigkeit den Strafgesetzen zuwiderlaufen oder er sich gegen die verfassungsmäßige Ordnung oder den Gedanken der Völkerverständigung richtet,
3. sich zur Verfolgung politischer oder religiöser Ziele an Gewalttätigkeiten beteiligt oder öffentlich zur Gewaltanwendung aufruft oder mit Gewaltanwendung droht oder
4. zu Hass gegen Teile der Bevölkerung aufruft; hiervon ist auszugehen, wenn er auf eine andere Person gezielt und andauernd einwirkt, um Hass auf Angehörige bestimmter ethnischer Gruppen oder Religionen zu erzeugen oder zu verstärken oder öffentlich, in einer Versammlung oder durch Verbreiten von Schriften in einer Weise, die geeignet ist, die öffentliche Sicherheit und Ordnung zu stören,
   a) gegen Teile der Bevölkerung zu Willkürmaßnahmen aufstachelt,
   b) Teile der Bevölkerung böswillig verächtlich macht und dadurch die Menschenwürde anderer angreift oder
   c) Verbrechen gegen den Frieden, gegen die Menschlichkeit, ein Kriegsverbrechen oder terroristische Taten von vergleichbarem Gewicht billigt oder dafür wirbt.

(4) 1 Eine Aufenthaltserlaubnis zum Zweck des Familiennachzugs darf längstens für den Gültigkeitszeitraum der Aufenthaltserlaubnis des Ausländers erteilt werden, zu dem der Familiennachzug stattfindet. 2 Sie ist für diesen Zeitraum zu erteilen, wenn der Ausländer, zu dem der Familiennachzug stattfindet, eine Aufenthaltserlaubnis nach den §§ 18d, 18f oder § 38a besitzt, eine Blaue Karte EU, eine ICT-Karte oder eine Mobiler-ICT-Karte besitzt oder sich gemäß § 18e berechtigt im Bundesgebiet aufhält. 3 Im Übrigen ist die Aufenthaltserlaubnis erstmals für mindestens ein Jahr zu erteilen.

§ 28[4] Familiennachzug zu Deutschen. (1) 1 Die Aufenthaltserlaubnis ist dem ausländischen

1. Ehegatten eines Deutschen,

---

[1] **Sartorius ErgBd. Nr. 402.**
[2] **Sartorius ErgBd. Nr. 412.**
[3] **Habersack Nr. 85.**
[4] § 28 Abs. 1 Satz 4 geänd. mWv 26.11.2011 durch G v. 22.11.2011 (BGBl. I S. 2258); Abs. 2 Satz 1 geänd., Satz 2 eingef., bish. Satz 2 wird Satz 3, Abs. 3 Satz 1 geänd., Satz 2 angef., Abs. 5 aufgeh. mWv 6.9.2013 durch G v. 29.8.2013 (BGBl. I S. 3484); Abs. 2 Satz 1 geänd. mWv 1.8.2015 durch G v. 27.7. 2015 (BGBl. I S. 1386).

2. minderjährigen ledigen Kind eines Deutschen,

3. Elternteil eines minderjährigen ledigen Deutschen zur Ausübung der Personensorge

zu erteilen, wenn der Deutsche seinen gewöhnlichen Aufenthalt im Bundesgebiet hat. [2] Sie ist abweichend von § 5 Abs. 1 Nr. 1 in den Fällen des Satzes 1 Nr. 2 und 3 zu erteilen. [3] Sie soll in der Regel abweichend von § 5 Abs. 1 Nr. 1 in den Fällen des Satzes 1 Nr. 1 erteilt werden. [4] Sie kann abweichend von § 5 Abs. 1 Nr. 1 dem nicht personensorgeberechtigten Elternteil eines minderjährigen ledigen Deutschen erteilt werden, wenn die familiäre Gemeinschaft schon im Bundesgebiet gelebt wird. [5] § 30 Abs. 1 Satz 1 Nr. 1 und 2, Satz 3 und Abs. 2 Satz 1 ist in den Fällen des Satzes 1 Nr. 1 entsprechend anzuwenden.

(2) [1] Dem Ausländer ist in der Regel eine Niederlassungserlaubnis zu erteilen, wenn er drei Jahre im Besitz einer Aufenthaltserlaubnis ist, die familiäre Lebensgemeinschaft mit dem Deutschen im Bundesgebiet fortbesteht, kein Ausweisungsinteresse besteht und er über ausreichende Kenntnisse der deutschen Sprache verfügt. [2] § 9 Absatz 2 Satz 2 bis 5 gilt entsprechend. [3] Im Übrigen wird die Aufenthaltserlaubnis verlängert, solange die familiäre Lebensgemeinschaft fortbesteht.

(3) [1] Die §§ 31 und 34 finden mit der Maßgabe Anwendung, dass an die Stelle des Aufenthaltstitels des Ausländers der gewöhnliche Aufenthalt des Deutschen im Bundesgebiet tritt. [2] Die einem Elternteil eines minderjährigen ledigen Deutschen zur Ausübung der Personensorge erteilte Aufenthaltserlaubnis ist auch nach Eintritt der Volljährigkeit des Kindes zu verlängern, solange das Kind mit ihm in familiärer Lebensgemeinschaft lebt und das Kind sich in einer Ausbildung befindet, die zu einem anerkannten schulischen oder beruflichen Bildungsabschluss oder Hochschulabschluss führt.

(4) Auf sonstige Familienangehörige findet § 36 entsprechende Anwendung.

§ 29[1)] Familiennachzug zu Ausländern. (1) [1] Für den Familiennachzug zu einem Ausländer muss

1. der Ausländer eine Niederlassungserlaubnis, Erlaubnis zum Daueraufenthalt – EU, Aufenthaltserlaubnis, eine Blaue Karte EU, eine ICT-Karte oder eine Mobiler-ICT-Karte besitzen oder sich gemäß § 18e berechtigt im Bundesgebiet aufhalten und

2. ausreichender Wohnraum zur Verfügung stehen.

[2] Satz 1 Nummer 2, § 5 Absatz 1 Nummer 1 mit Ausnahme des Bestehens ausreichenden Krankenversicherungsschutzes sowie § 27 Absatz 3 Satz 1 finden keine Anwendung, wenn

1. der Familiennachzug zu einem Inhaber einer Blauen Karte EU erfolgen soll,

---

[1)] § 29 Abs. 3 Satz 3 geänd. mWv 1.7.2011 durch G v. 23.6.2011 (BGBl. I S. 1266); Abs. 5 Nr. 1 geänd., Nr. 2 eingef., bish. Nr. 2 wird Nr. 3 mWv 26.11.2011 durch G v. 22.11.2011 (BGBl. I S. 2258); Abs. 1 Nr. 1, Abs. 5 Nr. 2 geänd. mWv 1.8.2012 durch G v. 1.6.2012 (BGBl. I S. 1224); Abs. 3 Satz 1 geänd. mWv 1.12.2013 durch G v. 28.8.2013 (BGBl. I S. 3474); Abs. 5 aufgeh. mWv 6.9.2013, Abs. 1 Nr. 1 geänd. mWv 2.12.2013 durch G v. 29.8.2013 (BGBl. I S. 3484); Abs. 2 Sätze 1 und 2 neu gef., Abs. 3 Sätze 1 und 3 geänd. mWv 1.8.2015 durch G v. 27.7.2015 (BGBl. I S. 1386); Abs. 1 Nr. 1 geänd. mWv 1.8.2017 durch G v. 12.5.2017 (BGBl. I S. 1106); Abs. 1 Nr. 1 geänd. mWv 1.3.2020 durch G v. *15.8.2019 (BGBl. I S. 1307)*; Abs. 3 Satz 3 geänd. mWv 31.12.2022 durch G v. 21.12.2022 (BGBl. I S. 2847); Abs. 1 Satz 2 angef. mWv 18.11.2023, Abs. 5 angef. mWv 1.3.2024 durch G v. 16.8.2023 (BGBl. 2023 I Nr. 217); Abs. 2 Satz 1 geänd. mWv 12.6.2026 durch G v. 23.4.2026 (BGBl. 2026 I Nr. 111).

2. der Inhaber der Blauen Karte EU unmittelbar vor der Erteilung der Blauen Karte EU im Besitz einer Blauen Karte EU war, die ein anderer Mitgliedstaat der Europäischen Union ausgestellt hat, und
3. die familiäre Lebensgemeinschaft bereits in dem anderen Mitgliedstaat der Europäischen Union bestand.

(2) [1] Bei dem Ehegatten und dem minderjährigen ledigen Kind eines Ausländers, der eine Aufenthaltserlaubnis nach § 23 Absatz 4, § 25 Absatz 1 oder 2, eine Niederlassungserlaubnis nach § 26 Absatz 3 oder nach Erteilung einer Aufenthaltserlaubnis nach § 25 Absatz 2 Satz 2 eine Niederlassungserlaubnis nach § 26 Absatz 4 besitzt, kann von den Voraussetzungen des § 5 Absatz 1 Nummer 1 und des Absatzes 1 Nummer 2 abgesehen werden. [2] In den Fällen des Satzes 1 ist von diesen Voraussetzungen abzusehen, wenn

1. der im Zuge des Familiennachzugs erforderliche Antrag auf Erteilung eines Aufenthaltstitels innerhalb von drei Monaten nach unanfechtbarer Anerkennung als Asylberechtigter oder unanfechtbarer Zuerkennung der Flüchtlingseigenschaft oder subsidiären Schutzes oder nach Erteilung einer Aufenthaltserlaubnis nach § 23 Absatz 4 gestellt wird und
2. die Herstellung der familiären Lebensgemeinschaft in einem Staat, der nicht Mitgliedstaat der Europäischen Union ist und zu dem der Ausländer oder seine Familienangehörigen eine besondere Bindung haben, nicht möglich ist.

[3] Die in Satz 2 Nr. 1 genannte Frist wird auch durch die rechtzeitige Antragstellung des Ausländers gewahrt.

(3) [1] Die Aufenthaltserlaubnis darf dem Ehegatten und dem minderjährigen Kind eines Ausländers, der eine Aufenthaltserlaubnis nach den §§ 22, 23 Absatz 1 oder Absatz 2 oder § 25 Absatz 3 oder Absatz 4a Satz 1, § 25a Absatz 1 oder § 25b Absatz 1 besitzt, nur aus völkerrechtlichen oder humanitären Gründen oder zur Wahrung politischer Interessen der Bundesrepublik Deutschland erteilt werden. [2] § 26 Abs. 4 gilt entsprechend. [3] Ein Familiennachzug wird in den Fällen des § 25 Absatz 4, 4b und 5, § 25a Absatz 2, § 25b Absatz 4, § 104a Abs. 1 Satz 1, § 104b und § 104c nicht gewährt.

(4) [1] Die Aufenthaltserlaubnis wird dem Ehegatten und dem minderjährigen ledigen Kind eines Ausländers oder dem minderjährigen ledigen Kind seines Ehegatten abweichend von § 5 Abs. 1 und § 27 Abs. 3 erteilt, wenn dem Ausländer vorübergehender Schutz nach § 24 Abs. 1 gewährt wurde und

1. die familiäre Lebensgemeinschaft im Herkunftsland durch die Fluchtsituation aufgehoben wurde und
2. der Familienangehörige aus einem anderen Mitgliedstaat der Europäischen Union übernommen wird oder sich außerhalb der Europäischen Union befindet und schutzbedürftig ist.

[2] Die Erteilung einer Aufenthaltserlaubnis an sonstige Familienangehörige eines Ausländers, dem vorübergehender Schutz nach § 24 Abs. 1 gewährt wurde, richtet sich nach § 36. [3] Auf die nach diesem Absatz aufgenommenen Familienangehörigen findet § 24 Anwendung.

(5) Bei dem Ehegatten oder minderjährigen ledigen Kind eines Ausländers, der im Besitz einer Blauen Karte EU, einer ICT-Karte oder einer Mobiler-ICT-Karte oder eines Aufenthaltstitels nach den §§ 18a, 18b, 18c Absatz 3, den §§ 18d, 18f, 19c Absatz 1 für eine Beschäftigung als leitender Angestellter, als Führungskraft, als Unternehmensspezialist, als Wissenschaftler, als Gastwissenschaftler, als Ingenieur oder Techniker im Forschungsteam eines Gastwissenschaftlers oder als Lehrkraft,

nach § 19c Absatz 2 oder 4 Satz 1 oder § 21 ist, wird von der Voraussetzung des Absatzes 1 Nummer 2 abgesehen.

§ 30[1)] Ehegattennachzug. (1) [1]Dem Ehegatten eines Ausländers ist eine Aufenthaltserlaubnis zu erteilen, wenn

1. beide Ehegatten das 18. Lebensjahr vollendet haben,
2. der Ehegatte sich zumindest auf einfache Art in deutscher Sprache verständigen kann und
3. der Ausländer
   a) eine Niederlassungserlaubnis besitzt,
   b) eine Erlaubnis zum Daueraufenthalt – EU besitzt,
   c) eine Aufenthaltserlaubnis nach den §§ 18d, 18f oder § 25 Absatz 1 oder Absatz 2 Satz 1 besitzt,
   d) seit zwei Jahren eine Aufenthaltserlaubnis besitzt und die Aufenthaltserlaubnis nicht mit einer Nebenbestimmung nach § 8 Abs. 2 versehen oder die spätere Erteilung einer Niederlassungserlaubnis nicht auf Grund einer Rechtsnorm ausgeschlossen ist; dies gilt nicht für eine Aufenthaltserlaubnis nach § 25 Absatz 2 Satz 2,
   e) eine Aufenthaltserlaubnis nach § 7 Absatz 1 Satz 3 oder nach den Abschnitten 3, 4, 5 oder 6 oder § 37 oder § 38 besitzt, die Ehe bei deren Erteilung bereits bestand und die Dauer seines Aufenthalts im Bundesgebiet voraussichtlich über ein Jahr betragen wird; dies gilt nicht für eine Aufenthaltserlaubnis nach § 25 Absatz 2 Satz 2,
   f) eine Aufenthaltserlaubnis nach § 38a besitzt und die eheliche Lebensgemeinschaft bereits in dem Mitgliedstaat der Europäischen Union bestand, in dem der Ausländer die Rechtsstellung eines langfristig Aufenthaltsberechtigten innehat, oder
   g) eine Blaue Karte EU, eine ICT-Karte oder eine Mobiler-ICT-Karte besitzt.

[2]Satz 1 Nummer 1 und 2 ist für die Erteilung der Aufenthaltserlaubnis unbeachtlich, wenn die Voraussetzungen des Satzes 1 Nummer 3 Buchstabe f vorliegen. [3]Satz 1 Nummer 2 ist für die Erteilung der Aufenthaltserlaubnis unbeachtlich, wenn

1. der Ausländer, der einen Aufenthaltstitel nach § 23 Absatz 4, § 25 Absatz 1 oder 2, § 26 Absatz 3 oder nach Erteilung einer Aufenthaltserlaubnis nach § 25 Absatz 2 Satz 2 eine Niederlassungserlaubnis nach § 26 Absatz 4 besitzt und die Ehe bereits bestand, als der Ausländer seinen Lebensmittelpunkt in das Bundesgebiet verlegt hat,

---

[1)] § 30 Abs. 2 Satz 2 geänd. mWv 1.1.2009 durch G v. 20.12.2008 (BGBl. I S. 2846); Abs. 1 Satz 1 Nr. 3 Buchst. e, f geänd., Buchst. g angef., Satz 3 Nr. 3, 4 geänd., Nr. 5 angef. mWv 1.8.2012 durch G v. 1.6. 2012 (BGBl. I S. 1224); Abs. 1 Satz 1 Nr. 3 Buchst. b und Satz 2 Nr. 2 geänd. mWv 2.12.2013 durch G v. 29.8.2013 (BGBl. I S. 3484); Abs. 1 Satz 3 Nr. 1 neu gef., Nr. 4 und 5 geänd., Nr. 6 angef. mWv 1.8. 2015 durch G v. 27.7.2015 (BGBl. I S. 1386); Abs. 1 Satz 1 Nr. 3 Buchst. c, g und Satz 3 Nr. 5 geänd., Abs. 5 angef. mWv 1.8.2017 durch G v. 12.5.2017 (BGBl. I S. 1106); Abs. 1 Sätze 2 und 3 neu gef. mWv 22.7.2017 durch G v. 17.7.2017 (BGBl. I S. 2429); Abs. 1 Satz 1 Nr. 3 Buchst. c, d und e geänd. mWv 1.8.2018 durch G v. 12.7.2018 (BGBl. I S. 1147); Abs. 1 Satz 1 Nr. 3 Buchst. c geänd., Satz 3 Nr. 5 neu *gef., Nr. 7, 8, Abs. 2 Satz 2,* Abs. 5 Sätze 1 und 2 geänd. mWv 1.3.2020 durch G v. 15.8.2019 (BGBl. I S. 1307); Abs. 1 Satz 3 Nr. 5, 6 geänd., Nr. 7 aufgeh., bish. Nr. 8 wird Nr. 7 und neu gef. mWv 31.12. 2022 durch G v. 21.12.2022 (BGBl. I S. 2847); Abs. 1 Satz 3 Nr. 5 und 7 geänd. mWv 18.11.2023 durch G v. 16.8.2023 (BGBl. 2023 I Nr. 217); Abs. 1 Satz 1 Nr. 3 Buchst. c–e, Satz 3 Nr. 1 geänd. mWv 12.6. 2026 durch G v. 23.4.2026 (BGBl. 2026 I Nr. 111).

2. der Ehegatte wegen einer körperlichen, geistigen oder seelischen Krankheit oder Behinderung nicht in der Lage ist, einfache Kenntnisse der deutschen Sprache nachzuweisen,
3. bei dem Ehegatten ein erkennbar geringer Integrationsbedarf im Sinne einer nach § 43 Absatz 4 erlassenen Rechtsverordnung besteht oder dieser aus anderen Gründen nach der Einreise keinen Anspruch nach § 44 auf Teilnahme am Integrationskurs hätte,
4. der Ausländer wegen seiner Staatsangehörigkeit auch für einen Aufenthalt, der kein Kurzaufenthalt ist, visumfrei in das Bundesgebiet einreisen und sich darin aufhalten darf,
5. der Ausländer im Besitz einer Blauen Karte EU, einer ICT-Karte oder einer Mobiler-ICT-Karte oder eines Aufenthaltstitels nach den §§ 18a, 18b, 18c Absatz 3, den §§ 18d, 18f, 19c Absatz 1 für eine Beschäftigung als leitender Angestellter, als Führungskraft, als Unternehmensspezialist, als Wissenschaftler, als Gastwissenschaftler, als Ingenieur oder Techniker im Forschungsteam eines Gastwissenschaftlers oder als Lehrkraft, § 19c Absatz 2 oder 4 Satz 1 oder § 21 ist,
6. es dem Ehegatten auf Grund besonderer Umstände des Einzelfalles nicht möglich oder nicht zumutbar ist, vor der Einreise Bemühungen zum Erwerb einfacher Kenntnisse der deutschen Sprache zu unternehmen, oder
7. der Ausländer unmittelbar vor der Erteilung einer Niederlassungserlaubnis oder einer Erlaubnis zum Daueraufenthalt – EU Inhaber einer Blauen Karte EU oder einer Aufenthaltserlaubnis nach den §§ 18a, 18b, 18d, 19c Absatz 1 für eine Beschäftigung als leitender Angestellter, als Führungskraft, als Unternehmensspezialist, als Wissenschaftler, als Gastwissenschaftler, als Ingenieur oder Techniker im Forschungsteam eines Gastwissenschaftlers oder als Lehrkraft, § 19c Absatz 2 oder 4 Satz 1 oder § 21 war.

(2) [1]Die Aufenthaltserlaubnis kann zur Vermeidung einer besonderen Härte abweichend von Absatz 1 Satz 1 Nr. 1 erteilt werden. [2]Besitzt der Ausländer eine Aufenthaltserlaubnis, kann von den anderen Voraussetzungen des Absatzes 1 Satz 1 Nr. 3 Buchstabe e abgesehen werden; Gleiches gilt, wenn der Ausländer ein nationales Visum besitzt.

(3) Die Aufenthaltserlaubnis kann abweichend von § 5 Abs. 1 Nr. 1 und § 29 Abs. 1 Nr. 2 verlängert werden, solange die eheliche Lebensgemeinschaft fortbesteht.

(4) Ist ein Ausländer gleichzeitig mit mehreren Ehegatten verheiratet und lebt er gemeinsam mit einem Ehegatten im Bundesgebiet, wird keinem weiteren Ehegatten eine Aufenthaltserlaubnis nach Absatz 1 oder Absatz 3 erteilt.

(5) [1]Hält sich der Ausländer gemäß § 18e berechtigt im Bundesgebiet auf, so bedarf der Ehegatte keines Aufenthaltstitels, wenn nachgewiesen wird, dass sich der Ehegatte in dem anderen Mitgliedstaat der Europäischen Union rechtmäßig als Angehöriger des Ausländers aufgehalten hat. [2]Die Voraussetzungen nach § 18e Absatz 1 Satz 1 Nummer 1, 3 und 4 und Absatz 6 Satz 1 und die Ablehnungsgründe nach § 19f gelten für den Ehegatten entsprechend.

§ 31[1] Eigenständiges Aufenthaltsrecht der Ehegatten. (1) [1]Die Aufenthaltserlaubnis des Ehegatten wird im Falle der Aufhebung der ehelichen Lebens-

[1] § 31 Abs. 1 Satz 1 Nr. 1, Abs. 2 Satz 1 geänd., Abs. 2 Satz 2 Halbs. 2 eingef., bish. Satz 2 Halbs. 2 wird Satz 3, bish. Satz 3 wird Satz 4 mWv 1.7.2011 durch G v. 23.6.2011 (BGBl. I S. 1266); Abs. 1 Satz 3 →

gemeinschaft als eigenständiges, vom Zweck des Familiennachzugs unabhängiges Aufenthaltsrecht für ein Jahr verlängert, wenn

1. die eheliche Lebensgemeinschaft seit mindestens drei Jahren rechtmäßig im Bundesgebiet bestanden hat oder
2. der Ausländer gestorben ist, während die eheliche Lebensgemeinschaft im Bundesgebiet bestand

und der Ausländer bis dahin im Besitz einer Aufenthaltserlaubnis, Niederlassungserlaubnis oder Erlaubnis zum Daueraufenthalt – EU war, es sei denn, er konnte die Verlängerung aus von ihm nicht zu vertretenden Gründen nicht rechtzeitig beantragen. [2] Satz 1 ist nicht anzuwenden, wenn die Aufenthaltserlaubnis des Ausländers nicht verlängert oder dem Ausländer keine Niederlassungserlaubnis oder Erlaubnis zum Daueraufenthalt – EU erteilt werden darf, weil dies durch eine Rechtsnorm wegen des Zwecks des Aufenthalts oder durch eine Nebenbestimmung zur Aufenthaltserlaubnis nach § 8 Abs. 2 ausgeschlossen ist.

(1a) Ist der Ausländer im Besitz einer Blauen Karte EU, gilt Absatz 1 für den Ehegatten des Ausländers mit der Maßgabe, dass der in Absatz 1 Satz 1 Nummer 1 genannte Zeitraum auch als erfüllt gilt, wenn die eheliche Lebensgemeinschaft seit mindestens zwei Jahren rechtmäßig im Bundesgebiet und zuvor bereits mindestens ein Jahr in einem anderen Mitgliedstaat der Europäischen Union bestanden hat.

(2) [1] Von der Voraussetzung des dreijährigen rechtmäßigen Bestandes der ehelichen Lebensgemeinschaft im Bundesgebiet nach Absatz 1 Satz 1 Nummer 1 oder des zweijährigen rechtmäßigen Bestandes im Bundesgebiet nach Absatz 1a ist abzusehen, soweit es zur Vermeidung einer besonderen Härte erforderlich ist, dem Ehegatten den weiteren Aufenthalt zu ermöglichen, es sei denn, für den Ausländer ist die Verlängerung der Aufenthaltserlaubnis ausgeschlossen. [2] Eine besondere Härte liegt insbesondere vor, wenn die Ehe nach deutschem Recht wegen Minderjährigkeit des Ehegatten im Zeitpunkt der Eheschließung unwirksam ist oder aufgehoben worden ist, wenn dem Ehegatten wegen der aus der Auflösung der ehelichen Lebensgemeinschaft erwachsenden Rückkehrverpflichtung eine erhebliche Beeinträchtigung seiner schutzwürdigen Belange droht oder wenn dem Ehegatten wegen der Beeinträchtigung seiner schutzwürdigen Belange das weitere Festhalten an der ehelichen Lebensgemeinschaft unzumutbar ist; dies ist insbesondere anzunehmen, wenn der Ehegatte Opfer häuslicher Gewalt ist. [3] Zu den schutzwürdigen Belangen zählt auch das Wohl eines mit dem Ehegatten in familiärer Lebensgemeinschaft lebenden Kindes. [4] Zur Vermeidung von Missbrauch kann die Verlängerung der Aufenthaltserlaubnis versagt werden, wenn der Ehegatte aus einem von ihm zu vertretenden Grund auf Leistungen nach dem Zweiten[1)] oder Zwölften Buch Sozialgesetzbuch[2)] angewiesen ist.

(3) Wenn der Lebensunterhalt des Ehegatten nach Aufhebung der ehelichen Lebensgemeinschaft durch Unterhaltsleistungen aus eigenen Mitteln des Ausländers gesichert ist und dieser eine Niederlassungserlaubnis oder eine Erlaubnis zum Daueraufenthalt – EU besitzt, ist dem Ehegatten abweichend von § 9 Abs. 2 Satz 1 Nr. 3, 5 und 6 ebenfalls eine Niederlassungserlaubnis zu erteilen.

(Fortsetzung der Anm. von voriger Seite)
aufgeh., Abs. 4 Satz 1 geänd. mWv 6.9.2013, Abs. 1 Satz 1 abschl. Satzteil und Satz 2, Abs. 3 und Abs. 4 Satz 2 geänd. mWv 2.12.2013 durch G v. 29.8.2013 (BGBl. I S. 3484); Abs. 2 Satz 2 geänd. mWv 22.7.2017 durch G v. 17.7.2017 (BGBl. I S. 2429); Abs. 1a eingef., Abs. 2 Satz 1 geänd. mWv 18.11.2023 durch G v. 16.8.2023 (BGBl. 2023 I Nr. 217).

[1)] **Sartorius ErgBd. Nr. 402.**

[2)] **Sartorius ErgBd. Nr. 412.**

(4) [1] Die Inanspruchnahme von Leistungen nach dem Zweiten oder Zwölften Buch Sozialgesetzbuch steht der Verlängerung der Aufenthaltserlaubnis unbeschadet des Absatzes 2 Satz 4 nicht entgegen. [2] Danach kann die Aufenthaltserlaubnis verlängert werden, solange die Voraussetzungen für die Erteilung der Niederlassungserlaubnis oder Erlaubnis zum Daueraufenthalt – EU nicht vorliegen.

§ 32[1)] Kindernachzug. (1) Dem minderjährigen ledigen Kind eines Ausländers ist eine Aufenthaltserlaubnis zu erteilen, wenn beide Eltern oder der allein personensorgeberechtigte Elternteil einen der folgenden Aufenthaltstitel besitzt:

1. Aufenthaltserlaubnis nach § 7 Absatz 1 Satz 3 oder nach Abschnitt 3 oder 4,
2. Aufenthaltserlaubnis nach § 25 Absatz 1 oder Absatz 2 Satz 1,
3. Aufenthaltserlaubnis nach § 28, § 30, § 31, § 36 oder § 36a,
4. Aufenthaltserlaubnis nach den übrigen Vorschriften mit Ausnahme einer Aufenthaltserlaubnis nach § 25 Absatz 2 Satz 2,
5. Blaue Karte EU, ICT-Karte, Mobiler-ICT-Karte,
6. Niederlassungserlaubnis oder
7. Erlaubnis zum Daueraufenthalt – EU.

(2) [1] Hat das minderjährige ledige Kind bereits das 16. Lebensjahr vollendet und verlegt es seinen Lebensmittelpunkt nicht zusammen mit seinen Eltern oder dem allein personensorgeberechtigten Elternteil in das Bundesgebiet, gilt Absatz 1 nur, wenn es die deutsche Sprache beherrscht oder gewährleistet erscheint, dass es sich auf Grund seiner bisherigen Ausbildung und Lebensverhältnisse in die Lebensverhältnisse in der Bundesrepublik Deutschland einfügen kann. [2] Satz 1 gilt nicht, wenn

1. der Ausländer eine Aufenthaltserlaubnis nach § 23 Absatz 4, § 25 Absatz 1 oder 2, eine Niederlassungserlaubnis nach § 26 Absatz 3 oder nach Erteilung einer Aufenthaltserlaubnis nach § 25 Absatz 2 Satz 2 eine Niederlassungserlaubnis nach § 26 Absatz 4 besitzt,
2. der Ausländer oder sein mit ihm in familiärer Lebensgemeinschaft lebender Ehegatte eine Niederlassungserlaubnis nach § 18c Absatz 3, eine Blaue Karte EU, eine ICT-Karte oder eine Mobiler-ICT-Karte oder eine Aufenthaltserlaubnis nach den §§ 18a, 18b, 18d, 18f, § 19c Absatz 1 für eine Beschäftigung als leitender Angestellter, als Führungskraft, als Unternehmensspezialist, als Wissenschaftler, als Gastwissenschaftler, als Ingenieur oder Techniker im Forschungsteam eines Gastwissenschaftlers oder als Lehrkraft, § 19c Absatz 2 oder 4 Satz 1 oder § 21 besitzt, oder
3. der Ausländer oder sein mit ihm in familiärer Lebensgemeinschaft lebender Ehegatte unmittelbar vor der Erteilung einer Niederlassungserlaubnis oder einer Erlaubnis zum Daueraufenthalt – EU Inhaber einer Blauen Karte EU oder einer Aufenthaltserlaubnis nach den §§ 18a, 18b, 18d, 19c Absatz 1 für eine Beschäftigung als leitender Angestellter, als Führungskraft, als Unternehmensspezialist,

---

1) § 32 Abs. 1 Nr. 1 geänd., Nr. 1a eingef. mWv 1.8.2012 durch G v. 1.6.2012 (BGBl. I S. 1224); Abs. 1–3 neu gef., Abs. 2a aufgeh. mWv 6.9.2013 durch G v. 29.8.2013 (BGBl. I S. 3484); Abs. 2 Satz 2 Nr. 1 neu gef. mWv 1.8.2015 durch G v. 27.7.2015 (BGBl. I S. 1386); Abs. 1 und 2 Satz 2 Nr. 2 geänd., Abs. 5 angef. mWv 1.8.2017 durch G v. 12.5.2017 (BGBl. I S. 1106); Abs. 1 neu gef., Abs. 4 Satz 3 angef. mWv 1.8.2018 durch G v. 12.7.2018 (BGBl. I S. 1147); Abs. 2 Satz 2 Nr. 2, Abs. 5 Sätze 1 und 2 geänd. mWv 1.3.2020 durch G v. 15.8.2019 (BGBl. I S. 1307); Abs. 2 Satz 2 Nr. 1, 2 geänd., Nr. 3 angef. mWv 31.12.2022 durch G v. 21.12.2022 (BGBl. I S. 2847); Abs. 2 Satz 2 Nr. 2 und 3 geänd. mWv 18.11.2023 durch G v. 16.8.2023 (BGBl. 2023 I Nr. 217); Abs. 1 Nr. 2 und 4, Abs. 2 Satz 2 Nr. 1, Abs. 4 Satz 3 geänd. mWv 12.6.2026 durch G v. 23.4.2026 (BGBl. 2026 I Nr. 111).

als Wissenschaftler, als Gastwissenschaftler, als Ingenieur oder Techniker im Forschungsteam eines Gastwissenschaftlers oder als Lehrkraft, § 19c Absatz 2 oder 4 Satz 1 oder § 21 war.

(3) Bei gemeinsamem Sorgerecht soll eine Aufenthaltserlaubnis nach den Absätzen 1 und 2 auch zum Nachzug zu nur einem sorgeberechtigten Elternteil erteilt werden, wenn der andere Elternteil sein Einverständnis mit dem Aufenthalt des Kindes im Bundesgebiet erklärt hat oder eine entsprechende rechtsverbindliche Entscheidung einer zuständigen Stelle vorliegt.

(4) [1] Im Übrigen kann dem minderjährigen ledigen Kind eines Ausländers eine Aufenthaltserlaubnis erteilt werden, wenn es auf Grund der Umstände des Einzelfalls zur Vermeidung einer besonderen Härte erforderlich ist. [2] Hierbei sind das Kindeswohl und die familiäre Situation zu berücksichtigen. [3] Für minderjährige ledige Kinder von Ausländern, die eine Aufenthaltserlaubnis nach § 25 Absatz 2 Satz 2 besitzen, gilt § 36a.

(5) [1] Hält sich der Ausländer gemäß § 18e berechtigt im Bundesgebiet auf, so bedarf das minderjährige ledige Kind keines Aufenthaltstitels, wenn nachgewiesen wird, dass sich das Kind in dem anderen Mitgliedstaat der Europäischen Union rechtmäßig als Angehöriger des Ausländers aufgehalten hat. [2] Die Voraussetzungen nach § 18e Absatz 1 Satz 1 Nummer 1, 3 und 4 und Absatz 6 Satz 1 und die Ablehnungsgründe nach § 19f gelten für das minderjährige Kind entsprechend.

§ 33[1)] Geburt eines Kindes im Bundesgebiet. [1] Einem Kind, das im Bundesgebiet geboren wird, kann abweichend von den §§ 5 und 29 Abs. 1 Nr. 2 von Amts wegen eine Aufenthaltserlaubnis erteilt werden, wenn ein Elternteil eine Aufenthaltserlaubnis, eine Niederlassungserlaubnis oder eine Erlaubnis zum Daueraufenthalt – EU besitzt. [2] Wenn zum Zeitpunkt der Geburt beide Elternteile oder der allein personensorgeberechtigte Elternteil eine Aufenthaltserlaubnis, eine Niederlassungserlaubnis oder eine Erlaubnis zum Daueraufenthalt – EU besitzen, wird dem im Bundesgebiet geborenen Kind die Aufenthaltserlaubnis von Amts wegen erteilt. [3] Der Aufenthalt eines im Bundesgebiet geborenen Kindes, dessen Mutter oder Vater zum Zeitpunkt der Geburt im Besitz eines Visums ist oder sich visumfrei aufhalten darf, gilt bis zum Ablauf des Visums oder des rechtmäßigen visumfreien Aufenthalts als erlaubt.

§ 34[2)] Aufenthaltsrecht der Kinder. (1) Die einem Kind erteilte Aufenthaltserlaubnis ist abweichend von § 5 Abs. 1 Nr. 1 und § 29 Abs. 1 Nr. 2 zu verlängern, solange ein personensorgeberechtigter Elternteil eine Aufenthaltserlaubnis, Niederlassungserlaubnis oder eine Erlaubnis zum Daueraufenthalt – EU besitzt und das Kind mit ihm in familiärer Lebensgemeinschaft lebt oder das Kind im Falle seiner Ausreise ein Wiederkehrrecht gemäß § 37 hätte.

(2) [1] Mit Eintritt der Volljährigkeit wird die einem Kind erteilte Aufenthaltserlaubnis zu einem eigenständigen, vom Familiennachzug unabhängigen Aufenthaltsrecht. [2] Das Gleiche gilt bei Erteilung einer Niederlassungserlaubnis und der Erlaubnis zum Daueraufenthalt – EU oder wenn die Aufenthaltserlaubnis in entsprechender Anwendung des § 37 verlängert wird.

(3) Die Aufenthaltserlaubnis kann verlängert werden, solange die Voraussetzungen für die Erteilung der Niederlassungserlaubnis und der Erlaubnis zum Daueraufenthalt – EU noch nicht vorliegen.

[1)] § 33 Sätze 1 und 2 geänd. mWv 2.12.2013 durch G v. 29.8.2013 (BGBl. I S. 3484).

[2)] § 34 Abs. 1, 2 Satz 2 und Abs. 3 geänd. mWv 2.12.2013 durch G v. 29.8.2013 (BGBl. I S. 3484).

§ 35[1)] Eigenständiges, unbefristetes Aufenthaltsrecht der Kinder.

(1) [1] Einem minderjährigen Ausländer, der eine Aufenthaltserlaubnis nach diesem Abschnitt besitzt, ist abweichend von § 9 Abs. 2 eine Niederlassungserlaubnis zu erteilen, wenn er im Zeitpunkt der Vollendung seines 16. Lebensjahres seit fünf Jahren im Besitz der Aufenthaltserlaubnis ist. [2] Das Gleiche gilt, wenn

1. der Ausländer volljährig und seit fünf Jahren im Besitz der Aufenthaltserlaubnis ist,
2. er über ausreichende Kenntnisse der deutschen Sprache verfügt und
3. sein Lebensunterhalt gesichert ist oder er sich in einer Ausbildung befindet, die zu einem anerkannten schulischen oder beruflichen Bildungsabschluss oder einem Hochschulabschluss führt.

(2) Auf die nach Absatz 1 erforderliche Dauer des Besitzes der Aufenthaltserlaubnis werden in der Regel nicht die Zeiten angerechnet, in denen der Ausländer außerhalb des Bundesgebiets die Schule besucht hat.

(3) [1] Ein Anspruch auf Erteilung einer Niederlassungserlaubnis nach Absatz 1 besteht nicht, wenn

1. ein auf dem persönlichen Verhalten des Ausländers beruhendes Ausweisungsinteresse besteht,
2. der Ausländer in den letzten drei Jahren wegen einer vorsätzlichen Straftat zu einer Jugendstrafe von mindestens sechs oder einer Freiheitsstrafe von mindestens drei Monaten oder einer Geldstrafe von mindestens 90 Tagessätzen verurteilt worden oder wenn die Verhängung einer Jugendstrafe ausgesetzt ist oder
3. der Lebensunterhalt nicht ohne Inanspruchnahme von Leistungen nach dem Zweiten[2)] oder Zwölften Buch Sozialgesetzbuch[3)] oder Jugendhilfe nach dem Achten Buch Sozialgesetzbuch[4)] gesichert ist, es sei denn, der Ausländer befindet sich in einer Ausbildung, die zu einem anerkannten schulischen oder beruflichen Bildungsabschluss führt.

[2] In den Fällen des Satzes 1 kann die Niederlassungserlaubnis erteilt oder die Aufenthaltserlaubnis verlängert werden. [3] Ist im Falle des Satzes 1 Nr. 2 die Jugend- oder Freiheitsstrafe zur Bewährung oder die Verhängung einer Jugendstrafe ausgesetzt, wird die Aufenthaltserlaubnis in der Regel bis zum Ablauf der Bewährungszeit verlängert.

(4) Von den in Absatz 1 Satz 2 Nr. 2 und 3 und Absatz 3 Satz 1 Nr. 3 bezeichneten Voraussetzungen ist abzusehen, wenn sie von dem Ausländer wegen einer körperlichen, geistigen oder seelischen Krankheit oder Behinderung nicht erfüllt werden können.

§ 36[5)] Nachzug der Eltern und sonstiger Familienangehöriger. (1) Den Eltern eines minderjährigen Ausländers, der eine Aufenthaltserlaubnis nach § 23 Absatz 4, § 25 Absatz 1 oder Absatz 2 Satz 1, eine Niederlassungserlaubnis nach

---

[1)] § 35 Abs. 1 Satz 2 Nr. 3 geänd. mWv 26.11.2011 durch G v. 22.11.2011 (BGBl. I S. 2258); Abs. 3 Satz 1 Nr. 1 neu gef. mWv 1.8.2015 durch G v. 27.7.2015 (BGBl. I S. 1386).

[2)] **Sartorius ErgBd. Nr. 402.**

[3)] **Sartorius ErgBd. Nr. 412.**

[4)] **Habersack ErgBd. Nr. 46.**

[5)] § 36 Abs. 1 geänd. mWv 26.11.2011 durch G v. 22.11.2011 (BGBl. I S. 2258); Abs. 1 neu gef. mWv 1.8.2015 durch G v. 27.7.2015 (BGBl. I S. 1386); Abs. 1 geänd. mWv 1.8.2018 durch G v. 12.7.2018 (BGBl. I S. 1147); Abs. 3 angef. mWv 1.3.2024 durch G v. 16.8.2023 (BGBl. 2023 I Nr. 217); Abs. 1 neu gef. mWv 12.6.2026 durch G v. 23.4.2026 (BGBl. 2026 I Nr. 111).

§ 26 Absatz 3 oder nach Erteilung einer Aufenthaltserlaubnis nach § 25 Absatz 2 Satz 2 eine Niederlassungserlaubnis nach § 26 Absatz 4 besitzt, ist abweichend von § 5 Absatz 1 Nummer 1 und § 29 Absatz 1 Satz 1 Nummer 2 eine Aufenthaltserlaubnis zu erteilen, wenn sich kein personensorgeberechtigter Elternteil im Bundesgebiet aufhält.

(2) [1] Sonstigen Familienangehörigen eines Ausländers kann zum Familiennachzug eine Aufenthaltserlaubnis erteilt werden, wenn es zur Vermeidung einer außergewöhnlichen Härte erforderlich ist. [2] Auf volljährige Familienangehörige sind § 30 Abs. 3 und § 31, auf minderjährige Familienangehörige ist § 34 entsprechend anzuwenden.

(3) [1] Den Eltern eines Ausländers, dem am oder nach dem 1. März 2024 erstmals eine Blaue Karte EU, eine ICT-Karte oder eine Mobiler-ICT-Karte oder ein Aufenthaltstitel nach den §§ 18a, 18b, 18c Absatz 3, den §§ 18d, 18f, 19c Absatz 1 für eine Beschäftigung als leitender Angestellter, als Führungskraft, als Unternehmensspezialist, als Wissenschaftler, als Gastwissenschaftler, als Ingenieur oder Techniker im Forschungsteam eines Gastwissenschaftlers oder als Lehrkraft, nach § 19c Absatz 2 oder 4 Satz 1 oder § 21 erteilt wird, kann eine Aufenthaltserlaubnis zum Familiennachzug erteilt werden; dies gilt auch für die Eltern des Ehegatten, wenn dieser sich dauerhaft im Bundesgebiet aufhält. [2] Die Aufenthaltserlaubnis nach Satz 1 kann nur erteilt werden, wenn die Voraussetzung nach § 5 Absatz 1 Nummer 1 erfüllt ist.

§ 36a[1)] Familiennachzug zu subsidiär Schutzberechtigten. (1) [1] Dem Ehegatten oder dem minderjährigen ledigen Kind eines Ausländers, der eine Aufenthaltserlaubnis nach § 25 Absatz 2 Satz 2 besitzt, kann aus humanitären Gründen eine Aufenthaltserlaubnis erteilt werden. [2] Gleiches gilt für die Eltern eines minderjährigen Ausländers, der eine Aufenthaltserlaubnis nach § 25 Absatz 2 Satz 2 besitzt, wenn sich kein personensorgeberechtigter Elternteil im Bundesgebiet aufhält; § 5 Absatz 1 Nummer 1 und § 29 Absatz 1 Nummer 2 finden keine Anwendung. [3] Ein Anspruch auf Familiennachzug besteht für den genannten Personenkreis nicht. [4] Die §§ 22, 23 bleiben unberührt.

(2) [1] Humanitäre Gründe im Sinne dieser Vorschrift liegen insbesondere vor, wenn

(Fortsetzung nächstes Blatt)

[1)] § 36a eingef. mWv 1.8.2018 durch G v. 12.7.2018 (BGBl. I S. 1147); Abs. 1 Satz 1 und 2 geänd. mWv 12.6.2026 durch G v. 23.4.2026 (BGBl. 2026 I Nr. 111).

1. die Herstellung der familiären Lebensgemeinschaft seit langer Zeit nicht möglich ist,
2. ein minderjähriges lediges Kind betroffen ist,
3. Leib, Leben oder Freiheit des Ehegatten, des minderjährigen ledigen Kindes oder der Eltern eines minderjährigen Ausländers im Aufenthaltsstaat ernsthaft gefährdet sind oder
4. der Ausländer, der Ehegatte oder das minderjährige ledige Kind oder ein Elternteil eines minderjährigen Ausländers schwerwiegend erkrankt oder pflegebedürftig im Sinne schwerer Beeinträchtigungen der Selbstständigkeit oder der Fähigkeiten ist oder eine schwere Behinderung hat. Die Erkrankung, die Pflegebedürftigkeit oder die Behinderung sind durch eine qualifizierte Bescheinigung glaubhaft zu machen, es sei denn, beim Familienangehörigen im Ausland liegen anderweitige Anhaltspunkte für das Vorliegen der Erkrankung, der Pflegebedürftigkeit oder der Behinderung vor.

[2]Monatlich können 1000 nationale Visa für eine Aufenthaltserlaubnis nach Absatz 1 Satz 1 und 2 erteilt werden. [3]Das Kindeswohl ist besonders zu berücksichtigen. [4]Bei Vorliegen von humanitären Gründen sind Integrationsaspekte besonders zu berücksichtigen.

(3) Die Erteilung einer Aufenthaltserlaubnis nach Absatz 1 Satz 1 oder Satz 2 ist in der Regel ausgeschlossen, wenn

1. im Fall einer Aufenthaltserlaubnis nach Absatz 1 Satz 1 erste Alternative die Ehe nicht bereits vor der Flucht geschlossen wurde,
2. der Ausländer, zu dem der Familiennachzug stattfinden soll,
   a) wegen einer oder mehrerer vorsätzlicher Straftaten rechtskräftig zu einer Freiheitsstrafe von mindestens einem Jahr verurteilt worden ist,
   b) wegen einer oder mehrerer vorsätzlicher Straftaten gegen das Leben, die körperliche Unversehrtheit, die sexuelle Selbstbestimmung, das Eigentum oder wegen Widerstands gegen Vollstreckungsbeamte rechtskräftig zu einer Freiheits- oder Jugendstrafe verurteilt worden ist, sofern die Straftat mit Gewalt, unter Anwendung von Drohung mit Gefahr für Leib oder Leben oder mit List begangen worden ist oder eine Straftat nach § 177 des Strafgesetzbuches[1] ist; bei serienmäßiger Begehung von Straftaten gegen das Eigentum gilt dies auch, wenn der Täter keine Gewalt, Drohung oder List angewendet hat,
   c) wegen einer oder mehrerer vorsätzlicher Straftaten rechtskräftig zu einer Jugendstrafe von mindestens einem Jahr verurteilt und die Vollstreckung der Strafe nicht zur Bewährung ausgesetzt worden ist, oder
   d) wegen einer oder mehrerer vorsätzlicher Straftaten nach § 29 Absatz 1 Satz 1 Nummer 1 des Betäubungsmittelgesetzes[2] rechtskräftig verurteilt worden ist,
3. hinsichtlich des Ausländers, zu dem der Familiennachzug stattfinden soll, die Verlängerung der Aufenthaltserlaubnis und die Erteilung eines anderen Aufenthaltstitels nicht zu erwarten ist, oder
4. der Ausländer, zu dem der Familiennachzug stattfinden soll, eine Grenzübertrittsbescheinigung beantragt hat.

(4) § 30 Absatz 1 Satz 1 Nummer 1, Absatz 2 Satz 1 und Absatz 4 sowie § 32 Absatz 3 gelten entsprechend.

---

[1] **Habersack Nr. 85.**
[2] Nr. **275.**

(5) § 27 Absatz 3 Satz 2 und § 29 Absatz 2 Satz 2 Nummer 1 finden keine Anwendung.

Abschnitt 7. Besondere Aufenthaltsrechte

§ 37[1)] Recht auf Wiederkehr. (1) Einem Ausländer, der als Minderjähriger rechtmäßig seinen gewöhnlichen Aufenthalt im Bundesgebiet hatte, ist eine Aufenthaltserlaubnis zu erteilen, wenn

1. der Ausländer sich vor seiner Ausreise acht Jahre rechtmäßig im Bundesgebiet aufgehalten und sechs Jahre im Bundesgebiet eine Schule besucht hat,
2. sein Lebensunterhalt aus eigener Erwerbstätigkeit oder durch eine Unterhaltsverpflichtung gesichert ist, die ein Dritter für die Dauer von fünf Jahren übernommen hat, und
3. der Antrag auf Erteilung der Aufenthaltserlaubnis nach Vollendung des 15. und vor Vollendung des 21. Lebensjahres sowie vor Ablauf von fünf Jahren seit der Ausreise gestellt wird.

(2) [1] Zur Vermeidung einer besonderen Härte kann von den in Absatz 1 Satz 1 Nr. 1 und 3 bezeichneten Voraussetzungen abgewichen werden. [2] Von den in Absatz 1 Satz 1 Nr. 1 bezeichneten Voraussetzungen kann abgesehen werden, wenn der Ausländer im Bundesgebiet einen anerkannten Schulabschluss erworben hat.

(2a) [1] Von den in Absatz 1 Satz 1 Nummer 1 bis 3 bezeichneten Voraussetzungen kann abgewichen werden, wenn der Ausländer rechtswidrig mit Gewalt oder Drohung mit einem empfindlichen Übel zur Eingehung der Ehe genötigt und von der Rückkehr nach Deutschland abgehalten wurde, er den Antrag auf Erteilung einer Aufenthaltserlaubnis innerhalb von drei Monaten nach Wegfall der Zwangslage, spätestens jedoch vor Ablauf von fünf Jahren seit der Ausreise, stellt, und gewährleistet erscheint, dass er sich aufgrund seiner bisherigen Ausbildung und Lebensverhältnisse in die Lebensverhältnisse der Bundesrepublik Deutschland einfügen kann. [2] Erfüllt der Ausländer die Voraussetzungen des Absatzes 1 Satz 1 Nummer 1, soll ihm eine Aufenthaltserlaubnis erteilt werden, wenn er rechtswidrig mit Gewalt oder Drohung mit einem empfindlichen Übel zur Eingehung der Ehe genötigt und von der Rückkehr nach Deutschland abgehalten wurde und er den Antrag auf Erteilung einer Aufenthaltserlaubnis innerhalb von drei Monaten nach Wegfall der Zwangslage, spätestens jedoch vor Ablauf von zehn Jahren seit der Ausreise, stellt. [3] Absatz 2 bleibt unberührt.

(3) Die Erteilung der Aufenthaltserlaubnis kann versagt werden,

1. wenn der Ausländer ausgewiesen worden war oder ausgewiesen werden konnte, als er das Bundesgebiet verließ,
2. wenn ein Ausweisungsinteresse besteht oder
3. solange der Ausländer minderjährig und seine persönliche Betreuung im Bundesgebiet nicht gewährleistet ist.

(4) Der Verlängerung der Aufenthaltserlaubnis steht nicht entgegen, dass der Lebensunterhalt nicht mehr aus eigener Erwerbstätigkeit gesichert oder die Unterhaltsverpflichtung wegen Ablaufs der fünf Jahre entfallen ist.

[1)] § 37 Abs. 2a eingef. mWv 1.7.2011 durch G v. 23.6.2011 (BGBl. I S. 1266); Abs. 3 Nr. 2 geänd. mWv 1.8.2015 durch G v. 27.7.2015 (BGBl. I S. 1386); Abs. 1 Satz 2 aufgeh. mWv 1.3.2020 durch G v. 15.8.2019 (BGBl. I S. 1307).

(5) Einem Ausländer, der von einem Träger im Bundesgebiet Rente bezieht, wird in der Regel eine Aufenthaltserlaubnis erteilt, wenn er sich vor seiner Ausreise mindestens acht Jahre rechtmäßig im Bundesgebiet aufgehalten hat.

§ 38[1)] Aufenthaltstitel für ehemalige Deutsche. (1) [1]Einem ehemaligen Deutschen ist

1. eine Niederlassungserlaubnis zu erteilen, wenn er bei Verlust der deutschen Staatsangehörigkeit seit fünf Jahren als Deutscher seinen gewöhnlichen Aufenthalt im Bundesgebiet hatte,
2. eine Aufenthaltserlaubnis zu erteilen, wenn er bei Verlust der deutschen Staatsangehörigkeit seit mindestens einem Jahr seinen gewöhnlichen Aufenthalt im Bundesgebiet hatte.

[2]Der Antrag auf Erteilung eines Aufenthaltstitels nach Satz 1 ist innerhalb von sechs Monaten nach Kenntnis vom Verlust der deutschen Staatsangehörigkeit zu stellen. [3]§ 81 Abs. 3 gilt entsprechend.

(2) Einem ehemaligen Deutschen, der seinen gewöhnlichen Aufenthalt im Ausland hat, kann eine Aufenthaltserlaubnis erteilt werden, wenn er über ausreichende Kenntnisse der deutschen Sprache verfügt.

(3) In besonderen Fällen kann der Aufenthaltstitel nach Absatz 1 oder 2 abweichend von § 5 erteilt werden.

(4) Die Ausübung einer Erwerbstätigkeit ist innerhalb der Antragsfrist des Absatzes 1 Satz 2 und im Falle der Antragstellung bis zur Entscheidung der Ausländerbehörde über den Antrag erlaubt.

(5) Die Absätze 1 bis 4 finden entsprechende Anwendung auf einen Ausländer, der aus einem nicht von ihm zu vertretenden Grund bisher von deutschen Stellen als Deutscher behandelt wurde.

§ 38a[2)] Aufenthaltserlaubnis für in anderen Mitgliedstaaten der Europäischen Union langfristig Aufenthaltsberechtigte. (1) [1]Einem Ausländer, der in einem anderen Mitgliedstaat der Europäischen Union die Rechtsstellung eines langfristig Aufenthaltsberechtigten innehat, wird eine Aufenthaltserlaubnis erteilt, wenn er sich länger als 90 Tage im Bundesgebiet aufhalten will. [2]§ 8 Abs. 2 ist nicht anzuwenden.

(2) Absatz 1 ist nicht anzuwenden auf Ausländer, die

1. von einem Dienstleistungserbringer im Rahmen einer grenzüberschreitenden Dienstleistungserbringung entsandt werden,
2. sonst grenzüberschreitende Dienstleistungen erbringen wollen oder
3. sich zur Ausübung einer Beschäftigung als Saisonarbeitnehmer im Bundesgebiet aufhalten oder im Bundesgebiet eine Tätigkeit als Grenzarbeitnehmer aufnehmen wollen.

(3) [1]Die Aufenthaltserlaubnis berechtigt zur Ausübung einer Beschäftigung, wenn die Bundesagentur für Arbeit der Ausübung der Beschäftigung nach § 39 Absatz 3 zugestimmt hat. [2]Die Aufenthaltserlaubnis berechtigt zur Ausübung einer

---

[1)] § 38 Abs. 4 Satz 1 aufgeh. mWv 1.3.2020 durch G v. 15.8.2019 (BGBl. I S. 1307).

[2)] § 38a Abs. 3 Satz 1 geänd. mWv 1.8.2012 durch G v. 1.6.2012 (BGBl. I S. 1224); Abs. 3 Satz 1 neu gef., Satz 2 eingef., bish. Sätze 2 und 3 werden Sätze 3 und 4 mWv 6.9.2013 durch G v. 29.8.2013 (BGBl. I S. 3484); Abs. 1 Satz 1 geänd. mWv 1.8.2015 durch G v. 27.7.2015 (BGBl. I S. 1386); Abs. 3 Sätze 1, 3, 4, Abs. 4 Satz 1 geänd. mWv 1.3.2020 durch G v. 15.8.2019 (BGBl. I S. 1307); Abs. 3 Satz 1 geänd. mWv 18.11.2023 durch G v. 16.8.2023 (BGBl. 2023 I Nr. 217).

selbständigen Tätigkeit, wenn die in § 21 genannten Voraussetzungen erfüllt sind. [3] Wird der Aufenthaltstitel nach Absatz 1 für ein Studium oder für sonstige Ausbildungszwecke erteilt, sind die §§ 16a und 16b entsprechend anzuwenden. [4] In den Fällen des § 16a wird der Aufenthaltstitel ohne Zustimmung der Bundesagentur für Arbeit erteilt.

(4) [1] Eine nach Absatz 1 erteilte Aufenthaltserlaubnis darf nur für höchstens zwölf Monate mit einer Nebenbestimmung nach § 34 der Beschäftigungsverordnung[1)] versehen werden. [2] Der in Satz 1 genannte Zeitraum beginnt mit der erstmaligen Erlaubnis einer Beschäftigung bei der Erteilung der Aufenthaltserlaubnis nach Absatz 1. [3] Nach Ablauf dieses Zeitraums berechtigt die Aufenthaltserlaubnis zur Ausübung einer Erwerbstätigkeit.

Abschnitt 8. Beteiligung der Bundesagentur für Arbeit

§ 39[2)] Zustimmung zur Beschäftigung. (1) [1] Die Erteilung eines Aufenthaltstitels zur Ausübung einer Beschäftigung setzt die Zustimmung der Bundesagentur für Arbeit voraus, es sei denn, die Zustimmung ist kraft Gesetzes, auf Grund der Beschäftigungsverordnung oder Bestimmung in einer zwischenstaatlichen Vereinbarung nicht erforderlich. [2] Die Zustimmung kann erteilt werden, wenn dies durch ein Gesetz, die Beschäftigungsverordnung oder zwischenstaatliche Vereinbarung bestimmt ist.

(2) [1] Die Bundesagentur für Arbeit kann in den Fällen der §§ 18a, 18b, 18g Absatz 1 Satz 2 oder des § 18g Absatz 2 der Ausübung einer Beschäftigung zustimmen, wenn

1. der Ausländer nicht zu ungünstigeren Arbeitsbedingungen als vergleichbare inländische Arbeitnehmer beschäftigt wird,
2. der Ausländer
   a) gemäß § 18a oder § 18b eine qualifizierte Beschäftigung ausüben wird
   b) gemäß § 18g Absatz 1 Satz 2 eine ihrer Qualifikation angemessene Beschäftigung ausüben wird oder
   c) im Fall des § 18g Absatz 2 über durch Berufserfahrung erlangte Fertigkeiten, Kenntnisse und Fähigkeiten verfügt, die alle Voraussetzungen nach § 18g Absatz 2 erfüllen und die zur Ausübung einer Beschäftigung in einem Beruf, der zu den Gruppen 133 oder 25 nach der Empfehlung der Kommission vom 29. Oktober 2009 über die Verwendung der Internationalen Standardklassifikation der Berufe (ISCO-08) (ABl. L 292 vom 10.11.2009, S. 31) gehört, erforderlich sind,
3. ein inländisches Beschäftigungsverhältnis vorliegt und,
4. sofern die Beschäftigungsverordnung nähere Voraussetzungen in Bezug auf die Ausübung der Beschäftigung vorsieht, diese vorliegen.

[2] Die Zustimmung wird ohne Vorrangprüfung im Sinne des Absatzes 3 Nummer 3 erteilt, es sei denn, in der Beschäftigungsverordnung ist etwas anderes bestimmt.

---

1) **Sartorius ErgBd. Nr. 566a.**

2) § 39 *neu gef.* mWv 1.3.2020 durch G v. 15.8.2019 (BGBl. I S. 1307); Abs. 2 Satz 1 einl. Satzteil, Nr. 1, 2 einl. Satzteil, Buchst. a, b geänd., Buchst. c angef. mWv 18.11.2023, Abs. 2 Satz 1 Nr. 2 Buchst. a geänd., Abs. 2a eingef., Abs. 3 Nr. 2, Abs. 4, 6 Sätze 1 und 3 geänd. mWv 1.3.2024, Abs. 3a eingef. mWv 1.6.2024 durch G v. 16.8.2023 (BGBl. 2023 I Nr. 217, 2023 I Nr. 390); Abs. 4 neu gef. mWv 24.12.2025 durch G v. 22.12.2025 (BGBl. 2025 I Nr. 355).

(2a) [1]Die Zustimmung gilt als erteilt, wenn die Bundesagentur für Arbeit für einzelne Berufe oder Beschäftigungen festgestellt hat, dass die Besetzung offener Stellen für einen befristeten Zeitraum mit den durch Tarifvertrag oder durch die Bundesagentur für Arbeit festgelegten Arbeitsbedingungen arbeitsmarkt- und integrationspolitisch verantwortbar ist (Globalzustimmung) und der Arbeitgeber ihre Einhaltung zugesichert hat. [2]Die nach § 71 zuständige Stelle kann im Einzelfall von der Globalzustimmung abweichen. [3]In diesem Fall gilt § 72 Absatz 7 entsprechend.

(3) Die Bundesagentur für Arbeit kann der Ausübung einer Beschäftigung durch einen Ausländer unabhängig von einer Qualifikation als Fachkraft zustimmen, wenn

1. der Ausländer nicht zu ungünstigeren Arbeitsbedingungen als vergleichbare inländische Arbeitnehmer beschäftigt wird,
2. die in § 16d Absatz 3, den §§ 19, 19b, 19c Absatz 3 oder § 19d Absatz 1 Nummer 1 oder durch die Beschäftigungsverordnung[1)] geregelten Voraussetzungen für die Zustimmung in Bezug auf die Ausübung der Beschäftigung vorliegen und
3. für die Beschäftigung deutsche Arbeitnehmer sowie Ausländer, die diesen hinsichtlich der Arbeitsaufnahme rechtlich gleichgestellt sind, oder andere Ausländer, die nach dem Recht der Europäischen Union einen Anspruch auf vorrangigen Zugang zum Arbeitsmarkt haben, nicht zur Verfügung stehen (Vorrangprüfung), soweit diese Prüfung durch die Beschäftigungsverordnung oder Gesetz vorgesehen ist.

(3a) Die Bundesagentur für Arbeit kann der Ausübung einer qualifizierten inländischen Beschäftigung nach § 20a Absatz 5 Satz 2 zustimmen, wenn der Ausländer nicht zu ungünstigeren Arbeitsbedingungen als vergleichbare inländische Arbeitnehmer beschäftigt wird.

(4) [1]Für die Erteilung der Zustimmung oder der Arbeitserlaubnis hat der Arbeitgeber der Bundesagentur für Arbeit Auskünfte in Bezug auf das Beschäftigungsverhältnis, insbesondere zum Arbeitsentgelt, zu den Arbeitszeiten und zu sonstigen Arbeitsbedingungen, zu der Sozialversicherungspflicht und zum Erfordernis einer Berufsausübungserlaubnis sowie im Fall der Saisonbeschäftigung zu Unterkunft, Mietbedingungen und Miethöhe, zu erteilen. [2]Auf Aufforderung durch die Bundesagentur für Arbeit hat ein Arbeitgeber, der einen Ausländer beschäftigt oder beschäftigt hat, eine Auskunft nach Satz 1 innerhalb eines Monats zu erteilen.

(5) Die Absätze 1, 3 und 4 gelten auch, wenn bei Aufenthalten zu anderen Zwecken nach den Abschnitten 3, 5 oder 7 eine Zustimmung der Bundesagentur für Arbeit zur Ausübung einer Beschäftigung erforderlich ist.

(6) [1]Die Absätze 3 und 4 gelten für die Erteilung einer Arbeitserlaubnis der Bundesagentur für Arbeit entsprechend. [2]Im Übrigen sind die für die Zustimmung der Bundesagentur für Arbeit geltenden Rechtsvorschriften auf die Arbeitserlaubnis anzuwenden, soweit durch Gesetz oder Rechtsverordnung nichts anderes bestimmt ist. [3]Die Bundesagentur für Arbeit kann für die Zustimmung zur Erteilung eines Aufenthaltstitels zum Zweck der Saisonbeschäftigung und zur kurzzeitigen kontingentierten Beschäftigung und für die Erteilung einer Arbeitserlaubnis zum Zweck der Saisonbeschäftigung und zur kurzzeitigen kontingentierten Beschäftigung am Bedarf orientierte Zulassungszahlen festlegen.

[1)] **Sartorius ErgBd. Nr. 566a.**

§ 40[1] Versagungsgründe. (1) Die Zustimmung nach § 39 ist zu versagen, wenn

1. das Arbeitsverhältnis auf Grund einer unerlaubten Arbeitsvermittlung oder Anwerbung zustande gekommen ist oder
2. der Ausländer als Leiharbeitnehmer (§ 1 Abs. 1 des Arbeitnehmerüberlassungsgesetzes[2]) tätig werden will.

(2) Die Zustimmung kann versagt werden, wenn

1. der Ausländer gegen § 404 Absatz 1 oder Absatz 2 Nummer 2 bis 4, 6 bis 13, 28 und 29 des Dritten Buches Sozialgesetzbuch[3], gegen die §§ 10, 10a oder § 11 des Schwarzarbeitsbekämpfungsgesetzes[4] oder gegen die §§ 15, 15a oder § 16 Absatz 1 Nummer 2 des Arbeitnehmerüberlassungsgesetzes schuldhaft verstoßen hat,
2. wichtige Gründe in der Person des Ausländers vorliegen oder
3. die Beschäftigung bei einem Arbeitgeber erfolgen soll, der oder dessen nach Satzung oder Gesetz Vertretungsberechtigter innerhalb der letzten fünf Jahre wegen eines Verstoßes gegen § 404 Absatz 1 oder Absatz 2 Nummer 3 des Dritten Buches Sozialgesetzbuch rechtskräftig mit einer Geldbuße belegt oder wegen eines Verstoßes gegen die §§ 10, 10a oder 11 des Schwarzarbeitsbekämpfungsgesetzes oder gegen die §§ 15, 15a oder 16 Absatz 1 Nummer 2 des Arbeitnehmerüberlassungsgesetzes rechtskräftig zu einer Geld- oder Freiheitsstrafe verurteilt worden ist; dies gilt bei einem unternehmensinternen Transfer gemäß § 19 oder § 19b entsprechend für die aufnehmende Niederlassung.

(3) Die Zustimmung kann darüber hinaus versagt werden, wenn

1. der Arbeitgeber oder die aufnehmende Niederlassung seinen oder ihren sozialversicherungsrechtlichen, steuerrechtlichen oder arbeitsrechtlichen Pflichten nicht nachgekommen ist,
2. über das Vermögen des Arbeitgebers oder über das Vermögen der aufnehmenden Niederlassung ein Insolvenzverfahren eröffnet wurde, das auf Auflösung des Arbeitgebers oder der Niederlassung und Abwicklung des Geschäftsbetriebs gerichtet ist,
3. der Arbeitgeber oder die aufnehmende Niederlassung im Rahmen der Durchführung eines Insolvenzverfahrens aufgelöst wurde und der Geschäftsbetrieb abgewickelt wurde,
4. die Eröffnung eines Insolvenzverfahrens über das Vermögen des Arbeitgebers oder über das Vermögen der aufnehmenden Niederlassung mangels Masse abgelehnt wurde und der Geschäftsbetrieb eingestellt wurde,
5. der Arbeitgeber oder die aufnehmende Niederlassung keine Geschäftstätigkeit ausübt,
6. durch die Präsenz des Ausländers eine Einflussnahme auf arbeitsrechtliche oder betriebliche Auseinandersetzungen oder Verhandlungen bezweckt oder bewirkt wird oder

---

[1] § 40 Abs. 2 Nr. 1 geänd. mWv 26.11.2011 durch G v. 22.11.2011 (BGBl. I S. 2258); Abs. 2 Nr. 1, 2 geänd., Nr. 3 angef. mWv 1.8.2012 durch G v. 1.6.2012 (BGBl. I S. 1224); Abs. 2 Nr. 3 geänd., Abs. 3 angef. mWv 1.8.2017 durch G v. 12.5.2017 (BGBl. I S. 1106); Abs. 2 Nr. 3, Abs. 3 einl. Satzteil, Nr. 2–6 *geänd., Nr. 7 angef. mWv 1.3.2020 durch G v. 15.8.2019* (BGBl. I S. 1307); Abs. 2 Nr. 1 neu gef. mWv 24.12.2025 durch G v. 22.12.2025 (BGBl. 2025 I Nr. 355).

[2] **Habersack ErgBd. Nr. 84a.**

[3] **Aichberger, SGB Nr. 3.**

[4] **Habersack ErgBd. Nr. 94b.**

7. der Arbeitgeber oder die aufnehmende Niederlassung hauptsächlich zu dem Zweck gegründet wurde, die Einreise und den Aufenthalt von Ausländern zum Zweck der Beschäftigung zu erleichtern; das Gleiche gilt, wenn das Arbeitsverhältnis hauptsächlich zu diesem Zweck begründet wurde.

§ 41[1)] Widerruf der Zustimmung und Entzug der Arbeitserlaubnis. Die Zustimmung kann widerrufen und die Arbeitserlaubnis der Bundesagentur für Arbeit kann entzogen werden, wenn der Ausländer zu ungünstigeren Arbeitsbedingungen als vergleichbare inländische Arbeitnehmer beschäftigt wird oder der Tatbestand des § 40 erfüllt ist.

§ 42[2)] Verordnungsermächtigung und Weisungsrecht. (1) Das Bundesministerium für Arbeit und Soziales kann durch Rechtsverordnung (Beschäftigungsverordnung) mit Zustimmung des Bundesrates Folgendes bestimmen:

1. Beschäftigungen, für die Ausländer nach § 4a Absatz 2 Satz 1, § 16a Absatz 1 Satz 1, den §§ 16d, 16e Absatz 1 Satz 1, den §§ 19, 19b, 19c Absatz 1 sowie § 19e mit oder ohne Zustimmung der Bundesagentur für Arbeit zugelassen werden können, und ihre Voraussetzungen,
2. Beschäftigungen und Bedingungen, zu denen eine Zustimmung der Bundesagentur für Arbeit für eine qualifizierte Beschäftigung nach § 19c Absatz 2 unabhängig von der Qualifikation als Fachkraft erteilt werden kann und
3. nähere Voraussetzungen in Bezug auf die Ausübung einer Beschäftigung als Fachkraft nach den §§ 18a, 18b und 18g Absatz 1 sowie für Beschäftigungen eines Inhabers einer Blauen Karte EU nach § 18g Absatz 2,
4. Tätigkeiten, die für die Durchführung dieses Gesetzes stets oder unter bestimmten Voraussetzungen nicht als Beschäftigung anzusehen sind.

(1a) Die Bundesregierung kann durch die Beschäftigungsverordnung mit Zustimmung des Bundesrates bestimmen, dass die Bundesagentur für Arbeit der Beschäftigung von Angehörigen bestimmter Staaten unter gesonderten Voraussetzungen zustimmen kann.

(2) Das Bundesministerium für Arbeit und Soziales kann durch die Beschäftigungsverordnung[3)] ohne Zustimmung des Bundesrates Folgendes bestimmen:

1. die Voraussetzungen und das Verfahren zur Erteilung der Zustimmung der Bundesagentur für Arbeit; dabei kann auch ein alternatives Verfahren zur Vorrangprüfung geregelt werden,
2. Einzelheiten über die zeitliche, betriebliche, berufliche und regionale Beschränkung der Zustimmung,
3. Fälle nach § 39 Absatz 2 und 3, in denen für eine Zustimmung eine Vorrangprüfung durchgeführt wird, beispielsweise für die Beschäftigung von Fachkräften in zu bestimmenden Bezirken der Bundesagentur für Arbeit sowie in bestimmten Berufen,

---

[1)] § 41 neu gef. mWv 1.8.2017 durch G v. 12.5.2017 (BGBl. I S. 1106); geänd. mWv 1.3.2020 durch G v. 15.8.2019 (BGBl. I S. 1307); geänd. mWv 1.3.2024 durch G v. 16.8.2023 (BGBl. 2023 I Nr. 217).

[2)] § 42 neu gef. mWv 1.3.2020 durch G v. 15.8.2019 (BGBl. I S. 1307); Abs. 1 Nr. 2 geänd. mWv 24.6.2020 durch G v. 12.6.2020 (BGBl. I S. 1248); Abs. 2 Nr. 5, 6 geänd., Nr. 7 angef. mWv 19.8.2023, Abs. 1 Nr. 3 geänd. mWv 18.11.2023; Abs. 1 Nr. 1 geänd., Nr. 4 aufgeh., bish. Nr. 5 wird Nr. 4, Abs. 1a eingef. mWv 2.6.2024 durch G v. 16.8.2023 (BGBl. 2023 I Nr. 217); Abs. 2 Nr. 5 geänd. mWv 23.12.2023 durch G v. 20.12.2023 (BGBl. 2023 I Nr. 390).

[3)] **Sartorius ErgBd. Nr. 566a.**

4. Fälle, in denen Ausländern, die im Besitz einer Duldung sind, oder anderen Ausländern, die keinen Aufenthaltstitel besitzen, nach § 4a Absatz 4 eine Beschäftigung erlaubt werden kann,
5. die Voraussetzungen und das Verfahren zur Erteilung einer Arbeitserlaubnis der Bundesagentur für Arbeit an Staatsangehörige der in Anhang II zu der Verordnung (EU) 2018/1806 des Europäischen Parlaments und des Rates vom 14. November 2018 zur Aufstellung der Liste der Drittländer, deren Staatsangehörige beim Überschreiten der Außengrenzen im Besitz eines Visums sein müssen, sowie der Liste der Drittländer, deren Staatsangehörige von dieser Visumpflicht befreit sind (ABl. L 303 vom 28.11.2018, S. 39), genannten Staaten,
6. Berufe, in denen für Angehörige bestimmter Staaten die Erteilung einer Blauen Karte EU zu versagen ist, weil im Herkunftsland ein Mangel an qualifizierten Arbeitnehmern in diesen Berufsgruppen besteht,
7. Fälle, in denen ein Arbeitgeber, der Rechtspflichten in Bezug auf die Beschäftigung, insbesondere arbeits-, sozialversicherungs- oder steuerrechtliche Pflichten, verletzt hat, von der Möglichkeit ausgeschlossen werden kann, dass die Bundesagentur für Arbeit eine Zustimmung oder Arbeitserlaubnis für die Beschäftigung eines Ausländers bei diesem Arbeitgeber erteilt.

(3) Das Bundesministerium für Arbeit und Soziales kann der Bundesagentur für Arbeit zur Durchführung der Bestimmungen dieses Gesetzes und der hierzu erlassenen Rechtsverordnungen sowie der von der Europäischen Union erlassenen Bestimmungen über den Zugang zum Arbeitsmarkt und der zwischenstaatlichen Vereinbarungen über die Beschäftigung von Arbeitnehmern Weisungen erteilen.

Kapitel 3. Integration

§ 43[1)] Integrationskurs. (1) Die Integration von rechtmäßig auf Dauer im Bundesgebiet lebenden Ausländern in das wirtschaftliche, kulturelle und gesellschaftliche Leben in der Bundesrepublik Deutschland wird gefördert und gefordert.

(2) [1] Eingliederungsbemühungen von Ausländern werden durch ein Grundangebot zur Integration (Integrationskurs) unterstützt. [2] Ziel des Integrationskurses ist, den Ausländern die Sprache, die Rechtsordnung, die Kultur und die Geschichte in Deutschland erfolgreich zu vermitteln. [3] Ausländer sollen dadurch mit den Lebensverhältnissen im Bundesgebiet so weit vertraut werden, dass sie ohne die Hilfe oder Vermittlung Dritter in allen Angelegenheiten des täglichen Lebens selbständig handeln können.

(3) [1] Der Integrationskurs umfasst einen Basis- und einen Aufbausprachkurs von jeweils gleicher Dauer zur Erlangung ausreichender Sprachkenntnisse sowie einen Orientierungskurs zur Vermittlung von Kenntnissen der Rechtsordnung, der Kultur und der Geschichte in Deutschland. [2] Der Integrationskurs wird vom Bundesamt für Migration und Flüchtlinge koordiniert und durchgeführt, das sich hierzu privater oder öffentlicher Träger bedienen kann. [3] Für die Teilnahme am Integrationskurs sollen Kosten in angemessenem Umfang unter Berücksichtigung

[1)] *§ 43 Abs. 4 geänd.* mWv 1.7.2011 durch G v. 23.6.2011 (BGBl. I S. 1266); Abs. 5 aufgeh. mWv 26.11.2011 durch G v. 22.11.2011 (BGBl. I S. 2258); Abs. 4 Satz 2 angef. mWv 29.1.2013 durch G v. 21.1.2013 (BGBl. I S. 86); Abs. 4 Satz 1 geänd. mWv 24.10.2015 durch G v. 20.10.2015 (BGBl. I S. 1722); Abs. 4 Satz 1 geänd. mWv 26.11.2019 durch G v. 20.11.2019 (BGBl. I S. 1626); Abs. 4 Satz 2 geänd. mWv 27.6.2020 durch VO v. 19.6.2020 (BGBl. I S. 1328).

der Leistungsfähigkeit erhoben werden. [4] Zur Zahlung ist auch derjenige verpflichtet, der dem Ausländer zur Gewährung des Lebensunterhalts verpflichtet ist.

(4) [1] Die Bundesregierung wird ermächtigt, nähere Einzelheiten des Integrationskurses, insbesondere die Grundstruktur, die Dauer, die Lerninhalte und die Durchführung der Kurse, die Vorgaben bezüglich der Auswahl und Zulassung der Kursträger sowie die Voraussetzungen und die Rahmenbedingungen für die ordnungsgemäße und erfolgreiche Teilnahme und ihre Bescheinigung einschließlich der Kostentragung, sowie die Datenverarbeitung nach § 88a Absatz 1 und 1a durch eine Rechtsverordnung ohne Zustimmung des Bundesrates zu regeln. [2] Hiervon ausgenommen sind die Prüfungs- und Nachweismodalitäten der Abschlusstests zu den Integrationskursen, die das Bundesministerium des Innern, für Bau und Heimat durch Rechtsverordnung ohne Zustimmung des Bundesrates regelt.

§ 44[1)] Berechtigung zur Teilnahme an einem Integrationskurs. (1) [1] Einen Anspruch auf die einmalige Teilnahme an einem Integrationskurs hat ein Ausländer, der sich dauerhaft im Bundesgebiet aufhält, wenn ihm

1. erstmals eine Aufenthaltserlaubnis
   a) zu Erwerbszwecken (§§ 18a bis 18d, 18g, 19c und 21),
   b) zum Zweck des Familiennachzugs (§§ 28, 29, 30, 32, 36, 36a),
   c) aus humanitären Gründen nach § 25 Absatz 1, 2, 4a Satz 3 oder § 25b,
   d) als langfristig Aufenthaltsberechtigter nach § 38a oder
2. ein Aufenthaltstitel nach § 23 Abs. 2 oder Absatz 4

erteilt wird. [2] Von einem dauerhaften Aufenthalt ist in der Regel auszugehen, wenn der Ausländer eine Aufenthaltserlaubnis von mindestens einem Jahr erhält oder seit über 18 Monaten eine Aufenthaltserlaubnis besitzt, es sei denn, der Aufenthalt ist vorübergehender Natur.

(2) [1] Der Teilnahmeanspruch nach Absatz 1 erlischt ein Jahr nach Erteilung des den Anspruch begründenden Aufenthaltstitels oder bei dessen Wegfall. [2] Dies gilt nicht, wenn sich der Ausländer bis zu diesem Zeitpunkt aus von ihm nicht zu vertretenden Gründen nicht zu einem Integrationskurs anmelden konnte.

(3) [1] Der Anspruch auf Teilnahme am Integrationskurs besteht nicht

1. bei Kindern, Jugendlichen und jungen Erwachsenen, die eine schulische Ausbildung aufnehmen oder ihre bisherige Schullaufbahn in der Bundesrepublik Deutschland fortsetzen,
2. bei erkennbar geringem Integrationsbedarf oder
3. wenn der Ausländer bereits über ausreichende Kenntnisse der deutschen Sprache verfügt.

[2] Die Berechtigung zur Teilnahme am Orientierungskurs bleibt im Falle des Satzes 1 Nr. 3 hiervon unberührt.

[1)] § 44 Abs. 1 Satz 2 geänd. mWv 6.9.2013 durch G v. 29.8.2013 (BGBl. I S. 3484); Abs. 1 Satz 1 Nr. 1 Buchst. c neu gef., Nr. 2 geänd. mWv 1.8.2015 durch G v. 27.7.2015 (BGBl. I S. 1386); Abs. 4 Satz 2 neu gef., Satz 3 angef. mWv 24.10.2015 durch G v. 20.10.2015 (BGBl. I S. 1722); Abs. 2 Satz 1 geänd., Satz 2 angef. mWv 6.8.2016 durch G v. 31.7.2016 (BGBl. I S. 1939); Abs. 1 Satz 1 Nr. 1 Buchst. b geänd. mWv 1.8.2018 durch G v. 12.7.2018 (BGBl. I S. 1147); Abs. 4 Satz 2 neu gef. mWv 1.8.2019 durch G v. 8.7.2019 (BGBl. I S. 1029); Abs. 1 Nr. 1 Buchst. a geänd. mWv 1.3.2020 durch G v. 15.8.2019 (BGBl. I S. 1307); Abs. 4 Satz 2 Nr. 1 Buchst. b geänd. mWv 29.5.2020 durch G v. 20.5.2020 (BGBl. I S. 1044); Abs. 4 Satz 2 Nr. 1 einl. Satzteil geänd., Buchst. a, b aufgeh., Nr. 3 geänd., Satz 3 aufgeh. mWv 31.12.2022 durch G v. 21.12.2022 (BGBl. I S. 2847); Abs. 1 Satz 1 Nr. 1 Buchst. a geänd. mWv 18.11.2023 durch G v. 16.8.2023 (BGBl. 2023 I Nr. 217).

(4) [1] Ein Ausländer, der einen Teilnahmeanspruch nicht oder nicht mehr besitzt, kann im Rahmen verfügbarer Kursplätze zur Teilnahme zugelassen werden. [2] Diese Regelung findet entsprechend auf deutsche Staatsangehörige Anwendung, wenn sie nicht über ausreichende Kenntnisse der deutschen Sprache verfügen und in besonderer Weise integrationsbedürftig sind, sowie auf Ausländer, die

1. eine Aufenthaltsgestattung besitzen,
2. eine Duldung nach § 60a Absatz 2 Satz 3 besitzen oder
3. eine Aufenthaltserlaubnis nach § 24 oder § 25 Absatz 5 besitzen.

§ 44a[1)] Verpflichtung zur Teilnahme an einem Integrationskurs. (1) [1] Ein Ausländer ist zur Teilnahme an einem Integrationskurs verpflichtet, wenn

1. er nach § 44 einen Anspruch auf Teilnahme hat und
   a) sich nicht zumindest auf einfache Art in deutscher Sprache verständigen kann oder
   b) zum Zeitpunkt der Erteilung eines Aufenthaltstitels nach § 23 Abs. 2, § 28 Abs. 1 Satz 1 Nr. 1, § 30 oder § 36a Absatz 1 Satz 1 erste Alternative nicht über ausreichende Kenntnisse der deutschen Sprache verfügt oder
2. er Leistungen nach dem Zweiten Buch Sozialgesetzbuch[2)] bezieht und ihn der Träger der Grundsicherung für Arbeitsuchende nach § 15a Absatz 1 Satz 1 Nummer 3 des Zweiten Buches Sozialgesetzbuch zur Teilnahme am Integrationskurs verpflichtet,
3. er in besonderer Weise integrationsbedürftig ist und die Ausländerbehörde ihn zur Teilnahme am Integrationskurs auffordert oder
4. er zu dem in § 44 Absatz 4 Satz 2 Nummer 1 bis 3 genannten Personenkreis gehört, Leistungen nach dem Asylbewerberleistungsgesetz[3)] bezieht und die zuständige Leistungsbehörde ihn zur Teilnahme an einem Integrationskurs auffordert.

[2] In den Fällen des Satzes 1 Nr. 1 stellt die Ausländerbehörde bei der Erteilung des Aufenthaltstitels fest, dass der Ausländer zur Teilnahme verpflichtet ist. [3] Der Träger der Grundsicherung für Arbeitsuchende soll in den Fällen des Satzes 1 Nr. 1 und 3 beim Bezug von Leistungen nach dem Zweiten Buch Sozialgesetzbuch für die Maßnahmen nach den §§ 15 und 15a des Zweiten Buches Sozialgesetzbuch der Verpflichtung durch die Ausländerbehörde im Regelfall folgen. [4] Sofern der Träger der Grundsicherung für Arbeitsuchende im Einzelfall eine abweichende Entscheidung trifft, hat er dies der Ausländerbehörde mitzuteilen, die die Verpflichtung widerruft. [5] Die Verpflichtung ist zu widerrufen, wenn einem Ausländer neben seiner Erwerbstätigkeit eine Teilnahme auch an einem Teilzeitkurs nicht zuzumuten ist. [6] Darüber hinaus können die Ausländerbehörden einen Ausländer bei der Erteilung eines Aufenthaltstitels nach § 25 Absatz 1 oder 2 zur Teilnahme an einem Integrationskurs verpflichten, wenn er sich lediglich auf einfache Art in deutscher Sprache verständigen kann.

[1)] § 44a Abs. 1a eingef. mWv 1.7.2011 durch G v. 23.6.2011 (BGBl. I S. 1266); Abs. 3 Satz 1 geänd. mWv 6.9.2013 durch G v. 29.8.2013 (BGBl. I S. 3484); Abs. 1 Satz 7 angef. mWv 6.8.2016, Abs. 1 Satz 1 Nr. 2 und 3 geänd., Nr. 4 angef. mWv 1.1.2017 durch G v. 31.7.2016 (BGBl. I S. 1939); Abs. 1 Satz 1 Nr. 1 Buchst. b geänd. mWv 1.8.2018 durch G v. 12.7.2018 (BGBl. I S. 1147); Abs. 1 Satz 1 Nr. 2 geänd., *Satz 3 aufgeh., bish. Sätze 4–7 werden Sätze 3–6* mWv 1.7.2023 durch G v. 16.12.2022 (BGBl. I S. 2328); Abs. 3 Satz 1 geänd. mWv 30.10.2025 durch G v. 27.10.2025 (BGBl. 2025 I Nr. 256); Abs. 1 Satz 1 Nr. 2 und Satz 3 geänd. mWv 1.7.2026 durch G v. 16.4.2026 (BGBl. 2026 I Nr. 107).

[2)] **Sartorius ErgBd. Nr. 402.**

[3)] **Sartorius ErgBd. Nr. 418.**

(1a) Die Teilnahmeverpflichtung nach Absatz 1 Satz 1 Nummer 1 erlischt außer durch Rücknahme oder Widerruf nur, wenn der Ausländer ordnungsgemäß am Integrationskurs teilgenommen hat.

(2) Von der Teilnahmeverpflichtung ausgenommen sind Ausländer,

1. die sich im Bundesgebiet in einer beruflichen oder sonstigen Ausbildung befinden,
2. die die Teilnahme an vergleichbaren Bildungsangeboten im Bundesgebiet nachweisen oder
3. deren Teilnahme auf Dauer unmöglich oder unzumutbar ist.

(2a) Von der Verpflichtung zur Teilnahme am Orientierungskurs sind Ausländer ausgenommen, die eine Aufenthaltserlaubnis nach § 38a besitzen, wenn sie nachweisen, dass sie bereits in einem anderen Mitgliedstaat der Europäischen Union zur Erlangung ihrer Rechtsstellung als langfristig Aufenthaltsberechtigte an Integrationsmaßnahmen teilgenommen haben.

(3) [1]Kommt ein Ausländer seiner Teilnahmepflicht aus von ihm zu vertretenden Gründen nicht nach oder legt er den Abschlusstest nicht erfolgreich ab, weist ihn die zuständige Ausländerbehörde vor der Verlängerung seiner Aufenthaltserlaubnis auf die möglichen Auswirkungen seines Handelns (§ 8 Abs. 3, § 9 Abs. 2 Satz 1 Nr. 7 und 8, § 9a Absatz 2 Satz 1 Nummer 3 und 4 dieses Gesetzes,[1)]) hin. [2]Die Ausländerbehörde kann den Ausländer mit Mitteln des Verwaltungszwangs zur Erfüllung seiner Teilnahmepflicht anhalten. [3]Bei Verletzung der Teilnahmepflicht kann der voraussichtliche Kostenbeitrag auch vorab in einer Summe durch Gebührenbescheid erhoben werden.

§ 45[2)] Integrationsprogramm. [1]Der Integrationskurs soll durch weitere Integrationsangebote des Bundes und der Länder, insbesondere sozialpädagogische und migrationsspezifische Beratungsangebote, ergänzt werden. [2]Das Bundesministerium des Innern, für Bau und Heimat oder die von ihm bestimmte Stelle entwickelt ein bundesweites Integrationsprogramm, in dem insbesondere die bestehenden Integrationsangebote von Bund, Ländern, Kommunen und privaten Trägern für Ausländer und Spätaussiedler festgestellt und Empfehlungen zur Weiterentwicklung der Integrationsangebote vorgelegt werden. [3]Bei der Entwicklung des bundesweiten Integrationsprogramms sowie der Erstellung von Informationsmaterialien über bestehende Integrationsangebote werden die Länder, die Kommunen und die Ausländerbeauftragten von Bund, Ländern und Kommunen sowie der Beauftragte der Bundesregierung für Aussiedlerfragen beteiligt. [4]Darüber hinaus sollen Religionsgemeinschaften, Gewerkschaften, Arbeitgeberverbände, die Träger der freien Wohlfahrtspflege sowie sonstige gesellschaftliche Interessenverbände beteiligt werden.

§ 45a[3)] Berufsbezogene Deutschsprachförderung; Verordnungsermächtigung. (1) [1]Die Integration in den Arbeitsmarkt kann durch Maßnahmen der

---

[1)] Zeichensetzung amtlich.

[2)] § 45 Satz 2 geänd. mWv 27.6.2020 durch VO v. 19.6.2020 (BGBl. I S. 1328).

[3)] § 45a eingef. mWv 24.10.2015 durch G v. 20.10.2015 (BGBl. I S. 1722); Abs. 2 Satz 3 neu gef. mWv 1.8.2019 durch G v. 8.7.2019 (BGBl. I S. 1029); Abs. 3 geänd. mWv 26.11.2019 durch G v. 20.11.2019 (BGBl. I S. 1626); Abs. 2 Satz 3 Nr. 2 geänd. mWv 29.5.2020 durch G v. 20.5.2020 (BGBl. I S. 1044); Abs. 3 geänd. mWv 27.6.2020 durch VO v. 19.6.2020 (BGBl. I S. 1328); Abs. 2 Satz 1 geänd. mWv 1.7.2023 durch G v. 16.12.2022 (BGBl. I S. 2328); Abs. 2 Sätze 3, 4 aufgeh. mWv 31.12.2022 durch G v. 21.12.2022 (BGBl. I S. 2847); Abs. 2 Satz 1 geänd. mWv 1.7.2026 durch G v. 16.4.2026 (BGBl. 2026 I Nr. 107).

berufsbezogenen Deutschsprachförderung unterstützt werden. [2]Diese Maßnahmen bauen in der Regel auf der allgemeinen Sprachförderung der Integrationskurse auf. [3]Die berufsbezogene Deutschsprachförderung wird vom Bundesamt für Migration und Flüchtlinge koordiniert und durchgeführt. [4]Das Bundesamt für Migration und Flüchtlinge bedient sich zur Durchführung der Maßnahmen privater oder öffentlicher Träger.

(2) [1]Ein Ausländer ist zur Teilnahme an einer Maßnahme der berufsbezogenen Deutschsprachförderung verpflichtet, wenn er Leistungen nach dem Zweiten Buch Sozialgesetzbuch[1)] bezieht und ihn der Träger der Grundsicherung für Arbeitsuchende nach § 15a Absatz 1 Satz 1 Nummer 3 des Zweiten Buches Sozialgesetzbuch zur Teilnahme an der Maßnahme verpflichtet. [2]Leistungen zur Eingliederung in Arbeit nach dem Zweiten Buch Sozialgesetzbuch und Leistungen der aktiven Arbeitsförderung nach dem Dritten Buch Sozialgesetzbuch[2)] bleiben unberührt.

(3) Das Bundesministerium für Arbeit und Soziales wird ermächtigt, durch Rechtsverordnung ohne Zustimmung des Bundesrates im Einvernehmen mit dem Bundesministerium des Innern, für Bau und Heimat nähere Einzelheiten der berufsbezogenen Deutschsprachförderung, insbesondere die Grundstruktur, die Zielgruppen, die Dauer, die Lerninhalte und die Durchführung der Kurse, die Vorgaben bezüglich der Auswahl und Zulassung der Kursträger sowie die Voraussetzungen und die Rahmenbedingungen für den Zugang und die ordnungsgemäße und erfolgreiche Teilnahme einschließlich ihrer Abschlusszertifikate und der Kostentragung, sowie die Datenverarbeitung nach § 88a Absatz 3 zu regeln.

§ 45b[3)] Informations- und Beratungsangebote; Verordnungsermächtigung und Vorintegrationsmaßnahmen. (1) [1]Zur Beratung zu arbeits- und sozialrechtlichen Fragestellungen von Drittstaatsangehörigen wird ab dem 1. Januar 2026 ein bundesweites, unentgeltliches und niedrigschwelliges Beratungsangebot eingerichtet. [2]Es richtet sich sowohl an Drittstaatsangehörige, die sich bereits im Bundesgebiet aufhalten, als auch an Drittstaatsangehörige, die ihren gewöhnlichen Aufenthalt im Ausland haben und im Bundesgebiet arbeiten möchten. [3]In ausgewählten Drittstaaten können, beginnend mit dem Kalenderjahr 2026, Beratung, Sprachförderung und die Vermittlung von Kenntnissen über das Leben in Deutschland sowie eine transnationale Begleitung (Vorintegrationsmaßnahmen) angeboten werden. [4]Das Angebot richtet sich an Drittstaatsangehörige, die ihren gewöhnlichen Aufenthalt im Ausland haben und im Bundesgebiet eine Erwerbstätigkeit aufnehmen möchten. [5]Zur Bereitstellung zielgruppenspezifischer Informationen zum Fachkräftebedarf und Einwanderungsprozess werden das Portal der Bundesregierung „Make it in Germany" zur Gewinnung von Fachkräften aus Drittstaaten fortgeführt sowie Kommunikationsmaßnahmen und Unterstützungsstrukturen zur Fachkräftegewinnung im Rahmen von „Make it in Germany" im Aus- und Inland verstärkt. [6]Die Informations-, Kommunikations- und Unterstützungsangebote richten sich an Arbeitgeber in Deutschland sowie an Drittstaatsangehörige, die sich bereits im Bundesgebiet aufhalten oder die ihren gewöhnlichen Aufenthalt im Ausland haben und die im Bundesgebiet arbeiten möchten.

(2) [1]Zuständige Behörde für die Umsetzung der Beratung nach Absatz 1 Satz 1 und 2 ist das Bundesministerium für Arbeit und Soziales. [2]Es kann die Umsetzung

---

[1)] **Sartorius ErgBd. Nr. 402.**
[2)] **Aichberger, SGB Nr. 3.**
[3)] § 45b eingef. mWv 1.3.2024 durch G v. 16.8.2023 (BGBl. 2023 I Nr. 217).

der Beratung Dritten übertragen. [3]Zuständige Behörde für die Konzeption von Vorintegrationsmaßnahmen nach Absatz 1 Satz 3 und 4 ist das Amt der Beauftragten der Bundesregierung für Migration, Flüchtlinge und Integration. [4]Die Aufgabe der Durchführung von Vorintegrationsmaßnahmen nach Absatz 1 Satz 3 und 4 kann auf Dritte übertragen werden. [5]Zuständige Behörde für die Umsetzung der Aufgaben nach Absatz 1 Satz 5 und 6 ist das Bundesministerium für Wirtschaft und Klimaschutz in Abstimmung mit den beteiligten Ressorts. [6]Es kann die Umsetzung dieser Aufgaben an Dritte übertragen.

(3) [1]Das Bundesministerium für Arbeit und Soziales wird ermächtigt, durch Rechtsverordnung ohne Zustimmung des Bundesrates nähere Einzelheiten der Finanzierung der arbeits- und sozialrechtlichen Beratung, insbesondere das Nähere zur Leistungsgewährung, die Bewilligungsperiode, das Antragsverfahren, die Bedingungen und das Verfahren für die Weiterleitung der Leistung durch Träger an Dritte, die Übertragung der Umsetzung auf einen Dritten, das Nähere zur Kontrolle der Mittelverwendung und die Evaluierung zu regeln. [2]In Bezug auf Vorintegrationsmaßnahmen und die Aufgaben nach Absatz 1 Satz 5 und 6 findet Satz 1 keine Anwendung.

§ 45c[1)] Informationspflicht bei Anwerbung aus dem Ausland. [1]Schließt ein Arbeitgeber mit Sitz im Bundesgebiet mit einem Drittstaatsangehörigen mit Wohnsitz oder gewöhnlichem Aufenthalt im Ausland einen Arbeitsvertrag zur Arbeitsleistung im Inland, hat er den Drittstaatsangehörigen spätestens am ersten Tag der Arbeitsleistung in Textform auf die Möglichkeit einer Information oder Beratung nach § 45b Absatz 1 Satz 1 und 2 hinzuweisen. [2]Er hat dabei zumindest die aktuellen Kontaktdaten der vom Arbeitsplatz nächstgelegenen Beratungsstelle anzugeben. [3]Die Hinweispflicht des Arbeitgebers entfällt bei einer grenzüberschreitenden Vermittlung im Sinne des § 299 des Dritten Buches Sozialgesetzbuch[2)].

Kapitel 4. Ordnungsrechtliche Vorschriften

§ 46 Ordnungsverfügungen. (1) Die Ausländerbehörde kann gegenüber einem vollziehbar ausreisepflichtigen Ausländer Maßnahmen zur Förderung der Ausreise treffen, insbesondere kann sie den Ausländer verpflichten, den Wohnsitz an einem von ihr bestimmten Ort zu nehmen.

(2) [1]Einem Ausländer kann die Ausreise in entsprechender Anwendung des § 10 Abs. 1 und 2 des Passgesetzes[3)] untersagt werden. [2]Im Übrigen kann einem Ausländer die Ausreise aus dem Bundesgebiet nur untersagt werden, wenn er in einen anderen Staat einreisen will, ohne im Besitz der dafür erforderlichen Dokumente und Erlaubnisse zu sein. [3]Das Ausreiseverbot ist aufzuheben, sobald der Grund seines Erlasses entfällt.

§ 47 Verbot und Beschränkung der politischen Betätigung. (1) [1]Ausländer dürfen sich im Rahmen der allgemeinen Rechtsvorschriften politisch betätigen. [2]Die politische Betätigung eines Ausländers kann beschränkt oder untersagt werden, soweit sie

---

[1)] § 45c eingef. mWv 1.1.2026 durch G v. 16.8.2023 (BGBl. 2023 I Nr. 217).
[2)] **Aichberger, SGB Nr. 3.**
[3)] Nr. **250**.

1. die politische Willensbildung in der Bundesrepublik Deutschland oder das friedliche Zusammenleben von Deutschen und Ausländern oder von verschiedenen Ausländergruppen im Bundesgebiet, die öffentliche Sicherheit und Ordnung oder sonstige erhebliche Interessen der Bundesrepublik Deutschland beeinträchtigt oder gefährdet,
2. den außenpolitischen Interessen oder den völkerrechtlichen Verpflichtungen der Bundesrepublik Deutschland zuwiderlaufen kann,
3. gegen die Rechtsordnung der Bundesrepublik Deutschland, insbesondere unter Anwendung von Gewalt, verstößt oder
4. bestimmt ist, Parteien, andere Vereinigungen, Einrichtungen oder Bestrebungen außerhalb des Bundesgebiets zu fördern, deren Ziele oder Mittel mit den Grundwerten einer die Würde des Menschen achtenden staatlichen Ordnung unvereinbar sind.

(2) Die politische Betätigung eines Ausländers wird untersagt, soweit sie

1. die freiheitliche demokratische Grundordnung oder die Sicherheit der Bundesrepublik Deutschland gefährdet oder den kodifizierten Normen des Völkerrechts widerspricht,
2. Gewaltanwendung als Mittel zur Durchsetzung politischer, religiöser oder sonstiger Belange öffentlich unterstützt, befürwortet oder hervorzurufen bezweckt oder geeignet ist oder
3. Vereinigungen, politische Bewegungen oder Gruppen innerhalb oder außerhalb des Bundesgebiets unterstützt, die im Bundesgebiet Anschläge gegen Personen oder Sachen oder außerhalb des Bundesgebiets Anschläge gegen Deutsche oder deutsche Einrichtungen veranlasst, befürwortet oder angedroht haben.

§ 47a[1] Mitwirkungspflichten; Lichtbildabgleich. [1] Ein Ausländer ist verpflichtet, seinen Pass, seinen Passersatz oder seinen Ausweisersatz auf Verlangen einer zur Identitätsfeststellung befugten Behörde vorzulegen und es ihr zu ermöglichen, sein Gesicht mit dem Lichtbild im Dokument abzugleichen. [2] Dies gilt auch für die Bescheinigung über die Aufenthaltsgestattung nach § 63 Absatz 1 Satz 1 des Asylgesetzes[2]. [3] Ein Ausländer, der im Besitz eines Ankunftsnachweises im Sinne des § 63a Absatz 1 Satz 1 des Asylgesetzes oder eines der in § 48 Absatz 1 Nummer 2 genannten Dokumente ist, ist verpflichtet, den Ankunftsnachweis oder das Dokument auf Verlangen einer zur Überprüfung der darin enthaltenen Angaben befugten Behörde vorzulegen und es ihr zu ermöglichen, sein Gesicht mit dem Lichtbild im Dokument abzugleichen.

§ 47b[3] Reisen in den Herkunftsstaat. [1] Asylberechtigte und Ausländer, denen internationaler Schutz (§ 1 Absatz 1 Nummer 2 des Asylgesetzes[2]) zuerkannt oder für die ein Abschiebungsverbot nach § 60 Absatz 5 oder Absatz 7 festgestellt worden ist, sind verpflichtet, Reisen in ihren Herkunftsstaat sowie den Grund der Reise vor Antritt der Reise gegenüber der zuständigen Ausländerbehörde anzuzeigen. [2] Diese leitet nach § 8 Absatz 1c des Asylgesetzes die Anzeigen an das Bundesamt für Migration und Flüchtlinge zur Prüfung des Widerrufs der Rechtsstellung weiter.

[1] § 47a eingef. mWv 15.6.2017 durch G v. 8.6.2017 (BGBl. I S. 1570).
[2] Nr. **567**.
[3] § 47b eingef. mWv 31.10.2024 durch G v. 25.10.2024 (BGBl. 2024 I Nr. 332).

§ 48[1)] Ausweisrechtliche Pflichten. (1) [1]Ein Ausländer ist verpflichtet,

1. seinen Pass, seinen Passersatz oder seinen Ausweisersatz und
2. seinen Aufenthaltstitel oder eine Bescheinigung über die Aussetzung der Abschiebung

auf Verlangen den mit dem Vollzug des Ausländerrechts betrauten Behörden vorzulegen, auszuhändigen und vorübergehend zu überlassen, soweit dies zur Durchführung oder Sicherung von Maßnahmen nach diesem Gesetz erforderlich ist. [2]Ein deutscher Staatsangehöriger, der zugleich eine ausländische Staatsangehörigkeit besitzt, ist verpflichtet, seinen ausländischen Pass oder Passersatz auf Verlangen den mit dem Vollzug des Ausländerrechts betrauten Behörden vorzulegen, auszuhändigen und vorübergehend zu überlassen, wenn

1. ihm nach § 7 Absatz 1 des Passgesetzes[2)] der deutsche Pass versagt, nach § 8 des Passgesetzes der deutsche Pass entzogen worden ist oder gegen ihn eine Anordnung nach § 6 Absatz 7 des Personalausweisgesetzes[3)] ergangen ist, wenn Anhaltspunkte die Annahme rechtfertigen, dass der Ausländer beabsichtigt, das Bundesgebiet zu verlassen oder
2. die Voraussetzungen für eine Untersagung der Ausreise nach § 10 Absatz 1 des Passgesetzes vorliegen und die Vorlage, Aushändigung und vorübergehende Überlassung des ausländischen Passes oder Passersatzes zur Durchführung oder Sicherung des Ausreiseverbots erforderlich sind.

(2) Ein Ausländer, der einen Pass oder Passersatz weder besitzt noch in zumutbarer Weise erlangen kann, genügt der Ausweispflicht mit der Bescheinigung über einen Aufenthaltstitel oder die Aussetzung der Abschiebung, wenn sie mit den Angaben zur Person und einem Lichtbild versehen und als Ausweisersatz bezeichnet ist.

(3) [1]Besitzt der Ausländer keinen gültigen Pass oder Passersatz, ist er verpflichtet, an der Beschaffung des Identitätspapiers mitzuwirken sowie alle Urkunden, sonstigen Unterlagen und Datenträger, die für die Feststellung seiner Identität und Staatsangehörigkeit und für die Feststellung und Geltendmachung einer Rückführungsmöglichkeit in einen anderen Staat von Bedeutung sein können und in deren Besitz er ist, den mit der Ausführung dieses Gesetzes betrauten Behörden auf Verlangen vorzulegen, auszuhändigen und zu überlassen. [2]Kommt der Ausländer seiner Verpflichtung nicht nach und bestehen tatsächliche Anhaltspunkte, dass er im Besitz solcher Unterlagen oder Datenträger ist, können er und die in seinem Besitz befindlichen Sachen sowie seine Wohnung nach diesen Unterlagen oder Datenträgern durchsucht werden. [3]Durchsuchungen der Wohnung nach Satz 2 dürfen nur durch den Richter, bei Gefahr im Verzug auch durch die mit der Ausführung dieses Gesetzes betrauten Behörden angeordnet werden; § 58 Absatz 9a gilt entsprechend. [4]Der Ausländer hat die Maßnahme zu dulden.

(3a) [1]Das Auslesen von Datenträgern, einschließlich mobiler Geräte und *Cloud-Dienste, ist zum* Zweck der Sicherstellung einer Auswertung nach Ab-

[1)] § 48 Abs. 1 neu gef. mWv 1.11.2007 durch G v. 20.7.2007 (BGBl. I S. 1566); Abs. 2, Abs. 4 Satz 1 geänd. mWv 26.11.2011 durch G v. 22.11.2011 (BGBl. I S. 2258); Abs. 3 Sätze 1 und 2 geänd., Abs. 3a eingef. mWv 1.8.2015 durch G v. 27.7.2015 (BGBl. I S. 1386); Abs. 1 Satz 2 angef. mWv 29.7.2017 durch G v. 20.7.2017 (BGBl. I S. 2780); Abs. 1 Satz 2 neu gef. mWv 21.8.2019 durch G v. 15.8.2019 (BGBl. I S. 1294); Abs. 3a Satz 8 aufgeh. mWv 26.11.2019 durch G v. 20.11.2019 (BGBl. I S. 1626); Abs. 3 Satz 2 geänd., Satz 3 eingef., bish. Satz 3 wird Satz 4, Abs. 3a neu gef., Abs. 3b und 3c eingef. mWv 27.2.2024, Abs. 3 Satz 3 geänd. mWv 1.8.2024 durch G v. 21.2.2024 (BGBl. 2024 I Nr. 54).

[2)] Nr. **250**.

[3)] Nr. **255**.

satz 3b zulässig, wenn es zur Feststellung der Identität und der Staatsangehörigkeit und für die Feststellung und Geltendmachung einer Rückführungsmöglichkeit erforderlich ist, da der Ausländer keinen gültigen Pass, Passersatz oder sonstigen geeigneten Identitätsnachweis besitzt. [2]Der Ausländer hat die notwendigen Zugangsdaten für ein zulässiges Auslesen der Datenträger zur Verfügung zu stellen.

(3b) [1]Das Auswerten der ausgelesenen Daten ist nur zulässig, soweit dies für die Feststellung der Identität und Staatsangehörigkeit des Ausländers und für die Feststellung und Geltendmachung einer Rückführungsmöglichkeit in einen anderen Staat nach Maßgabe von Absatz 3 erforderlich ist und der Zweck der Maßnahme nicht durch mildere Mittel erreicht werden kann. [2]Liegen tatsächliche Anhaltspunkte für die Annahme vor, dass durch das Auswerten von Datenträgern allein Erkenntnisse aus dem Kernbereich privater Lebensgestaltung erlangt würden, ist die Maßnahme unzulässig. [3]Erkenntnisse aus dem Kernbereich privater Lebensgestaltung, die durch das Auswerten von Datenträgern erlangt werden, dürfen nicht verwertet werden. [4]Aufzeichnungen hierüber sind unverzüglich zu löschen. [5]Die Tatsache ihrer Erlangung und Löschung ist aktenkundig zu machen. [6]Die Datenträger dürfen nur von einem Bediensteten ausgewertet werden, der die Befähigung zum Richteramt hat.

(3c) [1]Ausgelesene Daten sind unverzüglich zu löschen, sobald sie für die Feststellung der Identität und Staatsangehörigkeit des Ausländers und für die Feststellung und Geltendmachung einer Rückführungsmöglichkeit nicht mehr erforderlich sind. [2]Das Auslesen, Auswerten und Löschen von Daten ist zu dokumentieren. [3]Durch geeignete technische und organisatorische Maßnahmen nach den Artikeln 24, 25 und 32 der Verordnung (EU) 2016/679[1)] ist sicherzustellen, dass kein unberechtigter Zugriff auf die ausgelesenen Daten erfolgt.

(4) [1]Wird nach § 5 Abs. 3 oder § 33 von der Erfüllung der Passpflicht (§ 3 Abs. 1) abgesehen, wird ein Ausweisersatz ausgestellt. [2]Absatz 3 bleibt hiervon unberührt.

§ 48a[2)] Erhebung von Zugangsdaten. (1) Soweit der Ausländer die notwendigen Zugangsdaten für die Auswertung von Endgeräten, die er für telekommunikative Zwecke eingesetzt hat, nicht zur Verfügung stellt, darf von demjenigen, der geschäftsmäßig Telekommunikationsdienste erbringt oder daran mitwirkt, Auskunft über die Daten, mittels derer der Zugriff auf Endgeräte oder auf Speichereinrichtungen, die in diesen Endgeräten oder hiervon räumlich getrennt eingesetzt werden, geschützt wird (§ 174 Absatz 1 Satz 2 des Telekommunikationsgesetzes), verlangt werden, wenn die gesetzlichen Voraussetzungen für die Verarbeitung der Daten vorliegen.

(2) Der Ausländer ist von dem Auskunftsverlangen vorher in Kenntnis zu setzen.

(3) [1]Auf Grund eines Auskunftsverlangens nach Absatz 1 hat derjenige, der geschäftsmäßig Telekommunikationsdienste erbringt oder daran mitwirkt, die zur Auskunftserteilung erforderlichen Daten unverzüglich zu übermitteln. [2]Für die Entschädigung der Diensteanbieter ist § 23 Absatz 1 des Justizvergütungs- und -entschädigungsgesetzes[3)] entsprechend anzuwenden.

[1)] *Nr. 246.*

[2)] § 48a eingef. mWv 1.8.2015 durch G v. 27.7.2015 (BGBl. I S. 1386); Abs. 1 geänd. mWv 26.11.2019 durch G v. 20.11.2019 (BGBl. I S. 1626); Abs. 1 geänd. mWv 1.12.2021 durch G v. 23.6.2021 (BGBl. I S. 1858).

[3)] **Habersack Nr. 116.**

§ 49[1] Überprüfung, Feststellung und Sicherung der Identität. (1) [1]Die mit dem Vollzug dieses Gesetzes betrauten Behörden dürfen unter den Voraussetzungen des § 48 Abs. 1 die auf dem elektronischen Speicher- und Verarbeitungsmedium eines Dokuments nach § 48 Abs. 1 Nr. 1 und 2 gespeicherten biometrischen und sonstigen Daten auslesen, die benötigten biometrischen Daten beim Inhaber des Dokuments erheben und die biometrischen Daten miteinander vergleichen. [2]Darüber hinaus sind auch alle anderen Behörden, an die Daten aus dem Ausländerzentralregister nach den §§ 15 bis 20 des AZR-Gesetzes[2] übermittelt werden, und die Meldebehörden befugt, Maßnahmen nach Satz 1 zu treffen, soweit sie die Echtheit des Dokuments oder die Identität des Inhabers überprüfen dürfen. [3]Biometrische Daten nach Satz 1 sind nur die Fingerabdrücke und das Lichtbild.

(2) Jeder Ausländer ist verpflichtet, gegenüber den mit dem Vollzug des Ausländerrechts betrauten Behörden auf Verlangen die erforderlichen Angaben zu seinem Alter, seiner Identität und Staatsangehörigkeit zu machen und die von der Vertretung des Staates, dessen Staatsangehörigkeit er besitzt oder vermutlich besitzt, geforderten und mit dem deutschen Recht in Einklang stehenden Erklärungen im Rahmen der Beschaffung von Heimreisedokumenten abzugeben.

(3) Bestehen Zweifel über die Person, das Lebensalter oder die Staatsangehörigkeit des Ausländers, so sind die zur Feststellung seiner Identität, seines Lebensalters oder seiner Staatsangehörigkeit erforderlichen Maßnahmen zu treffen, wenn

1. dem Ausländer die Einreise erlaubt, ein Aufenthaltstitel erteilt oder die Abschiebung ausgesetzt werden soll oder
2. es zur Durchführung anderer Maßnahmen nach diesem Gesetz erforderlich ist.

(4) Die Identität eines Ausländers ist durch erkennungsdienstliche Maßnahmen zu sichern, wenn eine Verteilung gemäß § 15a stattfindet.

(4a) [1]Die Identität eines Ausländers, der eine Aufenthaltserlaubnis nach § 24 beantragt und der das vierzehnte Lebensjahr vollendet hat, ist vor Erteilung der Aufenthaltserlaubnis durch erkennungsdienstliche Maßnahmen zu sichern. [2]Bei Ausländern nach Satz 1, die das sechste, aber noch nicht das vierzehnte Lebensjahr vollendet haben, soll die Identität durch erkennungsdienstliche Maßnahmen gesichert werden.

(5) Zur Feststellung und Sicherung der Identität sollen die erforderlichen Maßnahmen durchgeführt werden,

1. wenn der Ausländer mit einem gefälschten oder verfälschten Pass oder Passersatz einreisen will oder eingereist ist;
2. wenn sonstige Anhaltspunkte den Verdacht begründen, dass der Ausländer nach einer Zurückweisung oder Beendigung des Aufenthalts erneut unerlaubt ins Bundesgebiet einreisen will;

---

[1] § 49 Überschrift neu gef., Abs. 1 eingef., bish. Abs. 1, 2, 2a, 3 und 5 bis 7 werden Abs. 2, 3, 4, 5 und 7 bis 9, bish. Abs. 4 und 8 werden Abs. 6 und 10 und geänd. mWv 1.11.2007 durch G v. 20.7.2007 (BGBl. I S. 1566); Abs. 10 geänd. mWv 1.1.2009 durch G v. 20.12.2008 (BGBl. I S. 2846); Abs. 1 Satz 1 geänd. und Satz 3 neu gef. mWv 1.9.2011 durch G v. 12.4.2011 (BGBl. I S. 610); Abs. 9 geänd. mWv 26.11. 2011 durch G v. 22.11.2011 (BGBl. I S. 2258); Abs. 5 Nr. 4 geänd., Abs. 8 und 9 neu gef. mWv 24.10. 2015 durch G v. 20.10.2015 (BGBl. I S. 1722); Abs. 8 und 9 neu gef. mWv 5.2.2016 durch G v. 2.2.2016 (BGBl. I S. 130); Abs. 5 Nr. 6 neu gef. mWv 9.8.2019, Abs. 6 Satz 2 neu gef., Abs. 8 Satz 3, Abs. 9 Satz 3 geänd. mWv 1.4.2021 durch G v. 4.8.2019 (BGBl. I S. 1131); Abs. 4a eingef. mWv 1.6.2022 durch G v. 23.5.2022 (BGBl. I S. 760); Abs. 5 Nr. 6 geänd., Abs. 8 Satz 1 neu gef., Abs. 9 Satz 4 angef. mWv 12.6. 2026 durch G v. 23.4.2026 (BGBl. 2026 I Nr. 111).

[2] **Sartorius ErgBd. Nr. 569.**

3. bei Ausländern, die vollziehbar ausreisepflichtig sind, sofern die Zurückschiebung oder Abschiebung in Betracht kommt;
4. wenn der Ausländer in einen in § 26a Abs. 2 des Asylgesetzes[1)] genannten Drittstaat zurückgewiesen oder zurückgeschoben wird;
5. bei der Beantragung eines nationalen Visums;
6. bei Ausländern, die für ein Aufnahmeverfahren nach § 23, für ein Übernahmeverfahren nach Artikel 67 der Verordnung (EU) 2024/1351, für die Gewährung von vorübergehendem Schutz nach § 24 oder für ein Umverteilungsverfahren auf Grund von Maßnahmen nach Artikel 78 Absatz 3 des Vertrags über die Arbeitsweise der Europäischen Union[2)] vorgeschlagen und vom Bundesamt für Migration und Flüchtlinge in die Prüfung über die Erteilung einer Aufnahmezusage oder die Bestätigung einer Übernahme nach Artikel 67 Absatz 9 der Verordnung (EU) 2024/1351 einbezogen wurden, sowie in den Fällen des § 29 Absatz 3;
7. wenn ein Versagungsgrund nach § 5 Abs. 4 festgestellt worden ist.

(6) [1] Maßnahmen im Sinne der Absätze 3 bis 5 mit Ausnahme des Absatzes 5 Nr. 5 sind das Aufnehmen von Lichtbildern, das Abnehmen von Fingerabdrücken sowie Messungen und ähnliche Maßnahmen, einschließlich körperlicher Eingriffe, die von einem Arzt nach den Regeln der ärztlichen Kunst zum Zweck der Feststellung des Alters vorgenommen werden, wenn kein Nachteil für die Gesundheit des Ausländers zu befürchten ist. [2] Die Maßnahmen sind zulässig bei Ausländern, die das sechste Lebensjahr vollendet haben. [3] Zur Feststellung der Identität sind diese Maßnahmen nur zulässig, wenn die Identität in anderer Weise, insbesondere durch Anfragen bei anderen Behörden nicht oder nicht rechtzeitig oder nur unter erheblichen Schwierigkeiten festgestellt werden kann.

(6a) Maßnahmen im Sinne des Absatzes 5 Nr. 5 sind das Aufnehmen von Lichtbildern und das Abnehmen von Fingerabdrücken.

(7) [1] Zur Bestimmung des Herkunftsstaates oder der Herkunftsregion des Ausländers kann das gesprochene Wort des Ausländers auf Ton- oder Datenträger aufgezeichnet werden. [2] Diese Erhebung darf nur erfolgen, wenn der Ausländer vorher darüber in Kenntnis gesetzt wurde.

(8) [1] Die Identität eines Ausländers, der in Verbindung mit der unerlaubten Einreise aufgegriffen und nicht zurückgewiesen wird oder der aus einem der in den Artikeln 5 oder 7 der Verordnung (EU) 2024/1356 genannten Gründe an einer Außengrenze oder innerhalb des Hoheitsgebiets einer Überprüfung nach der Verordnung (EU) 2024/1356 zu unterziehen ist, ist durch erkennungsdienstliche Maßnahmen zu sichern. [2] Nach Satz 1 dürfen nur Lichtbilder und Abdrucke aller zehn Finger aufgenommen werden. [3] Die Identität eines Ausländers, der das sechste Lebensjahr noch nicht vollendet hat, ist unter den Voraussetzungen des Satzes 1 nur durch das Aufnehmen eines Lichtbildes zu sichern.

(9) [1] Die Identität eines Ausländers, der sich ohne erforderlichen Aufenthaltstitel im Bundesgebiet aufhält, ist durch erkennungsdienstliche Maßnahmen zu sichern. [2] Nach Satz 1 dürfen nur Lichtbilder und Abdrucke aller zehn Finger aufgenommen werden. [3] Die Identität eines Ausländers, der das sechste Lebensjahr noch nicht vollendet hat, ist unter den Voraussetzungen des Satzes 1 nur durch das *Aufnehmen eines Lichtbildes zu sichern*. [4] Die bei der Maßnahme nach Satz 1

[1)] Nr. **567**.
[2)] Nr. **1001**.

erhobenen Daten können für die Zwecke der Überprüfung nach Artikel 7 der Verordnung (EU) 2024/1356 verwendet werden.

(10) Der Ausländer hat die Maßnahmen nach den Absätzen 1 und 3 bis 9 zu dulden.

§§ 49a, 49b[1)] *(aufgehoben)*

Kapitel 5. Beendigung des Aufenthalts

Abschnitt 1. Begründung der Ausreisepflicht

§ 50[2)] **Ausreisepflicht.** (1) Ein Ausländer ist zur Ausreise verpflichtet, wenn er einen erforderlichen Aufenthaltstitel nicht oder nicht mehr besitzt und ein Aufenthaltsrecht nach dem Assoziationsabkommen EWG/Türkei nicht oder nicht mehr besteht.

(2) Der Ausländer hat das Bundesgebiet und das Hoheitsgebiet der anderen Mitgliedstaaten der Europäischen Union und der anderen Schengen-Staaten unverzüglich oder, wenn ihm eine Ausreisefrist gesetzt ist, bis zum Ablauf der Frist zu verlassen.

(3) [1] Durch die Einreise in einen anderen Mitgliedstaat der Europäischen Union oder in einen anderen Schengen-Staat genügt der Ausländer seiner Ausreisepflicht nur, wenn ihm Einreise und Aufenthalt dort erlaubt sind. [2] Liegen diese Voraussetzungen vor, ist der ausreisepflichtige Ausländer aufzufordern, sich unverzüglich in das Hoheitsgebiet dieses Staates zu begeben.

(4) Ein ausreisepflichtiger Ausländer, der seine Wohnung wechseln oder den Bezirk der Ausländerbehörde für mehr als drei Tage verlassen will, hat dies der Ausländerbehörde vorher anzuzeigen.

(5) Der Pass, der Passersatz oder sonstige Urkunden, Unterlagen und Datenträger eines ausreisepflichtigen Ausländers, die zur Feststellung seiner Identität und Staatsangehörigkeit und für die Feststellung und Geltendmachung einer Rückführungsmöglichkeit in einen anderen Staat von Bedeutung sind, sollen bis zur Ausreise des ausreisepflichtigen Ausländers in Verwahrung genommen werden.

(6) [1] Ein Ausländer kann zum Zweck der Aufenthaltsbeendigung in den Fahndungshilfsmitteln der Polizei zur Aufenthaltsermittlung und Festnahme ausgeschrieben werden, wenn sein Aufenthalt unbekannt ist. [2] Ein Ausländer kann auch zum Zweck der Identitätsklärung in den Fahndungshilfsmitteln der Polizei ausgeschrieben werden, soweit dies zur Feststellung seiner Identität erforderlich ist. [3] Ein Ausländer, gegen den ein Einreise- und Aufenthaltsverbot nach § 11 besteht,

(Fortsetzung nächstes Blatt)

---

1) §§ 49a, 49b aufgeh. mWv 9.8.2019 durch G v. 4.8.2019 (BGBl. I S. 1131).

2) § 50 Abs. 2 Sätze 2, 3 aufgeh., Abs. 2a, 3 aufgeh., Abs. 4 wird Abs. 3, Satz 1 geänd., Satz 2 angef., bish. Abs. 5–7 werden Abs. 4–6 mWv 26.11.2011 durch G v. 22.11.2011 (BGBl. I S. 2258); Abs. 6 Satz 2 geänd. mWv 1.8.2015 durch G v. 27.7.2015 (BGBl. I S. 1386); Abs. 6 Satz 3 geänd. mWv 24.10.2015 durch G v. 20.10.2015 (BGBl. I S. 1722); Abs. 2 geänd., Abs. 5 neu gef., Abs. 6 Satz 2 eingef., bish. Satz 2 wird Satz 3 und neu gef., bish. Satz 3 wird Satz 4 mWv 27.2.2024 durch G v. 21.2.2024 (BGBl. 2024 I Nr. 54).

ist zum Zweck der Einreiseverweigerung, zur Zurückweisung und für den Fall des Antreffens im Bundesgebiet zur Festnahme in den Fahndungsmitteln der Polizei auszuschreiben, sofern zu diesem Zweck keine Ausschreibung in das Schengener Informationssystem gemäß der Verordnung (EU) 2018/1861 des Europäischen Parlaments und des Rates vom 28. November 2018 über die Einrichtung, den Betrieb und die Nutzung des Schengener Informationssystems (SIS) im Bereich der Grenzkontrollen, zur Änderung des Übereinkommens zur Durchführung des Übereinkommens von Schengen und zur Änderung und Aufhebung der Verordnung (EG) Nr. 1987/2006 (ABl. L 312 vom 7.12.2018, S. 14) erfolgt ist oder eine solche Ausschreibung gemäß der Verordnung (EU) 2018/1861 aus Gründen gelöscht wird, die der ausschreibende Schengen-Staat nicht zu vertreten hat. [4]Für Ausländer, die gemäß § 15a verteilt worden sind, gilt § 66 des Asylgesetzes[1)] entsprechend.

§ 51[2)] Beendigung der Rechtmäßigkeit des Aufenthalts; Fortgeltung von Beschränkungen. (1) Der Aufenthaltstitel erlischt in folgenden Fällen:

1. Ablauf seiner Geltungsdauer,
2. Eintritt einer auflösenden Bedingung,
3. Rücknahme des Aufenthaltstitels,
4. Widerruf des Aufenthaltstitels,
5. Ausweisung des Ausländers,

5a. Bekanntgabe einer Abschiebungsanordnung nach § 58a,

6. wenn der Ausländer aus einem seiner Natur nach nicht vorübergehenden Grunde ausreist,
7. wenn der Ausländer ausgereist und nicht innerhalb von sechs Monaten oder einer von der Ausländerbehörde bestimmten längeren Frist wieder eingereist ist,
8. wenn ein Ausländer nach Erteilung eines Aufenthaltstitels gemäß der §§ 22, 23 oder § 25 Abs. 3 bis 5 einen Asylantrag stellt;

ein für mehrere Einreisen oder mit einer Geltungsdauer von mehr als 90 Tagen erteiltes Visum erlischt nicht nach den Nummern 6 und 7.

(1a) [1]Die Gültigkeit einer nach § 19 erteilten ICT-Karte erlischt nicht nach Absatz 1 Nummer 6 und 7, wenn der Ausländer von der in der Richtlinie 2014/66/EU vorgesehenen Möglichkeit Gebrauch macht, einen Teil des unternehmensinternen Transfers in einem anderen Mitgliedstaat der Europäischen Union durchzuführen. [2]Die Gültigkeit einer nach § 16b oder § 18d erteilten Aufenthaltserlaubnis erlischt nicht nach Absatz 1 Nummer 6 und 7, wenn der Ausländer von der in der Richtlinie (EU) 2016/801 vorgesehenen Möglichkeit Gebrauch macht, einen Teil des Studiums oder des Forschungsvorhabens in einem anderen Mitgliedstaat der Europäischen Union durchzuführen.

(2) [1]Die Niederlassungserlaubnis eines Ausländers, der sich mindestens 15 Jahre rechtmäßig im Bundesgebiet aufgehalten hat sowie die Niederlassungserlaubnis

---

[1)] Nr. **567**.

[2)] § 51 Abs. 4 Satz 2 angef. mWv 1.7.2011 durch G v. 23.6.2011 (BGBl. I S. 1266); Abs. 6, Abs. 8 Satz 1 geänd., Abs. 8a eingef. mWv 26.11.2011 durch G v. 22.11.2011 (BGBl. I S. 2258); Abs. 9 Satz 1 Nr. 3 geänd., Abs. 10 angef. mWv 1.8.2012 durch G v. 1.6.2012 (BGBl. I S. 1224); Abs. 9 Satz 1 einl. Satzteil geänd. mWv 2.12.2013 durch G v. 29.8.2013 (BGBl. I S. 3484); Abs. 1 abschl. Satzteil, Abs. 2 Sätze 1 und 2 und Abs. 5 geänd., Abs. 10 Satz 2 angef. mWv 1.8.2015 durch G v. 27.7.2015 (BGBl. I S. 1386); Abs. 1a eingef. mWv 1.8.2017 durch G v. 12.5.2017 (BGBl. I S. 1106); Abs. 1a Sätze 1 und 2 geänd. mWv 1.3.2020 durch G v. 15.8.2019 (BGBl. I S. 1307).

seines mit ihm in ehelicher Lebensgemeinschaft lebenden Ehegatten erlöschen nicht nach Absatz 1 Nr. 6 und 7, wenn deren Lebensunterhalt gesichert ist und kein Ausweisungsinteresse nach § 54 Absatz 1 Nummer 2 bis 5 oder Absatz 2 Nummer 5 bis 7 besteht. [2] Die Niederlassungserlaubnis eines mit einem Deutschen in ehelicher Lebensgemeinschaft lebenden Ausländers erlischt nicht nach Absatz 1 Nr. 6 und 7, wenn kein Ausweisungsinteresse nach § 54 Absatz 1 Nummer 2 bis 5 oder Absatz 2 Nummer 5 bis 7 besteht. [3] Zum Nachweis des Fortbestandes der Niederlassungserlaubnis stellt die Ausländerbehörde am Ort des letzten gewöhnlichen Aufenthalts auf Antrag eine Bescheinigung aus.

(3) Der Aufenthaltstitel erlischt nicht nach Absatz 1 Nr. 7, wenn die Frist lediglich wegen Erfüllung der gesetzlichen Wehrpflicht im Heimatstaat überschritten wird und der Ausländer innerhalb von drei Monaten nach der Entlassung aus dem Wehrdienst wieder einreist.

(4) [1] Nach Absatz 1 Nr. 7 wird in der Regel eine längere Frist bestimmt, wenn der Ausländer aus einem seiner Natur nach vorübergehenden Grunde ausreisen will und eine Niederlassungserlaubnis besitzt oder wenn der Aufenthalt außerhalb des Bundesgebiets Interessen der Bundesrepublik Deutschland dient. [2] Abweichend von Absatz 1 Nummer 6 und 7 erlischt der Aufenthaltstitel eines Ausländers nicht, wenn er die Voraussetzungen des § 37 Absatz 1 Satz 1 Nummer 1 erfüllt, rechtswidrig mit Gewalt oder Drohung mit einem empfindlichen Übel zur Eingehung der Ehe genötigt und von der Rückkehr nach Deutschland abgehalten wurde und innerhalb von drei Monaten nach Wegfall der Zwangslage, spätestens jedoch innerhalb von zehn Jahren seit der Ausreise, wieder einreist.

(5) Die Befreiung vom Erfordernis des Aufenthaltstitels entfällt, wenn der Ausländer ausgewiesen, zurückgeschoben oder abgeschoben wird; § 11 Absatz 2 bis 5 findet entsprechende Anwendung.

(6) Räumliche und sonstige Beschränkungen und Auflagen nach diesem und nach anderen Gesetzen bleiben auch nach Wegfall des Aufenthaltstitels oder der Aussetzung der Abschiebung in Kraft, bis sie aufgehoben werden oder der Ausländer seiner Ausreisepflicht nachgekommen ist.

(7) [1] Im Falle der Ausreise eines Asylberechtigten oder eines Ausländers, dem das Bundesamt für Migration und Flüchtlinge unanfechtbar die Flüchtlingseigenschaft zuerkannt hat, erlischt der Aufenthaltstitel nicht, solange er im Besitz eines gültigen, von einer deutschen Behörde ausgestellten Reiseausweises für Flüchtlinge ist. [2] Der Ausländer hat auf Grund seiner Anerkennung als Asylberechtigter oder der unanfechtbaren Zuerkennung der Flüchtlingseigenschaft durch das Bundesamt für Migration und Flüchtlinge keinen Anspruch auf erneute Erteilung eines Aufenthaltstitels, wenn er das Bundesgebiet verlassen hat und die Zuständigkeit für die Ausstellung eines Reiseausweises für Flüchtlinge auf einen anderen Staat übergegangen ist.

(8) [1] Vor der Aufhebung einer Aufenthaltserlaubnis nach § 38a Abs. 1, vor einer Ausweisung eines Ausländers, der eine solche Aufenthaltserlaubnis besitzt und vor dem Erlass einer gegen ihn gerichteten Abschiebungsanordnung nach § 58a gibt die zuständige Behörde in dem Verfahren nach § 91c Absatz 2 über das Bundesamt für Migration und Flüchtlinge dem Mitgliedstaat der Europäischen Union, in dem der Ausländer die Rechtsstellung eines langfristig Aufenthaltsberechtigten besitzt, *Gelegenheit zur Stellung*nahme, wenn die Abschiebung in ein Gebiet erwogen wird, in dem diese Rechtsstellung nicht erworben werden kann. [2] Geht die Stellungnahme des anderen Mitgliedstaates rechtzeitig ein, wird sie von der zuständigen Behörde berücksichtigt.

(8a) [1]Soweit die Behörden anderer Schengen-Staaten über Entscheidungen nach Artikel 34 der Verordnung (EG) Nr. 810/2009, die durch die Ausländerbehörden getroffen wurden, zu unterrichten sind, erfolgt dies über das Bundesamt für Migration und Flüchtlinge. [2]Die mit der polizeilichen Kontrolle des grenzüberschreitenden Verkehrs beauftragten Behörden unterrichten die Behörden anderer Schengen-Staaten unmittelbar über ihre Entscheidungen nach Artikel 34 der Verordnung (EG) Nr. 810/2009.

(9) [1]Die Erlaubnis zum Daueraufenthalt – EU erlischt nur, wenn

1. ihre Erteilung wegen Täuschung, Drohung oder Bestechung zurückgenommen wird,
2. der Ausländer ausgewiesen oder ihm eine Abschiebungsanordnung nach § 58a bekannt gegeben wird,
3. sich der Ausländer für einen Zeitraum von zwölf aufeinander folgenden Monaten außerhalb des Gebiets aufhält, in dem die Rechtsstellung eines langfristig Aufenthaltsberechtigten erworben werden kann; der Zeitraum beträgt 24 aufeinanderfolgende Monate bei einem Ausländer, der zuvor im Besitz einer Blauen Karte EU war, und bei seinen Familienangehörigen, die zuvor im Besitz einer Aufenthaltserlaubnis nach den §§ 30, 32, 33 oder 36 waren,
4. sich der Ausländer für einen Zeitraum von sechs Jahren außerhalb des Bundesgebiets aufhält oder
5. der Ausländer die Rechtsstellung eines langfristig Aufenthaltsberechtigten in einem anderen Mitgliedstaat der Europäischen Union erwirbt.

[2]Auf die in Satz 1 Nr. 3 und 4 genannten Fälle sind die Absätze 2 bis 4 entsprechend anzuwenden.

(10) [1]Abweichend von Absatz 1 Nummer 7 beträgt die Frist für die Blaue Karte EU und die Aufenthaltserlaubnisse nach den §§ 30, 32, 33 oder 36, die den Familienangehörigen eines Inhabers einer Blauen Karte EU erteilt worden sind, zwölf Monate. [2]Gleiches gilt für die Niederlassungserlaubnis eines Ausländers, der sich mindestens 15 Jahre rechtmäßig im Bundesgebiet aufgehalten hat sowie die Niederlassungserlaubnis eines mit ihm in ehelicher Lebensgemeinschaft lebenden Ehegatten, wenn sie das 60. Lebensjahr vollendet haben.

§ 52[1)] Widerruf. (1) [1]Der Aufenthaltstitel des Ausländers nach § 4 Absatz 1 Satz 2 Nummer 1 zweite Alternative, Nummer 2, 2a, 2b, 2c, 3 und 4 kann außer in den Fällen der Absätze 2 bis 6 nur widerrufen werden, wenn

1. er keinen gültigen Pass oder Passersatz mehr besitzt,
2. er seine Staatsangehörigkeit wechselt oder verliert,

[1)] § 52 Abs. 5 Nr. 5 geänd. mWv 1.1.2009 durch G v. 20.12.2008 (BGBl. I S. 2846); Abs. 1 Satz 1 einl. Satzteil, Abs. 2 Sätze 1 und 2 geänd., Abs. 5 neu gef., Abs. 7 aufgeh. mWv 26.11.2011 durch G v. 22.11. 2011 (BGBl. I S. 2258); Abs. 1 Satz 1 einl. Satzteil, Abs. 2 Satz 1 geänd. mWv 1.8.2012 durch G v. 1.6. 2012 (BGBl. I S. 1224); Abs. 1 Satz 1 Nr. 4 und 5 Buchst. a und b geänd. mWv 1.12.2013 durch G v. 28.8.2013 (BGBl. I S. 3474); Abs. 1 Satz 1 einl. Satzteil geänd. mWv 6.9.2013 durch G v. 29.8.2013 (BGBl. I S. 3484); Abs. 5 Satz 1 Nr. 2 geänd., Nr. 3 aufgeh., bish. Nr. 4 wird Nr. 3 mWv 1.8.2015 durch G v. 27.7.2015 (BGBl. I S. 1386); Abs. 1 Satz 1 Nr. 5 Buchst. c geänd. mWv 24.10.2015 durch G v. 20.10.2015 (BGBl. I S. 1722); Abs. 1 Satz 1 einl. Satzteil geänd., Abs. 2a eingef., Abs. 3 Satz 1 einl. Satzteil und Nr. 3 geänd., Satz 2 angef., Abs. 4 einl. Satzteil und Nr. 3 geänd., Abs. 4a eingef. mWv 1.8.2017 durch G v. 12.5.2017 (BGBl. I S. 1106); Abs. 2a Satz 1, Abs. 3 Satz 1 einl. Satzteil, Nr. 3, Abs. 4 einl. Satzteil, Nr. 3, Abs. 4a geänd. mWv 1.3.2020 durch G v. 15.8.2019 (BGBl. I S. 1307); Abs. 2b, 2c eingef. mWv 18.11.2023 durch G v. 16.8.2023 (BGBl. 2023 I Nr. 217); Abs. 1 Satz 2 eingef., bish. Satz 2 wird Satz 3 mWv 27.2.2024 durch G v. 21.2.2024 (BGBl. 2024 I Nr. 54).

3. er noch nicht eingereist ist,
4. seine Anerkennung als Asylberechtigter oder seine Rechtsstellung als Flüchtling oder als subsidiär Schutzberechtigter erlischt oder unwirksam wird oder
5. die Ausländerbehörde nach Erteilung einer Aufenthaltserlaubnis nach § 25 Abs. 3 Satz 1 feststellt, dass
   a) die Voraussetzungen des § 60 Absatz 5 oder 7 nicht oder nicht mehr vorliegen,
   b) der Ausländer einen der Ausschlussgründe nach § 25 Abs. 3 Satz 2 Nummer 1 bis 4 erfüllt oder
   c) in den Fällen des § 42 Satz 1 des Asylgesetzes[1)] die Feststellung aufgehoben oder unwirksam wird.

[2] Satz 1 Nummer 1 findet keine Anwendung auf Inhaber einer Niederlassungserlaubnis (§ 9) oder einer Erlaubnis zum Daueraufenthalt – EU (§ 9a), wenn die Beschaffung eines Passes oder Passersatzes jedes Staates, dessen Staatsangehörigkeit sie besitzen, nicht in zumutbarer Weise möglich ist. [3] In den Fällen des Satzes 1 Nr. 4 und 5 kann auch der Aufenthaltstitel der mit dem Ausländer in familiärer Gemeinschaft lebenden Familienangehörigen widerrufen werden, wenn diesen kein eigenständiger Anspruch auf den Aufenthaltstitel zusteht.

(2) [1] Ein nationales Visum, eine Aufenthaltserlaubnis und eine Blaue Karte EU, die zum Zweck der Beschäftigung erteilt wurden, sind zu widerrufen, wenn die Bundesagentur für Arbeit nach § 41 die Zustimmung zur Ausübung der Beschäftigung widerrufen hat. [2] Ein nationales Visum und eine Aufenthaltserlaubnis, die nicht zum Zweck der Beschäftigung erteilt wurden, sind im Falle des Satzes 1 in dem Umfang zu widerrufen, in dem sie die Beschäftigung gestatten.

(2a) [1] Eine nach § 19 erteilte ICT-Karte, eine nach § 19b erteilte Mobiler-ICT-Karte oder ein Aufenthaltstitel zum Zweck des Familiennachzugs zu einem Inhaber einer ICT-Karte oder Mobiler-ICT-Karte kann widerrufen werden, wenn der Ausländer

1. nicht mehr die Voraussetzungen der Erteilung erfüllt oder
2. gegen Vorschriften eines anderen Mitgliedstaates der Europäischen Union über die Mobilität von unternehmensintern transferierten Arbeitnehmern im Anwendungsbereich der Richtlinie 2014/66/EU verstoßen hat.

[2] Wird die ICT-Karte oder die Mobiler-ICT-Karte widerrufen, so ist zugleich der dem Familienangehörigen erteilte Aufenthaltstitel zu widerrufen, es sei denn, dem Familienangehörigen steht ein eigenständiger Anspruch auf einen Aufenthaltstitel zu.

(2b) [1] Eine Blaue Karte EU kann widerrufen werden, wenn

1. die Voraussetzungen der Erteilung nicht mehr erfüllt sind,
2. der Inhaber einer Blauen Karte EU der zuständigen Ausländerbehörde die nach § 82 Absatz 1 Satz 6 und Absatz 6 Satz 1 erforderlichen Mitteilungen nicht oder nicht rechtzeitig macht,
3. der Inhaber der Blauen Karte EU gegen Vorschriften eines anderen Mitgliedstaates der Europäischen Union über die Mobilität von Inhabern einer Blauen Karte EU im Anwendungsbereich der Richtlinie (EU) 2021/1883 verstoßen hat.

[1)] Nr. **567**.

[2] Wird die Blaue Karte EU widerrufen, so ist zugleich der dem Familienangehörigen erteilte Aufenthaltstitel zu widerrufen, es sei denn, dem Familienangehörigen steht ein eigenständiger Anspruch auf einen Aufenthaltstitel zu.

(2c) Die Blaue Karte EU eines Ausländers, der zum Zweck der langfristigen Mobilität für Inhaber einer Blauen Karte EU in einen anderen Mitgliedstaat der Europäischen Union zieht, wird so lange nicht widerrufen, bis dieser andere Mitgliedstaat über den Antrag auf langfristige Mobilität entschieden hat.

(3) [1] Eine nach § 16b Absatz 1, 5 oder 7 zum Zweck des Studiums erteilte Aufenthaltserlaubnis kann widerrufen werden, wenn
1. der Ausländer ohne die erforderliche Erlaubnis eine Erwerbstätigkeit ausübt,
2. der Ausländer unter Berücksichtigung der durchschnittlichen Studiendauer an der betreffenden Hochschule im jeweiligen Studiengang und seiner individuellen Situation keine ausreichenden Studienfortschritte macht oder
3. der Ausländer nicht mehr die Voraussetzungen erfüllt, unter denen ihm eine Aufenthaltserlaubnis nach § 16b Absatz 1, 5 oder 7 erteilt werden könnte.

[2] Zur Prüfung der Voraussetzungen von Satz 1 Nummer 2 kann die Ausbildungseinrichtung beteiligt werden.

(4) Eine nach § 18d oder § 18f erteilte Aufenthaltserlaubnis kann widerrufen werden, wenn
1. die Forschungseinrichtung, mit welcher der Ausländer eine Aufnahmevereinbarung abgeschlossen hat, ihre Anerkennung verliert, sofern er an einer Handlung beteiligt war, die zum Verlust der Anerkennung geführt hat,
2. der Ausländer bei der Forschungseinrichtung keine Forschung mehr betreibt oder betreiben darf oder
3. der Ausländer nicht mehr die Voraussetzungen erfüllt, unter denen ihm eine Aufenthaltserlaubnis nach § 18d oder § 18f erteilt werden könnte oder eine Aufnahmevereinbarung mit ihm abgeschlossen werden dürfte.

(4a) Eine nach § 16e oder § 19e erteilte Aufenthaltserlaubnis kann widerrufen werden, wenn der Ausländer nicht mehr die Voraussetzungen erfüllt, unter denen ihm die Aufenthaltserlaubnis erteilt werden könnte.

(5) [1] Eine Aufenthaltserlaubnis nach § 25 Absatz 4a Satz 1 oder Absatz 4b Satz 1 soll widerrufen werden, wenn
1. der Ausländer nicht bereit war oder nicht mehr bereit ist, im Strafverfahren auszusagen,
2. die Angaben des Ausländers, auf die in § 25 Absatz 4a Satz 2 Nummer 1 oder Absatz 4b Satz 2 Nummer 1 Bezug genommen wird, nach Mitteilung der Staatsanwaltschaft oder des Strafgerichts mit hinreichender Wahrscheinlichkeit als falsch anzusehen sind oder
3. der Ausländer auf Grund sonstiger Umstände nicht mehr die Voraussetzungen für die Erteilung eines Aufenthaltstitels nach § 25 Absatz 4a oder Absatz 4b erfüllt.

[2] Eine Aufenthaltserlaubnis nach § 25 Absatz 4a Satz 1 soll auch dann widerrufen werden, wenn der Ausländer freiwillig wieder Verbindung zu den Personen nach § 25 Absatz 4a Satz 2 Nummer 2 aufgenommen hat.

(6) Eine Aufenthaltserlaubnis nach § 38a soll widerrufen werden, wenn der Ausländer seine Rechtsstellung als langfristig Aufenthaltsberechtigter in einem anderen Mitgliedstaat der Europäischen Union verliert.

§ 53[1] **Ausweisung.** (1) Ein Ausländer, dessen Aufenthalt die öffentliche Sicherheit und Ordnung, die freiheitliche demokratische Grundordnung oder sonstige erhebliche Interessen der Bundesrepublik Deutschland gefährdet, wird ausgewiesen, wenn die unter Berücksichtigung aller Umstände des Einzelfalles vorzunehmende Abwägung der Interessen an der Ausreise mit den Interessen an einem weiteren Verbleib des Ausländers im Bundesgebiet ergibt, dass das öffentliche Interesse an der Ausreise überwiegt.

(2) Bei der Abwägung nach Absatz 1 sind nach den Umständen des Einzelfalles insbesondere die Dauer seines Aufenthalts, seine persönlichen, wirtschaftlichen und sonstigen Bindungen im Bundesgebiet und im Herkunftsstaat oder in einem anderen zur Aufnahme bereiten Staat, die Folgen der Ausweisung für Familienangehörige und Lebenspartner sowie die Tatsache, ob sich der Ausländer rechtstreu verhalten hat, zu berücksichtigen.

(3) Ein Ausländer, dem nach dem Assoziationsabkommen EWG/Türkei ein Aufenthaltsrecht zusteht oder der eine Erlaubnis zum Daueraufenthalt – EU besitzt, darf nur ausgewiesen werden, wenn das persönliche Verhalten des Betroffenen gegenwärtig eine schwerwiegende Gefahr für die öffentliche Sicherheit und Ordnung darstellt, die ein Grundinteresse der Gesellschaft berührt und die Ausweisung für die Wahrung dieses Interesses unerlässlich ist.

(3a) Ein Ausländer, der als Asylberechtigter anerkannt ist, der im Bundesgebiet internationalen Schutz nach der Verordnung (EU) 2024/1347 genießt oder der einen von einer Behörde der Bundesrepublik Deutschland ausgestellten Reiseausweis nach dem Abkommen vom 28. Juli 1951 über die Rechtsstellung der Flüchtlinge[2] (BGBl. 1953 II S. 559) besitzt, darf nur bei Vorliegen zwingender Gründe der nationalen Sicherheit oder öffentlichen Ordnung ausgewiesen werden.

(4) [1] Ein Ausländer, der einen Asylantrag gestellt hat, kann nur unter der Bedingung ausgewiesen werden, dass das Asylverfahren unanfechtbar ohne Anerkennung als Asylberechtigter oder ohne die Zuerkennung internationalen Schutzes (§ 1 Absatz 1 Nummer 2 des Asylgesetzes[3]) abgeschlossen wird. [2] Von der Bedingung wird abgesehen, wenn

1. ein Sachverhalt vorliegt, der nach Absatz 3a eine Ausweisung rechtfertigt oder
2. eine nach den Vorschriften des Asylgesetzes erlassene Abschiebungsandrohung vollziehbar geworden ist.

§ 54[4] **Ausweisungsinteresse.** (1) Das Ausweisungsinteresse im Sinne von § 53 Absatz 1 wiegt besonders schwer, wenn der Ausländer

[1] § 53 neu gef. mWv 1.1.2016 durch G v. 27.7.2015 (BGBl. I S. 1386); Abs. 4 Satz 1 und 2 Nr. 2 geänd. mWv 1.1.2016 durch G v. 20.10.2015 (BGBl. I S. 1722); Abs. 2 geänd. mWv 17.3.2016 durch G v. 11.3. 2016 (BGBl. I S. 394); Abs. 3 geänd., Abs. 3a und 3b eingef. mWv 21.8.2019 durch G v. 15.8.2019 (BGBl. I S. 1294); Abs. 3a neu gef., Abs. 3b aufgeh., Abs. 4 Satz 2 Nr. 1 geänd. mWv 31.12.2022 durch G v. 21.12. 2022 (BGBl. I S. 2847); Abs. 3a geänd. mWv 12.6.2026 durch G v. 23.4.2026 (BGBl. 2026 I Nr. 111).

[2] Nr. **568**.

[3] Nr. **567**.

[4] § 54 neu gef. mWv 1.1.2016 durch G v. 27.7.2015 (BGBl. I S. 1386); Abs. 1 Nr. 1 geänd., Nr. 1a und Abs. 2 Nr. 1a eingef. mWv 17.3.2016 durch G v. 11.3.2016 (BGBl. I S. 394); Abs. 1 Nr. 1a und Abs. 2 Nr. 1a neu gef. mWv 10.11.2016 durch G v. 4.11.2016 (BGBl. I S. 2460); Abs. 2 Nr. 6 neu gef. mWv 22.7.2017 *durch G v. 17.7.2017 (BGBl. I S. 2429);* Abs. 1 Nr. 1a neu gef., Nr. 1b eingef., Abs. 2 Nr. 1 geänd., Nr. 1a aufgeh. mWv 21.8.2019 durch G v. 15.8.2019 (BGBl. I S. 1294); Abs. 1 Nr. 1c, 2a, Abs. 2 Nr. 2a eingef., Nr. 3 und 8 Buchst. b geänd., Nr. 9 eingef., bish. Nr. 9 wird Nr. 10 mWv 27.2.2024 durch G v. 21.2.2024 (BGBl. 2024 I Nr. 54); Abs. 1 Nr. 1 geänd. mWv 16.5.2024 durch G v. 8.5.2024 (BGBl. 2024 I Nr. 152); Abs. 1 Nr. 1a Buchst. c und d geänd., Buchst. e neu gef., Buchst. f angef., Nr. 1c geänd., Nr. 1d und Abs. 2 →

1. wegen einer oder mehrerer vorsätzlicher Straftaten rechtskräftig zu einer Freiheits- oder Jugendstrafe von mindestens zwei Jahren verurteilt worden ist oder bei der letzten rechtskräftigen Verurteilung Sicherungsverwahrung oder die Unterbringung in einem psychiatrischen Krankenhaus nach § 63 des Strafgesetzbuches[1] angeordnet worden ist,

1a. rechtskräftig zu einer Freiheits- oder Jugendstrafe von mindestens einem Jahr verurteilt worden ist wegen einer oder mehrerer vorsätzlicher Straftaten
   a) gegen das Leben,
   b) gegen die körperliche Unversehrtheit,
   c) gegen die sexuelle Selbstbestimmung nach den §§ 174, 176 bis 178, 180a, 181a, 182, 184b, 184c oder 184e des Strafgesetzbuches,
   d) gegen das Eigentum, sofern das Gesetz für die Straftat eine im Mindestmaß erhöhte Freiheitsstrafe vorsieht oder die Straftaten serienmäßig begangen wurden,
   e) wegen Widerstands gegen Vollstreckungsbeamte oder Personen, die Vollstreckungsbeamten gleichstehen nach § 115 des Strafgesetzbuches, oder tätlichen Angriffs gegen Vollstreckungsbeamte oder Personen, die Vollstreckungsbeamten gleichstehen nach § 115 des Strafgesetzbuches, oder
   f) gegen die öffentliche Sicherheit nach § 125 oder § 125a des Strafgesetzbuches,

1b. wegen einer oder mehrerer Straftaten nach § 263 des Strafgesetzbuchs zu Lasten eines Leistungsträgers oder Sozialversicherungsträgers nach dem Sozialgesetzbuch oder nach dem Gesetz über den Verkehr mit Betäubungsmitteln[2] rechtskräftig zu einer Freiheits- oder Jugendstrafe von mindestens einem Jahr verurteilt worden ist,

1c. wegen einer oder mehrerer Straftaten nach § 96 oder § 97 rechtskräftig zu einer Freiheits- oder Jugendstrafe von mindestens einem Jahr verurteilt worden ist,

1d. rechtskräftig zu einer Freiheitsstrafe von mindestens sechs Monaten verurteilt worden ist wegen einer oder mehrerer vorsätzlicher Straftaten
   a) gegen das Leben,
   b) gegen die körperliche Unversehrtheit,
   c) gegen die sexuelle Selbstbestimmung nach den §§ 174, 176, 176a, 176c, 176d, 177, 178 oder 182 des Strafgesetzbuches,
   d) gegen das Eigentum nach den §§ 249 bis 252 oder 255 des Strafgesetzbuches,
   e) wegen Widerstands gegen Vollstreckungsbeamte oder Personen, die Vollstreckungsbeamten gleichstehen nach § 115 des Strafgesetzbuches, oder tätlichen Angriffs gegen Vollstreckungsbeamte oder Personen, die Vollstreckungsbeamten gleichstehen nach § 115 des Strafgesetzbuches, oder
   f) gegen die öffentliche Sicherheit nach § 125 oder § 125a des Strafgesetzbuches,

   sofern die Straftat unter Verwendung einer Waffe oder eines anderen gefährlichen Werkzeugs begangen worden ist,

---

(Fortsetzung der Anm. von voriger Seite)
Nr. 2b eingef. mWv 31.10.2024 durch G v. 25.10.2024 (BGBl. 2024 I Nr. 332); Abs. 1 Nr. 2 geänd. mWv 2.4.2026 durch G v. 20.3.2026 (BGBl. 2026 I Nr. 95).

[1] **Habersack Nr. 85.**

[2] Nr. **275**.

2. die freiheitliche demokratische Grundordnung oder die Sicherheit der Bundesrepublik Deutschland gefährdet; hiervon ist auszugehen, wenn Tatsachen die Schlussfolgerung rechtfertigen, dass er einer Vereinigung angehört oder angehört hat, die den Terrorismus unterstützt oder er eine derartige Vereinigung unterstützt oder unterstützt hat oder er eine in § 89a Absatz 1 des Strafgesetzbuchs bezeichnete terroristische Straftat nach § 89a Absatz 2 des Strafgesetzbuchs vorbereitet oder vorbereitet hat, es sei denn, der Ausländer nimmt erkennbar und glaubhaft von seinem sicherheitsgefährdenden Handeln Abstand,

2a. die Sicherheit der Bundesrepublik Deutschland gefährdet; hiervon ist auszugehen, wenn Tatsachen die Schlussfolgerung rechtfertigen, dass er einer Vereinigung im Sinne des § 129 des Strafgesetzbuches angehört oder angehört hat,

3. zu den Leitern eines Vereins gehörte, der unanfechtbar verboten wurde, weil seine Zwecke oder seine Tätigkeit den Strafgesetzen zuwiderlaufen oder er sich gegen die verfassungsmäßige Ordnung oder den Gedanken der Völkerverständigung richtet,

4. sich zur Verfolgung politischer oder religiöser Ziele an Gewalttätigkeiten beteiligt oder öffentlich zur Gewaltanwendung aufruft oder mit Gewaltanwendung droht oder

5. zu Hass gegen Teile der Bevölkerung aufruft; hiervon ist auszugehen, wenn er auf eine andere Person gezielt und andauernd einwirkt, um Hass auf Angehörige bestimmter ethnischer Gruppen oder Religionen zu erzeugen oder zu verstärken oder öffentlich, in einer Versammlung oder durch Verbreiten von Schriften in einer Weise, die geeignet ist, die öffentliche Sicherheit und Ordnung zu stören,
   a) gegen Teile der Bevölkerung zu Willkürmaßnahmen aufstachelt,
   b) Teile der Bevölkerung böswillig verächtlich macht und dadurch die Menschenwürde anderer angreift oder
   c) Verbrechen gegen den Frieden, gegen die Menschlichkeit, ein Kriegsverbrechen oder terroristische Taten von vergleichbarem Gewicht billigt oder dafür wirbt,

   es sei denn, der Ausländer nimmt erkennbar und glaubhaft von seinem Handeln Abstand.

(2) Das Ausweisungsinteresse im Sinne von § 53 Absatz 1 wiegt schwer, wenn der Ausländer

1. wegen einer oder mehrerer vorsätzlicher Straftaten rechtskräftig zu einer Freiheitsstrafe von mindestens sechs Monaten verurteilt worden ist,

2. wegen einer oder mehrerer vorsätzlicher Straftaten rechtskräftig zu einer Jugendstrafe von mindestens einem Jahr verurteilt und die Vollstreckung der Strafe nicht zur Bewährung ausgesetzt worden ist,

2a. wegen vorsätzlicher Straftaten nach dem 17., 19. oder 20. Abschnitt des Strafgesetzbuches, die innerhalb eines Zeitraumes von zwölf Monaten begangen wurden, mehrfach rechtskräftig zu einer Geld- oder Freiheitsstrafe verurteilt wurde; Verurteilungen zu Geldstrafen bis zu 90 Tagessätzen bleiben außer Betracht,

2b. rechtskräftig zu einer Freiheitsstrafe von mindestens drei Monaten oder zu einer *Jugendstrafe, deren Vollstreckung nicht* zur Bewährung ausgesetzt wor-

(Fortsetzung nächstes Blatt)

den ist, verurteilt worden ist wegen einer oder mehrerer vorsätzlicher Straftaten

a) gegen das Leben,

b) gegen die körperliche Unversehrtheit,

c) gegen die sexuelle Selbstbestimmung nach den §§ 174, 176, 176a, 176c, 176d, 177, 178 oder 182 des Strafgesetzbuches,

d) gegen das Eigentum nach den §§ 249 bis 252 oder 255 des Strafgesetzbuches,

e) wegen Widerstands gegen Vollstreckungsbeamte oder Personen, die Vollstreckungsbeamten gleichstehen nach § 115 des Strafgesetzbuches, oder tätlichen Angriffs gegen Vollstreckungsbeamte oder Personen, die Vollstreckungsbeamten gleichstehen nach § 115 des Strafgesetzbuches, oder

f) gegen die öffentliche Sicherheit nach § 125 oder § 125a des Strafgesetzbuches,

sofern die Straftat unter Verwendung einer Waffe oder eines anderen gefährlichen Werkzeugs begangen worden ist,

3. als Täter oder Teilnehmer den Tatbestand des § 96 oder des § 97 oder des § 29 Absatz 1 Satz 1 Nummer 1 des Betäubungsmittelgesetzes verwirklicht oder dies versucht,

4. Heroin, Kokain oder ein vergleichbar gefährliches Betäubungsmittel verbraucht und nicht zu einer erforderlichen seiner Rehabilitation dienenden Behandlung bereit ist oder sich ihr entzieht,

5. eine andere Person in verwerflicher Weise, insbesondere unter Anwendung oder Androhung von Gewalt, davon abhält, am wirtschaftlichen, kulturellen oder gesellschaftlichen Leben in der Bundesrepublik Deutschland teilzuhaben,

6. eine andere Person zur Eingehung der Ehe nötigt oder dies versucht oder wiederholt eine Handlung entgegen § 11 Absatz 2 Satz 1 und 2 des Personenstandsgesetzes[1] vornimmt, die einen schwerwiegenden Verstoß gegen diese Vorschrift darstellt; ein schwerwiegender Verstoß liegt vor, wenn eine Person, die das 16. Lebensjahr noch nicht vollendet hat, beteiligt ist,

7. in einer Befragung, die der Klärung von Bedenken gegen die Einreise oder den weiteren Aufenthalt dient, der deutschen Auslandsvertretung oder der Ausländerbehörde gegenüber frühere Aufenthalte in Deutschland oder anderen Staaten verheimlicht oder in wesentlichen Punkten vorsätzlich keine, falsche oder unvollständige Angaben über Verbindungen zu Personen oder Organisationen macht, die der Unterstützung des Terrorismus oder der Gefährdung der freiheitlichen demokratischen Grundordnung oder der Sicherheit der Bundes-

(Fortsetzung nächstes Blatt)

[1] Nr. **260**.

republik Deutschland verdächtig sind; die Ausweisung auf dieser Grundlage ist nur zulässig, wenn der Ausländer vor der Befragung ausdrücklich auf den sicherheitsrechtlichen Zweck der Befragung und die Rechtsfolgen verweigerter, falscher oder unvollständiger Angaben hingewiesen wurde,

8. in einem Verwaltungsverfahren, das von Behörden eines Schengen-Staates durchgeführt wurde, im In- oder Ausland
   a) falsche oder unvollständige Angaben zur Erlangung eines deutschen Aufenthaltstitels, eines Schengen-Visums, eines Flughafentransitvisums, eines Passersatzes, der Zulassung einer Ausnahme von der Passpflicht oder der Aussetzung der Abschiebung gemacht hat oder
   b) trotz bestehender Rechtspflicht nicht an Maßnahmen der für die Durchführung dieses Gesetzes oder des Schengener Durchführungsübereinkommens zuständigen Behörden mitgewirkt hat, soweit der Ausländer zuvor auf die Rechtsfolgen solcher Handlungen hingewiesen wurde,
9. wegen einer oder mehrerer vorsätzlicher Straftaten rechtskräftig zu einer Geld- oder Freiheitsstrafe verurteilt wurde und im Rahmen des Urteils ein antisemitischer, rassistischer, fremdenfeindlicher, geschlechtsspezifischer, gegen die sexuelle Orientierung gerichteter oder sonstiger menschenverachtender Beweggrund im Sinne von § 46 Absatz 2 Satz 2 des Strafgesetzbuches ausdrücklich festgestellt wurde; Verurteilungen zu Geldstrafen bis zu 90 Tagessätzen bleiben außer Betracht oder
10. einen nicht nur vereinzelten oder geringfügigen Verstoß gegen Rechtsvorschriften oder gerichtliche oder behördliche Entscheidungen oder Verfügungen begangen oder außerhalb des Bundesgebiets eine Handlung begangen hat, die im Bundesgebiet als vorsätzliche schwere Straftat anzusehen ist.

§ 54a[1] *(aufgehoben)*

§ 55[2] **Bleibeinteresse.** (1) Das Bleibeinteresse im Sinne von § 53 Absatz 1 wiegt besonders schwer, wenn der Ausländer

1. eine Niederlassungserlaubnis besitzt und sich seit mindestens fünf Jahren rechtmäßig im Bundesgebiet aufgehalten hat,
2. eine Aufenthaltserlaubnis besitzt und im Bundesgebiet geboren oder als Minderjähriger in das Bundesgebiet eingereist ist und sich seit mindestens fünf Jahren rechtmäßig im Bundesgebiet aufgehalten hat,
3. eine Aufenthaltserlaubnis besitzt, sich seit mindestens fünf Jahren rechtmäßig im Bundesgebiet aufgehalten hat und mit einem der in den Nummern 1 und 2 bezeichneten Ausländer in ehelicher oder lebenspartnerschaftlicher Lebensgemeinschaft lebt,
4. mit einem deutschen Familienangehörigen oder Lebenspartner in familiärer oder lebenspartnerschaftlicher Lebensgemeinschaft lebt, sein Personensorgerecht für einen minderjährigen ledigen Deutschen oder mit diesem sein Umgangsrecht ausübt oder
5. eine Aufenthaltserlaubnis nach § 23 Absatz 4, den §§ 24, 25 Absatz 4a Satz 3 oder nach § 29 Absatz 2 oder 4 besitzt.

[1] § 54a aufgeh. mWv 1.1.2016 durch G v. 27.7.2015 (BGBl. I S. 1386).

[2] § 55 neu gef. mWv 1.1.2016 durch G v. 27.7.2015 (BGBl. I S. 1386); Abs. 1 Nr. 5 geänd. mWv 1.1. 2016 durch G v. 20.10.2015 (BGBl. I S. 1722); Abs. 1 Nr. 4 geänd., Nr. 5 aufgeh., bish. Nr. 6 wird Nr. 5 mWv 21.8.2019 durch G v. 15.8.2019 (BGBl. I S. 1294).

(2) Das Bleibeinteresse im Sinne von § 53 Absatz 1 wiegt insbesondere schwer, wenn

1. der Ausländer minderjährig ist und eine Aufenthaltserlaubnis besitzt,
2. der Ausländer eine Aufenthaltserlaubnis besitzt und sich seit mindestens fünf Jahren im Bundesgebiet aufhält,
3. der Ausländer sein Personensorgerecht für einen im Bundesgebiet rechtmäßig sich aufhaltenden ledigen Minderjährigen oder mit diesem sein Umgangsrecht ausübt,
4. der Ausländer minderjährig ist und sich die Eltern oder ein personensorgeberechtigter Elternteil rechtmäßig im Bundesgebiet aufhalten beziehungsweise aufhält,
5. die Belange oder das Wohl eines Kindes zu berücksichtigen sind beziehungsweise ist oder
6. der Ausländer eine Aufenthaltserlaubnis nach § 25 Absatz 4a Satz 1 besitzt.

(3) Aufenthalte auf der Grundlage von § 81 Absatz 3 Satz 1 und Absatz 4 Satz 1 werden als rechtmäßiger Aufenthalt im Sinne der Absätze 1 und 2 nur berücksichtigt, wenn dem Antrag auf Erteilung oder Verlängerung des Aufenthaltstitels entsprochen wurde.

§ 56[1)] Überwachung ausreisepflichtiger Ausländer aus Gründen der inneren Sicherheit. (1) [1] Ein Ausländer, gegen den eine Ausweisungsverfügung auf Grund eines Ausweisungsinteresses nach § 54 Absatz 1 Nummer 2 bis 5 oder eine Abschiebungsanordnung nach § 58a besteht, unterliegt der Verpflichtung, sich mindestens einmal wöchentlich bei der für seinen Aufenthaltsort zuständigen polizeilichen Dienststelle zu melden, soweit die Ausländerbehörde nichts anderes bestimmt. [2] Eine dem Satz 1 entsprechende Meldepflicht kann angeordnet werden, wenn der Ausländer

1. vollziehbar ausreisepflichtig ist und ein in Satz 1 genanntes Ausweisungsinteresse besteht oder
2. auf Grund anderer als der in Satz 1 genannten Ausweisungsinteressen vollziehbar ausreisepflichtig ist und die Anordnung der Meldepflicht zur Abwehr einer Gefahr für die öffentliche Sicherheit und Ordnung erforderlich ist.

(2) Sein Aufenthalt ist auf den Bezirk der Ausländerbehörde beschränkt, soweit die Ausländerbehörde keine abweichenden Festlegungen trifft.

(3) Er kann verpflichtet werden, in einem anderen Wohnort oder in bestimmten Unterkünften auch außerhalb des Bezirks der Ausländerbehörde zu wohnen, wenn dies geboten erscheint, um

1. die Fortführung von Bestrebungen, die zur Ausweisung geführt haben, zu erschweren oder zu unterbinden und die Einhaltung vereinsrechtlicher oder sonstiger gesetzlicher Auflagen und Verpflichtungen besser überwachen zu können oder
2. die wiederholte Begehung erheblicher Straftaten, die zu einer Ausweisung nach § 54 Absatz 1 Nummer 1 geführt haben, zu unterbinden.

[1)] § 56 neu gef. mWv 1.1.2016 durch G v. 27.7.2015 (BGBl. I S. 1386); Überschrift geänd., Abs. 1 Satz 2 neu gef., Abs. 4 geänd. mWv 29.7.2017 durch G v. 20.7.2017 (BGBl. I S. 2780); Abs. 3 neu gef., Abs. 4 Satz 2 angef. mWv 21.8.2019 durch G v. 15.8.2019 (BGBl. I S. 1294); Abs. 5 Satz 2 geänd. mWv 27.2.2024 durch G v. 21.2.2024 (BGBl. 2024 I Nr. 54).

(4) [1]Um die Fortführung von Bestrebungen, die zur Ausweisung nach § 54 Absatz 1 Nummer 2 bis 5, zu einer Anordnung nach Absatz 1 Satz 2 Nummer 1 oder zu einer Abschiebungsanordnung nach § 58a geführt haben, zu erschweren oder zu unterbinden, kann der Ausländer auch verpflichtet werden, zu bestimmten Personen oder Personen einer bestimmten Gruppe keinen Kontakt aufzunehmen, mit ihnen nicht zu verkehren, sie nicht zu beschäftigen, auszubilden oder zu beherbergen und bestimmte Kommunikationsmittel oder Dienste nicht zu nutzen, soweit ihm Kommunikationsmittel verbleiben und die Beschränkungen notwendig sind, um eine erhebliche Gefahr für die innere Sicherheit oder für Leib und Leben Dritter abzuwehren. [2]Um die wiederholte Begehung erheblicher Straftaten, die zu einer Ausweisung nach § 54 Absatz 1 Nummer 1 geführt haben, zu unterbinden, können Beschränkungen nach Satz 1 angeordnet werden, soweit diese notwendig sind, um eine erhebliche Gefahr für die innere Sicherheit oder für Leib und Leben Dritter abzuwenden.

(5) [1]Die Verpflichtungen nach den Absätzen 1 bis 4 ruhen, wenn sich der Ausländer in Haft befindet. [2]Eine Anordnung nach den Absätzen 1 bis 4 ist sofort vollziehbar.

§ 56a[1]) Elektronische Aufenthaltsüberwachung; Verordnungsermächtigung. (1) Um eine erhebliche Gefahr für die innere Sicherheit oder für Leib und Leben Dritter abzuwehren, kann ein Ausländer, der einer räumlichen Beschränkung des Aufenthaltes nach § 56 Absatz 2 und 3 oder einem Kontaktverbot nach § 56 Absatz 4 unterliegt, auf richterliche Anordnung verpflichtet werden,

1. die für eine elektronische Überwachung seines Aufenthaltsortes erforderlichen technischen Mittel ständig in betriebsbereitem Zustand am Körper bei sich zu führen und
2. deren Funktionsfähigkeit nicht zu beeinträchtigen.

(2) [1]Die Anordnung ergeht für längstens drei Monate. [2]Sie kann um jeweils höchstens drei Monate verlängert werden, wenn die Voraussetzungen weiterhin vorliegen. [3]Liegen die Voraussetzungen der Anordnung nicht mehr vor, ist die Maßnahme unverzüglich zu beenden.

(3) [1]Die Ausländerbehörde erhebt und speichert mit Hilfe der vom Ausländer mitgeführten technischen Mittel automatisiert Daten über

1. dessen Aufenthaltsort sowie
2. über etwaige Beeinträchtigungen der Datenerhebung.

[2]Soweit es technisch möglich ist, ist sicherzustellen, dass innerhalb der Wohnung des Ausländers keine über den Umstand seiner Anwesenheit hinausgehenden Aufenthaltsdaten erhoben werden. [3]Die Landesregierungen können durch Rechtsverordnung bestimmen, dass eine andere Stelle als die Ausländerbehörde die in Satz 1 genannten Daten erhebt und speichert. [4]Die Ermächtigung nach Satz 3 kann durch Rechtsverordnung von den Landesregierungen auf die für den Vollzug dieses Gesetzes zuständigen obersten Landesbehörden übertragen werden.

(4) Die Daten dürfen ohne Einwilligung der betroffenen Person nur verarbeitet werden, soweit dies erforderlich ist

1. zur Feststellung von Verstößen gegen eine räumliche Beschränkung des Aufenthaltes nach § 56 Absatz 2 und 3 oder ein Kontaktverbot nach § 56 Absatz 4,

---

[1]) § 56a eingef. mWv 29.7.2017 durch G v. 20.7.2017 (BGBl. I S. 2780); Abs. 4 einl. Satzteil, Abs. 5 Sätze 1, 2, 5, Abs. 6 Nr. 2–5 geänd. mWv 26.11.2019 durch G v. 20.11.2019 (BGBl. I S. 1626).

2. zur Verfolgung einer Ordnungswidrigkeit nach § 98 Absatz 3 Nummer 5a oder einer Straftat nach § 95 Absatz 1 Nummer 6a,
3. zur Feststellung eines Verstoßes gegen eine vollstreckbare gerichtliche Anordnung nach Absatz 1 und zur Verfolgung einer Straftat nach § 95 Absatz 2 Nummer 1a,
4. zur Abwehr einer erheblichen gegenwärtigen Gefahr für Leib, Leben oder Freiheit einer dritten Person,
5. zur Verfolgung von erheblichen Straftaten gegen Leib und Leben einer dritten Person oder von Straftaten nach § 89a oder § 129a des Strafgesetzbuches[1)] oder
6. zur Aufrechterhaltung der Funktionsfähigkeit der technischen Mittel.

(5) [1] Zur Einhaltung der Zweckbindung nach Absatz 4 hat die Verarbeitung der Daten automatisiert zu erfolgen und sind die Daten gegen unbefugte Kenntnisnahme besonders zu sichern unbeschadet der Artikel 24, 25 und 32 der Verordnung (EU) 2016/679[2)] des Europäischen Parlaments und des Rates vom 27. April 2016 zum Schutz natürlicher Personen bei der Verarbeitung personenbezogener Daten, zum freien Datenverkehr und zur Aufhebung der Richtlinie 95/46/EG (Datenschutz-Grundverordnung) (ABl. L 119 vom 4.5.2016, S. 1; L 314 vom 22.11.2016, S. 72; L 127 vom 23.5.2018, S. 2) in der jeweils geltenden Fassung. [2] Die in Absatz 3 Satz 1 genannten Daten sind spätestens zwei Monate nach ihrer Erhebung zu löschen, soweit sie nicht für die in Absatz 4 genannten Zwecke verarbeitet werden. [3] Jeder Abruf der Daten ist zu protokollieren. [4] Die Protokolldaten sind nach zwölf Monaten zu löschen. [5] Werden innerhalb der Wohnung der betroffenen Person über den Umstand ihrer Anwesenheit hinausgehende Aufenthaltsdaten erhoben, dürfen diese nicht verarbeitet werden und sind unverzüglich nach Kenntnisnahme zu löschen. [6] Die Tatsache ihrer Kenntnisnahme und Löschung ist zu dokumentieren. [7] Die Dokumentation darf ausschließlich für Zwecke der Datenschutzkontrolle verwendet werden. [8] Sie ist nach Abschluss der Datenschutzkontrolle zu löschen.

(6) Zur Durchführung der Maßnahme nach Absatz 1 hat die zuständige Stelle im Sinne des Absatzes 3:
1. eingehende Systemmeldungen über Verstöße nach Absatz 4 Nummer 1 entgegenzunehmen und zu bewerten,
2. Daten des Aufenthaltsortes der betroffenen Person an die zuständigen Behörden *übermitteln*[3)], sofern dies zur Durchsetzung von Maßnahmen nach Absatz 4 Nummer 1 erforderlich ist,
3. Daten des Aufenthaltsortes der betroffenen Person an die zuständige Bußgeldbehörde zur Verfolgung einer Ordnungswidrigkeit nach § 98 Absatz 3 Nummer 5a oder an die zuständige Strafverfolgungsbehörde zur Verfolgung einer Straftat nach § 95 Absatz 1 Nummer 6a oder Absatz 2 Nummer 1a *übermitteln*[3)],
4. Daten des Aufenthaltsortes der betroffenen Person an zuständige Polizeibehörden *übermitteln*[3)], sofern dies zur Abwehr einer erheblichen gegenwärtigen Gefahr im Sinne von Absatz 4 Nummer 4 erforderlich ist,
5. Daten des Aufenthaltsortes der betroffenen Person an die zuständigen Polizei- und Strafverfolgungsbehörden *übermitteln*[3)], wenn dies zur Verhütung oder zur Verfolgung einer in Absatz 4 Nummer 5 genannten Straftat erforderlich ist,

---

[1)] **Habersack Nr. 85.**
[2)] Nr. **246.**
[3)] Richtig wohl: „zu übermitteln".

6. die Ursache einer Meldung zu ermitteln; hierzu kann die zuständige Stelle Kontakt mit der betroffenen Person aufnehmen, sie befragen, sie auf den Verstoß hinweisen und ihr mitteilen, wie sie dessen Beendigung bewirken kann,
7. eine Überprüfung der bei der betroffenen Person vorhandenen technischen Geräte auf ihre Funktionsfähigkeit oder Manipulation und die zu der Behebung einer Funktionsbeeinträchtigung erforderlichen Maßnahmen, insbesondere des Austausches der technischen Mittel oder von Teilen davon, einzuleiten,
8. Anfragen der betroffenen Person zum Umgang mit den technischen Mitteln zu beantworten.

(7) Im Antrag auf Anordnung einer Maßnahme nach Absatz 1 sind anzugeben
1. die Person, gegen die sich die Maßnahme richtet, mit Name und Anschrift,
2. Art, Umfang und Dauer der Maßnahme,
3. die Angabe, ob gegenüber der Person, gegen die sich die Maßnahme richtet, eine räumliche Beschränkung nach § 56 Absatz 2 und 3 oder ein Kontaktverbot nach § 56 Absatz 4 besteht,
4. der Sachverhalt sowie
5. eine Begründung.

(8) [1] Die Anordnung ergeht schriftlich. [2] In ihr sind anzugeben
1. die Person, gegen die sich die Maßnahme richtet, mit Name und Anschrift,
2. Art, Umfang und Dauer der Maßnahme sowie
3. die wesentlichen Gründe.

(9) [1] Für richterliche Anordnungen nach Absatz 1 ist das Amtsgericht zuständig, in dessen Bezirk die zuständige Stelle im Sinne des Absatzes 3 ihren Sitz hat. [2] Für das Verfahren gelten die Vorschriften des Gesetzes über das Verfahren in Familiensachen und in den Angelegenheiten der freiwilligen Gerichtsbarkeit[1)] entsprechend.

(10) § 56 Absatz 5 Satz 1 findet entsprechend Anwendung.

Abschnitt 2. Durchsetzung der Ausreisepflicht

§ 57[2)] Zurückschiebung. (1) Ein Ausländer, der in Verbindung mit der unerlaubten Einreise über eine Grenze im Sinne des Artikels 2 Nummer 2 der Verordnung (EU) 2016/399 (Außengrenze) aufgegriffen wird, soll zurückgeschoben werden.

(2) Ein vollziehbar ausreisepflichtiger Ausländer, der durch einen anderen Mitgliedstaat der Europäischen Union, Norwegen oder die Schweiz auf Grund einer am 13. Januar 2009 geltenden zwischenstaatlichen Übernahmevereinbarung wieder aufgenommen wird, soll in diesen Staat zurückgeschoben werden; Gleiches gilt, wenn der Ausländer von der Grenzbehörde im grenznahen Raum in unmittelbarem zeitlichen Zusammenhang mit einer unerlaubten Einreise angetroffen wird und Anhaltspunkte dafür vorliegen, dass ein anderer Staat auf Grund von Rechtsvorschriften der Europäischen Union oder eines völkerrechtlichen Vertrages für die Durchführung des Asylverfahrens zuständig ist und ein Auf- oder Wiederaufnahmeverfahren eingeleitet wird.

(3) § 58 Absatz 1b, § 59 Absatz 8, § 60 Absatz 1 bis 5 und 7 bis 9, die §§ 62 und 62a sind entsprechend anzuwenden.

[1)] **Habersack Nr. 112.**

[2)] § 57 Abs. 1, 2 neu gef., Abs. 3 geänd. mWv 26.11.2011 durch G v. 22.11.2011 (BGBl. I S. 2258); Abs. 3 geänd. mWv 6.9.2013 durch G v. 29.8.2013 (BGBl. I S. 3484); Abs. 1 geänd. mWv 21.8.2019 durch G v. 15.8.2019 (BGBl. I S. 1294); Änd. von Abs. 1 mWv 1.3.2020 durch G v. 15.8.2019 (BGBl. I S. 1307) aufgrund der vorhergehenden Änd. nicht ausführbar.

§ 58[1] Abschiebung. (1) [1] Der Ausländer ist abzuschieben, wenn die Ausreisepflicht vollziehbar ist, eine Ausreisefrist nicht gewährt wurde oder diese abgelaufen ist, und die freiwillige Erfüllung der Ausreisepflicht nicht gesichert ist oder aus Gründen der öffentlichen Sicherheit und Ordnung eine Überwachung der Ausreise erforderlich erscheint. [2] Bei Eintritt einer der in § 59 Absatz 1 Satz 2 genannten Voraussetzungen innerhalb der Ausreisefrist soll der Ausländer vor deren Ablauf abgeschoben werden.

(1a) Vor der Abschiebung eines unbegleiteten minderjährigen Ausländers hat sich die Behörde zu vergewissern, dass dieser im Rückkehrstaat einem Mitglied seiner Familie, einer zur Personensorge berechtigten Person oder einer geeigneten Aufnahmeeinrichtung übergeben wird.

(1b) [1] Ein Ausländer, der eine Erlaubnis zum Daueraufenthalt – EU besitzt oder eine entsprechende Rechtsstellung in einem anderen Mitgliedstaat der Europäischen Union innehat und in einem anderen Mitgliedstaat der Europäischen Union international Schutzberechtigter ist, darf außer in den Fällen des § 60 Absatz 8 Satz 1 nur in den schutzgewährenden Mitgliedstaat abgeschoben werden. [2] Gleiches gilt, wenn ein Ausländer zuletzt Inhaber einer Blauen Karte EU war und in einem anderen Mitgliedstaat der Europäischen Union international Schutzberechtigter ist. [3] § 60 Absatz 2, 3, 5 und 7 bleibt unberührt.

(2) [1] Die Ausreisepflicht ist vollziehbar, wenn der Ausländer

1. unerlaubt eingereist ist,
2. noch nicht die erstmalige Erteilung des erforderlichen Aufenthaltstitels oder noch nicht die Verlängerung beantragt hat oder trotz erfolgter Antragstellung der Aufenthalt nicht nach § 81 Abs. 3 als erlaubt oder der Aufenthaltstitel nach § 81 Abs. 4 nicht als fortbestehend gilt oder
3. auf Grund einer Rückführungsentscheidung eines anderen Mitgliedstaates der Europäischen Union gemäß Artikel 3 der Richtlinie 2001/40/EG des Rates vom 28. Mai 2001 über die gegenseitige Anerkennung von Entscheidungen über die Rückführung von Drittstaatsangehörigen (ABl. EG Nr. L 149 S. 34) ausreisepflichtig wird, sofern diese von der zuständigen Behörde anerkannt wird.

[2] Im Übrigen ist die Ausreisepflicht erst vollziehbar, wenn die Versagung des Aufenthaltstitels oder der sonstige Verwaltungsakt, durch den der Ausländer nach § 50 Abs. 1 ausreisepflichtig wird, vollziehbar ist.

(3) Die Überwachung der Ausreise ist insbesondere erforderlich, wenn der Ausländer

1. sich auf richterliche Anordnung in Haft oder in sonstigem öffentlichen Gewahrsam befindet,
2. innerhalb der ihm gesetzten Ausreisefrist nicht ausgereist ist,
3. auf Grund eines besonders schwerwiegenden Ausweisungsinteresses nach § 54 Absatz 1 in Verbindung mit § 53 ausgewiesen worden ist,
4. mittellos ist,
5. keinen Pass oder Passersatz besitzt,

[1] § 58 Abs. 1 Satz 1 geänd., Satz 2 angef., Abs. 1a eingef., Abs. 2 Satz 1 Nr. 2, 3 geänd. und abschl. Satzteil aufgeh. mWv 26.11.2011 durch G v. 22.11.2011 (BGBl. I S. 2258); Abs. 1b eingef. mWv 6.9.2013 durch G v. 29.8.2013 (BGBl. I S. 3484); Abs. 3 Nr. 3 geänd. mWv 1.8.2015 durch G v. 27.7.2015 (BGBl. I S. 1386); *Abs. 4–10* angef. mWv 21.8.2019 durch G v. 15.8.2019 (BGBl. I S. 1294); Abs. 1b Satz 2 eingef., bish. Satz 2 wird Satz 3 mWv 18.11.2023 durch G v. 16.8.2023 (BGBl. 2023 I Nr. 217); Abs. 5 Satz 2 eingef., bish. Satz 2 wird Satz 3, Abs. 6 Satz 3, Abs. 7 Satz 2 geänd., Abs. 10 Satz 2 angef. mWv 27.2.2024, Abs. 9a eingef. mWv 1.8.2024 durch G v. 21.2.2024 (BGBl. 2024 I Nr. 54).

6. gegenüber der Ausländerbehörde zum Zweck der Täuschung unrichtige Angaben gemacht oder die Angaben verweigert hat oder
7. zu erkennen gegeben hat, dass er seiner Ausreisepflicht nicht nachkommen wird.

(4) [1] Die die Abschiebung durchführende Behörde ist befugt, zum Zweck der Abschiebung den Ausländer zum Flughafen oder Grenzübergang zu verbringen und ihn zu diesem Zweck kurzzeitig festzuhalten. [2] Das Festhalten ist auf das zur Durchführung der Abschiebung unvermeidliche Maß zu beschränken.

(5) [1] Soweit der Zweck der Durchführung der Abschiebung es erfordert, kann die die Abschiebung durchführende Behörde die Wohnung des abzuschiebenden Ausländers zu dem Zweck seiner Ergreifung betreten, wenn Tatsachen vorliegen, aus denen zu schließen ist, dass sich der Ausländer dort befindet. [2] In Formen gemeinschaftlicher Unterbringung gilt Satz 1 auch für die Wohnung anderer Personen sowie für gemeinschaftlich genutzte Räumlichkeiten. [3] Die Wohnung umfasst die Wohn- und Nebenräume, Arbeits-, Betriebs- und Geschäftsräume sowie anderes befriedetes Besitztum.

(6) [1] Soweit der Zweck der Durchführung der Abschiebung es erfordert, kann die die Abschiebung durchführende Behörde eine Durchsuchung der Wohnung des abzuschiebenden Ausländers zu dem Zweck seiner Ergreifung vornehmen. [2] Bei anderen Personen sind Durchsuchungen nur zur Ergreifung des abzuschiebenden Ausländers zulässig, wenn Tatsachen vorliegen, aus denen zu schließen ist, dass der Ausländer sich in den zu durchsuchenden Räumen befindet. [3] Absatz 5 Satz 3 gilt entsprechend.

(7) [1] Zur Nachtzeit darf die Wohnung nur betreten oder durchsucht werden, wenn Tatsachen vorliegen, aus denen zu schließen ist, dass die Ergreifung des Ausländers zum Zweck seiner Abschiebung andernfalls vereitelt wird. [2] Die Organisation der Abschiebung ist keine Tatsache im Sinne von Satz 1, es sei denn, es handelt sich um Bedingungen, die durch die die Abschiebung durchführende Behörde nicht beeinflusst werden können.

(8) [1] Durchsuchungen nach Absatz 6 dürfen nur durch den Richter, bei Gefahr im Verzug auch durch die die Abschiebung durchführende Behörde angeordnet werden. [2] Die Annahme von Gefahr im Verzug kann nach Betreten der Wohnung nach Absatz 5 nicht darauf gestützt werden, dass der Ausländer nicht angetroffen wurde.

(9) [1] Der Inhaber der zu durchsuchenden Räume darf der Durchsuchung beiwohnen. [2] Ist er abwesend, so ist, wenn möglich, sein Vertreter oder ein erwachsener Angehöriger, Hausgenosse oder Nachbar hinzuzuziehen. [3] Dem Inhaber oder der in dessen Abwesenheit hinzugezogenen Person ist in den Fällen des Absatzes 6 Satz 2 der Zweck der Durchsuchung vor deren Beginn bekannt zu machen. [4] Über die Durchsuchung ist eine Niederschrift zu fertigen. [5] Sie muss die verantwortliche Dienststelle, Grund, Zeit und Ort der Durchsuchung und, falls keine gerichtliche Anordnung ergangen ist, auch Tatsachen, welche die Annahme einer Gefahr im Verzug begründet haben, enthalten. [6] Dem Wohnungsinhaber oder seinem Vertreter ist auf Verlangen eine Abschrift der Niederschrift auszuhändigen. [7] Ist die Anfertigung der Niederschrift oder die Aushändigung einer Abschrift nach den besonderen Umständen des Falles nicht möglich oder würde sie den Zweck der Durchsuchung gefährden, so sind dem Wohnungsinhaber oder der hinzugezogenen Person lediglich die Durchsuchung unter Angabe der verantwortlichen Dienststelle sowie Zeit und Ort der Durchsuchung schriftlich zu bestätigen.

(9a) [1] Für richterliche Anordnungen nach Absatz 8 ist die ordentliche Gerichtsbarkeit zuständig. [2] Für das Verfahren gelten die Vorschriften des Gesetzes über das Verfahren in Familiensachen und in den Angelegenheiten der freiwilligen Gerichtsbarkeit entsprechend. [3] Die Länder können abweichend von den Sätzen 1 und 2 auch die Zuständigkeit der Verwaltungsgerichtsbarkeit festlegen.

(10) [1] Weitergehende Regelungen der Länder, die den Regelungsgehalt der Absätze 5 bis 9 betreffen, bleiben unberührt. [2] Dies gilt entsprechend für Regelungen des Bundes und der Länder, die den Regelungsgehalt des Absatzes 4 betreffen.

§ 58a[1)] Abschiebungsanordnung. (1) [1] Die oberste Landesbehörde kann gegen einen Ausländer auf Grund einer auf Tatsachen gestützten Prognose zur Abwehr einer besonderen Gefahr für die Sicherheit der Bundesrepublik Deutschland oder einer terroristischen Gefahr ohne vorhergehende Ausweisung eine Abschiebungsanordnung erlassen. [2] Die Abschiebungsanordnung ist sofort vollziehbar; einer Abschiebungsandrohung bedarf es nicht.

(2) [1] Das Bundesministerium des Innern, für Bau und Heimat kann die Übernahme der Zuständigkeit erklären, wenn ein besonderes Interesse des Bundes besteht. [2] Die oberste Landesbehörde ist hierüber zu unterrichten. [3] Abschiebungsanordnungen des Bundes werden von der Bundespolizei vollzogen.

(3) [1] Eine Abschiebungsanordnung darf nicht vollzogen werden, wenn die Voraussetzungen für ein Abschiebungsverbot nach § 60 Absatz 1 bis 8b gegeben sind. [2] § 59 Abs. 2 und 3 ist entsprechend anzuwenden. [3] Die Prüfung obliegt der über die Abschiebungsanordnung entscheidenden Behörde, die nicht an hierzu getroffene Feststellungen aus anderen Verfahren gebunden ist.

(4) [1] Dem Ausländer ist nach Bekanntgabe der Abschiebungsanordnung unverzüglich Gelegenheit zu geben, mit einem Rechtsbeistand seiner Wahl Verbindung aufzunehmen, es sei denn, er hat sich zuvor anwaltlichen Beistands versichert; er ist hierauf, auf die Rechtsfolgen der Abschiebungsanordnung und die gegebenen Rechtsbehelfe hinzuweisen. [2] Ein Antrag auf Gewährung vorläufigen Rechtsschutzes nach der Verwaltungsgerichtsordnung[2)] ist innerhalb von sieben Tagen nach Bekanntgabe der Abschiebungsanordnung zu stellen. [3] Die Abschiebung darf bis zum Ablauf der Frist nach Satz 2 und im Falle der rechtzeitigen Antragstellung bis zur Entscheidung des Gerichts über den Antrag auf vorläufigen Rechtsschutz nicht vollzogen werden.

§ 59[3)] Androhung der Abschiebung. (1) [1] Die Abschiebung ist unter Bestimmung einer angemessenen Frist zwischen sieben und 30 Tagen für die freiwillige Ausreise anzudrohen, wenn keine Abschiebungsverbote vorliegen und der Abschiebung weder das Kindeswohl noch familiäre Bindungen noch der Gesundheitszustand des Ausländers entgegenstehen. [2] Ausnahmsweise kann eine kürzere Frist gesetzt oder von einer Fristsetzung abgesehen werden, wenn dies im Einzel-

---

[1)] § 58a Abs. 2 Satz 1 geänd. mWv 27.6.2020 durch VO v. 19.6.2020 (BGBl. I S. 1328); Abs. 3 Satz 1 geänd. mWv 31.10.2024 durch G v. 25.10.2024 (BGBl. 2024 I Nr. 332).

[2)] Nr. **600**.

[3)] § 59 Abs. 1 neu gef., Abs. 6–8 angef. mWv 26.11.2011 durch G v. 22.11.2011 (BGBl. I S. 2258); Abs. 1 Satz 6 neu gef., Satz 7 angef., Abs. 3 Satz 1 geänd. mWv 1.8.2015 durch G v. 27.7.2015 (BGBl. I S. 1386); Abs. 1 Satz 8 angef. mWv 24.10.2015 durch G v. 20.10.2015 (BGBl. I S. 1722); Abs. 2 Satz 2 angef. mWv 21.8.2019 durch G v. 15.8.2019 (BGBl. I S. 1294); Abs. 8 geänd. mWv 1.3.2020 durch G v. 15.8.2019 (BGBl. I S. 1307); Abs. 2 Satz 2 geänd. mWv 23.12.2023 durch G v. 20.12.2023 (BGBl. 2023 I Nr. 390); Abs. 1 Satz 1 geänd., Abs. 3 Satz 1 neu gef., Abs. 5 Satz 2 aufgeh. mWv 27.2.2024 durch G v. 21.2.2024 (BGBl. 2024 I Nr. 54).

fall zur Wahrung überwiegender öffentlicher Belange zwingend erforderlich ist, insbesondere wenn

1. der begründete Verdacht besteht, dass der Ausländer sich der Abschiebung entziehen will, oder
2. von dem Ausländer eine erhebliche Gefahr für die öffentliche Sicherheit oder Ordnung ausgeht.

³Unter den in Satz 2 genannten Voraussetzungen kann darüber hinaus auch von einer Abschiebungsandrohung abgesehen werden, wenn

1. der Aufenthaltstitel nach § 51 Absatz 1 Nummer 3 bis 5 erloschen ist oder
2. der Ausländer bereits unter Wahrung der Erfordernisse des § 77 auf das Bestehen seiner Ausreisepflicht hingewiesen worden ist.

⁴Die Ausreisefrist kann unter Berücksichtigung der besonderen Umstände des Einzelfalls angemessen verlängert oder für einen längeren Zeitraum festgesetzt werden. ⁵§ 60a Absatz 2 bleibt unberührt. ⁶Wenn die Vollziehbarkeit der Ausreisepflicht oder der Abschiebungsandrohung entfällt, wird die Ausreisefrist unterbrochen und beginnt nach Wiedereintritt der Vollziehbarkeit erneut zu laufen. ⁷Einer erneuten Fristsetzung bedarf es nicht. ⁸Nach Ablauf der Frist zur freiwilligen Ausreise darf der Termin der Abschiebung dem Ausländer nicht angekündigt werden.

(2) ¹In der Androhung soll der Staat bezeichnet werden, in den der Ausländer abgeschoben werden soll, und der Ausländer darauf hingewiesen werden, dass er auch in einen anderen Staat abgeschoben werden kann, in den er einreisen darf oder der zu seiner Übernahme verpflichtet ist. ²Gebietskörperschaften im Sinne der Anhänge I und II der Verordnung (EU) 2018/1806,[1)] sind Staaten gleichgestellt.

(3) ¹Dem Erlass der Androhung stehen Abschiebungsverbote und die in Absatz 1 Satz 1 genannten Gründe für die vorübergehende Aussetzung der Abschiebung nicht entgegen, wenn der Ausländer auf Grund oder infolge einer strafrechtlichen Verurteilung ausreisepflichtig ist oder gegen ihn ein Auslieferungsverfahren anhängig ist. ²In der Androhung ist der Staat zu bezeichnen, in den der Ausländer nicht abgeschoben werden darf. ³Stellt das Verwaltungsgericht das Vorliegen eines Abschiebungsverbots fest, so bleibt die Rechtmäßigkeit der Androhung im Übrigen unberührt.

(4) ¹Nach dem Eintritt der Unanfechtbarkeit der Abschiebungsandrohung bleiben für weitere Entscheidungen der Ausländerbehörde über die Abschiebung oder die Aussetzung der Abschiebung Umstände unberücksichtigt, die einer Abschiebung in den in der Abschiebungsandrohung bezeichneten Staat entgegenstehen und die vor dem Eintritt der Unanfechtbarkeit der Abschiebungsandrohung eingetreten sind; sonstige von dem Ausländer geltend gemachte Umstände, die der Abschiebung oder der Abschiebung in diesen Staat entgegenstehen, können unberücksichtigt bleiben. ²Die Vorschriften, nach denen der Ausländer die im Satz 1 bezeichneten Umstände gerichtlich im Wege der Klage oder im Verfahren des vorläufigen Rechtsschutzes nach der Verwaltungsgerichtsordnung[2)] geltend machen kann, bleiben unberührt.

(5) In den Fällen des § 58 Abs. 3 Nr. 1 bedarf es keiner Fristsetzung; der Ausländer wird aus der Haft oder dem öffentlichen Gewahrsam abgeschoben.

[1)] Zeichensetzung amtlich.
[2)] Nr. **600**.

(6) Über die Fristgewährung nach Absatz 1 wird dem Ausländer eine Bescheinigung ausgestellt.

(7) [1] Liegen der Ausländerbehörde konkrete Anhaltspunkte dafür vor, dass der Ausländer Opfer einer in § 25 Absatz 4a Satz 1 oder in § 25 Absatz 4b Satz 1 genannten Straftat wurde, setzt sie abweichend von Absatz 1 Satz 1 eine Ausreisefrist, die so zu bemessen ist, dass er eine Entscheidung über seine Aussagebereitschaft nach § 25 Absatz 4a Satz 2 Nummer 3 oder nach § 25 Absatz 4b Satz 2 Nummer 2 treffen kann. [2] Die Ausreisefrist beträgt mindestens drei Monate. [3] Die Ausländerbehörde kann von der Festsetzung einer Ausreisefrist nach Satz 1 absehen, diese aufheben oder verkürzen, wenn

1. der Aufenthalt des Ausländers die öffentliche Sicherheit und Ordnung oder sonstige erhebliche Interessen der Bundesrepublik Deutschland beeinträchtigt oder
2. der Ausländer freiwillig nach der Unterrichtung nach Satz 4 wieder Verbindung zu den Personen nach § 25 Absatz 4a Satz 2 Nummer 2 aufgenommen hat.

[4] Die Ausländerbehörde oder eine durch sie beauftragte Stelle unterrichtet den Ausländer über die geltenden Regelungen, Programme und Maßnahmen für Opfer von in § 25 Absatz 4a Satz 1 genannten Straftaten.

(8) Ausländer, die ohne die nach § 4a Absatz 5 erforderliche Berechtigung zur Erwerbstätigkeit beschäftigt waren, sind vor der Abschiebung über die Rechte nach Artikel 6 Absatz 2 und Artikel 13 der Richtlinie 2009/52/EG des Europäischen Parlaments und des Rates vom 18. Juni 2009 über Mindeststandards für Sanktionen und Maßnahmen gegen Arbeitgeber, die Drittstaatsangehörige ohne rechtmäßigen Aufenthalt beschäftigen (ABl. L 168 vom 30.6.2009, S. 24), zu unterrichten.

§ 60[1)] Verbot der Abschiebung. (1) [1] In Anwendung des Abkommens vom 28. Juli 1951 über die Rechtsstellung der Flüchtlinge[2)] (BGBl. 1953 II S. 559) darf ein Ausländer nicht in einen Staat abgeschoben werden, in dem sein Leben oder seine Freiheit wegen seiner Rasse, Religion, Nationalität, seiner Zugehörigkeit zu einer bestimmten sozialen Gruppe oder wegen seiner politischen Überzeugung bedroht ist. [2] Dies gilt auch für Asylberechtigte und Ausländer, denen die Flüchtlingseigenschaft unanfechtbar zuerkannt wurde oder die aus einem anderen Grund im Bundesgebiet die Rechtsstellung ausländischer Flüchtlinge genießen oder die außerhalb des Bundesgebiets als ausländische Flüchtlinge nach dem Abkommen über die Rechtsstellung der Flüchtlinge anerkannt sind. [3] Wenn der Ausländer sich auf das Abschiebungsverbot nach diesem Absatz beruft, stellt das Bundesamt für Migration und Flüchtlinge außer in den Fällen des Satzes 2 in einem Asylverfahren fest, ob die Voraussetzungen des Satzes 1 vorliegen und dem Ausländer die Flücht-

---

[1)] § 60 Abs. 1 Sätze 1 und 2 geänd., Sätze 3–5 aufgeh., bish. Sätze 6 und 7 werden Sätze 3 und 4, Abs. 2 und 3 neu gef., Abs. 7 Satz 2 aufgeh., bish. Satz 3 wird Satz 2 und geänd., Abs. 9 Satz 2 angef., Abs. 11 aufgeh. mWv 1.12.2013 durch G v. 28.8.2013 (BGBl. I S. 3474); Abs. 1 Satz 4, Abs. 2 Satz 1, Abs. 8 Satz 2, Abs. 9 Satz 1 geänd. mWv 24.10.2015 durch G v. 20.10.2015 (BGBl. I S. 1722); Abs. 7 Sätze 2–4 eingef., bish. Satz 2 wird Satz 5 mWv 17.3.2016 durch G v. 11.3.2016 (BGBl. I S. 390); Abs. 8 Satz 3 angef. mWv 17.3.2016 durch G v. 11.3.2016 (BGBl. I S. 394); Abs. 8 Satz 3 neu gef. mWv 10.11.2016 durch G v. 4.11.2016 (BGBl. I S. 2460); Abs. 7 Satz 2 eingef., bish. Sätze 2–5 werden Sätze 3–6 mWv 21.8.2019 durch G v. 15.8.2019 (BGBl. I S. 1294); Abs. 8 neu gef., Abs. 8a und 8b eingef. mWv 31.10. 2024 durch G v. 25.10.2024 (BGBl. 2024 I Nr. 332); Abs. 2 Satz 1 geänd., Abs. 8 neu gef., Abs. 8a Nr. 1 und Abs. 8b Nr. 1 geänd. mWv 12.6.2026 durch G v. 23.4.2026 (BGBl. 2026 I Nr. 111).

[2)] Nr. **568**.

lingseigenschaft zuzuerkennen ist. [4]Die Entscheidung des Bundesamtes kann nur nach den Vorschriften des Asylgesetzes[1)] angefochten werden.

(2) [1]Ein Ausländer darf nicht in einen Staat abgeschoben werden, in dem ihm der in Artikel 15 der Verordnung (EU) 2024/1347 bezeichnete ernsthafte Schaden droht. [2]Absatz 1 Satz 3 und 4 gilt entsprechend.

(3) Darf ein Ausländer nicht in einen Staat abgeschoben werden, weil dieser Staat den Ausländer wegen einer Straftat sucht und die Gefahr der Verhängung oder der Vollstreckung der Todesstrafe besteht, finden die Vorschriften über die Auslieferung entsprechende Anwendung.

(4) Liegt ein förmliches Auslieferungsersuchen oder ein mit der Ankündigung eines Auslieferungsersuchens verbundenes Festnahmeersuchen eines anderen Staates vor, darf der Ausländer bis zur Entscheidung über die Auslieferung nur mit Zustimmung der Behörde, die nach § 74 des Gesetzes über die internationale Rechtshilfe in Strafsachen[2)] für die Bewilligung der Auslieferung zuständig ist, in diesen Staat abgeschoben werden.

(5) Ein Ausländer darf nicht abgeschoben werden, soweit sich aus der Anwendung der Konvention vom 4. November 1950 zum Schutze der Menschenrechte und Grundfreiheiten[3)] (BGBl. 1952 II S. 685) ergibt, dass die Abschiebung unzulässig ist.

(6) Die allgemeine Gefahr, dass einem Ausländer in einem anderen Staat Strafverfolgung und Bestrafung drohen können und, soweit sich aus den Absätzen 2 bis 5 nicht etwas anderes ergibt, die konkrete Gefahr einer nach der Rechtsordnung eines anderen Staates gesetzmäßigen Bestrafung stehen der Abschiebung nicht entgegen.

(7) [1]Von der Abschiebung eines Ausländers in einen anderen Staat soll abgesehen werden, wenn dort für diesen Ausländer eine erhebliche konkrete Gefahr für Leib, Leben oder Freiheit besteht. [2]§ 60a Absatz 2c Satz 2 und 3 gilt entsprechend. [3]Eine erhebliche konkrete Gefahr aus gesundheitlichen Gründen liegt nur vor bei lebensbedrohlichen oder schwerwiegenden Erkrankungen, die sich durch die Abschiebung wesentlich verschlechtern würden. [4]Es ist nicht erforderlich, dass die medizinische Versorgung im Zielstaat mit der Versorgung in der Bundesrepublik Deutschland gleichwertig ist. [5]Eine ausreichende medizinische Versorgung liegt in der Regel auch vor, wenn diese nur in einem Teil des Zielstaats gewährleistet ist. [6]Gefahren nach Satz 1, denen die Bevölkerung oder die Bevölkerungsgruppe, der der Ausländer angehört, allgemein ausgesetzt ist, sind bei Anordnungen nach § 60a Abs. 1 Satz 1 zu berücksichtigen.

(8) Von der Anwendung des Absatzes 1 ist abzusehen, wenn der Ausländer

1. die Voraussetzungen des Artikels 12 Absatz 2 oder Absatz 3 oder des Artikels 14 Absatz 1 Buchstabe d der Verordnung (EU) 2024/1347 erfüllt oder
2. die Voraussetzungen des Artikels 14 Absatz 1 Buchstabe e der Verordnung (EU) 2024/1347 erfüllt, weil er wegen eines Verbrechens oder besonders schweren Vergehens rechtskräftig zu einer Freiheits- oder Jugendstrafe von mindestens drei Jahren verurteilt worden ist.

(8a) Von der Anwendung des Absatzes 1 soll abgesehen werden, wenn der Ausländer eine Gefahr für die Allgemeinheit bedeutet, weil er wegen einer oder

[1)] Nr. **567**.
[2)] **Habersack ErgBd. Nr. 90h.**
[3)] Nr. **1003**.

mehrerer vorsätzlicher Straftaten rechtskräftig zu einer Freiheits- oder Jugendstrafe von mindestens zwei Jahren verurteilt worden ist, sofern

1. die Straftat eine Straftat gegen die sexuelle Selbstbestimmung nach den §§ 176, 176a, 176c, 176d, 177, 178 oder § 184b des Strafgesetzbuches[1], § 96 oder § 97 dieses Gesetzes ist,
2. die Straftat mit Gewalt, unter Anwendung von Drohung mit Gefahr für Leib oder Leben oder mit List begangen worden ist oder
3. im Rahmen des Urteils ein antisemitischer, rassistischer, fremdenfeindlicher, geschlechtsspezifischer, gegen die sexuelle Orientierung gerichteter oder sonstiger menschenverachtender Beweggrund im Sinne von § 46 Absatz 2 Satz 2 des Strafgesetzbuches ausdrücklich festgestellt wurde.

(8b) Von der Anwendung des Absatzes 1 kann abgesehen werden, wenn der Ausländer eine Gefahr für die Allgemeinheit bedeutet, weil er wegen einer oder mehrerer vorsätzlicher Straftaten rechtskräftig zu einer Freiheits- oder Jugendstrafe von mindestens einem Jahr verurteilt worden ist, sofern

1. die Straftat eine Straftat gegen die sexuelle Selbstbestimmung nach den §§ 176, 176a, 176c, 176d, 177, 178 oder § 184b des Strafgesetzbuches, § 96 oder § 97 dieses Gesetzes ist,
2. die Straftat mit Gewalt, unter Anwendung von Drohung mit Gefahr für Leib oder Leben oder mit List begangen worden ist oder
3. im Rahmen des Urteils ein antisemitischer, rassistischer, fremdenfeindlicher, geschlechtsspezifischer, gegen die sexuelle Orientierung gerichteter oder sonstiger menschenverachtender Beweggrund im Sinne von § 46 Absatz 2 Satz 2 des Strafgesetzbuches ausdrücklich festgestellt wurde.

(9) [1] In den Fällen des Absatzes 8 kann einem Ausländer, der einen Asylantrag gestellt hat, abweichend von den Vorschriften des Asylgesetzes die Abschiebung angedroht und diese durchgeführt werden. [2] Die Absätze 2 bis 7 bleiben unberührt.

(10) [1] Soll ein Ausländer abgeschoben werden, bei dem die Voraussetzungen des Absatzes 1 vorliegen, kann nicht davon abgesehen werden, die Abschiebung anzudrohen und eine angemessene Ausreisefrist zu setzen. [2] In der Androhung sind die Staaten zu bezeichnen, in die der Ausländer nicht abgeschoben werden darf.

§ 60a[2] Vorübergehende Aussetzung der Abschiebung (Duldung)

(1) [1] Die oberste Landesbehörde kann aus völkerrechtlichen oder humanitären Gründen oder zur Wahrung politischer Interessen der Bundesrepublik Deutschland anordnen, dass die Abschiebung von Ausländern aus bestimmten Staaten oder

---

[1] **Habersack Nr. 85.**

[2] § 60a Abs. 2b eingef. mWv 1.7.2011 durch G v. 23.6.2011 (BGBl. I S. 1266); Abs. 2 Sätze 4–6 angef. mWv 1.8.2015 durch G v. 27.7.2015 (BGBl. I S. 1386); Abs. 1 Satz 1, Abs. 2 Sätze 4 und 6 geänd., Abs. 6 angef. mWv 24.10.2015 durch G v. 20.10.2015 (BGBl. I S. 1722); Abs. 2c und 2d eingef. mWv 17.3.2016 durch G v. 11.3.2016 (BGBl. I S. 390); Abs. 2 Sätze 4–6 neu gef., Sätze 7–12 angef. mWv 6.8.2016 durch G v. 31.7.2016 (BGBl. I S. 1939); Abs. 2 Satz 13, Abs. 5 Satz 5 angef. mWv 29.7.2017 durch G v. 20.7.2017 (BGBl. I S. 2780); Abs. 2 Sätze 4–12 aufgeh., bish. Satz 13 wird Satz 4, Abs. 6 Satz 1 Nr 3 geänd., Satz 3 angef. mWv 1.1.2020 durch G v. 8.7.2019 (BGBl. I S. 1021); Abs. 2c Satz 3 geänd., Satz 4 angef. mWv 21.8.2019 durch G v. 15.8.2019 (BGBl. I S. 1294); Abs. 6 Satz 4 angef. mWv 31.12.2022 durch G v. *21.12.2022* (BGBl. I S. 2847); Abs. 5 Sätze 4, 5 aufgeh., Abs. 5a, 5b eingef., Abs. 6 Satz 1 einl. Satzteil geänd. mWv 27.2.2024 durch G v. 21.2.2024 (BGBl. 2024 I Nr. 54); Abs. 6 Satz 1 Nr. 3 geänd. mWv 24.12.2025 durch G v. 22.12.2025 (BGBl. 2025 I Nr. 364); Abs. 5b Satz 2 Nr. 5, Abs. 6 Satz 1 Nr. 3 geänd. mWv 12.6.2026 durch G v. 23.4.2026 (BGBl. 2026 I Nr. 111).

von in sonstiger Weise bestimmten Ausländergruppen allgemein oder in bestimmte Staaten für längstens drei Monate ausgesetzt wird. [2]Für einen Zeitraum von länger als sechs Monaten gilt § 23 Abs. 1.

(2) [1]Die Abschiebung eines Ausländers ist auszusetzen, solange die Abschiebung aus tatsächlichen oder rechtlichen Gründen unmöglich ist und keine Aufenthaltserlaubnis erteilt wird. [2]Die Abschiebung eines Ausländers ist auch auszusetzen, wenn seine vorübergehende Anwesenheit im Bundesgebiet für ein Strafverfahren wegen eines Verbrechens von der Staatsanwaltschaft oder dem Strafgericht für sachgerecht erachtet wird, weil ohne seine Angaben die Erforschung des Sachverhalts erschwert wäre. [3]Einem Ausländer kann eine Duldung erteilt werden, wenn dringende humanitäre oder persönliche Gründe oder erhebliche öffentliche Interessen seine vorübergehende weitere Anwesenheit im Bundesgebiet erfordern. [4]Soweit die Beurkundung der Anerkennung einer Vaterschaft oder der Zustimmung der Mutter für die Durchführung eines Verfahrens nach § 85a ausgesetzt wird, wird die Abschiebung des ausländischen Anerkennenden, der ausländischen Mutter oder des ausländischen Kindes ausgesetzt, solange das Verfahren nach § 85a nicht durch vollziehbare Entscheidung abgeschlossen ist.

(2a) [1]Die Abschiebung eines Ausländers wird für eine Woche ausgesetzt, wenn seine Zurückschiebung oder Abschiebung gescheitert ist, Abschiebungshaft nicht angeordnet wird und die Bundesrepublik Deutschland auf Grund einer Rechtsvorschrift, insbesondere des Artikels 6 Abs. 1 der Richtlinie 2003/110/EG des Rates vom 25. November 2003 über die Unterstützung bei der Durchbeförderung im Rahmen von Rückführungsmaßnahmen auf dem Luftweg (ABl. EU Nr. L 321 S. 26), zu seiner Rückübernahme verpflichtet ist. [2]Die Aussetzung darf nicht nach Satz 1 verlängert werden. [3]Die Einreise des Ausländers ist zuzulassen.

(2b) Solange ein Ausländer, der eine Aufenthaltserlaubnis nach § 25a Absatz 1 besitzt, minderjährig ist, soll die Abschiebung seiner Eltern oder eines allein personensorgeberechtigten Elternteils sowie der minderjährigen Kinder, die mit den Eltern oder dem allein personensorgeberechtigten Elternteil in familiärer Lebensgemeinschaft leben, ausgesetzt werden.

(2c) [1]Es wird vermutet, dass der Abschiebung gesundheitliche Gründe nicht entgegenstehen. [2]Der Ausländer muss eine Erkrankung, die die Abschiebung beeinträchtigen kann, durch eine qualifizierte ärztliche Bescheinigung glaubhaft machen. [3]Diese ärztliche Bescheinigung soll insbesondere die tatsächlichen Umstände, auf deren Grundlage eine fachliche Beurteilung erfolgt ist, die Methode der Tatsachenerhebung, die fachlich-medizinische Beurteilung des Krankheitsbildes (Diagnose), den Schweregrad der Erkrankung, den lateinischen Namen oder die Klassifizierung der Erkrankung nach ICD 10 sowie die Folgen, die sich nach ärztlicher Beurteilung aus der krankheitsbedingten Situation voraussichtlich ergeben, enthalten. [4]Zur Behandlung der Erkrankung erforderliche Medikamente müssen mit der Angabe ihrer Wirkstoffe und diese mit ihrer international gebräuchlichen Bezeichnung aufgeführt sein.

(2d) [1]Der Ausländer ist verpflichtet, der zuständigen Behörde die ärztliche Bescheinigung nach Absatz 2c unverzüglich vorzulegen. [2]Verletzt der Ausländer die Pflicht zur unverzüglichen Vorlage einer solchen ärztlichen Bescheinigung, darf die zuständige Behörde das Vorbringen des Ausländers zu seiner Erkrankung nicht berücksichtigen, es sei denn, der Ausländer war unverschuldet an der Einholung einer solchen Bescheinigung gehindert oder es liegen anderweitig tatsächliche Anhaltspunkte für das Vorliegen einer lebensbedrohlichen oder schwerwiegenden Erkrankung, die sich durch die Abschiebung wesentlich verschlechtern würde, vor. [3]Legt der Ausländer eine Bescheinigung vor und ordnet die Behörde daraufhin eine ärztliche Untersuchung an, ist die Behörde berechtigt, die vorgetragene Erkrankung nicht zu berücksichtigen, wenn der Ausländer der Anordnung ohne zureichenden Grund nicht Folge leistet. [4]Der Ausländer ist auf die Verpflichtungen und auf die Rechtsfolgen einer Verletzung dieser Verpflichtungen nach diesem Absatz hinzuweisen.

(3) Die Ausreisepflicht eines Ausländers, dessen Abschiebung ausgesetzt ist, bleibt unberührt.

(4) Über die Aussetzung der Abschiebung ist dem Ausländer eine Bescheinigung auszustellen.

(5) [1]Die Aussetzung der Abschiebung erlischt mit der Ausreise des Ausländers. [2]Sie wird widerrufen, wenn die der Abschiebung entgegenstehenden Gründe entfallen. [3]Der Ausländer wird unverzüglich nach dem Erlöschen ohne erneute Androhung und Fristsetzung abgeschoben, es sei denn, die Aussetzung wird erneuert.

(5a) [1]Ist die Abschiebung eines Ausländers mit Kindern im Alter von unter zwölf Jahren länger als ein Jahr ausgesetzt, so ist die nach dem Widerruf im Sinne des Absatzes 5 Satz 2 vorgesehene Abschiebung mindestens einen Monat im Voraus anzukündigen; die Ankündigung ist zu wiederholen, wenn die Aussetzung für mehr als ein Jahr erneuert wurde. [2]Satz 1 findet keine Anwendung, wenn der Ausländer die der Abschiebung entgegenstehenden Gründe durch vorsätzlich falsche Angaben oder durch eigene Täuschung über seine Identität oder Staatsangehörigkeit selbst herbeiführt oder zumutbare Anforderungen an die Mitwirkung bei der Beseitigung von Ausreisehindernissen nicht erfüllt.

(5b) [1]Einem Ausländer, der eine Duldung besitzt, soll die Ausübung einer Erwerbstätigkeit erlaubt werden, wenn die Bundesagentur für Arbeit zugestimmt hat oder durch Rechtsverordnung bestimmt ist, dass die Ausübung der Beschäftigung ohne Zustimmung der Bundesagentur für Arbeit zulässig ist. [2]Satz 1 gilt nicht, wenn zum Zeitpunkt der Beantragung der Erlaubnis zur Ausübung einer Erwerbstätigkeit konkrete Maßnahmen zur Aufenthaltsbeendigung bevorstehen, die in einem hinreichenden sachlichen und zeitlichen Zusammenhang zur Aufenthaltsbeendigung stehen; diese konkreten Maßnahmen zur Aufenthaltsbeendigung stehen bevor, wenn

1. eine ärztliche Untersuchung zur Feststellung der Reisefähigkeit veranlasst wurde,
2. der Ausländer einen Antrag zur Förderung mit staatlichen Mitteln einer freiwilligen Ausreise gestellt hat,
3. die Buchung von Transportmitteln für die Abschiebung eingeleitet wurde,
4. vergleichbar konkrete Vorbereitungsmaßnahmen zur Abschiebung des Ausländers eingeleitet wurden, es sei denn, es ist von vornherein absehbar, dass diese nicht zum Erfolg führen, oder
5. ein Verfahren zur Bestimmung des zuständigen Mitgliedstaates gemäß Artikel 38 Absatz 1 der Verordnung (EU) 2024/1351 eingeleitet wurde.

(6) [1]Im Übrigen darf dem Ausländer, der eine Duldung besitzt, die Ausübung einer Erwerbstätigkeit nicht erlaubt werden, wenn

1. er sich in das Inland begeben hat, um Leistungen nach dem Asylbewerberleistungsgesetz[1)] zu erlangen,

[1)] **Sartorius ErgBd. Nr. 418.**

2. aufenthaltsbeendende Maßnahmen bei ihm aus Gründen, die er selbst zu vertreten hat, nicht vollzogen werden können oder
3. er Staatsangehöriger eines sicheren Herkunftsstaates nach den §§ 29a und 29b oder § 29b des Asylgesetzes[1)] ist und sein nach dem 31. August 2015 gestellter Asylantrag abgelehnt oder zurückgenommen wurde, es sei denn, die Rücknahme erfolgte auf Grund einer Beratung nach einer unentgeltlichen Rechtsauskunft gemäß § 12b des Asylgesetzes beim Bundesamt für Migration und Flüchtlinge, oder ein Asylantrag nicht gestellt wurde.

[2] Zu vertreten hat ein Ausländer die Gründe nach Satz 1 Nummer 2 insbesondere, wenn er das Abschiebungshindernis durch eigene Täuschung über seine Identität oder Staatsangehörigkeit oder durch eigene falsche Angaben selbst herbeiführt. [3] Satz 1 Nummer 3 gilt bei unbegleiteten minderjährigen Ausländern nicht für die Rücknahme des Asylantrags oder den Verzicht auf die Antragstellung, wenn die Rücknahme oder der Verzicht auf das Stellen eines Asylantrags im Interesse des Kindeswohls erfolgte. [4] Abweichend von den Sätzen 1 bis 3 ist einem Ausländer, der als Asylberechtigter anerkannt ist, der im Bundesgebiet die Rechtsstellung eines ausländischen Flüchtlings oder eines subsidiär Schutzberechtigten genießt, die Erwerbstätigkeit erlaubt.

§ 60b[2)] Duldung für Personen mit ungeklärter Identität. (1) [1] Einem vollziehbar ausreisepflichtigen Ausländer wird die Duldung im Sinne des § 60a als „Duldung für Personen mit ungeklärter Identität" erteilt, wenn die Abschiebung aus von ihm selbst zu vertretenden Gründen nicht vollzogen werden kann, weil er das Abschiebungshindernis durch eigene Täuschung über seine Identität oder Staatsangehörigkeit oder durch eigene falsche Angaben selbst herbeiführt oder er zumutbare Handlungen zur Erfüllung der besonderen Passbeschaffungspflicht nach Absatz 2 Satz 1 und Absatz 3 Satz 1 nicht vornimmt. [2] Dem Ausländer ist die Bescheinigung über die Duldung nach § 60a Absatz 4 mit dem Zusatz „für Personen mit ungeklärter Identität" auszustellen.

(2) [1] Besitzt der vollziehbar ausreisepflichtige Ausländer keinen gültigen Pass oder Passersatz, ist er unbeschadet des § 3 verpflichtet, alle ihm unter Berücksichtigung der Umstände des Einzelfalls zumutbaren Handlungen zur Beschaffung eines Passes oder Passersatzes selbst vorzunehmen. [2] Dies gilt nicht für Ausländer ab der Stellung eines Asylantrages (§ 13 des Asylgesetzes[1)]) oder eines Asylgesuches (§ 18 des Asylgesetzes) bis zur rechtskräftigen Ablehnung des Asylantrages sowie für Ausländer, wenn ein Abschiebungsverbot nach § 60 Absatz 5 oder 7 vorliegt, es sei denn, das Abschiebungsverbot nach § 60 Absatz 7 beruht allein auf gesundheitlichen Gründen.

(3) [1] Im Sinne des Absatzes 2 Satz 1 ist dem Ausländer regelmäßig zumutbar,
1. in der den Bestimmungen des deutschen Passrechts, insbesondere den §§ 6 und 15 des Passgesetzes[3)] in der jeweils geltenden Fassung, entsprechenden Weise an der Ausstellung oder Verlängerung mitzuwirken und die Behandlung eines Antrages durch die Behörden des Herkunftsstaates nach dem Recht des Herkunftsstaates zu dulden, sofern dies nicht zu einer unzumutbaren Härte führt,
2. bei Behörden des Herkunftsstaates persönlich vorzusprechen, an Anhörungen teilzunehmen, Lichtbilder nach Anforderung anzufertigen und Fingerabdrücke

---
1) Nr. **567**.
2) § 60b eingef. mWv 21.8.2019 durch G v. 15.8.2019 (BGBl. I S. 1294).
3) Nr. **250**.

abzugeben, nach der Rechts- und Verwaltungspraxis des Herkunftsstaates erforderliche Angaben oder Erklärungen abzugeben oder sonstige nach der dortigen Rechts- und Verwaltungspraxis erforderliche Handlungen vorzunehmen, soweit dies nicht unzumutbar ist,
3. eine Erklärung gegenüber den Behörden des Herkunftsstaates, aus dem Bundesgebiet freiwillig im Rahmen seiner rechtlichen Verpflichtung nach dem deutschen Recht auszureisen, abzugeben, sofern hiervon die Ausstellung des Reisedokumentes abhängig gemacht wird,
4. sofern hiervon die Ausstellung des Reisedokumentes abhängig gemacht wird, zu erklären, die Wehrpflicht zu erfüllen, sofern die Erfüllung der Wehrpflicht nicht aus zwingenden Gründen unzumutbar ist, und andere zumutbare staatsbürgerliche Pflichten zu erfüllen,
5. die vom Herkunftsstaat für die behördlichen Passbeschaffungsmaßnahmen allgemein festgelegten Gebühren zu zahlen, sofern es nicht für ihn unzumutbar ist und
6. erneut um die Ausstellung des Passes oder Passersatzes im Rahmen des Zumutbaren nachzusuchen und die Handlungen nach den Nummern 1 bis 5 vorzunehmen, sofern auf Grund einer Änderung der Sach- und Rechtslage mit der Ausstellung des Passes oder Passersatzes durch die Behörden des Herkunftsstaates mit hinreichender Wahrscheinlichkeit gerechnet werden kann und die Ausländerbehörde ihn zur erneuten Vornahme der Handlungen auffordert.

[2]Der Ausländer ist auf diese Pflichten hinzuweisen. [3]Sie gelten als erfüllt, wenn der Ausländer glaubhaft macht, dass er die Handlungen nach Satz 1 vorgenommen hat. [4]Weist die Ausländerbehörde den Ausländer darauf hin, dass seine bisherigen Darlegungen und Nachweise zur Glaubhaftmachung der Erfüllung einer bestimmten Handlung oder mehrerer bestimmter Handlungen nach Satz 1 nicht ausreichen, kann die Ausländerbehörde ihn mit Fristsetzung dazu auffordern, die Vornahme der Handlungen nach Satz 1 durch Erklärung an Eides statt glaubhaft zu machen. [5]Die Ausländerbehörde ist hierzu zuständige Behörde im Sinne des § 156 des Strafgesetzbuches[1)].

(4) [1]Hat der Ausländer die zumutbaren Handlungen nach Absatz 2 Satz 1 und Absatz 3 Satz 1 unterlassen, kann er diese jederzeit nachholen. [2]In diesem Fall ist die Verletzung der Mitwirkungspflicht geheilt und dem Ausländer die Bescheinigung über die Duldung nach § 60a Absatz 4 ohne den Zusatz „für Personen mit ungeklärter Identität" auszustellen. [3]Absatz 5 Satz 1 bleibt unberührt.

(5) [1]Die Zeiten, in denen dem Ausländer die Duldung mit dem Zusatz „für Personen mit ungeklärter Identität" ausgestellt worden ist, werden nicht als Vorduldungszeiten angerechnet. [2]Dem Inhaber einer Duldung mit dem Zusatz „für Personen mit ungeklärter Identität" darf die Ausübung einer Erwerbstätigkeit nicht erlaubt werden. [3]Er unterliegt einer Wohnsitzauflage nach § 61 Absatz 1d.

(6) § 84 Absatz 1 Satz 1 Nummer 3 und Absatz 2 Satz 1 und 3 findet Anwendung.

§ 60c[2)] Ausbildungsduldung. (1) [1]Eine Duldung im Sinne von § 60a Absatz 2 Satz 3 ist zu erteilen, wenn der Ausländer in Deutschland

---

[1)] *Habersack Nr. 85.*

[2)] § 60c eingef. mWv 1.1.2020 durch G v. 8.7.2019 (BGBl. I S. 1021); Abs. 2 Nr. 4 geänd. mWv 1.3.2020 durch G v. 15.8.2019 (BGBl. I S. 1307); Abs. 2 Nr. 5 Buchst. e geänd. mWv 12.6.2026 durch G v. 23.4.2026 (BGBl. 2026 I Nr. 111).

1. als Asylbewerber eine
   a) qualifizierte Berufsausbildung in einem staatlich anerkannten oder vergleichbar geregelten Ausbildungsberuf aufgenommen hat oder
   b) Assistenz- oder Helferausbildung in einem staatlich anerkannten oder vergleichbar geregelten Ausbildungsberuf aufgenommen hat, an die eine qualifizierte Berufsausbildung in einem staatlich anerkannten oder vergleichbar geregelten Ausbildungsberuf, für den die Bundesagentur für Arbeit einen Engpass festgestellt hat, anschlussfähig ist und dazu eine Ausbildungsplatzzusage vorliegt,

   und nach Ablehnung des Asylantrags diese Berufsausbildung fortsetzen möchte oder
2. im Besitz einer Duldung nach § 60a ist und eine in Nummer 1 genannte Berufsausbildung aufnimmt.

[2] In Fällen offensichtlichen Missbrauchs kann die Ausbildungsduldung versagt werden. [3] Im Fall des Satzes 1 ist die Beschäftigungserlaubnis zu erteilen.

(2) Die Ausbildungsduldung wird nicht erteilt, wenn
1. ein Ausschlussgrund nach § 60a Absatz 6 vorliegt,
2. im Fall von Absatz 1 Satz 1 Nummer 2 der Ausländer bei Antragstellung noch nicht drei Monate im Besitz einer Duldung ist,
3. die Identität nicht geklärt ist
   a) bei Einreise in das Bundesgebiet bis zum 31. Dezember 2016 bis zur Beantragung der Ausbildungsduldung, oder
   b) bei Einreise in das Bundesgebiet ab dem 1. Januar 2017 und vor dem 1. Januar 2020 bis zur Beantragung der Ausbildungsduldung, spätestens jedoch bis zum 30. Juni 2020 oder
   c) bei Einreise in das Bundesgebiet nach dem 31. Dezember 2019 innerhalb der ersten sechs Monate nach der Einreise;

   die Frist gilt als gewahrt, wenn der Ausländer innerhalb der in den Buchstaben a bis c genannten Frist alle erforderlichen und ihm zumutbaren Maßnahmen für die Identitätsklärung ergriffen hat und die Identität erst nach dieser Frist geklärt werden kann, ohne dass der Ausländer dies zu vertreten hat,
4. ein Ausschlussgrund nach § 19d Absatz 1 Nummer 6 oder 7 vorliegt oder gegen den Ausländer eine Ausweisungsverfügung oder eine Abschiebungsanordnung nach § 58a besteht, oder
5. im Fall von Absatz 1 Satz 1 Nummer 2 zum Zeitpunkt der Antragstellung konkrete Maßnahmen zur Aufenthaltsbeendigung, die in einem hinreichenden sachlichen und zeitlichen Zusammenhang zur Aufenthaltsbeendigung stehen, bevorstehen; diese konkreten Maßnahmen zur Aufenthaltsbeendigung stehen bevor, wenn
   a) eine ärztliche Untersuchung zur Feststellung der Reisefähigkeit veranlasst wurde,
   b) der Ausländer einen Antrag zur Förderung mit staatlichen Mitteln einer freiwilligen Ausreise gestellt hat,
   c) die Buchung von Transportmitteln für die Abschiebung eingeleitet wurde,
   d) vergleichbar konkrete Vorbereitungsmaßnahmen zur Abschiebung des Ausländers eingeleitet wurden, es sei denn, es ist von vornherein absehbar, dass diese nicht zum Erfolg führen, oder

e) ein Verfahren zur Bestimmung des zuständigen Mitgliedstaates gemäß Artikel 38 Absatz 1 der Verordnung (EU) 2024/1351 eingeleitet wurde.

(3) [1] Der Antrag auf Erteilung der Ausbildungsduldung kann frühestens sieben Monate vor Beginn der Berufsausbildung gestellt werden. [2] Die Ausbildungsduldung nach Absatz 1 Satz 1 Nummer 2 wird frühestens sechs Monate vor Beginn der Berufsausbildung erteilt. [3] Sie wird erteilt, wenn zum Zeitpunkt der Antragstellung auf Erteilung der Ausbildungsduldung die Eintragung des Ausbildungsvertrages in das Verzeichnis der Berufsausbildungsverhältnisse bei der zuständigen Stelle bereits beantragt wurde oder die Eintragung erfolgt ist oder, soweit eine solche Eintragung nicht erforderlich ist, der Ausbildungsvertrag mit einer Bildungseinrichtung geschlossen wurde oder die Zustimmung einer staatlichen oder staatlich anerkannten Bildungseinrichtung zu dem Ausbildungsvertrag vorliegt. [4] Die Ausbildungsduldung wird für die im Ausbildungsvertrag bestimmte Dauer der Berufsausbildung erteilt.

(4) Die Ausbildungsduldung erlischt, wenn ein Ausschlussgrund nach Absatz 2 Nummer 4 eintritt oder die Ausbildung vorzeitig beendet oder abgebrochen wird.

(5) [1] Wird die Ausbildung vorzeitig beendet oder abgebrochen, ist die Bildungseinrichtung verpflichtet, dies unverzüglich, in der Regel innerhalb von zwei Wochen, der zuständigen Ausländerbehörde schriftlich oder elektronisch mitzuteilen. [2] In der Mitteilung sind neben den mitzuteilenden Tatsachen und dem Zeitpunkt ihres Eintritts die Namen, Vornamen und die Staatsangehörigkeit des Ausländers anzugeben.

(6) [1] Wird das Ausbildungsverhältnis vorzeitig beendet oder abgebrochen, wird dem Ausländer einmalig eine Duldung für sechs Monate zum Zweck der Suche nach einem weiteren Ausbildungsplatz zur Aufnahme einer Berufsausbildung nach Absatz 1 erteilt. [2] Die Duldung wird für sechs Monate zum Zweck der Suche nach einer der erworbenen beruflichen Qualifikation entsprechenden Beschäftigung verlängert, wenn nach erfolgreichem Abschluss der Berufsausbildung, für die die Duldung erteilt wurde, eine Weiterbeschäftigung im Ausbildungsbetrieb nicht erfolgt; die zur Arbeitsplatzsuche erteilte Duldung darf für diesen Zweck nicht verlängert werden.

(7) Eine Duldung nach Absatz 1 Satz 1 kann unbeachtlich des Absatzes 2 Nummer 3 erteilt werden, wenn der Ausländer die erforderlichen und ihm zumutbaren Maßnahmen für die Identitätsklärung ergriffen hat.

(8) § 60a bleibt im Übrigen unberührt.

§ 60d[1] Beschäftigungsduldung. (1) Einem ausreisepflichtigen Ausländer und seinem Ehegatten oder seinem Lebenspartner, die bis zum 31. Dezember 2022 in das Bundesgebiet eingereist sind, ist in der Regel eine Duldung nach § 60a Absatz 2 Satz 3 für 30 Monate zu erteilen, wenn

1. ihre Identitäten geklärt sind
   a) bei Einreise in das Bundesgebiet bis zum 31. Dezember 2016 bis zur Beantragung der Beschäftigungsduldung oder
   b) bei Einreise in das Bundesgebiet zwischen dem 1. Januar 2017 und dem 31. Dezember 2022 bis zum 31. Dezember 2024 oder in den Fällen, in

[1] § 60d eingef. mWv 1.1.2020 durch G v. 8.7.2019 (BGBl. I S. 1021); Abs. 1 einl. Satzteil, Nr. 1 Buchst. a geänd., Buchst. b neu gef., Buchst. c aufgeh., Satzteil nach bish. Buchst. c, Nr. 3 geänd. mWv 27.2.2024 durch G v. 21.2.2024 (BGBl. 2024 I Nr. 54).

denen der Antrag vor Ablauf des 31. Dezember 2024 gestellt wird, bis zur Beantragung der Beschäftigungsduldung;

die Frist gilt als gewahrt, wenn der Ausländer und sein Ehegatte oder sein Lebenspartner innerhalb der in den Buchstaben a und b genannten Frist alle erforderlichen und ihnen zumutbaren Maßnahmen für die Identitätsklärung ergriffen haben und die Identitäten erst nach dieser Frist geklärt werden können, ohne dass sie dies zu vertreten haben,

2. der ausreisepflichtige Ausländer seit mindestens zwölf Monaten im Besitz einer Duldung ist,
3. der ausreisepflichtige Ausländer seit mindestens zwölf Monaten eine sozialversicherungspflichtige Beschäftigung mit einer regelmäßigen Arbeitszeit von mindestens 20 Stunden pro Woche ausübt,
4. der Lebensunterhalt des ausreisepflichtigen Ausländers innerhalb der letzten zwölf Monate vor Beantragung der Beschäftigungsduldung durch seine Beschäftigung gesichert war,
5. der Lebensunterhalt des ausreisepflichtigen Ausländers durch seine Beschäftigung gesichert ist,
6. der ausreisepflichtige Ausländer über hinreichende mündliche Kenntnisse der deutschen Sprache verfügt,
7. der ausreisepflichtige Ausländer und sein Ehegatte oder sein Lebenspartner nicht wegen einer im Bundesgebiet begangenen vorsätzlichen Straftat verurteilt wurde, wobei Verurteilungen im Sinne von § 32 Absatz 2 Nummer 5 Buchstabe a des Bundeszentralregistergesetzes[1] wegen Straftaten, die nach dem Aufenthaltsgesetz oder dem Asylgesetz[2] nur von Ausländern begangen werden können, grundsätzlich außer Betracht bleiben,
8. der ausreisepflichtige Ausländer und sein Ehegatte oder sein Lebenspartner keine Bezüge zu extremistischen oder terroristischen Organisationen haben und diese auch nicht unterstützen,
9. gegen den Ausländer keine Ausweisungsverfügung und keine Abschiebungsanordnung nach § 58a besteht,
10. für die in familiärer Lebensgemeinschaft lebenden minderjährigen ledigen Kinder im schulpflichtigen Alter deren tatsächlicher Schulbesuch nachgewiesen wird und bei den Kindern keiner der in § 54 Absatz 2 Nummer 1 bis 2 genannten Fälle vorliegt und die Kinder nicht wegen einer vorsätzlichen Straftat nach § 29 Absatz 1 Satz 1 Nummer 1 des Betäubungsmittelgesetzes[3] rechtskräftig verurteilt worden sind, und
11. der ausreisepflichtige Ausländer und sein Ehegatte oder sein Lebenspartner einen Integrationskurs, soweit sie zu einer Teilnahme verpflichtet wurden, erfolgreich abgeschlossen haben oder den Abbruch nicht zu vertreten haben.

(2) Den in familiärer Lebensgemeinschaft lebenden minderjährigen ledigen Kindern des Ausländers ist die Duldung für den gleichen Aufenthaltszeitraum zu erteilen.

(3) [1] Die nach Absatz 1 erteilte Duldung wird widerrufen, wenn eine der in Absatz 1 Nummer 1 bis 10 genannten Voraussetzungen nicht mehr erfüllt ist. [2] Bei Absatz 1 Nummer 3 und 4 bleiben kurzfristige Unterbrechungen, die der Ausländer nicht zu vertreten hat, unberücksichtigt. [3] Wird das Beschäftigungsverhältnis

[1] **Habersack Nr. 92.**
[2] Nr. **567**.
[3] Nr. **275**.

beendet, ist der Arbeitgeber verpflichtet, dies unter Angabe des Zeitpunkts der Beendigung des Beschäftigungsverhältnisses, des Namens, Vornamens und der Staatsangehörigkeit des Ausländers innerhalb von zwei Wochen ab Kenntnis der zuständigen Ausländerbehörde schriftlich oder elektronisch mitzuteilen. [4] § 82 Absatz 6 gilt entsprechend.

(4) Eine Duldung nach Absatz 1 kann unbeachtlich des Absatzes 1 Nummer 1 erteilt werden, wenn der Ausländer die erforderlichen und ihm zumutbaren Maßnahmen für die Identitätsklärung ergriffen hat.

(5) § 60a bleibt im Übrigen unberührt.

§ 61[1)] Räumliche Beschränkung, Wohnsitzauflage, Ausreiseeinrichtungen. (1) [1] Der Aufenthalt eines vollziehbar ausreisepflichtigen Ausländers ist räumlich auf das Gebiet des Landes beschränkt. [2] Von der räumlichen Beschränkung nach Satz 1 kann abgewichen werden, wenn der Ausländer zur Ausübung einer Beschäftigung ohne Prüfung nach § 39 Abs. 2 Satz 1 Nr. 1 berechtigt ist oder wenn dies zum Zwecke des Schulbesuchs, der betrieblichen Aus- und Weiterbildung oder des Studiums an einer staatlichen oder staatlich anerkannten Hochschule oder vergleichbaren Ausbildungseinrichtung erforderlich ist. [3] Das Gleiche gilt, wenn dies der Aufrechterhaltung der Familieneinheit dient.

(1a) [1] In den Fällen des § 60a Abs. 2a wird der Aufenthalt auf den Bezirk der zuletzt zuständigen Ausländerbehörde im Inland beschränkt. [2] Der Ausländer muss sich nach der Einreise unverzüglich dorthin begeben. [3] Ist eine solche Behörde nicht feststellbar, gilt § 15a entsprechend.

(1b) Die räumliche Beschränkung nach den Absätzen 1 und 1a erlischt, wenn sich der Ausländer seit drei Monaten ununterbrochen erlaubt, geduldet oder gestattet im Bundesgebiet aufhält.

(1c) [1] Eine räumliche Beschränkung des Aufenthalts eines vollziehbar ausreisepflichtigen Ausländers kann unabhängig von den Absätzen 1 bis 1b angeordnet werden, wenn

1. der Ausländer wegen einer Straftat, mit Ausnahme solcher Straftaten, deren Tatbestand nur von Ausländern verwirklicht werden kann, rechtskräftig verurteilt worden ist,
2. Tatsachen die Schlussfolgerung rechtfertigen, dass der Ausländer gegen Vorschriften des Betäubungsmittelgesetzes[2)] verstoßen hat, oder
3. konkrete Maßnahmen zur Aufenthaltsbeendigung gegen den Ausländer bevorstehen.

[2] Eine räumliche Beschränkung auf den Bezirk der Ausländerbehörde soll angeordnet werden, wenn der Ausländer die der Abschiebung entgegenstehenden Gründe durch vorsätzlich falsche Angaben oder durch eigene Täuschung über seine Identität oder Staatsangehörigkeit selbst herbeiführt oder zumutbare Anforderungen an die Mitwirkung bei der Beseitigung von Ausreisehindernissen nicht erfüllt.

(1d) [1] Ein vollziehbar ausreisepflichtiger Ausländer, dessen Lebensunterhalt nicht gesichert ist, ist verpflichtet, an einem bestimmten Ort seinen gewöhnlichen Auf-

---

1) § 61 Abs. 1 Satz 3 geänd. mWv 1.7.2011 durch G v. 23.6.2011 (BGBl. I S. 1266); Abs. 1 Satz 4 angef. mWv 26.11.2011 durch G v. 22.11.2011 (BGBl. I S. 2258); Überschrift neu gef., Abs. 1 Satz 2 aufgeh., *bish.* Sätze 3 und 4 werden Sätze 2 und 3, Abs. 1b–1e eingef. mWv 1.1.2015 durch G v. 23.12.2014 (BGBl. I S. 2439); Abs. 1c Satz 2 angef. mWv 29.7.2017 durch G v. 20.7.2017 (BGBl. I S. 2780); Abs. 1e eingef., bish. Abs. 1e wird Abs. 1f mWv 21.8.2019 durch G v. 15.8.2019 (BGBl. I S. 1294).

2) Nr. **275**.

enthalt zu nehmen (Wohnsitzauflage). [2]Soweit die Ausländerbehörde nichts anderes angeordnet hat, ist das der Wohnort, an dem der Ausländer zum Zeitpunkt der Entscheidung über die vorübergehende Aussetzung der Abschiebung gewohnt hat. [3]Die Ausländerbehörde kann die Wohnsitzauflage von Amts wegen oder auf Antrag des Ausländers ändern; hierbei sind die Haushaltsgemeinschaft von Familienangehörigen oder sonstige humanitäre Gründe von vergleichbarem Gewicht zu berücksichtigen. [4]Der Ausländer kann den durch die Wohnsitzauflage festgelegten Ort ohne Erlaubnis vorübergehend verlassen.

(1e) [1]Auflagen können zur Sicherung und Durchsetzung der vollziehbaren Ausreisepflicht angeordnet werden, wenn konkrete Maßnahmen der Aufenthaltsbeendigung unmittelbar bevorstehen. [2]Insbesondere kann ein Ausländer verpflichtet werden, sich einmal wöchentlich oder in einem längeren Intervall bei der für den Aufenthaltsort des Ausländers zuständigen Ausländerbehörde zu melden.

(1f) Weitere Bedingungen und Auflagen können angeordnet werden.

(2) [1]Die Länder können Ausreiseeinrichtungen für vollziehbar ausreisepflichtige Ausländer schaffen. [2]In den Ausreiseeinrichtungen soll durch Betreuung und Beratung die Bereitschaft zur freiwilligen Ausreise gefördert und die Erreichbarkeit für Behörden und Gerichte sowie die Durchführung der Ausreise gesichert werden.

§ 62[1)] Abschiebungshaft. (1) [1]Die Abschiebungshaft ist unzulässig, wenn der Zweck der Haft durch ein milderes Mittel erreicht werden kann. [2]Die Inhaftnahme ist auf die kürzest mögliche Dauer zu beschränken. [3]Minderjährige und Familien mit Minderjährigen werden grundsätzlich nicht in Abschiebungshaft genommen.

(2) [1]Ein Ausländer ist zur Vorbereitung der Ausweisung oder der Abschiebungsanordnung nach § 58a auf richterliche Anordnung in Haft zu nehmen, wenn über die Ausweisung oder die Abschiebungsanordnung nach § 58a nicht sofort entschieden werden kann und die Abschiebung ohne die Inhaftnahme wesentlich erschwert oder vereitelt würde (Vorbereitungshaft). [2]Die Dauer der Vorbereitungshaft soll sechs Wochen nicht überschreiten. [3]Im Falle der Ausweisung bedarf es für die Fortdauer der Haft bis zum Ablauf der angeordneten Haftdauer keiner erneuten richterlichen Anordnung.

(3) [1]Ein Ausländer ist zur Sicherung der Abschiebung auf richterliche Anordnung in Haft zu nehmen (Sicherungshaft), wenn

1. Fluchtgefahr besteht,
2. der Ausländer auf Grund einer unerlaubten Einreise vollziehbar ausreisepflichtig oder nach einer erlaubten Einreise vollziehbar ausreisepflichtig geworden ist,
3. eine Abschiebungsanordnung nach § 58a ergangen ist, diese aber nicht unmittelbar vollzogen werden kann oder

---

1) § 62 Abs. 1 eingef., bish. Abs. 1–4 werden Abs. 2–5, neuer Abs. 5 Satz 1 Nr. 1 geänd. mWv 26.11.2011 durch G v. 22.11.2011 (BGBl. I S. 2258); Abs. 3 Satz 1 Nr. 5 neu gef., Sätze 2 und 5 aufgeh., bish. Sätze 3 und 4 werden Sätze 2 und 3, Abs. 4a eingef. mWv 1.8.2015 durch G v. 27.7.2015 (BGBl. I S. 1386); Abs. 3 Satz 4 angef., Abs. 4 Satz 3 eingef., bish. Satz 3 wird Satz 4 mWv 29.7.2017 durch G v. 20.7.2017 (BGBl. I S. 2780); Abs. 1 Satz 1 und Abs. 2 Satz 1 geänd., Abs. 3 neu gef., Abs. 3a und 3b eingef., Abs. 4 Satz 2 neu gef., Satz 3 geänd., Satz 4 eingef., bish. Satz 4 wird Satz 5, Abs. 6 angef. mWv 21.8.2019 durch G v. 15.8.2019 (BGBl. I S. 1294); Abs. 3 Satz 3 geänd. mWv 31.12.2022 durch G v. 21.12.2022 (BGBl. I S. 2847); Abs. 1 Satz 3 neu gef., Abs. 3 Satz 1 Nr. 2, 3 geänd., Nr. 4 angef., Sätze 3, 4 geänd., Abs. 3a Nr. 4 neu gef., Abs. 3b Nr. 6 geänd., Nr. 7 aufgeh., Abs. 6 Satz 1 neu gef. mWv 27.2.2024 durch G v. 21.2.2024 (BGBl. 2024 I Nr. 54); Abs. 4 Satz 1 neu gef. mWv 12.6.2026 durch G v. 23.4.2026 (BGBl. 2026 I Nr. 111).

4. der Ausländer entgegen einem Einreise- und Aufenthaltsverbot in das Bundesgebiet eingereist ist und sich darin aufhält.

[2] Von der Anordnung der Sicherungshaft nach Satz 1 Nummer 2 kann ausnahmsweise abgesehen werden, wenn der Ausländer glaubhaft macht, dass er sich der Abschiebung nicht entziehen will. [3] Die Sicherungshaft ist unzulässig, wenn feststeht, dass aus Gründen, die der Ausländer nicht zu vertreten hat, die Abschiebung nicht innerhalb der nächsten sechs Monate durchgeführt werden kann. [4] Abweichend von Satz 3 ist die Sicherungshaft bei einem Ausländer, von dem eine erhebliche Gefahr für Leib und Leben Dritter oder bedeutende Rechtsgüter der inneren Sicherheit ausgeht, auch dann zulässig, wenn die Abschiebung nicht innerhalb der nächsten sechs Monate durchgeführt werden kann.

(3a) Fluchtgefahr im Sinne von Absatz 3 Satz 1 Nummer 1 wird widerleglich vermutet, wenn

1. der Ausländer gegenüber den mit der Ausführung dieses Gesetzes betrauten Behörden über seine Identität täuscht oder in einer für ein Abschiebungshindernis erheblichen Weise und in zeitlichem Zusammenhang mit der Abschiebung getäuscht hat und die Angabe nicht selbst berichtigt hat, insbesondere durch Unterdrückung oder Vernichtung von Identitäts- oder Reisedokumenten oder das Vorgeben einer falschen Identität,
2. der Ausländer unentschuldigt zur Durchführung einer Anhörung oder ärztlichen Untersuchung nach § 82 Absatz 4 Satz 1 nicht an dem von der Ausländerbehörde angegebenen Ort angetroffen wurde, sofern der Ausländer bei der Ankündigung des Termins auf die Möglichkeit seiner Inhaftnahme im Falle des Nichtantreffens hingewiesen wurde,
3. die Ausreisefrist abgelaufen ist und der Ausländer seinen Aufenthaltsort trotz Hinweises auf die Anzeigepflicht gewechselt hat, ohne der zuständigen Behörde eine Anschrift anzugeben, unter der er erreichbar ist,
4. (weggefallen)
5. der Ausländer sich bereits in der Vergangenheit der Abschiebung entzogen hat oder
6. der Ausländer ausdrücklich erklärt hat, dass er sich der Abschiebung entziehen will.

(3b) Konkrete Anhaltspunkte für Fluchtgefahr im Sinne von Absatz 3 Satz 1 Nummer 1 können sein:

1. der Ausländer hat gegenüber den mit der Ausführung dieses Gesetzes betrauten Behörden über seine Identität in einer für ein Abschiebungshindernis erheblichen Weise getäuscht und hat die Angabe nicht selbst berichtigt, insbesondere durch Unterdrückung oder Vernichtung von Identitäts- oder Reisedokumenten oder das Vorgeben einer falschen Identität,
2. der Ausländer hat zu seiner unerlaubten Einreise erhebliche Geldbeträge, insbesondere an einen Dritten für dessen Handlung nach § 96, aufgewandt, die nach den Umständen derart maßgeblich sind, dass daraus geschlossen werden kann, dass er die Abschiebung verhindern wird, damit die Aufwendungen nicht vergeblich waren,
3. von dem Ausländer geht eine erhebliche Gefahr für Leib und Leben Dritter oder bedeutende Rechtsgüter der inneren Sicherheit aus,
4. der Ausländer ist wiederholt wegen vorsätzlicher Straftaten rechtskräftig zu mindestens einer Freiheitsstrafe verurteilt worden,

5. der Ausländer hat die Passbeschaffungspflicht nach § 60b Absatz 3 Satz 1 Nummer 1, 2 und 6 nicht erfüllt oder der Ausländer hat andere als die in Absatz 3a Nummer 2 genannten gesetzlichen Mitwirkungshandlungen zur Feststellung der Identität, insbesondere die ihm nach § 48 Absatz 3 Satz 1 obliegenden Mitwirkungshandlungen, verweigert oder unterlassen und wurde vorher auf die Möglichkeit seiner Inhaftnahme im Falle der Nichterfüllung der Passersatzbeschaffungspflicht nach § 60b Absatz 3 Satz 1 Nummer 1, 2 und 6 oder der Verweigerung oder Unterlassung der Mitwirkungshandlung hingewiesen,
6. der Ausländer hat nach Ablauf der Ausreisefrist wiederholt gegen eine Pflicht nach § 61 Absatz 1 Satz 1, Absatz 1a, 1c Satz 1 Nummer 3 oder Satz 2 verstoßen oder eine zur Sicherung und Durchsetzung der Ausreisepflicht verhängte Auflage nach § 61 Absatz 1e nicht erfüllt.

(4) [1] Die Sicherungshaft kann unter Berücksichtigung von Artikel 5 Absatz 4 Satz 2 der Verordnung (EU) 2024/1349 für bis zu sechs Monate angeordnet werden. [2] Sie kann in Fällen, in denen die Abschiebung aus von dem Ausländer zu vertretenden Gründen nicht vollzogen werden kann, um höchstens zwölf Monate verlängert werden. [3] Eine Verlängerung um höchstens zwölf Monate ist auch möglich, soweit die Haft auf der Grundlage des Absatzes 3 Satz 1 Nummer 3 angeordnet worden ist und sich die Übermittlung der für die Abschiebung erforderlichen Unterlagen oder Dokumente durch den zur Aufnahme verpflichteten oder bereiten Drittstaat verzögert. [4] Die Gesamtdauer der Sicherungshaft darf 18 Monate nicht überschreiten. [5] Eine Vorbereitungshaft ist auf die Gesamtdauer der Sicherungshaft anzurechnen.

(4a) Ist die Abschiebung gescheitert, bleibt die Anordnung bis zum Ablauf der Anordnungsfrist unberührt, sofern die Voraussetzungen für die Haftanordnung unverändert fortbestehen.

(5) [1] Die für den Haftantrag zuständige Behörde kann einen Ausländer ohne vorherige richterliche Anordnung festhalten und vorläufig in Gewahrsam nehmen, wenn

1. der dringende Verdacht für das Vorliegen der Voraussetzungen nach Absatz 3 Satz 1 besteht,
2. die richterliche Entscheidung über die Anordnung der Sicherungshaft nicht vorher eingeholt werden kann und
3. der begründete Verdacht vorliegt, dass sich der Ausländer der Anordnung der Sicherungshaft entziehen will.

[2] Der Ausländer ist unverzüglich dem Richter zur Entscheidung über die Anordnung der Sicherungshaft vorzuführen.

(6) [1] Zum Zweck der Abschiebung kann ein Ausländer auf richterliche Anordnung für die Dauer von längstens 14 Tagen zur Durchführung einer Anordnung nach § 82 Absatz 4 Satz 1, bei den Vertretungen oder ermächtigten Bediensteten des Staates, dessen Staatsangehörigkeit er vermutlich besitzt, persönlich zu erscheinen und die zur Klärung seiner Identität erforderlichen Angaben zu machen, oder eine ärztliche Untersuchung zur Feststellung seiner Reisefähigkeit durchführen zu lassen, in Haft genommen werden, wenn

1. der Ausländer
   a) einer solchen erstmaligen Anordnung unentschuldigt ferngeblieben ist oder die zur Klärung seiner Identität erforderlichen Angaben unterlassen hat oder
   b) einer Anordnung nach § 82 Absatz 4 Satz 1, zu einem Termin bei der zuständigen Behörde persönlich zu erscheinen, unentschuldigt ferngeblieben

ist oder im Termin die zur Klärung seiner Identität erforderlichen Angaben unterlassen hat und

2. zuvor auf die Möglichkeit einer Inhaftnahme hingewiesen wurde (Mitwirkungshaft).

[2] Eine Verlängerung der Mitwirkungshaft ist nicht möglich. [3] Eine Mitwirkungshaft ist auf die Gesamtdauer der Sicherungshaft anzurechnen. [4] § 62a Absatz 1 findet entsprechende Anwendung.

§ 62a[1)] Vollzug der Abschiebungshaft. (1) [1] Die Abschiebungshaft wird grundsätzlich in speziellen Hafteinrichtungen vollzogen. [2] Sind spezielle Hafteinrichtungen im Bundesgebiet nicht vorhanden oder geht von dem Ausländer eine erhebliche Gefahr für Leib und Leben Dritter oder bedeutende Rechtsgüter der inneren Sicherheit aus, kann sie in sonstigen Haftanstalten vollzogen werden; die Abschiebungsgefangenen sind in diesem Fall getrennt von Strafgefangenen unterzubringen. [3] Werden mehrere Angehörige einer Familie inhaftiert, so sind diese getrennt von den übrigen Abschiebungsgefangenen unterzubringen. [4] Ihnen ist ein angemessenes Maß an Privatsphäre zu gewährleisten.

(2) Den Abschiebungsgefangenen wird gestattet, mit Rechtsvertretern, Familienangehörigen, den zuständigen Konsularbehörden und einschlägig tätigen Hilfs- und Unterstützungsorganisationen Kontakt aufzunehmen.

(3) [1] Bei minderjährigen Abschiebungsgefangenen sind unter Beachtung der Maßgaben in Artikel 17 der Richtlinie 2008/115/EG des Europäischen Parlaments und des Rates vom 16. Dezember 2008 über gemeinsame Normen und Verfahren in den Mitgliedstaaten zur Rückführung illegal aufhältiger Drittstaatsangehöriger (ABl. L 348 vom 24.12.2008, S. 98) alterstypische Belange zu berücksichtigen. [2] Der Situation schutzbedürftiger Personen ist besondere Aufmerksamkeit zu widmen.

(4) Mitarbeitern von einschlägig tätigen Hilfs- und Unterstützungsorganisationen soll auf Antrag gestattet werden, Abschiebungsgefangene zu besuchen.

(5) Abschiebungsgefangene sind über ihre Rechte und Pflichten und über die in der Einrichtung geltenden Regeln zu informieren.

§ 62b[2)] Ausreisegewahrsam. (1) [1] Unabhängig von den Voraussetzungen der Sicherungshaft nach § 62 Absatz 3, insbesondere vom Vorliegen der Fluchtgefahr, kann ein Ausländer zur Sicherung der Durchführbarkeit der Abschiebung auf richterliche Anordnung bis zu 28 Tage in Gewahrsam genommen werden, wenn

1. die Ausreisefrist abgelaufen ist, es sei denn, der Ausländer ist unverschuldet an der Ausreise gehindert oder die Überschreitung der Ausreisefrist ist nicht erheblich,
2. feststeht, dass die Abschiebung innerhalb dieser Frist durchgeführt werden kann und
3. der Ausländer ein Verhalten gezeigt hat, das erwarten lässt, dass er die Abschiebung erschweren oder vereiteln wird. Das wird vermutet, wenn er

---

[1)] § 62a eingef. mWv 26.11.2011 durch G v. 22.11.2011 (BGBl. I S. 2258); Abs. 1 Satz 2 und Abs. 2 geänd., Abs. 3 Satz 2 angef., Abs. 4 geänd. mWv 1.8.2015 durch G v. 27.7.2015 (BGBl. I S. 1386); Abs. 1 Satz 2 geänd. mWv 29.7.2017 durch G v. 20.7.2017 (BGBl. I S. 2780); Abs. 1 neu gef. mWv 21.8.2019 *und mWv 1.7.2022* durch G v. 15.8.2019 (BGBl. I S. 1294).

[2)] § 62b neu gef. mWv 21.8.2019 durch G v. 15.8.2019 (BGBl. I S. 1294); Abs. 1 Satz 1 einl. Satzteil, Abs. 2 geänd. mWv 27.2.2024 durch G v. 21.2.2024 (BGBl. 2024 I Nr. 54); Abs. 3 neu gef. mWv 12.6. 2026 durch G v. 23.4.2026 (BGBl. 2026 I Nr. 111).

a) seine gesetzlichen Mitwirkungspflichten verletzt hat,

b) über seine Identität oder Staatsangehörigkeit getäuscht hat,

c) wegen einer im Bundesgebiet begangenen vorsätzlichen Straftat verurteilt wurde, wobei Geldstrafen von insgesamt bis zu 50 Tagessätzen außer Betracht bleiben oder

d) die Frist zur Ausreise um mehr als 30 Tage überschritten hat.

[2] Von der Anordnung des Ausreisegewahrsams ist abzusehen, wenn der Ausländer glaubhaft macht oder wenn offensichtlich ist, dass er sich der Abschiebung nicht entziehen will.

(2) Der Ausreisegewahrsam wird im Transitbereich eines Flughafens oder in einer Unterkunft, von der aus die Ausreise des Ausländers möglich ist, vollzogen.

(3) [1] § 62 Absatz 1 und 4a sowie § 62a finden entsprechend Anwendung. [2] Ein Ausreisegewahrsam ist auf die Gesamtdauer der Sicherungshaft anzurechnen.

(4) [1] Die für den Antrag nach Absatz 1 zuständige Behörde kann einen Ausländer ohne vorherige richterliche Anordnung festhalten und vorläufig in Gewahrsam nehmen, wenn

1. der dringende Verdacht für das Vorliegen der Voraussetzungen nach Absatz 1 Satz 1 besteht,
2. die richterliche Entscheidung über die Anordnung des Ausreisegewahrsams nach Absatz 1 nicht vorher eingeholt werden kann und
3. der begründete Verdacht vorliegt, dass sich der Ausländer der Anordnung des Ausreisegewahrsams entziehen will.

[2] Der Ausländer ist unverzüglich dem Richter zur Entscheidung über die Anordnung des Ausreisegewahrsams vorzuführen.

§ 62c[1)] Ergänzende Vorbereitungshaft. (1) [1] Ein Ausländer, der sich entgegen einem bestehenden Einreise- und Aufenthaltsverbot nach § 11 Absatz 1 Satz 3 im Bundesgebiet aufhält und keine Betretenserlaubnis nach § 11 Absatz 8 besitzt, ist zur Vorbereitung einer Abschiebungsandrohung nach § 34 des Asylgesetzes[2)] auf richterliche Anordnung in Haft zu nehmen, wenn von ihm eine erhebliche Gefahr für Leib und Leben Dritter oder bedeutende Rechtsgüter der inneren Sicherheit ausgeht oder er auf Grund eines besonders schwerwiegenden Ausweisungsinteresses nach § 54 Absatz 1 ausgewiesen worden ist. [2] Die Haft darf nicht angeordnet werden, wenn sie zur Vorbereitung der Abschiebungsandrohung nach § 34 des Asylgesetzes nicht erforderlich ist.

(2) [1] Die Haft nach Absatz 1 endet mit der Zustellung der Entscheidung des Bundesamtes für Migration und Flüchtlinge, spätestens jedoch vier Wochen nach Eingang des Asylantrags beim Bundesamt für Migration und Flüchtlinge, es sei denn, der Asylantrag wurde als unzulässig nach § 29 Nummer 4 oder 5 des Asylgesetzes oder als offensichtlich unbegründet abgelehnt. [2] In den Fällen, in denen der Asylantrag als unzulässig nach § 29 Nummer 4 oder 5 des Asylgesetzes oder als offensichtlich unbegründet abgelehnt wurde, endet die Haft nach Absatz 1 mit dem Ablauf der Frist nach § 36 Absatz 2 Satz 1 des Asylgesetzes, bei rechtzeitiger Antragstellung mit der gerichtlichen Entscheidung. [3] In den Fällen, in

---

[1)] § 62c eingef. mWv 10.12.2020 durch G v. 3.12.2020 (BGBl. I S. 2675); Abs. 1 Satz 1 geänd. mWv 27.2.2024 durch G v. 21.2.2024 (BGBl. 2024 I Nr. 54); Abs. 2 Sätze 1 und 2 geänd. mWv 12.6.2026 durch G v. 23.4.2026 (BGBl. 2026 I Nr. 111).

[2)] Nr. **567**.

denen der Antrag nach § 80 Absatz 5 der Verwaltungsgerichtsordnung[1)] gegen die Abschiebungsandrohung vom Verwaltungsgericht abgelehnt worden ist, endet die Haft spätestens eine Woche nach der gerichtlichen Entscheidung.

(3) [1] Die Haft wird grundsätzlich in speziellen Hafteinrichtungen vollzogen. [2] Sind spezielle Hafteinrichtungen im Bundesgebiet nicht vorhanden oder geht von dem Ausländer eine erhebliche Gefahr für Leib und Leben Dritter oder bedeutende Rechtsgüter der inneren Sicherheit aus, kann sie in sonstigen Haftanstalten vollzogen werden; der Ausländer ist in diesem Fall getrennt von Strafgefangenen unterzubringen. [3] § 62 Absatz 1 sowie § 62a Absatz 2 bis 5 finden entsprechend Anwendung.

(4) [1] Die für den Haftantrag zuständige Behörde kann einen Ausländer ohne vorherige richterliche Anordnung festhalten und vorläufig in Gewahrsam nehmen, wenn

1. der dringende Verdacht für das Vorliegen der Voraussetzungen nach Absatz 1 besteht,
2. die richterliche Entscheidung über die Anordnung der Haft nach Absatz 1 nicht vorher eingeholt werden kann und
3. der begründete Verdacht vorliegt, dass sich der Ausländer der Anordnung der Haft nach Absatz 1 entziehen will.

[2] Der Ausländer ist unverzüglich dem Richter zur Entscheidung über die Anordnung der Haft nach Absatz 1 vorzuführen.

§ 62d[2)] *(aufgehoben)*

Kapitel 6. Haftung und Gebühren

§ 63[3)] **Pflichten der Beförderungsunternehmer.** (1) Ein Beförderungsunternehmer darf Ausländer nur in das Bundesgebiet befördern, wenn sie im Besitz eines erforderlichen Passes und eines erforderlichen Aufenthaltstitels sind.

(2) [1] Das Bundesministerium des Innern, für Bau und Heimat oder die von ihm bestimmte Stelle kann im Einvernehmen mit dem Bundesministerium für Verkehr und digitale Infrastruktur einem Beförderungsunternehmer untersagen, Ausländer entgegen Absatz 1 in das Bundesgebiet zu befördern und für den Fall der Zuwiderhandlung ein Zwangsgeld androhen. [2] Widerspruch und Klage haben keine aufschiebende Wirkung; dies gilt auch hinsichtlich der Festsetzung des Zwangsgeldes.

(3) [1] Das Zwangsgeld gegen den Beförderungsunternehmer beträgt für jeden Ausländer, den er einer Verfügung nach Absatz 2 zuwider befördert, mindestens 1 000 und höchstens 5 000 Euro. [2] Das Zwangsgeld kann durch das Bundesministerium des Innern, für Bau und Heimat oder die von ihm bestimmte Stelle festgesetzt und beigetrieben werden.

(4) Das Bundesministerium des Innern, für Bau und Heimat oder die von ihm bestimmte Stelle kann mit Beförderungsunternehmern Regelungen zur Umsetzung der in Absatz 1 genannten Pflicht vereinbaren.

[1)] *Nr.* ***600.***

[2)] § 62d aufgeh. mWv 1.6.2026 durch G v. 22.12.2025 (BGBl. 2025 I Nr. 364).

[3)] § 63 Abs. 2 Satz 1 geänd. mWv 8.9.2015 durch VO v. 31.8.2015 (BGBl. I S. 1474); Abs. 2 Satz 1, Abs. 3 Satz 2, Abs. 4 geänd. mWv 27.6.2020 durch VO v. 19.6.2020 (BGBl. I S. 1328).

§ 64[1] Rückbeförderungspflicht der Beförderungsunternehmer. (1) Wird ein Ausländer zurückgewiesen, so hat ihn der Beförderungsunternehmer, der ihn an die Grenze befördert hat, unverzüglich außer Landes zu bringen.

(2) [1] Die Verpflichtung nach Absatz 1 besteht für die Dauer von drei Jahren hinsichtlich der Ausländer, die ohne erforderlichen Pass, Passersatz oder erforderlichen Aufenthaltstitel in das Bundesgebiet befördert werden und die bei der Einreise nicht zurückgewiesen werden, weil sie sich auf politische Verfolgung, Verfolgung im Sinne des Artikel 10 der Verordnung (EU) 2024/1347 oder die Gefahr eines ernsthaften Schadens im Sinne des Artikel 15 der Verordnung (EU) 2024/1347 oder die in § 60 Abs. 2, 3, 5 oder Abs. 7 bezeichneten Umstände berufen. [2] Sie erlischt, wenn dem Ausländer ein Aufenthaltstitel nach diesem Gesetz erteilt wird.

(3) Der Beförderungsunternehmer hat den Ausländer auf Verlangen der mit der polizeilichen Kontrolle des grenzüberschreitenden Verkehrs beauftragten Behörden in den Staat, der das Reisedokument ausgestellt hat oder aus dem er befördert wurde, oder in einen sonstigen Staat zu bringen, in dem seine Einreise gewährleistet ist.

§ 65[2] Pflicht der Hafen- und Flughafenbetreiber. Der Betreiber eines Hafens oder Verkehrsflughafens ist verpflichtet, auf dem Gelände des Hafens oder auf dem Flughafengelände geeignete Unterkünfte zur Unterbringung von Ausländern, die nicht im Besitz eines erforderlichen Passes oder eines erforderlichen Visums sind, bis zum Vollzug der grenzpolizeilichen Entscheidung über die Einreise bereitzustellen.

§ 66[3] Kostenschuldner; Sicherheitsleistung. (1) Kosten, die durch die Durchsetzung einer räumlichen Beschränkung, die Zurückweisung, Zurückschiebung oder Abschiebung entstehen, hat der Ausländer zu tragen.

(2) [1] Neben dem Ausländer haftet für die in Absatz 1 bezeichneten Kosten, wer sich gegenüber der Ausländerbehörde oder der Auslandsvertretung verpflichtet hat, für die Ausreisekosten des Ausländers aufzukommen. [2] Wird in den Fällen des § 18i der Antrag auf Erteilung einer Blauen Karte EU abgelehnt, weil die Bedingungen für die Ausübung der langfristigen Mobilität nicht vorliegen, haftet neben dem Inhaber der Blauen Karte EU der Arbeitgeber für die in Absatz 1 bezeichneten Kosten.

(3) [1] In den Fällen des § 64 Abs. 1 und 2 haftet der Beförderungsunternehmer neben dem Ausländer für die Kosten der Rückbeförderung des Ausländers und für die Kosten, die von der Ankunft des Ausländers an der Grenzübergangsstelle bis zum Vollzug der Entscheidung über die Einreise entstehen. [2] Ein Beförderungsunternehmer, der schuldhaft einer Verfügung nach § 63 Abs. 2 zuwiderhandelt, haftet neben dem Ausländer für sonstige Kosten, die in den Fällen des § 64 Abs. 1

---

[1] § 64 Abs. 2 Satz 1 geänd. mWv 1.12.2013 durch G v. 28.8.2013 (BGBl. I S. 3474); Abs. 2 Satz 1 geänd. mWv 24.10.2015 durch G v. 20.10.2015 (BGBl. I S. 1722); Abs. 2 Satz 1 geänd. mWv 12.6.2026 durch G v. 23.4.2026 (BGBl. 2026 I Nr. 111).

[2] § 65 Überschrift neu gef., Wortlaut geänd. mWv 12.6.2026 durch G v. 23.4.2026 (BGBl. 2026 I Nr. 111).

[3] § 66 Abs. 4 neu gef., Abs. 4a eingef. mWv 26.11.2011 durch G v. 22.11.2011 (BGBl. I S. 2258); Abs. 4a geänd. mWv 1.3.2020 durch G v. 15.8.2019 (BGBl. I S. 1307); Abs. 2 Satz 2 angef. mWv 18.11.2023 durch G v. 16.8.2023 (BGBl. 2023 I Nr. 217); Abs. 4 Satz 1 Nr. 4 geänd., Abs. 5 Satz 4 angef. mWv 27.2.2024 durch G v. 21.2.2024 (BGBl. 2024 I Nr. 54).

durch die Zurückweisung und in den Fällen des § 64 Abs. 2 durch die Abschiebung entstehen.

(4) [1] Für die Kosten der Abschiebung oder Zurückschiebung haftet:

1. wer als Arbeitgeber den Ausländer als Arbeitnehmer beschäftigt hat, dem die Ausübung der Erwerbstätigkeit nach den Vorschriften dieses Gesetzes nicht erlaubt war;
2. ein Unternehmer, für den ein Arbeitgeber als unmittelbarer Auftragnehmer Leistungen erbracht hat, wenn ihm bekannt war oder er bei Beachtung der im Verkehr erforderlichen Sorgfalt hätte erkennen müssen, dass der Arbeitgeber für die Erbringung der Leistung den Ausländer als Arbeitnehmer eingesetzt hat, dem die Ausübung der Erwerbstätigkeit nach den Vorschriften dieses Gesetzes nicht erlaubt war;
3. wer als Generalunternehmer oder zwischengeschalteter Unternehmer ohne unmittelbare vertragliche Beziehungen zu dem Arbeitgeber Kenntnis von der Beschäftigung des Ausländers hat, dem die Ausübung der Erwerbstätigkeit nach den Vorschriften dieses Gesetzes nicht erlaubt war;
4. wer eine nach § 96 strafbare Handlung oder eine nach § 95 strafbare Teilnahme begeht;
5. der Ausländer, soweit die Kosten von den anderen Kostenschuldnern nicht beigetrieben werden können.

[2] Die in Satz 1 Nummer 1 bis 4 genannten Personen haften als Gesamtschuldner im Sinne von § 421 des Bürgerlichen Gesetzbuchs[1)].

(4a) Die Haftung nach Absatz 4 Nummer 1 entfällt, wenn der Arbeitgeber seinen Verpflichtungen nach § 4a Absatz 5 sowie seiner Meldepflicht nach § 28a des Vierten Buches Sozialgesetzbuch[2)] in Verbindung mit den §§ 6, 7 und 13 der Datenerfassungs- und -übermittlungsverordnung[3)] oder nach § 18 des Arbeitnehmer-Entsendegesetzes[4)] nachgekommen ist, es sei denn, er hatte Kenntnis davon, dass der Aufenthaltstitel oder die Bescheinigung über die Aufenthaltsgestattung oder die Aussetzung der Abschiebung des Ausländers gefälscht war.

(5) [1] Von dem Kostenschuldner kann eine Sicherheitsleistung verlangt werden. [2] Die Anordnung einer Sicherheitsleistung des Ausländers oder des Kostenschuldners nach Absatz 4 Satz 1 und 2 kann von der Behörde, die sie erlassen hat, ohne vorherige Vollstreckungsanordnung und Fristsetzung vollstreckt werden, wenn andernfalls die Erhebung gefährdet wäre. [3] Zur Sicherung der Ausreisekosten können Rückflugscheine und sonstige Fahrausweise beschlagnahmt werden, die im Besitz eines Ausländers sind, der zurückgewiesen, zurückgeschoben, ausgewiesen oder abgeschoben werden soll oder dem Einreise und Aufenthalt nur wegen der Stellung eines Asylantrages gestattet wird. [4] Bestehen tatsächliche Anhaltspunkte dafür, dass der Ausländer im Besitz von Geldmitteln entsprechend Satz 1 oder von Unterlagen entsprechend Satz 3 ist, können er und die von ihm mitgeführten Sachen nach diesen Geldmitteln oder Unterlagen durchsucht werden.

§ 67 Umfang der Kostenhaftung. (1) Die Kosten der Abschiebung, Zurückschiebung, Zurückweisung und der Durchsetzung einer räumlichen Beschränkung umfassen

---

1) ***Habersack* Nr. 20.**
2) **Aichberger, SGB Nr. 4.**
3) **Aichberger, SGB Nr. 10/10.**
4) **Loseblatt-Textsammlung Arbeitsrecht Nr. 506.**

1. die Beförderungs- und sonstigen Reisekosten für den Ausländer innerhalb des Bundesgebiets und bis zum Zielort außerhalb des Bundesgebiets,
2. die bei der Vorbereitung und Durchführung der Maßnahme entstehenden Verwaltungskosten einschließlich der Kosten für die Abschiebungshaft und der Übersetzungs- und Dolmetscherkosten und die Ausgaben für die Unterbringung, Verpflegung und sonstige Versorgung des Ausländers sowie
3. sämtliche durch eine erforderliche Begleitung des Ausländers entstehenden Kosten einschließlich der Personalkosten.

(2) Die Kosten, für die der Beförderungsunternehmer nach § 66 Abs. 3 Satz 1 haftet, umfassen

1. die in Absatz 1 Nr. 1 bezeichneten Kosten,
2. die bis zum Vollzug der Entscheidung über die Einreise entstehenden Verwaltungskosten und Ausgaben für die Unterbringung, Verpflegung und sonstige Versorgung des Ausländers und Übersetzungs- und Dolmetscherkosten und
3. die in Absatz 1 Nr. 3 bezeichneten Kosten, soweit der Beförderungsunternehmer nicht selbst die erforderliche Begleitung des Ausländers übernimmt.

(3) [1] Die in den Absätzen 1 und 2 genannten Kosten werden von der nach § 71 zuständigen Behörde durch Leistungsbescheid in Höhe der tatsächlich entstandenen Kosten erhoben. [2] Hinsichtlich der Berechnung der Personalkosten gelten die allgemeinen Grundsätze zur Berechnung von Personalkosten der öffentlichen Hand.

§ 68[1)] Haftung für Lebensunterhalt. (1) [1] Wer sich der Ausländerbehörde oder einer Auslandsvertretung gegenüber verpflichtet hat, die Kosten für den Lebensunterhalt eines Ausländers zu tragen, hat für einen Zeitraum von fünf Jahren sämtliche öffentlichen Mittel zu erstatten, die für den Lebensunterhalt des Ausländers einschließlich der Versorgung mit Wohnraum sowie der Versorgung im Krankheitsfalle und bei Pflegebedürftigkeit aufgewendet werden, auch soweit die Aufwendungen auf einem gesetzlichen Anspruch des Ausländers beruhen. [2] Aufwendungen, die auf einer Beitragsleistung beruhen, sind nicht zu erstatten. [3] Der Zeitraum nach Satz 1 beginnt mit der durch die Verpflichtungserklärung ermöglichten Einreise des Ausländers. [4] Die Verpflichtungserklärung erlischt vor Ablauf des Zeitraums von fünf Jahren ab Einreise des Ausländers nicht durch Erteilung eines Aufenthaltstitels nach Abschnitt 5 des Kapitels 2 oder durch Zuerkennung internationalen Schutzes nach der Verordnung (EU) 2024/1347.

(2) [1] Die Verpflichtung nach Absatz 1 Satz 1 bedarf der Schriftform. [2] Sie ist nach Maßgabe des Verwaltungsvollstreckungsgesetzes[2)] vollstreckbar. [3] Der Erstattungsanspruch steht der öffentlichen Stelle zu, die die öffentlichen Mittel aufgewendet hat.

(3) Die Auslandsvertretung unterrichtet unverzüglich die Ausländerbehörde über eine Verpflichtung nach Absatz 1 Satz 1.

(4) [1] Die Ausländerbehörde unterrichtet, wenn sie Kenntnis von der Aufwendung nach Absatz 1 zu erstattender öffentlicher Mittel erlangt, unverzüglich die öffentliche Stelle, der der Erstattungsanspruch zusteht, über die Verpflichtung nach Absatz 1 Satz 1 und erteilt ihr alle für die Geltendmachung und Durchsetzung des

[1)] § 68 Abs. 1 neu gef. mWv 6.8.2016 durch G v. 31.7.2016 (BGBl. I S. 1939); Abs. 4 Satz 2 geänd. mWv 26.11.2019 durch G v. 20.11.2019 (BGBl. I S. 1626); Abs. 1 Satz 4 geänd. mWv 12.6.2026 durch G v. 23.4.2026 (BGBl. 2026 I Nr. 111).

[2)] Nr. **112**.

Erstattungsanspruchs erforderlichen Auskünfte. [2] Der Empfänger darf die Daten nur zum Zweck der Erstattung der für den Ausländer aufgewendeten öffentlichen Mittel sowie der Versagung weiterer Leistungen verarbeiten.

§ 68a[1)] Übergangsvorschrift zu Verpflichtungserklärungen. [1] § 68 Absatz 1 Satz 1 bis 3 gilt auch für vor dem 6. August 2016 abgegebene Verpflichtungserklärungen, jedoch mit der Maßgabe, dass an die Stelle des Zeitraums von fünf Jahren ein Zeitraum von drei Jahren tritt. [2] Sofern die Frist nach Satz 1 zum 6. August 2016 bereits abgelaufen ist, endet die Verpflichtung zur Erstattung öffentlicher Mittel mit Ablauf des 31. August 2016.

§ 69[2)] Gebühren. (1) [1] Für individuell zurechenbare öffentliche Leistungen nach diesem Gesetz und den zur Durchführung dieses Gesetzes erlassenen Rechtsverordnungen werden Gebühren und Auslagen erhoben. [2] Die Gebührenfestsetzung kann auch mündlich erfolgen. [3] Satz 1 gilt nicht für individuell zurechenbare öffentliche Leistungen der Bundesagentur für Arbeit nach den §§ 39 bis 42. [4] § 287 des Dritten Buches Sozialgesetzbuch[3)] bleibt unberührt. [5] Satz 1 gilt zudem nicht für das Mitteilungsverfahren im Zusammenhang mit der kurzfristigen Mobilität von Studenten nach § 16c, von unternehmensintern transferierten Arbeitnehmern nach § 19a und von Forschern nach § 18e.

(2) [1] Die Gebühr soll die mit der individuell zurechenbaren öffentlichen Leistung verbundenen Kosten aller an der Leistung Beteiligten decken. [2] In die Gebühr sind die mit der Leistung regelmäßig verbundenen Auslagen einzubeziehen. [3] Zur Ermittlung der Gebühr sind die Kosten, die nach betriebswirtschaftlichen Grundsätzen als Einzel- und Gemeinkosten zurechenbar und ansatzfähig sind, insbesondere Personal- und Sachkosten sowie kalkulatorische Kosten, zu Grunde zu legen. [4] Zu den Gemeinkosten zählen auch die Kosten der Rechts- und Fachaufsicht. [5] Grundlage der Gebührenermittlung nach den Sätzen 1 bis 4 sind die in der Gesamtheit der Länder und des Bundes mit der jeweiligen Leistung verbundenen Kosten.

(3) [1] Die Bundesregierung bestimmt durch Rechtsverordnung mit Zustimmung des Bundesrates die gebührenpflichtigen Tatbestände und die Gebührensätze sowie Gebührenbefreiungen und -ermäßigungen, insbesondere für Fälle der Bedürftigkeit. [2] Soweit dieses Gesetz keine abweichenden Vorschriften enthält, finden § 3 Absatz 1 Nummer 1 und 4, Absatz 2 und 4 bis 6, die §§ 4 bis 7 Nummer 1 bis 10, die §§ 8, 9 Absatz 3, die §§ 10 bis 12 Absatz 1 Satz 1 und Absatz 3 sowie die §§ 13

---

1) § 68a eingef. mWv 6.8.2016 durch G v. 31.7.2016 (BGBl. I S. 1939, geänd. durch G v. 4.7.2019, BGBl. I S. 914).

2) § 69 Abs. 3 Nr. 1, 2, 2a und 3 geänd. mWv 16.4.2011 durch G v. 12.4.2011 (BGBl. I S. 610); Abs. 3 Nr. 5, 6 aufgeh., bish. Nr. 6a–8 werden Nr. 5–7, neue Nr. 7 geänd., Nr. 8 angef. mWv 26.11.2011 durch G v. 22.11.2011 (BGBl. I S. 2258); Abs. 3 Nr. 1a eingef., Nr. 3 geänd. mWv 1.8.2012 durch G v. 1.6. 2012 (BGBl. I S. 1224); Abs. 2 Satz 2 geänd. mWv 15.8.2013 durch G v. 7.8.2013 (BGBl. I S. 3154); Abs. 3 Nr. 2a und Abs. 5 Satz 2 geänd. mWv 2.12.2013 durch G v. 29.8.2013 (BGBl. I S. 3484); Abs. 1 Satz 5 angef., Abs. 3 Nr. 1b und 1c eingef., Nr. 3 geänd., Nr. 3a eingef. mWv 1.8.2017 durch G v. 12.5. 2017 (BGBl. I S. 1106); Abs. 1 Satz 1 geänd., Satz 2 eingef., bish. Satz 2 wird Satz 3 und geänd., bish. Satz 3 wird Satz 4, Abs. 2 eingef., bish. Abs. 2 wird Abs. 3 und Satz 2 neu gef., Abs. 4 eingef., bish. Abs. 3 wird Abs. 5 und Nr. 2, 2a und 5 geänd., Nr. 6 und 7 neu gef., Nr. 8 geänd., Nr. 9 angef., bish. Abs. 4 wird Abs. 6 und Satz 2 geänd., Satz 3 neu gef., Satz 5 geänd., bish. Abs. 5 wird Abs. 7 und Sätze 1, 3 und 4 geänd., bish. Abs. 6 wird Abs. 8 und Satz 1 einl. Satzteil, Nr. 1 und 2 und Satz 2 geänd. mWv 20.7.2017 durch G v. 13.7.2017 (BGBl. I S. 2350); Abs. 1 Satz 5, Abs. 5 Nr. 5 geänd. mWv 1.3.2020 durch G v. 15.8.2019 (BGBl. I S. 1307).

3) **Aichberger, SGB Nr. 3.**

bis 21 des Bundesgebührengesetzes[1] vom 7. August 2013 (BGBl. I S. 3154) in der jeweils geltenden Fassung entsprechende Anwendung.

(4) [1] Abweichend von § 4 Absatz 1 des Bundesgebührengesetzes können die von den Auslandsvertretungen zu erhebenden Gebühren bereits bei Beantragung der individuell zurechenbaren öffentlichen Leistung erhoben werden. [2] Für die von den Auslandsvertretungen zu erhebenden Gebühren legt das Auswärtige Amt fest, ob die Erhebung bei den jeweiligen Auslandsvertretungen in Euro, zum Gegenwert in Landeswährung oder in einer Drittwährung erfolgt. [3] Je nach allgemeiner Verfügbarkeit von Einheiten der festgelegten Währung kann eine Rundung auf die nächste verfügbare Einheit erfolgen.

(5) Die in der Rechtsverordnung bestimmten Gebühren dürfen folgende Höchstsätze nicht übersteigen:

1. für die Erteilung einer Aufenthaltserlaubnis: 140 Euro,

1a. für die Erteilung einer Blauen Karte EU: 140 Euro,

1b. für die Erteilung einer ICT-Karte: 140 Euro,

1c. für die Erteilung einer Mobiler-ICT-Karte: 100 Euro,

2. für die Erteilung einer Niederlassungserlaubnis: 200 Euro,

2a. für die Erteilung einer Erlaubnis zum Daueraufenthalt – EU: 200 Euro,

3. für die Verlängerung einer Aufenthaltserlaubnis, einer Blauen Karte EU oder einer ICT-Karte: 100 Euro,

3a. für die Verlängerung einer Mobiler-ICT-Karte: 80 Euro,

4. für die Erteilung eines nationalen Visums und die Ausstellung eines Passersatzes und eines Ausweisersatzes: 100 Euro,

5. für die Anerkennung einer Forschungseinrichtung zum Abschluss von Aufnahmevereinbarungen oder einem entsprechenden Vertrag nach § 18d: 220 Euro,

6. für sonstige individuell zurechenbare öffentliche Leistungen: 80 Euro,

7. für individuell zurechenbare öffentliche Leistungen zu Gunsten Minderjähriger: die Hälfte der für die öffentliche Leistung bestimmten Gebühr,

8. für die Neuausstellung eines Dokuments nach § 78 Absatz 1, die auf Grund einer Änderung der Angaben nach § 78 Absatz 1 Satz 3, auf Grund des Ablaufs der technischen Kartennutzungsdauer, auf Grund des Verlustes des Dokuments oder auf Grund des Verlustes der technischen Funktionsfähigkeit des Dokuments notwendig wird: 70 Euro,

9. für die Aufhebung, Verkürzung oder Verlängerung der Befristung eines Einreise- und Aufenthaltsverbotes: 200 Euro.

(6) [1] Für die Erteilung eines nationalen Visums und eines Passersatzes an der Grenze darf ein Zuschlag von höchstens 25 Euro erhoben werden. [2] Für eine auf Wunsch des Antragstellers außerhalb der Dienstzeit vorgenommene individuell zurechenbare öffentliche Leistung darf ein Zuschlag von höchstens 30 Euro erhoben werden. [3] Gebührenzuschläge können auch für die individuell zurechenbaren öffentlichen Leistungen gegenüber einem Staatsangehörigen festgesetzt werden, dessen Heimatstaat von Deutschen für entsprechende öffentliche Leistungen höhere Gebühren als die nach Absatz 3 festgesetzten Gebühren erhebt. [4] Die Sätze 2 und 3 gelten nicht für die Erteilung oder Verlängerung eines Schengen-

[1] Nr. **120**.

Visums. [5] Bei der Festsetzung von Gebührenzuschlägen können die in Absatz 5 bestimmten Höchstsätze überschritten werden.

(7) [1] Die Rechtsverordnung nach Absatz 3 kann vorsehen, dass für die Beantragung gebührenpflichtiger individuell zurechenbarer öffentlicher Leistungen eine Bearbeitungsgebühr erhoben wird. [2] Die Bearbeitungsgebühr für die Beantragung einer Niederlassungserlaubnis oder einer Erlaubnis zum Daueraufenthalt – EU darf höchstens die Hälfte der für ihre Erteilung zu erhebenden Gebühr betragen. [3] Die Gebühr ist auf die Gebühr für die individuell zurechenbare öffentliche Leistung anzurechnen. [4] Sie wird auch im Falle der Rücknahme des Antrages und der Versagung der beantragten individuell zurechenbaren öffentlichen Leistung nicht zurückgezahlt.

(8) [1] Die Rechtsverordnung nach Absatz 3 kann für die Einlegung eines Widerspruchs Gebühren vorsehen, die höchstens betragen dürfen:

1. für den Widerspruch gegen die Ablehnung eines Antrages auf Vornahme einer gebührenpflichtigen individuell zurechenbaren öffentlichen Leistung: die Hälfte der für diese vorgesehenen Gebühr,
2. für den Widerspruch gegen eine sonstige individuell zurechenbare öffentliche Leistung: 55 Euro.

[2] Soweit der Widerspruch Erfolg hat, ist die Gebühr auf die Gebühr für die vorzunehmende individuell zurechenbare öffentliche Leistung anzurechnen und im Übrigen zurückzuzahlen.

§ 70[1)] Verjährung. (1) Die Ansprüche auf die in § 67 Abs. 1 und 2 genannten Kosten verjähren sechs Jahre nach Eintritt der Fälligkeit.

(2) Die Verjährung von Ansprüchen nach den §§ 66 und 69 wird auch unterbrochen, solange sich der Schuldner nicht im Bundesgebiet aufhält oder sein Aufenthalt im Bundesgebiet deshalb nicht festgestellt werden kann, weil er einer gesetzlichen Meldepflicht oder Anzeigepflicht nicht nachgekommen ist.

Kapitel 7. Verfahrensvorschriften

Abschnitt 1. Zuständigkeiten

§ 71[2) 3)] Zuständigkeit; Verordnungsermächtigung. (1) [1] Für aufenthalts- und passrechtliche Maßnahmen und Entscheidungen nach diesem Gesetz und

[1)] § 70 Abs. 1 Satz 2 angef. mWv 26.11.2011 durch G v. 22.11.2011 (BGBl. I S. 2258); Abs. 2 geänd. mWv 15.8.2013 durch G v. 7.8.2013 (BGBl. I S. 3154); Abs. 1 Satz 2 aufgeh., Abs. 2 geänd. mWv 20.7.2017 durch G v. 13.7.2017 (BGBl. I S. 2350).

[2)] § 71 Abs. 4 Sätze 1, 2 und 3 geänd. mWv 1.11.2007 durch G v. 20.7.2007 (BGBl. I S. 1566); Abs. 3 Nr. 1, 3 neu gef., Nr. 1a–1e eingef. mWv 26.11.2011 durch G v. 22.11.2011 (BGBl. I S. 2258); Abs. 6 geänd. mWv 1.4.2012 durch G v. 22.12.2011 (BGBl. I S. 3044); Abs. 3 Nr. 1 und 1c, Abs. 4 Satz 1 geänd. mWv 1.8.2015 durch G v. 27.7.2015 (BGBl. I S. 1386); Abs. 4 Satz 1 neu gef. mWv 5.2.2016 durch G v. 2.2.2016 (BGBl. I S. 130); Abs. 3 Nr. 7 geänd. mWv 17.3.2016 durch G v. 11.3.2016 (BGBl. I S. 390); Abs. 4 Satz 1 neu gef., Satz 3 geänd., Satz 4 angef. mWv 9.8.2019 durch G v. 4.8.2019 (BGBl. I S. 1131); Abs. 1 Sätze 3 und 4 angef., Abs. 3 Nr. 1a und 1d geänd., Nr. 7 neu gef. mWv 21.8.2019 durch G v. 15.8.2019 (BGBl. I S. 1294); Abs. 1 Satz 5 angef. mWv 1.3.2020 durch G v. 15.8.2019 (BGBl. I S. 1307), Änd. von Abs. 3 Nr. 1a aufgrund der vorhergehenden Änd. nicht ausführbar; Abs. 2 Sätze 2, 3 angef. mWv 24.6.2020 durch G v. 12.6.2020 (BGBl. I S. 1241); Abs. 3 Nr. 6, Abs. 6 geänd. mWv 27.6.2020 durch VO v. 19.6.2020 (BGBl. I S. 1328); Abs. 1 Satz 5 geänd. mWv 18.11.2023, Abs. 1 Satz 5 geänd. mWv 1.6.2024 durch G v. 16.8.2023 (BGBl. 2023 I Nr. 217); Überschrift neu gef., Abs. 2 Satz 2, Abs. 3 Nr. 1 und 8 geänd., Nr. 9 angef., Abs. 4 Satz 2 geänd., Abs. 4a eingef., Abs. 6 geänd. mWv 12.6.2026 durch G v. 23.4.2026 (BGBl. 2026 I Nr. 111).

[3)] Zu abweichendem Landesrecht siehe ua: →

nach ausländerrechtlichen Bestimmungen in anderen Gesetzen sind die Ausländerbehörden zuständig. [2] Die Landesregierung oder die von ihr bestimmte Stelle kann bestimmen, dass für einzelne Aufgaben nur eine oder mehrere bestimmte Ausländerbehörden zuständig sind. [3] Nach Satz 2 kann durch die zuständigen Stellen der betroffenen Länder auch geregelt werden, dass den Ausländerbehörden eines Landes für die Bezirke von Ausländerbehörden verschiedener Länder Aufgaben zugeordnet werden. [4] Für die Vollziehung von Abschiebungen ist in den Ländern jeweils eine zentral zuständige Stelle zu bestimmen. [5] Die Länder sollen jeweils mindestens eine zentrale Ausländerbehörde einrichten, die bei Visumanträgen nach § 6 zu Zwecken nach den §§ 16a, 16d, 17 Absatz 1, den §§ 18a, 18b, 18c Absatz 3, den §§ 18d, 18f, 18g, 19, 19b, 19c, 20 und 20a sowie bei Visumanträgen des Ehegatten oder der minderjährigen ledigen Kinder zum Zweck des Familiennachzugs, die in zeitlichem Zusammenhang gestellt werden, die zuständige Ausländerbehörde ist.

(2) [1] Im Ausland sind für Pass- und Visaangelegenheiten die vom Auswärtigen Amt ermächtigten Auslandsvertretungen zuständig. [2] Das Auswärtige Amt wird ermächtigt, durch Rechtsverordnung im Einvernehmen mit dem Bundesministerium des Innern dem Bundesamt für Auswärtige Angelegenheiten die Entscheidung über Anträge auf Erteilung eines Visums zu übertragen. [3] Soweit von dieser Ermächtigung Gebrauch gemacht wird, stehen dem Bundesamt für Auswärtige Angelegenheiten die Befugnisse zur Datenverarbeitung sowie alle sonstigen Aufgaben und Befugnisse einer Auslandsvertretung bei der Erteilung von Visa gemäß Absatz 3 Nummer 3 Buchstabe b sowie gemäß den §§ 54, 66, 68, 69, 72, 72a, 73, 73a, 75, 87, 90c, 91d und 91g zu.

(3) Die mit der polizeilichen Kontrolle des grenzüberschreitenden Verkehrs beauftragten Behörden sind zuständig für

1. die Zurückweisung und die Zurückschiebung an der Grenze, einschließlich der Überstellung von Drittstaatsangehörigen auf Grundlage der Verordnung (EU) 2024/1351, wenn der Ausländer von der Grenzbehörde im grenznahen Raum in unmittelbarem zeitlichen Zusammenhang mit einer unerlaubten Einreise angetroffen wird,

1a. Abschiebungen an der Grenze, sofern der Ausländer bei oder nach der unerlaubten Einreise über eine Grenze im Sinne des Artikels 2 Nummer 1 der Verordnung (EU) 2016/399 (Binnengrenze) aufgegriffen wird,

1b. Abschiebungen an der Grenze, sofern der Ausländer bereits unerlaubt eingereist ist, sich danach weiter fortbewegt hat und in einem anderen Grenzraum oder auf einem als Grenzübergangsstelle zugelassenen oder nicht zugelassenen Flughafen, Flug- oder Landeplatz oder See- oder Binnenhafen aufgegriffen wird,

1c. die Befristung der Wirkungen auf Grund der von ihnen vorgenommenen Ab- und Zurückschiebungen nach § 11 Absatz 2, 4 und 8,

1d. die Rückführungen von Ausländern aus anderen und in andere Staaten; die Zuständigkeit besteht neben derjenigen der in Absatz 1 und in Absatz 5 bestimmten Stellen,

1e. die Beantragung von Haft und die Festnahme, soweit es zur Vornahme der in den Nummern 1 bis 1d bezeichneten Maßnahmen erforderlich ist,

---

(Fortsetzung der Anm. von voriger Seite)
- **Schleswig-Holstein:** Abweichungen im LAufnG mWv 19.11.2021; vgl. Hinweis v. 30.11.2021 (BGBl. I S. 4976).

2. die Erteilung eines Visums und die Ausstellung eines Passersatzes nach § 14 Abs. 2 sowie die Aussetzung der Abschiebung nach § 60a Abs. 2a,
3. die Rücknahme und den Widerruf eines nationalen Visums sowie die Entscheidungen nach Artikel 34 der Verordnung (EG) Nr. 810/2009
   a) im Fall der Zurückweisung, Zurückschiebung oder Abschiebung, soweit die Voraussetzungen der Nummer 1a oder 1b erfüllt sind,
   b) auf Ersuchen der Auslandsvertretung, die das Visum erteilt hat, oder
   c) auf Ersuchen der Ausländerbehörde, die der Erteilung des Visums zugestimmt hat, sofern diese ihrer Zustimmung bedurfte,
4. das Ausreiseverbot und die Maßnahmen nach § 66 Abs. 5 an der Grenze,
5. die Prüfung an der Grenze, ob Beförderungsunternehmer und sonstige Dritte die Vorschriften dieses Gesetzes und die auf Grund dieses Gesetzes erlassenen Verordnungen und Anordnungen beachtet haben,
6. sonstige ausländerrechtliche Maßnahmen und Entscheidungen, soweit sich deren Notwendigkeit an der Grenze ergibt und sie vom Bundesministerium des Innern, für Bau und Heimat hierzu allgemein oder im Einzelfall ermächtigt sind,
7. die Beschaffung von Heimreisedokumenten im Wege der Amtshilfe in Einzelfällen für Ausländer,
8. die Erteilung von in Rechtsvorschriften der Europäischen Union vorgesehenen Vermerken und Bescheinigungen vom Datum und Ort der Einreise über die Außengrenze eines Mitgliedstaates, der den Schengen-Besitzstand vollständig anwendet; die Zuständigkeit der Ausländerbehörden oder anderer durch die Länder bestimmter Stellen wird hierdurch nicht ausgeschlossen,
9. die Überprüfung nach Artikel 5 Absatz 1 und 2 und Artikel 7 Absatz 1 der Verordnung (EU) 2024/1356 sowie die in diesem Zusammenhang zu ergreifenden Maßnahmen nach den §§ 14a, 15b, 48, 48a, 49 Absatz 2 bis 9, §§ 73 und 82 Absatz 3a, wenn der Ausländer von ihnen bei Erfüllung ihrer grenzpolizeilichen Aufgaben festgestellt wird.

(4) [1] Für die erforderlichen Maßnahmen nach den §§ 48, 48a und 49 Absatz 2 bis 9 sind die Ausländerbehörden, die Polizeivollzugsbehörden der Länder sowie bei Wahrnehmung ihrer gesetzlichen Aufgaben die Bundespolizei und andere mit der polizeilichen Kontrolle des grenzüberschreitenden Verkehrs beauftragte Behörden zuständig. [2] In den Fällen des § 49 Absatz 4 sind auch die Behörden zuständig, die die Verteilung nach § 15a veranlassen. [3] In den Fällen des § 49 Absatz 5 Nummer 5 und 6 sind die vom Auswärtigen Amt ermächtigten Auslandsvertretungen zuständig. [4] In den Fällen des § 49 Absatz 8 und 9 sind auch die Aufnahmeeinrichtungen im Sinne des § 44 des Asylgesetzes[1)] und die Außenstellen des Bundesamtes für Migration und Flüchtlinge befugt, bei Tätigwerden in Amtshilfe die erkennungsdienstlichen Maßnahmen bei ausländischen Kindern oder Jugendlichen, die unbegleitet in das Bundesgebiet eingereist sind, vorzunehmen; diese Maßnahmen sollen im Beisein des zuvor zur vorläufigen Inobhutnahme verständigten Jugendamtes und in kindgerechter Weise durchgeführt werden.

(4a) [1] Für die Überprüfung nach Artikel 7 Absatz 1 der Verordnung (EU) 2024/1356 sowie die in diesem Zusammenhang zu ergreifenden Maßnahmen nach den §§ 15b, 48, 48a, 49 Absatz 2 bis 9, §§ 73 und 82 Absatz 3a sind die Polizeivollzugs-

[1)] Nr. **567**.

behörden der Länder, die Ausländerbehörden, die Aufnahmeeinrichtungen im Sinne des § 44 des Asylgesetzes sowie andere nach Landesrecht zu bestimmende Stellen zuständig. [2]Die Landesregierungen werden ermächtigt, die für Maßnahmen nach Satz 1 zuständigen Stellen durch Rechtsverordnung zu bestimmen. [3]In der Rechtsverordnung kann auch bestimmt werden, dass für einzelne Maßnahmen nach Satz 1 nur eine oder mehrere der in Satz 1 genannten Stellen zuständig sind. [4]Die oberste Landesgesundheitsbehörde oder die von ihr bestimmte Stelle bestimmt den Umfang der vorläufigen Gesundheitskontrolle nach § 82 Absatz 3a und das qualifizierte medizinische Personal, das die vorläufige Gesundheitskontrolle durchführt, soweit eine Landesbehörde für die Anordnung der vorläufigen Gesundheitskontrolle zuständig ist.

(5) Für die Zurückschiebung sowie die Durchsetzung der Verlassenspflicht des § 12 Abs. 3 und die Durchführung der Abschiebung und, soweit es zur Vorbereitung und Sicherung dieser Maßnahmen erforderlich ist, die Festnahme und Beantragung der Haft sind auch die Polizeien der Länder zuständig.

(6) Das Bundesministerium des Innern oder die von ihm bestimmte Stelle entscheidet im Benehmen mit dem Auswärtigen Amt über die Anerkennung von Pässen und Passersatzpapieren (§ 3 Abs. 1); die Entscheidungen ergehen als Allgemeinverfügung und können im Bundesanzeiger bekannt gegeben werden.

§ 71a[1)] Zuständigkeit und Unterrichtung. (1) [1]Verwaltungsbehörden im Sinne des § 36 Abs. 1 Nr. 1 des Gesetzes über Ordnungswidrigkeiten[2)] sind in den Fällen des § 98 Absatz 2a Nummer 1 und Absatz 3 Nummer 1 die Behörden der Zollverwaltung. [2]Sie arbeiten bei der Verfolgung und Ahndung mit den in § 2 Absatz 4 des Schwarzarbeitsbekämpfungsgesetzes[3)] genannten Behörden zusammen.

(2) [1]Die Behörden der Zollverwaltung unterrichten das Gewerbezentralregister über ihre einzutragenden rechtskräftigen Bußgeldbescheide nach § 98 Absatz 2a Nummer 1 und Absatz 3 Nummer 1. [2]Dies gilt nur, sofern die Geldbuße mehr als 200 Euro beträgt.

(3) [1]Gerichte, Strafverfolgungs- und Strafvollstreckungsbehörden sollen den Behörden der Zollverwaltung Erkenntnisse aus sonstigen Verfahren, die aus ihrer Sicht zur Verfolgung von Ordnungswidrigkeiten nach § 98 Absatz 2a Nummer 1 und Absatz 3 Nummer 1 erforderlich sind, übermitteln, soweit nicht für die übermittelnde Stelle erkennbar ist, dass schutzwürdige Interessen des Betroffenen oder anderer Verfahrensbeteiligter an dem Ausschluss der Übermittlung überwiegen. [2]Dabei ist zu berücksichtigen, wie gesichert die zu übermittelnden Erkenntnisse sind.

§ 72[4)] Beteiligungserfordernisse. (1) [1]Eine Betretenserlaubnis (§ 11 Absatz 8) darf nur mit Zustimmung der für den vorgesehenen Aufenthaltsort zuständigen

---

[1)] § 71a Abs. 1 Sätze 1 und 2, Abs. 2 Satz 1, Abs. 3 Satz 1 geänd. mWv 18.7.2019 durch G v. 11.7.2019 (BGBl. I S. 1066); Änd. von Abs. 1 Satz 1, Abs. 2 Satz 1, Abs. 3 Satz 1 mWv 1.3.2020 durch G v. 15.8.2019 (BGBl. I S. 1307) aufgrund der vorhergehenden Änd. nicht ausführbar.

[2)] **Habersack Nr. 94.**

[3)] **Habersack ErgBd. Nr. 94b.**

[4)] § 72 Abs. 6 Sätze 1, 2 geänd. mWv 26.11.2011 durch G v. 22.11.2011 (BGBl. I S. 2258); Abs. 7 angef. mWv 1.8.2012 durch G v. 1.6.2012 (BGBl. I S. 1224); Abs. 2 geänd. mWv 1.12.2013 durch G v. 28.8.2013 (BGBl. I S. 3474); Abs. 1 Satz 1, Abs. 3 Satz 1 geänd., Abs. 4 Sätze 3–5 angef., Abs. 7 geänd. mWv 1.8.2015 durch G v. 27.7.2015 (BGBl. I S. 1386); Abs. 3 Satz 2 geänd. mWv 24.10.2015 durch G v. 20.10.2015 (BGBl. I S. 1722); Abs. 2 und 7 geänd. mWv 1.8.2017 durch G v. 12.5.2017 (BGBl. I S. 1106); Abs. 3a eingef. mWv 12.7.2019 durch G v. 4.7.2019 (BGBl. I S. 914); Abs. 4 Satz 4 geänd., Satz 5 neu →

Ausländerbehörde erteilt werden. [2]Die Behörde, die den Ausländer ausgewiesen, abgeschoben oder zurückgeschoben hat, ist in der Regel zu beteiligen.

(2) Über das Vorliegen eines zielstaatsbezogenen Abschiebungsverbots nach § 60 Absatz 5 oder 7 und das Vorliegen eines Ausschlusstatbestandes nach § 25 Absatz 3 Satz 3 Nummer 1 bis 4 entscheidet die Ausländerbehörde nur nach vorheriger Beteiligung des Bundesamtes für Migration und Flüchtlinge.

(3) [1]Räumliche Beschränkungen, Auflagen und Bedingungen, Befristungen nach § 11 Absatz 2 Satz 1, Anordnungen nach § 47 und sonstige Maßnahmen gegen einen Ausländer, der nicht im Besitz eines erforderlichen Aufenthaltstitels ist, dürfen von einer anderen Behörde nur im Einvernehmen mit der Behörde geändert oder aufgehoben werden, die die Maßnahme angeordnet hat. [2]Satz 1 findet keine Anwendung, wenn der Aufenthalt des Ausländers nach den Vorschriften des Asylgesetzes[1)] auf den Bezirk der anderen Ausländerbehörde beschränkt ist.

(3a) [1]Die Aufhebung einer Wohnsitzverpflichtung nach § 12a Absatz 5 darf nur mit Zustimmung der Ausländerbehörde des geplanten Zuzugsorts erfolgen. [2]Die Zustimmung ist zu erteilen, wenn die Voraussetzungen des § 12a Absatz 5 vorliegen; eine Ablehnung ist zu begründen. [3]Die Zustimmung gilt als erteilt, wenn die Ausländerbehörde am Zuzugsort nicht innerhalb von vier Wochen ab Zugang des Ersuchens widerspricht. [4]Die Erfüllung melderechtlicher Verpflichtungen begründet keine Zuständigkeit einer Ausländerbehörde.

(4) [1]Ein Ausländer, gegen den öffentliche Klage erhoben oder ein strafrechtliches Ermittlungsverfahren eingeleitet ist, darf nur im Einvernehmen mit der zuständigen Staatsanwaltschaft ausgewiesen und abgeschoben werden. [2]Ein Ausländer, der zu schützende Person im Sinne des Zeugenschutz-Harmonisierungsgesetzes[2)] ist, darf nur im Einvernehmen mit der Zeugenschutzdienststelle ausgewiesen oder abgeschoben werden. [3]Des Einvernehmens der Staatsanwaltschaft nach Satz 1 bedarf es nicht, wenn nur ein geringes Strafverfolgungsinteresse besteht. [4]Dies ist der Fall, wenn die Erhebung der öffentlichen Klage oder die Einleitung eines Ermittlungsverfahrens wegen einer Straftat nach § 95 dieses Gesetzes oder nach § 9 des Gesetzes über die allgemeine Freizügigkeit von Unionsbürgern[3)] oder Straftaten nach dem Strafgesetzbuch[4)] mit geringem Unrechtsgehalt erfolgt ist. [5]Insoweit sind Straftaten mit geringem Unrechtsgehalt Straftaten nach § 113 Absatz 1, § 115 des Strafgesetzbuches, soweit er die entsprechende Geltung des § 113 Absatz 1 des Strafgesetzbuches vorsieht, den §§ 123, 166, 167, 169, 185, 223, 240 Absatz 1, den §§ 242, 246, 248b, 263 Absatz 1, 2 und 4, den §§ 265a, 267 Absatz 1 und 2, § 271 Absatz 1, 2 und 4, den §§ 273, 274, 276 Absatz 1, den §§ 279, 281, 303 des Strafgesetzbuches, dem § 21 des Straßenverkehrsgesetzes[5)] in der Fassung der Bekanntmachung vom 5. März 2003 (BGBl. I S. 310, 919), das zuletzt durch Artikel 16 des Gesetzes vom 2. März 2023

(Fortsetzung der Anm. von voriger Seite)
gef. mWv 21.8.2019 durch G v. 15.8.2019 (BGBl. I S. 1294); Abs. 7 neu gef. mWv 1.3.2020 durch G v. 15.8.2019 (BGBl. I S. 1307); Abs. 7 geänd. mWv 18.11.2023 und mWv 1.3.2024 durch G v. 16.8.2023 (BGBl. 2023 I Nr. 217); Abs. 4 Satz 5 geänd. mWv 27.2.2024 durch G v. 21.2.2024 (BGBl. 2024 I Nr. 54); Abs. 4 Satz 5 geänd. mWv 17.4.2024 durch G v. 11.4.2024 (BGBl. 2024 I Nr. 119).

[1)] Nr. **567**.

[2)] **Habersack ErgBd. Nr. 90b.**

[3)] Nr. **560**.

[4)] **Habersack Nr. 85.**

[5)] **Habersack Nr. 35.**

(BGBl. 2023 I Nr. 56) geändert worden ist, in der jeweils geltenden Fassung, und dem § 30 des Pflichtversicherungsgesetzes.

(5) § 45 des Achten Buches Sozialgesetzbuch[1)] gilt nicht für Ausreiseeinrichtungen und Einrichtungen, die der vorübergehenden Unterbringung von Ausländern dienen, denen aus völkerrechtlichen, humanitären oder politischen Gründen eine Aufenthaltserlaubnis erteilt oder bei denen die Abschiebung ausgesetzt wird.

(6) [1] Vor einer Entscheidung über die Erteilung, die Verlängerung oder den Widerruf eines Aufenthaltstitels nach § 25 Abs. 4a oder 4b und die Festlegung, Aufhebung oder Verkürzung einer Ausreisefrist nach § 59 Absatz 7 ist die für das in § 25 Abs. 4a oder 4b in Bezug genommene Strafverfahren zuständige Staatsanwaltschaft oder das mit ihm befasste Strafgericht zu beteiligen, es sei denn, es liegt ein Fall des § 87 Abs. 5 Nr. 1 vor. [2] Sofern der Ausländerbehörde die zuständige Staatsanwaltschaft noch nicht bekannt ist, beteiligt sie vor einer Entscheidung über die Festlegung, Aufhebung oder Verkürzung einer Ausreisefrist nach § 59 Absatz 7 die für den Aufenthaltsort zuständige Polizeibehörde.

(7) Zur Prüfung des Vorliegens der Voraussetzungen der §§ 16a, 16d, 16e, 16g, 18a, 18b, 18c Absatz 3, des § 18g und der §§ 19 bis 19c können die Ausländerbehörde, das Bundesamt für Migration und Flüchtlinge sowie die Auslandsvertretung zur Erfüllung ihrer Aufgaben die Bundesagentur für Arbeit auch dann beteiligen, wenn sie ihrer Zustimmung nicht bedürfen.

§ 72a[2)] Abgleich von Visumantragsdaten zu Sicherheitszwecken.

(1) [1] Daten, die im Visumverfahren von der deutschen Auslandsvertretung zur visumantragstellenden Person, zum Einlader und zu Personen, die durch Abgabe einer Verpflichtungserklärung oder in anderer Weise die Sicherung des Lebensunterhalts garantieren oder zu sonstigen Referenzpersonen im Inland erhoben werden, werden zur Durchführung eines Abgleichs zu Sicherheitszwecken an das Bundesverwaltungsamt übermittelt. [2] Das Gleiche gilt für Daten nach Satz 1, die eine Auslandsvertretung eines anderen Schengen-Staates nach Artikel 8 Absatz 2 der Verordnung (EG) Nr. 810/2009 des Europäischen Parlaments und des Rates vom 13. Juli 2009 über einen Visakodex der Gemeinschaft (Visakodex) (ABl. L 243 vom 15.9.2009, S. 1) an eine deutsche Auslandsvertretung zur Entscheidung über den Visumantrag übermittelt hat. [3] Eine Übermittlung nach Satz 1 oder Satz 2 erfolgt nicht, wenn eine Datenübermittlung nach § 73 Absatz 1 Satz 1 erfolgt.

(2) [1] Die Daten nach Absatz 1 Satz 1 und 2 werden in einer besonderen Organisationseinheit des Bundesverwaltungsamtes in einem automatisierten Verfahren mit Daten aus *Antiterrordatei*[3)] (§ 1 Absatz 1 des Antiterrordateigesetzes[4)]) zu Personen abgeglichen, bei denen Tatsachen die Annahme rechtfertigen, dass sie

1. einer terroristischen Vereinigung nach § 129a des Strafgesetzbuchs[5)], die einen internationalen Bezug aufweist, oder einer terroristischen Vereinigung nach § 129a in Verbindung mit § 129b Absatz 1 Satz 1 des Strafgesetzbuchs mit Bezug zur Bundesrepublik Deutschland angehören oder diese unterstützen oder

---

1) **Habersack ErgBd. Nr. 46.**

2) § 72a eingef. mWv 1.6.2013 durch G v. 22.12.2011 (BGBl. I S. 3037); Abs. 2 Satz 1 Nr. 2 und 3 geänd. mWv 1.1.2015 durch G v. 18.12.2014 (BGBl. I S. 2318); Abs. 2 Satz 1 einl. Satzteil, Satz 3, Abs. 5 Satz 1, Abs. 7 geänd. mWv 26.11.2019 durch G v. 20.11.2019 (BGBl. I S. 1626).

3) Richtig wohl: „der Antiterrordatei".

4) Nr. **82**.

5) **Habersack Nr. 85.**

2. einer Gruppierung, die eine solche Vereinigung unterstützt, angehören oder diese willentlich in Kenntnis der den Terrorismus unterstützenden Aktivität der Gruppierung unterstützen oder
3. rechtswidrig Gewalt als Mittel zur Durchsetzung international ausgerichteter politischer oder religiöser Belange anwenden oder eine solche Gewaltanwendung unterstützen, vorbereiten oder durch ihre Tätigkeiten, insbesondere durch Befürworten solcher Gewaltanwendungen, vorsätzlich hervorrufen oder
4. mit den in Nummer 1 oder Nummer 3 genannten Personen nicht nur flüchtig oder in zufälligem Kontakt in Verbindung stehen und durch sie weiterführende Hinweise für die Aufklärung oder Bekämpfung des internationalen Terrorismus zu erwarten sind, soweit Tatsachen die Annahme rechtfertigen, dass sie von der Planung oder Begehung einer in Nummer 1 genannten Straftat oder der Ausübung, Unterstützung oder Vorbereitung von rechtswidriger Gewalt im Sinne von Nummer 3 Kenntnis haben.

[2] Die Daten der in Satz 1 genannten Personen werden nach Kennzeichnung durch die Behörde, welche die Daten in der Antiterrordatei gespeichert hat, vom Bundeskriminalamt an die besondere Organisationseinheit im Bundesverwaltungsamt für den Abgleich mit den Daten nach Absatz 1 Satz 1 und 2 übermittelt und dort gespeichert. [3] Durch geeignete technische und organisatorische Maßnahmen nach den Artikeln 24, 25 und 32 der Verordnung (EU) 2016/679[1)] ist sicherzustellen, dass kein unberechtigter Zugriff auf den Inhalt der Daten erfolgt.

(3) [1] Im Fall eines Treffers werden zur Feststellung von Versagungsgründen nach § 5 Absatz 4 oder zur Prüfung von sonstigen Sicherheitsbedenken gegen die Erteilung des Visums die Daten nach Absatz 1 Satz 1 und 2 an die Behörden übermittelt, welche Daten zu dieser Person in der Antiterrordatei gespeichert haben. [2] Diese übermitteln der zuständigen Auslandsvertretung über das Bundesverwaltungsamt unverzüglich einen Hinweis, wenn Versagungsgründe nach § 5 Absatz 4 oder sonstige Sicherheitsbedenken gegen die Erteilung des Visums vorliegen.

(4) [1] Die bei der besonderen Organisationseinheit im Bundesverwaltungsamt gespeicherten Daten nach Absatz 1 Satz 1 und 2 werden nach Durchführung des Abgleichs nach Absatz 2 Satz 1 unverzüglich gelöscht; wenn der Abgleich einen Treffer ergibt, bleibt nur das Visumaktenzeichen gespeichert. [2] Dieses wird gelöscht, sobald bei der besonderen Organisationseinheit im Bundesverwaltungsamt feststeht, dass eine Mitteilung nach Absatz 3 Satz 2 an die Auslandsvertretung nicht zu erfolgen hat, andernfalls dann, wenn die Mitteilung erfolgt ist.

(5) [1] Die in Absatz 3 Satz 1 genannten Behörden dürfen die ihnen übermittelten Daten verarbeiten, soweit dies zur Erfüllung ihrer gesetzlichen Aufgaben erforderlich ist. [2] Übermittlungsregelungen nach anderen Gesetzen bleiben unberührt.

(6) [1] Das Bundesverwaltungsamt stellt sicher, dass im Fall eines Treffers der Zeitpunkt des Datenabgleichs, die Angaben, die die Feststellung der abgeglichenen Datensätze ermöglichen, das Ergebnis des Datenabgleichs, die Weiterleitung des Datensatzes und die Verarbeitung des Datensatzes zum Zwecke der Datenschutzkontrolle protokolliert werden. [2] Die Protokolldaten sind durch geeignete Maßnahmen gegen unberechtigten Zugriff zu sichern und am Ende des Kalenderjahres, das dem Jahr ihrer Erstellung folgt, zu vernichten, sofern sie nicht für ein bereits eingeleitetes Kontrollverfahren benötigt werden.

---

1) Nr. **246**.

(7) Das Bundesverwaltungsamt hat dem jeweiligen Stand der Technik entsprechende technische und organisatorische Maßnahmen nach den Artikeln 24, 25 und 32 der Verordnung (EU) 2016/679 zur Sicherung von Datenschutz und Datensicherheit zu treffen, die insbesondere die Vertraulichkeit und die Unversehrtheit der in der besonderen Organisationseinheit gespeicherten und übermittelten Daten gewährleisten.

(8) [1]Die datenschutzrechtliche Verantwortung für das Vorliegen der Voraussetzungen nach Absatz 2 Satz 1 trägt die Behörde, die die Daten in die Antiterrordatei eingegeben hat. [2]Die datenschutzrechtliche Verantwortung für die Durchführung des Abgleichs trägt das Bundesverwaltungsamt. [3]Das Bundeskriminalamt ist datenschutzrechtlich dafür verantwortlich, dass die übermittelten Daten den aktuellen Stand in der Antiterrordatei widerspiegeln.

(9) [1]Die Daten nach Absatz 2 Satz 2 werden berichtigt, wenn sie in der Antiterrordatei berichtigt werden. [2]Sie werden gelöscht, wenn die Voraussetzungen ihrer Speicherung nach Absatz 2 Satz 1 entfallen sind oder die Daten in der Antiterrordatei gelöscht wurden. [3]Für die Prüfung des weiteren Vorliegens der Voraussetzungen für die Speicherung der Daten nach Absatz 2 Satz 2 gilt § 11 Absatz 4 des Antiterrordateigesetzes entsprechend.

§ 73[1)] Sonstige Beteiligungserfordernisse im Visumverfahren, im Registrier- und Asylverfahren und bei der Erteilung von Aufenthaltstiteln; Prüfung von Personen. (1) [1]Daten, die im Visumverfahren von der deutschen Auslandsvertretung oder von der für die Entgegennahme des Visumantrags zuständigen Auslandsvertretung eines anderen Schengen-Staates zur visumantragstellenden Person, zum Einlader und zu Personen, die durch Abgabe einer Verpflichtungserklärung oder in anderer Weise die Sicherung des Lebensunterhalts garantieren, oder zu sonstigen Referenzpersonen im Inland erhoben werden, können über das Bundesverwaltungsamt zur Feststellung von Versagungsgründen nach § 5 Absatz 4, § 27 Absatz 3a oder zur Prüfung von sonstigen Sicherheitsbedenken an den Bundesnachrichtendienst, das Bundesamt für Verfassungsschutz, den Militärischen Abschirmdienst, das Bundeskriminalamt, die Bundespolizei und das Zollkriminalamt übermittelt werden. [2]Das Verfahren nach § 21 des Ausländerzentralregistergesetzes[2)] bleibt unberührt. [3]In den Fällen des § 14 Abs. 2 kann die jeweilige mit der polizeilichen Kontrolle des grenzüberschreitenden Verkehrs beauftragte Behörde die im Visumverfahren erhobenen Daten an die in Satz 1 genannten Behörden übermitteln.

[1)] § 73 Abs. 2 neu gef. mWv 1.5.2008, Abs. 1 Satz 1 neu gef., Satz 2 aufgeh., bish. Sätze 3 und 4 werden Sätze 2 und 3 mWv 1.2.2009 durch G v. 19.8.2007 (BGBl. I S. 1970); Abs. 2 Satz 2 angef., bish. Wortlaut wird Satz 1 und geänd., Abs. 3 Sätze 1–3 geänd. mWv 26.11.2011 durch G v. 22.11.2011 (BGBl. I S. 2258); Überschrift., Abs. 1 Satz 1 geänd., Abs. 1a eingef., Abs. 2 Satz 1, Abs. 3 Satz 1 geänd., Abs. 3a eingef., Abs. 4 geänd. mWv 5.2.2016 durch G v. 2.2.2016 (BGBl. I S. 130); Abs. 1 Satz 1 geänd., Abs. 3b eingef. mWv 1.8.2018 durch G v. 12.7.2018 (BGBl. I S. 1147); Abs. 1 Satz 1, Abs. 1a Satz 1 geänd., Abs. 1a Sätze 2–4 eingef., bish. Satz 2 wird Satz 5 und geänd., Abs. 2 Satz 1 geänd., Abs. 3a Sätze 6–8 eingef., bish. Satz 6 wird Satz 9, Abs. 4 neu gef. mWv 9.8.2019 durch G v. 4.8.2019 (BGBl. I S. 1131); Abs. 3c eingef. mWv 1.3.2020 durch G v. 15.8.2019 (BGBl. I S. 1307); Abs. 3 Satz 3, Abs. 3a Satz 4 geänd. mWv 26.11.2019 durch G v. 20.11.2019 (BGBl. I S. 1626); Abs. 1a Satz 1, Abs. 3a Satz 1 geänd. mWv 31.10.2024 durch G v. 25.10.2024 (BGBl. 2024 I Nr. 332); Überschrift, Abs. 1a Satz 1 neu gef., Satz 2 geänd., Satz 3 Nr. 1 und 3, Abs. 3a Sätze 1 und 2, Abs. 4 Satz 1 neu gef., Abs. 5–7 angef. mWv 12.6.2026 durch G v. 23.4.2026 (BGBl. 2026 I Nr. 111).

[2)] **Sartorius ErgBd. Nr. 569.**

(1a) [1]Daten, die zur Sicherung, Feststellung und Überprüfung der Identität nach § 16 Absatz 1 Satz 1 des Asylgesetzes[1)] und nach § 49 zu Personen nach § 2 Absatz 1a und 2 Nummer 1 des AZR-Gesetzes erhoben werden oder bereits gespeichert wurden, können über das Bundesverwaltungsamt

1. zur Feststellung von Versagungsgründen nach Artikel 12 Absatz 2 und 3 und Artikel 17 Absatz 1 und 2 der Verordnung (EU) 2024/1347, nach § 60 Absatz 8 Nummer 1 dritte Alternative oder Nummer 2, Absatz 8a oder 8b sowie § 5 Absatz 4,
2. für die Identifizierung oder Verifizierung der Identität einer Person nach Artikel 14 der Verordnung (EU) 2024/1356,
3. für die Durchführung einer Sicherheitskontrolle gemäß Artikel 15 Absatz 1 der Verordnung (EU) 2024/1356,
4. zur Prüfung des Vorliegens einer Bedrohung für die innere Sicherheit gemäß Artikel 16 Absatz 4 Unterabsatz 1 und 2, gemäß Artikel 67 Absatz 8 der Verordnung (EU) 2024/1351 oder
5. zur Prüfung von sonstigen Sicherheitsbedenken

an den Bundesnachrichtendienst, das Bundesamt für Verfassungsschutz, den Militärischen Abschirmdienst, das Bundeskriminalamt, die Bundespolizei und das Zollkriminalamt übermittelt werden. [2]Die in Satz 1 genannten Daten können über das Bundesverwaltungsamt zur Feststellung der in Satz 1 genannten Versagungsgründe oder zur Prüfung sonstiger Sicherheitsbedenken auch für die Prüfung, ob die Voraussetzungen für einen Entzug nach Artikel 65 der Verordnung (EU) 2024/1348 oder einen Widerruf oder eine Rücknahme nach § 73b des Asylgesetzes vorliegen, an die in Satz 1 genannten Sicherheitsbehörden und Nachrichtendienste übermittelt werden. [3]Ebenso können Daten, die zur Sicherung, Feststellung und Überprüfung der Identität

1. nach § 16 Absatz 1 Satz 1 des Asylgesetzes, § 49 Absatz 5 Nummer 5, Absatz 8 und 9 erhoben oder nach den Artikeln 39, 41 und 49 der Verordnung (EU) 2024/1351 von einem anderen Mitgliedstaat an die Bundesrepublik Deutschland übermittelt wurden zu Personen, für die ein Aufnahmegesuch oder eine Wiederaufnahmemitteilung eines anderen Mitgliedstaates an die Bundesrepublik Deutschland nach der Verordnung (EU) 2024/1351 gestellt wurde,
2. nach § 49 Absatz 5 Nummer 6 zu Personen erhoben wurden, die für ein Aufnahmeverfahren nach § 23 oder die Gewährung von vorübergehendem Schutz nach § 24 vorgeschlagen und von dem Bundesamt für Migration und Flüchtlinge in die Prüfung über die Erteilung einer Aufnahmezusage einbezogen wurden, oder
3. nach § 49 Absatz 5 Nummer 6 erhoben oder nach Artikel 67 Absatz 7 der Verordnung (EU) 2024/1351 von einem anderen Mitgliedstaat für ein Übernahmeverfahren übermittelt wurden oder von einem anderen Mitgliedstaat an die Bundesrepublik Deutschland übermittelt wurden zu Personen, die auf Grund von Maßnahmen nach Artikel 78 Absatz 3 des Vertrags über die Arbeitsweise der Europäischen Union (AEUV)[2)] in das Bundesgebiet umverteilt werden sollen und vom Bundesamt für Migration und Flüchtlinge in die Prüfung über die Erteilung einer Aufnahmezusage oder die Bestätigung einer Übernahme einbezogen wurden,

---

1) Nr. **567**.
2) Nr. **1001**.

über das Bundesverwaltungsamt zur Feststellung von Versagungsgründen oder zur Prüfung sonstiger Sicherheitsbedenken an die in Satz 1 benannten Behörden übermittelt werden. [4]Zusammen mit den Daten nach Satz 1 können zu den dort genannten Personen dem Bundeskriminalamt für die Erfüllung seiner gesetzlichen Aufgaben die Daten nach § 3 Absatz 1 Nummer 1 und 3 des AZR-Gesetzes, Angaben zum Zuzug oder Fortzug und zum aufenthaltsrechtlichen Status sowie Daten nach § 3 Absatz 2 Nummer 6 und 9 des AZR-Gesetzes übermittelt werden. [5]Zu den Zwecken nach den Sätzen 1 bis 3 ist auch ein Abgleich mit weiteren Datenbeständen beim Bundesverwaltungsamt zulässig.

(2) [1]Die Ausländerbehörden können zur Feststellung von Versagungsgründen gemäß § 5 Abs. 4 oder zur Prüfung von sonstigen Sicherheitsbedenken vor der Erteilung oder Verlängerung eines Aufenthaltstitels oder einer Duldung oder Aufenthaltsgestattung die bei ihnen gespeicherten personenbezogenen Daten zu den betroffenen Personen über das Bundesverwaltungsamt an den Bundesnachrichtendienst, das Bundesamt für Verfassungsschutz, den Militärischen Abschirmdienst, das Bundeskriminalamt, die Bundespolizei und das Zollkriminalamt sowie an das Landesamt für Verfassungsschutz und das Landeskriminalamt oder die zuständigen Behörden der Polizei übermitteln. [2]Das Bundesamt für Verfassungsschutz kann bei Übermittlungen an die Landesämter für Verfassungsschutz technische Unterstützung leisten.

(3) [1]Die in den Absätzen 1 und 2 genannten Sicherheitsbehörden und Nachrichtendienste teilen dem Bundesverwaltungsamt unverzüglich mit, ob Versagungsgründe nach § 5 Abs. 4 oder sonstige Sicherheitsbedenken vorliegen; bei der Übermittlung von Mitteilungen der Landesämter für Verfassungsschutz zu Anfragen der Ausländerbehörden nach Absatz 2 kann das Bundesamt für Verfassungsschutz technische Unterstützung leisten. [2]Die deutschen Auslandsvertretungen und Ausländerbehörden übermitteln den in Satz 1 genannten Sicherheitsbehörden und Nachrichtendiensten unverzüglich die Gültigkeitsdauer der erteilten und verlängerten Aufenthaltstitel; werden den in Satz 1 genannten Behörden während des Gültigkeitszeitraums des Aufenthaltstitels Versagungsgründe nach § 5 Abs. 4 oder sonstige Sicherheitsbedenken bekannt, teilen sie dies der zuständigen Ausländerbehörde oder der zuständigen Auslandsvertretung unverzüglich mit. [3]Die in Satz 1 genannten Behörden dürfen die übermittelten Daten verarbeiten, soweit dies zur Erfüllung ihrer gesetzlichen Aufgaben erforderlich ist. [4]Übermittlungsregelungen nach anderen Gesetzen bleiben unberührt.

(3a) [1]Die in Absatz 1a genannten Sicherheitsbehörden und Nachrichtendienste teilen dem Bundesverwaltungsamt unverzüglich mit, ob

1. Versagungsgründe nach den Artikeln 12 Absatz 2 und 3 und Artikel 17 Absatz 1 und 2 der Verordnung (EU) 2024/1347, nach § 60 Absatz 8 Nummer 1 dritte Alternative oder Nummer 2, Absatz 8a oder 8b sowie nach § 5 Absatz 4,
2. für die Identifizierung oder Verifizierung der Identität einer Person nach Artikel 14 der Verordnung (EU) 2024/1356 relevante biometrische und sonstige personenbezogene Daten,
3. Anhaltspunkte für eine Bedrohung der inneren Sicherheit gemäß Artikel 15 Absatz 1 der Verordnung (EU) 2024/1356 oder gemäß Artikel 16 Absatz 4 Unterabsatz 1 und 2 der Verordnung (EU) 2024/1351,
4. Ausschlussgründe nach Artikel 6 Absatz 1 Unterabsatz 1 Buchstabe b und c und Absatz 2 Buchstabe b in Verbindung mit Artikel 9 Absatz 6 der Verordnung (EU) 2024/1350 oder gemäß Artikel 67 Absatz 8 der Verordnung (EU) 2024/1351 oder

5. sonstige Sicherheitsbedenken

vorliegen. [2]Das Bundesverwaltungsamt stellt den für das Asylverfahren, den für aufenthaltsrechtliche Entscheidungen sowie den nach § 71 Absatz 3 Nummer 9 oder Absatz 4a zuständigen Behörden diese Information unverzüglich zur Verfügung. [3]Die infolge der Übermittlung nach Absatz 1a und den Sätzen 1 und 2 erforderlichen weiteren Übermittlungen zwischen den in Satz 1 genannten Behörden und den für das Asylverfahren sowie für die aufenthaltsrechtlichen Entscheidungen zuständigen Behörden dürfen über das Bundesverwaltungsamt erfolgen. [4]Die in Satz 1 genannten Behörden dürfen die ihnen übermittelten Daten verarbeiten, soweit dies zur Erfüllung ihrer gesetzlichen Aufgaben erforderlich ist. [5]Das Bundesverwaltungsamt speichert die übermittelten Daten, solange es für Zwecke des Sicherheitsabgleiches erforderlich ist. [6]Das Bundeskriminalamt prüft unverzüglich, ob die nach Absatz 1a Satz 4 übermittelten Daten der betroffenen Person den beim Bundeskriminalamt gespeicherten personenbezogenen Daten zu einer Person zugeordnet werden können, die zur Fahndung ausgeschrieben ist. [7]Ist dies nicht der Fall, hat das Bundeskriminalamt die nach Absatz 1a Satz 4 übermittelten Daten der betroffenen Person unverzüglich zu löschen. [8]Ergebnisse zu Abgleichen nach Absatz 1a Satz 5, die der Überprüfung, Feststellung oder Sicherung der Identität dienen, können neben den für das Registrier- und Asylverfahren sowie für die aufenthaltsrechtliche Entscheidung zuständigen Behörden auch der Bundespolizei, dem Bundeskriminalamt und den zuständigen Behörden der Polizei übermittelt werden. [9]Übermittlungsregelungen nach anderen Gesetzen bleiben unberührt.

(3b) [1]Die in Absatz 1 genannten Sicherheitsbehörden und Nachrichtendienste teilen dem Bundesverwaltungsamt unverzüglich mit, ob Versagungsgründe nach § 27 Absatz 3a vorliegen. [2]Werden den in Satz 1 genannten Behörden während des nach Absatz 3 Satz 2 mitgeteilten Gültigkeitszeitraums des Aufenthaltstitels Versagungsgründe nach § 27 Absatz 3a bekannt, teilen sie dies der zuständigen Ausländerbehörde oder der zuständigen Auslandsvertretung unverzüglich mit. [3]Die in Satz 1 genannten Behörden dürfen die übermittelten Daten verarbeiten, soweit dies zur Erfüllung ihrer gesetzlichen Aufgaben erforderlich ist. [4]Übermittlungsregelungen nach anderen Gesetzen bleiben unberührt.

(3c) [1]In Fällen der Mobilität nach den §§ 16c, 18e und 19a kann das Bundesamt für Migration und Flüchtlinge zur Feststellung von Ausweisungsinteressen im Sinne von § 54 Absatz 1 Nummer 2 und 4 und zur Prüfung von sonstigen Sicherheitsbedenken die bei ihm gespeicherten personenbezogenen Daten zu den betroffenen Personen über das Bundesverwaltungsamt an die in Absatz 2 genannten Sicherheitsbehörden übermitteln. [2]Die in Absatz 2 genannten Sicherheitsbehörden teilen dem Bundesverwaltungsamt unverzüglich mit, ob Ausweisungsinteressen im Sinne von § 54 Absatz 1 Nummer 2 oder 4 oder sonstige Sicherheitsbedenken vorliegen. [3]Die in Satz 1 genannten Behörden dürfen die übermittelten Daten speichern und nutzen, soweit dies zur Erfüllung ihrer gesetzlichen Aufgaben erforderlich ist. [4]Übermittlungsregelungen nach anderen Gesetzen bleiben unberührt.

(4) [1]Soweit nicht ein Fall von Artikel 16 Absatz 4 Unterabsatz 1 und 2 oder Artikel 67 der Verordnung (EU) 2024/1351 oder von Artikel 14 oder Artikel 15 der Verordnung (EU) 2024/1356 vorliegt, bestimmt das Bundesministerium des *Innern unter Berücksichtigung* der aktuellen Sicherheitslage durch allgemeine Verwaltungsvorschriften, in welchen Fällen gegenüber Staatsangehörigen bestimmter Staaten sowie Angehörigen von in sonstiger Weise bestimmten Personengruppen von der Ermächtigung der Absätze 1 und 1a Gebrauch gemacht wird. [2]In

den Fällen des Absatzes 1 erfolgt dies im Einvernehmen mit dem Auswärtigen Amt.

(5) [1] Bei der Überprüfung von Personen im Ausland, die für ein Aufnahmeverfahren nach § 23 Absatz 2 und 4 vorgeschlagen und von dem Bundesamt für Migration und Flüchtlinge in die Prüfung über die Erteilung einer Aufnahmezusage einbezogen wurden oder für eine Übernahme im Sinne des § 22a des Asylgesetzes von dem Bundesamt für Migration und Flüchtlinge vorgesehen sind, kann das Bundesamt für Verfassungsschutz auch eine persönliche Anhörung der betreffenden Person durchführen zur Überprüfung, ob Ausschlussgründe nach Artikel 6 Absatz 1 Unterabsatz 1 Buchstabe b und c, Absatz 2 Buchstabe b in Verbindung mit Artikel 9 Absatz 6 der Verordnung (EU) 2024/1350 oder nach Artikel 67 Absatz 8 der Verordnung (EU) 2024/1351 vorliegen. [2] An der Gestaltung solcher Anhörungen ist das Auswärtige Amt zu beteiligen. [3] Die Bundespolizei und das Bundeskriminalamt können das Bundesamt für Verfassungsschutz bei der Prüfung nach Satz 1 unterstützen. [4] Das Bundesamt für Verfassungsschutz teilt dem Bundesamt für Migration und Flüchtlinge zum Zwecke der Entscheidung über die Aufnahme oder Übernahme mit, ob Erkenntnisse zu den in Satz 1 genannten Ausschlussgründen vorliegen. [5] Das Bundesamt für Migration und Flüchtlinge übermittelt die Entscheidung über die Aufnahme oder Übernahme und die sie tragenden Gründe an das Bundesamt für Verfassungsschutz, die Bundespolizei und das Bundeskriminalamt, soweit es für die Aufgabenwahrnehmung dieser Behörden erforderlich ist, sowie an das Auswärtige Amt, soweit es für das Visumverfahren erforderlich ist. [6] Die in den Sätzen 1 und 3 bis 5 genannten Behörden dürfen zum Zwecke der Feststellung der in Satz 1 genannten Ausschlussgründe erhobene oder übermittelte Daten verarbeiten, soweit dies zur Erfüllung ihrer gesetzlichen Aufgaben erforderlich ist. [7] Übermittlungsregelungen nach anderen Vorschriften bleiben unberührt.

(6) [1] Die Bundespolizei oder das Bundeskriminalamt können in Aufnahme- und Übernahmeverfahren im Sinne des Absatzes 5 zum Zwecke der Identitätsfeststellung und zur Überprüfung, ob Ausschlussgründe nach Artikel 6 Absatz 1 Buchstabe b bis d, Absatz 2 Buchstabe b in Verbindung mit Artikel 9 Absatz 6 der Verordnung (EU) 2024/1350 oder nach Artikel 67 Absatz 8 der Verordnung (EU) 2024/1351 vorliegen, personenbezogene Daten mit dem Inhalt von Dateien abgleichen, die sie zur Erfüllung der ihnen obliegenden Aufgaben führen oder für die sie die Berechtigung zum Abruf haben. [2] Die Behörde nach Satz 1 teilt dem Bundesamt für Verfassungsschutz zum Zwecke der persönlichen Anhörung nach Absatz 5 Satz 1 und dem Bundesamt für Migration und Flüchtlinge zum Zwecke der Entscheidung über die Übernahme oder Aufnahme sowie dem Auswärtigen Amt zum Zwecke der Identitätsklärung im Visumverfahren mit, ob Erkenntnisse zur Identität der überprüften Person oder zu den in Satz 1 genannten Ausschlussgründen vorliegen. [3] Die Behörde nach Satz 1 übermittelt zudem dem Bundesamt für Verfassungsschutz, dem Bundesamt für Migration und Flüchtlinge, der Bundespolizei und dem Bundeskriminalamt die im Rahmen des Abgleichs nach Satz 1 verarbeiteten Daten, soweit es für die Aufgabenerfüllung dieser Behörden erforderlich ist. [4] Die in den Sätzen 1 bis 3 genannten Behörden dürfen zum Zwecke der Feststellung der in Satz 1 genannten Ausschlussgründe erhobene oder übermittelte Daten verarbeiten, soweit dies zur Erfüllung ihrer gesetzlichen Aufgaben erforderlich ist. [5] Übermittlungsregelungen nach anderen Vorschriften bleiben unberührt.

(7) [1] Die Absätze 5 und 6 gelten bei Verfahren zur Einreise und zur Aufnahme nach § 7 Absatz 1 Satz 3 und § 22 entsprechend, wenn auf Grund tatsächlicher

Anhaltspunkte zu erwarten ist, dass aus dem Herkunftsland im Rahmen des jeweiligen Verfahrens Personen in das Bundesgebiet einreisen, bei denen Ausschlussgründe im Sinne des Artikels 6 Absatz 1 Unterabsatz 1 Buchstabe b und c der Verordnung (EU) 2024/1350 vorliegen. [2] Die Entscheidung über die Durchführung einer persönlichen Anhörung nach Satz 1 ergeht im Einvernehmen zwischen dem Bundesministerium des Innern und dem Auswärtigen Amt.

§ 73a[1)] Unterrichtung über die Erteilung von Visa. (1) [1] Unterrichtungen der anderen Schengen-Staaten über erteilte Visa gemäß Artikel 31 der Verordnung (EG) Nr. 810/2009 können über die zuständige Stelle an den Bundesnachrichtendienst, das Bundesamt für Verfassungsschutz, den Militärischen Abschirmdienst, das Bundeskriminalamt und das Zollkriminalamt zur Prüfung übermittelt werden, ob der Einreise und dem Aufenthalt des Visuminhabers die in § 5 Absatz 4 genannten Gründe oder sonstige Sicherheitsbedenken entgegenstehen. [2] Unterrichtungen der deutschen Auslandsvertretungen über erteilte Visa, deren Erteilung nicht bereits eine Datenübermittlung gemäß § 73 Absatz 1 vorangegangen ist, können zu dem in Satz 1 genannten Zweck über die zuständige Stelle an die in Satz 1 genannten Behörden übermittelt werden; Daten zu anderen Personen als dem Visuminhaber werden nicht übermittelt. [3] § 73 Absatz 3 Satz 3 und 4 gilt entsprechend.

(2) Das Bundesministerium des Innern, für Bau und Heimat bestimmt im Benehmen mit dem Auswärtigen Amt und unter Berücksichtigung der aktuellen Sicherheitslage durch allgemeine Verwaltungsvorschrift, in welchen Fällen gegenüber Staatsangehörigen bestimmter Staaten sowie Angehörigen von in sonstiger Weise bestimmten Personengruppen von der Ermächtigung des Absatzes 1 Gebrauch gemacht wird.

§ 73b[2)] Überprüfung der Zuverlässigkeit von im Visumverfahren tätigen Personen und Organisationen. (1) [1] Das Auswärtige Amt überprüft die Zuverlässigkeit von Personen auf Sicherheitsbedenken, denen im Visumverfahren die Erfüllung einer oder mehrerer Aufgaben, insbesondere die Erfassung der biometrischen Identifikatoren, anvertraut ist oder werden soll und die weder entsandte oder im Inland beschäftigte Angehörige des Auswärtigen Dienstes noch Beschäftigte des Bundesamts für Auswärtige Angelegenheiten sind (Betroffene). [2] Anlassbezogen und in regelmäßigen Abständen unterzieht das Auswärtige Amt die Zuverlässigkeit des in Satz 1 genannten Personenkreises einer Wiederholungsprüfung. [3] Die Überprüfung der Zuverlässigkeit erfolgt nach vorheriger schriftlicher Zustimmung des Betroffenen.

(2) [1] Zur Überprüfung der Zuverlässigkeit erhebt die deutsche Auslandsvertretung Namen, Vornamen, Geburtsnamen und sonstige Namen, Geschlecht, Geburtsdatum und -ort, Staatsangehörigkeit, Wohnsitz und Angaben zum Identitätsdokument (insbesondere Art und Nummer) des Betroffenen und übermittelt diese über das Auswärtige Amt zur Prüfung von Sicherheitsbedenken an die Polizeivollzugs- und Verfassungsschutzbehörden des Bundes, den Bundesnachrichtendienst, den Militärischen Abschirmdienst, das Bundeskriminalamt und das Zollkriminalamt. [2] Die in Satz 1 genannten Sicherheitsbehörden und Nachrichtendienste teilen dem Auswärtigen Amt unverzüglich mit, ob Sicherheitsbedenken vorliegen.

[1)] § 73a eingef. mWv 26.11.2011 durch G v. 22.11.2011 (BGBl. I S. 2258); Abs. 2 geänd. mWv 27.6.2020 durch VO v. 19.6.2020 (BGBl. I S. 1328).

[2)] § 73b eingef. mWv 1.8.2015 durch G v. 27.7.2015 (BGBl. I S. 1386); Abs. 1 Satz 1 geänd. mWv 24.6.2020 durch G v. 12.6.2020 (BGBl. I S. 1241).

(3) [1]Die in Absatz 2 genannten Sicherheitsbehörden und Nachrichtendienste dürfen die übermittelten Daten nach den für sie geltenden Gesetzen für andere Zwecke verarbeiten, soweit dies zur Erfüllung ihrer gesetzlichen Aufgaben erforderlich ist. [2]Übermittlungsregelungen nach anderen Gesetzen bleiben unberührt.

(4) Ohne eine abgeschlossene Zuverlässigkeitsüberprüfung, bei der keine Erkenntnisse über eine mögliche Unzuverlässigkeit zutage treten, darf der Betroffene seine Tätigkeit im Visumverfahren nicht aufnehmen.

(5) [1]Ist der Betroffene für eine juristische Person, insbesondere einen externen Dienstleistungserbringer tätig, überprüft das Auswärtige Amt auch die Zuverlässigkeit der juristischen Person anhand von Firma, Bezeichnung, Handelsregistereintrag der juristischen Person nebst vollständiger Anschrift (lokale Niederlassung und Hauptsitz). [2]Das Auswärtige Amt überprüft auch die Zuverlässigkeit des Inhabers und der Geschäftsführer der juristischen Person in dem für die Zusammenarbeit vorgesehenen Land. [3]Absatz 1 Satz 2 und 3 und die Absätze 2 bis 4 gelten entsprechend.

§ 73c[1)] Zusammenarbeit mit externen Dienstleistungserbringern. [1]Die deutschen Auslandsvertretungen können im Verfahren zur Beantragung nationaler Visa nach Kapitel 2 Abschnitt 3 und 4 mit einem externen Dienstleistungserbringer entsprechend Artikel 43 der Verordnung (EG) Nr. 810/2009 zusammenarbeiten. [2]Satz 1 gilt auch für Visumanträge des Ehegatten oder Lebenspartners und minderjähriger lediger Kinder zum Zweck des Familiennachzugs zu einem Ausländer, der einen Visumantrag nach Satz 1 gestellt hat, wenn die Ehe oder die Lebenspartnerschaft bereits bestand oder das Verwandtschaftsverhältnis bereits begründet war, als der Ausländer seinen Lebensmittelpunkt in das Bundesgebiet verlegt hat.

§ 74[2)] Beteiligung des Bundes; Weisungsbefugnis. (1) Ein Visum kann zur Wahrung politischer Interessen des Bundes mit der Maßgabe erteilt werden, dass die Verlängerung des Visums und die Erteilung eines anderen Aufenthaltstitels nach Ablauf der Geltungsdauer des Visums sowie die Aufhebung und Änderung von Auflagen, Bedingungen und sonstigen Beschränkungen, die mit dem Visum verbunden sind, nur im Benehmen oder Einvernehmen mit dem Bundesministerium des Innern, für Bau und Heimat oder der von ihm bestimmten Stelle vorgenommen werden dürfen.

(2) Die Bundesregierung kann Einzelweisungen zur Ausführung dieses Gesetzes und der auf Grund dieses Gesetzes erlassenen Rechtsverordnungen erteilen, wenn

1. die Sicherheit der Bundesrepublik Deutschland oder sonstige erhebliche Interessen der Bundesrepublik Deutschland es erfordern,
2. durch ausländerrechtliche Maßnahmen eines Landes erhebliche Interessen eines anderen Landes beeinträchtigt werden,
3. eine Ausländerbehörde einen Ausländer ausweisen will, der zu den bei konsularischen und diplomatischen Vertretungen vom Erfordernis eines Aufenthaltstitels befreiten Personen gehört.

[1)] § 73c eingef. mWv 1.8.2015 durch G v. 27.7.2015 (BGBl. I S. 1386); Satz 2 angef. mWv 24.6.2020 durch G v. 12.6.2020 (BGBl. I S. 1241).

[2)] § 74 Abs. 1 geänd. mWv 27.6.2020 durch VO v. 19.6.2020 (BGBl. I S. 1328).

Abschnitt 1a. Durchbeförderung

§ 74a[1] Durchbeförderung von Ausländern. [1] Ausländische Staaten dürfen Ausländer aus ihrem Hoheitsgebiet über das Bundesgebiet in einen anderen Staat zurückführen oder aus einem anderen Staat über das Bundesgebiet wieder in ihr Hoheitsgebiet zurückübernehmen, wenn ihnen dies von den zuständigen Behörden gestattet wurde (Durchbeförderung). [2] Die Durchbeförderung erfolgt auf der Grundlage zwischenstaatlicher Vereinbarungen und Rechtsvorschriften der Europäischen Union. [3] Zentrale Behörde nach Artikel 4 Abs. 5 der Richtlinie 2003/110/EG ist die in der Rechtsverordnung nach § 58 Abs. 1 des Bundespolizeigesetzes[2] bestimmte Bundespolizeibehörde. [4] Der durchbeförderte Ausländer hat die erforderlichen Maßnahmen im Zusammenhang mit seiner Durchbeförderung zu dulden.

Abschnitt 2. Bundesamt für Migration und Flüchtlinge

§ 75[3] Aufgaben. Das Bundesamt für Migration und Flüchtlinge hat unbeschadet der Aufgaben nach anderen Gesetzen folgende Aufgaben:

1. Zentrale Erstansprechstelle für die Bearbeitung von allgemeinen und individuellen Anfragen betreffend die Einreise und den Aufenthalt insbesondere zum Zweck der Ausbildung und Erwerbstätigkeit einschließlich der Koordinierung der Auskünfte zwischen den zuständigen Behörden und Einrichtungen; dies umfasst die zentrale Beantwortung und Erfassung von individuellen Anfragen zu laufenden Anträgen, die Erfassung und Auswertung von Schwierigkeiten im Einwanderungsprozess sowie die Bereitstellung von Auskünften, Informationen und strukturierten Berichten an andere Ressorts, um gemeinsam Vorschläge zur Verfahrensoptimierung entwickeln zu können;
2. a) Entwicklung von Grundstruktur und Lerninhalten des Integrationskurses nach § 43 Abs. 3 und der berufsbezogenen Deutschsprachförderung nach § 45a,
   b) deren Durchführung und
   c) Maßnahmen nach § 9 Abs. 5 des Bundesvertriebenengesetzes[4];
3. fachliche Zuarbeit für die Bundesregierung auf dem Gebiet der Integrationsförderung und der Erstellung von Informationsmaterial über Integrationsangebote von Bund, Ländern und Kommunen für Ausländer und Spätaussiedler;
4. Betreiben wissenschaftlicher Forschungen über Migrationsfragen (Begleitforschung) zur Gewinnung analytischer Aussagen für die Steuerung der Zuwanderung;

4a. Betreiben wissenschaftlicher Forschungen über Integrationsfragen;

---

[1] § 74a Satz 3 geänd. mWv 1.3.2008 durch G v. 26.2.2008 (BGBl. I S. 215); Satz 2 geänd. mWv 26.11.2011 durch G v. 22.11.2011 (BGBl. I S. 2258).

[2] Nr. **90**.

[3] § 75 Nr. 5 geänd. mWv 26.11.2011 durch G v. 22.11.2011 (BGBl. I S. 2258); Nr. 5 geänd. mWv 1.8.2012 durch G v. 1.6.2012 (BGBl. I S. 1224); Nr. 7 neu gef. mWv 6.9.2013 durch G v. 29.8.2013 (BGBl. I S. 3484); Nr. 8 und 11 geänd., Nr. 12 angef. mWv 1.8.2015 durch G v. 27.7.2015 (BGBl. I S. 1386); Nr. 2 Buchst. a und Nr. 12 geänd. mWv 24.10.2015 durch G v. 20.10.2015 (BGBl. I S. 1722); Nr. 4a eingef. mWv 6.8.2016 durch G v. 31.7.2016 (BGBl. I S. 1939); Nr. 5 geänd. mWv 1.8.2017 durch G v. 12.5.2017 (BGBl. I S. 1106); Nr. 12 geänd., Nr. 13 angef. mWv 21.8.2019 durch G v. 15.8.2019 (BGBl. I S. 1294); Nr. 5a eingef., Nr. 10 geänd. mWv 1.3.2020 durch G v. 15.8.2019 (BGBl. I S. 1307); Nr. 5, 10 geänd. mWv 18.11.2023; Nr. 1 neu gef. mWv 1.3.2024 durch G v. 16.8.2023 (BGBl. 2023 I Nr. 217); Nr. 6 neu gef. mWv 16.5.2024 durch G v. 8.5.2024 (BGBl. 2024 I Nr. 152); Nr. 8a eingef., Nr. 12 geänd. mWv 12.6.2026 durch G v. 23.4.2026 (BGBl. 2026 I Nr. 111).

[4] **Sartorius III Nr. 955.**

5. Zusammenarbeit mit den Verwaltungsbehörden der Mitgliedstaaten der Europäischen Union als Nationale Kontaktstelle und zuständige Behörde nach Artikel 27 der Richtlinie 2001/55/EG, Artikel 25 der Richtlinie 2003/109/EG, Artikel 28 der Richtlinie (EU) 2021/1883, Artikel 26 der Richtlinie 2014/66/EU und Artikel 37 der Richtlinie (EU) 2016/801 sowie für Mitteilungen nach § 51 Absatz 8a;

5a. Prüfung der Mitteilungen nach § 16c Absatz 1, § 18e Absatz 1 und § 19a Absatz 1 sowie Ausstellung der Bescheinigungen nach § 16c Absatz 4, § 18e Absatz 5 und § 19a Absatz 4 oder Ablehnung der Einreise und des Aufenthalts;

6. Datenerhebung und -verwendung im Fall vorübergehenden Schutzes;

7. Koordinierung der Programme und Mitwirkung an Projekten zur Förderung der freiwilligen Rückkehr sowie Auszahlung hierfür bewilligter Mittel;

8. die Durchführung des Aufnahmeverfahrens nach § 23 Abs. 2 und 4 und die Verteilung der nach § 23 sowie der nach § 22 Satz 2 aufgenommenen Ausländer auf die Länder;

8a. die Durchführung von Übernahmeverfahren gemäß den Artikeln 67, 68 und 69 der Verordnung (EU) 2024/1351 und die Verteilung der in diesem Verfahren übernommenen Ausländer auf die Länder;

9. Durchführung einer migrationsspezifischen Beratung nach § 45 Satz 1, soweit sie nicht durch andere Stellen wahrgenommen wird; hierzu kann es sich privater oder öffentlicher Träger bedienen;

10. Anerkennung von Forschungseinrichtungen zum Abschluss von Aufnahmevereinbarungen nach § 18d; das Bundesamt für Migration und Flüchtlinge wird durch einen Beirat bei der Durchführung seiner Aufgaben in der Forschungsmigration und der Fachkräfteeinwanderung unterstützt;

11. Koordinierung der Informationsübermittlung und Auswertung von Erkenntnissen der Bundesbehörden, insbesondere des Bundeskriminalamtes und des Bundesamtes für Verfassungsschutz, zu Ausländern, bei denen wegen Gefährdung der öffentlichen Sicherheit ausländer-, asyl- oder staatsangehörigkeitsrechtliche Maßnahmen in Betracht kommen;

12. Anordnung eines Einreise- und Aufenthaltsverbots nach § 11 Absatz 1 im Fall einer Abschiebungsandrohung nach § 34 des Asylgesetzes[1] oder einer Abschiebungsanordnung nach § 34a des Asylgesetzes sowie die Anordnung und Befristung eines Einreise- und Aufenthaltsverbots nach § 11 Absatz 7;

13. unbeschadet des § 71 Absatz 3 Nummer 7 die Beschaffung von Heimreisedokumenten für Ausländer im Wege der Amtshilfe.

§ 76 (weggefallen)

Abschnitt 3. Verwaltungsverfahren

§ 77[2] **Schriftform; Ausnahme von Formerfordernissen.** (1) [1]Die folgenden Verwaltungsakte bedürfen der Schriftform und sind mit Ausnahme der Nummer 5 mit einer Begründung zu versehen:

1. der Verwaltungsakt,

---

[1] Nr. **567**.

[2] § 77 Abs. 1 Sätze 1 und 2 geänd., Satz 3 neu gef., Satz 4, Abs. 2 Satz 2 und Abs. 3 angef. mWv 26.11.2011 durch G v. 22.11.2011 (BGBl. I S. 2258); Abs. 1 Satz 1 neu gef., Satz 2 aufgeh., bish. Sätze 3 und 4 werden Sätze 2 und 3 mWv 6.9.2013 durch G v. 29.8.2013 (BGBl. I S. 3484); Abs. 1 Satz 1 Nr. 7 geänd., Nr. 9 und Abs. 3 Satz 1 neu gef., Satz 5 eingef., bish. Satz 5 wird Satz 6 mWv 1.8.2015 durch G v. 27.7. →

a) durch den ein Passersatz, ein Ausweisersatz oder ein Aufenthaltstitel versagt, räumlich oder zeitlich beschränkt oder mit Bedingungen und Auflagen versehen wird oder

(Fortsetzung nächstes Blatt)

(Fortsetzung der Anm. von voriger Seite)
2015 (BGBl. I S. 1386); Abs. 1a eingef. mWv 1.8.2017 durch G v. 12.5.2017 (BGBl. I S. 1106); Abs. 1 Satz 1 Nr. 9 geänd. mWv 21.8.2019 durch G v. 15.8.2019 (BGBl. I S. 1294).

b) mit dem die Änderung oder Aufhebung einer Nebenbestimmung zum Aufenthaltstitel versagt wird, sowie

2. die Ausweisung,
3. die Abschiebungsanordnung nach § 58a Absatz 1 Satz 1,
4. die Androhung der Abschiebung,
5. die Aussetzung der Abschiebung,
6. Beschränkungen des Aufenthalts nach § 12 Absatz 4,
7. die Anordnungen nach den §§ 47 und 56,
8. die Rücknahme und der Widerruf von Verwaltungsakten nach diesem Gesetz sowie
9. die Entscheidung über die Anordnung eines Einreise- und Aufenthaltsverbots nach § 11.

[2] Einem Verwaltungsakt, mit dem ein Aufenthaltstitel versagt oder mit dem ein Aufenthaltstitel zum Erlöschen gebracht wird, sowie der Entscheidung über einen Antrag auf Befristung nach § 11 Absatz 1 Satz 3 ist eine Erklärung beizufügen. [3] Mit dieser Erklärung wird der Ausländer über den Rechtsbehelf, der gegen den Verwaltungsakt gegeben ist, und über die Stelle, bei der dieser Rechtsbehelf einzulegen ist, sowie über die einzuhaltende Frist belehrt; in anderen Fällen ist die vorgenannte Erklärung der Androhung der Abschiebung beizufügen.

(1a) [1] Im Zusammenhang mit der Erteilung einer ICT-Karte oder einer Mobiler-ICT-Karte sind zusätzlich der aufnehmenden Niederlassung oder dem aufnehmenden Unternehmen schriftlich mitzuteilen

1. die Versagung der Verlängerung einer ICT-Karte oder einer Mobiler-ICT-Karte,
2. die Rücknahme oder der Widerruf einer ICT-Karte oder einer Mobiler-ICT-Karte,
3. die Versagung der Verlängerung eines Aufenthaltstitels zum Zweck des Familiennachzugs zu einem Inhaber einer ICT-Karte oder einer Mobiler-ICT-Karte oder
4. die Rücknahme oder der Widerruf eines Aufenthaltstitels zum Zweck des Familiennachzugs zu einem Inhaber einer ICT-Karte oder einer Mobiler-ICT-Karte.

[2] In der Mitteilung nach Satz 1 Nummer 1 und 2 sind auch die Gründe für die Entscheidung anzugeben.

(2) [1] Die Versagung und die Beschränkung eines Visums und eines Passersatzes vor der Einreise bedürfen keiner Begründung und Rechtsbehelfsbelehrung; die Versagung an der Grenze bedarf auch nicht der Schriftform. [2] Formerfordernisse für die Versagung von Schengen-Visa richten sich nach der Verordnung (EG) Nr. 810/2009.

(3) [1] Dem Ausländer ist auf Antrag eine Übersetzung der Entscheidungsformel des Verwaltungsaktes, mit dem der Aufenthaltstitel versagt oder mit dem der Aufenthaltstitel zum Erlöschen gebracht oder mit dem eine Befristungsentscheidung nach § 11 getroffen wird, und der Rechtsbehelfsbelehrung kostenfrei in einer Sprache zur Verfügung zu stellen, die der Ausländer versteht oder bei der vernünftigerweise davon ausgegangen werden kann, dass er sie versteht. [2] Besteht die Ausreisepflicht aus einem anderen Grund, ist Satz 1 auf die Androhung der Abschiebung sowie auf die Rechtsbehelfsbelehrung, die dieser nach Absatz 1 Satz 3 beizufügen ist, entsprechend anzuwenden. [3] Die Übersetzung kann in mündlicher oder in schriftlicher Form zur Verfügung gestellt werden. [4] Eine Übersetzung muss dem Ausländer dann nicht vorgelegt werden, wenn er unerlaubt in das Bundesgebiet eingereist ist oder auf Grund einer strafrechtlichen Verurteilung ausgewiesen worden ist. [5] In den Fällen des Satzes 4 erhält der Ausländer ein Standardformular mit Erläuterungen, die in mindestens fünf der am häufigsten verwendeten oder verstandenen Sprachen bereitgehalten werden.

[6]Die Sätze 1 bis 3 sind nicht anzuwenden, wenn der Ausländer noch nicht eingereist oder bereits ausgereist ist.

§ 78[1)] Dokumente mit elektronischem Speicher- und Verarbeitungsmedium. (1) [1]Aufenthaltstitel nach § 4 Absatz 1 Satz 2 Nummer 2 bis 4 werden als eigenständige Dokumente mit elektronischem Speicher- und Verarbeitungsmedium ausgestellt. [2]Aufenthaltserlaubnisse, die nach Maßgabe des Abkommens zwischen der Europäischen Gemeinschaft und ihren Mitgliedstaaten einerseits und der Schweizerischen Eidgenossenschaft andererseits über die Freizügigkeit vom 21. Juni 1999 (ABl. L 114 vom 30.4.2002, S. 6) auszustellen sind, werden auf Antrag als Dokumente mit elektronischem Speicher- und Verarbeitungsmedium ausgestellt. [3]Dokumente nach den Sätzen 1 und 2 enthalten folgende sichtbar aufgebrachte Angaben:

1. Name und Vornamen,
2. Doktorgrad,
3. Lichtbild,
4. Geburtsdatum und Geburtsort,
5. Anschrift,
6. Gültigkeitsbeginn und Gültigkeitsdauer,
7. Ausstellungsort,
8. Art des Aufenthaltstitels oder Aufenthaltsrechts und dessen Rechtsgrundlage,
9. Ausstellungsbehörde,
10. Seriennummer des zugehörigen Passes oder Passersatzpapiers,
11. Gültigkeitsdauer des zugehörigen Passes oder Passersatzpapiers,
12. Anmerkungen,
13. Unterschrift,
14. Seriennummer,
15. Staatsangehörigkeit,
16. Geschlecht mit der Abkürzung „F" für Personen weiblichen Geschlechts, „M" für Personen männlichen Geschlechts und „X" in allen anderen Fällen,
17. Größe und Augenfarbe,
18. Zugangsnummer.

[4]Dokumente nach Satz 1 können unter den Voraussetzungen des § 48 Absatz 2 oder 4 als Ausweisersatz bezeichnet und mit dem Hinweis versehen werden, dass die Personalien auf den Angaben des Inhabers beruhen. [5]Die Unterschrift durch den Antragsteller nach Satz 3 Nummer 13 ist zu leisten, wenn er zum Zeitpunkt der Beantragung des Dokuments zehn Jahre oder älter ist. [6]Auf Antrag können Dokumente nach den Sätzen 1 und 2 bei einer Änderung des Geschlechts nach § 45b des Personenstandsgesetzes[2)] mit der Angabe des vorherigen Geschlechts ausgestellt werden, wenn die vorherige Angabe männlich oder weiblich war. [7]Dieser abweichenden Angabe kommt

---

[1)] § 78 neu gef. mWv 1.9.2011 durch G v. 12.4.2011 (BGBl. I S. 610); Abs. 3 Satz 1 Nr. 3 und 4 geänd., Nr. 5 angef. mWv 1.12.2014 durch G v. 6.9.2013 (BGBl. I S. 3556); Abs. 5 Satz 2 neu gef. mWv 15.7.2017 durch G v. 7.7.2017 (BGBl. I S. 2310); Abs. 4 Satz 1 neu gef., Satz 2 eingef., bish. Satz 2 wird Satz 3 und geänd. mWv 29.7.2017 durch G v. 18.7.2017 (BGBl. I S. 2745); Abs. 3 Satz 2, Abs. 6, 7 Satz 1, Abs. 8 Sätze 1 und 2 geänd. mWv 26.11.2019 durch G v. 20.11.2019 (BGBl. I S. 1626); Abs. 1 Satz 3 Nr. 16 geänd., Sätze 6, 7 angef., Abs. 2 Satz 2 *Nr. 5 geänd., Nr. 9a eingef.* mWv 12.12.2020 durch G v. 3.12.2020 (BGBl. I S. 2744); Abs. 3 Satz 4 angef., Abs. 5 Satz 1 geänd., Satz 2 neu gef. mWv 1.9.2021 durch G v. 5.7.2021 (BGBl. I S. 2281); Abs. 5 Sätze 2 und 3 geänd., Abs. 6 neu gef., Abs. 7 Sätze 3–5 angef. mWv 13.10.2023 durch G v. 8.10.2023 (BGBl. 2023 I Nr. 271); Abs. 1 Satz 8 angef. mWv 27.2.2024 durch G v. 21.2.2024 (BGBl. 2024 I Nr. 54).

[2)] Nr. **260**.

keine weitere Rechtswirkung zu. [8] Bei einer Niederlassungserlaubnis (§ 9) oder einer Erlaubnis zum Daueraufenthalt – EU (§ 9a) kann auf die Angaben nach Absatz 1 Satz 3 Nummer 10 und 11 verzichtet werden, wenn bei der Beantragung dieser Aufenthaltstitel ein anerkannter und gültiger ausländischer Pass vorliegt.

(2) [1] Dokumente mit elektronischem Speicher- und Verarbeitungsmedium nach Absatz 1 enthalten eine Zone für das automatische Lesen. [2] Diese darf lediglich die folgenden sichtbar aufgedruckten Angaben enthalten:

1. die Abkürzungen
   a) „AR" für den Aufenthaltstiteltyp nach § 4 Absatz 1 Nummer 2 bis 4,
   b) „AS" für den Aufenthaltstiteltyp nach § 28 Satz 2 der Aufenthaltsverordnung[1)],
2. die Abkürzung „D" für Bundesrepublik Deutschland,
3. die Seriennummer des Aufenthaltstitels, die sich aus der Behördenkennzahl der Ausländerbehörde und einer zufällig zu vergebenden Aufenthaltstitelnummer zusammensetzt und die neben Ziffern auch Buchstaben enthalten kann,
4. das Geburtsdatum,
5. die Abkürzung „F" für Personen weiblichen Geschlechts, „M" für Personen männlichen Geschlechts und das Zeichen „<" in allen anderen Fällen,
6. die Gültigkeitsdauer des Aufenthaltstitels oder im Falle eines unbefristeten Aufenthaltsrechts die technische Kartennutzungsdauer,
7. die Abkürzung der Staatsangehörigkeit,
8. den Namen,
9. den oder die Vornamen,
9a. die Versionsnummer des Dokumentenmusters,
10. die Prüfziffern und
11. Leerstellen.

[3] Die Seriennummer und die Prüfziffern dürfen keine Daten über den Inhaber oder Hinweise auf solche Daten enthalten. [4] Jedes Dokument erhält eine neue Seriennummer.

(3) [1] Das in dem Dokument nach Absatz 1 enthaltene elektronische Speicher- und Verarbeitungsmedium enthält folgende Daten:

1. die Daten nach Absatz 1 Satz 3 Nummer 1 bis 5 sowie den im amtlichen Gemeindeverzeichnis verwendeten eindeutigen Gemeindeschlüssel,
2. die Daten der Zone für das automatische Lesen nach Absatz 2 Satz 2,
3. Nebenbestimmungen,
4. zwei Fingerabdrücke, die Bezeichnung der erfassten Finger sowie die Angaben zur Qualität der Abdrücke sowie
5. den Geburtsnamen.

[2] Die gespeicherten Daten sind durch geeignete technische und organisatorische Maßnahmen nach den Artikeln 24, 25 und 32 der Verordnung (EU) 2016/679[2)] gegen unbefugtes Verändern, Löschen und Auslesen zu sichern. [3] Die Erfassung von Fingerabdrücken erfolgt ab Vollendung des sechsten Lebensjahres. [4] In entsprechender Anwendung von § 10a Absatz 1 Satz 1 des Personalausweisgesetzes[3)] sind die folgenden

---

[1)] Nr. **566**.
[2)] Nr. **246**.
[3)] Nr. **255**.

Daten auf Veranlassung des Ausländers auf ein elektronisches Speicher- und Verarbeitungsmedium in einem mobilen Endgerät zu übermitteln und auch dort zu speichern:

1. die Daten nach Absatz 1 Satz 3 Nummer 1, 2, 4, 5, 15 sowie nach Absatz 3 Satz 1 Nummer 5,
2. die Dokumentenart,
3. der letzte Tag der Gültigkeitsdauer des elektronischen Identitätsnachweises,
4. die Abkürzung „D" für die Bundesrepublik Deutschland und
5. der im amtlichen Gemeindeverzeichnis verwendete eindeutige Gemeindeschlüssel.

(4) [1] Das elektronische Speicher- und Verarbeitungsmedium eines Dokuments nach Absatz 1 kann ausgestaltet werden als qualifizierte elektronische Signaturerstellungseinheit nach Artikel 3 Nummer 23 der Verordnung (EU) Nr. 910/2014[1)] des Europäischen Parlaments und des Rates vom 23. Juli 2014 über elektronische Identifizierung und Vertrauensdienste für elektronische Transaktionen im Binnenmarkt und zur Aufhebung der Richtlinie 1999/93/EG (ABl. L 257 vom 28.8.2014, S. 73). [2] Die Zertifizierung nach Artikel 30 der Verordnung (EU) Nr. 910/2014 erfolgt durch das Bundesamt für Sicherheit in der Informationstechnik. [3] Die Vorschriften des Vertrauensdienstegesetzes[2)] bleiben unberührt.

(5) [1] Das elektronische Speicher- und Verarbeitungsmedium eines Dokuments nach Absatz 1 oder eines mobilen Endgeräts kann auch für die Zusatzfunktion eines elektronischen Identitätsnachweises genutzt werden. [2] Insoweit sind § 2 Absatz 3 bis 7, 10, 12 und 13, § 4 Absatz 3, § 7 Absatz 3b, 4 und 5, § 10 Absatz 1 bis 5, 6 Satz 1, Absatz 7, 8 Satz 1 und Absatz 9, die §§ 10a, 11 Absatz 1 bis 5 und 7, § 12 Absatz 2 Satz 2, die §§ 18, 18a, 19 Absatz 1, 2 Satz 1 und 2 und Absatz 3 bis 6, die §§ 19a, 20 Absatz 2 und 3, die §§ 20a, 21, 21a, 21b, 27 Absatz 1 Nummer 6, Absatz 2 und 3, § 32 Absatz 1 Nummer 5 und 6 mit Ausnahme des dort angeführten § 19 Absatz 2 Nummer 6a bis 8, Absatz 2 und 3 sowie § 33 Nummer 1, 2 und 4 des Personalausweisgesetzes mit der Maßgabe entsprechend anzuwenden, dass die Ausländerbehörde an die Stelle der Personalausweisbehörde und der Hersteller der Dokumente an die Stelle des Ausweisherstellers tritt. [3] Neben den in § 18 Absatz 3 Satz 2 des Personalausweisgesetzes aufgeführten Daten können im Rahmen des elektronischen Identitätsnachweises unter den Voraussetzungen des § 18 Absatz 4 des Personalausweisgesetzes auch die nach Absatz 3 Nummer 3 gespeicherten Nebenbestimmungen übermittelt werden. [4] Für das Sperrkennwort und die Sperrmerkmale gilt Absatz 2 Satz 3 entsprechend.

(6) [1] Die mit der Ausführung dieses Gesetzes betrauten oder zur hoheitlichen Identitätsfeststellung befugten Behörden dürfen die im Chip gespeicherten Daten zur Erfüllung ihrer gesetzlichen Aufgaben mit Ausnahme der biometrischen Daten automatisiert verarbeiten. [2] Können die Daten aus dem Chip nicht ausgelesen

(Fortsetzung nächstes Blatt)

---

1) Sartorius III Nr. 741.
2) Sartorius ErgBd. Nr. 924.

werden, dürfen die dort genannten Behörden die für das automatische Lesen in der Zone nach Absatz 2 Satz 2 enthaltenen Daten zur Erfüllung ihrer gesetzlichen Aufgaben automatisiert verarbeiten.

(7) [1] Öffentliche Stellen dürfen die im elektronischen Speicher- und Verarbeitungsmedium eines Dokuments nach Absatz 1 gespeicherten Daten mit Ausnahme der biometrischen Daten verarbeiten, soweit dies zur Erfüllung ihrer jeweiligen gesetzlichen Aufgaben erforderlich ist. [2] Die im elektronischen Speicher- und Verarbeitungsmedium gespeicherte Anschrift und die nach Absatz 1 Satz 3 Nummer 5 aufzubringende Anschrift dürfen durch die Ausländerbehörden sowie durch andere durch Landesrecht bestimmte Behörden geändert werden. [3] Abweichend von Satz 1 dürfen öffentliche Stellen, wenn dies durch ein Gesetz oder auf Grund eines Gesetzes bestimmt ist, mit Zustimmung des Inhabers des elektronischen Aufenthaltstitels zur Prüfung der Identität des Inhabers des elektronischen Aufenthaltstitels

1. die auf dem elektronischen Speicher- und Verarbeitungsmedium des elektronischen Aufenthaltstitels gespeicherten Daten nach Absatz 2 Satz 2 und die Daten, die zur Überprüfung der Echtheit des elektronischen Aufenthaltstitels erforderlich sind, sowie das auf dem elektronischen Speicher- und Verarbeitungsmedium gespeicherte Lichtbild auslesen und
2. von den ausgelesenen Daten ausschließlich das Lichtbild, die Daten nach Absatz 2 Satz 2 Nummer 1, 2, 4, 6, 8, 9 sowie die Daten, die zur Überprüfung der Echtheit des elektronischen Aufenthaltstitels erforderlich sind, verwenden.

[4] Anlässlich der Datenverarbeitung nach Satz 3 überprüft die verarbeitende öffentliche Stelle die Echtheit des elektronischen Aufenthaltstitels. [5] Von den nach Satz 3 Nummer 1 ausgelesenen Daten sind die Daten nach Satz 3 Nummer 2 von der verarbeitenden öffentlichen Stelle unverzüglich nach Beendigung der Prüfung der Identität des Inhabers, die übrigen Daten unverzüglich nach dem Auslesen zu löschen, soweit dies nicht durch Gesetz oder auf Grund eines Gesetzes abweichend geregelt ist.

(8) [1] Die durch technische Mittel vorgenommene Verarbeitung personenbezogener Daten aus Dokumenten nach Absatz 1 darf nur im Wege des elektronischen Identitätsnachweises nach Absatz 5 erfolgen, soweit nicht durch Gesetz etwas anderes bestimmt ist. [2] Gleiches gilt für die Verarbeitung personenbezogener Daten mit Hilfe eines Dokuments nach Absatz 1.

§ 78a[1)] Vordrucke für Aufenthaltstitel in Ausnahmefällen, Ausweisersatz und Bescheinigungen. (1) [1] Aufenthaltstitel nach § 4 Absatz 1 Satz 2 Nummer 2 bis 4 können abweichend von § 78 nach einem einheitlichen Vordruckmuster ausgestellt werden, wenn zur Vermeidung außergewöhnlicher Härten der Aufenthaltstitel zur Verlängerung der Aufenthaltsdauer um höchstens einen Monat erteilt werden soll. [2] Das Vordruckmuster enthält folgende Angaben:

1. Name und Vornamen des Inhabers,
2. Gültigkeitsdauer,
3. Ausstellungsort und -datum,

[1)] § 78a eingef. mWv 1.9.2011 durch G v. 12.4.2011 (BGBl. I S. 610); Abs. 5 Satz 1 geänd. mWv 9.8. 2019 durch G v. 4.8.2019 (BGBl. I S. 1131); Abs. 3, 4 Satz 3 geänd. mWv 26.11.2019 durch G v. 20.11. 2019 (BGBl. I S. 1626); Abs. 2 Sätze 2 und 3 angef., Satz 1 Nr. 3 geänd., Abs. 4 Satz 2 Nr. 3, Abs. 5 Satz 2 geänd. mWv 12.12.2020 durch G v. 3.12.2020 (BGBl. I S. 2744); Abs. 1 Satz 1 neu gef. mWv 1.11.2023 durch G v. 8.10.2023 (BGBl. 2023 I Nr. 271).

4. Art des Aufenthaltstitels oder Aufenthaltsrechts,
5. Ausstellungsbehörde,
6. Seriennummer des zugehörigen Passes oder Passersatzpapiers,
7. Anmerkungen,
8. Lichtbild.

[3] Auf dem Vordruckmuster ist kenntlich zu machen, dass es sich um eine Ausstellung im Ausnahmefall handelt.

(2) [1] Vordrucke nach Absatz 1 Satz 1 enthalten eine Zone für das automatische Lesen mit folgenden Angaben:

1. Name und Vornamen,
2. Geburtsdatum,
3. Geschlecht mit der Abkürzung „F“ für Personen weiblichen Geschlechts, „M“ für Personen männlichen Geschlechts und das Zeichen „<“ in allen anderen Fällen,
4. Staatsangehörigkeit,
5. Art des Aufenthaltstitels,
6. Seriennummer des Vordrucks,
7. ausstellender Staat,
8. Gültigkeitsdauer,
9. Prüfziffern,
10. Leerstellen.

[2] Auf Antrag kann in der Zone für das automatische Lesen bei einer Änderung des Geschlechts nach § 45b des Personenstandsgesetzes[1)] die Angabe des vorherigen Geschlechts aufgenommen werden, wenn die vorherige Angabe männlich oder weiblich war. [3] Dieser abweichenden Angabe kommt keine weitere Rechtswirkung zu.

(3) Öffentliche Stellen können die in der Zone für das automatische Lesen nach Absatz 2 enthaltenen Daten zur Erfüllung ihrer gesetzlichen Aufgaben verarbeiten.

(4) [1] Das Vordruckmuster für den Ausweisersatz enthält eine Seriennummer und eine Zone für das automatische Lesen. [2] In dem Vordruckmuster können neben der Bezeichnung von Ausstellungsbehörde, Ausstellungsort und -datum, Gültigkeitszeitraum oder -dauer, Name und Vornamen des Inhabers, Aufenthaltsstatus sowie Nebenbestimmungen folgende Angaben über die Person des Inhabers vorgesehen sein:

1. Geburtsdatum und Geburtsort,
2. Staatsangehörigkeit,
3. Geschlecht mit der Abkürzung „F“ für Personen weiblichen Geschlechts, „M“ für Personen männlichen Geschlechts und „X“ in allen anderen Fällen,
4. Größe,
5. Farbe der Augen,
6. Anschrift,
7. Lichtbild,
8. eigenhändige Unterschrift,
9. zwei Fingerabdrücke,

[1)] Nr. **260**.

10. Hinweis, dass die Personalangaben auf den Angaben des Ausländers beruhen.

[3] Sofern Fingerabdrücke nach Satz 2 Nummer 9 erfasst werden, müssen diese in mit Sicherheitsverfahren verschlüsselter Form nach Maßgabe der Artikel 24, 25 und 32 der Verordnung (EU) 2016/679[1)] auf einem elektronischen Speicher- und Verarbeitungsmedium in den Ausweisersatz eingebracht werden. [4] Das Gleiche gilt, sofern Lichtbilder in elektronischer Form eingebracht werden. [5] Die Absätze 2 und 3 gelten entsprechend. [6] § 78 Absatz 1 Satz 4 bleibt unberührt.

(5) [1] Die Bescheinigungen nach § 60a Absatz 4 und § 81 Absatz 5 werden nach einheitlichem Vordruckmuster ausgestellt, das eine Seriennummer sowie die AZR-Nummer enthält und mit einer Zone für das automatische Lesen versehen sein kann. [2] Die Bescheinigung darf neben der Erlaubnis nach § 81 Absatz 5a im Übrigen nur die in Absatz 4 bezeichneten Daten enthalten sowie den Hinweis, dass der Ausländer mit ihr nicht der Passpflicht genügt. [3] Die Absätze 2 und 3 gelten entsprechend.

§ 79[2)] Entscheidung über den Aufenthalt. (1) [1] Über den Aufenthalt von Ausländern wird auf der Grundlage der im Bundesgebiet bekannten Umstände und zugänglichen Erkenntnisse entschieden. [2] Über das Vorliegen der Voraussetzungen des § 60 Absatz 5 und 7 entscheidet die Ausländerbehörde auf der Grundlage der ihr vorliegenden und im Bundesgebiet zugänglichen Erkenntnisse und, soweit es im Einzelfall erforderlich ist, der den Behörden des Bundes außerhalb des Bundesgebiets zugänglichen Erkenntnisse.

(2) Beantragt ein Ausländer, gegen den wegen des Verdachts einer Straftat oder einer Ordnungswidrigkeit ermittelt wird, die Erteilung oder Verlängerung eines Aufenthaltstitels, ist die Entscheidung über den Aufenthaltstitel bis zum Abschluss des Verfahrens, im Falle einer gerichtlichen Entscheidung bis zu deren Rechtskraft auszusetzen, es sei denn, über den Aufenthaltstitel kann ohne Rücksicht auf den Ausgang des Verfahrens entschieden werden.

(3) [1] Wird ein Aufenthaltstitel gemäß § 36a Absatz 1 zum Zwecke des Familiennachzugs zu einem Ausländer beantragt,

1. gegen den ein Strafverfahren oder behördliches Verfahren wegen einer der in § 27 Absatz 3a genannten Tatbestände eingeleitet wurde,
2. gegen den ein Strafverfahren wegen einer oder mehrerer der in § 36a Absatz 3 Nummer 2 genannten Straftaten eingeleitet wurde, oder
3. bei dem ein Entzugs-, Widerrufs- oder Rücknahmeverfahren nach § 73b des Asylgesetzes[3)] eingeleitet wurde,

ist die Entscheidung über die Erteilung des Aufenthaltstitels gemäß § 36a Absatz 1 bis zum Abschluss des jeweiligen Verfahrens, im Falle einer gerichtlichen Entscheidung bis zu ihrer Rechtskraft, auszusetzen, es sei denn, über den Aufenthaltstitel gemäß § 36a Absatz 1 kann ohne Rücksicht auf den Ausgang des Verfahrens entschieden werden. [2] Im Fall von Satz 1 Nummer 3 ist bei einem Widerruf oder

---

[1)] Nr. **246**.

[2)] § 79 Abs. 2 neu gef. mWv 1.6.2008 durch G v. 13.3.2008 (BGBl. I S. 313); Abs. 2 Satz 2 geänd. mWv 1.1.2009 durch G v. 20.12.2008 (BGBl. I S. 2846); Abs. 1 Satz 2 geänd. mWv 1.12.2013 durch G v. 28.8.2013 (BGBl. I S. 3474); Abs. 2 neu gef. mWv 29.7.2017 durch G v. 20.7.2017 (BGBl. I S. 2780); Abs. 3 angef. mWv 1.8.2018 durch G v. 12.7.2018 (BGBl. I S. 1147); Abs. 4 und 5 angef. mWv 1.1.2020 durch G v. 8.7.2019 (BGBl. I S. 1021); Abs. 3 Satz 1 Nr. 3 neu gef. mWv 1.1.2023 durch G v. 21.12.2022 (BGBl. I S. 2817); Abs. 3 Satz 1 Nr. 3 geänd. mWv 12.6.2026 durch G v. 23.4.2026 (BGBl. 2026 I Nr. 111).

[3)] Nr. **567**.

einer Rücknahme der Zuerkennung des subsidiären Schutzes auf das Verfahren zur Entscheidung über den Widerruf des Aufenthaltstitels des Ausländers nach § 52 Absatz 1 Satz 1 Nummer 4 abzustellen.

(4) Beantragt ein Ausländer, gegen den wegen des Verdachts einer Straftat ermittelt wird, die Erteilung oder Verlängerung einer Beschäftigungsduldung, ist die Entscheidung über die Beschäftigungsduldung bis zum Abschluss des Verfahrens, im Falle einer gerichtlichen Entscheidung bis zu deren Rechtskraft, auszusetzen, es sei denn, über die Beschäftigungsduldung kann ohne Rücksicht auf den Ausgang des Verfahrens entschieden werden.

(5) Beantragt ein Ausländer, gegen den wegen einer Straftat öffentliche Klage erhoben wurde, die Erteilung einer Ausbildungsduldung, ist die Entscheidung über die Ausbildungsduldung bis zum Abschluss des Verfahrens, im Falle einer gerichtlichen Entscheidung bis zu deren Rechtskraft, auszusetzen, es sei denn, über die Ausbildungsduldung kann ohne Rücksicht auf den Ausgang des Verfahrens entschieden werden.

§ 80[1] Handlungsfähigkeit. (1) Fähig zur Vornahme von Verfahrenshandlungen nach diesem Gesetz ist ein Ausländer, der volljährig ist, sofern er nicht nach Maßgabe des Bürgerlichen Gesetzbuchs[2] geschäftsunfähig oder in dieser Angelegenheit zu betreuen und einem Einwilligungsvorbehalt zu unterstellen wäre.

(2) [1] Die mangelnde Handlungsfähigkeit eines Minderjährigen steht seiner Zurückweisung und Zurückschiebung nicht entgegen. [2] Das Gleiche gilt für die Androhung und Durchführung der Abschiebung in den Herkunftsstaat, wenn sich sein gesetzlicher Vertreter nicht im Bundesgebiet aufhält oder dessen Aufenthaltsort im Bundesgebiet unbekannt ist.

(3) [1] Bei der Anwendung dieses Gesetzes sind die Vorschriften des Bürgerlichen Gesetzbuchs dafür maßgebend, ob ein Ausländer als minderjährig oder volljährig anzusehen ist. [2] Die Geschäftsfähigkeit und die sonstige rechtliche Handlungsfähigkeit eines nach dem Recht seines Heimatstaates volljährigen Ausländers bleiben davon unberührt.

(4) Die gesetzlichen Vertreter eines Ausländers, der minderjährig ist, und sonstige Personen, die an Stelle der gesetzlichen Vertreter den Ausländer im Bundesgebiet betreuen, sind verpflichtet, für den Ausländer die erforderlichen Anträge auf Erteilung und Verlängerung des Aufenthaltstitels und auf Erteilung und Verlängerung des Passes, des Passersatzes und des Ausweisersatzes zu stellen.

(5) Sofern der Ausländer das 18. Lebensjahr noch nicht vollendet hat, müssen die zur Personensorge berechtigten Personen einem geplanten Aufenthalt nach Kapitel 2 Abschnitt 3 und 4 zustimmen.

§ 81[3] Beantragung des Aufenthaltstitels. (1) Ein Aufenthaltstitel wird einem Ausländer nur auf seinen Antrag erteilt, soweit nichts anderes bestimmt ist.

(2) [1] Ein Aufenthaltstitel, der nach Maßgabe der Rechtsverordnung nach § 99 Abs. 1 Nr. 2 nach der Einreise eingeholt werden kann, ist unverzüglich nach der

---

[1] § 80 Überschrift, Abs. 1 und 4 geänd. mWv 1.11.2015 durch G v. 28.10.2015 (BGBl. I S. 1802); Abs. 5 angef. mWv 1.3.2020 durch G v. 15.8.2019 (BGBl. I S. 1307).

[2] **Habersack Nr. 20.**

[3] § 81 Abs. 4 neu gef. mWv 1.8.2012 durch G v. 1.6.2012 (BGBl. I S. 1224); Abs. 4 Satz 2 eingef., *bish. Satz 2 wird Satz 3* mWv 6.9.2013 durch G v. 29.8.2013 (BGBl. I S. 3484); Abs. 6 angef. mWv 1.8.2017 durch G v. 12.5.2017 (BGBl. I S. 1106); Abs. 5a eingef. mWv 12.12.2020 durch G v. 3.12.2020 (BGBl. I S. 2744); Abs. 7 angef. mWv 1.6.2022 durch G v. 23.5.2022 (BGBl. I S. 760); Abs. 6 neu gef., Abs. 6a eingef. mWv 18.11.2023 durch G v. 16.8.2023 (BGBl. 2023 I Nr. 217).

Einreise oder innerhalb der in der Rechtsverordnung bestimmten Frist zu beantragen. [2] Für ein im Bundesgebiet geborenes Kind, dem nicht von Amts wegen ein Aufenthaltstitel zu erteilen ist, ist der Antrag innerhalb von sechs Monaten nach der Geburt zu stellen.

(3) [1] Beantragt ein Ausländer, der sich rechtmäßig im Bundesgebiet aufhält, ohne einen Aufenthaltstitel zu besitzen, die Erteilung eines Aufenthaltstitels, gilt sein Aufenthalt bis zur Entscheidung der Ausländerbehörde als erlaubt. [2] Wird der Antrag verspätet gestellt, gilt ab dem Zeitpunkt der Antragstellung bis zur Entscheidung der Ausländerbehörde die Abschiebung als ausgesetzt.

(4) [1] Beantragt ein Ausländer vor Ablauf seines Aufenthaltstitels dessen Verlängerung oder die Erteilung eines anderen Aufenthaltstitels, gilt der bisherige Aufenthaltstitel vom Zeitpunkt seines Ablaufs bis zur Entscheidung der Ausländerbehörde als fortbestehend. [2] Dies gilt nicht für ein Visum nach § 6 Absatz 1. [3] Wurde der Antrag auf Erteilung oder Verlängerung eines Aufenthaltstitels verspätet gestellt, kann die Ausländerbehörde zur Vermeidung einer unbilligen Härte die Fortgeltungswirkung anordnen.

(5) Dem Ausländer ist eine Bescheinigung über die Wirkung seiner Antragstellung (Fiktionsbescheinigung) auszustellen.

(5a) [1] In den Fällen der Absätze 3 und 4 gilt die in dem künftigen Aufenthaltstitel für einen Aufenthalt nach Kapitel 2 Abschnitt 3 und 4 beschriebene Erwerbstätigkeit ab Veranlassung der Ausstellung bis zur Ausgabe des Dokuments nach § 78 Absatz 1 Satz 1 als erlaubt. [2] Die Erlaubnis zur Erwerbstätigkeit nach Satz 1 ist in die Bescheinigung nach Absatz 5 aufzunehmen.

(6) [1] Wenn der Antrag auf Erteilung einer Aufenthaltserlaubnis zum Familiennachzug zu einem Inhaber einer ICT-Karte, einer Mobiler-ICT-Karte oder einer Blauen Karte EU gleichzeitig mit dem Antrag auf Erteilung einer ICT-Karte, einer Mobiler-ICT-Karte oder einer Blauen Karte EU gestellt wird, so wird über den Antrag auf Erteilung einer Aufenthaltserlaubnis zum Zweck des Familiennachzugs gleichzeitig mit diesem Antrag entschieden. [2] Dies gilt in der Regel auch, wenn der Antrag auf Erteilung einer Aufenthaltserlaubnis zum Zweck des Familiennachzugs zu einem Inhaber einer Aufenthaltserlaubnis nach § 18a oder § 18b gleichzeitig mit dem Antrag auf Erteilung einer Aufenthaltserlaubnis nach § 18a oder § 18b gestellt wird. [3] War der Inhaber der Blauen Karte EU unmittelbar vor der Erteilung der Blauen Karte EU im Besitz einer Blauen Karte EU, die ein anderer Mitgliedstaat der Europäischen Union ausgestellt hat, bestand die familiäre Lebensgemeinschaft bereits in dem anderen Mitgliedstaat der Europäischen Union und wird der Antrag zwar gleichzeitig gestellt, aber die Familienangehörigen reisen erst in das Bundesgebiet ein, nachdem die Blaue Karte EU erteilt wurde, ist die Aufenthaltserlaubnis zum Zweck des Familiennachzugs spätestens 30 Tage nach der Einreichung des vollständigen Antrags zu erteilen. [4] In begründeten Ausnahmefällen kann die Frist um 30 Tage verlängert werden.

(6a) [1] Ist der Ausländer im Besitz einer Blauen Karte EU, die ein anderer Mitgliedstaat der Europäischen Union ausgestellt hat, wird die Entscheidung über den Antrag auf Erteilung einer Blauen Karte EU dem Antragsteller und dem anderen Mitgliedstaat der Europäischen Union spätestens 30 Tage nach dem Tag der Einreichung des vollständigen Antrags mitgeteilt. [2] In begründeten Ausnahmefällen kann die Frist um 30 Tage verlängert werden. [3] Der Antragsteller ist spätestens 30 Tage nach dem Tag der Einreichung des vollständigen Antrags von der Verlängerung in Kenntnis zu setzen. [4] Spätestens 30 Tage nach dem Tag der Einreichung des vollständigen Antrags darf der Inhaber der Blauen Karte EU die Beschäftigung ausüben, soweit eine erforderliche Berufsausübungserlaubnis vorliegt.

(7) Ist die Identität durch erkennungsdienstliche Behandlung gemäß § 49 dieses Gesetzes oder § 16 des Asylgesetzes[1] zu sichern, so darf eine Fiktionsbescheinigung nach Absatz 5 nur ausgestellt oder ein Aufenthaltstitel nur erteilt werden, wenn die erkennungsdienstliche Behandlung durchgeführt worden ist und eine Speicherung der hierdurch gewonnenen Daten im Ausländerzentralregister erfolgt ist.

§ 81a[2] Beschleunigtes Fachkräfteverfahren. (1) [1]Arbeitgeber können bei der zuständigen Ausländerbehörde in Vollmacht des Ausländers, der zu einem Aufenthaltszweck nach den §§ 16a, 16d, 18a, 18b, 18c Absatz 3 und nach § 18g einreisen will, ein beschleunigtes Fachkräfteverfahren beantragen. [2]Arbeitgeber können zur Durchführung des Verfahrens Dritte bevollmächtigen.

(2) Arbeitgeber und zuständige Ausländerbehörde schließen dazu eine Vereinbarung, die insbesondere umfasst

1. Kontaktdaten des Ausländers, des Arbeitgebers und der Behörde,
2. Bevollmächtigung des Arbeitgebers durch den Ausländer,
3. Bevollmächtigung der zuständigen Ausländerbehörde durch den Arbeitgeber, das Verfahren zur Feststellung der Gleichwertigkeit der im Ausland erworbenen Berufsqualifikation einleiten und betreiben zu können,
4. Verpflichtung des Arbeitgebers, auf die Einhaltung der Mitwirkungspflicht des Ausländers nach § 82 Absatz 1 Satz 1 durch diesen hinzuwirken,
5. vorzulegende Nachweise,
6. Beschreibung der Abläufe einschließlich Beteiligter und Erledigungsfristen,
7. Mitwirkungspflicht des Arbeitgebers nach § 4a Absatz 5 Satz 3 Nummer 3 und
8. Folgen bei Nichteinhalten der Vereinbarung.

(3) [1]Im Rahmen des beschleunigten Fachkräfteverfahrens ist es Aufgabe der zuständigen Ausländerbehörde,

1. den Arbeitgeber zum Verfahren und den einzureichenden Nachweisen zu beraten,
2. soweit erforderlich, das Verfahren zur Feststellung der Gleichwertigkeit der im Ausland erworbenen Berufsqualifikation oder zur Zeugnisbewertung des ausländischen Hochschulabschlusses bei der jeweils zuständigen Stelle unter Hinweis auf das beschleunigte Fachkräfteverfahren einzuleiten; soll der Ausländer in einem im Inland reglementierten Beruf beschäftigt werden, ist die Berufsausübungserlaubnis einzuholen,

2a. soweit erforderlich, das Verfahren zur Bestätigung, dass der Ausländer über
   a) eine ausländische Berufsqualifikation verfügt, die von dem Staat, in dem sie erworben wurde, staatlich anerkannt ist und deren Erlangung eine Ausbildungsdauer von mindestens zwei Jahren vorausgesetzt hat, oder
   b) einen Hochschulabschluss verfügt, der von dem Staat, in dem er erworben wurde, staatlich anerkannt ist,

---

[1] Nr. **567**.

[2] § 81a eingef. mWv 1.3.2020 durch G v. 15.8.2019 (BGBl. I S. 1307); Abs. 1 Satz 1 geänd., Satz 2 angef. mWv 18.11.2023, Abs. 3 Satz 1 Nr. 2a eingef. mWv 1.3.2024 durch G v. 16.8.2023 (BGBl. 2023 I Nr. 217).

bei einer fachkundigen inländischen Stelle unter Hinweis auf das beschleunigte Fachkräfteverfahren einzuleiten; soll der Ausländer in einem im Inland reglementierten Beruf beschäftigt werden, ist die Berufsausübungserlaubnis einzuholen,

3. die Eingangs- und Vollständigkeitsbestätigungen der zuständigen Stellen dem Arbeitgeber unverzüglich zur Kenntnis zu übersenden, wenn ein Verfahren nach Nummer 2 eingeleitet wurde; bei Anforderung weiterer Nachweise durch die zuständige Stelle und bei Eingang der von der zuständigen Stelle getroffenen Feststellungen ist der Arbeitgeber innerhalb von drei Werktagen ab Eingang zur Aushändigung und Besprechung des weiteren Ablaufs einzuladen,
4. soweit erforderlich, unter Hinweis auf das beschleunigte Fachkräfteverfahren die Zustimmung der Bundesagentur für Arbeit einzuholen,
5. die zuständige Auslandsvertretung über die bevorstehende Visumantragstellung durch den Ausländer zu informieren und
6. bei Vorliegen der erforderlichen Voraussetzungen, einschließlich der Feststellung der Gleichwertigkeit oder Vorliegen der Vergleichbarkeit der Berufsqualifikation sowie der Zustimmung der Bundesagentur für Arbeit, der Visumerteilung unverzüglich vorab zuzustimmen.

[2] Stellt die zuständige Stelle durch Bescheid fest, dass die im Ausland erworbene Berufsqualifikation nicht gleichwertig ist, die Gleichwertigkeit aber durch eine Qualifizierungsmaßnahme erreicht werden kann, kann das Verfahren nach § 81a mit dem Ziel der Einreise zum Zweck des § 16d fortgeführt werden.

(4) Dieses Verfahren umfasst auch den Familiennachzug des Ehegatten und minderjähriger lediger Kinder, deren Visumanträge in zeitlichem Zusammenhang gestellt werden.

(5) Die Absätze 1 bis 4 gelten auch für sonstige qualifizierte Beschäftigte.

§ 82[1)] Mitwirkung des Ausländers. (1) [1] Der Ausländer ist verpflichtet, seine Belange und für ihn günstige Umstände, soweit sie nicht offenkundig oder bekannt sind, unter Angabe nachprüfbarer Umstände unverzüglich geltend zu machen und die erforderlichen Nachweise über seine persönlichen Verhältnisse, sonstige erforderliche Bescheinigungen und Erlaubnisse sowie sonstige erforderliche Nachweise, die er erbringen kann, unverzüglich beizubringen. [2] Die mit dem Vollzug des Aufenthaltsrechts betrauten Behörden können ihm dafür eine angemessene Frist setzen. [3] Die Ausländerbehörde setzt ihm eine solche Frist, wenn sie die Bearbeitung eines Antrags auf Erteilung eines Aufenthaltstitels wegen fehlender oder unvollständiger Angaben aussetzt, und benennt dabei die nachzuholenden Angaben. [4] Nach Ablauf der Frist geltend gemachte Umstände und beigebrachte Nachweise können unberücksichtigt bleiben. [5] Der Ausländer, der eine ICT-Karte nach § 19 beantragt hat, ist verpflichtet, der zuständigen Ausländerbehörde jede Änderung mitzuteilen, die während des Antragsverfahrens *eintritt und die* Auswirkungen auf die Voraussetzungen der Erteilung der ICT-

---

[1)] § 82 Abs. 5 Satz 1 einl. Satzteil, Nr. 1, 2 geänd. mWv 1.9.2011 durch G v. 12.4.2011 (BGBl. I S. 610); Abs. 6 angef. mWv 1.8.2012 durch G v. 1.6.2012 (BGBl. I S. 1224); Abs. 5 Satz 1 einl. Satzteil geänd. mWv 24.10.2015 durch G v. 20.10.2015 (BGBl. I S. 1722); Abs. 1 Satz 5 angef., Abs. 6 Satz 1 geänd. mWv 1.8.2017 durch G v. 12.5.2017 (BGBl. I S. 1106); Abs. 3 Satz 1 geänd. mWv 21.8.2019 durch G v. 15.8.2019 (BGBl. I S. 1294); Abs. 6 Satz 1 neu gef., Satz 2 aufgeh., bish. Satz 3 wird Satz 2 mWv 1.3.2020 durch G v. 15.8.2019 (BGBl. I S. 1307); Abs. 5 Satz 2 geänd. mWv 26.11.2019 durch G v. 20.11.2019 (BGBl. I S. 1626); Abs. 1 Satz 5 geänd., Satz 6 angef. mWv 18.11.2023 durch G v. 16.8.2023 (BGBl. 2023 I Nr. 217); Abs. 4 Satz 1 geänd. mWv 27.2.2024 durch G v. 21.2.2024 (BGBl. 2024 I Nr. 54); Abs. 1 Sätze 2 und 3 geänd., Abs. 3a eingef. mWv 12.6.2026 durch G v. 23.4.2026 (BGBl. 2026 I Nr. 111).

Karte hat. [6]Der Inhaber einer Blauen Karte EU ist während der ersten zwölf Monate seit der Aufnahme der Beschäftigung mit der Blauen Karte EU verpflichtet, der zuständigen Ausländerbehörde jeden Wechsel des Arbeitgebers und jede Änderung mitzuteilen, die Auswirkungen auf die Erfüllung der Voraussetzungen für die Erteilung einer Blauen Karte EU hat.

(2) Absatz 1 findet im Widerspruchsverfahren entsprechende Anwendung.

(3) [1]Der Ausländer soll auf seine Pflichten nach Absatz 1 sowie seine wesentlichen Rechte und Pflichten nach diesem Gesetz, insbesondere die Verpflichtungen aus den §§ 44a, 48, 49 und 81 hingewiesen werden. [2]Im Falle der Fristsetzung ist er auf die Folgen der Fristversäumung hinzuweisen.

(3a) [1]Wenn ein Ausländer einer Überprüfung nach Artikel 5 Absatz 1, 2 oder Artikel 7 Absatz 1 der Verordnung (EU) 2024/1356 zu unterziehen ist, hat die für die Überprüfung nach § 71 Absatz 3 Nummer 9 oder § 71 Absatz 4a zuständige Stelle eine vorläufige Gesundheitskontrolle nach Artikel 12 Absatz 1 Satz 1 und 2 der Verordnung (EU) 2024/1356 anzuordnen, um den Bedarf an einer sofortigen Gesundheitsversorgung oder Absonderung aus Gründen der öffentlichen Gesundheit zu ermitteln. [2]Der Ausländer hat diese vorläufige Gesundheitskontrolle zu dulden. [3]Werden im Rahmen der vorläufigen Gesundheitskontrolle körperliche Eingriffe vorgenommen, dürfen diese nur durch einen Arzt nach den Regeln der ärztlichen Kunst vorgenommen werden. [4]Wird die vorläufige Gesundheitskontrolle von einer anderen als der anordnenden Stelle durchgeführt, wird das Ergebnis der vorläufigen Gesundheitskontrolle an die für die Überprüfung nach § 71 Absatz 3 Nummer 9 oder § 71 Absatz 4a zuständige Stelle übermittelt. [5]Wird bei der vorläufigen Gesundheitskontrolle der Verdacht einer Erkrankung oder die Erkrankung an einer meldepflichtigen Krankheit nach § 6 des Infektionsschutzgesetzes[1)] oder eine Infektion mit einem Krankheitserreger nach § 7 des Infektionsschutzgesetzes festgestellt, ist diese Feststellung auch der für die Unterbringung zuständigen Behörde mitzuteilen, sofern eine Pflicht zur namentlichen Meldung nach den §§ 6 oder 7 des Infektionsschutzgesetzes besteht.

(4) [1]Soweit es zur Vorbereitung und Durchführung von Maßnahmen nach diesem Gesetz und nach ausländerrechtlichen Bestimmungen in anderen Gesetzen erforderlich ist, kann angeordnet werden, dass ein Ausländer bei der zuständigen Behörde sowie den Vertretungen oder ermächtigten Bediensteten des Staates, dessen Staatsangehörigkeit er vermutlich besitzt, persönlich erscheint und die zur Klärung seiner Identität erforderlichen Angaben macht sowie eine ärztliche Untersuchung zur Feststellung der Reisefähigkeit durchgeführt wird. [2]Kommt der Ausländer einer Anordnung nach Satz 1 nicht nach, kann sie zwangsweise durchgesetzt werden. [3]§ 40 Abs. 1 und 2, die §§ 41, 42 Abs. 1 Satz 1 und 3 des Bundespolizeigesetzes[2)] finden entsprechende Anwendung.

(5) [1]Der Ausländer, für den nach diesem Gesetz, dem Asylgesetz[3)] oder den zur Durchführung dieser Gesetze erlassenen Bestimmungen ein Dokument ausgestellt werden soll, hat auf Verlangen

1. ein aktuelles Lichtbild nach Maßgabe einer nach § 99 Abs. 1 Nr. 13 und 13a erlassenen Rechtsverordnung vorzulegen oder bei der Aufnahme eines solchen Lichtbildes mitzuwirken und

---

[1)] **Sartorius ErgBd. Nr. 285.**
[2)] Nr. **90**.
[3)] Nr. **567**.

2. bei der Abnahme seiner Fingerabdrücke nach Maßgabe einer nach § 99 Absatz 1 Nummer 13 und 13a erlassenen Rechtsverordnung mitzuwirken.

[2] Das Lichtbild und die Fingerabdrücke dürfen in Dokumente nach Satz 1 eingebracht und von den zuständigen Behörden zur Sicherung und einer späteren Feststellung der Identität verarbeitet werden.

(6) [1] Ausländer, die im Besitz einer Aufenthaltserlaubnis nach Kapitel 2 Abschnitt 3 oder 4 sind, sind verpflichtet, der zuständigen Ausländerbehörde innerhalb von zwei Wochen ab Kenntnis mitzuteilen, dass die Ausbildung oder die Erwerbstätigkeit, für die der Aufenthaltstitel erteilt wurde, vorzeitig beendet wurde. [2] Der Ausländer ist bei Erteilung des Aufenthaltstitels über seine Verpflichtung nach Satz 1 zu unterrichten.

§ 83[1)] Beschränkung der Anfechtbarkeit. (1) [1] Die Versagung eines nationalen Visums und eines Passersatzes an der Grenze sind unanfechtbar. [2] Der Ausländer wird bei der Versagung eines nationalen Visums und eines Passersatzes an der Grenze auf die Möglichkeit einer Antragstellung bei der zuständigen Auslandsvertretung hingewiesen.

(2) Gegen die Versagung der Aussetzung der Abschiebung findet kein Widerspruch statt.

(3) Gegen die Anordnung und Befristung eines Einreise- und Aufenthaltsverbots durch das Bundesamt für Migration und Flüchtlinge findet kein Widerspruch statt.

§ 84[2)] Wirkungen von Widerspruch und Klage. (1) Widerspruch und Klage gegen

1. die Ablehnung eines Antrages auf Erteilung oder Verlängerung des Aufenthaltstitels,

1a. Maßnahmen nach § 49,

1b. die Anordnung einer räumlichen Beschränkung nach § 61 Absatz 1c,

1c. die Anordnung einer Wohnsitzauflage nach § 61 Absatz 1d,

1d. die Anordnung einer Sicherheitsleistung nach § 66 Absatz 5,

1e. die Anordnung der vorläufigen Gesundheitskontrolle nach § 82 Absatz 3a,

2. die Auflage nach § 61 Absatz 1f, in einer Ausreiseeinrichtung Wohnung zu nehmen,

2a. Auflagen zur Sicherung und Durchsetzung der vollziehbaren Ausreisepflicht nach § 61 Absatz 1e,

---

1) § 83 Abs. 1 Satz 1 neu gef., Satz 2 geänd. mWv 26.11.2011 durch G v. 22.11.2011 (BGBl. I S. 2258); Abs. 3 angef. mWv 1.8.2015 durch G v. 27.7.2015 (BGBl. I S. 1386).

2) § 84 Abs. 1 Nr. 4, 5 geänd., Nr. 6 aufgeh. mWv 26.11.2011 durch G v. 22.11.2011 (BGBl. I S. 2258); Abs. 1 Nr. 4 geänd. mWv 1.12.2013 durch G v. 28.8.2013 (BGBl. I S. 3474); Abs. 1 Nr. 3–5 geänd., Nr. 6 angef. mWv 6.9.2013 durch G v. 29.8.2013 (BGBl. I S. 3484); Abs. 1 Nr. 2, 5, 6 geänd., Nr. 7, 8, Satz 2 angef. mWv 1.8.2015 durch G v. 27.7.2015 (BGBl. I S. 1386); Abs. 1 Satz 1 Nr. 4 geänd. mWv 24.10. 2015 durch G v. 20.10.2015 (BGBl. I S. 1722); Abs. 1 Satz 1 Nr. 1a eingef. mWv 5.2.2016 durch G v. 2.2. 2016 (BGBl. I S. 130); Abs. 1 Satz 1 Nr. 7 und 8 geänd., Nr. 9 angef. mWv 29.7.2017 durch G v. 20.7. 2017 (BGBl. I S. 2780); Abs. 1 Nr. 2a eingef. mWv 21.8.2019 durch G v. 15.8.2019 (BGBl. I S. 1294); Abs. 1 Satz 1 Nr. 5 geänd. mWv 1.3.2020 durch G v. 15.8.2019 (BGBl. I S. 1307); Abs. 1 Satz 1 Nr. 1b–1d eingef., Nr. 2, 7 geänd., Nr. 8 aufgeh., bish. Nr. 9 wird Nr. 8, Satz 2 aufgeh. mWv 27.2.2024 durch G v. 21.2.2024 (BGBl. 2024 I Nr. 54); Abs. 1 Nr. 1e und 2b eingef., Nr. 4 neu gef. mWv 12.6.2026 durch G v. 23.4.2026 (BGBl. 2026 I Nr. 111).

2b. die Anweisung einer Unterkunft und Anordnung einer räumlichen Beschränkung nach § 15b Absatz 4 Satz 2,
3. die Änderung oder Aufhebung einer Nebenbestimmung, die die Ausübung einer Erwerbstätigkeit betrifft,
4. den Widerruf des Aufenthaltstitels des Ausländers nach § 52 Absatz 1 Satz 1 Nummer 4, wenn das Bundesamt für Migration und Flüchtlinge die Asylberechtigung oder die Zuerkennung der Flüchtlingseigenschaft auf Grundlage der in § 60 Absatz 8 genannten Gründe oder weil es nach § 60 Absatz 8a oder 8b von der Anwendung des § 60 Absatz 1 abgesehen hat, entzogen, widerrufen oder zurückgenommen hat,
5. den Widerruf oder die Rücknahme der Anerkennung von Forschungseinrichtungen für den Abschluss von Aufnahmevereinbarungen nach § 18d,
6. die Ausreiseuntersagung nach § 46 Absatz 2 Satz 1,
7. die Anordnung und Befristung eines Einreise- und Aufenthaltsverbots nach § 11 sowie
8. die Feststellung nach § 85a Absatz 1 Satz 2.[1]

haben keine aufschiebende Wirkung.

(2) [1] Widerspruch und Klage lassen unbeschadet ihrer aufschiebenden Wirkung die Wirksamkeit der Ausweisung und eines sonstigen Verwaltungsaktes, der die Rechtmäßigkeit des Aufenthalts beendet, unberührt. [2] Für Zwecke der Aufnahme oder Ausübung einer Erwerbstätigkeit gilt der Aufenthaltstitel als fortbestehend, solange die Frist zur Erhebung des Widerspruchs oder der Klage noch nicht abgelaufen ist, während eines gerichtlichen Verfahrens über einen zulässigen Antrag auf Anordnung oder Wiederherstellung der aufschiebenden Wirkung oder solange der eingelegte Rechtsbehelf aufschiebende Wirkung hat. [3] Eine Unterbrechung der Rechtmäßigkeit des Aufenthalts tritt nicht ein, wenn der Verwaltungsakt durch eine behördliche oder unanfechtbare gerichtliche Entscheidung aufgehoben wird.

§ 85 Berechnung von Aufenthaltszeiten. Unterbrechungen der Rechtmäßigkeit des Aufenthalts bis zu einem Jahr können außer Betracht bleiben.

§ 85a[2] Verfahren bei konkreten Anhaltspunkten einer missbräuchlichen Anerkennung der Vaterschaft. (1) [1] Wird der Ausländerbehörde von einer beurkundenden Behörde oder einer Urkundsperson mitgeteilt, dass konkrete Anhaltspunkte für eine missbräuchliche Anerkennung der Vaterschaft im Sinne von § 1597a Absatz 1 des Bürgerlichen Gesetzbuchs[3] bestehen, prüft die Ausländerbehörde, ob eine solche vorliegt. [2] Ergibt die Prüfung, dass die Anerkennung der Vaterschaft missbräuchlich ist, stellt die Ausländerbehörde dies durch schriftlichen oder elektronischen Verwaltungsakt fest. [3] Ergibt die Prüfung, dass die Anerkennung der Vaterschaft nicht missbräuchlich ist, stellt die Ausländerbehörde das Verfahren ein.

(2) [1] Eine missbräuchliche Anerkennung der Vaterschaft wird regelmäßig vermutet, wenn

1. der Anerkennende erklärt, dass seine Anerkennung gezielt gerade einem Zweck im Sinne von § 1597a Absatz 1 des Bürgerlichen Gesetzbuchs dient,

---

[1] Zeichensetzung amtlich.
[2] § 85a eingef. mWv 29.7.2017 durch G v. 20.7.2017 (BGBl. I S. 2780).
[3] **Habersack Nr. 20.**

2. die Mutter erklärt, dass ihre Zustimmung gezielt gerade einem Zweck im Sinne von § 1597a Absatz 1 des Bürgerlichen Gesetzbuchs dient,
3. der Anerkennende bereits mehrfach die Vaterschaft von Kindern verschiedener ausländischer Mütter anerkannt hat und jeweils die rechtlichen Voraussetzungen für die erlaubte Einreise oder den erlaubten Aufenthalt des Kindes oder der Mutter durch die Anerkennung geschaffen hat, auch wenn das Kind durch die Anerkennung die deutsche Staatsangehörigkeit erworben hat,
4. dem Anerkennenden oder der Mutter ein Vermögensvorteil für die Anerkennung der Vaterschaft oder die Zustimmung hierzu gewährt oder versprochen worden ist

und die Erlangung der rechtlichen Voraussetzungen für die erlaubte Einreise oder den erlaubten Aufenthalt des Kindes, des Anerkennenden oder der Mutter ohne die Anerkennung der Vaterschaft und die Zustimmung hierzu nicht zu erwarten ist. [2] Dies gilt auch, wenn die rechtlichen Voraussetzungen für die erlaubte Einreise oder den erlaubten Aufenthalt des Kindes durch den Erwerb der deutschen Staatsangehörigkeit des Kindes nach § 4 Absatz 1 oder Absatz 3 Satz 1 des Staatsangehörigkeitsgesetzes[1)] geschaffen werden sollen.

(3) [1] Ist die Feststellung nach Absatz 1 Satz 2 unanfechtbar, gibt die Ausländerbehörde der beurkundenden Behörde oder der Urkundsperson und dem Standesamt eine beglaubigte Abschrift mit einem Vermerk über den Eintritt der Unanfechtbarkeit zur Kenntnis. [2] Stellt die Behörde das Verfahren ein, teilt sie dies der beurkundenden Behörde oder der Urkundsperson, den Beteiligten und dem Standesamt schriftlich oder elektronisch mit.

(4) Im Ausland sind für die Maßnahmen und Feststellungen nach den Absätzen 1 und 3 die deutschen Auslandsvertretungen zuständig.

Abschnitt 4. Datenschutz

§ 86[2)] Erhebung personenbezogener Daten. [1] Die mit der Ausführung dieses Gesetzes betrauten Behörden dürfen zum Zweck der Ausführung dieses Gesetzes und ausländerrechtlicher Bestimmungen in anderen Gesetzen personenbezogene Daten erheben, soweit dies zur Erfüllung ihrer Aufgaben nach diesem Gesetz und

(Fortsetzung nächstes Blatt)

[1)] Nr. **15**.
[2)] § 86 Satz 2 neu gef. mWv 26.11.2019 durch G v. 20.11.2019 (BGBl. I S. 1626).

nach ausländerrechtlichen Bestimmungen in anderen Gesetzen erforderlich ist. [2]Personenbezogene Daten, deren Verarbeitung nach Artikel 9 Absatz 1 der Verordnung (EU) 2016/679[1)] untersagt ist, dürfen erhoben werden, soweit dies im Einzelfall zur Aufgabenerfüllung erforderlich ist.

§ 86a[2)] Erhebung personenbezogener Daten zu Förderungen der freiwilligen Ausreise und Reintegration. (1) [1]Die Ausländerbehörden und alle sonstigen öffentlichen Stellen sowie privaten Träger, die staatlich finanzierte rückkehr- und reintegrationsfördernde Maßnahmen selbst oder im Auftrag der öffentlichen Hand durchführen oder den dafür erforderlichen Antrag entgegennehmen, erheben personenbezogene Daten, soweit diese Daten zur Erfüllung der Zwecke nach Satz 2 erforderlich sind. [2]Die Datenerhebung erfolgt zum Zweck

1. der Durchführung der rückkehr- und reintegrationsfördernden Maßnahmen,
2. der Koordinierung der Programme zur Förderung der freiwilligen Rückkehr durch das Bundesamt für Migration und Flüchtlinge sowie
3. der Sicherstellung einer zweckgemäßen Verwendung der Förderung und erforderlichenfalls zu deren Rückforderung.

[3]Dabei handelt es sich um die folgenden Daten:

– Familienname, Geburtsname, Vornamen, Schreibweise der Namen nach deutschem Recht, Familienstand, Geburtsdatum, Geburtsort, -land und -bezirk, Geschlecht, Doktorgrad, Staatsangehörigkeiten,
– Angaben zum Zielstaat der Fördermaßnahme,
– Angaben zur Art der Förderung und
– Angaben, ob die Person freiwillig ausgereist ist, abgeschoben oder zurückgeschoben wurde, sowie Angaben, ob die Person ausgewiesen wurde.

[4]Angaben zum Umfang und zur Begründung der Förderung müssen ebenfalls erhoben werden. [5]Die Daten sind spätestens nach zehn Jahren zu löschen.

(2) Die Ausländerbehörden und die mit grenzpolizeilichen Aufgaben betrauten Behörden erheben zur Feststellung der Wirksamkeit der Förderung der Ausreisen Angaben zum Nachweis der Ausreise, zum Staat der Ausreise und zum Zielstaat der Ausreise.

§ 87[3)] Übermittlungen an Ausländerbehörden. (1) [1]Öffentliche Stellen mit Ausnahme von Schulen sowie Bildungs- und Erziehungseinrichtungen haben ihnen bekannt gewordene Umstände den in § 86 Satz 1 genannten Stellen auf Ersuchen mitzuteilen, soweit dies für die dort genannten Zwecke erforderlich ist.

---

1) Nr. **246**.

2) § 86a eingef. mWv 9.8.2019 durch G v. 4.8.2019 (BGBl. I S. 1131); Abs. 1 neu gef., Abs. 2 geänd. *mWv 15.7.2021 durch G v. 9.7.2021 (BGBl. I S. 2467).*

3) § 87 Abs. 2 Satz 1 neu gef., Abs. 6 angef. mWv 1.6.2008 durch G v. 13.3.2008 (BGBl. I S. 313); Abs. 4 Satz 3 neu gef. mWv 30.12.2008 durch G v. 22.12.2008 (BGBl. I S. 2965); Abs. 1, Abs. 2 Satz 1, Abs. 4 Satz 1, Abs. 5 Nr. 1 geänd. mWv 26.11.2011 durch G v. 22.11.2011 (BGBl. I S. 2258); Abs. 2 Satz 1 Nr. 2a eingef. mWv 29.12.2016 durch G v. 22.12.2016 (BGBl. I S. 3155); Abs. 2 Satz 1 Nr. 2a und 3 geänd., Nr. 4 aufgeh., abschl. Satzteil geänd., Abs. 6 aufgeh. mWv 29.7.2017 durch G v. 20.7.2017 (BGBl. I S. 2780); Abs. 6 angef. mWv 9.8.2019 durch G v. 4.8.2019 (BGBl. I S. 1131); Abs. 2 Satz 3 eingef., bish. Satz 3 wird Satz 4 mWv 1.3.2020 durch G v. 15.8.2019 (BGBl. I S. 1307); Abs. 2 Satz 1 Nr. 2a geänd. mWv 1.1.2021 durch G v. 9.12.2020 (BGBl. I S. 2855); Abs. 4 Satz 2 eingef., bish. Sätze 2–4 werden Sätze 3–5, Abs. 6 geänd. mWv 15.7.2021 durch G v. 9.7.2021 (BGBl. I S. 2467); Abs. 1 Satz 2 angef., Abs. 2 Satz 1 Nr. 2a, 3 geänd., Nr. 4 angef., Abs. 4 Satz 2 neu gef. mWv 16.5.2024 durch G v. 8.5. 2024 (BGBl. 2024 I Nr. 152).

[2] Ein solches Ersuchen ist nur zulässig, sofern nicht ein Abruf von Daten aus dem Ausländerzentralregister für die Erfüllung der jeweiligen Aufgabe ausreichend ist.

(2) [1] Öffentliche Stellen im Sinne von Absatz 1 haben unverzüglich die zuständige Ausländerbehörde zu unterrichten, wenn sie im Zusammenhang mit der Erfüllung ihrer Aufgaben Kenntnis erlangen von

1. dem Aufenthalt eines Ausländers, der keinen erforderlichen Aufenthaltstitel besitzt und dessen Abschiebung nicht ausgesetzt ist,
2. dem Verstoß gegen eine räumliche Beschränkung,

2a. der Inanspruchnahme oder Beantragung von Sozialleistungen durch einen Ausländer, für sich selbst, seine Familienangehörigen oder für sonstige Haushaltsangehörige in den Fällen des § 7 Absatz 1 Satz 2 Nummer 2 oder Satz 4 des Zweiten Buches Sozialgesetzbuch[1)] oder in den Fällen des § 23 Absatz 3 Satz 1 Nummer 2 oder 3, Satz 3, 6 oder 7 des Zwölften Buches Sozialgesetzbuch[2)], sofern die Inanspruchnahme nicht bereits im Ausländerzentralregister gespeichert ist,

3. einem sonstigen Ausweisungsgrund oder
4. einer ihrer Natur nach nicht nur vorübergehenden Ausreise des Ausländers, sofern diese nicht bereits im Ausländerzentralregister gespeichert ist;

in den Fällen der Nummern 1 und 2 und sonstiger nach diesem Gesetz strafbarer Handlungen kann statt der Ausländerbehörde die zuständige Polizeibehörde unterrichtet werden, wenn eine der in § 71 Abs. 5 bezeichneten Maßnahmen in Betracht kommt; die Polizeibehörde unterrichtet unverzüglich die Ausländerbehörde. [2] Öffentliche Stellen sollen unverzüglich die zuständige Ausländerbehörde unterrichten, wenn sie im Zusammenhang mit der Erfüllung ihrer Aufgaben Kenntnis erlangen von einer besonderen Integrationsbedürftigkeit im Sinne einer nach § 43 Abs. 4 erlassenen Rechtsverordnung. [3] Die für Leistungen nach dem Zweiten oder Zwölften Buch Sozialgesetzbuch zuständigen Stellen sind über die in Satz 1 geregelten Tatbestände hinaus verpflichtet, der Ausländerbehörde mitzuteilen, wenn ein Ausländer mit einer Aufenthaltserlaubnis nach Kapitel 2 Abschnitt 3 oder 4 für sich oder seine Familienangehörigen entsprechende Leistungen beantragt. [4] Die Auslandsvertretungen übermitteln der zuständigen Ausländerbehörde personenbezogene Daten eines Ausländers, die geeignet sind, dessen Identität oder Staatsangehörigkeit festzustellen, wenn sie davon Kenntnis erlangen, dass die Daten für die Durchsetzung der vollziehbaren Ausreisepflicht gegenüber dem Ausländer gegenwärtig von Bedeutung sein können.

(3) [1] Die Beauftragte der Bundesregierung für Migration, Flüchtlinge und Integration ist nach den Absätzen 1 und 2 zu Mitteilungen über einen diesem Personenkreis angehörenden Ausländer nur verpflichtet, soweit dadurch die Erfüllung der eigenen Aufgaben nicht gefährdet wird. [2] Die Landesregierungen können durch Rechtsverordnung bestimmen, dass Ausländerbeauftragte des Landes und Ausländerbeauftragte von Gemeinden nach den Absätzen 1 und 2 zu Mitteilungen über einen Ausländer, der sich rechtmäßig in dem Land oder der Gemeinde aufhält oder der sich bis zum Erlass eines die Rechtmäßigkeit des Aufenthalts beendenden Verwaltungsaktes rechtmäßig dort aufgehalten hat, nur nach Maßgabe des Satzes 1 verpflichtet sind.

(4) [1] Die für die Einleitung und Durchführung eines Straf- oder eines Bußgeld*verfahrens zuständigen Stellen* haben die zuständige Ausländerbehörde unverzüg-

[1)] **Sartorius ErgBd. Nr. 402.**
[2)] **Sartorius ErgBd. Nr. 412.**

lich über die Einleitung des Strafverfahrens sowie die Erledigung des Straf- oder Bußgeldverfahrens bei der Staatsanwaltschaft, bei Gericht oder bei der für die Verfolgung und Ahndung der Ordnungswidrigkeit zuständigen Verwaltungsbehörde unter Angabe der gesetzlichen Vorschriften zu unterrichten. [2]Satz 1 gilt entsprechend bei Strafverfahren für die Erhebung der öffentlichen Klage, sowie den Erlass und die Aufhebung eines Haftbefehls sowie für dessen Invollzugsetzung und die Aussetzung des Vollzuges, solange dies nicht den Untersuchungszweck gefährdet. [3]Satz 1 gilt entsprechend für die Einleitung eines Auslieferungsverfahrens gegen einen Ausländer. [4]Satz 1 gilt nicht für Verfahren wegen einer Ordnungswidrigkeit, die nur mit einer Geldbuße bis zu eintausend Euro geahndet werden kann, sowie für Verfahren wegen einer Zuwiderhandlung im Sinne des § 24 des Straßenverkehrsgesetzes[1)] oder wegen einer fahrlässigen Zuwiderhandlung im Sinne des § 24a des Straßenverkehrsgesetzes. [5]Die Zeugenschutzdienststelle unterrichtet die zuständige Ausländerbehörde unverzüglich über Beginn und Ende des Zeugenschutzes für einen Ausländer.

(5) Die nach § 72 Abs. 6 zu beteiligenden Stellen haben den Ausländerbehörden

1. von Amts wegen Umstände mitzuteilen, die einen Widerruf eines nach § 25 Abs. 4a oder 4b erteilten Aufenthaltstitels oder die Verkürzung oder Aufhebung einer nach § 59 Absatz 7 gewährten Ausreisefrist rechtfertigen und
2. von Amts wegen Angaben zur zuständigen Stelle oder zum Übergang der Zuständigkeit mitzuteilen, sofern in einem Strafverfahren eine Beteiligung nach § 72 Abs. 6 erfolgte oder eine Mitteilung nach Nummer 1 gemacht wurde.

(6) Öffentliche Stellen sowie private Träger, die über staatlich finanzierte rückkehr- und reintegrationsfördernde Maßnahmen entscheiden, haben nach § 86a Absatz 1 erhobene Daten an die zuständige Ausländerbehörde zu übermitteln, soweit dies für die in § 86a genannten Zwecke erforderlich ist.

§ 88[2)] Übermittlungen bei besonderen gesetzlichen Verarbeitungsregelungen. (1) Eine Übermittlung personenbezogener Daten und sonstiger Angaben nach § 87 unterbleibt, soweit besondere gesetzliche Verarbeitungsregelungen entgegenstehen.

(2) Personenbezogene Daten, die von einem Arzt oder anderen in § 203 Absatz 1 Nummer 1, 2, 4 bis 7 und Absatz 4 des Strafgesetzbuches[3)] genannten Personen einer öffentlichen Stelle zugänglich gemacht worden sind, dürfen von dieser übermittelt werden,

1. wenn dies zur Abwehr von erheblichen Gefahren für Leib und Leben des Ausländers oder von Dritten erforderlich ist, der Ausländer die öffentliche Gesundheit gefährdet und besondere Schutzmaßnahmen zum Ausschluss der Gefährdung nicht möglich sind oder von dem Ausländer nicht eingehalten werden oder
2. soweit die Daten für die Feststellung erforderlich sind, ob die in § 54 Absatz 2 Nummer 4 bezeichneten Voraussetzungen vorliegen.

[1)] **Habersack Nr. 35.**

[2)] § 88 Abs. 2 Nr. 2 geänd. mWv 1.8.2015 durch G v. 27.7.2015 (BGBl. I S. 1386); Abs. 2 Nr. 1 geänd. mWv 29.7.2017 durch G v. 20.7.2017 (BGBl. I S. 2780); Abs. 2 einl. Satzteil geänd. mWv 9.11.2017 durch G v. 30.10.2017 (BGBl. I S. 3618); Überschrift, Abs. 1 geänd. mWv 26.11.2019 durch G v. 20.11. 2019 (BGBl. I S. 1626).

[3)] **Habersack Nr. 85.**

(3) [1] Personenbezogene Daten, die nach § 30 der Abgabenordnung dem Steuergeheimnis unterliegen, dürfen übermittelt werden, wenn der Ausländer gegen eine Vorschrift des Steuerrechts einschließlich des Zollrechts und des Monopolrechts oder des Außenwirtschaftsrechts oder gegen Einfuhr-, Ausfuhr-, Durchfuhr- oder Verbringungsverbote oder -beschränkungen verstoßen hat und wegen dieses Verstoßes ein strafrechtliches Ermittlungsverfahren eingeleitet oder eine Geldbuße von mindestens fünfhundert Euro verhängt worden ist. [2] In den Fällen des Satzes 1 dürfen auch die mit der polizeilichen Kontrolle des grenzüberschreitenden Verkehrs beauftragten Behörden unterrichtet werden, wenn ein Ausreiseverbot nach § 46 Abs. 2 erlassen werden soll.

(4) Auf die Übermittlung durch die mit der Ausführung dieses Gesetzes betrauten Behörden und durch nichtöffentliche Stellen finden die Absätze 1 bis 3 entsprechende Anwendung.

§ 88a[1)] Verarbeitung von Daten im Zusammenhang mit Integrationsmaßnahmen. (1) [1] Bei der Durchführung von Integrationskursen ist eine Übermittlung von teilnehmerbezogenen Daten, insbesondere von Daten der Bestätigung der Teilnahmeberechtigung, der Zulassung zur Teilnahme nach § 44 Absatz 4 sowie der Anmeldung zu und der Teilnahme an einem Integrationskurs, durch die Ausländerbehörde, die Bundesagentur für Arbeit, den Träger der Grundsicherung für Arbeitsuchende, die Träger der Leistungen nach dem Asylbewerberleistungsgesetz[2)], das Bundesverwaltungsamt und die für die Durchführung der Integrationskurse zugelassenen privaten und öffentlichen Träger an das Bundesamt für Migration und Flüchtlinge zulässig, soweit sie für die Erteilung einer Zulassung oder Berechtigung zum Integrationskurs, die Feststellung der ordnungsgemäßen Teilnahme, die Feststellung der Erfüllung der Teilnahmeverpflichtung nach § 44a Absatz 1 Satz 1, die Bescheinigung der erfolgreichen Teilnahme oder die Abrechnung und Durchführung der Integrationskurse erforderlich ist. [2] Die für die Durchführung der Integrationskurse zugelassenen privaten und öffentlichen Träger dürfen die zuständige Ausländerbehörde, die Bundesagentur für Arbeit, den zuständigen Träger der Grundsicherung für Arbeitsuchende oder den zuständigen Träger der Leistungen nach dem Asylbewerberleistungsgesetz über eine nicht ordnungsgemäße Teilnahme eines nach § 44a Absatz 1 Satz 1 zur Teilnahme verpflichteten Ausländers oder eines Ausländers, dessen Teilnahme an einem Integrationskurs im Rahmen eines Kooperationsplans nach § 15 Absatz 2 des Zweiten Buches Sozialgesetzbuch[3)] vorgesehen ist, informieren. [3] Das Bundesamt für Migration und Flüchtlinge darf die nach Satz 1 übermittelten Daten auf Ersuchen den Ausländerbehörden, der Bundesagentur für Arbeit, den Trägern der Grundsicherung für Arbeitsuchende oder den Trägern der Leistungen nach dem Asylbewerberleistungsgesetz und den Staatsangehörigkeitsbehörden übermitteln, soweit dies für die Erteilung einer Zulassung oder Berechtigung zum

(Fortsetzung nächstes Blatt)

[1)] § 88a eingef. mWv 1.7.2011 durch G v. 23.6.2011 (BGBl. I S. 1266); Abs. 1 Satz 3 geänd. mWv 2.12.2013 durch G v. 29.8.2013 (BGBl. I S. 3484); Abs. 1 Sätze 1–3 geänd., Abs. 1a eingef., Abs. 3 angef. mWv 24.10.2015 durch G v. 20.10.2015 (BGBl. I S. 1722); Abs. 1 Sätze 1–3 geänd., Satz 4 neu gef., Abs. 1a Satz 2 geänd. mWv 6.8.2016 durch G v. 31.7.2016 (BGBl. I S. 1939); Abs. 1 Sätze 3, 4, Abs. 1a Sätze 1 und 2, Abs. 3 Satz 2 geänd. mWv 26.11.2019 durch G v. 20.11.2019 (BGBl. I S. 1626); Abs. 4 angef. mWv 15.7.2021 durch G v. 9.7.2021 (BGBl. I S. 2467); Abs. 1 Sätze 2, 3, Abs. 3 Satz 2 geänd. mWv 1.7.2023 durch G v. 16.12.2022 (BGBl. I S. 2328).

[2)] **Sartorius ErgBd. Nr. 418.**

[3)] **Sartorius ErgBd. Nr. 402.**

Integrationskurs, zur Kontrolle der Erfüllung der Teilnahmeverpflichtung, für die Verlängerung einer Aufenthaltserlaubnis, für die Erteilung einer Niederlassungserlaubnis oder einer Erlaubnis zum Daueraufenthalt – EU, zur Überwachung der Eingliederungsvereinbarung, zur Integration in den Arbeitsmarkt oder zur Durchführung des Einbürgerungsverfahrens erforderlich ist. [4] Darüber hinaus ist eine Verarbeitung dieser Daten durch das Bundesamt für Migration und Flüchtlinge nur für die Durchführung und Abrechnung der Integrationskurse sowie für die Durchführung eines wissenschaftlichen Forschungsvorhabens nach § 75 Nummer 4a unter den Voraussetzungen des § 8 Absatz 7 und 8 der Integrationskursverordnung zulässig.

(1a) [1] Absatz 1 gilt entsprechend für die Verarbeitung von Daten aus dem Asylverfahren beim Bundesamt für Migration und Flüchtlinge, soweit die Verarbeitung für die Entscheidung über die Zulassung zum Integrationskurs erforderlich ist. [2] Zur Feststellung der Voraussetzungen des § 44 Absatz 4 Satz 2 im Rahmen der Entscheidung über die Zulassung zum Integrationskurs gilt dies entsprechend auch für die Verarbeitung von Daten aus dem Ausländerzentralregister.

(2) Bedient sich das Bundesamt für Migration und Flüchtlinge gemäß § 75 Nummer 9 privater oder öffentlicher Träger, um ein migrationsspezifisches Beratungsangebot durchzuführen, ist eine Übermittlung von aggregierten Daten über das Beratungsgeschehen von den Trägern an das Bundesamt für Migration und Flüchtlinge zulässig.

(3) [1] Bei der Durchführung von Maßnahmen der berufsbezogenen Deutschsprachförderung nach § 45a ist eine Übermittlung teilnehmerbezogener Daten über die Anmeldung, die Dauer der Teilnahme und die Art des Abschlusses der Maßnahme durch die Ausländerbehörde, die Bundesagentur für Arbeit, den Träger der Grundsicherung für Arbeitsuchende, das Bundesverwaltungsamt und die mit der Durchführung der Maßnahmen betrauten privaten und öffentlichen Träger an das Bundesamt für Migration und Flüchtlinge zulässig, soweit dies für die Erteilung einer Zulassung zur Maßnahme, die Feststellung und Bescheinigung der ordnungsgemäßen Teilnahme oder die Durchführung und Abrechnung der Maßnahme erforderlich ist. [2] Das Bundesamt für Migration und Flüchtlinge darf die nach Satz 1 übermittelten Daten auf Ersuchen den Ausländerbehörden, der Bundesagentur für Arbeit, den Trägern der Grundsicherung für Arbeitsuchende und den Staatsangehörigkeitsbehörden übermitteln, soweit dies für die Erteilung einer Zulassung oder Berechtigung zur Maßnahme, zur Kontrolle der ordnungsgemäßen Teilnahme, für die Erteilung einer Niederlassungserlaubnis oder einer Erlaubnis zum Daueraufenthalt-EU, zur Überwachung der Eingliederungsvereinbarung, zur Integration in den Arbeitsmarkt oder zur Durchführung des Einbürgerungsverfahrens erforderlich ist. [3] Die mit der Durchführung der berufsbezogenen Deutschsprachförderung betrauten privaten und öffentlichen Träger dürfen die zuständige Ausländerbehörde, die Bundesagentur für Arbeit oder den zuständigen Träger der Grundsicherung für Arbeitsuchende über eine nicht ordnungsgemäße Teilnahme informieren.

(4) [1] Das Bundesamt für Migration und Flüchtlinge darf teilnehmerbezogene Daten über die Anmeldung, die Dauer der Teilnahme und die Art des Abschlusses der Maßnahme nach Absatz 3 Satz 1, die Art des Kurses nach § 12 Absatz 1 oder § 13 Absatz 1 sowie die nach § 26 Absatz 1 Nummer 1 bis 5, 7, 9 und 10 der Deutschsprachförderverordnung übermittelten Daten an staatliche oder staatlich anerkannte Hochschulen und andere Forschungseinrichtungen, deren Tätigkeit überwiegend aus öffentlichen *Mittel*[1)] finanziert wird, übermitteln, soweit

---

[1)] Wortlaut amtlich.

1. dies für die Durchführung eines wissenschaftlichen Forschungsvorhabens über Integrationsfragen erforderlich ist,
2. eine Verwendung anonymisierter Daten zu diesem Zweck nicht möglich oder die Anonymisierung mit einem unverhältnismäßigen Aufwand verbunden ist,
3. die schutzwürdigen Interessen der Betroffenen nicht beeinträchtigt werden oder das öffentliche Interesse an der Durchführung des Forschungsvorhabens die schutzwürdigen Interessen der Betroffenen erheblich überwiegt und der Forschungszweck nicht auf andere Weise erreicht werden kann und
4. das Bundesministerium für Arbeit und Soziales der Übermittlung zustimmt.

²Bei der Abwägung nach Satz 1 Nummer 3 ist im Rahmen des öffentlichen Interesses das wissenschaftliche Interesse an dem Forschungsvorhaben besonders zu berücksichtigen. ³Eine Übermittlung ohne Einwilligung der betroffenen Person ist nicht zulässig. ⁴Angaben über den Namen und Vornamen, die Anschrift, die Telefonnummer, die E-Mail-Adresse sowie die für die Einleitung eines Vorhabens nach Satz 1 zwingend erforderlichen Strukturmerkmale der betroffenen Person können ohne Einwilligung übermittelt werden, wenn dies zur Einholung der Einwilligung erforderlich ist; die Erforderlichkeit ist gegenüber dem Bundesamt für Migration und Flüchtlinge schriftlich zu begründen. ⁵Personenbezogene Daten nach Satz 1 sind zu pseudonymisieren, soweit dies nach dem Forschungszweck möglich ist und keinen im Verhältnis zu dem angestrebten Schutzzweck unverhältnismäßigen Aufwand erfordert. ⁶Die Merkmale, mit denen ein Personenbezug hergestellt werden kann, sind gesondert zu speichern. ⁷Sie dürfen mit den Einzelangaben nur zusammengeführt werden, soweit der Forschungszweck dies erfordert. ⁸Die Merkmale, mit denen ein Personenbezug hergestellt werden kann, sind zu löschen, sobald der Forschungszweck dies erlaubt, spätestens mit der Beendigung des Forschungsvorhabens, sofern ausnahmsweise eine frühere Löschung der Daten noch nicht in Betracht kommt. ⁹Die Daten sind zu anonymisieren, sobald der Forschungszweck dies erlaubt. ¹⁰Die Forschungseinrichtung, an die die Daten übermittelt wurden, darf diese nur zum Zweck der Durchführung des Forschungsvorhabens verarbeiten. ¹¹Die Daten sind gegen unbefugte Kenntnisnahme durch Dritte zu schützen. ¹²Die Forschungseinrichtung hat dafür zu sorgen, dass die Verwendung der personenbezogenen Daten räumlich und organisatorisch getrennt von der Erfüllung solcher Verwaltungsaufgaben oder Geschäftszwecke erfolgt, für die diese Daten gleichfalls von Bedeutung sein können. ¹³Das Bundesamt für Migration und Flüchtlinge soll zudem Forschungseinrichtungen auf Antrag oder Ersuchen anonymisierte Daten, die für die Durchführung eines wissenschaftlichen Forschungsvorhabens über Integrationsfragen erforderlich sind, übermitteln.

§ 89[1)] Verfahren bei identitätsüberprüfenden, -feststellenden und -sichernden Maßnahmen. (1) ¹Das Bundeskriminalamt leistet Amtshilfe bei der Auswertung der nach § 49 von den mit der Ausführung dieses Gesetzes betrauten Behörden erhobenen und nach § 73 übermittelten Daten. ²Es darf hierfür auch von ihm zur Erfüllung seiner Aufgaben gespeicherte erkennungsdienstliche Daten verwenden. ³Die nach § 49 Abs. 3 bis 5 sowie 8 und 9 erhobenen Daten werden getrennt von

1) § 89 neu gef. mWv 1.11.2007 durch G v. 20.7.2007 (BGBl. I S. 1566); Abs. 1 Satz 2 eingef., bish. Satz 2 wird Satz 3 und geänd., bish. Satz 3 wird Satz 4, Abs. 2 Satz 1 geänd., Abs. 3 Satz 2 einl. Satzteil geänd. und Nr. 2 neu gef. mWv 24.10.2015 durch G v. 20.10.2015 (BGBl. I S. 1722); Abs. 2 neu gef. mWv 5.2.2016 durch G v. 2.2.2016 (BGBl. I S. 130); Abs. 1a eingef. mWv 29.7.2017 durch G v. 20.7.2017 (BGBl. I S. 2780); Abs. 1a Sätze 4, 6 Nr. 2, Abs. 2 Sätze 1, 2 geänd. mWv 26.11.2019 durch G v. 20.11.2019 (BGBl. I S. 1626).

anderen erkennungsdienstlichen Daten gespeichert. [4]Die Daten nach § 49 Abs. 7 werden bei der aufzeichnenden Behörde gespeichert.

(1a) [1]Im Rahmen seiner Amtshilfe nach Absatz 1 Satz 1 darf das Bundeskriminalamt die erkennungsdienstlichen Daten nach Absatz 1 Satz 1 zum Zwecke der Identitätsfeststellung auch an die für die Überprüfung der Identität von Personen zuständigen öffentlichen Stellen von Drittstaaten mit Ausnahme des Herkunftsstaates der betroffenen Person sowie von Drittstaaten, in denen die betroffene Person eine Verfolgung oder einen ernsthaften Schaden zu befürchten hat, übermitteln. [2]Die Verantwortung für die Zulässigkeit der Übermittlung trägt das Bundeskriminalamt. [3]Das Bundeskriminalamt hat die Übermittlung und ihren Anlass aufzuzeichnen. [4]Die empfangende Stelle personenbezogener Daten ist darauf hinzuweisen, dass sie nur zu dem Zweck verarbeitet werden dürfen, zu dem sie übermittelt worden sind. [5]Ferner ist ihr der beim Bundeskriminalamt vorgesehene Löschungszeitpunkt mitzuteilen. [6]Die Übermittlung unterbleibt, wenn tatsächliche Anhaltspunkte dafür vorliegen, dass

1. unter Berücksichtigung der Art der Daten und ihrer Erhebung die schutzwürdigen Interessen der betroffenen Person, insbesondere ihr Interesse, Schutz vor Verfolgung zu erhalten, das Allgemeininteresse an der Übermittlung überwiegen oder
2. die Übermittlung der Daten zu den Grundrechten, dem Abkommen vom 28. Juli 1951 über die Rechtsstellung der Flüchtlinge[1)] sowie der Konvention zum Schutz der Menschenrechte[2)] und Grundfreiheiten in Widerspruch stünde, insbesondere dadurch, dass durch die Verarbeitung der übermittelten Daten im Empfängerstaat Verletzungen von elementaren rechtsstaatlichen Grundsätzen oder Menschenrechtsverletzungen drohen.

(2) [1]Die Verarbeitung der nach § 49 Absatz 3 bis 5 oder Absatz 7 bis 9 erhobenen Daten ist auch zulässig zur Feststellung der Identität oder der Zuordnung von Beweismitteln im Rahmen der Strafverfolgung oder zur polizeilichen Gefahrenabwehr. [2]Sie dürfen, soweit und solange es erforderlich ist, den für diese Maßnahmen zuständigen Behörden übermittelt oder bereitgestellt werden.

(3) [1]Die nach § 49 Abs. 1 erhobenen Daten sind von allen Behörden unmittelbar nach Beendigung der Prüfung der Echtheit des Dokuments oder der Identität des Inhabers zu löschen. [2]Die nach § 49 Abs. 3 bis 5, 7, 8 oder 9 erhobenen Daten sind von allen Behörden, die sie speichern, zu löschen, wenn

1. dem Ausländer ein gültiger Pass oder Passersatz ausgestellt und von der Ausländerbehörde ein Aufenthaltstitel erteilt worden ist,
2. seit der letzten Ausreise, der versuchten unerlaubten Einreise oder der Beendigung des unerlaubten Aufenthalts zehn Jahre vergangen sind,
3. in den Fällen des § 49 Abs. 5 Nr. 3 und 4 seit der Zurückweisung oder Zurückschiebung drei Jahre vergangen sind oder
4. *im Falle des* § 49 Abs. 5 Nr. 5 seit der Beantragung des Visums sowie im Falle des § 49 Abs. 7 seit der Sprachaufzeichnung zehn Jahre vergangen sind.

[3]Die Löschung ist zu protokollieren.

(4) Absatz 3 gilt nicht, soweit und solange die Daten im Rahmen eines Strafverfahrens oder zur Abwehr einer Gefahr für die öffentliche Sicherheit oder Ordnung benötigt werden.

[1)] Nr. **568**.
[2)] Nr. **1003**.

§ 89a[1] *(aufgehoben)*

§ 90[2] **Übermittlungen durch Ausländerbehörden.** (1) Ergeben sich im Einzelfall konkrete Anhaltspunkte für

1. eine Beschäftigung oder Tätigkeit von Ausländern ohne erforderlichen Aufenthaltstitel nach § 4,
2. Verstöße gegen die Mitwirkungspflicht nach § 60 Abs. 1 Satz 1 Nr. 2 des Ersten Buches Sozialgesetzbuch[3] gegenüber einer Dienststelle der Bundesagentur für Arbeit, einem Träger der gesetzlichen Kranken-, Pflege-, Unfall- oder Rentenversicherung, einem Träger der Grundsicherung für Arbeitsuchende oder der Sozialhilfe oder Verstöße gegen die Meldepflicht nach § 8a des Asylbewerberleistungsgesetzes[4],
3. Verstöße gegen das Schwarzarbeitsbekämpfungsgesetz[5],
4. Verstöße gegen das Arbeitnehmerüberlassungsgesetz[6],
5. Verstöße gegen die Bestimmungen des Vierten[7] und des Siebten Buches Sozialgesetzbuch[8] über die Verpflichtung zur Zahlung von Sozialversicherungsbeiträgen,
6. Verstöße gegen die Steuergesetze,
7. Verstöße gegen das Bundeskindergeldgesetz[9],
8. Verstöße gegen das Gesetz zur Sicherung von Arbeitnehmerrechten in der Fleischwirtschaft[10],
9. Verstöße gegen das Arbeitnehmer-Entsendegesetz[11],
10. Verstöße gegen das Mindestlohngesetz[12],

unterrichten die mit der Ausführung dieses Gesetzes betrauten Behörden die für die Verfolgung und Ahndung der Verstöße jeweils zuständigen Behörden, und soweit erforderlich, die Träger der Grundsicherung für Arbeitsuchende oder der Sozialhilfe sowie die nach § 10 des Asylbewerberleistungsgesetzes zuständigen Behörden.

(2) Bei der Verfolgung und Ahndung von Verstößen gegen dieses Gesetz arbeiten die mit der Ausführung dieses Gesetzes betrauten Behörden insbesondere mit den anderen in § 2 Absatz 4 des Schwarzarbeitsbekämpfungsgesetzes genannten Behörden zusammen.

(3) Die mit der Ausführung dieses Gesetzes betrauten Behörden teilen Umstände und Maßnahmen nach diesem Gesetz, deren Kenntnis für Leistungen nach dem

[1] § 89a aufgeh. mWv 9.8.2019 durch G v. 4.8.2019 (BGBl. I S. 1131).

[2] § 90 Abs. 5 angef. mWv 1.6.2008 durch G v. 13.3.2008 (BGBl. I S. 313); Abs. 6 angef. mWv 1.1.2013 durch G v. 29.7.2009 (BGBl. I S. 2258); Abs. 4 Nr. 1, 2 geänd. mWv 26.11.2011 durch G v. 22.11.2011 (BGBl. I S. 2258); Abs. 7 angef. mWv 6.7.2017 durch G v. 30.6.2017 (BGBl. I S. 2094); Abs. 5 aufgeh., bish. Abs. 6 wird Abs. 5 mWv 29.7.2017 durch G v. 20.7.2017 (BGBl. I S. 2780); Abs. 1 Nr. 3, Abs. 2 geänd. mWv 18.7.2019 durch G v. 11.7.2019 (BGBl. I S. 1066); Abs. 1 Nr. 3 neu gef., Nr. 4–10 angef., abschl. Satzteil neu gef. mWv 30.12.2025 durch G v. 22.12.2025 (BGBl. 2025 I Nr. 369).

[3] **Sartorius ErgBd. Nr. 401.**

[4] **Sartorius ErgBd. Nr. 418.**

[5] **Habersack ErgBd. Nr. 94b.**

[6] **Habersack ErgBd. Nr. 84a.**

[7] **Aichberger, SGB Nr. 4.**

[8] **Aichberger, SGB Nr. 7.**

[9] ***Habersack ErgBd. Nr. 45b.***

[10] **Loseblatt-Textsammlung Arbeitsrecht Nr. 508.**

[11] **Loseblatt-Textsammlung Arbeitsrecht Nr. 506.**

[12] **Habersack ErgBd. Nr. 80c.**

Asylbewerberleistungsgesetz erforderlich ist, sowie die ihnen mitgeteilten Erteilungen von Zustimmungen zur Aufnahme einer Beschäftigung an Leistungsberechtigte nach dem Asylbewerberleistungsgesetz und Angaben über das Erlöschen, den Widerruf oder die Rücknahme von erteilten Zustimmungen zur Aufnahme einer Beschäftigung den nach § 10 des Asylbewerberleistungsgesetzes zuständigen Behörden mit.

(4) Die Ausländerbehörden unterrichten die nach § 72 Abs. 6 zu beteiligenden Stellen unverzüglich über

1. die Erteilung oder Versagung eines Aufenthaltstitels nach § 25 Abs. 4a oder 4b,
2. die Festsetzung, Verkürzung oder Aufhebung einer Ausreisefrist nach § 59 Absatz 7 oder
3. den Übergang der Zuständigkeit der Ausländerbehörde auf eine andere Ausländerbehörde; hierzu ist die Ausländerbehörde verpflichtet, die zuständig geworden ist.

(Fortsetzung nächstes Blatt)

(5) Zu den in § 755 der Zivilprozessordnung[1] genannten Zwecken übermittelt die Ausländerbehörde dem Gerichtsvollzieher auf Ersuchen den Aufenthaltsort einer Person.

(7)[2] [1] Zur Durchführung eines Vollstreckungsverfahrens übermittelt die Ausländerbehörde der Vollstreckungsbehörde auf deren Ersuchen die Angabe über den Aufenthaltsort des Vollstreckungsschuldners. [2] Die Angabe über den Aufenthaltsort darf von der Ausländerbehörde nur übermittelt werden, wenn sich die Vollstreckungsbehörde die Angabe nicht durch Abfrage bei der Meldebehörde beschaffen kann und dies in ihrem Ersuchen gegenüber der Ausländerbehörde bestätigt.

§ 90a[3] Mitteilungen der Ausländerbehörden an die Meldebehörden.

(1) [1] Die Ausländerbehörden unterrichten unverzüglich die zuständigen Meldebehörden, wenn sie Anhaltspunkte dafür haben, dass die im Melderegister zu meldepflichtigen Ausländern gespeicherten Daten unrichtig oder unvollständig sind. [2] Sie teilen den Meldebehörden insbesondere mit, wenn ein meldepflichtiger Ausländer

1. sich im Bundesgebiet aufhält, der nicht gemeldet ist,
2. dauerhaft aus dem Bundesgebiet ausgereist ist.

[3] Die Ausländerbehörde unterrichtet die zuständige Meldebehörde über die Erteilung einer Niederlassungserlaubnis oder einer Erlaubnis zum Daueraufenthalt-EU.

(2) Die Mitteilungen nach Absatz 1 sollen folgende Angaben zum meldepflichtigen Ausländer enthalten:

1. Familienname, Geburtsname und Vornamen,
2. Tag, Ort und Staat der Geburt,
3. Staatsangehörigkeiten,
4. letzte Anschrift im Inland,
5. Datum und Zielstaat der Ausreise sowie
6. zum Zweck der eindeutigen Zuordnung die AZR-Nummer in den Fällen und nach Maßgabe des § 10 Absatz 4 Satz 2 Nummer 4 des AZR-Gesetzes[4].

§ 90b[5] Datenabgleich zwischen Ausländer- und Meldebehörden. [1] Die Ausländer- und Meldebehörden übermitteln einander jährlich die in § 90a Abs. 2 genannten Daten zum Zweck der Datenpflege, soweit sie denselben örtlichen Zuständigkeitsbereich haben. [2] Die empfangende Behörde gleicht die übermittelten Daten mit den bei ihr gespeicherten Daten ab, ein automatisierter Abgleich ist zulässig. [3] Die übermittelten Daten dürfen nur für die Durchführung des Abgleichs sowie die Datenpflege verwendet werden und sind sodann unverzüglich zu löschen; überlassene Datenträger sind unverzüglich zurückzugeben oder zu vernichten. [4] Die Ausländerbehörden übermitteln die im Rahmen des Datenabgleichs erfolgten Änderungen unverzüglich an die Registerbehörde des Ausländerzentralregisters. [5] Andere gesetzliche Vorschriften zum Datenabgleich bleiben unberührt.

---

[1] **Habersack Nr. 100.**
[2] Absatzzählung amtlich.
[3] § 90a Abs. 1 Satz 3 angef., Abs. 2 Nr. 4, 5 geänd., Nr. 6 angef. mWv 1.11.2019 durch G v. 4.8.2019 (BGBl. I S. 1131).
[4] **Sartorius ErgBd. Nr. 569.**
[5] § 90b Sätze 4, 5 angef. mWv 15.7.2021 durch G v. 9.7.2021 (BGBl. I S. 2467).

§ 90c[1)] Datenübermittlungen im Visumverfahren über das Auswärtige Amt. (1) [1]Die Übermittlung von Daten im Visumverfahren von den Auslandsvertretungen an die im Visumverfahren beteiligten Behörden und von diesen zurück an die Auslandsvertretungen erfolgt automatisiert über eine vom Auswärtigen Amt betriebene technische Vorrichtung zur Unterstützung des Visumverfahrens. [2]Die technische Vorrichtung stellt die vollständige, korrekte und fristgerechte Übermittlung der Daten nach Satz 1 sicher. [3]Zu diesem Zweck werden die Daten nach Satz 1 in der technischen Vorrichtung gespeichert.

(2) In der technischen Vorrichtung dürfen personenbezogene Daten nur verarbeitet werden, soweit dies für den in Absatz 1 Satz 1 und 2 genannten Zweck erforderlich ist.

(3) Die nach Absatz 1 Satz 3 gespeicherten Daten sind unverzüglich zu löschen, wenn die Daten nicht mehr zu dem in Absatz 1 Satz 1 und 2 genannten Zweck benötigt werden, spätestens nach Erteilung oder Versagung des Visums oder Rücknahme des Visumantrags.

§ 91[2)] Speicherung und Löschung personenbezogener Daten. (1) [1]Die Daten über die Ausweisung, Zurückschiebung und Abschiebung sind zehn Jahre nach Ablauf der in § 11 Absatz 2 bezeichneten Frist zu löschen. [2]Sie sind vor diesem Zeitpunkt zu löschen, soweit sie Erkenntnisse enthalten, die nach anderen gesetzlichen Bestimmungen nicht mehr gegen den Ausländer verwertet werden dürfen.

(2) Mitteilungen nach § 87 Abs. 1, die für eine anstehende ausländerrechtliche Entscheidung unerheblich sind und voraussichtlich auch für eine spätere ausländerrechtliche Entscheidung nicht erheblich werden können, sind unverzüglich zu vernichten.

§ 91a[3)] Datenerhebung und -verwendung im Fall vorübergehenden Schutzes. (1) [1]Die Daten zu Ausländern nach § 24 Absatz 1, die ein Visum oder eine Aufenthaltserlaubnis beantragt haben oder denen ein solches Visum oder eine solche Aufenthaltserlaubnis erteilt worden ist, und zu deren Familienangehörigen im Sinne des Artikels 15 Absatz 1 der Richtlinie 2001/55/EG werden im Ausländerzentralregister nach den dort geltenden Regelungen gespeichert. [2]Der Umfang der nach Artikel 10 der Richtlinie 2001/55/EG zu speichernden Daten berücksichtigt die Vorgabe der Anlage II Buchstabe a der Richtlinie 2001/55/EG in der jeweils geltenden Fassung, soweit die Speicherung dieser Daten im Ausländerzentralregister grundsätzlich vorgesehen ist.

(2) Das Bundesamt für Migration und Flüchtlinge darf diese Daten zum Zweck der Aufenthaltsgewährung, der Verteilung der aufgenommenen Ausländer im Bundesgebiet, der Wohnsitzverlegung aufgenommener Ausländer in andere Mitgliedstaaten der Europäischen Union, der Familienzusammenführung und der Förderung der freiwilligen Rückkehr verwenden, sofern dies erforderlich ist.

(3) Die Daten dürfen auf Ersuchen auch den Mitgliedstaaten der Europäischen Union und der Europäischen Kommission übermittelt werden, um Aufgaben nach Artikel 27 Absatz 1 der Richtlinie 2001/55/EG zu erfüllen.

[1)] *§ 90c eingef.* mWv 26.11.2011 durch G v. 22.11.2011 (BGBl. I S. 2258); Abs. 2 geänd. mWv 26.11.2019 durch G v. 20.11.2019 (BGBl. I S. 1626).

[2)] § 91 Abs. 1 Satz 1 neu gef., Abs. 3 aufgeh. mWv 26.11.2019 durch G v. 20.11.2019 (BGBl. I S. 1626).

[3)] § 91a neu gef. mWv 16.5.2024 durch G v. 8.5.2024 (BGBl. 2024 I Nr. 152).

§ 91b[1)] Datenübermittlung durch das Bundesamt für Migration und Flüchtlinge als nationale Kontaktstelle. Das Bundesamt für Migration und Flüchtlinge als nationale Kontaktstelle nach Artikel 27 Abs. 1 der Richtlinie 2001/55/EG darf die Daten des Ausländerzentralregisters zum Zweck der Verlegung des Wohnsitzes aufgenommener Ausländer in andere Mitgliedstaaten der Europäischen Union oder zur Familienzusammenführung an folgende Stellen übermitteln:

1. nationale Kontaktstellen anderer Mitgliedstaaten der Europäischen Union,
2. Organe und Einrichtungen der Europäischen Union,
3. sonstige ausländische oder über- und zwischenstaatliche Stellen nach Maßgabe des Kapitels V der Verordnung (EU) 2016/679[2)] und den sonstigen allgemeinen datenschutzrechtlichen Vorschriften.

§ 91c[3)] Innergemeinschaftliche Auskünfte zur Durchführung der Richtlinie 2003/109/EG. (1) [1]Das Bundesamt für Migration und Flüchtlinge unterrichtet als nationale Kontaktstelle im Sinne des Artikels 25 der Richtlinie 2003/109/EG die zuständige Behörde eines anderen Mitgliedstaates der Europäischen Union, in dem der Ausländer die Rechtsstellung eines langfristig Aufenthaltsberechtigten besitzt, über den Inhalt und den Tag einer Entscheidung über die Erteilung oder Verlängerung einer Aufenthaltserlaubnis nach § 38a Abs. 1 oder über die Erteilung einer Erlaubnis zum Daueraufenthalt – EU. [2]Die Behörde, die die Entscheidung getroffen hat, übermittelt dem Bundesamt für Migration und Flüchtlinge unverzüglich die hierfür erforderlichen Angaben. [3]Der nationalen Kontaktstelle können die für Unterrichtungen nach Satz 1 erforderlichen Daten aus dem Ausländerzentralregister unter Nutzung der AZR-Nummer automatisiert übermittelt werden.

(1a) [1]Das Bundesamt für Migration und Flüchtlinge leitet von Amts wegen Auskunftsersuchen der Ausländerbehörden über das Fortbestehen des internationalen Schutzes im Sinne von § 2 Absatz 13 in einem anderen Mitgliedstaat an die zuständigen Stellen des betroffenen Mitgliedstaates der Europäischen Union weiter. [2]Hierzu übermittelt die jeweils zuständige Ausländerbehörde dem Bundesamt für Migration und Flüchtlinge die erforderlichen Angaben. [3]Das Bundesamt für Migration und Flüchtlinge leitet die auf die Anfragen eingehenden Antworten an die jeweils zuständige Ausländerbehörde weiter.

(2) [1]Das Bundesamt für Migration und Flüchtlinge leitet von Amts wegen an die zuständigen Stellen des betroffenen Mitgliedstaates der Europäischen Union Anfragen im Verfahren nach § 51 Absatz 8 unter Angabe der vorgesehenen Maßnahme und der von der Ausländerbehörde mitgeteilten wesentlichen tatsächlichen und rechtlichen Gründe der vorgesehenen Maßnahme weiter. [2]Hierzu übermittelt die Ausländerbehörde dem Bundesamt für Migration und Flüchtlinge die erforderlichen Angaben. [3]Das Bundesamt für Migration und Flüchtlinge leitet an die zuständige Ausländerbehörde die in diesem Zusammenhang eingegangenen Antworten von Stellen anderer Mitgliedstaaten der Europäischen Union weiter.

[1)] § 91b Nr. 2 geänd. mWv 26.11.2011 durch G v. 22.11.2011 (BGBl. I S. 2258); Nr. 3 geänd. mWv 26.11.2019 durch G v. 20.11.2019 (BGBl. I S. 1626); einl. Satzteil geänd. mWv 16.5.2024 durch G v. 8.5.2024 (BGBl. 2024 I Nr. 152).

[2)] Nr. **246**.

[3)] § 91c Abs. 2 Satz 1 geänd. mWv 26.11.2011 durch G v. 22.11.2011 (BGBl. I S. 2258); Abs. 1a und 5a–5c eingef. mWv 6.9.2013, Abs. 1 Satz 1 und Abs. 6 Nr. 1 und 2 geänd. mWv 2.12.2013 durch G v. 29.8.2013 (BGBl. I S. 3484).

(3) [1] Das Bundesamt für Migration und Flüchtlinge teilt der zuständigen Behörde eines anderen Mitgliedstaates der Europäischen Union von Amts wegen mit, dass einem Ausländer, der dort die Rechtsstellung eines langfristig Aufenthaltsberechtigten besitzt, die Abschiebung oder Zurückschiebung

1. in den Mitgliedstaat der Europäischen Union, in dem der Ausländer langfristig aufenthaltsberechtigt ist, oder
2. in ein Gebiet außerhalb der Europäischen Union

angedroht oder eine solche Maßnahme durchgeführt wurde oder dass eine entsprechende Abschiebungsanordnung nach § 58a erlassen oder durchgeführt wurde. [2] In der Mitteilung wird der wesentliche Grund der Aufenthaltsbeendigung angegeben. [3] Die Auskunft wird erteilt, sobald die deutsche Behörde, die nach § 71 die betreffende Maßnahme anordnet, dem Bundesamt für Migration und Flüchtlinge die beabsichtigte oder durchgeführte Maßnahme mitteilt. [4] Die in Satz 3 genannten Behörden übermitteln hierzu dem Bundesamt für Migration und Flüchtlinge unverzüglich die erforderlichen Angaben.

(4) [1] Zur Identifizierung des Ausländers werden bei Mitteilungen nach den Absätzen 1 bis 3 seine Personalien übermittelt. [2] Sind in den Fällen des Absatzes 3 Familienangehörige ebenfalls betroffen, die mit dem langfristig Aufenthaltsberechtigten in familiärer Lebensgemeinschaft leben, werden auch ihre Personalien übermittelt.

(5) [1] Das Bundesamt für Migration und Flüchtlinge leitet an die zuständigen Ausländerbehörden Anfragen von Stellen anderer Mitgliedstaaten der Europäischen Union im Zusammenhang mit der nach Artikel 22 Abs. 3 zweiter Unterabsatz der Richtlinie 2003/109/EG vorgesehenen Beteiligung weiter. [2] Die zuständige Ausländerbehörde teilt dem Bundesamt für Migration und Flüchtlinge folgende ihr bekannte Angaben mit:

1. Personalien des betroffenen langfristig aufenthaltsberechtigten Ausländers,
2. aufenthalts- und asylrechtliche Entscheidungen, die gegen oder für diesen getroffen worden sind,
3. Interessen für oder gegen die Rückführung in das Bundesgebiet oder einen Drittstaat oder
4. sonstige Umstände, von denen anzunehmen ist, dass sie für die aufenthaltsrechtliche Entscheidung des konsultierenden Mitgliedstaates von Bedeutung sein können.

[3] Anderenfalls teilt sie mit, dass keine sachdienlichen Angaben bekannt sind. [4] Diese Angaben leitet das Bundesamt für Migration und Flüchtlinge von Amts wegen an die zuständige Stelle des konsultierenden Mitgliedstaates der Europäischen Union weiter.

(5a) Das Bundesamt für Migration und Flüchtlinge gibt den zuständigen Stellen der anderen Mitgliedstaaten der Europäischen Union auf Ersuchen innerhalb eines Monats nach Eingang des Ersuchens Auskunft darüber, ob ein Ausländer in der Bundesrepublik Deutschland weiterhin die Rechtsstellung eines international Schutzberechtigten genießt.

(5b) Enthält die durch einen anderen Mitgliedstaat der Europäischen Union ausgestellte langfristige Aufenthaltsberechtigung – EU eines international Schutz*berechtigten den Hinweis,* dass dieser Staat dieser Person internationalen Schutz gewährt, und ist die Verantwortung für den internationalen Schutz im Sinne von § 2 Absatz 13 nach Maßgaben der einschlägigen Rechtsvorschriften auf Deutschland übergegangen, bevor dem international Schutzberechtigten eine Erlaubnis zum Daueraufenthalt – EU nach § 9a erteilt wurde, so ersucht das Bundesamt für Migration und Flüchtlinge die zuständige Stelle des anderen Mitgliedstaates, den Hinweis in der langfristigen Aufenthaltsberechtigung – EU entsprechend zu ändern.

(5c) Wird einem in einem anderen Mitgliedstaat der Europäischen Union langfristig Aufenthaltsberechtigten in Deutschland internationaler Schutz im Sinne von § 2 Absatz 13 gewährt, bevor ihm eine Erlaubnis zum Daueraufenthalt – EU nach § 9a erteilt wurde, so ersucht das Bundesamt für Migration und Flüchtlinge die zuständige Stelle des anderen Mitgliedstaates, in die dort ausgestellte langfristige Aufenthaltsberechtigung – EU den Hinweis aufzunehmen, dass Deutschland dieser Person internationalen Schutz gewährt.

(6) Das Bundesamt für Migration und Flüchtlinge teilt der jeweils zuständigen Ausländerbehörde von Amts wegen den Inhalt von Mitteilungen anderer Mitgliedstaaten der Europäischen Union mit,

1. wonach der andere Mitgliedstaat der Europäischen Union aufenthaltsbeendende Maßnahmen beabsichtigt oder durchführt, die sich gegen einen Ausländer richten, der eine Erlaubnis zum Daueraufenthalt – EU besitzt,
2. wonach ein Ausländer, der eine Erlaubnis zum Daueraufenthalt – EU besitzt, in einem anderen Mitgliedstaat der Europäischen Union langfristig Aufenthaltsberechtigter geworden ist oder ihm in einem anderen Mitgliedstaat der Europäischen Union ein Aufenthaltstitel erteilt oder sein Aufenthaltstitel verlängert wurde.

§ 91d[1)] Auskünfte zur Durchführung der Richtlinie (EU) 2016/801.

(1) [1]Das Bundesamt für Migration und Flüchtlinge nimmt Anträge nach § 18f entgegen und leitet diese Anträge an die zuständige Ausländerbehörde weiter. [2]Es teilt dem Antragsteller die zuständige Ausländerbehörde mit.

(2) [1]Das Bundesamt für Migration und Flüchtlinge erteilt der zuständigen Behörde eines anderen Mitgliedstaates der Europäischen Union auf Ersuchen die erforderlichen Auskünfte, um den zuständigen Behörden des anderen Mitgliedstaates der Europäischen Union eine Prüfung zu ermöglichen, ob die Voraussetzungen für die Mobilität des Ausländers nach den Artikeln 28 bis 31 der Richtlinie (EU) 2016/801 vorliegen. [2]Die Auskünfte umfassen

1. die Personalien des Ausländers und Angaben zum Identitäts- und Reisedokument,
2. Angaben zu seinem gegenwärtigen und früheren Aufenthaltsstatus in Deutschland,
3. Angaben zu abgeschlossenen oder der Ausländerbehörde bekannten strafrechtlichen Ermittlungsverfahren,
4. sonstige den Ausländer betreffende Daten, sofern sie im Ausländerzentralregister *gespeichert werden oder die* aus der Ausländer- oder Visumakte hervorgehen und der andere Mitgliedstaat der Europäischen Union um ihre Übermittlung ersucht hat.

---

1) § 91d Überschrift neu gef., Abs. 1 und 2 eingef., bish. Abs. 1 wird Abs. 3 und Satz 1 geänd., bish. Abs. 2 wird Abs. 4 und Satz 1 geänd., Abs. 5 und 6 angef. mWv 1.8.2017 durch G v. 12.5.2017 (BGBl. I S. 1106); Abs. 1 aufgeh., bish. Abs. 2 wird Abs. 1 und Satz 1 geänd., bish. Abs. 3 wird Abs. 2, bish. Abs. 4 wird Abs. 3 und Satz 1 geänd., bish. Abs. 5 wird Abs. 4 und Satz 1 Nr. 1, 2 geänd., Satz 2 neu gef., bish. Abs. 6 wird Abs. 5 und Satz 1 geänd., Satz 4 angef. mWv 1.3.2020 durch G v. 15.8.2019 (BGBl. I S. 1307); Abs. 4 Satz 4 geänd. mWv 26.11.2019 durch G v. 20.11.2019 (BGBl. I S. 1626).

[3] Die Ausländerbehörden und die Auslandsvertretungen übermitteln hierzu dem Bundesamt für Migration und Flüchtlinge auf dessen Ersuchen die für die Erteilung der Auskunft erforderlichen Angaben.

(3) [1] Die Auslandsvertretungen und die Ausländerbehörden können über das Bundesamt für Migration und Flüchtlinge Ersuchen um Auskunft an zuständige Stellen anderer Mitgliedstaaten der Europäischen Union richten, soweit dies erforderlich ist, um die Voraussetzungen der Mobilität nach den §§ 16c und 18e und der Erteilung einer Aufenthaltserlaubnis nach § 18f oder eines entsprechenden Visums zu prüfen. [2] Sie können hierzu

1. die Personalien des Ausländers,
2. Angaben zu seinem Identitäts- und Reisedokument und zu seinem im anderen Mitgliedstaat der Europäischen Union ausgestellten Aufenthaltstitel sowie
3. Angaben zum Gegenstand des Antrags auf Erteilung des Aufenthaltstitels und zum Ort der Antragstellung

übermitteln und aus besonderem Anlass den Inhalt der erwünschten Auskünfte genauer bezeichnen. [3] Das Bundesamt für Migration und Flüchtlinge leitet eingegangene Auskünfte an die zuständigen Ausländerbehörden und Auslandsvertretungen weiter. [4] Die Daten, die in den Auskünften der zuständigen Stellen anderer Mitgliedstaaten der Europäischen Union übermittelt werden, dürfen die Ausländerbehörden und Auslandsvertretungen zu diesem Zweck verarbeiten.

(4) [1] Das Bundesamt für Migration und Flüchtlinge unterrichtet die zuständige Behörde eines anderen Mitgliedstaates der Europäischen Union, in dem der Ausländer einen Aufenthaltstitel nach der Richtlinie (EU) 2016/801 besitzt, über den Inhalt und den Tag einer Entscheidung über

1. die Ablehnung der nach § 16c Absatz 1 und § 18e Absatz 1 mitgeteilten Mobilität nach § 19f Absatz 5 sowie
2. die Erteilung einer Aufenthaltserlaubnis nach § 18f.

[2] Wenn eine Ausländerbehörde die Entscheidung getroffen hat, übermittelt sie dem Bundesamt für Migration und Flüchtlinge unverzüglich die hierfür erforderlichen Angaben. [3] Die Ausländerbehörden können der nationalen Kontaktstelle die für die Unterrichtungen nach Satz 1 erforderlichen Daten aus dem Ausländerzentralregister unter Nutzung der AZR-Nummer automatisiert übermitteln.

(5) [1] Wird ein Aufenthaltstitel nach § 16b Absatz 1, den §§ 16e, 18d oder 19e widerrufen, zurückgenommen, nicht verlängert oder läuft er nach einer Verkürzung der Frist gemäß § 7 Absatz 2 Satz 2 ab, so unterrichtet das Bundesamt für Migration und Flüchtlinge unverzüglich die zuständigen Behörden des anderen Mitgliedstaates, sofern sich der Ausländer dort im Rahmen des Anwendungsbereichs der Richtlinie (EU) 2016/801 aufhält und dies dem Bundesamt für Migration und Flüchtlinge bekannt ist. [2] Die Ausländerbehörde, die die Entscheidung getroffen hat, übermittelt dem Bundesamt für Migration und Flüchtlinge unverzüglich die hierfür erforderlichen Angaben. [3] Die Ausländerbehörden können der nationalen Kontaktstelle die für die Unterrichtungen nach Satz 1 erforderlichen Daten aus dem Ausländerzentralregister unter Nutzung der AZR-Nummer automatisiert übermitteln. [4] Wird dem Bundesamt für Migration und Flüchtlinge durch die zuständige Behörde eines anderen Mitgliedstaates mitgeteilt, dass ein Aufenthaltstitel eines Ausländers, der sich nach den §§ 16c, 18e oder 18f im Bundesgebiet aufhält, der in den Anwendungsbereich der Richtlinie (EU) 2016/801 fällt, widerrufen, zurückgenommen oder nicht verlängert wurde oder abge-

laufen ist, so unterrichtet das Bundesamt für Migration und Flüchtlinge unverzüglich die zuständige Ausländerbehörde.

§ 91e[1] Gemeinsame Vorschriften zu innergemeinschaftlichen Datenübermittlungen. Im Sinne der §§ 91c bis 91g sind

1. Personalien: Namen, insbesondere Familienname, Geburtsname, Vornamen und früher geführte Namen, Geburtsdatum, Geburtsort, Geschlecht, Staatsangehörigkeiten und Wohnanschrift im Inland,
2. Angaben zum Identitäts- und Reisedokument: Art, Nummer, ausgebende Stelle, Ausstellungsdatum und Gültigkeitsdauer.

§ 91f[2] Auskünfte zur Durchführung der Richtlinie (EU) 2021/1883 innerhalb der Europäischen Union. (1) Das Bundesamt für Migration und Flüchtlinge ist nationale Kontaktstelle im Sinne des Artikels 28 Absatz 1 der Richtlinie (EU) 2021/1883.

(2) [1] Die Ausländerbehörden und die Auslandsvertretungen können über das Bundesamt für Migration und Flüchtlinge Ersuchen um Auskunft an zuständige Stellen anderer Mitgliedstaaten der Europäischen Union richten, soweit dies erforderlich ist, um die Voraussetzungen der kurzfristigen Mobilität gemäß § 18h oder der langfristigen Mobilität gemäß § 18i zu prüfen. [2] Die mit der polizeilichen Kontrolle des grenzüberschreitenden Verkehrs beauftragten Behörden können über das Bundesamt für Migration und Flüchtlinge Ersuchen um Auskunft an zuständige Stellen anderer Mitgliedstaaten der Europäischen Union richten, soweit dies erforderlich ist, um die Voraussetzungen für die Einreise in das und den Aufenthalt im Bundesgebiet des Inhabers einer Blauen Karte EU, die ein anderer Mitgliedstaat der Europäischen Union ausgestellt hat, zu prüfen. [3] Die Ausländerbehörden, die Auslandsvertretungen und die mit der polizeilichen Kontrolle des grenzüberschreitenden Verkehrs beauftragten Behörden können hierzu

1. die Personalien des Ausländers,
2. Angaben zu seinem Identitäts- und Reisedokument und zu seiner im anderen Mitgliedstaat der Europäischen Union ausgestellten Blauen Karte EU sowie
3. die Angabe, dass ein Antrag auf Erteilung einer Blauen Karte EU gestellt wurde, und die Angabe des Ortes der Antragstellung

übermitteln und den Inhalt der erforderlichen Auskünfte genauer bezeichnen. [4] Das Bundesamt für Migration und Flüchtlinge leitet eingegangene Auskünfte an die Behörde weiter, die nach Satz 1 oder Satz 2 um Auskunft ersucht hat. [5] Die Daten, die in den Auskünften der zuständigen Stellen anderer Mitgliedstaaten der Europäischen Union übermittelt werden, dürfen

1. die Ausländerbehörden und die Auslandsvertretungen zu den in Satz 1 festgelegten Zwecken sowie
2. die mit der polizeilichen Kontrolle des grenzüberschreitenden Verkehrs beauftragten Behörden zu den in Satz 2 festgelegten Zwecken

verarbeiten.

(3) [1] Das Bundesamt für Migration und Flüchtlinge unterrichtet die zuständige Behörde eines anderen Mitgliedstaates der Europäischen Union, in dem der Aus-

(Fortsetzung nächstes Blatt)

---

[1] § 91e einl. Satzteil geänd. mWv 1.3.2020 durch G v. 15.8.2019 (BGBl. I S. 1307); Überschrift, einl. Satzteil geänd. mWv 16.5.2024 durch G v. 8.5.2024 (BGBl. 2024 I Nr. 152).

[2] § 91f neu gef. mWv 18.11.2023 durch G v. 16.8.2023 (BGBl. 2023 I Nr. 217).

länder eine Blaue Karte EU besitzt, über eine Entscheidung zur Erteilung einer Blauen Karte EU nach § 18g. [2] Hierzu werden folgende Daten übermittelt:

1. die Daten nach Absatz 2 Satz 3 Nummer 1 und 2 und
2. Inhalt, Tag und Ort der Entscheidung über die Blaue Karte EU.

[3] Wird die Erteilung einer Blauen Karte EU abgelehnt, weil der Antragsteller falsche oder unvollständige Angaben zur Erlangung der Blauen Karte EU gemacht hat oder er eine Gefahr für die öffentliche Sicherheit, öffentliche Ordnung oder die öffentliche Gesundheit darstellt, übermittelt das Bundesamt für Migration und Flüchtlinge der zuständigen Behörde eines anderen Mitgliedstaates der Europäischen Union zudem Angaben zu diesen Ablehnungsgründen. [4] Die Behörde, die die Entscheidung nach Satz 1 getroffen hat, übermittelt dem Bundesamt für Migration und Flüchtlinge unverzüglich die Daten nach Satz 2. [5] Im Falle der Ablehnung der Erteilung einer Blauen Karte EU aus den in Satz 3 genannten Gründen übermittelt sie dem Bundesamt für Migration und Flüchtlinge zudem Angaben zu diesen Ablehnungsgründen.

(4) [1] Das Bundesamt für Migration und Flüchtlinge erteilt der zuständigen Behörde eines anderen Mitgliedstaates der Europäischen Union auf Ersuchen die erforderlichen Auskünfte, um den zuständigen Behörden des anderen Mitgliedstaates der Europäischen Union eine Prüfung zu ermöglichen, ob die Voraussetzungen der kurzfristigen Mobilität gemäß Artikel 20 der Richtlinie (EU) 2021/1883 oder der langfristigen Mobilität gemäß Artikel 21 der Richtlinie (EU) 2021/1883 vorliegen. [2] Die Auskünfte umfassen:

1. die Personalien des Ausländers und Angaben zum Identitäts- und Reisedokument,
2. Angaben zu seinem gegenwärtigen und früheren Aufenthaltsstatus in Deutschland,
3. Angaben zu abgeschlossenen oder der Ausländerbehörde bekannten strafrechtlichen Ermittlungsverfahren,
4. sonstige den Ausländer betreffende Daten, sofern sie im Ausländerzentralregister gespeichert werden dürfen oder die aus der Ausländer- oder Visumakte hervorgehen, sofern der andere Mitgliedstaat der Europäischen Union um ihre Übermittlung ersucht hat.

[3] Die Ausländerbehörden und die Auslandsvertretungen übermitteln hierzu dem Bundesamt für Migration und Flüchtlinge auf dessen Ersuchen die für die Erteilung der Auskunft erforderlichen Angaben.

(5) [1] Das Bundesamt für Migration und Flüchtlinge übermittelt Angaben zu Entscheidungen, die es von einer zuständigen Behörde eines anderen Mitgliedstaates der Europäischen Union zu einem Ausländer erhält, der Inhaber einer Blauen Karte EU nach § 18g ist und sein Recht auf kurzfristige oder langfristige Mobilität nach der Richtlinie (EU) 2021/1883 in diesem anderen Mitgliedstaat ausübt, an die jeweils zuständige Ausländerbehörde. [2] Hat die zuständige Behörde dieses anderen Mitgliedstaates der Europäischen Union mitgeteilt, dass die Erteilung einer Blauen Karte EU abgelehnt wurde, weil der Antragsteller falsche oder unvollständige Angaben zur Erlangung der Blauen Karte EU gemacht hatte oder er eine Gefahr für die öffentliche Sicherheit, öffentliche Ordnung oder die öffentliche Gesundheit darstellt, übermittelt das Bundesamt für Migration und Flüchtlinge der zuständigen Ausländerbehörde zusätzlich die Angaben zu diesen Ablehnungsgründen.

(6) [1]Die Ausländerbehörden können über das Bundesamt für Migration und Flüchtlinge Ersuchen um Auskunft an zuständige Stellen anderer Mitgliedstaaten der Europäischen Union richten, soweit dies erforderlich ist, um nach § 9b Absatz 2 Satz 1 anrechenbare Voraufenthaltszeiten für die Erteilung einer Erlaubnis zum Daueraufenthalt – EU zu prüfen. [2]Sie können hierzu

1. die Daten nach Absatz 2 Satz 3 Nummer 1 und 2,
2. die Angabe, dass ein Antrag auf Erteilung einer Erlaubnis zum Daueraufenthalt – EU gestellt wurde, sowie
3. die Angabe des Ortes der Antragstellung

übermitteln und den Inhalt der erforderlichen Auskünfte genauer bezeichnen. [3]Das Bundesamt für Migration und Flüchtlinge leitet eingegangene Auskünfte an die zuständigen Ausländerbehörden weiter. [4]Die Daten, die in den Auskünften der zuständigen Stellen anderer Mitgliedstaaten der Europäischen Union übermittelt werden, dürfen die Ausländerbehörden zu diesem Zweck verarbeiten.

(7) [1]Das Bundesamt für Migration und Flüchtlinge erteilt der zuständigen Behörde eines anderen Mitgliedstaates der Europäischen Union auf Ersuchen die erforderlichen Auskünfte, um den zuständigen Behörden des anderen Mitgliedstaates der Europäischen Union eine Prüfung zu ermöglichen, ob anrechenbare Voraufenthaltszeiten im Bundesgebiet nach Artikel 18 Absatz 2 Buchstabe a der Richtlinie (EU) 2021/1883 für die Erteilung der Rechtsstellung eines langfristig Aufenthaltsberechtigten vorliegen. [2]Die Auskünfte umfassen die Daten nach Absatz 4 Satz 2 Nummer 1 und 2. [3]Die Ausländerbehörden übermitteln hierzu dem Bundesamt für Migration und Flüchtlinge auf dessen Ersuchen die für die Erteilung der Auskunft erforderlichen Angaben.

(8) [1]Das Bundesamt für Migration und Flüchtlinge leitet Auskunftsersuchen der Ausländerbehörden über das Fortbestehen des internationalen Schutzes im Sinne von § 2 Absatz 13 in einem anderen Mitgliedstaat der Europäischen Union an die zuständigen Stellen des betroffenen Mitgliedstaates weiter, um der zuständigen Ausländerbehörde die Prüfung der Voraussetzungen nach Artikel 9 Absatz 5 oder nach Artikel 23 Absatz 5 der Richtlinie (EU) 2021/1883 zu ermöglichen. [2]Hierzu übermittelt die jeweils zuständige Ausländerbehörde dem Bundesamt für Migration und Flüchtlinge die erforderlichen Angaben. [3]Das Bundesamt für Migration und Flüchtlinge leitet die auf die Anfragen eingehenden Antworten an die jeweils zuständige Ausländerbehörde weiter.

(9) Das Bundesamt für Migration und Flüchtlinge erteilt den zuständigen Stellen der anderen Mitgliedstaaten der Europäischen Union zur Ermöglichung der Prüfung der Voraussetzungen nach Artikel 9 Absatz 5 oder nach Artikel 23 Absatz 5 der Richtlinie (EU) 2021/1883 auf Ersuchen innerhalb eines Monats nach Eingang des Ersuchens Auskunft darüber, ob ein Ausländer in der Bundesrepublik Deutschland weiterhin die Rechtsstellung eines international Schutzberechtigten genießt.

(10) Wird dem Inhaber einer von einem anderen Mitgliedstaat der Europäischen Union ausgestellten Blauen Karte EU in der Bundesrepublik Deutschland internationaler Schutz im Sinne von § 2 Absatz 13 gewährt, so ersucht das Bundesamt für Migration und Flüchtlinge die zuständige Stelle des anderen Mitgliedstaates der Europäischen Union, in die dort ausgestellte Blaue Karte EU den Hinweis aufzunehmen, dass die Bundesrepublik Deutschland dieser Person internationalen Schutz gewährt.

(11) Enthält die durch einen anderen Mitgliedstaat der Europäischen Union ausgestellte Blaue Karte EU den Hinweis, dass dieser Staat dem Inhaber der Blauen

Karte EU internationalen Schutz gewährt, und ist die Verantwortung für den internationalen Schutz im Sinne von § 2 Absatz 13 nach Maßgabe der einschlägigen Rechtsvorschriften auf die Bundesrepublik Deutschland übergegangen, so ersucht das Bundesamt für Migration und Flüchtlinge die zuständige Stelle des anderen Mitgliedstaates, den Hinweis in der Blauen Karte EU entsprechend zu ändern.

(12) Dem Bundesamt für Migration und Flüchtlinge können die Daten, die für die Unterrichtung und Einholung von Auskünften bei den zuständigen Stellen der anderen Mitgliedstaaten nach den Absätzen 1 bis 11 erforderlich sind, durch die Ausländerbehörden aus dem Ausländerzentralregister unter Nutzung der AZR-Nummer automatisiert übermittelt werden.

(13) Das Bundesamt für Migration und Flüchtlinge übermittelt den zuständigen Organen der Europäischen Union jährlich, erstmals spätestens zum 18. November 2025, die Daten, die nach der Verordnung (EG) Nr. 862/2007 des Europäischen Parlaments und des Rates vom 11. Juli 2007 zu Gemeinschaftsstatistiken über Wanderung und internationalen Schutz und zur Aufhebung der Verordnung (EWG) Nr. 311/76 des Rates über die Erstellung von Statistiken über ausländische Arbeitnehmer (ABl. L 199 vom 31.7.2007, S. 23), die zuletzt durch die Verordnung (EU) 2020/851 (ABl. L 198 vom 22.6.2020, S. 1) geändert worden ist, und unter Beachtung von Artikel 25 der Richtlinie (EU) 2021/1883 im Zusammenhang mit der Erteilung von Blauen Karten EU zu übermitteln sind.

(14) Das Bundesamt für Migration und Flüchtlinge übermittelt den zuständigen Organen der Europäischen Union mindestens einmal jährlich und bei jeder Änderung

1. die festgelegten Faktoren zur Berechnung der Gehaltsschwellen gemäß § 18g Absatz 1 und 2 und die sich daraus ergebenden Nominalbeträge,
2. das Verzeichnis der Berufe, für die gemäß § 18g Absatz 1 Satz 2 Nummer 1 eine geringere Gehaltsschwelle gilt,
3. eine Liste der geschäftlichen Tätigkeiten, die während einer Geschäftsreise nach § 18h zulässig sind,
4. Informationen über die Anwendung der Vorrangprüfung bei Inhabern einer Blauen Karte EU sowie
5. eine Liste von Staaten und Berufen, für die die Bundesrepublik Deutschland aus ethischen Gründen die Erteilung einer Blauen Karte EU ablehnt, einschließlich einer Begründung für die Ablehnung.

§ 91g[1)] Auskünfte zur Durchführung der Richtlinie 2014/66/EU.

(1) [1]Das Bundesamt für Migration und Flüchtlinge nimmt Anträge nach § 19b entgegen und leitet diese Anträge an die zuständige Ausländerbehörde weiter. [2]Es teilt dem Antragsteller die zuständige Ausländerbehörde mit.

(2) [1]Das Bundesamt für Migration und Flüchtlinge erteilt der zuständigen Behörde eines anderen Mitgliedstaates der Europäischen Union auf Ersuchen die erforderlichen Auskünfte, um den zuständigen Behörden des anderen Mitgliedstaates der Europäischen Union eine Prüfung zu ermöglichen, ob die Vorausset-

[1)] § 91g eingef. mWv 1.8.2017 durch G v. 12.5.2017 (BGBl. I S. 1106); Abs. 1 aufgeh., bish. Abs. 2 wird Abs. 1 und Satz 1 geänd., bish. Abs. 3 wird Abs. 2, bish. Abs. 4 wird Abs. 3 und Satz 1 geänd., bish. Abs. 5 wird Abs. 4 und Satz 1 Nr. 1, 2, Satz 2 geänd., Satz 5 angef., Abs. 6 wird Abs. 5 und Nr. 1 Buchst. c geänd. mWv 1.3.2020 durch G v. 15.8.2019 (BGBl. I S. 1307); Abs. 4 Satz 4 geänd. mWv 26.11.2019 durch G v. 20.11.2019 (BGBl. I S. 1626).

zungen für die Mobilität des Ausländers nach der Richtlinie 2014/66/EU vorliegen. [2] Die Auskünfte umfassen

1. die Personalien des Ausländers und Angaben zum Identitäts- und Reisedokument,
2. Angaben zu seinem gegenwärtigen und früheren Aufenthaltsstatus in Deutschland,
3. Angaben zu abgeschlossenen oder der Ausländerbehörde bekannten strafrechtlichen Ermittlungsverfahren,
4. sonstige den Ausländer betreffende Daten, sofern sie im Ausländerzentralregister gespeichert werden oder sie aus der Ausländer- oder Visumakte hervorgehen und der andere Mitgliedstaat der Europäischen Union um ihre Übermittlung ersucht hat.

[3] Die Ausländerbehörden und die Auslandsvertretungen übermitteln hierzu dem Bundesamt für Migration und Flüchtlinge auf dessen Ersuchen die für die Erteilung der Auskunft erforderlichen Angaben.

(3) [1] Die Auslandsvertretungen und die Ausländerbehörden können über das Bundesamt für Migration und Flüchtlinge Ersuchen um Auskunft an zuständige Stellen anderer Mitgliedstaaten der Europäischen Union richten, soweit dies erforderlich ist, um die Voraussetzungen der Mobilität nach § 19a oder der Erteilung einer Mobiler-ICT-Karte zu prüfen. [2] Sie können hierzu

1. die Personalien des Ausländers,
2. Angaben zu seinem Identitäts- und Reisedokument und zu seinem im anderen Mitgliedstaat der Europäischen Union ausgestellten Aufenthaltstitel sowie
3. Angaben zum Gegenstand des Antrags auf Erteilung des Aufenthaltstitels und zum Ort der Antragstellung

übermitteln und aus besonderem Anlass den Inhalt der erwünschten Auskünfte genauer bezeichnen. [3] Das Bundesamt für Migration und Flüchtlinge leitet eingegangene Auskünfte an die zuständigen Ausländerbehörden und Auslandsvertretungen weiter. [4] Die Daten, die in den Auskünften der zuständigen Stellen anderer Mitgliedstaaten der Europäischen Union übermittelt werden, dürfen die Ausländerbehörden und Auslandsvertretungen zu diesem Zweck verarbeiten.

(4) [1] Das Bundesamt für Migration und Flüchtlinge unterrichtet die zuständige Behörde eines anderen Mitgliedstaates der Europäischen Union, in dem der Ausländer eine ICT-Karte besitzt, über den Inhalt und den Tag einer Entscheidung über

1. die Ablehnung der nach § 19a Absatz 1 mitgeteilten Mobilität gemäß § 19a Absatz 4 sowie
2. die Erteilung einer Mobiler-ICT-Karte nach § 19b.

[2] Wird eine ICT-Karte nach § 19 widerrufen, zurückgenommen oder nicht verlängert oder läuft sie nach einer Verkürzung der Frist gemäß § 7 Absatz 2 Satz 2 ab, so unterrichtet das Bundesamt für Migration und Flüchtlinge unverzüglich die Behörde des anderen Mitgliedstaates, in dem der Ausländer von der in der Richtlinie 2014/66/EU vorgesehenen Möglichkeit, einen Teil des unternehmensinternen Transfers in einem anderen Mitgliedstaat der Europäischen Union durchzuführen, Gebrauch gemacht hat, sofern dies der Ausländerbehörde bekannt ist. [3] Die Behörde, die die Entscheidung getroffen hat, übermittelt dem Bundesamt für Migration und Flüchtlinge unverzüglich die hierfür erforderlichen Angaben. [4] Die Ausländerbehörden können der nationalen Kontaktstelle die für die Unterrichtun-

gen nach Satz 1 erforderlichen Daten aus dem Ausländerzentralregister unter Nutzung der AZR-Nummer automatisiert übermitteln. [5] Wird dem Bundesamt für Migration und Flüchtlinge durch die zuständige Behörde eines anderen Mitgliedstaates mitgeteilt, dass ein Aufenthaltstitel eines Ausländers, der sich nach den §§ 19a oder 19b im Bundesgebiet aufhält, und der in den Anwendungsbereich der Richtlinie (EU) 2014/66 fällt, widerrufen, zurückgenommen oder nicht verlängert wurde oder abgelaufen ist, so unterrichtet das Bundesamt für Migration und Flüchtlinge unverzüglich die zuständige Ausländerbehörde.

(5) Das Bundesamt für Migration und Flüchtlinge übermittelt den zuständigen Organen der Europäischen Union jährlich

1. die Zahl
   a) der erstmals erteilten ICT-Karten,
   b) der erstmals erteilten Mobiler-ICT-Karten und
   c) der Mitteilungen nach § 19a Absatz 1,
2. jeweils die Staatsangehörigkeit des Ausländers und
3. jeweils die Gültigkeitsdauer oder die Dauer des geplanten Aufenthalts.

§ 91h[1)] Datenübermittlung zur Durchführung der Verordnung (EU) 2017/2226. (1) Erwirbt ein Drittstaatsangehöriger, dessen Daten im Einreise-/Ausreisesystem nach der Verordnung (EU) 2017/2226 des Europäischen Parlaments und des Rates vom 30. November 2017 über ein Einreise-/Ausreisesystem (EES) zur Erfassung der Ein- und Ausreisedaten sowie der Einreiseverweigerungsdaten von Drittstaatsangehörigen an den Außengrenzen der Mitgliedstaaten und zur Festlegung der Bedingungen für den Zugang zum EES zu Gefahrenabwehr- und Strafverfolgungszwecken und zur Änderung des Übereinkommens zur Durchführung des Übereinkommens von Schengen sowie der Verordnungen (EG) Nr. 767/2008 und (EU) Nr. 1077/2011 (ABl. L 327 vom 9.12.2017, S. 20; L 258 vom 15.10.2018, S. 5), die zuletzt durch die Verordnung (EU) 2021/1152 (ABl. L 249 vom 14.7.2021, S. 15) geändert worden ist, gespeichert sind, die deutsche Staatsangehörigkeit oder wird deren Bestehen festgestellt und erlangt die Ausländerbehörde hiervon Kenntnis, teilt die Ausländerbehörde dies unverzüglich dem Bundesverwaltungsamt als nationale EES-Behörde zum Zwecke der vorzeitigen Löschung nach Artikel 35 Absatz 6 der Verordnung (EU) 2017/2226 mit.

(2) Erteilt die Ausländerbehörde einem Drittstaatsangehörigen im Sinne des Absatzes 1 einen Aufenthaltstitel, teilt die Ausländerbehörde dies unverzüglich dem Bundesverwaltungsamt als nationale EES-Behörde zum Zwecke der vorzeitigen Löschung nach Artikel 35 Absatz 6 der Verordnung (EU) 2017/2226 mit.

(3) Erteilt das Auswärtige Amt, eine Auslandsvertretung oder das Bundesamt für Auswärtige Angelegenheiten einem Drittstaatsangehörigen ein Visum für einen längerfristigen Aufenthalt, teilt das Auswärtige Amt, die Auslandsvertretung oder das Bundesamt für Auswärtige Angelegenheiten dies unverzüglich dem Bundesverwaltungsamt als nationale EES-Behörde über die in § 21 des AZR-Gesetzes[2)] genannte Organisationseinheit im Bundesverwaltungsamt zum Zwecke der vorzeitigen Löschung nach Artikel 35 Absatz 6 der Verordnung (EU) 2017/2226 mit.

(4) [1] Erwirbt ein Drittstaatsangehöriger, der seinen gewöhnlichen Aufenthalt im Ausland hat, die deutsche Staatsangehörigkeit oder wird deren Bestehen festgestellt, teilt die Staatsangehörigkeitsbehörde dies unverzüglich dem Bundesver-

[1)] § 91h eingef. mWv 12.10.2025 durch G v. 20.4.2023 (BGBl. 2023 I Nr. 106; 2025 I Nr. 202).
[2)] **Sartorius ErgBd. Nr. 569.**

waltungsamt als nationale EES-Behörde zum Zwecke der vorzeitigen Löschung nach Artikel 35 Absatz 6 der Verordnung (EU) 2017/2226 mit, sofern nicht einer der vorstehenden Absätze anwendbar ist. [2] Stellt das Bundesverwaltungsamt als Vertriebenenbehörde eine Bescheinigung nach § 15 Absatz 1 oder 2 des Bundesvertriebenengesetzes[1)] aus, teilt sie dies unverzüglich dem Bundesverwaltungsamt als nationale EES-Behörde zum Zwecke der vorzeitigen Löschung nach Artikel 35 Absatz 6 der Verordnung (EU) 2017/2226 mit, sofern nicht einer der vorstehenden Absätze anwendbar ist.

(5) Die Übermittlungen nach den Absätzen 1 bis 4 können automatisiert durchgeführt werden.

§ 91j[2)] Datenübermittlung zur Ausführung der Verordnung (EU) 2024/1358. (1) In den Dringlichkeitsfällen des § 23 Absatz 4 Satz 1 übermitteln das Auswärtige Amt, die deutschen Auslandsvertretungen oder das Bundesamt für Auswärtige Angelegenheiten die nach Artikel 18 der Verordnung (EU) 2024/1358 erfassten biometrischen Daten und die nach Artikel 19 der Verordnung (EU) 2024/1358 zu speichernden Daten an die für die Übermittlung dieser Daten an Eurodac auf Grundlage von § 88 Absatz 1 des Asylgesetzes[3)] bestimmte Behörde.

(2) Erwirbt ein Drittstaatsangehöriger oder Staatenloser, dessen Daten in Eurodac nach der Verordnung (EU) 2024/1358 gespeichert sind, die deutsche Staatsangehörigkeit oder wird deren Bestehen festgestellt und erlangt die Ausländerbehörde hiervon Kenntnis, teilt die Ausländerbehörde dies unverzüglich der auf Grundlage von § 88 Absatz 1 des Asylgesetzes bestimmten Behörde zum Zwecke der vorzeitigen Löschung nach Artikel 30 Absatz 1 Unterabsatz 1 der Verordnung (EU) 2024/1358 mit.

(3) [1] Erwirbt ein Drittstaatsangehöriger, der seinen gewöhnlichen Aufenthalt im Ausland hat, die deutsche Staatsangehörigkeit oder wird deren Bestehen festgestellt, teilt die Staatsangehörigkeitsbehörde dies unverzüglich der auf Grundlage von § 88 Absatz 1 des Asylgesetzes bestimmten Behörde zum Zwecke der vorzeitigen Löschung nach Artikel 30 Absatz 1 Unterabsatz 1 der Verordnung (EU) 2024/1358 mit. [2] Stellt das Bundesverwaltungsamt als Vertriebenenbehörde eine Bescheinigung nach § 15 Absatz 1 oder 2 des Bundesvertriebenengesetzes[1)] aus, teilt es dies unverzüglich der auf Grundlage von § 88 Absatz 1 des Asylgesetzes bestimmten Behörde zum Zwecke der vorzeitigen Löschung nach Artikel 30 Absatz 1 Unterabsatz 1 der Verordnung (EU)2024/1358 mit.

(4) Die Übermittlungen nach den Absätzen 2 und 3 können automatisiert durchgeführt werden.

§ 91k[4)] Auskunftsbeschränkung nach Artikel 43 der Verordnung (EU) 2024/1358. Das Recht der betroffenen Person auf Auskunft über die sie betreffenden personenbezogenen Daten nach Artikel 43 Absatz 1 und 2 Unterabsatz 1 der Verordnung (EU) 2024/1358 in Verbindung mit Artikel 15 der Verordnung (EU) 2016/679[5)] gegenüber den nach der Verordnung (EU) 2024/1358 benannten Behörden, die Daten zum Zwecke des Artikels 1 Absatz 1 Buchstabe a, b, c und j der Verordnung (EU) 2024/1358 verarbeiten, erstreckt sich nicht auf Einträge darüber, dass die Person eine Gefahr für die innere Sicherheit darstellen könnte.

[1)] **Sartorius III Nr. 955.**
[2)] § 91j eingef. mWv 12.6.2026 durch G v. 23.4.2026 (BGBl. 2026 I Nr. 111).
[3)] Nr. **567**.
[4)] § 91k eingef. mWv 12.6.2026 durch G v. 23.4.2026 (BGBl. 2026 I Nr. 111).
[5)] Nr. **246**.

Kapitel 8. Beauftragte für Migration, Flüchtlinge und Integration

§ 92 Amt der Beauftragten. (1) Die Bundesregierung bestellt eine Beauftragte oder einen Beauftragten für Migration, Flüchtlinge und Integration.

(2) [1] Das Amt der Beauftragten wird bei einer obersten Bundesbehörde eingerichtet und kann von einem Mitglied des Deutschen Bundestages bekleidet werden. [2] Ohne dass es einer Genehmigung (§ 5 Abs. 2 Satz 2 des Bundesministergesetzes[1)], § 7 des Gesetzes über die Rechtsverhältnisse der Parlamentarischen Staatssekretäre) bedarf, kann die Beauftragte zugleich ein Amt nach dem Gesetz über die Rechtsverhältnisse der Parlamentarischen Staatssekretäre

(Fortsetzung nächstes Blatt)

[1)] Nr. **45**.

innehaben. [3]Die Amtsführung der Beauftragten bleibt in diesem Falle von der Rechtsstellung nach dem Gesetz über die Rechtsverhältnisse der Parlamentarischen Staatssekretäre unberührt.

(3) [1]Die für die Erfüllung der Aufgaben notwendige Personal- und Sachausstattung ist zur Verfügung zu stellen. [2]Der Ansatz ist im Einzelplan der obersten Bundesbehörde nach Absatz 2 Satz 1 in einem eigenen Kapitel auszuweisen.

(4) Das Amt endet, außer im Falle der Entlassung, mit dem Zusammentreten eines neuen Bundestages.

§ 93 Aufgaben. Die Beauftragte hat die Aufgaben,

1. die Integration der dauerhaft im Bundesgebiet ansässigen Migranten zu fördern und insbesondere die Bundesregierung bei der Weiterentwicklung ihrer Integrationspolitik auch im Hinblick auf arbeitsmarkt- und sozialpolitische Aspekte zu unterstützen sowie für die Weiterentwicklung der Integrationspolitik auch im europäischen Rahmen Anregungen zu geben;
2. die Voraussetzungen für ein möglichst spannungsfreies Zusammenleben zwischen Ausländern und Deutschen sowie unterschiedlichen Gruppen von Ausländern weiterzuentwickeln, Verständnis füreinander zu fördern und Fremdenfeindlichkeit entgegenzuwirken;
3. nicht gerechtfertigten Ungleichbehandlungen, soweit sie Ausländer betreffen, entgegenzuwirken;
4. den Belangen der im Bundesgebiet befindlichen Ausländer zu einer angemessenen Berücksichtigung zu verhelfen;
5. über die gesetzlichen Möglichkeiten der Einbürgerung zu informieren;
6. auf die Wahrung der Freizügigkeitsrechte der im Bundesgebiet lebenden Unionsbürger zu achten und zu deren weiterer Ausgestaltung Vorschläge zu machen;
7. Initiativen zur Integration der dauerhaft im Bundesgebiet ansässigen Migranten auch bei den Ländern und kommunalen Gebietskörperschaften sowie bei den gesellschaftlichen Gruppen anzuregen und zu unterstützen;
8. die Zuwanderung ins Bundesgebiet und in die Europäische Union sowie die Entwicklung der Zuwanderung in anderen Staaten zu beobachten;
9. in den Aufgabenbereichen der Nummern 1 bis 8 mit den Stellen der Gemeinden, der Länder, anderer Mitgliedstaaten der Europäischen Union und der Europäischen Union selbst, die gleiche oder ähnliche Aufgaben haben wie die Beauftragte, zusammenzuarbeiten;
10. die Öffentlichkeit zu den in den Nummern 1 bis 9 genannten Aufgabenbereichen zu informieren.

§ 94[1] Amtsbefugnisse. (1) [1]Die Beauftragte wird bei Rechtsetzungsvorhaben der Bundesregierung oder einzelner Bundesministerien sowie bei sonstigen Angelegenheiten, die ihren Aufgabenbereich betreffen, möglichst frühzeitig beteiligt. [2]Sie kann der Bundesregierung Vorschläge machen und Stellungnahmen zuleiten. [3]Die Bundesministerien unterstützen die Beauftragte bei der Erfüllung ihrer Aufgaben.

(2) Die Beauftragte für Migration, Flüchtlinge und Integration erstattet dem Deutschen Bundestag mindestens alle zwei Jahre einen Bericht.

[1] § 94 Abs. 2 neu gef. mWv 1.8.2015 durch G v. 27.7.2015 (BGBl. I S. 1386).

(3) [1]Liegen der Beauftragten hinreichende Anhaltspunkte vor, dass öffentliche Stellen des Bundes Verstöße im Sinne des § 93 Nr. 3 begehen oder sonst die gesetzlichen Rechte von Ausländern nicht wahren, so kann sie eine Stellungnahme anfordern. [2]Sie kann diese Stellungnahme mit einer eigenen Bewertung versehen und der öffentlichen und deren vorgesetzter Stelle zuleiten. [3]Die öffentlichen Stellen des Bundes sind verpflichtet, Auskunft zu erteilen und Fragen zu beantworten. [4]Personenbezogene Daten übermitteln die öffentlichen Stellen nur, wenn sich der Betroffene selbst mit der Bitte, in seiner Sache gegenüber der öffentlichen Stelle tätig zu werden, an die Beauftragte gewandt hat oder die Einwilligung des Ausländers anderweitig nachgewiesen ist.

Kapitel 9. Straf- und Bußgeldvorschriften

§ 95[1)] Strafvorschriften. (1) Mit Freiheitsstrafe bis zu einem Jahr oder mit Geldstrafe wird bestraft, wer

1. entgegen § 3 Abs. 1 in Verbindung mit § 48 Abs. 2 sich im Bundesgebiet aufhält,
2. ohne erforderlichen Aufenthaltstitel nach § 4 Absatz 1 Satz 1 sich im Bundesgebiet aufhält, wenn
   a) er vollziehbar ausreisepflichtig ist,
   b) ihm eine Ausreisefrist nicht gewährt wurde oder diese abgelaufen ist und
   c) dessen Abschiebung nicht ausgesetzt ist,
3. entgegen § 14 Abs. 1 Nr. 1 oder 2 in das Bundesgebiet einreist,
4. einer vollziehbaren Anordnung nach § 46 Abs. 2 Satz 1 oder 2 oder § 47 Abs. 1 Satz 2 oder Abs. 2 zuwiderhandelt,
5. entgegen § 49 Abs. 2 eine Angabe nicht, nicht richtig oder nicht vollständig macht, sofern die Tat nicht in Absatz 2 Nr. 2 mit Strafe bedroht ist,
6. entgegen § 49 Abs. 10 eine dort genannte Maßnahme nicht duldet,

6a. entgegen § 56 Absatz 1 Satz 1 eine Meldung nicht, nicht richtig oder nicht rechtzeitig macht,

6b. einer vollziehbaren Anordnung nach § 56 Absatz 1 Satz 2, Absatz 3 oder Absatz 4 zuwiderhandelt,

6c. einer räumlichen Beschränkung nach § 56 Absatz 2 zuwiderhandelt,

7. wiederholt einer räumlichen Beschränkung nach § 61 Abs. 1 oder Absatz 1c zuwiderhandelt oder
8. im Bundesgebiet einer überwiegend aus Ausländern bestehenden Vereinigung oder Gruppe angehört, deren Bestehen, Zielsetzung oder Tätigkeit vor den Behörden geheim gehalten wird, um ihr Verbot abzuwenden.

(1a) Ebenso wird bestraft, wer vorsätzlich eine in § 404 Abs. 2 Nr. 4 des Dritten Buches Sozialgesetzbuch[2)] oder in § 98 Abs. 3 Nr. 1 bezeichnete Handlung begeht, für den Aufenthalt im Bundesgebiet nach § 4 Abs. 1 Satz 1 eines Auf-

---

[1)] § 95 Abs. 1 Nr. 5 und 6 geänd. mWv 1.11.2007 durch G v. 20.7.2007 (BGBl. I S. 1566); Abs. 1 Nr. 2 neu gef., Abs. 1a geänd. mWv 26.11.2011 durch G v. 22.11.2011 (BGBl. I S. 2258); Abs. 1 Nr. 7 geänd. mWv 1.1.2015 durch G v. 23.12.2014 (BGBl. I S. 2439); Abs. 1 Nr. 6a, Abs. 2 Nr. 1 und 2 geänd. mWv 1.8.2015 durch G v. 27.7.2015 (BGBl. I S. 1386); Abs. 1 Nr. 6a geänd. mWv 24.10.2015und mWv 1.1. 2016 durch G v. 20.10.2015 (BGBl. I S. 1722); Abs. 2 Nr. 1 Buchst. b geänd., Nr. 1a eingef., Abs. 7 angef. mWv 29.7.2017 durch G v. 20.7.2017 (BGBl. I S. 2780); Abs. 1 Nr. 6a neu gef., Nr. 6b, 6c eingef. mWv 27.2.2024 durch G v. 21.2.2024 (BGBl. 2024 I Nr. 54).

[2)] **Aichberger, SGB Nr. 3.**

enthaltstitels bedarf und als Aufenthaltstitel nur ein Schengen-Visum nach § 6 Abs. 1 Nummer 1 besitzt.

(2) Mit Freiheitsstrafe bis zu drei Jahren oder mit Geldstrafe wird bestraft, wer

1. entgegen § 11 Absatz 1 oder in Zuwiderhandlung einer vollziehbaren Anordnung nach § 11 Absatz 6 Satz 1 oder Absatz 7 Satz 1
   a) in das Bundesgebiet einreist oder
   b) sich darin aufhält,

1a. einer vollstreckbaren gerichtlichen Anordnung nach § 56a Absatz 1 zuwiderhandelt und dadurch die kontinuierliche Feststellung seines Aufenthaltsortes durch eine in § 56a Absatz 3 genannte zuständige Stelle verhindert oder

2. unrichtige oder unvollständige Angaben macht oder benutzt, um für sich oder einen anderen einen Aufenthaltstitel oder eine Duldung zu beschaffen oder das Erlöschen oder die nachträgliche Beschränkung des Aufenthaltstitels oder der Duldung abzuwenden oder eine so beschaffte Urkunde wissentlich zur Täuschung im Rechtsverkehr gebraucht.

(3) In den Fällen des Absatzes 1 Nr. 3 und der Absätze 1a und 2 Nr. 1 Buchstabe a ist der Versuch strafbar.

(4) Gegenstände, auf die sich eine Straftat nach Absatz 2 Nr. 2 bezieht, können eingezogen werden.

(5) Artikel 31 Abs. 1 des Abkommens über die Rechtsstellung der Flüchtlinge[1] bleibt unberührt.

(6) In den Fällen des Absatzes 1 Nr. 2 und 3 steht einem Handeln ohne erforderlichen Aufenthaltstitel ein Handeln auf Grund eines durch Drohung, Bestechung oder Kollusion erwirkten oder durch unrichtige oder unvollständige Angaben erschlichenen Aufenthaltstitels gleich.

(7) In Fällen des Absatzes 2 Nummer 1a wird die Tat nur auf Antrag einer dort genannten zuständigen Stelle verfolgt.

§ 95a[2] Strafvorschriften. (1) Mit Freiheitsstrafe von drei Monaten bis zu fünf Jahren wird bestraft, wer entgegen § 14 Absatz 3 Satz 1 einem dort genannten Ausländer die Einreise in oder die Durchreise durch das Bundesgebiet ermöglicht.

(2) Der Versuch ist strafbar.

(3) Mit Freiheitsstrafe nicht unter einem Jahr wird bestraft, wer in den Fällen des Absatzes 1 gewerbsmäßig oder als Mitglied einer Bande handelt, die sich zur fortgesetzten Begehung solcher Taten verbunden hat.

§ 96[3] Einschleusen von Ausländern und Personen, auf die das Freizügigkeitsgesetz/EU Anwendung findet. (1) [1] Mit Freiheitsstrafe von sechs Monaten bis zu zehn Jahren, in minder schweren Fällen mit Freiheitsstrafe bis zu fünf Jahren

---

[1] Nr. **568**.

[2] § 95a eingef. mWv 6.2.2026 durch G v. 3.2.2026 (BGBl. 2026 I Nr. 27).

[3] § 96 Abs. 4 einl. Satzteil geänd. mWv 26.11.2011 durch G v. 22.11.2011 (BGBl. I S. 2258); Abs. 1 einl. Satzteil geänd., Abs. 5 Satz 1 eingef. mWv 24.10.2015 durch G v. 20.10.2015 (BGBl. I S. 1722); Abs. 5 Satz 2 aufgeh. mWv 1.7.2017 durch G v. 13.4.2017 (BGBl. I S. 872); Abs. 2 Satz 2 angef., Abs. 4 einl. Satzteil geänd. mWv 1.8.2018 durch G v. 12.7.2018 (BGBl. I S. 1147); Überschrift neu gef., Abs. 1 einl. Satzteil, Nr. 1, 2 geänd., Nr. 3 und Satz 2 angef., Abs. 2 Satz 1 einl. Satzteil, Nr. 4, 5 geänd., Nr. 6 angef., Satz 2 geänd., Satz 3 angef., Abs. 4 einl. Satzteil und Nr. 1 geänd. mWv 27.2.2024 durch G v. 21.2.2024 (BGBl. 2024 I Nr. 54); Abs. 4 einl. Satzteil geänd. mWv 24.12.2025 durch G v. 22.12.2025 (BGBl. 2025 I Nr. 364).

oder mit Geldstrafe wird bestraft, wer einen anderen anstiftet oder ihm dazu Hilfe leistet,

1. eine Handlung nach § 95 Abs. 1 Nr. 3 oder Abs. 2 Nr. 1 Buchstabe a zu begehen und
   a) dafür einen Vorteil erhält oder sich versprechen lässt oder
   b) wiederholt oder zugunsten von mehreren Ausländern handelt oder
2. eine Handlung nach § 95 Absatz 1 Nummer 1 oder Nummer 2, Absatz 1a oder Absatz 2 Nummer 1 Buchstabe b oder Nummer 2 zu begehen und dafür einen Vermögensvorteil erhält oder sich versprechen lässt oder
3. eine Handlung nach § 9 Absatz 1 des Freizügigkeitsgesetzes/EU[1)] zu begehen und dafür einen Vermögensvorteil erhält oder sich versprechen lässt.

[2] Ebenso wird bestraft, wer zugunsten eines Ausländers handelt, der keine vorsätzliche rechtswidrige Tat im Sinne des Satzes 1 Nummer 1 oder Nummer 2 begangen hat.

(2) [1] Mit Freiheitsstrafe nicht unter einem Jahr wird bestraft, wer in den Fällen des Absatzes 1

1. gewerbsmäßig handelt,
2. als Mitglied einer Bande, die sich zur fortgesetzten Begehung solcher Taten verbunden hat, handelt,
3. eine Schusswaffe bei sich führt, wenn sich die Tat auf eine Handlung nach § 95 Abs. 1 Nr. 3 oder Abs. 2 Nr. 1 Buchstabe a bezieht,
4. eine andere Waffe bei sich führt, um diese bei der Tat zu verwenden, wenn sich die Tat auf eine Handlung nach § 95 Abs. 1 Nr. 3 oder Abs. 2 Nr. 1 Buchstabe a bezieht,
5. den Geschleusten einer das Leben gefährdenden, unmenschlichen oder erniedrigenden Behandlung oder der Gefahr einer schweren Gesundheitsschädigung aussetzt oder
6. versucht, sich im Straßenverkehr in grob verkehrswidriger und rücksichtsloser Weise einer polizeilichen Kontrolle zu entziehen und dadurch Leib oder Leben eines anderen Menschen oder fremde Sachen von bedeutendem Wert gefährdet.

[2] Ebenso wird bestraft, wer in den Fällen des Absatzes 1 Satz 1 Nummer 1 zugunsten eines minderjährigen ledigen Ausländers handelt, der ohne Begleitung einer personensorgeberechtigten Person oder einer dritten Person, die die Fürsorge oder Obhut für ihn übernommen hat, in das Bundesgebiet einreist, auch wenn dieser keine vorsätzliche rechtswidrige Tat begangen hat. [3] In minder schweren Fällen des Satzes 2 ist die Strafe Freiheitsstrafe von sechs Monaten bis zu zehn Jahren.

(3) Der Versuch ist strafbar.

(4) Absatz 1 Satz 1 Nummer 1 Buchstabe a und Nummer 2, Satz 2, Absatz 2 Satz 1 Nummer 1, 2, 3, 5 und 6, Satz 2 und Absatz 3 sowie bei Einreise auf dem Landweg auch Absatz 1 Satz 1 Nummer 1 Buchstabe b sind auf Zuwiderhandlungen gegen Rechtsvorschriften über die Einreise und den Aufenthalt von Ausländern in das Hoheitsgebiet der Mitgliedstaaten der Europäischen Union, eines *Schengen*-Staates oder des Vereinigten Königreichs Großbritannien und Nordirland anzuwenden, wenn

---

1) Nr. **560**.

1. sie den in § 95 Absatz 1 Nummer 2 oder Nummer 3 oder Absatz 2 Nummer 1 bezeichneten Handlungen entsprechen und
2. der Täter einen Ausländer unterstützt, der nicht die Staatsangehörigkeit eines Mitgliedstaates der Europäischen Union oder eines anderen Vertragsstaates des Abkommens über den Europäischen Wirtschaftsraum besitzt.

(5) § 74a des Strafgesetzbuchs[1] ist anzuwenden.

§ 97[2] Einschleusen mit Todesfolge; gewerbs- und bandenmäßiges Einschleusen. (1) [1]Mit Freiheitsstrafe nicht unter fünf Jahren wird bestraft, wer in den Fällen des § 96 Abs. 1, auch in Verbindung mit § 96 Abs. 4, den Tod eines anderen Menschen verursacht. [2]Wird in den Fällen des § 96 Absatz 1, auch in Verbindung mit § 96 Absatz 4, der Tod eines anderen Menschen wenigstens leichtfertig verursacht, ist die Strafe lebenslange Freiheitsstrafe oder Freiheitsstrafe nicht unter zehn Jahren.

(2) Mit Freiheitsstrafe nicht unter drei Jahren wird bestraft, wer in den Fällen des § 96 Abs. 1, auch in Verbindung mit § 96 Abs. 4, als Mitglied einer Bande, die sich zur fortgesetzten Begehung solcher Taten verbunden hat, gewerbsmäßig handelt.

(3) In minder schweren Fällen des Absatzes 1 Satz 1 oder des Absatzes 2 ist die Strafe Freiheitsstrafe nicht unter einem Jahr.

(4) § 74a des Strafgesetzbuches[1] ist anzuwenden.

§ 97a[3] Geheimhaltungspflichten. [1]Informationen zum konkreten Ablauf einer Abschiebung, insbesondere Informationen nach § 59 Absatz 1 Satz 8 sind Geheimnisse oder Nachrichten nach § 353b Absatz 1 oder Absatz 2 des Strafgesetzbuches[1]. [2]Gleiches gilt für Informationen zum konkreten Ablauf, insbesondere zum Zeitpunkt von Anordnungen nach § 82 Absatz 4 Satz 1.

§ 98[4] Bußgeldvorschriften. (1) Ordnungswidrig handelt, wer eine in § 95 Abs. 1 Nr. 1 oder 2 oder Abs. 2 Nr. 1 Buchstabe b bezeichnete Handlung fahrlässig begeht.

---

[1] **Habersack Nr. 85.**

[2] § 97 Abs. 4 neu gef. mWv 24.10.2015 durch G v. 20.10.2015 (BGBl. I S. 1722); Abs. 4 neu gef. mWv 1.7.2017 durch G v. 13.4.2017 (BGBl. I S. 872); Abs. 1 Satz 1 geänd., Satz 2 angef., Abs. 2 geänd., Abs. 3 neu gef. mWv 27.2.2024 durch G v. 21.2.2024 (BGBl. 2024 I Nr. 54).

[3] § 97a eingef. mWv 21.8.2019 durch G v. 15.8.2019 (BGBl. I S. 1294).

[4] § 98 Abs. 3 Nr. 7 geänd. mWv 1.9.2011 durch G v. 12.4.2011 (BGBl. I S. 610); Abs. 3 Nr. 7 geänd. mWv 6.9.2013 durch G v. 29.8.2013 (BGBl. I S. 3484); Abs. 3 Nr. 2 und 4 geänd. mWv 1.1.2015 durch G v. 23.12.2014 (BGBl. I S. 2439); Abs. 2 Nr. 3, Abs. 3 Nr. 2, 4 und 5 geänd. mWv 1.8.2015 durch G v. 27.7.2015 (BGBl. I S. 1386); Abs. 3 Nr. 2, 4 und 5 geänd. mWv 24.10.2015 und mWv 1.1.2016 durch G v. 20.10.2015 (BGBl. I S. 1722); Abs. 2b eingef., Abs. 3 Nr. 2 geänd., Nr. 2a, 2b und 5a eingef., Abs. 5 geänd. mWv 6.8.2016 durch G v. 31.7.2016 (BGBl. I S. 1939); Abs. 2a neu gef., Abs. 2b aufgeh., Abs. 5 geänd. mWv 1.8.2017 durch G v. 12.5.2017 (BGBl. I S. 1106); Abs. 2 Nr. 2a eingef., Abs. 5 geänd. mWv 15.6.2017 durch G v. 8.6.2017 (BGBl. I S. 1570); Abs. 2a Nr. 4 geänd. mWv 1.1.2020 durch G v. 8.7.2019 (BGBl. I S. 1021); Abs. 3 Nr. 5b eingef., Abs. 5 geänd. mWv 21.8.2019 durch G v. 15.8.2019 (BGBl. I S. 1294); Abs. 2 Nr. 1, 3, 4 geänd., Nr. 5 angef., Abs. 2a Nr. 1–3, Abs. 3 Nr. 1 geänd. mWv 1.3.2020 durch G v. 15.8.2019 (BGBl. I S. 1307); Abs. 2 Nr. 5 geänd., Abs. 2a Nr. 4, Abs. 3 Nr. 1 neu gef. mWv 24.6.2020 durch G v. 12.6.2020 (BGBl. I S. 1248); Abs. 3 Nr. 5b geänd. mWv 15.7.2021 durch G v. 9.7.2021 (BGBl. I S. 2467); Abs. 2a Nr. 4, Abs. 3 Nr. 1 geänd. mWv 1.3.2024 durch G v. 16.8.2023 (BGBl. 2023 I Nr. 217); Abs. 3 Nr. 4 geänd., Nr. 5 neu gef., bish. Nr. 5a wird Nr. 5b und geänd., bish. Nr. 5b wird Nr. 5a mWv 27.2.2024 durch G v. 21.2.2024 (BGBl. 2024 I Nr. 54); Abs. 2 Nr. 2b eingef. mWv 31.10.2024 durch G v. 25.10.2024 (BGBl. 2024 I Nr. 332); Abs. 2a Nr. 4 geänd., Abs. 3 Nr. 1 neu gef. mWv 24.12.2025 durch G v. 22.12.2025 (BGBl. 2025 I Nr. 355); Abs. 7, 8 angef. mWv 6.2.2026 →

(2) Ordnungswidrig handelt, wer

1. entgegen § 4 Absatz 2 Satz 1 einen Nachweis nicht führt,
2. entgegen § 13 Abs. 1 Satz 2 sich der polizeilichen Kontrolle des grenzüberschreitenden Verkehrs nicht unterzieht,

2a. entgegen § 47a Satz 1, auch in Verbindung mit Satz 2, oder entgegen § 47a Satz 3, ein dort genanntes Dokument nicht oder nicht rechtzeitig vorlegt oder einen Abgleich mit dem Lichtbild nicht oder nicht rechtzeitig ermöglicht,

2b. entgegen § 47b eine Anzeige nicht vornimmt,

3. entgegen § 48 Abs. 1 oder 3 Satz 1 eine dort genannte Urkunde oder Unterlage oder einen dort genannten Datenträger nicht oder nicht rechtzeitig vorlegt, nicht oder nicht rechtzeitig aushändigt oder nicht oder nicht rechtzeitig überlässt,
4. einer vollziehbaren Anordnung nach § 44a Abs. 1 Satz 1 Nr. 3, Satz 2 oder 3 zuwiderhandelt oder
5. entgegen § 82 Absatz 6 Satz 1, auch in Verbindung mit § 60d Absatz 3 Satz 4, eine Mitteilung nicht oder nicht rechtzeitig macht.

(2a) Ordnungswidrig handelt, wer vorsätzlich oder leichtfertig

1. entgegen § 4a Absatz 5 Satz 1 einen Ausländer mit einer nachhaltigen entgeltlichen Dienst- oder Werkleistung beauftragt, die der Ausländer auf Gewinnerzielung gerichtet ausübt,
2. entgegen § 4a Absatz 5 Satz 3 Nummer 3 oder § 19a Absatz 1 Satz 2 oder 3 eine Mitteilung nicht, nicht richtig oder nicht rechtzeitig macht,
3. entgegen § 19b Absatz 7 eine Anzeige nicht, nicht richtig, nicht vollständig oder nicht rechtzeitig erstattet oder
4. entgegen § 16g Absatz 4 Satz 1, § 60c Absatz 5 Satz 1 oder § 60d Absatz 3 Satz 3 eine Mitteilung nicht, nicht richtig, nicht vollständig, nicht in der vorgeschriebenen Weise oder nicht rechtzeitig macht.

(3) Ordnungswidrig handelt, wer vorsätzlich oder fahrlässig

1. entgegen § 4a Absatz 3 Satz 4 oder Absatz 4, § 6 Absatz 2a, § 7 Absatz 1 Satz 4 erster Halbsatz, § 16a Absatz 3 Satz 1, § 16b Absatz 3 Satz 1, auch in Verbindung mit Absatz 5 Satz 2 oder Satz 3 erster Halbsatz oder Absatz 7 Satz 3, § 16c Absatz 2 Satz 3, § 16d Absatz 1 Satz 4, auch in Verbindung mit Absatz 6 Satz 3, § 16d Absatz 3 Satz 8, Absatz 4 Satz 3 oder Absatz 5 Satz 2, § 16f Absatz 3 Satz 4 oder Satz 5, § 16g Absatz 3a, § 17 Absatz 3 Satz 1, § 20a Absatz 2, § 23 Absatz 1 Satz 4 erster Halbsatz oder § 25 Absatz 4 Satz 3 erster Halbsatz, Absatz 4a Satz 4 erster Halbsatz oder Absatz 4b Satz 4 erster Halbsatz eine selbständige Tätigkeit ausübt,
2. einer vollziehbaren Auflage nach § 12 Abs. 2 Satz 2 oder Abs. 4 zuwiderhandelt,

2a. entgegen § 12a Absatz 1 Satz 1 den Wohnsitz nicht oder nicht für die vorgeschriebene Dauer in dem Land nimmt, in dem er zu wohnen verpflichtet ist,

2b. einer vollziehbaren Anordnung nach § 12a Absatz 2, 3 oder 4 Satz 1, § 15b Absatz 4 Satz 2 oder § 61 Absatz 1c zuwiderhandelt,

---

(Fortsetzung der Anm. von voriger Seite)
durch G v. 3.2.2026 (BGBl. 2026 I Nr. 27); Abs. 3 Nr. 2b geänd. mWv 12.6.2026 durch G v. 23.4.2026 (BGBl. 2026 I Nr. 111).

3. entgegen § 13 Abs. 1 außerhalb einer zugelassenen Grenzübergangsstelle oder außerhalb der festgesetzten Verkehrsstunden einreist oder ausreist oder einen Pass oder Passersatz nicht mitführt,
4. einer vollziehbaren Anordnung nach § 46 Absatz 1 oder § 61 Absatz 1e zuwiderhandelt,
5. (weggefallen)
5a. entgegen § 60b Absatz 2 Satz 1 nicht alle zumutbaren Handlungen vornimmt, um einen anerkannten und gültigen Pass oder Passersatz zu erlangen,
5b. einer räumlichen Beschränkung nach § 61 Absatz 1 Satz 1 zuwiderhandelt,
6. entgegen § 80 Abs. 4 einen der dort genannten Anträge nicht stellt oder
7. einer Rechtsverordnung nach § 99 Absatz 1 Nummer 3a Buchstabe d, Nummer 7, 10 oder 13a Satz 1 Buchstabe j zuwiderhandelt, soweit sie für einen bestimmten Tatbestand auf diese Bußgeldvorschrift verweist.

(4) In den Fällen des Absatzes 2 Nr. 2 und des Absatzes 3 Nr. 3 kann der Versuch der Ordnungswidrigkeit geahndet werden.

(5) Die Ordnungswidrigkeit kann in den Fällen des Absatzes 2a Nummer 1 mit einer Geldbuße bis zu fünfhunderttausend Euro, in den Fällen des Absatzes 2a Nummer 2, 3 und 4 mit einer Geldbuße bis zu dreißigtausend Euro, in den Fällen des Absatzes 2 Nr. 2 und des Absatzes 3 Nr. 1 und 5b mit einer Geldbuße bis zu fünftausend Euro, in den Fällen der Absätze 1 und 2 Nr. 1, 2a und 3 und des Absatzes 3 Nr. 3 mit einer Geldbuße bis zu dreitausend Euro und in den übrigen Fällen mit einer Geldbuße bis zu tausend Euro geahndet werden.

(6) Artikel 31 Abs. 1 des Abkommens über die Rechtsstellung der Flüchtlinge[1] bleibt unberührt.

(7) Abweichend von § 30 Absatz 2 Satz 1 Nummer 1 des Gesetzes über Ordnungswidrigkeiten[2] beträgt das Höchstmaß der Geldbuße im Falle einer Straftat nach § 95a Absatz 1 dieses Gesetzes vierzig Millionen Euro.

(8) Abweichend von § 30 Absatz 2 Satz 2 des Gesetzes über Ordnungswidrigkeiten beträgt das Höchstmaß der Geldbuße im Falle einer Ordnungswidrigkeit nach § 130 Absatz 1 des Gesetzes über Ordnungswidrigkeiten in Verbindung mit § 95a Absatz 1 dieses Gesetzes vierzig Millionen Euro.

Kapitel 9a.[3] Rechtsfolgen bei illegaler Beschäftigung

§ 98a[4] Vergütung. (1) [1]Der Arbeitgeber ist verpflichtet, dem Ausländer, den er ohne die nach § 284 Absatz 1 des Dritten Buches Sozialgesetzbuch[5] erforderliche Genehmigung oder ohne die nach § 4a Absatz 5 erforderliche Berechtigung zur Erwerbstätigkeit beschäftigt hat, die vereinbarte Vergütung zu zahlen. [2]Für die Vergütung wird vermutet, dass der Arbeitgeber den Ausländer drei Monate beschäftigt hat.

[1] Nr. **568**.
[2] **Habersack Nr. 94.**
[3] Kapitel 9a (§§ 98a–98c) eingef. mWv 26.11.2011 durch G v. 22.11.2011 (BGBl. I S. 2258).
[4] § 98a eingef. mWv 26.11.2011 durch G v. 22.11.2011 (BGBl. I S. 2258); Abs. 1 Satz 1, Abs. 4, 5, 6 geänd. mWv 1.3.2020 durch G v. 15.8.2019 (BGBl. I S. 1307); Abs. 2a eingef. mWv 1.3.2024 durch G v. 16.8.2023 (BGBl. 2023 I Nr. 217).
[5] **Aichberger, SGB Nr. 3.**

(2) Als vereinbarte Vergütung ist die übliche Vergütung anzusehen, es sei denn, der Arbeitgeber hat mit dem Ausländer zulässigerweise eine geringere oder eine höhere Vergütung vereinbart.

(2a) Der Arbeitgeber ist verpflichtet, dem Ausländer das Arbeitsentgelt zu zahlen, das er der Bundesagentur für Arbeit nach § 39 Absatz 4 mitgeteilt hat und das diese für die Erteilung der Zustimmung oder Arbeitserlaubnis zu Grunde gelegt hat.

(3) Ein Unternehmer, der einen anderen Unternehmer mit der Erbringung von Werk- oder Dienstleistungen beauftragt, haftet für die Erfüllung der Verpflichtung dieses Unternehmers nach Absatz 1 wie ein Bürge, der auf die Einrede der Vorausklage verzichtet hat.

(4) Für den Generalunternehmer und alle zwischengeschalteten Unternehmer ohne unmittelbare vertragliche Beziehung zu dem Arbeitgeber gilt Absatz 3 entsprechend, es sei denn, dem Generalunternehmer oder dem zwischengeschalteten Unternehmer war nicht bekannt, dass der Arbeitgeber Ausländer ohne die nach § 284 Absatz 1 des Dritten Buches Sozialgesetzbuch erforderliche Genehmigung oder ohne die nach § 4a Absatz 5 erforderliche Berechtigung zur Erwerbstätigkeit beschäftigt hat.

(5) Die Haftung nach den Absätzen 3 und 4 entfällt, wenn der Unternehmer nachweist, dass er auf Grund sorgfältiger Prüfung davon ausgehen konnte, dass der Arbeitgeber keine Ausländer ohne die nach § 284 Absatz 1 des Dritten Buches Sozialgesetzbuch erforderliche Genehmigung oder ohne die nach § 4a Absatz 5 erforderliche Berechtigung zur Erwerbstätigkeit beschäftigt hat.

(6) Ein Ausländer, der im Geltungsbereich dieses Gesetzes ohne die nach § 284 Absatz 1 des Dritten Buches Sozialgesetzbuch erforderliche Genehmigung oder ohne die nach § 4a Absatz 5 erforderliche Berechtigung zur Erwerbstätigkeit beschäftigt worden ist, kann Klage auf Erfüllung der Zahlungsverpflichtungen nach Absatz 3 und 4 auch vor einem deutschen Gericht für Arbeitssachen erheben.

(7) Die Vorschriften des Arbeitnehmer-Entsendegesetzes[1] bleiben unberührt.

§ 98b[2] Ausschluss von Subventionen. (1) [1] Die zuständige Behörde kann Anträge auf Subventionen im Sinne des § 264 des Strafgesetzbuches[3] ganz oder teilweise ablehnen, wenn der Antragsteller oder dessen nach Satzung oder Gesetz Vertretungsberechtigter

1. nach § 404 Absatz 2 Nummer 3 des Dritten Buches Sozialgesetzbuch[4] mit einer Geldbuße von wenigstens *Zweitausendfünfhundert*[5] Euro rechtskräftig belegt worden ist oder
2. nach den §§ 10, 10a oder 11 des Schwarzarbeitsbekämpfungsgesetzes[6] zu einer Freiheitsstrafe von mehr als drei Monaten oder einer Geldstrafe von mehr als 90 Tagessätzen rechtskräftig verurteilt worden ist.

[2] Ablehnungen nach Satz 1 können je nach Schwere des der Geldbuße oder der Freiheits- oder der Geldstrafe zugrunde liegenden Verstoßes in einem Zeitraum

---

[1] **Loseblatt-Textsammlung Arbeitsrecht Nr. 506.**
[2] Kapitel 9a (§§ 98a–98c) eingef. mWv 26.11.2011 durch G v. 22.11.2011 (BGBl. I S. 2258).
[3] ***Habersack* Nr. 85.**
[4] **Aichberger, SGB Nr. 3.**
[5] Großschreibung amtlich.
[6] **Habersack ErgBd. Nr. 94b.**

von bis zu fünf Jahren ab Rechtskraft der Geldbuße, der Freiheits- oder der Geldstrafe erfolgen.

(2) Absatz 1 gilt nicht, wenn

1. auf die beantragte Subvention ein Rechtsanspruch besteht,
2. der Antragsteller eine natürliche Person ist und die Beschäftigung, durch die der Verstoß nach Absatz 1 Satz 1 begangen wurde, seinen privaten Zwecken diente, oder
3. der Verstoß nach Absatz 1 Satz 1 darin bestand, dass ein Unionsbürger rechtswidrig beschäftigt wurde.

§ 98c[1)] Ausschluss von der Vergabe öffentlicher Aufträge. (1) [1] Öffentliche Auftraggeber nach § 99 des Gesetzes gegen Wettbewerbsbeschränkungen[2)] können einen Bewerber oder einen Bieter vom Wettbewerb um einen Liefer-, Bau- oder Dienstleistungsauftrag ausschließen, wenn dieser oder dessen nach Satzung oder Gesetz Vertretungsberechtigter

1. nach § 404 Absatz 2 Nummer 3 des Dritten Buches Sozialgesetzbuch[3)] mit einer Geldbuße von wenigstens Zweitausendfünfhundert Euro rechtskräftig belegt worden ist oder
2. nach den §§ 10, 10a oder 11 des Schwarzarbeitsbekämpfungsgesetzes[4)] zu einer Freiheitsstrafe von mehr als drei Monaten oder einer Geldstrafe von mehr als 90 Tagessätzen rechtskräftig verurteilt worden ist.

[2] Ausschlüsse nach Satz 1 können bis zur nachgewiesenen Wiederherstellung der Zuverlässigkeit, je nach Schwere des der Geldbuße, der Freiheits- oder der Geldstrafe zugrunde liegenden Verstoßes in einem Zeitraum von bis zu fünf Jahren ab Rechtskraft der Geldbuße, der Freiheits- oder der Geldstrafe erfolgen.

(2) Absatz 1 gilt nicht, wenn der Verstoß nach Absatz 1 Satz 1 darin bestand, dass ein Unionsbürger rechtswidrig beschäftigt wurde.

(3) Macht ein öffentlicher Auftraggeber von der Möglichkeit nach Absatz 1 Gebrauch, gilt § 21 Absatz 2 bis 5 des Arbeitnehmer-Entsendegesetzes[5)] entsprechend.

Kapitel 10. Verordnungsermächtigungen; Übergangs- und Schlussvorschriften

§ 99[6)] Verordnungsermächtigung. (1) Das Bundesministerium des Innern und für Heimat wird ermächtigt, durch Rechtsverordnung mit Zustimmung des Bundesrates

---

1) § 98c eingef. mWv 26.11.2011 durch G v. 22.11.2011 (BGBl. I S. 2258); Abs. 1 Satz 1 einl. Satzteil geänd. mWv 18.4.2016 durch G v. 17.2.2016 (BGBl. I S. 203).

2) **Habersack Nr. 74.**

3) **Aichberger, SGB Nr. 3.**

4) **Habersack ErgBd. Nr. 94b.**

5) **Loseblatt-Textsammlung Arbeitsrecht Nr. 506.**

6) § 99 Abs. 1 Nr. 13a eingef. mWv 25.12.2008 durch G v. 20.12.2008 (BGBl. I S. 2846); Abs. 1 Nr. 13 geänd., Nr. 13a neu gef., Nr. 15 angef., Abs. 2 Satz 3 eingef., bish. Satz 3 wird Satz 4 mWv 16.4.2011 durch G v. 12.4.2011 (BGBl. I S. 610); Abs. 2 Satz 1 Nr. 2 neu gef., Abs. 3 geänd., Abs. 3a eingef. mWv 26.11.2011 durch G v. 22.11.2011 (BGBl. I S. 2258); Abs. 1 Nr. 15 Buchst. c geänd., Nr. 16 angef. mWv 9.8.2019 durch G v. 4.8.2019 (BGBl. I S. 1131); Abs. 5, 6 angef. mWv 1.3.2020 durch G v. 15.8.2019 (BGBl. I S. 1307); Abs. 2 Satz 1 Nr. 1, 2, 3, Satz 4 geänd. mWv 26.11.2019 durch G v. 20.11.2019 (BGBl. I S. 1626); Abs. 1 Nr. 13a einl. Satzteil geänd. mWv 20.2.2020, Abs. 1 Nr. 3a einl. Satzteil, Buchst. →

1. zur Erleichterung des Aufenthalts von Ausländern Befreiungen vom Erfordernis des Aufenthaltstitels vorzusehen, das Verfahren für die Erteilung von Befreiungen und die Fortgeltung und weitere Erteilung von Aufenthaltstiteln nach diesem Gesetz bei Eintritt eines Befreiungsgrundes zu regeln sowie zur Steuerung der Erwerbstätigkeit von Ausländern im Bundesgebiet Befreiungen einzuschränken,
2. zu bestimmen, dass der Aufenthaltstitel vor der Einreise bei der Ausländerbehörde oder nach der Einreise eingeholt werden kann,
3. zu bestimmen, in welchen Fällen die Erteilung eines Visums der Zustimmung der Ausländerbehörde bedarf, um die Mitwirkung anderer beteiligter Behörden zu sichern,

3a. Näheres zum Verfahren zur Erteilung von Aufenthaltstiteln an Forscher nach § 18d zu bestimmen, insbesondere
   a) die Voraussetzungen und das Verfahren sowie die Dauer der Anerkennung von Forschungseinrichtungen, die Aufhebung der Anerkennung einer Forschungseinrichtung und die Voraussetzungen und den Inhalt des Abschlusses von Aufnahmevereinbarungen nach § 18d Absatz 1 Satz 1 Nummer 1 zu regeln,
   b) vorzusehen, dass die für die Anerkennung zuständige Behörde die Anschriften der anerkannten Forschungseinrichtungen veröffentlicht und in den Veröffentlichungen auf Erklärungen nach § 18d Absatz 3 hinweist,
   c) Ausländerbehörden und Auslandsvertretungen zu verpflichten, der für die Anerkennung zuständigen Behörde Erkenntnisse über anerkannte Forschungseinrichtungen mitzuteilen, die die Aufhebung der Anerkennung begründen können,
   d) anerkannte Forschungseinrichtungen zu verpflichten, den Wegfall von Voraussetzungen für die Anerkennung, den Wegfall von Voraussetzungen für Aufnahmevereinbarungen, die abgeschlossen worden sind, oder die Änderung sonstiger bedeutsamer Umstände mitzuteilen,
   e) beim Bundesamt für Migration und Flüchtlinge einen Beirat für Forschungsmigration und Fachkräfteeinwanderung einzurichten, der es bei der Anerkennung von Forschungseinrichtungen unterstützt und die Anwendung des § 18d beobachtet und bewertet,
   f) den Zeitpunkt des Beginns der Bearbeitung von Anträgen auf Anerkennung von Forschungseinrichtungen,

3b. selbständige Tätigkeiten zu bestimmen, für deren Ausübung stets oder unter bestimmten Voraussetzungen kein Aufenthaltstitel nach § 4a Absatz 1 Satz 1 erforderlich ist,

4. Ausländer, die im Zusammenhang mit der Hilfeleistung in Rettungs- und Katastrophenfällen einreisen, von der Passpflicht zu befreien,

---

(Fortsetzung der Anm. von voriger Seite)
a, b, e, Nr. 3b geänd. mWv 1.3.2020 durch G v. 17.2.2020 (BGBl. I S. 166); Abs. 2 Satz 1 Nr. 2 geänd. mWv 24.6.2020 durch G v. 12.6.2020 (BGBl. I S. 1241); Abs. 1 einl. Satzteil, Nr. 13a, Abs. 2 Satz 1 einl. Satzteil, Abs. 3, 3a, 4 Satz 1 geänd. mWv 27.6.2020 durch VO v. 19.6.2020 (BGBl. I S. 1328); Abs. 1 Nr. 13, Nr. 13a Buchst. a neu gef., Abs. 2 Satz 3 geänd. mWv 12.12.2020 durch G v. 3.12.2020 (BGBl. I S. 2744); Abs. 1 Nr. 13a Satz 2 geänd. mWv 9.7.2021 durch G v. 5.7.2021 (BGBl. I S. 2281); Abs. 1 Nr. 3a Buchst. e geänd. mWv 19.8.2023 durch G v. 16.8.2023 (BGBl. 2023 I Nr. 217); Abs. 1 Nr. 13a Buchst. j geänd., Buchst. k angef. mWv 13.10.2023 durch G v. 8.10.2023 (BGBl. 2023 I Nr. 271); Abs. 1 einl. Satzteil, Nr. 11 geänd., Nr. 16 neu gef. mWv 16.5.2024 durch G v. 8.5.2024 (BGBl. 2024 I Nr. 152); Abs. 1 Nr. 16 geänd. mWv 12.6.2026 durch G v. 23.4.2026 (BGBl. 2026 I Nr. 111).

5. andere amtliche deutsche Ausweise als Passersatz einzuführen oder zuzulassen,
6. amtliche Ausweise, die nicht von deutschen Behörden ausgestellt worden sind, allgemein als Passersatz zuzulassen,
7. zu bestimmen, dass zur Wahrung von Interessen der Bundesrepublik Deutschland Ausländer, die vom Erfordernis des Aufenthaltstitels befreit sind, und Ausländer, die mit einem Visum einreisen, bei oder nach der Einreise der Ausländerbehörde oder einer sonstigen Behörde den Aufenthalt anzuzeigen haben,
8. zur Ermöglichung oder Erleichterung des Reiseverkehrs zu bestimmen, dass Ausländern die bereits bestehende Berechtigung zur Rückkehr in das Bundesgebiet in einem Passersatz bescheinigt werden kann,
9. zu bestimmen, unter welchen Voraussetzungen ein Ausweisersatz ausgestellt werden kann und wie lange er gültig ist,
10. die ausweisrechtlichen Pflichten von Ausländern, die sich im Bundesgebiet aufhalten, zu regeln hinsichtlich der Ausstellung und Verlängerung, des Verlustes und des Wiederauffindens sowie der Vorlage und der Abgabe eines Passes, Passersatzes und Ausweisersatzes sowie der Eintragungen über die Einreise, die Ausreise, das Antreffen im Bundesgebiet und über Entscheidungen der zuständigen Behörden in solchen Papieren,
11. Näheres zur Datenerhebung und -verwendung nach § 91a sowie zu den Voraussetzungen und dem Verfahren der Datenübermittlung zu bestimmen,
12. zu bestimmen, wie der Wohnsitz von Ausländern, denen vorübergehend Schutz gemäß § 24 Abs. 1 gewährt worden ist, in einen anderen Mitgliedstaat der Europäischen Union verlegt werden kann,
13. für die bei der Ausführung dieses Gesetzes zu verwendenden Vordrucke festzulegen:
    a) Näheres über die Anforderungen an Lichtbilder und Fingerabdrücke,
    b) Näheres über das Verfahren und die technischen Anforderungen für die Aufnahme, elektronische Erfassung, Echtheitsbewertung und Qualitätssicherung des Lichtbilds,
    c) Regelungen für die sichere Übermittlung des Lichtbilds an die zuständige Behörde sowie einer Registrierung und Zertifizierung von Dienstleistern zur Erstellung des Lichtbilds,
    d) Näheres über Form und Inhalt der Muster und über die Ausstellungsmodalitäten,
    e) Näheres über die Aufnahme und die Einbringung von Merkmalen in verschlüsselter Form nach § 78a Absatz 4 und 5,

13a. Regelungen für Reiseausweise für Ausländer, Reiseausweise für Flüchtlinge und Reiseausweise für Staatenlose mit elektronischem Speicher- und Verarbeitungsmedium nach Maßgabe der Verordnung (EG) Nr. 2252/2004 des Rates vom 13. Dezember 2004 über Normen für Sicherheitsmerkmale und biometrische Daten in von den Mitgliedstaaten ausgestellten Pässen und Reisedokumenten (ABl. L 385 vom 29.12.2004, S. 1) und der Verordnung (EG) Nr. 444/2009 des Europäischen Parlaments und des Rates vom 28. Mai 2009 zur Änderung der Verordnung (EG) Nr. 2252/2004 des Rates über Normen für Sicherheitsmerkmale und biometrische Daten in von den Mitgliedstaaten ausgestellten Pässen und Reisedokumenten (ABl. L 142 vom 6.6. 2009, S. 1) zu treffen sowie Näheres über die Ausfertigung von Dokumenten mit elektronischem Speicher- und Verarbeitungsmedium nach § 78 nach Maßgabe der Verordnung (EG) Nr. 1030/2002 des Rates vom 13. Juni 2002 zur einheitlichen Gestaltung des Aufenthaltstitels für Drittstaatenangehörige (ABl. L 157 vom 15.6.2002, S. 1) in der jeweils geltenden Fassung zu bestimmen und insoweit für Reiseausweise und Dokumente nach § 78 Folgendes festzulegen:

a) das Verfahren und die technischen Anforderungen für die Aufnahme, elektronische Erfassung, Echtheitsbewertung und Qualitätssicherung des Lichtbilds und der Fingerabdrücke sowie Regelungen für die sichere Übermittlung des Lichtbilds an die zuständige Behörde sowie für die Registrierung und Zertifizierung von Dienstleistern zur Erstellung des Lichtbilds sowie den Zugriffsschutz auf die im elektronischen Speicher- und Verarbeitungsmedium abgelegten Daten,

b) Altersgrenzen für die Erhebung von Fingerabdrücken und Befreiungen von der Pflicht zur Abgabe von Fingerabdrücken und Lichtbildern,

c) die Reihenfolge der zu speichernden Fingerabdrücke bei Fehlen eines Zeigefingers, ungenügender Qualität des Fingerabdrucks oder Verletzungen der Fingerkuppe,

d) die Form des Verfahrens und die Einzelheiten über das Verfahren der Übermittlung sämtlicher Antragsdaten von den Ausländerbehörden an den Hersteller der Dokumente sowie zur vorübergehenden Speicherung der Antragsdaten bei der Ausländerbehörde und beim Hersteller,

e) die Speicherung der Fingerabdrücke und des Lichtbildes in der Ausländerbehörde bis zur Aushändigung des Dokuments,

f) das Einsichtsrecht des Dokumenteninhabers in die im elektronischen Speichermedium gespeicherten Daten,

g) die Anforderungen an die zur elektronischen Erfassung des Lichtbildes und der Fingerabdrücke, deren Qualitätssicherung sowie zur Übermittlung der Antragsdaten von der Ausländerbehörde an den Hersteller der Dokumente einzusetzenden technischen Systeme und Bestandteile sowie das Verfahren zur Überprüfung der Einhaltung dieser Anforderungen,

h) Näheres zur Verarbeitung der Fingerabdruckdaten und des digitalen Lichtbildes,

i) Näheres zur Seriennummer und zur maschinenlesbaren Personaldatenseite,

j) die Pflichten von Ausländern, die sich im Bundesgebiet aufhalten, hinsichtlich der Ausstellung, Neubeantragung und Verlängerung, des Verlustes und Wiederauffindens sowie der Vorlage und Abgabe von Dokumenten nach § 78,

k) Einzelheiten der Ausgabe und den Versand der Dokumente nach § 78.

Das Bundesministerium des Innern, für Bau und Heimat wird ferner ermächtigt, durch Rechtsverordnung mit Zustimmung des Bundesrates Einzelheiten des Prüfverfahrens entsprechend § 34 Satz 1 Nummer 4 des Personalausweisgesetzes[1] und Einzelheiten zum elektronischen Identitätsnachweis entsprechend § 34 Satz 1 Nummer 5 bis 8a und Satz 3 des Personalausweisgesetzes festzulegen,

14. zu bestimmen, dass die

a) Meldebehörden,

---

[1] Nr. **255**.

b) Staatsangehörigkeits- und Bescheinigungsbehörden nach § 15 des Bundesvertriebenengesetzes[1)],
c) Pass- und Personalausweisbehörden,
d) Sozial- und Jugendämter,
e) Justiz-, Polizei- und Ordnungsbehörden,
f) Bundesagentur für Arbeit,
g) Finanz- und Hauptzollämter,
h) Gewerbebehörden,
i) Auslandsvertretungen und
j) Träger der Grundsicherung für Arbeitsuchende

ohne Ersuchen den Ausländerbehörden personenbezogene Daten von Ausländern, Amtshandlungen und sonstige Maßnahmen gegenüber Ausländern sowie sonstige Erkenntnisse über Ausländer mitzuteilen haben, soweit diese Angaben zur Erfüllung der Aufgaben der Ausländerbehörden nach diesem Gesetz und nach ausländerrechtlichen Bestimmungen in anderen Gesetzen erforderlich sind; die Rechtsverordnung bestimmt Art und Umfang der Daten, die Maßnahmen und die sonstigen Erkenntnisse, die mitzuteilen sind; Datenübermittlungen dürfen nur insoweit vorgesehen werden, als die Daten zur Erfüllung der Aufgaben der Ausländerbehörden nach diesem Gesetz oder nach ausländerrechtlichen Bestimmungen in anderen Gesetzen erforderlich sind,

15. Regelungen über die fachbezogene elektronische Datenübermittlung zwischen den mit der Ausführung dieses Gesetzes beauftragten Behörden zu treffen, die sich auf Folgendes beziehen:
   a) die technischen Grundsätze des Aufbaus der verwendeten Standards,
   b) das Verfahren der Datenübermittlung und
   c) die an der elektronischen Datenübermittlung im Ausländerwesen beteiligten Behörden,
16. Regelungen für die Qualitätssicherung der nach § 49 verarbeiteten Lichtbilder, Fingerabdruckdaten, biometrischen Daten gemäß Artikel 2 Absatz 1 Buchstabe s der Verordnung (EU) 2024/1358 und ausländischen Ausweis- oder Identifikationsdokumente festzulegen.

(2) [1] Das Bundesministerium des Innern, für Bau und Heimat wird ferner ermächtigt, durch Rechtsverordnung mit Zustimmung des Bundesrates zu bestimmen, dass

1. jede Ausländerbehörde ein Dateisystem über Ausländer führt, die sich in ihrem Bezirk aufhalten oder aufgehalten haben, die bei ihr einen Antrag gestellt oder Einreise und Aufenthalt angezeigt haben und für und gegen die sie eine ausländerrechtliche Maßnahme oder Entscheidung getroffen hat,
2. *jede Auslandsvertretung ein* Dateisystem über beantragte, erteilte, versagte, zurückgenommene, annullierte, widerrufene und aufgehobene Visa sowie zurückgenommene Visumanträge führen darf und die Auslandsvertretungen die jeweils dort gespeicherten Daten untereinander sowie mit dem Auswärtigen Amt und mit dem Bundesamt für Auswärtige Angelegenheiten austauschen dürfen sowie
3. die mit der Ausführung dieses Gesetzes betrauten Behörden ein sonstiges zur Erfüllung ihrer Aufgaben erforderliches Dateisystem führen.

[1)] **Sartorius III Nr. 955.**

[2]Nach Satz 1 Nr. 1 werden erfasst die Personalien einschließlich der Staatsangehörigkeit und der Anschrift des Ausländers, Angaben zum Pass, über ausländerrechtliche Maßnahmen und über die Erfassung im Ausländerzentralregister sowie über frühere Anschriften des Ausländers, die zuständige Ausländerbehörde und die Abgabe von Akten an eine andere Ausländerbehörde. [3]Erfasst werden ferner Angaben zur lichtbildaufnehmenden Stelle und zur Nutzung eines Dokuments nach § 78 Absatz 1 zum elektronischen Identitätsnachweis einschließlich dessen Ein- und Ausschaltung sowie Sperrung und Entsperrung. [4]Die Befugnis der Ausländerbehörden, weitere personenbezogene Daten zu speichern, richtet sich nach der Verordnung (EU) 2016/679[1)] und nach den datenschutzrechtlichen Bestimmungen der Länder.

(3) Das Bundesministerium des Innern, für Bau und Heimat wird ermächtigt, durch Rechtsverordnung im Einvernehmen mit dem Auswärtigen Amt ohne Zustimmung des Bundesrates die zuständige Stelle im Sinne des § 73 Absatz 1 und des § 73a Absatz 1 zu bestimmen.

(3a) Das Bundesministerium des Innern, für Bau und Heimat wird ermächtigt, durch Rechtsverordnung im Einvernehmen mit dem Auswärtigen Amt ohne Zustimmung des Bundesrates nach Maßgabe von Artikel 3 Absatz 2 der Verordnung (EG) Nr. 810/2009 die Staaten festzulegen, deren Staatsangehörige zur Durchreise durch die internationalen Transitzonen deutscher Flughäfen im Besitz eines Visums für den Flughafentransit sein müssen.

(4) [1]Das Bundesministerium des Innern, für Bau und Heimat kann Rechtsverordnungen nach Absatz 1 Nr. 1 und 2, soweit es zur Erfüllung einer zwischenstaatlichen Vereinbarung oder zur Wahrung öffentlicher Interessen erforderlich ist, ohne Zustimmung des Bundesrates erlassen und ändern. [2]Eine Rechtsverordnung nach Satz 1 tritt spätestens drei Monate nach ihrem Inkrafttreten außer Kraft. [3]Ihre Geltungsdauer kann durch Rechtsverordnung mit Zustimmung des Bundesrates verlängert werden.

(5) Das Bundesministerium des Innern, für Bau und Heimat wird ferner ermächtigt, durch Rechtsverordnung zum beschleunigten Fachkräfteverfahren nach § 81a

1. mit Zustimmung des Bundesrates Näheres zum Verfahren bei den Ausländerbehörden sowie
2. im Einvernehmen mit dem Auswärtigen Amt ohne Zustimmung des Bundesrates Näheres zum Verfahren bei den Auslandsvertretungen

zu bestimmen.

(6) Die Bundesregierung wird ermächtigt, durch Rechtsverordnung mit Zustimmung des Bundesrates Staaten zu bestimmen, an deren Staatsangehörige bestimmte oder sämtliche Aufenthaltstitel nach Kapitel 2 Abschnitt 3 und 4 nicht erteilt werden, wenn bei diesen Staatsangehörigen ein erheblicher Anstieg der Zahl der als offensichtlich unbegründet abgelehnten Asylanträge im Zusammenhang mit einem Aufenthalt nach Kapitel 2 Abschnitt 3 oder 4 zu verzeichnen ist.

§ 100[2)] Sprachliche Anpassung. [1]Das Bundesministerium des Innern, für Bau und Heimat kann durch Rechtsverordnung ohne Zustimmung des Bundesrates die in diesem Gesetz verwendeten Personenbezeichnungen, soweit dies ohne Änderung des Regelungsinhalts möglich und sprachlich sachgerecht ist, durch

[1)] Nr. **246**.
[2)] § 100 Sätze 1 und 2 geänd. mWv 27.6.2020 durch VO v. 19.6.2020 (BGBl. I S. 1328).

geschlechtsneutrale oder durch maskuline und feminine Personenbezeichnungen ersetzen und die dadurch veranlassten sprachlichen Anpassungen vornehmen. [2]Das Bundesministerium des Innern, für Bau und Heimat kann nach Erlass einer Verordnung nach Satz 1 den Wortlaut dieses Gesetzes im Bundesgesetzblatt bekannt machen.

§ 101[1)] Fortgeltung bisheriger Aufenthaltsrechte. (1) [1]Eine vor dem 1. Januar 2005 erteilte Aufenthaltsberechtigung oder unbefristete Aufenthaltserlaubnis gilt fort als Niederlassungserlaubnis entsprechend dem ihrer Erteilung zu Grunde liegenden Aufenthaltszweck und Sachverhalt. [2]Eine unbefristete Aufenthaltserlaubnis, die nach § 1 Abs. 3 des Gesetzes über Maßnahmen für im Rahmen humanitärer Hilfsaktionen aufgenommene Flüchtlinge vom 22. Juli 1980 (BGBl. I S. 1057) oder in entsprechender Anwendung des vorgenannten Gesetzes erteilt worden ist, und eine anschließend erteilte Aufenthaltsberechtigung gelten fort als Niederlassungserlaubnis nach § 23 Abs. 2.

(2) Die übrigen Aufenthaltsgenehmigungen gelten fort als Aufenthaltserlaubnisse entsprechend dem ihrer Erteilung zu Grunde liegenden Aufenthaltszweck und Sachverhalt.

(3) Ein Aufenthaltstitel, der vor dem 28. August 2007 mit dem Vermerk „Daueraufenthalt-EG" versehen wurde, gilt als Erlaubnis zum Daueraufenthalt – EU fort.

(4) Ein Aufenthaltstitel nach Kapitel 2 Abschnitt 3 und 4, der vor dem 1. März 2020 erteilt wurde, gilt mit den verfügten Nebenbestimmungen entsprechend dem der Erteilung zu Grunde liegenden Aufenthaltszweck und Sachverhalt im Rahmen seiner Gültigkeitsdauer fort.

§ 102 Fortgeltung ausländerrechtlicher Maßnahmen und Anrechnung.

(1) [1]Die vor dem 1. Januar 2005 getroffenen sonstigen ausländerrechtlichen Maßnahmen, insbesondere zeitliche und räumliche Beschränkungen, Bedingungen und Auflagen, Verbote und Beschränkungen der politischen Betätigung sowie Ausweisungen, Abschiebungsandrohungen, Aussetzungen der Abschiebung und Abschiebungen einschließlich ihrer Rechtsfolgen und der Befristung ihrer Wirkungen sowie begünstigende Maßnahmen, die Anerkennung von Pässen und Passersatzpapieren und Befreiungen von der Passpflicht, Entscheidungen über Kosten und Gebühren, bleiben wirksam. [2]Ebenso bleiben Maßnahmen und Vereinbarungen im Zusammenhang mit Sicherheitsleistungen wirksam, auch wenn sie sich ganz oder teilweise auf Zeiträume nach Inkrafttreten dieses Gesetzes beziehen. [3]Entsprechendes gilt für die kraft Gesetzes eingetretenen Wirkungen der Antragstellung nach § 69 des Ausländergesetzes.

(2) Auf die Frist für die Erteilung einer Niederlassungserlaubnis nach § 26 Abs. 4 wird die Zeit des Besitzes einer Aufenthaltsbefugnis oder einer Duldung vor dem *1. Januar 2005 angerechnet.*

§ 103 Anwendung bisherigen Rechts. [1]Für Personen, die vor dem Inkrafttreten dieses Gesetzes gemäß § 1 des Gesetzes über Maßnahmen für im Rahmen humanitärer Hilfsaktionen aufgenommene Flüchtlinge vom 22. Juli 1980 (BGBl. I S. 1057) die Rechtsstellung nach den Artikeln 2 bis 34 des Abkommens über die

---

1) § 101 Abs. 3 geänd. mWv 2.12.2013 durch G v. 29.8.2013 (BGBl. I S. 3484); Abs. 4 angef. mWv 1.3.2020 durch G v. 15.8.2019 (BGBl. I S. 1307).

Rechtsstellung der Flüchtlinge[1] genießen, finden die §§ 2a und 2b des Gesetzes über Maßnahmen für im Rahmen humanitärer Hilfsaktionen aufgenommene Flüchtlinge in der bis zum 1. Januar 2005 geltenden Fassung weiter Anwendung. [2] In diesen Fällen gilt § 52 Abs. 1 Satz 1 Nr. 4 entsprechend.

§ 104[2] Übergangsregelungen. (1) [1] Über vor dem 1. Januar 2005 gestellte Anträge auf Erteilung einer unbefristeten Aufenthaltserlaubnis oder einer Aufenthaltsberechtigung ist nach dem bis zu diesem Zeitpunkt geltenden Recht zu entscheiden. [2] § 101 Abs. 1 gilt entsprechend.

(2) [1] Bei Ausländern, die vor dem 1. Januar 2005 im Besitz einer Aufenthaltserlaubnis oder Aufenthaltsbefugnis sind, ist es bei der Entscheidung über die Erteilung einer Niederlassungserlaubnis oder einer Erlaubnis zum Daueraufenthalt – EU hinsichtlich der sprachlichen Kenntnisse nur erforderlich, dass sie sich auf einfache Art in deutscher Sprache mündlich verständigen können. [2] § 9 Abs. 2 Satz 1 Nr. 3 und 8 findet keine Anwendung.

(3) Bei Ausländern, die sich vor dem 1. Januar 2005 rechtmäßig in Deutschland aufhalten, gilt hinsichtlich der vor diesem Zeitpunkt geborenen Kinder für den Nachzug § 20 des Ausländergesetzes in der zuletzt gültigen Fassung[3], es sei denn, das Aufenthaltsgesetz gewährt eine günstigere Rechtsstellung.

---

[1] Nr. **568**.

[2] § 104 Abs. 2 Satz 1 geänd. mWv 26.11.2011 durch G v. 22.11.2011 (BGBl. I S. 2258); Abs. 9 angef. mWv 1.12.2013 durch G v. 28.8.2013 (BGBl. I S. 3474); Abs. 8 angef. mWv 6.9.2013, Abs. 2 Satz 1 geänd. mWv 2.12.2013 durch G v. 29.8.2013 (BGBl. I S. 3484); Abs. 5 neu gef., Abs. 10 und 11 angef. mWv 1.8.2015 durch G v. 27.7.2015 (BGBl. I S. 1386); Abs. 9 Sätze 1 und 3 geänd., Abs. 12 angef. mWv 24.10.2015 durch G v. 20.10.2015 (BGBl. I S. 1722); Abs. 13 angef. mWv 17.3.2016 durch G v. 11.3. 2016 (BGBl. I S. 390); Abs. 4 aufgeh. mWv 15.7.2016 durch G v. 8.7.2016 (BGBl. I S. 1594); Abs. 14 angef. mWv 6.8.2016 durch G v. 31.7.2016 (BGBl. I S. 1939); Abs. 13 neu gef. mWv 16.3.2018 durch G v. 8.3.2018 (BGBl. I S. 342); Abs. 13 neu gef. mWv 1.8.2018 durch G v. 12.7.2018 (BGBl. I S. 1147); Abs. 14 aufgeh. mWv 12.7.2019 durch G v. 4.7.2019 (BGBl. I S. 914); Abs. 15–17 angef. mWv 1.1.2020, Abs. 17 aufgeh. mWv 3.10.2020 durch G v. 8.7.2019 (BGBl. I S. 1021); Abs. 12 geänd. mWv 21.8.2019 durch G v. 15.8.2019 (BGBl. I S. 1294); Abs. 15 geänd. mWv 1.3.2020 durch G v. 15.8.2019 (BGBl. I S. 1307); Abs. 17 angef. mWv 1.7.2023 durch G v. 16.12.2022 (BGBl. I S. 2328); Abs. 18 angef. mWv 23.12.2023 durch G v. 19.12.2023 (BGBl. 2023 I Nr. 382); Abs. 19 angef. mWv 27.2.2024 durch G v. 21.2.2024 (BGBl. 2024 I Nr. 54); Abs. 14 neu gef. mWv 24.7.2025 durch G v. 17.7.2025 (BGBl. 2025 I Nr. 173); Abs. 20 angef. mWv 24.12.2025 durch G v. 22.12.2025 (BGBl. 2025 I Nr. 364); Abs. 17 neu gef. mWv 1.7.2026 durch G v. 16.4.2026 (BGBl. 2026 I Nr. 107); Abs. 9 Satz 1, Abs. 12, Abs. 18 geänd. mWv 12.6.2026 durch G v. 23.4.2026 (BGBl. 2026 I Nr. 111).

[3] § 20 des Ausländergesetzes v. 9.7.1990 (BGBl. I S. 1354), zuletzt geänd. durch Ent. v. 7.12.2005 (BGBl. I S. 3620) lautete:

„**§ 20 Kindernachzug.** (1) Dem minderjährigen ledigen Kind eines Asylberechtigten ist nach Maßgabe des § 17 eine Aufenthaltserlaubnis zu erteilen.

(2) Dem ledigen Kind eines sonstigen Ausländers ist nach Maßgabe des § 17 eine Aufenthaltserlaubnis zu erteilen, wenn

1. auch der andere Elternteil eine Aufenthaltserlaubnis oder Aufenthaltsberechtigung besitzt oder gestorben ist und
2. das Kind das 16. Lebensjahr noch nicht vollendet hat.

(3) [1] Von der in Absatz 2 Nr. 1 bezeichneten Voraussetzung kann abgesehen werden, wenn die Eltern nicht oder nicht mehr miteinander verheiratet sind. [2] Einem Kind, das sich seit fünf Jahren rechtmäßig im Bundesgebiet aufhält, kann die Aufenthaltserlaubnis abweichend von Absatz 2 Nr. 1 und § 17 Abs. 2 Nr. 3 erteilt werden.

(4) Im übrigen kann dem minderjährigen ledigen Kind eines Ausländers nach Maßgabe des § 17 eine Aufenthaltserlaubnis erteilt werden, wenn

1. das Kind die deutsche Sprache beherrscht oder gewährleistet erscheint, daß er sich auf Grund seiner bisherigen Ausbildung und Lebensverhältnisse in die Lebensverhältnisse in der Bundesrepublik Deutschland einfügen kann oder
2. es auf Grund der Umstände des Einzelfalles zur Vermeidung einer besonderen Härte erforderlich ist. →

(4) *(aufgehoben)*

(5) Auch für Ausländer, die bis zum Ablauf des 31. Juli 2015 im Rahmen des Programms zur dauerhaften Neuansiedlung von Schutzsuchenden einen Aufenthaltstitel nach § 23 Absatz 2 erhalten haben, sind die Regelungen über den Familiennachzug, das Bleibeinteresse, die Teilnahme an Integrationskursen und die Aufenthaltsverfestigung auf Grund des § 23 Absatz 4 entsprechend anzuwenden.

(6) [1] § 23 Abs. 2 in der bis zum 24. Mai 2007 geltenden Fassung findet in den Fällen weiter Anwendung, in denen die Anordnung der obersten Landesbehörde, die auf Grund der bis zum 24. Mai 2007 geltenden Fassung getroffen wurde, eine Erteilung einer Niederlassungserlaubnis bei besonders gelagerten politischen Interessen der Bundesrepublik Deutschland vorsieht. [2] § 23 Abs. 2 Satz 5 und § 44 Abs. 1 Nr. 2 sind auf die betroffenen Ausländer und die Familienangehörigen, die mit ihnen ihren Wohnsitz in das Bundesgebiet verlegen, entsprechend anzuwenden.

(7) Eine Niederlassungserlaubnis kann auch Ehegatten, Lebenspartnern und minderjährigen ledigen Kindern eines Ausländers erteilt werden, die vor dem 1. Januar 2005 im Besitz einer Aufenthaltsbefugnis nach § 31 Abs. 1 des Ausländergesetzes oder einer Aufenthaltserlaubnis nach § 35 Abs. 2 des Ausländergesetzes waren, wenn die Voraussetzungen des § 26 Abs. 4 erfüllt sind und sie weiterhin die Voraussetzungen erfüllen, wonach eine Aufenthaltsbefugnis nach § 31 des Ausländergesetzes oder eine Aufenthaltserlaubnis nach § 35 Abs. 2 des Ausländergesetzes erteilt werden durfte.

(8) § 28 Absatz 2 in der bis zum 5. September 2013 geltenden Fassung findet weiter Anwendung auf Familienangehörige eines Deutschen, die am 5. September 2013 bereits einen Aufenthaltstitel nach § 28 Absatz 1 innehatten.

(9) [1] Ausländer, die eine Aufenthaltserlaubnis nach § 25 Absatz 3 besitzen, weil das Bundesamt oder die Ausländerbehörde festgestellt hat, dass Abschiebungsverbote nach § 60 Absatz 2, 3 oder 7 Satz 2 in der vor dem 1. Dezember 2013 gültigen Fassung vorliegen, gelten als subsidiär Schutzberechtigte im Sinne des Artikel 18 der Verordnung (EU) 2024/1347 und erhalten von Amts wegen eine Aufenthaltserlaubnis nach § 25 Absatz 2 Satz 1 zweite Alternative, es sei denn, das Bundesamt hat die Ausländerbehörde über das Vorliegen von Ausschlusstatbeständen im Sinne des § 25 Absatz 3 Satz 2 Buchstabe a bis d in der vor dem 1. Dezember 2013 gültigen Fassung unterrichtet. [2] Die Zeiten des Besitzes der Aufenthaltserlaubnis nach § 25 Absatz 3 Satz 1 in der vor dem 1. Dezember 2013 gültigen Fassung stehen Zeiten des Besitzes einer Aufenthaltserlaubnis nach § 25 Absatz 2 Satz 1 zweite Alternative gleich. [3] § 73b des Asylgesetzes[1)] gilt entsprechend.

(10) Für Betroffene nach § 73b Absatz 1, die als nicht entsandte Mitarbeiter des Auswärtigen Amts in einer Auslandsvertretung tätig sind, findet § 73b Absatz 4 ab dem 1. Februar 2016 Anwendung.

(Fortsetzung der Anm. von voriger Seite)

(5) [1] Dem minderjährigen ledigen Kind eines Ausländers, der im Bundesgebiet geboren oder als Minderjähriger eingereist ist, kann die Aufenthaltserlaubnis abweichend von § 17 Abs. 2 Nr. 3 erteilt werden, wenn der Lebensunterhalt ohne Inanspruchnahme öffentlicher Mittel gesichert ist. [2] Der Erteilung der Aufenthaltserlaubnis steht nicht die Inanspruchnahme von Stipendien und Ausbildungsbeihilfen sowie von solchen öffentlichen Mitteln entgegen, die auf einer Beitragsleistung beruhen.

(6) Die einem Kind erteilte Aufenthaltserlaubnis wird abweichend von § 17 Abs. 2 Nr. 2 und 3 verlängert."

[1)] Nr. **567**.

(11) Für Ausländer, denen zwischen dem 1. Januar 2011 und dem 31. Juli 2015 subsidiärer Schutz nach der Richtlinie 2011/95/EU oder der Richtlinie 2004/38/EG unanfechtbar zuerkannt wurde, beginnt die Frist nach § 29 Absatz 2 Satz 2 Nummer 1 mit Inkrafttreten dieses Gesetzes zu laufen.

(12) Im Falle einer Abschiebungsandrohung nach den §§ 34 und 35 des Asylgesetzes[1)] in der bis zum 12. Juni 2026 geltenden Fassung oder einer Abschiebungsanordnung nach § 34a des Asylgesetzes[1)] in der bis zum 12. Juni 2026 geltenden Fassung, die bereits vor dem 1. August 2015 erlassen oder angeordnet worden ist, sind die Ausländerbehörden für die Anordnung eines Einreise- und Aufenthaltsverbots nach § 11 zuständig.

(13) [1] Die Vorschriften von Kapitel 2 Abschnitt 6 in der bis zum 31. Juli 2018 geltenden Fassung finden weiter Anwendung auf den Familiennachzug zu Ausländern, denen bis zum 17. März 2016 eine Aufenthaltserlaubnis nach § 25 Absatz 2 Satz 1 zweite Alternative erteilt worden ist, wenn der Antrag auf erstmalige Erteilung eines Aufenthaltstitels zum Zwecke des Familiennachzugs zu dem Ausländer bis zum 31. Juli 2018 gestellt worden ist. [2] § 27 Absatz 3a findet Anwendung.

(14) [1] Bis zum Ablauf des 23. Juli 2027 wird ein Familiennachzug nach § 36a zu einer Person, der eine Aufenthaltserlaubnis nach § 25 Absatz 2 Satz 1 zweite Alternative erteilt worden ist, nicht gewährt. [2] Die §§ 22 und 23 bleiben unberührt.

(15) Wurde eine Duldung nach § 60a Absatz 2 Satz 4 in der bis zum 31. Dezember 2019 geltenden Fassung erteilt, gilt §§[2)] 19d Absatz 1 Nummer 4 und 5 nicht, wenn zum Zeitpunkt der Antragstellung auf eine Aufenthaltserlaubnis nach §§[2)] 19d Absatz 1a der Ausländer die erforderlichen und ihm zumutbaren Maßnahmen für die Identitätsklärung ergriffen hat.

(16) Für Beschäftigungen, die Inhabern einer Duldung bis zum 31. Dezember 2019 erlaubt wurden, gilt § 60a Absatz 6 in der bis zu diesem Tag geltenden Fassung fort.

(17) Auf Personen, die nach § 15 Absatz 5 Satz 2 oder Absatz 6 des Zweiten Buches Sozialgesetzbuch[3)] in der bis einschließlich 30. Juni 2026 geltenden Fassung zur Teilnahme am Integrationskurs oder an einer Maßnahme der berufsbezogenen Deutschsprachförderung aufgefordert wurden, ist § 44a Absatz 1 Satz 1 Nummer 2 beziehungsweise § 45a Absatz 2 Satz 1 in der bis einschließlich 30. Juni 2026 geltenden Fassung weiter anzuwenden.

(18) § 60a Absatz 6 Satz 1 Nummer 3 findet keine Anwendung auf Staatsangehörige Georgiens und der Republik Moldau, die bis zum 30. August 2023 einen Asylantrag nach § 13 des Asylgesetzes[1)] in der bis zum 12. Juni 2026 geltenden Fassung gestellt haben oder die sich zum 30. August 2023 geduldet in Deutschland aufgehalten haben, ohne einen Asylantrag nach § 13 des Asylgesetzes[1)] in der bis zum 12. Juni 2026 geltenden Fassung gestellt zu haben.

(19) Auf Personen, deren Asylantrag bis zum 27. Februar 2024 als offensichtlich unbegründet abgelehnt wurde, findet § 10 Absatz 3 Satz 2 in der bis zu diesem Tag geltenden Fassung Anwendung.

(20) Wurde ein anwaltlicher Vertreter in Verfahren über die Anordnung von Abschiebungshaft nach § 62, Ausreisegewahrsam nach § 62b sowie Überstellungs-

---

1) Nr. **567**.
2) Paragraphenzeichen amtlich.
3) **Sartorius ErgBd. Nr. 402.**

haft nach § 2 Absatz 14 vor dem 31. Mai 2026 von Amts wegen bestellt, findet dieses Gesetz in der bis einschließlich dem 31. Mai 2026 geltenden Fassung Anwendung.

§ 104a[1] **Altfallregelung.** (1) [1]Einem geduldeten Ausländer soll abweichend von § 5 Abs. 1 Nr. 1 und Abs. 2 eine Aufenthaltserlaubnis erteilt werden, wenn er sich am 1. Juli 2007 seit mindestens acht Jahren oder, falls er zusammen mit einem oder mehreren minderjährigen ledigen Kindern in häuslicher Gemeinschaft lebt, seit mindestens sechs Jahren ununterbrochen geduldet, gestattet oder mit einer Aufenthaltserlaubnis aus humanitären Gründen im Bundesgebiet aufgehalten hat und er

1. über ausreichenden Wohnraum verfügt,
2. über hinreichende mündliche Deutschkenntnisse im Sinne des Niveaus A2 des Gemeinsamen Europäischen Referenzrahmens für Sprachen verfügt,
3. bei Kindern im schulpflichtigen Alter den tatsächlichen Schulbesuch nachweist,
4. die Ausländerbehörde nicht vorsätzlich über aufenthaltsrechtlich relevante Umstände getäuscht oder behördliche Maßnahmen zur Aufenthaltsbeendigung nicht vorsätzlich hinausgezögert oder behindert hat,
5. keine Bezüge zu extremistischen oder terroristischen Organisationen hat und diese auch nicht unterstützt und
6. nicht wegen einer im Bundesgebiet begangenen vorsätzlichen Straftat verurteilt wurde, wobei Geldstrafen von insgesamt bis zu 50 Tagessätzen oder bis zu 90 Tagessätzen wegen Straftaten, die nach dem Aufenthaltsgesetz oder dem Asylgesetz[2] nur von Ausländern begangen werden können, grundsätzlich außer Betracht bleiben.

[2]Wenn der Ausländer seinen Lebensunterhalt eigenständig durch Erwerbstätigkeit sichert, wird die Aufenthaltserlaubnis nach § 23 Abs. 1 Satz 1 erteilt. [3]Im Übrigen wird sie nach Satz 1 erteilt; sie gilt als Aufenthaltstitel nach Kapitel 2 Abschnitt 5; die §§ 9 und 26 Abs. 4 finden keine Anwendung. [4]Von der Voraussetzung des Satzes 1 Nr. 2 kann bis zum 1. Juli 2008 abgesehen werden. [5]Von der Voraussetzung des Satzes 1 Nr. 2 wird abgesehen, wenn der Ausländer sie wegen einer körperlichen, geistigen oder seelischen Krankheit oder Behinderung oder aus Altersgründen nicht erfüllen kann.

(2) [1]Dem geduldeten volljährigen ledigen Kind eines geduldeten Ausländers, der sich am 1. Juli 2007 seit mindestens acht Jahren oder, falls er zusammen mit einem oder mehreren minderjährigen ledigen Kindern in häuslicher Gemeinschaft lebt, seit mindestens sechs Jahren ununterbrochen geduldet, gestattet oder mit einer Aufenthaltserlaubnis aus humanitären Gründen im Bundesgebiet aufgehalten hat, kann eine Aufenthaltserlaubnis nach § 23 Abs. 1 Satz 1 erteilt werden, wenn es bei der Einreise minderjährig war und gewährleistet erscheint, dass es sich auf Grund seiner bisherigen Ausbildung und Lebensverhältnisse in die Lebensverhältnisse der Bundesrepublik Deutschland einfügen kann. [2]Das Gleiche gilt für einen Ausländer, der sich als unbegleiteter Minderjähriger seit mindestens sechs Jahren ununterbrochen geduldet, gestattet oder mit einer Aufenthaltserlaubnis aus humanitären Gründen im Bundesgebiet aufgehalten hat und bei dem gewährleistet

[1] § 104a Abs. 1 Satz 1 Nr. 2 geänd. mWv 26.11.2011 durch G v. 22.11.2011 (BGBl. I S. 2258); Abs. 1 Satz 1 Nr. 6 geänd. mWv 24.10.2015 durch G v. 20.10.2015 (BGBl. I S. 1722); Abs. 4 Satz 2 aufgeh. mWv 1.3.2020 durch G v. 15.8.2019 (BGBl. I S. 1307); Abs. 7 Satz 2 geänd. mWv 27.6.2020 durch VO v. 19.6.2020 (BGBl. I S. 1328).

[2] Nr. **567**.

erscheint, dass er sich auf Grund seiner bisherigen Ausbildung und Lebensverhältnisse in die Lebensverhältnisse der Bundesrepublik Deutschland einfügen kann.

(3) [1] Hat ein in häuslicher Gemeinschaft lebendes Familienmitglied Straftaten im Sinne des Absatzes 1 Satz 1 Nr. 6 begangen, führt dies zur Versagung der Aufenthaltserlaubnis nach dieser Vorschrift für andere Familienmitglieder. [2] Satz 1 gilt nicht für den Ehegatten eines Ausländers, der Straftaten im Sinne des Absatzes 1 Satz 1 Nr. 6 begangen hat, wenn der Ehegatte die Voraussetzungen des Absatzes 1 im Übrigen erfüllt und es zur Vermeidung einer besonderen Härte erforderlich ist, ihm den weiteren Aufenthalt zu ermöglichen. [3] Sofern im Ausnahmefall Kinder von ihren Eltern getrennt werden, muss ihre Betreuung in Deutschland sichergestellt sein.

(4) Die Aufenthaltserlaubnis kann unter der Bedingung erteilt werden, dass der Ausländer an einem Integrationsgespräch teilnimmt oder eine Integrationsvereinbarung abgeschlossen wird.

(5) [1] Die Aufenthaltserlaubnis wird mit einer Gültigkeit bis zum 31. Dezember 2009 erteilt. [2] Sie soll um weitere zwei Jahre als Aufenthaltserlaubnis nach § 23 Abs. 1 Satz 1 verlängert werden, wenn der Lebensunterhalt des Ausländers bis zum 31. Dezember 2009 überwiegend eigenständig durch Erwerbstätigkeit gesichert war oder wenn der Ausländer mindestens seit dem 1. April 2009 seinen Lebensunterhalt nicht nur vorübergehend eigenständig sichert. [3] Für die Zukunft müssen in beiden Fällen Tatsachen die Annahme rechtfertigen, dass der Lebensunterhalt überwiegend gesichert sein wird. [4] Im Fall des Absatzes 1 Satz 4 wird die Aufenthaltserlaubnis zunächst mit einer Gültigkeit bis zum 1. Juli 2008 erteilt und nur verlängert, wenn der Ausländer spätestens bis dahin nachweist, dass er die Voraussetzung des Absatzes 1 Satz 1 Nr. 2 erfüllt. [5] § 81 Abs. 4 findet keine Anwendung.

(6) [1] Bei der Verlängerung der Aufenthaltserlaubnis kann zur Vermeidung von Härtefällen von Absatz 5 abgewichen werden. [2] Dies gilt bei

1. Auszubildenden in anerkannten Lehrberufen oder in staatlich geförderten Berufsvorbereitungsmaßnahmen,
2. Familien mit Kindern, die nur vorübergehend auf ergänzende Sozialleistungen angewiesen sind,
3. Alleinerziehenden mit Kindern, die vorübergehend auf Sozialleistungen angewiesen sind, und denen eine Arbeitsaufnahme nach § 10 Abs. 1 Nr. 3 des Zweiten Buches Sozialgesetzbuch[1)] nicht zumutbar ist,
4. erwerbsunfähigen Personen, deren Lebensunterhalt einschließlich einer erforderlichen Betreuung und Pflege in sonstiger Weise ohne Leistungen der öffentlichen Hand dauerhaft gesichert ist, es sei denn, die Leistungen beruhen auf Beitragszahlungen,
5. Personen, die am 31. Dezember 2009 das 65. Lebensjahr vollendet haben, wenn sie in ihrem Herkunftsland keine Familie, dafür aber im Bundesgebiet Angehörige (Kinder oder Enkel) mit dauerhaftem Aufenthalt bzw. deutscher Staatsangehörigkeit haben und soweit sichergestellt ist, dass für diesen Personenkreis keine Sozialleistungen in Anspruch genommen werden.

(7) [1] Die Länder dürfen anordnen, dass aus Gründen der Sicherheit der Bundesrepublik Deutschland eine Aufenthaltserlaubnis nach den Absätzen 1 und 2 Staatsangehörigen bestimmter Staaten zu versagen ist. [2] Zur Wahrung der Bundesein-

[1)] **Sartorius ErgBd. Nr. 402.**

heitlichkeit bedarf die Anordnung des Einvernehmens mit dem Bundesministerium des Innern, für Bau und Heimat.

§ 104b Aufenthaltsrecht für integrierte Kinder von geduldeten Ausländern. Einem minderjährigen ledigen Kind kann im Fall der Ausreise seiner Eltern oder des allein personensorgeberechtigten Elternteils, denen oder dem eine Aufenthaltserlaubnis nicht nach § 104a erteilt oder verlängert wird, abweichend von § 5 Abs. 1 Nr. 1, Abs. 2 und § 10 Abs. 3 Satz 1 eine eigenständige Aufenthaltserlaubnis nach § 23 Abs. 1 Satz 1 erteilt werden, wenn

1. es am 1. Juli 2007 das 14. Lebensjahr vollendet hat,
2. es sich seit mindestens sechs Jahren rechtmäßig oder geduldet in Deutschland aufhält,
3. es die deutsche Sprache beherrscht,
4. es sich auf Grund seiner bisherigen Schulausbildung und Lebensführung in die Lebensverhältnisse der Bundesrepublik Deutschland eingefügt hat und gewährleistet ist, dass es sich auch in Zukunft in die Lebensverhältnisse der Bundesrepublik Deutschland einfügen wird und
5. seine Personensorge sichergestellt ist.

§ 104c[1)] Übergangsregelung zum Chancen-Aufenthaltsrecht. (1) Eine Aufenthaltserlaubnis nach § 104c in der Fassung dieses Gesetzes vom 31. Dezember 2022 gilt bis zum Ende ihrer Geltungsdauer als Aufenthaltstitel nach Kapitel 2 Abschnitt 5.

(2) [1]Die Aufenthaltserlaubnis nach § 104c in der Fassung dieses Gesetzes vom 31. Dezember 2022 kann nur als Aufenthaltserlaubnis nach § 25a oder § 25b verlängert werden. [2]Sie gilt als Aufenthaltstitel nach Kapitel 2 Abschnitt 5. [3]Der Antrag auf Erteilung eines anderen Aufenthaltstitels als nach § 25a oder § 25b entfaltet nicht die Wirkung nach § 81 Absatz 4.

§ 105[2)] Übergangsregelung zur Duldung für Personen mit ungeklärter Identität. (1) Die Ausländerbehörde entscheidet bei geduldeten Ausländern über die Ausstellung einer Bescheinigung über die Duldung nach § 60a Absatz 4 mit dem Zusatz „für Personen mit ungeklärter Identität" frühestens aus Anlass der Prüfung einer Verlängerung der Duldung oder der Erteilung der Duldung aus einem anderen Grund.

(2) Auf geduldete Ausländer findet § 60b bis zum 1. Juli 2020 keine Anwendung, wenn sie sich in einem Ausbildungs- oder Beschäftigungsverhältnis befinden.

(3) Ist ein Ausländer Inhaber einer Ausbildungsduldung oder einer Beschäftigungsduldung oder hat er diese beantragt und erfüllt er die Voraussetzungen für ihre Erteilung, findet § 60b keine Anwendung.

§ 105a[3)] Bestimmungen zum Verwaltungsverfahren. Von den in § 4 Absatz 2 Satz 2, § 15a Abs. 4 Satz 2 und 3, § 23 Abs. 1 Satz 3, § 23a Abs. 1 Satz 1,

---

[1)] § 104c neu gef. mWv 31.12.2025 durch G v. 21.12.2022 (BGBl. I S. 2847).

[2)] § 105 neu gef. mWv 21.8.2019 durch G v. 15.8.2019 (BGBl. I S. 1294).

[3)] § 105a geänd. mWv 1.5.2008 durch G v. 19.8.2007 (BGBl. I S. 1970); geänd. mWv 1.6.2008 durch G v. 13.3.2008 (BGBl. I S. 313); geänd. mWv 1.9.2011 durch G v. 12.4.2011 (BGBl. I S. 610); geänd. mWv 1.1.2015 durch G v. 23.12.2014 (BGBl. I S. 2439); geänd. mWv 1.8.2015 durch G v. 27.7.2015 (BGBl. I S. 1386); geänd. mWv 29.7.2017 durch G v. 20.7.2017 (BGBl. I S. 2780); geänd. mWv 9.8.2019 durch G v. 4.8.2019 (BGBl. I S. 1131); geänd. mWv 1.3.2020 durch G v. 15.8.2019 (BGBl. I S. 1307); →

Abs. 2 Satz 2, § 43 Abs. 4, § 44a Abs. 1 Satz 2, Abs. 3 Satz 1, § 61 Absatz 1d, § 72 Absatz 2, § 73 Abs. 2, Abs. 3 Satz 1 und 2, § 78, mit Ausnahme des Absatzes 1 Satz 8, den §§ 78a, 79 Abs. 2, § 81 Abs. 5, § 82 Abs. 1 Satz 3, Abs. 3, § 87 Absatz 1, 2 Satz 1 und 2, Absatz 4 Satz 1, 3 und 5 und Absatz 5, § 89 Abs. 1 Satz 2 und 3, Abs. 3 und 4, den §§ 90, 90a, 90b, 91 Abs. 1 und 2, § 91a Abs. 3, 4 und 7, § 91c Abs. 1 Satz 2, Abs. 2 Satz 2, Abs. 3 Satz 4 und Abs. 4 Satz 2, § 99 Absatz 1 bis 4, mit Ausnahme von § 99 Absatz 1 Nummer 3a, und § 104a Abs. 7 Satz 2 getroffenen Regelungen und von den auf Grund von § 43 Abs. 4 und § 99 Absatz 1 bis 4, mit Ausnahme von § 99 Absatz 1 Nummer 3a, getroffenen Regelungen des Verwaltungsverfahrens kann durch Landesrecht nicht abgewichen werden.

§ 105b[1] Übergangsvorschrift für Aufenthaltstitel nach einheitlichem Vordruckmuster. [1]Inhaber eines nach § 78a Absatz 1 Satz 1 ausgestellten Aufenthaltstitels können ein eigenständiges Dokument mit elektronischem Speicher- und Verarbeitungsmedium nach § 78 beantragen, wenn sie ein berechtigtes Interesse an der Neuausstellung darlegen. [2]Unbeschadet dessen können Inhaber eines Aufenthaltstitels nach § 4 Absatz 1 Satz 2 Nummer 2 bis 4 ein eigenständiges Dokument mit elektronischem Speicher- und Verarbeitungsmedium nach § 78 beantragen, wenn sie ein berechtigtes Interesse an der Neuausstellung darlegen.

§ 105c[2] Überleitung von Maßnahmen zur Überwachung ausgewiesener Ausländer aus Gründen der inneren Sicherheit. Maßnahmen und Verpflichtungen nach § 54a Absatz 1 bis 4 in der bis zum 31. Dezember 2015 geltenden Fassung, die vor dem 1. Januar 2016 bestanden, gelten nach dem 1. Januar 2016 als Maßnahmen und Verpflichtungen im Sinne von § 56 in der ab dem 1. Januar 2016 geltenden Fassung.

§ 105d[3] *(aufgehoben)*

§ 106[4] Einschränkung von Grundrechten. (1) Die Grundrechte der körperlichen Unversehrtheit (Artikel 2 Abs. 2 Satz 1 des Grundgesetzes[5]) und der Freiheit der Person (Artikel 2 Abs. 2 Satz 2 des Grundgesetzes) werden nach Maßgabe dieses Gesetzes eingeschränkt.

(2) [1]Das Verfahren bei Freiheitsentziehungen richtet sich nach den Büchern 1 und 7 des Gesetzes über das Verfahren in Familiensachen und in den Angelegenheiten der freiwilligen Gerichtsbarkeit[6], soweit in diesem Gesetz oder in der Verordnung (EU) 2024/1351 nichts anderes geregelt ist. [2]Ist über die Fortdauer der Überprüfungshaft, der Zurückweisungshaft, der Abschiebungshaft oder der Haft zum Zweck der Überstellung zu entscheiden, so kann das Amtsgericht das Verfahren durch unanfechtbaren Beschluss an das Gericht abgeben, in dessen

(Fortsetzung der Anm. von voriger Seite)
geänd. mWv 15.7.2021 durch G v. 9.7.2021 (BGBl. I S. 2467); geänd. mWv 19.8.2023 durch G v. 16.8. 2023 (BGBl. 2023 I Nr. 217); geänd. mWv 27.2.2024 durch G v. 21.2.2024 (BGBl. 2024 I Nr. 54).

[1] § 105b eingef. mWv 1.9.2011 durch G v. 12.4.2011 (BGBl. I S. 610); Satz 1 geänd. mWv 26.11.2011 durch G v. 22.11.2011 (BGBl. I S. 2258); Satz 1 neu gef. mWv 1.11.2023 durch G v. 8.10.2023 (BGBl. 2023 I Nr. 271).

[2] § 105c eingef. mWv 24.10.2015 durch G v. 20.10.2015 (BGBl. I S. 1722).

[3] § 105d aufgeh. mWv 1.1.2026 durch G v. 21.12.2022 (BGBl. I S. 2847).

[4] § 106 Abs. 2 Satz 1 geänd. mWv 1.9.2009 durch G v. 17.12.2008 (BGBl. I S. 2586); Abs. 2 Satz 1 geänd. mWv 27.2.2024 durch G v. 21.2.2024 (BGBl. 2024 I Nr. 54); Abs. 2 neu gef. mWv 12.6.2026 durch G v. 23.4.2026 (BGBl. 2026 I Nr. 111).

[5] Nr. 1.

[6] **Habersack Nr. 112.**

Bezirk die Überprüfungshaft, die Zurückweisungshaft, die Abschiebungshaft oder die Haft zum Zweck der Überstellung jeweils vollzogen wird. [3] Wird die Haft im Wege der Amtshilfe in Justizvollzugsanstalten vollzogen, gelten die §§ 171, 173 bis 175 und 178 Absatz 2 und 3 des Strafvollzugsgesetzes[1)] entsprechend, soweit in diesem Gesetz oder der Verordnung (EU) 2024/1351 nichts Abweichendes bestimmt ist.

§ 107 Stadtstaatenklausel. Die Senate der Länder Berlin, Bremen und Hamburg werden ermächtigt, die Vorschriften dieses Gesetzes über die Zuständigkeit von Behörden dem besonderen Verwaltungsaufbau ihrer Länder anzupassen.

Anlage[2)]
(zu § 20a Absatz 3 Nummer 2, § 20b)

Tabelle

Merkmal nach § 20b Absatz 1 Nummer	Punkte bei Erfüllung des Merkmals
1	4
2	3
3	2
4	1
5	1
6	3
7	2
8	1
9	2
10	1
11	1
12	1
Die Mindestpunktzahl beträgt sechs Punkte.	

[1)] **Habersack ErgBd. Nr. 91.**
[2)] Anl. angef. mWv 1.6.2024 durch G v. 16.8.2023 (BGBl. 2023 I Nr. 217).

566. Aufenthaltsverordnung (AufenthV)[1) 2)]

Vom 25. November 2004

(BGBl. I S. 2945)

FNA 26-12-1

geänd. durch Art. 7 Nr. 1 G zur Änd. des AufenthaltsG und weiterer Gesetze v. 14.3.2005 (BGBl. I S. 721), Art. 77 G zur Umbenennung des Bundesgrenzschutzes in Bundespolizei v. 21.6.2005 (BGBl. I S. 1818), Art. 1 ÄndVO v. 14.10.2005 (BGBl. I S. 2982), Art. 1 Erste ÄndVO v. 18.12.2006 (BGBl. I S. 3221), Art. 7 Abs. 4 EU-Aufenthalts- und AsylrechtsRL UmsetzungsG v. 19.8.2007 (BGBl. I S. 1970, ber. 2008 S. 992), Art. 1 Zweite ÄndVO v. 22.2.2008 (BGBl. I S. 252), Art. 1 Dritte ÄndVO v. 8.5. 2008 (BGBl. I S. 806), Art. 3 ArbeitsmigrationssteuerungsG v. 20.12.2008 (BGBl. I S. 2846), Art. 1 Vierte ÄndVO v. 15.6.2009 (BGBl. I S. 1287), Art. 1 Fünfte ÄndVO v. 2.8.2010 (BGBl. I S. 1134), Art. 1 Sechste ÄndVO v. 22.7.2011 (BGBl. I S. 1530, ber. S. 2080), Art. 12 Abs. 1 G zur Umsetzung aufenthaltsrechtlicher RL der EU und zur Anpassung nationaler Rechtsvorschriften an den EU-Visakodex v. 22.11.2011 (BGBl. I S. 2258), Art. 1 Siebte ÄndVO v. 25.11.2011 (BGBl. I S. 2347), Art. 3 G zur Errichtung einer Visa-Warndatei und zur Änd. des AufenthaltsG v. 22.12.2011 (BGBl. I S. 3037), Art. 2 Abs. 26 G zur Änd. von Vorschriften über Verkündung und Bekanntmachungen sowie der ZPO, des EGZPO und der AO v. 22.12.2011 (BGBl. I S. 3044), Art. 5 Abs. 1 G zur Umsetzung der HochqualifiziertenRL der EU v. 1.6.2012 (BGBl. I S. 1224), Art. 3 G zur Änd. des FreizügigkeitsG/EU und weiterer aufenthaltsrechtlicher Vorschriften v. 21.1.2013 (BGBl. I S. 86), Art. 1 Achte ÄndVO v. 27.2.2013 (BGBl. I S. 351), Art. 2 VO zur Änd. des Ausländerbeschäftigungsrechts v. 6.6. 2013 (BGBl. I S. 1499), Art. 5 G zur Umsetzung der RL 2011/95/EU v. 28.8.2013 (BGBl. I S. 3474), Art. 6 Abs. 1 G zur Verbesserung der Rechte von international Schutzberechtigten und ausländischen Arbeitnehmern v. 29.8.2013 (BGBl. I S. 3484, ber. S. 3899), Art. 1 Neunte ÄndVO v. 23.9.2013 (BGBl. I S. 3707), Art. 1 Zehnte ÄndVO v. 6.5.2014 (BGBl. I S. 451), Art. 2 VO zur Änd. der PassVO sowie zur Änd. der AufenthaltsVO v. 3.3.2015 (BGBl. I S. 218, ber. S. 1110), Art. 1 Elfte ÄndVO v. 8.4.2015 (BGBl. I S. 599), Art. 14 Nr. 5 AsylverfahrensbeschleunigungsG v. 20.10.2015 (BGBl. I S. 1722), Art. 1 VO zur Änd. der AufenthaltsVO und der AZRG-DurchführungsVO v. 18.12.2015 (BGBl. I S. 2467), Art. 7 DatenaustauschverbesserungsG v. 2.2.2016 (BGBl. I S. 130), Art. 1 14. ÄndVO v. 20.12.2016 (BGBl. I S. 3074), Art. 2 Zweite VO zur Änd. der PassVO sowie zur Änd. der AufenthaltsVO v. 15.2.2017 (BGBl. I S. 162), Art. 83 G zum Abbau verzichtbarer Anordnungen der Schriftform im Verwaltungsrecht des Bundes v. 29.3.2017 (BGBl. I S. 626), Art. 1 15. ÄndVO v. 3.4. 2017 (BGBl. I S. 690), Art. 2 G zur Änd. gebührenrechtlicher Regelungen im Aufenthaltsrecht v. 13.7. 2017 (BGBl. I S. 2350), Art. 1 16. ÄndVO v. 14.7.2017 (BGBl. I S. 2650), Art. 1 VO zur Umsetzung aufenthaltsrechtlicher Richtlinien der EU zur Arbeitsmigration v. 1.8.2017 (BGBl. I S. 3066), Art. 1 17. ÄndVO v. 14.1.2019 (BGBl. I S. 10), Art. 4 Zweites DatenaustauschverbesserungsG v. 4.8.2019 (BGBl. I S. 1131), Art. 50 FachkräfteeinwanderungsG v. 15.8.2019 (BGBl. I S. 1307), Art. 1 VO zur Anpassung von aufenthalts- und personalausweisrechtlichen Vorschriften v. 13.12.2019 (BGBl. I S. 2585), Art. 3 VO zur Änd. der BeschäftigungsVO und der AufenthaltsVO v. 23.3.2020 (BGBl. I S. 655, geänd. durch G v. 30.8.2023, 2023 I Nr. 233), Art. 4 G über die Errichtung eines Bundesamts für Auswärtige Angelegenheiten und zur Änd. des G über den Auswärtigen Dienst, des AufenthaltsG und zur Anpassung anderer Gesetze an die Errichtung des Bundesamts v. 12.6.2020 (BGBl. I S. 1241), Art. 170 Elfte ZuständigkeitsanpassungsVO v. 19.6.2020 (BGBl. I S. 1328), Art. 2 G zur aktuellen Anpassung des FreizügigkeitsG/EU und weiterer Vorschriften an das Unionsrecht v. 12.11.2020 (BGBl. I S. 2416), Art. 1 18. VO zur Änd. der AufenthaltsVO v. 26.11.2020 (BGBl. I S. 2606), Art. 8, 14 G zur Stärkung der Sicherheit im Pass-, Ausweis- und ausländerrechtlichen Dokumentenwesen v. 3.12.2020 (BGBl. I S. 2744), Art. 2 Zweite VO zur Änd. der BeschäftigungsVO und der AufenthaltsVO v. 18.12.2020 (BGBl. I S. 3046), Art. 20a RegistermodernisierungsG v. 28.3.2021 (BGBl. I S. 591), Art. 5, 10 G zur Weiterentwicklung des Ausländerzentralregisters v. 9.7.2021 (BGBl. I S. 2467), Art. 2 Viertes G zur Änd. des StaatsangehörigkeitsG v. 12.8.2021 (BGBl. I S. 3538), Art. 4 VO zu automatisierten Datenabrufen aus den Pass- und Personalausweisregistern sowie zur Änd. der PassVO, der PersonalausweisVO und der AufenthaltsVO v. 20.8.2021 (BGBl. I S. 3682), Art. 1 ÄndVO v. 27.7.2023 (BGBl. 2023 I Nr. 201), Art. 4, 5 VO zur Weiterentwicklung der Fachkräfteeinwanderung v. 30.8.2023 (BGBl. 2023 I

---

1) Verkündet als Art. 1 VO zur Durchführung des ZuwanderungsG v. 25.11.2004 (BGBl. I S. 2945); Inkrafttreten gem. Art. 3 erster Halbs. dieser VO am 1.1.2005. Diese VO wurde ua erlassen auf Grund von § 69 Abs. 2, 3, 5 und 6 sowie § 99 Abs. 1 und 2 AufenthG iVm § 11 Abs. 1 FreizügG/EU.

2) Die Änderungen durch VO v. 29.10.2025 (BGBl. 2025 I Nr. 260) treten teilweise erst **mWv 1.11. 2026** in Kraft und sind insoweit im Text noch nicht berücksichtigt.

Nr. 233), Art. 3, 9 VO zur Änd. der PersonalausweisVO, der PassVO, der AufenthaltsVO sowie weiterer Vorschriften v. 30.10.2023 (BGBl. 2023 I Nr. 290), Art. 9 RückführungsverbesserungsG v. 21.2.2024 (BGBl. 2024 I Nr. 54), Art. 3 VO zur Aktualisierung von Dokumentenmustern im Pass-, Ausweis- und ausländerrechtlichen Dokumentenwesen v. 12.4.2024 (BGBl. 2024 I Nr. 125), Art. 8 G zur Anpassung von Datenübermittlungsvorschriften im Ausländer- und Sozialrecht v. 8.5.2024 (BGBl. 2024 I Nr. 152), Art. 1 VO zur Einführung eines einheitlichen EU-Rückkehrausweises sowie zur Änd. weiterer aufenthalts-, pass- und ausweisrechtlicher Vorschriften v. 29.10.2025 (BGBl. 2025 I Nr. 260), Art. 6 VO zur Entlastung der Bundespolizei und der Verwaltung im Pass- und Ausweiswesen sowie zur Änd. weiterer Vorschriften v. 30.1.2026 (BGBl. 2026 I Nr. 31), Art. 7 GEAS-AnpassungsG v. 23.4.2026 (BGBl. 2026 I Nr. 111) und Art. 1 20. ÄndVO v. 8.5.2026 (BGBl. 2026 I Nr. 129)

Inhaltsübersicht[1]

---

[1] Inhaltsübersicht geänd. mWv 18.3.2005 durch G v. 14.3.2005 (BGBl. I S. 721); geänd. mWv 28.8. 2007 durch G v. 19.8.2007 (BGBl. I S. 1970); geänd. mWv 29.6.2009 durch VO v. 15.6.2009 (BGBl. I S. 1287); geänd. mWv 1.9.2011 durch VO v. 22.7.2011 (BGBl. I S. 1530); geänd. mWv 1.11.2011 durch VO v. 22.7.2011 (BGBl. I S. 1530); geänd. mWv 26.11.2011 durch G v. 22.11.2011 (BGBl. I S. 2258); geänd. mWv 3.12.2011 durch VO v. 25.11.2011 (BGBl. I S. 2347); geänd. mWv 1.8.2012 durch G v. 1.6.2012 (BGBl. I S. 1224); geänd. mWv 2.12.2013 durch G v. 29.8.2013 (BGBl. I S. 3484); geänd. mWv 10.5.2014 durch VO v. 6.5.2014 (BGBl. I S. 451); geänd. mWv 1.11.2014 durch VO v. 3.3.2015 (BGBl. I S. 218); geänd. mWv 1.3.2017 durch VO v. 15.2.2017 (BGBl. I S. 162); geänd. mWv 5.8.2017 durch VO v. 1.8.2017 (BGBl. I S. 3066); geänd. mWv 23.1.2019 durch VO v. 14.1.2019 (BGBl. I S. 10); geänd. mWv 9.8.2019 durch VO v. 4.8.2019 (BGBl. I S. 1131); geänd. mWv 4.12.2020 durch VO v. 26.11.2020 (BGBl. I S. 2606); geänd. mWv 18.11.2023 durch VO v. 30.8.2023 (BGBl. 2023 I Nr. 233); geänd. mWv 1.11.2023 und mWv 1.11.2024 durch VO v. 30.10.2023 (BGBl. 2023 I Nr. 290); geänd. mWv 1.11.2024 durch G v. 8.5.2024 (BGBl. 2024 I Nr. 152); geänd. mWv 1.11.2025 durch VO v. 29.10.2025 (BGBl. 2025 I Nr. 260); geänd. mWv 14.5.2026 durch VO v. 8.5.2026 (BGBl. 2026 I Nr. 129).

Die Inhaltsübersicht wurde nichtamtlich an die Änderungen mWv 1.7.2013 durch VO v. 6.6.2013 (*BGBl. I S. 1499*); mWv 6.9.2013 durch G v. 29.8.2013 (BGBl. I S. 3484); mWv 28.9.2013 durch VO v. 23.9.2013 (BGBl. I S. 3707); mWv 5.2.2016 durch G v. 2.2.2016 (BGBl. I S. 130); mWv 1.3.2020 durch G v. 15.8.2019 (BGBl. I S. 1307); mWv 15.7.2021 durch G v. 9.7.2021 (BGBl. I S. 2467) angepasst.

(Fortsetzung nächstes Blatt)

Kapitel 1. Allgemeine Bestimmungen

§ 1[1] Begriffsbestimmungen. (1) Schengen-Staaten sind die Staaten im Sinne des § 2 Absatz 5 des Aufenthaltsgesetzes[2].

(2) Ein Kurzaufenthalt ist ein Aufenthalt im gemeinsamen Gebiet der Schengen-Staaten von höchstens 90 Tagen je Zeitraum von 180 Tagen, wobei der Zeitraum von 180 Tagen, der jedem Tag des Aufenthalts vorangeht, berücksichtigt wird.

(3) Reiseausweise für Flüchtlinge sind Ausweise auf Grund

1. des Abkommens vom 15. Oktober 1946 betreffend die Ausstellung eines Reiseausweises an Flüchtlinge, die unter die Zuständigkeit des zwischenstaatlichen Ausschusses für die Flüchtlinge fallen (BGBl. 1951 II S. 160) oder
2. des Artikels 28 in Verbindung mit dem Anhang des Abkommens vom 28. Juli 1951 über die Rechtsstellung der Flüchtlinge[3] (BGBl. 1953 II S. 559).

(4) Reiseausweise für Staatenlose sind Ausweise auf Grund des Artikels 28 in Verbindung mit dem Anhang des Übereinkommens vom 28. September 1954 über die Rechtsstellung der Staatenlosen (BGBl. 1976 II S. 473).

(5) Schülersammellisten sind Listen nach Artikel 2 des Beschlusses des Rates vom 30. November 1994 über die vom Rat auf Grund von Artikel K.3 Absatz 2 Buchstabe b des Vertrages über die Europäische Union beschlossene gemeinsame Maßnahme über Reiseerleichterungen für Schüler von Drittstaaten mit Wohnsitz in einem Mitgliedstaat (ABl. EG Nr. L 327 S. 1).

(6) Flugbesatzungsausweise sind „Airline Flight Crew Licenses" und „Crew Member Certificates" nach der Anlage des Anhangs 9 in der jeweils geltenden Fassung zum Abkommen vom 7. Dezember 1944 über die Internationale Zivilluftfahrt (BGBl. 1956 II S. 411).

(7) Binnenschifffahrtsausweise sind in zwischenstaatlichen Vereinbarungen für den Grenzübertritt vorgesehene Ausweise für ziviles Personal, das internationale Binnenwasserstraßen befährt, sowie dessen Familienangehörige, soweit die Geltung für Familienangehörige in den jeweiligen Vereinbarungen vorgesehen ist.

(8) Europäische Reisedokumente für die Rückkehr illegal aufhältiger Drittstaatsangehöriger (Europäische Reisedokumente für die Rückkehr) sind Dokumente nach der Verordnung (EU) 2016/1953 des Europäischen Parlaments und des Rates vom 26. Oktober 2016 (ABl. L 311 vom 17.11.2016, S. 13).

(9) EU-Rückkehrausweise sind Reisedokumente im Sinne des Artikels 3 Absatz 1 der Richtlinie (EU) 2019/997 in der Fassung vom 6. Mai 2024.

---

[1] § 1 Abs. 1 neu gef. mWv 26.11.2011 durch G v. 22.11.2011 (BGBl. I S. 2258); Abs. 2 geänd. mWv 22.4.2015 durch VO v. 8.4.2015 (BGBl. I S. 599); Abs. 8 neu gef. mWv 8.4.2017 durch VO v. 3.4.2017 (BGBl. I S. 690); Abs. 9 angef. mWv 1.11.2025 durch VO v. 29.10.2025 (BGBl. 2025 I Nr. 260).

[2] Nr. **565**.

[3] Nr. **568**.

Kapitel 2. Einreise und Aufenthalt im Bundesgebiet

Abschnitt 1. Passpflicht für Ausländer

§ 2 Erfüllung der Passpflicht durch Eintragung in den Pass eines gesetzlichen Vertreters. [1]Minderjährige Ausländer, die das 16. Lebensjahr noch nicht vollendet haben, erfüllen die Passpflicht auch durch Eintragung in einem anerkannten und gültigen Pass oder Passersatz eines gesetzlichen Vertreters. [2]Für einen minderjährigen Ausländer, der das zehnte Lebensjahr vollendet hat, gilt dies nur, wenn im Pass oder Passersatz sein eigenes Lichtbild angebracht ist.

§ 3[1)] Zulassung nichtdeutscher amtlicher Ausweise als Passersatz.

(1) [1]Von anderen Behörden als von deutschen Behörden ausgestellte amtliche Ausweise sind als Passersatz zugelassen, ohne dass es einer Anerkennung nach § 71 Abs. 6 des Aufenthaltsgesetzes[2)] bedarf, soweit die Bundesrepublik Deutschland

1. auf Grund zwischenstaatlicher Vereinbarungen oder
2. auf Grund des Rechts der Europäischen Union

verpflichtet ist, dem Inhaber unter den dort festgelegten Voraussetzungen den Grenzübertritt zu gestatten. [2]Dies gilt nicht, wenn der ausstellende Staat aus dem Geltungsbereich des Ausweises ausgenommen oder wenn der Inhaber nicht zur Rückkehr in diesen Staat berechtigt ist.

(2) Die Zulassung entfällt, wenn das Bundesministerium des Innern, für Bau und Heimat in den Fällen des Absatzes 1 Satz 1 Nr. 1 feststellt, dass

1. die Gegenseitigkeit, soweit diese vereinbart wurde, nicht gewahrt ist oder
2. der amtliche Ausweis
   a) keine hinreichenden Angaben zur eindeutigen Identifizierung des Inhabers oder der ausstellenden Behörde enthält,
   b) keine Sicherheitsmerkmale aufweist, die in einem Mindestmaß vor Fälschung oder Verfälschung schützen, oder
   c) die Angaben nicht in einer germanischen oder romanischen Sprache enthält.

(3) Zu den Ausweisen im Sinne des Absatzes 1 zählen insbesondere:

1. Reiseausweise für Flüchtlinge (§ 1 Abs. 3),
2. Reiseausweise für Staatenlose (§ 1 Abs. 4),
3. Ausweise für Mitglieder und Bedienstete der Organe der Europäischen Gemeinschaften,
4. Ausweise für Abgeordnete der Parlamentarischen Versammlung des Europarates,
5. amtliche Personalausweise der Mitgliedstaaten der Europäischen Union, der anderen Vertragsstaaten des Abkommens über den Europäischen Wirtschaftsraum und der Schweiz für deren Staatsangehörige,
6. Schülersammellisten (§ 1 Abs. 5),
7. Flugbesatzungsausweise, soweit sie für einen Aufenthalt nach § 23 gebraucht werden,
8. Binnenschifffahrtsausweise, soweit sie für einen Aufenthalt nach § 25 gebraucht werden, und

---

[1)] § 3 Abs. 2 einl. Satzteil geänd. mWv 27.6.2020 durch VO v. 19.6.2020 (BGBl. I S. 1328); Abs. 3 Nr. 7 und 8 geänd., Nr. 9 angef. mWv 1.11.2025 durch VO v. 29.10.2025 (BGBl. 2025 I Nr. 260).

[2)] Nr. **565**.

9. EU-Rückkehrausweise (§ 1 Absatz 9).

§ 4[1)] Deutsche Passersatzpapiere für Ausländer. (1) [1]Durch deutsche Behörden ausgestellte Passersatzpapiere für Ausländer sind:
1. der Reiseausweis für Ausländer (§ 5 Absatz 1 und § 11a Absatz 1),
2. der Notreiseausweis (§ 13 Absatz 1),
3. der Reiseausweis für Flüchtlinge (§ 1 Absatz 3),
4. der Reiseausweis für Staatenlose (§ 1 Absatz 4),
5. die Schülersammelliste (§ 1 Absatz 5),
6. die Bescheinigung über die Wohnsitzverlegung (§ 43 Absatz 2),
7. das Europäische Reisedokument für die Rückkehr (§ 1 Absatz 8),
8. der EU-Rückkehrausweis (§ 1 Absatz 9, § 13a Absatz 1).

[2]Passersatzpapiere nach Satz 1 Nummer 3 und 4 werden mit einer Gültigkeitsdauer von bis zu drei Jahren oder, sofern der Passinhaber im Besitz eines Aufenthaltstitels nach den §§ 9 oder 9a des Aufenthaltsgesetzes[2)] oder eines auf Grund des Freizügigkeitsgesetzes/EU[3)] ausgestellten Dokuments ist, mit einer Gültigkeitsdauer von bis zu zehn Jahren ausgestellt; eine Verlängerung ist nicht zulässig. [3]Passersatzpapiere nach Satz 1 Nummer 1, 3 und 4 werden abweichend von Absatz 4 Satz 1 auch als vorläufige Dokumente ohne Chip ausgegeben, deren Gültigkeit, auch nach Verlängerungen, ein Jahr nicht überschreiten darf. [4]An Kinder bis zum vollendeten zwölften Lebensjahr können in begründeten Fällen abweichend von Absatz 4 Satz 1 Passersatzpapiere nach Satz 1 Nummer 1, 3 und 4 ohne Chip ausgegeben werden. [5]Passersatzpapiere nach Satz 4 ohne Chip sind höchstens ein Jahr gültig, längstens jedoch bis zur Vollendung des zwölften Lebensjahres. [6]Eine Verlängerung dieser Passersatzpapiere ist vor Ablauf der Gültigkeit bis zur Vollendung des zwölften Lebensjahres um jeweils ein Jahr zulässig; es ist jeweils ein aktuelles Lichtbild einzubringen. [7]Passersatzpapiere nach Satz 1 Nummer 3 und 4, die an heimatlose Ausländer nach dem Gesetz über die Rechtsstellung heimatloser Ausländer im Bundesgebiet[4)] ausgestellt werden, können mit einer Gültigkeitsdauer von bis zu zehn Jahren ausgestellt werden.

(2) [1]Passersatzpapiere nach Absatz 1 Satz 1 Nummer 1, 3 und 4 enthalten neben der Angabe der ausstellenden Behörde, dem Tag der Ausstellung, dem letzten Tag der Gültigkeitsdauer und der Seriennummer sowie dem Lichtbild und der Unterschrift des Inhabers des Passersatzpapiers ausschließlich folgende sichtbar aufgebrachte Angaben über den Inhaber des Passersatzpapiers:
1. Familienname und ggf. Geburtsname,

[1)] § 4 Abs. 1 neu gef. mWv 28.8.2007 durch G v. 19.8.2007 (BGBl. I S. 1970); Abs. 1 neu gef., Abs. 2–6 eingef., bish. Abs. 2 und 3 werden Abs. 7 und 8 mWv 29.6.2009 durch VO v. 15.6.2009 (BGBl. I S. 1287); Abs. 1 Satz 7 angef. mWv 5.3.2013 durch VO v. 27.2.2013 (BGBl. I S. 351); Abs. 1 Satz 1 Nr. 7 geänd. mWv 8.4.2017 durch VO v. 3.4.2017 (BGBl. I S. 690); Abs. 4 Satz 2 geänd. mWv 23.1.2019 durch VO v. 14.1.2019 (BGBl. I S. 10); Abs. 1 Sätze 5, 6, Abs. 2 Nr. 5 geänd., Abs. 2 Sätze 2, 3 angef., Abs. 3 Satz 2 Nr. 8 geänd., Nr. 9a eingef. mWv 12.12.2020 durch G v. 3.12.2020 (BGBl. I S. 2744); Abs. 1 Sätze 2–4, Abs. 4 Satz 1, Abs. 5 Satz 1 geänd. mWv 1.11.2023, Abs. 1 Satz 4 neu gef. mWv 1.1.2024 durch VO v. 30.10.2023 (BGBl. 2023 I Nr. 290); Abs. 1 Satz 2 geänd. mWv 27.2.2024 durch G v. 21.2.2024 (BGBl. 2024 I Nr. 54); Abs. 1 Sätze 2–5 neu gef. mWv 2.5.2024, Abs. 3 Satz 2 Nr. 1 neu gef. mWv 1.11.2025 durch VO v. 12.4.2024 (BGBl. 2024 I Nr. 125); Abs. 1 Satz 1 Nr. 7 geänd., Nr. 8 angef. mWv 1.11.2025 durch VO v. 29.10.2025 (BGBl. 2025 I Nr. 260); Abs. 1 Satz 1 Nr. 1 geänd. mWv 14.5.2026 durch VO v. 8.5.2026 (BGBl. 2026 I Nr. 129).

[2)] Nr. **565**.

[3)] Nr. **560**.

[4)] Nr. **563**.

2. den oder die Vornamen,
3. Doktorgrad,
4. Tag und Ort der Geburt,
5. Geschlecht mit der Abkürzung „F“ für Personen weiblichen Geschlechts, „M“ für Personen männlichen Geschlechts und „X“ in allen anderen Fällen,
6. Größe,
7. Farbe der Augen,
8. Wohnort,
9. Staatsangehörigkeit.

[2] Auf Antrag kann der Passersatz nach Absatz 1 Satz 1 Nummer 1, 3 und 4 bei einer Änderung des Geschlechts nach § 45b des Personenstandsgesetzes[1)] mit der Angabe des vorherigen Geschlechts ausgestellt werden, wenn der vorherige Eintrag männlich oder weiblich war. [3] Diesem abweichenden Eintrag kommt keine weitere Rechtswirkung zu.

(3) [1] Passersatzpapiere nach Absatz 1 Satz 1 Nummer 1, 3 und 4 enthalten eine Zone für das automatische Lesen. [2] Diese darf lediglich enthalten:

1. die Abkürzung
   a) „PT“ für Passtyp von Passersatzpapieren nach Absatz 1 Satz 1 Nummer 1 einschließlich vorläufiger Passersatzpapiere,
   b) „PR“ für Passtyp von Passersatzpapieren nach Absatz 1 Satz 1 Nummer 3 einschließlich vorläufiger Passersatzpapiere oder
   c) „PS“ für Passtyp von Passersatzpapieren nach Absatz 1 Satz 1 Nummer 4 einschließlich vorläufiger Passersatzpapiere,
2. die Abkürzung „D“ für Bundesrepublik Deutschland,
3. den Familiennamen,
4. den oder die Vornamen,
5. die Seriennummer des Passersatzes, die sich aus der Behördenkennzahl der Ausländerbehörde und einer zufällig zu vergebenden Passersatznummer zusammensetzt, die neben Ziffern auch Buchstaben enthalten kann und bei vorläufigen Passersatzpapieren aus einem Serienbuchstaben und sieben Ziffern besteht,
6. die Abkürzung der Staatsangehörigkeit,
7. den Tag der Geburt,
8. die Abkürzung „F“ für Passersatzpapierinhaber weiblichen Geschlechts, „M“ für Passersatzpapierinhaber männlichen Geschlechts und das Zeichen „#“ in allen anderen Fällen,
9. die Gültigkeitsdauer des Passersatzes,
9a. die Versionsnummer des Dokumentenmusters,
10. die Prüfziffern und
11. Leerstellen.

[3] Die Seriennummer und die Prüfziffern dürfen keine Daten über die Person des Passersatzpapierinhabers oder Hinweise auf solche Daten enthalten. [4] Jedes Passersatzpapier erhält eine neue Seriennummer.

(4) [1] Auf Grund der Verordnung (EG) Nr. 2252/2004 des Rates vom 13. Dezember 2004 über Normen für Sicherheitsmerkmale und biometrische Daten in

---

[1)] Nr. **260**.

von den Mitgliedstaaten ausgestellten Pässen und Reisedokumenten (ABl. L 385 vom 29.12.2004, S. 1) sind Passersatzpapiere nach Absatz 1 Satz 1 Nummer 1, 3 und 4 mit Ausnahme der in § 6 Satz 2 und § 7 genannten Reiseausweise für Ausländer mit einem Chip zu versehen, auf dem das Lichtbild, die Fingerabdrücke, die Bezeichnung der erfassten Finger, die Angaben zur Qualität der Abdrücke und die in Absatz 3 Satz 2 genannten Angaben gespeichert werden. [2] Die gespeicherten Daten sind mittels geeigneter technischer und organisatorischer Maßnahmen nach Artikel 24, 25 und 32 der Verordnung (EU) 2016/679[1)] des Europäischen Parlaments und des Rates vom 27. April 2016 zum Schutz natürlicher Personen bei der Verarbeitung personenbezogener Daten, zum freien Datenverkehr und zur Aufhebung der Richtlinie 95/46/EG (Datenschutz-Grundverordnung) (ABl. L 119 vom 4.5.2016, S. 1; L 314 vom 22.11.2016, S. 72; L 127 vom 23.5.2018, S. 2) in der jeweils geltenden Fassung gegen unbefugtes Auslesen, Verändern und Löschen zu sichern. [3] Eine bundesweite Datenbank der biometrischen Daten nach Satz 1 wird nicht errichtet.

(5) [1] Abweichend von Absatz 4 Satz 1 werden in Passersatzpapieren mit Chip bei Antragstellern, die das sechste Lebensjahr noch nicht vollendet haben, keine Fingerabdrücke gespeichert. [2] Die Unterschrift durch den Antragsteller ist zu leisten, wenn er zum Zeitpunkt der Beantragung des Passersatzes das zehnte Lebensjahr vollendet hat.

(6) [1] Passersatzpapiere nach Absatz 1 Satz 1 Nummer 1 können mit dem Hinweis ausgestellt werden, dass die Personendaten auf den eigenen Angaben des Antragstellers beruhen. [2] Das Gleiche gilt für Passersatzpapiere nach Absatz 1 Nummer 3 und 4, wenn ernsthafte Zweifel an den Identitätsangaben des Antragstellers bestehen.

(7) [1] Ein Passersatz für Ausländer wird in der Regel entzogen, wenn die Ausstellungsvoraussetzungen nicht mehr vorliegen. [2] Er ist zu entziehen, wenn der Ausländer auf Grund besonderer Vorschriften zur Rückgabe verpflichtet ist und die Rückgabe nicht unverzüglich erfolgt.

(8) [1] Deutsche Auslandsvertretungen entziehen einen Passersatz im Benehmen mit der zuständigen oder zuletzt zuständigen Ausländerbehörde im Inland. [2] Ist eine solche Behörde nicht vorhanden oder feststellbar, ist das Benehmen mit der Behörde herzustellen, die den Passersatz ausgestellt hat, wenn er verlängert wurde, mit der Behörde, die ihn verlängert hat.

§ 5[2)] Allgemeine Voraussetzungen der Ausstellung des Reiseausweises für Ausländer. (1) Einem Ausländer, der nachweislich keinen Pass oder Passersatz besitzt und ihn nicht auf zumutbare Weise erlangen kann, kann nach Maßgabe der nachfolgenden Bestimmungen ein Reiseausweis für Ausländer ausgestellt werden.

(2) Als zumutbar im Sinne des Absatzes 1 gilt es insbesondere,

1. *derart rechtzeitig* vor Ablauf der Gültigkeit eines Passes oder Passersatzes bei den zuständigen Behörden im In- und Ausland die erforderlichen Anträge für die Neuerteilung oder Verlängerung zu stellen, dass mit der Neuerteilung oder Verlängerung innerhalb der Gültigkeitsdauer des bisherigen Passes oder Passersatzes gerechnet werden kann,

---

[1)] Nr. **246**.

[2)] § 5 Abs. 5 geänd. mWv 28.8.2007 durch G v. 19.8.2007 (BGBl. I S. 1970); Abs. 5 geänd. mWv 29.6. 2009 durch VO v. 15.6.2009 (BGBl. I S. 1287); Abs. 5 geänd. mWv 1.11.2023 durch VO v. 30.10.2023 (BGBl. 2023 I Nr. 290).

2. in der den Bestimmungen des deutschen Passrechts, insbesondere den §§ 6 und 15 des Passgesetzes[1)] in der jeweils geltenden Fassung, entsprechenden Weise an der Ausstellung oder Verlängerung mitzuwirken und die Behandlung eines Antrages durch die Behörden des Herkunftsstaates nach dem Recht des Herkunftsstaates zu dulden, sofern dies nicht zu einer unzumutbaren Härte führt,
3. die Wehrpflicht, sofern deren Erfüllung nicht aus zwingenden Gründen unzumutbar ist, und andere zumutbare staatsbürgerliche Pflichten zu erfüllen oder
4. für die behördlichen Maßnahmen die vom Herkunftsstaat allgemein festgelegten Gebühren zu zahlen.

(3) Ein Reiseausweis für Ausländer wird in der Regel nicht ausgestellt, wenn der Herkunftsstaat die Ausstellung eines Passes oder Passersatzes aus Gründen verweigert, auf Grund derer auch nach deutschem Passrecht, insbesondere nach § 7 des Passgesetzes oder wegen unterlassener Mitwirkung nach § 6 des Passgesetzes, der Pass versagt oder sonst die Ausstellung verweigert werden kann.

(4) [1] Ein Reiseausweis für Ausländer soll nicht ausgestellt werden, wenn der Antragsteller bereits einen Reiseausweis für Ausländer missbräuchlich verwendet hat oder tatsächliche Anhaltspunkte dafür vorliegen, dass der Reiseausweis für Ausländer missbräuchlich verwendet werden soll. [2] Ein Missbrauch liegt insbesondere vor bei einem im Einzelfall erheblichen Verstoß gegen im Reiseausweis für Ausländer eingetragene Beschränkungen oder beim Gebrauch des Reiseausweises für Ausländer zur Begehung oder Vorbereitung einer Straftat. [3] Als Anhaltspunkt für die Absicht einer missbräuchlichen Verwendung kann insbesondere auch gewertet werden, dass der wiederholte Verlust von Passersatzpapieren des Antragstellers geltend gemacht wird.

(5) Der Reiseausweis für Ausländer ohne Chip darf, soweit dies zulässig ist, nur verlängert werden, wenn die Ausstellungsvoraussetzungen weiterhin vorliegen.

§ 6[2)] Ausstellung des Reiseausweises für Ausländer im Inland. [1] Im Inland darf ein Reiseausweis für Ausländer nach Maßgabe des § 5 ausgestellt werden,

1. wenn der Ausländer eine Aufenthaltserlaubnis, Niederlassungserlaubnis oder Erlaubnis zum Daueraufenthalt-EG besitzt,
2. wenn dem Ausländer eine Aufenthaltserlaubnis, Niederlassungserlaubnis oder Erlaubnis zum Daueraufenthalt – EU erteilt wird, sobald er als Inhaber des Reiseausweises für Ausländer die Passpflicht erfüllt,
3. um dem Ausländer die endgültige Ausreise aus dem Bundesgebiet zu ermöglichen oder,
4. wenn der Ausländer Asylbewerber ist, für die Ausstellung des Reiseausweises für Ausländer ein dringendes öffentliches Interesse besteht, zwingende Gründe es erfordern oder die Versagung des Reiseausweises für Ausländer eine unbillige Härte bedeuten würde und die Durchführung des Asylverfahrens nicht gefährdet wird.

[2] In den Fällen des Satzes 1 Nummer 3 und 4 wird der Reiseausweis für Ausländer ohne Chip ausgestellt. [3] Die ausstellende Behörde darf in den Fällen des Satzes 1

---

1) Nr. **250**.

2) § 6 neu gef. mWv 29.6.2009 durch VO v. 15.6.2009 (BGBl. I S. 1287); Satz 1 Nr. 2 geänd. mWv 2.12.2013 durch G v. 29.8.2013 (BGBl. I S. 3484); Sätze 4 und 5 angef. mWv 29.12.2015 durch VO v. 18.12.2015 (BGBl. I S. 2467); Satz 2 geänd. mWv 1.11.2023 durch VO v. 30.10.2023 (BGBl. 2023 I Nr. 290).

Nummer 3 und 4 Ausnahmen von § 5 Absatz 2 und 3 sowie in den Fällen des Satzes 1 Nummer 3 Ausnahmen von § 5 Absatz 4 zulassen. [4] Bei Ausländern, denen nach einer Aufnahmezusage nach § 23 Absatz 4 des Aufenthaltsgesetzes[1)] eine Aufenthaltserlaubnis erteilt worden ist, ist die Erlangung eines Passes oder Passersatzes regelmäßig nicht zumutbar. [5] Dies gilt entsprechend für Ausländer, die bis zum Ablauf des 31. Juli 2015 im Rahmen des Programms zur dauerhaften Neuansiedlung von Schutzsuchenden (Resettlement-Flüchtlinge) einen Aufenthaltstitel nach § 23 Absatz 2 des Aufenthaltsgesetzes erhalten haben.

§ 7[2)] Ausstellung des Reiseausweises für Ausländer im Ausland. (1) Im Ausland darf ein Reiseausweis für Ausländer ohne Chip nach Maßgabe des § 5 ausgestellt werden, um dem Ausländer die Einreise in das Bundesgebiet zu ermöglichen, sofern die Voraussetzungen für die Erteilung eines hierfür erforderlichen Aufenthaltstitels vorliegen.

(2) Im Ausland darf ein Reiseausweis für Ausländer ohne Chip zudem nach Maßgabe des § 5 einem in § 28 Abs. 1 Satz 1 Nr. 1 bis 3 des Aufenthaltsgesetzes[1)] bezeichneten ausländischen Familienangehörigen oder dem Lebenspartner eines Deutschen erteilt werden, wenn dieser im Ausland mit dem Deutschen in familiärer Lebensgemeinschaft lebt.

§ 8[3)] Gültigkeitsdauer des Reiseausweises für Ausländer. (1) [1] Die Gültigkeitsdauer des Reiseausweises für Ausländer darf die Gültigkeitsdauer des Aufenthaltstitels oder der Aufenthaltsgestattung des Ausländers nicht überschreiten. [2] Der Reiseausweis für Ausländer darf im Übrigen ausgestellt werden bis zu einer Gültigkeitsdauer von

1. zehn Jahren, wenn der Inhaber im Zeitpunkt der Ausstellung das 24. Lebensjahr vollendet hat,
2. sechs Jahren, wenn der Inhaber im Zeitpunkt der Ausstellung das 24. Lebensjahr noch nicht vollendet hat.

(2) [1] In den Fällen des § 6 Satz 1 Nr. 3 und 4 und des § 7 Abs. 1 darf der Reiseausweis für Ausländer abweichend von Absatz 1 nur für eine Gültigkeitsdauer von höchstens einem Monat ausgestellt werden. [2] In Fällen, in denen der Staat, in oder durch den die beabsichtigte Reise führt, die Einreise nur mit einem Reiseausweis für Ausländer gestattet, der über den beabsichtigten Zeitpunkt der Einreise oder Ausreise hinaus gültig ist, kann der Reiseausweis für Ausländer abweichend von Satz 1 für einen entsprechend längeren Gültigkeitszeitraum ausgestellt werden der auch nach Verlängerung zwölf Monate nicht überschreiten darf.

(3) [1] Ein nach § 6 Satz 1 Nr. 3 und 4 ausgestellter Reiseausweis für Ausländer darf nicht verlängert werden. [2] Der Ausschluss der Verlängerung ist im Reiseausweis für Ausländer zu vermerken.

§ 9 Räumlicher Geltungsbereich des Reiseausweises für Ausländer.

(1) [1] Der Reiseausweis für Ausländer kann für alle Staaten oder mit einer Beschränkung des Geltungsbereichs auf bestimmte Staaten oder Erdteile ausgestellt werden. [2] Der Staat, dessen Staatsangehörigkeit der Ausländer besitzt, ist aus dem

---

[1)] Nr. **565**.

[2)] § 7 Abs. 1, 2 geänd. mWv 29.6.2009 durch VO v. 15.6.2009 (BGBl. I S. 1287); Abs. 1, 2 geänd. mWv 1.11.2023 durch VO v. 30.10.2023 (BGBl. 2023 I Nr. 290).

[3)] § 8 Abs. 1 Satz 2 geänd. mWv 28.8.2007 durch G v. 19.8.2007 (BGBl. I S. 1970); Abs. 2 Satz 2 geänd. mWv 29.6.2009 durch VO v. 15.6.2009 (BGBl. I S. 1287).

Geltungsbereich auszunehmen, wenn nicht in Ausnahmefällen die Erstreckung des Geltungsbereichs auf diesen Staat gerechtfertigt ist.

(2) [1] In den Fällen des § 6 Satz 1 Nr. 4 ist der Geltungsbereich des Reiseausweises für Ausländer auf die den Zweck der Reise betreffenden Staaten zu beschränken. [2] Abweichend von Absatz 1 Satz 2 ist eine Erstreckung des Geltungsbereichs auf den Herkunftsstaat unzulässig.

(3) Abweichend von Absatz 1 Satz 2 soll der Geltungsbereich eines Reiseausweises für Ausländer im Fall des § 6 Satz 1 Nr. 3 den Staat einschließen, dessen Staatsangehörigkeit der Ausländer besitzt.

(4) Der Geltungsbereich des im Ausland ausgestellten Reiseausweises für Ausländer ist in den Fällen des § 7 Abs. 1 räumlich auf die Bundesrepublik Deutschland, den Ausreisestaat, den Staat der Ausstellung sowie die im Reiseausweis für Ausländer einzeln aufzuführenden, auf dem geplanten Reiseweg zu durchreisenden Staaten zu beschränken.

§ 10 Sonstige Beschränkungen im Reiseausweis für Ausländer. [1] In den Reiseausweis für Ausländer können zur Vermeidung von Missbrauch bei oder nach der Ausstellung sonstige Beschränkungen aufgenommen werden, insbesondere die Bezeichnung der zur Einreise in das Bundesgebiet zu benutzenden Grenzübergangsstelle oder die Bezeichnung der Person, in deren Begleitung sich der Ausländer befinden muss. [2] § 46 Abs. 2 des Aufenthaltsgesetzes[1)] bleibt unberührt.

§ 11[2)] Verfahren der Ausstellung oder Verlängerung des Reiseausweises für Ausländer im Ausland. (1) [1] Im Ausland darf ein Reiseausweis für Ausländer nur mit Zustimmung des Bundesministeriums des Innern, für Bau und Heimat oder der von ihm bestimmten Stelle ausgestellt werden. [2] Dasselbe gilt für die zulässige Verlängerung eines nach Satz 1 ausgestellten Reiseausweises für Ausländer im Ausland.

(2) [1] Im Ausland darf ein im Inland ausgestellter oder verlängerter Reiseausweis für Ausländer nur mit Zustimmung der zuständigen oder zuletzt zuständigen Ausländerbehörde verlängert werden. [2] Ist eine solche Behörde nicht vorhanden oder feststellbar, ist die Zustimmung bei der Behörde einzuholen, die den Reiseausweis ausgestellt hat, wenn er verlängert wurde, bei der Behörde, die ihn verlängert hat.

(3) [1] Die Aufhebung von Beschränkungen nach den §§ 9 und 10 im Ausland bedarf der Zustimmung der zuständigen oder zuletzt zuständigen Ausländerbehörde. [2] Ist eine solche Behörde nicht vorhanden oder feststellbar, ist die Zustimmung bei der Behörde einzuholen, die die Beschränkung eingetragen hat.

§ 11a[3)] Ausstellung von Reiseausweisen für Ausländer für Schülerreisen in das Vereinigte Königreich Großbritannien und Nordirland. (1) [1] Ein Reiseausweis für Ausländer kann ausgestellt werden an Ausländer, die als Mitglied einer Schülergruppe einer deutschen allgemeinbildenden oder berufsbildenden Schule in Begleitung einer Lehrkraft in das Vereinigte Königreich Großbritannien und Nordirland reisen, sofern sie keinen hierfür ausreichenden eigenen Pass oder

---

[1)] Nr. **565**.

[2)] § 11 Abs. 1 Satz 2 geänd. mWv 28.8.2007 durch G v. 19.8.2007 (BGBl. I S. 1970); Überschrift geänd. mWv 29.6.2009 durch VO v. 15.6.2009 (BGBl. I S. 1287); Abs. 1 Satz 1 geänd. mWv 27.6.2020 durch VO v. 19.6.2020 (BGBl. I S. 1328).

[3)] § 11a eingef. mWv 14.5.2026 durch VO v. 8.5.2026 (BGBl. 2026 I Nr. 129).

Passersatz besitzen. [2]Satz 1 gilt nicht, wenn die Schülerreise in oder durch den Herkunftsstaat des Ausländers führt.

(2) Die §§ 5 bis 11 finden mit Ausnahme des § 5 Absatz 4 in den Fällen des Absatzes 1 keine Anwendung.

(3) [1]Ein nach Absatz 1 Satz 1 ausgestellter Reiseausweis für Ausländer enthält einen Chip. [2]Der Reiseausweis ist für einen Gültigkeitszeitraum auszustellen, der die geplante Reise umfasst und die Anforderungen erfüllt, die das Vereinigte Königreich Großbritannien und Nordirland und die Staaten, durch die die beabsichtigte Reise führt, an die Gültigkeitsdauer stellen. [3]Der Geltungsbereich ist auf das Vereinigte Königreich Großbritannien und Nordirland und die Staaten zu beschränken, durch die die beabsichtigte Reise führt. [4]In dem Reiseausweis ist zu vermerken, dass er nur für die während des Gültigkeitszeitraums durchgeführte Reise als Mitglied einer Schülergruppe einer deutschen allgemeinbildenden oder berufsbildenden Schule gilt. [5]Geht ein nach Absatz 1 Satz 1 ausgestellter Reiseausweis für Ausländer verloren oder wird er gestohlen und wird im Ausland ersatzweise erneut ausgestellt, muss dieser keinen Chip enthalten.

(4) Der Ausländer hat den nach Absatz 1 Satz 1 ausgestellten Reiseausweis für Ausländer nach Rückkehr in das Bundesgebiet oder bei Nichtantritt der Reise der zuständigen Ausländerbehörde unverzüglich zurückzugeben.

§ 12[1)] Grenzgängerkarte. (1) [1]Einem Ausländer, der sich in einem an das Bundesgebiet angrenzenden Staat rechtmäßig aufhält und der mindestens einmal wöchentlich dorthin zurückkehrt, kann eine Grenzgängerkarte für die Ausübung einer Erwerbstätigkeit oder eines Studiums im Bundesgebiet erteilt werden, wenn er

1. in familiärer Lebensgemeinschaft mit seinem deutschen Ehegatten oder Lebenspartner lebt,
2. in familiärer Lebensgemeinschaft mit seinem Ehegatten oder Lebenspartner lebt, der Unionsbürger ist und als Grenzgänger im Bundesgebiet eine Erwerbstätigkeit ausübt oder ohne Grenzgänger zu sein seinen Wohnsitz vom Bundesgebiet in einen an Deutschland angrenzenden Staat verlegt hat, oder
3. die Voraussetzungen für die Erteilung eines Aufenthaltstitels zur Ausübung einer Erwerbstätigkeit oder eines Studiums nur deshalb nicht erfüllt, weil er Grenzgänger ist.

[2]Eine Grenzgängerkarte zur Ausübung einer Beschäftigung im Bundesgebiet darf nur erteilt werden, wenn die Bundesagentur für Arbeit der Ausübung der Beschäftigung zugestimmt hat oder die Ausübung der Beschäftigung ohne Zustimmung der Bundesagentur für Arbeit zulässig ist. [3]Im Fall der selbständigen Tätigkeit kann die Grenzgängerkarte unabhängig vom Vorliegen der Voraussetzungen des § 21 *des Aufenthaltsgesetzes*[2)] erteilt werden. [4]Für eine Grenzgängerkarte zur Ausübung eines Studiums gilt § 16b Absatz 3 des Aufenthaltsgesetzes entsprechend. [5]Einem Ausländer, der Beamter ist, in einem an das Bundesgebiet angrenzenden Staat wohnt und mindestens einmal wöchentlich dorthin zurückkehrt, wird eine

(Fortsetzung nächstes Blatt)

[1)] § 12 Abs. 1 Satz 1 neu gef., Sätze 2–5 eingef., bish. Sätze 2 und 3 werden Sätze 6 und 7 mWv 5.3. 2013 durch VO v. 27.2.2013 (BGBl. I S. 351); Abs. 1 Satz 4 geänd. mWv 1.4.2020 durch VO v. 23.3. 2020 (BGBl. I S. 655).

[2)] Nr. **565**.

Grenzgängerkarte zur Erfüllung seiner Dienstpflichten im Bundesgebiet erteilt. [6]Die Grenzgängerkarte kann bei der erstmaligen Erteilung bis zu einer Gültigkeitsdauer von zwei Jahren ausgestellt werden. [7]Sie kann für jeweils zwei Jahre verlängert werden, solange die Ausstellungsvoraussetzungen weiterhin vorliegen.

(2) Staatsangehörigen der Schweiz wird unter den Voraussetzungen und zu den Bedingungen eine Grenzgängerkarte ausgestellt und verlängert, die in Artikel 7 Abs. 2, Artikel 13 Abs. 2, Artikel 28 Abs. 1 und Artikel 32 Abs. 2 des Anhangs I zum Abkommen vom 21. Juni 1999 zwischen der Europäischen Gemeinschaft und ihren Mitgliedstaaten einerseits und der Schweizerischen Eidgenossenschaft andererseits über die Freizügigkeit (BGBl. 2001 II S. 810) genannt sind.

§ 13[1)] Notreiseausweis. (1) Zur Vermeidung einer unbilligen Härte, oder soweit ein besonderes öffentliches Interesse besteht, darf einem Ausländer ein Notreiseausweis ausgestellt werden, wenn der Ausländer seine Identität glaubhaft machen kann und er

1. Unionsbürger oder Staatsangehöriger eines anderen Vertragsstaates des Abkommens über den Europäischen Wirtschaftsraum, der Schweiz oder eines Staates ist, der in Anhang II der Verordnung (EU) 2018/1806 des Europäischen Parlaments und des Rates vom 14. November 2018 zur Aufstellung der Liste der Drittländer, deren Staatsangehörige beim Überschreiten der Außengrenzen im Besitz eines Visums sein müssen, sowie der Liste der Drittländer, deren Staatsangehörige von dieser Visumpflicht befreit sind (ABl. L 303 vom 28.11.2018, S. 39), die durch die Verordnung (EU) 2019/592 (ABl. L 103 I vom 12.4.2019, S. 1) geändert worden ist, aufgeführt ist, oder
2. aus sonstigen Gründen zum Aufenthalt im Bundesgebiet, einem anderen Mitgliedstaat der Europäischen Union, einem anderen Vertragsstaat des Abkommens über den Europäischen Wirtschaftsraum oder in der Schweiz oder zur Rückkehr dorthin berechtigt ist.

(2) Die mit der polizeilichen Kontrolle des grenzüberschreitenden Verkehrs beauftragten Behörden können nach Maßgabe des Absatzes 1 an der Grenze einen Notreiseausweis ausstellen, wenn der Ausländer keinen Pass oder Passersatz mitführt.

(3) Die Ausländerbehörde kann nach Maßgabe des Absatzes 1 einen Notreiseausweis ausstellen, wenn die Beschaffung eines anderen Passes oder Passersatzes, insbesondere eines Reiseausweises für Ausländer, im Einzelfall nicht in Betracht kommt.

(4) [1]Die ausstellende Behörde kann die bereits bestehende Berechtigung zur Rückkehr in das Bundesgebiet auf dem Notreiseausweis bescheinigen, sofern die Bescheinigung der beabsichtigten Auslandsreise dienlich ist. [2]Die in Absatz 2 genannten Behörden bedürfen hierfür der Zustimmung der Ausländerbehörde.

(5) [1]Abweichend von Absatz 1 können die mit der polizeilichen Kontrolle des grenzüberschreitenden Verkehrs beauftragten Behörden

1. zivilem Schiffspersonal eines in der See- oder Küstenschifffahrt oder in der Rhein-Seeschifffahrt verkehrenden Schiffes für den Aufenthalt im Hafenort während der Liegezeit des Schiffes und
2. zivilem Flugpersonal für einen in § 23 Abs. 1 genannten Aufenthalt

---

[1)] § 13 Abs. 1 Nr. 1 geänd. mWv 1.4.2020 durch VO v. 23.3.2020 (BGBl. I S. 655).

sowie die jeweils mit einem solchen Aufenthalt verbundene Ein- und Ausreise einen Notreiseausweis ausstellen, wenn es keinen Pass oder Passersatz, insbesondere keinen der in § 3 Abs. 3 genannten Passersatzpapiere, mitführt. [2]Absatz 4 findet keine Anwendung.

(6) Die Gültigkeitsdauer des Notreiseausweises darf längstens einen Monat betragen.

§ 13a[1)] EU-Rückkehrausweis. (1) [1]Einem Unionsbürger, dessen Pass oder Passersatz verloren gegangen ist, gestohlen oder vernichtet wurde oder sonst nicht innerhalb einer angemessenen Zeit beschafft werden kann, wird auf seinen Antrag in einem Drittstaat, in dem der Mitgliedstaat seiner Staatsangehörigkeit konsularisch nicht durch eine eigene Auslandsvertretung im Sinne von Artikel 6 der Richtlinie (EU) 2015/637 vertreten ist, ein EU-Rückkehrausweis zum Zwecke der Einreise in den Mitgliedstaat, dessen Staatsangehörigkeit er besitzt oder in dem er seinen Aufenthalt hat, von einer deutschen Auslandsvertretung ausgestellt, sofern der Mitgliedstaat, dessen Staatsangehörigkeit der Antragsteller besitzt, die Angaben des Antragstellers zu dessen Staatsangehörigkeit bestätigt und keine Einwände erhebt. [2]Abweichend von Satz 1 darf ausnahmsweise das Dokument auch zum Zwecke einer einzigen Reise in ein anderes Land ausgestellt werden.

(2) [1]Die Gültigkeitsdauer des EU-Rückkehrausweises ist nach dem Zeitraum zu bemessen, der für die Reise in den in Absatz 1 genannten Staat erforderlich ist, zuzüglich zwei Tage Nachfrist. [2]Die Gültigkeitsdauer darf nur unter außergewöhnlichen Umständen 15 Kalendertage überschreiten.

(3) [1]Die deutsche Auslandsvertretung konsultiert spätestens zwei Arbeitstage nach Antragstellung den Mitgliedstaat der Europäischen Union, dessen Staatsangehörigkeit der Antragsteller besitzt, nach Maßgabe von Artikel 10 Absatz 2 der Richtlinie (EU) 2015/637 zum Zwecke der Überprüfung der Staatsangehörigkeit und Identität des Antragstellers. [2]Die deutsche Auslandsvertretung übermittelt hierfür dem jeweiligen Mitgliedstaat die notwendigen Angaben zur Identität, insbesondere Namen und Vornamen, Staatsangehörigkeit, Geburtsdatum und Geschlecht des Antragstellers sowie ein Gesichts- oder Lichtbild des Antragstellers im Sinne von Artikel 4 Absatz 2 Buchstabe b der Richtlinie (EU) 2019/997 und eine Fotokopie oder elektronische Kopie eines verfügbaren Identifizierungsmittels und, soweit verfügbar, Art und Nummer des zu ersetzenden Dokuments sowie eine nationale Registrierungs- oder Sozialversicherungsnummer. [3]Hat der Mitgliedstaat, dessen Staatsangehörigkeit der Antragsteller besitzt, Einwände gegen die Ausstellung eines EU-Rückkehrausweises, findet Artikel 4 Absatz 4 der Richtlinie (EU) 2019/997 in der Fassung vom 6. Mai 2024 Anwendung.

(4) [1]Der EU-Rückkehrausweis ist spätestens zwei Arbeitstage nach Erhalt der Bestätigung der Angaben zur Staatsangehörigkeit und Identität des Antragstellers auszustellen und eine Kopie an den Mitgliedstaat, dessen Staatsangehörigkeit der Antragsteller besitzt, zu übersenden. [2]In begründeten Fällen darf die Frist nach Satz 1 überschritten werden. [3]In äußersten Notfällen kann ein EU-Rückkehrausweis für einen Unionsbürger auch ohne vorherige Bestätigung des Mitgliedstaats, dessen Staatsangehörigkeit er besitzt, ausgestellt werden, wenn die deutsche Auslandsvertretung zuvor alle Kommunikationsmittel ausgeschöpft hat. [4]Der Mitgliedstaat ist anschließend über die Ausstellung des EU-Rückkehrausweises sowie die darin enthaltenen Informationen so schnell wie möglich zu informieren.

---

1) § 13a eingef. mWv 1.11.2025 durch VO v. 29.10.2025 (BGBl. 2025 I Nr. 260).

(5) [1]Eingehende Konsultationsanfragen anderer Mitgliedstaaten leitet das Auswärtige Amt an die jeweils zuständige deutsche Behörde weiter. [2]Die Rückmeldung ist dem jeweiligen Mitgliedstaat über das Auswärtige Amt spätestens drei Arbeitstage nach Erhalt der Informationen im Sinne des Absatzes 3 Satz 2 und 3 zu übermitteln. [3]Kann die Frist nicht eingehalten werden, unterrichtet das Auswärtige Amt den anfragenden Mitgliedstaat und gibt eine Einschätzung ab, wann mit einer Antwort zu rechnen ist.

(6) [1]Der EU-Rückkehrausweis ist nach Ankunft am Zielort bei der für die Beantragung von Reisedokumenten zuständigen Behörde abzugeben. [2]Die zurückgegebenen EU-Rückkehrausweise und Kopien sind umgehend zu vernichten.

(7) [1]EU-Rückkehrausweise nach Artikel 8 Absatz 1 der Richtlinie (EU) 2019/997 in der Fassung vom 6. Mai 2024 enthalten neben der Angabe des ausstellenden Staates, dem Tag und Ort der Ausstellung, dem letzten Tag der Gültigkeitsdauer, der Seriennummer des EU-Rückkehrausweises und dem Gesichts- oder Lichtbild, der Unterschrift des Inhabers sowie dem Reiseziel und gegebenenfalls Transitstaaten ausschließlich folgende sichtbar aufgebrachte Angaben über den Inhaber des Passersatzpapiers:

1. Familienname,
2. den oder die Vornamen,
3. Staatsangehörigkeit,
4. Tag der Geburt,
5. Geschlechtsangabe mit der Abkürzung „F“ für Personen weiblichen Geschlechts, „M“ für Personen männlichen Geschlechts und „X“ in allen anderen Fällen,
6. ein Anmerkungsfeld.

[2]EU-Rückkehrausweise enthalten zudem eine Zone für das automatische Lesen. [3]Diese darf lediglich enthalten:

1. die Abkürzung „PU“ für Dokumententyp,
2. die Abkürzung „D“ für Bundesrepublik Deutschland,
3. den Familiennamen,
4. den oder die Vornamen,
5. die Seriennummer des EU-Rückkehrausweises,
6. die Abkürzung der Staatsangehörigkeit,
7. den Tag der Geburt,
8. die Abkürzung „F“ für Personen weiblichen Geschlechts, „M“ für Personen männlichen Geschlechts und das Zeichen „<“ in allen anderen Fällen,
9. die Gültigkeitsdauer des EU-Rückkehrausweises,
10. die Prüfziffern und
11. Leerstellen.

[4]Die Seriennummer und Prüfziffern dürfen keine Daten über die Person des Inhabers oder Hinweise auf solche Daten enthalten. [5]Jeder EU-Rückkehrausweis enthält eine neue Seriennummer. [6]Bei der Ausstellung des EU-Rückkehrausweises findet Artikel 8 Absatz 2, 5 bis 8 der Richtlinie (EU) 2019/997 in der Fassung vom 6. Mai 2024 Anwendung.

(8) [1]Die für die Zwecke der Ausstellung eines EU-Rückkehrausweises verarbeiteten personenbezogenen Daten einschließlich des Gesichts- oder Lichtbilds

des Antragstellers dürfen ausschließlich für die Überprüfung der Identität nach dieser Vorschrift, für das Drucken der einheitlichen EU-Rückkehrausweismarke und zur Erleichterung der Reise des Antragstellers verwendet werden. [2] Die Berichtigung, Speicherung und Löschung der personenbezogenen Daten, die zur Ausstellung eines EU-Rückkehrausweises verarbeitet oder auf einem EU-Rückkehrausweis gespeichert werden, richten sich nach Artikel 15 Absatz 2 und 4 der Richtlinie (EU) 2019/997 in der Fassung vom 6. Mai 2024.

(9) [1] Die Ausstellung des EU-Rückkehrausweises ist gemäß Artikel 16 Absatz 1 und 2 der Richtlinie (EU) 2019/997 in der Fassung vom 6. Mai 2024 zu überwachen und die Informationen an die Europäische Kommission zu übermitteln.

§ 14 Befreiung von der Passpflicht in Rettungsfällen. [1] Von der Passpflicht sind befreit

1. Ausländer, die aus den Nachbarstaaten, auf dem Seeweg oder im Wege von Rettungsflügen aus anderen Staaten einreisen und bei Unglücks- oder Katastrophenfällen Hilfe leisten oder in Anspruch nehmen wollen, und
2. Ausländer, die zum Flug- oder Begleitpersonal von Rettungsflügen gehören.

[2] Die Befreiung endet, sobald für den Ausländer die Beschaffung oder Beantragung eines Passes oder Passersatzes auch in Anbetracht der besonderen Umstände des Falles und des Vorranges der Leistung oder Inanspruchnahme von Hilfe zumutbar wird.

Abschnitt 2. Befreiung vom Erfordernis eines Aufenthaltstitels

Unterabschnitt 1. Allgemeine Regelungen

§ 15[1)] Gemeinschaftsrechtliche Regelung der Kurzaufenthalte. Die Befreiung vom Erfordernis eines Aufenthaltstitels für die Einreise und den Aufenthalt von Ausländern für Kurzaufenthalte richtet sich nach dem Recht der Europäischen Union, insbesondere dem Schengener Durchführungsübereinkommen und der Verordnung (EU) 2018/1806 in Verbindung mit den nachfolgenden Bestimmungen.

§ 16[2)] Vorrang älterer Sichtvermerksabkommen. Die Inhaber der in Anlage A zu dieser Verordnung genannten Dokumente sind für die Einreise und den Aufenthalt im Bundesgebiet, auch bei Überschreitung der zeitlichen Grenze eines Kurzaufenthalts, vom Erfordernis eines Aufenthaltstitels befreit, soweit völkerrechtliche Verpflichtungen, insbesondere aus einem Sichtvermerksabkommen, die vor dem 1. September 1993 gegenüber den in Anlage A aufgeführten Staaten eingegangen wurden, dem Erfordernis des Aufenthaltstitels oder dieser zeitlichen Begrenzung entgegenstehen.

§ 17[3)] Nichtbestehen der Befreiung bei Erwerbstätigkeit während eines Kurzaufenthalts. (1) Für die Einreise und den Kurzaufenthalt sind die Personen

---

1) § 15 geänd. mWv 1.4.2020 durch VO v. 23.3.2020 (BGBl. I S. 655).

2) § 16 neu gef. mWv 1.1.2009 durch G v. 20.12.2008 (BGBl. I S. 2846).

3) § 17 Abs. 2 Satz 1 neu gef. mWv 22.10.2005 durch VO v. 14.10.2005 (BGBl. I S. 2982); Abs. 2 Satz 3 angef. mWv 28.8.2007 durch G v. 19.8.2007 (BGBl. I S. 1970); Abs. 2 Satz 1 geänd., Satz 3 eingef., bish. Satz 3 wird Satz 4 mWv 1.7.2013 durch VO v. 6.6.2013 (BGBl. I S. 1499); Abs. 2 Satz 1 und 3 geänd. mWv 22.4.2015 durch VO v. 8.4.2015 (BGBl. I S. 599); Abs. 1 geänd. mWv 29.12.2015 durch VO v. 18.12.2015 (BGBl. I S. 2467); Abs. 2 Satz 3 geänd. mWv 5.8.2017 durch VO v. 1.8.2017 (BGBl. I S. 3066); Abs. 1, 2 Satz 4 geänd. mWv 1.4.2020 durch VO v. 23.3.2020 (BGBl. I S. 655); Abs. 2 Satz 4 →

nach Artikel 4 Absatz 1 der Verordnung (EU) 2018/1806 in der jeweils geltenden Fassung und die Inhaber eines von einem Schengen-Staat ausgestellten Aufenthaltstitels oder nationalen Visums für den längerfristigen Aufenthalt vom Erfordernis eines Aufenthaltstitels nicht befreit, sofern sie im Bundesgebiet eine Erwerbstätigkeit ausüben.

(2) [1] Absatz 1 findet keine Anwendung, soweit der Ausländer im Bundesgebiet bis zu 90 Tage innerhalb von zwölf Monaten lediglich Tätigkeiten ausübt, die nach § 30 Nummer 2 und 3 der Beschäftigungsverordnung[1)] nicht als Beschäftigung gelten, oder diesen entsprechende selbständige Tätigkeiten ausübt. [2] Die zeitliche Beschränkung des Satzes 1 gilt nicht für Kraftfahrer im grenzüberschreitenden Straßenverkehr, die lediglich Güter oder Personen durch das Bundesgebiet hindurchbefördern, ohne dass die Güter oder Personen das Transportfahrzeug wechseln. [3] Die Frist nach Satz 1 beträgt für Tätigkeiten nach § 30 Nummer 1 der Beschäftigungsverordnung 90 Tage innerhalb von 180 Tagen. [4] Selbständige Tätigkeiten nach § 30 Nummer 1 der Beschäftigungsverordnung und nach den Sätzen 1 und 2 dürfen unter den dort genannten Voraussetzungen ohne den nach § 4a Absatz 1 Satz 1 des Aufenthaltsgesetzes[2)] erforderlichen Aufenthaltstitel ausgeübt werden.

(3) Absatz 1 findet keine Anwendung auf Beschäftigungen für eine Dauer von bis zu 90 Tagen innerhalb von 180 Tagen, zu deren Ausübung die Bundesagentur für Arbeit eine Arbeitserlaubnis nach § 15a Absatz 1 Nummer 1 oder § 15d Absatz 1 Satz 1 Nummer 1 der Beschäftigungsverordnung erteilt hat.

§ 17a[3)] Befreiung zur Dienstleistungserbringung für langfristig Aufenthaltsberechtigte. Ausländer, die in einem anderen Mitgliedstaat der Europäischen Union die Rechtsstellung eines langfristig Aufenthaltsberechtigten innehaben, sind für die Einreise und den Aufenthalt im Bundesgebiet zum Zweck einer Beschäftigung nach § 30 Nummer 3 der Beschäftigungsverordnung[1)] für einen Zeitraum von bis zu 90 Tagen innerhalb von zwölf Monaten vom Erfordernis eines Aufenthaltstitels befreit.

Unterabschnitt 2. Befreiungen für Inhaber bestimmter Ausweise

§ 18[4)] Befreiung für Inhaber von Reiseausweisen für Flüchtlinge und Staatenlose. [1] Inhaber von Reiseausweisen für Flüchtlinge oder für Staatenlose sind für die Einreise und den Kurzaufenthalt vom Erfordernis eines Aufenthaltstitels befreit, sofern

1. der Reiseausweis von einem Mitgliedstaat der Europäischen Union, einem anderen Vertragsstaat des Abkommens über den Europäischen Wirtschaftsraum, der Schweiz oder von einem in Anhang II der Verordnung (EU) 2018/1806 aufgeführten Staat ausgestellt wurde,
2. der Reiseausweis eine Rückkehrberechtigung enthält, die bei der Einreise noch mindestens vier Monate gültig ist und
3. sie keine Erwerbstätigkeit mit Ausnahme der in § 17 Abs. 2 bezeichneten ausüben.

---

1) **Sartorius ErgBd. Nr. 566a.**

2) Nr. **565**.

3) § 17a eingef. mWv 1.7.2013 durch VO v. 6.6.2013 (BGBl. I S. 1499); geänd. mWv 22.4.2015 durch VO v. 8.4.2015 (BGBl. I S. 599).

4) § 18 Satz 1 Nr. 1 geänd. mWv 1.4.2020 durch VO v. 23.3.2020 (BGBl. I S. 655).

[2] Satz 1 Nr. 2 gilt nicht für Inhaber von Reiseausweisen für Flüchtlinge, die von einem der in Anlage A Nr. 3 genannten Staaten ausgestellt wurden.

§ 19 Befreiung für Inhaber dienstlicher Pässe. Für die Einreise und den Kurzaufenthalt sind Staatsangehörige der in Anlage B zu dieser Verordnung aufgeführten Staaten vom Erfordernis eines Aufenthaltstitels befreit, wenn sie einen der in Anlage B genannten dienstlichen Pässe besitzen und keine Erwerbstätigkeit mit Ausnahme der in § 17 Abs. 2 bezeichneten ausüben.

§ 20[1)] Befreiung für Inhaber von Ausweisen der Europäischen Union und zwischenstaatlicher Organisationen und der Vatikanstadt. Vom Erfordernis eines Aufenthaltstitels befreit sind Inhaber
1. von Ausweisen für Mitglieder und Bedienstete der Organe der Europäischen Gemeinschaften,
2. von Ausweisen für Abgeordnete der Parlamentarischen Versammlung des Europarates,
3. von vatikanischen Pässen, wenn sie sich nicht länger als 90 Tage im Bundesgebiet aufhalten,
4. von Passierscheinen zwischenstaatlicher Organisationen, die diese den in ihrem Auftrag reisenden Personen ausstellen, soweit die Bundesrepublik Deutschland auf Grund einer Vereinbarung mit der ausstellenden Organisation verpflichtet ist, dem Inhaber die Einreise und den Aufenthalt zu gestatten.

§ 21[2)] [Befreiung für Inhaber von Grenzgängerkarten] Inhaber von Grenzgängerkarten sind für die Einreise, den Aufenthalt und für die in der Grenzgängerkarte bezeichnete Erwerbstätigkeit im Bundesgebiet vom Erfordernis eines Aufenthaltstitels befreit.

§ 22[3)] Befreiung für Schüler auf Sammellisten. (1) Schüler, die als Mitglied einer Schülergruppe in Begleitung einer Lehrkraft einer allgemein bildenden oder berufsbildenden Schule an einer Reise in oder durch das Bundesgebiet teilnehmen, sind für die Einreise, Durchreise und einen Kurzaufenthalt im Bundesgebiet vom Erfordernis eines Aufenthaltstitels befreit, wenn sie
1. Staatsangehörige eines in Anhang I der Verordnung (EU) 2018/1806 aufgeführten Staates sind,
2. ihren Wohnsitz innerhalb der Europäischen Union, in einem anderen Vertragsstaat des Abkommens über den Europäischen Wirtschaftsraum oder in einem in Anhang II der Verordnung (EU) 2018/1806 aufgeführten Staat oder der Schweiz haben,
3. in einer Sammelliste eingetragen sind, die den Voraussetzungen entspricht, die in Artikel 1 Buchstabe b in Verbindung mit dem Anhang des Beschlusses des Rates vom 30. November 1994 über die vom Rat auf Grund von Artikel K.3 Abs. 2 Buchstabe b des Vertrages über die Europäische Union beschlossene gemeinsame Maßnahme über Reiseerleichterungen für Schüler von Drittstaaten mit Wohnsitz in einem Mitgliedstaat festgelegt sind, und

---

1) § 20 Nr. 3 geänd. mWv 22.4.2015 durch VO v. 8.4.2015 (BGBl. I S. 599).

2) *§ 21 neu gef. mWv 29.12.2015* durch VO v. 18.12.2015 (BGBl. I S. 2467).

3) § 22 Abs. 2 angef., bish. Wortlaut wird Abs. 1 und Nr. 2 geänd. mWv 28.8.2007 durch G v. 19.8. 2007 (BGBl. I S. 1970); Abs. 1 Nr. 1, 2 geänd. mWv 1.4.2020 durch VO v. 23.3.2020 (BGBl. I S. 655); Abs. 2 Satz 2 neu gef. mWv 14.5.2026 durch VO v. 8.5.2026 (BGBl. 2026 I Nr. 129).

4. keine Erwerbstätigkeit ausüben.

(2) [1] Schüler mit Wohnsitz im Bundesgebiet, die für eine Reise in das Ausland in einer Schülergruppe in Begleitung einer Lehrkraft einer allgemeinbildenden oder berufsbildenden inländischen Schule auf einer von deutschen Behörden ausgestellten Schülersammelliste aufgeführt sind, sind für die Wiedereinreise in das Bundesgebiet vom Erfordernis eines Aufenthaltstitels befreit, wenn die Ausländerbehörde angeordnet hat, dass die Abschiebung nach der Wiedereinreise ausgesetzt wird. [2] Diese Anordnung ist auf der Schülersammelliste oder in einem der Schülerin oder dem Schüler ausgestellten deutschen Passersatz zu vermerken.

Unterabschnitt 3. Befreiungen im grenzüberschreitenden Beförderungswesen

§ 23 Befreiung für ziviles Flugpersonal. (1) Ziviles Flugpersonal, das im Besitz eines Flugbesatzungsausweises ist, ist vom Erfordernis eines Aufenthaltstitels befreit, sofern es

1. sich nur auf dem Flughafen, auf dem das Flugzeug zwischengelandet ist oder seinen Flug beendet hat, aufhält,
2. sich nur im Gebiet einer in der Nähe des Flughafens gelegenen Gemeinde aufhält oder
3. zu einem anderen Flughafen wechselt.

(2) [1] Ziviles Flugpersonal, das nicht im Besitz eines Flugbesatzungsausweises ist, kann für einen in Absatz 1 genannten Aufenthalt vom Erfordernis eines Aufenthaltstitels befreit werden, sofern es die Passpflicht erfüllt. [2] Zuständig sind die mit der Kontrolle des grenzüberschreitenden Verkehrs beauftragten Behörden. [3] Zum Nachweis der Befreiung wird ein Passierschein ausgestellt.

§ 24[1)] Befreiung für Seeleute. (1) Seelotsen, die in Ausübung ihres Berufes handeln und sich durch amtliche Papiere über ihre Person und Seelotseneigenschaft ausweisen, benötigen für ihre Einreise und ihren Aufenthalt keinen Aufenthaltstitel.

(2) [1] Ziviles Schiffspersonal eines in der See- oder Küstenschifffahrt oder in der Rhein-Seeschifffahrt verkehrenden Schiffes kann, sofern es nicht unter Absatz 1 fällt, für den Aufenthalt im Hafenort während der Liegezeit des Schiffes vom Erfordernis eines Aufenthaltstitels befreit werden, sofern es die Passpflicht erfüllt. [2] Zuständig sind die mit der Kontrolle des grenzüberschreitenden Verkehrs beauftragten Behörden. [3] Zum Nachweis der Befreiung wird ein Passierschein ausgestellt.

(3) Ziviles Schiffspersonal im Sinne der vorstehenden Absätze sind der Kapitän eines Schiffes, die Besatzungsmitglieder, die angemustert und auf der Besatzungsliste verzeichnet sind, sowie sonstige an Bord beschäftigte Personen, die auf einer Besatzungsliste verzeichnet sind.

§ 25[2)] Befreiung in der internationalen zivilen Binnenschifffahrt.

(1) Ausländer, die

[1)] § 24 Abs. 1 neu gef. mWv 6.9.2013 durch G v. 29.8.2013 (BGBl. I S. 3484).

[2)] § 25 Abs. 1 neu gef., bish. Abs. 1–3 werden Abs. 2–4, neuer Abs. 2 Nr. 1 und 3, neuer Abs. 3 einl. Satzteil und neuer Abs. 4 geänd. mWv 6.9.2013 durch G v. 29.8.2013 (BGBl. I S. 3484); Abs. 2 abschl. Satzteil geänd. mWv 22.4.2015 durch VO v. 8.4.2015 (BGBl. I S. 599).

1. auf einem von einem Unternehmen mit Sitz im Hoheitsgebiet eines Schengen-Staates betriebenen Schiff in der grenzüberschreitenden Binnenschifffahrt tätig sind,
2. im Besitz eines gültigen Aufenthaltstitels des Staates sind, in dem das Unternehmen seinen Sitz hat und dort der Aufenthaltstitel die Tätigkeit in der Binnenschifffahrt erlaubt und
3. in die Besatzungsliste dieses Schiffes eingetragen sind,

sind für die Einreise und für Aufenthalte bis zu sechs Monaten innerhalb eines Zeitraums von zwölf Monaten seit der ersten Einreise vom Erfordernis eines Aufenthaltstitels befreit.

(2) Ausländer, die

1. auf einem von einem Unternehmen mit Sitz im Ausland betriebenen Schiff in der Donauschifffahrt einschließlich der Schifffahrt auf dem Main-Donau-Kanal tätig sind,
2. in die Besatzungsliste dieses Schiffes eingetragen sind und
3. einen Binnenschifffahrtsausweis besitzen,

sind für die Einreise und für Aufenthalte bis zu 90 Tagen innerhalb eines Zeitraums von zwölf Monaten seit der ersten Einreise vom Erfordernis eines Aufenthaltstitels befreit.

(3) Die Befreiung nach Absatz 1 und 2 gilt für die Einreise und den Aufenthalt

1. an Bord,
2. im Gebiet eines Liegehafens und einer nahe gelegenen Gemeinde und
3. bei Reisen zwischen dem Grenzübergang und dem Schiffsliegeort oder zwischen Schiffsliegeorten auf dem kürzesten Wege

im Zusammenhang mit der grenzüberschreitenden Beförderung von Personen oder Sachen sowie in der Donauschifffahrt zur Weiterbeförderung derselben Personen oder Sachen.

(4) Die Absätze 2 und 3 gelten entsprechend für die in Binnenschifffahrtsausweisen eingetragenen Familienangehörigen.

§ 26[1)] Transit ohne Einreise; Flughafentransitvisum. (1) Ausländer, die sich im Bundesgebiet befinden, ohne im Sinne des § 13 Abs. 2 des Aufenthaltsgesetzes[2)] einzureisen, sind vom Erfordernis eines Aufenthaltstitels befreit.

(2) [1] Das Erfordernis einer Genehmigung für das Betreten des Transitbereichs eines Flughafens während einer Zwischenlandung oder zum Umsteigen (Flughafentransitvisum) gilt für Personen, die auf Grund von Artikel 3 Absatz 1 in Verbindung mit Absatz 5 der Verordnung (EG) Nr. 810/2009 des Europäischen Parlaments und des Rates vom 13. Juli 2009 über einen Visakodex der Gemeinschaft (ABl. L 243 vom 15.9.2009, S. 1) ein Flughafentransitvisum benötigen, sowie für Staatsangehörige der in Anlage C genannten Staaten, sofern diese nicht nach Artikel 3 Absatz 5 der Verordnung (EG) Nr. 810/2009 von der Flughafentransitvisumpflicht befreit sind. [2] Soweit danach das Erfordernis eines Flughafentransitvisums besteht, gilt die Befreiung nach Absatz 1 nur, wenn der Ausländer

---

[1)] § 26 Abs. 3 Satz 1 Nr. 2 Buchst. a geänd. mWv 22.10.2005 durch VO v. 14.10.2005 (BGBl. I S. 2982); Abs. 2 Satz 1 neu gef., Abs. 3 aufgeh. mWv 26.11.2011 durch G v. 22.11.2011 (BGBl. I S. 2258).

[2)] Nr. **565**.

ein Flughafentransitvisum besitzt. [3] Das Flughafentransitvisum ist kein Aufenthaltstitel.

Unterabschnitt 4. Sonstige Befreiungen

§ 27 Befreiung für Personen bei Vertretungen ausländischer Staaten.

(1) Vom Erfordernis eines Aufenthaltstitels befreit sind, wenn Gegenseitigkeit besteht,

(Fortsetzung nächstes Blatt)

1. die in die Bundesrepublik Deutschland amtlich entsandten Mitglieder des dienstlichen Hauspersonals berufskonsularischer Vertretungen im Bundesgebiet und ihre mit ihnen im gemeinsamen Haushalt lebenden, nicht ständig im Bundesgebiet ansässigen Familienangehörigen,
2. die nicht amtlich entsandten, mit Zustimmung des Auswärtigen Amtes örtlich angestellten Mitglieder des diplomatischen und berufskonsularischen, des Verwaltungs- und technischen Personals sowie des dienstlichen Hauspersonals diplomatischer und berufskonsularischer Vertretungen im Bundesgebiet und ihre mit Zustimmung des Auswärtigen Amtes zugezogenen, mit ihnen im gemeinsamen Haushalt lebenden Ehegatten oder Lebenspartner, minderjährigen ledigen Kinder und volljährigen ledigen Kinder, die bei der Verlegung ihres ständigen Aufenthalts in das Bundesgebiet das 21. Lebensjahr noch nicht vollendet haben, sich in der Ausbildung befinden und wirtschaftlich von ihnen abhängig sind,
3. die mit Zustimmung des Auswärtigen Amtes beschäftigten privaten Hausangestellten von Mitgliedern diplomatischer und berufskonsularischer Vertretungen im Bundesgebiet,
4. die mitreisenden Familienangehörigen von Repräsentanten anderer Staaten und deren Begleitung im Sinne des § 20 des Gerichtsverfassungsgesetzes[1],
5. Personen, die dem Haushalt eines entsandten Mitgliedes einer diplomatischen oder berufskonsularischen Vertretung im Bundesgebiet angehören, die mit dem entsandten Mitglied mit Rücksicht auf eine rechtliche oder sittliche Pflicht oder bereits zum Zeitpunkt seiner Entsendung ins Bundesgebiet in einer Haushalts- oder Betreuungsgemeinschaft leben, die nicht von dem entsandten Mitglied beschäftigt werden, deren Unterhalt einschließlich eines angemessenen Schutzes vor Krankheit und Pflegebedürftigkeit ohne Inanspruchnahme von Leistungen nach dem Sozialgesetzbuch gesichert ist und deren Aufenthalt das Auswärtige Amt zum Zweck der Wahrung der auswärtigen Beziehungen der Bundesrepublik Deutschland im Einzelfall zugestimmt hat.

(2) Die nach Absatz 1 als Familienangehörige oder Haushaltsmitglieder vom Erfordernis des Aufenthaltstitels befreiten sowie die von § 1 Abs. 2 Nr. 2 oder 3 des Aufenthaltsgesetzes[2] erfassten Familienangehörigen sind auch im Fall der erlaubten Aufnahme und Ausübung einer Erwerbstätigkeit oder Ausbildung vom Erfordernis eines Aufenthaltstitels befreit, wenn Gegenseitigkeit besteht.

(3) Der Eintritt eines Befreiungsgrundes nach Absatz 1 oder 2 lässt eine bestehende Aufenthaltserlaubnis oder Niederlassungserlaubnis unberührt und steht der Verlängerung einer Aufenthaltserlaubnis oder der Erteilung einer Niederlassungserlaubnis an einen bisherigen Inhaber einer Aufenthaltserlaubnis nach den Vorschriften des Aufenthaltsgesetzes nicht entgegen.

§ 28[3] Befreiung für freizügigkeitsberechtigte Schweizer. [1] Staatsangehörige der Schweiz sind nach Maßgabe des Abkommens vom 21. Juni 1999 zwischen der Europäischen Gemeinschaft und ihren Mitgliedstaaten einerseits und der Schweizerischen Eidgenossenschaft andererseits über die Freizügigkeit vom Erfordernis eines Aufenthaltstitels befreit. [2] Soweit in dem Abkommen vorgesehen ist,

---

[1] **Habersack Nr. 95.**

[2] Nr. **565**.

[3] § 28 Satz 2 angef. mWv 28.8.2007 durch G v. 19.8.2007 (BGBl. I S. 1970); Satz 2 neu gef. mWv 1.9. 2011 durch VO v. 22.7.2011 (BGBl. I S. 1530); Satz 2 neu gef. mWv 4.12.2020 durch VO v. 26.11.2020 (BGBl. I S. 2606); Satz 2 geänd. mWv 1.11.2023 durch VO v. 30.10.2023 (BGBl. 2023 I Nr. 290).

dass das Aufenthaltsrecht durch eine Aufenthaltserlaubnis bescheinigt wird, wird nach § 78 Absatz 1 Satz 2 des Aufenthaltsgesetzes[1)] diese Aufenthaltserlaubnis auf Antrag als Dokument mit Chip ausgestellt.

§ 29 Befreiung in Rettungsfällen. [1]Für die Einreise und den Aufenthalt im Bundesgebiet sind die in § 14 Satz 1 genannten Ausländer vom Erfordernis eines Aufenthaltstitels befreit. [2]Die Befreiung nach Satz 1 endet, sobald für den Ausländer die Beantragung eines erforderlichen Aufenthaltstitels auch in Anbetracht der besonderen Umstände des Falles und des Vorranges der Leistung oder Inanspruchnahme von Hilfe zumutbar wird.

§ 30[2)] Befreiung für die Durchreise und Durchbeförderung. Für die Einreise in das Bundesgebiet aus einem anderen Schengen-Staat und einen anschließenden Aufenthalt von bis zu drei Tagen sind Ausländer vom Erfordernis eines Aufenthaltstitels befreit, wenn sie

1. auf Grund einer zwischenstaatlichen Vereinbarung über die Gestattung der Durchreise durch das Bundesgebiet reisen, oder
2. auf Grund einer zwischenstaatlichen Vereinbarung oder mit Einwilligung des Bundesministeriums des Innern, für Bau und Heimat oder der von ihm beauftragten Stelle durch das Bundesgebiet durchbefördert werden; in diesem Fall gilt die Befreiung auch für die sie begleitenden Aufsichtspersonen.

§ 30a[3)] Befreiung in Fällen gescheiterter langfristiger Mobilität nach der Richtlinie (EU) 2021/1883. [1]Für die Einreise in das Bundesgebiet und einen anschließenden Aufenthalt von bis zu einem Monat sind Ausländer vom Erfordernis eines Aufenthaltstitels befreit, wenn

1. sie Inhaber einer Blauen Karte EU nach § 18g des Aufenthaltsgesetzes[1)] waren,
2. sie zu einem Zeitpunkt, als die Blaue Karte EU nach Nummer 1 noch gültig war, in einem anderen Mitgliedstaat der Europäischen Union nach Artikel 21 Absatz 3 der Richtlinie (EU) 2021/1883 des Europäischen Parlaments und des Rates vom 20. Oktober 2021 über die Bedingungen für die Einreise und den Aufenthalt von Drittstaatsangehörigen zur Ausübung einer hoch qualifizierten Beschäftigung und zur Aufhebung der Richtlinie 2009/50/EG des Rates (ABl. L 382 vom 28.10.2021, S. 1) einen Antrag auf Erteilung einer Blauen Karte EU gestellt haben, den dieser Mitgliedstaat abgelehnt hat,
3. die Geltungsdauer der Blauen Karte EU nach Nummer 1 abgelaufen ist, während der Mitgliedstaat der Europäischen Union nach Nummer 2 den Antrag auf Erteilung einer Blauen Karte EU geprüft hat, und
4. der Mitgliedstaat der Europäischen Union nach Nummer 2 bei den zuständigen Behörden der Bundesrepublik Deutschland ein Ersuchen auf Gestattung der Wiedereinreise des Ausländers in die Bundesrepublik Deutschland gestellt hat.

[2]Satz 1 gilt entsprechend für die Familienangehörigen des Ausländers, wenn diese über einen Aufenthaltstitel als Familienangehörige dieses Ausländers verfügen und der Aufenthaltstitel erteilt wurde, während die Geltungsdauer der Blauen Karte EU nach Satz 1 Nummer 1 noch nicht abgelaufen war.

[1)] Nr. **565**.

[2)] § 30 einl. Satzteil geänd. mWv 28.8.2007 durch G v. 19.8.2007 (BGBl. I S. 1970); Nr. 2 geänd. mWv 27.6.2020 durch VO v. 19.6.2020 (BGBl. I S. 1328).

[3)] § 30a eingef. mWv 18.11.2023 durch VO v. 30.8.2023 (BGBl. 2023 I Nr. 233).

Abschnitt 3. Visumverfahren

§ 31[1)] Zustimmung der Ausländerbehörde zur Visumerteilung. (1) [1] Ein Visum bedarf der vorherigen Zustimmung der für den vorgesehenen Aufenthaltsort zuständigen Ausländerbehörde, wenn

1. der Ausländer sich zu anderen Zwecken als zur Ausbildung nach Kapitel 2 Abschnitt 3 des Aufenthaltsgesetzes[2)] oder zur Erwerbstätigkeit nach Kapitel 2 Abschnitt 4 des Aufenthaltsgesetzes länger als 90 Tage im Bundesgebiet aufhalten will,
2. der Ausländer
   a) im Bundesgebiet eine selbständige Tätigkeit ausüben will,
   b) im Bundesgebiet eine Beschäftigung nach § 19c Absatz 3 des Aufenthaltsgesetzes ausüben will,
   c) im Bundesgebiet
      aa) eine sonstige Beschäftigung ausüben will,
      bb) mit einem Aufenthaltstitel nach § 18d des Aufenthaltsgesetzes forschen will
      cc) mit einem Aufenthaltstitel nach §§ 16a, 16b, 16d, 16e oder 16f Absatz 1 des Aufenthaltsgesetzes die jeweils zulässigen Aufenthaltszwecke verfolgen will, oder
      dd) mit einem Aufenthaltstitel nach § 17 des Aufenthaltsgesetzes einen Ausbildungs- oder Studienplatz suchen oder sich mit einer Chancenkarte nach § 20a des Aufenthaltsgesetzes aufhalten will, und

      wenn er sich bereits zuvor auf der Grundlage einer Duldung oder einer Aufenthaltsgestattung im Bundesgebiet aufgehalten hat oder wenn gegen ihn aufenthaltsbeendende Maßnahmen erfolgt sind,
   d) im Bundesgebiet eine Beschäftigung gemäß § 14 Absatz 1a der Beschäftigungsverordnung[3)] ausüben will und dabei einen Fall des § 14 Absatz 1a Satz 2 der Beschäftigungsverordnung geltend macht,
   e) im Bundesgebiet einen Schulbesuch nach § 16f Absatz 2 des Aufenthaltsgesetzes beabsichtigt, oder
3. die Daten des Ausländers nach § 73 Absatz 1 Satz 1 des Aufenthaltsgesetzes an die Sicherheitsbehörden übermittelt werden, soweit das Bundesministerium des Innern, für Bau und Heimat die Zustimmungsbedürftigkeit unter Berücksichtigung der aktuellen Sicherheitslage angeordnet hat.

---

1) § 31 Abs. 1 Satz 3 geänd. mWv 28.8.2007 durch G v. 19.8.2007 (BGBl. I S. 1970); Abs. 1 Satz 3 geänd. mWv 26.11.2011 durch G v. 22.11.2011 (BGBl. I S. 2258); Abs. 1 Satz 1 Nr. 3 neu gef. mWv 3.12.2011 durch VO v. 25.11.2011 (BGBl. I S. 2347); Abs. 3 geänd. mWv 1.8.2012 durch G v. 1.6.2012 (BGBl. I S. 1224); Abs. 1 Satz 1 Nr. 1 und 2 neu gef., Satz 3 geänd., Abs. 3 neu gef. mWv 5.3.2013 durch VO v. 27.2.2013 (BGBl. I S. 351); Abs. 1 Satz 1 Nr. 1 geänd. mWv 22.4.2015 durch VO v. 8.4.2015 (BGBl. I S. 599); Abs. 1 Satz 2 eingef., bish. Satz 2 wird Satz 3, Satz 4 eingef., bish. Satz 3 wird Satz 5 mWv 29.12.2015 durch VO v. 18.12.2015 (BGBl. I S. 2467); Abs. 1 Satz 1 Nr. 2 Buchst. c, Satz 5 und Abs. 3 geänd. mWv 5.8.2017 durch VO v. 1.8.2017 (BGBl. I S. 3066); Abs. 1 Satz 1 Nr. 1, 2 Buchst. b, Satz 5, Abs. 3 geänd., Abs. 4 angef. mWv 1.4.2020 und Abs. 1 Satz 1 Nr. 2 Buchst. d angef. mWv 1.10.2020 durch VO v. 23.3.2020 (BGBl. I S. 655, geänd. durch VO v. 30.8.2023, BGBl. 2023 I Nr. 233); Abs. 1 Satz 1 Nr. 3 geänd. mWv 27.6.2020 durch VO v. 19.6.2020 (BGBl. I S. 1328); Abs. 1 Satz 1 Nr. 2 Buchst. c geänd. mWv 18.11.2023, Abs. 1 Satz 1 Nr. 1 neu gef., Nr. 2 einl. Satzteil, Buchst. a, b geänd., Buchst. c neu gef., Buchst. d geänd., Buchst. e angef., Satz 2 einl. Satzteil, Nr. 1, 2 geänd., Satz 4 neu gef., Satz 5 aufgeh. mWv 1.6.2024 durch VO v. 30.8.2023 (BGBl. 2023 I Nr. 233).

2) Nr. **565**.

3) **Sartorius ErgBd. Nr. 566a.**

[2] Das Visum des Ehegatten oder Lebenspartners und der minderjährigen Kinder eines Ausländers, der eine sonstige Beschäftigung ausüben oder mit einem Aufenthaltstitel nach § 18d des Aufenthaltsgesetzes forschen will, bedarf in der Regel nicht der Zustimmung der Ausländerbehörde, wenn

1. das Visum des Ausländers nicht der Zustimmungspflicht der Ausländerbehörde nach Satz 1 Nummer 2 Buchstabe c Doppelbuchstabe aa oder bb unterliegt,
2. das Visum des Ehegatten oder Lebenspartners nicht selbst der Zustimmungspflicht der Ausländerbehörde nach Satz 1 Nummer 2 unterliegt,
3. die Visumanträge in zeitlichem Zusammenhang gestellt werden und
4. die Ehe oder Lebenspartnerschaft bereits bei der Visumbeantragung des Ausländers besteht.

[3] Im Fall des Satzes 1 Nr. 3 gilt die Zustimmung als erteilt, wenn nicht die Ausländerbehörde der Erteilung des Visums binnen zehn Tagen nach Übermittlung der Daten des Visumantrages an sie widerspricht oder die Ausländerbehörde im Einzelfall innerhalb dieses Zeitraums der Auslandsvertretung mitgeteilt hat, dass die Prüfung nicht innerhalb dieser Frist abgeschlossen wird. [4] Dasselbe gilt im Fall eines Ausländers, der

1. eine sonstige Beschäftigung ausüben oder mit einem Aufenthaltstitel nach § 18d des Aufenthaltsgesetzes forschen will, und seiner Familienangehörigen nach Satz 2, oder
2. die Voraussetzungen nach Satz 1 Nummer 2 Buchstabe c Doppelbuchstabe bb, cc oder dd erfüllt,

wenn das Visum nur auf Grund eines Voraufenthalts im Sinne von Satz 1 Nummer 2 Buchstabe c der Zustimmung der Ausländerbehörde bedarf und das Visum nicht nach anderen Bestimmungen zustimmungsfrei ist.

(2) [1] Wird der Aufenthalt des Ausländers von einer öffentlichen Stelle mit Sitz im Bundesgebiet vermittelt, kann die Zustimmung zur Visumerteilung auch von der Ausländerbehörde erteilt werden, die für den Sitz der vermittelnden Stelle zuständig ist. [2] Im Visum ist ein Hinweis auf diese Vorschrift aufzunehmen und die Ausländerbehörde zu bezeichnen.

(3) Die Ausländerbehörde kann insbesondere im Fall eines Anspruchs auf Erteilung eines Aufenthaltstitels, eines öffentlichen Interesses, in den Fällen der §§ 18a, 18b, 18c Absatz 3, §§ 19, 19b, 19c oder 21 des Aufenthaltsgesetzes, in denen auf Grund von Absatz 1 Satz 1 Nummer 2 eine Zustimmung der Ausländerbehörde vorgesehen ist, oder in dringenden Fällen der Visumerteilung vor der Beantragung des Visums bei der Auslandsvertretung zustimmen (Vorabzustimmung).

(4) In den Fällen des § 81a des Aufenthaltsgesetzes ist für die Erteilung der nach § 81a Absatz 3 Satz 1 Nummer 6 des Aufenthaltsgesetzes erforderlichen Vorabzustimmung die Ausländerbehörde zuständig, die für den Ort der Betriebsstätte zuständig ist, an der der Ausländer beschäftigt werden soll.

§ 31a[1] Beschleunigtes Fachkräfteverfahren. (1) Im Fall des § 81a des Aufenthaltsgesetzes[2] bietet die Auslandsvertretung unverzüglich nach Vorlage der Vorabzustimmung oder Übermittlung der Vorabzustimmung durch das Ausländer-

[1] § 31a eingef. mWv 1.3.2020 durch G v. 15.8.2019 (BGBl. I S. 1307); Abs. 1 neu gef. mWv 12.12. 2020 durch G v. 3.12.2020 (BGBl. I S. 2744).

[2] Nr. **565**.

zentralregister und nach dem Eingang der Terminanfrage der Fachkraft einen Termin zur Visumantragstellung an, der innerhalb der nächsten drei Wochen liegt.

(2) Die Bescheidung des Visumantrags erfolgt in der Regel innerhalb von drei Wochen ab Stellung des vollständigen Visumantrags.

§ 32 Zustimmung der obersten Landesbehörde. Ein Visum bedarf nicht der Zustimmung der Ausländerbehörde nach § 31, wenn die oberste Landesbehörde der Visumerteilung zugestimmt hat.

§ 33 Zustimmungsfreiheit bei Spätaussiedlern. Abweichend von § 31 bedarf das Visum nicht der Zustimmung der Ausländerbehörde bei Inhabern von Aufnahmebescheiden nach dem Bundesvertriebenengesetz[1] und den nach § 27 Abs. 1 Satz 2 bis 4 des Bundesvertriebenengesetzes in den Aufnahmebescheid einbezogenen Ehegatten und Abkömmlingen.

(Fortsetzung nächstes Blatt)

[1] **Sartorius III Nr. 955.**

§ 34[1)] Zustimmungsfreiheit bei Wissenschaftlern und Studenten. [1] Abweichend von § 31 bedarf das Visum nicht der Zustimmung der Ausländerbehörde bei

1. Wissenschaftlern, die für eine wissenschaftliche Tätigkeit von deutschen Wissenschaftsorganisationen oder einer deutschen öffentlichen Stelle vermittelt werden und in diesem Zusammenhang in der Bundesrepublik Deutschland ein Stipendium aus öffentlichen Mitteln erhalten,
2. a) Gastwissenschaftlern,

   b) Ingenieuren und Technikern als technischen Mitarbeitern im Forschungsteam eines Gastwissenschaftlers und

   c) Lehrpersonen und wissenschaftlichen Mitarbeitern,

   die auf Einladung an einer Hochschule oder einer öffentlich-rechtlichen, überwiegend aus öffentlichen Mitteln finanzierten oder als öffentliches Unternehmen in privater Rechtsform geführten Forschungseinrichtung tätig werden,
3. Ausländern, die für ein Studium von einer deutschen Wissenschaftsorganisation oder einer deutschen öffentlichen Stelle vermittelt werden, die Stipendien auch aus öffentlichen Mitteln vergibt, und in diesem Zusammenhang in der Bundesrepublik Deutschland ein Stipendium auf Grund eines auch für öffentliche Mittel verwendeten Vergabeverfahrens erhalten,
4. Forschern, die eine Aufnahmevereinbarung nach § 38f mit einer vom Bundesamt für Migration und Flüchtlinge anerkannten Forschungseinrichtung abgeschlossen haben,
5. Ausländern, die als Absolventen deutscher Auslandsschulen über eine deutsche Hochschulzugangsberechtigung verfügen und ein Studium (§ 16b Absatz 1 und 5 des Aufenthaltsgesetzes[2)]) im Bundesgebiet aufnehmen,
6. Ausländern, die an einer deutschen Auslandsschule eine internationale Hochschulzugangsberechtigung oder eine nationale Hochschulzugangsberechtigung in Verbindung mit dem Deutschen Sprachdiplom der Kultusministerkonferenz erlangt haben und ein Studium (§ 16b Absatz 1 und 5 des Aufenthaltsgesetzes) im Bundesgebiet aufnehmen, oder
7. Ausländern, die an einer mit deutschen Mitteln geförderten Schule im Ausland eine nationale Hochschulzugangsberechtigung in Verbindung mit dem Deutschen Sprachdiplom der Kultusministerkonferenz erlangt haben und ein Studium (§ 16b Absatz 1 und 5 des Aufenthaltsgesetzes) im Bundesgebiet aufnehmen.

[2] Satz 1 gilt entsprechend, wenn der Aufenthalt aus Mitteln der Europäischen Union gefördert wird. [3] Satz 1 gilt in den Fällen der Nummern 1 bis 4 entsprechend für den mit- oder nacheinreisenden Ehegatten oder Lebenspartner des Ausländers, wenn die Ehe oder Lebenspartnerschaft bereits bei der Einreise des Ausländers in das Bundesgebiet bestand, sowie für die minderjährigen ledigen Kinder des Ausländers.

[1)] § 34 Satz 1 Nr. 2, 3 geänd., Nr. 4 und Satz 2 angef. mWv 26.11.2011 durch G v. 22.11.2011 (BGBl. I S. 2258); Satz 1 Nr. 1–4 geänd., Nr. 5 und Satz 3 angef. mWv 5.3.2013 durch VO v. 27.2.2013 (BGBl. I S. 351); Satz 1 Nr. 4 und 5 geänd., Nr. 6 und 7 angef. mWv 28.9.2013 durch VO v. 23.9.2013 (BGBl. I S. 3707); Satz 1 Nr. 5–7 geänd. mWv 5.8.2017 durch VO v. 1.8.2017 (BGBl. I S. 3066); Satz 1 Nr. 5–7 geänd. mWv 1.4.2020 durch VO v. 23.3.2020 (BGBl. I S. 655).

[2)] Nr. **565**.

§ 35[1)] Zustimmungsfreiheit bei bestimmten Arbeitsaufenthalten und Praktika. Abweichend von § 31 bedarf das Visum nicht der Zustimmung der Ausländerbehörde bei Ausländern, die

1. auf Grund einer zwischenstaatlichen Vereinbarung als Gastarbeitnehmer oder als Werkvertragsarbeitnehmer tätig werden,
2. eine von der Bundesagentur für Arbeit vermittelte Beschäftigung bis zu einer Höchstdauer von neun Monaten ausüben,
3. ohne Begründung eines gewöhnlichen Aufenthalts im Bundesgebiet als Besatzungsmitglieder eines Seeschiffes tätig werden, das berechtigt ist, die Bundesflagge zu führen, und das in das internationale Seeschifffahrtsregister eingetragen ist (§ 12 des Flaggenrechtsgesetzes),
4. auf Grund einer zwischenstaatlichen Vereinbarung im Rahmen eines Ferienaufenthalts von bis zu einem Jahr eine Erwerbstätigkeit ausüben dürfen oder
5. eine Tätigkeit bis zu längstens drei Monaten ausüben wollen, für die sie nur ein Stipendium erhalten, das ausschließlich aus öffentlichen Mitteln gezahlt wird.

§ 36 Zustimmungsfreiheit bei dienstlichen Aufenthalten von Mitgliedern ausländischer Streitkräfte. [1] Abweichend von § 31 bedarf das Visum nicht der Zustimmung der Ausländerbehörde, das einem Mitglied ausländischer Streitkräfte für einen dienstlichen Aufenthalt im Bundesgebiet erteilt wird, der auf Grund einer zwischenstaatlichen Vereinbarung stattfindet. [2] Zwischenstaatliche Vereinbarungen, die eine Befreiung von der Visumpflicht vorsehen, bleiben unberührt.

§ 37[2)] Zustimmungsfreiheit in sonstigen Fällen. Abweichend von § 31 Abs. 1 Satz 1 Nr. 1 und 2 bedarf das Visum nicht der Zustimmung der Ausländerbehörde für Ausländer, die im Bundesgebiet lediglich Tätigkeiten, die nach § 30 Nummer 1 bis 3 der Beschäftigungsverordnung[3)] nicht als Beschäftigung gelten, oder diesen entsprechende selbständige Tätigkeiten ausüben wollen.

§ 38 Ersatzzuständigkeit der Ausländerbehörde. Ein Ausländer kann ein nationales Visum bei der am Sitz des Auswärtigen Amtes zuständigen Ausländerbehörde einholen, soweit die Bundesrepublik Deutschland in dem Staat seines gewöhnlichen Aufenthalts keine Auslandsvertretung unterhält oder diese vorübergehend keine Visa erteilen kann und das Auswärtige Amt keine andere Auslandsvertretung zur Visumerteilung ermächtigt hat.

Abschnitt 3a.[4)] Anerkennung von Forschungseinrichtungen und Abschluss von Aufnahmevereinbarungen

§ 38a[5)] Voraussetzungen für die Anerkennung von Forschungseinrichtungen. (1) [1] Eine überwiegend privat finanzierte Einrichtung soll auf Antrag

---

[1)] § 35 Nr. 4 geänd. mWv 5.3.2013 durch VO v. 27.2.2013 (BGBl. I S. 351).

[2)] § 37 neu gef. mWv 22.10.2005 durch VO v. 14.10.2005 (BGBl. I S. 2982); Satz 1 geänd., Satz 2 angef. mWv 1.7.2013 durch VO v. 6.6.2013 (BGBl. I S. 1499); Satz 1 geänd., Satz 2 aufgeh. mWv 22.4.2015 durch VO v. 8.4.2015 (BGBl. I S. 599).

[3)] **Sartorius ErgBd. Nr. 566a.**

[4)] Abschnitt 3a (§§ 38a–38f) eingef. mWv 28.8.2007 durch G v. 19.8.2007 (BGBl. I S. 1970).

[5)] § 38a eingef. mWv 28.8.2007 durch G v. 19.8.2007 (BGBl. I S. 1970); Abs. 2 Satz 2 eingef., bish. Sätze 2–4 werden Sätze 3–5 mWv 1.8.2012 durch G v. 1.6.2012 (BGBl. I S. 1224); Abs. 2 Satz 2 aufgeh., bish. Satz 3 wird Satz 2, neuer Satz 3 eingef. mWv 6.9.2013 durch G v. 29.8.2013 (BGBl. I S. 3484); Abs. 1 Satz 1, Abs. 2 Satz 2 Nr. 3 geänd., Abs. 4a eingef. mWv 5.8.2017 durch VO v. 1.8.2017 (BGBl. I S. 3066); Abs. 1 Satz 1, Abs. 3 Satz 1 geänd. mWv 1.4.2020 durch VO v. 23.3.2020 (BGBl. I S. 655); →

zum Abschluss von Aufnahmevereinbarungen oder von entsprechenden Verträgen nach § 18d Absatz 1 Satz 1 Nummer 1 des Aufenthaltsgesetzes[1)] anerkannt werden, wenn sie im Inland Forschung betreibt. [2] Forschung ist jede systematisch betriebene schöpferische und rechtlich zulässige Tätigkeit, die den Zweck verfolgt, den Wissensstand zu erweitern, einschließlich der Erkenntnisse über den Menschen, die Kultur und die Gesellschaft, oder solches Wissen einzusetzen, um neue Anwendungsmöglichkeiten zu finden.

(2) [1] Der Antrag auf Anerkennung ist schriftlich beim Bundesamt für Migration und Flüchtlinge zu stellen. [2] Er hat folgende Angaben zu enthalten:

1. Name, Rechtsform und Anschrift der Forschungseinrichtung,
2. Namen und Vornamen der gesetzlichen Vertreter der Forschungseinrichtung,
3. die Anschriften der Forschungsstätten, in denen Ausländer, mit denen Aufnahmevereinbarungen oder entsprechende Verträge abgeschlossen werden, tätig werden sollen,
4. einen Abdruck der Satzung, des Gesellschaftsvertrages, des Stiftungsgeschäfts, eines anderen Rechtsgeschäfts oder der Rechtsnormen, aus denen sich Zweck und Gegenstand der Tätigkeit der Forschungseinrichtung ergeben, sowie
5. Angaben zur Tätigkeit der Forschungseinrichtung, aus denen hervorgeht, dass sie im Inland Forschung betreibt.

[3] Im Antragsverfahren sind amtlich vorgeschriebene Vordrucke, Eingabemasken im Internet oder Dateiformate, die mit allgemein verbreiteten Datenverarbeitungsprogrammen erzeugt werden können, zu verwenden. [4] Das Bundesamt für Migration und Flüchtlinge stellt die jeweils gültigen Vorgaben nach Satz 3 auch im Internet zur Verfügung.

(3) [1] Die Anerkennung kann von der Abgabe einer allgemeinen Erklärung nach § 18d Absatz 3 des Aufenthaltsgesetzes und dem Nachweis der hinreichenden finanziellen Leistungsfähigkeit zur Erfüllung einer solchen Verpflichtung abhängig gemacht werden, wenn die Tätigkeit der Forschungseinrichtung nicht überwiegend aus öffentlichen Mitteln finanziert wird. [2] Das Bundesamt für Migration und Flüchtlinge kann auf Antrag feststellen, dass die Durchführung eines bestimmten Forschungsprojekts im besonderen öffentlichen Interesse liegt. [3] Eine Liste der wirksamen Feststellungen nach Satz 2 kann das Bundesamt für Migration und Flüchtlinge im Internet veröffentlichen.

(4) Die Anerkennung soll auf mindestens fünf Jahre befristet werden.

(4a) [1] Die Absätze 1 bis 4 gelten weder für staatliche oder staatlich anerkannte Hochschulen noch für andere Forschungseinrichtungen, deren Tätigkeit überwiegend aus öffentlichen Mitteln finanziert wird. [2] Diese Hochschulen und Forschungseinrichtungen gelten als anerkannte Forschungseinrichtungen. [3] Das Bundesamt für Migration und Flüchtlinge kann auf Ersuchen einer Forschungseinrichtung feststellen, dass diese überwiegend aus öffentlichen Mitteln finanziert wird.

(5) Eine anerkannte Forschungseinrichtung ist verpflichtet, dem Bundesamt für Migration und Flüchtlinge unverzüglich Änderungen der in Absatz 2 Satz 2 Nr. 1 bis 3 genannten Verhältnisse oder eine Beendigung des Betreibens von Forschung anzuzeigen.

(Fortsetzung der Anm. von voriger Seite)
Abs. 1 Satz 1 geänd., Abs. 2 Satz 3 aufgeh., bish. Sätze 4 und 5 werden Sätze 3 und 4, Abs. 3 Satz 2 geänd., Abs. 4a Satz 3 angef. mWv 1.3.2024 durch VO v. 30.8.2023 (BGBl. 2023 I Nr. 233).

[1)] Nr. **565**.

§ 38b[1)] Aufhebung der Anerkennung. (1) [1] Die Anerkennung ist zu widerrufen oder die Verlängerung ist abzulehnen, wenn die Forschungseinrichtung

1. keine Forschung mehr betreibt,
2. erklärt, eine nach § 18d Absatz 1 Satz 1 Nummer 2 des Aufenthaltsgesetzes[2)] abgegebene Erklärung nicht mehr erfüllen zu wollen oder
3. eine Verpflichtung nach § 18d Absatz 1 Satz 1 Nummer 2 des Aufenthaltsgesetzes nicht mehr erfüllen kann, weil sie nicht mehr leistungsfähig ist, insbesondere weil über ihr Vermögen das Insolvenzverfahren eröffnet, die Eröffnung des Insolvenzverfahrens mangels Masse abgelehnt wird oder eine vergleichbare Entscheidung ausländischen Rechts getroffen wurde.

[2] Hat die Forschungseinrichtung ihre Anerkennung durch arglistige Täuschung, Drohung, Gewalt oder Bestechung erlangt, ist die Anerkennung zurückzunehmen.

(2) Die Anerkennung kann widerrufen werden, wenn die Forschungseinrichtung schuldhaft Aufnahmevereinbarungen unterzeichnet hat, obwohl die in § 38f genannten Voraussetzungen nicht vorlagen.

(3) [1] Zusammen mit der Entscheidung über die Aufhebung der Anerkennung aus den in Absatz 1 Satz 1 Nr. 2 oder 3, in Absatz 1 Satz 2 oder in Absatz 2 genannten Gründen wird ein Zeitraum bestimmt, währenddessen eine erneute Anerkennung der Forschungseinrichtung nicht zulässig ist (Sperrfrist). [2] Die Sperrfrist darf höchstens fünf Jahre betragen. [3] Sie gilt auch für abhängige Einrichtungen oder Nachfolgeeinrichtungen der Forschungseinrichtung.

(4) Die Ausländerbehörden und die Auslandsvertretungen haben dem Bundesamt für Migration und Flüchtlinge alle ihnen bekannten Tatsachen mitzuteilen, die Anlass für die Aufhebung der Anerkennung einer Forschungseinrichtung geben könnten.

§ 38c[3)] Mitteilungspflichten von Forschungseinrichtungen gegenüber den Ausländerbehörden. [1] Eine Forschungseinrichtung ist verpflichtet, der zuständigen Ausländerbehörde schriftlich oder elektronisch mitzuteilen, wenn

1. Umstände vorliegen, die dazu führen können, dass eine Aufnahmevereinbarung nicht erfüllt werden kann oder die Voraussetzungen ihres Abschlusses nach § 38f Abs. 2 entfallen oder
2. ein Ausländer seine Tätigkeit für ein Forschungsvorhaben, für das sie eine Aufnahmevereinbarung abgeschlossen hat, vorzeitig beendet.

[2] Die Mitteilung nach Satz 1 Nr. 1 muss unverzüglich, die Mitteilung nach Satz 1 Nr. 2 innerhalb von zwei Monaten nach Eintritt der zur Mitteilung verpflichtenden Tatsachen gemacht werden. [3] In der Mitteilung sind neben den mitzuteilenden Tatsachen und dem Zeitpunkt ihres Eintritts die Namen, Vornamen und Staatsangehörigkeiten des Ausländers anzugeben sowie die Aufnahmevereinbarung näher zu bezeichnen.

[1)] § 38b eingef. mWv 28.8.2007 durch G v. 19.8.2007 (BGBl. I S. 1970); Abs. 1 Satz 1 Nr. 2, 3 geänd. mWv 1.4.2020 durch VO v. 23.3.2020 (BGBl. I S. 655).

[2)] Nr. **565**.

[3)] § 38c eingef. mWv 28.8.2007 durch G v. 19.8.2007 (BGBl. I S. 1970); Satz 1 einl. Satzteil geänd. mWv 5.4.2017 durch G v. 29.3.2017 (BGBl. I S. 626); Überschrift neu gef., Satz 1 einl. Satzteil geänd. mWv 5.8.2017 durch VO v. 1.8.2017 (BGBl. I S. 3066); Satz 1 Nr. 2 geänd. mWv 1.3.2024 durch VO v. 30.8.2023 (BGBl. 2023 I Nr. 233).

§ 38d[1)] Beirat für Forschungsmigration und Fachkräfteeinwanderung. (1) [1]Beim Bundesamt für Migration und Flüchtlinge wird ein Beirat für Forschungsmigration und Fachkräfteeinwanderung gebildet, der es bei der Wahrnehmung seiner Aufgaben nach diesem Abschnitt und bei der Fachkräfteeinwanderung unterstützt. [2]Die Geschäftsstelle des Beirats für Forschungsmigration und Fachkräfteeinwanderung wird beim Bundesamt für Migration und Flüchtlinge eingerichtet.

(2) Der Beirat für Forschungsmigration und Fachkräfteeinwanderung hat insbesondere die Aufgaben,
1. Empfehlungen für allgemeine Richtlinien zur Anerkennung von Forschungseinrichtungen abzugeben,
2. das Bundesamt für Migration und Flüchtlinge allgemein und bei der Prüfung einzelner Anträge zu Fragen der Forschung zu beraten,
3. festzustellen, ob ein Bedarf an ausländischen Forschern durch die Anwendung des in § 18d des Aufenthaltsgesetzes[2)] und in diesem Abschnitt geregelten Verfahrens angemessen gedeckt wird,
4. im Zusammenhang mit dem in § 18d des Aufenthaltsgesetzes und in diesem Abschnitt geregelten Verfahren etwaige Fehlentwicklungen aufzuzeigen und dabei auch Missbrauchsphänomene oder verwaltungstechnische und sonstige mit Migrationsfragen zusammenhängende Hindernisse bei der Anwerbung von ausländischen Forschern darzustellen,
5. das Bundesamt für Migration und Flüchtlinge bei der Wahrnehmung seiner Aufgaben in der Fachkräfteeinwanderung zu beraten.

(3) Der Beirat für Forschungsmigration und Fachkräfteeinwanderung berichtet dem Präsidenten des Bundesamtes für Migration und Flüchtlinge mindestens einmal im Kalenderjahr über die Erfüllung seiner Aufgaben.

(4) Die Mitglieder des Beirats für Forschungsmigration und Fachkräfteeinwanderung dürfen zur Erfüllung ihrer Aufgaben Einsicht in Verwaltungsvorgänge nehmen, die beim Bundesamt für Migration und Flüchtlinge geführt werden.

(5) [1]Der Beirat hat zwölf Mitglieder. [2]Der Präsident des Bundesamtes für Migration und Flüchtlinge beruft den Vorsitzenden und jeweils ein weiteres Mitglied des Beirats für Forschungsmigration und Fachkräfteeinwanderung auf Vorschlag
1. des Bundesministeriums für Bildung und Forschung oder einer von ihm bestimmten Stelle,
2. des Bundesrates,
3. der Hochschulrektorenkonferenz,
4. der Deutschen Forschungsgemeinschaft e.V.,
5. des Auswärtigen Amts oder einer von ihm bestimmten Stelle,
6. des Bundesverbandes der Deutschen Industrie und der Bundesvereinigung der Deutschen Arbeitgeberverbände,
7. des Deutschen Gewerkschaftsbundes und
8. des Deutschen Industrie- und Handelskammertags,

[1)] § 38d eingef. mWv 28.8.2007 durch G v. 19.8.2007 (BGBl. I S. 1970); Abs. 2 Nr. 3, 4 geänd. mWv 1.4.2020 durch VO v. 23.3.2020 (BGBl. I S. 655); Überschrift, Abs. 1 Sätze 1 und 2, Abs. 2 einl. Satzteil, Nr. 4 geänd., Nr. 5 angef., Abs. 3, 4, 5 Satz 1, Satz 2 einl. Satzteil, Nr. 8 geänd., Nr. 9–11 angef., Abs. 6, 7 Satz 1, Abs. 8 geänd. mWv 18.11.2023 durch VO v. 30.8.2023 (BGBl. 2023 I Nr. 233).

[2)] Nr. **565**.

9. des Bundesministeriums für Arbeit und Soziales oder einer von ihm bestellten Stelle,
10. des Bundesministeriums für Wirtschaft und Klimaschutz oder einer von ihm bestellten Stelle,
11. des Deutschen Akademischen Austauschdienstes.

(6) Die Mitglieder des Beirats für Forschungsmigration und Fachkräfteeinwanderung werden für drei Jahre berufen.

(7) [1] Die Tätigkeit im Beirat für Forschungsmigration und Fachkräfteeinwanderung ist ehrenamtlich. [2] Den Mitgliedern werden Reisekosten entsprechend den Bestimmungen des Bundesreisekostengesetzes[1)] erstattet. [3] Das Bundesamt für Migration und Flüchtlinge kann jedem Mitglied zudem Büromittelkosten in einer Höhe von jährlich nicht mehr als 200 Euro gegen Einzelnachweis erstatten.

(8) Der Beirat für Forschungsmigration und Fachkräfteeinwanderung gibt sich eine Geschäftsordnung, die der Genehmigung des Präsidenten des Bundesamtes für Migration und Flüchtlinge bedarf.

§ 38e[2)] Veröffentlichungen durch das Bundesamt für Migration und Flüchtlinge. [1] Das Bundesamt für Migration und Flüchtlinge veröffentlicht im Internet eine aktuelle Liste der Bezeichnungen und Anschriften der anerkannten Forschungseinrichtungen und über den Umstand der Abgabe oder des Endes der Wirksamkeit von Erklärungen nach § 18d Absatz 3 des Aufenthaltsgesetzes[3)]. [2] Die genaue Fundstelle der Liste gibt das Bundesamt für Migration und Flüchtlinge auf seiner Internetseite bekannt.

§ 38f[4)] Inhalt und Voraussetzungen der Unterzeichnung der Aufnahmevereinbarung oder eines entsprechenden Vertrages. (1) Eine Aufnahmevereinbarung oder ein entsprechender Vertrag muss folgende Angaben enthalten:
1. die Verpflichtung des Ausländers, sich darum zu bemühen, das Forschungsvorhaben abzuschließen,
2. die Verpflichtung der Forschungseinrichtung, den Ausländer zur Durchführung des Forschungsvorhabens aufzunehmen,
3. die Angaben zum wesentlichen Inhalt des Rechtsverhältnisses, das zwischen der Forschungseinrichtung und dem Ausländer begründet werden soll, wenn ihm ein Aufenthaltstitel nach § 18d oder § 18f des Aufenthaltsgesetzes[3)] erteilt wird oder wenn die aufnehmende deutsche Forschungseinrichtung eine kurzfristige Forschermobilität nach § 18e des Aufenthaltsgesetzes mitteilt, insbesondere zum Umfang der Tätigkeit des Ausländers und zum Gehalt,
4. eine Bestimmung, wonach die Aufnahmevereinbarung oder der entsprechende Vertrag unwirksam wird, wenn dem Ausländer kein Aufenthaltstitel nach § 18d

---

[1)] Nr. **235**.

[2)] § 38e eingef. mWv 28.8.2007 durch G v. 19.8.2007 (BGBl. I S. 1970); Satz 1 geänd. mWv 1.4.2020 durch VO v. 23.3.2020 (BGBl. I S. 655).

[3)] Nr. **565**.

[4)] § 38f eingef. mWv 28.8.2007 durch G v. 19.8.2007 (BGBl. I S. 1970); Abs. 1 Nr. 1 aufgeh., bish. Nr. 2–5 werden Nr. 1–4, neue Nr. 3 geänd. mWv 1.8.2012 durch G v. 1.6.2012 (BGBl. I S. 1224); Abs. 2 Nr. 2 geänd. mWv 5.3.2013 durch VO v. 27.2.2013 (BGBl. I S. 351); Überschrift neu gef., Abs. 1 einl. Satzteil geänd., Nr. 1 neu gef., Nr. 3 und 4 geänd., Nr. 5 und 6 angef., Abs. 2 einl. Satzteil geänd. mWv 5.8.2017 durch VO v. 1.8.2017 (BGBl. I S. 3066); Abs. 1 Nr. 3, 4 geänd. mWv 1.4.2020 durch VO v. 23.3.2020 (BGBl. I S. 655); Abs. 1 Nr. 3 und 4 neu gef. mWv 1.3.2024 durch VO v. 30.8.2023 (BGBl. 2023 I Nr. 233).

oder § 18f des Aufenthaltsgesetzes erteilt wird oder wenn die kurzfristige Forschermobilität nach § 18e des Aufenthaltsgesetzes abgelehnt wird,
5. Beginn und voraussichtlichen Abschluss des Forschungsvorhabens sowie
6. Angaben zum beabsichtigten Aufenthalt zum Zweck der Forschung in einem oder mehreren weiteren Mitgliedstaaten der Europäischen Union im Anwendungsbereich der Richtlinie (EU) 2016/801, soweit diese Absicht bereits zum Zeitpunkt der Antragstellung besteht.

(2) Eine Forschungseinrichtung kann eine Aufnahmevereinbarung oder einen entsprechenden Vertrag nur wirksam abschließen, wenn
1. feststeht, dass das Forschungsvorhaben durchgeführt wird, insbesondere, dass über seine Durchführung von den zuständigen Stellen innerhalb der Forschungseinrichtung nach Prüfung seines Zwecks, seiner Dauer und seiner Finanzierung abschließend entschieden worden ist,
2. der Ausländer, der das Forschungsvorhaben durchführen soll, dafür geeignet und befähigt ist, über den in der Regel hierfür notwendigen Hochschulabschluss verfügt, der Zugang zu Doktoratsprogrammen ermöglicht, und
3. der Lebensunterhalt des Ausländers gesichert ist.

Abschnitt 4. Einholung des Aufenthaltstitels im Bundesgebiet

§ 39[1)] Verlängerung eines Aufenthalts im Bundesgebiet für längerfristige Zwecke. [1] Über die im Aufenthaltsgesetz[2)] geregelten Fälle hinaus kann ein Ausländer einen Aufenthaltstitel im Bundesgebiet einholen oder verlängern lassen, wenn
1. er ein nationales Visum (§ 6 Absatz 3 des Aufenthaltsgesetzes) oder eine Aufenthaltserlaubnis besitzt,
2. er vom Erfordernis des Aufenthaltstitels befreit ist und die Befreiung nicht auf einen Teil des Bundesgebiets oder auf einen Aufenthalt bis zu längstens sechs Monaten beschränkt ist,
3. er Staatsangehöriger eines in Anhang II der Verordnung (EU) 2018/1806 aufgeführten Staates ist und sich rechtmäßig im Bundesgebiet aufhält oder ein gültiges Schengen-Visum für kurzfristige Aufenthalte (§ 6 Absatz 1 Nummer 1 des Aufenthaltsgesetzes) besitzt, sofern die Voraussetzungen eines Anspruchs auf Erteilung eines Aufenthaltstitels nach der Einreise entstanden sind, es sei denn, es handelt sich um einen Anspruch nach den §§ 16b, 16e oder 19e des Aufenthaltsgesetzes,
4. er eine Aufenthaltsgestattung nach dem Asylgesetz[3)] besitzt und die Voraussetzungen des § 10 Abs. 1 oder 2 des Aufenthaltsgesetzes vorliegen,

---

[1)] § 39 Nr. 4 und 5 geänd. und Nr. 6 angef. mWv 22.10.2005 durch VO v. 14.10.2005 (BGBl. I S. 2982); Nr. 3 und 5 geänd. mWv 28.8.2007 durch G v. 19.8.2007 (BGBl. I S. 1970); Nr. 5 geänd. mWv 1.9.2011 durch VO v. 22.7.2011 (BGBl. I S. 1530); Nr. 1, 3 geänd. mWv 26.11.2011 durch G v. 22.11. 2011 (BGBl. I S. 2258); Nr. 5 und 6 geänd., Nr. 7 angef. mWv 1.8.2012 durch G v. 1.6.2012 (BGBl. I S. 1224); Nr. 4 geänd. mWv 24.10.2015 durch G v. 20.10.2015 (BGBl. I S. 1722); Satz 1 Nr. 3, 6 und 7 geänd., Nr. 8–11 und Satz 2 angef. mWv 5.8.2017 durch VO v. 1.8.2017 (BGBl. I S. 3066); Satz 1 Nr. 3, 8–10, Satz 2 geänd. mWv 1.4.2020 durch VO v. 23.3.2020 (BGBl. I S. 655); Satz 1 Nr. 7 geänd., Nr. 7a, 7b eingef. mWv 18.11.2023, Satz 1 Nr. 11 neu gef. mWv 1.3.2024 durch VO v. 30.8.2023 (BGBl. 2023 I Nr. 233).

[2)] Nr. **565**.

[3)] Nr. **567**.

5. seine Abschiebung nach § 60a des Aufenthaltsgesetzes ausgesetzt ist und er auf Grund einer Eheschließung oder der Begründung einer Lebenspartnerschaft im Bundesgebiet oder der Geburt eines Kindes während seines Aufenthalts im Bundesgebiet einen Anspruch auf Erteilung einer Aufenthaltserlaubnis erworben hat,
6. er einen von einem anderen Schengen-Staat ausgestellten Aufenthaltstitel besitzt und auf Grund dieses Aufenthaltstitels berechtigt ist, sich im Bundesgebiet aufzuhalten, sofern die Voraussetzungen eines Anspruchs auf Erteilung eines Aufenthaltstitels erfüllt sind; § 41 Abs. 3 findet Anwendung,
7. er seit mindestens zwölf Monaten eine Blaue Karte EU besitzt, die von einem anderen Mitgliedstaat der Europäischen Union ausgestellt wurde, und er für die Ausübung einer hochqualifizierten Beschäftigung eine Blaue Karte EU beantragt. Gleiches gilt für seine Familienangehörigen, die im Besitz eines Aufenthaltstitels zum Familiennachzug sind, der von demselben Staat ausgestellt wurde wie die Blaue Karte EU des Ausländers. Die Anträge auf die Blaue Karte EU sowie auf die Aufenthaltserlaubnisse zum Familiennachzug sind innerhalb eines Monats nach Einreise in das Bundesgebiet zu stellen,

7a. er seit mindestens sechs Monaten eine Blaue Karte EU besitzt, die von einem anderen Mitgliedstaat der Europäischen Union ausgestellt wurde, wenn er unmittelbar vor der Erteilung dieser Blauen Karte EU Inhaber *einen*[1] Blauen Karte EU war, die ein Mitgliedstaat der Europäischen Union ausgestellt hatte, der nicht derjenige Mitgliedstaat der Europäischen Union ist, der die Blaue Karte EU ausgestellt hat, die der Ausländer besitzt. Gleiches gilt für seine Familienangehörigen, die im Besitz eines Aufenthaltstitels zum Familiennachzug sind, der von demselben Staat ausgestellt wurde wie die Blaue Karte EU des Ausländers. Die Anträge auf die Blaue Karte EU sowie auf die Aufenthaltserlaubnisse zum Familiennachzug sind innerhalb eines Monats nach Einreise in das Bundesgebiet zu stellen,

7b. die Voraussetzungen nach § 30a für die Wiedereinreise in das Bundesgebiet vorliegen. Die Anträge auf die Blaue Karte EU sowie auf die Aufenthaltserlaubnisse zum Familiennachzug sind innerhalb eines Monats nach Einreise in das Bundesgebiet zu stellen,

8. er die Verlängerung einer ICT-Karte nach § 19 des Aufenthaltsgesetzes beantragt,
9. er
   a) einen gültigen Aufenthaltstitel eines anderen Mitgliedstaates besitzt, der ausgestellt worden ist nach der Richtlinie 2014/66/EU des Europäischen Parlaments und des Rates vom 15. Mai 2014 über die Bedingungen für die Einreise und den Aufenthalt von Drittstaatsangehörigen im Rahmen eines unternehmensinternen Transfers (ABl. L 157 vom 27.5.2014, S. 1), und
   b) eine Mobiler-ICT-Karte nach § 19b des Aufenthaltsgesetzes beantragt oder eine Aufenthaltserlaubnis zum Zweck des Familiennachzugs zu einem Inhaber einer Mobiler-ICT-Karte nach § 19b des Aufenthaltsgesetzes beantragt,
10. er
   a) einen gültigen Aufenthaltstitel eines anderen Mitgliedstaates besitzt, der ausgestellt worden ist nach der Richtlinie (EU) 2016/801 des Europäischen Parlaments und des Rates vom 11. Mai 2016 über die Bedingungen für die Einreise und den Aufenthalt von Drittstaatsangehörigen zu Forschungs-

[1] Richtig wohl: „einer".

oder Studienzwecken, zur Absolvierung eines Praktikums, zur Teilnahme an einem Freiwilligendienst, Schüleraustauschprogrammen oder Bildungsvorhaben und zur Ausübung einer Au-pair-Tätigkeit (ABl. L 132 vom 21.5. 2016, S. 21), und

b) eine Aufenthaltserlaubnis nach § 18f des Aufenthaltsgesetzes beantragt oder eine Aufenthaltserlaubnis zum Zweck des Familiennachzugs zu einem Inhaber einer Aufenthaltserlaubnis nach § 18f des Aufenthaltsgesetzes beantragt oder

11. er vor Ablauf der Arbeitserlaubnis oder der Arbeitserlaubnisse, die ihm nach § 15a Absatz 1 Satz 1 Nummer 1 oder § 15d Absatz 1 Satz 1 Nummer 1 der Beschäftigungsverordnung[1] erteilt wurde oder wurden, einen Aufenthaltstitel zum Zweck der Beschäftigung bei demselben oder einem anderen Arbeitgeber oder zum Zweck der Ausbildung beantragt; wird der Aufenthaltstitel nach § 19c Absatz 1 des Aufenthaltsgesetzes in Verbindung mit § 15a oder § 15d der Beschäftigungsverordnung beantragt, gilt dieser bis zur Entscheidung der Ausländerbehörde als erteilt.

[2] Satz 1 gilt nicht, wenn eine ICT-Karte nach § 19 des Aufenthaltsgesetzes beantragt wird.

§ 40[2] Verlängerung eines visumfreien Kurzaufenthalts. Staatsangehörige der in Anhang II der Verordnung (EU) 2018/1806 aufgeführten Staaten können nach der Einreise eine Aufenthaltserlaubnis für einen weiteren Aufenthalt von längstens 90 Tagen, der sich an einen Kurzaufenthalt anschließt, einholen, wenn

1. ein Ausnahmefall im Sinne des Artikels 20 Abs. 2 des Schengener Durchführungsübereinkommens vorliegt und
2. der Ausländer im Bundesgebiet keine Erwerbstätigkeit mit Ausnahme der in § 17 Abs. 2 genannten Tätigkeiten ausübt.

§ 41[3] Vergünstigung für Angehörige bestimmter Staaten. (1) [1] Staatsangehörige von Australien, Israel, Japan, Kanada, der Republik Korea, von Neuseeland, des Vereinigten Königreichs Großbritannien und Nordirland im Sinne des § 1 Absatz 2 Nummer 6 des Freizügigkeitsgesetzes/EU[4] und der Vereinigten Staaten von Amerika können auch für einen Aufenthalt, der kein Kurzaufenthalt ist, visumfrei in das Bundesgebiet einreisen und sich darin aufhalten. [2] Ein erforderlicher Aufenthaltstitel kann im Bundesgebiet eingeholt werden.

(2) Dasselbe gilt für Staatsangehörige von Andorra, Brasilien, El Salvador, Honduras, Monaco und San Marino, die keine Erwerbstätigkeit mit Ausnahme der in § 17 Abs. 2 genannten Tätigkeiten ausüben wollen.

(3) [1] Ein erforderlicher Aufenthaltstitel ist innerhalb von 90 Tagen nach der Einreise zu beantragen. [2] Die Antragsfrist endet vorzeitig, wenn der Ausländer

---

[1] **Sartorius ErgBd. Nr. 566a.**

[2] § 40 einl. Satzteil geänd. mWv 22.4.2015 durch VO v. 8.4.2015 (BGBl. I S. 599); einl. Satzteil geänd. mWv 1.4.2020 durch VO v. 23.3.2020 (BGBl. I S. 655).

[3] § 41 Abs. 2 und Abs. 3 Satz 1 geänd. mWv 22.4.2015 durch VO v. 8.4.2015 (BGBl. I S. 599); Abs. 4 angef. mWv 5.8.2017 durch VO v. 1.8.2017 (BGBl. I S. 3066); Abs. 4 geänd. mWv 1.4.2020 durch VO v. 23.3.2020 (BGBl. I S. 655); Abs. 1 Satz 1 geänd. mWv 1.1.2021 durch VO v. 18.12.2020 (BGBl. I S. 3046).

[4] Nr. **560**.

ausgewiesen wird oder sein Aufenthalt nach § 12 Abs. 4 des Aufenthaltsgesetzes[1)] zeitlich beschränkt wird.

(4) Die Absätze 1 bis 3 gelten nicht, wenn eine ICT-Karte nach § 19 des Aufenthaltsgesetzes beantragt wird.

Abschnitt 5. Aufenthalt aus völkerrechtlichen, humanitären oder politischen Gründen

§ 42 Antragstellung auf Verlegung des Wohnsitzes. [1]Ein Ausländer, der auf Grund eines Beschlusses des Rates der Europäischen Union gemäß der Richtlinie 2001/55/EG des Rates vom 20. Juli 2001 über Mindestnormen für die Gewährung vorübergehenden Schutzes im Falle eines Massenzustroms von Vertriebenen und Maßnahmen zur Förderung einer ausgewogenen Verteilung der Belastungen, die mit der Aufnahme dieser Personen und den Folgen dieser Aufnahme verbunden sind, auf die Mitgliedstaaten (ABl. EG Nr. L 212 S. 12) nach § 24 Abs. 1 des Aufenthaltsgesetzes[1)] im Bundesgebiet aufgenommen wurde, kann bei der zuständigen Ausländerbehörde einen Antrag auf die Verlegung seines Wohnsitzes in einen anderen Mitgliedstaat der Europäischen Union stellen. [2]Die Ausländerbehörde leitet den Antrag an das Bundesamt für Migration und Flüchtlinge weiter. [3]Dieses unterrichtet den anderen Mitgliedstaat, die Europäische Kommission und den Hohen Flüchtlingskommissar der Vereinten Nationen über den gestellten Antrag.

§ 43 Verfahren bei Zustimmung des anderen Mitgliedstaates zur Wohnsitzverlegung. (1) Sobald der andere Mitgliedstaat sein Einverständnis mit der beantragten Wohnsitzverlegung erklärt hat, teilt das Bundesamt für Migration und Flüchtlinge unverzüglich der zuständigen Ausländerbehörde mit,

1. wo und bei welcher Behörde des anderen Mitgliedstaates sich der aufgenommene Ausländer melden soll und
2. welcher Zeitraum für die Ausreise zur Verfügung steht.

(2) [1]Die Ausländerbehörde legt nach Anhörung des aufgenommenen Ausländers einen Zeitpunkt für die Ausreise fest und teilt diesen dem Bundesamt für Migration und Flüchtlinge mit. [2]Dieses unterrichtet den anderen Mitgliedstaat über die Einzelheiten der Ausreise und stellt dem Ausländer die hierfür vorgesehene Bescheinigung über die Wohnsitzverlegung aus, die der zuständigen Ausländerbehörde zur Aushändigung an den Ausländer übersandt wird.

Kapitel 3. Gebühren

§ 44[2)] Gebühren für die Niederlassungserlaubnis. An Gebühren sind zu erheben

1.	für die Erteilung einer Niederlassungserlaubnis für Hochqualifizierte (§ 18c Absatz 3 des Aufenthaltsgesetzes[1)])	147 Euro,
2.	für die Erteilung einer Niederlassungserlaubnis zur Ausübung einer selbständigen Tätigkeit (§ 21 Abs. 4 des Aufenthaltsgesetzes)	124 Euro,

[1)] *Nr. 565.*

[2)] § 44 Nr. 1–3 geänd. mWv 1.9.2011 durch VO v. 22.7.2011 (BGBl. I S. 1530); Nr 1–3 geänd. mWv 1.9.2017 durch G v. 13.7.2017 (BGBl. I S. 2350); Nr. 1 geänd. mWv 1.4.2020 durch VO v. 23.3.2020 (BGBl. I S. 655).

3. für die Erteilung einer Niederlassungserlaubnis in allen übrigen Fällen 113 Euro.

§ 44a[1] Gebühren für die Erlaubnis zum Daueraufenthalt – EU. An Gebühren sind zu erheben 109 Euro.

§ 45[2] Gebühren für die Aufenthaltserlaubnis, die Blaue Karte EU, die ICT-Karte und die Mobiler-ICT-Karte. An Gebühren sind zu erheben

1. für die Erteilung einer Aufenthaltserlaubnis, einer Blauen Karte EU oder einer ICT-Karte
   a) mit einer Geltungsdauer von bis zu einem Jahr 100 Euro,
   b) mit einer Geltungsdauer von mehr als einem Jahr 100 Euro,
2. für die Verlängerung einer Aufenthaltserlaubnis, einer Blauen Karte EU oder einer ICT-Karte
   a) für einen weiteren Aufenthalt von bis zu drei Monaten 96 Euro,
   b) für einen weiteren Aufenthalt von mehr als drei Monaten 93 Euro,
3. für die durch einen Wechsel des Aufenthaltszwecks veranlasste Änderung der Aufenthaltserlaubnis einschließlich deren Verlängerung 98 Euro,
4. für die Erteilung einer Mobiler-ICT-Karte 80 Euro,
5. für die Verlängerung einer Mobiler-ICT-Karte 70 Euro.

§ 45a[3] Gebühren für Expressverfahren. Für die Ausstellung eines Aufenthaltstitels nach § 78 Absatz 1 Satz 1 des Aufenthaltsgesetzes[4] in eilbedürftigen Fällen (Expressverfahren) ist zu den Gebührentatbeständen nach den §§ 44, 44a, 45 und 45c eine zusätzliche Gebühr in Höhe von 35 Euro zu erheben.

§ 45b[5] Gebühren für Aufenthaltstitel in Ausnahmefällen. Für die Ausstellung eines Aufenthaltstitels nach § 78a Absatz 1 Satz 1 des Aufenthaltsgesetzes[4] ermäßigt sich die nach den §§ 44, 44a oder 45 zu erhebende Gebühr um 44 Euro.

§ 45c[6] Gebühr bei Neuausstellung. (1) Für die Neuausstellung eines Dokuments nach § 78 Absatz 1 des Aufenthaltsgesetzes[4] beträgt die Gebühr 67 Euro, wenn die Neuausstellung notwendig wird auf Grund

1. des Ablaufs der Gültigkeitsdauer des bisherigen Pass- oder Passersatzpapiers,

---

[1] § 44a eingef. mWv 28.8.2007 durch G v. 19.8.2007 (BGBl. I S. 1970); geänd. mWv 1.9.2011 durch VO v. 22.7.2011 (BGBl. I S. 1530); Überschrift geänd. mWv 2.12.2013 durch G v. 29.8.2013 (BGBl. I S. 3484); geänd. mWv 1.9.2017 durch G v. 13.7.2017 (BGBl. I S. 2350).

[2] § 45 Nr. 1 Buchst. a, b, Nr. 2 Buchst. a, b und Nr. 3 geänd. mWv 1.9.2011 durch VO v. 22.7.2011 (BGBl. I S. 1530); Überschrift, Nr. 1 und 2 geänd. mWv 1.8.2012 durch G v. 1.6.2012 (BGBl. I S. 1224); Nr. 1 Buchst. b, Nr. 2 Buchst a und b, Nr. 3 geänd. mWv 1.9.2017 durch G v. 13.7.2017 (BGBl. I S. 2350); Überschrift neu gef., Nr. 1 einl. Satzteil, Nr. 2 einl. Satzteil, Nr. 3 geänd., Nr. 4 und 5 angef. mWv 5.8.2017 durch VO v. 1.8.2017 (BGBl. I S. 3066).

[3] § 45a neu gef. mWv 1.11.2023 durch VO v. 30.10.2023 (BGBl. 2023 I Nr. 290).

[4] Nr. **565**.

[5] § 45b neu gef. mWv 1.11.2023 durch VO v. 30.10.2023 (BGBl. 2023 I Nr. 290).

[6] § 45c eingef. mWv 1.9.2011 durch VO v. 22.7.2011 (BGBl. I S. 1530); Abs. 1 einl. Satzteil, Nr. 3 und 4 geänd., Nr. 5 angef. mWv 5.3.2013 durch VO v. 27.2.2013 (BGBl. I S. 351); Abs. 1 einl. Satzteil geänd. mWv 1.9.2017 durch G v. 13.7.2017 (BGBl. I S. 2350); Abs. 1 Nr. 4 geänd. mWv 1.11.2023 durch VO v. 30.10.2023 (BGBl. 2023 I Nr. 290); Abs. 1 Nr. 4 geänd. mWv 2.5.2024 durch VO v. 12.4.2024 (BGBl. 2024 I Nr. 125).

2. des Ablaufs der technischen Kartennutzungsdauer oder einer sonstigen Änderung der in § 78 Absatz 1 Satz 3 Nummer 1 bis 18 des Aufenthaltsgesetzes aufgeführten Angaben,
3. des Verlustes des Dokuments nach § 78 Absatz 1 des Aufenthaltsgesetzes,
4. des Verlustes der technischen Funktionsfähigkeit des Chips oder
5. der Beantragung nach § 105b Satz 2 des Aufenthaltsgesetzes.

(2) Die Gebühr nach Absatz 1 Nummer 4 entfällt, wenn der Ausländer den Defekt nicht durch einen unsachgemäßen Gebrauch oder eine unsachgemäße Verwendung herbeigeführt hat.

§ 46[1)] Gebühren für das Visum. (1) [1]Die Erhebung von Gebühren für die Erteilung und Verlängerung von Schengen-Visa und Flughafentransitvisa richtet sich nach der Verordnung (EG) Nr. 810/2009. [2]Ehegatten, Lebenspartner und minderjährige ledige Kinder Deutscher sowie die Eltern minderjähriger Deutscher sind von den Gebühren befreit.

(2) Die Gebührenhöhe beträgt

1.	für die Erteilung eines nationalen Visums (Kategorie „D"), auch für mehrmalige Einreisen	75 Euro,
2.	für die Verlängerung eines nationalen Visums (Kategorie „D")	25 Euro,
3.	für die Verlängerung eines Schengen-Visums im Bundesgebiet über 90 Tage hinaus als nationales Visum (§ 6 Absatz 2 des Aufenthaltsgesetzes[2)])	60 Euro.

§ 47[3)] Gebühren für sonstige aufenthaltsrechtliche Amtshandlungen.

(1) An Gebühren sind zu erheben

1a.	für die nachträgliche Aufhebung oder Verkürzung der Befristung eines Einreise- und Aufenthaltsverbots nach § 11 Absatz 4 Satz 1 des Aufenthaltsgesetzes[2)]	169 Euro,
1b.	für die nachträgliche Verlängerung der Frist für ein Einreise- und Aufenthaltsverbot nach § 11 Absatz 4 Satz 3 des Aufenthaltsgesetzes	169 Euro,
2.	für die Erteilung einer Betretenserlaubnis (§ 11 Absatz 8 des Aufenthaltsgesetzes)	100 Euro,
3.	für die Aufhebung oder Änderung einer Auflage zum Aufenthaltstitel auf Antrag	50 Euro,
4.	für einen Hinweis nach § 44a Abs. 3 Satz 1 des Aufenthaltsgesetzes in Form einer Beratung, die nach einem erfolglosen	21 Euro,

[1)] § 46 neu gef. mWv 26.11.2011 durch G v. 22.11.2011 (BGBl. I S. 2258); Abs. 2 Nr. 3 geänd. mWv 29.12.2015 durch VO v. 18.12.2015 (BGBl. I S. 2467); Abs. 2 Nr. 1 geänd. mWv 1.9.2017 durch G v. 13.7.2017 (BGBl. I S. 2350).

[2)] Nr. **565**.

[3)] § 47 Abs. 1 Nr. 13 geänd., Nr. 14 und Abs. 3 angef. mWv 28.8.2007 durch G v. 19.8.2007 (BGBl. I S. 1970); Abs. 1 Nr. 11 geänd., Abs. 3 neu gef. und Abs. 4 angef. mWv 1.9.2011 durch VO v. 22.7.2011 (BGBl. I S. 1530); Abs. 3 Sätze 1 und 2 Nr. 1, 2, Satz 4 und Abs. 4 geänd. mWv 29.1.2013 durch G v. 21.1.2013 (BGBl. I S. 86); Abs. 1 Nr. 2 geänd. mWv 29.12.2015 durch VO v. 18.12.2015 (BGBl. I S. 2467); Abs. 1 Nr. 1 aufgeh., Nr. 1a und 1b eingef., Nr. 2–4, Nr. 5 Buchst. a und b, Nr. 6 Buchst. a und *b, Nr. 7–14, Abs. 3* Satz 4 und Abs. 4 geänd. mWv 1.9.2017 durch G v. 13.7.2017 (BGBl. I S. 2350); Abs. 1 Nr. 14 geänd., Nr. 15 angef. mWv 1.3.2020 durch G v. 15.8.2019 (BGBl. I S. 1307); Abs. 3 neu gef., Abs. 4 aufgeh. mWv 24.11.2020 durch G v. 12.11.2020 (BGBl. I S. 2416); Abs. 1 Nr. 15 geänd., Nr. 16 angef. mWv 1.11.2024 durch VO v. 30.10.2023 (BGBl. 2023 I Nr. 290).

schriftlichen Hinweis zur Vermeidung der in § 44a Abs. 3 Satz 1 des Aufenthaltsgesetzes genannten Maßnahmen erfolgt 21 Euro,

5. für die Ausstellung einer Bescheinigung über die Aussetzung der Abschiebung (§ 60a Abs. 4 des Aufenthaltsgesetzes)
   a) nur als Klebeetikett 58 Euro,
   b) mit Trägervordruck 62 Euro,
6. für die Erneuerung einer Bescheinigung nach § 60a Abs. 4 des Aufenthaltsgesetzes
   a) nur als Klebeetikett 33 Euro,
   b) mit Trägervordruck 37 Euro,
7. für die Aufhebung oder Änderung einer Auflage zur Aussetzung der Abschiebung auf Antrag 50 Euro,
8. für die Ausstellung einer Fiktionsbescheinigung nach § 81 Abs. 5 des Aufenthaltsgesetzes 13 Euro,
9. für die Ausstellung einer Bescheinigung über das Aufenthaltsrecht oder sonstiger Bescheinigungen auf Antrag 18 Euro,
10. für die Ausstellung eines Aufenthaltstitels auf besonderem Blatt 18 Euro,
11. für die Übertragung von Aufenthaltstiteln in ein anderes Dokument in den Fällen des § 78a Absatz 1 des Aufenthaltsgesetzes 12 Euro,
12. für die Anerkennung einer Verpflichtungserklärung (§ 68 des Aufenthaltsgesetzes) 29 Euro,
13. für die Ausstellung eines Passierscheins (§ 23 Abs. 2, § 24 Abs. 2) 10 Euro,
14. für die Anerkennung einer Forschungseinrichtung (§ 38a Abs. 1), deren Tätigkeit nicht überwiegend aus öffentlichen Mitteln finanziert wird 219 Euro,
15. für die Durchführung des beschleunigten Fachkräfteverfahrens nach § 81a des Aufenthaltsgesetzes 411 Euro,
16. im Fall einer Übergabe nach § 60a Absatz 2 zusätzlich zu den jeweils festgesetzten Gebühren für die Ausstellung des elektronischen Aufenthaltstitels gemäß § 78 Absatz 1 Satz 1 des Aufenthaltsgesetzes 15 Euro.

(2) Keine Gebühren sind zu erheben für Änderungen des Aufenthaltstitels, sofern diese eine Nebenbestimmung zur Ausübung einer Beschäftigung betreffen.

(3) [1] Für die Ausstellung einer Aufenthaltskarte (§ 5 Absatz 1 Satz 1 und Absatz 7 des Freizügigkeitsgesetzes/EU[1)]), einer Daueraufenthaltskarte (§ 5 Absatz 5 Satz 2 des Freizügigkeitsgesetzes/EU), eines Aufenthaltsdokuments-GB (§ 16 Absatz 2 Satz 1 des Freizügigkeitsgesetzes/EU) und eines Aufenthaltsdokuments für Grenzgänger-GB (§ 16 Absatz 3 des Freizügigkeitsgesetzes/EU) ist jeweils eine Gebühr in Höhe der für die Ausstellung von Personalausweisen an Deutsche erhobenen Gebühr zu erheben. [2] Hiervon abweichend wird ein Aufenthaltsdokument-GB an bisherige Inhaber einer Daueraufenthaltskarte gebührenfrei ausgestellt. [3] Wird die Aufenthaltskarte oder die Daueraufenthaltskarte für eine Person ausgestellt, die

1. zum Zeitpunkt der Mitteilung der erforderlichen Angaben nach § 5 Absatz 1 Satz 1 oder § 16 Absatz 2 Satz 2 und 3 des Freizügigkeitsgesetzes/EU oder

---

1) Nr. **560**.

2. zum Zeitpunkt der Antragstellung nach § 5 Absatz 5 Satz 2, § 16 Absatz 3 oder 4 oder § 11 Absatz 4 Satz 2 des Freizügigkeitsgesetzes/EU in Verbindung mit § 81 Absatz 1 des Aufenthaltsgesetzes

noch nicht 24 Jahre alt ist, beträgt die Gebühr jeweils die Höhe, die für die Ausstellung von Personalausweisen an Deutsche dieses Alters erhoben wird. [4]Die Gebühren nach Satz 1 oder Satz 2 sind auch zu erheben, wenn eine Neuausstellung der Aufenthaltskarte oder Daueraufenthaltskarte oder des Aufenthaltsdokuments-GB oder des Aufenthaltsdokuments für Grenzgänger-GB aus den in § 45c Absatz 1 genannten Gründen notwendig wird; § 45c Absatz 2 gilt entsprechend. [5]Für die Ausstellung einer Bescheinigung des Daueraufenthalts (§ 5 Absatz 5 Satz 1 des Freizügigkeitsgesetzes/EU) ist eine Gebühr in Höhe von 10 Euro zu erheben.

§ 48[1)] Gebühren für pass- und ausweisrechtliche Maßnahmen. (1) [1]An Gebühren sind zu erheben

1a.	für die Ausstellung eines Reiseausweises für Ausländer (§ 4 Absatz 1 Satz 1 Nummer 1	100 Euro,
1b.	für die Ausstellung eines Reiseausweises für Ausländer (§ 4 Absatz 1 Satz 1 Nummer 1) bis zum vollendeten 24. Lebensjahr	97 Euro,
1c.	für die Ausstellung eines Reiseausweises für Flüchtlinge, eines Reiseausweises für Staatenlose (§ 4 Absatz 1 Satz 1 Nummer 3 und 4) oder eines Reiseausweises für Ausländer (§ 4 Absatz 1 Satz 1 Nummer 1), die subsidiär Schutzberechtigte im Sinne des Artikels 3 Nummer 2 der Verordnung (EU) 2024/1347 oder Resettlement-Flüchtlinge im Sinne von § 23 Absatz 4 Satz 1 des Aufenthaltsgesetzes[2)] sind,	70 Euro,
1d.	für die Ausstellung eines Reiseausweises für Flüchtlinge, eines Reiseausweises für Staatenlose (§ 4 Absatz 1 Satz 1 Nummer 3 und 4) oder eines Reiseausweises für Ausländer (§ 4 Absatz 1 Satz 1 Nummer 1), die subsidiär Schutzberechtigte im Sinne des Artikels 3 Nummer 2 der Verordnung (EU) 2024/1347 oder Resettlement-Flüchtlinge im Sinne von § 23 Absatz 4 Satz 1 des Aufenthaltsgesetzes sind, bis zum vollendeten 24. Lebensjahr	38 Euro,
1e.	für die Ausstellung eines vorläufigen Reiseausweises für Ausländer (§ 4 Absatz 1 Satz 1 Nummer 1)	67 Euro,
1f.	für die Ausstellung eines vorläufigen Reiseausweises für Flüchtlinge, eines vorläufigen Reiseausweises für Staatenlose (§ 4 Absatz 1 Satz 1 Nummer 3 und 4) oder eines Reiseaus-	26 Euro,

---

[1)] § 48 Abs. 1 Satz 1 Nr. 1 wird durch Nr. 1a–1d ersetzt, Nr. 2, 3, 5, 7, 8 und 13 geänd. mWv 28.8. 2007 durch G v. 19.8.2007 (BGBl. I S. 1970); Abs. 1 Satz 1 Nr. 13 geänd. mWv 29.6.2009 durch VO v. 15.6.2009 (BGBl. I S. 1287); Abs. 1 Satz 1 Nr. 10, 11, 12 und 14 geänd., Nr. 15 angef. mWv 1.9.2011 durch VO v. 22.7.2011 (BGBl. I S. 1530); Abs. 1 Satz 1 Nr. 15 geänd. mWv 5.3.2013 durch VO v. 27.2. 2013 (BGBl. I S. 351); Abs. 1 Satz 1 Nr. 1a–1d neu gef., Nr. 1e–1g eingef., Nr. 3 Buchst. a und b, Nr. 4 Buchst. a und b, Nr. 5–15 geänd. mWv 1.9.2017 durch G v. 13.7.2017 (BGBl. I S. 2350); Abs. 1 Satz 1 Nr. 1c geänd. mWv 1.1.2024, Abs. 1 Satz 1 Nr. 15 geänd., Nr. 16 angef. mWv 1.5.2025 durch VO v. *30.10.2023 (BGBl. 2023 I Nr. 290)*; Abs. 1 Satz 1 Nr. 16 geänd., Nr. 17 angef. mWv 1.11.2025 durch VO v. 29.10.2025 (BGBl. 2025 I Nr. 260); Abs. 1 Satz 1 Nr. 1c, 1d, 1f und 1g geänd. mWv 12.6.2026 durch G v. 23.4.2026 (BGBl. 2026 I Nr. 111).

[2)] Nr. **565**.

weises für Ausländer (§ 4 Absatz 1 Satz 1 Nummer 1), die subsidiär Schutzberechtigte im Sinne des Artikels 3 Nummer 2 der Verordnung (EU) 2024/1347 oder Resettlement-Flüchtlinge im Sinne von § 23 Absatz 4 Satz 1 des Aufenthaltsgesetzes sind,

1g. für die Ausstellung eines Reiseausweises ohne Speichermedium für Ausländer (§ 4 Absatz 1 Satz 1 Nummer 1), für Flüchtlinge, für Staatenlose (§ 4 Absatz 1 Satz 1 Nummer 3 und 4) oder für subsidiär Schutzberechtigte im Sinne des Artikels 3 Nummer 2 der Verordnung (EU) 2024/1347 oder Resettlement-Flüchtlinge im Sinne von § 23 Absatz 4 Satz 1 des Aufenthaltsgesetzes bis zur Vollendung des zwölften Lebensjahres 14 Euro,

2. für die Verlängerung eines als vorläufiges Dokument (§ 4 Abs. 1 Satz 2) ausgestellten Reiseausweises für Ausländer, eines Reiseausweises für Flüchtlinge oder eines Reiseausweises für Staatenlose 20 Euro,

3. für die Ausstellung einer Grenzgängerkarte (§ 12) mit einer Gültigkeitsdauer von
   a) bis zu einem Jahr 61 Euro,
   b) bis zu zwei Jahren 61 Euro,

4. für die Verlängerung einer Grenzgängerkarte um
   a) bis zu einem Jahr 35 Euro,
   b) bis zu zwei Jahren 35 Euro,

5. für die Ausstellung eines Notreiseausweises (§ 4 Abs. 1 Nr. 2, § 13) 18 Euro,

6. für die Bescheinigung der Rückkehrberechtigung in das Bundesgebiet auf dem Notreiseausweis (§ 13 Abs. 4) 1 Euro,

7. für die Bestätigung auf einer Schülersammelliste (§ 4 Abs. 1 Nr. 5) 12 Euro pro Person, auf die sich die Bestätigung jeweils bezieht,

8. für die Ausstellung einer Bescheinigung über die Wohnsitzverlegung (§ 4 Abs. 1 Nr. 6, § 43 Abs. 2) 99 Euro,

9. für die Ausnahme von der Passpflicht (§ 3 Abs. 2 des Aufenthaltsgesetzes) 76 Euro,

10. für die Erteilung eines Ausweisersatzes (§ 48 Abs. 2 in Verbindung mit § 78a Absatz 4 des Aufenthaltsgesetzes) 32 Euro,

11. für die Erteilung eines Ausweisersatzes (§ 48 Absatz 2 in Verbindung mit § 78a Absatz 4 des Aufenthaltsgesetzes) im Fall des § 55 Abs. 2 21 Euro,

12. für die Verlängerung eines Ausweisersatzes (§ 48 Absatz 2 in Verbindung mit § 78a Absatz 4 des Aufenthaltsgesetzes) 16 Euro,

13. für die Änderung eines der in den Nummern 1 bis 12 bezeichneten Dokumente 15 Euro,

14. für die Umschreibung eines der in den Nummern 1 bis 12 bezeichneten Dokumente 34 Euro,
15. für die Neuausstellung eines Dokuments nach § 78 Absatz 1 Satz 1 des Aufenthaltsgesetzes mit dem Zusatz Ausweisersatz (§ 78 Absatz 1 Satz 4 des Aufenthaltsgesetzes) 72 Euro,
16. für die Anfertigung eines Lichtbilds (§ 60 Absatz 2 Satz 2 in Verbindung mit § 6 Absatz 2 Satz 3 Nummer 2 Passgesetz[1]) 6 Euro,
17. für die Ausstellung eines EU-Rückkehrausweises (§ 4 Absatz 1 Satz 1 Nummer 8, § 13a) 52 Euro

und

wenn die Ausstellung auf Veranlassung des Antragstellers außerhalb der behördlichen Dienstzeiten vorgenommen wird 60 Euro.

[2] Wird der Notreiseausweis zusammen mit dem Passierschein (§ 23 Abs. 2 Satz 3, § 24 Abs. 2 Satz 3) ausgestellt, so wird die Gebühr nach § 47 Abs. 1 Nr. 13 auf die für den Notreiseausweis zu erhebende Gebühr angerechnet.

(2) Keine Gebühren sind zu erheben

1. für die Änderung eines der in Absatz 1 bezeichneten Dokumente, wenn die Änderung von Amts wegen eingetragen wird,
2. für die Berichtigung der Wohnortangaben in einem der in Absatz 1 bezeichneten Dokumente und
3. für die Eintragung eines Vermerks über die Eheschließung in einem Reiseausweis für Ausländer, einem Reiseausweis für Flüchtlinge oder einem Reiseausweis für Staatenlose.

§ 49[2] Bearbeitungsgebühren. (1) Für die Bearbeitung eines Antrages auf Erteilung einer Niederlassungserlaubnis und einer Erlaubnis zum Daueraufenthalt – EU sind Gebühren in Höhe der Hälfte der in den §§ 44, 44a und 52a Absatz 2 Nummer 1 jeweils bestimmten Gebühr zu erheben.

(2) Für die Beantragung aller übrigen gebührenpflichtigen Amtshandlungen sind Bearbeitungsgebühren in Höhe der in den §§ 45 bis 48 Abs. 1 und § 52a jeweils bestimmten Gebühr zu erheben.

(3) Eine Bearbeitungsgebühr wird nicht erhoben, wenn ein Antrag

1. ausschließlich wegen Unzuständigkeit der Behörde oder der mangelnden Handlungsfähigkeit des Antragstellers abgelehnt wird oder
2. vom Antragsteller zurückgenommen wird, bevor mit der sachlichen Bearbeitung begonnen wurde.

(4) [1] Geht die örtliche Zuständigkeit nach Erhebung der Bearbeitungsgebühr auf eine andere Behörde über, verbleibt die Bearbeitungsgebühr bei der Behörde, die sie erhoben hat. [2] In diesem Fall erhebt die nunmehr örtlich zuständige Behörde keine Bearbeitungsgebühr.

---

[1] Nr. **250**.

[2] § 49 Abs. 1 geänd. mWv 28.8.2007 durch G v. 19.8.2007 (BGBl. I S. 1970); Abs. 1 geänd. mWv 5.3. 2013 durch VO v. 27.2.2013 (BGBl. I S. 351); Abs. 1 geänd. mWv 2.12.2013 durch G v. 29.8.2013 (BGBl. I S. 3484); Abs. 1 und 2 geänd. mWv 10.5.2014 durch VO v. 6.5.2014 (BGBl. I S. 451); Abs. 4 angef. mWv 1.4.2020 durch VO v. 23.3.2020 (BGBl. I S. 655).

§ 50[1] Gebühren für Amtshandlungen zugunsten Minderjähriger.

(1) [1] Für individuell zurechenbare öffentliche Leistungen zugunsten Minderjähriger und die Bearbeitung von Anträgen Minderjähriger sind Gebühren in Höhe der Hälfte der in den §§ 44, 45, 45a, 45b, 45c, 46 Absatz 2, § 47 Absatz 1, § 48 Abs. 1 Satz 1 Nr. 3 bis 14 und § 49 Abs. 1 und 2 bestimmten Gebühren zu erheben. [2] Die Gebühr für die Erteilung der Niederlassungserlaubnis nach § 35 Abs. 1 Satz 1 des Aufenthaltsgesetzes[2] beträgt 55 Euro.

(2) Für die Verlängerung eines vorläufigen Reiseausweises für Ausländer, für Flüchtlinge oder für Staatenlose an Kinder bis zum vollendeten zwölften Lebensjahr sind jeweils 6 Euro an Gebühren zu erheben.

§ 51[3] Widerspruchsgebühr. (1) An Gebühren sind zu erheben für den Widerspruch gegen

1. die Ablehnung einer gebührenpflichtigen Amtshandlung die Hälfte der für die Amtshandlung nach den §§ 44 bis 48 Abs. 1, §§ 50 und 52a zu erhebenden Gebühr,
2. eine Bedingung oder eine Auflage des Visums, der Aufenthaltserlaubnis oder der Aussetzung der Abschiebung 50 Euro,
3. die Feststellung der Ausländerbehörde über die Verpflichtung zur Teilnahme an einem Integrationskurs (§ 44a Abs. 1 Satz 2 des Aufenthaltsgesetzes[2]) 20 Euro,
3a. die verpflichtende Aufforderung zur Teilnahme an einem Integrationskurs (§ 44a Abs. 1 Satz 1 Nr. 2 des Aufenthaltsgesetzes) 50 Euro,
4. die Ausweisung 55 Euro,
5. die Abschiebungsandrohung 55 Euro,
6. eine Rückbeförderungsverfügung (§ 64 des Aufenthaltsgesetzes) 55 Euro,
7. eine Untersagungs- oder Zwangsgeldverfügung (§ 63 Abs. 2 und 3 des Aufenthaltsgesetzes) 55 Euro,
8. die Anordnung einer Sicherheitsleistung (§ 66 Abs. 5 des Aufenthaltsgesetzes) 55 Euro,
9. einen Leistungsbescheid (§ 67 Abs. 3 des Aufenthaltsgesetzes) 55 Euro,
10. den Widerruf oder die Rücknahme der Anerkennung einer Forschungseinrichtung (§ 38b Abs. 1 oder 2), deren Tätigkeit nicht überwiegend aus öffentlichen Mitteln finanziert wird 55 Euro,
11. die Zurückschiebung (§ 57 des Aufenthaltsgesetzes) 55 Euro.

(2) Eine Gebühr nach Absatz 1 Nr. 5 wird nicht erhoben, wenn die Abschiebungsandrohung nur mit der Begründung angefochten wird, dass der Verwaltungsakt aufzuheben ist, auf dem die Ausreisepflicht beruht.

(3) § 49 Abs. 3 gilt entsprechend.

---

[1] § 50 Abs. 1 Satz 1 geänd., Satz 3 angef. mWv 1.1.2007 durch VO v. 18.12.2006 (BGBl. I S. 3221); Abs. 1 Satz 1 geänd., Abs. 2 neu gef. mWv 28.8.2007 durch G v. 19.8.2007 (BGBl. I S. 1970); Abs. 1 Sätze 1 und 2 geänd. mWv 1.9.2011 durch VO v. 22.7.2011 (BGBl. I S. 1530); Abs. 1 Satz 1 geänd., Satz 3 aufgeh. mWv 26.11.2011 durch G v. 22.11.2011 (BGBl. I S. 2258); Abs. 1 Satz 1 geänd. mWv 5.3.2013 durch VO v. 27.2.2013 (BGBl. I S. 351); Abs. 1 Satz 1 geänd. mWv 1.9.2017 durch G v. 13.7.2017 (BGBl. I S. 2350); Abs. 1 Satz 1 geänd. mWv 24.11.2020 durch G v. 12.11.2020 (BGBl. I S. 2416).

[2] Nr. **565**.

[3] § 51 Abs. 1 Nr. 3a eingef., Nr. 10 angef. und Nr. 9 geänd. mWv 28.8.2007 durch G v. 19.8.2007 (BGBl. I S. 1970); Abs. 1 Nr. 1 geänd. mWv 10.5.2014 durch VO v. 6.5.2014 (BGBl. I S. 451); Abs. 1 Nr. 10 geänd., Nr. 11 angef. mWv 1.9.2017 durch G v. 13.7.2017 (BGBl. I S. 2350).

§ 52[1)] Befreiungen und Ermäßigungen. (1) Ehegatten, Lebenspartner und minderjährige ledige Kinder Deutscher sowie die Eltern minderjähriger Deutscher sind von den Gebühren für die Erteilung eines nationalen Visums befreit.

(2) [1] Bei Staatsangehörigen der Schweiz entspricht die Gebühr nach § 45 für die Erteilung oder Verlängerung einer Aufenthaltserlaubnis, die auf Antrag als Dokument mit Chip nach § 78 Absatz 1 Satz 2 des Aufenthaltsgesetzes[2)] ausgestellt wird, der Höhe der für die Ausstellung von Personalausweisen an Deutsche erhobenen Gebühr. [2] Wird die Aufenthaltserlaubnis für eine Person ausgestellt, die zum Zeitpunkt der Antragstellung noch nicht 24 Jahre alt ist, beträgt die Gebühr jeweils die Höhe, die für die Ausstellung von Personalausweisen an Deutsche dieses Alters erhoben wird. [3] Die Gebühren nach den Sätzen 1 und 2 sind auch zu erheben, wenn eine Neuausstellung der Aufenthaltserlaubnis aus den in § 45c Absatz 1 genannten Gründen notwendig wird; § 45c Absatz 2 gilt entsprechend. [4] Die Gebühr für die Ausstellung oder Verlängerung einer Grenzgängerkarte nach § 48 Absatz 1 Satz 1 Nummer 3 und 4 ermäßigt sich bei Staatsangehörigen der Schweiz auf 8 Euro. [5] Die Gebühren nach § 47 Absatz 1 Nummer 8 für die Ausstellung einer Fiktionsbescheinigung und nach § 49 Absatz 2 für die Bearbeitung von Anträgen auf Vornahme der in den Sätzen 1 bis 5 genannten Amtshandlungen entfallen bei Staatsangehörigen der Schweiz.

(3) Asylberechtigte, Resettlement-Flüchtlinge im Sinne von § 23 Absatz 4 Satz 1 des Aufenthaltsgesetzes und sonstige Ausländer, die im Bundesgebiet die Rechtsstellung ausländischer Flüchtlinge oder subsidiär Schutzberechtigter im Sinne des Artikels 3 Nummer 2 der Verordnung (EU) 2024/1347 genießen, sind befreit von den Gebühren nach

1. § 44 Nummer 3, § 45c Absatz 1 Nummer 1 und 2, § 45b und 47 Absatz 1 Nummer 11 für die Erteilung, Neuausstellung sowie Ausstellung und Übertragung der Niederlassungserlaubnis in Ausnahmefällen,
2. § 45 Nummer 1 und 2, § 45c Absatz 1 Nummer 1 und 2, § 45b und 47 Absatz 1 Nummer 11 für die Erteilung, Verlängerung, Neuausstellung sowie Ausstellung und Übertragung der Aufenthaltserlaubnis in Ausnahmefällen,
3. § 47 Absatz 1 Nummer 8 für die Ausstellung einer Fiktionsbescheinigung sowie
4. § 49 Absatz 1 und 2 für die Bearbeitung von Anträgen auf Vornahme der in den Nummern 1 und 2 genannten Amtshandlungen.

(4) Personen, die aus besonders gelagerten politischen Interessen der Bundesrepublik Deutschland ein Aufenthaltsrecht nach § 23 Absatz 2 des Aufenthaltsgesetzes erhalten, sind befreit von den Gebühren nach

---

[1)] § 52 Abs. 5 Satz 1 Nr. 1, Abs. 7 geänd., Abs. 8 angef. mWv 1.1.2007 durch VO v. 18.12.2006 (BGBl. I S. 3221); Abs. 1 Satz 1 Nr. 1a eingef., Abs. 2 Satz 1 geänd. mWv 28.8.2007 durch G v. 19.8.2007 (BGBl. I S. 1970); Abs. 1, 2 neu gef., Abs. 3 Nr. 1–4 geänd., Nr. 5 angef., Abs. 4 Nr. 1, 2 geänd., Nr. 3 angef., Abs. 5 Nr. 2–4 geänd., Nr. 5 angef. mWv 1.9.2011 durch VO v. 22.7.2011 (BGBl. I S. 1530); Abs. 5 Nr. 1 und Abs. 7 neu gef. mWv 26.11.2011 durch G v. 22.11.2011 (BGBl. I S. 2258); Abs. 3 einl. Satzteil geänd. mWv 29.12.2015 durch VO v. 18.12.2015 (BGBl. I S. 2467); Abs. 3 einl. Satzteil geänd. mWv 1.9.2017 durch G v. 13.7.2017 (BGBl. I S. 2350); Abs. 2 Satz 4 aufgeh., bish. Sätze 5 und 6 werden Sätze 4 und 5 mWv 4.12.2020 durch VO v. 26.11.2020 (BGBl. I S. 2606); Abs. 2 Sätze 1 und 2 geänd. mWv 15.7.2021 durch G v. 9.7.2021 (BGBl. I S. 2467); Abs. 2 Satz 1 geänd., Abs. 3–5 neu gef. mWv 1.11.2023 durch VO v. 30.10.2023 (BGBl. 2023 I Nr. 290); Abs. 3 einl. Satzteil geänd. mWv 12.6.2026 durch G v. 23.4.2026 (BGBl. 2026 I Nr. 111).

[2)] Nr. **565**.

1. § 44 Nummer 3, § 45 Absatz 1 Nummer 1 und 2, § 45b und 47 Absatz 1 Nummer 11 für die Erteilung, Neuausstellung sowie Ausstellung und Übertragung der Niederlassungserlaubnis in Ausnahmefällen sowie
2. § 49 Absatz 1 und 2 für die Bearbeitung von Anträgen auf Vornahme der in Nummer 1 genannten Amtshandlungen.

(5) [1] Ausländer, die für ihren Aufenthalt im Bundesgebiet ein Stipendium aus öffentlichen Mitteln erhalten, sind befreit von den Gebühren nach

1. § 46 Absatz 2 Nummer 1 für die Erteilung eines nationalen Visums,
2. § 45 Nummer 1 und 2, § 45c Absatz 1 Nummer 1 und 2, § 45b und § 47 Absatz 1 Nummer 11 für die Erteilung, Verlängerung, Neuausstellung sowie Ausstellung und Übertragung der Aufenthaltserlaubnis in Ausnahmefällen,
3. § 47 Absatz 1 Nummer 8 für die Erteilung einer Fiktionsbescheinigung sowie
4. § 49 Absatz 2 für die Bearbeitung von Anträgen auf Vornahme der in Nummer 2 genannten Amtshandlungen.

[2] Satz 1 Nummer 1 gilt auch für die Ehegatten oder Lebenspartner und minderjährigen ledigen Kinder, soweit diese in die Förderung einbezogen sind.

(Fortsetzung nächstes Blatt)

(6) Zugunsten von Ausländern, die im Bundesgebiet kein Arbeitsentgelt beziehen und nur eine Aus-, Fort- oder Weiterbildung oder eine Umschulung erhalten, können die in Absatz 5 bezeichneten Gebühren ermäßigt oder kann von ihrer Erhebung abgesehen werden.

(7) Die zu erhebende Gebühr kann in Einzelfällen erlassen oder ermäßigt werden, wenn dies der Förderung kultureller oder sportlicher Interessen, außenpolitischer, entwicklungspolitscher oder sonstiger erheblicher öffentlicher Interessen dient oder humanitäre Gründe hat.

(8) Schüler, Studenten, postgraduierte Studenten und begleitende Lehrer im Rahmen einer Reise zu Studien- oder Ausbildungszwecken und Forscher aus Drittstaaten im Sinne der Empfehlung 2005/761/EG des Europäischen Parlaments und des Rates vom 23. September 2005 zur Erleichterung der Ausstellung einheitlicher Visa durch die Mitgliedstaaten für den kurzfristigen Aufenthalt an Forscher aus Drittstaaten, die sich zu Forschungszwecken innerhalb der Gemeinschaft bewegen (ABl. EU Nr. L 289 S. 23), sind von den Gebühren nach § 46 Nr. 1 und 2 befreit.

§ 52a[1)] Befreiung und Ermäßigung bei Assoziationsberechtigung.

(1) Assoziationsberechtigte im Sinne dieser Vorschrift sind Ausländer, für die das Assoziationsrecht EU-Türkei auf Grund des Abkommens vom 12. September 1963 zur Gründung einer Assoziation zwischen der Europäischen Wirtschaftsgemeinschaft und der Türkei (BGBl. 1964 II S. 509, 510) Anwendung findet.

(2) [1] Für Assoziationsberechtigte sind die §§ 44 bis 50 mit der Maßgabe anzuwenden, dass für Aufenthaltstitel nach den §§ 44 bis 45, 45c Absatz 1 und § 48 Absatz 1 Satz 1 Nummer 15 jeweils eine Gebühr in Höhe der für die Ausstellung von Personalausweisen an Deutsche erhobenen Gebühr zu erheben ist. [2] Wird der Aufenthaltstitel für eine Person ausgestellt, die noch nicht 24 Jahre alt ist, beträgt die Gebühr jeweils die Höhe, die für die Ausstellung von Personalausweisen an Deutsche dieses Alters erhoben wird. [3] In den Fällen des § 45b Absatz 2 und des § 47 Absatz 1 Nummer 11 jeweils in Verbindung mit § 44 oder mit § 44a beträgt die Gebühr 8 Euro.

(3) Von folgenden Gebühren sind die in Absatz 1 genannten Ausländer befreit:

1. von der nach § 45b Absatz 1 und der nach § 45b Absatz 2 in Verbindung mit § 45 jeweils zu erhebenden Gebühr,
2. von der nach § 47 Absatz 1 Nummer 3 und 8 bis 10 und der nach § 47 Absatz 1 Nummer 11 in Verbindung mit § 45 jeweils zu erhebenden Gebühr,
3. von der nach § 48 Absatz 1 Satz 1 Nummer 3, 4, 8 und 10 bis 12 jeweils zu erhebenden Gebühr und
4. von der nach § 48 Absatz 1 Satz 1 Nummer 13 und 14 jeweils zu erhebenden Gebühr, soweit sie sich auf die Änderung oder Umschreibung der in § 48 Absatz 1 Satz 1 Nummer 3, 4, 8 und 10 bis 12 genannten Dokumente bezieht.

§ 53[2)] Befreiung und Ermäßigung aus Billigkeitsgründen. (1) Ausländer, die ihren Lebensunterhalt nicht ohne Inanspruchnahme von Leistungen nach dem

[1)] § 52a eingef. mWv 10.5.2014 durch VO v. 6.5.2014 (BGBl. I S. 451); Abs. 2 neu gef. mWv 15.7. 2021 durch G v. 9.7.2021 (BGBl. I S. 2467).

[2)] § 53 Abs. 1 Nr. 7–9 geänd., Nr. 10 angef. mWv 1.9.2011 durch VO v. 22.7.2011 (BGBl. I S. 1530); Abs. 1 Nr. 8, 9 geänd., Nr. 10 aufgeh. mWv 1.11.2023 durch VO v. 30.10.2023 (BGBl. 2023 I Nr. 290).

Zweiten[1] oder Zwölften Buch Sozialgesetzbuch[2] oder dem Asylbewerberleistungsgesetz[3] bestreiten können, sind von den Gebühren nach

1. § 45 Nr. 1 und 2 für die Erteilung oder Verlängerung der Aufenthaltserlaubnis,
2. § 47 Abs. 1 Nr. 5 und 6 für die Ausstellung oder Erneuerung der Bescheinigung über die Aussetzung der Abschiebung (§ 60a Abs. 4 des Aufenthaltsgesetzes[4]),
3. § 47 Abs. 1 Nr. 3 und 7 für die Aufhebung oder Änderung einer Auflage zur Aufenthaltserlaubnis oder zur Aussetzung der Abschiebung,
4. § 47 Abs. 1 Nr. 4 für den Hinweis in Form der Beratung,
5. § 47 Abs. 1 Nr. 8 für die Ausstellung einer Fiktionsbescheinigung,
6. § 47 Abs. 1 Nr. 10 für die Ausstellung des Aufenthaltstitels auf besonderem Blatt,
7. § 47 Abs. 1 Nr. 11 für die Übertragung eines Aufenthaltstitels in ein anderes Dokument und § 45c Absatz 1 Nummer 1 und 2 für die Neuausstellung eines Dokuments nach § 78 Absatz 1 des Aufenthaltsgesetzes,
8. § 48 Abs. 1 Nr. 10 und 12 für die Erteilung und Verlängerung eines Ausweisersatzes und
9. § 49 Abs. 2 für die Bearbeitung von Anträgen auf Vornahme der in den Nummern 1 bis 3 und 6 bis 8 bezeichneten Amtshandlungen

befreit; sonstige Gebühren können ermäßigt oder von ihrer Erhebung kann abgesehen werden.

(2) Gebühren können ermäßigt oder von ihrer Erhebung kann abgesehen werden, wenn es mit Rücksicht auf die wirtschaftlichen Verhältnisse des Gebührenpflichtigen in Deutschland geboten ist.

§ 54[5] Zwischenstaatliche Vereinbarungen. Zwischenstaatliche Vereinbarungen über die Befreiung oder die Höhe von Gebühren werden durch die Regelungen in diesem Kapitel nicht berührt.

Kapitel 4. Ordnungsrechtliche Vorschriften

§ 55[6] Ausweisersatz. (1) [1]Einem Ausländer,

1. der einen anerkannten und gültigen Pass oder Passersatz nicht besitzt und nicht in zumutbarer Weise erlangen kann oder
2. dessen Pass oder Passersatz einer inländischen Behörde vorübergehend überlassen wurde,

wird auf Antrag ein Ausweisersatz (§ 48 Abs. 2 in Verbindung mit § 78 Absatz 1 Satz 4 oder § 78a Absatz 4 des Aufenthaltsgesetzes[4]) ausgestellt, sofern er einen Aufenthaltstitel besitzt oder seine Abschiebung ausgesetzt ist. [2]Eines Antrages bedarf es nicht, wenn ein Antrag des Ausländers auf Ausstellung eines Reiseausweises für Ausländer, eines Reiseausweises für Flüchtlinge oder eines Reiseausweises für Staatenlose abgelehnt wird und die Voraussetzungen des Satzes 1 erfüllt sind. [3]§ 5 Abs. 2 gilt entsprechend.

---

[1] **Sartorius ErgBd. Nr. 402.**
[2] **Sartorius ErgBd. Nr. 412.**
[3] **Sartorius ErgBd. Nr. 418.**
[4] *Nr.* ***565.***
[5] § 54 geänd. mWv 1.1.2007 durch VO v. 18.12.2006 (BGBl. I S. 3221).
[6] § 55 Abs. 1 Satz 1 abschl. Satzteil und Abs. 3 geänd. mWv 1.9.2011 durch VO v. 22.7.2011 (BGBl. I S. 1530).

(2) Einem Ausländer, dessen Pass oder Passersatz der im Inland belegenen oder für das Bundesgebiet konsularisch zuständigen Vertretung eines auswärtigen Staates zur Durchführung eines Visumverfahrens vorübergehend überlassen wurde, kann auf Antrag ein Ausweisersatz ausgestellt werden, wenn dem Ausländer durch seinen Herkunftsstaat kein weiterer Pass oder Passersatz ausgestellt wird.

(3) Die Gültigkeitsdauer des Ausweisersatzes richtet sich nach der Gültigkeit des Aufenthaltstitels oder der Dauer der Aussetzung der Abschiebung, sofern keine kürzere Gültigkeitsdauer eingetragen ist.

§ 56[1)] Ausweisrechtliche Pflichten. (1) Ein Ausländer, der sich im Bundesgebiet aufhält, ist verpflichtet,

1. in Fällen, in denen er keinen anerkannten und gültigen Pass oder Passersatz besitzt, unverzüglich, ansonsten so rechtzeitig vor Ablauf der Gültigkeitsdauer seines Passes oder Passersatzes die Verlängerung oder Neuausstellung eines Passes oder Passersatzes zu beantragen, dass mit der Neuerteilung oder Verlängerung innerhalb der Gültigkeitsdauer des bisherigen Passes oder Passersatzes gerechnet werden kann,
2. unverzüglich einen neuen Pass oder Passersatz zu beantragen, wenn der bisherige Pass oder Passersatz aus anderen Gründen als wegen Ablaufs der Gültigkeitsdauer ungültig geworden oder abhanden gekommen ist,
3. unverzüglich einen neuen Pass oder Passersatz oder die Änderung seines bisherigen Passes oder Passersatzes zu beantragen, sobald im Pass oder Passersatz enthaltene Angaben unzutreffend sind,
4. unverzüglich einen Ausweisersatz zu beantragen, wenn die Ausstellungsvoraussetzungen nach § 55 Abs. 1 oder 2 erfüllt sind und kein deutscher Passersatz beantragt wurde,
5. der für den Wohnort, ersatzweise den Aufenthaltsort im Inland zuständigen Ausländerbehörde oder einer anderen nach Landesrecht zuständigen Stelle unverzüglich den Verlust und das Wiederauffinden seines Passes, seines Passersatzes oder seines Ausweisersatzes anzuzeigen; bei Verlust im Ausland kann die Anzeige auch gegenüber einer deutschen Auslandsvertretung erfolgen, welche die zuständige oder zuletzt zuständige Ausländerbehörde unterrichtet,
6. einen wiederaufgefundenen Pass oder Passersatz unverzüglich zusammen mit sämtlichen nach dem Verlust ausgestellten Pässen oder in- oder ausländischen Passersatzpapieren der für den Wohnort, ersatzweise den Aufenthaltsort im Inland zuständigen Ausländerbehörde vorzulegen, selbst wenn er den Verlust des Passes oder Passersatzes nicht angezeigt hat; bei Verlust im Ausland kann die Vorlage auch bei einer deutschen Auslandsvertretung erfolgen, welche die zuständige oder zuletzt zuständige Ausländerbehörde unterrichtet,
7. seinen deutschen Passersatz unverzüglich nach Ablauf der Gültigkeitsdauer oder, sofern eine deutsche Auslandsvertretung dies durch Eintragung im Passersatz angeordnet hat, nach der Einreise der zuständigen Ausländerbehörde vorzulegen; dies gilt nicht für Bescheinigungen über die Wohnsitzverlegung (§ 43 Abs. 2), Europäische Reisedokumente für die Rückkehr (§ 1 Abs. 8) und für Schülersammellisten (§ 1 Abs. 5), und
8. seinen Pass oder Passersatz zur Anbringung von Vermerken über Ort und Zeit der Ein- und Ausreise, des Antreffens im Bundesgebiet sowie über Maßnahmen

---

[1)] § 56 bish. Wortlaut wird Abs. 1 und Nr. 1 geänd., Abs. 2 angef. mWv 28.8.2007 durch G v. 19.8. 2007 (BGBl. I S. 1970); Abs. 1 Nr. 7 geänd. mWv 8.4.2017 durch VO v. 3.4.2017 (BGBl. I S. 690).

und Entscheidungen nach dem Aufenthaltsgesetz[1)] in seinem Pass oder Passersatz durch die Ausländerbehörden oder die Polizeibehörden des Bundes oder der Länder sowie die sonstigen mit der polizeilichen Kontrolle des grenzüberschreitenden Verkehrs beauftragten Behörden auf Verlangen vorzulegen und die Vornahme einer solchen Eintragung zu dulden.

(2) [1] Ausländer, denen nach dem Abkommen vom 21. Juni 1999 zwischen der Europäischen Gemeinschaft und ihren Mitgliedstaaten einerseits und der Schweizerischen Eidgenossenschaft andererseits über die Freizügigkeit zum Nachweis ihres Aufenthaltsrechts eine Aufenthaltserlaubnis oder eine Grenzgängerkarte auszustellen ist, haben innerhalb von drei Monaten nach der Einreise ihren Aufenthalt der Ausländerbehörde anzuzeigen. [2] Die Anzeige muss folgende Daten des Ausländers enthalten:

1. Namen,
2. Vornamen,
3. frühere Namen,
4. Geburtsdatum und -ort,
5. Anschrift im Inland,
6. frühere Anschriften,
7. gegenwärtige und frühere Staatsangehörigkeiten,
8. Zweck, Beginn und Dauer des Aufenthalts und
9. das eheliche oder Verwandtschaftsverhältnis zu der Person, von der er ein Aufenthaltsrecht ableitet.

§ 57 Vorlagepflicht beim Vorhandensein mehrerer Ausweisdokumente.

Besitzt ein Ausländer mehr als einen Pass, Passersatz oder deutschen Ausweisersatz, so hat er der zuständigen Ausländerbehörde jedes dieser Papiere unverzüglich vorzulegen.

§ 57a[2)] Pflichten der Inhaber von Dokumenten mit Chip nach § 78 des Aufenthaltsgesetzes[1)]. Ein Ausländer, dem ein Aufenthaltstitel nach § 4 Absatz 1 Satz 2 Nummer 2 bis 4 des Aufenthaltsgesetzes als Dokument mit Chip ausgestellt worden ist, ist verpflichtet, unverzüglich

1. der für den Wohnort, ersatzweise der für den Aufenthaltsort im Inland zuständigen Ausländerbehörde oder einer anderen nach Landesrecht zuständigen Stelle den Verlust und das Wiederauffinden des Dokuments anzuzeigen und das Dokument vorzulegen, wenn es wiederaufgefunden wurde; bei Verlust im Ausland können die Anzeige und die Vorlage auch gegenüber einer deutschen Auslandsvertretung erfolgen, welche die zuständige oder zuletzt zuständige Ausländerbehörde unterrichtet,

---

[1)] Nr. **565**.

[2)] § 57a eingef. mWv 1.9.2011 durch VO v. 22.7.2011 (BGBl. I S. 1530); Überschrift, einl. Satzteil und *Nr. 2 geänd. (Änd.* an Nr. 2 mangels Textübereinstimmung nicht ausführbar) mWv 1.11.2023, Nr. 2 geänd., Nr. 3 angef. mWv 1.11.2024 durch VO v. 30.10.2023 (BGBl. 2023 I Nr. 290); Nr. 2 geänd. (mangels Textübereinstimmung nicht ausführbar) mWv 2.5.2024 durch VO v. 12.4.2024 (BGBl. 2024 I Nr. 125).

2. nach Kenntnis vom Verlust der technischen Funktionsfähigkeit des *elektronischen Speicher- und Verarbeitungsmediums*[1) 2)] der zuständigen Ausländerbehörde das Dokument vorzulegen und die Neuausstellung zu beantragen,
3. im Fall der Ausgabe durch postalischen Versand der zuständigen Ausländerbehörde anzuzeigen, wenn die Postsendung unbefugt geöffnet worden ist oder den elektronischen Aufenthaltstitel nicht enthält oder wenn eine Angabe auf dem elektronischen Aufenthaltstitel unrichtig ist.

Kapitel 5. Verfahrensvorschriften

Abschnitt 1. Muster für Aufenthaltstitel, Pass- und Ausweisersatz und sonstige Dokumente

§ 58[3)] **Vordruckmuster.** [1] Für die Ausstellung der Vordrucke sind als Vordruckmuster zu verwenden:
1. für den Ausweisersatz (§ 78a Absatz 4 des Aufenthaltsgesetzes[4)]) das in Anlage D1 abgedruckte Muster,
2. für die Bescheinigung über die Aussetzung der Abschiebung (Duldung; § 60a Abs. 4 des Aufenthaltsgesetzes) das in Anlage D2a abgedruckte Muster (Klebeetikett), sofern ein anerkannter und gültiger Pass oder Passersatz nicht vorhanden ist und die Voraussetzungen für die Ausstellung eines Ausweisersatzes nach § 55 nicht vorliegen, in Verbindung mit dem in Anlage D2b abgedruckten Muster (Trägervordruck),
3. für die Fiktionsbescheinigung (§ 81 Abs. 5 des Aufenthaltsgesetzes) das in Anlage D3 abgedruckte Muster,
4. für den Reiseausweis für Ausländer (§ 4 Abs. 1 Satz 1 Nr. 1)
   a) das in Anlage D4c abgedruckte Muster,
   b) für die Ausstellung als vorläufiges Dokument (§ 4 Abs. 1 Satz 2) das in Anlage D4d abgedruckte Muster,
5. für die Grenzgängerkarte (§ 12) das in Anlage D5a abgedruckte Muster,
6. für den Notreiseausweis (§ 4 Abs. 1 Nr. 2) das in Anlage D6 abgedruckte Muster,
7. für den Reiseausweis für Flüchtlinge (§ 4 Abs. 1 Satz 1 Nr. 3)
   a) das in Anlage D7a abgedruckte Muster,
   b) für die Ausstellung als vorläufiges Dokument (§ 4 Abs. 1 Satz 2) das in Anlage D7b abgedruckte Muster,

---

1) Gem. Art. 3 Nr. 9 Buchst. b VO v. 30.10.2023 (BGBl. 2023 I Nr. 290) sollen mWv 1.11.2023 in § 57a Nr. 2 AufenthV die Wörter „elektronischen Speicher- und Verarbeitungsmedium" durch das Wort „Chip" ersetzt werden.

2) Gem. Art. 3 Nr. 3 VO v. 12.4.2024 (BGBl. 2024 I Nr. 125) soll mWv 2.5.2024 in § 57a Nr. 2 AufenthV das Wort „Chip" durch das Wort „Chips" ersetzt werden.

3) § 58 Satz 1 Nrn. 5, 6, 9, 10, 11, 12 geänd., Nrn. 4, 7, 8 neu gef., Nrn. 13 und 14 sowie Satz 2 angef. mWv 28.8.2007 durch G v. 19.8.2007 (BGBl. I S. 1970); Satz 1 Nr. 1 geänd., Nr. 11 neu gef., Nr. 13 und 14 geänd., Nr. 15 angef. mWv 1.9.2011 durch VO v. 22.7.2011 (BGBl. I S. 1530); Satz 1 Nr. 13 und 14 geänd. mWv 29.1.2013 durch G v. 21.1.2013 (BGBl. I S. 86); Satz 1 Nr. 12 geänd. mWv 24.10.2015 durch G v. 20.10.2015 (BGBl. I S. 1722); Satz 1 Nr. 10 geänd. mWv 8.4.2017 durch VO v. 3.4.2017 (BGBl. I S. 690); Satz 1 Nr. 13 und 14 geänd. mWv 24.11.2020 durch G v. 12.11.2020 (BGBl. I S. 2416); Nr. 13 aufgeh., bish. Nr. 14 wird 13 und geänd., bish. Nr. 15 wird 14 und geänd. mWv 4.12.2020 durch VO v. 26.11.2020 (BGBl. I S. 2606); Satz 1 Nr. 11 Buchst. c, Nr. 14 geänd. mWv 1.11.2023 durch VO v. 30.10.2023 (BGBl. 2023 I Nr. 290); Satz 1 Nr. 13 und 14 geänd., Nr. 15 angef. mWv 1.11.2025 durch VO v. 29.10.2025 (BGBl. 2025 I Nr. 260).

4) Nr. **565**.

8. für den Reiseausweis für Staatenlose (§ 4 Abs. 1 Satz 1 Nr. 4)
   a) das in Anlage D8a abgedruckte Muster,
   b) für die Ausstellung als vorläufiges Dokument (§ 4 Abs. 1 Satz 2) das in Anlage D8b abgedruckte Muster,
9. für die Bescheinigung über die Wohnsitzverlegung (§ 4 Abs. 1 Nr. 6) das in Anlage D9 abgedruckte Muster,
10. für das Europäische Reisedokument für die Rückkehr (§ 4 Abs. 1 Nr. 7) das in Anlage D10 abgedruckte Muster,
11. für das Zusatzblatt
    a) zur Bescheinigung der Aussetzung der Abschiebung das in Anlage D11 abgedruckte Muster,
    b) zum Aufenthaltstitel in Ausnahmefällen (§ 78a Absatz 1 des Aufenthaltsgesetzes) das in Anlage D11 abgedruckte Muster,
    c) zum Aufenthaltstitel mit Chip (§ 78 Absatz 1 des Aufenthaltsgesetzes) das in Anlage D11a abgedruckte Muster,
12. für die Bescheinigung über die Aufenthaltsgestattung (§ 63 des Asylgesetzes[1]) das in Anlage D12 abgedruckte Muster,
13. für die Bescheinigung des Daueraufenthalts für Unionsbürger oder Staatsangehörige eines EWR-Staates das in Anlage D15 abgedruckte Muster,
14. für die Änderung der Anschrift auf Dokumenten mit Chip (§ 78 Absatz 7 Satz 2 des Aufenthaltsgesetzes) das in Anlage D16 abgedruckte Muster und
15. für den EU-Rückkehrausweis (§ 4 Absatz 1 Satz 1 Nummer 8) das in den Anlagen D18 und D19 abgedruckte Muster.

[2]Die nach den Mustern in den Anlagen D4c, D7a, D8a ausgestellten Passersatzpapiere werden nicht verlängert.

§ 59[2] Muster der Aufenthaltstitel. (1) [1]Das Muster des Aufenthaltstitels nach § 4 Abs. 1 Satz 2 Nr. 1 des Aufenthaltsgesetzes[3] (Visum) richtet sich nach der Verordnung (EG) Nr. 1683/95 des Rates vom 29. Mai 1995 über eine einheitliche Visagestaltung (ABl. EG Nr. L 164 S. 1), zuletzt geändert durch die Verordnung (EG) Nr. 856/2008 (ABl. L 235 vom 2.9.2008, S. 1), in der jeweils geltenden Fassung. [2]Es ist in Anlage D13a abgedruckt. [3]Im Falle des § 20a des Aufenthaltsgesetzes wird der Vermerk „Chancenkarte" eingetragen. [4]Für die Verlängerung im Inland ist das in Anlage D13b abgedruckte Muster zu verwenden.

---

[1] Nr. **567**.

[2] § 59 Abs. 2 Satz 1, Abs. 3 geänd., Abs. 4–6 angef. mWv 28.8.2007 durch G v. 19.8.2007 (BGBl. I S. 1970); Abs. 2 und 3 neu gef., Abs. 4 geänd. mWv 1.9.2011 durch VO v. 22.7.2011 (BGBl. I S. 1530); Abs. 3 Satz 3 geänd. und Satz 4 angef. mWv 1.8.2012 durch G v. 1.6.2012 (BGBl. I S. 1224); Abs. 1 Satz 1 geänd. mWv 5.3.2013 durch VO v. 27.2.2013 (BGBl. I S. 351); Abs. 2 Satz 4 angef., Abs. 3 Sätze 3 und 4 geänd., Satz 5 angef. mWv 2.12.2013 durch G v. 29.8.2013 (BGBl. I S. 3484); Abs. 3 Satz 3, Abs. 4 Satz 1 geänd., Satz 2 angef., Abs. 4a–4e angef. mWv 5.8.2017 durch VO v. 1.8.2017 (BGBl. I S. 3066); Abs. 2 Satz 1, Abs. 3 Satz 1 geänd. mWv 19.12.2019 durch VO v. 13.12.2019 (BGBl. I S. 2585); Abs. 4 Sätze 1, 2, Abs. 4a–4d geänd., Abs. 7 angef. mWv 1.4.2020 durch VO v. 23.3.2020 (BGBl. I S. 655); Abs. 2 Satz 1 geänd. mWv 24.11.2020 durch G v. 12.11.2020 (BGBl. I S. 2416); Abs. 2 Satz 1 geänd., Abs. 8 angef. mWv 4.12.2020 durch VO v. 26.11.2020 (BGBl. I S. 2606); Abs. 2 Satz 1 geänd., Abs. 9 angef. mWv 25.8.2021, Abs. 2a eingef. mWv 1.9.2021 durch VO v. 20.8.2021 (BGBl. I S. 3682); Abs. 1 Satz 3 eingef., bish. Satz 3 wird Satz 4, Abs. 4f eingef. mWv 1.6.2024 durch VO v. 30.8.2023 (BGBl. 2023 I Nr. 233); Abs. 2 Sätze 1, 2 geänd. mWv 1.11.2023 durch VO v. 30.10.2023 (BGBl. 2023 I Nr. 290).

[3] Nr. **565**.

(2) [1] Die Muster der Aufenthaltstitel, die nach § 78 Absatz 1 des Aufenthaltsgesetzes als eigenständige Dokumente mit Chip auszustellen sind, sowie die Muster der Aufenthalts- und Daueraufenthaltskarten, Aufenthaltsdokumente-GB und Aufenthaltsdokumente für Grenzgänger-GB, die nach § 11 Absatz 3 Satz 1 des

(Fortsetzung nächstes Blatt)

Freizügigkeitsgesetzes/EU[1)] in Verbindung mit § 78 Absatz 1 des Aufenthaltsgesetzes als Dokumente mit Chip auszustellen sind, richten sich nach der Verordnung (EG) Nr. 1030/2002 des Rates vom 13. Juni 2002 zur einheitlichen Gestaltung des Aufenthaltstitels für Drittstaatenangehörige (ABl. L 157 vom 15.6. 2002, S. 1) in der jeweils geltenden Fassung. [2] Gleiches gilt für Aufenthaltserlaubnisse, die nach Maßgabe des Abkommens vom 21. Juni 1999 zwischen der Europäischen Gemeinschaft und ihren Mitgliedstaaten einerseits und der Schweizerischen Eidgenossenschaft andererseits auf Antrag als Dokumente mit Chip ausgestellt werden. [3] Die Muster für Dokumente nach den Sätzen 1 und 2 sind in Anlage D14a abgedruckt. [4] Aufenthaltstitel nach § 78 Absatz 1 in Verbindung mit § 4 Absatz 1 Satz 2 Nummer 4 des Aufenthaltsgesetzes, die gemäß dem bis zum 1. Dezember 2013 zu verwendenden Muster der Anlage D14a ausgestellt wurden, behalten ihre Gültigkeit.

(2a) Auf Antrag des Ausländers wird bei Dokumenten nach Absatz 2 Satz 1 und Satz 2 durch die zuständige Ausländerbehörde entweder bei Ausgabe des Dokuments oder zu einem späteren Zeitpunkt ein Aufkleber mit Brailleschrift nach Anlage D17 auf dem Dokument angebracht.

(3) [1] Die Muster für Vordrucke der Aufenthaltstitel nach § 4 Absatz 1 Nummer 2 bis 4 des Aufenthaltsgesetzes richten sich im Fall des § 78a Absatz 1 Satz 1 des Aufenthaltsgesetzes nach der Verordnung (EG) Nr. 1030/2002. [2] Sie sind in Anlage D14 abgedruckt. [3] Bei der Niederlassungserlaubnis, der Erlaubnis zum Daueraufenthalt – EU, der Blauen Karte EU, der ICT-Karte, der Mobiler-ICT-Karte und der Aufenthaltserlaubnis ist im Feld für Anmerkungen die für die Erteilung maßgebliche Rechtsgrundlage einzutragen. [4] Bei Inhabern der Blauen Karte EU ist bei Erteilung der Erlaubnis zum Daueraufenthalt – EU im Feld für Anmerkungen „Ehem. Inh. der Blauen Karte EU" einzutragen. [5] Für die Erlaubnis zum Daueraufenthalt – EU kann im Falle des § 78a Absatz 1 Satz 1 des Aufenthaltsgesetzes der Vordruck der Anlage D14 mit der Bezeichnung „Daueraufenthalt-EG" weiterverwendet werden.

(4) [1] In einer Aufenthaltserlaubnis, die nach § 18d Absatz 1 des Aufenthaltsgesetzes erteilt wird, oder in einem zu dieser Aufenthaltserlaubnis gehörenden Zusatzblatt nach den Anlagen D11 und D11a oder in dem Trägervordruck nach der Anlage D1 wird der Vermerk „Forscher" eingetragen. [2] In einer Aufenthaltserlaubnis, die nach § 18f des Aufenthaltsgesetzes erteilt wird, oder in einem zu dieser Aufenthaltserlaubnis gehörenden Zusatzblatt nach den Anlagen D11 und D11a oder in dem Trägervordruck nach der Anlage D1 wird der Vermerk „Forscher-Mobilität" eingetragen.

(4a) In einer Aufenthaltserlaubnis, die nach § 16b Absatz 1 des Aufenthaltsgesetzes erteilt wird, oder in einem zu dieser Aufenthaltserlaubnis gehörenden Zusatzblatt nach den Anlagen D11 und D11a oder in dem Trägervordruck nach der Anlage D1 wird der Vermerk „Student" eingetragen.

(4b) In einer Aufenthaltserlaubnis, die nach § 16e des Aufenthaltsgesetzes erteilt wird, oder in einem zu dieser Aufenthaltserlaubnis gehörenden Zusatzblatt nach den Anlagen D11 und D11a oder in dem Trägervordruck nach der Anlage D1 wird der Vermerk „Praktikant" eingetragen.

(4c) In einer Aufenthaltserlaubnis, die nach § 19e des Aufenthaltsgesetzes erteilt wird, oder in einem zu dieser Aufenthaltserlaubnis gehörenden Zusatzblatt nach

[1)] Nr. **560**.

den Anlagen D11 und D11a oder in dem Trägervordruck nach der Anlage D1 wird der Vermerk „Freiwilliger" eingetragen.

(4d) Bei Forschern oder Studenten, die im Rahmen eines bestimmten Programms mit Mobilitätsmaßnahmen oder im Rahmen einer Vereinbarung zwischen zwei oder mehr anerkannten Hochschuleinrichtungen in die Europäische Union reisen, wird das betreffende Programm oder die Vereinbarung auf der Aufenthaltserlaubnis oder in einem zu dieser Aufenthaltserlaubnis gehörenden Zusatzblatt nach den Anlagen D11 und D11a oder in dem Trägervordruck nach der Anlage D1 angegeben.

(4e) In einem Aufenthaltstitel, der für eine Saisonbeschäftigung gemäß § 15a der Beschäftigungsverordnung[1)] erteilt wird, oder in einem zu diesem Aufenthaltstitel gehörenden Zusatzblatt nach Anlage D11 oder in dem Trägervordruck nach Anlage D13a wird im Feld Anmerkungen der Vermerk „Saisonbeschäftigung" eingetragen.

(4f) In einer Aufenthaltserlaubnis, die nach § 20a des Aufenthaltsgesetzes erteilt wird, oder in einem zu dieser Aufenthaltserlaubnis gehörenden Zusatzblatt nach den Anlagen D11 und D11a oder in dem Trägervordruck nach der Anlage D1 wird der Vermerk „Chancenkarte" eingetragen.

(5) Ist in einem Aufenthaltstitel die Nebenbestimmung eingetragen, wonach die Ausübung einer Erwerbstätigkeit nicht gestattet ist, bezieht sich diese Nebenbestimmung nicht auf die in § 17 Abs. 2 genannten Tätigkeiten, sofern im Aufenthaltstitel nicht ausdrücklich etwas anderes bestimmt ist.

(6) Wenn die Grenzbehörde die Einreise nach § 60a Abs. 2a Satz 1 des Aufenthaltsgesetzes zulässt und eine Duldung ausstellt, vermerkt sie dies auf dem nach § 58 Nr. 2 vorgesehenen Vordruck.

(7) Sofern ein Aufenthaltstitel für Zwecke der Aufnahme oder Ausübung einer Erwerbstätigkeit nach § 84 Absatz 2 Satz 2 des Aufenthaltsgesetzes als fortbestehend gilt, dokumentiert die Ausländerbehörde dies auf Antrag des Ausländers in einem Vordruck nach Anlage D11 oder D11a; ist dem Ausländer ein Dokument entsprechend einem in Anlage D1 bis D3 vorgesehenen Muster ausgestellt worden oder wird ihm ein solches Dokument ausgestellt, ist die Eintragung in diesem Dokument vorzunehmen.

(8) Sofern die Ausländerbehörde auf Antrag des Inhabers feststellt, dass er ein Recht auf Daueraufenthalt nach Artikel 15 des Abkommens über den Austritt des Vereinigten Königreichs Großbritannien und Nordirland aus der Europäischen Union und der Europäischen Atomgemeinschaft (ABl. L 29 vom 31.1.2020, S. 7) besitzt, wird dieses Recht auf Daueraufenthalt dadurch bescheinigt, dass die Ausländerbehörde das Wort „Daueraufenthalt" in der zweiten Zeile des Anmerkungsfeldes 1 auf der Rückseite des Aufenthaltsdokuments-GB einträgt.

(9) [1] Besteht eine in § 1 Absatz 2 Nummer 2 oder Nummer 3 des Aufenthaltsgesetzes genannte Rechtsstellung oder eine Befreiung nach § 27, ist der Ausländer im Besitz eines vom Auswärtigen Amt ausgestellten Ausweises über diese Rechtsstellung, und hat der Ausländer zugleich ein in § 16 des Freizügigkeitsgesetzes/EU genanntes oder ein nach § 11 Absatz 11 in Verbindung mit § 3a des Freizügigkeitsgesetzes/EU gewährtes Aufenthaltsrecht, wird das Aufenthaltsrecht in einem Vordruck nach Anlage D11 oder D11a als Zusatzblatt zum ausgestellten Ausweis durch die Ausländerbehörde bescheinigt. [2] Hierzu sind im Zusatzblatt zu verwenden der Vermerk „Erwerbstätigkeit erlaubt" unterhalb der Eintragungen

---

[1)] **Sartorius ErgBd. Nr. 566a.**

1. in Fällen des § 16 Absatz 2 Satz 1 des Freizügigkeitsgesetzes/EU „Artikel 50 EUV[1] – der Inhaber hat ein Recht nach Artikel 18 Absatz 4 des Austrittsabkommens",
2. in den Fällen des § 16 Absatz 3 des Freizügigkeitsgesetzes/EU „Artikel 50 EUV – Grenzgänger – der Inhaber hat ein Recht nach Artikel 26 des Austrittsabkommens" und
3. in den Fällen des § 11 Absatz 11 in Verbindung mit § 3a des Freizügigkeitsgesetzes/EU „Der Inhaber besitzt ein Aufenthaltsrecht als Berechtigte(r) nach Artikel 3 Absatz 2 der Richtlinie 2004/38/EG in Verbindung mit Artikel 10 Absatz 2 bis 4 des Austrittsabkommens sowie § 3a in Verbindung mit § 11 Absatz 11 des Freizügigkeitsgesetzes/EU".

§ 59a[2] Hinweis auf Gewährung internationalen Schutzes bei Inhabern einer Erlaubnis zum Daueraufenthalt – EU. (1) Wird einem Ausländer, dem in der Bundesrepublik Deutschland die Rechtsstellung eines international Schutzberechtigten im Sinne von § 2 Absatz 13 des Aufenthaltsgesetzes[3] zuerkannt wurde, eine Erlaubnis zum Daueraufenthalt – EU nach § 9a des Aufenthaltsgesetzes erteilt, so ist in dem Feld für Anmerkungen folgender Hinweis aufzunehmen: „Durch DEU am [Datum] internationaler Schutz gewährt".

(2) [1] Wird einem Ausländer, der im Besitz einer langfristigen Aufenthaltsberechtigung – EU eines anderen Mitgliedstaates der Europäischen Union ist, die den Hinweis enthält, dass dieser Staat dieser Person internationalen Schutz gewährt, eine Erlaubnis zum Daueraufenthalt – EU nach § 9a des Aufenthaltsgesetzes erteilt, so ist in dem Feld für Anmerkungen der Erlaubnis zum Daueraufenthalt – EU ein entsprechender Hinweis aufzunehmen. [2] Vor Aufnahme des Hinweises ist der betreffende Mitgliedstaat in dem Verfahren nach § 91c Absatz 1a des Aufenthaltsgesetzes um Auskunft darüber zu ersuchen, ob der Ausländer dort weiterhin internationalen Schutz genießt. [3] Wurde der internationale Schutz in dem anderen Mitgliedstaat durch eine rechtskräftige Entscheidung aberkannt, wird der Hinweis nach Satz 1 nicht aufgenommen.

(3) [1] Ist ein Ausländer im Besitz einer Erlaubnis zum Daueraufenthalt – EU nach § 9a des Aufenthaltsgesetzes, die den Hinweis nach Absatz 2 Satz 1 enthält, und ist die Verantwortung für den internationalen Schutz im Sinne von § 2 Absatz 13 des Aufenthaltsgesetzes nach Maßgabe der einschlägigen Rechtsvorschriften auf Deutschland übergegangen, so ist der Hinweis durch den in Absatz 1 genannten Hinweis zu ersetzen. [2] Die Aufnahme dieses Hinweises hat spätestens drei Monate nach Übergang der Verantwortung auf Deutschland zu erfolgen.

(4) [1] Ist der Ausländer im Besitz einer Erlaubnis zum Daueraufenthalt – EU nach § 9a des Aufenthaltsgesetzes und wird ihm in einem anderen Mitgliedstaat der Europäischen Union internationaler Schutz im Sinne von § 2 Absatz 13 des Aufenthaltsgesetzes gewährt, bevor er dort eine langfristige Aufenthaltsberechtigung – EU erhält, so ist durch die zuständige Ausländerbehörde in das Feld für Anmerkungen der Erlaubnis zum Daueraufenthalt – EU folgender Hinweis aufzunehmen: „Durch [Abkürzung des Mitgliedstaates] am [Datum] internationaler Schutz gewährt". [2] Die Aufnahme dieses Hinweises hat spätestens drei Monate nachdem ein entsprechendes Ersuchen der zuständigen Stelle des anderen Mit-

---

[1] Nr. **1000**.

[2] § 59a eingef. mWv 6.9.2013 durch G v. 29.8.2013 (BGBl. I S. 3484); Überschrift neu gef. mWv 18.11.2023 durch VO v. 30.8.2023 (BGBl. 2023 I Nr. 233).

[3] Nr. **565**.

gliedstaates beim Bundesamt für Migration und Flüchtlinge eingegangen ist zu erfolgen.

§ 59b[1)] Hinweis auf Gewährung internationalen Schutzes bei Inhabern einer Blauen Karte EU. (1) [1] Wird einem Ausländer, dem in der Bundesrepublik Deutschland die Rechtsstellung eines international Schutzberechtigten im Sinne von § 2 Absatz 13 des Aufenthaltsgesetzes[2)] zuerkannt wurde, eine Blaue Karte EU erteilt, so ist in dem Feld für Anmerkungen folgender Hinweis aufzunehmen: „Durch DEU am [Datum] internationaler Schutz gewährt". [2] Wurde dem Ausländer der internationale Schutz durch eine bestands- oder rechtskräftige Entscheidung aberkannt und bestehen die Voraussetzungen für die Erteilung einer Blauen Karte EU fort, so ist die Blaue Karte EU ohne den Hinweis nach Satz 1 erneut auszustellen.

(2) [1] Wird einem Ausländer, dem ein anderer Mitgliedstaat der Europäischen Union Schutz gewährt, eine Blaue Karte EU erteilt, so ist in dem Feld für Anmerkungen der Blauen Karte EU folgender Hinweis aufzunehmen: „Durch [Abkürzung des Mitgliedstaates] am [Datum] internationaler Schutz gewährt". [2] Vor Aufnahme des Hinweises ist der betreffende Mitgliedstaat in dem Verfahren nach § 91f Absatz 8 des Aufenthaltsgesetzes um Auskunft darüber zu ersuchen, ob der Ausländer dort weiterhin internationalen Schutz genießt. [3] Wurde der internationale Schutz in dem anderen Mitgliedstaat durch eine rechtskräftige Entscheidung aberkannt, wird der Hinweis nach Satz 1 nicht aufgenommen.

(3) [1] Ist ein Ausländer im Besitz einer Blauen Karte EU, die den Hinweis nach Absatz 2 Satz 1 enthält, und ist die Verantwortung für den internationalen Schutz im Sinne von § 2 Absatz 13 des Aufenthaltsgesetzes nach Maßgabe der einschlägigen Rechtsvorschriften auf die Bundesrepublik Deutschland übergegangen, so ist der Hinweis durch den in Absatz 1 Satz 1 genannten Hinweis zu ersetzen. [2] Die Aufnahme dieses Hinweises hat spätestens drei Monate nach Übergang der Verantwortung auf die Bundesrepublik Deutschland zu erfolgen.

§ 60[3)] Lichtbild. (1) [1] Lichtbilder müssen den in § 4 der Passverordnung[4)] vom 19. Oktober 2007 in der jeweils geltenden Fassung festgelegten Anforderungen entsprechen und den Ausländer zweifelsfrei erkennen lassen. [2] Sie müssen die Person ohne Gesichts- und Kopfbedeckung zeigen. [3] Die zuständige Behörde kann hinsichtlich der Kopfbedeckung Ausnahmen zulassen oder anordnen, sofern gewährleistet ist, dass die Person hinreichend identifiziert werden kann.

(2) [1] Der Ausländer, für den ein Dokument nach § 58 oder § 59 ausgestellt werden soll, hat der zuständigen Behörde auf Verlangen ein aktuelles Lichtbild nach Absatz 1 vorzulegen oder bei der Anfertigung eines Lichtbildes mitzuwirken. [2] § 6 Absatz 2 Satz 3 des Passgesetzes[5)] findet entsprechende Anwendung

---

[1)] § 59b eingef. mWv 18.11.2023 durch VO v. 30.8.2023 (BGBl. 2023 I Nr. 233).

[2)] Nr. **565**.

[3)] § 60 neu gef. mWv 28.8.2007 durch G v. 19.8.2007 (BGBl. I S. 1970, ber. 2008 S. 992); Abs. 3 geänd. mWv 23.1.2019 durch VO v. 14.1.2019 (BGBl. I S. 10); Abs. 2 Sätze 2, 3 angef. mWv 1.5.2025 durch G v. 3.12.2020 (BGBl. I S. 2744); Abs. 1 Satz 1 geänd. mWv 1.1.2024, Abs. 2a eingef. mWv 1.5. *2025 durch VO v. 30.10.2023* (BGBl. 2023 I Nr. 290); Abs. 2a Nr. 1, 2 geänd. mWv 7.2.2026 durch VO v. 30.1.2026 (BGBl. 2026 I Nr. 31).

[4)] Nr. **251**.

[5)] Nr. **250**.

1. für Aufenthaltstitel nach § 4 Absatz 1 Satz 2 Nummer 2 bis 4 des Aufenthaltsgesetzes[1] mit elektronischem Speicher- und Verarbeitungsmedium[2] gemäß § 78 Absatz 1 Satz 1 des Aufenthaltsgesetzes,
2. für Aufenthaltstitel nach einheitlichem Vordruckmuster gemäß § 78a Absatz 1 Satz 1 des Aufenthaltsgesetzes sowie
3. für Reiseausweise für Ausländer, Flüchtlinge und Staatenlose gemäß § 4 Absatz 1 Satz 1 Nummer 1, 3 und 4.

[3] Eine Veränderung des Lichtbilds ist nur nach Maßgabe des Aufenthaltsgesetzes oder dieser Verordnung zulässig.

(2a) Die zuständige Ausländerbehörde trägt in den Fällen des Absatzes 2 Satz 2 in der Ausländerdatei A (§ 63) als lichtbildaufnehmende Stelle gemäß § 65 Nummer 7 ein

1. das übermittelte Pseudonym, wenn ein Lichtbild entsprechend den Vorgaben nach § 6 Absatz 2 Satz 3 Nummer 1 des Passgesetzes und § 4 Absatz 2 Nummer 1 der Passverordnung gefertigt wurde,
2. den Namen des Dienstleisters, der das Lichtbildaufnahmegerät zur Verfügung gestellt hat, sowie die Kennung des verwendeten Lichtbildaufnahmegeräts, wenn ein Lichtbild entsprechend den Vorgaben nach § 6 Absatz 2 Satz 3 Nummer 1 des Passgesetzes und § 4 Absatz 2 Nummer 2 der Passverordnung gefertigt wurde, oder
3. die jeweilige Ausländerbehörde, wenn ein Lichtbild entsprechend den Vorgaben nach § 6 Absatz 2 Satz 3 Nummer 2 des Passgesetzes gefertigt wurde.

(3) Das Lichtbild darf von den zuständigen Behörden zum Zweck des Einbringens in ein Dokument nach § 58 oder § 59 und zum späteren Abgleich mit dem tatsächlichen Aussehen des Dokumenteninhabers verarbeitet werden.

(Fortsetzung nächstes Blatt)

---

[1] Nr. **565**.

[2] In § 60 Abs. 2 Satz 2 Nr. 1 AufenthV werden die Wörter „elektronischem Speicher- und Verarbeitungsmedium" nicht durch das Wort „Chip" ersetzt, entgegen aller übrigen Änderungen durch VO v. 30.10.2023 (BGBl. 2023 I Nr. 290).

§ 60a[1)] Ausgabe und Versand des elektronischen Aufenthaltstitels und des Sperrkennworts. (1) Der elektronische Aufenthaltstitel wird gemeinsam mit dem Sperrkennwort von der zuständigen Ausländerbehörde an die antragstellende Person, an eine andere nach § 80 des Aufenthaltsgesetzes[2)] berechtigte Person oder an eine von der antragstellenden Person bevollmächtigte Person persönlich ausgegeben.

(2) [1] Der elektronische Aufenthaltstitel wird gemeinsam mit dem Sperrkennwort der antragstellenden Person durch den Hersteller auf dem Postweg an die zustellfähige inländische Meldeadresse der antragstellenden Person versendet, wenn sie einen anerkannten und gültigen Pass, Passersatz oder einen Ausweisersatz besitzt und sie gegenüber der zuständigen Ausländerbehörde in dieses Verfahren eingewilligt hat. [2] Ein Versand nach Satz 1 ist ausgeschlossen, wenn keine zustellfähige inländische Meldeadresse vorhanden ist. [3] Der Zusteller hat vor der Übergabe die Identität der antragstellenden Person durch Vorlage eines der in Satz 1 genannten Dokumente zu überprüfen. [4] Der Hersteller unterrichtet die Ausländerbehörde über die erfolgte Übergabe des elektronischen Aufenthaltstitels an den Inhaber des elektronischen Aufenthaltstitels. [5] Ein Versand des elektronischen Aufenthaltstitels als Ausweisersatz ist ausgeschlossen.

(3) [1] Die antragstellende Person soll bei einem Verfahren nach Absatz 2 der zuständigen Ausländerbehörde eine E-Mail-Adresse mitteilen, sofern eine solche der Ausländerbehörde noch nicht vorliegt. [2] Die Ausländerbehörde übermittelt diese E-Mail-Adresse an den Hersteller, damit dieser die E-Mail-Adresse dem Zusteller übermittelt. [3] Der Zusteller kündigt in diesem Fall der antragstellenden Person den Zeitraum der Übergabe per E-Mail an die hinterlegte E-Mail-Adresse an. [4] Die Ankündigung darf ausschließlich die Anrede, den Hinweis auf die bevorstehende Zustellung des elektronischen Aufenthaltstitels, den voraussichtlichen Zustellzeitpunkt sowie die Modalitäten der Zustellung nach Absatz 2 Satz 3 enthalten. [5] Die E-Mail-Adresse darf von der Ausländerbehörde, dem Hersteller sowie dem Zusteller nicht für andere als die genannten Zwecke verwendet werden und ist bei der Ausländerbehörde, beim Hersteller und beim Zusteller nach Übergabe des elektronischen Aufenthaltstitels und des Sperrkennworts an die antragstellende Person unverzüglich zu löschen, sofern sie ausschließlich für das Verfahren nach Absatz 2 gespeichert wurde. [6] Erfolgt eine Übergabe nicht, so findet Satz 5 mit der Maßgabe Anwendung, dass der Hersteller und der Zusteller die E-Mail-Adresse unverzüglich nach der Hinterlegung des elektronischen Aufenthaltstitels bei der zuständigen Ausländerbehörde, die Ausländerbehörde diese unverzüglich nach der Ausgabe des elektronischen Aufenthaltstitels an die antragstellende Person zu löschen haben.

§ 61[3)] Sicherheitsstandard, Ausstellungstechnik. (1) [1] Die produktions- und sicherheitstechnischen Spezifikationen für die nach dieser Verordnung bestimmten Vordruckmuster werden vom Bundesministerium des Innern, für Bau und Heimat festgelegt. [2] Sie werden nicht veröffentlicht.

(2) Einzelheiten zum technischen Verfahren für das Ausfüllen der bundeseinheitlichen Vordrucke werden vom Bundesministerium des Innern, für Bau und Heimat festgelegt und bekannt gemacht.

[1)] § 60a eingef. mWv 1.11.2024 durch VO v. 30.10.2023 (BGBl. 2023 I Nr. 290).
[2)] Nr. **565**.
[3)] § 61 Abs. 1 Satz 1, Abs. 2 geänd. mWv 27.6.2020 durch VO v. 19.6.2020 (BGBl. I S. 1328).

Abschnitt 2.[1)] Datenerfassung, Datenverarbeitung und Datenschutz

Unterabschnitt 1.[2)] Erfassung und Übermittlung von Antragsdaten zur Herstellung von Dokumenten mit Chip nach § 4 sowie nach § 78 des Aufenthaltsgesetzes[3)]

§ 61a[4)] Fingerabdruckerfassung bei der Beantragung von Dokumenten mit Chip. (1) [1]Die Fingerabdrücke werden in Form des flachen Abdrucks des linken und rechten Zeigefingers des Antragstellers im Chip des Dokuments gespeichert. [2]Bei Fehlen eines Zeigefingers, ungenügender Qualität des Fingerabdrucks oder Verletzungen der Fingerkuppe wird ersatzweise der flache Abdruck entweder des Daumens, des Mittelfingers oder des Ringfingers gespeichert. [3]Fingerabdrücke sind nicht zu speichern, wenn die Abnahme der Fingerabdrücke aus medizinischen Gründen, die nicht nur vorübergehender Art sind, unmöglich ist.

(2) [1]Auf Verlangen hat die Ausländerbehörde dem Dokumenteninhaber Einsicht in die im Chip gespeicherten Daten zu gewähren. [2]Die bei der Ausländerbehörde gespeicherten Fingerabdrücke sind spätestens nach Aushändigung des Dokuments zu löschen.

§ 61b[5)] Form und Verfahren der Datenerfassung, -prüfung sowie der dezentralen Qualitätssicherung. (1) Die Ausländerbehörde hat durch technische und organisatorische Maßnahmen die erforderliche Qualität der Erfassung des Lichtbildes und der Fingerabdrücke sicherzustellen.

(2) Zur elektronischen Erfassung des Lichtbildes und der Fingerabdrücke sowie zu deren Qualitätssicherung dürfen ausschließlich solche technischen Systeme und Bestandteile eingesetzt werden, die dem Stand der Technik entsprechen.

(3) [1]Die Einhaltung des Standes der Technik wird vermutet, wenn die eingesetzten Systeme und Bestandteile den für die Produktionsdatenerfassung, -qualitätsprüfung und -übermittlung maßgeblichen Technischen Richtlinien des Bundesamtes für Sicherheit in der Informationstechnik in der jeweils geltenden Fassung entsprechen. [2]Diese Technischen Richtlinien sind vom Bundesamt für Sicherheit in der Informationstechnik im Bundesanzeiger zu veröffentlichen.

(4) [1]Beantragung, Ausstellung und Ausgabe von Dokumenten mit Chip dürfen nicht zum Anlass genommen werden, die dafür erforderlichen Angaben und die biometrischen Merkmale außer bei den zuständigen Ausländerbehörden zu speichern. [2]Entsprechendes gilt für die zur Ausstellung erforderlichen Antragsunterlagen sowie für personenbezogene fotografische Datenträger (Mikrofilme).

(5) [1]Eine zentrale, alle Seriennummern umfassende Speicherung darf nur bei dem Dokumentenhersteller und ausschließlich zum Nachweis des Verbleibs der Dokumente mit Chip erfolgen. [2]Die Speicherung weiterer Angaben einschließlich

---

[1)] Abschnitt 2 Überschrift neu gef. mWv 29.6.2009 durch VO v. 15.6.2009 (BGBl. I S. 1287).

[2)] UAbschnitt 1 eingef. mWv 29.6.2009 durch VO v. 15.6.2009 (BGBl. I S. 1287); Überschrift neu gef. mWv 1.9.2011 durch VO v. 22.7.2011 (BGBl. I S. 1530); Überschrift geänd. mWv 1.11.2023 durch VO v. 30.10.2023 (BGBl. 2023 I Nr. 290).

[3)] Nr. **565**.

[4)] § 61a eingef. mWv 29.6.2009 durch VO v. 15.6.2009 (BGBl. I S. 1287); Überschrift, Abs. 1 Satz 1 geänd. mWv 1.9.2011 durch VO v. 22.7.2011 (BGBl. I S. 1530); Überschrift, Abs. 1 Satz 1, Abs. 2 Satz 1 geänd. mWv 1.11.2023 durch VO v. 30.10.2023 (BGBl. 2023 I Nr. 290).

[5)] § 61b *eingef. mWv 29.6.2009 durch VO v. 15.6.2009* (BGBl. I S. 1287); Abs. 4 Sätze 1 und 2, Abs. 5 Satz 1 geänd., Abs. 5 Satz 2 neu gef., Abs. 6 Satz 2 Nr. 2 geänd. mWv 1.9.2011 durch VO v. 22.7.2011 (BGBl. I S. 1530); Abs. 3 Satz 2 geänd. mWv 1.4.2012 durch G v. 22.12.2011 (BGBl. I S. 3044); Abs. 6 Satz 1 und Satz 2 Nr. 1 und 2 geänd. mWv 23.1.2019 durch VO v. 14.1.2019 (BGBl. I S. 10); Abs. 4, 5 Satz 1, Abs. 6 Satz 2 Nr. 2 geänd. mWv 1.11.2023 durch VO v. 30.10.2023 (BGBl. 2023 I Nr. 290).

der biometrischen Daten bei dem Dokumentenhersteller ist unzulässig, soweit sie nicht ausschließlich und vorübergehend der Herstellung der Dokumente dient; die Angaben sind anschließend zu löschen.

(6) [1]Die Seriennummern dürfen nicht so verwendet werden, dass mit ihrer Hilfe ein Abruf personenbezogener Daten aus Dateisystemen oder eine Verknüpfung von Dateisystemen möglich ist. [2]Abweichend von Satz 1 dürfen die Seriennummern verwendet werden:

1. durch die Ausländerbehörden für den Abruf personenbezogener Daten aus ihren Dateisystemen,
2. durch die Polizeibehörden und -dienststellen des Bundes und der Länder für den Abruf der in Dateisystemen gespeicherten Seriennummern solcher Dokumente mit Chip, die für ungültig erklärt worden sind, abhanden gekommen sind oder bei denen der Verdacht einer Benutzung durch Nichtberechtigte besteht.

(7) Die Absätze 4 bis 6 sowie § 4 Absatz 3 Satz 2und 3 und § 61a Absatz 2 Satz 2 gelten entsprechend für alle übrigen, durch deutsche Behörden ausgestellten Passersatzpapiere für Ausländer.

§ 61c[1)] Übermittlung der Daten an den Dokumentenhersteller. (1) [1]Nach der Erfassung werden sämtliche Antragsdaten in den Ausländerbehörden zu einem digitalen Datensatz zusammengeführt und an den Dokumentenhersteller übermittelt. [2]Die Datenübermittlung umfasst auch die Qualitätswerte zu den erhobenen Fingerabdrücken und – soweit vorhanden – zu den Lichtbildern, die Behördenkennzahl, die Versionsnummern der Qualitätssicherungssoftware und der Qualitätssollwerte, den Zeitstempel des Antrags sowie die Speichergröße der biometrischen Daten. [3]Die Datenübermittlung erfolgt durch elektronische Datenübertragung über verwaltungseigene Kommunikationsnetze oder über das Internet. [4]Sie erfolgt unmittelbar zwischen Ausländerbehörde und Dokumentenhersteller oder über Vermittlungsstellen. [5]Die zu übermittelnden Daten sind mittels geeigneter technischer und organisatorischer Maßnahmen nach Artikel 24, 25 und 32 der Verordnung (EU) 2016/679[2)] elektronisch zu signieren und zu verschlüsseln.

(2) [1]Zum Signieren und Verschlüsseln der nach Absatz 1 zu übermittelnden Daten sind gültige Zertifikate nach den Anforderungen der vom Bundesamt für Sicherheit in der Informationstechnik erstellten Sicherheitsleitlinien der Wurzelzertifizierungsinstanz der Verwaltung zu nutzen. [2]Der Dokumentenhersteller hat geeignete technische und organisatorische Regelungen zu treffen, die eine Weiterverarbeitung von ungültig signierten Antragsdaten ausschließen.

(3) [1]Die Datenübertragung nach Absatz 1 Satz 3 erfolgt unter Verwendung eines XML-basierten Datenaustauschformats gemäß den für die Produktionsdatenerfassung, -qualitätsprüfung und -übermittlung maßgeblichen Technischen Richtlinien des Bundesamtes für Sicherheit in der Informationstechnik und auf der Grundlage des Übermittlungsprotokolls OSCI-Transport in der jeweils gültigen Fassung. [2]§ 61b Absatz 3 Satz 2 gilt entsprechend.

(4) [1]Soweit die Datenübermittlung über Vermittlungsstellen erfolgt, finden die Absätze 1 bis 3 auf die Datenübermittlung zwischen Vermittlungsstelle und Doku-

---

[1)] § 61c eingef. mWv 29.6.2009 durch VO v. 15.6.2009 (BGBl. I S. 1287); Abs. 1 Satz 2 geänd. mWv 1.9.2011 durch VO v. 22.7.2011 (BGBl. I S. 1530); Abs. 1 Satz 5 geänd. mWv 23.1.2019 durch VO v. 14.1.2019 (BGBl. I S. 10).

[2)] Nr. **246**.

mentenhersteller entsprechende Anwendung. [2]Die Datenübermittlung zwischen Ausländerbehörde und Vermittlungsstelle muss hinsichtlich Datensicherheit und Datenschutz ein den in Absatz 1 Satz 5 genannten Anforderungen entsprechendes Niveau aufweisen. [3]Die Anforderungen an das Verfahren zur Datenübermittlung zwischen Ausländerbehörde und Vermittlungsstelle richten sich nach dem jeweiligen Landesrecht.

§ 61d[1)] Nachweis der Erfüllung der Anforderungen. (1) [1]Die Einhaltung der Anforderungen nach den Technischen Richtlinien ist vom Bundesamt für Sicherheit in der Informationstechnik vor dem Einsatz der Systeme und Bestandteile festzustellen (Konformitätsbescheid). [2]Hersteller und Lieferanten von technischen Systemen und Bestandteilen, die in den Ausländerbehörden zum Einsatz bei den in § 61b Absatz 1 und 2 geregelten Verfahren bestimmt sind, beantragen spätestens drei Monate vor der voraussichtlichen Inbetriebnahme beim Bundesamt für Sicherheit in der Informationstechnik einen Konformitätsbescheid nach Satz 1.

(2) [1]Die Prüfung der Konformität erfolgt durch eine vom Bundesamt für Sicherheit in der Informationstechnik anerkannte und für das Verfahren nach dieser Vorschrift speziell autorisierte Prüfstelle. [2]Die Prüfstelle dokumentiert Ablauf und Ergebnis der Prüfung in einem Prüfbericht. [3]Das Bundesamt für Sicherheit in der Informationstechnik stellt auf Grundlage des Prüfberichtes einen Konformitätsbescheid aus. [4]Die Kosten des Verfahrens, die sich nach der BSI-Kostenverordnung vom 3. März 2005 (BGBl. I S. 519) in der jeweils gültigen Fassung richten, und die Kosten, die von der jeweiligen Prüfstelle erhoben werden, trägt der Antragsteller.

§ 61e[2)] Qualitätsstatistik. [1]Der Dokumentenhersteller erstellt eine Qualitätsstatistik. [2]Sie enthält anonymisierte Qualitätswerte zu Lichtbildern und Fingerabdrücken, die sowohl in der Ausländerbehörde als auch beim Dokumentenhersteller ermittelt und vom Dokumentenhersteller ausgewertet werden. [3]Der Dokumentenhersteller stellt die Ergebnisse der Auswertung dem Bundesministerium des Innern, für Bau und Heimat und dem Bundesamt für Sicherheit in der Informationstechnik zur Verfügung. [4]Die Einzelheiten der Auswertung der Statistikdaten bestimmen sich nach den Technischen Richtlinien des Bundesamtes für Sicherheit in der Informationstechnik hinsichtlich der Vorgaben zur zentralen Qualitätssicherungsstatistik.

§ 61f[3)] Automatischer Abruf aus Dateisystemen und automatische Speicherung im öffentlichen Bereich. (1) [1]Behörden und sonstige öffentliche Stellen dürfen Dokumente mit Chip nicht zum automatischen Abruf personenbezogener Daten verwenden. [2]Abweichend von Satz 1 dürfen die Polizeibehörden und -dienststellen des Bundes und der Länder sowie, soweit sie Aufgaben der Grenzkontrolle wahrnehmen, die Zollbehörden Dokumente mit Chip im Rahmen ihrer Aufgaben und Befugnisse zum automatischen Abruf personenbezogener Daten verwenden, die für Zwecke

1. der Grenzkontrolle,

---

1) § 61d eingef. mWv 29.6.2009 durch VO v. 15.6.2009 (BGBl. I S. 1287).

2) § 61e eingef. mWv 29.6.2009 durch VO v. 15.6.2009 (BGBl. I S. 1287); Satz 3 geänd. mWv 27.6. 2020 durch VO v. 19.6.2020 *(BGBl. I S. 1328).*

3) § 61f eingef. mWv 29.6.2009 durch VO v. 15.6.2009 (BGBl. I S. 1287); Abs. 1 Sätze 1, 2 und Abs. 2 geänd. mWv 1.9.2011 durch VO v. 22.7.2011 (BGBl. I S. 1530); Überschrift, Abs. 2 geänd. mWv 23.1. 2019 durch VO v. 14.1.2019 (BGBl. I S. 10); Abs. 1 Sätze 1, 2, Abs. 2 geänd. mWv 1.11.2023 durch VO v. 30.10.2023 (BGBl. 2023 I Nr. 290).

2. der Fahndung oder Aufenthaltsfeststellung aus Gründen der Strafverfolgung, Strafvollstreckung oder der Abwehr von Gefahren für die öffentliche Sicherheit

im polizeilichen Fahndungsbestand geführt werden. [3]Über Abrufe, die zu keiner Feststellung geführt haben, dürfen vorbehaltlich gesetzlicher Regelungen nach Absatz 2 keine personenbezogenen Aufzeichnungen gefertigt werden.

(2) Personenbezogene Daten dürfen, soweit gesetzlich nichts anderes bestimmt ist, beim automatischen Lesen des Dokuments mit Chip nicht in Dateisystemen gespeichert werden; dies gilt auch für Abrufe aus dem polizeilichen Fahndungsbestand, die zu einer Feststellung geführt haben.

§ 61g[1)] Verwendung im nichtöffentlichen Bereich. (1) Das Passersatzpapier kann auch im nichtöffentlichen Bereich als Ausweis und Legitimationspapier benutzt werden.

(2) Die Seriennummern dürfen nicht so verwendet werden, dass mit ihrer Hilfe ein Abruf personenbezogener Daten aus Dateisystemen oder eine Verknüpfung von Dateisystemen möglich ist.

(3) Das Passersatzpapier darf weder zum automatischen Abruf personenbezogener Daten noch zur automatischen Speicherung personenbezogener Daten verwendet werden.

(4) [1]Beförderungsunternehmen dürfen personenbezogene Daten aus der maschinenlesbaren Zone des Passersatzes elektronisch nur verarbeiten, soweit sie auf Grund internationaler Abkommen oder Einreisebestimmungen zur Mitwirkung an Kontrolltätigkeiten im internationalen Reiseverkehr und zur Übermittlung personenbezogener Daten verpflichtet sind. [2]Biometrische Daten dürfen nicht ausgelesen werden. [3]Die Daten sind unverzüglich zu löschen, wenn sie für die Erfüllung dieser Pflichten nicht mehr erforderlich sind.

§ 61h[2)] Anwendung der Personalausweisverordnung. (1) Hinsichtlich des elektronischen Identitätsnachweises gemäß § 78 Absatz 5 des Aufenthaltsgesetzes[3)] sowie hinsichtlich der technischen Vorgaben für das Verfahren zur sicheren Übermittlung des Lichtbilds gemäß § 60 Absatz 2 sind die folgenden Regelungen unter der Maßgabe entsprechend anzuwenden, dass die Ausländerbehörde an die Stelle der Personalausweisbehörde tritt:

1. §§ 1, 2 mit Ausnahme von Satz 1 Nummer 2 Buchstabe e und f der Personalausweisverordnung,
2. §§ 3, 4 und 5 Absatz 1 Satz 2, Absatz 2, 3, 4 Satz 1 bis 5 und Absatz 7 der Personalausweisverordnung,
3. §§ 5a, 5b und 5c Absatz 1, 2, 3, 4 und 5 Satz 1 und 2, §§ 5d und 5e Absatz 1 der Personalausweisverordnung,
4. §§ 10, 13 bis 16, § 17 Absatz 1, 2 Satz 2 und 3 sowie Absatz 3, § 18 Absatz 5 der Personalausweisverordnung,
5. § 20 Absatz 1, 3 und 4 Satz 1 der Personalausweisverordnung,
6. §§ 21 bis 25 Absatz 1, 2 Satz 1 und Absatz 3 der Personalausweisverordnung,
7. §§ 25a und 26 Absatz 1 und 3 der Personalausweisverordnung sowie

---

[1)] § 61g eingef. mWv 29.6.2009 durch VO v. 15.6.2009 (BGBl. I S. 1287); Abs. 2 und Abs. 4 Satz 1 geänd. mWv 23.1.2019 durch VO v. 14.1.2019 (BGBl. I S. 10).

[2)] § 61h neu gef. mWv 1.9.2011 durch VO v. 22.7.2011 (BGBl. I S. 1530); Abs. 1 neu gef. mWv 1.9. 2021 durch VO v. 20.8.2021 (BGBl. I S. 3682); Abs. 1 neu gef. mWv 1.11.2024, Abs. 1 Nr. 3 eingef., bish. Nr. 3–7 werden Nr. 4–8 mWv 1.5.2025 durch VO v. 30.10.2023 (BGBl. 2023 I Nr. 290).

[3)] Nr. **565**.

8. §§ 26a bis 36a der Personalausweisverordnung.

(2) Die Nutzung des elektronischen Identitätsnachweises ist ausgeschlossen, wenn die Identität des Ausländers durch die Ausländerbehörde nicht zweifelsfrei festgestellt ist.

Unterabschnitt 2.[1] Führung von Ausländerdateien durch die Ausländerbehörden und die Auslandsvertretungen

§ 62[2] Dateisystemführungspflicht der Ausländerbehörden. [1]Die Ausländerbehörden führen zwei Dateisysteme unter den Bezeichnungen „Ausländerdatei A" und „Ausländerdatei B". [2]Die Pflicht zur Führung der Ausländerdatei A entfällt, sofern die Speicherung der Daten im Ausländerzentralregister erfolgt. [3]Die Daten sollen ausschließlich im Ausländerzentralregister gespeichert werden, soweit die Speicherung des Datums im Ausländerzentralregister vorgesehen ist; eine jederzeitige, wechselseitige und wirksame Übertragung in die beteiligten Register und IT-Fachverfahren, sowie die Kommunikation mit den Datenübermittlungsstandards nach § 76a ist sicherzustellen.

§ 63[3] Ausländerdatei A. (1) In die Ausländerdatei A werden die Daten eines Ausländers aufgenommen,

1. der bei der Ausländerbehörde
   a) die Erteilung oder Verlängerung eines Aufenthaltstitels beantragt oder
   b) einen Asylantrag einreicht,
2. dessen Aufenthalt der Ausländerbehörde von der Meldebehörde oder einer sonstigen Behörde mitgeteilt wird oder
3. für oder gegen den die Ausländerbehörde eine ausländerrechtliche Maßnahme oder Entscheidung trifft.

(2) Die Daten sind unverzüglich in dem Dateisystem zu speichern, sobald die Ausländerbehörde mit dem Ausländer befasst wird oder ihr eine Mitteilung über den Ausländer zugeht.

§ 64[4] Datensatz der Ausländerdatei A. (1) In die Ausländerdatei A sind über jeden Ausländer, der in dem Dateisystem geführt wird, folgende Daten aufzunehmen:

1. Familienname,
2. Geburtsname,
3. Vornamen,
4. Tag und Ort mit Angabe des Staates der Geburt,
5. Geschlecht,
6. Doktorgrad,
7. Staatsangehörigkeiten,

---

[1] Bish. UAbschnitt 1 wird UAbschnitt 2 mWv 29.6.2009 durch VO v. 15.6.2009 (BGBl. I S. 1287).

[2] § 62 Überschrift und Wortlaut geänd. mWv 23.1.2019 durch VO v. 14.1.2019 (BGBl. I S. 10); Satz 2 angef. mWv 1.11.2022, Satz 3 angef. mWv 1.11.2024 durch G v. 9.7.2021 (BGBl. I S. 2467).

[3] § 63 Abs. 1 Nr. 2 geänd. mWv 1.9.2011 durch VO v. 22.7.2011 (BGBl. I S. 1530); Abs. 2 geänd. mWv 23.1.2019 durch VO v. 14.1.2019 (BGBl. I S. 10).

[4] § 64 Abs. 1 Nr. 8 geänd., Nr. 9 und 10 angef. mWv 1.9.2011 durch VO v. 22.7.2011 (BGBl. I S. 1530); Abs. 1 Nr. 6 eingef., bish. Nr. 6–10 werden Nr. 7–11 mWv 1.2.2017 durch VO v. 20.12.2016 (BGBl. I S. 3074); Abs. 1 einl. Satzteil und Nr. 9 geänd. mWv 23.1.2019 durch VO v. 14.1.2019 (BGBl. I S. 10).

8. Aktenzeichen der Ausländerakte,
9. Hinweis auf andere Datensätze, unter denen der Ausländer in dem Dateisystem geführt wird,
10. das Sperrkennwort und die Sperrsumme für die Sperrung oder Entsperrung des elektronischen Identitätsnachweises eines Dokuments nach § 78 Absatz 1 des Aufenthaltsgesetzes[1] und
11. Angaben zur Ausschaltung und Einschaltung sowie Sperrung und Entsperrung des elektronischen Identitätsnachweises eines Dokuments nach § 78 Absatz 1 des Aufenthaltsgesetzes.

(2) Aufzunehmen sind ferner frühere Namen, abweichende Namensschreibweisen, Aliaspersonalien und andere von dem Ausländer geführte Namen wie Ordens- oder Künstlernamen oder der Familienname nach deutschem Recht, der von dem im Pass eingetragenen Familiennamen abweicht.

(3) Die Ausländerbehörde kann den Datensatz auf die in Absatz 1 genannten Daten beschränken und für die in Absatz 2 genannten Daten jeweils einen zusätzlichen Datensatz nach Maßgabe des Absatzes 1 einrichten.

§ 65[2] Erweiterter Datensatz. In die Ausländerdatei A sollen, soweit die dafür erforderlichen technischen Einrichtungen bei der Ausländerbehörde vorhanden sind, zusätzlich zu den in § 64 genannten Daten folgende Daten aufgenommen werden:
1. Familienstand,
2. gegenwärtige Anschrift und Einzugsdatum,
3. frühere Anschriften und Auszugsdatum,
3a. die Identifikationsnummer nach dem Identifikationsnummerngesetz,
4. Ausländerzentralregister-Nummer,
5. Angaben zum Pass, Passersatz oder Ausweisersatz:
   a) Art des Dokuments,
   b) Seriennummer,
   c) ausstellender Staat und ausstellende Behörde,
   d) Gültigkeitsdauer,
6. freiwillig gemachte Angaben zur Religionszugehörigkeit,
7. Lichtbild und die lichtbildaufnehmende Stelle,
8. Visadatei-Nummer,
9. folgende ausländerrechtliche Maßnahmen jeweils mit Erlassdatum:
   a) Erteilung und Verlängerung eines Aufenthaltstitels unter Angabe der Rechtsgrundlage des Aufenthaltstitels und einer Befristung,
   b) Ablehnung eines Antrages auf Erteilung oder Verlängerung eines Aufenthaltstitels,

[1] Nr. **565**.

[2] § 65 Nr. 9 Buchst. a und i geänd. mWv 29.1.2013 durch G v. 21.1.2013 (BGBl. I S. 86); Nr. 9 Buchst. d und f geänd. mWv 1.12.2013 durch G v. 28.8.2013 (BGBl. I S. 3474); Nr. 9 geänd., Nr. 10 angef. mWv 6.9.2013 durch G v. 29.8.2013 (BGBl. I S. 3484); Nr. 9 Buchst. j und r geänd. mWv 1.1.2016, Buchst. u und v geänd. mWv 29.12.2015 durch VO v. 18.12.2015 (BGBl. I S. 2467); Nr. 2, 3 und Nr. 5 Buchst. c geänd. mWv 1.2.2017 durch VO v. 20.12.2016 (BGBl. I S. 3074); Nr. 7 geänd. mWv 1.5.2025 durch G v. 3.12.2020 (BGBl. I S. 2744); Nr. 3a eingef. mWv 20.4.2021 durch G v. 28.3.2021 (BGBl. I S. 591).

c) Erteilung einer Bescheinigung über die Aufenthaltsgestattung unter Angabe der Befristung,
d) Anerkennung als Asylberechtigter oder die Feststellung, dass die Voraussetzungen des § 25 Abs. 2 des Aufenthaltsgesetzes[1)] vorliegen, sowie Angaben zur Bestandskraft,
e) Ablehnung eines Asylantrags oder eines Antrages auf Anerkennung als heimatloser Ausländer und Angaben zur Bestandskraft,
f) Widerruf und Rücknahme der Anerkennung als Asylberechtigter oder der Feststellung, dass die Voraussetzungen des § 25 Abs. 2 des Aufenthaltsgesetzes vorliegen,
g) Bedingungen, Auflagen und räumliche Beschränkungen,
h) nachträgliche zeitliche Beschränkungen,
i) Widerruf und Rücknahme eines Aufenthaltstitels oder Feststellung des Verlusts des Freizügigkeitsrechts nach § 2 Absatz 7, § 5 Absatz 4 oder § 6 Abs. 1 des Freizügigkeitsgesetzes/EU[2)],
j) sicherheitsrechtliche Befragung nach § 54 Absatz 2 Nummer 7 des Aufenthaltsgesetzes,
k) Ausweisung,
l) Ausreiseaufforderung unter Angabe der Ausreisefrist,
m) Androhung der Abschiebung unter Angabe der Ausreisefrist,
n) Anordnung und Vollzug der Abschiebung einschließlich der Abschiebungsanordnung nach § 58a des Aufenthaltsgesetzes,
o) Verlängerung der Ausreisefrist,
p) Erteilung und Erneuerung einer Bescheinigung über die Aussetzung der Abschiebung (Duldung) nach § 60a des Aufenthaltsgesetzes unter Angabe der Befristung,
q) Untersagung oder Beschränkung der politischen Betätigung unter Angabe einer Befristung,
r) Überwachungsmaßnahmen nach § 56 des Aufenthaltsgesetzes,
s) Erlass eines Ausreiseverbots,
t) Zustimmung der Ausländerbehörde zur Visumserteilung,
u) Befristung nach § 11 Absatz 2 des Aufenthaltsgesetzes,
v) Erteilung einer Betretenserlaubnis nach § 11 Absatz 8 des Aufenthaltsgesetzes unter Angabe der Befristung,
w) Übermittlung von Einreisebedenken im Hinblick auf § 5 des Aufenthaltsgesetzes an das Ausländerzentralregister,
x) Übermittlung einer Verurteilung nach § 95 Abs. 1 Nr. 3 oder Abs. 2 Nr. 1 des Aufenthaltsgesetzes,
y) Berechtigung oder Verpflichtung zur Teilnahme an Integrationskursen nach den §§ 43 bis 44a des Aufenthaltsgesetzes, Beginn und erfolgreicher Abschluss der Teilnahme an Integrationskursen nach den §§ 43 bis 44a des Aufenthaltsgesetzes sowie, bis zum Abschluss des Kurses, gemeldete Fehlzeiten, Abgabe eines Hinweises nach § 44a Abs. 3 Satz 1 des Aufenthaltsgesetzes sowie Kennziffern, die von der Ausländerbehörde für die anonymisierte Mitteilung der vorstehend genannten Ereignisse an das Bundesamt für

---

1) Nr. **565**.
2) Nr. **560**.

Migration und Flüchtlinge zur Erfüllung seiner Koordinierungs- und Steuerungsfunktion verwendet werden,

z) Zustimmung der Bundesagentur für Arbeit nach § 39 des Aufenthaltsgesetzes mit räumlicher Beschränkung und weiteren Nebenbestimmungen, deren Rücknahme sowie deren Versagung nach § 40 des Aufenthaltsgesetzes, deren Widerruf nach § 41 des Aufenthaltsgesetzes oder von der Ausländerbehörde festgestellte Zustimmungsfreiheit,

10. Geschäftszeichen des Bundesverwaltungsamtes für Meldungen zu einer laufenden Beteiligungsanfrage oder einem Nachberichtsfall (BVA-Verfahrensnummer).

§ 66[1)] Dateisystem über Passersatzpapiere. [1] Über die ausgestellten Reiseausweise für Ausländer, Reiseausweise für Flüchtlinge, Reiseausweise für Staatenlose, Notreiseausweise und EU-Rückkehrausweise hat die ausstellende Behörde oder Dienststelle ein Dateisystem zu führen. [2] Die Vorschriften über das Passregister für deutsche Pässe gelten für die in Satz 1 genannten Dokumente mit Ausnahme des EU-Rückkehrausweises entsprechend. [3] Die personenbezogenen Daten eines EU-Rückkehrausweises werden nur so lange wie erforderlich, maximal aber für 180 Tage im Dateisystem gespeichert.

§ 67[2)] Ausländerdatei B. (1) Die nach § 64 in die Ausländerdatei A aufgenommenen Daten sind in die Ausländerdatei B zu übernehmen, wenn der Ausländer

1. gestorben,
2. aus dem Bezirk der Ausländerbehörde fortgezogen ist oder
3. die Rechtsstellung eines Deutschen im Sinne des Artikels 116 Absatz 1 des Grundgesetzes[3)] erworben hat.

(2) [1] Der Grund für die Übernahme der Daten in die Ausländerdatei B ist in dem Dateisystem zu vermerken. [2] In der dem Dateisystem ist auch die Abgabe der

(Fortsetzung nächstes Blatt)

[1)] § 66 Satz 1 geänd. mWv 28.8.2007 durch G v. 19.8.2007 (BGBl. I S. 1970); Überschrift und Satz 1 geänd. mWv 23.1.2019 durch VO v. 14.1.2019 (BGBl. I S. 10); Sätze 1 und 2 neu gef. und Satz 3 angef. mWv 1.11.2025 durch VO v. 29.10.2025 (BGBl. 2025 I Nr. 260).

[2)] § 67 Abs. 1 Nr. 1 und 2 geänd., Nr. 3 angef. mWv 1.9.2011 durch VO v. 22.7.2011 (BGBl. I S. 1530, ber. S. 2080); Abs. 2 Sätze 1 und 2 geänd. mWv 23.1.2019 durch VO v. 14.1.2019 (BGBl. I S. 10).

[3)] Nr. **1**.

Ausländerakte an eine andere Ausländerbehörde unter Angabe der Empfängerbehörde zu vermerken.

(3) Im Fall des Absatzes 1 Nr. 2 können auch die in § 65 genannten Daten in die Ausländerdatei B übernommen werden.

§ 68[1] **Löschung.** (1) [1]In der Ausländerdatei A sind die Daten eines Ausländers zu löschen, wenn sie nach § 67 Abs. 1 in die Ausländerdatei B übernommen werden. [2]Die nur aus Anlass der Zustimmung zur Visumerteilung aufgenommenen Daten eines Ausländers sind zu löschen, wenn der Ausländer nicht innerhalb von zwei Jahren nach Ablauf der Geltungsdauer der Zustimmung eingereist ist.

(2) [1]Die Daten eines Ausländers, der ausgewiesen, zurückgeschoben oder abgeschoben wurde, sind in der Ausländerdatei B zu löschen, wenn die Unterlagen über die Ausweisung und die Abschiebung nach § 91 Abs. 1 des Aufenthaltsgesetzes[2] zu vernichten sind. [2]Im Übrigen sind die Daten eines Ausländers in der Ausländerdatei B zehn Jahre nach Übernahme der Daten zu löschen. [3]Im Fall des § 67 Absatz 1 Nummer 1 sollen die Daten fünf Jahre nach Übernahme des Datensatzes gelöscht werden.

§ 69[3] **Visadateien der Auslandsvertretungen.** (1) Jede Auslandsvertretung, die mit Visumangelegenheiten betraut ist, führt ein Dateisystem über Visumanträge, die Rücknahme von Visumanträgen und die Erteilung, Versagung, Rücknahme, Annullierung und Aufhebung sowie den Widerruf von Visa.

(2) In der Visadatei werden folgende Daten automatisiert gespeichert, soweit die Speicherung für die Erfüllung der gesetzlichen Aufgaben der Auslandsvertretung oder des Bundesamts für Auswärtige Angelegenheiten erforderlich ist:

1. über den Ausländer
   a) Nachname,
   b) Geburtsname,
   c) Vornamen,
   d) abweichende Namensschreibweisen, andere Namen und frühere Namen,
   e) Datum, Ort und Land der Geburt,
   f) Geschlecht,
   g) Familienstand,
   h) derzeitige Staatsangehörigkeiten sowie Staatsangehörigkeiten zum Zeitpunkt der Geburt,
   i) nationale Identitätsnummer,
   j) bei Minderjährigen Vor- und Nachnamen der Inhaber der elterlichen Sorge oder der Vormünder,

---

[1] § 68 Abs. 2 Satz 1 geänd. mWv 28.8.2007 durch G v. 19.8.2007 (BGBl. I S. 1970); Abs. 1, Satz 2 aufgeh., bish. Satz 3 wird Satz 2, Abs. 2 Satz 3 geänd. mWv 1.9.2011 durch VO v. 22.7.2011 (BGBl. I S. 1530); Abs. 2 Satz 3 geänd. mWv 15.7.2021 durch G v. 9.7.2021 (BGBl. I S. 2467).

[2] Nr. **565**.

[3] § 69 neu gef. mWv 3.12.2011 durch VO v. 25.11.2011 (BGBl. I S. 2347); Abs. 2 Nr. 1 Buchst. a und Nr. 2 Buchst. g geänd., Nr. 1 Buchst. d eingef., bish. Buchst. d–o werden Buchst. e–p mWv 1.6.2013 durch G v. 22.12.2011 (BGBl. I S. 3037); Abs. 2 Nr. 1 Buchst q angef. mWv 5.3.2013 durch VO v. 27.2. 2013 (BGBl. I S. 351); Abs. 2 Nr. 3 Buchst. l geänd. mWv 22.4.2015 durch VO v. 8.4.2015 (BGBl. I S. 599); Abs. 3 Satz 2 geänd. mWv 1.2.2017 durch VO v. 20.12.2016 (BGBl. I S. 3074); Abs. 1 geänd. mWv 23.1.2019 durch VO v. 14.1.2019 (BGBl. I S. 10); Abs. 2 einl. Satzteil geänd., Abs. 4 neu gef. mWv 24.6.2020 durch G v. 12.6.2020 (BGBl. I S. 1241).

k) Heimatanschrift und Wohnanschrift,

l) Art, Seriennummer und Gültigkeitsdauer von Aufenthaltstiteln für andere Staaten als den Heimatstaat,

m) Angaben zur derzeitigen Beschäftigung und Name, Anschrift und Telefonnummer des Arbeitgebers; bei Studenten Name und Anschrift der Bildungseinrichtung,

n) Lichtbild,

o) Fingerabdrücke oder Gründe für die Befreiung von der Pflicht zur Abgabe von Fingerabdrücken und

p) Vor- und Nachnamen, Geburtsdatum, Nationalität, Nummer des Reisedokuments oder des Personalausweises des Ehegatten, der Kinder, Enkelkinder oder abhängigen Verwandten in aufsteigender Linie, soweit es sich bei diesen Personen um Unionsbürger, Staatsangehörige eines Staates des Europäischen Wirtschaftsraums oder der Schweiz handelt, und das Verwandtschaftsverhältnis des Ausländers zu der betreffenden Person,

q) bei beabsichtigten Aufenthalten zur Beschäftigung Angaben zum beabsichtigten Beschäftigungsverhältnis und zur Qualifikation,

(Fortsetzung nächstes Blatt)

2. über die Reise:
   a) Zielstaaten im Schengen-Raum,
   b) Hauptzwecke der Reise,
   c) Schengen-Staat der ersten Einreise,
   d) Art, Seriennummer, ausstellende Behörde, Ausstellungsdatum und Gültigkeitsdauer des Reisedokuments oder Angaben zu einer Ausnahme von der Passpflicht,
   e) das Vorliegen einer Verpflichtungserklärung nach § 66 Absatz 2 oder § 68 Absatz 1 des Aufenthaltsgesetzes[1] und die Stelle, bei der sie vorliegt, sowie das Ausstellungsdatum,
   f) Angaben zu Aufenthaltsadressen des Antragstellers und
   g) Vornamen, Nachname, abweichende Namensschreibweisen, andere Namen und frühere Namen, Anschrift, Geburtsdatum, Geburtsort, Staatsangehörigkeiten, Geschlecht, Telefonnummer und E-Mail-Adresse
      aa) eines Einladers,
      bb) einer Person, die durch Abgabe einer Verpflichtungserklärung oder in anderer Weise die Sicherung des Lebensunterhalts garantiert, und
      cc) einer sonstigen Referenzperson;

      soweit eine Organisation an die Stelle einer in Doppelbuchstabe aa bis cc genannten Person tritt: Name, Anschrift, Telefonnummer und E-Mail-Adresse der Organisation, Sitz, Aufgabenstellung oder Wirkungsbereich und Bezeichnung und der Ort des Registers, in das die Organisation eingetragen ist, die Registernummer der Organisation sowie Vornamen und Nachname von deren Kontaktperson,
3. sonstige Angaben:
   a) Antragsnummer,
   b) Angaben, ob der Antrag in Vertretung für einen anderen Schengen-Staat bearbeitet wurde,
   c) Datum der Antragstellung,
   d) Anzahl der beantragten Aufenthaltstage,
   e) beantragte Geltungsdauer,
   f) Visumgebühr und Auslagen,
   g) Visadatei-Nummer des Ausländerzentralregisters,
   h) Seriennummer des vorhergehenden Visums,
   i) Informationen zum Bearbeitungsstand des Visumantrags,
   j) Angabe, ob ge- oder verfälschte Dokumente vorgelegt wurden, und Art und Nummer der Dokumente, Angaben zum Aussteller, Ausstellungsdatum und Geltungsdauer,
   k) Rückmeldungen der am Visumverfahren beteiligten Behörden und
   l) bei Visa für Ausländer, die sich länger als 90 Tage im Bundesgebiet aufhalten oder im Bundesgebiet eine Erwerbstätigkeit ausüben wollen, die Angabe der Rechtsgrundlage,
4. über das Visum:
   a) Nummer der Visummarke,
   b) Datum der Erteilung,

---

[1] Nr. **565**.

c) Kategorie des Visums,
d) Geltungsdauer,
e) Anzahl der Aufenthaltstage,
f) Geltungsbereich des Visums sowie Anzahl der erlaubten Einreisen in das Gebiet des Geltungsbereichs und
g) Bedingungen, Auflagen und sonstige Beschränkungen,

5. über die Versagung, die Rücknahme, die Annullierung, den Widerruf und die Aufhebung des Visums:
a) Datum der Entscheidung und
b) Angaben zu den Gründen der Entscheidung.

(3) [1] Die nach Absatz 2 gespeicherten Daten sind spätestens zu löschen:

1. bei Erteilung des Visums zwei Jahre nach Ablauf der Geltungsdauer des Visums,
2. bei Rücknahme des Visumantrags zwei Jahre nach der Rücknahme und
3. bei Versagung, Rücknahme, Annullierung, Widerruf oder Aufhebung des Visums fünf Jahre nach diesen Entscheidungen.

[2] Die nach Absatz 2 Nummer 1 Buchstabe o gespeicherten Fingerabdrücke sind unverzüglich zu löschen, sobald

1. das Visum ausgehändigt wurde,
2. der Antrag durch den Antragsteller zurückgenommen wurde,
3. die Versagung eines Visums zugegangen ist oder
4. nach Antragstellung ein gesetzlicher Ausnahmegrund von der Pflicht zur Abgabe von Fingerabdrücken vorliegt.

[3] Die nach Absatz 2 Nummer 3 Buchstabe d und e gespeicherten Daten sind unverzüglich bei Erteilung des Visums zu löschen. [4] Die nach Absatz 2 Nummer 5 gespeicherten Daten sind unverzüglich zu löschen, wenn der Grund für die Versagung, die Rücknahme, die Annullierung, die Aufhebung oder den Widerruf wegfällt und das Visum erteilt wird.

(4) Die Auslandsvertretungen, das Auswärtige Amt und das Bundesamt für Auswärtige Angelegenheiten dürfen die in den Visadateien gespeicherten Daten einander übermitteln, soweit dies für die Erfüllung der gesetzlichen Aufgaben der Auslandsvertretungen, des Auswärtigen Amts oder des Bundesamts für Auswärtige Angelegenheiten erforderlich ist.

§ 70[1] *(aufgehoben)*

Unterabschnitt 3.[2] Datenübermittlungen an die Ausländerbehörden

§ 71[3] **Übermittlungspflicht.** (1) [1] Die

1. Meldebehörden,

---

[1] § 70 aufgeh. mWv 3.12.2011 durch VO v. 25.11.2011 (BGBl. I S. 2347).

[2] Bish. UAbschnitt 2 wird UAbschnitt 3 mWv 29.6.2009 durch VO v. 15.6.2009 (BGBl. I S. 1287).

[3] § 71 Abs. 1 Satz 1 Nr. 2 und 3 eingef., bish. Nr. 2–5 werden Nr. 4–7, abschl. Satzteil geänd. *mWv 28.8.2007 durch G v. 19.8.2007 (BGBl. I S. 1970)*; Abs. 2 Nr. 5 eingef., bish. Nr. 5 und 6 werden Nr. 6 und 7 mWv 1.2.2017 durch VO v. 20.12.2016 (BGBl. I S. 3074); Abs. 2 Nr. 7 geänd., Nr. 8 angef. mWv 1.11.2019 durch G v. 4.8.2019 (BGBl. I S. 1131).

2. Passbehörden,
3. Ausweisbehörden,
4. Staatsangehörigkeitsbehörden,
5. Justizbehörden,
6. Bundesagentur für Arbeit und
7. Gewerbebehörden

sind unbeschadet der Mitteilungspflichten nach § 87 Abs. 2, 4 und 5 des Aufenthaltsgesetzes[1] verpflichtet, den Ausländerbehörden zur Erfüllung ihrer Aufgaben ohne Ersuchen die in den folgenden Vorschriften bezeichneten erforderlichen Angaben über personenbezogene Daten von Ausländern, Amtshandlungen, sonstige Maßnahmen gegenüber Ausländern und sonstige Erkenntnisse über Ausländer mitzuteilen. [2]Die Daten sind an die für den Wohnort des Ausländers zuständige Ausländerbehörde, im Fall mehrerer Wohnungen an die für die Hauptwohnung zuständige Ausländerbehörde zu übermitteln. [3]Ist die Hauptwohnung unbekannt, sind die Daten an die für den Sitz der mitteilenden Behörde zuständige Ausländerbehörde zu übermitteln.

(2) Bei Mitteilungen nach den §§ 71 bis 76 dieser Verordnung sind folgende Daten des Ausländers, soweit sie bekannt sind, zu übermitteln:

1. Familienname,
2. Geburtsname,
3. Vornamen,
4. Tag, Ort und Staat der Geburt,
5. Geschlecht,
6. Staatsangehörigkeiten,
7. Anschrift,
8. zum Zweck der eindeutigen Zuordnung die AZR-Nummer in den Fällen und nach Maßgabe des § 10 Absatz 4 Satz 2 Nummer 4 des AZR-Gesetzes[2].

§ 72[3] Mitteilungen der Meldebehörden. (1) Die Meldebehörden teilen den Ausländerbehörden mit

1. die Anmeldung,
2. die Abmeldung,
3. die Änderung der Hauptwohnung,
4. die Eheschließung oder die Begründung einer Lebenspartnerschaft, die Scheidung, Nichtigerklärung oder Aufhebung der Ehe, die Aufhebung der Lebenspartnerschaft,
5. die Namensänderung,
6. die Änderung oder Berichtigung des staatsangehörigkeitsrechtlichen Verhältnisses,
7. die Geburt,

---

[1] Nr. **565**.

[2] **Sartorius ErgBd. Nr. 569.**

[3] § 72 Abs. 2 Nr. 1 Buchst. f geänd. mWv 22.10.2005 durch VO v. 14.10.2005 (BGBl. I S. 2982); Abs. 1 Nr. 4 und Abs. 2 Nr. 4 neu gef., Abs. 2 Nr. 4a eingef., Nr. 5 und 8 geänd. mWv 28.8.2007 durch G v. 19.8.2007 (BGBl. I S. 1970); Abs. 1 Nr. 7 und 8 geänd., Nr. 9–11 angef., Abs. 2 Nr. 1 Buchst. b aufgeh., bish. Buchst. c–g werden Buchst. b–f, neuer Buchst. c neu gef., neuer Buchst e geänd., Nr. 3, 6 und 7 neu gef., Nr. 4 und 8 geänd., Nr. 9 und 10 angef. mWv 1.2.2017 durch VO v. 20.12.2016 (BGBl. I S. 3074).

8. den Tod,
9. den Tod des Ehegatten oder des Lebenspartners,
10. die eingetragenen Auskunftssperren gemäß § 51 des Bundesmeldegesetzes[1] und deren Wegfall und
11. das Ordnungsmerkmal der Meldebehörde

eines Ausländers.

(2) In den Fällen des Absatzes 1 sind zusätzlich zu den in § 71 Abs. 2 bezeichneten Daten zu übermitteln:

1. bei einer Anmeldung
   a) Doktorgrad,
   b) Familienstand,
   c) die gesetzlichen Vertreter mit Vor- und Familiennamen, Geschlecht, Tag der Geburt und Anschrift,
   d) Tag des Einzugs,
   e) frühere Anschrift,[2] und bei Zuzug aus dem Ausland auch der Staat,
   f) Pass, Passersatz oder Ausweisersatz mit Seriennummer, Angabe der ausstellenden Behörde und Gültigkeitsdauer,
2. bei einer Abmeldung
   a) Tag des Auszugs,
   b) neue Anschrift,
3. bei einer Änderung der Hauptwohnung
   a) die bisherige Hauptwohnung,
   b) das Einzugsdatum,
4. bei einer Eheschließung oder Begründung einer Lebenspartnerschaft
   der Tag der Eheschließung oder der Begründung der Lebenspartnerschaft Vor- und Familiennamen des Ehe- oder des Lebenspartners, sowie

4a. bei einer Scheidung, Nichtigerklärung oder Aufhebung einer Ehe oder bei einer Aufhebung der Lebenspartnerschaft
   der Tag und Grund der Beendigung der Ehe oder der Lebenspartnerschaft,

5. bei einer Namensänderung
   der bisherige und der neue Name,
6. bei einer Änderung des staatsangehörigkeitsrechtlichen Verhältnisses
   a) die neue oder weitere Staatsangehörigkeit und
   b) bei Aufgabe oder einem sonstigen Verlust der deutschen Staatsangehörigkeit zusätzlich die in Nummer 1 bezeichneten Daten,
7. bei Geburt
   die gesetzlichen Vertreter mit Vor- und Familiennamen, Geschlecht, Tag der Geburt und Anschrift,
8. bei Tod
   der Sterbetag,
9. bei Tod des Ehegatten oder des Lebenspartners
   der Sterbetag,
10. bei einer eingetragenen Auskunftssperre nach § 51 des Bundesmeldegesetzes
   die Auskunftssperre und deren Wegfall.

---

[1] Nr. **256**.
[2] Zeichensetzung amtlich.

§ 72a[1)] Mitteilungen der Pass- und Ausweisbehörden. (1) Die Passbehörden teilen den Ausländerbehörden die Einziehung eines Passes nach § 12 Abs. 1 in Verbindung mit § 11 Absatz 1 Nr. 2 des Passgesetzes[2)] wegen des Verlustes der deutschen Staatsangehörigkeit mit.

(2) Die Ausweisbehörden teilen den Ausländerbehörden die Einziehung eines Personalausweises nach dem Personalausweisgesetz wegen des Verlustes der deutschen Staatsangehörigkeit mit.

§ 73[3)] Mitteilungen der Staatsangehörigkeits- und Bescheinigungsbehörden nach § 15 des Bundesvertriebenengesetzes. (1) [1]Die Staatsangehörigkeitsbehörden teilen den Ausländerbehörden mit

1. den Erwerb der deutschen Staatsangehörigkeit durch den Ausländer,
2. die Feststellung der Rechtsstellung als Deutscher ohne deutsche Staatsangehörigkeit,
3. den Verlust der Rechtsstellung als Deutscher und
4. die Feststellung, dass eine Person zu Unrecht als Deutscher, fremder Staatsangehöriger oder Staatenloser geführt worden ist.

[2]Die Mitteilung nach Satz 1 Nr. 2 entfällt bei Personen, die mit einem Aufnahmebescheid nach dem Bundesvertriebenengesetz[4)] eingereist sind.

(2) Die Bescheinigungsbehörden nach § 15 des Bundesvertriebenengesetzes teilen den Ausländerbehörden die Ablehnung der Ausstellung einer Bescheinigung nach § 15 Abs. 1 oder 2 des Bundesvertriebenengesetzes mit.

§ 74[5)] Mitteilungen der Justizvollzugsbehörden und der Maßregelvollzugseinrichtungen. (1) Die Strafvollstreckungsbehörden teilen den Ausländerbehörden mit

1. den Widerruf einer Strafaussetzung zur Bewährung,
2. den Widerruf der Zurückstellung der Strafvollstreckung.

(2) Die Justizvollzugsbehörden teilen den Ausländerbehörden mit

1. den Antritt der Auslieferungs-, Untersuchungs- und Strafhaft *und den Beginn der Unterbringung in einem psychiatrischen Krankenhaus nach § 63 des Strafgesetzbuches[6)], der Unterbringung in einer Entziehungsanstalt nach § 64 des Strafgesetzbuches und der Unterbringung in der Sicherungsverwahrung nach § 66 des Strafgesetzbuches[7)]*,
2. die Verlegung in eine andere Justizvollzugsanstalt,
3. den Zeitpunkt der hälftigen Vollstreckung einer Freiheitsstrafe,
4. die vorgesehenen und festgesetzten Termine für die Entlassung aus der Haft *und das Ende der Unterbringung in einem psychiatrischen Krankenhaus nach § 63 des Strafgesetz-*

[1)] § 72a eingef. mWv 28.8 2007 durch G v. 19.8.2007 (BGBl. I S. 1970); Abs. 1 und 2 geänd. mWv 5.3.2013 durch VO v. 27.2.2013 (BGBl. I S. 351).

[2)] Nr. **250**.

[3)] § 73 Überschrift geänd. und Abs. 2 angef., bish. Wortlaut wird Abs. 1 mWv 18.3.2005 durch G v. 14.3.2005 (BGBl. I S. 721).

[4)] **Sartorius III Nr. 955.**

[5)] § 74 Überschrift neu gef., Abs. 2 einl. Satzteil, Nr. 1 und 3 geänd. mWv 1.11.2024 durch G v. 8.5.2024 (BGBl. 2024 I Nr. 152); Abs. 2 Nr. 3 eingef., bish. Nr. 3 wird Nr. 4 mWv 7.2.2026 durch VO v. 30.1.2026 (BGBl. 2026 I Nr. 31).

[6)] **Habersack Nr. 85.**

[7)] Redaktioneller Hinweis zur Konsolidierung: Vorstehender Satzteil ist gem. Änderungsbefehl in Art. 8 Nr. 2 Buchst. b Doppelbuchst. bb G v. 8.5.2024 (BGBl. 2024 I Nr. 152) mWv 1.11.2024 „vor dem Punkt am Ende" einzufügen; er wird hier in Ermangelung eines solchen Punktes vor dem Komma am Ende wiedergegeben.

buches, der Unterbringung in einer Entziehungsanstalt nach § 64 des Strafgesetzbuches und der Unterbringung in der Sicherungsverwahrung nach § 66 des Strafgesetzbuches[1].

§ 75[2] *(aufgehoben)*

§ 76 Mitteilungen der Gewerbebehörden. Die für die Gewerbeüberwachung zuständigen Behörden teilen den Ausländerbehörden mit

1. Gewerbeanzeigen,
2. die Erteilung einer gewerberechtlichen Erlaubnis,
3. die Rücknahme und den Widerruf einer gewerberechtlichen Erlaubnis,
4. die Untersagung der Ausübung eines Gewerbes sowie die Untersagung der Tätigkeit als Vertretungsberechtigter eines Gewerbetreibenden oder als mit der Leitung eines Gewerbebetriebes beauftragte Person.

§ 76a[3] **Form und Verfahren der Datenübermittlung im Ausländerwesen.**

(1) [1] Für die Datenübermittlung zwischen den mit der Ausführung des Aufenthaltsgesetzes[4] beauftragten Behörden werden der Datenübermittlungsstandard „XAusländer“ und das Übermittlungsprotokoll OSCI-Transport in der im Bundesanzeiger bekannt gemachten jeweils gültigen Fassung verwendet. [2] Die Möglichkeiten des OSCI-Standards zur sicheren Verschlüsselung und Signatur sind bei der Übertragung zu nutzen.

(2) [1] Absatz 1 ist auf die Datenübermittlung über Vermittlungsstellen entsprechend anzuwenden. [2] Erfolgt die Datenübermittlung zwischen den mit der Ausführung des Aufenthaltsgesetzes beauftragten Behörden über Vermittlungsstellen in verwaltungseigenen Kommunikationsnetzen, kann auch ein dem jeweiligen Landesrecht entsprechendes vom OSCI-Transport abweichendes Übermittlungsprotokoll eingesetzt werden, soweit dies hinsichtlich der Datensicherheit und des Datenschutzes ein den genannten Anforderungen entsprechendes Niveau aufweist. [3] Die Gleichwertigkeit ist durch den Verantwortlichen zu dokumentieren.

Unterabschnitt 4.[5] **Erkennungsdienstliche Behandlung nach § 49 Absatz 6, 8 und 9 des Aufenthaltsgesetzes**[4]

§ 76b[6] **Technische Richtlinien des Bundesamtes für Sicherheit in der Informationstechnik.** (1) Die nach § 49 des Aufenthaltsgesetzes[4] zuständigen Behörden haben die Einhaltung des Stands der Technik zu gewährleisten bei

1. der Erfassung des Lichtbildes und der Fingerabdrücke,
2. der Qualitätssicherung des Lichtbildes und der Fingerabdrücke,
3. der maschinellen Echtheitsprüfung von ausländischen Ausweis- oder Identifikationsdokumenten sowie

(Fortsetzung nächstes Blatt)

[1] Redaktioneller Hinweis zur Konsolidierung: Vorstehender Satzteil ist gem. Änderungsbefehl in Art. 8 Nr. 2 Buchst. b Doppelbuchst. cc G v. 8.5.2024 (BGBl. 2024 I Nr. 152) mWv 1.11.2024 „vor dem Komma am Ende“ einzufügen; er wird hier in Ermangelung eines solchen Kommas vor dem Punkt am Ende wiedergegeben.

[2] § 75 aufgeh. mWv 28.9.2013 durch VO v. 23.9.2013 (BGBl. I S. 3707).

[3] § 76a eingef. mWv 1.11.2011 durch VO v. 22.7.2011 (BGBl. I S. 1530); Abs. 2 Satz 3 geänd. mWv 23.1.2019 durch VO v. 14.1.2019 (BGBl. I S. 10).

[4] Nr. **565**.

[5] UAbschnitt 4 (§§ 76b, 76c) angef. mWv 9.8.2019 durch G v. 4.8.2019 (BGBl. I S. 1131).

[6] § 76b neu gef. mWv 1.11.2024 durch G v. 8.5.2024 (BGBl. 2024 I Nr. 152).

4. der Erhebung von anonymisierten Einzeldaten zur Sicherung des Sicherheits- und Qualitätsniveaus.

(2) Die Einhaltung des Stands der Technik wird vermutet, wenn die Prozesse nach den in Anlage E genannten Technischen Richtlinien des Bundesamtes für Sicherheit in der Informationstechnik in der jeweils zuletzt im Bundesanzeiger veröffentlichten Fassung durchgeführt wurden.

(3) [1]Sofern die jeweils zuletzt im Bundesanzeiger veröffentlichte Technische Richtlinie eine Zertifizierung beim Bundesamt für Sicherheit in der Informationstechnik vorsieht, ist diese für folgende Systemkomponenten erforderlich:

1. für Hardware zur Erfassung des Lichtbildes,
2. für Hardware zur Erfassung der Fingerabdrücke,
3. für Software zur Erfassung und Qualitätssicherung des Lichtbildes,
4. für Software zur Erfassung und Qualitätssicherung der Fingerabdruckdaten,
5. für Hardware zur Prüfung von Dokumenten und
6. Software zur Prüfung von Dokumenten.

[2]In Sonderlagen kann im Einvernehmen mit dem Bundesamt für Sicherheit in der Informationstechnik übergangsweise vom Verfahren nach den Absätzen 2 und 3 abgewichen werden.

§ 76c[1)] Nationale Sicherheits- und Qualitätsstatistik. (1) [1]Das Bundesamt für Sicherheit in der Informationstechnik führt eine nationale Sicherheits- und Qualitätsstatistik zu den nach § 49 des Aufenthaltsgesetzes[2)] erhobenen biometrischen Daten und zu den durchgeführten maschinellen Dokumentenprüfungen nach dem Stand der Technik. [2]Das Bundesverwaltungsamt ermöglicht dem Bundesamt für Sicherheit in der Informationstechnik den Zugang zu anonymisierten Einzeldaten zum Zwecke der Sicherheits- und Qualitätsstatistik. [3]Das Bundesamt für Sicherheit in der Informationstechnik stellt die in Satz 1 genannten Statistiken dem Bundesministerium des Innern und für Heimat, dem Bundesverwaltungsamt, der Bundespolizei, dem Bundeskriminalamt und dem Bundesamt für Migration und Flüchtlinge sowie den Ländern ganz oder teilweise zur Verfügung, sofern sie zur Aufgabenerfüllung benötigt werden.

(2) [1]Für die Statistiken des Bundesamtes für Sicherheit in der Informationstechnik gelten die Grundsätze der Neutralität und Objektivität. [2]Die Vorschriften der Geheimhaltung nach § 16 des Bundesstatistikgesetzes[3)] gelten entsprechend. [3]Das Statistikgeheimnis ist durch technische und organisatorische Maßnahmen zu wahren, die die Trennung zwischen statistischen und nichtstatistischen Aufgaben gewährleisten.

Kapitel 6. Ordnungswidrigkeiten

§ 77[4)] Ordnungswidrigkeiten. Ordnungswidrig im Sinne des § 98 Abs. 3 Nr. 7 des Aufenthaltsgesetzes[2)] handelt, wer vorsätzlich oder fahrlässig

---

[1)] § 76c neu gef. mWv 1.11.2024 durch G v. 8.5.2024 (BGBl. 2024 I Nr. 152).

[2)] Nr. **565**.

[3)] **Sartorius III Nr. 930.**

[4)] § 77 einl. Satzteil geänd., Nr. 1 eingef., bish. Nr. 1–3 werden Nr. 2–4 und geänd. mWv 28.8.2007 durch G v. 19.8.2007 (BGBl. I S. 1970); Nr. 3 und 4 geänd., Nr. 5 und 6 angef. mWv 1.9.2011 durch VO v. 22.7.2011 (BGBl. I S. 1530).

1. entgegen § 38c eine Mitteilung nicht, nicht richtig, nicht vollständig, nicht in der vorgeschriebenen Weise oder nicht rechtzeitig macht,
2. entgegen § 56 Abs. 1 Nr. 1 bis 3 oder 4 einen Antrag nicht oder nicht rechtzeitig stellt,
3. entgegen § 56 Abs. 1 Nr. 5 oder Abs. 2 Satz 1 eine Anzeige nicht, nicht richtig, nicht vollständig oder nicht rechtzeitig erstattet,
4. entgegen § 56 Abs. 1 Nr. 6 oder 7 oder § 57 eine dort genannte Urkunde nicht oder nicht rechtzeitig vorlegt,
5. entgegen § 57a Nummer 1 eine Anzeige nicht, nicht richtig, nicht vollständig oder nicht rechtzeitig erstattet oder ein Dokument nicht oder nicht rechtzeitig vorlegt oder
6. entgegen § 57a Nummer 2 ein Dokument nicht oder nicht rechtzeitig vorlegt oder die Neuausstellung nicht oder nicht rechtzeitig beantragt.

§ 78[1)] Verwaltungsbehörden im Sinne des Gesetzes über Ordnungswidrigkeiten. Die Zuständigkeit für die Verfolgung und Ahndung von Ordnungswidrigkeiten wird bei Ordnungswidrigkeiten nach § 98 Abs. 2 des Auf-[2)]

(Fortsetzung nächstes Blatt)

[1)] § 78 geänd. mWv 28.8.2007 durch G v. 19.8.2007 (BGBl. I S. 1970); geänd. mWv 1.3.2008 durch VO v. 22.2.2008 (BGBl. I S. 252).
[2)] Nr. **565**.

enthaltsgesetzes[1]), wenn sie bei der Einreise oder der Ausreise begangen werden, und nach § 98 Abs. 3 Nr. 3 des Aufenthaltsgesetzes auf die in der Rechtsverordnung nach § 58 Abs. 1 des Bundespolizeigesetzes[2]) bestimmte Bundespolizeibehörde übertragen, soweit nicht die Länder im Einvernehmen mit dem Bund Aufgaben des grenzpolizeilichen Einzeldienstes mit eigenen Kräften wahrnehmen.

Kapitel 7. Übergangs- und Schlussvorschriften

§ 79[3]) Anwendung auf Freizügigkeitsberechtigte. Die in Kapitel 2 Abschnitt 1, Kapitel 3, § 56, Kapitel 5 sowie in den §§ 81 und 82 enthaltenen Regelungen finden auch Anwendung auf Ausländer, deren Rechtsstellung durch das Freizügigkeitsgesetz/EU[4]) geregelt ist.

§ 80[5]) Übergangsregelung für bestimmte Fiktionsbescheinigungen im Zusammenhang mit einem Dokumentenmuster. Bis zum Ablauf des 31. Mai 2021 dürfen Fiktionsbescheinigungen, die nicht nach § 11 Absatz 4 des Freizügigkeitsgesetzes/EU[4]) in Verbindung mit § 81 Absatz 5 des Aufenthaltsgesetzes[1]) ausgestellt werden, auch mit Trägervordrucken nach dem Muster ausgestellt werden, das in dem bis zum 3. Dezember 2020 geltenden Recht vorgesehen war.

§ 80a[6]) Übergangsregelungen für britische Staatsangehörige im Zusammenhang mit dem Austritt des Vereinigten Königreichs Großbritannien und Nordirland aus der Europäischen Union. (1) [1]Britische Staatsangehörige im Sinne des § 1 Absatz 2 Nummer 6 des Freizügigkeitsgesetzes/EU[4]), deren Recht auf Aufenthalt im Bundesgebiet nach dem Freizügigkeitsgesetz/EU am 31. Dezember 2020 endet und die kein Aufenthaltsrecht nach dem Abkommen über den Austritt des Vereinigten Königreichs Großbritannien und Nordirland aus der Europäischen Union und der Europäischen Atomgemeinschaft (ABl. L 29 vom 31.1.2020, S. 7) haben, sind ab dem 1. Januar 2021 bis zum 31. März 2021 vom Erfordernis eines Aufenthaltstitels befreit und können einen für den weiteren Aufenthalt in Deutschland erforderlichen Aufenthaltstitel bis zum 31. März 2021 im Bundesgebiet einholen. [2]Eine im Bundesgebiet bis zum 31. Dezember 2020 ausgeübte Erwerbstätigkeit darf bis zur Entscheidung über den Antrag ohne den nach § 4a Absatz 1 Satz 1 des Aufenthaltsgesetzes[1]) erforderlichen Aufenthaltstitel weiterhin ausgeübt werden.

(2) [1]Bis zum Ablauf des 31. Dezember 2021 dürfen Aufenthaltsdokumente für Grenzgänger-GB auch nach dem Muster ausgestellt werden, das in dem bis zum 24. August 2021 geltenden Recht vorgesehen war. [2]Aufenthaltskarten und Daueraufenthaltskarten dürfen in den Fällen des § 3a des Freizügigkeitsgesetzes/EU bis zum 31. Dezember 2021 auch mit einem Hinweis auf Artikel 10 beziehungsweise Artikel 20 der Richtlinie 2004/38/EG ausgestellt werden.

---

[1]) Nr. **565**.
[2]) Nr. **90**.
[3]) § 79 geänd. mWv 1.9.2011 durch VO v. 22.7.2011 (BGBl. I S. 1530).
[4]) Nr. **560**.
[5]) § 80 neu gef. mWv 4.12.2020 durch VO v. 26.11.2020 (BGBl. I S. 2606).
[6]) § 80a eingef. mWv 4.12.2020 durch VO v. 26.11.2020 (BGBl. I S. 2606); Abs. 2 angef. mWv 25.8.2021 durch VO v. 20.8.2021 (BGBl. I S. 3682).

§ 81[1)] Weitergeltung von nach bisherigem Recht ausgestellten Passersatzpapieren. (1) Es behalten die auf Grund des zum Zeitpunkt der Ausstellung geltenden Rechts ausgestellten

1. Reiseausweise für Flüchtlinge nach § 14 Abs. 2 Nr. 1 der Verordnung zur Durchführung des Ausländergesetzes und Reiseausweise für Staatenlose nach § 14 Abs. 2 Nr. 2 der Verordnung zur Durchführung des Ausländergesetzes,
2. Grenzgängerkarten nach § 14 Abs. 1 Nr. 2 der Verordnung zur Durchführung des Ausländergesetzes in Verbindung mit § 19 der Verordnung zur Durchführung des Ausländergesetzes,
3. Eintragungen in Schülersammellisten (§ 1 Abs. 5) und Standardreisedokumente für die Rückführung nach § 1 Absatz 8 in der bis einschließlich 7. April 2017 geltenden Fassung,
4. Reiseausweise für Ausländer, die nach dem in Anlage D4b abgedruckten Muster ausgestellt wurden,
5. Reiseausweise für Ausländer, die nach dem in Anlage D4a abgedruckten Muster mit einem Gültigkeitszeitraum von mehr als einem Jahr ausgestellt wurden,
6. Reiseausweise für Staatenlose, die nach dem in Anlage D8 abgedruckten Muster mit einem Gültigkeitszeitraum von mehr als einem Jahr ausgestellt wurden,
7. Reiseausweise für Flüchtlinge, die nach dem in Anlage D7 abgedruckten Muster mit einem Gültigkeitszeitraum von mehr als einem Jahr ausgestellt wurden, und
8. Grenzgängerkarten, die nach dem in Anlage D5 abgedruckten Muster ausgestellt wurden,

für den jeweiligen Gültigkeitszeitraum ihre Geltung.

(2) Zudem gelten weiter die auf Grund des vor dem Inkrafttreten dieser Verordnung geltenden Rechts ausgestellten oder erteilten

1. Reisedokumente nach § 14 Abs. 1 Nr. 1 der Verordnung zur Durchführung des Ausländergesetzes in Verbindung mit den §§ 15 bis 18 der Verordnung zur Durchführung des Ausländergesetzes als Reiseausweise für Ausländer nach dieser Verordnung,
2. Reiseausweise als Passersatz, die Ausländern nach § 14 Abs. 1 Nr. 3 der Verordnung zur Durchführung des Ausländergesetzes in Verbindung mit § 20 der Verordnung zur Durchführung des Ausländergesetzes ausgestellt wurden, als Notreiseausweise nach dieser Verordnung,
3. Befreiungen von der Passpflicht in Verbindung mit der Bescheinigung der Rückkehrberechtigung nach § 24 der Verordnung zur Durchführung des Ausländergesetzes auf dem Ausweisersatz nach § 39 Abs. 1 des Ausländergesetzes als Notreiseausweise nach dieser Verordnung, auf denen nach dieser Verordnung die Rückkehrberechtigung bescheinigt wurde,
4. Passierscheine nach § 14 Abs. 1 Nr. 4 der Verordnung zur Durchführung des Ausländergesetzes, die nach § 21 Abs. 1 der Verordnung zur Durchführung des Ausländergesetzes an Flugpersonal ausgestellt wurden, und Landgangsausweise nach § 14 Abs. 1 Nr. 5 der Verordnung zur Durchführung des Ausländergesetzes, die nach § 21 Abs. 1 Satz 1 der Verordnung zur Durchführung des Ausländergesetzes an Besatzungsmitglieder eines in der See- oder Küstenschiff-

---

[1)] § 81 Abs. 1 neu gef., Abs. 4 Satz 2 angef. mWv 28.8.2007 durch G v. 19.8.2007 (BGBl. I S. 1970); Abs. 1 Nr. 3 geänd. mWv 8.4.2017 durch VO v. 3.4.2017 (BGBl. I S. 690).

fahrt oder in der Rhein-Seeschifffahrt verkehrenden Schiffes ausgestellt wurden, als Passierscheine und zugleich als Notreiseausweise nach dieser Verordnung und

5. Grenzkarten, die bisher nach den Voraussetzungen ausgestellt wurden, die in Artikel 7 Abs. 2, Artikel 13 Abs. 2, Artikel 28 Abs. 1 und Artikel 32 Abs. 2 des Anhangs I zum Abkommen vom 21. Juni 1999 zwischen der Europäischen Gemeinschaft und ihren Mitgliedstaaten einerseits und der Schweizerischen Eidgenossenschaft andererseits über die Freizügigkeit genannt sind, als Grenzgängerkarten nach dieser Verordnung.

(3) Der Gültigkeitszeitraum, der räumliche Geltungsbereich und der Berechtigungsgehalt der in den Absätzen 1 und 2 genannten Ausweise bestimmt sich nach den jeweils in ihnen enthaltenen Einträgen sowie dem Recht, das zum Zeitpunkt der Ausstellung des jeweiligen Ausweises galt.

(4) [1] Die Entziehung der in den Absätzen 1 und 2 genannten Ausweise und die nachträgliche Eintragung von Beschränkungen richten sich ausschließlich nach den Vorschriften dieser Verordnung. [2] Hat ein Vordruck nach Absatz 1 Nr. 1 und 2 sowie nach Absatz 2 seine Gültigkeit behalten, darf er dennoch nicht mehr für eine Verlängerung verwendet werden.

(5) [1] Die in den Absätzen 1 und 2 genannten Ausweise können von Amts wegen entzogen werden, wenn dem Ausländer anstelle des bisherigen Ausweises ein Passersatz oder Ausweisersatz nach dieser Verordnung ausgestellt wird, dessen Berechtigungsgehalt demjenigen des bisherigen Ausweises zumindest entspricht, und die Voraussetzungen für die Ausstellung des neuen Passersatzes oder Ausweisersatzes vorliegen. [2] Anstelle der Einziehung eines Ausweisersatzes, auf dem die Rückkehrberechtigung bescheinigt war, kann bei der Neuausstellung eines Notreiseausweises die Bescheinigung der Rückkehrberechtigung auf dem Ausweisersatz amtlich als ungültig vermerkt und der Ausweisersatz dem Ausländer belassen werden. [3] Absatz 4 bleibt unberührt.

(6) Andere als die in den Absätzen 1 und 2 genannten, von deutschen Behörden ausgestellten Passersatzpapiere verlieren nach Ablauf von einem Monat nach Inkrafttreten dieser Verordnung ihre Gültigkeit.

§ 82 Übergangsregelung zur Führung von Ausländerdateien. (1) [1] Bis zum 31. Dezember 2004 gespeicherte Angaben zu ausländerrechtlichen Maßnahmen und Entscheidungen bleiben auch nach Inkrafttreten des Aufenthaltsgesetzes[1)] und des Freizügigkeitsgesetzes/EU[2)] in der Ausländerdatei gespeichert. [2] Nach dem Aufenthaltsgesetz und dem Freizügigkeitsgesetz/

(Fortsetzung nächstes Blatt)

---

1) Nr. **565**.
2) Nr. **560**.

EU zulässige neue Maßnahmen und Entscheidungen sind erst zu speichern, wenn diese im Einzelfall getroffen werden.

(2) [1] Ausländerbehörden können bis zum 31. Dezember 2005 Maßnahmen und Entscheidungen, für die noch keine entsprechenden Kennungen eingerichtet sind, unter bestehenden Kennungen speichern. [2] Es dürfen nur Kennungen genutzt werden, die sich auf Maßnahmen und Entscheidungen beziehen, die ab dem 1. Januar 2005 nicht mehr getroffen werden.

(3) Die Ausländerbehörden haben beim Datenabruf der jeweiligen Maßnahme oder Entscheidung festzustellen, ob diese nach dem bisherigen Recht oder auf Grund des Aufenthaltsgesetzes oder des Freizügigkeitsgesetzes/EU erfolgt ist.

(4) Die Ausländerbehörden sind verpflichtet, die nach Absatz 2 gespeicherten Daten spätestens am 31. Dezember 2005 auf die neuen Speichersachverhalte umzuschreiben.

§ 82 a[1]) Übergangsregelung aus Anlass des Inkrafttretens des Gesetzes zur Umsetzung aufenthalts- und asylrechtlicher Richtlinien der Europäischen Union. [1] Angaben zu den mit dem Gesetz zur Umsetzung aufenthalts- und asylrechtlicher Richtlinien der Europäischen Union neu geschaffenen Speichersachverhalten werden in den Ausländerdateien gespeichert, sobald hierfür die informationstechnischen Voraussetzungen geschaffen worden sind, spätestens jedoch sechs Monate nach Inkrafttreten dieses Gesetzes. [2] Soweit bis dahin die Angaben noch nicht gespeichert worden sind, sind die Ausländerbehörden verpflichtet, unverzüglich ihre Speicherung nachzuholen.

§ 82 b[2]) Übergangsregelung zu § 31 Absatz 1 Satz 1 Nummer 1 und 2. Bis zur vollständigen Umsetzung des § 31 Absatz 1 Satz 1 Nummer 1 und 2 im automatisierten Visumverfahren des Bundesverwaltungsamtes, längstens jedoch bis zum 30. Juni 2013, können die Ausländerbehörden auch in den Fällen am Visumverfahren beteiligt werden, in denen auf Grund von § 31 Absatz 1 Satz 1 Nummer 1 und 2 in der Fassung vom 27. Februar 2013 (BGBl. I S. 351) ein Visum nicht der Zustimmung der Ausländerbehörde bedarf.

§ 83 Erfüllung ausweisrechtlicher Verpflichtungen. [1] Sofern die Voraussetzungen der Pflicht zur Vorlage nach § 57 zum Zeitpunkt des Inkrafttretens dieser Verordnung erfüllt sind, hat der Ausländer die genannten Papiere, die er zu diesem Zeitpunkt bereits besaß, nach dieser Vorschrift nur auf Verlangen der Ausländerbehörde oder dann vorzulegen, wenn er bei der Ausländerbehörde einen Aufenthaltstitel, eine Duldung oder einen deutschen Passersatz beantragt oder erhält oder eine Anzeige nach § 56 Nr. 5 erstattet. [2] Auf Grund anderer Vorschriften bestehende Rechtspflichten bleiben unberührt.

§ 84[3]) Beginn der Anerkennung von Forschungseinrichtungen. Anträge auf die Anerkennung von Forschungseinrichtungen werden ab dem 1. Dezember 2007 bearbeitet.

---

[1]) § 82 a eingef. mWv 28. 8. 2007 durch G v. 19. 8. 2007 (BGBl. I S. 1970).
[2]) § 82 b eingef. mWv 5. 3. 2013 durch VO v. 27. 2. 2013 (BGBl. I S. 351).
[3]) § 84 angef. mWv 28. 8. 2007 durch G v. 19. 8. 2007 (BGBl. I S. 1970).

Anlage A[1]
(zu § 16)

1. Inhaber von Nationalpässen und/oder Reiseausweisen für Flüchtlinge sowie sonstiger in den jeweiligen Abkommen genannten Reisedokumente von

Staat	**Zugehörige Fundstelle**
Australien	GMBl 1953 S. 575
Brasilien	BGBl. 2008 II S. 1179
Chile	GMBl 1955 S. 22
El Salvador	BAnz. 1998 S. 12778
Honduras	GMBl 1963 S. 363
Japan	BAnz. 1998 S. 12778
Kanada	GMBl 1953 S. 575
Korea (Republik Korea)	BGBl. 1974 II S. 682; BGBl. 1998 II S. 1390
Monaco	GMBl 1959 S. 287
Neuseeland	BGBl. 1972 II S. 1550
Panama	BAnz. 1967 Nr. 171, S. 1
San Marino	BGBl. 1969 II S. 203

2. Inhaber dienstlicher Pässe von

Staat	**Zugehörige Fundstelle**
Ghana	BGBl. 1998 II S. 2909
Philippinen	BAnz. 1968 Nr. 135, S. 2

3. Inhaber von Reiseausweisen für Flüchtlinge von
Belgien,
Dänemark,
Finnland,
Irland,
Island,
Italien,
Liechtenstein,
Luxemburg
Malta,
Niederlande,
Norwegen,
Polen,
Portugal,
Rumänien,
Schweden,
Schweiz,
Slowakei,

[1] *Anl. A geänd. mWv 22. 10. 2005 durch* VO v. 14. 10. 2005 (BGBl. I S. 2982); geänd. mWv 1. 1. 2009 durch G v. 20. 12. 2008 (BGBl. I S. 2846); geänd. mWv 26. 11. 2011 durch G v. 22. 11. 2011 (BGBl. I S. 2258); geänd. mWv 29. 12. 2015 durch VO v. 18. 12. 2015 (BGBl. I S. 2467).

Spanien,
Tschechische Republik,
Ungarn
nach Maßgabe des Europäischen Übereinkommens über die Aufhebung des Sichtvermerkszwangs für Flüchtlinge vom 20. April 1959 (BGBl. 1961 II S. 1097, 1098) sowie hinsichtlich der Inhaber von Reiseausweisen für Flüchtlinge der Schweiz auch nach Maßgabe des Abkommens zwischen der Regierung der Bundesrepublik Deutschland und dem Schweizerischen Bundesrat über die Abschaffung des Sichtvermerkszwangs für Flüchtlinge vom 4. Mai 1962 (BGBl. 1962 II S. 2331, 2332).

Anlage B[1)]
(zu § 19)

[Staaten]

1. Inhaber dienstlicher Pässe (Dienst-, Ministerial-, Diplomaten- und anderer Pässe für in amtlicher Funktion oder im amtlichen Auftrag Reisende) von
   Bolivien,
   Ghana,
   Kolumbien,
   Philippinen,
   Thailand,
   Tschad,
   Türkei.
2. Inhaber von Diplomatenpässen von
   Albanien,
   Algerien,
   Armenien,
   Aserbaidschan,
   Bosnien und Herzegowina,
   Ecuador,
   Indien,
   Jamaika,
   Kasachstan,
   Malawi,
   Marokko,
   Mazedonien, ehemalige Jugoslawische Republik,
   Moldau,
   Montenegro,
   Namibia,
   Pakistan,
   Peru,
   Serbien,
   Südafrika,
   Tunesien,
   Ukraine,
   Vereinigte Arabische Emirate,
   Vietnam.
3. Inhaber von Spezialpässen der Vereinigten Arabischen Emirate.
4. Inhaber von Dienstpässen von Ecuador.
5. Inhaber biometrischer Dienstpässe von
   Moldau,
   Ukraine.
6. Inhaber biometrischer Diplomatenpässe von
   Gabun,

---

1) Anl. B geänd. mWv 1.1.2007 durch VO v. 18.12.2006 (BGBl. I S. 3221); geänd. mWv 28.8.2007 durch G v. 19.8.2007 (BGBl. I S. 1970); geänd. mWv 14.5.2008 durch VO v. 8.5.2008 (BGBl. I S. 806); geänd. mWv 26.11.2011 durch G v. 22.11.2011 (BGBl. I S. 2258); geänd. mWv 5.3.2013 durch VO v. 27.2.2013 (BGBl. I S. 351); geänd. mWv 28.9.2013 durch VO v. 23.9.2013 (BGBl. I S. 3707); geänd. mWv 22.4.2015 durch VO v. 8.4.2015 (BGBl. I S. 599); geänd. mWv 26.7.2017 durch VO v. 14.7.2017 (BGBl. I S. 2650); geänd. mWv 14.5.2026 durch VO v. 8.5.2026 (BGBl. 2026 I Nr. 129).

Kuwait,
Mongolei.

7. Inhaber biometrischer Offizialpässe (Diplomaten-, Dienst- und Spezialpässe) von Katar, Oman.
8. Inhaber biometrischer Spezialpässe von Kuwait.

Anlage C[1)]
(zu § 26 Absatz 2 Satz 1)

[Staaten]

Indien

Jordanien

Ausgenommen von der Flughafentransitvisumpflicht sind Staatsangehörige Jordaniens, sofern sie

a) im Besitz eines gültigen Visums Australiens, Israels oder Neuseelands sowie eines bestätigten Flugscheins oder einer gültigen Bordkarte für einen Flug sind, der in den betreffenden Staat führt, oder

b) nach Beendigung eines erlaubten Aufenthalts in einem der vorstehend genannten Staaten nach Jordanien reisen und hierzu im Besitz eines bestätigten Flugscheins oder einer gültigen Bordkarte für einen Flug sind, der nach Jordanien führt.

Der Weiterflug muss innerhalb von zwölf Stunden nach der Ankunft in Deutschland von demjenigen Flughafen ausgehen, in dessen Transitbereich sich der Ausländer ausschließlich befindet.

Kuba

Libanon

Mali

Sudan

Südsudan

Syrien

Türkei

Ausgenommen von der Flughafentransitvisumpflicht sind Staatsangehörige der Türkei, die Inhaber von Dienstpässen, Ministerialpässen und anderen Pässen für in amtlicher Funktion oder im amtlichen Auftrag Reisende sind.

Anlage D1–D19
(Anlagen hier nicht abgedruckt)

Anlage E.[2)] **Technische Richtlinien des Bundesamtes für Sicherheit in der Informationstechnik**

1. BSI TR-03121 – Biometrics for Public Sector Applications
2. BSI-TR 03135 – Machine Authentication of MRTDs for Public Sector Applications
3. BSI-TR 03156 – Hoheitliches Identitätsmanagement in Verbindung mit EU-Informationssystemen

[1)] Anl. C neu gef. mWv 26.11.2011 durch G v. 22.11.2011 (BGBl. I S. 2258); geänd. mWv 29.12.2015 durch VO v. 18.12.2015 (BGBl. I S. 2467); geänd. mWv 29.7.2023 durch VO v. 27.7.2023 (BGBl. 2023 I Nr. 201).

[2)] Anl. E angef. mWv 1.11.2024 durch G v. 8.5.2024 (BGBl. 2024 I Nr. 152).

567. Asylgesetz (AsylG)[1) 2)]

In der Fassung der Bekanntmachung vom 2. September 2008[3)]

(BGBl. I S. 1798)

FNA 26-7

geänd. durch Art. 18 FGG-ReformG v. 17.12.2008 (BGBl. I S. 2586), Art. 3 G zur Anpassung des deutschen Rechts an die VO (EG) Nr. 380/2008 v. 12.4.2011 (BGBl. I S. 610), Art. 3 G zur Bekämpfung der Zwangsheirat und zum besseren Schutz der Opfer von Zwangsheirat sowie zur Änd. weiterer aufenthalts- und asylrechtlicher Vorschriften v. 23.6.2011 (BGBl. I S. 1266), Art. 4 G zur Umsetzung aufenthaltsrechtlicher RL der EU und zur Anpassung nationaler Rechtsvorschriften an den EU-Visakodex v. 22.11.2011 (BGBl. I S. 2258), Art. 1 G zur Umsetzung der RL 2011/95/EU v. 28.8.2013 (BGBl. I S. 3474), Art. 1 G zur Einstufung weiterer Staaten als sichere Herkunftsstaaten und zur Erleichterung des Arbeitsmarktzugangs für Asylbewerber und geduldete Ausländer v. 31.10.2014 (BGBl. I S. 1649), Art. 2 G zur Verbesserung der Rechtsstellung von asylsuchenden und geduldeten Ausländern v. 23.12.2014 (BGBl. I S. 2439), Art. 1 AsylverfahrensbeschleunigungsG v. 20.10.2015 (BGBl. I S. 1722), Art. 12 G zur Bereinigung des Rechts der Lebenspartner v. 20.11.2015 (BGBl. I S. 2010), Art. 1 DatenaustauschverbesserungsG v. 2.2.2016 (BGBl. I S. 130), Art. 1 G zur Einführung beschleunigter Asylverfahren v. 11.3.2016 (BGBl. I S. 390), Art. 2 G zur erleichterten Ausweisung von straffälligen Ausländern und zum erweiterten Ausschluss der Flüchtlingsanerkennung bei straffälligen Asylbewerbern v. 11.3.2016 (BGBl. I S. 394), Art. 6 IntegrationsG v. 31.7.2016 (BGBl. I S. 1939), Art. 2 Abs. 2 50. G zur Änd des StGB v. 4.11.2016 (BGBl. I S. 2460), Art. 6 Abs. 14 G zur Reform der strafrechtlichen Vermögensabschöpfung v. 13.4.2017 (BGBl. I S. 872), Art. 4 G zur Bekämpfung von Kinderehen v. 17.7.2017 (BGBl. I S. 2429), Art. 2 G zur besseren Durchsetzung der Ausreisepflicht v. 20.7.2017 (BGBl. I S. 2780), Art. 1 Drittes ÄndG v. 4.12. 2018 (BGBl. I S. 2250), Art. 5 Zweites DatenaustauschverbesserungsG v. 4.8.2019 (BGBl. I S. 1131), Art. 3 Zweites G zur besseren Durchsetzung der Ausreisepflicht v. 15.8.2019 (BGBl. I S. 1294), Art. 45 FachkräfteeinwanderungsG v. 15.8.2019 (BGBl. I S. 1307), Art. 48 Zweites Datenschutz-Anpassungs- und UmsetzungsG EU v. 20.11.2019 (BGBl. I S. 1626), Art. 165 Elfte ZuständigkeitsanpassungsVO v. 19.6.2020 (BGBl. I S. 1328), Art. 3 Abs. 1 59. G zur Änd. des StGB v. 9.10.2020 (BGBl. I S. 2075), Art. 8 Abs. 1 G zur Bekämpfung sexualisierter Gewalt gegen Kinder v. 16.6.2021 (BGBl. I S. 1810), Art. 9 G zur Weiterentwicklung des Ausländerzentralregisters v. 9.7.2021 (BGBl. I S. 2467), Art. 1 G zur Beschleunigung der Asylgerichtsverfahren und Asylverfahren v. 21.12.2022 (BGBl. I S. 2817), Art. 1 G zur Bestimmung Georgiens und der Republik Moldau als sichere Herkunftsstaaten v. 19.12.2023 (BGBl. 2023 I Nr. 382), Art. 2 RückführungsverbesserungsG v. 21.2.2024 (BGBl. 2024 I Nr. 54), Art. 9 G zur Anpassung von Datenübermittlungsvorschriften im Ausländer- und Sozialrecht v. 8.5.2024 (BGBl. 2024 I Nr. 152), Art. 4 PostrechtsmodernisierungsG v. 15.7.2024 (BGBl. 2024 I Nr. 236), Art. 2 G zur Verbesserung der inneren Sicherheit und des Asylsystems v. 25.10.2024 (BGBl. 2024 I Nr. 332), Art. 1 G zur Bestimmung sicherer Herkunftsstaaten durch Rechtsverordnung und zur Abschaffung des anwaltlichen Vertreters bei Abschiebehaft und Ausreisegewahrsam v. 22.12.2025 (BGBl. 2025 I Nr. 364) und Art. 1 GEAS-AnpassungsG v. 23.4.2026 (BGBl. 2026 I Nr. 111)

[1)] **Amtl. Anm.:** Dieses Gesetz dient der Umsetzung folgender Richtlinien:

1. Richtlinie 2003/9/EG des Rates vom 27. Januar 2003 zur Festlegung von Mindestnormen für die Aufnahme von Asylbewerbern in den Mitgliedstaaten der Europäischen Union (ABl. EU Nr. L 31 S. 18),
2. Richtlinie 2004/83/EG des Rates vom 29. April 2004 über Mindestnormen für die Anerkennung und den Status von Drittstaatsangehörigen oder Staatenlosen als Flüchtlinge oder als Personen, die anderweitig internationalen Schutz benötigen, und über den Inhalt des zu gewährenden Schutzes (ABl. EU Nr. L 304 S. 12),
3. Richtlinie 2005/85/EG des Rates vom 1. Dezember 2005 über Mindestnormen für Verfahren in den Mitgliedstaaten zur Zuerkennung und Aberkennung der Flüchtlingseigenschaft (ABl. EU Nr. L 326 S. 13).

[2)] Gesetzestitel neu gef. mWv 24.10.2015 durch G v. 20.10.2015 (BGBl. I S. 1722); bis 23.10.2015: „Asylverfahrensgesetz (AsylVfG)".

[3)] Neubekanntmachung des AsylVfG idF der Bek. v. 27.7.1993 (BGBl. I S. 1361) in der ab 1.11.2007 geltenden Fassung.

Inhaltsübersicht[1]

---

[1] Inhaltsübersicht geänd. mWv 1.12.2013 durch G v. 28.8.2013 (BGBl. I S. 3474); geänd. mWv 1.1.2015 durch G v. 23.12.2014 (BGBl. I S. 2439); geänd. mWv 24.10.2015 durch G v. 20.10.2015 (BGBl. I S. 1722); geänd. mWv 17.3.2016 durch G v. 11.3.2016 (BGBl. I S. 390); geänd. mWv 6.8.2016 durch G v. 31.7.2016 (BGBl. I S. 1939); geänd. mWv 29.7.2017 durch G v. 20.7.2017 (BGBl. I S. 2780); geänd. mWv 21.8.2019 durch G v. 15.8.2019 (BGBl. I S. 1294); geänd. mWv 1.1.2023 durch G v. 21.12.2022 (BGBl. I S. 2817); geänd. mWv 27.2.2024 durch G v. 21.2.2024 (BGBl. 2024 I Nr. 54); geänd. mWv 31.10.2024 durch G v. 25.10.2024 (BGBl. 2024 I Nr. 332); geänd. mWv 1.2.2026 durch G v. 22.12.2025 *(BGBl. 2025 I Nr. 364)*; geänd. mWv 12.6.2026 durch G v. 23.4.2026 (BGBl. 2026 I Nr. 111); sie wurde nichtamtlich an die Änderungen mWv 23.12.2023 durch G v. 19.12.2023 (BGBl. 2023 I Nr. 382) angepasst.

[2] Nr. **1**.

Abschnitt 1.[1] Geltungsbereich

§ 1[2] **Geltungsbereich.** (1) Dieses Gesetz gilt für Drittstaatsangehörige oder Staatenlose (Ausländer), die Folgendes beantragen (Asylantrag):

---

[1] Abschnitt 1 Überschrift geänd. mWv 1.12.2013 durch G v. 28.8.2013 (BGBl. I S. 3474).

[2] § 1 Abs. 1 neu gef. mWv 1.12.2013 durch G v. 28.8.2013 (BGBl. I S. 3474); Abs. 1 neu gef., Abs. 3–5 angef. mWv 12.6.2026 durch G v. 23.4.2026 (BGBl. 2026 I Nr. 111).

1. Schutz vor politischer Verfolgung nach Artikel 16a Absatz 1 des Grundgesetzes[1] (Asylberechtigung) oder
2. internationalen Schutz nach der Verordnung (EU) 2024/1347, der den Schutz vor Verfolgung nach dem Abkommen vom 28. Juli 1951 über die Rechtsstellung der Flüchtlinge (BGBl. 1953 II S. 559) und den subsidiären Schutz im Sinne der Verordnung (EU) 2024/1347 umfasst; § 104 Absatz 9 des Aufenthaltsgesetzes[2] bleibt unberührt.

(2) Dieses Gesetz gilt nicht für heimatlose Ausländer im Sinne des Gesetzes über die Rechtsstellung heimatloser Ausländer im Bundesgebiet[3] in der im Bundesgesetzblatt Teil III, Gliederungsnummer 243-1, veröffentlichten bereinigten Fassung in der jeweils geltenden Fassung.

(3) Dieses Gesetz gilt auch für Staatsangehörige der Mitgliedstaaten der Europäischen Union, die nicht Deutsche sind, wenn die Voraussetzungen des dem Vertrag über die Arbeitsweise der Europäischen Union anhängenden Protokolls (Nr. 24) über die Gewährung von Asyl für Staatsangehörige von Mitgliedstaaten der Europäischen Union erfüllt sind.

(4) Dieses Gesetz gilt auch für das Verfahren zur Bestimmung des zuständigen Mitgliedstaats, soweit nicht die Verordnung (EU) 2024/1351 oder die Rechtsverordnung nach § 88 Absatz 1 abweichende Regelungen treffen.

(5) Die Vorschriften dieses Gesetzes finden keine Anwendung, soweit das Recht der Europäischen Union, im Besonderen die Verordnung (EU) 2024/1348 in der jeweils geltenden Fassung, unmittelbar gilt.

Abschnitt 2.[4] Schutzgewährung

§ 2[5] Rechtsstellung Asylberechtigter. (1) Asylberechtigte genießen im Bundesgebiet die Rechtsstellung nach dem Abkommen über die Rechtsstellung der Flüchtlinge[6].

(2) Für das Verfahren zur Prüfung der Anerkennung der Asylberechtigung finden die verfahrensbezogenen Regelungen der Verordnungen
1. (EU) 2024/1347,
2. (EU) 2024/1348,
3. (EU) 2024/1349,
4. (EU) 2024/1351,
5. (EU) 2024/1352,
6. (EU) 2024/1356,
7. (EU) 2024/1358 und
8. (EU) 2024/1359

entsprechende Anwendung, soweit in Artikel 16a des Grundgesetzes[1], in diesem Gesetz oder anderen Rechtsvorschriften keine abweichenden Regelungen getroffen werden.

---

[1] Nr. **1**.
[2] Nr. **565**.
[3] Nr. **563**.
[4] Abschnitt 2 Überschrift eingef. mWv 1.12.2013 durch G v. 28.8.2013 (BGBl. I S. 3474).
[5] UAbschnitt 1 Überschrift aufgeh., § 2 Abs. 2 neu gef. mWv 12.6.2026 durch G v. 23.4.2026 (BGBl. 2026 I Nr. 111).
[6] Nr. **568**.

(3) Ausländer, denen bis zum Wirksamwerden des Beitritts in dem in Artikel 3 des Einigungsvertrages[1)] genannten Gebiet Asyl gewährt worden ist, gelten als Asylberechtigte.

§ 3[2)] Zuerkennung des internationalen Schutzes. [1]Die Zuerkennung des internationalen Schutzes richtet sich nach den Kapiteln III bis VI der Verordnung (EU) 2024/1347. [2]Hinsichtlich der Anwendung von Artikel 14 Absatz 2 der Verordnung (EU) 2024/1347 ist eine besonders schwere Straftat im Sinne des Artikels 14 Absatz 1 Buchstabe e der Verordnung (EU) 2024/1347 anzunehmen, wenn die in § 60 Absatz 8 Nummer 2 des Aufenthaltsgesetzes genannten Voraussetzungen vorliegen oder das Bundesamt nach § 60 Absatz 8a oder 8b des Aufenthaltsgesetzes[3)] von der Anwendung des § 60 Absatz 1 des Aufenthaltsgesetzes abgesehen hat.

§§ 3a–4[4)] *(aufgehoben)*

Abschnitt 3.[5)] Allgemeine Bestimmungen

§ 5[6)] Bundesamt. (1) [1]Das Bundesamt für Migration und Flüchtlinge (Bundesamt) ist Asylbehörde im Sinne des Artikels 4 Absatz 1 der Verordnung (EU) 2024/1348 und nimmt Asylanträge entgegen, prüft diese und erlässt Entscheidungen über den Asylantrag; dies umfasst Entscheidungen über Überstellungen nach Artikel 42 Absatz 1 und Artikel 67 Absatz 10 der Verordnung (EU) 2024/1351. [2]Das Bundesamt stellt zudem fest, ob der Ausländer nach Artikel 20 der Verordnung (EU) 2024/1348 besondere Verfahrensgarantien benötigt. [3]Das Bundesamt entscheidet auch über den Entzug der Anerkennung als Asylberechtigter oder der Zuerkennung des internationalen Schutzes. [4]Es ist nach Maßgabe dieses Gesetzes auch für ausländerrechtliche Maßnahmen und Entscheidungen zuständig.

(2) [1]Das Bundesministerium des Innern bestellt den Präsidenten des Bundesamtes. [2]Dieser sorgt für die ordnungsgemäße Organisation der Asylverfahren.

(3) [1]Der Präsident des Bundesamtes soll bei jeder Zentralen Aufnahmeeinrichtung für Asylbewerber (Aufnahmeeinrichtung) mit mindestens 1000 dauerhaften Unterbringungsplätzen in Abstimmung mit dem Land eine Außenstelle einrichten. [2]Er kann in Abstimmung mit den Ländern weitere Außenstellen einrichten.

(4) [1]Der Präsident des Bundesamtes kann mit den Ländern vereinbaren, ihm sachliche und personelle Mittel zur notwendigen Erfüllung seiner Aufgaben in den Außenstellen zur Verfügung zu stellen. [2]Die ihm zur Verfügung gestellten Bediensteten unterliegen im gleichen Umfang seinen fachlichen Weisungen wie die Bediensteten des Bundesamtes. [3]Die näheren Einzelheiten sind in einer Verwaltungsvereinbarung zwischen dem Bund und dem Land zu regeln.

[1)] **Sartorius III Nr. 2.**

[2)] UAbschnitt 2 Überschrift aufgeh., § 3 neu gef. mWv 12.6.2026 durch G v. 23.4.2026 (BGBl. 2026 I Nr. 111).

[3)] Nr. **565**.

[4)] §§ 3a–4 aufgeh. mWv 12.6.2026 durch G v. 23.4.2026 (BGBl. 2026 I Nr. 111).

[5)] Abschnitt 3 Überschrift eingef. mWv 1.12.2013 durch G v. 28.8.2013 (BGBl. I S. 3474).

[6)] § 5 Abs. 1 Satz 1 geänd. mWv 1.12.2013 durch G v. 28.8.2013 (BGBl. I S. 3474); Abs. 5 angef. mWv 17.3.2016 durch G v. 11.3.2016 (BGBl. I S. 390); Abs. 3 Satz 1 geänd. mWv 6.8.2016 durch G v. 31.7. 2016 (BGBl. I S. 1939); Abs. 2 Satz 1 geänd. mWv 27.6.2020 durch VO v. 19.6.2020 (BGBl. I S. 1328); Abs. 6 angef. mWv 1.1.2023 durch G v. 21.12.2022 (BGBl. I S. 2817); Abs. 1 neu gef., Abs. 2 Satz 1, Abs. 3 Satz 1, Abs. 4 Satz 1, Abs. 5 Satz 1 geänd. mWv 12.6.2026 durch G v. 23.4.2026 (BGBl. 2026 I Nr. 111).

(5) [1]Der Präsident des Bundesamtes kann mit den Ländern vereinbaren, dass in einer Aufnahmeeinrichtung Ausländer untergebracht werden, deren Verfahren beschleunigt nach Artikel 42 der Verordnung (EU) 2024/1348 bearbeitet werden sollen (besondere Aufnahmeeinrichtungen). [2]Das Bundesamt richtet Außenstellen bei den besonderen Aufnahmeeinrichtungen nach Satz 1 ein oder ordnet sie diesen zu. [3]Auf besondere Aufnahmeeinrichtungen finden die für Aufnahmeeinrichtungen geltenden Regelungen Anwendung, soweit nicht in diesem Gesetz oder einer anderen Rechtsvorschrift etwas anderes bestimmt wird.

(6) [1]Für Personen, die für das Bundesamt tätig werden sollen, ist eine einfache Sicherheitsüberprüfung nach dem Sicherheitsüberprüfungsgesetz[1)] durchzuführen. [2]Von einer Sicherheitsüberprüfung kann abgesehen werden, wenn Art oder Dauer der Tätigkeit dies zulassen.

§ 6[2)] Verbindlichkeit asylrechtlicher Entscheidungen. [1]Die Entscheidung über den Asylantrag ist in allen Angelegenheiten verbindlich, in denen die Anerkennung als Asylberechtigter oder die Zuerkennung des internationalen Schutzes im Sinne des § 1 Absatz 1 Nummer 2 rechtserheblich ist. [2]Dies gilt nicht für das Auslieferungsverfahren sowie das Verfahren nach § 58a des Aufenthaltsgesetzes[3)].

§ 7[4)] Erhebung personenbezogener Daten. (1) [1]Die mit der Ausführung dieses Gesetzes betrauten Behörden dürfen zum Zwecke der Ausführung dieses Gesetzes personenbezogene Daten erheben, soweit dies zur Erfüllung ihrer Aufgaben erforderlich ist. [2]Personenbezogene Daten, deren Verarbeitung nach Artikel 9 Absatz 1 der Verordnung (EU) 2016/679[5)] des Europäischen Parlaments und des Rates vom 27. April 2016 zum Schutz natürlicher Personen bei der Verarbeitung personenbezogener Daten, zum freien Datenverkehr und zur Aufhebung der Richtlinie 95/46/EG (Datenschutz-Grundverordnung) (ABl. L 119 vom 4.5. 2016, S. 1; L 314 vom 22.11.2016, S. 72; L 127 vom 23.5.2018, S. 2) in der jeweils geltenden Fassung untersagt ist, dürfen erhoben werden, soweit dies im Einzelfall zur Aufgabenerfüllung erforderlich ist.

(2) [1]Die Daten sind bei der betroffenen Person zu erheben. [2]Sie dürfen auch ohne Mitwirkung der betroffenen Person bei anderen öffentlichen Stellen, ausländischen Behörden und nichtöffentlichen Stellen erhoben werden, wenn

1. dieses Gesetz oder eine andere Rechtsvorschrift es vorsieht oder zwingend voraussetzt,
2. es offensichtlich ist, dass es im Interesse der betroffenen Person liegt und kein Grund zu der Annahme besteht, dass sie in Kenntnis der Erhebung ihre Einwilligung verweigern würde,
3. die Mitwirkung der betroffenen Person nicht ausreicht oder einen unverhältnismäßigen Aufwand erfordern würde,
4. die zu erfüllende Aufgabe ihrer Art nach eine Erhebung bei anderen Personen oder Stellen erforderlich macht oder
5. es zur Überprüfung der Angaben der betroffenen Person erforderlich ist.

[1)] **Sartorius III Nr. 810.**

[2)] § 6 neu gef. mWv 1.12.2013 durch G v. 28.8.2013 (BGBl. I S. 3474).

[3)] Nr. **565**.

[4)] § 7 Abs. 3 angef. mWv 24.10.2015 durch G v. 20.10.2015 (BGBl. I S. 1722); Abs. 1 Satz 2 neu gef., Abs. 2 Satz 1, Satz 2 Nr. 2, 3 und 5 und Satz 3 geänd. mWv 26.11.2019 durch G v. 20.11.2019 (BGBl. I S. 1626); Abs. 3 Satz 1 geänd. mWv 1.2.2026 durch G v. 22.12.2025 (BGBl. 2025 I Nr. 364).

[5)] Nr. **246**.

[3] Nach Satz 2 Nr. 3 und 4 sowie bei ausländischen Behörden und nichtöffentlichen Stellen dürfen Daten nur erhoben werden, wenn keine Anhaltspunkte dafür bestehen, dass überwiegende schutzwürdige Interessen der betroffenen Person beeinträchtigt werden.

(3) [1] Die Asylverfahrensakten des Bundesamtes sind spätestens zwanzig Jahre nach unanfechtbarem Abschluss des Asylverfahrens zu vernichten sowie in den Datenverarbeitungssystemen des Bundesamtes zu löschen. [2] Die Fristen zur Vernichtung und Löschung aufgrund anderer Vorschriften bleiben davon unberührt.

§ 8[1)] Übermittlung personenbezogener Daten. (1) Öffentliche Stellen haben auf Ersuchen (§ 7 Abs. 1) den mit der Ausführung dieses Gesetzes betrauten Behörden ihnen bekannt gewordene Umstände mitzuteilen, soweit besondere gesetzliche Verarbeitungsregelungen oder überwiegende schutzwürdige Interessen der betroffenen Person dem nicht entgegenstehen.

(1a) Die für die Einleitung eines Strafverfahrens zuständigen Stellen haben in Strafsachen gegen die betroffene Person das Bundesamt unverzüglich zu unterrichten über

1. die Einleitung des Strafverfahrens, soweit dadurch eine Gefährdung des Untersuchungszwecks nicht zu erwarten ist, und die Erhebung der öffentlichen Klage, wenn
   a) eine Freiheits- oder Jugendstrafe von mindestens drei Jahren zu erwarten ist oder
   b) eine Freiheits- oder Jugendstrafe von mindestens einem Jahr wegen einer oder mehrerer vorsätzlicher Straftaten zu erwarten ist, sofern die Straftat
      aa) eine Straftat gegen die sexuelle Selbstbestimmung nach den §§ 176, 176a, 176c, 176d, 177, 178 oder § 184b des Strafgesetzbuches[2)], § 96 oder § 97 des Aufenthaltsgesetzes[3)] ist,
      bb) mit Gewalt, unter Anwendung von Drohung mit Gefahr für Leib oder Leben oder mit List begangen worden ist oder
      cc) mit einem antisemitischen, rassistischen, fremdenfeindlichen, geschlechtsspezifischen, gegen die sexuelle Orientierung gerichteten oder sonstigen menschenverachtenden Beweggrund im Sinne von § 46 Absatz 2 Satz 2 des Strafgesetzbuches begangen worden ist;
2. die Erledigung eines Strafverfahrens
   a) durch eine rechtskräftige Verurteilung zu einer Freiheits- oder Jugendstrafe von mindestens drei Jahren,

---

[1)] § 8 Abs. 3 Satz 3 eingef., bish. Satz 3 wird Satz 4 mWv 24.10.2015 durch G v. 20.10.2015 (BGBl. I S. 1722); Abs. 4 eingef., bish. Abs. 4 und 5 werden Abs. 5 und 6 mWv 5.2.2016 durch G v. 2.2.2016 (BGBl. I S. 130); Abs. 1a eingef. mWv 17.3.2016 durch G v. 11.3.2016 (BGBl. I S. 394); Abs. 1b eingef. mWv 6.8.2016 durch G v. 31.7.2016 (BGBl. I S. 1939); Abs. 1a neu gef. mWv 10.11.2016 durch G v. 4.11.2016 (BGBl. I S. 2460); Abs. 1c eingef., Abs. 3 Satz 1 neu gef. mWv 29.7.2017 durch G v. 20.7.2017 (BGBl. I S. 2780); Abs. 1a Nr. 1, 2 geänd. mWv 9.8.2019 durch G v. 4.8.2019 (BGBl. I S. 1131); Abs. 1, 1a einl. Satzteil, Abs. 1b Sätze 1 und 2, Abs. 1c Satz 2, Abs. 3 Satz 1 abschl. Satzteil, Sätze 2 und 3 und Abs. 4 geänd., Abs. 6 aufgeh. mWv 26.11.2019 durch G v. 20.11.2019 (BGBl. I S. 1626); Abs. 1c neu gef. mWv 27.2.2024 durch G v. 21.2.2024 (BGBl. 2024 I Nr. 54); Abs. 1a neu gef. mWv 31.10.2024 durch G v. 25.10.2024 (BGBl. 2024 I Nr. 332); Abs. 1a Nr. 1 Buchst. b Doppelbuchst. aa, Nr. 2 Buchst. b *Doppelbuchst. aa geänd., Abs. 1b* neu gef., Abs. 1c Satz 1 geänd., Satz 2 neu gef., Abs. 3 Sätze 2 und 4 geänd. mWv 12.6.2026 durch G v. 23.4.2026 (BGBl. 2026 I Nr. 111).

[2)] **Habersack Nr. 85.**

[3)] Nr. **565**.

b) durch eine rechtskräftige Verurteilung zu einer Freiheits- oder Jugendstrafe von mindestens einem Jahr wegen einer oder mehrerer vorsätzlicher Straftaten, sofern

aa) die Straftat eine Straftat gegen die sexuelle Selbstbestimmung nach den §§ 176, 176a, 176c, 176d, 177, 178 oder § 184b des Strafgesetzbuches, § 96 oder § 97 des Aufenthaltsgesetzes ist,

bb) die Straftat mit Gewalt, unter Anwendung von Drohung mit Gefahr für Leib oder Leben oder mit List begangen worden ist oder

cc) im Rahmen des Urteils ein antisemitischer, rassistischer, fremdenfeindlicher, geschlechtsspezifischer, gegen die sexuelle Orientierung gerichteter oder sonstiger menschenverachtender Beweggrund im Sinne von § 46 Absatz 2 Satz 2 des Strafgesetzbuches ausdrücklich festgestellt wurde,

c) in sonstiger Weise im Falle einer vorausgegangenen Unterrichtung nach Nummer 1.

(1b) Die nach Artikel 12 Absatz 1 Satz 1 und Absatz 3 Satz 1 der Verordnung (EU) 2024/1356, nach den Artikeln 24 und 25 der Richtlinie (EU) 2024/1346 und nach Artikel 20 Absatz 1 Satz 1 der Verordnung (EU) 2024/1348 durch eine Bundes- oder Landesbehörde erhobenen personenbezogenen Daten werden dem Bundesamt zur Erfüllung seiner Aufgaben nach § 5 Absatz 1 übermittelt und dürfen nur zu diesem Zweck verarbeitet werden und sind durch das Bundesamt anschließend zu löschen.

(1c) [1] Die Träger der Grundsicherung für Arbeitsuchende, die mit der polizeilichen Kontrolle des grenzüberschreitenden Verkehrs beauftragten Behörden, die Ausländerbehörden und die deutschen Auslandsvertretungen teilen den mit der Ausführung dieses Gesetzes betrauten Behörden mit, wenn sie von Umständen Kenntnis erlangt haben, dass ein Ausländer, der einen Asylantrag gestellt hat, ein Asylberechtigter oder ein Ausländer, dem internationaler Schutz im Sinne des § 1 Absatz 1 Nummer 2 zuerkannt oder für den ein Abschiebungsverbot nach § 60 Absatz 5 oder Absatz 7 des Aufenthaltsgesetzes festgestellt worden ist, in sein Herkunftsland gereist ist. [2] Die nach Satz 1 übermittelten personenbezogenen Daten dürfen nur für die Prüfung verarbeitet werden, ob die Voraussetzungen für die Erklärung der stillschweigenden Rücknahme nach Artikel 41 Absatz 1 der Verordnung (EU) 2024/1348 oder für einen Entzug der Asylberechtigung oder des internationalen Schutzes oder für einen Widerruf oder eine Rücknahme der Feststellung eines Abschiebungsverbots nach § 60 Absatz 5 oder Absatz 7 des Aufenthaltsgesetzes vorliegen.

(2) Die zuständigen Behörden unterrichten das Bundesamt unverzüglich über ein förmliches Auslieferungsersuchen und ein mit der Ankündigung des Auslieferungsersuchens verbundenes Festnahmeersuchen eines anderen Staates sowie über den Abschluss des Auslieferungsverfahrens, wenn der Ausländer einen Asylantrag gestellt hat.

(2a) Die mit der Ausführung dieses Gesetzes betrauten Behörden teilen Umstände und Maßnahmen nach diesem Gesetz, deren Kenntnis für die Leistung an Leistungsberechtigte des Asylbewerberleistungsgesetzes[1] erforderlich ist, sowie die ihnen mitgeteilten Erteilungen von Arbeitserlaubnissen an diese Personen und Angaben über das Erlöschen, den Widerruf oder die Rücknahme der Arbeitserlaubnisse den nach § 10 des Asylbewerberleistungsgesetzes zuständigen Behörden mit.

[1] **Sartorius ErgBd. Nr. 418.**

(3) [1] Die nach diesem Gesetz erhobenen Daten dürfen auch

1. zur Ausführung des Aufenthaltsgesetzes,
2. zur gesundheitlichen Betreuung und Versorgung von Asylbewerbern,
3. für Maßnahmen der Strafverfolgung,
4. zur Abwehr von erheblichen Gefahren für Leib und Leben des Asylbewerbers oder von Dritten und
5. auf Ersuchen zur Verfolgung von Ordnungswidrigkeiten

den damit betrauten öffentlichen Stellen, soweit es zur Erfüllung der in ihrer Zuständigkeit liegenden Aufgaben erforderlich ist, übermittelt und von diesen dafür verarbeitet werden. [2] Sie dürfen an eine in § 35 Absatz 1 des Ersten Buches Sozialgesetzbuch[1)] genannte Stelle übermittelt und von dieser verarbeitet werden, soweit dies für die Aufdeckung und Verfolgung von unberechtigtem Bezug von Leistungen nach dem Zwölften Buch Sozialgesetzbuch[2)], von Leistungen der Kranken- und Unfallversicherungsträger oder von Arbeitslosengeld oder Leistungen zur Sicherung des Lebensunterhalts nach dem Zweiten Buch Sozialgesetzbuch[3)] erforderlich ist und wenn tatsächliche Anhaltspunkte für einen unberechtigten Bezug vorliegen. [3] Die nach diesem Gesetz erhobenen Daten dürfen der Bundesagentur für Arbeit übermittelt und von dieser verarbeitet werden, soweit dies zur Erfüllung von Aufgaben nach dem Dritten Buch Sozialgesetzbuch[4)] erforderlich ist. [4] § 88 Absatz 1 bis 3 des Aufenthaltsgesetzes findet entsprechende Anwendung.

(4) Die Verarbeitung der im Asylverfahren erhobenen Daten ist zulässig, soweit die Verarbeitung dieser Daten für die Entscheidung des Bundesamtes über die Zulassung zum Integrationskurs nach § 44 Absatz 4 des Aufenthaltsgesetzes oder zu einer Maßnahme der berufsbezogenen Deutschsprachförderung nach § 45a Absatz 2 Satz 3 und 4 des Aufenthaltsgesetzes erforderlich ist.

(5) Eine Datenübermittlung auf Grund anderer gesetzlicher Vorschriften bleibt unberührt.

§ 9[5)] *(aufgehoben)*

§ 10[6)] **Zustellungsvorschriften.** (1) Unbeschadet der Pflicht aus Artikel 9 Absatz 2 Unterabsatz 1 Buchstabe c der Verordnung (EU) 2024/1348 hat der Ausländer während der Dauer des Asylverfahrens vorzusorgen, dass ihn Mitteilungen des Bundesamtes, der zuständigen Ausländerbehörde und der angerufenen Gerichte stets erreichen können; insbesondere hat er jeden Wechsel seiner Anschrift den genannten Stellen unverzüglich anzuzeigen.

(2) [1] Liegt ein Fall des Artikels 36 Absatz 1 Satz 2 der Verordnung (EU) 2024/1348 oder des Artikels 42 Absatz 3 der Verordnung (EU) 2024/1351 vor, soll an den Bevollmächtigten zugestellt werden, sofern der Ausländer einen solchen bestellt hat. [2] Unbeschadet von Artikel 9 Absatz 3 Unterabsatz 1 der Verordnung

---

1) **Sartorius ErgBd. Nr. 401.**
2) **Sartorius ErgBd. Nr. 412.**
3) **Sartorius ErgBd. Nr. 402.**
4) **Aichberger, SGB Nr. 3.**
5) § 9 aufgeh. mWv 12.6.2026 durch G v. 23.4.2026 (BGBl. 2026 I Nr. 111).
6) § 10 Abs. 3 Satz 1 neu gef. mWv 1.12.2013 durch G v. 28.8.2013 (BGBl. I S. 3474); Abs. 3 Sätze 1 *und 2 geänd. mWv 24.10.2015 durch G v. 20.10.2015* (BGBl. I S. 1722); Abs. 4 Satz 4 geänd. mWv 1.1.2025 durch G v. 15.7.2024 (BGBl. 2024 I Nr. 236); Abs. 1 geänd., Abs. 2 Satz 1 eingef., bish. Satz 1 wird Satz 2 und neu gef., bish. Satz 2 wird Satz 3, bish. Satz 3 wird Satz 4 und geänd., bish. Satz 4 wird Satz 5, Abs. 6 Satz 2 geänd. mWv 12.6.2026 durch G v. 23.4.2026 (BGBl. 2026 I Nr. 111).

(EU) 2024/1348 muss der Ausländer Zustellungen und formlose Mitteilungen unter der letzten Anschrift, die der jeweiligen Stelle nach Absatz 1 auf Grund seines Asylantrags oder seiner Mitteilung bekannt ist, gegen sich gelten lassen, wenn er für das Verfahren weder einen Bevollmächtigten bestellt noch einen Empfangsberechtigten benannt hat oder an diesen nicht zugestellt werden kann. [3]Das Gleiche gilt, wenn die letzte bekannte Anschrift, unter der der Ausländer wohnt oder zu wohnen verpflichtet ist, durch eine öffentliche Stelle mitgeteilt worden ist. [4]Der Ausländer muss Zustellungen und formlose Mitteilungen anderer als der in Absatz 1 bezeichneten öffentlichen Stellen unter der Anschrift gegen sich gelten lassen, unter der er nach den Sätzen 2 und 3 Zustellungen und formlose Mitteilungen des Bundesamtes gegen sich gelten lassen muss. [5]Kann die Sendung dem Ausländer nicht zugestellt werden, so gilt die Zustellung mit der Aufgabe zur Post als bewirkt, selbst wenn die Sendung als unzustellbar zurückkommt.

(3) [1]Betreiben Familienangehörige im Sinne des § 26 Absatz 1 bis 3 ein gemeinsames Asylverfahren und ist nach Absatz 2 für alle Familienangehörigen dieselbe Anschrift maßgebend, können für sie bestimmte Entscheidungen und Mitteilungen in einem Bescheid oder einer Mitteilung zusammengefasst und einem Familienangehörigen zugestellt werden, sofern er volljährig ist. [2]In der Anschrift sind alle volljährigen Familienangehörigen zu nennen, für die die Entscheidung oder Mitteilung bestimmt ist. [3]In der Entscheidung oder Mitteilung ist ausdrücklich darauf hinzuweisen, gegenüber welchen Familienangehörigen sie gilt.

(4) [1]In einer Aufnahmeeinrichtung hat diese Zustellungen und formlose Mitteilungen an die Ausländer, die nach Maßgabe des Absatzes 2 Zustellungen und formlose Mitteilungen unter der Anschrift der Aufnahmeeinrichtung gegen sich gelten lassen müssen, vorzunehmen. [2]Postausgabe- und Postverteilungszeiten sind für jeden Werktag durch Aushang bekannt zu machen. [3]Der Ausländer hat sicherzustellen, dass ihm Posteingänge während der Postausgabe- und Postverteilungszeiten in der Aufnahmeeinrichtung ausgehändigt werden können. [4]Zustellungen und formlose Mitteilungen sind mit der Aushändigung an den Ausländer bewirkt; im Übrigen gelten sie am vierten Tag nach Übergabe an die Aufnahmeeinrichtung als bewirkt.

(5) Die Vorschriften über die Ersatzzustellung bleiben unberührt.

(6) [1]Müsste eine Zustellung außerhalb des Bundesgebiets erfolgen, so ist durch öffentliche Bekanntmachung zuzustellen. [2]Die Vorschriften des § 10 Absatz 1 Satz 2 und Absatz 2 des Verwaltungszustellungsgesetzes[1)] finden Anwendung.

(7) Der Ausländer ist bei der Antragstellung schriftlich und gegen Empfangsbestätigung auf diese Zustellungsvorschriften hinzuweisen.

§ 11 Ausschluss des Widerspruchs. Gegen Maßnahmen und Entscheidungen nach diesem Gesetz findet kein Widerspruch statt.

§ 11a[2)] *(aufgehoben)*

[1)] Nr. **110**.
[2)] § 11a aufgeh. mWv 1.1.2023 durch G v. 21.12.2022 (BGBl. I S. 2817).

Abschnitt 4.[1] Asylverfahren

Unterabschnitt 1.[2] Allgemeine Verfahrensvorschriften

§ 12[3] Handlungsfähigkeit. (1) Fähig zur Vornahme von Verfahrenshandlungen nach diesem Gesetz ist ein volljähriger Ausländer, sofern er nicht nach Maßgabe des Bürgerlichen Gesetzbuches[4] geschäftsunfähig oder in dieser Angelegenheit zu betreuen und einem Einwilligungsvorbehalt zu unterstellen wäre.

(2) [1]Bei der Anwendung dieses Gesetzes sind die Vorschriften des Bürgerlichen Gesetzbuches dafür maßgebend, ob ein Ausländer als minderjährig oder volljährig anzusehen ist. [2]Die Geschäftsfähigkeit und die sonstige rechtliche Handlungsfähigkeit eines Ausländers, der gemäß dem nach Internationalem Privatrecht anzuwendenden Recht volljährig ist, bleibt davon unberührt.

§ 12a[5] Asylverfahrensberatung. (1) [1]Der Bund fördert eine behördenunabhängige, ergebnisoffene, unentgeltliche, individuelle und freiwillige Asylverfahrensberatung. [2]Die Förderung setzt voraus, dass die Träger der Asylverfahrensberatung ihre Zuverlässigkeit, die ordnungsgemäße und gewissenhafte Durchführung der Beratung sowie Verfahren zur Qualitätssicherung und -entwicklung nachweisen.

(2) [1]Die Asylverfahrensberatung umfasst Auskünfte zum Verfahren und kann nach Maßgabe des Rechtsdienstleistungsgesetzes[6] auch Rechtsdienstleistungen zum Gegenstand haben. [2]Die Beratung berücksichtigt die besonderen Umstände des Ausländers, insbesondere, ob dieser besondere Verfahrensgarantien oder besondere Garantien bei der Aufnahme benötigt. [3]Die Beratung soll bereits vor der Anhörung erfolgen und kann bis zum unanfechtbaren Abschluss des Asylverfahrens durchgeführt werden.

(3) Die Träger der Asylverfahrensberatung übermitteln dem Bundesamt und der obersten Landesbehörde oder der von der obersten Landesbehörde bestimmten Stelle personenbezogene Daten, die darauf hinweisen, dass der Ausländer besondere Verfahrensgarantien benötigt oder besondere Bedürfnisse bei der Aufnahme hat, wenn der Ausländer in die Übermittlung der Daten eingewilligt hat.

§ 12b[7] Unentgeltliche Rechtsauskunft. (1) Das Bundesamt gewährt auf Ersuchen des Antragstellers unentgeltlich Rechtsauskunft nach Artikel 16 der Verordnung (EU) 2024/1348 und nach Artikel 21 der Verordnung (EU) 2024/1351.

(2) In den Fällen des Artikels 16 Absatz 3 der Verordnung (EU) 2024/1348 und des Artikels 21 Absatz 7 der Verordnung (EU) 2024/1351 ist die Rechtsauskunft ausgeschlossen.

§ 12c[8] Beschränkung des Zugangs zu abgeschlossenen Bereichen, zu Hafteinrichtungen und zu Grenzübergangsstellen. [1]Der Zugang zu Einrich-

---

[1] Bish. 2. Abschnitt wird Abschnitt 4 mWv 1.12.2013 durch G v. 28.8.2013 (BGBl. I S. 3474).

[2] UAbschnitt 1 Überschrift geänd. mWv 1.12.2013 durch G v. 28.8.2013 (BGBl. I S. 3474).

[3] § 12 Abs. 3 geänd. mWv 1.9.2009 durch G v. 17.12.2008 (BGBl. I S. 2586); Überschrift, Abs. 1 und 3 geänd. mWv 24.10.2015 durch G v. 20.10.2015 (BGBl. I S. 1722); Abs. 2 Satz 2 neu gef., Abs. 3 aufgeh. mWv 12.6.2026 durch G v. 23.4.2026 (BGBl. 2026 I Nr. 111).

[4] **Habersack Nr. 20.**

[5] § 12a neu gef. mWv 1.1.2023 durch G v. 21.12.2022 (BGBl. I S. 2817).

[6] **Habersack ErgBd. Nr. 99.**

[7] § 12b eingef. mWv 12.6.2026 durch G v. 23.4.2026 (BGBl. 2026 I Nr. 111).

[8] § 12c eingef. mWv 12.6.2026 durch G v. 23.4.2026 (BGBl. 2026 I Nr. 111).

tungen im Sinne des Artikels 18 Absatz 3 sowie des Artikels 30 Absatz 3 der Verordnung (EU) 2024/1348 von Personen und Organisationen, die befugt sind, Rechtsauskunft und Beratungsleistungen zu erbringen, kann durch die für die Einrichtung zuständige Behörde beschränkt werden, wenn dies für die Gewährleistung der öffentlichen Sicherheit und Ordnung oder die Gewährleistung der Funktionsfähigkeit des abgeschlossenen Bereichs, der Hafteinrichtung oder der Grenzübergangsstelle objektiv erforderlich ist und der Zugang dadurch nicht wesentlich erschwert oder unmöglich gemacht wird. [2]Der Zugang für Rechtsvertreter bleibt davon ausgenommen.

§ 13[1)] Stellung eines Asylantrags. (1) [1]Der Ausländer kann den Asylantrag auf die Zuerkennung internationalen Schutzes beschränken. [2]Er ist über die Folgen einer Beschränkung des Antrags zu belehren.

(2) [1]Ein Ausländer, der nicht im Besitz der erforderlichen Einreisepapiere ist, hat den Asylantrag bei der Grenzbehörde zu stellen (§ 18). [2]Im Falle der unerlaubten Einreise hat er sich unverzüglich bei einer Aufnahmeeinrichtung zu melden (§ 22) oder bei der Ausländerbehörde oder der Polizei den Asylantrag zu stellen (§ 19).

§ 13a[2)] Registrierung eines Asylantrags. [1]Zuständig für die Registrierung des Asylantrags nach Artikel 27 der Verordnung (EU) 2024/1348 ist die Aufnahmeeinrichtung, mit der der Ausländer zuerst in Kontakt tritt. [2]In den Fällen des § 14 Absatz 2 und 5 sowie § 71 Absatz 2 Satz 2 ist das Bundesamt für die Registrierung zuständig, soweit eine Registrierung noch nicht erfolgt ist.

§ 14[3)] Einreichung eines Asylantrags. (1) [1]Der Asylantrag ist persönlich bei der Außenstelle des Bundesamtes einzureichen, die der für die Aufnahme des Ausländers zuständigen Aufnahmeeinrichtung zugeordnet ist. [2]Das Bundesamt kann den Ausländer in Abstimmung mit der von der obersten Landesbehörde bestimmten Stelle verpflichten, seinen Asylantrag bei einer anderen Außenstelle einzureichen. [3]Der Ausländer ist vor der Einreichung schriftlich und gegen Empfangsbestätigung darauf hinzuweisen, dass nach Rücknahme oder unanfechtbarer Ablehnung seines Asylantrags die Erteilung eines Aufenthaltstitels gemäß § 10 Absatz 3 des Aufenthaltsgesetzes[4)] Beschränkungen unterliegt. [4]In Fällen des Absatzes 2 Satz 1 Nr. 2 ist der Hinweis unverzüglich nachzuholen.

(2) [1]Der Ausländer hat die beabsichtigte Stellung und Einreichung des Asylantrags dem Bundesamt unter Verwendung eines Formblatts anzuzeigen, wenn der Ausländer

1. einen Aufenthaltstitel mit einer Gesamtgeltungsdauer von mehr als sechs Monaten besitzt,

---

[1)] § 13 neu gef. mWv 12.6.2026 durch G v. 23.4.2026 (BGBl. 2026 I Nr. 111).

[2)] § 13a eingef. mWv 12.6.2026 durch G v. 23.4.2026 (BGBl. 2026 I Nr. 111).

[3)] § 14 Abs. 3 Nr. 3–5 geänd. mWv 26.11.2011 durch G v. 22.11.2011 (BGBl. I S. 2258); Abs. 2 Satz 1 Nr. 3 geänd., Satz 3 angef. mWv 24.10.2015 durch G v. 20.10.2015 (BGBl. I S. 1722); Abs. 1 Satz 2 eingef., bish. Sätze 2 und 3 werden Sätze 3 und 4, Abs. 3 Satz 3 geänd. mWv 6.8.2016 durch G v. 31.7.2016 (BGBl. I S. 1939); Abs. 3 Satz 1 Nr. 4 und 5 geänd., Nr. 6 und 7 angef. mWv 21.8.2019 durch G v. 15.8.2019 (BGBl. I S. 1294); Abs. 3 Satz 1 neu gef., Satz 3 geänd. mWv 27.2.2024 durch G v. 21.2.2024 (BGBl. 2024 I Nr. 54); Überschrift neu gef., Abs. 1 Sätze 1–3 geänd., Abs. 2 neu gef., Abs. 3 eingef., bish. Abs. 3 wird Abs. 4 und Satz 3 geänd., Abs. 5 angef. mWv 12.6.2026 durch G v. 23.4.2026 (BGBl. 2026 I Nr. 111).

[4)] Nr. **565**.

2. sich in Haft oder sonstigem öffentlichem Gewahrsam, in einem Krankenhaus, einer Heil- oder Pflegeanstalt oder in einer Jugendhilfeeinrichtung befindet oder
3. minderjährig ist und sein gesetzlicher Vertreter nicht verpflichtet ist, in einer Aufnahmeeinrichtung zu wohnen.

2 Das Bundesamt entscheidet im jeweiligen Einzelfall, ob der Asylantrag persönlich bei einer Außenstelle gestellt und eingereicht werden muss oder, insbesondere in den in Satz 1 Nummer 2 genannten Fällen, das Bundesamt die Antragstellung und Antragseinreichung an dem Ort ermöglicht, an dem sich der Ausländer aufhält. 3 Das Bundesamt teilt dies dem Ausländer mit. 4 Die nach Artikel 4 Absatz 2 der Verordnung (EU) 2024/1348 für die Antragsentgegennahme zuständigen Behörden leiten eine bei ihr eingegangene Anzeige nach Satz 1 unverzüglich dem Bundesamt zu. 5 Das Bundesamt bestimmt die für die Bearbeitung des Asylantrags zuständige Außenstelle. 6 Soweit für die Begründung von Rechten des Ausländers der Zeitpunkt der Antragstellung maßgeblich ist, gilt in den Fällen des Satzes 1 der Eingang der Anzeige als Antragstellung.

(3) 1 Das Bundesamt informiert den Ausländer spätestens bei der Einreichung des Antrags nach Absatz 1 in einer Sprache, deren Kenntnis vernünftigerweise vorausgesetzt werden kann, über freiwillige Rückkehrmöglichkeiten. 2 Wird ein Antrag nach Absatz 2 eingereicht, erfolgt die Information spätestens im Rahmen der erstmaligen Anhörung im Asylverfahren.

(4) 1 Befindet sich der Ausländer in Haft oder sonstigem öffentlichem Gewahrsam oder lagen zum Zeitpunkt der Stellung des Asylantrags die Voraussetzungen der Abschiebungshaft vor, so steht die Stellung des Asylantrags der Anordnung oder Aufrechterhaltung von Abschiebungshaft nicht entgegen. 2 Dem Ausländer ist unverzüglich Gelegenheit zu geben, mit einem Rechtsbeistand seiner Wahl Verbindung aufzunehmen, es sei denn, er hat sich selbst vorher anwaltlichen Beistands versichert. 3 Die Abschiebungshaft endet mit der Zustellung der Entscheidung des Bundesamtes, spätestens jedoch vier Wochen nach Einreichung des Asylantrags beim Bundesamt, es sei denn, es wurde auf Grund von Rechtsvorschriften der Europäischen Union oder eines völkerrechtlichen Vertrages über die Zuständigkeit für die Durchführung von Asylverfahren ein Aufnahmegesuch oder eine Wiederaufnahmemitteilung an einen anderen Staat gerichtet oder der Asylantrag wurde abgelehnt.

(5) 1 Reist ein minderjähriges lediges Kind des Ausländers nach dessen Asylantragstellung ins Bundesgebiet ein oder wird es hier geboren, so ist dies dem Bundesamt unverzüglich anzuzeigen, wenn ein Elternteil eine Aufenthaltsgestattung besitzt oder sich nach Abschluss seines Asylverfahrens ohne Aufenthaltstitel oder mit einer Aufenthaltserlaubnis nach § 25 Absatz 5 des Aufenthaltsgesetzes im Bundesgebiet aufhält. 2 Die Anzeigepflicht obliegt neben dem gesetzlichen Vertreter des Kindes auch der Ausländerbehörde. 3 Mit Zugang der Anzeige beim Bundesamt gilt ein Asylantrag für das Kind als eingereicht.

§ 14a[1] *(aufgehoben)*

[1] § 14a aufgeh. mWv 12.6.2026 durch G v. 23.4.2026 (BGBl. 2026 I Nr. 111).

§ 15[1)] Allgemeine Mitwirkungspflichten. (1) [1]Der Ausländer ist persönlich verpflichtet, bei der Aufklärung des Sachverhalts mitzuwirken. [2]Dies gilt auch, wenn er sich durch einen Bevollmächtigten vertreten lässt.

(2) Er ist unbeschadet von Artikel 9 Absatz 2 der Verordnung (EU) 2024/1348 und Artikel 17 Absatz 3 der Verordnung (EU) 2024/1351 insbesondere verpflichtet,

1. den mit der Ausführung dieses Gesetzes betrauten Behörden die erforderlichen Angaben wahrheitsgemäß und nach bestem Wissen und Gewissen mündlich und nach Aufforderung auch schriftlich zu machen;
2. das Bundesamt unverzüglich zu unterrichten, wenn ihm ein Aufenthaltstitel erteilt worden ist;
3. den gesetzlichen und behördlichen Anordnungen, sich bei bestimmten Behörden oder Einrichtungen zu melden oder dort persönlich zu erscheinen, Folge zu leisten;
4. seinen Pass oder Passersatz den mit der Ausführung dieses Gesetzes betrauten Behörden vorzulegen, auszuhändigen und zu überlassen;
5. alle erforderlichen Urkunden und sonstigen Unterlagen, die in seinem Besitz sind, den mit der Ausführung dieses Gesetzes betrauten Behörden vorzulegen, auszuhändigen und zu überlassen;
6. im Falle des Nichtbesitzes eines gültigen Passes oder Passersatzes an der Beschaffung eines Identitätspapiers mitzuwirken und auf Verlangen alle Datenträger, die für die Feststellung seiner Identität und Staatsangehörigkeit von Bedeutung sein können und in deren Besitz er ist, den mit der Ausführung dieses Gesetzes betrauten Behörden vorzulegen, auszuhändigen und zu überlassen;
7. die vorgeschriebenen erkennungsdienstlichen Maßnahmen zu dulden.

(3) Erforderliche Urkunden und sonstige Unterlagen nach Absatz 2 Nr. 5 sind insbesondere

1. alle Urkunden und Unterlagen, die neben dem Pass oder Passersatz für die Feststellung der Identität und Staatsangehörigkeit von Bedeutung sein können,
2. von anderen Staaten erteilte Visa, Aufenthaltstitel und sonstige Grenzübertrittspapiere,
3. Flugscheine und sonstige Fahrausweise,
4. Unterlagen über den Reiseweg vom Herkunftsland in das Bundesgebiet, die benutzten Beförderungsmittel und über den Aufenthalt in anderen Staaten nach der Ausreise aus dem Herkunftsland und vor der Einreise in das Bundesgebiet sowie
5. alle sonstigen Urkunden und Unterlagen, auf die der Ausländer sich beruft oder die für die zu treffenden asyl- und ausländerrechtlichen Entscheidungen und Maßnahmen einschließlich der Feststellung und Geltendmachung einer Rückführungsmöglichkeit in einen anderen Staat von Bedeutung sind.

(4) [1]Die mit der Ausführung dieses Gesetzes betrauten Behörden sowie die für die Aufnahmeeinrichtungen nach § 44 Absatz 1 zuständigen Behörden der Länder können den Ausländer und Sachen, die von ihm mitgeführt werden, durchsuchen, wenn der Ausländer seinen Verpflichtungen nach Absatz 2 Nummer 4 und 5 nicht nachkommt sowie nicht gemäß Absatz 2 Nummer 6 auf Verlangen die Datenträger

---

[1)] § 15 Abs. 2 Nr. 6 neu gef., Abs. 4 Satz 1 geänd. mWv 29.7.2017 durch G v. 20.7.2017 (BGBl. I S. 2780); Abs. 2 Nr. 1, Abs. 4 Satz 1 geänd. mWv 27.2.2024 durch G v. 21.2.2024 (BGBl. 2024 I Nr. 54); Abs. 2 einl. Satzteil neu gef. mWv 12.6.2026 durch G v. 23.4.2026 (BGBl. 2026 I Nr. 111).

vorlegt, aushändigt oder überlässt und Anhaltspunkte bestehen, dass er im Besitz solcher Unterlagen oder Datenträger ist. [2]Der Ausländer darf nur von einer Person gleichen Geschlechts durchsucht werden.

(5) Durch die Rücknahme des Asylantrags werden die Mitwirkungspflichten des Ausländers nicht beendet.

§ 15a[1)] Auslesen und Auswerten von Datenträgern. (1) [1]Das Auslesen von Datenträgern, einschließlich mobiler Geräte und Cloud-Dienste, ist zum Zweck der Sicherstellung einer Auswertung nach Absatz 2 zulässig, wenn es zur Feststellung der Identität und der Staatsangehörigkeit erforderlich ist, da der Ausländer keinen gültigen Pass, Passersatz oder sonstigen geeigneten Identitätsnachweis besitzt. [2]Der Ausländer hat die notwendigen Zugangsdaten für ein zulässiges Auslesen der Datenträger zur Verfügung zu stellen; § 48a des Aufenthaltsgesetzes[2)] gilt entsprechend.

(2) [1]Das Auswerten der ausgelesenen Daten ist nur zulässig, soweit dies für die Feststellung der Identität und Staatsangehörigkeit des Ausländers nach § 15 Absatz 2 Nummer 6 erforderlich ist und der Zweck der Maßnahme nicht durch mildere Mittel erreicht werden kann. [2]Liegen tatsächliche Anhaltspunkte für die Annahme vor, dass durch das Auswerten von Datenträgern allein Erkenntnisse aus dem Kernbereich privater Lebensgestaltung erlangt würden, ist die Maßnahme unzulässig. [3]Erkenntnisse aus dem Kernbereich privater Lebensgestaltung, die durch das Auswerten von Datenträgern erlangt werden, dürfen nicht verwertet werden. [4]Aufzeichnungen hierüber sind unverzüglich zu löschen. [5]Die Tatsache ihrer Erlangung und Löschung ist aktenkundig zu machen. [6]Die Datenträger dürfen nur von einem Bediensteten ausgewertet werden, der die Befähigung zum Richteramt hat.

(3) [1]Ausgelesene Daten sind unverzüglich zu löschen, sobald sie für die Feststellung der Identität oder Staatsangehörigkeit nicht mehr erforderlich sind. [2]Das Auslesen, Auswerten und Löschen von Daten ist in der Asylakte zu dokumentieren. [3]Durch geeignete technische und organisatorische Maßnahmen nach den Artikeln 24, 25 und 32 der Verordnung (EU) 2016/679[3)] ist sicherzustellen, dass kein unberechtigter Zugriff auf die ausgelesenen Daten erfolgt.

(4) Für die in den Absätzen 1 bis 3 genannten Maßnahmen ist das Bundesamt zuständig.

§ 15b[4)] Nachträglicher biometrischer Abgleich mit allgemein öffentlich zugänglichen Daten aus dem Internet; Verordnungsermächtigung.

(1) [1]Das nach § 16 Absatz 1 Satz 1 und 2 erhobene biometrische Lichtbild des Ausländers darf mit allgemein öffentlich zugänglichen personenbezogenen Daten aus dem Internet mittels einer automatisierten Anwendung zur Datenverarbeitung biometrisch abgeglichen werden, wenn der Ausländer keinen gültigen Pass oder Passersatz besitzt, der Abgleich für die Feststellung der Identität oder Staatsangehörigkeit des Ausländers erforderlich ist und der Zweck der Maßnahme nicht durch mildere Mittel erreicht werden kann. [2]Ein Abgleich mit Daten nach Satz 1 aus im Internet allgemein öffentlich zugänglichen in Echtzeit erhobenen Daten ist ausgeschlossen.

---

1) *§ 15a neu gef. mWv 27.2.2024 durch G v. 21.2.2024 (BGBl. 2024 I Nr. 54).*

2) Nr. **565**.

3) Nr. **246**.

4) § 15b eingef. mWv 31.10.2024 durch G v. 25.10.2024 (BGBl. 2024 I Nr. 332).

(2) [1] Liegen tatsächliche Anhaltspunkte für die Annahme vor, dass durch eine Maßnahme nach Absatz 1 Satz 1 allein Erkenntnisse aus dem Kernbereich privater Lebensgestaltung erlangt werden, ist die Maßnahme unzulässig. [2] Erkenntnisse aus dem Kernbereich privater Lebensgestaltung, die durch den Abgleich erlangt wurden, dürfen nicht verwertet werden. [3] Aufzeichnungen hierüber sind unverzüglich zu löschen. [4] Die Tatsache ihrer Erlangung und Löschung ist aktenkundig zu machen. [5] Bei Maßnahmen nach Absatz 1 Satz 1 ist, soweit möglich, technisch sicherzustellen, dass Daten, die den Kernbereich privater Lebensgestaltung betreffen, nicht erhoben werden.

(3) [1] Die Treffer des Abgleichs sind durch Inaugenscheinnahme zu überprüfen. [2] Zweifel an der Richtigkeit der Treffer gehen nicht zu Lasten des Ausländers.

(4) [1] Die im Rahmen des Abgleichs nach Absatz 1 erhobenen Daten sind nach Durchführung des Abgleichs unverzüglich zu löschen, sobald sie für die Feststellung der Identität oder Staatsangehörigkeit nicht mehr erforderlich sind. [2] Die Weiterverarbeitung der beim Abgleich erhobenen Daten zu anderen Zwecken ist unzulässig. [3] Der Abgleich, das Ergebnis des Abgleichs und das Löschen von Daten sind in der Asylakte zu dokumentieren.

(5) [1] Bei jeder Maßnahme nach Absatz 1 sind die Bezeichnung der eingesetzten automatisierten Anwendung zur Datenverarbeitung, der Zeitpunkt ihres Einsatzes, die Organisationseinheit und die Person, die die Maßnahme durchführen, zu protokollieren. [2] Nach Beendigung einer Maßnahme nach Absatz 1 ist die Stelle zu unterrichten, die für die Kontrolle der Einhaltung der Vorschriften über den Datenschutz bei öffentlichen Stellen zuständig ist.

(6) [1] Die betroffene Person ist über den Zweck, den Umfang und die Durchführung des biometrischen Abgleichs vorab in verständlicher Weise zu informieren. [2] Bestehen auf Grund der Maßnahme nach Absatz 1 Anhaltspunkte, dass die betroffene Person die erforderlichen Angaben zu ihrer Identität nicht, nicht richtig oder nicht vollständig gemacht hat, ist diese hierzu anzuhören.

(7) Durch geeignete technische und organisatorische Maßnahmen ist sicherzustellen, dass kein unberechtigter Zugriff auf die erhobenen Daten erfolgt und insbesondere der Herkunftsstaat des Ausländers sowie Drittstaaten, in denen der Ausländer eine Verfolgung oder einen ernsthaften Schaden zu befürchten hat, keine Kenntnis über die Maßnahme nach Absatz 1 erlangen.

(8) [1] Für die in den Absätzen 1 bis 7 genannten Maßnahmen ist das Bundesamt zuständig. [2] Es hat dabei sicherzustellen, dass diskriminierende Algorithmen weder herausgebildet noch verwendet werden. [3] Soweit technisch möglich, muss die Nachvollziehbarkeit des verwendeten Verfahrens sichergestellt werden.

(9) [1] Soweit zur Durchführung des Abgleichs nach Absatz 1 Dritte im Wege der Auftragsverarbeitung für das Bundesamt tätig werden, müssen diese ihren Sitz in der Europäischen Union oder einem Schengen-assoziierten Staat haben. [2] Die Übermittlung personenbezogener Daten zur Durchführung der Maßnahme nach Absatz 1 ist nur innerhalb der Europäischen Union, einschließlich der Schengen-assoziierten Staaten, zulässig. [3] Die Weiterverarbeitung durch Dritte von personenbezogenen Daten, die aus Maßnahmen nach Absatz 1 erlangt wurden, ist ausgeschlossen. [4] Personenbezogene Daten werden nur an solche Personen übermittelt, die Amtsträger oder für den öffentlichen Dienst besonders Verpflichtete sind oder die zur Geheimhaltung verpflichtet worden sind. [5] § 1 Absatz 2, 3 und 4 Nummer 1 des Verpflichtungsgesetzes ist auf die Verpflichtung zur Geheimhaltung entsprechend anzuwenden. [6] Durch organisatorische und technische Maßnahmen

ist zu gewährleisten, dass die Daten gegen unbefugte Kenntnisnahme geschützt sind.

(10) Die oder der Bundesbeauftragte für den Datenschutz und die Informationsfreiheit führt Kontrollen bezüglich der Datenverarbeitung der Maßnahme nach Absatz 1 Satz 1 mindestens alle zwei Jahre durch.

(11) [1] Die Bundesregierung bestimmt vor dem Einsatz von Maßnahmen nach Absatz 1 durch Rechtsverordnung ohne Zustimmung des Bundesrates nach Anhörung der oder des Bundesbeauftragten für den Datenschutz und die Informationsfreiheit das Nähere zu dem technischen Verfahren, den Sicherungsmaßnahmen zur Verhinderung unbefugter Datenzugriffe und, soweit eine Speicherung der abzugleichenden, allgemein öffentlich zugänglichen Lichtbild- und Videodateien für die Durchführung von Maßnahmen nach Absatz 1 technisch erforderlich ist, nähere Vorgaben zu Art, Umfang und Dauer. [2] In der Rechtsverordnung nach Satz 1 bestimmt sie insbesondere

1. Eingabe- und Zugangsberechtigung,
2. Speicher- und Löschfristen,
3. Art der zu speichernden Daten,
4. Personenkreis, der von der Speicherung betroffen ist,
5. Dauer der Speicherung,
6. Protokollierung.

§ 16[1)] Sicherung, Feststellung und Überprüfung der Identität. (1) [1] Die Identität eines Ausländers, der einen Asylantrag stellt, ist durch erkennungsdienstliche Maßnahmen zu sichern. [2] Nach Satz 1 dürfen nur Lichtbilder und Abdrucke aller zehn Finger aufgenommen werden; soweit ein Ausländer noch nicht das sechste Lebensjahr vollendet hat, dürfen nach Satz 1 nur Lichtbilder aufgenommen werden. [3] Zur Bestimmung des Herkunftsstaates oder der Herkunftsregion des Ausländers kann das gesprochene Wort außerhalb der förmlichen Anhörung des Ausländers auf Ton- oder Datenträger aufgezeichnet werden. [4] Diese Erhebung darf nur erfolgen, wenn der Ausländer vorher darüber in Kenntnis gesetzt wurde. [5] Die Sprachaufzeichnungen werden beim Bundesamt gespeichert.

(1a) [1] Zur Prüfung der Echtheit des Dokumentes oder der Identität des Ausländers dürfen die auf dem elektronischen Speichermedium eines Passes, anerkannten Passersatzes oder sonstigen Identitätspapiers gespeicherten biometrischen und sonstigen Daten ausgelesen, die benötigten biometrischen Daten erhoben und die biometrischen Daten miteinander verglichen werden. [2] Biometrische Daten nach Satz 1 sind nur die Fingerabdrücke, das Lichtbild und die Irisbilder.

(2) Zuständig für die Maßnahmen nach den Absätzen 1 und 1a sind das Bundesamt und, sofern der Ausländer dort einen Asylantrag stellt, auch die in den §§ 18 und 19 bezeichneten Behörden sowie die Aufnahmeeinrichtung, bei der sich der Ausländer meldet.

(3) [1] Das Bundeskriminalamt leistet Amtshilfe bei der Auswertung der nach Absatz 1 Satz 1 erhobenen Daten zum Zwecke der Identitätsfeststellung. [2] Es darf

---

[1)] § 16 Abs. 1 Sätze 1 und 2 geänd. mWv 5.2.2016 durch G v. 2.2.2016 (BGBl. I S. 130); Abs. 3a eingef. mWv *29.7.2017* durch G v. 20.7.2017 (BGBl. I S. 2780); Abs. 4a aufgeh. mWv 9.8.2019, Abs. 1 Satz 2 geänd. mWv 1.4.2021 durch G v. 4.8.2019 (BGBl. I S. 1131); Abs. 1 Satz 5, Abs. 3 Satz 2, Abs. 3a Sätze 4 und 6 Nr. 2, Abs. 5 Sätze 1 und 2 geänd. mWv 26.11.2019 durch G v. 20.11.2019 (BGBl. I S. 1626); Abs. 1 Satz 1 geänd., Abs. 2 neu gef. mWv 12.6.2026 durch G v. 23.4.2026 (BGBl. 2026 I Nr. 111).

hierfür auch von ihm zur Erfüllung seiner Aufgaben gespeicherte erkennungsdienstliche Daten verarbeiten. [3]Das Bundeskriminalamt darf den in Absatz 2 bezeichneten Behörden den Grund der Speicherung dieser Daten nicht mitteilen, soweit dies nicht nach anderen Rechtsvorschriften zulässig ist.

(3a) [1]Im Rahmen seiner Amtshilfe nach Absatz 3 Satz 1 darf das Bundeskriminalamt die nach Absatz 1 Satz 1 erhobenen Daten auch an die für die Überprüfung der Identität von Personen zuständigen öffentlichen Stellen von Drittstaaten mit Ausnahme des Herkunftsstaates der betroffenen Person sowie von Drittstaaten, in denen die betroffene Person eine Verfolgung oder einen ernsthaften Schaden zu befürchten hat, übermitteln. [2]Die Verantwortung für die Zulässigkeit der Übermittlung trägt das Bundeskriminalamt. [3]Das Bundeskriminalamt hat die Übermittlung und ihren Anlass aufzuzeichnen. [4]Die empfangende Stelle personenbezogener Daten ist darauf hinzuweisen, dass sie nur zu dem Zweck verarbeitet werden dürfen, zu dem sie übermittelt worden sind. [5]Ferner ist ihr der beim Bundeskriminalamt vorgesehene Löschungszeitpunkt mitzuteilen. [6]Die Übermittlung unterbleibt, wenn tatsächliche Anhaltspunkte dafür vorliegen, dass

1. unter Berücksichtigung der Art der Daten und ihrer Erhebung die schutzwürdigen Interessen der betroffenen Person, insbesondere ihr Interesse, Schutz vor Verfolgung zu erhalten, das Allgemeininteresse an der Übermittlung überwiegen oder
2. die Übermittlung der Daten zu den Grundrechten, dem Abkommen vom 28. Juli 1951 über die Rechtsstellung der Flüchtlinge[1)] sowie der Konvention zum Schutz der Menschenrechte und Grundfreiheiten[2)] in Widerspruch stünde, insbesondere dadurch, dass durch die Verarbeitung der übermittelten Daten im Empfängerstaat Verletzungen von elementaren rechtsstaatlichen Grundsätzen oder Menschenrechtsverletzungen drohen.

(4) Die nach Absatz 1 Satz 1 erhobenen Daten werden vom Bundeskriminalamt getrennt von anderen erkennungsdienstlichen Daten gespeichert.

(5) [1]Die Verarbeitung der nach Absatz 1 erhobenen Daten ist auch zulässig zur Feststellung der Identität oder Zuordnung von Beweismitteln für Zwecke des Strafverfahrens oder zur Gefahrenabwehr. [2]Die Daten dürfen ferner für die Identifizierung unbekannter oder vermisster Personen verarbeitet werden.

(6) Die nach Absatz 1 erhobenen Daten sind zehn Jahre nach unanfechtbarem Abschluss des Asylverfahrens, die nach Absatz 1a erhobenen Daten unverzüglich nach Beendigung der Prüfung der Echtheit des Dokumentes oder der Identität des Ausländers zu löschen.

§ 17[3)] Sprachmittler. Der Ausländer ist berechtigt, auf seine Kosten auch einen geeigneten Sprachmittler seiner Wahl hinzuzuziehen.

[1)] Nr. **568**.
[2)] Nr. **1003**.
[3)] § 17 Abs. 3 angef. mWv 1.1.2023 durch G v. 21.12.2022 (BGBl. I S. 2817); Abs. 1 und 3 aufgeh. mWv 12.6.2026 durch G v. 23.4.2026 (BGBl. 2026 I Nr. 111).

Unterabschnitt 2.[1)] Einleitung des Asylverfahrens

§ 18[2)] Aufgaben der Grenzbehörde. (1) Ein Ausländer, der bei einer mit der polizeilichen Kontrolle des grenzüberschreitenden Verkehrs beauftragten Behörde (Grenzbehörde) einen Asylantrag stellt, ist unverzüglich nach der Antragstellung oder nach Abschluss der Überprüfung im Sinne der Verordnung (EU) 2024/1356, soweit eine solche erforderlich ist, an die zuständige oder, sofern diese nicht bekannt ist, an die nächstgelegene Aufnahmeeinrichtung zur Meldung weiterzuleiten.

(2) Dem Ausländer ist die Einreise zu verweigern, wenn

1. er aus einem sicheren Drittstaat nach § 26a einreist,
2. Anhaltspunkte dafür vorliegen, dass ein anderer Staat auf Grund von Rechtsvorschriften der Europäischen Union oder eines völkerrechtlichen Vertrages für die Durchführung des Asylverfahrens zuständig ist und ein Aufnahmeverfahren oder ein Verfahren für Wiederaufnahmemitteilungen eingeleitet wird, oder
3. er eine Gefahr für die Allgemeinheit bedeutet, weil er in der Bundesrepublik Deutschland wegen einer besonders schweren Straftat zu einer Freiheitsstrafe von mindestens drei Jahren rechtskräftig verurteilt worden ist, und seine Ausreise nicht länger als drei Jahre zurückliegt.

(3) Der Ausländer ist zurückzuschieben, wenn er von der Grenzbehörde im grenznahen Raum in unmittelbarem zeitlichem Zusammenhang mit einer unerlaubten Einreise angetroffen wird und die Voraussetzungen des Absatzes 2 vorliegen.

(4) Von der Einreiseverweigerung oder Zurückschiebung ist im Falle der Einreise aus einem sicheren Drittstaat nach § 26a abzusehen, soweit

1. die Bundesrepublik Deutschland auf Grund von Rechtsvorschriften der Europäischen Union oder eines völkerrechtlichen Vertrages mit dem sicheren Drittstaat für die Durchführung eines Asylverfahrens zuständig ist oder
2. das Bundesministerium des Innern es aus völkerrechtlichen oder humanitären Gründen oder zur Wahrung politischer Interessen der Bundesrepublik Deutschland angeordnet hat.

(5) Die Grenzbehörde hat den Ausländer erkennungsdienstlich zu behandeln.

§ 18a[3)] Asylverfahren und Rückkehrverfahren an der Grenze. (1) [1]Wird ein Asylantrag nach den Artikeln 43 bis 54 der Verordnung (EU) 2024/1348 im Rahmen eines Asylverfahrens an der Grenze (Asylgrenzverfahren) geprüft, entscheidet das Bundesamt im Einklang mit Artikel 51 Absatz 2 Unterabsatz 2 der Verordnung (EU) 2024/1348 innerhalb von acht Wochen nach Registrierung des Antrags. [2]Das Bundesamt kann die Frist auf zwölf Wochen verlängern, wenn die Voraussetzungen des Artikels 51 Absatz 2 Unterabsatz 3 der Verordnung (EU) 2024/1348 vorliegen. [3]Abweichend von § 13a Satz 1 kann auch das Bundesamt

---

[1)] UAbschnitt 2 Überschrift geänd. mWv 1.12.2013 durch G v. 28.8.2013 (BGBl. I S. 3474).

[2)] § 18 Abs. 4 Nr. 2 geänd. mWv 27.6.2020 durch VO v. 19.6.2020 (BGBl. I S. 1328); Abs. 1 neu gef., Abs. 2 Nr. 1 und 2 , Abs. 4 einl. Satzteil, Nr. 1 und Nr. 2 geänd. mWv 12.6.2026 durch G v. 23.4.2026 (BGBl. 2026 I Nr. 111).

[3)] *§ 18a Abs. 1 Satz 1 geänd.* mWv 1.2.2026 durch G v. 22.12.2025 (BGBl. 2025 I Nr. 364); Überschrift und Abs. 1 neu gef. (laut BGBl. I wohl irrtümlich formuliert: „Die Absätze 1 und 1a werden durch den folgenden Absatz 1 ersetzt"), Abs. 2 und 3 neu gef., Abs. 4 Sätze 1, 2 und 4 geänd., Satz 6 eingef., bish. Sätze 6 und 7 werden 7 und 8 und jeweils geänd., Abs. 5 Satz 1 geänd., Abs. 6 neu gef., Abs. 6a, 6b, 7 und 8 angef. mWv 12.6.2026 durch G v. 23.4.2026 (BGBl. 2026 I Nr. 111).

den Asylantrag registrieren, wenn dieser im Asylgrenzverfahren geprüft wird. [4] § 18 Absatz 2 bleibt unberührt.

(2) [1] Wird der Asylantrag abgelehnt, ist dem Ausländer die Einreise durch die Grenzbehörde zu verweigern. [2] Lehnt das Bundesamt den Asylantrag nach Artikel 44 Absatz 1 der Verordnung (EU) 2024/1348 ab, droht es dem Ausländer nach Maßgabe der §§ 34 und 36 vorsorglich für den Fall der Einreise die Abschiebung an und setzt ihm nach Maßgabe des § 38 Absatz 1 vorsorglich eine Frist zur freiwilligen Ausreise.

(3) [1] Die Entscheidungen des Bundesamtes sind zusammen mit der Einreiseverweigerung der Grenzbehörde durch eine in dem Standort nach Artikel 54 der Verordnung (EU) 2024/1348 präsente Behörde zuzustellen. [2] Dem zuständigen Verwaltungsgericht ist eine Kopie der Entscheidung der Grenzbehörde sowie der Entscheidung und des Verwaltungsvorgangs des Bundesamtes unverzüglich zu übermitteln.

(4) [1] Ein Antrag auf Gewährung vorläufigen Rechtsschutzes nach der Verwaltungsgerichtsordnung[1] ist innerhalb einer Woche nach Zustellung der Entscheidungen des Bundesamtes und der Grenzbehörde zu stellen und zu begründen. [2] Der Antrag kann bei der in dem Standort nach Artikel 54 der Verordnung (EU) 2024/1348 präsenten Behörde gestellt werden. [3] Der Ausländer ist hierauf hinzuweisen. [4] § 58 der Verwaltungsgerichtsordnung ist mit der Maßgabe, dass die Frist nach § 58 Absatz 2 der Verwaltungsgerichtsordnung einen Monat beträgt, entsprechend anzuwenden. [5] Die Entscheidung soll im schriftlichen Verfahren ergehen. [6] Abweichend von § 36 Absatz 2 Satz 5 soll das Gericht innerhalb von zwei Wochen ab Eingang des Antrags entscheiden. [7] § 36 Absatz 3 ist anzuwenden. [8] Im Falle der rechtzeitigen Antragstellung darf die Einreiseverweigerung nicht vor der gerichtlichen Entscheidung (§ 36 Absatz 2 Satz 9) vollzogen werden.

(5) [1] Jeder Antrag nach Absatz 4 richtet sich auf Gewährung der Einreise und für den Fall der Einreise gegen die Abschiebungsandrohung oder Abschiebungsanordnung. [2] Die Anordnung des Gerichts, dem Ausländer die Einreise zu gestatten, gilt zugleich als Aussetzung der Abschiebung.

(6) [1] Wird der Asylantrag eines Ausländers im Asylgrenzverfahren geprüft, ordnet das Bundesamt an, dass sich der Ausländer nur an einem bestimmten Standort im Sinne des Artikels 54 Absatz 1 der Verordnung (EU) 2024/1348, der in der Anordnung genau zu bezeichnen ist, aufhalten darf. [2] Die Anordnung muss verhältnismäßig sein und trägt der individuellen Situation des Ausländers, einschließlich seiner besonderen Bedürfnisse bei der Aufnahme, Rechnung. [3] Familien mit minderjährigen Kindern werden in Unterbringungseinrichtungen untergebracht, die den Anforderungen des Artikels 54 Absatz 2 der Verordnung (EU) 2024/1348 entsprechen. [4] Die Beschränkung der Bewegungsfreiheit ist auf die Dauer der Prüfung des Asylantrags im Asylgrenzverfahren einschließlich des Rechtsbehelfsverfahrens beschränkt. [5] Die Höchstdauer der Anordnung der Beschränkung der Bewegungsfreiheit beträgt zwölf Wochen; in den Fällen des Artikels 67 Absatz 11 der Verordnung (EU) 2024/1351 kann sie bis zu 16 Wochen betragen. [6] Die Anordnung ist schriftlich zu erlassen, zu begründen und mit einer Rechtsbehelfsbelehrung zu versehen.

(6a) [1] Der Ausländer ist für die Dauer des Rückkehrverfahrens an der Grenze (Rückkehrgrenzverfahren) von bis zu zwölf Wochen an einen Standort nach Artikel 4 Absatz 2 der Verordnung (EU) 2024/1349 zu verbringen. [2] Er muss sich

[1] Nr. **600**.

für die Dauer des Rückkehrgrenzverfahrens an dem Standort aufhalten. [3]Dem Ausländer ist der Fristbeginn der Pflicht zum Aufenthalt an dem Standort nach Artikel 4 Absatz 2 Satz 3 der Verordnung (EU) 2024/1349 mit der Ablehnung des Asylantrags schriftlich mitzuteilen.

(6b) [1]Während der Unterbringung an einem Standort, an dem das Asylgrenzverfahren nach Artikel 54 der Verordnung (EU) 2024/1348 oder das Rückkehrgrenzverfahren nach Artikel 4 Absatz 2 der Verordnung (EU) 2024/1349 durchgeführt wird, darf der Ausländer an einer Abreise aus dem Bundesgebiet nicht gehindert werden. [2]Es ist zu gewährleisten, dass er auf Verlangen zu der Grenzübergangsstelle, an der er die Grenze passiert hat, oder, soweit ihm dort kein Verkehrsmittel zur Abreise zur Verfügung steht, an eine andere Grenzübergangsstelle, an der ihm ein Verkehrsmittel zur Abreise zur Verfügung steht, verbracht wird. [3]Der Grenzbehörde muss die Kontrolle seines Aufenthalts möglich bleiben.

(7) [1]Wird der Asylantrag von unbegleiteten Minderjährigen nach Artikel 53 Absatz 1 in Verbindung mit Artikel 42 Absatz 3 Unterabsatz 1 Buchstabe b der Verordnung (EU) 2024/1348 im Rahmen des Asylgrenzverfahrens geprüft, entscheidet das Bundesamt abweichend von Absatz 1 Satz 1 im Einklang mit Artikel 51 Absatz 2 Unterabsatz 2 der Verordnung (EU) 2024/1348 innerhalb von sechs Wochen nach Registrierung des Antrags. [2]Wird der Asylantrag abgelehnt, ist die Klage abweichend von § 74 Absatz 2 Satz 1 innerhalb von zehn Tagen zu begründen. [3]Das Gericht soll abweichend von § 77 Absatz 6 in vier Wochen entscheiden.

(8) In den Fällen, in denen der Asylantrag nach Artikel 38 Absatz 1 Buchstabe b oder c der Verordnung (EU) 2024/1348 abgelehnt wird, gilt Absatz 7 mit der Maßgabe, dass die Klage innerhalb von zwei Wochen zu begründen ist.

§ 19[1)] Aufgaben der Ausländerbehörde und der Polizei. (1) [1]Ein Ausländer, der bei einer Ausländerbehörde, bei der Bundespolizei oder bei der Polizei eines Landes einen Asylantrag stellt, ist in den Fällen des § 14 Absatz 1 unverzüglich nach der Antragstellung an die zuständige oder, soweit diese nicht bekannt ist, an die nächstgelegene Aufnahmeeinrichtung zur Meldung weiterzuleiten. [2]Sofern eine Überprüfung im Sinne der Verordnung (EU) 2024/1356 erforderlich ist und der Asylantrag nicht bei einer für die Durchführung der Überprüfung zuständigen Behörde gestellt wird, ist zunächst die Überprüfung von der nach § 71 Absatz 3 Nummer 9 und Absatz 4a des Aufenthaltsgesetzes[2)] zuständigen Behörde durchzuführen und der Ausländer erst nach deren Abschluss durch diese an die Aufnahmeeinrichtung nach Satz 1 weiterzuleiten.

(2) In den Fällen des Absatzes 1 hat die Behörde, bei der ein Ausländer einen Asylantrag stellt, diesen vor der Weiterleitung an die Aufnahmeeinrichtung erkennungsdienstlich zu behandeln (§ 16 Absatz 1).

(3) [1]Ein Ausländer, der aus einem sicheren Drittstaat nach § 26a unerlaubt eingereist ist, kann ohne vorherige Weiterleitung an eine Aufnahmeeinrichtung nach Maßgabe des § 57 Absatz 1 und 2 des Aufenthaltsgesetzes dorthin zurückgeschoben werden. [2]In diesem Falle ordnet die Ausländerbehörde die Zurückschiebung an, sobald feststeht, dass sie durchgeführt werden kann.

(4) Vorschriften über die Festnahme oder Inhaftnahme bleiben unberührt.

[1)] *§ 19* Abs. 3 Satz 1 geänd. mWv 26.11.2011 durch G v. 22.11.2011 (BGBl. I S. 2258); Abs. 1 geänd., Abs. 2 neu gef. mWv 9.8.2019 durch G v. 4.8.2019 (BGBl. I S. 1131); Abs. 1 neu gef., Abs. 2 und 3 Satz 1 geänd. mWv 12.6.2026 durch G v. 23.4.2026 (BGBl. 2026 I Nr. 111).

[2)] Nr. **565**.

§ 20[1)] Weiterleitung an eine Aufnahmeeinrichtung. (1) [1]Der Ausländer ist verpflichtet, der Weiterleitung nach § 18 Absatz 1 oder § 19 Absatz 1 unverzüglich oder bis zu einem ihm von der Behörde genannten Zeitpunkt zu folgen. [2]Kommt der Ausländer der Verpflichtung nach Satz 1 nicht nach, gilt der Asylantrag nach Ablauf von fünf Tagen als nicht gestellt.

(2) [1]Die Behörde, die den Ausländer an eine Aufnahmeeinrichtung weiterleitet, teilt dieser unverzüglich die Weiterleitung und die Stellung des Asylantrags schriftlich mit. [2]Die Aufnahmeeinrichtung unterrichtet unverzüglich, spätestens nach Ablauf einer Woche nach Eingang der Mitteilung nach Satz 1, die ihr zugeordnete Außenstelle des Bundesamtes darüber, ob der Ausländer in der Aufnahmeeinrichtung aufgenommen worden ist, und leitet ihr die Mitteilung nach Satz 1 zu.

§ 21[2)] Verwahrung und Weitergabe von Unterlagen. (1) Die Behörden, die den Ausländer an eine Aufnahmeeinrichtung weiterleiten, nehmen die in § 15 Absatz 2 Nummer 4 und 5 bezeichneten Unterlagen in Verwahrung und leiten sie unverzüglich der Aufnahmeeinrichtung zu.

(2) Meldet sich der Ausländer unmittelbar bei der für seine Aufnahme zuständigen Aufnahmeeinrichtung, nimmt diese die Unterlagen in Verwahrung.

(3) Die für die Aufnahme des Ausländers zuständige Aufnahmeeinrichtung leitet die Unterlagen unverzüglich der ihr zugeordneten Außenstelle des Bundesamtes zu.

(4) Die Unterlagen sind dem Ausländer wieder auszuhändigen, wenn sie für die weitere Durchführung des Asylverfahrens oder für aufenthaltsbeendende Maßnahmen nicht mehr benötigt werden.

§ 22[3)] Meldepflicht. (1) [1]Ein Ausländer, der den Asylantrag bei einer Außenstelle des Bundesamtes einzureichen hat (§ 14 Absatz 1), hat sich in einer Aufnahmeeinrichtung persönlich zu melden. [2]Diese nimmt ihn auf oder leitet ihn an die für seine Aufnahme zuständige Aufnahmeeinrichtung weiter; im Falle der Weiterleitung ist der Ausländer, soweit möglich, erkennungsdienstlich zu behandeln.

(2) [1]Die Landesregierung oder die von ihr bestimmte Stelle kann bestimmen, dass

1. die Meldung nach Absatz 1 bei einer bestimmten Aufnahmeeinrichtung erfolgen muss,
2. ein von einer Aufnahmeeinrichtung eines anderen Landes weitergeleiteter Ausländer zunächst eine bestimmte Aufnahmeeinrichtung aufsuchen muss.

[2]Der Ausländer ist während seines Aufenthaltes in der nach Satz 1 bestimmten Aufnahmeeinrichtung erkennungsdienstlich zu behandeln. [3]In den Fällen des § 18 Absatz 1 und des § 19 Absatz 1 ist der Ausländer an diese Aufnahmeeinrichtung weiterzuleiten.

---

1) § 20 Abs. 1 Sätze 2–5 angef., Abs. 2 aufgeh., bish. Abs. 3 wird Abs. 2 und Satz 1 geänd. mWv 17.3. 2016 durch G v. 11.3.2016 (BGBl. I S. 390); Abs. 1, Abs. 2 Satz 1 neu gef. mWv 12.6.2026 durch G v. 23.4.2026 (BGBl. 2026 I Nr. 111).

2) § 21 Abs. 1 Satz 2 aufgeh. mWv 5.2.2016 durch G v. 2.2.2016 (BGBl. I S. 130); Abs. 1 geänd., Abs. 4 aufgeh., bish. Abs. 5 wird Abs. 4 mWv 12.6.2026 durch G v. 23.4.2026 (BGBl. 2026 I Nr. 111).

3) § 22 Abs. 3 neu gef. mWv 17.3.2016 durch G v. 11.3.2016 (BGBl. I S. 390); Abs. 1 Satz 1, Abs. 2 Satz 3, Abs. 3 Satz 2 geänd. und Satz 3 aufgeh., bish. Satz 4 wird Satz 3 und geänd. mWv 12.6.2026 durch G v. 23.4.2026 (BGBl. 2026 I Nr. 111).

(3) [1]Der Ausländer ist verpflichtet, der Weiterleitung an die für ihn zuständige Aufnahmeeinrichtung nach Absatz 1 Satz 2 oder Absatz 2 unverzüglich oder bis zu einem ihm von der Aufnahmeeinrichtung genannten Zeitpunkt zu folgen. [2]Kommt der Ausländer der Verpflichtung nach Satz 1 nicht nach, gilt § 32. [3]§ 20 Absatz 2 findet entsprechend Anwendung.

§ 22a[1)] Übernahme eines Antragstellers oder einer Person, der internationaler Schutz zuerkannt wurde. [1]Ein Ausländer, der auf Grund von Rechtsvorschriften der Europäischen Union oder eines völkerrechtlichen Vertrages zur Durchführung eines Asylverfahrens übernommen ist, steht einem Ausländer gleich, der einen Asylantrag stellt. [2]Wurde eine Person, der im begünstigten Mitgliedstaat internationaler Schutz zuerkannt wurde, übernommen, so erkennt das Bundesamt den jeweiligen internationalen Schutz zu. [3]Der Ausländer ist verpflichtet, sich bei oder unverzüglich nach der Einreise zu der Stelle zu begeben, die vom Bundesministerium des Innern oder der von ihm bestimmten Stelle bezeichnet ist.

Unterabschnitt 3.[2)] Verfahren beim Bundesamt

§ 23[3)] Entscheidung über das Verbot der Abschiebung. [1]Nach Stellung eines Asylantrags obliegt dem Bundesamt die Feststellung, ob die Voraussetzungen des § 60 Absatz 5 oder 7 des Aufenthaltsgesetzes[4)] vorliegen. [2]Dies gilt auch nach dem rechtskräftigen Abschluss des Asylverfahrens.

§ 24[5)] *(aufgehoben)*

§ 25[6)] Anhörung im Asylverfahren. (1) Der Ausländer hat alle Tatsachen und Umstände anzugeben, die einer Abschiebung oder einer Abschiebung in einen bestimmten Staat entgegenstehen.

(2) [1]Ein späteres Vorbringen des Ausländers kann unberücksichtigt bleiben, wenn andernfalls die Entscheidung des Bundesamtes verzögert würde. [2]Artikel 28 Absatz 6 der Verordnung (EU) 2024/1348 bleibt unberührt. [3]Der Ausländer ist hierauf und auf § 36 Absatz 3 Satz 3 hinzuweisen.

(3) [1]Die Anhörung soll möglichst bald nach der Asylantragseinreichung erfolgen. [2]Einer besonderen Ladung des Ausländers und seines Bevollmächtigten bedarf es nicht. [3]Entsprechendes gilt, wenn dem Ausländer bei oder innerhalb einer Woche nach der Antragseinreichung der Termin für die Anhörung mitgeteilt wird. [4]Kann die Anhörung nicht an demselben Tag stattfinden, sind der Ausländer und sein Bevollmächtigter von dem Anhörungstermin unverzüglich zu verständigen.

(4) [1]Die Anhörung ist nicht öffentlich. [2]Der Ausländer kann sich bei der Anhörung von einem Bevollmächtigten oder Beistand im Sinne des § 14 des Verwaltungsverfahrensgesetzes[7)] begleiten lassen. [3]Das Bundesamt kann bestim-

---

1) § 22a Satz 2 geänd. mWv 27.6.2020 durch VO v. 19.6.2020 (BGBl. I S. 1328); Überschrift neu gef., Satz 1 geänd., Satz 2 eingef., bish. Satz 2 wird Satz 3 und geänd. mWv 12.6.2026 durch G v. 23.4.2026 (BGBl. 2026 I Nr. 111).

2) UAbschnitt 3 Überschrift geänd. mWv 1.12.2013 durch G v. 28.8.2013 (BGBl. I S. 3474).

3) § 23 neu gef. mWv 12.6.2026 durch G v. 23.4.2026 (BGBl. 2026 I Nr. 111).

4) Nr. **565**.

5) § 24 aufgeh. mWv 12.6.2026 durch G v. 23.4.2026 (BGBl. 2026 I Nr. 111).

6) § 25 neu gef. mWv 12.6.2026 durch G v. 23.4.2026 (BGBl. 2026 I Nr. 111).

7) Nr. **100**.

men, dass der Bevollmächtigte oder Beistand erst am Ende der Anhörung eingreifen darf, wenn andernfalls eine störungsfreie Anhörung nicht durchgeführt werden kann. [4] Das Bundesamt kann die Anhörung auch dann durchführen, wenn der Bevollmächtigte oder Beistand trotz einer mit angemessener Frist erfolgten Ladung nicht an ihr teilnimmt. [5] Die Sätze 3 und 4 gelten nicht, wenn es sich um einen Minderjährigen handelt. [6] Satz 4 gilt nicht, wenn der Bevollmächtigte oder Beistand seine Nichtteilnahme vor Beginn der Anhörung genügend entschuldigt. [7] Anderen Personen kann der Präsident des Bundesamtes oder die von ihm beauftragte Person im Einklang mit den Artikeln 7 und 13 Absatz 3 der Verordnung (EU) 2024/1348 die Anwesenheit gestatten; dies gilt insbesondere für Vertreter des Bundes, eines Landes oder des Hohen Flüchtlingskommissars der Vereinten Nationen.

(5) [1] Die Tonaufzeichnung einer Anhörung beim Bundesamt oder Ausschnitte hieraus dürfen weder

1. vom Personal des Bundesamtes
2. noch von anderen Personen

veröffentlicht oder anderen Personen außerhalb des Bundesamtes als den nach § 29 Absatz 1 Satz 1 oder 3 des Verwaltungsverfahrensgesetzes oder § 100 Absatz 1 Satz 1 der Verwaltungsgerichtsordnung[1)] Berechtigten zugänglich gemacht werden. [2] § 99 der Verwaltungsgerichtsordnung bleibt unberührt.

§ 26[2)] Asylanträge von Familienangehörigen. (1) [1] Asylanträge von Familienangehörigen im Sinne des Artikels 3 Nummer 9 der Verordnung (EU) 2024/1347 werden individuell geprüft und entschieden. [2] Reisen Familienverbände gemeinsam ein, sollen die Personen des Familienverbands bei der Antragseinreichung durch das Bundesamt darauf hingewiesen werden, dass sie den Asylantrag in zeitlichem Zusammenhang einzureichen haben, um die Familieneinheit gewährleisten zu können.

(2) [1] Wird der Asylantrag eines Familienangehörigen im Sinne des Artikels 3 Nummer 9 der Verordnung (EU) 2024/1347 abgelehnt, stellt das Bundesamt in den Fällen des Artikels 23 Absatz 1 der Verordnung (EU) 2024/1347 zeitgleich mit der Entscheidung fest, ob die Voraussetzungen des Artikels 23 Absatz 1 der Verordnung (EU) 2024/1347 vorliegen. [2] Abweichend von § 34 Absatz 1 Satz 1 ist in diesen Fällen keine Abschiebungsandrohung zu erlassen.

(3) [1] Die Absätze 1 und 2 gelten auch für minderjährige ledige Geschwister des Asylberechtigten oder der Person, der internationaler Schutz zuerkannt wurde, wenn die Familie vor dessen Ankunft im Bundesgebiet bereits bestand oder die minderjährigen ledigen Geschwister im Bundesgebiet geboren worden sind. [2] Die Absätze 1 und 2 gelten auch, wenn die Ehe nach deutschem Recht wegen Minderjährigkeit im Zeitpunkt der Eheschließung unwirksam oder aufgehoben worden ist; dies gilt nicht zugunsten des im Zeitpunkt der Eheschließung volljährigen Ehegatten.

§ 26a[3)] Sichere Drittstaaten im Sinne des Artikels 16a Absatz 2 des Grundgesetzes. (1) [1] Ein Ausländer, der aus einem Drittstaat im Sinne des Ar-

---

[1)] Nr. **600**.

[2)] § 26 neu gef. mWv 12.6.2026 durch G v. 23.4.2026 (BGBl. 2026 I Nr. 111).

[3)] § 26a Überschrift neu gef., Abs. 1 Satz 1, Satz 3 Nr. 2, Abs. 2 geänd. mWv 12.6.2026 durch G v. 23.4.2026 (BGBl. 2026 I Nr. 111).

tikels 16a Absatz 2 Satz 1 des Grundgesetzes[1)] eingereist ist, kann sich nicht auf Artikel 16a Absatz 1 des Grundgesetzes berufen. [2] Er wird nicht als Asylberechtigter anerkannt. [3] Satz 1 gilt nicht, wenn

1. der Ausländer im Zeitpunkt seiner Einreise in den sicheren Drittstaat im Besitz eines Aufenthaltstitels für die Bundesrepublik Deutschland war,
2. die Bundesrepublik Deutschland auf Grund von Rechtsvorschriften der Europäischen Union oder eines völkerrechtlichen Vertrages mit dem sicheren Drittstaat für die Durchführung des Asylverfahrens zuständig ist oder
3. der Ausländer auf Grund einer Anordnung nach § 18 Abs. 4 Nr. 2 nicht zurückgewiesen oder zurückgeschoben worden ist.

(2) Sichere Drittstaaten im Sinne des Artikels 16a Absatz 2 des Grundgesetzes sind außer den Mitgliedstaaten der Europäischen Union die in Anlage I bezeichneten Staaten.

(3) [1] Die Bundesregierung bestimmt durch Rechtsverordnung ohne Zustimmung des Bundesrates, dass ein in Anlage I bezeichneter Staat nicht mehr als sicherer Drittstaat gilt, wenn Veränderungen in den rechtlichen oder politischen Verhältnissen dieses Staates die Annahme begründen, dass die in Artikel 16a Abs. 2 Satz 1 des Grundgesetzes bezeichneten Voraussetzungen entfallen sind. [2] Die Verordnung tritt spätestens sechs Monate nach ihrem Inkrafttreten außer Kraft.

§ 27[2)] Sichere Drittstaaten im Sinne der Verordnung (EU) 2024/1348.

(1) Die Bundesregierung bestimmt durch Rechtsverordnung ohne Zustimmung des Bundesrates sichere Drittstaaten im Sinne des Artikels 64 der Verordnung (EU) 2024/1348.

(2) Die Bundesregierung legt dem Deutschen Bundestag alle zwei Jahre, erstmals zum 12. Juni 2027, einen Bericht darüber vor, ob die Voraussetzungen für die Bestimmung weiterhin vorliegen, soweit die sicheren Drittstaaten nicht nach Artikel 61 Absatz 1 der Verordnung (EU) 2024/1348 auf Unionsebene bestimmt wurden.

§ 27a[3)] *(aufgehoben)*

§ 28[4)] Nachfluchttatbestände. [1] Ein Ausländer wird in der Regel nicht als Asylberechtigter anerkannt, wenn die Gefahr politischer Verfolgung auf Umständen beruht, die er nach Verlassen seines Herkunftslandes aus eigenem Entschluss geschaffen hat, es sei denn, dieser Entschluss entspricht einer festen, bereits im Herkunftsland erkennbar betätigten Überzeugung. [2] Satz 1 findet insbesondere keine Anwendung, wenn der Ausländer sich auf Grund seines Alters und Entwicklungsstandes im Herkunftsland noch keine feste Überzeugung bilden konnte.

§ 29[5)] Unzulässige Anträge. Das Bundesamt lehnt den Asylantrag als unzulässig ab, wenn

1. ein Fall des Artikels 38 Absatz 1 Buchstabe d oder e der Verordnung (EU) 2024/1348 vorliegt,

---

1) Nr. **1**.

2) § 27 neu gef. mWv 12.6.2026 durch G v. 23.4.2026 (BGBl. 2026 I Nr. 111).

3) § 27a aufgeh. mWv 6.8.2016 durch G v. 31.7.2016 (BGBl. I S. 1939).

4) § 28 Abs. 1a geänd. mWv 1.12.2013 durch G v. 28.8.2013 (BGBl. I S. 3474); Abs. 1 geänd., Abs. 1a und 2 aufgeh. mWv 12.6.2026 durch G v. 23.4.2026 (BGBl. 2026 I Nr. 111).

5) § 29 neu gef. mWv 12.6.2026 durch G v. 23.4.2026 (BGBl. 2026 I Nr. 111).

2. ein anderer Mitgliedstaat der Europäischen Union dem Ausländer bereits internationalen Schutz im Sinne des § 1 Absatz 1 Nummer 2 gewährt hat,
3. ein Staat, der kein Mitgliedstaat der Europäischen Union ist und der bereit ist, den Ausländer wieder aufzunehmen, als für den Ausländer sicherer Drittstaat gemäß § 26a betrachtet wird,
4. ein Staat, der kein Mitgliedstaat der Europäischen Union ist, für den Ausländer als sicherer Drittstaat nach Artikel 59 der Verordnung (EU) 2024/1348 betrachtet wird, es sei denn, es ist eindeutig, dass der Ausländer von diesem Drittstaat nicht übernommen oder rückübernommen wird,
5. ein Staat, der kein Mitgliedstaat der Europäischen Union ist, als erster Asylstaat nach Artikel 58 der Verordnung (EU) 2024/1348 betrachtet wird, es sei denn, es ist eindeutig, dass der Ausländer von diesem Drittstaat nicht übernommen oder rückübernommen wird, oder
6. im Falle eines Folgeantrags nach § 71 ein weiteres Asylverfahren nicht durchzuführen ist.

§ 29a[1) 2)] **Sichere Herkunftsstaaten im Sinne des Artikels 16a Absatz 3 des Grundgesetzes; Bericht; Verordnungsermächtigung.** (1) [1]Der Asylantrag eines Ausländers aus einem Staat im Sinne des Artikels 16a Absatz 3 Satz 1 des Grundgesetzes[3)] ist als offensichtlich unbegründet abzulehnen, es sei denn, die von dem Ausländer angegebenen Tatsachen oder Beweismittel begründen die Annahme, dass ihm abweichend von der allgemeinen Lage im Herkunftsstaat Verfolgung oder unmenschliche oder erniedrigende Bestrafung oder Behandlung droht. [2]Eine Verfolgung ist anzunehmen, wenn die Voraussetzungen des Artikels 9 der Verordnung (EU) 2024/1347 erfüllt sind.

(2) Sichere Herkunftsstaaten im Sinne des Artikels 16a Absatz 3 Satz 1 des Grundgesetzes sind die in Anlage II bezeichneten Staaten.

(2a) Die Bundesregierung legt dem Deutschen Bundestag alle zwei Jahre, erstmals zum 23. Oktober 2017 einen Bericht darüber vor, ob die Voraussetzungen für die Einstufung der in Anlage II bezeichneten Staaten als sichere Herkunftsstaaten weiterhin vorliegen.

(3) [1]Die Bundesregierung bestimmt durch Rechtsverordnung ohne Zustimmung des Bundesrates, dass ein in Anlage II bezeichneter Staat nicht mehr als sicherer Herkunftsstaat gilt, wenn Veränderungen in den rechtlichen oder politischen Verhältnissen dieses Staates die Annahme begründen, dass die in Artikel 16a Absatz 3 Satz 1 des Grundgesetzes bezeichneten Voraussetzungen entfallen sind. [2]Die Verordnung tritt spätestens sechs Monate nach ihrem Inkrafttreten außer Kraft.

§ 29b[4)] **Sichere Herkunftsstaaten im Sinne der Verordnung (EU) 2024/1348.** (1) Die Bundesregierung bestimmt durch Rechtsverordnung ohne Zustim-

---

[1)] § 29a Überschrift neu gef., Abs. 2a eingef. mWv 24.10.2015 durch G v. 20.10.2015 (BGBl. I S. 1722); Abs. 1 geänd. mWv 6.8.2016 durch G v. 31.7.2016 (BGBl. I S. 1939); Überschrift und Abs. 1 geänd. mWv 1.2.2026 durch G v. 22.12.2025 (BGBl. 2025 I Nr. 364); Abs. 1, 2 neu gef., Abs. 3 Satz 1 geänd. mWv 12.6.2026 durch G v. 23.4.2026 (BGBl. 2026 I Nr. 111).

[2)] Siehe das Urt. des BVerfG v. 14.5.1996 – 2 BvR 1507/93, 2 BvR 1508/93 – (BGBl. I S. 952), wonach § 29a Abs. 1 sowie die Aufnahme von Ghana in Anlage II (zu § 29a) mit dem Grundgesetz (Nr. **1**) vereinbar sind.

[3)] Nr. **1**.

[4)] § 29b neu gef. mWv 12.6.2026 durch G v. 23.4.2026 (BGBl. 2026 I Nr. 111).

mung des Bundesrates sichere Herkunftsstaaten im Sinne des Artikels 64 der Verordnung (EU) 2024/1348.

(2) Die Bundesregierung soll in der Rechtsverordnung die Anwendung des § 61 Absatz 2 Satz 4 und des § 60a Absatz 6 Satz 1 Nummer 3 des Aufenthaltsgesetzes[1)] auf Ausländer aus einem sicheren Herkunftsstaat nach Absatz 1 ausschließen, die bis zum Zeitpunkt der Aufnahme des Herkunftsstaates in die Rechtsverordnung einen Asylantrag gestellt haben, sofern die Begründetheitsprüfung des Asylantrags nicht im Einklang mit Artikel 42 Absatz 1 Buchstabe a bis f der Verordnung (EU) 2024/1348 beschleunigt wird, oder die sich bis zum Zeitpunkt der Aufnahme dieses Herkunftsstaates in die Rechtsverordnung geduldet in Deutschland aufgehalten haben, ohne einen Asylantrag gestellt zu haben.

(3) Die Bundesregierung legt dem Deutschen Bundestag alle zwei Jahre, erstmals zum 12. Juni 2027, einen Bericht darüber vor, ob die Voraussetzungen für die Bestimmung weiterhin vorliegen, soweit die sicheren Herkunftsstaaten nicht nach Artikel 62 Absatz 1 der Verordnung (EU) 2024/1348 auf Unionsebene bestimmt wurden.

§ 30[2)] Offensichtlich unbegründete Asylanträge. [1]Ein nach Artikel 39 Absatz 3 der Verordnung (EU) 2024/1348 unbegründeter Asylantrag ist im Einklang mit Artikel 39 Absatz 4 der Verordnung (EU) 2024/1348 als offensichtlich unbegründet abzulehnen, wenn zum Zeitpunkt des Abschlusses der Prüfung einer der in Artikel 42 Absatz 1 der Verordnung (EU) 2024/1348 aufgeführten Umstände vorliegt. [2]Bei unbegleiteten Minderjährigen ist ein nach Artikel 39 Absatz 3 der Verordnung (EU) 2024/1348 unbegründeter Asylantrag im Einklang mit Artikel 39 Absatz 4 der Verordnung (EU) 2024/1348 als offensichtlich unbegründet abzulehnen, wenn zum Zeitpunkt des Abschlusses der Prüfung einer der in Artikel 42 Absatz 3 Buchstabe a, b oder c der Verordnung (EU) 2024/1348 aufgeführten Umstände vorliegt.

§ 30a[3)] *(aufgehoben)*

§ 31[4)] Entscheidung des Bundesamtes über Asylanträge. (1) Im Einklang mit Artikel 36 Absatz 1 der Verordnung (EU) 2024/1348 sind Entscheidungen, die der Anfechtung unterliegen, den Beteiligten unverzüglich zuzustellen.

(2) [1]In Entscheidungen über zulässige Asylanträge ist ausdrücklich festzustellen, ob dem Ausländer die Flüchtlingseigenschaft oder der Status subsidiären Schutzes zuerkannt wird und ob er als Asylberechtigter anerkannt wird. [2]In den Fällen des § 13 Absatz 1 Satz 1 ist nur über den beschränkten Antrag zu entscheiden.

(3) [1]In den Fällen des Absatzes 2 und in Entscheidungen über unzulässige Asylanträge ist festzustellen, ob die Voraussetzungen des § 60 Absatz 5 oder 7 des

---

[1)] Nr. **565**.

[2)] § 30 neu gef. mWv 12.6.2026 durch G v. 23.4.2026 (BGBl. 2026 I Nr. 111).

[3)] § 30a aufgeh. mWv 12.6.2026 durch G v. 23.4.2026 (BGBl. 2026 I Nr. 111).

[4)] § 31 Abs. 1 Satz 3 zweiter Halbs., Abs. 2 Satz 1 geänd., Satz 2 neu gef., Abs. 3 Sätze 1, 2 und Abs. 4 Satz 2 geänd., Abs. 5 neu gef. mWv 1.12.2013 durch G v. 28.8.2013 (BGBl. I S. 3474); Abs. 1 Satz 2 neu gef., Satz 3 eingef., bish. Sätze 3–6 werden Sätze 4–7, neuer Satz 5 geänd., Abs. 2 Satz 1, Abs. 3 Satz 1 geänd., Abs. 4 neu gef., Abs. 6 geänd. mWv 6.8.2016 durch G v. 31.7.2016 (BGBl. I S. 1939); Abs. 7 *angef.* mWv 9.8.2019 durch G v. 4.8.2019 (BGBl. I S. 1131); Abs. 1 Sätze 4, 5 neu gef., Sätze 6, 7 aufgeh., Abs. 2 Satz 1 geänd., Abs. 3 Satz 3 angef. mWv 1.1.2023 durch G v. 21.12.2022 (BGBl. I S. 2817); Abs. 2 Satz 1 geänd. mWv 27.2.2024 durch G v. 21.2.2024 (BGBl. 2024 I Nr. 54); Abs. 1 neu gef., Abs. 2 Sätze 1 und 2 geänd., Abs. 4–6 aufgeh., bish. Abs. 7 wird Abs. 3, Abs. 4 eingef. mWv 12.6.2026 durch G v. 23.4.2026 (BGBl. 2026 I Nr. 111).

Aufenthaltsgesetzes[1] vorliegen. [2]Davon kann abgesehen werden, wenn der Ausländer als Asylberechtigter anerkannt wird oder ihm internationaler Schutz im Sinne des § 1 Absatz 1 Nummer 2 zuerkannt wird. [3]Von der Feststellung nach Satz 1 kann auch abgesehen werden, wenn das Bundesamt in einem früheren Verfahren über das Vorliegen der Voraussetzungen des § 60 Absatz 5 und 7 des Aufenthaltsgesetzes entschieden hat und die Voraussetzungen des § 51 Absatz 1 bis 3 des Verwaltungsverfahrensgesetzes[2] nicht vorliegen.

(3)[3] In der Entscheidung des Bundesamtes ist die AZR-Nummer nach § 3 Absatz 1 Nummer 2 des Gesetzes über das Ausländerzentralregister[4] zu nennen.

(4) Das Bundesamt unterrichtet die Ausländerbehörde unverzüglich über
1. die getroffene Entscheidung und
2. von dem Ausländer vorgetragene oder sonst erkennbare Gründe,
   a) die für eine Aussetzung der Abschiebung sprechen, insbesondere über die Notwendigkeit, die für eine Rückführung erforderlichen Dokumente zu beschaffen, oder
   b) die nach § 25 Absatz 3 Satz 2 Nummer 1 bis 4 des Aufenthaltsgesetzes der Erteilung einer Aufenthaltserlaubnis entgegenstehen könnten.

§ 32[5] **Entscheidung bei ausdrücklicher oder stillschweigender Antragsrücknahme.** Im Falle der Erklärung der ausdrücklichen Antragsrücknahme nach Artikel 40 der Verordnung (EU) 2024/1348 oder der stillschweigenden Antragsrücknahme nach Artikel 41 der Verordnung (EU) 2024/1348 stellt das Bundesamt in seiner Entscheidung fest, ob ein Abschiebungsverbot nach § 60 Absatz 5 oder 7 des Aufenthaltsgesetzes[1] vorliegt.

§ 32a[6] **Ruhen des Verfahrens.** (1) [1]Das Asylverfahren eines Ausländers ruht, solange ihm vorübergehender Schutz nach § 24 des Aufenthaltsgesetzes[1] gewährt wird. [2]Solange das Verfahren ruht, bestimmt sich die Rechtsstellung des Ausländers nicht nach diesem Gesetz.

(2) [1]Der Asylantrag gilt als zurückgenommen, wenn der Ausländer nicht innerhalb eines Monats nach Ablauf der Geltungsdauer seiner Aufenthaltserlaubnis dem Bundesamt anzeigt, dass er das Asylverfahren fortführen will. [2]§ 32 gilt mit den Voraussetzungen aus Artikel 41 Absatz 2 bis 5 der Verordnung (EU) 2024/1348 entsprechend.

§ 33[7] *(aufgehoben)*

Unterabschnitt 4.[8] **Aufenthaltsbeendigung**

§ 34[9] **Abschiebungsandrohung.** (1) [1]Das Bundesamt erlässt im Einklang mit Artikel 37 der Verordnung (EU) 2024/1348 nach den §§ 59 und 60 Absatz 10 des Aufenthaltsgesetzes[1] eine schriftliche Abschiebungsandrohung, wenn

---

[1] Nr. **565**.
[2] Nr. **100**.
[3] Absatzzählung amtlich gemäß Art. 1 Nr. 38 Buchst. d G v. 23.4.2026 (BGBl. 2026 I Nr. 111).
[4] **Sartorius ErgBd. Nr. 569.**
[5] § 32 neu gef. mWv 12.6.2026 durch G v. 23.4.2026 (BGBl. 2026 I Nr. 111).
[6] § 32a Abs. 2 neu gef. mWv 12.6.2026 durch G v. 23.4.2026 (BGBl. 2026 I Nr. 111).
[7] § 33 aufgeh. mWv 12.6.2026 durch G v. 23.4.2026 (BGBl. 2026 I Nr. 111).
[8] UAbschnitt 4 Überschrift geänd. mWv 1.12.2013 durch G v. 28.8.2013 (BGBl. I S. 3474).
[9] § 34 Abs. 1 Satz 1 neu gef., Satz 3 und Abs. 2 Satz 2 angef. mWv 26.11.2011 durch G v. 22.11.2011 (BGBl. I S. 2258); Abs. 1 Satz 1 Nr. 2a eingef., Nr. 3 geänd. mWv 1.12.2013 durch G v. 28.8.2013 →

1. der Ausländer nicht als Asylberechtigter anerkannt wird,
2. dem Ausländer nicht der internationale Schutz zuerkannt wird,
3. die Voraussetzungen des § 60 Absatz 5 und 7 des Aufenthaltsgesetzes nicht vorliegen oder die Abschiebung ungeachtet des Vorliegens der Voraussetzungen des § 60 Absatz 7 Satz 1 des Aufenthaltsgesetzes ausnahmsweise zulässig ist,
4. der Abschiebung weder das Kindeswohl noch familiäre Bindungen noch der Gesundheitszustand des Ausländers entgegenstehen und
5. der Ausländer keinen Aufenthaltstitel besitzt.

2 Eine Anhörung des Ausländers vor Erlass der Abschiebungsandrohung ist nicht erforderlich. 3 Im Übrigen bleibt die Ausländerbehörde für Entscheidungen nach § 59 Absatz 1 Satz 4 und Absatz 6 des Aufenthaltsgesetzes zuständig.

(2) 1 Die Abschiebungsandrohung soll mit der Entscheidung über den Asylantrag verbunden werden. 2 Wurde kein Bevollmächtigter für das Verfahren bestellt, sind die Entscheidungsformel der Abschiebungsandrohung und die Rechtsbehelfsbelehrung dem Ausländer in eine Sprache zu übersetzen, deren Kenntnis vernünftigerweise vorausgesetzt werden kann.

§ 34a[1] Abschiebungsanordnung. (1) 1 Soll der Ausländer in einen für die Durchführung des Asylverfahrens zuständigen Staat infolge einer Überstellungsentscheidung nach Artikel 42 Absatz 1 oder Artikel 67 Absatz 10 der Verordnung (EU) 2024/1351 überstellt werden, ordnet das Bundesamt die Abschiebung in diesen Staat an, sobald feststeht, dass sie durchgeführt werden kann. 2 Einer vorherigen Androhung und Fristsetzung bedarf es nicht. 3 Kann eine Abschiebungsanordnung nach Satz 1 nicht ergehen, erlässt das Bundesamt eine Abschiebungsandrohung für den jeweiligen Staat.

(2) 1 In den Fällen des Absatzes 1 stellt das Bundesamt fest, ob die Voraussetzungen des § 60 Absatz 5 oder 7 des Aufenthaltsgesetzes[2] vorliegen. 2 Von der Feststellung nach Satz 1 kann abgesehen werden, wenn das Bundesamt in einem früheren Verfahren über das Vorliegen der Voraussetzungen des § 60 Absatz 5 und 7 des Aufenthaltsgesetzes entschieden hat und die Voraussetzungen des § 51 Absatz 1 bis 3 des Verwaltungsverfahrensgesetzes[3] nicht vorliegen.

(3) 1 Anträge nach § 80 Absatz 5 der Verwaltungsgerichtsordnung[4] gegen die Abschiebungsanordnung sind innerhalb einer Woche nach Bekanntgabe zu stellen. 2 Die Abschiebung ist bei rechtzeitiger Antragstellung vor der gerichtlichen Entscheidung nicht zulässig. 3 Anträge auf Gewährung vorläufigen Rechtsschutzes gegen die Anordnung und Befristung des Einreise- und Aufenthaltsverbots durch das Bundesamt nach § 11 Absatz 2 des Aufenthaltsgesetzes sind innerhalb einer Woche nach Bekanntgabe zu stellen. 4 Die Vollziehbarkeit der Abschiebungsanordnung bleibt hiervon unberührt. 5 § 58 der Verwaltungsgerichtsordnung gilt mit der

---

(Fortsetzung der Anm. von voriger Seite)
(BGBl. I S. 3474); Abs. 1 Satz 1 Nr. 3 geänd., Nr. 4 eingef., bish. Nr. 4 wird Nr. 5 mWv 27.2.2024 durch G v. 21.2.2024 (BGBl. 2024 I Nr. 54); Abs. 1 Satz 1 einl. Satzteil und Nr. 2 geänd., Nr. 2a aufgeh. mWv 12.6.2026 durch G v. 23.4.2026 (BGBl. 2026 I Nr. 111).

[1] § 34a Abs. 1 Satz 2 geänd., Abs. 2 neu gef. mWv 6.9.2013 durch G v. 28.8.2013 (BGBl. I S. 3474); Abs. 2 Sätze 3 und 4 angef. mWv 24.10.2015 durch G v. 20.10.2015 (BGBl. I S. 1722); Abs. 1 Satz 1 geänd., Satz 4 angef. mWv 6.8.2016 durch G v. 31.7.2016 (BGBl. I S. 1939); Abs. 1 neu gef., Abs. 2 *eingef., bish.* Abs. 2 wird Abs. 3 und Satz 3 geänd., Satz 5 angef. mWv 12.6.2026 durch G v. 23.4.2026 (BGBl. 2026 I Nr. 111).

[2] Nr. **565**.

[3] Nr. **100**.

[4] Nr. **600**.

Maßgabe, dass die Frist nach § 58 Absatz 2 der Verwaltungsgerichtsordnung drei Monate beträgt.

§ 35[1)] *(aufgehoben)*

§ 36[2)] **Verfahren bei Fällen des Artikels 68 Absatz 3 der Verordnung (EU) 2024/1348.** (1) Das Bundesamt übermittelt in den Fällen des Artikels 68 Absatz 3 der Verordnung (EU) 2024/1348 mit der Zustellung der Entscheidung den Beteiligten eine Kopie des Inhalts der Asylakte.

(2) [1] Anträge nach § 80 Absatz 5 der Verwaltungsgerichtsordnung[3)] gegen die Abschiebungsandrohung sind innerhalb einer Woche nach Bekanntgabe zu stellen; dem Antrag soll der Bescheid des Bundesamtes beigefügt werden. [2] Der Ausländer ist hierauf hinzuweisen. [3] § 58 der Verwaltungsgerichtsordnung ist mit der Maßgabe, dass die Frist nach § 58 Absatz 2 der Verwaltungsgerichtsordnung drei Monate beträgt, entsprechend anzuwenden. [4] Die Entscheidung soll im schriftlichen Verfahren ergehen; eine mündliche Verhandlung, in der zugleich über die Klage verhandelt wird, ist unzulässig. [5] Die Entscheidung soll innerhalb von einer Woche nach Ablauf der Frist des Satzes 1 ergehen. [6] Die Kammer des Verwaltungsgerichts kann die Frist nach Satz 5 um jeweils eine weitere Woche verlängern. [7] Die zweite Verlängerung und weitere Verlängerungen sind nur bei Vorliegen schwerwiegender Gründe zulässig, insbesondere wenn eine außergewöhnliche Belastung des Gerichts eine frühere Entscheidung nicht möglich macht. [8] Das Gericht teilt dem Bundesamt das Datum der Bekanntgabe der Entscheidung mit. [9] Die Entscheidung ist ergangen, wenn die vollständig unterschriebene Entscheidungsformel der Geschäftsstelle der Kammer vorliegt. [10] Anträge auf Gewährung vorläufigen Rechtsschutzes gegen die Anordnung und Befristung des Einreise- und Aufenthaltsverbots durch das Bundesamt nach § 11 Absatz 2 des Aufenthaltsgesetzes[4)] und die Anordnung und Befristung nach § 11 Absatz 7 des Aufenthaltsgesetzes sind ebenso innerhalb einer Woche nach Bekanntgabe zu stellen. [11] Die Vollziehbarkeit der Abschiebungsandrohung bleibt hiervon unberührt.

(3) [1] Die Aussetzung der Abschiebung darf nur angeordnet werden, wenn ernstliche Zweifel an der Rechtmäßigkeit des angegriffenen Verwaltungsaktes bestehen. [2] Tatsachen und Beweismittel, die von den Beteiligten nicht angegeben worden sind, bleiben unberücksichtigt, es sei denn, sie sind gerichtsbekannt oder offenkundig. [3] Ein Vorbringen, das nach § 25 Absatz 2 im Verwaltungsverfahren unberücksichtigt geblieben ist, sowie Tatsachen und Umstände im Sinne des § 25 Absatz 1, die der Ausländer im Verwaltungsverfahren nicht angegeben hat, kann das Gericht unberücksichtigt lassen, wenn andernfalls die Entscheidung verzögert würde.

§ 37[5)] *(aufgehoben)*

[1)] § 35 aufgeh. mWv 29.4.2026 durch G v. 23.4.2026 (BGBl. 2026 I Nr. 111).

[2)] § 36 Abs. 3 Sätze 10 und 11 angef. mWv 24.10.2015 durch G v. 20.10.2015 (BGBl. I S. 1722); Überschrift neu gef., Abs. 1 geänd. mWv 6.8.2016 durch G v. 31.7.2016 (BGBl. I S. 1939); Überschrift und Abs. 1 neu gef., Abs. 2 aufgeh., bish. Abs. 3 wird Abs. 2 und Sätze 1, 3 und 5 geänd., Satz 8 neu gef., Satz 10 geänd., bish. Abs. 4 wird zu Abs. 3 und Satz 3 geänd. mWv 12.6.2026 durch G v. 23.4.2026 (BGBl. 2026 I Nr. 111).

[3)] Nr. **600**.

[4)] Nr. **565**.

[5)] § 37 aufgeh. mWv 29.4.2026 durch G v. 23.4.2026 (BGBl. 2026 I Nr. 111).

§ 38[1] **Ausreisefrist.** (1) [1] In den Fällen des Artikels 68 Absatz 3 der Verordnung (EU) 2024/1348 soll die dem Ausländer zu setzende Ausreisefrist eine Woche betragen. [2] Die Ausreisefrist beginnt mit Ablauf der Frist nach § 74 Absatz 1. [3] Hat der Ausländer innerhalb dieser Frist einen Antrag nach § 80 Absatz 5 der Verwaltungsgerichtsordnung[2] gestellt, beginnt die Ausreisefrist mit Zustellung des ablehnenden gerichtlichen Beschlusses.

(2) [1] In den nicht von Absatz 1 erfassten Fällen soll die dem Ausländer zu setzende Ausreisefrist 30 Tage betragen. [2] Die Ausreisefrist beginnt mit Ablauf der Frist nach § 74 Absatz 1. [3] Im Falle der Klageerhebung beginnt die Ausreisefrist, wenn der Antragsteller kein Recht auf Verbleib mehr hat.

(3) Abweichend von den Absätzen 1 und 2 kann dem Ausländer im Falle der Rücknahme des Asylantrags oder der Klage oder auf Grund besonderer Umstände des Einzelfalls eine Ausreisefrist bis zu drei Monaten eingeräumt werden, wenn er sich zur freiwilligen Ausreise bereit erklärt.

(4) Abweichend von § 59 Absatz 1 Satz 1 des Aufenthaltsgesetzes[3] wird dem Ausländer keine Ausreisefrist gewährt, wenn

1. der Ausländer eine Gefahr für die öffentliche Sicherheit oder Ordnung darstellt,
2. der Asylantrag als offensichtlich unbegründet nach Artikel 42 Absatz 1 Unterabsatz 1 Buchstabe d der Verordnung (EU) 2024/1348 abgelehnt wurde oder
3. Fluchtgefahr besteht.

(5) [1] Abweichend von Absatz 1 gilt für Entscheidungen im Rahmen des Asylgrenzverfahrens nach Artikel 44 Absatz 1 Buchstabe a der Verordnung (EU) 2024/1348 die Regelung in Artikel 4 Absatz 5 der Verordnung (EU) 2024/1349. [2] Der zur Gewährung einer Frist für die freiwillige Ausreise erforderliche Antrag ist vom Ausländer beim Bundesamt zu stellen. [3] Der Antrag soll vom Ausländer spätestens drei Arbeitstage nach Verstreichen der Frist des § 18a Absatz 4 Satz 1 beziehungsweise für den Fall, dass ein Antrag auf Gewährung vorläufigen Rechtsschutzes gestellt wurde, spätestens drei Arbeitstage nach der Zustellung der Entscheidung des Gerichts nach § 18a Absatz 4 Satz 6 gestellt werden. [4] Handelt es sich bei dem Ausländer um einen unbegleiteten Minderjährigen, soll der Antrag abweichend von Satz 3 spätestens drei Arbeitstage nach Verstreichen der Frist des § 18a Absatz 7 Satz 2 beziehungsweise für den Fall, dass Klage erhoben wurde, spätestens drei Arbeitstage nach der Zustellung der Entscheidung des Gerichts nach § 18a Absatz 7 Satz 3 gestellt werden. [5] Nach Ablauf der Frist des Satzes 3 beziehungsweise des Satzes 4 ist ein Antrag auf Gewährung einer Frist zur freiwilligen Ausreise unzulässig. [6] Das Bundesamt hat über den Antrag nach Satz 2 innerhalb von drei Arbeitstagen zu entscheiden. [7] Der Ausländer ist über das Recht zur Stellung eines Antrags zur Gewährung einer Frist zur freiwilligen Ausreise und über die Rechtsfolgen der unterlassenen oder verspäteten Antragstellung spätestens bei der Registrierung seines Asylantrags in einer Sprache, die er versteht oder von der vernünftigerweise vorausgesetzt werden darf, dass er sie versteht, zu belehren. [8] Ist die Belehrung unterblieben oder unrichtig erteilt, findet Satz 5 keine Anwendung. [9] § 59 Absatz 1 Satz 4 des Aufenthaltsgesetzes findet entsprechende Anwendung.

---

[1] § 38 neu gef. mWv 12.6.2026 durch G v. 23.4.2026 (BGBl. 2026 I Nr. 111).
[2] Nr. **600**.
[3] Nr. **565**.

§ 39[1] Zuständigkeit der Ausländerbehörden bei Aufenthaltsbeendigung.

[1] Nach dem unanfechtbaren Abschluss des Asylverfahrens sind die Ausländerbehörden für den Erlass von Entscheidungen und Maßnahmen zur Beendigung des Aufenthalts zuständig. [2] In den Fällen des § 74 Absatz 1 Satz 2 und 3 gilt dies ab erstmaligem Eintritt der Vollziehbarkeit. [3] Dies gilt auch für das Wiederaufgreifen nach § 51 des Verwaltungsverfahrensgesetzes[2] in den Fällen von § 34 Absatz 1 Satz 1 Nummer 4 und 5.

§ 40[3] Unterrichtung der Ausländerbehörde. (1) [1] Das Bundesamt unterrichtet unverzüglich die Ausländerbehörde, in deren Bezirk sich der Ausländer aufzuhalten oder Wohnung zu nehmen hat, über eine vollziehbare Abschiebungsandrohung und leitet ihr unverzüglich alle für die Abschiebung erforderlichen Unterlagen zu. [2] Das Gleiche gilt, wenn das Verwaltungsgericht die aufschiebende Wirkung der Klage wegen des Vorliegens der Voraussetzungen des § 60 Absatz 5 oder 7 des Aufenthaltsgesetzes[4] nur hinsichtlich der Abschiebung in den betreffenden Staat angeordnet hat und das Bundesamt das Asylverfahren nicht fortführt.

(2) Das Bundesamt unterrichtet unverzüglich die Ausländerbehörde, wenn das Verwaltungsgericht in den Fällen des Artikels 68 Absatz 3 Buchstabe c der Verordnung (EU) 2024/1348 die aufschiebende Wirkung der Klage gegen die Abschiebungsandrohung anordnet.

(3) Stellt das Bundesamt dem Ausländer die Abschiebungsanordnung (§ 34a) zu, unterrichtet es unverzüglich die für die Abschiebung zuständige Behörde über die Zustellung.

§ 41 (weggefallen)

§ 42[5] Bindungswirkung ausländerrechtlicher Entscheidungen. [1] Die Ausländerbehörde ist an die Entscheidung des Bundesamtes oder des Verwaltungsgerichts über das Vorliegen der Voraussetzungen des § 60 Absatz 5 oder 7 des Aufenthaltsgesetzes[4] gebunden. [2] Über den späteren Eintritt und Wegfall der Voraussetzungen des § 60 Absatz 4 des Aufenthaltsgesetzes entscheidet die Ausländerbehörde, ohne dass es einer Aufhebung der Entscheidung des Bundesamtes bedarf.

§ 43[6] Vollziehbarkeit und Aussetzung der Abschiebung. (1) War der Ausländer im Besitz eines Aufenthaltstitels, darf eine nach den Vorschriften dieses Gesetzes vollziehbare Abschiebungsandrohung erst vollzogen werden, wenn der Ausländer auch nach § 58 Absatz 2 Satz 2 des Aufenthaltsgesetzes[4] vollziehbar ausreisepflichtig ist.

(2) [1] Hat der Ausländer die Verlängerung eines Aufenthaltstitels mit einer Gesamtgeltungsdauer von mehr als sechs Monaten beantragt, wird die Abschiebungs-

[1] § 39 neu gef. mWv 12.6.2026 durch G v. 23.4.2026 (BGBl. 2026 I Nr. 111).

[2] Nr. **100**.

[3] § 40 Abs. 1 Satz 2 und Abs. 2 geänd. mWv 1.12.2013 durch G v. 28.8.2013 (BGBl. I S. 3474); Abs. 1 Satz 1 geänd. mWv 24.10.2015 durch G v. 20.10.2015 (BGBl. I S. 1722); Abs. 2 geänd. mWv 12.6.2026 durch G v. 23.4.2026 (BGBl. 2026 I Nr. 111).

[4] Nr. **565**.

[5] § 42 Satz 1 geänd. mWv 1.12.2013 durch G v. 28.8.2013 (BGBl. I S. 3474); Satz 2 geänd. mWv 12.6.2026 durch G v. 23.4.2026 (BGBl. 2026 I Nr. 111).

[6] § 43 Abs. 3 Satz 1 geänd mWv 1.12.2013 durch G v. 28.8.2013 (BGBl. I S. 3474); Abs. 1 geänd. mWv 12.6.2026 durch G v. 23.4.2026 (BGBl. 2026 I Nr. 111).

androhung erst mit der Ablehnung dieses Antrags vollziehbar. [2]Im Übrigen steht § 81 des Aufenthaltsgesetzes der Abschiebung nicht entgegen.

(3) [1]Haben Familienangehörige im Sinne des § 26 Absatz 1 bis 3 gleichzeitig oder jeweils unverzüglich nach ihrer Einreise einen Asylantrag gestellt, darf die Ausländerbehörde die Abschiebung vorübergehend aussetzen, um die gemeinsame Ausreise der Familie zu ermöglichen. [2]Sie stellt dem Ausländer eine Bescheinigung über die Aussetzung der Abschiebung aus.

§ 43a (weggefallen)

§ 43b (weggefallen)

Abschnitt 5.[1)] Unterbringung und Verteilung

§ 44[2)] Schaffung und Unterhaltung von Aufnahmeeinrichtungen; Aufnahmeeinrichtungen zur Durchführung von Verfahren bei Sekundärmigration. (1) Die Länder sind verpflichtet, für die Unterbringung von Ausländern die dazu erforderlichen Aufnahmeeinrichtungen zu schaffen und zu unterhalten sowie entsprechend ihrer Aufnahmequote die im Hinblick auf den monatlichen Zugang von Ausländern in den Aufnahmeeinrichtungen notwendige Zahl von Unterbringungsplätzen bereitzustellen.

(1a) Die Länder können zur Durchführung von Verfahren bei Sekundärmigration Aufnahmeeinrichtungen für die Unterbringung von Ausländern einrichten, die sich nach Artikel 17 Absatz 4 der Verordnung (EU) 2024/1351 in einem anderen Mitgliedstaat aufzuhalten haben oder denen ein anderer Mitgliedstaat bereits internationalen Schutz gewährt hat.

(2) [1]Die Länder sollen geeignete Maßnahmen treffen, um bei der Unterbringung von Ausländern nach Absatz 1 besondere Bedürfnisse der Ausländer bei der Aufnahme zu identifizieren und zu berücksichtigen und den Schutz von Frauen, Kindern und weiteren schutzbedürftigen Personen zu gewährleisten. [2]Schutzbedürftige Personen sind insbesondere Personen mit Behinderungen, ältere Menschen, Schwangere, lesbische, schwule, bisexuelle, trans- und intergeschlechtliche Personen, Alleinerziehende mit minderjährigen Kindern, Opfer von Menschenhandel, Personen mit schweren Erkrankungen, Personen mit psychischen Störungen, einschließlich posttraumatischer Belastungsstörung, Personen, die Folter, Vergewaltigung oder sonstige schwere Formen psychischer, physischer oder sexueller Gewalt erlitten.

(3) [1]§ 45 des Achten Buches Sozialgesetzbuch[3)] (Artikel 1 des Gesetzes vom 26. Juni 1990, BGBl. I S. 1163) gilt nicht für Aufnahmeeinrichtungen. [2]Träger von Aufnahmeeinrichtungen sollen sich von Personen, die in diesen Einrichtungen mit der Beaufsichtigung, Betreuung, Erziehung oder Ausbildung Minderjähriger oder mit Tätigkeiten, die in vergleichbarer Weise geeignet sind, Kontakt zu

---

[1)] Bish. 3. Abschnitt wird Abschnitt 5 mWv 1.12.2013 durch G v. 28.8.2013 (BGBl. I S. 3474).

[2)] § 44 Abs. 3 Sätze 2–8 angef. mWv 17.3.2016 durch G v. 11.3.2016 (BGBl. I S. 390); Abs. 3 Satz 3 geänd. mWv 10.11.2016 durch G v. 4.11.2016 (BGBl. I S. 2460); Abs. 2a eingef. mWv 21.8.2019 durch G v. 15.8.2019 (BGBl. I S. 1294); Abs. 3 Satz 5 geänd. mWv 26.11.2019 durch G v. 20.11.2019 (BGBl. I S. 1626); Abs. 2 geänd. mWv 27.6.2020 durch VO v. 19.6.2020 (BGBl. I S. 1328); Abs. 3 Satz 3 geänd. mWv 1.1.2021 durch G v. 9.10.2020 (BGBl. I S. 2075); Abs. 3 Satz 3 geänd. mWv 1.7.2021 durch G v. 16.6.2021 (BGBl. I S. 1810); Überschrift neu gef., Abs. 1 geänd., Abs. 1a eingef., Abs. 2 aufgeh., bish. Abs. 2a wird Abs. 2, Abs. 4 angef. mWv 12.6.2026 durch G v. 23.4.2026 (BGBl. 2026 I Nr. 111).

[3)] **Habersack ErgBd. Nr. 46.**

Minderjährigen aufzunehmen, betraut sind, zur Prüfung, ob sie für die aufgeführten Tätigkeiten geeignet sind, vor deren Einstellung oder Aufnahme einer dauerhaften ehrenamtlichen Tätigkeit und in regelmäßigen Abständen ein Führungszeugnis nach § 30 Absatz 5 und § 30a Absatz 1 des Bundeszentralregistergesetzes[1] vorlegen lassen. [3] Träger von Aufnahmeeinrichtungen dürfen für die Tätigkeiten nach Satz 2 keine Personen beschäftigen oder mit diesen Tätigkeiten ehrenamtlich betrauen, die rechtskräftig wegen einer Straftat nach den §§ 171, 174 bis 174c, 176 bis 180a, 181a, 182 bis 184g, 184i bis 184l, 225, 232 bis 233a, 234, 235 oder 236 des Strafgesetzbuchs[2] verurteilt worden sind. [4] Nimmt der Träger einer Aufnahmeeinrichtung Einsicht in ein Führungszeugnis nach § 30 Absatz 5 und § 30a Absatz 1 des Bundeszentralregistergesetzes, so speichert er nur den Umstand der Einsichtnahme, das Datum des Führungszeugnisses und die Information, ob die das Führungszeugnis betreffende Person wegen einer in Satz 3 genannten Straftat rechtskräftig verurteilt worden ist. [5] Der Träger einer Aufnahmeeinrichtung darf diese Daten nur verarbeiten, soweit dies zur Prüfung der Eignung einer Person für die in Satz 2 genannten Tätigkeiten erforderlich ist. [6] Die Daten sind vor dem Zugriff Unbefugter zu schützen. [7] Sie sind unverzüglich zu löschen, wenn im Anschluss an die Einsichtnahme keine Tätigkeit nach Satz 2 wahrgenommen wird. [8] Sie sind spätestens sechs Monate nach der letztmaligen Ausübung einer in Satz 2 genannten Tätigkeit zu löschen.

(4) Die Länder können Maßnahmen ergreifen, um die Bedarfe ihrer Aufnahmesysteme zu ermitteln und zu adressieren, einschließlich Maßnahmen zur Überprüfung, ob sich ein Ausländer tatsächlich in der ihm zugewiesenen Unterkunft aufhält.

§ 45[3] Aufnahmequoten. (1) [1] Die Länder können durch Vereinbarung einen Schlüssel für die Aufnahme von Ausländern durch die einzelnen Länder (Aufnahmequote) festlegen. [2] Bis zum Zustandekommen dieser Vereinbarung oder bei deren Wegfall richtet sich die Aufnahmequote für das jeweilige Kalenderjahr nach dem von dem Büro der Gemeinsamen Wissenschaftskonferenz im Bundesanzeiger veröffentlichten Schlüssel, der für das vorangegangene Kalenderjahr entsprechend Steuereinnahmen und Bevölkerungszahl der Länder errechnet worden ist (Königsteiner Schlüssel).

(2) [1] Zwei oder mehr Länder können vereinbaren, dass Ausländer, die von einem Land entsprechend seiner Aufnahmequote aufzunehmen sind, von einem anderen Land aufgenommen werden. [2] Eine Vereinbarung nach Satz 1 sieht mindestens Angaben zum Umfang der von der Vereinbarung betroffenen Personengruppe sowie einen angemessenen Kostenausgleich vor. [3] Die Aufnahmequote nach Absatz 1 wird durch eine solche Vereinbarung nicht berührt.

§ 46[4] Bestimmung der zuständigen Aufnahmeeinrichtung. (1) [1] Für Ausländer, bei denen die Voraussetzungen des § 44 Absatz 1a vorliegen, ist die Auf-

---

[1] **Habersack Nr. 92.**

[2] **Habersack Nr. 85.**

[3] § 45 Satz 2 geänd. mWv 1.12.2013 durch G v. 28.8.2013 (BGBl. I S. 3474); Abs. 2 angef. mWv 24.10.2015 durch G v. 20.10.2015 (BGBl. I S. 1722); Abs. 1 Satz 1, Abs. 2 Satz 1 geänd. mWv 12.6.2026 durch G v. 23.4.2026 (BGBl. 2026 I Nr. 111).

[4] § 46 Abs. 3 Satz 2 neu gef. mWv 1.12.2013 durch G v. 28.8.2013 (BGBl. I S. 3474); Abs. 2a eingef. mWv 24.10.2015 durch G v. 20.10.2015 (BGBl. I S. 1722); Abs. 1 neu gef. mWv 17.3.2016 durch G v. 11.3.2016 (BGBl. I S. 390); Abs. 2 Satz 1 geänd. mWv 27.6.2020 durch VO v. 19.6.2020 (BGBl. I S. 1328); Abs. 1 neu gef., Abs. 1a eingef., Abs. 2 Satz 1 geänd., Satz 3 eingef., bish. Satz 3 wird Satz 4, Abs. 3 Satz 1 geänd., Satz 2 neu gef. mWv 12.6.2026 durch G v. 23.4.2026 (BGBl. 2026 I Nr. 111).

nahmeeinrichtung zur Durchführung von Verfahren bei Sekundärmigration zuständig, die über einen freien Unterbringungsplatz im Rahmen der Quote nach § 45 verfügt. [2] Für alle anderen Ausländer, bei denen die Voraussetzungen des Artikels 42 der Verordnung (EU) 2024/1348 vorliegen, ist die besondere Aufnahmeeinrichtung (§ 5 Absatz 5) zuständig, die über einen freien Unterbringungsplatz im Rahmen der Quote nach § 45 verfügt und bei der eine Außenstelle des Bundesamtes eingerichtet oder ihr zugeordnet ist, die Asylanträge aus dem Herkunftsland dieses Ausländers bearbeitet. [3] Bei mehreren in Betracht kommenden Aufnahmeeinrichtungen nach Satz 1 oder 2 gilt Absatz 2 für die Bestimmung der zuständigen Aufnahmeeinrichtung entsprechend.

(1a) [1] Liegen die Voraussetzungen nach Absatz 1 nicht vor, ist die Aufnahmeeinrichtung zuständig, bei der der Ausländer sich gemeldet hat, wenn sie über einen freien Unterbringungsplatz im Rahmen der Quote nach § 45 verfügt und die ihr zugeordnete Außenstelle des Bundesamtes Asylanträge aus dem Herkunftsland des Ausländers bearbeitet. [2] Im Übrigen ist die nach Absatz 2 bestimmte Aufnahmeeinrichtung für die Aufnahme des Ausländers zuständig.

(2) [1] Eine vom Bundesministerium des Innern bestimmte zentrale Verteilungsstelle benennt auf Veranlassung einer Aufnahmeeinrichtung dieser die für die Aufnahme des Ausländers zuständige Aufnahmeeinrichtung. [2] Maßgebend dafür sind die Aufnahmequoten nach § 45, in diesem Rahmen die vorhandenen freien Unterbringungsplätze und sodann die Bearbeitungsmöglichkeiten der jeweiligen Außenstelle des Bundesamtes in Bezug auf die Herkunftsländer der Ausländer. [3] Etwaige besondere Bedürfnisse der Ausländer bei der Aufnahme werden berücksichtigt. [4] Von mehreren danach in Betracht kommenden Aufnahmeeinrichtungen wird die nächstgelegene als zuständig benannt.

(2a) [1] Ergibt sich aus einer Vereinbarung nach § 45 Absatz 2 Satz 1 eine von den Absätzen 1 und 2 abweichende Zuständigkeit, so wird die nach der Vereinbarung zur Aufnahme verpflichtete Aufnahmeeinrichtung mit der tatsächlichen Aufnahme des Ausländers zuständig. [2] Soweit nach den Umständen möglich, wird die Vereinbarung bei der Verteilung nach Absatz 2 berücksichtigt.

(3) [1] Die veranlassende Aufnahmeeinrichtung teilt der zentralen Verteilungsstelle nur die Zahl der Ausländer unter Angabe der Herkunftsländer und, soweit bereits identifiziert, besondere Bedürfnisse der Ausländer bei der Aufnahme mit. [2] Ausländer und ihre Familienangehörigen im Sinne des Artikels 2 Nummer 3 der Richtlinie (EU) 2024/1346 sind mit ihrer Zustimmung als Gruppe zu melden, sodass bei der Verteilung die Familieneinheit gewahrt wird.

(4) Die Länder stellen sicher, dass die zentrale Verteilungsstelle jederzeit über die für die Bestimmung der zuständigen Aufnahmeeinrichtung erforderlichen Angaben, insbesondere über Zu- und Abgänge, Belegungsstand und alle freien Unterbringungsplätze jeder Aufnahmeeinrichtung unterrichtet ist.

(5) Die Landesregierung oder die von ihr bestimmte Stelle benennt der zentralen Verteilungsstelle die zuständige Aufnahmeeinrichtung für den Fall, dass das Land nach der Quotenregelung zur Aufnahme verpflichtet ist und über keinen freien Unterbringungsplatz in den Aufnahmeeinrichtungen verfügt.

§ 47[1)] Aufenthalt in Aufnahmeeinrichtungen. (1) [1] Ausländer, die nach § 14 Absatz 1 den Asylantrag bei einer Außenstelle des Bundesamtes einreichen müssen,

---

[1)] § 47 Abs. 1 Satz 2 geänd. mWv 1.12.2013 durch G v. 28.8.2013 (BGBl. I S. 3474); Abs. 1 Satz 1 geänd., Abs. 1a eingef. mWv 24.10.2015 durch G v. 20.10.2015 (BGBl. I S. 1722); Abs. 1a Satz 1 geänd. mWv 6.8.2016 durch G v. 31.7.2016 (BGBl. I S. 1939); Abs. 1b eingef. mWv 29.7.2017 durch G v. 20.7. →

sind verpflichtet, bis zur Entscheidung des Bundesamtes über den Asylantrag und im Falle der Ablehnung des Asylantrags bis zur Ausreise oder bis zum Vollzug der Abschiebungsandrohung oder -anordnung, längstens jedoch bis zu 18 Monate, bei minderjährigen Kindern und ihren Eltern oder anderen Sorgeberechtigten sowie ihren volljährigen, ledigen Geschwistern längstens jedoch bis zu sechs Monate, in der für ihre Aufnahme zuständigen Aufnahmeeinrichtung zu wohnen. [2] Das Gleiche gilt in den Fällen des § 14 Absatz 2 Satz 1 Nummer 2, wenn die Voraussetzungen dieser Vorschrift vor der Entscheidung des Bundesamtes entfallen. [3] Abweichend von Satz 1 ist der Ausländer verpflichtet, über 18 Monate hinaus in einer Aufnahmeeinrichtung zu wohnen, wenn er

1. seine Mitwirkungspflichten nach § 15 Absatz 2 Nummer 4 bis 7 ohne genügende Entschuldigung verletzt oder die unverschuldet unterbliebene Mitwirkungshandlung nicht unverzüglich nachgeholt hat,
2. wiederholt seine Mitwirkungspflicht nach § 15 Absatz 2 Nummer 1 und 3 ohne genügende Entschuldigung verletzt oder die unverschuldet unterbliebene Mitwirkungshandlung nicht unverzüglich nachgeholt hat,
3. vollziehbar ausreisepflichtig ist und gegenüber einer für den Vollzug des Aufenthaltsgesetzes[1)] zuständigen Behörde fortgesetzt über seine Identität oder Staatsangehörigkeit täuscht oder fortgesetzt falsche Angaben macht oder
4. vollziehbar ausreisepflichtig ist und fortgesetzt zumutbare Anforderungen an die Mitwirkung bei der Beseitigung von Ausreisehindernissen, insbesondere hinsichtlich der Identifizierung, der Vorlage eines Reisedokuments oder der Passersatzbeschaffung, nicht erfüllt.

[4] Satz 3 findet keine Anwendung bei minderjährigen Kindern und ihren Eltern oder anderen Sorgeberechtigten sowie ihren volljährigen, ledigen Geschwistern. [5] Die §§ 48 bis 50 bleiben unberührt.

(1a) [1] Abweichend von Absatz 1 sind Ausländer aus einem sicheren Herkunftsstaat (§§ 29a und 29b) verpflichtet, bis zur Entscheidung des Bundesamtes über den Asylantrag und im Falle der Ablehnung des Asylantrags als offensichtlich unbegründet oder im Falle einer Überstellungsentscheidung nach Artikel 42 Absatz 1 der Verordnung (EU) 2024/1351 bis zur Ausreise oder bis zum Vollzug der Abschiebungsandrohung oder -anordnung in der für ihre Aufnahme zuständigen Aufnahmeeinrichtung zu wohnen. [2] Satz 1 gilt nicht bei minderjährigen Kindern und ihren Eltern oder anderen Sorgeberechtigten sowie ihren volljährigen, ledigen Geschwistern. [3] Die §§ 48 bis 50 bleiben unberührt.

(1b) [1] Abweichend von Absatz 1 sind Ausländer, die in eine Aufnahmeeinrichtung zur Durchführung von Verfahren bei Sekundärmigration nach § 44 Absatz 1a verteilt worden sind, verpflichtet, während des Verfahrens nach der Verordnung (EU) 2024/1351 und in Fällen, in denen ein anderer Mitgliedstaat internationalen Schutz gewährt hat, bis zur Entscheidung des Bundesamtes über die Zulässigkeit des Asylantrags und im Falle der Ablehnung des Asylantrags als unzulässig nach § 29 Nummer 2 bis zur Ausreise oder bis zum Vollzug der Abschiebungsandro-

---

(Fortsetzung der Anm. von voriger Seite)
2017 (BGBl. I S. 2780); Abs. 1 Satz 1 geänd., Sätze 3–5 angef., Abs. 1a Satz 2 eingef., bish. Satz 2 wird Satz 3, Abs. 1b Satz 3 aufgeh. mWv 21.8.2019 durch G v. 15.8.2019 (BGBl. I S. 1294); Abs. 1a Satz 1 geänd. mWv 1.2.2026 durch G v. 22.12.2025 (BGBl. 2025 I Nr. 364); Abs. 1 Satz 1 geänd., Abs. 1a Satz 1 neu gef., Abs. 1b und 1c eingef., bish. Abs. 1b wird Abs. 1d, Abs. 4 neu gef. mWv 12.6.2026 durch G v. 23.4.2026 (BGBl. 2026 I Nr. 111).

[1)] Nr. **565**.

hung, längstens jedoch bis zu 24 Monate in der für ihre Aufnahme zuständigen Aufnahmeeinrichtung zu wohnen. [2]Die Verpflichtung nach Satz 1, in der Aufnahmeeinrichtung zu wohnen, endet außer in den in Satz 1 genannten Fällen zudem, wenn das Bundesamt feststellt, dass die Bundesrepublik Deutschland für die Prüfung des Asylantrags zuständig ist. [3]Die Pflicht, in einer Aufnahmeeinrichtung nach Absatz 1 zu wohnen, sowie die §§ 48 bis 50 bleiben unberührt. [4]Der Zeitraum, in dem der Ausländer in der Aufnahmeeinrichtung nach Satz 1 gewohnt hat, wird auf die Dauer der Pflicht, in der Aufnahmeeinrichtung nach Absatz 1 zu wohnen, angerechnet.

(1c) [1]Abweichend von Absatz 1 sind minderjährige Kinder und ihre Eltern oder andere Sorgeberechtigte sowie ihre volljährigen, ledigen Geschwister, die in eine Aufnahmeeinrichtung zur Durchführung von Verfahren bei Sekundärmigration nach § 44 Absatz 1a verteilt worden sind, verpflichtet, während des Verfahrens nach der Verordnung (EU) 2024/1351 bis zur Überstellungsentscheidung nach Artikel 42 Absatz 1 der Verordnung (EU) 2024/1351 und in Fällen, in denen ein anderer Mitgliedstaat internationalen Schutz gewährt hat, bis zur Entscheidung des Bundesamtes über die Zulässigkeit des Antrags, längstens jedoch bis zu sechs Monate, in der für ihre Aufnahme zuständigen Aufnahmeeinrichtung zu wohnen. [2]Erlässt das Bundesamt die Überstellungsentscheidung nach Artikel 42 Absatz 1 der Verordnung (EU) 2024/1351 oder lehnt es den Asylantrag als unzulässig nach § 29 Nummer 2 ab, besteht die Pflicht, in der Aufnahmeeinrichtung zu wohnen längstens bis zu sechs weitere Monate. [3]Kann eine Überstellung aus den in Artikel 46 Absatz 2 Satz 2 der Verordnung (EU) 2024/1351 genannten Gründen nicht erfolgen, besteht die Pflicht nach Satz 2, in der Aufnahmeeinrichtung zu wohnen über sechs Monate hinaus. [4]Die Pflicht nach den Sätzen 1 bis 3, in der Aufnahmeeinrichtung zu wohnen, beträgt insgesamt nicht länger als zwölf Monate. [5]Absatz 1b Satz 2 bis 4 gelten entsprechend.

(1d) [1]Die Länder können regeln, dass Ausländer abweichend von Absatz 1 verpflichtet sind, bis zur Entscheidung des Bundesamtes über den Asylantrag und im Falle der Ablehnung des Asylantrags als offensichtlich unbegründet oder als unzulässig bis zur Ausreise oder bis zum Vollzug der Abschiebungsandrohung oder -anordnung in der für ihre Aufnahme zuständigen Aufnahmeeinrichtung, längstens jedoch für 24 Monate, zu wohnen. [2]Die §§ 48 bis 50 bleiben unberührt.

(2) Sind Eltern eines minderjährigen ledigen Kindes verpflichtet, in einer Aufnahmeeinrichtung zu wohnen, so kann auch das Kind in der Aufnahmeeinrichtung wohnen, auch wenn es keinen Asylantrag gestellt hat.

(3) Für die Dauer der Pflicht, in einer Aufnahmeeinrichtung zu wohnen, ist der Ausländer verpflichtet, für die zuständigen Behörden und Gerichte erreichbar zu sein.

(4) [1]Die Aufnahmeeinrichtung weist den Ausländer innerhalb der Frist für die Registrierung des Asylantrags nach Artikel 27 der Verordnung (EU) 2024/1348 nach der Asylantragstellung möglichst schriftlich in transparenter, verständlicher und leicht zugänglicher Form, unter Verwendung einer klaren und einfachen Ausdrucksweise und in einer Sprache, deren Kenntnis vernünftigerweise vorausgesetzt werden kann, auf seine Rechte und Pflichten bei der Aufnahme hin. [2]Erforderlichenfalls werden diese Informationen auch zunächst mündlich oder bildlich bereitgestellt und an die Bedürfnisse des Ausländers angepasst. [3]Die Aufnahmeeinrichtung benennt in dem Hinweis nach Satz 1 auch, wer dem Ausländer Rechtsberatung und -vertretung gewähren kann, darunter auch Vereinigungen, die eine solche Rechtsberatung und -vertretung unentgeltlich erbringen, und

welche Vereinigungen den Ausländer über seine Rechten und Pflichten bei der Aufnahme, einschließlich medizinischer Versorgung beraten können.

§ 48[1)] Beendigung der Verpflichtung, in einer Aufnahmeeinrichtung zu wohnen. Die Verpflichtung, in einer Aufnahmeeinrichtung zu wohnen, endet vor Ablauf des nach § 47 Absatz 1 Satz 1 bestimmten Zeitraums, wenn der Ausländer

1. verpflichtet ist, an einem anderen Ort oder in einer anderen Unterkunft Wohnung zu nehmen,
2. als Asylberechtigter anerkannt ist oder ihm internationaler Schutz im Sinne des § 1 Absatz 1 Nummer 2 zuerkannt wurde oder
3. nach der Antragstellung durch Eheschließung oder Begründung einer Lebenspartnerschaft im Bundesgebiet die Voraussetzungen für einen Rechtsanspruch auf Erteilung eines Aufenthaltstitels nach dem Aufenthaltsgesetz[2)] erfüllt.

§ 49[3)] Entlassung aus der Aufnahmeeinrichtung. (1) Die Verpflichtung, in der Aufnahmeeinrichtung zu wohnen, ist zu beenden, wenn eine Abschiebungsandrohung vollziehbar und die Abschiebung nicht in angemessener Zeit möglich ist oder wenn dem Ausländer eine Aufenthaltserlaubnis nach § 24 des Aufenthaltsgesetzes[2)] erteilt werden soll.

(2) [1] Eine Entlassung aus der Aufnahmeeinrichtung vor Ablauf der in § 47 Absatz 1 festgelegten Höchstfrist erfolgt in der Regel nicht, bevor die Anhörung nach § 25 durchgeführt wurde. [2] Die Verpflichtung kann aus Gründen der öffentlichen Gesundheitsvorsorge sowie aus sonstigen Gründen der öffentlichen Sicherheit oder Ordnung, insbesondere zur Gewährleistung der Unterbringung und Verteilung, beendet werden; bei Vorliegen anderer zwingender Gründe ist sie unverzüglich zu beenden.

§ 50[4)] Landesinterne Verteilung. (1) [1] Ausländer sind unverzüglich aus der Aufnahmeeinrichtung zu entlassen und innerhalb des Landes zu verteilen, wenn das Bundesamt der zuständigen Landesbehörde mitteilt, dass

1. der Ausländer als Asylberechtigter anerkannt oder ihm internationaler Schutz zuerkannt wurde oder die Voraussetzungen des § 60 Absatz 5 oder 7 des Aufenthaltsgesetzes[2)] in der Person des Ausländers oder eines seiner Familienangehörigen im Sinne des Artikels 3 Nummer 9 der Verordnung (EU) 2024/1347 festgestellt wurden oder
2. das Verwaltungsgericht die aufschiebende Wirkung der Klage gegen die Entscheidung des Bundesamtes angeordnet hat, es sei denn, es wurde eine Überstellungsentscheidung nach Artikel 42 Absatz 1 der Verordnung (EU) 2024/

[1)] § 48 Nr. 2 geänd. mWv 1.12.2013 durch G v. 28.8.2013 (BGBl. I S. 3474); einl. Satzteil geänd. mWv 24.10.2015 durch G v. 20.10.2015 (BGBl. I S. 1722); Nr. 3 geänd. mWv 26.11.2015 durch G v. 20.11. 2015 (BGBl. I S. 2010); einl. Satzteil geänd. mWv 21.8.2019 durch G v. 15.8.2019 (BGBl. I S. 1294).

[2)] Nr. **565**.

[3)] § 49 Abs. 1 und 2 geänd. mWv 21.8.2019 durch G v. 15.8.2019 (BGBl. I S. 1294); Abs. 2 neu gef. mWv 12.6.2026 durch G v. 23.4.2026 (BGBl. 2026 I Nr. 111).

[4)] § 50 Abs. 1 Satz 1 Nr. 1 und Abs. 4 Satz 5 geänd. mWv 1.12.2013 durch G v. 28.8.2013 (BGBl. I S. 3474); Abs. 4 Satz 5 geänd. mWv 1.1.2015 durch G v. 23.12.2014 (BGBl. I S. 2439); Abs. 1 Satz 1 Nr. 1 geänd. mWv 6.8.2016 durch G v. 31.7.2016 (BGBl. I S. 1939); Abs. 1 Satz 1 Nr. 1 neu gef., Nr. 2 geänd. mWv 21.8.2019 durch G v. 15.8.2019 (BGBl. I S. 1294); Abs. 1 Satz 1 Nr. 1 und 2 neu gef. mWv 12.6. 2026 durch G v. 23.4.2026 (BGBl. 2026 I Nr. 111).

1351 getroffen oder der Asylantrag wurde als unzulässig nach § 29 Nummer 2 abgelehnt.

[2] Eine Verteilung kann auch erfolgen, wenn der Ausländer aus anderen Gründen nicht mehr verpflichtet ist, in der Aufnahmeeinrichtung zu wohnen.

(2) Die Landesregierung oder die von ihr bestimmte Stelle wird ermächtigt, durch Rechtsverordnung die Verteilung zu regeln, soweit dies nicht durch Landesgesetz geregelt ist.

(3) Die zuständige Landesbehörde teilt innerhalb eines Zeitraumes von drei Arbeitstagen dem Bundesamt den Bezirk der Ausländerbehörde mit, in dem der Ausländer nach einer Verteilung Wohnung zu nehmen hat.

(4) [1] Die zuständige Landesbehörde erlässt die Zuweisungsentscheidung. [2] Die Zuweisungsentscheidung ist schriftlich zu erlassen und mit einer Rechtsbehelfsbelehrung zu versehen. [3] Sie bedarf keiner Begründung. [4] Einer Anhörung des Ausländers bedarf es nicht. [5] Bei der Zuweisung sind die Haushaltsgemeinschaft von Familienangehörigen im Sinne des § 26 Absatz 1 bis 3 oder sonstige humanitäre Gründe von vergleichbarem Gewicht zu berücksichtigen.

(5) [1] Die Zuweisungsentscheidung ist dem Ausländer selbst zuzustellen. [2] Wird der Ausländer durch einen Bevollmächtigten vertreten oder hat er einen Empfangsbevollmächtigten benannt, soll ein Abdruck der Zuweisungsentscheidung auch diesem zugeleitet werden.

(6) Der Ausländer hat sich unverzüglich zu der in der Zuweisungsverfügung angegebenen Stelle zu begeben.

§ 51[1)] Länderübergreifende Verteilung. (1) Ist ein Ausländer nicht oder nicht mehr verpflichtet, in einer Aufnahmeeinrichtung zu wohnen, ist der Haushaltsgemeinschaft von Familienangehörigen im Sinne des § 26 Absatz 1 bis 3 oder sonstigen humanitären Gründen von vergleichbarem Gewicht auch durch länderübergreifende Verteilung Rechnung zu tragen.

(2) [1] Die Verteilung nach Absatz 1 erfolgt auf Antrag des Ausländers. [2] Über den Antrag entscheidet die zuständige Behörde des Landes, für das der weitere Aufenthalt beantragt ist.

§ 52[2)] Quotenanrechnung. Auf die Quoten nach § 45 wird die Aufnahme von Ausländern in den Fällen des § 14 Absatz 2 Satz 1 Nummer 2 und 3 sowie des § 51 angerechnet.

§ 53[3)] Unterbringung in Gemeinschaftsunterkünften. (1) [1] Ausländer, die einen Asylantrag eingereicht haben und nicht oder nicht mehr verpflichtet sind, in einer Aufnahmeeinrichtung zu wohnen, sollen in der Regel in Gemeinschaftsunterkünften untergebracht werden. [2] Hierbei sind sowohl das öffentliche Interesse als auch Belange des Ausländers zu berücksichtigen.

(2) [1] Eine Verpflichtung, in einer Gemeinschaftsunterkunft zu wohnen, endet, wenn das Bundesamt einen Ausländer als Asylberechtigten anerkannt oder ein Gericht das Bundesamt zur Anerkennung verpflichtet hat, auch wenn ein Rechts-

[1)] § 51 Abs. 1 geänd. mWv 1.12.2013 durch G v. 28.8.2013 (BGBl. I S. 3474).

[2)] *§ 52 geänd.* mWv 1.12.2013 durch G v. 28.8.2013 (BGBl. I S. 3474); geänd. mWv 24.10.2015 durch G v. 20.10.2015 (BGBl. I S. 1722); geänd. mWv 12.6.2026 durch G v. 23.4.2026 (BGBl. 2026 I Nr. 111).

[3)] § 53 Abs. 2 Sätze 2 und 3 geänd. mWv 1.12.2013 durch G v. 28.8.2013 (BGBl. I S. 3474); Abs. 3 geänd. mWv 21.8.2019 durch G v. 15.8.2019 (BGBl. I S. 1294); Abs. 1 Satz 1 geänd., Abs. 3 neu gef. mWv 12.6.2026 durch G v. 23.4.2026 (BGBl. 2026 I Nr. 111).

mittel eingelegt worden ist, sofern durch den Ausländer eine anderweitige Unterkunft nachgewiesen wird und der öffentlichen Hand dadurch Mehrkosten nicht entstehen. [2]Das Gleiche gilt, wenn das Bundesamt oder ein Gericht einem Ausländer internationalen Schutz im Sinne des § 1 Absatz 1 Nummer 2 zuerkannt hat. [3]In den Fällen der Sätze 1 und 2 endet die Verpflichtung auch für die Familienangehörigen im Sinne des § 26 Absatz 1 bis 3 des Ausländers.

(3) § 44 Absatz 2 und 3 gilt entsprechend.

§ 54[1)] Unterrichtung des Bundesamtes. Die Ausländerbehörde, in deren Bezirk sich der Ausländer aufzuhalten oder Wohnung zu nehmen hat, teilt dem Bundesamt unverzüglich

1. die ladungsfähige Anschrift des Ausländers,
2. eine Ausschreibung zur Aufenthaltsermittlung

mit.

Abschnitt 6.[2)] Recht des Aufenthalts während des Asylverfahrens

§ 55[3)] Aufenthaltsgestattung. (1) Einem Ausländer ist der Aufenthalt im Bundesgebiet zur Durchführung des Asylverfahrens gestattet und er hat ein Recht auf Verbleib, solange die Voraussetzungen aus Artikel 10 Absatz 1 oder Artikel 68 Absatz 2, 4 oder 7 der Verordnung (EU) 2024/1348 vorliegen und keine Ausnahmen nach Artikel 10 Absatz 3 oder 4 der Verordnung (EU) 2024/1348 bestehen.

(2) [1]Mit der Einreichung eines Asylantrags erlöschen eine Befreiung vom Erfordernis eines Aufenthaltstitels und ein Aufenthaltstitel mit einer Gesamtgeltungsdauer bis zu sechs Monaten sowie die in § 81 Absatz 3 und 4 des Aufenthaltsgesetzes[4)] bezeichneten Wirkungen eines Antrags auf Erteilung eines Aufenthaltstitels. [2]§ 81 Absatz 4 des Aufenthaltsgesetzes bleibt unberührt, wenn der Ausländer einen Aufenthaltstitel mit einer Gesamtgeltungsdauer von mehr als sechs Monaten besessen und dessen Verlängerung beantragt hat.

(3) Soweit der Erwerb oder die Ausübung eines Rechts oder einer Vergünstigung von der Dauer des Aufenthalts im Bundesgebiet abhängig ist, wird die Zeit eines Aufenthalts nach Absatz 1 nur angerechnet, wenn der Ausländer als Asylberechtigter anerkannt ist oder ihm internationaler Schutz im Sinne des § 1 Absatz 1 Nummer 2 zuerkannt wurde.

§ 56[5)] Räumliche Beschränkung. (1) Die Aufenthaltsgestattung ist räumlich auf den Bezirk der Ausländerbehörde beschränkt, in dem die für die Aufnahme des Ausländers zuständige Aufnahmeeinrichtung liegt.

(2) Wenn der Ausländer verpflichtet ist, in dem Bezirk einer anderen Ausländerbehörde Aufenthalt zu nehmen, ist die Aufenthaltsgestattung räumlich auf deren Bezirk beschränkt.

[1)] § 54 einl. Satzteil geänd. mWv 24.10.2015 durch G v. 20.10.2015 (BGBl. I S. 1722).

[2)] Bish. 4. Abschnitt wird Abschnitt 6 mWv 1.12.2013 durch G v. 28.8.2013 (BGBl. I S. 3474).

[3)] § 55 Abs. 3 geänd. mWv 1.12.2013 durch G v. 28.8.2013 (BGBl. I S. 3474); Abs. 1 Satz 1 geänd., Satz 3 neu gef. mWv 6.8.2016 durch G v. 31.7.2016 (BGBl. I S. 1939); Abs. 1 neu gef., Abs. 2 Sätze 1 und 2 geänd. mWv 12.6.2026 durch G v. 23.4.2026 (BGBl. 2026 I Nr. 111).

[4)] Nr. **565**.

[5)] § 56 Abs. 1 Satz 2 und Abs. 3 aufgeh. mWv 1.1.2015 durch G v. 23.12.2014 (BGBl. I S. 2439).

§ 57[1] Verlassen des Aufenthaltsbereichs einer Aufnahmeeinrichtung.

(1) Das Bundesamt erlaubt einem Ausländer, der verpflichtet ist, in einer Aufnahmeeinrichtung zu wohnen, den Geltungsbereich der Aufenthaltsgestattung vorübergehend zu verlassen, wenn hinreichend begründete dringende und schwerwiegende familiäre Gründe, notwendige medizinische Behandlungen oder sonstige zwingende Gründe es erfordern.

(2) Zur Wahrnehmung von Terminen bei Bevollmächtigten, beim Hohen Flüchtlingskommissar der Vereinten Nationen und bei Organisationen, die sich mit der Betreuung von Flüchtlingen befassen, soll die Erlaubnis unverzüglich erteilt werden.

(3) [1]Der Ausländer kann Termine bei Behörden und Gerichten, bei denen sein persönliches Erscheinen erforderlich ist, ohne Erlaubnis wahrnehmen. [2]Er hat diese Termine der Aufnahmeeinrichtung und dem Bundesamt anzuzeigen.

§ 58[2] Verlassen eines zugewiesenen Aufenthaltsbereichs. (1) [1]Die Ausländerbehörde kann einem Ausländer, der nicht oder nicht mehr verpflichtet ist, in einer Aufnahmeeinrichtung zu wohnen, erlauben, den Geltungsbereich der Aufenthaltsgestattung vorübergehend zu verlassen oder sich allgemein in dem Bezirk einer anderen Ausländerbehörde aufzuhalten. [2]Die Erlaubnis ist zu erteilen, wenn hieran ein dringendes öffentliches Interesse besteht oder hinreichend begründete dringende und schwerwiegende familiäre Gründe, notwendige medizinische Behandlungen oder sonstige zwingende Gründe es erfordern. [3]Die Erlaubnis wird in der Regel erteilt, wenn eine nach § 61 Absatz 2 erlaubte Beschäftigung ausgeübt werden soll oder wenn dies zum Zwecke des Schulbesuchs, der betrieblichen Aus- und Weiterbildung oder des Studiums an einer staatlichen oder staatlich anerkannten Hochschule oder vergleichbaren Ausbildungseinrichtung erforderlich ist. [4]Die Erlaubnis bedarf der Zustimmung der Ausländerbehörde, für deren Bezirk der allgemeine Aufenthalt zugelassen wird.

(2) Zur Wahrnehmung von Terminen bei Bevollmächtigten, beim Hohen Flüchtlingskommissar der Vereinten Nationen und bei Organisationen, die sich mit der Betreuung von Flüchtlingen befassen, soll die Erlaubnis erteilt werden.

(3) Der Ausländer kann Termine bei Behörden und Gerichten, bei denen sein persönliches Erscheinen erforderlich ist, ohne Erlaubnis wahrnehmen.

(4) [1]Der Ausländer kann den Geltungsbereich der Aufenthaltsgestattung ohne Erlaubnis vorübergehend verlassen, wenn ein Gericht das Bundesamt dazu verpflichtet hat, den Ausländer als Asylberechtigten anzuerkennen, ihm internationalen Schutz im Sinne des § 1 Absatz 1 Nummer 2 zuzuerkennen oder die Voraussetzungen des § 60 Absatz 5 oder 7 des Aufenthaltsgesetzes[3] festzustellen, auch wenn diese Entscheidung noch nicht unanfechtbar ist. [2]Satz 1 gilt entsprechend für Familienangehörige im Sinne des § 26 Absatz 1 bis 3.

(5) Die Ausländerbehörde eines Kreises oder einer kreisangehörigen Gemeinde kann einem Ausländer die allgemeine Erlaubnis erteilen, sich vorübergehend im gesamten Gebiet des Kreises aufzuhalten.

(6) Um örtlichen Verhältnissen Rechnung zu tragen, können die Landesregierungen durch Rechtsverordnung bestimmen, dass sich Ausländer ohne Erlaubnis

---

[1] § 57 Abs. 1 neu gef. mWv 12.6.2026 durch G v. 23.4.2026 (BGBl. 2026 I Nr. 111).

[2] § 58 Abs. 1 Satz 1 geänd. und Satz 3 eingef., bish. Satz 3 wird Satz 4, Abs. 6 geänd. mWv 1.7.2011 durch G v. 23.6.2011 (BGBl. I S. 1266); Abs. 4 neu gef. mWv 1.12.2013 durch G v. 28.8.2013 (BGBl. I S. 3474); Abs. 1 Satz 2 neu gef. mWv 12.6.2026 durch G v. 23.4.2026 (BGBl. 2026 I Nr. 111).

[3] Nr. **565**.

vorübergehend in einem die Bezirke mehrerer Ausländerbehörden umfassenden Gebiet, dem Gebiet des Landes oder, soweit Einvernehmen zwischen den beteiligten Landesregierungen besteht, im Gebiet eines anderen Landes aufhalten können.

§ 59[1] Durchsetzung der räumlichen Beschränkung. (1) [1]Die Verlassenspflicht nach § 12 Absatz 3 des Aufenthaltsgesetzes[2] kann, soweit erforderlich, auch ohne Androhung durch Anwendung unmittelbaren Zwangs durchgesetzt werden. [2]Reiseweg und Beförderungsmittel sollen vorgeschrieben werden.

(2) Der Ausländer ist festzunehmen und zur Durchsetzung der Verlassenspflicht auf richterliche Anordnung in Haft zu nehmen, wenn die freiwillige Erfüllung der Verlassenspflicht, auch in den Fällen des § 59a Absatz 2, nicht gesichert ist und andernfalls deren Durchsetzung wesentlich erschwert oder gefährdet würde.

(3) Zuständig für Maßnahmen nach den Absätzen 1 und 2 sind

1. die Polizeien der Länder,
2. die Grenzbehörde, bei der der Ausländer einen Asylantrag stellt,
3. die Ausländerbehörde, in deren Bezirk sich der Ausländer aufhält,
4. die Aufnahmeeinrichtung, in der der Ausländer sich meldet, sowie
5. die Aufnahmeeinrichtung, die den Ausländer aufgenommen hat.

§ 59a[3] Erlöschen der räumlichen Beschränkung. (1) [1]Die räumliche Beschränkung nach § 56 erlischt, wenn sich der Ausländer seit drei Monaten ununterbrochen erlaubt, geduldet oder gestattet im Bundesgebiet aufhält. [2]Die räumliche Beschränkung erlischt abweichend von Satz 1 nicht, solange die Verpflichtung des Ausländers, in der für seine Aufnahme zuständigen Aufnahmeeinrichtung zu wohnen, fortbesteht.

(2) [1]Räumliche Beschränkungen bleiben auch nach Erlöschen der Aufenthaltsgestattung in Kraft bis sie aufgehoben werden, längstens aber bis zu dem in Absatz 1 bestimmten Zeitpunkt. [2]Abweichend von Satz 1 erlöschen räumliche Beschränkungen, wenn der Aufenthalt nach § 25 Absatz 1 Satz 3 oder § 25 Absatz 2 Satz 2 des Aufenthaltsgesetzes[2] als erlaubt gilt oder ein Aufenthaltstitel erteilt wird.

§ 59b[4] Anordnung der räumlichen Beschränkung. (1) Eine räumliche Beschränkung der Aufenthaltsgestattung kann unabhängig von § 59a Absatz 1 durch die zuständige Ausländerbehörde angeordnet werden, wenn

1. der Ausländer wegen einer Straftat, mit Ausnahme solcher Straftaten, deren Tatbestand nur von Ausländern verwirklicht werden kann, rechtskräftig verurteilt worden ist,
2. Tatsachen die Schlussfolgerung rechtfertigen, dass der Ausländer gegen Vorschriften des Betäubungsmittelgesetzes[5] verstoßen hat,
3. konkrete Maßnahmen zur Aufenthaltsbeendigung gegen den Ausländer bevorstehen oder

---

[1] § 59 Abs. 2 geänd. mWv 1.1.2015 durch G v. 23.12.2014 (BGBl. I S. 2439); Abs. 1 Satz 1, Abs. 3 Nr. 2 geänd. mWv 12.6.2026 durch G v. 23.4.2026 (BGBl. 2026 I Nr. 111).

[2] Nr. **565**.

[3] § 59a eingef. mWv 1.1.2015 durch G v. 23.12.2014 (BGBl. I S. 2439); Abs. 1 Satz 2 angef. mWv 24.10.2015 durch G v. 20.10.2015 (BGBl. I S. 1722).

[4] § 59b eingef. mWv 1.1.2015 durch G v. 23.12.2014 (BGBl. I S. 2439); Abs. 1 Nr. 2 und 3 geänd., Nr. 4 angef. mWv 29.7.2017 durch G v. 20.7.2017 (BGBl. I S. 2780).

[5] Nr. **275**.

4. von dem Ausländer eine erhebliche Gefahr für die innere Sicherheit oder für Leib und Leben Dritter ausgeht.

(2) Die §§ 56, 58, 59 und 59a Absatz 2 gelten entsprechend.

§ 60[1] **Auflagen.** (1) [1]Ein Ausländer, der nicht oder nicht mehr verpflichtet ist, in einer Aufnahmeeinrichtung zu wohnen, und dessen Lebensunterhalt nicht gesichert ist (§ 2 Absatz 3 des Aufenthaltsgesetzes[2]), wird verpflichtet, an dem in der Verteilentscheidung nach § 50 Absatz 4 genannten Ort seinen gewöhnlichen Aufenthalt zu nehmen (Wohnsitzauflage). [2]Findet eine länderübergreifende Verteilung gemäß § 51 statt, dann ergeht die Wohnsitzauflage im Hinblick auf den sich danach ergebenden Aufenthaltsort. [3]Der Ausländer kann den in der Wohnsitzauflage genannten Ort ohne Erlaubnis vorübergehend verlassen.

(2) [1]Ein Ausländer, der nicht oder nicht mehr verpflichtet ist, in einer Aufnahmeeinrichtung zu wohnen, und dessen Lebensunterhalt nicht gesichert ist (§ 2 Absatz 3 des Aufenthaltsgesetzes), kann verpflichtet werden,

1. in einer bestimmten Gemeinde, in einer bestimmten Wohnung oder Unterkunft zu wohnen,
2. in eine bestimmte Gemeinde, Wohnung oder Unterkunft umzuziehen oder
3. in dem Bezirk einer anderen Ausländerbehörde desselben Landes seinen gewöhnlichen Aufenthalt und Wohnung oder Unterkunft zu nehmen.

[2]Eine Anhörung des Ausländers ist erforderlich in den Fällen des Satzes 1 Nummer 2, wenn er sich länger als sechs Monate in der Gemeinde, Wohnung oder Unterkunft aufgehalten hat. [3]Die Anhörung gilt als erfolgt, wenn der Ausländer oder sein anwaltlicher Vertreter Gelegenheit hatte, sich innerhalb von zwei Wochen zu der vorgesehenen Unterbringung zu äußern. [4]Eine Anhörung unterbleibt, wenn ihr ein zwingendes öffentliches Interesse entgegensteht.

(3) [1]Zuständig für Maßnahmen nach Absatz 1 Satz 1 ist die nach § 50 zuständige Landesbehörde. [2]Die Wohnsitzauflage soll mit der Zuweisungsentscheidung nach § 50 verbunden werden. [3]Zuständig für Maßnahmen nach Absatz 1 Satz 2 ist die nach § 51 Absatz 2 Satz 2 zuständige Landesbehörde. [4]Die Wohnsitzauflage soll mit der Verteilungsentscheidung nach § 51 Absatz 2 Satz 2 verbunden werden. [5]Zuständig für Maßnahmen nach Absatz 2 ist die Ausländerbehörde, in deren Bezirk die Gemeinde oder die zu beziehende Wohnung oder Unterkunft liegt.

§ 61[3] **Erwerbstätigkeit.** (1) [1]Für die Dauer der Pflicht, in einer Aufnahmeeinrichtung zu wohnen, darf der Ausländer keine Erwerbstätigkeit ausüben. [2]Abweichend von Satz 1 ist dem Ausländer drei Monate nach der Registrierung seines Asylantrags die Ausübung einer Beschäftigung zu erlauben, sofern

1. das Asylverfahren noch nicht unanfechtbar abgeschlossen ist und
2. die Bundesagentur für Arbeit zugestimmt hat oder durch Rechtsverordnung bestimmt ist, dass die Ausübung der Beschäftigung ohne Zustimmung der Bundesagentur für Arbeit zulässig ist.

[3]Die Frist nach Satz 2 beträgt sechs Monate, wenn

---

[1] § 60 neu gef. mWv 1.1.2015 durch G v. 23.12.2014 (BGBl. I S. 2439).
[2] Nr. **565**.
[3] § 61 neu gef. mWv 12.6.2026 durch G v. 23.4.2026 (BGBl. 2026 I Nr. 111).

1. ein Aufnahmegesuch gemäß Artikel 39 der Verordnung (EU) 2024/1351 gestellt wurde oder eine Wiederaufnahmemitteilung gemäß Artikel 41 der Verordnung (EU) 2024/1351 übermittelt wurde oder
2. dem Ausländer bereits in einem anderen Mitgliedstaat der Europäischen Union internationaler Schutz im Sinne des § 1 Absatz 1 Nummer 2 gewährt wurde, es sei denn die Bundesrepublik Deutschland ist verpflichtet, ein erneutes Asylverfahren durchzuführen.

[4] Die Erlaubnis soll nicht erteilt werden, wenn der Ausländer wiederholt oder in erheblicher Weise seinen Mitwirkungspflichten nach § 15 Absatz 2 sowie nach Artikel 9 Absatz 2 der Verordnung (EU) 2024/1348 und nach Artikel 17 Absatz 3 der Verordnung (EU) 2024/1351 unentschuldigt nicht nachgekommen ist. [5] Sofern das beschleunigte Verfahren nach Artikel 42 Absatz 1 Unterabsatz 1 Buchstaben a bis f der Verordnung (EU) 2024/1348 zur Anwendung gelangt, wird die Erlaubnis zur Beschäftigung nicht erteilt oder eine bereits erteilte Erlaubnis widerrufen oder zurückgenommen. [6] Ausländern, die seit mindestens sechs Monaten eine Duldung nach § 60a des Aufenthaltsgesetzes[1)] besitzen, soll die Ausübung einer Beschäftigung erlaubt werden, es sei denn, zum Zeitpunkt der Beantragung der Erlaubnis zur Ausübung einer Beschäftigung stehen konkrete Maßnahmen zur Aufenthaltsbeendigung, die in einem hinreichenden sachlichen und zeitlichen Zusammenhang zur Aufenthaltsbeendigung stehen, bevor; diese konkreten Maßnahmen zur Aufenthaltsbeendigung stehen bevor, wenn

1. eine ärztliche Untersuchung zur Feststellung der Reisefähigkeit veranlasst wurde,
2. der Ausländer einen Antrag zur Förderung einer freiwilligen Ausreise mit staatlichen Mitteln gestellt hat,
3. die Buchung von Transportmitteln für die Abschiebung eingeleitet wurde,
4. vergleichbar konkrete Vorbereitungsmaßnahmen zur Abschiebung des Ausländers eingeleitet wurden, es sei denn, es ist von vornherein absehbar, dass diese nicht zum Erfolg führen, oder
5. ein Verfahren zur Bestimmung des zuständigen Mitgliedstaates gemäß Artikel 38 Absatz 1 der Verordnung (EU) 2024/1351 eingeleitet wurde.

[7] Die Frist nach Satz 6 beträgt drei Monate, wenn die Voraussetzungen von § 60c Absatz 1 Satz 1 Nummer 2 des Aufenthaltsgesetzes vorliegen oder wenn die Identität des Ausländers durch Vorlage eines anerkannten und gültigen Passes oder Passersatzes geklärt ist. [8] Die §§ 39, 40 Absatz 1 Nummer 1 und Absatz 2 und die §§ 41 und 42 des Aufenthaltsgesetzes gelten entsprechend für Ausländer nach den Sätzen 2 und 6. [9] Abweichend von Satz 6 ist dem Ausländer die Ausübung einer Beschäftigung zu erlauben, sofern ihm vor der Duldung nach § 60a des Aufenthaltsgesetzes bereits während des Asylverfahrens die Ausübung einer Beschäftigung erlaubt wurde.

(2) [1] *Im Übrigen* ist einem Ausländer im Asylverfahren, der sich seit drei Monaten gestattet im Bundesgebiet aufhält, gemäß § 4a Absatz 4 des Aufenthaltsgesetzes die Ausübung einer Beschäftigung zu erlauben, wenn die Bundesagentur für Arbeit zugestimmt hat oder durch Rechtsverordnung bestimmt ist, dass die Ausübung der Beschäftigung ohne Zustimmung der Bundesagentur für Arbeit zulässig ist. [2] Ein geduldeter oder rechtmäßiger Voraufenthalt wird auf die Wartezeit nach Satz 1 angerechnet. [3] Die §§ 39, 40 Absatz 1 Nummer 1 und Absatz 2

[1)] Nr. **565**.

und die §§ 41 und 42 des Aufenthaltsgesetzes gelten entsprechend. [4] Einem Ausländer aus einem sicheren Herkunftsstaat gemäß § 29a oder § 29b, der nach dem 31. August 2015 einen Asylantrag gestellt hat, darf während des Asylverfahrens die Ausübung einer Beschäftigung nicht erlaubt werden. [5] Absatz 1 Satz 2 bis 5 bleiben unberührt.

§ 62[1)] Gesundheitsuntersuchung. (1) [1] Ausländer, die in einer Aufnahmeeinrichtung oder Gemeinschaftsunterkunft zu wohnen haben, sind verpflichtet, eine ärztliche Untersuchung auf übertragbare Krankheiten einschließlich einer Röntgenaufnahme der Atmungsorgane zu dulden. [2] Die oberste Landesgesundheitsbehörde oder die von ihr bestimmte Stelle bestimmt den Umfang der Untersuchung und den Arzt, der die Untersuchung durchführt.

(2) [1] Das Ergebnis der Untersuchung ist der für die Unterbringung zuständigen Behörde mitzuteilen. [2] Wird bei der Untersuchung der Verdacht einer Erkrankung oder die Erkrankung an einer meldepflichtigen Krankheit nach § 6 des Infektionsschutzgesetzes[2)] oder eine Infektion mit einem Krankheitserreger nach § 7 des Infektionsschutzgesetzes festgestellt, ist diese Feststellung auch dem Bundesamt mitzuteilen, sofern eine Pflicht zur namentlichen Meldung nach den §§ 6 oder 7 des Infektionsschutzgesetzes besteht.

§ 63[3)] Bescheinigung über die Aufenthaltsgestattung. (1) [1] Dem Ausländer wird bei der Antragseinreichung oder so schnell wie möglich im Anschluss daran eine mit den Angaben zur Person und einem Lichtbild versehene Bescheinigung über die Aufenthaltsgestattung im Sinne von Artikel 29 Absatz 4 der Verordnung (EU) 2024/1348 ausgestellt, wenn er nicht im Besitz eines Aufenthaltstitels ist. [2] Im Falle des Absatzes 2 Satz 2 ist der Ausländer bei der Asylantragstellung aufzufordern, innerhalb von drei Tagen bei der zuständigen Ausländerbehörde die Ausstellung der Bescheinigung zu beantragen.

(2) [1] Zuständig für die Ausstellung der Bescheinigung ist das Bundesamt, solange der Ausländer verpflichtet ist, in einer Aufnahmeeinrichtung zu wohnen, sowie in den Fällen von § 14 Absatz 2 und § 71 Absatz 2 Satz 2. [2] Im Übrigen ist die Ausländerbehörde zuständig, auf deren Bezirk die Aufenthaltsgestattung beschränkt ist oder in deren Bezirk der Ausländer Wohnung zu nehmen hat. [3] Die ausstellende Behörde unterrichtet den Ausländer über die räumliche Beschränkung der Aufenthaltsgestattung, einschließlich ihrer geographischen Ausdehnung. [4] Auflagen und Änderungen der räumlichen Beschränkung sowie deren Anordnung (§ 59b) können auch von der Behörde vermerkt werden, die sie verfügt hat.

(3) Die Bescheinigung soll eingezogen werden, wenn die Aufenthaltsgestattung erloschen ist.

(4) [1] Die Bescheinigung enthält zusätzlich zu den in Artikel 29 Absatz 4 der Verordnung (EU) 2024/1348 genannten Angaben folgende Angaben:

---

1) § 62 Abs. 2 Satz 2 angef. mWv 24.10.2015 durch G v. 20.10.2015 (BGBl. I S. 1722); Abs. 2 neu gef. mWv 12.6.2026 durch G v. 23.4.2026 (BGBl. 2026 I Nr. 111).

2) **Sartorius ErgBd. Nr. 285.**

3) § 63 Abs. 5 geänd. mWv 1.9.2011 durch G v. 12.4.2011 (BGBl. I S. 610); Abs. 1 Satz 1 und Abs. 3 Sätze 2 und 3 geänd. mWv 24.10.2015 durch G v. 20.10.2015 (BGBl. I S. 1722); Abs. 5 Satz 1 eingef. mWv 6.8.2016 durch G v. 31.7.2016 (BGBl. I S. 1939); Abs. 5 Satz 1 Nr. 1, 2 geänd., Nr. 3 angef. mWv 9.8.2019 durch G v. 4.8.2019 (BGBl. I S. 1131); Abs. 2 Satz 2 geänd. mWv 27.2.2024 durch G v. 21.2.2024 (BGBl. 2024 I Nr. 54); Abs. 1 neu gef., Abs. 2 aufgeh., Abs. 3 wird Abs. 2 und neu gef., bish. Abs. 4 wird Abs. 3, bish. Abs. 5 wird Abs. 4 und Satz 1 neu gef. mWv 12.6.2026 durch G v. 23.4.2026 (BGBl. 2026 I Nr. 111).

1. das Datum der Ausstellung des Ankunftsnachweises gemäß § 63a Absatz 1 Satz 2 Nummer 12, sofern ein Ankunftsnachweis ausgestellt wurde,
2. das Datum der Asylantragstellung und
3. die AZR-Nummer.

[2] Im Übrigen gilt § 78a Absatz 5 des Aufenthaltsgesetzes[1)] entsprechend.

§ 63a[2)] Ankunftsnachweis. (1) [1] Einem Ausländer, der einen Asylantrag gestellt hat und dessen Asylantrag registriert wurde, der den Asylantrag aber noch nicht eingereicht hat, wird bei der Registrierung des Antrags nach Artikel 27 der Verordnung (EU) 2024/1348 eine Bescheinigung über die Meldung als Asylantragsteller (Ankunftsnachweis) im Sinne von Artikel 29 Absatz 1 der Verordnung (EU) 2024/1348 ausgestellt. [2] Dieses Dokument enthält folgende sichtbar aufgebrachte Angaben:
1. Name und Vornamen,
2. Geburtsname,
3. Lichtbild,
4. Geburtsdatum,
5. Geburtsort,
6. Abkürzung der Staatsangehörigkeit,
7. Geschlecht,
8. Größe und Augenfarbe,
9. zuständige Aufnahmeeinrichtung,
10. Seriennummer der Bescheinigung (AKN-Nummer),
11. ausstellende Behörde,
12. Ausstellungsdatum,
13. Unterschrift des Inhabers,
14. Gültigkeitsdauer,
15. Verlängerungsvermerk,
16. das Geschäftszeichen der Registerbehörde (AZR-Nummer),
17. Vermerk mit den Namen und Vornamen der begleitenden minderjährigen Kinder und Jugendlichen,
18. Vermerk, dass die Angaben auf den eigenen Angaben des Inhabers beruhen,
19. Vermerk, dass der Inhaber mit dieser Bescheinigung nicht der Pass- und Ausweispflicht genügt,
20. maschinenlesbare Zone und
21. Barcode.

[3] Die Zone für das automatische Lesen enthält die in Satz 2 Nummer 1, 4, 6, 7, 10 *und 14 genannten Angaben*, die Abkürzung „MED“, Prüfziffern und Leerstellen. [4] Der automatisch erzeugte Barcode enthält die in Satz 3 genannten Angaben, eine digitale Signatur und die AZR-Nummer. [5] Die Unterschrift durch ein Kind ist zu

---

[1)] Nr. **565**.

[2)] § 63a eingef. mWv 24.10.2015 durch G v. 20.10.2015 (BGBl. I S. 1722); Abs. 1 neu gef., Abs. 2 Sätze 1 und 2 geänd., Abs. 3 neu gef., Abs. 5 angef. mWv 5.2.2016 durch G v. 2.2.2016 (BGBl. I S. 130); Überschrift und Abs. 1 Satz 1 neu gef., Abs. 2 aufgeh., bish. Abs. 3 wird Abs. 2 und Sätze 1 und 2 eingef., bish. Sätze 1 und 2 werden 3 und 4, neuer Satz 3 geänd., bish. Abs. 4 wird Abs. 3 und Satz 1 geänd., bish. Abs. 5 wird Abs. 4 mWv 12.6.2026 durch G v. 23.4.2026 (BGBl. 2026 I Nr. 111).

leisten, wenn es zum Zeitpunkt der Ausstellung des Ankunftsnachweises das zehnte Lebensjahr vollendet hat.

(2) [1] Zuständig für die Ausstellung einer Bescheinigung nach Absatz 1 ist die Aufnahmeeinrichtung, mit der der Ausländer zuerst in Kontakt tritt. [2] Wenn das Bundesamt die Registrierung nach § 13a Satz 2 durchführt, stellt das Bundesamt auch die Bescheinigung nach Absatz 1 aus. [3] Zuständig für die Änderung der Anschrift und Verlängerung einer Bescheinigung nach Absatz 1 ist die Aufnahmeeinrichtung, auf die der Ausländer verteilt worden ist, sofern nicht die dieser Aufnahmeeinrichtung zugeordnete Außenstelle des Bundesamtes eine erkennungsdienstliche Behandlung des Ausländers oder die Verarbeitung seiner personenbezogenen Daten vornimmt. [4] Ist der Ausländer nicht mehr verpflichtet in der Aufnahmeeinrichtung zu wohnen, ist für die Verlängerung der Bescheinigung die Ausländerbehörde zuständig, in deren Bezirk der Ausländer sich aufzuhalten verpflichtet ist oder Wohnung zu nehmen hat; besteht eine solche Verpflichtung nicht, ist die Ausländerbehörde zuständig, in deren Bezirk sich der Ausländer tatsächlich aufhält.

(3) [1] Die Gültigkeit der Bescheinigung nach Absatz 1 endet mit Ausstellung der Bescheinigung über die Aufenthaltsgestattung nach § 63 oder mit dem Erlöschen der Aufenthaltsgestattung nach § 67. [2] Bei Ausstellung der Bescheinigung über die Aufenthaltsgestattung wird die Bescheinigung nach Absatz 1 eingezogen. [3] Zuständig für die Einziehung ist die Behörde, welche die Bescheinigung über die Aufenthaltsgestattung ausstellt.

(4) Der Inhaber ist verpflichtet, der zuständigen Aufnahmeeinrichtung, dem Bundesamt oder der Ausländerbehörde unverzüglich

1. den Ankunftsnachweis vorzulegen, wenn eine Eintragung unrichtig ist,
2. auf Verlangen den Ankunftsnachweis beim Empfang eines neuen Ankunftsnachweises oder der Aufenthaltsgestattung abzugeben,
3. den Verlust des Ankunftsnachweises anzuzeigen und im Falle des Wiederauffindens diesen vorzulegen,
4. auf Verlangen den Ankunftsnachweis abzugeben, wenn er eine einwandfreie Feststellung der Identität des Nachweisinhabers nicht zulässt oder er unerlaubt verändert worden ist.

§ 63b[1] Ankunftsnachweis und Bescheinigung über die Aufenthaltsgestattung im Asylverfahren an der Grenze. (1) Wird ein Asylverfahren an der Grenze nach § 18a durchgeführt, ist einem Ausländer abweichend von § 63a keine Bescheinigung über die Meldung als Asylantragsteller (Ankunftsnachweis) und abweichend von § 63 keine Bescheinigung über die Aufenthaltsgestattung auszustellen.

(2) Wird die Einreise gestattet, so findet § 63 zu diesem Zeitpunkt entsprechende Anwendung.

§ 64[2] Ausweispflicht. (1) Der Ausländer genügt für die Dauer des Asylverfahrens seiner Ausweispflicht mit der Bescheinigung über die Aufenthaltsgestattung oder dem Ankunftsnachweis.

(2) Die Bescheinigung über die Aufenthaltsgestattung berechtigt nicht zum *Grenzübertritt.*

---

[1] § 63b eingef. mWv 12.6.2026 durch G v. 23.4.2026 (BGBl. 2026 I Nr. 111).
[2] § 64 Abs. 1 und 2 geänd. mWv 12.6.2026 durch G v. 23.4.2026 (BGBl. 2026 I Nr. 111).

§ 65[1)] **Herausgabe des Passes.** (1) Dem Ausländer ist nach der Einreichung des Asylantrags der Pass oder Passersatz auszuhändigen, wenn dieser für die weitere Durchführung des Asylverfahrens nicht benötigt wird und der Ausländer einen Aufenthaltstitel besitzt oder die Ausländerbehörde ihm nach den Vorschriften in anderen Gesetzen einen Aufenthaltstitel erteilt.

(2) [1]Dem Ausländer kann der Pass oder Passersatz vorübergehend ausgehändigt werden, wenn dies in den Fällen des § 58 Absatz 1 für eine Reise oder wenn es für die Verlängerung der Gültigkeitsdauer oder die Vorbereitung der Ausreise des Ausländers erforderlich ist. [2]Nach Erlöschen der räumlichen Beschränkung (§ 59a) gilt für eine Reise Satz 1 entsprechend.

§ 66[2)] **Ausschreibung zur Aufenthaltsermittlung.** (1) Der Ausländer kann zur Aufenthaltsermittlung im Ausländerzentralregister und in den Fahndungshilfsmitteln der Polizei ausgeschrieben werden, wenn sein Aufenthaltsort unbekannt ist und er

1. innerhalb einer Woche nicht in der Aufnahmeeinrichtung eintrifft, an die er weitergeleitet worden ist,
2. die Aufnahmeeinrichtung verlassen hat und innerhalb einer Woche nicht zurückgekehrt ist,
3. einer Zuweisungsverfügung oder einer Verfügung nach § 60 Absatz 2 Satz 1 innerhalb einer Woche nicht Folge geleistet hat oder
4. unter der von ihm angegebenen Anschrift oder der Anschrift der Unterkunft, in der er Wohnung zu nehmen hat, nicht erreichbar ist;

die in Nummer 4 bezeichneten Voraussetzungen liegen vor, wenn der Ausländer eine an die Anschrift bewirkte Zustellung nicht innerhalb von zwei Wochen in Empfang genommen hat.

(2) [1]Zuständig, die Ausschreibung zu veranlassen, sind die Aufnahmeeinrichtung, die Ausländerbehörde, in deren Bezirk sich der Ausländer aufzuhalten oder Wohnung zu nehmen hat, und das Bundesamt. [2]Die Ausschreibung darf nur von hierzu besonders ermächtigten Personen veranlasst werden.

§ 67[3)] **Erlöschen der Aufenthaltsgestattung.** (1) Die Aufenthaltsgestattung erlischt, wenn ein Recht auf Verbleib nach der Verordnung (EU) 2024/1348 nicht besteht oder nicht mehr besteht, insbesondere

1. wenn der Ausländer nach § 18 Absatz 2 und 3 zurückgewiesen oder zurückgeschoben wird,
2. mit Ablauf der Frist nach § 20 Absatz 1 Satz 2, wenn der Ausländer der Verpflichtung nach § 20 Absatz 1 Satz 1 nicht nachgekommen ist,
3. wenn ein Fall von Artikel 68 Absatz 3 oder 7 der Verordnung (EU) 2024/1348 vorliegt,
4. im Falle der Erklärung der ausdrücklichen Rücknahme des Asylantrags nach Artikel 40 Absatz 3 der Verordnung (EU) 2024/1348 mit der Zustellung der Entscheidung des Bundesamtes,

---

1) § 65 Abs. 2 Satz 2 angef. mWv 24.10.2015 durch G v. 20.10.2015 (BGBl. I S. 1722); Abs. 1, Abs. 2 Satz 1 geänd. mWv 12.6.2026 durch G v. 23.4.2026 (BGBl. 2026 I Nr. 111).

2) § 66 Abs. 2 Satz 1 geänd. mWv 24.10.2015 durch G v. 20.10.2015 (BGBl. I S. 1722); Abs. 1 Nr. 3 geänd. mWv 12.6.2026 durch G v. 23.4.2026 (BGBl. 2026 I Nr. 111).

3) § 67 neu gef. mWv 12.6.2026 durch G v. 23.4.2026 (BGBl. 2026 I Nr. 111).

5. wenn eine nach diesem Gesetz oder nach § 60 Absatz 9 des Aufenthaltsgesetzes[1] erlassene Abschiebungsandrohung vollziehbar geworden ist,
6. mit der Vollziehbarkeit einer Abschiebungsanordnung nach § 34a,
7. mit der Bekanntgabe einer Abschiebungsanordnung nach § 58a des Aufenthaltsgesetzes,
8. im Übrigen, wenn die Entscheidung des Bundesamtes unanfechtbar geworden ist.

(2) Die Aufenthaltsgestattung tritt wieder in Kraft, wenn ein Gericht in den Fällen des Artikels 68 Absatz 4 oder 7 der Verordnung (EU) 2024/1348 den Verbleib gestattet hat.

§ 68[2] Beschränkung der Bewegungsfreiheit in Aufnahmeeinrichtungen zur Durchführung von Verfahren bei Sekundärmigration; Verordnungsermächtigung. (1) [1]Die nach Landesrecht zuständige Behörde kann anordnen, dass sich ein Ausländer nur an dem nach § 47 Absatz 1b und 1c bestimmten Ort aufhalten darf. [2]Die Anordnung ist zulässig, wenn dies verhältnismäßig und aus Gründen der öffentlichen Sicherheit und Ordnung oder, wenn Fluchtgefahr besteht, zur wirksamen Verhinderung einer Flucht des Ausländers erforderlich ist. [3]Die Anordnung trägt der individuellen Situation des Ausländers, einschließlich seiner besonderen Bedürfnisse bei der Aufnahme, Rechnung.

(2) [1]Die Fluchtgefahr im Sinne des Absatzes 1 wird widerleglich vermutet. [2]Die Vermutung der Fluchtgefahr kann nur widerlegt werden, wenn der Ausländer glaubhaft macht, dass auf Grund seiner persönlichen Verhältnisse und seiner sozialen Bindungen in der Bundesrepublik Deutschland auszuschließen ist, dass er sich dem Verfahren nach der Verordnung (EU) 2024/1351 oder dem Verfahren zur Zulässigkeit des Asylantrags nach § 29 Nummer 2 und der Rückführung in den Mitgliedstaat, der dem Ausländer internationalen Schutz gewährt hat, entziehen wird.

(3) [1]Die Beschränkung der Bewegungsfreiheit nach Absatz 1 ist auf die Dauer der Pflicht nach § 47 Absatz 1b und 1c, in der Aufnahmeeinrichtung zu wohnen, beschränkt. [2]Innerhalb dieses Zeitraums beträgt die Höchstdauer einer Anordnung in den Fällen des Absatzes 4 Satz 1 jeweils sechs Monate und in den Fällen des Absatzes 4 Satz 2 und 3 jeweils zwölf Monate.

(4) [1]Die Pflicht nach Absatz 1 darf nur für den Zeitraum von 22 bis 6 Uhr (Nachtzeit) angeordnet werden, wenn
1. die Anordnung gegenüber minderjährigen Kindern und ihren Eltern oder anderen Sorgeberechtigten sowie ihren volljährigen, ledigen Geschwistern erlassen wird oder
2. der Ausländer nicht vollziehbar ausreisepflichtig ist.

[2]Im Übrigen ist die Anordnung der Beschränkung der Bewegungsfreiheit nach Absatz 1 auch außerhalb der Nachtzeit bis zu einer Höchstdauer von zwölf Monaten zulässig. [3]Ist der Ausländer flüchtig, kann die Beschränkung der Bewegungsfreiheit nach Satz 2 erneut bis zu einer Höchstdauer von zwölf Monaten angeordnet werden, längstens jedoch bis zum Ablauf der Dauer der Pflicht nach § 47 Absatz 1b, in der Aufnahmeeinrichtung zu wohnen. [4]Die Frist nach Satz 3 *beginnt, wenn der* Ausländer nicht mehr flüchtig ist. [5]Mit Ablauf der Höchstdauer

---

[1] Nr. **565**.
[2] § 68 neu gef. mWv 12.6.2026 durch G v. 23.4.2026 (BGBl. 2026 I Nr. 111).

nach Satz 2 und 3 gilt Satz 1 entsprechend, längstens jedoch bis zum Ablauf der Dauer der Pflicht nach § 47 Absatz 1b, in der Aufnahmeeinrichtung zu wohnen.

(5) [1] Die anordnende Behörde kann dem Ausländer erlauben, sich vorübergehend außerhalb der Aufnahmeeinrichtung aufzuhalten. [2] Die Entscheidung ist unter Berücksichtigung der Umstände des Einzelfalls zu treffen und im Falle einer Ablehnung zu begründen. [3] Ist die Beschäftigung nach § 61 erlaubt, soll dem Ausländer die Erlaubnis für ein konkretes Vorstellungsgespräch oder für die Ausübung eines bestehenden Beschäftigungsverhältnisses erteilt werden, wenn das konkrete Beschäftigungsverhältnis dies erfordert. [4] Die Erlaubnis soll dem Ausländer auch erteilt werden, um die zur Behandlung akuter Erkrankungen erforderlichen ärztlichen Behandlungen wahrzunehmen. [5] In den Fällen des Absatzes 4 Satz 2 soll die Erlaubnis im Übrigen nur erteilt werden, um eine zwingend gebotene sittliche Verpflichtung wahrzunehmen. [6] Der Ausländer muss keine Erlaubnis einholen, um Termine bei Behörden oder Gerichten wahrzunehmen, bei denen seine Anwesenheit erforderlich ist, oder, wenn der Ausländer minderjährig ist, um eine Regelschule zu besuchen. [7] Der Ausländer hat die anordnende Behörde vorab über solche Termine oder den Schulbesuch zu informieren. [8] Das Verlassen der Aufnahmeeinrichtung sowie die Rückkehr in die Aufnahmeeinrichtung sind jeweils anzuzeigen.

(6) [1] Die nach Landesrecht zuständige Behörde kann, soweit erforderlich, anordnen, dass sich der Ausländer zu einem bestimmten Zeitpunkt oder in angemessenen Abständen bei einer Behörde meldet. [2] Eine solche Meldepflicht kann angeordnet werden, um sicherzustellen, dass der Ausländer der Verpflichtung gemäß Absatz 1 Satz 1 nachkommt, oder um einen Ausländer wirksam an der Flucht zu hindern. [3] Sie darf nicht zu einer unverhältnismäßigen Beeinträchtigung der Rechte des Ausländers nach der Richtlinie (EU) 2024/1346 führen.

(7) [1] Die Anordnung nach den Absätzen 1 und 6 ist schriftlich zu erlassen, zu begründen und mit einer Rechtsbehelfsbelehrung zu versehen. [2] Über die Folgen eines Verstoßes gegen die durch die Anordnung nach Absatz 1 Satz 1 und Absatz 6 Satz 1 auferlegten Pflichten ist der Ausländer in präziser, transparenter, verständlicher und leicht zugänglicher Form sowie in klarer und einfacher Sprache zu unterrichten, die er versteht oder von der vernünftigerweise angenommen werden darf, dass er sie versteht.

(8) § 46 Absatz 1 des Aufenthaltsgesetzes[1)] bleibt unberührt.

(9) Die Landesregierungen werden ermächtigt, die für die Anordnung nach den Absätzen 1 und 6 zuständige Behörde durch Rechtsverordnung zu bestimmen.

§ 68a[2)] Beschränkung der Bewegungsfreiheit in sonstigen Aufnahmeeinrichtungen; Verordnungsermächtigung. (1) [1] Die nach Landesrecht zuständige Behörde kann im Einzelfall anordnen, dass sich ein Ausländer nur an dem nach § 47 Absatz 1 bestimmten Ort aufhalten darf. [2] Die Anordnung ist zulässig, wenn dies verhältnismäßig und aus Gründen der öffentlichen Sicherheit und Ordnung *oder, wenn Flucht*gefahr besteht, zur wirksamen Verhinderung einer Flucht des Ausländers erforderlich ist. [3] Die Anordnung trägt der individuellen Situation des Ausländers, einschließlich seiner besonderen Bedürfnisse bei der Aufnahme, Rechnung.

(2) [1] Die anordnende Behörde kann dem Ausländer erlauben, sich vorübergehend außerhalb des in der Anordnung nach Absatz 1 Satz 1 festgelegten Ortes

---

[1)] Nr. **565**.

[2)] § 68a neu gef. mWv 12.6.2026 durch G v. 23.4.2026 (BGBl. 2026 I Nr. 111).

aufzuhalten. [2]Die Entscheidung ist unter Berücksichtigung der Umstände des Einzelfalls zu treffen und im Fall einer Ablehnung zu begründen. [3]Ist die Beschäftigung nach § 61 erlaubt, soll dem Ausländer die Erlaubnis für ein konkretes Vorstellungsgespräch oder für die Ausübung eines bestehenden Beschäftigungsverhältnisses erteilt werden. [4]Die Erlaubnis soll dem Ausländer auch erteilt werden, um die zur Behandlung akuter Erkrankungen erforderlichen ärztlichen Behandlungen wahrzunehmen. [5]Der Ausländer muss keine Erlaubnis einholen, um Termine bei Behörden oder Gerichten wahrzunehmen, bei denen seine Anwesenheit erforderlich ist, oder, wenn der Ausländer minderjährig ist, um eine Regelschule zu besuchen. [6]Der Ausländer hat die anordnende Behörde vorab über solche Termine oder den Schulbesuch zu informieren.

(3) [1]Die nach Landesrecht zuständige Behörde kann, soweit erforderlich, anordnen, dass sich der Ausländer zu einem bestimmten Zeitpunkt oder in angemessenen Abständen bei einer Behörde meldet. [2]Eine solche Meldepflicht kann angeordnet werden, um sicherzustellen, dass der Ausländer der Verpflichtung gemäß Absatz 1 Satz 1 nachkommt, oder um einen Ausländer wirksam an der Flucht zu hindern. [3]Sie darf nicht zu einer unverhältnismäßigen Beeinträchtigung der Rechte des Ausländers nach der Richtlinie (EU) 2024/1346 führen.

(4) [1]Die Anordnung nach den Absätzen 1 und 3 ist schriftlich zu erlassen, zu begründen und mit einer Rechtsbehelfsbelehrung zu versehen. [2]Die Anordnung der Beschränkung der Bewegungsfreiheit ist auf die nach § 47 Absatz 1, 1a oder 1c geltende Dauer der Verpflichtung, in der Aufnahmeeinrichtung zu wohnen, beschränkt. [3]Innerhalb dieses Zeitraums ist eine mehrmalige Anordnung bis zu einer Höchstdauer von jeweils sechs Monaten zulässig. [4]Die Anordnung der Beschränkung der Bewegungsfreiheit außerhalb der Nachtzeit ist nur bis zu einer Höchstdauer von insgesamt zwölf Monaten zulässig. [5]Die Anordnung gegenüber minderjährigen Kindern, ihren Eltern oder anderen Sorgeberechtigten und ihren volljährigen, ledigen Geschwistern sowie nicht vollziehbar ausreisepflichtigen Ausländern darf nur zur Nachtzeit erfolgen. [6]Über die Folgen eines Verstoßes gegen die durch die Anordnung nach Absatz 1 Satz 1 und Absatz 3 Satz 1 auferlegten Pflichten ist der Ausländer in präziser, transparenter, verständlicher und leicht zugänglicher Form sowie in klarer und einfacher Sprache zu unterrichten, die er versteht oder von der vernünftigerweise angenommen werden darf, dass er sie versteht.

(5) § 46 Absatz 1 des Aufenthaltsgesetzes[1)] bleibt unberührt.

(6) Die Landesregierungen werden ermächtigt, die für die Anordnung nach den Absätzen 1 und 3 zuständige Behörde durch Rechtsverordnung zu bestimmen.

§ 69[2)] Asylverfahrenshaft; Verordnungsermächtigung. (1) [1]Ein Ausländer darf während des Asylverfahrens auf richterliche Anordnung nur in Haft genommen werden (Asylverfahrenshaft),

1. wenn im Rahmen der Überprüfung des Ausländers gemäß Artikel 5 oder 7 der Verordnung (EU) 2024/1356 seine Identität oder Staatsangehörigkeit aus von ihm zu vertretenden Gründen nicht festgestellt werden konnte und konkrete Anhaltspunkte dafür vorliegen, dass er sich der Nachholung dieser Feststellung im Asylverfahren entziehen wird, indem er untertaucht,
2. um sicherzustellen, dass der Ausländer die ihm durch eine Anordnung nach § 68 Absatz 1 Satz 1 oder Absatz 6 Satz 1 oder nach § 68a Absatz 1 Satz 1 oder

1) Nr. **565**.
2) § 69 neu gef. mWv 12.6.2026 durch G v. 23.4.2026 (BGBl. 2026 I Nr. 111).

Absatz 3 Satz 1 auferlegten rechtlichen Pflichten erfüllt, wenn er diesen Pflichten nicht nachgekommen ist und weiterhin Fluchtgefahr besteht,

3. wenn im Rahmen eines Asylgrenzverfahrens über das Recht des Ausländers zur Einreise in das Hoheitsgebiet zu entscheiden ist und konkrete Anhaltspunkte dafür bestehen, dass er untertaucht und dadurch die Durchführung des Asylgrenzverfahrens vereitelt,
4. wenn der Ausländer sich auf Grund eines Rückkehrverfahrens gemäß der Richtlinie 2008/115/EG zur Vorbereitung seiner Rückführung oder Fortsetzung des Abschiebungsverfahrens in Haft befindet und auf Grund konkreter Anhaltspunkte angenommen werden kann, dass er den Asylantrag nur stellt, um die Vollstreckung der Rückkehrentscheidung zu verzögern oder zu vereiteln; ein konkreter Anhaltspunkt ist insbesondere die Tatsache, dass der Ausländer bereits Zugang zum Asylverfahren hatte,
5. wenn von dem Ausländer eine erhebliche Gefahr für Leib und Leben Dritter oder bedeutende Rechtsgüter der inneren Sicherheit ausgeht.

2 In den Fällen des Satzes 1 Nummer 5 beträgt die höchstzulässige Dauer der Haft jeweils einen Monat und kann jeweils bis zu einer Gesamtdauer von zwei Monaten verlängert werden.

(2) 1 Die Anordnung von Asylverfahrenshaft ist unzulässig, wenn sie als Mittel der Zweckerreichung nicht geeignet oder nicht verhältnismäßig ist oder wenn der Zweck der Haft durch ein milderes Mittel erreicht werden kann. 2 Ein milderes Mittel als Haft kann auch die Leistung einer angemessenen Sicherheit durch den Ausländer oder einen Dritten darstellen. 3 Auf das Verfahren zur Aussetzung der Haft gegen Sicherheitsleistung findet § 116a der Strafprozessordnung[1)] entsprechend Anwendung. 4 Die Inhaftnahme ist auf die kürzestmögliche Dauer zu beschränken. 5 Verwaltungsverfahren, auf die Absatz 1 Bezug nimmt, werden mit der gebotenen Sorgfalt durchgeführt. 6 Eine Verlängerung der Haft auf Grund von Verzögerungen in diesen Verwaltungsverfahren ist nur zulässig, wenn diese dem Ausländer zuzurechnen sind.

(3) 1 Die Anordnung von Asylverfahrenshaft ist durch die nach Landesrecht zuständige Behörde zu beantragen. 2 Die Landesregierungen werden ermächtigt, die für die Beantragung nach Satz 1 zuständige Behörde durch Rechtsverordnung zu bestimmen. 3 Liegen dem Bundesamt Anhaltspunkte dafür vor, dass die Voraussetzungen nach Absatz 1 vorliegen, teilt es diese der für den Haftantrag zuständigen Behörde mit.

(4) 1 Die für den Haftantrag zuständige Behörde kann einen Ausländer ohne vorherige richterliche Anordnung festhalten und vorläufig in Gewahrsam nehmen, wenn

1. dringende Gründe für die Annahme bestehen, dass die Voraussetzungen für die Anordnung von Haft nach Absatz 1 gegeben sind,
2. die richterliche Entscheidung über die Anordnung der Haft nicht vorher eingeholt werden kann und
3. der begründete Verdacht vorliegt, dass sich der Ausländer der Anordnung der Haft entziehen will.

2 Die Maßnahmen nach Satz 1 sind schriftlich anzuordnen. 3 Der Ausländer ist unverzüglich dem Richter zur Überprüfung der Rechtmäßigkeit der Inhaftnahme und zur Entscheidung über die Fortdauer der Haft vorzuführen. 4 Ist die Fortdauer

1) **Habersack Nr. 90.**

der Haft nicht bis zum Ablauf des auf die Inhaftnahme folgenden Tages durch richterliche Entscheidung angeordnet, ist der Ausländer freizulassen.

§ 70[1] Vollzug der Asylverfahrenshaft. (1) [1]Die Haft nach § 69 wird grundsätzlich in speziellen Hafteinrichtungen vollzogen. [2]Sind spezielle Hafteinrichtungen nicht vorhanden oder ist der Vollzug in einer speziellen Hafteinrichtung nicht ausreichend, um eine von dem Ausländer ausgehende erhebliche Gefahr für Leib und Leben Dritter oder bedeutende Rechtsgüter der inneren Sicherheit abzuwehren, kann sie in sonstigen Haftanstalten vollzogen werden; der in Haft genommene Ausländer ist in diesem Fall getrennt von Strafgefangenen unterzubringen. [3]Ein in Haft genommener Ausländer wird, soweit möglich, getrennt von anderen Ausländern, die keinen Asylantrag eingereicht haben, untergebracht.

(2) [1]Mitarbeiter des Hohen Flüchtlingskommissars der Vereinten Nationen und des Vertreters des Hohen Flüchtlingskommissars der Vereinten Nationen in Deutschland sowie Vertreter anderer internationaler Organisationen oder nationaler Einrichtungen, denen nach völkerrechtlichen Vereinbarungen der Besuch in diesen Einrichtungen zu gestatten ist, können mit dem in Haft genommenen Ausländer Verbindung aufnehmen und ihn besuchen. [2]Der Schutz der Privatsphäre ist hierbei zu gewährleisten.

(3) [1]Familienangehörige im Sinne des Artikels 2 Nummer 3 der Richtlinie (EU) 2024/1346, Rechtsbeistand oder Rechtsberater und Mitarbeiter von anerkannten einschlägig tätigen Nichtregierungsorganisationen können mit dem in Haft genommenen Ausländer Kontakt aufnehmen und ihn besuchen. [2]Der Schutz der Privatsphäre ist hierbei zu gewährleisten. [3]Unbeschadet des § 12c darf der Zugang zur Hafteinrichtung nur dann eingeschränkt werden, wenn dies für die Gewährleistung der öffentlichen Sicherheit und Ordnung oder die Gewährleistung der Funktionsfähigkeit der Hafteinrichtung objektiv erforderlich ist und der Zugang dadurch nicht wesentlich erschwert oder unmöglich gemacht wird.

(4) [1]Ein in Haft genommener Ausländer ist unverzüglich schriftlich und in einer Sprache, die er versteht oder von der vernünftigerweise vorausgesetzt werden darf, dass er sie versteht, über die Gründe für die Haft und die im nationalen Recht vorgesehenen Verfahren für die Einlegung eines Rechtsmittels gegen die Haftanordnung sowie über die Möglichkeit, unentgeltlich Rechtsberatung und -vertretung in Anspruch zu nehmen, zu informieren. [2]Ein in Haft genommener Ausländer ist systematisch über die in der Einrichtung geltenden Regeln sowie über seine Rechten und Pflichten in einer Sprache zu informieren, die er versteht oder von der vernünftigerweise vorausgesetzt werden darf, dass er sie versteht. [3]In hinreichend begründeten Ausnahmefällen kann von der Verpflichtung nach Satz 2 für einen angemessenen Zeitraum, der so kurz wie möglich sein sollte, abgewichen werden, falls der in Haft genommene Ausländer an einer Grenzstelle oder in einer Transitzone in Haft genommen wird. [4]Dies gilt nicht für Fälle nach Artikel 43 der Verordnung (EU) 2024/1348.

§ 70a[2] Inhaftnahme von Ausländern mit besonderen Bedürfnissen.

(1) [1]Bei der Entscheidung über die Inhaftnahme eines Ausländers nach § 69 sind jegliche sichtbare Merkmale, Äußerungen oder Verhaltensweisen zu berücksichtigen, die darauf hindeuten, dass der Ausländer besondere Aufnahmebedürf*nisse hat.* [2]Falls die in Artikel 25 der Richtlinie (EU) 2024/1346 vorgesehene

[1] § 70 neu gef. mWv 12.6.2026 durch G v. 23.4.2026 (BGBl. 2026 I Nr. 111).
[2] § 70a eingef. mWv 12.6.2026 durch G v. 23.4.2026 (BGBl. 2026 I Nr. 111).

Beurteilung noch nicht abgeschlossen wurde, ist sie unverzüglich abzuschließen und ihre Ergebnisse sind zu berücksichtigen, wenn entschieden wird, ob die Haft fortgesetzt wird oder die Haftbedingungen angepasst werden müssen.

(2) [1] In Fällen, in denen die Inhaftnahme eines Ausländers mit besonderen Bedürfnissen bei der Aufnahme seine körperliche oder psychische Gesundheit ernsthaft gefährden würde, wird dieser Ausländer nicht in Haft genommen. [2] In Fällen, in denen ein Ausländer mit besonderen Bedürfnissen in Haft genommen wird, erfolgen regelmäßige Überprüfungen des in Haft genommenen Ausländers und die Bereitstellung zeitnaher und angemessener Unterstützung, wobei der besonderen Situation des Ausländers einschließlich seiner körperlichen und psychischen Gesundheit Rechnung getragen wird.

(3) [1] Minderjährige werden nicht in Haft genommen. [2] Stattdessen sind im Einklang mit dem Grundsatz der Einheit der Familie für Familien mit Minderjährigen angemessene Alternativen zur Inhaftnahme zu nutzen. [3] Abweichend von den Sätzen 1 und 2 dürfen Minderjährige nur in Ausnahmefällen als letztes Mittel und nachdem festgestellt worden ist, dass andere weniger einschneidende Maßnahmen nicht wirksam angewandt werden können und nachdem eine Prüfung ergeben hat, dass die Inhaftnahme ihrem Wohl dient, in Haft genommen werden,

1. im Fall von begleiteten Minderjährigen, wenn sich der Elternteil oder die primäre Betreuungsperson in Haft befindet oder
2. im Fall von unbegleiteten Minderjährigen, wenn die Haft den Minderjährigen schützt.

[4] Eine derartige Haft wird für den kürzest möglichen Zeitraum angeordnet und im Abstand von drei Monaten durch das anordnende Gericht von Amts wegen überprüft. [5] Minderjährige werden nicht in Haftanstalten oder in einer anderen zu Strafverfolgungs- oder Strafvollzugszwecken genutzten Einrichtung untergebracht. [6] In Haft befindliche Minderjährige haben das Recht auf Bildung, es sei denn, die Bereitstellung von Bildung hat für sie nur begrenzten Wert, weil sie sich nur für sehr kurze Zeit in Haft befinden. [7] Diese Minderjährigen erhalten ebenso Zugang zu Freizeitbeschäftigungen, einschließlich altersgerechter Spiel- und Erholungsmöglichkeiten.

(4) [1] In Haft befindliche unbegleitete Minderjährige werden in Einrichtungen untergebracht, die für die Unterbringung von unbegleiteten Minderjährigen ausgerichtet sind. [2] Solche Einrichtungen verfügen über Personal, das qualifiziert ist, die Rechte unbegleiteter Minderjähriger zu schützen und sich um ihre Bedürfnisse zu kümmern. [3] Die unbegleiteten Minderjährigen werden getrennt von Erwachsenen untergebracht.

(5) [1] In Haft befindliche Familien erhalten eine gesonderte Unterbringung, die ein angemessenes Maß an Privatsphäre gewährleistet. [2] In Haft befindliche Familien mit Minderjährigen werden in Hafteinrichtungen untergebracht, die an die Bedürfnisse von Minderjährigen angepasst sind.

(6) [1] In Haft befindliche männliche und weibliche Ausländer werden getrennt voneinander untergebracht, es sei denn, es handelt sich bei den Ausländern um eine Familie im Sinne von Artikel 2 Nummer 3 der Richtlinie (EU) 2024/1346 und die Betroffenen haben ihre Zustimmung zur gemeinsamen Unterbringung erteilt. [2] Bei trans- und intergeschlechtlichen Personen sowie nichtbinären Personen soll der geäußerte Wille bezüglich der Unterbringung berücksichtigt werden. [3] Satz 1 gilt nicht für gemeinsame Räumlichkeiten, die zur Erholung und für soziale Aktivitäten, einschließlich der Bereitstellung von Mahlzeiten, bestimmt sind.

(7) [1] Wird der Ausländer an einer Grenzübergangsstelle oder in einer Transitzone festgehalten, kann in hinreichend begründeten Fällen und für einen angemessenen Zeitraum, der so kurz wie möglich gehalten wird, von der Anwendung des Absatzes 4 Satz 1 und 2 sowie der Absätze 5 und 6 abgesehen werden. [2] Satz 1 gilt nicht für Fälle nach Artikel 43 der Verordnung (EU) 2024/1348.

§ 70b[1)] Haft im Rückkehrgrenzverfahren. (1) [1] Ein Ausländer darf nach Artikel 5 Absatz 2 und 3 der Verordnung (EU) 2024/1349 (Haft im Rückkehrgrenzverfahren) nur auf richterliche Anordnung in Haft genommen werden. [2] § 62 Absatz 3 Satz 1 Nummer 4 und Absatz 3a des Aufenthaltsgesetzes[2)] für die widerlegliche Vermutung einer Fluchtgefahr im Sinne des Artikels 5 Absatz 3 der Verordnung (EU) 2024/1349 und § 62 Absatz 3b Nummer 1 bis 4 des Aufenthaltsgesetzes als objektive Anhaltspunkte für die Annahme einer Fluchtgefahr im Sinne von Artikel 5 Absatz 3 der Verordnung (EU) 2024/1349 gelten entsprechend. [3] Ferner wird Fluchtgefahr widerleglich vermutet, wenn
1. der Ausländer einen Mitgliedstaat vor Abschluss eines dort laufenden Verfahrens zur Zuständigkeitsbestimmung oder zur Prüfung eines Antrags auf internationalen Schutz verlassen hat oder
2. der Ausländer zuvor mehrfach einen Asylantrag in einem anderen Mitgliedstaat als der Bundesrepublik Deutschland im Geltungsbereich der Verordnung (EU) 2024/1351 gestellt und den Mitgliedstaat der Asylantragstellung wieder verlassen hat, ohne den Ausgang des dort laufenden Verfahrens zur Zuständigkeitsbestimmung oder zur Prüfung eines Antrags auf internationalen Schutz abzuwarten.

(2) Für die Beantragung der Haft ist die Grenzbehörde zuständig.

(3) [1] Die Grenzbehörde kann einen Ausländer ohne vorherige Anordnung festhalten und vorläufig in Gewahrsam nehmen, wenn
1. der dringende Verdacht für das Vorliegen der Voraussetzungen nach Absatz 1 besteht,
2. die richterliche Entscheidung über die Anordnung der Haft nicht vorher eingeholt werden kann und
3. der begründete Verdacht vorliegt, dass sich der Ausländer der Anordnung der Haft entziehen will.

[2] Der Ausländer ist unverzüglich dem Richter zur Überprüfung der Rechtmäßigkeit der Inhaftnahme und zur Entscheidung über die Anordnung der Fortdauer der Haft vorzuführen. [3] Ist die Fortdauer der Haft nicht bis zum Ablauf des auf die Inhaftnahme folgenden Tages durch richterliche Entscheidung angeordnet, ist der Ausländer freizulassen.

Abschnitt 7.[3)] Folgeantrag

§ 71[4)] Folgeantrag. (1) [1] Ein Folgeantrag liegt vor, wenn die Voraussetzungen des Artikels 3 Nummer 19 der Verordnung (EU) 2024/1348 erfüllt sind. [2] Das

---

1) § 70b eingef. mWv 12.6.2026 durch G v. 23.4.2026 (BGBl. 2026 I Nr. 111).

2) Nr. **565**.

3) Bish. 5. Abschnitt wird Abschnitt 7 mWv 1.12.2013 durch G v. 28.8.2013 (BGBl. I S. 3474); Überschrift geänd. mWv 12.6.2026 durch G v. 23.4.2026 (BGBl. 2026 I Nr. 111).

4) § 71 Abs. 6 Satz 2 geänd. mWv 26.11.2011 durch G v. 22.11.2011 (BGBl. I S. 2258); Abs. 2 Satz 2 eingef., bish. Sätze 2–4 werden Sätze 3–5, Abs. 7 Satz 2 eingef., bish. Satz 2 wird Satz 3 mWv 24.10.2015 durch G v. 20.10.2015 (BGBl. I S. 1722); Abs. 1 Sätze 1, 2 geänd., Abs. 2 Satz 1 neu gef., Satz 3 geänd., Satz 4 aufgeh., bish. Satz 5 wird Satz 4 und geänd., Abs. 3 Satz 1 und Abs. 4 geänd., Abs. 5 Satz 2 neu gef., →

Verfahren zur Prüfung des Folgeantrags richtet sich nach den Artikeln 55 und 56 der Verordnung (EU) 2024/1348. [3]Soweit dort oder nachfolgend keine abweichenden Regelungen getroffen werden, gelten die Regelungen für den Asylantrag auch für den Folgeantrag. [4]§ 46 findet keine Anwendung. [5]Die Prüfung eines Folgeantrags obliegt dem Bundesamt.

(2) [1]Sofern der Ausländer das Bundesgebiet nicht zwischenzeitlich verlassen hat, hat er den Folgeantrag abweichend von § 14 Absatz 1 persönlich bei einer der Außenstellen des Bundesamtes einzureichen; ist sein Aufenthalt nach § 61 des Aufenthaltsgesetzes festgelegt, so hat er den Folgeantrag bei der nächstgelegenen Außenstelle in dem Land seines Aufenthalts einzureichen. [2]In den Fällen des § 14 Absatz 2 Satz 1 Nummer 2 oder wenn der Ausländer nachweislich am persönlichen Erscheinen gehindert ist, ist die beabsichtigte Stellung und Einreichung des Folgeantrags dem Bundesamt unter Verwendung eines Formblatts anzuzeigen. [3]§ 14 Absatz 2 Satz 2 bis 6 findet Anwendung.

(3) [1]Stellt der Ausländer, nachdem eine nach Stellung des früheren Asylantrags ergangene Abschiebungsandrohung oder -anordnung vollziehbar geworden ist, einen Folgeantrag, der nicht weiter nach Artikel 55 Absatz 7 der Verordnung (EU) 2024/1348 geprüft wird, so bedarf es zum Vollzug der Abschiebung keiner erneuten Fristsetzung und Abschiebungsandrohung oder -anordnung. [2]In den Fällen des Artikels 56 der Verordnung (EU) 2024/1348 darf die Abschiebung vollzogen werden, wenn das Bundesamt mitgeteilt hat, dass der Grundsatz der Nichtzurückweisung eingehalten wird. [3]Im Übrigen darf die Abschiebung erst nach Ablauf der Frist nach § 74 Absatz 1 Satz 1 oder Satz 3 und im Fall eines innerhalb der Frist gestellten Antrags nach § 80 Absatz 5 der Verwaltungsgerichtsordnung[1)] erst nach Zustellung des ablehnenden gerichtlichen Beschlusses vollzogen werden, es sei denn, es liegt ein Fall des Artikels 68 Absatz 6 der Verordnung (EU) 2024/1348 vor und das Bundesamt hat mitgeteilt, dass der Grundsatz der Nichtzurückweisung eingehalten wird.

(4) [1]Absatz 3 gilt auch, wenn der Ausländer zwischenzeitlich das Bundesgebiet verlassen hatte. [2]Im Falle einer unerlaubten Einreise aus einem sicheren Drittstaat nach § 26a kann der Ausländer nach § 57 Absatz 1 und 2 des Aufenthaltsgesetzes[2)] dorthin zurückgeschoben werden, ohne dass es der vorherigen Mitteilung des Bundesamtes bedarf.

(5) [1]War der Aufenthalt des Ausländers während des früheren Asylverfahrens räumlich beschränkt, gilt die letzte räumliche Beschränkung fort, solange keine andere Entscheidung ergeht. [2]Die §§ 59a und 59b gelten entsprechend. [3]In den Fällen der Absätze 3 und 4 ist für ausländerrechtliche Maßnahmen auch die Ausländerbehörde zuständig, in deren Bezirk sich der Ausländer aufhält.

(6) [1]Ein Folgeantrag steht der Anordnung von Abschiebungshaft nicht entgegen. [2]Wird ein weiteres Asylverfahren durchgeführt, gilt § 14 Absatz 4 entsprechend.

(Fortsetzung der Anm. von voriger Seite)
Satz 3 angef., Abs. 6 Satz 2 geänd., Abs. 8 Satz 1 geänd., Satz 2 angef. mWv 27.2.2024 durch G v. 21.2. 2024 (BGBl. 2024 I Nr. 54); Abs. 1 und 2 neu gef., Abs. 3 und 4 aufgeh., bish. Abs. 5 wird Abs. 3 und neu gef., bish. Abs. 6 wird Abs. 4 und Sätze 1 und 2 geänd., bish. Abs. 7 wird Abs. 5 und Satz 3 geänd., bish. Abs. 8 wird Abs. 6 und Satz 2 geänd. mWv 12.6.2026 durch G v. 23.4.2026 (BGBl. 2026 I Nr. 111).

[1)] Nr. **600**.

[2)] Nr. **565**.

§ 71a[1] *(aufgehoben)*

Abschnitt 8.[2] Erlöschen, Entzug, Widerruf und Rücknahme der Rechtsstellung

§ 72[3] **Erlöschen.** (1) [1]Die Anerkennung als Asylberechtigter und die Zuerkennung des internationalen Schutzes erlöschen im Einklang mit Artikel 66 Absatz 6 der Verordnung (EU) 2024/1348, wenn der Ausländer

1. eindeutig, freiwillig und schriftlich gegenüber dem Bundesamt auf sie verzichtet,
2. auf seinen Antrag die deutsche Staatsangehörigkeit oder die eines anderen Mitgliedstaats erworben hat oder
3. nachträglich in einem anderen Mitgliedstaat internationalen Schutz erhalten hat.

[2]Satz 1 Nummer 2 gilt entsprechend für die Feststellung eines Abschiebungsverbots nach § 60 Absatz 5 oder 7 des Aufenthaltsgesetzes[4].

(2) Der Ausländer hat einen Anerkennungs-, Zuerkennungs- oder Feststellungsbescheid und einen Reiseausweis unverzüglich bei der Ausländerbehörde abzugeben.

(3) [1]Gerichtlicher Rechtsschutz unmittelbar gegen das Erlöschen besteht nicht. [2]Der Ausländer erhält auf Antrag eine Bestätigung des Vorliegens der Voraussetzungen nach Absatz 1.

§§ 73, 73a[5] *(aufgehoben)*

§ 73b[6] **Gründe und Verfahren für Entzug, Widerruf und Rücknahme.**

(1) [1]Die nachfolgenden Regelungen gelten ergänzend zu den Artikeln 65 und 66 der Verordnung (EU) 2024/1348 sowie Artikel 11 der Verordnung (EU) 2024/1347. [2]Hinsichtlich des Vorliegens einer Gefahr für die Allgemeinheit nach Artikel 14 Absatz 1 Buchstabe e der Verordnung (EU) 2024/1347 ist eine besonders schwere Straftat im Sinne des Artikels 14 Absatz 1 Buchstabe e der Verordnung (EU) 2024/1347 anzunehmen, wenn die in § 60 Absatz 8 Nummer 2 des Aufenthaltsgesetzes[4] genannten Voraussetzungen vorliegen oder das Bundesamt nach § 60 Absatz 8a oder 8b des Aufenthaltsgesetzes von der Anwendung des § 60 Absatz 1 des Aufenthaltsgesetzes abgesehen hat. [3]Die Feststellung eines Abschiebungsverbots nach § 60 Absatz 5 oder 7 des Aufenthaltsgesetzes ist zu widerrufen, wenn die Voraussetzungen nicht mehr vorliegen. [4]Die Feststellung eines Abschiebungsverbots nach § 60 Absatz 5 oder 7 des Aufenthaltsgesetzes ist zurückzunehmen, wenn sie fehlerhaft ist.

(1a) [1]Reist der Ausländer in den Staat, dessen Staatsangehörigkeit er besitzt, oder, wenn er staatenlos ist, in den Staat, in dem er seinen gewöhnlichen Auf-

---

[1] § 71a aufgeh. mWv 12.6.2026 durch G v. 23.4.2026 (BGBl. 2026 I Nr. 111).

[2] Abschnitt 8 (§§ 72–73c) neu gef. mWv 1.1.2023 durch G v. 21.12.2022 (BGBl. I S. 2817); Überschrift geänd. mWv 12.6.2026 durch G v. 23.4.2026 (BGBl. 2026 I Nr. 111).

[3] § 72 neu gef. mWv 12.6.2026 durch G v. 23.4.2026 (BGBl. 2026 I Nr. 111).

[4] Nr. **565**.

[5] §§ 73, 73a aufgeh. mWv 12.6.2026 durch G v. 23.4.2026 (BGBl. 2026 I Nr. 111).

[6] § 73b neu gef. mWv 1.1.2023 durch G v. 21.12.2022 (BGBl. I S. 2817); Abs. 5a eingef. mWv 27.2.2024 durch G v. 21.2.2024 (BGBl. 2024 I Nr. 54); Überschrift und Abs. 1 neu gef., Abs. 1a eingef., Abs. 2 Sätze 1 und 2, Abs. 3 Satz 1 geänd., Satz 2 aufgeh., Abs. 4 geänd., Abs. 5 aufgeh., bish. Abs. 5a wird Abs. 5, Abs. 6 Satz 1 geänd., Satz 3 neu gef., Satz 4 angef., Abs. 7 Satz 1 geänd., Abs. 8 Sätze 1 und 2 geänd. mWv 12.6.2026 durch G v. 23.4.2026 (BGBl. 2026 I Nr. 111).

enthalt hatte, wird vermutet, dass die Voraussetzungen für die Asylberechtigung, die Zuerkennung des internationalen Schutzes oder die Feststellung eines Abschiebungsverbotes nach § 60 Absatz 5 oder Absatz 7 des Aufenthaltsgesetzes nicht mehr vorliegen. [2] Die Vermutung nach Satz 1 gilt nicht, wenn die Reise sittlich zwingend geboten ist.

(2) [1] Bei Entzug der Anerkennung als Asylberechtigter oder der Zuerkennung der Flüchtlingseigenschaft ist zu entscheiden, ob die Voraussetzungen für den subsidiären Schutz oder die Voraussetzungen eines Abschiebungsverbots nach § 60 Absatz 5 oder 7 des Aufenthaltsgesetzes vorliegen. [2] Bei Entzug des subsidiären Schutzes ist zu entscheiden, ob die Voraussetzungen eines Abschiebungsverbots nach § 60 Absatz 5 oder 7 des Aufenthaltsgesetzes vorliegen.

(3) Liegen die Voraussetzungen für einen Entzug oder einen Widerruf oder eine Rücknahme vor, teilt das Bundesamt dieses Ergebnis der Ausländerbehörde mit.

(4) Bis zur Bestandskraft des Entzugs, des Widerrufs oder der Rücknahme entfällt für Einbürgerungsverfahren die Verbindlichkeit der Entscheidung über den Asylantrag.

(5) [1] Teilt der Ausländer dem Bundesamt mit, im Asylverfahren unrichtige oder unvollständige Angaben gemacht oder benutzt zu haben, so darf diese Information zu Beweiszwecken in einem gegen den Ausländer oder gegen einen seiner in § 52 Absatz 1 der Strafprozessordnung[1)] bezeichneten Angehörigen geführten Straf- oder Bußgeldverfahren nur mit Zustimmung des Ausländers verwendet werden. [2] Der Ausländer ist auf diese Rechtsfolgen hinzuweisen.

(6) [1] Dem Ausländer ist die beabsichtigte Entscheidung über einen Entzug, einen Widerruf und eine Rücknahme nach dieser Vorschrift oder nach § 48 des Verwaltungsverfahrensgesetzes[2)] schriftlich unter Angabe der Gründe mitzuteilen und ihm ist Gelegenheit zu einer mündlichen oder schriftlichen Äußerung zu geben. [2] Ihm kann aufgegeben werden, sich innerhalb eines Monats schriftlich zu äußern. [3] § 15 Absatz 1 Satz 2, Absatz 2 Nummer 1, 4 bis 7 und Absatz 3 sowie § 16 gelten entsprechend, hinsichtlich der Sicherung der Identität durch erkennungsdienstliche Maßnahmen (§ 16 Absatz 1 Satz 1 und 2) mit der Maßgabe, dass sie nur zulässig ist, soweit die Identität des Ausländers nicht bereits gesichert worden ist. [4] Bei Nichtbeachtung der Mitwirkungspflichten findet Artikel 66 Absatz 5 der Verordnung (EU) 2024/1348 entsprechend Anwendung.

(7) [1] Die Entscheidung des Bundesamtes über den Entzug, den Widerruf oder die Rücknahme ergeht schriftlich. [2] Sie ist zu begründen und ihr ist eine Rechtsbehelfsbelehrung beizufügen. [3] Mitteilungen oder Entscheidungen des Bundesamtes, die eine Frist in Lauf setzen, sind dem Ausländer zuzustellen.

(8) [1] Ist die Anerkennung als Asylberechtigter oder die Zuerkennung des internationalen Schutzes unanfechtbar entzogen oder die Feststellung eines Abschiebungsverbots nach § 60 Absatz 5 oder 7 des Aufenthaltsgesetzes unanfechtbar *widerrufen oder zurückgenommen* oder aus einem anderen Grund nicht mehr wirksam, gilt § 72 Absatz 2 entsprechend. [2] In den Fällen des Artikels 68 Absatz 3 Buchstabe e der Verordnung (EU) 2024/1348 gilt § 72 Absatz 2 ab der Vollziehbarkeit der Entscheidung.

[1)] **Habersack Nr. 90.**
[2)] Nr. **100**.

§ 73c[1)] Ausländische Anerkennung als Flüchtling. (1) [1]Ist bei einem Ausländer, der von einem ausländischen Staat als Flüchtling im Sinne des Abkommens über die Rechtsstellung der Flüchtlinge anerkannt worden ist, die Verantwortung für die Ausstellung des Reiseausweises auf die Bundesrepublik Deutschland übergegangen (Verantwortungsübergang), so erlischt seine Rechtsstellung als Flüchtling in der Bundesrepublik Deutschland, wenn einer der in § 72 Absatz 1 genannten Umstände eintritt. [2]Der Ausländer hat den Reiseausweis unverzüglich bei der Ausländerbehörde abzugeben.

(2) [1]Im Falle des Verantwortungsübergangs auf die Bundesrepublik Deutschland wird dem Ausländer durch das Bundesamt die Rechtsstellung als Flüchtling in der Bundesrepublik Deutschland entzogen, wenn die Voraussetzungen für die Zuerkennung der Flüchtlingseigenschaft nicht oder nicht mehr vorliegen. [2]§ 73b gilt entsprechend.

Abschnitt 9.[2)] Gerichtsverfahren

§ 74[3)] Klagefrist, Zurückweisung verspäteten Vorbringens, Verhandlung durch den abgelehnten Richter. (1) [1]Die Klage gegen Entscheidungen nach diesem Gesetz muss im Einklang mit Artikel 67 Absatz 7 Buchstabe b der Verordnung (EU) 2024/1348 und mit Artikel 43 Absatz 2 der Verordnung (EU) 2024/1351 innerhalb von zwei Wochen nach Zustellung der Entscheidung erhoben werden. [2]Abweichend von Satz 1 ist die Klage im Einklang mit Artikel 43 Absatz 3 der Verordnung (EU) 2024/1351 innerhalb einer Woche zu erheben, wenn der Antrag nach § 80 Absatz 5 der Verwaltungsgerichtsordnung[4)] innerhalb einer Woche zu stellen ist (§ 34a Absatz 3 Satz 1). [3]Die Frist von einer Woche gilt auch in den in Artikel 67 Absatz 7 Buchstabe a der Verordnung (EU) 2024/1348 genannten Fällen. [4]§ 58 der Verwaltungsgerichtsordnung gilt mit der Maßgabe, dass die Frist nach § 58 Absatz 2 der Verwaltungsgerichtsordnung drei Monate beträgt.

(2) [1]Der Kläger hat die zur Begründung dienenden Tatsachen und Beweismittel binnen einer Frist von einem Monat nach Zustellung der Entscheidung anzugeben. [2]§ 87b Absatz 3 der Verwaltungsgerichtsordnung gilt unbeschadet des Artikels 67 Absatz 6 der Verordnung (EU) 2024/1348 entsprechend. [3]Der Kläger ist über die Verpflichtung nach Satz 1 und die Folgen der Fristversäumung zu belehren. [4]Das Vorbringen neuer Tatsachen und Beweismittel bleibt unberührt.

(3) [1]Wird ein Richter innerhalb eines Zeitraums von drei Werktagen vor der Verhandlung oder während der Verhandlung von einem der Beteiligten wegen Besorgnis der Befangenheit abgelehnt und würde die Entscheidung über die Ablehnung eine Verlegung des Termins oder Vertagung der Verhandlung erfordern, so kann der Termin oder die Verhandlung unter Mitwirkung des abgelehnten Richters durchgeführt oder fortgesetzt werden. [2]Wird die Ablehnung für begründet erklärt, so ist der nach der Anbringung des Ablehnungsgesuchs liegende Teil der Verhandlung zu wiederholen.

[1)] § 73c neu gef. mWv 1.1.2023 durch G v. 21.12.2022 (BGBl. I S. 2817); Abs. 2 Satz 2 neu gef. mWv 12.6.2026 durch G v. 23.4.2026 (BGBl. 2026 I Nr. 111).

[2)] Bish. 7. Abschnitt wird Abschnitt 9 mWv 1.12.2013 durch G v. 28.8.2013 (BGBl. I S. 3474).

[3)] § 74 Abs. 1 geänd. mWv 24.10.2015 durch G v. 20.10.2015 (BGBl. I S. 1722); Überschrift, Abs. 1 geänd., Abs. 3 angef. mWv 1.1.2023 durch G v. 21.12.2022 (BGBl. I S. 2817); Abs. 1 neu gef., Abs. 2 Satz 2 geänd. mWv 12.6.2026 durch G v. 23.4.2026 (BGBl. 2026 I Nr. 111).

[4)] Nr. **600**.

§ 75[1] Aufschiebende Wirkung der Klage, Recht auf Verbleib. Die Klage gegen Entscheidungen nach diesem Gesetz hat keine aufschiebende Wirkung, außer Artikel 68 der Verordnung (EU) 2024/1348 und Artikel 43 der Verordnung (EU) 2024/1351 sehen eine aufschiebende Wirkung vor.

§ 76 Einzelrichter. (1) Die Kammer soll in der Regel in Streitigkeiten nach diesem Gesetz den Rechtsstreit einem ihrer Mitglieder als Einzelrichter zur Entscheidung übertragen, wenn nicht die Sache besondere Schwierigkeiten tatsächlicher oder rechtlicher Art aufweist oder die Rechtssache grundsätzliche Bedeutung hat.

(2) Der Rechtsstreit darf dem Einzelrichter nicht übertragen werden, wenn bereits vor der Kammer mündlich verhandelt worden ist, es sei denn, dass inzwischen ein Vorbehalts-, Teil- oder Zwischenurteil ergangen ist.

(3) [1] Der Einzelrichter kann nach Anhörung der Beteiligten den Rechtsstreit auf die Kammer zurückübertragen, wenn sich aus einer wesentlichen Änderung der Prozesslage ergibt, dass die Rechtssache grundsätzliche Bedeutung hat. [2] Eine erneute Übertragung auf den Einzelrichter ist ausgeschlossen.

(4) [1] In Verfahren des vorläufigen Rechtsschutzes entscheidet ein Mitglied der Kammer als Einzelrichter. [2] Der Einzelrichter überträgt den Rechtsstreit auf die Kammer, wenn die Rechtssache grundsätzliche Bedeutung hat oder wenn er von der Rechtsprechung der Kammer abweichen will.

(5) Ein Richter auf Probe darf in den ersten sechs Monaten nach seiner Ernennung nicht Einzelrichter sein.

§ 77[2] Entscheidung des Gerichts. (1) [1] In Streitigkeiten nach diesem Gesetz stellt das Gericht auf die Sach- und Rechtslage im Zeitpunkt der letzten mündlichen Verhandlung ab; ergeht die Entscheidung ohne mündliche Verhandlung, ist der Zeitpunkt maßgebend, in dem die Entscheidung gefällt wird. [2] § 74 Absatz 2 Satz 2 bleibt unberührt.

(2) [1] Das Gericht kann außer in den Fällen des Artikels 67 Absatz 1 Unterabsatz 1 Buchstabe b erste Alternative und Buchstabe d der Verordnung (EU) 2024/1348 bei Klagen gegen Entscheidungen nach diesem Gesetz im schriftlichen Verfahren durch Urteil entscheiden, wenn der Ausländer anwaltlich vertreten ist. [2] Auf Antrag eines Beteiligten muss mündlich verhandelt werden. [3] Hierauf sind die Beteiligten von dem Gericht hinzuweisen.

(3) Das Gericht sieht von einer weiteren Darstellung des Tatbestandes und der Entscheidungsgründe ab, soweit es den Feststellungen und der Begründung des angefochtenen Verwaltungsaktes folgt und dies in seiner Entscheidung feststellt oder soweit die Beteiligten übereinstimmend darauf verzichten.

(4) [1] Wird während des Verfahrens der streitgegenständliche Verwaltungsakt, mit dem ein Asylantrag als unzulässig abgelehnt wurde, durch eine Ablehnung als *unbegründet oder offensichtlich unbegründet* ersetzt, so wird der neue Verwaltungsakt Gegenstand des Verfahrens. [2] Das Bundesamt übersendet dem Gericht, bei dem das Verfahren anhängig ist, eine Abschrift des neuen Verwaltungsakts. [3] Nimmt der Kläger die Klage daraufhin unverzüglich zurück, trägt das Bundesamt

[1] § 75 neu gef. mWv 12.6.2026 durch G v. 23.4.2026 (BGBl. 2026 I Nr. 111).

[2] § 77 Abs. 1 Satz 2 geänd., Abs. 2 eingef., bish. Abs. 2 wird Abs. 3, Abs. 4 angef. mWv 1.1.2023 durch G v. 21.12.2022 (BGBl. I S. 2817); Abs. 5 angef. mWv 1.2.2026 durch G v. 22.12.2025 (BGBl. 2025 I Nr. 364); Abs. 2 Satz 1 geänd., Abs. 5 neu gef., Abs. 6–8 angef. mWv 12.6.2026 durch G v. 23.4.2026 (BGBl. 2026 I Nr. 111).

die Kosten des Verfahrens. [4] Unterliegt der Kläger ganz oder teilweise, entscheidet das Gericht nach billigem Ermessen.

(5) [1] Hält ein Gericht die Bestimmung eines sicheren Drittstaates oder eines sicheren Herkunftsstaates durch eine Rechtsverordnung nach § 27 oder § 29b, auf deren Gültigkeit es bei der Entscheidung ankommt, für rechtswidrig, so ist das Klageverfahren auszusetzen und die Entscheidung des Bundesverwaltungsgerichts einzuholen. [2] § 47 Absatz 5 Satz 1 und 2 der Verwaltungsgerichtsordnung[1)] findet entsprechende Anwendung. [3] Das Bundesverwaltungsgericht kann von Amts wegen oder auf Antrag der Beteiligten eine einstweilige Anordnung erlassen, wenn dies zur Abwehr schwerer Nachteile oder aus anderen wichtigen Gründen dringend geboten ist.

(6) [1] Das Gericht soll in Verfahren nach Artikel 67 Absatz 1 der Verordnung (EU) 2024/1348 innerhalb von sechs Monaten ab Erhebung der Klage entscheiden. [2] Artikel 35 Absatz 5 der Verordnung (EU) 2024/1348 gilt entsprechend.

(7) Hebt das Gericht die Entscheidung des Bundesamts auf, entscheidet das Bundesamt im Einklang mit Artikel 35 Absatz 8 der Verordnung (EU) 2024/1348 innerhalb der folgenden Fristen:

1. Die Frist nach Artikel 35 Absatz 1 Unterabsatz 1 und Absatz 2 der Verordnung (EU) 2024/1348 beträgt einen Monat; die Frist nach Artikel 35 Absatz 1 Unterabsatz 2 der Verordnung (EU) 2024/1348 beträgt fünf Tage.
2. Die Frist nach Artikel 35 Absatz 3 der Verordnung (EU) 2024/1348 beträgt zwei Monate.
3. Die Frist nach Artikel 35 Absatz 4 und 5 der Verordnung (EU) 2024/1348 beträgt vier Monate.

(8) [1] Das Gericht kann in den Fällen, in denen das Bundesamt den Antrag als unzulässig abgelehnt hat, auch über die Begründetheit entscheiden. [2] In diesen Fällen entscheidet das Gericht auch über das Vorliegen der Voraussetzungen aus § 34 Absatz 1 Satz 1 Nummer 3 und 4.

§ 78[2)] Rechtsmittel. (1) [1] Das Urteil des Verwaltungsgerichts, durch das die Klage in Rechtsstreitigkeiten nach diesem Gesetz als offensichtlich unzulässig oder offensichtlich unbegründet abgewiesen wird, ist unanfechtbar. [2] Das gilt auch, wenn nur das Klagebegehren gegen die Entscheidung über den Asylantrag als offensichtlich unzulässig oder offensichtlich unbegründet, das Klagebegehren im Übrigen hingegen als unzulässig oder unbegründet abgewiesen worden ist.

(2) In den übrigen Fällen steht den Beteiligten die Berufung gegen das Urteil des Verwaltungsgerichts zu, wenn sie von dem Oberverwaltungsgericht zugelassen wird.

(3) Die Berufung ist nur zuzulassen, wenn

1. die Rechtssache grundsätzliche Bedeutung hat oder
2. das Urteil von einer Entscheidung des Oberverwaltungsgerichts, des Bundesverwaltungsgerichts, des Gemeinsamen Senats der obersten Gerichtshöfe des Bundes oder des Bundesverfassungsgerichts abweicht und auf dieser Abweichung beruht oder

---

[1)] Nr. **600**.

[2)] § 78 Abs. 2 Satz 2 aufgeh., Abs. 6 neu gef. mWv 29.7.2017 durch G v. 20.7.2017 (BGBl. I S. 2780); Abs. 8, 8a angef. mWv 1.1.2023 durch G v. 21.12.2022 (BGBl. I S. 2817); Abs. 7 geänd., Abs. 9, 10 angef. mWv 12.6.2026 durch G v. 23.4.2026 (BGBl. 2026 I Nr. 111).

3. ein in § 138 der Verwaltungsgerichtsordnung[1)] bezeichneter Verfahrensmangel geltend gemacht wird und vorliegt.

(4) [1] Die Zulassung der Berufung ist innerhalb eines Monats nach Zustellung des Urteils zu beantragen. [2] Der Antrag ist bei dem Verwaltungsgericht zu stellen. [3] Er muss das angefochtene Urteil bezeichnen. [4] In dem Antrag sind die Gründe, aus denen die Berufung zuzulassen ist, darzulegen. [5] Die Stellung des Antrags hemmt die Rechtskraft des Urteils.

(5) [1] Über den Antrag entscheidet das Oberverwaltungsgericht durch Beschluss, der keiner Begründung bedarf. [2] Mit der Ablehnung des Antrags wird das Urteil rechtskräftig. [3] Lässt das Oberverwaltungsgericht die Berufung zu, wird das Antragsverfahren als Berufungsverfahren fortgesetzt; der Einlegung einer Berufung bedarf es nicht.

(6) § 134 der Verwaltungsgerichtsordnung findet keine Anwendung, wenn das Urteil des Verwaltungsgerichts nach Absatz 1 unanfechtbar ist.

(7) Ein Rechtsbehelf nach § 84 Absatz 2 der Verwaltungsgerichtsordnung ist innerhalb von zwei Wochen nach Zustellung des Gerichtsbescheids zu erheben.

(8) [1] Gegen das Urteil des Oberverwaltungsgerichts steht den Beteiligten die Revision an das Bundesverwaltungsgericht abweichend von § 132 Absatz 1 und § 137 Absatz 1 der Verwaltungsgerichtsordnung auch zu, wenn das Oberverwaltungsgericht

1. in der Beurteilung der allgemeinen asyl-, abschiebungs- oder überstellungsrelevanten Lage in einem Herkunfts- oder Zielstaat von deren Beurteilung durch ein anderes Oberverwaltungsgericht oder durch das Bundesverwaltungsgericht abweicht und
2. die Revision deswegen zugelassen hat.

[2] Eine Nichtzulassungsbeschwerde kann auf diesen Zulassungsgrund nicht gestützt werden. [3] Die Revision ist beschränkt auf die Beurteilung der allgemeinen asyl-, abschiebungs- oder überstellungsrelevanten Lage in einem Herkunfts- oder Zielstaat. [4] In dem hierfür erforderlichen Umfang ist das Bundesverwaltungsgericht abweichend von § 137 Absatz 2 der Verwaltungsgerichtsordnung nicht an die in dem angefochtenen Urteil getroffenen tatsächlichen Feststellungen gebunden. [5] Das Bundesverwaltungsgericht berücksichtigt für die Beurteilung der allgemeinen Lage diejenigen herkunfts- oder zielstaatsbezogenen Erkenntnisse, die von den in Satz 1 Nummer 1 genannten Gerichten verwertet worden sind, die ihm zum Zeitpunkt seiner mündlichen Verhandlung oder Entscheidung (§ 77 Absatz 1) von den Beteiligten vorgelegt oder die von ihm beigezogen oder erhoben worden sind. [6] Die Anschlussrevision ist ausgeschlossen.

(8a) Das Bundesministerium des Innern und für Heimat evaluiert im Einvernehmen mit dem Bundesministerium der Justiz die Revision nach Absatz 8 drei Jahre nach Inkrafttreten.

(9) [1] In den Fällen, in denen bis zum Abschluss des erstinstanzlichen Klageverfahrens ein Recht auf Verbleib besteht, ist der Antrag auf das Recht auf Verbleib nach Artikel 68 Absatz 7 der Verordnung (EU) 2024/1348 innerhalb eines Monats bei dem Gericht zu stellen, bei dem das Rechtsmittel einzulegen ist. [2] Ist dieses Gericht nicht das Rechtsmittelgericht, leitet es den Antrag unverzüglich an das Rechtsmittelgericht weiter. [3] Das Rechtsmittelgericht soll über den Antrag innerhalb von zwei Wochen nach dortigem Eingang des Antrags entscheiden. [4] Vor

[1)] Nr. **600**.

Ablauf der Frist nach Satz 1 und bis zur Entscheidung über den fristgemäß gestellten Antrag ist die Abschiebung nicht zulässig.

(10) [1] Wurde die Klage gegen eine Überstellungsentscheidung nach Artikel 42 Absatz 1 oder Artikel 67 Absatz 10 der Verordnung (EU) 2024/1351 im ersten Rechtszug abgewiesen, besteht die aufschiebende Wirkung der Klage abweichend von § 80b Absatz 1 der Verwaltungsgerichtsordnung nur fort, wenn das Rechtsmittelgericht auf Antrag die Fortdauer anordnet. [2] Absatz 9 gilt entsprechend.

§ 79[1)] Besondere Vorschriften für das Berufungsverfahren. (1) In dem Verfahren vor dem Oberverwaltungsgericht gilt in Bezug auf Erklärungen und Beweismittel, die der Kläger nicht innerhalb der Frist des § 74 Absatz 2 Satz 1 vorgebracht hat, § 128a der Verwaltungsgerichtsordnung[2)] entsprechend.

(2) [1] Das Oberverwaltungsgericht darf die Sache, soweit ihre weitere Verhandlung erforderlich ist, unter Aufhebung des Urteils und des Verfahrens an das Verwaltungsgericht nur zurückverweisen, wenn das Verwaltungsgericht

1. noch nicht in der Sache selbst entschieden hat oder
2. die allgemeine asyl-, abschiebungs- oder überstellungsrelevante Lage in einem Herkunfts- oder Zielstaat anders als das Oberverwaltungsgericht beurteilt hat und nach der abweichenden Beurteilung des Oberverwaltungsgerichts eine umfangreiche oder aufwändige Beweisaufnahme notwendig ist.

[2] Das Verwaltungsgericht ist an die rechtliche und tatsächliche Beurteilung der Entscheidung des Oberverwaltungsgerichts gebunden.

(3) [1] Der Senat kann in Streitigkeiten nach diesem Gesetz das Berufungsverfahren einem seiner Mitglieder als Einzelrichter zur Entscheidung übertragen, wenn der Senat eine Entscheidung zu der allgemeinen asyl-, abschiebungs- oder überstellungsrelevanten Lage in dem Herkunfts- oder Zielstaat getroffen hat, die nicht durch eine entscheidungserhebliche Veränderung der Lage überholt ist, die Sache sonst keine besonderen Schwierigkeiten tatsächlicher oder rechtlicher Art aufweist und die Rechtssache keine grundsätzliche Bedeutung hat. [2] § 76 Absatz 2 und 3 gilt entsprechend.

§ 80[3)] Ausschluss der Beschwerde. Entscheidungen in Rechtsstreitigkeiten nach diesem Gesetz und über Maßnahmen zum Vollzug der Abschiebungsandrohung (§ 34) oder der Abschiebungsanordnung (§ 34a) nach dem Aufenthaltsgesetz[4)] können vorbehaltlich des § 133 Absatz 1 der Verwaltungsgerichtsordnung[2)] nicht mit der Beschwerde angefochten werden.

§ 80a[5)] Ruhen des Verfahrens. (1) [1] Für das Klageverfahren gilt § 32a Absatz 1 entsprechend. [2] Das Ruhen hat auf den Lauf von Fristen für die Einlegung oder Begründung von Rechtsbehelfen keinen Einfluss.

(2) Die Klage gilt als zurückgenommen, wenn der Kläger nicht innerhalb eines Monats nach Ablauf der Geltungsdauer der Aufenthaltserlaubnis nach § 24 des Aufenthaltsgesetzes[4)] dem Gericht anzeigt, dass er das Klageverfahren fortführen will.

[1)] § 79 Abs. 1 geänd., Abs. 2 neu gef., Abs. 3 angef. mWv 1.1.2023 durch G v. 21.12.2022 (BGBl. I S. 2817).
[2)] Nr. **600**.
[3)] § 80 geänd. mWv 27.2.2024 durch G v. 21.2.2024 (BGBl. 2024 I Nr. 54).
[4)] Nr. **565**.
[5)] § 80a Abs. 1 Satz 1 geänd. mWv 12.6.2026 durch G v. 23.4.2026 (BGBl. 2026 I Nr. 111).

(3) Das Bundesamt unterrichtet das Gericht unverzüglich über die Erteilung und den Ablauf der Geltungsdauer der Aufenthaltserlaubnis nach § 24 des Aufenthaltsgesetzes.

§ 81 Nichtbetreiben des Verfahrens. [1]Die Klage gilt in einem gerichtlichen Verfahren nach diesem Gesetz als zurückgenommen, wenn der Kläger das Verfahren trotz Aufforderung des Gerichts länger als einen Monat nicht betreibt. [2]Der Kläger trägt die Kosten des Verfahrens. [3]In der Aufforderung ist der Kläger auf die nach Satz 1 und 2 eintretenden Folgen hinzuweisen.

§ 82 Akteneinsicht in Verfahren des vorläufigen Rechtsschutzes. [1]In Verfahren des vorläufigen Rechtsschutzes wird Akteneinsicht auf der Geschäftsstelle des Gerichts gewährt. [2]Die Akten können dem bevollmächtigten Rechtsanwalt zur Mitnahme in seine Wohnung oder Geschäftsräume übergeben werden, wenn ausgeschlossen werden kann, dass sich das Verfahren dadurch verzögert. [3]Für die Versendung von Akten gilt Satz 2 entsprechend.

§ 83[1)] Besondere Spruchkörper. (1) Streitigkeiten nach diesem Gesetz sollen in besonderen Spruchkörpern zusammengefasst werden.

(2) [1]Die Landesregierungen können bei den Verwaltungsgerichten für Streitigkeiten nach diesem Gesetz durch Rechtsverordnung besondere Spruchkörper bilden und deren Sitz bestimmen. [2]Die Landesregierungen können die Ermächtigung auf andere Stellen übertragen. [3]Die nach Satz 1 gebildeten Spruchkörper sollen ihren Sitz in räumlicher Nähe zu den Aufnahmeeinrichtungen haben.

(3) [1]Die Landesregierungen werden ermächtigt, durch Rechtsverordnung einem Verwaltungsgericht für die Bezirke mehrerer Verwaltungsgerichte Streitigkeiten nach diesem Gesetz hinsichtlich bestimmter Herkunftsstaaten zuzuweisen, sofern dies für die Verfahrensförderung dieser Streitigkeiten sachdienlich ist. [2]Die Landesregierungen können die Ermächtigung auf andere Stellen übertragen.

§ 83a[2)] Unterrichtung der Ausländerbehörde. [1]Das Gericht darf der Ausländerbehörde das Ergebnis eines Verfahrens formlos mitteilen. [2]Das Gericht hat der Ausländerbehörde das Ergebnis mitzuteilen, wenn das Verfahren die Rechtmäßigkeit einer Abschiebungsandrohung oder einer Abschiebungsanordnung nach diesem Gesetz zum Gegenstand hat.

§ 83b Gerichtskosten, Gegenstandswert. Gerichtskosten (Gebühren und Auslagen) werden in Streitigkeiten nach diesem Gesetz nicht erhoben.

§ 83c[3)] Anwendbares Verfahren für die Anordnung und Befristung von *Einreise- und Aufenthaltsverboten.* Die Bestimmungen dieses Abschnitts sowie § 52 Nummer 2 Satz 3 der Verwaltungsgerichtsordnung[4)] gelten auch für Rechtsbehelfe gegen die Entscheidungen des Bundesamtes nach § 75 Nummer 12 des Aufenthaltsgesetzes[5)].

[1)] § 83 Abs. 3 angef. mWv 24.10.2015 durch G v. 20.10.2015 (BGBl. I S. 1722).
[2)] § 83a Satz 2 angef. mWv 24.10.2015 durch G v. 20.10.2015 (BGBl. I S. 1722).
[3)] § 83c eingef. mWv 24.10.2015 durch G v. 20.10.2015 (BGBl. I S. 1722).
[4)] Nr. **600**.
[5)] Nr. **565**.

Abschnitt 10.[1] Straf- und Bußgeldvorschriften

§ 84[2] Verleitung zur missbräuchlichen Asylantragstellung. (1) Mit Freiheitsstrafe bis zu drei Jahren oder mit Geldstrafe wird bestraft, wer einen Ausländer verleitet oder dabei unterstützt, im Asylverfahren vor dem Bundesamt oder im gerichtlichen Verfahren unrichtige oder unvollständige Angaben zu machen, um seine Anerkennung als Asylberechtigter oder die Zuerkennung internationalen Schutzes im Sinne des § 1 Absatz 1 Nummer 2 zu ermöglichen.

(2) [1] In besonders schweren Fällen ist die Strafe Freiheitsstrafe bis zu fünf Jahren oder Geldstrafe. [2] Ein besonders schwerer Fall liegt in der Regel vor, wenn der Täter

1. für eine in Absatz 1 bezeichnete Handlung einen Vermögensvorteil erhält oder sich versprechen lässt oder
2. wiederholt oder zugunsten von mehr als fünf Ausländern handelt.

(3) Mit Freiheitsstrafe von sechs Monaten bis zu zehn Jahren wird bestraft, wer in den Fällen des Absatzes 1

1. gewerbsmäßig oder
2. als Mitglied einer Bande, die sich zur fortgesetzten Begehung solcher Taten verbunden hat,

handelt.

(4) Der Versuch ist strafbar.

(5) Wer die Tat nach Absatz 1 zugunsten eines Angehörigen im Sinne des § 11 Absatz 1 Nummer 1 des Strafgesetzbuches[3] begeht, ist straffrei.

§ 84a[4] Gewerbs- und bandenmäßige Verleitung zur missbräuchlichen Asylantragstellung. (1) Mit Freiheitsstrafe von einem Jahr bis zu zehn Jahren wird bestraft, wer in den Fällen des § 84 Absatz 1 als Mitglied einer Bande, die sich zur fortgesetzten Begehung solcher Taten verbunden hat, gewerbsmäßig handelt.

(2) In minder schweren Fällen ist die Strafe Freiheitsstrafe von sechs Monaten bis zu fünf Jahren.

§ 85[5] Sonstige Straftaten. (1) Mit Freiheitsstrafe bis zu einem Jahr oder mit Geldstrafe wird bestraft, wer

1. entgegen § 50 Absatz 6 sich nicht unverzüglich zu der angegebenen Stelle begibt,
2. wiederholt einer Aufenthaltsbeschränkung nach § 56 oder § 59b Absatz 1 zuwiderhandelt,

---

[1] Bish. 8. Abschnitt wird Abschnitt 10 mWv 1.12.2013 durch G v. 28.8.2013 (BGBl. I S. 3474).

[2] § 84 Abs. 1 geänd. mWv 1.12.2013 durch G v. 28.8.2013 (BGBl. I S. 3474); Abs. 5 aufgeh., bish. Abs. 6 wird Abs. 5 mWv 1.7.2017 durch G v. 13.4.2017 (BGBl. I S. 872); Abs. 5 geänd. mWv 12.6.2026 durch G v. 23.4.2026 (BGBl. 2026 I Nr. 111).

[3] **Habersack Nr. 85.**

[4] § 84a Abs. 3 aufgeh. mWv 1.7.2017 durch G v. 13.4.2017 (BGBl. I S. 872); Abs. 1 geänd. mWv 12.6. *2026 durch G v. 23.4.2026* (BGBl. 2026 I Nr. 111).

[5] § 85 Nr. 2 geänd., Nr. 3 aufgeh., bish. Nr. 4 und 5 werden Nr. 3 und 4 mWv 1.1.2015 durch G v. 23.12.2014 (BGBl. I S. 2439); Nr. 3, 4 geänd., Nr. 5, 6 angef., Abs. 2 angef. mWv 27.2.2024 durch G v. 21.2.2024 (BGBl. 2024 I Nr. 54); Abs. 1 Nr. 1–4, Abs. 2 Nr. 2 geänd. mWv 12.6.2026 durch G v. 23.4.2026 (BGBl. 2026 I Nr. 111).

3. einer vollziehbaren Anordnung nach § 60 Absatz 2 Satz 1 nicht rechtzeitig nachkommt,
4. entgegen § 61 Absatz 1 eine Erwerbstätigkeit ausübt,
5. entgegen § 15 Absatz 2 Nummer 1 wider besseres Wissen eine erforderliche Angabe zu seinem Alter, seiner Identität oder seiner Staatsangehörigkeit nicht, nicht richtig oder nicht vollständig macht, soweit nicht die Tat in Absatz 2 mit Strafe bedroht ist oder
6. entgegen § 15 Absatz 2 Nummer 4 bis 6 einen Pass, Passersatz, erforderliche Urkunden, sonstige Unterlagen oder Datenträger nicht vorlegt, aushändigt oder überlässt.

(2) Mit Freiheitsstrafe bis zu drei Jahren oder mit Geldstrafe wird bestraft, wer im Asylverfahren vor dem Bundesamt oder im gerichtlichen Verfahren unrichtige oder unvollständige Angaben macht oder benutzt, um

1. die Anerkennung als Asylberechtigter, die Zuerkennung internationalen Schutzes im Sinne des § 1 Absatz 1 Nummer 2 oder die Feststellung der Voraussetzungen des § 60 Absatz 5 oder Absatz 7 des Aufenthaltsgesetzes[1] zu erreichen oder
2. den Entzug der Anerkennung als Asylberechtigter, der Zuerkennung internationalen Schutzes im Sinne des § 1 Absatz 1 Nummer 2 oder den Widerruf oder die Rücknahme der Feststellung der Voraussetzungen des § 60 Absatz 5 oder Absatz 7 Satz 1 des Aufenthaltsgesetzes abzuwenden.

§ 86[2] Bußgeldvorschriften. (1) Ordnungswidrig handelt, wer

1. entgegen § 25 Absatz 5 Satz 1 Nummer 2 eine dort genannte Tonaufzeichnung oder einen dort genannten Ausschnitt veröffentlicht oder zugänglich macht oder
2. als Ausländer einer Aufenthaltsbeschränkung nach § 56 oder § 59b Absatz 1 zuwiderhandelt.

(2) Die Ordnungswidrigkeit kann mit einer Geldbuße bis zu dreitausend Euro geahndet werden.

Abschnitt 11.[3] Übergangs- und Schlussvorschriften

§ 87[4] Übergangsvorschriften. (1) Für das Verwaltungsverfahren gelten folgende Übergangsvorschriften:

1. [1]Bereits begonnene Asylverfahren sind nach bisher geltendem Recht zu Ende zu führen, wenn vor dem Inkrafttreten dieses Gesetzes das Bundesamt seine Entscheidung an die Ausländerbehörde zur Zustellung abgesandt hat. [2]Ist das Asylverfahren vor dem Inkrafttreten dieses Gesetzes bestandskräftig abgeschlossen, ist das Bundesamt für die Entscheidung, ob Abschiebungshindernisse nach § 53 *des Ausländergesetzes vorliegen*, und für den Erlass einer Abschiebungsandrohung nur zuständig, wenn ein erneutes Asylverfahren durchgeführt wird.
2. Über Folgeanträge, die vor Inkrafttreten dieses Gesetzes gestellt worden sind, entscheidet die Ausländerbehörde nach bisher geltendem Recht.

---

[1] Nr. **565**.

[2] § 86 Abs. 1 geänd. mWv 1.1.2015 durch G v. 23.12.2014 (BGBl. I S. 2439); Abs. 1 neu gef., Abs. 2 geänd. mWv 12.6.2026 durch G v. 23.4.2026 (BGBl. 2026 I Nr. 111).

[3] Bish. 9. Abschnitt wird Abschnitt 11 mWv 1.12.2013 durch G v. 28.8.2013 (BGBl. I S. 3474).

[4] § 87 Abs. 2 Nr. 6 angef. mWv 27.2.2024 durch G v. 21.2.2024 (BGBl. 2024 I Nr. 54).

3. Bei Ausländern, die vor Inkrafttreten dieses Gesetzes einen Asylantrag gestellt haben, richtet sich die Verteilung auf die Länder nach bisher geltendem Recht.

(2) Für die Rechtsbehelfe und das gerichtliche Verfahren gelten folgende Übergangsvorschriften:

1. In den Fällen des Absatzes 1 Nr. 1 und 2 richtet sich die Klagefrist nach bisher geltendem Recht; die örtliche Zuständigkeit des Verwaltungsgerichts bestimmt sich nach § 52 Nr. 2 Satz 3 der Verwaltungsgerichtsordnung[1)] in der bis zum Inkrafttreten dieses Gesetzes geltenden Fassung.
2. Die Zulässigkeit eines Rechtsbehelfs gegen einen Verwaltungsakt richtet sich nach bisher geltendem Recht, wenn der Verwaltungsakt vor Inkrafttreten dieses Gesetzes bekannt gegeben worden ist.
3. Die Zulässigkeit eines Rechtsmittels gegen eine gerichtliche Entscheidung richtet sich nach bisher geltendem Recht, wenn die Entscheidung vor Inkrafttreten dieses Gesetzes verkündet oder von Amts wegen anstelle einer Verkündung zugestellt worden ist.
4. Hat ein vor Inkrafttreten dieses Gesetzes eingelegter Rechtsbehelf nach bisher geltendem Recht aufschiebende Wirkung, finden die Vorschriften dieses Gesetzes über den Ausschluss der aufschiebenden Wirkung keine Anwendung.
5. Ist in einem gerichtlichen Verfahren vor Inkrafttreten dieses Gesetzes eine Aufforderung nach § 33 des Asylverfahrensgesetzes in der Fassung der Bekanntmachung vom 9. April 1991 (BGBl. I S. 869), geändert durch Artikel 7 § 13 in Verbindung mit Artikel 11 des Gesetzes vom 12. September 1990 (BGBl. I S. 2002), erlassen worden, gilt insoweit diese Vorschrift fort.
6. Auf Personen, deren Asylantrag bis zum 27. Februar 2024 als offensichtlich unbegründet abgelehnt wurde, findet § 30 in der bis zu diesem Tag geltenden Fassung Anwendung.

§ 87a[2)] Übergangsvorschriften aus Anlass der am 1. Juli 1993 in Kraft getretenen Änderungen. (1) [1]Soweit in den folgenden Vorschriften nicht etwas anderes bestimmt ist, gelten die Vorschriften dieses Gesetzes mit Ausnahme der §§ 26a und 34a auch für Ausländer, die vor dem 1. Juli 1993 einen Asylantrag gestellt haben. [2]Auf Ausländer, die aus einem Mitgliedstaat der Europäischen Gemeinschaften oder aus einem in der Anlage I bezeichneten Staat eingereist sind, finden die §§ 27, 29 Abs. 1 und 2 entsprechende Anwendung.

(2) Für das Verwaltungsverfahren gelten folgende Übergangsvorschriften:

1. § 10 Abs. 2 Satz 2 und 3, Abs. 3 und 4 findet Anwendung, wenn der Ausländer insoweit ergänzend schriftlich belehrt worden ist.
2. § 32 gilt nur für Ausländer, die nach dem 1. Juli 1993 in ihren Herkunftsstaat ausreisen.
3. Für Folgeanträge, die vor dem 1. Juli 1993 gestellt worden sind, gelten die Vorschriften der §§ 71 und 87 Abs. 1 Nr. 2 in der bis zu diesem Zeitpunkt geltenden Fassung.

(3) Für die Rechtsbehelfe und das gerichtliche Verfahren gelten folgende Übergangsvorschriften:

---

1) Nr. **600**.
2) § 87a Abs. 2 Nr. 2 geänd. mWv 12.6.2026 durch G v. 23.4.2026 (BGBl. 2026 I Nr. 111).

1. Die Zulässigkeit eines Rechtsbehelfs gegen einen Verwaltungsakt richtet sich nach dem bis zum 1. Juli 1993 geltenden Recht, wenn der Verwaltungsakt vor diesem Zeitpunkt bekannt gegeben worden ist.
2. Die Zulässigkeit eines Rechtsbehelfs gegen eine gerichtliche Entscheidung richtet sich nach dem bis zum 1. Juli 1993 geltenden Recht, wenn die Entscheidung vor diesem Zeitpunkt verkündet oder von Amts wegen anstelle einer Verkündung zugestellt worden ist.
3. § 76 Abs. 4 findet auf Verfahren, die vor dem 1. Juli 1993 anhängig geworden sind, keine Anwendung.
4. Die Wirksamkeit einer vor dem 1. Juli 1993 bereits erfolgten Übertragung auf den Einzelrichter bleibt von § 76 Abs. 5 unberührt.
5. § 83 Abs. 1 ist bis zum 31. Dezember 1993 nicht anzuwenden.

§ 87b Übergangsvorschrift aus Anlass der am 1. September 2004 in Kraft getretenen Änderungen. In gerichtlichen Verfahren nach diesem Gesetz, die vor dem 1. September 2004 anhängig geworden sind, gilt § 6 in der vor diesem Zeitpunkt geltenden Fassung weiter.

§ 87c[1] Übergangsvorschriften aus Anlass der am 6. August 2016 in Kraft getretenen Änderungen. (1) [1] Eine vor dem 6. August 2016 erworbene Aufenthaltsgestattung gilt ab dem Zeitpunkt ihrer Entstehung fort. [2] Sie kann insbesondere durch eine Bescheinigung nach § 63 nachgewiesen werden. [3] § 67 bleibt unberührt.

(2) Der Aufenthalt eines Ausländers, der vor dem 5. Februar 2016 im Bundesgebiet um Asyl nachgesucht hat, gilt ab dem Zeitpunkt der Aufnahme in der für ihn zuständigen Aufnahmeeinrichtung oder, sofern sich dieser Zeitpunkt nicht bestimmen lässt, ab dem 5. Februar 2016 als gestattet.

(3) Der Aufenthalt eines Ausländers, dem bis zum 6. August 2016 ein Ankunftsnachweis ausgestellt worden ist, gilt ab dem Zeitpunkt der Ausstellung als gestattet.

(4) [1] Der Aufenthalt eines Ausländers, der nach dem 4. Februar 2016 und vor dem 1. November 2016 um Asyl nachgesucht hat und dem aus Gründen, die er nicht zu vertreten hat, nicht unverzüglich ein Ankunftsnachweis ausgestellt worden ist, gilt mit Ablauf von zwei Wochen nach dem Zeitpunkt, in dem er um Asyl nachgesucht hat, als gestattet. [2] Die fehlende Ausstellung des Ankunftsnachweises nach Satz 1 hat der Ausländer insbesondere dann nicht zu vertreten, wenn in der für die Ausstellung seines Ankunftsnachweises zuständigen Stelle die technischen Voraussetzungen für die Ausstellung von Ankunftsnachweisen nicht vorgelegen haben.

(5) Die Absätze 2 bis 4 finden keine Anwendung, wenn der Ausländer einen vor dem 6. August 2016 liegenden Termin zur Stellung des Asylantrags nach § 23 *Absatz 1 aus Gründen, die* er zu vertreten hat, nicht wahrgenommen hat.

(6) Ergeben sich aus der Anwendung der Absätze 1 bis 4 unterschiedliche Zeitpunkte, so ist der früheste Zeitpunkt maßgeblich.

§ 87d[2] Übergangsvorschrift aus Anlass der am 23. Dezember 2023 in Kraft getretenen Änderung. § 61 Absatz 2 Satz 4 findet keine Anwendung auf

[1] § 87c eingef. mWv 6.8.2016 durch G v. 31.7.2016 (BGBl. I S. 1939).
[2] § 87d eingef. mWv 23.12.2023 durch G v. 19.12.2023 (BGBl. 2023 I Nr. 382).

Staatsangehörige Georgiens und der Republik Moldau, die bis zum 30. August 2023 einen Asylantrag gestellt haben.

§ 87e[1)] Übergangsvorschrift aus Anlass der am 12. Juni 2026 in Kraft getretenen Änderung. (1) [1] Für die Durchführung des Asylverfahrens zur Prüfung der Zulässigkeit und Begründetheit von Asylanträgen sowie für die Durchführung des Verfahrens zum Entzug des internationalen Schutzes gilt Artikel 79 Absatz 3 der Verordnung (EU) 2024/1348. [2] Diese Regelung gilt auch hinsichtlich des Asylgesetzes in der Fassung bis zum 12. Juni 2026 und für die Prüfung der Asylberechtigung und der Feststellung von Abschiebungsverboten nach § 60 Absatz 5 und 7 des Aufenthaltsgesetzes[2)] im Rahmen des Asylverfahrens sowie für die Durchführung des Verfahrens zum Entzug der Asylberechtigung und des Widerrufs und der Rücknahme der Feststellung von Abschiebungsverboten nach § 60 Absatz 5 und 7 des Aufenthaltsgesetzes. [3] Soweit die Verordnung (EU) 2024/1348 Informationspflichten vor dem Zeitpunkt der Antragseinreichung vorsieht, sind diese Informationen spätestens bei der Einreichung des Antrags zur ab diesem Zeitpunkt geltenden Rechtslage zur Verfügung zu stellen.

(2) [1] In Übereinstimmung mit den Artikeln 1 und 79 Absatz 3 der Verordnung (EU) 2024/1348 findet die Verordnung (EU) 2024/1347 für die Prüfung nach diesem Gesetz Anwendung in Bezug auf Anträge, die ab dem 12. Juni 2026 eingereicht werden. [2] Hinsichtlich der Überprüfung des Entzuges des internationalen Schutzes gilt dies für alle Entzugsverfahren, die ab dem 12. Juni 2026 begonnen werden.

(3) [1] Für den Widerruf oder die Rücknahme einer Zuerkennung von Familienasyl und internationalem Schutz für Familienangehörige nach § 26 in der bis zum 12. Juni 2026 geltenden Fassung finden § 73 Absatz 4 und 5 sowie § 73a in der bis zum 12. Juni 2026 geltenden Fassung Anwendung. [2] Liegen die Voraussetzungen für einen Widerruf oder eine Rücknahme der Asylberechtigung oder des internationalen Schutzes eines Ausländers vor, von dem andere Personen ihre Asylberechtigung oder ihren internationalen Schutz nach § 26 in der bis zum 12. Juni 2026 geltenden Fassung ableiten, findet § 73b Absatz 3 Satz 2 in der bis zum 12. Juni 2026 geltenden Fassung entsprechend Anwendung.

§ 88[3)] Verordnungsermächtigungen. (1) Das Bundesministerium des Innern kann durch Rechtsverordnung mit Zustimmung des Bundesrates die zuständigen Behörden für die Ausführung von Rechtsvorschriften der Europäischen Union und völkerrechtlichen Verträgen über die Zuständigkeit für die Durchführung von Asylverfahren, über die Gewährung vorübergehenden Schutzes und zur Feststellung der Identität illegal aufhältiger Drittstaatsangehöriger oder Staatenloser und für die Ausführung der Aufnahme schutzbedürftiger Personen bestimmen, insbesondere für

1. Aufnahmegesuche und Wiederaufnahmemitteilungen an andere Staaten,
2. Entscheidungen über Aufnahmegesuche und Bestätigungen von Wiederaufnahmemitteilungen anderer Staaten,

[1)] § 87e eingef. mWv 12.6.2026 durch G v. 23.4.2026 (BGBl. 2026 I Nr. 111).

[2)] Nr. **565**.

[3)] § 88 Abs. 2 geänd. mWv *24.10.2015* durch G v. 20.10.2015 (BGBl. I S. 1722); Abs. 2 geänd. mWv 5.2.2016 durch G v. 2.2.2016 (BGBl. I S. 130); Abs. 1 einl. Satzteil, Abs. 2 geänd. mWv 27.6.2020 durch VO v. 19.6.2020 (BGBl. I S. 1328); Abs. 2 neu gef. mWv 1.11.2024 durch G v. 8.5.2024 (BGBl. 2024 I Nr. 152); Abs. 1 neu gef. mWv 29.4.2026 durch G v. 23.4.2026 (BGBl. 2026 I Nr. 111).

3. den Informationsaustausch mit anderen Staaten und der Europäischen Union sowie Mitteilungen an die betroffenen Ausländer,
4. die Erfassung, Übermittlung und den Vergleich von biometrischen Daten der betroffenen Ausländer und
5. die Eintragung und die Löschung der Tatsache, dass die Person als Ergebnis der in der Verordnung (EU) 2024/1356 genannten Sicherheitskontrolle oder einer Prüfung nach Artikel 16 Absatz 4 der Verordnung (EU) 2024/1351 oder nach Artikel 9 Absatz 5 der Verordnung (EU) 2024/1348 eine Gefahr oder Bedrohung für die innere Sicherheit darstellen könnte, in Eurodac sowie den Informationsaustausch mit anderen Staaten und der Europäischen Union einschließlich der Konsultation gemäß Artikel 17 Absatz 4 der Verordnung (EU) 2024/1358.

(2) Das Bundesministerium des Innern und für Heimat wird ermächtigt, durch Rechtsverordnung mit Zustimmung des Bundesrates Regelungen für die Qualitätssicherung der nach § 16 verarbeiteten Lichtbilder, Fingerabdruckdaten, ausländischen Ausweis- oder Identifikationsdokumente sowie für die Vordruckmuster und die Ausstellungsmodalitäten für die Bescheinigungen nach den §§ 63 und 63a (Dokumentationspflichten des Ankunftsnachweises) festzulegen.

(3) Die Landesregierung kann durch Rechtsverordnung Aufgaben der Aufnahmeeinrichtung auf andere Stellen des Landes übertragen.

§ 88a[1)] Bestimmungen zum Verwaltungsverfahren. Von der in § 60 getroffenen Regelung kann durch Landesrecht nicht abgewichen werden.

§ 89[2)] Einschränkung von Grundrechten. (1) Die Grundrechte der körperlichen Unversehrtheit (Artikel 2 Abs. 2 Satz 1 des Grundgesetzes[3)]) und der Freiheit der Person (Artikel 2 Abs. 2 Satz 2 des Grundgesetzes) werden nach Maßgabe dieses Gesetzes eingeschränkt.

(2) [1] Das Verfahren bei Freiheitsentziehungen richtet sich nach den Büchern 1 und 7 des Gesetzes über das Verfahren in Familiensachen und in den Angelegenheiten der freiwilligen Gerichtsbarkeit, soweit in diesem Gesetz oder in der Verordnung (EU) 2024/1349 nichts anderes geregelt ist. [2] Ist über die Fortdauer der Asylverfahrenshaft oder der Haft im Rückkehrgrenzverfahren zu entscheiden, so kann das Amtsgericht das Verfahren durch unanfechtbaren Beschluss an das Gericht abgeben, in dessen Bezirk die Asylverfahrenshaft oder die Haft im Rückkehrgrenzverfahren jeweils vollzogen wird. [3] Wird die Haft im Wege der Amtshilfe in Justizvollzugsanstalten vollzogen, gelten die §§ 171, 173 bis 175 und 178 Absatz 2 und 3 des Strafvollzugsgesetzes[4)] entsprechend, soweit in diesem Gesetz oder der Verordnung (EU) 2024/1349 nichts Abweichendes bestimmt ist.

§ 90[5)] *(außer Kraft)*

[1)] § 88a eingef. mWv 1.1.2015 durch G v. 23.12.2014 (BGBl. I S. 2439).

[2)] § 89 Abs. 2 neu gef. mWv 1.9.2009 durch G v. 17.12.2008 (BGBl. I S. 2586); Abs. 2 neu gef. mWv 29.4.2026 durch G v. 23.4.2026 (BGBl. 2026 I Nr. 111).

[3)] Nr. **1**.

[4)] **Habersack ErgBd. Nr. 91.**

[5)] § 90 neu gef. mWv 24.10.2015 durch G v. 20.10.2015 (BGBl. I S. 1722); nach seinem Abs. 8 am 24.10.2017 außer Kraft getreten.

Anlage I
(zu § 26a)

Norwegen
Schweiz

Anlage II[1)]
(zu § 29a)

Albanien
Bosnien und Herzegowina
Georgien
Ghana
Kosovo
Moldau, Republik
Montenegro
Nordmazedonien
Senegal
Serbien

1) Anl. II neu gef. mWv 23.12.2023 durch G v. 19.12.2023 (BGBl. 2023 I Nr. 382).

568. Abkommen über die Rechtsstellung der Flüchtlinge[1)]
(Genfer Flüchtlingskonvention)[2)]

Vom 28. Juli 1951

(BGBl. 1953 II S. 560)

– Auszug –

Präambel

DIE HOHEN VERTRAGSCHLIESSENDEN TEILE,

IN DER ERWÄGUNG, daß die Satzung der Vereinten Nationen und die am 10. Dezember 1948 von der Generalversammlung angenommene Allgemeine Erklärung der Menschenrechte den Grundsatz bestätigt haben, daß die Menschen ohne Unterschied die Menschenrechte und Grundfreiheiten genießen sollen,

IN DER ERWÄGUNG, daß die Organisationen der Vereinten Nationen wiederholt die tiefe Verantwortung zum Ausdruck gebracht hat, die sie für die Flüchtlinge empfindet, und sich bemüht hat, diesen in möglichst großem Umfange die Ausübung der Menschenrechte und der Grundfreiheiten zu sichern,

IN DER ERWÄGUNG, daß es wünschenswert ist, frühere internationale Vereinbarungen über die Rechtsstellung der Flüchtlinge zu revidieren und zusammenzufassen und den Anwendungsbereich dieser Regelungen sowie den dadurch gewährleisteten Schutz durch eine neue Vereinbarung zu erweitern.

IN DER ERWÄGUNG, daß sich aus der Gewährung des Asylrechts nicht zumutbare schwere Belastungen für einzelne Länder ergeben können und daß eine befriedigende Lösung des Problems, dessen internationalen Umfang und Charakter die Organisation der Vereinten Nationen anerkannt hat, ohne internationale Zusammenarbeit unter diesen Umständen nicht erreicht werden kann,

IN DEM WUNSCHE, daß alle Staaten in Anerkennung der sozialen und humanitären Charakters des Flüchtlingsproblems alles in ihrer Macht Stehende tun, um zu vermeiden, daß dieses Problem zwischenstaatliche Spannungen verursacht,

IN ANERKENNTNIS DESSEN, daß dem Hohen Kommissar der Vereinten Nationen für Flüchtlinge die Aufgabe obliegt, die Durchführung der internationalen Abkommen zum Schutz der Flüchtlinge zu *überwachen, und daß eine* wirksame Koordinierung der zur Lösung dieses Problems getroffenen Maßnahmen von der Zusammenarbeit der Staaten mit dem Hohen Kommissar abhängen wird, –

---

1) Für die Bundesrepublik Deutschland in Kraft getreten am 22. 4. 1954 (Bek. v. 25. 5. 1954, BGBl. II S. 619), innerstaatlich bereits am 24. 12. 1953 (G v. 1. 9. 1953, BGBl. II S. 559). Zum Stand der Vertragsparteien s. BGBl., Fundstellennachweis B, abgeschlossen am 31. 12. jedes Jahres.

2) Bezeichnung nicht amtlich.

HABEN FOLGENDES VEREINBART: –

Art. 1. Definition des Begriffs „Flüchtling"

A.

Im Sinne dieses Abkommens findet der Ausdruck „Flüchtling" auf jede Person Anwendung:

1. Die in Anwendung der Vereinbarungen vom 12. Mai 1926 und 30. Juni 1928 oder in Anwendung der Abkommen vom 28. Oktober 1933 und 10. Februar 1938 und des Protokolls vom 14. September 1939 oder in Anwendung der Verfassung der Internationalen Flüchtlingsorganisation als Flüchtling gilt.

Die von der Internationalen Flüchtlingsorganisation während der Dauer ihrer Tätigkeit getroffenen Entscheidungen darüber, daß jemand nicht als Flüchtling im Sinne ihres Statuts anzusehen ist, stehen dem Umstand nicht entgegen, daß die Flüchtlingseigenschaft Personen zuerkannt wird, die die Voraussetzungen der Ziffer 2 dieses Artikels erfüllen;

2. Die infolge von Ereignissen, die vor dem 1. Januar 1951 eingetreten sind, und aus der begründeten Furcht vor Verfolgung wegen ihrer Rasse, Religion, Nationalität, Zugehörigkeit zu einer bestimmten sozialen Gruppe oder wegen ihrer politischen Überzeugung sich außerhalb des Landes befindet, dessen Staatsangehörigkeit sie besitzt, und den Schutz dieses Landes nicht in Anspruch nehmen kann oder wegen dieser Befürchtungen nicht in Anspruch nehmen will; oder die sich als staatenlose infolge solcher Ereignisse außerhalb des Landes befindet, in welchem sie ihren gewöhnlichen Aufenthalt hatte, und nicht dorthin zurückkehren kann oder wegen der erwähnten Befürchtungen nicht dorthin zurückkehren will.

Für den Fall, daß eine Person mehr als eine Staatsangehörigkeit hat, bezieht sich der Ausdruck „das Land, dessen Staatsangehörigkeit sie besitzt" auf jedes der Länder, dessen Staatsangehörigkeit diese Person hat. Als des Schutzes des Landes, dessen Staatsangehörigkeit sie hat, beraubt gilt nicht eine Person, die ohne einen stichhaltigen, auf eine begründete Befürchtung gestützten Grund den Schutz eines der Länder nicht in Anspruch genommen hat, deren Staatsangehörigkeit sie besitzt.

B.

1. Im Sinne dieses Abkommens können die im Artikel 1 Abschnitt A enthaltenen Worte „Ereignisse, die vor dem 1. Januar 1951 eingetreten sind" in dem Sinne verstanden werden, daß es sich entweder um

a) „Ereignisse, die vor dem 1. Januar 1951 in Europa eingetreten sind" oder

b) „Ereignisse, die vor dem 1. Januar 1951 in Europa oder anderswo eingetreten sind"

handelt. Jeder vertragschließende Staat wird zugleich mit der Unterzeichnung, der Ratifikation oder dem Beitritt eine Erklärung abgeben, welche Bedeutung er diesem Ausdruck vom Standpunkt der von ihm auf Grund dieses Abkommens übernommenen Verpflichtungen zu geben beabsichtigt.

2. Jeder vertragschließende Staat, der die Formulierung zu a) angenommen hat, kann jederzeit durch eine an den Generalsekretär der Vereinten Nationen gerichtete Notifikation seine Verpflichtungen durch Annahme der Formulierung b) erweitern.

C.

Eine Person, auf die die Bestimmungen des Absatzes A zutreffen, fällt nicht mehr unter dieses Abkommen,

1. wenn sie sich freiwillig erneut dem Schutz des Landes, dessen Staatsangehörigkeit sie besitzt, unterstellt; oder

2. wenn sie nach dem Verlust ihrer Staatsangehörigkeit diese freiwillig wiedererlangt hat; oder

3. wenn sie eine neue Staatsangehörigkeit erworben hat und den Schutz des Landes, dessen Staatsangehörigkeit sie erworben hat, genießt; oder

4. wenn sie freiwillig in das Land, das sie aus Furcht vor Verfolgung verlassen hat oder außerhalb dessen sie sich befindet, zurückgekehrt ist und sich dort niedergelassen hat; oder

5. wenn sie nach Wegfall der Umstände, auf Grund deren sie als Flüchtling anerkannt worden ist, es nicht mehr ablehnen kann, den Schutz des Landes in Anspruch zu nehmen, dessen Staatsangehörigkeit sie besitzt.

Hierbei wird jedoch unterstellt, daß die Bestimmung dieser Ziffer auf keinen Flüchtling im Sinne der Ziffer 1 des Abschnittes A dieses Artikel Anwendung findet, der sich auf zwingende, auf früheren Verfolgungen beruhende Gründe berufen kann, um die Inanspruchnahme des Schutzes des Landes abzulehnen, dessen Staatsangehörigkeit er besitzt;

6. wenn es sich um eine Person handelt, die keine Staatsangehörigkeit besitzt, falls sie nach Wegfall der Umstände, auf Grund deren sie als Flüchtling anerkannt worden ist, in der Lage ist, in das Land zurückzukehren, in dem sie ihren gewöhnlichen Wohnsitz hat.

Dabei wird jedoch unterstellt, daß die Bestimmung dieser Ziffer auf keinen Flüchtling im Sinne der Ziffer 1 des Abschnittes A dieses Artikels Anwendung findet, der sich auf zwingende, auf früheren Verfolgungen beruhende Gründe berufen kann, um die Rückkehr in das Land abzulehnen, in dem er seinen gewöhnlichen Aufenthalt hatte.

D.

Dieses Abkommen findet keine Anwendung auf Personen, die zur Zeit den Schutz oder Beistand einer Organisation oder einer Institution der Vereinten Nationen mit Ausnahme des Hohen Kommissars der Vereinten Nationen für Flüchtlinge genießen.

Ist dieser Schutz oder diese Unterstützung aus irgendeinem Grunde weggefallen, ohne daß das Schicksal dieser Personen endgültig gemäß den hierauf bezüglichen Entschließungen der Generalversammlung der Vereinten Nationen geregelt worden ist, so fallen diese Personen ipso facto unter die Bestimmungen dieses Abkommens.

E.

Dieses Abkommen findet keine Anwendung auf eine Person, die von den zuständigen Behörden des Landes, in dem sie ihren Aufenthalt genommen hat, als eine Person anerkannt wird, welche die Rechte und Pflichten hat, die mit dem Besitz der Staatsangehörigkeit dieses Landes verknüpft sind.

F.

Die Bestimmungen dieses Abkommens finden keine Anwendung auf Personen, in bezug auf die aus schwerwiegenden Gründen die Annahme gerechtfertigt ist,

a) daß sie ein Verbrechen gegen den Frieden, ein Kriegsverbrechen oder ein Verbrechen gegen die Menschlichkeit im Sinne der internationalen Vertragswerke begangen haben, die ausgearbeitet worden sind, um Bestimmungen bezüglich dieser Verbrechen zu treffen;
b) daß sie ein schweres nichtpolitisches Verbrechen außerhalb des Aufnahmelandes begangen haben, bevor sie dort als Flüchtling aufgenommen wurden;
c) daß sie sich Handlungen zuschulden kommen ließen, die den Zielen und Grundsätzen der Vereinten Nationen zuwiderlaufen.

Art. 32. Ausweisung

1. Die vertragschließenden Staaten werden einen Flüchtling, der sich rechtmäßig in ihrem Gebiet befindet, nur aus Gründen der öffentlichen Sicherheit oder Ordnung ausweisen.

2. Die Ausweisung eines Flüchtlings darf nur in Ausführung einer Entscheidung erfolgen, die in einem durch gesetzliche Bestimmungen geregelten Verfahren ergangen ist. Soweit nicht zwingende Gründe für die öffentliche Sicherheit entgegenstehen, soll dem Flüchtling gestattet werden, Beweise zu seiner Entlastung beizubringen, ein Rechtsmittel einzulegen und sich zu diesem Zweck vor einer zuständigen Behörde oder vor einer oder mehreren Personen, die von der zuständigen Behörde besonders bestimmt sind, vertreten zu lassen.

3. Die vertragschließenden Staaten werden einem solchen Flüchtling eine angemessene Frist gewähren, um ihm die Möglichkeit zu geben, in einem anderen Lande um rechtmäßige Aufnahme nachzusuchen. Die vertragschließenden Staaten behalten sich vor, während dieser Frist diejenigen Maßnahmen anzuwenden, die sie zur Aufrechterhaltung der inneren Ordnung für zweckdienlich erachten.

Art. 33. Verbot der Ausweisung und Zurückweisung

1. Keiner der vertragschließenden Staaten wird einen Flüchtling auf irgendeine Weise über die Grenzen von Gebieten ausweisen oder zu-

rückweisen, in denen sein Leben oder seine Freiheit wegen seiner Rasse, Religion, Staatsangehörigkeit, seiner Zugehörigkeit zu einer bestimmten sozialen Gruppe oder wegen seiner politischen Überzeugung bedroht sein würde.

2. Auf die Vergünstigung dieser Vorschrift kann sich jedoch ein Flüchtling nicht berufen, der aus schwerwiegenden Gründen als eine Gefahr für die Sicherheit des Landes anzusehen ist, in dem er sich befindet, oder der eine Gefahr für die Allgemeinheit dieses Staates bedeutet, weil er wegen eines Verbrechens oder eines besonders schweren Vergehens rechtskräftig verurteilt wurde.

Art. 34. Einbürgerung

Die vertragschließenden Staaten werden soweit wie möglich die Eingliederung und Einbürgerung der Flüchtlinge erleichtern. Sie werden insbesondere bestrebt sein, Einbürgerungsverfahren zu beschleunigen und die Kosten dieses Verfahrens soweit wie möglich herabzusetzen.

600. Verwaltungsgerichtsordnung (VwGO)[1)]

In der Fassung der Bekanntmachung vom 19. März 1991[2)]

(BGBl. I S. 686)

FNA 340-1

geänd. durch Art. 3 G zur Neuregelung des Asylverfahrens v. 26.6.1992 (BGBl. I S. 1126), Art. 9 G zur Entlastung der Rechtspflege v. 11.1.1993 (BGBl. I S. 50), Art. 5 Fünftes G zur Änd. des G über das Bundesverfassungsgericht v. 2.8.1993 (BGBl. I S. 1442), Art. 7 PlanungsvereinfachungsG v. 17.12.1993 (BGBl. I S. 2123), Art. 7 G zur Änd. des RechtspflegerG und anderer Gesetze v. 24.6.1994 (BGBl. I S. 1374), Art. 9 G zu dem Übereinkommen vom 15. April 1994 zur Errichtung der Welthandelsorganisation und zur Änd. anderer Gesetze v. 30.8.1994 (BGBl. 1994 II S. 1438), Art. 7 G zur Vermeidung, Verwertung und Beseitigung von Abfällen v. 27.9.1994 (BGBl. I S. 2705), Art. 27 Einführungs zur Insolvenzordnung v. 5.10.1994 (BGBl. I S. 2911), Art. 2 Abs. 6 MagnetschwebebahnplanungsG v. 23.11.1994 (BGBl. I S. 3486), Art. 1 Sechstes G zur Änd. der Verwaltungsgerichtsordnung und anderer Gesetze v. 1.11.1996 (BGBl. I S. 1626), Art. 6 Abs. 3 ZivilschutzneuordnungsG v. 25.3.1997 (BGBl. I S. 726), Art. 33 Abs. 2 JustizmitteilungsG v. 18.6.1997 (BGBl. I S. 1430), Art. 8 Bau- und RaumordnungsG 1998 v. 18.8.1997 (BGBl. I S. 2081), Art. 1 G zur Verlagerung des Sitzes des Bundesverwaltungsgerichts von Berlin nach Leipzig v. 21.11.1997 (BGBl. I S. 2742), Art. 2 § 13 Schiedsverfahrens-NeuregelungsG v. 22.12.1997 (BGBl. I S. 3224), Art. 14 G zur Änd. der Bundesrechtsanwaltsordnung, der Patentanwaltsordnung und anderer Gesetze v. 31.8.1998 (BGBl. I S. 2600), BVerfGE v. 27.10.1999 (BGBl. 2000 I S. 54), Art. 15 Zweites ZuständigkeitslockerungsG v. 3.5.2000 (BGBl. I S. 632), Art. 2 Abs. 18 ZustellungsreformG v. 25.6.2001 (BGBl. I S. 1206), Art. 14 G zur Neuordnung des Bundesdisziplinarrechts v. 9.7.2001 (BGBl. I S. 1510), Art. 8 G zur Anpassung der Formvorschriften des Privatrechts und anderer Vorschriften an den modernen Rechtsgeschäftsverkehr v. 13.7.2001 (BGBl. I S. 1542), Art. 1 und 6 G zur Bereinigung des Rechtsmittelrechts im Verwaltungsprozess v. 20.12.2001 (BGBl. I S. 3987), Art. 4 Abs. 26 KostenrechtsmodernisierungsG v. 5.5.2004 (BGBl. I S. 718), Art. 4 EuroparechtsanpassungsG Bau v. 24.6.2004 (BGBl. I S. 1359), Art. 11 Nr. 23 ZuwanderungsG v. 30.7.2004 (BGBl. I S. 1950), Art. 6 Erstes JustizmodernisierungsG v. 24.8.2004 (BGBl. I S. 2198), Art. 8 AnhörungsrügenG v. 9.12.2004 (BGBl. I S. 3220), Art. 2 Siebentes G zur Änderung des SozialgerichtsG v. 9.12.2004 (BGBl. I S. 3302), Art. 6 G zur Vereinfachung und Vereinheitlichung der Verfahrensvorschriften zur Wahl und Berufung ehrenamtlicher Richter v. 21.12.2004 (BGBl. I S. 3599), Art. 2 JustizkommunikationsG v. 22.3.2005 (BGBl. I S. 837), Art. 2 26. G zur Änd. des AbgeordnetenG v. 22.8.2005 (BGBl. I S. 2482 iVm Bek. v. 18.10.2005, BGBl. I S. 3007), Art. 13 G zur Vereinfachung der abfallrechtlichen Überwachung v. 15.7.2006 (BGBl. I S. 1619), Art. 9 G zur Beschleunigung von Planungsverfahren für Infrastrukturvorhaben v. 9.12.2006 (BGBl. I S. 2833), Art. 3 G zur Erleichterung von Planungsvorhaben für die Innenentwicklung der Städte v. 21.12.2006 (BGBl. I S. 3316), Art. 13 G zur Neuregelung des Rechtsberatungsrechts v. 12.12.2007 (BGBl. I S. 2840, geänd. durch G v. 12.6.2008, BGBl. I S. 1000), § 62 Abs. 11 BeamtenstatusG v. 17.6.2008 (BGBl. I S. 1010), Art. 5 G zur Modernisierung von Verfahren im anwaltlichen und notariellen Berufsrecht, zur Errichtung einer Schlichtungsstelle der Rechtsanwaltschaft sowie zur Änd. sonstiger Vorschriften v. 30.7.2009 (BGBl. I S. 2449), Art. 3 G zur Beschleunigung des Ausbaus der Höchstspannungsnetze v. 21.8.2009 (BGBl. I S. 2870), Art. 9 G zur Umsetzung der DienstleistungsRL in der Justiz und zur Änd. weiterer Vorschriften v. 22.12.2010 (BGBl. I S. 2248), Art. 8 G über den Rechtsschutz bei überlangen Gerichtsverfahren und strafrechtlichen Ermittlungsverfahren v. 24.11.2011 (BGBl. I S. 2302), Art. 2 Abs. 34 G zur Änd. von Vorschriften über Verkündung und Bekanntmachungen sowie der ZPO, des EGZPO und der AO v. 22.12.2011 (BGBl. I S. 3044), Art. 5 Abs. 2 G zur Neuordnung des Kreislaufwirtschafts- und Abfallrechts v. 24.2.2012 (BGBl. I S. 212), Art. 6 G zur Förderung der Mediation und anderer Verfahren der außergerichtlichen Konfliktbeilegung v. 21.7.2012 (BGBl. I S. 1577), Art. 4 G zur Intensivierung des Einsatzes von Videokonferenztechnik in gerichtlichen und staatsanwaltschaftlichen Verfahren v. 25.4.2013 (BGBl. I S. 935), Art. 2 Planfeststellungsverfahren-VereinheitlichungsG v. 31.5.2013 (BGBl. I S. 1388), Art. 4 Zweites G über Maßnahmen zur Beschleunigung des Netzausbaus Elektrizitätsnetze v. 23.7.2013 (BGBl. I S. 2543), Art. 12 G zur Änd. des Prozesskostenhilfe- und Beratungshilferechts v. 31.8.2013 (BGBl. I S. 3533), Art. 5 G zur Förderung des elektronischen Rechtsverkehrs mit den Gerichten v. 10.10.2013 (BGBl. I S. 3786), Art. 13 G zur Durchführung der Verordnung (EU) Nr. 1215/2012 sowie zur Änd. sonstiger Vorschriften v. 8.7.2014 (BGBl. I S. 890), Art. 3 G zur Änd. des BundesministerG und des G über die Rechtsverhältnisse der Parlamentari-

---

[1)] Die Änderungen durch G v. 12.7.2024 (BGBl. 2024 I Nr. 234) treten teilweise erst **mWv 1.1.2036** in Kraft und sind insoweit im Text noch nicht berücksichtigt.

[2)] Neubekanntmachung der VwGO v. 21.1.1960 (BGBl. I S. 17) in der ab 1.1.1991 geltenden Fassung.

schen Staatssekretäre v. 17.7.2015 (BGBl. I S. 1322), Art. 171 Zehnte ZuständigkeitsanpassungsVO v. 31.8.2015 (BGBl. I S. 1474), Art. 7 AsylverfahrensbeschleunigungsG v. 20.10.2015 (BGBl. I S. 1722), Art. 3 G zur Änd. von Bestimmungen des Rechts des Energieleitungsbaus v. 21.12.2015 (BGBl. I S. 2490), Art. 7 G zur Änd. des Sachverständigenrechts und zur weiteren Änd. des G über das Verfahren in Familiensachen und in den Angelegenheiten der freiwilligen Gerichtsbarkeit sowie zur Änd. weiterer G v. 11.10.2016 (BGBl. I S. 2222), Art. 3 G zur Einführung von Ausschreibungen für Strom aus erneuerbaren Energien und zu weiteren Änd. des Rechts der erneuerbaren Energien v. 13.10.2016 (BGBl. I S. 2258), Art. 17 G zur Änd. der Bestimmungen zur Stromerzeugung aus Kraft-Wärme-Kopplung und zur Eigenversorgung v. 22.12.2016 (BGBl. I S. 3106), Art. 5 G zur Anpassung des Umwelt-RechtsbehelfsG und anderer Vorschriften an europa- und völkerrechtliche Vorgaben v. 29.5.2017 (BGBl. I S. 1298), Art. 4 Hochwasserschutzgesetz II v. 30.6.2017 (BGBl. I S. 2193), Art. 20 und 21 G zur Einführung der elektronischen Akte in der Justiz und zur weiteren Förderung des elektronischen Rechtsverkehrs v. 5.7.2017 (BGBl. I S. 2208, geänd. durch G v. 8.12.2025, BGBl. 2025I Nr. 319), Art. 11 Abs. 24 eIDAS-DurchführungsG v. 18.7.2017 (BGBl. I S. 2745), Art. 5 Abs. 2 G über die Erweiterung der Medienöffentlichkeit in Gerichtsverfahren v. 8.10.2017 (BGBl. I S. 3546), Art. 2 16. G zur Änd. des AtomG v. 10.7.2018 (BGBl. I S. 1122 iVm Bek. v. 11.7.2018, BGBl. I S. 1124), Art. 7 G zur Einführung einer zivilprozessualen Musterfeststellungsklage v. 12.7.2018 (BGBl. I S. 1151), Art. 5 Abs. 24 G zur Einführung einer Karte für Unionsbürger und Angehörige des Europäischen Wirtschaftsraums mit Funktion zum elektronischen Identitätsnachweis sowie zur Änd. des PersonalausweisG und weiterer Vorschriften v. 21.6.2019 (BGBl. I S. 846), Art. 4 Zweites G zur besseren Durchsetzung der Ausreisepflicht v. 15.8. 2019 (BGBl. I S. 1294), Art. 5 G zur Regelung der Wertgrenze für die Nichtzulassungsbeschwerde in Zivilsachen, zum Ausbau der Spezialisierung bei den Gerichten sowie zur Änd. weiterer prozessrechtl. Vorschriften v. 12.12.2019 (BGBl. I S. 2633), Art. 56 G zur Regelung des Sozialen Entschädigungsrechts v. 12.12.2019 (BGBl. I S. 2652), Art. 5 Abs. 1 G über die Errichtung eines Bundesamts für Auswärtige Angelegenheiten und zur Änd. des G über den Auswärtigen Dienst, des AufenthaltsG und zur Anpassung anderer G an die Errichtung des Bundesamts v. 12.6.2020 (BGBl. I S. 1241), Art. 181 Elfte ZuständigkeitsanpassungsVO v. 19.6.2020 (BGBl. I S. 1328), Art. 1a G zur Änd. des Windenergie-auf-See-G und anderer Vorschriften v. 3.12.2020 (BGBl. I S. 2682), Art. 1 Investitionen-Beschleunigungsgesetz v. 3.12. 2020 (BGBl. I S. 2694), Art. 15 Abs. 9 Vormundschafts- und Betreuungsrechts-ReformG v. 4.5.2021 (BGBl. I S. 882), Art. 2 G zur Änd. des BundesbergG und zur Änd. der VwGO v. 14.6.2021 (BGBl. I S. 1760), Art. 14 G zur Fortentwicklung der StrafprozessO und zur Änd. weiterer Vorschriften v. 25.6. 2021 (BGBl. I S. 2099), Art. 16 G zur Modernisierung des notariellen Berufsrechts und zur Änd. weiterer Vorschriften v. 25.6.2021 (BGBl. I S. 2154), Art. 20 G zur Neuregelung des Berufsrechts der anwaltlichen und steuerberatenden Berufsausübungsgesellschaften sowie zur Änd. weiterer Vorschriften im Bereich der rechtsberatenden Berufe v. 7.7.2021 (BGBl. I S. 2363), Art. 3a G zur Umsetzung unionsrechtl. Vorgaben und zur Regelung reiner Wasserstoffnetze im Energiewirtschaftsrecht v. 16.7.2021 (BGBl. I S. 3026), Art. 14, 15 und 16 G zum Ausbau des elektronischen Rechtsverkehrs mit den Gerichten und zur Änd. weiterer Vorschriften v. 5.10.2021 (BGBl. I S. 4607), Art. 2 G zur Verbesserung der Transparenzregeln für die Mitglieder des Deutschen Bundestages und zur Anhebung des Strafrahmens des § 108e des Strafgesetzbuches v. 8.10.2021 (BGBl. I S. 4650), Art. 3 Zweites G zur Änd. des Windenergie-auf-See-Gesetzes und anderer Vorschriften v. 20.7.2022 (BGBl. I S. 1325), Art. 13 Abs. 2 G zur Stärkung der Aufsicht bei Rechtsdienstleistungen und zur Änd. weiterer Vorschriften v. 10.3.2023 (BGBl. 2023 I Nr. 64), Art. 1 G zur Beschleunigung von verwaltungsgerichtlichen Verfahren im Infrastrukturbereich v. 14.3.2023 (BGBl. 2023 I Nr. 71), Art. 19 VerbandsklagenrichtlinienumsetzungsG v. 8.10.2023 (BGBl. 2023 I Nr. 272), Art. 2 Abs. 4 Fünftes G zur Änd. verwaltungsverfahrensrechtlicher Vorschriften sowie zur Änd. des SGB VI v. 4.12.2023 (BGBl. 2023 I Nr. 344), Art. 11 G zur Beschleunigung von Genehmigungsverfahren im Verkehrsbereich und zur Umsetzung der RL (EU) 2021/1187 über die Straffung von Maßnahmen zur rascheren Verwirklichung des transeuropäischen Verkehrsnetzes v. 22.12.2023 (BGBl. 2023 I Nr. 409), Art. 28, Art. 29, Art. 30 G zur weiteren Digitalisierung der Justiz v. 12.7.2024 (BGBl. 2024 I Nr. 234), Art. 11 PostrechtsmodernisierungsG v. 15.7.2024 (BGBl. 2024 I Nr. 236), Art. 11 G zur Förderung des Einsatzes von Videokonferenztechnik in der Zivilgerichtsbarkeit und den Fachgerichtsbarkeiten v. 15.7. 2024 (BGBl. 2024 I Nr. 237), Art. 5 G zur Einführung eines Leitentscheidungsverfahrens beim Bundesgerichtshof v. 24.10.2024 (BGBl. 2024 I Nr. 328), Art. 2 Abs. 6 G zur Änd. des Kohlendioxid-SpeicherungsG v. 25.11.2025 (BGBl. 2025 I Nr. 282), Art. 9 G zur Änd. des Zuständigkeitsstreitwerts der Amtsgerichte, zum Ausbau der Spezialisierung der Justiz in Zivilsachen sowie zur Änd. weiterer prozessualer Regelungen v. 8.12.2025 (BGBl. 2025 I Nr. 318), Art. 31 G zur Änd. der Vorschriften über die Einführung der elektronischen Akte in der Justiz und über die allgemeine Beeidigung von Gerichtsdolmetschern sowie zur Änd. des Stiftungsregisterrechts v. 8.12.2025 (BGBl. 2025 I Nr. 319), Art. 6 G zur Beschleunigung des Ausbaus von Geothermieanlagen, Wärmepumpen und Wärmespeichern sowie zur Änd. des BauGB und des BImSchG v. 22.12.2025 (BGBl. 2025 I Nr. 348), Art. 15, Art. 16 G zur Entwicklung und Erprobung eines Online-Verfahrens in der Zivilgerichtsbarkeit v. 22.12.2025 (BGBl. 2025 I Nr. 349), Art. 4 GeoschutzreformG v. 11.1.2026 (BGBl. 2026 I Nr. 9), Art. 3 G zur Beschleunigung der Verfügbarkeit von Wasserstoff und zur Änd. weiterer rechtlicher Rahmenbedingungen für den

Wasserstoffhochlauf und weiterer energierechtlicher Vorschriften v. 29.3.2026 (BGBl. 2026 I Nr. 84) und Art. 12a GEAS-Anpassungsgesetz v. 23.4.2026 (BGBl. 2026 I Nr. 111)

Zur VwGO haben die Länder u.a. folgende Vorschriften erlassen:
- **Baden-Württemberg:** G zur Ausführung der VwGO v. 14.10.2008 (GBl. S. 343, 356), zuletzt geänd. durch G v. 18.3.2025 (GBl. Nr. 25)
- **Bayern:** G zur Ausführung der VwGO idF der Bek. v. 20.6.1992 (GVBl. S. 162), zuletzt geänd. durch G v. 8.7.2025 (GVBl. S. 219)
- **Berlin:** G zur Ausführung der VwGO v. 22.2.1977 (GVBl. S. 557), aufgeh. mit Ablauf des 31.7.2021 durch § 19. AufhebungsG v. 22.1.2021 (GVBl. S. 88) v. 22.1.2021 (GVBl. S. 88). Gem. § 2 dieses G bleibt die Vorschrift auf Rechtsverhältnisse und Sachverhalte anwendbar, die während ihrer Geltung ganz oder zum Teil bestanden haben oder entstanden sind; besondere Rechtsvorschriften zu Übergangsregelungen bleiben unberührt.
- **Brandenburg:** Brandenburgisches VerwaltungsgerichtsG idF der Bek. v. 22.11.1996 (GVBl. I S. 317), zuletzt geänd. durch G v. 10.7.2014 (GVBl. I Nr. 37)
- **Bremen:** G zur Ausführung der VwGO v. 15.3.1960 (Brem.GBl. S. 25), zuletzt geänd. durch G v. 26.8.2025 (Brem.GBl. S. 663)
- **Hamburg:** G zur Ausführung der VwGO v. 29.3.1960 (HmbGVBl. S. 291), zuletzt geänd. durch G v. 13.12.2023 (HmbGVBl. S. 443)
- **Hessen:** Hessisches G zur Ausführung der VwGO idF der Bek. v. 27.10.1997 (GVBl. I S. 381), zuletzt geänd. durch G v. 5.2.2026 (GVBl. Nr. 8)
- **Mecklenburg-Vorpommern:** G zur Ausführung des GerichtsstrukturG v. 10.6.1992 (GVOBl. M-V S. 314, 363), zuletzt geänd. durch G v. 9.12.2022 (GVOBl. M-V S. 587)
- **Niedersachsen:** Niedersächsisches Justizgesetz v. 16.12.2014 (Nds. GVBl. S. 436), zuletzt geänd. durch G v. 3.3.2026 (Nds. GVBl. Nr. 19)
- **Nordrhein-Westfalen:** Justizgesetz Nordrhein-Westfalen v. 26.1.2010 (GV. NRW. S. 30), zuletzt geänd. durch G v. 10.12.2024 (GV. NRW. S. 1207)
- **Rheinland-Pfalz:** Landesgesetz zur Ausführung der VwGO idF der Bek. v. 5.12.1977 (GVBl. S. 451), zuletzt geänd. durch G v. 19.8.2014 (GVBl. S. 187)
- **Saarland:** Saarländisches AusführungsG zur VwGO v. 5.7.1960 (Amtsbl. S. 558), zuletzt geänd. durch G v. 20.4.2016 (Amtsbl. I S. 402)
- **Sachsen:** Sächsisches JustizG v. 24.11.2000 (SächsGVBl. S. 482; 2001 S. 704), zuletzt geänd. durch G v. 13.12.2023 (SächsGVBl. S. 884)
- **Sachsen-Anhalt:** G zur Ausführung der VwGO und des BDG v. 28.1.1992 (GVBl. LSA S. 36), zuletzt geänd. durch G v. 18.6.2024 (GVBl. LSA S. 156)
- **Schleswig-Holstein:** LandesjustizG v. 17.4.2018 (GVOBl. Schl.-H. S. 231, 441), zuletzt geänd. durch G v. 9.12.2025 (GVOBl. Schl.-H. Nr. 180)
- **Thüringen:** Thüringer G zur Ausführung der VwGO idF der Bek. v. 15.12.1992 (GVBl. S. 576), zuletzt geänd. durch G v. 16.11.2023 (GVBl. S. 291).

Nichtamtliche Inhaltsübersicht

Teil I. Gerichtsverfassung

1. Abschnitt. Gerichte

2. Abschnitt. Richter

3. Abschnitt. Ehrenamtliche Richter

4. Abschnitt. Vertreter des öffentlichen Interesses

5. Abschnitt. Gerichtsverwaltung

6. Abschnitt. Verwaltungsrechtsweg und Zuständigkeit

Teil II. Verfahren

7. Abschnitt. Allgemeine Verfahrensvorschriften

Teil I. Gerichtsverfassung

1. Abschnitt. Gerichte

§ 1 [Unabhängigkeit der Verwaltungsgerichte] Die Verwaltungsgerichtsbarkeit wird durch unabhängige, von den Verwaltungsbehörden getrennte Gerichte ausgeübt.

§ 2[1)] [Gerichte und Instanzen der Verwaltungsgerichtsbarkeit] Gerichte der Verwaltungsgerichtsbarkeit sind in den Ländern die Verwaltungsgerichte und je ein Oberverwaltungsgericht, im Bund das Bundesverwaltungsgericht mit Sitz in Leipzig.

§ 3[2)] [Gerichtsorganisation] (1) Durch Gesetz werden angeordnet

---

[1)] § 2 neu gef. durch G v. 21.11.1997 (BGBl. I S. 2742).

[2)] § 3 Abs. 1 Nr. 4a eingef. und Nr. 6 geänd. mWv 1.1.2002 durch G v. 20.12.2001 (BGBl. I S. 3987); Abs. 1 Nr. 4a geänd. mWv 24.10.2015 durch G v. 20.10.2015 (BGBl. I S. 1722).

1. die Errichtung und Aufhebung eines Verwaltungsgerichts oder eines Oberverwaltungsgerichts,
2. die Verlegung eines Gerichtssitzes,
3. Änderungen in der Abgrenzung der Gerichtsbezirke,
4. die Zuweisung einzelner Sachgebiete an ein Verwaltungsgericht für die Bezirke mehrerer Verwaltungsgerichte,

4a. die Zuweisung von Verfahren, bei denen sich die örtliche Zuständigkeit nach § 52 Nr. 2 Satz 1, 2 oder 5 bestimmt, an ein anderes Verwaltungsgericht oder an mehrere Verwaltungsgerichte des Landes,

5. die Errichtung einzelner Kammern des Verwaltungsgerichts oder einzelner Senate des Oberverwaltungsgerichts an anderen Orten,
6. der Übergang anhängiger Verfahren auf ein anderes Gericht bei Maßnahmen nach den Nummern 1, 3, 4 und 4a, wenn sich die Zuständigkeit nicht nach den bisher geltenden Vorschriften richten soll.

(2) Mehrere Länder können die Errichtung eines gemeinsamen Gerichts oder gemeinsamer Spruchkörper eines Gerichts oder die Ausdehnung von Gerichtsbezirken über die Landesgrenzen hinaus, auch für einzelne Sachgebiete, vereinbaren.

§ 4[1)] [Präsidium und Geschäftsverteilung] [1]Für die Gerichte der Verwaltungsgerichtsbarkeit gelten die Vorschriften des Zweiten Titels des Gerichtsverfassungsgesetzes[2)] entsprechend. [2]Die Mitglieder und drei Vertreter des für Entscheidungen nach § 99 Abs. 2 zuständigen Spruchkörpers bestimmt das Präsidium jeweils für die Dauer von vier Jahren. [3]Die Mitglieder und ihre Vertreter müssen Richter auf Lebenszeit sein.

§ 5[3)] [Besetzung und Gliederung der Verwaltungsgerichte] (1) Das Verwaltungsgericht besteht aus dem Präsidenten und aus den Vorsitzenden Richtern und weiteren Richtern in erforderlicher Anzahl.

(2) Bei dem Verwaltungsgericht werden Kammern gebildet.

(3) [1]Die Kammer des Verwaltungsgerichts entscheidet in der Besetzung von drei Richtern und zwei ehrenamtlichen Richtern, soweit nicht ein Einzelrichter entscheidet. [2]Bei Beschlüssen außerhalb der mündlichen Verhandlung und bei Gerichtsbescheiden (§ 84) wirken die ehrenamtlichen Richter nicht mit.

§ 6[4)] [Übertragung auf Einzelrichter, Rückübertragung auf die Kammer]

(1) [1]Die Kammer soll in der Regel den Rechtsstreit einem ihrer Mitglieder als Einzelrichter zur Entscheidung übertragen, wenn

1. die Sache keine besonderen Schwierigkeiten tatsächlicher oder rechtlicher Art aufweist und
2. die Rechtssache keine grundsätzliche Bedeutung hat.

[2]Ein Richter auf Probe darf im ersten Jahr nach seiner Ernennung nicht Einzelrichter sein.

---

1) § 4 Sätze 2 und 3 angef., bish. Wortlaut wird Satz 1 mWv 1.1.2002 durch G v. 20.12.2001 (BGBl. I S. 3987).

2) Siehe §§ 21a bis 21i GVG **(Habersack Nr. 95)**.

3) § 5 Abs. 3 Satz 1 geänd. durch G v. 11.1.1993 (BGBl. I S. 50).

4) § 6 eingef. durch G v. 11.1.1993 (BGBl. I S. 50).

(2) Der Rechtsstreit darf dem Einzelrichter nicht übertragen werden, wenn bereits vor der Kammer mündlich verhandelt worden ist, es sei denn, daß inzwischen ein Vorbehalts-, Teil- oder Zwischenurteil ergangen ist.

(3) [1] Der Einzelrichter kann nach Anhörung der Beteiligten den Rechtsstreit auf die Kammer zurückübertragen, wenn sich aus einer wesentlichen Änderung der Prozeßlage ergibt, daß die Rechtssache grundsätzliche Bedeutung hat oder die Sache besondere Schwierigkeiten tatsächlicher oder rechtlicher Art aufweist. [2] Eine erneute Übertragung auf den Einzelrichter ist ausgeschlossen.

(4) [1] Beschlüsse nach den Absätzen 1 und 3 sind unanfechtbar. [2] Auf eine unterlassene Übertragung kann ein Rechtsbehelf nicht gestützt werden.

§§ 7 und 8 (weggefallen)

(Fortsetzung nächstes Blatt)

§ 9[1)] [Besetzung und Gliederung der Oberverwaltungsgerichte] (1) Das Oberverwaltungsgericht besteht aus dem Präsidenten und aus den Vorsitzenden Richtern und weiteren Richtern in erforderlicher Anzahl.

(2) Bei dem Oberverwaltungsgericht werden Senate gebildet.

(3) [1] Die Senate des Oberverwaltungsgerichts entscheiden in der Besetzung von drei Richtern; die Landesgesetzgebung kann vorsehen, daß die Senate in der Besetzung von fünf Richtern entscheiden, von denen zwei auch ehrenamtliche Richter sein können. [2] Für die Fälle des § 48 Abs. 1 kann auch vorgesehen werden, daß die Senate in der Besetzung von fünf Richtern und zwei ehrenamtlichen Richtern entscheiden. [3] Satz 1 Halbsatz 2 und Satz 2 gelten nicht für die Fälle des § 99 Abs. 2.

(4) [1] In Verfahren nach § 48 Absatz 1 Satz 1 Nummer 3 bis 15 kann der Senat den Rechtsstreit einem seiner Mitglieder als Einzelrichter zur Entscheidung übertragen, wenn

1. die Sache keine besonderen Schwierigkeiten tatsächlicher oder rechtlicher Art aufweist und
2. die Rechtssache keine grundsätzliche Bedeutung hat.

[2] § 6 Absatz 2 bis 4 gilt entsprechend.

§ 10[2)] [Besetzung und Gliederung des Bundesverwaltungsgerichts]

(1) Das Bundesverwaltungsgericht besteht aus dem Präsidenten und aus den Vorsitzenden Richtern und weiteren Richtern in erforderlicher Anzahl.

(2) Bei dem Bundesverwaltungsgericht werden Senate gebildet.

(3) Die Senate des Bundesverwaltungsgerichts entscheiden in der Besetzung von fünf Richtern, bei Beschlüssen außerhalb der mündlichen Verhandlung in der Besetzung von drei Richtern.

(4) [1] In Verfahren nach § 50 Absatz 1 Nummer 6 kann der Senat in einer Besetzung mit drei Richtern entscheiden, wenn

1. die Sache keine besonderen Schwierigkeiten tatsächlicher oder rechtlicher Art aufweist und
2. die Rechtssache keine grundsätzliche Bedeutung hat.

[2] § 6 Absatz 2 bis 4 gilt entsprechend.

§ 11[3)] [Großer Senat beim Bundesverwaltungsgericht] (1) Bei dem Bundesverwaltungsgericht wird ein Großer Senat gebildet.

(2) Der Große Senat entscheidet, wenn ein Senat in einer Rechtsfrage von der Entscheidung eines anderen Senats oder des Großen Senats abweichen will.

(3) [1] Eine Vorlage an den Großen Senat ist nur zulässig, wenn der Senat, von dessen Entscheidung abgewichen werden soll, auf Anfrage des erkennenden Senats erklärt hat, daß er an seiner Rechtsauffassung festhält. [2] Kann der Senat, von dessen Entscheidung abgewichen werden soll, wegen einer Änderung des Geschäftsverteilungsplanes mit der Rechtsfrage nicht mehr befaßt werden, tritt der Senat an seine Stelle, der nach dem Geschäftsverteilungsplan für den Fall, in dem abwei-

[1)] § 9 Abs. 3 Satz 2 angef., bish. Wortlaut wird Satz 1 und Abs. 4 aufgeh. durch G v. 11.1.1993 (BGBl. I S. 50); Abs. 3 Satz 3 angef. mWv 1.1.2002 durch G v. 20.12.2001 (BGBl. I S. 3987); Abs. 4 angef. mWv 21.3.2023 durch G v. 14.3.2023 (BGBl. 2023 I Nr. 71).

[2)] § 10 Abs. 4 angef. mWv 21.3.2023 durch G v. 14.3.2023 (BGBl. 2023 I Nr. 71).

[3)] § 11 neu gef. durch G v. 17.12.1990 (BGBl. I S. 2847).

chend entschieden wurde, nunmehr zuständig wäre. [3]Über die Anfrage und die Antwort entscheidet der jeweilige Senat durch Beschluß in der für Urteile erforderlichen Besetzung.

(4) Der erkennende Senat kann eine Frage von grundsätzlicher Bedeutung dem Großen Senat zur Entscheidung vorlegen, wenn das nach seiner Auffassung zur Fortbildung des Rechts oder zur Sicherung einer einheitlichen Rechtsprechung erforderlich ist.

(5) [1]Der Große Senat besteht aus dem Präsidenten und je einem Richter der Revisionssenate, in denen der Präsident nicht den Vorsitz führt. [2]Legt ein anderer als ein Revisionssenat vor oder soll von dessen Entscheidung abgewichen werden, ist auch ein Mitglied dieses Senats im Großen Senat vertreten. [3]Bei einer Verhinderung des Präsidenten tritt ein Richter des Senats, dem er angehört, an seine Stelle.

(6) [1]Die Mitglieder und die Vertreter werden durch das Präsidium für ein Geschäftsjahr bestellt. [2]Das gilt auch für das Mitglied eines anderen Senats nach Absatz 5 Satz 2 und für seinen Vertreter. [3]Den Vorsitz im Großen Senat führt der Präsident, bei Verhinderung das dienstälteste Mitglied. [4]Bei Stimmengleichheit gibt die Stimme des Vorsitzenden den Ausschlag.

(7) [1]Der Große Senat entscheidet nur über die Rechtsfrage. [2]Er kann ohne mündliche Verhandlung entscheiden. [3]Seine Entscheidung ist in der vorliegenden Sache für den erkennenden Senat bindend.

§ 12[1)] [Großer Senat beim Oberverwaltungsgericht] (1) [1]Die Vorschriften des § 11 gelten für das Oberverwaltungsgericht entsprechend, soweit es über eine Frage des Landesrechts endgültig entscheidet. [2]An die Stelle der Revisionssenate treten die nach diesem Gesetz gebildeten Berufungssenate.

(2) Besteht ein Oberverwaltungsgericht nur aus zwei Berufungssenaten, so treten an die Stelle des Großen Senats die Vereinigten Senate.

(3) Durch Landesgesetz kann eine abweichende Zusammensetzung des Großen Senats bestimmt werden.

§ 13 [Geschäftsstelle] [1]Bei jedem Gericht wird eine Geschäftsstelle eingerichtet. [2]Sie wird mit der erforderlichen Anzahl von Urkundsbeamten besetzt.

§ 14 [Rechts- und Amtshilfe] Alle Gerichte und Verwaltungsbehörden leisten den Gerichten der Verwaltungsgerichtsbarkeit Rechts- und Amtshilfe.

2. Abschnitt. Richter

§ 15 [Hauptamtliche Richter] (1) Die Richter werden auf Lebenszeit ernannt, soweit nicht in §§ 16 und 17 Abweichendes bestimmt ist.

(2) (weggefallen)

(3) Die Richter des Bundesverwaltungsgerichts müssen das fünfunddreißigste Lebensjahr vollendet haben.

[1)] § 12 Abs. 1 Satz 2 angef., bish. Wortlaut wird Satz 1 und Abs. 2 geänd. mWv 1.1.1992 sowie Abs. 3 angef. mWv 1.4.1991 durch G v. 17.12.1990 (BGBl. I S. 2847).

§ 16 [Richter im Nebenamt] Bei dem Oberverwaltungsgericht und bei dem Verwaltungsgericht können auf Lebenszeit ernannte Richter anderer Gerichte und ordentliche Professoren des Rechts für eine bestimmte Zeit von mindestens zwei Jahren, längstens jedoch für die Dauer ihres Hauptamts, zu Richtern im Nebenamt ernannt werden.

§ 17[1)] [Richter auf Probe, Richter kraft Auftrags, Richter auf Zeit] Bei den Verwaltungsgerichten können auch folgende Richter verwendet werden:

1. Richter auf Probe,
2. Richter kraft Auftrags und
3. Richter auf Zeit.

§ 18[1)] [Ernennung zum Richter auf Zeit] [1] Zur Deckung eines nur vorübergehenden Personalbedarfs kann ein Beamter auf Lebenszeit mit der Befähigung zum Richteramt für die Dauer von mindestens zwei Jahren, längstens jedoch für die Dauer seines Hauptamts, zum Richter auf Zeit ernannt werden. [2] § 15 Absatz 1 Satz 1 und 3 sowie Absatz 2 des Deutschen Richtergesetzes[2)] ist entsprechend anzuwenden.

3. Abschnitt. Ehrenamtliche Richter

§ 19 [Aufgaben] Der ehrenamtliche Richter wirkt bei der mündlichen Verhandlung und der Urteilsfindung mit gleichen Rechten wie der Richter mit.

§ 20[3)] [Voraussetzungen der Berufung] [1] Der ehrenamtliche Richter muß Deutscher sein. [2] Er soll das 25. Lebensjahr vollendet und seinen Wohnsitz innerhalb des Gerichtsbezirks haben.

§ 21[4)] [Ausschluss vom Ehrenamt] (1) Vom Amt des ehrenamtlichen Richters sind ausgeschlossen

1. Personen, die infolge Richterspruchs die Fähigkeit zur Bekleidung öffentlicher Ämter nicht besitzen oder wegen einer vorsätzlichen Tat zu einer Freiheitsstrafe von mehr als sechs Monaten verurteilt worden sind,
2. Personen, gegen die Anklage wegen einer Tat erhoben ist, die den Verlust der Fähigkeit zur Bekleidung öffentlicher Ämter zur Folge haben kann,
3. Personen, die nicht das Wahlrecht zu den gesetzgebenden Körperschaften des Landes besitzen.

(2) Personen, die in Vermögensverfall geraten sind, sollen nicht zu ehrenamtlichen Richtern berufen werden.

---

1) §§ 17 und 18 neu gef. mWv 24. 10. 2015 durch G v. 20. 10. 2015 (BGBl. I S. 1722).

2) **Schönfelder ErgBd. Nr. 97.**

3) § 20 Satz 2 geänd. mWv 1. 1. 2005 durch G v. 21. 12. 2004 (BGBl. I S. 3599).

4) § 21 Abs. 2 angef., bish. Wortlaut wird Abs. 1 und Nr. 3 aufgeh., bish. Nr. 4 wird Nr. 3 mWv 1. 1. 1999 durch G v. 5. 10. 1994 (BGBl. I S. 2911).

§ 22[1] **[Hinderungsgründe für Laienbeisitzer]** Zu ehrenamtlichen Richtern können nicht berufen werden

1. Mitglieder des Bundestages, des Europäischen Parlaments, der gesetzgebenden Körperschaften eines Landes, der Bundesregierung oder einer Landesregierung,
2. Richter,
3. Beamte und Angestellte im öffentlichen Dienst, soweit sie nicht ehrenamtlich tätig sind,
4. Berufssoldaten und Soldaten auf Zeit,

4 a. *(aufgehoben)*

5. Rechtsanwälte, Notare und Personen, die fremde Rechtsangelegenheiten geschäftsmäßig besorgen.

§ 23[2] **[Ablehnungsrecht]** (1) Die Berufung zum Amt des ehrenamtlichen Richters dürfen ablehnen

1. Geistliche und Religionsdiener,
2. Schöffen und andere ehrenamtliche Richter,
3. Personen, die zwei Amtsperioden lang als ehrenamtliche Richter bei Gerichten der allgemeinen Verwaltungsgerichtsbarkeit tätig gewesen sind,
4. Ärzte, Krankenpfleger, Hebammen,
5. Apothekenleiter, die keinen weiteren Apotheker beschäftigen,
6. Personen, die die Regelaltersgrenze nach dem Sechsten Buch Sozialgesetzbuch[3] erreicht haben.

(2) In besonderen Härtefällen kann außerdem auf Antrag von der Übernahme des Amtes befreit werden.

§ 24 [Entbindung vom Ehrenamt] (1) Ein ehrenamtlicher Richter ist von seinem Amt zu entbinden, wenn er

1. nach §§ 20 bis 22 nicht berufen werden konnte oder nicht mehr berufen werden kann oder
2. seine Amtspflichten gröblich verletzt hat oder
3. einen Ablehnungsgrund nach § 23 Abs. 1 geltend macht oder
4. die zur Ausübung seines Amtes erforderlichen geistigen oder körperlichen Fähigkeiten nicht mehr besitzt oder
5. seinen Wohnsitz im Gerichtsbezirk aufgibt.

(2) In besonderen Härtefällen kann außerdem auf Antrag von der weiteren Ausübung des Amtes entbunden werden.

(3) [1] Die Entscheidung trifft ein Senat des Oberverwaltungsgerichts in den Fällen des Absatzes 1 Nr. 1, 2 und 4 auf Antrag des Präsidenten des Ver-

---

[1] § 22 Nr. 1 geänd. durch G v. 17. 12. 1990 (BGBl. I S. 2847); Nr. 4 a aufgeh. durch G v. 25. 3. 1997 (BGBl. I S. 726).

[2] § 23 Abs. 1 Nr. 5 neu gef. durch G v. 1. 11. 1996 (BGBl. I S. 1626); Abs. 1 Nr. 3 geänd. *mWv 1. 1. 2005 durch G v. 21.* 12. 2004 (BGBl. I S. 3599); Abs. 1 Nr. 6 geänd. mWv 5. 8. 2009 durch G v. 30. 7. 2009 (BGBl. I S. 2449).

[3] **Aichberger, SGB Nr. 6.**

waltungsgerichts, in den Fällen des Absatzes 1 Nr. 3 und 5 und des Absatzes 2 auf Antrag des ehrenamtlichen Richters. [2] Die Entscheidung ergeht durch Beschluß nach Anhörung des ehrenamtlichen Richters. [3] Sie ist unanfechtbar.

(4) Absatz 3 gilt entsprechend in den Fällen des § 23 Abs. 2.

(5) Auf Antrag des ehrenamtlichen Richters ist die Entscheidung nach Absatz 3 von dem Senat des Oberverwaltungsgerichts aufzuheben, wenn Anklage nach § 21 Nr. 2 erhoben war und der Angeschuldigte rechtskräftig außer Verfolgung gesetzt oder freigesprochen worden ist.

§ 25[1)] **[Wahlperiode]** Die ehrenamtlichen Richter werden auf fünf Jahre gewählt.

§ 26[2)] **[Wahlausschuss]** (1) Bei jedem Verwaltungsgericht wird ein Ausschuß zur Wahl der ehrenamtlichen Richter bestellt.

(2) [1] Der Ausschuß besteht aus dem Präsidenten des Verwaltungsgerichts als Vorsitzendem, einem von der Landesregierung bestimmten Verwaltungsbeamten und sieben Vertrauensleuten als Beisitzern. [2] Die Vertrauensleute, ferner sieben Vertreter werden aus den Einwohnern des Verwaltungsgerichtsbezirks vom Landtag oder von einem durch ihn bestimmten Landtagsausschuß oder nach Maßgabe eines Landesgesetzes gewählt. [3] Sie müssen die Voraussetzungen zur Berufung als ehrenamtliche Richter erfüllen. [4] Die Landesregierungen werden ermächtigt, durch Rechtsverordnung die Zuständigkeit für die Bestimmung des Verwaltungsbeamten abweichend von Satz 1 zu regeln. [5] Sie können diese Ermächtigung auf oberste Landesbehörden übertragen. [6] In den Fällen des § 3 Abs. 2 richtet sich die Zuständigkeit für die Bestellung des Verwaltungsbeamten sowie des Landes für die Wahl der Vertrauensleute nach dem Sitz des Gerichts. [7] Die Landesgesetzgebung kann in diesen Fällen vorsehen, dass jede beteiligte Landesregierung einen Verwaltungsbeamten in den Ausschuss entsendet und dass jedes beteiligte Land mindestens zwei Vertrauensleute bestellt.

(3) Der Ausschuß ist beschlußfähig, wenn wenigstens der Vorsitzende, ein Verwaltungsbeamter und drei Vertrauensleute anwesend sind.

§ 27 [Zahl der ehrenamtlichen Richter] Die für jedes Verwaltungsgericht erforderliche Zahl von ehrenamtlichen Richtern wird durch den Präsidenten so bestimmt, daß voraussichtlich jeder zu höchstens zwölf ordentlichen Sitzungstagen im Jahr herangezogen wird.

§ 28[3)] **[Vorschlagsliste]** [1] Die Kreise und kreisfreien Städte stellen in jedem fünften Jahr eine Vorschlagsliste für ehrenamtliche Richter auf. [2] Der Ausschuß bestimmt für jeden Kreis und für jede kreisfreie Stadt die Zahl der Personen, *die in die Vorschlagsliste aufzunehmen* sind. [3] Hierbei ist die doppelte Anzahl der nach § 27 erforderlichen ehrenamtlichen Richter zugrunde

---

[1)] § 25 geänd. mWv 1. 1. 2005 durch G v. 21. 12. 2004 (BGBl. I S. 3599).

[2)] § 26 Abs. 2 Sätze 6 und 7 angef. sowie Abs. 3 geänd. mWv 1. 9. 2004 durch G v. 24. 8. 2004 (BGBl. I S. 2198).

[3)] § 28 Satz 1 geänd., Satz 4 neu gef. und Satz 5 eingef., bish. Satz 5 wird Satz 6 mWv 1. 1. 2005 durch G v. 21. 12. 2004 (BGBl. I S. 3599); Satz 6 zweiter Halbs. geänd. mWv 1. 4. 2005 durch G v. 22. 3. 2005 (BGBl. I S. 837).

zu legen. [4] Für die Aufnahme in die Liste ist die Zustimmung von zwei Dritteln der anwesenden Mitglieder der Vertretungskörperschaft des Kreises oder der kreisfreien Stadt, mindestens jedoch die Hälfte der gesetzlichen Mitgliederzahl erforderlich. [5] Die jeweiligen Regelungen zur Beschlussfassung der Vertretungskörperschaft bleiben unberührt. [6] Die Vorschlagslisten sollen außer dem Namen auch den Geburtsort, den Geburtstag und Beruf des Vorgeschlagenen enthalten; sie sind dem Präsidenten des zuständigen Verwaltungsgerichts zu übermitteln.

§ 29 [Wahlverfahren] (1) Der Ausschuß wählt aus den Vorschlagslisten mit einer Mehrheit von mindestens zwei Dritteln der Stimmen die erforderliche Zahl von ehrenamtlichen Richtern.

(2) Bis zur Neuwahl bleiben die bisherigen ehrenamtlichen Richter im Amt.

§ 30[1)] [Heranziehung zu Sitzungen, Vertreter] (1) Das Präsidium des Verwaltungsgerichts bestimmt vor Beginn des Geschäftsjahres die Reihenfolge, in der die ehrenamtlichen Richter zu den Sitzungen heranzuziehen sind.

(2) Für die Heranziehung von Vertretern bei unvorhergesehener Verhinderung kann eine Hilfsliste aus ehrenamtlichen Richtern aufgestellt werden, die am Gerichtssitz oder in seiner Nähe wohnen.

§ 31 (weggefallen)

§ 32[2)] [Entschädigung] Der ehrenamtliche Richter und der Vertrauensmann (§ 26) erhalten eine Entschädigung nach dem Justizvergütungs- und -entschädigungsgesetz[3)].

§ 33 [Ordnungsgeld] (1) [1] Gegen einen ehrenamtlichen Richter, der sich ohne genügende Entschuldigung zu einer Sitzung nicht rechtzeitig einfindet oder der sich seinen Pflichten auf andere Weise entzieht, kann ein Ordnungsgeld festgesetzt werden. [2] Zugleich können ihm die durch sein Verhalten verursachten Kosten auferlegt werden.

(2) [1] Die Entscheidung trifft der Vorsitzende. [2] Bei nachträglicher Entschuldigung kann er sie ganz oder zum Teil aufheben.

§ 34 [Ehrenamtliche Richter beim Oberverwaltungsgericht] §§ 19 bis 33 gelten für die ehrenamtlichen Richter bei dem Oberverwaltungsgericht entsprechend, wenn die Landesgesetzgebung bestimmt hat, daß bei diesem Gericht ehrenamtliche Richter mitwirken.

---

1) § 30 Abs. 1 Satz 2 aufgeh., bish. Satz 1 wird alleiniger Wortlaut mWv 1. 1. 2005 durch G v. *21. 12. 2004 (BGBl. I S. 3599).*

2) § 32 geänd. mWv 1. 7. 2004 durch G v. 5. 5. 2004 (*BGBl. I S.* 718).

3) **Schönfelder Nr. 116.**

4. Abschnitt. Vertreter des öffentlichen Interesses

§ 35[1] **[Vertreter des Bundesinteresses beim Bundesverwaltungsgericht]**

(1) [1]Die Bundesregierung bestellt einen Vertreter des Bundesinteresses beim Bundesverwaltungsgericht[2] und richtet ihn im Bundesministerium des Innern, für Bau und Heimat ein. [2]Der Vertreter des Bundesinteresses beim Bundesverwaltungsgericht kann sich an jedem Verfahren vor dem Bundesverwaltungsgericht beteiligen; dies gilt nicht für Verfahren vor den Wehrdienstsenaten. [3]Er ist an die Weisungen[3] der Bundesregierung gebunden.

(2) Das Bundesverwaltungsgericht gibt dem Vertreter des Bundesinteresses beim Bundesverwaltungsgericht Gelegenheit zur Äußerung.

§ 36 [Vertreter des öffentlichen Interesses] (1) [1]Bei dem Oberverwaltungsgericht und bei dem Verwaltungsgericht kann nach Maßgabe einer Rechtsverordnung der Landesregierung ein Vertreter des öffentlichen Interesses bestimmt werden. [2]Dabei kann ihm allgemein oder für bestimmte Fälle die Vertretung des Landes oder von Landesbehörden übertragen werden.

(2) § 35 Abs. 2 gilt entsprechend.

§ 37[4] **[Befähigung zum Richteramt]** (1) Der Vertreter des Bundesinteresses beim Bundesverwaltungsgericht und seine hauptamtlichen Mitarbeiter des höheren Dienstes müssen die Befähigung zum Richteramt haben.

(2) Der Vertreter des öffentlichen Interesses bei dem Oberverwaltungsgericht und bei dem Verwaltungsgericht muß die Befähigung zum Richteramt nach dem Deutschen Richtergesetz[5] haben; § 174 bleibt unberührt.

5. Abschnitt. Gerichtsverwaltung

§ 38 [Dienstaufsicht] (1) Der Präsident des Gerichts übt die Dienstaufsicht über die Richter, Beamten, Angestellten und Arbeiter aus.

(2) Übergeordnete Dienstaufsichtsbehörde für das Verwaltungsgericht ist der Präsident des Oberverwaltungsgerichts.

§ 39 [Verwaltungsgeschäfte] Dem Gericht dürfen keine Verwaltungsgeschäfte außerhalb der Gerichtsverwaltung übertragen werden.

6. Abschnitt. Verwaltungsrechtsweg und Zuständigkeit

§ 40[6] [7] **[Zulässigkeit des Verwaltungsrechtsweges]** (1) [1]Der Verwaltungsrechtsweg ist in allen öffentlich-rechtlichen Streitigkeiten nichtverfassungsrechtlicher Art gegeben, soweit die Streitigkeiten nicht durch Bundesgesetz einem

---

[1] § 35 Abs. 1 neu gef. und Abs. 2 geänd. mWv 1.1.2002 durch G v. 9.7.2001 (BGBl. I S. 1510); Abs. 1 Satz 1 geänd. mWv 27.6.2020 durch VO v. 19.6.2020 (BGBl. I S. 1328).

[2] *Beachte hierzu Art. 14 Nr. 8 G v. 9.7.2001* (BGBl. I S. 1510), der am 1.1.2002 in Kraft getreten ist: „8. Beteiligungserklärungen des Oberbundesanwalts beim Bundesverwaltungsgericht, die bis zum Inkrafttreten dieses Gesetzes abgegeben worden sind, werden von dem Vertreter des Bundesinteresses beim Bundesverwaltungsgericht weiterverfolgt."

[3] Siehe die AVwV zu § 35 VwGO – Dienstanweisung für den Vertreter des Bundesinteresses beim Bundesverwaltungsgericht – idF der Bek. v. 31.1.2002 (BAnz. Nr. 26 S. 2253).

[4] § 37 Abs. 1 geänd. mWv 1.1.2002 durch G v. 9.7.2001 (BGBl. I S. 1510); Abs. 1 geänd. mWv 1.8. 2021 durch G v. 25.6.2021 (BGBl. I S. 2154).

[5] **Schönfelder ErgBd. Nr. 97.**

[6] Siehe hierzu auch §§ 17, 17a und 17b GVG **(Schönfelder Nr. 95)**.

[7] § 40 Abs. 2 Satz 1 zweiter Halbs. angef. mWv 1.1.2002 durch G v. 20.12.2001 (BGBl. I S. 3987).

anderen Gericht ausdrücklich zugewiesen sind. [2] Öffentlich-rechtliche Streitigkeiten auf dem Gebiet des Landesrechts können einem anderen Gericht auch durch Landesgesetz zugewiesen werden.

(2) [1] Für vermögensrechtliche Ansprüche aus Aufopferung für das gemeine Wohl und aus öffentlich-rechtlicher Verwahrung sowie für Schadensersatzansprüche aus der Verletzung öffentlich-rechtlicher Pflichten, die nicht auf einem öffentlich-rechtlichen Vertrag beruhen, ist der ordentliche Rechtsweg gegeben; dies gilt nicht für Streitigkeiten über das Bestehen und die Höhe eines Ausgleichsanspruchs im Rahmen des Artikels 14 Abs. 1 Satz 2 des Grundgesetzes[1)]. [2] Die besonderen Vorschriften des Beamtenrechts sowie über den Rechtsweg bei Ausgleich von Vermögensnachteilen wegen Rücknahme rechtswidriger Verwaltungsakte bleiben unberührt.

§ 41 (weggefallen)

§ 42 [Anfechtungs- und Verpflichtungsklage] (1) Durch Klage kann die Aufhebung eines Verwaltungsakts (Anfechtungsklage) sowie die Verurteilung zum Erlaß eines abgelehnten oder unterlassenen Verwaltungsakts (Verpflichtungsklage) begehrt werden.

(2) Soweit gesetzlich nichts anderes bestimmt ist, ist die Klage nur zulässig, wenn der Kläger geltend macht, durch den Verwaltungsakt oder seine Ablehnung oder Unterlassung in seinen Rechten verletzt zu sein.

§ 43 [Feststellungsklage] (1) Durch Klage kann die Feststellung des Bestehens oder Nichtbestehens eines Rechtsverhältnisses oder der Nichtigkeit eines Verwaltungsakts begehrt werden, wenn der Kläger ein berechtigtes Interesse an der baldigen Feststellung hat (Feststellungsklage).

(2) [1] Die Feststellung kann nicht begehrt werden, soweit der Kläger seine Rechte durch Gestaltungs- oder Leistungsklage verfolgen kann oder hätte verfolgen können. [2] Dies gilt nicht, wenn die Feststellung der Nichtigkeit eines Verwaltungsakts begehrt wird.

§ 44 [Objektive Klagehäufung] Mehrere Klagebegehren können vom Kläger in einer Klage zusammen verfolgt werden, wenn sie sich gegen denselben Beklagten richten, im Zusammenhang stehen und dasselbe Gericht zuständig ist.

§ 44a [Rechtsbehelfe gegen behördliche Verfahrenshandlungen] [1] Rechtsbehelfe gegen behördliche Verfahrenshandlungen können nur gleichzeitig mit den gegen die Sachentscheidung zulässigen Rechtsbehelfen geltend gemacht werden. [2] Dies gilt nicht, wenn behördliche Verfahrenshandlungen vollstreckt werden können oder gegen einen Nichtbeteiligten ergehen.

§ 45 [Sachliche Zuständigkeit] Das Verwaltungsgericht entscheidet im ersten Rechtszug über alle Streitigkeiten, für die der Verwaltungsrechtsweg offensteht.

§ 46[2)] [Instanzielle Zuständigkeit des Oberverwaltungsgerichts] Das Oberverwaltungsgericht entscheidet über das Rechtsmittel

1. der Berufung gegen Urteile des Verwaltungsgerichts und

[1)] Nr. **1**.

[2)] § 46 Nr. 3 aufgeh. mWv 1.1.2002 durch G v. 20.12.2001 (BGBl. I S. 3987); Nr. 1 und 2 geänd. mWv 15.10.2016 durch G v. 11.10.2016 (BGBl. I S. 2222).

2. der Beschwerde gegen andere Entscheidungen des Verwaltungsgerichts.

§ 47[1)] [Sachliche Zuständigkeit des Oberverwaltungsgerichts bei der Normenkontrolle] (1) Das Oberverwaltungsgericht entscheidet im Rahmen seiner Gerichtsbarkeit auf Antrag über die Gültigkeit

1. von Satzungen, die nach den Vorschriften des Baugesetzbuchs[2)] erlassen worden sind, sowie von Rechtsverordnungen auf Grund des § 246 Abs. 2 des Baugesetzbuchs,
2. von anderen im Rang unter dem Landesgesetz stehenden Rechtsvorschriften, sofern das Landesrecht dies bestimmt.

(2) [1] Den Antrag kann jede natürliche oder juristische Person, die geltend macht, durch die Rechtsvorschrift oder deren Anwendung in ihren Rechten verletzt zu sein oder in absehbarer Zeit verletzt zu werden, sowie jede Behörde innerhalb eines Jahres nach Bekanntmachung der Rechtsvorschrift stellen. [2] Er ist gegen die Körperschaft, Anstalt oder Stiftung zu richten, welche die Rechtsvorschrift erlassen hat. [3] Das Oberverwaltungsgericht kann dem Land und anderen juristischen Personen des öffentlichen Rechts, deren Zuständigkeit durch die Rechtsvorschrift berührt wird, Gelegenheit zur Äußerung binnen einer zu bestimmenden Frist geben. [4] § 65 Abs. 1 und 4 und § 66 sind entsprechend anzuwenden.

(3) Das Oberverwaltungsgericht prüft die Vereinbarkeit der Rechtsvorschrift mit Landesrecht nicht, soweit gesetzlich vorgesehen ist, daß die Rechtsvorschrift ausschließlich durch das Verfassungsgericht eines Landes nachprüfbar ist.

(4) Ist ein Verfahren zur Überprüfung der Gültigkeit der Rechtsvorschrift bei einem Verfassungsgericht anhängig, so kann das Oberverwaltungsgericht anordnen, daß die Verhandlung bis zur Erledigung des Verfahrens vor dem Verfassungsgericht auszusetzen sei.

(5) [1] Das Oberverwaltungsgericht entscheidet durch Urteil oder, wenn es eine mündliche Verhandlung nicht für erforderlich hält, durch Beschluß. [2] Kommt das Oberverwaltungsgericht zu der Überzeugung, daß die Rechtsvorschrift ungültig ist, so erklärt es sie für unwirksam; in diesem Fall ist die Entscheidung allgemein verbindlich und die Entscheidungsformel vom Antragsgegner ebenso zu veröffentlichen wie die Rechtsvorschrift bekanntzumachen wäre. [3] Für die Wirkung der Entscheidung gilt § 183 entsprechend.

(6) Das Gericht kann auf Antrag eine einstweilige Anordnung erlassen, wenn dies zur Abwehr schwerer Nachteile oder aus anderen wichtigen Gründen dringend geboten ist.

§ 48[3)] [Weitere sachliche Zuständigkeit des Oberverwaltungsgerichts]

(1) [1] Das Oberverwaltungsgericht entscheidet im ersten Rechtszug über sämtliche Streitigkeiten, die betreffen

---

[1)] § 47 Abs. 2 *Satz 1 neu* gef. sowie Abs. 5 und 7 aufgeh., bish. Abs. 6 und 8 werden Abs. 5 und 6 durch G v. 1.11.1996 (BGBl. I S. 1626); Abs. 5 Satz 4 angef. durch G v. 18.8.1997 (BGBl. I S. 2081); Abs. 2 Satz 4 angef. mWv 1.1.2002 durch G v. 20.12.2001 (BGBl. I S. 3987); Abs. 5 Satz 2 erster Halbs. geänd. und Satz 4 aufgeh. mWv 20.7.2004 durch G v. 24.6.2004 (BGBl. I S. 1359); Abs. 2 Satz 1 geänd. und Abs. 2a eingef. mWv 1.1.2007 durch G v. 21.12.2006 (BGBl. I S. 3316); Abs. 2a aufgeh. mWv 2.6.2017 durch G v. 29.5.2017 (BGBl. I S. 1298).

[2)] Nr. **300**.

[3)] § 48 Abs. 1 Satz 1 Nr. 6 und 9 neu gef. sowie Nr. 7 geänd. durch G v. 17.12.1993 (BGBl. I S. 2123); Abs. 1 Satz 1 Nr. 5 geänd. durch G v. 30.8.1994 (BGBl. 1994 II S. 1438); Abs. 1 Satz 1 Nr. 5 geänd. durch G v. 27.9.1994 (BGBl. I S. 2705); Abs. 1 Satz 1 Nr. 7 geänd. durch G v. 23.11.1994 (BGBl. I S. 3486); Abs. 1 Satz 2 geänd. und Abs. 3 aufgeh. durch G v. 1.11.1996 (BGBl. I S. 1626); Abs. 1 Satz 1 Nr. 5 →

1. die Errichtung, den Betrieb, die sonstige Innehabung, die Veränderung, die Stillegung, den sicheren Einschluß und den Abbau von Anlagen im Sinne der §§ 7 und 9a Abs. 3 des Atomgesetzes[1)],

1a. das Bestehen und die Höhe von Ausgleichsansprüchen auf Grund der §§ 7e und 7f des Atomgesetzes,

2. die Bearbeitung, Verarbeitung und sonstige Verwendung von Kernbrennstoffen außerhalb von Anlagen der in § 7 des Atomgesetzes bezeichneten Art (§ 9 des Atomgesetzes) und die wesentliche Abweichung oder die wesentliche Veränderung im Sinne des § 9 Abs. 1 Satz 2 des Atomgesetzes sowie die Aufbewahrung von Kernbrennstoffen außerhalb der staatlichen Verwahrung (§ 6 des Atomgesetzes),

3. die Errichtung, den Betrieb und die Änderung von Kraftwerken mit Feuerungsanlagen für feste, flüssige und gasförmige Brennstoffe mit einer Feuerungswärmeleistung von mehr als dreihundert Megawatt,

3a. die Errichtung, den Betrieb und die Änderung von Anlagen zur Nutzung von Windenergie an Land mit einer Gesamthöhe von mehr als 50 Metern sowie Anlagen von Windenergie auf See im Küstenmeer,

3b. die Errichtung, den Betrieb und die Änderung von Kraft-Wärme-Kopplungsanlagen im Sinne des Kraft-Wärme-Kopplungsgesetzes[2)] ab einer Feuerungswärmeleistung von 50 Megawatt,

3c. die Errichtung, den Betrieb und die Änderung von

a) Anlagen nach § 2 Nummer 1 des Geothermie-Beschleunigungsgesetzes vom 22. Dezember 2025 (BGBl. 2025 I Nr. 348, S. 2) in der jeweils geltenden Fassung einschließlich der Streitigkeiten nach § 10 Absatz 2 des Geothermie-Beschleunigungsgesetzes,

b) Anlagen nach § 2 Nummer 3 des Geothermie-Beschleunigungsgesetzes mit einer thermischen Leistung von mindestens 500 Kilowatt einschließlich der Streitigkeiten nach § 10 Absatz 2 des Geothermie- Beschleunigungsgesetzes sowie

---

(Fortsetzung der Anm. von voriger Seite)
geänd. mWv 1.2.2007 durch G v. 15.7.2006 (BGBl. I S. 1619); Abs. 1 Satz 1 Nr. 4 neu gef. mWv 17.12. 2006 durch G v. 9.12.2006 (BGBl. I S. 2833); Abs. 1 Satz 1 Nr. 7 geänd. mWv 5.8.2009 durch G v. 30.7. 2009 (BGBl. I S. 2449); Abs. 1 Satz 1 Nr. 4 geänd. mWv 26.8.2009 durch G v. 21.8.2009 (BGBl. I S. 2870); Abs. 1 Satz 1 Nr. 5 geänd. mWv 1.6.2012 durch G v. 24.2.2012 (BGBl. I S. 212); Abs. 1 Satz 1 Nr. 4 neu gef. mWv 31.12.2015 durch G v. 21.12.2015 (BGBl. I S. 2490); Abs. 1 Satz 1 Nr. 4a eingef. mWv 1.1.2017 durch G v. 13.10.2016 (BGBl. I S. 2258); Abs. 1 Satz 1 Nr. 4 geänd. mWv 1.1.2017 durch G v. 22.12.2016 (BGBl. I S. 3106); Abs. 1 Satz 1 Nr. 9 geänd., Nr. 10 angef. mWv 6.7.2017 durch G v. 30.6.2017 (BGBl. I S. 2193); Abs. 1 Satz 1 Nr. 1a eingef. mWv 4.7.2018 durch G v. 10.7.2018 (BGBl. I S. 1122); Abs. 1 Satz 1 Nr. 4a geänd. mWv 10.12.2020 durch G v. 3.12.2020 (BGBl. I S. 2682); Abs. 1 Satz 1 Nr. 3a und 3b eingef., Nr. 8–10 geänd., Nr. 11–13 und Abs. 3 angef. mWv 10.12.2020 durch G v. 3.12.2020 (BGBl. I S. 2694); Abs. 1 Satz 1 Nr. 12 geänd., Nr. 12a und 12b eingef., Nr. 13 geänd., Nr. 14 angef., Abs. 3 geänd. mWv 18.6.2021 durch G v. 14.6.2021 (BGBl. I S. 1760); Abs. 1 Satz 1 Nr. 13 und 14 geänd., Nr. 15 angef., Abs. 3 geänd. mWv 27.7.2021 durch G v. 16.7.2021 (BGBl. I S. 3026); Abs. 1 Satz 1 Nr. 4a geänd. mWv 1.1.2023 durch G v. 20.7.2022 (BGBl. I S. 1325); Abs. 1 Satz 1 Nr. 3a geänd. mWv 21.3.2023 durch G v. 14.3.2023 (BGBl. 2023 I Nr. 71); Abs. 1 Satz 1 Nr. 14 und 15 geänd., Nr. 16 angef., Abs. 3 geänd. mWv 28.11.2025 durch G v. 25.11.2025 (BGBl. 2025 I Nr. 282); Abs. 1 Satz 1 Nr. 3c eingef. mWv *23.12.2025 durch G v. 22.12.2025* (BGBl. 2025 I Nr. 348); Abs. 1 Satz 1 Nr. 3d eingef. mWv 2.4.2026 durch G v. 29.3.2026 (BGBl. 2026 I Nr. 84).

[1)] **Sartorius ErgBd. Nr. 835.**

[2)] **Sartorius ErgBd. Nr. 834.**

c) Leitungen nach § 2 Nummer 5 des Geothermie-Beschleunigungsgesetzes einschließlich der Streitigkeiten nach § 10 Absatz 2 des Geothermie-Beschleunigungsgesetzes,

3d. die Errichtung, den Betrieb und die Änderung von

a) Anlagen nach § 2 Absatz 1 Nummer 1 des Wasserstoffbeschleunigungsgesetzes vom 29. März 2026 (BGBl. 2026 I Nr. 84, S. 2), in der jeweils geltenden Fassung, mit einer elektrischen Nennleistung von mindestens 30 Megawatt und den dazugehörigen Leitungen nach § 2 Absatz 1 Nummer 13 und 14 des Wasserstoffbeschleunigungsgesetzes und

b) Anlagen nach § 2 Absatz 1 Nummer 3 des Wasserstoffbeschleunigungsgesetzes, sofern diese eine Speicherkapazität von 25 Tonnen Wasserstoff oder mehr haben, und der dazugehörigen Leitungen nach § 2 Absatz 1 Nummer 13 und 14 des Wasserstoffbeschleunigungsgesetzes,

4. Planfeststellungsverfahren gemäß § 43 des Energiewirtschaftsgesetzes[1)], soweit nicht die Zuständigkeit des Bundesverwaltungsgerichts nach § 50 Absatz 1 Nummer 6 begründet ist,

4a. Planfeststellungs- oder Plangenehmigungsverfahren für die Errichtung, den Betrieb und die Änderung von Einrichtungen nach § 66 Absatz 1 des Windenergie-auf-See-Gesetzes, soweit nicht die Zuständigkeit des Bundesverwaltungsgerichts nach § 50 Absatz 1 Nummer 6 begründet ist,

5. Verfahren für die Errichtung, den Betrieb und die wesentliche Änderung von ortsfesten Anlagen zur Verbrennung oder thermischen Zersetzung von Abfällen mit einer jährlichen Durchsatzleistung (effektive Leistung) von mehr als einhunderttausend Tonnen und von ortsfesten Anlagen, in denen ganz oder teilweise Abfälle im Sinne des § 48 des Kreislaufwirtschaftsgesetzes[2)] gelagert oder abgelagert werden,

6. das Anlegen, die Erweiterung oder Änderung und den Betrieb von Verkehrsflughäfen und von Verkehrslandeplätzen mit beschränktem Bauschutzbereich,

7. Planfeststellungsverfahren für den Bau oder die Änderung der Strecken von Straßenbahnen, Magnetschwebebahnen und von öffentlichen Eisenbahnen sowie für den Bau oder die Änderung von Rangier- und Containerbahnhöfen,

8. Planfeststellungsverfahren für den Bau oder die Änderung von Bundesfernstraßen und Landesstraßen,

9. Planfeststellungsverfahren für den Neubau oder den Ausbau von Bundeswasserstraßen,

10. Planfeststellungsverfahren für Maßnahmen des öffentlichen Küsten- oder Hochwasserschutzes,

11. Planfeststellungsverfahren nach § 68 Absatz 1 des Wasserhaushaltsgesetzes[3)] oder nach landesrechtlichen Vorschriften für die Errichtung, die Erweiterung oder die Änderung von Häfen, die für Wasserfahrzeuge mit mehr als 1350 Tonnen Tragfähigkeit zugänglich sind, unbeschadet der Nummer 9,

12. Planfeststellungsverfahren nach § 68 Absatz 1 des Wasserhaushaltsgesetzes für die Errichtung, die Erweiterung oder die Änderung von Wasserkraftanlagen mit einer elektrischen Nettoleistung von mehr als 100 Megawatt,

---

1) **Sartorius ErgBd. Nr. 830.**
2) Nr. **298**.
3) Nr. **845**.

12a. Gewässerbenutzungen im Zusammenhang mit der aufgrund des Kohleverstromungsbeendigungsgesetzes[1] vorgesehenen Einstellung von Braunkohletagebauen,

12b. Planfeststellungsverfahren für Gewässerausbauten im Zusammenhang mit der aufgrund des Kohleverstromungsbeendigungsgesetzes vorgesehenen Einstellung von Braunkohletagebauen,

13. Planfeststellungsverfahren nach dem Bundesberggesetz[2],

14. Zulassungen von
    a) Rahmenbetriebsplänen,
    b) Hauptbetriebsplänen,
    c) Sonderbetriebsplänen und
    d) Abschlussbetriebsplänen

    sowie Grundabtretungsbeschlüsse, jeweils im Zusammenhang mit der aufgrund des Kohleverstromungsbeendigungsgesetzes vorgesehenen Einstellung von Braunkohletagebauen,

15. Planfeststellungsverfahren nach § 65 Absatz 1 in Verbindung mit Anlage 1 Nummer 19.7 des Gesetzes über die Umweltverträglichkeitsprüfung[3] für die Errichtung und den Betrieb oder die Änderung von Dampf- oder Warmwasserpipelines und

16. Planfeststellungs- oder Plangenehmigungsverfahren sowie Genehmigungsverfahren nach dem Kohlendioxid-Speicherung-und-Transport-Gesetz[4].

[2] Satz 1 gilt auch für Streitigkeiten über Genehmigungen, die anstelle einer Planfeststellung erteilt werden, sowie für Streitigkeiten über sämtliche für das Vorhaben erforderlichen Genehmigungen und Erlaubnisse, auch soweit sie Nebeneinrichtungen betreffen, die mit ihm in einem räumlichen und betrieblichen Zusammenhang stehen. [3] Die Länder können durch Gesetz vorschreiben, daß über Streitigkeiten, die Besitzeinweisungen in den Fällen des Satzes 1 betreffen, das Oberverwaltungsgericht im ersten Rechtszug entscheidet.

(2) Das Oberverwaltungsgericht entscheidet im ersten Rechtszug ferner über Klagen gegen die von einer obersten Landesbehörde nach § 3 Abs. 2 Nr. 1 des Vereinsgesetzes[5] ausgesprochenen Vereinsverbote und nach § 8 Abs. 2 Satz 1 des Vereinsgesetzes erlassenen Verfügungen.

(3) Abweichend von § 21e Absatz 4 des Gerichtsverfassungsgesetzes[6] soll das Präsidium des Oberverwaltungsgerichts anordnen, dass ein Spruchkörper, der in einem Verfahren nach Absatz 1 Satz 1 Nummer 3 bis 16 tätig geworden ist, für dieses nach einer Änderung der Geschäftsverteilung zuständig bleibt.

§ 49[7] [Instanzielle Zuständigkeit des Bundesverwaltungsgerichts] Das Bundesverwaltungsgericht entscheidet über das Rechtsmittel

1. der Revision gegen Urteile des Oberverwaltungsgerichts nach § 132,
2. der Revision gegen Urteile des Verwaltungsgerichts nach §§ 134 und 135,

---

[1] **Sartorius III Nr. 340.**
[2] **Sartorius III Nr. 460.**
[3] Nr. 295.
[4] **Sartorius III Nr. 320.**
[5] Nr. **425.**
[6] **Habersack Nr. 95.**
[7] § 49 Nr. 3 geänd. durch G v. 1.11.1996 (BGBl. I S. 1626).

3. der Beschwerde nach § 99 Abs. 2 und § 133 Abs. 1 dieses Gesetzes sowie nach § 17a Abs. 4 Satz 4 des Gerichtsverfassungsgesetzes[1].

§ 50[2] [Sachliche Zuständigkeit des Bundesverwaltungsgerichts] (1) Das Bundesverwaltungsgericht entscheidet im ersten und letzten Rechtszug

1. über öffentlich-rechtliche Streitigkeiten nichtverfassungsrechtlicher Art zwischen dem Bund und den Ländern und zwischen verschiedenen Ländern,
2. über Klagen gegen die vom Bundesminister des Innern, für Bau und Heimat nach § 3 Abs. 2 Nr. 2 des Vereinsgesetzes[3] ausgesprochenen Vereinsverbote und nach § 8 Abs. 2 Satz 1 des Vereinsgesetzes erlassenen Verfügungen,
3. über Streitigkeiten gegen Abschiebungsanordnungen nach § 58a des Aufenthaltsgesetzes[4] und ihre Vollziehung, sowie den Erlass eines Einreise- und Aufenthaltsverbots auf dieser Grundlage,
4. über Klagen, denen Vorgänge im Geschäftsbereich des Bundesnachrichtendienstes zugrunde liegen,
5. über Klagen gegen Maßnahmen und Entscheidungen nach § 12 Absatz 3a des Abgeordnetengesetzes[5], nach den Vorschriften des Elften Abschnitts des Abgeordnetengesetzes, nach § 6b des Bundesministergesetzes[6] und nach § 7 des Gesetzes über die Rechtsverhältnisse der Parlamentarischen Staatssekretäre in Verbindung mit § 6b des Bundesministergesetzes,
6. über sämtliche Streitigkeiten, die Planfeststellungsverfahren und Plangenehmigungsverfahren für Vorhaben betreffen, die in dem Allgemeinen Eisenbahngesetz[7], dem Bundeswasserstraßengesetz[8], dem Energieleitungsausbaugesetz[9], dem Bundesbedarfsplangesetz[10], dem § 43e Absatz 4 des Energiewirtschaftsgesetzes[11], dem § 76 Absatz 1 des Windenergie-auf-See-Gesetzes oder dem Magnetschwebebahnplanungsgesetz bezeichnet sind, über sämtliche Streitigkeiten zu Verfahren im Sinne des § 17e Absatz 1 des Bundesfernstraßengesetzes[12], über sämtliche Streitigkeiten, die in § 9 Absatz 2 des Wasserstoffbeschleuni-

---

[1] **Habersack Nr. 95.**

[2] § 50 Abs. 1 Nr. 4 geänd. mWv 1.1.2002 durch G v. 9.7.2001 (BGBl. I S. 1510) und mWv 1.1.2002 durch G v. 20.12.2001 (BGBl. I S. 3987); Abs. 1 Nr. 3 neu gef. mWv 1.1.2005 durch G v. 30.7.2004 (BGBl. I S. 1950); Abs. 1 Nr. 4 geänd. und Nr. 5 angef. mWv 18.10.2005 durch G v. 22.8.2005 (BGBl. I S. 2482 iVm Bek. v. 18.10.2005, BGBl. I S. 3007); Abs. 1 Nr. 5 geänd. und Nr. 6 angef. mWv 17.12.2006 durch G v. 9.12.2006 (BGBl. I S. 2833); Abs. 1 Nr. 6 geänd. mWv 26.8.2009 durch G v. 21.8.2009 (BGBl. I S. 2870); Abs. 1 Nr. 6 geänd. mWv 27.7.2013 durch G v. 23.7.2013 (BGBl. I S. 2543); Abs. 1 Nr. 5 neu gef. mWv 25.7.2015 durch G v. 17.7.2015 (BGBl. I S. 1322); Abs. 1 Nr. 3 geänd. mWv 21.8.2019 durch G v. 15.8.2019 (BGBl. I S. 1294); Abs. 1 Nr. 2 geänd. mWv 27.6.2020 durch VO v. 19.6.2020 (BGBl. I S. 1328); Abs. 1 Nr. 6 geänd. mWv 10.12.2020 durch G v. 3.12.2020 (BGBl. I S. 2682); Abs. 2 neu gef. mWv 10.12.2020 durch G v. 3.12.2020 (BGBl. I S. 2694); Abs. 1 Nr. 5 neu gef. mWv 19.10.2021 durch G v. 8.10.2021 (BGBl. I S. 4650); Abs. 1 Nr. 6 geänd. mWv 1.1.2023 durch G v. 20.7.2022 (BGBl. I S. 1325); Abs. 1 Nr. 6 geänd., Nr. 7 angef. mWv 21.3.2023 durch G v. 14.3.2023 (BGBl. 2023 I Nr. 71); Abs. 1 Nr. 6 neu gef. mWv 29.12.2023 durch G v. 22.12.2023 (BGBl. 2023 I Nr. 409); Abs. 1 Nr. 6 geänd. mWv 2.4.2026 durch G v. 29.3.2026 (BGBl. 2026 I Nr. 84).

[3] Nr. **425.**

[4] Nr. **565.**

[5] Nr. **48.**

[6] Nr. **45.**

[7] **Sartorius III Nr. 200.**

[8] Nr. **971.**

[9] **Sartorius III Nr. 510.**

[10] **Sartorius III Nr. 512.**

[11] **Sartorius ErgBd. Nr. 830.**

[12] Nr. **932.**

gungsgesetzes bezeichnet sind, sowie über die ihm nach dem LNG-Beschleunigungsgesetz[1] zugewiesenen Verfahren,

7. über die ihm nach dem Energiesicherungsgesetz[2] zugewiesenen Verfahren.

(2) In Verfahren nach Absatz 1 Nummer 6 ist § 48 Absatz 3 entsprechend anzuwenden.

(3) Hält das Bundesverwaltungsgericht nach Absatz 1 Nr. 1 eine Streitigkeit für verfassungsrechtlich, so legt es die Sache dem Bundesverfassungsgericht zur Entscheidung vor.

§ 51[3] [Aussetzung bei Verfahren über Vereinsverbote] (1) Ist gemäß § 5 Abs. 2 des Vereinsgesetzes[4] das Verbot des Gesamtvereins anstelle des Verbots eines Teilvereins zu vollziehen, so ist ein Verfahren über eine Klage dieses Teilvereins gegen das ihm gegenüber erlassene Verbot bis zum Erlaß der Entscheidung über eine Klage gegen das Verbot des Gesamtvereins auszusetzen.

(2) Eine Entscheidung des Bundesverwaltungsgerichts bindet im Falle des Absatzes 1 die Oberverwaltungsgerichte.

(3) Das Bundesverwaltungsgericht unterrichtet die Oberverwaltungsgerichte über die Klage eines Vereins nach § 50 Abs. 1 Nr. 2.

§ 52[5] [Örtliche Zuständigkeit] Für die örtliche Zuständigkeit gilt folgendes:

1. In Streitigkeiten, die sich auf unbewegliches Vermögen oder ein ortsgebundenes Recht oder Rechtsverhältnis beziehen, ist nur das Verwaltungsgericht örtlich zuständig, in dessen Bezirk das Vermögen oder der Ort liegt.
2. [1] Bei Anfechtungsklagen gegen den Verwaltungsakt einer Bundesbehörde oder einer bundesunmittelbaren Körperschaft, Anstalt oder Stiftung des öffentlichen Rechts ist das Verwaltungsgericht örtlich zuständig, in dessen Bezirk die Bundesbehörde, die Körperschaft, Anstalt oder Stiftung ihren Sitz hat, vorbehaltlich der Nummern 1 und 4. [2] Dies gilt auch bei Verpflichtungsklagen in den Fällen des Satzes 1. [3] In Streitigkeiten nach dem Asylgesetz[6] ist jedoch das Verwaltungsgericht örtlich zuständig, bei dem bereits ein Verfahren von Familienangehörigen im Sinne des § 26 Absatz 1 bis 3 des Asylgesetzes anhängig ist, es sei denn, die Streitigkeit bezieht sich auf ein Verfahren nach § 18a des Asylgesetzes und der Ausländer ist noch verpflichtet, sich an einem Standort gemäß § 18a Absatz 6 oder Absatz 6a des Asylgesetzes aufzuhalten; dies gilt unabhängig davon, ob die Familie bereits vor der Ankunft des Ausländers im Hoheitsgebiet der Mitgliedstaaten bestanden hat; im Übrigen ist das Verwaltungsgericht örtlich zuständig, in dessen Bezirk der Ausländer nach dem Asylgesetz seinen Aufenthalt zu nehmen hat; ist eine örtliche Zuständigkeit danach nicht gegeben, bestimmt sie sich nach Nummer 3. [4] Soweit ein Land, in dem der Ausländer seinen Auf-

[1] **Sartorius III Nr. 525.**

[2] **Sartorius III Nr. 500.**

[3] § 51 Abs. 1 geänd. und Abs. 2 aufgeh., bish. Abs. 3 wird Abs. 2 und geänd. durch G v. 1.11.1996 (BGBl. I S. 1626); Abs. 3 aufgeh., bish. Abs. 4 wird Abs. 3 durch G v. 18.6.1997 (BGBl. I S. 1430).

[4] Nr. **425**.

[5] § 52 Nr. 2 Satz 3 neu gef. durch G v. 26.6.1992 (BGBl. I S. 1126); Nr. 4 Satz 1 geänd. durch G v. 25.3.1997 (BGBl. I S. 726); Nr. 4 Sätze 1 und 2 geänd. mWv 1.1.2002 durch G v. 9.7.2001 (BGBl. I S. 1510); Nr. 3 Satz 4 geänd. mWv 5.8.2009 durch G v. 30.7.2009 (BGBl. I S. 2449); Nr. 2 Satz 3 geänd., Satz 4 eingef., bish. Satz 4 wird Satz 5 mWv 24.10.2015 durch G v. 20.10.2015 (BGBl. I S. 1722); Nr. 2 Satz 5 geänd. mWv 24.6.2020 durch G v. 12.6.2020 (BGBl. I S. 1241); Nr. 2 Satz 3 geänd. mWv 29.4.2026 durch G v. 23.4.2026 (BGBl. 2026 I Nr. 111).

[6] Nr. **567**.

enthalt zu nehmen hat, von der Möglichkeit nach § 83 Absatz 3 des Asylgesetzes Gebrauch gemacht hat, ist das Verwaltungsgericht örtlich zuständig, das nach dem Landesrecht für Streitigkeiten nach dem Asylgesetz betreffend den Herkunftsstaat des Ausländers zuständig ist. [5] Für Klagen gegen den Bund auf Gebieten, die in die Zuständigkeit der diplomatischen und konsularischen Auslandsvertretungen der Bundesrepublik Deutschland fallen, auf dem Gebiet der Visumangelegenheiten auch, wenn diese in die Zuständigkeit des Bundesamts für Auswärtige Angelegenheiten fallen, ist das Verwaltungsgericht örtlich zuständig, in dessen Bezirk die Bundesregierung ihren Sitz hat.

3. [1] Bei allen anderen Anfechtungsklagen vorbehaltlich der Nummern 1 und 4 ist das Verwaltungsgericht örtlich zuständig, in dessen Bezirk der Verwaltungsakt erlassen wurde. [2] Ist er von einer Behörde, deren Zuständigkeit sich auf mehrere Verwaltungsgerichtsbezirke erstreckt, oder von einer gemeinsamen Behörde mehrerer oder aller Länder erlassen, so ist das Verwaltungsgericht zuständig, in dessen Bezirk der Beschwerte seinen Sitz oder Wohnsitz hat. [3] Fehlt ein solcher innerhalb des Zuständigkeitsbereichs der Behörde, so bestimmt sich die Zuständigkeit nach Nummer 5. [4] Bei Anfechtungsklagen gegen Verwaltungsakte einer von den Ländern mit der Vergabe von Studienplätzen beauftragten Behörde ist jedoch das Verwaltungsgericht örtlich zuständig, in dessen Bezirk die Behörde ihren Sitz hat. [5] Dies gilt auch bei Verpflichtungsklagen in den Fällen der Sätze 1, 2 und 4.
4. [1] Für alle Klagen aus einem gegenwärtigen oder früheren Beamten-, Richter-, Wehrpflicht-, Wehrdienst- oder Zivildienstverhältnis und für Streitigkeiten, die sich auf die Entstehung eines solchen Verhältnisses beziehen, ist das Verwal-

(Fortsetzung nächstes Blatt)

tungsgericht örtlich zuständig, in dessen Bezirk der Kläger oder Beklagte seinen dienstlichen Wohnsitz oder in Ermangelung dessen seinen Wohnsitz hat. [2]Hat der Kläger oder Beklagte keinen dienstlichen Wohnsitz oder keinen Wohnsitz innerhalb des Zuständigkeitsbereichs der Behörde, die den ursprünglichen Verwaltungsakt erlassen hat, so ist das Gericht örtlich zuständig, in dessen Bezirk diese Behörde ihren Sitz hat. [3]Die Sätze 1 und 2 gelten für Klagen nach § 79 des *Gesetzes zur Regelung der Rechtsverhältnisse der unter Artikel 131 des Grundgesetzes fallenden Personen*[1)] entsprechend.

5. In allen anderen Fällen ist das Verwaltungsgericht örtlich zuständig, in dessen Bezirk der Beklagte seinen Sitz, Wohnsitz oder in Ermangelung dessen seinen Aufenthalt hat oder seinen letzten Wohnsitz oder Aufenthalt hatte.

§ 53 [Bestimmung des zuständigen Gerichts] (1) Das zuständige Gericht innerhalb der Verwaltungsgerichtsbarkeit wird durch das nächsthöhere Gericht bestimmt,

1. wenn das an sich zuständige Gericht in einem einzelnen Fall an der Ausübung der Gerichtsbarkeit rechtlich oder tatsächlich verhindert ist,
2. wenn es wegen der Grenzen verschiedener Gerichtsbezirke ungewiß ist, welches Gericht für den Rechtsstreit zuständig ist,
3. wenn der Gerichtsstand sich nach § 52 richtet und verschiedene Gerichte in Betracht kommen,
4. wenn verschiedene Gerichte sich rechtskräftig für zuständig erklärt haben,
5. wenn verschiedene Gerichte, von denen eines für den Rechtsstreit zuständig ist, sich rechtskräftig für unzuständig erklärt haben.

(2) Wenn eine örtliche Zuständigkeit nach § 52 nicht gegeben ist, bestimmt das Bundesverwaltungsgericht das zuständige Gericht.

(3) [1]Jeder am Rechtsstreit Beteiligte und jedes mit dem Rechtsstreit befaßte Gericht kann das im Rechtszug höhere Gericht oder das Bundesverwaltungsgericht anrufen. [2]Das angerufene Gericht kann ohne mündliche Verhandlung entscheiden.

Teil II. Verfahren

7. Abschnitt. Allgemeine Verfahrensvorschriften

§ 54 [Ausschließung und Ablehnung von Gerichtspersonen] (1) Für die Ausschließung und Ablehnung der Gerichtspersonen gelten §§ 41 bis 49 der Zivilprozeßordnung[2)] entsprechend.

(2) Von der Ausübung des Amtes als Richter oder ehrenamtlicher Richter ist auch ausgeschlossen, wer bei dem vorausgegangenen Verwaltungsverfahren mitgewirkt hat.

(3) Besorgnis der Befangenheit nach § 42 der Zivilprozeßordnung ist stets dann begründet, wenn der Richter oder ehrenamtliche Richter der Vertretung einer Körperschaft angehört, deren Interessen durch das Verfahren berührt werden.

[1)] Gesetz **aufgehoben mWv 1.10.1994** durch G v. 20.9.1994 (BGBl. I S. 2442).
[2)] **Habersack Nr. 100.**

§ 55 [Ordnungsvorschriften des GVG] §§ 169, 171a bis 198 des Gerichtsverfassungsgesetzes[1)] über die Öffentlichkeit, Sitzungspolizei, Gerichtssprache, Beratung und Abstimmung finden entsprechende Anwendung.

§ 55a[2) 3)] [Elektronische Dokumentenübermittlung] (1) Vorbereitende Schriftsätze und deren Anlagen, schriftlich einzureichende Anträge und Erklärungen der Beteiligten sowie schriftlich einzureichende Auskünfte, Aussagen, Gutachten, Übersetzungen, Anträge und Erklärungen Dritter können nach Maßgabe der Absätze 2 bis 6 als elektronische Dokumente bei Gericht eingereicht werden.

(2) [1]Das elektronische Dokument muss für die Bearbeitung durch das Gericht geeignet sein. [2]Die Bundesregierung bestimmt durch Rechtsverordnung mit Zustimmung des Bundesrates technische Rahmenbedingungen für die Übermittlung und die Eignung zur Bearbeitung durch das Gericht sowie das Nähere zur Verarbeitung von Daten der Postfachinhaber nach Absatz 4 Satz 1 Nummer 3 und 4 in einem sicheren elektronischen Verzeichnis.

(3) [1]Das elektronische Dokument muss mit einer qualifizierten elektronischen Signatur der verantwortenden Person versehen sein oder von der verantwortenden Person signiert und auf einem sicheren Übermittlungsweg eingereicht werden. [2]Satz 1 gilt nicht für Anlagen, die vorbereitenden Schriftsätzen beigefügt sind. [3]Soll ein schriftlich einzureichender Antrag oder eine schriftlich einzureichende Erklärung eines Beteiligten oder eines Dritten als elektronisches Dokument eingereicht werden, so kann der unterschriebene Antrag oder die unterschriebene Erklärung in ein elektronisches Dokument übertragen und durch den Bevollmächtigten, den Vertreter oder den Beistand nach Satz 1 übermittelt werden.

(4) [1]Sichere Übermittlungswege sind

1. der Übermittlungsweg zwischen den besonderen elektronischen Anwaltspostfächern nach den §§ 31a und 31b der Bundesrechtsanwaltsordnung[4)] oder einem entsprechenden, auf gesetzlicher Grundlage errichteten elektronischen Postfach und der elektronischen Poststelle des Gerichts,
2. der Übermittlungsweg zwischen einem nach Durchführung eines Identifizierungsverfahrens eingerichteten Postfach einer Behörde oder einer juristischen Person des öffentlichen Rechts und der elektronischen Poststelle des Gerichts,
3. der Übermittlungsweg zwischen einem nach Durchführung eines Identifizierungsverfahrens eingerichteten elektronischen Postfach einer natürlichen oder juristischen Person oder einer sonstigen Vereinigung und der elektronischen Poststelle des Gerichts,
4. der Übermittlungsweg zwischen einem nach Durchführung eines Identifizierungsverfahrens genutzten Postfach- und Versanddienst eines Nutzerkontos im

---

[1)] **Habersack Nr. 95.**

[2)] § 55a eingef. mWv 1.4.2005 durch G v. 22.3.2005 (BGBl. I S. 837); Abs. 1 und 2 neu gef., Abs. 3–6 eingef., bish. Abs. 3 wird Abs. 7 mWv 1.1.2018 durch G v. 10.10.2013 (BGBl. I S. 3786); Abs. 7 Satz 2 angef. mWv 1.1.2018 durch G v. 5.7.2017 (BGBl. I S. 2208); Abs. 1 Satz 3 und Abs. 3 geänd. mWv 29.7. 2017 durch G v. 18.7.2017 (BGBl. I S. 2745); Abs. 1 geänd., Abs. 3 Satz 2 angef. mWv 1.1.2020 durch G v. 12.12.2019 (BGBl. I S. 2633); Abs. 4 Nr. 2 neu gef. mWv 1.8.2022 durch G v. 7.7.2021 (BGBl. I S. 2363); Abs. 2 Satz 2 neu gef., Abs. 4 Satz 1 Nr. 3 geänd., Nr. 4 und 5 eingef., bish. Nr. 4 wird Nr. 6, Satz 2 angef., Abs. 6 Satz 1 geänd. mWv 1.1.2022 durch G v. 5.10.2021 (BGBl. I S. 4607); Abs. 1 und Abs. 2 Satz 2 geänd., Abs. 3 Satz 3 angef. mWv 17.7.2024 durch G v. 12.7.2024 (BGBl. 2024 I Nr. 234); Abs. 2 Satz 2 geänd., Abs. 4 Satz 1 Nr. 1 aufgeh., bish. Nr. 2–6 werden Nr. 1–5, Satz 2 geänd. mWv 23.12.2025 durch G v. 22.12.2025 (BGBl. 2025 I Nr. 349).

[3)] Siehe auch die Elektronischer-Rechtsverkehr-VO v. 24.11.2017 (BGBl. I S. 3803), zuletzt geänd. durch G v. 22.12.2025 (BGBl. 2025 I Nr. 349).

[4)] **Habersack ErgBd. Nr. 98.**

Sinne des § 2 Absatz 5 des Onlinezugangsgesetzes[1)] und der elektronischen Poststelle des Gerichts,

5. sonstige bundeseinheitliche Übermittlungswege, die durch Rechtsverordnung der Bundesregierung mit Zustimmung des Bundesrates festgelegt werden, bei denen die Authentizität und Integrität der Daten sowie die Barrierefreiheit gewährleistet sind.

[2] Das Nähere zu den Übermittlungswegen gemäß Satz 1 Nummer 2 bis 4 regelt die Rechtsverordnung nach Absatz 2 Satz 2.

(5) [1] Ein elektronisches Dokument ist eingegangen, sobald es auf der für den Empfang bestimmten Einrichtung des Gerichts gespeichert ist. [2] Dem Absender ist eine automatisierte Bestätigung über den Zeitpunkt des Eingangs zu erteilen. [3] Die Vorschriften dieses Gesetzes über die Beifügung von Abschriften für die übrigen Beteiligten finden keine Anwendung.

(6) [1] Ist ein elektronisches Dokument für das Gericht zur Bearbeitung nicht geeignet, ist dies dem Absender unter Hinweis auf die Unwirksamkeit des Eingangs unverzüglich mitzuteilen. [2] Das Dokument gilt als zum Zeitpunkt der früheren Einreichung eingegangen, sofern der Absender es unverzüglich in einer für das Gericht zur Bearbeitung geeigneten Form nachreicht und glaubhaft macht, dass es mit dem zuerst eingereichten Dokument inhaltlich übereinstimmt.

(7) [1] Soweit eine handschriftliche Unterzeichnung durch den Richter oder den Urkundsbeamten der Geschäftsstelle vorgeschrieben ist, genügt dieser Form die Aufzeichnung als elektronisches Dokument, wenn die verantwortenden Personen am Ende des Dokuments ihren Namen hinzufügen und das Dokument mit einer qualifizierten elektronischen Signatur versehen. [2] Der in Satz 1 genannten Form genügt auch ein elektronisches Dokument, in welches das handschriftlich unterzeichnete Schriftstück gemäß § 55b Absatz 6 Satz 4 übertragen worden ist.

§ 55b[2)] [Elektronische Aktenführung] (1) [1] Die Prozessakten werden elektronisch geführt. [2] Die Bundesregierung und die Landesregierungen bestimmen jeweils für ihren Bereich durch Rechtsverordnung die organisatorischen und dem Stand der Technik entsprechenden technischen Rahmenbedingungen für die Bildung, Führung und Aufbewahrung der elektronischen Akten einschließlich der einzuhaltenden Anforderungen der Barrierefreiheit. [3] Die Landesregierungen können die Ermächtigung nach Satz 2 auf die für die Verwaltungsgerichtsbarkeit zuständigen obersten Landesbehörden übertragen. [4] Die Rechtsverordnung der Bundesregierung bedarf nicht der Zustimmung des Bundesrates

(2) [1] Akten, die in Papierform angelegt wurden, können in Papierform weitergeführt werden. [2] Sie können ab einem bestimmten Stichtag oder Ereignis in elektronischer Form weitergeführt werden. [3] Der Beginn der Weiterführung der Akten in elektronischer Form ist aktenkundig zu machen. [4] Werden die Akten in Papierform geführt, ist von einem elektronischen Dokument ein Ausdruck für die *Akten zu fertigen.* [5] *Kann dies* bei Anlagen zu vorbereitenden Schriftsätzen nicht oder nur mit unverhältnismäßigem Aufwand erfolgen, so kann ein Ausdruck

---

[1)] **Sartorius III Nr. 718.**

[2)] § 55b eingef. mWv 1.4.2005 durch G v. 22.3.2005 (BGBl. I S. 837); Abs. 2–5 neu gef., Abs. 6 angef. mWv 1.1.2018 durch G v. 10.10.2013 (BGBl. I S. 3786; *Änd. hinsichtlich Abs. 6 nicht ausführbar wegen Änd. durch BGBl. I 2017 S. 2208*); Abs. 1 Satz 5 geänd. mWv 13.7.2017, Abs. 1a eingef., Abs. 6 angef. mWv 1.1.2018 durch G v. 5.7.2017 (BGBl. I S. 2208, geänd. durch G v. 8.12.2025, BGBl. 2025 I Nr. 319); Abs. 1b eingef., Abs. 7 angef. mWv 17.7.2024 durch G v. 12.7.2024 (BGBl. 2024 I Nr. 234); Abs. 1 bis 2 werden Abs. 1 und 2 und neu gef. mWv 1.1.2026 durch G v. 8.12.2025 (BGBl. 2025 I Nr. 319).

unterbleiben. [6] Die Daten sind in diesem Fall dauerhaft zu speichern; der Speicherort ist aktenkundig zu machen.

(3) Wird das elektronische Dokument auf einem sicheren Übermittlungsweg eingereicht, so ist dies aktenkundig zu machen.

(4) Ist das elektronische Dokument mit einer qualifizierten elektronischen Signatur versehen und nicht auf einem sicheren Übermittlungsweg eingereicht, muss der Ausdruck einen Vermerk darüber enthalten,

1. welches Ergebnis die Integritätsprüfung des Dokumentes ausweist,
2. wen die Signaturprüfung als Inhaber der Signatur ausweist,
3. welchen Zeitpunkt die Signaturprüfung für die Anbringung der Signatur ausweist.

(5) Ein eingereichtes elektronisches Dokument kann im Falle von Absatz 2 nach Ablauf von sechs Monaten gelöscht werden.

(6) [1] Werden die Prozessakten elektronisch geführt, sind in Papierform vorliegende Schriftstücke und sonstige Unterlagen nach dem Stand der Technik zur Ersetzung der Urschrift in ein elektronisches Dokument zu übertragen. [2] Es ist sicherzustellen, dass das elektronische Dokument mit den vorliegenden Schriftstücken und sonstigen Unterlagen bildlich und inhaltlich übereinstimmt. [3] Das elektronische Dokument ist mit einem Übertragungsnachweis zu versehen, der das bei der Übertragung angewandte Verfahren und die bildliche und inhaltliche Übereinstimmung dokumentiert. [4] Wird ein von den verantwortenden Personen handschriftlich unterzeichnetes gerichtliches Schriftstück übertragen, ist der Übertragungsnachweis mit einer qualifizierten elektronischen Signatur des Urkundsbeamten der Geschäftsstelle zu versehen. [5] Die in Papierform vorliegenden Schriftstücke und sonstigen Unterlagen können sechs Monate nach der Übertragung vernichtet werden, sofern sie nicht rückgabepflichtig sind.

(7) Die Bundesregierung kann durch Rechtsverordnung mit Zustimmung des Bundesrates die für die Übermittlung elektronischer Akten zwischen Behörden und Gerichten geltenden Standards bestimmen.

§ 55c[1] Formulare; Verordnungsermächtigung. [1] Das Bundesministerium der Justiz und für Verbraucherschutz kann durch Rechtsverordnung mit Zustimmung des Bundesrates elektronische Formulare einführen. [2] Die Rechtsverordnung kann bestimmen, dass die in den Formularen enthaltenen Angaben ganz oder teilweise in strukturierter maschinenlesbarer Form zu übermitteln sind. [3] Die Formulare sind auf einer in der Rechtsverordnung zu bestimmenden Kommunikationsplattform im Internet zur Nutzung bereitzustellen. [4] Die Rechtsverordnung kann bestimmen, dass eine Identifikation des Formularverwenders abweichend von § 55a Absatz 3 auch durch Nutzung des elektronischen Identitätsnachweises nach § 18 des Personalausweisgesetzes[2], § 12 des eID-Karte-Gesetzes oder § 78 Absatz 5 des Aufenthaltsgesetzes[3] erfolgen kann.

---

[1] § 55c eingef. mWv 1.7.2014 durch G v. 10.10.2013 (BGBl. I S. 3786); Satz 1 geänd. mWv 8.9.2015 *durch VO v. 31.8.2015 (BGBl. I S. 1474);* Satz 4 geänd. mWv 1.11.2019 durch G v. 21.6.2019 (BGBl. I S. 846).

[2] Nr. **255**.

[3] Nr. **565**.

§ 55d[1)] Nutzungspflicht für Rechtsanwälte, Behörden und vertretungsberechtigte Bevollmächtigte. [1]Vorbereitende Schriftsätze und deren Anlagen sowie schriftlich einzureichende Anträge und Erklärungen, die durch einen Rechtsanwalt, durch eine Behörde oder durch eine juristische Person des öffentlichen Rechts einschließlich der von ihr zur Erfüllung ihrer öffentlichen Aufgaben gebildeten Zusammenschlüsse eingereicht werden, sind als elektronisches Dokument zu übermitteln. [2]Gleiches gilt für die nach diesem Gesetz vertretungsberechtigten Personen und Bevollmächtigten, für die ein sicherer Übermittlungsweg nach § 55a Absatz 4 Satz 1 Nummer 1 oder 3 zur Verfügung steht; ausgenommen sind nach § 67 Absatz 2 Satz 2 Nummer 1 Halbsatz 1 oder Nummer 2 vertretungsbefugte Personen. [3]Ist eine Übermittlung aus technischen Gründen vorübergehend nicht möglich, bleibt die Übermittlung nach den allgemeinen Vorschriften zulässig. [4]Die vorübergehende Unmöglichkeit ist bei der Ersatzeinreichung oder unverzüglich danach glaubhaft zu machen; auf Anforderung ist ein elektronisches Dokument nachzureichen.

§ 56[2)] [Zustellungen] (1) Anordnungen und Entscheidungen, durch die eine Frist in Lauf gesetzt wird, sowie Terminbestimmungen und Ladungen sind zuzustellen, bei Verkündung jedoch nur, wenn es ausdrücklich vorgeschrieben ist.

(2) Zugestellt wird von Amts wegen nach den Vorschriften der Zivilprozessordnung[3)].

(3) Wer nicht im Inland wohnt, hat auf Verlangen einen Zustellungsbevollmächtigten zu bestellen.

§ 56a[4)] [Öffentliche Bekanntmachung im Massenverfahren] (1) [1]Sind gleiche Bekanntgaben an mehr als fünfzig Personen erforderlich, kann das Gericht für das weitere Verfahren die Bekanntgabe durch öffentliche Bekanntmachung anordnen. [2]In dem Beschluß muß bestimmt werden, in welchen Tageszeitungen die Bekanntmachungen veröffentlicht werden; dabei sind Tageszeitungen vorzusehen, die in dem Bereich verbreitet sind, in dem sich die Entscheidung voraussichtlich auswirken wird. [3]Der Beschluß ist den Beteiligten zuzustellen. [4]Die Beteiligten sind darauf hinzuweisen, auf welche Weise die weiteren Bekanntgaben bewirkt werden und wann das Dokument als zugestellt gilt. [5]Der Beschluß ist unanfechtbar. [6]Das Gericht kann den Beschluß jederzeit aufheben; es muß ihn aufheben, wenn die Voraussetzungen des Satzes 1 nicht vorlagen oder nicht mehr vorliegen.

(2) [1]Die öffentliche Bekanntmachung erfolgt durch Aushang an der Gerichtstafel oder durch Veröffentlichung in einem elektronischen Informations- und Kommunikationssystem, das im Gericht öffentlich zugänglich ist und durch Veröffentlichung im Bundesanzeiger sowie in den im Beschluss nach Absatz 1 Satz 2 bestimmten Tageszeitungen. [2]Bei einer Entscheidung genügt die öffentliche Bekanntmachung der Entscheidungsformel und der Rechtsbehelfsbelehrung. [3]Statt des bekannt zu machenden Dokuments kann eine Benachrichtigung öffentlich

---

[1)] § 55d eingef. mWv 1.1.2022 durch G v. 10.10.2013 (BGBl. I S. 3786); Satz 2 geänd. mWv 1.1.2022, Überschrift und Satz 2 neu gef. mWv 1.1.2026 durch G v. 5.10.2021 (BGBl. I S. 4607); Satz 2 geänd. mWv 23.12.2025 und mWv 1.1.2026 durch G v. 22.12.2025 (BGBl. 2025 I Nr. 349).

[2)] § 56 Abs. 2 geänd. mWv 1.7.2002 durch G v. 25.6.2001 (BGBl. I S. 1206).

[3)] **Habersack Nr. 100.**

[4)] § 56a Abs. 1 Satz 4 und Abs. 3 Satz 1 erster Halbs. geänd. sowie Abs. 2 neu gef. mWv 1.4.2005 durch G v. 22.3.2005 (BGBl. I S. 837); Abs. 2 Satz 1 geänd. mWv 1.4.2012 durch G v. 22.12.2011 (BGBl. I S. 3044); Abs. 2 Satz 1 geänd., Satz 2 aufgeh., bish. Sätze 3–5 werden Sätze 2–4 mWv 1.1.2022 durch G v. 5.10.2021 (BGBl. I S. 4607).

bekannt gemacht werden, in der angegeben ist, wo das Dokument eingesehen werden kann. [4]Eine Terminbestimmung oder Ladung muss im vollständigen Wortlaut öffentlich bekannt gemacht werden.

(3) [1]Das Dokument gilt als an dem Tage zugestellt, an dem seit dem Tage der Veröffentlichung im Bundesanzeiger zwei Wochen verstrichen sind; darauf ist in jeder Veröffentlichung hinzuweisen. [2]Nach der öffentlichen Bekanntmachung einer Entscheidung können die Beteiligten eine Ausfertigung schriftlich anfordern; darauf ist in der Veröffentlichung gleichfalls hinzuweisen.

§ 57 [Fristen] (1) Der Lauf einer Frist beginnt, soweit nichts anderes bestimmt ist, mit der Zustellung oder, wenn diese nicht vorgeschrieben ist, mit der Eröffnung oder Verkündung.

(2) Für die Fristen gelten die Vorschriften der §§ 222, 224 Abs. 2 und 3, §§ 225 und 226 der Zivilprozeßordnung[1)].

§ 58[2)] [Rechtsbehelfsbelehrung] (1) Die Frist für ein Rechtsmittel oder einen anderen Rechtsbehelf beginnt nur zu laufen, wenn der Beteiligte über den Rechtsbehelf, die Verwaltungsbehörde oder das Gericht, bei denen der Rechtsbehelf anzubringen ist, den Sitz und die einzuhaltende Frist schriftlich oder elektronisch belehrt worden ist.

(2) [1]Ist die Belehrung unterblieben oder unrichtig erteilt, so ist die Einlegung des Rechtsbehelfs nur innerhalb eines Jahres seit Zustellung, Eröffnung oder Verkündung zulässig, außer wenn die Einlegung vor Ablauf der Jahresfrist infolge höherer Gewalt unmöglich war oder eine schriftliche oder elektronische Belehrung dahin erfolgt ist, daß ein Rechtsbehelf nicht gegeben sei. [2]§ 60 Abs. 2 gilt für den Fall höherer Gewalt entsprechend.

§ 59[3)] *(aufgehoben)*

§ 60[4)] [Wiedereinsetzung] (1) Wenn jemand ohne Verschulden verhindert war, eine gesetzliche Frist einzuhalten, so ist ihm auf Antrag Wiedereinsetzung in den vorigen Stand zu gewähren.

(2) [1]Der Antrag ist binnen zwei Wochen nach Wegfall des Hindernisses zu stellen; bei Versäumung der Frist zur Begründung der Berufung, des Antrags auf Zulassung der Berufung, der Revision, der Nichtzulassungsbeschwerde oder der Beschwerde beträgt die Frist einen Monat. [2]Die Tatsachen zur Begründung des Antrags sind bei der Antragstellung oder im Verfahren über den Antrag glaubhaft zu machen. [3]Innerhalb der Antragsfrist ist die versäumte Rechtshandlung nachzuholen. [4]Ist dies geschehen, so kann die Wiedereinsetzung auch ohne Antrag gewährt werden.

(3) Nach einem Jahr seit dem Ende der versäumten Frist ist der Antrag unzulässig, außer wenn der Antrag vor Ablauf der Jahresfrist infolge höherer Gewalt unmöglich war.

(4) Über den Wiedereinsetzungsantrag entscheidet das Gericht, das über die versäumte Rechtshandlung zu befinden hat.

(5) Die Wiedereinsetzung ist unanfechtbar.

[1)] ***Habersack Nr. 100.***
[2)] § 58 Abs. 1 und Abs. 2 Satz 1 geänd. mWv 1.4.2005 durch G v. 22.3.2005 (BGBl. I S. 837).
[3)] § 59 aufgeh. mWv 7.6.2013 durch G v. 31.5.2013 (BGBl. I S. 1388).
[4)] § 60 Abs. 2 Satz 1 zweiter Halbs. angef. mWv 1.9.2004 durch G v. 24.8.2004 (BGBl. I S. 2198).

§ 61 [Beteiligungsfähigkeit] Fähig, am Verfahren beteiligt zu sein, sind
1. natürliche und juristische Personen,
2. Vereinigungen, soweit ihnen ein Recht zustehen kann,
3. Behörden, sofern das Landesrecht dies bestimmt.

§ 62[1)] **[Prozessfähigkeit]** (1) Fähig zur Vornahme von Verfahrenshandlungen sind
1. die nach bürgerlichem Recht Geschäftsfähigen,
2. die nach bürgerlichem Recht in der Geschäftsfähigkeit Beschränkten, soweit sie durch Vorschriften des bürgerlichen oder öffentlichen Rechts für den Gegenstand des Verfahrens als geschäftsfähig anerkannt sind.

(2) Betrifft ein Einwilligungsvorbehalt nach § 1825 des Bürgerlichen Gesetzbuchs[2)] den Gegenstand des Verfahrens, so ist ein geschäftsfähiger Betreuter nur insoweit zur Vornahme von Verfahrenshandlungen fähig, als er nach den Vorschriften des bürgerlichen Rechts ohne Einwilligung des Betreuers handeln kann oder durch Vorschriften des öffentlichen Rechts als handlungsfähig anerkannt ist.

(3) Für Vereinigungen sowie für Behörden handeln ihre gesetzlichen Vertreter und Vorstände.

(4) §§ 53 bis 58 der Zivilprozeßordnung[3)] gelten entsprechend.

§ 63[4)] **[Beteiligte]** Beteiligte am Verfahren sind
1. der Kläger,
2. der Beklagte,
3. der Beigeladene (§ 65),
4. der Vertreter des Bundesinteresses beim Bundesverwaltungsgericht oder der Vertreter des öffentlichen Interesses, falls er von seiner Beteiligungsbefugnis Gebrauch macht.

§ 64 [Streitgenossenschaft] Die Vorschriften der §§ 59 bis 63 der Zivilprozeßordnung[3)] über die Streitgenossenschaft sind entsprechend anzuwenden.

§ 65[5)] **[Beiladung Dritter]** (1) Das Gericht kann, solange das Verfahren noch nicht rechtskräftig abgeschlossen oder in höherer Instanz anhängig ist, von Amts wegen oder auf Antrag andere, deren rechtliche Interessen durch die Entscheidung berührt werden, beiladen.

(2) Sind an dem streitigen Rechtsverhältnis Dritte derart beteiligt, daß die Entscheidung auch ihnen gegenüber nur einheitlich ergehen kann, so sind sie beizuladen (notwendige Beiladung).

(3) [1]Kommt nach Absatz 2 die Beiladung von mehr als fünfzig Personen in Betracht, kann das Gericht durch Beschluß anordnen, daß nur solche Personen

---

[1)] § 62 Abs. 2 eingef., bish. Abs. 2 und 3 werden Abs. 3 und 4 mWv 1.1.1992 durch G v. 12.9.1990 (BGBl. I S. 2002); Abs. 3 geänd. mWv 1.7.2008 durch G v. 12.12.2007 (BGBl. I S. 2840); Abs. 2 geänd. mWv 1.1.2023 durch G v. 4.5.2021 (BGBl. I S. 882).

[2)] **Habersack Nr. 20.**

[3)] **Habersack Nr. 100.**

[4)] § 63 Nr. 4 geänd. mWv 1.1.2002 durch G v. 9.7.2001 (BGBl. I S. 1510).

[5)] § 65 Abs. 3 Satz 3 geänd. und Satz 5 eingef., bish. Sätze 5–8 werden Sätze 6–9 sowie Satz 6 geänd. mWv 1.4.2005 durch G v. 22.3.2005 (BGBl. I S. 837); Abs. 3 Sätze 3 und 6 geänd. mWv 1.4.2012 durch G v. 22.12.2011 (BGBl. I S. 3044).

beigeladen werden, die dies innerhalb einer bestimmten Frist beantragen. 2 Der Beschluß ist unanfechtbar. 3 Er ist im Bundesanzeiger bekanntzumachen. 4 Er muß außerdem in Tageszeitungen veröffentlicht werden, die in dem Bereich verbreitet sind, in dem sich die Entscheidung voraussichtlich auswirken wird. 5 Die Bekanntmachung kann zusätzlich in einem von dem Gericht für Bekanntmachungen bestimmten Informations- und Kommunikationssystem erfolgen. 6 Die Frist muß mindestens drei Monate seit Veröffentlichung im Bundesanzeiger betragen. 7 In der Veröffentlichung in Tageszeitungen ist mitzuteilen, an welchem Tage die Frist abläuft. 8 Für die Wiedereinsetzung in den vorigen Stand bei Versäumung der Frist gilt § 60 entsprechend. 9 Das Gericht soll Personen, die von der Entscheidung erkennbar in besonderem Maße betroffen werden, auch ohne Antrag beiladen.

(4) 1 Der Beiladungsbeschluß ist allen Beteiligten zuzustellen. 2 Dabei sollen der Stand der Sache und der Grund der Beiladung angegeben werden. 3 Die Beiladung ist unanfechtbar.

§ 66 [Prozessuale Rechte des Beigeladenen] 1 Der Beigeladene kann innerhalb der Anträge eines Beteiligten selbständig Angriffs- und Verteidigungsmittel geltend machen und alle Verfahrenshandlungen wirksam vornehmen. 2 Abweichende Sachanträge kann er nur stellen, wenn eine notwendige Beiladung vorliegt.

§ 67[1] [Prozessbevollmächtigte und Beistände] (1) Die Beteiligten können vor dem Verwaltungsgericht den Rechtsstreit selbst führen.

(2) 1 Die Beteiligten können sich durch einen Rechtsanwalt oder einen Rechtslehrer an einer staatlichen oder staatlich anerkannten Hochschule eines Mitgliedstaates der Europäischen Union, eines anderen Vertragsstaates des Abkommens über den Europäischen Wirtschaftsraum oder der Schweiz, der die Befähigung zum Richteramt besitzt, als Bevollmächtigten vertreten lassen. 2 Darüber hinaus sind als Bevollmächtigte vor dem Verwaltungsgericht vertretungsbefugt nur

1. Beschäftigte des Beteiligten oder eines mit ihm verbundenen Unternehmens (§ 15 des Aktiengesetzes[2]); Behörden und juristische Personen des öffentlichen Rechts einschließlich der von ihnen zur Erfüllung ihrer öffentlichen Aufgaben gebildeten Zusammenschlüsse können sich auch durch Beschäftigte anderer Behörden oder juristischer Personen des öffentlichen Rechts einschließlich der von ihnen zur Erfüllung ihrer öffentlichen Aufgaben gebildeten Zusammenschlüsse vertreten lassen,
2. volljährige Familienangehörige (§ 15 der Abgabenordnung, § 11 des Lebenspartnerschaftsgesetzes[3]), Personen mit Befähigung zum Richteramt und Streitgenossen, wenn die Vertretung nicht im Zusammenhang mit einer entgeltlichen Tätigkeit steht,

---

[1] § 67 neu gef. mWv 1.7.2008 durch G v. 12.12.2007 (BGBl. I S. 2840); Abs. 2 Satz 2 Nr. 3 geänd., Abs. 4 Sätze 5 und 6 eingef., bish. Sätze 5 und 6 werden Sätze 7 und 8, neuer Satz 8 geänd. mWv 5.8.2009 durch G v. 30.7.2009 (BGBl. I S. 2449); Abs. 2 Satz 1 neu gef. mWv 28.12.2010 durch G v. 22.12.2010 (BGBl. I S. 2248); Abs. 2 Satz 2 Nr. 6 neu gef. mWv 1.1.2024 durch G v. 12.12.2019 (BGBl. I S. 2652); Abs. 2 Satz 2 Nr. 3a eingef. mWv 3.7.2021 durch G v. 25.6.2021 (BGBl. I S. 2154); Abs. 2 Satz 2 Nr. 3 und 3a geänd. mWv 1.8.2022 durch G v. 7.7.2021 (BGBl. I S. 2363); Abs. 2 Satz 2 Nr. 3 und 3a neu gef. mWv *16.3.2023 durch G* v. 10.3.2023 (BGBl. 2023 I Nr. 64); Abs. 2 Satz 2 Nr. 7 geänd., Nr. 8 angef. mWv 16.1.2026 durch G v. 11.1.2026 (BGBl. 2026 I Nr. 9).

[2] **Habersack Nr. 51.**

[3] **Habersack ErgBd. Nr. 43.**

3. Steuerberater, Steuerbevollmächtigte, Wirtschaftsprüfer und vereidigte Buchprüfer, Personen und Vereinigungen im Sinne der §§ 3a und 3c des Steuerberatungsgesetzes im Rahmen ihrer Befugnisse nach § 3a des Steuerberatungsgesetzes, zu beschränkter geschäftsmäßiger Hilfeleistung in Steuersachen nach den §§ 3d und 3e des Steuerberatungsgesetzes berechtigte Personen im Rahmen dieser Befugnisse sowie Gesellschaften im Sinne des § 3 Satz 1 Nummer 2 und 3 des Steuerberatungsgesetzes, die durch Personen im Sinne des § 3 Satz 2 des Steuerberatungsgesetzes handeln, in Abgabenangelegenheiten,

3a. Steuerberater, Steuerbevollmächtigte, Wirtschaftsprüfer und vereidigte Buchprüfer, Personen und Vereinigungen im Sinne der §§ 3a und 3c des Steuerberatungsgesetzes im Rahmen ihrer Befugnisse nach § 3a des Steuerberatungsgesetzes, zu beschränkter geschäftsmäßiger Hilfeleistung in Steuersachen nach den §§ 3d und 3e des Steuerberatungsgesetzes berechtigte Personen im Rahmen dieser Befugnisse sowie Gesellschaften im Sinne des § 3 Satz 1 Nummer 2 und 3 des Steuerberatungsgesetzes, die durch Personen im Sinne des § 3 Satz 2 des Steuerberatungsgesetzes handeln, in Angelegenheiten finanzieller Hilfeleistungen im Rahmen staatlicher Hilfsprogramme zur Abmilderung der Folgen der COVID-19-Pandemie, wenn und soweit diese Hilfsprogramme eine Einbeziehung der Genannten als prüfende Dritte vorsehen,

4. berufsständische Vereinigungen der Landwirtschaft für ihre Mitglieder,

5. Gewerkschaften und Vereinigungen von Arbeitgebern sowie Zusammenschlüsse solcher Verbände für ihre Mitglieder oder für andere Verbände oder Zusammenschlüsse mit vergleichbarer Ausrichtung und deren Mitglieder,

6. Vereinigungen, deren satzungsgemäße Aufgaben die gemeinschaftliche Interessenvertretung, die Beratung und Vertretung von Menschen mit Behinderungen wesentlich umfassen und die unter Berücksichtigung von Art und Umfang ihrer Tätigkeit sowie ihres Mitgliederkreises die Gewähr für eine sachkundige Prozessvertretung bieten, für ihre Mitglieder in Angelegenheiten des Schwerbehindertenrechts sowie der damit im Zusammenhang stehenden Angelegenheiten,

7. juristische Personen, deren Anteile sämtlich im wirtschaftlichen Eigentum einer der in den Nummern 5 und 6 bezeichneten Organisationen stehen, wenn die juristische Person ausschließlich die Rechtsberatung und Prozessvertretung dieser Organisation und ihrer Mitglieder oder anderer Verbände oder Zusammenschlüsse mit vergleichbarer Ausrichtung und deren Mitglieder entsprechend deren Satzung durchführt, und wenn die Organisation für die Tätigkeit der Bevollmächtigten haftet,

8. Patentanwälte in den in § 39 Absatz 1 Satz 1 des Agrargeoschutz-Durchführungsgesetzes genannten Angelegenheiten.

[3] Bevollmächtigte, die keine natürlichen Personen sind, handeln durch ihre Organe und mit der Prozessvertretung beauftragten Vertreter.

(3) [1] Das Gericht weist Bevollmächtigte, die nicht nach Maßgabe des Absatzes 2 vertretungsbefugt sind, durch unanfechtbaren Beschluss zurück. [2] Prozesshandlungen eines nicht vertretungsbefugten Bevollmächtigten und Zustellungen oder Mitteilungen an diesen Bevollmächtigten sind bis zu seiner Zurückweisung wirksam. [3] Das Gericht kann den in Absatz 2 Satz 2 Nr. 1 und 2 bezeichneten Bevollmächtigten durch unanfechtbaren Beschluss die weitere Vertretung untersagen, wenn sie nicht in der Lage sind, das Sach- und Streitverhältnis sachgerecht darzustellen.

(4) [1] Vor dem Bundesverwaltungsgericht und dem Oberverwaltungsgericht müssen sich die Beteiligten, außer im Prozesskostenhilfeverfahren, durch Prozessbevollmächtigte vertreten lassen. [2] Dies gilt auch für Prozesshandlungen, durch die ein Verfahren vor dem Bundesverwaltungsgericht oder einem Oberverwaltungsgericht eingeleitet wird. [3] Als Bevollmächtigte sind nur die in Absatz 2 Satz 1 bezeichneten Personen zugelassen. [4] Behörden und juristische Personen des öffentlichen Rechts einschließlich der von ihnen zur Erfüllung ihrer öffentlichen Aufgaben gebildeten Zusammenschlüsse können sich durch eigene Beschäftigte mit Befähigung zum Richteramt oder durch Beschäftigte mit Befähigung zum Richteramt anderer Behörden oder juristischer Personen des öffentlichen Rechts einschließlich der von ihnen zur Erfüllung ihrer öffentlichen Aufgaben gebildeten Zusammenschlüsse vertreten lassen. [5] Vor dem Bundesverwaltungsgericht sind auch die in Absatz 2 Satz 2 Nr. 5 bezeichneten Organisationen einschließlich der von ihnen gebildeten juristischen Personen gemäß Absatz 2 Satz 2 Nr. 7 als Bevollmächtigte zugelassen, jedoch nur in Angelegenheiten, die Rechtsverhältnisse im Sinne des § 52 Nr. 4 betreffen, in Personalvertretungsangelegenheiten und in Angelegenheiten, die in einem Zusammenhang mit einem gegenwärtigen oder früheren Arbeitsverhältnis von Arbeitnehmern im Sinne des § 5 des Arbeitsgerichtsgesetzes[1)] stehen, einschließlich Prüfungsangelegenheiten. [6] Die in Satz 5 genannten Bevollmächtigten müssen durch Personen mit der Befähigung zum Richteramt handeln. [7] Vor dem Oberverwaltungsgericht sind auch die in Absatz 2 Satz 2 Nr. 3 bis 7 bezeichneten Personen und Organisationen als Bevollmächtigte zugelassen. [8] Ein Beteiligter, der nach Maßgabe der Sätze 3, 5 und 7 zur Vertretung berechtigt ist, kann sich selbst vertreten.

(5) [1] Richter dürfen nicht als Bevollmächtigte vor dem Gericht auftreten, dem sie angehören. [2] Ehrenamtliche Richter dürfen, außer in den Fällen des Absatzes 2 Satz 2 Nr. 1, nicht vor einem Spruchkörper auftreten, dem sie angehören. [3] Absatz 3 Satz 1 und 2 gilt entsprechend.

(Fortsetzung nächstes Blatt)

[1)] **Habersack Nr. 83.**

(6) [1]Die Vollmacht ist schriftlich zu den Gerichtsakten einzureichen. [2]Sie kann nachgereicht werden; hierfür kann das Gericht eine Frist bestimmen. [3]Der Mangel der Vollmacht kann in jeder Lage des Verfahrens geltend gemacht werden. [4]Das Gericht hat den Mangel der Vollmacht von Amts wegen zu berücksichtigen, wenn nicht als Bevollmächtigter ein Rechtsanwalt auftritt. [5]Ist ein Bevollmächtigter bestellt, sind die Zustellungen oder Mitteilungen des Gerichts an ihn zu richten.

(7) [1]In der Verhandlung können die Beteiligten mit Beiständen erscheinen. [2]Beistand kann sein, wer in Verfahren, in denen die Beteiligten den Rechtsstreit selbst führen können, als Bevollmächtigter zur Vertretung in der Verhandlung befugt ist. [3]Das Gericht kann andere Personen als Beistand zulassen, wenn dies sachdienlich ist und hierfür nach den Umständen des Einzelfalls ein Bedürfnis besteht. [4]Absatz 3 Satz 1 und 3 und Absatz 5 gelten entsprechend. [5]Das von dem Beistand Vorgetragene gilt als von dem Beteiligten vorgebracht, soweit es nicht von diesem sofort widerrufen oder berichtigt wird.

§ 67a[1)] [Gemeinsamer Bevollmächtigter] (1) [1]Sind an einem Rechtsstreit mehr als zwanzig Personen im gleichen Interesse beteiligt, ohne durch einen Prozeßbevollmächtigten vertreten zu sein, kann das Gericht ihnen durch Beschluß aufgeben, innerhalb einer angemessenen Frist einen gemeinsamen Bevollmächtigten zu bestellen, wenn sonst die ordnungsgemäße Durchführung des Rechtsstreits beeinträchtigt wäre. [2]Bestellen die Beteiligten einen gemeinsamen Bevollmächtigten nicht innerhalb der ihnen gesetzten Frist, kann das Gericht einen Rechtsanwalt als gemeinsamen Vertreter durch Beschluß bestellen. [3]Die Beteiligten können Verfahrenshandlungen nur durch den gemeinsamen Bevollmächtigten oder Vertreter vornehmen. [4]Beschlüsse nach den Sätzen 1 und 2 sind unanfechtbar.

(2) [1]Die Vertretungsmacht erlischt, sobald der Vertreter oder der Vertretene dies dem Gericht schriftlich oder zu Protokoll des Urkundsbeamten der Geschäftsstelle erklärt; der Vertreter kann die Erklärung nur hinsichtlich aller Vertretenen abgeben. [2]Gibt der Vertretene eine solche Erklärung ab, so erlischt die Vertretungsmacht nur, wenn zugleich die Bestellung eines anderen Bevollmächtigten angezeigt wird.

8. Abschnitt. Besondere Vorschriften für Anfechtungs- und Verpflichtungsklagen

§ 68[2)] [Vorverfahren] (1) [1]Vor Erhebung der Anfechtungsklage sind Rechtmäßigkeit und Zweckmäßigkeit des Verwaltungsakts in einem Vorverfahren nachzuprüfen. [2]Einer solchen Nachprüfung bedarf es nicht, wenn ein Gesetz dies bestimmt oder wenn

1. der Verwaltungsakt von einer obersten Bundesbehörde oder von einer obersten Landesbehörde erlassen worden ist, außer wenn ein Gesetz die Nachprüfung vorschreibt, oder
2. der Abhilfebescheid oder der Widerspruchsbescheid erstmalig eine Beschwer enthält.

(2) Für die Verpflichtungsklage gilt Absatz 1 entsprechend, wenn der Antrag auf Vornahme des Verwaltungsakts abgelehnt worden ist.

[1)] § 67a Abs. 1 Satz 1 geänd. durch G v. 1.11.1996 (BGBl. I S. 1626); Abs. 2 Satz 1 geänd. mWv 1.1. 2018 durch G v. 5.7.2017 (BGBl. I S. 2208).

[2)] § 68 Abs. 1 Satz 2 einl. Satzteil geänd. und Nr. 2 neu gef. durch G v. 1.11.1996 (BGBl. I S. 1626).

§ 69 [Widerspruch] Das Vorverfahren beginnt mit der Erhebung des Widerspruchs.

§ 70[1)] [Form und Frist des Widerspruchs] (1) [1] Der Widerspruch ist innerhalb eines Monats, nachdem der Verwaltungsakt dem Beschwerten bekanntgegeben worden ist, schriftlich, in elektronischer Form nach § 3a Absatz 2 des Verwaltungsverfahrensgesetzes[2)], schriftformersetzend nach § 3a Absatz 3 des Verwaltungsverfahrensgesetzes und § 9a Absatz 5 des Onlinezugangsgesetzes[3)] oder zur Niederschrift bei der Behörde zu erheben, die den Verwaltungsakt erlassen hat. [2] Die Frist wird auch durch Einlegung bei der Behörde, die den Widerspruchsbescheid zu erlassen hat, gewahrt.

(2) §§ 58 und 60 Abs. 1 bis 4 gelten entsprechend.

§ 71[4)] Anhörung. Ist die Aufhebung oder Änderung eines Verwaltungsakts im Widerspruchsverfahren erstmalig mit einer Beschwer verbunden, soll der Betroffene vor Erlaß des Abhilfebescheids oder des Widerspruchsbescheids gehört werden.

§ 72 [Abhilfe] Hält die Behörde den Widerspruch für begründet, so hilft sie ihm ab und entscheidet über die Kosten.

§ 73[5)] [Widerspruchsbescheid] (1) [1] Hilft die Behörde dem Widerspruch nicht ab, so ergeht ein Widerspruchsbescheid. [2] Diesen erläßt

1. die nächsthöhere Behörde, soweit nicht durch Gesetz eine andere höhere Behörde bestimmt wird,
2. wenn die nächsthöhere Behörde eine oberste Bundes- oder oberste Landesbehörde ist, die Behörde, die den Verwaltungsakt erlassen hat,
3. in Selbstverwaltungsangelegenheiten die Selbstverwaltungsbehörde, soweit nicht durch Gesetz anderes bestimmt wird.

[3] Abweichend von Satz 2 Nr. 1 kann durch Gesetz bestimmt werden, dass die Behörde, die den Verwaltungsakt erlassen hat, auch für die Entscheidung über den Widerspruch zuständig ist.

(2) [1] Vorschriften, nach denen im Vorverfahren des Absatzes 1 Ausschüsse oder Beiräte an die Stelle einer Behörde treten, bleiben unberührt. [2] Die Ausschüsse oder Beiräte können abweichend von Absatz 1 Nr. 1 auch bei der Behörde gebildet werden, die den Verwaltungsakt erlassen hat.

(3) [1] Der Widerspruchsbescheid ist zu begründen, mit einer Rechtsmittelbelehrung zu versehen und zuzustellen. [2] Zugestellt wird von Amts wegen nach

---

1) § 70 Abs. 1 Satz 1 geänd. mWv 1.1.2018 durch G v. 5.7.2017 (BGBl. I S. 2208); Abs. 1 Satz 1 geänd. mWv 1.1.2024 durch G v. 4.12.2023 (BGBl. 2023 I Nr. 344).

2) Nr. **100**.

3) ***Sartorius III Nr. 718.***

4) § 71 neu gef. durch G v. 1.11.1996 (BGBl. I S. 1626).

5) § 73 Abs. 1 Satz 3 angef. mWv 11.5.2000 durch G v. 3.5.2000 (BGBl. I S. 632); Abs. 3 Satz 2 eingef., bish. Satz 2 wird Satz 3 mWv 1.7.2002 durch G v. 25.6.2001 (BGBl. I S. 1206).

den Vorschriften des Verwaltungszustellungsgesetzes[1]. [3] Der Widerspruchsbescheid bestimmt auch, wer die Kosten trägt.

§ 74 [Klagefrist] (1) [1] Die Anfechtungsklage muß innerhalb eines Monats nach Zustellung des Widerspruchsbescheids erhoben werden. [2] Ist nach § 68 ein Widerspruchsbescheid nicht erforderlich, so muß die Klage innerhalb eines Monats nach Bekanntgabe des Verwaltungsakts erhoben werden.

(2) Für die Verpflichtungsklage gilt Absatz 1 entsprechend, wenn der Antrag auf Vornahme des Verwaltungsakts abgelehnt worden ist.

§ 75 [Klage bei Untätigkeit der Behörden] [1] Ist über einen Widerspruch oder über einen Antrag auf Vornahme eines Verwaltungsakts ohne zureichenden Grund in angemessener Frist sachlich nicht entschieden worden, so ist die Klage abweichend von § 68 zulässig. [2] Die Klage kann nicht vor Ablauf von drei Monaten seit der Einlegung des Widerspruchs oder seit dem Antrag auf Vornahme des Verwaltungsakts erhoben werden, außer wenn wegen besonderer Umstände des Falles eine kürzere Frist geboten ist. [3] Liegt ein zureichender Grund dafür vor, daß über den Widerspruch noch nicht entschieden oder der beantragte Verwaltungsakt noch nicht erlassen ist, so setzt das Gericht das Verfahren bis zum Ablauf einer von ihm bestimmten Frist, die verlängert werden kann, aus. [4] Wird dem Widerspruch innerhalb der vom Gericht gesetzten Frist stattgegeben oder der Verwaltungsakt innerhalb dieser Frist erlassen, so ist die Hauptsache für erledigt zu erklären.

§ 76 (weggefallen)

§ 77 [Ausschließlichkeit des Widerspruchsverfahrens] (1) Alle bundesrechtlichen Vorschriften in anderen Gesetzen über Einspruchs- oder Beschwerdeverfahren sind durch die Vorschriften dieses Abschnitts ersetzt.

(2) Das gleiche gilt für landesrechtliche Vorschriften über Einspruchs- oder Beschwerdeverfahren als Voraussetzung der verwaltungsgerichtlichen Klage.

§ 78[2] [Beklagter] (1) Die Klage ist zu richten

1. gegen den Bund, das Land oder die Körperschaft, deren Behörde den angefochtenen Verwaltungsakt erlassen oder den beantragten Verwaltungsakt unterlassen hat; zur Bezeichnung des Beklagten genügt die Angabe der Behörde,
2. sofern das Landesrecht dies bestimmt, gegen die Behörde selbst, die den angefochtenen Verwaltungsakt erlassen oder den beantragten Verwaltungsakt unterlassen hat.

(2) Wenn ein Widerspruchsbescheid erlassen ist, der erstmalig eine Beschwer enthält (§ 68 Abs. 1 Satz 2 Nr. 2), ist Behörde im Sinne des Absatzes 1 die Widerspruchsbehörde.

§ 79[3] [Gegenstand der Anfechtungsklage] (1) Gegenstand der Anfechtungsklage ist

1. der ursprüngliche Verwaltungsakt in der Gestalt, die er durch den Widerspruchsbescheid gefunden hat,

---

[1] Nr. **110**.
[2] § 78 Abs. 2 neu gef. durch G v. 1.11.1996 (BGBl. I S. 1626).
[3] § 79 Abs. 1 Nr. 2 neu gef. durch G v. 1.11.1996 (BGBl. I S. 1626).

2. der Abhilfebescheid oder Widerspruchsbescheid, wenn dieser erstmalig eine Beschwer enthält.

(2) [1] Der Widerspruchsbescheid kann auch dann alleiniger Gegenstand der Anfechtungsklage sein, wenn und soweit er gegenüber dem ursprünglichen Verwaltungsakt eine zusätzliche selbständige Beschwer enthält. [2] Als eine zusätzliche Beschwer gilt auch die Verletzung einer wesentlichen Verfahrensvorschrift, sofern der Widerspruchsbescheid auf dieser Verletzung beruht. [3] § 78 Abs. 2 gilt entsprechend.

§ 80[1)] [Aufschiebende Wirkung] (1) [1] Widerspruch und Anfechtungsklage haben aufschiebende Wirkung. [2] Das gilt auch bei rechtsgestaltenden und feststellenden Verwaltungsakten sowie bei Verwaltungsakten mit Doppelwirkung (§ 80a).

(2) [1] Die aufschiebende Wirkung entfällt nur

1. bei der Anforderung von öffentlichen Abgaben und Kosten,
2. bei unaufschiebbaren Anordnungen und Maßnahmen von Polizeivollzugsbeamten,
3. in anderen durch Bundesgesetz oder für Landesrecht durch Landesgesetz vorgeschriebenen Fällen, insbesondere für Widersprüche und Klagen Dritter gegen Verwaltungsakte, die Investitionen oder die Schaffung von Arbeitsplätzen betreffen,

3a. für Widersprüche und Klagen Dritter gegen Verwaltungsakte, die die Zulassung von Vorhaben betreffend Bundesverkehrswege und Mobilfunknetze zum Gegenstand haben und die nicht unter Nummer 3 fallen,

4. in den Fällen, in denen die sofortige Vollziehung im öffentlichen Interesse oder im überwiegenden Interesse eines Beteiligten von der Behörde, die den Verwaltungsakt erlassen oder über den Widerspruch zu entscheiden hat, besonders angeordnet wird.

[2] Die Länder können auch bestimmen, daß Rechtsbehelfe keine aufschiebende Wirkung haben, soweit sie sich gegen Maßnahmen richten, die in der Verwaltungsvollstreckung durch die Länder nach Bundesrecht getroffen werden.

(3) [1] In den Fällen des Absatzes 2 Satz 1 Nummer 4 ist das besondere Interesse an der sofortigen Vollziehung des Verwaltungsakts schriftlich zu begründen. [2] Einer besonderen Begründung bedarf es nicht, wenn die Behörde bei Gefahr im Verzug, insbesondere bei drohenden Nachteilen für Leben, Gesundheit oder Eigentum vorsorglich eine als solche bezeichnete Notstandsmaßnahme im öffentlichen Interesse trifft.

(4) [1] Die Behörde, die den Verwaltungsakt erlassen oder über den Widerspruch zu entscheiden hat, kann in den Fällen des Absatzes 2 die Vollziehung aussetzen, soweit nicht bundesgesetzlich etwas anderes bestimmt ist. [2] Bei der Anforderung von öffentlichen Abgaben und Kosten kann sie die Vollziehung auch gegen Sicherheit aussetzen. [3] Die Aussetzung soll bei öffentlichen Abgaben und Kosten erfolgen, wenn ernstliche Zweifel an der Rechtmäßigkeit des angegriffenen Verwaltungsakts bestehen oder wenn die Vollziehung für den Abgaben- oder Kostenpflichtigen eine unbillige, nicht durch überwiegende öffentliche Interessen gebotene Härte zur Folge hätte.

---

1) § 80 Abs. 8 Satz 2 aufgeh., bish. Satz 1 wird alleiniger Wortlaut durch G v. 11.1.1993 (BGBl. I S. 50); Abs. 2 Satz 2 angef., bish. Wortlaut wird Satz 1 und Nr. 3 neu gef. durch G v. 1.11.1996 (BGBl. I S. 1626); Abs. 2 Satz 1 Nr. 3a eingef., Abs. 3 Satz 1, Abs. 5 Satz 1, Abs. 6 Satz 1 geänd. mWv 10.12.2020 durch G v. 3.12.2020 (BGBl. I S. 2694).

(5) [1] Auf Antrag kann das Gericht der Hauptsache die aufschiebende Wirkung in den Fällen des Absatzes 2 Satz 1 Nummer 1 bis 3a ganz oder teilweise anordnen, im Falle des Absatzes 2 Satz 1 Nummer 4 ganz oder teilweise wiederherstellen. [2] Der Antrag ist schon vor Erhebung der Anfechtungsklage zulässig. [3] Ist der Verwaltungsakt im Zeitpunkt der Entscheidung schon vollzogen, so kann das Gericht die Aufhebung der Vollziehung anordnen. [4] Die Wiederherstellung der aufschiebenden Wirkung kann von der Leistung einer Sicherheit oder von anderen Auflagen abhängig gemacht werden. [5] Sie kann auch befristet werden.

(6) [1] In den Fällen des Absatzes 2 Satz 1 Nummer 1 ist der Antrag nach Absatz 5 nur zulässig, wenn die Behörde einen Antrag auf Aussetzung der Vollziehung ganz oder zum Teil abgelehnt hat. [2] Das gilt nicht, wenn
1. die Behörde über den Antrag ohne Mitteilung eines zureichenden Grundes in angemessener Frist sachlich nicht entschieden hat oder
2. eine Vollstreckung droht.

(7) [1] Das Gericht der Hauptsache kann Beschlüsse über Anträge nach Absatz 5 jederzeit ändern oder aufheben. [2] Jeder Beteiligte kann die Änderung oder Aufhebung wegen veränderter oder im ursprünglichen Verfahren ohne Verschulden nicht geltend gemachter Umstände beantragen.

(8) In dringenden Fällen kann der Vorsitzende entscheiden.

§ 80a[1)] **[Verwaltungsakte mit Doppelwirkung]** (1) Legt ein Dritter einen Rechtsbehelf gegen den an einen anderen gerichteten, diesen begünstigenden Verwaltungsakt ein, kann die Behörde
1. auf Antrag des Begünstigten nach § 80 Absatz 2 Satz 1 Nummer 4 die sofortige Vollziehung anordnen,
2. auf Antrag des Dritten nach § 80 Abs. 4 die Vollziehung aussetzen und einstweilige Maßnahmen zur Sicherung der Rechte des Dritten treffen.

(2) Legt ein Betroffener gegen einen an ihn gerichteten belastenden Verwaltungsakt, der einen Dritten begünstigt, einen Rechtsbehelf ein, kann die Behörde auf Antrag des Dritten nach § 80 Absatz 2 Satz 1 Nummer 4 die sofortige Vollziehung anordnen.

(3) [1] Das Gericht kann auf Antrag Maßnahmen nach den Absätzen 1 und 2 ändern oder aufheben oder solche Maßnahmen treffen. [2] § 80 Abs. 5 bis 8 gilt entsprechend.

§ 80b[2)] **[Ende der aufschiebenden Wirkung]** (1) [1] Die aufschiebende Wirkung des Widerspruchs und der Anfechtungsklage endet mit der Unanfechtbarkeit oder, wenn die Anfechtungsklage im ersten Rechtszug abgewiesen worden ist, drei Monate nach Ablauf der gesetzlichen Begründungsfrist des gegen die abweisende Entscheidung gegebenen Rechtsmittels. [2] Dies gilt auch, wenn die Vollziehung durch die Behörde ausgesetzt oder die aufschiebende Wirkung durch das Gericht wiederhergestellt oder angeordnet worden ist, es sei denn, die Behörde hat die Vollziehung bis zur Unanfechtbarkeit ausgesetzt.

(2) Das Rechtsmittelgericht kann auf Antrag anordnen, daß die aufschiebende Wirkung fortdauert.

[1)] § 80a Abs. 1 Nr. 1 und Abs. 2 geänd. mWv 10.12.2020 durch G v. 3.12.2020 (BGBl. I S. 2694).

[2)] § 80b eingef. durch G v. 1.11.1996 (BGBl. I S. 1626); Abs. 2 geänd. mWv 1.7.2021 durch G v. 25.6.2021 (BGBl. I S. 2099); Abs. 3 geänd. mWv 21.3.2023 durch G v. 14.3.2023 (BGBl. 2023 I Nr. 71).

(3) § 80 Abs. 5 bis 8 und die §§ 80a und 80c gelten entsprechend.

§ 80c[1)] [Anordnung oder Wiederherstellung der aufschiebenden Wirkung] (1) [1]In Verfahren nach § 48 Absatz 1 Satz 1 Nummer 3 bis 15 und § 50 Absatz 1 Nummer 6 gelten für die Anordnung oder Wiederherstellung der aufschiebenden Wirkung (§§ 80 und 80a) ergänzend die Absätze 2 bis 4. [2]Von Satz 1 ausgenommen sind in § 48 Absatz 1 Satz 1 Nummer 6 das Anlegen von Verkehrsflughäfen und von Verkehrslandeplätzen mit beschränktem Bauschutzbereich sowie in § 48 Absatz 1 Satz 1 Nummer 13 Planfeststellungsverfahren für Braunkohletagebaue.

(2) [1]Das Gericht kann einen Mangel des angefochtenen Verwaltungsaktes außer Acht lassen, wenn offensichtlich ist, dass dieser in absehbarer Zeit behoben sein wird. [2]Ein solcher Mangel kann insbesondere sein

1. eine Verletzung von Verfahrens- oder Formvorschriften oder
2. ein Mangel bei der Abwägung im Rahmen der Planfeststellung oder der Plangenehmigung.

[3]Das Gericht soll eine Frist zur Behebung des Mangels setzen. [4]Verstreicht die Frist, ohne dass der Mangel behoben worden ist, gilt § 80 Absatz 7 entsprechend. [5]Satz 1 gilt grundsätzlich nicht für Verfahrensfehler gemäß § 4 Absatz 1 des Umwelt-Rechtsbehelfsgesetzes[2)].

(3) [1]Entscheidet das Gericht im Rahmen einer Vollzugsfolgenabwägung, soll es die Anordnung oder Wiederherstellung der aufschiebenden Wirkung in der Regel auf diejenigen Maßnahmen des angefochtenen Verwaltungsaktes beschränken, bei denen dies erforderlich ist, um anderenfalls drohende irreversible Nachteile zu verhindern. [2]Es kann die beschränkte Anordnung oder Wiederherstellung der aufschiebenden Wirkung von der Leistung einer Sicherheit durch den Begünstigten des angefochtenen Verwaltungsaktes abhängig machen.

(4) Das Gericht hat im Rahmen einer Vollzugsfolgenabwägung die Bedeutung von Vorhaben besonders zu berücksichtigen, wenn ein Bundesgesetz feststellt, dass diese im überragenden öffentlichen Interesse liegen.

9. Abschnitt. Verfahren im ersten Rechtszug

§ 81[3)] [Klageerhebung] (1) [1]Die Klage ist bei dem Gericht schriftlich zu erheben. [2]Bei dem Verwaltungsgericht kann sie auch zu Protokoll des Urkundsbeamten der Geschäftsstelle erhoben werden. [3]§ 129a Absatz 2 der Zivilprozessordnung[4)] gilt entsprechend.

(2) Der Klage und allen Schriftsätzen sollen vorbehaltlich des § 55a Absatz 5 Satz 3 Abschriften für die übrigen Beteiligten beigefügt werden.

§ 82[5)] [Inhalt der Klageschrift] (1) [1]Die Klage muß den Kläger, den Beklagten und den Gegenstand des Klagebegehrens bezeichnen. [2]Sie soll einen bestimmten Antrag enthalten. [3]Die zur Begründung dienenden Tatsachen und

---

[1)] § 80c eingef. mWv 21.3.2023 durch G v. 14.3.2023 (BGBl. 2023 I Nr. 71).

[2)] Nr. **293**.

[3)] § 81 Abs. 2 geänd. mWv 1.4.2005 durch G v. 22.3.2005 (BGBl. I S. 837); Abs. 2 geänd. mWv 1.1. 2018 durch G v. 10.10.2013 (BGBl. I S. 3786); Abs. 1 Satz 2 geänd. mWv 1.1.2018 durch G v. 5.7.2017 (BGBl. I S. 2208); Abs. 1 Satz 3 angef. mWv 19.7.2024 durch G v. 15.7.2024 (BGBl. 2024 I Nr. 237).

[4)] **Habersack Nr. 100.**

[5)] § 82 Abs. 2 Satz 1 geänd. mWv 1.4.2005 durch G v. 22.3.2005 (BGBl. I S. 837); Abs. 1 Satz 3 geänd. mWv 1.7.2014 durch G v. 10.10.2013 (BGBl. I S. 3786).

Beweismittel sollen angegeben, die angefochtene Verfügung und der Widerspruchsbescheid sollen in Abschrift beigefügt werden.

(Fortsetzung nächstes Blatt)

(2) [1]Entspricht die Klage diesen Anforderungen nicht, hat der Vorsitzende oder der nach § 21g des Gerichtsverfassungsgesetzes[1)] zuständige Berufsrichter (Berichterstatter) den Kläger zu der erforderlichen Ergänzung innerhalb einer bestimmten Frist aufzufordern. [2]Er kann dem Kläger für die Ergänzung eine Frist mit ausschließender Wirkung setzen, wenn es an einem der in Absatz 1 Satz 1 genannten Erfordernisse fehlt. [3]Für die Wiedereinsetzung in den vorigen Stand gilt § 60 entsprechend.

§ 83 [Sachliche und örtliche Zuständigkeit] [1]Für die sachliche und örtliche Zuständigkeit gelten die §§ 17 bis 17b des Gerichtsverfassungsgesetzes[1)] entsprechend. [2]Beschlüsse entsprechend § 17a Abs. 2 und 3 des Gerichtsverfassungsgesetzes sind unanfechtbar.

§ 84[2)] [Gerichtsbescheid] (1) [1]Das Gericht kann ohne mündliche Verhandlung durch Gerichtsbescheid entscheiden, wenn die Sache keine besonderen Schwierigkeiten tatsächlicher oder rechtlicher Art aufweist und der Sachverhalt geklärt ist. [2]Die Beteiligten sind vorher zu hören. [3]Die Vorschriften über Urteile gelten entsprechend.

(2) Die Beteiligten können innerhalb eines Monats nach Zustellung des Gerichtsbescheids

1. Berufung einlegen, wenn sie zugelassen worden ist (§ 124a),
2. Zulassung der Berufung oder mündliche Verhandlung beantragen; wird von beiden Rechtsbehelfen Gebrauch gemacht, findet mündliche Verhandlung statt,
3. Revision einlegen, wenn sie zugelassen worden ist,
4. Nichtzulassungsbeschwerde einlegen oder mündliche Verhandlung beantragen, wenn die Revision nicht zugelassen worden ist; wird von beiden Rechtsbehelfen Gebrauch gemacht, findet mündliche Verhandlung statt,
5. mündliche Verhandlung beantragen, wenn ein Rechtsmittel nicht gegeben ist.

(3) Der Gerichtsbescheid wirkt als Urteil; wird rechtzeitig mündliche Verhandlung beantragt, gilt er als nicht ergangen.

(4) Wird mündliche Verhandlung beantragt, kann das Gericht in dem Urteil von einer weiteren Darstellung des Tatbestandes und der Entscheidungsgründe absehen, soweit es der Begründung des Gerichtsbescheides folgt und dies in seiner Entscheidung feststellt.

§ 85 [Klagezustellung] [1]Der Vorsitzende verfügt die Zustellung der Klage an den Beklagten. [2]Zugleich mit der Zustellung ist der Beklagte aufzufordern, sich schriftlich zu äußern; § 81 Abs. 1 Satz 2 gilt entsprechend. [3]Hierfür kann eine Frist gesetzt werden.

§ 86[3)] [Untersuchungsgrundsatz; Aufklärungspflicht; vorbereitende *Schriftsätze]* *(1) [1]Das Gericht* erforscht den Sachverhalt von Amts wegen; die Beteiligten sind dabei heranzuziehen. [2]Es ist an das Vorbringen und an die Beweisanträge der Beteiligten nicht gebunden.

[1)] **Habersack Nr. 95.**

[2)] § 84 Abs. 2 neu gef. durch G v. 1.11.1996 (BGBl. I S. 1626); Abs. 2 Nr. 1 eingef., bish. Nr. 1–4 werden Nr. 2–5 mWv 1.1.2002 durch G v. 20.12.2001 (BGBl. I S. 3987).

[3)] § 86 Abs. 4 Satz 3 und Abs. 5 Sätze 1 und 2 geänd. mWv 1.4.2005 durch G v. 22.3.2005 (BGBl. I S. 837); Abs. 5 Satz 1 geänd. mWv 1.7.2014 durch G v. 10.10.2013 (BGBl. I S. 3786); Abs. 5 Satz 2 geänd. mWv 1.1.2018 durch G v. 5.7.2017 (BGBl. I S. 2208).

(2) Ein in der mündlichen Verhandlung gestellter Beweisantrag kann nur durch einen Gerichtsbeschluß, der zu begründen ist, abgelehnt werden.

(3) Der Vorsitzende hat darauf hinzuwirken, daß Formfehler beseitigt, unklare Anträge erläutert, sachdienliche Anträge gestellt, ungenügende tatsächliche Angaben ergänzt, ferner alle für die Feststellung und Beurteilung des Sachverhalts wesentlichen Erklärungen abgegeben werden.

(4) [1] Die Beteiligten sollen zur Vorbereitung der mündlichen Verhandlung Schriftsätze einreichen. [2] Hierzu kann sie der Vorsitzende unter Fristsetzung auffordern. [3] Die Schriftsätze sind den Beteiligten von Amts wegen zu übermitteln.

(5) [1] Den Schriftsätzen sind die Urkunden oder elektronischen Dokumente, auf die Bezug genommen wird, in Abschrift ganz oder im Auszug beizufügen. [2] Sind die Urkunden dem Gegner bereits bekannt oder sehr umfangreich, so genügt die genaue Bezeichnung mit dem Anerbieten, Einsicht bei Gericht zu gewähren.

§ 86a[1)] *(aufgehoben)*

§ 87[2)] **[Vorbereitendes Verfahren]** (1) [1] Der Vorsitzende oder der Berichterstatter hat schon vor der mündlichen Verhandlung alle Anordnungen zu treffen, die notwendig sind, um den Rechtsstreit möglichst in einer mündlichen Verhandlung zu erledigen. [2] Er kann insbesondere

1. die Beteiligten zur Erörterung des Sach- und Streitstandes und zur gütlichen Beilegung des Rechtsstreits laden und einen Vergleich entgegennehmen;
2. den Beteiligten die Ergänzung oder Erläuterung ihrer vorbereitenden Schriftsätze, die Vorlegung von Urkunden, die Übermittlung von elektronischen Dokumenten und die Vorlegung von anderen zur Niederlegung bei Gericht geeigneten Gegenständen aufgeben, insbesondere eine Frist zur Erklärung über bestimmte klärungsbedürftige Punkte setzen;
3. Auskünfte einholen;
4. die Vorlage von Urkunden oder die Übermittlung von elektronischen Dokumenten anordnen;
5. das persönliche Erscheinen der Beteiligten anordnen; § 95 gilt entsprechend;
6. Zeugen und Sachverständige zur mündlichen Verhandlung laden.

(2) Die Beteiligten sind von jeder Anordnung zu benachrichtigen.

(3) [1] Der Vorsitzende oder der Berichterstatter kann einzelne Beweise erheben. [2] Dies darf nur insoweit geschehen, als es zur Vereinfachung der Verhandlung vor dem Gericht sachdienlich und von vornherein anzunehmen ist, daß das Gericht das Beweisergebnis auch ohne unmittelbaren Eindruck von dem Verlauf der Beweisaufnahme sachgemäß zu würdigen vermag.

§ 87a[3)] **[Entscheidung im vorbereitenden Verfahren]** (1) Der Vorsitzende entscheidet, wenn die Entscheidung im vorbereitenden Verfahren ergeht,

1. über die Aussetzung und das Ruhen des Verfahrens;

---

1) § 86a aufgeh. mWv 1.4.2005 durch G v. 22.3.2005 (BGBl. I S. 837).

2) § 87 Abs. 1 Satz 2 Nr. 6 geänd. und Nr. 7 angef. durch G v. 1.11.1996 (BGBl. I S. 1626); Abs. 1 Nr. 6 geänd. und Nr. 7 aufgeh. mWv 1.1.2002 durch G v. 20.12.2001 (BGBl. I S. 3987); Abs. 1 Satz 2 Nr. 2 neu gef. und Nr. 4 geänd. mWv 1.4.2005 durch G v. 22.3.2005 (BGBl. I S. 837).

3) § 87a Abs. 1 Nr. 2, 3 und 5 geänd. und Nr. 6 angef. mWv 1.9.2004 durch G v. 24.8.2004 (BGBl. I S. 2198).

2. bei Zurücknahme der Klage, Verzicht auf den geltend gemachten Anspruch oder Anerkenntnis des Anspruchs, auch über einen Antrag auf Prozesskostenhilfe;
3. bei Erledigung des Rechtsstreits in der Hauptsache, auch über einen Antrag auf Prozesskostenhilfe;
4. über den Streitwert;
5. über Kosten;
6. über die Beiladung.

(2) Im Einverständnis der Beteiligten kann der Vorsitzende auch sonst anstelle der Kammer oder des Senats entscheiden.

(3) Ist ein Berichterstatter bestellt, so entscheidet dieser anstelle des Vorsitzenden.

§ 87b[1] [Fristsetzung, Fristversäumnis] (1) [1]Der Vorsitzende oder der Berichterstatter kann dem Kläger eine Frist setzen zur Angabe der Tatsachen, durch deren Berücksichtigung oder Nichtberücksichtigung im Verwaltungsverfahren er sich beschwert fühlt. [2]Die Fristsetzung nach Satz 1 kann mit der Fristsetzung nach § 82 Abs. 2 Satz 2 verbunden werden.

(2) Der Vorsitzende oder der Berichterstatter kann einem Beteiligten unter Fristsetzung aufgeben, zu bestimmten Vorgängen

1. Tatsachen anzugeben oder Beweismittel zu bezeichnen,
2. Urkunden oder andere bewegliche Sachen vorzulegen sowie elektronische Dokumente zu übermitteln, soweit der Beteiligte dazu verpflichtet ist.

(3) [1]Das Gericht kann Erklärungen und Beweismittel, die erst nach Ablauf einer nach den Absätzen 1 und 2 gesetzten Frist vorgebracht werden, zurückweisen und ohne weitere Ermittlungen entscheiden, wenn

1. ihre Zulassung nach der freien Überzeugung des Gerichts die Erledigung des Rechtsstreits verzögern würde und
2. der Beteiligte die Verspätung nicht genügend entschuldigt und
3. der Beteiligte über die Folgen einer Fristversäumung belehrt worden ist.

[2]Der Entschuldigungsgrund ist auf Verlangen des Gerichts glaubhaft zu machen. [3]Satz 1 gilt nicht, wenn es mit geringem Aufwand möglich ist, den Sachverhalt auch ohne Mitwirkung des Beteiligten zu ermitteln.

(4) [1]Abweichend von Absatz 3 hat das Gericht in Verfahren nach § 48 Absatz 1 Satz 1 Nummer 3 bis 15 und § 50 Absatz 1 Nummer 6 Erklärungen und Beweismittel, die erst nach Ablauf einer nach den Absätzen 1 und 2 gesetzten Frist vorgebracht werden, zurückzuweisen und ohne weitere Ermittlungen zu entscheiden, wenn der Beteiligte

1. die Verspätung nicht genügend entschuldigt und
2. über die Folgen einer Fristversäumung belehrt worden ist.

[2]Absatz 3 Satz 2 und 3 gilt entsprechend.

---

[1] § 87b Abs. 2 Nr. 2 geänd. mWv 1.4.2005 durch G v. 22.3.2005 (BGBl. I S. 837); Abs. 4 angef. mWv 21.3.2023 durch G v. 14.3.2023 (BGBl. 2023 I Nr. 71).

§ 87c[1)] [Beschleunigte Verfahren] (1) [1] Verfahren nach § 48 Absatz 1 Satz 1 Nummer 3 bis 15 und § 50 Absatz 1 Nummer 6 sollen vorrangig und beschleunigt durchgeführt werden. [2] Dies gilt auch

1. für Verfahren nach § 47 Absatz 1 Nummer 1, wenn sie Bauleitpläne mit Darstellungen oder Festsetzungen von Flächen für die in § 48 Absatz 1 Satz 1 Nummer 3, 3a, 3b oder 5 genannten Vorhaben zum Gegenstand haben und
2. für Verfahren nach § 47 Absatz 1 Nummer 2, wenn sie Raumordnungspläne mit Festlegungen von Gebieten zur Nutzung von Windenergie zum Gegenstand haben.

[3] Besonders zu priorisieren sind Verfahren über Vorhaben, wenn ein Bundesgesetz feststellt, dass diese im überragenden öffentlichen Interesse liegen. [4] Von Satz 1 ausgenommen sind in § 48 Absatz 1 Satz 1 Nummer 6 das Anlegen von Verkehrsflughäfen und von Verkehrslandeplätzen mit beschränktem Bauschutzbereich sowie in § 48 Absatz 1 Satz 1 Nummer 13 Planfeststellungsverfahren für Braunkohletagebaue.

(2) [1] In den in Absatz 1 genannten Verfahren soll der Vorsitzende oder der Berichterstatter in geeigneten Fällen die Beteiligten zu einem frühen ersten Termin zur Erörterung des Sach- und Streitstandes und zur gütlichen Beilegung des Rechtsstreits laden. [2] Kommt es in diesem Termin nicht zu einer gütlichen Beilegung des Rechtsstreits, erörtert der Vorsitzende oder der Berichterstatter mit den Beteiligten den weiteren Ablauf des Verfahrens und die mögliche Terminierung der mündlichen Verhandlung.

§ 88 [Bindung an Klagebegehren] Das Gericht darf über das Klagebegehren nicht hinausgehen, ist aber an die Fassung der Anträge nicht gebunden.

§ 89 [Widerklage] (1) [1] Bei dem Gericht der Klage kann eine Widerklage erhoben werden, wenn der Gegenanspruch mit dem in der Klage geltend gemachten Anspruch oder mit den gegen ihn vorgebrachten Verteidigungsmitteln zusammenhängt. [2] Dies gilt nicht, wenn in den Fällen des § 52 Nr. 1 für die Klage wegen des Gegenanspruchs ein anderes Gericht zuständig ist.

(2) Bei Anfechtungs- und Verpflichtungsklagen ist die Widerklage ausgeschlossen.

§ 90[2)] [Rechtshängigkeit] *(1)* [1] Durch Erhebung der Klage wird die Streitsache rechtshängig. [2] In Verfahren nach dem Siebzehnten Titel des Gerichtsverfassungsgesetzes[3)] wegen eines überlangen Gerichtsverfahrens wird die Streitsache erst mit Zustellung der Klage rechtshängig.

(2) (weggefallen)

(3) (weggefallen)

§ 91 [Klageänderung] (1) Eine Änderung der Klage ist zulässig, wenn die übrigen Beteiligten einwilligen oder das Gericht die Änderung für sachdienlich hält.

[1)] § 87c eingef. mWv *21.3.2023 durch G v.* 14.3.2023 (BGBl. 2023 I Nr. 71).

[2)] § 90 Absatzbezeichnung aufgeh., Satz 2 angef. mWv 15.10.2016 durch G v. 11.10.2016 (BGBl. I S. 2222).

[3)] **Habersack Nr. 95.**

(2) Die Einwilligung des Beklagten in die Änderung der Klage ist anzunehmen, wenn er sich, ohne ihr zu widersprechen, in einem Schriftsatz oder in einer mündlichen Verhandlung auf die geänderte Klage eingelassen hat.

(3) Die Entscheidung, daß eine Änderung der Klage nicht vorliegt oder zuzulassen sei, ist nicht selbständig anfechtbar.

§ 92[1] **[Klagerücknahme]** (1) [1] Der Kläger kann bis zur Rechtskraft des Urteils seine Klage zurücknehmen. [2] Die Zurücknahme nach Stellung der Anträge in der mündlichen Verhandlung setzt die Einwilligung des Beklagten und, wenn ein Vertreter des öffentlichen Interesses an der mündlichen Verhandlung teilgenommen hat, auch seine Einwilligung voraus. [3] Die Einwilligung gilt als erteilt, wenn der Klagerücknahme nicht innerhalb von zwei Wochen seit Zustellung des die Rücknahme enthaltenden Schriftsatzes widersprochen wird; das Gericht hat auf diese Folge hinzuweisen.

(2) [1] Die Klage gilt als zurückgenommen, wenn der Kläger das Verfahren trotz Aufforderung des Gerichts länger als zwei Monate nicht betreibt. [2] Absatz 1 Satz 2 und 3 gilt entsprechend. [3] Der Kläger ist in der Aufforderung auf die sich aus Satz 1 und § 155 Abs. 2 ergebenden Rechtsfolgen hinzuweisen. [4] Das Gericht stellt durch Beschluß fest, daß die Klage als zurückgenommen gilt.

(3) [1] Ist die Klage zurückgenommen oder gilt sie als zurückgenommen, so stellt das Gericht das Verfahren durch Beschluß ein und spricht die sich nach diesem Gesetz ergebenden Rechtsfolgen der Zurücknahme aus. [2] Der Beschluß ist unanfechtbar.

§ 93 [Verbindung und Trennung von Verfahren] [1] Das Gericht kann durch Beschluß mehrere bei ihm anhängige Verfahren über den gleichen Gegenstand zu gemeinsamer Verhandlung und Entscheidung verbinden und wieder trennen. [2] Es kann anordnen, daß mehrere in einem Verfahren erhobene Ansprüche in getrennten Verfahren verhandelt und entschieden werden.

§ 93a[2] **[Musterverfahren]** (1) [1] Ist die Rechtmäßigkeit einer behördlichen Maßnahme Gegenstand von mehr als zwanzig Verfahren, kann das Gericht eines oder mehrere geeignete Verfahren vorab durchführen (Musterverfahren) und die übrigen Verfahren aussetzen. [2] Die Beteiligten sind vorher zu hören. [3] Der Beschluß ist unanfechtbar.

(2) [1] Ist über die durchgeführten Verfahren rechtskräftig entschieden worden, kann das Gericht nach Anhörung der Beteiligten über die ausgesetzten Verfahren durch Beschluß entscheiden, wenn es einstimmig der Auffassung ist, daß die Sachen gegenüber rechtskräftig entschiedenen Musterverfahren keine wesentlichen Besonderheiten tatsächlicher oder rechtlicher Art aufweisen und der Sachverhalt geklärt ist. [2] Das Gericht kann in einem Musterverfahren erhobene Beweise einführen; es kann nach seinem Ermessen die wiederholte Vernehmung eines Zeugen oder eine neue Begutachtung durch denselben oder andere Sachverständige anordnen. [3] Beweisanträge zu Tatsachen, über die bereits im Musterverfahren Beweis erhoben wurde, kann das Gericht ablehnen, wenn ihre Zulassung nach seiner freien Überzeugung nicht zum Nachweis neuer entscheidungserheblicher Tatsachen beitragen und die Erledigung des Rechtsstreits verzögern würde. [4] Die Ablehnung kann in der Entscheidung nach Satz 1 erfolgen. [5] Den Beteiligten steht

---

[1] § 92 Abs. 2 neu gef. und Abs. 3 angef. durch G v. 1.11.1996 (BGBl. I S. 1626); Abs. 1 Satz 3 angef. und Abs. 2 Sätze 1 und 2 geänd. mWv 1.9.2004 durch G v. 24.8.2004 (BGBl. I S. 2198).

[2] § 93a Abs. 1 geänd. sowie Abs. 2 Sätze 3 und 4 eingef. durch G v. 1.11.1996 (BGBl. I S. 1626).

gegen den Beschluß nach Satz 1 das Rechtsmittel zu, das zulässig wäre, wenn das Gericht durch Urteil entschieden hätte. [6]Die Beteiligten sind über dieses Rechtsmittel zu belehren.

§ 94[1)] [Aussetzung des Verfahrens] Das Gericht kann, wenn die Entscheidung des Rechtsstreits ganz oder zum Teil von dem Bestehen oder Nichtbestehen eines Rechtsverhältnisses abhängt, das den Gegenstand eines anderen anhängigen Rechtsstreits bildet oder von einer Verwaltungsbehörde festzustellen ist, anordnen, daß die Verhandlung bis zur Erledigung des anderen Rechtsstreits oder bis zur Entscheidung der Verwaltungsbehörde auszusetzen sei.

§ 95[2)] [Persönliches Erscheinen] (1) [1]Das Gericht kann das persönliche Erscheinen eines Beteiligten anordnen. [2]Als persönliches Erscheinen gilt auch die nach § 102a Absatz 2 Satz 1 gestattete Teilnahme per Bild- und Tonübertragung. [3]Für den Fall des Ausbleibens kann es Ordnungsgeld wie gegen einen im Vernehmungstermin nicht erschienenen Zeugen androhen. [4]Bei schuldhaftem Ausbleiben setzt das Gericht durch Beschluß das angedrohte Ordnungsgeld fest. [5]Androhung und Festsetzung des Ordnungsgelds können wiederholt werden.

(2) Ist Beteiligter eine juristische Person oder eine Vereinigung, so ist das Ordnungsgeld dem nach Gesetz oder Satzung Vertretungsberechtigten anzudrohen und gegen ihn festzusetzen.

(3) Das Gericht kann einer beteiligten öffentlich-rechtlichen Körperschaft oder Behörde aufgeben, zur mündlichen Verhandlung einen Beamten oder Angestellten zu entsenden, der mit einem schriftlichen Nachweis über die Vertretungsbefugnis versehen und über die Sach- und Rechtslage ausreichend unterrichtet ist.

§ 96 [Unmittelbarkeit der Beweisaufnahme] (1) [1]Das Gericht erhebt Beweis in der mündlichen Verhandlung. [2]Es kann insbesondere Augenschein einnehmen, Zeugen, Sachverständige und Beteiligte vernehmen und Urkunden heranziehen.

(2) Das Gericht kann in geeigneten Fällen schon vor der mündlichen Verhandlung durch eines seiner Mitglieder als beauftragten Richter Beweis erheben lassen oder durch Bezeichnung der einzelnen Beweisfragen ein anderes Gericht um die Beweisaufnahme ersuchen.

§ 97 [Beweistermine] [1]Die Beteiligten werden von allen Beweisterminen benachrichtigt und können der Beweisaufnahme beiwohnen. [2]Sie können an Zeugen und Sachverständige sachdienliche Fragen richten. [3]Wird eine Frage beanstandet, so entscheidet das Gericht.

§ 98 [Beweisaufnahme] Soweit dieses Gesetz nicht abweichende Vorschriften enthält, sind auf die Beweisaufnahme §§ 358 bis 444 und 450 bis 494 der Zivilprozeßordnung[3)] entsprechend anzuwenden.

[1)] § 94 Satz 2 angef., bish. Wortlaut wird Satz 1 durch G v. 1.11.1996 (BGBl. I S. 1626); Satz 2 aufgeh., bish. Satz 1 wird alleiniger Wortlaut mWv 1.1.2002 durch G v. 20.12.2001 (BGBl. I S. 3987).

[2)] § 95 Abs. 1 Satz 2 eingef., bish. Sätze 2–4 werden Sätze 3–5 mWv 19.7.2024 durch G v. 15.7.2024 (BGBl. 2024 I Nr. 237).

[3)] **Habersack Nr. 100.**

§ 99[1)] [Vorlage- und Auskunftspflicht der Behörden] (1) [1] Behörden sind zur Vorlage von Urkunden oder Akten, zur Übermittlung elektronischer Dokumente und zu Auskünften verpflichtet. [2] Führen Behörden die Akten elektronisch, sind diese als digital durchsuchbare Dokumente vorzulegen, soweit dies technisch möglich ist. [3] Wenn das Bekanntwerden des Inhalts dieser Urkunden, Akten, elektronischen Dokumente oder dieser Auskünfte dem Wohl des Bundes oder eines Landes Nachteile bereiten würde oder wenn die Vorgänge nach einem Gesetz oder ihrem Wesen nach geheim gehalten werden müssen, kann die zuständige oberste Aufsichtsbehörde die Vorlage von Urkunden oder Akten, die Übermittlung der elektronischen Dokumente und die Erteilung der Auskünfte verweigern.

(2) [1] Auf Antrag eines Beteiligten stellt das Oberverwaltungsgericht ohne mündliche Verhandlung durch Beschluss fest, ob die Verweigerung der Vorlage der Urkunden oder Akten, der Übermittlung der elektronischen Dokumente oder der Erteilung von Auskünften rechtmäßig ist. [2] Verweigert eine oberste Bundesbehörde die Vorlage, Übermittlung oder Auskunft mit der Begründung, das Bekanntwerden des Inhalts der Urkunden, der Akten, der elektronischen Dokumente oder der Auskünfte würde dem Wohl des Bundes Nachteile bereiten, entscheidet das Bundesverwaltungsgericht; Gleiches gilt, wenn das Bundesverwaltungsgericht nach § 50 für die Hauptsache zuständig ist. [3] Der Antrag ist bei dem für die Hauptsache zuständigen Gericht zu stellen. [4] Dieses gibt den Antrag und die Hauptsacheakten an den nach § 189 zuständigen Spruchkörper ab. [5] Die oberste Aufsichtsbehörde hat die nach Absatz 1 Satz 2 verweigerten Urkunden oder Akten auf Aufforderung dieses Spruchkörpers vorzulegen, die elektronischen Dokumente zu übermitteln oder die verweigerten Auskünfte zu erteilen. [6] Sie ist zu diesem Verfahren beizuladen. [7] Das Verfahren unterliegt den Vorschriften des materiellen Geheimschutzes. [8] Können diese nicht eingehalten werden oder macht die zuständige Aufsichtsbehörde geltend, dass besondere Gründe der Geheimhaltung oder des Geheimschutzes der Übergabe der Urkunden oder Akten oder der Übermittlung der elektronischen Dokumente an das Gericht entgegenstehen, wird die Vorlage oder Übermittlung nach Satz 5 dadurch bewirkt, dass die Urkunden, Akten oder elektronischen Dokumente dem Gericht in von der obersten Aufsichtsbehörde bestimmten Räumlichkeiten zur Verfügung gestellt werden. [9] Für die nach Satz 5 vorgelegten Akten, elektronischen Dokumente und für die gemäß Satz 8 geltend gemachten besonderen Gründe gilt § 100 nicht. [10] Die Mitglieder des Gerichts sind zur Geheimhaltung verpflichtet; die Entscheidungsgründe dürfen Art und Inhalt der geheim gehaltenen Urkunden, Akten, elektronischen Dokumente und Auskünfte nicht erkennen lassen. [11] Für das nichtrichterliche Personal gelten die Regelungen des personellen Geheimschutzes. [12] Soweit nicht das Bundesverwaltungsgericht entschieden hat, kann der Beschluss selbständig mit der Beschwerde angefochten werden. [13] Über die Beschwerde gegen den Beschluss eines Oberverwaltungsgerichts entscheidet das Bundesverwaltungsgericht. [14] Für das Beschwerdeverfahren gelten die Sätze 4 bis 11 sinngemäß.

[1)] § 99 Abs. 2 neu gef. mWv 1.1.2002 durch G v. 20.12.2001 (BGBl. I S. 3987); Abs. 1 und Abs. 2 Satz 8 neu gef. sowie Abs. 2 Sätze 1, 2, 5, 9 und 10 geänd. mWv 1.4.2005 durch G v. 22.3.2005 (BGBl. I S. 837); Abs. 1 Satz 2 eingef., bish. Satz 2 wird Satz 3 mWv 1.1.2024 durch G v. 14.3.2023 (BGBl. 2023 I Nr. 71).

§ 100[1)] [Akteneinsicht; Abschriften] (1) [1]Die Beteiligten können die Gerichtsakten und die dem Gericht vorgelegten Akten einsehen. [2]Beteiligte können sich auf ihre Kosten durch die Geschäftsstelle Ausfertigungen, Auszüge, Ausdrucke und Abschriften erteilen lassen.

(2) [1]Werden die Prozessakten elektronisch geführt, wird Akteneinsicht durch Bereitstellung des Inhalts der Akten zum Abruf oder durch Übermittlung des Inhalts der Akten auf einem sicheren Übermittlungsweg gewährt. [2]Auf besonderen Antrag wird Akteneinsicht durch Einsichtnahme in die Akten in Diensträumen gewährt. [3]Ein Aktenausdruck oder ein Datenträger mit dem Inhalt der Akten wird auf besonders zu begründenden Antrag nur übermittelt, wenn der Antragsteller hieran ein berechtigtes Interesse darlegt. [4]Stehen der Akteneinsicht in der nach Satz 1 vorgesehenen Form wichtige Gründe entgegen, kann die Akteneinsicht in der nach den Sätzen 2 und 3 vorgesehenen Form auch ohne Antrag gewährt werden. [5]Über einen Antrag nach Satz 3 entscheidet der Vorsitzende; die Entscheidung ist unanfechtbar. [6]§ 87a Absatz 3 gilt entsprechend.

(3) [1]Werden die Prozessakten in Papierform geführt, wird Akteneinsicht durch Einsichtnahme in die Akten in Diensträumen gewährt. [2]Die Akteneinsicht kann, soweit nicht wichtige Gründe entgegenstehen, auch durch Bereitstellung des Inhalts der Akten zum Abruf oder durch Übermittlung des Inhalts der Akten auf einem sicheren Übermittlungsweg gewährt werden. [3]Nach dem Ermessen des Vorsitzenden kann der nach § 67 Absatz 2 Satz 1 und 2 Nummer 3 bis 6 bevollmächtigten Person die Mitnahme der Akten in die Wohnung oder Geschäftsräume gestattet werden. [4]§ 87a Absatz 3 gilt entsprechend.

(4) In die Entwürfe zu Urteilen, Beschlüssen und Verfügungen, die Arbeiten zu ihrer Vorbereitung und die Dokumente, die Abstimmungen betreffen, wird Akteneinsicht nach den Absätzen 1 bis 3 nicht gewährt.

§ 101[2)] [Grundsatz der mündlichen Verhandlung] (1) [1]Das Gericht entscheidet, soweit nichts anderes bestimmt ist, auf Grund mündlicher Verhandlung. [2]Die mündliche Verhandlung soll so früh wie möglich stattfinden.

(2) Mit Einverständnis der Beteiligten kann das Gericht ohne mündliche Verhandlung entscheiden.

(3) Entscheidungen des Gerichts, die nicht Urteile sind, können ohne mündliche Verhandlung ergehen, soweit nichts anderes bestimmt ist.

§ 102[3)] [Ladung; Sitzungen außerhalb des Gerichtssitzes] (1) [1]Sobald der Termin zur mündlichen Verhandlung bestimmt ist, sind die Beteiligten mit einer Ladungsfrist von mindestens zwei Wochen, bei dem Bundesverwaltungsgericht von mindestens vier Wochen, zu laden. [2]In dringenden Fällen kann der Vorsitzende die Frist abkürzen.

(2) Bei der Ladung ist darauf hinzuweisen, daß beim Ausbleiben eines Beteiligten auch ohne ihn verhandelt und entschieden werden kann.

[1)] § 100 Abs. 2 Satz 2 geänd. mWv 1.8.2001 durch G v. 13.7.2001 (BGBl. I S. 1542); Abs. 2 und 3 neu gef. mWv 1.4.2005 durch G v. 22.3.2005 (BGBl. I S. 837); Abs. 2 Sätze 2 und 4 geänd. mWv 1.7.2008 durch G v. 12.12.2007 (BGBl. I S. 2840, geänd. durch G v. 12.6.2008, BGBl. I S. 1000); Abs. 1 Satz 2 angef., Abs. 2 neu gef., Abs. 3 eingef., bish. Abs. 3 wird Abs. 4 und geänd. mWv 1.1.2018 durch G v. 5.7. 2017 (BGBl. I S. 2208); Abs. 2 Satz 5 geänd. mWv 29.7.2017 durch G v. 18.7.2017 (BGBl. I S. 2745); Abs. 2 Satz 1 und Abs. 3 Satz 2 geänd. mWv 1.7.2021 durch G v. 25.6.2021 (BGBl. I S. 2099).

[2)] § 101 Abs. 1 Satz 2 angef. mWv 10.12.2020 durch G v. 3.12.2020 (BGBl. I S. 2694).

[3)] § 102 Abs. 4 angef. durch G v. 18.6.1997 (BGBl. I S. 1430).

(3) Die Gerichte der Verwaltungsgerichtsbarkeit können Sitzungen auch außerhalb des Gerichtssitzes abhalten, wenn dies zur sachdienlichen Erledigung notwendig ist.

(4) § 227 Abs. 3 Satz 1 der Zivilprozeßordnung[1] ist nicht anzuwenden.

§ 102a[2] [Verhandlung im Wege der Bild- und Tonübertragung] (1) [1] Die mündliche Verhandlung kann in geeigneten Fällen und soweit ausreichende Kapazitäten zur Verfügung stehen als Videoverhandlung stattfinden. [2] Eine mündliche Verhandlung findet als Videoverhandlung statt, wenn an ihr mindestens ein Verfahrensbeteiligter per Bild- und Tonübertragung teilnimmt. [3] Verfahrensbeteiligte nach dieser Vorschrift sind die Beteiligten, ihre Bevollmächtigten und Beistände.

(2) [1] Das Gericht kann unter den Voraussetzungen des Absatzes 1 Satz 1 auf Antrag eines Verfahrensbeteiligten oder von Amts wegen die Teilnahme per Bild- und Tonübertragung für einen Verfahrensbeteiligten, mehrere oder alle Verfahrensbeteiligte gestatten. [2] Die Ablehnung eines Antrags auf Teilnahme per Bild- und Tonübertragung ist kurz zu begründen.

(3) [1] Das Gericht kann auf Antrag oder von Amts wegen die Vernehmung eines Zeugen, Sachverständigen oder Beteiligten per Bild- und Tonübertragung gestatten. [2] Das Antragsrecht steht den Verfahrensbeteiligten, Zeugen und Sachverständigen zu. [3] Absatz 1 gilt entsprechend.

(4) [1] Den Verfahrensbeteiligten und Dritten ist es untersagt, die Übertragung aufzuzeichnen. [2] Hierauf sind sie zu Beginn der Verhandlung hinzuweisen. [3] Das Gericht kann die Videoverhandlung oder die Bild- und Tonübertragung nach Absatz 3 für die Zwecke des § 160a der Zivilprozessordnung[1] ganz oder teilweise aufzeichnen. [4] Über Beginn und Ende der Aufzeichnung hat das Gericht die Verfahrensbeteiligten und im Falle von Absatz 3 auch die Zeugen und Sachverständigen zu informieren.

(5) Entscheidungen nach dieser Vorschrift sind unanfechtbar.

(6) Die Absätze 1 bis 5 gelten entsprechend für Erörterungstermine (§ 87 Absatz 1 Satz 2 Nummer 1 und § 87c Absatz 2 Satz 1).

§ 103 [Gang der mündlichen Verhandlung] (1) Der Vorsitzende eröffnet und leitet die mündliche Verhandlung.

(2) Nach Aufruf der Sache trägt der Vorsitzende oder der Berichterstatter den wesentlichen Inhalt der Akten vor.

(3) Hierauf erhalten die Beteiligten das Wort, um ihre Anträge zu stellen und zu begründen.

§ 104 [Richterliche Frage- und Erörterungspflicht] (1) Der Vorsitzende hat die Streitsache mit den Beteiligten tatsächlich und rechtlich zu erörtern.

(2) [1] Der Vorsitzende hat jedem Mitglied des Gerichts auf Verlangen zu gestatten, Fragen zu stellen. [2] Wird eine Frage beanstandet, so entscheidet das Gericht.

(3) [1] Nach Erörterung der Streitsache erklärt der Vorsitzende die mündliche Verhandlung für geschlossen. [2] Das Gericht kann die Wiedereröffnung beschließen.

---

[1] **Habersack Nr. 100.**
[2] § 102a neu gef. mWv 19.7.2024 durch G v. 15.7.2024 (BGBl. 2024 I Nr. 237).

§ 105[1)] [Protokoll über die mündliche Verhandlung] Für das Protokoll gelten die §§ 159 bis 165 der Zivilprozeßordnung[2)] entsprechend.

§ 106[3)] [Gerichtlicher Vergleich] [1] Um den Rechtsstreit vollständig oder zum Teil zu erledigen, können die Beteiligten zu Protokoll des Gerichts oder des beauftragten oder ersuchten Richters einen Vergleich schließen, soweit sie über den Gegenstand des Vergleichs verfügen können. [2] Ein gerichtlicher Vergleich kann auch dadurch geschlossen werden, daß die Beteiligten einen in der Form eines Beschlusses ergangenen Vorschlag des Gerichts, des Vorsitzenden oder des Berichterstatters schriftlich oder durch Erklärung zu Protokoll in der mündlichen Verhandlung gegenüber dem Gericht annehmen.

10. Abschnitt. Urteile und andere Entscheidungen

§ 107 [Entscheidung durch Urteil] Über die Klage wird, soweit nichts anderes bestimmt ist, durch Urteil entschieden.

§ 108 [Urteilsgrundlage; freie Beweiswürdigung; rechtliches Gehör]

(1) [1] Das Gericht entscheidet nach seiner freien, aus dem Gesamtergebnis des Verfahrens gewonnenen Überzeugung. [2] In dem Urteil sind die Gründe anzugeben, die für die richterliche Überzeugung leitend gewesen sind.

(2) Das Urteil darf nur auf Tatsachen und Beweisergebnisse gestützt werden, zu denen die Beteiligten sich äußern konnten.

§ 109 [Zwischenurteil] Über die Zulässigkeit der Klage kann durch Zwischenurteil vorab entschieden werden.

§ 110 [Teilurteil] Ist nur ein Teil des Streitgegenstands zur Entscheidung reif, so kann das Gericht ein Teilurteil erlassen.

§ 111 [Zwischenurteil über den Grund] [1] Ist bei einer Leistungsklage ein Anspruch nach Grund und Betrag streitig, so kann das Gericht durch Zwischenurteil über den Grund vorab entscheiden. [2] Das Gericht kann, wenn der Anspruch für begründet erklärt ist, anordnen, daß über den Betrag zu verhandeln ist.

§ 112 [Besetzung des Gerichts] Das Urteil kann nur von den Richtern und ehrenamtlichen Richtern gefällt werden, die an der dem Urteil zugrunde liegenden Verhandlung teilgenommen haben.

§ 113 [Urteilstenor] (1) [1] Soweit der Verwaltungsakt rechtswidrig und der Kläger dadurch in seinen Rechten verletzt ist, hebt das Gericht den Verwaltungsakt und den etwaigen Widerspruchsbescheid auf. [2] Ist der Verwaltungsakt schon vollzogen, so kann das Gericht auf Antrag auch aussprechen, daß und wie die Verwaltungsbehörde die Vollziehung rückgängig zu machen hat. [3] Dieser Ausspruch ist nur zulässig, wenn die Behörde dazu in der Lage und diese Frage spruchreif ist. [4] Hat sich der Verwaltungsakt vorher durch Zurücknahme oder anders erledigt, so spricht das Gericht auf Antrag durch Urteil aus, daß der Verwaltungsakt rechtswidrig gewesen ist, wenn der Kläger ein berechtigtes Interesse an dieser Feststellung hat.

[1)] § 105 geänd. mWv *1.1.2018 durch G v.* 5.7.2017 (BGBl. I S. 2208).
[2)] **Habersack Nr. 100.**
[3)] § 106 Satz 1 geänd. mWv 1.1.2018 durch G v. 5.7.2017 (BGBl. I S. 2208); Satz 2 geänd. mWv 1.1.2020 durch G v. 12.12.2019 (BGBl. I S. 2633).

(2) [1]Begehrt der Kläger die Änderung eines Verwaltungsakts, der einen Geldbetrag festsetzt oder eine darauf bezogene Feststellung trifft, kann das Gericht den Betrag in anderer Höhe festsetzen oder die Feststellung durch eine andere ersetzen. [2]Erfordert die Ermittlung des festzusetzenden oder festzustellenden Betrags einen nicht unerheblichen Aufwand, kann das Gericht die Änderung des Verwaltungsakts durch Angabe der zu Unrecht berücksichtigten oder nicht berücksichtigten tatsächlichen oder rechtlichen Verhältnisse so bestimmen, daß die Behörde den Betrag auf Grund der Entscheidung errechnen kann. [3]Die Behörde teilt den Beteiligten das Ergebnis der Neuberechnung unverzüglich formlos mit; nach Rechtskraft der Entscheidung ist der Verwaltungsakt mit dem geänderten Inhalt neu bekanntzugeben.

(3) [1]Hält das Gericht eine weitere Sachaufklärung für erforderlich, kann es, ohne in der Sache selbst zu entscheiden, den Verwaltungsakt und den Widerspruchsbescheid aufheben, soweit nach Art oder Umfang die noch erforderlichen Ermittlungen erheblich sind und die Aufhebung auch unter Berücksichtigung der Belange der Beteiligten sachdienlich ist. [2]Auf Antrag kann das Gericht bis zum Erlaß des neuen Verwaltungsakts eine einstweilige Regelung treffen, insbesondere bestimmen, daß Sicherheiten geleistet werden oder ganz oder zum Teil bestehen bleiben und Leistungen zunächst nicht zurückgewährt werden müssen. [3]Der Beschluß kann jederzeit geändert oder aufgehoben werden. [4]Eine Entscheidung nach Satz 1 kann nur binnen sechs Monaten seit Eingang der Akten der Behörde bei Gericht ergehen.

(4) Kann neben der Aufhebung eines Verwaltungsakts eine Leistung verlangt werden, so ist im gleichen Verfahren auch die Verurteilung zur Leistung zulässig.

(5) [1]Soweit die Ablehnung oder Unterlassung des Verwaltungsakts rechtswidrig und der Kläger dadurch in seinen Rechten verletzt ist, spricht das Gericht die Verpflichtung der Verwaltungsbehörde aus, die beantragte Amtshandlung vorzunehmen, wenn die Sache spruchreif ist. [2]Andernfalls spricht es die Verpflichtung aus, den Kläger unter Beachtung der Rechtsauffassung des Gerichts zu bescheiden.

§ 114[1)] [Nachprüfung von Ermessensentscheidungen] [1]Soweit die Verwaltungsbehörde ermächtigt ist, nach ihrem Ermessen zu handeln, prüft das Gericht auch, ob der Verwaltungsakt oder die Ablehnung oder Unterlassung des Verwaltungsakts rechtswidrig ist, weil die gesetzlichen Grenzen des Ermessens überschritten sind oder von dem Ermessen in einer dem Zweck der Ermächtigung nicht entsprechenden Weise Gebrauch gemacht ist. [2]Die Verwaltungsbehörde kann ihre Ermessenserwägungen hinsichtlich des Verwaltungsaktes auch noch im verwaltungsgerichtlichen Verfahren ergänzen.

§ 115 [Klagen gegen den Widerspruchsbescheid] §§ 113 und 114 gelten entsprechend, wenn nach § 79 Abs. 1 Nr. 2 und Abs. 2 der Widerspruchsbescheid Gegenstand der Anfechtungsklage ist.

§ 116[2)] [Verkündung und Zustellung des Urteils] (1) [1]Das Urteil wird, wenn eine mündliche Verhandlung stattgefunden hat, in der Regel in dem Termin, in dem die mündliche Verhandlung geschlossen wird, verkündet, in besonderen Fällen in einem sofort anzuberaumenden Termin, der nicht über zwei Wochen hinaus angesetzt werden soll. [2]Das Urteil ist den Beteiligten zuzustellen.

[1)] § 114 Satz 2 angef., bish. Wortlaut wird Satz 1 durch G v. 1.11.1996 (BGBl. I S. 1626).

[2)] § 116 Abs. 2 geänd. mWv 1.4.2005 durch G v. 22.3.2005 (BGBl. I S. 837); Abs. 1 Satz 3 angef. mWv 19.7.2024 durch G v. 15.7.2024 (BGBl. 2024 I Nr. 237).

[3]Der Vorsitzende kann den Beteiligten, ihren Bevollmächtigten und Beiständen gestatten, an der Urteilsverkündung per Bild- und Tonübertragung teilzunehmen.

(2) Statt der Verkündung ist die Zustellung des Urteils zulässig; dann ist das Urteil binnen zwei Wochen nach der mündlichen Verhandlung der Geschäftsstelle zu übermitteln.

(3) Entscheidet das Gericht ohne mündliche Verhandlung, so wird die Verkündung durch Zustellung an die Beteiligten ersetzt.

§ 117[1)] [Form und Inhalt des Urteils] (1) [1]Das Urteil ergeht „Im Namen des Volkes". [2]Es ist schriftlich abzufassen und von den Richtern, die bei der Entscheidung mitgewirkt haben, zu unterzeichnen. [3]Ist ein Richter verhindert, seine Unterschrift beizufügen, so wird dies mit dem Hinderungsgrund vom Vorsitzenden oder, wenn er verhindert ist, vom dienstältesten beisitzenden Richter unter dem Urteil vermerkt. [4]Der Unterschrift der ehrenamtlichen Richter bedarf es nicht.

(2) Das Urteil enthält

1. die Bezeichnung der Beteiligten, ihrer gesetzlichen Vertreter und der Bevollmächtigten nach Namen, Beruf, Wohnort und ihrer Stellung im Verfahren,
2. die Bezeichnung des Gerichts und die Namen der Mitglieder, die bei der Entscheidung mitgewirkt haben,
3. die Urteilsformel,
4. den Tatbestand,
5. die Entscheidungsgründe,
6. die Rechtsmittelbelehrung.

(3) [1]Im Tatbestand ist der Sach- und Streitstand unter Hervorhebung der gestellten Anträge seinem wesentlichen Inhalt nach gedrängt darzustellen. [2]Wegen der Einzelheiten soll auf Schriftsätze, Protokolle und andere Unterlagen verwiesen werden, soweit sich aus ihnen der Sach- und Streitstand ausreichend ergibt.

(4) [1]Ein Urteil, das bei der Verkündung noch nicht vollständig abgefaßt war, ist vor Ablauf von zwei Wochen, vom Tag der Verkündung an gerechnet, vollständig abgefaßt der Geschäftsstelle zu übermitteln. [2]Kann dies ausnahmsweise nicht geschehen, so ist innerhalb dieser zwei Wochen das von den Richtern unterschriebene Urteil ohne Tatbestand, Entscheidungsgründe und Rechtsmittelbelehrung der Geschäftsstelle zu übermitteln; Tatbestand, Entscheidungsgründe und Rechtsmittelbelehrung sind alsbald nachträglich niederzulegen, von den Richtern besonders zu unterschreiben und der Geschäftsstelle zu übermitteln.

(5) Das Gericht kann von einer weiteren Darstellung der Entscheidungsgründe absehen, soweit es der Begründung des Verwaltungsakts oder des Widerspruchsbescheids folgt und dies in seiner Entscheidung feststellt.

(6) [1]Der Urkundsbeamte der Geschäftsstelle hat auf dem Urteil den Tag der Zustellung und im Falle des § 116 Abs. 1 Satz 1 den Tag der Verkündung zu vermerken und diesen Vermerk zu unterschreiben. [2]Werden die Akten elektronisch geführt, hat der Urkundsbeamte der Geschäftsstelle den Vermerk in einem gesonderten Dokument festzuhalten. [3]Das Dokument ist mit dem Urteil untrennbar zu verbinden.

[1)] § 117 Abs. 4 Satz 1 und Satz 2 erster Halbs. geänd. sowie Abs. 6 Sätze 2 und 3 angef., bish. Wortlaut wird Satz 1 mWv 1.4.2005 durch G v. 22.3.2005 (BGBl. I S. 837).

§ 118[1)] [Urteilsberichtigung] (1) Schreibfehler, Rechenfehler und ähnliche offenbare Unrichtigkeiten im Urteil sind jederzeit vom Gericht zu berichtigen.

(2) [1] Über die Berichtigung kann ohne vorgängige mündliche Verhandlung entschieden werden. [2] Der Berichtigungsbeschluß wird auf dem Urteil und den Ausfertigungen vermerkt. [3] Ist das Urteil elektronisch abgefasst, ist auch der Beschluss elektronisch abzufassen und mit dem Urteil untrennbar zu verbinden.

§ 119[2)] [Berichtigung des Tatbestands eines Urteils] (1) Enthält der Tatbestand des Urteils andere Unrichtigkeiten oder Unklarheiten, so kann die Berichtigung binnen zwei Wochen nach Zustellung des Urteils beantragt werden.

(2) [1] Das Gericht entscheidet ohne Beweisaufnahme durch Beschluß. [2] Der Beschluß ist unanfechtbar. [3] Bei der Entscheidung wirken nur die Richter mit, die beim Urteil mitgewirkt haben. [4] Ist ein Richter verhindert, so entscheidet bei Stimmengleichheit die Stimme des Vorsitzenden. [5] Der Berichtigungsbeschluß wird auf dem Urteil und den Ausfertigungen vermerkt. [6] Ist das Urteil elektronisch abgefasst, ist auch der Beschluss elektronisch abzufassen und mit dem Urteil untrennbar zu verbinden.

§ 120[3)] [Urteilsergänzung] (1) Wenn ein nach dem Tatbestand von einem Beteiligten gestellter Antrag oder die Kostenfolge bei der Entscheidung ganz oder zum Teil übergangen ist, so ist auf Antrag das Urteil durch nachträgliche Entscheidung zu ergänzen.

(2) Die Entscheidung muß binnen zwei Wochen nach Zustellung des Urteils beantragt werden.

(3) [1] Die mündliche Verhandlung hat nur den nicht erledigten Teil des Rechtsstreits zum Gegenstand. [2] Von der Durchführung einer mündlichen Verhandlung kann abgesehen werden, wenn mit der Ergänzung des Urteils nur über einen Nebenanspruch oder über die Kosten entschieden werden soll und wenn die Bedeutung der Sache keine mündliche Verhandlung erfordert.

§ 121 [Rechtskraft] Rechtskräftige Urteile binden, soweit über den Streitgegenstand entschieden worden ist,

1. die Beteiligten und ihre Rechtsnachfolger und
2. im Fall des § 65 Abs. 3 die Personen, die einen Antrag auf Beiladung nicht oder nicht fristgemäß gestellt haben.

(Fortsetzung nächstes Blatt)

[1)] § 118 Abs. 2 Satz 3 angef. mWv 1.4.2005 durch G v. 22.3.2005 (BGBl. I S. 837).
[2)] § 119 Abs. 2 Satz 6 angef. mWv 1.4.2005 durch G v. 22.3.2005 (BGBl. I S. 837).
[3)] § 120 Abs. 3 Satz 2 angef. mWv 1.1.2020 durch G v. 12.12.2019 (BGBl. I S. 2633).

§ 122 [Beschlüsse] (1) §§ 88, 108 Abs. 1 Satz 1, §§ 118, 119 und 120 gelten entsprechend für Beschlüsse.

(2) [1] Beschlüsse sind zu begründen, wenn sie durch Rechtsmittel angefochten werden können oder über einen Rechtsbehelf entscheiden. [2] Beschlüsse über die Aussetzung der Vollziehung (§§ 80, 80a) und über einstweilige Anordnungen (§ 123) sowie Beschlüsse nach Erledigung des Rechtsstreits in der Hauptsache (§ 161 Abs. 2) sind stets zu begründen. [3] Beschlüsse, die über ein Rechtsmittel entscheiden, bedürfen keiner weiteren Begründung, soweit das Gericht das Rechtsmittel aus den Gründen der angefochtenen Entscheidung als unbegründet zurückweist.

11. Abschnitt. Einstweilige Anordnung

§ 123 [Erlass einstweiliger Anordnungen] (1) [1] Auf Antrag kann das Gericht, auch schon vor Klageerhebung, eine einstweilige Anordnung in bezug auf den Streitgegenstand treffen, wenn die Gefahr besteht, daß durch eine Veränderung des bestehenden Zustands die Verwirklichung eines Rechts des Antragstellers vereitelt oder wesentlich erschwert werden könnte. [2] Einstweilige Anordnungen sind auch zur Regelung eines vorläufigen Zustands in bezug auf ein streitiges Rechtsverhältnis zulässig, wenn diese Regelung, vor allem bei dauernden Rechtsverhältnissen, um wesentliche Nachteile abzuwenden oder drohende Gewalt zu verhindern oder aus anderen Gründen nötig erscheint.

(2) [1] Für den Erlaß einstweiliger Anordnungen ist das Gericht der Hauptsache zuständig. [2] Dies ist das Gericht des ersten Rechtszugs und, wenn die Hauptsache im Berufungsverfahren anhängig ist, das Berufungsgericht. [3] § 80 Abs. 8 ist entsprechend anzuwenden.

(3) Für den Erlaß einstweiliger Anordnungen gelten §§ 920, 921, 923, 926, 928 bis 932, 938, 939, 941 und 945 der Zivilprozeßordnung[1)] entsprechend.

(4) Das Gericht entscheidet durch Beschluß.

(5) Die Vorschriften der Absätze 1 bis 3 gelten nicht für die Fälle der §§ 80 und 80a.

Teil III. Rechtsmittel und Wiederaufnahme des Verfahrens

12. Abschnitt. Berufung

§ 124[2)] [Zulässigkeit der Berufung] (1) Gegen Endurteile einschließlich der Teilurteile nach § 110 und gegen Zwischenurteile nach den §§ 109 und 111 steht den Beteiligten die Berufung zu, wenn sie von dem Verwaltungsgericht oder dem Oberverwaltungsgericht zugelassen wird.

(2) Die Berufung ist nur zuzulassen,

1. wenn ernstliche Zweifel an der Richtigkeit des Urteils bestehen,
2. wenn die Rechtssache besondere tatsächliche oder rechtliche Schwierigkeiten aufweist,
3. wenn die Rechtssache grundsätzliche Bedeutung hat,

[1)] **Schönfelder Nr. 100.**

[2)] § 124 neu gef. durch G v. 1.11.1996 (BGBl. I S. 1626); Abs. 1 neu gef. mWv 1.1.2002 durch G v. 20.12.2001 (BGBl. I S. 3987); Abs. 2 Nr. 4 geänd. mWv 15.10.2016 durch G v. 11.10.2016 (BGBl. I S. 2222).

4. wenn das Urteil von einer Entscheidung des Oberverwaltungsgerichts, des Bundesverwaltungsgerichts, des Gemeinsamen Senats der obersten Gerichtshöfe des Bundes oder des Bundesverfassungsgerichts abweicht und auf dieser Abweichung beruht oder
5. wenn ein der Beurteilung des Berufungsgerichts unterliegender Verfahrensmangel geltend gemacht wird und vorliegt, auf dem die Entscheidung beruhen kann.

§ 124a[1)] [Zulassung und Begründung der Berufung] (1) [1]Das Verwaltungsgericht lässt die Berufung in dem Urteil zu, wenn die Gründe des § 124 Abs. 2 Nr. 3 oder Nr. 4 vorliegen. [2]Das Oberverwaltungsgericht ist an die Zulassung gebunden. [3]Zu einer Nichtzulassung der Berufung ist das Verwaltungsgericht nicht befugt.

(2) [1]Die Berufung ist, wenn sie von dem Verwaltungsgericht zugelassen worden ist, innerhalb eines Monats nach Zustellung des vollständigen Urteils bei dem Verwaltungsgericht einzulegen. [2]Die Berufung muss das angefochtene Urteil bezeichnen.

(3) [1]Die Berufung ist in den Fällen des Absatzes 2 innerhalb von zwei Monaten nach Zustellung des vollständigen Urteils zu begründen. [2]Die Begründung ist, sofern sie nicht zugleich mit der Einlegung der Berufung erfolgt, bei dem Oberverwaltungsgericht einzureichen. [3]Die Begründungsfrist kann auf einen vor ihrem Ablauf gestellten Antrag

(Fortsetzung nächstes Blatt)

[1)] § 124a neu gef. mWv 1.1.2002 durch G v. 20.12.2001 (BGBl. I S. 3987); Abs. 4 Satz 5 neu gef. mWv 1.9.2004 durch G v. 24.8.2004 (BGBl. I S. 2198).

von dem Vorsitzenden des Senats verlängert werden. 4 Die Begründung muss einen bestimmten Antrag enthalten sowie die im Einzelnen anzuführenden Gründe der Anfechtung (Berufungsgründe). 5 Mangelt es an einem dieser Erfordernisse, so ist die Berufung unzulässig.

(4) 1 Wird die Berufung nicht in dem Urteil des Verwaltungsgerichts zugelassen, so ist die Zulassung innerhalb eines Monats nach Zustellung des vollständigen Urteils zu beantragen. 2 Der Antrag ist bei dem Verwaltungsgericht zu stellen. 3 Er muss das angefochtene Urteil bezeichnen. 4 Innerhalb von zwei Monaten nach Zustellung des vollständigen Urteils sind die Gründe darzulegen, aus denen die Berufung zuzulassen ist. 5 Die Begründung ist, soweit sie nicht bereits mit dem Antrag vorgelegt worden ist, bei dem Oberverwaltungsgericht einzureichen. 6 Die Stellung des Antrags hemmt die Rechtskraft des Urteils.

(5) 1 Über den Antrag entscheidet das Oberverwaltungsgericht durch Beschluss. 2 Die Berufung ist zuzulassen, wenn einer der Gründe des § 124 Abs. 2 dargelegt ist und vorliegt. 3 Der Beschluss soll kurz begründet werden. 4 Mit der Ablehnung des Antrags wird das Urteil rechtskräftig. 5 Lässt das Oberverwaltungsgericht die Berufung zu, wird das Antragsverfahren als Berufungsverfahren fortgesetzt; der Einlegung einer Berufung bedarf es nicht.

(6) 1 Die Berufung ist in den Fällen des Absatzes 5 innerhalb eines Monats nach Zustellung des Beschlusses über die Zulassung der Berufung zu begründen. 2 Die Begründung ist bei dem Oberverwaltungsgericht einzureichen. 3 Absatz 3 Satz 3 bis 5 gilt entsprechend.

§ 124 b[1] *(aufgehoben)*

§ 125 [Berufungsverfahren, Entscheidung bei Unzulässigkeit]

(1) 1 Für das Berufungsverfahren gelten die Vorschriften des Teils II entsprechend, soweit sich aus diesem Abschnitt nichts anderes ergibt. 2 § 84 findet keine Anwendung.

(2) 1 Ist die Berufung unzulässig, so ist sie zu verwerfen. 2 Die Entscheidung kann durch Beschluß ergehen. 3 Die Beteiligten sind vorher zu hören. 4 Gegen den Beschluß steht den Beteiligten das Rechtsmittel zu, das zulässig wäre, wenn das Gericht durch Urteil entschieden hätte. 5 Die Beteiligten sind über dieses Rechtsmittel zu belehren.

§ 126[2] **[Zurücknahme der Berufung]** (1) 1 Die Berufung kann bis zur Rechtskraft des Urteils zurückgenommen werden. 2 Die Zurücknahme nach Stellung der Anträge in der mündlichen Verhandlung setzt die Einwilligung des Beklagten und, wenn ein Vertreter des öffentlichen Interesses an der mündlichen Verhandlung teilgenommen hat, auch seine Einwilligung voraus.

(2) 1 Die Berufung gilt als zurückgenommen, wenn der Berufungskläger das Verfahren trotz Aufforderung des Gerichts länger als drei

---

[1] § 124 b eingef. u. mWv 1. 1. 2005 aufgeh. durch G v. 20. 12. 2001 (BGBl. I S. 3987).

[2] § 126 Abs. 2 eingef., bish. Abs. 2 wird Abs. 3 durch G v. 1. 11. 1996 (BGBl. I S. 1626).

Monate nicht betreibt. 2 Absatz 1 Satz 2 gilt entsprechend. 3 Der Berufungskläger ist in der Aufforderung auf die sich aus Satz 1 und § 155 Abs. 2 ergebenden Rechtsfolgen hinzuweisen. 4 Das Gericht stellt durch Beschluß fest, daß die Berufung als zurückgenommen gilt.

(3) 1 Die Zurücknahme bewirkt den Verlust des eingelegten Rechtsmittels. 2 Das Gericht entscheidet durch Beschluß über die Kostenfolge.

§ 127[1] **[Anschlussberufung]** (1) 1 Der Berufungsbeklagte und die anderen Beteiligten können sich der Berufung anschließen. 2 Die Anschlussberufung ist bei dem Oberverwaltungsgericht einzulegen.

(2) 1 Die Anschließung ist auch statthaft, wenn der Beteiligte auf die Berufung verzichtet hat oder die Frist für die Berufung oder den Antrag auf Zulassung der Berufung verstrichen ist. 2 Sie ist zulässig bis zum Ablauf eines Monats nach der Zustellung der Berufungsbegründungsschrift.

(3) 1 Die Anschlussberufung muss in der Anschlussschrift begründet werden. 2 § 124 a Abs. 3 Satz 2, 4 und 5 gilt entsprechend.

(4) Die Anschlussberufung bedarf keiner Zulassung.

(5) Die Anschließung verliert ihre Wirkung, wenn die Berufung zurückgenommen oder als unzulässig verworfen wird.

§ 128 [Umfang der Nachprüfung] 1 Das Oberverwaltungsgericht prüft den Streitfall innerhalb des Berufungsantrags im gleichen Umfang wie das Verwaltungsgericht. 2 Es berücksichtigt auch neu vorgebrachte Tatsachen und Beweismittel.

§ 128 a [Neue Erklärungen und Beweismittel, Verspätung, Ausschluß] (1) 1 Neue Erklärungen und Beweismittel, die im ersten Rechtszug entgegen einer hierfür gesetzten Frist (§ 87 b Abs. 1 und 2) nicht vorgebracht worden sind, sind nur zuzulassen, wenn nach der freien Überzeugung des Gerichts ihre Zulassung die Erledigung des Rechtsstreits nicht verzögern würde oder wenn der Beteiligte die Verspätung genügend entschuldigt. 2 Der Entschuldigungsgrund ist auf Verlangen des Gerichts glaubhaft zu machen. 3 Satz 1 gilt nicht, wenn der Beteiligte im ersten Rechtszug über die Folgen einer Fristversäumung nicht nach § 87 b Abs. 3 Nr. 3 belehrt worden ist oder wenn es mit geringem Aufwand möglich ist, den Sachverhalt auch ohne Mitwirkung des Beteiligten zu ermitteln.

(2) Erklärungen und Beweismittel, die das Verwaltungsgericht zu Recht zurückgewiesen hat, bleiben auch im Berufungsverfahren ausgeschlossen.

§ 129 [Bindung an die Anträge] Das Urteil des Verwaltungsgerichts darf nur soweit geändert werden, als eine Änderung beantragt ist.

[1] § 127 neugef. durch G v. 20. 12. 2001 (BGBl. I S. 3987).

§ 130[1] **[Zurückverweisung der Entscheidung des Berufungsgerichts]** (1) Das Oberverwaltungsgericht hat die notwendigen Beweise zu erheben und in der Sache selbst zu entscheiden.

(2) Das Oberverwaltungsgericht darf die Sache, soweit ihre weitere Verhandlung erforderlich ist, unter Aufhebung des Urteils und des Verfahrens an das Verwaltungsgericht nur zurückverweisen,

1. soweit das Verfahren vor dem Verwaltungsgericht an einem wesentlichen Mangel leidet und aufgrund dieses Mangels eine umfangreiche oder aufwändige Beweisaufnahme notwendig ist oder
2. wenn das Verwaltungsgericht noch nicht in der Sache selbst entschieden hat

und ein Beteiligter die Zurückverweisung beantragt.

(3) Das Verwaltungsgericht ist an die rechtliche Beurteilung der Berufungsentscheidung gebunden.

§ 130 a[2] **[Entscheidung durch Beschluß]** [1] Das Oberverwaltungsgericht kann über die Berufung durch Beschluß entscheiden, wenn es sie einstimmig für begründet oder einstimmig für unbegründet hält und eine mündliche Verhandlung nicht für erforderlich hält. [2] § 125 Abs. 2 Satz 3 bis 5 gilt entsprechend.

(Fortsetzung nächstes Blatt)

---

[1] § 130 neugef. durch G v. 20. 12. 2001 (BGBl. I S. 3987).
[2] § 130 a Satz 1 neugef. durch G v. 1. 11. 1996 (BGBl. I S. 1626).

§ 130b[1)] [Vereinfachte Abfassung des Berufungsurteils] [1]Das Oberverwaltungsgericht kann in dem Urteil über die Berufung auf den Tatbestand der angefochtenen Entscheidung Bezug nehmen, wenn es sich die Feststellungen des Verwaltungsgerichts in vollem Umfange zu eigen macht. [2]Von einer weiteren Darstellung der Entscheidungsgründe kann es absehen, soweit es die Berufung aus den Gründen der angefochtenen Entscheidung als unbegründet zurückweist.

§ 131.[1)] *(aufgehoben)*

13. Abschnitt. Revision

§ 132[2)] [Zulassung der Revision] (1) Gegen das Urteil des Oberverwaltungsgerichts (§ 49 Nr. 1) und gegen Beschlüsse nach § 47 Abs. 5 Satz 1 steht den Beteiligten die Revision an das Bundesverwaltungsgericht zu, wenn das Oberverwaltungsgericht oder auf Beschwerde gegen die Nichtzulassung das Bundesverwaltungsgericht sie zugelassen hat.

(2) Die Revision ist nur zuzulassen, wenn

1. die Rechtssache grundsätzliche Bedeutung hat,
2. das Urteil von einer Entscheidung des Bundesverwaltungsgerichts, des Gemeinsamen Senats der obersten Gerichtshöfe des Bundes oder des Bundesverfassungsgerichts abweicht und auf dieser Abweichung beruht oder
3. ein Verfahrensmangel geltend gemacht wird und vorliegt, auf dem die Entscheidung beruhen kann.

(3) Das Bundesverwaltungsgericht ist an die Zulassung gebunden.

§ 133 [Beschwerde bei Nichtzulassung der Revision] (1) Die Nichtzulassung der Revision kann durch Beschwerde angefochten werden.

(2) [1]Die Beschwerde ist bei dem Gericht, gegen dessen Urteil Revision eingelegt werden soll, innerhalb eines Monats nach Zustellung des vollständigen Urteils einzulegen. [2]Die Beschwerde muß das angefochtene Urteil bezeichnen.

(3) [1]Die Beschwerde ist innerhalb von zwei Monaten nach der Zustellung des vollständigen Urteils zu begründen. [2]Die Begründung ist bei dem Gericht, gegen dessen Urteil Revision eingelegt werden soll, einzureichen. [3]In der Begründung muß die grundsätzliche Bedeutung der Rechtssache dargelegt oder die Entscheidung, von der das Urteil *abweicht, oder der* Verfahrensmangel bezeichnet werden.

(4) Die Einlegung der Beschwerde hemmt die Rechtskraft des Urteils.

(5) [1]Wird der Beschwerde nicht abgeholfen, entscheidet das Bundesverwaltungsgericht durch Beschluß. [2]Der Beschluß soll kurz begründet

---

1) § 130 b neugef. u. § 131 aufgeh. durch G v. 1. 11. 1996 (BGBl. I S. 1626).

2) § 132 Abs. 2 Nr. 2 gänd. durch G v. 2. 8. 1993 (BGBl. I S. 1442), Abs. 1 gänd. durch G v. 1. 11. 1996 (BGBl. I S. 1626).

werden; von einer Begründung kann abgesehen werden, wenn sie nicht geeignet ist, zur Klärung der Voraussetzungen beizutragen, unter denen eine Revision zuzulassen ist. [3]Mit der Ablehnung der Beschwerde durch das Bundesverwaltungsgericht wird das Urteil rechtskräftig.

(6) Liegen die Voraussetzungen des § 132 Abs. 2 Nr. 3 vor, kann das Bundesverwaltungsgericht in dem Beschluß das angefochtene Urteil aufheben und den Rechtsstreit zur anderweitigen Verhandlung und Entscheidung zurückverweisen.

§ 134[1)] **[Sprungrevision]** (1) [1]Gegen das Urteil eines Verwaltungsgerichts (§ 49 Nr. 2) steht den Beteiligten die Revision unter Übergehung der Berufungsinstanz zu, wenn der Kläger und der Beklagte der Einlegung der Sprungrevision schriftlich zustimmen und wenn sie von dem Verwaltungsgericht im Urteil oder auf Antrag durch Beschluß zugelassen wird. [2]Der Antrag ist innerhalb eines Monats nach Zustellung des vollständigen Urteils schriftlich zu stellen. [3]Die Zustimmung zu der Einlegung der Sprungrevision ist dem Antrag oder, wenn die Revision im Urteil zugelassen ist, der Revisionsschrift beizufügen.

(2) [1]Die Revision ist nur zuzulassen, wenn die Voraussetzungen des § 132 Abs. 2 Nr. 1 oder 2 vorliegen. [2]Das Bundesverwaltungsgericht ist an die Zulassung gebunden. [3]Die Ablehnung der Zulassung ist unanfechtbar.

(3) [1]Lehnt das Verwaltungsgericht den Antrag auf Zulassung der Revision durch Beschluß ab, beginnt mit der Zustellung dieser Entscheidung der Lauf der Frist für den Antrag auf Zulassung der Berufung von neuem, sofern der Antrag in der gesetzlichen Frist und Form gestellt und die Zustimmungserklärung beigefügt war. [2]Läßt das Verwaltungsgericht die Revision durch Beschluß zu, beginnt der Lauf der Revisionsfrist mit der Zustellung dieser Entscheidung.

(4) Die Revision kann nicht auf Mängel des Verfahrens gestützt werden.

(5) Die Einlegung der Revision und die Zustimmung gelten als Verzicht auf die Berufung, wenn das Verwaltungsgericht die Revision zugelassen hat.

§ 135 [Revision bei Ausschluß der Berufung] [1]Gegen das Urteil eines Verwaltungsgerichts (§ 49 Nr. 2) steht den Beteiligten die Revision an das Bundesverwaltungsgericht zu, wenn durch Bundesgesetz die Berufung ausgeschlossen ist. [2]Die Revision kann nur eingelegt werden, wenn das Verwaltungsgericht oder auf Beschwerde gegen die Nichtzulassung das Bundesverwaltungsgericht sie zugelassen hat. [3]Für die Zulassung gelten die §§ 132 und 133 entsprechend.

§ 136[2)] *(aufgehoben)*

§ 137 [Zulässige Revisionsgründe] (1) Die Revision kann nur darauf gestützt werden, daß das angefochtene Urteil auf der Verletzung

---

[1)] *§ 134 Abs. 3 Satz 1 geänd. durch* G v. 1. 11. 1996 (BGBl. I S. 1626), Abs. 1 Sätze 1 u. 3 geänd. durch G v. 20. 12. 2001 (BGBl. I S. 3987).

[2)] § 136 aufgeh. durch G v. 1. 11. 1996 (BGBl. I S. 1626).

1. von Bundesrecht oder
2. einer Vorschrift des Verwaltungsverfahrensgesetzes eines Landes, die ihrem Wortlaut nach mit dem Verwaltungsverfahrensgesetz[1)] des Bundes übereinstimmt,

beruht.

(2) Das Bundesverwaltungsgericht ist an die in dem angefochtenen Urteil getroffenen tatsächlichen Feststellungen gebunden, außer wenn in bezug auf diese Feststellungen zulässige und begründete Revisionsgründe vorgebracht sind.

(3) [1] Wird die Revision auf Verfahrensmängel gestützt und liegt nicht zugleich eine der Voraussetzungen des § 132 Abs. 2 Nr. 1 und 2 vor, so ist nur über die geltend gemachten Verfahrensmängel zu entscheiden. [2] Im übrigen ist das Bundesverwaltungsgericht an die geltend gemachten Revisionsgründe nicht gebunden.

§ 138 [Absolute Revisionsgründe] Ein Urteil ist stets als auf der Verletzung von Bundesrecht beruhend anzusehen, wenn

1. das erkennende Gericht nicht vorschriftsmäßig besetzt war,
2. bei der Entscheidung ein Richter mitgewirkt hat, der von der Ausübung des Richteramts kraft Gesetzes ausgeschlossen oder wegen Besorgnis der Befangenheit mit Erfolg abgelehnt war,
3. einem Beteiligten das rechtliche Gehör versagt war,
4. ein Beteiligter im Verfahren nicht nach Vorschrift des Gesetzes vertreten war, außer wenn er der Prozeßführung ausdrücklich oder stillschweigend zugestimmt hat,
5. das Urteil auf eine mündliche Verhandlung ergangen ist, bei der die Vorschriften über die Öffentlichkeit des Verfahrens verletzt worden sind, oder
6. die Entscheidung nicht mit Gründen versehen ist.

§ 139 [Frist; Revisionseinlegung; Revisionsbegründung]

(1) [1] Die Revision ist bei dem Gericht, dessen Urteil angefochten wird, innerhalb eines Monats nach Zustellung des vollständigen Urteils oder des Beschlusses über die Zulassung der Revision nach § 134 Abs. 3 Satz 2 schriftlich einzulegen. [2] Die Revisionsfrist ist auch gewahrt, wenn die Revision innerhalb der Frist bei dem Bundesverwaltungsgericht eingelegt wird. [3] Die Revision muß das angefochtene Urteil bezeichnen.

(2) [1] Wird der Beschwerde gegen die Nichtzulassung der Revision abgeholfen oder läßt das Bundesverwaltungsgericht die Revision zu, so wird das Beschwerdeverfahren als Revisionsverfahren fortgesetzt, wenn nicht das Bundesverwaltungsgericht das angefochtene Urteil nach § 133 Abs. 6 aufhebt; der Einlegung einer Revision durch den Beschwerdeführer bedarf es nicht. [2] Darauf ist in dem Beschluß hinzuweisen.

[1)] Nr. **100**.

(3) [1]Die Revision ist innerhalb von zwei Monaten nach Zustellung des vollständigen Urteils oder des Beschlusses über die Zulassung der Revision nach § 134 Abs. 3 Satz 2 zu begründen; im Falle des Absatzes 2 beträgt die Begründungsfrist einen Monat nach Zustellung des Beschlusses über die Zulassung der Revision. [2]Die Begründung ist bei dem Bundesverwaltungsgericht einzureichen. [3]Die Begründungfrist kann auf einen vor ihrem Ablauf gestellten Antrag von dem Vorsitzenden verlängert werden. [4]Die Begründung muß einen bestimmten Antrag enthalten, die verletzte Rechtsnorm und, soweit Verfahrensmängel gerügt werden, die Tatsachen angeben, die den Mangel ergeben.

§ 140[1)] [Zurücknahme der Revision] (1) [1]Die Revision kann bis zur Rechtskraft des Urteils zurückgenommen werden. [2]Die Zurücknahme nach Stellung der Anträge in der mündlichen Verhandlung setzt die Einwilligung des Revisionsbeklagten und, wenn der Vertreter des Bundesinteresses beim Bundesverwaltungsgericht an der mündlichen Verhandlung teilgenommen hat, auch seine Einwilligung voraus.

(2) [1]Die Zurücknahme bewirkt den Verlust des eingelegten Rechtsmittels. [2]Das Gericht entscheidet durch Beschluß über die Kostenfolge.

§ 141 [Revisionsverfahren] [1]Für die Revision gelten die Vorschriften über die Berufung entsprechend, soweit sich aus diesem Abschnitt nichts anderes ergibt. [2]Die §§ 87 a, 130 a und 130 b finden keine Anwendung.

§ 142 [Unzulässigkeit von Klageänderungen und Beiladungen] (1) [1]Klageänderungen und Beiladungen sind im Revisionsverfahren unzulässig. [2]Das gilt nicht für Beiladungen nach § 65 Abs. 2.

(2) [1]Ein im Revisionsverfahren nach § 65 Abs. 2 Beigeladener kann Verfahrensmängel nur innerhalb von zwei Monaten nach Zustellung des Beiladungsbeschlusses rügen. [2]Die Frist kann auf einen vor ihrem Ablauf gestellten Antrag von dem Vorsitzenden verlängert werden.

§ 143 [Prüfung der Zulässigkeitsvoraussetzungen] [1]Das Bundesverwaltungsgericht prüft, ob die Revision statthaft und ob sie in der gesetzlichen Form und Frist eingelegt und begründet worden ist. [2]Mangelt es an einem dieser Erfordernisse, so ist die Revision unzulässig.

§ 144 [Revisionsentscheidung] (1) Ist die Revision unzulässig, so verwirft sie das Bundesverwaltungsgericht durch Beschluß.

(2) Ist die Revision unbegründet, so weist das Bundesverwaltungsgericht die Revision zurück.

(3) [1]Ist die Revision begründet, so kann das Bundesverwaltungsgericht

1. in der Sache selbst entscheiden,
2. das angefochtene Urteil aufheben und die Sache zur anderweitigen Verhandlung und Entscheidung zurückverweisen.

[1)] § 140 Abs. 1 Satz 2 geänd. mWv 1. 1. 2002 durch G v. 9. 7. 2001 (BGBl. I S. 1510).

[2] Das Bundesverwaltungsgericht verweist den Rechtsstreit zurück, wenn der im Revisionsverfahren nach § 142 Abs. 1 Satz 2 Beigeladene ein berechtigtes Interesse daran hat.

(4) Ergeben die Entscheidungsgründe zwar eine Verletzung des bestehenden Rechts, stellt sich die Entscheidung selbst aber aus anderen Gründen als richtig dar, so ist die Revision zurückzuweisen.

(5) [1] Verweist das Bundesverwaltungsgericht die Sache bei der Sprungrevision nach § 49 Nr. 2 und nach § 134 zur anderweitigen Verhandlung und Entscheidung zurück, so kann es nach seinem Ermessen auch an das Oberverwaltungsgericht zurückverweisen, das für die Berufung zuständig gewesen wäre. [2] Für das Verfahren vor dem Oberverwaltungsgericht gelten dann die gleichen Grundsätze, wie wenn der Rechtsstreit auf eine ordnungsgemäß eingelegte Berufung bei dem Oberverwaltungsgericht anhängig geworden wäre.

(6) Das Gericht, an das die Sache zur anderweitigen Verhandlung und Entscheidung zurückverwiesen ist, hat seiner Entscheidung die rechtliche Beurteilung des Revisionsgerichts zugrunde zu legen.

(7) [1] Die Entscheidung über die Revision bedarf keiner Begründung, soweit das Bundesverwaltungsgericht Rügen von Verfahrensmängeln nicht für durchgreifend hält. [2] Das gilt nicht für Rügen nach § 138 und, wenn mit der Revision ausschließlich Verfahrensmängel geltend gemacht werden, für Rügen, auf denen die Zulassung der Revision beruht.

§ 145[1)] *(aufgehoben)*

14. Abschnitt.[2)] Beschwerde, Erinnerung, Anhörungsrüge

§ 146[3)] **[Statthaftigkeit der Beschwerde]** (1) Gegen die Entscheidungen des Verwaltungsgerichts, des Vorsitzenden oder des Berichterstatters, die nicht Urteile oder Gerichtsbescheide sind, steht den Beteiligten und den sonst von der Entscheidung Betroffenen die Beschwerde an das Oberverwaltungsgericht zu, soweit nicht in diesem Gesetz etwas anderes bestimmt ist.

(2) Prozeßleitende Verfügungen, Aufklärungsanordnungen, Beschlüsse über eine Vertagung oder die Bestimmung einer Frist, Beweisbeschlüsse, Beschlüsse über Ablehnung von Beweisanträgen, über Verbindung und Trennung von Verfahren und Ansprüchen und über die Ablehnung von Gerichtspersonen sowie Beschlüsse über die Ablehnung der Prozesskostenhilfe, wenn das Gericht ausschließlich die persönlichen oder wirtschaftlichen Voraussetzungen der Prozesskostenhilfe verneint, können nicht mit der Beschwerde angefochten werden.

(3) Außerdem ist vorbehaltlich einer gesetzlich vorgesehenen Beschwerde gegen die Nichtzulassung der Revision die Beschwerde nicht gegeben in *Streitigkeiten über Kosten, Gebühren* und Auslagen, wenn der Wert des Beschwerdegegenstands zweihundert Euro nicht übersteigt.

[1)] § 145 aufgeh. durch G v. 1.11.1996 (BGBl. I S. 1626).

[2)] 14. Abschn. Überschr. neu gef. mWv 1.1.2005 durch G v. 9.12.2004 (BGBl. I S. 3220).

[3)] § 146 Abs. 4 angef. durch G v. 11.1.1993 (BGBl. I S. 50); Abs. 2 und 3 geänd., Abs. 4 neu gef. sowie Abs. 5 und 6 angef. durch G v. 1.11.1996 (BGBl. I S. 1626); Abs. 3 geänd., Abs. 4 neu gef. sowie Abs. 5 und 6 aufgeh. mWv 1.1.2002 durch G v. 20.12.2001 (BGBl. I S. 3987); Abs. 2 geänd. mWv 1.1.2014 durch G v. 31.8.2013 (BGBl. I S. 3533).

(4) [1] Die Beschwerde gegen Beschlüsse des Verwaltungsgerichts in Verfahren des vorläufigen Rechtsschutzes (§§ 80, 80a und 123) ist innerhalb eines Monats nach Bekanntgabe der Entscheidung zu begründen. [2] Die Begründung ist, sofern sie nicht bereits mit der Beschwerde vorgelegt worden ist, bei dem Oberverwaltungsgericht einzureichen. [3] Sie muss einen bestimmten Antrag enthalten, die Gründe darlegen, aus denen die Entscheidung abzuändern oder aufzuheben ist, und sich mit der angefochtenen Entscheidung auseinander setzen. [4] Mangelt es an einem dieser Erfordernisse, ist die Beschwerde als unzulässig zu verwerfen. [5] Das Verwaltungsgericht legt die Beschwerde unverzüglich vor; § 148 Abs. 1 findet keine Anwendung. [6] Das Oberverwaltungsgericht prüft nur die dargelegten Gründe.

§ 147[1)] [Form; Frist] (1) [1] Die Beschwerde ist bei dem Gericht, dessen Entscheidung angefochten wird, schriftlich oder zu Protokoll des Urkundsbeamten der Geschäftsstelle innerhalb von zwei Wochen nach Bekanntgabe der Entscheidung einzulegen. [2] § 67 Abs. 4 bleibt unberührt.

(2) Die Beschwerdefrist ist auch gewahrt, wenn die Beschwerde innerhalb der Frist bei dem Beschwerdegericht eingeht.

§ 148 [Abhilfe; Vorlage an das Oberverwaltungsgericht] (1) Hält das Verwaltungsgericht, der Vorsitzende oder der Berichterstatter, dessen Entscheidung angefochten wird, die Beschwerde für begründet, so ist ihr abzuhelfen; sonst ist sie unverzüglich dem Oberverwaltungsgericht vorzulegen.

(2) Das Verwaltungsgericht soll die Beteiligten von der Vorlage der Beschwerde an das Oberverwaltungsgericht in Kenntnis setzen.

§ 149 [Aufschiebende Wirkung] (1) [1] Die Beschwerde hat nur dann aufschiebende Wirkung, wenn sie die Festsetzung eines Ordnungs- oder Zwangsmittels zum Gegenstand hat. [2] Das Gericht, der Vorsitzende oder der Berichterstatter, dessen Entscheidung angefochten wird, kann auch sonst bestimmen, daß die Vollziehung der angefochtenen Entscheidung einstweilen auszusetzen ist.

(2) §§ 178 und 181 Abs. 2 des Gerichtsverfassungsgesetzes[2)] bleiben unberührt.

§ 150 [Entscheidung durch Beschluss] Über die Beschwerde entscheidet das Oberverwaltungsgericht durch Beschluß.

§ 151[3)] [Beauftragter oder ersuchter Richter; Urkundsbeamter] [1] Gegen die Entscheidungen des beauftragten oder ersuchten Richters oder des Urkundsbeamten kann innerhalb von zwei Wochen nach Bekanntgabe die Entscheidung des Gerichts beantragt werden. [2] Der Antrag ist schriftlich oder zu Protokoll des Urkundsbeamten der Geschäftsstelle des Gerichts zu stellen. [3] §§ 147 bis 149 gelten entsprechend.

[1)] § 147 Abs. 1 Satz 2 geänd. mWv 1.7.2008 durch G v. 12.12.2007 (BGBl. I S. 2840); Abs. 1 *Satz 1 geänd. mWv 1.1.2018* durch G v. 5.7.2017 (BGBl. I S. 2208).

[2)] **Schönfelder Nr. 95.**

[3)] § 151 Satz 2 geänd. mWv 1.1.2018 durch G v. 5.7.2017 (BGBl. I S. 2208).

§ 152[1] **[Beschwerde zum Bundesverwaltungsgericht]** (1) Entscheidungen des Oberverwaltungsgerichts können vorbehaltlich des § 99 Abs. 2 und des § 133 Abs. 1 dieses Gesetzes sowie des § 17a Abs. 4 Satz 4 des Gerichtsverfassungsgesetzes[2] nicht mit der Beschwerde an das Bundesverwaltungsgericht angefochten werden.

(2) Im Verfahren vor dem Bundesverwaltungsgericht gilt für Entscheidungen des beauftragten oder ersuchten Richters oder des Urkundsbeamten der Geschäftsstelle § 151 entsprechend.

§ 152a[3] **[Anhörungsrüge]** (1) [1] Auf die Rüge eines durch eine gerichtliche Entscheidung beschwerten Beteiligten ist das Verfahren fortzuführen, wenn

1. ein Rechtsmittel oder ein anderer Rechtsbehelf gegen die Entscheidung nicht gegeben ist und
2. das Gericht den Anspruch dieses Beteiligten auf rechtliches Gehör in entscheidungserheblicher Weise verletzt hat.

[2] Gegen eine der Endentscheidung vorausgehende Entscheidung findet die Rüge nicht statt.

(2) [1] Die Rüge ist innerhalb von zwei Wochen nach Kenntnis von der Verletzung des rechtlichen Gehörs zu erheben; der Zeitpunkt der Kenntniserlangung ist glaubhaft zu machen. [2] Nach Ablauf eines Jahres seit Bekanntgabe der angegriffenen Entscheidung kann die Rüge nicht mehr erhoben werden. [3] Formlos mitgeteilte Entscheidungen gelten mit dem vierten Tag nach Aufgabe zur Post als bekannt gegeben. [4] Die Rüge ist schriftlich oder zu Protokoll des Urkundsbeamten der Geschäftsstelle bei dem Gericht zu erheben, dessen Entscheidung angegriffen wird. [5] § 67 Abs. 4 bleibt unberührt. [6] Die Rüge muss die angegriffene Entscheidung bezeichnen und das Vorliegen der in Absatz 1 Satz 1 Nr. 2 genannten Voraussetzungen darlegen.

(3) Den übrigen Beteiligten ist, soweit erforderlich, Gelegenheit zur Stellungnahme zu geben.

(4) [1] Ist die Rüge nicht statthaft oder nicht in der gesetzlichen Form oder Frist erhoben, so ist sie als unzulässig zu verwerfen. [2] Ist die Rüge unbegründet, weist das Gericht sie zurück. [3] Die Entscheidung ergeht durch unanfechtbaren Beschluss. [4] Der Beschluss soll kurz begründet werden.

(5) [1] Ist die Rüge begründet, so hilft ihr das Gericht ab, indem es das Verfahren fortführt, soweit dies aufgrund der Rüge geboten ist. [2] Das Verfahren wird in die Lage zurückversetzt, in der es sich vor dem Schluss der mündlichen Verhandlung befand. [3] In schriftlichen Verfahren tritt an die Stelle des Schlusses der mündlichen Verhandlung der Zeitpunkt, bis zu dem Schriftsätze eingereicht werden können. [4] Für den Ausspruch des Gerichts ist § 343 der Zivilprozessordnung[4] entsprechend anzuwenden.

(6) § 149 Abs. 1 Satz 2 ist entsprechend anzuwenden.

---

[1] § 152 Abs. 1 geänd. durch G v. 1.11.1996 (BGBl. I S. 1626).

[2] **Habersack Nr. 95.**

[3] § 152a eingef. mWv 1.1.2005 durch G v. 9.12.2004 (BGBl. I S. 3220); Abs. 2 Satz 5 geänd. mWv 1.7.2008 durch G v. 12.12.2007 (BGBl. I S. 2840); Abs. 2 Satz 4 geänd. mWv 1.1.2018 durch G v. 5.7.2017 (BGBl. I S. 2208); Abs. 2 Satz 3 geänd. mWv 1.1.2025 durch G v. 15.7.2024 (BGBl. 2024 I Nr. 236).

[4] **Habersack Nr. 100.**

15. Abschnitt. Wiederaufnahme des Verfahrens

§ 153[1)] [Wiederaufnahme des Verfahrens] (1) Ein rechtskräftig beendetes Verfahren kann nach den Vorschriften des Vierten Buchs der Zivilprozeßordnung[2)] wiederaufgenommen werden.

(2) Die Befugnis zur Erhebung der Nichtigkeitsklage und der Restitutionsklage steht auch dem Vertreter des öffentlichen Interesses, im Verfahren vor dem Bundesverwaltungsgericht im ersten und letzten Rechtszug auch dem Vertreter des Bundesinteresses beim Bundesverwaltungsgericht zu.

Teil IV. Kosten und Vollstreckung

16. Abschnitt. Kosten

§ 154[3)] [Kostentragungspflicht] (1) Der unterliegende Teil trägt die Kosten des Verfahrens.

(2) Die Kosten eines ohne Erfolg eingelegten Rechtsmittels fallen demjenigen zur Last, der das Rechtsmittel eingelegt hat.

(3) Dem Beigeladenen können Kosten nur auferlegt werden, wenn er Anträge gestellt oder Rechtsmittel eingelegt hat; § 155 Abs. 4 bleibt unberührt.

(4) Die Kosten des erfolgreichen Wiederaufnahmeverfahrens können der Staatskasse auferlegt werden, soweit sie nicht durch das Verschulden eines Beteiligten entstanden sind.

(5) [1] Soweit der Antragsteller allein auf Grund von § 80c Absatz 2 unterliegt, fallen die Gerichtskosten dem obsiegenden Teil zur Last. [2] Absatz 3 bleibt unberührt.

§ 155[4)] [Kostenverteilung] (1) [1] Wenn ein Beteiligter teils obsiegt, teils unterliegt, so sind die Kosten gegeneinander aufzuheben oder verhältnismäßig zu teilen. [2] Sind die Kosten gegeneinander aufgehoben, so fallen die Gerichtskosten jedem Teil zur Hälfte zur Last. [3] Einem Beteiligten können die Kosten ganz auferlegt werden, wenn der andere nur zu einem geringen Teil unterlegen ist.

(2) Wer einen Antrag, eine Klage, ein Rechtsmittel oder einen anderen Rechtsbehelf zurücknimmt, hat die Kosten zu tragen.

(3) Kosten, die durch einen Antrag auf Wiedereinsetzung in den vorigen Stand entstehen, fallen dem Antragsteller zur Last.

(4) Kosten, die durch Verschulden eines Beteiligten entstanden sind, können diesem auferlegt werden.

§ 156 [Kosten bei sofortigem Anerkenntnis] Hat der Beklagte durch sein Verhalten keine Veranlassung zur Erhebung der Klage gegeben, so fallen dem Kläger die Prozeßkosten zur Last, wenn der Beklagte den Anspruch sofort anerkennt.

§ 157 (weggefallen)

§ 158 [Anfechtung der Kostenentscheidung] (1) Die Anfechtung der Entscheidung über die Kosten ist unzulässig, wenn nicht gegen die Entscheidung in der Hauptsache ein Rechtsmittel eingelegt wird.

---

1) § 153 Abs. 2 geänd. mWv 1.1.2002 durch G v. 9.7.2001 (BGBl. I S. 1510).

2) Siehe §§ *578* bis *591 ZPO* **(Habersack Nr. 100)**.

3) § 154 Abs. 3 zweiter Halbs. angef. mWv 1.1.2002 durch G v. 20.12.2001 (BGBl. I S. 3987); Abs. 5 angef. mWv 21.3.2023 durch G v. 14.3.2023 (BGBl. 2023 I Nr. 71).

4) § 155 bish. Abs. 5 wird Abs. 4 mWv 1.1.2002 durch G v. 20.12.2001 (BGBl. I S. 3987).

(2) Ist eine Entscheidung in der Hauptsache nicht ergangen, so ist die Entscheidung über die Kosten unanfechtbar.

§ 159 [Mehrere Kostenpflichtige] [1] Besteht der kostenpflichtige Teil aus mehreren Personen, so gilt § 100 der Zivilprozeßordnung[1)] entsprechend. [2] Kann das streitige Rechtsverhältnis dem kostenpflichtigen Teil gegenüber nur einheitlich entschieden werden, so können die Kosten den mehreren Personen als Gesamtschuldnern auferlegt werden.

§ 160 [Kostenpflicht bei Vergleich] [1] Wird der Rechtsstreit durch Vergleich erledigt und haben die Beteiligten keine Bestimmung über die Kosten getroffen, so fallen die Gerichtskosten jedem Teil zur Hälfte zur Last. [2] Die außergerichtlichen Kosten trägt jeder Beteiligte selbst.

§ 161[2)] [Kostenentscheidung; Erledigung der Hauptsache] (1) Das Gericht hat im Urteil oder, wenn das Verfahren in anderer Weise beendet worden ist, durch Beschluß über die Kosten zu entscheiden.

(2) [1] Ist der Rechtsstreit in der Hauptsache erledigt, so entscheidet das Gericht außer in den Fällen des § 113 Abs. 1 Satz 4 nach billigem Ermessen über die Kosten des Verfahrens durch Beschluß; der bisherige Sach- und Streitstand ist zu berücksichtigen. [2] Der Rechtsstreit ist auch in der Hauptsache erledigt, wenn der Beklagte der Erledigungserklärung des Klägers nicht innerhalb von zwei Wochen seit Zustellung des die Erledigungserklärung enthaltenden Schriftsatzes widerspricht und er vom Gericht auf diese Folge hingewiesen worden ist.

(3) In den Fällen des § 75 fallen die Kosten stets dem Beklagten zur Last, wenn der Kläger mit seiner Bescheidung vor Klageerhebung rechnen durfte.

§ 162[3)] [Erstattungsfähige Kosten] (1) Kosten sind die Gerichtskosten (Gebühren und Auslagen) und die zur zweckentsprechenden Rechtsverfolgung oder Rechtsverteidigung notwendigen Aufwendungen der Beteiligten einschließlich der Kosten des Vorverfahrens.

(2) [1] Die Gebühren und Auslagen eines Rechtsanwalts oder eines Rechtsbeistands, in den in § 67 Absatz 2 Satz 2 Nummer 3 und 3a genannten Angelegenheiten auch einer der dort genannten Personen, sind stets erstattungsfähig. [2] Soweit ein Vorverfahren geschwebt hat, sind Gebühren und Auslagen erstattungsfähig, wenn das Gericht die Zuziehung eines Bevollmächtigten für das Vorverfahren für notwendig erklärt. [3] Juristische Personen des öffentlichen Rechts und Behörden können an Stelle ihrer tatsächlichen notwendigen Aufwendungen für Post- und Telekommunikationsdienstleistungen den in Nummer 7002 der Anlage 1 zum Rechtsanwaltsvergütungsgesetz[4)] bestimmten Höchstsatz der Pauschale fordern.

(3) Die außergerichtlichen Kosten des Beigeladenen sind nur erstattungsfähig, wenn sie das Gericht aus Billigkeit der unterliegenden Partei oder der Staatskasse auferlegt.

[1)] **Habersack Nr. 100.**

[2)] § 161 Abs. 2 Satz 2 angef., bish. Wortlaut wird Satz 1 mWv 1.9.2004 durch G v. 24.8.2004 (BGBl. I S. 2198).

[3)] § 162 Abs. 2 Satz 3 angef. mWv 1.1.2002 durch G v. 20.12.2001 (BGBl. I S. 3987); Abs. 2 Satz 3 geänd. mWv 1.7.2004 durch G v. 5.5.2004 (BGBl. I S. 718); Abs. 2 Satz 1 geänd. mWv 1.9.2004 durch G v. 24.8.2004 (BGBl. I S. 2198); Abs. 2 Satz 1 geänd. mWv 1.7.2008 durch G v. 12.12.2007 (BGBl. I S. 2840); Abs. 2 Satz 1 geänd. mWv 3.7.2021 durch G v. 25.6.2021 (BGBl. I S. 2154).

[4)] **Habersack Nr. 117.**

§ 163[1)] [Änderung der Kostenentscheidung] (1) [1] Wird die Wertfestsetzung für die Gerichtsgebühren

1. nach § 63 Absatz 3 des Gerichtskostengesetzes[2)] oder
2. infolge einer Beschwerde gegen die Festsetzung des Streitwerts nach § 68 des Gerichtskostengesetzes

geändert, so kann das Gericht seine getroffene Kostenentscheidung von Amts wegen ändern. [2] Wird die Kostenentscheidung nach Satz 1 geändert, ist auch eine bereits erfolgte Kostenfestsetzung von Amts wegen zu ändern.

(2) [1] Für die Entscheidung nach Absatz 1 Satz 1 gilt § 118 Absatz 2 entsprechend. [2] Vor der Entscheidung sind die Beteiligten zu hören. [3] Die Änderung der Kostenentscheidung ist nur innerhalb von sechs Monaten zulässig, nachdem die Änderung der Wertfestsetzung Rechtskraft erlangt hat. [4] Die Änderung der Kostenentscheidung hat keine Änderung der übrigen Teile des Urteils oder des Beschlusses zur Folge.

(3) [1] Entscheidungen nach Absatz 1 Satz 1 sind unanfechtbar. [2] Auf Entscheidungen nach Absatz 1 Satz 2 ist § 165 anzuwenden.

§ 164[3)] [Kostenfestsetzung] Der Urkundsbeamte des Gerichts des ersten Rechtszugs setzt auf Antrag den Betrag der zu erstattenden Kosten fest.

§ 165 [Anfechtung der Kostenfestsetzung] [1] Die Beteiligten können die Festsetzung der zu erstattenden Kosten anfechten. [2] § 151 gilt entsprechend.

§ 165a[4)] [Prozesskostensicherheit] § 110 der Zivilprozessordnung[5)] gilt entsprechend.

§ 166[6)] [Prozesskostenhilfe] (1) [1] Die Vorschriften der Zivilprozeßordnung[5)] über die Prozeßkostenhilfe[7)] sowie § 569 Abs. 3 Nr. 2 der Zivilprozessordnung gelten entsprechend. [2] Einem Beteiligten, dem Prozesskostenhilfe bewilligt worden ist, kann auch ein Steuerberater, Steuerbevollmächtigter, Wirtschaftsprüfer oder vereidigter Buchprüfer beigeordnet werden. [3] Die Vergütung richtet sich nach den für den beigeordneten Rechtsanwalt geltenden Vorschriften des Rechtsanwaltsvergütungsgesetzes[8)].

(2) [1] Die Prüfung der persönlichen und wirtschaftlichen Verhältnisse nach den §§ 114 bis 116 der Zivilprozessordnung einschließlich der in § 118 Absatz 2 der Zivilprozessordnung bezeichneten Maßnahmen, der Beurkundung von Vergleichen nach § 118 Absatz 1 Satz 3 der Zivilprozessordnung und der Entscheidungen nach § 118 Absatz 2 Satz 4 der Zivilprozessordnung obliegt dem Urkundsbeamten der Geschäftsstelle des jeweiligen Rechtszugs, wenn der Vorsitzende ihm das Verfahren insoweit überträgt. [2] Liegen die Voraussetzungen für die Bewilligung der Prozesskostenhilfe hiernach nicht vor, erlässt der Urkundsbeamte die den Antrag ablehnende Entscheidung; anderenfalls vermerkt der Urkundsbeamte in den Pro-

---

1) § 163 neu gef. mWv 1.7.2026 durch G v. 8.12.2025 (BGBl. 2025 I Nr. 318).

2) **Habersack Nr. 115.**

3) Siehe hierzu auch den Streitwertkatalog VwGO idF der am 21.2.2025 beschlossenen Änderungen.

4) § 165a eingef. mWv 1.1.2002 durch G v. 20.12.2001 (BGBl. I S. 3987).

5) **Habersack Nr. 100.**

6) § 166 geänd. mWv 1.1.2002 durch G v. 20.12.2001 (BGBl. I S. 3987); Abs. 1 Sätze 2 und 3 sowie *Abs. 2–7 angef. mWv 1.1.2014 durch* G v. 31.8.2013 (BGBl. I S. 3533); Abs. 2 neu gef. mWv 16.7.2014 durch G v. 8.7.2014 (BGBl. I S. 890).

7) Siehe §§ 114 bis 127 ZPO **(Habersack Nr. 100)**.

8) **Habersack Nr. 117.**

zessakten, dass dem Antragsteller nach seinen persönlichen und wirtschaftlichen Verhältnissen Prozesskostenhilfe gewährt werden kann und in welcher Höhe gegebenenfalls Monatsraten oder Beträge aus dem Vermögen zu zahlen sind.

(3) Dem Urkundsbeamten obliegen im Verfahren über die Prozesskostenhilfe ferner die Bestimmung des Zeitpunkts für die Einstellung und eine Wiederaufnahme der Zahlungen nach § 120 Absatz 3 der Zivilprozessordnung sowie die Änderung und die Aufhebung der Bewilligung der Prozesskostenhilfe nach den §§ 120a und 124 Absatz 1 Nummer 2 bis 5 der Zivilprozessordnung.

(4) [1] Der Vorsitzende kann Aufgaben nach den Absätzen 2 und 3 zu jedem Zeitpunkt an sich ziehen. [2] § 5 Absatz 1 Nummer 1, die §§ 6, 7, 8 Absatz 1 bis 4 und § 9 des Rechtspflegergesetzes[1)] gelten entsprechend mit der Maßgabe, dass an die Stelle des Rechtspflegers der Urkundsbeamte der Geschäftsstelle tritt.

(5) § 87a Absatz 3 gilt entsprechend.

(6) Gegen Entscheidungen des Urkundsbeamten nach den Absätzen 2 und 3 kann innerhalb von zwei Wochen nach Bekanntgabe die Entscheidung des Gerichts beantragt werden.

(Fortsetzung nächstes Blatt)

[1)] **Habersack Nr. 96.**

(7) Durch Landesgesetz kann bestimmt werden, dass die Absätze 2 bis 6 für die Gerichte des jeweiligen Landes nicht anzuwenden sind.

17. Abschnitt. Vollstreckung

§ 167 [Anwendung der ZPO; vorläufige Vollstreckbarkeit] (1) [1] Soweit sich aus diesem Gesetz nichts anderes ergibt, gilt für die Vollstreckung das Achte Buch der Zivilprozeßordnung[1)] entsprechend. [2] Vollstreckungsgericht ist das Gericht des ersten Rechtszugs.

(2) Urteile auf Anfechtungs- und Verpflichtungsklagen können nur wegen der Kosten für vorläufig vollstreckbar erklärt werden.

§ 168[2)] [Vollstreckungstitel] (1) Vollstreckt wird

1. aus rechtskräftigen und aus vorläufig vollstreckbaren gerichtlichen Entscheidungen,
2. aus einstweiligen Anordnungen,
3. aus gerichtlichen Vergleichen,
4. aus Kostenfestsetzungsbeschlüssen,
5. aus den für vollstreckbar erklärten Schiedssprüchen öffentlich-rechtlicher Schiedsgerichte, sofern die Entscheidung über die Vollstreckbarkeit rechtskräftig oder für vorläufig vollstreckbar erklärt ist.

(2) Für die Vollstreckung können den Beteiligten auf ihren Antrag Ausfertigungen des Urteils ohne Tatbestand und ohne Entscheidungsgründe erteilt werden, deren Zustellung in den Wirkungen der Zustellung eines vollständigen Urteils gleichsteht.

§ 169 [Vollstreckung zugunsten der öffentlichen Hand] (1) [1] Soll zugunsten des Bundes, eines Landes, eines Gemeindeverbands, einer Gemeinde oder einer Körperschaft, Anstalt oder Stiftung des öffentlichen Rechts vollstreckt werden, so richtet sich die Vollstreckung nach dem Verwaltungsvollstreckungsgesetz[3)]. [2] Vollstreckungsbehörde im Sinne des Verwaltungsvollstreckungsgesetzes ist der Vorsitzende des Gerichts des ersten Rechtszugs; er kann für die Ausführung der Vollstreckung eine andere Vollstreckungsbehörde oder einen Gerichtsvollzieher in Anspruch nehmen.

(2) Wird die Vollstreckung zur Erzwingung von Handlungen, Duldungen und Unterlassungen im Wege der Amtshilfe von Organen der Länder vorgenommen, so ist sie nach landesrechtlichen Bestimmungen durchzuführen.

§ 170 [Vollstreckung gegen die öffentliche Hand] (1) [1] Soll gegen den Bund, ein Land, einen Gemeindeverband, eine Gemeinde, eine Körperschaft, eine Anstalt oder Stiftung des öffentlichen Rechts wegen einer Geldforderung vollstreckt werden, so verfügt auf Antrag des Gläubigers das Gericht des ersten Rechtszugs die Vollstreckung. [2] Es bestimmt die vorzunehmenden Vollstreckungsmaßnahmen und ersucht die zuständige Stelle um deren Vornahme. [3] Die ersuchte Stelle ist verpflichtet, dem Ersuchen nach den für sie geltenden Vollstreckungsvorschriften nachzukommen.

---

1) Siehe §§ 704 bis 945 ZPO **(Habersack Nr. 100)**.

2) § 168 Abs. 1 Nr. 5 geänd. durch G v. 22.12.1997 (BGBl. I S. 3224).

3) Nr. **112**.

(2) [1] Das Gericht hat vor Erlaß der Vollstreckungsverfügung die Behörde oder bei Körperschaften, Anstalten und Stiftungen des öffentlichen Rechts, gegen die vollstreckt werden soll, die gesetzlichen Vertreter von der beabsichtigten Vollstreckung zu benachrichtigen mit der Aufforderung, die Vollstreckung innerhalb einer vom Gericht zu bemessenden Frist abzuwenden. [2] Die Frist darf einen Monat nicht übersteigen.

(3) [1] Die Vollstreckung ist unzulässig in Sachen, die für die Erfüllung öffentlicher Aufgaben unentbehrlich sind oder deren Veräußerung ein öffentliches Interesse entgegensteht. [2] Über Einwendungen entscheidet das Gericht nach Anhörung der zuständigen Aufsichtsbehörde oder bei obersten Bundes- oder Landesbehörden des zuständigen Ministers.

(4) Für öffentlich-rechtliche Kreditinstitute gelten die Absätze 1 bis 3 nicht.

(5) Der Ankündigung der Vollstreckung und der Einhaltung einer Wartefrist bedarf es nicht, wenn es sich um den Vollzug einer einstweiligen Anordnung handelt.

§ 171 [Vollstreckungsklausel] In den Fällen der §§ 169, 170 Abs. 1 bis 3 bedarf es einer Vollstreckungsklausel nicht.

§ 172[1)] [Zwangsgeld gegen die Behörde] [1] Kommt die Behörde in den Fällen des § 113 Abs. 1 Satz 2 und Abs. 5 und des § 123 der ihr im Urteil oder in der einstweiligen Anordnung auferlegten Verpflichtung nicht nach, so kann das Gericht des ersten Rechtszugs auf Antrag unter Fristsetzung gegen sie ein Zwangsgeld bis zehntausend Euro durch Beschluß androhen, nach fruchtlosem Fristablauf festsetzen und von Amts wegen vollstrecken. [2] Das Zwangsgeld kann wiederholt angedroht, festgesetzt und vollstreckt werden.

Teil V. Schluß- und Übergangsbestimmungen

§ 173[2)] [Entsprechende Anwendung des GVG und der ZPO] [1] Soweit dieses Gesetz keine Bestimmungen über das Verfahren enthält, sind das Gerichtsverfassungsgesetz[3)] und die Zivilprozeßordnung[4)] einschließlich § 278 Absatz 5 und § 278a entsprechend anzuwenden, wenn die grundsätzlichen Unterschiede der beiden Verfahrensarten dies nicht ausschließen; das Leitentscheidungsverfahren nach den §§ 552b und 565 der Zivilprozessordnung ist nicht anzuwenden. [2] Die Vorschriften des Siebzehnten Titels des Gerichtsverfassungsgesetzes sind mit der Maßgabe entsprechend anzuwenden, dass an die Stelle des Oberlandesgerichts das Oberverwaltungsgericht, an die Stelle des Bundesgerichtshofs das Bundesverwaltungsgericht und an die Stelle der Zivilprozessordnung die Verwaltungsgerichtsordnung tritt. [3] Gericht im Sinne des § 1062 der Zivilprozeßordnung ist das zuständige Verwaltungsgericht, Gericht im Sinne des § 1065 der Zivilprozeßordnung das zuständige Oberverwaltungsgericht.

[1)] § 172 Satz 1 geänd. mWv 1.1.2002 durch G v. 20.12.2001 (BGBl. I S. 3987).

[2)] § 173 Satz 2 angef., bish. Wortlaut wird Satz 1 durch G v. 22.12.1997 (BGBl. I S. 3224); Satz 2 eingef., bish. Satz 2 wird Satz 3 mWv 3.12.2011 durch G v. 24.11.2011 (BGBl. I S. 2302); Satz 1 geänd. mWv 26.7.2012 durch G v. 21.7.2012 (BGBl. I S. 1577); Satz 1 geänd. mWv 1.11.2018 durch G v. 12.7.2018 (BGBl. I S. 1151); Satz 1 geänd. mWv 13.10.2023 durch G v. 8.10.2023 (BGBl. 2023 I Nr. 272); Satz 1 geänd. mWv 31.10.2024 durch G v. 24.10.2024 (BGBl. 2024 I Nr. 328).

[3)] **Habersack Nr. 95.**

[4)] **Habersack Nr. 100.**

§ 174 [Befähigung zum Richteramt] (1) Für den Vertreter des öffentlichen Interesses bei dem Oberverwaltungsgericht und bei dem Verwaltungsgericht steht der Befähigung zum Richteramt nach dem Deutschen Richtergesetz[1] die Befähigung zum höheren Verwaltungsdienst gleich, wenn sie nach mindestens dreijährigem Studium der Rechtswissenschaft an einer Universität und dreijähriger Ausbildung im öffentlichen Dienst durch Ablegen der gesetzlich vorgeschriebenen Prüfungen erlangt worden ist.

(2) Bei Kriegsteilnehmern gilt die Voraussetzung des Absatzes 1 als erfüllt, wenn sie den für sie geltenden besonderen Vorschriften genügt haben.

§ 175[2] [§ 43 EGGVG] § 43 des Einführungsgesetzes zum Gerichtsverfassungsgesetz[3] gilt entsprechend.

§ 176[4] [Möglichkeit der Mitwirkung bis Ende 2025] Bei den Verwaltungsgerichten dürfen bis zum Ablauf des 31. Dezember 2025 abweichend von § 29 Absatz 1 des Deutschen Richtergesetzes[1] bei einer gerichtlichen Entscheidung auch mitwirken:

1. zwei abgeordnete Richter auf Lebenszeit oder
2. ein abgeordneter Richter auf Lebenszeit und entweder ein Richter auf Probe oder ein Richter kraft Auftrags.

§ 177[5] [Weiterführung und Übermittlung in Papierform] [1]Dokumente und Aktenteile, die nach den Verschlusssachenanweisungen des Bundes oder der Länder als Verschlusssache höher als VS-NUR FÜR DEN DIENSTGEBRAUCH eingestuft sind, dürfen bis zum 31. Dezember 2035 abweichend von den §§ 55a bis 55d in Papierform erstellt, geführt und übermittelt werden. [2]Dokumente und Aktenteile, die nach den Verschlusssachenanweisungen des Bundes oder der Länder als Verschlusssache VS-NUR FÜR DEN DIENSTGEBRAUCH eingestuft sind, dürfen bis zum 31. Dezember 2035 abweichend von den §§ 55a bis 55d in Papierform übermittelt werden. [3]Die für die Handhabung von Verschlusssachen geltenden Geheimschutzvorschriften bleiben unberührt.

§§ 178 und 179 (Änderungsvorschriften)

§ 180 [Zeugen- und Sachverständigenvernehmung nach dem VwVfG oder dem SGB X] [1]Erfolgt die Vernehmung oder die Vereidigung von Zeugen und Sachverständigen nach dem Verwaltungsverfahrensgesetz[6] oder nach dem Zehnten Buch Sozialgesetzbuch[7] durch das Verwaltungsgericht, so findet sie vor dem dafür im Geschäftsverteilungsplan bestimmten Richter statt. [2]Über die Rechtmäßigkeit einer Verweigerung des Zeugnisses, des Gutachtens oder der Eidesleistung nach dem Verwaltungsverfahrensgesetz oder nach dem Zehnten Buch Sozialgesetzbuch entscheidet das Verwaltungsgericht durch Beschluß.

---

[1] **Habersack ErgBd. Nr. 97.**

[2] § 175 eingef. mWv 19.10.2017 durch G v. 8.10.2017 (BGBl. I S. 3546).

[3] **Habersack Nr. 95a.**

[4] § 176 neu gef. mWv 10.12.2020 durch G v. 3.12.2020 (BGBl. I S. 2694); einl. Satzteil geänd. mWv 1.7.2021 durch G v. 25.6.2021 (BGBl. I S. 2099).

[5] § 177 neu gef. mWv 17.7.2024, Abs. 2 aufgeh. mWv 1.1.2026 durch G v. 12.7.2024 (BGBl. 2024 I Nr. 234).

[6] Nr. **100**.

[7] **Sartorius ErgBd. Nr. 410.**

§§ 181 und 182 (Änderungsvorschriften)

§ 183 [Nichtigkeit von Landesrecht] [1] Hat das Verfassungsgericht eines Landes die Nichtigkeit von Landesrecht festgestellt oder Vorschriften des Landesrechts für nichtig erklärt, so bleiben vorbehaltlich einer besonderen gesetzlichen Regelung durch das Land die nicht mehr anfechtbaren Entscheidungen der Gerichte der Verwaltungsgerichtsbarkeit, die auf der für nichtig erklärten Norm beruhen, unberührt. [2] Die Vollstreckung aus einer solchen Entscheidung ist unzulässig. [3] § 767 der Zivilprozeßordnung[1)] gilt entsprechend.

§ 184 [Sonderregelungen der Länder] Das Land kann bestimmen, daß das Oberverwaltungsgericht die bisherige Bezeichnung „Verwaltungsgerichtshof" weiterführt.

§ 185[2)] [Sonderregelungen für Berlin, Brandenburg, Bremen, Hamburg, Mecklenburg-Vorpommern, Saarland und Schleswig-Holstein] (1) In den Ländern Berlin und Hamburg treten an die Stelle der Kreise im Sinne des § 28 die Bezirke.

(2) Die Länder Berlin, Brandenburg, Bremen, Hamburg, Mecklenburg-Vorpommern, Saarland und Schleswig-Holstein können Abweichungen von den Vorschriften des § 73 Abs. 1 Satz 2 zulassen.

(3) In den Ländern Berlin und Bremen treten an die Stelle der Landesstraßen im Sinne des § 48 Absatz 1 Satz 1 Nummer 8 die Straßen I. Ordnung nach § 20 Nummer 1 des Berliner Straßengesetzes und die Straßen der Gruppe A nach § 3 Absatz 1 Nummer 1 des Bremischen Landesstraßengesetzes.

§ 186[3)] [Sonderregelungen für Berlin, Bremen und Hamburg] [1] § 22 Nr. 3 findet in den Ländern Berlin, Bremen und Hamburg auch mit der Maßgabe Anwendung, daß in der öffentlichen Verwaltung ehrenamtlich tätige Personen nicht zu ehrenamtlichen Richtern berufen werden können. [2] § 6 des Einführungsgesetzes zum Gerichtsverfassungsgesetz[4)] gilt entsprechend.

§ 187[5)] [Disziplinar-, Schieds- und Berufsgerichtsbarkeit; Personalvertretungsrecht] (1) Die Länder können den Gerichten der Verwaltungsgerichtsbarkeit Aufgaben der Disziplinargerichtsbarkeit und der Schiedsgerichtsbarkeit bei Vermögensauseinandersetzungen öffentlich-rechtlicher Verbände übertragen, diesen Gerichten Berufsgerichte angliedern sowie dabei die Besetzung und das Verfahren regeln.

(2) Die Länder können ferner für das Gebiet des Personalvertretungsrechts von diesem Gesetz abweichende Vorschriften über die Besetzung und das Verfahren der Verwaltungsgerichte und des Oberverwaltungsgerichts erlassen.

[1)] **Habersack Nr. 100.**

[2)] § 185 Abs. 2 geänd. durch G v. 24.6.1994 (BGBl. I S. 1374); Abs. 3 angef. mWv 10.12.2020 durch G v. 3.12.2020 (BGBl. I S. 2694).

[3)] § 186 Satz 2 angef., bish. Wortlaut wird Satz 1 mWv 1.1.2005 durch G v. 21.12.2004 (BGBl. I S. 3599).

[4)] **Habersack Nr. 95a.**

[5)] § 187 Abs. 3 aufgeh. durch G v. 1.11.1996 (BGBl. I S. 1626).

§ 188[1)] **[Sozialkammern; Sozialsenate; Kostenfreiheit]** [1] Die Sachgebiete in Angelegenheiten der Fürsorge mit Ausnahme der Angelegenheiten der Sozialhilfe und des Asylbewerberleistungsgesetzes[2)], der Jugendhilfe, der Schwerbehindertenfürsorge sowie der Ausbildungsförderung sollen in einer Kammer oder in einem Senat zusammengefaßt werden. [2] Gerichtskosten (Gebühren und Auslagen) werden in den Verfahren dieser Art nicht erhoben; dies gilt nicht für Erstattungsstreitigkeiten zwischen Sozialleistungsträgern.

§ 188a[3)] **[Wirtschaftskammern, Wirtschaftssenate]** [1] Für Angelegenheiten des Wirtschaftsrechts können besondere Kammern oder Senate gebildet werden

(Fortsetzung nächstes Blatt)

[1)] § 188 Satz 2 geänd. mWv 1.1.2002 durch G v. 20.12.2001 (BGBl. I S. 3987); Satz 1 geänd. mWv 1.1. 2005 durch G v. 9.12.2004 (BGBl. I S. 3302); Satz 1 geänd. mWv 1.1.2024 durch G v. 12.12.2019 (BGBl. I S. 2652).

[2)] **Sartorius ErgBd. Nr. 418.**

[3)] § 188a eingef. mWv 10.12.2020 durch G v. 3.12.2020 (BGBl. I S. 2694).

(Wirtschaftskammern, Wirtschaftssenate). [2] Die Sachgebiete der Wirtschaftsverfassung, Wirtschaftslenkung, Marktordnung und Außenwirtschaft, des Gewerberechts sowie des Post-, Fernmelde- und Telekommunikationsrechts sollen in den Wirtschaftskammern oder Wirtschaftssenaten zusammengefasst werden. [3] Darüber hinaus können den Wirtschaftskammern oder Wirtschaftssenaten weitere Streitigkeiten mit einem Bezug zum Wirtschaftsrecht zugewiesen werden.

§ 188b[1)] [Planungskammern, Planungssenate] [1] Für Angelegenheiten des Planungsrechts sollen besondere Kammern oder Senate gebildet werden (Planungskammern, Planungssenate). [2] Ihnen können insbesondere auch Sachgebiete zugewiesen werden, die mit den Angelegenheiten des Planungsrechts im Zusammenhang stehen.

§ 189[2)] [Fachsenate für Entscheidungen nach § 99 Abs. 2] Für die nach § 99 Abs. 2 zu treffenden Entscheidungen sind bei den Oberverwaltungsgerichten und dem Bundesverwaltungsgericht Fachsenate zu bilden.

§ 190 [Fortgeltung bestimmter Sonderregelungen] (1) Die folgenden Gesetze, die von diesem Gesetz abweichen, bleiben unberührt:
1. das Lastenausgleichsgesetz[3)] vom 14. August 1952 (Bundesgesetzbl. I S. 446) in der Fassung der dazu ergangenen Änderungsgesetze,
2. das *Gesetz über die Errichtung eines Bundesaufsichtsamtes für das Versicherungs- und Bausparwesen*[4)] vom 31. Juli 1951 (Bundesgesetzbl. I S. 480) in der Fassung des Gesetzes zur Ergänzung des Gesetzes über die Errichtung eines Bundesaufsichtsamtes für das Versicherungs- und Bausparwesen vom 22. Dezember 1954 (Bundesgesetzbl. I S. 501),
3. (weggefallen)
4. das Flurbereinigungsgesetz[5)] vom 14. Juli 1953 (Bundesgesetzbl. I S. 591),
5. das *Personalvertretungsgesetz*[6)] vom 5. August 1955 (Bundesgesetzbl. I S. 477),
6. die Wehrbeschwerdeordnung (WBO) vom 23. Dezember 1956 (Bundesgesetzbl. I S. 1066),
7. das *Kriegsgefangenenentschädigungsgesetz (KgfEG)*[7)] in der Fassung vom 8. Dezember 1956 (Bundesgesetzbl. I S. 908),
8. § 13 Abs. 2 des Patentgesetzes[8)] und die Vorschriften über das Verfahren vor dem Deutschen Patentamt.

(2) (weggefallen)
(3) (weggefallen)

§ 191[9)] [Revision bei Klagen aus dem Beamtenverhältnis] (1) (Änderungsvorschrift)

[1)] § 188b neu gef. mWv 1.1.2024 durch G v. 14.3.2023 (BGBl. 2023 I Nr. 71).
[2)] § 189 eingef. mWv 1.1.2002 durch G v. 20.12.2001 (BGBl. I S. 3987).
[3)] **Sartorius III Nr. 960.**
[4)] **Aufgehoben mWv 2.9.2005** durch G v. 29.8.2005 (BGBl. I S. 2546).
[5)] **Sartorius III Nr. 400.**
[6)] **Aufgehoben mWv 1.4.1974** durch G v. 15.3.1974 (BGBl. I S. 693); siehe jetzt das BundespersonalvertretungsG (Nr. **240**).
[7)] **Aufgehoben mWv 1.1.1993** durch G v. 21.12.1992 (BGBl. I S. 2094).
[8)] **Habersack ErgBd. Nr. 70.**
[9)] § 191 Abs. 2 neu gef. mWv 1.4.2009 durch G v. 17.6.2008 (BGBl. I S. 1010).

(2) § 127 des Beamtenrechtsrahmengesetzes[1] und § 54 des Beamtenstatusgesetzes[2] bleiben unberührt.

§ 192 (Änderungsvorschrift)

§ 193 [Oberverwaltungsgericht als Verfassungsgericht] In einem Land, in dem kein Verfassungsgericht besteht, bleibt eine dem Oberverwaltungsgericht übertragene Zuständigkeit zur Entscheidung von Verfassungsstreitigkeiten innerhalb des Landes bis zur Errichtung eines Verfassungsgerichts unberührt.

§ 194[3] [Übergangsvorschriften für Rechtsmittel] (1) Die Zulässigkeit der Berufungen richtet sich nach dem bis zum 31. Dezember 2001 geltenden Recht, wenn vor dem 1. Januar 2002

1. die mündliche Verhandlung, auf die das anzufechtende Urteil ergeht, geschlossen worden ist,
2. in Verfahren ohne mündliche Verhandlung die Geschäftsstelle die anzufechtende Entscheidung zum Zwecke der Zustellung an die Parteien herausgegeben hat.

(2) Im Übrigen richtet sich die Zulässigkeit eines Rechtsmittels gegen eine gerichtliche Entscheidung nach dem bis zum 31. Dezember 2001 geltenden Recht, wenn vor dem 1. Januar 2002 die gerichtliche Entscheidung bekannt gegeben oder verkündet oder von Amts wegen an Stelle einer Verkündung zugestellt worden ist.

(3) Fristgerecht vor dem 1. Januar 2002 eingelegte Rechtsmittel gegen Beschlüsse in Verfahren der Prozesskostenhilfe gelten als durch das Oberverwaltungsgericht zugelassen.

(4) In Verfahren, die vor dem 1. Januar 2002 anhängig geworden sind oder für die die Klagefrist vor diesem Tage begonnen hat, sowie in Verfahren über Rechtsmittel gegen gerichtliche Entscheidungen, die vor dem 1. Januar 2002 bekannt gegeben oder verkündet oder von Amts wegen an Stelle einer Verkündung zugestellt worden sind, gelten für die Prozessvertretung der Beteiligten die bis zu diesem Zeitpunkt geltenden Vorschriften.

(5) § 40 Abs. 2 Satz 1, § 154 Abs. 3, § 162 Abs. 2 Satz 3 und § 188 Satz 2 sind für die ab 1. Januar 2002 bei Gericht anhängig werdenden Verfahren in der zu diesem Zeitpunkt geltenden Fassung anzuwenden.

(6) Für am 1. Januar 2024 noch anhängige Verfahren aus dem Sachgebiet der Kriegsopferfürsorge gilt § 67 Absatz 2 Satz 2 Nummer 6 in der am 31. Dezember 2023 geltenden Fassung weiter.

§ 195[4] [Inkrafttreten, Außerkrafttreten] (1) (Inkrafttreten)

(2) bis (6) (Aufhebungs-, Änderungs- und zeitlich überholte Vorschriften)

(7) Für Rechtsvorschriften im Sinne des § 47, die vor dem 1. Januar 2007 bekannt gemacht worden sind, gilt die Frist des § 47 Abs. 2 in der bis zum Ablauf des 31. Dezember 2006 geltenden Fassung.

---

[1] Nr. **150a**.
[2] *Nr.* ***150***.
[3] § 194 neu gef. mWv 1.1.2002 durch G v. 20.12.2001 (BGBl. I S. 3987); Abs. 6 angef. mWv 1.1.2024 durch G v. 12.12.2019 (BGBl. I S. 2652).
[4] § 195 Abs. 7 angef. mWv 1.1.2007 durch G v. 21.12.2006 (BGBl. I S. 3316).

610. Richterwahlgesetz

Vom 25. August 1950
(BGBl. I S. 368)

FNA 301-2

geänd. durch G zur Wahrung der Einheitlichkeit der Rechtsprechung der obersten Gerichtshöfe des Bundes v. 19. 6. 1968 (BGBl. I S. 661), ÄndG v. 30. 7. 1968 (BGBl. I S. 873), Art. 6 G zur Reform des Reisekostenrechts v. 26. 5. 2005 (BGBl. I S. 1418), Art. 2 Abs. 3 G über die Ausweitung und Stärkung der Rechte des BT und des BR in Angelegenheiten der EU v. 17. 11. 2005 (BGBl. I S. 3178, aufgeh. durch G v. 22. 9. 2009, BGBl. I S. 3022), Art. 2 G über die Ausweitung und Stärkung der Rechte des BT und des BR in Angelegenheiten der EU v. 22. 9. 2009 (BGBl. I S. 3022) und Art. 133 Zehnte ZuständigkeitsanpassungsVO v. 31. 8. 2015 (BGBl. I S. 1474)

Der Bundestag hat zur Ausführung der Artikel 95 Absatz 3 und 96 Absatz 2 des Grundgesetzes[1] das folgende Gesetz beschlossen:

§ 1[2] [Berufung und Ernennung der Richter] (1) Die Richter der obersten Gerichtshöfe des Bundes werden von dem zuständigen Bundesminister gemeinsam mit dem Richterwahlausschuß berufen und vom Bundespräsidenten ernannt.

(2) Bei der Berufung eines Richters an einen obersten Gerichtshof wirkt der für das jeweilige Sachgebiet zuständige Bundesminister mit.

(3) Die von der Bundesregierung nach Artikel 253 des Vertrags über die Arbeitsweise der Europäischen Union[3] (Gesetz vom 8. Oktober 2008 zum Vertrag von Lissabon vom 13. Dezember 2007, BGBl. 2008 II S. 1038) zur Ernennung zu Richtern und Generalanwälten des Gerichtshofs vorzuschlagenden Persönlichkeiten und die von der Bundesregierung nach Artikel 254 des Vertrags über die Arbeitsweise der Europäischen Union zur Ernennung zu Mitgliedern des Gerichts vorzuschlagenden Persönlichkeiten werden von der Bundesregierung im Einvernehmen mit dem Richterwahlausschuss benannt.

§ 2 [Zusammensetzung des Wahlausschusses] Der Richterwahlausschuß besteht aus den Mitgliedern kraft Amtes und einer gleichen Zahl von Mitgliedern kraft Wahl.

§ 3[4] [Ausschussmitglieder kraft Amtes] (1) Mitglieder kraft Amtes im Ausschuß, der die Richter eines obersten Gerichtshofs wählt, sind die Landesminister, zu deren Geschäftsbereich die diesem obersten Gerichtshof im Instanzenzug untergeordneten Gerichte des Landes gehören.

(2) Sie können sich nur nach den gleichen Regeln vertreten lassen, die für ihre Vertretung in der Landesregierung gelten.

---

[1] Nr. **1**.

[2] § 1 neu gef. durch G v. 19. 6. 1968 (BGBl. I S. 661); Abs. 3 angef. mWv 25. 9. 2009 durch G v. 22. 9. 2009 (BGBl. I S. 3022).

[3] Nr. **1001**.

[4] § 3 Abs. 1 neu gef. durch G v. 19. 6. 1968 (BGBl. I S. 661); Abs. 3 angef. geänd. mWv 25. 9. 2009 durch G v. 22. 9. 2009 (BGBl. I S. 3022).

(3) Für das Verfahren nach § 1 Absatz 3 regeln die Länder, welcher Landesminister Mitglied kraft Amtes ist.

§ 4 [Ausschussmitglieder kraft Wahl] (1) Die Mitglieder kraft Wahl müssen zum Bundestag wählbar und im Rechtsleben erfahren sein.

(2) [1] Verändert sich die Zahl der Mitglieder kraft Amtes, so verändert sich die Zahl der Mitglieder kraft Wahl entsprechend. [2] Ihre Neuwahl ist notwendig.

(3) Jedes dieser Mitglieder kann sich durch seinen Stellvertreter vertreten lassen.

§ 5[1)] [Mitgliederwahl] (1) Die Mitglieder kraft Wahl und ihre Stellvertreter beruft der Bundestag nach den Regeln der Verhältniswahl.

(2) [1] Jede Fraktion kann einen Vorschlag einbringen. [2] Aus den Summen der für jeden Vorschlag abgegebenen Stimmen wird nach dem Höchstzahlverfahren (d'Hondt) die Zahl der auf jeden Vorschlag gewählten Mitglieder errechnet. [3] Gewählt sind die Mitglieder und ihre Stellvertreter in der Reihenfolge, in der ihr Name auf dem Vorschlag erscheint.

(3) [1] Scheidet ein Mitglied aus, so wird sein Stellvertreter Mitglied. [2] Scheidet ein Stellvertreter aus, so wird er durch den nächsten aus der Reihe der nicht mehr Gewählten ersetzt.

(4) Mitgliedschaft und Stellvertretung enden durch Neuwahl oder durch Verzicht, der schriftlich dem Bundesminister der Justiz und für Verbraucherschutz zu erklären ist.

(5) Jeder neu gewählte Bundestag nimmt eine Neuwahl vor.

§ 6[2)] [Mitgliederpflichten] (1) Der Bundesminister der Justiz und für Verbraucherschutz verpflichtet die Mitglieder des Richterwahlausschusses und ihre Stellvertreter durch Handschlag auf gewissenhafte Pflichterfüllung.

(2) [1] Die Mitglieder sind zur Verschwiegenheit verpflichtet. [2] Die Genehmigung zur Aussage in gerichtlichen Verfahren erteilt der Bundesminister der Justiz und für Verbraucherschutz.

§ 7 [Ausschluss von der Wahl] Ein Mitglied des Richterwahlausschusses ist von der Mitwirkung bei der Wahl eines Richters ausgeschlossen, wenn die Voraussetzungen des § 41 Nr. 3 der Zivilprozeßordnung[3)] vorliegen.

§ 8[4)] [Einberufung des Ausschusses; Tagesordnung] (1) Der Bundesminister der Justiz und für Verbraucherschutz beruft den Richterwahlausschuß ein.

(2) Die Einladung muß die Tagesordnung für die Sitzung des Richterwahlausschusses enthalten und den Mitgliedern mindestens eine Woche vor der Sitzung zugehen.

[1)] § 5 Abs. 4 geänd. mWv 8. 9. 2015 durch VO v. 31. 8. 2015 (BGBl. I S. 1474).

[2)] § 6 Abs. 1 und Abs. 2 Satz 2 geänd. mWv 8. 9. 2015 durch VO v. 31. 8. 2015 (BGBl. I S. 1474).

[3)] **Schönfelder Nr. 100.**

[4)] § 8 Abs. 1 geänd. mWv 8. 9. 2015 durch VO v. 31. 8. 2015 (BGBl. I S. 1474).

§ 9 [Vorsitz] (1) [1] Der zuständige Bundesminister oder sein Vertreter in der Bundesregierung führt den Vorsitz. [2] Er hat kein Stimmrecht.

(2) Die Sitzungen sind nicht öffentlich.

(3) Über jede Sitzung wird eine Niederschrift gefertigt.

§ 10[1)] [Vorschlagsrecht] (1) [1] Der zuständige Bundesminister und die Mitglieder des Richterwahlausschusses können vorschlagen, wer zum Bundesrichter zu berufen ist. [2] Der Bundesminister der Justiz und für Verbraucherschutz und die Mitglieder des Richterwahlausschusses können vorschlagen, wer im Verfahren nach § 1 Absatz 3 von der Bundesregierung nach Artikel 253 des Vertrags über die Arbeitsweise der Europäischen Union[2)] zum Richter oder Generalanwalt des Gerichtshofs benannt werden soll und wer im Verfahren nach § 1 Absatz 3 von der Bundesregierung nach Artikel 254 des Vertrags über die Arbeitsweise der Europäischen Union zum Mitglied des Gerichts benannt werden soll.

(2) Der zuständige Bundesminister legt dem Richterwahlausschuß die Personalakten der für ein Richteramt Vorgeschlagenen vor.

(3) Zur Vorbereitung der Entscheidung bestellt der Richterwahlausschuß zwei seiner Mitglieder als Berichterstatter.

§ 11 [Prüfung der Voraussetzungen] Der Richterwahlausschuß prüft, ob der für ein Richteramt Vorgeschlagene die sachlichen und persönlichen Voraussetzungen für dieses Amt besitzt.

§ 12 [Geheime Abstimmung; Beschlussfähigkeit] (1) Der Richterwahlausschuß entscheidet in geheimer Abstimmung mit der Mehrheit der abgegebenen Stimmen.

(2) Der Richterwahlausschuß ist beschlußfähig, wenn die Mehrzahl sowohl der Mitglieder kraft Amtes als auch der Mitglieder kraft Wahl anwesend ist.

§ 13 [Zustimmung des Bundesministers] Stimmt der zuständige Bundesminister zu, so hat er die Ernennung des Gewählten beim Bundespräsidenten zu beantragen.

§ 14[3)] [Reisekostenentschädigung] [1] Die Mitglieder kraft Wahl erhalten Reisekostenentschädigung nach den Bestimmungen des Bundesreisekostengesetzes[4)]. [2] Dies gilt nicht für Mitglieder des Bundestages, wenn der Richterwahlausschuß an einem Sitzungstag des Bundestages am Sitzungsort zusammentritt.

§ 15 [Inkrafttreten] Dieses Gesetz tritt mit dem Tag nach der Verkündung[5)] in Kraft.

[1)] § 10 Abs. 1 Satz 2 angef. mWv 25. 9. 2009 durch G v. 22. 9. 2009 (BGBl. I S. 3022); Abs. 1 Satz 2 geänd. mWv 8. 9. 2015 durch VO v. 31. 8. 2015 (BGBl. I S. 1474).

[2)] Nr. **1001**.

[3)] § 14 neu gef. durch G v. 30. 7. 1968 (BGBl. I S. 873); Satz 1 geänd. mWv 1. 9. 2005 durch G v. 26. 5. 2005 (BGBl. I S. 1418).

[4)] Nr. **235**.

[5)] Verkündet am 26. 8. 1950.

---

[2] [illegible]

[3] Nr. 260.

[5] Nr. 235

Verkündet am 26. 8. 1950.

615. Anordnung des Bundespräsidenten über die Ausübung des Begnadigungsrechts des Bundes

Vom 5. Oktober 1965

(BGBl. I S. 1573), geänd. durch ÄndAO v. 3. 11. 1970, (BGBl. I S. 1513)

FNA 313-3

Auf Grund des Artikels 60 Abs. 2 und 3 des Grundgesetzes[1] ordne ich an:

Art. 1[2] Vorbehaltene Gnadenentschließungen. Ich behalte mir vor, in rechtskräftig abgeschlossenen Strafsachen, Disziplinarsachen oder Ehrengerichtssachen, in denen das Begnadigungsrecht dem Bunde zusteht, folgende Gnadenerweise selbst zu erteilen:

1. den Erlaß oder die Milderung einer Strafe, wenn der Bundesgerichtshof oder in Ausübung von Gerichtsbarkeit des Bundes ein Oberlandesgericht im ersten Rechtszuge oder wenn ein anderes Gericht des Bundes erkannt hat, mit Ausnahme der Gewährung von Strafausstand;
2. die Beseitigung der dienst- oder versorgungsrechtlichen Folgen einer strafgerichtlichen Verurteilung;
3. die Aufhebung der nachstehend bezeichneten Disziplinarmaßnahmen:
   a) Entfernung aus dem Dienst oder dem Dienstverhältnis,
   b) Aberkennung des Ruhegehalts oder Aberkennung der Rechte aus dem Gesetz zur Regelung der Rechtsverhältnisse der unter Artikel 131 des Grundgesetzes fallenden Personen;
4. die Gewährung eines Unterhaltsbeitrags;
5. die Aufhebung der gegen einen Rechtsanwalt beim Bundesgerichtshof erkannten Ausschließung aus der Rechtsanwaltschaft.

Art. 2[2] Übertragung von Gnadenbefugnissen. (1) Soweit ich mir die Ausübung des Begnadigungsrechts des Bundes nicht vorbehalten habe, übertrage ich sie

1. den Präsidenten des Deutschen Bundestages, des Bundesrates, des Bundesverfassungsgerichts, des Bundesrechnungshofes und der Deutschen Bundesbank
   in Disziplinarsachen der Beamten und Ruhestandsbeamten ihres Geschäftsbereichs;
2. den Bundesministern
   in Disziplinarsachen und in Ehrengerichtssachen ihres Geschäftsbereichs;
3. dem Bundesminister des Innern oder dem Bundesminister, dem die Befugnisse als Einleitungsbehörde übertragen worden sind,

---

[1] Nr. **1**.

[2] Art. 1 Nr. 1 neugef., Nr. 3 geänd., Art. 2 Abs. 2 Nr. 1 Buchst. a neugef., Nrn. 2 u. 3 aufgeh., bish. Nr. 4 wird Nr. 2 u. neugef. durch AO v. 3. 11. 1970 (BGBl. I S. 1513).

in Disziplinarsachen der Angehörigen des öffentlichen Dienstes oder Versorgungsberechtigten im Sinne des Gesetzes zur Regelung der Rechtsverhältnisse der unter Artikel 131 des Grundgesetzes fallenden Personen.

(2) Die Ausübung des Begnadigungsrechts des Bundes übertrage ich ferner

1. dem Bundesminister der Justiz

   in rechtskräftig abgeschlossenen Strafsachen, in denen erkannt hat:

   a) der Bundesgerichtshof oder in Ausübung von Gerichtsbarkeit des Bundes ein Oberlandesgericht im ersten Rechtszuge oder ein anderes Gericht des Bundes, soweit ich mir die Entschließung nicht vorbehalten habe,

   b) das Reichsgericht im ersten Rechtszuge, der ehemalige Volksgerichtshof, ein früheres Wehrmachtgericht oder ein Gericht eines früheren wehrmachtähnlichen Verbandes,

   c) ein Gericht, an dessen Sitz deutsche Gerichtsbarkeit nicht mehr ausgeübt wird;

2. den zuständigen Bundesministern

   a) in Bußgeldsachen, die durch rechtskräftigen Bußgeldbescheid einer Verwaltungsbehörde des Bundes abgeschlossen worden sind, sowie in rechtskräftig abgeschlossenen Verwaltungsstrafsachen nach früherem Recht,

   b) in rechtskräftig abgeschlossenen Ordnungsstrafsachen ihres Geschäftsbereichs.

(3) Die Ermächtigungen gelten nicht für Fälle von außerordentlicher Bedeutung; in diesen behalte ich mir vor, selbst zu entscheiden.

Art. 3 Weiterübertragung von Gnadenbefugnissen. Ich ermächtige die Bundesminister, denen ich die Ausübung des Begnadigungsrechts des Bundes übertragen habe, ihre Befugnisse allgemein oder im Einzelfall auf nachgeordnete Stellen zu übertragen.

Art. 4 Verfahren in Gnadensachen. [1] Die Bundesminister und die in Artikel 2 Abs. 1 Nr. 1 bezeichneten obersten Dienstbehörden bereiten die mir vorbehaltenen Entscheidungen in den Gnadensachen ihres Geschäftsbereichs vor. [2] Ist eine zuständige Stelle nicht vorhanden oder erachtet sich keine Stelle für zuständig, so obliegt die Vorbereitung dem Bundesminister des Innern.

Art. 5 Schlußvorschrift. [1] Diese Anordnung tritt am Tage ihrer Verkündung[1)] in Kraft. [2] Gleichzeitig wird die Anordnung über die Ausübung des Begnadigungsrechts des Bundes vom 10. Dezember 1952 (Bundesgesetzbl. I S. 790) aufgehoben.

[1)] Die Anordnung wurde am 19. 10. 1965 verkündet.

620. Wehrpflichtgesetz (WPflG)

In der Fassung der Bekanntmachung vom 15. August 2011[1)]
(BGBl. I S. 1730)

FNA 50-1

geänd. durch Art. 8 Bundeswehrreform-Begleitgesetz v. 21.7.2012 (BGBl. I S. 1583), Art. 2 Abs. 3 15. G zur Änd. des SoldatenG v. 8.4.2013 (BGBl. I S. 730), Art. 2 Abs. 8 G zur Fortentwicklung des Meldewesens v. 3.5.2013 (BGBl. I S. 1084, geänd. durch G v. 20.11.2014, BGBl. I S. 1738), Art. 4 Bundeswehr-Einsatzbereitschaftsstärkungsgesetz v. 4.8.2019 (BGBl. I S. 1147), Art. 187 Elfte ZuständigkeitsanpassungsVO v. 19.6.2020 (BGBl. I S. 1328), Art. 12 G zur Regelung des Erscheinungsbilds von Beamtinnen und Beamten sowie zur Änd. weiterer dienstrechtlicher Vorschriften v. 28.6.2021 (BGBl. I S. 2250), Art. 2 G zur Beschleunigung der Entfernung von verfassungsfeindlichen Soldatinnen und Soldaten aus der Bundeswehr sowie zur Änd. weiterer soldatenrechtlicher Vorschriften v. 20.12.2023 (BGBl. 2023 I Nr. 392), Art. 5 G zur weiteren Stärkung der personellen Einsatzbereitschaft und zur Änd. von Vorschriften für die Bundeswehr v. 27.2.2025 (BGBl. 2025 I Nr. 72) und Art. 1 Wehrdienst-ModernisierungsG v. 22.12.2025 (BGBl. 2025 I Nr. 370)

Inhaltsübersicht[2)]

[1)] Neubekanntmachung des WehrpflichtG idF der Bek. v. 16.9.2008 (BGBl. I S. 1886) in der ab 1.7. 2011 geltenden Fassung.

[2)] Inhaltsübersicht geänd. mWv 13.4.2013 durch G v. 8.4.2013 (BGBl. I S. 730); geänd. mWv 9.8.2019 durch G v. 4.8.2019 (BGBl. I S. 1147); geänd. mWv 1.1.2026 durch G v. 22.12.2025 (BGBl. 2025 I Nr. 370); sie wurde nichtamtlich an die Änderungen mWv 1.1.2026 durch G v. 22.12.2025 (BGBl. 2025 I Nr. 370) angepasst..

Abschnitt 1. Wehrpflicht

Unterabschnitt 1. Umfang der Wehrpflicht

§ 1 Allgemeine Wehrpflicht. (1) Wehrpflichtig sind alle Männer vom vollendeten 18. Lebensjahr an, die Deutsche im Sinne des Grundgesetzes[1] sind und

1. ihren ständigen Aufenthalt in der Bundesrepublik Deutschland haben oder
2. ihren ständigen Aufenthalt außerhalb der Bundesrepublik Deutschland haben und entweder
   a) ihren früheren ständigen Aufenthalt in der Bundesrepublik Deutschland hatten oder
   b) einen Pass oder eine Staatsangehörigkeitsurkunde der Bundesrepublik Deutschland besitzen oder sich auf andere Weise ihrem Schutz unterstellt haben.

[1] Nr. 1.

(2) Die Wehrpflicht ruht, solange Wehrpflichtige ihren ständigen Aufenthalt und ihre Lebensgrundlage außerhalb der Bundesrepublik Deutschland haben, wenn Tatsachen die Annahme rechtfertigen, dass sie beabsichtigen, ihren ständigen Aufenthalt im Ausland beizubehalten.

(3) Die Wehrpflicht ruht nicht, wenn Wehrpflichtige ihren ständigen Aufenthalt

1. während des Wehrdienstes aus der Bundesrepublik Deutschland hinausverlegen,
2. ohne die nach § 3 Absatz 2 erforderliche Genehmigung aus der Bundesrepublik Deutschland hinausverlegen oder
3. aus der Bundesrepublik Deutschland hinausverlegen, ohne sie zu verlassen.

§ 2[1] Anwendung dieses Gesetzes. (1) Die nachfolgenden Vorschriften gelten nach Maßgabe der folgenden Absätze.

(2) Die §§ 3 bis 52 gelten im Spannungs- oder Verteidigungsfall.

(3) Außerhalb des Spannungs- oder Verteidigungsfalls gelten die §§ 3, 8a bis 20b, 25, 32 bis 35, 44 und 45.

(4) [1]Die §§ 15a und 16 sind nur auf Betroffene anzuwenden, die nach dem 31. Dezember 2007 geboren sind. [2]Satz 1 gilt nicht im Spannungs- oder Verteidigungsfall.

§ 2a[2] Anordnung der Bedarfswehrpflicht durch Gesetz. [1]Der Bundestag entscheidet durch Gesetz über die Einsetzung einer Bedarfswehrpflicht, insbesondere, wenn die verteidigungspolitische Lage oder die Personallage der Streitkräfte dies erforderlich macht. [2]Dabei soll sich die Einberufung unter Beachtung der wehrpflichtrechtlichen Voraussetzungen und dem Nichtvorliegen von Wehrdienstausnahmen gemäß den §§ 9 bis 13b am Bedarf der Streitkräfte orientieren. [3]Übersteigt die Zahl der für den Grundwehrdienst zur Verfügung stehenden geeigneten Wehrpflichtigen den Bedarf, kann für die Auswahl der einzuberufenden Wehrpflichtigen ein Zufallsverfahren vorgesehen werden, wenn alle anderen Maßnahmen ausgeschöpft sind. [4]Die Ausgestaltung dieses Verfahrens bleibt einer weiteren gesetzlichen Regelung vorbehalten.

§ 3[3] Inhalt und Dauer der Wehrpflicht. (1) [1]Die Wehrpflicht wird durch den Wehrdienst oder im Falle des § 1 des Kriegsdienstverweigerungsgesetzes[4] durch den Zivildienst erfüllt. [2]Sie umfasst die Pflicht, sich zu melden, vorzustellen, nach Maßgabe dieses Gesetzes Auskünfte zu erteilen und Unterlagen vorzulegen, sich auf die geistige und körperliche Tauglichkeit und auf die Eignung für die Verwendungen in den Streitkräften untersuchen zu lassen sowie zum Gebrauch im Wehrdienst bestimmte Bekleidungs- und Ausrüstungsstücke zu übernehmen und entsprechend dem Einberufungsbescheid zum Dienstantritt mitzubringen.

(2) [1]Männliche Personen haben nach Vollendung des 17. Lebensjahres eine *Genehmigung des zuständigen* Karrierecenters der Bundeswehr einzuholen, wenn sie die Bundesrepublik Deutschland länger als drei Monate verlassen wollen, ohne dass die Voraussetzungen des § 1 Absatz 2 bereits vorliegen. [2]Das Gleiche gilt, wenn sie über einen genehmigten Zeitraum hinaus außerhalb der Bundesrepublik Deutschland verbleiben wollen oder einen nicht genehmigungspflichtigen Auf-

---

[1] § 2 neu gef. mWv 1.1.2026 durch G v. 22.12.2025 (BGBl. 2025 I Nr. 370).
[2] § 2a eingef. mWv 1.1.2026 durch G v. 22.12.2025 (BGBl. 2025 I Nr. 370).
[3] § 3 Abs. 2 Satz 1, Abs. 5 geänd. mWv 9.8.2019 durch G v. 4.8.2019 (BGBl. I S. 1147).
[4] Nr. **626**.

enthalt außerhalb der Bundesrepublik Deutschland über drei Monate ausdehnen wollen. [3]Die Genehmigung ist für den Zeitraum zu erteilen, in dem die männliche Person für eine Einberufung zum Wehrdienst nicht heransteht. [4]Über diesen Zeitraum hinaus ist sie zu erteilen, soweit die Versagung für die männliche Person eine besondere – im Bereitschafts-, Spannungs- oder Verteidigungsfall eine unzumutbare – Härte bedeuten würde; § 12 Absatz 6 ist entsprechend anzuwenden. [5]Das Bundesministerium der Verteidigung kann Ausnahmen von der Genehmigungspflicht zulassen.

(3) Die Wehrpflicht endet mit Ablauf des Jahres, in dem der Wehrpflichtige das 45. Lebensjahr vollendet.

(4) Bei Offizieren und Unteroffizieren endet die Wehrpflicht mit Ablauf des Jahres, in dem sie das 60. Lebensjahr vollenden.

(5) Im Spannungs- oder Verteidigungsfall endet die Wehrpflicht mit Ablauf des Jahres, in dem der Wehrpflichtige das 60. Lebensjahr vollendet.

Unterabschnitt 2. Wehrdienst

§ 4[1)] Arten des Wehrdienstes. (1) Der nach Maßgabe dieses Gesetzes zu leistende Wehrdienst umfasst

1. den Grundwehrdienst (§ 5),
2. die Wehrübungen (§ 6),
3. die freiwillige Verlängerung des Grundwehrdienstes (§ 6a) und
4. den unbefristeten Wehrdienst im Spannungs- oder Verteidigungsfall.

(2) (weggefallen)

(3) [1]Der Wehrdienst kann auch freiwillig geleistet werden. [2]Wer auf Grund freiwilliger Verpflichtung einen Wehrdienst nach Absatz 1 leistet, hat die Rechtsstellung eines Soldaten, der auf Grund der Wehrpflicht Wehrdienst leistet.

§ 5[2)] Grundwehrdienst. (1) [1]Grundwehrdienst leisten Wehrpflichtige, die zu dem für den Diensteintritt festgesetzten Zeitpunkt das 23. Lebensjahr noch nicht vollendet haben. [2]Abweichend hiervon leisten Grundwehrdienst Wehrpflichtige, die zu dem für den Diensteintritt festgesetzten Zeitpunkt

1. das 25. Lebensjahr noch nicht vollendet haben, wenn sie
   a) wegen einer Zurückstellung nach § 12 nicht vor Vollendung des 23. Lebensjahres zum Grundwehrdienst herangezogen werden konnten und der Zurückstellungsgrund entfallen ist,
   b) wegen eines ungenehmigten Auslandsaufenthalts (§ 3 Absatz 2) nicht bis zur Vollendung des 23. Lebensjahres zum Grundwehrdienst herangezogen werden konnten,
   c) nach § 29 Absatz 6 Satz 1 als aus dem Grundwehrdienst entlassen gelten und nach Absatz 3 Satz 1 eine Nachdienverpflichtung zu erfüllen haben,
   d) nach Vollendung des 22. Lebensjahres auf ihre Anerkennung als Kriegsdienstverweigerer verzichten, es sei denn, dass sie im Zeitpunkt des Verzichts wegen Überschreitens der bis zu diesem Zeitpunkt maßgeblichen Altersgrenze nicht

---

[1)] § 4 Abs. 1 Nr. 7 geänd. mWv 9.8.2019 durch G v. 4.8.2019 (BGBl. I S. 1147); Abs. 1 neu gef., Abs. 3 Satz 3 aufgeh. mWv 1.1.2026 durch G v. 22.12.2025 (BGBl. 2025 I Nr. 370).

[2)] § 5 Abs. 3 Satz 1 Nr. 4 neu gef., Satz 2 geänd. mWv 1.1.2026 durch G v. 22.12.2025 (BGBl. 2025 I Nr. 370).

mehr zum Zivildienst einberufbar sind und sich nicht im Zivildienst befinden oder

e) wegen Aussetzung der Vollziehung des Einberufungsbescheides oder der Anordnung der aufschiebenden Wirkung des Widerspruchs oder der Klage nicht vor Vollendung des 23. Lebensjahres zum Grundwehrdienst herangezogen werden konnten;

2. das 32. Lebensjahr noch nicht vollendet haben, wenn sie wegen ihrer beruflichen Ausbildung während des Grundwehrdienstes vorwiegend militärfachlich verwendet werden;

3. das 28. Lebensjahr noch nicht vollendet haben, wenn sie wegen einer Verpflichtung zur Leistung eines Dienstes als Helfer im Zivilschutz oder Katastrophenschutz (§ 13a) oder wegen einer Verpflichtung zur Leistung eines Entwicklungsdienstes (§ 13b) nicht vor Vollendung des 23. Lebensjahres zum Grundwehrdienst herangezogen worden sind.

[3] Bei Wehrpflichtigen, die wegen eines Anerkennungsverfahrens nach den Vorschriften des Kriegsdienstverweigerungsgesetzes[1)] nicht mehr vor Vollendung des 23. Lebensjahres oder vor Eintritt einer bis dahin bestehen gebliebenen Wehrdienstausnahme zum Grundwehrdienst einberufen werden konnten, verlängert sich der Zeitraum, innerhalb dessen Grundwehrdienst zu leisten ist, um die Dauer des Anerkennungsverfahrens, nicht jedoch über die Vollendung des 25. Lebensjahres hinaus.

(2) [1] Der Grundwehrdienst dauert sechs Monate und wird zusammenhängend geleistet. [2] Einem Antrag auf vorzeitige Heranziehung kann nach Vollendung des 17. Lebensjahres und soll nach Vollendung des 18. Lebensjahres entsprochen werden. [3] Der Antrag Minderjähriger bedarf der Zustimmung des gesetzlichen Vertreters.

(3) [1] Tage, an denen ein Wehrpflichtiger während des Grundwehrdienstes infolge

1. schuldhafter Abwesenheit von der Truppe oder Dienststelle,
2. schuldhafter Dienstverweigerung,
3. Aussetzung der Vollziehung des Einberufungsbescheides,
4. Verbüßung von Freiheitsstrafe, Strafarrest, Jugendstrafe, Jugendarrest, Disziplinararrest, strengem Disziplinararrest oder
5. Untersuchungshaft, der eine rechtskräftige Verurteilung gefolgt ist,

keinen Dienst geleistet hat, sind nachzudienen. [2] Tage, an denen der Soldat während der Verbüßung von Disziplinararrest oder strengem Disziplinararrest zu dienstlichen Aufgaben außerhalb der Vollzugseinrichtung herangezogen wird, sind nicht nachzudienen. [3] Dies gilt auch, wenn der Soldat Freiheitsstrafe, Strafarrest oder Jugendarrest in einer Vollzugseinrichtung der Bundeswehr verbüßt oder wenn er aus Gründen, die nicht in seiner Person liegen, während des Vollzuges bei der Bundeswehr nicht zu dienstlichen Aufgaben außerhalb der Vollzugseinrichtung herangezogen wird.

§ 6[2)] Wehrübungen. (1) [1] Eine Wehrübung dauert grundsätzlich höchstens drei Monate. [2] Über Ausnahmen entscheidet das Bundesministerium der Verteidigung.

[1)] Nr. **626**.
[2)] § 6 Abs. 2 geänd. mWv 1.1.2026 durch G v. 22.12.2025 (BGBl. 2025 I Nr. 370).

(2) Die Gesamtdauer der verpflichtenden Wehrübungen beträgt bei Mannschaften höchstens sechs, bei Unteroffizieren höchstens neun und bei Offizieren höchstens zwölf Monate.

(3) Die Gesamtdauer der Wehrübungen verlängert sich bei Wehrpflichtigen, die aus dem Grundwehrdienst vorzeitig entlassen wurden, um die Zeit, um die sie vorzeitig entlassen worden sind, soweit sie nicht für diese Zeit erneut zum Grundwehrdienst einberufen werden.

(4) (weggefallen)

(5) (weggefallen)

(6) [1] Für Wehrübungen, die als Bereitschaftsdienst von der Bundesregierung angeordnet worden sind, gilt die zeitliche Begrenzung des Absatzes 1 nicht. [2] Auf die Gesamtdauer der Wehrübungen nach den Absätzen 2 und 3 werden sie nicht angerechnet; das Bundesministerium der Verteidigung kann eine Anrechnung anordnen.

(7) Das Bundesministerium der Verteidigung kann für Wehrpflichtige, die zu Wehrübungen herangezogen werden sollen, die Verwendungsfähigkeit allgemein oder für den Einzelfall abweichend von § 8a Absatz 2 Satz 1 bestimmen.

§ 6a[1)] Freiwillige Verlängerung des Grundwehrdienstes. (1) Wehrpflichtige können ihren Grundwehrdienst freiwillig um mindestens einen, längstens fünf Monate verlängern.

(2) [1] Die Gesamtdauer des Grundwehrdienstes ist im Einberufungsbescheid einheitlich festzusetzen. [2] Wenn der Grundwehrdienst nach Zustellung des Einberufungsbescheides verlängert wird, ändern die Wehrersatzbehörden diesen Bescheid entsprechend.

(3) [1] In der verlängerten Dienstzeit ist § 29 Absatz 4 Nummer 1 mit den Maßgaben anzuwenden, dass der Soldat zu entlassen ist und es der Anhörung der Wehrersatzbehörde sowie der Prüfung, ob die geltend gemachten Gründe die Zurückstellung vom Wehrdienst nach der Entlassung rechtfertigen, nicht bedarf. [2] Die Gesamtdauer des festgesetzten Wehrdienstes kann bis auf die Dauer des Grundwehrdienstes verkürzt werden, wenn dies im dienstlichen Interesse liegt und der Soldat der Verkürzung zustimmt. [3] Die Gesamtdauer des festgesetzten Wehrdienstes soll auch ohne Zustimmung des Soldaten verkürzt werden, wenn er durch sein bisheriges Verhalten oder durch Leistungsdefizite, die auch gesundheitlichen Ursprungs sein können, gezeigt hat, dass er die Eignungs- und Leistungsanforderungen, die an einen Soldaten zu stellen sind, der verlängerten Grundwehrdienst leistet, nicht oder nicht mehr erfüllt. [4] Absatz 2 Satz 2 gilt entsprechend.

§§ 6b–6d[2)] *(aufgehoben)*

§ 7 Anrechnung von freiwillig geleistetem Wehrdienst und von geleistetem Zivildienst. (1) Der auf Grund freiwilliger Verpflichtung in der Bundeswehr geleistete Wehrdienst ist auf den Grundwehrdienst anzurechnen; er kann auch auf Wehrübungen angerechnet werden.

(2) [1] Wehrpflichtige, die auf ihre Anerkennung als Kriegsdienstverweigerer verzichtet haben oder denen die Berechtigung, den Kriegsdienst mit der Waffe zu verweigern, rechtskräftig aberkannt worden ist, werden im Frieden nicht zum *Wehrdienst* herangezogen, wenn sie Zivildienst von der in § 24 Absatz 2 des

---

[1)] § 6a neu gef. mWv 1.1.2026 durch G v. 22.12.2025 (BGBl. 2025 I Nr. 370).

[2)] §§ 6b–6d aufgeh. mWv 1.1.2026 durch G v. 22.12.2025 (BGBl. 2025 I Nr. 370).

Zivildienstgesetzes[1] bestimmten Dauer geleistet haben. [2] Wird der Zivildienst vorzeitig beendet, ist die im Zivildienst zurückgelegte Zeit auf den Wehrdienst anzurechnen.

§ 8[2] Wehrdienst außerhalb der Bundeswehr; Anrechnung von Wehrdienst und anderen Diensten außerhalb der Bundeswehr. (1) [1] Wehrpflichtige dürfen sich nur mit Zustimmung des Bundesministeriums der Verteidigung zu einem Wehrdienst außerhalb der Bundeswehr verpflichten. [2] Dies gilt nicht bei Wehrdienst, der auf Grund gesetzlicher Vorschrift des Aufenthaltsstaates zu leisten ist.

(2) [1] Das Bundesministerium der Verteidigung kann im Einzelfall außerhalb der Bundeswehr geleisteten Wehrdienst oder anstelle des Wehrdienstes geleisteten anderen Dienst auf den Wehrdienst nach diesem Gesetz ganz oder zum Teil anrechnen. [2] Der Wehrdienst oder der anstelle des Wehrdienstes geleistete andere Dienst soll angerechnet werden, wenn er auf Grund gesetzlicher Vorschrift geleistet worden ist; dies gilt auch, wenn das Bundesministerium der Verteidigung dem Wehrdienst außerhalb der Bundeswehr zugestimmt hat.

(3) Das Bundesministerium der Verteidigung kann die in den Absätzen 1 und 2 genannten Befugnisse auf eine nachgeordnete Stelle übertragen.

(4) [1] Die Anträge auf Zustimmung zur Ableistung von Wehrdienst außerhalb der Bundeswehr und auf Anrechnung des dort geleisteten Wehrdienstes oder des anstelle des Wehrdienstes geleisteten anderen Dienstes sind beim Karrierecenter der Bundeswehr zu stellen. [2] Das Karrierecenter der Bundeswehr kann zum Nachweis des Wehrdienstes außerhalb der Bundeswehr oder des anstelle des Wehrdienstes geleisteten anderen Dienstes eine Versicherung des Wehrpflichtigen an Eides statt verlangen.

§ 8a Tauglichkeitsgrade; Verwendungsgrade. (1) Folgende Tauglichkeitsgrade werden festgesetzt:
- wehrdienstfähig,
- vorübergehend nicht wehrdienstfähig,
- nicht wehrdienstfähig.

(2) [1] Wehrdienstfähige Wehrpflichtige sind nach Maßgabe des ärztlichen Urteils voll verwendungsfähig oder verwendungsfähig mit Einschränkung für bestimmte Tätigkeiten. [2] Im Rahmen ihrer Verwendungsfähigkeit stehen sie für den Wehrdienst zur Verfügung, soweit dieses Gesetz nichts anderes bestimmt.

Unterabschnitt 3. Wehrdienstausnahmen

§ 9 Wehrdienstunfähigkeit. Zum Wehrdienst wird nicht herangezogen, wer nicht wehrdienstfähig ist.

§ 10[3] Ausschluss vom Wehrdienst. Vom Wehrdienst ist ausgeschlossen,
1. wer durch ein deutsches Gericht wegen eines Verbrechens zu Freiheitsstrafe von mindestens einem Jahr oder wegen einer vorsätzlichen Tat, die nach den Vorschriften über Friedensverrat, Hochverrat, Gefährdung des demokratischen Rechtsstaates oder Landesverrat, Gefährdung der äußeren Sicherheit oder Volks-

[1] Nr. **625**.
[2] § 8 Abs. 4 Sätze 1 und 2 geänd. mWv 9.8.2019 durch G v. 4.8.2019 (BGBl. I S. 1147).
[3] § 10 Nr. 3 geänd., Nr. 4 angef. mWv 7.7.2021 durch G v. 28.6.2021 (BGBl. I S. 2250); Nr. 1 geänd. mWv 23.12.2023 durch G v. 20.12.2023 (BGBl. 2023 I Nr. 392).

verhetzung strafbar ist, zu Freiheitsstrafe von sechs Monaten oder mehr verurteilt worden ist, es sei denn, dass die Eintragung über die Verurteilung im Zentralregister getilgt ist,

2. wer infolge Richterspruchs die Fähigkeit zur Bekleidung öffentlicher Ämter nicht besitzt,
3. wer einer Maßregel der Besserung und Sicherung nach den §§ 64, 66, 66a oder 66b des Strafgesetzbuches[1] unterworfen ist, solange die Maßregel nicht erledigt ist,
4. wer unveränderliche Merkmale des Erscheinungsbilds aufweist, die mit den Vorgaben der Rechtsverordnung nach § 4 Absatz 4 des Soldatengesetzes[2] nicht vereinbar sind.

§ 11[3] **Befreiung vom Wehrdienst.** (1) Vom Wehrdienst sind befreit

1. ordinierte Geistliche evangelischen Bekenntnisses,
2. Geistliche römisch-katholischen Bekenntnisses, die die Diakonatsweihe empfangen haben,
3. hauptamtlich tätige Geistliche anderer Bekenntnisse, deren Amt dem eines ordinierten Geistlichen evangelischen oder eines Geistlichen römisch-katholischen Bekenntnisses, der die Diakonatsweihe empfangen hat, entspricht,
4. schwerbehinderte Menschen,
5. Wehrpflichtige, die auf Grund eines völkerrechtlichen Vertrages für die Dauer einer Tätigkeit in einer internationalen Behörde eine entsprechende Befreiung genießen.

(2) [1] Vom Wehrdienst sind Wehrpflichtige auf Antrag zu befreien,

1. deren Vater, Mutter, Bruder oder Schwester an den Folgen einer Wehr- oder Zivildienstbeschädigung verstorben ist,
2. deren zwei Geschwister
   a) Grundwehrdienst von der in § 5 Absatz 1a bestimmten Dauer,
   b) Zivildienst von der in § 24 Absatz 2 des Zivildienstgesetzes[4] bestimmten Dauer,
   c) Dienst im Zivilschutz oder Katastrophenschutz nach § 13a Absatz 1 Satz 1 dieses Gesetzes oder nach § 14 Absatz 1 des Zivildienstgesetzes,
   d) Entwicklungsdienst nach § 13b Absatz 1 dieses Gesetzes oder nach § 14a Absatz 1 des Zivildienstgesetzes,
   e) einen anderen Dienst im Ausland nach § 14b Absatz 1 des Zivildienstgesetzes,
   f) einen freiwilligen Dienst nach dem Jugendfreiwilligendienstegesetz[5] oder nach dem Bundesfreiwilligendienstgesetz[6] von jeweils mindestens sechs Monaten,
   g) ein freies Arbeitsverhältnis nach § 15a Absatz 1 des Zivildienstgesetzes oder

---

[1] **Habersack Nr. 85.**
[2] **Sartorius III Nr. 850.**
[3] § 11 Abs. 2 Satz 2 geänd. mWv 9.8.2019 durch G v. 4.8.2019 (BGBl. I S. 1147); Abs. 2 Satz 1 Nr. 2 Buchst. f und Satz 2 neu gef., Satz 3 eingef., bish. Satz 3 wird Satz 4 mWv 1.1.2026 durch G v. 22.12. 2025 (*BGBl. 2025 I Nr. 370*).
[4] Nr. **625**.
[5] Nr. **390**.
[6] Nr. **627**.

h) Wehrdienst von höchstens zwei Jahren Dauer als Soldatin auf Zeit oder Soldat auf Zeit

geleistet haben oder

3. die
   a) verheiratet sind,
   b) eingetragene Lebenspartner sind oder
   c) die elterliche Sorge gemeinsam oder als Alleinerziehende ausüben.

[2] Der Antrag ist frühestens nach der Aufforderung nach § 15a Absatz 1 und spätestens bis zum Abschluss der Musterung zu stellen, es sei denn, der Befreiungsgrund tritt erst später ein oder wird später bekannt. [3] Der Antrag ist schriftlich oder zur Niederschrift beim Bundesamt für das Personalmanagement der Bundeswehr zu stellen. [4] Er ist zu begründen.

§ 12 Zurückstellung vom Wehrdienst. (1) Vom Wehrdienst wird zurückgestellt,

1. wer vorübergehend nicht wehrdienstfähig ist,
2. wer, abgesehen von den Fällen des § 10, Freiheitsstrafe, Strafarrest, Jugendstrafe oder Jugendarrest verbüßt, sich in Untersuchungshaft befindet oder nach § 63 des Strafgesetzbuches[1)] in einem psychiatrischen Krankenhaus untergebracht ist.

(1a) Vom Wehrdienst wird ferner zurückgestellt, wer auf Grund eines völkerrechtlichen Vertrages für die Dauer einer Tätigkeit in einer internationalen Behörde nicht zum Wehrdienst herangezogen werden kann.

(2) [1] Vom Wehrdienst werden Wehrpflichtige, die sich auf das geistliche Amt (§ 11) vorbereiten, auf Antrag zurückgestellt. [2] Hierzu sind beizubringen:

1. der Nachweis eines ordentlichen theologischen Studiums oder einer ordentlichen theologischen Ausbildung und
2. eine Erklärung des zuständigen Landeskirchenamtes, der bischöflichen Behörde, des Ordensoberen oder der entsprechenden Oberbehörde einer anderen Religionsgemeinschaft, dass sich der Wehrpflichtige auf das geistliche Amt vorbereitet.

(3) [1] Hat ein Wehrpflichtiger seiner Aufstellung für die Wahl zum Deutschen Bundestag, zu einem Landtag oder zum Europäischen Parlament zugestimmt, so ist er bis zur Wahl zurückzustellen. [2] Hat er die Wahl angenommen, so kann er für die Dauer des Mandats nur auf seinen Antrag einberufen werden.

(4) [1] Vom Wehrdienst soll ein Wehrpflichtiger auf Antrag zurückgestellt werden, wenn die Heranziehung zum Wehrdienst für ihn wegen persönlicher, insbesondere häuslicher, wirtschaftlicher oder beruflicher Gründe eine besondere Härte bedeuten würde. [2] Eine solche liegt in der Regel vor,

1. wenn im Falle der Einberufung des Wehrpflichtigen
   a) die Versorgung seiner Familie, hilfsbedürftiger Angehöriger oder anderer hilfsbedürftiger Personen, für deren Lebensunterhalt er aus rechtlicher oder sittlicher Verpflichtung aufzukommen hat, gefährdet würde oder
   b) für Verwandte ersten Grades besondere Notstände zu erwarten sind,
2. wenn der Wehrpflichtige für die Erhaltung und Fortführung eines eigenen Betriebes unentbehrlich ist,
3. wenn die Einberufung des Wehrpflichtigen

[1)] **Habersack Nr. 85.**

a) eine zu einem schulischen Abschluss führende Ausbildung,
b) ein Hochschulstudium, bei dem zum vorgesehenen Diensteintritt das dritte Semester erreicht ist,
c) einen zum vorgesehenen Diensteintritt begonnenen dualen Bildungsgang (Studium mit studienbegleitender betrieblicher Ausbildung), dessen Regelstudienzeit acht Semester nicht überschreitet und bei dem das Studium spätestens drei Monate nach Beginn der betrieblichen Ausbildung aufgenommen wird,
d) einen zum vorgesehenen Diensteintritt zu einem Drittel absolvierten sonstigen Ausbildungsabschnitt oder
e) eine bereits begonnene Berufsausbildung

unterbrechen oder die Aufnahme einer rechtsverbindlich zugesagten oder vertraglich gesicherten Berufsausbildung verhindern würde.

(5) Vom Wehrdienst kann ein Wehrpflichtiger ferner zurückgestellt werden, wenn gegen ihn ein Strafverfahren anhängig ist, in dem Freiheitsstrafe, Strafarrest, Jugendstrafe oder eine freiheitsentziehende Maßregel der Besserung und Sicherung zu erwarten ist, oder wenn seine Einberufung die militärische Ordnung oder das Ansehen der Bundeswehr ernstlich gefährden würde.

(6) [1]In den Fällen des Absatzes 4, ausgenommen Satz 2 Nummer 1 Buchstabe b, Nummer 3, sowie des Absatzes 7, darf der Wehrpflichtige vom Grundwehrdienst höchstens so lange zurückgestellt werden, dass er noch vor der für ihn nach § 5 Absatz 1 Satz 2 und 3 maßgebenden Altersgrenze einberufen werden kann. [2]In Ausnahmefällen, in denen die Einberufung eine unzumutbare Härte bedeuten würde, kann er auch darüber hinaus zurückgestellt werden.

(7) [1]Vom Wehrdienst soll ein Wehrpflichtiger auf Antrag auch zurückgestellt werden, wenn er für die Erhaltung und Fortführung des elterlichen Betriebes oder des Betriebes seines Arbeitgebers oder für die ordnungsgemäße Aufgabenerfüllung seiner Dienstbehörde unentbehrlich ist. [2]In diesem Fall sind die Eltern, der Arbeitgeber oder die Dienstbehörde des Wehrpflichtigen antragsberechtigt und verpflichtet, den Wegfall der Voraussetzungen für die Unentbehrlichkeit der zuständigen Wehrersatzbehörde anzuzeigen. [3]Die Zurückstellung bedarf der Zustimmung des Wehrpflichtigen. [4]Die Einberufung des Wehrpflichtigen ist bis zur Entscheidung über den Antrag auszusetzen.

§ 13[1)] Unabkömmlichstellung. (1)[2)] Zum Ausgleich des personellen Kräftebedarfs für die Aufgaben der Bundeswehr und andere Aufgaben kann ein Wehrpflichtiger im Spannungs- oder Verteidigungsfall im öffentlichen Interesse für den Wehrdienst unabkömmlich gestellt werden, wenn und solange er für die von ihm ausgeübte Tätigkeit nicht entbehrt werden kann.

(2) [1]Über die Unabkömmlichstellung entscheidet die Wehrersatzbehörde auf Vorschlag der zuständigen Verwaltungsbehörde. [2]Das Vorschlagsrecht steht auch den Kirchen und Religionsgemeinschaften, soweit sie Körperschaften des öffentlichen Rechts sind, für ihre Bediensteten zu. [3]Die Zuständigkeit und das Verfahren

---

[1)] § 13 Abs. 1 geänd. mWv 9.8.2019 durch G v. 4.8.2019 (BGBl. I S. 1147).

[2)] § 13 Abs. 1 Satz 1 in der bis 8.8.2008 geltenden Fassung, die unter den in § 52 genannten Bedingungen weiterhin anzuwenden *ist:*

„„Zum Ausgleich des personellen Kräftebedarfs für die Aufgaben der Bundeswehr und andere Aufgaben kann ein Wehrpflichtiger im öffentlichen Interesse für den Wehrdienst unabkömmlich gestellt werden, wenn und solange er für die von ihm ausgeübte Tätigkeit nicht entbehrt werden kann.““

regelt eine Rechtsverordnung[1]. [4] In der Rechtsverordnung kann die Befugnis zur Bestimmung der zuständigen Behörden auf oberste Bundesbehörden oder auf die Landesregierungen mit der Befugnis zur Weiterübertragung auf oberste Landesbehörden übertragen werden; die nach dieser Verordnung vorschlagsberechtigte oberste Bundesbehörde oder die Landesregierung kann, soweit Landesrecht dies zulässt, das Vorschlagsrecht auch durch allgemeine Verwaltungsvorschrift regeln. [5] Die Rechtsverordnung regelt auch, wie Meinungsverschiedenheiten zwischen der Wehrersatzbehörde und der vorschlagenden Verwaltungsbehörde unter Abwägung der verschiedenen Belange auszugleichen sind. [6] Die Rechtsverordnung regelt ferner, für welche Fristen die Unabkömmlichstellung ausgesprochen werden kann und welche sachverständigen Stellen der öffentlichen Verwaltung und Wirtschaft zu hören sind.

(3) [1] Die Dienstbehörde oder der Arbeitgeber des Wehrpflichtigen ist verpflichtet, den Wegfall der Voraussetzungen für die Unabkömmlichstellung der zuständigen Wehrersatzbehörde anzuzeigen. [2] Wehrpflichtige, die in keinem Arbeits- oder Dienstverhältnis stehen, haben den Wegfall der Voraussetzungen selbst anzuzeigen.

§ 13a[2] Zivilschutz oder Katastrophenschutz. (1) [1] Wehrpflichtige, die sich vor Vollendung des 23. Lebensjahres mit Zustimmung der zuständigen Behörde auf mindestens vier Jahre zum ehrenamtlichen Dienst als Helfer im Zivilschutz oder Katastrophenschutz verpflichtet haben, werden nicht zum Wehrdienst herangezogen, solange sie als Helfer im Zivilschutz oder Katastrophenschutz mitwirken. [2] Dies gilt auch bei von der zuständigen Behörde genehmigten Unterbrechungen der Mitwirkung, wenn die auf der Mindestverpflichtung beruhende vierjährige Mitwirkung noch bis zur Vollendung des 28. Lebensjahres erfüllt werden kann. [3] Auf Verlangen des Bundesministeriums der Verteidigung ist zwischen diesem und dem Bundesministerium des Innern die Zahl, bis zu der Freistellungen möglich sind, unter angemessener Berücksichtigung des Personalbedarfs der Bundeswehr, des Zivilschutzes und des Katastrophenschutzes zu vereinbaren. [4] Dabei kann auch nach Jahrgängen, beruflicher Tätigkeit und Ausbildungsstand unterschieden sowie die Zustimmung des Karrierecenters der Bundeswehr vorgesehen werden.

(2) [1] Haben Wehrpflichtige vier Jahre im Zivilschutz oder Katastrophenschutz mitgewirkt, so erlischt ihre Pflicht, Grundwehrdienst zu leisten. [2] Genehmigte Unterbrechungen der Mitwirkung (Absatz 1 Satz 2) gelten als Mitwirkung, soweit sie insgesamt einen Zeitraum von sechs Monaten nicht übersteigen. [3] Endet die Mitwirkung aus Gründen, die nicht in der Person oder in dem Verhalten des Wehrpflichtigen liegen, vorzeitig, so ist die im Zivilschutz oder Katastrophenschutz zurückgelegte Zeit, soweit sie die Hälfte der Zeit nach Satz 1 übersteigt, anteilmäßig auf den Grundwehrdienst anzurechnen.

(3) Die zuständigen Behörden sind verpflichtet, der zuständigen Wehrersatzbehörde das Vorliegen sowie den Wegfall der Voraussetzungen für die Nichtheranziehung von Wehrpflichtigen zum Wehrdienst anzuzeigen.

§ 13b Entwicklungsdienst. (1) Wehrpflichtige werden bis zur Vollendung des 28. Lebensjahres nicht zum Wehrdienst herangezogen, wenn sie sich gegenüber

---

[1] Siehe die UnabkömmlichstellungsVO v. 24.8.2005 (BGBl. I S. 2538), zuletzt geänd. durch G v. 22.12.2025 (BGBl. 2025 I Nr. 370).

[2] § 13a Abs. 1 Satz 4 geänd. mWv 9.8.2019 durch G v. 4.8.2019 (BGBl. I S. 1147); Abs. 1 Satz 3 geänd. mWv 27.6.2020 durch VO v. 19.6.2020 (BGBl. I S. 1328); Abs. 1 Satz 3 geänd. mWv 1.1.2026 durch G v. 22.12.2025 (BGBl. 2025 I Nr. 370).

einem nach § 2 des Entwicklungshelfer-Gesetzes[1] anerkannten Träger des Entwicklungsdienstes im Rahmen des Bedarfs dieses Trägers vertraglich zur Leistung eines mindestens zweijährigen Entwicklungsdienstes verpflichtet haben, sich in angemessener Weise für die spätere Tätigkeit als Entwicklungshelfer fortbilden und das Bundesministerium für wirtschaftliche Zusammenarbeit und Entwicklung dies bestätigt.

(2) Wehrpflichtige werden ferner nicht zum Wehrdienst herangezogen, wenn und solange sie die Voraussetzungen des § 1 Absatz 1 oder Absatz 2 des Entwicklungshelfer-Gesetzes erfüllen.

(3) [1] Haben Wehrpflichtige Entwicklungsdienst von der in Absatz 1 genannten Mindestdauer geleistet, so erlischt ihre Pflicht, Grundwehrdienst zu leisten. [2] Wird der Entwicklungsdienst aus Gründen, die der Wehrpflichtige nicht zu vertreten hat, vorzeitig beendet, so ist die im Entwicklungsdienst zurückgelegte Zeit, soweit sie die Zeit übersteigt, die der Grundwehrdienst dauert, auf den Wehrdienst anzurechnen.

(4) Die Träger des Entwicklungsdienstes sind verpflichtet, das Vorliegen sowie den Wegfall der Voraussetzungen für die Nichtheranziehung von Wehrpflichtigen der zuständigen Wehrersatzbehörde anzuzeigen.

Abschnitt 2. Wehrersatzwesen

§ 14[2] Wehrersatzbehörden. Die Aufgaben des Wehrersatzwesens werden in bundeseigener Verwaltung durchgeführt und folgenden, dem Bundesministerium der Verteidigung unterstehenden Behörden der Bundeswehrverwaltung übertragen:

1. Bundesamt für das Personalmanagement der Bundeswehr – Bundesoberbehörde –,
2. Karrierecenter der Bundeswehr – Bundesunterbehörden –.

§ 15[3] Erfassung. (1) Das Bundesamt für das Personalmanagement der Bundeswehr darf zum Zweck der Wehrerfassung im automatisierten Abrufverfahren nach den §§ 34a und 38 des Bundesmeldegesetzes[4] die folgenden Daten Wehrpflichtiger abrufen und weiterverarbeiten:

1. Familienname,
2. frühere Namen,
3. Vornamen,
4. Tag und Ort der Geburt,
5. Geschlecht,
6. gegenwärtige Anschrift, Haupt- und Nebenwohnung,
7. letzte frühere Anschrift im Inland bei Zuzug aus dem Ausland,
8. Familienstand,
9. Staatsangehörigkeiten sowie
10. Sterbetag.

---

[1] ***Aichberger*, SGB Nr. 40/10.**

[2] § 14 Abs. 1 neu gef., Abs. 2 Satz 1 geänd. mWv 9.8.2019 durch G v. 4.8.2019 (BGBl. I S. 1147); bish. Abs. 1 einl. Satzteil geänd., Abs. 2 aufgeh. mWv 1.1.2026 durch G v. 22.12.2025 (BGBl. 2025 I Nr. 370).

[3] § 15 neu gef. mWv 1.1.2026 durch G v. 22.12.2025 (BGBl. 2025 I Nr. 370).

[4] Nr. **256**.

(2) Im Spannungs- oder Verteidigungsfall darf das Bundesamt für das Personalmanagement der Bundeswehr zum Zweck der Wehrerfassung die in Absatz 1 genannten Daten männlicher Personen bereits ein Jahr vor Vollendung ihres 18. Lebensjahres im automatisierten Abrufverfahren nach den §§ 34a und 38 des Bundesmeldegesetzes abrufen und weiterverarbeiten.

(3) Im Falle der Unmöglichkeit des Datenabrufs ist § 34 Absatz 2 Satz 5 des Bundesmeldegesetzes entsprechend anzuwenden.

§ 15a[1] Bereitschaftserklärung. (1) [1]Jede nach § 15 erfasste Person hat auf Aufforderung durch das Bundesamt für das Personalmanagement der Bundeswehr eine Erklärung zur Bereitschaft und Fähigkeit zu einer Wehrdienstleistung abzugeben, die folgende Angaben umfasst:

1. Angaben zur Person, zum Geschlecht, zum Familienstand und zu weiteren Staatsangehörigkeiten, soweit diesbezüglich durch das Bundesamt für das Personalmanagement der Bundeswehr vorausgefüllte Angaben nicht zutreffen oder nicht vollständig sind,
2. Interesse an einem Wehrdienst in der Bundeswehr,
3. Körpergröße und Gewicht,
4. Schwerbehinderung oder eine entsprechende Gleichstellung,
5. Bildungsabschlüsse sowie sonstige Befähigungen und Qualifikationen,
6. Selbsteinschätzung der körperlichen Leistungsfähigkeit,
7. Wehrdienst in fremden Streitkräften.

[2]Die Aufforderung zur Abgabe der Bereitschaftserklärung kann vollständig durch automatische Einrichtungen erlassen werden. [3]Zusammen mit der Aufforderung nach Satz 1 kann das Bundesamt für das Personalmanagement der Bundeswehr Informationen über Laufbahnen und Verwendungen in der Bundeswehr und über gesetzlich geregelte Freiwilligendienste zur Verfügung stellen.

(2) Die Bereitschaftserklärung ist mittels eines zur Verfügung gestellten Online-Fragebogens oder schriftlich abzugeben.

(3) Die Abgabe der Bereitschaftserklärung durch einen Bevollmächtigten ist nur dann zulässig, wenn der Wehrpflichtige infolge seines körperlichen oder geistigen Zustands gehindert ist, sie eigenständig abzugeben.

(4) [1]Kommt der Wehrpflichtige der Aufforderung zur Abgabe einer Bereitschaftserklärung nach Absatz 1 Satz 1 nicht innerhalb eines Monats nach, so erhält er eine erneute Aufforderung mit einer Fristsetzung, innerhalb derer die Bereitschaftserklärung abzugeben ist. [2]Diese erneute Aufforderung ist zuzustellen.

(5) [1]Wehrpflichtige, die weder in einem Wehrdienstverhältnis stehen noch der Dienstleistungsüberwachung nach dem Soldatengesetz[2] unterliegen, haben auf Aufforderung erneut eine Bereitschaftserklärung nach Absatz 1 Satz 1 abzugeben. [2]*Die Absätze 2 bis 4 gelten hierfür entsprechend.*

(6) [1]Das Verfahren ist kostenfrei. [2]Notwendige Auslagen sind zu erstatten.

§ 15b[3] Datenverarbeitung. (1) Das Bundesamt für das Personalmanagement der Bundeswehr darf die nach den §§ 15 bis 15a erhobenen personenbezogenen

---

[1] § 15a eingef. mWv 1.1.2026 durch G v. 22.12.2025 (BGBl. 2025 I Nr. 370).
[2] **Sartorius III Nr. 850.**
[3] § 15b eingef. mWv 1.1.2026 durch G v. 22.12.2025 (BGBl. 2025 I Nr. 370).

Daten neben den dort aufgeführten Zwecken nur für folgende Zwecke verarbeiten:

1. Übersendung von Informationen über Tätigkeiten in den Streitkräften,
2. Personalbearbeitung, wenn der Wehrpflichtige in der Bereitschaftserklärung nach § 15a Interesse an einem Wehrdienst bekundet,
3. Einberufung und Heranziehung zum Wehrdienst im Spannungs- oder Verteidigungsfall,
4. Übermittlung an die Bundesagentur für Arbeit für Zwecke der Durchführung des Arbeitssicherstellungsgesetzes[1].

(2) § 22 Absatz 2 des Bundesdatenschutzgesetzes[2] gilt entsprechend.

§ 15c[3] Datenaktualisierung. [1]Das Bundesamt für das Personalmanagement der Bundeswehr ist berechtigt, die Daten nach § 15 zum Zweck der Aktualisierung erneut abzurufen. [2]Die Berechtigung zum Datenabruf endet mit dem Ablauf des Jahres, in dem der Wehrpflichtige das 60. Lebensjahr vollendet hat.

§ 15d[4] Datenübermittlung für die Durchführung des Arbeitssicherstellungsgesetzes[1]. (1) Im Verteidigungsfall und nach Maßgabe von Artikel 80a Absatz 1 des Grundgesetzes[5] übermittelt das Bundesamt für das Personalmanagement der Bundeswehr der Bundesagentur für Arbeit zur Erfüllung der Aufgaben nach dem Arbeitssicherstellungsgesetz die folgenden Daten Wehrpflichtiger:

1. Familienname,
2. Vornamen,
3. Staatsangehörigkeiten,
4. Tag und Ort der Geburt,
5. gegenwärtige Anschrift, Haupt- und Nebenwohnung,
6. Angaben gemäß der Bereitschaftserklärung nach § 15a Absatz 1 Satz 1 Nummer 1,
7. Schwerbehinderung oder eine entsprechende Gleichstellung gemäß der Bereitschaftserklärung nach § 15a Absatz 1 Satz 1 Nummer 4,
8. Bildungsabschlüsse sowie sonstige Befähigungen und Qualifikationen gemäß der Bereitschaftserklärung nach § 15a Absatz 1 Satz 1 Nummer 5,
9. Informationen über die Einberufung und Heranziehung zum Wehrdienst,
10. Feststellung einer Befreiung nach § 11 Absatz 1 Nummer 1 bis 3.

(2) Die Wehrersatzbehörden holen im Verteidigungsfall und nach Maßgabe von Artikel 80a Absatz 1 des Grundgesetzes im Rahmen der Musterung nach § 17 für die Zwecke der Durchführung des Arbeitssicherstellungsgesetzes folgende Auskünfte bei den Wehrpflichtigen ein und übermitteln diese an die Bundesagentur für Arbeit:

1. Minderung der Erwerbsfähigkeit oder Grad der Schädigungsfolgen von mindestens 50 für eine nicht nur vorübergehende Zeit,

---

[1] **Loseblatt-Textsammlung Arbeitsrecht Nr. 101.**
[2] Nr. **245**.
[3] § 15c eingef. mWv 1.1.2026 durch G v. 22.12.2025 (BGBl. 2025 I Nr. 370).
[4] § 15d eingef. mWv 1.1.2026 durch G v. 22.12.2025 (BGBl. 2025 I Nr. 370).
[5] Nr. **1**.

2. Pflegetätigkeit für hilfsbedürftige Angehörige oder andere hilfsbedürftige Personen aus rechtlicher oder sittlicher Verpflichtung, deren Pflege nicht anderweitig gewährleistet ist,
3. berufliche Tätigkeit,
4. Angaben über Betriebs- oder Personalratszugehörigkeit,
5. Teilnahme an einem weitgehend geförderten Ausbildungsabschnitt und
6. Angaben über Kinder unter 15 Jahren, die mit dem Wehrpflichtigen in häuslicher Gemeinschaft leben.

(3) Ist eine elektronische Datenübermittlung nicht möglich, so erfolgt die Datenübermittlung durch das Bundesamt für das Personalmanagement der Bundeswehr mittels eines schriftlichen Dokuments oder mittels eines Datenträgers, auf dem die Daten gegen unbefugten Zugriff gesichert sind.

§ 16[1)] Zweck der Musterung. (1) Ungediente Wehrpflichtige werden vor der Heranziehung zum Wehrdienst gemustert.

(2) [1] Durch die Musterung entscheiden die Karrierecenter der Bundeswehr, welche ungedienten Wehrpflichtigen für den Wehrdienst zur Verfügung stehen. [2] Weiterhin können Feststellungen über die Eignung der Wehrpflichtigen für Verwendungen in den Streitkräften getroffen werden; dies gilt nicht für Wehrpflichtige, die einen Antrag auf Anerkennung als Kriegsdienstverweigerer gestellt haben.

(3) Männliche Personen können bereits ein halbes Jahr vor Vollendung des 18. Lebensjahres, Minderjährige, die mit Zustimmung des gesetzlichen Vertreters den Antrag stellen, vorzeitig zum Grundwehrdienst herangezogen zu werden, bereits ein halbes Jahr vor Vollendung des 17. Lebensjahres gemustert werden; von diesem Zeitpunkt an finden auf diese männlichen Personen die Absätze 1 und 2, §§ 17, 19, 20a, 21, 24, 24b und 25 Anwendung.

§ 17[2)] Durchführung der Musterung. (1) Die Musterung wird von den Wehrersatzbehörden durchgeführt.

(2) (weggefallen)

(3) [1] Die Wehrersatzbehörden bereiten auf Grundlage der Erfassung und der Bereitschaftserklärung die Musterung vor. [2] Die Wehrpflichtigen haben auch schon vor der Musterung auf Verlangen schriftlich, elektronisch oder mündlich die für die Entscheidung nach § 16 Absatz 2 erforderlichen Auskünfte zu erteilen und die hierzu angeforderten Unterlagen vorzulegen; sie haben sich nach Aufforderung durch die Karrierecenter der Bundeswehr zur Musterung vorzustellen und die in der Ladung angegebenen Unterlagen mitzubringen.

(4) [1] Die Wehrpflichtigen sind vor der Musterungsentscheidung auf ihre geistige und körperliche Tauglichkeit eingehend ärztlich zu untersuchen; sie haben sich dieser Untersuchung zu unterziehen. [2] Dabei sind solche Untersuchungen vorzunehmen, die nach dem Stand der ärztlichen Wissenschaft für die Beurteilung der Tauglichkeit des Wehrpflichtigen für den Wehrdienst notwendig und im Rahmen einer Reihenuntersuchung durchführbar sind. [3] Die Karrierecenter der Bundeswehr können eine nochmalige Untersuchung durch einen anderen Arzt anordnen. [4] Von der Untersuchung nach Satz 1 kann abgesehen werden, wenn aufgrund der

---

[1)] § 16 Abs. 2 Satz 1 geänd. mWv 9.8.2019 durch G v. 4.8.2019 (BGBl. I S. 1147).

[2)] § 17 Abs. 1, Abs. 3 Sätze 1 und 2, Abs. 4 Satz 3, Abs. 6 Satz 1 geänd. mWv 9.8.2019 durch G v. 4.8. 2019 (BGBl. I S. 1147); Abs. 1 geänd., Abs. 3 Satz 1 neu gef., Abs. 4 Satz 4 angef. mWv 1.1.2026 durch G v. 22.12.2025 (BGBl. 2025 I Nr. 370).

Angaben in der Bereitschaftserklärung oder der Angaben nach Absatz 3 Satz 2 eine Heranziehung ausgeschlossen erscheint.

(5) Das Ergebnis der Untersuchung ist unter Angabe des Tauglichkeitsgrades und des Verwendungsgrades schriftlich niederzulegen; dem Wehrpflichtigen ist eine Abschrift auszuhändigen.

(6) [1] Ärztliche Untersuchungsmaßnahmen, die einer ärztlichen Behandlung oder einer Operation gleichkommen, dürfen nicht ohne Zustimmung des Wehrpflichtigen vorgenommen werden. [2] Nicht als ärztliche Behandlung oder als Operation und nicht als Eingriffe in die körperliche Unversehrtheit gelten einfache ärztliche Maßnahmen, wie Blutentnahmen aus dem Ohrläppchen, dem Finger oder einer Blutader oder eine röntgenologische Untersuchung.

(7) (weggefallen)

(8) [1] Soweit erforderlich und notwendig, können die Wehrpflichtigen auf ihre Eignung für Verwendungen in den Streitkräften untersucht werden. [2] Bei einer wissenschaftlich abgesicherten Eignungsuntersuchung können mit Hilfe psychologischer Testverfahren die Fähigkeiten, Fertigkeiten und Kenntnisse der Wehrpflichtigen festgestellt und für die Eignungsfeststellung ausgewertet werden. [3] Die Wehrpflichtigen müssen sich nach Aufforderung durch die zuständigen Wehrersatzbehörden auch zur Eignungsuntersuchung vorstellen und sich dieser Untersuchung unterziehen. [4] Sie sind auf Verlangen verpflichtet, Auskünfte zu erteilen sowie Unterlagen vorzulegen, soweit dies zur Eignungsfeststellung nach § 16 Absatz 2 Satz 2 erforderlich ist.

(9) [1] Die Eignungsuntersuchung und -feststellung ist vor der ärztlichen Untersuchung des Wehrpflichtigen auf seine Tauglichkeit zulässig, soweit dies erforderlich ist, um die Musterung an einem Tag durchführen zu können. [2] Stellt sich bei der ärztlichen Untersuchung die Wehrdienstunfähigkeit des Wehrpflichtigen heraus, sind die über ihn bei der Eignungsuntersuchung erhobenen Daten unverzüglich zu löschen.

(10) [1] Bleibt der Wehrpflichtige der Musterung unentschuldigt fern und scheitert eine polizeiliche Vorführung oder verspricht diese keinen Erfolg, ist nach Aktenlage zu entscheiden. [2] Dies gilt auch dann, wenn sich der Wehrpflichtige nicht untersuchen lässt.

§ 18 (weggefallen)

§ 19[1)] **Verfahrensgrundsätze.** (1) [1] Das Karrierecenter der Bundeswehr erforscht den Sachverhalt von Amts wegen und erhebt die erforderlichen Beweise. [2] Eine Beeidigung von Zeugen und Sachverständigen durch das Karrierecenter der Bundeswehr findet nicht statt. [3] Die Abgabe eidesstattlicher Versicherungen ist unzulässig.

(2) [1] Alle Behörden und Gerichte haben dem Karrierecenter der Bundeswehr Amts- und Rechtshilfe zu leisten. [2] Das Karrierecenter der Bundeswehr kann insbesondere das Amtsgericht, in dessen Bezirk ein Zeuge oder Sachverständiger seinen Wohnsitz oder dauernden Aufenthalt hat, um Vernehmung des Zeugen oder Sachverständigen ersuchen. [3] Hierbei sind die Tatsachen und Vorgänge anzugeben, über welche die Vernehmung erfolgen soll. [4] Die Vorschriften des

[1)] § 19 Abs. 1 Sätze 1 und 2, Abs. 2 Sätze 1 und 2 geänd. mWv 9.8.2019 durch G v. 4.8.2019 (BGBl. I S. 1147).

Gerichtsverfassungsgesetzes[1] und der Zivilprozessordnung[2] sind sinngemäß anzuwenden. [5] Die Beeidigung eines Zeugen oder Sachverständigen liegt im Ermessen des Amtsgerichts. [6] Das Amtsgericht entscheidet auch über die Rechtmäßigkeit einer Verweigerung des Zeugnisses, des Gutachtens oder der Eidesleistung. [7] Die Entscheidung kann nicht angefochten werden.

(3) (weggefallen)

(4) Über das Ergebnis der Musterung mit Ausnahme der Feststellungen nach § 16 Absatz 2 Satz 2 erhalten die Wehrpflichtigen einen schriftlichen Musterungsbescheid.

(5) [1] Das Musterungsverfahren ist kostenfrei. [2] Notwendige Auslagen sind zu erstatten. [3] Zu den notwendigen Auslagen gehören auch die Kosten für die Beschaffung von Unterlagen, deren Beibringung dem Wehrpflichtigen aufgegeben wird. [4] Einem wehrpflichtigen Arbeitnehmer, der nicht unter das Arbeitsplatzschutzgesetz[3] fällt, wird auch der durch die Musterung entstehende Verdienstausfall erstattet. [5] Einem Wehrpflichtigen, der nicht Arbeitnehmer ist, werden notwendige Aufwendungen, die ihm durch die Bestellung eines Vertreters entstehen, erstattet. [6] Das Nähere über die Erstattung von notwendigen Auslagen, Verdienstausfall und Vertretungskosten regelt eine Rechtsverordnung[4].

§ 20[5] Zurückstellungsanträge. [1] Anträge auf Zurückstellung nach § 12 Absatz 2 und 4 sind frühestens nach der Aufforderung nach § 15a Absatz 1 und spätestens bis zum Abschluss der Musterung zu stellen, es sei denn, der Zurückstellungsgrund tritt erst später ein oder wird später bekannt. [2] Anträge auf Zurückstellung sind schriftlich oder zur Niederschrift beim Bundesamt für das Personalmanagement der Bundeswehr zu stellen. [3] Sie sind zu begründen.

§ 20a Eignungsuntersuchung und Eignungsfeststellung nach der Musterung. (1) [1] Ungediente Wehrpflichtige können auch nach ihrer Musterung vor ihrer Einberufung auf ihre Eignung für Verwendungen in den Streitkräften untersucht werden, soweit die Untersuchung erforderlich und notwendig ist. [2] Das gilt auch, soweit die bei der Musterung getroffenen Feststellungen nicht ausreichen.

(2) § 17 Absatz 8 Satz 2 bis 4 und § 19 Absatz 5 Satz 1 bis 5 finden entsprechende Anwendung.

§ 20b[6] Überprüfungsuntersuchung; Anhörung. [1] Ungediente Wehrpflichtige können auch nach ihrer Musterung ärztlich untersucht werden. [2] Ungediente Wehrpflichtige, die nicht innerhalb von drei Jahren nach der Musterung oder nach einer erneuten ärztlichen Untersuchung einberufen worden sind, sind vor ihrer Einberufung zu hören und auf Antrag oder, wenn Anhaltspunkte für eine Veränderung des Gesundheitszustandes vorliegen oder dies für eine vorgesehene Verwendung im Wehrdienst erforderlich ist, erneut ärztlich zu untersuchen. [3] Sie haben sich hierzu nach Aufforderung durch die Karrierecenter der Bundeswehr vorzustellen und ärztlich untersuchen zu lassen. [4] Auf die Untersuchung findet § *17 Absatz 4* Satz 2, Absatz 6 und 10 Anwendung. [5] Das Ergebnis der Unter-

---

[1] **Habersack Nr. 95.**

[2] **Habersack Nr. 100.**

[3] **Loseblatt-Textsammlung Arbeitsrecht Nr. 156.**

[4] Siehe die Wehrdienst-ErstattungsVO v. 9.6.2005 (BGBl. I S. 1621).

[5] § 20 Satz 1 geänd. mWv 9.8.2019 durch G v. 4.8.2019 (BGBl. I S. 1147); Satz 1 neu gef., Satz 2 eingef., bish. Satz 2 wird Satz 3 mWv 1.1.2026 durch G v. 22.12.2025 (BGBl. 2025 I Nr. 370).

[6] § 20b Satz 3 geänd. mWv 9.8.2019 durch G v. 4.8.2019 (BGBl. I S. 1147); Satz 2 neu gef. mWv 1.1. 2026 durch G v. 22.12.2025 (BGBl. 2025 I Nr. 370).

suchung und die sich daraus ergebenden Rechtsfolgen sind durch schriftlichen Tauglichkeitsüberprüfungsbescheid mitzuteilen. [6] Das gilt auch dann, wenn eine beantragte Überprüfung des Tauglichkeitsgrades ohne ärztliche Untersuchung durchgeführt wird. [7] § 19 Absatz 5 Satz 1 bis 5 gilt entsprechend.

§ 21[1)] Einberufung. (1) [1] Ungediente Wehrpflichtige werden von den Karrierecentern der Bundeswehr in Ausführung des Musterungsbescheides zum Wehrdienst einberufen. [2] Ort und Zeitpunkt des Diensteintritts werden durch Einberufungsbescheid bekannt gegeben. [3] Im Einberufungsbescheid ist auch die Dauer des zu leistenden Wehrdienstes anzugeben; dies gilt nicht für die Einberufung zum Wehrdienst im Spannungs- oder Verteidigungsfall nach § 4 Absatz 1 Nummer 4 und zu Wehrübungen als Bereitschaftsdienst nach § 6 Absatz 6.

(2) Die Wehrpflichtigen haben sich entsprechend dem Einberufungsbescheid zum Wehrdienst in der Bundeswehr zu stellen.

(3) [1] Der Einberufungsbescheid soll vier Wochen vor dem Diensteintrittstermin zugestellt sein. [2] Als Ersatz für Ausfälle vorgesehene Wehrpflichtige sind schriftlich davon zu unterrichten, dass sie kurzfristig einberufen werden können. [3] Wehrpflichtige können ohne Einhaltung einer Frist einberufen werden, wenn

1. Wehrübungen als Bereitschaftsdienst angeordnet sind,
2. die Einberufung zu einer nach den Umständen gebotenen Erhöhung der Einsatzbereitschaft der Streitkräfte notwendig ist,
3. der Spannungs- oder Verteidigungsfall eingetreten ist, oder
4. das Bundesministerium der Verteidigung oder die von ihm bestimmte Stelle Wehrübungen von kurzer Dauer als Alarmübungen angeordnet hat.

§ 22 (weggefallen)

§ 23[2)] Heranziehung von gedienten Wehrpflichtigen. [1] Wehrpflichtige, die bereits in der Bundeswehr gedient haben, werden nach Prüfung ihrer Verfügbarkeit durch die zuständigen Wehrersatzbehörden zum Wehrdienst einberufen. [2] Sie sind zu hören, wenn seit dem Ausscheiden aus dem Wehrdienst mehr als drei Jahre verstrichen sind. [3] Auf Antrag oder wenn Anhaltspunkte für eine Veränderung des Gesundheitszustandes vorliegen oder dies für eine vorgesehene Verwendung im Wehrdienst erforderlich ist, sind sie erneut ärztlich zu untersuchen. [4] Auf die Untersuchung findet § 17 Absatz 4 Satz 2, Absatz 6 und 10 Anwendung. [5] § 19 Absatz 5 Satz 1 bis 5 gilt entsprechend. [6] Die Wehrpflichtigen haben sich nach Aufforderung durch die Karrierecenter der Bundeswehr vorzustellen und ärztlich untersuchen zu lassen. [7] Sie haben sich entsprechend dem Einberufungsbescheid zum Wehrdienst in der Bundeswehr zu stellen. [8] § 21 Absatz 3 gilt entsprechend.

§ 24[3)] Wehrüberwachung; Haftung. (1) [1] Die Wehrpflichtigen unterliegen der Wehrüberwachung. [2] Diese endet bei Offizieren mit Ablauf des Jahres, in dem sie das 60., bei Unteroffizieren, in dem sie das 45., und bei Mannschaften sowie

---

[1)] § 21 Abs. 1 Sätze 1 und 3 geänd. mWv 9.8.2019 durch G v. 4.8.2019 (BGBl. I S. 1147); Abs. 1 Satz 3 geänd., Abs. 3 Satz 3 Nr. 3 und 4 neu gef., Nr. 5 aufgeh. mWv 1.1.2026 durch G v. 22.12.2025 (BGBl. 2025 I Nr. 370).

[2)] § 23 Satz 5 geänd. mWv 9.8.2019 durch G v. 4.8.2019 (BGBl. I S. 1147); Satz 2 neu gef., Satz 3 eingef., *bish. Sätze 3–7 werden Sätze 4–8 mWv 1.1.2026* durch G v. 22.12.2025 (BGBl. 2025 I Nr. 370).

[3)] § 24 Abs. 6 Satz 1 Nr. 1 geänd. mWv 1.11.2015 durch G v. 3.5.2013 (BGBl. I S. 1084, *geänd. durch* G v. 20.11.2014, BGBl. I S. 1738); Abs. 6 Satz 1 Nr. 1 geänd. mWv 9.8.2019 durch G v. 4.8.2019 (BGBl. I S. 1147); Abs. 6 Satz 1 Nr. 5 geänd. mWv 1.1.2026 durch G v. 22.12.2025 (BGBl. 2025 I Nr. 370).

ungedienten Wehrpflichtigen, in dem sie das 32. Lebensjahr vollenden. [3] Auch nach diesem Zeitpunkt unterliegen der Wehrüberwachung abweichend von der Regelung in Satz 2 Wehrpflichtige, die für den Spannungs- oder Verteidigungsfall einberufen sind.

(2) [1] Soweit es zur Heranziehung zum Wehrdienst einer Musterung nicht bedarf, unterliegen die Wehrpflichtigen der Wehrüberwachung von dem Zeitpunkt an, an dem erstmalig über ihre Heranziehung entschieden wird. [2] Wehrpflichtige, die dem Vollzugsdienst der Polizei angehören, unterliegen der Wehrüberwachung vom Zeitpunkt ihres Ausscheidens aus diesem Vollzugsdienst an.

(3) Von der Wehrüberwachung sind diejenigen Wehrpflichtigen ausgenommen, die

1. nicht wehrdienstfähig sind (§ 9),
2. vom Wehrdienst dauernd ausgeschlossen sind (§ 10),
3. vom Wehrdienst befreit sind (§ 11),
4. als Kriegsdienstverweigerer anerkannt sind,
5. als Helfer im Zivilschutz oder Katastrophenschutz mindestens vier Jahre mitgewirkt haben (§ 13a) oder
6. als Entwicklungshelfer einen mindestens zweijährigen Entwicklungsdienst geleistet haben (§ 13b).

(4) (weggefallen)

(5) (weggefallen)

(6) [1] Während der Wehrüberwachung haben die Wehrpflichtigen

1. binnen einer Woche jede Änderung ihrer Wohnung dem Karrierecenter der Bundeswehr zu melden, es sei denn, sie sind innerhalb dieser Frist ihrer Meldepflicht nach § 17 Absatz 1 und 2 des Bundesmeldegesetzes[1)] nachgekommen,
2. Vorsorge zu treffen, dass Mitteilungen der Wehrersatzbehörde sie unverzüglich erreichen,
3. auf Aufforderung der zuständigen Wehrersatzbehörde sich persönlich zu melden – dabei findet § 19 Absatz 5 Satz 1 bis 5 entsprechend Anwendung –,
4. ausgehändigte Bekleidungs- und Ausrüstungsstücke ohne Entschädigung jederzeit erreichbar sorgfältig aufzubewahren und zu pflegen, sie nicht außerhalb des Wehrdienstes zu verwenden, eine missbräuchliche Benutzung durch Dritte auszuschließen, den Weisungen zur Behandlung der Sachen nachzukommen, die Sachen der zuständigen Dienststelle auf Aufforderung vorzulegen oder zurückzugeben – dabei ist § 19 Absatz 5 Satz 2 bis 5 anzuwenden – und ihr Schäden sowie Verluste unverzüglich zu melden,
5. die Einberufungsbescheide für den Wehrdienst im Spannungsfall und für den Wehrdienst im Verteidigungsfall sorgfältig aufzubewahren, nicht missbräuchlich zu verwenden, auf Aufforderung der zuständigen Dienststelle vorzulegen sowie der Wehrersatzbehörde einen Verlust unverzüglich zu melden,
6. soweit sie in der Bundeswehr gedient haben, sich zur Verhütung übertragbarer Krankheiten impfen zu lassen und insoweit ärztliche Eingriffe in ihre körperliche Unversehrtheit zu dulden,
7. auf Verlangen der zuständigen Wehrersatzbehörde sich im Hinblick auf eine für sie vorgesehene sicherheitsempfindliche Tätigkeit in der Bundeswehr einer erstmaligen Sicherheitsüberprüfung und weiteren Sicherheitsüberprüfungen zu un-

---

[1)] Nr. **256**.

terziehen. Die Durchführung der Sicherheitsüberprüfung bestimmt sich nach dem Sicherheitsüberprüfungsgesetz[1]. Einer Zustimmung des Wehrpflichtigen bedarf es nicht.

[2] Auf Wehrpflichtige, die nach Ablauf des Jahres, in dem sie das 32. Lebensjahr vollenden, noch der Wehrüberwachung unterliegen, findet Satz 1 Nummer 1 zweiter Halbsatz keine Anwendung. [3] Satz 1 Nummer 4 und 5 gilt auch für die Zeit nach Beendigung der Wehrüberwachung.

(6a) [1] Die Wehrpflichtigen haben für vorsätzlich oder grob fahrlässig verursachte Schäden und Verluste an ausgehändigten Bekleidungs- und Ausrüstungsstücken Geldersatz zu leisten. [2] Die Schadensersatzansprüche verjähren in drei Jahren von dem Zeitpunkt an, in dem die zuständigen Behörden von dem Schaden Kenntnis erlangen, ohne Rücksicht auf diese Kenntnis in zehn Jahren von der Begehung der Handlung an.

(7) Während der Wehrüberwachung haben die Wehrpflichtigen ferner der zuständigen Wehrersatzbehörde unverzüglich schriftlich, elektronisch oder mündlich zu melden

1. den Eintritt von Tatsachen, die eine Wehrdienstausnahme nach den §§ 9 bis 11 Absatz 1 begründen,
2. den Eintritt von Tatsachen, die eine vorübergehende Wehrdienstunfähigkeit von voraussichtlich mindestens sechs Monaten begründen; auf Aufforderung der zuständigen Wehrersatzbehörde Erkrankungen und Verletzungen sowie Verschlimmerungen von Erkrankungen und Verletzungen seit der Musterung, Überprüfungsuntersuchung, Prüfung der Verfügbarkeit oder Entlassungsuntersuchung, von denen der Wehrpflichtige oder sein Arzt annimmt, dass sie für die Beurteilung seiner Tauglichkeit von Belang sind,
3. den vorzeitigen Wegfall der Voraussetzungen für eine Zurückstellung,
4. den Abschluss und einen Wechsel ihrer beruflichen Ausbildung, einen Wechsel ihres Berufes sowie eine weitergehende berufliche Qualifikation; hierüber in ihrem Besitz befindliche Nachweise haben die Wehrpflichtigen auf Aufforderung unverzüglich vorzulegen.

§ 24a[2] *(aufgehoben)*

§ 24b Aufenthaltsfeststellungsverfahren. (1) [1] Kann die für die Wehrpflichtigen zuständige Wehrersatzbehörde (ausschreibende Behörde) den ständigen Aufenthaltsort eines Wehrpflichtigen nicht feststellen, übermittelt sie dem Bundesverwaltungsamt zum Zweck der Feststellung des Aufenthaltsortes folgende Daten zur Person des Wehrpflichtigen:

1. Familienname, frühere Namen, Vornamen,
2. Geburtsdatum und Geburtsort,
3. letzte, der ausschreibenden Behörde bekannte Anschrift und
4. das Geschäftszeichen.

[2] Das Bundesverwaltungsamt hat diese Daten jeweils unter Angabe der ausschreibenden Behörde zu speichern.

---

[1] **Sartorius III Nr. 810.**

[2] § 24a aufgeh. mWv 1.1.2026 durch G v. 22.12.2025 (BGBl. 2025 I Nr. 370).

(2) [1] Das Bundesverwaltungsamt hat die Daten zu dem in Absatz 1 genannten Zweck in regelmäßigen Abständen in einer Datei zusammengefasst folgenden Stellen zu übermitteln:

1. den Wehrersatzbehörden,
2. dem Bundesamt für den Zivildienst,
3. dem Auswärtigen Amt, das sie zu dem in Absatz 1 genannten Zweck an die Auslandsvertretungen weiterübermittelt,
4. den Behörden, die für die polizeiliche Kontrolle des grenzüberschreitenden Verkehrs zuständig sind.

[2] Diese Stellen dürfen die Daten zu dem Zweck, zu dem sie ihnen übermittelt worden sind, speichern und nutzen. [3] Wird diesen Stellen der Aufenthaltsort eines Wehrpflichtigen bekannt, haben sie ihn der ausschreibenden Behörde mitzuteilen, soweit keine besonderen Verwendungsregelungen entgegenstehen. [4] Sodann löschen sie unverzüglich die ihnen vom Bundesverwaltungsamt übermittelten Daten des Betroffenen. [5] Die ausschreibende Behörde unterrichtet das Bundesverwaltungsamt sowie die übrigen Stellen nach Satz 1 davon, dass der Aufenthaltsort festgestellt worden und eine weitere Speicherung nicht mehr erforderlich ist. [6] Diese Stellen haben die Daten des Betroffenen nach der Unterrichtung zu löschen.

(3) [1] Die ausschreibende Behörde unterrichtet das Bundesverwaltungsamt rechtzeitig, wenn für einen Betroffenen die Wehrpflicht nach § 3 Absatz 3 bis 5 endet. [2] Das Bundesverwaltungsamt hat die Daten des Betroffenen spätestens mit Ende der Wehrpflicht zu löschen; Gleiches gilt für die übrigen Stellen nach Absatz 2 Satz 1, die durch das Bundesverwaltungsamt über das Ende der Wehrpflicht unverzüglich zu unterrichten sind.

(4) Sobald das Bundesverwaltungsamt eine Datei nach Absatz 2 Satz 1 übermittelt, haben die in Absatz 2 Satz 1 Nummer 1 bis 4 genannten Stellen die ihnen zuvor übermittelte Datei zu löschen.

Abschnitt 3. Personalakten

§ 25[1)] Personalakten ungedienter Wehrpflichtiger. Für die Führung der Personalakten ungedienter Wehrpflichtiger gelten die §§ 29 bis 29f des Soldatengesetzes[2)] entsprechend.

§§ 26 und 27 (weggefallen)

Abschnitt 4. Beendigung des Wehrdienstes und Verlust des Dienstgrades

§ 28 Beendigungsgründe. Der Wehrdienst endet

1. durch Entlassung (§§ 29 und 29b),
2. im Falle einer Wehrübung, deren Endzeitpunkt kalendermäßig bestimmt ist, durch Ablauf der für den Wehrdienst festgesetzten Zeit, es sei denn, der Bereitschaftsdienst nach § 6 Absatz 6 ist angeordnet oder der Spannungs- oder Verteidigungsfall ist eingetreten,

---

1) § 25 geänd. mWv 26.7.2012 durch G v. 21.7.2012 (BGBl. I S. 1583); geänd. mWv 9.8.2019 durch G v. 4.8.2019 (BGBl. I S. 1147); geänd. mWv 6.3.2025 durch G v. 27.2.2025 (BGBl. 2025 I Nr. 72).

2) **Sartorius III Nr. 850.**

3. durch Umwandlung des Wehrdienstverhältnisses in ein Zivildienstverhältnis nach § 19 Absatz 2 des Zivildienstgesetzes[1],
4. durch Ausschluss (§ 30).

§ 29[2] Entlassung. (1) [1] Ein Soldat, der nach Maßgabe dieses Gesetzes Wehrdienst leistet, ist mit Ablauf der für den Wehrdienst im Einberufungsbescheid festgesetzten Dienstzeit zu entlassen; Zeiten, für die gegenüber einem in die Truppe eingegliederten Soldaten ein Nachdienen gemäß § 5 Absatz 3 Satz 1 Nummer 1, 2, 4 oder Nummer 5 seitens des für die Entlassung zuständigen Vorgesetzten anzuordnen ist, sind, soweit die Nachdienverfügung vor dem Ende der regulären Dienstzeit bekannt gegeben werden kann, in die Entlassungsverfügung einzubeziehen. [2] Satz 1 erster Teilsatz gilt nicht, wenn
1. der Endzeitpunkt kalendermäßig bestimmt ist,
2. eine Wehrübung vor Ablauf der im Einberufungsbescheid festgesetzten Zeit endet (Absatz 7),
3. Bereitschaftsdienst nach § 6 Absatz 6 angeordnet wird oder der Spannungs- oder Verteidigungsfall eingetreten ist.

[3] Im Übrigen ist er zu entlassen, wenn
1. die Anordnung des Bereitschaftsdienstes nach § 6 Absatz 6 aufgehoben wird, es sei denn, dass der Spannungs- oder Verteidigungsfall eingetreten ist,
2. seine Verwendung während des Spannungs- oder Verteidigungsfalles beendet ist,
3. sich herausstellt, dass die Voraussetzungen des § 1 nicht erfüllt sind oder im Frieden die Wehrpflicht des Soldaten endet,
4. der Einberufungsbescheid aufgehoben wird, eine zwingende Wehrdienstausnahme vorliegt – in den Fällen des § 11 erst nach Befreiung durch das Karrierecenter der Bundeswehr – oder wenn innerhalb des ersten Monats des Grundwehrdienstes im Rahmen der Einstellungsuntersuchung festgestellt wird, dass der Soldat wegen einer Gesundheitsstörung dauernd oder voraussichtlich für einen Zeitraum von mehr als einem Monat vorübergehend dienstunfähig ist,
5. nach dem bisherigen Verhalten durch sein Verbleiben in der Bundeswehr die militärische Ordnung oder die Sicherheit der Truppe ernstlich gefährdet würde,
6. bei ihm die Voraussetzungen des § 46 Absatz 2a des Soldatengesetzes[3] vorliegen,
7. er als Kriegsdienstverweigerer anerkannt ist, soweit er nicht nach § 19 Absatz 2 des Zivildienstgesetzes[1] in den Zivildienst überführt wird,
8. er seiner Aufstellung für die Wahl zum Deutschen Bundestag, zu einem Landtag oder zum Europäischen Parlament zugestimmt hat,
9. er unabkömmlich gestellt ist,
10. er nach § 12 Absatz 7 zurückgestellt ist.

---

[1] *Nr. 625.*

[2] § 29 Abs. 1 Satz 3 Nr. 4 geänd. mWv 9.8.2019 durch G v. 4.8.2019 (BGBl. I S. 1147); Abs. 1 Satz 3 Nr. 6 eingef., bish. Nr. 6–9 werden Nr. 7–10 mWv 23.12.2023 durch G v. 20.12.2023 (BGBl. 2023 I Nr. 392).

[3] **Sartorius III Nr. 850.**

(2) [1]Er ist ferner zu entlassen, wenn er wegen seines körperlichen Zustandes oder aus gesundheitlichen Gründen zur Erfüllung seiner Dienstpflichten dauernd unfähig (dienstunfähig) ist. [2]Auf seinen Antrag kann er auch dann entlassen werden, wenn die Wiederherstellung seiner Dienstfähigkeit innerhalb der gesetzlichen Wehrdienstzeit nicht zu erwarten ist. [3]Er ist verpflichtet, sich von Ärzten der Bundeswehr oder von hierzu bestimmten Ärzten untersuchen zu lassen. [4]Auf die Untersuchung ist § 17 Absatz 6 anzuwenden. [5]Das Recht des Soldaten, darüber hinaus Gutachten von Ärzten seiner Wahl einzuholen, bleibt unberührt. [6]Die über die Entlassung entscheidende Dienststelle kann auch andere Beweise erheben.

(3) (weggefallen)

(4) Der Soldat kann entlassen werden, wenn

1. das Verbleiben in der Bundeswehr für ihn wegen persönlicher, insbesondere häuslicher, beruflicher oder wirtschaftlicher Gründe eine besondere Härte bedeuten würde, die Wehrersatzbehörde angehört wurde, er seine Entlassung beantragt hat und dies seine Zurückstellung vom Wehrdienst nach § 12 Absatz 4 rechtfertigt,
2. gegen ihn auf Freiheitsstrafe oder Strafarrest von drei Monaten oder mehr oder auf eine nicht zur Bewährung ausgesetzte Jugendstrafe erkannt ist oder
3. die Aussetzung einer Jugendstrafe zur Bewährung widerrufen wird.

(5) [1]Die Entlassung wird von der Stelle verfügt, die nach § 4 Absatz 2 des Soldatengesetzes für die Ernennung des Soldaten zuständig wäre oder der die Ausübung des Entlassungsrechts übertragen worden ist. [2]Die Entlassung nach Absatz 1 Satz 2 Nummer 1 und 2 aus einer Wehrübung, deren Endzeitpunkt nicht kalendermäßig bestimmt ist oder die vor Ablauf der im Einberufungsbescheid festgesetzten Zeit beendet wird (Absatz 7), sowie die Entlassung nach Absatz 1 Satz 3 Nummer 6, 8 und 9 verfügt der nächste Disziplinarvorgesetzte; das Gleiche gilt, wenn im Rahmen der Einstellungsuntersuchung im Bereitschafts-, Spannungs- oder Verteidigungsfall die vorübergehende Wehrdienstunfähigkeit oder die Wehrdienstunfähigkeit sowie im Frieden im Falle des Grundwehrdienstes die vorübergehende Dienstunfähigkeit oder die Dienstunfähigkeit des Soldaten festgestellt wird.

(6) [1]Ein Soldat, der sich schuldhaft von seiner Truppe oder Dienststelle fernhält oder bei dem die Vollziehung des Einberufungsbescheides ausgesetzt ist, gilt mit dem Tag als entlassen, an dem er hätte entlassen werden müssen, wenn er stattdessen Dienst geleistet hätte. [2]Seine Pflicht, Tage der schuldhaften Abwesenheit nachzudienen (§ 5 Absatz 3), bleibt unberührt.

(7) Vor Ablauf der im Einberufungsbescheid festgesetzten Zeit kann die Wehrübung nach Absatz 1 Satz 2 Nummer 2 beendet werden, wenn ein Vorgesetzter mit der Disziplinarbefugnis mindestens eines Bataillonskommandeurs festgestellt hat, dass der mit der Wehrübung verfolgte Zweck entfallen ist und eine andere *Verwendung im Hinblick auf die Ausbildung* für die bestehende oder künftige Verwendung in einem Spannungs- oder Verteidigungsfall nicht erfolgen kann.

§ 29a Verlängerung des Wehrdienstes bei stationärer truppenärztlicher Behandlung. [1]Befindet sich ein Soldat, der nach Maßgabe dieses Gesetzes Wehrdienst leistet, im Entlassungszeitpunkt in stationärer truppenärztlicher Behandlung, so endet der Wehrdienst, zu dem er einberufen wurde,

1. wenn die stationäre truppenärztliche Behandlung beendet ist, spätestens jedoch drei Monate nach dem Entlassungszeitpunkt, oder

2. wenn er innerhalb der drei Monate schriftlich erklärt, dass er mit der Fortsetzung des Wehrdienstverhältnisses nicht einverstanden ist, mit dem Tage der Abgabe dieser Erklärung.

[2] Das Wehrdienstverhältnis des Soldaten bleibt hiervon unberührt.

§ 29b[1)] Verlängerung des Wehrdienstes aus sonstigen Gründen. Ist ein Soldat im Entlassungszeitpunkt wegen Verschleppung, Gefangenschaft oder aus sonstigen Gründen, die mit dem Dienst zusammenhängen, dem Einflussbereich des Dienstherrn entzogen, so ist er mit Ablauf des auf die Beendigung dieses Zustandes folgenden Monats zu entlassen.

§ 30[2)] Ausschluss aus der Bundeswehr und Verlust des Dienstgrades.

(1) [1] Ein Soldat, der nach Maßgabe dieses Gesetzes Wehrdienst leistet, ist aus der Bundeswehr ausgeschlossen, wenn gegen ihn durch Urteil eines deutschen Gerichts auf die in § 10 bezeichneten Strafen, Maßregeln oder Nebenfolgen erkannt wird. [2] Er verliert seinen Dienstgrad; dies gilt auch, wenn er wegen schuldhafter Verletzung seiner Dienstpflichten nach § 29 Absatz 1 Satz 3 Nummer 5 oder nach § 29 Absatz 1 Satz 3 Nummer 6 entlassen wird.

(2) Ein Wehrpflichtiger verliert seinen Dienstgrad, wenn gegen ihn durch ein deutsches Gericht erkannt wird

1. auf die in § 38 Absatz 1 des Soldatengesetzes[3)] bezeichneten Strafen, Maßregeln oder Nebenfolgen oder
2. wegen vorsätzlich begangener Tat auf Freiheitsstrafe von mindestens einem Jahr.

(3) [1] Ein Wehrpflichtiger verliert seinen Dienstgrad ferner, wenn er als Kriegsdienstverweigerer anerkannt wird. [2] Leistet er in diesem Zeitpunkt nach Maßgabe dieses Gesetzes Wehrdienst, tritt der Verlust des Dienstgrades mit dem Ende des Wehrdienstes ein.

§ 31 Wiederaufnahme des Verfahrens. [1] Wird ein Urteil mit den Folgen des § 30 im Wiederaufnahmeverfahren durch ein Urteil ersetzt, das diese Folgen nicht hat, so gilt der Verlust des Dienstgrades als nicht eingetreten. [2] Die Beendigung des Wehrdienstes durch einen Ausschluss darf für die Erfüllung der Wehrpflicht nicht zum Nachteil des Betroffenen geltend gemacht werden.

Abschnitt 5. Rechtsbehelfe; Rechtsmittel

§ 32 Rechtsweg. Für Rechtsstreitigkeiten bei der Ausführung dieses Gesetzes ist der Verwaltungsrechtsweg gegeben.

§ 33[4)] Besondere Vorschriften für das Vorverfahren. (1) [1] Der Widerspruch gegen Verwaltungsakte, die auf Grund dieses Gesetzes durch die Wehrersatzbehörden ergehen, ist binnen zwei Wochen nach Zustellung des Bescheides schriftlich oder zur Niederschrift bei der Behörde zu erheben, die den Verwaltungsakt erlassen hat. [2] Die Frist wird auch durch Einlegung bei der Behörde, die den Widerspruchsbescheid zu erlassen hat, gewahrt.

[1)] § 29b neu gef. mWv *1.1.2026 durch G v. 22.12.2025* (BGBl. 2025 I Nr. 370).
[2)] § 30 Abs. 1 Satz 2 geänd. mWv 23.12.2023 durch G v. 20.12.2023 (BGBl. 2023 I Nr. 392).
[3)] **Sartorius III Nr. 850.**
[4)] § 33 Abs. 3 Satz 1, Abs. 4 Satz 1 geänd. mWv 9.8.2019 durch G v. 4.8.2019 (BGBl. I S. 1147).

(2) Der Widerspruch gegen den Musterungsbescheid (§ 19 Absatz 4) hat aufschiebende Wirkung.

(3) [1] Über den Widerspruch gegen den Musterungsbescheid entscheidet das Bundesamt für das Personalmanagement der Bundeswehr. [2] § 19 gilt entsprechend.

(4) [1] Über den Widerspruch gegen den Einberufungsbescheid (§§ 21 und 23) entscheidet das Bundesamt für das Personalmanagement der Bundeswehr. [2] Der Widerspruch gegen den Einberufungsbescheid, der Widerspruch gegen die Aufhebung eines Einberufungsbescheides und der Widerspruch gegen den Tauglichkeitsüberprüfungsbescheid haben keine aufschiebende Wirkung.

(5) Ist der Musterungsbescheid unanfechtbar geworden, so ist ein Rechtsbehelf gegen den Einberufungsbescheid nur insoweit zulässig, als eine Rechtsverletzung durch den Einberufungsbescheid selbst geltend gemacht wird.

§ 34 Rechtsmittel gegen Entscheidungen des Verwaltungsgerichts. [1] Die Berufung gegen ein Urteil und die Beschwerde gegen eine andere Entscheidung des Verwaltungsgerichts sind ausgeschlossen. [2] Das gilt nicht für die Beschwerde gegen die Nichtzulassung der Revision nach § 135 in Verbindung mit § 133 der Verwaltungsgerichtsordnung[1)] und die Beschwerde gegen Beschlüsse über den Rechtsweg nach § 17a Absatz 2 und 3 des Gerichtsverfassungsgesetzes[2)]. [3] Auf die Beschwerde gegen Beschlüsse über den Rechtsweg findet § 17a Absatz 4 Satz 4 bis 6 des Gerichtsverfassungsgesetzes entsprechende Anwendung.

§ 35[3)] Besondere Vorschriften für die Anfechtungsklage. [1] Die Anfechtungsklage gegen den Musterungsbescheid, die Anfechtungsklage gegen den Tauglichkeitsüberprüfungsbescheid, die Anfechtungsklage gegen den Einberufungsbescheid und die Anfechtungsklage gegen die Aufhebung des Einberufungsbescheides haben keine aufschiebende Wirkung. [2] Das Gericht kann auf Antrag die aufschiebende Wirkung anordnen. [3] Vor der Anordnung ist das Bundesamt für das Personalmanagement der Bundeswehr zu hören.

Abschnitt 6. Einschränkung von Grundrechten, Sonder-, Bußgeld- und Übergangsvorschriften

§§ 36 bis 41 (weggefallen)

§ 42[4)] Sondervorschriften für Angehörige des Polizeivollzugsdienstes.

(1) Wehrpflichtige, die dem Vollzugsdienst der Polizei angehören oder für diesen durch schriftlichen Bescheid angenommen sind, werden für die Dauer ihrer Zugehörigkeit nicht zum Wehrdienst herangezogen.

(2) [1] Die zuständigen Behörden sind verpflichtet, den Widerruf eines Annahmebescheides sowie das Ausscheiden aus dem Vollzugsdienst der Polizei dem zuständigen Karrierecenter der Bundeswehr anzuzeigen. [2] Das Gleiche gilt, wenn Wehrpflichtige trotz Annahmebescheides ihren Dienst im Vollzugsdienst der Polizei nicht antreten.

(3) Für die Heranziehung von Wehrpflichtigen, die im Vollzugsdienst der Polizei Dienst geleistet haben, gilt § 23 entsprechend.

---

1) Nr. **600**.
2) **Habersack Nr. 95.**
3) § 35 Satz 3 geänd. mWv 9.8.2019 durch G v. 4.8.2019 (BGBl. I S. 1147).
4) § 42 Abs. 2 Satz 1 geänd. mWv 9.8.2019 durch G v. 4.8.2019 (BGBl. I S. 1147).

§ 42a Grenzschutzdienstpflicht. [1]Männer, die nach dem Bundesgrenzschutzgesetz vom 18. August 1972 (BGBl. I S. 1834) zum Polizeivollzugsdienst im Bundesgrenzschutz verpflichtet sind (Grenzschutzdienstpflichtige), können nicht zum Wehrdienst herangezogen werden. [2]Der im Bundesgrenzschutz geleistete Dienst ist auf den Grundwehrdienst anzurechnen.

§ 43 (weggefallen)

§ 44[1)] **Zustellung, Vorführung und Zuführung.** (1) [1]Ein Bescheid, der in Ausführung dieses Gesetzes ergeht, ist zuzustellen. [2]Dies gilt nicht für begünstigende Verwaltungsakte und für die Aufforderung zur Abgabe einer Bereitschaftserklärung nach § 15a Absatz 1. [3]Bei einem Minderjährigen ist an diesen selbst zuzustellen. [4]Ein Einberufungsbescheid zu einer Wehrübung, die als Bereitschaftsdienst angeordnet ist (§ 6 Absatz 6) oder die als Alarmübung nicht länger als drei Tage dauert, kann auch mit gewöhnlichem Standardbrief mit dem Vermerk „Vorrangpost" oder in entsprechender Anwendung des § 5 des Verwaltungszustellungsgesetzes[2)] unmittelbar durch die Truppe zugestellt werden.

(2) [1]Bei Wehrpflichtigen, die der Erfassung, der Musterung, einer erneuten ärztlichen Untersuchung, der Prüfung der Verfügbarkeit, der Eignungsuntersuchung oder auf eine Aufforderung der Wehrersatzbehörde, sich persönlich zu melden (§ 24 Absatz 6 Satz 1 Nummer 3), unentschuldigt fernbleiben, kann die Vorführung angeordnet werden. [2]Die Polizei ist um Durchführung zu ersuchen.

(3) Die Polizei kann ersucht werden, Wehrpflichtige, die ihrer Einberufung unentschuldigt nicht Folge leisten, dem nächsten Feldjägerdienstkommando zuzuführen.

(4) [1]Die Polizei ist befugt, zum Zweck der Vorführung oder Zuführung die Wohnung und andere Räume des Wehrpflichtigen zu betreten und nach ihm zu suchen. [2]Das Gleiche gilt, außer zur Nachtzeit, für andere Wohnungen und Räume, wenn sich der Wehrpflichtige einem unmittelbar bevorstehenden Zugriff der Polizei durch Betreten solcher Wohnungen und Räume entzieht. [3]Maßnahmen nach den Sätzen 1 und 2 bedürfen einer durch die Wehrersatzbehörde einzuholenden richterlichen Anordnung. [4]Dabei kann das Gericht von einer vorherigen Anhörung des Wehrpflichtigen oder Wohnungsinhabers absehen, wenn es dies für erforderlich hält, um den Zweck der Maßnahme nicht zu gefährden. [5]Personen, die Mitgewahrsam an der Wohnung des Wehrpflichtigen haben, haben das Betreten und Durchsuchen der Wohnung und anderer Räume zu dulden. [6]Unbillige Härten gegenüber Mitgewahrsamsinhabern sind zu vermeiden. [7]Die Anordnung ist bei der Durchsuchung vorzuzeigen. [8]Für die richterliche Anordnung einer Durchsuchung ist das Verwaltungsgericht zuständig, in dessen Bezirk die Durchsuchung vorgenommen werden soll. [9]Das Grundrecht der Unverletzlichkeit der Wohnung (Artikel 13 des Grundgesetzes[3)]) wird insoweit eingeschränkt.

§ 45[4)] **Bußgeldvorschriften.** (1) Ordnungswidrig handelt, wer vorsätzlich oder fahrlässig

1. entgegen § 15a Absatz 1 Satz 1 oder Absatz 5 Satz 1 eine Bereitschaftserklärung nicht richtig oder nicht vollständig abgibt,

---

[1)] § 44 Abs. 1 neu gef., Abs. 2 Satz 1 geänd. mWv 1.1.2026 durch G v. 22.12.2025 (BGBl. 2025 I Nr. 370).

[2)] Nr. **110**.

[3)] Nr. **1**.

[4)] § 45 neu gef. mWv 1.1.2026 durch G v. 22.12.2025 (BGBl. 2025 I Nr. 370).

2. einer vollziehbaren Anordnung nach § 15a Absatz 4 Satz 1, auch in Verbindung mit Absatz 5 Satz 2, oder nach § 48 Absatz 1 Satz 1 Nummer 5 zuwiderhandelt,
3. entgegen § 17 Absatz 3 Satz 2 erster Halbsatz oder Absatz 8 Satz 4 eine Auskunft nicht, nicht richtig, nicht vollständig oder nicht rechtzeitig erteilt,
4. entgegen § 24 Absatz 6 Satz 1 Nummer 1, auch in Verbindung mit § 48 Absatz 2 Nummer 1, eine Meldung nicht oder nicht rechtzeitig macht,
5. entgegen § 24 Absatz 6 Satz 1 Nummer 3 sich nicht oder nicht rechtzeitig meldet, oder
6. entgegen § 24 Absatz 6 Satz 1 Nummer 5 einen dort genannten Bescheid nicht oder nicht rechtzeitig vorlegt oder eine Meldung nicht oder nicht rechtzeitig macht.

(2) Die Ordnungswidrigkeit kann mit einer Geldbuße geahndet werden.

(3) Verwaltungsbehörde im Sinne des § 36 Absatz 1 Nummer 1 des Gesetzes über Ordnungswidrigkeiten[1] ist in den Fällen des Absatzes 1 Nummer 1 und 2 das Bundesamt für das Personalmanagement der Bundeswehr und in den übrigen Fällen des Absatzes 1 das Karrierecenter der Bundeswehr.

§§ 46 und 47 (weggefallen)

§ 48[2] Bereitschaftsdienst, Spannungs- oder Verteidigungsfall. (1) [1]Sind Wehrübungen als Bereitschaftsdienst nach § 6 Absatz 6 angeordnet worden,

1. können Zurückstellungen nach § 12 Absatz 2 und 4 widerrufen werden, es sei denn, dass die Heranziehung zum Wehrdienst für den Wehrpflichtigen eine unzumutbare Härte bedeuten würde;
2. können nach § 13b bisher nicht zum Wehrdienst herangezogene Wehrpflichtige gemustert und einberufen werden;
3. hat der Widerspruch gegen den Musterungsbescheid keine aufschiebende Wirkung;
4. ist bei der Einberufung Wehrpflichtiger, die bereits in den Streitkräften gedient haben, § 23 Satz 2 und 3 nicht anzuwenden; als Untersuchung gilt die Einstellungsuntersuchung;
5. haben männliche Personen, die das 17. Lebensjahr vollendet haben, auf Anordnung der Bundesregierung
   a) Vorsorge dafür zu treffen, dass Mitteilungen der Wehrersatzbehörde sie unverzüglich erreichen, auch wenn sie der Wehrüberwachung nicht unterliegen,
   b) die Genehmigung des zuständigen Karrierecenters der Bundeswehr einzuholen, wenn sie die Bundesrepublik Deutschland verlassen wollen,
   c) unverzüglich zurückzukehren, wenn sie sich außerhalb der Bundesrepublik Deutschland aufhalten, und sich beim zuständigen oder nächsten Karrierecenter der Bundeswehr zu melden.

[2]*Satz 1* Nummer 5 gilt nicht für männliche Personen, die

1. ihren ständigen Aufenthalt außerhalb der Bundesrepublik Deutschland haben,
2. außerhalb der Bundesrepublik Deutschland bei einer deutschen Dienststelle oder einer über- oder zwischenstaatlichen Organisation beschäftigt sind oder

---

[1] **Habersack Nr. 94.**

[2] § 48 neu gef. mWv 9.8.2019 durch G v. 4.8.2019 (BGBl. I S. 1147); Abs. 2 Nr. 1 aufgeh., bish. Nr. 2 und 3 werden Nr. 1 und 2, Nr. 3 und 4 eingef., bish. Nr. 4–6 werden Nr. 5–7 mWv 1.1.2026 durch G v. 22.12.2025 (BGBl. 2025 I Nr. 370).

3. mit Genehmigung einer obersten Bundes- oder Landesbehörde oder einer von ihr bestimmten Stelle
   a) sich außerhalb der Bundesrepublik Deutschland aufhalten oder
   b) die Bundesrepublik Deutschland verlassen.

(2) Im Spannungs- oder Verteidigungsfall gelten Absatz 1 Satz 1 Nummer 2 bis 5 und folgende Vorschriften:
1. die Meldung nach § 24 Absatz 6 Satz 1 Nummer 1 ist innerhalb von 48 Stunden zu erstatten; § 24 Absatz 6 Satz 1 Nummer 1 zweiter Halbsatz ist nicht anzuwenden;
2. ein Wehrpflichtiger, der seine Anerkennung als Kriegsdienstverweigerer beantragt hat, kann zum Zivildienst einberufen werden, bevor über den Antrag entschieden worden ist;
3. § 10 Nummer 4 ist nicht anzuwenden;
4. eine Befreiung nach § 11 Absatz 2 wird unwirksam;
5. eine Zurückstellung nach § 12 Absatz 2, 4, 5 oder 7 wird unwirksam; eine erneute Zurückstellung nach § 12 Absatz 4 ist zulässig, wenn die Heranziehung zum Wehrdienst für den Wehrpflichtigen eine unzumutbare Härte bedeuten würde;
6. ein Wehrpflichtiger, der nach § 12 Absatz 2 vom Wehrdienst zurückgestellt worden ist, wird auf Antrag zum Sanitätsdienst einberufen;
7. ein Wehrpflichtiger, der sich zum freiwilligen Eintritt in die Bundeswehr meldet, kann von einem Bataillonskommandeur oder einem Offizier in entsprechender Dienststellung als Soldat, der auf Grund der Wehrpflicht Wehrdienst leistet, mit dem untersten Mannschaftsdienstgrad oder mit seinem letzten in der Bundeswehr erreichten Dienstgrad eingestellt werden, wenn die Einberufung durch das Karrierecenter der Bundeswehr nicht möglich ist.

§ 49 (weggefallen)

§ 50 Zuständigkeit für den Erlass von Rechtsverordnungen. (1) Die Bundesregierung erlässt die Rechtsverordnungen über die
1. Zuständigkeit und das Verfahren bei der Unabkömmlichstellung (§ 13 Absatz 2) und
2. Erstattung von Auslagen (§ 19 Absatz 5 Satz 6).

(2) Die Rechtsverordnung nach Absatz 1 Nummer 1 bedarf der Zustimmung des Bundesrates.

§ 51 Einschränkung von Grundrechten. Die Grundrechte der körperlichen Unversehrtheit (Artikel 2 Absatz 2 Satz 1 des Grundgesetzes[1)]), der Freiheit der Person (Artikel 2 Absatz 2 Satz 2 des Grundgesetzes), der Freizügigkeit (Artikel 11 Absatz 1 des Grundgesetzes) und der Unverletzlichkeit der Wohnung (Artikel 13 des Grundgesetzes) werden nach Maßgabe dieses Gesetzes eingeschränkt.

§ 52 Übergangsvorschrift. Auf Wehrpflichtige, die vor dem Inkrafttreten des Gesetzes vom 31. Juli 2008 (BGBl. I S. 1629) unabkömmlich gestellt worden sind, ist *§ 13 Absatz 1 Satz 1 in der bis dahin* gültigen Fassung weiterhin anzuwenden.

[1)] Nr. 1.

§ 53[1] *(aufgehoben)*

Abschnitt 7.[2] *(aufgehoben)*

§§ 54–62[2] *(aufgehoben)*

[1] § 53 aufgeh. mWv 1.1.2026 durch G v. 22.12.2025 (BGBl. 2025 I Nr. 370).
[2] Abschnitt 7 (§§ 54–62) aufgeh. mWv 13.4.2013 durch G v. 8.4.2013 (BGBl. I S. 730).

625. Gesetz über den Zivildienst der Kriegsdienstverweigerer (Zivildienstgesetz – ZDG)

In der Fassung der Bekanntmachung vom 17. Mai 2005[1]
(BGBl. I S. 1346, ber. S. 2301)

FNA 55-2

geänd. durch Art. 4 G zur Änd. von Vorschr. des Sozialen Entschädigungsrechts und des G über einen Ausgleich für Dienstbeschädigungen im Beitrittsgebiet v. 19.6.2006 (BGBl. I S. 1305), Art. 110 Neunte ZuständigkeitsanpassungsVO v. 31.10.2006 (BGBl. I S. 2407), Art. 4 Abs. 23 G zur Errichtung und zur Regelung der Aufgaben des BfJ v. 17.12.2006 (BGBl. I S. 3171), Art. 8 G zur Änd. des BundesversorgungsG und anderer Vorschr. des Sozialen Entschädigungsrechts v. 13.12.2007 (BGBl. I S. 2904), Art. 2 Abs. 3 G zur Förderung von Jugendfreiwilligendiensten v. 16.5.2008 (BGBl. I S. 842), Art. 13 WehrrechtsänderungsG 2008 v. 31.7.2008 (BGBl. I S. 1629), Art. 15 Abs. 78 DienstrechtsneuordnungsG v. 5. 2. 2009 (BGBl. I S. 160), Art. 1 Drittes ZivildienstGÄndG v. 14. 6. 2009 (BGBl. I S. 1229), Art. 7 Drittes ZivildienstGÄndG v. 14. 6. 2009 (BGBl. I S. 1229, ber. 2010 I S. 1052), Art. 7 WehrrechtsänderungsG 2010 v. 31. 7. 2010 (BGBl. I S. 1052), Art. 3, 4 und 5 G zur Einführung eines Bundesfreiwilligendienstes v. 28. 4. 2011 (BGBl. I S. 687), Art. 6 Abs. 5 G zur Änd. des BundesversorgungsG und and. Vorschriften v. 20. 6. 2011 (BGBl. I S. 1114), Art. 2 Abs. 9 G zur Fortentwicklung des Meldewesens v. 3. 5. 2013 (BGBl. I S. 1084, geänd. durch G v. 20. 11. 2014, BGBl. I S. 1738), Art. 4 Abs. 2 G zur Übertragung der Zuständigkeiten der Länder im Bereich der Beschädigten- und Hinterbliebenenversorgung nach dem Dritten Teil des SoldatenversorgungsG auf den Bund v. 15. 7. 2013 (BGBl. I S. 2416), Art. 3 Abs. 5 G zur Neuregelung der Unterhaltssicherung sowie zur Änd. soldatenrechtlicher Vorschriften v. 29. 6. 2015 (BGBl. I S. 1061), Art. 23 Bundeswehr-Einsatzbereitschaftsstärkungsgesetz v. 4.8.2019 (BGBl. I S. 1147), Art. 66 Zweites Datenschutz-Anpassungs- und Umsetzungsgesetz EU v. 20.11.2019 (BGBl. I S. 1626), Art. 7 G zur Regelung des Sozialen Entschädigungsrechts v. 12.12.2019 (BGBl. I S. 2652) und Art. 8 Wehrdienst-ModernisierungsG v. 22.12.2025 (BGBl. 2025 I Nr. 370)

Inhaltsübersicht[2]

---

[1] Neubekanntmachung des ZDG idF der Bek. v. 28.9.1994 (BGBl. I S. 2811) in der ab 30.4.2005 geltenden Fassung.

[2] Inhaltsübersicht neu gef. mWv 26.11.2019 durch G v. 20.11.2019 (BGBl. I S. 1626); geänd. mWv 1.1.2024 durch G v. 12.12.2019 (BGBl. I S. 2652); geänd. mWv 1.1.2026 durch G v. 22.12.2025 (BGBl. 2025 I Nr. 370).

Abschnitt 1.[1] Aufgaben und Organisation des Zivildienstes

§ 1 Aufgaben des Zivildienstes. Im Zivildienst erfüllen anerkannte Kriegsdienstverweigerer Aufgaben, die dem Allgemeinwohl dienen, vorrangig im sozialen Bereich.

§ 1a[2] Anwendung dieses Gesetzes. § 2 Absatz 2 sowie die §§ 2a und 23 gelten nur im Spannungs- oder Verteidigungsfall.

§ 2[3] Organisation des Zivildienstes. (1) [1]Dieses Gesetz wird, soweit es nichts anderes bestimmt, in bundeseigener Verwaltung durch das Bundesamt für Familie und zivilgesellschaftliche Aufgaben (Bundesamt) als selbstständige Bundesoberbehörde ausgeführt, die dem Bundesministerium für Bildung, Familie, Senioren, Frauen und Jugend untersteht. [2]Dem Bundesamt können auch andere Aufgaben aus dem Geschäftsbereich des Bundesministeriums für Bildung, Familie, Senioren, Frauen und Jugend übertragen werden.

---

[1] Abschnitt 1 Überschrift neu gef. mWv 26.11.2019 durch G v. 20.11.2019 (BGBl. I S. 1626).
[2] § 1a neu gef. mWv 1.1.2026 durch G v. 22.12.2025 (BGBl. 2025 I Nr. 370).
[3] § 2 neu gef. mWv 1.1.2026 durch G v. 22.12.2025 (BGBl. 2025 I Nr. 370).

(2) [1]Auf Vorschlag der Bundesregierung wird im Bundesministerium für Bildung, Familie, Senioren, Frauen und Jugend eine Bundesbeauftragte für den Zivildienst (Bundesbeauftragte) oder ein Bundesbeauftragter für den Zivildienst (Bundesbeauftragter) ernannt. [2]Die oder der Bundesbeauftragte führt die dem Bundesministerium für Bildung, Familie, Senioren, Frauen und Jugend auf dem Gebiet des Zivildienstes obliegenden Aufgaben durch, soweit dieses Gesetz nichts anderes bestimmt. [3]Die oder der Bundesbeauftragte erstattet dem Deutschen Bundestag in jeder Legislaturperiode einen schriftlichen Tätigkeitsbericht.

§ 2a[1)] Beirat für den Zivildienst. (1) [1]Bei dem Bundesministerium für Bildung, Familie, Senioren, Frauen und Jugend wird ein Beirat für den Zivildienst gebildet. [2]Der Beirat hat das Bundesministerium für Bildung, Familie, Senioren, Frauen und Jugend in Fragen des Zivildienstes einschließlich der Frage, welche Aufgaben den Zivildienstpflichtigen (Dienstpflichtigen) außerhalb des sozialen Bereichs zugewiesen werden sollen, zu beraten.

(2) Dem Beirat gehören an:

1. sieben Vertreterinnen oder Vertreter von Organisationen, die sich mit der Vertretung der Interessen der Kriegsdienstverweigerer und der Zivildienstleistenden (Dienstleistenden) befassen, darunter vier Dienstleistende,
2. sieben Vertreterinnen oder Vertreter von Verbänden anerkannter Beschäftigungsstellen,
3. je eine Vertreterin oder ein Vertreter der evangelischen Kirche und der katholischen Kirche,
4. je eine Vertreterin oder ein Vertreter der Gewerkschaften und der Arbeitgeberverbände,
5. zwei Vertreterinnen oder Vertreter der Länder und
6. eine Vertreterin oder ein Vertreter der kommunalen Spitzenverbände.

(3) [1]Das Bundesministerium für Bildung, Familie, Senioren, Frauen und Jugend beruft die Mitglieder des Beirates in der Regel für die Dauer von vier Jahren. [2]Die in Absatz 2 genannten Stellen sollen hierzu Vorschläge machen. [3]Die Dienstleistenden (Absatz 2 Nr. 1) sind für die Dauer ihrer Dienstzeit zu berufen. [4]Für jedes Mitglied wird eine persönliche Stellvertretung berufen.

(4) Die Sitzungen des Beirates werden vom Bundesministerium für Bildung, Familie, Senioren, Frauen und Jugend nach Maßgabe einer von ihm zu erlassenden Geschäftsordnung einberufen und geleitet.

§ 3[2)] Dienststellen. [1]Die Dienstpflichtigen leisten den Zivildienst in einer dafür anerkannten Beschäftigungsstelle, in einer Zivildienstschule oder in einer Zivildienstgruppe (Dienststellen). [2]Sie können bei dringendem Bedarf auch in der Verwaltung des Zivildienstes beschäftigt werden.

§ 4[3)] Anerkennung von Beschäftigungsstellen. (1) [1]Eine Beschäftigungsstelle kann auf ihren Antrag anerkannt werden, wenn

---

[1)] § 2a Abs. 2 und Abs. 3 Satz 4 neu gef. mWv 1.1.2010 durch G v. 14. 6. 2009 (BGBl. I S. 1229); Abs. 1 *Sätze 1 und 2,* Abs. 3 Satz 1 und Abs. 4 geänd. mWv 1.1.2026 durch G v. 22.12.2025 (BGBl. 2025 I Nr. 370).

[2)] § 3 Satz 1 geänd. mWv 1.1.2010 durch G v. 14. 6. 2009 (BGBl. I S. 1229).

[3)] § 4 Abs. 1 Satz 1 Nr. 2a eingef. mWv 1.1.2010 durch G v. 14. 6. 2009 (BGBl. I S. 1229); Abs. 1 Satz 1 Nr. 4 geänd. mWv 1.1.2026 durch G v. 22.12.2025 (BGBl. 2025 I Nr. 370).

1. sie insbesondere Aufgaben im sozialen Bereich, im Bereich des Umweltschutzes, des Naturschutzes und der Landschaftspflege durchführt; überwiegend sollen Beschäftigungsstellen des sozialen Bereichs anerkannt werden,
2. sie die Gewähr bietet, dass Beschäftigung, Leitung und Betreuung der Dienstleistenden dem Wesen des Zivildienstes entsprechen; eine Beschäftigung entspricht insbesondere nicht dem Wesen des Zivildienstes, wenn sie wegen der für den Dienstleistenden mit ihr verbundenen Belastung zu einer offensichtlichen Ungleichbehandlung des Dienstleistenden im Vergleich zu anderen Dienstleistenden oder zu den Wehrdienstleistenden führen würde,

2a. sie die Dienstleistenden nach den §§ 25a und 25b persönlich und fachlich begleitet und für die Betreuung der Dienstleistenden qualifiziertes Personal einsetzt,

3. sie sich bereit erklärt, Dienstpflichtige, die den von ihr geforderten Eignungsvoraussetzungen entsprechen, ohne besondere Zustimmung zur Person des Dienstpflichtigen zu beschäftigen, sofern nicht die Beschäftigung wegen ihrer Eigenart an die Person des Dienstpflichtigen besondere, über die geforderten Voraussetzungen hinausgehende Anforderungen stellt, und
4. sie sich bereit erklärt, Beauftragten des Bundesministeriums für Bildung, Familie, Senioren, Frauen und Jugend und des Bundesamtes Einblick in die Gesamttätigkeit der Dienstleistenden und deren einzelne Aufgaben zu gewähren sowie den Bundesrechnungshof bei der Rechnungsprüfung verausgabter Bundesmittel uneingeschränkt zu unterstützen.

[2] Die Anerkennung wird für bestimmte Dienstplätze ausgesprochen. [3] Sie kann mit Auflagen verbunden werden.

(2) [1] Die Anerkennung ist zurückzunehmen oder zu widerrufen, wenn eine der in Absatz 1 genannten Voraussetzungen nicht vorgelegen hat oder nicht mehr vorliegt. [2] Sie kann auch aus anderen wichtigen Gründen widerrufen werden, insbesondere wenn eine Auflage nicht oder nicht innerhalb einer gesetzten Frist erfüllt worden ist.

§ 5[1)] Aufstellung der Dienstgruppen. [1] Dienstgruppen werden auf Anordnung des Bundesministeriums für Bildung, Familie, Senioren, Frauen und Jugend nach Bedarf aufgestellt. [2] Das Bundesministerium für Bildung, Familie, Senioren, Frauen und Jugend bestimmt ihren Sitz nach Anhörung des beteiligten Landes.

§ 5a Übertragung von Verwaltungsaufgaben. (1) [1] Die Dienststellen können mit der Wahrnehmung von Verwaltungsaufgaben beauftragt werden. [2] Werden Stellen der Länder beauftragt, so handeln diese im Auftrag des Bundes.

(2) [1] Mit ihrem Einverständnis können mit der Wahrnehmung von Verwaltungsaufgaben beauftragt werden

1. Verbände für die ihnen angehörenden Beschäftigungsstellen,
2. Länder für die Beschäftigungsstellen bei den ihrer Aufsicht unterstehenden öffentlich-rechtlichen Trägern.

[2] Die Verwaltungskosten können in angemessenem Umfang erstattet werden.

[1)] § 5 Sätze 1 und 2 geänd. mWv 1.1.2026 durch G v. 22.12.2025 (BGBl. 2025 I Nr. 370).

§ 6[1)] Kosten. (1) [1]Die Beschäftigungsstellen sorgen auf ihre Kosten für Unterkunft, Verpflegung und Arbeitskleidung der Dienstleistenden. [2]Sie tragen die ihnen aus der Beschäftigung der Dienstleistenden entstehenden Verwaltungskosten.

(2) [1]Die Beschäftigungsstellen zahlen für den Bund den Dienstleistenden die diesen zustehenden Geldbezüge. [2]Den Beschäftigungsstellen werden der Aufwand für den Mobilitätszuschlag in voller Höhe und für die übrigen Geldbezüge in Höhe von 70 vom Hundert vierteljährlich nachträglich erstattet. [3]Das Bundesministerium für Bildung, Familie, Senioren, Frauen und Jugend legt im Einvernehmen mit dem Bundesministerium der Finanzen für die Erstattung einheitliche Pauschalbeträge fest.

(3) [1]Den Beschäftigungsstellen können Zuschüsse zur Entlastung von Aufwand für Unterkunft, Verpflegung und Arbeitskleidung der Dienstleistenden gewährt werden, wenn und soweit dies erforderlich ist,

1. um eine für die Heranziehung aller verfügbaren anerkannten Kriegsdienstverweigerer zum Zivildienst ausreichende Anzahl von Zivildienstplätzen oder
2. um für den Zivildienst nach Art der Beschäftigung besonders geeignete Zivildienstplätze

zu erhalten. [2]Das Bundesministerium für Bildung, Familie, Senioren, Frauen und Jugend erlässt zur Durchführung von Satz 1 im Einvernehmen mit dem Bundesministerium der Finanzen allgemeine Verwaltungsvorschriften zur Durchführung. [3]Die Zuschüsse dürfen nur insoweit gewährt werden, als der Haushaltsplan hierfür Mittel zur Verfügung stellt.

Abschnitt 2.[2)] Tauglichkeit, Zivildienstausnahmen

§ 7 Tauglichkeit. [1]Die Tauglichkeit für den Zivildienst bestimmt sich nach der Tauglichkeit für den Wehrdienst. [2]Wehrdienstfähige gelten als zivildienstfähig, vorübergehend nicht Wehrdienstfähige als vorübergehend nicht zivildienstfähig und nicht Wehrdienstfähige als nicht zivildienstfähig.

§ 8 Zivildienstunfähigkeit. Zum Zivildienst wird nicht herangezogen, wer nicht zivildienstfähig ist.

§ 9[3)] Ausschluss vom Zivildienst. Vom Zivildienst ist ausgeschlossen,

1. wer durch ein deutsches Gericht wegen eines Verbrechens zu Freiheitsstrafe von mindestens einem Jahr oder wegen einer vorsätzlichen Tat, die nach den Vorschriften über Friedensverrat, Hochverrat, Gefährdung des demokratischen Rechtsstaates oder Landesverrat und Gefährdung der äußeren Sicherheit strafbar ist, zu Freiheitsstrafe von sechs Monaten oder mehr verurteilt worden ist, es sei denn, dass die Eintragung über die Verurteilung im Zentralregister getilgt ist,
2. wer infolge Richterspruchs die Fähigkeit zur Bekleidung öffentlicher Ämter nicht besitzt,

---

[1)] § 6 Abs. 3 Satz 1 Nr. 1 geänd. mWv 1.12.2010 durch G v. 31. 7. 2010 (BGBl. I S. 1052); Abs. 2 Satz 3 und Abs. 3 Satz 2 geänd. mWv 1.1.2026 durch G v. 22.12.2025 (BGBl. 2025 I Nr. 370).

[2)] Abschnitt 2 Überschrift neu gef. mWv 26.11.2019 durch G v. 20.11.2019 (BGBl. I S. 1626).

[3)] § 9 Nr. 3 geänd. mWv 3.5.2011 durch G v. 28. 4. 2011 (BGBl. I S. 687).

3. wer einer Maßregel der Besserung und Sicherung nach den §§ 64, 66, 66a oder § 66b des Strafgesetzbuches[1] unterworfen ist, solange die Maßregel nicht erledigt ist.

§ 10[2] Befreiung vom Zivildienst. (1) Vom Zivildienst sind befreit

1. ordinierte Geistliche evangelischen Bekenntnisses,
2. Geistliche römisch-katholischen Bekenntnisses, die die Diakonatsweihe empfangen haben,
3. hauptamtlich tätige Geistliche anderer Bekenntnisse, deren Amt dem eines ordinierten Geistlichen evangelischen oder eines Geistlichen römisch-katholischen Bekenntnisses, der die Diakonatsweihe empfangen hat, entspricht,
4. schwerbehinderte Menschen,
5. Zivildienstpflichtige, die auf Grund eines völkerrechtlichen Vertrages für die Dauer einer Tätigkeit in einer internationalen Behörde eine entsprechende Befreiung genießen.

(2) Vom Zivildienst sind anerkannte Kriegsdienstverweigerer auf Antrag zu befreien,

1. deren Vater, Mutter, Bruder oder Schwester an den Folgen einer Wehr- oder Zivildienstbeschädigung verstorben ist,
2. deren zwei Geschwister
   a) Grundwehrdienst von der in § 5 Absatz 2 des Wehrpflichtgesetzes[3] bestimmten Dauer,
   b) Zivildienst von der in § 24 Abs. 2 bestimmten Dauer,
   c) Dienst im Zivilschutz oder Katastrophenschutz nach § 14 Abs. 1 dieses Gesetzes oder nach § 13a Abs. 1 Satz 1 des Wehrpflichtgesetzes,
   d) Entwicklungsdienst nach § 14a Abs. 1 dieses Gesetzes oder nach § 13b Abs. 1 des Wehrpflichtgesetzes,
   e) einen anderen Dienst im Ausland nach § 14b Abs. 1,
   f) einen Freiwilligendienst nach dem Jugendfreiwilligendienstegesetz[4] oder dem Bundesfreiwilligendienstgesetz[5] von mindestens sechs Monaten,
   g) ein freies Arbeitsverhältnis nach § 15a Abs. 1,
   h) Wehrdienst von höchstens zwei Jahren Dauer als Soldatin auf Zeit oder Soldat auf Zeit

   geleistet haben oder
3. die
   a) verheiratet sind,
   b) eingetragene Lebenspartner sind oder
   c) *die elterliche Sorge gemeinsam oder als Alleinerziehende ausüben.*

---

[1] **Habersack Nr. 85.**

[2] § 10 Abs. 2 Nr. 2 Buchst. f neu gef. mWv 1.6.2008 durch G v. 16. 5. 2008 (BGBl. I S. 842); Abs. 1 Nr. 4 geänd., Nr. 5 angef. mWv 9.8.2008 durch G v. 31.7.2008 (BGBl. I S. 1629); Abs. 2 Nr. 2 Buchst. a und f geänd. mWv 1.12.2010 durch G v. 31. 7. 2010 (BGBl. I S. 1052); Abs. 2 Nr. 2 Buchst. f neu gef. mWv 1.1.2026 durch G v. 22.12.2025 (BGBl. 2025 I Nr. 370).

[3] Nr. **620**.

[4] Nr. **390**.

[5] Nr. **627**.

§ 11[1] Zurückstellung vom Zivildienst. (1) Vom Zivildienst wird zurückgestellt,

1. wer vorübergehend nicht zivildienstfähig ist,
2. wer, abgesehen von den Fällen des § 9, Freiheitsstrafe, Strafarrest, Jugendstrafe oder Jugendarrest verbüßt, sich in Untersuchungshaft befindet oder nach § 63 des Strafgesetzbuches[2] in einem psychiatrischen Krankenhaus untergebracht ist.

(1a) Vom Zivildienst wird ferner zurückgestellt, wer auf Grund eines völkerrechtlichen Vertrages für die Dauer einer Tätigkeit in einer internationalen Behörde nicht zum Wehrdienst herangezogen werden kann.

(2) Vom Zivildienst werden anerkannte Kriegsdienstverweigerer, die sich auf das geistliche Amt vorbereiten, auf Antrag zurückgestellt.

(3) [1] Hat ein anerkannter Kriegsdienstverweigerer seiner Aufstellung für die Wahl zum Deutschen Bundestag, zu einem Landtag oder zum Europäischen Parlament zugestimmt, so ist er bis zur Wahl zurückzustellen. [2] Hat er die Wahl angenommen, so kann er für die Dauer des Mandates nur auf seinen Antrag einberufen werden.

(4) [1] Vom Zivildienst soll ein anerkannter Kriegsdienstverweigerer auf Antrag zurückgestellt werden, wenn die Heranziehung für ihn wegen persönlicher, insbesondere häuslicher, wirtschaftlicher oder beruflicher Gründe eine besondere Härte bedeuten würde. [2] Eine solche liegt in der Regel vor,

1. wenn im Falle der Einberufung des anerkannten Kriegsdienstverweigerers
   a) die Versorgung seiner Familie, hilfsbedürftiger Angehöriger oder anderer hilfsbedürftiger Personen, für deren Lebensunterhalt er aus rechtlicher oder sittlicher Verpflichtung aufzukommen hat, gefährdet würde, oder
   b) für Verwandte ersten Grades besondere Notstände zu erwarten sind,
2. wenn der anerkannte Kriegsdienstverweigerer für die Erhaltung und Fortführung eines eigenen Betriebes unentbehrlich ist,
3. wenn die Einberufung des anerkannten Kriegsdienstverweigerers
   a) eine zu einem schulischen Abschluss führende Ausbildung,
   b) ein Hochschulstudium, bei dem zum vorgesehenen Diensteintritt das dritte Semester erreicht ist,
   c) einen zum vorgesehenen Diensteintritt begonnenen dualen Bildungsgang (Studium mit studienbegleitender betrieblicher Ausbildung), dessen Regelstudienzeit acht Semester nicht überschreitet und bei dem das Studium spätestens drei Monate nach Beginn der betrieblichen Ausbildung aufgenommen wird,
   d) einen zum vorgesehenen Diensteintritt zu einem Drittel absolvierten sonstigen Ausbildungsabschnitt oder
   e) eine bereits begonnene Berufsausbildung

   unterbrechen oder die Aufnahme einer rechtsverbindlich zugesagten oder vertraglich gesicherten Berufsausbildung verhindern würde.

(5) Vom Zivildienst kann ein anerkannter Kriegsdienstverweigerer zurückgestellt werden, wenn gegen ihn ein Strafverfahren anhängig ist, in dem Freiheitsstrafe, Strafarrest, Jugendstrafe oder eine freiheitsentziehende Maßregel der Bes-

[1] § 11 Abs. 1a eingef., Abs. 3 Satz 1 geänd., Abs. 4 Satz 2 Nr. 2 und 3 neu gef., Abs. 6 angef. mWv 9.8. 2008 durch G v. 31.7.2008 (BGBl. I S. 1629).

[2] **Habersack Nr. 85.**

serung und Sicherung zu erwarten ist, oder wenn seine Einberufung die Ordnung oder das Ansehen des Zivildienstes oder einer Dienststelle ernstlich gefährden würde.

(6) [1] Vom Zivildienst soll ein anerkannter Kriegsdienstverweigerer auf Antrag auch zurückgestellt werden, wenn er für die Erhaltung und Fortführung des elterlichen Betriebes oder des Betriebes seines Arbeitgebers oder für die ordnungsgemäße Aufgabenerfüllung seiner Dienstbehörde unentbehrlich ist. [2] In diesem Fall sind die Eltern, der Arbeitgeber oder die Dienstbehörde des anerkannten Kriegsdienstverweigerers antragsberechtigt und verpflichtet, den Wegfall der Voraussetzungen für die Unentbehrlichkeit dem Bundesamt anzuzeigen. [3] Die Zurückstellung bedarf der Zustimmung des anerkannten Kriegsdienstverweigerers. [4] Die Einberufung des anerkannten Kriegsdienstverweigerers ist bis zur Entscheidung über den Antrag auszusetzen.

§ 12[1)] Befreiungs- und Zurückstellungsanträge. (1) Anträge nach § 10 Absatz 2 und nach § 11 Absatz 2, 4 und 6, die nicht gemäß § 20 des Wehrpflichtgesetzes[2)] frühestens nach der Aufforderung nach § 15a Absatz 1 des Wehrpflichtgesetzes und spätestens bis zum Abschluss der Musterung beim Bundesamt für das Personalmanagement der Bundeswehr zu stellen waren, sind schriftlich oder zur Niederschrift beim Bundesamt zu stellen.

(2) [1] Anträgen nach § 10 Abs. 2 und nach § 11 Abs. 4 sind Beweisurkunden, die der Antragsteller besitzt oder ohne unverhältnismäßigen Aufwand beschaffen kann, beizufügen. [2] Bei Anträgen nach § 11 Abs. 2 sind beizubringen

1. der Nachweis eines ordentlichen theologischen Studiums oder einer ordentlichen theologischen Ausbildung und
2. eine Erklärung des zuständigen Landeskirchenamtes, der bischöflichen Behörde, des Ordensoberen oder der entsprechenden Oberbehörde einer anderen Religionsgemeinschaft, dass sich der anerkannte Kriegsdienstverweigerer auf das geistliche Amt vorbereitet.

§ 13[3)] Verfahren bei der Zurückstellung. (1) [1] Zurückstellungen nach § 11 Abs. 1, 4 und 5 sind befristet auszusprechen. [2] In den Fällen des § 11 Abs. 4, ausgenommen Satz 2 Nr. 1 Buchstabe b, Nr. 3, sowie des Absatzes 6, darf der anerkannte Kriegsdienstverweigerer vom Zivildienst so lange zurückgestellt werden, dass er noch vor der für ihn nach § 24 Abs. 1 Satz 1 bis 4 maßgebenden Altersgrenze einberufen werden kann. [3] In Ausnahmefällen, in denen die Einberufung eine unzumutbare Härte bedeuten würde, kann er auch darüber hinaus zurückgestellt werden.

(2) Wird ein Antrag nach § 11 Abs. 2 oder 4 nach der Musterung gestellt, so kann die Entscheidung darüber bis zur Einberufung ausgesetzt werden, es sei denn, dass der Antragsteller ein berechtigtes Interesse an alsbaldiger Entscheidung glaubhaft macht.

(3) Zurückstellungen sind zu widerrufen, wenn der Zurückstellungsgrund weggefallen ist; der anerkannte Kriegsdienstverweigerer ist vorher zu hören.

---

1) § 12 Abs. 1 geänd. mWv 9.8.2008 durch G v. 31.7.2008 (BGBl. I S. 1629); Abs. 1 neu gef. mWv 1.1. 2026 durch G v. 22.12.2025 (BGBl. 2025 I Nr. 370).

2) Nr. **620**.

3) § 13 Abs. 1 Satz 2 geänd. mWv 9.8.2008 durch G v. 31.7.2008 (BGBl. I S. 1629); Abs. 1 Satz 2 geänd. mWv 1.1.2010 durch G v. 14. 6. 2009 (BGBl. I S. 1229).

(4) Nach Ablauf der Zurückstellungsfrist steht der anerkannte Kriegsdienstverweigerer unbeschadet der Vorschrift des § 19 Abs. 4 für den Zivildienst zur Verfügung.

§ 14[1)] Zivilschutz oder Katastrophenschutz. (1) [1] Anerkannte Kriegsdienstverweigerer, die sich vor Vollendung des 23. Lebensjahres mit Zustimmung der zuständigen Behörde auf mindestens vier Jahre zum ehrenamtlichen Dienst als Helfer im Zivilschutz oder Katastrophenschutz verpflichtet haben, werden nicht zum Zivildienst herangezogen, solange sie im Zivilschutz oder Katastrophenschutz mitwirken. [2] Dies gilt auch bei von der zuständigen Behörde genehmigten Unterbrechungen der Mitwirkung, wenn die auf der Mindestverpflichtung beruhende vierjährige tatsächliche Mitwirkung noch bis zur Vollendung des 28. Lebensjahres erfüllt werden kann.

(2) Die zuständigen Behörden sind verpflichtet, dem Bundesamt das Vorliegen sowie den Wegfall der Voraussetzungen für die Nichtheranziehung von anerkannten Kriegsdienstverweigerern zum Zivildienst anzuzeigen.

(3) Zeigt eine zuständige Behörde an, dass ein anerkannter Kriegsdienstverweigerer sich mit der Folge der Nichtheranziehung zum Zivildienst zur Mitwirkung als Helfer im Zivilschutz oder Katastrophenschutz verpflichtet hat, so hat das Bundesamt dem anerkannten Kriegsdienstverweigerer mitzuteilen, dass er für die Dauer seiner Mitwirkung nicht zum Zivildienst herangezogen wird.

(4) [1] Haben anerkannte Kriegsdienstverweigerer vier Jahre im Zivilschutz oder Katastrophenschutz mitgewirkt, so erlischt ihre Pflicht, Zivildienst zu leisten; das gilt nicht für den Zivildienst im Verteidigungsfall. [2] Genehmigte Unterbrechungen der Mitwirkung (Absatz 1 Satz 2) gelten als Mitwirkung, soweit sie insgesamt einen Zeitraum von sechs Monaten nicht übersteigen. [3] Endet die Mitwirkung aus Gründen, die nicht in der Person oder in dem Verhalten des anerkannten Kriegsdienstverweigerers liegen, vorzeitig, so ist die im Zivilschutz oder Katastrophenschutz zurückgelegte Zeit, soweit sie die Hälfte der Zeit nach Satz 1 übersteigt, anteilsmäßig auf den Zivildienst anzurechnen.

§ 14a[2)] Entwicklungsdienst. (1) Anerkannte Kriegsdienstverweigerer werden bis zur Vollendung des 28. Lebensjahres nicht zum Zivildienst herangezogen, wenn sie sich gegenüber einem nach § 2 des Entwicklungshelfer-Gesetzes[3)] anerkannten Träger des Entwicklungsdienstes im Rahmen des Bedarfs dieses Trägers vertraglich zur Leistung eines mindestens zweijährigen Entwicklungsdienstes verpflichtet haben, sich in gemessener Weise für die spätere Tätigkeit als Entwicklungshelfer fortbilden und das Bundesministerium für wirtschaftliche Zusammenarbeit und Entwicklung dies bestätigt.

(2) Anerkannte Kriegsdienstverweigerer werden ferner nicht zum Zivildienst herangezogen, wenn und solange sie die Voraussetzungen des § 1 Abs. 1 oder 2 des Entwicklungshelfer-Gesetzes erfüllen.

(3) [1] Haben anerkannte Kriegsdienstverweigerer Entwicklungsdienst von der in Absatz 1 genannten Mindestdauer geleistet, so erlischt ihre Pflicht, Zivildienst zu leisten; dies gilt nicht für den Zivildienst im Verteidigungsfall. [2] Wird der Entwicklungsdienst aus Gründen, die der anerkannte Kriegsdienstverweigerer nicht zu

---

[1)] § 14 Abs. 1 Satz 1 und 2, Abs. 4 Satz 1 geänd. mWv 1.12.2010 durch G v. 31. 7. 2010 (BGBl. I S. 1052).

[2)] § 14a Abs. 1 und Abs. 3 Satz 2 geänd. mWv 1.12.2010 durch G v. 31. 7. 2010 (BGBl. I S. 1052).

[3)] **Aichberger, SGB Nr. 40/10.**

vertreten hat, vorzeitig beendet, so ist die im Entwicklungsdienst zurückgelegte Zeit, soweit sie die Zeit übersteigt, die der Zivildienst dauert, auf den Zivildienst anzurechnen.

(4) Die Träger des Entwicklungsdienstes sind verpflichtet, dem Bundesamt das Vorliegen sowie den Wegfall der Voraussetzungen für die Nichtheranziehung von anerkannten Kriegsdienstverweigerern zum Zivildienst anzuzeigen.

§ 14b Andere Dienste im Ausland. (1) [1] Anerkannte Kriegsdienstverweigerer werden nicht zum Zivildienst herangezogen, wenn sie

1. sich gegenüber einem nach Absatz 3 anerkannten Träger zur Leistung eines vor Vollendung des 23. Lebensjahres anzutretenden Dienstes im Ausland, der das friedliche Zusammenleben der Völker fördern will und der mindestens zwei Monate länger dauert als der Zivildienst, den sie sonst zu leisten hätten, vertraglich verpflichtet haben und
2. diesen Dienst unentgeltlich leisten.

[2] Die Träger sind verpflichtet, dem Bundesamt das Vorliegen sowie den Wegfall der Voraussetzungen für die Nichtheranziehung von anerkannten Kriegsdienstverweigerern zum Zivildienst anzuzeigen.

(2) [1] Weisen anerkannte Kriegsdienstverweigerer bis zur Vollendung des 24. Lebensjahres nach, dass sie Dienst von der in Absatz 1 Nr. 1 genannten Mindestdauer geleistet haben, so erlischt ihre Pflicht, Zivildienst zu leisten; das gilt nicht für den Zivildienst im Verteidigungsfall. [2] Wird der Dienst vorzeitig beendet, so ist die in dem Dienst zurückgelegte Zeit, soweit sie zwei Monate übersteigt, auf den Zivildienst anzurechnen.

(3) [1] Als Träger eines Dienstes nach Absatz 1 können juristische Personen anerkannt werden, die

1. ausschließlich, unmittelbar und selbstlos steuerbegünstigten Zwecken im Sinne der §§ 51 bis 68 der Abgabenordnung dienen,
2. Gewähr dafür bieten, dass ihre Vorhaben den Interessen der Bundesrepublik Deutschland dienen, und
3. ihren Sitz in der Bundesrepublik Deutschland haben.

[2] Über die Anerkennung eines Trägers entscheidet auf dessen Antrag das Bundesministerium für Familie, Senioren, Frauen und Jugend im Einvernehmen mit dem Auswärtigen Amt. [3] Es kann die Anerkennung auf bestimmte Vorhaben des Trägers beschränken. [4] § 4 Abs. 1 Satz 3 und Abs. 2 gelten entsprechend.

§ 14c[1)] Freiwilligendienst. (1) [1] Anerkannte Kriegsdienstverweigerer werden nicht zum Zivildienst herangezogen, wenn sie sich nach ihrer Anerkennung als Kriegsdienstverweigerer schriftlich zu einem Freiwilligendienst nach dem Jugendfreiwilligendienstegesetz[2)] oder dem Bundesfreiwilligendienstgesetz[3)] verpflichtet haben, der mindestens zwei Monate länger dauert als der Zivildienst, den sie sonst zu leisten hätten. [2] Der Dienst ist spätestens ein Jahr nach der Verpflichtung sowie vor Vollendung des 23. Lebensjahres anzutreten. [3] Die Verpflichtung ist bei einem Freiwilligendienst nach dem Jugendfreiwilligendienstegesetz gegenüber einem Träger zu übernehmen, der nach dem Jugendfreiwilligendienstegesetz zugelassen

---

[1)] § 14c neu gef. mWv 1.1.2026 durch G v. 22.12.2025 (BGBl. 2025 I Nr. 370).
[2)] Nr. **390**.
[3)] Nr. **627**.

ist, und bei einem Freiwilligendienst nach dem Bundesfreiwilligendienstgesetz gegenüber dem Bund vertreten durch das Bundesamt.

(2) Die in Absatz 1 Satz 3 Genannten sind verpflichtet, dem Bundesamt das Vorliegen sowie den Wegfall der Voraussetzungen für die Nichtheranziehung von anerkannten Kriegsdienstverweigerern zum Zivildienst anzuzeigen.

(3) [1] Weisen anerkannte Kriegsdienstverweigerer bis zur Vollendung des 24. Lebensjahres nach, dass sie Dienst gemäß Absatz 1 geleistet haben, so erlischt ihre Pflicht, Zivildienst zu leisten; das gilt nicht für den Zivildienst im Verteidigungsfall. [2] Wird der Dienst vorzeitig beendet, so ist die im Dienst zurückgelegte Zeit, soweit sie zwei Monate übersteigt, auf den Zivildienst anzurechnen.

§ 15[1)] Sondervorschriften für Angehörige des Polizeivollzugsdienstes.

(1) Anerkannte Kriegsdienstverweigerer, die dem Vollzugsdienst der Polizei angehören oder für diesen durch schriftlichen Bescheid angenommen sind, werden bis zur Beendigung dieses Dienstes nicht zum Zivildienst herangezogen.

(2) Die zuständigen Behörden sind verpflichtet, dem Bundesamt den Widerruf eines Annahmebescheides und das Ausscheiden aus dem Vollzugsdienst der Polizei anzuzeigen; das Gleiche gilt, wenn trotz Annahmebescheides der Dienst nicht angetreten wird.

(3) § 14 Abs. 3 findet entsprechende Anwendung, wenn eine zuständige Behörde anzeigt, dass ein anerkannter Kriegsdienstverweigerer in den Vollzugsdienst der Polizei eingetreten ist oder für diesen durch schriftlichen Bescheid angenommen worden und seine Einstellung innerhalb von sechs Monaten nach der Annahme zu erwarten ist.

§ 15a[2)] Freies Arbeitsverhältnis. (1) [1] Anerkannte Kriegsdienstverweigerer, die aus Gewissensgründen gehindert sind, Zivildienst zu leisten, werden zum Zivildienst vorläufig nicht herangezogen, wenn sie erklären, dass sie ein Arbeitsverhältnis mit üblicher Arbeitszeit in einem Krankenhaus oder einer anderen Einrichtung zur Behandlung, Pflege und Betreuung von Personen begründen wollen, oder wenn sie in einem solchen Arbeitsverhältnis tätig sind. [2] Dies gilt nur, wenn das Arbeitsverhältnis nach der Anerkennung als Kriegsdienstverweigerer und vor Vollendung des 22. Lebensjahres mit einer Dauer, die mindestens acht Monate länger ist als der Zivildienst, den der anerkannte Kriegsdienstverweigerer sonst zu leisten hätte, begründet werden soll oder begründet worden ist.

(2) [1] Weist der anerkannte Kriegsdienstverweigerer vor Vollendung des 24. Lebensjahres nach, dass er für die in Absatz 1 genannte Mindestdauer in einem solchen Arbeitsverhältnis tätig war, so erlischt seine Pflicht, Zivildienst zu leisten. [2] Wird das Arbeitsverhältnis aus Gründen, die der anerkannte Kriegsdienstverweigerer nicht zu vertreten hat, vorzeitig beendet, so ist die in dem Arbeitsverhältnis zurückgelegte Zeit, soweit sie acht Monate übersteigt, auf den Zivildienst anzurechnen.

§ 16[3)] Unabkömmlichstellung. (1) Zum Ausgleich des öffentlichen Interesses an der Heranziehung zum Zivildienst und desjenigen an der Deckung des personellen Kräftebedarfs für Aufgaben außerhalb des Zivildienstes kann ein Dienst-

---

[1)] § 15 Überschrift neu gef. mWv 9.8.2008 durch G v. 31.7.2008 (BGBl. I S. 1629).

[2)] § 15a Abs. 1 Satz 2 und Abs. 2 Satz 2 geänd. mWv 1.12.2010 durch G v. 31. 7. 2010 (BGBl. I S. 1052).

[3)] § 16 Abs. 1 Satz 2 aufgeh., bish. Satz 1 wird alleiniger Wortlaut und geänd., Abs. 2 Satz 3 neu gef., Sätze 4–6 aufgeh., Abs. 3 Satz 1 geänd. mWv 9.8.2008 durch G v. 31.7.2008 (BGBl. I S. 1629).

pflichtiger im Spannungs- und Verteidigungsfall, wenn das letztgenannte öffentliche Interesse überwiegt, für den Zivildienst unabkömmlich gestellt werden, solange er für die von ihm außerhalb des Zivildienstes ausgeübte Tätigkeit nicht entbehrt werden kann.

(2) [1] Über die Unabkömmlichstellung wird auf Vorschlag der zuständigen Verwaltungsbehörde entschieden. [2] Das Vorschlagsrecht steht auch den Kirchen und Religionsgemeinschaften, soweit sie Körperschaften des öffentlichen Rechts sind, für ihre Bediensteten zu. [3] Für die Zuständigkeit und das Verfahren der Unabkömmlichstellung, die Befugnis zur Bestimmung der zuständigen Behörden, die Regelung des Vorschlagsrechts durch allgemeine Verwaltungsvorschrift des Landesrechts, den Ausgleich von Meinungsverschiedenheiten zwischen dem Bundesamt und der vorschlagenden Verwaltungsbehörde, die Zeiträume, für die eine Unabkömmlichstellung ausgesprochen werden kann, und die Anhörung sachverständiger Stellen ist die Verordnung über die Zuständigkeit und das Verfahren bei der Unabkömmlichstellung in der jeweils geltenden Fassung entsprechend anzuwenden.

(3) [1] Die Dienstbehörde oder der Arbeitgeber des Dienstpflichtigen ist verpflichtet, dem Bundesamt den Wegfall der Voraussetzungen für die Unabkömmlichstellung anzuzeigen. [2] Dienstpflichtige, die in keinem Dienst- oder Arbeitsverhältnis stehen, haben den Wegfall der Voraussetzungen selbst anzuzeigen.

§ 17 Entscheidungen über Wehrdienstausnahmen. Entscheidungen der Wehrersatzbehörden über Wehrdienstausnahmen gelten auch für den Zivildienst.

§ 18 Erstattung von Auslagen und Verdienstausfall. Anerkannten Kriegsdienstverweigerern werden die aus Anlass einer Prüfung ihrer Verfügbarkeit für den Zivildienst entstandenen notwendigen Auslagen sowie bei angeordneter persönlicher Vorstellung auch Verdienstausfall nach Maßgabe der für die Musterung bei den Wehrersatzbehörden geltenden Vorschriften erstattet.

Abschnitt 3.[1] Heranziehung zum Zivildienst

§ 19[2] Einberufung. (1) [1] Die Dienstpflichtigen werden nach den Einberufungsanordnungen des Bundesministeriums für Bildung, Familie, Senioren, Frauen und Jugend zum Zivildienst einberufen, sofern sie nicht nach Absatz 2 in ein Dienstverhältnis nach diesem Gesetz überführt werden. [2] Wer aus dem Grundwehrdienst entlassen wird, weil er als Kriegsdienstverweigerer anerkannt ist, soll unverzüglich zum Zivildienst einberufen werden.

(2) [1] Das Wehrdienstverhältnis kann durch schriftlichen Bescheid im Einvernehmen mit der vom Bundesministerium der Verteidigung bestimmten Stelle in ein Dienstverhältnis nach diesem Gesetz umgewandelt werden, wenn der Soldat als Kriegsdienstverweigerer anerkannt ist. [2] Der Bescheid bestimmt den Zeitpunkt der Umwandlung sowie Ort und Zeitpunkt des Diensteintritts im Zivildienst. [3] Der Dienstpflichtige hat sich entsprechend dem Umwandlungsbescheid zur Aufnahme des Zivildienstes zu melden.

(3) [1] Der Dienstpflichtige kann nicht verlangen, zum Dienst an einem bestimmten Ort herangezogen zu werden. [2] Er darf nicht zu einer Beschäftigungsstelle

---

[1] Abschnitt 3 Überschrift neu gef. mWv 26.11.2019 durch G v. 20.11.2019 (BGBl. I S. 1626).

[2] § 19 Abs. 2 Satz 2 geänd. mWv 9.8.2008 durch G v. 31.7.2008 (BGBl. I S. 1629); Abs. 3 Satz 2 geänd. mWv 1.1.2010 durch G v. 14. 6. 2009 (BGBl. I S. 1229); Abs. 1 Satz 1 geänd. mWv 1.1.2026 durch G v. 22.12.2025 (BGBl. 2025 I Nr. 370).

einberufen werden, bei der er vor seiner Einberufung im Rahmen eines Ausbildungs- oder Beschäftigungsverhältnisses tätig war. [3] Satz 2 gilt nicht, wenn der Dienstpflichtige in der Beschäftigungsstelle Schwerstbehinderte oder Schwerstkranke unmittelbar betreut und bei einer Unterbrechung dieser Betreuung für die Betreuten unvertretbare und unvermeidbare Beeinträchtigungen oder Belastungen eintreten würden.

(4) Dienstpflichtige, deren Verfügbarkeit nicht innerhalb der letzten zwei Jahre vor der Einberufung festgestellt worden ist, sind vor der Einberufung zu hören.

(5) [1] Im Einberufungsbescheid sind Ort und Zeit des Diensteintritts sowie die Dauer des zu leistenden Zivildienstes anzugeben. [2] Auf die strafrechtlichen Folgen des Ausbleibens soll hingewiesen werden.

(6) [1] Der Einberufungsbescheid soll mindestens vier Wochen vor dem Einberufungstermin ergehen. [2] Dies gilt nicht in den Fällen des Absatzes 1 Satz 2.

§ 19a Verlegung des ständigen Aufenthaltes. (1) Die Wehrpflicht erlischt oder ruht nicht, wenn anerkannte Kriegsdienstverweigerer ihren ständigen Aufenthalt

1. während des Zivildienstes aus der Bundesrepublik Deutschland hinausverlegen,
2. ohne die nach § 23 Abs. 4 erforderliche Genehmigung aus der Bundesrepublik Deutschland hinausverlegen oder
3. aus der Bundesrepublik Deutschland hinausverlegen, ohne diesen zu verlassen.

(2) Verlegen anerkannte Kriegsdienstverweigerer ihren ständigen Aufenthalt ohne die nach § 23 Abs. 4 erforderliche Genehmigung aus der Bundesrepublik Deutschland hinaus, so werden sie zum Zivildienst nach den Vorschriften dieses Gesetzes herangezogen.

§ 20[1)] Vernehmung von Zeuginnen, Zeugen und Sachverständigen. [1] Ist für die Überprüfung der Verfügbarkeit des anerkannten Kriegsdienstverweigerers die Vernehmung von Zeuginnen, Zeugen oder Sachverständigen erforderlich, kann das Amtsgericht, in dessen Bezirk diese ihren Wohnsitz oder Aufenthalt haben, um deren Vernehmung ersucht werden. [2] Hierbei sind die Tatsachen anzugeben, über welche die Vernehmung erfolgen soll. [3] Die Vorschriften des Gerichtsverfassungsgesetzes[2)] über die Rechtshilfe (§§ 156 ff.) und die Vorschriften der Zivilprozessordnung[3)] finden entsprechende Anwendung. [4] Die Beeidigung von Zeuginnen, Zeugen oder Sachverständigen liegt im Ermessen des Amtsgerichts. [5] Dieses entscheidet auch über die Rechtmäßigkeit der Verweigerung des Zeugnisses, des Gutachtens oder der Eidesleistung; die Entscheidung kann nicht angefochten werden.

§ 21 Widerruf des Einberufungsbescheides. [1] Wird nach Zustellung des Einberufungsbescheides festgestellt, dass der anerkannte Kriegsdienstverweigerer nicht verfügbar ist, so ist der Einberufungsbescheid zu widerrufen. [2] Der Widerrufsbescheid ist schriftlich zu erteilen und zuzustellen.

§ 22 Anrechnung anderen Dienstes. [1] Geleisteter Wehrdienst und aufgrund der Grenzschutzdienstpflicht geleisteter Grenzschutzdienst werden auf den Zivil-

---

[1)] § 20 Überschrift und Satz 1 neu gef., Satz 2 eingef., bish. Sätze 2–4 werden Sätze 3–5 und neuer Satz 4 geänd. mWv 1.1.2010 durch G v. 14. 6. 2009 (BGBl. I S. 1229).

[2)] **Habersack Nr. 95.**

[3)] **Habersack Nr. 100.**

dienst angerechnet.[1] ²Dies gilt nicht für Tage, an denen ein Dienstpflichtiger infolge

1. schuldhafter Abwesenheit vom Dienst,
2. schuldhafter Dienstverweigerung,
3. Aussetzung der Vollziehung des Einberufungsbescheides,
4. Beurlaubung unter Wegfall der Geld- und Sachbezüge, soweit diese Tage ohne die Anerkennung als Kriegsdienstverweigerer hätten nachgedient werden müssen,
5. Verbüßung von Freiheitsstrafe, Strafarrest, Jugendstrafe, Jugendarrest oder Disziplinararrest, soweit diese Tage ohne die Anerkennung als Kriegsdienstverweigerer hätten nachgedient werden müssen, oder
6. einer während des Dienstes erlittenen Untersuchungshaft, der eine rechtskräftige Verurteilung gefolgt ist,

keinen Dienst geleistet hat.

§ 22a[2] Anrechnung von Wehr- und Zivildienst anderer Staaten. (1) ¹Das Bundesministerium für Bildung, Familie, Senioren, Frauen und Jugend kann im Einzelfall außerhalb der Bundeswehr geleisteten Wehrdienst oder anstelle des Wehrdienstes geleisteten anderen Dienst auf den Zivildienst nach diesem Gesetz ganz oder zum Teil anrechnen. ²Der Wehrdienst oder der anstelle des Wehrdienstes geleistete andere Dienst soll angerechnet werden, wenn er auf Grund gesetzlicher Vorschriften geleistet worden ist; dies gilt auch, wenn das Bundesministerium der Verteidigung dem Dienst außerhalb der Bundeswehr zugestimmt hat.

(2) ¹Das Bundesministerium für Bildung, Familie, Senioren, Frauen und Jugend kann die in Absatz 1 genannte Befugnis auf das Bundesamt übertragen. ²Anträge auf Anrechnung von Wehrdienst, der außerhalb der Bundeswehr geleistet worden ist, sowie von anderem Dienst, der anstelle des Wehrdienstes geleistet worden ist, sind beim Bundesamt zu stellen, das zum Nachweis eine Versicherung des Dienstpflichtigen an Eides statt verlangen kann.

§ 23[3] Zivildienstüberwachung. (1) ¹Die anerkannten Kriegsdienstverweigerer unterliegen der Zivildienstüberwachung. ²Diese endet mit Ablauf des Jahres, in dem sie das 32. Lebensjahr vollendet haben.

(2) ¹Während der Zivildienstüberwachung haben die anerkannten Kriegsdienstverweigerer dem Bundesamt binnen einer Woche jede Änderung ihrer Wohnung zu melden, es sei denn, sie sind innerhalb dieser Frist ihrer allgemeinen Melde-

---

[1] Gem. Beschl. des BVerfG v. 21.6.1988 – 2 BvL 6/86 – (BGBl. I S. 2094) ist § 22 Satz 1 mit Art. 12a Abs. 2 Satz 2 GG (Nr. **1**) insoweit unvereinbar und nichtig, als er bestimmt, dass bei gedienten Wehrpflichtigen, die nach Ableistung des Grundwehrdienstes den Kriegsdienst mit der Waffe aus Gewissensgründen verweigern, der Grundwehrdienst im Verhältnis 1:1 auf den Zivildienst angerechnet wird.

[2] § 22a Abs. 1 Satz 1, Abs. 2 Satz 1 geänd. mWv 1.1.2026 durch G v. 22.12.2025 (BGBl. 2025 I Nr. 370).

[3] § 23 Abs. 2 Satz 2 Nr. 1 aufgeh., bish. Nr. 2–4 werden Nr. 1–3, Abs. 6 Satz 1 einl. Satzteil und Nr. 4 geänd., Abs. 7 aufgeh. mWv 9.8.2008 durch G v. 31.7.2008 (BGBl. I S. 1629); Abs. 5 geänd. mWv 1.1. 2010 durch G v. 14. 6. 2009 (BGBl. I S. 1229); Abs. 2 Satz 2 Nr. 2 geänd. mWv 1.12.2010 durch G v. 31. 7. 2010 (BGBl. I S. 1052); Abs. 2 Satz 1 geänd. mWv 1.11.2015 durch G v. 3. 5. 2013 (BGBl. I S. 1084, geänd. durch G v. 20. 11. 2014, BGBl. I S. 1738); Abs. 4 Satz 5 und Abs. 5 geänd. mWv 1.1.2026 durch G v. 22.12.2025 (BGBl. 2025 I Nr. 370).

pflicht nach § 17 des Bundesmeldegesetzes[1)] nachgekommen. [2] Ferner haben die anerkannten Kriegsdienstverweigerer dem Bundesamt unverzüglich zu melden

1. den Eintritt von Tatsachen, die eine Zivildienstausnahme nach den §§ 8, 9, 10 Abs. 1, § 11 Abs. 1 und 3, §§ 14 bis 14b sowie § 15 begründen,
2. den vorzeitigen Wegfall der Voraussetzungen einer Zurückstellung,
3. den Abschluss und einen Wechsel ihrer beruflichen Ausbildung sowie einen Wechsel ihres Berufes, wenn sie für besondere Aufgaben im Zivildienst vorgesehen sind.

[3] Die anerkannten Kriegsdienstverweigerer haben Vorsorge zu treffen, dass Mitteilungen des Bundesamtes sie ohne Verzögerung erreichen können.

(3) [1] Die Wehrersatzbehörde teilt dem Bundesamt die ihr von den Meldebehörden nach § 24a des Wehrpflichtgesetzes[2)] übermittelten Daten der Personen, die nicht der Wehrüberwachung unterliegen, zum Zweck der Zivildienstüberwachung mit. [2] Das Bundesamt löscht die Daten, die hierzu nicht erforderlich sind.

(4) [1] Während der Zivildienstüberwachung haben anerkannte Kriegsdienstverweigerer ferner eine Genehmigung des Bundesamtes einzuholen, wenn sie die Bundesrepublik Deutschland länger als drei Monate verlassen wollen, ohne dass die Voraussetzungen des § 1 Abs. 2 des Wehrpflichtgesetzes bereits vorliegen. [2] Sie haben eine Genehmigung auch dann einzuholen, wenn sie über einen genehmigten Zeitraum hinaus außerhalb der Bundesrepublik Deutschland verbleiben wollen oder einen nicht genehmigungspflichtigen Aufenthalt außerhalb der Bundesrepublik Deutschland über drei Monate ausdehnen wollen. [3] Die Genehmigung ist für den Zeitraum zu erteilen, in dem der anerkannte Kriegsdienstverweigerer für eine Einberufung zum Zivildienst nicht heransteht. [4] Über diesen Zeitraum hinaus ist sie zu erteilen, soweit die Versagung für den anerkannten Kriegsdienstverweigerer eine besondere – im Verteidigungsfall eine unzumutbare – Härte bedeuten würde; § 13 Abs. 1 ist entsprechend anzuwenden. [5] Das Bundesministerium für Bildung, Familie, Senioren, Frauen und Jugend kann Ausnahmen von der Genehmigungspflicht zulassen.

(5) Wenn anerkannte Kriegsdienstverweigerer Zivildienst von der in § 24 Abs. 2 Satz 1 bezeichneten Dauer geleistet haben, obliegen ihnen die in Absatz 2 Satz 2 Nr. 1 bis 3 genannten Pflichten nur, soweit dies das Bundesministerium für Bildung, Familie, Senioren, Frauen und Jugend zur Sicherung des Zivildienstes im Verteidigungsfall anordnet.

(6) [1] Von den in den Absätzen 2 und 4 bezeichneten Pflichten sind diejenigen anerkannten Kriegsdienstverweigerer befreit, die

1. nicht zivildienstfähig sind,
2. vom Zivildienst dauernd ausgeschlossen sind,
3. vom Zivildienst befreit sind,
4. wegen einer der in den §§ 14 bis 15a bezeichneten Zivildienstausnahmen nicht zum Zivildienst herangezogen werden, solange sie für eine Einberufung nicht in Betracht kommen.

[2] Dies gilt nicht für die Meldung der die Zivildienstausnahmen begründenden Tatsachen.

(7) (aufgehoben)

---

1) Nr. **256**.
2) Nr. **620**.

(8) Für die Aufenthaltsfeststellung von anerkannten Kriegsdienstverweigerern während der Zivildienstüberwachung gilt § 24b des Wehrpflichtgesetzes entsprechend.

§ 23a[1)] Zuführung. [1]Die Polizei kann ersucht werden, Dienstpflichtige, die ihrer Einberufung oder einem Umwandlungsbescheid nach § 19 Abs. 2 unentschuldigt nicht Folge leisten, der im Einberufungsbescheid oder Umwandlungsbescheid bezeichneten Stelle zuzuführen. [2]Die Polizei ist befugt, zum Zweck der Zuführung die Wohnung und andere Räume des Dienstpflichtigen zu betreten und nach ihm zu suchen. [3]Das Gleiche gilt, außer zur Nachtzeit, für andere Wohnungen und Räume, wenn sich der Dienstpflichtige einem unmittelbar bevorstehenden Zugriff der Polizei durch Betreten solcher Wohnungen und Räume entzieht. [4]Maßnahmen nach den Sätzen 2 und 3 bedürfen einer durch das Bundesamt einzuholenden richterlichen Anordnung. [5]Dabei kann das Gericht von einer vorherigen Anhörung des Dienstpflichtigen oder Wohnungsinhabers absehen, wenn es dies für erforderlich hält, um den Zweck der Maßnahme nicht zu gefährden. [6]Personen, die Mitgewahrsam an der Wohnung des Dienstpflichtigen haben, haben das Betreten und Durchsuchen der Wohnung und anderer Räume zu dulden. [7]Unbillige Härten gegenüber Mitgewahrsamsinhabern sind zu vermeiden. [8]Die Anordnung ist bei der Durchsuchung vorzuzeigen. [9]Für die richterliche Anordnung einer Durchsuchung ist das Verwaltungsgericht zuständig, in dessen Bezirk die Durchsuchung vorgenommen werden soll. [10]Das Grundrecht der Unverletzlichkeit der Wohnung (Artikel 13 des Grundgesetzes[2)]) wird insoweit eingeschränkt.

Abschnitt 4.[3)] Rechtsstellung der Dienstpflichtigen

§ 24[4)] Dauer des Zivildienstes. (1) [1]Zivildienst leisten Dienstpflichtige, die zu dem für den Dienstbeginn festgesetzten Zeitpunkt das 23. Lebensjahr noch nicht vollendet haben. [2]Abweichend von Satz 1 leisten Zivildienst Dienstpflichtige, die zu dem für den Dienstbeginn festgesetzten Zeitpunkt das 25. Lebensjahr noch nicht vollendet haben, wenn sie

1. wegen einer Zurückstellung nach § 11 nicht vor Vollendung des 23. Lebensjahres zum Zivildienst herangezogen werden konnten und der Zurückstellungsgrund entfallen ist,
2. wegen einer Verpflichtung zur Leistung eines anderen Dienstes im Ausland (§ 14b), wegen einer Verpflichtung zur Leistung eines freiwilligen Jahres (§ 14c) oder wegen der Ableistung eines freien Arbeitsverhältnisses (§ 15a) nicht bis zur Vollendung des 24. Lebensjahres zum Zivildienst herangezogen werden konnten,
3. wegen eines ungenehmigten Auslandsaufenthaltes (§ 23 Abs. 4) nicht bis zur Vollendung des 23. Lebensjahres zum Zivildienst herangezogen werden konnten oder
4. nach § 44 Abs. 2 als aus dem Zivildienst entlassen gelten und nach Absatz 4 eine Nachdienverpflichtung zu erfüllen haben,

---

[1)] § 23a neu gef. mWv 9.8.2008 durch G v. 31. 7. 2008 (BGBl. I S. 1629).

[2)] Nr. **1**.

[3)] Abschnitt 4 Überschrift neu gef. mWv 26.11.2019 durch G v. 20.11.2019 (BGBl. I S. 1626).

[4)] § 24 Abs. 1 Satz 2 Nr. 4 geänd., Nr. 5 angef. mWv 9.8.2008 durch G v. 31.7.2008 (BGBl. I S. 1629); Abs. 1 Satz 3 Nr. 2 und Abs. 2 Satz 1 geänd., Abs. 2 Satz 2 neu gef., Sätze 3 und 4, Abs. 3 aufgeh., bish. Abs. 4 wird Abs. 3 mWv 1.12.2010 durch G v. 31. 7. 2010 (BGBl. I S. 1052).

5. wegen Aussetzung der Vollziehung des Einberufungsbescheides oder der Anordnung der aufschiebenden Wirkung des Widerspruchs oder der Klage nicht vor Vollendung des 23. Lebensjahres zum Zivildienst herangezogen werden konnten.

[3] Abweichend von den Sätzen 1 und 2 leisten Zivildienst Dienstpflichtige, die zu dem für den Dienstbeginn festgesetzten Zeitpunkt

1. das 32. Lebensjahr noch nicht vollendet haben, wenn sie wegen ihrer beruflichen Ausbildung während des Grundwehrdienstes vorwiegend militärfachlich verwendet worden wären oder verwendet worden sind, oder
2. das 28. Lebensjahr noch nicht vollendet haben, wenn sie wegen einer Verpflichtung zur Leistung eines Dienstes als Helfer im Zivilschutz oder Katastrophenschutz (§ 14) oder wegen einer Verpflichtung zur Leistung eines Entwicklungsdienstes (§ 14a) vor Vollendung des 23. Lebensjahres nicht zum Zivildienst herangezogen worden sind.

[4] Bei Dienstpflichtigen, die wegen eines Anerkennungsverfahrens nach den Vorschriften des Kriegsdienstverweigerungsgesetzes[1)] nicht mehr vor Vollendung des 23. Lebensjahres oder vor Eintritt einer bis dahin bestehengebliebenen Wehrdienstausnahme zum Grundwehrdienst einberufen werden konnten, verlängert sich der Zeitraum, innerhalb dessen Zivildienst zu leisten ist, um die Dauer des Anerkennungsverfahrens, nicht jedoch über die Vollendung des 25. Lebensjahres hinaus. [5] § 79 Nr. 1 bleibt unberührt.

(2) [1] Die Dauer des Zivildienstes entspricht der Dauer des Grundwehrdienstes (§ 5 Absatz 2 des Wehrpflichtgesetzes[2)]). [2] Die §§ 41a und 79 Nr. 1 bleiben unberührt.

(3) Tage, an denen ein Dienstpflichtiger während des Zivildienstverhältnisses infolge

1. schuldhafter Abwesenheit vom Zivildienst,
2. schuldhafter Dienstverweigerung,
3. Aussetzung der Vollziehung des Einberufungsbescheides,
4. Verbüßung von Freiheitsstrafe, Strafarrest, Jugendstrafe oder Jugendarrest oder
5. Untersuchungshaft, der eine rechtskräftige Verurteilung gefolgt ist,

keinen Dienst geleistet hat, sind nachzudienen.

§ 25 Beginn des Zivildienstes. Das Zivildienstverhältnis beginnt mit dem Zeitpunkt, der im Einberufungsbescheid für den Diensteintritt des Dienstpflichtigen oder im Umwandlungsbescheid für die Umwandlung nach § 19 Abs. 2 festgesetzt ist.

§ 25a[3)] Einweisung in der Dienststelle. (1) [1] Die Dienstleistenden werden zu Beginn ihres Dienstes in ihrer Dienststelle in die Tätigkeit, für die sie vorgesehen sind, eingewiesen (Einweisungsdienst). [2] Im Einweisungsdienst sind den Dienstleistenden die Kenntnisse und Fertigkeiten zu vermitteln, die sie für die vorgesehene Tätigkeit benötigen. [3] Die Dauer des Einweisungsdienstes richtet sich nach der Art der Tätigkeit und der Vorbildung der Dienstleistenden. [4] Bei pflegenden und betreuenden Tätigkeiten beträgt sie in der Regel mindestens vier Wochen. [5] Den

---

[1)] Nr. **626**.
[2)] Nr. **620**.
[3)] § 25a neu gef. mWv 1.1.2010 durch G v. 14. 6. 2009 (BGBl. I S. 1229).

Dienstleistenden darf die Tätigkeit, für die sie vorgesehen sind, erst nach Beendigung des Einweisungsdienstes übertragen werden.

(2) Bei einer Änderung der Art der Tätigkeit des Dienstleistenden gilt Absatz 1 entsprechend.

§ 25b[1)] Einführung und Begleitung. (1) [1] Die Dienstleistenden sind zu Beginn ihrer Dienstzeit in einem eintägigen Seminar über ihre Rechte und Pflichten als Dienstleistende sowie die ihnen zustehenden Geld- und Sachbezüge zu informieren. [2] Darüber hinaus sind sie verpflichtet, während ihrer Dienstzeit an

1. einem viertägigen Seminar zur politischen Bildung und
2. einem Seminar zu speziellen Fachthemen, soweit dies erforderlich ist,

teilzunehmen.

(2) [1] Außerdem sind die Dienstleistenden berechtigt, an

1. einem einwöchigen Seminar zur Vertiefung der im Dienst erworbenen persönlichen und sozialen Kompetenzen sowie
2. einem dienstlichen Erfahrungsaustausch, der ihnen die Gelegenheit gibt, das im Dienst Erlebte zu reflektieren,

teilzunehmen. [2] Das Reflexionsangebot gemäß Satz 1 Nr. 2 kann einmalig als dreitägiges Seminar oder dienstbegleitend halb- oder ganztägig in regionalen Gruppen durchgeführt werden.

(3) [1] Mit der Durchführung der in Absatz 1 Satz 2 Nr. 2 genannten Seminare sowie der in Absatz 2 genannten Veranstaltungen können Beschäftigungsstellen und Verbände, denen Beschäftigungsstellen angehören, mit ihrem Einverständnis beauftragt werden. [2] Werden Stellen der Länder beauftragt, handeln diese im Auftrag des Bundes. [3] Die Kosten der Seminare können in angemessenem Umfang erstattet werden. [4] Das Bundesministerium für Bildung, Familie, Senioren, Frauen und Jugend kann einheitliche Erstattungssätze festsetzen.

(4) [1] Bei dem Seminar nach Absatz 1 Satz 2 Nr. 1 darf die Behandlung politischer Fragen nicht auf die Darlegung einer einseitigen Meinung beschränkt werden. [2] Das Gesamtbild des Unterrichts ist so zu gestalten, dass die Dienstleistenden nicht zugunsten oder zuungunsten einer bestimmten politischen Richtung beeinflusst werden.

(5) [1] Die Dienstleistenden sind während der Teilnahme an mehrtägigen Seminaren in einer dienstlichen Unterkunft unterzubringen. [2] § 19 Abs. 3 Satz 1 gilt entsprechend.

§ 25c Staatsbürgerliche Rechte. [1] Der Dienstleistende hat die gleichen staatsbürgerlichen Rechte wie jeder andere Staatsbürger. [2] Seine Rechte werden im Rahmen der Erfordernisse des Zivildienstes durch seine gesetzlich begründeten Pflichten beschränkt.

§ 26 Achtung der demokratischen Grundordnung. Der Dienstleistende hat die freiheitliche demokratische Grundordnung im Sinne des Grundgesetzes[2)] in seinem gesamten Verhalten zu achten.

[1)] § 25b neu gef. mWv 1.1.2010 durch G v. 14. 6. 2009 (BGBl. I S. 1229); Abs. 3 Satz 4 geänd. mWv 1.1.2026 durch G v. 22.12.2025 (BGBl. 2025 I Nr. 370).

[2)] Nr. **1**.

§ 27 Grundpflichten. (1) [1]Der Dienstleistende hat seinen Dienst gewissenhaft zu erfüllen. [2]Er hat sich in die Gemeinschaft, in der er seinen Dienst ableistet, einzufügen. [3]Er darf durch sein Verhalten den Arbeitsfrieden und das Zusammenleben innerhalb der Dienststellen nicht gefährden.

(2) Außer Dienst hat sich der Dienstleistende außerhalb der dienstlichen Unterkünfte so zu verhalten, dass er das Ansehen des Zivildienstes oder der Beschäftigungsstelle, bei der er seinen Dienst leistet, nicht ernsthaft beeinträchtigt.

(3) Er muss die mit dem Dienst verbundenen Gefahren auf sich nehmen, insbesondere wenn es zur Rettung anderer aus Lebensgefahr oder zur Abwendung von Schäden, die der Allgemeinheit drohen, erforderlich ist.

(4) Er hat sich ausbilden zu lassen, wenn es die Zwecke des Zivildienstes erfordern.

§ 28[1] Verschwiegenheit. (1) [1]Der Dienstpflichtige hat, auch nach seinem Ausscheiden aus dem Zivildienst, über die ihm bei seiner dienstlichen Tätigkeit bekannt gewordenen Angelegenheiten Verschwiegenheit zu bewahren. [2]Dies gilt nicht für Mitteilungen im dienstlichen Verkehr oder über Tatsachen, die offenkundig sind oder ihrer Bedeutung nach keiner Geheimhaltung bedürfen.

(2) [1]Der Dienstpflichtige darf ohne Genehmigung über solche Angelegenheiten weder vor Gericht noch außergerichtlich aussagen oder Erklärungen abgeben. [2]Die §§ 66 und 67 des Bundesbeamtengesetzes[2] finden entsprechende Anwendung mit der Maßgabe, dass über die Versagung der Genehmigung das Bundesministerium für Bildung, Familie, Senioren, Frauen und Jugend entscheidet.

(3) Unberührt bleibt die gesetzlich begründete Pflicht des Dienstpflichtigen, Straftaten anzuzeigen.

§ 29 Politische Betätigung. (1) [1]Der Dienstleistende darf sich im Dienst nicht zu Gunsten oder zu Ungunsten einer politischen Richtung betätigen. [2]Das Recht, im Gespräch mit anderen seine Meinung zu äußern, bleibt unberührt.

(2) [1]Innerhalb der dienstlichen Unterkünfte und Anlagen darf die freie Meinungsäußerung während der Freizeit das Zusammenleben in der Gemeinschaft nicht stören. [2]Der Dienstleistende darf dort insbesondere nicht als Werber für eine politische Gruppe wirken, indem er Ansprachen hält, Schriften verteilt oder als Vertreter einer politischen Organisation arbeitet. [3]Die gegenseitige Achtung darf nicht gefährdet werden.

§ 30[3] Dienstliche Anordnungen. (1) [1]Der Dienstleistende hat die dienstlichen Anordnungen der Vorgesetzten zu befolgen. [2]Vorgesetzte sind die Präsidentin oder der Präsident des Bundesamtes, die Leitung der Dienststelle sowie die Personen einschließlich anderer Dienstleistender, die mit Aufgaben der Leitung und Aufsicht beauftragt sind. [3]Die Beauftragung muss dem Dienstleistenden bekannt gemacht worden sein.

(2) Erhebt der Dienstleistende Bedenken gegen die Rechtmäßigkeit einer dienstlichen Anordnung und wird die Anordnung aufrechterhalten, so hat er sie zu befolgen, es sei denn, dass sie nicht zu dienstlichen Zwecken erteilt ist oder die

---

[1] § 28 Abs. 2 Satz 2 geänd. mWv 12.2.2009 durch G v. 5. 2. 2009 (BGBl. I S. 160); Abs. 2 Satz 2 geänd. mWv *1.1.2026* durch G v. 22.12.2025 (BGBl. 2025 I Nr. 370).

[2] Nr. **160.**

[3] § 30 Abs. 1 Satz 1 neu gef., Satz 2 eingef., bish. Satz 2 wird Satz 3 mWv 1.1.2010 durch G v. 14. 6. 2009 (BGBl. I S. 1229).

Menschenwürde verletzt oder dass durch das Befolgen eine Straftat oder eine Ordnungswidrigkeit begangen würde.

(3) Befolgt der Dienstleistende eine dienstliche Anordnung, so ist er von der eigenen Verantwortung befreit, sofern nicht die Ausführung der Anordnung strafbar oder ordnungswidrig ist und die Strafbarkeit oder die Ordnungswidrigkeit entweder von ihm erkannt wird oder nach den ihm bekannten Umständen offensichtlich ist.

§ 30a[1)] Pflichten der Vorgesetzten. [1] Vorgesetzte sind für die ihnen unterstellten Dienstleistenden verantwortlich. [2] Sie haben die Pflicht zur Dienstaufsicht. [3] Dienstliche Anordnungen dürfen sie nur zu dienstlichen Zwecken und nur unter Beachtung der Gesetze und der Dienstvorschriften erteilen.

§ 31 Dienstliche Unterkunft; Gemeinschaftsverpflegung. [1] Der Dienstleistende ist auf dienstliche Anordnung verpflichtet, in einer dienstlichen Unterkunft zu wohnen und an einer Gemeinschaftsverpflegung teilzunehmen. [2] Dienstliche Unterkunft ist jede vom Bundesamt oder einer Dienststelle zugewiesene Unterkunft.

§ 32[2)] Arbeitszeit; innerer Dienstbetrieb. (1) [1] Die Arbeitszeit des Dienstleistenden richtet sich nach den Vorschriften, die an dem ihm zugewiesenen Arbeitsplatz für vergleichbare Beschäftigte gelten oder gelten würden. [2] Soweit solche Vorschriften nicht bestehen, finden die für Bundesbeamte geltenden Vorschriften[3)] über die Arbeitszeit entsprechende Anwendung.

(2) Außerhalb der nach Absatz 1 geltenden Arbeitszeit hat der Dienstleistende am Dienstunterricht teilzunehmen und die Aufgaben zu übernehmen, die sich aus der dienstlichen Unterbringung ergeben oder die sonst zur Durchführung des Dienstes erforderlich sind (innerer Dienstbetrieb).

(3) Die Inanspruchnahme des Dienstleistenden nach Absatz 2 soll zwei Stunden täglich nicht überschreiten.

§ 32a Verwendung bei Arbeitskämpfen. Während der Dauer eines Arbeitskampfes, durch den die Beschäftigungsstelle unmittelbar betroffen ist, darf der Dienstleistende nicht mit einer Tätigkeit beschäftigt werden, die in der Beschäftigungsstelle infolge des Arbeitskampfes nicht ausgeübt wird.

§ 33 Nebentätigkeit. (1) Der Dienstleistende bedarf zur Ausübung einer Nebentätigkeit der Genehmigung; diese darf nur versagt werden, wenn die Nebentätigkeit die Dienstleistung gefährdet oder den dienstlichen Erfordernissen zuwiderläuft.

(2) [1] Keiner Genehmigung bedarf die Verwaltung eigenen oder der eigenen Nutznießung unterliegenden Vermögens sowie eine schriftstellerische, wissenschaftliche, künstlerische oder Vortragstätigkeit. [2] Diese Tätigkeiten können untersagt werden, soweit sie die Dienstleistung gefährden oder den dienstlichen Erfordernissen zuwiderlaufen.

§ 34[4)] Haftung. (1) [1] Verletzt ein Dienstleistender vorsätzlich oder grob fahrlässig die ihm obliegenden Pflichten, so hat er dem Dienstherrn, dessen Aufgaben

---

[1)] § 30a neu gef. mWv 1.1.2010 durch G v. 14. 6. 2009 (BGBl. I S. 1229).
[2)] § 32 Abs. 1 Satz 1 geänd. mWv 1.1.2010 durch G v. 14. 6. 2009 (BGBl. I S. 1229).
[3)] Siehe die ArbeitszeitVO (Nr. **170**).
[4)] § 34 Abs. 2 Satz 2 und Abs. 3 geänd. mWv 1.1.2010 durch G v. 14. 6. 2009 (BGBl. I S. 1229).

er wahrgenommen hat, den daraus entstehenden Schaden zu ersetzen. [2] Haben mehrere Dienstleistende gemeinsam den Schaden verursacht, so haften sie als Gesamtschuldner.

(2) [1] Ansprüche nach Absatz 1 verjähren in drei Jahren von dem Zeitpunkt an, in dem der Dienstherr von dem Schaden und der Person des Ersatzpflichtigen Kenntnis erlangt hat, ohne Rücksicht auf diese Kenntnis in zehn Jahren von der Begehung der Handlung an. [2] Hat der Dienstherr einer dritten Person Schadenersatz geleistet, so tritt an die Stelle des Zeitpunktes, in dem der Dienstherr von dem Schaden Kenntnis erlangt, der Zeitpunkt, in dem der Ersatzanspruch der dritten Person dieser gegenüber vom Dienstherrn anerkannt oder dem Dienstherrn gegenüber rechtskräftig festgestellt worden ist.

(3) Leistet der Dienstleistende dem Dienstherrn Ersatz und hat dieser einen Ersatzanspruch gegen eine dritte Person, so geht der Ersatzanspruch auf den Dienstleistenden über.

§ 35[1)] Fürsorge; Geld- und Sachbezüge; Reisekosten; Urlaub. (1) Auf den Dienstpflichtigen finden, soweit dieses Gesetz nichts anderes bestimmt, in Fragen der Fürsorge, der Geld- und Sachbezüge, der Reisekosten sowie des Urlaubs die Bestimmungen entsprechende Anwendung, die für einen Soldaten des untersten Mannschaftsdienstgrades, der aufgrund der Wehrpflicht Wehrdienst leistet, gelten.

(2) [1] Einem Dienstleistenden kann nach einer Dienstzeit von drei Monaten der Sold der Soldgruppe 2[2)] gewährt werden, wenn seine Eignung, Befähigung und Leistung dies rechtfertigen. [2] Einem Dienstleistenden, der Sold nach Soldgruppe 2 erhält, kann nach einer Dienstzeit von sechs Monaten bei Eignung, Befähigung und Leistung der Sold der Soldgruppe 3[2)] gewährt werden. [3] Das Bundesministerium für Bildung, Familie, Senioren, Frauen und Jugend erlässt im Einvernehmen mit dem Bundesministerium der Verteidigung und dem Bundesministerium der Finanzen Verwaltungsvorschriften zur Durchführung der Sätze 1 und 2.

(3) Verträge mit Körperschaften und Verbänden der Heilberufe zur Sicherstellung der Heilfürsorge der Dienstleistenden sowie mit öffentlichen Eisenbahnen zur Stundung von Reisekosten schließt das zuständige Bundesministerium ab.

(4) [1] Der Dienstleistende soll unentgeltlich Arbeitskleidung erhalten. [2] Er ist verpflichtet, diese bei der Arbeit und im inneren Dienstbetrieb zu tragen. [3] Ersatzansprüche für Abnutzung und etwaige Beschädigung eigener Kleidung im Dienst stehen ihm nur zu, soweit er Arbeitskleidung nicht erhalten hatte oder diese zu tragen nicht verpflichtet war.

(5) [1] Sind bei einem während der Ausübung des Zivildienstes erlittenen Unfall Gegenstände, die der Dienstleistende mit sich geführt hat, beschädigt oder zerstört worden oder abhanden gekommen, so kann dafür Ersatz geleistet werden. [2] Sind durch die erste Hilfeleistung nach dem Unfall besondere Kosten entstanden, so ist dem Dienstleistenden der nachweisbar notwendige Aufwand zu ersetzen. [3] Ersatz für beschädigte, zerstörte oder abhanden gekommene eigene Kleidungsstücke des Dienstleistenden wird nach den Sätzen 1 und 2 nur unter den Voraussetzungen des Absatzes 4 Satz 3 geleistet. [4] Die Sätze 1 bis 3 finden auch auf andere Unfälle Anwendung, die einen Anspruch auf Entschädigung nach dem Vierzehnten

---

[1)] *§ 35 Abs. 5 Satz 4* geänd., Abs. 9 und 10 angef. mWv 1.1.2024 durch G v. 12.12.2019 (BGBl. I S. 2652); Abs. 2 Satz 3, Abs. 9 Satz 2 geänd. mWv 1.1.2026 durch G v. 22.12.2025 (BGBl. 2025 I Nr. 370).

[2)] Siehe das WehrsoldG **(Sartorius III Nr. 862)**.

Buch[1] *Sozialgesetzbuch*[2] begründen. [5]§ 50 Abs. 5 findet entsprechende Anwendung.

(6) (weggefallen)

(7) Beim Tode des Dienstleistenden werden die Vorschriften des § 17 des Beamtenversorgungsgesetzes[3] über die Bezüge für den Sterbemonat entsprechend angewandt.

(8) [1]Stirbt ein Dienstpflichtiger während des Dienstverhältnisses an den Folgen einer Zivildienstbeschädigung, so erhalten die Eltern oder Adoptiveltern, wenn sie mit dem Verstorbenen zur Zeit des Todes in häuslicher Gemeinschaft gelebt haben, ein Sterbegeld, dessen Höhe den Vorschriften für wehrpflichtige Soldaten entspricht. [2]§ 50 Abs. 5 findet entsprechende Anwendung.

(9) [1]In Angelegenheiten des § 35 Absatz 5 und 8 sind die §§ 60 bis 62 sowie die §§ 65 bis 67 des Ersten Buches Sozialgesetzbuch[4] und das Zehnte Buch Sozialgesetzbuch[5] entsprechend anzuwenden. [2]Die Durchführung obliegt dem Bundesministerium für Bildung, Familie, Senioren, Frauen und Jugend und der von diesem bestimmten Stelle.

(10) Bei Streitigkeiten in Angelegenheiten des § 35 Absatz 5 und 8 ist der Rechtsweg vor den Gerichten der Sozialgerichtsbarkeit gegeben.

§ 36[6] Personalakten und Beurteilungen. (1) [1]Über jeden Dienstpflichtigen ist eine Personalakte zu führen. [2]Sie ist vertraulich zu behandeln und durch technische und organisatorische Maßnahmen nach den Artikeln 24, 25 und 32 der Verordnung (EU) 2016/679[7] des Europäischen Parlaments und des Rates vom 27. April 2016 zum Schutz natürlicher Personen bei der Verarbeitung personenbezogener Daten, zum freien Datenverkehr und zur Aufhebung der Richtlinie 95/46/EG (Datenschutz-Grundverordnung) (ABl. L 119 vom 4.5.2016, S. 1; L 314 vom 22.11.2016, S. 72; L 127 vom 23.5.2018, S. 2) in der jeweils geltenden Fassung vor unbefugter Einsichtnahme zu schützen. [3]Zur Personalakte gehören alle Unterlagen einschließlich der in Dateisystemen gespeicherten Daten, die den Dienstpflichtigen betreffen, soweit sie mit seinem Dienstverhältnis in einem unmittelbaren inneren Zusammenhang stehen (Personalaktendaten); hierzu gehören auch die die Feststellung der Tauglichkeit betreffenden Unterlagen aus der Tauglichkeitsakte. [4]Nicht Bestandteil der Personalakte sind Unterlagen, die besonderen, von der Person und dem Dienstverhältnis sachlich zu trennenden Zwecken dienen, insbesondere Unterlagen über die Abrechnung ärztlicher Untersuchungen und Behandlungen; Zugang zu Letzteren haben nur der ärztliche Dienst und das für die Heilfürsorge zuständige Personal. [5]Personalaktendaten dürfen ohne Einwilligung des Dienstpflichtigen nur verarbeitet werden:

1. für die Durchführung dieses Gesetzes,

---

[1] **Sartorius III Nr. 600.**

[2] Änderungsanweisung unvollständig.

[3] Nr. **155.**

[4] **Sartorius ErgBd. Nr. 401.**

[5] **Sartorius ErgBd. Nr. 410.**

[6] § 36 Abs. 1 Satz 3, Abs. 3 Sätze 2, 3, 6 und 7, Abs. 6 Satz 2 und Abs. 7 Satz 2 geänd. mWv 1.1.2010 durch G v. 14. 6. 2009 (BGBl. I S. 1229); Abs. 1 Satz 1 neu gef., Satz 2 eingef., bish. Satz 2 wird Satz 3 und geänd., bish. Satz 3 wird Satz 4, bish. Satz 4 wird Satz 5 und neu gef., Satz 6 angef., Abs. 5 Satz 3 geänd., Satz 4 und Abs. 6–8 neu gef., Abs. 9 angef. mWv 26.11.2019 durch G v. 20.11.2019 (BGBl. I S. 1626); Abs. 3 Sätze 2 und 3, Abs. 9 einl. Satzteil geänd. mWv 1.1.2026 durch G v. 22.12.2025 (BGBl. 2025 I Nr. 370).

[7] Nr. **246.**

2. für die Einleitung und Durchführung eines Verfahrens zur Rücknahme oder zum Widerruf der Anerkennung als Kriegsdienstverweigerer.

[6] Satz 5 gilt auch für die Verarbeitung von Personalaktendaten in Dateisystemen.

(2) [1] Personenbezogene Daten über Dienstpflichtige dürfen nur erhoben werden, soweit dies zur Begründung, Durchführung, Beendigung oder Abwicklung des Dienstverhältnisses oder zur Durchführung organisatorischer, personeller und sozialer Maßnahmen, insbesondere auch zu Zwecken der Personalplanung und des Personaleinsatzes, erforderlich ist oder eine Rechtsvorschrift dies erlaubt. [2] Fragebogen, mit denen solche personenbezogenen Daten erhoben werden, bedürfen vom 1. Januar 1994 an der Genehmigung durch die zuständige oberste Dienstbehörde.

(3) [1] Zugang zur Personalakte dürfen nur Personen haben, die für Personalangelegenheiten zuständig sind, und nur soweit dies zu Zwecken der Durchführung dieses Gesetzes erforderlich ist, sowie Personen, die mit dem in Absatz 1 genannten Rücknahme- oder Widerrufsverfahren befasst sind, und nur soweit dies zu Zwecken dieser Verfahren erforderlich ist. [2] Ohne Einwilligung des Dienstpflichtigen darf die Personalakte an andere Stellen und an Ärztinnen und Ärzte im Geschäftsbereich des Bundesministeriums für Bildung, Familie, Senioren, Frauen und Jugend weitergegeben werden, soweit dies im Rahmen der Zweckbestimmung des Dienstverhältnisses erforderlich ist. [3] Ärztinnen und Ärzten, die im Auftrag des Bundesamtes ein medizinisches Gutachten erstellen, darf die Personalakte ohne Einwilligung des Dienstpflichtigen vorgelegt werden. [4] Für Auskünfte aus der Personalakte gelten die Sätze 1 bis 3 entsprechend. [5] Soweit eine Auskunft ausreicht, ist von einer Weitergabe abzusehen. [6] Auskünfte an eine dritte Person dürfen ohne besondere gesetzliche Regelung nur mit Einwilligung des Dienstpflichtigen erteilt werden, es sei denn, dass die Abwehr einer erheblichen Beeinträchtigung des Gemeinwohls oder der Schutz berechtigter, höherrangiger Interessen der dritten Person oder die Durchführung des in Absatz 1 genannten Rücknahme- oder Widerrufsverfahrens dies erfordern. [7] Inhalt, Empfängerinnen und Empfänger der Auskunft sind dem Dienstpflichtigen schriftlich mitzuteilen. [8] Eine Pflicht zur Benachrichtigung besteht nicht, wenn die um Auskunft ersuchende Stelle gegenüber dem Bundesamt erklärt, dass die Benachrichtigung die öffentliche Sicherheit und Ordnung gefährden oder das Gemeinwohl beeinträchtigen würde. [9] Ein automatisierter Datenabruf durch andere Behörden ist unzulässig, soweit durch besondere Rechtsvorschrift nichts anderes bestimmt ist.

(4) [1] Der Dienstpflichtige ist zu Beschwerden, Behauptungen und Bewertungen, die für ihn ungünstig sind oder ihm nachteilig werden können, sowie zu Werturteilen vor deren Aufnahme in die Personalakte zu hören. [2] Seine Äußerung ist zur Personalakte zu nehmen. [3] Die Vorgänge nach den Sätzen 1 und 2 sind auf Antrag des Dienstpflichtigen nach drei Jahren aus der Personalakte zu entfernen und zu vernichten, es sei denn, sie sind in eine dienstliche Beurteilung aufgenommen worden oder unterliegen nach anderen gesetzlichen Bestimmungen einer längeren Tilgungsfrist. [4] Die Frist für die Entfernung wird regelmäßig durch Einleitung eines Straf- oder Disziplinarverfahrens gegen den Dienstpflichtigen unterbrochen.

(5) [1] Die Personalakte des Dienstpflichtigen ist nach Beendigung des Zivildienstverhältnisses so lange aufzubewahren, wie dies insbesondere zur Erfüllung der Dienstpflicht oder aus versorgungsrechtlichen Gründen erforderlich ist. [2] Sie ist spätestens bei Vollendung des 60. Lebensjahres zu vernichten, sofern sie nicht vom Bundesarchiv übernommen wird. [3] Für die in Dateisystemen gespeicherten Infor-

mationen gelten die Sätze 1 und 2 entsprechend. [4] § 12 Absatz 4 Satz 1 und 2 des Kriegsdienstverweigerungsgesetzes bleibt unberührt.

(6) [1] Das Recht des Dienstpflichtigen auf Auskunft gemäß Artikel 15 der Verordnung (EU) 2016/679 umfasst auch das Recht auf Einsicht in die vollständige Personalakte. [2] Dies gilt auch nach Beendigung des Zivildienstverhältnisses. [3] Soweit keine dienstlichen Gründe entgegenstehen, werden Kopien oder Ausdrucke aus der Personalakte angefertigt. [4] Dem Dienstpflichtigen ist auf Verlangen ein Ausdruck der Personalaktendaten zu überlassen, die zu seiner Person automatisiert gespeichert sind.

(7) [1] Der Dienstpflichtige hat ein Recht auf Auskunft auch über personenbezogene Daten über ihn, die in anderen Akten enthalten sind und für sein Dienstverhältnis verarbeitet werden, soweit gesetzlich nichts anderes bestimmt ist. [2] Das Recht auf Auskunft umfasst auch das Recht auf Einsicht in die Akten. [3] Keine Einsicht wird gewährt, soweit die anderen Akten personenbezogene Daten Dritter oder geheimhaltungsbedürftige nicht personenbezogene Daten enthalten, die mit den Daten des Dienstpflichtigen derart verbunden sind, dass eine Trennung nicht oder nur mit unverhältnismäßig großem Aufwand möglich ist.

(8) [1] Bevollmächtigten des Dienstpflichtigen ist Auskunft aus der Personalakte zu erteilen, soweit dienstliche Gründe nicht entgegenstehen. [2] Das Recht auf Auskunft umfasst auch das Recht auf Einsicht in die vollständige Personalakte. [3] Entsprechendes gilt für Hinterbliebene des Dienstpflichtigen und für Bevollmächtigte der Hinterbliebenen, wenn ein berechtigtes Interesse glaubhaft gemacht wird.

(9) Das Bundesministerium für Bildung, Familie, Senioren, Frauen und Jugend bestimmt durch Rechtsverordnung, die nicht der Zustimmung des Bundesrates bedarf, nähere Einzelheiten über

1. die Anlage und Führung der Personalakte des Dienstpflichtigen, auch für die Zeit nach der Beendigung des Zivildienstverhältnisses,
2. das Verfahren der Weitergabe, Aufbewahrung und Vernichtung oder den Verbleib der Personalakten einschließlich der Übermittlung und Löschung oder des Verbleibs der in Dateisystemen gespeicherten Informationen sowie die hieran beteiligten Stellen,
3. die Einrichtung und den Betrieb automatisierter Dateisysteme einschließlich der Zugriffsmöglichkeiten auf die gespeicherten Informationen,
4. die Erteilung von Auskünften aus der Personalakte oder aus einem automatisierten Dateisystem und
5. die Befugnis von Personen im Sinne des § 203 Absatz 1 Nummer 1 und 2 des Strafgesetzbuches[1]), die im Rahmen der unentgeltlichen ärztlichen Versorgung des Dienstpflichtigen tätig werden, vom Dienstherrn mit der Untersuchung des Dienstpflichtigen oder mit der Erstellung von Gutachten über ihn beauftragt worden sind, dem Arztgeheimnis unterliegende personenbezogene Daten zu offenbaren.

§ 36a (weggefallen)

[1]) **Habersack Nr. 85.**

§ 37[1] **Beteiligung der Dienstleistenden.** Die Beteiligung der Dienstleistenden regelt das Gesetz über den Vertrauensmann der Zivildienstleistenden vom 16. Januar 1991 (BGBl. I S. 47, 53).

§ 38 Seelsorge. [1] Der Dienstleistende hat einen Anspruch auf ungestörte Religionsausübung. [2] Die Teilnahme am Gottesdienst ist freiwillig.

§ 39[2] **Ärztliche Untersuchung.** (1) Der anerkannte Kriegsdienstverweigerer ist ärztlich zu untersuchen

1. vor der Einberufung, wenn sich Anhaltspunkte dafür ergeben, dass er nicht zivildienstfähig oder vorübergehend nicht zivildienstfähig ist; dies ist anzunehmen, wenn er wegen vorübergehender Zivildienstunfähigkeit vom Zivildienst zurückgestellt war und auf seinen Antrag, wenn seine Verfügbarkeit nicht innerhalb der letzten zwei Jahre vor der Einberufung festgestellt worden ist;
2. unverzüglich nach Dienstantritt;
3. während des Zivildienstes, wenn sich Anhaltspunkte dafür ergeben, dass er
   a) nicht zivildienstfähig oder vorübergehend nicht zivildienstfähig geworden ist oder
   b) eine Zivildienstbeschädigung erlitten hat;
4. vor der Entlassung, wenn sich Anhaltspunkte dafür ergeben, dass er eine Zivildienstbeschädigung erlitten hat, oder wenn er es beantragt.

(2) [1] Der anerkannte Kriegsdienstverweigerer hat sich zu einer angeordneten Untersuchung vorzustellen und diese zu dulden; § 23a gilt entsprechend. [2] Ärztliche Untersuchungsmaßnahmen, die einen erheblichen Eingriff in die körperliche Unversehrtheit bedeuten oder mit einer erheblichen Gefahr für Leben oder Gesundheit des Dienstpflichtigen verbunden sind, dürfen nur mit seiner Zustimmung vorgenommen werden. [3] Darunter fallen nicht einfache ärztliche Maßnahmen wie Blutentnahme aus dem Ohrläppchen, dem Finger oder einer Blutader oder eine röntgenologische Untersuchung.

(3) [1] Das Recht des Dienstleistenden, anlässlich der Untersuchung nach Absatz 1 Nr. 4 Gutachten von Ärztinnen und Ärzten seiner Wahl einzuholen, bleibt unberührt. [2] Das Bundesamt kann auch andere Beweise erheben; § 20 findet entsprechende Anwendung.

§ 40[3] **Erhaltung der Gesundheit; ärztliche Eingriffe.** (1) [1] Der Dienstleistende hat alles in seinen Kräften Stehende zu tun, um seine Gesundheit zu erhalten oder wiederherzustellen. [2] Er darf diese nicht vorsätzlich oder grob fahrlässig beeinträchtigen.

(2) [1] Ärztliche Eingriffe in seine körperliche Unversehrtheit muss er nur dulden, wenn es sich um Maßnahmen handelt, die der Verhütung und Bekämpfung übertragbarer Krankheiten dienen. [2] § 25 Absatz 3 Satz 2 des Infektionsschutzgesetzes[4] bleibt unberührt.

(3) [1] Lehnt der Dienstleistende eine zumutbare ärztliche Behandlung ab und wird dadurch seine Dienst- oder Erwerbsfähigkeit ungünstig beeinflusst, so kann ihm eine sonst zustehende Versorgung insoweit versagt werden. [2] Nicht zumutbar

---

[1] Siehe hierzu auch die Zweite VO über die Wahl der Vertrauensmänner der Zivildienstleistenden v. *26.2.2002 (BGBl. I S. 1011).*

[2] § 39 Abs. 3 Satz 1 geänd. mWv 1.1.2010 durch G v. 14. 6. 2009 (BGBl. I S. 1229).

[3] § 40 Abs. 2 neu gef. mWv 1.1.2026 durch G v. 22.12.2025 (BGBl. 2025 I Nr. 370).

[4] **Sartorius ErgBd. Nr. 285.**

ist eine ärztliche Behandlung, die mit einer erheblichen Gefahr für Leben oder Gesundheit des Dienstleistenden verbunden ist, eine Operation auch dann, wenn sie einen erheblichen Eingriff in die körperliche Unversehrtheit bedeutet.

§ 41[1)] Anträge und Beschwerden. (1) [1] Der Dienstleistende kann Anträge und Beschwerden vorbringen; hierbei hat er den Dienstweg einzuhalten. [2] Der Beschwerdeweg bis zum Bundesministerium für Bildung, Familie, Senioren, Frauen und Jugend steht offen. [3] Außerdem hat jeder Dienstleistende das Recht, sich unmittelbar an die Bundesbeauftragte oder den Bundesbeauftragten für den Zivildienst zu wenden. [4] Wegen des Vorbringens einer Beschwerde nach Satz 1 oder Satz 3 darf der Dienstleistende nicht dienstlich gemaßregelt oder benachteiligt werden.

(2) Richtet sich die Beschwerde gegen die Leitung der Dienststelle, kann sie bei der Präsidentin oder dem Präsidenten des Bundesamtes, richtet sie sich gegen die Präsidentin oder den Präsidenten des Bundesamtes, kann sie beim Bundesministerium für Bildung, Familie, Senioren, Frauen und Jugend unmittelbar eingereicht werden.

(3) Gemeinschaftliche Beschwerden sind unzulässig.

§ 41a[2)] Freiwilliger zusätzlicher Zivildienst. (1) Der Dienstpflichtige kann auf Antrag freiwilligen zusätzlichen Zivildienst von mindestens drei bis zu höchstens sechs Monaten Dauer leisten, soweit Haushaltsmittel zur Verfügung gestellt werden und die Dienststelle einverstanden ist.

(2) [1] Der Antrag nach Absatz 1 kann frühstens zwei Monate nach Beginn des Zivildienstverhältnisses gestellt werden. [2] Wird dem Antrag entsprochen, legt das Bundesamt das Ende der Dienstzeit unter Abänderung des Einberufungsbescheids neu fest.

(3) [1] Wer Dienst nach Absatz 1 leistet, hat die Rechtsstellung eines Dienstleistenden, der als anerkannter Kriegsdienstverweigerer Zivildienst leistet. [2] Sozialversicherungsrechtlich gilt er als Person, die auf Grund gesetzlicher Pflicht Zivildienst leistet.

(4) [1] Der Dienst nach Absatz 1 ist Zivildienst im Sinne dieses Gesetzes. [2] Die §§ 52 bis 57 sowie § 59 Absatz 1 Nummer 2 sind auf Dienstleistende nach Absatz 1 nicht anzuwenden.

(5) [1] Liegen besondere Gründe vor, kann die Dienststelle für die Dauer des Dienstes nach Absatz 1 einen Zivildienstzuschlag bis zu der Höhe gewähren, die in § 8c Absatz 2 des Wehrsoldgesetzes[3)] vorgesehen ist. [2] Der Zuschlag wird nicht nach § 6 Absatz 2 Satz 2 erstattet. [3] Ein erhöhtes Entlassungsgeld entsprechend § 9 Absatz 3 des Wehrsoldgesetzes wird nicht gezahlt.

(6) Dienstleistende nach Absatz 1 haben Anspruch auf Erholungsurlaub entsprechend § 5 Absatz 2 der Soldatinnen- und Soldatenurlaubsverordnung.

[1)] § 41 Abs. 1 Sätze 3 und 4 angef., Abs. 2 neu gef. mWv 1.1.2010 durch G v. 14. 6. 2009 (BGBl. I S. 1229); Abs. 1 Satz 2, Abs. 2 geänd. mWv 1.1.2026 durch G v. 22.12.2025 (BGBl. 2025 I Nr. 370).

[2)] § 41a eingef. mWv 1.12.2010 durch G v. 31. 7. 2010 (BGBl. I S. 1052).

[3)] **Sartorius III Nr. 862.**

Abschnitt 5.[1] Ende des Zivildienstes; Versorgung

§ 42 Ende des Zivildienstes. Der Zivildienst endet durch Entlassung oder Ausschluss.

§ 43[2] Entlassung. (1) Ein Dienstleistender ist zu entlassen, wenn

1. die für den Zivildienst festgesetzte Zeit abgelaufen ist,
2. er nicht wehrpflichtig war oder seine Wehrpflicht ruht oder endet,
3. der die Verfügbarkeit feststellende Musterungsbescheid, Einberufungsbescheid oder der Umwandungsbescheid nach § 19 Abs. 2 aufgehoben wird,
4. er nach § 11 Abs. 2, 4 oder 6 zurückgestellt ist,
5. der Einberufungsbescheid wegen einer der in den §§ 8, 10, 11 Abs. 1 bis 3 sowie den §§ 14 bis 15a bezeichneten Zivildienstausnahmen hätte zurückgenommen oder widerrufen werden müssen,
6. eine der in den §§ 8, 10, 11 Abs. 1 Nr. 2 und Abs. 3 bezeichneten Zivildienstausnahmen eintritt,
7. nach seinem bisherigen Verhalten durch seine weitere Dienstleistung die Ordnung im Zivildienst ernstlich gefährdet würde,
8. er unabkömmlich gestellt ist,
9. der Bescheid über die Anerkennung als Kriegsdienstverweigerer zurückgenommen oder widerrufen ist,
10. er dem Bundesamt gegenüber schriftlich erklärt, dass er den Kriegsdienst mit der Waffe nicht mehr aus Gewissensgründen verweigere,
11. er vorübergehend nicht zivildienstfähig wird, die Wiederherstellung seiner Zivildienstfähigkeit innerhalb der für den Zivildienst festgesetzten Zeit nicht zu erwarten ist und er seine Entlassung beantragt oder ihr zustimmt.

(2) Ein Dienstleistender kann entlassen werden

1. auf seinen Antrag, wenn das Verbleiben im Zivildienst für ihn wegen persönlicher, insbesondere häuslicher, beruflicher oder wirtschaftlicher Gründe, die nach dem für den Diensteintritt festgesetzten Zeitpunkt oder nach der Umwandlung nach § 19 Abs. 2 entstanden oder zu früher entstandenen hinzugetreten sind, eine besondere Härte bedeuten würde; § 11 Abs. 4 Satz 2 Nr. 1 und 2 sowie § 13 Abs. 1 Satz 2 und 3 finden entsprechende Anwendung;
2. wenn gegen ihn auf Freiheitsstrafe oder Strafarrest von drei Monaten oder mehr oder auf eine nicht zur Bewährung ausgesetzte Jugendstrafe erkannt ist; das Gleiche gilt, wenn die Aussetzung einer Jugendstrafe zur Bewährung widerrufen wird.

(3) [1] Wer Dienst nach § 41a leistet, ist auf seinen Antrag vorzeitig zu entlassen, wenn

1. hierüber Einvernehmen mit der Dienststelle besteht oder
2. er Härtegründe nach Absatz 2 Nummer 1 geltend macht; das Bundesamt prüft nicht, ob die geltend gemachten Gründe die Zurückstellung vom Zivildienst nach der Entlassung rechtfertigen.

---

[1] Abschnitt 5 Überschrift neu gef. mWv 26.11.2019 durch G v. 20.11.2019 (BGBl. I S. 1626).

[2] § 43 Abs. 1 Nr. 4 neu gef. mWv 9.8.2008 durch G v. 31.7.2008 (BGBl. I S. 1629); Abs. 3 angef. mWv 1.12.2010 durch G v. 31. 7. 2010 (BGBl. I S. 1052).

[2] Er kann auf Antrag der Dienststelle vorzeitig entlassen werden, wenn sich aus seinem Verhalten oder aus Leistungsdefiziten, die auch gesundheitlich bedingt sein können, ergibt, dass er die Eignungs- und Leistungsanforderungen, die an einen Dienstleistenden zu stellen sind, nicht oder nicht mehr erfüllt. [3] § 44 Absatz 3 bleibt unberührt.

§ 44[1)] Zeitpunkt der Beendigung des Zivildienstes. (1) Im Falle der Entlassung endet das Zivildienstverhältnis mit dem Ablauf des Entlassungstages.

(2) [1] Hält sich ein Dienstleistender an dem Tage, an dem er zu entlassen wäre, nicht bei seiner Dienststelle auf, ohne dazu die ausdrückliche Erlaubnis zu besitzen, oder ist bei ihm die Vollziehung des Einberufungsbescheides ausgesetzt, so gilt er als mit Ablauf dieses Tages entlassen. [2] Die Verpflichtung, unter den Voraussetzungen des § 24 Abs. 4 nachzudienen, bleibt unberührt.

(3) Befindet sich ein Dienstleistender im Entlassungszeitpunkt in stationärer Krankenbehandlung aufgrund ärztlicher Einweisung, so endet der Zivildienst, zu dem er einberufen war,

1. wenn die stationäre Krankenbehandlung beendet ist, spätestens jedoch drei Monate nach dem Entlassungszeitpunkt, oder
2. wenn er innerhalb der drei Monate schriftlich erklärt, dass er mit der Fortsetzung des Zivildienstverhältnisses nicht einverstanden ist, mit dem Tag der Abgabe dieser Erklärung.

§ 45 Ausschluss. (1) [1] Ein Dienstleistender ist aus dem Zivildienst ausgeschlossen, wenn gegen ihn durch Urteil eines deutschen Gerichtes im Geltungsbereich des Grundgesetzes[2)] auf die in § 9 Abs. 1 bezeichneten Strafen, Maßregeln oder Nebenfolgen erkannt wird. [2] Das Zivildienstverhältnis endet mit dem Ablauf des Tages, an dem das Urteil rechtskräftig geworden ist.

(2) Wird im Wiederaufnahmeverfahren auf keine der genannten Strafen, Maßregeln oder Nebenfolgen erkannt, so dürfen dem Ausgeschlossenen aus dem Ausschluss für die Erfüllung der Wehrpflicht keine nachteiligen Folgen erwachsen.

§ 45a[3)] Mitteilungen in Strafsachen. (1) In Strafsachen gegen Zivildienstleistende gilt § 115 des Bundesbeamtengesetzes[4)] entsprechend.

(2) Die Mitteilungen sind an das Bundesamt zu richten und als „Vertrauliche Personalsache" zu kennzeichnen.

§ 46[5)] Dienstzeitbescheinigung und Dienstzeugnis. (1) Wer Zivildienst geleistet hat, erhält nach dessen Beendigung vom Bundesamt eine Dienstzeitbescheinigung und von der Beschäftigungsstelle ein qualifiziertes Dienstzeugnis.

(2) Das Dienstzeugnis hat Angaben über Art und Dauer des Dienstes sowie über Führung, Tätigkeit, Leistung und erworbene Kompetenzen des Dienstleistenden zu enthalten, sofern er mindestens drei Monate tatsächlich Dienst verrichtet hat.

(3) Unter den Voraussetzungen des Absatzes 2 ist ihm eine angemessene Zeit vor Beendigung des Zivildienstes ein vorläufiges Dienstzeugnis zu erteilen.

---

1) § 44 Abs. 3 einl. Satzteil geänd. mWv 1.1.2010 durch G v. 14. 6. 2009 (BGBl. I S. 1229).
2) Nr. **1**.
3) § 45a Abs. 1 geänd. mWv 12.2.2009 durch G v. 5. 2. 2009 (BGBl. I S. 160); Abs. 2 geänd. mWv 1.1. 2026 durch G v. 22.12.2025 (BGBl. 2025 I Nr. 370).
4) Nr. **160**.
5) § 46 Abs. 1 und 2 neu gef. mWv 1.1.2010 durch G v. 14. 6. 2009 (BGBl. I S. 1229).

§§ 47–51[1] *(aufgehoben)*

§ 51a Überleitungsregelungen aus Anlass der Herstellung der Einheit Deutschlands. [1]Die Bundesregierung wird ermächtigt, durch Rechtsverordnung[2] mit Zustimmung des Bundesrates für die Zivildienstbeschädigungen von Dienstpflichtigen Übergangsregelungen zu bestimmen, die den besonderen Verhältnissen in dem in Artikel 3 des Einigungsvertrages[3] genannten Gebiet Rechnung tragen. [2]Die Verordnungsermächtigung erstreckt sich insbesondere auf Art, Berechnungsgrundlagen, Höhe von Versorgungsleistungen und Ruhensregelungen abweichend von diesem Gesetz.

Abschnitt 6.[4] Straf-, Bußgeld- und Disziplinarvorschriften

§ 52 Eigenmächtige Abwesenheit. Wer eigenmächtig den Zivildienst verlässt oder ihm fernbleibt und vorsätzlich oder fahrlässig länger als drei volle Kalendertage abwesend ist, wird mit Freiheitsstrafe bis zu drei Jahren bestraft.

§ 53 Dienstflucht. (1) Wer eigenmächtig den Zivildienst verlässt oder ihm fernbleibt, um sich der Verpflichtung zum Zivildienst dauernd oder für den Verteidigungsfall zu entziehen oder die Beendigung des Zivildienstverhältnisses zu erreichen, wird mit Freiheitsstrafe bis zu fünf Jahren bestraft.

(2) Der Versuch ist strafbar.

(3) Stellt sich der Täter innerhalb eines Monats und ist er bereit, der Verpflichtung zum Zivildienst nachzukommen, so ist die Strafe Freiheitsstrafe bis zu drei Jahren.

(4) Die Vorschriften über den Versuch der Beteiligung nach § 30 Abs. 1 des Strafgesetzbuches[5] gelten für Straftaten nach Absatz 1 entsprechend.

§ 54 Nichtbefolgen von Anordnungen. (1) Mit Freiheitsstrafe bis zu drei Jahren wird bestraft,

1. wer die Befolgung einer dienstlichen Anordnung dadurch verweigert, dass er sich mit Wort oder Tat gegen sie auflehnt, oder
2. wer darauf beharrt, eine dienstliche Anordnung nicht zu befolgen, nachdem diese wiederholt worden ist.

(2) Verweigert der Täter in den Fällen des Absatzes 1 Nr. 1 die Befolgung einer dienstlichen Anordnung, die nicht sofort auszuführen ist, befolgt er sie aber rechtzeitig und freiwillig, so kann das Gericht von Strafe absehen.

(3) [1]Im Falle des Absatzes 1 handelt der Dienstleistende nicht rechtswidrig, wenn die dienstliche Anordnung nicht verbindlich ist, insbesondere, wenn sie nicht zu dienstlichen Zwecken erteilt ist, oder die Menschenwürde verletzt oder wenn durch das Befolgen eine Straftat oder eine Ordnungswidrigkeit begangen würde. [2]Dies gilt auch, wenn der Dienstleistende irrig annimmt, die dienstliche Anordnung sei verbindlich.

---

[1] § 47–51 aufgeh. mWv 1.1.2024 durch G v. 12.12.2019 (BGBl. I S. 2652).

[2] Siehe die Zivildienstversorgungs-ÜbergangsVO v. 18.12.1991 (BGBl. I S. 2238), zuletzt geänd. durch *G v. 21.6.1994 (BGBl. I S. 1286)*.

[3] **Sartorius III Nr. 2.**

[4] Abschnitt 6 Überschrift neu gef. mWv 26.11.2019 durch G v. 20.11.2019 (BGBl. I S. 1626).

[5] **Habersack Nr. 85.**

(4) Befolgt ein Dienstleistender eine dienstliche Anordnung nicht, weil er irrig annimmt, dass durch die Ausführung eine Straftat oder eine Ordnungswidrigkeit begangen würde, so ist er nach Absatz 1 nicht strafbar, wenn er den Irrtum nicht vermeiden konnte.

(5) Nimmt ein Dienstleistender irrig an, dass eine dienstliche Anordnung aus anderen Gründen nicht verbindlich ist, und befolgt er sie deshalb nicht, so ist er nach Absatz 1 nicht strafbar, wenn er den Irrtum nicht vermeiden konnte und ihm nach den ihm bekannten Umständen auch nicht zuzumuten war, sich mit Rechtsbehelfen gegen die vermeintlich nicht verbindliche Anordnung zu wehren; war ihm dies zuzumuten, so kann das Gericht von einer Bestrafung nach Absatz 1 absehen.

§ 55 Teilnahme. Wegen Anstiftung und Beihilfe zu einer rechtswidrigen Tat, die einen Straftatbestand nach diesem Gesetz verwirklicht, und wegen Versuchs der Beteiligung an der Dienstflucht (§ 53 Abs. 4) ist auch strafbar, wer nicht Dienstleistender ist.

§ 56 Ausschluss der Geldstrafe. Begeht ein Dienstleistender eine Straftat nach diesem Gesetz, so darf Geldstrafe nach § 47 Abs. 2 des Strafgesetzbuches[1)] auch dann nicht verhängt werden, wenn besondere Umstände, die in der Tat oder der Persönlichkeit des Täters liegen, die Verhängung von Freiheitsstrafe zur Wahrung der Disziplin im Zivildienst gebieten.

§ 57 Ordnungswidrigkeiten. (1) Ordnungswidrig handelt, wer vorsätzlich oder fahrlässig

1. eine ihm nach § 23 Abs. 4 Satz 1 oder 2 während der Zivildienstüberwachung obliegende Pflicht verletzt oder
2. der in § 39 Abs. 2 Satz 1 bestimmten Pflicht, sich zu einer angeordneten Untersuchung vorzustellen und diese zu erdulden, zuwiderhandelt.

(2) Die Ordnungswidrigkeit kann mit einer Geldbuße geahndet werden.

(3) Verwaltungsbehörde im Sinne des § 36 Abs. 1 Nr. 1 des Gesetzes über Ordnungswidrigkeiten[2)] ist das Bundesamt.

§ 58 Dienstvergehen. Ein Dienstleistender begeht ein Dienstvergehen, wenn er schuldhaft seine Pflichten verletzt.

§ 58a[3)] Ahndung von Dienstvergehen. (1) Dienstvergehen können durch Disziplinarmaßnahmen geahndet werden.

(2) [1] Die oder der zuständige Disziplinarvorgesetzte bestimmt nach pflichtgemäßem Ermessen, ob und wie wegen eines Dienstvergehens nach diesem Gesetz einzuschreiten ist. [2] Sie oder er hat dabei auch das gesamte dienstliche und außerdienstliche Verhalten zu berücksichtigen.

(Fortsetzung nächstes Blatt)

[1)] **Habersack Nr. 85.**
[2)] **Habersack Nr. 94.**
[3)] § 58a Abs. 2 Sätze 1 und 2 geänd. mWv 1.1.2010 durch G v. 14. 6. 2009 (BGBl. I S. 1229).

(3) [1] Sind seit einem Dienstvergehen sechs Monate verstrichen, so darf eine Disziplinarmaßnahme nicht mehr verhängt werden. [2] Die Frist läuft nicht, solange der Sachverhalt Gegenstand von Ermittlungen nach § 62, einer Beschwerde nach § 65 Abs. 2, eines Verfahrens vor dem Verwaltungsgericht nach § 66, eines Strafverfahrens oder eines Bußgeldverfahrens ist.

(4) [1] Ein Dienstvergehen darf nur einmal disziplinar geahndet werden. [2] Mehrere Pflichtverletzungen eines Dienstleistenden, über die gleichzeitig entschieden werden kann, sind als ein Dienstvergehen zu ahnden.

§ 58 b[1)] Verhältnis der Disziplinarmaßnahmen zu Strafen und Ordnungsmaßnahmen. (1) [1] Hat ein Gericht oder eine Behörde eine Strafe oder Ordnungsmaßnahme verhängt, so dürfen wegen desselben Sachverhalts Disziplinarmaßnahmen nur verhängt werden, wenn dies zusätzlich erforderlich ist, um die Ordnung im Zivildienst aufrechtzuerhalten, oder wenn das Ansehen des Zivildienstes ernsthaft beeinträchtigt ist. [2] Wird der Dienstleistende in einem Straf- oder Bußgeldverfahren freigesprochen oder kann eine Tat nach § 153 a Abs. 1 Satz 5 oder Abs. 2 Satz 2 der Strafprozessordnung[2)] nach Erfüllung von Auflagen und Weisungen nicht mehr als Vergehen verfolgt werden, dürfen wegen desselben Sachverhalts Disziplinarmaßnahmen nur verhängt werden, wenn dies erforderlich ist, um die Ordnung im Zivildienst aufrechtzuerhalten oder wenn durch das Fehlverhalten das Ansehen des Zivildienstes ernsthaft beeinträchtigt wurde.

(2) [1] Ist eine Disziplinarmaßnahme unanfechtbar verhängt worden und wird wegen desselben Sachverhalts nachträglich durch ein Gericht oder eine Behörde eine Strafe oder Ordnungsmaßnahme verhängt oder kann eine Tat nach § 153 a Abs. 1 Satz 5 oder Abs. 2 Satz 2 der Strafprozessordnung nach Erfüllung von Auflagen und Weisungen nicht mehr als Vergehen verfolgt werden, so ist auf Antrag des Dienstleistenden oder des früheren Dienstleistenden die Disziplinarmaßnahme aufzuheben, wenn sie nach Absatz 1 nicht zusätzlich erforderlich ist. [2] Das gilt nicht, wenn die Disziplinarmaßnahme im Strafverfahren oder Bußgeldverfahren ausdrücklich berücksichtigt worden ist.

(3) [1] Der Antrag nach Absatz 2 ist bei der Präsidentin oder dem Präsidenten des Bundesamtes oder, wenn das Verwaltungsgericht entschieden hat (§ 66), bei diesem einzureichen. [2] Die Entscheidung ist dem Dienstleistenden und, wenn sie vom Verwaltungsgericht getroffen wird, auch der Präsidentin oder dem Präsidenten des Bundesamtes zuzustellen.

(4) [1] Lehnt die Präsidentin oder der Präsident des Bundesamtes die Aufhebung der Disziplinarmaßnahme ab, so kann der Dienstleistende die Entscheidung des Verwaltungsgerichts beantragen. [2] Der Antrag ist innerhalb zweier Wochen nach Zustellung des Bescheides schriftlich bei der Präsidentin oder dem Präsidenten des Bundesamtes einzureichen; die Frist ist auch gewahrt, wenn während ihres Laufes der Antrag beim Verwaltungsgericht eingeht. [3] Das Verwaltungsgericht entscheidet ohne mündliche Verhandlung endgültig durch Beschluss. [4] Absatz 3 Satz 2, § 65 Abs. 1 Satz 3 und § 66 Abs. 3 finden entsprechende Anwendung.

[1)] § 58 b Abs. 3 neu gef., Abs. 4 Sätze 1 und 2 geänd. mWv 1. 1. 2010 durch G v. 14. 6. 2009 (BGBl. I S. 1229).

[2)] **Schönfelder Nr. 90.**

§ 58 c Förmliche Anerkennungen. (1) Vorbildliche Pflichterfüllung und hervorragende Einzeltaten können durch förmliche Anerkennungen gewürdigt werden.

(2) [1] Eine förmliche Anerkennung ist zurückzunehmen, wenn sich nachträglich herausstellt, dass die Voraussetzungen, unter denen sie erteilt wurde, nicht vorlagen. [2] Die Rücknahme ist zu begründen. [3] Vor der Entscheidung ist der Dienstleistende zu hören.

(3) [1] Wird die förmliche Anerkennung zurückgenommen, ist zugleich darüber zu entscheiden, ob ein in Anspruch genommener Sonderurlaub ganz oder teilweise auf den Erholungsurlaub anzurechnen ist. [2] Eine Anrechnung des in Anspruch genommenen Sonderurlaubs auf den Erholungsurlaub unterbleibt, soweit dies eine besondere Härte bedeuten würde.

(4) Absätze 1 bis 3 gelten auch für frühere Dienstleistende.

§ 59 Disziplinarmaßnahmen. (1) Disziplinarmaßnahmen sind
1. Verweis,
2. Ausgangsbeschränkung,
3. Geldbuße,
4. Nichtgewährung einer höheren Soldgruppe,
5. Rückstufung in eine niedrigere Soldgruppe.

(2) Ausgangsbeschränkung und Geldbuße können nebeneinander verhängt werden.

§ 60[1)] Inhalt und Höhe der Disziplinarmaßnahmen. (1) [1] Verweis ist der förmliche Tadel eines bestimmten pflichtwidrigen Verhaltens des Dienstleistenden. [2] Missbilligende Äußerungen einer oder eines Disziplinarvorgesetzten (Zurechtweisungen, Ermahnungen, Rügen und dergleichen), die nicht ausdrücklich als Verweis bezeichnet werden, sind keine Disziplinarmaßnahmen.

(2) [1] Die Ausgangsbeschränkung besteht in dem Verbot, die dienstliche Unterkunft ohne Erlaubnis zu verlassen. [2] Sie dauert mindestens einen Tag und höchstens 30 Tage. [3] Sie darf nur gegen Dienstleistende verhängt werden, die in einer dienstlichen Unterkunft wohnen.

(3) Die Geldbuße darf die Höhe des Soldes für vier Monate nicht überschreiten.

§ 61[2)] Disziplinarvorgesetzte. (1) [1] Zuständig für die Ausübung der Disziplinarbefugnisse ist die Präsidentin oder der Präsident des Bundesamtes. [2] Sie oder er kann diese Befugnis auf hierfür bestellte Beamtinnen oder Beamte des Bundesamtes, die die Befähigung zum Richteramt haben, übertragen.

(2) [1] Der Leitung von Dienststellen sowie deren Vertretungen und den Regionalbetreuerinnen und Regionalbetreuern des Bundesamtes kann die Präsidentin oder der Präsident des Bundesamtes Disziplinarbefugnis zur Ver-

---

1) § 60 Abs. 1 Satz 2 geänd. mWv 1. 1. 2010 durch G v. 14. 6. 2009 (BGBl. I S. 1229).
2) § 61 neu gef. mWv 1. 1. 2010 durch G v. 14. 6. 2009 (BGBl. I S. 1229).

hängung von Verweisen, Ausgangsbeschränkungen bis zu zehn Tagen und Geldbußen bis zur Höhe eines Monatssoldes übertragen. [2] Die Übertragung kann jederzeit widerrufen werden. [3] Wird der Dienstleistende versetzt, bevor ein eingeleitetes Disziplinarverfahren durch Verhängung einer Disziplinarmaßnahme oder durch Einstellung erledigt ist, geht die Zuständigkeit auf die Disziplinarvorgesetzte oder den Disziplinarvorgesetzten nach Absatz 1 über.

(3) Die oder der in Absatz 1 bezeichnete Disziplinarvorgesetzte ist zuständig, wenn die oder der nach Absatz 2 Satz 1 zuständige Disziplinarvorgesetzte an der Tat beteiligt oder persönlich durch sie verletzt ist oder sich für befangen hält.

§ 62[1)] Ermittlungen. (1) [1] Werden Tatsachen bekannt, die den Verdacht eines Dienstvergehens rechtfertigen, so veranlasst die oder der zuständige Disziplinarvorgesetzte die zur Aufklärung des Sachverhaltes erforderlichen Ermittlungen. [2] Dabei sind nicht nur die belastenden, sondern auch die entlastenden und die für die Bemessung der Disziplinarmaßnahme bedeutsamen Umstände zu ermitteln. [3] § 20 findet entsprechende Anwendung. [4] Der Dienstleistende ist über die Ermittlungen zu unterrichten, sobald dies ohne Gefährdung des Ermittlungszweckes möglich ist. [5] Ihm ist Akteneinsicht zu gewähren, soweit dies ohne Gefährdung des Ermittlungszweckes möglich ist.

(2) Die tatsächlichen Feststellungen eines rechtkräftigen Urteils im Strafverfahren oder Bußgeldverfahren, auf denen die Entscheidung beruht, sind für die Disziplinarvorgesetzte oder den Disziplinarvorgesetzten bindend, soweit das Dienstvergehen denselben Sachverhalt zum Gegenstand hat.

(3) Die in einem anderen gesetzlich geordneten Verfahren getroffenen tatsächlichen Feststellungen sind nicht bindend, können aber der Entscheidung im Disziplinarverfahren ohne nochmalige Prüfung zugrunde gelegt werden.

§ 62 a Aussetzung des Verfahrens. [1] Ein eingeleitetes Disziplinarverfahren kann bis zur Beendigung eines wegen derselben Tat schwebenden Strafverfahrens ausgesetzt werden. [2] Dies gilt nicht, wenn die Sachaufklärung gesichert ist oder wenn im Strafverfahren aus Gründen nicht verhandelt werden kann, die in der Person oder im Verhalten des Dienstleistenden liegen.

§ 62 b Anhörung. (1) [1] Dem Dienstleistenden ist vor der Entscheidung Gelegenheit zu geben, sich zu äußern. [2] Hierüber ist eine Vernehmungsniederschrift aufzunehmen, die von dem Dienstleistenden unterschrieben sein soll.

(2) [1] Die Beteiligung des Vertrauensmannes bei der Ahndung von Dienstvergehen richtet sich nach § 22 des Gesetzes über den Vertrauensmann der Zivildienstleistenden[2)] vom 16. Januar 1991 (BGBl. I S. 47, 53). [2] Fehlt ein Vertrauensmann, so ist der Betriebs- oder Personalrat zur Person des Dienstleistenden und zum Sachverhalt anzuhören; der Sachverhalt ist ihm vorher bekannt zu geben.

[1)] § 62 Abs. 1 Satz 1 und Abs. 2 geänd. mWv 1. 1. 2010 durch G v. 14. 6. 2009 (BGBl. I S. 1229).

[2)] G v. 16. 1. 1991 (BGBl. I S. 47), zuletzt geänd. durch G v. 14. 6. 2009 (BGBl. I S. 1229), **Wehrrecht Nr. 510.**

§ 63[1)] Einstellung des Verfahrens. Wird durch die Ermittlung ein Dienstvergehen nicht festgestellt oder hält die oder der Disziplinarvorgesetzte eine Disziplinarmaßnahme nicht für zulässig oder angebracht, stellt sie oder er das Verfahren ein und teilt dies dem Dienstleistenden mit.

§ 64[1)] Verhängung der Disziplinarmaßnahme. (1) Wird das Verfahren nicht eingestellt, verhängt die oder der Disziplinarvorgesetzte die Disziplinarmaßnahme.

(2) Halten die nach § 61 Abs. 2 Satz 1 zuständigen Disziplinarvorgesetzten ihre Disziplinarbefugnis nicht für ausreichend, führen sie die Entscheidung der oder des in § 61 Abs. 1 bezeichneten Disziplinarvorgesetzten herbei.

(3) Ungeachtet der Einstellung durch eine andere Disziplinarvorgesetzte oder einen anderen Disziplinarvorgesetzten kann die Präsidentin oder der Präsident des Bundesamtes wegen desselben Sachverhalts eine Disziplinarmaßnahme verhängen.

§ 65[2)] Disziplinarverfügung; Beschwerde. (1) [1] Die Disziplinarmaßnahme wird durch eine schriftliche, mit Gründen versehene Disziplinarverfügung verhängt, die dem Dienstleistenden zuzustellen oder zu eröffnen ist. [2] Über die Eröffnung ist eine Niederschrift aufzunehmen; dem Dienstleistenden ist eine Abschrift der Disziplinarverfügung auszuhändigen. [3] Er ist zugleich über die Möglichkeit der Anfechtung, über die Stelle, der gegenüber die Anfechtung zu erfolgen hat, und über Form und Frist der Anfechtung schriftlich zu belehren.

(2) [1] Der Dienstleistende kann gegen die Disziplinarverfügung der oder des nach § 61 Abs. 2 Satz 1 zuständigen Disziplinarvorgesetzten innerhalb von zwei Wochen nach Zustellung oder Eröffnung schriftlich oder mündlich Beschwerde erheben. [2] Die Beschwerde ist bei der oder dem zuständigen Disziplinarvorgesetzten oder bei der Präsidentin oder dem Präsidenten des Bundesamtes einzulegen. [3] Wird die Beschwerde mündlich erhoben, ist eine Niederschrift aufzunehmen, die der Dienstleistende zu unterschreiben hat. [4] Wird die Beschwerde bei der oder dem nach § 61 Abs. 2 Satz 1 zuständigen Disziplinarvorgesetzten erhoben, ist sie innerhalb einer Woche mit einer Stellungnahme der Präsidentin oder dem Präsidenten des Bundesamtes zur Entscheidung vorzulegen. [5] Die Entscheidung über die Beschwerde darf die Disziplinarmaßnahme nicht verschärfen. [6] Sie ist zuzustellen. [7] Absatz 1 Satz 3 ist entsprechend anzuwenden.

§ 66[3)] Anrufung des Verwaltungsgerichts. (1) Gegen Disziplinarverfügungen der in § 61 Abs. 1 bezeichneten Disziplinarvorgesetzten und gegen Entscheidungen der Präsidentin oder des Präsidenten des Bundesamtes nach § 65 Abs. 2 Satz 4 kann innerhalb zweier Wochen nach Zustellung oder Eröffnung die Entscheidung des Verwaltungsgerichts beantragt werden.

---

1) §§ 63 und 64 neu gef. mWv 1. 1. 2010 durch G v. 14. 6. 2009 (BGBl. I S. 1229).

2) § 65 Abs. 2 neu gef. mWv 1. 1. 2010 durch G v. 14. 6. 2009 (BGBl. I S. 1229).

3) *§ 66 Abs. 3 Satz 6 geänd. mWv 1. 1. 2007* durch G v. 17. 12. 2006 (BGBl. I S. 3171); Abs. 3 Sätze 5 und 6 neu gef mWv 9. 8. 2008 durch G v. 31. 7. 2008 (BGBl. I S. 1629); Abs. 1, Abs. 2 Satz 1 und Abs. 3 Satz 5 geänd. mWv 1. 1. 2010 durch G v. 14. 6. 2009 (BGBl. I S. 1229).

(2) [1] Der Antrag ist schriftlich bei der Präsidentin oder dem Präsidenten des Bundesamtes einzureichen und zu begründen; die Antragsfrist wird auch gewahrt, wenn während ihres Laufes der Antrag beim Verwaltungsgericht eingeht. [2] Das Verwaltungsgericht kann mündliche Verhandlung anordnen. [3] Es entscheidet über die Disziplinarverfügung durch Beschluss; der Beschluss ist unanfechtbar. [4] Es kann in dem Beschluss die Disziplinarverfügung aufrechterhalten, aufheben oder zu Gunsten des Dienstleistenden ändern. [5] Es kann außerdem das Disziplinarverfahren einstellen, wenn es ein Dienstvergehen zwar für erwiesen hält, nach dem gesamten Verhalten des Dienstleistenden eine Disziplinarmaßnahme aber nicht angezeigt erscheint. [6] Die Entscheidung ist dem Dienstleistenden zuzustellen.

(3) [1] Zuständig ist das Verwaltungsgericht, in dessen Bezirk der Antragsteller zum Zeitpunkt des Verhaltens, das ihm als Dienstvergehen zur Last gelegt wird, Dienst geleistet hat. [2] Kommen danach mehrere Verwaltungsgerichte in Betracht, so ist das Verwaltungsgericht zuständig, in dessen Bezirk der Antragsteller zuletzt Dienst geleistet hat. [3] § 45 Satz 3 und 4 des Bundesdisziplinargesetzes[1)] gilt entsprechend. [4] Für die Besetzung der Kammer des Verwaltungsgerichts und das Verfahren gelten die Vorschriften des Bundesdisziplinargesetzes, soweit sie nicht zu den Bestimmungen dieses Gesetzes in Widerspruch stehen oder soweit nicht in diesem Gesetz etwas anderes bestimmt ist. [5] An die Stelle der Beamtenbeisitzerin oder des Beamtenbeisitzers, die oder der dem Verwaltungszweig und möglichst auch der Laufbahngruppe des Beamten, gegen den sich das Disziplinarverfahren richtet, angehören soll (§ 46 Abs. 1 Satz 3 des Bundesdisziplinargesetzes), tritt ein Beisitzer, der im Bezirk des zuständigen Verwaltungsgerichts wohnhaft ist und Zivildienst geleistet hat. [6] Das Bundesamt für Justiz bestellt den Beisitzer für die Dauer von fünf Jahren auf Vorschlag des Bundesamtes.

(4) Die Fortführung des Verfahrens und die Sachentscheidung werden nicht dadurch berührt, dass das Dienstverhältnis des Dienstleistenden endet.

§ 67[2)] Aufhebung der Disziplinarverfügung. (1) [1] Bestätigt das Verwaltungsgericht im Falle des § 66 Abs. 2 die angefochtene Entscheidung, mildert es die Disziplinarmaßnahme, stellt es das Disziplinarverfahren nach § 66 Abs. 2 Satz 6 ein oder stellt es ein Dienstvergehen nicht fest und hebt es aus diesem Grunde die Disziplinarverfügung auf, so ist eine erneute Ausübung der Disziplinarbefugnis zu Gunsten oder zu Ungunsten des Dienstleistenden nur wegen solcher erheblicher Tatsachen oder Beweismittel zulässig, die dem Gericht bei seiner Entscheidung nicht bekannt waren. [2] Die erneute Ausübung der Disziplinarbefugnis ist der Präsidentin oder dem Präsidenten des Bundesamtes vorbehalten.

(2) [1] Im Übrigen kann die Präsidentin oder der Präsident des Bundesamtes eine Disziplinarverfügung jederzeit aufheben und in der Sache neu entscheiden. [2] Eine Verschärfung der Disziplinarmaßnahme nach Art und Höhe ist nur zulässig, wenn die Disziplinarverfügung innerhalb von sechs Monaten nach ihrem Erlass aufgehoben worden ist.

[1)] Nr. **220**.

[2)] § 67 Abs. 1 Satz 2, Abs. 2 Satz 1 und Abs. 3 geänd. mWv 1. 1. 2010 durch G v. 14. 6. 2009 (BGBl. I S. 1229).

(3) Die Präsidentin oder der Präsident des Bundesamtes hat eine Disziplinarverfügung aufzuheben und in der Sache neu zu entscheiden, wenn nach Eintritt der Unanfechtbarkeit einer Disziplinarverfügung wegen desselben Sachverhaltes in einem Strafverfahren oder Bußgeldverfahren gegen den Dienstleistenden ein Urteil ergeht und rechtskräftig wird, dessen tatsächliche Feststellungen, soweit sie erheblich sind, von den in der Disziplinarverfügung getroffenen abweichen.

(4) Der Dienstleistende oder der frühere Dienstleistende kann die Aufhebung einer nicht mehr anfechtbaren Disziplinarmaßnahme beantragen, wenn neue Tatsachen oder Beweismittel beigebracht sind, die zur Aufhebung der Disziplinarmaßnahme führen können.

(5) § 62b Abs. 1, § 65 Abs. 1 Satz 3 und § 66 finden entsprechende Anwendung.

§ 68[1)] Vollstreckung. (1) Die Disziplinarmaßnahmen werden von den Disziplinarvorgesetzten vollstreckt, die sie verhängt haben; diese können die Leitung der Dienststelle oder deren Vertretung mit der Vollstreckung beauftragen, es sei denn, dass diese Personen an der Tat beteiligt waren oder durch sie verletzt worden sind.

(2) Der Verweis gilt als vollstreckt, sobald er unanfechtbar ist.

(3) [1] Ausgangsbeschränkung, Geldbuße, Nichtgewährung einer höheren Soldgruppe und Rückstufung in eine niedrigere Soldgruppe sind erst nach Ablauf des dritten auf die Zustellung oder Eröffnung der Disziplinarverfügung folgenden Tages vollstreckbar. [2] Der für den Beginn der Vollstreckung vorgesehene Zeitpunkt wird von der oder dem nach Absatz 1 zur Vollstreckung befugten Vorgesetzten dienstlich angeordnet.

(4) [1] Die Beschwerde nach § 65 Abs. 2 hemmt die Vollstreckung der Ausgangsbeschränkung nur, wenn sie vor Vollstreckungsbeginn eingelegt worden ist. [2] Der Antrag auf Entscheidung des Verwaltungsgerichts nach § 66 Abs. 1 hemmt die Vollstreckung nicht; das Verwaltungsgericht kann die Vollstreckung aussetzen.

(5) [1] Die Ausgangsbeschränkung ist an aufeinanderfolgenden Tagen zu vollstrecken. [2] Die oder der vollstreckende Vorgesetzte kann zur Überwachung anordnen, dass sich der Dienstleistende in angemessenen Zeitabständen bei Vorgesetzten zu melden hat. [3] Sie oder er kann den Dienstleistenden aus dringenden Gründen an einem oder mehreren Tagen für bestimmte Zeit von den angeordneten Beschränkungen befreien; die Vollstreckungszeit wird dadurch nicht verlängert.

(6) [1] Geldbußen werden nach den Vorschriften des Verwaltungs-Vollstreckungsgesetzes[2)] beigetrieben. [2] Sie können von dem Sold oder, wenn das Dienstverhältnis endet, von dem Entlassungsgeld abgezogen werden. [3] Bei Vollstreckung in den Sold darf monatlich nicht mehr als die Hälfte eines Monatssoldes einbehalten werden. [4] Geldbußen können auch nach dem Entlassungstage vollstreckt werden.

[1)] *§ 68 Abs. 1 neu gef., Abs. 3 Satz 2, Abs. 5* Sätze 2 und 3 geänd. mWv 1. 1. 2010 durch G v. 14. 6. 2009 (BGBl. I S. 1229).
[2)] Nr. **112**.

(7) [1]Disziplinarmaßnahmen dürfen nach Ablauf von sechs Monaten, nachdem die Disziplinarverfügung unanfechtbar geworden ist, nicht mehr vollstreckt werden. [2]Die Frist ist gewahrt, wenn vor ihrem Ablauf die Vollstreckung beginnt.

§ 69[1)] Auskünfte. (1) [1]Auskünfte über förmliche Anerkennungen und über Disziplinarmaßnahmen werden ohne Zustimmung des Dienstleistenden oder des früheren Dienstleistenden nur erteilt

1. an Stellen innerhalb des Zivildienstes, an Gerichte und Staatsanwaltschaften, soweit dies zur Erfüllung der in der Zuständigkeit der Empfängerin oder des Empfängers liegenden Aufgaben erforderlich ist, sowie
2. an Verletzte zur Wahrnehmung ihrer Rechte.

[2]Unter diesen Voraussetzungen ist auch die Übermittlung von Unterlagen zulässig. [3]Über förmliche Anerkennungen und Disziplinarmaßnahmen, die getilgt oder tilgungsreif sind, werden Auskünfte nur mit Zustimmung des Dienstleistenden oder des früheren Dienstleistenden erteilt.

(2) Die Empfängerin oder der Empfänger darf die übermittelten Auskünfte nur für den Zweck verarbeiten, zu dessen Erfüllung sie ihm übermittelt wurden.

§ 69a Tilgung. (1) [1]Eintragungen in den Personalakten über Disziplinarmaßnahmen sind nach einem Jahr zu tilgen; die darüber entstandenen Vorgänge sind aus den Personalakten zu entfernen und zu vernichten. [2]Disziplinarmaßnahmen, die zu tilgen sind, dürfen nicht mehr berücksichtigt werden.

(2) [1]Die Frist beginnt mit dem Tag, an dem die Disziplinarmaßnahme verhängt wird. [2]Sie endet nicht, solange gegen den Dienstleistenden ein Strafverfahren oder ein Disziplinarverfahren schwebt oder eine andere Disziplinarmaßnahme berücksichtigt werden darf.

(3) [1]Wird eine Disziplinarmaßnahme aufgehoben, ist sie zu tilgen. [2]Hat sie sich auf die Berechnung von Tilgungsfristen ausgewirkt, sind diese erneut zu berechnen. [3]Förmliche Anerkennungen sind zu tilgen, wenn ihre Rücknahme unanfechtbar geworden ist.

(4) [1]Nach Ablauf der Frist gilt der anerkannte Kriegsdienstverweigerer als von Disziplinarmaßnahmen während des Zivildienstes nicht betroffen; er darf jede Auskunft über die Disziplinarmaßnahme und das zugrunde liegende Dienstvergehen verweigern. [2]Insoweit darf er erklären, dass gegen ihn keine Disziplinarmaßnahme verhängt worden ist.

§ 70[2)] Gnadenrecht. [1]Der Bundespräsidentin oder dem Bundespräsidenten steht das Gnadenrecht hinsichtlich der nach diesem Gesetz verhängten Disziplinarmaßnahmen und des Ausschlusses gemäß § 45 Abs. 1 zu. [2]Sie oder er übt es selbst aus oder überträgt die Ausübung anderen Stellen.

---

1) § 69 Abs. 1 Satz 1 Nr. 1 und Abs. 2 geänd. mWv 1.1.2010 durch G v. 14. 6. 2009 (BGBl. I S. 1229); Abs. 2 geänd. mWv 26.11.2019 durch G v. 20.11.2019 (BGBl. I S. 1626).

2) § 70 Sätze 1 und 2 geänd. mWv 1.1.2010 durch G v. 14. 6. 2009 (BGBl. I S. 1229).

Abschnitt 7.[1] Besondere Verfahrensvorschriften

§ 71 Form und Bekanntgabe von Verwaltungsakten; Zustellungen.

(1) Nicht begünstigende Verwaltungsakte auf Grund dieses Gesetzes sind schriftlich zu erlassen.

(2) [1] Verwaltungsakte nach Absatz 1 sind zuzustellen. [2] Im Übrigen wird zugestellt, soweit das durch dieses Gesetz oder durch Anordnung einer für den Zivildienst zuständigen Stelle bestimmt wird.

(3) [1] Für die Zustellung gelten die §§ 2 bis 15 des Verwaltungszustellungsgesetzes[2], § 7 Abs. 1 jedoch mit der Maßgabe, dass an Minderjährige selbst zuzustellen ist. [2] Das Bundesamt veranlasst die Zustellung im Ausland; es bewirkt die öffentliche Zustellung.

§ 72 Widerspruch. (1) Über den Widerspruch gegen Verwaltungsakte aufgrund dieses Gesetzes entscheidet das Bundesamt.

(2) Der Widerspruch gegen Verwaltungsakte, die die Verfügbarkeit, Heranziehung oder Entlassung des anerkannten Kriegsdienstverweigerers betreffen, ist innerhalb zweier Wochen zu erheben.

§ 73 Anfechtung des Einberufungsbescheides. Ist der Musterungsbescheid unanfechtbar geworden, so ist ein Rechtsbehelf gegen den Einberufungsbescheid oder den Umwandlungsbescheid nach § 19 Abs. 2 nur insoweit zulässig, als eine Rechtsverletzung durch diesen selbst geltend gemacht wird.

§ 74 Ausschluss der aufschiebenden Wirkung des Widerspruchs und der Klage. (1) Der Widerspruch gegen den Einberufungsbescheid, der Widerspruch gegen die Aufhebung eines Einberufungsbescheides, der Widerspruch gegen den Tauglichkeitsüberprüfungsbescheid und der Widerspruch gegen den Umwandlungsbescheid nach § 19 Abs. 2 haben keine aufschiebende Wirkung.

(2) [1] Die Anfechtungsklage gegen den Tauglichkeitsüberprüfungsbescheid, die Anfechtungsklage gegen den Einberufungsbescheid, die Anfechtungsklage gegen die Aufhebung des Einberufungsbescheides, die Anfechtungsklage gegen einen Umwandlungsbescheid nach § 19 Abs. 2 sowie die Anfechtungsklage gegen einen die Verfügbarkeit feststellenden Bescheid haben keine aufschiebende Wirkung. [2] Vor Anordnung der aufschiebenden Wirkung oder Aufhebung der Vollziehung hat das Gericht das Bundesamt zu hören.

§ 75 Rechtsmittel gegen Entscheidungen des Verwaltungsgerichts.

[1] Die Berufung gegen ein Urteil, soweit es die Verfügbarkeit, die Heranziehung oder die Entlassung des anerkannten Kriegsdienstverweigerers betrifft, und die Beschwerde gegen andere Entscheidungen des Verwaltungsgerichts sind ausgeschlossen. [2] Das gilt nicht für die Beschwerde gegen die Nichtzulassung der Revision nach § 135 in Verbindung mit § 133 der Verwaltungsgerichtsordnung[3] und die Beschwerde gegen Beschlüsse über den Rechtsweg

---

[1] *Abschnitt 7 Überschrift neu gef. mWv 26.11.2019 durch G v. 20.11.2019 (BGBl. I S. 1626).*
[2] Nr. **110**.
[3] Nr. **600**.

nach § 17a Abs. 2 und 3 des Gerichtsverfassungsgesetzes[1]. [3]Auf die Beschwerde gegen Beschlüsse über den Rechtsweg findet § 17a Abs. 4 Satz 4 bis 6 des Gerichtsverfassungsgesetzes entsprechende Anwendung.

§ 76 Rechte des gesetzlichen Vertreters. Der gesetzliche Vertreter des anerkannten Kriegsdienstverweigerers kann innerhalb der für diesen laufenden Fristen selbständig Anträge stellen, Klagen erheben und von Rechtsbehelfen Gebrauch machen, soweit es sich um die Verfügbarkeit für den Zivildienst handelt.

§ 77 Anwendungsbereich. Die §§ 71 bis 76 finden keine Anwendung, soweit Verwaltungsakte von anderen als den in § 2 Abs. 1 und § 5a bezeichneten Stellen erlassen werden.

Abschnitt 8.[2] Schlussvorschriften

§ 78[3] Entsprechende Anwendung weiterer Rechtsvorschriften. (1) Für anerkannte Kriegdienstverweigerer gelten entsprechend

1. das Arbeitsplatzschutzgesetz[4] mit der Maßgabe, dass
   a) in § 14a Absatz 2 an die Stelle des Bundesministeriums der Verteidigung und der von diesem bestimmten Stelle sowie in § 14c Absatz 1 an die Stelle des Bundesamtes für das Personalmanagement der Bundeswehr das Bundesministerium für Bildung, Familie, Senioren, Frauen und Jugend und die von diesem bestimmte Stelle treten und
   b) an die Stelle des Grundwehrdienstes der Zivildienst tritt;
2. das Unterhaltssicherungsgesetz[5] mit der Maßgabe, dass in § 24 an die Stelle des Bundesamtes für das Personalmanagement der Bundeswehr die vom Bundesministerium für Bildung, Familie, Senioren, Frauen und Jugend bestimmte Stelle tritt.

(2) Soweit in diesem Gesetz nichts anderes bestimmt ist, stehen der Zivildienst und der freiwillige zusätzliche Zivildienst bei Anwendung der Vorschriften des öffentlichen Dienstrechts dem Grundwehrdienst nach Maßgabe des Wehrpflichtgesetzes gleich.

§ 79[6] Vorschriften für den Spannungs- oder Verteidigungsfall. Im Spannungs- oder Verteidigungsfall gelten die folgenden besonderen Vorschriften:

1. § 4 Absatz 1 Nummer 7 des Wehrpflichtgesetzes[7] gilt entsprechend.
2. § 43 Absatz 1 Nummer 1 ist nicht anzuwenden.

---

[1] **Habersack Nr. 95.**

[2] Abschnitt 8 Überschrift neu gef. mWv 26.11.2019 durch G v. 20.11.2019 (BGBl. I S. 1626).

[3] § 78 Abs. 1 Nr. 1 und 2 und Abs. 2 geänd. mWv 1.1.2010 durch G v. 14. 6. 2009 (BGBl. I S. 1229); Abs. 2 geänd. mWv 1.12.2010 durch G v. 31. 7. 2010 (BGBl. I S. 1052); Abs. 1 Nr. 2 neu gef. mWv 1.11. 2015 durch G v. 29. 6. 2015 (BGBl. I S. 1061); Abs. 1 Nr. 1 neu gef., Nr. 2, Abs. 2 geänd. mWv 9.8.2019 durch G v. 4.8.2019 (BGBl. I S. 1147); Abs. 1 Nr. 1 Buchst. a und Nr. 2 geänd. mWv 1.1.2026 durch G v. 22.12.2025 (BGBl. 2025 I Nr. 370).

[4] **Loseblatt-Textsammlung Arbeitsrecht Nr. 156.**

[5] **Sartorius III Nr. 871.**

[6] § 79 Überschr., einl. Satzteil, Nr. 4 und 6 neu gef. mWv 9.8.2008 durch G v. 31.7.2008 (BGBl. I S. 1629); Nr. 1 und 2 neu gef. mWv 1.12.2010 durch G v. 31. 7. 2010 (BGBl. I S. 1052).

[7] Nr. **620.**

3. Wehrpflichtige, die ihre Anerkennung als Kriegsdienstverweigerer beantragt haben, können zum Zivildienst einberufen werden, bevor über den Anerkennungsantrag entschieden ist.
4. [1] Zurückstellungen nach § 11 Abs. 2, 4, 5 und 6 aus der Zeit vor Eintritt des Spannungs- oder Verteidigungsfalles treten außer Kraft; nach § 14a Abs. 1 und 2, § 14b Abs. 1 und § 14c Abs. 1 bisher nicht zum Zivildienst herangezogene Dienstpflichtige können einberufen werden. [2] Zurückstellungen nach § 11 Abs. 2 und 5 finden nicht statt. [3] Zurückstellungen nach § 11 Abs. 4 sind zulässig, wenn die Heranziehung zum Zivildienst im Spannungs- oder Verteidigungsfall eine unzumutbare Härte bedeuten würde.
5. In den Fällen des § 19 Abs. 4 bedarf es der Anhörung nicht.
6. [1] § 15a Abs. 1 findet Anwendung, wenn der anerkannte Kriegsdienstverweigerer, der aus Gewissensgründen gehindert ist, Zivildienst zu leisten, binnen vier Wochen nach Eintritt des Spannungs- oder Verteidigungsfalles nachweist, dass er in einem Arbeitsverhältnis mit üblicher Arbeitszeit in einem Krankenhaus oder einer anderen Einrichtung zur Behandlung, Pflege und Betreuung von Personen tätig ist. [2] § 15a Abs. 2 findet keine Anwendung.

§ 80 Einschränkung von Grundrechten. Die Grundrechte der körperlichen Unversehrtheit (Artikel 2 Abs. 2 Satz 1 des Grundgesetzes[1)]), der Freiheit der Person (Artikel 2 Abs. 2 Satz 2 des Grundgesetzes), der Freizügigkeit (Artikel 11 Abs. 1 des Grundgesetzes) und der Unverletzlichkeit der Wohnung (Artikel 13 des Grundgesetzes) sowie das Petitionsrecht (Artikel 17 des Grundgesetzes) werden nach Maßgabe dieses Gesetzes eingeschränkt.

§ 81[2)] Übergangsvorschrift aus Anlass des Wehrrechtsänderungsgesetzes 2010. (1) [1] Dienstleistende, die am 31. Dezember 2010 sechs Monate oder länger Zivildienst geleistet haben, sind mit Ablauf dieses Tages zu entlassen. [2] Sie können auf Antrag Zivildienst mit der bis zum 30. November 2010 vorgeschriebenen Dauer ableisten, wenn sie dies vor ihrer Entlassung beantragen.

(2) [1] Für Dienstpflichtige, die nicht unter Absatz 1 fallen und die zum Zivildienst nach § 24 Absatz 2 Satz 1 dieses Gesetzes in Verbindung mit § 5 Absatz 1a des Wehrpflichtgesetzes in der bis zum 30. November 2010 geltenden Fassung einberufen worden sind, ist die Dienstzeit nach Maßgabe des § 24 Absatz 2 Satz 1 dieses Gesetzes in Verbindung mit § 5 Absatz 2 des Wehrpflichtgesetzes[3)] in der ab 1. Dezember 2010 geltenden Fassung neu festzusetzen. [2] Absatz 1 Satz 2 gilt entsprechend.

(3) Dienstleistende, die zum Zivildienst nach § 24 Absatz 2 Satz 1 dieses Gesetzes in Verbindung mit § 5 Absatz 1a des Wehrpflichtgesetzes in der bis zum 30. November 2010 geltenden Fassung einberufen worden sind, nicht nach Absatz 1 Satz 1 entlassen werden und deren Dienstzeit nicht nach Absatz 2 Satz 1 neu festgesetzt worden ist, erhalten die besondere Zuwendung und das Entlassungsgeld entsprechend den §§ 7 und 9 des Wehrsoldgesetzes[4)] in der am 30. November 2010 geltenden Fassung.

[1)] Nr. **1**.
[2)] § 81 eingef. mWv 1.12.2010 durch G v. 31. 7. 2010 (BGBl. I S. 1052).
[3)] Nr. **620**.
[4)] **Sartorius III Nr. 862.**

(4) [1]Dienstleisende, die vor dem 1. Dezember 2010 einberufen worden sind, erhalten Urlaub entsprechend § 5 Absatz 1 Satz 2 der Soldatinnen- und Soldatenurlaubsverordnung[1)], wenn sie nach Absatz 1 entlassen werden. [2]In diesem Fall richtet sich der Urlaubsanspruch für die gesamte Dauer des Zivildienstes nach § 5 Absatz 1 Satz 2 der Soldatinnen- und Soldatenurlaubsverordnung.

(5) [1]Anerkannte Kriegsdienstverweigerer, die sich nach bisherigem Recht zum Dienst im Zivilschutz oder Katastrophenschutz nach § 14 Absatz 1 Satz 1 verpflichtet haben, sind auf Antrag aus ihrer Verpflichtung zu entlassen, wenn sie nach dem 30. November 2010 die vom 1. Dezember 2010 an vorgesehenen Verpflichtungszeit erbracht haben. [2]Für anerkannte Kriegsdienstverweigerer, die sich nach bisherigem Recht

1. zum Dienst im Zivilschutz oder Katastrophenschutz nach § 14 Absatz 1 Satz 1
2. zu einem anderen Dienst im Ausland nach § 14b Absatz 1 Satz 1 oder
3. zu einem freiwilligen Dienst nach dem Jugendfreiwilligendienstegesetz[2)] (§ 14c Absatz 1 Satz 1)

verpflichtet haben oder die nach bisherigem Recht, ein freies Arbeitsverhältnis nach § 15a Absatz 1 eingegangen sind, erlischt die Pflicht, Zivildienst zu leisten, wenn sie nach dem 30. Nobvember 2010 die vom 1. Dezember 2010 an vorgesehene Verpflichtungszeit erbracht haben.

§ 81a[3)] Weitere Übergangsvorschrift aus Anlass des Wehrrechtsänderungsgesetzes 2010. Für den freiwilligen Dienst anerkannter Kriegsdienstverweigerer nach § 14c, die ihren Dienst bis zum 31. Dezember 2010 angetreten haben, gelten § 14c Absatz 4 und die Kriegsdienstverweigerer-Zuschussverordnung vom 1. August 2002 in der am 30. November 2010 geltenden Fassung.

§ 82[4)] Übergangsvorschrift aus Anlass des Wehrrechtsänderungsgesetzes 2008. Auf anerkannte Kriegsdienstverweigerer, die vor dem Inkrafttreten des Gesetzes vom 31. Juli 2008 (BGBl. I S. 1629) unabkömmlich gestellt worden sind, ist § 16 Abs. 1 Satz 1 in der bis dahin gültigen Fassung weiterhin anzuwenden.

§ 83[5)] Übergangsvorschrift aus Anlass des Gesetzes zur Einführung eines Bundesfreiwilligendienstes. (1) Die Amtszeiten des derzeitigen Bundesbeauftragten und des derzeitigen Beirats für den Zivildienst enden am 31. Dezember 2011.

(2) Einberufungsbescheide zu einem nach dem 30. Juni 2011 beginnenden Zivildienst sind zu widerrufen.

(3) Zivildienstleistende, die zu einem über den 30. Juni 2011 hinausgehenden Zivildienst einberufen worden sind, sind auf Antrag mit Ablauf dieses Tages zu entlassen.

[1)] **Wehrrecht Nr. 301.**

[2)] Nr. **390**.

[3)] § 81a eingef. mWv 1.12.2010 durch G v. 31. 7. 2010 (BGBl. I S. 1052).

[4)] § 82 angef. mWv 9.8.2008 durch G v. 31.7.2008 (BGBl. I S. 1629); Überschrift neu gef. mWv 26.11.2019 durch G v. 20.11.2019 (BGBl. I S. 1626).

[5)] § 83 angef. mWv 3.5.2011 durch G v. 28. 4. 2011 (BGBl. I S. 687).

(4) [1] Zivildienstleistende, die zu einem über den 30. Juni 2011 hinausgehenden Zivildienst einberufen worden sind und keinen Antrag nach Absatz 3 gestellt haben, sind spätestens mit Ablauf des 31. Dezember 2011 zu entlassen. [2] Ihnen wird ab dem 16. Dezember 2011 Sonderurlaub gewährt.

(5) Wer nach dem 30. Juni 2011 Zivildienst leistet, gilt sozialversicherungsrechtlich als Person, die auf Grund gesetzlicher Pflicht Zivildienst leistet.

(6) Soweit nach diesem Gesetz Vorschriften, die für Soldaten gelten, für Zivildienstleistende entsprechend gelten, sind diese Vorschriften bis zum 31. Dezember 2011 in ihrer am 30. Juni 2011 geltenden Fassung anzuwenden.

626. Gesetz über die Verweigerung des Kriegsdienstes mit der Waffe aus Gewissensgründen (Kriegsdienstverweigerungsgesetz – KDVG)[1)]

Vom 9. August 2003
(BGBl. I S. 1593)

FNA 50-5

geänd. durch Art. 2 WehrrechtsänderungsG 2008 v. 31.7.2008 (BGBl. I S. 1629), Art. 2 Drittes ZivildienstGÄndG v. 14.6.2009 (BGBl. I S. 1229), Art. 2 G zur Einführung eines Bundesfreiwilligendienstes v. 28.4.2011 (BGBl. I S. 687) und Art. 2 Wehrdienst-Modernisierungsgesetz v. 22.12.2025 (BGBl. 2025 I Nr. 370)

§ 1[2)] Grundsatz. (1) Wer aus Gewissensgründen unter Berufung auf das Grundrecht der Kriegsdienstverweigerung im Sinne des Artikels 4 Abs. 3 Satz 1 des Grundgesetzes[3)] den Kriegsdienst mit der Waffe verweigert, wird nach den Vorschriften dieses Gesetzes als Kriegsdienstverweigerin oder Kriegsdienstverweigerer anerkannt.

(2) Wehrpflichtige, die als Kriegsdienstverweigerer anerkannt worden sind, haben im Spannungs- oder Verteidigungsfall statt des Wehrdienstes Zivildienst außerhalb der Bundeswehr als Ersatzdienst nach Artikel 12a Absatz 2 des Grundgesetzes zu leisten.

§ 2[4)] Antrag. (1) Über die Berechtigung, den Kriegsdienst mit der Waffe zu verweigern, entscheidet das Bundesamt für Familie und zivilgesellschaftliche Aufgaben (Bundesamt) auf Antrag.

(2) [1]Der Antrag ist schriftlich oder zur Niederschrift beim Bundesamt für das Personalmanagement der Bundeswehr zu stellen. [2]Er muss die Berufung auf das Grundrecht der Kriegsdienstverweigerung im Sinne des Artikels 4 Absatz 3 Satz 1 des Grundgesetzes[3)] enthalten. [3]Ein vollständiger tabellarischer Lebenslauf und eine persönliche ausführliche Darstellung der Beweggründe für die Gewissensentscheidung sind dem Antrag beizufügen.

(3) [1]Dem Antrag können Stellungnahmen und Beurteilungen Dritter zur Person und zum Verhalten der Antragstellerin oder des Antragstellers beigefügt werden. [2]Außerdem können Personen benannt werden, die zu Auskünften über die Antragstellerin oder den Antragsteller bereit sind.

(4) [1]Der Antrag eines ungedienten Wehrpflichtigen kann frühestens sechs Monate vor Vollendung des 18. Lebensjahres gestellt werden. [2]Einer Zustimmung der gesetzlichen Vertreterin oder des gesetzlichen Vertreters bedarf es nicht.

(5) [1]Abweichend von Absatz 4 kann ein Wehrpflichtiger den Antrag frühestens *sechs Monate vor Vollendung* des 17. Lebensjahres stellen, wenn er dem Antrag Folgendes beifügt:

1. einen Antrag auf vorgezogene Ableistung des Zivildienstes, dem seine gesetzliche Vertreterin oder sein gesetzlicher Vertreter zugestimmt hat, oder

---

[1)] Verkündet als Art. 1 G v. 9.8.2003 (BGBl. I S. 1593); Inkrafttreten gem. Art. 4 Satz 1 dieses G am 1.11.2003.

[2)] § 1 Abs. 2 neu gef. mWv 1.7.2011 durch G v. 28.4.2011 (BGBl. I S. 687).

[3)] Nr. **1**.

[4)] § 2 neu gef. mWv 1.1.2026 durch G v. 22.12.2025 (BGBl. 2025 I Nr. 370).

2. folgende Dokumente:
   a) den Entwurf einer Verpflichtung nach § 14c Absatz 1 des Zivildienstgesetzes[1)],
   b) die Erklärung seiner gesetzlichen Vertreterin oder seines gesetzlichen Vertreters, einer in Buchstabe a genannten Verpflichtung zuzustimmen, und
   c) die Erklärung nach § 14c Absatz 3 des Zivildienstgesetzes, eine solche Verpflichtung mit dem Antragsteller nach dessen Anerkennung als Kriegsdienstverweigerer abschließen zu wollen.

[2] Wer einen Antrag nach Satz 1 gestellt hat, kann frühestens sechs Monate vor Vollendung des 17. Lebensjahres gemustert werden.

(6) [1] Das Bundesamt für das Personalmanagement der Bundeswehr bestätigt der Antragstellerin oder dem Antragsteller den Eingang des Antrags, nimmt diesen zur Grundakte der Personalakte und leitet die Grundakte dem Bundesamt zu. [2] Die Zuleitung erfolgt unverzüglich, bei ungedienten Wehrpflichtigen sobald der Musterungsbescheid unanfechtbar geworden ist. [3] Bei Berufssoldatinnen und Berufssoldaten sowie bei Soldatinnen auf Zeit und Soldaten auf Zeit ist den Personalakten eine Stellungnahme der oder des Disziplinarvorgesetzten und der personalbearbeitenden Stelle beizufügen.

§ 3 Folgen des Antrags. (1) Die Antragstellung nach § 2 hindert nicht die Erfassung und befreit einen Wehrpflichtigen nicht von der Pflicht, sich zur Musterung vorzustellen.

(2) [1] Ab Antragstellung ist eine Einberufung zum Grundwehrdienst erst zulässig, wenn der Antrag unanfechtbar abgelehnt oder zurückgenommen worden ist. [2] Der Antrag hindert die Heranziehung zum Grundwehrdienst nicht, wenn der Wehrpflichtige vor dem Zeitpunkt der Antragstellung bereits einberufen oder schriftlich benachrichtigt worden ist, dass er als Ersatz für Ausfälle kurzfristig einberufen werden kann. [3] Satz 2 gilt auch für den Fall, dass ein früherer Antrag des Antragstellers unanfechtbar abgelehnt oder zurückgenommen worden ist.

§ 4[2)] Vorrangige Entscheidung. [1] Beantragt eine Soldatin oder ein Soldat die Anerkennung der Berechtigung, den Kriegsdienst mit der Waffe zu verweigern, ist über diesen Antrag vorrangig zu entscheiden. [2] Das Gleiche gilt für einen ungedienten Wehrpflichtigen, der zum Wehrdienst einberufen oder schriftlich benachrichtigt worden ist, dass er als Ersatz für Ausfälle kurzfristig einberufen werden kann, sowie für Reservistinnen und Reservisten, die zu einer befristeten Übung oder Wehrübung einberufen worden sind.

§ 5 Anerkennung. Die Antragstellerin ist als Kriegsdienstverweigerin und der Antragsteller ist als Kriegsdienstverweigerer anzuerkennen, wenn
1. der Antrag vollständig ist (§ 2 Abs. 2),
2. die dargelegten Beweggründe das Recht auf Kriegsdienstverweigerung zu begründen geeignet sind und
3. das tatsächliche Gesamtvorbringen und die dem Bundesamt bekannten sonstigen Tatsachen keine Zweifel an der Wahrheit der Angaben der Antragstellerin oder des Antragstellers begründen oder die Zweifel aufgrund einer Anhörung nach § 6 nicht mehr bestehen.

---
1) Nr. **625**.
2) § 4 Satz 2 geänd. mWv 9.8.2008 durch G v. 31.7.2008 (BGBl. I S. 1629).

§ 6[1)] Anhörung; Verordnungsermächtigung. (1) [1] Hat das Bundesamt Zweifel an der Wahrheit der Angaben der Antragstellerin oder des Antragstellers, gibt es ihr oder ihm Gelegenheit, sich innerhalb eines Monats zu den Zweifeln ergänzend schriftlich zu äußern und die Angaben zu belegen (schriftliche Anhörung). [2] Bestehen weiterhin Zweifel, kann es die Antragstellerin oder den Antragsteller auch mündlich befragen (mündliche Anhörung).

(2) [1] Die mündliche Anhörung ist nicht öffentlich. [2] Das Bundesamt nimmt über die mündliche Anhörung ein Protokoll auf.

(3) [1] Das Bundesamt kann ein Führungszeugnis nach § 31 des Bundeszentralregistergesetzes[2)] anfordern, wenn Zweifel an der Wahrheit der Angaben der Antragstellerin oder des Antragstellers bestehen und anzunehmen ist, dass diese Zweifel durch die Einholung eines Führungszeugnisses aufgeklärt werden können. [2] Die Antragstellerin oder der Antragsteller ist über die Einholung des Führungszeugnisses zu unterrichten.

(4) Eine darüber hinausgehende Tatsachenaufklärung findet durch das Bundesamt nicht statt.

(5) [1] Im Falle der Teilnahme an einer mündlichen Anhörung sind der Antragstellerin oder dem Antragsteller die notwendigen Auslagen zu erstatten. [2] Nimmt eine Arbeitnehmerin oder ein Arbeitnehmer an einer mündlichen Anhörung teil, hat die Arbeitgeberin oder der Arbeitgeber für die ausfallende Arbeitszeit das Arbeitsentgelt weiterzuzahlen. [3] Ist eine Antragstellerin oder ein Antragsteller nicht Arbeitnehmerin oder Arbeitnehmer, werden die notwendigen Aufwendungen, die ihr oder ihm durch die Bestellung einer Vertretung entstehen, erstattet, wenn die Fortführung des Geschäftsbetriebs oder der selbstständigen Tätigkeit nicht durch andere Vorkehrungen ermöglicht werden kann.

(6) Das Bundesministerium für Bildung, Familie, Senioren, Frauen und Jugend wird ermächtigt, durch Rechtsverordnung das Nähere zum Verfahren bei der Anhörung sowie zur Erstattung von notwendigen Auslagen, Verdienstausfall und notwendigen Aufwendungen zu regeln.

§ 7[3)] Ablehnung des Antrags. (1) Das Bundesamt lehnt den Antrag ab, wenn

1. der Antragsteller die Musterung verweigert,
2. er nicht vollständig ist (§ 2 Abs. 2) und die Antragstellerin oder der Antragsteller ihn nicht innerhalb einer Frist von einem Monat nach Aufforderung durch das Bundesamt vervollständigt hat,
3. die in ihm dargelegten Beweggründe ein Recht auf Kriegsdienstverweigerung auch nach schriftlicher und gegebenenfalls mündlicher Anhörung der Antragstellerin oder des Antragstellers nicht zu begründen vermögen oder
4. Zweifel an der Wahrheit der Angaben der Antragstellerin oder des Antragstellers trotz der schriftlichen Anhörung oder einer mündlichen Anhörung nicht ausgeräumt wurden.

(2) Folgt die Antragstellerin oder der Antragsteller einer Ladung zur mündlichen Anhörung nicht, entscheidet das Bundesamt nach Aktenlage.

[1)] § 6 Überschrift neu gef., Abs. 6 geänd. mWv 1.1.2026 durch G v. 22.12.2025 (BGBl. 2025 I Nr. 370).

[2)] **Habersack Nr. 92.**

[3)] § 7 Abs. 1 Nr. 1 eingef., bish. Nr. 1–3 werden Nr. 2–4 mWv 1.1.2026 durch G v. 22.12.2025 (BGBl. 2025 I Nr. 370).

§ 8 Vertretung bei der Anhörung. Zur unentgeltlichen Vertretung der Antragstellerin oder des Antragstellers bei einer Anhörung sind auch die von den Kirchen und Religionsgemeinschaften, die Körperschaften öffentlichen Rechts sind, beauftragten Personen zugelassen.

§ 9 Widerspruchsverfahren. (1) Für das Widerspruchsverfahren gelten die §§ 68 ff. der Verwaltungsgerichtsordnung[1)], soweit in diesem Gesetz nichts anderes bestimmt ist.

(2) Außer der Antragstellerin oder dem Antragsteller kann auch die gesetzliche Vertreterin oder der gesetzliche Vertreter im Widerspruchsverfahren selbstständig Anträge stellen und Rechtsbehelfe einlegen.

(3) § 8 gilt für das Widerspruchsverfahren entsprechend.

§ 10 Verwaltungsgerichtliches Verfahren. (1) [1]Im Verfahren vor dem Verwaltungsgericht und dem Bundesverwaltungsgericht gelten die §§ 8 und 9 Abs. 2 entsprechend. [2]§ 67 der Verwaltungsgerichtsordnung[1)] bleibt unberührt.

(2) [1]Die Berufung gegen ein Urteil und die Beschwerde gegen eine andere Entscheidung des Verwaltungsgerichts sind ausgeschlossen. [2]Das gilt nicht für die Beschwerde gegen die Nichtzulassung der Revision nach § 135 in Verbindung mit § 133 der Verwaltungsgerichtsordnung und die Beschwerde gegen Beschlüsse über den Rechtsweg nach § 17a Abs. 2 und 3 des Gerichtsverfassungsgesetzes[2)]. [3]Auf die Beschwerde gegen Beschlüsse über den Rechtsweg ist § 17a Abs. 4 Satz 4 bis 6 des Gerichtsverfassungsgesetzes entsprechend anzuwenden.

§ 11[3)] Spannungs- und Verteidigungsfall, Bereitschaftsdienst. (1) Im Spannungsfall (Artikel 80a des Grundgesetzes[4)]) und im Verteidigungsfall (Artikel 115a des Grundgesetzes)

1. ist § 3 Abs. 2 Satz 1 nicht anzuwenden,
2. kann die Frist nach § 6 Abs. 1 Satz 1 auf zwei Wochen verkürzt werden und
3. ist der Widerspruch gegen eine Entscheidung des Bundesamtes innerhalb einer Woche nach ihrer Bekanntgabe zu erheben.

(2) Absatz 1 ist auf Wehrübungen und Übungen, die von der Bundesregierung als Bereitschaftsdienst angeordnet worden sind (§ 6 Abs. 6 des Wehrpflichtgesetzes[5)], § 61 Abs. 3 des Soldatengesetzes[6)]), entsprechend anzuwenden.

§ 12[7)] Aktenführung. (1) Auf die Führung der Personalakte der Antragstellerin oder des Antragstellers im Bundesamt ist § 36 des Zivildienstgesetzes[8)] entsprechend anzuwenden.

(2) [1]Der Anerkennungsbescheid wird vom Bundesamt so lange aufbewahrt, wie dies zur Erfüllung der Wehrpflicht (§ 3 Absatz 3 bis 5 des Wehrpflichtgesetzes[5)]) erforderlich ist. [2]Die übrigen Akten über das Anerkennungsverfahren eines anerkannten Kriegsdienstverweigerers, der zivildienstpflichtig ist, werden spätestens

---

[1)] Nr. **600**.
[2)] **Habersack Nr. 95.**
[3)] § 11 Abs. 2 neu gef. mWv 9.8.2008 durch G v. 31.7.2008 (BGBl. I S. 1629).
[4)] Nr. **1**.
[5)] Nr. **620**.
[6)] **Sartorius III Nr. 850.**
[7)] § 12 Abs. 2 neu gef., Abs. 3 Satz 1 geänd. mWv 1.1.2026 durch G v. 22.12.2025 (BGBl. 2025 I Nr. 370).
[8)] Nr. **625**.

sechs Monate nach Ableistung des Zivildienstes vernichtet oder gelöscht; wird der anerkannte Kriegsdienstverweigerer nicht zum Zivildienst herangezogen, so werden die Akten nach Ablauf des Jahres vernichtet oder gelöscht, in dem er das 32. Lebensjahr vollendet hat. [3] Akten über das Anerkennungsverfahren einer anerkannten Kriegsdienstverweigerin oder eines anerkannten Kriegsdienstverweigerers, die oder der nicht gemäß Artikel 12a Absatz 2 des Grundgesetzes[1)] zivildienstpflichtig ist, werden mit Ausnahme des Anerkennungsbescheids ein Jahr nach dem Abschluss des Anerkennungsverfahrens vernichtet. [4] Die gemäß § 2 Absatz 6 übermittelten Personalakten sind der für die Personalführung zuständigen Dienststelle, bei Grundwehrdienstpflichtigen, Reservistinnen und Reservisten dem zuständigen Bundesamt für das Personalmanagement der Bundeswehr zu übermitteln.

(3) [1] Nachdem die Entscheidung über die Ablehnung eines Antrags oder über den Widerruf oder die Rücknahme einer Anerkennung unanfechtbar geworden ist, übermittelt das Bundesamt die Personalakte der oder des Betroffenen ihrer oder seiner für die Personalführung zuständigen Dienststelle, bei Grundwehrdienstpflichtigen, Reservistinnen und Reservisten dem zuständigen Bundesamt für das Personalmanagement der Bundeswehr. [2] Das Gleiche gilt, wenn die Antragstellerin oder der Antragsteller den Antrag zurücknimmt oder auf die Anerkennung als Kriegsdienstverweigerin oder Kriegsdienstverweigerer verzichtet. [3] Eine Ausfertigung der Entscheidung des Bundesamtes ist beizufügen.

(4) [1] Die Akten über das Anerkennungsverfahren von Wehrpflichtigen, die nicht als Kriegsdienstverweigerer anerkannt worden sind, werden vom Bundesamt so lange aufbewahrt, wie dies zur Erfüllung der Wehrpflicht (§ 3 Abs. 3 bis 5 des Wehrpflichtgesetzes) erforderlich ist. [2] Die Akten über das Anerkennungsverfahren von Berufssoldatinnen, Soldatinnen auf Zeit und Reservistinnen sind so lange aufzubewahren wie bei Wehrpflichtigen. [3] Ist die Aufbewahrungsfrist abgelaufen, sind die Akten unverzüglich zu vernichten. [4] Die Sätze 2 und 3 gelten auch für die in Dateien gespeicherten personenbezogenen Daten.

§ 13[2)] Anwendungsvorschrift. (1) Entgegen § 2 Absatz 6 Satz 2 kann die Zuleitung des Antrags bei ungedienten Wehrpflichtigen, die vor dem 1. Januar 2010 geboren sind, ohne vorherige Musterung erfolgen.

(2) Über Anträge, die ohne vorherige Musterung dem Bundesamt zugeleitet werden, soll spätestens innerhalb von neun Monaten seit Eingang beim Bundesamt für das Personalmanagement der Bundeswehr entschieden werden.

(3) § 3 Absatz 2 Satz 2 und § 11 Absatz 1 Nummer 1 sind auf Fälle nach Absatz 1 nicht anzuwenden.

---

1) Nr. **1**.

2) § 13 eingef. mWv 1.1.2026 durch G v. 22.12.2025 (BGBl. 2025 I Nr. 370).

627. Gesetz über den Bundesfreiwilligendienst (Bundesfreiwilligendienstgesetz – BFDG)[1)]

Vom 28. April 2011
(BGBl. I S. 687)

FNA 2173-2

geänd. durch Art. 5, Art. 15 Abs. 5 AsylverfahrensbeschleunigungsG v. 20.10.2015 (BGBl. I S. 1722), Art. 1 G zur Einführung einer Teilzeitmöglichkeit in den Jugendfreiwilligendiensten sowie im Bundesfreiwilligendienst für Personen vor Vollendung des 27. Lebensjahres v. 6.5.2019 (BGBl. I S. 644), Art. 37 Zweites Datenschutz-Anpassungs- und Umsetzungsgesetz EU v. 20.11.2019 (BGBl. I S. 1626), Art. 50 G zur Regelung des Sozialen Entschädigungsrechts v. 12.12.2019 (BGBl. I S. 2652), Art. 81 G über die Entschädigung der Soldatinnen und Soldaten und zur Neuordnung des Soldatenversorgungsrechts v. 20.8. 2021 (BGBl. I S. 3932) und Art. 3, Art. 4 Freiwilligen-Teilzeitgesetz v. 23.5.2024 (BGBl. 2024 I Nr. 170)

§ 1[2)] Aufgaben des Bundesfreiwilligendienstes. [1] Im Bundesfreiwilligendienst engagieren sich Personen für das Allgemeinwohl, insbesondere im sozialen, ökologischen und kulturellen Bereich sowie im Bereich des Sports, der Integration und des Zivil- und Katastrophenschutzes. [2] Der Bundesfreiwilligendienst fördert das lebenslange Lernen.

§ 2[3)] Freiwillige. [1] Freiwillige im Sinne dieses Gesetzes sind Personen, die
1. die Vollzeitschulpflicht erfüllt haben,
2. einen freiwilligen Dienst leisten ohne Erwerbsabsicht, außerhalb einer Berufsausbildung und vergleichbar
   a) einer Vollzeitbeschäftigung oder
   b) einer Teilzeitbeschäftigung von mehr als 20 Stunden pro Woche,
3. sich auf Grund einer Vereinbarung nach § 8 zur Leistung eines Bundesfreiwilligendienstes für eine Zeit von mindestens sechs Monaten und höchstens 24 Monaten verpflichtet haben und
4. für den Dienst nur folgende Geld- und Sachleistungen erhalten dürfen:
   a) ein angemessenes Taschengeld,
   b) unentgeltliche Unterkunft, Verpflegung und Arbeitskleidung oder entsprechende Geldersatzleistungen sowie
   c) Mobilitätszuschläge oder entsprechende Sachleistungen.

[2] Angemessen ist ein monatliches Taschengeld, das 8 Prozent der in der allgemeinen Rentenversicherung monatlich geltenden Beitragsbemessungsgrenze nicht übersteigt und dem Taschengeld anderer Personen entspricht, die einen Jugendfreiwilligendienst nach dem Jugendfreiwilligendienstegesetz leisten und eine vergleichbare Tätigkeit in derselben Einsatzstelle ausüben. [3] Bei einem freiwilligen Dienst vergleichbar einer Teilzeitbeschäftigung ist das Taschengeld zu kürzen.

[1)] Verkündet als Art. 1 G v. 28.4.2011 (BGBl. I S. 687); Inkrafttreten gem. Art. 18 Abs. 1 dieses G am 3.5.2011, mit Ausnahme von § 17 Abs. 3, der gem. Art. 18 Abs. 2 dieses G am 1.7.2011 in Kraft getreten ist.

[2)] § 1 Satz 1 geänd. mWv 29.5.2024 durch G v. 23.5.2024 (BGBl. 2024 I Nr. 170).

[3)] § 2 Nr. 2 neu gef., Nr. 4 Buchst. a–c geänd., Buchst. d aufgeh. mWv 11.5.2019 durch G v. 6.5.2019 (BGBl. I S. 644); Nr. 2, 4 neu gef., Sätze 2, 3 angef. mWv 29.5.2024 durch G v. 23.5.2024 (BGBl. 2024 I Nr. 170).

§ 3[1)] Einsatzbereiche, Dauer. (1) [1] Der Bundesfreiwilligendienst wird als überwiegend praktische Hilfstätigkeit in gemeinwohlorientierten Einrichtungen geleistet, insbesondere in Einrichtungen der Kinder- und Jugendhilfe, einschließlich der Einrichtungen für außerschulische Jugendbildung und für Jugendarbeit, in Einrichtungen der Wohlfahrts-, Gesundheits- und Altenpflege, der Behindertenhilfe, der Kultur und Denkmalpflege, des Sports, der Integration, des Zivil- und Katastrophenschutzes und in Einrichtungen, die im Bereich des Umweltschutzes einschließlich des Naturschutzes und der Bildung zur Nachhaltigkeit tätig sind. [2] Der Bundesfreiwilligendienst ist arbeitsmarktneutral auszugestalten.

(2) [1] Der Bundesfreiwilligendienst wird in der Regel für eine Dauer von zwölf zusammenhängenden Monaten geleistet. [2] Der Dienst dauert mindestens sechs Monate und höchstens 18 Monate. [3] Er kann ausnahmsweise bis zu einer Dauer von 24 Monaten verlängert werden, wenn dies im Rahmen eines besonderen pädagogischen Konzepts begründet ist. [4] Im Rahmen eines pädagogischen Gesamtkonzepts ist auch eine Ableistung in zeitlich getrennten Abschnitten möglich, wenn ein Abschnitt mindestens drei Monate dauert. [5] Die Gesamtdauer aller Abschnitte sowie mehrerer geleisteter Bundesfreiwilligendienste darf bis zum 27. Lebensjahr die zulässige Gesamtdauer nach den Sätzen 2 und 3 nicht überschreiten, danach müssen zwischen jedem Ableisten der nach den Sätzen 2 und 3 zulässigen Gesamtdauer fünf Jahre liegen; auf das Ableisten der Gesamtdauer ist ein Jugendfreiwilligendienst nach dem Jugendfreiwilligendienstegesetz anzurechnen.

§ 4[2)] Pädagogische Begleitung. (1) Der Bundesfreiwilligendienst wird pädagogisch begleitet mit dem Ziel, soziale, ökologische, kulturelle und interkulturelle Kompetenzen zu vermitteln und das Verantwortungsbewusstsein für das Gemeinwohl zu stärken.

(2) Die Freiwilligen erhalten von den Einsatzstellen fachliche Anleitung.

(3) [1] Während des Bundesfreiwilligendienstes finden Seminare statt, für die Teilnahmepflicht besteht. [2] Die Seminarzeit gilt als Dienstzeit. [3] An den Seminartagen gilt die regelmäßige Dienstzeit des jeweiligen Tages als geleistet. [4] Fallen Seminartage auf Tage, die ansonsten für die an dem Seminar teilnehmende Person in der Einsatzstelle dienstfrei wären, so erhält die teilnehmende Person die gleiche Anzahl an dienstfreien Tagen als Ersatz. [5] Die Gesamtdauer der Seminare beträgt bei einer zwölfmonatigen Teilnahme am Bundesfreiwilligendienst mindestens 25 Tage; Freiwillige, die das 27. Lebensjahr vollendet haben, nehmen in angemessenem Umfang an den Seminaren teil. [6] Wird ein Dienst über den Zeitraum von zwölf Monaten hinaus vereinbart oder verlängert, erhöht sich die Zahl der Seminartage für jeden weiteren Monat um mindestens einen Tag. [7] Bei einem kürzeren Dienst als zwölf Monate verringert sich die Zahl der Seminartage für jeden Monat um zwei Tage. [8] Die Freiwilligen wirken an der inhaltlichen Gestaltung und der Durchführung der Seminare mit.

(4) [1] Die Freiwilligen nehmen im Rahmen der Seminare nach Absatz 3 an einem fünftägigen Seminar zur politischen Bildung teil. [2] In diesem Seminar darf die Behandlung politischer Fragen nicht auf die Darlegung einer einseitigen Meinung beschränkt werden. [3] Das Gesamtbild des Unterrichts ist so zu gestalten, dass die Dienstleistenden nicht zugunsten oder zuungunsten einer bestimmten politischen Richtung beeinflusst werden.

[1)] § 3 Abs. 1 Satz 1 geänd. mWv 29.5.2024 durch G v. 23.5.2024 (BGBl. 2024 I Nr. 170).

[2)] § 4 Abs. 3 Sätze 3, 4 eingef., bish. Sätze 3–6 werden Sätze 5–8 mWv 29.5.2024 durch G v. 23.5.2024 (BGBl. 2024 I Nr. 170).

(5) Die Seminare, insbesondere das Seminar zur politischen Bildung, können gemeinsam für Freiwillige und Personen, die Jugendfreiwilligendienste oder freiwilligen Wehrdienst leisten, durchgeführt werden.

§ 5 Anderer Dienst im Ausland. Die bestehenden Anerkennungen sowie die Möglichkeit neuer Anerkennungen von Trägern, Vorhaben und Einsatzplänen des Anderen Dienstes im Ausland nach § 14b Absatz 3 des Zivildienstgesetzes[1)] bleiben unberührt.

§ 6 Einsatzstellen. (1) Die Freiwilligen leisten den Bundesfreiwilligendienst in einer dafür anerkannten Einsatzstelle.

(2) [1] Eine Einsatzstelle kann auf ihren Antrag von der zuständigen Bundesbehörde anerkannt werden, wenn sie

1. Aufgaben insbesondere in Einrichtungen der Kinder- und Jugendhilfe, einschließlich der Einrichtungen für außerschulische Jugendbildung und für Jugendarbeit, in Einrichtungen der Wohlfahrts-, Gesundheits- und Altenpflege, der Behindertenhilfe, der Kultur und Denkmalpflege, des Sports, der Integration, des Zivil- und Katastrophenschutzes und in Einrichtungen, die im Bereich des Umweltschutzes einschließlich des Naturschutzes und der Bildung zur Nachhaltigkeit tätig sind, wahrnimmt,
2. die Gewähr bietet, dass Beschäftigung, Leitung und Betreuung der Freiwilligen den Bestimmungen dieses Gesetzes entsprechen sowie
3. die Freiwilligen persönlich und fachlich begleitet und für deren Leitung und Betreuung qualifiziertes Personal einsetzt.

[2] Die Anerkennung wird für bestimmte Plätze ausgesprochen. [3] Sie kann mit Auflagen verbunden werden.

(3) Die am 1. April 2011 nach § 4 des Zivildienstgesetzes[1)] anerkannten Beschäftigungsstellen und Dienstplätze des Zivildienstes gelten als anerkannte Einsatzstellen und -plätze nach Absatz 2.

(4) [1] Die Anerkennung ist zurückzunehmen oder zu widerrufen, wenn eine der in Absatz 2 genannten Voraussetzungen nicht vorgelegen hat oder nicht mehr vorliegt. [2] Sie kann auch aus anderen wichtigen Gründen widerrufen werden, insbesondere, wenn eine Auflage nicht oder nicht innerhalb der gesetzten Frist erfüllt worden ist.

(5) [1] Die Einsatzstelle kann mit der Erfüllung von gesetzlichen oder sich aus der Vereinbarung ergebenden Aufgaben mit deren Einverständnis einen Träger oder eine Zentralstelle beauftragen. [2] Dies ist im Vorschlag nach § 8 Absatz 1 festzuhalten.

§ 7 Zentralstellen. (1) [1] Träger und Einsatzstellen können Zentralstellen bilden. [2] Die Zentralstellen tragen dafür Sorge, dass die ihnen angehörenden Träger und Einsatzstellen ordnungsgemäß an der Durchführung des Bundesfreiwilligendienstes mitwirken. [3] Das Bundesministerium für Familie, Senioren, Frauen und Jugend bestimmt durch Rechtsverordnung, die nicht der Zustimmung des Bundesrates bedarf, Mindestanforderungen für die Bildung einer Zentralstelle, insbesondere hinsichtlich der für die Bildung einer Zentralstelle erforderlichen Zahl, Größe und geografischen Verteilung der Einsatzstellen und Träger.

---

1) Nr. **625**.

(2) Für Einsatzstellen und Träger, die keinem bundeszentralen Träger angehören, richtet die zuständige Bundesbehörde auf deren Wunsch eine eigene Zentralstelle ein.

(3) Jede Einsatzstelle ordnet sich einer oder mehreren Zentralstellen zu.

(4) Die Zentralstellen können den ihnen angeschlossenen Einsatzstellen Auflagen erteilen, insbesondere zum Anschluss an einen Träger sowie zur Gestaltung und Organisation der pädagogischen Begleitung der Freiwilligen.

(5) [1] Die zuständige Behörde teilt den Zentralstellen nach Inkrafttreten des jährlichen Haushaltsgesetzes bis möglichst zum 31. Januar eines jeden Jahres mit, wie viele Plätze im Bereich der Zuständigkeit der jeweiligen Zentralstelle ab August des Jahres besetzt werden können. [2] Die Zentralstellen nehmen die regional angemessene Verteilung dieser Plätze auf die ihnen zugeordneten Träger und Einsatzstellen in eigener Verantwortung vor. [3] Sie können die Zuteilung von Plätzen mit Auflagen verbinden.

§ 8[1)] **Vereinbarung.** (1) [1] Der Bund und die oder der Freiwillige schließen vor Beginn des Bundesfreiwilligendienstes auf gemeinsamen Vorschlag der oder des Freiwilligen und der Einsatzstelle eine schriftliche Vereinbarung ab. [2] Die Vereinbarung muss enthalten:

1. Vor- und Familienname, Geburtstag und Anschrift der oder des Freiwilligen, bei Minderjährigen die Anschrift der Erziehungsberechtigten sowie die Einwilligung des gesetzlichen Vertreters,
2. die Bezeichnung der Einsatzstelle und, sofern diese einem Träger angehört, die Bezeichnung des Trägers,
3. die Angabe des Zeitraumes, für den die oder der Freiwillige sich zum Bundesfreiwilligendienst verpflichtet sowie eine Regelung zur vorzeitigen Beendigung des Dienstverhältnisses,
4. den Hinweis, dass die Bestimmungen dieses Gesetzes während der Durchführung des Bundesfreiwilligendienstes einzuhalten sind,
5. Angaben zur Art und Höhe der Geld- und Sachleistungen sowie
6. die Angabe der Anzahl der Urlaubstage und der Seminartage.

(2) [1] Die Einsatzstelle kann mit der Erfüllung von gesetzlichen oder sich aus der Vereinbarung ergebenden Aufgaben einen Träger oder eine Zentralstelle beauftragen. [2] Dies ist im Vorschlag nach Absatz 1 festzuhalten.

(3) [1] Die Einsatzstelle legt den Vorschlag in Absprache mit der Zentralstelle, der sie angeschlossen ist, der zuständigen Bundesbehörde vor. [2] Die Zentralstelle stellt sicher, dass ein besetzbarer Platz nach § 7 Absatz 5 zur Verfügung steht. [3] Die zuständige Bundesbehörde unterrichtet die Freiwillige oder den Freiwilligen sowie die Einsatzstelle, gegebenenfalls den Träger und die Zentralstelle, über den Abschluss der Vereinbarung oder teilt ihnen die Gründe mit, die dem Abschluss einer Vereinbarung entgegenstehen.

§ 9 Haftung. (1) [1] Für Schäden, die die oder der Freiwillige vorsätzlich oder fahrlässig herbeigeführt hat, haftet der Bund, wenn die schädigende Handlung auf sein Verlangen vorgenommen worden ist. [2] Insoweit kann die oder der Freiwillige verlangen, dass der Bund sie oder ihn von Schadensersatzansprüchen der oder des *Geschädigten freistellt.*

[1)] § 8 Abs. 1 Satz 2 Nr. 2 aufgeh., bish. Nr. 3–7 werden Nr. 2–6 mWv 11.5.2019 durch G v. 6.5.2019 (BGBl. I S. 644).

(2) Für Schäden bei der Ausübung ihrer Tätigkeit haften Freiwillige nur wie Arbeitnehmerinnen und Arbeitnehmer.

§ 10 Beteiligung der Freiwilligen. [1]Die Freiwilligen wählen Sprecherinnen und Sprecher, die ihre Interessen gegenüber den Einsatzstellen, Trägern, Zentralstellen und der zuständigen Bundesbehörde vertreten. [2]Das Bundesministerium für Familie, Senioren, Frauen und Jugend regelt die Einzelheiten zum Wahlverfahren durch Rechtsverordnung, die nicht der Zustimmung des Bundesrates bedarf.

§ 11 Bescheinigung, Zeugnis. (1) [1]Die Einsatzstelle stellt der oder dem Freiwilligen nach Abschluss des Dienstes eine Bescheinigung über den geleisteten Dienst aus. [2]Eine Zweitausfertigung der Bescheinigung ist der zuständigen Bundesbehörde zuzuleiten.

(2) [1]Bei Beendigung des freiwilligen Dienstes erhält die oder der Freiwillige von der Einsatzstelle ein schriftliches Zeugnis über die Art und Dauer des freiwilligen Dienstes. [2]Das Zeugnis ist auf die Leistungen und die Führung während der Dienstzeit zu erstrecken. [3]Dabei sind in das Zeugnis berufsqualifizierende Merkmale des Bundesfreiwilligendienstes aufzunehmen.

§ 12[1)] Datenschutz. [1]Die Einsatzstellen, Zentralstellen und Träger dürfen personenbezogene Daten nach § 8 Absatz 1 Satz 2 verarbeiten, soweit dies für die Durchführung dieses Gesetzes erforderlich ist. [2]Die Daten sind nach Abwicklung des Bundesfreiwilligendienstes zu löschen.

§ 13[2)] Anwendung arbeitsrechtlicher, arbeitsschutzrechtlicher und sonstiger Bestimmungen. (1) Für eine Tätigkeit im Rahmen eines Bundesfreiwilligendienstes im Sinne dieses Gesetzes sind die Arbeitsschutzbestimmungen und das Jugendarbeitsschutzgesetz[3)] entsprechend anzuwenden.

(2) Soweit keine ausdrückliche sozialversicherungsrechtliche Regelung vorhanden ist, finden auf den Bundesfreiwilligendienst die sozialversicherungsrechtlichen Bestimmungen entsprechende Anwendung, die für die Jugendfreiwilligendienste nach dem Jugendfreiwilligendienstegesetz[4)] gelten.

§ 13a[5)] Urlaub. (1) Freiwillige haben Anspruch auf Erholungsurlaub.

(2) [1]Bei Freiwilligen, die das 18. Lebensjahr vollendet haben, beträgt der Anspruch auf Erholungsurlaub bei einer Dienstdauer von zwölf Monaten und einer Verteilung der regelmäßigen Dienstzeit auf fünf Werktage in der Kalenderwoche mindestens 20 Werktage. [2]Ist die regelmäßige Dienstzeit auf mehr oder weniger als fünf Tage in der Kalenderwoche verteilt, ist der Urlaubsanspruch nach Satz 1 entsprechend umzurechnen. [3]Bei Freiwilligen, die das 18. Lebensjahr noch nicht vollendet haben, richtet sich der Anspruch auf Erholungsurlaub nach § 19 Absatz 2 des Jugendarbeitsschutzgesetzes[3)].

(3) [1]Bei einer kürzeren oder längeren Dienstdauer als zwölf Monate verringert oder erhöht sich der Urlaubsanspruch nach Absatz 1 für jeden vollen Monat um

---

[1)] § 12 Satz 1 geänd. mWv 26.11.2019 durch G v. 20.11.2019 (BGBl. I S. 1626).

[2)] § 13 Abs. 2 Satz 2 Nr. 2 neu gef. mWv 1.1.2024 durch G v. 12.12.2019 (BGBl. I S. 2652); Abs. 1 neu gef. mWv 29.5.2024, Abs. 2 Satz 2 aufgeh. mWv 1.1.2025 durch G v. 23.5.2024 (BGBl. 2024 I Nr. 170).

[3)] **Loseblatt-Textsammlung Arbeitsrecht Nr. 420.**

[4)] **Nr. 390.**

[5)] § 13a eingef. mWv 29.5.2024 durch G v. 23.5.2024 (BGBl. 2024 I Nr. 170).

ein Zwölftel. [2]Bruchteile von Urlaubstagen, die mindestens einen halben Tag ergeben, werden auf volle Urlaubstage aufgerundet.

(4) Während des Urlaubs sind die den Freiwilligen nach der Vereinbarung zustehenden Geld- und Sachleistungen weiter zu gewähren.

(5) Kann der Urlaub wegen Beendigung des Dienstes ganz oder teilweise nicht mehr gewährt werden, ist er abzugelten.

§ 14 Zuständige Bundesbehörde. (1) [1]Dieses Gesetz wird, soweit es nichts anderes bestimmt, in bundeseigener Verwaltung ausgeführt. [2]Die Durchführung wird dem Bundesamt für den Zivildienst als selbstständiger Bundesoberbehörde übertragen, welche die Bezeichnung „Bundesamt für Familie und zivilgesellschaftliche Aufgaben" (Bundesamt) erhält und dem Bundesministerium für Familie, Senioren, Frauen und Jugend untersteht.

(2) Dem Bundesamt können weitere Aufgaben übertragen werden.

§ 15 Beirat für den Bundesfreiwilligendienst. (1) [1]Bei dem Bundesministerium für Familie, Senioren, Frauen und Jugend wird ein Beirat für den Bundesfreiwilligendienst gebildet. [2]Der Beirat berät das Bundesministerium für Familie, Senioren, Frauen und Jugend in Fragen des Bundesfreiwilligendienstes.

(2) Dem Beirat gehören an:

1. bis zu sieben Bundessprecherinnen oder Bundessprecher der Freiwilligen,
2. bis zu sieben Vertreterinnen oder Vertreter der Zentralstellen,
3. je eine Vertreterin oder ein Vertreter der evangelischen Kirche und der katholischen Kirche,
4. je eine Vertreterin oder ein Vertreter der Gewerkschaften und der Arbeitgeberverbände,
5. vier Vertreterinnen oder Vertreter der Länder und
6. eine Vertreterin oder ein Vertreter der kommunalen Spitzenverbände.

(3) [1]Das Bundesministerium für Familie, Senioren, Frauen und Jugend beruft die Mitglieder des Beirats in der Regel für die Dauer von vier Jahren. [2]Die in Absatz 2 genannten Stellen sollen hierzu Vorschläge machen. [3]Die Mitglieder nach Absatz 2 Nummer 1 sind für die Dauer ihrer Dienstzeit zu berufen. [4]Für jedes Mitglied wird eine persönliche Stellvertretung berufen.

(4) Die Sitzungen des Beirats werden von der oder dem von der Bundesministerin oder dem Bundesminister für Familie, Senioren, Frauen und Jugend dafür benannten Vertreterin oder Vertreter einberufen und geleitet.

§ 16 Übertragung von Aufgaben. [1]Die Einsatzstellen, Zentralstellen und Träger können mit ihrem Einverständnis mit der Wahrnehmung von Aufgaben beauftragt werden. [2]Die hierdurch entstehenden Kosten können in angemessenem Umfang erstattet werden.

§ 17[1)] Kosten. (1) [1]Soweit die Freiwilligen Unterkunft, Verpflegung und Arbeitskleidung oder entsprechende Geldersatzleistungen, Mobilitätszuschläge oder entsprechende Sachleistungen erhalten, erbringen die Einsatzstellen diese Leistungen auf ihre Kosten für den Bund. [2]Sie tragen die ihnen aus der Beschäftigung der *Freiwilligen entstehenden* Verwaltungskosten.

[1)] § 17 Abs. 1 Satz 1, Abs. 3 Satz 1 geänd. mWv 29.5.2024 durch G v. 23.5.2024 (BGBl. 2024 I Nr. 170).

(2) [1] Für den Bund zahlen die Einsatzstellen den Freiwilligen das Taschengeld, soweit ein Taschengeld vereinbart ist. [2] Für die Einsatzstellen gelten die Melde-, Beitragsnachweis- und Zahlungspflichten des Sozialversicherungsrechts. [3] Die Einsatzstellen tragen die Kosten der pädagogischen Begleitung der Freiwilligen.

(3) [1] Den Einsatzstellen wird der Aufwand für das Taschengeld, die Sozialversicherungsbeiträge, die gesetzlich geregelten Zuschüsse zu Beiträgen zur Kranken- und Pflegeversicherung sowie zu einer berufsständischen Versorgungseinrichtung und die pädagogische Begleitung im Rahmen der im Haushaltsplan vorgesehenen Mittel erstattet; das Bundesministerium für Familie, Senioren, Frauen und Jugend legt im Einvernehmen mit dem Bundesministerium der Finanzen einheitliche Obergrenzen für die Erstattung fest. [2] Der Zuschuss für den Aufwand für die pädagogische Begleitung wird nach den für das freiwillige soziale Jahr im Inland geltenden Richtlinien des Bundes festgesetzt.

§ 18[1] *(aufgehoben)*

[1] § 18 aufgeh. mWv 1.1.2025 durch G v. 20.8.2021 (BGBl. I S. 3932).

635. Gesetz über den Wehrbeauftragten des Deutschen Bundestages(Gesetz zu Artikel 45b des Grundgesetzes – WBeauftrG)

In der Fassung der Bekanntmachung vom 16. Juni 1982[1)]

(BGBl. I S. 677)

FNA 50-2

geänd. durch Art. 7 Bundesbesoldungs- und -versorgungsanpassungsG 1988 v. 20.12.1988 (BGBl. I S. 2363), Art. 9 G zur Änd. des BeamtenversorgungsG v. 18.12.1989 (BGBl. I S. 2218), Art. 1 ÄndG v. 30.3.1990 (BGBl. I S. 599), Art. 3 Nr. 4 VersorgungsÄndG 2001 v. 20.12.2001 (BGBl. I S. 3926), Art. 16 BundeswehrneuausrichtungsG v. 20.12.2001 (BGBl. I S. 4013), Art. 4 Abs. 54 KostenrechtsmodernisierungsG v. 5.5.2004 (BGBl. I S. 718), Art. 15 Abs. 68 DienstrechtsneuordnungsG v. 5.2.2009 (BGBl. I S. 160) und Art. 16, 17 G zur Anpassung der Bundesbesoldung und -versorgung für die Jahre 2023 und 2024 sowie zur Änd. weiterer dienstrechtlicher Vorschriften v. 22.12.2023 (BGBl. 2023 I Nr. 414)

§ 1 Verfassungsrechtliche Stellung; Aufgaben. (1) Der Wehrbeauftragte nimmt seine Aufgaben als Hilfsorgan des Bundestages bei der Ausübung der parlamentarischen Kontrolle wahr.

(2) [1] Der Wehrbeauftragte wird auf Weisung des Bundestages oder des Verteidigungsausschusses zur Prüfung bestimmter Vorgänge tätig. [2] Eine Weisung kann nur erteilt werden, wenn der Verteidigungsausschuß den Vorgang nicht zum Gegenstand seiner eigenen Beratung macht. [3] Der Wehrbeauftragte kann bei dem Verteidigungsausschuß um eine Weisung zur Prüfung bestimmter Vorgänge nachsuchen.

(3) [1] Der Wehrbeauftragte wird nach pflichtgemäßem Ermessen auf Grund eigener Entscheidung tätig, wenn ihm bei Wahrnehmung seines Rechts aus § 3 Nr. 4, durch Mitteilung von Mitgliedern des Bundestages, durch Eingaben nach § 7 oder auf andere Weise Umstände bekannt werden, die auf eine Verletzung der Grundrechte der Soldaten oder der Grundsätze der Inneren Führung schließen lassen. [2] Ein Tätigwerden des Wehrbeauftragten nach Satz 1 unterbleibt, soweit der Verteidigungsausschuß den Vorgang zum Gegenstand seiner eigenen Beratung gemacht hat.

§ 2 Berichtspflichten. (1) Der Wehrbeauftragte erstattet für das Kalenderjahr dem Bundestag einen schriftlichen Gesamtbericht (Jahresbericht).

(2) Er kann jederzeit dem Bundestag oder dem Verteidigungsausschuß Einzelberichte vorlegen.

(3) Wird der Wehrbeauftragte auf Weisung tätig, so hat er über das Ergebnis seiner Prüfung auf Verlangen einen Einzelbericht zu erstatten.

§ 3[2)] Amtsbefugnisse. Der Wehrbeauftragte hat in Erfüllung der ihm übertragenen Aufgaben die folgenden Befugnisse:

1. [1] Er kann vom Bundesminister der Verteidigung und allen diesem unterstellten Dienststellen und Personen Auskunft und Akteneinsicht verlangen. [2] Diese Rechte können ihm nur verweigert werden, soweit zwingende Geheimhal-

---

[1)] Neubekanntmachung des WBeauftrG v. 26.6.1957 (BGBl. I S. 652) in der ab 24.6.1982 geltenden Fassung.

[2)] § 3 Nr. 5 und Nr. 6 Satz 1 geänd. mWv 1.1.2002 durch G v. 20.12.2001 (BGBl. I S. 4013); Nr. 1 Satz 5 neu gef. mWv 1.7.2004 durch G v. 5.5.2004 (BGBl. I S. 718).

tungsgründe entgegenstehen. [3]Die Entscheidung über die Verweigerung trifft der Bundesminister der Verteidigung selber oder sein ständiger Stellvertreter im Amt; er hat sie vor dem Verteidigungsausschuß zu vertreten. [4]Auf Grund einer Weisung nach § 1 Abs. 2 und bei einer Eingabe, der eine Beschwer des Einsenders zugrunde liegt, ist der Wehrbeauftragte berechtigt, den Einsender sowie Zeugen und Sachverständige anzuhören. [5]Diese erhalten eine Entschädigung oder Vergütung nach dem Justizvergütungs- und -entschädigungsgesetz[1)].

2. Er kann den zuständigen Stellen Gelegenheit zur Regelung einer Angelegenheit geben.
3. Er kann einen Vorgang der für die Einleitung des Straf- oder Disziplinarverfahrens zuständigen Stelle zuleiten.
4. [1]Er kann jederzeit alle Truppenteile, Stäbe, Dienststellen und Behörden der Bundeswehr und ihre Einrichtungen auch ohne vorherige Anmeldung besuchen. [2]Dieses Recht steht dem Wehrbeauftragten ausschließlich persönlich zu. [3]Die Sätze 2 und 3 aus Nummer 1 finden entsprechende Anwendung.
5. Er kann vom Bundesminister der Verteidigung zusammenfassende Berichte über die Ausübung der Disziplinarbefugnis in den Streitkräften und von den zuständigen Bundes- und Landesbehörden statistische Berichte über die Ausübung der Strafrechtspflege anfordern, soweit dadurch die Streitkräfte oder ihre Soldaten berührt werden.
6. [1]Er kann in Strafverfahren und gerichtlichen Disziplinarverfahren den Verhandlungen der Gerichte beiwohnen, auch soweit die Öffentlichkeit ausgeschlossen ist. [2]Er hat im gleichen Umfang wie der Anklagevertreter und der Vertreter der Einleitungsbehörde das Recht, die Akten einzusehen. [3]Die Befugnis aus Satz 1 steht ihm auch in Antrags- und Beschwerdeverfahren nach der Wehrdisziplinarordnung und der Wehrbeschwerdeordnung vor den Wehrdienstgerichten sowie in Verfahren vor den Gerichten der Verwaltungsgerichtsbarkeit, die mit seinem Aufgabenbereich zusammenhängen, zu; in diesen Verfahren hat er das Recht zur Akteneinsicht wie ein Verfahrensbeteiligter.

§ 4 Amtshilfe. Gerichte und Verwaltungsbehörden des Bundes, der Länder und der Gemeinden sind verpflichtet, dem Wehrbeauftragten bei der Durchführung der erforderlichen Erhebungen Amtshilfe zu leisten.

§ 5 Allgemeine Richtlinien; Weisungsfreiheit. (1) Der Bundestag und der Verteidigungsausschuß können allgemeine Richtlinien für die Arbeit des Wehrbeauftragten erlassen.

(2) Der Wehrbeauftragte ist – unbeschadet des § 1 Abs. 2 – von Weisungen frei.

§ 6 Anwesenheitspflicht. Der Bundestag und der Verteidigungsausschuß können jederzeit die Anwesenheit des Wehrbeauftragten verlangen.

§ 7 Eingaberecht des Soldaten. [1]Jeder Soldat hat das Recht, sich einzeln ohne Einhaltung des Dienstweges unmittelbar an den Wehrbeauftragten zu wenden. [2]Wegen der Tatsache der Anrufung des Wehrbeauftragten darf er nicht dienstlich gemaßregelt oder benachteiligt werden.

§ 8 Anonyme Eingaben. Anonyme Eingaben werden nicht bearbeitet.

[1)] **Habersack Nr. 116.**

§ 9 Vertraulichkeit der Eingaben. [1] Wird der Wehrbeauftragte auf Grund einer Eingabe tätig, so steht es in seinem Ermessen, die Tatsache der Eingabe und den Namen des Einsenders bekanntzugeben. [2] Er soll von der Bekanntgabe absehen, wenn der Einsender es wünscht und der Erfüllung des Wunsches keine Rechtspflichten entgegenstehen.

§ 10 Verschwiegenheitspflicht. (1) [1] Der Wehrbeauftragte ist auch nach Beendigung seines Amtsverhältnisses verpflichtet, über die ihm amtlich bekanntgewordenen Angelegenheiten Verschwiegenheit zu bewahren. [2] Dies gilt nicht für Mitteilungen im dienstlichen Verkehr oder über Tatsachen, die offenkundig sind oder ihrer Bedeutung nach keiner Geheimhaltung bedürfen.

(2) [1] Der Wehrbeauftragte darf, auch wenn er nicht mehr im Amt ist, über solche Angelegenheiten ohne Genehmigung weder vor Gericht noch außergerichtlich aussagen oder Erklärungen abgeben. [2] Die Genehmigung erteilt der Präsident des Bundestages im Einvernehmen mit dem Verteidigungsausschuß.

(3) Die Genehmigung, als Zeuge auszusagen, darf nur versagt werden, wenn die Aussage dem Wohl des Bundes oder eines deutschen Landes Nachteile bereiten oder die Erfüllung öffentlicher Aufgaben ernstlich gefährden oder erheblich erschweren würde.

(4) Unberührt bleibt die gesetzlich begründete Pflicht, Straftaten anzuzeigen und bei Gefährdung der freiheitlichen demokratischen Grundordnung für deren Erhaltung einzutreten.

§ 11 (weggefallen)

§ 12 Unterrichtungspflichten durch Bundes- und Länderbehörden. Die Justiz- und Verwaltungsbehörden des Bundes und der Länder sind verpflichtet, den Wehrbeauftragten über die Einleitung des Verfahrens, die Erhebung der öffentlichen Klage, die Anordnung der Untersuchung im Disziplinarverfahren und den Ausgang des Verfahrens zu unterrichten, wenn einer dieser Behörden die Vorgänge vom Wehrbeauftragten zugeleitet worden sind.

§ 13 Wahl des Wehrbeauftragten. [1] Der Bundestag wählt in geheimer Wahl mit der Mehrheit seiner Mitglieder den Wehrbeauftragten. [2] Vorschlagsberechtigt sind der Verteidigungsausschuß, die Fraktionen und so viele Abgeordnete, wie nach der Geschäftsordnung[1)] der Stärke einer Fraktion entsprechen. [3] Eine Aussprache findet nicht statt.

§ 14[2)] Wählbarkeit; Amtsdauer; Verbot einer anderen Berufsausübung; Eid; Befreiung vom Wehrdienst. (1) Zum Wehrbeauftragten ist jeder/jede Deutsche wählbar, der/die das Wahlrecht zum Bundestag besitzt und das 35. Lebensjahr vollendet hat.

(2) [1] Das Amt des Wehrbeauftragten dauert fünf Jahre. [2] Wiederwahl ist zulässig.

(3) Der Wehrbeauftragte darf kein anderes besoldetes Amt, kein Gewerbe und keinen Beruf ausüben und weder der Leitung und dem Aufsichtsrat eines auf Erwerb gerichteten Unternehmens noch einer Regierung oder einer gesetzgebenden Körperschaft des Bundes oder eines Landes angehören.

---

1) Nr. **35**.

2) § 14 Abs. 1 Satz 2 aufgeh., bish. Satz 1 wird alleiniger Wortlaut und geänd. durch G v. 30.3.1990 (BGBl. I S. 599).

(4) Der Wehrbeauftragte leistet bei der Amtsübernahme vor dem Bundestag den in Artikel 56 des Grundgesetzes[1)] vorgesehenen Eid.

(5) Der Wehrbeauftragte ist für die Dauer seines Amtes vom Wehrdienst befreit.

§ 15 Rechtsstellung des Wehrbeauftragten; Beginn und Beendigung des Amtsverhältnisses. (1) [1]Der Wehrbeauftragte steht nach Maßgabe dieses Gesetzes in einem öffentlich-rechtlichen Amtsverhältnis. [2]Der Präsident des Bundestages ernennt den Gewählten.

(2) Das Amtsverhältnis beginnt mit der Aushändigung der Urkunde über die Ernennung oder, falls der Eid vorher geleistet worden ist (§ 14 Abs. 4), mit der Vereidigung.

(3) Das Amtsverhältnis endet außer durch Ablauf der Amtszeit nach § 14 Abs. 2 oder durch den Tod

1. mit der Abberufung,
2. mit der Entlassung auf Verlangen.

(4) [1]Der Bundestag kann auf Antrag des Verteidigungsausschusses seinen Präsidenten beauftragen, den Wehrbeauftragten abzuberufen. [2]Dieser Beschluß bedarf der Zustimmung der Mehrheit der Mitglieder des Bundestages.

(5) [1]Der Wehrbeauftragte kann jederzeit seine Entlassung verlangen. [2]Der Präsident des Bundestages spricht die Entlassung aus.

§ 16 Sitz des Wehrbeauftragten; Leitender Beamter; Beschäftigte; Haushalt. (1) Der Wehrbeauftragte hat seinen Sitz beim Bundestag.

(2) [1]Den Wehrbeauftragten unterstützt ein Leitender Beamter. [2]Weitere Beschäftigte werden dem Wehrbeauftragten für die Erfüllung seiner Aufgaben beigegeben. [3]Die Beamten beim Wehrbeauftragten sind Bundestagsbeamte nach § 176 des Bundesbeamtengesetzes[2)] in der Fassung der Bekanntmachung vom 3. Januar 1977 (BGBl. I S. 1, 795, 842), zuletzt geändert durch § 27 des Gesetzes vom 26. Juni 1981 (BGBl. I S. 553). [4]Der Wehrbeauftragte ist Vorgesetzter der ihm beigegebenen Beschäftigten.

(3) Die dem Wehrbeauftragten für die Erfüllung seiner Aufgaben zur Verfügung zu stellende notwendige Personal- und Sachausstattung ist im Einzelplan des Bundestages in einem eigenen Kapitel auszuweisen.

§ 17 Vertretung des Wehrbeauftragten. (1) [1]Der Leitende Beamte nimmt die Rechte des Wehrbeauftragten mit Ausnahme des Rechts nach § 3 Nr. 4 bei Verhinderung und nach Beendigung des Amtsverhältnisses des Wehrbeauftragten bis zum Beginn des Amtsverhältnisses eines Nachfolgers wahr. [2]§ 5 Abs. 2 findet entsprechende Anwendung.

(2) Ist der Wehrbeauftragte länger als drei Monate verhindert, sein Amt auszuüben, oder sind nach Beendigung des Amtsverhältnisses des Wehrbeauftragten mehr als drei Monate verstrichen, ohne daß das Amtsverhältnis eines Nachfolgers begonnen hat, so kann der Verteidigungsausschuß den Leitenden Beamten ermächtigen, das Recht aus § 3 Nr. 4 wahrzunehmen.

[1)] Nr. **1**.
[2)] Nr. **160**.

§ 18[1)] Amtsbezüge; Versorgung. (1) [1]Der Wehrbeauftragte erhält vom Beginn des Kalendermonats an, in dem das Amtsverhältnis beginnt, bis zum Schluß des Kalendermonats, in dem das Amtsverhältnis endet, Amtsbezüge. [2]§ 11 Abs. 1 Buchstaben a und b des Bundesministergesetzes[2)] ist mit der Maßgabe entsprechend anzuwenden, daß das Amtsgehalt und der Ortszuschlag 75 vom Hundert des Amtsgehaltes und des Ortszuschlages eines Bundesministers betragen. [3]Die Amtsbezüge werden monatlich im voraus gezahlt.

(1a) (aufgehoben)

(2) [1]Im übrigen werden § 11 Abs. 2 und 4, § 12 Abs. 6 und die §§ 13 bis 20 und 21a des Bundesministergesetzes entsprechend angewandt mit der Maßgabe, daß an die Stelle der vierjährigen Amtszeit (§ 15 Abs. 1 des Bundesministergesetzes) eine fünfjährige Amtszeit tritt. [2]Satz 1 gilt für einen Berufssoldaten oder Soldaten auf Zeit, der zum Wehrbeauftragten ernannt worden ist, entsprechend mit der Maßgabe, daß für Soldaten auf Zeit bei Anwendung des § 18 Abs. 2 des Bundesministergesetzes an die Stelle des Eintritts in den Ruhestand die Beendigung des Dienstverhältnisses tritt.

(3) Die Vorschriften des Bundesreisekostengesetzes[3)] in der Fassung der Bekanntmachung vom 13. November 1973 (BGBl. I S. 1621), zuletzt geändert durch die Verordnung vom 31. Mai 1979 (BGBl. I S. 618), der höchsten Reisekostenstufe und des Bundesumzugskostengesetzes in der Fassung der Bekanntmachung vom 13. November 1973 (BGBl. I S. 1628), zuletzt geändert durch Artikel VII des Gesetzes vom 20. Dezember 1974 (BGBl. I S. 3716), für die infolge der Ernennung und Beendigung des Amtsverhältnisses erforderlich werdenden Umzüge sind entsprechend anzuwenden.

§ 19 (weggefallen)

§ 20 (Inkrafttreten)

[1)] § 18 Abs. 1 neu gef. durch G v. 20.12.1988 (BGBl. I S. 2363); Abs. 2 Satz 1 geänd. mWv 1.1.1992 durch G v. 18.12.1989 (BGBl. I S. 2218); Abs. 1 Satz 2 geänd. mWv 1.1.2003 durch G v. 20.12.2001 (BGBl. I S. 3926); Abs. 2 Satz 1 geänd. mWv 12.2.2009 durch G v. 5.2.2009 (BGBl. I S. 160); Abs. 1a eingef. mWv 1.6.2023, Abs. 1a aufgeh. mWv 1.1.2025 durch G v. 22.12.2023 (BGBl. 2023 I Nr. 414).

[2)] Nr. **45**.

[3)] Nr. **235**.

680. Gesetz über den Zivilschutz und die Katastrophenhilfe des Bundes (Zivilschutz- und Katastrophenhilfegesetz – ZSKG) [1)2)]

Vom 25. März 1997

(BGBl. I S. 726)

FNA 215-12

geänd. durch Art. 3 HaushaltssanierungsG v. 22.12.1999 (BGBl. I S. 2534), Art. 11 Sechstes Euro-EinführungsG v. 3.12.2001 (BGBl. I S. 3306), Art. 22 Drittes G für moderne Dienstleistungen am Arbeitsmarkt v. 23.12.2003 (BGBl. I S. 2848), Art. 2 G über die Errichtung des Bundesamtes für Bevölkerungsschutz und Katastrophenhilfe v. 27.4.2004 (BGBl. I S. 630), Art. 1 Zivilschutzgesetz-änderungsG v. 2.4.2009 (BGBl. I S. 693), Art. 2 Nr. 1 Erstes G zur Änd. des G zur Regelung der Rechtsverhältnisse der Helfer der Bundesanstalt Technisches Hilfswerk v. 29.7.2009 (BGBl. I S. 2350) und Art. 144 Elfte ZuständigkeitsanpassungsVO v. 19.6.2020 (BGBl. I S. 1328)

Der Bundestag hat mit Zustimmung des Bundesrates das folgende Gesetz beschlossen:

Erster Abschnitt. Allgemeine Bestimmungen

§ 1 Aufgaben des Zivilschutzes. (1) [1]Aufgabe des Zivilschutzes ist es, durch nichtmilitärische Maßnahmen die Bevölkerung, ihre Wohnungen und Arbeitsstätten, lebens- oder verteidigungswichtige zivile Dienststellen, Betriebe, Einrichtungen und Anlagen sowie das Kulturgut vor Kriegseinwirkungen zu schützen und deren Folgen zu beseitigen oder zu mildern. [2]Behördliche Maßnahmen ergänzen die Selbsthilfe der Bevölkerung.

(2) Zum Zivilschutz gehören insbesondere

1. der Selbstschutz,
2. die Warnung der Bevölkerung,
3. der Schutzbau,
4. die Aufenthaltsregelung,
5. der Katastrophenschutz nach Maßgabe des § 11,
6. Maßnahmen zum Schutz der Gesundheit,
7. Maßnahmen zum Schutz von Kulturgut.

§ 2[3)] Auftragsverwaltung. (1) [1]Soweit die Ausführung dieses Gesetzes den Ländern einschließlich der Gemeinden und Gemeindeverbände obliegt, handeln sie im Auftrage des Bundes. [2]Wenn nichts anderes bestimmt ist, richten sich die Zuständigkeit der Behörden und das Verwaltungsverfahren nach den für den Katastrophenschutz geltenden Vorschriften der Länder.

(2) [1]Die Landesregierungen werden ermächtigt, durch Rechtsverordnung zu bestimmen, daß mehrere Gemeinden, kommunale Zusammenschlüsse oder Gemeindeverbände alle oder einzelne Aufgaben des Zivilschutzes gemeinsam

---

[1)] Verkündet als Art. 1 ZivilschutzneuordnungsG v. 25.3.1997 (BGBl. I S. 726); Inkrafttreten gem. Art. 7 Abs. 1 dieses G am 4.4.1997.

[2)] Gesetzesüberschrift neu gef. mWv 9.4.2009 durch G v. 2.4.2009 (BGBl. I S. 693).

[3)] § 2 Abs. 3 aufgeh. mWv 1.1.2001 durch G v. 22.12.1999 (BGBl. I S. 2534).

wahrnehmen und wer für die Leitung zuständig ist. [2] Die Landesregierungen können diese Ermächtigung auf oberste Landesbehörden übertragen.

§ 3 Völkerrechtliche Stellung. (1) Einheiten, Einrichtungen und Anlagen, die für den Zivilschutz eingesetzt werden, haben den Voraussetzungen des Artikels 63 des IV. Genfer Abkommens vom 12. August 1949 zum Schutz von Zivilpersonen in Kriegszeiten (BGBl. 1954 II S. 781) und des Artikels 61 des Zusatzprotokolls zu den Genfer Abkommen vom 12. August 1949 über den Schutz der Opfer internationaler bewaffneter Konflikte (Protokoll I) (BGBl. 1990 II S. 1550) zu entsprechen.

(2) Die Stellung des Deutschen Roten Kreuzes als anerkannte nationale Gesellschaft vom Roten Kreuz sowie die der anderen freiwilligen Hilfsgesellschaften und ihres Personals nach dem humanitären Völkerrecht bleiben unberührt.

§ 4[1] Zuständigkeit des Bundes für den Schutz der Zivilbevölkerung.

(1) Der Bund unterhält ein Bundesamt für Zivilschutz als Bundesoberbehörde; es untersteht dem Bundesministerium des Innern.

(2) [1] Die Verwaltungsaufgaben des Bundes nach diesem Gesetz werden dem Bundesamt für Bevölkerungsschutz und Katastrophenhilfe zugewiesen. [2] Dem Bundesamt für Bevölkerungsschutz und Katastrophenhilfe obliegen insbesondere

1. die Unterstützung der fachlich zuständigen obersten Bundesbehörden bei einer einheitlichen Zivilverteidigungsplanung,
2. a) die Unterweisung des mit Fragen der zivilen Verteidigung befassten Personals sowie die Ausbildung von Führungskräften und Ausbildern des Katastrophenschutzes im Rahmen ihrer Zivilschutzaufgaben,
   b) die Entwicklung von Ausbildungsinhalten des Zivilschutzes, einschließlich des Selbstschutzes,
   c) die Unterstützung der Gemeinden und Gemeindeverbände bei der Erfüllung der Aufgaben nach § 5 Abs. 1 dieses Gesetzes,
3. die Mitwirkung bei der Warnung der Bevölkerung,
4. die Information der Bevölkerung über den Zivilschutz, insbesondere über Schutz- und Hilfeleistungsmöglichkeiten,
5. die Aufgabenstellung für technisch-wissenschaftliche Forschung im Benehmen mit den Ländern, die Auswertung von Forschungsergebnissen sowie die Sammlung und Auswertung von Veröffentlichungen auf dem Gebiet der zivilen Verteidigung,
6. die Prüfung von ausschließlich oder überwiegend für den Zivilschutz bestimmten Geräten und Mitteln sowie die Mitwirkung bei der Zulassung, Normung und Qualitätssicherung dieser Gegenstände.

(3) Die der Bundesregierung nach Artikel 85 Abs. 4 des Grundgesetzes[2] auf dem Gebiet des Zivilschutzes zustehenden Befugnisse werden auf das Bundesamt für Bevölkerungsschutz und Katastrophenhilfe übertragen.

---

[1] *§ 4 neu gef. mWv 1.1.2001* durch G v. 22.12.1999 (BGBl. I S. 2534); Abs. 2 Satz 1 und Satz 2 einl. Satzteil sowie Abs. 3 geänd. mWv 1.5.2004 durch G v. 27.4.2004 (BGBl. I S. 630).

[2] Nr. **1**.

Zweiter Abschnitt. Selbstschutz

§ 5[1)] Selbstschutz. (1) Aufbau, Förderung und Leitung des Selbstschutzes der Bevölkerung sowie Förderung des Selbstschutzes der Behörden und Betriebe gegen die besonderen Gefahren, die im Verteidigungsfall drohen, obliegen den Gemeinden.

(2) Für die Unterrichtung und Ausbildung der Bevölkerung sowie in den sonstigen Angelegenheiten des Selbstschutzes können die Gemeinden sich der nach § 26 mitwirkenden Organisationen bedienen.

(3) Die Maßnahmen der kreisangehörigen Gemeinden werden durch die Behörden der allgemeinen Verwaltung auf der Kreisstufe unterstützt.

(4) [1] Im Verteidigungsfall können die Gemeinden allgemeine Anordnungen über das selbstschutzmäßige Verhalten der Bevölkerung bei Angriffen treffen. [2] Die Anordnungen bedürfen keiner besonderen Form.

Dritter Abschnitt. Warnung der Bevölkerung

§ 6 Warnung der Bevölkerung. (1) Der Bund erfaßt die besonderen Gefahren, die der Bevölkerung in einem Verteidigungsfall drohen.

(2) [1] Die für die Warnung bei Katastrophen zuständigen Behörden der Länder warnen im Auftrage des Bundes auch vor den besonderen Gefahren, die der Bevölkerung in einem Verteidigungsfall drohen. [2] Soweit die für den Katastrophenschutz erforderlichen Warnmittel für Zwecke des Zivilschutzes nicht ausreichen, ergänzt der Bund das Instrumentarium.

(3) Die Bundesregierung wird ermächtigt, zur Ausführung dieses Gesetzes das Verfahren für die Warnung der Bevölkerung in einem Verteidigungsfall, insbesondere den Informationsaustausch zwischen Bund und Ländern sowie die Gefahrendurchsage einschließlich der Anordnung vor Verhaltensmaßregeln durch Rechtsverordnung mit Zustimmung des Bundesrates näher zu regeln.

Vierter Abschnitt. Schutzbau

§ 7[2)] Öffentliche Schutzräume. (1) [1] Öffentliche Schutzräume sind die mit Mitteln des Bundes wiederhergestellten Bunker und Stollen sowie die als Mehrzweckbauten in unterirdischen baulichen Anlage errichteten Schutzräume zum Schutz der Bevölkerung. [2] Sie werden von den Gemeinden verwaltet und unterhalten. [3] Einnahmen aus einer friedensmäßigen Nutzung der Schutzräume stehen den Gemeinden zu. [4] Bildet der öffentliche Schutzraum mit anderen Anlagen eine betriebliche Einheit, so kann dem Grundstückseigentümer die Verwaltung und Unterhaltung des Schutzraumes und seiner Ausstattung übertragen werden. [5] Die Kosten sind ihm von der Gemeinde zu erstatten.

(2) [1] An dem Grundstück und den Baulichkeiten dürfen ohne Zustimmung der nach Landesrecht zuständigen Behörde keine Veränderungen vorgenommen werden, die die Benutzung des öffentlichen Schutzraums beeinträchtigen könnten. [2] Bei Bauten im Eigentum des Bundes erteilt die Zustimmung das Bundesministerium des Innern, für Bau und Heimat.

---

1) § 5 Abs. 2 geänd. mWv 9.4.2009 durch G v. 2.4.2009 (BGBl. I S. 693).
2) § 7 Abs. 2 Satz 2, Abs. 3 geänd. mWv 27.6.2020 durch VO v. 19.6.2020 (BGBl. I S. 1328).

(3) Die Absätze 1 und 2 gelten auch für Schutzräume in dem in Artikel 3 des Einigungsvertrages[1)] genannten Gebiet, die vom Bundesministerium des Innern, für Bau und Heimat als öffentliche Schutzräume anerkannt worden sind, sowie für die Bestandserhaltung der bisher zum Zwecke der gesundheitlichen Versorgung der Bevölkerung im Verteidigungsfall errichteten Schutzbauwerke.

§ 8 Hausschutzräume. (1) [1] Hausschutzräume, die mit Zuschüssen des Bundes oder steuerlich begünstigt gebaut wurden, sind vom Eigentümer oder Nutzungsberechtigten in einem ihrer Bestimmung entsprechenden Zustand zu erhalten. [2] Veränderungen, die die Benutzung des Schutzraumes beeinträchtigen könnten, dürfen ohne Zustimmung der nach Landesrecht zuständigen Behörde nicht vorgenommen werden.

(2) Der Eigentümer oder Nutzungsberechtigte hat bei Gefahr den Personen, für die der Schutzraum bestimmt ist, die Mitbenutzung zu gestatten.

§ 9 Baulicher Betriebsschutz. Zum Schutz lebens- oder verteidigungswichtiger Anlagen und Einrichtungen können die obersten Bundesbehörden jeweils für ihren Geschäftsbereich Regelungen für bauliche Schutzmaßnahmen treffen.

Fünfter Abschnitt. Aufenthaltsregelung

§ 10 Aufenthaltsregelung. (1) Zum Schutze vor den besonderen Gefahren, die der Bevölkerung im Verteidigungsfall drohen, oder für Zwecke der Verteidigung können die obersten Landesbehörden oder die von ihnen bestimmten oder nach Landesrecht zuständigen Stellen nach Maßgabe des Artikels 80a des Grundgesetzes[2)] anordnen, daß

1. der jeweilige Aufenthaltsort nur mit Erlaubnis verlassen oder ein bestimmtes Gebiet nicht betreten werden darf,
2. die Bevölkerung besonders gefährdeter Gebiete vorübergehend evakuiert wird.

(2) [1] Die Länder, Gemeinden und Gemeindeverbände sind verpflichtet, die zur Durchführung der Evakuierung sowie zur Aufnahme und Versorgung der evakuierten Bevölkerung erforderlichen Vorbereitungen und Maßnahmen zu treffen. [2] Die zuständigen Bundesbehörden leisten die erforderliche Unterstützung.

Sechster Abschnitt.[3)] Katastrophenschutz im Zivilschutz und Katastrophenhilfe des Bundes

§ 11[4)] Einbeziehung des Katastrophenschutzes. (1) [1] Die nach Landesrecht im Katastrophenschutz mitwirkenden Einheiten und Einrichtungen nehmen auch die Aufgaben zum Schutz der Bevölkerung vor den besonderen Gefahren und Schäden, die im Verteidigungsfall drohen, wahr. [2] Sie werden zu

---

[1)] **Sartorius III Nr. 2.**

[2)] *Nr. 1.*

[3)] Überschr. 6. Abschnitt geänd. mWv 9.4.2009 durch G v. 2.4.2009 (BGBl. I S. 693).

[4)] § 11 Abs. 1 Satz 3 geänd. mWv 27.6.2020 durch VO v. 19.6.2020 (BGBl. I S. 1328).

diesem Zwecke ergänzend ausgestattet und ausgebildet. [3]Das Bundesministerium des Innern, für Bau und Heimat legt Art und Umfang der Ergänzung im Benehmen mit der zuständigen obersten Landesbehörde fest.

(2) Die Einheiten und Einrichtungen der Bundesanstalt Technisches Hilfswerk verstärken im Verteidigungsfall den Katastrophenschutz bei der Wahrnehmung der Aufgaben nach Absatz 1.

§ 12[1)] Grundsatz der Katastrophenhilfe. Die Vorhaltungen und Einrichtungen des Bundes für den Zivilschutz stehen den Ländern auch für ihre Aufgaben im Bereich des Katastrophenschutzes zur Verfügung.

§ 13[2)] Ausstattung. (1) Der Bund ergänzt die Ausstattung des Katastrophenschutzes in den Aufgabenbereichen Brandschutz, ABC-Schutz, Sanitätswesen und Betreuung.

(2) [1]Die ergänzende Ausstattung wird vom Bund zur Verfügung gestellt. [2]Die Länder teilen die Ausstattung auf die für den Katastrophenschutz zuständigen Behörden auf. [3]Diese können die Ausstattung an die Träger der Einheiten und Einrichtungen weitergeben.

(3) Die vom Bund den Ländern für den Zivilschutz zur Verfügung gestellte ergänzende Ausstattung steht den Ländern zusätzlich für Aufgaben im Bereich des Katastrophenschutzes zur Verfügung.

(4) Helferinnen und Helfer in Einheiten und Einrichtungen des Katastrophenschutzes, die für eine Verwendung in den in Absatz 1 genannten Aufgabenbereichen vorgesehen sind, erhalten bei ihrer Ausbildung eine ergänzende Zivilschutzausbildung für die Wahrnehmung der Aufgaben nach § 11.

§ 14[3)] Aus- und Fortbildung. [1]Die Aus- und Fortbildungsmaßnahmen des Bundesamtes für Bevölkerungsschutz und Katastrophenhilfe nach § 4 Abs. 1 Satz 2 Nr. 2 Buchstabe a dienen zugleich den Ländern für die Vorbereitung ihrer Entscheidungsträger, Führungskräfte und sonstigen Fachkräfte auf die Bewältigung von Katastrophen und Unglücksfällen und umfassen insbesondere auch die Planung, Durchführung und Auswertung von ressort- und länderübergreifenden Krisenmanagementübungen. [2]Die Aus- und Fortbildungsmaßnahmen des Bundes bauen auf der Ausbildung der Länder im Bereich des Katastrophenschutzes auf und ergänzen diese.

§ 15[4)] Aufgaben der Katastrophenschutzbehörde. [1]Die für den Katastrophenschutz zuständige Behörde leitet und koordiniert alle Hilfsmaßnahmen in ihrem Bereich. [2]Sie beaufsichtigt die Einheiten und Einrichtungen des Katastrophenschutzes bei der Durchführung der Aufgaben nach diesem Gesetz. [3]Sie kann den Trägern der Einheiten in ihrem Bereich Weisungen zur Durchführung von Veranstaltungen zur ergänzenden Aus- und Fortbildung sowie zur Unterbringung und Pflege der ergänzenden Ausstattung erteilen. [4]Bei Einsätzen und angeordneten Übungen nach diesem Gesetz unterstehen ihr auch die Einheiten und Einrichtungen der Bundesanstalt Technisches Hilfswerk, die nach § 1 Absatz 2

---

1) § 12 eingef. mWv 9.4.2009 durch G v. 2.4.2009 (BGBl. I S. 693).

2) Bish. § 12 wird § 13, Abs. 3 angef., bish. § 13 wird Abs. 4 und geänd. mWv 9.4.2009 durch G v. 2.4.2009 (BGBl. I S. 693).

3) § 14 eingef. mWv 9.4.2009 durch G v. 2.4.2009 (BGBl. I S. 693).

4) Bish. § 14 wird § 15 mWv 9.4.2009 durch G v. 2.4.2009 (BGBl. I S. 693); Satz 4 geänd. mWv 1.9.2009 durch G v. 29.7.2009 (BGBl. I S. 2350).

Nummer 1 des THW-Gesetzes in der jeweils geltenden Fassung beauftragt und ermächtigt ist, technische Hilfe im Zivilschutz zu leisten.

§ 16[1] **Koordinierungsmaßnahmen; Ressourcenmanagement.** (1) Die Einrichtungen und Vorhaltungen des Bundesamtes für Bevölkerungsschutz und Katastrophenhilfe, insbesondere im Bereich Lageerfassung und -bewertung sowie Nachweis und Vermittlung von Engpassressourcen, können auch im Rahmen der Amtshilfe nach Artikel 35 Abs. 1 des Grundgesetzes[2] zur Unterstützung eines Landes verwendet werden.

(2) [1] Die Unterstützung nach Absatz 1 umfasst auch die Koordinierung von Hilfsmaßnahmen durch den Bund, wenn das betroffene Land oder die betroffenen Länder darum ersuchen. [2] Die Festlegung, welche Maßnahmen vom Bund koordiniert werden, trifft der Bund im Einvernehmen mit dem betroffenen Land oder den betroffenen Ländern.

(3) Die Zuständigkeit der Länder für das operative Krisenmanagement bleibt unberührt.

(4) [1] Der Bund hält Koordinierungsinstrumente vor. [2] Der Aufruf bundeseigener Krisenmanagementstrukturen für die Erfüllung seiner eigenen Aufgaben bleibt unberührt.

§ 17[3] **Datenerhebung und -verwendung.** (1) [1] Soweit es zur Erfüllung seiner Aufgaben nach § 16 erforderlich ist, darf das Bundesamt für Bevölkerungsschutz und Katastrophenhilfe Angaben, einschließlich personenbezogener Daten, über Hilfeleistungspotenziale und über Objekte und infrastrukturelle Einrichtungen, die für den Zivil- und Katastrophenschutz relevant sind, erheben und verwenden. [2] Hierzu zählen insbesondere Angaben über

1. personelle, materielle und infrastrukturelle Potenziale der allgemeinen Gefahrenabwehr,
2. Betriebe, Einrichtungen und Anlagen, von denen bei einer Schadenslage zusätzliche Gefahren ausgehen können (Risikopotenziale),
3. Infrastrukturen, bei deren Ausfall die Versorgung der Bevölkerung erheblich beeinträchtigt wird (kritische Infrastrukturen), und
4. Objekte, die aufgrund ihrer Symbolkraft oder Dimension als mögliche Ziele von Angriffen in Betracht kommen (gefährdete Objekte).

(2) [1] Die nach Absatz 1 erhobenen personenbezogenen Daten dürfen nur an die im Zivil- und Katastrophenschutz mitwirkenden öffentlichen und nichtöffentlichen Stellen übermittelt werden und nur, soweit die Kenntnis der Daten aus Sicht des Bundesamtes für Bevölkerungsschutz und Katastrophenhilfe für Zwecke der Lageerfassung oder -bewertung oder zum Nachweis oder zur Vermittlung von Engpassressourcen erforderlich ist. [2] Eines Ersuchens dieser Stellen um Übermittlung bedarf es nicht.

(3) [1] Das Nähere regelt das Bundesministerium des Innern, für Bau und Heimat durch Rechtsverordnung mit Zustimmung des Bundesrates. [2] Dabei sind insbesondere die Datenarten, die erhoben und verwendet werden dürfen, sowie Fristen für die Löschung der Daten zu bestimmen.

---

[1] § 16 eingef. mWv 9.4.2009 durch G v. 2.4.2009 (BGBl. I S. 693).

[2] Nr. **1**.

[3] § 17 eingef. mWv 9.4.2009 durch G v. 2.4.2009 (BGBl. I S. 693); Abs. 3 Satz 1 geänd. mWv 27.6.2020 durch VO v. 19.6.2020 (BGBl. I S. 1328).

§ 18[1)] **Zusammenarbeit von Bund und Ländern.** (1) [1]Der Bund erstellt im Zusammenwirken mit den Ländern eine bundesweite Risikoanalyse für den Zivilschutz. [2]Das Bundesministerium des Innern, für Bau und Heimat unterrichtet den Deutschen Bundestag über die Ergebnisse der Risikoanalyse nach Satz 1 ab 2010 jährlich. [3]Im Jahr ihrer Fertigstellung unterrichtet es den Deutschen Bundestag darüber hinaus über die von der Schutzkommission erstellten Gefahrenberichte.

(2) Der Bund berät und unterstützt die Länder im Rahmen seiner Zuständigkeiten beim Schutz kritischer Infrastrukturen.

(3) Im Benehmen mit den Ländern entwickelt der Bund Standards und Rahmenkonzepte für den Zivilschutz, die den Ländern zugleich als Empfehlungen für ihre Aufgaben im Bereich des Katastrophenschutzes dienen, sofern diese für ein effektives gesamtstaatliches Zusammenwirken der für den Katastrophenschutz zuständigen Behörden auch bei Naturkatastrophen und besonders schweren Unglücksfällen erforderlich sind.

§ 19[2)] **Schutzkommission.** (1) Beim Bundesministerium des Innern, für Bau und Heimat besteht eine Kommission zum Schutz der Zivilbevölkerung.

(2) Sie berät die Bundesregierung ehrenamtlich in wissenschaftlichen und technischen Fragen des Zivilschutzes und der Katastrophenhilfe.

(3) Die organisatorische Betreuung der Kommission obliegt dem Bundesamt für Bevölkerungsschutz und Katastrophenhilfe.

§ 20[3)] **Unterstützung des Ehrenamtes.** Der Bund unterstützt das Ehrenamt als Grundlage des Zivil- und Katastrophenschutzes.

Siebter Abschnitt. Maßnahmen zum Schutz der Gesundheit

§ 21[4)] **Planung der gesundheitlichen Versorgung.** (1) [1]Die nach Landesrecht zuständigen Behörden haben ergänzende Maßnahmen zur gesundheitlichen Versorgung der Bevölkerung im Verteidigungsfall zu planen. [2]Sie ermitteln insbesondere die Nutzungs- und Erweiterungsmöglichkeiten der vorhandenen Einrichtungen sowie den voraussichtlichen personellen und materiellen Bedarf und melden ihn an die für die Bedarfsdeckung zuständigen Behörden. [3]Mit den für das Gesundheits- und Sanitätswesen der Bundeswehr zuständigen Stellen ist eng zusammenzuarbeiten. [4]Soweit die zuständigen Behörden nach Satz 1 nicht die Gesundheitsämter sind, ist deren Mitwirkung bei der Planung sicherzustellen.

(2) Die gesetzlichen Berufsvertretungen der Ärzte, Zahnärzte, Tierärzte und Apotheker, die Kassenärztlichen und Kassenzahnärztlichen Vereinigungen sowie die Träger der Einrichtungen der gesundheitlichen Versorgung und ihre Verbände wirken bei der Planung und Bedarfsermittlung mit und unterstützen die Behörden.

(3) [1]Für Zwecke der Planung nach Absatz 1 haben die Träger von Einrichtungen der gesundheitlichen Versorgung auf Verlangen Auskünfte zu erteilen und das Betreten ihrer Geschäfts- und Betriebsräume während der üblichen Geschäfts- und Betriebszeiten zu dulden. [2]Die hierbei gewonnenen Informationen dürfen

---

[1)] § 18 eingef. mWv 9.4.2009 durch G v. 2.4.2009 (BGBl. I S. 693); Abs. 1 Satz 2 geänd. mWv 27.6. 2020 durch VO v. 19.6.2020 (BGBl. I S. 1328).

[2)] § 19 eingef. mWv 9.4.2009 durch G v. 2.4.2009 (BGBl. I S. 693); Abs. 1 geänd. mWv 27.6.2020 durch VO v. 19.6.2020 (BGBl. I S. 1328).

[3)] § 20 eingef. mWv 9.4.2009 durch G v. 2.4.2009 (BGBl. I S. 693).

[4)] Bish. § 15 wird § 21 mWv 9.4.2009 durch G v. 2.4.2009 (BGBl. I S. 693).

nur insoweit verwertet werden, als dies für Zwecke dieses Gesetzes oder für die Erfüllung von Katastrophenschutzaufgaben erforderlich ist.

(4) Die zuständigen Behörden können anordnen, daß

1. die Träger von Krankenhäusern Einsatz- und Alarmpläne für die gesundheitliche Versorgung,
2. die Veterinärämter Pläne für die Tierseuchenbekämpfung

aufstellen und fortschreiben.

§ 22[1] Erweiterung der Einsatzbereitschaft. (1) Nach Freigabe durch die Bundesregierung können die nach Landesrecht zuständigen Behörden anordnen, daß

1. Einrichtungen der gesundheitlichen Versorgung ihre Leistungsfähigkeit auf die Anforderungen im Verteidigungsfall umzustellen, zu erweitern und ihre Einsatzbereitschaft herzustellen haben,
2. den für den Katastrophenschutz zuständigen Behörden die Rettungsleitstellen ihres Bereiches unterstellt werden und daß diese die ihnen zugeordneten Dienste in ständiger Einsatzbereitschaft zu halten und unter ärztlicher Leitung die Belegung von stationären Einrichtungen zu regeln haben,
3. jede der stationären Behandlung dienende Einrichtung der zuständigen Rettungsleitstelle anzuschließen ist.

(2) [1] Zur Sicherstellung von Arbeitsleistungen in Einrichtungen der gesundheitlichen Versorgung wird die Bundesregierung ermächtigt, durch Rechtsverordnung zu bestimmen, daß sich Wehrpflichtige und Frauen, die nach § 2 Nr. 2 und 3 des Arbeitssicherstellungsgesetzes[2] in ein Arbeitsverhältnis verpflichtet werden können, bei der zuständigen Agentur für Arbeit zu melden haben, soweit sie als Angehörige der Heil- und Heilhilfsberufe im Zeitpunkt des Eintritts der Meldepflicht seit weniger als zehn Jahren nicht in ihrem Beruf tätig sind. [2] Die Rechtsverordnung regelt insbesondere den Beginn der Meldepflicht, die meldepflichtigen Berufsgruppen und die für die Verpflichtung erforderlichen meldepflichtigen Angaben sowie den Schutz von personenbezogenen Informationen unter Berücksichtigung des Grundsatzes der Zweckbindung.

(3) [1] Die Rechtsverordnung nach Absatz 2 darf nur erlassen werden, wenn und soweit der Bedarf an Arbeitskräften nicht mehr auf freiwilliger Grundlage gedeckt werden kann. [2] Sie ist aufzuheben, wenn Bundestag und Bundesrat es verlangen. [3] Satz 2 gilt entsprechend für die Anordnungen nach Absatz 1.

§ 23[3] Sanitätsmaterialbevorratung. (1) [1] Der Bund stellt den Ländern für die gesundheitliche Versorgung der Bevölkerung im Verteidigungsfall ergän-

(Fortsetzung nächstes Blatt)

[1] Bish. § 16 wird § 22 mWv 9.4.2009 durch G v. 2.4.2009 (BGBl. I S. 693).

[2] **Nipperdey I, Arbeitsrecht Nr. 101.**

[3] Bish. § 17 wird § 23, Abs. 1 eingef., bish. Wortlaut wird Abs. 2 und neu gef. mWv 9.4.2009 durch G v. 2.4.2009 (BGBl. I S. 693); Abs. 2 Satz 1 geänd. mWv 27.6.2020 durch VO v. 19.6.2020 (BGBl. I S. 1328).

zend Sanitätsmaterial zur Verfügung. [2] Dieses steht den Ländern für ihre Aufgaben im Bereich des Katastrophenschutzes zusätzlich zur Verfügung. [3] Die Länder können das Sanitätsmaterial in ihre Katastrophenschutzvorsorge einplanen.

(2) [1] Das Bundesministerium des Innern, für Bau und Heimat kann im Einvernehmen mit dem Bundesministerium für Gesundheit durch Rechtsverordnung mit Zustimmung des Bundesrates anordnen, dass nach Maßgabe des Artikels 80a des Grundgesetzes ausreichend Sanitätsmaterial von Herstellungsbetrieben, Großhandlungen sowie öffentlichen und Krankenhausapotheken vorgehalten wird, um die Deckung von zusätzlichem Bedarf im Verteidigungsfall sicherzustellen. [2] Die §§ 4, 8 und 13 bis 16 des Wirtschaftssicherstellungsgesetzes[1)] in der Fassung vom 31. Oktober 2006 sind entsprechend anzuwenden.

§ 24[2)] **Erste-Hilfe-Ausbildung und Ausbildung von Pflegehilfskräften.**

Der Bund fördert die Ausbildung der Bevölkerung durch die nach § 26 Abs. 1 mitwirkenden privaten Organisationen

1. in Erster Hilfe mit Selbstschutzinhalten und
2. zu Pflegehilfskräften.

Achter Abschnitt. Maßnahmen zum Schutz von Kulturgut

§ 25[3)] **Kulturgutschutz.** Die Maßnahmen zum Schutz von Kulturgut richten sich nach dem Gesetz zu der Konvention vom 14. Mai 1954 zum Schutz von Kulturgut bei bewaffneten Konflikten (BGBl. 1967 II S. 1233), geändert durch Artikel 1 des Gesetzes vom 10. August 1971 (BGBl. II S. 1025).

Neunter Abschnitt. Organisationen, Helferinnen und Helfer

§ 26[4)] **Mitwirkung der Organisationen.** (1) [1] Die Mitwirkung der öffentlichen und privaten Organisationen bei der Erfüllung der Aufgaben nach diesem Gesetz richtet sich nach den landesrechtlichen Vorschriften für den Katastrophenschutz. [2] Für die Mitwirkung geeignet sind insbesondere der Arbeiter-Samariter-Bund, die Deutsche Lebensrettungsgesellschaft, das Deutsche Rote Kreuz, die Johanniter-Unfall-Hilfe und der Malteser-Hilfsdienst.

(2) Die mitwirkenden öffentlichen und privaten Organisationen bilden die erforderliche Zahl von Helferinnen und Helfern aus, sorgen für die sachgerechte Unterbringung und Pflege der ergänzenden Ausstattung und stellen die Einsatzbereitschaft ihrer Einheiten und Einrichtungen sicher.

(3) [1] Die mitwirkenden privaten Organisationen erhalten nach Maßgabe des § 29 *Mittel zur* Wahrnehmung ihrer Aufgaben nach diesem Gesetz. [2] Sie können die ihnen zugewiesene ergänzende Ausstattung für eigene Zwecke

---

[1)] **Gewerberecht Nr. 955.**

[2)] Bish. § 18 wird § 24 und einl. Satzteil geänd. mWv 9.4.2009 durch G v. 2.4.2009 (BGBl. I S. 693).

[3)] Bish. § 19 wird § 25 mWv 9.4.2009 durch G v. 2.4.2009 (BGBl. I S. 693).

[4)] Bish. § 20 wird § 26 und Abs. 3 Satz 1 geänd. mWv 9.4.2009 durch G v. 2.4.2009 (BGBl. I S. 693).

nutzen, soweit hierdurch die Aufgaben des Katastrophenschutzes und des Zivilschutzes nicht beeinträchtigt werden.

(4) [1]Die Mitwirkung von anderen Behörden, Stellen und Trägern öffentlicher Aufgaben bestimmt sich nach dem Katastrophenschutzrecht des Landes. [2]Die Behörden und Stellen des Bundes sowie die seiner Aufsicht unterstehenden juristischen Personen des öffentlichen Rechts sind zur Mitwirkung verpflichtet.

§ 27[1)] Rechtsverhältnisse der Helferinnen und Helfer. (1) Rechte und Pflichten der im Zivilschutz mitwirkenden Helferinnen und Helfer richten sich nach den landesrechtlichen Vorschriften für den Katastrophenschutz, soweit durch dieses Gesetz oder andere Rechtsvorschriften des Bundes nichts anderes bestimmt ist.

(2) Für den ehrenamtlichen Dienst im Zivil- und Katastrophenschutz vom Wehrdienst oder Zivildienst freigestellte Helfer sind zur Mitwirkung im Zivil- und Katastrophenschutz verpflichtet.

§ 28[2)] Persönliche Hilfeleistung. (1) [1]Die für den Katastrophenschutz zuständige Behörde kann Männer und Frauen vom vollendeten 18. bis zum vollendeten 60. Lebensjahr verpflichten, bei der Bekämpfung der besonderen Gefahren und Schäden, die im Verteidigungsfall drohen, Hilfe zu leisten, wenn die vorhandenen Kräfte im Einsatzfall nicht ausreichen. [2]Die zur Hilfeleistung Herangezogenen oder die freiwillig mit Einverständnis der zuständigen Stellen bei der Hilfeleistung Mitwirkenden haben für die Dauer der Hilfeleistung die Rechtsstellung einer Helferin oder eines Helfers. [3]Bei der Verpflichtung ist auf den Bedarf von Behörden und Betrieben mit lebens- oder verteidigungswichtigen Aufgaben Rücksicht zu nehmen.

(2) [1]Die Verpflichteten können als Helferinnen oder Helfer den nach § 26 Abs. 1 mitwirkenden Organisationen zugewiesen werden. [2]Diese können den Einsatz ablehnen, wenn die Zugewiesenen als Helferinnen oder Helfer für die Fachaufgaben ungeeignet sind oder andere berechtigte Gründe gegen ihren Einsatz in der Organisation sprechen.

(3) Die Verpflichtung darf einen Zeitraum von zehn Werktagen im Vierteljahr nicht überschreiten.

Zehnter Abschnitt. Kosten des Zivilschutzes

§ 29[3)] Kosten. (1) Der Bund trägt die Kosten, die den Ländern, Gemeinden und Gemeindeverbänden durch dieses Gesetz, durch die allgemeinen Verwaltungsvorschriften auf Grund dieses Gesetzes und durch Weisungen der zuständigen Bundesbehörden entstehen; personelle und sächliche Verwaltungskosten werden nicht übernommen.

(2) [1]Die Ausgaben sind für Rechnung des Bundes zu leisten; die damit zusammenhängenden Einnahmen sind an den Bund abzuführen. [2]Auf diese Ausgaben und Einnahmen sind die Vorschriften über das Haushaltsrecht des

---

[1)] Bish. § 27 aufgeh., bish. § 21 wird § 27 mWv 9.4.2009 durch G v. 2.4.2009 (BGBl. I S. 693).

[2)] Bish. § 22 wird § 28 und Abs. 2 Satz 1 geänd. mWv 9.4.2009 durch G v. 2.4.2009 (BGBl. I S. 693).

[3)] Bish. § 23 wird § 29, Abs. 3 neu gef. und Abs. 5 geänd. mWv 9.4.2009 durch G v. 2.4.2009 (BGBl. I S. 693).

Bundes anzuwenden. [3]Die für die Durchführung des Haushaltes verantwortlichen Bundesbehörden können ihre Befugnisse auf die zuständigen obersten Landesbehörden übertragen und zulassen, daß auf diese Ausgaben und Einnahmen die landesrechtlichen Vorschriften über die Kassen- und Buchführung der zuständigen Landes- und Gemeindebehörden angewandt werden.

(3) [1]Der Bund trägt die planmäßigen fahrzeug- und helferbezogenen Kosten nach § 13 ab dem Jahr 2010 nach folgenden Maßgaben: Pauschal erstattet werden die Kosten für

1. die Unterbringung der Fahrzeuge und der persönlichen ABC-Schutzausrüstung,
2. die ärztliche Untersuchung und die Ausbildung der Helferinnen und Helfer und
3. die Gewährleistung der jederzeitigen Einsatzbereitschaft der Analytischen Task Forces zur Unterstützung der örtlichen Einsatzleitung mit Spezialtechnik bei komplexen ABC-Lagen.

[2]Die Kosten der Wartung und Instandsetzung der ergänzenden Ausstattung werden gegen Nachweis erstattet. [3]Im Verhältnis zwischen den für den Katastrophenschutz zuständigen Behörden und den privaten Organisationen richtet sich der Nachweis der Ausgaben und die Belegpflicht nach den Bestimmungen der Bundeshaushaltsordnung und den dazu erlassenen Verwaltungsvorschriften über das Nachweisverfahren bei Zuwendungen.

(4) Die Kosten, die dem Bund durch Verwendung von ihm finanzierter Ausstattung und Anlagen des Zivilschutzes bei Katastrophen und Unglücksfällen entstehen, sind ihm von dem Aufgabenträger zu erstatten, es sei denn, der Einsatz dient gleichzeitig überwiegend zivilschutzbezogenen Ausbildungszwecken.

(5) Kosten, die für Maßnahmen nach § 22 Abs. 1 anfallen, sind dem Pflichtigen zu ersetzen.

Elfter Abschnitt. Bußgeldvorschriften

§ 30[1)] Bußgeldvorschriften. (1) Ordnungswidrig handelt, wer vorsätzlich oder fahrlässig einer vollziehbaren Anordnung nach § 5 Abs. 4 Satz 1, § 10 Abs. 1, § 21 Abs. 4 oder § 22 Abs. 1 zuwiderhandelt.

(2) Ordnungswidrig handelt, wer vorsätzlich oder fahrlässig

1. einer Rechtsverordnung nach § 22 Abs. 2 Satz 1, soweit sie für ein bestimmten Tatbestand auf diese Bußgeldvorschrift verweist,
2. einer Vorschrift des § 27 Abs. 2 über die Mitwirkung oder
3. einer vollziehbaren Anordnung nach § 28 Abs. 1 Satz 1

zuwiderhandelt.

(3) Die Ordnungswidrigkeit kann in den Fällen des Absatzes 1 mit einer Geldbuße bis zu zehntausend Euro, in den Fällen des Absatzes 2 mit einer Geldbuße bis zu tausend Euro geahndet werden.

[1)] Bish. § 24 wird § 30, Abs. 1 und Abs. 2 Nr. 1–3 geänd. mWv 9.4.2009 durch G v. 2.4.2009 (BGBl. I S. 693).

(4) Verwaltungsbehörde im Sinne des § 36 Abs. 1 Nr. 1 des Gesetzes über Ordnungswidrigkeiten[1] ist

1. in den Fällen des Absatzes 1 die Behörde, welche die Anordnung erlassen hat,
2. in den Fällen des Absatzes 2 Nr. 1 die Agentur für Arbeit,
3. in den Fällen des Absatzes 2 Nr. 2 die Bundesanstalt Technisches Hilfswerk für ihre Helfer, im übrigen und in den Fällen des Absatzes 2 Nr. 3 die für den Katastrophenschutz zuständige Behörde.

Zwölfter Abschnitt. Schlußbestimmungen

§ 31[2] Einschränkungen von Grundrechten. Die Grundrechte der körperlichen Unversehrtheit (Artikel 2 Abs. 2 Satz 1 des Grundgesetzes[3]), der Freiheit der Person (Artikel 2 Abs. 2 Satz 2 des Grundgesetzes), der Freizügigkeit (Artikel 11 Abs. 1 des Grundgesetzes) und der Unverletzlichkeit der Wohnung (Artikel 13 des Grundgesetzes) werden nach Maßgabe dieses Gesetzes eingeschränkt.

§ 32[4] Stadtstaatenklausel. Die Senate der Länder Berlin, Bremen und Hamburg werden ermächtigt, entsprechend dem besonderen Verwaltungsaufbau ihrer Länder die Zuständigkeit von Behörden abweichend von den Vorschriften dieses Gesetzes zu regeln und insbesondere zu bestimmen, welche Stellen die Aufgaben der Gemeinden und Gemeindeverbände nach Maßgabe dieses Gesetzes wahrzunehmen haben.

---

[1] **Schönfelder Nr. 94.**
[2] *Bish. § 25 wird § 31 mWv 9.4.2009* durch G v. 2.4.2009 (BGBl. I S. 693).
[3] Nr. 1.
[4] Bish. § 26 wird § 32 mWv 9.4.2009 durch G v. 2.4.2009 (BGBl. I S. 693).

699. Gesetz über die Grundsätze des Haushaltsrechts des Bundes und der Länder (Haushaltsgrundsätzegesetz – HGrG)

Vom 19. August 1969
(BGBl. I S. 1273)

FNA 63-14

geänd. durch Art. 38 Einführungsgesetz zum Einkommensteuerreformgesetz (EG-EStRG) v. 21.12.1974 (BGBl. I S. 3656), Art. 1 Erstes Gesetz zur Änderung des Haushaltsgrundsätzegesetzes v. 18.7.1990 (BGBl. I S. 1446), Anl. I Kap. IV Sachgeb. B Abschn. II Nr. 39 Gesetz zu dem Vertrag vom 31. August 1990 zwischen der Bundesrepublik Deutschland und der Deutschen Demokratischen Republik über die Herstellung der Einheit Deutschlands – Einigungsvertragsgesetz – und der Vereinbarung vom 18. September 1990 v. 31.8. 1990 (BGBl. 1990 II S. 885, 990), Art. 1 Zweites Gesetz zur Änderung des Haushaltsgrundsätzegesetzes v. 26.11.1993 (BGBl. I S. 1928), Art. 29 Gesetz zur Reform der agrarsozialen Sicherung v. 29.7.1994 (BGBl. I S. 1890), Art. 1 Gesetz zur Fortentwicklung des Haushaltsrechts von Bund und Ländern v. 22.12.1997 (BGBl. I S. 3251), Art. 3 Nr. 1 Gesetz zur Änderung der Rechtsgrundlagen für die Vergabe öffentlicher Aufträge v. 26.8.1998 (BGBl. I S. 2512), Art. 112 Siebente ZuständigkeitsanpassungsVO v. 29.10.2001 (BGBl. I S. 2785), Art. 7 Solidarpaktfortführungsgesetz v. 20.12.2001 (BGBl. I S. 3955, geänd. durch G v. 21.6.2002, (BGBl. I S. 2166)), Art. 87 Achte ZuständigkeitsanpassungsVO v. 25.11.2003 (BGBl. I S. 2304), Art. 63 Drittes G für moderne Dienstleistungen am Arbeitsmarkt v. 23.12.2003 (BGBl. I S. 2848), Art. 16 SCE-EinführungsG v. 14.8.2006 (BGBl. I S. 1911), Art. 123 Neunte ZuständigkeitsanpassungsVO v. 31.10. 2006 (BGBl. I S. 2407), Art. 1 HaushaltsgrundsätzemodernisierungsG v. 31.7.2009 (BGBl. I S. 2580), Art. 1 G zur Abschaffung des Finanzplanungsrates und zur Übertragung der fortzuführenden Aufgaben auf den Stabilitätsrat sowie zur Änd. weiterer G v. 27.5.2010 (BGBl. I S. 671), Art. 1 G zur innerstaatlichen Umsetzung des Fiskalvertrags v. 15.7.2013 (BGBl. I S. 2398), Art. 10 G zur Neuregelung des bundesstaatlichen Finanzausgleichssystems ab dem Jahr 2020 und zur Änd. haushaltsrechtlicher Vorschriften v. 14.8.2017 (BGBl. I S. 3122), Art. 1 G zur periodengerechten Veranschlagung von Zinsausgaben im Rahmen der staatlichen Kreditaufnahme und Drittes G zur Weiterentwicklung der Qualität und zur Teilhabe in der Kindertagesbetreuung v. 21.11.2024 (BGBl. 2024 I Nr. 361), Art. 2 G zur Ausführung von Art. 109 Abs. 3 Satz 6 und Satz 7 GG und zur Änd. anderer G v. 20.10.2025 (BGBl. 2025 I Nr. 247) und Art. 2 G zur Beschleunigung der Vergabe öffentlicher Aufträge v. 12.5.2026 (BGBl. 2026 I Nr. 137)

Der Bundestag hat mit Zustimmung des Bundesrates das folgende Gesetz beschlossen:

Teil I. Vorschriften für die Gesetzgebung des Bundes und der Länder

§ 1[1)] Gesetzgebungsauftrag. [1] Die Vorschriften dieses Teils enthalten Grundsätze für die Gesetzgebung des Bundes und der Länder. [2] Bund und Länder sind verpflichtet, ihr Haushaltsrecht nach diesen Grundsätzen zu regeln.

§ 1a[2)] Haushaltswirtschaft. (1) [1] Die Haushaltswirtschaft kann in ihrem Rechnungswesen im Rahmen der folgenden Vorschriften kameral oder nach den Grundsätzen der staatlichen doppelten Buchführung nach § 7a (staatliche Doppik) gestaltet werden. [2] Die Aufstellung, Bewirtschaftung und Rechnungslegung des Haushalts kann gegliedert nach Titeln, Konten oder Produktstrukturen (Produkthaushalt) erfolgen.

(2) [1] Die Bestimmungen dieses Gesetzes für den Haushaltsplan, für Titel sowie für Einnahmen und Ausgaben gelten bei doppischem Rechnungswesen entsprechend. [2] Soweit im Folgenden nichts anderes geregelt ist, treten in Teil I und in § 56 an die Stelle des Haushaltsplans der Erfolgsplan und der doppische Finanzplan, an die Stelle von Titeln Konten. [3] An die Stelle von Einnahmen treten Erträge im Erfolgsplan und

---

[1)] § 1 zuletzt neu gef. durch G v. 22.12.1997 (BGBl. I S. 3251).
[2)] § 1a eingef. mWv 1.1.2010 durch G v. 31.7.2009 (BGBl. I S. 2580).

Einzahlungen im doppischen Finanzplan, an die Stelle von Ausgaben treten Aufwendungen im Erfolgsplan und Auszahlungen im doppischen Finanzplan. [4] Bei Produkthaushalten treten an die Stelle der Titel die Produktstruktur und an die Stelle von Einnahmen und Ausgaben die zur Produkterstellung zugewiesenen Mittel.

(3) [1] Die Aufstellung und Ausführung des Haushaltsplans als Produkthaushalt erfolgt leistungsbezogen durch die Verbindung von nach Produkten strukturierten Mittelzuweisungen mit einer Spezialität nach Leistungszwecken. [2] Art und Umfang der zu erbringenden Leistungen sind durch Gesetz oder den Haushaltsplan verbindlich festzulegen. [3] Für die Bereiche, für die ein Produkthaushalt aufgestellt wird, ist grundsätzlich eine Kosten- und Leistungsrechnung einzuführen.

Abschnitt I. Allgemeine Vorschriften zum Haushaltsplan

§ 2[1)] Bedeutung des Haushaltsplans. [1] Der Haushaltsplan dient der Feststellung und Deckung des Finanzbedarfs beziehungsweise bei doppisch basierter Haushaltswirtschaft auch des Aufwands, der zur Erfüllung der Aufgaben des Bundes oder des Landes im Bewilligungszeitraum voraussichtlich notwendig ist. [2] Der Haushaltsplan ist die Grundlage für die Haushalts- und Wirtschaftsführung. [3] Bei seiner Aufstellung und Ausführung ist den Erfordernissen des gesamtwirtschaftlichen Gleichgewichts Rechnung zu tragen.

§ 3 Wirkungen des Haushaltsplans. (1) Der Haushaltsplan ermächtigt die Verwaltung, Ausgaben zu leisten und Verpflichtungen einzugehen.

(2) Durch den Haushaltsplan werden Ansprüche oder Verbindlichkeiten weder begründet noch aufgehoben.

§ 4[2)] Haushaltsjahr. [1] Rechnungsjahr (Haushaltsjahr) ist das Kalenderjahr. [2] Das für die Finanzen zuständige Ministerium kann für einzelne Bereiche etwas anderes bestimmen.

§ 5 Notwendigkeit der Ausgaben und Verpflichtungsermächtigungen. Bei Aufstellung und Ausführung des Haushaltsplans sind nur die Ausgaben und die Ermächtigungen zum Eingehen von Verpflichtungen zur Leistung von Ausgaben in künftigen Jahren (Verpflichtungsermächtigungen) zu berücksichtigen, die zur Erfüllung der Aufgaben des Bundes oder des Landes notwendig sind.

§ 6[3)] Wirtschaftlichkeit und Sparsamkeit, Kosten- und Leistungsrechnung.

(1) Bei Aufstellung und Ausführung des Haushaltsplans sind die Grundsätze der Wirtschaftlichkeit und Sparsamkeit zu beachten.

(2) Für alle finanzwirksamen Maßnahmen sind angemessene Wirtschaftlichkeitsuntersuchungen durchzuführen.

(3) In geeigneten Bereichen soll eine Kosten- und Leistungsrechnung eingeführt werden.

§ 6a[4)] Budgetierung. (1) [1] Die Einnahmen, Ausgaben und Verpflichtungsermächtigungen können im Rahmen eines Systems der dezentralen Verantwor-

---

[1)] § 2 Satz 1 geänd. mWv 1.1.2010 durch G v. 31.7.2009 (BGBl. I S. 2580).

[2)] § 4 Satz 2 geänd. durch G v. 22.12.1997 (BGBl. I S. 3251).

[3)] § 6 neu gef. durch G v. 22.12.1997 (BGBl. I S. 3251).

[4)] § 6a eingef. durch G v. 22.12.1997 (BGBl. I S. 3251); Überschrift und Abs. 2 neu gef. mWv 1.1.2010 durch G v. 31.7.2009 (BGBl. I S. 2580).

tung einer Organisationseinheit veranschlagt werden. [2] Dabei wird die Finanzverantwortung auf der Grundlage der Haushaltsermächtigung auf die Organisationseinheiten übertragen, die die Fach- und Sachverantwortung haben. [3] Voraussetzung sind geeignete Informations- und Steuerungsinstrumente, mit denen insbesondere sichergestellt wird, daß das jeweils verfügbare Ausgabevolumen nicht überschritten wird. [4] Art und Umfang der zu erbringenden Leistungen sind durch Gesetz oder den Haushaltsplan festzulegen.

(2) In den Fällen des Absatzes 1 sollen durch Gesetz oder Haushaltsplan für die jeweilige Organisationseinheit Regelungen zur Zweckbindung, Übertragbarkeit und Deckungsfähigkeit getroffen werden.

§ 7[1)] Grundsatz der Gesamtdeckung. [1] Alle Einnahmen dienen als Deckungsmittel für alle Ausgaben. [2] Auf die Verwendung für bestimmte Zwecke dürfen Einnahmen beschränkt werden, soweit dies durch Gesetz vorgeschrieben im Haushaltsplan zugelassen ist.

§ 7a[2)] Grundsätze der staatlichen Doppik. (1) [1] Die staatliche Doppik folgt den Vorschriften des Ersten und des Zweiten Abschnitts Erster und Zweiter Unterabschnitt des Dritten Buches Handelsgesetzbuch[3)] und den Grundsätzen der ordnungsmäßigen Buchführung und Bilanzierung. [2] Dies umfasst insbesondere die Vorschriften zur

1. laufenden Buchführung (materielle und formelle Ordnungsmäßigkeit),
2. Inventur,
3. Bilanzierung nach den
   a) allgemeinen Grundsätzen der Bilanzierung,
   b) Gliederungsgrundsätzen für den Jahresabschluss,
   c) Grundsätzen der Aktivierung und Passivierung,
   d) Grundsätzen der Bewertung in der Eröffnungsbilanz,
   e) Grundsätzen der Bewertung in der Abschlussbilanz,
4. Abschlussgliederung.

[3] Maßgeblich sind die Bestimmungen für Kapitalgesellschaften.

(2) Konkretisierungen, insbesondere die Ausübung handelsrechtlicher Wahlrechte, und von Absatz 1 abweichende Regelungen, die aufgrund der Besonderheiten der öffentlichen Haushaltswirtschaft erforderlich sind, werden von Bund und Ländern in dem Gremium nach § 49a Absatz 1 erarbeitet.

§ 7b[4)] Periodengerechte Aufteilung von Zinskosten im Haushalt des Bundes. [1] *Im Haushalt* des Bundes sind bei Verkauf und Kauf von selbst emittierten Wertpapieren die gesamten Zinskosten periodengerecht über die Laufzeit des jeweiligen Wertpapiers anteilig jeweils auf die Periode von Zahlungstermin zu Zahlungstermin aufzuteilen. [2] Der Saldo aus Zinsausgaben und Krediteinnahme muss stets der Kassenwirkung der Zahlungen entsprechen.

---

1) § 7 Satz 2 neu gef. durch G v. 22.12.1997 (BGBl. I S. 3251).
2) § 7a eingef. mWv 1.1.2010 durch G v. 31.7.2009 (BGBl. I S. 2580).
3) **Habersack Nr. 50.**
4) § 7b eingef. mWv 1.1.2025 durch G v. 21.11.2024 (BGBl. 2024 I Nr. 361).

Abschnitt II. Aufstellung des Haushaltsplans

§ 8[1] Vollständigkeit und Einheit, Fälligkeitsprinzip. (1) Für jedes Haushaltsjahr ist ein Haushaltsplan aufzustellen.

(2) Der Haushaltsplan enthält alle im Haushaltsjahr

1. zu erwartenden Einnahmen,
2. voraussichtlich zu leistenden Ausgaben und
3. voraussichtlich benötigten Verpflichtungsermächtigungen.

(3) Die Veranschlagung von Einnahmen und Ausgaben aus Verkauf und Kauf von selbst emittierten Wertpapieren im Haushaltsplan des Bundes erfolgt in periodengerechter Aufteilung entsprechend § 7b.

§ 9 Geltungsdauer der Haushaltspläne. (1) Der Haushaltsplan kann für zwei Haushaltsjahre, nach Jahren getrennt, aufgestellt werden.

(2) [1] Der Haushaltsplan kann in einen Verwaltungshaushalt und in einen Finanzhaushalt gegliedert werden; beide können jeweils für zwei Haushaltsjahre, nach Jahren getrennt, aufgestellt werden. [2] Die Bewilligungszeiträume für beide Haushalte können in aufeinanderfolgenden Haushaltsjahren beginnen.

§ 10[2] Gliederung von Einzelplänen und Gesamtplan. (1) Der Haushaltsplan besteht aus den Einzelplänen und dem Gesamtplan, bei einem doppischen Rechnungswesen aus einem Erfolgsplan auf Ebene der Einzelpläne sowie des Gesamtplans und aus einem doppischen Finanzplan auf Ebene des Gesamtplans.

(2) [1] Die Einzelpläne enthalten die Einnahmen, Ausgaben und Verpflichtungsermächtigungen eines einzelnen Verwaltungszweigs oder bestimmte Gruppen von Einnahmen, Ausgaben und Verpflichtungsermächtigungen. [2] Die Einzelpläne sind in Kapitel und Titel einzuteilen. [3] Die Einteilung in Titel richtet sich nach Verwaltungsvorschriften über die Gruppierung der Einnahmen und Ausgaben des Haushaltsplans nach Arten (Gruppierungsplan). [4] Die Einteilung nach Konten richtet sich nach den Verwaltungsvorschriften über die Gruppierung der Erträge, Aufwendungen und Bestände (Verwaltungskontenrahmen). [5] Die Einteilung nach Produktstrukturen ist so vorzunehmen, dass eine eindeutige Zuordnung nach den Verwaltungsvorschriften über die funktionale Gliederung des Produkthaushalts (Produktrahmen) sichergestellt ist.

(3) In dem Gruppierungsplan sind mindestens gesondert darzustellen

1. bei den Einnahmen: Steuern, Verwaltungseinnahmen, Einnahmen aus Vermögensveräußerungen, Darlehensrückflüsse, Zuweisungen und Zuschüsse, Einnahmen aus Krediten, wozu nicht Kredite zur Aufrechterhaltung einer ordnungsmäßigen Kassenwirtschaft (Kassenverstärkungskredite) zählen, Entnahmen aus Rücklagen, Münzeinnahmen;
2. bei den Ausgaben: Personalausgaben, sächliche Verwaltungsausgaben, Zinsausgaben, Zuweisungen an Gebietskörperschaften, Zuschüsse an Unternehmen, Tilgungsausgaben, Schuldendiensthilfen, Zuführungen an Rücklagen, Ausgaben für Investitionen. Ausgaben für Investitionen sind die Ausgaben für
   a) Baumaßnahmen, soweit sie nicht militärische Anlagen betreffen,

---

[1] § 8 Abs. 3 angef. mWv 1.1.2025 durch G v. 21.11.2024 (BGBl. 2024 I Nr. 361).

[2] § 10 Abs. 3 Nr. 2 neu gef. durch G v. 18.7.1990 (BGBl. I S. 1446); Überschrift neu gef., Abs. 1 geänd., Abs. 2 Sätze 4 und 5, Abs. 4 Satz 2 angef. mWv 1.1.2010 durch G v. 31.7.2009 (BGBl. I S. 2580).

b) den Erwerb von beweglichen Sachen, soweit sie nicht als sächliche Verwaltungsausgaben veranschlagt werden oder soweit es sich nicht um Ausgaben für militärische Beschaffungen handelt,

c) den Erwerb von unbeweglichen Sachen,

d) den Erwerb von Beteiligungen und sonstigem Kapitalvermögen, von Forderungen und Anteilsrechten an Unternehmen, von Wertpapieren sowie für die Heraufsetzung des Kapitals von Unternehmen,

e) Darlehen,

f) die Inanspruchnahme aus Gewährleistungen,

g) Zuweisungen und Zuschüsse zur Finanzierung von Ausgaben für die in den Buchstaben a bis f genannten Zwecke.

(4) [1] Der Gesamtplan erhält

1. eine Zusammenfassung der Einnahmen, Ausgaben und Verpflichtungsermächtigungen der Einzelpläne (Haushaltsübersicht),
2. eine Berechnung des Finanzierungssaldos (Finanzierungsübersicht). Der Finanzierungssaldo ergibt sich aus einer Gegenüberstellung der Einnahmen mit Ausnahme der Einnahmen aus Krediten vom Kreditmarkt, der Entnahmen aus Rücklagen, der Einnahmen aus kassenmäßigen Überschüssen sowie der Münzeinnahmen einerseits und der Ausgaben mit Ausnahme der Ausgaben zur Schuldentilgung am Kreditmarkt, der Zuführung an Rücklagen und der Ausgaben zur Deckung eines kassenmäßigen Fehlbetrags andererseits,
3. eine Darstellung der Einnahmen aus Krediten und der Tilgungsausgaben (Kreditfinanzierungsplan).

[2] Bei doppisch basierten Haushalten tritt an die Stelle der Nummern 2 und 3 eine Übersicht über den Zahlungsmittelfluss von Ein- und Auszahlungen aus laufender Verwaltungstätigkeit, Investitionstätigkeit, Finanzierungstätigkeit sowie über die sich daraus ergebenden zahlungswirksamen Veränderungen des Zahlungsmittelbestandes (doppischer Finanzplan) und eine Übersicht über den Finanzierungssaldo.

§ 11[1]) Übersichten zum Haushaltsplan. (1) [1] Der Haushaltsplan hat folgende Anlagen:

1. Darstellungen der Einnahmen und Ausgaben
   a) in einer Gruppierung nach bestimmten Arten (Gruppierungsübersicht) beziehungsweise Kontenrahmen,
   b) in einer Gliederung nach bestimmten Aufgabengebieten (Funktionenübersicht),
   c) *in einer Zusammenfassung* nach Buchstabe a und Buchstabe b (Haushaltsquerschnitt);
2. eine Übersicht über die den Haushalt in Einnahmen und Ausgaben durchlaufenden Posten;

---

[1]) § 11 Abs. 1 Satz 1 Nr. 1 geänd. durch G v. 22. 12. 1997 (BGBl. I S. 3251); Überschr. neu gef., Abs. 1 Nr. 1 Buchst. a, Nr. 3 geänd., Abs. 3 angef. mWv 1. 1. 2010 durch G v. 31. 7. 2009 (BGBl. I S. 2580).

3. eine Übersicht über die Planstellen der Beamtinnen und Beamten und die Stellen der Arbeitnehmerinnen und Arbeitnehmer.

[2] Die Anlagen sind dem Entwurf des Haushaltsplans beizufügen.

(2) Die Funktionenübersicht richtet sich nach Verwaltungsvorschriften über die Gliederung der Einnahmen und Ausgaben des Haushaltsplans nach Aufgabengebieten (Funktionenplan).

(3) [1] Bei Produkthaushalten ist die Funktionenübersicht nach Absatz 1 Nummer 1 b durch eine Produktübersicht zu ersetzen. [2] Die Produktübersicht richtet sich nach Verwaltungsvorschriften über die funktionale Gliederung des Produkthaushalts (Produktrahmen).

§ 12[1)] **Bruttoveranschlagung, Einzelveranschlagung, Selbstbewirtschaftungsmittel, Erläuterungen, Planstellen.** (1) [1] Die Einnahmen und Ausgaben in kameralen Haushalten, Aufwendungen und Erträge in doppischen Haushalten sowie die zur Produkterstellung vorgesehenen Mittel in Produkthaushalten sind in voller Höhe und getrennt voneinander zu veranschlagen. [2] Durch Gesetz kann zugelassen werden, daß Satz 1 nicht für die Veranschlagung der Einnahmen aus Krediten vom Kreditmarkt und der hiermit zusammenhängenden Tilgungsausgaben gilt. [3] Darüber hinaus können Ausnahmen von Satz 1 im Haushaltsplan zugelassen werden, insbesondere für Nebenkosten und Nebenerlöse bei Erwerbs- oder Veräußerungsgeschäften. [4] In den Fällen des Satzes 3 ist die Berechnung des veranschlagten Betrages dem Haushaltsplan als Anlage beizufügen oder in die Erläuterungen aufzunehmen.

(2) Die Verpflichtungsermächtigungen sind bei den jeweiligen Ausgaben gesondert zu veranschlagen.

(3) [1] Ausgaben können zur Selbstbewirtschaftung veranschlagt werden, wenn hierdurch eine sparsame Bewirtschaftung gefördert wird. [2] Selbstbewirtschaftungsmittel stehen über das laufende Haushaltsjahr hinaus zur Verfügung. [3] Bei der Bewirtschaftung aufkommende Einnahmen fließen den Selbstbewirtschaftungsmitteln zu. [4] Bei der Rechnungslegung ist nur die Zuweisung der Mittel an die beteiligten Stellen als Ausgabe nachzuweisen.

(4) [1] Die Einnahmen sind nach dem Entstehungsgrund, die Ausgaben und die Verpflichtungsermächtigungen nach Zwecken getrennt zu veranschlagen und, soweit erforderlich, zu erläutern. [2] Erläuterungen können ausnahmsweise für verbindlich erklärt werden.

(5) Für denselben Zweck sollen Ausgaben und Verpflichtungsermächtigungen nicht bei verschiedenen Titeln veranschlagt werden.

(6) Planstellen sind nach Besoldungsgruppen und Amtsbezeichnungen im Haushaltsplan auszubringen.

§ 13[2)] **Kreditermächtigungen.** (1) Das Haushaltsgesetz bestimmt, bis zu welcher Höhe das für die Finanzen zuständige Ministerium Kredite aufnehmen darf

1. zur Deckung von Ausgaben,

[1)] *§ 12 Abs. 1 Satz 1 geänd.* mWv 1. 1. 2010 durch G v. 31. 7. 2009 (BGBl. I S. 2580).

[2)] § 13 Abs. 1 geänd. durch G v. 22. 12. 1997 (BGBl. I S. 3251); Abs. 3 aufgeh. mWv 1. 1. 2010 durch G v. 31. 7. 2009 (BGBl. I S. 2580).

2. zur Aufrechterhaltung einer ordnungsmäßigen Kassenwirtschaft (Kassenverstärkungskredite). Soweit diese Kredite zurückgezahlt sind, kann die Ermächtigung wiederholt in Anspruch genommen werden. Kassenverstärkungskredite dürfen nicht später als sechs Monate nach Ablauf des Haushaltsjahres, für das sie aufgenommen worden sind, fällig werden.

(2) [1] Die Ermächtigungen nach Absatz 1 Nr. 1 gelten bis zum Ende des nächsten Haushaltsjahres und, wenn das Haushaltsgesetz für das zweitnächste Haushaltsjahr nicht rechtzeitig verkündet wird, bis zur Verkündung dieses Haushaltsgesetzes. [2] Die Ermächtigungen nach Absatz 1 Nr. 2 gelten bis zum Ende des laufenden Haushaltsjahres und, wenn das Haushaltsgesetz für das nächste Haushaltsjahr nicht rechtzeitig verkündet wird, bis zur Verkündung dieses Haushaltsgesetzes.

§ 14 Zuwendungen. Ausgaben und Verpflichtungsermächtigungen für Leistungen an Stellen außerhalb der Verwaltung des Bundes oder des Landes zur Erfüllung bestimmter Zwecke (Zuwendungen) dürfen nur veranschlagt werden, wenn der Bund oder das Land an der Erfüllung durch solche Stellen ein erhebliches Interesse hat, das ohne die Zuwendungen nicht oder nicht im notwendigen Umfang befriedigt werden kann.

§ 15[1)] Übertragbarkeit, Deckungsfähigkeit. (1) [1] Ausgaben für Investitionen und Ausgaben aus zweckgebundenen Einnahmen sind übertragbar. [2] Andere Ausgaben können im Haushaltsplan für übertragbar erklärt werden, wenn dies ihre wirtschaftliche und sparsame Verwendung fördert.

(2) [1] Absatz 1 gilt bei doppisch basierten Haushalten für Auszahlungen entsprechend. [2] Bei doppisch basierten Haushalten können außerdem Rücklagen nach § 7 a gebildet werden. [3] Die Bildung und Inanspruchnahme von Rücklagen, abgesehen von Sonderposten mit Rücklagenanteil, bedarf der haushaltsrechtlichen Ermächtigung.

(3) [1] Im Haushaltsplan können Ausgaben und Verpflichtungsermächtigungen jeweils für gegenseitig oder einseitig deckungsfähig erklärt werden, wenn ein verwaltungsmäßiger oder sachlicher Zusammenhang besteht oder eine wirtschaftliche und sparsame Verwendung gefördert wird. [2] Ausgaben und Verpflichtungsermächtigungen, die ohne nähere Angabe des Verwendungszweckes veranschlagt sind, dürfen nicht für deckungsfähig erklärt werden.

§ 16[2)] Baumaßnahmen, größere Beschaffungen, größere Entwicklungsvorhaben. (1) [1] Ausgaben und Verpflichtungsermächtigungen für Baumaßnahmen dürfen erst veranschlagt werden, wenn Pläne, Kostenermittlungen und Erläuterungen vorliegen, aus denen die Art der Ausführung, die Kosten der Baumaßnahme, des Grunderwerbs und der Einrichtungen sowie die vorgesehene Finanzierung und ein Zeitplan ersichtlich sind. [2] Den Unterlagen ist eine Schätzung der nach Fertigstellung der Maßnahme entstehenden jährlichen Haushaltsbelastungen beizufügen.

(2) [1] Ausgaben und Verpflichtungsermächtigungen für größere Beschaffungen und größere Entwicklungsvorhaben dürfen erst veranschlagt werden,

---

1) § 15 Abs. 1 Satz 2 und Abs. 2 neu gef. durch G v. 22. 12. 1997 (BGBl. I S. 3251); Abs. 2 eingef., bish. Abs. 2 wird Abs. 3 mWv 1. 1. 2010 durch G v. 31. 7. 2009 (BGBl. I S. 2580).

2) § 16 Abs. 1 Satz 1 geänd. durch G v. 22. 12. 1997 (BGBl. I S. 3251).

wenn Planungen und Schätzungen der Kosten und Kostenbeteiligungen vorliegen. [2] Absatz 1 Satz 2 gilt entsprechend.

(3) Ausnahmen von den Absätzen 1 und 2 sind nur zulässig, wenn es im Einzelfall nicht möglich ist, die Unterlagen rechtzeitig fertigzustellen, und aus einer späteren Veranschlagung dem Bund oder dem Land ein Nachteil erwachsen würde.

§ 17[1)] Fehlbetrag. [1] Ein finanzieller Fehlbetrag ist spätestens in den Haushaltsplan für das zweitnächste Haushaltsjahr einzustellen. [2] Er darf durch Kredite nur gedeckt werden, soweit die Möglichkeiten einer Kreditaufnahme nicht ausgeschöpft sind.

§ 18[2)] Betriebe, Sondervermögen. (1) [1] Betriebe des Bundes oder des Landes haben einen Wirtschaftsplan aufzustellen, wenn ein Wirtschaften nach dem Haushaltsplan des Bundes oder des Landes nicht zweckmäßig ist. [2] Der Wirtschaftsplan oder eine Übersicht über den Wirtschaftsplan ist dem Haushaltsplan als Anlage beizufügen oder in die Erläuterungen aufzunehmen. [3] Im Haushaltsplan sind nur die Zuführungen oder die Ablieferungen zu veranschlagen. [4] Planstellen sind nach Besoldungsgruppen und Amtsbezeichnungen im Haushaltsplan auszubringen.

(2) Bei Sondervermögen sind nur die Zuführungen oder die Ablieferungen im Haushaltsplan zu veranschlagen. Über die Einnahmen, Ausgaben und Verpflichtungsermächtigungen der Sondervermögen sind Übersichten dem Haushaltsplan als Anlagen beizufügen oder in die Erläuterungen aufzunehmen.

Abschnitt III. Ausführung des Haushaltsplans

§ 19[3)] Bewirtschaftung der Ansätze des Haushaltsplans. (1) [1] Einnahmen sind rechtzeitig und vollständig zu erheben. [2] In der staatlichen Doppik sind Erträge und Forderungen vollständig zu erfassen. [3] Forderungen sind rechtzeitig einzuziehen.

(2) [1] Die Ermächtigungen des Haushaltsplans dürfen nur soweit und nicht eher in Anspruch genommen werden, als sie zur wirtschaftlichen und sparsamen Verwaltung erforderlich sind. [2] Die Ermächtigungen sind so zu bewirtschaften, daß sie zur Deckung aller Ausgaben ausreichen, die unter die einzelne Zweckbestimmung fallen.

(3) Für die Bewirtschaftung von Ermächtigungen des Bundes durch Landesstellen sind die Bewirtschaftungserfordernisse des Bundes zu berücksichtigen, soweit in Rechtsvorschriften des Bundes oder Vereinbarungen nicht etwas anderes bestimmt ist.

§ 20 Bruttonachweis, Einzelnachweis. (1) Alle Einnahmen und Ausgaben sind mit ihrem vollen Betrag bei dem hierfür vorgesehenen Titel zu buchen, soweit sich aus § 12 Abs. 1 Satz 2 und 3 nichts anderes ergibt.

---

1) § 17 Sätze 1 und 2 geänd. mWv 1. 1. 2010 durch G v. 31. 7. 2009 (BGBl. I S. 2580).

2) *§ 18 Abs. 1 Satz 1 geänd. m*Wv 1. 1. 2010 durch G v. 31. 7. 2009 (BGBl. I S. 2580).

3) § 19 Überschr. neu gef., Abs. 1 Sätze 2 und 3 angef., Abs. 2 Sätze 1 und 2 geänd., Satz 3 aufgeh., Abs. 3 angef. mWv 1. 1. 2010 durch G v. 31. 7. 2009 (BGBl. I S. 2580).

(2) [1] Für denselben Zweck dürfen Ausgaben aus verschiedenen Titeln nur geleistet werden, soweit der Haushaltsplan dies zuläßt. [2] Entsprechendes gilt für die Inanspruchnahme von Verpflichtungsermächtigungen.

§ 21[1)] *(aufgehoben)*

§ 22[2)] **Verpflichtungsermächtigungen.** (1) [1] Maßnahmen, die den Bund oder das Land zur Leistung von Ausgaben in künftigen Haushaltsjahren verpflichten können, sind nur zulässig, wenn der Haushaltsplan dazu ermächtigt. [2] Im Falle eines unvorhergesehenen und unabweisbaren Bedürfnisses kann das für die Finanzen zuständige Ministerium Ausnahmen zulassen.

(2) [1] Maßnahmen nach Absatz 1 bedürfen der Einwilligung des für die Finanzen zuständigen Ministeriums, soweit es nicht darauf verzichtet. [2] Durch Gesetz kann zugelassen werden, daß die Einwilligung des für die Finanzen zuständigen Ministeriums nicht erforderlich ist, soweit im Haushaltsplan die voraussichtlichen Verpflichtungen zu Lasten mehrerer Haushaltsjahre nach Jahresbeträgen angegeben werden und von diesen Angaben bei der Ausführung des Haushaltsplans nicht erheblich abgewichen wird.

(3) Das für die Finanzen zuständige Ministerium ist bei Maßnahmen nach Absatz 1 von grundsätzlicher oder erheblicher finanzieller Bedeutung über den Beginn und Verlauf von Verhandlungen zu unterrichten.

(4) [1] Verpflichtungen für laufende Geschäfte dürfen eingegangen werden, ohne daß die Voraussetzungen der Absätze 1 und 2 vorliegen. [2] Einer Verpflichtungsermächtigung bedarf es in kameralen Haushalten auch dann nicht, wenn zu Lasten übertragbarer Ausgaben Verpflichtungen eingegangen werden, die im folgenden Haushaltsjahr zu Ausgaben führen. [3] Das Nähere regelt das für die Finanzen zuständige Ministerium.

(5) Die Absätze 1 bis 4 sind auf Verträge im Sinne von Artikel 59 Abs. 2 Satz 1 des Grundgesetzes[3)] nicht anzuwenden.

§ 23[4)] **Gewährleistungen, Kreditzusagen.** (1) Die Übernahme von Bürgschaften, Garantien oder sonstigen Gewährleistungen, die zu Ausgaben in künftigen Haushaltsjahren führen können, bedarf einer Ermächtigung durch Gesetz, die der Höhe nach bestimmt ist.

(2) [1] Kreditzusagen sowie die Übernahme von Bürgschaften, Garantien oder sonstigen Gewährleistungen bedürfen der Einwilligung des für die Finanzen zuständigen Ministeriums. [2] Es ist an den Verhandlungen zu beteiligen. [3] Es kann auf die Befugnisse nach den Sätzen 1 und 2 verzichten.

(3) [1] Bei Maßnahmen nach Absatz 2 haben die zuständigen Stellen auszubedingen, daß sie oder ihre Beauftragten bei den Beteiligten jederzeit prüfen können, soweit dies im Zusammenhang mit der Verpflichtung notwendig ist. [2] Von der Ausbedingung eines Prüfungsrechts kann ausnahmsweise mit Einwilligung des für die Finanzen zuständigen Ministeriums abgesehen werden.

---

1) § 21 aufgeh. mWv 1.1.2010 durch G v. 31.7.2009 (BGBl. I S. 2580).

2) § 22 Abs. 1 Satz 2, Abs. 2, 3 und 4 Satz 3 geänd., Abs. 4 neuer Satz 2 eingef., bish. Satz 2 wird Satz 3 durch G v. 22.12.1997 (BGBl. I S. 3251); Abs. 4 Satz 2 geänd. mWv 1.1.2010 durch G v. 31.7.2009 (BGBl. I S. 2580).

3) Nr. **1**.

4) § 23 Abs. 2 und 3 Satz 2 geänd. durch G v. 22.12.1997 (BGBl. I S. 3251).

§ 24[1)] Andere Maßnahmen von finanzieller Bedeutung. [1]Der Erlaß von Verwaltungsvorschriften, der Abschluß von Tarifverträgen und die Gewährung von über- und außertariflichen Leistungen sowie die Festsetzung oder Änderung von Entgelten für Verwaltungsleistungen bedürfen der Einwilligung des für die Finanzen zuständigen Ministeriums, wenn diese Regelungen zu Einnahmeminderungen oder zu zusätzlichen Ausgaben im laufenden Haushaltsjahr oder in künftigen Haushaltsjahren führen können. [2]Satz 1 ist auf sonstige Maßnahmen von grundsätzlicher oder erheblicher finanzieller Bedeutung anzuwenden, wenn sie zu Einnahmeminderungen im laufenden Haushaltsjahr oder in künftigen Haushaltsjahren oder zu zusätzlichen Ausgaben im laufenden Haushaltsjahr führen können.

§ 25[2)] Haushaltswirtschaftliche Sperre. Wenn die Entwicklung der Einnahmen oder Ausgaben es erfordert, kann es das für die Finanzen zuständige Ministerium von seiner Einwilligung abhängig machen, ob Verpflichtungen eingegangen oder Ausgaben geleistet werden.

§ 26 Zuwendungen, Verwaltung von Mitteln oder Vermögensgegenständen. (1) [1]Zuwendungen dürfen nur unter den Voraussetzungen des § 14 gewährt werden. [2]Dabei ist zu bestimmen, wie die zweckentsprechende Verwendung der Zuwendungen nachzuweisen ist. [3]Außerdem ist ein Prüfungsrecht der zuständigen Dienststelle oder ihrer Beauftragten festzulegen.

(2) Sollen Mittel oder Vermögensgegenstände des Bundes oder des Landes von Stellen außerhalb der Verwaltung des Bundes oder des Landes verwaltet werden, ist Absatz 1 entsprechend anzuwenden.

§ 27[3)] Sachliche und zeitliche Bindung. (1) [1]Ermächtigungen dürfen nur zu im Haushaltsplan bezeichneten Zwecken und Leistungen, soweit und solange sie fortdauern, und nur bis zum Ende des Haushaltsjahres geleistet oder in Anspruch genommen werden. [2]Durch Gesetz kann zugelassen werden, daß nicht in Anspruch genommene Verpflichtungsermächtigungen bis zur Verkündung des Haushaltsgesetzes für das nächste Haushaltsjahr gelten.

(2) [1]Bei übertragbaren Ausgaben können in kameralen Haushalten Ausgabereste gebildet werden, die für die jeweilige Zweckbestimmung über das Haushaltsjahr hinaus bis zum Ende des auf die Bewilligung folgenden zweitnächsten Haushaltsjahres verfügbar bleiben. [2]Dies gilt für Fälle nach § 15 Absatz 2 entsprechend. [3]Bei Bauten tritt an die Stelle des Haushaltsjahres der Bewilligung das Haushaltsjahr, in dem der Bau in seinen wesentlichen Teilen in Gebrauch genommen ist. [4]Das für die Finanzen zuständige Ministerium kann im Einzelfall Ausnahmen zulassen.

(3) Das für die Finanzen zuständige Ministerium kann in besonders begründeten Einzelfällen die Übertragbarkeit von Ausgaben zulassen, soweit Ausgaben für bereits bewilligte Maßnahmen noch im nächsten Haushaltsjahr zu leisten sind.

(4) Die Bildung und die Inanspruchnahme von doppischen Rücklagen bedürfen der Einwilligung des für die Finanzen zuständigen Ministeriums.

§ 28 Personalwirtschaftliche Grundsätze. (1) Ein Amt darf nur zusammen mit der Einweisung in eine besetzbare Planstelle verliehen werden.

[1)] § 24 Satz 1 geänd. durch G v. 22.12.1997 (BGBl. I S. 3251).

[2)] § 25 geänd. durch G v. 22.12.1997 (BGBl. I S. 3251).

[3)] § 27 Abs. 2 Satz 3 und Abs. 3 geänd. durch G v. 22.12.1997 (BGBl. I S. 3251); Abs. 1 Satz 1 neu gef., Abs. 2 Satz 1 geänd., Abs. 2 Satz 2 eingef., bish. Sätze 2 und 3 werden Sätze 3 und 4, Abs. 4 angef. mWv 1.1.2010 durch G v. 31.7.2009 (BGBl. I S. 2580).

(2) Personalausgaben, die nicht auf Gesetz oder Tarifvertrag beruhen, dürfen nur geleistet werden, wenn dafür Ausgabemittel besonders zur Verfügung gestellt sind.

§ 29[1)] Baumaßnahmen, größere Beschaffungen, größere Entwicklungsvorhaben. (1) [1] Baumaßnahmen dürfen nur begonnen werden, wenn ausführliche Entwurfszeichnungen und Kostenberechnungen vorliegen, es sei denn, daß es sich um kleine Maßnahmen handelt. [2] In den Zeichnungen und Berechnungen darf von den in § 16 bezeichneten Unterlagen nur insoweit abgewichen werden, als die Änderung nicht erheblich ist; weitergehende Ausnahmen bedürfen der Einwilligung des für die Finanzen zuständigen Ministeriums.

(2) [1] Größeren Beschaffungen und größeren Entwicklungsvorhaben sind ausreichende Unterlagen zugrunde zu legen. [2] Absatz 1 Satz 2 gilt entsprechend.

§ 30[2)] Öffentliche Aufträge. [1] Dem Abschluss von Verträgen über Lieferungen und Leistungen muss eine Öffentliche Ausschreibung, eine Beschränkte Ausschreibung mit Teilnahmewettbewerb, eine Verhandlungsvergabe oder eine freihändige Vergabe jeweils mit Teilnahmewettbewerb oder Bekanntmachung vorausgehen, sofern nicht die Natur des Geschäfts oder besondere Umstände eine Ausnahme rechtfertigen. [2] Teilnahmewettbewerb ist ein Verfahren, bei dem der öffentliche Auftraggeber nach vorheriger öffentlicher Aufforderung zur Teilnahme eine beschränkte Anzahl von geeigneten Unternehmen nach objektiven, transparenten und nichtdiskriminierenden Kriterien auswählt und zur Abgabe von Angeboten auffordert. [3] Bekanntmachung ist eine öffentliche Aufforderung zur Abgabe von Angeboten.

§ 31[3)] Änderung von Verträgen, Veränderung von Ansprüchen. (1) [1] Verträge dürfen zum Nachteil des Bundes oder Landes nur in besonders begründeten Ausnahmefällen aufgehoben oder geändert werden. [2] Vergleiche dürfen nur abgeschlossen werden, wenn dies für den Bund oder das Land zweckmäßig und wirtschaftlich ist.

(2) Ansprüche dürfen nur

1. gestundet werden, wenn die sofortige Einziehung mit erheblichen Härten für den Anspruchsgegner verbunden wäre und der Anspruch durch die Stundung nicht gefährdet wird,
2. niedergeschlagen werden, wenn feststeht, daß die Einziehung keinen Erfolg haben wird, oder wenn die Kosten der Einziehung außer Verhältnis zur Höhe des Anspruchs stehen,
3. erlassen werden, wenn die Einziehung nach Lage des einzelnen Falles für den Anspruchsgegner eine besondere Härte bedeuten würde. Das gleiche gilt für die *Erstattung oder Anrechnung* von geleisteten Beträgen.

(3) Maßnahmen nach den Absätzen 1 und 2 bedürfen der Einwilligung des für die Finanzen zuständigen Ministeriums, soweit es nicht darauf verzichtet.

(4) Andere Regelungen in Rechtsvorschriften bleiben unberührt.

[1)] § 29 Abs. 1 Satz 2 geänd. durch G v. 22.12.1997 (BGBl. I S. 3251).
[2)] § 30 neu gef. mWv 1.7.2026 durch G v. 12.5.2026 (BGBl. 2026 I Nr. 137).
[3)] § 31 Abs. 3 geänd. durch G v. 22.12.1997 (BGBl. I S. 3251).

Abschnitt IV. Zahlungen, Buchführung und Rechnungslegung

§ 32[1)] Zahlungen. [1] Zahlungen dürfen nur von Kassen und Zahlstellen angenommen oder geleistet werden. [2] Die Anordnung der Zahlung muß durch das zuständige Ministerium oder die von ihm ermächtigte Dienststelle schriftlich oder auf elektronischem Wege erteilt werden. [3] Das für die Finanzen zuständige Ministerium kann Ausnahmen zulassen.

§ 33[2)] Buchführung, Belegpflicht. (1) [1] Über Zahlungen ist nach der im Haushaltsplan oder sonst vorgesehenen Ordnung in zeitlicher Folge Buch zu führen. [2] Das für die Finanzen zuständige Ministerium kann für eingegangene Verpflichtungen, Geldforderungen und andere Bewirtschaftungsvorgänge die Buchführung anordnen. [3] Alle Buchungen sind zu belegen.

(2) Abweichend von Absatz 1 wird der periodengerechte Anteil der Differenz zwischen Nennwert und Verkaufserlös, der bei Verkauf und Kauf von selbst emittierten Wertpapieren entsteht, ohne Zahlung im Bundeshaushalt gebucht.

§ 33a[3)] *(aufgehoben)*

§ 34[4)] Buchung nach Haushaltsjahren. (1) Zahlungen sowie eingegangene Verpflichtungen, Geldforderungen und andere Bewirtschaftungsvorgänge, für die nach § 33 Satz 2 die Buchführung angeordnet ist, sind nach Haushaltsjahren getrennt zu buchen.

(2) Alle Zahlungen mit Ausnahme der Fälle nach den Absätzen 3 und 4 sind für das Haushaltsjahr zu buchen, in dem sie eingegangen oder geleistet worden sind.

(3) [1] Im kameralen Haushalt sind Zahlungen, die im abgelaufenen Haushaltsjahr fällig waren, jedoch erst später eingehen oder geleistet werden, in den Büchern des abgelaufenen Haushaltsjahres zu buchen, solange die Bücher nicht abgeschlossen sind. [2] Für doppisch basierte Haushalte sind die §§ 7a und 49a entsprechend anzuwenden.

(4) [1] Für das neue Haushaltsjahr sind im kameralen Haushalt zu buchen:

1. Einnahmen, die im neuen Haushaltsjahr fällig werden, jedoch vorher eingehen,
2. Ausgaben, die im neuen Haushaltsjahr fällig werden, jedoch wegen des fristgerechten Eingangs beim Empfänger vorher gezahlt werden müssen,
3. im voraus zu zahlende Dienst-, Versorgungs- und entsprechende Bezüge sowie Renten für den ersten Monat des neuen Haushaltsjahres.

[2] Für doppisch basierte Haushalte sind die §§ 7a und 49a entsprechend anzuwenden.

(5) Die Absätze 3 und 4 Nr. 1 gelten nicht für Steuern, Gebühren, andere Abgaben, Geldstrafen, Geldbußen sowie damit zusammenhängende Kosten.

(6) Ausnahmen von den Absätzen 2 bis 4 können zugelassen werden.

§ 35 Vermögensbuchführung, integrierte Buchführung. [1] Über das Vermögen und die Schulden ist Buch zu führen oder ein anderer Nachweis zu erbringen. [2] Die Buchführung über das Vermögen und die Schulden kann mit der Buchführung über die Einnahmen und Ausgaben verbunden werden.

---

1) § 32 neu gef. durch G v. 22.12.1997 (BGBl. I S. 3251).

2) § 33 neu gef. durch G v. 22.12.1997 (BGBl. I S. 3251); Abs. 2 angef. mWv 1.1.2025 durch G v. 21.11. 2024 (BGBl. 2024 I Nr. 361).

3) § 33a aufgeh. mWv 1.1.2010 durch G v. 31.7.2009 (BGBl. I S. 2580).

4) § 34 Abs. 1 neu gef. durch G v. 22.12.1997 (BGBl. I S. 3251); Abs. 3 Satz 1 geänd., Satz 2 angef., Abs. 4 Satz 1 einl. Satzteil geänd., Satz 2 angef. mWv 1.1.2010 durch G v. 31.7.2009 (BGBl. I S. 2580).

§ 36[1)] Abschluß der Bücher. (1) [1]Die Bücher sind jährlich abzuschließen. [2]Das für die Finanzen zuständige Ministerium bestimmt den Zeitpunkt des Abschlusses.

(2) Nach dem Abschluß der Bücher dürfen Einnahmen oder Ausgaben nicht mehr für den abgelaufenen Zeitraum gebucht werden.

§ 37[2)] Rechnungslegung. (1) [1]Die zuständigen Stellen haben für jedes Haushaltsjahr auf der Grundlage der abgeschlossenen Bücher Rechnung zu legen. [2]Das für die Finanzen zuständige Ministerium kann im Einvernehmen mit dem Rechnungshof bestimmen, daß für einen anderen Zeitraum Rechnung zu legen ist.

(2) Auf der Grundlage der abgeschlossenen Bücher stellt das für die Finanzen zuständige Ministerium für jedes Haushaltsjahr die Haushaltsrechnung auf.

(3) Bei doppisch basierten Haushalten umfasst die Rechnungslegung zumindest die Rechnungslegung zum Erfolgsplan (Erfolgsrechnung), die Rechnungslegung zum doppischen Finanzplan (Finanzrechnung) nach § 10 Absatz 4 Satz 2 und die Vermögenrechnung (Bilanz).

(4) Bei Produkthaushalten ist über die nach Produkten strukturierte Mittelzuweisung sowie über Art und Umfang der erbrachten Leistungen Rechnung zu legen.

§ 38[3)] Gliederung der Haushaltsrechnung. (1) In der kameralen Haushaltsrechnung sind die Einnahmen und Ausgaben nach der in § 33 bezeichneten Ordnung den Ansätzen des Haushaltsplans unter Berücksichtigung der Einnahme- und Ausgabereste (Haushaltsreste) und der Vorgriffe gegenüberzustellen.

(2) [1]In kameralen Haushalten sind bei den einzelnen Titeln und entsprechend bei den Schlusssummen besonders anzugeben:

1. bei den Einnahmen:
   a) die Ist-Einnahmen,
   b) die zu übertragenden Einnahmereste,
   c) die Summe der Ist-Einnahmen und der zu übertragenden Einnahmereste,
   d) die vermögenswirksamen Beträge der Ist-Einnahmen, soweit eine Vermögensbuchführung besteht,
   e) die veranschlagten Einnahmen,
   f) die aus dem Vorjahr übertragenen Einnahmereste,
   g) die Summe der veranschlagten Einnahmen und der übertragenen Einnahmereste,
   h) der Mehr- oder Minderbetrag der Summe aus Buchstabe c gegenüber der Summe aus Buchstabe g;
2. bei den Ausgaben:
   a) die Ist-Ausgaben,
   b) die zu übertragenden Ausgabereste oder die Vorgriffe,
   c) die Summe der Ist-Ausgaben und der zu übertragenden Ausgabereste oder der Vorgriffe,

---

1) § 36 Abs. 1 Satz 2 geänd. durch G v. 22.12.1997 (BGBl. I S. 3251).

2) § 37 Abs. 1, Abs. 2 geänd., Abs. 3 aufgeh. durch G v. 22.12.1997 (BGBl. I S. 3251); Abs. 3 und 4 angef. mWv 1.1.2010 durch G v. 31.7.2009 (BGBl. I S. 2580).

3) § 38 Abs. 1, Abs. 2 Satz 1 einl. Satzteil geänd., Abs. 2 Satz 2 angef. mWv 1.1.2010 durch G v. 31.7.2009 (BGBl. I S. 2580).

d) die vermögenswirksamen Beträge der Ist-Ausgaben, soweit eine Vermögensbuchführung besteht,
e) die veranschlagten Ausgaben,
f) die aus dem Vorjahr übertragenen Ausgabereste oder die Vorgriffe,
g) die Summe der veranschlagten Ausgaben und der übertragenen Ausgabereste oder der Vorgriffe,
h) der Mehr- oder Minderbetrag der Summe aus Buchstabe c gegenüber der Summe aus Buchstabe g,
i) der Betrag der über- oder außerplanmäßigen Ausgaben sowie der Vorgriffe.

[2] Für doppisch basierte Haushalte sind die §§ 7a, 37 Absatz 3 und 4 sowie § 49a entsprechend anzuwenden.

(3) Für die jeweiligen Ausgaben und entsprechend für die Schlußsummen ist die Höhe der eingegangenen Verpflichtungen und Geldforderungen besonders anzugeben, soweit sie nach § 33 Satz 2 der Buchführung unterliegen.

§ 39[1)] Kassenmäßiger Abschluß. [1] In kameralen Haushalten sind in dem kassenmäßigen Abschluss nachzuweisen:

1. a) die Summe der Ist-Einnahmen,
b) die Summe der Ist-Ausgaben,
c) der Unterschied aus Buchstabe a und Buchstabe b (kassenmäßiges Jahresergebnis),
d) die haushaltsmäßig noch nicht abgewickelten kassenmäßigen Jahresergebnisse früherer Jahre,
e) das kassenmäßige Gesamtergebnis aus Buchstabe c und Buchstabe d;
2. a) die Summe der Ist-Einnahmen mit Ausnahme der Einnahmen aus Krediten vom Kreditmarkt, der Entnahmen aus Rücklagen, der Einnahmen aus kassenmäßigen Überschüssen und der Münzeinnahmen,
b) die Summe der Ist-Ausgaben mit Ausnahme der Ausgaben zur Schuldentilgung am Kreditmarkt, der Zuführungen an Rücklagen und der Ausgaben zur Deckung eines kassenmäßigen Fehlbetrags,
c) der Finanzierungssaldo aus Buchstabe a und Buchstabe b.

[2] Für doppisch basierte Haushalte sind die §§ 7a, 37 Absatz 3 und 4 sowie § 49a entsprechend anzuwenden.

§ 40[2)] Haushaltsabschluß. [1] In kameralen Haushalten sind in dem Haushaltsabschluss nachzuweisen:

1. a) das kassenmäßige Jahresergebnis nach § 39 Nr. 1 Buchstabe c,
b) das kassenmäßige Gesamtergebnis nach § 39 Nr. 1 Buchstabe e;
2. a) die aus dem Vorjahr übertragenen Einnahmereste und Ausgabereste,
b) die in das folgende Haushaltsjahr zu übertragenden Einnahmereste und Ausgabereste,
c) der Unterschied aus Buchstabe a und Buchstabe b,
d) das rechnungsmäßige Jahresergebnis aus Nummer 1 Buchstabe a und Nummer 2 Buchstabe c,

---

[1)] § 39 Satz 1 einl. Satzteil geänd., Satz 2 angef. mWv 1.1.2010 durch G v. 31.7.2009 (BGBl. I S. 2580).
[2)] § 40 Satz 1 einl. Satzteil geänd., Satz 2 angef. mWv 1.1.2010 durch G v. 31.7.2009 (BGBl. I S. 2580).

e) das rechnungsmäßige Gesamtergebnis aus Nummer 1 Buchstabe b und Nummer 2 Buchstabe b;

3. die Höhe der eingegangenen Verpflichtungen und Geldforderungen, soweit sie nach § 33 Satz 2 der Buchführung unterliegen.

[2] Für doppisch basierte Haushalte sind die §§ 7a, 37 Absatz 3 und 4 sowie § 49a entsprechend anzuwenden.

§ 41 Abschlußbericht. Der kassenmäßige Abschluß und der Haushaltsabschluß sind in einem Bericht zu erläutern.

Abschnitt V. Prüfung und Entlastung

§ 42 Aufgaben des Rechnungshofes. (1) Die gesamte Haushalts- und Wirtschaftsführung des Bundes und der Länder einschließlich ihrer Sondervermögen und Betriebe wird von Rechnungshöfen geprüft.

(2) Der Rechnungshof prüft insbesondere

1. die Einnahmen, Ausgaben und Verpflichtungen zur Leistung von Ausgaben,
2. Maßnahmen, die sich finanziell auswirken können,
3. das Vermögen und die Schulden.

(3) Der Rechnungshof kann nach seinem Ermessen die Prüfung beschränken und Rechnungen ungeprüft lassen.

(4) Die Durchführung der Prüfung von geheimzuhaltenden Angelegenheiten kann gesetzlich besonders geregelt werden.

(5) [1] Auf Grund von Prüfungserfahrungen kann der Rechnungshof beraten. [2] Das Nähere wird durch Gesetz geregelt.

§ 43 Prüfung bei Stellen außerhalb der Verwaltung. (1) Der Rechnungshof ist, unbeschadet weitergehender landesrechtlicher Bestimmungen, berechtigt, bei Stellen außerhalb der Verwaltung des Bundes oder des Landes zu prüfen, wenn sie

1. Teile des Haushaltsplans ausführen oder vom Bund oder vom Land Ersatz von Aufwendungen erhalten,
2. Mittel oder Vermögensgegenstände des Bundes oder des Landes verwalten oder
3. vom Bund oder Land Zuwendungen erhalten.

Leiten diese Stellen die Mittel an Dritte weiter, so kann der Rechnungshof auch bei diesen prüfen.

(2) [1] Die Prüfung erstreckt sich auf die bestimmungsmäßige und wirtschaftliche Verwaltung und Verwendung. [2] Bei Zuwendungen kann sie sich auch auf die sonstige Haushalts- und Wirtschaftsführung des Empfängers erstrecken, soweit es der Rechnungshof für seine Prüfung für notwendig hält.

(3) Bei der Gewährung von Krediten aus Haushaltsmitteln sowie bei der Übernahme von Bürgschaften, Garantien oder sonstigen Gewährleistungen durch den Bund oder das Land kann der Rechnungshof bei den Beteiligten prüfen, ob sie ausreichende Vorkehrungen gegen Nachteile für den Bund oder das Land getroffen oder ob die Voraussetzungen für eine Inanspruchnahme des Bundes oder des Landes vorgelegen haben.

§ 44[1)] Prüfung staatlicher Betätigung bei privatrechtlichen Unternehmen. (1) Der Rechnungshof prüft die Betätigung des Bundes oder des Landes bei Unternehmen in einer Rechtsform des privaten Rechts, an denen der Bund oder das Land unmittelbar oder mittelbar beteiligt ist, unter Beachtung kaufmännischer Grundsätze.

(2) Absatz 1 gilt entsprechend bei Genossenschaften, in denen der Bund oder das Land Mitglied ist.

§ 45 Gemeinsame Prüfung. [1] Sind für die Prüfung mehrere Rechnungshöfe zuständig, so soll gemeinsam geprüft werden. [2] Soweit nicht die Prüfung durch einen bestimmten Rechnungshof verfassungsrechtlich vorgeschrieben ist, können die Rechnungshöfe einander durch Vereinbarung Prüfungsaufgaben übertragen.

§ 46 Ergebnis der Prüfung. (1) Der Rechnungshof faßt das Ergebnis seiner Prüfung, soweit es für die Entlastung der Regierung von Bedeutung sein kann, jährlich in einem Bericht für die gesetzgebenden Körperschaften zusammen.

(2) In den Bericht können Feststellungen auch über spätere oder frühere Haushaltsjahre aufgenommen werden.

(3) Über Angelegenheiten von besonderer Bedeutung kann der Rechnungshof die gesetzgebenden Körperschaften und die Regierung jederzeit unterrichten.

§ 47 Entlastung, Rechnung des Rechnungshofes. (1) Die gesetzgebenden Körperschaften beschließen auf Grund der Rechnung und des jährlichen Berichts des Rechnungshofes über die Entlastung der Regierung.

(2) Die Rechnung des Rechnungshofes wird von den gesetzgebenden Körperschaften geprüft, die auch die Entlastung erteilen.

Abschnitt VI. Sondervermögen des Bundes oder des Landes und bundesunmittelbare oder landesunmittelbare juristische Personen des öffentlichen Rechts

§ 48 Grundsatz. (1) Auf Sondervermögen des Bundes oder des Landes und bundes- oder landesunmittelbare juristische Personen des öffentlichen Rechts ist dieses Gesetz entsprechend anzuwenden, soweit durch Gesetz oder auf Grund eines Gesetzes nichts anderes bestimmt ist.

(2) [1] Auf Unternehmen in der Rechtsform einer juristischen Person des öffentlichen Rechts sind unabhängig von der Höhe der Beteiligung des Bundes oder des Landes die §§ 42 bis 46 entsprechend anzuwenden. [2] Durch Gesetz kann zugelassen werden, daß die entsprechende Anwendung der §§ 42 bis 46 entfällt. Die nach bisherigem Recht zugelassenen Ausnahmen bleiben unberührt.

(3) Für Unternehmen in der Rechtsform einer juristischen Person des privaten Rechts, an denen die in Absatz 2 Satz 1 genannten Unternehmen unmittelbar oder mittelbar mit Mehrheit beteiligt sind, gelten die §§ 53 und 54 entsprechend.

[1)] § 44 Abs. 2 geänd. mWv 18.8.2006 durch G v. 14.8.2006 (BGBl. I S. 1911).

Teil II. Vorschriften, die einheitlich und unmittelbar gelten

§ 49 Grundsatz. Die Vorschriften dieses Teils gelten einheitlich und unmittelbar für den Bund und die Länder.

§ 49a[1] Gremium zur Standardisierung des staatlichen Rechnungswesens. (1) [1] Zur Gewährleistung einer einheitlichen Verfahrens- und Datengrundlage jeweils für Kameralistik, Doppik und Produkthaushalte richten Bund und Länder ein gemeinsames Gremium ein. [2] Das Gremium erarbeitet Standards für kamerale und doppische Haushalte sowie für Produkthaushalte und stellt dabei sicher, dass die Anforderungen der Finanzstatistik einschließlich der der Volkswirtschaftlichen Gesamtrechnungen berücksichtigt werden. [3] Beschlüsse werden mit den Stimmen des Bundes und der Mehrheit von zwei Dritteln der Zahl der Länder gefasst. [4] Die Standards werden jeweils durch Verwaltungsvorschriften des Bundes und der Länder umgesetzt. [5] Das Gremium erarbeitet die Standards für doppische Haushalte und Produkthaushalte erstmals zum 1. Januar 2010 und überprüft die Standards für doppische Haushalte, Produkthaushalte und kamerale Haushalte anschließend einmal jährlich. [6] Näheres regelt eine Verwaltungsvereinbarung zwischen Bund und Ländern.

(1a) Im Zusammenhang mit der Kreditaufnahme ist es im Haushalt des Bundes abweichend vom Grundsatz der Einheitlichkeit zulässig, bei Verkauf und Kauf von selbst emittierten Wertpapieren entsprechend § 7b zu verfahren.

(2) Zur Gewährleistung der Vergleichbarkeit der Haushaltswirtschaft bei Bund und Ländern kann die Bundesregierung durch Rechtsverordnung, die der Zustimmung des Bundesrates bedarf, nähere Bestimmungen erlassen über die Standards für kamerale und doppische Haushalte sowie für Produkthaushalte, insbesondere zum Gruppierungs- und Funktionenplan, zum Verwaltungskontenrahmen und Produktrahmen sowie zu den Standards nach § 7a Absatz 2 für die staatliche Doppik.

§ 49b[2] Finanzstatistische Berichtspflichten. Bund und Länder stellen unabhängig von der Art ihrer Haushaltswirtschaft sicher, dass zur Erfüllung finanzstatistischer Anforderungen einschließlich der der Volkswirtschaftlichen Gesamtrechnungen sowie für sonstige Berichtspflichten die Plan- und Ist-Daten weiterhin nach dem Gruppierungs- und Funktionenplan mindestens auf Ebene der dreistelligen Gliederung bereitgestellt werden.

§ 50 Verfahren bei der Finanzplanung. (1) Bund und Länder legen ihrer Haushaltswirtschaft je für sich eine fünfjährige Finanzplanung zugrunde (§ 9 Abs. 1 und § 14 des Gesetzes zur Förderung der Stabilität und des Wachstums der Wirtschaft vom 8. Juni 1967 – Bundesgesetzbl. I S. 582 –).

(2) Das erste Planungsjahr der Finanzplanung ist das laufende Haushaltsjahr.

(3) [1] Der Finanzplan (§ 9 Abs. 2 Satz 2 des Gesetzes zur Förderung der Stabilität und des Wachstums der Wirtschaft) ist den gesetzgebenden Körperschaften spätestens im Zusammenhang mit dem Entwurf des Haushaltsgesetzes für das nächste Haushaltsjahr vorzulegen. [2] Die gesetzgebenden Körperschaften können die Vorlage von Alternativrechnungen verlangen.

---

[1] § 49a eingef. mWv 7.8.2009 durch G v. 31.7.2009 (BGBl. I S. 2580); Abs. 1a eingef. mWv 1.1.2025 durch G v. 21.11.2024 (BGBl. 2024 I Nr. 361).

[2] § 49b eingef. mWv 1.1.2010 durch G v. 31.7.2009 (BGBl. I S. 2580).

(4) Im Finanzplan sind die vorgesehenen Investitionsschwerpunkte zu erläutern und zu begründen.

(5) Den gesetzgebenden Körperschaften sind die auf der Grundlage der Finanzplanung überarbeiteten mehrjährigen Investitionsprogramme (§ 10 des Gesetzes zur Förderung der Stabilität und des Wachstums der Wirtschaft) vorzulegen.

(6) Die Planung nach § 11 Satz 1 des Gesetzes zur Förderung der Stabilität und des Wachstums der Wirtschaft ist für Investitionsvorhaben des dritten Planungsjahres in ausreichendem Umfang so vorzubereiten, daß mit ihrer Durchführung kurzfristig begonnen werden kann.

(7) Die Regierung soll rechtzeitig geeignete Maßnahmen treffen, die nach der Finanzplanung erforderlich sind, um eine geordnete Haushaltsentwicklung unter Berücksichtigung des voraussichtlichen gesamtwirtschaftlichen Leistungsvermögens in den einzelnen Planungsjahren zu sichern.

§ 51[1)] Koordinierende Beratung der Grundannahmen der Haushalts- und Finanzplanungen; Einhaltung der Haushaltsdisziplin im Rahmen der Europäischen Wirtschafts- und Währungsunion. [1]Zur Koordinierung der Haushalts- und Finanzplanungen des Bundes, der Länder und der Gemeinden und Gemeindeverbände berät der Stabilitätsrat über die zugrunde liegenden volks- und finanzwirtschaftlichen Annahmen. [2]Dabei ist den Verpflichtungen der Bundesrepublik Deutschland aus Rechtsakten der Europäischen Union auf Grund der Artikel 121, 126 und 136 des Vertrags über die Arbeitsweise der Europäischen Union[2)] zur Einhaltung der Haushaltsdisziplin und in diesem Rahmen den Erfordernissen des gesamtwirtschaftlichen Gleichgewichts Rechnung zu tragen. [3]Der Stabilitätsrat kann zur Koordinierung der Haushalts- und Finanzplanungen Empfehlungen beschließen. [4]Die voraussichtlichen Einnahmen und Ausgaben der in § 52 genannten Einrichtungen sollen in die Beratungen und Empfehlungen einbezogen werden, soweit sie nicht schon in den Finanzplanungen des Bundes, der Länder und der Gemeinden und Gemeindeverbände enthalten sind.

§ 51a[3)] *(aufgehoben)*

§ 52[4)] Auskunftspflicht. (1) [1]Bund und Länder erteilen durch ihre für die Finanzen zuständigen Ministerien dem Stabilitätsrat die Auskünfte, die dieser zur Wahrnehmung seiner Aufgaben nach § 51 benötigt. [2]Die Auskunftserteilung umfasst auch die Vorlage der in den jeweiligen Zuständigkeitsbereichen aufgestellten Finanzplanungen in einheitlicher Systematik.

(2) [1]Die Länder erteilen auch die Auskünfte für ihre Gemeinden und sonstigen kommunalen Körperschaften. [2]Das gleiche gilt für Sondervermögen und Betriebe

---

1) § 51 Abs. 1 Satz 2 Nr. 1 geänd. mWv 7.11.2001 durch VO v. 29.10.2001 (BGBl. I S. 2785); Abs. 1 Satz 2 Nr. 1 geänd. mWv 28.11.2003 durch VO v. 25.11.2003 (BGBl. I S. 2304); Abs. 1 Satz 2 Nr. 1 geänd. mWv 8.11.2006 durch VO v. 31.10.2006 (BGBl. I S. 2407); Überschrift, Abs. 1 neu gef., Abs. 2 aufgeh., bish. Abs. 3 wird Abs. 2, Abs. 4, 5 aufgeh. mWv 1.1.2010 durch G v. 27.5.2010 (BGBl. I S. 671); Abs. 1 Satz 2 geänd., Satz 4 angef., Abs. 2 neu gef. mWv 19.7.2013 durch G v. 15.7.2013 (BGBl. I S. 2398); Abs. 2 aufgeh. mWv 24.10.2025 durch G v. 20.10.2025 (BGBl. 2025 I Nr. 247).

2) Nr. **1001**.

3) § 51a aufgeh. mWv 1.1.2010 durch G v. 27.5.2010 (BGBl. I S. 671).

4) § 52 Abs. 1 Satz 1, Abs. 3 und 4 geänd. durch G v. 29.7.1994 (BGBl. I S. 1890); Abs. 1, 3 und 4 geänd. durch G v. 22.12.1997 (BGBl. I S. 3251); Abs. 4 geänd. mWv 28.11.2003 durch VO v. 25.11.2003 (BGBl. I S. 2304); Abs. 4 geänd. mWv 1.1.2004 durch G v. 23.12.2003 (BGBl. I S. 2848); Abs. 4 erster HS geänd. mWv 8.11.2006 durch VO v. 31.10.2006 (BGBl. I S. 2407); Abs. 1 neu gef., Abs. 2 Satz 2, Abs. 3 und 4 geänd. mWv 1.1.2010 durch G v. 27.5.2010 (BGBl. I S. 671).

der Länder, der Gemeinden und der Gemeindeverbände sowie für die landesunmittelbaren juristischen Personen des öffentlichen Rechts, deren Einbeziehung in die Finanzplanung und die Beratungen des Stabilitätsrates erforderlich ist. [3] Die Länder regeln das Verfahren.

(3) Sondervermögen und Betriebe des Bundes sowie die bundesunmittelbaren juristischen Personen des öffentlichen Rechts erteilen die erforderlichen Auskünfte dem Bundesministerium der Finanzen, das sie dem Stabilitätsrat zuleitet.

(4) Die Träger der gesetzlichen Krankenversicherung, der sozialen Pflegeversicherung, der gesetzlichen Unfallversicherung und der gesetzlichen Rentenversicherungen einschließlich der Alterssicherung der Landwirte, ihre Verbände sowie die sonstigen Vereinigungen auf dem Gebiet der Sozialversicherung und die Bundesagentur für Arbeit erteilen dem Bundesministerium der Finanzen die für den Stabilitätsrat erforderlichen Auskünfte über das Bundesministerium für Arbeit und Soziales; landesunmittelbare Körperschaften leiten die Auskünfte über die für die Sozialversicherung zuständige oberste Verwaltungsbehörde des Landes zu.

§ 53 Rechte gegenüber privatrechtlichen Unternehmen. (1) Gehört einer Gebietskörperschaft die Mehrheit der Anteile eines Unternehmens in einer Rechtsform des privaten Rechts oder gehört ihr mindestens der vierte Teil der Anteile und steht ihr zusammen mit anderen Gebietskörperschaften die Mehrheit der Anteile zu, so kann sie verlangen, daß das Unternehmen

1. im Rahmen der Abschlußprüfung auch die Ordnungsmäßigkeit der Geschäftsführung prüfen läßt;
2. die Abschlußprüfer beauftragt, in ihrem Bericht auch darzustellen
   a) die Entwicklung der Vermögens- und Ertragslage sowie die Liquidität und Rentabilität der Gesellschaft,
   b) verlustbringende Geschäfte und die Ursachen der Verluste, wenn diese Geschäfte und die Ursachen für die Vermögens- und Ertragslage von Bedeutung waren,
   c) die Ursachen eines in der Gewinn- und Verlustrechnung ausgewiesenen Jahresfehlbetrages;
3. ihr den Prüfungsbericht der Abschlußprüfer und, wenn das Unternehmen einen Konzernabschluß aufzustellen hat, auch den Prüfungsbericht der Konzernabschlußprüfer unverzüglich nach Eingang übersendet.

(2) [1] Für die Anwendung des Absatzes 1 rechnen als Anteile der Gebietskörperschaft auch Anteile, die einem Sondervermögen der Gebietskörperschaft gehören. [2] Als Anteile der Gebietskörperschaft gelten ferner Anteile, die Unternehmen gehören, bei denen die Rechte aus Absatz 1 der Gebietskörperschaft zustehen.

§ 54 Unterrichtung der Rechnungsprüfungsbehörde. (1) In den Fällen des § 53 kann in der Satzung (im Gesellschaftsvertrag) mit Dreiviertelmehrheit des vertretenen Kapitals bestimmt werden, daß sich die Rechnungsprüfungsbehörde der Gebietskörperschaft zur Klärung von Fragen, die bei der Prüfung nach § 44 auftreten, unmittelbar unterrichten und zu diesem Zweck den Betrieb, die Bücher und die Schriften des Unternehmens einsehen kann.

(Fortsetzung nächstes Blatt)

(2) Ein vor dem Inkrafttreten dieses Gesetzes begründetes Recht der Rechnungsprüfungsbehörde auf unmittelbare Unterrichtung bleibt unberührt.

§ 55 Prüfung von juristischen Personen des öffentlichen Rechts.

(1) [1] Erhält eine juristische Person des öffentlichen Rechts, die nicht Gebietskörperschaft, Gemeindeverband, Zusammenschluß von Gebietskörperschaften oder Gemeindeverbänden oder Religionsgesellschaft des öffentlichen Rechts nach Artikel 137 Abs. 5 der Deutschen Verfassung vom 11. August 1919 ist, vom Bund oder einem Land Zuschüsse, die dem Grund oder der Höhe nach gesetzlich begründet sind, oder ist eine Garantieverpflichtung des Bundes oder eines Landes gesetzlich begründet, so prüft der Rechnungshof des Bundes oder des Landes die Haushalts- und Wirtschaftsführung der juristischen Person. [2] Entsprechendes gilt, wenn die Prüfung mit Zustimmung eines Rechnungshofes in der Satzung vorgesehen ist. [3] Andere Prüfungsrechte, die nach § 48 begründet werden, bleiben unberührt.

(2) Auf Unternehmen in der Rechtsform einer juristischen Person des öffentlichen Rechts ist unabhängig von der Höhe der Beteiligung des Bundes oder des Landes § 53 entsprechend anzuwenden, soweit die Unternehmen nicht von der Rechnungsprüfung freigestellt sind (§ 48 Abs. 2 Satz 2 und 3).

§ 56[1)] Rechte der Rechnungsprüfungsbehörde, gegenseitige Unterrichtung. (1) Erlassen oder erläutern die obersten Behörden einer Gebietskörperschaft allgemeine Vorschriften, welche die Bewirtschaftung der Haushaltsmittel einer anderen Gebietskörperschaft betreffen oder sich auf deren Einnahmen oder Ausgaben auswirken, so ist die Rechnungsprüfungsbehörde der anderen Gebietskörperschaft unverzüglich zu unterrichten.

(2) Bevor Stellen außerhalb einer Gebietskörperschaft, die Teile des Haushaltsplans der Gebietskörperschaft ausführen, Verwaltungsvorschriften zur Durchführung der für die Gebietskörperschaft geltenden Haushaltsordnung oder eines entsprechenden Gesetzes erlassen, ist die Rechnungsprüfungsbehörde der Gebietskörperschaft zu hören.

(3) Sind für Prüfungen oder Erhebungen mehrere Rechnungshöfe zuständig, so unterrichten sie sich gegenseitig über Arbeitsplanung und Prüfungsergebnisse.

§ 57[2)] Bundeskassen, Landeskassen. (1) Die Aufgaben der Kassen bei der Annahme und der Leistung von Zahlungen für den Bund werden für alle Stellen innerhalb und außerhalb der Bundesverwaltung von den Bundeskassen wahrgenommen, soweit es sich nicht um die Erhebung von Steuern handelt, die von den Landesfinanzbehörden verwaltet werden.

(2) Die Aufgaben der Kassen bei der Annahme und der Leistung von Zahlungen für das Land werden für alle Stellen innerhalb und außerhalb der Landesverwaltung von den Landeskassen wahrgenommen, soweit nichts anderes bestimmt ist.

---

1) § 56 Überschr. geänd., Abs. 3 neu gef. durch G v. 22. 12. 1997 (BGBl. I S. 3251).

2) § 57 Abs. 3 geänd. durch G v. 21. 12. 1974 (BGBl. I S. 3656); Abs. 3 aufgeh. mWv 1. 1. 2010 durch G v. 31. 7. 2009 (BGBl. I S. 2580).

§§ 57 a–57 c[1] *(aufgehoben)*

Teil III. Übergangs- und Schlußbestimmungen

§ 58[2] **Öffentlich-rechtliche Dienst- oder Amtsverhältnisse, Zuständigkeitsregelungen.** (1) Vorschriften dieses Gesetzes für Beamte sind auf andere öffentlich-rechtliche Dienst- oder Amtsverhältnisse entsprechend anzuwenden.

(2) [1] Die Befugnisse, die dem für die Finanzen zuständigen Ministerium zustehen, können einer anderen Stelle übertragen werden. [2] In der Freien und Hansestadt Hamburg bestimmt der Senat die Stelle, der die Befugnisse des für die Finanzen zuständigen Ministeriums zustehen. [3] Die in der Verfassung der Freien und Hansestadt Hamburg getroffenen Regelungen, daß es für die Feststellung des Haushaltsplans sowie für die Übernahme von Sicherheitsleistungen, deren Wirkung über ein Rechnungsjahr hinausgeht oder die nicht zum regelmäßigen Gang der Verwaltung gehört, lediglich eines Beschlusses der Bürgerschaft bedarf, bleiben unberührt.

§ 59[3] *(aufgehoben)*

§ 60 Inkrafttreten. Dieses Gesetz tritt am 1. Januar 1970 in Kraft

---

[1] *§§ 57 a–57 c aufgeh. durch G v. 26. 8. 1998 (BGBl. I S. 2512).*
[2] § 58 Abs. 2 Satz 1 und 2 geänd., Abs. 3 aufgeh. durch G v. 22. 12. 1997 (BGBl. I S. 3251).
[3] § 59 aufgeh. mWv 1. 1. 2010 durch G v. 31. 7. 2009 (BGBl. I S. 2580).

700. Bundeshaushaltsordnung (BHO)

Vom 19. August 1969
(BGBl. I S. 1284)

FNA 63-1

geänd. durch ÄndG v. 23.12.1971 (BGBl. I S. 2133), Zweites ÄndG v. 14.7.1980 (BGBl. I S. 955), § 5 G über die Feststellung des Bundeshaushaltsplans für das Haushaltsjahr 1981 v. 13.7.1981 (BGBl. I S. 630), § 21 G über den Bundesrechnungshof v. 11.7.1985 (BGBl. I S. 1445), Art. 10 Abs. 30 G zur Durchführung der Vierten, Siebenten und Achten Richtlinie des Rates der Europäischen Gemeinschaften zur Koordinierung des Gesellschaftsrechts v. 19.12.1985 (BGBl. I S. 2355), Drittes ÄndG v. 6.8.1986 (BGBl. I S. 1275), Viertes ÄndG v. 18.7.1990 (BGBl. I S. 1447), Art. 11 Erstes G zur Umsetzung des Spar-, Konsolidierungs- und Wachstumsprogramms v. 21.12.1993 (BGBl. I S. 2353), Art. 30 G zur sozialen Absicherung des Risikos der Pflegebedürftigkeit v. 26.5.1994 (BGBl. I S. 1014), Art. 28 G zur Reform der agrarsozialen Sicherung v. 29.7.1994 (BGBl. I S. 1890), Fünftes ÄndG v. 22.9.1994 (BGBl. I S. 2605), Art. 11 G zur Änd. des Sechsten Buches Sozialgesetzbuch und anderer Gesetze v. 15.12.1995 (BGBl. I S. 1824), Art. 2 G zur Änd. verwaltungsverfahrensrechtlicher Vorschriften v. 2.5.1996 (BGBl. I S. 656), Art. 2 G zur Fortentwicklung des Haushaltsrechts von Bund und Ländern v. 22.12.1997 (BGBl. I S. 3251), Art. 3 G zur Änd. von Vorschriften über parlamentarische Gremien v. 17.6.1999 (BGBl. I S. 1334), Art. 4 G zur Beschleunigung der Umsetzung von Öffentlich Privaten Partnerschaften und zur Verbesserung gesetzlicher Rahmenbedingungen für Öffentlich Private Partnerschaften v. 1.9.2005 (BGBl. I S. 2676), Art. 3 G zur Neuorganisation der Bundesfinanzverwaltung und zur Schaffung eines Refinanzierungsregisters v. 22.9.2005 (BGBl. I S. 2809), Art. 15 SCE-EinführungsG v. 14.8.2006 (BGBl. I S. 1911), Art. 9 Zweites G zur Änd. des FinanzverwaltungsG und anderer Gesetze v. 13.12.2007 (BGBl. I S. 2897), Art. 3 Abs. 3 G zur Fortentwicklung der parlamentarischen Kontrolle der Nachrichtendienste des Bundes v. 29.7.2009 (BGBl. I S. 2346), Art. 4 HaushaltsgrundsätzemodernisierungsG v. 31.7.2009 (BGBl. I S. 2580), Art. 10 HaushaltsbegleitG 2011 v. 9.12.2010 (BGBl. I S. 1885), Art. 2 G zur Änd. des FinanzausgleichsG und der BundeshaushaltsO v. 15.7.2013 (BGBl. I S. 2395), Art. 8 Abs. 10 G zur Neuorganisation der Zollverwaltung v. 3.12.2015 (BGBl. I S. 2178), Art. 11 G zur Neuregelung des bundesstaatlichen Finanzausgleichssystems ab dem Jahr 2020 und zur Änd. haushaltsrechtlicher Vorschriften v. 14.8.2017 (BGBl. I S. 3122), Art. 77 Zweites Datenschutz-Anpassungs- und Umsetzungsgesetz EU v. 20.11.2019 (BGBl. I S. 1626), Art. 3 Besoldungsstrukturenmodernisierungsgesetz v. 9.12.2019 (BGBl. I S. 2053), Art. 212 Elfte ZuständigkeitsanpassungsVO v. 19.6.2020 (BGBl. I S. 1328), Art. 21 G über die Entschädigung der Soldatinnen und Soldaten und zur Neuordnung des Soldatenversorgungsrechts v. 20.8.2021 (BGBl. I S. 3932), Art. 2 G zur Finanzierung der Bundeswehr und zur Errichtung eines „Sondervermögens Bundeswehr" und zur Änderung der Bundeshaushaltsordnung v. 1.7.2022 (BGBl. I S. 1030), Art. 12 HaushaltsfinanzierungsG 2024 v. 22.12. 2023 (BGBl. 2023 I Nr. 412), Art. 2 G zur periodengerechten Veranschlagung von Zinsausgaben im Rahmen der staatlichen Kreditaufnahme und Drittes G zur Weiterentwicklung der Qualität und zur Teilhabe in der Kindertagesbetreuung v. 21.11.2024 (BGBl. 2024 I Nr. 361), Art. 2 HaushaltsbegleitG 2025 v. 30.9.2025 (BGBl. 2025 I Nr. 231) und Art. 3 G zur Beschleunigung der Vergabe öffentlicher Aufträge v. 12.5.2026 (BGBl. 2026 I Nr. 137)

Der Bundestag hat das folgende Gesetz beschlossen:

Teil I. Allgemeine Vorschriften zum Haushaltsplan

§ 1 Feststellung des Haushaltsplans. [1]Der Haushaltsplan wird für ein oder zwei Rechnungsjahre, nach Jahren getrennt, vor Beginn des ersten Rechnungsjahres durch das Haushaltsgesetz festgestellt. [2]Mit dem Haushaltsgesetz wird nur der Gesamtplan *(§ 13 Abs. 4) verkündet.*

§ 2 Bedeutung des Haushaltsplans. [1]Der Haushaltsplan dient der Feststellung und Deckung des Finanzbedarfs, der zur Erfüllung der Aufgaben des Bundes im Bewilligungszeitraum voraussichtlich notwendig ist. [2]Der Haushaltsplan ist Grundlage für die Haushalts- und Wirtschaftsführung. [3]Bei seiner Aufstellung und Ausführung ist den Erfordernissen des gesamtwirtschaftlichen Gleichgewichts Rechnung zu tragen.

§ 3 Wirkungen des Haushaltsplans. (1) Der Haushaltsplan ermächtigt die Verwaltung, Ausgaben zu leisten und Verpflichtungen einzugehen.

(2) Durch den Haushaltsplan werden Ansprüche oder Verbindlichkeiten weder begründet noch aufgehoben.

§ 4[1)] Haushaltsjahr. [1] Rechnungsjahr (Haushaltsjahr) ist das Kalenderjahr. [2] Das Bundesministerium der Finanzen kann für einzelne Bereiche etwas anderes bestimmen.

§ 5[2)] Allgemeine Verwaltungsvorschriften, vorläufige und endgültige Haushalts- und Wirtschaftsführung. Die allgemeinen Verwaltungsvorschriften zu diesem Gesetz sowie zur vorläufigen und endgültigen Haushalts- und Wirtschaftsführung erläßt das Bundesministerium der Finanzen.

§ 6 Notwendigkeit der Ausgaben und Verpflichtungsermächtigungen. Bei Aufstellung und Ausführung des Haushaltsplans sind nur die Ausgaben und die Ermächtigungen zum Eingehen von Verpflichtungen zur Leistung von Ausgaben in künftigen Jahren (Verpflichtungsermächtigungen) zu berücksichtigen, die zur Erfüllung der Aufgaben des Bundes notwendig sind.

§ 7[3)] Wirtschaftlichkeit und Sparsamkeit, Kosten- und Leistungsrechnung.

(1) [1] Bei Aufstellung und Ausführung des Haushaltsplans sind die Grundsätze der Wirtschaftlichkeit und Sparsamkeit zu beachten. [2] Diese Grundsätze verpflichten zur Prüfung, inwieweit staatliche Aufgaben oder öffentlichen Zwecken dienende wirtschaftliche Tätigkeiten durch Ausgliederung und Entstaatlichung oder Privatisierung erfüllt werden können.

(2) [1] Für alle finanzwirksamen Maßnahmen sind angemessene Wirtschaftlichkeitsuntersuchungen durchzuführen. [2] Dabei ist auch die mit den Maßnahmen verbundene Risikoverteilung zu berücksichtigen. [3] In geeigneten Fällen ist privaten Anbietern die Möglichkeit zu geben darzulegen, ob und inwieweit sie staatliche Aufgaben oder öffentlichen Zwecken dienende wirtschaftliche Tätigkeiten nicht ebenso gut oder besser erbringen können (Interessenbekundungsverfahren).

(3) In geeigneten Bereichen ist eine Kosten- und Leistungsrechnung einzuführen.

§ 8[4)] Grundsatz der Gesamtdeckung. [1] Alle Einnahmen dienen als Deckungsmittel für alle Ausgaben. [2] Auf die Verwendung für bestimmte Zwecke dürfen Einnahmen beschränkt werden, soweit dies durch Gesetz vorgeschrieben oder im Haushaltsplan zugelassen worden ist.

§ 9 Beauftragter für den Haushalt. (1) [1] Bei jeder Dienststelle, die Einnahmen oder Ausgaben bewirtschaftet, ist ein Beauftragter für den Haushalt zu bestellen, soweit der Leiter der Dienststelle diese Aufgabe nicht selbst wahrnimmt. [2] Der Beauftragte soll dem Leiter der Dienststelle unmittelbar unterstellt werden.

(2) [1] Dem Beauftragten obliegen die Aufstellung der Unterlagen für die Finanzplanung und der Unterlagen für den Entwurf des Haushaltsplans (Voranschläge) sowie die Ausführung des Haushaltsplans. [2] Im übrigen ist der Beauftragte bei allen Maßnahmen von finanzieller Bedeutung zu beteiligen. [3] Er kann Aufgaben bei der Ausführung des Haushaltsplans übertragen.

[1)] § 4 geänd. durch G v. 22.9.1994 (BGBl. I S. 2605).

[2)] § 5 *geänd. durch* G v. 22.12.1997 (BGBl. I S. 3252).

[3)] § 7 Abs. 1 Satz 2 und Abs. 2 Satz 2 angef. durch G v. 21.12.1993 (BGBl. I S. 2353); Überschrift und Abs. 2 geänd., Abs. 3 angef. durch G v. 22.12.1997 (BGBl. I S. 3252); Abs. 2 Satz 2 eingef. 2 wird Satz 3 mWv 8.9.2005 durch G v. 1.9.2005 (BGBl. I S. 2676).

[4)] § 8 Satz 2 geänd. durch G v. 22.12.1997 (BGBl. I S. 3252).

§ 10 Unterrichtung des Bundestages und des Bundesrates. (1) [1]Die Bundesregierung fügt ihren Gesetzesvorlagen einschließlich der nach Artikel 59 Abs. 2 des Grundgesetzes[1)] vorzulegenden Verträge sowie den Verordnungs- und Richtlinienentwürfen der Europäischen Gemeinschaften einen Überblick über die Auswirkungen auf den Haushaltsplan und die Finanzplanung des Bundes, der Länder und der Gemeinden (Gemeindeverbände) bei. [2]Außerdem soll angegeben werden, auf welche Weise für die vorgesehenen Mehrausgaben des Bundes ein Ausgleich gefunden werden kann. [3]Die Sätze 1 und 2 gelten auch für Vorlagen des Bundesrates.

(2) Die Bundesregierung unterrichtet den Bundestag und den Bundesrat über erhebliche Änderungen der Haushaltsentwicklung und deren Auswirkung auf die Finanzplanung.

(3) Die Bundesregierung leistet den Mitgliedern des Bundestages, die einen einnahmemindernden oder ausgabeerhöhenden Antrag zu stellen beabsichtigen, Hilfe bei der Ermittlung der finanziellen Auswirkungen.

§ 10a[2)] Geheimhaltungsbedürftige Angelegenheiten. (1) Bei Ausgaben, deren Verwendung geheimzuhalten ist, kann der Haushaltsplan bestimmen, daß die Prüfung durch den Bundesrechnungshof nach § 19 Satz 1 Nr. 1 oder Nr. 2 des Bundesrechnungshofgesetzes[3)] vorgenommen wird.

(2) [1]Aus zwingenden Gründen des Geheimschutzes kann der Bundestag in Ausnahmefällen die Bewilligung von Ausgaben, die nach geheimzuhaltenden Wirtschaftsplänen bewirtschaftet werden sollen, im Haushaltsgesetzgebungsverfahren von der Billigung der Wirtschaftspläne durch ein Gremium von Mitgliedern des Haushaltsausschusses (Vertrauensgremium) abhängig machen, das vom Bundestag in entsprechender Anwendung von § 2 des Gesetzes über die parlamentarische Kontrolle nachrichtendienstlicher Tätigkeit des Bundes[4)] vom 29. Juli 2009 (BGBl. I S. 2346) für die Dauer der Wahlperiode gewählt wird. [2]Soweit sein Recht auf Kontrolle reicht, verfügt das Vertrauensgremium über die gleichen Rechte wie das Parlamentarische Kontrollgremium; §§ 5, 6, 7, 8, 12 und 13 des Gesetzes über die parlamentarische Kontrolle nachrichtendienstlicher Tätigkeit des Bundes vom 29. Juli 2009 (BGBl. I S. 2346) gelten entsprechend. [3]Sofern der Bundestag nichts anderes beschließt, sind die Wirtschaftspläne für die Nachrichtendienste vom Bundesministerium der Finanzen dem Vertrauensgremium zur Billigung vorzulegen. [4]Das Vertrauensgremium teilt die Abschlußbeträge der Wirtschaftspläne rechtzeitig dem Haushaltsausschuß mit. [5]Die Mitglieder des Vertrauensgremiums sind zur Geheimhaltung aller Angelegenheiten verpflichtet, die ihnen bei ihrer Tätigkeit bekanntgeworden sind. [6]Der Vorsitzende des Parlamentarischen Kontrollgremiums, sein Stellvertreter und ein beauftragtes Mitglied können an den Sitzungen des Vertrauensgremiums mitberatend teilnehmen. [7]Bei den Sitzungen zur Beratung der Wirtschaftspläne der Dienste und deren Vollzug gilt dies auch für die Mitglieder des Parlamentarischen Kontrollgremiums.

(3) [1]Der Bundesrechnungshof prüft in den Fällen des Absatzes 2 nach § 19 Satz 1 Nr. 1 Bundesrechnungshofgesetz und unterrichtet das Vertrauensgremium, das Parlamentarische Kontrollgremium sowie die zuständige oberste Bundesbehörde und das

---

[1)] Nr. **1**.

[2)] § 10a eingef. durch G v. 11.7.1985 (BGBl. I S. 1445); bish. Text wird Abs. 1, Abs. 2 und 3 angef. durch G v. 6.8.1986 (BGBl. I S. 1275); Abs. 2 Satz 2 und Abs. 3 Satz 1 geänd. durch G v. 22.9.1994 (BGBl. I S. 2605); Abs. 2 Satz 2, Abs. 3 Satz 1 geänd., Abs. 2 Sätze 5 und 6 angef. durch Art. 3 G v. 17.6.1999 (BGBl. I S. 1334); Abs. 2 Satz 1 geänd. mWv 4.8.2009 durch G v. 29.7.2009 (BGBl. I S. 2346); Abs. 2 Satz 1 geänd., Satz 2 eingef., bish. Sätze 2–6 werden Sätze 3–7 mWv 7.8.2009 durch G v. 31.7.2009 (BGBl. I S. 2580).

[3)] Nr. **705**.

[4)] Nr. **81**.

Bundesministerium der Finanzen über das Ergebnis seiner Prüfung der Jahresrechnung sowie der Haushalts- und Wirtschaftsführung. [2]Der Präsident des Bundesrates ist auf Verlangen durch die zuständige oberste Bundesbehörde zu unterrichten. [3]§ 97 Abs. 4 bleibt unberührt.

Teil II. Aufstellung des Haushaltsplans

§ 11[1)] Vollständigkeit und Einheit, Fälligkeitsprinzip. (1) Für jedes Haushaltsjahr ist ein Haushaltsplan aufzustellen.

(2) Der Haushaltsplan enthält alle im Haushaltsjahr

1. zu erwartenden Einnahmen,
2. voraussichtlich zu leistenden Ausgaben und
3. voraussichtlich benötigten Verpflichtungsermächtigungen.

(3) [1]Bei Verkauf und Kauf von Bundeswertpapieren sind die gesamten Zinskosten periodengerecht über die Laufzeit des jeweiligen Wertpapiers anteilig jeweils auf die Periode von Zahlungstermin zu Zahlungstermin aufzuteilen. [2]Der Saldo aus Zinsausgaben und Krediteinnahme muss stets der Kassenwirkung der Zahlungen entsprechen.

§ 12 Geltungsdauer der Haushaltspläne. (1) Der Haushaltsplan kann für zwei Haushaltsjahre, nach Jahren getrennt, aufgestellt werden.

(2) [1]Der Haushaltsplan kann in einen Verwaltungshaushalt und in einen Finanzhaushalt gegliedert werden; beide können jeweils für zwei Haushaltsjahre, nach Jahren getrennt, aufgestellt werden. [2]Die Bewilligungszeiträume für beide Haushalte können in aufeinanderfolgenden Haushaltsjahren beginnen.

(3) Wird der Haushaltsplan in einen Verwaltungshaushalt und in einen Finanzhaushalt gegliedert, enthält der Verwaltungshaushalt

1. die zu erwartenden Verwaltungseinnahmen,
2. die voraussichtlich zu leistenden Verwaltungsausgaben (Personalausgaben und sächliche Verwaltungsausgaben),
3. die voraussichtlich benötigten Verpflichtungsermächtigungen zur Leistung von Verwaltungsausgaben.

§ 13[2)] Einzelpläne, Gesamtplan, Gruppierungsplan. (1) Der Haushaltsplan besteht aus den Einzelplänen und dem Gesamtplan.

(2) [1]Die Einzelpläne enthalten die Einnahmen, Ausgaben und Verpflichtungsermächtigungen eines einzelnen Verwaltungszweigs oder bestimmte Gruppen von Einnahmen, Ausgaben und Verpflichtungsermächtigungen. [2]Die Einzelpläne sind in Kapitel und Titel einzuteilen. [3]Die Einteilung in Titel richtet sich nach Verwaltungsvorschriften über die Gruppierung der Einnahmen und Ausgaben des Haushaltsplans nach Arten (Gruppierungsplan).

(3) In dem Gruppierungsplan sind mindestens gesondert darzustellen

1. bei den Einnahmen: Steuern, Verwaltungseinnahmen, Einnahmen aus Vermögensveräußerungen, Darlehensrückflüsse, Zuweisungen und Zuschüsse, Einnahmen aus

---

[1)] § 11 Abs. 3 angef. mWv 1.1.2025 durch G v. 21.11.2024 (BGBl. 2024 I Nr. 361).

[2)] § 13 Abs. 3 Nr. 2 neu gef. durch G v. 18.7.1990 (BGBl. I S. 1447); Abs. 4 Nr. 2 eingef., bish. Nr. 2 und 3 werden Nr. 3 und 4 mWv 1.1.2011 durch G v. 9.12.2010 (BGBl. I S. 1885); Abs. 4 Nr. 2 neu gef. mWv 1.1.2025 durch G v. 30.9.2025 (BGBl. 2025 I Nr. 231).

Krediten, wozu nicht Kredite zur Aufrechterhaltung einer ordnungsmäßigen Kassenwirtschaft (Kassenverstärkungskredite) zählen, Entnahmen aus Rücklagen, Münzeinnahmen;

2. bei den Ausgaben: Personalausgaben, sächliche Verwaltungsausgaben, Zinsausgaben, Zuweisungen an Gebietskörperschaften, Zuschüsse an Unternehmen, Tilgungsausgaben, Schuldendiensthilfen, Zuführungen an Rücklagen, Ausgaben für Investitionen. Ausgaben für Investitionen sind die Ausgaben für
   a) Baumaßnahmen, soweit sie nicht militärische Anlagen betreffen,
   b) den Erwerb von beweglichen Sachen, soweit sie nicht als sächliche Verwaltungsausgaben veranschlagt werden oder soweit es sich nicht um Ausgaben für militärische Beschaffungen handelt,
   c) den Erwerb von unbeweglichen Sachen,
   d) den Erwerb von Beteiligungen und sonstigem Kapitalvermögen, von Forderungen und Anteilsrechten an Unternehmen, von Wertpapieren sowie für die Heraufsetzung des Kapitals von Unternehmen,
   e) Darlehen,
   f) die Inanspruchnahme aus Gewährleistungen,
   g) Zuweisungen und Zuschüsse zur Finanzierung von Ausgaben für die in den Buchstaben a bis f genannten Zwecke.

(4) Der Gesamtplan enthält

1. eine Zusammenfassung der Einnahmen, Ausgaben und Verpflichtungsermächtigungen der Einzelpläne (Haushaltsübersicht),
2. eine Übersicht der Ausgaben der Bereichsausnahme nach § 1a Absatz 1 des Gesetzes zur Ausführung von Artikel 115 des Grundgesetzes vom 10. August 2009 (BGBl. I S. 2702, 2704) in der jeweils geltenden Fassung sowie eine Berechnung der nach dem Artikel 115-Gesetz zulässigen Kreditaufnahme,
3. eine Berechnung des Finanzierungssaldos (Finanzierungsübersicht). Der Finanzierungssaldo ergibt sich aus einer Gegenüberstellung der Einnahmen mit Ausnahme der Einnahmen aus Krediten vom Kreditmarkt, der Entnahmen aus Rücklagen, der Einnahmen aus kassenmäßigen Überschüssen sowie der Münzeinnahmen einerseits und der Ausgaben mit Ausnahme der Ausgaben zur Schuldentilgung am Kreditmarkt, der Zuführungen an Rücklagen und der Ausgaben zur Deckung eines kassenmäßigen Fehlbetrags andererseits,
4. eine Darstellung der Einnahmen aus Krediten und der Tilgungsausgaben (Kreditfinanzierungsplan).

§ 14[1)] Übersichten zum Haushaltsplan, Funktionenplan. (1) [1] Der Haushaltsplan hat folgende Anlagen:

1. Darstellungen der Einnahmen und Ausgaben
   a) *in einer Gruppierung* nach bestimmten Arten (Gruppierungsübersicht),
   b) in einer Gliederung nach bestimmten Aufgabengebieten (Funktionenübersicht),
   c) in einer Zusammenfassung nach Buchstabe a und Buchstabe b (Haushaltsquerschnitt);
2. eine aggregierte Darstellung des Anteils der für das jeweilige Haushaltsjahr insgesamt veranschlagten Ausgaben für Investitionen an den veranschlagten Ausgaben im Bun-

---

[1)] § 14 Abs. 2 Satz 1 Nr. 1 geänd. durch G v. 22.12.1997 (BGBl. I S. 3252); Abs. 1 Satz 1 Nr. 2 eingef., bish. Nr. 2 und 3 werden Nr. 3 und 4 mWv 1.1.2025 durch G v. 30.9.2025 (BGBl. 2025 I Nr. 231).

deshaushalt; dabei werden die veranschlagten Ausgaben für Investitionen um ausgabenseitige finanzielle Transaktionen bereinigt; darüber hinaus werden von den veranschlagten Ausgaben im Bundeshaushalt die Ausgaben der Bereichsausnahme nicht berücksichtigt, soweit sie 1 Prozent des nominalen Bruttoinlandprodukts übersteigen sowie ausgabenseitige finanzielle Transaktionen abgezogen,

3. eine Übersicht über die den Haushalt in Einnahmen und Ausgaben durchlaufenden Posten;
4. eine Übersicht über die Planstellen der Beamten und die Stellen der Angestellten und Arbeiter.

[2] Die Anlagen sind dem Entwurf des Haushaltsplans beizufügen.

(2) Die Funktionenübersicht richtet sich nach Verwaltungsvorschriften über die Gliederung der Einnahmen und Ausgaben des Haushaltsplans nach Aufgabengebieten (Funktionenplan).

§ 15 Bruttoveranschlagung, Selbstbewirtschaftungsmittel. (1) [1] Die Einnahmen und Ausgaben sind in voller Höhe und getrennt voneinander zu veranschlagen. [2] Dies gilt nicht für die Veranschlagung der Einnahmen aus Krediten vom Kreditmarkt und der hiermit zusammenhängenden Tilgungsausgaben. [3] Darüber hinaus können Ausnahmen von Satz 1 im Haushaltsplan zugelassen werden, insbesondere für Nebenkosten und Nebenerlöse bei Erwerbs- oder Veräußerungsgeschäften. [4] In den Fällen des Satzes 3 ist die Berechnung des veranschlagten Betrages dem Haushaltsplan als Anlage beizufügen oder in die Erläuterungen aufzunehmen.

(2) [1] Ausgaben können zur Selbstbewirtschaftung veranschlagt werden, wenn hierdurch eine sparsame Bewirtschaftung gefördert wird. [2] Selbstbewirtschaftungsmittel stehen über das laufende Haushaltsjahr hinaus zur Verfügung. [3] Bei der Bewirtschaftung aufkommende Einnahmen fließen den Selbstbewirtschaftungsmitteln zu. [4] Bei der Rechnungslegung ist nur die Zuweisung der Mittel an die beteiligten Stellen als Ausgabe nachzuweisen.

§ 16 Verpflichtungsermächtigungen. [1] Die Verpflichtungsermächtigungen sind bei den jeweiligen Ausgaben gesondert zu veranschlagen. [2] Wenn Verpflichtungen zu Lasten mehrerer Haushaltsjahre eingegangen werden können, sollen die Jahresbeträge im Haushaltsplan angegeben werden.

§ 17[1)] Einzelveranschlagung, Erläuterungen, Planstellen. (1) [1] Die Einnahmen sind nach dem Entstehungsgrund, die Ausgaben und die Verpflichtungsermächtigungen nach Zwecken getrennt zu veranschlagen und, soweit erforderlich, zu erläutern. [2] Erläuterungen können für verbindlich erklärt werden.

(2) [1] Ausgaben der Bereichsausnahme nach § 1a Absatz 1 des Artikel 115-Gesetzes sind getrennt von Ausgaben außerhalb der Bereichsausnahme zu veranschlagen. [2] Sie sind kenntlich zu machen.

(3) Bei Ausgaben für eine sich auf mehrere Jahre erstreckende Maßnahme sind bei der ersten Veranschlagung im Haushaltsplan die voraussichtlichen Gesamtkosten und bei jeder folgenden Veranschlagung außerdem die finanzielle Abwicklung darzulegen.

(4) Zweckgebundene Einnahmen und die dazugehörigen Ausgaben sind kenntlich *zu machen.*

[1)] § 17 Abs. 2 eingef., bish. Abs. 2 bis 6 werden Abs. 3 bis 7 mWv 1.1.2025 durch G v. 30.9.2025 (BGBl. 2025 I Nr. 231).

(5) Für denselben Zweck sollen Ausgaben und Verpflichtungsermächtigungen nicht bei verschiedenen Titeln veranschlagt werden.

(6) [1]Planstellen sind nach Besoldungsgruppen und Amtsbezeichnungen im Haushaltsplan auszubringen. [2]Sie dürfen nur für Aufgaben eingerichtet werden, zu deren Wahrnehmung die Begründung eines Beamtenverhältnisses zulässig ist und die in der Regel Daueraufgaben sind.

(7) Andere Stellen als Planstellen sind in den Erläuterungen auszuweisen.

§ 17a[1)] Obergrenzen für Beförderungsämter. (1) [1]Die Anteile der Beförderungsämter dürfen nach Maßgabe sachgerechter Bewertung nach § 18 des Bundesbesoldungsgesetzes[2)] folgende Obergrenzen nicht überschreiten:

1. im einfachen Dienst in der Besoldungsgruppe A 6 — 50 Prozent;
2. im mittleren Polizeivollzugsdienst in der Bundespolizei
   a) in der Besoldungsgruppe A 8 — 50 Prozent,
   b) in der Besoldungsgruppe A 9 — 50 Prozent:

   die Obergrenzen nach den Buchstaben a und b gelten nur für Planstellen, die Funktionen zugeordnet sind, in denen Polizeivollzugsbeamte in der Bundespolizei bis zum Eintritt in den Ruhestand verwendet werden können;
3. im mittleren Zolldienst des Bundes
   a) in der Besoldungsgruppe A 8 — 50 Prozent,
   b) in der Besoldungsgruppe A 9 — 50 Prozent;
4. im mittleren Dienst in allen übrigen Laufbahnen
   a) in der Besoldungsgruppe A 8, soweit überwiegend im Bereich der Erstellung und Betreuung von Verfahren der Informations- und Kommunikationstechnik verwendet — 50 Prozent,
   b) im Übrigen in der Besoldungsgruppe A 8 — 40 Prozent,
   c) in der Besoldungsgruppe A 9 — 40 Prozent;
5. im gehobenen Dienst
   a) in der Besoldungsgruppe A 12 — 40 Prozent,
   b) in der Besoldungsgruppe A 13 — 30 Prozent;
6. im höheren Dienst
   a) in den Besoldungsgruppen A 15, A 16 und B 2 nach Einzelbewertung zusammen — 50 Prozent,
   b) in den Besoldungsgruppen A 16 und B 2 zusammen — 15 Prozent.

[2]Die Prozentsätze nach Satz 1 beziehen sich auf die Gesamtzahl aller Planstellen bei einem Dienstherrn in der jeweiligen Laufbahngruppe, im höheren Dienst auf die Gesamtzahl der Planstellen in den Besoldungsgruppen A 13 bis A 16 und B 2. [3]Die für dauernd beschäftigte Arbeitnehmer ausgebrachten gleichwertigen Stellen können mit der Maßgabe in die Berechnungsgrundlage einbezogen werden, dass eine entsprechende Anrechnung auf die jeweiligen Stellen für Beförderungsämter erfolgt. [4]Soweit der Anteil an Beförderungsämtern nach der bis zum 31. Dezember 2015 geltenden Rechts-

---

[1)] § 17a eingef. mWv 1.1.2020 durch G v. 9.12.2019 (BGBl. I S. 2053).
[2)] Nr. **230**.

lage über den in Satz 1 genannten Obergrenzen liegt, gilt dieser Anteil unverändert fort.

(2) Absatz 1 gilt nicht

1. für die obersten Bundesbehörden,
2. für die Hauptverwaltung des Bundeseisenbahnvermögens und die zum Fernstraßen-Bundesamt versetzten Beamten, die spätestens mit Wirkung zum 1. Januar 2021 der „Die Autobahn GmbH des Bundes" zur Dienstleistung zugewiesen sind,
3. für Lehrkräfte an verwaltungsinternen Hochschulen,
4. für Laufbahnen, in denen auf Grund des § 24 Absatz 1 des Bundesbesoldungsgesetzes das Eingangsamt einer höheren Besoldungsgruppe zugewiesen worden ist,
5. für die dem Bundesrechnungshof unmittelbar nachgeordneten Prüfungsämter, soweit dies wegen der mit bestimmten Funktionen verbundenen Anforderungen erforderlich ist.

(3) [1] Für die nachstehend bezeichneten Besoldungsgruppen gelten folgende weitere Obergrenzen:

1. die Ausstattung von Funktionen mit einer Amtszulage nach Fußnote 1 zur Besoldungsgruppe A 9 ist auf 30 Prozent der ausgebrachten Planstellen begrenzt,
2. die Gesamtzahl der Planstellen für Stabsfeldwebel, Stabsbootsmänner, Oberstabsfeldwebel und Oberstabsbootsmänner ist auf 50 Prozent der in den Besoldungsgruppen A 8 und A 9 insgesamt für Unteroffiziere ausgebrachten Planstellen begrenzt,
3. die Ausstattung von Funktionen mit einer Amtszulage nach Fußnote 1 zur Besoldungsgruppe A 13 ist auf 20 Prozent der ausgebrachten Planstellen begrenzt,
4. die Zahl der Planstellen für Funktionen in der Laufbahn der Offiziere des militärfachlichen Dienstes in der Besoldungsgruppe A 13 ist auf 6 Prozent der insgesamt für Offiziere in dieser Laufbahn ausgebrachten Planstellen begrenzt,
5. beim Deutschen Patent- und Markenamt ist die Zahl der in der Besoldungsgruppe A 15 ausgebrachten Planstellen für Prüfer auf 90 Prozent der insgesamt ausgebrachten Planstellen für Prüfer, die keine Gruppenleiter sind, begrenzt,
6. beim Bundessortenamt ist die Zahl der in der Besoldungsgruppe A 15 ausgebrachten Planstellen für Prüfer auf 90 Prozent der insgesamt für Prüfer ausgebrachten Planstellen begrenzt,
7. in obersten Bundesbehörden und beim Bundeseisenbahnvermögen ist die Zahl der Planstellen in der Besoldungsgruppe B 3 auf 75 Prozent der Gesamtzahl der für Ministerialräte, Vortragende Legationsräte Erster Klasse sowie Oberste, Kapitäne zur See, Oberstapotheker, Flottenapotheker, Oberstärzte, Flottenärzte und Oberstveterinäre ausgebrachten Planstellen begrenzt.

[2] Außerhalb der obersten Bundesbehörden dürfen für die in Satz 1 Nummer 7 genannten Dienstgrade bis zu 21 Prozent der Gesamtzahl der im Geschäftsbereich der obersten Bundesbehörden ausgebrachten Planstellen in der Besoldungsgruppe B 3 ausgebracht werden.

(4) [1] Mit Zustimmung der obersten Bundesbehörde, des Bundesministeriums des Innern, für Bau und Heimat und des Bundesministeriums der Finanzen können die im jeweiligen Einzelplan ausgewiesenen Beförderungsämter die in den Absätzen 1 und 3 genannten Obergrenzen überschreiten, soweit dies wegen der mit den Aufgaben der *Behörde verbundenen* Anforderungen nach Maßgabe sachgerechter Bewertung erforderlich ist und ein erhebliches öffentliches Interesse besteht. [2] Dies gilt insbesondere bei der Neueinrichtung, der Umstrukturierung oder bei Personalüberhängen von Behörden.

(5) Werden in Verwaltungsbereichen bei einer Verminderung oder Verlagerung von Planstellen infolge von Rationalisierungsmaßnahmen nach sachgerechter Bewertung der Beförderungsämter die Obergrenzen nach den Absätzen 1 bis 4 überschritten, so kann aus personalwirtschaftlichen Gründen die Umwandlung der die Obergrenzen überschreitenden Planstellen für einen Zeitraum von längstens fünf Jahren ausgesetzt und danach auf jede dritte freiwerdende Planstelle beschränkt werden.

§ 18[1)] Kreditermächtigungen. (1) [1]Einnahmen aus Krediten zur Deckung von Ausgaben dürfen bis zur Höhe der nach dem Artikel 115-Gesetz zulässigen Kreditaufnahme in den Haushaltsplan eingestellt werden. [2]Die Kreditaufnahme, die in den Haushaltsplan eingestellt werden darf, erhöht sich um den Betrag, um den die im Haushaltsplan veranschlagten Ausgaben der Bereichsausnahme nach § 1a Absatz 1 des Artikel 115-Gesetzes 1 Prozent im Verhältnis zum nominalen Bruttoinlandsprodukt übersteigen. [3]Maßgeblich ist dasjenige nominale Bruttoinlandsprodukt des der Aufstellung des Haushalts vorangegangenen Jahres, das durch das Statistische Bundesamt ermittelt wird.

(2) Das Haushaltsgesetz bestimmt, bis zu welcher Höhe das Bundesministerium der Finanzen Kredite aufnehmen darf

1. zur Deckung von Ausgaben,
2. zur Aufrechterhaltung einer ordnungsmäßigen Kassenwirtschaft (Kassenverstärkungskredite). Soweit diese Kredite zurückgezahlt sind, kann die Ermächtigung wiederholt in Anspruch genommen werden. Kassenverstärkungskredite dürfen nicht später als sechs Monate nach Ablauf des Haushaltsjahres, für das sie aufgenommen worden sind, fällig werden.

(3) [1]Die Ermächtigungen nach Absatz 2 Nr. 1 gelten bis zum Ende des nächsten Haushaltsjahres und, wenn das Haushaltsgesetz für das zweitnächste Haushaltsjahr nicht rechtzeitig verkündet wird, bis zur Verkündung dieses Haushaltsgesetzes. [2]Die Ermächtigungen nach Absatz 2 Nr. 2 gelten bis zum Ende des laufenden Haushaltsjahres und, wenn das Haushaltsgesetz für das nächste Haushaltsjahr nicht rechtzeitig verkündet wird, bis zur Verkündung dieses Haushaltsgesetzes.

(4) [1]Die Ermächtigungen nach Absatz 2 Nummer 1 umfassen unbeschadet der Höhe der Einnahmen aus Krediten die Verpflichtung zur endfälligen Tilgung der durch den Verkauf von Bundeswertpapieren aufgenommenen Kredite in Höhe der Nennwerte. [2]Das Haushaltsgesetz konkretisiert die Art der Anrechnung auf die Kreditermächtigung entsprechend § 11 Absatz 3.

(5) [1]Ist bis zum Schluss eines Rechnungsjahres der Haushaltsplan für das folgende Jahr nicht durch Gesetz festgestellt, so umfasst die Kreditermächtigung nach Artikel 111 Absatz 2 des Grundgesetzes[2)] sowie die Ermächtigung nach Absatz 3 Satz 1 auch das Recht, die Verpflichtung zur endfälligen Tilgung in Höhe des Nennwerts einzugehen. [2]Die Höhe des maximal zulässigen Verpflichtungsvolumens ist identisch mit der Höhe dieser Kreditermächtigungen.

§ 19[3)] Übertragbarkeit. (1) [1]Ausgaben für Investitionen und Ausgaben aus zweckgebundenen Einnahmen sind übertragbar. [2]Andere Ausgaben können im Haushalts-

---

1) § 18 Abs. 1 erster Halbs. wird Satz 1, zweiter Halbs. wird Satz 2 und Satz 2 zweiter Halbs. angef. durch G v. 18.7.1990 (BGBl. I S. 1447); Abs. 2 geänd. durch G v. 22.9.1994 (BGBl. I S. 2605); Abs. 1 neu gef. mWv 1.1.2011 durch G v. 9.12.2010 (BGBl. I S. 1885); Abs. 4 angef. mWv 1.1.2025 durch G v. 21.11.2024 (BGBl. 2024 I Nr. 361); Abs. 1 neu gef., Abs. 5 angef. mWv 1.1.2025 durch G v. 30.9.2025 (BGBl. 2025 I Nr. 231).

2) Nr. **1**.

3) § 19 Abs. 1 Satz 2 geänd. durch G v. 22.12.1997 (BGBl. I S. 3252).

plan für übertragbar erklärt werden, wenn dies ihre wirtschaftliche und sparsame Verwendung fördert.

(2) [1] Zur Deckung der Ausgaben, die übertragen werden sollen (Ausgabereste), sind Ausgabemittel zu veranschlagen. [2] Die Ausgabemittel sollen so bemessen werden, daß sie zur Deckung der Ausgabereste ausreichen, deren Verausgabung im nächsten Haushaltsjahr erforderlich ist; nicht zu berücksichtigen sind Ausgabereste, für die Mittel aus kassenmäßigen Minderausgaben im nächsten Haushaltsjahr voraussichtlich bereitgestellt werden können.

§ 20[1)] Deckungsfähigkeit. (1) Deckungsfähig sind innerhalb desselben Kapitels

1. gegenseitig
   die Ausgaben für Vergütungen der Angestellten und Löhne der Arbeiter,
2. einseitig
   a) die Ausgaben für Bezüge der Beamten zugunsten der Ausgaben für Vergütungen der Angestellten und Löhne der Arbeiter,
   b) die Ausgaben für Unterstützungen zugunsten der Ausgaben für Beihilfen.

(2) Im Haushaltsplan können Ausgaben und Verpflichtungsermächtigungen jeweils für gegenseitig oder einseitig deckungsfähig erklärt werden, wenn ein verwaltungsmäßiger oder sachlicher Zusammenhang besteht oder eine wirtschaftliche und sparsame Verwendung gefördert wird.

(3) Ausgaben und Verpflichtungsermächtigungen, die ohne nähere Angabe des Verwendungszwecks veranschlagt sind, dürfen nicht für deckungsfähig erklärt werden.

§ 21 Wegfall- und Umwandlungsvermerke. (1) Ausgaben und Planstellen sind als künftig wegfallend zu bezeichnen, soweit sie in den folgenden Haushaltsjahren voraussichtlich nicht mehr benötigt werden.

(2) Planstellen sind als künftig umzuwandeln zu bezeichnen, soweit sie in den folgenden Haushaltsjahren voraussichtlich in Planstellen einer niedrigeren Besoldungsgruppe oder in Stellen für Angestellte oder Arbeiter umgewandelt werden können.

(Fortsetzung nächstes Blatt)

1) § 20 Abs. 2 und 3 geänd. durch G v. 22.12.1997 (BGBl. I S. 3252).

§ 22 Sperrvermerk. [1]Ausgaben, die aus besonderen Gründen zunächst noch nicht geleistet oder zu deren Lasten noch keine Verpflichtungen eingegangen werden sollen, sind im Haushaltsplan als gesperrt zu bezeichnen. [2]Entsprechendes gilt für Verpflichtungsermächtigungen. [3]In Ausnahmefällen kann durch Sperrvermerk bestimmt werden, daß die Leistung von Ausgaben oder die Inanspruchnahme von Verpflichtungsermächtigungen der Einwilligung des Bundestages bedarf.

§ 23[1)] Zuwendungen. [1]Ausgaben und Verpflichtungsermächtigungen für Leistungen an Stellen außerhalb der Bundesverwaltung zur Erfüllung bestimmter Zwecke (Zuwendungen) dürfen nur veranschlagt werden, wenn der Bund an der Erfüllung durch solche Stellen ein erhebliches Interesse hat, das ohne die Zuwendungen nicht oder nicht im notwendigen Umfang befriedigt werden kann. [2]Zuwendungen auf Grundlage von Beschlüssen des Bundestages erfüllen grundsätzlich die in Satz 1 genannten Voraussetzungen.

§ 24[2)] Baumaßnahmen, größere Beschaffungen, größere Entwicklungsvorhaben. (1) [1]Ausgaben und Verpflichtungsermächtigungen für Baumaßnahmen dürfen erst veranschlagt werden, wenn Pläne, Kostenermittlungen und Erläuterungen vorliegen, aus denen die Art der Ausführung, die Kosten der Baumaßnahme, des Grunderwerbs und der Einrichtungen sowie die vorgesehene Finanzierung und ein Zeitplan ersichtlich sind. [2]Den Unterlagen ist eine Schätzung der nach Fertigstellung der Maßnahme entstehenden jährlichen Haushaltsbelastungen beizufügen.

(2) [1]Ausgaben und Verpflichtungsermächtigungen für größere Beschaffungen und größere Entwicklungsvorhaben dürfen erst veranschlagt werden, wenn Planungen und Schätzungen der Kosten und Kostenbeteiligungen vorliegen. [2]Absatz 1 Satz 2 gilt entsprechend.

(3) [1]Ausnahmen von den Absätzen 1 und 2 sind nur zulässig, wenn es im Einzelfall nicht möglich ist, die Unterlagen rechtzeitig fertigzustellen, und aus einer späteren Veranschlagung dem Bund ein Nachteil erwachsen würde. [2]Die Notwendigkeit einer Ausnahme ist in den Erläuterungen zu begründen. [3]Die Ausgaben und Verpflichtungsermächtigungen für Maßnahmen, für welche die Unterlagen noch nicht vorliegen, sind gesperrt.

(4) [1]Auf einzeln veranschlagte Ausgaben und Verpflichtungsermächtigungen für Zuwendungen sind die Absätze 1 bis 3 entsprechend anzuwenden, wenn insgesamt mehr als 50 vom Hundert der Kosten durch Zuwendungen von Bund, Ländern und Gemeinden gedeckt werden. [2]Das Bundesministerium der Finanzen kann Ausnahmen zulassen.

§ 25 Überschuß, Fehlbetrag. (1) Der Überschuß oder der Fehlbetrag ist der Unterschied zwischen den tatsächlich eingegangenen Einnahmen (Ist-Einnahmen) und den tatsächlich geleisteten Ausgaben (Ist-Ausgaben).

(2) [1]Ein Überschuß ist insbesondere zur Verminderung des Kreditbedarfs oder zur Tilgung von Schulden zu verwenden oder der Konjunkturausgleichsrücklage zuzuführen. [2]Wird der Überschuß zur Schuldentilgung verwendet oder der Konjunkturausgleichsrücklage zugeführt, ist er in den nächsten festzustellenden Haushaltsplan einzustellen. [3]§ 6 Abs. 1 Satz 3 des Gesetzes zur Förderung der Stabilität

---

1) § 23 Satz 2 angef. mWv 1.1.2024 durch G v. 22.12.2023 (BGBl. 2023 I Nr. 412).

2) § 24 Abs. 4 Satz 2 geänd. durch G v. 22.9.1994 (BGBl. I S. 2605); Abs. 1 Satz 1 geänd. durch G v. 22.12.1997 (BGBl. I S. 3252).

und des Wachstums der Wirtschaft[1] vom 8. Juni 1967 (Bundesgesetzbl. I S. 582) bleibt unberührt.

(3) [1]Ein Fehlbetrag ist spätestens in den Haushaltsplan für das zweitnächste Haushaltsjahr einzustellen. [2]Er darf durch Einnahmen aus Krediten nur gedeckt werden, soweit die Möglichkeiten einer Kreditaufnahme nicht ausgeschöpft sind.

§ 26[2] **Bundesbetriebe, Sondervermögen, Zuwendungsempfänger.**

(1) [1]Bundesbetriebe haben einen Wirtschaftsplan aufzustellen, wenn ein Wirtschaften nach Einnahmen und Ausgaben des Haushaltsplans nicht zweckmäßig ist. [2]Der Wirtschaftsplan oder eine Übersicht über den Wirtschaftsplan ist dem Haushaltsplan als Anlage beizufügen oder in die Erläuterungen aufzunehmen. [3]Im Haushaltsplan sind nur die Zuführungen oder die Ablieferungen zu veranschlagen. [4]Planstellen sind nach Besoldungsgruppen und Amtsbezeichnungen im Haushaltsplan auszubringen.

(2) [1]Bei Sondervermögen sind nur die Zuführungen oder die Ablieferungen im Haushaltsplan zu veranschlagen. [2]Über die Einnahmen, Ausgaben und Verpflichtungsermächtigungen der Sondervermögen sind Übersichten dem Haushaltsplan als Anlagen beizufügen oder in die Erläuterungen aufzunehmen.

(3) [1]Über die Einnahmen und Ausgaben von

1. juristischen Personen des öffentlichen Rechts, die vom Bund ganz oder zum Teil zu unterhalten sind, und
2. Stellen außerhalb der Bundesverwaltung, die vom Bund Zuwendungen zur Deckung der gesamten Ausgaben oder eines nicht abgegrenzten Teils der Ausgaben erhalten,

sind Übersichten dem Haushaltsplan als Anlagen beizufügen oder in die Erläuterungen aufzunehmen. [2]Das Bundesministerium der Finanzen kann Ausnahmen zulassen.

§ 27[3] **Voranschläge.** (1) [1]Die Voranschläge sind von der für den Einzelplan zuständigen Stelle dem Bundesministerium der Finanzen zu dem von ihm zu bestimmenden Zeitpunkt zu übersenden. [2]Das Bundesministerium der Finanzen kann verlangen, daß den Voranschlägen Organisations- und Stellenpläne beigefügt werden.

(2) [1]Die für den Einzelplan zuständige Stelle übersendet die Voranschläge auch dem Bundesrechnungshof. [2]Er kann hierzu Stellung nehmen.

§ 28[4] **Aufstellung des Entwurfs des Haushaltsplans.** (1) [1]Das Bundesministerium der Finanzen prüft die Voranschläge und stellt den Entwurf des Haushaltsplans auf. [2]Es kann die Voranschläge nach Benehmen mit den beteiligten Stellen ändern.

(2) [1]Über Angelegenheiten von grundsätzlicher oder erheblicher finanzieller Bedeutung kann die zuständige Bundesministerin oder der zuständige Bundesminister die Entscheidung der Bundesregierung einholen. [2]Entscheidet die Bundesregierung gegen oder ohne die Stimme der Bundesministerin oder des Bundes-

---

[1] *Nr.* **720**.

[2] § 26 Abs. 3 Satz 2 geänd. durch G v. 22.9.1994 (BGBl. I S. 2605).

[3] § 27 Abs. 1 geänd. durch G v. 22.9.1994 (BGBl. I S. 2605).

[4] § 28 Abs. 1 Satz 1 und Abs. 3 geänd. durch G v. 22.9.1994 (BGBl. I S. 2605); Abs. 2 und 3 neu gef. mWv 18.8.2017 durch G v. 14.8.2017 (BGBl. I S. 3122).

ministers der Finanzen, so steht ihr oder ihm ein Widerspruchsrecht zu. [3]Das Nähere regelt die Geschäftsordnung der Bundesregierung.

(3) Abweichungen von den Voranschlägen der Bundespräsidentin oder des Bundespräsidenten, des Deutschen Bundestages, des Bundesrates, des Bundesverfassungsgerichts, des Bundesrechnungshofes oder der oder des Bundesbeauftragten für den Datenschutz und die Informationsfreiheit sind vom Bundesministerium der Finanzen der Bundesregierung mitzuteilen, soweit den Änderungen nicht zugestimmt worden ist.

§ 29[1)] Beschluß über den Entwurf des Haushaltsplans. (1) Der Entwurf des Haushaltsgesetzes wird mit dem Entwurf des Haushaltsplans von der Bundesregierung beschlossen.

(2) [1]Einnnahmen, Ausgaben, Verpflichtungsermächtigungen und Vermerke, die das Bundesministerium der Finanzen in den Entwurf des Haushaltsplans nicht aufgenommen hat, unterliegen auf Antrag des zuständigen Bundesministers der Beschlußfassung der Bundesregierung, wenn es sich um Angelegenheiten von grundsätzlicher oder erheblicher finanzieller Bedeutung handelt. [2]Dasselbe gilt für Vorschriften des Entwurfs des Haushaltsgesetzes. [3]Auf die Beschlußfassung der Bundesregierung ist § 28 Abs. 2 Satz 2 entsprechend anzuwenden. [4]Das Nähere regelt die Geschäftsordnung der Bundesregierung.

(3) Weicht der Entwurf des Haushaltsplans von den Voranschlägen der Bundespräsidentin oder des Bundespräsidenten, des Deutschen Bundestages, des Bundesrates, des Bundesverfassungsgerichts, des Bundesrechnungshofes oder der oder des Bundesbeauftragten für den Datenschutz und die Informationsfreiheit ab und ist der Änderung nicht zugestimmt worden, so sind die Teile, über die kein Einvernehmen erzielt worden ist, unverändert dem Entwurf des Haushaltsplans beizufügen.

§ 30 Vorlagefrist. Der Entwurf des Haushaltsgesetzes ist mit dem Entwurf des Haushaltsplans vor Beginn des Haushaltsjahres dem Bundesrat zuzuleiten und beim Bundestag einzubringen, in der Regel spätestens in der ersten Sitzungswoche des Bundestages nach dem 1. September.

§ 31[2)] Finanzbericht. Zum Entwurf des Haushaltsgesetzes und des Haushaltsplans hat das Bundesministerium der Finanzen einen Bericht über den Stand und die voraussichtliche Entwicklung der Finanzwirtschaft auch im Zusammenhang mit der gesamtwirtschaftlichen Entwicklung zu erstatten.

§ 32 Ergänzungen zum Entwurf des Haushaltsplans. Auf Ergänzungen zum Entwurf des Haushaltsgesetzes und des Haushaltsplans sind die Teile I und II entsprechend anzuwenden.

§ 33 Nachtragshaushaltsgesetze. [1]Auf Nachträge zum Haushaltsgesetz und zum Haushaltsplan sind die Teile I und II entsprechend anzuwenden. [2]Der Entwurf ist bis zum Ende des Haushaltsjahres einzubringen.

[1)] § 29 Abs. 2 Satz 1 neu gef. durch G v. 22.9.1994 (BGBl. I S. 2605); Abs. 3 neu gef. mWv 18.8.2017 durch G v. 14.8.2017 (BGBl. I S. 3122).

[2)] § 31 geänd. durch G v. 22.9.1994 (BGBl. I S. 2605).

Teil III. Ausführung des Haushaltsplans

§ 34 Erhebung der Einnahmen, Bewirtschaftung der Ausgaben. (1) Einnahmen sind rechtzeitig und vollständig zu erheben.

(2) [1] Ausgaben dürfen nur soweit und nicht eher geleistet werden, als sie zur wirtschaftlichen und sparsamen Verwaltung erforderlich sind. [2] Die Ausgabemittel sind so zu bewirtschaften, daß sie zur Deckung aller Ausgaben ausreichen, die unter die einzelne Zweckbestimmung fallen.

(3) Absatz 2 gilt für die Inanspruchnahme von Verpflichtungsermächtigungen entsprechend.

§ 35 Bruttonachweis, Einzelnachweis. (1) Alle Einnahmen und Ausgaben sind mit ihrem vollen Betrag bei dem hierfür vorgesehenen Titel zu buchen, soweit sich aus § 15 Abs. 1 Satz 2 und 3 nichts anderes ergibt.

(2) [1] Für denselben Zweck dürfen Ausgaben aus verschiedenen Titeln nur geleistet werden, soweit der Haushaltsplan dies zuläßt. [2] Entsprechendes gilt für die Inanspruchnahme von Verpflichtungsermächtigungen.

§ 36[1)] Aufhebung der Sperre. [1] Nur mit vorheriger Zustimmung (Einwilligung) des Bundesministeriums der Finanzen dürfen Ausgaben, die durch Gesetz oder im Haushaltsplan als gesperrt bezeichnet sind, geleistet sowie Verpflichtungen zur Leistung solcher Ausgaben eingegangen werden. [2] In den Fällen des § 22 Satz 3 hat das Bundesministerium der Finanzen die Einwilligung des Bundestages einzuholen.

§ 37[2)] Über- und außerplanmäßige Ausgaben. (1) [1] Überplanmäßige und außerplanmäßige Ausgaben bedürfen der Einwilligung des Bundesministeriums der Finanzen. [2] Sie darf nur im Falle eines unvorhergesehenen und unabweisbaren Bedarfs erteilt werden. [3] Als unabweisbar ist ein Bedarf insbesondere nicht anzusehen, wenn nach Lage des Einzelfalles ein Nachtragshaushaltsgesetz rechtzeitig herbeigeführt oder die Ausgabe bis zum nächsten Haushaltsgesetz zurückgestellt werden kann. [4] Eines Nachtragshaushaltsgesetzes bedarf es nicht, wenn die Mehrausgabe im Einzelfall einen im Haushaltsgesetz festzulegenden Betrag nicht überschreitet oder wenn Rechtsverpflichtungen zu erfüllen sind. [5] § 8 des Gesetzes zur Förderung der Stabilität und des Wachstums der Wirtschaft[3)] bleibt unberührt.

(2) Absatz 1 gilt auch für Maßnahmen, durch die für den Bund Verpflichtungen entstehen können, für die Ausgaben im Haushaltsplan nicht veranschlagt sind.

(3) Über- und außerplanmäßige Ausgaben sollen durch Einsparungen bei anderen Ausgaben in demselben Einzelplan ausgeglichen werden.

(4) [1] Über- und außerplanmäßige Ausgaben sind dem Bundestag und dem Bundesrat vierteljährlich, in Fällen von grundsätzlicher oder erheblicher finanzieller Bedeutung unverzüglich mitzuteilen. [2] Über- und außerplanmäßige Ausgaben über 100 Millionen Euro bedürfen der Einwilligung des Haushaltsausschusses des Deutschen Bundestages, sofern keine Rechtsverpflichtungen zu erfüllen sind. [3] Die Einwilligung nach Satz 2 ist nicht erforderlich, sofern aus zwingenden Gründen eine unerlässliche Ausnahme geboten ist. [4] In Fällen des Satzes 3 ist der Haushalts-

---

[1)] § 36 Satz 2 geänd. durch G v. *22.9.1994* (BGBl. I S. 2605).

[2)] § 37 Abs. 1 neu gef., Abs. 6 Satz 2 geänd. durch G v. 22.9.1994 (BGBl. I S. 2605); Abs. 4 Sätze 2–4 angef. mWv 1.1.2024 durch G v. 22.12.2023 (BGBl. 2023 I Nr. 412).

[3)] Nr. **720**.

ausschuss des Deutschen Bundestages nach der Entscheidung unverzüglich zu unterrichten.

(5) Ausgaben, die ohne nähere Angabe des Verwendungszwecks veranschlagt sind, dürfen nicht überschritten werden.

(6) [1] Mehrausgaben bei übertragbaren Ausgaben (Vorgriffe) sind unter den Voraussetzungen des Absatzes 1 Satz 1 und 2 auf die nächstjährige Bewilligung für den gleichen Zweck anzurechnen. [2] Das Bundesministerium der Finanzen kann Ausnahmen zulassen.

§ 38[1)] Verpflichtungsermächtigungen. (1) [1] Maßnahmen, die den Bund zur Leistung von Ausgaben in künftigen Haushaltsjahren verpflichten können, sind nur zulässig, wenn der Haushaltsplan dazu ermächtigt. [2] Im Falle eines unvorhergesehenen und unabweisbaren Bedarfs kann das Bundesministerium der Finanzen Ausnahmen zulassen; § 37 Abs. 1 Satz 3 ist entsprechend anzuwenden. [3] Eines Nachtragshaushaltsgesetzes bedarf es nicht, wenn im Einzelfall der Gesamtbetrag der überplanmäßigen oder außerplanmäßigen Verpflichtungsermächtigung einen im Haushaltsgesetz festzulegenden Betrag nicht überschreitet oder wenn Rechtsverpflichtungen zu erfüllen sind.

(2) [1] Die Inanspruchnahme von Verpflichtungsermächtigungen bedarf der Einwilligung des Bundesministeriums der Finanzen, wenn

1. von den in § 16 bezeichneten Angaben erheblich abgewichen werden soll oder
2. in den Fällen des § 16 Satz 2 Jahresbeträge nicht angegeben sind.

[2] Das Bundesministerium der Finanzen kann auf seine Befugnisse verzichten.

(3) Das Bundesministerium der Finanzen ist bei Maßnahmen nach Absatz 1 von grundsätzlicher oder erheblicher finanzieller Bedeutung über den Beginn und Verlauf von Verhandlungen zu unterrichten.

(4) [1] Verpflichtungen für laufende Geschäfte dürfen eingegangen werden, ohne daß die Voraussetzungen der Absätze 1 und 2 vorliegen. [2] Einer Verpflichtungsermächtigung bedarf es auch dann nicht, wenn zu Lasten übertragbarer Ausgaben Verpflichtungen eingegangen werden, die im folgenden Haushaltsjahr zu Ausgaben führen. [3] Das Nähere regelt das Bundesministerium der Finanzen.

(5) Die Absätze 1 bis 4 sind auf Verträge im Sinne des Artikels 59 Abs. 2 Satz 1 des Grundgesetzes[2)] nicht anzuwenden.

§ 39[3)] Gewährleistungen, Kreditzusagen. (1) Die Übernahme von Bürgschaften, Garantien oder sonstigen Gewährleistungen, die zu Ausgaben in künftigen Haushaltsjahren führen können, bedarf einer Ermächtigung durch Bundesgesetz, die der Höhe nach bestimmt ist.

(2) [1] Kreditzusagen sowie die Übernahme von Bürgschaften, Garantien oder sonstigen Gewährleistungen bedürfen der Einwilligung des Bundesministeriums der Finanzen. [2] Es ist an den Verhandlungen zu beteiligen. [3] Es kann auf seine Befugnisse verzichten.

---

1) § 38 Abs. 1 Satz 2 neu gef., Satz 3 angef., Abs. 2, Abs. 3 und Abs. 4 Satz 2 geänd. durch G v. 22.9. 1994 (BGBl. I S. 2605); Abs. 4 Satz 2 eingef., bish. Satz 2 wird Satz 3 durch G v. 22.12.1997 (BGBl. I S. 3252).

2) Nr. **1**.

3) § 39 Abs. 2, Abs. 3 Satz 2 geänd. durch G v. 22.9.1994 (BGBl. I S. 2605).

(3) [1]Bei Maßnahmen nach Absatz 2 haben die zuständigen Dienststellen auszubedingen, daß sie oder ihre Beauftragten bei den Beteiligten jederzeit prüfen können,

1. ob die Voraussetzungen für die Kreditzusage oder ihre Erfüllung vorliegen oder vorgelegen haben,
2. ob im Falle der Übernahme einer Gewährleistung eine Inanspruchnahme des Bundes in Betracht kommen kann oder die Voraussetzungen für eine solche vorliegen oder vorgelegen haben.

[2]Von der Ausbedingung eines Prüfungsrechts kann ausnahmsweise mit Einwilligung des Bundesministeriums der Finanzen abgesehen werden.

§ 40[1)] Andere Maßnahmen von finanzieller Bedeutung. (1) [1]Der Erlaß von Rechtsverordnungen und Verwaltungsvorschriften, der Abschluß von Tarifverträgen und die Gewährung von über- oder außertariflichen Leistungen sowie die Festsetzung oder Änderung von Entgelten für Verwaltungsleistungen bedürfen der Einwilligung des Bundesministeriums der Finanzen, wenn diese Regelungen zu Einnahmeminderungen oder zu zusätzlichen Ausgaben im laufenden Haushaltsjahr oder in künftigen Haushaltsjahren führen können. [2]Satz 1 ist auf sonstige Maßnahmen von grundsätzlicher oder erheblicher finanzieller Bedeutung anzuwenden, wenn sie zu Einnahmeminderungen im laufenden Haushaltsjahr oder in künftigen Haushaltsjahren führen können.

(2) Auf die Mitwirkung des Bundes an Maßnahmen überstaatlicher oder zwischenstaatlicher Einrichtungen ist Absatz 1 Satz 1 entsprechend anzuwenden.

§ 41[2)] Haushaltswirtschaftliche Sperre. Wenn die Entwicklung der Einnahmen oder Ausgaben es erfordert, kann das Bundesministerium der Finanzen nach Benehmen mit dem zuständigen Bundesministerium es von seiner Einwilligung abhängig machen, ob Verpflichtungen eingegangen oder Ausgaben geleistet werden.

§ 42 Konjunkturpolitisch bedingte zusätzliche Ausgaben. Bei Vorlagen, die dem Bundestag und dem Bundesrat nach § 8 Abs. 1 des Gesetzes zur Förderung der Stabilität und des Wachstums der Wirtschaft[3)] zugeleitet werden, kann der Bundestag die Ausgaben kürzen.

§ 43[4)] Kassenmittel, Betriebsmittel. (1) Das Bundesministerium der Finanzen ermächtigt im Rahmen der zur Verfügung stehenden Kassenmittel die zuständigen Behörden, in ihrem Geschäftsbereich innerhalb eines bestimmten Zeitraums die notwendigen Auszahlungen bis zur Höhe eines bestimmten Betrages leisten zu lassen (Betriebsmittel).

(2) Das Bundesministerium der Finanzen soll nicht sofort benötigte Kassenmittel so anlegen, daß über sie bei Bedarf verfügt werden kann.

[1)] § 40 Abs. 1 Satz 2 geänd. durch G v. 22.9.1994 (BGBl. I S. 2605).
[2)] § 41 geänd. durch G v. 22.9.1994 (BGBl. I S. 2605).
[3)] Nr. **720**.
[4)] § 43 Abs. 1 und 2 geänd. durch G v. 22.9.1994 (BGBl. I S. 2605).

§ 44[1)] Zuwendungen, Verwaltung von Mitteln oder Vermögensgegenständen. (1) [1]Zuwendungen dürfen nur unter den Voraussetzungen des § 23 gewährt werden. [2]Dabei ist zu bestimmen, wie die zweckentsprechende Verwendung der Zuwendungen nachzuweisen ist. [3]Außerdem ist ein Prüfungsrecht der zuständigen Dienststelle oder ihrer Beauftragten festzulegen. [4]Verwaltungsvorschriften, welche die Regelung des Verwendungsnachweises und die Prüfung durch den Bundesrechnungshof (§ 91) betreffen, werden im Einvernehmen mit dem Bundesrechnungshof erlassen.

(2) [1]Zuwendungen an Kommunen (Gemeinden und Landkreise) sollen bis zur Höhe von 6 Millionen Euro grundsätzlich als Festbetragsförderung gewährt werden. [2]Der Verwendungsnachweis für Festbetragsförderungen nach Satz 1 erfolgt grundsätzlich im vereinfachten Verfahren. [3]Das Bundesministerium der Finanzen wird ermächtigt, durch Rechtsverordnung ohne Zustimmung des Bundesrats, jedoch mit Zustimmung des Haushaltsausschusses des Deutschen Bundestages, Regelungen über den Verwendungsnachweis für Festbetragsförderungen im Sinne des Satzes 1 zu erlassen.

(3) Sollen Bundesmittel oder Vermögensgegenstände des Bundes von Stellen außerhalb der Bundesverwaltung verwaltet werden, ist Absatz 1 entsprechend anzuwenden.

(4) [1]Juristischen Personen des privaten Rechts kann mit ihrem Einverständnis die Befugnis verliehen werden, Verwaltungsaufgaben auf dem Gebiet der Zuwendungen im eigenen Namen und in den Handlungsformen des öffentlichen Rechts wahrzunehmen, wenn sie die Gewähr für eine sachgerechte Erfüllung der ihnen übertragenen Aufgaben bieten und die Beleihung im öffentlichen Interesse liegt. [2]Die Verleihung und die Entziehung der Befugnis obliegen dem zuständigen Bundesministerium; im Falle der Verleihung ist das Bundesministerium der Finanzen zu unterrichten. [3]Die Beliehene unterliegt der Aufsicht des zuständigen Bundesministeriums; dieses kann die Aufsicht auf nachgeordnete Behörden übertragen. [4]Im Falle der Staatshaftung wegen Ansprüchen Dritter kann der Bund gegenüber einer beliehenen juristischen Person des Privatrechts bei Vorliegen von Vorsatz oder grober Fahrlässigkeit Rückgriff nehmen.

§ 44a[2)] *(aufgehoben)*

§ 45[3)] Sachliche und zeitliche Bindung. (1) [1]Ausgaben und Verpflichtungsermächtigungen dürfen nur zu dem im Haushaltsplan bezeichneten Zweck, soweit und solange er fortdauert, und nur bis zum Ende des Haushaltsjahres geleistet oder in Anspruch genommen werden. [2]Nicht in Anspruch genommene Verpflichtungsermächtigungen gelten, wenn das Haushaltsgesetz für das nächste Haushaltsjahr nicht rechtzeitig verkündet wird, bis zur Verkündung dieses Haushaltsgesetzes.

(2) [1]Bei übertragbaren Ausgaben können Ausgabereste gebildet werden, die für die jeweilige Zweckbestimmung über das Haushaltsjahr hinaus bis zum Ende des auf die Bewilligung folgenden zweitnächsten Haushaltsjahres verfügbar bleiben. [2]Bei Bauten tritt an die Stelle des Haushaltsjahres der Bewilligung das Haushalts-

[1)] § 44 Abs. 3 angef. durch G v. 22.9.1994 (BGBl. I S. 2605); Abs. 3 Satz 2 geänd., Satz 4 angef. mWv 18.8.2017 durch G v. 14.8.2017 (BGBl. I S. 3122); Abs. 2 eingef., bish. Abs. 2 und 3 werden Abs. 3 und 4 mWv 1.1.2024 durch G v. 22.12.2023 (BGBl. 2023 I Nr. 412); Abs. 2 Sätze 2 und 3 neu gef. mWv 1.1. 2025 durch G v. 30.9.2025 (BGBl. 2025 I Nr. 231).

[2)] § 44a aufgeh. durch G v. 2.5.1996 (BGBl. I S. 656).

[3)] § 45 Abs. 2 Satz 3, Abs. 3 und 4 geänd. durch G v. 22.9.1994 (BGBl. I S. 2605).

jahr, in dem der Bau in seinen wesentlichen Teilen in Gebrauch genommen ist. [3] Das Bundesministerium der Finanzen kann im Einzelfall Ausnahmen zulassen.

(3) Die Inanspruchnahme von Ausgaberesten bedarf der Einwilligung des Bundesministeriums der Finanzen; die Einwilligung darf nur erteilt werden, wenn in demselben oder einem anderen Einzelplan Ausgaben in gleicher Höhe bis zum Ende des laufenden Haushaltsjahres nicht geleistet werden oder wenn Ausgabemittel zur Deckung der Ausgabereste veranschlagt worden sind (§ 19 Abs. 2).

(4) Das Bundesministerium der Finanzen kann in besonders begründeten Einzelfällen die Übertragbarkeit von Ausgaben zulassen, soweit Ausgaben für bereits bewilligte Maßnahmen noch im nächsten Haushaltsjahr zu leisten sind.

§ 46 Deckungsfähigkeit. Deckungsfähige Ausgaben dürfen, solange sie verfügbar sind, nach Maßgabe des § 20 Abs. 1 oder des Deckungsvermerks zugunsten einer anderen Ausgabe verwendet werden.

§ 47 Wegfall- und Umwandlungsvermerke. (1) [1] Über Ausgaben, die der Haushaltsplan als künftig wegfallend bezeichnet, darf von dem Zeitpunkt an, mit dem die im Haushaltsplan bezeichnete Voraussetzung für den Wegfall erfüllt ist, nicht mehr verfügt werden. [2] Entsprechendes gilt für Planstellen.

(2) Ist eine Planstelle ohne nähere Angabe als künftig wegfallend bezeichnet, darf die nächste freiwerdende Planstelle derselben Besoldungsgruppe für Beamte derselben Fachrichtung nicht wieder besetzt werden.

(3) Ist eine Planstelle ohne Bestimmung der Voraussetzungen als künftig umzuwandeln bezeichnet, gilt die nächste freiwerdende Planstelle derselben Besoldungsgruppe für Beamte derselben Fachrichtung im Zeitpunkt ihres Freiwerdens als in die Stelle umgewandelt, die in dem Umwandlungsvermerk angegeben ist.

(4) Die Absätze 1 bis 3 gelten für Stellen der Angestellten und Arbeiter entsprechend.

§ 48[1)] Höchstaltersgrenze bei der Berufung in ein Beamten- oder Soldatenverhältnis oder Versetzung von Beamtinnen und Beamten in den Bundesdienst. (1) [1] Berufungen in ein Beamtenverhältnis oder Versetzungen in den Bundesdienst dürfen nur erfolgen, wenn

1. die Bewerberin oder der Bewerber das 50. Lebensjahr noch nicht vollendet hat oder
2. ein außerordentlicher Mangel an gleich geeigneten jüngeren Bewerberinnen und Bewerbern besteht und die Berufung oder Versetzung einen erheblichen Vorteil für den Bund bedeutet.

[2] An die Stelle des 50. Lebensjahres tritt

1. das 55. Lebensjahr, wenn die zukünftigen Versorgungslasten nach dem Versorgungslastenteilungs-Staatsvertrag[2)], nach § 107b des Beamtenversorgungsgesetzes, nach § 110 des Soldatenversorgungsgesetzes[3)] oder dem Militärseelsorgevertrag vom 22. Februar 1957 (BGBl. 1957 II S. 702) mit dem abgebenden Dienstherrn geteilt werden, oder

---

[1)] § 48 neu gef. mWv 18.8.2017 durch G v. 14.8.2017 (BGBl. I S. 3122); Abs. 2 Satz 1 geänd. mWv *27.6.2020 durch VO v. 19.6.2020* (BGBl. I S. 1328); Abs. 1 Satz 2 Nr. 1 geänd. mWv 1.1.2025 durch G v. 20.8.2021 (BGBl. I S. 3932).

[2)] **Sartorius III Nr. 867.**

[3)] **Sartorius III Nr. 865.**

2. das 62. Lebensjahr, wenn bereits Ansprüche auf Versorgung nach beamten- oder soldatenrechtlichen Vorschriften oder Grundsätzen zu Lasten des Bundes erworben wurden und das vorgesehene Amt höchstens der Besoldungsgruppe zugeordnet ist, aus der zuletzt Dienstbezüge gezahlt wurden.

(2) [1] Für die Berufung oder Versetzung in den Polizeivollzugsdienst des Bundes gilt Absatz 1 Satz 1 mit der Maßgabe, dass bei einer Verwendung im Bundesministerium des Innern, für Bau und Heimat, im Bundeskriminalamt oder im Polizeivollzugsdienst beim Deutschen Bundestag an die Stelle des 50. Lebensjahres das 45. Lebensjahr und bei einer Verwendung in anderen Bereichen an die Stelle des 50. Lebensjahres das 40. Lebensjahr tritt. [2] Außerdem gilt in diesen Fällen Absatz 1 Satz 2 Nummer 2 mit der Maßgabe, dass an die Stelle des 62. Lebensjahres das 52. Lebensjahr tritt. [3] Absatz 1 Satz 2 Nummer 1 findet keine Anwendung.

(3) [1] Für die Berufung in ein Soldatenverhältnis oder die Umwandlung des Dienstverhältnisses eines Soldaten auf Zeit in das Dienstverhältnis eines Berufssoldaten gilt Absatz 1 Satz 1 mit der Maßgabe, dass an die Stelle des 50. Lebensjahres das 40. Lebensjahr tritt. [2] Außerdem gilt in diesen Fällen Absatz 1 Satz 2 Nummer 2 mit der Maßgabe, dass an die Stelle des 62. Lebensjahres eine Dienserwartung von mehr als drei Jahren tritt. [3] Absatz 1 Satz 2 Nummer 1 findet keine Anwendung.

(4) Die Entscheidung über Berufungen in ein Beamtenverhältnis oder über Versetzungen in den Bundesdienst trifft die jeweils zuständige oberste Bundesbehörde für ihren Geschäftsbereich.

§ 49 Einweisung in eine Planstelle. (1) Ein Amt darf nur zusammen mit der Einweisung in eine besetzbare Planstelle verliehen werden.

(2) [1] Wer als Beamter befördert wird, kann mit Wirkung vom Ersten des Monats, in dem seine Ernennung wirksam geworden ist, in die entsprechende, zu diesem Zeitpunkt besetzbare Planstelle eingewiesen werden. [2] Er kann mit Rückwirkung von höchstens drei Monaten, zum Ersten eines Monats, in eine besetzbare Planstelle eingewiesen werden, wenn er während dieser Zeit die Obliegenheiten dieses oder eines gleichwertigen Amtes wahrgenommen und die beamtenrechtlichen Voraussetzungen für die Beförderung erfüllt hat.

§ 50[1)] Umsetzung von Mitteln und Planstellen. (1) [1] Die Bundesregierung kann Mittel und Planstellen umsetzen, wenn Aufgaben von einer Verwaltung auf eine andere Verwaltung übergehen. [2] Eines Beschlusses der Bundesregierung bedarf es nicht, wenn die beteiligten Bundesministerien und das Bundesministerium der Finanzen über die Umsetzung einig sind.

(2) [1] Eine Planstelle darf mit Einwilligung des Bundesministeriums der Finanzen *in eine andere Verwaltung* umgesetzt werden, wenn dort ein unvorhergesehener und unabweisbarer vordringlicher Personalbedarf besteht. [2] Über den weiteren Verbleib der Planstelle ist im nächsten Haushaltsplan zu bestimmen.

(3) Bei Abordnungen können mit Einwilligung des Bundesministeriums der Finanzen die Personalausgaben für abgeordnete Beamte von der abordnenden Verwaltung bis zur Verkündung des nächsten Haushaltsgesetzes weitergezahlt werden.

---

1) § 50 Abs. 1 Satz 2, Abs. 2 Satz 1, Abs. 3 und 5 geänd. durch G v. 22.9.1994 (BGBl. I S. 2605).

(4) Die Absätze 1 bis 3 gelten für Mittel und für Stellen der Angestellten und Arbeiter entsprechend.

(5) Für Beamte, die bei einer Vertretung des Bundes im Ausland verwendet werden, kann das Bundesministerium der Finanzen in besonders begründeten Ausnahmefällen für die Dauer von höchstens sechs Monaten eine Leerstelle schaffen.

§ 51 Besondere Personalausgaben. Personalausgaben, die nicht auf Gesetz oder Tarifvertrag beruhen, dürfen nur geleistet werden, wenn dafür Ausgabemittel besonders zur Verfügung gestellt sind.

§ 52[1)] Nutzungen und Sachbezüge. [1] Nutzungen und Sachbezüge dürfen Angehörigen des öffentlichen Dienstes nur gegen angemessenes Entgelt gewährt werden, soweit nicht durch Gesetz oder Tarifvertrag oder im Haushaltsplan etwas anderes bestimmt ist. [2] Die Bundesregierung kann für die Benutzung von Dienstfahrzeugen Ausnahmen zulassen. [3] Das Nähere für die Zuweisung, Nutzung, Verwaltung und Festsetzung des Nutzungswertes von Dienstwohnungen regelt das Bundesministerium der Finanzen. [4] Die Dienstwohnungen mit Ausnahme der Dienstwohnungen für Angestellte und Arbeiter sind im Haushaltsplan auszubringen.

§ 53 Billigkeitsleistungen. Leistungen aus Gründen der Billigkeit dürfen nur gewährt werden, wenn dafür Ausgabemittel besonders zur Verfügung gestellt sind.

§ 54[2)] Baumaßnahmen, größere Beschaffungen, größere Entwicklungsvorhaben. (1) [1] Baumaßnahmen dürfen nur begonnen werden, wenn ausführliche Entwurfszeichnungen und Kostenberechnungen vorliegen, es sei denn, daß es sich um kleine Maßnahmen handelt. [2] In den Zeichnungen und Berechnungen darf von den in § 24 bezeichneten Unterlagen nur insoweit abgewichen werden, als die Änderung nicht erheblich ist; weitergehende Ausnahmen bedürfen der Einwilligung des Bundesministeriums der Finanzen.

(2) [1] Größeren Beschaffungen und größeren Entwicklungsvorhaben sind ausreichende Unterlagen zugrunde zu legen. [2] Absatz 1 Satz 2 gilt entsprechend.

(3) [1] Verträge über Beschaffungsmaßnahmen und Entwicklungsvorhaben sowie Betreiberverträge, die im Geschäftsbereich des Bundesministeriums der Verteidigung geschlossen werden sollen und die ein Finanzvolumen von 25 Millionen Euro überschreiten, sind dem Haushaltsausschuss des Deutschen Bundestages zur Billigung vorzulegen. [2] Bis zur Billigung des Haushaltsausschusses des Deutschen Bundestages sind Verträge zu der entsprechenden Maßnahme schwebend unwirksam. [3] Die Sätze 1 und 2 finden auf Verträge im Rahmen von Regierungsverkäufen an Partnerstaaten keine Anwendung.

§ 55[3)] Öffentliche Aufträge. (1) [1] Dem Abschluss von Verträgen über Lieferungen und Leistungen muss eine Öffentliche Ausschreibung, eine Beschränkte Ausschreibung mit Teilnahmewettbewerb, eine Verhandlungsvergabe oder eine freihändige Vergabe jeweils mit Teilnahmewettbewerb oder Bekanntmachung vorausgehen, sofern nicht die Natur des Geschäfts oder besondere Umstände eine Aus-

---

[1)] § 52 Satz 3 geänd. durch G v. 22.9.1994 (BGBl. I S. 2605).

[2)] § 54 Abs. 1 Satz 2 geänd. durch G v. 22.9.1994 (BGBl. I S. 2605); Abs. 3 angef. mWv 7.7.2022 durch G v. 1.7.2022 (BGBl. I S. 1030); Abs. 3 Satz 3 angef. mWv 1.1.2025 durch G v. 30.9.2025 (BGBl. 2025 I Nr. 231).

[3)] § 55 neu gef. mWv 1.7.2026 durch G v. 12.5.2026 (BGBl. 2026 I Nr. 137).

nahme rechtfertigen. [2] Teilnahmewettbewerb ist ein Verfahren, bei dem der öffentliche Auftraggeber nach vorheriger öffentlicher Aufforderung zur Teilnahme eine beschränkte Anzahl von geeigneten Unternehmen nach objektiven, transparenten und nichtdiskriminierenden Kriterien auswählt und zur Abgabe von Angeboten auffordert. [3] Bekanntmachung ist eine öffentliche Aufforderung zur Abgabe von Angeboten.

(2) [1] Leistungen bis zu einem voraussichtlichen Auftragswert von 50 000 Euro ohne Umsatzsteuer können unter Berücksichtigung der Grundsätze der Wirtschaftlichkeit und Sparsamkeit ohne die Durchführung eines Vergabeverfahrens nach Absatz 1 beschafft werden (Direktauftrag), sofern nicht die Natur des Geschäfts oder besondere Umstände eine höhere Wertgrenze rechtfertigen. [2] Der Auftraggeber soll zwischen den beauftragen Unternehmen wechseln.

§ 56[1] Vorleistungen. (1) Vor Empfang der Gegenleistung dürfen Leistungen des Bundes nur vereinbart oder bewirkt werden, wenn dies allgemein üblich oder durch besondere Umstände gerechtfertigt ist.

(Fortsetzung nächstes Blatt)

[1] § 56 Abs. 2 geänd. durch G v. 22.9.1994 (BGBl. I S. 2605).

(2) Werden Zahlungen vor Fälligkeit an den Bund entrichtet, kann nach Richtlinien des Bundesministeriums der Finanzen ein angemessener Abzug gewährt werden.

§ 57[1)] Verträge mit Angehörigen des öffentlichen Dienstes. [1] Zwischen Angehörigen des öffentlichen Dienstes und ihrer Dienststelle dürfen Verträge nur mit Einwilligung des zuständigen Bundesministeriums abgeschlossen werden. [2] Dieses kann seine Befugnis auf nachgeordnete Dienststellen übertragen. [3] Satz 1 gilt nicht bei öffentlichen Ausschreibungen und Versteigerungen sowie in Fällen, für die allgemein Entgelte festgesetzt sind.

§ 58[2)] Änderung von Verträgen, Vergleiche. (1) [1] Das zuständige Bundesministerium darf

1. Verträge zum Nachteil des Bundes nur in besonders begründeten Ausnahmefällen aufheben oder ändern,
2. einen Vergleich nur abschließen, wenn dies für den Bund zweckmäßig und wirtschaftlich ist.

[2] Das zuständige Bundesministerium kann seine Befugnisse übertragen.

(2) Maßnahmen nach Absatz 1 bedürfen der Einwilligung des Bundesministeriums der Finanzen, soweit es nicht darauf verzichtet.

§ 59[3)] Veränderung von Ansprüchen. (1) [1] Das zuständige Bundesministerium darf Ansprüche nur

1.[4)] stunden, wenn die sofortige Einziehung mit erheblichen Härten für den Anspruchsgegner verbunden wäre und der Anspruch durch die Stundung nicht gefährdet wird. Die Stundung soll gegen angemessene Verzinsung und in der Regel nur gegen Sicherheitsleistung gewährt werden,
2. niederschlagen, wenn feststeht, daß die Einziehung keinen Erfolg haben wird, oder wenn die Kosten der Einziehung außer Verhältnis zur Höhe des Anspruchs stehen,
3. erlassen, wenn die Einziehung nach Lage des einzelnen Falles für den Anspruchsgegner eine besondere Härte bedeuten würde. Das gleiche gilt für die Erstattung oder Anrechnung von geleisteten Beträgen und für die Freigabe von Sicherheiten.

[2] Das zuständige Bundesministerium kann seine Befugnisse übertragen.

(2) Maßnahmen nach Absatz 1 bedürfen der Einwilligung des Bundesministeriums der Finanzen, soweit es nicht darauf verzichtet.

(3) Andere Regelungen in Rechtsvorschriften bleiben unberührt.

§ 60[5)] Vorschüsse, Verwahrungen. (1) [1] Als Vorschuß darf eine Ausgabe *nur gebucht werden, wenn die Verpflichtung* zur Leistung zwar feststeht, die

---

[1)] § 57 Sätze 1 und 2 geänd. durch G v. 22.9.1994 (BGBl. I S. 2605).

[2)] § 58 geänd. durch G v. 22.9.1994 (BGBl. I S. 2605).

[3)] § 59 Abs. 1 und 2 geänd. durch G v. 22.9.1994 (BGBl. I S. 2605).

[4)] § 59 Abs. 1 Nr. 1 der BHO findet ab 1.1.2020 mit der Maßgabe Anwendung, dass die Wörter „und der Anspruch durch die Stundung nicht gefährdet wird" gestrichen werden, vgl. Art. 3 Nachtragshaushaltsgesetz 2020.

[5)] § 60 Abs. 1 Satz 2 geänd. durch G v. 22.9.1994 (BGBl. I S. 2605).

Ausgabe aber noch nicht endgültig gebucht werden kann. [2] Ein Vorschuß ist bis zum Ende des zweiten auf seine Entstehung folgenden Haushaltsjahres endgültig zu buchen; Ausnahmen bedürfen der Einwilligung des Bundesministeriums der Finanzen.

(2) [1] In Verwahrung darf eine Einzahlung nur genommen werden, solange sie nicht endgültig gebucht werden kann. [2] Aus den Verwahrgeldern dürfen nur die mit ihnen im Zusammenhang stehenden Auszahlungen geleistet werden.

(3) Kassenverstärkungskredite sind wie Verwahrungen zu behandeln.

§ 61[1)] Interne Verrechnungen. (1) [1] Innerhalb der Bundesverwaltung dürfen Vermögensgegenstände für andere Zwecke als die, für die sie beschafft wurden, nur gegen Erstattung ihres vollen Wertes abgegeben werden, soweit sich aus dem Haushaltsplan nichts anderes ergibt. [2] Aufwendungen einer Dienststelle für eine andere sind zu erstatten; andere Regelungen in Rechtsvorschriften bleiben unberührt. [3] Ein Schadenausgleich zwischen Dienststellen unterbleibt.

(2) Absatz 1 gilt nicht, wenn der Wert der abzugebenden Vermögensgegenstände oder die zu erstattenden Aufwendungen einen bestimmten, vom Bundesministerium der Finanzen festzusetzenden Betrag nicht überschreiten oder das Bundesministerium der Finanzen weitere Ausnahmen zuläßt.

(3) [1] Der Wert der abgegebenen Vermögensgegenstände und die Aufwendungen sind stets zu erstatten, wenn Bundesbetriebe oder Sondervermögen des Bundes beteiligt sind. [2] Entsprechendes gilt für den Ausgleich von Schäden. [3] Im Wege der Verwaltungsvereinbarung können andere Regelungen getroffen werden, soweit sie aus Gründen der Verwaltungsvereinfachung dringend geboten sind.

(4) Für die Nutzung von Vermögensgegenständen gelten die Absätze 1 bis 3 entsprechend.

§ 62 Kassenverstärkungsrücklage. Zur Aufrechterhaltung einer ordnungsmäßigen Kassenwirtschaft ohne Inanspruchnahme von Kreditermächtigungen (§ 18 Abs. 2 Nr. 2) soll durch möglichst regelmäßige Zuführung von Haushaltsmitteln eine Kassenverstärkungsrücklage bei der Deutschen Bundesbank angesammelt werden.

§ 63[2)] Erwerb und Veräußerung von Vermögensgegenständen.

(1) Vermögensgegenstände sollen nur erworben werden, soweit sie zur Erfüllung der Aufgaben des Bundes in absehbarer Zeit erforderlich sind.

(2) [1] Vermögensgegenstände dürfen nur veräußert werden, wenn sie zur Erfüllung der Aufgaben des Bundes in absehbarer Zeit nicht benötigt werden. [2] Unbewegliche Vermögensgegenstände, die zur Erfüllung der Aufgaben des Bundes weiterhin benötigt werden, dürfen zur langfristigen Eigennutzung veräußert werden, wenn auf diese Weise die Aufgaben des Bundes nachweislich wirtschaftlicher erfüllt werden können.

[1)] *§ 61 Abs. 2 geänd.* durch G v. 22.9.1994 (BGBl. I S. 2605).

[2)] § 63 Abs. 2 Satz 2 und Abs. 3 Satz 3 angef., Abs. 4 aufgeh., bish. Abs. 5 wird Abs. 4 und neu gef. mWv 8.9.2005 durch G v. 1.9.2005 (BGBl. I S. 2676).

(3) [1] Vermögensgegenstände dürfen nur zu ihrem vollen Wert veräußert werden. [2] Ausnahmen können im Haushaltsplan zugelassen werden. [3] Ist der Wert gering oder besteht ein dringendes Bundesinteresse, so kann das Bundesministerium der Finanzen Ausnahmen zulassen.

(4) Für die Überlassung der Nutzung eines Vermögensgegenstandes gelten die Absätze 2 und 3 entsprechend.

§ 64[1)] Grundstücke. (1) Bundeseigene Grundstücke dürfen nur mit Einwilligung des Bundesministeriums der Finanzen und des für das Bundesvermögen zuständigen Bundesministeriums veräußert werden; die Bundesministerien können auf ihre Mitwirkung verzichten.

(2) [1] Haben Grundstücke erheblichen Wert oder besondere Bedeutung und ist ihre Veräußerung im Haushaltsplan nicht vorgesehen, so dürfen sie nur mit Einwilligung des Bundestages und des Bundesrates veräußert werden, soweit nicht aus zwingenden Gründen eine Ausnahme hiervon geboten ist. [2] Ist die Zustimmung nicht eingeholt worden, so sind der Bundestag und der Bundesrat alsbald von der Veräußerung zu unterrichten.

(3) Für zu erwerbende oder zu veräußernde Grundstücke ist eine Wertermittlung aufzustellen.

(4) [1] Dingliche Rechte dürfen an bundeseigenen Grundstücken nur gegen angemessenes Entgelt bestellt werden. [2] Die Bestellung bedarf der Einwilligung des Bundesministeriums der Finanzen und des für das Bundesvermögen zuständigen Bundesministeriums; die Bundesministerien können auf ihre Mitwirkung verzichten.

(Fortsetzung nächste Seite)

[1)] § 64 Abs. 1 und Abs. 4 Satz 2 geänd. durch G v. 22.9.1994 (BGBl. I S. 2605).

(5) Beim Erwerb von Grundstücken können Hypotheken, Grund- und Rentenschulden unter Anrechnung auf den Kaufpreis ohne die Voraussetzungen des § 38 Abs. 1 übernommen werden.

§ 65[1)] **Beteiligung an privatrechtlichen Unternehmen.** (1) Der Bund soll sich, außer in den Fällen des Absatzes 5, an der Gründung eines Unternehmens in einer Rechtsform des privaten Rechts oder an einem bestehenden Unternehmen in einer solchen Rechtsform nur beteiligen, wenn

1. ein wichtiges Interesse des Bundes vorliegt und sich der vom Bund angestrebte Zweck nicht besser und wirtschaftlicher auf andere Weise erreichen läßt,
2. die Einzahlungsverpflichtung des Bundes auf einen bestimmten Betrag begrenzt ist,
3. der Bund einen angemessenen Einfluß, insbesondere im Aufsichtsrat oder in einem entsprechenden Überwachungsorgan erhält,
4. gewährleistet ist, daß der Jahresabschluß und der Lagebericht, soweit nicht weitergehende gesetzliche Vorschriften gelten oder andere gesetzliche Vorschriften entgegenstehen, in entsprechender Anwendung der Vorschriften des Dritten Buchs des Handelsgesetzbuchs für große Kapitalgesellschaften aufgestellt und geprüft werden.

(2) [1] Das zuständige Bundesministerium hat die Einwilligung des Bundesministeriums der Finanzen einzuholen und das für das Bundesvermögen zuständige Bundesministerium zu beteiligen, bevor der Bund Anteile an einem Unternehmen erwirbt, seine Beteiligung erhöht oder sie ganz oder zum Teil veräußert. [2] Entsprechendes gilt bei einer Änderung des Nennkapitals oder des Gegenstandes des Unternehmens oder bei einer Änderung des Einflusses des Bundes. [3] Das Bundesministerium der Finanzen ist an den Verhandlungen zu beteiligen.

(3) [1] Das zuständige Bundesministerium soll darauf hinwirken, daß ein Unternehmen, an dem der Bund unmittelbar oder mittelbar mit Mehrheit beteiligt ist, nur mit seiner Zustimmung eine Beteiligung von mehr als dem vierten Teil der Anteile eines anderen Unternehmens erwirbt, eine solche Beteiligung erhöht oder sie ganz oder zum Teil veräußert. [2] Es hat vor Erteilung seiner Zustimmung die Einwilligung des Bundesministeriums der Finanzen einzuholen und das für das Bundesvermögen zuständige Bundesministerium zu beteiligen. [3] Die Grundsätze des Absatzes 1 Nr. 3 und 4 sowie des Absatzes 2 Satz 2 gelten entsprechend.

(4) Das Bundesministerium der Finanzen und das für das Bundesvermögen zuständige Bundesministerium können auf die Ausübung der Befugnisse nach den Absätzen 2 und 3 verzichten.

(5) [1] An einer Genossenschaft soll sich der Bund nur beteiligen, wenn die *Haftpflicht der Mitglieder* für die Verbindlichkeiten der Genossenschaft dieser gegenüber im voraus auf eine bestimmte Summe beschränkt ist. [2] Die Beteiligung des Bundes an einer Genossenschaft bedarf der Einwilligung des Bundesministeriums der Finanzen.

[1)] § 65 Abs. 1 Nr. 4 neu gef. durch G v. 19. 12. 1985 (BGBl. I S. 2355), Abs. 2 Sätze 1 und 3, Abs. 3 Sätze 1 und 2, Abs. 4, 5 Satz 2 und Abs. 6 geänd. durch G v. 22. 9. 1994 (BGBl. I S. 2605); Abs. 5 Satz 1 geänd. mWv 18. 8. 2006 durch G v. 14. 8. 2006 (BGBl. I S. 1911).

(6) Das zuständige Bundesministerium soll darauf hinwirken, daß die auf Veranlassung des Bundes gewählten oder entsandten Mitglieder der Aufsichtsorgane der Unternehmen bei ihrer Tätigkeit auch die besonderen Interessen des Bundes berücksichtigen.

(7) [1] Haben Anteile an Unternehmen besondere Bedeutung und ist deren Veräußerung im Haushaltsplan nicht vorgesehen, so dürfen sie nur mit Einwilligung des Bundestages und des Bundesrates veräußert werden, soweit nicht aus zwingenden Gründen eine Ausnahme geboten ist. [2] Ist die Zustimmung nicht eingeholt worden, so sind der Bundestag und der Bundesrat alsbald von der Veräußerung zu unterrichten.

§ 66[1)] **Unterrichtung des Bundesrechnungshofes.** Besteht eine Mehrheitsbeteiligung im Sinne des § 53 des Haushaltsgrundsätzegesetzes, so hat das zuständige Bundesministerium darauf hinzuwirken, daß dem Bundesrechnungshof die in § 54 des Haushaltsgrundsätzegesetzes bestimmten Befugnisse eingeräumt werden.

§ 67[1)] **Prüfungsrecht durch Vereinbarung.** [1] Besteht keine Mehrheitsbeteiligung im Sinne des § 53 des Haushaltsgrundsätzegesetzes, so soll das zuständige Bundesministerium, soweit das Interesse des Bundes dies erfordert, bei Unternehmen, die nicht Aktiengesellschaften, Kommanditgesellschaften auf Aktien oder Genossenschaften sind, darauf hinwirken, daß dem Bund in der Satzung oder im Gesellschaftsvertrag die Befugnisse nach den §§ 53 und 54 des Haushaltsgrundsätzegesetzes eingeräumt werden. [2] Bei mittelbaren Beteiligungen gilt dies nur, wenn die Beteiligung den vierten Teil der Anteile übersteigt und einem Unternehmen zusteht, an dem der Bund allein oder zusammen mit anderen Gebietskörperschaften mit Mehrheit im Sinne des § 53 des Haushaltsgrundsätzegesetzes beteiligt ist.

§ 68[1)] **Zuständigkeitsregelungen.** (1) [1] Die Rechte nach § 53 Abs. 1 des Haushaltsgrundsätzegesetzes übt das für die Beteiligung zuständige Bundesministerium aus. [2] Bei der Wahl oder Bestellung der Prüfer nach § 53 Abs. 1 Nr. 1 des Haushaltsgrundsätzegesetzes übt das zuständige Bundesministerium die Rechte des Bundes im Einvernehmen mit dem Bundesrechnungshof aus.

(2) Einen Verzicht auf die Ausübung der Rechte des § 53 Abs. 1 des Haushaltsgrundsätzegesetzes erklärt das zuständige Bundesministerium im Einvernehmen mit dem Bundesministerium der Finanzen, dem für das Bundesvermögen zuständigen Bundesministerium und dem Präsidenten des Bundesrechnungshofes.

§ 69[1)] **Unterrichtung des Bundesrechnungshofes.** [1] Das zuständige Bundesministerium übersendet dem Bundesrechnungshof innerhalb von drei Monaten nach der Haupt- oder Gesellschafterversammlung, die den Jahresabschluß für das abgelaufene Geschäftsjahr entgegennimmt oder festzustellen hat,

1. die Unterlagen, die dem Bund als Aktionär oder Gesellschafter zugänglich sind,

[1)] §§ 66, 67 Satz 1, 68 und 69 geänd. durch G v. 22. 9. 1994 (BGBl. I S. 2605).

2. die Berichte, welche die auf seine Veranlassung gewählten oder entsandten Mitglieder des Überwachungsorgans unter Beifügung aller ihnen über das Unternehmen zur Verfügung stehenden Unterlagen zu erstatten haben,
3. die ihm nach § 53 des Haushaltsgrundsätzegesetzes[1)] und nach § 67 zu übersendenden Prüfungsberichte.

[2] Es teilt dabei das Ergebnis seiner Prüfung mit.

§ 69a[2)] Parlamentarische Kontrolle von Bundesbeteiligungen. (1) [1] Die Bundesregierung unterrichtet den Deutschen Bundestag über alle grundsätzlichen und wesentlichen Fragen der Beteiligungen des Bundes an privatrechtlichen Unternehmen sowie der Beteiligungsverwaltung durch die Bundesregierung. [2] Die Unterrichtung umfasst auch die Beteiligungen des Bundes nach § 112 Absatz 2.

(2) [1] Die Unterrichtung nach Absatz 1 erfolgt regelmäßig gegenüber dem Gremium nach § 3 des Gesetzes zur Regelung des Schuldenwesens des Bundes. [2] § 3 Absatz 2 Satz 2 und 3 und Absatz 3 des Gesetzes zur Regelung des Schuldenwesens des Bundes gelten entsprechend. [3] Auf Beschluss des Gremiums ist der Haushaltsausschuss mit der Unterrichtung zu befassen.

(3) [1] Sofern grundsätzliche und wesentliche Fragen gemäß Absatz 1 die Gründung, den Erwerb, die Veräußerung von Unternehmen oder Änderung an bestehenden Beteiligungen durch den Bund sowie Übertragungen wesentlicher Vermögenspositionen berühren, soll das Gremium nach Absatz 2 zeitnah unterrichtet werden. [2] Die Vorschriften des § 65 Absatz 7 bleiben davon unberührt.

(4) Die Rechte des Deutschen Bundestages und seiner Ausschüsse bleiben unberührt.

Teil IV. Zahlungen, Buchführung und Rechnungslegung

§ 70[3)] Zahlungen. [1] Zahlungen dürfen nur von Kassen und Zahlstellen angenommen oder geleistet werden. [2] Die Anordnung der Zahlung muß durch das zuständige Ministerium oder die von ihm ermächtigte Dienststelle schriftlich oder auf elektronischem Wege erteilt werden. [3] Das Bundesministerium der Finanzen kann Ausnahmen zulassen.

§ 71[4)] Buchführung. (1) [1] Über Zahlungen ist nach der im Haushaltsplan oder sonst vorgesehenen Ordnung in zeitlicher Folge Buch zu führen. [2] Über eingegangene Verpflichtungen sowie über Geldforderungen des Bundes, die von Bundesbehörden verwaltet werden, ist nach Richtlinien des Bundesministeriums der Finanzen Buch zu führen. [3] Für andere Bewirtschaftungsvorgänge kann das Bundesministerium der Finanzen die Buchführung anordnen.

(2) Einnahmen und Ausgaben auf Einnahme- und Ausgabereste (Haushaltsreste) aus Vorjahren,

1. für die im Haushaltsplan des laufenden Haushaltsjahres wiederum ein Titel vorgesehen ist, sind bei diesem zu buchen,

---

1) Nr. **699**.

2) § 69a eingef. mWv 7.8.2009 durch G v. 31.7.2009 (BGBl. I S. 2580).

3) § 70 geänd. durch G v. 22.12.1997 (BGBl. I S. 3252).

4) § 71 Abs. 1 Satz 2 geänd. durch G v. 22.9.1994 (BGBl. I S. 2605); Abs. 1 Satz 1 geänd. und Satz 3 angef. durch G v. 22.12.1997 (BGBl. I S. 3252); Abs. 4 angef. mWv 1.1.2025 durch G v. 21.11.2024 (BGBl. 2024 I Nr. 361).

2. für die im Haushaltsplan des laufenden Haushaltsjahres kein Titel vorgesehen ist, sind an der Stelle zu buchen, an der sie im Falle der Veranschlagung im Haushaltsplan vorzusehen gewesen wären.

(3) Absatz 2 Nr. 2 gilt entsprechend für außerplanmäßige Einnahmen und Ausgaben.

(4) Abweichend von Absatz 1 wird der periodengerechte Anteil der Differenz zwischen Nennwert und Verkaufserlös, der beim Verkauf und Kauf von Bundeswertpapieren entsteht, ohne Zahlung im Bundeshaushalt gebucht.

§ 72[1)] Buchung nach Haushaltsjahren. (1) Zahlungen, eingegangene Verpflichtungen, Geldforderungen sowie andere Bewirtschaftungsvorgänge, für die nach § 71 Abs. 1 Satz 3 die Buchführung angeordnet ist, sind nach Haushaltsjahren getrennt zu buchen.

(2) Alle Zahlungen mit Ausnahme der Fälle nach den Absätzen 3 und 4 sind für das Haushaltsjahr zu buchen, in dem sie eingegangen oder geleistet worden sind.

(3) Zahlungen, die im abgelaufenen Haushaltsjahr fällig waren, jedoch erst später eingehen oder geleistet werden, sind in den Büchern des abgelaufenen Haushaltsjahres zu buchen, solange die Bücher nicht abgeschlossen sind.

(4) Für das neue Haushaltsjahr sind zu buchen:

1. Einnahmen, die im neuen Haushaltsjahr fällig werden, jedoch vorher eingehen;
2. Ausgaben, die im neuen Haushaltsjahr fällig werden, jedoch wegen des fristgerechten Eingangs beim Empfänger vorher gezahlt werden müssen;
3. im voraus zu zahlende Dienst-, Versorgungs- und entsprechende Bezüge sowie Renten für den ersten Monat des neuen Haushaltsjahres.

(5) Die Absätze 3 und 4 Nr. 1 gelten nicht für Steuern, Gebühren, andere Abgaben, Geldstrafen, Geldbußen sowie damit zusammenhängende Kosten.

(6) Ausnahmen von den Absätzen 2 bis 4 können im Haushaltsplan zugelassen werden.

(Fortsetzung nächstes Blatt)

1) § 72 Abs. 1 Satz 2 geänd. durch G v. 22.9.1994 (BGBl. I S. 2605); Abs. 1 neu gef. durch G v. 22.12. 1997 (BGBl. I S. 3252).

§ 73[1] **Vermögensbuchführung, integrierte Buchführung.** (1) [1] Über das Vermögen und die Schulden ist Buch zu führen oder ein anderer Nachweis zu erbringen. [2] Das Nähere regelt das Bundesministerium der Finanzen im Einvernehmen mit dem Bundesrechnungshof.

(2) Die Buchführung über das Vermögen und die Schulden ist mit der Buchführung über die Einnahmen und Ausgaben zu verbinden.

§ 74[2] **Buchführung bei Bundesbetrieben.** (1) Bundesbetriebe, die nach § 26 Abs. 1 Satz 1 einen Wirtschaftsplan aufstellen und bei denen eine Buchführung nach den §§ 71 bis 79 nicht zweckmäßig ist, haben nach den Regeln der kaufmännischen doppelten Buchführung zu buchen.

(2) Das zuständige Bundesministerium kann im Einvernehmen mit dem Bundesministerium der Finanzen und dem Bundesrechnungshof anordnen, daß bei Bundesbetrieben zusätzlich eine Betriebsbuchführung eingerichtet wird, wenn dies aus betriebswirtschaftlichen Gründen zweckmäßig ist.

(3) [1] Geschäftsjahr ist das Haushaltsjahr. [2] Ausnahmen kann das zuständige Bundesministerium im Einvernehmen mit dem Bundesministerium der Finanzen zulassen.

§ 75 Belegpflicht. Alle Buchungen sind zu belegen.

§ 76[3] **Abschluß der Bücher.** (1) [1] Die Bücher sind jährlich abzuschließen. [2] Das Bundesministerium der Finanzen bestimmt den Zeitpunkt des Abschlusses.

(2) Nach dem Abschluß der Bücher dürfen Einnahmen oder Ausgaben nicht mehr für den abgelaufenen Zeitraum gebucht werden.

§ 77[4] **Kassensicherheit.** [1] Wer Anordnungen im Sinne des § 70 erteilt oder an ihnen verantwortlich mitwirkt, darf an Zahlungen oder Buchungen nicht beteiligt sein. [2] Das Bundesministerium der Finanzen kann zulassen, daß die Kassensicherheit auf andere Weise gewährleistet wird.

§ 78[5] **Unvermutete Prüfungen.** [1] Für Zahlungen oder Buchungen zuständige Stellen sind mindestens jährlich, für die Verwaltung von Vorräten zuständige Stellen mindestens alle zwei Jahre unvermutet zu prüfen. [2] Das Bundesministerium der Finanzen kann Ausnahmen zulassen.

§ 79[6] **Bundeskassen, Verwaltungsvorschriften.** (1) Die Aufgaben der Kassen bei der Annahme und der Leistung von Zahlungen für den Bund werden für alle Stellen innerhalb und außerhalb der Bundesverwaltung von den

---

[1] § 73 Abs. 1 Satz 2 geänd. durch G v. 22. 9. 1994 (BGBl. I S. 2605).

[2] § 74 Abs. 2 und 3 Satz 2 geänd. durch G v. 22. 9. 1994 (BGBl. I S. 2605).

[3] § 76 Abs. 1 Satz 2 geänd. durch G v. 22. 9. 1994 (BGBl. I S. 2605).

[4] § 77 Satz 2 geänd. durch G v. 22. 12. 1997 (BGBl. I S. 3252).

[5] § 78 Satz 2 geänd. durch G v. 22. 9. 1994 (BGBl. I S. 2605).

[6] § 79 Abs. 2–5 geänd. durch G v. 22. 9. 1994 (BGBl. I S. 2605); Abs. 2 Satz 2 eingef. durch G v. 22. 12. 1997 (BGBl. I S. 3252); Abs. 2 neu gef. mWv 1. 1. 2006 durch G v. 22. 9. 2005 (BGBl. I S. 2809); Abs. 3 neu gef. mWv 1. 1. 2008 durch G v. 13. 12. 2007 (BGBl. I S. 2897); Abs. 3 geänd. mWv 1. 1. 2016 durch G v. 3. 12. 2015 (BGBl. I S. 2178).

Bundeskassen wahrgenommen, soweit es sich nicht um die Erhebung von Steuern handelt, die von den Landesfinanzbehörden verwaltet werden.

(2) [1] Die Zentralkasse besteht beim Bundesministerium der Finanzen. [2] Das Bundesministerium der Finanzen kann bestimmen, dass die Zentralkasse bei einer Bundesbehörde seines Geschäftsbereichs eingerichtet wird.

(3) Die Bundeskassen sind bei der Generalzolldirektion zu errichten.

(4) Das Bundesministerium der Finanzen regelt das Nähere

1. über die Einrichtung, den Zuständigkeitsbereich und das Verwaltungsverfahren der für Zahlungen und Buchungen zuständigen Stellen des Bundes im Benehmen mit dem zuständigen Bundesministerium,
2. über die Einrichtung der Bücher und Belege im Einvernehmen mit dem Bundesrechnungshof.

(5) [1] Das Bundesministerium der Finanzen kann im Einvernehmen mit dem Bundesrechnungshof Vereinfachungen für die Buchführung und die Belegung der Buchungen allgemein anordnen. [2] Der Bundesrechnungshof kann im Einvernehmen mit dem zuständigen Bundesministerium im Einzelfall Vereinfachungen zulassen.

§ 80[1)] Rechnungslegung. (1) [1] Die zuständigen Stellen haben für jedes Haushaltsjahr auf der Grundlage der abgeschlossenen Bücher Rechnung zu legen. [2] Das Bundesministerium der Finanzen kann im Einvernehmen mit dem Bundesrechnungshof bestimmen, daß für einen anderen Zeitraum Rechnung zu legen ist.

(2) Auf der Grundlage der abgeschlossenen Bücher stellt das Bundesministerium der Finanzen für jedes Haushaltsjahr die Haushaltsrechnung und die Vermögensrechnung auf.

§ 81 Gliederung der Haushaltsrechnung. (1) In der Haushaltsrechnung sind die Einnahmen und Ausgaben nach der in § 71 bezeichneten Ordnung den Ansätzen des Haushaltsplans unter Berücksichtigung der Haushaltsreste und der Vorgriffe gegenüberzustellen.

(2) Bei den einzelnen Titeln und entsprechend bei den Schlußsummen sind besonders anzugeben:

1. bei den Einnahmen:
   a) die Ist-Einnahmen,
   b) die zu übertragenden Einnahmereste,
   c) die Summe der Ist-Einnahmen und der zu übertragenden Einnahmereste,
   d) die vermögenswirksamen Beträge der Ist-Einnahmen, soweit eine Vermögensbuchführung besteht,

(Fortsetzung nächstes Blatt)

[1)] *§ 80* Abs. 1 Satz 2 und Abs. 3 geänd. durch G v. 22. 9. 1994 (BGBl. I S. 2605); Abs. 1 Satz 1 geänd., Abs. *2 aufgeh.*, *bish.* Abs. 3 wird Abs. 2 durch G v. 22. 12. 1997 (BGBl. I S. 3252).

e) die veranschlagten Einnahmen,
f) die aus dem Vorjahr übertragenen Einnahmereste,
g) die Summe der veranschlagten Einnahmen und der übertragenen Einnahmereste,
h) der Mehr- oder Minderbetrag der Summe aus Buchstabe c gegenüber der Summe aus Buchstabe g;

2. bei den Ausgaben:
a) die Ist-Ausgaben,
b) die zu übertragenden Ausgabereste oder die Vorgriffe,
c) die Summe der Ist-Ausgaben und der zu übertragenden Ausgabereste oder der Vorgriffe,
d) die vermögenswirksamen Beträge der Ist-Ausgaben, soweit eine Vermögensbuchführung besteht,
e) die veranschlagten Ausgaben,
f) die aus dem Vorjahr übertragenen Ausgabereste oder die Vorgriffe,
g) die Summe der veranschlagten Ausgaben und der übertragenen Ausgabereste oder der Vorgriffe,
h) der Mehr- oder Minderbetrag der Summe aus Buchstabe c gegenüber der Summe aus Buchstabe g,
i) der Betrag der über- oder außerplanmäßigen Ausgaben sowie der Vorgriffe.

(3) Für die jeweiligen Titel und entsprechend für die Schlußsummen ist die Höhe der eingegangenen Verpflichtungen und der Geldforderungen im Sinne des § 71 Abs. 1 Satz 2 besonders anzugeben.

(4) In den Fällen des § 25 Abs. 2 ist die Verminderung des Kreditbedarfs zugleich mit dem Nachweis des Überschusses darzustellen.

§ 82 Kassenmäßiger Abschluß. In dem kassenmäßigen Abschluß sind nachzuweisen:

1. a) die Summe der Ist-Einnahmen,
b) die Summe der Ist-Ausgaben,
c) der Unterschied aus Buchstabe a und Buchstabe b (kassenmäßiges Jahresergebnis),
d) die haushaltsmäßig noch nicht abgewickelten kassenmäßigen Jahresergebnisse früherer Jahre,
e) das kassenmäßige Gesamtergebnis aus Buchstabe c und Buchstabe d;

*2. a) die Summe der Ist-*Einnahmen mit Ausnahme der Einnahmen aus Krediten vom Kreditmarkt, der Entnahmen aus Rücklagen, der Einnahmen aus kassenmäßigen Überschüssen und der Münzeinnahmen,
b) die Summe der Ist-Ausgaben mit Ausnahme der Ausgaben zur Schuldentilgung am Kreditmarkt, der Zuführungen an Rücklagen und der Ausgaben zur Deckung eines kassenmäßigen Fehlbetrags,
c) der Finanzierungssaldo aus Buchstabe a und Buchstabe b.

§ 83 Haushaltsabschluß. In dem Haushaltsabschluß sind nachzuweisen:

1. a) das kassenmäßige Jahresergebnis nach § 82 Nr. 1 Buchstabe c,
   b) das kassenmäßige Gesamtergebnis nach § 82 Nr. 1 Buchstabe e;
2. a) die aus dem Vorjahr übertragenen Einnahmereste und Ausgabereste,
   b) die in das folgende Haushaltsjahr zu übertragenden Einnahmereste und Ausgabereste,
   c) der Unterschied aus Buchstabe a und Buchstabe b,
   d) das rechnungsmäßige Jahresergebnis aus Nummer 1 Buchstabe a und Nummer 2 Buchstabe c,
   e) das rechnungsmäßige Gesamtergebnis aus Nummer 1 Buchstabe b und Nummer 2 Buchstabe b;
3. die Höhe der eingegangenen Verpflichtungen und der Geldforderungen im Sinne des § 71 Abs. 1 Satz 2.

§ 84 Abschlußbericht. Der kassenmäßige Abschluß und der Haushaltsabschluß sind in einem Bericht zu erläutern.

§ 85 Übersichten zur Haushaltsrechnung. Der Haushaltsrechnung sind Übersichten beizufügen über

1. die über- und außerplanmäßigen Ausgaben einschließlich der Vorgriffe und ihre Begründung,
2. die Einnahmen und Ausgaben sowie den Bestand an Sondervermögen und Rücklagen,
3. den Jahresabschluß bei Bundesbetrieben,
4. die Gesamtbeträge der nach § 59 erlassenen Ansprüche nach Geschäftsbereichen,
5. die nicht veranschlagten Einnahmen aus der Veräußerung von Vermögensgegenständen.

§ 86 Vermögensrechnung. In der Vermögensrechnung sind der Bestand des Vermögens und der Schulden zu Beginn des Haushaltsjahres, die Veränderungen während des Haushaltsjahres und der Bestand zum Ende des Haushaltsjahres nachzuweisen.

§ 87[1] Rechnungslegung der Bundesbetriebe. (1) [1]Bundesbetriebe, die nach den Regeln der kaufmännischen doppelten Buchführung buchen, stellen einen Jahresabschluß sowie einen Lagebericht in entsprechender Anwendung der Vorschrift des § 264 Abs. 1 Satz 1 des Handelsgesetzbuchs[2] auf. [2]Das zuständige Bundesministerium kann im Einvernehmen mit dem Bundesministerium der Finanzen auf die Aufstellung des Lageberichts verzichten. [3]Die §§ 80 bis 85 sollen ange-

---

[1] § 87 Abs. 1 Satz 1 *neugef. u. Satz 2 geänd. durch* G v. 19. 12. 1985 (BGBl. I S. 2355), Abs. 1 Satz 2 u. Abs. 2 Behördenbez. geänd. durch G v. 22. 9. 1994 (BGBl. I S. 2605).
[2] **Schönfelder Nr. 50.**

wandt werden, soweit sie mit den Regeln der kaufmännischen doppelten Buchführung zu vereinbaren sind.

(2) Ist eine Betriebsbuchführung eingerichtet, so ist die Betriebsergebnisabrechnung dem Bundesministerium der Finanzen und dem Bundesrechnungshof zu übersenden.

Teil V. Rechnungsprüfung

§ 88[1) 2)] **Aufgaben des Bundesrechnungshofes.** (1) Die gesamte Haushalts- und Wirtschaftsführung des Bundes einschließlich seiner Sondervermögen und Betriebe wird von dem Bundesrechnungshof nach Maßgabe der folgenden Bestimmungen geprüft.

(2) [1] Der Bundesrechnungshof kann auf Grund von Prüfungserfahrungen den Bundestag, den Bundesrat, die Bundesregierung und einzelne Bundesministerien beraten. [2] Soweit der Bundesrechnungshof den Bundestag oder den Bundesrat berät, unterrichtet er gleichzeitig die Bundesregierung.

§ 89 Prüfung. (1) Der Bundesrechnungshof prüft

1. die Einnahmen, Ausgaben, Verpflichtungen zur Leistung von Ausgaben, das Vermögen und die Schulden,
2. Maßnahmen, die sich finanziell auswirken können,
3. Verwahrungen und Vorschüsse,
4. die Verwendung der Mittel, die zur Selbstbewirtschaftung zugewiesen sind.

(2) Der Bundesrechnungshof kann nach seinem Ermessen die Prüfung beschränken und Rechnungen ungeprüft lassen.

§ 90 Inhalt der Prüfung. Die Prüfung erstreckt sich auf die Einhaltung der für die Haushalts- und Wirtschaftsführung geltenden Vorschriften und Grundsätze, insbesondere darauf, ob

1. das Haushaltsgesetz und der Haushaltsplan eingehalten worden sind,
2. die Einnahmen und Ausgaben begründet und belegt sind und die Haushaltsrechnung und die Vermögensrechnung ordnungsgemäß aufgestellt sind,
3. wirtschaftlich und sparsam verfahren wird,
4. die Aufgabe mit geringerem Personal- oder Sachaufwand oder auf andere Weise wirksamer erfüllt werden kann.

§ 91[3)] **Prüfung bei Stellen außerhalb der Bundesverwaltung.** (1) [1] Der Bundesrechnungshof ist vorbehaltlich anderer gesetzlicher Regelung berechtigt, bei Stellen außerhalb der Bundesverwaltung zu prüfen, wenn sie

1. Teile des Bundeshaushaltsplans ausführen oder vom Bund Ersatz von Aufwendungen erhalten,

---

1) § 88 Abs. 2 Satz 1 geänd. durch G v. 22.9.1994 (BGBl. I S. 2605).

2) Siehe das Bundesrechnungshofgesetz (Nr. **705**).

3) § 91 Abs. 1 Satz 1 neu gef., Abs. 4 angef. durch G v. 22.9.1994 (BGBl. I S. 2605); Abs. 4 Satz 3 aufgeh. durch G v. 22.12.1997 (BGBl. I S. 3252); Abs. 1 Satz 1 Nr. 3 und 4 geänd., Nr. 5 angef. mWv 18.8.2017 durch G v. 14.8.2017 (BGBl. I S. 3122).

2. Bundesmittel oder Vermögensgegenstände des Bundes verwalten
3. vom Bund Zuwendungen erhalten,
4. als juristische Personen des privaten Rechts, an denen der Bund einschließlich seiner Sondervermögen unmittelbar oder mittelbar mit Mehrheit beteiligt ist, nicht im Wettbewerb stehen, bestimmungsgemäß ganz oder überwiegend öffentliche Aufgaben erfüllen oder diesem Zweck dienen und hierfür Haushaltsmittel oder Gewährleistungen des Bundes oder eines seiner Sondervermögen erhalten oder
5. Finanzierungsmittel bewirtschaften, die der Bund den Ländern zweckgebunden zur Erfüllung von Länderaufgaben zugewiesen hat.

[2] Leiten diese Stellen die Mittel an Dritte weiter, so kann der Bundesrechnunghof auch bei diesen prüfen.

(2) Die Prüfung erstreckt sich auf die bestimmungsmäßige und wirtschaftliche Verwaltung und Verwendung. Bei Zuwendungen kann sie sich auch auf die sonstige Haushalts- und Wirtschaftsführung des Empfängers erstrecken, soweit es der Bundesrechnungshof für seine Prüfung für notwendig hält.

(3) Bei der Gewährung von Krediten aus Haushaltsmitteln sowie bei der Übernahme von Bürgschaften, Garantien oder sonstigen Gewährleistungen durch den Bund kann der Bundesrechnungshof bei den Beteiligten prüfen, ob sie ausreichende Vorkehrungen gegen Nachteile für den Bund getroffen oder ob die Voraussetzungen für eine Inanspruchnahme des Bundes vorgelegen haben.

(4) [1] Bei den juristischen Personen im Sinne des Absatzes 1 Satz 1 Nr. 4 erstreckt sich die Prüfung auf die gesamte Haushalts- und Wirtschaftsführung. [2] Handelt es sich bei der juristischen Person des privaten Rechts im Sinne des Absatzes 1 Satz 1 Nr. 4 um ein Unternehmen, erfolgt die Prüfung unter Beachtung kaufmännischer Grundsätze.

§ 92[1)] Prüfung staatlicher Betätigung bei privatrechtlichen Unternehmen. (1) Der Bundesrechnungshof prüft die Betätigung des Bundes bei Unternehmen in einer Rechtsform des privaten Rechts, an denen der Bund unmittelbar oder mittelbar beteiligt ist, unter Beachtung kaufmännischer Grundsätze.

(2) Absatz 1 gilt entsprechend bei Genossenschaften, in denen der Bund Mitglied ist.

§ 93[2)] Gemeinsame Prüfung. (1) [1] Ist für die Prüfung sowohl der Bundesrechnungshof als auch ein Landesrechnungshof zuständig, so soll gemeinsam geprüft werden. Soweit nicht Artikel 114 Abs. 2 Satz 1 des Grundgesetzes[3)] die Prüfung durch den Bundesrechnungshof vorschreibt, kann der Bundesrechnungshof durch Vereinbarung Prüfungsaufgaben auf die Landesrechnungshöfe übertragen. [2] Der Bundesrechnungshof kann durch Vereinbarung auch Prüfungsaufgaben von den Landesrechnungshöfen übernehmen.

[1)] § 92 Abs. 2 geänd. mWv 18.8.2006 durch G v. 14.8.2006 (BGBl. I S. 1911).

[2)] *§ 93 Abs. 2 neu gef. durch G v. 11.7.1985* (BGBl. I S. 1445); Abs. 1a eingef. mWv 18.8.2017 durch G v. 14.8.2017 (BGBl. I S. 3122).

[3)] Nr. **1**.

(1a) In den in § 91 Absatz 1 Satz 1 Nummer 5 genannten Fällen hat der Bundesrechnungshof seine Prüfungen im Benehmen mit den jeweils zuständigen Landesrechnungshöfen durchzuführen.

(2) Der Bundesrechnungshof kann durch Vereinbarung mit ausländischen oder über- oder zwischenstaatlichen Prüfungsbehörden die Durchführung einzelner Prüfungen übertragen oder übernehmen sowie Prüfungsaufgaben für über- oder zwischenstaatliche Einrichtungen übernehmen, wenn er durch völkerrechtliche Verträge oder Verwaltungsabkommen oder durch die Bundesregierung dazu ermächtigt wird.

§ 94[1)] Zeit und Art der Prüfung. (1) Der Bundesrechnungshof bestimmt Zeit und Art der Prüfung und läßt erforderliche örtliche Erhebungen durch Beauftragte vornehmen.

(2) Der Bundesrechnungshof kann Sachverständige hinzuziehen.

§ 95[2)] Auskunftspflicht. (1) Unterlagen, die der Bundesrechnungshof zur Erfüllung seiner Aufgaben für erforderlich hält, sind ihm auf Verlangen innerhalb einer bestimmten Frist zu übersenden oder seinen Beauftragten vorzulegen.

(2) Dem Bundesrechnungshof und seinen Beauftragten sind die erbetenen Auskünfte zu erteilen.

(3) Die Vorlage- und Auskunftspflicht nach den Absätzen 1 und 2 umfasst auch elektronisch gespeicherte Daten sowie deren automatisierten Abruf.

§ 95a[3)] Prüfungsanordnung und Entfall der aufschiebenden Wirkung. Erlässt der Bundesrechnungshof zur Durchsetzung seiner Rechte nach § 94 Absatz 1 und § 95 Anordnungen, so hat die Anfechtungsklage hiergegen keine aufschiebende Wirkung.

§ 96[4)] Prüfungsergebnis. (1) [1]Der Bundesrechnungshof teilt das Prüfungsergebnis den zuständigen Dienststellen zur Äußerung innerhalb einer von ihm zu bestimmenden Frist mit. [2]Er kann es auch anderen Dienststellen und dem Haushaltsausschuß des Deutschen Bundestages mitteilen, soweit er dies aus besonderen Gründen für erforderlich hält.

(2) Prüfungsergebnisse von grundsätzlicher oder erheblicher finanzieller Bedeutung teilt der Bundesrechnungshof dem Bundesministerium der Finanzen mit.

(3) [1]Der Bundesrechnungshof ist zu hören, wenn die Verwaltung Ansprüche des Bundes, die in Prüfungsmitteilungen erörtert worden sind, nicht verfolgen will. [2]Er kann auf die Anhörung verzichten.

(4) [1]Der Bundesrechnungshof kann Dritten durch Auskunft, Akteneinsicht oder in sonstiger Weise Zugang zu dem Prüfungsergebnis gewähren, wenn dieses abschließend festgestellt wurde. [2]Gleiches gilt für Berichte, wenn diese

---

[1)] § 94 Abs. 3 aufgeh. durch G v. 11.7.1985 (BGBl. I S. 1445).

[2)] § 95 Abs. 3 angef. mWv 26.11.2019 durch G v. 20.11.2019 (BGBl. I S. 1626).

[3)] § 95a eingef. mWv 18.8.2017 durch G v. 14.8.2017 (BGBl. I S. 3122).

[4)] § 96 Abs. 1 Satz 2 neu gef., Abs. 2 geänd. durch G v. 22.9.1994 (BGBl. I S. 2605); Abs. 4 angef. mWv 19.7.2013 durch G v. 15.7.2013 (BGBl. I S. 2395).

abschließend vom Parlament beraten wurden. [3] Zum Schutz des Prüfungs- und Beratungsverfahrens wird Zugang zu den zur Prüfungs- und Beratungstätigkeit geführten Akten nicht gewährt. [4] Satz 3 gilt auch für die entsprechenden Akten bei den geprüften Stellen.

§ 97[1)] Bemerkungen. (1) Der Bundesrechnungshof faßt das Ergebnis seiner Prüfung, soweit es für die Entlastung der Bundesregierung wegen der Haushaltsrechnung und der Vermögensrechnung von Bedeutung sein kann, jährlich für den Bundestag und den Bundesrat in Bemerkungen zusammen, die er dem Bundestag, dem Bundesrat und der Bundesregierung zuleitet.

(2) In den Bemerkungen ist insbesondere mitzuteilen,

1. ob die in der Haushaltsrechnung und der Vermögensrechnung und die in den Büchern aufgeführten Beträge übereinstimmen und die geprüften Einnahmen und Ausgaben ordnungsgemäß belegt sind,
2. in welchen Fällen von Bedeutung die für die Haushalts- und Wirtschaftsführung geltenden Vorschriften und Grundsätze nicht beachtet worden sind,
3. welche wesentlichen Beanstandungen sich aus der Prüfung der Betätigung bei Unternehmen mit eigener Rechtspersönlichkeit ergeben haben,
4. welche Maßnahmen für die Zukunft empfohlen werden.

(3) In die Bemerkungen können Feststellungen auch über spätere oder frühere Haushaltsjahre aufgenommen werden.

(4) Bemerkungen zu geheimzuhaltenden Angelegenheiten werden den Präsidenten des Bundestages und des Bundesrates sowie dem Bundeskanzler und dem Bundesministerium der Finanzen mitgeteilt.

(5) Der Bundesrechnungshof veröffentlicht seine Bemerkungen außer in den Fällen des Absatzes 4 unverzüglich nach Zuleitung im Internet.

§ 98 Aufforderung zum Schadenausgleich. Der Bundesrechnungshof macht der zuständigen Stelle unverzüglich Mitteilung, wenn nach seiner Auffassung ein Schadenersatzanspruch geltend zu machen ist.

§ 99[2)] Angelegenheiten von besonderer Bedeutung. [1] Über Angelegenheiten von besonderer Bedeutung kann der Bundesrechnungshof den Bundestag, den Bundesrat und die Bundesregierung jederzeit unterrichten. [2] Berichtet er dem Bundestag und dem Bundesrat, so unterrichtet er gleichzeitig die Bundesregierung. [3] Der Bundesrechnungshof veröffentlicht seine Berichte zu Angelegenheiten von besonderer Bedeutung unverzüglich nach Zuleitung im Internet.

§ 100[3)] Prüfungsämter. [1] Der Bundesrechnungshof kann zur Vorbereitung, Unterstützung und Ergänzung seiner Prüfungstätigkeit Prüfungsaufgaben durch Prüfungsämter, die seiner Dienst- und Fachaufsicht unterstellt sind, wahrnehmen lassen. [2] Diese führen die Prüfungsaufgaben in entsprechender Anwendung

---

1) § 97 Abs. 4 geänd. durch G v. 22.9.1994 (BGBl. I S. 2605); Abs. 5 angef. mWv 19.7.2013 durch *G v. 15.7.2013 (BGBl. I S. 2395).*

2) § 99 Satz 3 angef. mWv 19.7.2013 durch G v. 15.7.2013 (BGBl. I S. 2395).

3) § 100 neu gef. durch G v. 22.12.1997 (BGBl. I S. 3252).

der für den Bundesrechnungshof geltenden Bestimmungen nach den Weisungen des Bundesrechnungshofes durch.

§ 101 Rechnung des Bundesrechnungshofes. Die Rechnung des Bundesrechnungshofes wird von dem Bundestag und dem Bundesrat geprüft, die auch die Entlastung erteilen.

§ 102 Unterrichtung des Bundesrechnungshofes. (1) Der Bundesrechnungshof ist unverzüglich zu unterrichten, wenn

1. oberste Bundesbehörden allgemeine Vorschriften erlassen oder erläutern, welche die Bewirtschaftung der Haushaltsmittel des Bundes betreffen oder sich auf diesen Einnahmen und Ausgaben auswirken,
2. den Bundeshaushalt berührende Verwaltungseinrichtungen oder Bundesbetriebe geschaffen, wesentlich geändert oder aufgelöst werden,
3. unmittelbare Beteiligungen des Bundes oder mittelbare Beteiligungen im Sinne des § 65 Abs. 3 an Unternehmen begründet, wesentlich geändert oder aufgegeben werden,
4. Vereinbarungen zwischen dem Bund und einer Stelle außerhalb der Bundesverwaltung oder zwischen obersten Bundesbehörden über die Bewirtschaftung von Haushaltsmitteln des Bundes getroffen werden,
5. von den obersten Bundesbehörden organisatorische oder sonstige Maßnahmen von erheblicher finanzieller Tragweite getroffen werden.

(2) Dem Bundesrechnungshof sind auf Anforderung Vorschriften oder Erläuterungen der in Absatz 1 Nr. 1 genannten Art auch dann mitzuteilen, wenn andere Stellen des Bundes sie erlassen.

(3) Der Bundesrechnungshof kann sich jederzeit zu den in den Absätzen 1 und 2 genannten Maßnahmen äußern.

§ 103[1)] Anhörung des Bundesrechnungshofes. (1) Der Bundesrechnungshof ist vor dem Erlaß von Verwaltungsvorschriften zur Durchführung der Bundeshaushaltsordnung zu hören.

(2) Zu den Verwaltungsvorschriften im Sinne des Absatzes 1 gehören auch allgemeine Dienstanweisungen über die Verwaltung der Kassen und Zahlstellen, über die Buchführung und den Nachweis des Vermögens.

(3) Vor der Beschlußfassung über den Erlaß oder die Änderung von Vorschriften über das Haushaltswesen einschließlich der Rechnungsprüfung bei über- oder zwischenstaatlichen Einrichtungen, deren Mitglied die Bundesrepublik Deutschland ist, soll das zuständige Bundesministerium den Bundesrechnungshof hören.

§ 104 Prüfung der juristischen Personen des privaten Rechts.

(1) Der Bundesrechnungshof prüft die Haushalts- und Wirtschaftsführung der juristischen Personen des privaten Rechts, wenn

1. sie auf Grund eines Gesetzes vom Bund Zuschüsse erhalten oder eine Garantieverpflichtung des Bundes gesetzlich begründet ist oder

---

1) § 103 Abs. 3 geänd. durch G v. 22.6.1994 (BGBl. I S. 2605).

2. sie vom Bund oder einer vom Bund bestellten Person allein oder überwiegend verwaltet werden oder
3. mit dem Bundesrechnungshof eine Prüfung durch ihn vereinbart ist oder
4. sie nicht Unternehmen sind und in ihrer Satzung mit Zustimmung des Bundesrechnungshofes eine Prüfung durch ihn vorgesehen ist.

(2) Absatz 1 ist auf die vom Bund verwalteten Treuhandvermögen anzuwenden.

(3) Steht dem Bund vom Gewinn eines Unternehmens, an dem er nicht beteiligt ist, mehr als der vierte Teil zu, so prüft der Bundesrechnungshof den Abschluß und die Geschäftsführung daraufhin, ob die Interessen des Bundes nach den bestehenden Bestimmungen gewahrt worden sind.

Teil VI. Bundesunmittelbare juristische Personen des öffentlichen Rechts

§ 105[1)] **Grundsatz.** (1) Für bundesunmittelbare juristische Personen des öffentlichen Rechts gelten
1. die §§ 106 bis 110,
2. die §§ 1 bis 87 entsprechend,

soweit nicht durch Gesetz oder auf Grund eines Gesetzes etwas anderes bestimmt ist.

(2) Für bundesunmittelbare juristische Personen des öffentlichen Rechts kann das zuständige Bundesministerium im Einvernehmen mit dem Bundesministerium der Finanzen und dem Bundesrechnungshof Ausnahmen von den in Absatz 1 bezeichneten Vorschriften zulassen, soweit kein erhebliches finanzielles Interesse des Bundes besteht.

§ 106 Haushaltsplan. (1) [1]Das zur Geschäftsführung berufene Organ einer bundesunmittelbaren juristischen Person des öffentlichen Rechts hat vor Beginn jedes Haushaltsjahres einen Haushaltsplan festzustellen. [2]Er muß alle im Haushaltsjahr zu erwartenden Einnahmen, voraussichtlich zu leistenden Ausgaben und voraussichtlich benötigten Verpflichtungsermächtigungen enthalten und ist in Einnahme und Ausgabe auszugleichen. [3]In den Haushaltsplan dürfen nur die Ausgaben und Verpflichtungsermächtigungen eingestellt werden, die zur Erfüllung der Aufgaben der juristischen Person notwendig sind.

(2) [1]Hat die juristische Person neben dem zur Geschäftsführung berufenen Organ ein besonderes Beschlußorgan, das in wichtigen Verwaltungsangelegenheiten zu entscheiden oder zuzustimmen oder die Geschäftsführung zu überwachen hat, so hat dieses den Haushaltsplan festzustellen. [2]Das zur Geschäftsführung berufene Organ hat den Entwurf dem Beschlußorgan vorzulegen.

§ 107 Umlagen, Beiträge. Ist die bundesunmittelbare juristische Person des öffentlichen Rechts berechtigt, von ihren Mitgliedern Umlagen oder Beiträge zu erheben, so ist die Höhe der Umlagen oder der Beiträge für das neue Haushaltsjahr gleichzeitig mit der Feststellung des Haushaltsplans festzusetzen.

[1)] § 105 Abs. 2 geänd. durch G v. 22.9.1994 (BGBl. I S. 2605).

§ 108[1] Genehmigung des Haushaltsplans. [1]Der Haushaltsplan und die Festsetzung der Umlagen oder der Beiträge bedürfen bei bundesunmittelbaren juristischen Personen des öffentlichen Rechts der Genehmigung des zuständigen Bundesministeriums. [2]Die Festsetzung der Umlagen oder der Beiträge bedarf außerdem der Genehmigung des Bundesministeriums der Finanzen. [3]Der Haushaltsplan und der Beschluß über die Festsetzung der Umlagen oder der Beiträge sind dem zuständigen Bundesministerium spätestens einen Monat vor Beginn des Haushaltsjahres vorzulegen. [4]Der Haushaltsplan und der Beschluß können nur gleichzeitig in Kraft treten.

§ 109[2] Rechnungslegung, Prüfung, Entlastung. (1) Nach Ende des Haushaltsjahres hat das zur Geschäftsführung berufene Organ der bundesunmittelbaren juristischen Personen des öffentlichen Rechts eine Rechnung aufzustellen.

(2) [1]Die Rechnung und die Haushalts- und Wirtschaftsführung der bundesunmittelbaren juristischen Person des öffentlichen Rechts sind, unbeschadet einer Prüfung durch den Bundesrechnungshof nach § 111, von durch Gesetz oder Satzung bestimmten Stellen zu prüfen. [2]Die Satzungsvorschrift über die Durchführung der Prüfung bedarf der Zustimmung des zuständigen Bundesministeriums im Einvernehmen mit dem Bundesministerium der Finanzen und dem Bundesrechnungshof. [3]Die Ergebnisse der Prüfung sind dem Bundesrechnungshof vorzulegen. [4]Er kann zulassen, daß die Prüfung beschränkt wird.

(3) [1]Die Entlastung erteilt das zuständige Bundesministerium im Einvernehmen mit dem Bundesministerium der Finanzen. [2]Ist ein besonderes Beschlußorgan vorhanden, obliegt ihm die Entlastung; die Entlastung bedarf dann der Genehmigung des zuständigen Bundesministeriums und des Bundesministeriums der Finanzen.

§ 110[3] Wirtschaftsplan. [1]Bundesunmittelbare juristische Personen des öffentlichen Rechts, bei denen ein Wirtschaften nach Einnahmen und Ausgaben des Haushaltsplans nicht zweckmäßig ist, haben einen Wirtschaftsplan aufzustellen. [2]Buchen sie nach den Regeln der kaufmännischen doppelten Buchführung, stellen sie einen Jahresabschluß sowie einen Lagebericht in entsprechender Anwendung der Vorschrift des § 264 Abs. 1 Satz 1 des Handelsgesetzbuchs[4] auf.

§ 111[5] Prüfung durch den Bundesrechnungshof. (1) [1]Der Bundesrechnungshof prüft die Haushalts- und Wirtschaftsführung der bundesunmittelbaren juristischen Personen des öffentlichen Rechts. [2]Die §§ 89 bis 100, 102, 103 sind entsprechend anzuwenden.

(2) [1]Für bundesunmittelbare juristische Personen des öffentlichen Rechts kann das zuständige Bundesminsterium im Einvernehmen mit dem Bundes*ministerium* der Finanzen und dem Bundesrechnungshof Ausnahmen von

[1] § 108 Sätze 1–3 geänd. durch G v. 22.9.1994 (BGBl. I S. 2605).
[2] § 109 Abs. 2 Satz 2 und Abs. 3 geänd. durch G v. 22.9.1994 (BGBl. I S. 2605); Abs. 2 geänd. durch G v. 22.12.1997 (BGBl. I S. 3252).
[3] § 110 Satz 2 neu gef. durch G v. 19.12.1985 (BGBl. I S. 2355).
[4] **Schönfelder Nr. 50.**
[5] § 111 Abs. 2 Satz 1 geänd. durch G v. 22.9.1994 (BGBl. I S. 2605); Abs. 1 Satz 2 geänd. durch G v. 22.12.1997 (BGBl. I S. 3252).

Absatz 1 zulassen, soweit kein erhebliches finanzielles Interesse des Bundes besteht. 2 Die nach bisherigem Recht zugelassenen Ausnahmen bleiben unberührt.

§ 112[1)] Sonderregelungen. (1) 1 Auf die bundesunmittelbaren Träger der gesetzlichen Krankenversicherung, der sozialen Pflegeversicherung, der gesetzlichen Unfallversicherung und der gesetzlichen Rentenversicherung einschließlich der Alterssicherung der Landwirte sind nur die §§ 17a und 111 anzuwenden, und zwar nur dann, wenn sie auf Grund eines Bundesgesetzes vom Bund Zuschüsse erhalten oder eine Garantieverpflichtung des Bundes gesetzlich begründet ist. 2 Auf die Verbände und Arbeitsgemeinschaften der in Satz 1 genannten Sozialversicherungsträger ist unabhängig von ihrer Rechtsform § 111 anzuwenden, wenn Mitglieder dieser Verbände und Arbeitsgemeinschaften der Prüfung durch den Bundesrechnungshof unterliegen. 3 Auf sonstige Vereinigungen auf dem Gebiet der Sozialversicherung finden die Vorschriften dieses Gesetzes keine Anwendung.

(2) 1 Auf Unternehmen in der Rechtsform einer bundesunmittelbaren juristischen Person des öffentlichen Rechts sind unabhängig von der Höhe der Beteiligung des Bundes § 65 Abs. 1 Nr. 3 und 4 und Abs. 2, 3 und 4, § 68 Abs. 1 und § 69 entsprechend, § 111 unmittelbar anzuwenden. 2 Für Unternehmen in der Rechtsform einer juristischen Person des privaten Rechts, an denen die in Satz 1 genannten Unternehmen unmittelbar oder mittelbar mit Mehrheit beteiligt sind, gelten die §§ 53 und 54 des Haushaltsgrundsätzegesetzes[2)] und die §§ 65 bis 69 entsprechend.

(Fortsetzung nächstes Blatt)

[1)] § 112 Abs. 1 Satz 1 geänd. durch G v. 26.5.1994 (BGBl. I S. 1014) und durch G v. 29.7.1994 (BGBl. I S. 1890); Abs. 1 Satz 2 geänd. durch G v. 15.12.1995 (BGBl. I S. 1824); Abs. 1 Satz 1 geänd. mWv 1.1.2020 durch G v. 9.12.2019 (BGBl. I S. 2053).

[2)] Nr. **699**.

Teil VII. Sondervermögen

§ 113 Grundsatz. [1]Auf Sondervermögen des Bundes sind die Teile I bis IV, VIII und IX dieses Gesetzes entsprechend anzuwenden, soweit nicht durch Gesetz oder auf Grund eines Gesetzes etwas anderes bestimmt ist. [2]Der Bundesrechnungshof prüft die Haushalts- und Wirtschaftsführung der Sondervermögen, Teil V dieses Gesetzes ist entsprechend anzuwenden.

Teil VIII. Entlastung

§ 114[1] Entlastung. (1) [1]Das Bundesministerium der Finanzen hat dem Bundestag und dem Bundesrat über alle Einnahmen und Ausgaben sowie über das Vermögen und die Schulden im Laufe des nächsten Rechnungsjahres zur Entlastung der Bundesregierung Rechnung zu legen (Artikel 114 Abs. 1 des Grundgesetzes[2]). [2]Der Bundesrechnungshof berichtet unmittelbar dem Bundestag, dem Bundesrat und der Bundesregierung.

(2) Der Bundestag stellt unter Berücksichtigung der Stellungnahme des Bundesrates die wesentlichen Sachverhalte fest und beschließt über einzuleitende Maßnahmen.

(3) An den Bundesrechnungshof können einzelne Sachverhalte zur weiteren Aufklärung zurückverwiesen werden.

(4) [1]Der Bundestag bestimmt einen Termin, zu dem die Bundesregierung über die eingeleiteten Maßnahmen dem Bundestag und dem Bundesrat zu berichten hat. [2]Soweit Maßnahmen nicht zu dem beabsichtigten Erfolg geführt haben, können Bundestag oder Bundesrat die Sachverhalte wieder aufgreifen.

(5) Der Bundestag oder der Bundesrat kann bestimmte Sachverhalte ausdrücklich mißbilligen.

Teil IX. Übergangs- und Schlußbestimmungen

§ 115 Öffentlich-rechtliche Dienst- oder Amtsverhältnisse. [1]Vorschriften dieses Gesetzes für Beamte sind auf andere öffentlich-rechtliche Dienst- oder Amtsverhältnisse entsprechend anzuwenden. [2]§ 48 gilt nicht bei der Berufung zum Richter an einem obersten Bundesgericht.

§ 116[1] Endgültige Entscheidung. (1) [1]Das Bundesministerium der Finanzen entscheidet in den Fällen des § 37 Abs. 1 endgültig. [2]Soweit dieses Gesetz in anderen Fällen Befugnisse des Bundesministeriums

---

[1] § 114 Abs. 1 Satz 1, § 116 Abs. 1 Satz 1 u. Abs. 2 Behördenbez. geänd., Abs. 1 Satz 2 neugef. durch G v. 22. 9. 1994 (BGBl. I S. 2605).

[2] Nr. 1.

der Finanzen enthält, kann der zuständige Bundesminister über die Maßnahme des Bundesministeriums der Finanzen die Entscheidung der Bundesregierung einholen; die Bundesregierung entscheidet anstelle des Bundesministeriums der Finanzen endgültig. [3] Entscheidet die Bundesregierung gegen oder ohne die Stimme des Bundesministeriums der Finanzen, so steht ihm ein Widerspruchsrecht zu. [4] Das Nähere regelt die Geschäftsordnung der Bundesregierung.

(2) [1] Der Einwilligung des Bundesministeriums der Finanzen bedarf es ausnahmsweise nicht, wenn sofortiges Handeln zur Abwendung einer dem Bund drohenden unmittelbar bevorstehenden Gefahr erforderlich ist, das durch die Notlage gebotene Maß nicht überschritten wird und die Einwilligung nicht rechtzeitig eingeholt werden kann. [2] Zu den getroffenen Maßnahmen ist die Genehmigung des Bundesministeriums der Finanzen unverzüglich einzuholen.

§ 117 Berlin-Klausel. *(gegenstandslos)*

§ 118 Änderung des Gesetzes über Errichtung und Aufgaben des Bundesrechnungshofes. *(überholt)*[1)]

§ 119[2)] **Inkrafttreten.** (1) Dieses Gesetz tritt am 1. Januar 1970 in Kraft.

(2) [1] Zugleich treten als Bundesrecht außer Kraft:

1. die Reichshaushaltsordnung vom 31. Dezember 1922 in der Fassung der Bekanntmachung vom 14. April 1930 (Reichsgesetzbl. II S. 693) und die dazu ergangenen Änderungs- und Ergänzungsgesetze mit Ausnahme des Abschnitts V,
2. das Gesetz zur Erhaltung und Hebung der Kaufkraft vom 24. März 1934 (Reichsgesetzbl. I S. 235),
3. das Gesetz über die Aufstellung und Ausführung des Bundeshaushaltsplans für das Rechnungsjahr 1949 sowie über die Haushaltsführung und über die vorläufige Rechnungsprüfung im Bereich der Bundesverwaltung vom 7. Juni 1950 (Bundesgesetzbl. S. 199),
4. die §§ 4, 6, 7, 8 und 9 des Gesetzes über Errichtung und Aufgaben des Bundesrechnungshofes,
5. die Dritte Verordnung des Reichspräsidenten zur Sicherung von Wirtschaft und Finanzen und zur Bekämpfung politischer Ausschreitungen vom 6. Oktober 1931 (Reichsgesetzbl. I S. 537/562), Fünfter Teil: Handels- und Wirtschaftspolitik, Kapitel VIII,
6. die Verordnung zur Durchführung der Vorschriften über die Prüfungspflicht der Wirtschaftsbetriebe der öffentlichen Hand vom 30. März 1933 (Reichsgesetzbl. I S. 180),
7. die Verordnung über die Rechnungslegung und Rechnungsprüfung während des Krieges vom 5. Juli 1940 (Reichsgesetzbl. II S. 139),

---

1) Siehe nun das BundesrechnungshofG (Nr. **705**).

2) § 119 Abs. 4 aufgeh. durch G v. 27. 6. 1986 (BGBl. I S. 946).

8. die Achte Verordnung zur Durchführung der Vorschriften über die Prüfungspflicht der Wirtschaftsbetriebe der öffentlichen Hand vom 22. September 1942 (Reichsgesetzbl. I S. 563),
9. die in Gesetzen über die einzelnen bundesunmittelbaren juristischen Personen des öffentlichen Rechts enthaltenen Vorschriften, soweit sie mit § 111 und § 112 Abs. 2 nicht vereinbar sind; entgegenstehende Satzungsbestimmungen sind dem § 111 anzupassen,
10. die in den Gesetzen über die einzelnen Sondervermögen des Bundes enthaltenen Vorschriften, soweit sie mit § 113 nicht vereinbar sind.

[2] Ferner treten diejenigen Vorschriften anderer Gesetze außer Kraft, die mit den Bestimmungen dieses Gesetzes nicht vereinbar sind.

(3) Soweit in anderen Gesetzen auf die nach Absatz 2 aufgehobenen Bestimmungen Bezug genommen wird, treten an ihre Stelle die Vorschriften dieses Gesetzes.

(4) *(außer Kraft)*

(5) Für einen Zeitraum von fünf Jahren nach Inkrafttreten dieses Gesetzes können Kassen des Bundes auch bei anderen als in § 79 Abs. 3 bezeichneten Behörden bestehen.

705. Gesetz über den Bundesrechnungshof (Bundesrechnungshofgesetz – BRHG)

Vom 11. Juli 1985
(BGBl. I S. 1445)

FNA 63–20

geänd. durch § 7 Gesetz zur Umsetzung des Beschlusses des Deutschen Bundestages vom 20. Juni 1991 zur Vollendung der Einheit Deutschlands (Berlin/Bonn-Gesetz) v. 26. 4. 1994 (BGBl. I S. 918), Art. 3 Gesetz zur Fortentwicklung des Haushaltsrechts von Bund und Ländern (Haushaltsrechts-Fortentwicklungsgesetz) v. 22. 12. 1997 (BGBl. I S. 3251), Art. 17 Bundesdisziplinarrechts-NeuordnungsG v. 9. 7. 2001 (BGBl. I S. 1510) und Art. 15 Abs. 82 DienstrechtsneuordnungsG v. 5. 2. 2009 (BGBl. I S. 160)

Der Bundestag hat das folgende Gesetz beschlossen:

§ 1 Stellung. [1] Der Bundesrechnungshof ist eine oberste Bundesbehörde und als unabhängiges Organ der Finanzkontrolle nur dem Gesetz unterworfen. [2] Im Rahmen seiner gesetzlichen Aufgaben unterstützt der Bundesrechnungshof den Deutschen Bundestag, den Bundesrat und die Bundesregierung bei ihren Entscheidungen.

§ 2[1)] Sitz und Organisation. (1) [1] Der Bundesrechnungshof hat seinen Sitz[2)] in Bonn. [2] Er kann Außenstellen einrichten.

(2) [1] Der Bundesrechnungshof gliedert sich in Prüfungsabteilungen und Prüfungsgebiete. [2] Für bestimmte Aufgaben können Prüfungsgruppen gebildet werden. [3] Für die Verwaltung besteht eine Präsidialabteilung.

§ 3[3)] Mitglieder des Bundesrechnungshofes. (1) Mitglieder des Bundesrechnungshofes sind der Präsident, der Vizepräsident, die Leiter der Prüfungsabteilungen und die Prüfungsgebietsleiter.

(2) [1] Der Präsident und der Vizepräsident werden zu Beamten auf Zeit ernannt. [2] Die Amtszeit des Präsidenten und des Vizepräsidenten beträgt zwölf Jahre; sie endet spätestens mit Ablauf des Monats, in dem die Beamten die gesetzliche Altersgrenze erreichen. [3] Der Präsident und der Vizepräsident treten nach Ablauf ihrer Amtszeit in den Ruhestand. [4] Im übrigen finden auf sie die Vorschriften des Bundesbeamtengesetzes[4)] über die Beamten auf Lebenszeit mit Ausnahme der Vorschriften über die Laufbahnen und die Probezeit entsprechende Anwendung.

(3) [1] Die Mitglieder müssen die Befähigung für eine Laufbahn des höheren Dienstes erworben haben. [2] Sie sollen daneben über eine vielseitige Berufserfahrung verfügen. [3] Der Präsident oder der Vizepräsident und mindestens

---

[1)] § 2 Abs. 1 Satz 1 neu gef. durch G v. 26. 4. 1994 (BGBl. I S. 918).

[2)] Siehe die Bek. des Organisationserlasses zur Sitzverlagerung d. Bundesrechnungshofes v. 26. 8. 1999 (BGBl. I S. 1915), wonach mWv 1. 7. 2000 der Sitz des Bundesrechnungshofes von Frankfurt/M. nach Bonn verlegt wird.

[3)] § 3 Abs. 4 Satz 3 geänd. mWv 12. 2. 2009 durch G v. 5. 2. 2009 (BGBl. I S. 160).

[4)] Nr. **160**.

ein Drittel der übrigen Mitglieder müssen die Befähigung zum Richteramt haben. [4] Eine angemessene Anzahl der Mitglieder soll eine wirtschaftswissenschaftliche oder technische Vorbildung besitzen.

(4) [1] Die Mitglieder des Bundesrechnungshofes besitzen richterliche Unabhängigkeit (Artikel 114 Abs. 2 Satz 1 des Grundgesetzes[1)]). [2] Die für die Richter an den obersten Gerichtshöfen des Bundes geltenden Vorschriften über Unabhängigkeit und Disziplinarmaßnahmen sind entsprechend anzuwenden. [3] § 48 Abs. 2, 4 und 5 des Deutschen Richtergesetzes[2)] findet Anwendung.

§ 4 Prüfungsbeamte und weitere Bedienstete. Zum Bundesrechnungshof gehören auch die erforderlichen Prüfungsbeamten des höheren und gehobenen Dienstes sowie weitere Bedienstete.

§ 5 Wahl und Ernennung. (1) [1] Der Deutsche Bundestag und der Bundesrat wählen jeweils ohne Aussprache auf Vorschlag der Bundesregierung den Präsidenten und den Vizepräsidenten. [2] Der Deutsche Bundestag wählt in geheimer Wahl mit der Mehrheit seiner Mitglieder. [3] Der Bundespräsident ernennt die Gewählten. [4] Eine Wiederwahl ist ausgeschlossen.

(2) [1] Der Bundespräsident ernennt

1. auf Vorschlag des Präsidenten die anderen Mitglieder des Bundesrechnungshofes,
2. auf Vorschlag des Präsidenten die übrigen Beamten, soweit das Ernennungsrecht nicht dem Präsidenten übertragen ist.

[2] Der Präsident hat vor seinen Vorschlägen nach Nummer 1 den Ständigen Ausschuß des Großen Senats des Bundesrechnungshofes (§ 13 Abs. 2) zu hören.

§ 6 Präsident und Vizepräsident. (1) [1] Der Präsident vertritt die Behörde nach außen. [2] Er leitet die Verwaltung des Bundesrechnungshofes und übt die Dienstaufsicht aus.

(2) [1] Der Präsident wird bei den ihm kraft Gesetzes zukommenden Aufgaben von dem Vizepräsidenten vertreten, bei dessen Verhinderung von dem dienstältesten Abteilungsleiter. [2] Bei gleichem Dienstalter ist das höhere Lebensalter maßgebend. [3] In den Fällen des § 9 Abs. 1 Satz 2 und des § 11 Abs. 2 vertritt der Präsident den Vizepräsidenten. [4] Im Großen Sentat wird der Vizepräsident nach Maßgabe des Satzes 1 zweiter Halbsatz und des Satzes 2 vertreten.

(3) [1] Der Präsident wird bei der Erfüllung seiner Aufgaben durch die anderen Mitglieder unterstützt. [2] Sie dürfen dadurch ihrer Haupttätigkeit als Mitglied des Bundesrechnungshofes nicht ohne ihre Zustimmung entzogen und in ihrer richterlichen Unabhängigkeit nicht beeinträchtigt werden.

§ 7 Geschäftsverteilung. (1) Im Einvernehmen mit dem Ständigen Ausschuß des Großen Senats verteilt der Präsident vor Beginn des Geschäftsjahres die Geschäfte auf Abteilungen und Prüfungsgebiete und bestimmt, welche Mitglieder die Abteilungen und Prüfungsgebiete leiten.

---

1) Nr. 1.
2) **Schönfelder ErgBd. Nr. 97.**

(2) [1] Der Präsident entscheidet vor Beginn des Geschäftsjahres über die Besetzung der Prüfungsgebiete mit Prüfungsbeamten und weiteren Bediensteten. [2] Auf Antrag eines betroffenen Kollegiums oder eines Senats bedarf im Einzelfall die Entscheidung der Zustimmung des Ständigen Ausschusses des Großen Senats.

(3) Innerhalb des Geschäftsjahres kann der Präsident mit Zustimmung des Ständigen Ausschusses des Großen Senats eine Entscheidung nach Absatz 1 oder 2 treffen oder ändern, wenn eine freie Stelle zu besetzen oder die Entscheidung zur sachgerechten Aufgabenerfüllung notwendig ist.

(4) [1] Der Präsident bestimmt in Zweifelsfällen, welches Prüfungsgebiet oder welcher Senat zuständig ist. [2] Absatz 2 Satz 2 gilt entsprechend.

(5) [1] Der Präsident legt im Benehmen mit dem Vizepräsidenten fest, in welchen Abteilungen er oder der Vizepräsident in dem folgenden Geschäftsjahr an den Entscheidungen der Kollegien und Senate mitwirkt. [2] Das gleiche gilt erforderlichenfalls nach Entscheidungen gemäß Absatz 3 während des Geschäftsjahres.

§ 8 Entscheidungen des Bundesrechnungshofes. Entscheidungen des Bundesrechnungshofes treffen der Präsident (§ 19 Satz 1 Nr. 2), die Kollegien (§ 9), die Prüfungsgruppen (§ 10), die Senate (§ 11) und der Große Senat (§ 13).

§ 9 Zweier- und Dreierkollegium. (1) [1] Das Kollegium für ein Prüfungsgebiet besteht aus dem zuständigen Abteilungsleiter und dem zuständigen Prüfungsgebietsleiter (Zweierkollegium). [2] Der Präsident oder der Vizepräsident tritt hinzu, wenn er oder ein Mitglied des Zweierkollegiums dies für erforderlich hält (Dreierkollegium).

(2) Ein Kollegium kann ein Mitglied für einen Einzelfall ermächtigen, allein zu entscheiden.

§ 10 Prüfungsgruppen. [1] Im Einvernehmen mit dem Ständigen Ausschuß des Großen Senats kann der Präsident Prüfungsgruppen für bestimmte Aufgaben bilden. [2] Die §§ 7, 9, 14 Abs. 1 Nr. 3 und 4, § 15 Abs. 2 und § 16 Abs. 1 und 3 gelten entsprechend.

§ 11 Senate. (1) [1] Für jede Abteilung wird ein Senat gebildet, dem der Abteilungsleiter als Vorsitzender, die Prüfungsgebietsleiter der Abteilung und ein weiterer Prüfungsgebietsleiter angehören. [2] Den weiteren Prüfungsgebietsleiter sowie dessen Vertreter benennt der Präsident nach Maßgabe der Geschäftsordnung.

(2) [1] Der Präsident oder der Vizepräsident kann dem Senat hinzutreten. [2] In diesem Falle übernimmt er den Vorsitz.

§ 12 Zuständigkeit der Senate. Die Senate entscheiden

1. in den Fällen des § 14 Abs. 1 Nr 3 und 4 über die Antragstellung und im Falle des § 17 Abs. 1 Satz 2;
2. auf Antrag eines Mitgliedes, wenn in einem Kollegium Übereinstimmung nicht erzielt wird oder es sich um eine Angelegenheit von besonderer Bedeutung handelt;

3. über die ihnen durch die Geschäftsordnung und den Großen Senat zugewiesenen Angelegenheiten.

§ 13 Großer Senat. (1) [1] Der Große Senat besteht aus dem Präsidenten als Vorsitzendem, dem Vizepräsidenten, den Leitern der Prüfungsabteilungen und drei Prüfungsgebietsleitern. [2] Hinzu treten bei Aufgaben des Bundesrechnungshofes der nach der Geschäftsverteilung jeweils zuständige Prüfungsgebietsleiter (Berichterstatter) und ein weiterer Prüfungsgebietsleiter (Mitberichterstatter). [3] Die drei Prüfungsgebietsleiter und deren Vertreter sowie der Mitberichterstatter werden vom Präsidenten nach Maßgabe der Geschäftsordnung benannt.

(2) [1] Der Große Senat bildet einen Ständigen Ausschuß. [2] Dieser besteht aus dem Vizepräsidenten sowie aus zwei Abteilungsleitern und zwei Prüfungsgebietsleitern, die mit ihren Vertretern unter Berücksichtigung des Dienstalters nach Maßgabe der Geschäftsordnung benannt werden. [3] Der Präsident kann an den Beratungen des Ausschusses teilnehmen.

(3) [1] Der Große Senat kann mit Zweidrittelmehrheit weitere Ausschüsse bilden und ihnen die Beratung oder die Entscheidung bestimmter Angelegenheiten übertragen. [2] Einem Ausschuß muß mindestens einer der drei Prüfungsgebietsleiter angehören. [3] Absatz 1 Satz 2 findet Anwendung; die Bestimmung des Mitberichterstatters obliegt dem Vorsitzenden des Ausschusses.

§ 14[1)] Zuständigkeit des Großen Senats. (1) Der Große Senat entscheidet

1. nach § 17 Abs. 1 Satz 4, § 18 Abs. 2 Satz 2 und § 20 Abs. 1;
2. über die Aufstellung der Bemerkungen nach § 97 der Bundeshaushaltsordnung,über Berichte nach § 99 der Bundeshaushaltsordnung und über sonst gesetzlich vorgesehene Berichte, soweit die Entscheidungen durch die Geschäftsordnung nicht Senaten übertragen werden; im Falle des § 19 Satz 1 Nr. 1 obliegt die Entscheidung dem Dreierkollegium, im Falle des § 19 Satz 1 Nr. 2 dem Präsidenten;
3. auf Antrag eines Senats oder auf Antrag eines Kollegiums bei abteilungsübergreifenden Prüfungs- oder Beratungsvorhaben oder bei Angelegenheiten von grundsätzlicher Bedeutung;
4. auf Antrag eines betroffenen Senats oder Kollegiums, wenn beabsichtigt wird, von der – auf Anfrage aufrechterhaltenen – Entscheidung eines Senats oder von einer Entscheidung des Großen Senats abzuweichen; das gleiche gilt für die Abweichung von der Entscheidung eines Kollegiums, soweit es im Rahmen seiner Zuständigkeit für allgemeine oder grundsätzliche Angelegenheiten entschieden hat;
5. über das Verfahren und die Grundsätze der Arbeitsplanung, der Prüfung, der Beratung und der Berichterstattung;
6. über den Aufgabenbereich der Prüfungsämter (§ 20 a Abs. 2).

(2) Der Präsident kann den Großen Senat auch mit weiteren Angelegenheiten befassen oder ihn vor eigenen Entscheidungen hören.

---

1) § 14 Abs. 1 Nr. 6 angef. durch G v. 22. 12. 1997 (BGBl. I S. 3251).

§ 15 Abstimmungen. (1) Die Kollegien treffen ihre Entscheidungen einstimmig.

(2) [1]Die Senate und der Große Senat entscheiden mit Stimmenmehrheit. [2]Bei Stimmengleichheit gibt die Stimme des Vorsitzenden den Ausschlag.

§ 16 Mitglied kraft Auftrags. (1) [1]Ist ein Prüfungsgebietsleiter an der Ausübung seines Amtes nicht nur kurzfristig verhindert, so kann der Präsident nach Anhörung des Ständigen Ausschusses des Großen Senats einen Beamten, der nicht Mitglied des Bundesrechnungshofes ist, für die Zeit der Verhinderung des Prüfungsgebietsleiters oder für einen bestimmten Zeitraum mit der Wahrnehmung der Geschäfte beauftragen. [2]Entsprechendes gilt, solange die Planstelle eines Prüfungsgebietsleiters frei ist. [3]§ 3 Abs. 3 Satz 1 ist auf den Beamten anzuwenden.

(2) Absatz 1 Satz 1 und 3 gilt entsprechend, wenn ein Prüfungsgebietsleiter verhindert ist, an der Entscheidung des Senats in seiner Abteilung mitzuwirken.

(3) Für die Dauer der Beauftragung hat der Beamte die Stellung eines Mitglieds des Bundesrechnungshofes.

§ 17 Ausschluß wegen Befangenheit. (1) [1]Ein Mitglied des Bundesrechnungshofes darf nicht tätig werden, wenn ein Grund vorliegt, der geeignet ist, Zweifel an seiner Unbefangenheit zu rechtfertigen. [2]Ob diese Voraussetzung gegeben ist, entscheidet der Senat, dem das betroffene Mitglied angehört. [3]§ 16 Abs. 2 findet keine Anwendung. [4]Soll das Mitglied von einer Entscheidung der Prüfungsgruppe oder des Großen Senats ausgeschlossen sein, so entscheidet dieser. [5]Das jeweils betroffene Mitglied darf an der Entscheidung nicht mitwirken. [6]Eine Vertretung findet insoweit nicht statt.

(2) Die Mitglieder des Bundesrechnungshofes dürfen nicht bei einer Angelegenheit tätig werden, an der sie selbst oder an der Angehörige im Sinne des § 20 Abs. 5 des Verwaltungsverfahrensgesetzes[1)] beteiligt gewesen sind oder für die sie selbst oder für die Angehörige Verantwortung tragen.

(3) [1]Für Prüfungsbeamte und sonstige Bedienstete, die bei der Erfüllung der Aufgaben des Bundesrechnungshofes tätig werden, gelten Absatz 1 Satz 1 und Absatz 2 entsprechend. [2]Ob Zweifel an der Unbefangenheit gerechtfertigt sind, entscheiden das zuständige Kollegium oder die Mitglieder der Prüfungsgruppe.

§ 18[2)] Zuständigkeit des Dienstgerichts des Bundes. (1) [1]Für ein Disziplinarverfahren gegen ein Mitglied des Bundesrechnunghofes und für ein Prüfungsverfahren im Sinne des § 66 des Deutschen Richtergesetzes[3)], das ein Mitglied des Bundesrechnungshofes betrifft, ist das Dienstgericht des Bundes zuständig. [2]Das nach § 63 Abs. 2 und § 66 Abs. 3 des Deutschen Richtergesetzes vorgesehene Antragsrecht der obersten Dienstbehörde übt hinsichtlich des Präsidenten und des Vizepräsidenten des Bundesrechnungshofes der Präsident des Deutschen Bundestages oder der Präsident des Bundesrates aus.

[1)] Nr. **100**.

[2)] § 18 Abs. 1 Satz 1 geänd. mWv 1. 1. 2002 durch G v. 9. 7. 2001 (BGBl. I S. 1510).

[3)] **Schönfelder ErgBd. Nr. 97.**

(2) [1] Die nichtständigen Beisitzer des Dienstgerichts müssen Mitglieder des Bundesrechnungshofes sein. [2] Das Präsidium des Bundesgerichtshofes bestimmt sie für die Dauer von fünf Geschäftsjahren in der Reihenfolge einer Vorschlagsliste, die der Große Senat aufstellt.

(3) Auf das Verfahren vor dem Dienstgericht sind die Vorschriften des Deutschen Richtergesetzes anzuwenden.

§ 19 Geheimhaltungsbedürftige Angelegenheiten. [1] Ist im Haushaltsplan nach § 10 a der Bundeshaushaltsordnung bestimmt, daß die Prüfung durch den Bundesrechnungshof

1. durch das zuständige Kollegium unter Mitwirkung des Präsidenten oder des Vizepräsidenten oder
2. allein durch den Präsidenten oder, wenn dessen Stelle nicht besetzt ist, durch den Vizepräsidenten

vorgenommen wird, entfällt die Zuständigkeit der Senate und des Großen Senats. [2] In den Fällen des Satzes 1 Nr. 1 können weitere Beamte bei dem Verfahren zur Hilfeleistung herangezogen werden. [3] Das Dreierkollegium entscheidet mit Stimmenmehrheit.

§ 20 Geschäftsordnung. (1) [1] Der Große Senat erläßt die Geschäftsordnung[1)] des Bundesrechnungshofes. [2] Sie trifft die nach § 11 Abs. 1 Satz 2 und § 13 Abs. 1 Satz 3 und Abs. 2 Satz 2 vorgesehenen Regelungen. [3] Sie kann auch Näheres zur Organisation und zum Verfahren des Bundesrechnungshofes bestimmen, insbesondere auch

1. zur Vertretung der Abteilungsleiter und der Prüfungsgebietsleiter,
2. zur Bildung und Organisation von Prüfungsgruppen (§ 2 Abs. 2 Satz 2,
3. das Verfahren der Entscheidungsgremien,
4. Regeln zur Durchführung abteilungsübergreifender Prüfungs- oder Beratungsvorhaben.

(2) Die Geschäftsordnung ist dem Deutschen Bundestag, dem Bundesrat und der Bundesregierung mitzuteilen.

§ 20 a[2)] Prüfungsämter. (1) Der Bundesrechnunghof kann Prüfungsämter einrichten, die seiner Dienst- und Fachaufsicht unterstellt sind.

(2) [1] Die Prüfungsämter führen die ihnen vom Bundesrechnungshof zugewiesenen Prüfungsaufgaben in entsprechender Anwendung der für ihn geltenden Bestimmungen nach dessen Weisungen durch. [2] Im Rahmen der ihnen übertragenen Prüfungsaufgaben haben sie gegenüber den geprüften Stellen dieselben Prüfungsbefugnisse wie der Bundesrechnungshof. [3] Das Nähere regelt die Geschäftsordnung des Bundesrechnungshofes.

(3) Der Bundesrechnungshof bestimmt den Sitz der Prüfungsämter.

(4) Die Beamten werden vom Präsidenten des Bundesrechnungshofes ernannt.

[1)] *Geschäftsordnung des Bundesrechnungshofes* (GO-BRH) v. 22. 1. 1988 (Berl. BAnz. 66 a), geänd. durch Beschl. v. 8. 10. 1993 (BAnz. 215).

[2)] § 20 a eingef. durch G v. 22. 12. 1997 (BGBl. I S. 3251).

§ 21 Änderung des Bundesbeamtengesetzes und der Bundeshaushaltsordnung. *(hier nicht abgedruckt)*

§ 22[1] *(aufgehoben)*

§ 23 Berlin-Klausel. (gegenstandslos)

§ 24 Inkrafttreten, Aufhebung bestehender Vorschriften. (1) Dieses Gesetz tritt am Tage nach der Verkündung[2] in Kraft.

(2) Zugleich treten außer Kraft:

1. Abschnitt V der Reichshaushaltsordnung in der im Bundesgesetzblatt Teil III, Gliederungsnummer 63–1, veröffentlichten bereinigten Fassung,
2. das Gesetz über Errichtung und Aufgaben des Bundesrechnungshofes in der im Bundesgesetzblatt Teil III, Gliederungsnummer 63–5, veröffentlichten bereinigten Fassung, zuletzt geändert durch das Gesetz vom 2. März 1974 (BGBl. I S. 469).

---

[1] § 22 aufgeh. mWv 12. 2. 2009 durch G v. 5. 2. 2009 (BGBl. I S. 160).
[2] Verkündet am 19. 7. 1985.

720. Gesetz zur Förderung der Stabilität und des Wachstums der Wirtschaft

Vom 8. Juni 1967
(BGBl. I S. 582)

FNA 707-3

geänd. durch FinanzanpassungsG v. 30. 8. 1971 (BGBl. I S. 1435), ZuständigkeitsanpassungG v. 18. 3. 1975 (BGBl. I S. 710), Fünfte Zuständigkeitsanpassungs-Verordnung v. 26. 2. 1993 (BGBl. I S. 282), PostneuordnungsG v. 14. 9. 1994 (BGBl. I S. 2325), Art. 124 Siebente Zuständigkeitsanpassungs-VO v. 29. 10. 2001 (BGBl. I S. 2785), Art. 101 Achte ZuständigkeitsanpassungsVO v. 25. 11. 2003 (BGBl. I S. 2304), Art. 135 Neunte ZuständigkeitsanpassungsVO v. 31. 10. 2006 (BGBl. I S. 2407) und Art. 267 Zehnte ZuständigkeitsanpassungsVO v. 31. 8. 2015 (BGBl. I S. 1474)

Der Bundestag hat mit Zustimmung des Bundesrates das folgende Gesetz beschlossen:

§ 1 [Erfordernisse der Wirtschaftspolitik] [1] Bund und Länder haben bei ihren wirtschafts- und finanzpolitischen Maßnahmen die Erfordernisse des gesamtwirtschaftlichen Gleichgewichts zu beachten. [2] Die Maßnahmen sind so zu treffen, daß sie im Rahmen der marktwirtschaftlichen Ordnung gleichzeitig zur Stabilität des Preisniveaus, zu einem hohen Beschäftigungsstand und außenwirtschaftlichem Gleichgewicht bei stetigem und angemessenem Wirtschaftswachstum beitragen.

§ 2 [Jahreswirtschaftsbericht] (1) [1] Die Bundesregierung legt im Januar eines jeden Jahres dem Bundestag und dem Bundesrat einen Jahreswirtschaftsbericht vor. [2] Der Jahreswirtschaftsbericht enthält:

1. die Stellungnahme zu dem Jahresgutachten des Sachverständigenrates auf Grund des § 6 Abs. 1 Satz 3 des Gesetzes über die Bildung eines Sachverständigenrates zur Begutachtung der gesamtwirtschaftlichen Entwicklung vom 14. August 1963 (Bundesgesetzbl. I S. 685) in der Fassung des Gesetzes vom 8. November 1966 (Bundesgesetzbl. I S. 633);
2. eine Darlegung der für das laufende Jahr von der Bundesregierung angestrebten wirtschafts- und finanzpolitischen Ziele (Jahresprojektion); die Jahresprojektion bedient sich der Mittel und der Form der volkswirtschaftlichen Gesamtrechnung, gegebenenfalls mit Alternativrechnungen;
3. eine Darlegung der für das laufende Jahr geplanten Wirtschafts- und Finanzpolitik.

(2) Maßnahmen nach § 6 Abs. 2 und 3 und nach den §§ 15 und 19 dieses Gesetzes sowie nach § 51 Abs. 3 des Einkommensteuergesetzes und nach § 19 c des Körperschaftsteuergesetzes dürfen nur getroffen werden, wenn die Bundesregierung gleichzeitig gegenüber dem Bundestag und dem Bundesrat begründet, daß diese Maßnahmen erforderlich sind, um eine Gefährdung der Ziele des § 1 zu verhindern.

§ 3[1)] **[Orientierungsdaten für konzertierte Aktion]** (1) [1] Im Falle der Gefährdung eines der Ziele des § 1 stellt die Bundesregierung Orientierungsdaten für ein gleichzeitiges aufeinander abgestimmtes Verhalten (konzertierte Aktion) der Gebietskörperschaften, Gewerkschaften und Unternehmensverbände zur Erreichung der Ziele des § 1 zur Verfügung. [2] Diese Orientierungsdaten enthalten insbesondere eine Darstellung der gesamtwirtschaftlichen Zusammenhänge im Hinblick auf die gegebene Situation.

(2) Das Bundesministerium für Wirtschaft und Energie hat die Orientierungsdaten auf Verlangen eines der Beteiligten zu erläutern.

§ 4 [Außenwirtschaftliche Störungen] [1] Bei außenwirtschaftlichen Störungen des gesamtwirtschaftlichen Gleichgewichts, deren Abwehr durch binnenwirtschaftliche Maßnahmen nicht oder nur unter Beeinträchtigung der in § 1 genannten Ziele möglich ist, hat die Bundesregierung alle Möglichkeiten der internationalen Koordination zu nutzen. [2] Soweit dies nicht ausreicht, setzt sie die ihr zur Wahrung des außenwirtschaftlichen Gleichgewichts zur Verfügung stehenden wirtschaftspolitischen Mittel ein.

§ 5 [Bundeshaushalt, Konjunkturausgleichsrücklage] (1) Im Bundeshaushaltsplan sind Umfang und Zusammensetzung der Ausgaben und der Ermächtigungen zum Eingehen von Verpflichtungen zu Lasten künftiger Rechnungsjahre so zu bemessen, wie es zur Erreichung der Ziele des § 1 erforderlich ist.

(2) Bei einer die volkswirtschaftliche Leistungsfähigkeit übersteigenden Nachfrageausweitung sollen Mittel zur zusätzlichen Tilgung von Schulden bei der Deutschen Bundesbank oder zur Zuführung an eine Konjunkturausgleichsrücklage veranschlagt werden.

(3) Bei einer die Ziele des § 1 gefährdenden Abschwächung der allgemeinen Wirtschaftstätigkeit sollen zusätzlich erforderliche Deckungsmittel zunächst der Konjunkturausgleichsrücklage entnommen werden.

§ 6[2)] **[Genehmigungsverfahren bei Überhitzung; zusätzliche Ausgaben bei Abschwächung]** (1) [1] Bei der Ausführung des Bundeshaushaltsplans kann im Falle einer die volkswirtschaftliche Leistungsfähigkeit übersteigenden Nachfrageausweitung die Bundesregierung das Bundesministerium der Finanzen ermächtigen, zur Erreichung der Ziele des § 1 die Verfügung über bestimmte Ausgabemittel, den Beginn von Baumaßnahmen und das Eingehen von Verpflichtungen zu Lasten künftiger Rechnungsjahre von dessen Einwilligung abhängig zu machen. [2] Die Bundesministerien der Finanzen und für Wirtschaft und Energie schlagen die erforderlichen Maßnahmen vor. [3] Das Bundesministerium der Finanzen hat die dadurch nach Ablauf des

---

[1)] § 3 Abs. 2 geänd. mWv 7. 11. 2001 durch VO v. 29. 10. 2001 (BGBl. I S. 2785); Abs. 2 geänd. mWv 28. 11. 2003 durch VO v. 25. 11. 2003 (BGBl. I S. 2304); Abs. 2 geänd. mWv 8. 11. 2006 durch VO v. 31. 10. 2006 (BGBl. I S. 2407); Abs. 2 geänd. mWv 8. 9. 2015 durch VO v. 31. 8. 2015 (BGBl. I S. 1474).

[2)] § 6 Abs. 2 Satz 2 neu gef. durch G v. 30. 8. 1971 (BGBl. I S. 1426); Abs. 1 Sätze 1, 2 und 3, Abs. 3 Satz 1 geänd. mWv 7. 11. 2001 durch VO v. 29. 10. 2001 (BGBl. I S. 2785); Abs. 1 Satz 2 geänd. mWv 28. 11. 2003 durch VO v. 25. 11. 2003 (BGBl. I S. 2304); Abs. 1 Satz 2 geänd. mWv 8. 11. 2006 durch VO v. 31. 10. 2006 (BGBl. I S. 2407); Abs. 1 Satz 2 geänd. mWv 8. 9. 2015 durch VO v. 31. 8. 2015 (BGBl. I S. 1474).

Rechnungsjahres freigewordenen Mittel zur zusätzlichen Tilgung von Schulden bei der Deutschen Bundesbank zu verwenden oder der Konjunkturausgleichsrücklage zuzuführen.

(2) [1] Die Bundesregierung kann bestimmen, daß bei einer die Ziele des § 1 gefährdenden Abschwächung der allgemeinen Wirtschaftstätigkeit zusätzliche Ausgaben geleistet werden; Absatz 1 Satz 2 ist anzuwenden. [2] Die zusätzlichen Mittel dürfen nur für im Finanzplan (§ 9 in Verbindung mit § 10) vorgesehene Zwecke oder als Finanzhilfe für besonders bedeutsame Investitionen der Länder und Gemeinden (Gemeindeverbände) zur Abwehr einer Störung des gesamtwirtschaftlichen Gleichgewichts (Artikel 104 a Abs. 4 Satz 1 GG) verwendet werden. [3] Zu ihrer Deckung sollen die notwendigen Mittel zunächst der Konjunkturausgleichsrücklage entnommen werden.

(3) [1] Das Bundesministerium der Finanzen wird ermächtigt, zu dem in Absatz 2 bezeichneten Zweck Kredite über die im Haushaltsgesetz erteilten Kreditermächtigungen hinaus bis zur Höhe von fünf Milliarden Deutsche Mark, gegebenenfalls mit Hilfe von Geldmarktpapieren, aufzunehmen. [2] Soweit solche Kredite auf eine nachträglich in einem Haushaltsgesetz ausgesprochene Kreditermächtigung angerechnet werden, kann das Recht zur Kreditaufnahme erneut in Anspruch genommen werden.

§ 7 [Ansammlung der Konjunkturausgleichsrücklage bei der Deutschen Bundesbank] (1) [1] Die Konjunkturausgleichsrücklage ist bei der Deutschen Bundesbank anzusammeln. [2] Mittel der Konjunkturausgleichsrücklage dürfen nur zur Deckung zusätzlicher Ausgaben gemäß § 5 Abs. 3 und § 6 Abs. 2 verwendet werden.

(2) Ob und in welchem Ausmaß über Mittel der Konjunkturausgleichsrücklage bei der Ausführung des Bundeshaushaltsplans verfügt werden soll, entscheidet die Bundesregierung; § 6 Abs. 1 Satz 2 ist anzuwenden.

§ 8 [Leertitel im Bundeshaushaltsplan] (1) [1] In den Bundeshaushaltsplan ist ein Leertitel für Ausgaben nach § 6 Abs. 2 Satz 1 und 2 einzustellen. [2] Ausgaben aus diesem Titel dürfen nur mit Zustimmung des Bundestages und nur insoweit geleistet werden, als Einnahmen aus der Konjunkturausgleichsrücklage oder aus Krediten nach § 6 Abs. 3 vorhanden sind. [3] Die Vorlage ist gleichzeitig dem Bundestag und dem Bundesrat zuzuleiten. [4] Der Bundesrat kann binnen zwei Wochen dem Bundestag gegenüber Stellung nehmen. [5] Die Zustimmung des Bundestages gilt als erteilt, wenn er nicht binnen vier Wochen nach Eingang der Vorlage der Bundesregierung die Zustimmung verweigert hat.

(2) In den Bundeshaushaltsplan ist ferner ein Leertitel für Einnahmen aus der Konjunkturausgleichsrücklage und aus Krediten nach § 6 Abs. 3 einzustellen.

§ 9[1)] [Fünfjähriger Finanzplan] (1) [1] Der Haushaltswirtschaft des Bundes ist eine fünfjährige Finanzplanung zugrunde zu legen. [2] In ihr sind Umfang und Zusammensetzung der voraussichtlichen Ausgaben und die Deckungsmöglichkeiten in ihren Wechselbeziehungen zu der mutmaßlichen Entwick-

---

1) § 9 Abs. 2 Satz 1 geänd. mWv 7. 11. 2001 durch VO v. 29. 10. 2001 (BGBl. I S. 2785).

lung des gesamtwirtschaftlichen Leistungsvermögens darzustellen, gegebenenfalls durch Alternativrechnungen.

(2) [1] Der Finanzplan ist vom Bundesministerium der Finanzen aufzustellen und zu begründen. [2] Er wird von der Bundesregierung beschlossen und Bundestag und Bundesrat vorgelegt.

(3) Der Finanzplan ist jährlich der Entwicklung anzupassen und fortzuführen.

§ 10[1)] **[Investitionsprogramme]** (1) [1] Als Unterlagen für die Finanzplanung stellen die Bundesministerien für ihren Geschäftsbereich mehrjährige Investitionsprogramme auf und übersenden sie mit den sonstigen Bedarfsschätzungen dem Bundesministerium der Finanzen zu dem von ihm zu bestimmenden Zeitpunkt. [2] Die Geschäftsbereiche, für die Investitionsprogramme aufzustellen sind, bestimmt die Bundesregierung.

(2) [1] Die Investitionsprogramme haben nach Dringlichkeit und Jahresabschnitten gegliedert die in den nächsten Jahren durchzuführenden Investitionsvorhaben zu erfassen. [2] Jeder Jahresabschnitt soll die fortzuführenden und neuen Investitionsvorhaben mit den auf das betreffende Jahr entfallenden Teilbeträgen wiedergeben. [3] Finanzierungshilfen des Bundes für Investitionen Dritter sind bei Anwendung gleicher Gliederungsgrundsätze unter Kenntlichmachung der Finanzierungsart in einem besonderen Teil zu erfassen.

(3) Die Investitionsprogramme sind jährlich der Entwicklung anzupassen und fortzuführen.

§ 11[1)] **[Beschleunigung der Investitionsvorhaben]** [1] Bei einer die Ziele des § 1 gefährdenden Abschwächung der allgemeinen Wirtschaftstätigkeit ist die Planung geeigneter Investitionsvorhaben so zu beschleunigen, daß mit ihrer Durchführung kurzfristig begonnen werden kann. [2] Die zuständigen Bundesministerien haben alle weiteren Maßnahmen zu treffen, die zu einer beschleunigten Vergabe von Investitionsaufträgen erforderlich sind.

§ 12 [Übersicht über Finanzhilfen] (1) Bundesmittel, die für bestimmte Zwecke an Stellen außerhalb der Bundesverwaltung gegeben werden, insbesondere Finanzhilfen, sollen so gewährt werden, daß es den Zielen des § 1 nicht widerspricht.

(2) Über die in Absatz 1 bezeichneten Finanzhilfen legt die Bundesregierung dem Bundestag und dem Bundesrat zusammen mit dem Entwurf des Bundeshaushaltsplans alle zwei Jahre eine zahlenmäßige Übersicht vor, die insbesondere gegliedert ist in Finanzhilfen, die

1. der Erhaltung von Betrieben oder Wirtschaftszweigen,
2. der Anpassung von Betrieben oder Wirtschaftszweigen an neue Bedingungen und
3. der Förderung des Produktivitätsfortschritts und des Wachstums von Betrieben oder Wirtschaftszweigen, insbesondere durch Entwicklung neuer Produktionsmethoden und -richtungen

dienen.

[1)] § 10 Abs. 1 Satz 1 und § 11 Satz 2 geänd. mWv 7. 11. 2001 durch VO v. 29. 10. 2001 (BGBl. I S. 2785).

(3) In entsprechender Gliederung des Absatzes 2 wird eine Übersicht der Steuervergünstigungen zusammen mit den geschätzten Mindereinnahmen beigefügt.

(4) [1] Zu den in Absatz 2 und 3 genannten Übersichten gibt die Bundesregierung an, auf welchen Rechtsgründen oder sonstigen Verpflichtungen die jeweiligen Finanzhilfen und Steuervergünstigungen beruhen und wann nach der gegebenen Rechtslage mit einer Beendigung der Finanzhilfen und Steuervergünstigungen zu rechnen ist. [2] Sie macht zugleich Vorschläge hinsichtlich der gesetzlichen oder sonstigen Voraussetzungen für eine frühere Beendigung oder einen stufenweisen Abbau der Verpflichtungen. [3] Hierzu wird ein Zeitplan entsprechend der in Absatz 2 beschriebenen Gliederung aufgestellt.

§ 13[1)] **[ERP-Sondervermögen]** (1) Die Vorschriften der §§ 1, 5, 6 Abs. 1 und 2 gelten für das ERP-Sondervermögen entsprechend.

(2) Für die Deutsche Bundesbahn erläßt das Bundesministerium für Verkehr und digitale Infrastruktur, im Einvernehmen mit dem Bundesministerium der Finanzen die nach § 1 erforderlichen Anordnungen.

(3) Die bundesunmittelbaren Körperschaften, Anstalten und Stiftungen des öffentlichen Rechts sollen im Rahmen der ihnen obliegenden Aufgaben die Ziele des § 1 berücksichtigen.

§ 14 [Haushaltswirtschaft der Länder] [1] Die §§ 5, 6 Abs. 1 und 2, §§ 7, 9 bis 11 sowie § 12 Abs. 1 gelten sinngemäß für die Haushaltswirtschaft der Länder. [2] Die Regelung der Zuständigkeiten bleibt den Ländern überlassen.

§ 15 [Mittelzuführung an Konjunkturausgleichsrücklage] (1) Zur Abwehr einer Störung des gesamtwirtschaftlichen Gleichgewichts kann die Bundesregierung durch Rechtsverordnung mit Zustimmung des Bundesrates anordnen, daß der Bund und die Länder ihren Konjunkturausgleichsrücklagen Mittel zuzuführen haben.

(2) [1] In der Rechtsverordnung ist der Gesamtbetrag zu bestimmen, der von Bund und Ländern aufzubringen ist. [2] Er soll unbeschadet der nach Absatz 4 den Konjunkturausgleichsrücklagen zuzuführenden Beträge in einem Haushaltsjahr drei vom Hundert der von Bund und Ländern im vorangegangenen Haushaltsjahr erzielten Steuereinnahmen nicht überschreiten.

(3) [1] Soweit Bund und Länder keine andere Aufbringung vereinbaren, haben sie den Gesamtbetrag im Verhältnis der von ihnen im vorangegangenen Haushaltsjahr erzielten Steuereinnahmen unter Berücksichtigung der Ausgleichszuweisungen und Ausgleichsbeiträge nach dem Länderfinanzausgleich aufzubringen. [2] Bei der Berechnung der Steuereinnahmen der Länder bleiben die Gemeindesteuern der Länder Berlin, Bremen, Hamburg und die nach § 6 Abs. 2 des Lastenausgleichsgesetzes zu leistenden Zuschüsse außer Betracht. [3] Haben der Bund oder einzelne Länder ihrer Konjunkturausgleichsrücklage im gleichen Haushaltsjahr bereits Mittel zugeführt, so werden diese auf ihre Verpflichtung angerechnet.

[1)] § 13 Abs. 2 geänd. durch VO v. 26. 2. 1993 (BGBl. I S. 278) u. durch G v. 14. 9. 1994 (BGBl. I S. 2325); Abs. 2 geänd. mWv 7. 11. 2001 durch VO v. 29. 10. 2001 (BGBl. I S. 2785); Abs. 2 geänd. mWv 8. 11. 2006 durch VO v. 31. 10. 2006 (BGBl. I S. 2407); Abs. 2 geänd. mWv 8. 9. 2015 durch VO v. 31. 8. 2015 (BGBl. I S. 1474).

(4) Werden die Einkommensteuer auf Grund der Ermächtigung in § 51 Abs. 3 Ziff. 2 des Einkommensteuergesetzes und die Körperschaftssteuer auf Grund des § 19 c des Körperschaftsteuergesetzes erhöht, so haben der Bund und die Länder zusätzlich laufend ihren Konjunkturausgleichsrücklagen aus dem Aufkommen an Einkommensteuer und Körperschaftsteuer während des Zeitraums, für den die Erhöhung gilt, jeweils Beträge in dem Verhältnis zuzuführen, in dem der Hundertsatz, um den die Einkommensteuer und die Körperschaftsteuer erhöht worden sind, zu der aus 100 und diesem Hundertsatz gebildeten Summe steht.

(5) [1] Die den Konjunkturausgleichsrücklagen auf Grund einer Rechtsverordnung nach Absatz 1 oder gemäß Absatz 4 zugeführten Beträge dürfen nur insoweit entnommen werden, als sie durch Rechtsverordnung der Bundesregierung mit Zustimmung des Bundesrates freigegeben sind. [2] Die Freigabe ist nur zur Vermeidung einer die Ziele des § 1 gefährdenden Abschwächung der allgemeinen Wirtschaftstätigkeit zulässig. [3] Die Sätze 1 und 2 sind auf die in Absatz 3 Satz 3 bezeichneten Mittel anzuwenden.

§ 16 [Haushaltswirtschaft der Gemeinden] (1) Gemeinden und Gemeindeverbände haben bei ihrer Haushaltswirtschaft den Zielen des § 1 Rechnung zu tragen.

(2) Die Länder haben durch geeignete Maßnahmen darauf hinzuwirken, daß die Haushaltswirtschaft der Gemeinden und Gemeindeverbände den konjunkturpolitischen Erfordernissen entspricht.

§ 17 [Auskunftspflicht von Bund und Ländern] Bund und Länder erteilen sich gegenseitig die Auskünfte, die zur Durchführung einer konjunkturgerechten Haushaltswirtschaft und zur Aufstellung ihrer Finanzpläne notwendig sind.

§ 18[1)] [Konjunkturrat] (1) [1] Bei der Bundesregierung wird ein Konjunkturrat für die öffentliche Hand gebildet. [2] Dem Rat gehören an:

1. die Bundesminister für Wirtschaft und Energie,
2. je ein Vertreter eines jeden Landes,
3. vier Vertreter der Gemeinden und der Gemeindeverbände, die vom Bundesrat auf Vorschlag der kommunalen Spitzenverbände bestimmt werden.

[3] Den Vorsitz im Konjunkturrat führt der Bundesminister für Wirtschaft und Energie.

(2) [1] Der Konjunkturrat berät nach einer vom Bundesministerium für Wirtschaft und Energie zu erlassenden Geschäftsordnung in regelmäßigen Abständen:

1. alle zur Erreichung der Ziele dieses Gesetzes erforderlichen konjunkturpolitischen Maßnahmen;

---

1) § 18 Abs. 3 eingef., bish. Abs. 3 wird Abs. 4 durch G v. 18. 3. 1975 (BGBl. I S. 705); Abs. 1 Satz 2 Nr. 1, Abs. 1 Satz 3, Abs. 2 Satz 1 geänd. mWv 7. 11. 2001 durch VO v. 29. 10. 2001 (BGBl. I S. 2785); Abs. 1 Satz 2 Nr. 1, Satz 3, Abs. 2 Satz 1 geänd. mWv 28. 11. 2003 durch VO v. 25. 11. 2003 (BGBl. I S. 2304); Abs. 1 Satz 2 Nr. 1 und Satz 3, Abs. 2 Satz 1 geänd. mWv 8. 11. 2006 durch VO v. 31. 10. 2006 (BGBl. I S. 2407); Abs. 1 Satz 2 Nr. 1 und Satz 3, Abs. 2 Satz 1 geänd. mWv 8. 9. 2015 durch VO v. 31. 8. 2015 (BGBl. I S. 1474).

2. die Möglichkeiten der Deckung des Kreditbedarfs der öffentlichen Haushalte.

[2] Der Konjunkturrat ist insbesondere vor allen Maßnahmen nach den §§ 15, 19 und 20 zu hören.

(3) Der Konjunkturrat bildet einen besonderen Ausschuß für Kreditfragen der öffentlichen Hand, der unter Vorsitz des Bundesministers der Finanzen nach einer von diesem zu erlassenden Geschäftsordnung berät.

(4) Die Bundesbank hat das Recht, an den Beratungen des Konjunkturrates teilzunehmen.

§ 19 [Beschränkung der Kreditbeschaffung] [1] Zur Abwehr einer Störung des gesamtwirtschaftlichen Gleichgewichts kann die Bundesregierung durch Rechtsverordnung mit Zustimmung des Bundesrates anordnen, daß die Beschaffung von Geldmitteln im Wege des Kredits im Rahmen der in den Haushaltsgesetzen oder Haushaltssatzungen ausgewiesenen Kreditermächtigungen durch den Bund, die Länder, die Gemeinden und Gemeindeverbände sowie die öffentlichen Sondervermögen und Zweckverbände beschränkt wird. [2] Satz 1 gilt nicht für Kredite, die von Gemeinden, Gemeindeverbänden oder Zweckverbänden zur Finanzierung von Investitionsvorhaben ihrer wirtschaftlichen Unternehmen ohne eigene Rechtspersönlichkeit aufgenommen werden.

§ 20 [Höchstbeträge der Kreditbeschaffung] (1) In Rechtsverordnungen nach § 19 kann vorgesehen werden, daß

1. für einen zu bestimmenden Zeitraum die Kreditaufnahme durch die in § 19 bezeichneten Stellen auf einen Höchstbetrag begrenzt wird;
2. im Rahmen der nach Nummer 1 festgesetzten Höchstbeträge Kredite bestimmter Art oder Höhe, insbesondere Anleihen oder Schuldscheindarlehen, nur nach Maßgabe eines Zeitplans und nur unter Einhaltung von Kreditbedingungen (§ 22 Abs. 1 und 2) aufgenommen werden dürfen.

(2) [1] Der Höchstbetrag nach Absatz 1 Nr. 1 muß für die einzelne Stelle für ein Haushaltsjahr mindestens 80 vom Hundert der Summe betragen, die sie im Durchschnitt der letzten fünf statistisch erfaßten Haushaltsjahre vor Erlaß der Rechtsverordnung als Kredit aufgenommen hat; Kassen- und Betriebsmittelkredite, Kredite, die die Deutsche Bundesbank oder eine in § 19 bezeichnete Stelle gewährt hat, sowie Kredite für die in § 19 Satz 2 bezeichneten Zwecke bleiben hierbei unberücksichtigt. [2] Zum Ausgleich von Schwankungen im Kreditbedarf der Gemeinden, Gemeindeverbände und Zweckverbände kann für diese der Höchstbetrag auf 70 vom Hundert gekürzt werden. [3] Die hierdurch freiwerdenden Beträge sind von den Ländern solchen Gemeinden, Gemeindeverbänden und Zweckverbänden zuzuweisen, die besonders dringende Investitionsaufgaben zu erfüllen haben.

(3) [1] In Rechtsverordnungen nach § 19 ist zu bestimmen, inwieweit Kreditaufnahmen Dritter, die wirtschaftlich der Kreditaufnahme einer der in § 19 bezeichneten Stellen gleichkommen, auf den Höchstbetrag nach Absatz 1 Nr. 1 anzurechnen sind. [2] Insbesondere sind Kreditaufnahmen Dritter zu berücksichtigen, soweit diese Aufgaben der Finanzierung für eine der in § 19 bezeichneten Stellen wahrnehmen oder soweit eine solche Stelle die Kredit-

aufnahme durch Zinsverbilligungsmittel oder Zuwendungen gleicher Wirkung fördert.

(4) Rechtsverordnungen nach § 19 sind auf längstens ein Jahr zu befristen.

(5) [1] Rechtsverordnungen nach § 19 sind unverzüglich nach ihrer Verkündung dem Bundestag mitzuteilen. [2] Sie sind unverzüglich aufzuheben, wenn es der Bundestag binnen sechs Wochen nach ihrer Verkündung verlangt.

§ 21 [Übertragung der Höchstbeträge] [1] Nimmt eine der in § 19 bezeichneten Stellen einen im Rahmen des Höchstbetrages nach § 20 Abs. 1 Nr. 1 auf sie entfallenden Kredit nicht auf, so kann mit deren Zustimmung eine andere der in § 19 bezeichneten Stellen insoweit den Kredit in Anspruch nehmen. [2] Davon abweichend können die Länder bestimmen, daß von den Höchstbeträgen der Gemeinden, Gemeindeverbände und Zweckverbände diejenigen Teilbeträge, welche die Kreditermächtigung in der Haushaltssatzung übersteigen, anderen Gemeinden, Gemeindeverbänden oder Zweckverbänden mit einem zusätzlichen Kreditbedarf zugewiesen werden.

§ 22[1)] [Zeitplan für Kreditaufnahme] (1) [1] Der besondere Ausschuß des Konjunkturrates (§ 18 Abs. 3) stellt unter Berücksichtigung der Lage am Kapitalmarkt einen Zeitplan für jeweils längstens drei Monate auf. [2] In dem Plan sind für die in der Rechtsverordnung nach § 20 Abs. 1 Nr. 2 bestimmten Kredite die Reihenfolge der Kreditaufnahme und die Höhe des Betrages festzulegen; die Kreditbedingungen können festgelegt werden.

(2) Durch das Bundesministerium der Finanzen kann der nach Absatz 1 aufgestellte Zeitplan für verbindlich erklärt oder, wenn im besonderen Ausschuß des Konjunkturrates keine Übereinstimmung erzielt worden ist, mit Zustimmung des Bundesrates ein Zeitplan festgestellt werden.

(3) [1] Bei einer drohenden Verschlechterung der Lage am Kapitalmarkt kann das Bundesministerium der Finanzen im Benehmen mit der Deutschen Bundesbank den Vollzug des Zeitplans vorläufig aussetzen. [2] Er tritt in diesem Fall innerhalb von zwei Wochen mit dem besonderen Ausschuß des Konjunkturrates in erneute Beratungen ein.

(4) Die in § 19 bezeichneten Stellen sind verpflichtet, auch bei solchen Krediten, die nicht Gegenstand der Rechtsverordnung nach § 20 Abs. 1 Nr. 2 sind, in der Zeitfolge der Kreditaufnahme und der Gestaltung der Kreditbedingungen der Lage am Kapitalmarkt Rechnung zu tragen.

§ 23 [Maßnahme der Länder zur Sicherstellung der Beschränkungen] Die einzelnen Länder haben durch geeignete Maßnahmen sicherzustellen, daß die Beschaffung von Geldmitteln im Wege des Kredits durch das Land, seine Gemeinden, Gemeindeverbände und Zweckverbände sich im Rahmen der auf Grund dieses Gesetzes angeordneten Beschränkungen hält.

§ 24 [Beachtung des Grundsatzes der Gleichrangigkeit] (1) Bei Maßnahmen nach den §§ 20 bis 23 ist der Grundsatz der Gleichrangigkeit der Aufgaben von Bund, Ländern und Gemeinden zu beachten.

---

1) § 22 Abs. 1 bis 3 geänd. durch G v. 18. 3. 1975 (BGBl. I S. 705); Abs. 2, Abs. 3 Satz 1 geänd. mWv 7. 11. 2001 durch VO v. 29. 10. 2001 (BGBl. I S. 2785).

(2) Die besonderen Verhältnisse der Länder Berlin, Bremen und Hamburg, die gleichzeitig Landesaufgaben und Kommunalaufgaben zu erfüllen haben, sind zu berücksichtigen.

§ 25[1)] [Auskunft über Kreditbedarf] [1]Die zuständige oberste Landesbehörde erteilt dem Bundesministerium der Finanzen auf Anforderung Auskunft über den Kreditbedarf des Landes, der Gemeinden, Gemeindeverbände und Zweckverbände, über Art und Höhe der von diesen aufgenommenen Kredite sowie über Kreditaufnahmen Dritter, die wirtschaftlich einer eigenen Kreditaufnahme gleichkommen. [2]Die öffentlichen Sondervermögen erteilen die Auskunft nach Satz 1 unmittelbar.

§§ 26–31 *(nicht wiedergegebene Änderungsvorschrift)*

§ 32 *(gegenstandslos)*

§ 33 [Inkrafttreten] (1) Dieses Gesetz tritt vorbehaltlich des Absatzes 2 am Tage nach seiner Verkündung[2)] in Kraft.

(2) Die Vorschriften des § 26 Nr. 3 Buchstabe a und des § 27 Nr. 2 hinsichtlich des § 23 a Abs. 1 Ziff. 2 Buchstabe k des Körperschaftsteuergesetzes treten am 1. Januar 1969 in Kraft.

[1)] § 25 geänd. durch G v. 18. 3. 1975 (BGBl. I S. 705); Satz 1 geänd. mWv 7. 11. 2001 durch VO v. 29. 10. 2001 (BGBl. I S. 2785).

[2)] Verkündet am 13. 6. 1967.

800. Gewerbeordnung[1)]

In der Fassung der Bekanntmachung vom 22. Februar 1999[2)]
(BGBl. I S. 202)

FNA 7100-1

geänd. durch Art. 2 Zweites Euro-EinführungsG v. 24.3.1999 (BGBl. I S. 385), Art. 26 Viertes Euro-EinführungsG v. 21.12.2000 (BGBl. I S. 1983), Art. 4 Zweites G zur Änd. reiserechtl. Vorschriften v. 23.7.2001 (BGBl. I S. 1658), Art. 131 Siebente ZuständigkeitsanpassungsVO v. 29.10.2001 (BGBl. I S. 2785), Art. 8 Neuntes Euro-EinführungsG v. 10.11.2001 (BGBl. I S. 2992), Art. 2 GaststättenG-GewerbeO-ÄndG v. 13.12.2001 (BGBl. I S. 3584), Art. 3 Viertes G zur Änd. des BundeszentralregisterG v. 23.4.2002 (BGBl. I S. 1406), Art. 3 WirtschaftsnummervorbereitungsG v. 22.5.2002 (BGBl. I S. 1644), Art. 11 Nr. 17 ZuwanderungsG v. 20.6.2002 (BGBl. I S. 1946, nichtig gem. Urt. des BVerfG v. 18.12. 2002 - 2 BvF 1/02 -), Art. 1 Bewachungsgewerberechts-ÄndG v. 23.7.2002 (BGBl. I S. 2724), Art. 11 Schwarzarbeit-Bekämpfungs-ErleichterungsG v. 23.7.2002 (BGBl. I S. 2787), Art. 1 Drittes Gewerberechts-ÄndG v. 24.8.2002 (BGBl. I S. 3412), Art. 9 Waffenrechts-NeuregelungsG v. 11.10.2002 (BGBl. I S. 3970), Art. 108 Achte ZuständigkeitsanpassungsVO v. 25.11.2003 (BGBl. I S. 2304), Art. 67 Drittes G für moderne Dienstleistungen am Arbeitsmarkt v. 23.12.2003 (BGBl. I S. 2848), Art. 4 Drittes G zur Änd. der Handwerksordnung und and. handwerksrechtlicher Vorschriften v. 24.12.2003 (BGBl. I S. 2934), Art. 35a Viertes G für moderne Dienstleistungen am Arbeitsmarkt v. 24.12.2003 (BGBl. I S. 2954), Art. 10 G zur Intensivierung der Bekämpfung der Schwarzarbeit und damit zusammenhängender Steuerhinterziehung v. 23.7.2004 (BGBl. I S. 1842), Art. 11 Nr. 18 ZuwanderungsG v. 30.7.2004 (BGBl. I S. 1950), Art. 12 Kommunales OptionsG v. 30.7.2004 (BGBl. I S. 2014), Art. 9 Bürokratieabbau- und DeregulierungsG v. 21.6.2005 (BGBl. I S. 1666), Art. 2 Abs. 2 Siebtes ÄndG v. 7.7.2005 (BGBl. I S. 1954), Art. 3a G zur Änd. des GemeindefinanzreformG und and. G v. 6.9.2005 (BGBl. I S. 2725), Art. 11 Erstes G zum Abbau bürokratischer Hemmnisse insbesondere in der mittelständischen Wirtschaft v. 22.8.2006 (BGBl. I S. 1970), Art. 144 Neunte ZuständigkeitsanpassungsVO v. 31.10.2006 (BGBl. I S. 2407), Art. 3 G zur Errichtung und zur Regelung der Aufgaben des BfJ v. 17.12.2006 (BGBl. I S. 3171), Art. 1 G zur Neuregelung des Versicherungsvermittlerrechts v. 19.12.2006 (BGBl. I S. 3232), Art. 3 G zur Ausführung des UNESCO-Übk über Maßnahmen zum Verbot und zur Verhütung der rechtswidrigen Einfuhr, Ausfuhr und Übereignung von Kulturgut v. 18.5.2007 (BGBl. I S. 757, ber. S. 2547, iVm Bek. v. 28.3. 2008, BGBl. II S. 235), Art. 5 Finanzmarktrichtlinie-UmsetzungsG v. 16.7.2007 (BGBl. I S. 1330), Art. 9 Zweites BürokratieabbauG v. 7.9.2007 (BGBl. I S. 2246), Art. 14 G zur Änd. des SGB IV und and. Gesetze v. 19.12.2007 (BGBl. I S. 3024), Art. 9 InvestmentänderungsG v. 21.12.2007 (BGBl. I S. 3089), Art. 9 G zur Vereinfachung und Anpassung statistischer Rechtsvorschriften v. 17.3.2008 (BGBl. I S. 399), Art. 11 Abs. 5 UnfallversicherungsmodernisierungsG v. 30.10.2008 (BGBl. I S. 2130), Art. 1 G zur Umsetzung der RL 2005/36/EG über die Anerkennung von Berufsqualifikationen in der GewerbeO v. 12.12.2008 (BGBl. I S. 2423), Art. 92 FGG-ReformG v. 17.12.2008 (BGBl. I S. 2586), Art. 9 Drittes MittelstandsentlastungsG v. 17.3.2009 (BGBl. I S. 550), Art. 7 ELENA-VerfahrensG v. 28.3.2009 (BGBl. I S. 634), Art. 3 Erstes G zur Änd. des G über die Festsetzung von Mindestarbeitsbedingungen v. 22.4. 2009 (BGBl. I S. 818), Art. 1 G zur Umsetzung der DienstleistungsRL im Gewerberecht und in weiteren Rechtsvorschriften v. 17.7.2009 (BGBl. I S. 2091), Art. 4 Abs. 14 G zur Reform der Sachaufklärung in der Zwangsvollstreckung v. 29.7.2009 (BGBl. I S. 2258), Art. 1 G zur Änd. gewerberechtl. Vorschriften v. 11.7.2011 (BGBl. I S. 1341), Art. 8 G zur Änd. des BeherbergungsstatistikG und des HandelsstatistikG sowie zur Aufhebung von Vorschriften zum Verfahren des elektronischen Entgeltnachweises v. 23.11.2011 (BGBl. I S. 2298), Art. 7 G zur Umsetzung der RL 2010/78/EU im Hinblick auf die Errichtung des Europäischen Finanzaufsichtssystems v. 4.12.2011 (BGBl. I S. 2427), Art. 5 G zur Novellierung des Finanzanlagenvermittler- und Vermögensanlagenrechts v. 6.12.2011 (BGBl. I S. 2481), Art. 4 G zur Verbesserung der Feststellung und Anerkennung im Ausland erworbener Berufsqualifikationen v. 6.12. 2011 (BGBl. I S. 2515), Art. 3 G zur Verbesserung des Austauschs von strafregisterrechtl. Daten zwischen den Mitgliedstaaten der Europäischen Union und zur Änd. registerrechtl. Vorschriften v. 15.12.2011 (BGBl. I S. 2714), Art. 1 G zur Änd. der Gewerbeordnung und anderer G v. 5.12.2012 (BGBl. I S. 2415), Art. 1 G zur Einführung eines Zulassungsverfahrens für Bewachungsunternehmen auf Seeschiffen v. 4.3. 2013 (BGBl. I S. 362, geänd. durch Art. 2 G v. 24.4.2013, BGBl. I S. 930), Art. 3 G über konjunktur-

---

[1)] Die Änderungen durch G v. 4.2.2026 (BGBl. 2026 I Nr. 33) treten teilweise erst **mWv 10.1.2030**, die Änderungen durch G v. 12.5.2026 (BGBl. 2026 I Nr. 139) treten teilweise erst **mWv 20.11.2026** in Kraft und sind insoweit im Text noch nicht berücksichtigt.

[2)] Neubekanntmachung der GewO idF der Bek. v. 1.1.1987 (BGBl. I S. 425) in der ab 1.1.1999 geltenden Fassung.

statistische Erhebungen in bestimmten Dienstleistungsbereichen und zur Änd. von Vorschriften des Zulassungsverfahrens für Bewachungsunternehmen auf Seeschiffen v. 24.4.2013 (BGBl. I S. 930), Art. 5 Abs. 6 Achtes G zur Änd. des GWB v. 26.6.2013 (BGBl. I S. 1738), Art. 17 AIFM-UmsetzungsG v. 4.7. 2013 (BGBl. I S. 1981), Art. 3 HonoraranlageberatungsG v. 15.7.2013 (BGBl. I S. 2390), Art. 9 G zur Neuregelung des gesetzlichen Messwesens v. 25.7.2013 (BGBl. I S. 2722), Art. 18 G zur Förderung der elektronischen Verwaltung sowie zur Änd. weiterer Vorschriften v. 25.7.2013 (BGBl. I S. 2749), Art. 2 Abs. 79, Art. 3 Abs. 11 und Art. 4 Abs. 61 G zur Strukturreform des Gebührenrechts des Bundes v. 7.8. 2013 (BGBl. I S. 3154, geänd. durch G v. 18.7.2016, BGBl. I S. 1666), Art. 6 Fünftes G zur Änd. des StraßenverkehrsG und anderer Gesetze v. 28.8.2013 (BGBl. I S. 3313), Art. 2 G zur Änd. des BundeszentralregisterG und anderer registerrechtlicher Vorschriften v. 6.9.2013 (BGBl. I S. 3556), Art. 11 G zur Anpassung von Gesetzen auf dem Gebiet des Finanzmarktes v. 15.7.2014 (BGBl. I S. 934), Art. 11 TarifautonomiestärkungsG v. 11.8.2014 (BGBl. I S. 1348), Art. 2 G zur Änd. des StraßenverkehrsG, der GewerbeO und des BundeszentralregisterG v. 28.11.2014 (BGBl. I S. 1802), Art. 2 Abs. 33 G zur Modernisierung der Finanzaufsicht über Versicherungen v. 1.4.2015 (BGBl. I S. 434), Art. 10 Fünftes G zur Änd. des Vierten Buches Sozialgesetzbuch und anderer G v. 15.4.2015 (BGBl. I S. 583), Art. 11 KleinanlegerschutzG v. 3.7.2015 (BGBl. I S. 1114), Art. 275, Art. 625 und Art. 626 Abs. 3 Zehnte ZuständigkeitsanpassungsVO v. 31.8.2015 (BGBl. I S. 1474, geänd. durch G v. 18.7.2016, BGBl. I S. 1666), Art. 2 G zur Änd. des BerufsqualifikationsfeststellungsG und anderer Gesetze v. 22.12.2015 (BGBl. I S. 2572), Art. 2 Abs. 7 VergaberechtsmodernisierungsG v. 17.2.2016 (BGBl. I S. 203), Art. 10 G zur Umsetzung der WohnimmobilienkreditRL und zur Änd. handelsrechtlicher Vorschriften v. 11.3.2016 (BGBl. I S. 396), Art. 13 Erstes FinanzmarktnovellierungsG v. 30.6.2016 (BGBl. I S. 1514), Art. 2, Art. 3 Abs. 10, Art. 4 Abs. 58, Art. 5 Abs. 9 G zur Aktualisierung der Strukturreform des Gebührenrechts des Bundes v. 18.7.2016 (BGBl. I S. 1666), Art. 9 G zur Neuregelung des Kulturgutschutzrechts v. 31.7.2016 (BGBl. I S. 1914), Art. 5 G zur Regulierung des Prostitutionsgewerbes v. 21.10.2016 (BGBl. I S. 2372), Art. 1 G zur Änd. bewachungsrechtlicher Vorschriften v. 4.11.2016 (BGBl. I S. 2456, geänd. durch G v. 29.11.2018, BGBl. I S. 2666), Art. 16 6. SGB IV-ÄnderungsG v. 11.11.2016 (BGBl. I S. 2500), Art. 97 G zum Abbau verzichtbarer Anordnungen der Schriftform im Verwaltungsrecht des Bundes v. 29.3.2017 (BGBl. I S. 626), Art. 2 Abs. 3 52. G zur Änd. des StGB – Stärkung des Schutzes von Vollstreckungsbeamten und Rettungskräften v. 23.5.2017 (BGBl. I S. 1226), Art. 20 Zweites FinanzmarktnovellierungsG v. 23.6.2017 (BGBl. I S. 1693), Art. 16 G zur Umsetzung der Vierten EU-GeldwäscheRL, zur Ausführung der EU-GeldtransferVO und zur Neuorganisation der Zentralstelle für Finanztransaktionsuntersuchungen v. 23.6.2017 (BGBl. I S. 1822), Art. 4 Drittes G zur Änd. reiserechtlicher Vorschriften v. 17.7. 2017 (BGBl. I S. 2394), Art. 3 Siebtes G zur Änd. des BundeszentralregisterG v. 18.7.2017 (BGBl. I S. 2732, ber. S. 3431, geänd. durch Art. 53 G v. 20.11.2019, BGBl. I S. 1626), Art. 2 Abs. 3 G zur Einführung eines Wettbewerbsregisters und zur Änd. des G gegen Wettbewerbsbeschränkungen v. 18.7. 2017 (BGBl. I S. 2739, geänd. durch G v. 18.1.2021, BGBl. I S. 2, iVm Bek. v. 18.10.2021, BAnz AT 29.10.2021 B3, und Bek. v. 16.2.2022, BGBl. I S. 306), Art. 1 G zur Umsetzung der Richtlinie (EU) 2016/97 über Versicherungsvertrieb und zur Änd. weiterer Gesetze v. 20.7.2017 (BGBl. I S. 2789), Art. 1 G zur Einführung einer Berufszulassungsregelung für gewerbliche Immobilienmakler und Wohnimmobilienverwalter v. 17.10.2017 (BGBl. I S. 3562), Art. 2 G zur Änd. des AkkreditierungsstellenG und der GewerbeO v. 11.12.2018 (BGBl. I S. 2354), Art. 1, 2 Zweites G zur Änd. bewachungsrechtlicher Vorschriften v. 29.11.2018 (BGBl. I S. 2666), Art. 5 Abs. 11 G zur Einführung einer Karte für Unionsbürger und Angehörige des Europäischen Wirtschaftsraums mit Funktion zum elektronischen Identitätsnachweis sowie zur Änd. des PersonalausweisG und weiterer Vorschriften v. 21.6.2019 (BGBl. I S. 846), Art. 81 Zweites Datenschutz-Anpassungs- und UmsetzungsG EU v. 20.11.2019 (BGBl. I S. 1626), Art. 15 Drittes BürokratieentlastungsG v. 22.11.2019 (BGBl. I S. 1746), Art. 19 Siebtes G zur Änd. des Vierten Buches SGB und anderer Gesetze v. 12.6.2020 (BGBl. I S. 1248), Art. 222, 360 Abs. 3 Elfte ZuständigkeitsanpassungsVO v. 19.6.2020 (BGBl. I S. 1328), Art. 5 G zur Umsetzung der VerhältnismäßigkeitsRL (RL (EU) 2018/958) im Bereich öffentlich-rechtlicher Körperschaften v. 19.6.2020 (BGBl. I S. 1403), Art. 20 Sanierungs- und InsolvenzrechtsfortentwicklungsG v. 22.12.2020 (BGBl. I S. 3256), Art. 9 G zur Verbesserung des Verbraucherschutzes im Inkassorecht und zur Änd. weiterer Vorschriften v. 22.12.2020 (BGBl. I S. 3320), Art. 13 G zur weiteren Verkürzung des Restschuldbefreiungsverfahrens und zur Anpassung pandemiebedingter Vorschriften im Gesellschafts-, Genossenschafts-, Vereins- und Stiftungsrecht sowie im Miet- und Pachtrecht v. 22.12.2020 (BGBl. I S. 3328), Art. 9b ArbeitsschutzkontrollG v. 22.12.2020 (BGBl. I S. 3334), Art. 3 GWB-DigitalisierungsG v. 18.1.2021 (BGBl. I S. 2), Art. 5 Abs. 4 G zur Verbesserung der strafrechtlichen Bekämpfung der Geldwäsche v. 9.3.2021 (BGBl. I S. 327), Art. 7 Abs. 25 G zur Umsetzung der RL (EU) 2019/2034 über die Beaufsichtigung von Wertpapierinstituten v. 12.5.2021 (BGBl. I S. 990), Art. 26 Abs. 4 FinanzmarktintegritätsstärkungsG v. 3.6.2021 (BGBl. I S. 1534), Art. 22 G zur begleitenden Ausführung der VO (EU) 2020/1503 und der Umsetzung der RL *EU 2020/1504 v. 3.6.2021 (BGBl. I S. 1568)*, Art. 4 G über die Insolvenzsicherung durch Reisesicherungsfonds und zur Änd. reiserechtlicher Vorschriften v. 25.6.2021 (BGBl. I S. 2114), Art. 34 G zur Neuregelung des Berufsrechts der anwaltlichen und steuerberatenden Berufsausübungsgesellschaften sowie zur Änd. weiterer Vorschriften im Bereich der rechtsberatenden Berufe v. 7.7.2021 (BGBl. I S. 2363),

Art. 10 Abs. 6 Viertes G zur Änd. des Lebensmittel- und Futtermittelgesetzbuches sowie anderer Vorschriften v. 27.7.2021 (BGBl. I S. 3274), Art. 3 G zur Durchführung der VO (EU) 2019/816 sowie zur Änd. weiterer Vorschriften v. 10.8.2021 (BGBl. I S. 3420), Art. 2 G zur Stärkung des Verbraucherschutzes im Wettbewerbs- und Gewerberecht v. 10.8.2021 (BGBl. I S. 3504), Art. 1 G zum Übergang des Bewacherregisters vom Bundesamt für Wirtschaft und Ausfuhrkontrolle auf das Statistische Bundesamt v. 19.6.2022 (BGBl. I S. 918), Art. 6 G zur Umsetzung der RL (EU) 2019/1152 v. 20.7.2022 (BGBl. I S. 1174), Art. 1 G zur Änd. der GewerbeO und anderer Gesetze v. 9.11.2022 (BGBl. I S. 2009), Art. 2 G zur Änd. des BundeszentralregisterG und des StGB v. 4.12.2022 (BGBl. I S. 2146), Art. 21 SanktionsdurchsetzungsG II v. 19.12.2022 (BGBl. I S. 2606), Art. 6 G für einen besseren Schutz hinweisgebender Personen sowie zur Umsetzung der RL zum Schutz von Personen, die Verstöße gegen das Unionsrecht melden v. 31.5.2023 (BGBl. 2023 I Nr. 140), Art. 11 G zur Regelung der Entsendung von Kraftfahrern und Kraftfahrerinnen im Straßenverkehrssektor und zur grenzüberschreitenden Durchsetzung des Entsenderechts v. 28.6.2023 (BGBl. 2023 I Nr. 172), Art. 8 KreditzweitmarktförderungsG v. 22.12.2023 (BGBl. 2023 I Nr. 411), Art. 5 Zweites G zur Umsetzung der VerhältnismäßigkeitsRL (RL (EU) 2018/958) im Bereich öffentlich-rechtlicher Körperschaften v. 17.1.2024 (BGBl. 2024 I Nr. 12), Art. 28 PostrechtsmodernisierungsG v. 15.7.2024 (BGBl. 2024 I Nr. 236), Art. 6 OZG-ÄnderungsG v. 19.7.2024 (BGBl. 2024 I Nr. 245), Art. 36 Viertes BürokratieentlastungsG v. 23.10.2024 (BGBl. 2024 I Nr. 323), Art. 9 FinanzmarktdigitalisierungsG v. 27.12.2024 (BGBl. 2024 I Nr. 438), Art. 9 G zur Anpassung nationaler Rechtsvorschriften an die europäische Systematik der Wirtschaftszweige NACE Revision 2.1 v. 22.12.2025 (BGBl. 2025 I Nr. 354), Art. 19 Abs. 4 G zur Modernisierung und Digitalisierung der Schwarzarbeitsbekämpfung v. 22.12.2025 (BGBl. 2025 I Nr. 369), Art. 5 G zur Modernisierung des SicherheitsüberprüfungsG und zur Änd. beamtenrechtlicher Vorschriften v. 11.1.2026 (BGBl. 2026 I Nr. 6), Art. 34 StandortförderG v. 4.2.2026 (BGBl. 2026 I Nr. 33) und Art. 7 G zur Umsetzung der RL (EU) 2023/2225 über Verbraucherkreditverträge und zur Regelung der Förderung klimaneutraler Mobilität v. 12.5.2026 (BGBl. 2026 I Nr. 139)

Inhaltsübersicht[1)]

Titel I. Allgemeine Bestimmungen

[1)] Inhaltsübersicht geänd. mWv 1.1.2003 durch G v. 24.8.2002 (BGBl. I S. 3412); mWv 1.7.2005 durch G v. 21.6.2005 (BGBl. I S. 1666); mWv 22.5.2007 durch G v. 19.12.2006 (BGBl. I S. 3232); mWv 1.11.2007 durch G v. 16.7.2007 (BGBl. I S. 1330); mWv 14.9.2007 durch G v. 7.9.2007 (BGBl. I S. 2246); mWv 18.12.2008 durch G v. 12.12.2008 (BGBl. I S. 2423); mWv 25.3.2009 durch G v. 17.3.2009 (BGBl. I S. 550); mWv 25.7.2009 durch G v. 17.7.2009 (BGBl. I S. 2091); mWv 28.12.2009 durch G v. 17.7.2009 (BGBl. I S. 2091); mWv 15.7.2011 durch G v. 11.7.2011 (BGBl. I S. 1341); mWv 1.1.2013 durch G v. 6.12.2011 (BGBl. I S. 2481); mWv 1.4.2012 durch G v. 6.12.2011 (BGBl. I S. 2515); mWv 27.4.2012 durch G v. 15.12.2011 (BGBl. I S. 2714); mWv 1.12.2013 durch G v. 4.3.2013 (BGBl. I S. 362, geänd. durch G v. 24.4.2013, BGBl. I S. 930); mWv 1.8.2014 durch G v. 15.7.2013 (BGBl. I S. 2390); mWv 1.9.2014 durch G v. 6.9.2013 (BGBl. I S. 3556); mWv 18.1.2016 durch G v. 22.12.2015 (BGBl. I S. 2572); mWv 21.3.2016 durch G v. 11.3.2016 (BGBl. I S. 396); mWv 1.12.2016 durch G v. 4.11.2016 (BGBl. I S. 2456); mWv 1.7.2018 durch G v. 17.7.2017 (BGBl. I S. 2394); mWv 29.7.2017 durch G v. 18.7.2017 (BGBl. I S. 2732); mWv 23.2.2018 durch G v. 20.7.2017 (BGBl. I S. 2789); mWv 1.8.2018 durch G v. 17.10.2017 (BGBl. I S. 3562); mWv 15.12.2018 durch G v. 11.12.2018 (BGBl. I S. 2354); mWv 1.1.2019 durch G v. 29.11.2018 (BGBl. I S. 2666); mWv 26.11.2019 durch G v. 20.11.2019 (BGBl. I S. 1626); mWv 1.1.2021 durch G v. 22.12.2020 (BGBl. I S. 3256); mWv 1.7.2021 durch G v. 25.6.2021 (BGBl. I S. 2114); mWv 18.8.2021 durch G v. 10.8.2021 (BGBl. I S. 3420); mWv 28.5.2022 durch G v. 10.8.2021 (BGBl. I S. 3504); mWv 23.6.2022 durch G v. 19.6.2022 (BGBl. I S. 918); mWv 1.8.2022 durch G v. 20.7.2022 (BGBl. I S. 1174); mWv 1.1.2023 durch G v. 9.11.2022 (BGBl. I S. 2009); mWv 23.1.2024 durch G v. 17.1.2024 (BGBl. 2024 I Nr. 12); mWv 30.12.2024 durch G v. 27.12.2024 (BGBl. 2024 I Nr. 438); sie wurde nichtamtlich an die Änderungen durch G v. 23.4.2002 (BGBl. I S. 1406) und G v. 23.12.2003 (BGBl. I S. 2848) und G v. 12.5.2026 (BGBl. 2026 I Nr. 139) angepasst.

[2)] Wortlaut weicht amtlich von der gleichzeitigen Änderung der Überschrift des § 6b ab.

(Fortsetzung nächstes Blatt)

Titel I. Allgemeine Bestimmungen

§ 1 Grundsatz der Gewerbefreiheit (1) Der Betrieb eines Gewerbes ist jedermann gestattet, soweit nicht durch dieses Gesetz Ausnahmen oder Beschränkungen vorgeschrieben oder zugelassen sind.

(2) Wer gegenwärtig zum Betrieb eines Gewerbes berechtigt ist, kann von demselben nicht deshalb ausgeschlossen werden, weil er den Erfordernissen dieses Gesetzes nicht genügt.

§ 2 (weggefallen)

§ 3 Betrieb verschiedener Gewerbe. [1] Der gleichzeitige Betrieb verschiedener Gewerbe sowie desselben Gewerbes in mehreren Betriebs- oder Verkaufsstätten ist gestattet. [2] Eine Beschränkung der Handwerker auf den Verkauf der selbstverfertigten Waren findet nicht statt.

§ 4[1)] Grenzüberschreitende Dienstleistungserbringung, Niederlassung.

(1) [1] Werden Gewerbetreibende von einer Niederlassung in einem anderen Mitgliedstaat der Europäischen Union oder einem anderen Vertragsstaat des Abkommens über den Europäischen Wirtschaftsraum aus im Geltungsbereich dieses Gesetzes vorübergehend selbständig gewerbsmäßig tätig, sind § 34b Absatz 1, 3, 4, 6 und 7, § 34c Absatz 1 Satz 1 Nummer 1, 3 und 4 sowie § 38 Absatz 1 und 2 insoweit nicht anzuwenden. [2] Die §§ 14, 55 Absatz 2 und 3, die §§ 55c, 56a Absatz 2, 3, 5 und 7 Nummer 1 sowie § 57 Absatz 3 sind in diesen Fällen ebenfalls nicht anzuwenden, es sei denn, es werden gewerbsmäßige Tätigkeiten ausgeübt, die auf Grund des Artikels 2 Absatz 2 der Richtlinie 2006/123/EG[2)] des Europäischen Parlaments und des Rates vom 12. Dezember 2006 über Dienstleistungen im Binnenmarkt (ABl. L 376 vom 27.12.2006, S. 36) vom Anwendungsbereich dieser Richtlinie oder auf Grund der Regelungen des Artikels 17 dieser Richtlinie von der Dienstleistungsfreiheit ausgenommen sind.

(2) [1] Absatz 1 gilt nicht, wenn die Tätigkeit aus dem anderen Mitgliedstaat der Europäischen Union oder dem anderen Vertragsstaat des Abkommens über den Europäischen Wirtschaftsraum heraus zur Umgehung der in Absatz 1 genannten Vorschriften erbracht wird. [2] Eine Umgehung liegt insbesondere vor, wenn ein Gewerbetreibender, um sich den in Absatz 1 genannten Vorschriften zu entziehen, von einem anderen Mitgliedstaat der Europäischen Union oder einem anderen Vertragsstaat des Abkommens über den Europäischen Wirtschaftsraum aus ganz oder vorwiegend im Geltungsbereich dieses Gesetzes tätig wird.

(3) Eine Niederlassung besteht, wenn eine selbständige gewerbsmäßige Tätigkeit auf unbestimmte Zeit und mittels einer festen Einrichtung von dieser aus tatsächlich ausgeübt wird.

§ 5 Zulassungsbeschränkungen. In den Beschränkungen des Betriebs einzelner Gewerbe, welche auf den Zoll-, Steuer- und Postgesetzen beruhen, wird durch das gegenwärtige Gesetz nichts geändert.

[1)] § 4 neu gef. mWv 28.12.2009 durch G v. 17.7.2009 (BGBl. I S. 2091); Abs. 1 Satz 1 geänd. mWv 1.1.2013 durch G v. 6.12.2011 (BGBl. I S. 2481); Abs. 1 Satz 1 geänd. mWv 15.12.2018 durch G v. 11.12.2018 (BGBl. I S. 2354); Abs. 1 Satz 2 geänd. mWv 28.5.2022 durch G v. 10.8.2021 (BGBl. I S. 3504).

[2)] **Loseblatt-Textsammlung Arbeitsrecht Nr. 866.**

§ 6[1)] Anwendungsbereich. (1) [1]Dieses Gesetz ist nicht anzuwenden auf die Fischerei, die Errichtung und Verlegung von Apotheken, die Erziehung von Kindern gegen Entgelt, das Unterrichtswesen, auf die Tätigkeit der Rechtsanwälte und Berufsausübungsgesellschaften nach der Bundesrechtsanwaltsordnung[2)], der Patentanwälte und Berufsausübungsgesellschaften nach der Patentanwaltsordnung, der Notare, der in § 10 Absatz 1 des Rechtsdienstleistungsgesetzes[3)] und § 1 Absatz 2 und 3 des Einführungsgesetzes zum Rechtsdienstleistungsgesetz[4)] genannten Personen, der Wirtschaftsprüfer und Wirtschaftsprüfungsgesellschaften, der vereidigten Buchprüfer und Buchprüfungsgesellschaften, der Steuerberater und Berufsausübungsgesellschaften nach dem Steuerberatungsgesetz sowie der Steuerbevollmächtigten, auf den Gewerbebetrieb der Auswandererberater, das Seelotswesen und die Tätigkeit der Prostituierten. [2]Auf das Bergwesen findet dieses Gesetz nur insoweit Anwendung, als es ausdrückliche Bestimmungen enthält; das gleiche gilt für die Ausübung der ärztlichen und anderen Heilberufe, den Verkauf von Arzneimitteln, den Vertrieb von Lotterielosen und die Viehzucht. [3]Ferner findet dieses Gesetz mit Ausnahme des Titels XI auf den Gewerbebetrieb der Versicherungsunternehmen sowie auf Beförderungen mit Krankenkraftwagen im Sinne des § 1 Abs. 2 Nr. 2 in Verbindung mit Abs. 1 des Personenbeförderungsgesetzes[5)] keine Anwendung.

(1a) § 6c findet auf alle Gewerbetreibenden und sonstigen Dienstleistungserbringer im Sinne des Artikels 4 Nummer 2 der Richtlinie 2006/123/EG[6)] Anwendung, deren Dienstleistungen unter den Anwendungsbereich der Richtlinie fallen.

(2) Die Bestimmungen des Abschnitts I des Titels VII finden auf alle Arbeitnehmer Anwendung.

§ 6a[7)] Entscheidungsfrist, Genehmigungsfiktion. (1) Hat die Behörde über einen Antrag auf Erlaubnis zur Ausübung eines Gewerbes nach § 34b Absatz 1, 3, 4, § 34c Absatz 1 Satz 1 Nummer 1, 3 und 4 oder § 55 Absatz 2 nicht innerhalb einer Frist von drei Monaten entschieden, gilt die Erlaubnis als erteilt.

(2) Absatz 1 gilt auch für Verfahren nach § 33a Absatz 1 und § 69 Absatz 1 und für Verfahren nach dem Gaststättengesetz, solange keine landesrechtlichen Regelungen bestehen.

§ 6b[8)] Verfahren über eine einheitliche Stelle,[9)] Europäischer Berufsausweis; Verordnungsermächtigung. (1) [1]Verwaltungsverfahren nach diesem Ge-

---

[1)] § 6 bish. Text wird Abs. 1, Sätze 1 und 2 Halbs. 2 geänd., Abs. 2 angef. mWv 1.1.2003 durch G v. 24.8.2002 (BGBl. I S. 3412); Abs. 1a angef. mWv 25.7.2009 durch G v. 17.7.2009 (BGBl. I S. 2091); Abs. 1 Satz 1 geänd. mWv 1.7.2017 durch G v. 21.10.2016 (BGBl. I S. 2372); Abs. 1 Sätze 1–3 geänd. mWv 1.1.2021 durch G v. 22.12.2020 (BGBl. I S. 3320); Abs. 1 Satz 1 neu gef. mWv 1.8.2022 durch G v. 7.7.2021 (BGBl. I S. 2363).

[2)] **Habersack ErgBd. Nr. 98.**

[3)] **Habersack ErgBd. Nr. 99.**

[4)] **Habersack ErgBd. Nr. 99a.**

[5)] Nr. **950**.

[6)] **Loseblatt-Textsammlung Arbeitsrecht Nr. 866.**

[7)] § 6a eingef. mWv 28.12.2009 durch G v. 17.7.2009 (BGBl. I S. 2091); Abs. 1 geänd. mWv 1.1.2013 durch G v. 6.12.2011 (BGBl. I S. 2481); Abs. 1 geänd. mWv 15.12.2018 durch G v. 11.12.2018 (BGBl. I S. 2354).

[8)] § 6b eingef. mWv 28.12.2009 durch G v. 17.7.2009 (BGBl. I S. 2091); bish. Wortlaut wird Abs. 1 und Abs. 2 angef. mWv 31 12. 2015, Überschrift geänd. mWv 18.1.2016 durch G v. 22.12.2015 (BGBl. I S. 2572).

[9)] Komma fehlt in amtlicher Vorlage.

setz oder nach einer auf Grund dieses Gesetzes erlassenen Rechtsverordnung können über eine einheitliche Stelle nach den Vorschriften des Verwaltungsverfahrensgesetzes[1] abgewickelt werden. [2]Die Landesregierungen werden ermächtigt, durch Rechtsverordnung im Einklang mit Artikel 2 Absatz 2 der Richtlinie 2006/123/EG[2] bestimmte Verfahren von der Abwicklung über eine einheitliche Stelle auszuschließen.

(2) Die Bundesregierung wird ermächtigt, durch Rechtsverordnung mit Zustimmung des Bundesrates zur Umsetzung der Richtlinie 2005/36/EG des Europäischen Parlaments und des Rates vom 7. September 2005 über die Anerkennung von Berufsqualifikationen (ABl. L 255 vom 30.9.2005, S. 22), die zuletzt durch die Richtlinie 2013/55/EU (ABl. L 354 vom 28.12.2013, S. 132) geändert worden ist, Regelungen zur Ausstellung eines Europäischen Berufsausweises und zur Durchführung des Verfahrens zur Anerkennung einer beruflichen Qualifikation auf der Grundlage eines Europäischen Berufsausweises zu erlassen.

§ 6c[3] Informationspflichten für Dienstleistungserbringer. [1]Die Bundesregierung wird ermächtigt, durch Rechtsverordnung[4] mit Zustimmung des Bundesrates zur Umsetzung der Richtlinie 2006/123/EG[2] Vorschriften über Informationen, insbesondere deren Inhalt, Umfang und Art zu erlassen, die ein Dienstleistungserbringer den Dienstleistungsempfängern zur Verfügung zu stellen hat oder zur Verfügung stellt. [2]Die Rechtsverordnung kann auch Regelungen enthalten über die Art und Weise, in der die Informationen zur Verfügung zu stellen sind.

§ 7[5] Mitteilungspflicht bei Gewerben mit Zuverlässigkeitsüberprüfung.

(1) [1]Wer ein Gewerbe betreibt, bei dem nach diesem Gesetz die Zuverlässigkeit von Personen überprüft wird, oder Veranstalter nach § 69 Absatz 1 Satz 1 ist, hat die Personen, deren Zuverlässigkeit zu überprüfen ist, auch im Falle eines späteren Eintritts in den Gewerbebetrieb, unverzüglich der für die Zuverlässigkeitsüberprüfung zuständigen Behörde nach Maßgabe des Absatzes 2 Satz 1 mitzuteilen. [2]Dies gilt bei juristischen Personen auch hinsichtlich der nach Gesetz, Satzung oder Gesellschaftsvertrag jeweils zur Vertretung berufenen Personen.

(2) [1]In der Mitteilung nach Absatz 1 sind folgende Daten der betreffenden Person anzugeben:

1. Name,
2. Geburtsname, sofern dieser vom Namen abweicht,
3. Vorname,
4. Geburtstag,
5. Geburtsort,
6. Staatsangehörigkeit oder Staatsangehörigkeiten,
7. Meldeanschriften der letzten fünf Jahre bestehend aus Straße, Hausnummer, Postleitzahl, Ort, wenn vorhanden Zusatz, Land, Staat.

[2]Weitergehende Anforderungen bleiben unberührt.

---

1) Nr. **100**.

2) **Loseblatt-Textsammlung Arbeitsrecht Nr. 866.**

3) § 6c eingef. mWv 25.7.2009 durch G v. 17.7.2009 (BGBl. I S. 2091).

4) Siehe die Dienstleistungs-Informationspflichten-VO v. 12.3.2010 (BGBl. I S. 267), geänd. durch VO v. 12.11.2021 (BGBl. I S. 4921).

5) § 7 neu gef. mWv 1.1.2023 durch G v. 9.11.2022 (BGBl. I S. 2009).

§§ 8–10[1)] *(aufgehoben)*

§ 11[2)] **Verarbeitung personenbezogener Daten; Verordnungsermächtigung.** (1) [1]Die zuständige öffentliche Stelle erhebt personenbezogene Daten des Gewerbetreibenden und solcher Personen, auf die es für die Entscheidung ankommt, soweit die Daten zur Beurteilung der Zuverlässigkeit und der übrigen Berufszulassungs- und -ausübungskriterien bei der Durchführung gewerberechtlicher Vorschriften und Verfahren erforderlich sind. [2]Erforderlich können insbesondere auch Daten sein aus bereits abgeschlossenen oder sonst anhängigen

1. gewerberechtlichen Verfahren, Straf- oder Bußgeldverfahren,
2. Insolvenzverfahren,
3. steuer- und sozialversicherungsrechtlichen Verfahren oder
4. ausländer- und arbeitserlaubnisrechtlichen Verfahren.

[3]Die Datenerhebung unterbleibt, soweit besondere gesetzliche Verarbeitungsregelungen entgegenstehen. [4]Gewerberechtliche Anzeigepflichten bleiben unberührt.

(2) [1]Die für Zwecke des Absatzes 1 erforderlichen Daten sind bei der betroffenen Person zu erheben. [2]Ohne ihre Mitwirkung dürfen sie nur erhoben werden, wenn

1. die Entscheidung eine Erhebung bei anderen Personen oder Stellen erforderlich macht oder
2. die Erhebung bei der betroffenen Person einen unverhältnismäßigen Aufwand erfordern würde

und keine Anhaltspunkte dafür bestehen, daß überwiegende schutzwürdige Interessen der betroffenen Person beeinträchtigt werden. [3]In den Fällen des Satzes 2 sind nicht-öffentliche Stellen verpflichtet, die Daten zu übermitteln, es sei denn, daß besondere gesetzliche Regelungen der Übermittlung entgegenstehen; die Verpflichtung zur Wahrung gesetzlicher Geheimhaltungspflichten oder von Berufs- oder besonderen Amtsgeheimnissen, die nicht auf gesetzlicher Vorschrift beruhen, bleibt unberührt.

(3) Die Einholung von Auskünften nach § 150a, den §§ 31 und 41 des Bundeszentralregistergesetzes[3)] und § 882b der Zivilprozeßordnung[4)] bleibt unberührt.

(4) Die nach den Absätzen 1 und 3 erhobenen Daten dürfen für Zwecke des Absatzes 1 verarbeitet werden.

(5) [1]Öffentliche Stellen, die an gewerberechtlichen Verfahren nach Absatz 1 Satz 1 auf Grund des Absatzes 1 Satz 2, des § 35 Abs. 4 oder einer anderen gesetzlichen Vorschrift beteiligt waren, können über das Ergebnis informiert werden, soweit dies zur Erfüllung ihrer Aufgaben erforderlich ist. [2]Diese und andere öffentliche Stellen sind zu informieren, wenn auf Grund einer Entscheidung bestimmte Rechtsfolgen eingetreten sind und die Kenntnis der Daten aus der Sicht der übermittelnden Stelle für die Verwirklichung der Rechtsfolgen erforder-

---

[1)] §§ 8–10 aufgeh. mWv 1.1.2023 durch G v. 9.11.2022 (BGBl. I S. 2009).

[2)] § 11 Abs. 5 Satz 3 aufgeh., bish. Sätze 4 und 5 werden Sätze 3 und 4, Abs. 6 neu gef. mWv 1.1.2003 durch G v. 24.8.2002 (BGBl. I S. 3412); Abs. 3 geänd. mWv 1.1.2013 durch G v. 29.7.2009 (BGBl. I S. 2258); Überschrift, Abs. 1 Satz 1 neu gef., Satz 3, Abs. 2 Sätze 1, 2 einl. Satzteil, Nr. 2 und abschl. Satzteil geänd., Abs. 4 neu gef., Abs. 5 Satz 3 und Abs. 6 geänd. mWv 26.11.2019 durch G v. 20.11.2019 (BGBl. I S. 1626); Überschrift neu gef., Abs. 7 angef. mWv 1.1.2023 durch G v. 9.11.2022 (BGBl. I S. 2009).

[3)] **Habersack Nr. 92.**

[4)] **Habersack Nr. 100.**

lich ist. [3]Der Empfänger darf die übermittelten Daten für den Zweck verarbeiten, zu dessen Erfüllung sie ihm übermittelt werden oder hätten übermittelt werden dürfen. [4]Für die Weitergabe von Daten innerhalb der zuständigen öffentlichen Stelle gelten die Übermittlungsregelungen der Sätze 1 bis 4 entsprechend.

(6) Für das Verändern, Einschränken der Verarbeitung oder Löschen der nach den Absätzen 1 und 3 erhobenen Daten sowie die Übermittlung der Daten nach Absatz 1 für andere als die in Absatz 5 genannten Zwecke gelten unbeschadet der Verordnung (EU) 2016/679[1)] des Europäischen Parlaments und des Rates vom 27. April 2016 zum Schutz natürlicher Personen bei der Verarbeitung personenbezogener Daten, zum freien Datenverkehr und zur Aufhebung der Richtlinie 95/46/EG (Datenschutz-Grundverordnung) (ABl. L 119 vom 4.5.2016, S. 1; L 314 vom 22.11.2016, S. 72; L 127 vom 23.5.2018, S. 2) in der jeweils geltenden Fassung die Datenschutzgesetze der Länder.

(7) Soweit das Ausüben eines Gewerbes nach diesem Gesetz einer Erlaubnis bedarf, kann das Bundesministerium für Wirtschaft und Klimaschutz durch Rechtsverordnung mit Zustimmung des Bundesrates die vom Antragsteller bei der Antragstellung anzugebenden Daten und beizufügenden Unterlagen bestimmen, die für die Entscheidung der zuständigen Behörde über den Erlaubnisantrag erforderlich sind.

§ 11a[2)] Vermittlerregister. (1) [1]Jede Industrie- und Handelskammer (Registerbehörde) führt ein Register der nach § 34d Absatz 10 Satz 1, § 34f Absatz 5, § 34h Absatz 1 Satz 4 und § 34i Absatz 8 Eintragungspflichtigen. [2]Die örtliche Zuständigkeit richtet sich nach dem Landesrecht. [3]Zweck des Registers ist es insbesondere, der Allgemeinheit, vor allem Anlegern und Versicherungsunternehmen sowie Darlehensnehmern und Darlehensgebern, die Überprüfung der Zulassung sowie des Umfangs der zugelassenen Tätigkeit der Eintragungspflichtigen zu ermöglichen. [4]Die Registerbehörden bedienen sich bei der Führung des Registers der in § 32 Abs. 2 des Umweltauditgesetzes bezeichneten gemeinsamen Stelle (gemeinsame Stelle). [5]Die Registerbehörde unterliegt der Aufsicht der obersten Landesbehörde.

(1a) [1]In das Register sind auch die Daten zu den nach § 34i Absatz 4 von der Erlaubnispflicht befreiten Gewerbetreibenden einzutragen, die von den zuständigen Behörden eines anderen Mitgliedstaates der Europäischen Union oder eines anderen Vertragsstaates des Abkommens über den Europäischen Wirtschaftsraum übermittelt werden. [2]Erhält die Registerbehörde die Mitteilung, dass ein nach

---

[1)] Nr. **246**.

[2)] § 11a eingef. mWv 22.5.2007 durch G v. 19.12.2006 (BGBl. I S. 3232); Abs. 7 Satz 2 angef. mWv 1.1.2012 durch G v. 4.12.2011 (BGBl. I S. 2427); Abs. 1 Sätze 1 und 3, Abs. 4 , Abs. 7 Satz 1 und Abs. 8 Satz 1 geänd., Abs. 3a eingef. mWv 1.1.2013 durch G v. 6.12.2011 (BGBl. I S. 2481); Abs. 1 Satz 1 geänd., Abs. 3a Satz 2 eingef., bish. Satz 2 wird Satz 3 und geänd., Abs. 7 Satz 1, Abs. 8 Satz 1 geänd. mWv 1.8.2014 durch G v. 15.7.2013 (BGBl. I S. 2390); Abs. 3 Satz 2 geänd. mWv 1.1.2016 durch G v. 1.4.2015 (BGBl. I S. 434); Abs. 5 einl. Satzteil und Abs. 6 Satz 2 geänd. mWv 8.9.2015 durch VO v. 31.8. 2015 (BGBl. I S. 1474); Abs. 5 Nr. 1 geänd. mWv 17.3.2016, Abs. 1 Sätze 1 und 3 geänd., Abs. 1a und 3b eingef., Abs. 4, 6 Satz 1 Nr. 1–4, Satz 2 geänd., Satz 3 angef., Abs. 7 Satz 1 neu gef., Satz 2 eingef., bish. Satz 2 wird Satz 3, Abs. 8 Satz 1 neu gef. mWv 21.3.2016 durch G v. 11.3.2016 (BGBl. I S. 396); Abs. 1 Satz 1, Abs. 3 Satz 2, Abs. 4, Abs. 6 Satz 1 Nr. 3 Satz 1, Abs. 7 Satz 1 geänd. und Satz 2 eingef., bish. Sätze 2 und 3 werden Sätze 3 und 4 mWv 23.2.2018 durch G v. 20.7.2017 (BGBl. I S. 2789); Abs. 8 Satz 2 geänd. mWv 24.10.2017 durch G v. 17.10.2017 (BGBl. I S. 3562); Abs. 3 Satz 2, Abs. 6 Satz 1 Nr. 3 geänd. mWv 15.12.2018 durch G v. 11.12.2018 (BGBl. I S. 2354); Abs. 1 Satz 2 *[Änderung am angegebenen Ort nicht ausführbar]*, Abs. 3 Satz 2, Abs. 3a Satz 3 und Abs. 3b Satz 2 geänd. mWv 26.11.2019 durch G v. 20.11.2019 (BGBl. I S. 1626); Abs. 1a Satz 2 geänd., Abs. 4 Satz 2 angef., Abs. 5 einl. Satzteil geänd., Abs. 6 aufgeh. mWv 1.1.2023 durch G v. 9.11.2022 (BGBl. I S. 2009).

§ 34i Absatz 4 von der Erlaubnispflicht befreiter Gewerbetreibender nicht mehr im Anwendungsbereich dieser Vorschrift tätig ist oder nicht mehr im Besitz der Erlaubnis eines anderen Mitgliedstaates der Europäischen Union oder eines anderen Vertragsstaates des Abkommens über den Europäischen Wirtschaftsraum ist, so hat die Registerbehörde unverzüglich die gespeicherten Daten der betroffenen Person zu löschen.

(2) [1]Auskünfte aus dem Register werden im Wege des automatisierten Abrufs über das Internet oder schriftlich erteilt. [2]Die Registerbehörden gewährleisten, dass eine gleichzeitige Abfrage bei allen Registern nach Absatz 1 Satz 1 möglich ist.

(3) [1]Die für eine Untersagung nach § 35 zuständige Behörde teilt der Registerbehörde eine Untersagung unverzüglich mit. [2]Bei Aufhebung der Erlaubnis nach § 34d Absatz 1 oder Absatz 2 oder der Erlaubnisbefreiung nach § 34d Absatz 6 oder einer Mitteilung nach Satz 1 oder § 48 Absatz 5 des Versicherungsaufsichtsgesetzes hat die Registerbehörde unverzüglich die zu der betroffenen Person gespeicherten Daten zu löschen. [3]Der Familienname, der Vorname, die Registrierungsnummer sowie der Tag der Löschung werden im Register in einem täglich aktualisierten Verzeichnis gespeichert. [4]Zugang zu diesem Verzeichnis erhalten nur Versicherungsunternehmen. [5]Die Angaben werden einen Monat nach der Speicherung in diesem Verzeichnis gelöscht.

(3a) [1]Die für die Erlaubniserteilung nach § 34f Absatz 1 zuständige Behörde teilt der Registerbehörde unverzüglich die für die Eintragung nach § 34f Absatz 5 erforderlichen Angaben sowie die Aufhebung der Erlaubnis nach § 34f Absatz 1 mit. [2]Die für die Erlaubniserteilung nach § 34h Absatz 1 zuständige Behörde teilt der Registerbehörde unverzüglich die Angaben mit, die für die Eintragung nach § 34h Absatz 1 Satz 4 in Verbindung mit § 34f Absatz 5 erforderlich sind, sowie die Aufhebung der Erlaubnis nach § 34h Absatz 1. [3]Bei Erhalt der Mitteilung über die Aufhebung der Erlaubnis nach § 34f Absatz 1 und § 34h Absatz 1 hat die Registerbehörde unverzüglich die zu der betroffenen Person gespeicherten Daten zu löschen.

(3b) [1]Die für die Erlaubniserteilung nach § 34i Absatz 1 zuständige Behörde teilt der Registerbehörde unverzüglich die für die Eintragung nach § 34i Absatz 8 Nummer 1 erforderlichen Angaben, die Aufhebung der Erlaubnis nach § 34i Absatz 1 sowie die für die Eintragung nach § 34i Absatz 9 erforderlichen Angaben mit. [2]Bei Erhalt der Mitteilung über die Aufhebung der Erlaubnis nach § 34i Absatz 1 hat die Registerbehörde die gespeicherten Daten der betroffenen Person unverzüglich zu löschen. [3]Bei Erhalt der Mitteilung, dass die Bekanntmachung nach § 34i Absatz 9 nicht mehr erforderlich ist, hat die Registerbehörde die gespeicherten Daten unverzüglich zu löschen; unabhängig von dieser Mitteilung hat die Registerbehörde die Daten aber spätestens nach fünf Jahren zu löschen.

(4) [1]Beabsichtigt ein nach § 34d Absatz 10 Satz 1 und nach § 34i Absatz 8 Nummer 1 Eintragungspflichtiger, in einem anderen Mitgliedstaat der Europäischen Union oder in einem anderen Vertragsstaat des Abkommens über den Europäischen Wirtschaftsraum tätig zu werden, hat er dies zuvor der Registerbehörde mitzuteilen. [2]Wenn die Registerbehörde nicht zugleich Erlaubnisbehörde ist, hat der nach Satz 1 Eintragungspflichtige die Mitteilung an die Erlaubnisbehörde zu richten.

(5) Das Bundesministerium für Wirtschaft und Klimaschutz kann durch Rechtsverordnung[1] mit Zustimmung des Bundesrates Vorschriften erlassen über die Einzelheiten der Registerführung, insbesondere über

1. die in dem Register zu speichernden Angaben; gespeichert werden dürfen nur Angaben zur Identifizierung (insbesondere Familienname, Vorname, Geschäftsanschrift, Geburtstag und Registrierungsnummer), zur Zulassung und zum Umfang der zugelassenen Tätigkeit der Eintragungspflichtigen und der nach § 34i Absatz 4 von der Erlaubnispflicht befreiten Gewerbetreibenden sowie bekanntzumachende Angaben nach Maßgabe des § 34i Absatz 9; gespeichert werden dürfen auch Angaben zur Identifizierung des Kreditinstituts, in dessen Namen der nach § 34i Absatz 4 von der Erlaubnispflicht befreite Gewerbetreibende handelt,
2. Angaben, die nicht allgemein zugänglich sein sollen, sowie die Stellen, die Zugang zu diesen Angaben erhalten.

(6) *(aufgehoben)*

(7) [1]Die Registerbehörde, die Bundesanstalt für Finanzdienstleistungsaufsicht und die Behörden, die für die Erlaubniserteilung nach § 34d Absatz 1 Satz 1, Absatz 2 Satz 1, § 34f Absatz 1 Satz 1, auch in Verbindung mit § 34h Absatz 1 Satz 4, und nach § 34i Absatz 1 Satz 1, für die Untersagung nach § 35, für die Entgegennahme der Gewerbeanzeige nach § 14 oder für die Verfolgung von Ordnungswidrigkeiten zuständig sind, dürfen einander auch ohne Ersuchen Informationen einschließlich personenbezogener Daten übermitteln. [2]Die Registerbehörde richtet eine elektronische Zugriffsmöglichkeit für die Bundesanstalt für Finanzdienstleistungsaufsicht ein, die dieser eine unmittelbare Einsicht in die über Versicherungsvermittler gespeicherten Daten ermöglicht. [3]Satz 1 gilt nur, soweit dies zur Erfüllung der jeweiligen Aufgaben erforderlich ist, die jeweils mit der Tätigkeit von Versicherungsvermittlern, Versicherungsberatern, Finanzanlagenvermittlern, Honorar-Finanzanlagenberatern und Immobiliardarlehensvermittlern zusammenhängen. [4]Die in Satz 1 genannten Stellen stellen der Europäischen Aufsichtsbehörde für das Versicherungswesen und die betriebliche Altersversorgung nach Maßgabe des Artikels 35 der Verordnung (EU) Nr. 1094/2010 des Europäischen Parlaments und des Rates vom 24. November 2010 zur Errichtung einer Europäischen Aufsichtsbehörde (Europäische Aufsichtsbehörde für das Versicherungswesen und die betriebliche Altersversorgung), zur Änderung des Beschlusses Nr. 716/2009/EG und zur Aufhebung des Beschlusses 2009/79/EG der Kommission (ABl. L 331 vom 15.12.2010, S. 48) auf Verlangen alle Informationen zur Verfügung, die zur Erfüllung von deren Aufgaben auf Grund der Verordnung (EU) Nr. 1094/2010 erforderlich sind.

(8) [1]In Bezug auf Versicherungsvermittler, Versicherungsberater, Finanzanlagenvermittler, Honorar-Finanzanlagenberater und Immobiliardarlehensvermittler unterliegen alle Personen, die im Rahmen des Registrierungsverfahrens oder im Rahmen der Überprüfung der Einhaltung der Voraussetzungen für die Tätigkeit zur Entgegennahme oder Erteilung von Informationen verpflichtet sind, dem Berufsgeheimnis. [2]§ 309 des Versicherungsaufsichtsgesetzes gilt entsprechend.

---

[1] Siehe die VersicherungsvermittlungsVO v. 17.12.2018 (BGBl. I S. 2483; 2019 I S. 411), zuletzt geänd. durch VO v. 17.2.2025 (BGBl. 2025 I Nr. 43) und die FinanzanlagenvermittlungsVO v. 2.5.2012 (BGBl. I S. 1006), zuletzt geänd. durch VO v. 11.12.2024 (BGBl. 2024 I Nr. 411).

§ 11b[1)] Bewacherregister; Verordnungsermächtigung. (1) [1] Beim Statistischen Bundesamt (Registerbehörde) wird ein Bewacherregister eingerichtet und geführt, in dem zum Zweck der Unterstützung der für den Vollzug des § 34a zuständigen Behörden Daten zu Gewerbetreibenden nach § 34a Absatz 1 Satz 1, Wachpersonen nach § 34a Absatz 1a Satz 1 und mit der Leitung des Betriebes oder einer Zweigniederlassung beauftragten Personen elektronisch auswertbar zu erfassen sind. [2] Das Bewacherregister ist räumlich, organisatorisch und personell von den Bereichen, die Aufgaben der Bundesstatistik wahrnehmen, getrennt zu führen.

(2) Die Registerbehörde darf folgende Daten verarbeiten:

1. Daten zur Identifizierung und Erreichbarkeit des Gewerbetreibenden nach § 34a Absatz 1 Satz 1, bei juristischen Personen der nach Gesetz, Satzung oder Gesellschaftsvertrag jeweils allein oder mit anderen zur Vertretung berufenen Personen, sowie der mit der Leitung des Betriebes oder einer Zweigniederlassung beauftragten Personen:
   a) Familienname, Geburtsname, Vornamen,
   b) Geschlecht,
   c) Geburtsdatum, Geburtsort, Staat,
   d) Staatsangehörigkeiten,
   e) Telefonnummer, E-Mail-Adresse,
   f) Meldeanschrift bestehend aus Straße, Hausnummer, Postleitzahl, Ort, Zusatz, Land, Staat und Regionalschlüssel,
   g) Wohnorte der letzten fünf Jahre bestehend aus Straße, Hausnummer, Postleitzahl, Land und Staat,
   h) Art des Ausweisdokuments mit ausstellender Behörde, ausstellendem Staat, Datum der Ausstellung, Ausweisnummer, Ablaufdatum, soweit vorhanden maschinenlesbarem Namen sowie Inhalt der maschinenlesbaren Zone,
   i) sofern der Gewerbetreibende eine juristische Person ist:
      aa) Rechtsform, Registerart, soweit vorhanden im Register eingetragener Name nebst Registernummer, Registergericht oder ausländische Registernummer und Registerbehörde,
      bb) Betriebliche Anschrift des Sitzes der juristischen Person,
      cc) Telefonnummer und E-Mail-Adresse der juristischen Person,
2. Daten zur Identifizierung und Erreichbarkeit des Gewerbebetriebes:
   a) Geschäftsbezeichnung,
   b) Rechtsform, Registerart, soweit vorhanden im Register eingetragener Name nebst Registernummer, Registergericht oder ausländische Registernummer und Registerbehörde,
   c) Betriebliche Anschrift von Hauptniederlassung und sonstigen Betriebsstätten,
   d) Telefonnummer, E-Mail-Adresse,
3. Daten zur Identifizierung und Erreichbarkeit von Wachpersonen nach § 34a Absatz 1a Satz 1:
   a) Familienname, Geburtsname, Vornamen,

[1)] § 11b eingef. mWv 1.1.2019 durch G v. 29.11.2018 (BGBl. I S. 2666); Überschrift, Abs. 1 Satz 1 geänd., Satz 2 angef., Abs. 2 Nr. 11 Buchst. d, Abs. 9 einl. Satzteil geänd. mWv 23.6.2022 durch G v. 19.6.2022 (BGBl. I S. 918).

b) Geschlecht,
c) Geburtsdatum, Geburtsort, Geburtsland,
d) Staatsangehörigkeiten,
e) Meldeanschrift bestehend aus Straße, Hausnummer, Postleitzahl, Ort, Zusatz, Land, Staat und Regionalschlüssel,
f) Wohnorte der letzten fünf Jahre bestehend aus Straße, Hausnummer, Postleitzahl, Land und Staat,
g) Art des Ausweisdokuments mit ausstellender Behörde, ausstellendem Staat, Datum der Ausstellung, Ausweisnummer, Ablaufdatum, soweit vorhanden maschinenlesbarem Namen sowie Inhalt der maschinenlesbaren Zone,

4. den Umfang und das Erlöschen der Erlaubnis nach § 34a Absatz 1 Satz 1 einschließlich des Datums der Erlaubniserteilung und des Erlöschens, der Angabe der Kontaktdaten der zuständigen Erlaubnisbehörde sowie den Stand des Erlaubnisverfahrens,
5. die Anzeige eines Gewerbetreibenden nach § 13a über die vorübergehende Erbringung von Bewachungstätigkeiten in Deutschland nebst den Daten nach den Nummern 1 bis 3, soweit diese Daten mit der Anzeige zu übermitteln sind,
6. die Angabe der Tätigkeit der Wachperson nach § 34a Absatz 1a Satz 2 und 5,
7. Untersagung der Beschäftigung nach § 34a Absatz 4,
8. Daten zur Überprüfung der Zuverlässigkeit nach § 34a Absatz 1 Satz 3 Nummer 1, auch in Verbindung mit § 34a Absatz 1a Satz 1 Nummer 1:
   a) Datum, Art und Ergebnis der Überprüfung,
   b) Stand des Überprüfungsprozesses der Zuverlässigkeit,
   c) Datum der Bestands- oder Rechtskraft der Entscheidung,
9. die in Nummer 1 genannten Daten des Gewerbetreibenden, der eine Wachperson zur Überprüfung der Zuverlässigkeit anmeldet,
10. Daten zu Sachkunde- und Unterrichtungsnachweisen der Industrie- und Handelskammern:
   a) Art der erworbenen Qualifikation,
   b) bei Unterrichtungsnachweisen der Unterrichtungszeitraum, bei Sachkundenachweisen das Datum der Sachkundeprüfung,
   c) Ausstellungsdatum des Qualifikationsnachweises, Angabe der Identifikationsnummer der ausstellenden Industrie- und Handelskammer, auf dem Qualifikationsnachweis angegebener Familienname, Vornamen, Geburtsdatum und Geburtsort,
   d) soweit vorhanden ein Validierungscode der Industrie- und Handelskammer,
   e) Datum und Inhalt der Rückmeldung aus der elektronischen Abfrage über die Schnittstelle zu der in § 32 des Umweltauditgesetzes bezeichneten *gemeinsamen* Stelle,
11. Daten zu Qualifikationsnachweisen von Gewerbetreibenden, bei juristischen Personen der nach Gesetz, Satzung oder Gesellschaftsvertrag jeweils allein oder mit anderen zur Vertretung berufenen Personen, der mit der Leitung des Betriebes oder einer Zweigniederlassung beauftragten Personen sowie Wachpersonen, die dem Sachkunde- oder Unterrichtungsnachweis gleichgestellt wurden:
   a) Art der erworbenen Qualifikation,
   b) Unterrichtungszeitraum,

c) Ausstellungsdatum des Qualifikationsnachweises, Angabe der Kontaktdaten der ausstellenden Stelle, auf dem Qualifikationsnachweis angegebener Familienname, Vornamen, Geburtsdatum und Geburtsort,

d) Bescheinigungen des Gewerbetreibenden nach § 23 Absatz 1 Satz 2 und Absatz 2 Satz 2 der Bewachungsverordnung,

12. Daten aus der Schnittstelle des Bewacherregisters zum Bundesamt für Verfassungsschutz nach § 34a Absatz 1 Satz 5 Nummer 4:

a) meldendes Landesamt für Verfassungsschutz,

b) Datum der Meldung sowie

c) Angabe, ob Erkenntnisse vorliegen,

13. Daten zur Identifikation und Erreichbarkeit der für den Vollzug des § 34a zuständigen Behörden:

a) Name,

b) Anschrift,

c) Kurzbezeichnung,

d) Land,

e) Telefonnummer, E-Mail-Adresse,

f) Regionalschlüssel.

(3) [1] Die Registerbehörde darf Statusangaben zum Ablauf der Verfahren sowie die für den Vollzug des § 34a notwendigen Verknüpfungen aus den Daten nach Absatz 2 und die durch das Register vergebenen Identifikationsnummern für die Datenobjekte speichern. [2] Die Identifikationsnummern enthalten keine personenbezogenen Angaben und werden den Datensätzen zugeordnet.

(4) [1] Die Industrie- und Handelskammern stellen Daten nach Absatz 2 Nummer 10 in Bezug auf Qualifikationsnachweise, die nach dem 1. Januar 2009 ausgestellt wurden, über die in § 32 Absatz 2 Satz 1 des Umweltauditgesetzes bezeichnete gemeinsame Stelle elektronisch zum Abruf für die Registerbehörde bereit. [2] Die Industrie- und Handelskammern dürfen Daten nach Absatz 2 Nummer 10 in Bezug auf Qualifikationsnachweise, die vor dem 1. Januar 2009 ausgestellt wurden, elektronisch zum Abruf bereitstellen. [3] Bei Abfragen durch das Bewacherregister, die sich auf Qualifikationsnachweise vor dem 1. Januar 2009 beziehen, müssen die Daten nacherfasst werden. [4] Dabei üben die zuständigen obersten Landesbehörden die Aufsicht über die Industrie- und Handelskammern aus.

(5) [1] Zum Zweck der Anmeldung von Wachpersonen und der mit der Leitung des Betriebes oder einer Zweigniederlassung beauftragten Personen hat der Gewerbetreibende die Vorder- und Rückseite des Ausweisdokuments der anzumeldenden Person in gut lesbarer Fassung vollständig optisch digital erfasst im Onlineportal des Registers hochzuladen. [2] Zu diesem Zweck darf der Gewerbetreibende eine Kopie des Ausweisdokuments anfertigen. [3] Der Gewerbetreibende ist verpflichtet, die Kopie, auch in digitaler Form, unverzüglich nach dem Hochladen in das Register zu vernichten. [4] Die in das Register hochgeladene optisch digital erfasste Kopie wird nach Prüfung durch die für den Vollzug des § 34a zuständigen Behörden, spätestens nach Bestands- oder Rechtskraft der Entscheidung über die Zuverlässigkeit, von der Registerbehörde gelöscht.

(6) [1] *Die für den Vollzug des § 34a zuständigen* Behörden sind verpflichtet, nach Maßgabe des Satzes 2 der Registerbehörde im Anschluss an ein in Absatz 7 bezeichnetes die Speicherung begründendes Ereignis unverzüglich die nach Absatz 2 zu speichernden oder zu einer Änderung oder Löschung einer Eintragung

im Register führenden Daten zu übermitteln. [2] Zu diesem Zweck hat der Gewerbetreibende der an seinem Betriebssitz für den Vollzug des § 34a zuständigen Behörde Änderungen der Daten nach Absatz 2 Nummer 1, 2, 10 und 11, ausgenommen die Daten zu den mit der Leitung des Betriebes oder einer Zweigniederlassung beauftragten Personen, unverzüglich, spätestens 14 Tage nach dem Erlangen der Kenntnis der Änderungen, mitzuteilen. [3] Änderungen betreffend Daten zu Wachpersonen nach Absatz 2 Nummer 3, 6, 10 und 11 sowie zu den mit der Leitung des Betriebes oder einer Zweigniederlassung beauftragten Personen nach Absatz 2 Nummer 1, 10 und 11 hat der Gewerbetreibende unverzüglich, spätestens 14 Tage nach dem Erlangen der Kenntnis der Änderungen, über das Bewacherregister mitzuteilen. [4] Zu diesem Zweck ist der Gewerbetreibende berechtigt, Änderungen betreffend Daten nach den Sätzen 2 und 3 zu erheben und

1. im Falle des Satzes 2 an die für den Vollzug des § 34a zuständige Behörde und
2. im Falle des Satzes 3 an die Registerbehörde

zum Zwecke der Speicherung zu übermitteln.

[5] Der Gewerbetreibende hat Wachpersonen und mit der Leitung eines Betriebes oder einer Zweigniederlassung beauftragte Personen sechs Wochen nach Beendigung des Beschäftigungsverhältnisses über das Bewacherregister bei der für den Vollzug des § 34a zuständigen Behörde abzumelden.

(7) Im Bewacherregister sind die Daten aus den folgenden Anlässen zu speichern:

1. Beantragen oder Erteilen einer Erlaubnis nach § 34a Absatz 1 Satz 1,
2. Versagen oder Erlöschen einer Erlaubnis nach § 34a Absatz 1 Satz 1,
3. Untersagen der Beschäftigung nach § 34a Absatz 4,
4. Anmelden und Abmelden von Wachpersonen und mit der Leitung des Betriebes oder einer Zweigniederlassung beauftragter Personen,
5. Melden von Datenänderungen durch den Gewerbetreibenden gegenüber der für den Vollzug des § 34a zuständigen Behörde nach Absatz 6 Satz 2 oder dem Bewacherregister nach Absatz 6 Satz 3,
6. Überprüfen der Zuverlässigkeit im Rahmen der Regelüberprüfung nach spätestens fünf Jahren von Gewerbetreibenden und gesetzlichen Vertretern juristischer Personen nach § 34a Absatz 1 Satz 10 sowie Wachpersonen nach § 34a Absatz 1a Satz 7 und mit der Leitung des Betriebes oder einer Zweigniederlassung beauftragter Personen,
7. Überprüfen aufgrund eines Nachberichts durch die zuständigen Verfassungsschutzbehörden und Polizeibehörden nach § 34a Absatz 1b Satz 1.

(8) Die Registerbehörde löscht auf Veranlassung der für den Vollzug des § 34a zuständigen Behörden die im Bewacherregister gespeicherten Daten:

1. in den Fällen des Absatzes 7 Nummer 1 bei eingetragener Beantragung der Erlaubnis und begonnener Prüfung, sechs Monate nach Rücknahme des Antrags auf Erlaubnis,
2. in den Fällen des Absatzes 7 Nummer 2 betreffend eine versagte oder zurückgenommene oder widerrufene Erlaubnis durch Überschreibung der Daten bei erneuter Beantragung und Erteilung der Erlaubnis, spätestens nach fünf Jahren; bei Erlöschen der Erlaubnis durch Verzicht oder Tod oder Untergang der juristischen Person, sechs Monate nach Erlöschen der Erlaubnis; bei Verzicht während eines Rücknahmeverfahrens oder Widerrufsverfahrens wegen Unzuverlässigkeit, wenn der Verzicht durch eine spätere Entscheidung gegenstandslos wird,

3. in den Fällen des Absatzes 7 Nummer 3 durch Überschreiben der Daten bei einer zeitlich nachfolgenden Feststellung der Zuverlässigkeit,
4. in den Fällen des Absatzes 7 Nummer 4 bei Anmeldungen betreffend Wachpersonen oder mit der Leitung des Betriebes oder einer Zweigniederlassung beauftragten Personen die Wohnorte der letzten fünf Jahre nach der Entscheidung über die Zuverlässigkeit der Wachpersonen oder der mit der Leitung des Betriebes oder einer Zweigniederlassung beauftragten Personen,
5. in den Fällen des Absatzes 7 Nummer 4 bei Abmeldungen betreffend Wachpersonen und mit der Leitung des Betriebes oder einer Zweigniederlassung beauftragten Personen ein Jahr nach Abmeldung des letzten für die natürliche Person gemeldeten Beschäftigungsverhältnisses im Register,
6. in den Fällen des Absatzes 7 Nummer 5 bei Meldung von Änderungen betreffend Daten nach Absatz 2 Nummer 1, 2, 3, 6, 10 und 11 durch Überschreiben der bisherigen Einträge im Register,
7. in den Fällen des Absatzes 7 Nummer 6 bei Unzuverlässigkeit des Gewerbetreibenden, gesetzlicher Vertreter bei juristischen Personen, von mit der Leitung des Betriebes oder einer Zweigniederlassung beauftragten Personen sowie Wachpersonen, durch Überschreiben der Daten nach Absatz 2 Nummer 7 bei späterer Feststellung der Zuverlässigkeit im Rahmen eines neuen Erlaubnis- oder Anmeldeverfahrens, spätestens nach fünf Jahren, und
8. in den Fällen des Absatzes 7 Nummer 7 bei Unzuverlässigkeit des Gewerbetreibenden, der gesetzlichen Vertreter juristischer Personen, von mit der Leitung des Betriebes oder einer Zweigniederlassung beauftragten Personen sowie Wachpersonen, durch Überschreiben der Daten nach Absatz 2 Nummer 7 bei späterer Feststellung der Zuverlässigkeit im Rahmen eines neuen Erlaubnis- oder Anmeldeverfahrens, spätestens nach fünf Jahren.

(9) Das Bundesministerium des Innern und für Heimat wird ermächtigt, im Einvernehmen mit dem Bundesministerium für Wirtschaft und Klimaschutz, durch Rechtsverordnung[1] mit Zustimmung des Bundesrates die Einzelheiten zu regeln:

1. zu den Datensätzen, die nach Absatz 2 gespeichert werden, sowie zur Datenverarbeitung,
2. zur Einrichtung und Führung des Registers,
3. zum Verfahren der Datenübermittlung an die Registerbehörde, insbesondere durch die für den Vollzug des § 34a zuständigen Behörden und durch die Gewerbetreibenden, sowie der Datenübermittlung durch die Registerbehörde, insbesondere an die für den Vollzug des § 34a zuständigen Behörden,
4. zur Verwendung elektronischer Schnittstellen des Registers, der Schnittstelle zum Verfassungsschutz, zum Deutschen Industrie- und Handelskammertag e. V. und zu Fachverfahren der für den Vollzug des § 34a zuständigen Behörden,
5. zum Verfahren des automatisierten Datenabrufs aus dem Register,
6. zum Datenschutz und der Datensicherheit nebst Protokollierungspflicht der Registerbehörde.

[1] Siehe ua die BewacherregisterVO v. 24.6.2019 (BGBl. I S. 882).

§ 11c[1] Übermittlung personenbezogener Daten innerhalb der Europäischen Union und des Europäischen Wirtschaftsraumes bei reglementierten Berufen. (1) [1] Begibt sich ein im Inland tätiger Gewerbetreibender in einen anderen Mitgliedstaat der Europäischen Union oder in einen anderen Vertragsstaat des Abkommens über den Europäischen Wirtschaftsraum, um dort dauerhaft oder vorübergehend eine Tätigkeit auszuüben, deren Aufnahme oder Ausübung durch Rechts- und Verwaltungsvorschriften an den Besitz bestimmter beruflicher Qualifikationen gebunden ist, so übermittelt die zuständige inländische öffentliche Stelle auf Ersuchen alle personenbezogenen Daten an die zuständige Stelle des betreffenden Staates, die

1. die Rechtmäßigkeit der Niederlassung des Gewerbetreibenden betreffen;
2. zur Beurteilung der Zuverlässigkeit des Gewerbetreibenden erforderlich sind, insbesondere Daten nach § 11 Abs. 1 Satz 2;
3. im Fall eines Beschwerdeverfahrens eines Dienstleistungsempfängers gegen einen Gewerbetreibenden für ein ordnungsgemäßes Beschwerdeverfahren erforderlich sind.

[2] Die zuständige inländische öffentliche Stelle übermittelt Daten nach Satz 1 auch ohne Ersuchen, wenn tatsächliche Anhaltspunkte dafür vorliegen, dass deren Kenntnis zur Wahrnehmung der Aufgaben der zuständigen ausländischen Stelle erforderlich ist. [3] Sie kann ihrerseits bei der zuständigen Stelle des betreffenden Staates Daten nach Satz 1 erheben, soweit die Kenntnis der Daten für die Wahrnehmung ihrer Aufgaben erforderlich ist, und die hierfür erforderlichen personenbezogenen Daten an die zuständige ausländische Stelle übermitteln.

(2) Absatz 1 gilt entsprechend

1. für Arbeitnehmer eines Gewerbebetriebs,
2. für den Fall, dass ein Gewerbetreibender oder ein Arbeitnehmer eines Gewerbebetriebs aus einem der genannten Staaten im Inland eine gewerbliche Tätigkeit aufnimmt oder ausübt, deren Aufnahme oder Ausübung einen Sachkunde- oder Befähigungsnachweis oder die Eintragung in die Handwerksrolle voraussetzt.

(3) Alle Daten sind mit dem Hinweis zu übermitteln, dass der Empfänger unverzüglich zu prüfen hat, ob die Daten für den angegebenen Zweck erforderlich sind, und er die Daten anderenfalls zu löschen hat.

(4) Die Absätze 1 bis 3 gelten auch für den Bereich der Viehzucht.

§ 11d[2] Zusammenarbeit der Behörden. (1) [1] Die Registerbehörde nach § 11a Absatz 1 Satz 1 ist verpflichtet, mit der Europäischen Kommission und den zuständigen Behörden der anderen Mitgliedstaaten der Europäischen Union sowie der anderen Vertragsstaaten des Abkommens über den Europäischen Wirtschaftsraum eng zusammenzuarbeiten, um die Aufsicht auf Gemeinschaftsebene zu erleichtern. [2] Zu diesem Zweck kann sie durch eine Vereinbarung Aufgaben und *Zuständigkeiten* auf die zuständige Aufsichtsbehörde des Mitgliedstaates, in dem der Versicherungsvermittler oder Versicherungsberater seinen Sitz hat (Herkunftsstaat), übertragen und Aufgaben und Zuständigkeiten der Aufsichtsbehörde des Herkunftsstaates übernehmen, die Dienstleistungen im Sinne der Richtlinie (EU) 2016/97 des Europäischen Parlaments und des Rates vom 20. Januar 2016 über

[1] Früherer § 11b eingef. mWv 18.12.2008 durch G v. 12.12.2008 (BGBl. I S. 2423); Überschrift geänd. mWv 28.12.2009 durch G v. 17.7.2009 (BGBl. I S. 2091); bish. § 11b wird § 11c mWv 1.1.2019 durch G v. 29.11.2018 (BGBl. I S. 2666).

[2] § 11d eingef. mWv 1.1.2023 durch G v. 9.11.2022 (BGBl. I S. 2009).

Versicherungsvertrieb (Neufassung) (ABl. L 26 vom 2.2.2016, S. 19) im Inland betreffen. [3]Der Versicherungsvermittler oder Versicherungsberater und die Europäische Aufsichtsbehörde für das Versicherungswesen und die betriebliche Altersversorgung sind unverzüglich über eine Vereinbarung nach Satz 2 zu unterrichten.

(2) [1]Auf Ersuchen der zuständigen Behörde eines anderen Mitglied- oder Vertragsstaates hat die zuständige Registerbehörde nach Absatz 1 Satz 1 die Informationen einschließlich personenbezogener Daten an die zuständige Behörde des anderen Mitglied- oder Vertragsstaates zu übermitteln, die zur Überprüfung der Einhaltung der Voraussetzungen für die Tätigkeit als Versicherungsvermittler, Versicherungsberater oder Immobiliardarlehensvermittler erforderlich sind. [2]Sie darf ohne Ersuchen der zuständigen Behörde eines anderen Mitglied- oder Vertragsstaates Informationen einschließlich personenbezogener Daten übermitteln, wenn Anhaltspunkte dafür vorliegen, dass die Kenntnis dieser Informationen für die Überprüfung der Einhaltung der Voraussetzungen für die Tätigkeit als Versicherungsvermittler, Versicherungsberater oder Immobiliardarlehensvermittler erforderlich ist.

(3) [1]Wenn die Registerbehörde nach Absatz 1 Satz 1 feststellt, dass ein Versicherungsvermittler oder Versicherungsberater, der auf der Grundlage der Dienstleistungsfreiheit oder der Niederlassungsfreiheit im Inland tätig ist, gegen seine Pflichten aus § 34d oder einer auf der Grundlage des § 34e erlassenen Rechtsverordnung verstößt, teilt sie dies der zuständigen Aufsichtsbehörde des Herkunftsstaates mit. [2]Wenn die zuständige Aufsichtsbehörde des Herkunftsstaates in diesem Fall keine oder nicht ausreichende Maßnahmen gegen den Versicherungsvermittler oder Versicherungsberater ergreift, kann die Registerbehörde nach Absatz 1 Satz 1 nach Unterrichtung der zuständigen Behörde des Herkunftsstaates die notwendigen Maßnahmen ergreifen. [3]Im Falle von Meinungsverschiedenheiten zwischen den Aufsichtsbehörden in den Fällen des Satzes 2 ist Artikel 19 der Verordnung (EU) Nr. 1094/2010 anzuwenden.

(4) [1]Die Registerbehörde nach Absatz 1 Satz 1 hat im Falle des § 11a Absatz 4 die Absicht des nach § 34d Absatz 10 Eintragungspflichtigen der zuständigen Behörde des anderen Mitglied- oder Vertragsstaates mitzuteilen und unverzüglich den Eintragungspflichtigen über diese Mitteilung zu unterrichten. [2]Das Verfahren nach Satz 1 ist im Falle des § 11a Absatz 4 auf die Absichtserklärung des nach § 34i Absatz 8 Nummer 1 Eintragungspflichtigen entsprechend anzuwenden. [3]Zum Zwecke der Überwachung darf die Registerbehörde nach Absatz 1 Satz 1 der zuständigen Behörde des anderen Mitglied- oder Vertragsstaates die zu dem Eintragungspflichtigen im Register gespeicherten Angaben übermitteln. [4]Die zuständige Behörde eines anderen Mitglied- oder Vertragsstaates ist über Änderungen übermittelter Angaben zu unterrichten. [5]Handelt es sich bei den nach § 11a Absatz 3 und 3b gelöschten Angaben um solche eines in einem anderen Mitglied- oder Vertragsstaat tätigen Gewerbetreibenden, so teilt die Registerbehörde nach Absatz 1 Satz 1 der zuständigen Behörde des anderen Mitglied- oder Vertragsstaates die Löschung unverzüglich mit.

(5) [1]Die Zusammenarbeit mit den zuständigen Behörden der anderen Mitgliedstaaten der Europäischen Union sowie der anderen Vertragsstaaten des Abkommens über den Europäischen Wirtschaftsraum, insbesondere die Übermittlung von Informationen, hat in Bezug auf die Tätigkeit von Versicherungsvermittlern und Versicherungsberatern jeweils über das Bundesministerium für Wirtschaft und Klimaschutz zu erfolgen, das sich dabei der gemeinsamen Stelle bedient. [2]In Bezug auf die Tätigkeit von Immobiliardarlehensvermittlern hat die Zusammenarbeit,

insbesondere die Übermittlung von Informationen, jeweils über das Bundesamt für Wirtschaft und Ausfuhrkontrolle zu erfolgen.

(6) Die Registerbehörde nach Absatz 1 Satz 1 und die Behörden, die für die Verfolgung von Ordnungswidrigkeiten nach diesem Gesetz zuständig sind, haben der Europäischen Aufsichtsbehörde für das Versicherungswesen und die betriebliche Altersversorgung zu melden:

1. Sanktionen und andere Maßnahmen, die gegenüber Gewerbetreibenden nach § 34d Absatz 1 und 2 getroffen wurden,
2. Rechtsmittel, die im Zusammenhang mit Sanktionen und anderen Maßnahmen nach Nummer 1 eingelegt wurden, die nicht nach § 34d Absatz 11 Satz 1 öffentlich bekannt gemacht wurden, und die Ergebnisse der Rechtsmittelverfahren,
3. jährlich eine Zusammenfassung der Sanktionen und Maßnahmen, die gegenüber Gewerbetreibenden nach § 34d Absatz 1 und 2 getroffen wurden.

§ 12[1)] Insolvenzverfahren und Restrukturierungssachen. [1]Vorschriften, welche die Untersagung eines Gewerbes oder die Rücknahme oder den Widerruf einer Zulassung wegen Unzuverlässigkeit des Gewerbetreibenden, die auf ungeordnete Vermögensverhältnisse zurückzuführen ist, ermöglichen, sind während der Zeit

1. eines Insolvenzverfahrens,
2. in der Sicherungsmaßnahmen nach § 21 der Insolvenzordnung[2)] angeordnet sind,
3. der Überwachung der Erfüllung eines Insolvenzplans (§ 260 der Insolvenzordnung) oder
4. in der in einem Stabilisierungs- und Restrukturierungsrahmen ein Restrukturierungsbeauftragter bestellt ist, eine Stabilisierungsanordnung wirksam ist oder dem Restrukturierungsgericht ein Restrukturierungsplan zur Vorprüfung, zur Anberaumung eines gerichtlichen Erörterungs- und Abstimmungstermins oder zur Bestätigung vorliegt,

nicht anzuwenden in Bezug auf das Gewerbe, das zur Zeit des Antrags auf Eröffnung des Insolvenzverfahrens oder des Antrags auf Anordnung des Restrukturierungs- oder Stabilisierungsinstruments ausgeübt wurde. [2]Dies gilt nicht für eine nach § 35 Absatz 2 Satz 1 oder Absatz 3 der Insolvenzordnung freigegebene selbstständige Tätigkeit des Gewerbetreibenden, wenn dessen Unzuverlässigkeit mit Tatsachen begründet wird, die nach der Freigabe eingetreten sind.

§ 13[3)] Erprobungsklausel. Die Landesregierungen werden ermächtigt, durch Rechtsverordnung zur Erprobung vereinfachender Maßnahmen, insbesondere zur Erleichterung von Existenzgründungen und Betriebsübernahmen, für einen Zeitraum von bis zu fünf Jahren Ausnahmen von Berufsausübungsregelungen nach *diesem Gesetz und den* darauf beruhenden Rechtsverordnungen zuzulassen, soweit diese Berufsausübungsregelungen nicht auf bindenden Vorgaben des Europäischen Gemeinschaftsrechts beruhen und sich die Auswirkungen der Ausnahmen auf das Gebiet des jeweiligen Landes beschränken.

---

1) § 12 Satz 2 angef. mWv 12.12.2012 durch G v. 5.12.2012 (BGBl. I S. 2415); Satz 2 geänd. mWv 31.12.2020 durch G v. 22.12.2020 (BGBl. I S. 3328); Überschrift geänd., Satz 1 neu gef. mWv 1.1.2021 durch G v. 22.12.2020 (BGBl. I S. 3256).

2) **Habersack Nr. 110.**

3) § 13 neu gef. mWv 1.7.2005 durch G v. 21.6.2005 (BGBl. I S. 1666).

§ 13a[1] Anzeige der grenzüberschreitenden Erbringung von Dienstleistungen in reglementierten Berufen. (1) [1] Wer als Staatsangehöriger eines Mitgliedstaates der Europäischen Union oder eines Vertragsstaates des Abkommens über den Europäischen Wirtschaftsraum eine gewerbliche Tätigkeit, deren Aufnahme oder Ausübung nach deutschem Recht einen Sachkunde- oder Unterrichtungsnachweis voraussetzt und zu deren Ausübung er in einem dieser Staaten rechtmäßig niedergelassen ist, im Inland nur vorübergehend und gelegentlich ausüben will, hat diese Absicht vorher der für die Anerkennung der Berufsqualifikation zuständigen öffentlichen Stelle unter Beifügung der nach Absatz 5 erforderlichen Unterlagen anzuzeigen. [2] Die Anzeige kann elektronisch erfolgen.

(2) [1] Die Tätigkeit darf sofort nach der Anzeige erbracht werden, wenn die Voraussetzungen nach Absatz 1 vorliegen und für die betreffende Tätigkeit keine Nachprüfung der Berufsqualifikation vorgeschrieben ist. [2] Die zuständige öffentliche Stelle erteilt innerhalb eines Monats nach Eingang der Anzeige nach Absatz 1 eine Eingangsbestätigung, aus der hervorgeht, ob die Voraussetzungen nach Absatz 1 vorliegen und ob die Nachprüfung der Berufsqualifikation erforderlich ist. [3] Wird die Berufsqualifikation nachgeprüft, soll die zuständige öffentliche Stelle den Dienstleister innerhalb eines Monats ab Eingang der Anzeige und der vollständigen Unterlagen über das Ergebnis unterrichten. [4] Bei einer Verzögerung unterrichtet die zuständige öffentliche Stelle den Dienstleister über die Gründe für die Verzögerung und über den Zeitplan für eine Entscheidung. [5] Die Entscheidung ergeht spätestens innerhalb von zwei Monaten ab Eingang der vollständigen Unterlagen. [6] Bestehen Zweifel an der Echtheit der vorgelegten Bescheinigungen und Ausbildungsnachweise oder an den dadurch verliehenen Rechten, ist der Fristablauf für die Dauer der Nachprüfung der Echtheit oder den dadurch verliehenen Rechten durch Nachfrage bei der zuständigen Stelle des Niederlassungsstaates gehemmt.

(3) Ergibt die Nachprüfung, dass ein wesentlicher Unterschied zwischen der Berufsqualifikation des Dienstleistungserbringers und der im Inland erforderlichen Berufsqualifikation besteht, gibt die zuständige öffentliche Stelle dem Dienstleistungserbringer innerhalb eines Monats nach der Unterrichtung über das Ergebnis der Nachprüfung Gelegenheit, die für eine ausreichende berufliche Qualifikation erforderlichen Kenntnisse und Fähigkeiten insbesondere durch eine Eignungsprüfung nachzuweisen.

(4) Hält die zuständige Stelle die in den Absätzen 2 und 3 festgesetzten Fristen nicht ein, darf die Dienstleistung erbracht werden.

(5) [1] Folgende Unterlagen sind bei der erstmaligen Anzeige zu übermitteln:

1. ein Nachweis der Staatsangehörigkeit;
2. ein Nachweis der rechtmäßigen Niederlassung zur Ausübung der betreffenden Tätigkeiten in einem der in Absatz 1 genannten Staaten und der Nachweis, dass die Ausübung dieser Tätigkeiten nicht, auch nicht vorübergehend, untersagt ist;
3. im Fall von gewerblichen Tätigkeiten im Anwendungsbereich des Waffengesetzes[2], des Sprengstoffgesetzes[3], des Bundesjagdgesetzes[4], des Beschussgeset-

[1] § 13a eingef. mWv 18.12.2008 durch G v. 12.12.2008 (BGBl. I S. 2423); Überschr. geänd. mWv 28.12.2009 durch G v. 17.7.2009 (BGBl. I S. 2091); Abs. 1 Satz 2 angef., neuer Satz 1, Abs. 2 Satz 2 und Abs. 3 geänd., Abs. 5 Sätze 2–4 angef., neuer Satz 1 Nr. 4 Buchst. b und Abs. 6 Satz 1 geänd. mWv 18.1.2016 durch G v. 22.12.2015 (BGBl. I S. 2572).

[2] Nr. **820**.

[3] **Sartorius ErgBd. Nr. 822.**

[4] Nr. **890**.

zes[1)] und des § 34a der Gewerbeordnung ein Nachweis, dass keine Vorstrafen vorliegen;

4. a) sofern der Beruf im Niederlassungsstaat durch Rechts- und Verwaltungsvorschriften an den Besitz bestimmter beruflicher Qualifikationen gebunden ist, ein Nachweis der Berufsqualifikation, anderenfalls
   b) ein Nachweis, dass die Tätigkeit im Niederlassungsstaat während der vorhergehenden zehn Jahre mindestens ein Jahr lang ausgeübt worden ist;
5. ein Nachweis eines Versicherungsschutzes oder einer anderen Art des individuellen oder kollektiven Schutzes in Bezug auf die Berufshaftpflicht, sofern ein solcher für die betreffende Tätigkeit auch von Inländern gefordert wird.

2 Die Unterlagen können elektronisch übermittelt werden. 3 Die zuständige Stelle kann den Dienstleistungserbringer im Fall begründeter Zweifel an der Echtheit der vorgelegten Unterlagen auffordern, beglaubigte Kopien vorzulegen. 4 Eine solche Aufforderung hemmt den Lauf der Fristen nach Absatz 2 Satz 3 und 5 nicht.

(6) 1 Tritt eine wesentliche Änderung von Umständen ein, die die Voraussetzungen für die Dienstleistungserbringung betreffen, ist die Änderung anzuzeigen und durch Unterlagen nachzuweisen. 2 Ansonsten ist die Anzeige formlos alle zwölf Monate seit der letzten Anzeige zu wiederholen, solange die weitere Erbringung von Dienstleistungen beabsichtigt ist.

(7) Die Regelungen gelten entsprechend für Arbeitnehmer eines Gewerbebetriebs nach Absatz 1, soweit Sachkunde- oder Unterrichtungsnachweise auch für diese vorgeschrieben sind.

§ 13b[2)] Anerkennung ausländischer Unterlagen und Bescheinigungen.

(1) 1 Soweit nach diesem Gesetz oder einer auf Grund dieses Gesetzes erlassenen Rechtsverordnung die Zuverlässigkeit oder die Vermögensverhältnisse einer Person zu prüfen sind, sind als Nachweis für die Zuverlässigkeit und für geordnete Vermögensverhältnisse von Gewerbetreibenden aus einem anderen Mitgliedstaat der Europäischen Union oder einem anderen Vertragsstaat des Abkommens über den Europäischen Wirtschaftsraum Unterlagen als ausreichend anzuerkennen, die im Herkunftsstaat ausgestellt wurden und die belegen, dass die Anforderungen an die Zuverlässigkeit und die geordneten Vermögensverhältnisse des Gewerbetreibenden erfüllt werden. 2 Dabei kann verlangt werden, dass die Unterlagen in beglaubigter Kopie und beglaubigter deutscher Übersetzung vorgelegt werden. 3 Werden im Herkunftsstaat solche Unterlagen nicht ausgestellt, so können sie durch eine Versicherung an Eides statt des Gewerbetreibenden oder nach dem Recht des Herkunftsstaats vergleichbare Handlungen ersetzt werden.

(2) 1 Soweit in diesem Gesetz oder einer auf Grund dieses Gesetzes erlassenen Rechtsverordnung ein Nachweis darüber verlangt wird, dass ein Gewerbetreibender gegen die finanziellen Risiken seiner beruflichen Tätigkeit haftpflichtversichert ist, ist von Gewerbetreibenden aus einem anderen Mitgliedstaat der Europäischen Union oder einem anderen Vertragsstaat des Abkommens über den Europäischen

---

1) **Sartorius ErgBd. Nr. 821.**

2) § 13b eingef. mWv 28.12.2009 durch G v. 17.7.2009 (BGBl. I S. 2091); Abs. 3 geänd. mWv 1.1. 2013 durch G v. 6.12.2011 (BGBl. I S. 2481); Abs. 3 geänd. mWv 1.4.2012 durch G v. 6.12.2011 (BGBl. I S. 2515); Abs. 3 geänd. mWv 1.12.2013 durch G v. 4.3.2013 (BGBl. I S. 362, geänd. durch G v. 24.4. 2013, BGBl. I S. 930); Abs. 3 geänd. mWv 1.8.2014 durch G v. 15.7.2013 (BGBl. I S. 2390); Abs. 3 geänd. mWv 21.3.2016 durch G v. 11.3.2016 (BGBl. I S. 396); Abs. 3 geänd. mWv 23.2.2018 durch G v. 20.7.2017 (BGBl. I S. 2789).

Wirtschaftsraum als Nachweis eine Bescheinigung über den Abschluss einer Berufshaftpflichtversicherung als hinreichend anzuerkennen, die von einem Kreditinstitut oder einem Versicherungsunternehmen in einem anderen Mitgliedstaat oder Vertragsstaat ausgestellt wurde, sofern die in diesem Staat abgeschlossene Berufshaftpflichtversicherung im Wesentlichen vergleichbar ist zu der, die von Inländern verlangt wird, und zwar hinsichtlich der Zweckbestimmung, der vorgesehenen Deckung bezüglich des versicherten Risikos, der Versicherungssumme und möglicher Ausnahmen von der Deckung. [2] Bei nur teilweiser Gleichwertigkeit kann eine zusätzliche Sicherheit verlangt werden, die die nicht gedeckten Risiken absichert.

(3) Absatz 2 gilt nicht, soweit Tätigkeiten nach den §§ 30, 31, 33c, 33d, 34, 34a, 34c Absatz 1 Satz 1 Nummer 2, den §§ 34d, 34f, 34h, 34i oder nach § 60a ausgeübt werden.

§ 13c[1)] Anerkennung von ausländischen Befähigungsnachweisen.

(1) Als Nachweis einer nach der Gewerbeordnung erforderlichen Sachkundeprüfung oder Unterrichtung werden im Ausland erworbene Befähigungs- und Ausbildungsnachweise anerkannt, die von einer zuständigen Behörde im Ausbildungsstaat ausgestellt worden sind, sofern

1. der im Ausland erworbene Befähigungs- oder Ausbildungsnachweis und der entsprechende inländische Befähigungs- oder Ausbildungsnachweis die Befähigung zu einer vergleichbaren beruflichen Tätigkeit belegen,
2. im Fall einer im Ausbildungsstaat reglementierten beruflichen Tätigkeit die den Antrag stellende Person zur Ausübung dieser beruflichen Tätigkeit im Ausbildungsstaat berechtigt ist und
3. zwischen den nachgewiesenen ausländischen Berufsqualifikationen und der entsprechenden inländischen Berufsbildung keine wesentlichen Unterschiede bestehen.

(2) [1] Unterscheiden sich die diesen Nachweisen zugrunde liegenden Sachgebiete wesentlich von den in den jeweiligen gewerberechtlichen Verordnungen festgelegten Sachgebieten und gleichen die von der den Antrag stellenden Person im Rahmen ihrer Berufspraxis oder durch sonstige nachgewiesene einschlägige Qualifikationen erworbenen Kenntnisse,[2)] Fähigkeiten und Kompetenzen diesen wesentlichen Unterschied nicht aus, so ist die Erlaubnis zur Aufnahme der angestrebten Tätigkeit von der erfolgreichen Teilnahme an einer ergänzenden, diese Sachgebiete umfassenden Sachkundeprüfung (spezifische Sachkundeprüfung) oder einer ergänzenden, diese Sachgebiete umfassenden Unterrichtung (ergänzende Unterrichtung) abhängig. [2] Für die spezifische Sachkundeprüfung und die ergänzende Unterrichtung gelten die in den jeweiligen gewerberechtlichen Verordnungen vorgeschriebenen Anforderungen und Verfahren.

(3) [1] Ist für die angestrebte Tätigkeit nach der Gewerbeordnung eine Sachkundeprüfung vorgesehen, so ist der den Antrag stellenden Person nach ihrer Wahl statt der spezifischen Sachkundeprüfung die Teilnahme an einer ergänzenden Unterrichtung zu ermöglichen, sofern der Befähigungsnachweis von einem anderen Mitgliedstaat der Europäischen Union oder einem Vertragsstaat des Abkommens über den Europäischen Wirtschaftsraum ausgestellt worden ist und die

---

[1)] *§ 13c eingef. mWv 1.4.2012 durch* G v. 6.12.2011 (BGBl. I S. 2515); Abs. 2 Satz 1 geänd., Abs. 3a eingef., Abs. 4 Satz 1 eingef., bish. Satz 1 wird Satz 2 und geänd., bish. Sätze 2–5 werden Sätze 3–6, Sätze 7 und 8 angef. mWv 18.1.2016 durch G v. 22.12.2015 (BGBl. I S. 2572).

[2)] Komma fehlt in amtlicher Vorlage.

jeweiligen gewerberechtlichen Verordnungen nicht etwas anderes vorsehen. [2]Dies gilt auch für Nachweise, die von einem Drittstaat ausgestellt wurden, sofern diese Nachweise von einem in Satz 1 genannten Staat anerkannt worden sind und dieser Staat der den Antrag stellenden Person eine mindestens dreijährige Berufserfahrung in der angestrebten Tätigkeit bescheinigt. [3]Die Maßnahmen nach Satz 1 sind so auszugestalten, dass sie eine der Sachkundeprüfung vergleichbare Beurteilung der Qualifikation erlauben. [4]Ist für die angestrebte Tätigkeit nach der Gewerbeordnung eine Unterrichtung vorgesehen, kann die den Antrag stellende Person auf Wunsch an Stelle der ergänzenden Unterrichtung eine spezifische Sachkundeprüfung ablegen.

(3a) [1]Die Entscheidung der zuständigen Stelle, die Aufnahme der angestrebten Tätigkeit von der erfolgreichen Teilnahme an einer spezifischen Sachkundeprüfung oder einer ergänzenden Unterrichtung nach Absatz 2 Satz 1 abhängig zu machen, ist gegenüber der den Antrag stellenden Person zu begründen und mit einer Rechtsbehelfsbelehrung zu versehen. [2]In der Begründung ist insbesondere anzugeben,

1. welche wesentlichen Unterschiede im Sinne des Absatzes 2 Satz 1 festgestellt wurden,
2. die Gründe, weshalb die Unterschiede im Sinne des Absatzes 2 Satz 1 nicht durch die von der den Antrag stellenden Person im Rahmen ihrer bisherigen Berufspraxis oder durch sonstige Befähigungsnachweise erworbenen und nachgewiesenen Kenntnisse, Fähigkeiten und Kompetenzen ausgeglichen werden, und
3. das Niveau der im Geltungsbereich dieses Gesetzes erforderlichen Berufsqualifikation gemäß der Klassifizierung in Artikel 11 der Richtlinie 2005/36/EG.

[3]Die zuständige Stelle muss der den Antrag stellenden Person die Möglichkeit geben, die spezifische Sachkundeprüfung oder die ergänzende Unterrichtung innerhalb von sechs Monaten ab dem Zugang der Entscheidung nach Absatz 2 Satz 1 zu absolvieren.

(4) [1]Der Antrag auf Anerkennung sowie die gemäß Satz 2 beizufügenden Unterlagen können elektronisch übermittelt werden. [2]Dem Antrag sind folgende Unterlagen beizufügen:

1. eine tabellarische Aufstellung der absolvierten Ausbildungsgänge und der ausgeübten Erwerbstätigkeiten,
2. ein Identitätsnachweis,
3. im Ausland erworbene Ausbildungsnachweise,
4. Nachweise über einschlägige Berufserfahrungen und sonstige Befähigungsnachweise,
5. eine Bescheinigung darüber, dass die den Antrag stellende Person zur Ausübung des Berufs berechtigt ist, sofern der Beruf im Ausbildungsstaat reglementiert ist,

soweit dies für die Beurteilung erforderlich ist. [3]Die Aufnahme und Ausübung der Tätigkeit erfolgen im Übrigen unter den im Inland geltenden Voraussetzungen. [4]Insbesondere können von der den Antrag stellenden Person Nachweise verlangt werden, die Rückschlüsse auf ihre Zuverlässigkeit, das Vorliegen geordneter Vermögensverhältnisse sowie auf erforderliche Mittel oder Sicherheiten erlauben, sofern dies in den jeweiligen gewerberechtlichen Verordnungen bestimmt ist. [5]Die zuständige Stelle kann die den Antrag stellende Person auffordern, innerhalb einer angemessenen Frist Informationen zu Inhalt und Dauer der im Ausland absolvierten Berufsbildung sowie zu sonstigen Berufsqualifikationen vorzulegen, soweit dies zur Bewertung der Gleichwertigkeit erforderlich ist. [6] § 13b Absatz 1 Satz 2 gilt entsprechend. [7] Werden Unterlagen nach Satz 1 elektronisch übermittelt, kann die zuständige Behörde bei begründeten Zweifeln an der Echtheit der Unterlagen die den Antrag stellende Person auffordern, beglaubigte Kopien vorzulegen. [8] Eine solche Aufforderung hemmt den Lauf der Fristen nach Absatz 5 Satz 1 bis 3 nicht.

(5) [1] Die zuständige Stelle bestätigt der den Antrag stellenden Person binnen eines Monats den Empfang der Unterlagen und teilt gegebenenfalls dabei mit, dass Unterlagen fehlen. [2] Die Prüfung des Antrags auf Anerkennung muss spätestens drei Monate nach Einreichen der vollständigen Unterlagen abgeschlossen sein. [3] Diese Frist kann in begründeten Fällen um einen Monat verlängert werden. [4] Die Fristverlängerung ist der den Antrag stellenden Person rechtzeitig und unter Angabe der Gründe mitzuteilen. [5] Bestehen begründete Zweifel an der Echtheit oder der inhaltlichen Richtigkeit der vorgelegten Unterlagen oder an den dadurch verliehenen Rechten oder benötigt die zuständige Stelle weitere Informationen, kann sie die den Antrag stellende Person auffordern, innerhalb einer angemessenen Frist weitere geeignete Unterlagen vorzulegen. [6] Soweit die Unterlagen in einem Mitgliedstaat der Europäischen Union oder einem Vertragsstaat des Abkommens über den Europäischen Wirtschaftsraum ausgestellt wurden, kann sich die zuständige Stelle auch an die zuständige Stelle des Ausbildungsstaats wenden. [7] Der Fristablauf ist solange gehemmt.

(6) Das Berufsqualifikationsfeststellungsgesetz ist mit Ausnahme des § 17 nicht anzuwenden.

Titel II. Stehendes Gewerbe

I. Allgemeine Erfordernisse

§ 14[1)] [2)] Anzeigepflicht; Verordnungsermächtigung. (1) [1] Wer den selbständigen Betrieb eines stehenden Gewerbes, einer Zweigniederlassung oder einer

[1)] § 14 neu gef. mWv 14.9.2007 durch G v. 7.9.2007 (BGBl. I S. 2246); Abs. 14 Satz 6 geänd. mWv 1.1.2009 durch G v. 17.3.2008 (BGBl. I S. 399); Abs. 9 Satz 1 Nr. 6 geänd. mWv 5.11.2008 durch G v. 30.10.2008 (BGBl. I S. 2130); *Abs. 5* [Richtig wohl: „Abs. 9"] geänd. mWv 1.9.2009 durch G v. 17.12. 2008 (BGBl. I S. 2586); Abs. 3 neu gef. mWv 25.3.2009 durch G v. 17.3.2009 (BGBl. I S. 550); Abs. 3 Satz 2 *mWv 1.9.2009* [Richtig wohl: „mWv 28.12.2009"] und Abs. 9 Satz 1 Nr. 8 geänd. *mWv 28.12. 2009* [Richtig wohl: „mWv 1.9.2009"] durch G v. 17.7.2009 (BGBl. I S. 2091); Überschrift geänd., Abs. 4 aufgeh., bish. Abs. 5–8 werden Abs. 4–7, bish. Abs. 9 wird Abs. 8 und Satz 1 Nr. 1, 2, 3, 3a, 4, 5, 6, 7, 8, 9 geänd., Satz 2 eingef., bish. Satz 2 wird Satz 3, bish. Abs. 10–13 werden Abs. 9–12, bish. Abs. 14 wird Abs. 13 und Satz 2 eingef., bish. Sätze 2 und 3 werden Sätze 3 und 4, bish. Satz 4 wird Satz 5 und neu gef., bish. Sätze 5 und 6 werden Sätze 6 und 7 und geänd., bish. Abs. 14 wird Abs. 13, Abs. 14 angef. mWv 15.7.2011 durch G v. 11.7.2011 (BGBl. I S. 1341); Abs. 4 Satz 3, Abs. 6 Satz 1 einl. Satzteil und Nr. 1, Abs. 7, 9 und 10 Nr. 2, Abs. 11 Satz 1 einl. Satzteil und Nr. 3 und Abs. 12 geänd. mWv 13.12.2011 durch G v. 6.12.2011 (BGBl. I S. 2481); Abs. 8 Satz 1 Nr. 9 geänd., Nr. 10 angef. mWv 12.12.2012 durch G v. 5.12.2012 (BGBl. I S. 2415); Abs. 8 Satz 1 Nr. 4 neu gef. mWv 1.1.2015 durch G v. 25.7.2013 (BGBl. I S. 2722); Abs. 14 Satz 1 geänd. mWv 8.9.2015 durch VO v. 31.8.2015 (BGBl. I S. 1474); Abs. 11 Satz 2 geänd. mWv 5.4.2017 durch G v. 29.3.2017 (BGBl. I S. 626); Abs. 4 Satz 1, Abs. 5 Satz 1 und Abs. 8 Satz 1 einl. Satzteil geänd., Sätze 4 und 5 angef., Abs. 11 Satz 1 Nr. 3, Sätze 2, 3 und 6, Abs. 12 geänd. mWv 26.11.2019 durch G v. 20.11.2019 (BGBl. I S. 1626); Abs. 8 Satz 1 Nr. 10 geänd. und Nr. 11 angef. mWv 1.7.2020 durch G v. 12.6.2020 (BGBl. I S. 1248); Abs. 1 Satz 2 Nr. 2 geänd., Nr. 2a eingef., Abs. 4 Satz 1 neu gef., Satz 2 aufgeh., bish. Satz 3 wird Satz 2, Abs. 5 Satz 2 geänd., Abs. 8 Satz 1 Nr. 10 neu gef., Nr. 11 geänd., Nr. 12–14 angef., Satz 3 aufgeh., bish. Sätze 4 und 5 werden Sätze 3 und 4, Abs. 14 Satz 1 geänd. mWv 1.1.2023 durch G v. 9.11.2022 (BGBl. I S. 2009); Abs. 1 Satz 3 eingef., bish. Satz 3 wird Satz 4 mWv 1.11.2025 durch G v. 23.10.2024 (BGBl. 2024 I Nr. 323); Abs. 13 Satz 7 neu gef. mWv 1.1.2026 durch G v. 22.12.2025 (BGBl. 2025 I Nr. 354).

[2)] Zur Nichtanwendung von § 14 vgl. § 4.

unselbständigen Zweigstelle anfängt, muss dies der zuständigen Behörde gleichzeitig anzeigen. [2]Das Gleiche gilt, wenn

1. der Betrieb verlegt wird,
2. der Gegenstand des Gewerbes gewechselt oder auf Waren oder Leistungen ausgedehnt wird, die bei Gewerbebetrieben der angemeldeten Art nicht geschäftsüblich sind,

2a. der Name des Gewerbetreibenden geändert wird oder

3. der Betrieb aufgegeben wird.

[3]Erfolgt die Aufgabe des Betriebes im Zusammenhang mit dessen Verlegung in einen anderen Meldebezirk, ist dies ausschließlich gegenüber der für die Gewerbeanmeldung nach Satz 1 zuständigen Behörde anzuzeigen; diese übermittelt die Daten aus der Gewerbeanzeige unverzüglich an die für die Gewerbeabmeldung nach Satz 2 Nummer 3 zuständige Behörde; Absatz 8 bleibt unberührt. [4]Steht die Aufgabe des Betriebes eindeutig fest und ist die Abmeldung nicht innerhalb eines angemessenen Zeitraums erfolgt, kann die Behörde die Abmeldung von Amts wegen vornehmen.

(2) Absatz 1 gilt auch für den Handel mit Arzneimitteln, mit Losen von Lotterien und Ausspielungen sowie mit Bezugs- und Anteilscheinen auf solche Lose und für den Betrieb von Wettannahmestellen aller Art.

(3) [1]Wer die Aufstellung von Automaten jeder Art als selbständiges Gewerbe betreibt, muss die Anzeige bei der zuständigen Behörde seiner Hauptniederlassung erstatten. [2]Der Gewerbetreibende ist verpflichtet, zum Zeitpunkt der Aufstellung des Automaten den Familiennamen mit mindestens einem ausgeschriebenen Vornamen, seine ladungsfähige Anschrift sowie die Anschrift seiner Hauptniederlassung an dem Automaten sichtbar anzubringen. [3]Gewerbetreibende, für die eine Firma im Handelsregister eingetragen ist, haben außerdem ihre Firma in der in Satz 2 bezeichneten Weise anzubringen. [4]Ist aus der Firma der Familienname des Gewerbetreibenden mit einem ausgeschriebenen Vornamen zu ersehen, so genügt die Anbringung der Firma.

(4)[1)] [1]Die Finanzbehörden haben den zuständigen Behörden die nach § 30 der Abgabenordnung geschützten Daten von Unternehmern im Sinne des § 5 des Gewerbesteuergesetzes mitzuteilen, wenn deren Steuerpflicht nach dem Gewerbesteuergesetz erloschen ist; mitzuteilen sind

1. der Name,
2. die betriebliche Anschrift,
3. die Rechtsform,
4. der amtliche Gemeindeschlüssel,
5. die Wirtschaftsidentifikationsnummer nach § 139c der Abgabenordnung und, soweit vorhanden, das Unterscheidungsmerkmal nach § 139c Absatz 5a der Abgabenordnung sowie
6. der Tag, an dem die Steuerpflicht endete.

[2]Absatz 5 Satz 1 gilt entsprechend.

(5) [1]Die erhobenen Daten dürfen nur für die Überwachung der Gewerbeausübung sowie statistische Erhebungen verarbeitet werden. [2]Der Name, der Name des Geschäfts (Geschäftsbezeichnung), die betriebliche Anschrift und die ange-

---

[1)] Zu § 14 Abs. 4 beachte die Übergangsregelung in § 161.

zeigte Tätigkeit des Gewerbetreibenden dürfen allgemein zugänglich gemacht werden.

(6) [1] Öffentlichen Stellen, soweit sie nicht als öffentlich-rechtliche Unternehmen am Wettbewerb teilnehmen, dürfen der Zweckbindung nach Absatz 5 Satz 1 unterliegende Daten übermittelt werden, soweit

1. eine regelmäßige Datenübermittlung nach Absatz 8 zulässig ist,
2. die Kenntnis der Daten zur Abwehr einer gegenwärtigen Gefahr für die öffentliche Sicherheit oder erheblicher Nachteile für das Gemeinwohl erforderlich ist oder
3. der Empfänger die Daten beim Gewerbetreibenden nur mit unverhältnismäßigem Aufwand erheben könnte oder von einer solchen Datenerhebung nach der Art der Aufgabe, für deren Erfüllung die Kenntnis der Daten erforderlich ist, abgesehen werden muss und kein Grund zu der Annahme besteht, dass das schutzwürdige Interesse des Gewerbetreibenden überwiegt.

[2] Für die Weitergabe von Daten innerhalb der Verwaltungseinheiten, denen die für die Entgegennahme der Anzeige und die Überwachung der Gewerbeausübung zuständigen Behörden angehören, gilt Satz 1 entsprechend.

(7) Öffentlichen Stellen, soweit sie als öffentlich-rechtliche Unternehmen am Wettbewerb teilnehmen, und nichtöffentlichen Stellen dürfen der Zweckbindung nach Absatz 5 Satz 1 unterliegende Daten übermittelt werden, wenn der Empfänger ein rechtliches Interesse an der Kenntnis der zu übermittelnden Daten glaubhaft macht und kein Grund zu der Annahme besteht, dass das schutzwürdige Interesse des Gewerbetreibenden überwiegt.

(8) [1] Die zuständige Behörde übermittelt, sofern die empfangsberechtigte Stelle auf die regelmäßige Datenübermittlung nicht verzichtet hat, Daten aus der Gewerbeanzeige regelmäßig an

1. die Industrie- und Handelskammer zur Wahrnehmung der in den §§ 1, 3 und 5 des Gesetzes zur vorläufigen Regelung des Rechts der Industrie- und Handelskammern[1)] genannten sowie der nach § 1 Abs. 4 desselben Gesetzes übertragenen Aufgaben,
2. die Handwerkskammer zur Wahrnehmung der in § 91 der Handwerksordnung[2)] genannten, insbesondere der ihr durch die §§ 6, 19 und 28 der Handwerksordnung zugewiesenen und sonstiger durch Gesetz übertragener Aufgaben,
3. die für den Immissionsschutz zuständige Landesbehörde zur Durchführung arbeitsschutzrechtlicher sowie immissionsschutzrechtlicher Vorschriften,

3a. die für den technischen und sozialen Arbeitsschutz, einschließlich den Entgeltschutz nach dem Heimarbeitsgesetz[3)] zuständige Landesbehörde zur Durchführung ihrer Aufgaben,

4. die nach Landesrecht zuständige Behörde zur Wahrnehmung der Aufgaben, die im Mess- und Eichgesetz[4)] und in den auf Grund des Mess- und Eichgesetzes ergangenen Rechtsverordnungen festgelegt sind,

---

[1)] Nr. 818.
[2)] Nr. 815.
[3)] **Loseblatt-Textsammlung Arbeitsrecht Nr. 450.**
[4)] **Sartorius ErgBd. Nr. 825.**

5. die Bundesagentur für Arbeit zur Wahrnehmung der in § 405 Abs. 1 in Verbindung mit § 404 Abs. 2 des Dritten Buches Sozialgesetzbuch[1)] sowie der im Arbeitnehmerüberlassungsgesetz[2)] genannten Aufgaben,
6. die Deutsche Gesetzliche Unfallversicherung e.V. ausschließlich zur Weiterleitung an die zuständige Berufsgenossenschaft für die Erfüllung der ihr durch Gesetz übertragenen Aufgaben,
7. die Behörden der Zollverwaltung zur Wahrnehmung der ihnen nach dem Schwarzarbeitsbekämpfungsgesetz[3)], nach § 405 Abs. 1 in Verbindung mit § 404 Abs. 2 des Dritten Buches Sozialgesetzbuch sowie nach dem Arbeitnehmerüberlassungsgesetz obliegenden Aufgaben,
8. das Registergericht, soweit es sich um die Abmeldung einer im Handels- und Genossenschaftsregister eingetragenen Haupt- oder Zweigniederlassung handelt, für Maßnahmen zur Herstellung der inhaltlichen Richtigkeit des Handelsregisters gemäß § 388 Absatz 1 des Gesetzes über das Verfahren in Familiensachen und in den Angelegenheiten der freiwilligen Gerichtsbarkeit[4)] oder des Genossenschaftsregisters gemäß § 160 des Gesetzes betreffend die Erwerbs- und Wirtschaftsgenossenschaften[5)],
9. die statistischen Ämter der Länder zur Führung des Statistikregisters nach § 1 Abs. 1 Satz 1 des Statistikregistergesetzes in den Fällen des Absatzes 1 Satz 2 Nr. 1 und 2,
10. die nach Landesrecht zuständigen Behörden zur Wahrnehmung ihrer Aufgaben nach dem Lebensmittel-, Bedarfsgegenstände-, Futtermittel-, Tabak-, Tiergesundheits- und Tierschutzrecht,
11. die Deutsche Rentenversicherung Knappschaft-Bahn-See zum Einzug und zur Vollstreckung der einheitlichen Pauschsteuer nach § 40a Absatz 2 des Einkommensteuergesetzes,
12. die Ausländerbehörden zur Wahrnehmung ihrer Aufgaben nach dem Aufenthaltsgesetz,
13. die nach § 22 der Abgabenordnung zuständigen Finanzämter, unbeschadet des § 138 der Abgabenordnung,
14. die für die Erlaubnisverfahren nach diesem Gesetz zuständigen Behörden.

[2] Die Übermittlung der Daten ist auf das zur Wahrnehmung der in Satz 1 bezeichneten Aufgaben Erforderliche zu beschränken. [3] Sind die Daten derart verbunden, dass ihre Trennung nach erforderlichen und nicht erforderlichen Daten nicht oder nur mit unverhältnismäßigem Aufwand möglich ist, sind auch die Kenntnisnahme, die Weitergabe innerhalb der datenverarbeitenden Stelle und die Übermittlung der Daten, die nicht zur Erfüllung der jeweiligen Aufgaben erforderlich sind, zulässig, soweit nicht schutzwürdige Belange der betroffenen Personen oder Dritter überwiegen. [4] Die nicht erforderlichen Daten unterliegen insoweit einem Verwertungsverbot.

(9) Darüber hinaus sind Übermittlungen der nach den Absätzen 1 bis 4 erhobenen Daten nur zulässig, soweit die Kenntnis der Daten zur Verfolgung von Straftaten erforderlich ist oder eine besondere Rechtsvorschrift dies vorsieht.

---

1) **Aichberger, SGB Nr. 3.**
2) **Habersack ErgBd. Nr. 84a.**
3) **Habersack ErgBd. Nr. 94b.**
4) **Habersack Nr. 112.**
5) **Habersack Nr. 53.**

(10) Die Einrichtung eines automatisierten Verfahrens, das den Abruf von Daten aus der Gewerbeanzeige ermöglicht, ist nur zulässig, wenn technisch sichergestellt ist, dass

1. die abrufende Stelle die bei der zuständigen Stelle gespeicherten Daten nicht verändern kann und
2. ein Abruf durch eine in Absatz 7 genannte Stelle nur möglich ist, wenn die abrufende Stelle entweder den Namen des Gewerbetreibenden oder die betriebliche Anschrift des Gewerbetreibenden angegeben hat; der Abruf von Daten unter Verwendung unvollständiger Abfragedaten oder die Suche mittels einer Ähnlichenfunktion kann zugelassen werden.

(11) [1] Die Einrichtung eines automatisierten Verfahrens, das den Abruf von Daten ermöglicht, die der Zweckbindung nach Absatz 5 Satz 1 unterliegen, ist nur zulässig, soweit

1. dies wegen der Häufigkeit oder der Eilbedürftigkeit der Abrufe und unter Berücksichtigung der schutzwürdigen Interessen der Gewerbetreibenden angemessen ist,
2. die zum Abruf bereitgehaltenen Daten ihrer Art nach für die Aufgaben oder Geschäftszwecke des Empfängers erforderlich sein können und
3. technisch sichergestellt ist, dass Daten durch andere als die in Absatz 8 genannten Stellen nur abgerufen werden können, wenn dabei der Verarbeitungszweck, für den der Abruf erfolgt, sowie das Aktenzeichen oder eine andere Bezeichnung des Vorgangs, für den der Abruf erfolgt, angegeben wird.

[2] Die Datenempfänger sowie die Verarbeitungszwecke, für die Abrufe zugelassen werden, sind vom Leiter der Verwaltungseinheit festzulegen. [3] Die zuständige Stelle protokolliert die Abrufe einschließlich der angegebenen Verarbeitungszwecke und Vorgangsbezeichnungen. [4] Die Protokolle müssen die Feststellung der für die einzelnen Abrufe verantwortlichen Personen ermöglichen. [5] Eine mindestens stichprobenweise Protokollauswertung ist durch die speichernde Stelle zu gewährleisten. [6] Die Protokolldaten dürfen nur zur Kontrolle der Zulässigkeit der Abrufe verarbeitet werden und sind nach sechs Monaten zu löschen.

(12) Daten, die der Zweckbindung nach Absatz 5 Satz 1 unterliegen, darf der Empfänger nur für den Zweck verarbeiten, zu dessen Erfüllung sie ihm übermittelt werden.

(13) [1] Über die Gewerbeanzeigen nach Absatz 1 Satz 1 und 2 Nr. 3 werden monatliche Erhebungen als Bundesstatistik durchgeführt. [2] Die Statistik nach Satz 1 soll als Informationsgrundlage für die Wirtschafts-, Wettbewerbs- und Strukturpolitik dienen. [3] Für die Erhebungen besteht Auskunftspflicht. [4] Auskunftspflichtig sind die Anzeigepflichtigen, die die Auskunftspflicht durch Erstattung der Anzeige erfüllen. [5] Die zuständige Behörde übermittelt aus den Gewerbeanzeigen monatlich die Daten als Erhebungs- oder Hilfsmerkmale an die statistischen Ämter der Länder, die zur Führung der Statistik nach Satz 1 erforderlich sind. [6] Die statistischen Ämter der Länder dürfen die Angaben zum eingetragenen Namen des Betriebes mit Rechtsform und zum Namen des Betriebsinhabers für die Bestimmung der Rechtsform bis zum Abschluss der nach § 12 Abs. 1 des Bundesstatistikgesetzes[1)] vorgesehenen Prüfung auswerten. [7] Ferner dürfen sie nähere Angaben zu der angemeldeten Tätigkeit unmittelbar bei den Auskunftspflichtigen erfragen, soweit die gemeldete Tätigkeit sonst den Wirtschaftszweigen nach An-

[1)] **Sartorius III Nr. 930.**

hang I der Verordnung (EG) Nr. 1893/2006 in Verbindung mit der vom Statistischen Bundesamt daraus erstellten Klassifikation der Wirtschaftszweige nicht zugeordnet werden kann.

(14) [1] Das Bundesministerium für Wirtschaft und Klimaschutz erlässt mit Zustimmung des Bundesrates durch Rechtsverordnung[1)] zur Gewährleistung der ordnungsgemäßen Erfüllung der Anzeigepflicht nach Absatz 1, zur Regelung der

(Fortsetzung nächstes Blatt)

[1)] Siehe die GewerbeanzeigeVO v. 22.7.2014 (BGBl. I S. 1208), zuletzt geänd. durch VO v. 11.12.2024 (BGBl. 2024 I Nr. 411).

Datenübermittlung nach Absatz 8 sowie zur Führung der Statistik nach Absatz 13 nähere Vorschriften. [2] Die Rechtsverordnung

1. bestimmt insbesondere, welche erforderlichen Informationen in den Anzeigen nach Absatz 1 anzugeben sind,
2. kann die Verwendung von Vordrucken zur Anzeige eines Gewerbes anordnen, die Gestaltung der Vordrucke durch Muster festlegen und Vorgaben treffen, wie und in welcher Anzahl die Vordrucke auszufüllen sind,
3. kann Rahmenvorgaben für die elektronische Datenverarbeitung und -übermittlung festlegen,
4. bestimmt, welche Daten zur Aufgabenwahrnehmung der in Absatz 8 Satz 1 bezeichneten Stellen erforderlicherweise zu übermitteln sind, und
5. bestimmt, welche Daten als Erhebungs- und Hilfsmerkmale für die Statistik nach Absatz 13 Satz 1 an die statistischen Ämter der Länder zu übermitteln sind.

§ 15 Empfangsbescheinigung, Betrieb ohne Zulassung. (1) Die Behörde bescheinigt innerhalb dreier Tage den Empfang der Anzeige.

(2) [1] Wird ein Gewerbe, zu dessen Ausübung eine Erlaubnis, Genehmigung, Konzession oder Bewilligung (Zulassung) erforderlich ist, ohne diese Zulassung betrieben, so kann die Fortsetzung des Betriebes von der zuständigen Behörde verhindert werden. [2] Das gleiche gilt, wenn ein Gewerbe von einer ausländischen juristischen Person begonnen wird, deren Rechtsfähigkeit im Inland nicht anerkannt wird.

§§ 15a, 15b[1)] *(aufgehoben)*

II. Erfordernis besonderer Überwachung oder Genehmigung

A. Anlagen, die einer besonderen Überwachung bedürfen

§§ 16 bis 28 (weggefallen)

B. Gewerbetreibende, die einer besonderen Genehmigung bedürfen

§ 29[2)] **Auskunft und Nachschau.** (1) Gewerbetreibende oder sonstige Personen,

1. die einer Erlaubnis nach den §§ 30, 31, 33a, 33c, 33d, 33i, 34, 34a, 34b, 34c, 34d, 34f, 34h oder 34i bedürfen oder nach § 34i Absatz 4 von der Erlaubnispflicht befreit sind,
2. die nach § 34b Abs. 5 oder § 36 öffentlich bestellt sind,
3. die ein überwachungsbedürftiges Gewerbe im Sinne des § 38 Abs. 1 betreiben,
4. gegen die ein Untersagungsverfahren nach § 35 oder § 59 eröffnet oder abgeschlossen wurde oder

---

1) §§ 15a und 15b aufgeh. mWv 25.3.2009 durch G v. 17.3.2009 (BGBl. I S. 550).

2) § 29 Abs. 1 Nr. 4 neu gef., Abs. 4 geänd. mWv 1.1.2003 durch G v. 24.8.2002 (BGBl. I S. 3412); Abs. 1 Nr. 1 geänd. mWv 22.5.2007 durch G v. 19.12.2006 (BGBl. I S. 3232); Abs. 1 Nr. 3 und 4 geänd. und Nr. 5 angef. mWv 29.2.2008 durch G v. 18.5.2007 (BGBl. I S. 757, ber. S. 2547) iVm Bek. v. 28.3. 2008 (BGBl. II S. 235); Abs. 1 Nr. 1 geänd. mWv 1.1.2013 durch G v. 6.12.2011 (BGBl. I S. 2481); Abs. 1 Nr. 1 geänd. mWv 1.12.2013 durch G v. 4.3.2013 (BGBl. I S. 362, geänd. durch G v. 24.4.2013, BGBl. I S. 930); Abs. 1 Nr. 1 geänd. mWv 1.8.2014 durch G v. 15.7.2013 (BGBl. I S. 2390); Abs. 1 Nr. 1 neu gef. mWv 21.3.2016 durch G v. 11.3.2016 (BGBl. I S. 396); Abs. 1 Nr. 5 neu gef. mWv 6.8.2016 durch G v. 31.7.2016 (BGBl. I S. 1914); Abs. 1 Nr. 1 und 5 geänd. mWv 23.2.2018 durch G v. 20.7.2017 (BGBl. I S. 2789).

5. soweit diese einer gewerblichen Tätigkeit nach § 42 Absatz 1 des Kulturgutschutzgesetzes nachgehen,

(Betroffene), haben den Beauftragten der zuständigen öffentlichen Stelle auf Verlangen die für die Überwachung des Geschäftsbetriebs erforderlichen mündlichen und schriftlichen Auskünfte unentgeltlich zu erteilen.

(2) [1] Die Beauftragten sind befugt, zum Zwecke der Überwachung Grundstücke und Geschäftsräume des Betroffenen während der üblichen Geschäftszeit zu betreten, dort Prüfungen und Besichtigungen vorzunehmen, sich die geschäftlichen Unterlagen vorlegen zu lassen und in diese Einsicht zu nehmen. [2] Zur Verhütung dringender Gefahren für die öffentliche Sicherheit oder Ordnung können die Grundstücke und Geschäftsräume tagsüber auch außerhalb der in Satz 1 genannten Zeit sowie tagsüber auch dann betreten werden, wenn sie zugleich Wohnzwecken des Betroffenen dienen; das Grundrecht der Unverletzlichkeit der Wohnung (Artikel 13 des Grundgesetzes[1)]) wird insoweit eingeschränkt.

(3) Der Betroffene kann die Auskunft auf solche Fragen verweigern, deren Beantwortung ihn selbst oder einen der in § 383 Abs. 1 Nr. 1 bis 3 der Zivilprozeßordnung[2)] bezeichneten Angehörigen der Gefahr strafgerichtlicher Verfolgung oder eines Verfahrens nach dem Gesetz über Ordnungswidrigkeiten[3)] aussetzen würde.

(4) Die Absätze 1 bis 3 finden auch Anwendung, wenn Tatsachen die Annahme rechtfertigen, daß ein erlaubnispflichtiges, überwachungsbedürftiges oder untersagtes Gewerbe ausgeübt wird.

§ 30 Privatkrankenanstalten. (1) [1] Unternehmer von Privatkranken- und Privatentbindungsanstalten sowie von Privatnervenkliniken bedürfen einer Konzession der zuständigen Behörde. [2] Die Konzession ist nur dann zu versagen, wenn

1. Tatsachen vorliegen, welche die Unzuverlässigkeit des Unternehmers in Beziehung auf die Leitung oder Verwaltung der Anstalt oder Klinik dartun,

1a. Tatsachen vorliegen, welche die ausreichende medizinische und pflegerische Versorgung der Patienten als nicht gewährleistet erscheinen lassen,

2. nach den von dem Unternehmer einzureichenden Beschreibungen und Plänen die baulichen und die sonstigen technischen Einrichtungen der Anstalt oder Klinik den gesundheitspolizeilichen Anforderungen nicht entsprechen,

3. die Anstalt oder Klinik nur in einem Teil eines auch von anderen Personen bewohnten Gebäudes untergebracht werden soll und durch ihren Betrieb für die Mitbewohner dieses Gebäudes erhebliche Nachteile oder Gefahren hervorrufen kann oder

4. die Anstalt oder Klinik zur Aufnahme von Personen mit ansteckenden Krankheiten oder von Geisteskranken bestimmt ist und durch ihre örtliche Lage für die Besitzer oder Bewohner der benachbarten Grundstücke erhebliche Nachteile oder Gefahren hervorrufen kann.

(2) Vor Erteilung der Konzession sind über die Fragen zu Absatz 1 Nr. 3 und 4 die Ortspolizei- und die Gemeindebehörden zu hören.

§ 30a (weggefallen)

[1)] Nr. 1.
[2)] **Habersack Nr. 100.**
[3)] **Habersack Nr. 94.**

§ 30b[1] *(aufgehoben)*

§ 30c (weggefallen)

§ 31[2] **Bewachungsgewerbe auf Seeschiffen; Verordnungsermächtigung.**

(1) Wer gewerbsmäßig Leben oder Eigentum fremder Personen auf Seeschiffen seewärts der Begrenzung der deutschen ausschließlichen Wirtschaftszone zur Abwehr äußerer Gefahren bewachen will, bedarf hierfür der Zulassung.

(2) [1] Die Zulassung wird durch das Bundesamt für Wirtschaft und Ausfuhrkontrolle im Benehmen mit der Bundespolizei erteilt. [2] Sie ist zu befristen und kann mit Auflagen verbunden werden, soweit dies zum Schutz der Allgemeinheit oder der Auftraggeber erforderlich ist; unter denselben Voraussetzungen ist auch die nachträgliche Aufnahme, Änderung oder Ergänzung von Auflagen zulässig. [3] Die Zulassung ist im Benehmen mit der Bundespolizei zu versagen, wenn der Antragsteller

1. nicht die Anforderungen an die betriebliche Organisation und Verfahrensabläufe, insbesondere die Maßnahmen zur Sicherstellung der fachlichen und persönlichen Geeignetheit und Zuverlässigkeit der eingesetzten Personen, erfüllt,
2. nicht die Anforderungen an die Geschäftsleitung sowie an die mit der Leitung des Betriebes oder einer Zweigniederlassung beauftragten Person hinsichtlich der fachlichen und persönlichen Geeignetheit und Zuverlässigkeit erfüllt oder
3. den Nachweis einer Betriebshaftpflichtversicherung nicht erbringt.

[4] § 34a Absatz 1 bis 4 ist nicht anzuwenden; § 34a Absatz 5 ist entsprechend anzuwenden.

(3) [1] Für Amtshandlungen des Bundesamtes für Wirtschaft und Ausfuhrkontrolle im Zusammenhang mit der Zulassung von Bewachungsunternehmen auf Seeschiffen gemäß den Absätzen 1, 2 und 7 werden Gebühren und Auslagen erhoben. [2] Durch Rechtsverordnung[3] kann das Bundesministerium für Wirtschaft und Klimaschutz im Einvernehmen mit dem Bundesministerium des Innern und für Heimat ohne Zustimmung des Bundesrates die Gebührentatbestände und die Gebührenhöhe für die Amtshandlungen bestimmen und dabei feste Sätze, auch in Form von Zeitgebühren, oder Rahmensätze vorsehen. [3] Die Gebührensätze sind so zu bemessen, dass der mit den Amtshandlungen verbundene gesamte Personal- und Sachaufwand gedeckt wird. [4] Zu dem durch die Gebühren zu deckenden Personal- und Sachaufwand gehören auch die Kosten der Bundespolizei, die ihr durch die Beteiligung an dem Zulassungsverfahren nach Absatz 2 entstehen. [5] Zusätzlich zu dem Verwaltungsaufwand kann der in Geld berechenbare wirtschaftliche Wert für den Gebührenschuldner angemessen berücksichtigt werden. [6] Die Gebührenhöhe darf zu der Amtshandlung nicht außer Verhältnis stehen. [7] Aus Gründen des öffentlichen Interesses oder der Billigkeit kann eine niedrigere Gebühr als die in den Sätzen 3 bis 5 vorgesehene Gebühr oder eine Gebührenbe-

---

[1] § 30b aufgeh. mWv 1.1.2003 durch G v. 24.8.2002 (BGBl. I S. 3412).

[2] § 31 neu gef. mWv 13.3.2013, Abs. 1, 5–7 mWv 1.12.2013 durch G v. 4.3.2013 (BGBl. I S. 362, geänd. durch G v. 24.4.2013, BGBl. I S. 930); Abs. 3 Satz 2, Abs. 4 Satz 1 einl. Satzteil und Satz 2 geänd. mWv 8.9.2015 durch VO v. 31.8.2015 (BGBl. I S. 1474); Abs. 5 Satz 2 geänd. mWv 26.11.2019 durch G v. 20.11.2019 (BGBl. I S. 1626); Abs. 3 Satz 2 und Abs. 4 Satz 1 einl. Satzteil geänd. mWv 27.6.2020 durch VO v. 19.6.2020 (BGBl. I S. 1328); Abs. 3 Satz 2, Abs. 4 Sätze 1 und 2 geänd. mWv 1.1.2023 durch G v. 9.11.2022 (BGBl. I S. 2009).

[3] Siehe die SeeschiffbewachungsgebührenVO v. 12.12.2013 (BGBl. I S. 4110), geänd. durch G v. 18.7. 2016 (BGBl. I S. 1666).

freiung bestimmt werden. [8] In der Verordnung können Auslagen auch abweichend von § 10 des Verwaltungskostengesetzes bestimmt werden.

(4) [1] Das Bundesministerium für Wirtschaft und Klimaschutz kann im Einvernehmen mit dem Bundesministerium des Innern und für Heimat und dem Bundesministerium für Digitales und Verkehr durch Rechtsverordnung[1)] ohne Zustimmung des Bundesrates

1. die Anforderungen und das Verfahren für die Zulassung nach Absatz 1 sowie die Dauer der Zulassung festlegen,
2. die Anforderungen an das Bewachungsunternehmen festlegen hinsichtlich der betrieblichen Organisation und der Verfahrensabläufe, der technischen Ausrüstung und der Maßnahmen, die die Einhaltung der waffenrechtlichen Vorschriften des Flaggenstaates sowie der Hafen- und Küstenstaaten gewährleisten,
3. zum Schutz der Allgemeinheit und der Auftraggeber Vorschriften über den Umfang der Befugnisse und Verpflichtungen bei der Ausübung der Bewachungstätigkeit nach Absatz 1 erlassen, insbesondere über
   a) die Pflichten des Bewachungsunternehmens bei der Auswahl und Einstellung, der Beschäftigung und Einweisung in die Tätigkeit der mit der Durchführung von Bewachungsaufgaben nach Absatz 1 eingesetzten Personen; über die Anforderungen, denen diese Personen genügen müssen, insbesondere in Bezug auf die Ausbildung, die beruflichen Kenntnisse und Fähigkeiten, die Berufserfahrung, Eignung und Zuverlässigkeit dieser Personen; sowie über die erforderlichen organisatorischen Maßnahmen, die die Einhaltung dieser Anforderungen durch das Bewachungsunternehmen sicherstellen,
   b) die Pflicht des Bewachungsunternehmens, Bücher zu führen, die notwendigen Daten über einzelne Geschäftsvorgänge sowie die Auftraggeber aufzuzeichnen, die Bücher und Aufzeichnungen aufzubewahren und auf Anforderung an das Bundesamt für Wirtschaft und Ausfuhrkontrolle zu übersenden,
   c) die Pflicht des Bewachungsunternehmens, Bewachungseinsätze beim Bundesamt für Wirtschaft und Ausfuhrkontrolle anzuzeigen, Protokolle über die Einsätze zu führen und Einsatzberichte zu erstellen und diese dem Bundesamt für Wirtschaft und Ausfuhrkontrolle sowie dem Auftraggeber zu übersenden sowie Meldungen über Vorkommnisse, insbesondere den Einsatz, Verlust oder Ersatz von Waffen, an das Bundesamt für Wirtschaft und Ausfuhrkontrolle, die Bundespolizei und den Auftraggeber zu erstatten,
   d) die Pflicht des Bewachungsunternehmens, dem Bundesamt für Wirtschaft und Ausfuhrkontrolle einen Wechsel der mit der Leitung des Betriebes oder einer Zweigniederlassung beauftragten Personen anzuzeigen und hierbei Angaben über diese zu machen sowie Änderungen in der betrieblichen Organisation und den Verfahrensabläufen anzuzeigen, und
   e) die Unterrichtung des Bundesamtes für Wirtschaft und Ausfuhrkontrolle durch Gerichte und Staatsanwaltschaften über rechtliche Maßnahmen gegen Bewachungsunternehmen und ihre Beschäftigten, die mit Bewachungsaufgaben nach Absatz 1 betraut sind,
4. den Umfang und die inhaltlichen Anforderungen an die nach Absatz 2 Satz 3 Nummer 3 erforderliche Betriebshaftpflichtversicherung, insbesondere die Höhe der Mindestversicherungssummen, die Bestimmung der zuständigen Stelle

[1)] Siehe die SeeschiffbewachungsVO v. 11.6.2013 (BGBl. I S. 1562).

im Sinne des § 117 Absatz 2 Satz 1 des Versicherungsvertragsgesetzes[1] vom 23. November 2007 (BGBl. I S. 2631), das zuletzt durch Artikel 2 Absatz 79 des Gesetzes vom 22. Dezember 2011 (BGBl. I S. 3044) geändert worden ist, über den Nachweis des Bestehens einer Haftpflichtversicherung, die Anzeigepflichten des Versicherungsunternehmens gegenüber dem Bundesamt für Wirtschaft und Ausfuhrkontrolle und den Versicherungsnehmern sowie die Anerkennung von Haftpflichtversicherungen, die bei Versicherern abgeschlossen wurden, die außerhalb des Geltungsbereichs dieses Gesetzes zum Geschäftsbetrieb befugt sind, festlegen und

5. die Anforderungen und Verfahren zur Anerkennung von Zulassungen aus anderen Staaten festlegen.

[2]Das Bundesministerium für Wirtschaft und Klimaschutz kann die Ermächtigung nach Satz 1 ganz oder teilweise durch Rechtsverordnung[2] unter Sicherstellung der Einvernehmensregelung auf das Bundesamt für Wirtschaft und Ausfuhrkontrolle übertragen; Rechtsverordnungen des Bundesamtes für Wirtschaft und Ausfuhrkontrolle bedürfen in Abweichung von der Einvernehmensregelung nach Satz 1 nur des Einvernehmens des Bundespolizeipräsidiums und des Bundesamtes für Seeschifffahrt und Hydrographie. [3]Rechtsverordnungen nach den Sätzen 1 und 2 bedürfen der Zustimmung des Bundestages. [4]Hat sich der Bundestag nach Ablauf von drei Sitzungswochen seit Eingang der Rechtsverordnung nicht mit ihr befasst, so gilt die Zustimmung als erteilt.

(5) [1]Das Bundesamt für Wirtschaft und Ausfuhrkontrolle und die Bundespolizei dürfen einander auch ohne Ersuchen Informationen einschließlich personenbezogener Daten übermitteln, soweit dies zur Erfüllung der Aufgaben nach Absatz 2 erforderlich ist. [2]Das Bundesamt für Wirtschaft und Ausfuhrkontrolle und die Bundespolizei dürfen die übermittelten Informationen nur im Rahmen der gesetzlichen Aufgabenerfüllung nach Absatz 1 verarbeiten. [3]Das Bundesamt für Wirtschaft und Ausfuhrkontrolle unterrichtet das Bundesamt für Seeschifffahrt und Hydrographie oder die auf Grund einer Rechtsverordnung nach § 3 Absatz 2 oder § 9 Absatz 1 Nummer 7 des Seeaufgabengesetzes in der Fassung der Bekanntmachung vom 26. Juli 2002 (BGBl. I S. 2876), das zuletzt durch Artikel 2 des Gesetzes vom 22. Dezember 2011 (BGBl. I S. 3069) geändert worden ist, bestimmte Behörde unverzüglich über die Zulassung von Bewachungsunternehmen, über Änderungen, ihre Beendigung sowie über sonstige das Zulassungsverfahren betreffende Tatsachen, soweit dies für die Erfüllung der Aufgaben nach § 1 Nummer 13 des Seeaufgabengesetzes erforderlich ist.

(6) Das Bundesamt für Wirtschaft und Ausfuhrkontrolle veröffentlicht und aktualisiert auf seiner Webseite regelmäßig eine Liste der nach Absatz 1 zugelassenen Bewachungsunternehmen einschließlich ihrer Anschrift, Telefonnummer und E-Mail-Adresse oder Faxnummer; dazu ist zuvor das Einverständnis der betroffenen Unternehmen einzuholen.

(7) Das Bundesamt für Wirtschaft und Ausfuhrkontrolle ist im Zusammenhang mit der Durchführung von § 31 auch für die Durchführung von § 15 Absatz 2, der §§ 29, 46 Absatz 3 und von § 47 zuständig.

---

[1] **Habersack Nr. 62.**

[2] Siehe die SeeschiffbewachungsdurchführungsVO v. 21.6.2013 (BGBl. I S. 1623), geänd. durch G v. 29.3.2017 (BGBl. I S. 626).

§ 32[1)] Regelung der Sachkundeprüfung, Aufgabenauswahlausschüsse.

(1) [1]Soweit Prüfungsverfahren nicht vollständig durch Rechtsverordnungen nach diesem Abschnitt geregelt sind, kann in ihnen bestimmt werden, dass die Industrie- und Handelskammern, wenn diese für die Durchführung von Prüfungen zuständig sind, durch Satzung Einzelheiten des Prüfungsverfahrens regeln. [2]Regelungen sind insbesondere erforderlich über

1. die genaue Zusammensetzung eines Prüfungsausschusses, insbesondere hinsichtlich der Anzahl und der Qualifikation seiner Mitglieder,
2. die Berufung der Mitglieder des Prüfungsausschusses und deren Abberufung,
3. das Verfahren des Prüfungsausschusses, insbesondere über die Beschlussfassung und den Ausschluss von der Mitwirkung,
4. die Dauer der Prüfung,
5. die Zulassung zum praktischen Teil der Prüfung,
6. den Gegenstand und die Dauer der spezifischen Sachkundeprüfung nach § 13c Absatz 2 Satz 1,
7. den Nachteilsausgleich für Menschen mit Behinderung,
8. die Bewertung der Prüfungsleistungen,
9. die Folgen von Verstößen gegen Prüfungsvorschriften,
10. die Wiederholungsprüfung sowie
11. die Niederschrift über die Prüfung.

(2) [1]Soweit in Rechtsverordnungen nach diesem Abschnitt für die Auswahl von Prüfungsfragen für Sachkundeprüfungen die Bildung von Aufgabenauswahlausschüssen vorgesehen ist, obliegt die Errichtung der Aufgabenauswahlausschüsse nach Maßgabe des Satzes 2 den Industrie- und Handelskammern, die sich dabei der in § 32 Absatz 2 des Umweltauditgesetzes bezeichneten Stelle (gemeinsame Stelle) bedienen. [2]In den Rechtsverordnungen sind Einzelheiten zur Errichtung der Aufgabenauswahlausschüsse, insbesondere hinsichtlich der Zusammensetzung, zu bestimmen.

§ 33 (weggefallen)

§ 33a Schaustellungen von Personen. (1) [1]Wer gewerbsmäßig Schaustellungen von Personen in seinen Geschäftsräumen veranstalten oder für deren Veranstaltung seine Geschäftsräume zur Verfügung stellen will, bedarf der Erlaubnis der zuständigen Behörde. [2]Dies gilt nicht für Darbietungen mit überwiegend künstlerischem, sportlichem, akrobatischem oder ähnlichem Charakter. [3]Die Erlaubnis kann mit einer Befristung erteilt und mit Auflagen verbunden werden, soweit dies zum Schutze der Allgemeinheit, der Gäste oder der Bewohner des Betriebsgrundstücks oder der Nachbargrundstücke vor Gefahren, erheblichen Nachteilen oder erheblichen Belästigungen erforderlich ist; unter denselben Voraussetzungen ist auch die nachträgliche Aufnahme, Änderung und Ergänzung von Auflagen zulässig.

(2) Die Erlaubnis ist zu versagen, wenn

1. Tatsachen die Annahme rechtfertigen, daß der Antragsteller die für den Gewerbebetrieb erforderliche Zuverlässigkeit nicht besitzt,
2. zu erwarten ist, daß die Schaustellungen den guten Sitten zuwiderlaufen werden oder

---

[1)] § 32 eingef. mWv 15.12.2018 durch G v. 11.12.2018 (BGBl. I S. 2354).

3. der Gewerbebetrieb im Hinblick auf seine örtliche Lage oder auf die Verwendung der Räume dem öffentlichen Interesse widerspricht, insbesondere schädliche Umwelteinwirkungen im Sinne des Bundes-Immissionsschutzgesetzes[1] oder sonst erhebliche Nachteile, Gefahren oder Belästigungen für die Allgemeinheit befürchten läßt.

§ 33b[2] *(aufgehoben)*

§ 33c[3] **Spielgeräte mit Gewinnmöglichkeit.** (1) [1]Wer gewerbsmäßig Spielgeräte, die mit einer den Spielausgang beeinflussenden technischen Vorrichtung ausgestattet sind, und die die Möglichkeit eines Gewinnes bieten, aufstellen will, bedarf der Erlaubnis der zuständigen Behörde. [2]Die Erlaubnis berechtigt nur zur Aufstellung von Spielgeräten, deren Bauart von der Physikalisch-Technischen Bundesanstalt zugelassen ist. [3]Sie kann mit Auflagen, auch im Hinblick auf den Aufstellungsort, verbunden werden, soweit dies zum Schutze der Allgemeinheit, der Gäste oder der Bewohner des jeweiligen Betriebsgrundstücks oder der Nachbargrundstücke oder im Interesse des Jugendschutzes erforderlich ist; unter denselben Voraussetzungen ist auch die nachträgliche Aufnahme, Änderung und Ergänzung von Auflagen zulässig.

(2) Die Erlaubnis ist zu versagen, wenn

1. Tatsachen die Annahme rechtfertigen, dass der Antragsteller die für die Aufstellung von Spielgeräten erforderliche Zuverlässigkeit nicht besitzt; die erforderliche Zuverlässigkeit besitzt in der Regel nicht, wer in den letzten drei Jahren vor Stellung des Antrages wegen eines Verbrechens, wegen Diebstahls, Unterschlagung, Erpressung, Hehlerei, Geldwäsche, Betruges, Untreue, unerlaubter Veranstaltung eines Glücksspiels, Beteiligung am unerlaubten Glücksspiel oder wegen eines Vergehens nach § 27 des Jugendschutzgesetzes[4] rechtskräftig verurteilt worden ist,
2. der Antragsteller nicht durch eine Bescheinigung einer Industrie- und Handelskammer nachweist, dass er über die für die Ausübung des Gewerbes notwendigen Kenntnisse zum Spieler- und Jugendschutz unterrichtet worden ist, oder
3. der Antragsteller nicht nachweist, dass er über ein Sozialkonzept einer öffentlich anerkannten Institution verfügt, in dem dargelegt wird, mit welchen Maßnahmen den sozialschädlichen Auswirkungen des Glücksspiels vorgebeugt werden soll.

(3) [1]Der Gewerbetreibende darf Spielgeräte im Sinne des Absatzes 1 nur aufstellen, wenn ihm die zuständige Behörde schriftlich bestätigt hat, daß der Aufstellungsort den auf der Grundlage des § 33f Abs. 1 Nr. 1 erlassenen Durchführungsvorschriften entspricht. [2]Sollen Spielgeräte in einer Gaststätte aufgestellt werden, so ist in der Bestätigung anzugeben, ob dies in einer Schank- oder Speise*wirtschaft oder in* einem Beherbergungsbetrieb erfolgen soll. [3]Gegenüber dem Gewerbetreibenden und demjenigen, in dessen Betrieb ein Spielgerät aufgestellt worden ist, können von der zuständigen Behörde, in deren Bezirk das Spielgerät aufgestellt worden ist, Anordnungen nach Maßgabe des Absatzes 1 Satz 3 erlassen

---

[1] Nr. **296**.
[2] § 33b aufgeh. mWv 1.1.2023 durch G v. 9.11.2022 (BGBl. I S. 2009).
[3] § 33c Abs. 2 neu gef., Abs. 3 Satz 4 angef. mWv 1.9.2013 durch G v. 5.12.2012 (BGBl. I S. 2415); Abs. 2 Nr. 1 geänd. mWv 18.3.2021 durch G v. 9.3.2021 (BGBl. I S. 327).
[4] Nr. **400**.

werden. [4]Der Aufsteller darf mit der Aufstellung von Spielgeräten nur Personen beschäftigen, die die Voraussetzungen nach Absatz 2 Nummer 2 erfüllen.

§ 33d[1)] Andere Spiele mit Gewinnmöglichkeit. (1) [1]Wer gewerbsmäßig ein anderes Spiel mit Gewinnmöglichkeit veranstalten will, bedarf der Erlaubnis der zuständigen Behörde. [2]Die Erlaubnis kann mit einer Befristung erteilt und mit Auflagen verbunden werden, soweit dies zum Schutze der Allgemeinheit, der Gäste oder der Bewohner des Betriebsgrundstücks oder der Nachbargrundstücke oder im Interesse des Jugendschutzes erforderlich ist; unter denselben Voraussetzungen ist auch die nachträgliche Aufnahme, Änderung und Ergänzung von Auflagen zulässig.

(2) Die Erlaubnis darf nur erteilt werden, wenn der Antragsteller im Besitz einer von dem Bundeskriminalamt erteilten Unbedenklichkeitsbescheinigung oder eines Abdruckes der Unbedenklichkeitsbescheinigung ist.

(3) [1]Die Erlaubnis ist zu versagen, wenn Tatsachen die Annahme rechtfertigen, daß der Antragsteller oder der Gewerbetreibende, in dessen Betrieb das Spiel veranstaltet werden soll, die für die Veranstaltung von anderen Spielen erforderliche Zuverlässigkeit nicht besitzt. [2]§ 33c Absatz 2 Nummer 1 zweiter Halbsatz gilt entsprechend.

(4) [1]Die Erlaubnis ist zurückzunehmen, wenn bei ihrer Erteilung nicht bekannt war, daß Tatsachen der in Absatz 3 bezeichneten Art vorlagen. [2]Die Erlaubnis ist zu widerrufen, wenn

1. nach ihrer Erteilung Tatsachen der in Absatz 3 bezeichneten Art eingetreten sind,
2. das Spiel abweichend von den genehmigten Bedingungen veranstaltet wird oder
3. die Unbedenklichkeitsbescheinigung zurückgenommen oder widerrufen worden ist.

(5) Die Erlaubnis kann widerrufen werden, wenn bei der Veranstaltung des Spieles eine der in der Erlaubnis enthaltenen Auflagen nicht beachtet oder gegen § 6 des Jugendschutzgesetzes[2)] verstoßen worden ist.

§ 33e[3)] Bauartzulassung und Unbedenklichkeitsbescheinigung. (1) [1]Die Zulassung der Bauart eines Spielgerätes oder ihrer Nachbaugeräte und die Unbedenklichkeitsbescheinigung für andere Spiele (§§ 33c und 33d) sind zu versagen, wenn die Gefahr besteht, daß der Spieler unangemessen hohe Verluste in kurzer Zeit erleidet. [2]Für andere Spiele im Sinne des § 33d kann die Unbedenklichkeitsbescheinigung auch versagt werden, wenn das Spiel durch Veränderung der Spielbedingungen oder durch Veränderung der Spieleinrichtung mit einfachen Mitteln als Glücksspiel im Sinne des § 284 des Strafgesetzbuches[4)] veranstaltet werden kann. [3]Ein Versagungsgrund im Sinne des Satzes 2 liegt insbesondere dann vor, wenn

1. es sich um ein Karten-, Würfel- oder Kugelspiel handelt, das von einem Glücksspiel im Sinne des § 284 des Strafgesetzbuches abgeleitet ist, oder
2. das Spiel nach den zur Prüfung eingereichten Bedingungen nicht wirtschaftlich betrieben werden kann.

---

1) § 33d Abs. 5 geänd. mWv 12.12.2012, Abs. 3 Satz 2 geänd. mWv 1.9.2013 durch G v. 5.12.2012 (BGBl. I S. 2415).

2) Nr. **400**.

3) § 33e Abs. 2 geänd. mWv 12.12.2012 durch G v. 5.12.2012 (BGBl. I S. 2415).

4) **Habersack Nr. 85.**

(2) Die Zulassung ist ganz oder teilweise, die Unbedenklichkeitsbescheinigung ist ganz zurückzunehmen oder zu widerrufen, wenn Tatsachen bekannt werden, die ihre Versagung rechtfertigen würden, oder wenn der Antragsteller zugelassene Spielgeräte an den in dem Zulassungsschein bezeichneten Merkmalen verändert oder ein für unbedenklich erklärtes Spiel unter nicht genehmigten Bedingungen veranstaltet.

(3) Die Zulassung und die Unbedenklichkeitsbescheinigung können mit einer Befristung erteilt und mit Auflagen verbunden werden.

(4) Bei serienmäßig hergestellten Spielen nach § 33d genügt es, wenn die Unbedenklichkeitsbescheinigung für das eingereichte Spiel und für Nachbauten ein Abdruck der Unbedenklichkeitsbescheinigung erteilt wird.

§ 33f[1] Ermächtigung zum Erlaß von Durchführungsvorschriften.

(1) Das Bundesministerium für Wirtschaft und Klimaschutz kann zur Durchführung der §§ 33c, 33d, 33e und 33i im Einvernehmen mit dem Bundesministerium des Innern und für Heimat, dem Bundesministerium für Gesundheit und dem Bundesministerium für Familie, Senioren, Frauen und Jugend und mit Zustimmung des Bundesrates durch Rechtsverordnung[2] zur Eindämmung der Betätigung des Spieltriebs, zum Schutze der Allgemeinheit und der Spieler sowie im Interesse des Jugendschutzes

1. die Aufstellung von Spielgeräten oder die Veranstaltung von anderen Spielen auf bestimmte Gewerbezweige, Betriebe oder Veranstaltungen beschränken und die Zahl der jeweils in einem Betrieb aufgestellten Spielgeräte oder veranstalteten anderen Spiele begrenzen,
2. Vorschriften über den Umfang der Befugnisse und Verpflichtungen bei der Ausübung des Gewerbes erlassen,
3. für die Zulassung oder die Erteilung der Unbedenklichkeitsbescheinigung bestimmte Anforderungen stellen an
   a) die Art und Weise des Spielvorgangs,
   b) die Art des Gewinns,
   c) den Höchsteinsatz und den Höchstgewinn,
   d) das Verhältnis der Anzahl der gewonnenen Spiele zur Anzahl der verlorenen Spiele,
   e) das Verhältnis des Einsatzes zum Gewinn bei einer bestimmten Anzahl von Spielen,
   f) die Mindestdauer eines Spiels,
   g) die technische Konstruktion und die Kennzeichnung der Spielgeräte,

---

[1] § 33f Abs. 1, Abs. 2 Nr. 1 und 2 geänd. mWv 7.11.2001 durch VO v. 29.10.2001 (BGBl. I S. 2785); Abs. 1 und Abs. 2 Nr. 1 und 2 geänd. mWv 28.11.2003 durch VO v. 25.11.2003 (BGBl. I S. 2304); Abs. 1, Abs. 2 Nr. 1 und 2 geänd. mWv 8.11.2006 durch VO v. 31.10.2006 (BGBl. I S. 2407); Abs. 1 einl. Satzteil und Nr. 4 geänd., Nr. 3 neu gef., Nr. 5 angef. mWv 12.12.2012 durch G v. 5.12.2012 (BGBl. I S. 2415); Abs. 2 Nr. 1 Buchst. b, Nr. 2 Buchst. b neu gef. mWv 15.8.2013 durch G v. 7.8.2013 (BGBl. I S. 3154, geänd. durch G v. 18.7.2016, BGBl. I S. 1666); Abs. 1 einl. Satzteil, Abs. 2 Nr. 1 und 2 geänd. mWv 8.9. 2015 durch VO v. 31.8.2015 (BGBl. I S. 1474, geänd. durch G v. 18.7.2016, BGBl. I S. 1666); Abs. 2 Nr. 2 neu gef. mWv 1.10.2019; Abs. 2 Nr. 1 neu gef. mWv 1.10.2021 durch G v. 18.7.2016 (BGBl. I S. 1666); Abs. 1 einl. Satzteil, Abs. 2 Nr. 1 einl. Satzteil und Nr. 2 geänd. mWv 27.6.2020; Abs. 2 Nr. 1 geänd. mWv 1.10.2021 durch VO v. 19.6.2020 (BGBl. I S. 1328); Abs. 1 einl. Satzteil, Abs. 2 Nr. 1 und 2 geänd. mWv 1.1.2023 durch G v. 9.11.2022 (BGBl. I S. 2009).

[2] Siehe die SpielVO idF der Bek. v. 27.1.2006 (BGBl. I S. 280), zuletzt geänd. durch G v. 18.7.2016 (BGBl. I S. 1666).

h) personenungebundene Identifikationsmittel, die der Spieler einsetzen muss, um den Spielbetrieb an einem Spielgerät zu ermöglichen, insbesondere an deren Ausgabe, Aktivierung, Gültigkeit und Sicherheitsmerkmale,

i) die Bekanntgabe der Spielregeln und des Gewinnplans sowie die Bereithaltung des Zulassungsscheines oder des Abdruckes des Zulassungsscheines, des Zulassungsbeleges, der Unbedenklichkeitsbescheinigung oder des Abdruckes der Unbedenklichkeitsbescheinigung,

4. Vorschriften über den Umfang der Verpflichtungen des Gewerbetreibenden erlassen, in dessen Betrieb das Spielgerät aufgestellt oder das Spiel veranstaltet werden soll,

5. die Anforderungen an den Unterrichtungsnachweis nach § 33c Absatz 2 Nummer 2 und das Verfahren für diesen Nachweis sowie Ausnahmen von der Nachweispflicht festlegen.

(2) Durch Rechtsverordnung[1] können ferner

1. das Bundesministerium für Wirtschaft und Klimaschutz im Einvernehmen mit dem Bundesministerium des Innern und für Heimat und mit Zustimmung des Bundesrates das Verfahren der Physikalisch-Technischen Bundesanstalt bei der Prüfung und Zulassung der Bauart von Spielgeräten sowie bei der Verlängerung der Aufstelldauer von Warenspielgeräten, die auf Volksfesten, Schützenfesten oder ähnlichen Veranstaltungen aufgestellt werden sollen, und die ihrer Konstruktion nach keine statistischen Prüfmethoden erforderlich machen, regeln.

2. das Bundesministerium des Innern und für Heimat im Einvernehmen mit dem Bundesministerium für Wirtschaft und Klimaschutz und mit Zustimmung des Bundesrates das Verfahren des Bundeskriminalamtes bei der Erteilung von Unbedenklichkeitsbescheinigungen regeln.

§ 33g[2] Einschränkung und Ausdehnung der Erlaubnispflicht. Das Bundesministerium für Wirtschaft und Klimaschutz kann im Einvernehmen mit den Bundesministerien des Innern und für Heimat und für Familie, Senioren, Frauen und Jugend mit Zustimmung des Bundesrates durch Rechtsverordnung bestimmen, daß

1. für die Veranstaltung bestimmter anderer Spiele im Sinne des § 33d Abs. 1 Satz 1 eine Erlaubnis nicht erforderlich ist, wenn diese Spiele überwiegend der Unterhaltung dienen und kein öffentliches Interesse an einer Erlaubnispflicht besteht,

2. die Vorschriften der §§ 33c und 33d auch für die nicht gewerbsmäßige Aufstellung von Spielgeräten und für die nicht gewerbsmäßige Veranstaltung anderer Spiele in Vereinen und geschlossenen Gesellschaften gelten, in denen gewohnheitsmäßig gespielt wird, wenn für eine solche Regelung ein öffentliches Interesse besteht.

§ 33h Spielbanken, Lotterien, Glücksspiele. Die §§ 33c bis 33g finden keine Anwendung auf

[1] Siehe die VO zur Erteilung von Unbedenklichkeitsbescheinigungen idF der Bek. v. 10.4.1995 (BGBl. I S. 510), zuletzt geänd. durch VO v. 19.6.2020 (BGBl. I S. 1328).

[2] § 33g geänd. mWv 7.11.2001 durch VO v. 29.10.2001 (BGBl. I S. 2785); geänd. mWv 28.11.2003 durch VO v. 25.11.2003 (BGBl. I S. 2304); geänd. mWv 8.11.2006 durch VO v. 31.10.2006 (BGBl. I S. 2407); geänd. mWv 8.9.2015 durch VO v. 31.8.2015 (BGBl. I S. 1474); einl. Satzteil geänd. mWv 27.6.2020 durch VO v. 19.6.2020 (BGBl. I S. 1328); einl. Satzteil geänd. mWv 1.1.2023 durch G v. 9.11. 2022 (BGBl. I S. 2009).

1. die Zulassung und den Betrieb von Spielbanken,
2. die Veranstaltung von Lotterien und Ausspielungen, mit Ausnahme der gewerbsmäßig betriebenen Ausspielungen auf Volksfesten, Schützenfesten oder ähnlichen Veranstaltungen, bei denen der Gewinn in geringwertigen Gegenständen besteht,
3. die Veranstaltung anderer Spiele im Sinne des § 33d Abs. 1 Satz 1, die Glücksspiele im Sinne des § 284 des Strafgesetzbuches[1] sind.

§ 33i[2) 3)] Spielhallen und ähnliche Unternehmen. (1) [1] Wer gewerbsmäßig eine Spielhalle oder ein ähnliches Unternehmen betreiben will, das ausschließlich oder überwiegend der Aufstellung von Spielgeräten oder der Veranstaltung anderer Spiele im Sinne des § 33c Abs. 1 Satz 1 oder des § 33d Abs. 1 Satz 1 dient, bedarf der Erlaubnis der zuständigen Behörde. [2] Die Erlaubnis kann mit einer Befristung erteilt und mit Auflagen verbunden werden, soweit dies zum Schutze der Allgemeinheit, der Gäste oder der Bewohner des Betriebsgrundstücks oder der Nachbargrundstücke vor Gefahren, erheblichen Nachteilen oder erheblichen Belästigungen erforderlich ist; unter denselben Voraussetzungen ist auch die nachträgliche Aufnahme, Änderung und Ergänzung von Auflagen zulässig.

(2) Die Erlaubnis ist zu versagen, wenn

1. die in § 33c Absatz 2 Nummer 1 oder § 33d Absatz 3 genannten Versagungsgründe vorliegen,
2. die zum Betrieb des Gewerbes bestimmten Räume wegen ihrer Beschaffenheit oder Lage den polizeilichen Anforderungen nicht genügen oder
3. der Betrieb des Gewerbes eine Gefährdung der Jugend, eine übermäßige Ausnutzung des Spieltriebs, schädliche Umwelteinwirkungen im Sinne des Bundes-

---

1) **Habersack Nr. 85.**

2) § 33i Abs. 1 Satz 1 geänd. mWv 12.12.2012, Abs. 2 Nr. 1 geänd. mWv 1.9.2013 durch G v. 5.12. 2012 (BGBl. I S. 2415).

3) Das Recht der Spielhallen ist seit der am 1.9.2006 in Kraft getretenen Förderalismusreform Gegenstand der Gesetzgebungskompetenz der Länder. Ua haben folgende Länder hierzu eigene Regelungen erlassen:

Baden-Württemberg: Landesglücksspielgesetz (LGlüG) v. 20.11.2012 (GBl. S. 604), zuletzt geänd. durch G v. 25.2.2025 (GBl. Nr. 15),

Berlin: G zur Regelung des Rechts der Spielhallen im Land Berlin (SpielhallenG Berlin – SpielhG Bln) v. 20.5.2011 (GVBl. S. 223), zuletzt geänd. durch G v. 27.9.2021 (GVBl. S. 1117),

Brandenburg: Brandenburgisches SpielhallenG (BbgSpielhG) v. 23.6.2021 (GVBl. I Nr. 22 S. 8), geänd. durch G v. 7.3.2023 (GVBl. I Nr. 5),

Bremen: Bremisches SpielhallenG (BremSpielhG) v. 17.5.2011 (Brem.GBl. S. 327), zuletzt geänd. durch G v. 24.6.2025 (Brem.GBl. S. 566),

Hamburg: Gesetz zur Regelung des Rechts der Spielhallen im Land Hamburg (Hamburgisches Spielhallengesetz – HmbSpielhG) v. 4.12.2012 (HmbGVBl. S. 505), zuletzt geänd. durch G v. 17.2.2021 (*HmbGVBl.* S. 75),

Hessen: Hessisches Spielhallengesetz (HSpielhG) v. 17.11.2022 (GVBl. S. 626),

Saarland: Saarländisches SpielhallenG (SSpielhG) v. 20.6.2012 (Amtsbl. I S. 156), zuletzt geänd. durch G v. 27.8.2025 (Amtsbl. I S. 854),

Sachsen-Anhalt: Gesetz zur Regelung des Rechts der Spielhallen im Land Sachsen-Anhalt (Spielhallengesetz Sachsen-Anhalt - SpielhG LSA) v. 10.5.2023 (GVBl. LSA S. 229),

Schleswig-Holstein: Gesetz zur Errichtung und zum Betrieb von Spielhallen (Spielhallengesetz – SpielhG) v. 8.2.2022 (GVOBl. Schl.-H. S. 131),

Thüringen: Thüringer G zur Regelung des gewerblichen Spiels (Thüringer SpielhallenG – ThürSpielhallenG –) v. 21.6.2012 (GVBl. S. 153, 159), zuletzt geänd. durch G v. 2.7.2024 (GVBl. S. 277).

Immissionsschutzgesetzes[1)] oder sonst eine nicht zumutbare Belästigung der Allgemeinheit, der Nachbarn oder einer im öffentlichen Interesse bestehenden Einrichtung befürchten läßt.

§ 34[2)] Pfandleihgewerbe. (1) [1] Wer das Geschäft eines Pfandleihers oder Pfandvermittlers betreiben will, bedarf der Erlaubnis der zuständigen Behörde. [2] Die Erlaubnis kann mit Auflagen verbunden werden, soweit dies zum Schutze der Allgemeinheit oder der Verpfänder erforderlich ist; unter denselben Voraussetzungen ist auch die nachträgliche Aufnahme, Änderung und Ergänzung von Auflagen zulässig. [3] Die Erlaubnis ist zu versagen, wenn

1. Tatsachen die Annahme rechtfertigen, daß der Antragsteller die für den Gewerbebetrieb erforderliche Zuverlässigkeit nicht besitzt, oder
2. er die für den Gewerbebetrieb erforderlichen Mittel oder entsprechende Sicherheiten nicht nachweist.

(2) [1] Das Bundesministerium für Wirtschaft und Klimaschutz kann durch Rechtsverordnung[3)] mit Zustimmung des Bundesrates zum Schutze der Allgemeinheit und der Verpfänder Vorschriften erlassen über den Umfang der Befugnisse und Verpflichtungen bei der Ausübung der in Absatz 1 genannten Gewerbe, insbesondere über

1. den Geltungsbereich der Erlaubnis,
2. die Annahme, Aufbewahrung und Verwertung des Pfandgegenstandes, die Art und Höhe der Vergütung für die Hingabe des Darlehens und über die Ablieferung des sich bei der Verwertung des Pfandes ergebenden Pfandüberschusses,
3. die Verpflichtung zum Abschluß einer Versicherung gegen Feuerschäden, Wasserschäden, Einbruchsdiebstahl und Beraubung oder über die Verpflichtung, andere Maßnahmen zu treffen, die der Sicherung der Ansprüche der Darlehensnehmer wegen Beschädigung oder Verlustes des Pfandgegenstandes dienen,
4. die Verpflichtung zur Buchführung einschließlich der Aufzeichnung von Daten über einzelne Geschäftsvorgänge sowie über die Verpfänder.

[2] Es kann ferner bestimmen, daß diese Vorschriften ganz oder teilweise auch auf nichtgewerblich betriebene Pfandleihanstalten Anwendung finden.

(3) Sind nach Ablauf des Jahres, in dem das Pfand verwertet worden ist, drei Jahre verstrichen, so verfällt der Erlös zugunsten des Fiskus des Landes, in dem die Verpfändung erfolgt ist, wenn nicht ein Empfangsberechtigter sein Recht angemeldet hat.

(4) Der gewerbsmäßige Ankauf beweglicher Sachen mit Gewährung des Rückkaufsrechts ist verboten.

§ 34a[4)] Bewachungsgewerbe; Verordnungsermächtigung. (1) [1] Wer gewerbsmäßig Leben oder Eigentum fremder Personen bewachen will (Bewachungs-

---

[1)] Nr. **296**.

[2)] § 34 Abs. 2 Satz 1 geänd. mWv 7.11.2001 durch VO v. 29.10.2001 (BGBl. I S. 2785); Abs. 2 Satz 1 geänd. mWv 28.11.2003 durch VO v. 25.11.2003 (BGBl. I S. 2304); Abs. 2 Satz 1 geänd. mWv 8.11.2006 durch VO v. 31.10.2006 (BGBl. I S. 2407); Abs. 2 Satz 1 einl. Satzteil geänd. mWv 8.9.2015 durch VO v. 31.8.2015 (BGBl. I S. 1474); Abs. 3 neu gef. mWv 21.3.2016 durch G v. 11.3.2016 (BGBl. I S. 396); Abs. 2 Satz 1 einl. Satzteil geänd. mWv 1.1.2023 durch G v. 9.11.2022 (BGBl. I S. 2009).

[3)] *Siehe die PfandleiherVO idF der Bek. v. 1.6.1976* (BGBl. I S. 1334), zuletzt geänd. durch VO v. 11.12.2024 (BGBl. 2024 I Nr. 411).

[4)] § 34a Abs. 2 geänd. mWv 7.11.2001 durch VO v. 29.10.2001 (BGBl. I S. 2785); Abs. 1 Satz 5 und Abs. 2 Nr. 2 eingef., Abs. 2 bish. Nr. 2 wird Nr. 3, Nr. 1 neu gef., Nr. 3 Buchst. d angef., Abs. 3 aufgeh., →

gewerbe), bedarf der Erlaubnis der zuständigen Behörde. [2] Die Erlaubnis kann mit Auflagen verbunden werden, soweit dies zum Schutz der Allgemeinheit oder der Auftraggeber erforderlich ist; unter denselben Voraussetzungen sind auch die nachträgliche Aufnahme, Änderung und Ergänzung von Auflagen zulässig. [3] Die Erlaubnis ist zu versagen, wenn

1. Tatsachen die Annahme rechtfertigen, dass der Antragsteller oder eine der mit der Leitung des Betriebes oder einer Zweigniederlassung beauftragten Personen die für den Gewerbebetrieb erforderliche Zuverlässigkeit nicht besitzt,
2. der Antragsteller in ungeordneten Vermögensverhältnissen lebt,
3. der Antragsteller oder eine mit der Leitung des Betriebes oder einer Zweigniederlassung beauftragte Person nicht durch eine vor der Industrie- und Handelskammer erfolgreich abgelegte Prüfung nachweist, dass er die für die Ausübung des Bewachungsgewerbes notwendige Sachkunde über die rechtlichen und fachlichen Grundlagen besitzt; für juristische Personen gilt dies für die gesetzlichen Vertreter, soweit sie mit der Durchführung von Bewachungsaufgaben direkt befasst sind oder keine mit der Leitung des Betriebes oder einer Zweigniederlassung beauftragte Person einen Sachkundenachweis hat, oder
4. der Antragsteller den Nachweis einer Haftpflichtversicherung nicht erbringt.

[4] Die erforderliche Zuverlässigkeit liegt in der Regel nicht vor, wenn der Antragsteller oder eine der mit der Leitung des Betriebes oder einer Zweigniederlassung beauftragten Person

1. Mitglied in einem Verein, der nach dem Vereinsgesetz[1)] als Organisation unanfechtbar verboten wurde oder der einem unanfechtbaren Betätigungsverbot nach dem Vereinsgesetz unterliegt, war und seit der Beendigung der Mitgliedschaft zehn Jahre noch nicht verstrichen sind,
2. Mitglied in einer Partei, deren Verfassungswidrigkeit das Bundesverfassungsgericht nach § 46 des Bundesverfassungsgerichtsgesetzes[2)] in der Fassung der Bekanntmachung vom 11. August 1993 (BGBl. I S. 1473), das zuletzt durch Artikel 8 der Verordnung vom 31. August 2015 (BGBl. I S. 1474) geändert worden ist, festgestellt hat, war und seit der Beendigung der Mitgliedschaft zehn Jahre noch nicht verstrichen sind,

---

(Fortsetzung der Anm. von voriger Seite)
bish. Abs. 4 wird Abs. 3, Abs. 4–6 angef. mWv 1.1.2003 durch G v. 23.7.2002 (BGBl. I S. 2724); Abs. 6 aufgeh. mWv 1.4.2003 durch G v. 11.10.2002 (BGBl. I S. 3970); Abs. 2 geänd. mWv 28.11.2003 durch VO v. 25.11.2003 (BGBl. I S. 2304); Abs. 2 geänd. mWv 8.11.2006 durch VO v. 31.10.2006 (BGBl. I S. 2407); Abs. 2 Nr. 3 Buchst. d geänd., Nr. 4 angef. mWv 18.12.2008 durch G v. 12.12.2008 (BGBl. I S. 2423); Abs. 1 Satz 4 eingef., bish. Sätze 4 und 5 werden Sätze 5 und 6, Abs. 2 Nr. 2 geänd. mWv 13.3.2013 durch G v. 4.3.2013 (BGBl. I S. 362); Abs. 2 einl. Satzteil geänd. mWv 8.9.2015 durch VO v. 31.8.2015 (BGBl. I S. 1474); Überschrift geänd., Abs. 1 neu gef., Abs. 1a eingef., Abs. 2 Nr. 1, 2 und 4 geänd., Abs. 6 angef. mWv 1.12.2016 durch G v. 4.11.2016 (BGBl. I S. 2456, geänd. durch G v. 29.11.2018, BGBl. I S. 2666); Abs. 1 Satz 4 Nr. 4 Buchst. b geänd. mWv 30.5.2017 durch G v. 23.5.2017 (BGBl. I S. 1226); Abs. 3 und Abs. 6 Satz 1 Nr. 4 geänd. mWv 29.7.2017 durch G v. 20.7.2017 (BGBl. I S. 2789); Abs. 1 Satz 3 Nr. 1 geänd., Nr. 3 neu gef., Sätze 4, 5 jeweils einl. Satzteil und Satz 5 Nr. 2, 3 geänd., Nr. 4 angef., Sätze 6–8 neu gef., Sätze 9, 10 angef., Abs. 1a Sätze 1, 2 jeweils einl. Satzteil geänd., Sätze 3–6 neu gef., Satz 7 angef., Abs. 1b und Abs. 2 Nr. 1 eingef., bish. Nr. 1–3 werden Nr. 2–4, neue Nr. 4 Buchst. b geänd., Buchst. d aufgeh., Nr. 5 eingef., bish. Nr. 4 wird Nr. 6 und geänd., Nr. 7, 8 angef., Abs. 3 neu gef., Abs. 4 geänd. und Abs. 6 aufgeh. mWv 1.1.2019 durch G v. 29.11.2018 (BGBl. I S. 2666); Abs. 2 einl. Satzteil geänd. mWv 23.6.2022 durch G v. 19.6.2022 (BGBl. I S. 918).

[1)] Nr. **425**.

[2)] Nr. **40**.

3. einzeln oder als Mitglied einer Vereinigung Bestrebungen und Tätigkeiten im Sinne des § 3 Absatz 1 des Bundesverfassungsschutzgesetzes[1] vom 20. Dezember 1990 (BGBl. I S. 2954, 2970), das zuletzt durch Artikel 1 des Gesetzes vom 26. Juli 2016 (BGBl. I S. 1818) geändert worden ist, verfolgt oder unterstützt oder in den letzten fünf Jahren verfolgt oder unterstützt hat,
4. in den letzten fünf Jahren vor Stellung des Antrags wegen Versuchs oder Vollendung einer der nachstehend aufgeführten Straftaten zu einer Freiheitsstrafe, Jugendstrafe, Geldstrafe von mindestens 90 Tagessätzen oder mindestens zweimal zu einer geringeren Geldstrafe rechtskräftig verurteilt worden ist oder bei dem die Verhängung von Jugendstrafe ausgesetzt worden ist, wenn seit dem Eintritt der Rechtskraft der letzten Verurteilung fünf Jahre noch nicht verstrichen sind:
   a) Verbrechen im Sinne von § 12 Absatz 1 des Strafgesetzbuches[2],
   b) Straftat gegen die sexuelle Selbstbestimmung, des Menschenhandels oder der Förderung des Menschenhandels, der vorsätzlichen Körperverletzung, Freiheitsberaubung, des Diebstahls, der Unterschlagung, Erpressung, des Betrugs, der Untreue, Hehlerei, Urkundenfälschung, des Landfriedensbruchs oder Hausfriedensbruchs oder des Widerstands gegen oder des tätlichen Angriffs auf Vollstreckungsbeamte oder gegen oder auf Personen, die Vollstreckungsbeamten gleichstehen,
   c) Vergehen gegen das Betäubungsmittelgesetz[3], Arzneimittelgesetz[4], Waffengesetz[5], Sprengstoffgesetz[6], Aufenthaltsgesetz[7], Arbeitnehmerüberlassungsgesetz[8] oder das Schwarzarbeitsbekämpfungsgesetz[9] oder
   d) staatsschutzgefährdende oder gemeingefährliche Straftat.

[5] Zur Überprüfung der Zuverlässigkeit hat die Behörde mindestens einzuholen:
1. eine Auskunft aus dem Gewerbezentralregister nach § 150 Absatz 1,
2. eine unbeschränkte Auskunft nach § 41 Absatz 1 Nummer 9 des Bundeszentralregistergesetzes[10],
3. eine Stellungnahme der für den Wohnort zuständigen Behörde der Landespolizei, einer zentralen Polizeidienststelle oder des jeweils zuständigen Landeskriminalamts, ob und welche tatsächlichen Anhaltspunkte bekannt sind, die Bedenken gegen die Zuverlässigkeit begründen können, soweit Zwecke der Strafverfolgung oder Gefahrenabwehr einer Übermittlung der tatsächlichen Anhaltspunkte nicht entgegenstehen und
4. über die Schnittstelle des Bewacherregisters zum Bundesamt für Verfassungsschutz nach § 11b eine Stellungnahme der für den Sitz der zuständigen Behörde zuständigen Landesbehörde für Verfassungsschutz zu Erkenntnissen, die für die Beurteilung der Zuverlässigkeit von Bedeutung sein können.

[6] Die zuständige Behörde darf die übermittelten Daten verarbeiten, soweit dies zur Erfüllung ihrer gesetzlichen Aufgaben der Überwachung der Gewerbetreibenden

---

[1] Nr. 80.
[2] **Habersack Nr. 85.**
[3] Nr. 275.
[4] **Sartorius ErgBd. Nr. 272.**
[5] Nr. 820.
[6] **Sartorius ErgBd. Nr. 822.**
[7] Nr. 565.
[8] **Habersack ErgBd. Nr. 84a.**
[9] **Habersack ErgBd. Nr. 94b.**
[10] **Habersack Nr. 92.**

erforderlich ist. [7] Übermittlungsregelungen nach anderen Gesetzen bleiben unberührt. [8] § 1 des Sicherheitsüberprüfungsgesetzes[1)] vom 20. April 1994 (BGBl. I S. 867), das zuletzt durch Artikel 4 des Gesetzes vom 18. Juli 2017 (BGBl. I S. 2732) geändert worden ist, bleibt unberührt. [9] Haben sich der Antragsteller oder eine der mit der Leitung des Betriebes oder einer Zweigniederlassung beauftragten Personen während der letzten drei Jahre vor der Überprüfung der Zuverlässigkeit nicht im Inland oder einem anderen Mitgliedstaat der Europäischen Union oder einem anderen Vertragsstaat des Abkommens über den Europäischen Wirtschaftsraum aufgehalten und kann ihre Zuverlässigkeit deshalb nicht oder nicht ausreichend nach Satz 5 festgestellt werden, so ist die Erlaubnis nach Absatz 1 zu versagen. [10] Die zuständige Behörde hat den Gewerbetreibenden und die mit der Leitung des Betriebes oder einer Zweigniederlassung beauftragten Personen in regelmäßigen Abständen, spätestens jedoch nach Ablauf von fünf Jahren, auf ihre Zuverlässigkeit zu überprüfen.

(1a) [1] Der Gewerbetreibende darf mit der Durchführung von Bewachungsaufgaben nur Personen (Wachpersonen) beschäftigen, die

1. die erforderliche Zuverlässigkeit besitzen und
2. durch eine Bescheinigung der Industrie- und Handelskammer nachweisen, dass sie über die für die Ausübung des Gewerbes notwendigen rechtlichen und fachlichen Grundlagen unterrichtet worden sind und mit ihnen vertraut sind.

[2] Für die Durchführung folgender Tätigkeiten ist zusätzlich zu den Anforderungen des Satzes 1 Nummer 1 der Nachweis einer vor der Industrie- und Handelskammer erfolgreich abgelegten Sachkundeprüfung erforderlich:

1. Kontrollgänge im öffentlichen Verkehrsraum oder in Hausrechtsbereichen mit tatsächlich öffentlichem Verkehr,
2. Schutz vor Ladendieben,
3. Bewachungen im Einlassbereich von gastgewerblichen Diskotheken,
4. Bewachungen von Aufnahmeeinrichtungen nach § 44 des Asylgesetzes[2)] in der Fassung der Bekanntmachung vom 2. September 2008 (BGBl. I S. 1798), das zuletzt durch Artikel 6 des Gesetzes vom 31. Juli 2016 (BGBl. I S. 1939) geändert worden ist, von Gemeinschaftsunterkünften nach § 53 des Asylgesetzes oder anderen Immobilien und Einrichtungen, die der auch vorübergehenden amtlichen Unterbringung von Asylsuchenden oder Flüchtlingen dienen, in leitender Funktion,
5. Bewachungen von zugangsgeschützten Großveranstaltungen in leitender Funktion.

[3] Zur Überprüfung der Zuverlässigkeit einer Wachperson und einer mit der Leitung des Betriebes oder einer Zweigniederlassung beauftragten Person hat die am Hauptwohnsitz der natürlichen Person für den Vollzug nach Landesrecht zuständige Behörde mindestens eine unbeschränkte Auskunft nach § 41 Absatz 1 Nummer 9 des Bundeszentralregistergesetzes sowie eine Stellungnahme der für den Wohnort zuständigen Behörde der Landespolizei, einer zentralen Polizeidienststelle oder dem jeweils zuständigen Landeskriminalamt einzuholen, ob und welche tatsächlichen Anhaltspunkte bekannt sind, die Bedenken gegen die Zuverlässigkeit begründen können, soweit Zwecke der Strafverfolgung oder Gefahrenabwehr einer Übermittlung der tatsächlichen Anhaltspunkte nicht entgegen stehen. [4] Bei

---

[1)] **Sartorius III Nr. 810.**
[2)] Nr. **567**.

Wachpersonen und mit der Leitung des Betriebes oder einer Zweigniederlassung beauftragten Personen ohne einen Hauptwohnsitz in der Bundesrepublik Deutschland ist die Zuverlässigkeit durch die für den Vollzug zuständige Behörde am Betriebssitz des Gewerbetreibenden, welcher die natürliche Person als erster anmeldet, zu überprüfen. [5] Absatz 1 Satz 5 Nummer 4 ist entsprechend anzuwenden bei Wachpersonen, die eine der folgenden Aufgaben wahrnehmen sollen:

1. Bewachungen nach Satz 2 Nummer 4 und 5, auch in nicht leitender Funktion, oder
2. Schutzaufgaben im befriedeten Besitztum bei Objekten, von denen im Fall eines kriminellen Eingriffs eine besondere Gefahr für die Allgemeinheit ausgehen kann.

[6] Satz 5 gilt auch nach Aufnahme der Tätigkeit einer Wachperson. [7] Absatz 1 Satz 4, 6 bis 10 ist entsprechend anzuwenden.

(1b) [1] Werden der zuständigen Landesbehörde für Verfassungsschutz im Nachhinein Informationen bekannt, die für die Beurteilung der Zuverlässigkeit einer der in Absatz 1 und Absatz 1a Satz 5 Nummer 1 und 2 genannten Personen von Bedeutung sind, übermittelt sie diese der zuständigen Behörde nach den für die Informationsübermittlung geltenden Regelungen der Verfassungsschutzgesetze (Nachbericht). [2] Zu diesem Zweck darf die Verfassungsschutzbehörde Name, Vornamen, Geburtsname, Geburtsdatum, Geschlecht, Geburtsort, Geburtsland, Wohnort und gegenwärtige Staatsangehörigkeit und Doppel- oder frühere Staatsangehörigkeiten der betroffenen Person sowie die Aktenfundstelle verarbeiten, einschließlich einer Verarbeitung mit ihrer Aktenfundstelle in den gemeinsamen Dateien nach § 6 Absatz 2 des Bundesverfassungsschutzgesetzes. [3] Die im Rahmen der Überprüfung der Zuverlässigkeit verarbeiteten personenbezogenen Daten der in Absatz 1 und Absatz 1a Satz 5 Nummer 1 und 2 genannten Personen sind spätestens nach fünf Jahren von der Verfassungsschutzbehörde zu löschen. [4] Sollte die Verfassungsschutzbehörde vorher von einer Versagung, Rücknahme, einem Erlöschen oder Widerruf der Erlaubnis durch die zuständige Behörde Kenntnis erlangen, hat sie die im Rahmen der Überprüfung der Zuverlässigkeit gespeicherten personenbezogenen Daten der in Absatz 1 genannten Personen spätestens sechs Monate nach Kenntniserlangung zu löschen. [5] Die Sätze 1 bis 4 sind entsprechend anzuwenden für die nach Absatz 1 Satz 5 Nummer 3 und Absatz 1a Satz 3 beteiligten Polizeibehörden.

(2) Das Bundesministerium des Innern und für Heimat kann mit Zustimmung des Bundesrates durch Rechtsverordnung[1)]

1. die für die Entscheidung über eine Erlaubnis nach Absatz 1 Satz 1 erforderlichen vom Antragsteller bei der Antragsstellung anzugebenden Daten und beizufügenden Unterlagen bestimmen,
2. die Anforderungen und das Verfahren für den Unterrichtungsnachweis nach Absatz 1a Satz 1 sowie Ausnahmen von der Erforderlichkeit des Unterrichtungsnachweises festlegen,
3. die Anforderungen und das Verfahren für eine Sachkundeprüfung nach Absatz 1 Satz 3 Nummer 3 und Absatz 1a Satz 2 sowie Ausnahmen von der Erforderlichkeit der Sachkundeprüfung festlegen und

---

[1)] Siehe ua die BewachungsVO v. 3.5.2019 (BGBl. I S. 692), geänd. durch VO v. 24.6.2019 (BGBl. I S. 882) und die BewacherregisterVO v. 24.6.2019 (BGBl. I S. 882).

4. zum Schutze der Allgemeinheit und der Auftraggeber Vorschriften erlassen über den Umfang der Befugnisse und Verpflichtungen bei der Ausübung des Bewachungsgewerbes, insbesondere über
   a) den Geltungsbereich der Erlaubnis,
   b) die Pflichten des Gewerbetreibenden bei der Einstellung und Entlassung der im Bewachungsgewerbe beschäftigten Personen, über die Aufzeichnung von Daten dieser Personen durch den Gewerbetreibenden und ihre Übermittlung an die für den Vollzug des § 34a zuständigen Behörden, über die Anforderungen, denen diese Personen genügen müssen, sowie über die Durchführung des Wachdienstes,
   c) die Verpflichtung zum Abschluß einer Haftpflichtversicherung, zur Buchführung einschließlich der Aufzeichnung von Daten über einzelne Geschäftsvorgänge sowie über die Auftraggeber,
5. zum Schutz der Allgemeinheit und der Auftraggeber Vorschriften erlassen über die Unterrichtung der für den Vollzug des § 34a zuständigen Behörden durch Gerichte und Staatsanwaltschaften über rechtliche Maßnahmen gegen Gewerbetreibende und ihre Wachpersonen
6. die Anforderungen und Verfahren festlegen, die zur Durchführung der Richtlinie 2005/36/EG des Europäischen Parlaments und des Rates vom 7. September 2005 über die Anerkennung von Berufsqualifikationen (ABl. L 255 vom 30.9.2005, S. 22), die zuletzt durch die Richtlinie 2013/55/EU (ABl. L 354 vom 28.12.2013, S. 132) geändert worden ist, Anwendung finden sollen auf Inhaber von in einem Mitgliedstaat der Europäischen Union oder eines Vertragsstaates des Abkommens über den Europäischen Wirtschaftsraum erworbenen Berufsqualifikationen, die im Inland das Bewachungsgewerbe vorübergehend oder dauerhaft ausüben möchten,
7. Einzelheiten der regelmäßigen Überprüfung der Zuverlässigkeit nach Absatz 1 Satz 10, auch in Verbindung mit Absatz 1a Satz 7, festlegen,
8. Einzelheiten zur örtlichen Zuständigkeit für den Vollzug regeln, insbesondere die Zuständigkeit für die Überprüfung der Zuverlässigkeit und erforderlichen Qualifikation.

(3) Nach Einholung der unbeschränkten Auskünfte nach § 41 Absatz 1 Nummer 9 des Bundeszentralregistergesetzes zur Überprüfung der Zuverlässigkeit können die zuständigen Behörden das Ergebnis der Überprüfung einschließlich der für die Beurteilung der Zuverlässigkeit erforderlichen Daten an den Gewerbetreibenden übermitteln.

(4) Die Beschäftigung einer Person, die in einem Bewachungsunternehmen mit Bewachungsaufgaben beschäftigt ist, oder einer mit der Leitung des Betriebes oder einer Zweigniederlassung beauftragten Person kann dem Gewerbetreibenden untersagt werden, wenn Tatsachen die Annahme rechtfertigen, dass die Person die für ihre Tätigkeit erforderliche Zuverlässigkeit nicht besitzt.

(5) [1]Der Gewerbetreibende und seine Beschäftigten dürfen bei der Durchführung von Bewachungsaufgaben gegenüber Dritten nur die Rechte, die Jedermann im Falle einer Notwehr, eines Notstandes oder einer Selbsthilfe zustehen, die ihnen vom jeweiligen Auftraggeber vertraglich übertragenen Selbsthilferechte sowie die ihnen gegebenenfalls in Fällen gesetzlicher Übertragung zustehenden Befugnisse eigenverantwortlich ausüben. [2]In den Fällen der Inanspruchnahme dieser Rechte und Befugnisse ist der Grundsatz der Erforderlichkeit zu beachten.

§ 34b[1) 2)] Versteigerergewerbe. (1) [1] Wer gewerbsmäßig fremde bewegliche Sachen, fremde Grundstücke oder fremde Rechte versteigern will, bedarf der Erlaubnis der zuständigen Behörde. [2] Zu den beweglichen Sachen im Sinne der Vorschrift gehören auch Früchte auf dem Halm und Holz auf dem Stamm.

(2) (weggefallen)

(3) Die Erlaubnis kann mit Auflagen verbunden werden, soweit dies zum Schutze der Allgemeinheit, der Auftraggeber oder der Bieter erforderlich ist; unter denselben Voraussetzungen ist auch die nachträgliche Aufnahme, Änderung und Ergänzung von Auflagen zulässig.

(4) Die Erlaubnis ist zu versagen, wenn

1. Tatsachen die Annahme rechtfertigen, daß der Antragsteller die für den Gewerbebetrieb erforderliche Zuverlässigkeit nicht besitzt; die erforderliche Zuverlässigkeit besitzt in der Regel nicht, wer in den letzten fünf Jahren vor Stellung des Antrages wegen eines Verbrechens oder wegen Diebstahls, Unterschlagung, Erpressung, Betruges, Untreue, Geldwäsche, Urkundenfälschung, Hehlerei, Wuchers oder wegen Vergehens gegen das Gesetz gegen den unlauteren Wettbewerb zu einer Freiheitsstrafe rechtskräftig verurteilt worden ist, oder
2. der Antragsteller in ungeordneten Vermögensverhältnissen lebt; dies ist in der Regel der Fall, wenn über das Vermögen des Antragstellers das Insolvenzverfahren eröffnet worden oder er in das vom Vollstreckungsgericht zu führende Verzeichnis (§ 26 Abs. 2 Insolvenzordnung[3)], § 882b Zivilprozeßordnung[4)]) eingetragen ist.

(5) [1] Auf Antrag sind besonders sachkundige Versteigerer mit Ausnahme juristischer Personen von der zuständigen Behörde allgemein öffentlich zu bestellen; dies gilt entsprechend für Angestellte von Versteigerern. [2] Die Bestellung kann für bestimmte Arten von Versteigerungen erfolgen, sofern für diese ein Bedarf an Versteigerungsleistungen besteht. [3] Die nach Satz 1 öffentlich bestellten Personen sind darauf zu vereidigen, dass sie ihre Aufgaben gewissenhaft, weisungsfrei und unparteiisch erfüllen werden. [4] Für die Bestellung von Versteigerern mit Qualifikationen, die in einem anderen Mitgliedstaat der Europäischen Union oder in einem anderen Vertragsstaat des Abkommens über den Europäischen Wirtschaftsraum erworben wurden, gilt § 36a entsprechend.

(6) Dem Versteigerer ist verboten,

1. selbst oder durch einen anderen auf seinen Versteigerungen für sich zu bieten oder ihm anvertrautes Versteigerungsgut zu kaufen,
2. Angehörigen im Sinne des § 52 Abs. 1 der Strafprozeßordnung[5)] oder seinen Angestellten zu gestatten, auf seinen Versteigerungen zu bieten oder ihm anvertrautes Versteigerungsgut zu kaufen,

---

1) § 34b Abs. 8 geänd. mWv 7.11.2001 durch VO v. 29.10.2001 (BGBl. I S. 2785); Abs. 8 geänd. mWv 28.11.2003 durch VO v. 25.11.2003 (BGBl. I S. 2304); Abs. 8 geänd. mWv 8.11.2006 durch VO v. 31.10. 2006 (BGBl. I S. 2407); Abs. 5 neu gef., Abs. 4 Nr. 1 geänd. mWv 22.5.2007 durch G v. 19.12.2006 (BGBl. I S. 3232); Abs. 5 Satz 4 angef. mWv 28.12.2009 durch G v. 17.7.2009 (BGBl. I S. 2091); Abs. 4 Nr. 2 geänd. mWv 1.1.2013 durch G v. 29.7.2009 (BGBl. I S. 2258); Abs. 8 einl. Satzteil geänd. mWv 8.9.2015 durch VO v. 31.8.2015 (BGBl. I S. 1474); Abs. 8 einl. Satzteil geänd. mWv 1.1.2023 durch G v. 9.11.2022 (BGBl. I S. 2009).

2) Zur Nichtanwendung von § 34b Abs. 1, 3, 4, 6 und 7 vgl. § 4.

3) **Habersack Nr. 110.**

4) **Habersack Nr. 100.**

5) **Habersack Nr. 90.**

3. für einen anderen auf seinen Versteigerungen zu bieten oder ihm anvertrautes Versteigerungsgut zu kaufen, es sei denn, daß ein schriftliches Gebot des anderen vorliegt,
4. bewegliche Sachen aus dem Kreis der Waren zu versteigern, die er in seinem Handelsgeschäft führt, soweit dies nicht üblich ist,
5. Sachen zu versteigern,
   a) an denen er ein Pfandrecht besitzt oder
   b) soweit sie zu den Waren gehören, die in offenen Verkaufsstellen feilgeboten werden und die ungebraucht sind oder deren bestimmungsmäßiger Gebrauch in ihrem Verbrauch besteht.

(7) Einzelhändler und Hersteller von Waren dürfen im Einzelverkauf an den Letztverbraucher Waren, die sie in ihrem Geschäftsbetrieb führen, im Wege der Versteigerung nur als Inhaber einer Versteigerererlaubnis nach Maßgabe der für Versteigerer geltenden Vorschriften oder durch einen von ihnen beauftragten Versteigerer absetzen.

(8) Das Bundesministerium für Wirtschaft und Klimaschutz kann durch Rechtsverordnung[1] mit Zustimmung des Bundesrates unter Berücksichtigung des Schutzes der Allgemeinheit sowie der Auftraggeber und der Bieter Vorschriften erlassen über

1. den Umfang der Befugnisse und Verpflichtungen bei der Ausübung des Versteigerergewerbes, insbesondere über
   a) Ort und Zeit der Versteigerung,
   b) den Geschäftsbetrieb, insbesondere über die Übernahme, Ablehnung und Durchführung der Versteigerung,
   c) die Genehmigung von Versteigerungen, die Verpflichtung zur Erstattung von Anzeigen und die dabei den Gewerbebehörden und Industrie- und Handelskammern zu übermittelnden Daten über den Auftraggeber und das der Versteigerung zugrundeliegende Rechtsverhältnis, zur Buchführung einschließlich der Aufzeichnung von Daten über einzelne Geschäftsvorgänge sowie über die Auftraggeber,
   d) die Untersagung, Aufhebung und Unterbrechung der Versteigerung bei Verstößen gegen die für das Versteigerergewerbe erlassenen Vorschriften,
   e) Ausnahmen für die Tätigkeit des Erlaubnisinhabers von den Vorschriften des Titels III;
2. Ausnahmen von den Verboten des Absatzes 6.

(9) (weggefallen)

(10) Die Absätze 1 bis 8 finden keine Anwendung auf

1. Verkäufe, die nach gesetzlicher Vorschrift durch Kursmakler oder durch die hierzu öffentlich ermächtigten Handelsmakler vorgenommen werden,
2. Versteigerungen, die von Behörden oder von Beamten vorgenommen werden,
3. Versteigerungen, zu denen als Bieter nur Personen zugelassen werden, die Waren der angebotenen Art für ihren Geschäftsbetrieb ersteigern wollen.

---

[1] Siehe die VersteigererVO v. 24.4.2003 (BGBl. I S. 547), zuletzt geänd. durch G v. 29.3.2017 (BGBl. I S. 626).

§ 34c[1) 2) 3) 4)] Immobilienmakler, Darlehensvermittler, Bauträger, Baubetreuer, Wohnimmobilienverwalter, Verordnungsermächtigung.

(1) [1] Wer gewerbsmäßig

1. den Abschluss von Verträgen über Grundstücke, grundstücksgleiche Rechte, gewerbliche Räume oder Wohnräume vermitteln oder die Gelegenheit zum Abschluss solcher Verträge nachweisen,
2. den Abschluss von Darlehensverträgen, mit Ausnahme von Verträgen im Sinne des § 34i Absatz 1 Satz 1, vermitteln oder die Gelegenheit zum Abschluss solcher Verträge nachweisen,
3. Bauvorhaben
   a) als Bauherr im eigenen Namen für eigene oder fremde Rechnung vorbereiten oder durchführen und dazu Vermögenswerte von Erwerbern, Mietern, Pächtern oder sonstigen Nutzungsberechtigten oder von Bewerbern um Erwerbs- oder Nutzungsrechte verwenden,
   b) als Baubetreuer im fremden Namen für fremde Rechnung wirtschaftlich vorbereiten oder durchführen,
4. das gemeinschaftliche Eigentum von Wohnungseigentümern im Sinne des § 1 Absatz 2, 3, 5 und 6 des Wohnungseigentumsgesetzes[5)] oder für Dritte Mietverhältnisse über Wohnräume im Sinne des § 549 des Bürgerlichen Gesetzbuchs[6)] verwalten (Wohnimmobilienverwalter)

will, bedarf der Erlaubnis der zuständigen Behörde. [2] Die Erlaubnis kann inhaltlich beschränkt und mit Auflagen verbunden werden, soweit dies zum Schutze der Allgemeinheit oder der Auftraggeber erforderlich ist; unter denselben Voraussetzungen ist auch die nachträgliche Aufnahme, Änderung und Ergänzung von Auflagen zulässig.

(2) Die Erlaubnis ist zu versagen, wenn

1. Tatsachen die Annahme rechtfertigen, daß der Antragsteller oder eine der mit der Leitung des Betriebes oder einer Zweigniederlassung beauftragten Personen

---

1) § 34c Abs. 3 Satz 1 geänd. mWv 7.11.2001 durch VO v. 29.10.2001 (BGBl. I S. 2785); Abs. 3 Satz 1 geänd. mWv 28.11.2003 durch VO v. 25.11.2003 (BGBl. I S. 2304); Abs. 3 Satz 1 geänd. mWv 8.11.2006 durch VO v. 31.10.2006 (BGBl. I S. 2407); Abs. 2 Nr. 1 geänd. mWv 22.5.2007 durch G v. 19.12.2006 (BGBl. I S. 3232); Überschr. geänd., Abs. 1 Satz 1 neu gef., Abs. 5 Nr. 3 geänd. mWv 1.11.2007 durch G v. 16.7.2007 (BGBl. I S. 1330); Abs. 1 Satz 1 Nr. 2 geänd., Abs. 5 Nr. 2a eingef. mWv 28.12.2007 durch G v. 21.12.2007 (BGBl. I S. 3089); Abs. 5 Nr. 6 geänd. mWv 25.3.2009 durch G v. 17.3.2009 (BGBl. I S. 550); Abs. 1 Satz 1 Nr. 1, Abs. 5 Nr. 2, 3, 3a und 5 geänd., Abs. 1 Satz 1 Nr. 1a eingef. mWv 28.12. 2009 durch G v. 17.7.2009 (BGBl. I S. 2091); Abs. 2 Nr. 2 geänd. mWv 1.1.2013 durch G v. 29.7.2009 (BGBl. I S. 2258); Überschr. geänd., Abs. 1 Satz 1 Nr. 1a wird Nr. 2, Nr. 2 und 3 aufgeh., bish. Nr. 4 wird Nr. 3, Abs. 5 Nr. 1, 2a, 3 und 3a aufgeh., bish. Nr. 2 wird Nr. 1, bish. Nr. 4–6 wird Nr. 2–4 mWv 1.1. 2013 durch G v. 6.12.2011 (BGBl. I S. 2481); Abs. 3 Satz 1 einl. Satzteil geänd. mWv 8.9.2015 durch VO v. 31.8.2015 (BGBl. I S. 1474); Abs. 1 Satz 1 Nr. 2 geänd. mWv 21.3.2016 durch G v. 11.3.2016 (BGBl. I S. 396); Abs. 3 Satz 1 neu gef. mWv 24.10.2017; Überschrift neu gef., Abs. 1 Satz 1 Nr. 3 Buchst. b geänd., Nr. 4 eingef., Abs. 2 Nr. 1, Nr. 2 geänd., Nr. 3 angef., Abs. 2a eingef. mWv 1.8.2018 durch G v. 17.10.2017 (BGBl. I S. 3562); Abs. 2a Satz 1 geänd., Satz 2 eingef., bish. Satz 2 wird Satz 3, Abs. 3 Satz 3 geänd. mWv 15.12.2018 durch G v. 11.12.2018 (BGBl. I S. 2354); Abs. 5 Nr. 1a eingef. mWv 1.1.2020 durch G v. 22.11.2019 (BGBl. I S. 1746); Abs. 3 Satz 1 einl. Satzteil geänd. mWv 1.1.2023 durch G v. 9.11.2022 (BGBl. I S. 2009); Abs. 5 Nr. 1 neu gef. mWv 30.12.2023 durch G v. 22.12.2023 (BGBl. 2023 I Nr. 411).

2) Zur Nichtanwendung von § 34c Abs. 1 Satz 1 Nr. 1, 3 und 4 vgl. § 4.

3) Beachte hierzu die Übergangsregelungen in §§ 157, 160.

4) Siehe hierzu auch das G zur Regelung der Wohnungsvermittlung **(Habersack ErgBd. Nr. 31)**.

5) **Habersack Nr. 37.**

6) **Habersack Nr. 20.**

die für den Gewerbebetrieb erforderliche Zuverlässigkeit nicht besitzt; die erforderliche Zuverlässigkeit besitzt in der Regel nicht, wer in den letzten fünf Jahren vor Stellung des Antrages wegen eines Verbrechens oder wegen Diebstahls, Unterschlagung, Erpressung, Betruges, Untreue, Geldwäsche, Urkundenfälschung, Hehlerei, Wuchers oder einer Insolvenzstraftat rechtskräftig verurteilt worden ist,

2. der Antragsteller in ungeordneten Vermögensverhältnissen lebt; dies ist in der Regel der Fall, wenn über das Vermögen des Antragstellers das Insolvenzverfahren eröffnet worden oder er in das vom Vollstreckungsgericht zu führende Verzeichnis (§ 26 Abs. 2 Insolvenzordnung[1]), § 882b Zivilprozeßordnung[2])) eingetragen ist,
3. der Antragsteller, der ein Gewerbe nach Absatz 1 Satz 1 Nummer 4 betreiben will, den Nachweis einer Berufshaftpflichtversicherung nicht erbringen kann.

(2a) [1] Gewerbetreibende nach Absatz 1 Satz 1 Nummer 1 und 4 sind verpflichtet, sich in einem Umfang von 20 Stunden innerhalb eines Zeitraums von drei Kalenderjahren weiterzubilden; das Gleiche gilt entsprechend für unmittelbar bei der erlaubnispflichtigen Tätigkeit mitwirkende beschäftigte Personen. [2] Der erste Weiterbildungszeitraum beginnt am 1. Januar des Kalenderjahres, in dem

1. eine Erlaubnis nach Absatz 1 Satz 1 Nummer 1 oder 4 erteilt wurde oder
2. eine weiterbildungspflichtige Tätigkeit durch eine unmittelbar bei dem Gewerbetreibenden beschäftigte Person aufgenommen wurde.

[3] Für den Gewerbetreibenden ist es ausreichend, wenn der Weiterbildungsnachweis durch eine im Hinblick auf eine ordnungsgemäße Wahrnehmung der erlaubnispflichtigen Tätigkeit angemessene Zahl von beim Gewerbetreibenden beschäftigten natürlichen Personen erbracht wird, denen die Aufsicht über die direkt bei der Vermittlung nach Absatz 1 Satz 1 Nummer 1 oder der Verwaltung nach Absatz 1 Satz 1 Nummer 4 mitwirkenden Personen übertragen ist und die den Gewerbetreibenden vertreten dürfen.

(3) [1] Das Bundesministerium für Wirtschaft und Klimaschutz kann durch Rechtsverordnung mit Zustimmung des Bundesrates, soweit zum Schutz der Allgemeinheit und der Auftraggeber erforderlich, Vorschriften erlassen

1. über den Umfang der Verpflichtungen des Gewerbetreibenden bei der Ausübung des Gewerbes, insbesondere die Pflicht,
   a) ausreichende Sicherheiten zu leisten oder eine zu diesem Zweck geeignete Versicherung abzuschließen, sofern der Gewerbetreibende Vermögenswerte des Auftraggebers erhält oder verwendet,
   b) die erhaltenen Vermögenswerte des Auftraggebers getrennt zu verwalten,
   c) nach der Ausführung des Auftrages dem Auftraggeber Rechnung zu legen,
   d) der zuständigen Behörde Anzeige beim Wechsel der mit der Leitung des Betriebes oder einer Zweigniederlassung beauftragten Personen zu erstatten und hierbei bestimmte Angaben zu machen,
   e) dem Auftraggeber die für die Beurteilung des Auftrages und des zu vermittelnden oder nachzuweisenden Vertrages jeweils notwendigen Informationen schriftlich oder mündlich zu geben,
   f) Bücher zu führen einschließlich der Aufzeichnung von Daten über einzelne Geschäftsvorgänge sowie über die Auftraggeber;

---

[1]) **Habersack Nr. 110.**
[2]) **Habersack Nr. 100.**

2. zum Umfang an die nach Absatz 2 Nummer 3 erforderliche Haftpflichtversicherung und zu ihren inhaltlichen Anforderungen, insbesondere über die Höhe der Mindestversicherungssummen, die Bestimmung der zuständigen Behörde im Sinne des § 117 Absatz 2 des Versicherungsvertragsgesetzes[1]), über den Nachweis über das Bestehen der Haftpflichtversicherung und Anzeigepflichten des Versicherungsunternehmens gegenüber den Behörden;
3. über die Verpflichtung des Gewerbetreibenden und der beschäftigten Personen nach Absatz 2a zu einer regelmäßigen Weiterbildung, einschließlich
   a) der Befreiung von der Weiterbildungsverpflichtung,
   b) der gegenüber der zuständigen Behörde zu erbringenden Nachweise und
   c) der Informationspflichten gegenüber dem Auftraggeber über die berufliche Qualifikation und absolvierten Weiterbildungsmaßnahmen des Gewerbetreibenden und der unmittelbar bei der erlaubnispflichtigen Tätigkeit mitwirkenden beschäftigten Personen.

[2] In der Rechtsverordnung nach Satz 1 kann ferner die Befugnis des Gewerbetreibenden zur Entgegennahme und zur Verwendung von Vermögenswerten des Auftraggebers beschränkt werden, soweit dies zum Schutze des Auftraggebers erforderlich ist. [3] Außerdem kann in der Rechtsverordnung der Gewerbetreibende verpflichtet werden, die Einhaltung der nach Satz 1 Nummer 1 und 3 und Satz 2 erlassenen Vorschriften auf seine Kosten regelmäßig sowie aus besonderem Anlaß prüfen zu lassen und den Prüfungsbericht der zuständigen Behörde vorzulegen, soweit es zur wirksamen Überwachung erforderlich ist; hierbei können die Einzelheiten der Prüfung, insbesondere deren Anlaß, Zeitpunkt und Häufigkeit, die Auswahl, Bestellung und Abberufung der Prüfer, deren Rechte, Pflichten und Verantwortlichkeit, der Inhalt des Prüfungsberichts, die Verpflichtungen des Gewerbetreibenden gegenüber dem Prüfer sowie das Verfahren bei Meinungsverschiedenheiten zwischen dem Prüfer und dem Gewerbetreibenden, geregelt werden.

(4) (weggefallen)

(5) Die Absätze 1 bis 3 gelten nicht für

1. Kreditinstitute, für die eine Erlaubnis nach § 32 Absatz 1 des Kreditwesengesetzes[2]) erteilt wurde, Wertpapierinstitute, für die eine Erlaubnis nach § 15 Absatz 1 des Wertpapierinstitutsgesetzes erteilt wurde oder nach § 86 Absatz 1 des Wertpapierinstitutsgesetzes als erteilt gilt, Zweigstellen von Unternehmen im Sinne des § 53b Absatz 1 Satz 1 des Kreditwesengesetzes sowie Zweigniederlassungen und vertraglich gebundene Vermittler von Wertpapierinstituten im Sinne des § 73 Absatz 1 Satz 1 des Wertpapierinstitutsgesetzes,

1a. Kapitalverwaltungsgesellschaften, für die eine Erlaubnis nach § 20 Absatz 1 des Kapitalanlagegesetzbuchs erteilt wurde,

2. Gewerbetreibende, die lediglich zur Finanzierung der von ihnen abgeschlossenen Warenverkäufe oder zu erbringenden Dienstleistungen den Abschluß von Verträgen über Darlehen vermitteln oder die Gelegenheit zum Abschluß solcher Verträge nachweisen,

3. Zweigstellen von Unternehmen mit Sitz in einem anderen Mitgliedstaat der Europäischen Union, die nach § 53b Abs. 7 des Kreditwesengesetzes Darlehen zwischen Kreditinstituten vermitteln dürfen, soweit sich ihre Tätigkeit nach

---

[1]) **Habersack Nr. 62.**
[2]) **Sartorius ErgBd. Nr. 856.**

Absatz 1 auf die Vermittlung von Darlehen zwischen Kreditinstituten beschränkt,

4. Verträge, soweit Teilzeitnutzung von Wohngebäuden im Sinne des § 481 des Bürgerlichen Gesetzbuchs gemäß Absatz 1 Satz 1 Nr. 1 nachgewiesen oder vermittelt wird.

§ 34d[1)] Versicherungsvermittler, Versicherungsberater. (1) [1] Wer gewerbsmäßig den Abschluss von Versicherungs- oder Rückversicherungsverträgen vermitteln will (Versicherungsvermittler), bedarf nach Maßgabe der folgenden Bestimmungen der Erlaubnis der zuständigen Industrie- und Handelskammer. [2] Versicherungsvermittler ist, wer

1. als Versicherungsvertreter eines oder mehrerer Versicherungsunternehmen oder eines Versicherungsvertreters damit betraut ist, Versicherungsverträge zu vermitteln oder abzuschließen oder
2. als Versicherungsmakler für den Auftraggeber die Vermittlung oder den Abschluss von Versicherungsverträgen übernimmt, ohne von einem Versicherungsunternehmen oder einem Versicherungsvertreter damit betraut zu sein.

[3] Als Versicherungsmakler gilt, wer gegenüber dem Versicherungsnehmer den Anschein erweckt, er erbringe seine Leistungen als Versicherungsmakler. [4] Die Tätigkeit als Versicherungsvermittler umfasst auch

1. das Mitwirken bei der Verwaltung und Erfüllung von Versicherungsverträgen, insbesondere im Schadensfall,
2. wenn der Versicherungsnehmer einen Versicherungsvertrag unmittelbar oder mittelbar über die Website oder das andere Medium abschließen kann,
   a) die Bereitstellung von Informationen über einen oder mehrere Versicherungsverträge auf Grund von Kriterien, die ein Versicherungsnehmer über eine Website oder andere Medien wählt, sowie
   b) die Erstellung einer Rangliste von Versicherungsprodukten, einschließlich eines Preis- und Produktvergleichs oder eines Rabatts auf den Preis eines Versicherungsvertrags.

[5] In der Erlaubnis nach Satz 1 ist anzugeben, ob sie einem Versicherungsvertreter oder einem Versicherungsmakler erteilt wird. [6] Einem Versicherungsvermittler ist es untersagt, Versicherungsnehmern, versicherten Personen oder Bezugsberechtigten aus einem Versicherungsvertrag Sondervergütungen zu gewähren oder zu versprechen. [7] Die §§ 48b und 50a Absatz 1, 2 und 4 des Versicherungsaufsichtsgesetzes sind entsprechend anzuwenden. [8] Die einem Versicherungsmakler erteilte Erlaubnis umfasst die Befugnis, Dritte, die nicht Verbraucher sind, bei der Vereinbarung, Änderung oder Prüfung von Versicherungsverträgen gegen gesondertes Entgelt rechtlich zu beraten; diese Befugnis zur Beratung erstreckt sich auch auf Beschäftigte von Unternehmen in den Fällen, in denen der Versicherungsmakler das Unternehmen berät.

(2) [1] Wer gewerbsmäßig über Versicherungen oder Rückversicherungen beraten will (Versicherungsberater), bedarf nach Maßgabe der folgenden Bestimmungen der Erlaubnis der zuständigen Industrie- und Handelskammer. [2] Versicherungs-

---

[1)] § 34d neu gef. mWv 23.2.2018 durch G v. 20.7.2017 (BGBl. I S. 2789); Abs. 9 Satz 2 neu gef. mWv 15.12.2018 durch G v. 11.12.2018 (BGBl. I S. 2354); Abs. 1 Satz 7 neu gef. mWv 1.7.2022 durch G v. 3.6.2021 (BGBl. I S. 1568); Abs. 3 geänd. mWv 1.1.2023 durch G v. 9.11.2022 (BGBl. I S. 2009); Abs. 12 Satz 3 neu gef., Satz 4 angef. mWv 2.7.2023 durch G v. 31.5.2023 (BGBl. 2023 I Nr. 140); Abs. 11a eingef., Abs. 13 angef. mWv 30.12.2024 durch G v. 27.12.2024 (BGBl. 2024 I Nr. 438).

berater ist, wer ohne von einem Versicherungsunternehmen einen wirtschaftlichen Vorteil zu erhalten oder in anderer Weise von ihm abhängig zu sein

1. den Auftraggeber bei der Vereinbarung, Änderung oder Prüfung von Versicherungsverträgen oder bei der Wahrnehmung von Ansprüchen aus Versicherungsverträgen im Versicherungsfall auch rechtlich berät,
2. den Auftraggeber gegenüber dem Versicherungsunternehmen außergerichtlich vertritt oder
3. für den Auftraggeber die Vermittlung oder den Abschluss von Versicherungsverträgen übernimmt.

[3]Der Versicherungsberater darf sich seine Tätigkeit nur durch den Auftraggeber vergüten lassen. [4]Zuwendungen eines Versicherungsunternehmens im Zusammenhang mit der Beratung, insbesondere auf Grund einer Vermittlung als Folge der Beratung, darf er nicht annehmen. [5]Sind mehrere Versicherungen für den Versicherungsnehmer in gleicher Weise geeignet, hat der Versicherungsberater dem Versicherungsnehmer vorrangig die Versicherung anzubieten, die ohne das Angebot einer Zuwendung seitens des Versicherungsunternehmens erhältlich ist. [6]Wenn der Versicherungsberater dem Versicherungsnehmer eine Versicherung vermittelt, deren Vertragsbestandteil auch Zuwendungen zugunsten desjenigen enthält, der die Versicherung vermittelt, hat er unverzüglich die Auskehrung der Zuwendungen durch das Versicherungsunternehmen an den Versicherungsnehmer nach § 48c Absatz 1 des Versicherungsaufsichtsgesetzes zu veranlassen.

(3) Gewerbetreibende nach Absatz 1 Satz 1 dürfen kein Gewerbe nach Absatz 2 Satz 1 und Gewerbetreibende nach Absatz 2 Satz 1 dürfen kein Gewerbe nach Absatz 1 Satz 1 ausüben.

(4) [1]Eine Erlaubnis nach den Absätzen 1 und 2 kann inhaltlich beschränkt und mit Nebenbestimmungen verbunden werden, soweit dies zum Schutz der Allgemeinheit oder der Versicherungsnehmer erforderlich ist; unter denselben Voraussetzungen sind auch die nachträgliche Aufnahme, Änderung und Ergänzung von Nebenbestimmungen zulässig. [2]Über den Erlaubnisantrag ist innerhalb einer Frist von drei Monaten zu entscheiden. [3]Bei der Wahrnehmung der Aufgaben nach den Absätzen 1 und 2 unterliegt die Industrie- und Handelskammer der Aufsicht der jeweils zuständigen obersten Landesbehörde.

(5) [1]Eine Erlaubnis nach den Absätzen 1 und 2 ist zu versagen, wenn

1. Tatsachen die Annahme rechtfertigen, dass der Antragsteller die für den Gewerbebetrieb erforderliche Zuverlässigkeit nicht besitzt,
2. der Antragsteller in ungeordneten Vermögensverhältnissen lebt,
3. der Antragsteller den Nachweis einer Berufshaftpflichtversicherung oder einer gleichwertigen Garantie nicht erbringen kann oder
4. der Antragsteller nicht durch eine vor der Industrie- und Handelskammer erfolgreich abgelegte Prüfung nachweist, dass er die für die Versicherungsvermittlung oder Versicherungsberatung notwendige Sachkunde über die versicherungsfachlichen, insbesondere hinsichtlich Bedarf, Angebotsformen und Leistungsumfang, und die rechtlichen Grundlagen sowie die Kundenberatung besitzt.

[2]Die erforderliche Zuverlässigkeit nach Satz 1 Nummer 1 besitzt in der Regel *nicht, wer in den letzten fünf Jahren* vor Stellung des Antrages wegen eines Verbrechens oder wegen Diebstahls, Unterschlagung, Erpressung, Betruges, Untreue, Geldwäsche, Urkundenfälschung, Hehlerei, Wuchers oder einer Insolvenzstraftat rechtskräftig verurteilt worden ist. [3]Ungeordnete Vermögensverhältnisse

im Sinne des Satzes 1 Nummer 2 liegen in der Regel vor, wenn über das Vermögen des Antragstellers das Insolvenzverfahren eröffnet worden oder er in das Schuldnerverzeichnis nach § 882b der Zivilprozessordnung [1]eingetragen ist. [4]Im Fall des Satzes 1 Nummer 4 ist es ausreichend, wenn der Nachweis für eine im Hinblick auf eine ordnungsgemäße Wahrnehmung der erlaubnispflichtigen Tätigkeit angemessene Zahl von beim Antragsteller beschäftigten natürlichen Personen erbracht wird, denen die Aufsicht über die unmittelbar mit der Vermittlung von oder der Beratung über Versicherungen befassten Personen übertragen ist und die den Antragsteller vertreten dürfen. [5]Satz 4 ist nicht anzuwenden, wenn der Antragsteller eine natürliche Person ist und

1. selbst Versicherungen vermittelt oder über Versicherungen berät oder
2. für diese Tätigkeiten in der Leitung des Gewerbebetriebs verantwortlich ist.

(6) [1]Auf Antrag hat die zuständige Industrie- und Handelskammer einen Gewerbetreibenden, der die Versicherung als Ergänzung der im Rahmen seiner Haupttätigkeit gelieferten Waren oder Dienstleistungen vermittelt, von der Erlaubnispflicht nach Absatz 1 Satz 1 auszunehmen, wenn er nachweist, dass

1. er seine Tätigkeit als Versicherungsvermittler unmittelbar im Auftrag eines oder mehrerer Versicherungsvermittler, die Inhaber einer Erlaubnis nach Absatz 1 Satz 1 sind, oder eines oder mehrerer Versicherungsunternehmen ausübt,
2. für ihn eine Berufshaftpflichtversicherung oder eine gleichwertige Garantie nach Maßgabe des Absatzes 5 Satz 1 Nummer 3 besteht und
3. er zuverlässig sowie angemessen qualifiziert ist und nicht in ungeordneten Vermögensverhältnissen lebt.

[2]Im Fall des Satzes 1 Nummer 3 ist als Nachweis eine Erklärung der in Satz 1 Nummer 1 bezeichneten Auftraggeber ausreichend, mit dem Inhalt, dass sie sich verpflichten, die Anforderungen entsprechend § 48 Absatz 2 des Versicherungsaufsichtsgesetzes zu beachten und die für die Vermittlung der jeweiligen Versicherung angemessene Qualifikation des Antragstellers sicherzustellen, und dass ihnen derzeit nichts Gegenteiliges bekannt ist. [3]Absatz 4 Satz 1 ist entsprechend anzuwenden.

(7) [1]Abweichend von Absatz 1 bedarf ein Versicherungsvermittler keiner Erlaubnis, wenn er

1. seine Tätigkeit als Versicherungsvermittler ausschließlich im Auftrag eines oder, wenn die Versicherungsprodukte nicht in Konkurrenz stehen, mehrerer Versicherungsunternehmen ausübt, die im Inland zum Geschäftsbetrieb befugt sind, und durch das oder die Versicherungsunternehmen für ihn die uneingeschränkte Haftung aus seiner Vermittlertätigkeit übernommen wird oder
2. in einem anderen Mitgliedstaat der Europäischen Union oder in einem anderen Vertragsstaat des Abkommens über den Europäischen Wirtschaftsraum niedergelassen ist und die Eintragung in ein Register nach Artikel 3 der Richtlinie *(EU) 2016/97* des Europäischen Parlaments und des Rates vom 20. Januar 2016 über Versicherungsvertrieb (ABl. L 26 vom 2.2.2016, S. 19) nachweisen kann.

[2]Satz 1 Nummer 2 ist für Versicherungsberater entsprechend anzuwenden.

(8) Keiner Erlaubnis bedarf ferner ein Gewerbetreibender,

1. wenn er als Versicherungsvermittler in Nebentätigkeit
   a) nicht hauptberuflich Versicherungen vermittelt,

---

[1] **Habersack Nr. 100.**

b) diese Versicherungen eine Zusatzleistung zur Lieferung einer Ware oder zur Erbringung einer Dienstleistung darstellen und

c) diese Versicherungen das Risiko eines Defekts, eines Verlusts oder einer Beschädigung der Ware oder der Nichtinanspruchnahme der Dienstleistung oder die Beschädigung, den Verlust von Gepäck oder andere Risiken im Zusammenhang mit einer bei dem Gewerbetreibenden gebuchten Reise abdecken und

aa) die Prämie bei zeitanteiliger Berechnung auf Jahresbasis einen Betrag von 600 Euro nicht übersteigt oder

bb) die Prämie je Person abweichend von Doppelbuchstabe aa einen Betrag von 200 Euro nicht übersteigt, wenn die Versicherung eine Zusatzleistung zu einer einleitend genannten Dienstleistung mit einer Dauer von höchstens drei Monaten darstellt;

2. wenn er als Bausparkasse oder als von einer Bausparkasse beauftragter Vermittler für Bausparer Versicherungen im Rahmen eines Kollektivvertrages vermittelt, die Bestandteile der Bausparverträge sind, und die ausschließlich dazu bestimmt sind, die Rückzahlungsforderungen der Bausparkasse aus gewährten Darlehen abzusichern oder

3. wenn er als Zusatzleistung zur Lieferung einer Ware oder der Erbringung einer Dienstleistung im Zusammenhang mit Darlehens- und Leasingverträgen Restschuldversicherungen vermittelt, deren Jahresprämie einen Betrag von 500 Euro nicht übersteigt.

(9) [1] Gewerbetreibende nach den Absätzen 1, 2, 6 und 7 Satz 1 Nummer 1 dürfen unmittelbar bei der Vermittlung oder Beratung mitwirkende Personen nur beschäftigen, wenn sie deren Zuverlässigkeit geprüft haben und sicherstellen, dass diese Personen über die für die Vermittlung der jeweiligen Versicherung sachgerechte Qualifikation verfügen. [2] Gewerbetreibende nach Absatz 1 Satz 1 bis 4, Absatz 2 Satz 1 und 2 und Absatz 7 Satz 1 Nummer 1 und die unmittelbar bei der Vermittlung oder Beratung mitwirkenden Beschäftigten müssen sich in einem Umfang von 15 Stunden je Kalenderjahr nach Maßgabe einer Rechtsverordnung nach § 34e Absatz 1 Satz 1 Nummer 2 Buchstabe c weiterbilden. [3] Die Pflicht nach Satz 2 gilt nicht für Gewerbetreibende nach Absatz 7 Satz 1 Nummer 1 und deren bei der Vermittlung oder Beratung mitwirkende Beschäftigte, soweit sie lediglich Versicherungen vermitteln, die eine Zusatzleistung zur Lieferung einer Ware oder zur Erbringung einer Dienstleistung darstellen. [4] Im Falle des Satzes 2 ist es für den Gewerbetreibenden ausreichend, wenn der Weiterbildungsnachweis durch eine im Hinblick auf eine ordnungsgemäße Wahrnehmung der erlaubnispflichtigen Tätigkeit angemessene Zahl von beim Gewerbetreibenden beschäftigten natürlichen Personen erbracht wird, denen die Aufsicht über die direkt bei der Vermittlung oder Beratung mitwirkenden Personen übertragen ist und die den Gewerbetreibenden vertreten dürfen. [5] Satz 4 ist nicht anzuwenden, wenn der Gewerbetreibende eine natürliche Person ist und

1. selbst Versicherungen vermittelt oder über Versicherungen berät oder

2. in der Leitung des Gewerbebetriebs für diese Tätigkeiten verantwortlich ist.

[6] Die Beschäftigung einer unmittelbar bei der Vermittlung oder Beratung mitwirkenden Person kann dem Gewerbetreibenden untersagt werden, wenn Tatsachen die Annahme rechtfertigen, dass die Person die für ihre Tätigkeit erforderliche Sachkunde oder Zuverlässigkeit nicht besitzt.

(10) [1] Gewerbetreibende nach Absatz 1 Satz 2, Absatz 2 Satz 2, Absatz 6 Satz 1 und Absatz 7 Satz 1 Nummer 1 sind verpflichtet, sich und die Personen, die für die Vermittlung oder Beratung in leitender Position verantwortlich sind, unverzüglich nach Aufnahme ihrer Tätigkeit in das Register nach § 11a Absatz 1 Satz 1 nach Maßgabe einer Rechtsverordnung nach § 11a Absatz 5 eintragen zu lassen. [2] Änderungen der im Register gespeicherten Angaben sind der Registerbehörde unverzüglich mitzuteilen. [3] Im Falle des § 48 Absatz 4 des Versicherungsaufsichtsgesetzes wird mit der Mitteilung an die Registerbehörde zugleich die uneingeschränkte Haftung nach Absatz 7 Satz 1 Nummer 1 durch das Versicherungsunternehmen übernommen. [4] Diese Haftung besteht nicht für Vermittlertätigkeiten, wenn die Angaben zu dem Gewerbetreibenden aus dem Register gelöscht sind wegen einer Mitteilung nach § 48 Absatz 5 des Versicherungsaufsichtsgesetzes.

(11) [1] Die zuständige Behörde kann jede in das Gewerbezentralregister nach § 149 Absatz 2 einzutragende, nicht mehr anfechtbare Entscheidung wegen Verstoßes gegen Bestimmungen dieses Gesetzes oder einer Rechtsverordnung nach § 34e öffentlich bekannt machen. [2] Die Bekanntmachung erfolgt durch Eintragung in das Register nach § 11a Absatz 1. [3] Die zuständige Behörde kann von einer Bekanntmachung nach Satz 1 absehen, diese verschieben oder eine Bekanntmachung auf anonymer Basis vornehmen, wenn eine Bekanntmachung personenbezogener Daten unverhältnismäßig wäre oder die Bekanntmachung nach Satz 1 die Stabilität der Finanzmärkte oder laufende Ermittlungen gefährden würde. [4] Eine Bekanntmachung nach Satz 1 ist fünf Jahre nach ihrer Bekanntmachung zu löschen. [5] Abweichend von Satz 4 sind personenbezogene Daten zu löschen, sobald ihre Bekanntmachung nicht mehr erforderlich ist.

(11a) [1] Die zuständige Behörde nach Absatz 13 macht jede nicht mehr anfechtbare Entscheidung, die wegen Verstoßes gegen die Verordnung (EU) 2022/2554 des Europäischen Parlaments und des Rates vom 14. Dezember 2022 über die digitale operationale Resilienz im Finanzsektor und zur Änderung der Verordnungen (EG) Nr. 1060/2009, (EU) Nr. 648/2012, (EU) Nr. 600/2014, (EU) Nr. 909/2014 und (EU) 2016/1011 (ABl. L 333 vom 27.12.2022, S. 1) oder die jeweils darauf basierenden delegierten Rechtsakte erlassen wurde, unverzüglich auf ihrer Internetseite öffentlich bekannt. [2] Absatz 11 Satz 2 bis 5 gilt entsprechend.

(12) [1] Die Industrie- und Handelskammern richten Verfahren ein zur Annahme von Meldungen über mögliche oder tatsächliche Verstöße gegen die zur Umsetzung der Richtlinie (EU) 2016/97 ergangenen Vorschriften, bei denen es ihre Aufgabe ist, deren Einhaltung zu überwachen. [2] Die Meldungen können auch anonym abgegeben werden. [3] § 4 Absatz 2 sowie die §§ 5 bis 11, 24, 25 und 27 bis 31 des Hinweisgeberschutzgesetzes vom 31. Mai 2023 (BGBl. 2023 I Nr. 140) sind entsprechend anzuwenden. [4] Die Schutzmaßnahmen für hinweisgebende Personen im Sinne des § 1 des Hinweisgeberschutzgesetzes richten sich nach dessen Abschnitten 3 und 4.

(13) [1] Die zuständige Industrie- und Handelskammer überwacht die Einhaltung der Verordnung (EU) 2022/2554 durch Gewerbetreibende nach den Absätzen 1, 2 und 6, die 250 oder mehr Personen beschäftigen und einen Jahresumsatz von mehr als 50 Millionen Euro oder eine Jahresbilanzsumme von mehr als 43 Millionen Euro aufweisen. [2] Sie kann im Einzelfall Anordnungen treffen, die geeignet und erforderlich sind, um die Einhaltung der Vorgaben der Verordnung (EU) 2022/2554 sicherzustellen; § 29 ist auf Gewerbetreibende nach Satz 1 in Verbindung mit Absatz 6 entsprechend anzuwenden. [3] Bei der Durchführung ihrer Aufgaben kann sich die zuständige Industrie- und Handelskammer anderer Personen und Einrich-

tungen bedienen. [4]Die zuständige Industrie- und Handelskammer ist außerdem befugt, Gewerbetreibende im Sinne des Satzes 1 und Gewerbetreibende, bei denen Tatsachen die Annahme rechtfertigen, dass ein Gewerbe im Sinne des Satzes 1 ausgeübt wird, auf deren Kosten durch einen von ihr bestimmten geeigneten Prüfer überprüfen zu lassen. [5]Der Prüfungsbericht muss einen Vermerk darüber enthalten, ob Verstöße des Gewerbetreibenden festgestellt worden sind. [6]Verstöße sind in dem Vermerk aufzuzeigen. [7]Der Prüfer hat den Vermerk mit Angabe von Ort und Datum zu unterzeichnen, wobei die elektronische Namenswiedergabe genügt. [8]Geeignete Prüfer sind Personen, die auf Grund ihrer Vorbildung und Erfahrung in der Lage sind, eine ordnungsgemäße Prüfung in dem jeweiligen Gewerbebetrieb durchzuführen, sowie deren Zusammenschlüsse. [9]Ungeeignet für eine Prüfung sind Personen, bei denen die Besorgnis der Befangenheit besteht. [10]Soweit Gewerbetreibende nach Satz 1 über eine Erlaubnis nach § 32 Absatz 1 des Kreditwesengesetzes[1)] verfügen, ist für Aufgaben nach der Verordnung (EU) 2022/2554 ausschließlich die Bundesanstalt für Finanzdienstleistungsaufsicht zuständig.

§ 34e[2)] Verordnungsermächtigung. (1) [1]Das Bundesministerium für Wirtschaft und Klimaschutz kann im Einvernehmen mit dem Bundesministerium der Justiz, dem Bundesministerium für Umwelt, Naturschutz, nukleare Sicherheit und Verbraucherschutz und dem Bundesministerium der Finanzen durch Rechtsverordnung[3)], die der Zustimmung des Bundesrates bedarf, zur Umsetzung der Richtlinie (EU) 2016/97, zur Umsetzung der Richtlinie 2005/36/EG des Europäischen Parlaments und des Rates vom 7. September 2005 über die Anerkennung von Berufsqualifikationen (ABl. L 255 vom 30.9.2005, S. 22; L 271 vom 16.10. 2007, S. 18), die zuletzt durch die Verordnung (EG) Nr. 1430/2007 (ABl. L 320 vom 6.12.2007, S. 3) geändert worden ist, zur Umsetzung der Verordnung (EU) Nr. 1286/2014 des Europäischen Parlaments und des Rates vom 26. November 2014 über Basisinformationsblätter für verpackte Anlageprodukte für Kleinanleger und Versicherungsanlageprodukte (PRIIP) (ABl. L 352 vom 9.12.2014, S. 1; L 358 vom 13.12.2014, S. 50) oder zum Schutz der Allgemeinheit und der Versicherungsnehmer Vorschriften erlassen über

1. das Erlaubnisverfahren einschließlich der vom Antragsteller mitzuteilenden Angaben,
2. den Umfang der Verpflichtungen des Gewerbetreibenden bei der Ausübung des Gewerbes, insbesondere über
   a) die Informationspflichten gegenüber dem Versicherungsnehmer,
   b) die Verpflichtung, ausreichende Sicherheiten zu leisten oder eine zu diesem Zweck geeignete Versicherung abzuschließen, sofern der Versicherungsvermittler Vermögenswerte des Versicherungsnehmers oder für diesen bestimmte Vermögenswerte erhält oder verwendet,
   c) die Verpflichtung des Gewerbetreibenden und der beschäftigten Personen nach § 34d Absatz 9 Satz 2 zu einer regelmäßigen Weiterbildung, die Inhalte der Weiterbildung sowie die Überwachung der Weiterbildungsverpflichtung,

---

[1)] **Sartorius ErgBd. Nr. 856.**

[2)] § 34e neu gef. mWv 29.7.2017 durch G v. 20.7.2017 (BGBl. I S. 2789); Abs. 1 Satz 1 einl. Satzteil geänd. mWv 1.1.2023 durch G v. 9.11.2022 (BGBl. I S. 2009); Abs. 1 Satz 1 einl. Satzteil geänd. mWv 30.12.2023 durch G v. 22.12.2023 (BGBl. 2023 I Nr. 411); Abs. 3 Satz 1 geänd. mWv 30.12.2024 durch G v. 27.12.2024 (BGBl. 2024 I Nr. 438).

[3)] Siehe die VersicherungsvermittlungsVO v. 17.12.2018 (BGBl. I S. 2483; 2019 I S. 411), zuletzt geänd. durch VO v. 17.2.2025 (BGBl. 2025 I Nr. 43).

d) allgemeine Anforderungen an die Geschäftsorganisation,
e) die Verpflichtung, Bücher zu führen und die notwendigen Daten über einzelne Geschäftsvorgänge sowie über die Versicherungsnehmer aufzuzeichnen,
f) die Verpflichtung, Beschwerden zu behandeln und an einem Verfahren zur unparteiischen und unabhängigen außergerichtlichen Beilegung von Streitigkeiten teilzunehmen,
g) die Verpflichtung, Interessenkonflikte zu vermeiden und gegebenenfalls offenzulegen,

3. die wirtschaftliche Unabhängigkeit des Versicherungsberaters,
4. den Umfang und die inhaltlichen Anforderungen an die nach § 34d Absatz 5 Satz 1 Nummer 3 erforderliche Haftpflichtversicherung und die gleichwertige Garantie, insbesondere die Höhe der Mindestversicherungssummen, die Bestimmung der zuständigen Stelle im Sinne des § 117 Absatz 2 des Versicherungsvertragsgesetzes[1], über den Nachweis des Bestehens einer Haftpflichtversicherung oder einer gleichwertigen Garantie sowie über die Anzeigepflichten des Versicherungsunternehmens gegenüber den Behörden und den Versicherungsnehmern,
5. die Inhalte und das Verfahren für eine Sachkundeprüfung nach § 34d Absatz 5 Satz 1 Nummer 4, die Ausnahmen von der Erforderlichkeit der Sachkundeprüfung sowie die Gleichstellung anderer Berufsqualifikationen mit der Sachkundeprüfung, die örtliche Zuständigkeit der Industrie- und Handelskammern, die Berufung eines Aufgabenauswahlausschusses,
6. die Anforderungen und Verfahren, die zur Durchführung der Richtlinie 2005/36/EG anzuwenden sind auf Inhaber von Berufsqualifikationen, die in einem Mitgliedstaat der Europäischen Union oder in einem Vertragsstaat des Abkommens über den Europäischen Wirtschaftsraum erworben wurden, und die im Inland vorübergehend oder dauerhaft als Versicherungsvermittler oder Versicherungsberater tätig werden wollen und die nicht die Voraussetzungen des § 34d Absatz 7 Satz 1 Nummer 2 erfüllen,
7. Sanktionen und Maßnahmen nach Artikel 24 Absatz 2 der Verordnung (EU) Nr. 1286/2014, einschließlich des Verfahrens, soweit es sich nicht um Straftaten oder Ordnungswidrigkeiten handelt.

²Die Rechtsverordnung nach Satz 1 ist dem Bundestag zuzuleiten. ³Die Zuleitung erfolgt vor der Zuleitung an den Bundesrat. ⁴Die Rechtsverordnung kann durch Beschluss des Bundestages geändert oder abgelehnt werden. ⁵Der Beschluss des Bundestages wird der Bundesregierung zugeleitet. ⁶Hat sich der Bundestag nach Ablauf von drei Sitzungswochen seit Eingang der Rechtsverordnung nicht mit ihr befasst, so wird die unveränderte Rechtsverordnung dem Bundesrat zugeleitet.

(2) ¹In der Rechtsverordnung nach Absatz 1 Satz 1 kann die Befugnis des Versicherungsvermittlers zur Entgegennahme und zur Verwendung von Vermögenswerten des Versicherungsnehmers oder für diesen bestimmten Vermögenswerten beschränkt werden, soweit dies zum Schutz des Versicherungsnehmers erforderlich ist. ²In der Rechtsverordnung nach Absatz 1 Satz 1 kann ferner bestimmt werden, dass über die Erfüllung der Verpflichtungen im Sinne des Absatzes 1 Satz 1 Nummer 2 Buchstabe b Aufzeichnungen zu führen sind und die Einhaltung der Verpflichtungen im Sinne des Absatzes 1 Satz 1 Nummer 2 Buchstabe b auf Kosten des Versicherungsvermittlers regelmäßig oder aus besonderem Anlass zu überprüfen und der zuständigen Behörde der Prüfungsbericht vorzule-

[1] **Habersack Nr. 62.**

gen ist, soweit es zur wirksamen Überwachung erforderlich ist; hierbei können die Einzelheiten der Prüfung, insbesondere deren Anlass, Zeitpunkt und Häufigkeit, die Auswahl, Bestellung und Abberufung der Prüfer, deren Rechte, Pflichten und Verantwortlichkeit, der Inhalt des Prüfberichts, die Verpflichtungen des Versicherungsvermittlers gegenüber dem Prüfer sowie das Verfahren bei Meinungsverschiedenheiten zwischen dem Prüfer und dem Versicherungsvermittler, geregelt werden.

(3) [1] In der Rechtsverordnung nach Absatz 1 Satz 1 kann ferner bestimmt werden, dass die Einhaltung der Vorschriften nach § 34d Absatz 13 sowie über die wirtschaftliche Unabhängigkeit des Versicherungsberaters jeweils auf seine Kosten regelmäßig oder aus besonderem Anlass zu überprüfen und der zuständigen Behörde der Prüfungsbericht vorzulegen ist, soweit es zur wirksamen Überwachung erforderlich ist; hierbei können die Einzelheiten der Prüfung, insbesondere deren Anlass, Zeitpunkt und Häufigkeit, die Auswahl, Bestellung und Abberufung der Prüfer, deren Rechte, Pflichten und Verantwortlichkeit, der Inhalt des Prüfberichts, die Verpflichtungen des Versicherungsberaters gegenüber dem Prüfer sowie das Verfahren bei Meinungsverschiedenheiten zwischen dem Prüfer und dem Versicherungsberater, geregelt werden. [2] Zur Überwachung der wirtschaftlichen Unabhängigkeit kann in der Rechtsverordnung bestimmt werden, dass der Versicherungsberater über die Einnahmen aus seiner Tätigkeit Aufzeichnungen zu führen hat.

§ 34f[1)] Finanzanlagenvermittler. (1) [1] Wer im Umfang der Bereichsausnahmen des § 2 Absatz 6 Satz 1 Nummer 8 des Kreditwesengesetzes[2)] oder des § 3 Absatz 1 Satz 1 Nummer 11 des Wertpapierinstitutsgesetzes gewerbsmäßig zu

1. Anteilen oder Aktien an inländischen offenen Investmentvermögen, offenen EU-Investmentvermögen oder ausländischen offenen Investmentvermögen, die nach dem Kapitalanlagegesetzbuch vertrieben werden dürfen,
2. Anteilen oder Aktien an inländischen geschlossenen Investmentvermögen, geschlossenen EU-Investmentvermögen oder ausländischen geschlossenen Investmentvermögen, die nach dem Kapitalanlagegesetzbuch vertrieben werden dürfen,
3. Vermögensanlagen im Sinne des § 1 Absatz 2 des Vermögensanlagengesetzes

Anlagevermittlung im Sinne des § 1 Absatz 1a Nummer 1 des Kreditwesengesetzes oder des § 2 Absatz 2 Nummer 3 des Wertpapierinstitutsgesetzes oder Anlageberatung im Sinne des § 1 Absatz 1a Nummer 1a des Kreditwesengesetzes oder des § 2 Absatz 2 Nummer 4 des Wertpapierinstitutsgesetzes erbringen will (Finanzanlagenvermittler), bedarf der Erlaubnis der zuständigen Behörde. [2] Die Erlaubnis kann inhaltlich beschränkt oder mit Auflagen verbunden werden, soweit dies zum Schutz der Allgemeinheit oder der Anleger erforderlich ist; unter denselben Voraussetzungen sind auch die nachträgliche Aufnahme, Änderung und Ergänzung von Auflagen zulässig. [3] Die Erlaubnis nach Satz 1 kann auf die Anlageberatung zu

---

[1)] § 34f eingef. mWv 1.1.2013 durch G v. 6.12.2011 (BGBl. I S. 2481); Abs. 1 Satz 1 Nr. 2 und Abs. 2 Nr. 2 geänd. mWv 1.1.2013 durch G v. 5.12.2012 (BGBl. I S. 2415); Abs. 1 Satz 1 Nr. 1 und 3 geänd., Nr. 2 und Abs. 3 Nr. 2 neu gef. mWv 22.7.2013 durch G v. 4.7.2013 (BGBl. I S. 1981); Abs. 1 Satz 1 neu gef. mWv 19.7.2014 durch G v. 15.7.2014 (BGBl. I S. 934); Abs. 3 Nr. 3 geänd. mWv 2.7.2016 durch G v. 30.6.2016 (BGBl. I S. 1514); Abs. 3 Nr. 4 geänd., Nr. 5 angef. mWv 26.6.2021 durch G v. 12.5.2021 (BGBl. I S. 990); Abs. 1 Satz 1 einl. und abschl. Satzteil, Abs. 3 Nr. 4 geänd. mWv 30.12.2023 durch G v. 22.12.2023 (BGBl. 2023 I Nr. 411).

[2)] **Sartorius ErgBd. Nr. 856.**

und die Vermittlung von Verträgen über den Erwerb von einzelnen Kategorien von Finanzanlagen nach Nummer 1, 2 oder 3 beschränkt werden.

(2) Die Erlaubnis ist zu versagen, wenn

1. Tatsachen die Annahme rechtfertigen, dass der Antragsteller oder eine der mit der Leitung des Betriebs oder einer Zweigniederlassung beauftragten Personen die für den Gewerbebetrieb erforderliche Zuverlässigkeit nicht besitzt; die erforderliche Zuverlässigkeit besitzt in der Regel nicht, wer in den letzten fünf Jahren vor Stellung des Antrags wegen eines Verbrechens oder wegen Diebstahls, Unterschlagung, Erpressung, Betrugs, Untreue, Geldwäsche, Urkundenfälschung, Hehlerei, Wuchers oder einer Insolvenzstraftat rechtskräftig verurteilt worden ist,
2. der Antragsteller in ungeordneten Vermögensverhältnissen lebt; dies ist in der Regel der Fall, wenn über das Vermögen des Antragstellers das Insolvenzverfahren eröffnet worden oder er in das vom Insolvenzgericht oder vom Vollstreckungsgericht zu führende Verzeichnis (§ 26 Absatz 2 der Insolvenzordnung[1], § 882b der Zivilprozessordnung[2]) eingetragen ist,
3. der Antragsteller den Nachweis einer Berufshaftpflichtversicherung nicht erbringen kann oder
4. der Antragsteller nicht durch eine vor der Industrie- und Handelskammer erfolgreich abgelegte Prüfung nachweist, dass er die für die Vermittlung von und Beratung über Finanzanlagen im Sinne des Absatzes 1 Satz 1 notwendige Sachkunde über die fachlichen und rechtlichen Grundlagen sowie über die Kundenberatung besitzt; die Sachkunde ist dabei im Umfang der beantragten Erlaubnis nachzuweisen.

(3) Keiner Erlaubnis nach Absatz 1 bedürfen

1. Kreditinstitute, für die eine Erlaubnis nach § 32 Absatz 1 des Kreditwesengesetzes erteilt wurde, und Zweigstellen von Unternehmen im Sinne des § 53b Absatz 1 Satz 1 des Kreditwesengesetzes,
2. Kapitalverwaltungsgesellschaften, für die eine Erlaubnis nach § 7 Absatz 1 des Investmentgesetzes in der bis zum 21. Juli 2013 geltenden Fassung erteilt wurde, die für den in § 345 Absatz 2 Satz 1, Absatz 3 Satz 2 in Verbindung mit Absatz 2 Satz 1, oder Absatz 4 Satz 1 des Kapitalanlagegesetzbuchs vorgesehenen Zeit-

(Fortsetzung nächstes Blatt)

[1] **Habersack Nr. 110.**
[2] **Habersack Nr. 100.**

raum noch fortbesteht oder Kapitalverwaltungsgesellschaften, für die eine Erlaubnis nach den §§ 20, 21 oder §§ 20, 22 des Kapitalanlagegesetzbuchs erteilt wurde, ausländische AIF-Verwaltungsgesellschaften, für die eine Erlaubnis nach § 58 des Kapitalanlagegesetzbuchs erteilt wurde und Zweigniederlassungen von Unternehmen im Sinne von § 51 Absatz 1 Satz 1, § 54 Absatz 1 oder § 66 Absatz 1 des Kapitalanlagegesetzbuchs,

3. Finanzdienstleistungsinstitute in Bezug auf Vermittlungstätigkeiten oder Anlageberatung, für die ihnen eine Erlaubnis nach § 32 Absatz 1 des Kreditwesengesetzes erteilt wurde oder für die eine Erlaubnis nach § 64e Absatz 2, § 64i Absatz 1 oder § 64n des Kreditwesengesetzes als erteilt gilt,
4. Gewerbetreibende in Bezug auf Vermittlungs- und Beratungstätigkeiten nach Maßgabe des § 2 Absatz 10 Satz 1 des Kreditwesengesetzes oder des § 3 Absatz 2 des Wertpapierinstitutsgesetzes,
5. Wertpapierinstitute in Bezug auf Vermittlungstätigkeiten oder Anlageberatung, soweit ihnen eine Erlaubnis nach § 15 Absatz 1 des Wertpapierinstitutsgesetzes erteilt wurde oder eine Erlaubnis nach § 86 Absatz 1 des Wertpapierinstitutsgesetzes als erteilt gilt.

(4) [1] Gewerbetreibende nach Absatz 1 dürfen direkt bei der Beratung und Vermittlung mitwirkende Personen nur beschäftigen, wenn sie sicherstellen, dass diese Personen über einen Sachkundenachweis nach Absatz 2 Nummer 4 verfügen und geprüft haben, ob sie zuverlässig sind. [2] Die Beschäftigung einer direkt bei der Beratung und Vermittlung mitwirkenden Person kann dem Gewerbetreibenden untersagt werden, wenn Tatsachen die Annahme rechtfertigen, dass die Person die für ihre Tätigkeit erforderliche Sachkunde oder Zuverlässigkeit nicht besitzt.

(5) Gewerbetreibende nach Absatz 1 sind verpflichtet, sich unverzüglich nach Aufnahme ihrer Tätigkeit über die für die Erlaubniserteilung zuständige Behörde entsprechend dem Umfang der Erlaubnis in das Register nach § 11a Absatz 1 eintragen zu lassen; ebenso sind Änderungen der im Register gespeicherten Angaben der Registerbehörde unverzüglich mitzuteilen.

(6) [1] Gewerbetreibende nach Absatz 1 haben die unmittelbar bei der Beratung und Vermittlung mitwirkenden Personen im Sinne des Absatzes 4 unverzüglich nach Aufnahme ihrer Tätigkeit bei der Registerbehörde zu melden und eintragen zu lassen. [2] Änderungen der im Register gespeicherten Angaben sind der Registerbehörde unverzüglich mitzuteilen.

§ 34g[1) 2)] Verordnungsermächtigung. (1) [1] Das Bundesministerium für Wirtschaft und Klimaschutz hat im Einvernehmen mit dem Bundesministerium der Finanzen und dem Bundesministerium für Umwelt, Naturschutz, nukleare Sicherheit und Verbraucherschutz durch Rechtsverordnung mit Zustimmung des Bundesrates zum Schutze der Allgemeinheit und der Anleger Vorschriften zu erlassen

---

1) § 34g eingef. mWv 13.12.2011 durch G v. 6.12.2011 (BGBl. I S. 2481); Abs. 1 Satz 1, Satz 2 Nr. 3 geänd., Nr. 4 angef., Abs. 2 Satz 1 Nr. 5 geänd., Nr. 6 angef. mWv 19.7.2013 durch G v. 15.7.2013 (BGBl. I S. 2390); Abs. 1 Satz 1 geänd., Abs. 2 Satz 1 Nr. 6 geänd., Nr. 7 angef. mWv 10.7.2015 durch G v. 3.7.2015 (BGBl. I S. 1114); Abs. 1 Satz 1 und Satz 2 Nr. 4 geänd., Nr. 5 angef. mWv 2.7.2016 durch G v. 30.6.2016 (BGBl. I S. 1514); Abs. 1 Satz 2 Nr. 3 und Satz 3 geänd. mWv 3.1.2018 durch G v. 23.6. 2017 (BGBl. I S. 1693); Abs. 1 Satz 2 Nr. 3 geänd. mWv 29.7.2017 durch G v. 20.7.2017 (BGBl. I S. 2789); Abs. 1 Satz 2 Nr. 3 und 5 geänd., Nr. 6 und 7 angef. mWv 15.12.2018 durch G v. 11.12.2018 (BGBl. I S. 2354); Abs. 1 Satz 1 einl. Satzteil geänd. mWv 1.1.2023 durch G v. 9.11.2022 (BGBl. I S. 2009); Abs. 1 Satz 1 geänd. mWv 30.12.2023 durch G v. 22.12.2023 (BGBl. 2023 I Nr. 411).

2) Siehe die FinanzanlagenvermittlungsVO v. 2.5.2012 (BGBl. I S. 1006), zuletzt geänd. durch VO v. 17.4.2023 (BGBl. 2023 I Nr. 103).

über den Umfang der Verpflichtungen des Gewerbetreibenden bei der Ausübung des Gewerbes eines Finanzanlagenvermittlers und Honorar-Finanzanlagenberaters und zur Umsetzung der Verordnung (EU) Nr. 1286/2014. [2]Die Rechtsverordnung hat Vorschriften zu enthalten über

1. die Informationspflichten gegenüber dem Anleger, einschließlich einer Pflicht, Provisionen und andere Zuwendungen offenzulegen und dem Anleger ein Informationsblatt über die jeweilige Finanzanlage zur Verfügung zu stellen,
2. die bei dem Anleger einzuholenden Informationen, die erforderlich sind, um diesen anlage- und anlegergerecht zu beraten,
3. die Dokumentationspflichten des Gewerbetreibenden einschließlich einer Pflicht, Geeignetheitserklärungen zu erstellen und dem Anleger zur Verfügung zu stellen, sowie die Pflicht des Gewerbetreibenden, telefonische Beratungsgespräche und die elektronische Kommunikation mit Kunden in deren Kenntnis aufzuzeichnen und zu speichern,
4. die Auskehr der Zuwendungen durch den Honorar-Finanzanlagenberater an den Anleger,
5. Sanktionen und Maßnahmen nach Artikel 24 Absatz 2 der Verordnung (EU) Nr. 1286/2014, einschließlich des Verfahrens,
6. die Struktur der Vergütung der in dem Gewerbebetrieb beschäftigten Personen sowie die Verpflichtung, Interessenkonflikte zu vermeiden und bestehende offenzulegen,
7. die Pflicht, sich die erforderlichen Informationen über die jeweilige Finanzanlage einschließlich des für diese bestimmten Zielmarktes im Sinne des § 63 Absatz 4 in Verbindung mit § 80 Absatz 12 des Wertpapierhandelsgesetzes[1)] zu beschaffen und diese bei der Anlageberatung und Anlagevermittlung zu berücksichtigen.

[3]Hinsichtlich der Informations-, Beratungs- und Dokumentationspflichten ist hierbei ein dem Abschnitt 11 des Wertpapierhandelsgesetzes vergleichbares Anlegerschutzniveau herzustellen.

(2) [1]Die Rechtsverordnung kann auch Vorschriften enthalten

1. zur Pflicht, Bücher zu führen und die notwendigen Daten über einzelne Geschäftsvorgänge sowie über die Anleger aufzuzeichnen,
2. zur Pflicht, der zuständigen Behörde Anzeige beim Wechsel der mit der Leitung des Betriebes oder einer Zweigniederlassung beauftragten Personen zu erstatten und hierbei bestimmte Angaben zu machen,
3. zu den Inhalten und dem Verfahren für die Sachkundeprüfung nach § 34f Absatz 2 Nummer 4, den Ausnahmen von der Erforderlichkeit der Sachkundeprüfung sowie der Gleichstellung anderer Berufsqualifikationen mit der Sachkundeprüfung, der Zuständigkeit der Industrie- und Handelskammern sowie der Berufung eines Aufgabenauswahlausschusses,
4. zum Umfang der und zu inhaltlichen Anforderungen an die nach § 34f Absatz 2 Nummer 3 erforderliche Haftpflichtversicherung, insbesondere über die Höhe der Mindestversicherungssumme, die Bestimmung der zuständigen Behörde im Sinne des § 117 Absatz 2 des Versicherungsvertragsgesetzes[2)], über den Nachweis über das Bestehen der Haftpflichtversicherung und Anzeigepflichten des Versicherungsunternehmens gegenüber den Behörden und den Anlegern,

---

[1)] **Habersack ErgBd. Nr. 58.**
[2)] **Habersack Nr. 62.**

5. zu den Anforderungen und Verfahren, die zur Durchführung der Richtlinie 2005/36/EG auf Inhaber von Berufsqualifikationen angewendet werden sollen, die in einem anderen Mitgliedstaat der Europäischen Union oder einem anderen Vertragsstaat des Abkommens über den Europäischen Wirtschaftsraum erworben wurden, sofern diese Personen im Inland vorübergehend oder dauerhaft als Finanzanlagenvermittler tätig werden wollen,
6. zu der Anforderung nach § 34h Absatz 2 Satz 2, der Empfehlung eine hinreichende Anzahl von auf dem Markt angebotenen Finanzanlagen zu Grunde zu legen,
7. zur Pflicht, die Einhaltung der in § 2a Absatz 3 des Vermögensanlagengesetzes genannten Betragsgrenzen zu prüfen.

2 Außerdem kann der Gewerbetreibende in der Verordnung verpflichtet werden, die Einhaltung der nach Absatz 1 Satz 2 und Absatz 2 Satz 1 Nummer 1, 2 und 4 erlassenen Vorschriften auf seine Kosten regelmäßig sowie aus besonderem Anlass prüfen zu lassen und den Prüfungsbericht der zuständigen Behörde vorzulegen, soweit dies zur wirksamen Überwachung erforderlich ist. 3 Hierbei können die Einzelheiten der Prüfung, insbesondere deren Anlass, Zeitpunkt und Häufigkeit, die Auswahl, Bestellung und Abberufung der Prüfer, deren Rechte, Pflichten und Verantwortlichkeit, der Inhalt des Prüfungsberichts, die Verpflichtungen der Gewerbetreibenden gegenüber dem Prüfer sowie das Verfahren bei Meinungsverschiedenheiten zwischen dem Prüfer und dem Gewerbetreibenden geregelt werden.

§ 34h[1)] Honorar-Finanzanlagenberater. (1) 1 Wer im Umfang der Bereichsausnahmen des § 2 Absatz 6 Satz 1 Nummer 8 des Kreditwesengesetzes[2)] oder des § 3 Absatz 1 Satz 1 Nummer 11 des Wertpapierinstitutsgesetzes gewerbsmäßig zu Finanzanlagen im Sinne des § 34f Absatz 1 Nummer 1, 2 oder 3 Anlageberatung im Sinne des § 1 Absatz 1a Nummer 1a des Kreditwesengesetzes oder des § 2 Absatz 2 Nummer 4 des Wertpapierinstitutsgesetzes erbringen will, ohne von einem Produktgeber eine Zuwendung zu erhalten oder von ihm in anderer Weise abhängig zu sein (Honorar-Finanzanlagenberater), bedarf der Erlaubnis der zuständigen Behörde. 2 Die Erlaubnis kann inhaltlich beschränkt oder mit Auflagen verbunden werden, soweit dies zum Schutz der Allgemeinheit oder der Anleger erforderlich ist; unter denselben Voraussetzungen sind auch die nachträgliche Aufnahme, Änderung und Ergänzung von Auflagen zulässig. 3 Die Erlaubnis kann auf die Beratung zu einzelnen Kategorien von Finanzanlagen nach § 34f Absatz 1 Nummer 1, 2 oder 3 beschränkt werden. 4 § 34f Absatz 2 bis 6 ist entsprechend anzuwenden. 5 Wird die Erlaubnis unter Vorlage der Erlaubnisurkunde nach § 34f Absatz 1 Satz 1 beantragt, so erfolgt keine Prüfung der Zuverlässigkeit, der Vermögensverhältnisse und der Sachkunde. 6 Die Erlaubnis nach § 34f Absatz 1 Satz 1 erlischt mit der Erteilung der Erlaubnis nach Satz 1.

(2) 1 Gewerbetreibende nach Absatz 1 dürfen kein Gewerbe nach § 34f Absatz 1 Satz 1 ausüben. 2 Sie müssen ihrer Empfehlung eine hinreichende Anzahl von auf dem Markt angebotenen Finanzanlagen zu Grunde legen, die von ihrer Erlaubnis umfasst sind und die nach Art und Anbieter oder Emittenten hinreichend gestreut und nicht beschränkt sind auf Anbieter oder Emittenten, die in einer engen

---

1) § 34h eingef. mWv 1.8.2014 durch G v. 15.7.2013 (BGBl. I S. 2390); Abs. 1 Satz 5 geänd. mWv 1.8. 2014 durch G v. 15.7.2014 (BGBl. I S. 934); Abs. 2 Satz 1 geänd. mWv 1.1.2023 durch G v. 9.11.2022 (BGBl. I S. 2009); Abs. 1 Satz 1 geänd. mWv 30.12.2023 durch G v. 22.12.2023 (BGBl. 2023 I Nr. 411).

2) **Sartorius ErgBd. Nr. 856.**

Verbindung zu ihnen stehen oder zu denen in sonstiger Weise wirtschaftliche Verflechtungen bestehen.

(3) [1] Gewerbetreibende nach Absatz 1 dürfen sich die Erbringung der Beratung nur durch den Anleger vergüten lassen. [2] Sie dürfen Zuwendungen eines Dritten, der nicht Anleger ist oder von dem Anleger zur Beratung beauftragt worden ist, im Zusammenhang mit der Beratung, insbesondere auf Grund einer Vermittlung als Folge der Beratung, nicht annehmen, es sei denn, die empfohlene Finanzanlage oder eine in gleicher Weise geeignete Finanzanlage ist ohne Zuwendung nicht erhältlich. [3] Zuwendungen sind in diesem Fall unverzüglich nach Erhalt und ungemindert an den Kunden auszukehren. [4] Vorschriften über die Entrichtung von Steuern und Abgaben bleiben davon unberührt.

§ 34i[1)] [2)] Immobiliardarlehensvermittler. (1) [1] Wer gewerbsmäßig den Abschluss von Immobiliar-Verbraucherdarlehensverträgen im Sinne des § 491 Absatz 3 des Bürgerlichen Gesetzbuchs[3)] oder entsprechende entgeltliche Finanzierungshilfen im Sinne des § 506 des Bürgerlichen Gesetzbuchs vermitteln will oder Dritte zu solchen Verträgen beraten will (Immobiliardarlehensvermittler), bedarf der Erlaubnis der zuständigen Behörde. [2] Die Erlaubnis kann inhaltlich beschränkt und mit Nebenbestimmungen verbunden werden, soweit dies zum Schutz der Allgemeinheit oder der Darlehensnehmer erforderlich ist; unter derselben Voraussetzung ist auch die nachträgliche Aufnahme, Änderung und Ergänzung von Nebenbestimmungen zulässig.

(2) Die Erlaubnis ist zu versagen, wenn

1. Tatsachen die Annahme rechtfertigen, dass der Antragsteller oder eine der Personen, die mit der Leitung des Betriebes oder einer Zweigniederlassung beauftragt sind, die für den Gewerbebetrieb erforderliche Zuverlässigkeit nicht besitzt; die erforderliche Zuverlässigkeit besitzt in der Regel nicht, wer in den letzten fünf Jahren vor Antragstellung wegen eines Verbrechens oder wegen Diebstahls, Unterschlagung, Erpressung, Betruges, Untreue, Geldwäsche, Urkundenfälschung, Hehlerei, Wuchers oder einer Insolvenzstraftat rechtskräftig verurteilt worden ist,
2. der Antragsteller in ungeordneten Vermögensverhältnissen lebt; dies ist in der Regel der Fall, wenn über das Vermögen des Antragstellers das Insolvenzverfahren eröffnet worden oder er in das Schuldnerverzeichnis nach § 882b der Zivilprozessordnung[4)] eingetragen ist,
3. der Antragsteller den Nachweis einer Berufshaftpflichtversicherung oder gleichwertigen Garantie nicht erbringen kann,
4. der Antragsteller nicht durch eine vor der Industrie- und Handelskammer erfolgreich abgelegte Prüfung nachweist, dass er die Sachkunde über die fachlichen und rechtlichen Grundlagen sowie über die Kundenberatung besitzt, die für die Vermittlung von und Beratung zu Immobiliar-Verbraucherdarlehensverträgen oder entsprechenden entgeltlichen Finanzierungshilfen notwendig ist, oder

---

[1)] § 34i eingef. mWv 21.3.2016 durch G v. 11.3.2016 (BGBl. I S. 396); Abs. 5 Satz 2 angef. mWv 29.7. 2017 durch G v. 20.7.2017 (BGBl. I S. 2789); Abs. 3 neu gef. mWv 30.12.2023 durch G v. 22.12.2023 (BGBl. 2023 I Nr. 411).

[2)] Beachte hierzu die Übergangsregelungen in § 160.

[3)] **Habersack Nr. 20.**

[4)] **Habersack Nr. 100.**

5. der Antragsteller seine Hauptniederlassung oder seinen Hauptsitz nicht im Inland hat oder seine Tätigkeit als Immobiliardarlehensvermittler nicht im Inland ausübt.

(3) Keiner Erlaubnis nach Absatz 1 Satz 1 bedürfen Kreditinstitute, für die eine Erlaubnis nach § 32 Absatz 1 des Kreditwesengesetzes[1)] erteilt wurde, Wertpapierinstitute, für die eine Erlaubnis nach § 15 Absatz 1 des Wertpapierinstitutsgesetzes erteilt wurde, Zweigstellen von Unternehmen im Sinne des § 53b Absatz 1 Satz 1 des Kreditwesengesetzes sowie Zweigniederlassungen und vertraglich gebundene Vermittler von Wertpapierinstituten im Sinne des § 73 Absatz 1 Satz 1 des Wertpapierinstitutsgesetzes.

(4) [1] Keiner Erlaubnis nach Absatz 1 Satz 1 bedarf ein Immobiliardarlehensvermittler, der den Abschluss von Immobiliar-Verbraucherdarlehensverträgen oder entsprechenden entgeltlichen Finanzierungshilfen vermitteln oder Dritte zu solchen Verträgen beraten will und dabei im Umfang seiner Erlaubnis handelt, die nach Artikel 29 der Richtlinie 2014/17/EU des Europäischen Parlaments und des Rates vom 4. Februar 2014 über Wohnimmobilienkreditverträge für Verbraucher und zur Änderung der Richtlinien 2008/48/EG und 2013/36/EU und der Verordnung (EU) Nr. 1093/2010 (ABl. L 60 vom 28.2.2014, S. 34) durch einen anderen Mitgliedstaat der Europäischen Union oder einen anderen Vertragsstaat des Abkommens über den Europäischen Wirtschaftsraum erteilt worden ist. [2] Vor Aufnahme der Tätigkeit im Geltungsbereich dieses Gesetzes muss ein Verfahren nach Artikel 32 Absatz 3 der Richtlinie 2014/17/EU stattgefunden haben.

(5) [1] Gewerbetreibende nach den Absätzen 1 und 4, die eine unabhängige Beratung anbieten oder als unabhängiger Berater auftreten (Honorar-Immobiliardarlehensberater),

1. müssen für ihre Empfehlung für oder gegen einen Immobiliar-Verbraucherdarlehensvertrag oder eine entsprechende entgeltliche Finanzierungshilfe eine hinreichende Anzahl von entsprechenden auf dem Markt angebotenen Verträgen heranziehen und
2. dürfen vom Darlehensgeber keine Zuwendungen annehmen und von ihm in keiner Weise abhängig sein.

[2] Honorar-Immobiliardarlehensberater dürfen keine Tätigkeit als Immobiliardarlehensvermittler und Immobiliardarlehensvermittler dürfen keine Tätigkeit als Honorar-Immobiliardalehensberater ausüben.

(6) [1] Gewerbetreibende nach Absatz 1 dürfen Personen, die bei der Vermittlung oder Beratung mitwirken oder in leitender Position für diese Tätigkeit verantwortlich sind, nur beschäftigen, wenn sie sicherstellen, dass diese Personen über einen Sachkundenachweis nach Absatz 2 Nummer 4 verfügen und wenn sie überprüft haben, dass diese Personen zuverlässig sind. [2] Die Beschäftigung einer bei der Vermittlung oder Beratung mitwirkenden Person kann dem Gewerbetreibenden untersagt werden, wenn Tatsachen die Annahme rechtfertigen, dass die Person die für ihre Tätigkeit erforderliche Sachkunde oder Zuverlässigkeit nicht besitzt. [3] Die Sätze 1 und 2 sind auf Gewerbetreibende nach Absatz 4, die ihre Tätigkeit im Inland über eine Zweigniederlassung ausüben, entsprechend anzuwenden.

(7) Bei Gewerbetreibenden nach Absatz 1 darf die Struktur der Vergütung der in dem Gewerbebetrieb beschäftigten Personen deren Fähigkeit nicht beeinträch-

---

1) Sartorius ErgBd. Nr. 856.

tigen, im besten Interesse des Darlehensnehmers zu handeln; insbesondere darf die Vergütungsstruktur nicht an Absatzziele gekoppelt sein.

(8) Gewerbetreibende nach Absatz 1 sind verpflichtet,

1. sich unverzüglich nach Aufnahme ihrer Tätigkeit in das Register nach § 11a Absatz 1 eintragen zu lassen,
2. die unmittelbar bei der Vermittlung oder Beratung mitwirkenden oder die in leitender Position für diese Tätigkeit verantwortlichen Personen unverzüglich nach Aufnahme ihrer Tätigkeit in das Register nach § 11a Absatz 1 eintragen zu lassen und
3. Änderungen gegenüber den im Register gespeicherten Daten der Registerbehörde unverzüglich mitzuteilen.

(9) [1]Die zuständige Behörde kann jede in das Gewerbezentralregister nach § 149 Absatz 2 einzutragende, nicht mehr anfechtbare Entscheidung wegen Verstoßes gegen Bestimmungen dieses Gesetzes oder einer Rechtsverordnung nach § 34j öffentlich bekannt machen, sofern eine solche Bekanntgabe die Stabilität der Finanzmärkte nicht ernstlich gefährdet und den Beteiligten keinen unverhältnismäßig hohen Schaden zufügt. [2]Die Bekanntmachung erfolgt durch Eintragung in das Register nach § 11a Absatz 1.

§ 34j[1)] Verordnungsermächtigung. (1) Das Bundesministerium für Wirtschaft und Klimaschutz kann durch Rechtsverordnung[2)] mit Zustimmung des Bundesrates zur Umsetzung der Richtlinie 2014/17/EU, zur Umsetzung der Richtlinie 2005/36/EG des Europäischen Parlaments und des Rates vom 7. September 2005 über die Anerkennung von Berufsqualifikationen (ABl. L 255 vom 30.9.2005, S. 22), die zuletzt durch die Richtlinie 2013/55/EU (ABl. L 354 vom 28.12.2013, S. 132) geändert worden ist, oder zum Schutz der Allgemeinheit und der Darlehensnehmer Vorschriften erlassen über

1. den Umfang der Verpflichtungen des Immobiliardarlehensvermittlers bei der Ausübung des Gewerbes, insbesondere über
   a) die Pflicht, die erhaltenen Vermögenswerte des Darlehensnehmers getrennt zu verwalten,
   b) die Pflicht, nach der Ausführung des Auftrags dem Darlehensnehmer Rechnung zu legen,
   c) die Pflicht, der zuständigen Behörde Anzeige beim Wechsel der mit der Leitung des Betriebes oder einer Zweigniederlassung beauftragten Personen zu erstatten und hierbei bestimmte Angaben zu machen,
   d) die Verhaltens- und Informationspflichten gegenüber dem Darlehensnehmer, einschließlich der Pflicht, Provisionen und andere Zuwendungen offenzulegen,
   e) die Pflicht, Bücher zu führen und die notwendigen Daten über einzelne Geschäftsvorgänge sowie über die Darlehensnehmer aufzuzeichnen,
   f) die Pflicht, Beschwerden zu behandeln,
2. die Inhalte und das Verfahren für eine Sachkundeprüfung nach § 34i Absatz 2 Nummer 4, über die Ausnahmen von der Erforderlichkeit der Sachkundeprü-

---

[1)] § 34j eingef. mWv 17.3.2016 durch G v. 11.3.2016 (BGBl. I S. 396); Abs. 2 Satz 1 geänd. mWv 29.7. 2017 durch G v. 20.7.2017 (BGBl. I S. 2789); Abs. 1 einl. Satzteil geänd., Nr. 1 Buchst. f angef. mWv 1.1. 2023 durch G v. 9.11.2022 (BGBl. I S. 2009).

[2)] Siehe die ImmobiliardarlehensvermittlungsVO v. 28.4.2016 (BGBl. I S. 1046), zuletzt geänd. durch VO v. 11.12.2024 (BGBl. 2024 I Nr. 411).

fung, über die Gleichstellung anderer Berufsqualifikationen mit dem Nachweis der Sachkunde, über die örtliche Zuständigkeit der Industrie- und Handelskammern sowie über die Berufung eines Aufgabenauswahlausschusses,

3. den Umfang und die inhaltlichen Anforderungen an die nach § 34i Absatz 2 Nummer 3 erforderliche Haftpflichtversicherung und die gleichwertige Garantie, insbesondere über die Höhe der Mindestversicherungssumme, die nach dem in Artikel 29 Absatz 2 Buchstabe a der Richtlinie 2014/17/EU vorgesehenen Verfahren festgelegt wird; über die Bestimmung der zuständigen Stelle nach § 117 Absatz 2 des Versicherungsvertragsgesetzes[1]; über den Nachweis des Bestehens einer Haftpflichtversicherung und einer gleichwertigen Garantie sowie über die Anzeigepflichten des Versicherungsunternehmens gegenüber den Behörden und den Versicherungsnehmern,
4. die Anforderungen und Verfahren, die zur Durchführung der Richtlinie 2005/36/EG Anwendung finden sollen auf Inhaber von Berufsqualifikationen, die in einem anderen Mitgliedstaat der Europäischen Union oder in einem Vertragsstaat des Abkommens über den Europäischen Wirtschaftsraum erworben worden sind und deren Inhaber im Inland vorübergehend oder dauerhaft als Immobiliardarlehensvermittler tätig werden wollen und nicht die Voraussetzungen des § 34i Absatz 4 erfüllen,
5. die Anforderungen und Verfahren für die grenzüberschreitende Verwaltungszusammenarbeit mit den zuständigen Behörden eines anderen Mitgliedstaates der Europäischen Union, mit den zuständigen Behörden eines Vertragsstaates des Abkommens über den Europäischen Wirtschaftsraum sowie der Europäischen Bankenaufsichtsbehörde im Sinne von Artikel 32 Absatz 3, Artikel 34 Absatz 2 bis 5, Artikel 36 und 37 der Richtlinie 2014/17/EU, insbesondere über
   a) Einzelheiten des in § 11a Absatz 4 festgelegten Verfahrens,
   b) Einzelheiten der Zusammenarbeit und des Informationsaustauschs mit den zuständigen Behörden eines anderen Mitgliedstaates der Europäischen Union, mit den zuständigen Behörden eines Vertragsstaates des Abkommens über den Europäischen Wirtschaftsraum sowie mit der Europäischen Bankenaufsichtsbehörde, einschließlich Einzelheiten der Befugnis der zuständigen Behörden des Herkunftsmitgliedstaates eines Gewerbetreibenden nach § 34i Absatz 4, in den Geschäftsräumen der Zweigniederlassung in Begleitung der für die Ausführung dieses Gesetzes zuständigen Behörden Prüfungen des Betriebs vorzunehmen, soweit es zum Zwecke der Überwachung erforderlich ist.

(2) [1] Gewerbetreibende nach § 34i Absatz 1 und 5 können in der Verordnung verpflichtet werden, die Einhaltung der nach Absatz 1 Nummer 1 erlassenen Vorschriften auf eigene Kosten aus besonderem Anlass prüfen zu lassen und den Prüfungsbericht der zuständigen Behörde vorzulegen, soweit dies zur wirksamen Überwachung erforderlich ist. [2] Hierbei können die Einzelheiten der Prüfung, insbesondere deren Anlass, Zeitpunkt und Häufigkeit, die Auswahl, Bestellung und Abberufung der Prüfer, deren Rechte, Pflichten und Verantwortlichkeit, der Inhalt des Prüfungsberichts, die Verpflichtungen der Gewerbetreibenden gegenüber dem Prüfer sowie das Verfahren bei Meinungsverschiedenheiten zwischen dem Prüfer und dem Gewerbetreibenden geregelt werden.

§ 34l[2] Verordnungsermächtigung. (1) Das Bundesministerium für Wirtschaft und Energie kann zur Umsetzung der Richtlinie (EU) 2023/2225 in der

---

[1] **Habersack Nr. 62.**
[2] § 34l eingef. mWv 19.5.2026 durch G v. 12.5.2026 (BGBl. 2026 I Nr. 139).

Fassung vom 18. Oktober 2023, zur Umsetzung der Richtlinie 2005/36/EG in der Fassung vom 4. März 2024 oder zum Schutz der Allgemeinheit und der Darlehensnehmer durch Rechtsverordnung mit Zustimmung des Bundesrates Vorschriften erlassen über

1. das Erlaubnisverfahren nach § 34k Absatz 1, einschließlich der vom Antragsteller mitzuteilenden Angaben,
2. den Umfang der Verpflichtungen des Gewerbetreibenden bei der Ausübung des Gewerbes nach § 34k Absatz 1, insbesondere über
   a) die Pflicht, die erhaltenen Vermögenswerte des Darlehensnehmers getrennt zu verwalten,
   b) die Pflicht, nach der Ausführung des Auftrags dem Darlehensnehmer Rechnung zu legen,
   c) die Verhaltens- und Informationspflichten gegenüber dem Darlehensnehmer, einschließlich der Pflicht, Provisionen und andere Zuwendungen offenzulegen,
   d) die Pflicht, Bücher zu führen und die notwendigen Daten über einzelne Geschäftsvorgänge sowie über die Darlehensnehmer aufzuzeichnen,
   e) die Pflicht, Beschwerden zu behandeln,
3. die Inhalte und das Verfahren für eine Sachkundeprüfung nach § 34k Absatz 3 Satz 1 Nummer 3, über die Ausnahmen von der Erforderlichkeit der Sachkundeprüfung, über die Gleichstellung anderer Berufsqualifikationen mit dem Sachkundenachweis, über die örtliche Zuständigkeit der Industrie- und Handelskammern sowie über die Berufung eines Aufgabenauswahlausschusses,
4. die Verpflichtung des Gewerbetreibenden und der bei ihm beschäftigten weiterbildungspflichtigen Personen nach § 34k Absatz 6 Satz 2 zu einer Weiterbildung, einschließlich
   a) des Umfangs, der Inhalte der Weiterbildung, der Überwachung der Weiterbildungsverpflichtung und der Befreiung von der Weiterbildungsverpflichtung und
   b) der gegenüber der zuständigen Behörde zu erbringenden Nachweise.

(2) In der Rechtsverordnung nach Absatz 1 können ferner die Anforderungen und Verfahren geregelt werden, die zur Durchführung der Richtlinie 2005/36/EG in der Fassung vom 4. März 2024 Anwendung finden sollen auf Inhaber von Berufsqualifikationen, die in einem anderen Mitgliedstaat der Europäischen Union oder in einem anderen Vertragsstaat des Abkommens über den Europäischen Wirtschaftsraum erworben worden sind und deren Inhaber im Inland vorübergehend oder dauerhaft als Darlehensvermittler tätig werden wollen.

§ 35[1)] Gewerbeuntersagung wegen Unzuverlässigkeit. (1) [1] Die Ausübung eines Gewerbes ist von der zuständigen Behörde ganz oder teilweise zu untersagen, wenn Tatsachen vorliegen, welche die Unzuverlässigkeit des Gewerbetreibenden oder einer mit der Leitung des Gewerbebetriebes beauftragten Person in bezug auf dieses Gewerbe dartun, sofern die Untersagung zum Schutze der Allgemeinheit oder der im Betrieb Beschäftigten erforderlich ist. [2] Die Untersagung kann auch auf die Tätigkeit als Vertretungsberechtigter eines Gewerbetreibenden oder als mit der Leitung eines Gewerbebetriebes beauftragte Person sowie auf einzelne andere oder auf alle Gewerbe erstreckt werden, *soweit die festgestellten* Tatsachen die

---

[1)] § 35 Abs. 6 Satz 1 geänd. mWv 1.8.2013 durch G v. 25.7.2013 (BGBl. I S. 2749); Abs. 8 Satz 2 geänd. mWv 1.1.2023 durch G v. 9.11.2022 (BGBl. I S. 2009).

Annahme rechtfertigen, daß der Gewerbetreibende auch für diese Tätigkeiten oder Gewerbe unzuverlässig ist. [3] Das Untersagungsverfahren kann fortgesetzt werden, auch wenn der Betrieb des Gewerbes während des Verfahrens aufgegeben wird.

(2) Dem Gewerbetreibenden kann auf seinen Antrag von der zuständigen Behörde gestattet werden, den Gewerbebetrieb durch einen Stellvertreter (§ 45) fortzuführen, der die Gewähr für eine ordnungsgemäße Führung des Gewerbebetriebes bietet.

(3) [1] Will die Verwaltungsbehörde in dem Untersagungsverfahren einen Sachverhalt berücksichtigen, der Gegenstand der Urteilsfindung in einem Strafverfahren gegen einen Gewerbetreibenden gewesen ist, so kann sie zu dessen Nachteil von dem Inhalt des Urteils insoweit nicht abweichen, als es sich bezieht auf

1. die Feststellung des Sachverhalts,
2. die Beurteilung der Schuldfrage oder
3. die Beurteilung der Frage, ob er bei weiterer Ausübung des Gewerbes erhebliche rechtswidrige Taten im Sinne des § 70 des Strafgesetzbuches[1)] begehen wird und ob zur Abwehr dieser Gefahren die Untersagung des Gewerbes angebracht ist.

[2] Absatz 1 Satz 2 bleibt unberührt. [3] Die Entscheidung über ein vorläufiges Berufsverbot (§ 132a der Strafprozeßordnung[2)]), der Strafbefehl und die gerichtliche Entscheidung, durch welche die Eröffnung des Hauptverfahrens abgelehnt wird, stehen einem Urteil gleich; dies gilt auch für Bußgeldentscheidungen, soweit sie sich auf die Feststellung des Sachverhalts und die Beurteilung der Schuldfrage beziehen.

(3a) (weggefallen)

(4) [1] Vor der Untersagung sollen, soweit besondere staatliche Aufsichtsbehörden bestehen, die Aufsichtsbehörden, ferner die zuständige Industrie- und Handelskammer oder Handwerkskammer und, soweit es sich um eine Genossenschaft handelt, auch der Prüfungsverband gehört werden, dem die Genossenschaft angehört. [2] Ihnen sind die gegen den Gewerbetreibenden erhobenen Vorwürfe mitzuteilen und die zur Abgabe der Stellungnahme erforderlichen Unterlagen zu übersenden. [3] Die Anhörung der vorgenannten Stellen kann unterbleiben, wenn Gefahr im Verzuge ist; in diesem Falle sind diese Stellen zu unterrichten.

(5) (weggefallen)

(6) [1] Dem Gewerbetreibenden ist von der zuständigen Behörde auf Grund eines an die Behörde zu richtenden schriftlichen oder elektronischen Antrages die persönliche Ausübung des Gewerbes wieder zu gestatten, wenn Tatsachen die Annahme rechtfertigen, daß eine Unzuverlässigkeit im Sinne des Absatzes 1 nicht mehr vorliegt. [2] Vor Ablauf eines Jahres nach Durchführung der Untersagungsverfügung kann die Wiederaufnahme nur gestattet werden, wenn hierfür besondere Gründe vorliegen.

(7) [1] Zuständig ist die Behörde, in deren Bezirk der Gewerbetreibende eine gewerbliche Niederlassung unterhält oder in den Fällen des Absatzes 2 oder 6 unterhalten will. [2] Bei Fehlen einer gewerblichen Niederlassung sind die Behörden zuständig, in deren Bezirk das Gewerbe ausgeübt wird oder ausgeübt werden soll. [3] Für die Vollstreckung der Gewerbeuntersagung sind auch die Behörden zuständig, in deren Bezirk das Gewerbe ausgeübt wird oder ausgeübt werden soll.

[1)] **Habersack Nr. 85.**
[2)] **Habersack Nr. 90.**

(7a) [1] Die Untersagung kann auch gegen Vertretungsberechtigte oder mit der Leitung des Gewerbebetriebes beauftragte Personen ausgesprochen werden. [2] Das Untersagungsverfahren gegen diese Personen kann unabhängig von dem Verlauf

(Fortsetzung nächstes Blatt)

des Untersagungsverfahrens gegen den Gewerbetreibenden fortgesetzt werden. [3]Die Absätze 1 und 3 bis 7 sind entsprechend anzuwenden.

(8) [1]Soweit für einzelne Gewerbe besondere Untersagungs- oder Betriebsschließungsvorschriften bestehen, die auf die Unzuverlässigkeit des Gewerbetreibenden abstellen, oder eine für das Gewerbe erteilte Zulassung wegen Unzuverlässigkeit des Gewerbetreibenden zurückgenommen oder widerrufen werden kann, sind die Absätze 1 bis 7a nicht anzuwenden. [2]Dies gilt nicht für die Tätigkeit als vertretungsberechtigte Person eines Gewerbetreibenden oder als mit der Leitung des Betriebes oder einer Zweigniederlassung beauftragte Person sowie für Vorschriften, die Gewerbeuntersagungen oder Betriebsschließungen durch strafgerichtliches Urteil vorsehen.

(9) Die Absätze 1 bis 8 sind auf Genossenschaften entsprechend anzuwenden, auch wenn sich ihr Geschäftsbetrieb auf den Kreis der Mitglieder beschränkt; sie finden ferner Anwendung auf den Handel mit Arzneimitteln, mit Losen von Lotterien und Ausspielungen sowie mit Bezugs- und Anteilscheinen auf solche Lose und auf den Betrieb von Wettannahmestellen aller Art.

§§ 35a, 35b (weggefallen)

§ 36[1)] Öffentliche Bestellung von Sachverständigen. (1) [1]Personen, die als Sachverständige auf den Gebieten der Wirtschaft einschließlich des Bergwesens, der Hochsee- und Küstenfischerei sowie der Land- und Forstwirtschaft einschließlich des Garten- und Weinbaues tätig sind oder tätig werden wollen, sind auf Antrag durch die von den Landesregierungen bestimmten oder nach Landesrecht zuständigen Stellen für bestimmte Sachgebiete öffentlich zu bestellen, sofern für diese Sachgebiete ein Bedarf an Sachverständigenleistungen besteht, sie hierfür besondere Sachkunde nachweisen und keine Bedenken gegen ihre Eignung bestehen. [2]Sie sind darauf zu vereidigen, daß sie ihre Sachverständigenaufgaben unabhängig, weisungsfrei, persönlich, gewissenhaft und unparteiisch erfüllen und ihre Gutachten entsprechend erstatten werden. [3]Die öffentliche Bestellung kann inhaltlich beschränkt, mit einer Befristung erteilt und mit Auflagen verbunden werden.

(2) Absatz 1 gilt entsprechend für die öffentliche Bestellung und Vereidigung von besonders geeigneten Personen, die auf den Gebieten der Wirtschaft

1. bestimmte Tatsachen in bezug auf Sachen, insbesondere die Beschaffenheit, Menge, Gewicht oder richtige Verpackung von Waren feststellen oder
2. die ordnungsmäßige Vornahme bestimmter Tätigkeiten überprüfen.

(3) Die Landesregierungen können durch Rechtsverordnung die zur Durchführung der Absätze 1 und 2 erforderlichen Vorschriften über die Voraussetzungen für die Bestellung sowie über die Befugnisse und Verpflichtungen der öffentlich bestellten und vereidigten Sachverständigen bei der Ausübung ihrer Tätigkeit erlassen, insbesondere über

1. die persönlichen Voraussetzungen, den Beginn und das Ende der Bestellung,
2. die in Betracht kommenden Sachgebiete einschließlich der Bestellungsvoraussetzungen,

---

[1)] § 36 Abs. 3 Nr. 3 Buchst. e neu gef. mWv 28.12.2009 durch G v. 17.7.2009 (BGBl. I S. 2091); Abs. 4 Sätze 2 und 3 angef., Abs. 4a eingef., Abs. 5 geänd. mWv 30.7.2020 durch G v. 19.6.2020 (BGBl. I S. 1403); Abs. 3 Nr. 1 geänd. mWv 1.1.2023 durch G v. 9.11.2022 (BGBl. I S. 2009).

3. den Umfang der Verpflichtungen des Sachverständigen bei der Ausübung seiner Tätigkeit, insbesondere über die Verpflichtungen
   a) zur unabhängigen, weisungsfreien, persönlichen, gewissenhaften und unparteiischen Leistungserbringung,
   b) zum Abschluß einer Berufshaftpflichtversicherung und zum Umfang der Haftung,
   c) zur Fortbildung und zum Erfahrungsaustausch,
   d) zur Einhaltung von Mindestanforderungen bei der Erstellung von Gutachten,
   e) zur Anzeige bei der zuständigen Behörde hinsichtlich aller Niederlassungen, die zur Ausübung der in Absatz 1 genannten Sachverständigentätigkeiten genutzt werden,
   f) zur Aufzeichnung von Daten über einzelne Geschäftsvorgänge sowie über die Auftraggeber,

und hierbei auch die Stellung des hauptberuflich tätigen Sachverständigen regeln.

(4) [1] Soweit die Landesregierung weder von ihrer Ermächtigung nach Absatz 3 noch nach § 155 Abs. 3 Gebrauch gemacht hat, können Körperschaften des öffentlichen Rechts, die für die öffentliche Bestellung und Vereidigung von Sachverständigen zuständig sind, durch Satzung die in Absatz 3 genannten Vorschriften erlassen. [2] Die Satzung nach Satz 1 und deren Änderungen müssen im Einklang mit den Vorgaben des auf sie anzuwendenden europäischen Rechts stehen. [3] Insbesondere sind bei neuen oder zu ändernden Vorschriften, die dem Anwendungsbereich der Richtlinie 2005/36/EG in der jeweils geltenden Fassung unterfallen, die Vorgaben der Richtlinie (EU) 2018/958 des Europäischen Parlaments und des Rates vom 28. Juni 2018 über eine Verhältnismäßigkeitsprüfung vor Erlass neuer Berufsreglementierungen (ABl. L 173 vom 9.7.2018, S. 25) in der jeweils geltenden Fassung einzuhalten.

(4a) [1] Eine Vorschrift im Sinne des Absatzes 4 Satz 3 ist anhand der in den Artikeln 5 bis 7 der Richtlinie (EU) 2018/958 festgelegten Kriterien auf ihre Verhältnismäßigkeit zu prüfen. [2] Der Umfang der Prüfung muss im Verhältnis zu der Art, dem Inhalt und den Auswirkungen der Vorschrift stehen. [3] Die Vorschrift ist so ausführlich zu erläutern, dass ihre Übereinstimmung mit dem Verhältnismäßigkeitsgrundsatz bewertet werden kann. [4] Die Gründe, aus denen sich ergibt, dass sie gerechtfertigt und verhältnismäßig ist, sind durch qualitative und, soweit möglich und relevant, quantitative Elemente zu substantiieren. [5] Mindestens zwei Wochen vor dem Erlass der Vorschrift ist auf der Internetseite der jeweiligen Körperschaft des öffentlichen Rechts, die für die öffentliche Bestellung und Vereidigung von Sachverständigen zuständig ist, ein Entwurf mit der Gelegenheit zur Stellungnahme zu veröffentlichen. [6] Nach dem Erlass der Vorschrift ist ihre Übereinstimmung mit dem Verhältnismäßigkeitsgrundsatz zu überwachen und bei einer Änderung der Umstände zu prüfen, ob die Vorschrift anzupassen ist.

(5) Die Absätze 1 bis 4a finden keine Anwendung, soweit sonstige Vorschriften des Bundes über die öffentliche Bestellung oder Vereidigung von Personen bestehen oder soweit Vorschriften der Länder über die öffentliche Bestellung oder Vereidigung von Personen auf den Gebieten der Hochsee- und Küstenfischerei, der Land- und Forstwirtschaft einschließlich des Garten- und Weinbaues sowie der Landesvermessung bestehen oder erlassen werden.

§ 36a[1] Öffentliche Bestellung von Sachverständigen mit Qualifikationen aus einem anderen Mitgliedstaat der Europäischen Union oder einem anderen Vertragsstaat des Abkommens über den Europäischen Wirtschaftsraum. (1) [1] Bei der Bewertung der nach § 36 Absatz 1 geforderten besonderen Sachkunde von Antragstellern sind auch Ausbildungs- und Befähigungsnachweise anzuerkennen, die in einem anderen Mitgliedstaat der Europäischen Union oder in einem anderen Vertragsstaat des Abkommens über den Europäischen Wirtschaftsraum ausgestellt wurden. [2] Wenn der Antragsteller in einem der in Satz 1 genannten Staaten für ein bestimmtes Sachgebiet

1. zur Ausübung von Sachverständigentätigkeiten berechtigt ist, die dort Personen vorbehalten sind, die über eine der besonderen Sachkunde im Sinne des § 36 Absatz 1 im Wesentlichen entsprechende Sachkunde verfügen, oder
2. in zwei der letzten zehn Jahre vollzeitig als Sachverständiger tätig gewesen ist und sich aus den vorgelegten Nachweisen ergibt, dass der Antragsteller über eine überdurchschnittliche Sachkunde verfügt, die im Wesentlichen der besonderen Sachkunde im Sinne des § 36 Absatz 1 entspricht,

ist seine Sachkunde bezüglich dieses Sachgebiets vorbehaltlich des Absatzes 2 als ausreichend anzuerkennen.

(2) [1] Soweit sich die Inhalte der bisherigen Ausbildung oder Tätigkeit eines Antragstellers auf dem Sachgebiet, für das die öffentliche Bestellung beantragt wird, wesentlich von den Inhalten unterscheiden, die nach § 36 Voraussetzung für die öffentliche Bestellung als Sachverständiger für das betreffende Sachgebiet sind, kann dem Antragsteller nach seiner Wahl eine Eignungsprüfung oder ein Anpassungslehrgang auferlegt werden. [2] Diese Maßnahme kann insbesondere auch die Kenntnis des deutschen Rechts und die Fähigkeit zur verständlichen Erläuterung fachlicher Feststellungen betreffen.

(3) [1] Soweit an den Antragsteller nach Absatz 1 Satz 2 in seinem Herkunftsstaat außerhalb der Sachkunde liegende Anforderungen gestellt wurden, die den nach § 36 Absatz 1 geltenden vergleichbar sind, sind diese nicht nochmals nachzuprüfen. [2] § 13b gilt entsprechend.

(4) [1] Die zuständige Behörde bestätigt binnen eines Monats den Empfang der von dem Antragsteller eingereichten Unterlagen und teilt gegebenenfalls mit, welche Unterlagen noch nachzureichen sind. [2] Das Verfahren für die Prüfung des Antrags auf Anerkennung muss innerhalb von drei Monaten nach Einreichen der vollständigen Unterlagen abgeschlossen sein. [3] Diese Frist kann in begründeten Fällen um einen Monat verlängert werden. [4] Bestehen Zweifel an der Echtheit von vorgelegten Bescheinigungen und Nachweisen oder benötigt die zuständige Behörde weitere Informationen, kann sie durch Nachfrage bei der zuständigen Stelle des Herkunftsstaats die Echtheit überprüfen und entsprechende Auskünfte einholen. [5] Der Fristablauf ist solange gehemmt.

§ 37 *(weggefallen)*

§ 38[2] [3] Überwachungsbedürftige Gewerbe. (1) [1] Bei den Gewerbezweigen

1. An- und Verkauf von

---

[1] § 36a eingef. mWv 28.12.2009 durch G v. 17.7.2009 (BGBl. I S. 2091).

[2] § 38 Abs. 4 geänd. mWv 28.12.2009 durch G v. 17.7.2009 (BGBl. I S. 2091); Abs. 4 geänd. mWv 26.6.2021 durch G v. 12.5.2021 (BGBl. I S. 990); Abs. 3 aufgeh. mWv 1.1.2023 durch G v. 9.11.2022 (BGBl. I S. 2009).

[3] Zur Nichtanwendung von § 38 Abs. 1 und 2 vgl. § 4.

a) hochwertigen Konsumgütern, insbesondere Unterhaltungselektronik, Computern, optischen Erzeugnissen, Fotoapparaten, Videokameras, Teppichen, Pelz- und Lederbekleidung,
b) Kraftfahrzeugen und Fahrrädern,
c) Edelmetallen und edelmetallhaltigen Legierungen sowie Waren aus Edelmetall oder edelmetallhaltigen Legierungen,
d) Edelsteinen, Perlen und Schmuck,
e) Altmetallen, soweit sie nicht unter Buchstabe c fallen,

durch auf den Handel mit Gebrauchtwaren spezialisierte Betriebe,

2. Auskunftserteilung über Vermögensverhältnisse und persönliche Angelegenheiten (Auskunfteien, Detekteien),
3. Vermittlung von Eheschließungen, Partnerschaften und Bekanntschaften,
4. Betrieb von Reisebüros und Vermittlung von Unterkünften,
5. Vertrieb und Einbau von Gebäudesicherungseinrichtungen einschließlich der Schlüsseldienste,
6. Herstellen und Vertreiben spezieller diebstahlsbezogener Öffnungswerkzeuge

hat die zuständige Behörde unverzüglich nach Erstattung der Gewerbeanmeldung oder der Gewerbeummeldung nach § 14 die Zuverlässigkeit des Gewerbetreibenden zu überprüfen. [2] Zu diesem Zweck hat der Gewerbetreibende unverzüglich ein Führungszeugnis nach § 30 Abs. 5 Bundeszentralregistergesetz[1)] und eine Auskunft aus dem Gewerbezentralregister nach § 150 Abs. 5 zur Vorlage bei der Behörde zu beantragen. [3] Kommt er dieser Verpflichtung nicht nach, hat die Behörde diese Auskünfte von Amts wegen einzuholen.

(2) Bei begründeter Besorgnis der Gefahr der Verletzung wichtiger Gemeinschaftsgüter kann ein Führungszeugnis oder eine Auskunft aus dem Gewerbezentralregister auch bei anderen als den in Absatz 1 genannten gewerblichen Tätigkeiten angefordert oder eingeholt werden.

(3) *(aufgehoben)*

(4) Absatz 1 Satz 1 Nr. 2 gilt nicht für Kreditinstitute und Finanzdienstleistungsinstitute, für die eine Erlaubnis nach § 32 Abs. 1 des Kreditwesengesetzes[2)] erteilt wurde, für Wertpapierinstitute, für die eine Erlaubnis nach § 15 Absatz 1 des Wertpapierinstitutsgesetzes erteilt wurde, sowie für Zweigniederlassungen von Unternehmen mit Sitz in einem anderen Mitgliedstaat der Europäischen Union, die nach § 53b Abs. 1 Satz 1 oder Abs. 7 des Kreditwesengesetzes im Inland tätig sind, wenn die Erbringung von Handelsauskünften durch die Zulassung der zuständigen Behörden des Herkunftsmitgliedstaats abgedeckt ist.

§ 39 (weggefallen)

§ 39a[3)] *(aufgehoben)*

§ 40 (weggefallen)

III. Umfang, Ausübung und Verlust der Gewerbebefugnisse

§ 41[4)] *(aufgehoben)*

---

1) **Habersack Nr. 92.**
2) **Sartorius ErgBd. Nr. 856.**
3) § 39a aufgeh. mWv 1.1.2003 durch G v. 24.8.2002 (BGBl. I S. 3412).
4) § 41 aufgeh. mWv 1.1.2023 durch G v. 9.11.2022 (BGBl. I S. 2009).

§§ 41a, 41b (weggefallen)

§ 42[1] *(aufgehoben)*

§§ 42a bis 44a (weggefallen)

§ 45 Stellvertreter. Die Befugnisse zum stehenden Gewerbebetrieb können durch Stellvertreter ausgeübt werden; diese müssen jedoch den für das in Rede stehende Gewerbe insbesondere vorgeschriebenen Erfordernissen genügen.

§ 46[2] **Fortführung des Gewerbes.** (1) Nach dem Tode eines Gewerbetreibenden darf das Gewerbe für Rechnung des überlebenden Ehegatten oder Lebenspartners durch einen nach § 45 befähigten Stellvertreter betrieben werden, wenn die für den Betrieb einzelner Gewerbe bestehenden besonderen Vorschriften nicht etwas anderes bestimmen.

(2) Das gleiche gilt für minderjährige Erben während der Minderjährigkeit sowie bis zur Dauer von zehn Jahren nach dem Erbfall für den Nachlaßverwalter, Nachlaßpfleger oder Testamentsvollstrecker.

(3) Die zuständige Behörde kann in den Fällen der Absätze 1 und 2 gestatten, daß das Gewerbe bis zur Dauer eines Jahres nach dem Tode des Gewerbetreibenden auch ohne den nach § 45 befähigten Stellvertreter betrieben wird.

§ 47[3] **Stellvertretung in besonderen Fällen.** Inwiefern für die nach den §§ 31, 33i, 34, 34a, 34b, 34c, 34d, 34f, 34h, 34i und 36 konzessionierten oder angestellten Personen eine Stellvertretung zulässig ist, hat in jedem einzelnen Falle die Behörde zu bestimmen, welcher die Konzessionierung oder Anstellung zusteht.

§ 48[4] *(aufgehoben)*

§ 49 Erlöschen von Erlaubnissen. (1) (weggefallen)

(2) Die Konzessionen und Erlaubnisse nach den §§ 30, 33a und 33i erlöschen, wenn der Inhaber innerhalb eines Jahres nach deren Erteilung den Betrieb nicht begonnen oder während eines Zeitraumes von einem Jahr nicht mehr ausgeübt hat.

(3) Die Fristen können aus wichtigem Grund verlängert werden.

§ 50 (weggefallen)

§ 51 Untersagung wegen überwiegender Nachteile und Gefahren. [1] Wegen überwiegender Nachteile und Gefahren für das Gemeinwohl kann die fernere Benutzung einer jeden gewerblichen Anlage durch die zuständige Behörde zu jeder Zeit untersagt werden. [2] Doch muß dem Besitzer alsdann für den erweislichen Schaden Ersatz geleistet werden. [3] Die Sätze 1 und 2 gelten nicht für Anlagen, soweit sie den Vorschriften des Bundes-Immissionsschutzgesetzes[5] unterliegen.

---

[1] § 42 aufgeh. mWv 28.12.2009 durch G v. 17.7.2009 (BGBl. I S. 2091).

[2] § 46 Abs. 1 geänd. mWv 1.1.2003 durch G v. 24.8.2002 (BGBl. I S. 3412).

[3] § 47 geänd. mWv 1.1.2013 durch G v. 6.12.2011 (BGBl. I S. 2481); geänd. mWv 1.12.2013 durch G v. 4.3.2013 (BGBl. I S. 362, geänd. durch G v. 24.4.2013, BGBl. I S. 930); geänd. mWv 1.8.2014 durch G v. 15.7.2013 (BGBl. I S. 2390); geänd. mWv 21.3.2016 durch G v. 11.3.2016 (BGBl. I S. 396); geänd. mWv 23.2.2018 durch G v. 20.7.2017 (BGBl. I S. 2789).

[4] § 48 aufgeh. mWv 1.1.2023 durch G v. 9.11.2022 (BGBl. I S. 2009).

[5] Nr. **296**.

§ 52[1] *(aufgehoben)*

§§ 53, 54 (weggefallen)

Titel III. Reisegewerbe

§ 55[2) 3)] **Reisegewerbekarte.** (1) Ein Reisegewerbe betreibt, wer gewerbsmäßig ohne vorhergehende Bestellung außerhalb seiner gewerblichen Niederlassung (§ 4 Absatz 3) oder ohne eine solche zu haben

1. Waren feilbietet oder Bestellungen aufsucht (vertreibt) oder ankauft, Leistungen anbietet oder Bestellungen auf Leistungen aufsucht oder
2. unterhaltende Tätigkeiten als Schausteller oder nach Schaustellerart ausübt.

(2) Wer ein Reisegewerbe betreiben will, bedarf der Erlaubnis (Reisegewerbekarte).

(3) Die Reisegewerbekarte kann inhaltlich beschränkt, mit einer Befristung erteilt und mit Auflagen verbunden werden, soweit dies zum Schutze der Allgemeinheit oder der Verbraucher erforderlich ist; unter denselben Voraussetzungen ist auch die nachträgliche Aufnahme, Änderung und Ergänzung von Auflagen zulässig.

§ 55a[4] **Reisegewerbekartenfreie Tätigkeiten.** (1) Einer Reisegewerbekarte bedarf nicht, wer

1. gelegentlich der Veranstaltung von Messen, Ausstellungen, öffentlichen Festen oder aus besonderem Anlaß mit Erlaubnis der zuständigen Behörde Waren feilbietet;
2. selbstgewonnene Erzeugnisse der Land- und Forstwirtschaft, des Gemüse-, Obst- und Gartenbaues, der Geflügelzucht und Imkerei sowie der Jagd und Fischerei vertreibt;
3. Tätigkeiten der in § 55 Abs. 1 Nr. 1 genannten Art in der Gemeinde seines Wohnsitzes oder seiner gewerblichen Niederlassung ausübt, sofern die Gemeinde nicht mehr als 10 000 Einwohner zählt;
4. *(aufgehoben)*
5. auf Grund einer Erlaubnis nach § 4 des Milch- und Margarinegesetzes Milch oder bei dieser Tätigkeit auch Milcherzeugnisse abgibt;
6. Versicherungsverträge als Versicherungsvermittler im Sinne des § 34d Absatz 6 oder Absatz 7 Nummer 1 und 2 oder Bausparverträge vermittelt oder abschließt oder im Sinne des § 34d Absatz 2 Satz 1 in Verbindung mit § 34d Absatz 7 Satz 2 als Versicherungsberater über Versicherungen berät; das Gleiche gilt für die in dem Gewerbebetrieb beschäftigten Personen;

---

[1] § 52 aufgeh. mWv 1.1.2023 durch G v. 9.11.2022 (BGBl. I S. 2009).

[2] § 55 Abs. 1 Nr. 1 und 2 geänd. mWv 14.9.2007 durch G v. 7.9.2007 (BGBl. I S. 2246); Abs. 1 einl. Satzteil geänd. mWv 28.12.2009 durch G v. 17.7.2009 (BGBl. I S. 2091).

[3] Zur Nichtanwendung von § 55 Abs. 2 und 3 vgl. § 4.

[4] § 55a Abs. 1 Nr. 6 neu gef., Nr. 7 geänd. mWv 22.5.2007 durch G v. 19.12.2006 (BGBl. I S. 3232); Abs. 1 Nr. 2 und 5 geänd., Nr. 4 und 8 aufgeh., Nr. 7 neu gef. mWv 14.9.2007 durch G v. 7.9.2007 (BGBl. I S. 2246); Abs. 1 Nr. 8 neu gef. mWv 1.1.2013 durch G v. 6.12.2011 (BGBl. I S. 2481); Abs. 1 Nr. 8 geänd. mWv 1.8.2014 durch G v. 15.7.2013 (BGBl. I S. 2390); Abs. 1 Nummer 8a eingef. mWv 21.3.2016 durch G v. 11.3.2016 (BGBl. I S. 396); Abs. 1 Nr. 6 neu gef. mWv 23.2.2018 durch G v. 20.7. 2017 (BGBl. I S. 2789).

7. ein nach Bundes- oder Landesrecht erlaubnispflichtiges Gewerbe ausübt, für dessen Ausübung die Zuverlässigkeit erforderlich ist, und über die erforderliche Erlaubnis verfügt;
8. im Sinne des § 34f Absatz 3 Nummer 4, auch in Verbindung mit § 34h Absatz 1 Satz 4, Finanzanlagen als Finanzanlagenvermittler vermittelt und Dritte über Finanzanlagen berät; das Gleiche gilt für die in dem Gewerbebetrieb beschäftigten Personen;

8a. im Sinne des § 34i Absatz 4, auch in Verbindung mit § 34i Absatz 5, Immobiliardarlehensverträge vermittelt und Dritte zu solchen Verträgen berät;

9. von einer nicht ortsfesten Verkaufsstelle oder einer anderen Einrichtung in regelmäßigen, kürzeren Zeitabständen an derselben Stelle Lebensmittel oder andere Waren des täglichen Bedarfs vertreibt; das Verbot des § 56 Abs. 1 Nr. 3 Buchstabe b findet keine Anwendung;
10. Druckwerke auf öffentlichen Wegen, Straßen, Plätzen oder an anderen öffentlichen Orten feilbietet.

(2) Die zuständige Behörde kann für besondere Verkaufsveranstaltungen Ausnahmen von dem Erfordernis der Reisegewerbekarte zulassen.

§ 55b[1] **Weitere reisegewerbekartenfreie Tätigkeiten, Gewerbelegitimationskarte.** (1) Eine Reisegewerbekarte ist nicht erforderlich, soweit der Gewerbetreibende andere Personen im Rahmen ihres Geschäftsbetriebes aufsucht.

(2) [1]Personen, die für ein Unternehmen mit Sitz im Geltungsbereich dieses Gesetzes geschäftlich tätig sind, ist auf Antrag von der zuständigen Behörde eine Gewerbelegitimationskarte nach dem in den zwischenstaatlichen Verträgen vorgesehenen Muster für Zwecke des Gewerbebetriebes in anderen Staaten auszustellen. [2]Für die Erteilung und die Versagung der Gewerbelegitimationskarte gelten § 55 Abs. 3 und § 57 entsprechend, soweit nicht in zwischenstaatlichen Verträgen oder durch Rechtsetzung dazu befugter überstaatlicher Gemeinschaften etwas anderes bestimmt ist.

§ 55c[2] [3] **Anzeigepflicht.** [1]Wer als Gewerbetreibender auf Grund des § 55a Abs. 1 Nr. 3, 9 oder 10 einer Reisegewerbekarte nicht bedarf, hat den Beginn des Gewerbes der zuständigen Behörde anzuzeigen, soweit er sein Gewerbe nicht bereits nach § 14 Abs. 1 bis 3 anzumelden hat. [2]§ 14 Absatz 1 Satz 2 bis 4, Absatz 4 bis 12, § 15 Absatz 1 und die Rechtsverordnung nach § 14 Absatz 14 gelten entsprechend.

§ 55d (weggefallen)

§ 55e[4] **Sonn- und Feiertagsruhe.** (1) [1]An Sonn- und Feiertagen sind die in § 55 Abs. 1 Nr. 1 genannten Tätigkeiten mit Ausnahme des Feilbietens von Waren

---

[1] § 55b Abs. 1 Satz 2 aufgeh., bish. Satz 1 wird alleiniger Wortlaut mWv 14.9.2007 durch G v. 7.9.2007 (BGBl. I S. 2246).

[2] § 55c Satz 2 geänd. mWv 1.1.2003 durch G v. 24.8.2002 (BGBl. I S. 3412); Satz 1 geänd., Satz 2 neu gef. mWv 14.9.2007 durch G v. 7.9.2007 (BGBl. I S. 2246); Satz 2 neu gef. mWv 15.7.2011 durch G v. 11.7.2011 (BGBl. I S. 1341); Satz 2 geänd. mWv 12.12.2012 durch G v. 5.12.2012 (BGBl. I S. 2415); Satz 2 geänd. mWv 1.11.2025 durch G v. 23.10.2024 (BGBl. 2024 I Nr. 323).

[3] Zur Nichtanwendung von § 55c vgl. § 4.

[4] § 55e Abs. 2 Satz 2 geänd. mWv 7.11.2001 durch VO v. 29.10.2001 (BGBl. I S. 2785); Abs. 2 Satz 2 geänd. mWv 28.11.2003 durch VO v. 25.11.2003 (BGBl. I S. 2304); Abs. 2 Satz 2 geänd. mWv 8.11.2006 durch VO v. 31.10.2006 (BGBl. I S. 2407); Abs. 1 Satz 1 neu gef., Abs. 2 Satz 2 aufgeh., bish. Satz 1 wird alleiniger Wortlaut mWv 14.9.2007 durch G v. 7.9.2007 (BGBl. I S. 2246).

und gastgewerblicher Tätigkeiten im Reisegewerbe verboten, auch wenn sie unselbständig ausgeübt werden. ²Dies gilt nicht für die unter § 55b Abs. 1 fallende Tätigkeit, soweit sie von selbständigen Gewerbetreibenden ausgeübt wird.

(2) Ausnahmen können von der zuständigen Behörde zugelassen werden.

§ 55f[1)] Haftpflichtversicherung. Das Bundesministerium für Wirtschaft und Klimaschutz wird ermächtigt, durch Rechtsverordnung mit Zustimmung des Bundesrates zum Schutze der Allgemeinheit und der Veranstaltungsteilnehmer für Tätigkeiten nach § 55 Abs. 1 Nr. 2, die mit besonderen Gefahren verbunden sind, Vorschriften über die Verpflichtung des Gewerbetreibenden zum Abschluß und zum Nachweis des Bestehens einer Haftpflichtversicherung zu erlassen.

§ 56[2)] Im Reisegewerbe verbotene Tätigkeiten. (1) Im Reisegewerbe sind verboten

1. der Vertrieb von
   a) (weggefallen)
   b) Giften und gifthaltigen Waren; zugelassen ist das Aufsuchen von Bestellungen auf Pflanzenschutzmittel, Schädlingsbekämpfungsmittel sowie auf Holzschutzmittel, für die nach baurechtlichen Vorschriften ein Prüfbescheid mit Prüfzeichen erteilt worden ist,
   c) (weggefallen)
   d) Bruchbändern, medizinischen Leibbinden, medizinischen Stützapparaten und Bandagen, orthopädischen Fußstützen, Brillen und Augengläsern; zugelassen sind Schutzbrillen und Fertiglesebrillen,
   e) (weggefallen)
   f) elektromedizinischen Geräten einschließlich elektronischer Hörgeräte; zugelassen sind Geräte mit unmittelbarer Wärmeeinwirkung,
   g) (weggefallen)
   h) Wertpapieren, Lotterielosen, Bezugs- und Anteilscheinen auf Wertpapiere und Lotterielose; zugelassen ist der Verkauf von Lotterielosen im Rahmen genehmigter Lotterien zu gemeinnützigen Zwecken auf öffentlichen Wegen, Straßen oder Plätzen oder anderen öffentlichen Orten,
   i) Schriften, die unter Zusicherung von Prämien oder Gewinnen vertrieben werden;
2. das Feilbieten und der Ankauf von
   a) Edelmetallen (Gold, Silber, Platin und Platinbeimetallen) und edelmetallhaltigen Legierungen in jeder Form sowie Waren mit Edelmetallauflagen; zugelas-

[1)] § 55f geänd. mWv 7.11.2001 durch VO v. 29.10.2001 (BGBl. I S. 2785); geänd. mWv 28.11.2003 durch VO v. 25.11.2003 (BGBl. I S. 2304); geänd. mWv 8.11.2006 durch VO v. 31.10.2006 (BGBl. I S. 2407); geänd. mWv 8.9.2015 durch VO v. 31.8.2015 (BGBl. I S. 1474); geänd. mWv 1.1.2023 durch G v. 9.11.2022 (BGBl. I S. 2009).

[2)] § 56 Abs. 2 Sätze 1 und 2 geänd. mWv 7.11.2001 durch VO v. 29.10.2001 (BGBl. I S. 2785); Abs. 1 Nr. 2a geänd. mWv 1.1.2002 durch G v. 10.11.2001 (BGBl. I S. 2992); Abs. 1 Nr. 1 Buchst. d, Nr. 2 Buchst. b, Nr. 3 Buchst. b geänd., Nr. 2 Buchst. c, Nr. 3 Buchst. f aufgeh. mWv 1.1.2003 durch G v. 24.8.2002 (BGBl. I S. 3412); Abs. 2 Sätze 1 und 2 geänd. mWv 28.11.2003 durch VO v. 25.11.2003 (BGBl. I S. 2304); Abs. 1 Nr. 5 aufgeh. mWv 1.1.2004 durch G v. 24.12.2003 (BGBl. I S. 2934); Abs. 2 Sätze 1 und 2 geänd. mWv 8.11.2006 durch VO v. 31.10.2006 (BGBl. I S. 2407); Abs. 4 angef. mWv 14.9.2007 durch G v. 7.9.2007 (BGBl. I S. 2246); Abs. 1 Nr. 3 Buchst. b geänd. mWv 25.3.2009 durch G v. 17.3.2009 (BGBl. I S. 550); Abs. 2 Sätze 1 und 2 geänd. mWv 8.9.2015 durch VO v. 31.8.2015 (BGBl. I S. 1474); Abs. 2 und Abs. 3 Satz 2 aufgeh. mWv 1.1.2023 durch G v. 9.11.2022 (BGBl. I S. 2009).

sen sind Silberschmuck bis zu einem Verkaufspreis von 40 Euro und Waren mit Silberauflagen,

b) Edelsteinen, Schmucksteinen und synthetischen Steinen sowie von Perlen;

3. das Feilbieten von

a) (weggefallen)

b) alkoholischen Getränken; zugelassen sind Bier und Wein in fest verschlossenen Behältnissen, alkoholische Getränke im Sinne von § 67 Abs. 1 Nr. 1 zweiter und dritter Halbsatz und alkoholische Getränke, die im Rahmen und für die Dauer einer Veranstaltung von einer ortsfesten Betriebsstätte zum Verzehr an Ort und Stelle verabreicht werden;

c) (weggefallen)

d) (weggefallen)

e) (weggefallen)

4. (weggefallen)

5. *(aufgehoben)*

6. der Abschluß sowie die Vermittlung von Rückkaufgeschäften (§ 34 Abs. 4) und die für den Darlehensnehmer entgeltliche Vermittlung von Darlehensgeschäften.

(2) *(aufgehoben)*

(3) Die Vorschriften des Absatzes 1 finden auf die in § 55b Abs. 1 bezeichneten gewerblichen Tätigkeiten keine Anwendung.

(4) Absatz 1 Nr. 1 Buchstabe h, Nr. 2 Buchstabe a und Nr. 6 findet keine Anwendung auf Tätigkeiten in einem nicht ortsfesten Geschäftsraum eines Kreditinstituts oder eines Unternehmens im Sinne des § 53b Abs. 1 Satz 1 oder Abs. 7 des Kreditwesengesetzes[1], wenn in diesem Geschäftsraum ausschließlich bankübliche Geschäfte betrieben werden, zu denen diese Unternehmen nach dem Kreditwesengesetz befugt sind.

§ 56a[2) 3)] Wanderlager. (1) Ein Wanderlager veranstaltet, wer außerhalb seiner Niederlassung und außerhalb einer Messe, einer Ausstellung oder eines Marktes von einer festen Verkaufsstätte aus

1. Waren feilhält oder Bestellungen auf Waren aufsucht oder
2. Leistungen anbietet oder Bestellungen auf Leistungen aufsucht.

(2) [1]Der Veranstalter eines Wanderlagers hat dieses spätestens vier Wochen vor Beginn der für den Ort des Wanderlagers zuständigen Behörde nach Maßgabe des Absatzes 3 anzuzeigen, wenn

1. auf das Wanderlager durch öffentliche Ankündigung hingewiesen werden soll und
2. die An- und Abreise der Teilnehmer zum und vom Ort des Wanderlagers durch die geschäftsmäßig erbrachte Beförderung durch den Veranstalter oder von Personen im Zusammenwirken mit dem Veranstalter erfolgen soll.

[2]Sofern das Wanderlager im Ausland veranstaltet werden soll, ist die Anzeige nach Satz 1 bei der für den Ort der Niederlassung des Veranstalters zuständigen Behörde abzugeben.

---

1) **Sartorius ErgBd. Nr. 856.**

2) § 56a neu gef. mWv 28.5.2022 durch G v. 10.8.2021 (BGBl. I S. 3504).

3) Zur Nichtanwendung von § 56a Abs. 2, 3, 5 und 7 Nr. 1 vgl. § 4.

(3) Die Anzeige nach Absatz 2 Satz 1 muss enthalten:
1. den Ort, das Datum und die Uhrzeit des Wanderlagers,
2. den Namen des Veranstalters sowie desjenigen, für dessen Rechnung die Waren oder Leistungen vertrieben werden, einschließlich die Anschrift, unter der diese Personen niedergelassen sind, bei juristischen Personen zusätzlich die Rechtsform und die Vertretungsberechtigten,
3. Angaben, die eine schnelle Kontaktaufnahme und unmittelbare Kommunikation mit dem Veranstalter ermöglichen, einschließlich einer Telefonnummer und einer E-Mail-Adresse,
4. die Angabe des Handelsregisters, Vereinsregisters oder Genossenschaftsregisters, in das der Veranstalter eingetragen ist, und die entsprechende Registernummer,
5. den Wortlaut und die Form der beabsichtigten öffentlichen Ankündigung und
6. den Namen eines schriftlich bevollmächtigten Vertreters des in der Anzeige genannten Veranstalters des Wanderlagers, der dieses an Ort und Stelle für den Veranstalter leitet.

(4) [1] Der Veranstalter eines Wanderlagers hat sicherzustellen, dass in der öffentlichen Ankündigung eines Wanderlagers folgende Informationen enthalten sind:
1. die Art der Ware oder Leistung, die im Rahmen des Wanderlagers vertrieben wird,
2. der Ort des Wanderlagers,
3. der Name des Veranstalters, die Anschrift, unter der er niedergelassen ist, sowie Angaben, die eine schnelle Kontaktaufnahme und unmittelbare Kommunikation mit dem Veranstalter ermöglichen, einschließlich einer Telefonnummer und einer E-Mail-Adresse, und
4. in leicht erkennbarer und deutlich lesbarer oder sonst gut wahrnehmbarer Form Informationen darüber, unter welchen Bedingungen dem Verbraucher bei Verträgen, die im Rahmen des Wanderlagers abgeschlossen werden, ein Widerrufsrecht zusteht.

[2] In der öffentlichen Ankündigung eines Wanderlagers dürfen unentgeltliche Zuwendungen in Form von Waren oder Leistungen einschließlich Preisausschreiben, Verlosungen und Ausspielungen nicht angekündigt werden.

(5) [1] Wenn das Wanderlager nach Absatz 2 Satz 1 anzuzeigen ist, so darf es vorbehaltlich des Satzes 2 an Ort und Stelle nur durch den in der Anzeige genannten Veranstalter geleitet werden. [2] Der Veranstalter darf sich durch eine von ihm schriftlich bevollmächtigte Person vertreten lassen.

(6) [1] Es ist verboten, anlässlich eines Wanderlagers im Sinne des Absatzes 2 Satz 1 folgende Leistungen oder Waren zu vertreiben oder zu vermitteln:
1. Finanzanlagen im Sinne des § 34f Absatz 1 Satz 1, Versicherungsverträge und Bausparverträge sowie Immobiliar-Verbraucherdarlehensverträge im Sinne des § 34i Absatz 1 Satz 1 oder entsprechende entgeltliche Finanzierungshilfen;
2. Medizinprodukte im Sinne von Artikel 2 Nummer 1 der Verordnung (EU) 2017/745 des Europäischen Parlaments und des Rates vom 5. April 2017 über Medizinprodukte, zur Änderung der Richtlinie 2001/83/EG, der Verordnung (EG) Nr. 178/2002 und der Verordnung (EG) Nr. 1223/2009 und zur Aufhebung der Richtlinien 90/385/EWG und 93/42/EWG des Rates (ABl. L 117 vom 5.5.2017, S. 1; L 117 vom 3.5.2019, S. 9; L 334 vom 27.12.2019, S. 165), die durch die Verordnung (EU) 2020/561 (ABl. L 130 vom 24.4.2020, S. 18) geändert worden ist, in der jeweils geltenden Fassung;

3. Nahrungsergänzungsmittel im Sinne von § 1 Absatz 1 der Nahrungsergänzungsmittelverordnung.

[2] Satz 1 gilt nicht, wenn sich das Wanderlager ausschließlich an Personen richtet, die das Wanderlager im Rahmen ihres Geschäftsbetriebes aufsuchen. [3] § 56 bleibt unberührt.

(7) Die zuständige Behörde kann die Veranstaltung eines Wanderlagers untersagen, wenn

1. die Anzeige nach Absatz 2 Satz 1 nicht rechtzeitig, nicht wahrheitsgemäß oder nicht vollständig erstattet wurde oder
2. die öffentliche Ankündigung nicht Absatz 4 entspricht.

§ 57[1) 2)] Versagung der Reisegewerbekarte. (1) Die Reisegewerbekarte ist zu versagen, wenn Tatsachen die Annahme rechtfertigen, daß der Antragsteller die für die beabsichtigte Tätigkeit erforderliche Zuverlässigkeit nicht besitzt.

(2) Im Falle der Ausübung des Bewachungsgewerbes, des Gewerbes der Makler, Bauträger und Baubetreuer, Wohnimmobilienverwalter, des Versicherungsvermittlergewerbes, des Versicherungsberatergewerbes, des Gewerbes des Finanzanlagenvermittlers und Honorar-Finanzanlagenberaters sowie des Gewerbes des Immobiliardarlehensvermittlers gelten die Versagungsgründe der §§ 34a, 34c, 34d, 34f, 34h oder 34i entsprechend.

(3) Die Ausübung des Versteigerergewerbes als Reisegewerbe ist nur zulässig, wenn der Gewerbetreibende die nach § 34b Abs. 1 erforderliche Erlaubnis besitzt.

§§ 57a, 58 (weggefallen)

§ 59 Untersagung reisegewerbekartenfreier Tätigkeiten. [1] Soweit nach § 55a oder § 55b eine Reisegewerbekarte nicht erforderlich ist, kann die reisegewerbliche Tätigkeit unter der Voraussetzung des § 57 untersagt werden. [2] § 35 Abs. 1 Satz 2 und 3, Abs. 3, 4, 6, 7a und 8 gilt entsprechend.

§ 60[3)] Beschäftigte Personen. Die Beschäftigung einer Person im Reisegewerbe kann dem Gewerbetreibenden untersagt werden, wenn Tatsachen die Annahme rechtfertigen, dass die Person die für ihre Tätigkeit erforderliche Zuverlässigkeit nicht besitzt.

§ 60a Veranstaltung von Spielen. (1) (weggefallen)

(2) [1] Warenspielgeräte dürfen im Reisegewerbe nur aufgestellt werden, wenn die Voraussetzungen des § 33c Abs. 1 Satz 2 erfüllt sind. [2] Wer im Reisegewerbe ein anderes Spiel im Sinne des § 33d Abs. 1 Satz 1 veranstalten will, bedarf der Erlaubnis der für den jeweiligen Ort der Gewerbeausübung zuständigen Behörde. [3] Die Erlaubnis darf nur erteilt werden, wenn der Veranstalter eine von dem für seinen Wohnsitz oder in Ermangelung eines solchen von dem für seinen gewöhnlichen Aufenthaltsort zuständigen Landeskriminalamt erteilte Unbedenklichkeits-

---

[1)] § 57 bish. Text wird Abs. 1, Abs. 2 und 3 angef. mWv 1.1.2003 durch G v. 24.8.2002 (BGBl. I S. 3412); Abs. 2 neu gef. mWv 22.5.2007 durch G v. 19.12.2006 (BGBl. I S. 3232); Abs. 2 und 3 geänd. mWv 14.9.2007 durch G v. 7.9.2007 (BGBl. I S. 2246); Abs. 2 geänd. mWv 1.1.2013 durch G v. 6.12. 2011 (BGBl. I S. 2481); Abs. 2 geänd. mWv 1.8.2014 durch G v. 15.7.2013 (BGBl. I S. 2390); Abs. 2 geänd. mWv 21.3.2016 durch G v. 11.3.2016 (BGBl. I S. 396); Abs. 2 geänd. mWv 23.2.2018 durch G v. 20.7.2017 (BGBl. I S. 2789); Abs. 2 geänd. mWv 1.8.2018 durch G v. 17.10.2017 (BGBl. I S. 3562).

[2)] Zur Nichtanwendung von § 57 Abs. 3 vgl. § 4.

[3)] § 60 neu eingef. mWv 14.9.2007 durch G v. 7.9.2007 (BGBl. I S. 2246).

bescheinigung oder einen Abdruck der Unbedenklichkeitsbescheinigung im Sinne des § 33e Abs. 4 besitzt. [4] § 33d Abs. 1 Satz 2, Abs. 3 bis 5, die §§ 33e, 33f Abs. 1 und 2 Nr. 1 sowie die §§ 33g und 33h gelten entsprechend.

(3) [1] Wer im Reisegewerbe eine Spielhalle oder ein ähnliches Unternehmen betreiben will, bedarf der Erlaubnis der für den jeweiligen Ort der Gewerbeausübung zuständigen Behörde. [2] § 33i gilt entsprechend.

(4) Die Landesregierungen können durch Rechtsverordnung das Verfahren bei den Landeskriminalämtern (Absatz 2 Satz 3) regeln.

§ 60b[1)] Volksfest. (1) Ein Volksfest ist eine im allgemeinen regelmäßig wiederkehrende, zeitlich begrenzte Veranstaltung, auf der eine Vielzahl von Anbietern unterhaltende Tätigkeiten im Sinne des § 55 Abs. 1 Nr. 2 ausübt und Waren feilbietet, die üblicherweise auf Veranstaltungen dieser Art angeboten werden.

(2) § 68a Satz 1 erster Halbsatz und Satz 2, § 69 Abs. 1 und 2 sowie die §§ 69a bis 71a finden entsprechende Anwendung; jedoch bleiben die §§ 55 bis 60a und 60c bis 61a sowie 71b unberührt.

§ 60c[2)] Mitführen und Vorzeigen der Reisegewerbekarte. (1) [1] Der Inhaber einer Reisegewerbekarte ist verpflichtet, sie während der Ausübung des Gewerbebetriebes bei sich zu führen, auf Verlangen den zuständigen Behörden oder Beamten vorzuzeigen und seine Tätigkeit auf Verlangen bis zur Herbeischaffung der Reisegewerbekarte einzustellen. [2] Auf Verlangen hat er die von ihm geführten Waren vorzulegen.

(2) [1] Der Inhaber der Reisegewerbekarte, der die Tätigkeit nicht in eigener Person ausübt, ist verpflichtet, den im Betrieb Beschäftigten eine Zweitschrift oder eine beglaubigte Kopie der Reisegewerbekarte auszuhändigen, wenn sie unmittelbar mit Kunden in Kontakt treten sollen; dies gilt auch, wenn die Beschäftigten an einem anderen Ort als der Inhaber tätig sind. [2] Für den Inhaber der Zweitschrift oder der beglaubigten Kopie gilt Absatz 1 Satz 1 entsprechend.

(3) [1] Im Fall des § 55a Abs. 1 Nr. 7 hat der Gewerbetreibende oder der von ihm im Betrieb Beschäftigte die Erlaubnis, eine Zweitschrift, eine beglaubigte Kopie oder eine sonstige Unterlage, auf Grund derer die Erteilung der Erlaubnis glaubhaft gemacht werden kann, mit sich zu führen. [2] Im Übrigen gelten die Absätze 1 und 2 entsprechend.

§ 60d[3)] Verhinderung der Gewerbeausübung. Die Ausübung des Reisegewerbes entgegen § 55 Abs. 2 und 3, § 56 Abs. 1 oder 3 Satz 2, § 60a Abs. 2 Satz 1 oder 2 oder Abs. 3 Satz 1, § 60c Abs. 1 Satz 1, auch in Verbindung mit Abs. 2 Satz 2, § 61a Abs. 2 oder entgegen einer auf Grund des § 55f erlassenen Rechtsverordnung kann von der zuständigen Behörde verhindert werden.

§ 61[4)] Örtliche Zuständigkeit. [1] Für die Erteilung, die Versagung, die Rücknahme und den Widerruf der Reisegewerbekarte, für die in den §§ 55c, 59 und 60 genannten Aufgaben und für die Erteilung der Zweitschrift der Reisegewerbekarte ist die Behörde örtlich zuständig, in deren Bezirk der Betroffene seinen gewöhnli-

---

[1)] § 60b Überschrift und Abs. 2 geänd., Abs. 3 aufgeh. mWv 1.1.2003 durch G v. 24.8.2002 (BGBl. I S. 3412).

[2)] *§ 60c Abs. 2 neu gef., Abs. 3* angef. mWv 14.9.2007 durch G v. 7.9.2007 (BGBl. I S. 2246).

[3)] § 60d geänd. mWv 1.1.2003 durch G v. 24.8.2002 (BGBl. I S. 3412).

[4)] § 61 Satz 1 geänd. mWv 14.9.2007 durch G v. 7.9.2007 (BGBl. I S. 2246); Satz 1 geänd. mWv 1.1. 2023 durch G v. 9.11.2022 (BGBl. I S. 2009).

chen Aufenthalt hat. [2] Ändert sich während des Verfahrens der gewöhnliche Aufenthalt, so kann die bisher zuständige Behörde das Verfahren fortsetzen, wenn die nunmehr zuständige Behörde zustimmt.

§ 61a[1)] Anwendbarkeit von Vorschriften des stehenden Gewerbes für die Ausübung als Reisegewerbe. (1) Für die Ausübung des Reisegewerbes gilt § 29 entsprechend.

(2) [1] Für die Ausübung des Bewachungsgewerbes, des Versteigerergewerbes, des Gewerbes der Makler, Bauträger und Baubetreuer, Wohnimmobilienverwalter, des Versicherungsvermittlergewerbes, des Versicherungsberatergewerbes, des Gewerbes des Finanzanlagenvermittlers oder Honorar-Finanzanlagenberaters sowie des Gewerbes des Immobiliardarlehensvermittlers gelten § 34a Absatz 1a Satz 1 und Absatz 2 bis 5, § 34b Absatz 5 bis 8 und 10, § 34c Absatz 2a, 3 und 5, § 34d Absatz 1 Satz 6 und 7, Absatz 2 Satz 3 bis 6, Absatz 3 und 8 bis 10, § 34f Absatz 4 bis 6, auch in Verbindung mit § 34h Absatz 1 Satz 4 und Absatz 2 und 3, die §§ 34g, 34i Absatz 5 bis 8 und § 34j sowie die auf Grund des § 34a Absatz 2, des § 34b Absatz 8, des § 34c Absatz 3, des § 34e sowie der §§ 34g und 34j erlassenen Rechtsvorschriften entsprechend. [2] Die zuständige Behörde kann für die Versteigerung leicht verderblicher Waren für ihren Bezirk Ausnahmen zulassen.

§§ 62, 63 (weggefallen)

Titel IV. Messen, Ausstellungen, Märkte

§ 64 Messe. (1) Eine Messe ist eine zeitlich begrenzte, im allgemeinen regelmäßig wiederkehrende Veranstaltung, auf der eine Vielzahl von Ausstellern das wesentliche Angebot eines oder mehrerer Wirtschaftszweige ausstellt und überwiegend nach Muster an gewerbliche Wiederverkäufer, gewerbliche Verbraucher oder Großabnehmer vertreibt.

(2) Der Veranstalter kann in beschränktem Umfang an einzelnen Tagen während bestimmter Öffnungszeiten Letztverbraucher zum Kauf zulassen.

§ 65 Ausstellung. Eine Ausstellung ist eine zeitlich begrenzte Veranstaltung, auf der eine Vielzahl von Ausstellern ein repräsentatives Angebot eines oder mehrerer Wirtschaftszweige oder Wirtschaftsgebiete ausstellt und vertreibt oder über dieses Angebot zum Zweck der Absatzförderung informiert.

§ 66 Großmarkt. Ein Großmarkt ist eine Veranstaltung, auf der eine Vielzahl von Anbietern bestimmte Waren oder Waren aller Art im wesentlichen an gewerbliche Wiederverkäufer, gewerbliche Verbraucher oder Großabnehmer vertreibt.

---

1) § 61a neu gef. mWv 1.1.2003 durch G v. 24.8.2002 (BGBl. I S. 3412); Abs. 2 Satz 1 neu gef. mWv 22.5.2007 durch G v. 19.12.2006 (BGBl. I S. 3232); Abs. 2 Satz 1 geänd. mWv 1.1.2013 durch G v. 6.12.2011 (BGBl. I S. 2481); Abs. 2 Satz 1 geänd. mWv 1.1.2013 durch G v. 5.12.2012 (BGBl. I S. 2415); Abs. 2 Satz 1 geänd. mWv 13.3.2013 durch G v. 4.3.2013 (BGBl. I S. 362); Abs. 2 Satz 1 geänd. mWv 1.8.2014 durch G v. 15.7.2013 (BGBl. I S. 2390); Abs. 2 Satz 1 neu gef. mWv 21.3.2016 durch G v. 11.3.2016 (BGBl. I S. 396); Abs. 2 Satz 1 geänd. mWv 1.12.2016 durch G v. 4.11.2016 (BGBl. I S. 2456); Abs. 2 Satz 1 geänd. mWv 23.2.2018 durch G v. 20.7.2017 (BGBl. I S. 2789); Abs. 2 Satz 1 geänd. mWv 1.8.2018 durch G v. 17.10.2017 (BGBl. I S. 3562); Abs. 2 Satz 1 geänd. mWv 1.1.2023 durch G v. 9.11.2022 (BGBl. I S. 2009).

§ 67[1] Wochenmarkt. (1) Ein Wochenmarkt ist eine regelmäßig wiederkehrende, zeitlich begrenzte Veranstaltung, auf der eine Vielzahl von Anbietern eine oder mehrere der folgenden Warenarten feilbietet:

1. Lebensmittel im Sinne des Artikels 2 der Verordnung (EG) Nr. 178/2002[2] des Europäischen Parlaments und des Rates zur Festlegung der allgemeinen Grundsätze und Anforderungen des Lebensmittelrechts, zur Errichtung der Europäischen Behörde für Lebensmittelsicherheit und zur Festlegung von Verfahren zur Lebensmittelsicherheit (ABl. L 31 vom 1.2.2002, S. 1) die zuletzt durch die Verordnung (EU) 2019/1381 (ABl. L 231 vom 6.9.2019, S. 1) geändert worden ist, mit Ausnahme alkoholischer Getränke; zugelassen sind alkoholische Getränke, soweit sie aus selbstgewonnenen Erzeugnissen des Weinbaus, der Landwirtschaft oder des Obst- und Gartenbaues hergestellt wurden; der Zukauf von Alkohol zur Herstellung von Likören und Geisten aus Obst, Pflanzen und anderen landwirtschaftlichen Ausgangserzeugnissen, bei denen die Ausgangsstoffe nicht selbst vergoren werden, durch den Urproduzenten ist zulässig;
2. Produkte des Obst- und Gartenbaues, der Land- und Forstwirtschaft und der Fischerei;
3. rohe Naturerzeugnisse mit Ausnahme des größeren Viehs.

(2) Die Landesregierungen können zur Anpassung des Wochenmarktes an die wirtschaftliche Entwicklung und die örtlichen Bedürfnisse der Verbraucher durch Rechtsverordnung bestimmen, daß über Absatz 1 hinaus bestimmte Waren des täglichen Bedarfs auf allen oder bestimmten Wochenmärkten feilgeboten werden dürfen.

§ 68 Spezialmarkt und Jahrmarkt. (1) Ein Spezialmarkt ist eine im allgemeinen regelmäßig in größeren Zeitabständen wiederkehrende, zeitlich begrenzte Veranstaltung, auf der eine Vielzahl von Anbietern bestimmte Waren feilbietet.

(2) Ein Jahrmarkt ist eine im allgemeinen regelmäßig in größeren Zeitabständen wiederkehrende, zeitlich begrenzte Veranstaltung, auf der eine Vielzahl von Anbietern Waren aller Art feilbietet.

(3) Auf einem Spezialmarkt oder Jahrmarkt können auch Tätigkeiten im Sinne des § 60b Abs. 1 ausgeübt werden; die §§ 55 bis 60a und 60c bis 61a bleiben unberührt.

§ 68a Verabreichen von Getränken und Speisen. [1] Auf Märkten dürfen alkoholfreie Getränke und zubereitete Speisen, auf anderen Veranstaltungen im Sinne der §§ 64 bis 68 Kostproben zum Verzehr an Ort und Stelle verabreicht werden. [2] Im übrigen gelten für das Verabreichen von Getränken und zubereiteten Speisen zum Verzehr an Ort und Stelle die allgemeinen Vorschriften.

§ 69[3] Festsetzung. (1) [1] Die zuständige Behörde hat auf Antrag des Veranstalters eine Veranstaltung, die die Voraussetzungen der §§ 64, 65, 66, 67 oder 68 erfüllt, nach Gegenstand, Zeit, Öffnungszeiten und Platz für jeden Fall der Durchführung festzusetzen. [2] Auf Antrag können, sofern Gründe des öffentlichen Interesses nicht entgegenstehen, Volksfeste, Großmärkte, Wochenmärkte, Spezialmärk-

---

[1] § 67 Abs. 1 Nr. 1 geänd. mWv 1.1.2003 durch G v. 24.8.2002 (BGBl. I S. 3412); Abs. 1 Nr. 1 geänd. mWv *12.12.2012 durch G v. 5.12.2012* (BGBl. I S. 2415); Abs. 1 Nr. 1 geänd. mWv 10.8.2021 durch G v. 27.7.2021 (BGBl. I S. 3274).

[2] **Sartorius ErgBd. Nr. 860.**

[3] § 69 Abs. 3 geänd. mWv 5.4.2017 durch G v. 29.3.2017 (BGBl. I S. 626).

te und Jahrmärkte für einen längeren Zeitraum oder auf Dauer, Messen und Ausstellungen für die innerhalb von zwei Jahren vorgesehenen Veranstaltungen festgesetzt werden.

(2) Die Festsetzung eines Wochenmarktes, eines Jahrmarktes oder eines Spezialmarktes verpflichtet den Veranstalter zur Durchführung der Veranstaltung.

(3) Wird eine festgesetzte Messe oder Ausstellung oder ein festgesetzter Großmarkt nicht oder nicht mehr durchgeführt, so hat der Veranstalter dies der zuständigen Behörde unverzüglich anzuzeigen.

§ 69a Ablehnung der Festsetzung, Auflagen. (1) Der Antrag auf Festsetzung ist abzulehnen, wenn

1. die Veranstaltung nicht die in den §§ 64, 65, 66, 67 oder 68 aufgestellten Voraussetzungen erfüllt,
2. Tatsachen die Annahme rechtfertigen, daß der Antragsteller oder eine der mit der Leitung der Veranstaltung beauftragten Personen die für die Durchführung der Veranstaltung erforderliche Zuverlässigkeit nicht besitzt,
3. die Durchführung der Veranstaltung dem öffentlichen Interesse widerspricht, insbesondere der Schutz der Veranstaltungsteilnehmer vor Gefahren für Leben oder Gesundheit nicht gewährleistet ist oder sonstige erhebliche Störungen der öffentlichen Sicherheit oder Ordnung zu befürchten sind oder
4. die Veranstaltung, soweit es sich um einen Spezialmarkt oder einen Jahrmarkt handelt, vollständig oder teilweise in Ladengeschäften abgehalten werden soll.

(2) Die zuständige Behörde kann im öffentlichen Interesse, insbesondere wenn dies zum Schutz der Veranstaltungsteilnehmer vor Gefahren für Leben oder Gesundheit oder sonst zur Abwehr von erheblichen Gefahren für die öffentliche Sicherheit oder Ordnung erforderlich ist, die Festsetzung mit Auflagen verbinden; unter denselben Voraussetzungen ist auch die nachträgliche Aufnahme, Änderung und Ergänzung von Auflagen zulässig.

§ 69b Änderung und Aufhebung der Festsetzung. (1) Die zuständige Behörde kann in dringenden Fällen vorübergehend die Zeit, die Öffnungszeiten und den Platz der Veranstaltung abweichend von der Festsetzung regeln.

(2) [1] Die zuständige Behörde hat die Festsetzung zurückzunehmen, wenn bei ihrer Erteilung ein Ablehnungsgrund nach § 69a Abs. 1 Nr. 3 vorgelegen hat; im übrigen kann sie die Festsetzung zurücknehmen, wenn nachträglich Tatsachen bekannt werden, die eine Ablehnung der Festsetzung gerechtfertigt hätten. [2] Sie hat die Festsetzung zu widerrufen, wenn nachträglich ein Ablehnungsgrund nach § 69a Abs. 1 Nr. 3 eintritt; im übrigen kann sie die Festsetzung widerrufen, wenn nachträglich Tatsachen eintreten, die eine Ablehnung der Festsetzung rechtfertigen würden.

(3) [1] Auf Antrag des Veranstalters hat die zuständige Behörde die Festsetzung zu ändern; § 69a gilt entsprechend. [2] Auf Antrag des Veranstalters hat die zuständige Behörde die Festsetzung aufzuheben, die Festsetzung eines Wochenmarktes, Jahrmarktes oder Volksfestes jedoch nur, wenn die Durchführung der Veranstaltung dem Veranstalter nicht zugemutet werden kann.

§ 70 Recht zur Teilnahme an einer Veranstaltung. (1) Jedermann, der dem Teilnehmerkreis der festgesetzten Veranstaltung angehört, ist nach Maßgabe der für alle Veranstaltungsteilnehmer geltenden Bestimmungen zur Teilnahme an der Veranstaltung berechtigt.

(2) Der Veranstalter kann, wenn es für die Erreichung des Veranstaltungszwecks erforderlich ist, die Veranstaltung auf bestimmte Ausstellergruppen, Anbietergruppen und Besuchergruppen beschränken, soweit dadurch gleichartige Unternehmen nicht ohne sachlich gerechtfertigten Grund unmittelbar oder mittelbar unterschiedlich behandelt werden.

(3) Der Veranstalter kann aus sachlich gerechtfertigten Gründen, insbesondere wenn der zur Verfügung stehende Platz nicht ausreicht, einzelne Aussteller, Anbieter oder Besucher von der Teilnahme ausschließen.

§ 70a[1)] Untersagung der Teilnahme an einer Veranstaltung. (1) Die zuständige Behörde kann einem Aussteller oder Anbieter die Teilnahme an einer bestimmten Veranstaltung oder einer oder mehreren Arten von Veranstaltungen im Sinne der §§ 64 bis 68 untersagen, wenn Tatsachen die Annahme rechtfertigen, daß er die hierfür erforderliche Zuverlässigkeit nicht besitzt.

(2) Im Falle der selbständigen Ausübung des Bewachungsgewerbes, des Gewerbes der Makler, Bauträger und Baubetreuer, Wohnimmobilienverwalter, des Gewerbes des Versicherungsvermittlers und Versicherungsberaters, des Gewerbes des Finanzanlagenvermittlers und Honorar-Finanzanlagenberaters sowie des Gewerbes des Immobiliardarlehensvermittlers auf einer Veranstaltung im Sinne der §§ 64 bis 68 gelten die Versagungsgründe der §§ 34a, 34c, 34d, 34f, 34h oder 34i entsprechend.

(3) Die selbständige Ausübung des Versteigerergewerbes auf einer Veranstaltung im Sinne der §§ 64 bis 68 ist nur zulässig, wenn der Gewerbetreibende die nach § 34b Abs. 1 erforderliche Erlaubnis besitzt.

§ 70b[2)] *(aufgehoben)*

§ 71 Vergütung. [1]Der Veranstalter darf bei Volksfesten, Wochenmärkten und Jahrmärkten eine Vergütung nur für die Überlassung von Raum und Ständen und für die Inanspruchnahme von Versorgungseinrichtungen und Versorgungsleistungen einschließlich der Abfallbeseitigung fordern. [2]Daneben kann der Veranstalter bei Volksfesten und Jahrmärkten eine Beteiligung an den Kosten für die Werbung verlangen. [3]Landesrechtliche Bestimmungen über die Erhebung von Benutzungsgebühren durch Gemeinden und Gemeindeverbände bleiben unberührt.

§ 71a Öffentliche Sicherheit oder Ordnung. Den Ländern bleibt es vorbehalten, Vorschriften zur Aufrechterhaltung der öffentlichen Sicherheit oder Ordnung auf Veranstaltungen im Sinne der §§ 64 bis 68 zu erlassen.

[1)] § 70a bish. Text wird Abs. 1, Abs. 2 und 3 angef. mWv 1.1.2003 durch G v. 24.8.2002 (BGBl. I S. 3412); Abs. 2 neu gef. mWv 22.5.2007 durch G v. 19.12.2006 (BGBl. I S. 3232); Abs. 2 geänd. mWv 1.1.2013 durch G v. 6.12.2011 (BGBl. I S. 2481); Abs. 2 geänd. mWv 1.8.2014 durch G v. 15.7.2013 (BGBl. I S. 2390); Abs. 2 neu gef. mWv 21.3.2016 durch G v. 11.3.2016 (BGBl. I S. 396); Abs. 2 geänd. mWv 23.2.2018 durch G v. 20.7.2017 (BGBl. I S. 2789); Abs. 2 geänd. mWv 1.8.2018 durch G v. 17.10.2017 (BGBl. I S. 3562).

[2)] § 70b aufgeh. mWv 28.12.2009 durch G v. 17.7.2009 (BGBl. I S. 2091).

§ 71b[1] **Anwendbarkeit von Vorschriften des stehenden Gewerbes für die Ausübung im Messe-, Ausstellungs- und Marktgewerbe.** (1) Für die Ausübung des Messe-, Ausstellungs- und Marktgewerbes gilt § 29 entsprechend.

(2) [1] Für die Ausübung des Bewachungsgewerbes, des Versteigerergewerbes, des Gewerbes der Makler, Bauträger und Baubetreuer, Wohnimmobilienverwalter, des Versicherungsvermittlergewerbes, des Versicherungsberatergewerbes, des Gewerbes des Finanzanlagenvermittlers und Honorar-Finanzanlagenberaters sowie des Gewerbes des Immobiliardarlehensvermittlers gelten § 34a Absatz 1a Satz 1 und Absatz 2 bis 5, § 34b Absatz 5 bis 8 und 10, § 34c Absatz 2a, 3 und 5, § 34d Absatz 1 Satz 6 und 7, Absatz 2 Satz 3 bis 6, Absatz 3 und 8 bis 10, § 34f Absatz 4 bis 6, § 34h Absatz 1 Satz 4 und Absatz 2 und 3, § 34i Absatz 5 bis 8 sowie die auf Grund des § 34a Absatz 2, des § 34b Absatz 8, des § 34c Absatz 3, des § 34e sowie der §§ 34g und 34j erlassenen Rechtsvorschriften entsprechend. [2] Die zuständige Behörde kann für die Versteigerung leicht verderblicher Waren für ihren Bezirk Ausnahmen zulassen.

Titel V. Taxen

§§ 72 bis 80 (weggefallen)

Titel VI. Innungen, Innungsausschüsse, Handwerkskammern, Innungsverbände

§§ 81 bis 104n (weggefallen)

Titel VIa. Handwerksrolle

§§ 104o bis 104u (weggefallen)

Titel VII.[2] Arbeitnehmer

I.[3] Allgemeine arbeitsrechtliche Grundsätze

§ 105[4] **Freie Gestaltung des Arbeitsvertrages.** [1] Arbeitgeber und Arbeitnehmer können Abschluss, Inhalt und Form des Arbeitsvertrages frei vereinbaren, soweit nicht zwingende gesetzliche Vorschriften, Bestimmungen eines anwendbaren Tarifvertrages oder einer Betriebsvereinbarung entgegenstehen. [2] Soweit die Vertragsbedingungen wesentlich sind, richtet sich ihr Nachweis nach den Bestimmungen des Nachweisgesetzes[5].

---

[1] § 71b neu gef. mWv 1.1.2003 durch G v. 24.8.2002 (BGBl. I S. 3412); Abs. 2 Satz 1 neu gef. mWv 22.5.2007 durch G v. 19.12.2006 (BGBl. I S. 3232); Abs. 2 Satz 1 geänd. mWv 1.1.2013 durch G v. 6.12. *2011 (BGBl. I S. 2481)*; Abs. 2 Satz 1 geänd. mWv 1.1.2013 durch G v. 5.12.2012 (BGBl. I S. 2415); Abs. 2 Satz 1 geänd. mWv 13.3.2013 durch G v. 4.3.2013 (BGBl. I S. 362); Abs. 2 Satz 1 geänd. mWv 1.8.2014 durch G v. 15.7.2013 (BGBl. I S. 2390); Abs. 2 Satz 1 neu gef. mWv 21.3.2016 durch G v. 11.3. 2016 (BGBl. I S. 396); Abs. 2 Satz 1 geänd. mWv 1.12.2016 durch G v. 4.11.2016 (BGBl. I S. 2456); Abs. 2 Satz 1 geänd. mWv 23.2.2018 durch G v. 20.7.2017 (BGBl. I S. 2789); Abs. 2 Satz 1 geänd. mWv 1.8.2018 durch G v. 17.10.2017 (BGBl. I S. 3562); Abs. 2 Satz 1 geänd. mWv 1.1.2023 durch G v. 9.11. 2022 (BGBl. I S. 2009).

[2] Titel VII Überschr. neu gef. mWv 1.1.2003 durch G v. 24.8.2002 (BGBl. I S. 3412).

[3] I. Abschn. Überschr. neu gef. mWv 1.1.2003 durch G v. 24.8.2002 (BGBl. I S. 3412).

[4] § 105 neu gef. mWv 1.1.2003 durch G v. 24.8.2002 (BGBl. I S. 3412).

[5] **Habersack ErgBd. Nr. 78a.**

§ 106[1)] Weisungsrecht des Arbeitgebers. [1]Der Arbeitgeber kann Inhalt, Ort und Zeit der Arbeitsleistung nach billigem Ermessen näher bestimmen, soweit diese Arbeitsbedingungen nicht durch den Arbeitsvertrag, Bestimmungen einer Betriebsvereinbarung, eines anwendbaren Tarifvertrages oder gesetzliche Vorschriften festgelegt sind. [2]Dies gilt auch hinsichtlich der Ordnung und des Verhaltens der Arbeitnehmer im Betrieb. [3]Bei der Ausübung des Ermessens hat der Arbeitgeber auch auf Behinderungen des Arbeitnehmers Rücksicht zu nehmen.

§ 107[2)] Berechnung und Zahlung des Arbeitsentgelts. (1) Das Arbeitsentgelt ist in Euro zu berechnen und auszuzahlen.

(2) [1]Arbeitgeber und Arbeitnehmer können Sachbezüge als Teil des Arbeitsentgelts vereinbaren, wenn dies dem Interesse des Arbeitnehmers oder der Eigenart des Arbeitsverhältnisses entspricht. [2]Der Arbeitgeber darf dem Arbeitnehmer keine Waren auf Kredit überlassen. [3]Er darf ihm nach Vereinbarung Waren in Anrechnung auf das Arbeitsentgelt überlassen, wenn die Anrechnung zu den durchschnittlichen Selbstkosten erfolgt. [4]Die geleisteten Gegenstände müssen mittlerer Art und Güte sein, soweit nicht ausdrücklich eine andere Vereinbarung getroffen worden ist. [5]Der Wert der vereinbarten Sachbezüge oder die Anrechnung der überlassenen Waren auf das Arbeitsentgelt darf die Höhe des pfändbaren Teils des Arbeitsentgelts nicht übersteigen.

(3) [1]Die Zahlung eines regelmäßigen Arbeitsentgelts kann nicht für die Fälle ausgeschlossen werden, in denen der Arbeitnehmer für seine Tätigkeit von Dritten ein Trinkgeld erhält. [2]Trinkgeld ist ein Geldbetrag, den ein Dritter ohne rechtliche Verpflichtung dem Arbeitnehmer zusätzlich zu einer dem Arbeitgeber geschuldeten Leistung zahlt.

§ 108[3)] Abrechnung des Arbeitsentgelts. (1) [1]Dem Arbeitnehmer ist bei Zahlung des Arbeitsentgelts eine Abrechnung in Textform zu erteilen. [2]Die Abrechnung muss mindestens Angaben über Abrechnungszeitraum und Zusammensetzung des Arbeitsentgelts enthalten. [3]Hinsichtlich der Zusammensetzung sind insbesondere Angaben über Art und Höhe der Zuschläge, Zulagen, sonstige Vergütungen, Art und Höhe der Abzüge, Abschlagszahlungen sowie Vorschüsse erforderlich.

(2) Die Verpflichtung zur Abrechnung entfällt, wenn sich die Angaben gegenüber der letzten ordnungsgemäßen Abrechnung nicht geändert haben.

(3) [1]Das Bundesministerium für Arbeit und Soziales wird ermächtigt, das Nähere zum Inhalt und Verfahren einer Entgeltbescheinigung, die zu Zwecken nach dem Sozialgesetzbuch sowie zur Vorlage bei den Sozial- und Familiengerichten verwendet werden kann, durch Rechtsverordnung[4)] zu bestimmen. [2]Besoldungsmitteilungen für Beamte, Richter oder Soldaten, die inhaltlich der Entgeltbescheinigung nach Satz 1 entsprechen, können für die in Satz 1 genannten Zwecke verwendet werden. [3]Der Arbeitnehmer kann vom Arbeitgeber zu anderen Zwe-

---

[1)] § 106 eingef. mWv 1.1.2003 durch G v. 24.8.2002 (BGBl. I S. 3412).

[2)] § 107 eingef. mWv 1.1.2003 durch G v. 24.8.2002 (BGBl. I S. 3412).

[3)] § 108 eingef. mWv 1.1.2003 durch G v. 24.8.2002 (BGBl. I S. 3412); Abs. 3 angef. mWv 23.12.2007 durch G v. 19.12.2007 (BGBl. I S. 3024); Abs. 3 neu gef. mWv 2.4.2009 durch G v. 28.3.2009 (BGBl. I S. 634); Abs. 3 neu gef. mWv 3.12.2011 durch G v. 23.11.2011 (BGBl. I S. 2298); Abs. 3 Satz 1 geänd. *mWv 1.1.2016 durch G v. 15.4.2015 (BGBl. I S. 583)*; Abs. 3 Satz 2 eingef., bish. Satz 2 wird Satz 3 mWv 1.1.2017 durch G v. 11.11.2016 (BGBl. I S. 2500).

[4)] Siehe die EntgeltbescheinigungsVO v. 19.12.2012 (BGBl. I S. 2712), zuletzt geänd. durch G v. 20.12.2022 (BGBl. I S. 2759).

cken eine weitere Entgeltbescheinigung verlangen, die sich auf die Angaben nach Absatz 1 beschränkt.

§ 109[1] Zeugnis. (1) [1] Der Arbeitnehmer hat bei Beendigung eines Arbeitsverhältnisses Anspruch auf ein schriftliches Zeugnis. [2] Das Zeugnis muss mindestens Angaben zu Art und Dauer der Tätigkeit (einfaches Zeugnis) enthalten. [3] Der Arbeitnehmer kann verlangen, dass sich die Angaben darüber hinaus auf Leistung und Verhalten im Arbeitsverhältnis (qualifiziertes Zeugnis) erstrecken.

(2) [1] Das Zeugnis muss klar und verständlich formuliert sein. [2] Es darf keine Merkmale oder Formulierungen enthalten, die den Zweck haben, eine andere als aus der äußeren Form oder aus dem Wortlaut ersichtliche Aussage über den Arbeitnehmer zu treffen.

(3) Das Zeugnis kann mit Einwilligung des Arbeitnehmers in elektronischer Form erteilt werden.

§ 110[2] Wettbewerbsverbot. [1] Arbeitgeber und Arbeitnehmer können die berufliche Tätigkeit des Arbeitnehmers für die Zeit nach Beendigung des Arbeitsverhältnisses durch Vereinbarung beschränken (Wettbewerbsverbot). [2] Die §§ 74 bis 75f des Handelsgesetzbuches[3] sind entsprechend anzuwenden.

§ 111[4] Pflichtfortbildungen. (1) Ist der Arbeitgeber durch Gesetz oder aufgrund eines Gesetzes, durch Tarifvertrag oder Betriebs- oder Dienstvereinbarung verpflichtet, dem Arbeitnehmer eine für die Erbringung der Arbeitsleistung erforderliche Fortbildung anzubieten, dürfen dem Arbeitnehmer die Kosten hierfür nicht auferlegt werden.

(2) [1] Fortbildungen nach Absatz 1 sollen während der regelmäßigen Arbeitszeit durchgeführt werden. [2] Soweit Fortbildungen nach Absatz 1 außerhalb der regelmäßigen Arbeitszeit durchgeführt werden müssen, gelten sie als Arbeitszeit.

§ 112 (weggefallen)

§§ 113–132a[5] *(aufgehoben)*

II.[6] Meistertitel

§ 133[7] Befugnis zur Führung des Baumeistertitels. Die Befugnis zur Führung des Meistertitels in Verbindung mit einer anderen Bezeichnung, die auf eine Tätigkeit im Baugewerbe hinweist, insbesondere des Titels Baumeister und Baugewerksmeister, wird durch Rechtsverordnung der Bundesregierung[8] mit Zustimmung des Bundesrates geregelt.

§§ 133a bis 133d (weggefallen)

§§ 133e–139aa[9] *(aufgehoben)*

---

[1] § 109 eingef. mWv 1.1.2003 durch G v. 24.8.2002 (BGBl. I S. 3412); Abs. 3 neu gef. mWv 1.1.2025 durch G v. 23.10.2024 (BGBl. 2024 I Nr. 323).

[2] § 110 eingef. mWv 1.1.2003 durch G v. 24.8.2002 (BGBl. I S. 3412).

[3] **Habersack Nr. 50.**

[4] § 111 neu gef. mWv 1.8.2022 durch G v. 20.7.2022 (BGBl. I S. 1174).

[5] §§ 113 bis 132a aufgeh. mWv 1.1.2003 durch G v. 24.8.2002 (BGBl. I S. 3412).

[6] Bish. Abschnitt IIIa. wird Abschnitt II. mWv 1.1.2003 durch G v. 24.8.2002 (BGBl. I S. 3412).

[7] § 133 neu gef. mWv 1.1.2003 durch G v. 24.8.2002 (BGBl. I S. 3412).

[8] **Amtl. Anm.:** Zuständige Stelle gemäß Artikel 129 Abs. 1 Satz 1 des Grundgesetzes *[Nr. 1].*

[9] §§ 133e bis 139aa aufgeh. mWv 1.1.2003 durch G v. 24.8.2002 (BGBl. I S. 3412).

III.[1)] Aufsicht

§ 139b[2)] **Gewerbeaufsichtsbehörde.** (1) [1]Die Aufsicht über die Ausführung der Bestimmungen der auf Grund des § 120e oder des § 139h erlassenen Rechtsverordnungen ist ausschließlich oder neben den ordentlichen Polizeibehörden besonderen von den Landesregierungen zu ernennenden Beamten zu übertragen. [2]Denselben stehen bei Ausübung dieser Aufsicht alle amtlichen Befugnisse der Ortspolizeibehörden, insbesondere das Recht zur jederzeitigen Besichtigung und Prüfung der Anlagen zu. [3]Die amtlich zu ihrer Kenntnis gelangenden Geschäfts- und Betriebsverhältnisse der ihrer Besichtigung und Prüfung unterliegenden Anlagen dürfen sie nur zur Verfolgung von Gesetzwidrigkeiten und zur Erfüllung von gesetzlich geregelten Aufgaben zum Schutz der Umwelt den dafür zuständigen Behörden offenbaren. [4]Soweit es sich bei Geschäfts- und Betriebsverhältnissen um Informationen über die Umwelt im Sinne des Umweltinformationsgesetzes[3)] handelt, richtet sich die Befugnis zu ihrer Offenbarung nach dem Umweltinformationsgesetz.

(2) Die Ordnung der Zuständigkeitsverhältnisse zwischen diesen Beamten und den ordentlichen Polizeibehörden bleibt der verfassungsmäßigen Regelung in den einzelnen Ländern vorbehalten.

(3) [1]Die erwähnten Beamten haben Jahresberichte über ihre amtliche Tätigkeit zu erstatten. [2]Diese Jahresberichte oder Auszüge aus denselben sind dem *Bundesrat* und dem Deutschen Bundestag vorzulegen.

(4) Die auf Grund der Bestimmungen der auf Grund des § 120e oder des § 139h erlassenen Rechtsverordnungen auszuführenden amtlichen Besichtigungen und Prüfungen müssen die Arbeitgeber zu jeder Zeit, namentlich auch in der Nacht, während des Betriebs gestatten.

(5) Die Arbeitgeber sind ferner verpflichtet, den genannten Beamten oder der Polizeibehörde diejenigen statistischen Mitteilungen über die Verhältnisse ihrer Arbeitnehmer zu machen, welche vom Bundesministerium für Arbeit und Soziales[4)] durch Rechtsverordnung mit Zustimmung des Bundesrates oder von der Landesregierung unter Festsetzung der dabei zu beobachtenden Fristen und Formen vorgeschrieben werden.

(5a) (weggefallen)

(6) [1]Die Beauftragten der zuständigen Behörden sind befugt, die Unterkünfte, auf die sich die Pflichten der Arbeitgeber nach der Arbeitsstättenverordnung[5)] beziehen, zu betreten und zu besichtigen. [2]Gegen den Willen der Unterkunftsinhaber ist dies jedoch nur zur Verhütung dringender Gefahren für die öffentliche Sicherheit oder Ordnung zulässig. [3]Das Grundrecht der Unverletzlichkeit der Wohnung (Artikel 13 des Grundgesetzes[6)]) wird insoweit eingeschränkt.

[1)] Bish. Abschn. V. wird Abschn. III. mWv 1.1.2003 durch G v. 24.8.2002 (BGBl. I S. 3412).

[2)] § 139b Abs. 8 Nr. 7 neu gef. mWv 1.8.2002 durch G v. 23.7.2002 (BGBl. I S. 2787); Abs. 1 Satz 1, Abs. 3 Satz 2, Abs. 4 und 6 Satz 1 geänd. mWv 1.1.2003 durch G v. 24.8.2002 (BGBl. I S. 3412); Abs. 5 geänd. mWv 28.11.2003 durch VO v. 25.11.2003 (BGBl. I S. 2304); Abs. 7 Nr. 2, Abs. 8 Nr. 1 geänd. mWv 1.1.2004 durch G v. 23.12.2003 (BGBl. I S. 2848); Abs. 7 Nr. 1, 6 und letzer Satzteil sowie Abs. 8 Nr. 5 geänd. mWv 1.1.2005 durch G v. 30.7.2004 (BGBl. I S. 1950); Abs. 5 geänd. mWv 8.11.2006 durch VO v. 31.10.2006 (BGBl. I S. 2407); Abs. 6 Satz 1 geänd. mWv 1.1.2021 durch G v. 22.12.2020 (BGBl. I S. 3334); Abs. 7 Nr. 1 und 3 geänd., Nr. 8–10 eingef., abschl. Satzteil neu gef., Abs. 8 Nr. 4 geänd. mWv 30.12.2025 durch G v. 22.12.2025 (BGBl. 2025 I Nr. 369).

[3)] Nr. **294**.

[4)] **Amtl. Anm.:** Zuständige Stelle gemäß Artikel 129 Abs. 1 Satz 1 des Grundgesetzes *[Nr. 1]*.

[5)] **Sartorius ErgBd. Nr. 801a.**

[6)] Nr. **1**.

(7) Ergeben sich im Einzelfall für die für den Arbeitsschutz zuständigen Landesbehörden konkrete Anhaltspunkte für

1. eine Beschäftigung oder Tätigkeit von Ausländern ohne erforderlichen Aufenthaltstitel nach § 4a Absatz 5 Satz 1 des Aufenthaltsgesetzes[1)], eine Erlaubnis oder Berechtigung nach § 4a Absatz 5 Satz 2 in Verbindung mit Absatz 4 des Aufenthaltsgesetzes, eine Aufenthaltsgestattung oder eine Duldung, die zur Ausübung der Beschäftigung berechtigen, oder eine Genehmigung nach § 284 Absatz 1 des Dritten Buches Sozialgesetzbuch[2)],
2. Verstöße gegen die Mitwirkungspflicht nach § 60 Abs. 1 Satz 1 Nr. 2 des Ersten Buches Sozialgesetzbuch[3)] gegenüber einer Dienststelle der Bundesagentur für Arbeit, einem Träger der gesetzlichen Kranken-, Pflege-, Unfall- oder Rentenversicherung oder einem Träger der Sozialhilfe oder gegen die Meldepflicht nach § 8a des Asylbewerberleistungsgesetzes[4)],
3. Verstöße gegen das Schwarzarbeitsbekämpfungsgesetz,
4. Verstöße gegen das Arbeitnehmerüberlassungsgesetz[5)],
5. Verstöße gegen Vorschriften des Vierten[6)] und Siebten Buches Sozialgesetzbuch[7)] über die Verpflichtung zur Zahlung von Sozialversicherungsbeiträgen,
6. Verstöße gegen das Aufenthaltsgesetz,
7. Verstöße gegen die Steuergesetze,
8. Verstöße gegen das Gesetz zur Sicherung von Arbeitnehmerrechten in der Fleischwirtschaft[8)],
9. Verstöße gegen das Mindestlohngesetz[9)],
10. Verstöße gegen das Arbeitnehmer-Entsendegesetz[10)],

unterrichten sie die für die Verfolgung und Ahndung der Verstöße jeweils zuständigen Behörden und, soweit erforderlich, die Träger der Sozialhilfe sowie die Behörden nach § 71 des Aufenthaltsgesetzes.

(8) In den Fällen des Absatzes 7 arbeiten die für den Arbeitsschutz zuständigen Landesbehörden insbesondere mit folgenden Behörden zusammen:

1. den Agenturen für Arbeit,
2. den Trägern der Krankenversicherung als Einzugsstellen für die Sozialversicherungsbeiträge,
3. den Trägern der Unfallversicherung,
4. den nach Landesrecht für die Verfolgung und Ahndung von Ordnungswidrigkeiten nach dem Schwarzarbeitsbekämpfungsgesetz zuständigen Behörden,
5. den in § 71 des Aufenthaltsgesetzes genannten Behörden,
6. den Finanzbehörden,

---

1) **Nr. 565.**
2) **Aichberger, SGB Nr. 3.**
3) **Sartorius ErgBd. Nr. 401.**
4) **Sartorius ErgBd. Nr. 418.**
5) **Habersack ErgBd. Nr. 84a.**
6) **Aichberger, SGB Nr. 4.**
7) **Aichberger, SGB Nr. 7.**
8) **Loseblatt-Textsammlung Arbeitsrecht Nr. 508.**
9) **Habersack ErgBd. Nr. 80c.**
10) **Loseblatt-Textsammlung Arbeitsrecht Nr. 506.**

7. den Behörden der Zollverwaltung,
8. den Rentenversicherungsträgern,
9. den Trägern der Sozialhilfe.

§§ 139c bis 139h (weggefallen)

§ 139i[1] *(aufgehoben)*

§§ 139k bis 139m (weggefallen)

Titel VIII. Gewerbliche Hilfskassen

§ 140[1] *(aufgehoben)*

§§ 141 bis 141f (weggefallen)

Titel IX. Statutarische Bestimmungen

§ 142[1] *(aufgehoben)*

Titel X. Straf- und Bußgeldvorschriften

§ 143 (weggefallen)

§ 144[2] **Verletzung von Vorschriften über erlaubnisbedürftige stehende Gewerbe.** (1) Ordnungswidrig handelt, wer vorsätzlich oder fahrlässig

1. ohne die erforderliche Erlaubnis
   a) (weggefallen)
   b) nach § 30 Abs. 1 eine dort bezeichnete Anstalt betreibt,

---

[1] §§ 139i, 140 und 142 aufgeh. mWv 1.1.2003 durch G v. 24.8.2002 (BGBl. I S. 3412).

[2] § 144 Abs. 4 geänd. mWv 1.1.2002 durch G v. 10.11.2001 (BGBl. I S. 2992); Abs. 2 Nr. 1, 3 und 4 geänd. und Nr. 5 angef. mWv 1.1.2003 durch G v. 23.7.2002 (BGBl. I S. 2724); Abs. 1 Nr. 1 Buchst. g und h, Abs. 4 geänd., Abs. 1 Nr. 1 Buchst. i angef., Abs. 3 Nr. 1 aufgeh. mWv 1.1.2003 durch G v. 24.8. 2002 (BGBl. I S. 3412); Abs. 2 Nr. 5 aufgeh. mWv 1.4.2003 durch G v. 11.10.2002 (BGBl. I S. 3970); Abs. 2 Nr. 1, 3 und 4 sowie Abs. 4 geänd., Abs. 2 Nr. 5 und 6 angef. mWv 1.7.2005 durch G v. 21.6.2005 (BGBl. I S. 1666); Abs. 1 Nr. 1 Buchst. h und i geänd., Buchst. j und k angef., Abs. 2 Nr. 1, 3, 5 und 6 geänd., Nr. 7 und 8 angef., Abs. 4 geänd. mWv 22.5.2007 durch G v. 19.12.2006 (BGBl. I S. 3232); Abs. 1 Nr. 1 Buchst. h und i geänd. mWv 1.11.2007 durch G v. 16.7.2007 (BGBl. I S. 1330); Abs. 1 Nr. 1 Buchst. h geänd. mWv 28.12.2009 durch G v. 17.7.2009 (BGBl. I S. 2091); Abs. 1 Nr. 1 Buchst. h und j geänd., Buchst. i neu gef., Buchst. l angef., Abs. 2 Nr. 5, 6 und 8 geänd., Nr. 7 neu gef., Nr. 9 angef., Abs. 4 geänd. mWv 1.1.2013 durch G v. 6.12.2011 (BGBl. I S. 2481); Abs. 2 Nr. 1 eingef., bish. Nr. 1 wird Nr. 1a und geänd., Nr. 4a eingef., Abs. 4 geänd. mWv 2.1.2013 durch G v. 5.12.2012 (BGBl. I S. 2415); Abs. 1 Nr. 1 Buchst. l geänd., Nr. 2 und 3 eingef., bish. Nr. 2 wird Nr. 4, Abs. 2 Nr. 1 eingef., bish. Nr. 1 und 1a werden Nr. 1a und 1b und neue Nr. 1b geänd., Abs. 4 neu gef., Abs. 5 angef. mWv 13.3.2013 durch G v. 4.3.2013 (BGBl. I S. 362); Abs. 1 Nr. 1 Buchst. k und l geänd., Buchst. m angef., Abs. 2 Nr. 5, 8 und 9 geänd., Nr. 10 und 11 angef., Abs. 4 geänd. mWv 1.8.2014 durch G v. 15.7.2013 (BGBl. I S. 2390); Abs. 1 Nr. 1 Buchst. l neu gef. mWv 19.7.2014 durch G v. 15.7.2014 (BGBl. I S. 934); Abs. 1 Nr. 1 Buchst. l und m geänd., Buchst. n angef., Abs. 2 Nr. 5–7, 9 und 10, Abs. 4 geänd. mWv 21.3.2016 durch G v. 11.3.2016 (BGBl. I S. 396); Abs. 2 Nr. 1b geänd. mWv 2.7.2016 durch G v. 30.6. 2016 (BGBl. I S. 1514); Abs. 1 Nr. 1 Buchst. j und k neu gef., Abs. 2 Nr. 1b, Nr. 3 und Nr. 9 geänd., Nr. 7 und 8 neu gef., Nr. 7a und 7b eingef. mWv 23.2.2018 durch G v. 20.7.2017 (BGBl. I S. 2789); *Abs. 1 Nr. 1 Buchst. j eingef., bish. Buchst. j–n werden Buchst. k–o*, Abs. 4 geänd. mWv 1.8.2018 durch G v. 17.10.2017 (BGBl. I S. 3562); Abs. 2 Nr. 7c eingef. mWv 15.12.2018 durch G v. 11.12.2018 (BGBl. I S. 2354); Abs. 2 Nr. 5a und Nr. 7c eingef., bish. Nr. 7c wird Nr. 7d mWv 1.1.2023 durch G v. 9.11.2022 (BGBl. I S. 2009).

c) nach § 33a Abs. 1 Satz 1 Schaustellungen von Personen in seinen Geschäftsräumen veranstaltet oder für deren Veranstaltung seine Geschäftsräume zur Verfügung stellt,

d) nach § 33c Abs. 1 Satz 1 ein Spielgerät aufstellt, nach § 33d Abs. 1 Satz 1 ein anderes Spiel veranstaltet oder nach § 33i Abs. 1 Satz 1 eine Spielhalle oder ein ähnliches Unternehmen betreibt,

e) nach § 34 Abs. 1 Satz 1 das Geschäft eines Pfandleihers oder Pfandvermittlers betreibt,

(Fortsetzung nächstes Blatt)

f) nach § 34a Abs. 1 Satz 1 Leben oder Eigentum fremder Personen bewacht,
g) nach § 34b Abs. 1 fremde bewegliche Sachen, fremde Grundstücke oder fremde Rechte versteigert,
h) nach § 34c Absatz 1 Satz 1 Nummer 1 oder Nummer 2 den Abschluß von Verträgen der dort bezeichneten Art vermittelt oder die Gelegenheit hierzu nachweist,
i) nach § 34c Absatz 1 Satz 1 Nummer 3 ein Bauvorhaben vorbereitet oder durchführt,
j) nach § 34c Absatz 1 Satz 1 Nummer 4 Wohnimmobilien verwaltet,
k) nach § 34d Absatz 1 Satz 1 den Abschluss eines dort genannten Vertrages vermittelt,
l) nach § 34d Absatz 2 Satz 1 über eine Versicherung oder Rückversicherung berät,
m) nach § 34f Absatz 1 Satz 1 Anlageberatung oder Anlagevermittlung erbringt,
n) nach § 34h Absatz 1 Satz 1 Anlageberatung erbringt oder
o) nach § 34i Absatz 1 Satz 1 den Abschluss von Verträgen der dort bezeichneten Art vermittelt oder Dritte zu solchen Verträgen berät,

2. ohne Zulassung nach § 31 Absatz 1 Leben oder Eigentum fremder Personen auf einem Seeschiff bewacht,
3. einer vollziehbaren Auflage nach § 31 Absatz 2 Satz 2 zuwiderhandelt oder
4. ohne eine nach § 47 erforderliche Erlaubnis das Gewerbe durch einen Stellvertreter ausüben läßt.

(2) Ordnungswidrig handelt auch, wer vorsätzlich oder fahrlässig

1. einer Rechtsverordnung nach § 31 Absatz 4 Satz 1 Nummer 1, 2, 3 Buchstabe a bis c oder Buchstabe d oder Nummer 4 oder Satz 2 oder einer vollziehbaren Anordnung auf Grund einer solchen Rechtsverordnung zuwiderhandelt, soweit die Rechtsverordnung für einen bestimmten Tatbestand auf diese Bußgeldvorschrift verweist,

1a. einer Rechtsverordnung nach § 33f Absatz 1 Nummer 1, 2 oder 4 oder einer vollziehbaren Anordnung aufgrund einer solchen Rechtsverordnung zuwiderhandelt, soweit die Rechtsverordnung für einen bestimmten Tatbestand auf diese Bußgeldvorschrift verweist,

1b. einer Rechtsverordnung nach § 33g Nr. 2, § 34 Abs. 2, § 34a Abs. 2, § 34b Abs. 8, § 34e Absatz 1 Satz 1 Nummer 2, 4 oder 7, Absatz 2 oder 3 oder § 38 Abs. 3 oder einer vollziehbaren Anordnung auf Grund einer solchen Rechtsverordnung zuwiderhandelt, soweit die Rechtsverordnung für einen bestimmten Tatbestand auf diese Bußgeldvorschrift verweist,

2. entgegen § 34 Abs. 4 bewegliche Sachen mit Gewährung des Rückkaufsrechts ankauft,

3. einer vollziehbaren Auflage nach § 33a Abs. 1 Satz 3, § 33c Abs. 1 Satz 3, § 33d Abs. 1 Satz 2, § 33e Abs. 3, § 33i Abs. 1 Satz 2, § 34 Abs. 1 Satz 2, § 34a Abs. 1 Satz 2, § 34b Abs. 3, § 34d Absatz 4 Satz 1, auch in Verbindung mit Absatz 6 Satz 3, oder § 36 Abs. 1 Satz 3 oder einer vollziehbaren Anordnung nach § 33c Abs. 3 Satz 3 oder § 34a Abs. 4 zuwiderhandelt,

4. ein Spielgerät ohne die nach § 33c Abs. 3 Satz 1 erforderliche Bestätigung der zuständigen Behörde aufstellt,

4a. entgegen § 33c Absatz 3 Satz 4 eine Person beschäftigt,

5. einer vollziehbaren Auflage nach § 34c Abs. 1 Satz 2, § 34f Absatz 1 Satz 2, § 34h Absatz 1 Satz 2 oder § 34i Absatz 1 Satz 2 zuwiderhandelt,
5a. entgegen § 34c Absatz 2a Satz 1 in Verbindung mit einer Rechtsverordnung nach § 34c Absatz 3 Nummer 3 sich nicht, nicht richtig, nicht vollständig oder nicht rechtzeitig weiterbildet,
6. einer Rechtsverordnung nach § 34c Abs. 3 oder § 34g Absatz 1 Satz 1 oder Absatz 2 Satz 1 Nummer 1, 2 oder 4 oder Satz 2 oder § 34j oder einer vollziehbaren Anordnung auf Grund einer solchen Rechtsverordnung zuwiderhandelt, soweit die Rechtsverordnung für einen bestimmten Tatbestand auf diese Bußgeldvorschrift verweist,
7. entgegen § 34d Absatz 1 Satz 7 eine Sondervergütung gewährt oder verspricht,
7a. entgegen § 34d Absatz 2 Satz 4, auch in Verbindung mit einer Rechtsverordnung nach § 34e Absatz 1 Nummer 3, eine Zuwendung annimmt,
7b. entgegen § 34d Absatz 2 Satz 6 die Auskehrung einer Zuwendung nicht, nicht vollständig oder nicht rechtzeitig veranlasst,
7c. entgegen § 34d Absatz 3, § 34h Absatz 2 Satz 1 oder § 34i Absatz 5 Satz 2 ein Gewerbe oder eine Tätigkeit ausübt,
7d. entgegen § 34d Absatz 9 Satz 2 in Verbindung mit einer Rechtsverordnung nach § 34e Absatz 1 Satz 1 Nummer 2 Buchstabe c sich nicht, nicht richtig, nicht vollständig oder nicht rechtzeitig weiterbildet,
8. entgegen § 34d Absatz 10 Satz 1 oder § 34f Absatz 5 oder 6 Satz 1 eine Eintragung nicht, nicht richtig oder nicht rechtzeitig vornehmen lässt,
9. entgegen § 34d Absatz 10 Satz 2, § 34f Absatz 5 oder Absatz 6 Satz 2 oder § 34i Absatz 8 Nummer 3 eine Mitteilung nicht, nicht richtig, nicht vollständig oder nicht rechtzeitig macht,
10. entgegen § 34h Absatz 3 Satz 2 oder § 34i Absatz 5 eine Zuwendung annimmt oder
11. entgegen § 34h Absatz 3 Satz 3 eine Zuwendung nicht, nicht vollständig oder nicht rechtzeitig auskehrt.

(3) Ordnungswidrig handelt ferner, wer vorsätzlich oder fahrlässig bei einer Versteigerung einer Vorschrift des § 34b Abs. 6 oder 7 zuwiderhandelt.

(4) Die Ordnungswidrigkeit kann in den Fällen des Absatzes 1 Nummer 1 Buchstabe m und n und Nummer 2 mit einer Geldbuße bis zu fünfzigtausend Euro, in den Fällen des Absatzes 1 Nummer 1 Buchstabe a bis l und o, Nummer 3 und 4 und des Absatzes 2 Nummer 1, 1a und 5 bis 11 mit einer Geldbuße bis zu fünftausend Euro, in den Fällen des Absatzes 2 Nummer 1b und 2 bis 4a mit einer Geldbuße bis zu dreitausend Euro und in den Fällen des Absatzes 3 mit einer Geldbuße bis zu eintausend Euro geahndet werden.

(5) Verwaltungsbehörde im Sinne des § 36 Absatz 1 Nummer 1 des Gesetzes über Ordnungswidrigkeiten[1] ist in den Fällen des Absatzes 1 Nummer 2 und 3 und des Absatzes 2 Nummer 1 das Bundesamt für Wirtschaft und Ausfuhrkontrolle.

§ 145[2] Verletzung von Vorschriften über das Reisegewerbe. (1) Ordnungswidrig handelt, wer vorsätzlich oder fahrlässig

---

[1] **Habersack Nr. 94.**

[2] § 145 Abs. 4 geänd. mWv 1.1.2002 durch G v. 10.11.2001 (BGBl. I S. 2992); Abs. 1 Nr. 1 und 3 neu gef., Nr. 2a eingef., Abs. 2 Nr. 6 und 7 geänd., Nr. 8 angef., Abs. 3 Nr. 1 und Abs. 4 geänd. mWv 1.1. →

1. ohne Erlaubnis nach § 55 Abs. 2
   a) eine Tätigkeit nach § 34f Absatz 1 Satz 1 oder § 34h Absatz 1 Satz 1 oder
   b) eine sonstige Tätigkeit als Reisegewerbe betreibt,
2. einer auf Grund des § 55f erlassenen Rechtsverordnung zuwiderhandelt, soweit sie für einen bestimmten Tatbestand auf diese Bußgeldvorschrift verweist,

2a. entgegen § 57 Abs. 3 das Versteigerergewerbe als Reisegewerbe ausübt,

3. einer vollziehbaren Anordnung nach § 59 Satz 1, durch die
   a) eine reisegewerbliche Tätigkeit nach § 34f Absatz 1 Satz 1 oder § 34h Absatz 1 Satz 1 oder
   b) eine sonstige reisegewerbliche Tätigkeit untersagt wird,

   zuwiderhandelt oder
4. ohne die nach § 60a Abs. 2 Satz 2 oder Abs. 3 Satz 1 erforderliche Erlaubnis ein dort bezeichnetes Reisegewerbe betreibt.

(2) Ordnungswidrig handelt auch, wer vorsätzlich oder fahrlässig

1. einer auf Grund des § 60a Abs. 2 Satz 4 in Verbindung mit § 33f Abs. 1 oder § 33g Nr. 2 erlassenen Rechtsverordnung zuwiderhandelt, soweit sie für einen bestimmten Tatbestand auf diese Bußgeldvorschrift verweist,
2. Waren im Reisegewerbe
   a) entgegen § 56 Abs. 1 Nr. 1 vertreibt,
   b) entgegen § 56 Abs. 1 Nr. 2 feilbietet oder ankauft oder
   c) entgegen § 56 Abs. 1 Nr. 3 feilbietet,
3. (weggefallen)
4. (weggefallen)
5. *(aufgehoben)*
6. entgegen § 56 Abs. 1 Nr. 6 Rückkauf- oder Darlehensgeschäfte abschließt oder vermittelt,
7. einer vollziehbaren Auflage nach
   a) § 55 Abs. 3, auch in Verbindung mit § 56 Abs. 2 Satz 3 zweiter Halbsatz,
   b) § 60a Abs. 2 Satz 4 in Verbindung mit § 33d Abs. 1 Satz 2 oder
   c) § 60a Abs. 3 Satz 2 in Verbindung mit § 33i Abs. 1 Satz 2

   zuwiderhandelt,
8. einer Rechtsverordnung nach § 61a Abs. 2 Satz 1 in Verbindung mit § 34a Abs. 2, § 34b Abs. 8, § 34e Absatz 1 Satz 1 Nummer 2, 4 oder 7, Absatz 2 oder 3 oder einer vollziehbaren Anordnung auf Grund einer solchen Rechtsverord-

---

(Fortsetzung der Anm. von voriger Seite)
2003 durch G v. 24.8.2002 (BGBl. I S. 3412); Abs. 2 Nr. 5 aufgeh. mWv 1.1.2004 durch G v. 24.12.2003 (BGBl. I S. 2934); Abs. 2 Nr. 7 und 8, Abs. 4 geänd., Abs. 2 Nr. 9 angef. mWv 1.7.2005 durch G v. 21.6. *2005 (BGBl. I S. 1666)*; Abs. 2 Nr. 8 und Abs. 3 Nr. 6 geänd. mWv 22.5.2007 durch G v. 19.12.2006 (BGBl. I S. 3232); Abs. 1 Nr. 1 Buchst a, Nr. 3 Buchst. a geänd. mWv 1.11.2007 durch G v. 16.7.2007 (BGBl. I S. 1330); Abs. 3 Nr. 3 neu gef., Nr. 9 und 10 geänd., Nr. 11 angef. mWv 14.9.2007 durch G v. 7.9.2007 (BGBl. I S. 2246); Abs. 3 Nr. 10 neu gef. mWv 25.3.2009 durch G v. 17.3.2009 (BGBl. I S. 550); Abs. 3 Nr. 5 aufgeh., Nr. 6 bis 9 geänd. mWv 28.12.2009 durch G v. 17.7.2009 (BGBl. I S. 2091); Abs. 1 Nr. 1 Buchst. a, Nr. 3 Buchst. a und Abs. 2 Nr. 9 geänd. mWv 1.1.2013 durch G v. 6.12.2011 (BGBl. I S. 2481); Abs. 1 Nr. 1 Buchst. a und Nr. 3 Buchst. a geänd. mWv 1.8.2014 durch G v. 15.7.2013 (BGBl. I S. 2390); Abs. 2 Nr. 9 neu gef. mWv 21.3.2016 durch G v. 11.3.2016 (BGBl. I S. 396); Abs. 2 Nr. 8 geänd. mWv 23.2.2018 durch G v. 20.7.2017 (BGBl. I S. 2789); Abs. 3 Nr. 1 geänd., Nr. 3–7 eingef., bish. Nr. 3 und 4 werden Nr. 8 und 9, Nr. 6–9 aufgeh., Abs. 4 geänd. mWv 28.5.2022 durch G v. 10.8. 2021 (BGBl. I S. 3504).

nung zuwiderhandelt, soweit die Rechtsverordnung für einen bestimmten Tatbestand auf diese Bußgeldvorschrift verweist oder

9. einer Rechtsverordnung nach § 61a Absatz 2 Satz 1 in Verbindung mit § 34c Absatz 3, mit § 34g Absatz 1 Satz 1 oder Absatz 2 Satz 1 Nummer 1, 2 oder 4 oder Satz 2, mit § 34j Absatz 1 Nummer 1 oder 3 oder Absatz 2 oder einer vollziehbaren Anordnung auf Grund dieser Rechtsverordnung zuwiderhandelt, soweit die Rechtsverordnung für einen bestimmten Tatbestand auf diese Bußgeldvorschrift verweist.

(3) Ordnungswidrig handelt ferner, wer vorsätzlich oder fahrlässig

1. entgegen § 55c oder § 56a Absatz 2 Satz 1, auch in Verbindung mit Satz 2, eine Anzeige nicht, nicht richtig, nicht vollständig oder nicht rechtzeitig erstattet,
2. an Sonn- oder Feiertagen eine im § 55e Abs. 1 bezeichnete Tätigkeit im Reisegewerbe ausübt,
3. entgegen § 56a Absatz 4 Satz 1 nicht sicherstellt, dass in der öffentlichen Ankündigung die dort genannten Informationen enthalten sind,
4. entgegen § 56a Absatz 4 Satz 2 eine Zuwendung ankündigt,
5. entgegen § 56a Absatz 5 Satz 1 ein Wanderlager leitet,
6. entgegen § 56a Absatz 6 Satz 1 eine Leistung oder Ware vertreibt oder vermittelt,
7. einer vollziehbaren Anordnung nach § 56a Absatz 7 zuwiderhandelt,
8. entgegen § 60c Abs. 1 Satz 1, auch in Verbindung mit § 56 Abs. 2 Satz 3 zweiter Halbsatz oder § 60c Abs. 2 Satz 2 oder Abs. 3 Satz 2, die Reisegewerbekarte oder eine dort genannte Unterlage nicht bei sich führt oder nicht oder nicht rechtzeitig vorzeigt oder eine dort genannte Tätigkeit nicht oder nicht rechtzeitig einstellt,
9. entgegen § 60c Abs. 1 Satz 2, auch in Verbindung mit § 56 Abs. 2 Satz 3, die geführten Waren nicht vorlegt,
10. entgegen § 60c Abs. 2 Satz 1 eine Zweitschrift oder eine beglaubigte Kopie der Reisegewerbekarte nicht oder nicht rechtzeitig aushändigt oder
11. entgegen § 60c Abs. 3 Satz 1 eine dort genannte Unterlage nicht mit sich führt.

(4) Die Ordnungswidrigkeit kann in den Fällen des Absatzes 1 Nr. 1 Buchstabe a und Nr. 3 Buchstabe a mit einer Geldbuße bis zu fünfzigtausend Euro, in den Fällen des Absatzes 3 mit einer Geldbuße bis zu zehntausend Euro, in den Fällen des Absatzes 1 Nr. 1 Buchstabe b, Nr. 2, 2a, 3 Buchstabe b, Nr. 4 und des Absatzes 2 Nr. 9 mit einer Geldbuße bis zu fünftausend Euro und in den Fällen des Absatzes 2 Nr. 1 bis 8 mit einer Geldbuße bis zu zweitausendfünfhundert Euro geahndet werden.

§ 146[1)] Verletzung sonstiger Vorschriften über die Ausübung eines Gewerbes. (1) Ordnungswidrig handelt, wer vorsätzlich oder fahrlässig

---

[1)] § 146 Abs. 3 geänd. mWv 1.1.2002 durch G v. 10.11.2001 (BGBl. I S. 2992); Abs. 2 Nr. 4, 5 und neue Nr. 10, Abs. 3 geänd., Abs. 2 Nr. 8 neu gef., Nr. 9 eingef., Nr. 11 angef., bish. Nr. 9 wird Nr. 10, bish. Nr. 10 wird Nr. 12 mWv 1.1.2003 durch G v. 24.8.2002 (BGBl. I S. 3412); Abs. 2 Nr. 11 und Abs. 3 geänd., Nr. 11a eingef. mWv 1.7.2005 durch G v. 21.6.2005 (BGBl. I S. 1666); Abs. 2 Nr. 11 geänd. *mWv 22.5.2007 durch G v. 19.12.2006 (BGBl. I S. 3232)*; Abs. 2 Nr. 8 Buchst. a geänd. mWv 1.11.2007 durch G v. 16.7.2007 (BGBl. I S. 1330); Abs. 2 Nr. 1 und 8 geänd. mWv 14.9.2007 durch G v. 7.9.2007 (BGBl. I S. 2246); Abs. 2 Nr. 2 und 3 aufgeh. mWv 25.3.2009 durch G v. 17.3.2009 (BGBl. I S. 550); Abs. 2 Nr. 1 eingef., bish. Nr. 1 wird Nr. 2, Nr. 3 eingef., Nr. 10 aufgeh. mWv 28.12.2009 durch G v. →

1. einer vollziehbaren Anordnung
   a) nach § 35 Abs. 1 Satz 1 oder 2,
   b) nach § 35 Abs. 7a Satz 1, 3 in Verbindung mit Abs. 1 Satz 1 oder 2 oder
   c) nach § 35 Abs. 9 in Verbindung mit den in den Buchstaben a oder b genannten Vorschriften

   zuwiderhandelt,

1a. einer mit einer Erlaubnis nach § 35 Abs. 2, auch in Verbindung mit Abs. 9, verbundenen vollziehbaren Auflage zuwiderhandelt oder

2. entgegen einer vollziehbaren Anordnung nach § 51 Satz 1 eine gewerbliche Anlage benutzt.

(2) Ordnungswidrig handelt ferner, wer vorsätzlich oder fahrlässig

1. einer Rechtsverordnung[1] nach § 6c oder einer vollziehbaren Anordnung auf Grund einer solchen Rechtsverordnung zuwiderhandelt, soweit die Rechtsverordnung für einen bestimmten Tatbestand auf diese Bußgeldvorschrift verweist,

1a. entgegen § 7 Absatz 1 Satz 1, auch in Verbindung mit Satz 2, oder § 11b Absatz 6 Satz 2 oder 3 eine Mitteilung nicht, nicht richtig, nicht vollständig, nicht in der vorgeschriebenen Weise oder nicht rechtzeitig macht,

2. entgegen
   a) § 13a Absatz 1 Satz 1 oder Absatz 6 Satz 2,
   b) § 14 Absatz 1 Satz 1, auch in Verbindung mit Satz 2, Absatz 2 oder einer Rechtsverordnung nach § 14 Absatz 14 Satz 2 Nummer 1, oder
   c) § 14 Absatz 3 Satz 1

   eine Anzeige nicht, nicht richtig, nicht vollständig oder nicht rechtzeitig erstattet,

3. entgegen § 14 Absatz 3 Satz 2 oder Satz 3 eine dort genannte Angabe nicht, nicht richtig, nicht vollständig, nicht in der vorgeschriebenen Weise oder nicht rechtzeitig anbringt,

4. entgegen § 29 Abs. 1, auch in Verbindung mit Abs. 4, jeweils auch in Verbindung mit § 61a Abs. 1 oder § 71b Abs. 1, eine Auskunft nicht, nicht richtig, nicht vollständig oder nicht rechtzeitig erteilt,

5. im Wochenmarktverkehr andere als nach § 67 Abs. 1 oder 2 zugelassene Waren feilbietet,

6. entgegen § 69 Abs. 3 eine Anzeige nicht, nicht richtig oder nicht rechtzeitig erstattet,

7. einer vollziehbaren Auflage nach § 69a Abs. 2, auch in Verbindung mit § 60b Abs. 2 erster Halbsatz, zuwiderhandelt,

---

(Fortsetzung der Anm. von voriger Seite)
17.7.2009 (BGBl. I S. 2091); Abs. 2 Nr. 2 neu gef. mWv 15.7.2011 durch G v. 11.7.2011 (BGBl. I S. 1341); Abs. 2 Nr. 8 Buchst. a geänd. mWv 1.1.2013 durch G v. 6.12.2011 (BGBl. I S. 2481); Abs. 2 Nr. 11a geänd. mWv 13.3.2013 durch G v. 4.3.2013 (BGBl. I S. 362); Abs. 2 Nr. 8 Buchst. a geänd. mWv 1.8.2014 durch G v. 15.7.2013 (BGBl. I S. 2390); Abs. 2 Nr. 2 Buchst. a eingef., bish. Buchst. a und b werden Buchst. b und c mWv 18.1.2016 durch G v. 22.12.2015 (BGBl. I S. 2572); Abs. 2 Nr. 11a geänd. mWv 21.3.2016 durch G v. 11.3.2016 (BGBl. I S. 396); Abs. 2 Nr. 11 geänd. mWv 23.2.2018 durch G v. 20.7.2017 (BGBl. I S. 2789); Abs. 2 Nr. 1a eingef. mWv 1.1.2019 durch G v. 29.11.2018 (BGBl. I S. 2666); Abs. 2 Nr. 1a und Abs. 3 geänd. mWv 1.1.2023 durch G v. 9.11.2022 (BGBl. I S. 2009).

[1] Siehe die Dienstleistungs-Informationspflichten-VO v. 12.3.2010 (BGBl. I S. 267), geänd. durch VO v. 12.11.2021 (BGBl. I S. 4921).

8. einer vollziehbaren Anordnung nach § 70a Abs. 1, auch in Verbindung mit § 60b Abs. 2, zuwiderhandelt, durch die die Teilnahme an einer dort genannten Veranstaltung
   a) zum Zwecke der Ausübung einer Tätigkeit nach § 34f Absatz 1 Satz 1 oder § 34h Absatz 1 Satz 1 oder
   b) zum Zwecke der Ausübung einer sonstigen gewerbsmäßigen Tätigkeit

   untersagt wird,
9. entgegen § 70a Abs. 3 das Versteigerergewerbe auf einer Veranstaltung im Sinne der §§ 64 bis 68 ausübt,
10. *(aufgehoben)*
11. einer Rechtsverordnung nach § 71b Abs. 2 Satz 1 in Verbindung mit § 34a Abs. 2, § 34b Abs. 8, § 34e Absatz 1 Satz 1 Nummer 2, 4 oder 7, Absatz 2 oder 3 oder einer vollziehbaren Anordnung auf Grund einer solchen Rechtsverordnung zuwiderhandelt, soweit die Rechtsverordnung für einen bestimmten Tatbestand auf diese Bußgeldvorschrift verweist,

11a. einer Rechtsverordnung nach § 71b Abs. 2 Satz 1 in Verbindung mit § 34c Abs. 3, § 34g Absatz 1 Satz 1 oder Absatz 2 Satz 1 Nummer 1, 2 oder Nummer 4 oder Satz 2 oder § 34j oder einer vollziehbaren Anordnung auf Grund dieser Rechtsverordnung zuwiderhandelt, soweit die Rechtsverordnung für einen bestimmten Tatbestand auf diese Bußgeldvorschrift verweist oder

12. entgegen einer nach § 133 Abs. 2 Satz 1 ergangenen Rechtsverordnung die Berufsbezeichnung „Baumeister“ oder eine Berufsbezeichnung führt, die das Wort „Baumeister“ enthält und auf eine Tätigkeit im Baugewerbe hinweist.

(3) Die Ordnungswidrigkeit kann in den Fällen des Absatzes 2 Nr. 8 Buchstabe a mit einer Geldbuße bis zu fünfzigtausend Euro, in den Fällen der Absätze 1 und 2 Nummer 1a und 11a mit einer Geldbuße bis zu fünftausend Euro, in den Fällen des Absatzes 2 Nr. 4 und 7 mit einer Geldbuße bis zu zweitausendfünfhundert Euro, in den übrigen Fällen des Absatzes 2 mit einer Geldbuße bis zu eintausend Euro geahndet werden.

§ 147[1)] Verletzung von Arbeitsschutzvorschriften. (1) Ordnungswidrig handelt, wer vorsätzlich oder fahrlässig

1. eine Besichtigung oder Prüfung nach § 139b Abs. 1 Satz 2, Abs. 4, 6 Satz 1 oder 2 nicht gestattet oder
2. entgegen § 139b Abs. 5 eine vorgeschriebene statistische Mitteilung nicht, nicht richtig, nicht vollständig oder nicht rechtzeitig macht.

(2) Die Ordnungswidrigkeit kann mit einer Geldbuße geahndet werden.

§ 147a[2)] Verbotener Erwerb von Edelmetallen und Edelsteinen. (1) Es ist verboten, von Minderjährigen gewerbsmäßig

1. Edelmetalle (Gold, Silber, Platin und Platinbeimetalle), edelmetallhaltige Legierungen sowie Waren aus Edelmetall oder edelmetallhaltigen Legierungen oder
2. Edelsteine, Schmucksteine, synthetische Steine oder Perlen

---

[1)] § 147 Abs. 3 geänd. mWv 1.1.2002 durch G v. 10.11.2001 (BGBl. I S. 2992); bish. Abs. 1 und 3 aufgeh., bish. Abs. 2 wird Abs. 1 und geänd., neuer Abs. 2 eingef. mWv 1.1.2003 durch G v. 24.8.2002 (BGBl. I S. 3412).

[2)] § 147a Abs. 2 Satz 2 geänd. mWv 1.1.2002 durch G v. 10.11.2001 (BGBl. I S. 2992).

zu erwerben.

(2) [1] Ordnungswidrig handelt, wer vorsätzlich oder fahrlässig Gegenstände der in Absatz 1 bezeichneten Art von Minderjährigen gewerbsmäßig erwirbt. [2] Die Ordnungswidrigkeit kann mit einer Geldbuße bis zu fünftausend Euro geahndet werden.

§ 147b[1)] Verletzung von Vorschriften über die Insolvenzsicherung bei Pauschalreisen und verbundenen Reiseleistungen. (1) Ordnungswidrig handelt, wer

1. entgegen § 651t Nummer 1, auch in Verbindung mit § 651u Absatz 1 Satz 1 oder § 651w Absatz 3 Satz 4, oder
2. entgegen § 651t Nummer 2, auch in Verbindung mit § 651u Absatz 1 Satz 1, § 651v Absatz 2 Satz 1 oder § 651w Absatz 3 Satz 4,

des Bürgerlichen Gesetzbuchs[2)] eine Rückbeförderung vereinbart oder eine Zahlung fordert oder annimmt.

(2) Die Ordnungswidrigkeit kann in den Fällen des Absatzes 1 Nummer 1 mit einer Geldbuße bis zu dreißigtausend Euro, in den Fällen des Absatzes 1 Nummer 2 mit einer Geldbuße bis zu fünftausend Euro geahndet werden.

§ 147c[3)] Verstoß gegen Wohlverhaltenspflichten bei der Vermittlung von Versicherungsanlageprodukten. (1) Ordnungswidrig handelt, wer bei der Vermittlung eines Versicherungsanlageproduktes im Sinne des Artikels 2 Absatz 1 Nummer 17 der Richtlinie (EU) 2016/97 des Europäischen Parlaments und des Rates vom 20. Januar 2016 über Versicherungsvertrieb (Neufassung) (ABl. L 26 vom 2.2.2016, S. 19)

1. entgegen § 59 Absatz 1 Satz 2 in Verbindung mit § 7c Absatz 1 Satz 1 des Versicherungsvertragsgesetzes[4)] eine Information nicht, nicht richtig, nicht vollständig oder nicht rechtzeitig erfragt oder
2. entgegen § 59 Absatz 1 Satz 2 in Verbindung mit § 7c Absatz 1 Satz 2 des Versicherungsvertragsgesetzes ein Versicherungsanlageprodukt empfiehlt.

(2) [1] Die Ordnungswidrigkeit kann mit einer Geldbuße bis zu fünfhunderttausend Euro geahndet werden. [2] § 30 Absatz 2 Satz 3 des Gesetzes über Ordnungswidrigkeiten[5)] ist anzuwenden.

§ 147d[6)] Verletzung von Vorschriften über die digitale operationale Resilienz durch Versicherungsvermittler nach § 34d Absatz 1, Versicherungsberater nach § 34d Absatz 2 und Versicherungsvermittler in Nebentätigkeit nach § 34d Absatz 6. (1) Ordnungswidrig handelt, wer als Person im Anwendungsbereich dieses Gesetzes gegen die Verordnung (EU) 2022/2554 des Europäischen Parlaments und des Rates vom 14. Dezember 2022 über die digitale operationale Resilienz im Finanzsektor und zur Änderung der Verordnungen (EG) Nr. 1060/2009, (EU) Nr. 648/2012, (EU) Nr. 600/2014, (EU) Nr. 909/2014

---

1) § 147b neu gef. mWv 1.7.2018 durch G v. 17.7.2017 (BGBl. I S. 2394); Überschrift neu gef., Abs. 1 abschl. Satzteil geänd. mWv 1.7.2021 durch G v. 25.6.2021 (BGBl. I S. 2114).

2) **Habersack Nr. 20.**

3) § 147c eingef. mWv 23.2.2018 durch G v. 20.7.2017 (BGBl. I S. 2789).

4) **Habersack Nr. 62.**

5) **Habersack Nr. 94.**

6) § 147d eingef. mWv 30.12.2024 durch G v. 27.12.2024 (BGBl. 2024 I Nr. 438).

und (EU) 2016/1011 (ABl. L 333 vom 27.12.2022, S. 1) verstößt, indem er vorsätzlich oder fahrlässig,

1. einer vollziehbaren Anordnung nach Artikel 6 Absatz 5 Satz 3, Artikel 28 Absatz 3 Unterabsatz 4 oder Artikel 42 Absatz 6 Satz 1 zuwiderhandelt,
2. entgegen Artikel 19 Absatz 4 der zuständigen Behörde dort genannte Meldung nicht, nicht richtig, nicht vollständig oder nicht rechtzeitig vorlegt,
3. entgegen Artikel 28 Absatz 3 Unterabsatz 3 der zuständigen Behörde einen Bericht nicht, nicht richtig, nicht vollständig oder nicht rechtzeitig erstattet,
4. entgegen Artikel 28 Absatz 3 Unterabsatz 5 der zuständigen Behörde die Unterrichtung nicht, nicht richtig, nicht vollständig oder nicht rechtzeitig übermittelt oder
5. entgegen Artikel 45 Absatz 3 eine Mitteilung nicht, nicht richtig, nicht vollständig oder nicht rechtzeitig vornimmt.

(2) Die Ordnungswidrigkeit kann mit einer Geldbuße bis zu fünfhunderttausend Euro geahndet werden.

§ 148[1] Strafbare Verletzung gewerberechtlicher Vorschriften. Mit Freiheitsstrafe bis zu einem Jahr oder mit Geldstrafe wird bestraft, wer

1. eine in § 144 Abs. 1, § 145 Abs. 1, 2 Nr. 2 oder 6 oder § 146 Abs. 1 bezeichnete Zuwiderhandlung beharrlich wiederholt oder
2. durch eine in § 144 Abs. 1 Nr. 1 Buchstabe b, Absatz 2 Nummer 1a oder Nummer 1b, § 145 Abs. 1, 2 Nr. 1 oder 2, oder § 146 Abs. 1 bezeichnete Zuwiderhandlung Leben oder Gesundheit eines anderen oder fremde Sachen von bedeutendem Wert gefährdet.

§ 148a Strafbare Verletzung von Prüferpflichten. (1) Mit Freiheitsstrafe bis zu drei Jahren oder mit Geldstrafe wird bestraft, wer als Prüfer oder als Gehilfe eines Prüfers über das Ergebnis einer Prüfung nach § 16 Abs. 1 oder 2 der Makler- und Bauträgerverordnung[2] falsch berichtet oder erhebliche Umstände im Bericht verschweigt.

(2) Handelt der Täter gegen Entgelt oder in der Absicht, sich oder einen anderen zu bereichern oder einen anderen zu schädigen, so ist die Strafe Freiheitsstrafe bis zu fünf Jahren oder Geldstrafe.

§ 148b Fahrlässige Hehlerei von Edelmetallen und Edelsteinen. Wer gewerbsmäßig mit den in § 147a Abs. 1 bezeichneten Gegenständen Handel treibt oder gewerbsmäßig Edelmetalle und edelmetallhaltige Legierungen und Rückstände hiervon schmilzt, probiert oder scheidet oder aus den Gemengen und Verbindungen von Edelmetallabfällen mit Stoffen anderer Art Edelmetalle wiedergewinnt und beim Betrieb eines derartigen Gewerbes einen der in § 147a Abs. 1 bezeichneten Gegenstände, von dem er fahrlässig nicht erkannt hat, daß ihn ein anderer gestohlen oder sonst durch eine gegen ein fremdes Vermögen gerichtete rechtswidrige Tat erlangt hat, ankauft oder sich oder einem Dritten verschafft, ihn absetzt oder absetzen hilft, um sich oder einen anderen zu bereichern, wird mit Freiheitsstrafe bis zu einem Jahr oder mit Geldstrafe bestraft.

---

[1] *§ 148 Nr. 2 geänd. mWv 1.1.2003 durch G v. 24.8.2002* (BGBl. I S. 3412); Nr. 1 geänd. mWv 1.1.2004 durch G v. 24.12.2003 (BGBl. I S. 2934); Nr. 2 geänd. mWv 13.3.2013 durch G v. 4.3.2013 (BGBl. I S. 362).

[2] **Habersack ErgBd. Nr. 32a.**

§ 148c[1] Einziehung. [1] Ist eine Ordnungswidrigkeit nach § 144 Absatz 1 Nummer 1 Buchstabe d oder Absatz 2 Nummer 1a, 3 oder 4 oder § 145 Absatz 1 Nummer 4 oder Absatz 2 Nummer 1 oder 7 Buchstabe b oder c begangen worden, so können

1. Gegenstände, auf die sich die Ordnungswidrigkeit bezieht, oder
2. Gegenstände, die zu ihrer Begehung oder Vorbereitung gebraucht worden oder bestimmt gewesen sind,

eingezogen werden. [2] § 23 des Gesetzes über Ordnungswidrigkeiten[2] ist anzuwenden.

Titel XI. Gewerbezentralregister

§ 149[3] Einrichtung eines Gewerbezentralregisters. (1) Das Bundesamt für Justiz (Registerbehörde) führt ein Gewerbezentralregister.

(2) [1] In das Register sind einzutragen

1. die vollziehbaren und die nicht mehr anfechtbaren Entscheidungen einer Verwaltungsbehörde, durch die wegen Unzuverlässigkeit oder Ungeeignetheit
   a) ein Antrag auf Zulassung (Erlaubnis, Genehmigung, Konzession, Bewilligung) zu einem Gewerbe oder einer sonstigen wirtschaftlichen Unternehmung abgelehnt oder eine erteilte Zulassung zurückgenommen oder widerrufen,
   b) die Ausübung eines Gewerbes, die Tätigkeit als Vertretungsberechtigter einer Gewerbetreibenden oder als mit der Leitung eines Gewerbebetriebes beauftragte Person oder der Betrieb oder die Leitung einer sonstigen wirtschaftlichen Unternehmung untersagt,
   c) ein Antrag auf Erteilung eines Befähigungsscheines nach § 20 des Sprengstoffgesetzes[4] abgelehnt oder ein erteilter Befähigungsschein entzogen,
   d) im Rahmen eines Gewerbebetriebes oder einer sonstigen wirtschaftlichen Unternehmung die Befugnis zur Einstellung oder Ausbildung von Auszubildenden entzogen oder die Beschäftigung, Beaufsichtigung, Anweisung oder Ausbildung von Kindern und Jugendlichen verboten oder
   e) die Führung von Kraftverkehrsgeschäften untersagt

   wird,
2. Verzichte auf eine Zulassung zu einem Gewerbe oder einer sonstigen wirtschaftlichen Unternehmung während eines Rücknahme- oder Widerrufsverfahrens wegen Unzuverlässigkeit oder Ungeeignetheit,
3. rechtskräftige Bußgeldentscheidungen, insbesondere auch solche wegen einer Steuerordnungswidrigkeit, die aufgrund von Taten ergangen sind, die

---

[1] § 148c eingef. mWv *1.1.2023* durch G v. 9.11.2022 (BGBl. I S. 2009).

[2] **Habersack Nr. 94.**

[3] § 149 Abs. 2 Satz 1 Nr. 3 geänd. mWv 1.1.2002 durch G v. 13.12.2001 (BGBl. I S. 3584); Abs. 2 Satz 1 Nr. 3 geänd. mWv 1.1.2003 durch G v. 24.8.2002 (BGBl. I S. 3412); Abs. 2 Satz 1 Nr. 3 geänd., Nr. 4 angef. mWv 1.4.2004 durch G v. 23.12.2003 (BGBl. I S. 2848); Abs. 2 Satz 1 Nr. 4 geänd. mWv 1.8.2004 durch G v. 23.7.2004 (BGBl. I S. 1842); Abs. 1 neu gef. mWv 1.1.2007 durch G v. 17.12.2006 (BGBl. I S. 3171); Abs. 2 Satz 2 geänd. mWv 1.5.2014 durch G v. 28.8.2013 (BGBl. I S. 3313); Abs. 2 Satz 1 Nr. 1 Buchst. c und d geänd., Buchst. e angef. mWv 5.12.2014 durch G v. 28.11.2014 (BGBl. I S. 1802); Abs. 2 Satz 1 Nr. 2 und Nr. 3 einl. und abschl. Satzteil geänd. mWv 29.7.2017; Abs. 3 und 4 angef. mWv 31.8.2020 durch G v. 18.7.2017 (BGBl. I S. 2732).

[4] **Sartorius ErgBd. Nr. 822.**

a) bei oder in Zusammenhang mit der Ausübung eines Gewerbes oder dem Betrieb einer sonstigen wirtschaftlichen Unternehmung oder
b) bei der Tätigkeit in einem Gewerbe oder einer sonstigen wirtschaftlichen Unternehmung von einem Vertreter oder Beauftragten im Sinne des § 9 des Gesetzes über Ordnungswidrigkeiten[1] oder von einer Person, die in einer Rechtsvorschrift ausdrücklich als Verantwortlicher bezeichnet ist,

begangen worden sind, wenn die Geldbuße mehr als 200 Euro beträgt,

4. rechtskräftige strafgerichtliche Verurteilungen wegen einer Straftat nach den §§ 10 und 11 des Schwarzarbeitsbekämpfungsgesetzes[2], nach den §§ 15 und 15a des Arbeitnehmerüberlassungsgesetzes[3] oder nach § 266a Abs. 1, 2 und 4 des Strafgesetzbuches[4], die bei oder im Zusammenhang mit der Ausübung eines Gewerbes oder dem Betrieb einer sonstigen wirtschaftlichen Unternehmung begangen worden ist, wenn auf Freiheitsstrafe von mehr als drei Monaten oder Geldstrafe von mehr als 90 Tagessätzen erkannt worden ist.

[2] Von der Eintragung sind Entscheidungen und Verzichte ausgenommen, die nach § 28 des Straßenverkehrsgesetzes[5] in das Fahreignungsregister einzutragen sind.

(3) [1] Gerichte und Behörden teilen der Registerbehörde die in Absatz 2 genannten Entscheidungen und Tatsachen mit. [2] Stellen sie fest, dass die mitgeteilten Daten unrichtig sind, haben sie der Registerbehörde dies und, soweit und sobald sie bekannt sind, die richtigen Daten unverzüglich anzugeben. [3] Stellt die Registerbehörde eine Unrichtigkeit fest, hat sie die richtigen Daten der mitteilenden Stelle zu übermitteln oder die mitteilende Stelle zu ersuchen, die richtigen Daten mitzuteilen. [4] In beiden Fällen hat die Registerbehörde die unrichtige Eintragung zu berichtigen. [5] Die mitteilende Stelle sowie Stellen, denen nachweisbar eine unrichtige Auskunft erteilt worden ist, sind hiervon zu unterrichten, sofern es sich nicht um eine offenbare Unrichtigkeit handelt. [6] Die Unterrichtung der mitteilenden Stelle unterbleibt, wenn seit Eingang der Mitteilung nach Satz 1 mehr als fünf Jahre verstrichen sind. [7] Die Frist verlängert sich bei Verurteilungen zu Freiheitsstrafe um deren Dauer.

(4) [1] Legt die betroffene Person schlüssig dar, dass eine Eintragung unrichtig ist, hat die Registerbehörde die Eintragung mit einem Sperrvermerk zu versehen, solange sich weder die Richtigkeit noch die Unrichtigkeit der Eintragung feststellen lassen. [2] Die Daten dürfen außer zur Prüfung der Richtigkeit und außer zur Auskunftserteilung in den Fällen des § 150a Absatz 2 Nummer 1 und 2 ohne Einwilligung der betroffenen Person nicht verarbeitet oder genutzt werden. [3] In der Auskunft nach Satz 2 ist auf den Sperrvermerk hinzuweisen. [4] Im Übrigen wird nur auf den Sperrvermerk hingewiesen.

§ 150[6] Auskunft auf Antrag der betroffenen Person. (1) [1] Auf Antrag erteilt die Registerbehörde einer Person Auskunft über den sie betreffenden Inhalt des Registers. [2] Das Auskunftsrecht nach Artikel 15 der Verordnung (EU) 2016/679[7]

---

[1] **Habersack Nr. 94.**
[2] **Habersack ErgBd. Nr. 94b.**
[3] **Habersack ErgBd. Nr. 84a.**
[4] **Habersack Nr. 85.**
[5] **Habersack Nr. 35.**
[6] § 150 Abs. 5 Satz 1 geänd. mWv 12.12.2012 durch G v. 5.12.2012 (BGBl. I S. 2415); Abs. 2 Satz 1 neu gef. mWv *14.9.2013 durch G* v. 6.9.2013 (BGBl. I S. 3556); Überschrift geänd. mWv 29.7.2017 durch G v. 18.7.2017 (BGBl. I S. 2732, geänd. mWv 26.11.2019 durch G v. 20.11.2019, BGBl. I S. 1626); Überschrift neu gef., Abs. 1 Satz 2 angef., Abs. 4 geänd., Abs. 5 Satz 3 aufgeh. mWv 26.11.2019 durch G v. 20.11.2019 (BGBl. I S. 1626); Abs. 2 Satz 2 geänd. mWv 1.1.2022 durch G v. 10.8.2021 (BGBl. I →

wird dadurch gewährleistet, dass die Registerbehörde der betroffenen Person einen formlosen kostenfreien Auszug über den sie betreffenden Inhalt des Registers erteilt.

(2) [1] Wohnt der Antragsteller innerhalb des Geltungsbereichs dieses Gesetzes, ist der Antrag bei der nach § 155 Absatz 2 zuständigen Behörde zu stellen; sofern der Antragsteller nicht persönlich erscheint, ist eine schriftliche Antragstellung mit amtlich oder öffentlich beglaubigter Unterschrift des Antragstellers zulässig. [2] Der Antragsteller hat seine Identität und, wenn er als gesetzlicher Vertreter handelt, seine Vertretungsmacht nachzuweisen; er kann sich bei der Antragstellung durch einen Bevollmächtigten oder eine Bevollmächtigte nur vertreten lassen, wenn die Bevollmächtigung im Handels- oder Genossenschaftsregister eingetragen ist. [3] Die Behörde nimmt die Gebühr für die Auskunft entgegen, behält davon drei Achtel ein und führt den Restbetrag an die Bundeskasse ab.

(3) [1] Wohnt der Antragsteller außerhalb des Geltungsbereichs dieses Gesetzes, so kann er den Antrag unmittelbar bei der Registerbehörde stellen. [2] Absatz 2 Satz 2 gilt entsprechend.

(4) Die Übersendung der Auskunft an eine andere Person als die betroffene Person ist nicht zulässig.

(5) [1] Für die Vorbereitung der Entscheidung über einen Antrag auf Zulassung zu einem Gewerbe oder einer sonstigen wirtschaftlichen Unternehmung, auf öffentliche Bestellung und Vereidigung nach § 36, auf Erteilung eines Befähigungsscheins nach § 20 des Sprengstoffgesetzes[1)] oder zur Überprüfung der Zuverlässigkeit nach § 38 Abs. 1 kann die Auskunft auch zur Vorlage bei einer Behörde beantragt werden. [2] Dies gilt auch für Zwecke einer Zuverlässigkeitsüberprüfung durch die Bundesanstalt für Finanzdienstleistungsaufsicht. [3] Wird die Auskunft zur Vorlage bei einer Behörde beantragt, ist sie der Behörde unmittelbar zu übersenden.

§ 150a[2)] Auskunft an Behörden oder öffentliche Auftraggeber. (1) [1] Auskünfte aus dem Register werden für

---

(Fortsetzung der Anm. von voriger Seite)
S. 3420); Abs. 5 Satz 2 eingef., bish. Satz 2 wird Satz 3 mWv 10.2.2026 durch G v. 4.2.2026 (BGBl. 2026 I Nr. 33).

[7)] Nr. **246**.

[1)] **Sartorius ErgBd. Nr. 822.**

[2)] § 150a Abs. 2 Nr. 3 geänd. mWv 1.1.2002 durch G v. 13.12.2001 (BGBl. I S. 3584); Abs. 1 Satz 1 Nr. 1 Buchst. b geänd. und Nr. 4 angef. mWv 1.8.2002 durch G v. 23.7.2002 (BGBl. I S. 2787); Überschrift neu gef., Abs. 1 Satz 1 Nr. 4 und Satz 2 geänd. mWv 1.4.2004 durch G v. 23.12.2003 (BGBl. I S. 2848); Abs. 5 neu gef. mWv 1.4.2004 durch G v. 24.12.2003 (BGBl. I S. 2954); Abs. 1 Satz 1 Nr. 1 Buchst. b neu gef. und Nr. 4 geänd. mWv 1.8.2004 durch G v. 23.7.2004 (BGBl. I S. 1842); Abs. 2 Nr. 1 geänd. mWv 1.1.2005 durch G v. 30.7.2004 (BGBl. I S. 1950); Abs. 2 Nr. 4 angef. mWv 1.7.2005 durch G v. 7.7.2005 (BGBl. I S. 1954); Abs. 1 Satz 1 Nr. 1 Buchst. b und Nr. 4 geänd. mWv 28.4.2009 durch G v. 22.4.2009 (BGBl. I S. 818); Abs. 1 Satz 1 Nr. 4 geänd. mWv 27.4.2012 durch G v. 15.12.2011 (BGBl. I S. 2714); Abs. 2 Nr. 1 geänd. mWv 12.12.2012 durch G v. 5.12.2012 (BGBl. I S. 2415); Abs. 1 Satz 1 Nr. 4 geänd. mWv 30.6.2013 durch G v. 26.6.2013 (BGBl. I S. 1738); Abs. 1 Satz 1 Nr. 1 Buchst. b und Nr. 4 geänd. mWv 16.8.2014 durch G v. 11.8.2014 (BGBl. I S. 1348); Abs. 1 Satz 1 Nr. 2 Buchst. b geänd. mWv 5.12.2014 durch G v. 28.11.2014 (BGBl. I S. 1802); Abs. 1 Satz 2 geänd. mWv 18.4.2016 durch G v. 17.2.2016 (BGBl. I S. 203); Abs. 2 Nr. 5 angef. mWv 26.6.2017 durch G v. 23.6.2017 (BGBl. I S. 1822); Abs. 1 Satz 1 Nr. 2 Buchst. a und b, Abs. 2 Nr. 1–4 und Abs. 3 geänd., Abs. 7 angef. mWv 29.7. 2017; Abs. 2 Nr. 6 eingef. mWv 31.8.2020 durch G v. 18.7.2017 (BGBl. I S. 2732, ber. S. 3431); Abs. 1 Satz 1 Nr. 4 aufgeh., Satz 2 geänd. mWv 1.6.2025 durch G v. 18.7.2017 (BGBl. I S. 2739, geänd. durch G v. 18.1.2021, BGBl. I S. 2, iVm Bek. v. 18.10.2021, BAnz AT 29.10.2021 B3, und Bek. v. 16.2.2022, BGBl. I S. 306); Abs. 5 aufgeh., bish. Abs. 6 und 7 werden Abs. 5 und 6 mWv 26.11.2019 durch G v. 20.11.2019 (BGBl. I S. 1626); Abs. 2 Nr. 4 geänd. mWv 19.1.2021 durch G v. 18.1.2021 (BGBl. I S. 2); →

1. die Verfolgung wegen einer
   a) in § 148 Nr. 1,
   b) in § 404 Abs. 1, 2 Nr. 3 des Dritten Buches Sozialgesetzbuch[1], in § 8 Abs. 1 des Schwarzarbeitsbekämpfungsgesetzes[2], § 21 Absatz 1 Nummer 1 bis 10, 12 und 13 sowie Absatz 2 des Mindestlohngesetzes[3], in § 23 Absatz 1 Nummer 1 bis 11 und 13 sowie Absatz 2 des Arbeitnehmer-Entsendegesetzes[4] und in § 16 Abs. 1 bis 2 des Arbeitnehmerüberlassungsgesetzes[5]

   bezeichneten Ordnungswidrigkeit,
2. die Vorbereitung
   a) der Entscheidung über die in § 149 Absatz 2 Satz 1 Nr. 1 Buchstabe a und c bezeichneten Anträge,
   b) der übrigen in § 149 Absatz 2 Satz 1 Nr. 1 Buchstabe a bis e bezeichneten Entscheidungen,
   c) von Verwaltungsentscheidungen auf Grund des Straßenverkehrsgesetzes[6], des Fahrlehrergesetzes, des Fahrpersonalgesetzes[7], des Binnenschiffahrtsaufgabengesetzes oder der auf Grund dieser Gesetze erlassenen Rechtsvorschriften über Eintragungen, die das Personenbeförderungsgesetz[8] oder das Güterkraftverkehrsgesetz[9] betreffen,
3. die Vorbereitung von Rechtsvorschriften und allgemeinen Verwaltungsvorschriften, insoweit nur in anonymisierter Form,
4. *(aufgehoben)*

erteilt. [2] Auskunftsberechtigt sind die Behörden, denen die in Satz 1 bezeichneten Aufgaben obliegen.

(2) Auskünfte aus dem Register werden ferner
1. den Gerichten und Staatsanwaltschaften über die in § 149 Absatz 2 Satz 1 Nr. 1 und 2 bezeichneten Eintragungen für Zwecke der Rechtspflege, zur Verfolgung von Straftaten nach § 148 Nr. 1, nach § 95 Abs. 1 Nr. 4 des Aufenthaltsgesetzes[10] und § 27 Absatz 2 Nummer 2 des Jugendschutzgesetzes[11] auch über die in § 149 Absatz 2 Satz 1 Nr. 3 bezeichneten Eintragungen,
2. den Kriminaldienst verrichtenden Dienststellen der Polizei für Zwecke der Verhütung und Verfolgung der in § 74c Abs. 1 Nr. 1 bis 6 des Gerichtsverfassungsgesetzes[12] aufgeführten Straftaten über die in § 149 Absatz 2 Satz 1 Nr. 1 und 2 bezeichneten Eintragungen,

---

(Fortsetzung der Anm. von voriger Seite)
Abs. 2 Nr. 6 geänd., Nr. 7 angef. mWv 28.12.2022 durch G v. 19.12.2022 (BGBl. I S. 2606); Abs. 1 Satz 1 Nr. 1 Buchst. b geänd. mWv 1.7.2023 durch G v. 28.6.2023 (BGBl. 2023 I Nr. 172); Abs. 2 Nr. 7 geänd., Nr. 8 angef. mWv 19.7.2024 durch G v. 15.7.2024 (BGBl. 2024 I Nr. 236); Abs. 1 Satz 1 Nr. 1 Buchst. b geänd. mWv 30.12.2025 durch G v. 22.12.2025 (BGBl. 2025 I Nr. 369); Abs. 2 Nr. 6 geänd. mWv 16.1. 2026 durch G v. 11.1.2026 (BGBl. 2026 I Nr. 6).

[1] **Aichberger, SGB Nr. 3.**
[2] **Habersack ErgBd. Nr. 94b.**
[3] **Habersack ErgBd. Nr. 80c.**
[4] **Loseblatt-Textsammlung Arbeitsrecht Nr. 506.**
[5] **Habersack ErgBd. Nr. 84a.**
[6] **Habersack Nr. 35.**
[7] **Loseblatt-Textsammlung Arbeitsrecht Nr. 356.**
[8] Nr. **950.**
[9] *Nr.* **952.**
[10] Nr. **565.**
[11] Nr. **400.**
[12] **Habersack Nr. 95.**

3. den zuständigen Behörden für die Aufhebung der in § 149 Absatz 2 Satz 1 Nr. 3 bezeichneten Bußgeldentscheidungen, auch wenn die Geldbuße weniger als 200 Euro beträgt,
4. den nach § 82 Absatz 1 des Gesetzes gegen Wettbewerbsbeschränkungen zuständigen Behörden zur Verfolgung von Ordnungswidrigkeiten nach § 81 Abs. 1 bis 3 des Gesetzes gegen Wettbewerbsbeschränkungen über die in § 149 Abs. 2 Satz 1 Nr. 3 bezeichneten Eintragungen,
5. der Zentralstelle für Finanztransaktionsuntersuchungen zur Erfüllung ihrer Aufgaben nach dem Geldwäschegesetz[1],
6. den Verfassungsschutzbehörden des Bundes und der Länder, dem Bundesnachrichtendienst und dem Militärischen Abschirmdienst für die diesen Behörden übertragenen Sicherheitsaufgaben nach dem Sicherheitsüberprüfungsgesetz[2] des Bundes oder einer entsprechenden landesrechtlichen Vorschrift,
7. der Zentralstelle für Sanktionsdurchsetzung,
8. der Bundesnetzagentur für Elektrizität, Gas, Telekommunikation, Post und Eisenbahnen zur Wahrnehmung ihrer Aufgaben nach Kapitel 2 des Postgesetzes[3] über die in § 149 Absatz 2 Satz 1 Nummer 3 bezeichneten Eintragungen

erteilt.

(Fortsetzung nächstes Blatt)

[1] **Habersack ErgBd. Nr. 88a.**
[2] **Sartorius III Nr. 810.**
[3] **Sartorius ErgBd. Nr. 910.**

(3) Auskünfte über Bußgeldentscheidungen wegen einer Steuerordnungswidrigkeit dürfen nur in den in Absatz 1 Satz 1 Nr. 1 und 2 genannten Fällen erteilt werden.

(4) Die auskunftsberechtigten Stellen haben den Zweck anzugeben, für den die Auskunft benötigt wird.

(5) Die Auskünfte aus dem Register dürfen nur den mit der Entgegennahme oder Bearbeitung betrauten Bediensteten zur Kenntnis gebracht werden.

(6) Soweit eine Auskunft nach den Absätzen 1 und 2 nur für eingeschränkte Zwecke erteilt wird, darf die auskunftsberechtigte Stelle nicht die Vorlage einer Auskunft nach § 150 Absatz 1 verlangen.

§ 150b[1)] Auskunft für die wissenschaftliche Forschung. (1) Die Registerbehörde kann Hochschulen, anderen Einrichtungen, die wissenschaftliche Forschung betreiben, und öffentlichen Stellen Auskunft aus dem Register erteilen, soweit diese für die Durchführung bestimmter wissenschaftlicher Forschungsarbeiten erforderlich ist.

(2) Die Auskunft ist zulässig, soweit das öffentliche Interesse an der Forschungsarbeit das schutzwürdige Interesse der betroffenen Person an dem Ausschluß der Auskunft erheblich überwiegt.

(3) Die Auskunft wird in anonymisierter Form erteilt, wenn der Zweck der Forschungsarbeit unter Verwendung solcher Informationen erreicht werden kann.

(4) [1] Vor Erteilung der Auskunft wird von der Registerbehörde zur Geheimhaltung verpflichtet, wer nicht Amtsträger oder für den öffentlichen Dienst besonders Verpflichteter ist. [2] § 1 Abs. 2 und 3 des Verpflichtungsgesetzes findet entsprechende Anwendung.

(5) Die Übermittlung für Forschungsarbeiten Dritter im Sinne des Artikels 4 Nummer 10 der Verordnung (EU) 2016/679[2)] richtet sich nach den Absätzen 1 bis 4 und bedarf der Zustimmung der Registerbehörde.

(6) [1] Die Informationen sind gegen unbefugte Kenntnisnahme durch Dritte zu schützen. [2] Die wissenschaftliche Forschung betreibende Stelle hat dafür zu sorgen, daß die Verarbeitung der personenbezogenen Informationen räumlich und organisatorisch getrennt von der Erfüllung solcher Verwaltungsaufgaben oder Geschäftszwecke erfolgt, für die diese Informationen gleichfalls von Bedeutung sein können.

(7) [1] Sobald der Forschungszweck es erlaubt, sind die personenbezogenen Informationen zu anonymisieren. [2] Solange dies noch nicht möglich ist, sind die Merkmale gesondert aufzubewahren, mit denen Einzelangaben über persönliche oder sachliche Verhältnisse einer bestimmten oder bestimmbaren Person zugeordnet werden können. [3] Sie dürfen mit den Einzelangaben nur zusammengeführt werden, soweit der Forschungszweck dies erfordert.

(8) Wer nach den Absätzen 1 bis 3 personenbezogene Informationen erhalten hat, darf diese nur veröffentlichen, wenn dies für die Darstellung von Forschungsergebnissen über Ereignisse der Zeitgeschichte unerläßlich ist.

(9) Ist der Empfänger eine nichtöffentliche Stelle, finden die Vorschriften der Verordnung (EU) 2016/679 auch Anwendung für die nichtautomatisierte Verarbei-

---

[1)] § 150b Abs. 1 neu gef., Abs. 4 Satz 1 und Abs. 5 Satz 2 geänd. mWv 1.1.2007 durch G v. 17.12.2006 (BGBl. I S. 3171); Abs. 2 und 6 Satz 2 geänd., Abs. 5 und 9 neu gef. mWv 26.11.2019 durch G v. 20.11. 2019 (BGBl. I S. 1626).

[2)] Nr. **246**.

tung personenbezogener Daten, die nicht in einem Dateisystem gespeichert sind oder gespeichert werden sollen.

§ 150c[1)] Auskunft an ausländische sowie über- und zwischenstaatliche Stellen. (1) [1] Ersuchen von Stellen eines anderen Staates sowie von über- und zwischenstaatlichen Stellen um Erteilung einer Auskunft aus dem Register werden nach den hierfür geltenden völkerrechtlichen Verträgen, soweit an ihnen nach Artikel 59 Absatz 2 Satz 1 des Grundgesetzes[2)] die gesetzgebenden Körperschaften mitgewirkt haben, von der Registerbehörde ausgeführt und mit Zustimmung des Bundesministeriums der Justiz bewilligt. [2] Die Übermittlung personenbezogener Daten muss im Einklang mit Kapitel V der Verordnung (EU) 2016/679[3)] und den sonstigen allgemeinen datenschutzrechtlichen Vorschriften stehen.

(2) [1] Ersuchen eines anderen Mitgliedstaates der Europäischen Union um Erteilung einer Auskunft werden von der Registerbehörde ausgeführt und bewilligt. [2] Die Auskunft kann, soweit kein völkerrechtlicher Vertrag im Sinne des Absatzes 1 vorliegt, dem ersuchenden Mitgliedstaat für die gleichen Zwecke und in gleichem Umfang wie gegenüber vergleichbaren deutschen Stellen erteilt werden. [3] Der ausländische Empfänger ist darauf hinzuweisen, dass er die Auskunft nur zu dem Zweck verwenden darf, für den sie erteilt worden ist. [4] Die Auskunftserteilung unterbleibt, wenn sie in Widerspruch zur Charta der Grundrechte der Europäischen Union[4)] steht.

(3) [1] Ersuchen eines anderen Mitgliedstaates um Erteilung einer Auskunft aus dem Register für nichtstrafrechtliche Zwecke, deren Art oder Umfang in diesem Gesetz nicht vorgesehen ist, erledigt die Registerbehörde, soweit die Erteilung nach Maßgabe eines Rechtsaktes der Europäischen Union geboten ist, es sei denn, dass eine besondere fachliche Bewertung zur Beschränkung der Auskunft erforderlich ist. [2] Ist eine solche Bewertung erforderlich, erhält die für die internationale Amtshilfe zuständige Behörde eine Auskunft aus dem Register. [3] Absatz 2 Satz 2 und 3 und § 8e des Verwaltungsverfahrensgesetzes[5)] gelten entsprechend.

(4) Die Verantwortung für die Zulässigkeit der Übermittlung trägt die übermittelnde Stelle.

§ 150d[6)] Protokollierungen. (1) Die Registerbehörde fertigt zu den von ihr erteilten Auskünften Protokolle, die folgende Daten enthalten:

1. die Vorschrift des Gesetzes, auf der die Auskunft beruht,
2. die in der Anfrage und der Auskunft verwendeten Daten der betroffenen Person,
3. die Bezeichnung der Stelle, die um Erteilung der Auskunft ersucht hat, sowie die Bezeichnung der empfangenden Stelle,
4. den Zeitpunkt der Auskunftserteilung,
5. den Namen der Person, die die Auskunft erteilt hat,

[1)] § 150c eingef. mWv 22.12.2011 durch G v. 15.12.2011 (BGBl. I S. 2714); Abs. 1 geänd. mWv 8.9.2015 durch VO v. 31.8.2015 (BGBl. I S. 1474); Abs. 1 Satz 2 angef. mWv 26.11.2019 durch G v. 20.11.2019 (BGBl. I S. 1626); Abs. 1 Satz 1 geänd. mWv 1.1.2023 durch G v. 9.11.2022 (BGBl. I S. 2009); Abs. 1 Satz 1 geänd. mWv 9.12.2022 durch G v. 4.12.2022 (BGBl. I S. 2146).

[2)] Nr. **1**.

[3)] Nr. **246**.

[4)] Nr. **1002**.

[5)] *Nr.* ***100***.

[6)] § 150d eingef. mWv 27.4.2012 durch G v. 15.12.2011 (BGBl. I S. 2714); Abs. 3 angef. mWv 31.8.2020 durch G v. 18.7.2017 (BGBl. I S. 2732, aufgeh. mWv 26.11.2019 durch G v. 20.11.2019, BGBl. I S. 1626); Abs. 2 Satz 1 geänd., Abs. 3 angef. mWv 26.11.2019 durch G v. 20.11.2019 (BGBl. I S. 1626).

6. das Aktenzeichen oder den Zweck, wenn keine Auskunft nach § 150 Absatz 1 vorliegt.

(2) [1]Die Protokolldaten dürfen nur zu internen Prüfzwecken, zur Datenschutzkontrolle und zur Auskunft aus Protokolldaten entsprechend Absatz 3 verarbeitet werden. [2]Sie sind durch geeignete Vorkehrungen gegen Missbrauch zu schützen. [3]Die Protokolldaten sind nach einem Jahr zu löschen, es sei denn, sie werden weiterhin für Zwecke nach Satz 1 benötigt. [4]Danach sind sie unverzüglich zu löschen.

(3) [1]Soweit sich das Auskunftsrecht der betroffenen Person nach Artikel 15 der Verordnung (EU) 2016/679[1)] auf Auskünfte bezieht, die einer Stelle nach § 150a Absatz 1 Satz 2 oder Absatz 2 erteilt wurden, entscheidet die Registerbehörde über die Beschränkung des Auskunftsrechts nach Maßgabe des Bundesdatenschutzgesetzes im Einvernehmen mit dieser Stelle. [2]Für die Antragsberechtigung und das Verfahren gilt § 150 Absatz 2 bis 4 entsprechend.

§ 150e[2)] Elektronische Antragstellung. (1) [1]Erfolgt die Antragstellung abweichend von § 150 Absatz 2 oder Absatz 3 elektronisch, ist der Antrag unter Nutzung des im Internet angebotenen Zugangs unmittelbar bei der Registerbehörde oder über das Nutzerkonto nach § 3 Absatz 1 Satz 1 des Onlinezugangsgesetzes[3)] zu stellen. [2]Der Antragsteller kann sich bei der Antragstellung nicht durch einen Bevollmächtigten vertreten lassen. [3]Handelt der Antragsteller als gesetzlicher Vertreter, hat er seine Vertretungsmacht nachzuweisen.

(2) [1]Der elektronische Identitätsnachweis nach § 18 des Personalausweisgesetzes[4)], nach § 12 des eID-Karte-Gesetzes oder nach § 78 Absatz 5 des Aufenthaltsgesetzes[5)] ist zu führen. [2]Der Nachweis ist ausschließlich über elektronische Identifizierungssysteme zulässig, die mit dem Vertrauensniveau „hoch" im Sinne des Artikels 8 Absatz 2 Buchstabe c der Verordnung (EU) Nr. 910/2014[6)] des Europäischen Parlaments und des Rates vom 23. Juli 2014 über elektronische Identifizierung und Vertrauensdienste für elektronische Transaktionen im Binnenmarkt und zur Aufhebung der Richtlinie 1999/93/EG (ABl. L 257 vom 28.8.2014, S. 73; L 23 vom 29.1.2015, S. 19; L 155 vom 14.6.2016, S. 44) notifiziert sind. [3]Um den elektronischen Identitätsnachweis führen zu können, müssen aus dem elektronischen Speicher- und Verarbeitungsmedium des Personalausweises, der eID-Karte, eines mobilen Endgeräts oder des elektronischen Aufenthaltstitels an die Registerbehörde übermittelt werden:

1. die Daten nach § 18 Absatz 3 Satz 1 des Personalausweisgesetzes, nach § 12 Absatz 3 Satz 2 des eID-Karte-Gesetzes in Verbindung mit § 18 Absatz 3 Satz 1 des Personalausweisgesetzes oder nach § 78 Absatz 5 Satz 2 des Aufenthaltsgesetzes in Verbindung mit § 18 Absatz 3 Satz 1 des Personalausweisgesetzes und
2. Familienname, Geburtsname, Vornamen, Geburtsort sowie Geburtsdatum, Staatsangehörigkeit und Anschrift.

---

1) Nr. **246**.

2) § 150e eingef. mWv 1.9.2014 durch G v. 6.9.2013 (BGBl. I S. 3556); Abs. 2 Satz 1, Satz 2 einl. Satzteil und Nr. 1 geänd. mWv 1.11.2019 durch G v. 21.6.2019 (BGBl. I S. 846); Abs. 1 Satz 1 geänd., Abs. 2 Satz 2 eingef., bish. Satz 2 wird Satz 3 und einl. Satzteil geänd., bish. Sätze 3, 4 werden Sätze 4, 5 mWv 9.12.2022 durch G v. 4.12.2022 (BGBl. I S. 2146); Abs. 1 Satz 1 geänd. mWv 24.7.2024 durch G v. 19.7.2024 (BGBl. 2024 I Nr. 245).

3) **Sartorius III Nr. 718.**

4) Nr. **255**.

5) Nr. **565**.

6) **Sartorius III Nr. 741.**

[4] Lässt das elektronische Speicher- und Verarbeitungsmedium die Übermittlung des Geburtsnamens nicht zu, ist der Geburtsname im Antrag anzugeben und nachzuweisen. [5] Bei der Datenübermittlung ist ein dem jeweiligen Stand der Technik entsprechendes sicheres Verfahren zu verwenden, das die Vertraulichkeit und Integrität des elektronisch übermittelten Datensatzes gewährleistet.

(3) [1] Vorzulegende Nachweise sind gleichzeitig mit dem Antrag elektronisch einzureichen und ihre Echtheit sowie inhaltliche Richtigkeit sind an Eides statt zu versichern. [2] Bei vorzulegenden Schriftstücken kann die Registerbehörde im Einzelfall die Vorlage des Originals verlangen.

(4) [1] Die näheren Einzelheiten des elektronischen Verfahrens regelt die Registerbehörde. [2] Im Übrigen gilt § 150 entsprechend.

§ 150f[1)] Automatisiertes Auskunftsverfahren. [1] Die Einrichtung eines automatisierten Anfrage- und Auskunftsverfahrens für die Übermittlung personenbezogener Daten ist zulässig, soweit diese Form der Datenübermittlung unter Berücksichtigung der schutzwürdigen Interessen der betroffenen Personen wegen der Vielzahl der Übermittlungen oder wegen ihrer besonderen Eilbedürftigkeit angemessen ist und wenn gewährleistet ist, dass die Daten gegen den unbefugten Zugriff Dritter bei der Übermittlung wirksam geschützt werden. [2] § 493 Absatz 2 und 3 Satz 1 und 2 der Strafprozessordnung[2)] gilt entsprechend.

§ 151[3)] Eintragungen in besonderen Fällen. (1) In den Fällen des § 149 Absatz 2 Satz 1 Nr. 1 Buchstabe a und b ist die Eintragung auch bei

1. dem Vertretungsberechtigten einer juristischen Person,
2. der mit der Leitung des Betriebs oder einer Zweigniederlassung beauftragten Person,

die unzuverlässig oder ungeeignet sind, vorzunehmen, in den Fällen des § 149 Absatz 2 Satz 1 Nr. 1 Buchstabe b jedoch nur, sofern der betroffenen Person die Ausübung eines Gewerbes oder die Tätigkeit als Vertretungsberechtigter eines Gewerbetreibenden oder als mit der Leitung eines Gewerbebetriebes beauftragte Person nicht selbst untersagt worden ist.

(2) Wird eine nach § 149 Absatz 2 Satz 1 Nr. 1 eingetragene vollziehbare Entscheidung unanfechtbar, so ist dies in das Register einzutragen.

(3) Sind in einer Bußgeldentscheidung mehrere Geldbußen festgesetzt (§ 20 des Gesetzes über Ordnungswidrigkeiten[4)]), von denen nur ein Teil einzutragen ist, so sind lediglich diese einzutragen.

(4) In das Register ist der rechtskräftige Beschluß einzutragen, durch den das Gericht hinsichtlich einer eingetragenen Bußgeldentscheidung die Wiederaufnahme des Verfahrens anordnet (§ 85 Abs. 1 des Gesetzes über Ordnungswidrigkeiten).

(5) [1] Wird durch die endgültige Entscheidung in dem Wiederaufnahmeverfahren die frühere Entscheidung aufrechterhalten, so ist dies in das Register einzutragen. [2] Andernfalls wird die Eintragung nach Absatz 4 aus dem Register entfernt. [3] Enthält die neue Entscheidung einen einzutragenden Inhalt, so ist dies mitzuteilen.

[1)] § 150f eingef. mWv 18.8.2021 durch G v. 10.8.2021 (BGBl. I S. 3420).
[2)] ***Habersack Nr. 90.***
[3)] § 151 Abs. 1 einl. und abschl. Satzteil und Abs. 2 geänd. mWv 29.7.2017 durch G v. 18.7.2017 (BGBl. I S. 2732); Abs. 1 abschl. Satzteil geänd. mWv 26.11.2019 durch G v. 20.11.2019 (BGBl. I S. 1626).
[4)] **Habersack Nr. 94.**

§ 152[1] Entfernung von Eintragungen. (1) Wird eine nach § 149 Absatz 2 Satz 1 Nr. 1 eingetragene Entscheidung aufgehoben oder eine solche Entscheidung oder ein nach § 149 Absatz 2 Satz 1 Nr. 2 eingetragener Verzicht durch eine spätere Entscheidung gegenstandslos, so wird die Entscheidung oder der Verzicht aus dem Register entfernt.

(2) Ebenso wird verfahren, wenn die Behörde eine befristete Entscheidung erlassen hat oder in der Mitteilung an das Register bestimmt hat, daß die Entscheidung nur für eine bestimmte Frist eingetragen werden soll, und diese Frist abgelaufen ist.

(3) Das gleiche gilt, wenn die Vollziehbarkeit einer nach § 149 Absatz 2 Satz 1 Nr. 1 eingetragenen Entscheidung auf Grund behördlicher oder gerichtlicher Entscheidung entfällt.

(4) Eintragungen, die eine über 80 Jahre alte Person betreffen, werden aus dem Register entfernt.

(5) Wird ein Bußgeldbescheid in einem Strafverfahren aufgehoben (§ 86 Abs. 1, § 102 Abs. 2 des Gesetzes über Ordnungswidrigkeiten[2]), so wird die Eintragung aus dem Register entfernt.

(6) [1] Eintragungen über Personen, deren Tod der Registerbehörde amtlich mitgeteilt worden ist, werden ein Jahr nach dem Eingang der Mitteilung aus dem Register entfernt. [2] Während dieser Zeit darf über die Eintragungen keine Auskunft erteilt werden.

(7) [1] Eintragungen über juristische Personen und Personenvereinigungen nach § 149 Absatz 2 Satz 1 Nr. 1 und 2 werden nach Ablauf von zwanzig Jahren seit dem Tag der Eintragung aus dem Register entfernt. [2] Enthält das Register mehrere Eintragungen, so ist die Entfernung einer Eintragung erst zulässig, wenn für alle Eintragungen die Voraussetzungen der Entfernung vorliegen.

§ 153[3] Tilgung von Eintragungen. (1) Die Eintragungen nach § 149 Absatz 2 Satz 1 Nr. 3 sind nach Ablauf einer Frist

1. von drei Jahren, wenn die Höhe der Geldbuße nicht mehr als 300 Euro beträgt,
2. von fünf Jahren in den übrigen Fällen

zu tilgen.

(2) [1] Eintragungen nach § 149 Absatz 2 Satz 1 Nr. 4 sind nach Ablauf einer Frist von fünf Jahren zu tilgen. [2] Ohne Rücksicht auf den Lauf der Frist nach Satz 1 wird eine Eintragung getilgt, wenn die Eintragung im Zentralregister getilgt ist.

(3) [1] Der Lauf der Frist beginnt bei Eintragungen nach Absatz 1 mit der Rechtskraft der Entscheidung, bei Eintragungen nach Absatz 2 mit dem Tag des ersten Urteils. [2] Dieser Zeitpunkt bleibt auch maßgebend, wenn eine Entscheidung im Wiederaufnahmeverfahren rechtskräftig abgeändert worden ist.

(4) Enthält das Register mehrere Eintragungen, so ist die Tilgung einer Eintragung erst zulässig, wenn bei allen Eintragungen die Frist des Absatzes 1 oder 2 abgelaufen ist.

---

[1] § 152 Abs. 1, 3 und 7 Satz 1 geänd. mWv 29.7.2017 durch G v. 18.7.2017 (BGBl. I S. 2732).

[2] **Habersack Nr. 94.**

[3] § 153 neu gef. mWv 1.4.2004 durch G v. 23.12.2003 (BGBl. I S. 2848); Abs. 2 Satz 2 geänd. mWv 27.4.2012 durch G v. 15.12.2011 (BGBl. I S. 2714); Abs. 1 einl. Satzteil, Abs. 2 Satz 1 und Abs. 7 geänd. mWv 29.7.2017 durch G v. 18.7.2017 (BGBl. I S. 2732); Abs. 6 Sätze 1 und 2 geänd. mWv 26.11.2019 durch G v. 20.11.2019 (BGBl. I S. 1626).

(5) [1]Eine zu tilgende Eintragung wird ein Jahr nach Eintritt der Voraussetzungen für die Tilgung aus dem Register entfernt. [2]Während dieser Zeit darf über die Eintragung keine Auskunft erteilt werden.

(6) [1]Ist die Eintragung im Register getilgt worden oder ist sie zu tilgen, so dürfen die Ordnungswidrigkeit und die Bußgeldentscheidung nicht mehr zum Nachteil der betroffenen Person verwertet werden. [2]Dies gilt nicht, wenn die betroffene Person die Zulassung zu einem Gewerbe oder einer sonstigen wirtschaftlichen Unternehmung beantragt, falls die Zulassung sonst zu einer erheblichen Gefährdung der Allgemeinheit führen würde, oder die betroffene Person die Aufhebung einer die Ausübung des Gewerbes oder einer sonstigen wirtschaftlichen Unternehmung untersagenden Entscheidung beantragt. [3]Hinsichtlich einer getilgten oder zu tilgenden strafgerichtlichen Verurteilung gelten die §§ 51 und 52 des Bundeszentralregistergesetzes[1)].

(7) Absatz 6 ist entsprechend anzuwenden auf rechtskräftige Bußgeldentscheidungen wegen Ordnungswidrigkeiten im Sinne des § 149 Absatz 2 Satz 1 Nr. 3, bei denen die Geldbuße nicht mehr als 200 Euro beträgt, sofern seit dem Eintritt der Rechtskraft der Entscheidung mindestens drei Jahre vergangen sind.

§ 153a[2)] Mitteilungen zum Gewerbezentralregister. (1) [1]Die Behörden und die Gerichte teilen dem Gewerbezentralregister die einzutragenden Entscheidungen, Feststellungen und Tatsachen mit. [2]§ 30 der Abgabenordnung steht den Mitteilungen von Entscheidungen im Sinne des § 149 Absatz 2 Satz 1 Nr. 3 nicht entgegen.

(2) Erhält die Registerbehörde eine Mitteilung über die Änderung des Geburtsnamens, des Familiennamens, eines Vornamens oder des Geburtsdatums einer Person, über die das Register eine Eintragung enthält, so ist die geänderte Angabe bei der Eintragung zu vermerken.

§ 153b[3)] Identifizierungsverfahren. [1]Soweit dies zur Durchführung der Aufgaben der Registerbehörde, insbesondere nach diesem Gesetz erforderlich ist, darf die Registerbehörde bei Zweifeln an der Identität einer Person, für die eine Eintragung im Gewerbezentralregister gespeichert ist, ausschließlich zur Feststellung der Identität dieser Person, allein oder nebeneinander, insbesondere Auskünfte von folgenden öffentlichen Stellen einholen:

1. aus dem Melderegister,
2. aus dem Ausländerzentralregister sowie
3. von Ausländerbehörden und Standesämtern.

[2]Im Rahmen eines solchen Auskunftsersuchens darf die Registerbehörde den ersuchten öffentlichen Stellen die hierzu erforderlichen personenbezogenen Daten übermitteln. [3]Die ersuchten öffentlichen Stellen haben die von der Registerbehörde übermittelten personenbezogenen Daten spätestens nach Erteilung der Auskunft unverzüglich zu löschen.

[1)] *Habersack Nr. 92.*
[2)] § 153a Abs. 1 Satz 2 geänd. mWv 29.7.2017 durch G v. 18.7.2017 (BGBl. I S. 2732); Abs. 2 neu gef. mWv 18.8.2021 durch G v. 10.8.2021 (BGBl. I S. 3420).
[3)] § 153b eingef. mWv 18.8.2021 durch G v. 10.8.2021 (BGBl. I S. 3420).

§ 153c[1] Verwaltungsvorschriften. [1]Die näheren Bestimmungen über den Aufbau des Registers trifft das Bundesministerium der Justiz im Einvernehmen mit dem Bundesministerium für Wirtschaft und Klimaschutz. [2]Soweit die Bestimmungen die Erfassung und Aufbereitung der Daten sowie die Auskunftserteilung betreffen, werden sie von der Bundesregierung mit Zustimmung des Bundesrates getroffen.

Schlußbestimmungen

§§ 154, 154a[2] *(aufgehoben)*

§ 155[3] Landesrecht, Zuständigkeiten. (1) Wo in diesem Gesetz auf die Landesgesetze verwiesen ist, sind unter den letzteren auch die verfassungs- oder gesetzmäßig erlassenen Rechtsverordnungen zu verstehen.

(2) Die Landesregierungen oder die von ihnen bestimmten Stellen bestimmen die für die Ausführung dieses Gesetzes und der nach diesem Gesetz ergangenen Rechtsverordnungen zuständigen Behörden, soweit in diesem Gesetz nichts anderes bestimmt ist.

(3) Die Landesregierungen werden ermächtigt, ihre Befugnis zum Erlaß von Rechtsverordnungen auf oberste Landesbehörden und auf andere Behörden zu übertragen und dabei zu bestimmen, daß diese ihre Befugnis durch Rechtsverordnung auf nachgeordnete oder ihrer Aufsicht unterstehende Behörden weiter übertragen können.

(4) (weggefallen)

(5) Die Senate der Länder Berlin, Bremen und Hamburg werden ermächtigt, zuständige öffentliche Stellen oder zuständige Behörden von mehreren Verwaltungseinheiten für Zwecke der Datenverarbeitung als einheitliche Stelle oder Behörde zu bestimmen.

§ 155a[4] Versagung der Auskunft zu Zwecken des Zeugenschutzes. Für die Versagung der Auskunft zu Zwecken des Zeugenschutzes gilt § 44a des Bundeszentralregistergesetzes[5] entsprechend.

§ 156[6] Übergangsregelungen zu den §§ 34d und 34e. (1) [1]Eine vor dem 23. Februar 2018 erteilte Erlaubnis als Versicherungsberater nach § 34e Absatz 1 Satz 1 in der bis zum Ablauf des 22. Februar 2018 geltenden Fassung gilt als Erlaubnis als Versicherungsberater nach § 34d Absatz 2 Satz 1. [2]Die Bezeichnung der Erlaubnis im Register nach § 34d Absatz 10 Satz 1 in Verbindung mit § 11a Absatz 1 Satz 1 wird von der Registerbehörde aktualisiert.

(2) [1]Wird die Erlaubnis nach § 34d Absatz 2 Satz 1 unter Vorlage der Erlaubnisurkunde nach § 34d Absatz 1 Satz 1 in der bis zum Ablauf des 22. Februar 2018

---

[1] Früherer § 153b neu gef. mWv 30.4.2002 durch G v. 23.4.2002 (BGBl. I S. 1406); Satz 1 geänd. mWv 28.11.2003 durch VO v. 25.11.2003 (BGBl. I S. 2304); Satz 1 geänd. mWv 8.11.2006 durch VO v. 31.10.2006 (BGBl. I S. 2407); Satz 1 geänd. mWv 8.9.2015 durch VO v. 31.8.2015 (BGBl. I S. 1474); bish. § 153b wird § 153c mWv 18.8.2021 durch G v. 10.8.2021 (BGBl. I S. 3420); Satz 1 geänd. mWv 1.1.2023 durch G v. 9.11.2022 (BGBl. I S. 2009); Satz 1 geänd. mWv 9.12.2022 durch G v. 4.12.2022 (BGBl. I S. 2146).

[2] §§ 154 und 154a aufgeh. mWv 1.1.2003 durch G v. 24.8.2002 (BGBl. I S. 3412).

[3] § 155 Abs. 3 geänd., Abs. 5 neu gef. mWv 1.1.2003 durch G v. 24.8.2002 (BGBl. I S. 3412).

[4] § 155a eingef. mWv 30.4.2002 durch G v. 23.4.2002 (BGBl. I S. 1406).

[5] **Habersack Nr. 92.**

[6] § 156 neu gef. mWv 23.2.2018 durch G v. 20.7.2017 (BGBl. I S. 2789).

geltenden Fassung beantragt, so erfolgt keine Prüfung der Zuverlässigkeit, der Vermögensverhältnisse und der Sachkunde. [2]Die Erlaubnis nach § 34d Absatz 1 Satz 1 in der bis zum Ablauf des 22. Februar 2018 geltenden Fassung erlischt mit Erteilung der Erlaubnis nach Satz 1.

(3) Versicherungsberater nach § 34d Absatz 2 Satz 1 dürfen abweichend von § 34d Absatz 2 Satz 4 Zuwendungen eines Versicherungsunternehmens auf Grund einer Vermittlung annehmen, die bis zur Erteilung der Erlaubnis nach § 34d Absatz 2 Satz 1 erfolgt ist.

§ 157[1)] Übergangsregelungen zu den §§ 34c und 34f. (1) Für einen Gewerbetreibenden, der am 1. November 2007 eine Erlaubnis für die Vermittlung des Abschlusses von Verträgen im Sinne des § 34c Absatz 1 Satz 1 Nummer 1 Buchstabe b in der bis zum 31. Oktober 2007 geltenden Fassung hat, gilt die Erlaubnis für die Anlageberatung im Sinne des § 34c Abs. 1 Satz 1 Nr. 3 in der ab dem 1. November 2007 geltenden Fassung als zu diesem Zeitpunkt erteilt.

(2) [1]Gewerbetreibende, die am 1. Januar 2013 eine Erlaubnis für die Vermittlung des Abschlusses von Verträgen im Sinne des § 34c Absatz 1 Satz 1 Nummer 2 oder für die Anlageberatung nach § 34c Absatz 1 Satz 1 Nummer 3 haben und diese Tätigkeit nach dem 1. Januar 2013 weiterhin ausüben wollen, sind verpflichtet, bis zum 1. Juli 2013 eine Erlaubnis als Finanzanlagenvermittler nach § 34f Absatz 1 zu beantragen und sich selbst sowie die nach § 34f Absatz 6 einzutragenden Personen nach Erteilung der Erlaubnis gemäß § 34f Absatz 5 registrieren zu lassen. [2]Die für die Erlaubniserteilung zuständige Stelle übermittelt dazu die erforderlichen Informationen an die Registerbehörde. [3]Wird die Erlaubnis unter Vorlage der bisherigen Erlaubnisurkunde gemäß § 34c Absatz 1 Satz 1 Nummer 2 oder Nummer 3 beantragt, so erfolgt keine Prüfung der Zuverlässigkeit und der Vermögensverhältnisse nach § 34f Absatz 2 Nummer 1 und 2. [4]Für den Nachweis der nach § 34f Absatz 2 Nummer 4 erforderlichen Sachkunde gilt Absatz 3. [5]Die Erlaubnis nach § 34c Absatz 1 Satz 1 Nummer 2 oder Nummer 3 erlischt mit der bestandskräftigen Entscheidung über den Erlaubnisantrag nach § 34f Absatz 1 Satz 1, spätestens aber mit Ablauf der in Satz 1 genannten Frist. [6]Bis zu diesem Zeitpunkt gilt die Erlaubnis nach § 34c Absatz 1 Satz 1 Nummer 2 oder Nummer 3 als Erlaubnis nach § 34f Absatz 1 Satz 1.

(3) [1]Gewerbetreibende im Sinne des Absatzes 2 sind verpflichtet, bis zum 1. Januar 2015 einen Sachkundenachweis nach § 34f Absatz 2 Nummer 4 gegenüber der zuständigen Behörde zu erbringen. [2]Die Erlaubnis nach § 34f Absatz 1 Satz 1 erlischt, wenn der erforderliche Sachkundenachweis nach § 34f Absatz 2 Nummer 4 nicht bis zum Ablauf dieser Frist erbracht wird. [3]Beschäftigte im Sinne des § 34f Absatz 4 sind verpflichtet, bis zum 1. Januar 2015 einen Sachkundenachweis nach § 34f Absatz 2 Nummer 4 zu erwerben. [4]Personen, die seit dem 1. Januar 2006 ununterbrochen unselbstständig oder selbstständig als Anlagevermittler oder Anlageberater gemäß § 34c Absatz 1 Satz 1 Nummer 2 oder Nummer 3 in der bis zum 31. Dezember 2012 geltenden Fassung tätig waren, bedürfen keiner Sachkundeprüfung für die Produktkategorien der Erlaubnis nach § 34f Absatz 1, die bis zum 1. Januar 2015 beantragt wurde. [5]Selbstständig tätige Anlagevermittler oder Anlageberater haben die ununterbrochene Tätigkeit durch Vorlage der erteilten

---

[1)] § 157 angef. mWv 25.3.2009 durch G v. 17.3.2009 (BGBl. I S. 550); Überschr. geänd., Abs. 2 und 3 *angef., bish. Wortlaut wird Abs. 1 mWv 1.1.2013* durch G v. 6.12.2011 (BGBl. I S. 2481); Abs. 4 angef. mWv 19.7.2014 durch G v. 15.7.2014 (BGBl. I S. 934); Abs. 5–7 angef. mWv 10.7.2015 durch G v. 3.7. 2015 (BGBl. I S. 1114); Abs. 3 Satz 4 geänd. mWv 21.3.2016 durch G v. 11.3.2016 (BGBl. I S. 396); Abs. 8 angef. mWv 1.7.2021 durch G v. 3.6.2021 (BGBl. I S. 1534).

Erlaubnis und die lückenlose Vorlage der Prüfungsberichte nach § 16 Absatz 1 Satz 1 der Makler- und Bauträgerverordnung[1)] in der am 31. Dezember 2012 geltenden Fassung nachzuweisen.

(4) [1] Für einen Gewerbetreibenden, der am 21. Juli 2013 eine Erlaubnis für die Anlageberatung oder die Vermittlung des Abschlusses von Verträgen gemäß § 34f Absatz 1 Satz 1 Nummer 1, 2 oder Nummer 3 in der bis zum 21. Juli 2013 geltenden Fassung hat, gilt die Erlaubnis für die Anlageberatung oder die Vermittlung des Abschlusses von Verträgen gemäß § 34f Absatz 1 Satz 1 in der ab dem 22. Juli 2013 geltenden Fassung als zu diesem Zeitpunkt erteilt. [2] Für einen Gewerbetreibenden, der am 18. Juli 2014 eine Erlaubnis für die Anlageberatung oder die Vermittlung des Abschlusses von Verträgen gemäß § 34f Absatz 1 Satz 1 in der bis zum 19. Juli 2014 geltenden Fassung hat, gilt die Erlaubnis als für die Anlageberatung oder Anlagevermittlung gemäß § 34f Absatz 1 Satz 1 als zu diesem Zeitpunkt erteilt. [3] Die Absätze 2 und 3 bleiben unberührt. [4] Die Bezeichnungen der Erlaubnisse im Register nach § 34f Absatz 5 in Verbindung mit § 11a Absatz 1 werden von Amts wegen aktualisiert.

(5) [1] Gewerbetreibende, die am 10. Juli 2015 eine Erlaubnis nach § 34c Absatz 1 Satz 1 Nummer 2 für die Vermittlung von Darlehensverträgen oder die Gelegenheit zum Nachweis solcher Verträge haben und damit partiarische Darlehen oder Nachrangdarlehen vermitteln und die diese Tätigkeit nach dem 10. Juli 2015 weiterhin ausüben wollen, sind verpflichtet, bis zum 1. Januar 2016 eine Erlaubnis als Finanzanlagenvermittler nach § 34f Absatz 1 Satz 1 Nummer 3 zu beantragen und sich selbst sowie die nach § 34f Absatz 6 Satz 1 einzutragenden Personen nach Erteilung der Erlaubnis nach § 34f Absatz 5 und 6 registrieren zu lassen. [2] Die für die Erlaubniserteilung zuständige Stelle übermittelt dazu die erforderlichen Informationen an die Registerbehörde. [3] Wird die Erlaubnis unter Vorlage der bisherigen Erlaubnisurkunde nach § 34c Absatz 1 Satz 1 Nummer 2 beantragt, erfolgt keine Prüfung der Zuverlässigkeit und der Vermögensverhältnisse nach § 34f Absatz 2 Nummer 1 und 2. [4] Die Erlaubnis ist auf die Vermittlung von partiarischen Darlehen und Nachrangdarlehen beschränkt. [5] Für den Nachweis der nach § 34f Absatz 2 Nummer 4 erforderlichen Sachkunde ist Absatz 6 anzuwenden. [6] Die Erlaubnis nach § 34c Absatz 1 Satz 1 Nummer 2 erlischt hinsichtlich der Vermittlung von partiarischen Darlehen oder Nachrangdarlehen mit der bestandskräftigen Entscheidung über den Erlaubnisantrag nach § 34f Absatz 1 Satz 1 Nummer 3, spätestens aber mit Ablauf der in Satz 1 genannten Frist. [7] Bis zu diesem Zeitpunkt gilt die Erlaubnis nach § 34c Absatz 1 Satz 1 Nummer 2 als Erlaubnis nach § 34f Absatz 1 Satz 1 Nummer 3 für die Vermittlung partiarischer Darlehen und Nachrangdarlehen.

(6) [1] Gewerbetreibende im Sinne des Absatzes 5 sind verpflichtet, bis zum 1. Juli 2016 einen Sachkundenachweis nach § 34f Absatz 2 Nummer 4 gegenüber der zuständigen Behörde zu erbringen. [2] Die nach Absatz 5 erteilte Erlaubnis erlischt, wenn der erforderliche Sachkundenachweis nicht bis zum Ablauf dieser Frist erbracht wird. [3] Nach Erbringung des Sachkundenachweises ist dem Erlaubnisinhaber eine unbeschränkte Erlaubnis nach § 34f Absatz 1 Satz 1 Nummer 3 zu erteilen. [4] Beschäftigte dieses Erlaubnisinhabers im Sinne des § 34f Absatz 4 Satz 1 sind verpflichtet, bis zum 1. Juli 2016 einen Sachkundenachweis nach § 34f Absatz 2 Nummer 4 zu erwerben.

(7) Gewerbetreibende, die zu Vermögensanlagen im Sinne des § 1 Absatz 2 Nummer 7 des Vermögensanlagengesetzes Anlagevermittlung im Sinne des § 1

[1)] **Habersack ErgBd. Nr. 32a.**

Absatz 1a Nummer 1 des Kreditwesengesetzes[1] oder Anlageberatung im Sinne des § 1 Absatz 1a Nummer 1a des Kreditwesengesetzes erbringen wollen, bedürfen bis zum 15. Oktober 2015 keiner Erlaubnis nach § 34f Absatz 1 Satz 1 Nummer 3.

(8) Gewerbetreibende, die zu Vermögensanlagen im Sinne des § 1 Absatz 2 Nummer 8 des Vermögensanlagengesetzes Anlagevermittlung im Sinne des § 1 Absatz 1a Nummer 1 des Kreditwesengesetzes oder Anlageberatung im Sinne des § 1 Absatz 1a Nummer 1a des Kreditwesengesetzes erbringen wollen, bedürfen bis zum 31. Dezember 2021 keiner Erlaubnis nach § 34f Absatz 1 Satz 1 Nummer 3.

§ 158[2] Übergangsregelung zu § 11b; Probebetrieb. (1) § 11b Absatz 1 ist bis zum 10. Oktober 2022 in der bis zum 22. Juni 2022 geltenden Fassung anzuwenden.

(2) [1]Das Bundesamt für Wirtschaft und Ausfuhrkontrolle übermittelt dem Statistischen Bundesamt zum 10. Oktober 2022 die im Bewacherregister nach § 11b gespeicherten Daten. [2]Das Bundesamt für Wirtschaft und Ausfuhrkontrolle darf die nach Satz 1 übermittelten personenbezogenen Daten bis einen Monat nach der Übermittlung speichern. [3]Danach sind die personenbezogenen Daten beim Bundesamt für Wirtschaft und Ausfuhrkontrolle zu löschen. [4]Die Speicherung nach Satz 2 dient ausschließlich der Absicherung der Inbetriebnahme des Bewacherregisters beim Statistischen Bundesamt im Falle eines dortigen Datenverlustes. [5]Das Bundesamt für Wirtschaft und Ausfuhrkontrolle darf im Falle eines Datenverlustes bei der Inbetriebnahme des Bewacherregisters beim Statistischen Bundesamt die im Bewacherregister nach § 11b gespeicherten Daten erneut an das Statistische Bundesamt bis einen Monat nach dem in Satz 1 genannten Zeitpunkt übermitteln. [6]Die personenbezogenen Daten nach Satz 2 dürfen durch das Bundesamt für Wirtschaft und Ausfuhrkontrolle nicht zu anderen Zwecken verarbeitet werden.

(3) [1]Das Bundesamt für Wirtschaft und Ausfuhrkontrolle darf vor der Übertragung der Aufgabe der Führung des Bewacherregisters dem Statistischen Bundesamt die im Bewacherregister nach § 11b gespeicherten Daten übermitteln. [2]Zweck dieser Übermittlung ist die Erprobung der Übermittlung der im Bewacherregister nach § 11b erfassten Daten von den informationstechnischen Systemen des Bundesamtes für Wirtschaft und Ausfuhrkontrolle in die informationstechnischen Systeme des Statistischen Bundesamtes und die Erprobung der Lauffähigkeit der einzelnen Bestandteile der informationstechnischen Systeme für das Bewacherregister im Statistischen Bundesamt. [3]Das Statistische Bundesamt darf die nach Satz 1 übermittelten Daten ausschließlich zu den in Satz 2 genannten Zwecken verarbeiten. [4]Das Statistische Bundesamt hat die Daten unverzüglich zu löschen, wenn die Erprobung nach Satz 2 abgeschlossen ist. [5]Die Erprobungszeit endet spätestens mit der Inbetriebnahme des Bewacherregisters im Statistischen Bundesamt.

(4) [1]Die Übermittlung der Daten nach den Absätzen 2 und 3 ist von der übermittelnden Stelle zu protokollieren. [2]§ 14 Absatz 3 der Bewacherregisterverordnung gilt entsprechend. [3]Die zu übermittelnden Daten werden als Speicherabzug übermittelt, der den Aufbewahrungspflichten nach § 14 Absatz 3 Satz 2 und 3 der Bewacherregisterverordnung unterliegt.

(5) Das Bundesamt für Wirtschaft und Ausfuhrkontrolle und das Statistische Bundesamt ergreifen während der Erprobungszeit nach Absatz 3 dem jeweiligen

---

[1] **Sartorius ErgBd. Nr. 856.**

[2] § 158 neu gef. mWv 23.6.2022 durch G v. 19.6.2022 (BGBl. I S. 918).

Stand der Technik entsprechende technische und organisatorische Maßnahmen zur Gewährleistung der Datensicherheit und zur Sicherstellung des Datenschutzes nach Maßgabe der Datenschutz-Grundverordnung[1)] und des Bundesdatenschutzgesetzes[2)].

§ 159[3)] **Übergangsregelung zu § 34a.** (1) Bis zum Ablauf des 31. Mai 2019 ist § 34a Absatz 1 bis 5 in der am 31. Dezember 2018 geltenden Fassung anzuwenden.

(2) Gewerbetreibende sind verpflichtet, bis zum Ablauf des 30. Juni 2019 die in § 11b Absatz 2 Nummer 1, 10 und 11 aufgeführten Daten zu den mit der Leitung des Betriebes oder einer Zweigniederlassung beauftragten Personen und zu den in § 11b Absatz 2 Nummer 3, 10 und 11 aufgeführten Daten zu Wachpersonen der für den Vollzug des § 34a zuständigen Behörde über das Bewacherregister mitzuteilen.

(3) Zur Überprüfung der Zuverlässigkeit von Wachpersonen, die ab dem 1. Juni 2019 mit Aufgaben nach § 34a Absatz 1a Satz 5 beauftragt sind oder werden sollen, fragt die zuständige Behörde bis zum Ablauf des 30. September 2019 eine Stellungnahme nach § 34a Absatz 1a Satz 5 in Verbindung mit Absatz 1 Satz 5 Nummer 4 ab.

§ 160[4)] **Übergangsregelungen zu den §§ 34c und 34i.** (1) Gewerbetreibende, die am 21. März 2016 eine Erlaubnis nach § 34c Absatz 1 Satz 1 haben, welche zur Vermittlung des Abschlusses von Darlehensverträgen berechtigt, und die Verträge über Immobiliardarlehen im Sinne des § 34i Absatz 1 weiterhin vermitteln wollen, müssen bis zum 21. März 2017 eine Erlaubnis als Immobiliardarlehensvermittler nach § 34i Absatz 1 erworben haben und sich selbst sowie die nach § 34i Absatz 8 Nummer 2 einzutragenden Personen registrieren lassen.

(2) Wird die Erlaubnis unter Vorlage der bisherigen Erlaubnisurkunde beantragt, so erfolgt keine Prüfung der Zuverlässigkeit und der Vermögensverhältnisse nach § 34i Absatz 2 Nummer 1 und 2.

(3) Personen, die seit dem 21. März 2011 ununterbrochen unselbständig oder selbständig eine Tätigkeit im Sinne des § 34i Absatz 1 Satz 1 ausüben, bedürfen keiner Sachkundeprüfung nach § 34i Absatz 2 Nummer 4, wenn sie bei Beantragung der Erlaubnis nach § 34i Absatz 1 die ununterbrochene Tätigkeit nachweisen können.

(4) [1] Die Erlaubnisse nach § 34c Absatz 1 Satz 1, die zur Vermittlung des Abschlusses von Darlehensverträgen berechtigen, erlöschen für die Vermittlung von Verträgen im Sinne des § 34i Absatz 1 Satz 1 mit der Erteilung der Erlaubnis nach § 34i Absatz 1 Satz 1, spätestens aber zum 21. März 2017. [2] Bis zu diesem Zeitpunkt gelten diese Erlaubnisse als Erlaubnis nach § 34i Absatz 1 Satz 1.

(5) [1] Beschäftigte im Sinne des § 34i Absatz 6 sind verpflichtet, bis zum 21. März 2017 einen Sachkundenachweis nach § 34i Absatz 2 Nummer 4 zu erwerben. [2] Absatz 3 ist entsprechend anzuwenden.

(6) Bis zur Erteilung der Erlaubnis nach § 34i Absatz 1 findet das Verfahren des § 11a Absatz 4 auf Gewerbetreibende im Sinne des Absatzes 1 keine Anwendung.

---

1) Nr. **246**.
2) Nr. **245**.
3) § 159 neu gef. mWv 1.1.2019 durch G v. 29.11.2018 (BGBl. I S. 2666).
4) § 160 angef. mWv 21.3.2016 durch G v. 11.3.2016 (BGBl. I S. 396).

§ 161[1] Übergangsregelung zu § 14 Absatz 4. (1) § 14 Absatz 4 Satz 1 ist, soweit die Mitteilung der Wirtschaftsidentifikationsnummer nach § 139c der Abgabenordnung und des Unterscheidungsmerkmals nach § 139c Absatz 5a der Abgabenordnung betroffen ist, bis zu dem Tag, an dem das Bundesministerium für Wirtschaft und Klimaschutz im Bundesgesetzblatt bekannt gibt, dass diese Identifikationsmerkmale eingeführt worden sind, in der bis zum 31. Dezember 2022 geltenden Fassung anzuwenden.

(2) § 14 Absatz 4 Satz 2 ist bis zu dem Tag, an dem das Bundesministerium für Wirtschaft und Klimaschutz im Bundesgesetzblatt bekannt gibt, dass die technischen und organisatorischen Voraussetzungen für die automatisierte und medienbruchfreie Übermittlung der Daten aus der steuerlichen Abmeldung von den Finanzbehörden an die Gewerbebehörden bundesweit vorliegen, in der bis zum 31. Dezember 2022 geltenden Fassung anzuwenden.

Anlagen 1–3[2]
(aufgehoben)

[1] § 161 neu gef. mWv 1.1.2023 durch G v. 9.11.2022 (BGBl. I S. 2009).
[2] Anl. 1–3 aufgeh. mWv 15.7.2011 durch G v. 11.7.2011 (BGBl. I S. 1341).

805. Gesetz über den Ladenschluss[1)]

In der Fassung der Bekanntmachung vom 2. Juni 2003[2)]
(BGBl. I S. 744)

FNA 8050-20

geänd. durch Art. 2 Abs. 3 Siebtes ÄndG v. 7.7.2005 (BGBl. I S. 1954), Art. 228 Neunte ZuständigkeitsanpassungsVO v. 31.10.2006 (BGBl. I S. 2407) und Art. 430 Zehnte ZuständigkeitsanpassungsVO v. 31.8.2015 (BGBl. I S. 1474)

Erster Abschnitt. Begriffsbestimmungen

§ 1[3)] Verkaufsstellen. (1) Verkaufsstellen im Sinne dieses Gesetzes sind

1. Ladengeschäfte aller Art, Apotheken, Tankstellen und Bahnhofsverkaufsstellen,
2. sonstige Verkaufsstände und -buden, Kioske, Basare und ähnliche Einrichtungen, falls in ihnen ebenfalls von einer festen Stelle aus ständig Waren zum Verkauf an jedermann feilgehalten werden. Dem Feilhalten steht das Zeigen von Mustern, Proben und ähnlichem gleich, wenn Warenbestellungen in der Einrichtung entgegengenommen werden,

---

[1)] Gilt nur noch bis zur Änderung der **Ladenöffnungszeiten** durch die Länder. Bislang haben die folgenden Länder entsprechende Vorschriften erlassen:
- **Baden-Württemberg:** Gesetz über die Ladenöffnung in Baden-Württemberg (LadÖG) v. 14.2.2007 (GBl. S. 135), zuletzt geänd. durch G v. 28.11.2017 (GBl. S. 631),
- **Bayern:** Bayerisches Ladenschlussgesetz (BayLadSchlG) v. 25.7.2025 (GVBl. S. 246),
- **Berlin:** Berliner Ladenöffnungsgesetz (BerlLadÖffG) v. 14.11.2006 (GVBl. S. 1046), zuletzt geänd. durch G v. 13.10.2010 (GVBl. S. 467),
- **Brandenburg:** Brandenburgisches Ladenöffnungsgesetz (BbgLöG) v. 27.11.2006 (GVBl. I S. 158), zuletzt geänd. durch G v. 25.4.2017 (GVBl. I Nr. 8),
- **Bremen:** Bremisches Ladenschlussgesetz v. 22.3.2007 (Brem.GBl. S. 221), zuletzt geänd. durch G v. 2.5.2023 (Brem.GBl. S. 410),
- **Hamburg:** Hamburgisches Gesetz zur Regelung der Ladenöffnungszeiten (Ladenöffnungsgesetz) v. 22.12.2006 (HmbGVBl. S. 611), geänd. durch G v. 15.12.2009 (HmbGVBl. S. 444),
- **Hessen:** Hessisches Ladenöffnungsgesetz (HLöG) v. 23.11.2006 (GVBl. I S. 606), zuletzt geänd. durch G v. 10.7.2024 (GVBl. Nr. 33),
- **Mecklenburg-Vorpommern:** Gesetz über die Öffnungszeiten von Verkaufsstellen für das Land Mecklenburg-Vorpommern (Öffnungszeitengesetz – ÖffZG M-V) v. 10.1.2024 (GVOBl. M-V S. 4),
- **Niedersachsen:** Niedersächsisches Gesetz über Ladenöffnungs- und Verkaufszeiten (NLöffVZG) v. 8.3.2007 (Nds. GVBl. S. 111), zuletzt geänd. durch G v. 15.5.2019 (Nds. GVBl. S. 80),
- **Nordrhein-Westfalen:** Gesetz zur Regelung der Ladenöffnungszeiten (Ladenöffnungsgesetz – LÖG NRW) v. 16.11.2006 (GV. NRW. S. 516), zuletzt geänd. durch G v. 22.3.2018 (GV. NRW. S. 172),
- **Rheinland-Pfalz:** Ladenöffnungsgesetz Rheinland-Pfalz (LadöffnG) v. 21.11.2006 (GVBl. S. 351), geänd. durch G v. 22.12.2015 (GVBl. S. 461),
- **Saarland:** Gesetz zur Regelung der Ladenöffnungszeiten (Ladenöffnungsgesetz – LÖG Saarland) v. 15.11.2006 (Amtsbl. S. 1974), zuletzt geänd. durch G v. 11.11.2020 (Amtsbl. I S. 1262),
- **Sachsen:** Gesetz über die Ladenöffnungszeiten im Freistaat Sachsen (Sächsisches Ladenöffnungsgesetz – SächsLadÖffG) v. 1.12.2010 (SächsGVBl. S. 338), zuletzt geänd. durch G v. 5.11.2020 (SächsGVBl. S. 589),
- **Sachsen-Anhalt:** Gesetz über die Ladenöffnungszeiten im Land Sachsen-Anhalt (Ladenöffnungszeitengesetz Sachsen-Anhalt – LÖffzeitG LSA) v. 22.11.2006 (GVBl. LSA S. 528), zuletzt geänd. durch G v. 3.3.2025 (GVBl. LSA S. 382),
- **Schleswig-Holstein:** Gesetz über die Ladenöffnungszeiten (Ladenöffnungszeitengesetz – LÖffZG) v. 29.11.2006 (GVOBl. Schl.-H. S. 243),
- **Thüringen:** Thüringer Ladenöffnungsgesetz (ThürLadÖffG) v. 24.11.2006 (GVBl. S. 541), zuletzt geänd. durch G v. 17.2.2022 (GVBl. S. 91).

[2)] Neubekanntmachung des LadenschlussG v. 28.11.1956 in der ab 1.6.2003 geltenden Fassung.

[3)] § 1 Abs. 2 geänd. mWv 8.11.2006 durch VO v. 31.10.2006 (BGBl. I S. 2407); Abs. 2 geänd. mWv 8.9.2015 durch VO v. 31.8.2015 (BGBl. I S. 1474).

3. Verkaufsstellen von Genossenschaften.

(2) Zur Herbeiführung einer einheitlichen Handhabung des Gesetzes kann das Bundesministerium für Arbeit und Soziales im Einvernehmen mit dem Bundesministerium für Wirtschaft und Energie durch Rechtsverordnung mit Zustimmung des Bundesrates bestimmen, welche Einrichtungen Verkaufsstellen gemäß Absatz 1 sind.

§ 2 Begriffsbestimmungen. (1) Feiertage im Sinne dieses Gesetzes sind die gesetzlichen Feiertage[1)]

(2) Reisebedarf im Sinne dieses Gesetzes sind Zeitungen, Zeitschriften, Straßenkarten, Stadtpläne, Reiselektüre, Schreibmaterialien, Tabakwaren,

(Fortsetzung nächstes Blatt)

[1)] Siehe hierzu ua die folgenden **Feiertagsgesetze** der Länder:
- **Baden-Württemberg:** FeiertagsG idF der Bek. v. 8.5.1995 (GBl. S. 450), zuletzt geänd. durch G v. 1.12.2015 (GBl. S. 1034),
- **Bayern:** FeiertagsG v. 21.5.1980 (BayRS 1131-3-I), zuletzt geänd. durch V v. 26.3.2019 (GVBl. S. 98),
- **Berlin:** G über die Sonn- und Feiertage v. 28.10.1954 (GVBl. S. 615), zuletzt geänd. durch G v. 10.7.2024 (GVBl. S. 460),
- **Brandenburg:** FeiertagsG v. 21.3.1991 (GVBl. S. 44), zuletzt geänd. durch G v. 30.4.2015 (GVBl. I Nr. 13),
- **Bremen:** G über die Sonn- und Feiertage v. 12.11.1954 (Brem.GBl. S. 115), zuletzt geänd. durch Bek. v. 2.9.2025 (Brem.GBl. S. 674),
- **Hamburg:** FeiertagsG v. 16.10.1953 (HmbGVBl. S. 289), zuletzt geänd. durch G v. 17.2.2021 (HmbGVBl. S. 75),
- **Hessen:** HFeiertagsG v. 29.12.1971 (GVBl. I S. 344), zuletzt geänd. durch G v. 13.12.2012 (GVBl. S. 622),
- **Mecklenburg-Vorpommern:** FeiertagsG idF der Bek. v. 8.3.2002 (GVOBl. M-V S. 145), zuletzt geänd. durch G v. 7.7.2022 (GVOBl. M-V S. 427),
- **Niedersachsen:** NFeiertagsG idF der Bek. v. 7.3.1995 (Nds. GVBl. S. 50), zuletzt geänd. durch G v. 22.6.2018 (Nds. GVBl. S. 123),
- **Nordrhein-Westfalen:** FeiertagsG NW idF der Bek. v. 23.4.1989 (GV. NRW. S. 222), zuletzt geänd. durch G v. 20.12.1994 (GV. NRW. S. 1114),
- **Rheinland-Pfalz:** FeiertagsG v. 15.7.1970 (GVBl. S. 225), zuletzt geänd. durch G v. 27.10.2009 (GVBl. S. 358),
- **Saarland:** FeiertagsG v. 18.2.1976 (Amtsbl. S. 213), zuletzt geänd. durch G v. 13.10.2015 (Amtsbl. I S. 790),
- **Sachsen:** SächsSFG v. 10.11.1992 (SächsGVBl. S. 536), zuletzt geänd. durch G v. 23.4.2025 (SächsGVBl. S. 146); FronleichnamsVO v. 4.5.1993 (SächsGVBl. S. 417), geänd. durch VO v. 30.5.1995 (SächsGVBl. S. 160),
- **Sachsen-Anhalt:** FeiertG LSA idF der Bek. v. 25.8.2004 (GVBl. LSA S. 538), zuletzt geänd. durch G v. 22.11.2006 (GVBl. LSA S. 528),
- ***Schleswig-Holstein:*** G über Sonn- und Feiertage v. 28.6.2004 (GVOBl. Schl.-H. S. 213), zuletzt geänd. durch G v. 21.3.2018 (GVOBl. Schl.-H. S. 69),
- **Thüringen:** FeiertagsG v. 21.12.1994 (GVBl. S. 1221), zuletzt geänd. durch G v. 19.3.2019 (GVBl. S. 22).

Schnittblumen, Reisetoilettenartikel, Filme, Tonträger, Bedarf für Reiseapotheken, Reiseandenken und Spielzeug geringeren Wertes, Lebens- und Genussmittel in kleineren Mengen sowie ausländische Geldsorten.

Zweiter Abschnitt. Ladenschlusszeiten

§ 3[1] Allgemeine Ladenschlusszeiten. [1] Verkaufsstellen müssen zu folgenden Zeiten für den geschäftlichen Verkehr mit Kunden geschlossen sein:
1. an Sonn- und Feiertagen,
2. montags bis samstags bis 6 Uhr und ab 20 Uhr,
3. am 24. Dezember, wenn dieser Tag auf einen Werktag fällt, bis 6 Uhr und ab 14 Uhr.

[2] Verkaufsstellen für Bäckerwaren dürfen abweichend von Satz 1 den Beginn der Ladenöffnungszeit an Werktagen auf 5.30 Uhr vorverlegen. [3] Die beim Ladenschluss anwesenden Kunden dürfen noch bedient werden.

§ 4 Apotheken. (1) [1] Abweichend von den Vorschriften des § 3 dürfen Apotheken an allen Tagen während des ganzen Tages geöffnet sein. [2] An Werktagen während der allgemeinen Ladenschlusszeiten (§ 3) und an Sonn- und Feiertagen ist nur die Abgabe von Arznei-, Krankenpflege-, Säuglingspflege- und Säuglingsnährmitteln, hygienischen Artikeln sowie Desinfektionsmitteln gestattet.

(2) [1] Die nach Landesrecht zuständige Verwaltungsbehörde hat für eine Gemeinde oder für benachbarte Gemeinden mit mehreren Apotheken anzuordnen, dass während der allgemeinen Ladenschlusszeiten (§ 3) abwechselnd ein Teil der Apotheken geschlossen sein muss. [2] An den geschlossenen Apotheken ist an sichtbarer Stelle ein Aushang anzubringen, der die zur Zeit offenen Apotheken bekannt gibt. [3] Dienstbereitschaft der Apotheken steht der Offenhaltung gleich.

§ 5 Zeitungen und Zeitschriften. Abweichend von den Vorschriften des § 3 dürfen Kioske für den Verkauf von Zeitungen und Zeitschriften an Sonn- und Feiertagen von 11 bis 13 Uhr geöffnet sein.

§ 6 Tankstellen. (1) Abweichend von den Vorschriften des § 3 dürfen Tankstellen an allen Tagen während des ganzen Tages geöffnet sein.

(2) An Werktagen während der allgemeinen Ladenschlusszeiten (§ 3) und an Sonn- und Feiertagen ist nur die Abgabe von Ersatzteilen für Kraftfahrzeuge, soweit dies für die Erhaltung oder Wiederherstellung der Fahrbereitschaft notwendig ist, sowie die Abgabe von Betriebsstoffen und von Reisebedarf gestattet.

§ 7 (weggefallen)

---

[1] § 3 Abs. 2 aufgeh., bish. Abs, 1 wird alleiniger Wortlaut mWv 1. 7. 2005 durch G v. 7. 7. 2005 (BGBl. I S. 1954).

§ 8[1] **Verkaufsstellen auf Personenbahnhöfen.** (1) [1] Abweichend von den Vorschriften des § 3 dürfen Verkaufsstellen auf Personenbahnhöfen von Eisenbahnen und Magnetschwebebahnen, soweit sie den Bedürfnissen des Reiseverkehrs zu dienen bestimmt sind, an allen Tagen während des ganzen Tages geöffnet sein, am 24. Dezember jedoch nur bis 17.00 Uhr. [2] Während der allgemeinen Ladenschlusszeiten ist der Verkauf von Reisebedarf zulässig.

(2) Das Bundesministerium für Verkehr und digitale Infrastruktur wird ermächtigt, im Einvernehmen mit den Bundesministerien für Wirtschaft und Energie und für Arbeit und Soziales durch Rechtsverordnung mit Zustimmung des Bundesrates Ladenschlusszeiten für die Verkaufsstellen auf Personenbahnhöfen vorzuschreiben, die sicherstellen, dass die Dauer der Offenhaltung nicht über das von den Bedürfnissen des Reiseverkehrs geforderte Maß hinausgeht; es kann ferner die Abgabe von Waren in den genannten Verkaufsstellen während der allgemeinen Ladenschlusszeiten (§ 3) auf bestimmte Waren beschränken.

(2 a) Die Landesregierungen werden ermächtigt, durch Rechtsverordnung zu bestimmen, dass in Städten mit über 200 000 Einwohnern zur Versorgung der Berufspendler und der anderen Reisenden mit Waren des täglichen Ge- und Verbrauchs sowie mit Geschenkartikeln

1. Verkaufsstellen auf Personenbahnhöfen des Schienenfernverkehrs und
2. Verkaufsstellen innerhalb einer baulichen Anlage, die einen Personenbahnhof des Schienenfernverkehrs mit einem Verkehrsknotenpunkt des Nah- und Stadtverkehrs verbindet,

an Werktagen von 6 bis 22 Uhr geöffnet sein dürfen; sie haben dabei die Größe der Verkaufsfläche auf das für diesen Zweck erforderliche Maß zu begrenzen.

(3) Für Apotheken bleibt es bei den Vorschriften des § 4.

§ 9[2] **Verkaufsstellen auf Flughäfen und in Fährhäfen.** (1) [1] Abweichend von den Vorschriften des § 3 dürfen Verkaufsstellen auf Flughäfen an allen Tagen während des ganzen Tages geöffnet sein, am 24. Dezember jedoch nur bis 17 Uhr. [2] An Werktagen während der allgemeinen Ladenschlusszeiten (§ 3) und an Sonn- und Feiertagen ist nur die Abgabe von Reisebedarf an Reisende gestattet.

(2) Das Bundesministerium für Verkehr und digitale Infrastruktur wird ermächtigt, im Einvernehmen mit den Bundesministerien für Wirtschaft und Energie und für Arbeit und Soziales durch Rechtsverordnung mit Zustimmung des Bundesrates Ladenschlusszeiten für die in Absatz 1 genannten Verkaufsstellen vorzuschreiben und die Abgabe von Waren näher zu regeln.

(3) Die Landesregierungen werden ermächtigt, durch Rechtsverordnung abweichend von Absatz 1 Satz 2 zu bestimmen, dass auf internationalen Verkehrsflughäfen und in internationalen Fährhäfen Waren des täglichen Ge- und Verbrauchs sowie Geschenkartikel an Werktagen während der allgemeinen Ladenschlusszeiten (§ 3) und an Sonn- und Feiertagen auch an andere

---

[1] § 8 Abs. 2 geänd. mWv 8. 11. 2006 durch VO v. 31. 10. 2006 (BGBl. I S. 2407); Abs. 2 geänd. mWv 8. 9. 2015 durch VO v. 31. 8. 2015 (BGBl. I S. 1474).

[2] § 9 Abs. 2 geänd. mWv 8. 11. 2006 durch VO v. 31. 10. 2006 (BGBl. I S. 2407); Abs. 2 geänd. mWv 8. 9. 2015 durch VO v. 31. 8. 2015 (BGBl. I S. 1474).

Personen als an Reisende abgegeben werden dürfen; sie haben dabei die Größe der Verkaufsflächen auf das für diesen Zweck erforderliche Maß zu begrenzen.

§ 10 Kur- und Erholungsorte. (1) [1] Die Landesregierungen können durch Rechtsverordnung bestimmen, dass und unter welchen Voraussetzungen und Bedingungen in Kurorten und in einzeln aufzuführenden Ausflugs-, Erholungs- und Wallfahrtsorten mit besonders starkem Fremdenverkehr Badegegenstände, Devotionalien, frische Früchte, alkoholfreie Getränke, Milch und Milcherzeugnisse im Sinne des § 4 Abs. 2 des Milch- und Fettgesetzes in der im Bundesgesetzblatt Teil III, Gliederungsnummer 7842–1, veröffentlichten bereinigten Fassung, Süßwaren, Tabakwaren, Blumen und Zeitungen sowie Waren, die für diese Orte kennzeichnend sind, abweichend von den Vorschriften des § 3 Abs. 1 Nr. 1 an jährlich höchstens 40 Sonn- und Feiertagen bis zur Dauer von acht Stunden verkauft werden dürfen. [2] Sie können durch Rechtsverordnung die Festsetzung der zugelassenen Öffnungszeiten auf andere Stellen übertragen. [3] Bei der Festsetzung der Öffnungszeiten ist auf die Zeit des Hauptgottesdienstes Rücksicht zu nehmen.

(2) In den nach Absatz 1 erlassenen Rechtsverordnungen kann die Offenhaltung auf bestimmte Ortsteile beschränkt werden.

§ 11 Verkauf in ländlichen Gebieten an Sonntagen. (1) Die Landesregierungen oder die von ihnen bestimmten Stellen können durch Rechtsverordnung bestimmen, dass und unter welchen Voraussetzungen und Bedingungen in ländlichen Gebieten während der Zeit der Feldbestellung und der Ernte abweichend von den Vorschriften des § 3 alle oder bestimmte Arten von Verkaufsstellen an Sonn- und Feiertagen bis zur Dauer von zwei Stunden geöffnet sein dürfen, falls dies zur Befriedigung dringender Kaufbedürfnisse der Landbevölkerung erforderlich ist.

§ 12[1)] Verkauf bestimmter Waren an Sonntagen. (1) Das Bundesministerium für Arbeit und Soziales bestimmt im Einvernehmen mit den Bundesministerien für Wirtschaft und Energie und für Ernährung und Landwirtschaft durch Rechtsverordnung mit Zustimmung des Bundesrates, dass und wie lange an Sonn- und Feiertagen abweichend von der Vorschrift des § 3 Abs. 1 Nr. 1 Verkaufsstellen für die Abgabe von Milch und Milcherzeugnissen im Sinne des § 4 Abs. 2 des Milch- und Fettgesetzes in der im Bundesgesetzblatt Teil III, Gliederungsnummer 7842–1, veröffentlichten bereinigten Fassung, Bäcker- und Konditorwaren, frischen Früchten, Blumen und Zeitungen geöffnet sein dürfen.

(2) [1] In den nach Absatz 1 erlassenen Rechtsverordnungen kann die Offenhaltung auf bestimmte Sonn- und Feiertage oder Jahreszeiten sowie auf bestimmte Arten von Verkaufsstellen beschränkt werden. [2] Eine Offenhaltung am 2. Weihnachts-, Oster- und Pfingstfeiertag soll nicht zugelassen werden. [3] Die Lage der zugelassenen Öffnungszeiten wird unter Berücksichtigung der Zeit des Hauptgottesdienstes von den Landesregierungen oder den von ihnen bestimmten Stellen durch Rechtsverordnung festgesetzt.

[1)] § 12 Abs. 1 geänd. mWv 8. 11. 2006 durch VO v. 31. 10. 2006 (BGBl. I S. 2407); Abs. 1 geänd. mWv 8. 9. 2015 durch VO v. 31. 8. 2015 (BGBl. I S. 1474).

§ 13 (weggefallen)

§ 14 Weitere Verkaufssonntage. (1) [1] Abweichend von der Vorschrift des § 3 Abs. 1 Nr. 1 dürfen Verkaufsstellen aus Anlass von Märkten, Messen oder ähnlichen Veranstaltungen an jährlich höchstens vier Sonn- und Feiertagen geöffnet sein. [2] Diese Tage werden von den Landesregierungen oder den von ihnen bestimmten Stellen durch Rechtsverordnung freigegeben.

(2) [1] Bei der Freigabe kann die Offenhaltung auf bestimmte Bezirke und Handelszweige beschränkt werden. [2] Der Zeitraum, während dessen die Verkaufsstellen geöffnet sein dürfen, ist anzugeben. [3] Er darf fünf zusammenhängende Stunden nicht überschreiten, muss spätestens um 18 Uhr enden und soll außerhalb der Zeit des Hauptgottesdienstes liegen.

(3) [1] Sonn- und Feiertage im Dezember dürfen nicht freigegeben werden. [2] In Orten, für die eine Regelung nach § 10 Abs. 1 Satz 1 getroffen ist, dürfen Sonn- und Feiertage nach Absatz 1 nur freigegeben werden, soweit die Zahl dieser Tage zusammen mit den nach § 10 Abs. 1 Nr. 1 freigegebenen Sonn- und Feiertagen 40 nicht übersteigt.

§ 15 Sonntagsverkauf am 24. Dezember. Abweichend von der Vorschrift des § 3 Abs. 1 Nr. 1 dürfen, wenn der 24. Dezember auf einen Sonntag fällt,

1. Verkaufsstellen, die gemäß § 12 oder den hierauf gestützten Vorschriften an Sonn- und Feiertagen geöffnet sein dürfen,
2. Verkaufsstellen, die überwiegend Lebens- und Genussmittel feilhalten,
3. alle Verkaufsstellen für die Abgabe von Weihnachtsbäumen

während höchstens drei Stunden bis längstens 14 Uhr geöffnet sein.

§ 16 (weggefallen)

Dritter Abschnitt. Besonderer Schutz der Arbeitnehmer

§ 17[1)] Arbeitszeit an Sonn- und Feiertagen. (1) In Verkaufsstellen dürfen Arbeitnehmer an Sonn- und Feiertagen nur während der ausnahmsweise zugelassenen Öffnungszeiten (§§ 4 bis 15 und die hierauf gestützten Vorschriften) und, falls dies zur Erledigung von Vorbereitungs- und Abschlussarbeiten unerlässlich ist, während insgesamt weiterer 30 Minuten beschäftigt werden.

(2) Die Dauer der Beschäftigungszeit des einzelnen Arbeitnehmers an Sonn- und Feiertagen darf acht Stunden nicht überschreiten.

(2 a) [1] In Verkaufsstellen, die gemäß § 10 oder den hierauf gestützten Vorschriften an Sonn- und Feiertagen geöffnet sein dürfen, dürfen Arbeitnehmer an jährlich höchstens 22 Sonn- und Feiertagen beschäftigt werden. [2] Ihre Arbeitszeit an Sonn- und Feiertagen darf vier Stunden nicht überschreiten.

(3) [1] Arbeitnehmer, die an Sonn- und Feiertagen in Verkaufsstellen gemäß §§ 4 bis 6, 8 bis 12, 14 und 15 und den hierauf gestützten Vorschriften

---

1) § 17 Abs. 7 geänd. mWv 8. 11. 2006 durch VO v. 31. 10. 2006 (BGBl. I S. 2407).

beschäftigt werden, sind, wenn die Beschäftigung länger als drei Stunden dauert, an einem Werktag derselben Woche ab 13 Uhr, wenn sie länger als sechs Stunden dauert, an einem ganzen Werktag derselben Woche von der Arbeit freizustellen; mindestens jeder dritte Sonntag muss beschäftigungsfrei bleiben. [2] Werden sie bis zu drei Stunden beschäftigt, so muss jeder zweite Sonntag oder in jeder zweiten Woche ein Nachmittag ab 13 Uhr beschäftigungsfrei bleiben. [3] Statt an einem Nachmittag darf die Freizeit am Sonnabend oder Montagvormittag bis 14 Uhr gewährt werden. [4] Während der Zeiten, zu denen die Verkaufsstelle geschlossen sein muss, darf die Freizeit nicht gegeben werden.

(4) Arbeitnehmerinnen und Arbeitnehmer in Verkaufsstellen können verlangen, in jedem Kalendermonat an einem Samstag von der Beschäftigung freigestellt zu werden.

(5) Mit dem Beschicken von Warenautomaten dürfen Arbeitnehmer außerhalb der Öffnungszeiten, die für die mit dem Warenautomaten in räumlichem Zusammenhang stehende Verkaufsstelle gelten, nicht beschäftigt werden.

(6) (weggefallen)

(7) Das Bundesministerium für Arbeit und Soziales wird ermächtigt, zum Schutze der Arbeitnehmer in Verkaufsstellen vor übermäßiger Inanspruchnahme ihrer Arbeitskraft oder sonstiger Gefährdung ihrer Gesundheit durch Rechtsverordnung mit Zustimmung des Bundesrates zu bestimmen,

1. dass während der ausnahmsweise zugelassenen Öffnungszeiten (§§ 4 bis 16 und die hierauf gestützten Vorschriften) bestimmte Arbeitnehmer nicht oder die Arbeitnehmer nicht mit bestimmten Arbeiten beschäftigt werden dürfen,
2. dass den Arbeitnehmern für Sonn- und Feiertagsarbeit über die Vorschriften des Absatzes 3 hinaus ein Ausgleich zu gewähren ist,
3. dass die Arbeitnehmer während der Ladenschlusszeiten an Werktagen (§ 3 Abs. 1 Nr. 2, §§ 5, 6, 8 bis 10 und die hierauf gestützten Vorschriften) nicht oder nicht mit bestimmten Arbeiten beschäftigt werden dürfen.

(8) [1] Das Gewerbeaufsichtsamt kann in begründeten Einzelfällen Ausnahmen von den Vorschriften der Absätze 1 bis 5 bewilligen. [2] Die Bewilligung kann jederzeit widerrufen werden.

(9) Die Vorschriften der Absätze 1 bis 8 finden auf pharmazeutisch vorgebildete Arbeitnehmer in Apotheken keine Anwendung.

Vierter Abschnitt. Bestimmungen für einzelne Gewerbezweige und für den Marktverkehr

§§ 18 und 18 a (weggefallen)

§ 19 Marktverkehr. (1) Während der allgemeinen Ladenschlusszeiten (§ 3) dürfen auf behördlich genehmigten Groß- und Wochenmärkten Waren zum Verkauf an den letzten Verbraucher nicht feilgehalten werden; jedoch kann die nach Landesrecht zuständige Verwaltungsbehörde in den Grenzen einer gemäß §§ 10 bis 15 oder den hierauf gestützten Vorschriften zulässigen Offenhaltung der Verkaufsstellen einen geschäftlichen Verkehr auf Groß- und Wochenmärkten zulassen.

(2) Am 24. Dezember dürfen nach 14 Uhr Waren auch im sonstigen Marktverkehr nicht feilgehalten werden.

(3) Im Übrigen bleibt es bei den Vorschriften der §§ 64 bis 71 a der Gewerbeordnung[1)], insbesondere bei den auf Grund des § 69 Abs. 1 Satz 1 der Gewerbeordnung festgesetzten Öffnungszeiten für Messen, Ausstellungen und Märkte.

§ 20[2)] Sonstiges gewerbliches Feilhalten. (1) [1] Während der allgemeinen Ladenschlusszeiten (§ 3) ist auch das gewerbliche Feilhalten von Waren zum Verkauf an jedermann außerhalb von Verkaufsstellen verboten; dies gilt nicht für Volksbelustigungen, die den Vorschriften des Titels III der Gewerbeordnung[1)] unterliegen und von der nach Landesrecht zuständigen Behörde genehmigt worden sind, sowie für das Feilhalten von Tageszeitungen an Werktagen. [2] Dem Feilhalten steht das Zeigen von Mustern, Proben und ähnlichem gleich, wenn dazu Räume benutzt werden, die für diesen Zweck besonders bereitgestellt sind, und dabei Warenbestellungen entgegengenommen werden.

(2) Soweit für Verkaufsstellen gemäß §§ 10 bis 15 oder den hierauf gestützten Vorschriften Abweichungen von den Ladenschlusszeiten des § 3 zugelassen sind, gelten diese Abweichungen unter denselben Voraussetzungen und Bedingungen auch für das Feilhalten gemäß Absatz 1.

(2 a) Die nach Landesrecht zuständige Verwaltungsbehörde kann abweichend von den Vorschriften der Absätze 1 und 2 Ausnahmen für das Feilhalten von leichtverderblichen Waren und Waren zum sofortigen Verzehr, Gebrauch oder Verbrauch zulassen, sofern dies zur Befriedigung örtlich auftretender Bedürfnisse notwendig ist und diese Ausnahmen im Hinblick auf den Arbeitsschutz unbedenklich sind.

(3) Die Vorschriften des § 17 Abs. 1 bis 3 gelten entsprechend.

(4) Das Bundesministerium für Arbeit und Soziales kann durch Rechtsverordnung mit Zustimmung des Bundesrates zum Schutze der Arbeitnehmer vor übermäßiger Inanspruchnahme ihrer Arbeitskraft oder sonstiger Gefährdung ihrer Gesundheit Vorschriften, wie in § 17 Abs. 7 genannt, erlassen.

Fünfter Abschnitt. Durchführung des Gesetzes

§ 21 Auslage des Gesetzes, Verzeichnisse. (1) Der Inhaber einer Verkaufsstelle, in der regelmäßig mindestens ein Arbeitnehmer beschäftigt wird, ist verpflichtet,

1. einen Abdruck dieses Gesetzes und der auf Grund dieses Gesetzes erlassenen Rechtsverordnungen mit Ausnahme der Vorschriften, die Verkaufsstellen anderer Art betreffen, an geeigneter Stelle in der Verkaufsstelle auszulegen oder auszuhängen,

---

1) Nr. **800**.

2) § 20 Abs. 4 geänd. mWv 8. 11. 2006 durch VO v. 31. 10. 2006 (BGBl. I S. 2407).

2. ein Verzeichnis über Namen, Tag, Beschäftigungsart und -dauer der an Sonn- und Feiertagen beschäftigten Arbeitnehmer und über die diesen gemäß § 17 Abs. 3 als Ersatz für die Beschäftigung an diesen Tagen gewährte Freizeit zu führen; dies gilt nicht für die pharmazeutisch vorgebildeten Arbeitnehmer in Apotheken. Die Landesregierungen können durch Rechtsverordnung eine einheitliche Form für das Verzeichnis vorschreiben.

(2) Die Verpflichtung nach Absatz 1 Nr. 2 obliegt auch den in § 20 genannten Gewerbetreibenden.

§ 22 Aufsicht und Auskunft. (1) Die Aufsicht über die Ausführung der Vorschriften dieses Gesetzes und der auf Grund dieses Gesetzes erlassenen Vorschriften üben, soweit es sich nicht um Wochenmärkte (§ 19) handelt, die nach Landesrecht für den Arbeitsschutz zuständigen Verwaltungsbehörden aus; ob und inwieweit andere Dienststellen an der Aufsicht beteiligt werden, bestimmen die obersten Landesbehörden.

(2) Auf die Befugnisse und Obliegenheiten der in Absatz 1 genannten Behörden finden die Vorschriften des § 139 b der Gewerbeordnung[1] entsprechend Anwendung.

(3) Die Inhaber von Verkaufsstellen und die in § 20 genannten Gewerbetreibenden sind verpflichtet, den Behörden, denen auf Grund des Absatzes 1 die Aufsicht obliegt, auf Verlangen

1. die zur Erfüllung der Aufgaben dieser Behörden erforderlichen Angaben wahrheitsgemäß und vollständig zu machen,
2. das Verzeichnis gemäß § 21 Abs. 1 Nr. 2, die Unterlagen, aus denen Namen, Beschäftigungsart und -zeiten der Arbeitnehmer sowie Lohn- und Gehaltszahlungen ersichtlich sind, und alle sonstigen Unterlagen, die sich auf die nach Nummer 1 zu machenden Angaben beziehen, vorzulegen oder zur Einsicht einzusenden. Die Verzeichnisse und Unterlagen sind mindestens bis zum Ablauf eines Jahres nach der letzten Eintragung aufzubewahren.

(4) Die Auskunftspflicht nach Absatz 3 Nr. 1 obliegt auch den in Verkaufsstellen oder beim Feilhalten gemäß § 20 beschäftigten Arbeitnehmern.

§ 23[2] Ausnahmen im öffentlichen Interesse. (1) [1] Die obersten Landesbehörden können in Einzelfällen befristete Ausnahmen von den Vorschriften der §§ 3 bis 15 und 19 bis 21 dieses Gesetzes bewilligen, wenn die Ausnahmen im öffentlichen Interesse dringend nötig werden. [2] Die Bewilligung kann jederzeit widerrufen werden. [3] Die Landesregierungen werden ermächtigt, durch Rechtsverordnung die zuständigen Behörden abweichend von Satz 1 zu bestimmen. [4] Sie können diese Ermächtigung auf oberste Landesbehörden übertragen.

(2) Das Bundesministerium für Arbeit und Soziales kann im Einvernehmen mit dem Bundesministerium für Wirtschaft und Energie durch Rechtsverordnung mit Zustimmung des Bundesrates Vorschriften über die Vorausset-

---

[1] Nr. **800**.

[2] § 23 Abs. 2 geänd. mWv 8. 11. 2006 durch VO v. 31. 10. 2006 (BGBl. I S. 2407); Abs. 2 geänd. mWv 8. 9. 2015 durch VO v. 31. 8. 2015 (BGBl. I S. 1474).

zungen und Bedingungen für die Bewilligung von Ausnahmen im Sinne des Absatzes 1 erlassen.

Sechster Abschnitt. Straftaten und Ordnungswidrigkeiten

§ 24 Ordnungswidrigkeiten. (1) Ordnungswidrig handelt, wer vorsätzlich oder fahrlässig

1. als Inhaber einer Verkaufsstelle oder als Gewerbetreibender im Sinne des § 20
   a) einer Vorschrift des § 17 Abs. 1 bis 3 über die Beschäftigung an Sonn- und Feiertagen, die Freizeit oder den Ausgleich,
   b) einer Vorschrift einer Rechtsverordnung nach § 17 Abs. 7 oder § 20 Abs. 4, soweit sie für einen bestimmten Tatbestand auf diese Bußgeldvorschrift verweist,
   c) einer Vorschrift des § 21 Abs. 1 Nr. 2 über Verzeichnisse oder des § 22 Abs. 3 Nr. 2 über die Einsicht, Vorlage oder Aufbewahrung der Verzeichnisse,
2. als Inhaber einer Verkaufsstelle
   a) einer Vorschrift der §§ 3, 4 Abs. 1 Satz 2, des § 6 Abs. 2, des § 9 Abs. 1 Satz 2, des § 17 Abs. 5 oder einer nach § 4 Abs. 2 Satz 1, § 8 Abs. 2, § 9 Abs. 2 oder nach § 10 oder § 11 erlassenen Rechtsvorschrift über die Ladenschlusszeiten,
   b) einer sonstigen Vorschrift einer Rechtsverordnung nach § 10 oder § 11, soweit sie für einen bestimmten Tatbestand auf diese Bußgeldvorschrift verweist,
   c) der Vorschrift des § 21 Abs. 1 Nr. 1 über Auslagen und Aushänge,
3. als Gewerbetreibender im Sinne des § 19 oder des § 20 einer Vorschrift des § 19 Abs. 1, 2 oder des § 20 Abs. 1, 2 über das Feilhalten von Waren im Marktverkehr oder außerhalb einer Verkaufsstelle oder
4. einer Vorschrift des § 22 Abs. 3 Nr. 1 oder Abs. 4 über die Auskunft

zuwiderhandelt.

(2) Die Ordnungswidrigkeit nach Absatz 1 Nr. 1 Buchstabe a und b kann mit einer Geldbuße bis zu zweitausendfünfhundert Euro, die Ordnungswidrigkeit nach Absatz 1 Nr. 1 Buchstabe c und Nr. 2 bis 4 mit einer Geldbuße bis zu fünfhundert Euro geahndet werden.

§ 25 Straftaten. Wer vorsätzlich als Inhaber einer Verkaufsstelle oder als Gewerbetreibender im Sinne des § 20 eine der in § 24 Abs. 1 Nr. 1 Buchstaben a und b bezeichneten Handlungen begeht und dadurch vorsätzlich oder fahrlässig Arbeitnehmer in ihrer Arbeitskraft oder Gesundheit gefährdet, wird mit Freiheitsstrafe bis zu sechs Monaten oder mit Geldstrafe bis zu 180 Tagessätzen bestraft.

§ 26 (weggefallen)

Siebenter Abschnitt. Schlussbestimmungen

§ 27 Vorbehalt für die Landesgesetzgebung. Unberührt bleiben die landesrechtlichen Vorschriften, durch die der Gewerbetrieb und die Beschäftigung von Arbeitnehmern in Verkaufsstellen an anderen Festtagen als an Sonn- und Feiertagen beschränkt werden.

§ 28 Bestimmung der zuständigen Behörden. Soweit in diesem Gesetz auf die nach Landesrecht zuständige Verwaltungsbehörde verwiesen wird, bestimmt die Landesregierung durch Verordnung, welche Behörden zuständig sind.

§§ 29 und 30 (weggefallen)

§ 31 *(Inkrafttreten, Außerkrafttreten)*

806. Verordnung über den Verkauf bestimmter Waren an Sonn- und Feiertagen

Vom 21. Dezember 1957

(BGBl. I S. 1881), geänd. durch Art. 3 G zur Änd. des G über den Ladenschluß und zur Neuregelung der Arbeitszeit in Bäckereien und Konditoreien v. 30. 7. 1996 (BGBl. I S. 1186)

BGBl. III 8050-20-2

Auf Grund des § 12 Abs. 1 des Gesetzes über den Ladenschluß vom 28. November 1956 (Bundesgesetzbl. I S. 875) in der Fassung des Gesetzes vom 17. Juni 1957 (Bundesgesetzbl. I S. 722) wird im Einvernehmen mit den Bundesministern für Wirtschaft und für Ernährung, Landwirtschaft und Forsten mit Zustimmung des Bundesrates verordnet:

§ 1[1] **[Zulässige Öffnungszeiten]** (1) Abweichend von der Vorschrift des § 3 Abs. 1 Nr. 1 des Gesetzes über den Ladenschluß[2] dürfen an Sonn- und Feiertagen geöffnet sein für die Abgabe

1. von frischer Milch:
   Verkaufsstellen für die Dauer von zwei Stunden,
2. von Bäcker- oder Konditorwaren:
   Verkaufsstellen von Betrieben, die Bäcker- oder Konditorwaren herstellen, für die Dauer von drei Stunden,
3. von Blumen:
   Verkaufsstellen, in denen in erheblichem Umfange Blumen feilgehalten werden, für die Dauer von zwei Stunden, jedoch am 1. November (Allerheiligen), am Volkstrauertag, am Buß- und Bettag, am Totensonntag und am 1. Adventsonntag für die Dauer von sechs Stunden,
4. von Zeitungen:
   Verkaufsstellen für Zeitungen für die Dauer von fünf Stunden.

(2) Absatz 1 Nr. 1 bis 3 gilt nicht für die Abgabe am 2. Weihnachts-, Oster- und Pfingstfeiertag.

(3) Die Vorschriften der §§ 5, 10, 11, 13 bis 15 des Gesetzes über den Ladenschluß[2] bleiben unberührt.

§ 2[1] *(gestrichen)*

§ 3 [Inkrafttreten] Diese Verordnung tritt am 1. Januar 1958 in Kraft.

---

[1] § 1 Abs. 1 Nr. 1 geänd., Nr. 2 neugef. u. Abs. 2 Satz 2 u. § 2 aufgeh. mWv 1. 11. 1996 durch G v. 30. 7. 1996 (BGBl. I S. 1186).

[2] Nr. **805**.

810. Gaststättengesetz[1) 2)]

In der Fassung der Bekanntmachung vom 20. November 1998[3)]
(BGBl. I S. 3418)

FNA 7130-1

geänd. durch Art. 137 7. ZuständigkeitsanpassungsVO v. 29.10.2001 (BGBl. I S. 2785), Art. 16 9. Euro-EinführungsG v. 10.11.2001 (BGBl. I S. 2992), Art. 1 GaststättenG-GewerbeO-ÄnderungsG v. 13.12. 2001 (BGBl. I S. 3584), Art. 41 Behindertengleichstellungs-EinführungsG v. 27.4.2002 (BGBl. I S. 1467), Art. 2 3. Gewerberechts-ÄnderungsG v. 24.8.2002 (BGBl. I S. 3412), Art. 112 8. ZuständigkeitsanpassungsVO v. 25.11.2003 (BGBl. I S. 2304), Art. 8 Bürokratieabbau- und DeregulierungsG v. 21.6.2005 (BGBl. I S. 1666), Art. 33 G zur Umbenennung des Bundesgrenzschutzes in Bundespolizei v. 21.6.2005 (BGBl. I S. 1818), Art. 149 9. ZuständigkeitsanpassungsVO v. 31.10.2006 (BGBl. I S. 2407), Art. 10 2. BürokratieabbauG v. 7.9.2007 (BGBl. I S. 2246), Art. 286 Zehnte ZuständigkeitsanpassungsVO v. 31.8. 2015 (BGBl. I S. 1474) und Art. 14 Branntweinmonopolverwaltung-Auflösungsgesetz v. 10.3.2017 (BGBl. I S. 420)

[1)] Zum GaststättenG haben die **Länder** ua folgende Vorschriften erlassen:
- **Baden-Württemberg:** GaststättenVO idF der Bek. v. 18.2.1991 (GBl. S. 195, 1992 S. 227), zuletzt geänd. durch VO v. 23.2.2017 (GBl. S. 99),
- **Bayern:** GaststättenVO v. 23.2.2016 (GVBl. S. 39), zuletzt geänd. durch V v. 13.5.2025 (GVBl. S. 139),
- **Berlin:** GaststättenVO v. 10.9.1971 (GVBl. S. 1778), zuletzt geänd. durch VO v. 1.9.2020 (GVBl. S. 683),
- **Hamburg:** GaststättenVO v. 27.4.1971 (HmbGVBl. S. 81), zuletzt geänd. durch VO v. 21.12.2010 (HmbGVBl. S. 655); SperrzeitVO v. 2.12.2003 (HmbGVBl. S. 553, 554), zuletzt geänd. durch VO v. 16.7.2013 (HmbGVBl. S. 333),
- **Hessen:** Gewerberecht-ZuständigkeitsVO v. 20.6.2002 (GVBl. I S. 395), zuletzt geänd. durch VO v. 20.8.2024 (GVBl. Nr. 45); VO über die Sperrzeit v. 10.12.2012 (GVBl. S. 669), geänd. durch VO v. 4.12.2017 (GVBl. S. 396),
- **Mecklenburg-Vorpommern:** GaststättenG-AusführungsVO v. 17.6.1994 (GVOBl. M-V S. 679), zuletzt geänd. durch G v. 1.8.2006 (GVOBl. M-V S. 634),
- **Nordrhein-Westfalen:** GewerberechtsVO v. 17.11.2009 (GV. NRW. S. 626), zuletzt geänd. durch VO v. 9.7.2019 (GV. NRW. S. 366),
- **Rheinland-Pfalz:** GaststättenVO v. 2.12.1971 (GVBl. S. 274), zuletzt geänd. durch G v. 18.12.2017 (GVBl. S. 333),
- **Schleswig-Holstein:** GaststättenVO v. 1.4.2003 (GVOBl. Schl.-H. S. 185), geänd. durch VO v. 7.10. 2009 (GVOBl. Schl.-H. S. 681).

[2)] Ua für folgende Länder wurde das GaststättenG durch **Landesgesetze** ersetzt:
- **Baden-Württemberg:** Gaststättengesetz für Baden-Württemberg (Landesgaststättengesetz – LGastG) v. 10.11.2009 (GBl. S. 628),
- **Brandenburg:** Brandenburgisches Gaststättengesetz – BbgGastG v. 2.10.2008 (GVBl. I S. 218), zuletzt geänd. durch G v. 5.3.2024 (GVBl. I Nr. 9),
- **Bremen:** Bremisches Gaststättengesetz (BremGastG) v. 24.2.2009 (Brem.GBl. S. 45), zuletzt geänd. durch Bek. v. 2.9.2025 (Brem.GBl. S. 674); Bremische GaststättenVO v. 13.3.2009 (Brem.GBl. S. 64), zuletzt geänd. durch Bek. v. 2.9.2025 (Brem.GBl. S. 674),
- **Hessen:** Hessisches Gaststättengesetz (HGastG) v. 28.3.2012 (GVBl. S. 50), zuletzt geänd. durch G v. 7.7.2021 (GVBl. S. 346); siehe hierzu die Übergangsvorschrift in § 17 HGastG,
- **Niedersachsen:** Niedersächsisches Gaststättengesetz (NGastG) v. 10.11.2011 (Nds. GVBl. S. 415), zuletzt geänd. durch G v. 26.1.2022 (Nds. GVBl. S. 36),
- **Saarland:** Saarländisches Gaststättengesetz (SGastG) v. 13.4.2011 (Amtsbl. I S. 206), zuletzt geänd. durch G v. 27.8.2025 (Amtsbl. I S. 854),
- **Sachsen:** Sächsisches Gaststättengesetz v. 3.7.2011 (SächsGVBl. S. 198), zuletzt geänd. durch G v. 26.4. 2018 (SächsGVBl. S. 198),
- **Sachsen-Anhalt:** Gaststättengesetz des Landes Sachsen-Anhalt (GastG LSA) v. 7.8.2014 (GVBl. LSA S. 386, 443), zuletzt geänd. durch G v. 8.12.2016 (GVBl. LSA S. 360); siehe hierzu die Übergangsvorschrift in § 14 GastG LSA,
- **Thüringen:** Thüringer Gaststättengesetz (ThürGastG) v. 9.10.2008 (GVBl. S. 367), zuletzt geänd. durch G v. 2.7.2024 (GVBl. S. 277).

[3)] Neubekanntmachung des GaststättenG idF der Bek. v. 5.5.1970 (BGBl. I S. 465) in der ab 1.10.1998 geltenden Fassung.

§ 1[1] **Gaststättengewerbe.** (1) Ein Gaststättengewerbe im Sinne dieses Gesetzes betreibt, wer im stehenden Gewerbe

1. Getränke zum Verzehr an Ort und Stelle verabreicht (Schankwirtschaft) oder
2. zubereitete Speisen zum Verzehr an Ort und Stelle verabreicht (Speisewirtschaft),

wenn der Betrieb jedermann oder bestimmten Personenkreisen zugänglich ist.

(2) Ein Gaststättengewerbe im Sinne dieses Gesetzes betreibt ferner, wer als selbständiger Gewerbetreibender im Reisegewerbe von einer für die Dauer der Veranstaltung ortsfesten Betriebsstätte aus Getränke oder zubereitete Speisen zum Verzehr an Ort und Stelle verabreicht, wenn der Betrieb jedermann oder bestimmten Personenkreisen zugänglich ist.

§ 2[2] **Erlaubnis.** (1) [1] Wer ein Gaststättengewerbe betreiben will, bedarf der Erlaubnis. [2] Die Erlaubnis kann auch nichtrechtsfähigen Vereinen erteilt werden.

(2) Der Erlaubnis bedarf nicht, wer

1. alkoholfreie Getränke,
2. unentgeltliche Kostproben,
3. zubereitete Speisen oder
4. in Verbindung mit einem Beherbergungsbetrieb Getränke und zubereitete Speisen an Hausgäste

verabreicht.

§ 3[3] **Inhalt der Erlaubnis.** (1) [1] Die Erlaubnis ist für eine bestimmte Betriebsart und für bestimmte Räume zu erteilen. [2] Die Betriebsart ist in der Erlaubnisurkunde zu bezeichnen; sie bestimmt sich nach der Art und Weise der Betriebsgestaltung, insbesondere nach den Betriebszeiten und der Art der Getränke, der zubereiteten Speisen, der Beherbergung oder der Darbietungen.

(2) Die Erlaubnis darf auf Zeit erteilt werden, soweit dieses Gesetz es zuläßt oder der Antragsteller es beantragt.

§ 4[4] **Versagungsgründe.** (1) [1] Die Erlaubnis ist zu versagen, wenn

1. Tatsachen die Annahme rechtfertigen, daß der Antragsteller die für den Gewerbebetrieb erforderliche Zuverlässigkeit nicht besitzt, insbesondere dem Trunke ergeben ist oder befürchten läßt, daß er Unerfahrene, Leichtsinnige oder Willensschwache ausbeuten wird oder dem Alkoholmißbrauch, verbotenem Glücksspiel, der Hehlerei oder der Unsittlichkeit Vorschub leisten wird oder die Vorschriften

(Fortsetzung nächstes Blatt)

[1] § 1 Abs. 1 Nr. 1, 2 geänd., Nr. 3 aufgeh. mWv 1.7.2005 durch G v. 21.6.2005 (BGBl. I S. 1666).

[2] § 2 Abs. 2 neu gef., Abs. 3, 4 aufgeh. mWv 1.7.2005 durch G v. 21.6.2005 (BGBl. I S. 1666).

[3] § 3 Abs. 3 aufgeh. mWv 1.7.2005 durch G v. 21.6.2005 (BGBl. I S. 1666).

[4] § 4 Abs. 1 Satz 1 Nr. 2a eingef., Abs. 1 Satz 2 angef., Abs. 3 Satz 2 eingef., bish. Satz 2 wird Satz 3 mWv 1.5.2002 durch G v. 27.4.2002 (BGBl. I S. 1467).

des Gesundheits- oder Lebensmittelrechts, des Arbeits- oder Jugendschutzes nicht einhalten wird,

2. die zum Betrieb des Gewerbes oder zum Aufenthalt der Beschäftigten bestimmten Räume wegen ihrer Lage, Beschaffenheit, Ausstattung oder Einteilung für den Betrieb nicht geeignet sind, insbesondere den notwendigen Anforderungen zum Schutze der Gäste und der Beschäftigten gegen Gefahren für Leben, Gesundheit oder Sittlichkeit oder den sonst zur Aufrechterhaltung der öffentlichen Sicherheit oder Ordnung notwendigen Anforderungen nicht genügen oder

2a. die zum Betrieb des Gewerbes für Gäste bestimmten Räume von behinderten Menschen nicht barrierefrei genutzt werden können, soweit diese Räume in einem Gebäude liegen, für das nach dem 1. November 2002 eine Baugenehmigung für die erstmalige Errichtung, für einen wesentlichen Umbau oder eine wesentliche Erweiterung erteilt wurde oder das, für den Fall, dass eine Baugenehmigung nicht erforderlich ist, nach dem 1. Mai 2002 fertig gestellt oder wesentlich umgebaut oder erweitert wurde,

3. der Gewerbebetrieb im Hinblick auf seine örtliche Lage oder auf die Verwendung der Räume dem öffentlichen Interesse widerspricht, insbesondere schädliche Umwelteinwirkungen im Sinne des Bundes-Immissionsschutzgesetzes oder sonst erhebliche Nachteile, Gefahren oder Belästigungen für die Allgemeinheit befürchten läßt,

4. der Antragsteller nicht durch eine Bescheinigung einer Industrie- und Handelskammer nachweist, daß er oder sein Stellvertreter (§ 9) über die Grundzüge der für den in Aussicht genommenen Betrieb notwendigen lebensmittelrechtlichen Kenntnisse unterrichtet worden ist und mit ihnen als vertraut gelten kann.

[2] Die Erlaubnis kann entgegen Satz 1 Nr. 2a erteilt werden, wenn eine barrierefreie Gestaltung der Räume nicht möglich ist oder nur mit unzumutbaren Aufwendungen erreicht werden kann.

(2) Wird bei juristischen Personen oder nichtrechtsfähigen Vereinen nach Erteilung der Erlaubnis eine andere Person zur Vertretung nach Gesetz, Satzung oder Gesellschaftsvertrag berufen, so ist dies unverzüglich der Erlaubnisbehörde anzuzeigen.

(3) [1] Die Landesregierungen können zur Durchführung des Absatzes 1 Nr. 2 durch Rechtsverordnung die Mindestanforderungen bestimmen, die an die Lage, Beschaffenheit, Ausstattung und Einteilung der Räume im Hinblick auf die jeweilige Betriebsart und Art der zugelassenen Getränke oder Speisen zu stellen sind. [2] Die Landesregierungen können durch Rechtsverordnung

a) zur Durchführung des Absatzes 1 Satz 1 Nr. 2a Mindestanforderungen bestimmen, die mit dem Ziel der Herstellung von Barrierefreiheit an die Lage, Beschaffenheit, Ausstattung und Einteilung der Räume zu stellen sind, und

b) zur Durchführung des Absatzes 1 Satz 2 die Voraussetzungen für das Vorliegen eines Falles der Unzumutbarkeit festlegen.

[3]Die Landesregierungen können durch Rechtsverordnung die Ermächtigung auf oberste Landesbehörden übertragen.

§ 5 Auflagen. (1) Gewerbetreibenden, die einer Erlaubnis bedürfen, können jederzeit Auflagen zum Schutze

1. der Gäste gegen Ausbeutung und gegen Gefahren für Leben, Gesundheit oder Sittlichkeit,
2. der im Betrieb Beschäftigten gegen Gefahren für Leben, Gesundheit oder Sittlichkeit oder
3. gegen schädliche Umwelteinwirkungen im Sinne des Bundes-Immissionsschutzgesetzes und sonst gegen erhebliche Nachteile, Gefahren oder Belästigungen für die Bewohner des Betriebsgrundstücks oder der Nachbargrundstücke sowie der Allgemeinheit

erteilt werden.

(2) Gegenüber Gewerbetreibenden, die ein erlaubnisfreies Gaststättengewerbe betreiben, können Anordnungen nach Maßgabe des Absatzes 1 erlassen werden.

§ 6[1)] Ausschank alkoholfreier Getränke. [1]Ist der Ausschank alkoholischer Getränke gestattet, so sind auf Verlangen auch alkoholfreie Getränke zum Verzehr an Ort und Stelle zu verabreichen. [2]Davon ist mindestens ein alkoholfreies Getränk nicht teurer zu verabreichen als das billigste alkoholische Getränk. [3]Der Preisvergleich erfolgt hierbei auch auf der Grundlage des hochgerechneten Preises für einen Liter der betreffenden Getränke. [4]Die Erlaubnisbehörde kann für den Ausschank aus Automaten Ausnahmen zulassen.

§ 7 Nebenleistungen. (1) Im Gaststättengewerbe dürfen der Gewerbetreibende oder Dritte auch während der Ladenschlußzeiten Zubehörwaren an Gäste abgeben und ihnen Zubehörleistungen erbringen.

(2) Der Schank- oder Speisewirt darf außerhalb der Sperrzeit zum alsbaldigen Verzehr oder Verbrauch

1. Getränke und zubereitete Speisen, die er in seinem Betrieb verabreicht,
2. Flaschenbier, alkoholfreie Getränke, Tabak- und Süßwaren

an jedermann über die Straße abgeben.

§ 8 Erlöschen der Erlaubnis. [1]Die Erlaubnis erlischt, wenn der Inhaber den Betrieb nicht innerhalb eines Jahres nach Erteilung der Erlaubnis begonnen oder seit einem Jahr nicht mehr ausgeübt hat. [2]Die Fristen können verlängert werden, wenn ein wichtiger Grund vorliegt.

§ 9 Stellvertretungserlaubnis. [1]Wer ein erlaubnisbedürftiges Gaststättengewerbe durch einen Stellvertreter betreiben will, bedarf einer Stellvertretungserlaubnis; sie wird dem Erlaubnisinhaber für einen bestimmten Stellvertreter erteilt und kann befristet werden. [2]Die Vor-

---

1) § 6 Satz 2 neugef. u. Satz 3 eingef. durch G v. 13. 12. 2001 (BGBl. I S. 3584).

schriften des § 4 Abs. 1 Nr. 1 und 4 sowie des § 8 gelten entsprechend. [3]Wird das Gewerbe nicht mehr durch den Stellvertreter betrieben, so ist dies unverzüglich der Erlaubnisbehörde anzuzeigen.

§ 10[1)] Weiterführung des Gewerbes. [1]Nach dem Tode des Erlaubnisinhabers darf das Gaststättengewerbe auf Grund der bisherigen Erlaubnis durch den Ehegatten, Lebenspartner oder die minderjährigen Erben während der Minderjährigkeit weitergeführt werden. [2]Das gleiche gilt für Nachlaßverwalter, Nachlaßpfleger oder Testamentsvollstrecker bis zur Dauer von zehn Jahren nach dem Erbfall. [3]Die in den Sätzen 1 und 2 bezeichneten Personen haben der Erlaubnisbehörde unverzüglich Anzeige zu erstatten, wenn sie den Betrieb weiterführen wollen.

§ 11 Vorläufige Erlaubnis und vorläufige Stellvertretungserlaubnis. (1) [1]Personen, die einen erlaubnisbedürftigen Gaststättenbetrieb von einem anderen übernehmen wollen, kann die Ausübung des Gaststättengewerbes bis zur Erteilung der Erlaubnis auf Widerruf gestattet werden. [2]Die vorläufige Erlaubnis soll nicht für eine längere Zeit als drei Monate erteilt werden; die Frist kann verlängert werden, wenn ein wichtiger Grund vorliegt.

(2) Absatz 1 gilt entsprechend für die Erteilung einer vorläufigen Stellvertretungserlaubnis.

§ 12 Gestattung. (1) Aus besonderem Anlaß kann der Betrieb eines erlaubnisbedürftigen Gaststättengewerbes unter erleichterten Voraussetzungen vorübergehend auf Widerruf gestattet werden.

(2) (weggefallen)

(3) Dem Gewerbetreibenden können jederzeit Auflagen erteilt werden.

§ 13.[2)] *(aufgehoben)*

§ 14 Straußwirtschaften. [1]Die Landesregierungen können durch Rechtsverordnungen[3)] zur Erleichterung des Absatzes selbsterzeugten Weines oder Apfelweines bestimmen, daß der Ausschank dieser Getränke und im Zusammenhang hiermit das Verabreichen von zubereiteten Speisen zum Verzehr an Ort und Stelle für die Dauer von höchstens vier Monaten oder, soweit dies bisher nach Landesrecht zulässig war, von höchstens sechs Monaten, und zwar zusammenhängend oder in zwei Zeitabschnitten im Jahre, keiner Erlaubnis bedarf. [2]Sie können hierbei Vorschriften über

1. die persönlichen und räumlichen Voraussetzungen für den Ausschank sowie über Menge und Jahrgang des zum Ausschank bestimmten Weines oder Apfelweines,

---

[1)] § 10 Satz 1 geänd. mWv 1. 1. 2003 durch G v. 24. 8. 2002 (BGBl. I S. 3412).

[2)] § 13 aufgeh. durch G v. 7. 9. 2007 (BGBl. I S. 2246).

[3)] Siehe Tit. Anm.

2. das Verabreichen von Speisen zum Verzehr an Ort und Stelle,
3. die Art der Betriebsführung

erlassen. [3]Die Landesregierungen können durch Rechtsverordnung die Ermächtigung auf oberste Landesbehörden oder andere Behörden übertragen.

§ 15 Rücknahme und Widerruf der Erlaubnis. (1) Die Erlaubnis zum Betrieb eines Gaststättengewerbes ist zurückzunehmen, wenn bekannt wird, daß bei ihrer Erteilung Versagungsgründe nach § 4 Abs. 1 Nr. 1 vorlagen.

(2) Die Erlaubnis ist zu widerrufen, wenn nachträglich Tatsachen eintreten, die die Versagung der Erlaubnis nach § 4 Abs. 1 Nr. 1 rechtfertigen würden.

(3) Sie kann widerrufen werden, wenn

1. der Gewerbetreibende oder sein Stellvertreter die Betriebsart, für welche die Erlaubnis erteilt worden ist, unbefugt ändert, andere als die zugelassenen Räume zum Betrieb verwendet oder nicht zugelassene Getränke oder Speisen verabreicht oder sonstige inhaltliche Beschränkungen der Erlaubnis nicht beachtet,
2. der Gewerbetreibende oder sein Stellvertreter Auflagen nach § 5 Abs. 1 nicht innerhalb einer gesetzten Frist erfüllt,
3. der Gewerbetreibende seinen Betrieb ohne Erlaubnis durch einen Stellvertreter betreiben läßt,
4. der Gewerbetreibende oder sein Stellvertreter Personen entgegen einem nach § 21 ergangenen Verbot beschäftigt,
5. der Gewerbetreibende im Fall des § 4 Abs. 2 nicht innerhalb von sechs Monaten nach der Berufung den Nachweis nach § 4 Abs. 1 Nr. 4 erbringt,
6. der Gewerbetreibende im Fall des § 9 Satz 3 nicht innerhalb von sechs Monaten nach dem Ausscheiden des Stellvertreters den Nachweis nach § 4 Abs. 1 Nr. 4 erbringt,
7. die in § 10 Satz 1 und 2 bezeichneten Personen nicht innerhalb von sechs Monaten nach der Weiterführung den Nachweis nach § 4 Abs. 1 Nr. 4 erbringen.

(4) Die Absätze 1, 2 und 3 Nr. 1, 2 und 4 gelten entsprechend für die Rücknahme und den Widerruf der Stellvertretungserlaubnis.

§§ 16 und 17. (weggefallen)

§ 18[1)] **Sperrzeit.** (1) [1]Für Schank- und Speisewirtschaften sowie für öffentliche Vergnügungsstätten kann durch Rechtsverordnung[2)] der Landesregierungen eine Sperrzeit allgemein festgesetzt werden. [2]In der Rechtsverordnung ist zu bestimmen, daß die Sperrzeit bei Vorliegen eines öffentlichen Bedürfnisses oder besonderer örtlicher Verhältnisse

---

[1)] *§ 18 Abs. 1 Satz 1* geänd. durch G v. 21. 6. 2005 (BGBl. I S. 1666).

[2)] Siehe Tit. Anm.

allgemein oder für einzelne Betriebe verlängert, verkürzt oder aufgehoben werden kann. [3]Die Landesregierungen können durch Rechtsverordnung die Ermächtigung auf oberste Landesbehörden oder andere Behörden übertragen.

(2) (weggefallen)

§ 19 Verbot des Ausschanks alkoholischer Getränke. Aus besonderem Anlaß kann der gewerbsmäßige Ausschank alkoholischer Getränke vorübergehend für bestimmte Zeit und für einen bestimmten örtlichen Bereich ganz oder teilweise verboten werden, wenn dies zur Aufrechterhaltung der öffentlichen Sicherheit oder Ordnung erforderlich ist.

§ 20[1] Allgemeine Verbote. Verboten ist,

1. Alkohol im Sinne des § 1 Absatz 2 Nummer 1 des Alkoholsteuergesetzes vom 21. Juni 2013 (BGBl. I S. 1650, 1651), das zuletzt durch Artikel 6 des Gesetzes vom 10. März 2017 (BGBl. I S. 420) geändert worden ist, in der jeweils geltenden Fassung, oder überwiegend alkoholhaltige Lebensmittel durch Automaten feilzuhalten,
2. in Ausübung eines Gewerbes alkoholische Getränke an erkennbar Betrunkene zu verabreichen,
3. im Gaststättengewerbe das Verabreichen von Speisen von der Bestellung von Getränken abhängig zu machen oder bei der Nichtbestellung von Getränken die Preise zu erhöhen,
4. im Gaststättengewerbe das Verabreichen alkoholfreier Getränke von der Bestellung alkoholischer Getränke abhängig zu machen oder bei der Nichtbestellung alkoholischer Getränke die Preise zu erhöhen.

§ 21 Beschäftigte Personen. (1) Die Beschäftigung einer Person in einem Gaststättenbetrieb kann dem Gewerbetreibenden untersagt werden, wenn Tatsachen die Annahme rechtfertigen, daß die Person die für ihre Tätigkeit erforderliche Zuverlässigkeit nicht besitzt.

(2) [1]Die Landesregierungen können zur Aufrechterhaltung der Sittlichkeit oder zum Schutze der Gäste durch Rechtsverordnung Vorschriften über die Zulassung, das Verhalten und die Art der Tätigkeit sowie, soweit tarifvertragliche Regelungen nicht bestehen, die Art der Entlohnung der in Gaststättenbetrieben Beschäftigten erlassen. [2]Die Landesregierungen können durch Rechtsverordnung die Ermächtigung auf oberste Landesbehörden übertragen.

(3) Die Vorschriften des § 26 des Jugendarbeitsschutzgesetzes[2] bleiben unberührt.

§ 22 Auskunft und Nachschau. (1) Die Inhaber von Gaststättenbetrieben, ihre Stellvertreter und die mit der Leitung des Betriebes beauftragten Personen haben den zuständigen Behörden die für die Durchführung dieses Gesetzes und der auf Grund dieses Gesetzes erlassenen Rechtsverordnungen erforderlichen Auskünfte zu erteilen.

(2) [1]Die von der zuständigen Behörde mit der Überwachung des Betriebes beauftragten Personen sind befugt, Grundstücke und Geschäftsräume des Aus-

---

[1] § 20 Nr. 1 geänd. mWv 1.1.2018 durch G v. 10.3.2017 (BGBl. I S. 420).
[2] **Gewerberecht Nr. 745.**

kunftspflichtigen zu betreten, dort Prüfungen und Besichtigungen vorzunehmen und in die geschäftlichen Unterlagen des Auskunftspflichtigen Einsicht zu nehmen. [2] Der Auskunftspflichtige hat die Maßnahmen nach Satz 1 zu dulden. [3] Das Grundrecht der Unverletzlichkeit der Wohnung (Artikel 13 des Grundgesetzes[1)]) wird insoweit eingeschränkt.

(3) Der zur Erteilung einer Auskunft Verpflichtete kann die Auskunft auf solche Fragen verweigern, deren Beantwortung ihn selbst oder einen der in § 383 Abs. 1 Nr. 1 bis 3 der Zivilprozeßordnung[2)] bezeichneten Angehörigen der Gefahr strafgerichtlicher Verfolgung oder eines Verfahrens nach dem Gesetz über Ordnungswidrigkeiten[3)] aussetzen würde.

§ 23[4)] **Vereine und Gesellschaften.** (1) Die Vorschriften dieses Gesetzes über den Ausschank alkoholischer Getränke finden auch auf Vereine und Gesellschaften Anwendung, die kein Gewerbe betreiben; dies gilt nicht für den Ausschank an Arbeitnehmer dieser Vereine oder Gesellschaften.

(2) [1] Werden in den Fällen des Absatzes 1 alkoholische Getränke in Räumen ausgeschenkt, die im Eigentum dieser Vereine oder Gesellschaften stehen oder ihnen mietweise, leihweise oder aus einem anderen Grunde überlassen und nicht Teil eines Gaststättenbetriebes sind, so finden die Vorschriften dieses Gesetzes mit Ausnahme der §§ 5, 6, 18, 22 sowie des § 28 Abs. 1 Nr. 2, 6, 11 und 12 und Absatz 2 Nr. 1 keine Anwendung. [2] Das Bundesministerium für Wirtschaft und Energie kann mit Zustimmung des Bundesrates durch Rechtsverordnung bestimmen, daß auch andere Vorschriften dieses Gesetzes Anwendung finden, wenn durch den Ausschank alkoholischer Getränke Gefahren für die Sittlichkeit oder für Leben oder Gesundheit der Gäste oder der Beschäftigten entstehen.

§ 24 Realgewerbeberechtigung. (1) [1] Die Vorschriften dieses Gesetzes finden auch auf Realgewerbeberechtigungen Anwendung mit Ausnahme der Vorschriften über die Lage der Räume (§ 4 Abs. 1 Nr. 2) und über das öffentliche Interesse hinsichtlich der Verwendung der Räume (§ 4 Abs. 1 Nr. 3). [2] Realgewerbeberechtigungen, die drei Jahre lang nicht ausgeübt worden sind, erlöschen. [3] Die Frist kann von der Erlaubnisbehörde verlängert werden, wenn ein wichtiger Grund vorliegt.

(2) Die Länder können bestimmen, daß auch die in Absatz 1 ausgenommenen Vorschriften Anwendung finden, wenn um die Erlaubnis auf Grund einer Realgewerbeberechtigung für ein Grundstück nachgesucht wird, auf welchem die Erlaubnis auf Grund dieser Realgewerbeberechtigung bisher nicht ausgeübt wurde.

§ 25[5)] **Anwendungsbereich.** (1) [1] Auf Kantinen für Betriebsangehörige sowie auf Betreuungseinrichtungen der im Inland stationierten ausländischen

---

[1)] Nr. **1**.

[2)] **Schönfelder Nr. 100.**

[3)] **Schönfelder Nr. 94.**

[4)] § 23 Abs. 2 Satz 2 geänd. mWv 7.11.2001 durch VO v. 29.10.2001 (BGBl. I S. 2785); Abs. 2 Satz 2 geänd. mWv 28.11.2003 durch VO v. 25.11.2003 (BGBl. I S. 2304); Abs. 2 Satz 2 geänd. mWv 8.11.2006 durch VO v. 31.10.2006 (BGBl. I S. 2407); Abs. 2 Satz 2 geänd. mWv 8.9.2015 *durch VO v. 31.8.2015 (BGBl. I S. 1474).*

[5)] § 25 Abs. 1 Satz 1 geänd. mWv 1.7.2005 durch G v. 21.6.2005 (BGBl. I S. 1818).

Streitkräfte, der Bundeswehr, der Bundespolizei oder der in Gemeinschaftsunterkünften untergebrachten Polizei finden die Vorschriften dieses Gesetzes keine Anwendung. [2] Gleiches gilt für Luftfahrzeuge, Personenwagen von Eisenbahnunternehmen und anderen Schienenbahnen, Schiffe und Reisebusse, in denen anläßlich der Beförderung von Personen gastgewerbliche Leistungen erbracht werden.

(2) [1] Auf Gewerbetreibende, die am 1. Oktober 1998 eine Bahnhofsgaststätte befugt betrieben haben, findet § 34 Abs. 2 Satz 1 entsprechende Anwendung; die in § 4 Abs. 1 Nr. 2 genannten Anforderungen an die Lage, Beschaffenheit, Ausstattung oder Einteilung der zum Betrieb des Gewerbes oder zum Aufenthalt der Beschäftigten bestimmten Räume gelten als erfüllt. [2] § 34 Abs. 3 findet mit der Maßgabe Anwendung, daß die Anzeige nach Satz 4 innerhalb von zwölf Monaten zu erstatten ist.

§ 26[1)] Sonderregelung. (1) [1] Soweit in Bayern und Rheinland-Pfalz der Ausschank selbsterzeugter Getränke ohne Erlaubnis gestattet ist, bedarf es hierfür auch künftig keiner Erlaubnis. [2] Die Landesregierungen können zur Aufrechterhaltung der öffentlichen Sicherheit oder Ordnung durch Rechtsverordnung allgemeine Voraussetzungen für den Ausschank aufstellen, insbesondere die Dauer des Ausschanks innerhalb des Jahres bestimmen und die Art der Betriebsführung regeln. [3] Die Landesregierungen können durch Rechtsverordnung die Ermächtigung auf oberste Landesbehörden übertragen.

(2) Die in Bayern bestehenden Kommunbrauberechtigungen sowie die in Rheinland-Pfalz bestehende Berechtigung zum Ausschank selbsterzeugten Alkohols im Sinne des Alkoholsteuergesetzes erlöschen, wenn sie seit zehn Jahren nicht mehr ausgeübt worden sind.

§ 27 (weggefallen)

§ 28[2)] Ordnungswidrigkeiten. (1) Ordnungswidrig handelt, wer vorsätzlich oder fahrlässig

1. ohne die nach § 2 Abs. 1 erforderliche Erlaubnis ein Gaststättengewerbe betreibt,
2. einer Auflage oder Anordnung nach § 5 oder einer Auflage nach § 12 Abs. 3 nicht, nicht vollständig oder nicht rechtzeitig nachkommt,
3. über den in § 7 erlaubten Umfang hinaus Waren abgibt oder Leistungen erbringt,
4. ohne die nach § 9 erforderliche Erlaubnis ein Gaststättengewerbe durch einen Stellvertreter betreibt oder in einem Gaststättengewerbe als Stellvertreter tätig ist,
5. die nach § 4 Abs. 2, § 9 Satz 3 oder § 10 Satz 3 erforderliche Anzeige nicht oder nicht unverzüglich erstattet,

---

1) § 26 Abs. 2 geänd. mWv 1.1.2018 durch G v. 10.3.2017 (BGBl. I S. 420).

2) § 28 Abs. 3 geänd. mWv 1.1.2002 durch G v. 10.11.2001 (BGBl. I S. 2992); Abs. 2 Nr. 1 geänd. mWv 1.1.2002 durch G v. 13.12.2001 (BGBl. I S. 3584); Abs. 1 Nr. 1 geänd. mWv 1.7.2005 durch G v. 21.6.2005 (BGBl. I S. 1666); Abs. 1 Nr. 5a aufgeh. mWv 14.9.2007 durch G v. 7.9.2007 (BGBl. I S. 2246); Abs. 1 Nr. 8 geänd. mWv 1.1.2018 durch G v. 10.3.2017 (BGBl. I S. 420).

6. als Inhaber einer Schankwirtschaft, Speisewirtschaft oder öffentlichen Vergnügungsstätte duldet, daß ein Gast nach Beginn der Sperrzeit in den Betriebsräumen verweilt,
7. entgegen einem Verbot nach § 19 alkoholische Getränke verabreicht,
8. einem Verbot des § 20 Nr. 1 über das Feilhalten von Alkohol oder überwiegend alkoholhaltigen Lebensmitteln zuwiderhandelt oder entgegen dem Verbot des § 20 Nr. 3 das Verabreichen von Speisen von der Bestellung von Getränken abhängig macht oder entgegen dem Verbot des § 20 Nr. 4 das Verabreichen alkoholfreier Getränke von der Bestellung alkoholischer Getränke abhängig macht,
9. entgegen dem Verbot des § 20 Nr. 2 in Ausübung eines Gewerbes alkoholische Getränke verabreicht oder in den Fällen des § 20 Nr. 4 bei Nichtbestellung alkoholischer Getränke die Preise erhöht,
10. Personen beschäftigt, deren Beschäftigung ihm nach § 21 Abs. 1 untersagt worden ist,
11. entgegen § 22 eine Auskunft nicht, nicht richtig, nicht vollständig oder nicht rechtzeitig erteilt, den Zutritt zu den für den Betrieb benutzten Grundstücken und Räumen nicht gestattet oder die Einsicht in geschäftliche Unterlagen nicht gewährt,
12. den Vorschriften einer auf Grund der §§ 14, 18 Abs. 1, des § 21 Abs. 2 oder des § 26 Abs. 1 Satz 2 erlassenen Rechtsverordnung zuwiderhandelt, soweit die Rechtsverordnung für einen bestimmten Tatbestand auf diese Bußgeldvorschrift verweist.

(2) Ordnungswidrig handelt auch, wer

1. entgegen § 6 Satz 1 keine alkoholfreien Getränke verabreicht oder entgegen § 6 Satz 2 nicht mindestens ein alkoholfreies Getränk nicht teurer als das billigste alkoholische Getränk verabreicht,
2. (weggefallen)
3. (weggefallen)
4. als Gast in den Räumen einer Schankwirtschaft, einer Speisewirtschaft oder einer öffentlichen Vergnügungsstätte über den Beginn der Sperrzeit hinaus verweilt, obwohl der Gewerbetreibende, ein in seinem Betrieb Beschäftigter oder ein Beauftragter der zuständigen Behörde ihn ausdrücklich aufgefordert hat, sich zu entfernen.

(3) Die Ordnungswidrigkeit kann mit einer Geldbuße bis zu fünftausend Euro geahndet werden.

§ 29[1] *(aufgehoben)*

§ 30 Zuständigkeit und Verfahren. Die Landesregierungen oder die von ihnen bestimmten Stellen können die für die Ausführung dieses Gesetzes und der nach diesem Gesetz ergangenen Rechtsverordnungen zuständigen Behörden bestimmen; die Landesregierungen oder die von

(Fortsetzung nächstes Blatt)

[1] § 29 aufgeh. mWv 14.9.2007 durch G v. 7.9.2007 (BGBl. I S. 2246).

ihnen durch Rechtsverordnung bestimmten obersten Landesbehörden können ferner durch Rechtsverordnung das Verfahren, insbesondere bei Erteilung sowie bei Rücknahme und Widerruf von Erlaubnissen und bei Untersagungen, regeln.

§ 31 Anwendbarkeit der Gewerbeordnung. Auf die den Vorschriften dieses Gesetzes unterliegenden Gewerbetriebe finden die Vorschriften der Gewerbeordnung soweit Anwendung, als nicht in diesem Gesetz besondere Bestimmungen getroffen worden sind; die Vorschriften über den Arbeitsschutz werden durch dieses Gesetz nicht berührt.

§ 32[1] Erprobungsklausel. Die Landesregierungen werden ermächtigt, durch Rechtsverordnung zur Erprobung vereinfachender Maßnahmen, insbesondere zur Erleichterung von Existenzgründungen und Betriebsübernahmen, für einen Zeitraum von bis zu fünf Jahren Ausnahmen von Berufsausübungsregelungen nach diesem Gesetz und den darauf beruhenden Rechtsverordnungen zuzulassen, soweit diese Berufsausübungsregelungen nicht auf bindenden Vorgaben des Europäischen Gemeinschaftsrechts beruhen und sich die Auswirkungen der Ausnahmen auf das Gebiet des jeweiligen Landes beschränken.

§ 33. (Änderung anderer Vorschriften)

§ 34 Übergangsvorschriften. (1) Eine vor Inkrafttreten dieses Gesetzes erteilte Erlaubnis oder Gestattung gilt im bisherigen Umfang als Erlaubnis oder Gestattung im Sinne dieses Gesetzes.

(2) [1] Soweit nach diesem Gesetz eine Erlaubnis erforderlich ist, gilt sie demjenigen als erteilt, der bei Inkrafttreten dieses Gesetzes ohne Erlaubnis oder Gestattung eine nach diesem Gesetz erlaubnisbedürftige Tätigkeit befugt ausübt. [2] In den Fällen des Artikels 2 Abs. 1 des Ersten Teils des Vertrages zur Regelung aus Krieg und Besatzung entstandener Fragen (BGBl. 1955 II S. 405) gilt die Erlaubnis auch demjenigen erteilt, der eine nach diesem Gesetz erlaubnisbedürftige Tätigkeit innerhalb eines Jahres vor Inkrafttreten des Gesetzes befugt ausgeübt hat, ohne daß ihm die Ausübung der Tätigkeit bei Inkrafttreten des Gesetzes untersagt war.

(3) [1] Der in Absatz 2 bezeichnete Erlaubnisinhaber oder derjenige, der eine vor Inkrafttreten dieses Gesetzes erteilte Erlaubnis nicht nachweisen kann, hat seinen Betrieb der zuständigen Behörde anzuzeigen. [2] Die Erlaubnisbehörde bestätigt dem Gewerbetreibenden kostenfrei und schriftlich, daß er zur Ausübung seines Gewerbes berechtigt ist. [3] Die Bestätigung muß die Betriebsart sowie die Betriebsräume bezeichnen. [4] Wird die Anzeige nicht innerhalb von sechs Monaten nach Inkrafttreten dieses Gesetzes erstattet, so erlischt die Erlaubnis.

§ 35.[2] *(aufgehoben)*

---

[1] § 32 eingef. durch G v. 21. 6. 2005 (BGBl. I S. 1666).
[2] § 35 aufgeh. durch G v. 7. 9. 2007 (BGBl. I S. 2246).

§ 36. (Änderung anderer Vorschriften)

§ 37. (weggefallen)

§ 38.[1] (Inkrafttreten)

[1] Das G in seiner ursprünglichen Fassung ist am 10. 5. 1971 in Kraft getreten.

815. Gesetz zur Ordnung des Handwerks (Handwerksordnung)[1)]

In der Fassung der Bekanntmachung vom 24. September 1998[2)]

(BGBl. I S. 3074, ber. 2006 I S. 2095)

FNA 7110-1

geänd. durch Art. 33 SGB IX – Rehabilitation und Teilhabe behinderter Menschen – v. 19.6.2001 (BGBl. I S. 1046), Art. 135 Siebente ZuständigkeitsanpassungsVO v. 29.10.2001 (BGBl. I S. 2785), Art. 13 Neuntes Euro-EinführungsG v. 10.11.2001 (BGBl. I S. 2992), Art. 69 Drittes G für moderne Dienstleistungen am Arbeitsmarkt v. 23.12.2003 (BGBl. I S. 2848), Art. 1 ÄndG v. 24.12.2003 (BGBl. I S. 2933), Art. 1 Drittes ÄndG v. 24.12.2003 (BGBl. I S. 2934), Art. 35b Viertes G für moderne Dienstleistungen am Arbeitsmarkt v. 24.12.2003 (BGBl. I S. 2954), Art. 2, Art. 2a Nr. 2, Art. 8 Abs. 2 BerufsbildungsreformG v. 23.3.2005 (BGBl. I S. 931), Art. 5 G zur Änd. des StatistikregisterG und sonstiger StatistikG v. 9.6.2005 (BGBl. I S. 1534), Art. 3b G zur Änd. des GemeindefinanzreformG und and. G v. 6.9.2005 (BGBl. I S. 2725), Art. 146 Neunte ZuständigkeitsanpassungsVO v. 31.10.2006 (BGBl. I S. 2407), Art. 9a Zweites BürokratieabbauG v. 7.9.2007 (BGBl. I S. 2246), Art. 8 Viertes G zur Änd. verwaltungsverfahrensrechtl. Vorschriften v. 11.12.2008 (BGBl. I S. 2418), Art. 6 G zur Neuausrichtung der arbeitsmarktpolitischen Instrumente v. 21.12.2008 (BGBl. I S. 2917), Art. 2 G zur Umsetzung der DienstleistungsRL im Gewerberecht und in weiteren Rechtsvorschriften v. 17.7.2009 (BGBl. I S. 2091), Art. 2 VO zur Änd. der Kehr- und ÜberprüfungsO und der HandwerksO v. 14.6.2011 (BGBl. I S. 1077), Art. 3 G zur Änd. gewerberechtl. Vorschriften v. 11.7.2011 (BGBl. I S. 1341), Art. 3 G zur Verbesserung der Feststellung und Anerkennung im Ausland erworbener Berufsqualifikationen v. 6.12.2011 (BGBl. I S. 2515), Art. 33 G zur Verbesserung der Eingliederungschancen am Arbeitsmarkt v. 20.12.2011 (BGBl. I S. 2854), Art. 2 G zur Änd. der Gewerbeordnung und anderer G v. 5.12.2012 (BGBl. I S. 2415), Art. 19 G zur Förderung der elektronischen Verwaltung sowie zur Änd. weiterer Vorschriften v. 25.7.2013 (BGBl. I S. 2749), Art. 283 Zehnte ZuständigkeitsanpassungsVO v. 31.8.2015 (BGBl. I S. 1474), Art. 104 G zum Abbau verzichtbarer Anordnungen der Schriftform im Verwaltungsrecht des Bundes v. 29.3.2017 (BGBl. I S. 626), Art. 6 Zweites BürokratieentlastungsG v. 30.6.2017 (BGBl. I S. 2143), Art. 84 Zweites Datenschutz-Anpassungs- und Umsetzungsgesetz EU v. 20.11.2019 (BGBl. I S. 1626), Art. 2 Gesetz zur Modernisierung und Stärkung der beruflichen Bildung v. 12.12.2019 (BGBl. I S. 2522), Art. 1 Viertes G zur Änd. der HandwerksO und anderer handwerksrechtl. Vorschriften v. 6.2.2020 (BGBl. I S. 142), Art. 3 G zur Abmilderung der Folgen der COVID-19-Pandemie im Wettbewerbsrecht und für den Bereich der Selbstverwaltungsorganisationen der gewerbl. Wirtschaft v. 25.5.2020 (BGBl. I S. 1067), Art. 6 G zur Umsetzung der VerhältnismäßigkeitsRL (RL (EU) 2018/958) im Bereich öffentlich-rechtl. Körperschaften v. 19.6.2020 (BGBl. I S. 1403), Art. 21 Sanierungs- und InsolvenzrechtsfortentwicklungsG v. 22.12. 2020 (BGBl. I S. 3256), Art. 18 RegistermodernisierungsG[3)] v. 28.3.2021 (BGBl. I S. 591), Art. 1 Fünftes G zur Änd. der HandwerksO und anderer handwerksrechtlicher Vorschriften v. 9.6.2021 (BGBl. I S. 1654), Art. 3 G zur Umsetzung der RL (EU) 2019/1152 v. 20.7.2022 (BGBl. I S. 1174), Art. 2 G zur Änd. der GewerbeO und anderer Gesetze v. 9.11.2022 (BGBl. I S. 2009), Art. 6 Zweites G zur Umsetzung der VerhältnismäßigkeitsRL (RL (EU) 2018/958) im Bereich öffentlich-rechtlicher Körperschaften v. 17.1.2024 (BGBl. 2024 I Nr. 12), Art. 4 Berufsbildungsvalidierungs- und -digitalisierungsG v. 19.7.2024 (BGBl. 2024 I Nr. 246), Art. 37 Viertes BürokratieentlastungsG v. 23.10.2024 (BGBl. 2024 I Nr. 323) und Art. 2 G zur Änd. des Schornsteinfeger-HandwerksG und der HandwerksO v. 3.4.2025 (BGBl. 2025 I Nr. 106)

[1)] Die Änderungen durch G v. 28.3.2021 (BGBl. I S. 591) treten erst **mit noch unbestimmtem Datum** in Kraft und sind im Text noch nicht berücksichtigt.

[2)] Neubekanntmachung der HandwerksO idF der Bek. v. 28.12.1965 (BGBl. 1966 I S. 1) in der ab 1.4. 1998 geltenden Fassung.

[3)] Die Änderungen durch Art. 18 RegistermodernisierungsG treten gem. Art. 22 Satz 3 dieses Gesetzes „an dem Tag in Kraft, an dem das Bundesministerium des Innern, für Bau und Heimat im Bundesgesetzblatt [...] bekannt gibt, dass die technischen Voraussetzungen für die Verarbeitung der Identifikationsnummer nach § 139b der Abgabenordnung [...] vorliegen".

Inhaltsübersicht[1)]

[1)] Inhaltsübersicht neu gef. mWv 1.7.2021 durch G v. 9.6.2021 (BGBl. I S. 1654); geänd. mWv 23.1.2024 durch G v. 17.1.2024 (BGBl. 2024 I Nr. 12); geänd. mWv 1.8.2024 durch G v. 19.7.2024 (BGBl. 2024 I Nr. 246).

(Fortsetzung nächstes Blatt)

Erster Teil.[1] Ausübung eines Handwerks und eines handwerksähnlichen Gewerbes

Erster Abschnitt.[2] Berechtigung zum selbständigen Betrieb eines zulassungspflichtigen Handwerks

§ 1[3] [Handwerksbetrieb; Eintragung in die Handwerksrolle] (1) [1]Der selbständige Betrieb eines zulassungspflichtigen Handwerks als stehendes Gewerbe ist nur den in der Handwerksrolle eingetragenen natürlichen und juristischen Personen und Personengesellschaften gestattet. [2]Personengesellschaften im Sinne dieses Gesetzes sind Personenhandelsgesellschaften und Gesellschaften des bürgerlichen Rechts.

(2) [1]Ein Gewerbebetrieb ist ein Betrieb eines zulassungspflichtigen Handwerks, wenn er handwerksmäßig betrieben wird und ein Gewerbe vollständig umfaßt, das in der Anlage A aufgeführt ist, oder Tätigkeiten ausgeübt werden, die für dieses Gewerbe wesentlich sind (wesentliche Tätigkeiten). [2]Keine wesentlichen Tätigkeiten sind insbesondere solche, die

1. in einem Zeitraum von bis zu drei Monaten erlernt werden können,
2. zwar eine längere Anlernzeit verlangen, aber für das Gesamtbild des betreffenden zulassungspflichtigen Handwerks nebensächlich sind und deswegen nicht die Fertigkeiten und Kenntnisse erfordern, auf die die Ausbildung in diesem Handwerk hauptsächlich ausgerichtet ist, oder
3. nicht aus einem zulassungspflichtigen Handwerk entstanden sind.

[3]Die Ausübung mehrerer Tätigkeiten im Sinne des Satzes 2 Nr. 1 und 2 ist zulässig, es sei denn, die Gesamtbetrachtung ergibt, dass sie für ein bestimmtes zulassungspflichtiges Handwerk wesentlich sind.

(3) Das Bundesministerium für Wirtschaft und Klimaschutz wird ermächtigt, durch Rechtsverordnung mit Zustimmung des Bundesrates die Anlage A zu diesem Gesetz dadurch zu ändern, daß es darin aufgeführte Gewerbe streicht, ganz oder teilweise zusammenfaßt oder trennt oder Bezeichnungen für sie festsetzt, soweit es die technische und wirtschaftliche Entwicklung erfordert.

§ 2[4] [Anwendung des Gesetzes auf öffentlich-rechtliche Unternehmen und Nebenbetriebe] Die Vorschriften dieses Gesetzes für den selbständigen Betrieb eines zulassungspflichtigen Handwerks gelten auch

1. für gewerbliche Betriebe des Bundes, der Länder, der Gemeinden und der sonstigen juristischen Personen des öffentlichen Rechts, in denen Waren zum Absatz an Dritte handwerksmäßig hergestellt oder Leistungen für Dritte handwerksmäßig bewirkt werden,

---

[1] Erster Teil Überschr. neu gef. mWv 1.1.2004 durch G v. 24.12.2003 (BGBl. I S. 2934).

[2] Erster Teil, Erster Abschn. Überschr. neu gef. mWv 1.1.2004 durch G v. 24.12.2003 (BGBl. I S. 2934).

[3] § 1 Abs. 3 geänd. mWv 7.11.2001 durch VO v. 29.10.2001 (BGBl. I S. 2785); Abs. 2 Sätze 2 und 3 angef., bish. Wortlaut wird Satz 1 mWv 30.12.2003 durch G v. 24.12.2003 (BGBl. I S. 2933); Abs. 1 neu gef., Abs. 2 Satz 1 und Abs. 3 geänd. mWv 1.1.2004 durch G v. 24.12.2003 (BGBl. I S. 2934); Abs. 3 geänd. mWv 8.11.2006 durch VO v. 31.10.2006 (BGBl. I S. 2407); Abs. 3 geänd. mWv 8.9.2015 durch VO v. 31.8.2015 (BGBl. I S. 1474); Abs. 3 geänd. mWv 16.11.2022 durch G v. 9.11.2022 (BGBl. I S. 2009).

[4] § 2 einl. Satzteil und Nr. 3 geänd. mWv 1.1.2004 durch G v. 24.12.2003 (BGBl. I S. 2934).

2. für handwerkliche Nebenbetriebe, die mit einem Versorgungs- oder sonstigen Betrieb der in Nummer 1 bezeichneten öffentlich-rechtlichen Stellen verbunden sind,
3. für handwerkliche Nebenbetriebe, die mit einem Unternehmen eines zulassungspflichtigen Handwerks, der Industrie, des Handels, der Landwirtschaft oder sonstiger Wirtschafts- und Berufszweige verbunden sind.

§ 3[1] [Nebenbetrieb; Hilfsbetrieb] (1) Ein handwerklicher Nebenbetrieb im Sinne des § 2 Nr. 2 und 3 liegt vor, wenn in ihm Waren zum Absatz an Dritte handwerksmäßig hergestellt oder Leistungen für Dritte handwerksmäßig bewirkt werden, es sei denn, daß eine solche Tätigkeit nur in unerheblichem Umfang ausgeübt wird, oder daß es sich um einen Hilfsbetrieb handelt.

(2) Eine Tätigkeit im Sinne des Absatzes 1 ist unerheblich, wenn sie während eines Jahres die durchschnittliche Arbeitszeit eines ohne Hilfskräfte Vollzeit arbeitenden Betriebs des betreffenden Handwerkszweigs nicht übersteigt.

(3) Hilfsbetriebe im Sinne des Absatzes 1 sind unselbständige, der wirtschaftlichen Zweckbestimmung des Hauptbetriebs dienende Betriebe eines zulassungspflichtigen Handwerks, wenn sie
1. Arbeiten für den Hauptbetrieb oder für andere dem Inhaber des Hauptbetriebs ganz oder überwiegend gehörende Betriebe ausführen oder
2. Leistungen an Dritte bewirken, die
   a) als handwerkliche Arbeiten untergeordneter Art zur gebrauchsfertigen Überlassung üblich sind oder
   b) in unentgeltlichen Pflege-, Installations-, Instandhaltungs- oder Instandsetzungsarbeiten bestehen oder
   c) in entgeltlichen Pflege-, Installations-, Instandhaltungs- oder Instandsetzungsarbeiten an solchen Gegenständen bestehen, die in einem Hauptbetrieb selbst hergestellt worden sind oder für die der Hauptbetrieb als Hersteller im Sinne des Produkthaftungsgesetzes[2] gilt.

§ 4[3] [Fortführung des Betriebes nach dem Tode des Inhabers oder dem Ausscheiden des Betriebsleiters] (1) [1] Nach dem Tod des Inhabers eines Betriebs dürfen der Ehegatte, der Lebenspartner, der Erbe, der Testamentsvollstrecker, Nachlassverwalter, Nachlassinsolvenzverwalter oder Nachlasspfleger den Betrieb fortführen, ohne die Voraussetzungen für die Eintragung in die Handwerksrolle zu erfüllen. [2] Sie haben dafür Sorge zu tragen, dass unverzüglich ein Betriebsleiter (§ 7 Abs. 1) bestellt wird. [3] Die Handwerkskammer kann in Härtefällen eine angemessene Frist setzen, wenn eine ordnungsgemäße Führung des Betriebs gewährleistet ist.

(2) Nach dem Ausscheiden des Betriebsleiters haben der in die Handwerksrolle eingetragene Inhaber eines Betriebs eines zulassungspflichtigen Handwerks oder sein Rechtsnachfolger oder sonstige verfügungsberechtigte Nachfolger unverzüglich für die Einsetzung eines anderen Betriebsleiters zu sorgen.

---

[1] § 3 Abs. 2 *und* Abs. 3 *einl. Satzteil geänd.*, Abs. 3 Nr. 2 Buchst. b und c neu gef., Buchst. d aufgeh. mWv 1.1.2004 durch G v. 24.12.2003 (BGBl. I S. 2934).

[2] **Habersack Nr. 27.**

[3] § 4 neu gef. mWv 1.1.2004 durch G v. 24.12.2003 (BGBl. I S. 2934).

§ 5[1)] [Arbeiten in anderen Handwerken] Wer ein Handwerk nach § 1 Abs. 1 betreibt, kann hierbei auch Arbeiten in anderen Handwerken nach § 1 Abs. 1 ausführen, wenn sie mit dem Leistungsangebot seines Gewerbes technisch oder fachlich zusammenhängen oder es wirtschaftlich ergänzen.

§ 5a[2)] [Datenübermittlung] (1) [1] Öffentliche Stellen, die in Verfahren auf Grund dieses Gesetzes zu beteiligen sind, werden über das Ergebnis unterrichtet, soweit dies zur Erfüllung ihrer Aufgaben erforderlich ist. [2] Der Empfänger darf die übermittelten Daten nur für den Zweck verarbeiten, für dessen Erfüllung sie ihm übermittelt worden sind.

(2) [1] Handwerkskammern unterrichten sich, soweit dieses Gesetz keine besonderen Vorschriften enthält, gegenseitig, auch durch Übermittlung personenbezogener Daten, und durch Abruf im automatisierten Verfahren, soweit dies zur Feststellung erforderlich ist, ob der Betriebsleiter die Voraussetzungen für die Eintragung in die Handwerksrolle erfüllt und ob er seine Aufgaben ordnungsgemäß wahrnimmt. [2] Das Bundesministerium für Wirtschaft und Klimaschutz wird ermächtigt, durch Rechtsverordnung[3)] mit Zustimmung des Bundesrates Einzelheiten eines Abrufs im automatisierten Verfahren zu regeln.

§ 5b[4)] Verfahren über eine einheitliche Stelle. Verwaltungsverfahren nach diesem Gesetz oder nach einer auf Grund dieses Gesetzes erlassenen Rechtsverordnung können über eine einheitliche Stelle abgewickelt werden.

Zweiter Abschnitt. Handwerksrolle

§ 6[5)] [Handwerksrolle; Einsichtsrecht] (1) Die Handwerkskammer hat ein Verzeichnis zu führen, in welches die Inhaber von Betrieben zulassungspflichtiger Handwerke ihres Bezirks nach Maßgabe der Anlage D Abschnitt I zu diesem Gesetz mit dem von ihnen zu betreibenden Handwerk oder bei Ausübung mehrerer Handwerke mit diesen Handwerken einzutragen sind (Handwerksrolle).

(2) [1] Eine Einzelauskunft aus der Handwerksrolle ist jedem zu erteilen, der ein berechtigtes Interesse glaubhaft darlegt. [2] Eine listenmäßige Übermittlung von Daten aus der Handwerksrolle an nicht-öffentliche Stellen ist unbeschadet des Absatzes 4 zulässig, wenn sie zur Erfüllung der Aufgaben der Handwerkskammer erforderlich ist oder wenn der Auskunftbegehrende ein berechtigtes Interesse an der Kenntnis der zu übermittelnden Daten glaubhaft darlegt und kein Grund zu der Annahme besteht, daß die betroffene Person ein schutzwürdiges Interesse an dem Ausschluß der Übermittlung hat. [3] Ein solcher Grund besteht nicht, wenn Vor- und Familienname des Betriebsinhabers oder des gesetzlichen Vertreters oder des Betriebsleiters oder des für die technische Leitung des Betriebs verantwort-

---

[1)] § 5 neu gef. mWv 1.1.2004 durch G v. 24.12.2003 (BGBl. I S. 2934).

[2)] § 5a Abs. 2 neu gef. mWv 1.1.2004 durch G v. 24.12.2003 (BGBl. I S. 2934); Abs. 2 Satz 2 geänd. mWv 8.11.2006 durch VO v. 31.10.2006 (BGBl. I S. 2407); Abs. 2 Satz 2 geänd. mWv 8.9.2015 durch VO v. 31.8.2015 (BGBl. I S. 1474); Abs. 1 Satz 1 neu gef., Satz 2, Abs. 2 Satz 1 geänd. mWv 26.11.2019 durch G v. 20.11.2019 (BGBl. I S. 1626); Abs. 2 Satz 2 geänd. mWv 16.11.2022 durch G v. 9.11.2022 (BGBl. I S. 2009).

[3)] Siehe die DatenabrufVO der Handwerkskammern v. 22.6.2004 (BGBl. I S. 1315).

[4)] § 5b eingef. mWv 18.12.2008 durch G v. 11.12.2008 (BGBl. I S. 2418).

[5)] § 6 Abs. 1 geänd. und Abs. 2 aufgeh., bish. Abs. 3 wird Abs. 2, bish. Abs. 4 wird Abs. 3 und geänd., bish. Abs. 5 und 6 werden Abs. 4 und 5 mWv 1.1.2004 durch G v. 24.12.2003 (BGBl. I S. 2934); Abs. 2 Satz 5 geänd. mWv 5.4.2017 durch G v. 29.3.2017 (BGBl. I S. 626); zur Anwendung siehe § 125; Abs. 2 Satz 6 angef. mWv 6.7.2017 durch G v. 30.6.2017 (BGBl. I S. 2143); Abs. 2 Sätze 2, 4 und 5 geänd., Abs. 4 und 5 neu gef. mWv 26.11.2019 durch G v. 20.11.2019 (BGBl. I S. 1626).

lichen persönlich haftenden Gesellschafters, die Firma, das ausgeübte Handwerk oder die Anschrift der gewerblichen Niederlassung übermittelt werden. [4]Die Übermittlung von Daten nach den Sätzen 2 und 3 ist nicht zulässig, wenn die betroffene Person widersprochen hat. [5]Auf die Widerspruchsmöglichkeit sind die betroffenen Personen unbeschadet der Verordnung (EU) 2016/679[1)] des Europäischen Parlaments und des Rates vom 27. April 2016 zum Schutz natürlicher Personen bei der Verarbeitung personenbezogener Daten, zum freien Datenverkehr und zur Aufhebung der Richtlinie 95/46/EG (Datenschutz-Grundverordnung) (ABl. L 119 vom 4.5.2016, S. 1; L 314 vom 22.11.2016, S. 72; L 127 vom 23.5.2018, S. 2) in der jeweils geltenden Fassung vor der ersten Übermittlung schriftlich oder elektronisch hinzuweisen. [6]Von der Datenübermittlung ausgeschlossen sind die Wohnanschriften der Betriebsinhaber und der Betriebsleiter sowie deren elektronische Kontaktdaten, beispielsweise E-Mail-Adresse, Webseite, Telefaxnummer, Telefonnummer.

(3) Öffentlichen Stellen sind auf Ersuchen Daten aus der Handwerksrolle zu übermitteln, soweit die Kenntnis tatsächlicher oder rechtlicher Verhältnisse des Inhabers eines Betriebs eines zulassungspflichtigen Handwerks (§ 1 Abs. 1) zur Erfüllung ihrer Aufgaben erforderlich ist.

(4) [1]Die Übermittlung von Daten durch öffentliche Stellen an nicht-öffentliche Stellen ist zulässig, wenn der Empfänger sich gegenüber der übermittelnden öffentlichen Stelle verpflichtet hat, die Daten nur für den Zweck zu verarbeiten, zu dessen Erfüllung sie ihm übermittelt werden. [2]Öffentliche Stellen dürfen die ihnen übermittelten Daten nur zu dem Zweck verarbeiten, zu dessen Erfüllung sie ihnen übermittelt wurden.

(5) Für das Verändern und das Einschränken der Verarbeitung der Daten in der Handwerksrolle gelten unbeschadet der Verordnung (EU) 2016/679 die Datenschutzgesetze der Länder.

§ 7[2)] [Eintragungen] (1) [1]Als Inhaber eines Betriebs eines zulassungspflichtigen Handwerks wird eine natürliche oder juristische Person oder eine Personengesellschaft in die Handwerksrolle eingetragen, wenn der Betriebsleiter die Voraussetzungen für die Eintragung in die Handwerksrolle mit dem zu betreibenden Handwerk oder einem mit diesem verwandten Handwerk erfüllt. [2]Das Bundesministerium für Wirtschaft und Klimaschutz bestimmt durch Rechtsverordnung[3)] mit Zustimmung des Bundesrates, welche zulassungspflichtige Handwerke sich so nahestehen, daß die Beherrschung des einen zulassungspflichtigen Handwerks die fachgerechte Ausübung wesentlicher Tätigkeiten des anderen zulassungspflichtigen Handwerks ermöglicht (verwandte zulassungspflichtige Handwerke).

[1)] Nr. **246**.

[2)] § 7 Abs. 1 Satz 2, Abs. 2 Satz 4, Abs. 2a geänd. mWv 7.11.2001 durch VO v. 29.10.2001 (BGBl. I S. 2785); Abs. 1 Satz 1 und Abs. 2 neu gef., Abs. 1 Satz 2, Abs. 2a, 3 und 7 geänd., Abs. 1a eingef., Abs. 4–6 und 8 aufgeh. mWv 1.1.2004 durch G v. 24.12.2003 (BGBl. I S. 2934); Abs. 2 Satz 3 geänd. mWv 1.4.2005 durch G v. 23.3.2005 (BGBl. I S. 931); Abs. 1 Satz 2, Abs. 2 Satz 6 und Abs. 2a geänd. mWv 8.11.2006 durch VO v. 31.10.2006 (BGBl. I S. 2407); Abs. 2 Satz 4 neu gef., Abs 3 geänd. mWv 1.10.2007 durch G v. 7.9.2007 (BGBl. I S. 2246); Abs. 3 geänd. mWv 1.4.2012 durch G v. 6.12.2011 (BGBl. I S. 2515); Abs. 1 Satz 2, Abs. 2 Satz 6 und Abs. 2a geänd. mWv 8.9.2015 durch VO v. 31.8.2015 *(BGBl. I S. 1474); Abs. 3 geänd. mWv 1.7.2021 durch G* v. 9.6.2021 (BGBl. I S. 1654); Abs. 1 Satz 2, Abs. 2 Satz 6, Abs. 2a geänd. mWv 16.11.2022 durch G v. 9.11.2022 (BGBl. I S. 2009).

[3)] Siehe die VO über verwandte Handwerke v. 18.12.1968 (BGBl. I S. 1355), zuletzt geänd. durch G v. 9.6.2021 (BGBl. I S. 1654).

(1a) In die Handwerksrolle wird eingetragen, wer in dem von ihm zu betreibenden oder in einem mit diesem verwandten zulassungspflichtigen Handwerk die Meisterprüfung bestanden hat.

(2) [1] In die Handwerksrolle werden ferner Ingenieure, Absolventen von technischen Hochschulen und von staatlichen oder staatlich anerkannten Fachschulen für Technik und für Gestaltung mit dem zulassungspflichtigen Handwerk eingetragen, dem der Studien- oder der Schulschwerpunkt ihrer Prüfung entspricht. [2] Dies gilt auch für Personen, die eine andere, der Meisterprüfung für die Ausübung des betreffenden zulassungspflichtigen Handwerks mindestens gleichwertige deutsche staatliche oder staatlich anerkannte Prüfung erfolgreich abgelegt haben. [3] Dazu gehören auch Prüfungen auf Grund einer nach § 42 dieses Gesetzes oder nach § 53 des Berufsbildungsgesetzes[1)] erlassenen Rechtsverordnung, soweit sie gleichwertig sind. [4] Der Abschlussprüfung an einer deutschen Hochschule gleichgestellt sind Diplome, die nach Abschluss einer Ausbildung von mindestens drei Jahren oder einer Teilzeitausbildung von entsprechender Dauer an einer Universität, einer Hochschule oder einer anderen Ausbildungseinrichtung mit gleichwertigem Ausbildungsniveau in einem anderen Mitgliedstaat der Europäischen Union, einem anderen Vertragsstaat des Abkommens über den Europäischen Wirtschaftsraum oder in der Schweiz erteilt wurden; falls neben dem Studium eine Berufsausbildung gefordert wird, ist zusätzlich der Nachweis zu erbringen, dass diese abgeschlossen ist. [5] Die Entscheidung, ob die Voraussetzungen für die Eintragung erfüllt sind, trifft die Handwerkskammer. [6] Das Bundesministerium für Wirtschaft und Klimaschutz kann zum Zwecke der Eintragung in die Handwerksrolle nach Satz 1 im Einvernehmen mit dem Bundesministerium für Bildung und Forschung durch Rechtsverordnung[2)] mit Zustimmung des Bundesrates die Voraussetzungen bestimmen, unter denen die in Studien- oder Schulschwerpunkten abgelegten Prüfungen nach Satz 1 Meisterprüfungen in zulassungspflichtigen Handwerken entsprechen.

(2a) Das Bundesministerium für Wirtschaft und Klimaschutz kann durch Rechtsverordnung mit Zustimmung des Bundesrates bestimmen, daß in die Handwerksrolle einzutragen ist, wer in einem anderen Mitgliedstaat der Europäischen Gemeinschaft oder in einem anderen Vertragsstaat des Abkommens über den Europäischen Wirtschaftsraum eine der Meisterprüfung für die Ausübung des zu betreibenden Gewerbes oder wesentlicher Tätigkeiten dieses Gewerbes gleichwertige Berechtigung zur Ausübung eines Gewerbes erworben hat.

(3) In die Handwerksrolle wird ferner eingetragen, wer eine Ausnahmebewilligung nach § 8 oder § 9 Abs. 1 oder eine Gleichwertigkeitsfeststellung nach § 50c für das zu betreibende zulassungspflichtige Handwerk oder für ein diesem verwandtes zulassungspflichtiges Handwerk besitzt.

(4)–(6) *(aufgehoben)*

(7) In die Handwerksrolle wird eingetragen, wer für das zu betreibende Gewerbe oder für ein mit diesem verwandtes Gewerbe eine Ausübungsberechtigung nach § 7a oder § 7b besitzt.

(8) *(aufgehoben)*

(9) [1] Vertriebene und Spätaussiedler, die vor dem erstmaligen Verlassen ihrer Herkunftsgebiete eine der Meisterprüfung gleichwertige Prüfung im Ausland

---

[1)] **Sartorius ErgBd. Nr. 422.**

[2)] Siehe die VO über die Anerkennung von Prüfungen für die Eintragung in die Handwerksrolle v. 29.6.2005 (BGBl. I S. 1935), geänd. durch G v. 29.3.2017 (BGBl. I S. 626).

bestanden haben, sind in die Handwerksrolle einzutragen. [2] Satz 1 ist auf Vertriebene, die am 2. Oktober 1990 ihren ständigen Aufenthalt in dem in Artikel 3 des Einigungsvertrages[1)] genannten Gebiet hatten, anzuwenden.

§ 7a [Ausübungsberechtigung für anderes Gewerbe] (1) Wer ein Handwerk nach § 1 betreibt, erhält eine Ausübungsberechtigung für ein anderes Gewerbe der Anlage A oder für wesentliche Tätigkeiten dieses Gewerbes, wenn die hierfür erforderlichen Kenntnisse und Fertigkeiten nachgewiesen sind; dabei sind auch seine bisherigen beruflichen Erfahrungen und Tätigkeiten zu berücksichtigen.

(2) § 8 Abs. 2 bis 4 gilt entsprechend.

§ 7b[2)] [Ausübungsberechtigung für zulassungspflichtige Handwerke]

(1) Eine Ausübungsberechtigung für zulassungspflichtige Handwerke, ausgenommen in den Fällen der Nummern 12 und 33 bis 37 der Anlage A, erhält, wer

1. eine Gesellenprüfung in dem zu betreibenden zulassungspflichtigen Handwerk oder in einem mit diesem verwandten zulassungspflichtigen Handwerk oder eine Abschlussprüfung in einem dem zu betreibenden zulassungspflichtigen Handwerk entsprechenden anerkannten Ausbildungsberuf bestanden hat und
2. in dem zu betreibenden zulassungspflichtigen Handwerk oder in einem mit diesem verwandten zulassungspflichtigen Handwerk oder in einem dem zu betreibenden zulassungspflichtigen Handwerk entsprechenden Beruf eine Tätigkeit von insgesamt sechs Jahren ausgeübt hat, davon insgesamt vier Jahre in leitender Stellung. Eine leitende Stellung ist dann anzunehmen, wenn dem Gesellen eigenverantwortliche Entscheidungsbefugnisse in einem Betrieb oder in einem wesentlichen Betriebsteil übertragen worden sind. Der Nachweis hierüber kann durch Arbeitszeugnisse, Stellenbeschreibungen oder in anderer Weise erbracht werden. Im Falle einer Gleichwertigkeitsfeststellung nach § 40a wird nur die Berufserfahrung nach Erteilung derselben berücksichtigt.
3. Die ausgeübte Tätigkeit muss zumindest eine wesentliche Tätigkeit des zulassungspflichtigen Handwerks umfasst haben, für das die Ausübungsberechtigung beantragt wurde.

(1a) [1] Die für die selbständige Handwerksausübung erforderlichen betriebswirtschaftlichen, kaufmännischen und rechtlichen Kenntnisse gelten in der Regel durch die Berufserfahrung nach Absatz 1 Nr. 2 als nachgewiesen. [2] Soweit dies nicht der Fall ist, sind die erforderlichen Kenntnisse durch Teilnahme an Lehrgängen oder auf sonstige Weise nachzuweisen.

(2) [1] Die Ausübungsberechtigung wird auf Antrag des Gewerbetreibenden von der höheren Verwaltungsbehörde nach Anhörung der Handwerkskammer zu den Voraussetzungen des Absatzes 1 erteilt. [2] Im Übrigen gilt § 8 Abs. 3 Satz 2 bis 5 und Abs. 4 entsprechend.

§ 8[3)] [Ausnahmebewilligung] (1) [1] In Ausnahmefällen ist eine Bewilligung zur Eintragung in die Handwerksrolle (Ausnahmebewilligung) zu erteilen, wenn die zur selbständigen Ausübung des von dem Antragsteller zu betreibenden zulassungs-

---

[1)] **Sartorius III Nr. 2.**

[2)] *§ 7b eingef. mWv 1.1.2004 durch G v. 24.12.2003* (BGBl. I S. 2934); Abs. 1 Nr. 2 letzter Satz angef. mWv 1.4.2012 durch G v. 6.12.2011 (BGBl. I S. 2515).

[3)] § 8 Abs. 1 Sätze 1–3 geänd. mWv 1.1.2004 durch G v. 24.12.2003 (BGBl. I S. 2934); Abs. 1 Satz 3 geänd. mWv 1.4.2005 durch G v. 23.3.2005 (BGBl. I S. 931).

pflichtigen Handwerks notwendigen Kenntnisse und Fertigkeiten nachgewiesen sind; dabei sind auch seine bisherigen beruflichen Erfahrungen und Tätigkeiten zu berücksichtigen. [2] Ein Ausnahmefall liegt vor, wenn die Ablegung einer Meisterprüfung zum Zeitpunkt der Antragstellung oder danach für ihn eine unzumutbare Belastung bedeuten würde. [3] Ein Ausnahmefall liegt auch dann vor, wenn der Antragsteller eine Prüfung auf Grund einer nach § 42 dieses Gesetzes oder § 53 des Berufsbildungsgesetzes[1)] erlassenen Rechtsverordnung bestanden hat.

(2) Die Ausnahmebewilligung kann unter Auflagen oder Bedingungen oder befristet erteilt und auf einen wesentlichen Teil der Tätigkeiten beschränkt werden, die zu einem in der Anlage A zu diesem Gesetz aufgeführten Gewerbe gehören; in diesem Fall genügt der Nachweis der hierfür erforderlichen Kenntnisse und Fertigkeiten.

(3) [1] Die Ausnahmebewilligung wird auf Antrag des Gewerbetreibenden von der höheren Verwaltungsbehörde nach Anhörung der Handwerkskammer zu den Voraussetzungen der Absätze 1 und 2 und des § 1 Abs. 2 erteilt. [2] Die Handwerkskammer kann eine Stellungnahme der fachlich zuständigen Innung oder Berufsvereinigung einholen, wenn der Antragsteller ausdrücklich zustimmt. [3] Sie hat ihre Stellungnahme einzuholen, wenn der Antragsteller es verlangt. [4] Die Landesregierungen werden ermächtigt, durch Rechtsverordnung zu bestimmen, daß abweichend von Satz 1 an Stelle der höheren Verwaltungsbehörde eine andere Behörde zuständig ist. [5] Sie können diese Ermächtigung auf oberste Landesbehörden übertragen.

(4) Gegen die Entscheidung steht neben dem Antragsteller auch der Handwerkskammer der Verwaltungsrechtsweg offen; die Handwerkskammer ist beizuladen.

§ 9[2)] [Ausnahmebewilligung für Angehörige der EWG-Mitgliedstaaten]

(1) [1] Das Bundesministerium für Wirtschaft und Klimaschutz wird ermächtigt, durch Rechtsverordnung[3)] mit Zustimmung des Bundesrates zur Durchführung von Richtlinien der Europäischen Union über die Anerkennung von Berufsqualifikationen im Rahmen der Niederlassungsfreiheit, des freien Dienstleistungsverkehrs und der Arbeitnehmerfreizügigkeit und zur Durchführung des Abkommens vom 2. Mai 1992 über den Europäischen Wirtschaftsraum (BGBl. 1993 II S. 267) sowie des Abkommens zwischen der Europäischen Gemeinschaft und ihren Mitgliedstaaten einerseits und der Schweizerischen Eidgenossenschaft andererseits über die Freizügigkeit vom 21. Juni 1999 (ABl. EG 2002 Nr. L 114 S. 6) zu bestimmen,

1. unter welchen Voraussetzungen einem Staatsangehörigen eines Mitgliedstaates der Europäischen Union, eines Vertragsstaates des Abkommens über den Europäischen Wirtschaftsraum oder der Schweiz, der im Inland zur Ausübung eines zulassungspflichtigen Handwerks eine gewerbliche Niederlassung unterhalten

---

[1)] **Sartorius ErgBd. Nr. 422.**

[2)] § 9 Satz 1 geänd. mWv 7.11.2001 durch VO v. 29.10.2001 (BGBl. I S. 2785); Abs. 2 und 3 angef., bish. Wortlaut wird Abs. 1 und geänd. mWv 1.1.2004 durch G v. 24.12.2003 (BGBl. I S. 2934); Abs. 1 Satz 1 geänd. mWv 8.11.2006 durch VO v. 31.10.2006 (BGBl. I S. 2407); Abs. 1 neu gef., Abs. 2 aufgeh., bish. Abs. 3 wird Abs. 2 mWv 1.10.2007 durch G v. 7.9.2007 (BGBl. I S. 2246); Abs. 1 Satz 1 einl. Satzteil geänd. mWv 8.9.2015 durch VO v. 31.8.2015 (BGBl. I S. 1474); Abs. 1 Satz 1 Nr. 1 und 2 geänd., Nr. 3 angef. mWv 6.7.2017 durch G v. 30.6.2017 (BGBl. I S. 2143); Abs. 2 geänd. mWv 1.7.2021 durch G v. 9.6.2021 (BGBl. I S. 1654); Abs. 1 Satz 1 geänd. mWv 16.11.2022 durch G v. 9.11.2022 (BGBl. I S. 2009).

[3)] Siehe die EU/EWR-Handwerk-Verordnung **(Loseblatt-Textsammlung Arbeitsrecht Nr. 108)**.

oder als Betriebsleiter tätig werden will, eine Ausnahmebewilligung zur Eintragung in die Handwerksrolle zu erteilen ist,

2. unter welchen Voraussetzungen einem Staatsangehörigen eines der vorgenannten Staaten, der im Inland keine gewerbliche Niederlassung unterhält, die grenzüberschreitende Dienstleistungserbringung in einem zulassungspflichtigen Handwerk gestattet ist und

3. wie die Verfahren zur Ausstellung des Europäischen Berufsausweises und zur Anerkennung von Berufsqualifikationen in den in den Nummern 1 und 2 genannten Fällen unter Verwendung von Europäischen Berufsausweisen sowie die Anwendung des Vorwarnmechanismus gemäß der Richtlinie 2005/36/EG des Europäischen Parlaments und des Rates vom 7. September 2005 über die Anerkennung von Berufsqualifikationen (ABl. L 255 vom 30.9.2005, S. 22), die zuletzt durch den Delegierten Beschluss (EU) 2016/790 (ABl. L 134 vom 24.5. 2016, S. 135) geändert worden ist, ausgestaltet sind.

[2] In den in Satz 1 Nr. 1 genannten Fällen bleibt § 8 Abs. 1 unberührt; § 8 Abs. 2 bis 4 gilt entsprechend. [3] In den in Satz 1 Nr. 2 genannten Fällen ist § 1 Abs. 1 nicht anzuwenden.

(2) In den Fällen des § 7 Abs. 2a und des § 50b findet § 1 Abs. 1 keine Anwendung, wenn der selbständige Betrieb im Inland keine Niederlassung unterhält.

§ 10[1)] [Handwerkskarte] (1) [1] Die Eintragung in die Handwerksrolle erfolgt auf Antrag oder von Amts wegen. [2] Wenn die Voraussetzungen zur Eintragung in die Handwerksrolle vorliegen, ist die Eintragung innerhalb von drei Monaten nach Eingang des Antrags einschließlich der vollständigen Unterlagen vorzunehmen. [3] Hat die Handwerkskammer nicht innerhalb der Frist des Satzes 2 eingetragen, gilt die Eintragung als erfolgt. [4] Die Vorschriften des Verwaltungsverfahrensgesetzes[2)] über die Genehmigungsfiktion gelten entsprechend.

(2) [1] Über die Eintragung in die Handwerksrolle hat die Handwerkskammer eine Bescheinigung auszustellen (Handwerkskarte). [2] In die Handwerkskarte sind einzutragen der Name und die Anschrift des Inhabers eines Betriebs eines zulassungspflichtigen Handwerks, der Betriebssitz, das zu betreibende zulassungspflichtige Handwerk und bei Ausübung mehrerer zulassungspflichtiger Handwerke diese Handwerke sowie der Zeitpunkt der Eintragung in die Handwerksrolle. [3] In den Fällen des § 7 Abs. 1 ist zusätzlich der Name des Betriebsleiters, des für die technische Leitung verantwortlichen persönlich haftenden Gesellschafters oder des Leiters eines Nebenbetriebs einzutragen. [4] Die Höhe der für die Ausstellung der Handwerkskarte zu entrichtenden Gebühr wird durch die Handwerkskammer mit Genehmigung der obersten Landesbehörde bestimmt.

§ 11 [Mitteilungspflicht der Handwerkskammer] Die Handwerkskammer hat dem Gewerbetreibenden die beabsichtigte Eintragung in die Handwerksrolle gegen Empfangsbescheinigung mitzuteilen; gleichzeitig und in gleicher Weise hat sie dies der Industrie- und Handelskammer mitzuteilen, wenn der Gewerbetreibende dieser angehört.

[1)] § 10 Abs. 2 Sätze 2 und 3 geänd. mWv 1.1.2004 durch G v. 24.12.2003 (BGBl. I S. 2934); Abs. 1 Sätze 2 bis 4 angef. mWv 28.12.2009 durch G v. 17.7.2009 (BGBl. I S. 2091).

[2)] Nr. **100**.

§ 12 [Verwaltungsrechtsweg] Gegen die Entscheidung über die Eintragung eines der Industrie- und Handelskammer angehörigen Gewerbetreibenden in die Handwerksrolle steht neben dem Gewerbetreibenden auch der Industrie- und Handelskammer der Verwaltungsrechtsweg offen.

§ 13[1)] [Löschung in der Handwerksrolle] (1) Die Eintragung in die Handwerksrolle wird auf Antrag oder von Amts wegen gelöscht, wenn die Voraussetzungen für die Eintragung nicht vorliegen.

(2) Wird der Gewerbebetrieb nicht handwerksmäßig betrieben, so kann auch die Industrie- und Handelskammer die Löschung der Eintragung beantragen.

(3) Die Handwerkskammer hat dem Gewerbetreibenden die beabsichtigte Löschung der Eintragung in die Handwerksrolle gegen Empfangsbescheinigung mitzuteilen.

(4) Wird die Eintragung in die Handwerksrolle gelöscht, so ist die Handwerkskarte an die Handwerkskammer zurückzugeben.

(5) [1] Die nach Absatz 1 in der Handwerksrolle gelöschten Daten sind für weitere dreißig Jahre ab dem Zeitpunkt der Löschung in einem gesonderten Dateisystem zu speichern. [2] Eine Einzelauskunft aus diesem Dateisystem ist jedem zu erteilen, der ein berechtigtes Interesse glaubhaft darlegt, soweit die betroffene Person kein schutzwürdiges Interesse an dem Ausschluss der Übermittlung hat. [3] § 6 Absatz 3 bis 5 gilt entsprechend.

§ 14[2)] [Beschränkung des Antrags auf Löschung] [1] Ein in die Handwerksrolle eingetragener Gewerbetreibender kann die Löschung mit der Begründung, dass der Gewerbebetrieb kein Betrieb eines zulassungspflichtigen Handwerks im Sinne des § 1 Abs. 2 ist, erst nach Ablauf eines Jahres seit Eintritt der Unanfechtbarkeit der Eintragung und nur dann beantragen, wenn sich die Voraussetzungen für die Eintragung wesentlich geändert haben. [2] Satz 1 gilt für den Antrag der Industrie- und Handelskammer nach § 13 Abs. 2 entsprechend.

§ 15 [Erneuter Eintragungsantrag nach Ablehnung] Ist einem Gewerbetreibenden die Eintragung in die Handwerksrolle abgelehnt worden, so kann er die Eintragung mit der Begründung, daß der Gewerbebetrieb nunmehr Handwerksbetrieb ist, erst nach Ablauf eines Jahres seit Eintritt der Unanfechtbarkeit der Ablehnung und nur dann beantragen, wenn sich die Voraussetzungen für die Ablehnung wesentlich geändert haben.

§ 16[3)] [Anzeigepflicht bei Betriebsbeginn; Untersagung der Fortsetzung]

(1) [1] Wer den Betrieb eines zulassungspflichtigen Handwerks nach § 1 anfängt, hat gleichzeitig mit der nach § 14 der Gewerbeordnung[4)] zu erstattenden Anzeige der hiernach zuständigen Behörde die über die Eintragung in die Handwerksrolle ausgestellte Handwerkskarte (§ 10 Abs. 2) vorzulegen. [2] Der Inhaber eines Hauptbetriebs im Sinne des § 3 Abs. 3 hat der für die Entgegennahme der Anzeige nach

---

[1)] § 13 Abs. 5 Sätze 1 und 3 geänd., Satz 2 neu gef. mWv 26.11.2019 durch G v. 20.11.2019 (BGBl. I S. 1626).

[2)] § 14 Satz 1 geänd. mWv 1.1.2004 durch G v. 24.12.2003 (BGBl. I S. 2934).

[3)] § 16 Abs. 1 und 3 neu gef., Abs. 2 geänd., Abs. 4–8 eingef., bish. Abs. 4 wird Abs. 9, Abs. 10 angef. mWv 1.1.2004 durch G v. 24.12.2003 (BGBl. I S. 2934); Abs. 5 Sätze 3 und 4, Abs. 6 geänd. mWv 8.11.2006 durch VO v. 31.10.2006 (BGBl. I S. 2407); Abs. 5 Satz 3 und 4 und Abs. 6 geänd. mWv 8.9.2015 durch VO v. 31.8.2015 (BGBl. I S. 1474); Abs. 2 geänd. mWv 1.7.2021 durch G v. 9.6.2021 (BGBl. I S. 1654); Abs. 5 Sätze 3 und 4, Abs. 6 geänd. mWv 16.11.2022 durch G v. 9.11.2022 (BGBl. I S. 2009).

[4)] Nr. **800**.

§ 14 der Gewerbeordnung zuständigen Behörde die Ausübung eines handwerklichen Neben- oder Hilfsbetriebs anzuzeigen.

(2) Der Gewerbetreibende hat ferner der Handwerkskammer, in deren Bezirk seine gewerbliche Niederlassung liegt, unverzüglich den Beginn und die Beendigung seines Betriebs und in den Fällen des § 7 Abs. 1 die Bestellung und Abberufung des Betriebsleiters anzuzeigen; bei juristischen Personen sind auch die Namen der gesetzlichen Vertreter, bei Personengesellschaften die Namen der für die technische Leitung verantwortlichen und der vertretungsberechtigten Gesellschafter anzuzeigen.

(3) [1] Wird der selbständige Betrieb eines zulassungspflichtigen Handwerks als stehendes Gewerbe entgegen den Vorschriften dieses Gesetzes ausgeübt, so kann die nach Landesrecht zuständige Behörde die Fortsetzung des Betriebs untersagen. [2] Die Untersagung ist nur zulässig, wenn die Handwerkskammer und die Industrie- und Handelskammer zuvor angehört worden sind und in einer gemeinsamen Erklärung mitgeteilt haben, dass sie die Voraussetzungen einer Untersagung als gegeben ansehen.

(4) [1] Können sich die Handwerkskammer und die Industrie- und Handelskammer nicht über eine gemeinsame Erklärung nach Absatz 3 Satz 2 verständigen, entscheidet eine von dem Deutschen Industrie- und Handelskammertag und dem Deutschen Handwerkskammertag (Trägerorganisationen) gemeinsam für die Dauer von jeweils vier Jahren gebildete Schlichtungskommission. [2] Die Schlichtungskommission ist erstmals zum 1. Juli 2004 zu bilden.

(5) [1] Der Schlichtungskommission gehören drei Mitglieder an, von denen je ein Mitglied von jeder Trägerorganisation und ein Mitglied von beiden Trägerorganisationen gemeinsam zu benennen sind. [2] Das gemeinsam benannte Mitglied führt den Vorsitz. [3] Hat eine Trägerorganisation ein Mitglied nicht innerhalb von einem Monat nach Benennung des Mitglieds der anderen Trägerorganisation benannt, so erfolgt die Benennung durch das Bundesministerium für Wirtschaft und Klimaschutz. [4] Das Bundesministerium für Wirtschaft und Klimaschutz benennt auch das vorsitzende Mitglied, wenn sich die Trägerorganisationen nicht innerhalb eines Monats einigen können, nachdem beide ihre Vorschläge für das gemeinsam zu benennende Mitglied unterbreitet haben. [5] Die Schlichtungskommission gibt sich eine Geschäftsordnung.

(6) Das Bundesministerium für Wirtschaft und Klimaschutz wird ermächtigt, durch Rechtsverordnung[1)] mit Zustimmung des Bundesrates das Schlichtungsverfahren zu regeln.

(7) Hält die zuständige Behörde die Erklärung nach Absatz 3 Satz 2 oder die Entscheidung der Schlichtungskommission für rechtswidrig, kann sie unmittelbar die Entscheidung der obersten Landesbehörde herbeiführen.

(8) Bei Gefahr im Verzug kann die zuständige Behörde die Fortsetzung des Gewerbes auch ohne Einhaltung des Verfahrens nach Absatz 3 Satz 2 und Absatz 4 vorläufig untersagen.

(9) Die Ausübung des untersagten Gewerbes durch den Gewerbetreibenden kann durch Schließung der Betriebs- und Geschäftsräume oder durch andere geeignete Maßnahmen verhindert werden.

(10) [1] Die Schlichtungskommission kann auch angerufen werden, wenn sich in den Fällen des § 90 Abs. 3 die Handwerkskammer und die Industrie- und

[1)] Siehe die HandwerksO-SchlichtungsverfahrenVO v. 22.6.2004 (BGBl. I S. 1314), zuletzt geänd. durch G v. 6.12.2011 (BGBl. I S. 2481).

Handelskammer nicht über die Zugehörigkeit eines Gewerbetreibenden zur Handwerkskammer oder zur Industrie- und Handelskammer einigen können. [2]Die Absätze 4 bis 6 gelten entsprechend. [3]Hält der Gewerbetreibende die Entscheidung der Schlichtungskommission für rechtswidrig, so entscheidet die oberste Landesbehörde. [4]§ 12 gilt entsprechend.

§ 17[1)] [Auskunftspflicht und -verweigerungsrecht; Betriebsüberwachung] (1) [1]Die in der Handwerksrolle eingetragenen oder in diese einzutragenden Gewerbetreibenden sind verpflichtet, der Handwerkskammer die für die Prüfung der Eintragungsvoraussetzungen erforderliche Auskunft über Art und Umfang ihres Betriebs, über die Betriebsstätte, über die Zahl der im Betrieb beschäftigten gelernten und ungelernten Personen und über handwerkliche Prüfungen des Betriebsinhabers und des Betriebsleiters sowie über die vertragliche und praktische Ausgestaltung des Betriebsleiterverhältnisses zu erteilen sowie auf Verlangen sämtliche Dokumente vorzulegen, die zur Prüfung der Eintragung in die Handwerksrolle und zur Aufrechterhaltung der Eintragung in der Handwerksrolle erforderlich sind. [2]Auskünfte, Nachweise und Informationen, die für die Prüfung der Eintragungsvoraussetzungen nach Satz 1 nicht erforderlich sind, dürfen von der Handwerkskammer nicht, auch nicht für Zwecke der Verfolgung von Straftaten oder Ordnungswidrigkeiten, verwertet werden. [3]Die Handwerkskammer kann für die Erteilung der Auskunft eine Frist setzen.

(2) [1]Die Beauftragten der Handwerkskammer sind nach Maßgabe des § 29 Abs. 2 der Gewerbeordnung[2)] befugt, zu dem in Absatz 1 bezeichneten Zweck Grundstücke und Geschäftsräume des Auskunftspflichtigen zu betreten und dort Prüfungen und Besichtigungen vorzunehmen. [2]Der Auskunftspflichtige hat diese Maßnahmen zu dulden. [3]Das Grundrecht der Unverletzlichkeit der Wohnung (Artikel 13 des Grundgesetzes[3)]) wird insoweit eingeschränkt.

(3) Der Auskunftspflichtige kann die Auskunft auf solche Fragen verweigern, deren Beantwortung ihn selbst oder einen der in § 383 Abs. 1 Nr. 1 bis 3 der Zivilprozeßordnung bezeichneten Angehörigen der Gefahr strafgerichtlicher Verfolgung oder eines Verfahrens nach dem Gesetz über Ordnungswidrigkeiten[4)] aussetzen würde.

(4) Sofern ein Gewerbetreibender ohne Angabe von Name und Anschrift unter einem Telekommunikationsanschluß Handwerksleistungen anbietet und Anhaltspunkte dafür bestehen, daß er den selbständigen Betrieb eines Handwerks als stehendes Gewerbe entgegen den Vorschriften dieses Gesetzes ausübt, ist der Anbieter der Telekommunikationsdienstleistung verpflichtet den Handwerkskammern auf Verlangen Namen und Anschrift des Anschlußinhabers unentgeltlich mitzuteilen.

[1)] § 17 Abs. 1 Satz 2 eingef., bish. Satz 2 wird Satz 3, Abs. 2 Satz 1 geänd. mWv 1.1.2004 durch G v. 24.12.2003 (BGBl. I S. 2934); Abs. 1 Satz 1 neu gef., Satz 2 geänd. mWv 14.9.2005 durch G v. 6.9.2005 (BGBl. I S. 2725); Abs. 1 Satz 1 geänd. mWv 6.7.2017 durch G v. 30.6.2017 (BGBl. I S. 2143).

[2)] Nr. **800**.

[3)] Nr. **1**.

[4)] **Habersack Nr. 94.**

Dritter Abschnitt.[1] Zulassungsfreie Handwerke und handwerksähnliche Gewerbe

§ 18[2) [Handwerksähnliche Gewerbe; Anzeigepflicht] (1) [1] Wer den selbständigen Betrieb eines zulassungsfreien Handwerks oder eines handwerksähnlichen Gewerbes als stehendes Gewerbe beginnt oder beendet, hat dies unverzüglich der Handwerkskammer, in deren Bezirk seine gewerbliche Niederlassung liegt, anzuzeigen. [2] Bei juristischen Personen sind auch die Namen der gesetzlichen Vertreter, bei Personengesellschaften die Namen der vertretungsberechtigten Gesellschafter anzuzeigen.

(2) [1] Ein Gewerbe ist ein zulassungsfreies Handwerk im Sinne dieses Gesetzes, wenn es handwerksmäßig betrieben wird und in Anlage B Abschnitt 1 zu diesem Gesetz aufgeführt ist. [2] Ein Gewerbe ist ein handwerksähnliches Gewerbe im Sinne dieses Gesetzes, wenn es handwerksähnlich betrieben wird und in Anlage B Abschnitt 2 zu diesem Gesetz aufgeführt ist. [3] Auf zulassungsfreie Handwerke und handwerksähnliche Gewerbe findet § 1 Absatz 2 keine Anwendung.

(3) Das Bundesministerium für Wirtschaft und Klimaschutz wird ermächtigt, durch Rechtsverordnung mit Zustimmung des Bundesrates die Anlage B zu diesem Gesetz dadurch zu ändern, daß es darin aufgeführte Gewerbe streicht, ganz oder teilweise zusammenfaßt oder trennt, Bezeichnungen für sie festsetzt oder die Gewerbegruppen aufteilt, soweit es die technische und wirtschaftliche Entwicklung erfordert.

§ 19[3] [Inhaberverzeichnis] [1] Die Handwerkskammer hat ein Verzeichnis zu führen, in welches die Inhaber eines Betriebs eines zulassungsfreien Handwerks oder eines handwerksähnlichen Gewerbes nach Maßgabe der Anlage D Abschnitt II zu diesem Gesetz mit dem von ihnen betriebenen Gewerbe oder bei Ausübung mehrerer Gewerbe mit diesen Gewerben einzutragen sind. [2] § 6 Abs. 2 bis 5 gilt entsprechend.

§ 20[4] [Anwendbarkeit von Vorschriften] [1] Auf zulassungsfreie Handwerke und handwerksähnliche Gewerbe finden § 10 Abs. 1, die §§ 11, 12, 13 Abs. 1 bis 3, 5, die §§ 14, 15 und 17 entsprechend Anwendung. [2] § 5a Abs. 2 Satz 1 findet entsprechende Anwendung, soweit dies zur Feststellung erforderlich ist, ob die Voraussetzungen für die Eintragung in das Verzeichnis der Inhaber eines Betriebs eines zulassungsfreien oder eines handwerksähnlichen Gewerbes vorliegen.

---

[1] Erster Teil, Dritter Abschn. Überschr. neu gef. mWv 1.1.2004 durch G v. 24.12.2003 (BGBl. I S. 2934).

[2] § 18 Abs. 3 geänd. mWv 7.11.2001 durch VO v. 29.10.2001 (BGBl. I S. 2785); Abs. 1 Satz 1 und Abs. 3 geänd., Abs. 2 neu gef. mWv 1.1.2004 durch G v. 24.12.2003 (BGBl. I S. 2934); Abs. 3 geänd. mWv 8.11.2006 durch VO v. 31.10.2006 (BGBl. I S. 2407); Abs. 3 geänd. mWv 8.9.2015 durch VO v. 31.8.2015 (BGBl. I S. 1474); Abs. 3 geänd. mWv 16.11.2022 durch G v. 9.11.2022 (BGBl. I S. 2009); *Abs. 2 Satz 3 angef. mWv 9.4.2025 durch G v. 3.4.2025 (BGBl. 2025* I Nr. 106).

[3] § 19 neu gef. mWv 1.1.2004 durch G v. 24.12.2003 (BGBl. I S. 2934).

[4] § 20 geänd. mWv 1.1.2004 durch G v. 24.12.2003 (BGBl. I S. 2934); Satz 2 angef., bish. Wortlaut wird Satz 1 mWv 14.9.2005 durch G v. 6.9.2005 (BGBl. I S. 2725).

Zweiter Teil. Berufsbildung im Handwerk

Erster Abschnitt. Berechtigung zum Einstellen und Ausbilden

§ 21[1)] [Eignung der Ausbildungsstätte] (1) Lehrlinge (Auszubildende) dürfen nur eingestellt und ausgebildet werden, wenn

(Fortsetzung nächstes Blatt)

[1)] § 21 neu gef. mWv 1.4.2005 durch G v. 23.3.2005 (BGBl. I S. 931).

1. die Ausbildungsstätte nach Art und Einrichtung für die Berufsausbildung geeignet ist, und
2. die Zahl der Lehrlinge (Auszubildenden) in einem angemessenen Verhältnis zur Zahl der Ausbildungsplätze oder zur Zahl der beschäftigten Fachkräfte steht, es sei denn, dass anderenfalls die Berufsausbildung nicht gefährdet wird.

(2) Eine Ausbildungsstätte, in der die erforderlichen beruflichen Fertigkeiten, Kenntnisse und Fähigkeiten nicht in vollem Umfang vermittelt werden können, gilt als geeignet, wenn diese durch Ausbildungsmaßnahmen außerhalb der Ausbildungsstätte vermittelt werden.

§ 22[1] **[Persönliche und fachliche Eignung]** (1) [1] Lehrlinge (Auszubildende) darf nur einstellen, wer persönlich geeignet ist. [2] Lehrlinge (Auszubildende) darf nur ausbilden, wer persönlich und fachlich geeignet ist.

(2) [1] Wer fachlich nicht geeignet ist oder wer nicht selbst ausbildet, darf Lehrlinge (Auszubildende) nur dann einstellen, wenn er persönlich und fachlich geeignete Ausbilder bestellt, die die Ausbildungsinhalte unmittelbar, verantwortlich und in wesentlichem Umfang vermitteln. [2] Eine unmittelbare Vermittlung der Ausbildungsinhalte ist in angemessenem Umfang auch als digitales mobiles Ausbilden ohne gleichzeitige Anwesenheit der Lehrlinge (Auszubildenden) und ihrer Ausbilder am gleichen Ort möglich, wenn

1. für die Vermittlung Informationstechnik eingesetzt wird,
2. die Ausbildungsinhalte und die Orte, an denen sich die Lehrlinge (Auszubildenden) und ihre Ausbilder jeweils aufhalten, für die Vermittlung von Ausbildungsinhalten auf Distanz geeignet sind und
3. die Qualität der Vermittlung derjenigen bei gleichzeitiger Anwesenheit der Lehrlinge (Auszubildenden) und ihrer Ausbilder am gleichen Ort gleichwertig ist; dies ist insbesondere der Fall, wenn der Ausbilder jederzeit zu den betriebsüblichen Zeiten für den Lehrling (Auszubildenden) erreichbar ist, den Lernprozess steuert und begleitet sowie die Lernfortschritte kontrolliert.

[3] Für die Ausgestaltung digitalen mobilen Ausbildens kann der Hauptausschuss des Bundesinstituts für Berufsbildung Empfehlungen beschließen.

(3) Unter der Verantwortung des Ausbilders kann bei der Berufsausbildung mitwirken, wer selbst nicht Ausbilder ist, aber abweichend von den besonderen Voraussetzungen des § 22b die für die Vermittlung von Ausbildungsinhalten erforderlichen beruflichen Fertigkeiten, Kenntnisse und Fähigkeiten besitzt und persönlich geeignet ist.

§ 22a[2] **[Persönliche Eignung]** Persönlich nicht geeignet ist insbesondere, wer

1. Kinder und Jugendliche nicht beschäftigen darf oder
2. wiederholt oder schwer gegen dieses Gesetz oder die auf Grund dieses Gesetzes erlassenen Vorschriften und Bestimmungen verstoßen hat.

---

[1] § 22 neu gef. mWv 1.4.2005 durch G v. 23.3.2005 (BGBl. I S. 931); Abs. 2 Sätze 2 und 3 angef. mWv 1.8.2024 durch G v. 19.7.2024 (BGBl. 2024 I Nr. 246).

[2] § 22a eingef. mWv 1.4.2005 durch G v. 23.3.2005 (BGBl. I S. 931).

§ 22b[1] **[Fachliche Eignung]** (1) Fachlich geeignet ist, wer die beruflichen sowie die berufs- und arbeitspädagogischen Fertigkeiten, Kenntnisse und Fähigkeiten besitzt, die für die Vermittlung der Ausbildungsinhalte erforderlich sind.

(2) In einem zulassungspflichtigen Handwerk besitzt die fachliche Eignung, wer

1. die Meisterprüfung in dem zulassungspflichtigen Handwerk, in dem ausgebildet werden soll, oder in einem mit diesem verwandten Handwerk bestanden hat oder
2. in dem zulassungspflichtigen Handwerk, in dem ausgebildet werden soll, oder in einem mit diesem verwandten Handwerk
   a) die Voraussetzungen zur Eintragung in die Handwerksrolle nach § 7 erfüllt oder
   b) eine Ausübungsberechtigung nach § 7a oder § 7b erhalten hat oder
   c) eine Ausnahmebewilligung nach § 8 oder nach § 9 Abs. 1 Satz 1 Nr. 1 erhalten hat

und den Teil IV der Meisterprüfung oder eine gleichwertige andere Prüfung, insbesondere eine Ausbildereignungsprüfung auf der Grundlage einer nach § 30 Abs. 5 des Berufsbildungsgesetzes[2] erlassenen Rechtsverordnung, bestanden hat.

(3) [1] In einem zulassungsfreien Handwerk oder einem handwerksähnlichen Gewerbe besitzt die für die fachliche Eignung erforderlichen beruflichen Fertigkeiten, Kenntnisse und Fähigkeiten, wer

1. die Meisterprüfung in dem zulassungsfreien Handwerk oder in dem handwerksähnlichen Gewerbe, in dem ausgebildet werden soll, bestanden hat,
2. die Gesellen- oder Abschlussprüfung in einer dem Ausbildungsberuf entsprechenden Fachrichtung bestanden hat,
3. das Feststellungsverfahren nach § 1 Absatz 6 des Berufsbildungsgesetzes mit dem Ergebnis der vollständigen Vergleichbarkeit der individuellen beruflichen Handlungsfähigkeit mit der für die Ausübung des Ausbildungsberufs der entsprechenden Fachrichtung erforderlichen beruflichen Handlungsfähigkeit abgeschlossen hat,
4. eine anerkannte Prüfung an einer Ausbildungsstätte oder vor einer Prüfungsbehörde oder eine Abschlussprüfung an einer staatlichen oder staatlich anerkannten Schule in einer dem Ausbildungsberuf entsprechenden Fachrichtung bestanden hat,
5. eine Abschlussprüfung an einer deutschen Hochschule in einer dem Ausbildungsberuf entsprechenden Fachrichtung bestanden hat oder
6. eine Gleichwertigkeitsfeststellung nach § 51g oder einen Bildungsabschluss besitzt, dessen Gleichwertigkeit nach anderen rechtlichen Regelungen festgestellt worden ist

und eine angemessene Zeit in seinem Beruf praktisch tätig gewesen ist. [2] Der Abschlussprüfung an einer deutschen Hochschule gemäß Satz 1 Nummer 5 gleich-

---

[1] § 22b eingef. mWv 1.4.2005 durch G v. 23.3.2005 (BGBl. I S. 931); Abs. 4 Satz 1 geänd. mWv 8.11.2006 durch VO v. 31.10.2006 (BGBl. I S. 2407); Abs. 2 Nr. 2 Buchst. c geänd., Abs. 3 Satz 2 eingef., bish. Satz 2 wird Satz 3 mWv 1.10.2007 durch G v. 7.9.2007 (BGBl. I S. 2246); Abs. 3 Satz 1 Nr. 3 und 4 sowie letzter Halbs. geänd., Nr. 5 angef. mWv 1.4.2012 durch G v. 6.12.2011 (BGBl. I S. 2515); Abs. 4 Satz 1 geänd. mWv 8.9.2015 durch VO v. 31.8.2015 (BGBl. I S. 1474); Abs. 3 Satz 1 Nr. 5 geänd. mWv 1.7.2021 durch G v. 9.6.2021 (BGBl. I S. 1654); Abs. 4 Satz 1 geänd. mWv 16.11.2022 durch G v. 9.11.2022 (BGBl. I S. 2009); Abs. 3 Satz 1 neu gef., Satz 2 geänd. mWv 1.8.2024 durch G v. 19.7.2024 (BGBl. 2024 I Nr. 246).

[2] **Sartorius ErgBd. Nr. 422.**

gestellt sind Diplome nach § 7 Abs. 2 Satz 4. [3] Für den Nachweis der berufs- und arbeitspädagogischen Fertigkeiten, Kenntnisse und Fähigkeiten finden die auf der Grundlage des § 30 Abs. 5 des Berufsbildungsgesetzes erlassenen Rechtsverordnungen Anwendung.

(4) [1] Das Bundesministerium für Wirtschaft und Klimaschutz kann nach Anhörung des Hauptausschusses des Bundesinstituts für Berufsbildung durch Rechtsverordnung, die nicht der Zustimmung des Bundesrates bedarf, bestimmen, dass der Erwerb berufs- und arbeitspädagogischer Fertigkeiten, Kenntnisse und Fähigkeiten gesondert nachzuweisen ist. [2] Dabei können Inhalt, Umfang und Abschluss der Maßnahmen für den Nachweis geregelt werden. [3] Das Bestehen des Teils IV der Meisterprüfung gilt als Nachweis.

(5) Die nach Landesrecht zuständige Behörde kann Personen, die die Voraussetzungen der Absätze 2, 3 und 4 nicht erfüllen, die fachliche Eignung nach Anhören der Handwerkskammer widerruflich zuerkennen.

§ 22c[1)] [Anerkennung der Berufsqualifikation] (1) In den Fällen des § 22b Abs. 3 besitzt die für die fachliche Eignung erforderlichen beruflichen Fertigkeiten, Kenntnisse und Fähigkeiten auch, wer die Voraussetzungen für die Anerkennung seiner Berufsqualifikation nach der Richtlinie 2005/36/EG erfüllt, sofern er eine angemessene Zeit in seinem Beruf praktisch tätig gewesen ist.

(2) Die Anerkennung kann unter den in Artikel 14 der in Absatz 1 genannten Richtlinie aufgeführten Voraussetzungen davon abhängig gemacht werden, dass der Antragsteller oder die Antragstellerin zunächst einen höchstens dreijährigen Anpassungslehrgang ableistet oder eine Eignungsprüfung ablegt.

(3) [1] Die Entscheidung über die Anerkennung trifft die Handwerkskammer. [2] Sie kann die Durchführung von Anpassungslehrgängen und Eignungsprüfungen regeln.

§§ 23, 24[2)] [Eignungsfeststellung] (1) Die Handwerkskammer hat darüber zu wachen, dass die Eignung der Ausbildungsstätte sowie die persönliche und fachliche Eignung vorliegen.

(2) [1] Werden Mängel der Eignung festgestellt, so hat die Handwerkskammer, falls der Mangel zu beheben und eine Gefährdung des Lehrlings (Auszubildenden) nicht zu erwarten ist, den Ausbildenden aufzufordern, innerhalb einer von ihr gesetzten Frist den Mangel zu beseitigen. [2] Ist der Mangel der Eignung nicht zu beheben oder ist eine Gefährdung des Lehrlings (Auszubildenden) zu erwarten oder wird der Mangel nicht innerhalb der gesetzten Frist beseitigt, so hat die Handwerkskammer der nach Landesrecht zuständigen Behörde dies mitzuteilen.

§ 24[2)] [Untersagung des Einstellens und Ausbildens] (1) Die nach Landesrecht zuständige Behörde kann für eine bestimmte Ausbildungsstätte das Einstellen und Ausbilden untersagen, wenn die Voraussetzungen nach § 21 nicht oder nicht mehr vorliegen.

(2) Die nach Landesrecht zuständige Behörde hat das Einstellen und Ausbilden zu untersagen, wenn die persönliche oder fachliche Eignung nicht oder nicht mehr vorliegt.

[1)] § 22c eingef. mWv 1.10.2007 durch G v. 7.9.2007 (BGBl. I S. 2246); Abs. 1 geänd. mWv 30.7.2020 durch G v. 19.6.2020 (BGBl. I S. 1403).

[2)] §§ 23, 24 neu gef. mWv 1.4.2005 durch G v. 23.3.2005 (BGBl. I S. 931).

(3) [1] Vor der Untersagung sind die Beteiligten und die Handwerkskammer zu hören. [2] Dies gilt nicht in den Fällen des § 22a Nr. 1.

Zweiter Abschnitt. Ausbildungsordnung, Änderung der Ausbildungszeit

§ 25[1)] [Ausbildungsordnung] (1) [1] Als Grundlage für eine geordnete und einheitliche Berufsausbildung kann das Bundesministerium für Wirtschaft und Klimaschutz im Einvernehmen mit dem Bundesministerium für Bildung und Forschung durch Rechtsverordnung, die nicht der Zustimmung des Bundesrates bedarf, für Gewerbe der Anlage A und der Anlage B Ausbildungsberufe staatlich anerkennen und hierfür Ausbildungsordnungen nach § 26 erlassen. [2] Dabei können in einem Gewerbe mehrere Ausbildungsberufe staatlich anerkannt werden, soweit dies wegen der Breite des Gewerbes erforderlich ist; die in diesen Berufen abgelegten Gesellenprüfungen sind Prüfungen im Sinne des § 49 Abs. 1 oder § 51a Abs. 5 Satz 1.

(2) Für einen anerkannten Ausbildungsberuf darf nur nach der Ausbildungsordnung ausgebildet werden.

(3) In anderen als anerkannten Ausbildungsberufen dürfen Jugendliche unter 18 Jahren nicht ausgebildet werden, soweit die Berufsausbildung nicht auf den Besuch weiterführender Bildungsgänge vorbereitet.

(4) Wird die Ausbildungsordnung eines Ausbildungsberufs aufgehoben oder geändert oder werden Gewerbe in der Anlage A oder in der Anlage B gestrichen, zusammengefasst oder getrennt, so sind für bestehende Berufsausbildungsverhältnisse weiterhin die bis zu dem Zeitpunkt der Aufhebung oder Änderung geltenden Vorschriften anzuwenden, es sei denn, die ändernde Verordnung sieht eine abweichende Regelung vor.

(5) Das Bundesministerium für Wirtschaft und Klimaschutz informiert die Länder frühzeitig über Neuordnungskonzepte und bezieht sie in die Abstimmung ein.

§ 26[2)] [Inhalt der Ausbildungsordnung] (1) [1] Die Ausbildungsordnung hat festzulegen

1. die Bezeichnung des Ausbildungsberufes, der anerkannt wird; sie kann von der Gewerbebezeichnung abweichen, muss jedoch inhaltlich von der Gewerbebezeichnung abgedeckt sein,
2. die Ausbildungsdauer; sie soll nicht mehr als drei und nicht weniger als zwei Jahre betragen,
3. die beruflichen Fertigkeiten, Kenntnisse und Fähigkeiten, die mindestens Gegenstand der Berufsausbildung sind (Ausbildungsberufsbild),

---

[1)] § 25 neu gef. mWv 1.4.2005 durch G v. 23.3.2005 (BGBl. I S. 931); Abs. 1 Satz 1 und Abs. 5 geänd. mWv 8.11.2006 durch VO v. 31.10.2006 (BGBl. I S. 2407); Abs. 1 Satz 1 und Abs. 5 geänd. mWv 8.9. 2015 durch VO v. 31.8.2015 (BGBl. I S. 1474); Abs. 4 neu gef. mWv 1.1.2020 durch G v. 12.12.2019 (BGBl. I S. 2522); Abs. 1 Satz 1, Abs. 5 geänd. mWv 16.11.2022 durch G v. 9.11.2022 (BGBl. I S. 2009).

[2)] § 26 neu gef. mWv 1.4.2005 durch G v. 23.3.2005 (BGBl. I S. 931); Abs. 2 Satz 1 Nr. 6 geänd., Nr. 7 aufgeh. mWv 5.4.2017 durch G v. 29.3.2017 (BGBl. I S. 626); zur Anwendung siehe § 125; Abs. 1 Satz 2 angef., Abs. 2 Satz 1 Nr. 2a und 2b eingef., Nr. 4 neu gef., Sätze 2 und 3 eingef., bish. Satz 2 wird Satz 4 *und geänd. mWv 1.1.2020 durch G v. 12.12.2019 (BGBl. I S. 2522)*; Abs. 2 Satz 1 Nr. 1 aufgeh., bish. Nr. 2 wird Nr. 1, bish. Nr. 2a wird Nr. 2 und geänd., bish. Nr. 2b wird Nr. 3, bish. Nr. 3 wird Nr. 4 und geänd., bish. Nr. 4 wird Nr. 5, bish. Nr. 5 wird Nr. 6 und geänd., bish. Nr. 6 wird Nr. 7, Sätze 2–4 geänd. mWv 1.8.2024 durch G v. 19.7.2024 (BGBl. 2024 I Nr. 246).

4. eine Anleitung zur sachlichen und zeitlichen Gliederung der Vermittlung der beruflichen Fertigkeiten, Kenntnisse und Fähigkeiten (Ausbildungsrahmenplan),
5. die Prüfungsanforderungen.

[2] Bei der Festlegung der Fertigkeiten, Kenntnisse und Fähigkeiten nach Satz 1 Nummer 3 ist insbesondere die technologische und digitale Entwicklung zu beachten.

(2) [1] Die Ausbildungsordnung kann vorsehen,

1. dass die Gesellenprüfung in zwei zeitlich auseinander fallenden Teilen durchgeführt wird,
2. dass im Fall einer Regelung nach Nummer 1 bei nicht bestandener Gesellenprüfung in einem drei- oder dreieinhalbjährigen Ausbildungsberuf, der auf einem zweijährigen Ausbildungsberuf aufbaut, der Abschluss des zweijährigen Ausbildungsberufs erworben wird, sofern im ersten Teil der Gesellenprüfung mindestens ausreichende Prüfungsleistungen erbracht worden sind,
3. dass Auszubildende bei erfolgreichem Abschluss eines zweijährigen Ausbildungsberufs vom ersten Teil der Gesellenprüfung oder einer Zwischenprüfung eines darauf aufbauenden drei- oder dreieinhalbjährigen Ausbildungsberufs befreit sind,
4. dass abweichend von § 25 Absatz 4 die Berufsausbildung in diesem Ausbildungsberuf unter Anrechnung der bereits zurückgelegten Ausbildungszeit fortgesetzt werden kann, wenn die Vertragsparteien dies vereinbaren,
5. dass auf die Dauer der durch die Ausbildungsordnung geregelten Berufsausbildung die Dauer einer anderen abgeschlossenen Berufsausbildung ganz oder teilweise anzurechnen ist,
6. dass über das in Absatz 1 Satz 1 Nummer 3 beschriebene Ausbildungsberufsbild hinaus zusätzliche berufliche Fertigkeiten, Kenntnisse und Fähigkeiten vermittelt werden können, die die berufliche Handlungsfähigkeit ergänzen oder erweitern,
7. dass Teile der Berufsausbildung in geeigneten Einrichtungen außerhalb der Ausbildungsstätte durchgeführt werden, wenn und soweit es die Berufsausbildung erfordert (überbetriebliche Berufsausbildung).

[2] Im Fall des Satzes 1 Nummer 2 bedarf es eines Antrags der Lehrlinge (Auszubildenden). [3] Im Fall des Satzes 1 Nummer 5 bedarf es der Vereinbarung der Vertragsparteien. [4] Im Rahmen der Ordnungsverfahren soll stets geprüft werden, ob Regelungen nach Satz 1 Nummer 1 bis 3 und 5 sinnvoll und möglich sind.

§ 27[1] **[Ausnahmen]** Zur Entwicklung und Erprobung neuer Ausbildungs- und Prüfungsformen kann das Bundesministerium für Wirtschaft und Klimaschutz im Einvernehmen mit dem Bundesministerium für Bildung und Forschung nach Anhörung des Hauptausschusses des Bundesinstituts für Berufsbildung durch Rechtsverordnung, die nicht der Zustimmung des Bundesrates bedarf, Ausnahmen von § 25 Abs. 2 und 3 sowie den §§ 26, 31 und 39 zulassen, die auch auf eine bestimmte Art und Zahl von Ausbildungsstätten beschränkt werden können.

---

[1] § 27 neu gef. mWv 1.4.2005 durch G v. 23.3.2005 (BGBl. I S. 931); geänd. mWv 8.11.2006 durch VO v. 31.10.2006 (BGBl. I S. 2407); geänd. mWv 8.9.2015 durch VO v. 31.8.2015 (BGBl. I S. 1474); geänd. mWv 1.1.2020 durch G v. 12.12.2019 (BGBl. I S. 2522); geänd. mWv 16.11.2022 durch G v. 9.11.2022 (BGBl. I S. 2009).

§ 27a[1)] [Anrechnung auf die Ausbildungszeit] (1) [1] Die Landesregierungen können nach Anhörung des Landesausschusses für Berufsbildung durch Rechtsverordnung bestimmen, dass der Besuch eines Bildungsganges berufsbildender Schulen oder die Berufsausbildung in einer sonstigen Einrichtung ganz oder teilweise auf die Ausbildungsdauer angerechnet wird. [2] Die Ermächtigung kann durch Rechtsverordnung auf oberste Landesbehörden weiter übertragen werden.

(2) [1] Ist keine Rechtsverordnung nach Absatz 1 erlassen, kann eine Anrechnung der Ausbildungsdauer durch die zuständige Stelle im Einzelfall erfolgen. [2] Für die Entscheidung über die Anrechnung kann der Hauptausschuss des Bundesinstituts für Berufsbildung Empfehlungen beschließen.

(3) [1] Die Anrechnung bedarf des gemeinsamen Antrags des Lehrlings (Auszubildenden) und des Ausbildenden. [2] Der Antrag ist an die Handwerkskammer zu richten. [3] Er kann sich auf Teile des höchstzulässigen Anrechnungszeitraums beschränken.

(4) Ein Anrechnungszeitraum muss in ganzen Monaten durch sechs teilbar sein.

§ 27b[2)] [Teilzeitberufsausbildung] (1) [1] Die Berufsausbildung kann in Teilzeit durchgeführt werden. [2] Im Berufsausbildungsvertrag ist dazu für die gesamte Ausbildungszeit oder für einen bestimmten Zeitraum der Berufsausbildung die Verkürzung der täglichen oder der wöchentlichen Ausbildungszeit zu vereinbaren. [3] Die Kürzung der täglichen oder der wöchentlichen Ausbildungszeit darf nicht mehr als 50 Prozent betragen.

(2) [1] Die Dauer der Teilzeitberufsausbildung verlängert sich entsprechend, höchstens jedoch bis zum Eineinhalbfachen der Dauer, die in der Ausbildungsordnung für die betreffende Berufsausbildung in Vollzeit festgelegt ist. [2] Die Dauer der Teilzeitberufsausbildung ist auf ganze Monate abzurunden. [3] § 27c Absatz 1 und 2 bleibt unberührt.

(3) Auf Verlangen des Lehrlings (Auszubildenden) verlängert sich die Ausbildungsdauer auch über die Höchstdauer nach Absatz 2 Satz 1 hinaus bis zur nächsten möglichen Gesellenprüfung.

(4) Der Antrag auf Eintragung des Berufsausbildungsvertrages nach § 30 Absatz 1 in das Verzeichnis der Berufsausbildungsverhältnisse (Lehrlingsrolle) für eine Teilzeitberufsausbildung kann mit einem Antrag auf Verkürzung der Ausbildungsdauer nach § 27c Absatz 1 verbunden werden.

§ 27c[3)] [Verkürzung und Verlängerung der Ausbildungsdauer] (1) [1] Auf gemeinsamen Antrag des Lehrlings (Auszubildenden) und des Ausbildenden hat die Handwerkskammer die Ausbildungsdauer zu kürzen, wenn zu erwarten ist, dass das Ausbildungsziel in der gekürzten Dauer erreicht wird. [2] Satz 1 gilt bei einer Teilzeitberufsausbildung mit der Maßgabe, dass, wenn eine Verkürzung der Ausbildungsdauer entsprechend den Empfehlungen des Hauptausschusses nach Absatz 3 zu einer Ausbildungsdauer führt, die das Ende der für die betreffende Berufsausbildung in Vollzeit festgelegten Ausbildungsdauer höchstens um sechs

---

[1)] § 27a neu gef. mWv 1.4.2005 durch G v. 23.3.2005 (BGBl. I S. 931); Abs. 2 angef., bish. Wortlaut wird Abs. 1 und Satz 3 aufgeh. mWv 1.8.2009 durch G v. 23.3.2005 (BGBl. I S. 931); Abs. 1 Satz 1 geänd., Abs. 2 neu gef., Abs. 3 und 4 angef. mWv 1.1.2020 durch G v. 12.12.2019 (BGBl. I S. 2522).

[2)] *§ 27b neu gef. mWv 1.1.2020 durch G v. 12.12.2019* (BGBl. I S. 2522); Abs. 2 Satz 3 geänd. mWv 1.8.2024 durch G v. 19.7.2024 (BGBl. 2024 I Nr. 246).

[3)] § 27c eingef. mWv 1.1.2020 durch G v. 12.12.2019 (BGBl. I S. 2522); Abs. 1 Satz 2 angef. mWv 1.8. 2024 durch G v. 19.7.2024 (BGBl. 2024 I Nr. 246).

Monate überschreitet, die Ausbildungsdauer auf das Ende der für die betreffende Berufsausbildung in Vollzeit festgelegten Ausbildungsdauer verkürzt wird.

(2) [1] In Ausnahmefällen kann die Handwerkskammer auf Antrag des Lehrlings (Auszubildenden) die Ausbildungsdauer verlängern, wenn die Verlängerung erforderlich ist, um das Ausbildungsziel zu erreichen. [2] Vor der Entscheidung nach Satz 1 ist der Ausbildende zu hören.

(3) Für die Entscheidung über die Verkürzung oder Verlängerung der Ausbildungsdauer kann der Hauptausschuss des Bundesinstituts für Berufsbildung Empfehlungen beschließen.

§ 27d[1)] [Verkürzte Gesamtausbildungszeit] [1] Werden in einem Betrieb zwei verwandte Handwerke ausgeübt, so kann in beiden Handwerken in einer verkürzten Gesamtausbildungszeit gleichzeitig ausgebildet werden. [2] Das Bundesministerium für Wirtschaft und Klimaschutz bestimmt im Einvernehmen mit dem Bundesministerium für Bildung und Forschung durch Rechtsverordnung für welche verwandte Handwerke eine Gesamtausbildungszeit vereinbart werden kann und die Dauer der Gesamtausbildungszeit.

Dritter Abschnitt. Verzeichnis der Berufsausbildungsverhältnisse

§ 28[2)] [Einrichten, Führen, Datenschutz] (1) [1] Die Handwerkskammer hat zur Regelung, Überwachung, Förderung und zum Nachweis der Berufsausbildung in anerkannten Ausbildungsberufen ein Verzeichnis der in ihrem Bezirk bestehenden Berufsausbildungsverhältnisse nach Maßgabe der Anlage D Abschnitt III zu diesem Gesetz einzurichten und zu führen (Lehrlingsrolle). [2] Die Eintragung ist für den Lehrling (Auszubildenden) gebührenfrei.

(2) [1] Die nach Absatz 1 gespeicherten Daten sind an öffentliche Stellen und an nicht-öffentliche Stellen zu übermitteln, soweit dies zu den in Absatz 1 genannten Zwecken erforderlich ist. [2] Werden Daten an nicht-öffentliche Stellen übermittelt, so ist die jeweils betroffene Person unbeschadet der Verordnung (EU) 2016/679[3)] hiervon zu benachrichtigen, es sei denn, dass sie von der Übermittlung auf andere Weise Kenntnis erlangt.

(3) [1] Die Übermittlung von Daten durch öffentliche Stellen an nicht-öffentliche Stellen ist zulässig, wenn der jeweilige Empfänger sich gegenüber der übermittelnden öffentlichen Stelle verpflichtet hat, die Daten nur für den Zweck zu verarbeiten, zu dessen Erfüllung sie ihm übermittelt werden. [2] Öffentliche Stellen dürfen die ihnen übermittelten Daten nur zu dem Zweck verarbeiten, zu dessen Erfüllung sie ihnen übermittelt wurden.

(4) Für das Verändern und das Einschränken der Verarbeitung der Daten in der Lehrlingsrolle gelten unbeschadet der Verordnung (EU) 2016/679 die Daten*schutz*gesetze der Länder.

[1)] Früherer § 27b wird § 27c mWv 1.4.2005 durch G v. 23.3.2005 (BGBl. I S. 931); Satz 2 geänd. mWv 8.11.2006 durch VO v. 31.10.2006 (BGBl. I S. 2407); Satz 2 geänd. mWv 8.9.2015 durch VO v. 31.8. 2015 (BGBl. I S. 1474); bish. § 27c wird § 27d mWv 1.1.2020 durch G v. 12.12.2019 (BGBl. I S. 2522); Satz 2 geänd. mWv 16.11.2022 durch G v. 9.11.2022 (BGBl. I S. 2009).

[2)] § 28 Abs. 7 neu gef. und Abs. 8 angef. mWv 1.4.2005 durch G v. 23.3.2005 (BGBl. I S. 931); Abs. 2–4 neu gef, Abs. 6 Satz 1, Abs. 7 Satz 1 einl. Satzteil und Satz 2 geänd. mWv 26.11.2019 durch G v. 20.11.2019 (BGBl. I S. 1626); Abs. 7 Satz 1 Nr. 1–4 neu gef. mWv 1.1.2020 durch G v. 12.12.2019 (BGBl. I S. 2522); Abs. 7 neu gef. mWv 1.8.2024 durch G v. 19.7.2024 (BGBl. 2024 I Nr. 246).

[3)] Nr. **246**.

(5) Die Eintragungen sind am Ende des Kalenderjahres, in dem das Berufsausbildungsverhältnis beendet wird, in der Lehrlingsrolle zu löschen.

(6) [1] Die nach Absatz 5 gelöschten Daten sind in einem gesonderten Dateisystem zu speichern, solange und soweit dies für den Nachweis der Berufsausbildung erforderlich ist, höchstens jedoch 60 Jahre. [2] Die Übermittlung von Daten ist nur unter den Voraussetzungen des Absatzes 2 zulässig.

(7) [1] Zur Verbesserung der Feststellung von Angebot und Nachfrage auf dem Ausbildungsmarkt übermittelt die Handwerkskammer folgende Daten aus der Lehrlingsrolle an das Bundesinstitut für Berufsbildung:

1. Ausbildungsberuf einschließlich Fachrichtung,
2. Geschlecht der Lehrlinge (Auszubildenden), Anschlussvertrag bei Anrechnung einer zuvor absolvierten dualen Berufsausbildung nach diesem Gesetz oder nach dem Berufsbildungsgesetz[1)],
3. Verkürzung der Ausbildungsdauer,
4. Art der Förderung bei überwiegend öffentlich, insbesondere auf Grund des Dritten Buches Sozialgesetzbuch[2)] geförderten Berufsausbildungsverhältnissen.

[2] An die Bundesagentur für Arbeit werden zur Verbesserung der Ausbildungsvermittlung, zur Verbesserung der Zuverlässigkeit und Aktualität der Ausbildungsvermittlungsstatistik sowie zur Verbesserung der Feststellung von Angebot und Nachfrage auf dem Ausbildungsmarkt folgende Daten übermittelt:

1. Name, Vorname, Geburtsdatum, Geschlecht und Anschrift der Lehrlinge (Auszubildenden),
2. Ausbildungsberuf einschließlich Fachrichtung,
3. Tag, Monat und Jahr des vertraglich vereinbarten Beginns und Endes der Berufsausbildung sowie Tag, Monat und Jahr einer vorzeitigen Auflösung des Ausbildungsverhältnisses,
4. Name und Anschrift der Ausbildenden, Anschrift und amtlicher Gemeindeschlüssel der Ausbildungsstätte, Wirtschaftszweig, Betriebsnummer der Ausbildungsstätte nach § 18i Absatz 1 oder § 18k Absatz 1 des Vierten Buches Sozialgesetzbuch[3)], Zugehörigkeit zum öffentlichen Dienst.

[3] Übermittelt werden die nach diesem Gesetz eingetragenen Daten zu den Ausbildungsverhältnissen, die ab dem 1. Oktober des vorangegangenen Kalenderjahres abgeschlossen wurden und am 30. September des laufendenden Kalenderjahres noch bestanden. [4] Bei der Datenübermittlung sind dem jeweiligen Stand der Technik entsprechende Maßnahmen zur Sicherstellung von Datenschutz und Datensicherheit, insbesondere nach den Artikeln 24, 25 und 32 der Verordnung (EU) 2016/679 zu treffen, die insbesondere die Vertraulichkeit, Unversehrtheit und Zurechenbarkeit der Daten gewährleisten.

(8) Im Übrigen darf die Handwerkskammer Daten aus dem Berufsausbildungsvertrag, die nicht nach Absatz 1 oder Absatz 6 gespeichert sind, nur für die in Absatz 1 genannten Zwecke sowie in den Fällen des § 88 Abs. 2 des Berufsbildungsgesetzes übermitteln.

[1)] **Sartorius ErgBd. Nr. 422.**
[2)] **Aichberger, SGB Nr. 3.**
[3)] **Aichberger, SGB Nr. 4.**

§ 29[1)] **[Eintragen, Ändern, Löschen]** (1) Ein Berufsausbildungsvertrag und Änderungen seines wesentlichen Inhalts sind in die Lehrlingsrolle einzutragen, wenn

1. der Berufsausbildungsvertrag den gesetzlichen Vorschriften und der Ausbildungsordnung entspricht,
2. die persönliche und fachliche Eignung sowie die Eignung der Ausbildungsstätte für das Einstellen und Ausbilden vorliegen und
3. für Auszubildende unter 18 Jahren die ärztliche Bescheinigung über die Erstuntersuchung nach § 32 Abs. 1 des Jugendarbeitsschutzgesetzes[2)] zur Einsicht vorgelegt wird.

(2) [1] Die Eintragung ist abzulehnen oder zu löschen, wenn die Eintragungsvoraussetzungen nicht vorliegen und der Mangel nicht nach § 23 Abs. 2 behoben wird. [2] Die Eintragung ist ferner zu löschen, wenn die ärztliche Bescheinigung über die erste Nachuntersuchung nach § 33 Abs. 1 des Jugendarbeitsschutzgesetzes nicht spätestens am Tag der Anmeldung des Auszubildenden zur Zwischenprüfung oder zum ersten Teil der Gesellenprüfung zur Einsicht vorgelegt und der Mangel nicht nach § 23 Abs. 2 behoben wird.

§ 30[3)] **[Antrag]** (1) [1] Der Ausbildende hat unverzüglich nach Abschluß des Berufsausbildungsvertrags die Eintragung in die Lehrlingsrolle nach Maßgabe des Satzes 2 zu beantragen. [2] Der Antrag kann schriftlich oder elektronisch gestellt werden; eine Kopie der Vertragsabfassung und des Empfangsnachweises ist jeweils beizufügen. [3] Auf einen betrieblichen Ausbildungsplan im Sinne des § 11 Absatz 1 Satz 2 Nummer 2 des Berufsbildungsgesetzes[4)], der der zuständigen Stelle bereits vorliegt, kann dabei Bezug genommen werden. [4] Entsprechendes gilt bei Änderungen des wesentlichen Vertragsinhalts.

(2) Der Ausbildende hat anzuzeigen

1. eine vorausgegangene allgemeine und berufliche Ausbildung des Lehrlings (Auszubildenden),
2. die Bestellung von Ausbildern.

Vierter Abschnitt. Prüfungswesen

§ 31[5)] **[Gesellenprüfung]** (1) [1] In den anerkannten Ausbildungsberufen (Gewerbe der Anlage A oder der Anlage B) sind Gesellenprüfungen durchzuführen. [2] Die Prüfung kann im Falle des Nichtbestehens zweimal wiederholt werden. [3] Sofern die Gesellenprüfung in zwei zeitlich auseinander fallenden Teilen durchgeführt wird, ist der erste Teil der Gesellenprüfung nicht eigenständig wiederholbar.

(2) [1] Dem Prüfling ist ein Zeugnis auszustellen. [2] Dem Ausbildenden werden auf dessen Verlangen die Ergebnisse der Gesellenprüfung des Lehrlings (Auszubilden-

---

[1)] § 29 Abs. 2 Sätze 1 und 2 geänd. mWv 1.1.2004 durch G v. 24.12.2003 (BGBl. I S. 2934); Abs. 2 Satz 2 geänd. mWv 1.4.2005 durch G v. 23.3.2005 (BGBl. I S. 931).

[2)] **Loseblatt-Textsammlung Arbeitsrecht Nr. 420.**

[3)] § 30 Abs. 1 Satz 2 neu gef., Satz 3 eingef., bish. Satz 3 wird Satz 4 mWv 1.8.2013 durch G v. 25.7. 2013 (BGBl. I S. 2749); Abs. 1 Satz 3 geänd. mWv 1.8.2022 durch G v. 20.7.2022 (BGBl. I S. 1174); Abs. 1 Sätze 1 und 2 geänd. mWv 1.8.2024 durch G v. 19.7.2024 (BGBl. 2024 I Nr. 246).

[4)] **Sartorius ErgBd. Nr. 422.**

[5)] § 31 neu gef. mWv 1.4.2005 durch G v. 23.3.2005 (BGBl. I S. 931); Abs. 3 neu gef. mWv 1.1.2020 durch G v. 12.12.2019 (BGBl. I S. 2522); Abs. 2 Satz 3 geänd., Abs. 3 Satz 4 angef. mWv 1.8.2024 durch G v. 19.7.2024 (BGBl. 2024 I Nr. 246).

den) übermittelt. [3] Sofern die Gesellenprüfung in zwei zeitlich auseinander fallenden Teilen durchgeführt wird, ist das Ergebnis der Prüfungsleistung im ersten Teil der Gesellenprüfung dem Prüfling schriftlich oder elektronisch mitzuteilen.

(3) [1] Dem Zeugnis ist auf Antrag des Lehrlings (Auszubildenden) eine englischsprachige und eine französischsprachige Übersetzung beizufügen. [2] Auf Antrag des Lehrlings (Auszubildenden) ist das Ergebnis berufsschulischer Leistungsfeststellungen auf dem Zeugnis auszuweisen. [3] Der Lehrling (Auszubildende) hat den Nachweis der berufsschulischen Leistungsfeststellungen dem Antrag beizufügen. [4] Sofern die Schule nach Landesrecht verpflichtet ist, die berufsschulische Leistungsfeststellung an die Handwerkskammer oder die nach § 33 Absatz 1 Satz 3 von der Handwerkskammer zur Errichtung von Prüfungsausschüssen ermächtigte Handwerksinnung zu übermitteln, hat die Handwerkskammer oder die Handwerksinnung die berufsschulische Leistungsfeststellung nach der Übermittlung auf dem Zeugnis auszuweisen.

(4) Die Prüfung ist für den Lehrling (Auszubildenden) gebührenfrei.

§ 32[1)] [Prüfungsgegenstand] [1] Durch die Gesellenprüfung ist festzustellen, ob der Prüfling die berufliche Handlungsfähigkeit im Sinne des § 1 Abs. 3 des Berufsbildungsgesetzes**[2)]** erworben hat. [2] In ihr soll der Prüfling nachweisen, dass er die erforderlichen beruflichen Fertigkeiten beherrscht, die notwendigen beruflichen Kenntnisse und Fähigkeiten besitzt und mit dem im Berufsschulunterricht zu vermittelnden, für die Berufsausbildung wesentlichen Lehrstoff vertraut ist. [3] Die Ausbildungsordnung ist zugrunde zu legen.

§ 33[3)] [Gesellenprüfungsausschüsse] (1) [1] Für die Durchführung der Gesellenprüfung errichtet die Handwerkskammer Prüfungsausschüsse. [2] Mehrere Handwerkskammern können bei einer von ihnen gemeinsame Prüfungsausschüsse errichten. [3] Die Handwerkskammer kann Handwerksinnungen ermächtigen, Prüfungsausschüsse zu errichten, wenn die Leistungsfähigkeit der Handwerksinnung die ordnungsgemäße Durchführung der Prüfung sicherstellt.

(2) Werden von einer Handwerksinnung Prüfungsausschüsse errichtet, so sind sie für die Abnahme der Gesellenprüfung aller Lehrlinge (Auszubildenden) der in der Handwerksinnung vertretenen Handwerke ihres Bezirks zuständig, soweit nicht die Handwerkskammer etwas anderes bestimmt.

(3) Prüfungsausschüsse oder Prüferdelegationen nach § 35a Absatz 2 nehmen die Prüfungsleistungen ab.

(4) [1] Prüfungsausschüsse oder Prüferdelegationen nach § 35a Absatz 2 können zur Bewertung einzelner, nicht mündlich zu erbringender Prüfungsleistungen gutachterliche Stellungnahmen Dritter, insbesondere berufsbildender Schulen, einholen. [2] Im Rahmen der Begutachtung nach Satz 1 sind die wesentlichen Abläufe zu dokumentieren und die für die Bewertung erheblichen Tatsachen festzuhalten.

§ 34[4)] [Zusammensetzung, Berufung] (1) [1] Der Prüfungsausschuß besteht aus mindestens drei Mitgliedern. [2] Die Mitglieder müssen für die Prüfungsgebiete sachkundig und für die Mitwirkung im Prüfungswesen geeignet sein.

[1)] § 32 neu gef. mWv 1.4.2005 durch G v. 23.3.2005 (BGBl. I S. 931).

[2)] **Sartorius ErgBd. Nr. 422.**

[3)] *§ 33 neu gef. mWv 1.1.2020* durch G v. 12.12.2019 (BGBl. I S. 2522).

[4)] § 34 Abs. 2 Sätze 1 und 2, Abs. 3 Satz 2 neu gef., Abs. 3 Satz 1 und Abs. 5 Satz 1 geänd. mWv 1.1.2004 durch G v. 24.12.2003 (BGBl. I S. 2934); Abs. 3 Satz 2 eingef., bish. Sätze 2 und 3 werden Sätze 3 und 4, neuer Satz 3, Abs. 4 Satz 2 und Abs. 5 Satz 1 geänd. mWv 1.4.2005 durch G v. 23.3.2005 (BGBl. I →

(2) [1]Dem Prüfungsausschuss müssen als Mitglieder für zulassungspflichtige Handwerke Arbeitgeber oder Betriebsleiter und Arbeitnehmer in gleicher Zahl, für zulassungsfreie Handwerke oder handwerksähnliche Gewerbe Beauftragte der Arbeitgeber und Arbeitnehmer in gleicher Zahl sowie mindestens eine Lehrkraft einer berufsbildenden Schule angehören. [2]Mindestens zwei Drittel der Gesamtzahl der Mitglieder müssen in zulassungspflichtigen Handwerken Arbeitgeber und Arbeitnehmer, in zulassungsfreien Handwerken oder handwerksähnlichen Gewerben Beauftragte der Arbeitgeber und der Arbeitnehmer sein. [3]Die Mitglieder haben Stellvertreter. [4]Die Mitglieder und die Stellvertreter werden längstens für fünf Jahre berufen oder gewählt.

(3) [1]Die Arbeitgeber müssen in dem zulassungspflichtigen Handwerk, für das der Prüfungsausschuß errichtet ist, die Meisterprüfung abgelegt haben oder zum Ausbilden berechtigt sein. [2]In dem zulassungsfreien Handwerk oder in dem handwerksähnlichen Gewerbe, für das der Prüfungsausschuss errichtet ist, müssen die Arbeitgeber oder die Beauftragten der Arbeitgeber die Gesellenprüfung oder eine entsprechende Abschlussprüfung in einem anerkannten Ausbildungsberuf nach § 4 des Berufsbildungsgesetzes[1)] bestanden haben und in diesem Handwerk oder in diesem Gewerbe tätig sein. [3]Die Arbeitnehmer und die Beauftragten der Arbeitnehmer müssen die Gesellenprüfung in dem zulassungspflichtigen oder zulassungsfreien Handwerk oder in dem handwerksähnlichen Gewerbe, für das der Prüfungsausschuss errichtet ist, oder eine entsprechende Abschlussprüfung in einem anerkannten Ausbildungsberuf nach § 4 des Berufsbildungsgesetzes bestanden haben und in diesem Handwerk oder in diesem Gewerbe tätig sein. [4]Arbeitnehmer, die eine entsprechende ausländische Befähigung erworben haben und handwerklich tätig sind, können in den Prüfungsausschuß berufen werden.

(4) [1]Die Mitglieder werden von der Handwerkskammer berufen. [2]Die Arbeitnehmer und die Beauftragten der Arbeitnehmer der von der Handwerkskammer errichteten Prüfungsausschüsse werden auf Vorschlag der Mehrheit der Gesellenvertreter in der Vollversammlung der Handwerkskammer berufen. [3]Vorschläge der im Bezirk der Handwerkskammer bestehenden Gewerkschaften und selbständigen Vereinigungen von Arbeitnehmern mit sozial- oder berufspolitischer Zwecksetzung sollen berücksichtigt werden. [4]Die Lehrkraft einer berufsbildenden Schule wird im Einvernehmen mit der Schulaufsichtsbehörde oder der von ihr bestimmten Stelle berufen.

(5) [1]Für die mit Ermächtigung der Handwerkskammer von der Handwerksinnung errichteten Prüfungsausschüsse werden die Arbeitgeber und die Beauftragten der Arbeitgeber von der Innungsversammlung, die Arbeitnehmer und die Beauftragten der Arbeitnehmer von dem Gesellenausschuß gewählt. [2]Vorschläge der im Bezirk der Handwerksinnung bestehenden Gewerkschaften und selbständigen Vereinigungen von Arbeitnehmern mit sozial- oder berufspolitischer Zwecksetzung sollen berücksichtigt werden. [3]Die Lehrkraft einer berufsbildenden Schule wird im Einvernehmen mit der Schulaufsichtsbehörde oder der von ihr bestimmten Stelle nach Anhörung der Handwerksinnung von der Handwerkskammer berufen.

(Fortsetzung der Anm. von voriger Seite)
S. 931); Abs. 2 Satz 1, Abs. 4 Satz 3 und Abs. 5 Satz 2 geänd., Abs. 7 neu gef., Abs. 8–9a eingef., bish. Abs. 8 wird Abs. 10 mWv 1.1.2020 durch G v. 12.12.2019 (BGBl. I S. 2522); Abs. 4 Satz 3 eingef., bish. Satz 3 wird Satz 4, Abs. 5 Satz 2 eingef., bish. Satz 2 wird Satz 3, Abs. 6 Satz 2, Abs. 8 Satz 2 geänd. mWv 1.7.2021 durch G v. 9.6.2021 (BGBl. I S. 1654).

[1)] **Sartorius ErgBd. Nr. 422.**

(6) [1]Die Mitglieder der Prüfungsausschüsse können nach Anhörung der an ihrer Berufung Beteiligten aus wichtigem Grund abberufen werden. [2]Satz 1 und die Absätze 4 und 5 gelten für die Stellvertreter entsprechend.

(7) [1]Die Handwerkskammer oder die nach § 33 Absatz 1 Satz 3 von der Handwerkskammer zur Errichtung von Prüfungsausschüssen ermächtigte Handwerksinnung kann weitere Prüfende für den Einsatz in Prüferdelegationen nach § 35a Absatz 2 berufen. [2]Die Berufung weiterer Prüfender kann auf bestimmte Prüf- oder Fachgebiete beschränkt werden. [3]Die Absätze 4 bis 6 sind entsprechend anzuwenden.

(8) [1]Die für die Berufung von Prüfungsausschussmitgliedern Vorschlagsberechtigten sind über die Anzahl und die Größe der einzurichtenden Prüfungsausschüsse sowie über die Zahl der von ihnen vorzuschlagenden weiteren Prüfenden zu unterrichten. [2]Die Vorschlagsberechtigten werden von der Handwerkskammer oder im Fall des § 33 Absatz 1 Satz 3 von der Innung darüber unterrichtet, welche der von ihnen vorgeschlagenen Mitglieder sowie Stellvertreter und Stellvertreterinnen und weiteren Prüfenden berufen wurden.

(9) [1]Die Tätigkeit im Prüfungsausschuss oder in einer Prüferdelegation ist ehrenamtlich. [2]Für bare Auslagen und für Zeitversäumnis ist, soweit eine Entschädigung nicht von anderer Seite gewährt wird, eine angemessene Entschädigung zu zahlen, deren Höhe von der Handwerkskammer mit Genehmigung der obersten Landesbehörde festgesetzt wird. [3]Die Entschädigung für Zeitversäumnis hat mindestens im Umfang von § 16 des Justizvergütungs- und -entschädigungsgesetzes[1)] in der jeweils geltenden Fassung zu erfolgen.

(9a) Prüfende sind von ihrem Arbeitgeber von der Erbringung der Arbeitsleistung freizustellen, wenn

1. es zur ordnungsgemäßen Durchführung der ihnen durch das Gesetz zugewiesenen Aufgaben erforderlich ist und
2. wichtige betriebliche Gründe nicht entgegenstehen.

(10) Von Absatz 2 darf nur abgewichen werden, wenn anderenfalls die erforderliche Zahl von Mitgliedern des Prüfungsausschusses nicht berufen werden kann.

§ 35 [Vorsitzender; Stellvertreter] [1]Der Prüfungsausschuß wählt aus seiner Mitte einen Vorsitzenden und dessen Stellvertreter. [2]Der Vorsitzende und sein Stellvertreter sollen nicht derselben Mitgliedergruppe angehören. [3]Der Prüfungsausschuß ist beschlußfähig, wenn zwei Drittel der Mitglieder, mindestens drei, mitwirken. [4]Er beschließt mit der Mehrheit der abgegebenen Stimmen. [5]Bei Stimmengleichheit gibt die Stimme des Vorsitzenden den Ausschlag.

§ 35a[2)] [Bewertung von Prüfungsleistungen] (1) Der Prüfungsausschuss fasst die Beschlüsse über

1. die Noten zur Bewertung einzelner Prüfungsleistungen, die er selbst abgenommen hat,
2. die Noten zur Bewertung der Prüfung insgesamt sowie
3. das Bestehen oder Nichtbestehen der Gesellenprüfung.

[1)] *Habersack Nr. 116.*

[2)] § 35a neu gef. mWv 1.1.2020 durch G v. 12.12.2019 (BGBl. I S. 2522); Abs. 2 Sätze 1–3, Abs. 3 Satz 1 geänd. mWv 1.7.2021 durch G v. 9.6.2021 (BGBl. I S. 1654); Abs. 2 Satz 2 geänd. mWv 1.8.2024 durch G v. 19.7.2024 (BGBl. 2024 I Nr. 246).

(2) [1]Die Handwerkskammer oder im Fall des § 33 Absatz 1 Satz 3 die Handwerksinnung kann im Einvernehmen mit den Mitgliedern des Prüfungsausschusses die Abnahme und abschließende Bewertung von Prüfungsleistungen auf Prüferdelegationen übertragen. [2]Für die Zusammensetzung von Prüferdelegationen und für die Abstimmungen in der Prüferdelegation sind § 34 Absatz 1 bis 3 und § 35 entsprechend anzuwenden. [3]Mitglieder von Prüferdelegationen können die Mitglieder des Prüfungsausschusses, deren Stellvertreter und Stellvertreterinnen sowie weitere Prüfende sein, die durch die Handwerkskammer oder durch die nach § 33 Absatz 1 Satz 3 zur Errichtung von Prüfungsausschüssen ermächtigte Handwerksinnung nach § 34 Absatz 7 berufen worden sind.

(3) [1]Die Handwerkskammer oder im Fall des § 33 Absatz 1 Satz 3 die Handwerksinnung hat vor Beginn der Prüfung über die Bildung von Prüferdelegationen, über deren Mitglieder sowie über deren Stellvertreter und Stellvertreterinnen zu entscheiden. [2]Prüfende können Mitglieder mehrerer Prüferdelegationen sein. [3]Sind verschiedene Prüfungsleistungen derart aufeinander bezogen, dass deren Beurteilung nur einheitlich erfolgen kann, so müssen diese Prüfungsleistungen von denselben Prüfenden abgenommen werden.

(4) [1]Nach § 38 Absatz 2 Satz 2 erstellte oder ausgewählte Antwort-Wahl-Aufgaben können automatisiert ausgewertet werden, wenn das Aufgabenerstellungs- oder Aufgabenauswahlgremium festgelegt hat, welche Antworten als zutreffend anerkannt werden. [2]Die Ergebnisse sind vom Prüfungsausschuss zu übernehmen.

(5) [1]Der Prüfungsausschuss oder die Prüferdelegation kann einvernehmlich die Abnahme und Bewertung einzelner schriftlicher oder sonstiger Prüfungsleistungen, deren Bewertung unabhängig von der Anwesenheit bei der Erbringung erfolgen kann, so vornehmen, dass zwei seiner oder ihrer Mitglieder die Prüfungsleistungen selbständig und unabhängig bewerten. [2]Weichen die auf der Grundlage des in der Prüfungsordnung vorgesehenen Bewertungsschlüssels erfolgten Bewertungen der beiden Prüfenden um nicht mehr als 10 Prozent der erreichbaren Punkte voneinander ab, so errechnet sich die endgültige Bewertung aus dem Durchschnitt der beiden Bewertungen. [3]Bei einer größeren Abweichung erfolgt die endgültige Bewertung durch ein vorab bestimmtes weiteres Mitglied des Prüfungsausschusses oder der Prüferdelegation.

(6) Sieht die Ausbildungsordnung vor, dass Auszubildende bei erfolgreichem Abschluss eines zweijährigen Ausbildungsberufs vom ersten Teil der Gesellenprüfung eines darauf aufbauenden drei- oder dreieinhalbjährigen Ausbildungsberufs befreit sind, so ist das Ergebnis der Gesellenprüfung des zweijährigen Ausbildungsberufs vom Prüfungsausschuss als das Ergebnis des ersten Teils der Gesellenprüfung des auf dem zweijährigen Ausbildungsberuf aufbauenden drei- oder dreieinhalbjährigen Ausbildungsberufs zu übernehmen.

§ 35b[1)] **[Prüfung mittels Videokonferenz]** (1) [1]Die Handwerkskammer oder die nach § 33 Absatz 1 Satz 3 von der Handwerkskammer zur Errichtung von Prüfungsausschüssen ermächtigte Handwerksinnung kann bestimmen, dass bei der Abnahme und Bewertung von Prüfungsleistungen, deren Bewertung die Anwesenheit der Prüfenden bei der Abnahme erfordert, Prüfende unter Einsatz der Übertragung von Bild und Ton (Videokonferenz) teilnehmen, wenn

[1)] § 35b eingef. mWv 1.8.2024 durch G v. 19.7.2024 (BGBl. 2024 I Nr. 246).

1. die abzunehmenden Prüfungsleistungen für diese Form der Durchführung geeignet sind,
2. die Prüflinge mit der Ladung zur Prüfung über diese Form der Durchführung informiert worden sind,
3. die Prüflinge sich unter Aufsicht an einem Ort befinden, der von der Handwerkskammer oder im Falle des § 33 Absatz 1 Satz 3 von der Handwerksinnung festgelegt worden ist,
4. mindestens ein Prüfender sich am gleichen Ort wie die Prüflinge befindet,
5. die Handwerkskammer oder im Falle des § 33 Absatz 1 Satz 3 die Handwerksinnung die zu nutzende Videokonferenztechnik festgelegt hat und deren Funktionsfähigkeit sowie deren Barrierefreiheit sicherstellt,
6. den Prüflingen und den Prüfenden vor der Prüfung ausreichend Gelegenheit gegeben worden ist, sich mit der Videokonferenztechnik vertraut zu machen,
7. während der Abnahme der Prüfungsleistung eine für die Videokonferenztechnik sachkundige Person zur Verfügung steht,
8. bei vorübergehenden technischen Störungen, die nicht durch den Prüfling zu vertreten sind, der damit verbundene Zeitverlust durch entsprechende Zeitverlängerung ausgeglichen wird und
9. keine Aufzeichnung der Videokonferenz erfolgt.

2 Auf Antrag einzelner Prüfender bei der Handwerkskammer oder bei der nach § 33 Absatz 1 Satz 3 von der *Handwerkammer*[1] zur Errichtung von Prüfungsausschüssen ermächtigten Handwerksinnung gilt Satz 1 nur für einzelne Prüfungsleistungen und diese Prüfenden mit der Maßgabe, dass die übrigen Prüfenden des jeweiligen Prüfungsausschusses oder der jeweiligen Prüferdelegation dem Antrag zustimmen.

(2) Die Handwerkskammer oder die nach § 33 Absatz 1 Satz 3 von der Handwerkskammer zur Errichtung von Prüfungsausschüssen ermächtigte Handwerksinnung kann bestimmen, dass die Prüfenden an Sitzungen von Prüfungsausschüssen oder Prüferdelegationen auch ohne Anwesenheit an einem Ort teilnehmen und sämtliche oder einzelne ihrer Rechte ganz oder teilweise im Wege elektronischer Kommunikation ausüben können.

§ 36[2] **[Zulassung zur Gesellenprüfung]** (1) Zur Gesellenprüfung ist zuzulassen,
1. wer die Ausbildungsdauer zurückgelegt hat oder wessen Ausbildungsdauer nicht später als zwei Monate nach dem Prüfungstermin endet,
2. wer an vorgeschriebenen Zwischenprüfungen teilgenommen sowie einen Ausbildungsnachweis nach § 13 Satz 2 Nummer 7 des Berufsbildungsgesetzes[3] über den Ausbildenden schriftlich oder elektronisch vorgelegt hat und
3. wessen Berufsausbildungsverhältnis in die Lehrlingsrolle eingetragen oder aus einem Grund nicht eingetragen ist, den weder der Lehrling (Auszubildende) noch dessen gesetzlicher Vertreter zu vertreten hat.

---

[1] Wortlaut amtlich.

[2] § 36 neu gef. mWv 1.4.2005 durch G v. 23.3.2005 (BGBl. I S. 931); Abs. 2 Sätze 3 und 4 aufgeh. mWv 1.8.2011 durch G v. 23.3.2005 (BGBl. I S. 931); Abs. 1 Nr. 2 geänd. mWv 5.4.2017 durch G v. 29.3.2017 (BGBl. I S. 626); zur Anwendung siehe § 125; Abs. 1 Nr. 1 und 2 geänd. mWv 1.1.2020 durch G v. 12.12.2019 (BGBl. I S. 2522); Abs. 1 Nr. 2 geänd. mWv 1.8.2024 durch G v. 19.7.2024 (BGBl. 2024 I Nr. 246).

[3] **Sartorius ErgBd. Nr. 422.**

(2) [1] Zur Gesellenprüfung ist ferner zuzulassen, wer in einer berufsbildenden Schule oder einer sonstigen Berufsbildungseinrichtung ausgebildet worden ist, wenn dieser Bildungsgang der Berufsausbildung in einem anerkannten Ausbildungsberuf (Gewerbe der Anlage A oder der Anlage B) entspricht. [2] Ein Bildungsgang entspricht der Berufsausbildung in einem anerkannten Ausbildungsberuf, wenn er

1. nach Inhalt, Anforderung und zeitlichem Umfang der jeweiligen Ausbildungsordnung gleichwertig ist,
2. systematisch, insbesondere im Rahmen einer sachlichen und zeitlichen Gliederung durchgeführt wird, und
3. durch Lernortkooperation einen angemessenen Anteil an fachpraktischer Ausbildung gewährleistet.

§ 36a[1)] [Zulassung zu einzelnen Teilen der Gesellenprüfung] (1) Sofern die Gesellenprüfung in zwei zeitlich auseinander fallenden Teilen durchgeführt wird, ist über die Zulassung jeweils gesondert zu entscheiden.

(2) Zum ersten Teil der Gesellenprüfung ist zuzulassen, wer die in der Ausbildungsordnung vorgeschriebene, erforderliche Ausbildungsdauer zurückgelegt hat und die Voraussetzungen des § 36 Abs. 1 Nr. 2 und 3 erfüllt.

(3) [1] Zum zweiten Teil der Gesellenprüfung ist zuzulassen, wer

1. über die Voraussetzungen des § 36 Absatz 1 hinaus am ersten Teil der Gesellenprüfung teilgenommen hat,
2. auf Grund einer Rechtsverordnung nach § 26 Absatz 2 Satz 1 Nummer 3 von der Ablegung des ersten Teils der Gesellenprüfung befreit ist oder
3. aus Gründen, die er nicht zu vertreten hat, am ersten Teil der Gesellenprüfung nicht teilgenommen hat.

[2] Im Fall des Satzes 1 Nummer 3 ist der erste Teil der Gesellenprüfung zusammen mit dem zweiten Teil abzulegen.

§ 37[2)] [Zulassung in besonderen Fällen] (1) Der Lehrling (Auszubildende) kann nach Anhörung des Ausbildenden und der Berufsschule vor Ablauf seiner Ausbildungszeit zur Gesellenprüfung zugelassen werden, wenn seine Leistungen dies rechtfertigen.

(2) [1] Zur Gesellenprüfung ist auch zuzulassen, wer nachweist, dass er mindestens das Eineinhalbfache der Zeit, die als Ausbildungsdauer vorgeschrieben ist, in dem Beruf tätig gewesen ist, in dem er die Prüfung ablegen will. [2] Als Zeiten der Berufstätigkeit gelten auch Ausbildungszeiten in einem anderen, einschlägigen Ausbildungsberuf. [3] Vom Nachweis der Mindestzeit nach Satz 1 kann ganz oder teilweise abgesehen werden, wenn durch Vorlage von Zeugnissen oder auf andere Weise glaubhaft gemacht wird, dass der Bewerber die berufliche Handlungsfähigkeit erworben hat, die die Zulassung zur Prüfung rechtfertigt. [4] Ausländische Bildungsabschlüsse und Zeiten der Berufstätigkeit im Ausland sind dabei zu berücksichtigen.

[1)] § 36a eingef. mWv 1.4.2005 durch G v. 23.3.2005 (BGBl. I S. 931); Abs. 2 geänd., Abs. 3 neu gef. mWv 1.1.2020 durch G v. 12.12.2019 (BGBl. I S. 2522); Abs. 3 Satz 1 Nr. 2 geänd. mWv 1.8.2024 durch G v. 19.7.2024 (BGBl. 2024 I Nr. 246).

[2)] § 37 neu gef. mWv 1.4.2005 durch G v. 23.3.2005 (BGBl. I S. 931); Abs. 2 Satz 1 geänd. mWv 1.1. 2020 durch G v. 12.12.2019 (BGBl. I S. 2522); Abs. 3 eingef., bish. Abs. 3 wird Abs. 4 mWv 1.8.2024 durch G v. 19.7.2024 (BGBl. 2024 I Nr. 246).

(3) Zur Gesellenprüfung ist auch zuzulassen, wer im Rahmen eines Verfahrens nach § 1 Absatz 6 des Berufsbildungsgesetzes[1] das Zeugnis der vollständigen Vergleichbarkeit seiner individuellen beruflichen Handlungsfähigkeit mit der für die Ausübung des im Antrag bestimmten anerkannten Ausbildungsberufs erforderlichen beruflichen Handlungsfähigkeit erhalten hat.

(4) Soldaten auf Zeit und ehemalige Soldaten sind nach Absatz 2 Satz 3 zur Gesellenprüfung zuzulassen, wenn das Bundesministerium der Verteidigung oder die von ihm bestimmte Stelle bescheinigt, dass der Bewerber berufliche Fertigkeiten, Kenntnisse und Fähigkeiten erworben hat, welche die Zulassung zur Prüfung rechtfertigen.

§ 37a[2] [Entscheidung über die Zulassung] (1) [1] Über die Zulassung zur Gesellenprüfung entscheidet der Vorsitzende des Prüfungsausschusses. [2] Hält er die Zulassungsvoraussetzungen nicht für gegeben, so entscheidet der Prüfungsausschuss.

(2) Auszubildenden, die Elternzeit in Anspruch genommen haben, darf bei der Entscheidung über die Zulassung hieraus kein Nachteil erwachsen.

§ 38[3] [Prüfungsordnung] (1) [1] Die Handwerkskammer hat eine Prüfungsordnung für die Gesellenprüfung zu erlassen. [2] Die Prüfungsordnung bedarf der Genehmigung der zuständigen obersten Landesbehörde.

(2) [1] Die Prüfungsordnung muss die Zulassung, die Gliederung der Prüfung, die Bewertungsmaßstäbe, die Erteilung der Prüfungszeugnisse, die Folgen von Verstößen gegen die Prüfungsordnung und die Wiederholungsprüfung regeln. [2] Sie kann vorsehen, dass Prüfungsaufgaben, die überregional oder von einem Aufgabenerstellungsausschuss bei der Handwerkskammer erstellt oder ausgewählt werden, zu übernehmen sind, sofern diese Aufgaben von Gremien erstellt oder ausgewählt werden, die entsprechend § 34 Abs. 2 zusammengesetzt sind.

(3) Der Hauptausschuss des Bundesinstituts für Berufsbildung erlässt für die Prüfungsordnung Richtlinien.

§ 39[4] [Zwischenprüfung] (1) [1] Während der Berufsausbildung ist zur Ermittlung des Ausbildungsstands eine Zwischenprüfung entsprechend der Ausbildungsordnung durchzuführen. [2] Die §§ 31 bis 33 gelten entsprechend.

(2) Die Zwischenprüfung entfällt, sofern

1. die Ausbildungsordnung vorsieht, dass die Gesellenprüfung in zwei zeitlich auseinanderfallenden Teilen durchgeführt wird, oder
2. die Ausbildungsordnung vorsieht, dass auf die Dauer der durch die Ausbildungsordnung geregelten Berufsausbildung die Dauer einer anderen abgeschlossenen Berufsausbildung im Umfang von mindestens zwei Jahren anzurechnen ist, und die Vertragsparteien die Anrechnung mit mindestens dieser Dauer vereinbart haben.

(3) Umzuschulende sind auf ihren Antrag zur Zwischenprüfung zuzulassen.

---

[1] **Sartorius ErgBd. Nr. 422.**

[2] § 37a eingef. mWv 1.4.2005 durch G v. 23.3.2005 (BGBl. I S. 931).

[3] § 38 neu gef. mWv 1.4.2005 durch G v. 23.3.2005 (BGBl. I S. 931).

[4] § 39 neu gef. mWv 1.4.2005 durch G v. 23.3.2005 (BGBl. I S. 931); Abs. 2 neu gef., Abs. 3 angef. mWv 1.1.2020 durch G v. 12.12.2019 (BGBl. I S. 2522).

§ 39a[1] **[Gesonderte Prüfung]** (1) [1] Zusätzliche berufliche Fertigkeiten, Kenntnisse und Fähigkeiten nach § 26 Absatz 2 Satz 1 Nummer 6 werden gesondert geprüft und bescheinigt. [2] Das Ergebnis der Prüfung nach § 31 bleibt unberührt.

(2) § 31 Abs. 3 und 4 sowie die §§ 33 bis 35a und 38[2] gelten entsprechend.

§ 40[3] **[Gleichstellung von Prüfungszeugnissen]** (1) Das Bundesministerium für Wirtschaft und Klimaschutz kann im Einvernehmen mit dem Bundesministerium für Bildung und Forschung nach Anhörung des Hauptausschusses des Bundesinstituts für Berufsbildung durch Rechtsverordnung außerhalb des Anwendungsbereichs dieses Gesetzes erworbene Prüfungszeugnisse den entsprechenden Zeugnissen über das Bestehen der Gesellenprüfung gleichstellen, wenn die Berufsausbildung und die in der Prüfung nachzuweisenden beruflichen Fertigkeiten, Kenntnisse und Fähigkeiten gleichwertig sind.

(2) Das Bundesministerium für Wirtschaft und Klimaschutz kann im Einvernehmen mit dem Bundesministerium für Bildung und Forschung nach Anhörung des Hauptausschusses des Bundesinstituts für Berufsbildung durch Rechtsverordnung im Ausland erworbene Prüfungszeugnisse den entsprechenden Zeugnissen über das Bestehen der Gesellenprüfung gleichstellen, wenn die in der Prüfung nachzuweisenden beruflichen Fertigkeiten, Kenntnisse und Fähigkeiten gleichwertig sind.

§ 40a[4] **[Ausländische Ausbildungsnachweise]** [1] Ausländische Ausbildungsnachweise stehen der Gesellenprüfung im Sinne dieses Gesetzes und der auf ihm beruhenden Rechtsverordnungen gleich, wenn ihre Gleichwertigkeit festgestellt wurde. [2] § 50c Absatz 4 gilt entsprechend. [3] Die Vorschriften des Berufsqualifikationsfeststellungsgesetzes für nicht reglementierte Berufe sowie § 17 sind anzuwenden.

Fünfter Abschnitt. Regelung und Überwachung der Berufsausbildung

§ 41 [Regelung der Berufsausbildung] Soweit Vorschriften nicht bestehen, regelt die Handwerkskammer die Durchführung der Berufsausbildung im Rahmen der gesetzlichen Vorschriften.

§ 41a[5] **[Überwachung der Berufsausbildung]** (1) [1] Die Handwerkskammer überwacht die Durchführung

1. der Berufsausbildungsvorbereitung,
2. der Berufsausbildung und
3. der beruflichen Umschulung

---

[1] § 39a eingef. mWv 1.4.2005 durch G v. 23.3.2005 (BGBl. I S. 931); Abs. 1 Satz 1, Abs. 2 (nicht ausführbar) geänd. mWv 1.8.2024 durch G v. 19.7.2024 (BGBl. 2024 I Nr. 246).

[2] Gemäß Art. 4 Nr. 14 Buchst. b G v. 19.7.2024 (BGBl. 2024 I Nr. 246) sollen in § 39a Abs. 2 mWv 1.8.2024 die Wörter „§ 31 Abs. 3 und 4 sowie §§ 33 bis 35a und 38" durch die Wörter „§ 31 Absatz 3 und 4 sowie die §§ 33 bis 35b und 38" ersetzt werden.

[3] § 40 neu gef. mWv 1.4.2005 durch G v. 23.3.2005 (BGBl. I S. 931); Abs. 1 und 2 geänd. mWv 8.11.2006 durch VO v. 31.10.2006 (BGBl. I S. 2407); Abs. 1 und 2 geänd. mWv 8.9.2015 durch VO v. 31.8.2015 (BGBl. I S. 1474); Abs. 1 und 2 geänd. mWv 16.11.2022 durch G v. 9.11.2022 (BGBl. I S. 2009).

[4] § 40a eingef. mWv 1.4.2012 durch G v. 6.12.2011 (BGBl. I S. 2515); Satz 2 geänd. mWv 1.7.2021 durch G v. 9.6.2021 (BGBl. I S. 1654).

[5] § 41a neu gef. mWv 1.4.2005 durch G v. 23.3.2005 (BGBl. I S. 931); Abs. 3 Satz 2 geänd. mWv 1.1.2020 durch G v. 12.12.2019 (BGBl. I S. 2522); Abs. 1 Sätze 4 und 5 angef. mWv 1.8.2024 durch G v. 19.7.2024 (BGBl. 2024 I Nr. 246).

und fördert diese durch Beratung der an der Berufsbildung beteiligten Personen. [2]Sie hat zu diesem Zweck Berater zu bestellen. [3]§ 111 ist anzuwenden. [4]Die Bestellung von Beratern und Beraterinnen ist hauptberuflich, nebenberuflich oder ehrenamtlich möglich. [5]Erfolgt die Bestellung ehrenamtlich, gilt § 34 Absatz 9 entsprechend.

(2) Ausbildende, Umschulende und Anbieter von Maßnahmen der Berufsausbildungsvorbereitung sind auf Verlangen verpflichtet, die für die Überwachung notwendigen Auskünfte zu erteilen und Unterlagen vorzulegen sowie die Besichtigung der Ausbildungsstätten zu gestatten.

(3) [1]Die Durchführung von Auslandsaufenthalten nach § 2 Abs. 3 des Berufsbildungsgesetzes[1)] überwacht und fördert die Handwerkskammer in geeigneter Weise. [2]Beträgt die Dauer eines Ausbildungsabschnitts im Ausland mehr als acht Wochen, ist hierfür ein mit der Handwerkskammer abgestimmter Plan erforderlich.

(4) Die Handwerkskammer teilt der Aufsichtsbehörde nach dem Jugendarbeitsschutzgesetz[2)] Wahrnehmungen mit, die für die Durchführung des Jugendarbeitsschutzgesetzes von Bedeutung sein können.

Sechster Abschnitt.[3)] Feststellung und Bescheinigung der individuellen beruflichen Handlungsfähigkeit am Maßstab eines anerkannten Ausbildungsberufs

§ 41b[3)] [Feststellungs- oder Ergänzungsverfahren; Bescheinigung der individuellen beruflichen Handlungsfähigkeit] (1) Die Handwerkskammer stellt auf Antrag die individuelle berufliche Handlungsfähigkeit des Antragstellers oder der Antragstellerin am Maßstab eines vom Antragsteller oder von der Antragstellerin zu bezeichnenden anerkannten Ausbildungsberufs (Referenzberuf) in einem Feststellungs- oder Ergänzungsverfahren fest und bescheinigt die individuelle berufliche Handlungsfähigkeit, wenn diese überwiegend oder vollständig mit der für die Ausübung des Referenzberufs erforderlichen beruflichen Handlungsfähigkeit vergleichbar ist.

(2) Antragsberechtigt ist, wer

1. seinen Wohnsitz in Deutschland hat oder die notwendige Berufstätigkeit nach Absatz 3 Satz 1 Nummer 1 mindestens zur Hälfte im Inland absolviert hat und
2. in dem Referenzberuf keinen Berufsabschluss hat und für wessen Berufsabschluss keine Gleichwertigkeit nach dem Berufsqualifikationsfeststellungsgesetz festgestellt worden ist,
3. nicht in einem Berufsausbildungsverhältnis im Referenzberuf steht sowie
4. das 25. Lebensjahr vollendet hat.

(3) [1]Zum Feststellungsverfahren ist per Bescheid zuzulassen, wer

1. nachweist, mindestens das Eineinhalbfache der Zeit, die als Ausbildungsdauer für den Referenzberuf vorgeschrieben ist, in dem Referenzberuf tätig gewesen zu sein, und
2. glaubhaft macht, bei seiner Tätigkeit nach Nummer 1 oder in sonstiger Weise eine berufliche Handlungsfähigkeit erworben zu haben, die derjenigen, die für

---

[1)] *Sartorius ErgBd. Nr. 422.*

[2)] **Loseblatt-Textsammlung Arbeitsrecht Nr. 420.**

[3)] Sechster Abschnitt (§§ 41b–41e) eingef. mWv 1.8.2024 durch G v. 19.7.2024 (BGBl. 2024 I Nr. 246).

die Ausübung des Referenzberufs erforderlich ist, überwiegend oder vollständig vergleichbar ist.

[2] § 37 Absatz 2 Satz 2 bis 4 ist entsprechend mit der Maßgabe anzuwenden, dass, falls ein Berufsausbildungsverhältnis im Referenzberuf bestand und die Gesellenprüfung nicht bestanden wurde, die Dauer der Berufsausbildung bis höchstens zur Hälfte der festgelegten Ausbildungsdauer berücksichtigt werden kann. [3] Gelingt dem Antragsteller oder der Antragstellerin der Nachweis nach Satz 1 Nummer 1 oder die Glaubhaftmachung nach Satz 1 Nummer 2 aus von ihm oder ihr selbst nicht zu vertretenden Gründen nicht oder nur teilweise, kann insoweit die Abgabe einer eidesstattlichen Versicherung gefordert werden.

(4) Richtet sich der Antrag auf die Feststellung der überwiegenden Vergleichbarkeit, ist Absatz 3 Satz 1 Nummer 1 mit der Maßgabe entsprechend anzuwenden, dass eine Tätigkeit im Tätigkeitsbereich des Referenzberufs genügt, die die im Antrag bezeichneten für die Ausübung des Referenzberufs erforderlichen Fertigkeiten, Kenntnisse und Fähigkeiten umfasst.

(5) [1] Wer bereits ein Feststellungsverfahren nach diesem Abschnitt durchlaufen hat, in dem die überwiegende, aber nicht vollständige Vergleichbarkeit mit der für die Ausübung des Referenzberufs erforderlichen beruflichen Handlungsfähigkeit festgestellt und bescheinigt worden ist, hat Anspruch auf Durchführung eines Ergänzungsverfahrens, wenn er glaubhaft macht, dass er den Teil der beruflichen Handlungsfähigkeit, der für eine vollständige Vergleichbarkeit gefehlt hat, nach der Zulassung zum Feststellungsverfahren erworben hat. [2] Absatz 3 Satz 3 ist mit der Maßgabe anzuwenden, dass es eines erneuten Nachweises nach Absatz 3 Satz 1 Nummer 1 nicht bedarf. [3] Das Ergänzungsverfahren beschränkt sich auf diesen Teil der beruflichen Handlungsfähigkeit. [4] Wird die vollständige Vergleichbarkeit im Ergänzungsverfahren festgestellt, so bescheinigt die Handwerkskammer die vollständige Vergleichbarkeit.

§ 41c[1)] **[Feststellungstandem]** (1) [1] Für die Durchführung des Feststellungsverfahrens oder des Ergänzungsverfahrens bestimmt die Handwerkskammer aus dem Kreis der Personen, die sie oder eine von ihr nach § 33 Absatz 1 Satz 3 zur Errichtung von Prüfungsausschüssen ermächtigte Handwerksinnung für die Durchführung von Prüfungen im Referenzberuf nach § 34 Absatz 2, 5 und 7 berufen hat, Feststellungstandems nach Satz 2 für mindestens ein Jahr und höchstens für die Dauer der Berufungsperiode. [2] Ein Feststellungstandem besteht aus je einem oder einer Beauftragten der Arbeitgeber- und der Arbeitnehmerseite. [3] Von der Besetzung mit jeweils einem oder einer Beauftragten der Arbeitgeber- und der Arbeitnehmerseite darf nur abgewichen werden, wenn andernfalls nicht die erforderliche Zahl an Personen bestimmt werden kann. [4] Abwechselnd führt eine Person des Feststellungstandems die Feststellung der individuellen beruflichen Handlungsfähigkeit durch (Feststeller oder Feststellerin) und die andere Person sitzt der Durchführung der Feststellung bei (Beisitzer oder Beisitzerin). [5] Die Handwerkskammer bestimmt durch Los, wer je Feststellungstandem die erste Feststellung durchführt. [6] § 34 Absatz 2 Satz 3, Absatz 6 Satz 1, Absatz 7, 9 und 9a ist entsprechend anzuwenden. [7] Mit Zustimmung der Mitglieder eines Feststellungstandems kann die Handwerkskammer abweichend von Satz 4 zweiter Halbsatz vorsehen, dass den Feststellungen anstelle des jeweils zweiten Mitglieds des Feststellungstandems hauptamtliche Mitarbeitende der Handwerkskammer oder Ar-

[1)] Sechster Abschnitt (§§ 41b–41e) eingef. mWv 1.8.2024 durch G v. 19.7.2024 (BGBl. 2024 I Nr. 246).

beitnehmer und Arbeitnehmerinnen der von der Handwerkskammer beherrschten Tochterunternehmen beisitzen, die die Voraussetzungen des § 34 Absatz 1 Satz 2 erfüllen. [8] Satz 6 gilt für diese Personen nicht.

(2) [1] Der Feststeller oder die Feststellerin hat für die Feststellung geeignete Instrumente auszuwählen. [2] Zu diesen Instrumenten gehören insbesondere mündliche und praktische Aufgaben sowie die Einbeziehung von Arbeitsergebnissen aus dem Tätigkeitsbereich des Referenzberufs in den beiden letzten Jahren vor Antragstellung. [3] Auf schriftliche Aufgaben ist zu verzichten, wenn die Feststellung mittels anderer Instrumente mit vertretbarem Aufwand möglich ist.

(3) [1] Bei einer überwiegenden Vergleichbarkeit weist der Bescheid zusätzlich die festgestellten und die nicht festgestellten Fertigkeiten, Kenntnisse und Fähigkeiten der für die Ausübung des Referenzberufs erforderlichen beruflichen Handlungsfähigkeit aus. [2] Bei einer vollständigen Vergleichbarkeit stellt der Bescheid in der Form eines schriftlichen Zeugnisses die vollständige Vergleichbarkeit der beruflichen Handlungsfähigkeit des Antragstellers oder der Antragstellerin mit der für die Ausübung des Referenzberufs erforderlichen beruflichen Handlungsfähigkeit fest. [3] § 31 Absatz 3 Satz 1 gilt entsprechend. [4] Kann der Antragsteller oder die Antragstellerin weder die vollständige noch die überwiegende Vergleichbarkeit seiner oder ihrer individuellen beruflichen Handlungsfähigkeit mit der für den Referenzberuf erforderlichen beruflichen Handlungsfähigkeit im Rahmen des Feststellungsverfahrens nach diesem Abschnitt nachweisen, wird der Antrag auf Feststellung abgelehnt.

(4) [1] Die Handwerkskammer hat Regelungen für das Verfahren zur Feststellung und Bescheinigung der individuell erworbenen beruflichen Handlungsfähigkeit zu erlassen. [2] Diese Regelungen bedürfen der Genehmigung der zuständigen obersten Landesbehörde. [3] Die Regelungen müssen umfassen:

1. den Ausschluss von der Mitwirkung,
2. die Verschwiegenheit,
3. die Nichtöffentlichkeit,
4. die Frist für die Ladung zum Feststellungstermin,
5. die Niederschrift, soweit diese über die Dokumentation nach § 41e Nummer 2 hinausgeht,
6. die Fristen für die Bescheide beziehungsweise für die Zeugniserteilung,
7. die Ausweispflicht und Belehrungen, insbesondere über den Ablauf des Verfahrens, die zur Verfügung stehende Zeit und die erlaubten Arbeits- und Hilfsmittel,
8. die Folgen von Täuschungshandlungen und Ordnungsverstößen sowie
9. den Rücktritt vom Feststellungsverfahren und die Nichtteilnahme am Feststellungsverfahren.

[4] § 38 Absatz 3 gilt entsprechend.

§ 41d[1)] [Regelungen für Menschen mit Behinderungen] (1) Für Menschen mit Behinderungen nach § 2 Absatz 1 Satz 1 des Neunten Buches Sozialgesetzbuch[2)], für die auf Grund von Art und Schwere der Behinderung die Feststellung der überwiegenden oder vollständigen, für die Ausübung des Referenzberufs

[1)] Sechster Abschnitt (§§ 41b–41e) eingef. mWv 1.8.2024 durch G v. 19.7.2024 (BGBl. 2024 I Nr. 246).

[2)] **Aichberger, SGB Nr. 9.**

erforderlichen beruflichen Handlungsfähigkeit nicht möglich ist, sind die §§ 41b und 41c mit der Maßgabe anzuwenden, dass

1. eine individuelle berufliche Handlungsfähigkeit am Maßstab eines Referenzberufs auch dann festgestellt und bescheinigt wird, wenn diese nicht überwiegend oder vollständig, sondern nur teilweise vergleichbar ist mit der für die Ausübung des Referenzberufs erforderlichen beruflichen Handlungsfähigkeit; in diesen Fällen weist der Bescheid eine teilweise Vergleichbarkeit aus; § 41c Absatz 3 Satz 1 gilt entsprechend,
2. bei einem Antrag, der sich auf die Feststellung der teilweisen Vergleichbarkeit richtet,
   a) für § 41b Absatz 3 Satz 1 Nummer 1 eine Tätigkeit im Tätigkeitsbereich des Referenzberufs genügt, die die im Antrag bezeichneten, für die Ausübung des Referenzberufs erforderlichen Fertigkeiten, Kenntnisse und Fähigkeiten umfasst,
   b) für § 41b Absatz 3 Satz 1 Nummer 2 sich die Glaubhaftmachung auf die im Antrag bezeichneten, für die Ausübung des Referenzberufs erforderlichen Fertigkeiten, Kenntnisse und Fähigkeiten beschränkt,
   c) der Bescheid nach § 41c Absatz 3 auf Antrag zusätzlich zur Vergleichbarkeit mit dem Referenzberuf auch eine überwiegende oder vollständige Vergleichbarkeit mit einer Referenzausbildungsregelung nach § 42r ausweist, sofern sich die Ausbildungsregelung am gewählten Referenzberuf orientiert und entsprechend einer berufsspezifischen Musterregelung des Hauptausschusses des Bundesinstituts für Berufsbildung getroffen wurde,
3. abweichend von § 41b Absatz 2 Nummer 4 antragsberechtigt auch ist, wer das 25. Lebensjahr noch nicht vollendet hat.

(2) Im Fall der teilweisen Vergleichbarkeit müssen die festgestellten, für die Ausübung des Referenzberufs erforderlichen Fertigkeiten, Kenntnisse und Fähigkeiten zusammen dem Referenzberuf eindeutig zugeordnet werden können und eine berufliche Tätigkeit im Tätigkeitsbereich des Referenzberufs ermöglichen.

(3) [1] Menschen mit Behinderungen können in ihrem Antrag eine Person als Verfahrensbegleitung benennen, die besonders mit den Belangen von Menschen mit Behinderungen im Rahmen der beruflichen Qualifizierung vertraut ist. [2] Dies sind insbesondere solche Ausbilder, die die Rehabilitationspädagogische Zusatzqualifikation erworben haben. [3] Auf Antrag des Antragstellers oder der Antragstellerin ist der Verfahrensbegleitung Gelegenheit zu geben,

1. zur Auswahl der Feststellungsinstrumente Stellung zu nehmen und
2. an der Durchführung der Feststellung teilzunehmen.

§ 41e[1)] [Ermächtigung] Als Grundlage für ein geordnetes und einheitliches Verfahren wird das Bundesministerium für Bildung und Forschung ermächtigt, im Einvernehmen mit dem Bundesministerium für Wirtschaft und Klimaschutz durch Rechtsverordnung, die nicht der Zustimmung des Bundesrates bedarf, insbesondere

1. die Voraussetzung und Maßstäbe, anhand derer die Durchführung des Feststellungs- und Ergänzungsverfahrens, insbesondere das Verfahren zur Festlegung

[1)] Sechster Abschnitt (§§ 41b–41e) eingef. mWv 1.8.2024 durch G v. 19.7.2024 (BGBl. 2024 I Nr. 246).

der Feststellungsinstrumente einschließlich der Verpflichtung zur gemeinsamen Festlegung von Feststellungsinstrumenten durch zuständige Stellen erfolgt,
2. das Verfahren zur Würdigung, Feststellung und Dokumentation der Leistungen des Antragstellers oder der Antragstellerin,
3. die Möglichkeit von Wiederholungsversuchen sowie
4. Maßgaben zur Ausgestaltung des Bescheids bei Feststellung der überwiegenden oder im Fall des § 41d Absatz 1 Nummer 1 teilweisen Vergleichbarkeit und des Zeugnisses bei Feststellung der vollständigen Vergleichbarkeit

zu regeln.

Siebenter Abschnitt.[1] Berufliche Fortbildung, berufliche Umschulung

§ 42[2] [Fortbildungsordnung] (1) Als Grundlage für eine einheitliche höherqualifizierende Berufsbildung kann das Bundesministerium für Bildung und Forschung im Einvernehmen mit dem Bundesministerium für Wirtschaft und Klimaschutz nach Anhörung des Hauptausschusses des Bundesinstituts für Berufsbildung durch Rechtsverordnung, die nicht der Zustimmung des Bundesrates bedarf, Abschlüsse der höherqualifizierenden Berufsbildung anerkennen und hierfür Prüfungsregelungen erlassen (Fortbildungsordnungen).

(2) Die Fortbildungsordnungen haben festzulegen:
1. die Bezeichnung des Fortbildungsabschlusses,
2. die Fortbildungsstufe,
3. das Ziel, den Inhalt und die Anforderungen der Prüfung,
4. die Zulassungsvoraussetzungen für die Prüfung und
5. das Prüfungsverfahren.

§ 42a[3] [Fortbildungsstufen höherqualifizierter Berufsbildung] (1) Die Fortbildungsstufen der höherqualifizierenden Berufsbildung sind
1. als erste Fortbildungsstufe der Geprüfte Berufsspezialist und die Geprüfte Berufsspezialistin,
2. als zweite Fortbildungsstufe der Bachelor Professional und
3. als dritte Fortbildungsstufe der Master Professional.

(2) Jede Fortbildungsordnung, die eine höherqualifizierende Berufsbildung der ersten Fortbildungsstufe regelt, soll auf einen Abschluss der zweiten Fortbildungsstufe hinführen.

§ 42b[4] [Erste berufliche Fortbildungsstufe] (1) Den Fortbildungsabschluss des Geprüften Berufsspezialisten oder der Geprüften Berufsspezialistin erlangt, wer eine Prüfung der ersten beruflichen Fortbildungsstufe besteht.

(2) [1] In der Fortbildungsprüfung der ersten beruflichen Fortbildungsstufe wird festgestellt, ob der Prüfling

---

[1] Bish. Sechster Abschnitt wird Siebenter Abschnitt mWv 1.8.2024 durch G v. 19.7.2024 (BGBl. 2024 I Nr. 246).

[2] § 42 neu gef. durch G v. 12.12.2019 (BGBl. I S. 2522); Abs. 1 geänd. mWv 16.11.2022 durch G v. *9.11.2022 (BGBl. I S. 2009).*

[3] §§ 42a–42d neu gef. mWv 1.1.2020 durch G v. 12.12.2019 (BGBl. I S. 2522).

[4] § 42b neu gef. mWv 1.1.2020 durch G v. 12.12.2019 (BGBl. I S. 2522); Abs. 3 neu gef. mWv 1.8.2024 durch G v. 19.7.2024 (BGBl. 2024 I Nr. 246).

1. die Fertigkeiten, Kenntnisse und Fähigkeiten, die er in der Regel im Rahmen der Berufsausbildung erworben hat, vertieft hat und
2. die in der Regel im Rahmen der Berufsausbildung erworbene berufliche Handlungsfähigkeit um neue Fertigkeiten, Kenntnisse und Fähigkeiten ergänzt hat.

[2] Der Lernumfang für den Erwerb dieser Fertigkeiten, Kenntnisse und Fähigkeiten soll mindestens 400 Stunden betragen.

(3) Als Voraussetzung zur Zulassung für eine Prüfung der ersten beruflichen Fortbildungsstufe ist als Regelzugang vorzusehen:

1. der Abschluss in einem anerkannten Ausbildungsberuf oder
2. das Zeugnis der vollständigen Vergleichbarkeit der individuellen beruflichen Handlungsfähigkeit mit der für die Ausübung eines Ausbildungsberufs erforderlichen beruflichen Handlungsfähigkeit nach § 1 Absatz 6 des Berufsbildungsgesetzes[1)].

(4) [1] Die Bezeichnung eines Fortbildungsabschlusses der ersten beruflichen Fortbildungsstufe beginnt mit den Wörtern „Geprüfter Berufsspezialist für" oder „Geprüfte Berufsspezialistin für". [2] Die Fortbildungsordnung kann vorsehen, dass dieser Abschlussbezeichnung eine weitere Abschlussbezeichnung vorangestellt wird. [3] Die Abschlussbezeichnung der ersten beruflichen Fortbildungsstufe darf nur führen, wer

1. die Prüfung der ersten beruflichen Fortbildungsstufe bestanden hat oder
2. die Prüfung einer gleichwertigen beruflichen Fortbildung auf der Grundlage bundes- oder landesrechtlicher Regelungen, die diese Abschlussbezeichnung vorsehen, bestanden hat.

§ 42c[2)] [Zweite berufliche Fortbildungsstufe] (1) Den Fortbildungsabschluss Bachelor Professional erlangt, wer eine Prüfung der zweiten beruflichen Fortbildungsstufe erfolgreich besteht.

(2) [1] In der Fortbildungsprüfung der zweiten beruflichen Fortbildungsstufe wird festgestellt, ob der Prüfling in der Lage ist, Fach- und Führungsfunktionen zu übernehmen, in denen zu verantwortende Leitungsprozesse von Organisationen eigenständig gesteuert werden, eigenständig ausgeführt werden und dafür Mitarbeiter und Mitarbeiterinnen geführt werden. [2] Der Lernumfang für den Erwerb dieser Fertigkeiten, Kenntnisse und Fähigkeiten soll mindestens 1 200 Stunden betragen.

(3) Als Voraussetzung zur Zulassung für eine Prüfung der zweiten beruflichen Fortbildungsstufe ist als Regelzugang vorzusehen:

1. der Abschluss in einem anerkannten Ausbildungsberuf,
2. das Zeugnis der vollständigen Vergleichbarkeit der individuellen beruflichen Handlungsfähigkeit mit der für die Ausübung eines Ausbildungsberufs erforder*lichen beruflichen* Handlungsfähigkeit nach § 1 Absatz 6 des Berufsbildungsgesetzes[1)] oder
3. ein Abschluss der ersten beruflichen Fortbildungsstufe.

(4) [1] Die Bezeichnung eines Fortbildungsabschlusses der zweiten beruflichen Fortbildungsstufe beginnt mit den Wörtern „Bachelor Professional in". [2] Die Fort-

---

[1)] **Sartorius ErgBd. Nr. 422.**

[2)] § 42c neu gef. mWv 1.1.2020 durch G v. 12.12.2019 (BGBl. I S. 2522); Abs. 3 Nr. 1 geänd., Nr. 2 eingef., bish. Nr. 2 wird Nr. 3 mWv 1.8.2024 durch G v. 19.7.2024 (BGBl. 2024 I Nr. 246).

bildungsordnung kann vorsehen, dass dieser Abschlussbezeichnung eine weitere Abschlussbezeichnung vorangestellt wird. [3]Die Abschlussbezeichnung der zweiten beruflichen Fortbildungsstufe darf nur führen, wer

1. die Prüfung der zweiten beruflichen Fortbildungsstufe bestanden hat oder
2. die Prüfung einer gleichwertigen beruflichen Fortbildung auf der Grundlage bundes- oder landesrechtlicher Regelungen, die diese Abschlussbezeichnung vorsehen, bestanden hat.

[4]Die §§ 51 und 51d bleiben unberührt.

§ 42d[1)] [Fortbildungsabschluss Master Professional] (1) Den Fortbildungsabschluss Master Professional erlangt, wer die Prüfung der dritten beruflichen Fortbildungsstufe besteht.

(2) [1]In der Fortbildungsprüfung der dritten beruflichen Fortbildungsstufe wird festgestellt, ob der Prüfling

1. die Fertigkeiten, Kenntnisse und Fähigkeiten, die er in der Regel mit der Vorbereitung auf eine Fortbildungsprüfung der zweiten Fortbildungsstufe erworben hat, vertieft hat und
2. neue Fertigkeiten, Kenntnisse und Fähigkeiten erworben hat, die erforderlich sind für die verantwortliche Führung von Organisationen oder zur Bearbeitung von neuen, komplexen Aufgaben- und Problemstellungen wie der Entwicklung von Verfahren und Produkten.

[2]Der Lernumfang für den Erwerb dieser Fertigkeiten, Kenntnisse und Fähigkeiten soll mindestens 1 600 Stunden betragen.

(3) Als Voraussetzung zur Zulassung für eine Prüfung der dritten beruflichen Fortbildungsstufe ist als Regelzugang ein Abschluss auf der zweiten beruflichen Fortbildungsstufe oder eine bestandene Meisterprüfung vorzusehen.

(4) [1]Die Bezeichnung eines Fortbildungsabschlusses der dritten beruflichen Fortbildungsstufe beginnt mit den Wörtern „Master Professional in". [2]Die Fortbildungsordnung kann vorsehen, dass dieser Abschlussbezeichnung eine weitere Abschlussbezeichnung vorangestellt wird. [3]Die Abschlussbezeichnung der dritten beruflichen Fortbildungsstufe darf führen, wer

1. die Prüfung der dritten beruflichen Fortbildungsstufe bestanden hat oder
2. die Prüfung einer gleichwertigen beruflichen Fortbildung auf der Grundlage bundes- oder landesrechtlicher Regelungen, die diese Abschlussbezeichnung vorsehen, bestanden hat.

§ 42e[2)] [Einheitliche Anpassungsfortbildung] (1) Als Grundlage für eine einheitliche Anpassungsfortbildung kann das Bundesministerium für Bildung und Forschung im Einvernehmen mit dem Bundesministerium für Wirtschaft und Klimaschutz nach Anhörung des Hauptausschusses des Bundesinstituts für Berufsbildung durch Rechtsverordnung, die nicht der Zustimmung des Bundesrates bedarf, Fortbildungsabschlüsse anerkennen und hierfür Prüfungsregelungen erlassen (Anpassungsfortbildungsordnungen).

(2) Die Anpassungsfortbildungsordnungen haben festzulegen:

1. die Bezeichnung des Fortbildungsabschlusses,

---

1) §§ 42a–42d neu gef. mWv 1.1.2020 durch G v. 12.12.2019 (BGBl. I S. 2522).

2) § 42e eingef. mWv 1.1.2020 durch G v. 12.12.2019 (BGBl. I S. 2522); Abs. 1 geänd. mWv 16.11. 2022 durch G v. 9.11.2022 (BGBl. I S. 2009).

2. das Ziel, den Inhalt und die Anforderungen der Prüfung,
3. die Zulassungsvoraussetzungen und
4. das Prüfungsverfahren.

§ 42f[1)] [Fortbildungsprüfungsregelungen] (1) Sofern für einen Fortbildungsabschluss weder eine Fortbildungsordnung noch eine Anpassungsfortbildungsordnung erlassen worden ist, kann die Handwerkskammer Fortbildungsprüfungsregelungen erlassen.

(2) Die Fortbildungsprüfungsregelungen haben festzulegen:
1. die Bezeichnung des Fortbildungsabschlusses,
2. das Ziel, den Inhalt und die Anforderungen der Prüfungen,
3. die Zulassungsvoraussetzungen für die Prüfung und
4. das Prüfungsverfahren.

(3) [1] Bestätigt die zuständige oberste Landesbehörde,
1. dass die Fortbildungsprüfungsregelungen die Voraussetzungen des § 42b Absatz 2 und 3 sowie des § 42a Absatz 2 erfüllen, so beginnt die Bezeichnung des Fortbildungsabschlusses mit den Wörtern „Geprüfter Berufsspezialist für" oder „Geprüfte Berufsspezialistin für",
2. dass die Fortbildungsprüfungsregelungen die Voraussetzungen des § 42c Absatz 2 und 3 erfüllen, so beginnt die Bezeichnung des Fortbildungsabschlusses mit den Wörtern „Bachelor Professional in",
3. dass die Fortbildungsprüfungsregelungen die Voraussetzungen des § 42d Absatz 2 und 3 erfüllen, so beginnt die Bezeichnung des Fortbildungsabschlusses mit den Wörtern „Master Professional in".

[2] Der Abschlussbezeichnung nach Satz 1 ist in Klammern ein Zusatz beizufügen, aus dem sich zweifelsfrei die Handwerkskammer ergibt, die die Fortbildungsprüfungsregelungen erlassen hat. [3] Die Fortbildungsprüfungsregelungen können vorsehen, dass dieser Abschlussbezeichnung eine weitere Abschlussbezeichnung vorangestellt wird. [4] Ist für die Bestätigung nach Satz 1 ein Gutachten erforderlich, wird dieses auf Antrag und auf Kosten der Handwerkskammer vom Bundesinstitut für Berufsbildung nach § 90 Absatz 4 Satz 2 des Berufsbildungsgesetzes[2)] erstellt.

(4) [1] Eine Abschlussbezeichnung, die in einer von der zuständigen obersten Landesbehörde bestätigten Fortbildungsprüfungsregelung enthalten ist, darf nur führen, wer die Prüfung bestanden hat. [2] § 42c Absatz 4 Satz 2 und 3 sowie § 42d Absatz 4 Satz 2 und 3 bleiben unberührt.

§ 42g[3)] [Auslandserfahrung] Sofern Fortbildungsordnungen, Anpassungsfortbildungsordnungen oder Fortbildungsprüfungsregelungen nach § 42f Zulassungsvoraussetzungen zu Prüfungen vorsehen, sind ausländische Bildungsabschlüsse und Zeiten der Berufstätigkeit im Ausland zu berücksichtigen.

§ 42h[4)] [Prüfungsausschüsse] (1) [1] Für die Durchführung von Prüfungen im Bereich der beruflichen Fortbildung errichtet die Handwerkskammer Prüfungs-

---

[1)] § 42f eingef. mWv 1.1.2020 durch G v. 12.12.2019 (BGBl. I S. 2522); Abs. 3 Satz 4 angef. mWv 1.8.2024 durch G v. 19.7.2024 (BGBl. 2024 I Nr. 246).

[2)] **Sartorius ErgBd. Nr. 422.**

[3)] §§ 42g eingef. mWv 1.1.2020 durch G v. 12.12.2019 (BGBl. I S. 2522).

[4)] § 42h eingef. mWv 1.1.2020 durch G v. 12.12.2019 (BGBl. I S. 2522); Abs. 1 Satz 2 geänd. mWv 1.8.2024 durch G v. 19.7.2024 (BGBl. 2024 I Nr. 246).

ausschüsse. [2] § 31 Absatz 2 Satz 1 und Absatz 3 Satz 1 sowie § 33 Absatz 1 Satz 2, Absatz 3 und 4 und die §§ 34 bis 35a Absatz 1 bis 5 sowie die §§ 35b, 37a und 38 sind entsprechend anzuwenden.

(2) Der Prüfling ist auf Antrag von der Ablegung einzelner Prüfungsbestandteile durch die Handwerkskammer zu befreien, wenn

1. er eine andere vergleichbare Prüfung vor einer öffentlichen oder einer staatlich anerkannten Bildungseinrichtung oder vor einem staatlichen Prüfungsausschuss erfolgreich abgelegt hat und
2. die Anmeldung zur Fortbildungsprüfung innerhalb von zehn Jahren nach der Bekanntgabe des Bestehens der Prüfung erfolgt.

§ 42i[1)] **[Gleichstellung ausländischer Bildungsabschlüsse]** Das Bundesministerium für Wirtschaft und Klimaschutz kann im Einvernehmen mit dem Bundesministerium für Bildung und Forschung nach Anhörung des Hauptausschusses des Bundesinstituts für Berufsbildung durch Rechtsverordnung Prüfungszeugnisse, die außerhalb des Anwendungsbereichs dieses Gesetzes oder im Ausland erworben worden sind, den entsprechenden Zeugnissen über das Bestehen einer Fortbildungsprüfung auf der Grundlage der §§ 42b bis 42f gleichstellen, wenn die in der Prüfung nachzuweisenden beruflichen Fertigkeiten, Kenntnisse und Fähigkeiten gleichwertig sind.

§ 42j[2)] **[Berufliche Umschulung]** Als Grundlage für eine geordnete und einheitliche berufliche Umschulung kann das Bundesministerium für Bildung und Forschung im Einvernehmen mit dem Bundesministerium für Wirtschaft und Klimaschutz nach Anhörung des Hauptausschusses des Bundesinstituts für Berufsbildung durch Rechtsverordnung, die nicht der Zustimmung des Bundesrates bedarf,

1. die Bezeichnung des Umschulungsabschlusses,
2. das Ziel, den Inhalt, die Art und Dauer der Umschulung,
3. die Anforderungen der Umschulungsprüfung und ihre Zulassungsvoraussetzungen sowie
4. das Prüfungsverfahren der Umschulung

unter Berücksichtigung der besonderen Erfordernisse der beruflichen Erwachsenenbildung bestimmen (Umschulungsordnung).

§ 42k[3)] **[Umschulungsprüfungsregelungen]** [1] Soweit Rechtsverordnungen nach § 42j nicht erlassen sind, kann die Handwerkskammer Umschulungsprüfungsregelungen erlassen. [2] Die Handwerkskammer regelt die Bezeichnung des Umschulungsabschlusses, Ziel, Inhalt und Anforderungen der Prüfungen, ihre Zulassungsvoraussetzungen sowie das Prüfungsverfahren unter Berücksichtigung der besonderen Erfordernisse beruflicher Erwachsenenbildung.

---

1) § 42i eingef. mWv 1.1.2020 durch G v. 12.12.2019 (BGBl. I S. 2522); geänd. mWv 16.11.2022 durch G v. 9.11.2022 (BGBl. I S. 2009).

2) Früherer § 42e neu gef. mWv 1.4.2005 durch G v. 23.3.2005 (BGBl. I S. 931); geänd. mWv 8.11.2006 durch VO v. 31.10.2006 (BGBl. I S. 2407); geänd. mWv 8.9.2015 durch VO v. 31.8.2015 (BGBl. I S. 1474); bish. § 42e wird § 42j mWv 1.1.2020 durch G v. 12.12.2019 (BGBl. I S. 2522); § 42j geänd. mWv 16.11.2022 durch G v. 9.11.2022 (BGBl. I S. 2009).

3) § 42k als § 42f eingef. mWv 1.4.2005 durch G v. 23.3.2005 (BGBl. I S. 931); bish. § 42f wird § 42k und Satz 1 geänd. mWv 1.1.2020 durch G v. 12.12.2019 (BGBl. I S. 2522).

§ 42l[1)] [Umschulung für einen anerkannten Ausbildungsberuf] [1]Sofern sich die Umschulungsordnung (§ 42j) oder eine Regelung der Handwerkskammer (§ 42k) auf die Umschulung für einen anerkannten Ausbildungsberuf (Gewerbe der Anlage A oder der Anlage B) richtet, sind das Ausbildungsberufsbild (§ 26 Absatz 1 Satz 1 Nummer 3), der Ausbildungsrahmenplan (§ 26 Absatz 1 Satz 1 Nummer 4) und die Prüfungsanforderungen (§ 26 Absatz 1 Satz 1 Nummer 5) zugrunde zu legen. [2]Die §§ 21 bis 24 gelten entsprechend.

§ 42m[2)] [Berücksichtigung ausländischer Bildungsabschlüsse] Sofern die Umschulungsordnung (§ 42j) oder eine Regelung der Handwerkskammer (§ 42k) Zulassungsvoraussetzungen vorsieht, sind ausländische Bildungsabschlüsse und Zeiten der Berufstätigkeit im Ausland zu berücksichtigen.

§ 42n[3)] [Berufliche Umschulung] (1) Maßnahmen der beruflichen Umschulung müssen nach Inhalt, Art, Ziel und Dauer den besonderen Erfordernissen der beruflichen Erwachsenenbildung entsprechen.

(2) [1]Der Umschulende hat die Durchführung der beruflichen Umschulung unverzüglich vor Beginn der Maßnahme der Handwerkskammer schriftlich oder elektronisch anzuzeigen. [2]Die Anzeigepflicht erstreckt sich auf den wesentlichen Inhalt des Umschulungsverhältnisses. [3]Bei Abschluss eines Umschulungsvertrages ist eine Kopie des Umschulungsvertrages beizufügen.

(3) [1]Für die Durchführung von Prüfungen im Bereich der beruflichen Umschulung errichtet die Handwerkskammer Prüfungsausschüsse. [2]§ 31 Abs. 2 und 3 sowie § 33 Absatz 3 und die §§ 34 bis 35b, 37a und 38 gelten entsprechend.

(4) Der Prüfling ist auf Antrag von der Ablegung einzelner Prüfungsbestandteile durch die Handwerkskammer zu befreien, wenn er eine andere vergleichbare Prüfung vor einer öffentlichen oder staatlich anerkannten Bildungseinrichtung oder vor einem staatlichen Prüfungsausschuss erfolgreich abgelegt hat und die Anmeldung zur Umschulungsprüfung innerhalb von zehn Jahren nach der Bekanntgabe des Bestehens der anderen Prüfung erfolgt.

§ 42o[4)] [Gleichwertige Prüfungszeugnisse] Das Bundesministerium für Wirtschaft und Klimaschutz kann im Einvernehmen mit dem Bundesministerium für Bildung und Forschung nach Anhörung des Hauptausschusses des Bundesinstituts für Berufsbildung durch Rechtsverordnung außerhalb des Anwendungsbereichs dieses Gesetzes oder im Ausland erworbene Prüfungszeugnisse den entsprechenden Zeugnissen über das Bestehen einer Umschulungsprüfung auf der Grundlage der §§ 42j und 42k gleichstellen, wenn die in der Prüfung nachzuweisenden beruflichen Fertigkeiten, Kenntnisse und Fähigkeiten gleichwertig sind.

[1)] § 42l als § 42g eingef. mWv 1.4.2005 durch G v. 23.3.2005 (BGBl. I S. 931); bish. § 42g wird § 42l und Satz 1 geänd. mWv 1.1.2020 durch G v. 12.12.2019 (BGBl. I S. 2522); Satz 1 geänd. mWv 1.8.2024 durch G v. 19.7.2024 (BGBl. 2024 I Nr. 246).

[2)] § 42m als § 42h eingef. mWv 1.4.2005 durch G v. 23.3.2005 (BGBl. I S. 931); bish. § 42h wird § 42m und geänd. mWv 1.1.2020 durch G v. 12.12.2019 (BGBl. I S. 2522).

[3)] § 42n als § 42i eingef. mWv 1.4.2005 durch G v. 23.3.2005 (BGBl. I S. 931); bish. § 42i wird § 42n und Abs. 3 Satz 2 und Abs. 4 geänd. mWv 1.1.2020 durch G v. 12.12.2019 (BGBl. I S. 2522); Abs. 2 Sätze 1 und 3 sowie Abs. 3 Satz 2 geänd. mWv 1.8.2024 durch G v. 19.7.2024 (BGBl. 2024 I Nr. 246).

[4)] § 42o als § 42j eingef. mWv 1.4.2005 durch G v. 23.3.2005 (BGBl. I S. 931); geänd. mWv 8.11.2006 durch VO v. 31.10.2006 (BGBl. I S. 2407); geänd. mWv 8.9.2015 durch VO v. 31.8.2015 (BGBl. I S. 1474); bish. § 42j wird § 42o und geänd. mWv 1.1.2020 durch G v. 12.12.2019 (BGBl. I S. 2522); § 42o geänd. mWv 16.11.2022 durch G v. 9.11.2022 (BGBl. I S. 2009).

Achter Abschnitt.[1] Berufliche Bildung behinderter Menschen, Berufsausbildungsvorbereitung

§ 42p[2] [Ausbildung] Behinderte Menschen (§ 2 Abs. 1 Satz 1 des Neunten Buches Sozialgesetzbuch[3]) sollen in anerkannten Ausbildungsberufen ausgebildet werden.

§ 42q[4] [Behindertengerechte Regelung der Ausbildung] (1) [1] Regelungen nach den §§ 38 und 41 sollen die besonderen Verhältnisse behinderter Menschen berücksichtigen. [2] Dies gilt insbesondere für die zeitliche und sachliche Gliederung der Ausbildung, die Dauer von Prüfungszeiten, die Zulassung von Hilfsmitteln und die Inanspruchnahme von Hilfeleistungen Dritter, wie Gebärdendolmetscher für hörbehinderte Menschen.

(2) [1] Der Berufsausbildungsvertrag mit einem behinderten Menschen ist in die Lehrlingsrolle (§ 28) einzutragen. [2] Der behinderte Mensch ist zur Gesellenprüfung auch zuzulassen, wenn die Voraussetzungen des § 36 Abs. 1 Nr. 2 und 3 nicht vorliegen.

§ 42r[5] [Ausbildungsregelungen] (1) [1] Für behinderte Menschen, für die wegen Art und Schwere ihrer Behinderung eine Ausbildung in einem anerkannten Ausbildungsberuf nicht in Betracht kommt, trifft die Handwerkskammer auf Antrag der behinderten Menschen oder ihrer gesetzlichen Vertreter Ausbildungsregelungen entsprechend den Empfehlungen des Hauptausschusses des Bundesinstituts für Berufsbildung. [2] Die Ausbildungsinhalte sollen unter Berücksichtigung von Lage und Entwicklung des allgemeinen Arbeitsmarktes aus den Inhalten anerkannter Ausbildungsberufe entwickelt werden. [3] Im Antrag nach Satz 1 ist eine Ausbildungsmöglichkeit in dem angestrebten Ausbildungsgang nachzuweisen.

(2) § 42q Absatz 2 Satz 1 ist entsprechend anzuwenden.

§ 42s[6] [Berufliche Fortbildung und Umschulung] Für die berufliche Fortbildung und die berufliche Umschulung behinderter Menschen gelten die §§ 42p bis 42r entsprechend, soweit Art und Schwere der Behinderung dies erfordern.

§ 42t[7] [Personenkreis] (1) [1] Die Berufsausbildungsvorbereitung richtet sich an lernbeeinträchtigte oder sozial benachteiligte Personen, deren Entwicklungsstand eine erfolgreiche Ausbildung in einem anerkannten Ausbildungsberuf (Gewerbe der Anlage A oder der Anlage B) noch nicht erwarten lässt. [2] Sie muss nach Inhalt, Art, Ziel und Dauer den besonderen Erfordernissen des in Satz 1 genannten Personenkreises entsprechen und durch umfassende sozialpädagogische Betreuung und Unterstützung begleitet werden.

---

[1] Früherer Siebenter Abschnitt Überschrift geänd. mWv 1.4.2005 durch G v. 23.3.2005 (BGBl. I S. 931); bish. Siebenter Abschnitt wird Achter Abschnitt mWv 1.8.2024 durch G v. 19.7.2024 (BGBl. 2024 I Nr. 246).

[2] § 42p als § 42k eingef. mWv 1.4.2005 durch G v. 23.3.2005 (BGBl. I S. 931); bish. § 42k wird § 42p mWv 1.1.2020 durch G v. 12.12.2019 (BGBl. I S. 2522).

[3] **Aichberger, SGB Nr. 9.**

[4] § 42q als § 42l eingef. mWv 1.4.2005 durch G v. 23.3.2005 (BGBl. I S. 931); bish. § 42l wird § 42q mWv 1.1.2020 durch G v. 12.12.2019 (BGBl. I S. 2522).

[5] § 42r als § 42m eingef. mWv 1.4.2005 durch G v. 23.3.2005 (BGBl. I S. 931); bish. § 42m wird § 42r und Abs. 2 neu gef. mWv 1.1.2020 durch G v. 12.12.2019 (BGBl. I S. 2522).

[6] § 42s als § 42n eingef. mWv 1.4.2005 durch G v. 23.3.2005 (BGBl. I S. 931); bish. § 42n wird § 42s und geänd. mWv 1.1.2020 durch G v. 12.12.2019 (BGBl. I S. 2522).

[7] § 42t als § 42o eingef. mWv 1.4.2005 durch G v. 23.3.2005 (BGBl. I S. 931); bish. § 42o wird § 42t mWv 1.1.2020 durch G v. 12.12.2019 (BGBl. I S. 2522).

(2) Für die Berufsausbildungsvorbereitung, die nicht im Rahmen des Dritten Buches Sozialgesetzbuch[1)] oder anderer vergleichbarer, öffentlich geförderter Maßnahmen durchgeführt wird, gelten die §§ 21 bis 24 entsprechend.

§ 42u[2)] [Grundlagen der Berufsausbildungsvorbereitung] (1) Die Vermittlung von Grundlagen für den Erwerb beruflicher Handlungsfähigkeit (§ 1 Abs. 2 des Berufsbildungsgesetzes[3)]) kann insbesondere durch inhaltlich und zeitlich abgegrenzte Lerneinheiten erfolgen, die aus den Inhalten anerkannter Ausbildungsberufe (Gewerbe der Anlage A oder der Anlage B) entwickelt werden (Qualifizierungsbausteine).

(2) [1] Über vermittelte Grundlagen für den Erwerb beruflicher Handlungsfähigkeit stellt der Anbieter der Berufsausbildungsvorbereitung eine Bescheinigung aus. [2] Das Nähere regelt das Bundesministerium für Bildung und Forschung im Einvernehmen mit dem Bundesministerium für Wirtschaft und Klimaschutz nach Anhörung des Hauptausschusses des Bundesinstituts für Berufsbildung durch Rechtsverordnung, die nicht der Zustimmung des Bundesrates bedarf.

§ 42v[4)] [Verbot und Anzeigepflicht der Berufsausbildungsvorbereitung]

(1) Die nach Landesrecht zuständige Behörde hat die Berufsausbildungsvorbereitung zu untersagen, wenn die Voraussetzungen des § 42t Absatz 1 nicht vorliegen.

(2) [1] Der Anbieter hat die Durchführung von Maßnahmen der Berufsausbildungsvorbereitung vor Beginn der Maßnahme der Handwerkskammer schriftlich oder elektronisch anzuzeigen. [2] Die Anzeigepflicht erstreckt sich auf den wesentlichen Inhalt des Qualifizierungsvertrages.

(3) Die Absätze 1 und 2 sowie § 41a finden keine Anwendung, soweit die Berufsausbildungsvorbereitung im Rahmen des Dritten Buches Sozialgesetzbuch[1)] oder anderer vergleichbarer, öffentlich geförderter Maßnahmen durchgeführt wird.

Neunter Abschnitt.[5)] Berufsbildungsausschuß

§ 43[6)] [Berufsbildungsausschuss] (1) [1] Die Handwerkskammer errichtet einen Berufsbildungsausschuß. [2] Ihm gehören sechs Arbeitgeber, sechs Arbeitnehmer und sechs Lehrkräfte an berufsbildenden Schulen an, die Lehrkräfte mit beratender Stimme.

[1)] **Aichberger, SGB Nr. 3.**

[2)] § 42u als § 42p eingef. mWv 1.4.2005 durch G v. 23.3.2005 (BGBl. I S. 931); Abs. 2 Satz 2 geänd. mWv 8.11.2006 durch VO v. 31.10.2006 (BGBl. I S. 2407); Abs. 2 Satz 2 geänd. mWv 8.9.2015 durch VO v. 31.8.2015 (BGBl. I S. 1474); bish. § 42p wird § 42u mWv 1.1.2020 durch G v. 12.12.2019 (BGBl. I S. 2522); Abs. 2 Satz 2 geänd. mWv 16.11.2022 durch G v. 9.11.2022 (BGBl. I S. 2009).

[3)] **Sartorius ErgBd. Nr. 422.**

[4)] § 42v als § 42q eingef. mWv 1.4.2005 durch G v. 23.3.2005 (BGBl. I S. 931); Abs. 3 Satz 2 geänd. mWv 1.8.2009 durch G v. 21.12.2008 (BGBl. I S. 2917); Abs. 3 Satz 2 aufgeh. mWv 1.4.2012 durch G v. 20.12.2011 (BGBl. I S. 2854); bish. § 42q wird § 42v und Abs. 1 und Abs. 2 Satz 2 geänd. mWv 1.1.2020 durch G v. 12.12.2019 (BGBl. I S. 2522); Abs. 2 Satz 1 geänd. mWv 1.8.2024 durch G v. 19.7.2024 (BGBl. 2024 I Nr. 246).

[5)] Bish. Achter Abschnitt wird Neunter Abschnitt mWv 1.8.2024 durch G v. 19.7.2024 (BGBl. 2024 I Nr. 246).

[6)] § 43 Abs. 2 Satz 1 neu gef. und Abs. 1 Satz 2 geänd. mWv 1.1.2004 durch G v. 24.12.2003 (BGBl. I S. 2934); Abs. 1 Satz 2, Abs. 2 Satz 2 und Abs. 3 geänd. mWv 1.1.2020 durch G v. 12.12.2019 (BGBl. I S. 2522).

(2) [1] Die Vertreter der Arbeitgeber werden von der Gruppe der Arbeitgeber, die Vertreter der Arbeitnehmer von der Gruppe der Vertreter der Gesellen und der anderen Arbeitnehmer mit einer abgeschlossenen Berufsausbildung in der Vollversammlung gewählt. [2] Die Lehrkräfte an berufsbildenden Schulen werden von der nach Landesrecht zuständigen Behörde als Mitglieder berufen. [3] Die Amtszeit der Mitglieder beträgt längstens fünf Jahre.

(3) § 34 Absatz 9 gilt entsprechend.

(4) Die Mitglieder können nach Anhören der an ihrer Berufung Beteiligten aus wichtigem Grund abberufen werden.

(5) [1] Die Mitglieder haben Stellvertreter, die bei Verhinderung der Mitglieder an deren Stelle treten. [2] Die Absätze 1 bis 4 gelten für die Stellvertreter entsprechend.

(6) [1] Der Berufsbildungsausschuß wählt aus seiner Mitte einen Vorsitzenden und dessen Stellvertreter. [2] Der Vorsitzende und sein Stellvertreter sollen nicht derselben Mitgliedergruppe angehören.

§ 44[1)] [Aufgaben] (1) [1] Der Berufsbildungsausschuß ist in allen wichtigen Angelegenheiten der beruflichen Bildung zu unterrichten und zu hören. [2] Er hat im Rahmen seiner Aufgaben auf eine stetige Entwicklung der Qualität der beruflichen Bildung hinzuwirken.

(2) Wichtige Angelegenheiten, in denen der Berufsbildungsausschuss anzuhören ist, sind insbesondere:

1. Erlass von Verwaltungsgrundsätzen über die Eignung von Ausbildungs- und Umschulungsstätten, für das Führen von Ausbildungsnachweisen nach § 13 Satz 2 Nummer 7 des Berufsbildungsgesetzes[2)], für die Verkürzung der Ausbildungsdauer, für die vorzeitige Zulassung zur Gesellenprüfung, für die Durchführung der Prüfungen, zur Durchführung von über- und außerbetrieblicher Ausbildung sowie Verwaltungsrichtlinien zur beruflichen Bildung,
2. Umsetzung der vom Landesausschuss für Berufsbildung (§ 82 des Berufsbildungsgesetzes) empfohlenen Maßnahmen,
3. wesentliche inhaltliche Änderungen des Ausbildungsvertragsmusters.

(3) Wichtige Angelegenheiten, in denen der Berufsbildungsausschuss zu unterrichten ist, sind insbesondere:

1. Zahl und Art der der Handwerkskammer angezeigten Maßnahmen der Berufsausbildungsvorbereitung und beruflichen Umschulung sowie der eingetragenen Berufsausbildungsverhältnisse,
2. Zahl und Ergebnisse von durchgeführten Prüfungen sowie hierbei gewonnene Erfahrungen,
3. Tätigkeit der Berater und Beraterinnen nach § 41a Abs. 1 Satz 2,
4. für den räumlichen und fachlichen Zuständigkeitsbereich der Handwerkskammer neue Formen, Inhalte und Methoden der Berufsbildung,
5. Stellungnahmen oder Vorschläge der Handwerkskammer gegenüber anderen Stellen und Behörden, soweit sie sich auf die Durchführung dieses Gesetzes oder

---

[1)] § 44 Abs. 1 Satz 2 angef., bish. Wortlaut wird Satz 1, Abs. 2 und 3 eingef., bish. Abs. 2 und 3 werden *Abs. 4 und 5, neuer Abs. 4 Satz 1 geänd.*, Abs. 6 angef. mWv 1.4.2005 durch G v. 23.3.2005 (BGBl. I S. 931); Abs. 2 Nr. 1 geänd. mWv 5.4.2017 durch G v. 29.3.2017 (BGBl. I S. 626); zur Anwendung siehe § 125; Abs. 4 Satz 1 geänd. mWv 1.1.2020 durch G v. 12.12.2019 (BGBl. I S. 2522).

[2)] **Sartorius ErgBd. Nr. 422.**

der auf Grund dieses Gesetzes erlassenen Rechtsvorschriften im Bereich der beruflichen Bildung beziehen,

6. Bau eigener überbetrieblicher Berufsbildungsstätten,
7. Beschlüsse nach Absatz 5 sowie beschlossene Haushaltsansätze zur Durchführung der Berufsbildung mit Ausnahme der Personalkosten,
8. Verfahren zur Beilegung von Streitigkeiten aus Ausbildungsverhältnissen,
9. Arbeitsmarktfragen, soweit sie die Berufsbildung im Zuständigkeitsbereich der Handwerkskammer berühren.

(4) [1] Vor einer Beschlußfassung in der Vollversammlung über Vorschriften zur Durchführung der Berufsbildung, insbesondere nach den §§ 41, 42, 42f und 42j bis 42l, ist die Stellungnahme des Berufsbildungsausschusses einzuholen. [2] Der Berufsbildungsausschuß kann der Vollversammlung auch von sich aus Vorschläge für Vorschriften zur Durchführung der Berufsbildung vorlegen. [3] Die Stellungnahmen und Vorschläge des Berufsbildungsausschusses sind zu begründen.

(5) [1] Die Vorschläge und Stellungnahmen des Berufsbildungsausschusses gelten vorbehaltlich der Vorschrift des Satzes 2 als von der Vollversammlung angenommen, wenn sie nicht mit einer Mehrheit von drei Vierteln der Mitglieder der Vollversammlung in ihrer nächsten Sitzung geändert oder abgelehnt werden. [2] Beschlüsse, zu deren Durchführung die für Berufsbildung im laufenden Haushalt vorgesehenen Mittel nicht ausreichen oder zu deren Durchführung in folgenden Haushaltsjahren Mittel bereitgestellt werden müssen, die die Ausgaben für Berufsbildung des laufenden Haushalts nicht unwesentlich übersteigen, bedürfen der Zustimmung der Vollversammlung.

(6) Abweichend von § 43 Abs. 1 haben die Lehrkräfte Stimmrecht bei Beschlüssen zu Angelegenheiten der Berufsausbildungsvorbereitung und Berufsausbildung, soweit sich die Beschlüsse unmittelbar auf die Organisation der schulischen Berufsbildung (§ 2 Abs. 1 Nr. 2 des Berufsbildungsgesetzes) auswirken.

§ 44a [Beschlussfähigkeit; Wirksamkeit von Beschlüssen] (1) [1] Der Berufsbildungsausschuß ist beschlußfähig, wenn mehr als die Hälfte seiner stimmberechtigten Mitglieder anwesend ist. [2] Er beschließt mit der Mehrheit der abgegebenen Stimmen.

(2) Zur Wirksamkeit eines Beschlusses ist es erforderlich, daß der Gegenstand bei der Einberufung des Ausschusses bezeichnet ist, es sei denn, daß er mit Zustimmung von zwei Dritteln der stimmberechtigten Mitglieder nachträglich auf die Tagesordnung gesetzt wird.

§ 44b [Geschäftsordnung] [1] Der Berufsbildungsausschuß gibt sich eine Geschäftsordnung. [2] Sie kann die Bildung von Unterausschüssen vorsehen und bestimmen, daß ihnen nicht nur Mitglieder des Ausschusses angehören. [3] Für die Unterausschüsse gelten § 43 Abs. 2 bis 6 und § 44a entsprechend.

Dritter Teil. Meisterprüfung, Meistertitel

Erster Abschnitt.[1] Meisterprüfung in einem zulassungspflichtigen Handwerk

§ 45[2] [Anforderungen] (1) Als Grundlage für ein geordnetes und einheitliches Meisterprüfungswesen für zulassungspflichtige Handwerke kann das Bundesministerium für Wirtschaft und Klimaschutz im Einvernehmen mit dem Bundesministerium für Bildung und Forschung durch Rechtsverordnung, die nicht der Zustimmung des Bundesrates bedarf, bestimmen,

1. welche Fertigkeiten und Kenntnisse in den einzelnen zulassungspflichtigen Handwerken zum Zwecke der Meisterprüfung zu berücksichtigen (Meisterprüfungsberufsbild A)
2. welche Anforderungen in der Meisterprüfung zu stellen sind und
3. welche handwerksspezifischen Verfahrensregelungen in der Meisterprüfung gelten.

(2) ¹Durch die Meisterprüfung ist festzustellen, ob der Prüfling befähigt ist, ein zulassungspflichtiges Handwerk meisterhaft auszuüben und selbständig zu führen sowie Lehrlinge ordnungsgemäß auszubilden. ²Wer die Meisterprüfung bestanden hat, hat damit auch den Fortbildungsabschluss Bachelor Professional erlangt.

(3) Der Prüfling hat in vier selbständigen Prüfungsteilen nachzuweisen, dass er wesentliche Tätigkeiten seines Handwerks meisterhaft verrichten kann (Teil I), die erforderlichen fachtheoretischen Kenntnisse (Teil II), die erforderlichen betriebswirtschaftlichen, kaufmännischen und rechtlichen Kenntnisse (Teil III) sowie die erforderlichen berufs- und arbeitspädagogischen Kenntnisse (Teil IV) besitzt.

(4) ¹Bei der Prüfung in Teil I können in der Rechtsverordnung Schwerpunkte gebildet werden. ²In dem schwerpunktspezifischen Bereich hat der Prüfling nachzuweisen, dass er wesentliche Tätigkeiten in dem von ihm gewählten Schwerpunkt meisterhaft verrichten kann. ³Für den schwerpunktübergreifenden Bereich sind die Grundfertigkeiten und Grundkenntnisse nachzuweisen, die die fachgerechte Ausübung auch dieser Tätigkeiten ermöglichen.

§ 46[3] [Befreiung von der Ablegung einzelner Teile der Meisterprüfung]

(1) Der Prüfling ist nach Maßgabe der folgenden Vorschriften von einzelnen Teilen der Meisterprüfung befreit, wenn er eine dem jeweiligen Teil der Meisterprüfung vergleichbare Prüfung auf Grund einer nach § 42 oder § 51a Abs. 1 in Verbindung mit Abs. 2 dieses Gesetzes oder § 53 des Berufsbildungsgesetzes[4]

---

[1] Dritter Teil, Erster Abschn. Überschr. neu gef. mWv 1.1.2004 durch G v. 24.12.2003 (BGBl. I S. 2934).

[2] § 45 neu gef. mWv 1.1.2004 durch G v. 24.12.2003 (BGBl. I S. 2934); Abs. 1 geänd. mWv 8.11.2006 durch VO v. 31.10.2006 (BGBl. I S. 2407); Abs. 1 Nr. 1 und 2 geänd., Nr. 3 angef. mWv 15.7.2011 durch G v. 11.7.2011 (BGBl. I S. 1341); Abs. 1 geänd. mWv 8.9.2015 durch VO v. 31.8.2015 (BGBl. I S. 1474); Abs. 2 Satz 2 angef. mWv 1.1.2020 durch G v. 12.12.2019 (BGBl. I S. 2522); Abs. 1 geänd. mWv 16.11.2022 durch G v. 9.11.2022 (BGBl. I S. 2009).

[3] § 46 neu gef. mWv 1.1.2004 durch G v. 24.12.2003 (BGBl. I S. 2934); Abs. 1 Satz 1 geänd. mWv 1.4.2005 durch G v. 23.3.2005 (BGBl. I S. 931); Abs. 2 Satz 2 neu gef. mWv 1.10.2007 durch G v. 7.9.2007 (BGBl. I S. 2246); Abs. 1 Satz 1 geänd., Satz 2 aufgeh., Abs. 1a–1c eingef., Abs. 3 geänd., Abs. 5 angef. mWv 1.7.2021 durch G v. 9.6.2021 (BGBl. I S. 1654).

[4] **Sartorius ErgBd. Nr. 422.**

erlassenen Rechtsverordnung[1] oder eine andere vergleichbare Prüfung vor einer öffentlichen oder staatlich anerkannten Bildungseinrichtung oder vor einem staatlichen Prüfungsausschuss erfolgreich abgelegt hat.

(1a) Eine Befreiung nach Absatz 1 ist nur zulässig, wenn

1. die befreiende Prüfung bezogen auf den jeweiligen Teil der Meisterprüfung die Befähigung zu vergleichbaren beruflichen Tätigkeiten in dem jeweiligen Handwerk belegt, und
2. zwischen ihr und dem jeweiligen Teil der Meisterprüfung keine wesentlichen Unterschiede in Inhalt und zeitlichem Umfang bestehen.

(1b) Einzelne Prüfungsleistungen einer befreienden Prüfung dürfen zur Feststellung der Vergleichbarkeit nicht für mehrere Teile der Meisterprüfung zugleich zu Grunde gelegt werden.

(1c) [1] Der Prüfling ist von den Teilen III und IV der Meisterprüfung auch befreit, wenn er die Meisterprüfung in einem anderen zulassungspflichtigen oder zulassungsfreien Handwerk oder in einem handwerksähnlichen Gewerbe bestanden hat. [2] Der Prüfling ist vom Teil IV der Meisterprüfung ferner befreit, wenn er den auf Grund einer Rechtsverordnung nach § 22b Absatz 4 dieses Gesetzes oder nach § 30 Absatz 5 des Berufsbildungsgesetzes vorgeschriebenen Nachweis erbringt.

(2) [1] Prüflinge, die andere deutsche staatliche oder staatlich anerkannte Prüfungen mit Erfolg abgelegt haben, sind auf Antrag durch den Meisterprüfungsausschuss von einzelnen Teilen der Meisterprüfung zu befreien, wenn bei diesen Prüfungen mindestens die gleichen Anforderungen gestellt werden wie in der Meisterprüfung. [2] Der Abschlussprüfung an einer deutschen Hochschule gleichgestellt sind Diplome nach § 7 Abs. 2 Satz 4.

(3) Der Prüfling ist auf Antrag von den Prüfungsleistungen in gleichartigen Prüfungsbereichen, Prüfungsfächern oder Handlungsfeldern durch den Meisterprüfungsausschuss zu befreien, wenn er die Meisterprüfung in einem anderen zulassungspflichtigen oder zulassungsfreien Handwerk oder handwerksähnlichen Gewerbe bestanden hat oder eine andere vergleichbare Prüfung vor einer öffentlichen oder staatlich anerkannten Bildungseinrichtung oder vor einem staatlichen Prüfungsausschuss erfolgreich abgelegt hat.

(4) Der Meisterprüfungsausschuss entscheidet auf Antrag des Prüflings auch über Befreiungen auf Grund ausländischer Bildungsabschlüsse.

(5) Nähere Einzelheiten können in Rechtsverordnungen nach § 50a Absatz 1 Satz 1 in Verbindung mit Satz 2 Nummer 7 geregelt werden.

§ 47[2] [Meisterprüfungsausschüsse] (1) [1] Für die Handwerke werden zur Durchführung der Meisterprüfungen Meisterprüfungsausschüsse als staatliche Prüfungsbehörden am Sitz der Handwerkskammer für ihren Bezirk errichtet. [2] Die *oberste* Landesbehörde kann in besonderen Fällen die Errichtung eines Meisterprüfungsausschusses für mehrere Handwerkskammerbezirke anordnen und mit der Errichtung die für den Sitz des Meisterprüfungsausschusses zuständige höhere Verwaltungsbehörde beauftragen. [3] Soll der Meisterprüfungsausschuß für Handwerkskammerbezirke mehrerer Länder zuständig sein, so bedarf es hierfür des

[1] Siehe die VO über die Anerkennung von Prüfungen für die Eintragung in die Handwerksrolle v. 29.6.2005 (BGBl. I S. 1935), geänd. durch G v. 29.3.2017 (BGBl. I S. 626).

[2] § 47 Abs. 1 Satz 1 aufgeh., bish. Sätze 2–6 werden Sätze 1–5 und neue Sätze 1, 2, 4 und 5 geänd., Abs. 2 Satz 2 neu gef., Satz 3 und Abs. 3 angef. mWv 1.7.2021 durch G v. 9.6.2021 (BGBl. I S. 1654).

Einvernehmens der beteiligten obersten Landesbehörden. [4] Die Landesregierungen werden ermächtigt, durch Rechtsverordnung zu bestimmen, daß abweichend von Satz 2 an Stelle der obersten Landesbehörde die höhere Verwaltungsbehörde zuständig ist. [5] Die Landesregierungen können diese Ermächtigung auf oberste Landesbehörden übertragen.

(2) [1] Die höhere Verwaltungsbehörde errichtet die Meisterprüfungsausschüsse nach Anhörung der Handwerkskammer und ernennt auf Grund ihrer Vorschläge die Mitglieder und die Stellvertreter für längstens fünf Jahre. [2] Über Vorschläge für Mitglieder nach § 48 Absatz 4 und deren Stellvertreter befindet in der Handwerkskammer die Mehrheit der Gesellenvertreter der Vollversammlung; die Gesellenvertreter sollen Vorschläge der im Bezirk der Handwerkskammer bestehenden Gewerkschaften und selbständigen Vereinigungen von Arbeitnehmern mit sozial- oder berufspolitischer Zwecksetzung berücksichtigen. [3] Die Handwerkskammer hat die in Satz 2 genannten Gesellenvertreter und Organisationen zu unterrichten

1. über die Errichtung von Meisterprüfungsausschüssen am Sitz der Handwerkskammer,
2. über die Zahl der von den Gesellenvertretern vorzuschlagenden Mitglieder und Stellvertreter für die Meisterprüfungsausschüsse und
3. über Personen, die auf Vorschlag der Gesellenvertreter zu Mitgliedern und Stellvertretern der Meisterprüfungsausschüsse berufen sind.

(3) Die Handwerkskammer unterstützt die Meisterprüfungsausschüsse durch das Führen der laufenden Geschäfte.

§ 48[1)] [Zusammensetzung des Meisterprüfungsausschusses] (1) [1] Der Meisterprüfungsausschuss besteht aus vier Mitgliedern. [2] Die Mitglieder sollen das vierundzwanzigste Lebensjahr vollendet haben.

(2) Der Vorsitzende braucht nicht in einem zulassungspflichtigen Handwerk tätig zu sein; er soll dem zulassungspflichtigen Handwerk, für welches der Meisterprüfungsausschuss errichtet ist, nicht angehören.

(3) Ein Beisitzer muss

1. das Handwerk, für das der Meisterprüfungsausschuss errichtet ist, mindestens seit einem Jahr selbständig als stehendes Gewerbe betreiben und in diesem Handwerk
   a) die Meisterprüfung erfolgreich abgelegt haben oder
   b) das Recht zum Ausbilden von Lehrlingen besitzen oder
2. in dem zulassungspflichtigen Handwerk mindestens seit einem Jahr als Betriebsleiter tätig sein und in seiner Person die Voraussetzungen für die Eintragung in die Handwerksrolle erfüllen

(4) Ein Beisitzer soll ein Geselle sein, der in dem zulassungspflichtigen Handwerk, für das der Meisterprüfungsausschuß errichtet ist, die Meisterprüfung erfolgreich abgelegt hat oder das Recht zum Ausbilden von Lehrlingen besitzt und in dem betreffenden zulassungspflichtigen Handwerk tätig ist.

(5) Ein Beisitzer soll besonders sachkundig in der wirtschaftlichen Betriebsführung sowie in den kaufmännischen, rechtlichen und berufserzieherischen Kenntnissen sein; er braucht dem Handwerk nicht anzugehören.

[1)] § 48 Abs. 2 neu gef., Abs. 3 und 4 geänd. mWv 1.1.2004 durch G v. 24.12.2003 (BGBl. I S. 2934); Abs. 6 neu gef. mWv 1.1.2020 durch G v. 12.12.2019 (BGBl. I S. 2522); Abs. 1, 3 neu gef., Abs. 4 geänd., Abs. 5 und 6 neu gef., Abs. 7 angef. mWv 1.7.2021 durch G v. 9.6.2021 (BGBl. I S. 1654).

(6) § 34 Absatz 6 Satz 1, Absatz 9 und 9a ist entsprechend anzuwenden.

(7) 1 Für jedes Mitglied des Meisterprüfungsausschusses können bis zu zwei Stellvertreter für den Fall der Verhinderung des Mitgliedes berufen werden. 2 Für Stellvertreter gelten die Anforderungen für die Berufung des Mitgliedes, als dessen Stellvertreter sie berufen werden. 3 Für die Stellvertreter gilt Absatz 6 entsprechend.

§ 48a[1)] [Bildung von Prüfungskommissionen] (1) 1 Die Abnahme und die abschließende Bewertung der einzelnen Prüfungsleistungen einer Meisterprüfung obliegen Prüfungskommissionen. 2 Die Prüfungskommissionen werden von dem Meisterprüfungsausschuss gebildet.

(2) 1 Für den Einsatz in den Prüfungskommissionen beruft der Meisterprüfungsausschuss für die Dauer von jeweils längstens fünf Jahren prüfende Personen. 2 Die Handwerkskammer hat hierfür eine Liste mit nicht bindenden Vorschlägen zu erstellen; § 47 Absatz 2 Satz 2 und 3 gilt entsprechend.

(3) 1 Jede prüfende Person muss die Voraussetzungen für eine Ernennung zum Mitglied des Meisterprüfungsausschusses erfüllen. 2 § 34 Absatz 6 Satz 1, Absatz 9 und 9a gilt für sie entsprechend. 3 Die Mitglieder des Meisterprüfungsausschusses und ihre Stellvertreter können zu prüfenden Personen berufen werden.

§ 49[2)] [Zulassung zur Prüfung] (1) 1 Zur Meisterprüfung ist zuzulassen, wer eine Gesellenprüfung in dem zulassungspflichtigen Handwerk, in dem er die Meisterprüfung ablegen will, oder in einem damit verwandten zulassungspflichtigen Handwerk oder eine entsprechende Abschlussprüfung in einem anerkannten Ausbildungsberuf oder eine Prüfung auf Grund einer nach § 45 oder § 51a Abs. 1 in Verbindung mit Abs. 2 erlassenen Rechtsverordnung bestanden hat oder eine Gleichwertigkeitsfeststellung nach § 40a für das entsprechende zulassungspflichtige Handwerk oder für ein verwandtes zulassungspflichtiges Handwerk besitzt. 2 Wer die Gesellenprüfung oder die Abschlussprüfung nach Satz 1 in einem Ausbildungsberuf bestanden hat, für den in der Ausbildungsordnung eine Ausbildungsdauer von weniger als drei Jahren festgelegt ist, muss in dem zulassungspflichtigen Handwerk, in dem er die Meisterprüfung ablegen will, eine mindestens einjährige Berufstätigkeit nachweisen.

(2) 1 Zur Meisterprüfung ist auch zuzulassen,

1. wer
   a) eine andere Gesellenprüfung oder eine andere Abschlussprüfung in einem anerkannten Ausbildungsberuf bestanden hat und
   b) in dem zulassungspflichtigen Handwerk, in dem er die Meisterprüfung ablegen will, eine mehrjährige Berufstätigkeit ausgeübt hat;
2. wer
   a) ein Zeugnis der vollständigen Vergleichbarkeit der individuellen beruflichen Handlungsfähigkeit mit der für die Ausübung eines Ausbildungsberufs erforderlichen beruflichen Handlungsfähigkeit nach § 1 Absatz 6 des Berufsbildungsgesetzes[3)] erhalten hat und

---

[1)] § 48a eingef. mWv 1.7.2021 durch G v. 9.6.2021 (BGBl. I S. 1654).

[2)] § 49 Abs. 1–3 und Abs. 4 Satz 1 Nr. 1 neu gef. mWv 1.1.2004 durch G v. 24.12.2003 (BGBl. I S. 2934); Abs. 1 geänd. mWv 1.4.2005 durch G v. 23.3.2005 (BGBl. I S. 931); Abs. 1 geänd. mWv 1.4.2012 durch G v. 6.12.2011 (BGBl. I S. 2515); Abs. 1 Satz 2 angef. mWv 1.7.2021 durch G v. 9.6.2021 (BGBl. I S. 1654); Abs. 2 neu gef. mWv 1.8.2024 durch G v. 19.7.2024 (BGBl. 2024 I Nr. 246).

[3)] **Sartorius ErgBd. Nr. 422.**

b) in dem zulassungspflichtigen Handwerk, in dem er die Meisterprüfung ablegen will, eine mehrjährige Berufstätigkeit ausgeübt hat, davon mindestens ein Jahr nach Erhalt des Zeugnisses im Sinne des Buchstabens a.

²Für die Zeit der Berufstätigkeit dürfen jeweils nicht mehr als drei Jahre gefordert werden. ³Ferner ist der erfolgreiche Abschluss einer Fachschule bei einjährigen Fachschulen mit einem Jahr, bei mehrjährigen Fachschulen mit zwei Jahren auf die Berufstätigkeit anzurechnen.

(3) Ist der Prüfling in dem zulassungspflichtigen Handwerk, in dem er die Meisterprüfung ablegen will, selbständig, als Werkmeister oder in ähnlicher Stellung tätig gewesen, oder weist er eine der Gesellentätigkeit gleichwertige praktische Tätigkeit nach, so ist die Zeit dieser Tätigkeit anzurechnen.

(4) ¹Die Handwerkskammer kann auf Antrag

1. eine auf drei Jahre festgesetzte Dauer der Berufstätigkeit unter besonderer Berücksichtigung der in der Gesellen- oder Abschlussprüfung und während der Zeit der Berufstätigkeit nachgewiesenen beruflichen Befähigung abkürzen,
2. in Ausnahmefällen von den Voraussetzungen der Absätze 1 bis 4 ganz oder teilweise befreien,
3. unter Berücksichtigung ausländischer Bildungsabschlüsse und Zeiten der Berufstätigkeit im Ausland von den Voraussetzungen der Absätze 1 bis 4 ganz oder teilweise befreien.

²Die Handwerkskammer kann eine Stellungnahme des Meisterprüfungsausschusses einholen.

(5) ¹Die Zulassung wird vom Vorsitzenden des Meisterprüfungsausschusses ausgesprochen. ²Hält der Vorsitzende die Zulassungsvoraussetzungen nicht für gegeben, so entscheidet der Prüfungsausschuß.

§ 50[1] [Prüfungskosten] Die durch die Durchführung der Meisterprüfung entstehenden Kosten trägt die Handwerkskammer.

§ 50a[2] [Verordnungsermächtigung] (1) ¹Das Bundesministerium für Wirtschaft und Klimaschutz wird ermächtigt, im Einvernehmen mit dem Bundesministerium für Bildung und Forschung durch Rechtsverordnung mit Zustimmung des Bundesrates das Zulassungsverfahren und das allgemeine Prüfungsverfahren zu regeln. ²In der Rechtsverordnung nach Satz 1 sind insbesondere zu regeln

1. die förmlichen Anforderungen an die Zulassung zur Meisterprüfung,
2. die Durchführung der Prüfung,
3. die Geschäftsverteilung und die Beschlussfassung innerhalb des Meisterprüfungsausschusses,
4. die Bildung und die Zusammensetzung der Prüfungskommissionen, insbesondere hinsichtlich der Anzahl, der Qualifikation und der Gruppenzugehörigkeit ihrer Mitglieder,
5. die Zuweisung der Abnahme und Bewertung der Prüfungsleistungen an die Prüfungskommissionen,

---

1) § 50 neu gef. mWv 1.7.2021 durch G v. 9.6.2021 (BGBl. I S. 1654).

2) § 50a eingef. mWv 1.7.2021 durch G v. 9.6.2021 (BGBl. I S. 1654); Abs. 1 Satz 1, Abs. 3 geänd. mWv 16.11.2022 durch G v. 9.11.2022 (BGBl. I S. 2009).

6. die Bewertung von Prüfungsleistungen, einschließlich der Anwendung eines einheitlichen Bewertungsmaßstabes auf der Grundlage eines Punktesystems sowie eines Verfahrens zur Bestimmung der abschließenden Bewertung von Prüfungsleistungen bei voneinander abweichenden Einzelbewertungen durch die Mitglieder einer Prüfungskommission,
7. die Anrechnung von einzelnen Prüfungsleistungen und die Befreiung von Prüfungsteilen oder Prüfungsleistungen,
8. die Ermittlung und Bekanntgabe der Prüfungsergebnisse binnen einer bestimmten Frist, längstens eines Monats, sowie die Erteilung der Prüfungszeugnisse,
9. der Nachteilsausgleich für Menschen mit Behinderungen,
10. die Folgen von Verstößen gegen die Prüfungsvorschriften,
11. die Zulässigkeit, der Umfang und die Häufigkeit von Wiederholungsprüfungen und
12. die Niederschrift über die Meisterprüfung.

(2) Die Rechtsverordnung nach Absatz 1 Satz 1 kann darüber hinaus Vorschriften enthalten

1. zur Berufung der prüfenden Personen nach § 48a Absatz 2 und 3 sowie
2. zum Nachteilsausgleich für Teilleistungsstörungen.

(3) Soweit das Bundesministerium für Wirtschaft und Klimaschutz von seiner Befugnis nach Absatz 1 Satz 1, auch in Verbindung mit Absatz 2 Nummer 2, keinen Gebrauch macht, kann eine von der Handwerkskammer mit Genehmigung der obersten Landesbehörde zu erlassende Satzung das Zulassungsverfahren und das Prüfungsverfahren regeln.

§ 50b[1)] [Im Ausland erworbene Prüfungszeugnisse] [1] Das Bundesministerium für Wirtschaft und Klimaschutz kann im Einvernehmen mit dem Bundesministerium für Bildung und Forschung durch Rechtsverordnung mit Zustimmung des Bundesrates im Ausland erworbene Prüfungszeugnisse den entsprechenden Zeugnissen über das Bestehen einer deutschen Meisterprüfung in zulassungspflichtigen Handwerken gleichstellen, wenn an den Bildungsgang und in den Prüfungen gleichwertige Anforderungen gestellt werden. [2] Die Vorschriften des Bundesvertriebenengesetzes[2)] bleiben unberührt.

§ 50c[3)] [Feststellung der Gleichwertigkeit] (1) [1] Die Gleichwertigkeit ist festzustellen,

1. wenn die Antragstellerin oder der Antragsteller einen Ausbildungsnachweis besitzt, der im Ausland erworben wurde, und

[1)] Früherer § 50a Satz 1 geänd. mWv 7.11.2001 durch VO v. 29.10.2001 (BGBl. I S. 2785); Satz 1 geänd. mWv 1.1.2004 durch G v. 24.12.2003 (BGBl. I S. 2934); Satz 1 geänd. mWv 1.4.2005 durch G v. 23.3.2005 (BGBl. I S. 931); Satz 1 geänd. mWv 8.11.2006 durch VO v. 31.10.2006 (BGBl. I S. 2407); Satz 1 geänd. mWv 8.9.2015 durch VO v. 31.8.2015 (BGBl. I S. 1474); bish. § 50a wird § 50b mWv 1.7.2021 durch G v. 9.6.2021 (BGBl. I S. 1654); Satz 1 geänd. mWv 16.11.2022 durch G v. 9.11.2022 (BGBl. I S. 2009).

[2)] **Sartorius III Nr. 955.**

[3)] Früherer § 50b eingef. mWv 1.4.2012 durch G v. 6.12.2011 (BGBl. I S. 2515); Abs. 5 Satz 2 angef. mWv 6.7.2017 durch G v. 30.6.2017 (BGBl. I S. 2143); bish. § 50b wird § 50c mWv 1.7.2021 durch G v. 9.6.2021 (BGBl. I S. 1654).

2. dieser Ausbildungsnachweis – soweit erforderlich – unter Berücksichtigung sonstiger Befähigungsnachweise der Meisterprüfung in dem zu betreibenden zulassungspflichtigen Handwerk gleichwertig ist.

[2] Ausbildungsnachweise sind Prüfungszeugnisse und sonstige Befähigungsnachweise, die von verantwortlichen Stellen für den Abschluss einer erfolgreich absolvierten Berufsbildung ausgestellt werden.

(2) Ein Ausbildungsnachweis – soweit erforderlich – unter Berücksichtigung sonstiger Befähigungsnachweise ist als gleichwertig anzusehen, sofern

1. der im Ausland erworbene Ausbildungsnachweis, bezogen auf die Meisterprüfung, in dem zu betreibenden zulassungspflichtigen Handwerk die Befähigung zu vergleichbaren beruflichen Tätigkeiten belegt,
2. die Antragstellerin oder der Antragsteller im Ausbildungsstaat zur Ausübung des zu betreibenden zulassungspflichtigen Handwerks berechtigt ist oder die Berechtigung zur Ausübung des zu betreibenden Handwerks aus Gründen verwehrt wurde, die der Ausübung im Inland nicht entgegenstehen, und
3. zwischen der nachgewiesenen Befähigung und der Meisterprüfung in dem zu betreibenden zulassungspflichtigen Handwerk keine wesentlichen Unterschiede bestehen.

(3) Wesentliche Unterschiede zwischen der nachgewiesenen Befähigung und der entsprechenden Meisterprüfung liegen vor, sofern

1. sich der im Ausland erworbene Ausbildungsnachweis auf Fertigkeiten und Kenntnisse bezieht, die sich wesentlich von den Fertigkeiten und Kenntnissen der entsprechenden Meisterprüfung unterscheiden; dabei sind Inhalt und Dauer der Ausbildung zu berücksichtigen,
2. die entsprechenden Fertigkeiten und Kenntnisse maßgeblich für die Ausübung zumindest einer wesentlichen Tätigkeit des zulassungspflichtigen Handwerks sind und
3. die Antragstellerin oder der Antragsteller diese Unterschiede nicht durch sonstige Befähigungsnachweise oder nachgewiesene einschlägige Berufserfahrung ausgeglichen hat.

(4) [1] Kann die Antragstellerin oder der Antragsteller die für die Feststellung der Gleichwertigkeit erforderlichen Nachweise nicht oder nur teilweise vorlegen, bestehen Zweifel an der Echtheit oder Richtigkeit der Nachweise oder sind diese inhaltlich nicht ausreichend, kann die Handwerkskammer, insbesondere in Fällen, in denen bei der Gleichwertigkeitsfeststellung Berufserfahrung herangezogen wird, die für einen Vergleich mit der Meisterprüfung in dem zu betreibenden zulassungspflichtigen Handwerk relevanten beruflichen Fertigkeiten, Kenntnisse und Fähigkeiten der Antragstellerin oder des Antragstellers im Rahmen geeigneter Verfahren feststellen. [2] Geeignete Verfahren sind insbesondere Arbeitsproben, Fachgespräche sowie praktische und theoretische Prüfungen.

(5) [1] Sofern die Gleichwertigkeit wegen wesentlicher Unterschiede zu der entsprechenden Meisterprüfung nicht festgestellt werden kann, kann die Handwerkskammer zur Feststellung der Gleichwertigkeit die Teilnahme an einem Anpassungslehrgang, der Gegenstand einer Bewertung ist, oder das Ablegen einer Eignungsprüfung verlangen. [2] Verlangt die Handwerkskammer eine Eignungsprüfung, soll sie ermöglichen, dass diese innerhalb von sechs Monaten abgelegt werden kann.

(6) [1] § 8 Absatz 2 und 3 Satz 2 und 3 gilt entsprechend. [2] Im Übrigen sind die Vorschriften des Berufsqualifikationsfeststellungsgesetzes über reglementierte Berufe sowie § 17 anzuwenden.

§ 51[1)] [Meistertitel in Verbindung mit einem zulassungspflichtigen Handwerk] (1) Die Ausbildungsbezeichnung Meister/Meisterin in Verbindung mit einem zulassungspflichtigen Handwerk oder in Verbindung mit einer anderen Ausbildungsbezeichnung, die auf eine Tätigkeit in einem oder mehreren zulassungspflichtigen Handwerken hinweist, darf nur führen, wer für dieses zulassungspflichtige Handwerk oder für diese zulassungspflichtigen Handwerke die Meisterprüfung bestanden hat.

(2) Wer eine Ausbildungsbezeichnung nach Absatz 1 führen darf, darf zusätzlich die Bezeichnung „Bachelor Professional in" unter Angabe des Handwerks führen, für das er eine Ausbildungsbezeichnung nach Absatz 1 zu führen berechtigt ist.

Zweiter Abschnitt.[2)] Meisterprüfung in einem zulassungsfreien Handwerk oder in einem handwerksähnlichen Gewerbe

§ 51a[3)] [Meisterprüfung in einem zulassungsfreien Handwerk] (1) Für zulassungsfreie Handwerke oder handwerksähnliche Gewerbe, für die eine Ausbildungsordnung nach § 25 dieses Gesetzes oder nach § 4 des Berufsbildungsgesetzes[4)] erlassen worden ist, kann eine Meisterprüfung abgelegt werden.

(2) Als Grundlage für ein geordnetes und einheitliches Meisterprüfungswesen für Handwerke oder Gewerbe im Sinne des Absatzes 1 kann das Bundesministerium für Wirtschaft und Klimaschutz im Einvernehmen mit dem Bundesministerium für Bildung und Forschung durch Rechtsverordnung[5)], die nicht der Zustimmung des Bundesrates bedarf, bestimmen,

1. welche Fertigkeiten und Kenntnisse in den einzelnen zulassungsfreien Handwerken oder handwerksähnlichen Gewerben zum Zwecke der Meisterprüfung zu berücksichtigen sind (Meisterprüfungsberufsbild B),
2. welche Anforderungen in der Meisterprüfung zu stellen sind und
3. welche handwerks- und gewerbespezifischen Verfahrensregelungen in der Meisterprüfung gelten.

[1)] § 51 neu gef. mWv 1.1.2004 durch G v. 24.12.2003 (BGBl. I S. 2934); Abs. 2 angef. mWv 1.1.2020 durch G v. 12.12.2019 (BGBl. I S. 2522).

[2)] Zweiter Abschn. (§§ 51a und 51b) eingef. mWv 1.1.2004 durch G v. 24.12.2003 (BGBl. I S. 2934).

[3)] § 51a Abs. 1 geänd. mWv 1.4.2005 durch G v. 23.3.2005 (BGBl. I S. 931); Abs. 2 und 7 geänd. mWv 8.11.2006 durch VO v. 31.10.2006 (BGBl. I S. 2407); Abs. 7 geänd. mWv 1.10.2007 durch G v. 7.9.2007 (BGBl. I S. 2246); Abs. 2 Nr. 2 geänd., Nr. 3 angef., Abs. 7 Satz 1 geänd., Satz 2 angef. mWv 15.7.2011 durch G v. 11.7.2011 (BGBl. I S. 1341); Abs. 5 Satz 1 geänd. mWv 1.4.2012 durch G v. 6.12.2011 (BGBl. I S. 2515); Abs. 5 Satz 1 geänd. mWv 12.12.2012 durch G v. 5.12.2012 (BGBl. I S. 2415); Abs. 2 und Abs. 7 Satz 1 geänd. mWv 8.9.2015 durch VO v. 31.8.2015 (BGBl. I S. 1474); Abs. 3 Satz 3 angef. mWv 1.1.2020 durch G v. 12.12.2019 (BGBl. I S. 2522); Abs. 4 Sätze 1 und 2 geänd., Abs. 6 neu gef., Abs. 7 aufgeh. mWv 1.7.2021 durch G v. 9.6.2021 (BGBl. I S. 1654); Abs. 2 geänd. mWv 16.11.2022 durch G v. 9.11.2022 (BGBl. I S. 2009); Abs. 5 neu gef. mWv 1.8.2024 durch G v. 19.7.2024 (BGBl. 2024 I Nr. 246).

[4)] **Sartorius ErgBd. Nr. 422.**

[5)] Siehe ua die BuchbindermeisterVO v. 5.5.2006 (BGBl. I S. 1152), zuletzt geänd. durch VO v. 18.1.2022 (BGBl. I S. 39), die Damen- und HerrenschneidermeisterVO v. 5.9.2006 (BGBl. I S. 2122), zuletzt geänd. durch VO v. 18.1.2022 (BGBl. I S. 39), die GraveurmeisterVO v. 16.11.2005 (BGBl. I S. 3182), zuletzt geänd. durch VO v. 18.1.2022 (BGBl. I S. 39), die Rollladen- und SonnenschutzmeisterVO v. 22.1.2007 (BGBl. I S. 51), zuletzt geänd. durch VO v. 18.1.2022 (BGBl. I S. 39), die KeramikermeisterVO v. 13.1.2006 (BGBl. I S. 148), zuletzt geänd. durch VO v. 18.1.2022 (BGBl. I S. 39) und die UhrmachermeisterVO v. 1.11.2005 (BGBl. I S. 3122), zuletzt geänd. durch VO v. 18.1.2022 (BGBl. I S. 39).

(3) [1] Durch die Meisterprüfung ist festzustellen, ob der Prüfling eine besondere Befähigung in einem zulassungsfreien Handwerk oder in einem handwerksähnlichen Gewerbe erworben hat und Lehrlinge ordnungsgemäß ausbilden kann. [2] Zu diesem Zweck hat der Prüfling in vier selbständigen Prüfungsteilen nachzuweisen, dass er Tätigkeiten seines zulassungsfreien Handwerks oder seines handwerksähnlichen Gewerbes meisterhaft verrichten kann (Teil I), besondere fachtheoretische Kenntnisse (Teil II), besondere betriebswirtschaftliche, kaufmännische und rechtliche Kenntnisse (Teil III) sowie die erforderlichen berufs- und arbeitspädagogischen Kenntnisse (Teil IV) besitzt. [3] § 45 Absatz 2 Satz 2 ist entsprechend anzuwenden.

(4) [1] Zum Nachweis der Fertigkeiten und Kenntnisse führt die Handwerkskammer Prüfungen nach Maßgabe der folgenden Vorschriften durch. [2] Die durch die Durchführung der Meisterprüfung entstehenden Kosten trägt die Handwerkskammer.

(5) [1] Zur Prüfung ist zuzulassen, wer

1. eine Gesellenprüfung oder eine Abschlussprüfung in einem anerkannten Ausbildungsberuf bestanden hat,
2. das Zeugnis der vollständigen Vergleichbarkeit der individuellen beruflichen Handlungsfähigkeit mit der für die Ausübung eines Ausbildungsberufs erforderlichen beruflichen Handlungsfähigkeit nach § 1 Absatz 6 des Berufsbildungsgesetzes erhalten hat oder
3. eine Gleichwertigkeitsfeststellung nach § 40a besitzt.

[2] Die Handwerkskammer kann auf Antrag in Ausnahmefällen von der Zulassungsvoraussetzung befreien. [3] Für das Ablegen des Teils III der Meisterprüfung entfällt die Zulassungsvoraussetzung.

(6) Für Befreiungen gilt § 46 mit der Maßgabe entsprechend, dass im Fall des § 46 Absatz 5 an die Stelle des § 50a Absatz 1 Satz 1 in Verbindung mit Satz 2 Nummer 7 der § 51d Absatz 1 Satz 1 in Verbindung mit Satz 2 Nummer 7 tritt.

§ 51b[1)] [Meisterprüfungsausschüsse] (1) [1] Die Handwerkskammer errichtet an ihrem Sitz für ihren Bezirk Meisterprüfungsausschüsse. [2] Mehrere Handwerkskammern können bei einer von ihnen gemeinsame Meisterprüfungsausschüsse errichten.

(2) [1] Der Meisterprüfungsausschuss besteht aus vier Mitgliedern; für jedes Mitglied können bis zu zwei Stellvertreter für den Fall der Verhinderung des Mitgliedes berufen werden. [2] Mitglieder und Stellvertreter werden für längstens fünf Jahre ernannt. [3] Mitglieder nach Absatz 5 und deren Stellvertreter werden auf Vorschlag der Mehrheit der Gesellenvertreter der Vollversammlung ernannt, die ihrerseits Vorschläge der im Bezirk der Handwerkskammer bestehenden Gewerkschaften und selbständigen Vereinigungen von Arbeitnehmern mit sozial- oder berufspolitischer Zwecksetzung berücksichtigen sollen; § 47 Absatz 2 Satz 3 gilt entsprechend.

(3) Der Vorsitzende braucht nicht in einem zulassungsfreien Handwerk oder einem handwerksähnlichen Gewerbe tätig zu sein; er soll dem zulassungsfreien Handwerk oder dem handwerksähnlichen Gewerbe, für welches der Meisterprüfungsausschuss errichtet ist, nicht angehören.

[1)] § 51b eingef. mWv 1.4.2005 durch G v. 23.3.2005 (BGBl. I S. 931); Abs. 7 neu gef. mWv 1.1.2020 durch G v. 12.12.2019 (BGBl. I S. 2522); Abs. 2 und 4 neu gef., Abs. 5 geänd., Abs. 6 und 7 neu gef., Abs. 8 angef. mWv 1.7.2021 durch G v. 9.6.2021 (BGBl. I S. 1654).

(4) Ein Beisitzer muss das zulassungsfreie Handwerk oder das handwerksähnliche Gewerbe, für das der Meisterprüfungsausschuss errichtet ist, mindestens seit einem Jahr selbständig als stehendes Gewerbe betreiben und in diesem zulassungsfreien Handwerk oder in diesem handwerksähnlichen Gewerbe

1. die Meisterprüfung erfolgreich abgelegt haben oder
2. das Recht zum Ausbilden von Lehrlingen besitzen.

(5) Ein Beisitzer soll ein Geselle sein, der in dem zulassungsfreien Handwerk oder in dem handwerksähnlichen Gewerbe, für das der Meisterprüfungsausschuss errichtet ist, die Meisterprüfung erfolgreich abgelegt hat oder das Recht zum Ausbilden von Lehrlingen besitzt und in dem betreffenden zulassungsfreien Handwerk oder handwerksähnlichen Gewerbe tätig ist.

(6) Ein Beisitzer soll besonders sachkundig in der wirtschaftlichen Betriebsführung sowie in den kaufmännischen, rechtlichen und berufserzieherischen Kenntnissen sein; er braucht dem Handwerk nicht anzugehören.

(7) § 34 Absatz 6 Satz 1, Absatz 9 und 9a ist entsprechend anzuwenden.

(8) [1] Für Stellvertreter gelten die Anforderungen für die Berufung des Mitglieds, als dessen Stellvertreter sie berufen werden. [2] Für die Stellvertreter gilt Absatz 7 entsprechend.

(Fortsetzung nächstes Blatt)

§ 51c[1)] [Abnahme und Bewertung der Meisterprüfung] (1) [1]Die Abnahme und die abschließende Bewertung der einzelnen Prüfungsleistungen einer Meisterprüfung obliegen Prüfungskommissionen. [2]Die Prüfungskommissionen werden von dem Meisterprüfungsausschuss gebildet.

(2) [1]Für den Einsatz in den Prüfungskommissionen beruft der Meisterprüfungsausschuss für die Dauer von jeweils längstens fünf Jahren prüfende Personen. [2]Die Handwerkskammer hat hierfür eine Liste mit nicht bindenden Vorschlägen zu erstellen; § 47 Absatz 2 Satz 2 und 3 gilt entsprechend.

(3) [1]Jede prüfende Person muss die Voraussetzungen für eine Ernennung zum Mitglied des Meisterprüfungsausschusses erfüllen. [2]§ 34 Absatz 6 Satz 1, Absatz 9 und 9a gilt für sie entsprechend. [3]Die Mitglieder des Meisterprüfungsausschusses und ihre Stellvertreter können zu prüfenden Personen berufen werden.

§ 51d[2)] [Verordnungsermächtigung] (1) [1]Das Bundesministerium für Wirtschaft und Klimaschutz wird ermächtigt, im Einvernehmen mit dem Bundesministerium für Bildung und Forschung durch Rechtsverordnung mit Zustimmung des Bundesrates das Zulassungsverfahren und das allgemeine Prüfungsverfahren zu regeln. [2]In der Rechtsverordnung nach Satz 1 sind insbesondere zu regeln

1. die förmlichen Anforderungen an die Zulassung zur Meisterprüfung,
2. die Durchführung der Prüfung,
3. die Geschäftsverteilung und die Beschlussfassung innerhalb des Meisterprüfungsausschusses,
4. die Bildung und die Zusammensetzung der Prüfungskommissionen, insbesondere hinsichtlich der Anzahl, der Qualifikation und der Gruppenzugehörigkeit ihrer Mitglieder,
5. die Zuweisung der Abnahme und Bewertung der Prüfungsleistungen an die Prüfungskommissionen,
6. die Bewertung von Prüfungsleistungen, einschließlich der Anwendung eines einheitlichen Bewertungsmaßstabes auf der Grundlage eines Punktesystems sowie eines Verfahrens zur Bestimmung der abschließenden Bewertung von Prüfungsleistungen bei voneinander abweichenden Einzelbewertungen durch die Mitglieder einer Prüfungskommission,
7. die Anrechnung von einzelnen Prüfungsleistungen und die Befreiung von Prüfungsteilen oder Prüfungsleistungen,
8. die Ermittlung und Bekanntgabe der Prüfungsergebnisse binnen einer bestimmten Frist, längstens eines Monats, sowie die Erteilung der Prüfungszeugnisse,
9. der Nachteilsausgleich für Menschen mit Behinderungen,
10. die Folgen von Verstößen gegen die Prüfungsvorschriften,
11. *die Zulässigkeit,* der Umfang und die Häufigkeit von Wiederholungsprüfungen und
12. die Niederschrift über die Meisterprüfung.

(2) Die Rechtsverordnung nach Absatz 1 Satz 1 kann darüber hinaus Vorschriften enthalten

---

[1)] § 51c eingef. mWv 1.7.2021 durch G v. 9.6.2021 (BGBl. I S. 1654).

[2)] § 51d eingef. mWv 1.7.2021 durch G v. 9.6.2021 (BGBl. I S. 1654); Abs. 1 Satz 1, Abs. 3 geänd. mWv 16.11.2022 durch G v. 9.11.2022 (BGBl. I S. 2009).

1. zur Berufung der prüfenden Personen nach § 51c Absatz 2 und 3 sowie
2. zum Nachteilsausgleich für Teilleistungsstörungen.

(3) Soweit das Bundesministerium für Wirtschaft und Klimaschutz von seiner Befugnis nach Absatz 1 Satz 1, auch in Verbindung mit Absatz 2 Nummer 2, keinen Gebrauch macht, kann eine von der Handwerkskammer mit Genehmigung der obersten Landesbehörde zu erlassende Satzung das Zulassungsverfahren und das Prüfungsverfahren regeln.

§ 51e[1)] [Gleichstellung von Prüfungszeugnissen] [1] Das Bundesministerium für Wirtschaft und Klimaschutz kann im Einvernehmen mit dem Bundesministerium für Bildung und Forschung durch Rechtsverordnung mit Zustimmung des Bundesrates im Ausland erworbene Prüfungszeugnisse den entsprechenden Zeugnissen über das Bestehen einer deutschen Meisterprüfung in einem zulassungsfreien Handwerk oder handwerksähnlichen Gewerbe gleichstellen, wenn an den Bildungsgang und in den Prüfungen gleichwertige Anforderungen gestellt werden. [2] Die Vorschriften des Bundesvertriebenengesetzes[2)] bleiben unberührt.

§ 51f[3)] [Meistertitel in Verbindung mit einem zulassungsfreien Handwerk] [1] Die Ausbildungsbezeichnung Meister/Meisterin in Verbindung mit einem zulassungsfreien Handwerk oder handwerksähnlichen Gewerbe darf nur führen,

(Fortsetzung nächstes Blatt)

[1)] Früherer § 51c eingef. mWv 1.4.2005 durch G v. 23.3.2005 (BGBl. I S. 931); Satz 1 geänd. mWv 8.11.2006 durch VO v. 31.10.2006 (BGBl. I S. 2407); Satz 1 geänd. mWv 8.9.2015 durch VO v. 31.8. 2015 (BGBl. I S. 1474); bish. § 51c wird § 51e mWv 1.7.2021 durch G v. 9.6.2021 (BGBl. I S. 1654); Satz 1 geänd. mWv 16.11.2022 durch G v. 9.11.2022 (BGBl. I S. 2009).

[2)] ***Sartorius III Nr. 955.***

[3)] Früherer § 51b wird § 51d mWv 1.4.2005 durch G v. 23.3.2005 (BGBl. I S. 931); Satz 2 angef. mWv 1.1.2020 durch G v. 12.12.2019 (BGBl. I S. 2522); bish. § 51d wird § 51f mWv 1.7.2021 durch G v. 9.6. 2021 (BGBl. I S. 1654).

wer die Prüfung nach § 51a Abs. 3 in diesem Handwerk oder Gewerbe bestanden hat. [2] § 51 Absatz 2 ist entsprechend anzuwenden.

§ 51g[1)] [Gleichwertigkeit ausländischer Ausbildungsnachweise] [1] Im Fall der Gleichwertigkeit eines im Ausland erworbenen Ausbildungsnachweises mit der Meisterprüfung ist die Gleichwertigkeit festzustellen. [2] § 50c gilt entsprechend.

Vierter Teil. Organisation des Handwerks

Erster Abschnitt. Handwerksinnungen

§ 52[2)] [Bildung von Handwerksinnungen, Innungsbezirke] (1) [1] Inhaber von Betrieben des gleichen zulassungspflichtigen Handwerks oder des gleichen zulassungsfreien Handwerks oder des gleichen handwerksähnlichen Gewerbes oder solcher Handwerke oder handwerksähnlicher Gewerbe, die sich fachlich oder wirtschaftlich nahe stehen, können zur Förderung ihrer gemeinsamen gewerblichen Interessen, wozu in besonderem Maße der Abschluss von Tarifverträgen gehört, innerhalb eines bestimmten Bezirks zu einer Handwerksinnung zusammentreten. [2] Voraussetzung ist, dass für das jeweilige Gewerbe eine Ausbildungsordnung erlassen worden ist. [3] Für jedes Gewerbe kann in dem gleichen Bezirk nur eine Handwerksinnung gebildet werden; sie ist allein berechtigt, die Bezeichnung Innung in Verbindung mit dem Gewerbe zu führen, für das sie errichtet ist.

(2) [1] Der Innungsbezirk soll unter Berücksichtigung einheitlicher Wirtschaftsgebiete so abgegrenzt sein, daß die Zahl der Innungsmitglieder ausreicht, um die Handwerksinnung leistungsfähig zu gestalten, und daß die Mitglieder an dem Leben und den Einrichtungen der Handwerksinnung teilnehmen können. [2] Der Innungsbezirk hat sich mindestens mit dem Gebiet einer kreisfreien Stadt oder eines Landkreises zu decken. [3] Die Handwerkskammer kann unter den Voraussetzungen des Satzes 1 eine andere Abgrenzung zulassen.

(3) [1] Der Innungsbezirk soll sich nicht über den Bezirk einer Handwerkskammer hinaus erstrecken. [2] Soll der Innungsbezirk über den Bezirk einer Handwerkskammer hinaus erstreckt werden, so bedarf die Bezirksabgrenzung der Genehmigung durch die oberste Landesbehörde. [3] Soll sich der Innungsbezirk auch auf ein anderes Land erstrecken, so kann die Genehmigung nur im Einvernehmen mit den beteiligten obersten Landesbehörden erteilt werden.

§ 53 [Rechtsform der Handwerksinnung] [1] Die Handwerksinnung ist eine Körperschaft des öffentlichen Rechts. [2] Sie wird mit Genehmigung der Satzung rechtsfähig.

§ 54 [Aufgabe der Innung] (1) [1] Aufgabe der Handwerksinnung ist, die gemeinsamen gewerblichen Interessen ihrer Mitglieder zu fördern. [2] Insbesondere hat sie

1. den Gemeingeist und die Berufsehre zu pflegen,
2. ein gutes Verhältnis zwischen Meistern, Gesellen und Lehrlingen anzustreben,

---

[1)] Früherer § 51e eingef. mWv 1.4.2012 durch G v. 6.12.2011 (BGBl. I S. 2515); bish. § 51e wird § 51g und Satz 2 geänd. mWv 1.7.2021 durch G v. 9.6.2021 (BGBl. I S. 1654).

[2)] § 52 Abs. 1 neu gef. mWv 1.1.2004 durch G v. 24.12.2003 (BGBl. I S. 2934); Abs. 1 Satz 1 geänd. mWv 1.7.2021 durch G v. 9.6.2021 (BGBl. I S. 1654).

3. entsprechend den Vorschriften der Handwerkskammer die Lehrlingsausbildung zu regeln und zu überwachen sowie für die berufliche Ausbildung der Lehrlinge zu sorgen und ihre charakterliche Entwicklung zu fördern,
4. die Gesellenprüfungen abzunehmen und hierfür Gesellenprüfungsausschüsse zu errichten, sofern sie von der Handwerkskammer dazu ermächtigt ist,
5. das handwerkliche Können der Meister und Gesellen zu fördern; zu diesem Zweck kann sie insbesondere Fachschulen errichten oder unterstützen und Lehrgänge veranstalten,
6. bei der Verwaltung der Berufsschulen gemäß den bundes- und landesrechtlichen Bestimmungen mitzuwirken,
7. das Genossenschaftswesen im Handwerk zu fördern,
8. über Angelegenheiten der in ihr vertretenen Handwerke den Behörden Gutachten und Auskünfte zu erstatten,
9. die sonstigen handwerklichen Organisationen und Einrichtungen in der Erfüllung ihrer Aufgaben zu unterstützen,
10. die von der Handwerkskammer innerhalb ihrer Zuständigkeit erlassenen Vorschriften und Anordnungen durchzuführen.

(2) Die Handwerksinnung soll

1. zwecks Erhöhung der Wirtschaftlichkeit der Betriebe ihrer Mitglieder Einrichtungen zur Verbesserung der Arbeitsweise und der Betriebsführung schaffen und fördern,
2. bei der Vergebung öffentlicher Lieferungen und Leistungen die Vergebungsstellen beraten,
3. das handwerkliche Pressewesen unterstützen.

(3) Die Handwerksinnung kann

1. Tarifverträge abschließen, soweit und solange solche Verträge nicht durch den Innungsverband für den Bereich der Handwerksinnung geschlossen sind,
2. für ihre Mitglieder und deren Angehörige Unterstützungskassen für Fälle der Krankheit, des Todes, der Arbeitsunfähigkeit oder sonstiger Bedürftigkeit errichten,
3. bei Streitigkeiten zwischen den Innungsmitgliedern und ihren Auftraggebern auf Antrag vermitteln.

(4) Die Handwerksinnung kann auch sonstige Maßnahmen zur Förderung der gemeinsamen gewerblichen Interessen der Innungsmitglieder durchführen.

(5) Die Errichtung und die Rechtsverhältnisse der Innungskrankenkassen richten sich nach den hierfür geltenden bundesrechtlichen Bestimmungen.

§ 55 [Satzung] (1) Die Aufgaben der Handwerksinnung, ihre Verwaltung und die Rechtsverhältnisse ihrer Mitglieder sind, soweit gesetzlich nichts darüber bestimmt ist, durch die Satzung zu regeln.

(2) Die Satzung muß Bestimmungen enthalten über

1. den Namen, den Sitz und den Bezirk der Handwerksinnung sowie die Handwerke, für welche die Handwerksinnung errichtet ist,
2. die Aufgaben der Handwerksinnung,
3. den Eintritt, den Austritt und den Ausschluß der Mitglieder,
4. die Rechte und Pflichten der Mitglieder sowie die Bemessungsgrundlage für die Erhebung der Mitgliedsbeiträge,

5. die Einberufung der Innungsversammlung, das Stimmrecht in ihr und die Art der Beschlußfassung,
6. die Bildung des Vorstands,
7. die Bildung des Gesellenausschusses,
8. die Beurkundung der Beschlüsse der Innungsversammlung und des Vorstands,
9. die Aufstellung des Haushaltsplans sowie die Aufstellung und Prüfung der Jahresrechnung,
10. die Voraussetzungen für die Änderung der Satzung und für die Auflösung der Handwerksinnung sowie den Erlaß und die Änderung der Nebensatzungen,
11. die Verwendung des bei der Auflösung der Handwerksinnung verbleibenden Vermögens.

§ 56 [Genehmigung der Satzung] (1) Die Satzung der Handwerksinnung bedarf der Genehmigung durch die Handwerkskammer des Bezirks, in dem die Handwerksinnung ihren Sitz nimmt.

(2) Die Genehmigung ist zu versagen, wenn

1. die Satzung den gesetzlichen Vorschriften nicht entspricht,

(Fortsetzung nächstes Blatt)

2. die durch die Satzung vorgesehene Begrenzung des Innungsbezirks die nach § 52 Abs. 3 Satz 2 erforderliche Genehmigung nicht erhalten hat.

§ 57 [Nebensatzungen für Unterstützungskassen] (1) 1 Soll in der Handwerksinnung eine Einrichtung der im § 54 Abs. 3 Nr. 2 vorgesehenen Art getroffen werden, so sind die dafür erforderlichen Bestimmungen in Nebensatzungen zusammenzufassen. 2 Diese bedürfen der Genehmigung der Handwerkskammer des Bezirks, in dem die Handwerksinnung ihren Sitz hat.

(2) 1 Über die Einnahmen und Ausgaben solcher Einrichtungen ist getrennt Rechnung zu führen und das hierfür bestimmte Vermögen gesondert von dem Innungsvermögen zu verwalten. 2 Das getrennt verwaltete Vermögen darf für andere Zwecke nicht verwandt werden. 3 Die Gläubiger haben das Recht auf gesonderte Befriedigung aus diesem Vermögen.

§ 58[1)] **[Innungsmitglieder]** (1) 1 Mitglied bei der Handwerksinnung kann jeder Inhaber eines Betriebs eines Handwerks oder eines handwerksähnlichen Gewerbes werden, der das Gewerbe ausübt, für welches die Handwerksinnung gebildet ist. 2 Die Handwerksinnung kann durch Satzung im Rahmen ihrer örtlichen Zuständigkeit bestimmen, dass Gewerbetreibende, die ein dem Gewerbe, für welches die Handwerksinnung gebildet ist, fachlich oder wirtschaftlich nahe stehendes handwerksähnliches Gewerbe ausüben, für das keine Ausbildungsordnung erlassen worden ist, Mitglied der Handwerksinnung werden können.

(2) Übt der Inhaber eines Betriebs eines Handwerks oder eines handwerksähnlichen Gewerbes mehrere Gewerbe aus, so kann er allen für diese Gewerbe gebildeten Handwerksinnungen angehören.

(3) Dem Inhaber eines Betriebs eines Handwerks oder eines handwerksähnlichen Gewerbes, das den gesetzlichen und satzungsmäßigen Vorschriften entspricht, darf der Eintritt in die Handwerksinnung nicht versagt werden.

(4) Von der Erfüllung der gesetzlichen und satzungsmäßigen Bedingungen kann zugunsten einzelner nicht abgesehen werden.

§ 59 [Gastmitglieder der Innung] 1 Die Handwerksinnung kann Gastmitglieder aufnehmen, die dem Handwerk, für das die Innung gebildet ist, beruflich oder wirtschaftlich nahestehen. 2 Ihre Rechte und Pflichten sind in der Satzung zu regeln. 3 An der Innungsversammlung nehmen sie mit beratender Stimme teil.

§ 60 [Organe der Innung] Die Organe der Handwerksinnung sind
1. die Innungsversammlung,
2. der Vorstand,
3. die Ausschüsse.

---

1) § 58 Abs. 1 bis 3 neugef. durch G v. 24. 12. 2003 (BGBl. I S. 2934).

§ 61 [Innungsversammlung] (1) [1]Die Innungsversammlung beschließt über alle Angelegenheiten der Handwerksinnung, soweit sie nicht vom Vorstand oder den Ausschüssen wahrzunehmen sind. [2]Die Innungsversammlung besteht aus den Mitgliedern der Handwerksinnung. [3]Die Satzung kann bestimmen, daß die Innungsversammlung aus Vertretern besteht, die von den Mitgliedern der Handwerksinnung aus ihrer Mitte gewählt werden (Vertreterversammlung); es kann auch bestimmt werden, daß nur einzelne Obliegenheiten der Innungsversammlung durch eine Vertreterversammlung wahrgenommen werden.

(2) Der Innungsversammlung obliegt im besonderen

1. die Feststellung des Haushaltsplans und die Bewilligung von Ausgaben, die im Haushaltsplan nicht vorgesehen sind;
2. die Beschlußfassung über die Höhe der Innungsbeiträge und über die Festsetzung von Gebühren; Gebühren können auch von Nichtmitgliedern, die Tätigkeiten oder Einrichtungen der Innung in Anspruch nehmen, erhoben werden;
3. die Prüfung und Abnahme der Jahresrechnung;
4. die Wahl des Vorstands und derjenigen Mitglieder der Ausschüsse, die der Zahl der Innungsmitglieder zu entnehmen sind;
5. die Einsetzung besonderer Ausschüsse zur Vorbereitung einzelner Angelegenheiten;
6. der Erlaß von Vorschriften über die Lehrlingsausbildung (§ 54 Abs. 1 Nr. 3);
7. die Beschlußfassung über
   a) den Erwerb, die Veräußerung oder die dingliche Belastung von Grundeigentum,
   b) die Veräußerung von Gegenständen, die einen geschichtlichen, wissenschaftlichen oder Kunstwert haben,
   c) die Ermächtigung zur Aufnahme von Krediten,
   d) den Abschluß von Verträgen, durch welche der Handwerksinnung fortlaufende Verpflichtungen auferlegt werden, mit Ausnahme der laufenden Geschäfte der Verwaltung,
   e) die Anlegung des Innungsvermögens;
8. die Beschlußfassung über die Änderung der Satzung und die Auflösung der Handwerksinnung;
9. die Beschlußfassung über den Erwerb und die Beendigung der Mitgliedschaft beim Landesinnungsverband.

(3) Die nach Absatz 2 Nr. 6, 7 und 8 gefaßten Beschlüsse bedürfen der Genehmigung durch die Handwerkskammer.

§ 62 [Beschlußfassung; Einberufung der Versammlung] (1) Zur Gültigkeit eines Beschlusses der Innungsversammlung ist erforderlich, daß der Gegenstand bei ihrer Einberufung bezeichnet ist, es sei denn, *daß er in der Innungs*versammlung mit Zustimmung von drei Vierteln der erschienenen Mitglieder nachträglich auf die Tagesordnung gesetzt wird, sofern es sich nicht um einen Beschluß über eine Satzungsänderung oder Auflösung der Handwerksinnung handelt.

(2) 1 Beschlüsse der Innungsversammlung werden mit einfacher Mehrheit der erschienenen Mitglieder gefaßt. 2 Zu Beschlüssen über Änderungen der Satzung der Handwerksinnung ist eine Mehrheit von drei Vierteln der erschienenen Mitglieder erforderlich. 3 Der Beschluß auf Auflösung der Handwerksinnung kann nur mit einer Mehrheit von drei Vierteln der stimmberechtigten Mitglieder gefaßt werden. 4 Sind in der ersten Innungsversammlung drei Viertel der Stimmberechtigten nicht erschienen, so ist binnen vier Wochen eine zweite Innungsversammlung einzuberufen, in welcher der Auflösungsbeschluß mit einer Mehrheit von drei Vierteln der erschienenen Mitglieder gefaßt werden kann. 5 Satz 3 gilt für den Beschluß zur Bildung einer Vertreterversammlung (§ 61 Abs. 1 Satz 3) mit der Maßgabe, daß er auch im Wege schriftlicher Abstimmung gefaßt werden kann.

(3) 1 Die Innungsversammlung ist in den durch die Satzung bestimmten Fällen sowie dann einzuberufen, wenn das Interesse der Handwerksinnung es erfordert. 2 Sie ist ferner einzuberufen, wenn der durch die Satzung bestimmte Teil oder in Ermangelung einer Bestimmung der zehnte Teil der Mitglieder die Einberufung schriftlich unter Angabe des Zwecks und der Gründe verlangt; wird dem Verlangen nicht entsprochen oder erfordert es das Interesse der Handwerksinnung, so kann die Handwerkskammer die Innungsversammlung einberufen und leiten.

§ 63 [Stimmrecht] 1 Stimmberechtigt in der Innungsversammlung sind die Mitglieder der Handwerksinnung im Sinne des § 58 Abs. 1. 2 Für eine juristische Person oder eine Personengesellschaft kann nur eine Stimme abgegeben werden, auch wenn mehrere vertretungsberechtigte Personen vorhanden sind.

§ 64 [Ausschluss des Stimmrechts] Ein Mitglied ist nicht stimmberechtigt, wenn die Beschlußfassung die Vornahme eines Rechtsgeschäfts oder die Einleitung oder Erledigung eines Rechtsstreits zwischen ihm und der Handwerksinnung betrifft.

§ 65 [Übertragung des Stimmrechts] (1) Ein gemäß § 63 stimmberechtigtes Mitglied, das Inhaber eines Nebenbetriebs im Sinne des § 2 Nr. 2 oder 3 ist, kann sein Stimmrecht auf den Leiter des Nebenbetriebs übertragen, falls dieser die Pflichten übernimmt, die seinen Vollmachtgebern gegenüber der Handwerksinnung obliegen.

(2) Die Satzung kann die Übertragung der in Absatz 1 bezeichneten Rechte unter den dort gesetzten Voraussetzungen auch in anderen Ausnahmefällen zulassen.

(3) Die Übertragung und die Übernahme der Rechte bedarf der schriftlichen Erklärung gegenüber der Handwerksinnung.

§ 66 [Vorstand der Handwerksinnung] (1) 1 Der Vorstand der Handwerksinnung wird von der Innungsversammlung für die in der

Satzung bestimmte Zeit mit verdeckten Stimmzetteln gewählt. 2 Die Wahl durch Zuruf ist zulässig, wenn niemand widerspricht. 3 Über die Wahlhandlung ist eine Niederschrift anzufertigen. 4 Die Wahl des Vorstands ist der Handwerkskammer binnen einer Woche anzuzeigen.

(2) 1 Die Satzung kann bestimmen, daß die Bestellung des Vorstands jederzeit widerruflich ist. 2 Die Satzung kann ferner bestimmen, daß der Widerruf nur zulässig ist, wenn ein wichtiger Grund vorliegt; ein solcher Grund ist insbesondere grobe Pflichtverletzung oder Unfähigkeit.

(3) 1 Der Vorstand vertritt die Handwerksinnung gerichtlich und außergerichtlich. 2 Durch die Satzung kann die Vertretung einem oder mehreren Mitgliedern des Vorstands oder dem Geschäftsführer übertragen werden. 3 Als Ausweis genügt bei allen Rechtsgeschäften die Bescheinigung der Handwerkskammer, daß die darin bezeichneten Personen zur Zeit den Vorstand bilden.

(4) Die Mitglieder des Vorstands verwalten ihr Amt als Ehrenamt unentgeltlich; es kann ihnen nach näherer Bestimmung der Satzung Ersatz barer Auslagen und eine Entschädigung für Zeitversäumnis gewährt werden.

§ 67[1)] **[Ausschüsse]** (1) Die Handwerksinnung kann zur Wahrnehmung einzelner Angelegenheiten Ausschüsse bilden.

(2) 1 Zur Förderung der Berufsbildung ist ein Ausschuß zu bilden. 2 Er besteht aus einem Vorsitzenden und mindestens vier Beisitzern, von denen die Hälfte Innungsmitglieder, die in der Regel Gesellen oder Lehrlinge beschäftigen, und die andere Hälfte Gesellen sein müssen.

(3) 1 Die Handwerksinnung kann einen Ausschuß zur Schlichtung von Streitigkeiten zwischen Ausbildenden und Lehrlingen (Auszubildenden) errichten, der für alle Berufsausbildungsverhältnisse der in der Handwerksinnung vertretenen Handwerke ihres Bezirks zuständig ist. 2 Die Handwerkskammer erläßt die hierfür erforderliche Verfahrensordnung.

§ 68 [Gesellenausschuss] (1) 1 Im Interesse eines guten Verhältnisses zwischen den Innungsmitgliedern und den bei ihnen beschäftigten Gesellen (§ 54 Abs. 1 Nr. 2) wird bei der Handwerksinnung ein Gesellenausschuß errichtet. 2 Der Gesellenausschuß hat die Gesellenmitglieder der Ausschüsse zu wählen, bei denen die Mitwirkung der Gesellen durch Gesetz oder Satzung vorgesehen ist.

(2) Der Gesellenausschuß ist zu beteiligen

1. bei Erlaß von Vorschriften über die Regelung der Lehrlingsausbildung (§ 54 Abs. 1 Nr. 3),
2. bei Maßnahmen zur Förderung und Überwachung der beruflichen Ausbildung und zur Förderung der charakterlichen Entwicklung der Lehrlinge (§ 54 Abs. 1 Nr. 3),
3. bei der Errichtung der Gesellenprüfungsausschüsse (§ 54 Abs. 1 Nr. 4),
4. bei Maßnahmen zur Förderung des handwerklichen Könnens der Gesellen, insbesondere bei der Errichtung oder Unterstützung der zu

[1)] § 67 Abs. 2 ber. durch Bek. v. 16. 8. 2006 (BGBl. I S. 2095).

dieser Förderung bestimmten Fachschulen und Lehrgänge (§ 54 Abs. 1 Nr. 5),
5. bei der Mitwirkung an der Verwaltung der Berufsschulen gemäß den Vorschriften der Unterrichtsverwaltungen (§ 54 Abs. 1 Nr. 6),
6. bei der Wahl oder Benennung der Vorsitzenden von Ausschüssen, bei denen die Mitwirkung der Gesellen durch Gesetz oder Satzung vorgesehen ist,
7. bei der Begründung und Verwaltung aller Einrichtungen, für welche die Gesellen Beiträge entrichten oder eine besondere Mühewaltung übernehmen, oder die zu ihrer Unterstützung bestimmt sind.

(3) Die Beteiligung des Gesellenausschusses hat mit der Maßgabe zu erfolgen, daß
1. bei der Beratung und Beschlußfassung des Vorstands der Handwerksinnung mindestens ein Mitglied des Gesellenausschusses mit vollem Stimmrecht teilnimmt,
2. bei der Beratung und Beschlußfassung der Innungsversammlung seine sämtlichen Mitglieder mit vollem Stimmrecht teilnehmen,
3. bei der Verwaltung von Einrichtungen, für welche die Gesellen Aufwendungen zu machen haben, vom Gesellenausschuß gewählte Gesellen in gleicher Zahl zu beteiligen sind wie die Innungsmitglieder.

(4) [1] Zur Durchführung von Beschlüssen der Innungsversammlung in den in Absatz 2 bezeichneten Angelegenheiten bedarf es der Zustimmung des Gesellenausschusses. [2] Wird die Zustimmung versagt oder nicht in angemessener Frist erteilt, so kann die Handwerksinnung die Entscheidung der Handwerkskammer binnen eines Monats beantragen.

(5) Die Beteiligung des Gesellenausschusses entfällt in den Angelegenheiten, die Gegenstand eines von der Handwerksinnung oder von dem Innungsverband abgeschlossenen oder abzuschließenden Tarifvertrags sind.

§ 69 [Zusammensetzung und Wahl des Gesellenausschusses]

(1) Der Gesellenausschuß besteht aus dem Vorsitzenden (Altgesellen) und einer weiteren Zahl von Mitgliedern.

(2) Für die Mitglieder des Gesellenausschusses sind Stellvertreter zu wählen, die im Falle der Verhinderung oder des Ausscheidens für den Rest der Wahlzeit in der Reihenfolge der Wahl eintreten.

(3) [1] Die Mitglieder des Gesellenausschusses werden mit verdeckten Stimmzetteln in allgemeiner, unmittelbarer und gleicher Wahl gewählt. [2] Zum Zwecke der Wahl ist eine Wahlversammlung einzuberufen; in der Versammlung können durch Zuruf Wahlvorschläge gemacht werden. [3] Führt die Wahlversammlung zu keinem Ergebnis, so ist auf Grund von schriftlichen Wahlvorschlägen nach den Grundsätzen der Verhältniswahl zu wählen; jeder Wahlvorschlag muß die Namen von ebensovielen Bewerbern enthalten, wie Mitglieder des Gesellenausschusses zu wählen sind; wird nur ein gültiger Wahlvorschlag eingereicht, so gelten die darin bezeichneten Bewerber als gewählt. [4] Die

Satzung trifft die näheren Bestimmungen über die Zusammensetzung des Gesellenausschusses und über das Wahlverfahren, insbesondere darüber, wie viele Unterschriften für einen gültigen schriftlichen Wahlvorschlag erforderlich sind.

(4) [1]Die Mitglieder des Gesellenausschusses dürfen in der Ausübung ihrer Tätigkeit nicht behindert werden. [2]Auch dürfen sie deswegen nicht benachteiligt oder begünstigt werden. [3]Die Mitglieder des Gesellenausschusses sind, soweit es zur ordnungsgemäßen Durchführung der ihnen gesetzlich zugewiesenen Aufgaben erforderlich ist und wichtige betriebliche Gründe nicht entgegenstehen, von ihrer beruflichen Tätigkeit ohne Minderung des Arbeitsentgelts freizustellen.

(5) Das Ergebnis der Wahl der Mitglieder des Gesellenausschusses ist in den für die Bekanntmachung der zuständigen Handwerkskammer bestimmten Organen zu veröffentlichen.

§ 70 [Wahlrecht] Berechtigt zur Wahl des Gesellenausschusses sind die bei einem Innungsmitglied beschäftigten Gesellen.

§ 71 [Wählbarkeit zum Gesellenausschuß] (1) Wählbar ist jeder Geselle, der

1. volljährig ist,
2. eine Gesellenprüfung oder eine entsprechende Abschlußprüfung abgelegt hat und
3. seit mindestens drei Monaten in dem Betrieb eines der Handwerksinnung angehörenden selbständigen Handwerkers beschäftigt ist.

(2) Über die Wahlhandlung ist eine Niederschrift anzufertigen.

§ 71 a [Kurzzeitige Arbeitslosigkeit] Eine kurzzeitige Arbeitslosigkeit läßt das Wahlrecht nach den §§ 70 und 71 unberührt, wenn diese zum Zeitpunkt der Wahl nicht länger als drei Monate besteht.

§ 72 [Bei Innungsmitgliedern nicht mehr beschäftigte Ausschußmitglieder] [1]Mitglieder des Gesellenausschusses behalten, auch wenn sie nicht mehr bei Innungsmitgliedern beschäftigt sind, solange sie im Bezirk der Handwerksinnung im Betrieb eines selbständigen Handwerkers verbleiben, die Mitgliedschaft noch bis zum Ende der Wahlzeit, jedoch höchstens für ein Jahr. [2]Im Falle eintretender Arbeitslosigkeit behalten sie ihr Amt bis zum Ende der Wahlzeit.

§ 73[1)] [Beiträge und Gebühren] (1) [1]Die der Handwerksinnung und ihrem Gesellenausschuß erwachsenden Kosten sind, soweit sie aus den Erträgen des Vermögens oder aus anderen Einnahmen keine Dekkung finden, von den Innungsmitgliedern durch Beiträge aufzubringen. [2]Zu den Kosten des Gesellenausschusses zählen auch die anteiligen Lohn- und Lohnnebenkosten, die dem Arbeitgeber durch die Freistellung der Mitglieder des Gesellenausschusses von ihrer beruflichen Tätig-

---

1) § 73 Abs. 3 geänd. durch G v. 24. 12. 2003 (BGBl. I S. 2934).

keit entstehen. [3]Diese Kosten sind dem Arbeitgeber auf Antrag von der Innung zu erstatten.

(2) Die Handwerksinnung kann für die Benutzung der von ihr getroffenen Einrichtungen Gebühren erheben.

(3) Soweit die Handwerksinnung ihre Beiträge nach dem Gewerbesteuermeßbetrag, Gewerbekapital, Gewerbeertrag, Gewinn aus Gewerbebetrieb oder der Lohnsumme bemißt, gilt § 113 Abs. 2 Satz 2, 3 und 8 bis 11.

(4) Die Beiträge und Gebühren werden auf Antrag des Innungsvorstands nach den für die Beitreibung von Gemeindeabgaben geltenden landesrechtlichen Vorschriften beigetrieben.

§ 74 [Haftung der Innung] Die Handwerksinnung ist für den Schaden verantwortlich, den der Vorstand, ein Mitglied des Vorstands oder ein anderer satzungsmäßig berufener Vertreter durch eine in Ausführung der ihm zustehenden Verrichtungen begangene, zum Schadensersatz verpflichtende Handlung einem Dritten zufügt.

§ 75 [Aufsicht über die Handwerksinnung] [1]Die Aufsicht über die Handwerksinnung führt die Handwerkskammer, in deren Bezirk die Handwerksinnung ihren Sitz hat. [2]Die Aufsicht erstreckt sich darauf, daß Gesetz und Satzung beachtet, insbesondere daß die der Handwerksinnung übertragenen Aufgaben erfüllt werden.

§ 76 [Auflösung der Innung] Die Handwerksinnung kann durch die Handwerkskammer nach Anhörung des Landesinnungsverbands aufgelöst werden,

1. wenn sie durch einen gesetzwidrigen Beschluß der Mitgliederversammlung oder durch gesetzwidriges Verhalten des Vorstands das Gemeinwohl gefährdet,
2. wenn sie andere als die gesetzlich oder satzungsmäßig zulässigen Zwecke verfolgt,
3. wenn die Zahl ihrer Mitglieder so weit zurückgeht, daß die Erfüllung der gesetzlichen und satzungsmäßigen Aufgaben gefährdet erscheint.

§ 77[1)] [Insolvenz- und Vergleichsverfahren] (1) Die Eröffnung des Insolvenzverfahrens über das Vermögen der Handwerksinnung hat die Auflösung kraft Gesetzes zur Folge.

(2) [1]Der Vorstand hat im Falle der Zahlungsunfähigkeit oder der Überschuldung die Eröffnung des Insolvenzverfahrens oder des gerichtlichen Vergleichsverfahrens zu beantragen. [2]Wird die Stellung des Antrags verzögert, so sind die Vorstandsmitglieder, denen ein Verschulden zur Last fällt, den Gläubigern für den daraus entstehenden Schaden verantwortlich; sie haften als Gesamtschuldner.

[1)] § 77 Abs. 1 u. Abs. 2 Satz 1 geänd. mWv 1. 1. 1999 durch EGInsO v. 5. 10. 1994 (BGBl. I S. 2911).

§ 78 [Liquidation; Vermögensauseinandersetzung] (1) Wird die Handwerksinnung durch Beschluß der Innungsversammlung oder durch die Handwerkskammer aufgelöst, so wird das Innungsvermögen in entsprechender Anwendung der §§ 47 bis 53 des Bürgerlichen Gesetzbuchs[1] liquidiert.

(2) [1] Wird eine Innung geteilt oder wird der Innungsbezirk neu abgegrenzt, so findet eine Vermögensauseinandersetzung statt, die der Genehmigung der für den Sitz der Innung zuständigen Handwerkskammer bedarf; kommt eine Einigung über die Vermögensauseinandersetzung nicht zustande, so entscheidet die für den Innungsbezirk zuständige Handwerkskammer. [2] Erstreckt sich der Innungsbezirk auf mehrere Handwerkskammerbezirke, so kann die Genehmigung oder Entscheidung nur im Einvernehmen mit den beteiligten Handwerkskammern ergehen.

Zweiter Abschnitt. Innungsverbände

§ 79 [Landesinnungsverband] (1) [1] Der Landesinnungsverband ist der Zusammenschluß von Handwerksinnungen des gleichen Handwerks oder sich fachlich oder wirtschaftlich nahestehender Handwerke im Bezirk eines Landes. [2] Für mehrere Bundesländer kann ein gemeinsamer Landesinnungsverband gebildet werden.

(2) [1] Innerhalb eines Landes kann in der Regel nur ein Landesinnungsverband für dasselbe Handwerk oder für sich fachlich oder wirtschaftlich nahestehende Handwerke gebildet werden. [2] Ausnahmen können von der obersten Landesbehörde zugelassen werden.

(3) Durch die Satzung kann bestimmt werden, daß selbständige Handwerker dem Landesinnungsverband ihres Handwerks als Einzelmitglieder beitreten können.

§ 80 [Rechtsform; Satzung] [1] Der Landesinnungsverband ist eine juristische Person des privaten Rechts; er wird mit Genehmigung der Satzung rechtsfähig. [2] Die Satzung und ihre Änderung bedürfen der Genehmigung durch die oberste Landesbehörde. [3] Im Falle eines gemeinsamen Landesinnungsverbandes nach § 79 Abs. 1 Satz 2 ist die Genehmigung durch die für den Sitz des Landesinnungsverbandes zuständige oberste Landesbehörde im Einvernehmen mit den beteiligten obersten Landesbehörden zu erteilen. [4] Die Satzung muß den Bestimmungen des § 55 Abs. 2 entsprechen.

§ 81 [Aufgaben des Landesinnungsverbandes] (1) Der Landesinnungsverband hat die Aufgabe,

1. die Interessen des Handwerks wahrzunehmen, für das er gebildet ist,
2. die angeschlossenen Handwerksinnungen in der Erfüllung ihrer gesetzlichen und satzungsmäßigen Aufgaben zu unterstützen,
3. den Behörden Anregungen und Vorschläge zu unterbreiten sowie ihnen auf Verlangen Gutachten zu erstatten.

---

[1] **Schönfelder Nr. 20.**

(2) Er ist befugt, Fachschulen und Fachkurse einzurichten oder zu fördern.

§ 82 [Förderung wirtschaftlicher und sozialer Interessen] [1] Der Landesinnungsverband kann ferner die wirtschaftlichen und sozialen Interessen der den Handwerksinnungen angehörenden Mitglieder fördern. [2] Zu diesem Zweck kann er inbesondere

1. Einrichtungen zur Erhöhung der Leistungsfähigkeit der Betriebe, vor allem in technischer und betriebswirtschaftlicher Hinsicht schaffen oder unterstützen,
2. den gemeinschaftlichen Einkauf und die gemeinschaftliche Übernahme von Lieferungen und Leistungen durch die Bildung von Genossenschaften, Arbeitsgemeinschaften oder auf sonstige Weise im Rahmen der allgemeinen Gesetze fördern,
3. Tarifverträge abschließen.

§ 83 [Anwendbarkeit von Vorschriften] (1) Auf den Landesinnungsverband finden entsprechende Anwendung:

1. § 55 Abs. 1 und Abs. 2 Nr. 1 bis 6, 8 bis 9 und hinsichtlich der Voraussetzungen für die Änderung der Satzung und für die Auflösung des Landesinnungsverbandes Nummer 10 sowie Nummer 11,
2. §§ 60, 61 Abs. 1 und Abs. 2 Nr. 1 und hinsichtlich der Beschlußfassung über die Höhe der Beiträge zum Landesinnungsverband Nummer 2 sowie Nummern 3 bis 5 und 7 bis 8,
3. §§ 59, 62, 64, 66 und 74,
4. § 39 und §§ 41 bis 53 des Bürgerlichen Gesetzbuchs[1)].

(2) [1] Die Mitgliederversammlung besteht aus den Vertretern der angeschlossenen Handwerksinnungen und im Fall des § 79 Abs. 3 auch aus den von den Einzelmitgliedern nach näherer Bestimmung der Satzung gewählten Vertretern. [2] Die Satzung kann bestimmen, daß die Handwerksinnungen und die Gruppe der Einzelmitglieder entsprechend der Zahl der Mitglieder der Handwerksinnungen und der Einzelmitglieder mehrere Stimmen haben und die Stimmen einer Handwerksinnung oder der Gruppe der Einzelmitglieder uneinheitlich abgegeben werden können.

(3) Nach näherer Bestimmung der Satzung können bis zur Hälfte der Mitglieder des Vorstands Personen sein, die nicht von der Mitgliederversammlung gewählt sind.

§ 84 [Anschluss von handwerksähnlichen Betrieben] [1] Durch die Satzung kann bestimmt werden, daß sich Vereinigungen von Inhabern handwerksähnlicher Betriebe oder Inhaber handwerksähnlicher Betriebe einem Landesinnungsverband anschließen können. [2] In diesem Fall obliegt dem Landesinnungsverband nach Maßgabe der §§ 81 und 82 auch die Wahrnehmung der Interessen des handwerksähnlichen Gewerbes. [3] § 83 Abs. 2 gilt entsprechend für die Vertretung des handwerksähnlichen Gewerbes in der Mitgliederversammlung.

§ 85[2)] [Bundesinnungsverband] (1) Der Bundesinnungsverband ist der Zusammenschluß von Landesinnungsverbänden des gleichen Handwerks oder sich fachlich oder wirtschaftlich nahestehender Handwerke im Bundesgebiet.

(2) [1] Auf den Bundesinnungsverband finden die Vorschriften dieses Abschnitts sinngemäß Anwendung. [2] Die nach § 80 erforderliche Genehmigung der Satzung und ihrer Änderung erfolgt durch das Bundesministerium für Wirtschaft und Klimaschutz.

---

1) **Habersack Nr. 20.**

2) § 85 Abs. 2 Satz 2 geänd. mWv 7.11.2001 durch VO v. 29.10.2001 (BGBl. I S. 2785); Abs. 2 Satz 2 geänd. mWv 8.9.2015 durch VO v. 31.8.2015 (BGBl. I S. 1474); Abs. 2 Satz 2 geänd. mWv 16.11.2022 durch G v. 9.11.2022 (BGBl. I S. 2009).

Dritter Abschnitt. Kreishandwerkerschaften

§ 86 [Kreishandwerkerschaft] [1] Die Handwerksinnungen, die in einem Stadt- oder Landkreis ihren Sitz haben, bilden die Kreishandwerkerschaft. [2] Die Handwerkskammer kann eine andere Abgrenzung zulassen.

§ 87 [Aufgaben] Die Kreishandwerkerschaft hat die Aufgabe,

1. die Gesamtinteressen des selbständigen Handwerks und des handwerksähnlichen Gewerbes sowie die gemeinsamen Interessen der Handwerksinnungen ihres Bezirks wahrzunehmen,
2. die Handwerksinnungen bei der Erfüllung ihrer Aufgaben zu unterstützen,
3. Einrichtungen zur Förderung und Vertretung der gewerblichen, wirtschaftlichen und sozialen Interessen der Mitglieder der Handwerksinnungen zu schaffen oder zu unterstützen,
4. die Behörden bei den das selbständige Handwerk und das handwerksähnliche Gewerbe ihres Bezirks berührenden Maßnahmen zu unterstützen und ihnen Anregungen, Auskünfte und Gutachten zu erteilen,
5. die Geschäfte der Handwerksinnungen auf deren Ansuchen zu führen,
6. die von der Handwerkskammer innerhalb ihrer Zuständigkeit erlassenen Vorschriften und Anordnungen durchzuführen; die Handwerkskammer hat sich an den hierdurch entstehenden Kosten angemessen zu beteiligen.

§ 88 [Mitgliederversammlung] [1] Die Mitgliederversammlung der Kreishandwerkerschaft besteht aus Vertretern der Handwerksinnungen. [2] Die Vertreter oder ihre Stellvertreter üben das Stimmrecht für die von ihnen vertretenen Handwerksinnungen aus. [3] Jede Handwerksinnung hat eine Stimme. [4] Die Satzung kann bestimmen, daß den Handwerksinnungen entsprechend der Zahl ihrer Mitglieder bis höchstens zwei Zusatzstimmen zuerkannt und die Stimmen einer Handwerksinnung uneinheitlich abgegeben werden können.

§ 89 [Anwendbarkeit von Vorschriften] (1) Auf die Kreishandwerkerschaft finden entsprechende Anwendung:

1. § 53 und § 55 mit Ausnahme des Absatzes 2 Nummern 3 und 7 sowie hinsichtlich der Voraussetzungen für die Änderung der Satzung § 55 Abs. 2 Nr. 10,
2. § 56 Abs. 1 und Abs. 2 Nr. 1,
3. § 60 und § 61 Abs. 1, Abs. 2 Nr. 1 bis 5, 7 und hinsichtlich der Beschlußfassung über die Änderung der Satzung Nummer 8; die nach § 61 Abs. 2 Nr. 1 bis 3, 7 und 8 gefaßten Beschlüsse bedürfen der Genehmigung der Handwerkskammer,
4. § 62 Abs. 1, Abs. 2 Sätze 1 und 2 sowie Abs. 3,
5. §§ 64, 66, 67 Abs. 1 und §§ 73 bis 77

(2) [1] Wird die Kreishandwerkerschaft durch die Handwerkskammer aufgelöst, so wird das Vermögen der Kreishandwerkerschaft in entsprechender Anwendung

(Fortsetzung nächstes Blatt)

der §§ 47 bis 53 des Bürgerlichen Gesetzbuchs[1)] liquidiert. [2]§ 78 Abs. 2 gilt entsprechend.

Vierter Abschnitt. Handwerkskammern

§ 90[2)] [Handwerkskammern] (1) Zur Vertretung der Interessen des Handwerks werden Handwerkskammern errichtet; sie sind Körperschaften des öffentlichen Rechts.

(2) Zur Handwerkskammer gehören die Inhaber eines Betriebs eines Handwerks und eines handwerkähnlichen Gewerbes des Handwerkskammerbezirks sowie die Gesellen, andere Arbeitnehmer mit einer abgeschlossenen Berufsausbildung und die Lehrlinge dieser Gewerbetreibenden.

(3) [1]Zur Handwerkskammer gehören auch Personen, die im Kammerbezirk selbständig eine gewerbliche Tätigkeit nach § 1 Abs. 2 Satz 2 Nr. 1 ausüben, wenn

1. sie die Gesellenprüfung in einem zulassungspflichtigen Handwerk erfolgreich abgelegt haben,
2. die betreffende Tätigkeit Bestandteil der Erstausbildung in diesem zulassungspflichtigen Handwerk war und
3. die Tätigkeit den überwiegenden Teil der gewerblichen Tätigkeit ausmacht.

[2]Satz 1 gilt entsprechend auch für Personen, die ausbildungsvorbereitende Maßnahmen erfolgreich absolviert haben, wenn diese Maßnahmen überwiegend Ausbildungsinhalte in Ausbildungsordnungen vermitteln, die nach § 25 erlassen worden sind und insgesamt einer abgeschlossenen Gesellenausbildung im Wesentlichen entsprechen.

(4) [1]Absatz 3 findet nur unter der Voraussetzung Anwendung, dass die Tätigkeit in einer dem Handwerk entsprechenden Betriebsform erbracht wird. [2]Satz 1 und Absatz 3 gelten nur für Gewerbetreibende, die erstmalig nach dem 30. Dezember 2003 eine gewerbliche Tätigkeit anmelden. [3]Die Handwerkskammer hat ein Verzeichnis zu führen, in welches die Personen nach § 90 Abs. 3 und 4 ihres Bezirks nach Maßgabe der Anlage D Abschnitt IV zu diesem Gesetz mit dem von ihnen betriebenen Gewerbe einzutragen sind (Verzeichnis der Personen nach § 90 Abs. 3 und 4 der Handwerksordnung).

(5) [1]Die Landesregierungen werden ermächtigt, durch Rechtsverordnung Handwerkskammern zu errichten und die Bezirke der Handwerkskammern zu bestimmen; die Bezirke sollen sich in der Regel mit denen der höheren Verwaltungsbehörde decken. [2]Wird der Bezirk einer Handwerkskammer nach Satz 1 geändert, muss eine Vermögensauseinandersetzung erfolgen, welche der Genehmigung durch die oberste Landesbehörde bedarf. [3]Können sich die beteiligten Handwerkskammern hierüber nicht einigen, so entscheidet die oberste Landesbehörde.

[1)] **Habersack Nr. 20.**

[2)] § 90 Abs. 3 und 4 eingef., bish. Abs. 3 wird Abs. 5 mWv 30.12.2003 durch G v. 24.12.2003 (BGBl. I S. 2933); Abs. 2 geänd. mWv 1.1.2004 durch G v. 24.12.2003 (BGBl. I S. 2934); Abs. 4 Satz 3 angef. mWv 1.4.2005 durch G v. 23.3.2005 (BGBl. I S. 931); Abs. 5 Sätze 1 und 2 neu gef. mWv 12.12.2012 durch G v. 5.12.2012 (BGBl. I S. 2415).

§ 91[1] **[Aufgaben]** (1) Aufgabe der Handwerkskammer ist insbesondere,

1. die Interessen des Handwerks zu fördern und für einen gerechten Ausgleich der Interessen der einzelnen Handwerke und ihrer Organisationen zu sorgen,
2. die Behörden in der Förderung des Handwerks durch Anregungen, Vorschläge und durch Erstattung von Gutachten zu unterstützen und regelmäßig Berichte über die Verhältnisse des Handwerks zu erstatten,
3. die Handwerksrolle (§ 6) zu führen,
4. die Berufsausbildung zu regeln (§ 41), Vorschriften hierfür zu erlassen, ihre Durchführung zu überwachen (§ 41a) sowie eine Lehrlingsrolle (§ 28 Absatz 1) zu führen,

4a. Vorschriften für Prüfungen im Rahmen einer beruflichen Fortbildung oder Umschulung zu erlassen und Prüfungsausschüsse hierfür zu errichten,

5. Gesellenprüfungsordnungen für die einzelnen Handwerke zu erlassen (§ 38), Prüfungsausschüsse für die Abnahme der Gesellenprüfungen zu errichten oder Handwerksinnungen zu der Errichtung von Gesellenprüfungsausschüssen zu ermächtigen (§ 37) und die ordnungsmäßige Durchführung der Gesellenprüfungen zu überwachen,
6. die Geschäfte des Meisterprüfungsausschusses (§ 47 Abs. 2) zu führen,

6a. die Gleichwertigkeit festzustellen (§§ 40a, 50c, 51g),[2]

7. die technische und betriebswirtschaftliche Fortbildung der Meister und Gesellen zur Erhaltung und Steigerung der Leistungsfähigkeit des Handwerks in Zusammenarbeit mit den Innungsverbänden zu fördern, die erforderlichen Einrichtungen hierfür zu schaffen oder zu unterstützen und zu diesem Zweck eine Gewerbeförderungsstelle zu unterhalten,

7a. Maßnahmen zur Förderung und Durchführung der Berufsbildung, insbesondere der Berufsausbildungsvorbereitung, Berufsausbildung, beruflichen Fortbildung und beruflichen Umschulung, sowie der technischen und betriebswirtschaftlichen Weiterbildung, insbesondere Sachkundenachweise und Sachkundeprüfungen nach gesetzlichen Vorschriften, nach Vorschriften der Unfallversicherungsträger oder nach technischen Normvorschriften in Zusammenarbeit mit den Innungsverbänden anzubieten,

8. Sachverständige zur Erstattung von Gutachten zu Leistungen und Tätigkeiten des Handwerks und deren Wert nach den §§ 36 und 36a der Gewerbeordnung[3] öffentlich zu bestellen und zu vereidigen,
9. die wirtschaftlichen Interessen des Handwerks und die ihnen dienenden Einrichtungen, insbesondere das Genossenschaftswesen zu fördern,
10. die Formgestaltung im Handwerk zu fördern,
11. Vermittlungsstellen zur Beilegung von Streitigkeiten zwischen Inhabern eines Betriebs eines Handwerks und ihren Auftraggebern einzurichten,

---

[1] § 91 Abs. 1 Nr. 11 und Abs. 2 Satz 1 geänd. mWv 1.1.2004 durch G v. 24.12.2003 (BGBl. I S. 2934); Abs 2 Satz 1 aufgeh., bish. Satz 2 wird alleiniger Wortlaut mWv 1.4.2005 durch G v. 23.3.2005 (BGBl. I S. 931); Abs. 1a, 2a eingef. mWv 18.12.2008 durch G v. 11.12.2008 (BGBl. I S. 2418); Abs. 1 Nr. 6a eingef. mWv 1.4.2012 durch G v. 6.12.2011 (BGBl. I S. 2515); Abs. 1 Nr. 4 geänd., Nr. 7a eingef. mWv 6.7.2017 durch G v. 30.6.2017 (BGBl. I S. 2143); Abs. 3a eingef., Abs. 4 geänd. mWv 1.1.2021 durch G v. 22.12.2020 (BGBl. I S. 3256); Abs. 1 Nr. 6, 6a geänd., Nr. 8 neu gef., Nr. 13 geänd., Nr. 14 angef., *Abs. 2b eingef. mWv 1.7.2021 durch G v. 9.6.2021* (BGBl. I S. 1654); Abs. 1 Nr. 14 geänd. mWv 9.4.2025 durch G v. 3.4.2025 (BGBl. 2025 I Nr. 106).

[2] Komma fehlt im BGBl. I.

[3] Nr. **800**.

12. Ursprungszeugnisse über in Handwerksbetrieben gefertigte Erzeugnisse und andere dem Wirtschaftsverkehr dienende Bescheinigungen auszustellen, soweit nicht Rechtsvorschriften diese Aufgaben anderen Stellen zuweisen,
13. die Maßnahmen zur Unterstützung notleidender Handwerker sowie Gesellen und anderer Arbeitnehmer mit einer abgeschlossenen Berufsausbildung zu treffen oder zu unterstützen,
14. die Zuständigkeit als Stelle nach § 340 Absatz 1 Satz 1 des Fünften Buches Sozialgesetzbuch[1] für die Betriebe der Handwerke nach den Nummern 33 bis 38 der Anlage A.

(1a) [1]Die Länder können durch Gesetz der Handwerkskammer die Aufgaben einer einheitlichen Stelle im Sinne des Verwaltungsverfahrensgesetzes[2] übertragen. [2]Das Gesetz regelt, welche Aufgabenbereiche von der Zuweisung erfasst sind. [3]Dabei kann das Gesetz vorsehen, dass die Handwerkskammer auch für nicht Kammerzugehörige tätig wird. [4]Das Gesetz regelt auch die Aufsicht.

(2) Die Handwerkskammer kann gemeinsam mit der Industrie- und Handelskammer Prüfungsausschüsse errichten.

(2a) Die Länder können durch Gesetz der Handwerkskammer ermöglichen, sich an einer Einrichtung zu beteiligen, die Aufgaben einer einheitlichen Stelle im Sinne des Verwaltungsverfahrensgesetzes erfüllt.

(2b) Zur Förderung der beruflichen Bildung kann die Handwerkskammer sich an nationalen und internationalen Projekten, insbesondere an Maßnahmen der internationalen Entwicklungszusammenarbeit, beteiligen.

(3) Die Handwerkskammer soll in allen wichtigen das Handwerk und das handwerksähnliche Gewerbe berührenden Angelegenheiten gehört werden.

(3a) Die Handwerkskammer kann Betriebe des Handwerks oder eines handwerksähnlichen Gewerbes des Handwerkskammerbezirks zu Fragen der Früherkennung von Unternehmenskrisen und deren Bewältigung beraten.

(4) Absatz 1 Nr. 1, 2 und 7 bis 13 sowie Absatz 3a finden auf handwerksähnliche Gewerbe entsprechende Anwendung.

§ 92 [Organe der Handwerkskammer] Die Organe der Handwerkskammer sind
1. die Mitgliederversammlung (Vollversammlung),
2. der Vorstand,
3. die Ausschüsse.

§ 93[3] [Zusammensetzung der Vollversammlung] (1) [1]Die Vollversammlung besteht aus gewählten Mitgliedern. [2]Ein Drittel der Mitglieder müssen Gesellen oder andere Arbeitnehmer mit einer abgeschlossenen Berufsausbildung sein, die in dem Betrieb eines Gewerbes der Anlage A oder Betrieb eines Gewerbes der Anlage B beschäftigt sind.

(2) [1]Durch die Satzung ist die Zahl der Mitglieder der Vollversammlung und ihre Aufteilung auf die einzelnen in den Anlagen A und B zu diesem Gesetz aufgeführten Gewerbe zu bestimmen. [2]Die Satzung kann bestimmen, dass die

---

[1] **Aichberger, SGB Nr. 5.**
[2] Nr. **100**.
[3] § 93 Abs. 2 und 3 neu gef., Abs. 1 Satz 2 geänd. mWv 1.1.2004 durch G v. 24.12.2003 (BGBl. I S. 2934); Abs. 2 Satz 2 eingef., bish. Satz 2 wird Satz 3 mWv 1.4.2005 durch G v. 23.3.2005 (BGBl. I S. 931).

Aufteilung der Zahl der Mitglieder der Vollversammlung auch die Personen nach § 90 Abs. 3 und 4 zu berücksichtigen hat. [3]Bei der Aufteilung sollen die wirtschaftlichen Besonderheiten und die wirtschaftliche Bedeutung der einzelnen Gewerbe berücksichtigt werden.

(3) Für jedes Mitglied sind mindestens ein, aber höchstens zwei Stellvertreter zu wählen, die im Verhinderungsfall oder im Falle des Ausscheidens der Mitglieder einzutreten haben.

(4) [1]Die Vollversammlung kann sich nach näherer Bestimmung der Satzung bis zu einem Fünftel der Mitgliederzahl durch Zuwahl von sachverständigen Personen unter Wahrung der in Absatz 1 festgelegten Verhältniszahl ergänzen; diese haben gleiche Rechte und Pflichten wie die gewählten Mitglieder der Vollversammlung. [2]Die Zuwahl der sachverständigen Personen, die auf das Drittel der Gesellen und anderer Arbeitnehmer mit einer abgeschlossenen Berufsausbildung anzurechnen sind, erfolgt auf Vorschlag der Mehrheit dieser Gruppe.

§ 94 [Rechtsstellung der Mitglieder] [1]Die Mitglieder der Vollversammlung sind Vertreter des gesamten Handwerks und des handwerksähnlichen Gewerbes und als solche an Aufträge und Weisungen nicht gebunden. [2]§ 66 Abs. 4, § 69 Abs. 4 und § 73 Abs. 1 gelten entsprechend.

§ 95[1)] [Wahl der Mitglieder] (1) [1]Die Mitglieder der Vollversammlung und ihre Stellvertreter werden durch Listen in allgemeiner, freier, gleicher und geheimer Wahl gewählt. [2]Die Wahlen zur Vollversammlung werden im Briefwahlverfahren durchgeführt.

(2) Das Wahlverfahren regelt sich nach der diesem Gesetz als Anlage C beigefügten Wahlordnung.

§ 96[2)] [Wahlrecht] (1) [1]Berechtigt zur Wahl der Vertreter des Handwerks und des handwerksähnlichen Gewerbes sind die in der Handwerksrolle (§ 6) oder im Verzeichnis nach § 19 eingetragenen natürlichen und juristischen Personen und Personengesellschaften sowie die in das Verzeichnis nach § 90 Abs. 4 Satz 2 eingetragenen natürlichen Personen. [2]Die nach § 90 Abs. 4 Satz 2 eingetragenen Personen sind zur Wahl der Vertreter der Personen nach § 90 Abs. 3 und 4 berechtigt, sofern die Satzung dies nach § 93 bestimmt. [3]Das Wahlrecht kann nur von volljährigen Personen ausgeübt werden. [4]Juristische Personen und Personengesellschaften haben jeweils nur eine Stimme.

(2) Nicht wahlberechtigt sind Personen, die infolge strafgerichtlicher Verurteilung das Recht, in öffentlichen Angelegenheiten zu wählen oder zu stimmen, nicht besitzen.

(3) An der Ausübung des Wahlrechts ist behindert,

1. wer wegen Geisteskrankheit oder Geistesschwäche in einem psychiatrischen Krankenhaus untergebracht ist,
2. wer sich in Straf- oder Untersuchungshaft befindet,
3. wer infolge gerichtlicher oder polizeilicher Anordnung in Verwahrung gehalten wird.

[1)] *§ 95 Abs. 1 neu gef. mWv 1.1.2004 durch G v. 24.12.2003 (BGBl. I S. 2934).*

[2)] § 96 Abs. 2 neu gef. mWv 1.1.1999 durch EGInsO v. 5.10.1994 (BGBl. I S. 2911); Abs. 1 Satz 1 geänd. mWv 1.1.2004 durch G v. 24.12.2003 (BGBl. I S. 2934); Abs. 1 Satz 1 geänd. und Satz 2 eingef., bish. Sätze 2 und 3 werden Sätze 3 und 4 mWv 1.4.2005 durch G v. 23.3.2005 (BGBl. I S. 931).

§ 97[1)] **[Wählbarkeit]** (1) [1] Wählbar als Vertreter der zulassungspflichtigen Handwerke sind

1. die wahlberechtigten natürlichen Personen, sofern sie
   a) im Bezirk der Handwerkskammer seit mindestens einem Jahr ohne Unterbrechung ein Handwerk selbständig betreiben,
   b) die Befugnis zum Ausbilden von Lehrlingen besitzen,
   c) am Wahltag volljährig sind;
2. die gesetzlichen Vertreter der wahlberechtigten juristischen Personen und die vertretungsberechtigten Gesellschafter der wahlberechtigten Personengesellschaften, sofern
   a) die von ihnen vertretene juristische Person oder Personengesellschaft im Bezirk der Handwerkskammer seit mindestens einem Jahr ein Handwerk selbständig betreibt und
   b) sie im Bezirk der Handwerkskammer seit mindestens einem Jahr ohne Unterbrechung gesetzliche Vertreter oder vertretungsberechtigte Gesellschafter einer in der Handwerksrolle eingetragenen juristischen Person oder Personengesellschaft sind, am Wahltag volljährig sind.

[2] Nicht wählbar ist, wer infolge Richterspruchs die Fähigkeit zur Bekleidung öffentlicher Ämter oder infolge strafgerichtlicher Verurteilung die Fähigkeit, Rechte aus öffentlichen Wahlen zu erlangen, nicht besitzt.

(2) Bei der Berechnung der Fristen in Absatz 1 Nr. 1 Buchstabe a und Nr. 2 Buchstabe b sind die Tätigkeiten als selbständiger Handwerker in einem zulassungspflichtigen Handwerk und als gesetzlicher Vertreter oder vertretungsberechtigter Gesellschafter einer in der Handwerksrolle eingetragenen juristischen Person oder Personengesellschaft gegenseitig anzurechnen.

(3) Für die Wahl der Vertreter der zulassungsfreien Handwerke, der handwerksähnlichen Gewerbe und der Personen nach § 90 Abs. 3 und 4 gelten die Absätze 1 und 2 entsprechend.

§ 98[2)] **[Wahl der Vertreter der Arbeitnehmer]** (1) [1] Berechtigt zur Wahl der Vertreter der Arbeitnehmer in der Handwerkskammer sind die Gesellen und die weiteren Arbeitnehmer mit abgeschlossener Berufsausbildung, sofern sie am Tag der Wahl volljährig sind und in einem Betrieb eines Handwerks oder eines handwerksähnlichen Gewerbes beschäftigt sind. [2] § 96 Abs. 2 und 3 findet Anwendung.

(2) Kurzzeitig bestehende Arbeitslosigkeit läßt das Wahlrecht unberührt, wenn diese zum Zeitpunkt der Wahl nicht länger als drei Monate besteht.

§ 99[3)] **[Wählbarkeit zum Vertreter der Arbeitnehmer]** Wählbar zum Vertreter der Arbeitnehmer in der Vollversammlung sind die wahlberechtigten Arbeitnehmer in Sinne des § 90 Abs. 2, sofern sie

1. am Wahltag volljährig sind,
2. eine Gesellenprüfung oder eine andere Abschlußprüfung abgelegt haben oder, wenn sie in einem Betrieb eines handwerksähnlichen Gewerbes beschäftigt sind, nicht nur vorübergehend mit Arbeiten betraut sind, die gewöhnlich nur von

---

1) § 97 Abs. 1 Satz 1, Abs. 2 und 3 geänd. mWv 1.1.2004 durch G v. 24.12.2003 (BGBl. I S. 2934); Abs. 3 neu gef. mWv 1.4.2005 durch G v. 23.3.2005 (BGBl. I S. 931).

2) § 98 Abs. 1 Satz 1 geänd. mWv 1.1.2004 durch G v. 24.12.2003 (BGBl. I S. 2934).

3) § 99 Nr. 2 geänd. mWv 1.1.2004 durch G v. 24.12.2003 (BGBl. I S. 2934).

einem Gesellen oder einem Arbeitnehmer ausgeführt werden, der einen Berufsabschluß hat.

§ 100 [Wahlprüfung; Bekanntmachung des Ergebnisses] (1) Die Handwerkskammer prüft die Gültigkeit der Wahl ihrer Mitglieder von Amts wegen.

(2) Das Ergebnis der Wahl ist öffentlich bekanntzumachen.

§ 101[1)] [Einspruch gegen die Wahl] (1) Gegen die Rechtsgültigkeit der Wahl kann jeder Wahlberechtigte innerhalb von einem Monat nach der Bekanntgabe des Wahlergebnisses Einspruch erheben; der Einspruch eines Inhabers eines Betriebs eines Handwerks oder handwerksähnlichen Gewerbes kann sich nur gegen die Wahl der Vertreter der Handwerke und handwerksähnlichen Gewerbe, der Einspruch eines Gesellen oder anderen Arbeitnehmers mit einer abgeschlossenen Berufsausbildung nur gegen die Wahl der Vertreter der Arbeitnehmer richten.

(2) Der Einspruch gegen die Wahl eines Gewählten kann nur auf eine Verletzung der Vorschriften der §§ 96 bis 99 gestützt werden.

(3) [1] Richtet sich der Einspruch gegen die Wahl insgesamt, so ist er binnen einem Monat nach der Bekanntgabe des Wahlergebnisses bei der Handwerkskammer einzulegen. [2] Er kann nur darauf gestützt werden, daß

1. gegen das Gesetz oder gegen die auf Grund des Gesetzes erlassenen Wahlvorschriften verstoßen worden ist und
2. der Verstoß geeignet war, das Ergebnis der Wahl zu beeinflussen.

§ 102 [Ablehnung der Wahl; Amtsniederlegung] (1) Der Gewählte kann die Annahme der Wahl nur ablehnen, wenn er

1. das sechzigste Lebensjahr vollendet hat oder
2. durch Krankheit oder Gebrechen verhindert ist, das Amt ordnungsmäßig zu führen.

(2) Ablehnungsgründe sind nur zu berücksichtigen, wenn sie binnen zwei Wochen nach der Bekanntgabe des Wahlergebnisses bei der Handwerkskammer geltend gemacht worden sind.

(3) Mitglieder der Handwerkskammer können nach Vollendung des sechzigsten Lebensjahrs ihr Amt niederlegen.

§ 103[2)] [Amtsdauer] (1) [1] Die Wahl zur Handwerkskammer erfolgt auf fünf Jahre. [2] Eine Wiederwahl ist zulässig.

(2) Nach Ablauf der Wahlzeit bleiben die Gewählten solange im Amt, bis ihre Nachfolger eintreten.

(3) [1] Die Vertreter der Arbeitnehmer behalten, auch wenn sie nicht mehr im Betrieb eines Handwerks oder eines handwerksähnlichen Gewerbes beschäftigt sind, solange sie im Bezirk der Handwerkskammer verbleiben, das Amt noch bis zum Ende der Wahlzeit, jedoch höchstens für ein Jahr. [2] Im Falle der Arbeitslosigkeit behalten sie das Amt bis zum Ende der Wahlzeit.

§ 104[3)] [Ausscheiden aus dem Amt] (1) Mitglieder der Vollversammlung haben aus dem Amt auszuscheiden, wenn sie durch Krankheit oder Gebrechen

---

1) § 101 Abs. 1 geänd. mWv 1.1.2004 durch G v. 24.12.2003 (BGBl. I S. 2934).
2) § 103 Abs. 3 Satz 1 geänd. mWv 1.1.2004 durch G v. 24.12.2003 (BGBl. I S. 2934).
3) § 104 Abs. 2 Nr. 2 geänd. mWv 1.1.2004 durch G v. 24.12.2003 (BGBl. I S. 2934).

verhindert sind, das Amt ordnungsmäßig zu führen oder wenn Tatsachen eintreten, die ihre Wählbarkeit ausschließen.

(2) Gesetzliche Vertreter juristischer Personen und vertretungsberechtigte Gesellschafter der Personengesellschaften haben ferner aus dem Amt auszuscheiden, wenn

1. sie die Vertretungsbefugnis verloren haben,
2. die juristische Person oder die Personengesellschaft in der Handwerksrolle oder in dem Verzeichnis nach § 19 gelöscht worden ist.

(3) Weigert sich das Mitglied auszuscheiden, so ist es von der obersten Landesbehörde nach Anhörung der Handwerkskammer seines Amtes zu entheben.

§ 105[1)] [Satzung der Handwerkskammer] (1) [1] Für die Handwerkskammer ist von der obersten Landesbehörde eine Satzung zu erlassen. [2] Über eine Änderung der Satzung beschließt die Vollversammlung; der Beschluß bedarf der Genehmigung durch die oberste Landesbehörde.

(2) Die Satzung muß Bestimmungen enthalten über

1. den Namen, den Sitz und den Bezirk der Handwerkskammer,
2. die Zahl der Mitglieder der Handwerkskammer und der Stellvertreter sowie die Reihenfolge ihres Eintritts im Falle der Behinderung oder des Ausscheidens der Mitglieder,
3. die Verteilung der Mitglieder und der Stellvertreter auf die im Bezirk der Handwerkskammer vertretenen Handwerke,
4. die Zuwahl zur Handwerkskammer,
5. die Wahl des Vorstands und seine Befugnisse,
6. die Einberufung der Handwerkskammer und ihrer Organe,
7. die Form der Beschlußfassung und die Beurkundung der Beschlüsse der Handwerkskammer und des Vorstands,
8. die Erstellung einer mittelfristigen Finanzplanung und deren Übermittlung an die Vollversammlung,
9. die Festlegung der Haushaltsführung nach dem Verfahren der Kameralistik oder der Doppik sowie die Aufstellung und Genehmigung des Haushaltsplans oder des Wirtschaftsplans,
10. die Aufstellung, Prüfung und Abnahme der Jahresrechnung oder des Jahresabschlusses mit Lagebericht einschließlich der Verwendung des Jahresergebnisses sowie über die Übertragung der Prüfung auf eine unabhängige Stelle außerhalb der Handwerkskammer,
11. die Voraussetzungen und die Form einer Änderung der Satzung,
12. die Organe einschließlich elektronischer Medien, in denen die Bekanntmachungen der Handwerkskammer zu veröffentlichen sind.

(3) Die Satzung darf keine Bestimmung enthalten, die mit den in diesem Gesetz bezeichneten Aufgaben der Handwerkskammer nicht in Verbindung steht oder gesetzlichen Vorschriften zuwiderläuft.

(4) Die Satzung nach Absatz 1 Satz 1 ist in dem amtlichen Organ der für den Sitz der Handwerkskammer zuständigen höheren Verwaltungsbehörde bekanntzumachen.

[1)] § 105 Abs. 2 Nr. 12 geänd. mWv 6.7.2017 durch G v. 30.6.2017 (BGBl. I S. 2143); Abs. 2 Nr. 9 neu gef., Nr. 10 geänd. mWv 1.7.2021 durch G v. 9.6.2021 (BGBl. I S. 1654).

§ 106[1)] [Beschlussfassung der Vollversammlung] (1) Der Beschlußfassung der Vollversammlung bleibt vorbehalten

1. die Wahl des Vorstands und der Ausschüsse,
2. die Zuwahl von sachverständigen Personen (§ 93 Abs. 4),
3. die Wahl des Geschäftsführers, bei mehreren Geschäftsführern des Hauptgeschäftsführers und der Geschäftsführer,
4. die Feststellung des Haushaltsplans oder Wirtschaftsplans einschließlich des Stellenplans, die Bewilligung von Ausgaben und Aufwendungen, die nicht im Haushaltsplan oder Wirtschaftsplan vorgesehen sind, die Ermächtigung zur Aufnahme von Krediten und die dingliche Belastung von Grundeigentum,
5. die Festsetzung der Beiträge zur Handwerkskammer und die Erhebung von Gebühren,
6. der Erlaß einer Haushalts-, Kassen- und Rechnungslegungsordnung, Finanzordnung oder eines Finanzstatuts,
7. die Prüfung und Abnahme der Jahresrechnung oder des Jahresabschlusses und die Entscheidung darüber, durch welche unabhängige Stelle die Jahresrechnung oder der Jahresabschluss geprüft werden soll,
8. die Beteiligung an Gesellschaften des privaten und öffentlichen Rechts und die Aufrechterhaltung der Beteiligung,

8a. die Beteiligung an einer Einrichtung nach § 91 Abs. 2a,

9. der Erwerb und die Veräußerung von Grundeigentum,
10. der Erlaß von Vorschriften über die Berufsausbildung, berufliche Fortbildung und berufliche Umschulung (§ 91 Abs. 1 Nr. 4 und 4a),
11. der Erlass der Gesellenprüfungsordnungen nach § 91 Absatz 1 Nummer 5 und Satzungen nach § 50a Absatz 3 oder § 51d Absatz 3,
12. der Erlaß der Vorschriften über die öffentliche Bestellung und Vereidigung von Sachverständigen (§ 91 Abs. 1 Nr. 8),
13. die Festsetzung der den Mitgliedern zu gewährenden Entschädigung (§ 94),
14. die Änderung der Satzung.

(2) [1]Die nach Absatz 1 Nr. 3 bis 7, 10 bis 12 und 14 gefaßten Beschlüsse bedürfen der Genehmigung durch die oberste Landesbehörde. [2]Die Beschlüsse nach Absatz 1 Nr. 5, 6, 10 bis 12 und 14 sind in den für die Bekanntmachungen der Handwerkskammern bestimmten Organen einschließlich der elektronischen Medien (§ 105 Abs. 2 Nr. 12) zu veröffentlichen.

(3) [1]Die Satzung nach Absatz 1 Nummer 12 und deren Änderungen müssen im Einklang mit den Vorgaben des auf sie anzuwendenden europäischen Rechts stehen. [2]Insbesondere sind bei neuen oder zu ändernden Vorschriften, die dem Anwendungsbereich der Richtlinie 2005/36/EG in der jeweils geltenden Fassung unterfallen, die Vorgaben der Richtlinie (EU) 2018/958 des Europäischen Parlaments und des Rates vom 28. Juni 2018 über eine Verhältnismäßigkeitsprüfung vor Erlass neuer Berufsreglementierungen (ABl. L 173 vom 9.7.2018, S. 25) in der jeweils geltenden Fassung einzuhalten.

[1)] § 106 Abs. 1 Nr. 8 neu gef. mWv 1.1.2004 durch G v. 24.12.2003 (BGBl. I S. 2934); Abs. 1 Nr. 8a eingef. mWv 18.12.2008 durch G v. 11.12.2008 (BGBl. I S. 2418); Abs. 2 Satz 2 geänd. mWv 6.7.2017 *durch G v. 30.6.2017 (BGBl. I S. 2143)*; Abs. 3–5 angef. mWv 30.7.2020 durch G v. 19.6.2020 (BGBl. I S. 1403); Abs. 1 Nr. 4, 6, 7 geänd., Nr. 11 neu gef., Abs. 2 Satz 2 geänd. mWv 1.7.2021 durch G v. 9.6. 2021 (BGBl. I S. 1654); Abs. 4 Satz 1 geänd. mWv 23.1.2024 durch G v. 17.1.2024 (BGBl. 2024 I Nr. 12).

(4) [1] Vorschriften im Sinne des Absatzes 3 Satz 2 sind anhand der in der Anlage E zu diesem Gesetz festgelegten Kriterien auf ihre Verhältnismäßigkeit zu prüfen. [2] Der Umfang der Prüfung muss im Verhältnis zu der Art, dem Inhalt und den Auswirkungen der Vorschrift stehen. [3] Die Vorschrift ist so ausführlich zu erläutern, dass ihre Übereinstimmung mit dem Verhältnismäßigkeitsgrundsatz bewertet werden kann. [4] Die Gründe, aus denen sich ergibt, dass sie gerechtfertigt und verhältnismäßig ist, sind durch qualitative und, soweit möglich und relevant, quantitative Elemente zu substantiieren. [5] Mindestens zwei Wochen vor der Beschlussfassung der Vollversammlung über die Vorschrift ist auf der Internetseite der jeweiligen Handwerkskammer ein Entwurf mit der Gelegenheit zur Stellungnahme zu veröffentlichen. [6] Nach dem Erlass der Vorschrift ist ihre Übereinstimmung mit dem Verhältnismäßigkeitsgrundsatz zu überwachen und bei einer Änderung der Umstände zu prüfen, ob die Vorschrift anzupassen ist.

(5) [1] Die oberste Landesbehörde hat bei der nach Absatz 2 Satz 1 erforderlichen Genehmigung zu prüfen, ob die Vorgaben der Richtlinie (EU) 2018/958 in der jeweils geltenden Fassung eingehalten wurden. [2] Zu diesem Zweck hat ihr die Handwerkskammer die Unterlagen zuzuleiten, aus denen sich die Einhaltung der Vorgaben ergibt. [3] Insbesondere sind die Gründe zu übermitteln, auf Grund derer die Vollversammlung der Handwerkskammer die Vorschriften und Satzungen oder deren Änderungen als gerechtfertigt, notwendig und verhältnismäßig beurteilt hat.

§ 107 [Zuziehung von Sachverständigen] Die Handwerkskammer kann zu ihren Verhandlungen Sachverständige mit beratender Stimme zuziehen.

§ 108 [Vorstands- und Präsidentenwahl] (1) [1] Die Vollversammlung wählt aus ihrer Mitte den Vorstand. [2] Ein Drittel der Mitglieder müssen Gesellen oder andere Arbeitnehmer mit abgeschlossener Berufsausbildung sein.

(2) Der Vorstand besteht nach näherer Bestimmung der Satzung aus dem Vorsitzenden (Präsidenten), zwei Stellvertretern (Vizepräsidenten), von denen einer Geselle oder ein anderer Arbeitnehmer mit abgeschlossener Berufsausbildung sein muß, und einer weiteren Zahl von Mitgliedern.

(3) [1] Der Präsident wird von der Vollversammlung mit absoluter Stimmenmehrheit der anwesenden Mitglieder gewählt. [2] Fällt die Mehrzahl der Stimmen nicht auf eine Person, so findet eine engere Wahl zwischen den beiden Personen statt, welche die meisten Stimmen erhalten haben.

(4) [1] Die Wahl der Vizepräsidenten darf nicht gegen die Mehrheit der Stimmen der Gruppe, der sie angehören, erfolgen. [2] Erfolgt in zwei Wahlgängen keine Entscheidung, so entscheidet ab dem dritten Wahlgang die Stimmenmehrheit der jeweils betroffenen Gruppe. [3] Gleiches gilt für die Wahl der weiteren Mitglieder des Vorstands.

(5) Die Wahl des Präsidenten und seiner Stellvertreter ist der obersten Landesbehörde binnen einer Woche anzuzeigen.

(6) Als Ausweis des Vorstands genügt eine Bescheinigung der obersten Landesbehörde, daß die darin bezeichneten Personen zur Zeit den Vorstand bilden.

§ 109 [Befugnisse des Vorstands; Vertretungsrecht] [1] Dem Vorstand obliegt die Verwaltung der Handwerkskammer; Präsident und Hauptgeschäftsführer vertreten die Handwerkskammer gerichtlich und außergerichtlich. [2] Das Nähere regelt die Satzung, die auch bestimmen kann, daß die Handwerkskammer durch zwei Vorstandsmitglieder vertreten wird.

§ 110 [Ausschüsse der Vollversammlung] [1] Die Vollversammlung kann unter Wahrung der im § 93 Abs. 1 bestimmten Verhältniszahl aus ihrer Mitte Ausschüsse bilden und sie mit besonderen regelmäßigen oder vorübergehenden Aufgaben betrauen. [2] § 107 findet entsprechende Anwendung.

§ 111[1)] [Überwachung der Lehrlingsausbildung; Auskunftspflicht der Gewerbetreibenden] (1) [1] Die in die Handwerksrolle und in das Verzeichnis nach § 19 eingetragenen Gewerbetreibenden haben der Handwerkskammer die zur Durchführung von Rechtsvorschriften über die Berufsbildung und der von der Handwerkskammer erlassenen Vorschriften, Anordnungen und der sonstigen von ihr getroffenen Maßnahmen erforderlichen Auskünfte zu erteilen und Unterlagen vorzulegen. [2] Die Handwerkskammer kann für die Erteilung der Auskunft eine Frist setzen.

(2) [1] Die von der Handwerkskammer mit der Einholung von Auskünften beauftragten Personen sind befugt, zu dem in Absatz 1 bezeichneten Zweck die Betriebsräume, Betriebseinrichtungen und Ausbildungsplätze sowie die für den Aufenthalt und die Unterkunft der Lehrlinge und Gesellen bestimmten Räume oder Einrichtungen zu betreten und dort Prüfungen und Besichtigungen vorzunehmen. [2] Der Auskunftspflichtige hat die Maßnahme von Satz 1 zu dulden. [3] Das Grundrecht der Unverletzlichkeit der Wohnung (Artikel 13 des Grundgesetzes[2)]) wird insoweit eingeschränkt.

(3) Der Auskunftspflichtige kann die Auskunft auf solche Fragen verweigern, deren Beantwortung ihn selbst oder einen der in § 383 Abs. 1 Nr. 1 bis 3 der Zivilprozeßordnung[3)] bezeichneten Angehörigen der Gefahr strafgerichtlicher Verfolgung oder eines Verfahrens nach dem Gesetz über Ordnungswidrigkeiten[4)] aussetzen würde.

§ 112[5)] [Ordnungsgeld] (1) Die Handwerkskammer kann bei Zuwiderhandlungen gegen die von ihr innerhalb ihrer Zuständigkeit erlassenen Vorschriften oder Anordnungen Ordnungsgeld bis zu fünfhundert Euro festsetzen.

(2) [1] Das Ordnungsgeld muß vorher schriftlich angedroht werden. [2] Die Androhung und die Festsetzung des Ordnungsgelds sind dem Betroffenen zuzustellen.

(3) Gegen die Androhung und die Festsetzung des Ordnungsgelds steht dem Betroffenen der Verwaltungsrechtsweg offen.

(4) [1] Das Ordnungsgeld fließt der Handwerkskammer zu. [2] Es wird auf Antrag des Vorstands der Handwerkskammer nach Maßgabe des § 113 Abs. 2 Satz 1 beigetrieben.

§ 113[6)] [Beiträge und Gebühren] (1) Die durch die Errichtung und Tätigkeit der Handwerkskammer entstehenden Kosten werden, soweit sie nicht anderweitig gedeckt sind, von den Inhabern eines Betriebs eines Handwerks und eines handwerksähnlichen Gewerbes sowie den Mitgliedern der Handwerkskammer nach

---

1) § 111 Abs. 1 Satz 1 geänd. mWv 1.1.2004 durch G v. 24.12.2003 (BGBl. I S. 2934).

2) Nr. **1**.

3) **Habersack Nr. 100.**

4) **Habersack Nr. 94.**

5) § *112* Abs. *1* geänd. mWv 1.1.2002 durch G v. 10.11.2001 (BGBl. I S. 2992).

6) § 113 Abs. 1 und Abs. 3 Satz 1 geänd., Abs. 2 Sätze 4–7 eingef., bish. Sätze 4–9 werden Sätze 8–13 mWv 1.1.2004 durch G v. 24.12.2003 (BGBl. I S. 2934); Abs. 1 und Abs. 3 Satz 1 geänd. mWv 1.4.2005 durch G v. 23.3.2005 (BGBl. I S. 931); Abs. 2 Satz 8 neu gef., Satz 12 geänd. mWv 26.11.2019 durch G v. 20.11.2019 (BGBl. I S. 1626).

§ 90 Abs. 3 nach einem von der Handwerkskammer mit Genehmigung der obersten Landesbehörde festgesetzten Beitragsmaßstab getragen.

(2) [1] Die Handwerkskammer kann als Beiträge auch Grundbeiträge, Zusatzbeiträge und außerdem Sonderbeiträge erheben. [2] Die Beiträge können nach der Leistungskraft der beitragspflichtigen Kammerzugehörigen gestaffelt werden. [3] Soweit die Handwerkskammer Beiträge nach dem Gewerbesteuermeßbetrag, Gewerbeertrag oder Gewinn aus Gewerbebetrieb bemißt, richtet sich die Zulässigkeit der Mitteilung der hierfür erforderlichen Besteuerungsgrundlagen durch die Finanzbehörden für die Beitragsbemessung nach § 31 der Abgabenordnung. [4] Personen, die nach § 90 Abs. 3 Mitglied der Handwerkskammer sind und deren Gewerbeertrag nach dem Gewerbesteuergesetz oder, soweit für das Bemessungsjahr ein Gewerbesteuermessbetrag nicht festgesetzt wird, deren nach dem Einkommen- oder Körperschaftsteuergesetz ermittelter Gewinn aus Gewerbetrieb 5 200 Euro nicht übersteigt, sind vom Beitrag befreit. [5] Natürliche Personen, die erstmalig ein Gewerbe angemeldet haben, sind für das Jahr der Anmeldung von der Entrichtung des Grundbeitrages und des Zusatzbeitrages, für das zweite und dritte Jahr von der Entrichtung der Hälfte des Grundbeitrages und vom Zusatzbeitrag und für das vierte Jahr von der Entrichtung des Zusatzbeitrages befreit, soweit deren Gewerbeertrag nach dem Gewerbesteuergesetz oder, soweit für das Bemessungsjahr ein Gewerbesteuermessbetrag nicht festgesetzt wird, deren nach dem Einkommensteuergesetz ermittelter Gewinn aus Gewerbebetrieb 25 000 Euro nicht übersteigt. [6] Die Beitragsbefreiung nach Satz 5 ist nur auf Kammerzugehörige anzuwenden, deren Gewerbeanzeige nach dem 31. Dezember 2003 erfolgt. [7] Wenn zum Zeitpunkt der Verabschiedung der Haushaltssatzung zu besorgen ist, dass bei einer Kammer auf Grund der Besonderheiten der Wirtschaftsstruktur ihres Bezirks die Zahl der Beitragspflichtigen, die einen Beitrag zahlen, durch die in den Sätzen 4 und 5 geregelten Beitragsbefreiungen auf weniger als 55 vom Hundert aller ihr zugehörigen Gewerbetreibenden sinkt, kann die Vollversammlung für das betreffende Haushaltsjahr eine entsprechende Herabsetzung der dort genannten Grenzen für den Gewerbeertrag oder den Gewinn aus Gewerbebetrieb beschließen. [8] Die Handwerkskammern und ihre Gemeinschaftseinrichtungen, die öffentliche Stellen im Sinne des § 2 Absatz 2 des Bundesdatenschutzgesetzes[1)] sind, erheben zur Festsetzung der Beiträge die genannten Bemessungsgrundlagen bei den Finanzbehörden. [9] Bis zum 31. Dezember 1997 können die Beiträge in dem in Artikel 3 des Einigungsvertrages[2)] genannten Gebiet auch nach dem Umsatz, der Beschäftigtenzahl oder nach der Lohnsumme bemessen werden. [10] Soweit die Beiträge nach der Lohnsumme bemessen werden, sind die beitragspflichtigen Kammerzugehörigen verpflichtet, der Handwerkskammer Auskunft durch Übermittlung eines Doppels des Lohnnachweises nach § 165 des Siebten Buches Sozialgesetzbuch[3)] zu geben. [11] Soweit die Handwerkskammer Beiträge nach der Zahl der Beschäftigten bemißt, ist sie berechtigt, bei den beitragspflichtigen Kammerzugehörigen die Zahl der Beschäftigten zu erheben. [12] Die übermittelten *Daten dürfen nur für Zwecke* der Beitragsfestsetzung verarbeitet sowie gemäß § 5 Nr. 7 des Statistikregistergesetzes zum Aufbau und zur Führung des Statistikregisters den statistischen Ämtern der Länder und dem Statistischen Bundesamt übermittelt werden. [13] Die beitragspflichtigen Kammerzugehörigen sind verpflichtet, der Handwerkskammer Auskunft über die zur Festsetzung der Beiträge er-

---

1) Nr. **245**.
2) **Sartorius III Nr. 2.**
3) **Aichberger, SGB Nr. 7.**

forderlichen Grundlagen zu erteilen; die Handwerkskammer ist berechtigt, die sich hierauf beziehenden Geschäftsunterlagen einzusehen und für die Erteilung der Auskunft eine Frist zu setzen.

(3) [1] Die Beiträge der Inhaber von Betrieben eines Handwerks oder handwerksähnlichen Gewerbes oder der Mitglieder der Handwerkskammer nach § 90 Abs. 3 werden von den Gemeinden auf Grund einer von der Handwerkskammer aufzustellenden Aufbringungsliste nach den für Gemeindeabgaben geltenden landesrechtlichen Vorschriften eingezogen und beigetrieben. [2] Die Gemeinden können für ihre Tätigkeit eine angemessene Vergütung von der Handwerkskammer beanspruchen, deren Höhe im Streitfall die höhere Verwaltungsbehörde festsetzt. [3] Die Landesregierung kann durch Rechtsverordnung auf Antrag der Handwerkskammer eine andere Form der Beitragseinziehung und Beitragsbeitreibung zulassen. [4] Die Landesregierung kann die Ermächtigung auf die zuständige oberste Landesbehörde übertragen.

(4) [1] Die Handwerkskammer kann für Amtshandlungen und für die Inanspruchnahme besonderer Einrichtungen oder Tätigkeiten mit Genehmigung der obersten Landesbehörde Gebühren erheben. [2] Für ihre Beitreibung gilt Absatz 3.

§ 114 (aufgehoben)

§ 115 [Aufsicht über Handwerkskammer; Auflösung der Vollversammlung] (1) [1] Die oberste Landesbehörde führt die Staatsaufsicht über die Handwerkskammer. [2] Die Staatsaufsicht beschränkt sich darauf, soweit nicht anderes bestimmt ist, daß Gesetz und Satzung beachtet, insbesondere die den Handwerkskammern übertragenen Aufgaben erfüllt werden.

(2) [1] Die Aufsichtsbehörde kann, falls andere Aufsichtsmittel nicht ausreichen, die Vollversammlung auflösen, wenn sich die Kammer trotz wiederholter Aufforderung nicht im Rahmen der für sie geltenden Rechtsvorschriften hält. [2] Innerhalb von drei Monaten nach Eintritt der Unanfechtbarkeit der Anordnung über die Auflösung ist eine Neuwahl vorzunehmen. [3] Der bisherige Vorstand führt seine Geschäfte bis zum Amtsantritt des neuen Vorstands weiter und bereitet die Neuwahl der Vollversammlung vor.

§ 116 [Ermächtigung] [1] Die Landesregierungen werden ermächtigt, durch Rechtsverordnung die zuständigen Behörden abweichend von § 104 Abs. 3 und § 108 Abs. 6 zu bestimmen. [2] Sie können diese Ermächtigung auf oberste Landesbehörden übertragen.

Fünfter Teil. Bußgeld-, Übergangs- und Schlußvorschriften

Erster Abschnitt. Bußgeldvorschriften

§ 117[1)] [Ordnungswidrigkeiten] (1) Ordnungswidrig handelt, wer

1. entgegen § 1 Abs. 1 Satz 1 ein dort genanntes Gewerbe als stehendes Gewerbe selbständig betreibt oder

---

[1)] § 117 Abs. 2 geänd. mWv 1.1.2002 durch G v. 10.11.2001 (BGBl. I S. 2992); Abs. 1 Nr. 1 und 2 neu gef. mWv 1.1.2004 durch G v. 24.12.2003 (BGBl. I S. 2934); Abs 1 Nr. 2 geänd. mWv 1.4.2005 durch G v. 23.3.2005 (BGBl. I S. 931); Abs. 1 Nr. 1 geänd. mWv 1.10.2007 durch G v. 7.9.2007 (BGBl. I S. 2246); Abs. 1 Nr. 2 neu gef. mWv 1.1.2020 durch G v. 12.12.2019 (BGBl. I S. 2522); Abs. 1 Nr. 2 geänd. mWv 1.7.2021 durch G v. 9.6.2021 (BGBl. I S. 1654).

2. entgegen § 42b Absatz 4 Satz 3, § 42c Absatz 4 Satz 3, § 42d Absatz 4 Satz 3, § 42f Absatz 4 Satz 1, § 51 Absatz 1 oder § 51f Satz 1 eine dort genannte Abschluss- oder Ausbildungsbezeichnung führt.

(2) Die Ordnungswidrigkeit nach Absatz 1 Nr. 1 kann mit einer Geldbuße bis zu zehntausend Euro, die Ordnungswidrigkeit nach Absatz 1 Nr. 2 kann mit einer Geldbuße bis zu fünftausend Euro geahndet werden.

§ 118[1] **[Weitere Ordnungswidrigkeiten]** (1) Ordnungswidrig handelt, wer

1. eine Anzeige nach § 16 Abs. 2 oder § 18 Abs. 1 nicht, nicht richtig, nicht vollständig oder nicht rechtzeitig erstattet,
2. entgegen § 17 Abs. 1 oder Abs. 2 Satz 2, § 111 Abs. 1 oder Abs. 2 Satz 2 oder § 113 Abs. 2 Satz 11, auch in Verbindung mit § 73 Abs. 3, eine Auskunft nicht, nicht richtig, nicht vollständig oder nicht rechtzeitig erteilt, Unterlagen nicht vorlegt oder das Betreten von Grundstücken oder Geschäftsräumen oder die Vornahme von Prüfungen oder Besichtigungen nicht duldet,
3. Lehrlinge (Auszubildende) einstellt oder ausbildet, obwohl er nach § 22a Nr. 1 persönlich oder nach § 22b Abs. 1 fachlich nicht geeignet ist,
4. entgegen § 22 Abs. 2 einen Lehrling (Auszubildenden) einstellt,
5. Lehrlinge (Auszubildende) einstellt oder ausbildet, obwohl ihm das Einstellen oder Ausbilden nach § 24 untersagt worden ist,
6. entgegen § 30 Absatz 1 Satz 1, auch in Verbindung mit Satz 4, eine dort genannte Eintragung nicht, nicht richtig, nicht in der vorgeschriebenen Weise oder nicht rechtzeitig beantragt oder
7. einer Rechtsverordnung nach § 9 Abs. 1 Satz 1 Nr. 2 zuwiderhandelt, soweit sie für einen bestimmten Tatbestand auf diese Bußgeldvorschrift verweist.

(2) Die Ordnungswidrigkeiten nach Absatz 1 Nr. 1, 2, 6 und 7 können mit einer Geldbuße bis zu eintausend Euro, die Ordnungswidrigkeiten nach Absatz 1 Nr. 3 bis 5 können mit einer Geldbuße bis zu fünftausend Euro geahndet werden.

§ 118a [Unterrichtung der Handwerkskammer] [1] Die zuständige Behörde unterrichtet die zuständige Handwerkskammer über die Einleitung von und die abschließende Entscheidung in Verfahren wegen Ordnungswidrigkeiten nach den §§ 117 und 118. [2] Gleiches gilt für Verfahren wegen Ordnungswidrigkeiten nach dem Gesetz zur Bekämpfung der Schwarzarbeit in der Fassung der Bekanntmachung vom 29. Januar 1982, zuletzt geändert durch Anlage I Kapitel VIII Sachgebiet E Nr. 3 des Einigungsvertrages[2] vom 31. August 1990 in Verbindung mit Artikel 1 des Gesetzes[3] vom 23. September 1990 (BGBl. 1990 II S. 885, 1038), in seiner jeweils geltenden Fassung, soweit Gegenstand des Verfahrens eine *handwerkliche Tätigkeit* ist.

---

[1] § 118 Abs. 2 geänd. mWv 1.1.2002 durch G v. 10.11.2001 (BGBl. I S. 2992); Abs. 1 Nr. 2 geänd. mWv 1.1.2004 durch G v. 24.12.2003 (BGBl. I S. 2934); Abs. 1 Nr. 3 geänd. und Nr. 4 neu gef. mWv 1.4.2005 durch G v. 23.3.2005 (BGBl. I S. 931); Abs. 1 Nr. 6, Abs. 2 geänd., Abs. 1 Nr. 7 angef. mWv 1.10.2007 durch G v. 7.9.2007 (BGBl. I S. 2246); Abs. 1 Nr. 6 neu gef. mWv 1.8.2024 durch G v. 19.7.2024 (BGBl. 2024 I Nr. 246).

[2] **Sartorius III Nr. 2.**

[3] **Sartorius III Nr. 2a.**

Zweiter Abschnitt. Übergangsvorschriften

§ 119[1)] [Erhaltung der Berechtigung, ein Handwerk zu betreiben]

(1) [1] Die bei Inkrafttreten dieses Gesetzes vorhandene Berechtigung eines Gewerbetreibenden, ein Handwerk als stehendes Gewerbe selbständig zu betreiben, bleibt bestehen. [2] Für juristische Personen, Personengesellschaften und Betriebe im Sinne des § 7 Abs. 5 oder 6 gilt dies nur, wenn und solange der Betrieb von einer Person geleitet wird, die am 1. April 1998 Betriebsleiter oder für die technische Leitung verantwortlicher persönlich haftender Gesellschafter oder Leiter eines Betriebs im Sinne des § 7 Abs. 5 und 6 ist; das gleiche gilt für Personen, die eine dem Betriebsleiter vergleichbare Stellung haben. [3] Soweit die Berechtigung zur Ausübung eines selbständigen Handwerks anderen bundesrechtlichen Beschränkungen als den in diesem Gesetz bestimmten unterworfen ist, bleiben diese Vorschriften unberührt.

(2) Ist ein nach Absatz 1 Satz 1 berechtigter Gewerbetreibender bei Inkrafttreten dieses Gesetzes nicht in der Handwerksrolle eingetragen, so ist er auf Antrag oder von Amts wegen binnen drei Monaten in die Handwerksrolle einzutragen.

(3) [1] Die Absätze 1 und 2 gelten für Gewerbe, die in die Anlage A zu diesem Gesetz aufgenommen werden, entsprechend. [2] In diesen Fällen darf nach dem Wechsel des Betriebsleiters einer juristischen Person oder eines für die technische Leitung verantwortlichen persönlich haftenden Gesellschafters einer Personengesellschaft oder des Leiters eines Betriebs im Sinne des § 7 Abs. 5 oder 6 der Betrieb für die Dauer von drei Jahren fortgeführt werden, ohne daß die Voraussetzungen für die Eintragung in die Handwerksrolle erfüllt sind. [3] Zur Verhütung von Gefahren für die öffentliche Sicherheit kann die höhere Verwaltungsbehörde die Fortführung des Betriebs davon abhängig machen, daß er von einem Handwerker geleitet wird, der die Voraussetzungen für die Eintragungen in die Handwerksrolle erfüllt.

(4) Werden in der Anlage A zu diesem Gesetz aufgeführte Gewerbe durch Gesetz oder durch eine nach § 1 Abs. 3 erlassene Rechtsverordnung zusammengefaßt, so ist der selbständige Handwerker, der eines der zusammengefaßten Handwerke betreibt, mit dem durch die Zusammenfassung entstandenen Handwerk in die Handwerksrolle einzutragen.

(5) [1] Soweit durch Gesetz oder durch Rechtsverordnung nach § 1 Abs. 3 Handwerke oder handwerksähnliche Gewerbe zusammengefasst werden, gelten die vor dem Inkrafttreten der jeweiligen Änderungsvorschrift nach § 25 dieses Gesetzes oder nach § 4 des Berufsbildungsgesetzes[2)] erlassenen Ausbildungsordnungen und die nach § 45 Abs. 1 oder § 51a Abs. 1 in Verbindung mit Abs. 2 sowie die nach § 50a oder § 51d dieses Gesetzes erlassenen Rechtsvorschriften bis zum Erlass neuer Rechtsverordnungen nach diesem Gesetz fort. [2] Satz 1 gilt entsprechend für noch bestehende Vorschriften gemäß § 122 Abs. 2 und 4.

(6) Soweit durch Gesetz zulassungspflichtige Handwerke in die Anlage B überführt werden, gilt für die Ausbildungsordnungen Absatz 5 entsprechend.

(7) In den Fällen des Absatzes 3 Satz 1 liegt ein Ausnahmefall nach § 8 Abs. 1 Satz 2 auch dann vor, wenn zum Zeitpunkt der Antragstellung für das zu betrei-

---

[1)] § 119 Abs. 5 Satz 1 und Abs. 6 neu gef. mWv 1.1.2004 durch G v. 24.12.2003 (BGBl. I S. 2934); Abs. 5 Satz 1 und Abs. 6 Satz 2 geänd. mWv 1.4.2005 durch G v. 23.3.2005 (BGBl. I S. 931); Abs. 5 Satz 1 geänd. mWv 1.7.2021 durch G v. 9.6.2021 (BGBl. I S. 1654); Abs. 6 Satz 2 aufgeh. mWv 1.1.2025 durch G v. 23.10.2024 (BGBl. 2024 I Nr. 323).

[2)] **Sartorius ErgBd. Nr. 422.**

bende Handwerk eine Rechtsverordnung nach § 45 noch nicht in Kraft getreten ist.

§ 120[1)] [Erhaltung der Befugnis zur Lehrlingsausbildung] (1) Die am 31. Dezember 2003 vorhandene Befugnis zur Einstellung oder zur Ausbildung von Lehrlingen (Auszubildenden) in Handwerksbetrieben bleibt erhalten.

(2) Wer bis zum 31. März 1998 die Befugnis zur Ausbildung von Lehrlingen (Auszubildenden) in einem Gewerbe erworben hat, das in die Anlage A zu diesem Gesetz aufgenommen wird, gilt im Sinne des § 22b Abs. 1 als fachlich geeignet.

(3) Personen, die am 13. Februar 2020 nach § 22b Absatz 1 und 3 fachlich zur Ausbildung von Lehrlingen (Auszubildenden) eines Handwerks geeignet waren, das in Anlage A Nummer 42 bis 53 aufgeführt ist, gelten im Sinne des § 22b Absatz 1 und 2 weiterhin als fachlich geeignet.

§ 121[2)] [Der Meisterprüfung gleichgestellte Prüfungen] Der Meisterprüfung im Sinne des § 45 bleiben die in § 133 Abs. 10 der Gewerbeordnung[3)] bezeichneten Prüfungen gleichgestellt, sofern sie vor Inkrafttreten dieses Gesetzes abgelegt worden sind.

§ 122[4)] [Gesellen- und Meisterprüfungsvorschriften bei Trennung oder Zusammenfassung von Handwerken] (1) Werden zulassungspflichtige Handwerke durch Gesetz oder durch eine nach § 1 Abs. 3 erlassene Rechtsverordnung getrennt oder zusammengefasst, so können auch solche Personen als Beisitzer der Gesellen- oder Meisterprüfungsausschüsse der durch die Trennung oder Zusammenfassung entstandenen Handwerke oder handwerksähnlichen Gewerbe berufen werden, die in dem getrennten oder in einem der zusammengefassten Handwerke oder handwerksähnlichen Gewerbe die Gesellen- oder Meisterprüfung abgelegt haben oder das Recht zum Ausbilden von Lehrlingen besitzen und im Falle des § 48 Abs. 3 seit mindestens einem Jahr in dem Handwerk, für das der Meisterprüfungsausschuss errichtet ist, selbständig tätig sind.

(2) Die für die einzelnen Handwerke oder handwerksähnlichen Gewerbe geltenden Gesellen-, Abschluss- und Meisterprüfungsvorschriften sind bis zum Inkrafttreten der nach § 25 Abs. 1 und 38 sowie § 45 Abs. 1 Nr. 2 dieses Gesetzes oder nach § 4 des Berufsbildungsgesetzes[5)] vorgesehenen Prüfungsverordnungen anzuwenden, soweit sie nicht mit diesem Gesetz im Widerspruch stehen.

(3) Die für die einzelnen Handwerke oder handwerksähnlichen Gewerbe geltenden Berufsbilder oder Meisterprüfungsverordnungen sind bis zum Inkrafttreten von Rechtsverordnungen nach § 45 Abs. 1 und § 51a Abs. 1 in Verbindung mit Abs. 2 anzuwenden.

(4) Die für die einzelnen Handwerke oder handwerksähnlichen Gewerbe geltenden fachlichen Vorschriften sind bis zum Inkrafttreten von Rechtsverordnun-

---

1) § 120 Abs. 1 und 2 geänd. mWv 1.4.2005 durch G v. 23.3.2005 (BGBl. I S. 931); Abs. 3 angef. mWv 1.7.2021 durch G v. 9.6.2021 (BGBl. I S. 1654).

2) § 121 geänd. mWv 1.1.2004 durch G v. 24.12.2003 (BGBl. I S. 2934).

3) Nr. **800**.

4) § 122 Abs. 1–4 neu gef. mWv 1.1.2004 durch G v. 24.12.2003 (BGBl. I S. 2934); Abs. 2 neu gef. mWv 1.4.2005 durch G v. 23.3.2005 (BGBl. I S. 931); Abs. 2 Satz 2 aufgeh., Abs. 5 angef. mWv 1.7.2021 durch G v. 9.6.2021 (BGBl. I S. 1654); Abs. 5 Satz 1 geänd. mWv 16.11.2022 durch G v. 9.11.2022 (BGBl. I S. 2009).

5) **Sartorius ErgBd. Nr. 422.**

gen nach § 25 Abs. 1, § 45 Abs. 1 und § 51a Abs. 1 in Verbindung mit Abs. 2 anzuwenden.

(5) [1] Das Bundesministerium für Wirtschaft und Klimaschutz wird ermächtigt, im Einvernehmen mit dem Bundesministerium für Bildung und Forschung durch Rechtsverordnung, die nicht der Zustimmung des Bundesrates bedarf, für die Fälle der Absätze 2 bis 4 ergänzende Übergangsvorschriften zu erlassen, soweit dies für eine ordnungsgemäße Überleitung bestehender Lehrlingsverhältnisse oder sonstiger Ausbildungsverhältnisse oder begonnener Prüfungen oder Prüfungsteile sachdienlich ist. [2] Dabei kann auch von den Absätzen 2 bis 4 abgewichen werden.

§ 122a[1)] [Übergangsvorschriften] (1) [1] Vorbehaltlich der Absätze 2 und 3 sind im Bereich des Dritten Teils dieses Gesetzes bis zum Ablauf des 30. Juni 2022 die am 30. Juni 2021 geltenden Vorschriften weiter anzuwenden. [2] Endet die vorgesehene Dauer der Berufung eines Mitglieds oder eines stellvertretenden Mitglieds eines Meisterprüfungsausschusses binnen des sich aus Satz 1 ergebenden Zeitraums, so verlängert sich seine Berufung bis zum Ablauf des 30. Juni 2022.

(2) Ein Meisterprüfungsausschuss, der am 30. Juni 2021 errichtet ist, bleibt zur Abnahme und Bewertung der bei ihm bis zum Ablauf des 30. Juni 2022 begonnenen Teile einer Meisterprüfung weiter bestehen; insoweit sind für die Durchführung der Prüfungen die in Absatz 1 bezeichneten Vorschriften auch über den dort genannten Zeitpunkt hinaus weiter anzuwenden.

(3) [1] Ein Meisterprüfungsausschuss, der am 30. Juni 2021 errichtet ist, nimmt unbeschadet des Absatzes 2 für die Dauer der Berufung seiner Mitglieder und stellvertretenden Mitglieder ab dem 1. Juli 2022 die Aufgaben eines nach den am 1. Juli 2021 geltenden Vorschriften zu errichtenden Meisterprüfungsausschusses wahr. [2] Unbeschadet des Absatzes 1 ist ein Meisterprüfungsausschuss nach Satz 1 befugt, bereits vor dem 1. Juli 2022 alle erforderlichen Handlungen zur Vorbereitung der Aufgabenwahrnehmung im Sinne des Satzes 1 vorzunehmen, insbesondere solche nach §§ 48a, 51c, auch in Verbindung mit einer Rechtsverordnung nach § 50a oder § 51d.

§ 123[2)] [Zulassung zur Meisterprüfung] (1) Beantragt ein Gewerbetreibender, der bis zum 31. Dezember 2003 berechtigt ist, ein zulassungspflichtiges Handwerk als stehendes Gewerbe selbständig zu betreiben, in diesem Handwerk zur Meisterprüfung zugelassen zu werden, so gelten für die Zulassung zur Prüfung die Bestimmungen der §§ 49 und 50 entsprechend.

(2) Absatz 1 gilt entsprechend für ein Gewerbe, das in die Anlage A aufgenommen wird.

(3) § 49 Absatz 1 Satz 2 ist nicht anzuwenden auf Personen, die bis zum Ablauf des 30. Juni 2021 eine Gesellen- oder Abschlussprüfung bestanden und vor dem 14. Juni 2023 einen Antrag auf Zulassung zur Meisterprüfung gestellt haben.

§ 123a[3)] [Übergangsfristen] [1] § 22b Absatz 3, § 37 Absatz 3, die §§ 41b, 41c Absatz 1 bis 3, die §§ 41d, 42b Absatz 3, § 42c Absatz 3, § 49 Absatz 2 sowie § 51a Absatz 5 sind erstmals ab dem 1. Januar 2025 anzuwenden. [2] § 22b Absatz 3, § 37 Absatz 3, § 42b Absatz 3, § 42c Absatz 3, § 49 Absatz 2 sowie § 51a Absatz 5 sind

[1)] § 122a eingef. mWv 1.7.2021 durch G v. 9.6.2021 (BGBl. I S. 1654).

[2)] § 123 Abs. 1 neu gef. mWv 1.1.2004 durch G v. 24.12.2003 (BGBl. I S. 2934); Abs. 3 angef. mWv 1.7.2021 durch G v. 9.6.2021 (BGBl. I S. 1654).

[3)] § 123a eingef. mWv 1.8.2024 durch G v. 19.7.2024 (BGBl. 2024 I Nr. 246).

in ihrer am 31. Juli 2024 geltenden Fassung bis zum Ablauf des 31. Dezember 2024 weiter anzuwenden.

§ 124 [Bestehende Handwerksorganisation] (1) [1] Die bei Inkrafttreten dieses Gesetzes bestehenden Handwerksinnungen oder Handwerkerinnungen, Kreishandwerkerschaften oder Kreisinnungsverbände, Innungsverbände und Handwerkskammern sind nach den Bestimmungen dieses Gesetzes bis zum 30. September 1954 umzubilden; bis zu ihrer Umbildung gelten sie als Handwerksinnungen, Kreishandwerkerschaften, Innungsverbände und Handwerkskammern im Sinne dieses Gesetzes. [2] Wenn sie sich nicht bis zum 30. September 1954 umgebildet haben, sind sie aufgelöst. [3] Endet die Wahlzeit der Mitglieder einer Handwerkskammer vor dem 30. September 1954, so wird sie bis zu der Umbildung der Handwerkskammer nach Satz 1, längstens jedoch bis zum 30. September 1954 verlängert.

(2) Die nach diesem Gesetz umgebildeten Handwerksinnungen, Kreishandwerkerschaften, Innungsverbände und Handwerkskammern gelten als Rechtsnachfolger der entsprechenden bisher bestehenden Handwerksorganisationen.

(3) [1] Soweit für die bisher bestehenden Handwerksorganisationen eine Rechtsnachfolge nicht eintritt, findet eine Vermögensauseinandersetzung nach den für sie bisher geltenden gesetzlichen Bestimmungen statt. [2] Bei Meinungsverschiedenheiten entscheidet die nach dem geltenden Recht zuständige Aufsichtsbehörde.

§ 124a[1)] *(aufgehoben)*

§ 124b[2)] **[Ermächtigung zur Übertragung von Zuständigkeiten]** [1] Die Landesregierungen werden ermächtigt, durch Rechtsverordnung die nach diesem Gesetz den höheren Verwaltungsbehörden oder den sonstigen nach Landesrecht zuständigen Behörden übertragenen Zuständigkeiten nach den §§ 7a, 7b, 8, 9, 22b, 23, 24 und 42v auf andere Behörden oder auf Handwerkskammern zu übertragen. [2] Satz 1 gilt auch für die Zuständigkeiten nach § 16 Absatz 3; eine Übertragung auf Handwerkskammern ist jedoch ausgeschlossen. [3] Die Staatsaufsicht nach § 115 Abs. 1 umfasst im Falle einer Übertragung von Zuständigkeiten nach den §§ 7a, 7b, 8 und 9 auch die Fachaufsicht.

§ 124c[3)] **[Teilnahme an Sitzungen]** (1) [1] Der Vorstand einer Handwerksorganisation nach dem Vierten Teil kann auch ohne Ermächtigung in der Satzung durch Beschluss den Mitgliedern der Organe seiner Handwerksorganisation ermöglichen,

1. an einer Sitzung ohne Anwesenheit am Versammlungsort teilzunehmen und Mitgliederrechte im Wege der elektronischen Kommunikation auszuüben oder
2. ohne Teilnahme an einer Sitzung ihre Stimmen vor der Durchführung oder ohne Durchführung der Sitzung in Textform gegenüber dem Vorstand abzugeben.

[1)] § 124a aufgeh. mWv 1.1.2025 durch G v. 23.10.2024 (BGBl. 2024 I Nr. 323).

[2)] § 124b neu gef. mWv 1.4.2005 durch G v. 23.3.2005 (BGBl. I S. 931); Satz 2 eingef., bish. Satz 2 wird Satz 3 mWv 15.7.2011 durch G v. 11.7.2011 (BGBl. I S. 1341); Satz 1 geänd. mWv 1.1.2020 durch G v. 12.12.2019 (BGBl. I S. 2522).

[3)] § 124c eingef. mWv 29.5.2020 durch G v. 25.5.2020 (BGBl. I S. 1067); Abs. 6 geänd. mWv 1.7.2021 durch G v. 9.6.2021 (BGBl. I S. 1654); Abs. 1 aufgeh., Abs. 2 wird Abs. 1 und Satz 1 einl. Satzteil geänd., Abs. 3 wird Abs. 2, Abs. 4 wird Abs. 3 und einl. Satzteil geänd., Abs. 5 wird Abs. 4 und geänd., Abs. 6 aufgeh. mWv 16.11.2022 durch G v. 9.11.2022 (BGBl. I S. 2009).

[2]Zu einer Sitzung oder Beschlussfassung eines Organs darf abweichend von anderslautenden gesetzlichen oder satzungsrechtlichen Bestimmungen in Textform eingeladen werden. [3]In der Einladung ist der Beschluss nach Satz 1 bekannt zu geben.

(2) [1]Der Präsident einer Handwerkskammer kann auch ohne Ermächtigung in der Satzung durch Beschluss den Mitgliedern des Vorstandes ermöglichen,

1. an einer Sitzung ohne Anwesenheit am Versammlungsort teilzunehmen und Mitgliederrechte im Wege der elektronischen Kommunikation auszuüben oder
2. ohne Teilnahme an einer Sitzung ihre Stimmen vor der Durchführung oder ohne Durchführung der Sitzung in Textform gegenüber dem Präsidenten abzugeben.

[2]In der Einladung zur Sitzung oder zur Beschlussfassung ist der Beschluss nach Satz 1 bekannt zu geben. [3]Die Sätze 1 und 2 gelten für die übrigen Handwerksorganisationen nach dem Vierten Teil entsprechend.

(3) In den Fällen des Absatzes 1 Satz 1 Nummer 2 oder des Absatzes 2 Satz 1 Nummer 2

1. ist ein Beschluss gültig, wenn
   a) alle Mitglieder beteiligt wurden,
   b) mindestens die Hälfte der Mitglieder ihre Stimmen bis zu dem gesetzten Termin in Textform oder ihre Stimme in der Sitzung abgegeben haben und
   c) der Beschluss mit der nach Gesetz oder der jeweiligen Satzung erforderlichen Mehrheit gefasst wurde,
2. sind die Vorschriften über die Öffentlichkeit von Sitzungen nicht anzuwenden.

(4) Die Absätze 2 und 3 gelten für Meisterprüfungsausschüsse nach § 47 entsprechend.

Dritter Abschnitt. Schlußvorschriften

§ 125[1)] **[Inkrafttreten]** (1) Auf Ausbildungsverträge, die vor dem 30. September 2017 abgeschlossen wurden oder bis zu diesem Zeitpunkt abgeschlossen werden, sind § 6 Absatz 2 Satz 5, § 26 Absatz 2 Satz 1, § 36 Absatz 1 Nummer 2 und § 44

(Fortsetzung nächstes Blatt)

[1)] § 125 neu gef. mWv 5.4.2017 durch G v. 29.3.2017 (BGBl. I S. 626); Abs. 2 und 3 angef. mWv 1.1. 2020 durch G v. 12.12.2019 (BGBl. I S. 2522).

Absatz 2 Nummer 1 in ihrer bis zum 5. April 2017 geltenden Fassung weiter anzuwenden.

(2) [1] Sofern für einen anerkannten Fortbildungsabschluss eine Fortbildungsordnung auf Grund des § 42 in der bis zum Ablauf des 31. Dezember 2019 geltenden Fassung erlassen worden ist, ist diese Fortbildungsordnung bis zum erstmaligen Erlass einer Fortbildungsordnung nach § 42 in der ab dem 1. Januar 2020 geltenden Fassung weiterhin anzuwenden. [2] Sofern eine Fortbildungsprüfungsregelung nach § 42a in der bis zum Ablauf des 31. Dezember 2019 geltenden Fassung erlassen worden ist, ist diese Fortbildungsprüfungsregelung bis zum erstmaligen Erlass einer Fortbildungsprüfungsregelung nach § 42f in der ab dem 1. Januar 2020 geltenden Fassung weiterhin anzuwenden.

(3) [1] Für Berufsausbildungsverträge mit Ausbildungsbeginn ab dem 1. Januar 2020 ist das Datum „bei Vertragsabschluss vereinbarte Vergütung für jedes Ausbildungsjahr" in der Lehrlingsrolle nach § 28 Absatz 1 und der Anlage D Abschnitt III Nummer 4 in der ab dem 1. Januar 2020 geltenden Fassung zu speichern. [2] Im Übrigen sind für Berufsausbildungsverträge mit Ausbildungsbeginn bis zum Ablauf des 31. Dezember 2020 § 28 und die Anlage D in der am 31. Dezember 2019 geltenden Fassung weiterhin anzuwenden.

§ 126[1)] [Eintragung bzw. Umtragung in die Handwerksrolle] (1) [1] Wer am 13. Februar 2020 einen Betrieb eines zulassungsfreien Handwerks innehat, das in Anlage B Abschnitt 1 Nummer 1, 2, 3, 4, 12, 13, 15, 17, 27, 34, 44 oder 53 in der am 13. Februar 2020 geltenden Fassung aufgeführt ist, ist abweichend von § 7 Absatz 1a auch ohne eine bestandene Meisterprüfung des Betriebsleiters mit dem ausgeübten Handwerk von Amts wegen in die Handwerksrolle umzutragen. [2] Bis zum Vollzug der Umtragung nach Satz 1 ist abweichend von § 1 Absatz 1 Satz 1 der Betrieb des Handwerks ab dem 14. Februar 2020 gestattet.

(2) [1] Wer am 13. Februar 2020 einen handwerklichen Nebenbetrieb eines zulassungsfreien Handwerks innehat, das in Anlage B Abschnitt 1 Nummer 1, 2, 3, 4, 12, 13, 15, 17, 27, 34, 44 oder 53 in der am 13. Februar 2020 geltenden Fassung aufgeführt ist, und nicht in das Verzeichnis nach § 19 Satz 1 eingetragen ist, ist abweichend von § 7 Absatz 1a auch ohne eine bestandene Meisterprüfung des Betriebsleiters mit dem ausgeübten Handwerk auf Antrag in die Handwerksrolle einzutragen. [2] Der Antrag ist innerhalb eines Jahres nach dem 14. Februar 2020 bei der zuständigen Handwerkskammer unter Beifügen oder Vorlegen geeigneter Nachweise für das Innehaben eines handwerklichen Nebenbetriebs zu stellen. [3] Bis zum Vollzug der Eintragung in die Handwerksrolle aufgrund eines Antrags nach Satz 1 oder bis zur rechtskräftigen Entscheidung über eine ablehnende Entscheidung ist abweichend von § 1 Absatz 1 Satz 1 der Betrieb des Handwerks als handwerklicher Nebenbetrieb ab dem 14. Februar 2020 gestattet.

(3) Der Inhaber eines Betriebs, der nach Absatz 1 von Amts wegen in die Handwerksrolle umzutragen ist oder umgetragen wurde, bleibt in der Handwerksrolle eingetragen, auch wenn einzelne Eigentümer oder Gesellschafter nach dem 13. Februar 2020 ausscheiden.

(4) [1] Wird ab dem 14. Februar 2020 der Inhaber eines Betriebs, der nach Absatz 1 Satz 1 von Amts wegen in die Handwerksrolle umzutragen ist oder umgetragen wurde, um einen weiteren Eigentümer oder Gesellschafter erweitert, so muss das Erfüllen der Anforderung für die Eintragung in die Handwerksrolle nach § 7 Absatz 1a, 2, 3, 7 oder 9 innerhalb von sechs Monaten nach der

---

[1)] § 126 angef. mWv 14.2.2020 durch G v. 6.2.2020 (BGBl. I S. 142).

Erweiterung durch Vorlage geeigneter Unterlagen gegenüber der zuständigen Handwerkskammer nachgewiesen werden. [2]Liegt der Nachweis gegenüber der zuständigen Handwerkskammer innerhalb der vorgenannten Frist nicht vor, so ist die Eintragung des Betriebs in der Handwerksrolle zu löschen. [3]Im Übrigen bleibt § 4 unberührt.

Anlage A[1) 2)]

Verzeichnis der Gewerbe, die als zulassungspflichtige Handwerke betrieben werden können (§ 1 Absatz 2)

Nummer	
1	Maurer und Betonbauer
2	Ofen- und Luftheizungsbauer
3	Zimmerer
4	Dachdecker

---

1) Anl. A neu gef. mWv 14.2.2020 durch G v. 6.2.2020 (BGBl. I S. 142).

2) Gemäß dem Übergangsgesetz aus Anlaß des Zweiten Gesetzes zur Änderung der Handwerksordnung und anderer handwerksrechtlicher Vorschriften v. 25.3.1998 (BGBl. I S. 596), zuletzt geänd. durch G v. 6.2.2020 (BGBl. I S. 142) gilt für die Zuordnung wesentlicher Tätigkeiten zu den Gewerben der Anlage A folgendes:

„**§ 1 [Zuordnung der wesentlichen Tätigkeiten]** (1) Die wesentliche Tätigkeit Herstellung und Reparatur von Ziegeldächern des Gewerbes Nummer 4 Dachdecker der Anlage A zur Handwerksordnung wird auch dem Gewerbe Nummer 3 Zimmerer der Anlage A zur Handwerksordnung als wesentliche Tätigkeit zugeordnet.

(2) Die wesentliche Tätigkeit Herstellung und Reparatur von Dachstühlen des Gewerbes Nummer 3 Zimmerer der Anlage A zur Handwerksordnung wird auch dem Gewerbe Nummer 4 Dachdecker der Anlage A zur Handwerksordnung als wesentliche Tätigkeit zugeordnet.

(3) [1]Die wesentliche Tätigkeit Lackierung von Karosserien und Fahrzeugen des Gewerbes Nummer 10 Maler und Lackierer der Anlage A zur Handwerksordnung wird auch den Gewerben Nummer 15 Karosserie- und Fahrzeugbauer und Nummer 20 Kraftfahrzeugtechniker der Anlage A zur Handwerksordnung als wesentliche Tätigkeit zugeordnet. [2]Die wesentliche Tätigkeit Reparatur von Karosserien und Fahrzeugen der Gewerbe Nummer 15 Karosserie und Fahrzeugbauer und Nummer 20 Kraftfahrzeugtechniker der Anlage A zur Handwerksordnung wird auch dem Gewerbe Nummer 10 Maler und Lackierer der Anlage A zur Handwerksordnung als wesentliche Tätigkeit zugeordnet, soweit dies zur Vorbereitung der Lackierung von Fahrzeugen und Karosserien erforderlich ist.

(4) [1]Die wesentliche Tätigkeit Aufstellen von Arbeits- und Schutzgerüsten des Gewerbes Nummer 11 Gerüstbauer der Anlage A zur Handwerksordnung wird auch den Gewerben Nummer 1 Maurer und Betonbauer, Nummer 3 Zimmerer, Nummer 4 Dachdecker, Nummer 5 Straßenbauer, Nummer 6 Wärme-, Kälte- und Schallschutzisolierer, Nummer 7 Brunnenbauer, Nummer 8 Steinmetzen und Steinbildhauer, Nummer 9 Stukkateure, Nummer 10 Maler und Lackierer, Nummer 12 Schornsteinfeger, Nummer 13 Metallbauer, Nummer 18 Kälteanlagenbauer, Nummer 23 Klempner, Nummer 24 Installateur und Heizungsbauer, Nummer 25 Elektrotechniker, Nummer 27 Tischler, Nummer 39 Glaser, Nummer 42 Fliesen-, Platten- und Mosaikleger, Nummer 43 Betonstein- und Terrazzohersteller, Nummer 44 Estrichleger und Nummer 51 Schilder- und Lichtreklamehersteller der Anlage A zur Handwerksordnung als wesentliche Tätigkeit zugeordnet. [2]Die wesentliche Tätigkeit Aufstellen von Arbeits- und Schutzgerüsten des Gewerbes Nummer 11 Gerüstbauer der Anlage A zur Handwerksordnung darf auch das Gewerbe Nummer 33 Gebäudereiniger der Anlage B Abschnitt 1 zur Handwerksordnung ausüben, mit der Maßgabe, dass § 1 Absatz 1 Satz 1 der Handwerksordnung insoweit nicht anzuwenden ist.

(5) Das Gewerbe Nummer 19 Informationstechniker der Anlage A zur Handwerksordnung umfasst nicht die strukturierte Verkabelung als wesentliche Tätigkeit.

(6) Die wesentliche Tätigkeit Herstellung und Reparatur von Energieversorgungsanschlüssen des Gewerbes Nummer 24 Installateur und Heizungsbauer der Anlage A zur Handwerksordnung wird auch dem Gewerbe Nummer 2 Ofen- und Luftheizungsbauer der Anlage A zur Handwerksordnung als wesentliche Tätigkeit zugeordnet.

(7) Der Akustik- und Trockenbau ist keine wesentliche Tätigkeit eines der in der Anlage A zur Handwerksordnung aufgeführten Gewerbe."

Nummer	
5	Straßenbauer
6	Wärme-, Kälte- und Schallschutzisolierer
7	Brunnenbauer
8	Steinmetzen und Steinbildhauer
9	Stuckateure
10	Maler und Lackierer
11	Gerüstbauer
12	Schornsteinfeger
13	Metallbauer
14	Chirurgiemechaniker
15	Karosserie- und Fahrzeugbauer
16	Feinwerkmechaniker
17	Zweiradmechaniker
18	Kälteanlagenbauer
19	Informationstechniker
20	Kraftfahrzeugtechniker
21	Land- und Baumaschinenmechatroniker
22	Büchsenmacher
23	Klempner
24	Installateur und Heizungsbauer
25	Elektrotechniker
26	Elektromaschinenbauer
27	Tischler
28	Boots- und Schiffbauer
29	Seiler
30	Bäcker
31	Konditoren
32	Fleischer
33	Augenoptiker
34	Hörakustiker
35	Orthopädietechniker
36	Orthopädieschuhmacher
37	Zahntechniker
38	Friseure
39	Glaser
40	Glasbläser und Glasapparatebauer
41	Mechaniker für Reifen- und Vulkanisationstechnik
42	Fliesen-, Platten- und Mosaikleger
43	Werkstein- und Terrazzohersteller
44	Estrichleger
45	Behälter- und Apparatebauer
46	Parkettleger
47	Rollladen- und Sonnenschutztechniker
48	Drechsler (Elfenbeinschnitzer) und Holzspielzeugmacher
49	Böttcher
50	Glasveredler
51	Schilder- und Lichtreklamehersteller
52	Raumausstatter
53	Orgel- und Harmoniumbauer

Anlage B[1)]

Verzeichnis der Gewerbe, die als zulassungsfreie Handwerke oder handwerksähnliche Gewerbe betrieben werden können (§ 18 Absatz 2)

Abschnitt 1. Zulassungsfreie Handwerke

Nummer	
1	entfällt
2	entfällt
3	entfällt
4	entfällt
5	Uhrmacher
6	Graveure
7	Metallbildner
8	Galvaniseure
9	Metall- und Glockengießer
10	Präzisionswerkzeugmechaniker
11	Gold- und Silberschmiede
12	entfällt
13	entfällt
14	Modellbauer
15	entfällt
16	Holzbildhauer
17	entfällt
18	Korb- und Flechtwerkgestalter
19	Maßschneider
20	Textilgestalter (Sticker, Weber, Klöppler, Posamentierer, Stricker)
21	Modisten
22	(weggefallen)
23	Segelmacher
24	Kürschner
25	Schuhmacher
26	Sattler und Feintäschner
27	entfällt
28	Müller
29	Brauer und Mälzer
30	Weinküfer
31	Textilreiniger
32	Wachszieher
33	Gebäudereiniger
34	entfällt
35	Feinoptiker
36	Glas- und Porzellanmaler
37	Edelsteinschleifer und -graveure
38	Fotografen
39	Buchbinder
40	Print- und Medientechnologen (Drucker, Siebdrucker, Flexografen)
41	entfällt
42	entfällt
43	Keramiker

[1)] Anl. B neu gef. mWv 14.2.2020 durch G v. 6.2.2020 (BGBl. I S. 142); geänd. mWv 1.7.2021 durch G v. 9.6.2021 (BGBl. I S. 1654).

Nummer	
44	entfällt
45	Klavier- und Cembalobauer
46	Handzuginstrumentenmacher
47	Geigenbauer
48	Bogenmacher
49	Metallblasinstrumentenmacher
50	Holzblasinstrumentenmacher
51	Zupfinstrumentenmacher
52	Vergolder
53	entfällt
54	Holz- und Bautenschützer (Mauerschutz und Holzimprägnierung in Gebäuden)
55	Bestatter
56	Kosmetiker

Abschnitt 2. Handwerksähnliche Gewerbe

Nummer	
1	Eisenflechter
2	Bautentrocknungsgewerbe
3	Bodenleger
4	Asphaltierer (ohne Straßenbau)
5	Fuger (im Hochbau)
6	entfällt
7	Rammgewerbe (Einrammen von Pfählen im Wasserbau)
8	Betonbohrer und -schneider
9	Theater- und Ausstattungsmaler
10	Herstellung von Drahtgestellen für Dekorationszwecke in Sonderanfertigung
11	Metallschleifer und Metallpolierer
12	Metallsägen-Schärfer
13	Tankschutzbetriebe (Korrosionsschutz von Öltanks für Feuerungsanlagen ohne chemische Verfahren)
14	Fahrzeugverwerter
15	Rohr- und Kanalreiniger
16	Kabelverleger im Hochbau (ohne Anschlussarbeiten)
17	Holzschuhmacher
18	Holzblockmacher
19	Daubenhauer
20	Holz-Leitermacher (Sonderanfertigung)
21	Muldenhauer
22	Holzreifenmacher
23	Holzschindelmacher
24	Einbau von genormten Baufertigteilen (zum Beispiel Fenster, Türen, Zargen, Regale)
25	Bürsten- und Pinselmacher
26	Bügelanstalten für Herren-Oberbekleidung
27	Dekorationsnäher (ohne Schaufensterdekoration)
28	Fleckteppichhersteller
29	(weggefallen)
30	Theaterkostümnäher
31	Plisseebrenner
32	(weggefallen)
33	Stoffmaler
34	(weggefallen)
35	Textil-Handdrucker
36	Kunststopfer

Nummer	
37	Änderungsschneider
38	Handschuhmacher
39	Ausführung einfacher Schuhreparaturen
40	Gerber
41	Innerei-Fleischer (Kuttler)
42	Speiseeishersteller (mit Vertrieb von Speiseeis mit üblichem Zubehör)
43	Fleischzerleger, Ausbeiner
44	Appreteure, Dekateure
45	Schnellreiniger
46	Teppichreiniger
47	Getränkeleitungsreiniger
48	entfällt
49	Maskenbildner
50	entfällt
51	Lampenschirmhersteller (Sonderanfertigung)
52	Klavierstimmer
53	Theaterplastiker
54	Requisiteure
55	Schirmmacher
56	Steindrucker
57	Schlagzeugmacher

Anlage C
zu dem Gesetz zur Ordnung des Handwerks (Handwerksordnung)

Wahlordnung für die Wahlen der Mitglieder der Vollversammlung der Handwerkskammern

Inhaltsübersicht

Erster Abschnitt. Zeitpunkt der Wahl, Wahlleiter und Wahlausschuß

§ 1[1)] [Zeitpunkt der Wahl; Wahlleiter] [1]Der Vorstand der Handwerkskammer bestimmt den Tag der Wahl. [2]Er bestellt einen Wahlleiter sowie einen Stellvertreter, die nicht zu den Wahlberechtigten gemäß § 96 Abs. 1 und § 98 der Handwerksordnung gehören und nicht Mitarbeiter der Handwerkskammer sein dürfen.

§ 2[2)] [Wahlausschuss] (1) [1]Der Wahlleiter beruft aus der Zahl der Wahlberechtigten vier Beisitzer und die erforderliche Zahl von Stellvertretern, die je zur Hälfte Wahlberechtigte nach § 96 Abs. 1 und nach § 98 der Handwerksordnung sein müssen. [2]Der Wahlleiter und die Beisitzer bilden den Wahlausschuß; den Vorsitz führt der Wahlleiter.

(2) [1]Der Wahlausschuß ist beschlußfähig, wenn außer dem Wahlleiter oder seinem Stellvertreter mindestens je ein Wahlberechtigter nach § 96 Abs. 1 und nach § 98 der Handwerksordnung als Beisitzer anwesend sind. [2]Er beschließt mit Stimmenmehrheit; bei Stimmengleichheit entscheidet die Stimme des Wahlleiters.

(3) Die in den Wahlausschuß berufenen Beisitzer und Stellvertreter werden von dem Vorsitzenden auf unparteiische und gewissenhafte Erfüllung ihres Amtes sowie zur Verschwiegenheit über die ihnen bei ihrer amtlichen Tätigkeit bekanntgewordenen Tatsachen, insbesondere über alle dem Wahlgeheimnis unterliegenden Angelegenheiten verpflichtet.

(4) Die Stellvertreter werden für abwesende oder ausgeschiedene Beisitzer herangezogen.

(5) Zu den Verhandlungen des Wahlausschusses bestellt der Vorsitzende einen Schriftführer, den er auf unparteiische und gewissenhafte Erfüllung seines Amtes verpflichtet; der Schriftführer ist nicht stimmberechtigt und soll nicht zu den Wahlberechtigten gemäß § 96 Abs. 1 und § 98 der Handwerksordnung gehören.

(6) [1]Ort und Zeit der Sitzungen bestimmt der Vorsitzende. [2]Die Beisitzer und der Schriftführer werden zu den Sitzungen eingeladen.

(7) Der Wahlausschuß entscheidet in öffentlicher Sitzung.

(8) Öffentlich sind diese Sitzungen auch dann, wenn Zeit, Ort und Gegenstand der Sitzung vorher durch Aushang am Eingang des Sitzungshauses mit dem Hinweis bekanntgegeben worden sind, daß der Zutritt zur Sitzung den Stimmberechtigten offen steht.

(9) [1]Die Beisitzer des Wahlausschusses erhalten keine Vergütung; es wird ihnen für bare Auslagen und Zeitversäumnis eine Entschädigung nach den für die Mitglieder der Handwerkskammer fest-

(Fortsetzung nächstes Blatt)

[1)] § 1 neu gef. mWv 1.1.2004 durch G v. 24.12.2003 (BGBl. I S. 2934).
[2)] § 2 Abs. 10 aufgeh. mWv 1.1.2004 durch G v. 24.12.2003 (BGBl. I S. 2934).

gesetzten Sätzen gewährt. 2 Die Arbeitnehmer sind, soweit es zur ordnungsgemäßen Durchführung der ihnen gesetzlich zugewiesenen Aufgaben erforderlich ist und wichtige betriebliche Gründe nicht entgegenstehen, von ihrer beruflichen Tätigkeit ohne Minderung des Arbeitsentgelts gemäß § 69 Abs. 4 Satz 3 freizustellen.

Zweiter Abschnitt. Wahlbezirk

§ 3 [Wahlbezirk] Der Handwerkskammerbezirk bildet einen Wahlbezirk.

Dritter Abschnitt. Aufteilung der Mitglieder der Vollversammlung

§ 4[1)] [Aufteilung der Mitglieder der Vollversammlung] Zur Aufteilung der Mitglieder der Vollversammlung können die Handwerkskammern in ihrer Satzung gemäß § 93 Abs. 2 der Handwerksordnung Gruppen bilden.

Vierter Abschnitt. Abstimmungsvorstand

§§ 5, 6[2)] *(aufgehoben).*

Fünfter Abschnitt. Wahlvorschläge

§ 7 [Aufforderung zur Einreichung von Wahlvorschlägen] Der Wahlleiter hat spätestens drei Monate vor dem Wahltag in den für die Bekanntmachungen der Handwerkskammer bestimmten Organen zur Einreichung von Wahlvorschlägen aufzufordern und dabei die Erfordernisse dieser Wahlvorschläge (§§ 8 bis 10) bekanntzugeben.

§ 8[3)] [Anforderungen an die Wahlvorschläge] (1) Die Wahlvorschläge gelten für den Wahlbezirk (§ 3); sie sind getrennt für die Wahl der Vertreter des Handwerks und des handwerksähnlichen Gewerbes und für die Wahl der Vertreter der Gesellen und anderen Arbeitnehmer mit abgeschlossener Berufsausbildung in Form von Listen einzureichen und müssen die Namen von so vielen Bewerbern enthalten, als Mitglieder und Stellvertreter in dem Wahlbezirk zu wählen sind.

(2) 1 Die Bewerber sind mit Vor- und Zunamen, Beruf, Wohnort und Wohnung so deutlich zu bezeichnen, dass über die Person kein Zweifel besteht. 2 In gleicher Weise sind für jedes einzelne Mitglied der oder die Stellvertreter deutlich zu bezeichnen, so dass zweifelsfrei hervorgeht, wer als Mitglied und wer als Stellvertreter vorgeschlagen wird. 3 Bei zwei Stellvertretern für jedes einzelne Mitglied muss aus der Bezeichnung zweifelsfrei hervorgehen, wer als erster oder zweiter Stellvertreter vorgeschlagen wird.

(3) Die Verteilung der Bewerber des Handwerks und des handwerksähnlichen Gewerbes sowie der Gesellen und anderen Arbeitnehmer mit abgeschlossener Berufsausbildung muss den Bestimmungen der Satzung der Handwerkskammer entsprechen.

(4) 1 Auf jedem Wahlvorschlag sollen eine Vertrauensperson und ein Stellvertreter bezeichnet sein, die bevollmächtigt sind, dem Wahlleiter gegenüber Erklärungen abzugeben. 2 Fehlt diese Bezeichnung, so gilt der erste Unterzeichnete als Vertrauensperson, der zweite als sein Stellvertreter.

(5) Die Wahlvorschläge müssen mindestens von der zweifachen Anzahl der jeweils für die Arbeitgeber- und Arbeitnehmerseite in der Vollversammlung zu besetzenden Sitze an Wahlberechtigten, höchstens aber von 70 Wahlberechtigten, unterzeichnet sein.

(6) 1 Die Unterzeichner der Wahlvorschläge müssen bei der Unterschrift auch Beruf, Wohnort und Wohnung angeben. 2 Die Unterschriften müssen leserlich sein.

---

1) § 4 neu gef. mWv 1.1.2004 durch G v. 24.12.2003 (BGBl. I S. 2934).

2) §§ 5, 6 aufgeh. mWv 1.1.2004 durch G v. 24.12.2003 (BGBl. I S. 2934).

3) § 8 Abs. 1 geänd. und Abs. 2, 3 und 5 neu gef. mWv 1.1.2004 durch G v. 24.12.2003 (BGBl. I S. 2934).

§ 9 [Einreichungsfrist] Die Wahlvorschläge müssen spätestens am fünfunddreißigsten Tag vor dem Wahltage bei dem Wahlleiter eingereicht sein.

§ 10[1)] [Einzureichende Erklärungen und Bescheinigungen] (1) Mit jedem Wahlvorschlag sind einzureichen

1. die Erklärung der Bewerber, daß sie der Aufnahme ihrer Namen in den Wahlvorschlag zustimmen,
2. die Bescheinigung der Handwerkskammer, daß bei den Bewerbern die Voraussetzungen

(Fortsetzung nächstes Blatt)

[1)] § 10 Abs. 1 Nr. 2 Buchst. a und Nr. 3 Buchst. a geänd. mWv 1.1.2004 durch G v. 24.12.2003 (BGBl. I S. 2934).

a) auf seiten *Inhaber*[1] eines Betriebs eines Handwerks oder handwerksähnlichen Gewerbes des § 97,

b) auf seiten der Gesellen und anderen Arbeitnehmer mit abgeschlossener Berufsausbildung des § 99

der Handwerksordnung vorliegen und

3. die Bescheinigung der Handwerkskammer, daß die Unterzeichner des Wahlvorschlages

a) *Inhabern*[2] eines Betriebs eines Handwerks und eines handwerksähnlichen Gewerbes in die Wählerliste (§ 12 Abs. 1) eingetragen sind,

b) bei den Gesellen und anderen Arbeitnehmern mit abgeschlossener Berufsausbildung, die die Voraussetzungen für die Wahlberechtigung (§ 98) erfüllen.

(2) Die Bescheinigungen sind gebührenfrei auszustellen.

§ 11 [Beseitigung von Mängeln; Zulassung und Veröffentlichung der Wahlvorschläge] (1) Weisen die Wahlvorschläge Mängel auf, so fordert der Wahlleiter die Vertrauenspersonen unter Setzung einer angemessenen Frist zu deren Beseitigung auf.

(2) Spätestens am zwanzigsten Tag vor dem Wahltag entscheidet der Wahlausschuß (§ 2) über die Zulassung der Wahlvorschläge.

(3) Die Vertrauenspersonen der Wahlvorschläge sind über Ort, Zeit und Gegenstand der Sitzung zu benachrichtigen.

(4) Nicht zuzulassen sind Wahlvorschläge, die zu spät eingereicht sind oder den gesetzlichen Voraussetzungen nicht entsprechen.

(5) Nachdem die Wahlvorschläge festgesetzt sind, können sie nicht mehr geändert werden.

(6) [1]Der Wahlleiter veröffentlicht spätestens am fünfzehnten Tag vor dem Wahltage die zugelassenen Wahlvorschläge in den für die Bekanntmachung der Handwerkskammer bestimmten Organen in der zugelassenen Form, aber ohne die Namen der Unterzeichner. [2]Jeder Wahlvorschlag soll eine fortlaufende Nummer und ein Kennwort erhalten, das ihn von allen anderen Wahlvorschlägen deutlich unterscheidet.

Sechster Abschnitt. Wahl

§ 12[3] **[Wählerverzeichnis]** (1) [1]Für die Wahl der Vertreter des Handwerks und des handwerksähnlichen Gewerbes dient als Wahlunterlage ein von der Handwerkskammer herzustellender und zu beglaubigender Auszug aus der Handwerksrolle und dem Verzeichnis nach § 19 der Handwerksordnung, der alle am Wahltag Wahlberechtigten der Handwerkskammer enthält (Wahlverzeichnis). [2]Wählen kann nur, wer in dem Wahlverzeichnis eingetragen ist.

(2) [1]Das Wahlverzeichnis ist öffentlich auszulegen. [2]Die Auslegungszeit und den Ort bestimmt der Wahlleiter. [3]Innerhalb der Auslegungsfrist ist das Anfertigen von Auszügen aus dem Wählerverzeichnis durch Wahlberechtigte zulässig, soweit dies im Zusammenhang mit der Prüfung des Wahlrechts einzelner bestimmter Personen steht. [4]Die Auszüge dürfen nur für diesen Zweck verwendet und unbeteiligten Dritten nicht zugänglich gemacht werden.

(3) [1]Wer das Wahlverzeichnis für unrichtig oder unvollständig hält, kann dagegen bis zum Ablauf der Auslegungsfrist bei der Handwerkskammer oder einem von ihr ernannten Beauftragten schriftlich oder zur Niederschrift Einspruch einlegen. [2]Soweit die Richtigkeit seiner Behauptung nicht offenkundig ist, hat er für sie Beweismittel beizubringen.

(4) Wenn der Einspruch nicht für begründet erachtet wird, entscheidet über ihn die höhere Verwaltungsbehörde.

(5) Die Entscheidung muß spätestens am vorletzten Tag vor dem Abstimmungstag gefällt und den Beteiligten bekanntgegeben sein.

(6) Wenn die Auslegungsfrist abgelaufen ist, können Stimmberechtigte nur auf rechtzeitg angebrachte Einsprüche aufgenommen oder gestrichen werden.

---

[1] Richtig wohl: „der Inhaber".
[2] Richtig wohl: „bei den Inhabern".
[3] Anlage C § 12 Abs. 1 neu gef. mWv 1. 1. 2004 durch G v. 24. 12. 2003 (BGBl. I S. 2934).

(7) [1] Wird das Wahlverzeichnis berichtigt, so sind die Gründe der Streichungen in Spalte "Bemerkungen" anzugeben. [2] Wenn das Stimmrecht ruht oder der Stimmberechtigte in der Ausübung des Stimmrechts behindert ist, so ist dies in dem Wahlverzeichnis besonders zu bezeichnen. [3] Ergänzungen sind als Nachtrag aufzunehmen.

(8) Das Wählerverzeichnis ist bis zum Wahltag fortzuführen.

§ 13[1)] **[Wahlberechtigungsschein]** (1) Die ihr Wahlrecht wahrnehmenden Gesellen und Arbeitnehmer mit abgeschlossener Berufsausbildung weisen dem Wahlleiter ihre Wahlberechtigung durch eine die Unterschrift des Betriebsrates, soweit dieser in Betrieben vorhanden ist, in allen übrigen Betrieben durch eine die Unterschrift des Betriebsinhabers oder seines gesetzlichen Vertreters tragende Bescheinigung (Wahlberechtigungsschein) nach.

(2) [1] Wählen kann nur, wer sich durch eine solche Bescheinigung als Wahlberechtigter legitimiert oder wer von kurzzeitiger Arbeitslosigkeit (§ 98) betroffen ist. [2] Diese ist dem Wahlleiter durch Vorlage einer Bescheinigung der Agentur für Arbeit nachzuweisen.

§ 14 [Gültigkeit der abgegebenen Stimmen] (1) Bei der Wahl sind nur solche Stimmen gültig, die unverändert auf einen der vom Wahlausschuß zugelassenen und vom Wahlleiter veröffentlichten Vorschläge lauten.

(2) Zur Gültigkeit des Stimmzettels genügt es, daß er den Wahlvorschlag nach der vom Wahlleiter veröffentlichten Nummer und dem Kennwort bezeichnet.

§ 15[2)] **[Stimmzettel]** [1] Bei der Wahl dürfen nur von der Handwerkskammer amtlich hergestellte Stimmzettel und die zugehörigen amtlich hergestellten Umschläge verwendet werden. [2] Sie sind von der Handwerkskammer zu beschaffen. [3] Die Umschläge sind mit dem Stempel der Handwerkskammer zu versehen. [4] Die Stimmzettel sollen für die Wahl der Wahlberechtigten nach § 96 Abs. 1 und der Wahlberechtigten nach § 98 der Handwerksordnung in verschiedener Farbe hergestellt sein. [5] Sie enthalten den Namen oder das Kennwort der nach § 11 zugelassenen Wahlvorschläge.

§ 16[2)] **[Abstimmungshandlung]** (1) [1] Die Kammer übermittelt den nach § 96 der Handwerksordnung Wahlberechtigten folgende Unterlagen:

a) einen Nachweis der Berechtigung zur Ausübung des Wahlrechts (Wahlschein),

b) einen Stimmzettel,

c) einen neutralen Umschlag der Bezeichnung „Handwerkskammer-Wahl“ (Wahlumschlag) und

d) einen Umschlag für die Rücksendung der Wahlunterlagen (Rücksendeumschlag).

[2] Die nach § 98 der Handwerksordnung Wahlberechtigten erhalten die Wahlunterlagen vom Wahlleiter nach Vorlage des Wahlberechtigungsscheins (§ 13).

(2) [1] Der Wahlberechtigte kennzeichnet den von ihm gewählten Wahlvorschlag dadurch, dass er dessen Namen auf dem Wahlvorschlag ankreuzt. [2] Er darf nur eine Liste ankreuzen.

(3) [1] Der Wahlberechtigte hat den von ihm gemäß Absatz 2 gekennzeichneten Stimmzettel in dem verschlossenen Wahlumschlag unter Beifügung des von ihm unterzeichneten Wahlscheins in dem Rücksendeumschlag so rechtzeitig an den Wahlleiter zurückzusenden, dass die Unterlagen am Wahltag bis spätestens 18.00 Uhr bei der Handwerkskammer eingehen. [2] Ist der Wahltag ein Sonn- oder Feiertag, müssen die Wahlunterlagen am ersten darauf folgenden Werktag bis spätestens 18.00 Uhr bei der Handwerkskammer eingehen. [3] Die rechtzeitig bei der Kammer *eingegangen*[3)] Wahlumschläge werden nach Prüfung der Wahlberechtigung unverzüglich ungeöffnet in die Wahlurne gelegt.

§ 17[2)] **[Ermittlung des Wahlergebnisses in den Stimmbezirken; ungültige Stimmen; Abstimmungsniederschrift]** (1) [1] Nach Schluss der Abstimmung beruft der Wahl-

(Fortsetzung nächstes Blatt)

[1)] Anlage C § 13 Abs. 2 Satz 2 geänd. mWv 1. 1. 2004 durch G v. 23. 12. 2003 (BGBl. I S. 2848); Abs. 1 und Abs. 2 Satz 2 geänd. mWv 1. 1. 2004 durch G v. 24. 12. 2003 (BGBl. I S. 2934).

[2)] Anlage C §§ 15 und 16, § 17 Abs. 1, 4, 6 und 8 neu gef. mWv 1. 1. 2004 durch G v. 24. 12. 2003 (BGBl. I S. 2934).

[3)] Richtig wohl: „eingegangenen“.

leiter den Wahlausschuss ein. [2]Der Wahlausschuss hat unverzüglich das Ergebnis der Wahl zu ermitteln.

(2) Ungültig sind Stimmzettel,

1. die nicht in einem amtlich abgestempelten Umschlag oder die in einem mit Kennzeichen versehenen Umschlag übergeben worden sind,
2. die als nichtamtlich hergestellte erkennbar sind,
3. aus deren Beantwortung oder zulässiger Kennzeichnung der Wille des Abstimmenden nicht unzweifelhaft zu erkennen ist,
4. denen ein durch den Umschlag deutlich fühlbarer Gegenstand beigefügt ist,
5. die mit Vermerken oder Vorbehalten versehen sind.

(3) Mehrere in einem Umschlag enthaltene Zettel gelten als eine Stimme, wenn sie gleichlautend sind oder wenn nur einer von ihnen eine Stimmabgabe enthält; sonst sind sie ungültig.

(4) [1]Die Stimmzettel, über deren Gültigkeit oder Ungültigkeit der Wahlausschuss Beschluss gefasst hat, sind mit fortlaufender Nummer zu versehen und der Niederschrift beizufügen. [2]In der Niederschrift sind die Gründe kurz anzugeben, aus denen die Stimmzettel für gültig oder ungültig erklärt worden sind.

(5) Ist ein Stimmzettel wegen der Beschaffenheit des Umschlags für ungültig erklärt worden, so ist auch der Umschlag beizufügen.

(6) [1]Alle gültigen Stimmzettel, die nicht nach den Absätzen 4 und 5 der Abstimmungsniederschrift beigefügt sind, hat der Wahlausschuss in Papier einzuschlagen, zu versiegeln und dem Wahlleiter zu übergeben, der sie verwahrt, bis die Abstimmung für gültig erklärt oder eine neue Wahl angeordnet ist. [2]Das Gleiche gilt für die Wahlberechtigungsscheine der Arbeitnehmer.

(7) Das Wählerverzeichnis wird dem Wahlleiter übergeben.

(8) [1]Über die Sitzung des Wahlausschusses ist eine Niederschrift zu fertigen. [2]Diese ist zusammen mit den Wahlunterlagen aufzubewahren und der Aufsichtsbehörde auf Anforderung vorzulegen.

§ 17a [Verwahrung, Aufbewahrung und Vernichtung der Wahlunterlagen; Auskünfte]

(1) Das Wählerverzeichnis, die Wahlberechtigungsscheine und sonstigen Wahlunterlagen sind so zu verwahren, daß sie gegen Einsichtnahme durch Unbefugte geschützt sind.

(2) Nach der Wahl sind die in Absatz 1 genannten Unterlagen bis zur Unanfechtbarkeit der Wahl aufzubewahren und danach zu vernichten.

(3) Auskünfte aus den in Absatz 1 genannten Unterlagen dürfen nur Behörden, Gerichten und sonstigen öffentlichen Stellen und nur dann erteilt werden, wenn diese die Auskünfte zur Erfüllung von Aufgaben benötigen, die sich auf die Vorbereitung, Durchführung oder Überprüfung der Wahl sowie die Verfolgung von Wahlstraftaten, Wahlprüfungsangelegenheiten oder auf wahlstatistische Arbeiten beziehen.

§ 18[1)] [Ermittlung des Gesamtergebnisses der Wahl; gewählte Bewerber] (1) [1]Nach Übergabe der Unterlagen an den Wahlleiter stellt der Wahlausschuss das Gesamtergebnis der Wahl fest, das durch den Wahlleiter in den für die Bekanntmachung der Handwerkskammer bestimmten Organen öffentlich bekannt zu machen und der Aufsichtsbehörde anzuzeigen ist. [2]Die Wahlunterlagen sind aufzubewahren und der Aufsichtsbehörde auf Anforderung vorzulegen.

(2) Als gewählt gelten die Bewerber desjenigen Wahlvorschlags, der die Mehrheit der abgegebenen Stimmen erhalten hat.

Siebenter Abschnitt. Engere Wahl

§ 19[2)] *(aufgehoben).*

Achter Abschnitt. Wegfall der Wahlhandlung

§ 20 ***[Wegfall der Wahlhandlung]*** Wird für den Wahlbezirk nur ein Wahlvorschlag zugelassen, so gelten die darauf bezeichneten Bewerber als gewählt, ohne daß es einer Wahlhandlung bedarf.

Neunter Abschnitt. Beschwerdeverfahren, Kosten

§ 21[3)] [Beschwerdeverfahren] Beschwerden über die Ernennung der Beisitzer des Wahlausschusses entscheidet die höhere Verwaltungsbehörde.

[1)] § 18 neu gef. mWv 1.1.2004 durch G v. 24.12.2003 (BGBl. I S. 2934).
[2)] § 19 aufgeh. mWv 1.1.2004 durch G v. 24.12.2003 (BGBl. I S. 2934).
[3)] § 21 neu gef. mWv 1.1.2004 durch G v. 24.12.2003 (BGBl. I S. 2934).

§ 22 [Kosten der Wahl] Die Kosten der Wahl trägt die Handwerkskammer.

Anlage[1)]
zur Wahlordnung für die Wahlen der Mitglieder der Vollversammlung der Handwerkskammern

Wahlberechtigungsschein
zur Vornahme der Wahl der Arbeitnehmermitglieder
der Vollversammlung der Handwerkskammer

(§ 13 Abs. 1 der Wahlordnung für die Wahlen der Mitglieder der Vollversammlung der Handwerkskammer)

Der Inhaber dieses Wahlberechtigungsscheins
Herr/Frau .... Arbeitnehmer(in),
wohnhaft in PLZ .... Ort ....,
Str. .... Str.-Nr. ....
hat eine abgeschlossene Berufsausbildung und
ist/war bis zum .... als Mitarbeiter(in)
im Unternehmen (Name des Unternehmens)
...., PLZ .... Ort ....,
Str. .... Nr. ...., beschäftigt.

Sie/Er ist berechtigt, das Stimmrecht zur Wahl der Arbeitnehmermitglieder der Vollversammlung der Handwerkskammer
.... auszuüben.

...., den ....

...., den ....
....[2)]

(Fortsetzung nächstes Blatt)

[1)] Anl. Amtl. Fußnote geänd. mWv 1.1.2005 durch G v. 24.12.2003 (BGBl. I S. 2954).

[2)] **Amtl. Anm.:** Unterschrift des Betriebsrates, soweit dieser in den Betrieben vorhanden ist, in allen übrigen Betrieben des Betriebsinhabers oder seines gesetzlichen Vertreters (§ 13 Abs. 1 der Wahlordnung). Im Falle der Arbeitslosigkeit kann der Wahlberechtigungsschein auch durch die Agentur für Arbeit ausgestellt werden.

Anlage D[1)]
zu dem Gesetz zur Ordnung des Handwerks (Handwerksordnung)

Art der personenbezogenen Daten in der Handwerksrolle, in dem Verzeichnis der Inhaber eines zulassungsfreien Handwerks oder handwerksähnlichen Gewerbes, in der Lehrlingsrolle sowie im Sachverständigenwesen

I. In der Handwerksrolle sind folgende Daten zu speichern:

1. bei natürlichen Personen

a) Name, Geburtsname, Vorname, Geschlecht, Geburtsdatum, Staatsangehörigkeit, Wohnanschrift, Identifikationsnummer nach Identifikationsnummerngesetz und elektronische Kontaktdaten, beispielsweise E-Mail-Adresse, Internetpräsenz, Telefaxnummer oder Festnetz- oder Mobilfunktelefonnummer, des Betriebsinhabers, bei nicht voll geschäftsfähigen Personen auch der Name, Geburtsname, Vorname, Geschlecht des gesetzlichen Vertreters; im Falle des § 4 Absatz 2 oder im Falle des § 7 Absatz 1 Satz 1 der Handwerksordnung sind auch der Name, Geburtsname, Vorname, Geschlecht, Geburtsdatum, Staatsangehörigkeit, Wohnanschrift und elektronische Kontaktdaten, beispielsweise E-Mail-Adresse, Internetpräsenz, Telefaxnummer,[2)] oder Festnetz- oder Mobilfunktelefonnummer, des Betriebsleiters sowie die für ihn in Betracht kommenden Angaben nach Buchstabe e einzutragen;

b) die Firma, wenn der selbständige Handwerker eine Firma führt, die sich auf den Handwerksbetrieb bezieht, die Internetpräsenz des Handwerksbetriebes sowie dessen Etablissementbezeichnung;

c) Ort und Straße der gewerblichen Niederlassung;

d) das zu betreibende Handwerk oder bei Ausübung mehrerer Handwerke diese Handwerke;

e) die Bezeichnung der Rechtsvorschriften, nach denen der selbständige Handwerker die Voraussetzungen für die Eintragung in die Handwerksrolle erfüllt und in dem zu betreibenden Handwerk zur Ausbildung von Lehrlingen befugt ist; hat der selbständige Handwerker die zur Ausübung des zu betreibenden Handwerks notwendigen Kenntnisse und Fertigkeiten durch eine Prüfung nachgewiesen, so sind auch Art, Ort und Zeitpunkt dieser Prüfung sowie die Stelle, vor der die Prüfung abgelegt wurde, einzutragen;

f) der Zeitpunkt der Eintragung in die Handwerksrolle;

2. bei juristischen Personen

a) die Firma oder der Name der juristischen Person, deren Internetseite und Firmierung sowie Ort und Straße der gewerblichen Niederlassung;

b) Name, Geburtsname, Vorname, Geschlecht, Geburtsdatum, Staatsangehörigkeit, Wohnanschrift, Identifikationsnummer nach Identifikationsnummerngesetz und elektronische Kontaktdaten, beispielsweise E-Mail-Adresse, Internetpräsenz, Telefaxnummer oder Festnetz- oder Mobilfunktelefonnummer, der gesetzlichen Vertreter;

c) das zu betreibende Handwerk oder bei Ausübung mehrerer Handwerke diese Handwerke;

d) Name, Geburtsname, Vorname, Geschlecht, Geburtsdatum, Staatsangehörigkeit, Wohnanschrift, Identifikationsnummer nach Identifikationsnummerngesetz und elektronische Kontaktdaten, beispielsweise E-Mail-Adresse, Internetpräsenz, Telefaxnummer oder Festnetz- oder Mobilfunktelefonnummer, des Betriebsleiters sowie die für ihn in Betracht kommenden Angaben nach Nummer 1 Buchstabe e;

e) der Zeitpunkt der Eintragung in die Handwerksrolle;

f) Name, Geburtsname, Vorname, Geschlecht, Geburtsdatum, Staatsangehörigkeit, Wohnanschrift, Identifikationsnummer nach Identifikationsnummerngesetz und elektronische Kontaktdaten, beispielsweise E-Mail-Adresse, Internetpräsenz, Telefaxnummer oder Festnetz- oder Mobilfunktelefonnummer, der Gesellschafter, Angaben über eine Vertretungsbefugnis und die für sie in Betracht *kommenden* Angaben nach Nummer 1 Buchstabe e;

3. bei Personengesellschaften

[1)] Anl. D geänd. mWv 1.1.2004 durch G v. 24.12.2003 (BGBl. I S. 2934); geänd. mWv 1.4.2005 durch G v. 23.3.2005 (BGBl. I S. 931); geänd. mWv 1.4.2007 durch G v. 23.3.2005 (BGBl. I S. 931); geänd. mWv 14.6.2005 durch G v. 9.6.2005 (BGBl. I S. 1534); geänd. mWv 6.7.2017 durch G v. 30.6.2017 (BGBl. I S. 2143); geänd. mWv 1.1.2020 durch G v. 12.12.2019 (BGBl. I S. 2522); geänd. mWv 1.7.2021 durch G v. 9.6.2021 (BGBl. I S. 1654); geänd. mWv 1.8.2024 durch G v. 19.7.2024 (BGBl. 2024 I Nr. 246).

[2)] Zeichensetzung amtlich.

a) bei Personenhandelsgesellschaften die Firma, bei Gesellschaften des Bürgerlichen Rechts die Bezeichnung, unter der sie das Handwerk betreiben, deren Internetpräsenz und Firmierung sowie der Ort und die Straße der gewerblichen Niederlassung;

b) Name, Geburtsname, Vorname, Geschlecht, Geburtsdatum, Staatsangehörigkeit, Wohnanschrift und elektronische Kontaktdaten, beispielsweise E-Mail-Adresse, Internetpräsenz, Telefaxnummer oder Festnetz- oder Mobilfunktelefonnummer, des für die technische Leitung des Betriebes verantwortlichen persönlich haftenden Gesellschafters oder im Falle des § 7 Absatz 1 Satz 1 des Betriebsleiters Angaben über eine Vertretungsbefugnis und die für ihn in Betracht kommenden Angaben nach Nummer 1 Buchstabe e;

c) Name, Geburtsname, Vorname, Geschlecht, Geburtsdatum, Staatsangehörigkeit, Wohnanschrift und elektronische Kontaktdaten, beispielsweise E-Mail-Adresse, Internetpräsenz, Telefaxnummer oder Festnetz- oder Mobilfunktelefonnummer, der übrigen Gesellschafter, Angaben über eine Vertretungsbefugnis und die für ihn in Betracht kommenden Angaben nach Nummer 1 Buchstabe e;

d) das zu betreibende Handwerk oder bei Ausübung mehrerer Handwerke diese Handwerke;

e) der Zeitpunkt der Eintragung in die Handwerksrolle;

4. bei handwerklichen Nebenbetrieben

a) Angaben über den Inhaber des Nebenbetriebs in entsprechender Anwendung der Nummer 1 Buchstabe a bis c, Nummer 2 Buchstabe a und b und Nummer 3 Buchstabe a und c;

b) das zu betreibende Handwerk oder bei Ausübung mehrerer Handwerke diese Handwerke;

c) Bezeichnung oder Firma und Gegenstand sowie Ort und Straße der gewerblichen Niederlassung des Unternehmens, mit dem der Nebenbetrieb verbunden ist;

d) Bezeichnung oder Firma, deren Internetseite und Firmierung sowie Ort und Straße der gewerblichen Niederlassung des Nebenbetriebs;

e) Name, Geburtsname, Vorname, Geschlecht, Geburtsdatum, Staatsangehörigkeit, Wohnanschrift, Identifikationsnummer nach Identifikationsnummerngesetz und elektronische Kontaktdaten, beispielsweise E-Mail-Adresse, Internetpräsenz, Telefaxnummer oder Festnetz- oder Mobilfunktelefonnummer, des Leiters des Nebenbetriebes und die für ihn in Betracht kommenden Angaben nach Nummer 1 Buchstabe e;

f) der Zeitpunkt der Eintragung in die Handwerksrolle.

II. Abschnitt I gilt entsprechend für das Verzeichnis der Inhaber von Betrieben in zulassungsfreien Handwerken oder handwerksähnlichen Gewerben.

III. In der Lehrlingsrolle sind folgende personenbezogene Daten zu speichern:

1. bei den Ausbildenden,

a) die in der Handwerksrolle eingetragen sind:
die Eintragungen in der Handwerksrolle, soweit sie für die Zwecke der Führung der Lehrlingsrolle erforderlich sind;

b) die nicht in der Handwerksrolle eingetragen sind:
die der Eintragung nach Abschnitt I Nummer 1 Buchstabe a entsprechenden Daten mit Ausnahme der Daten zum Betriebsleiter zum Zeitpunkt der Eintragung in die Handwerksrolle und die Angaben zu Abschnitt I Nummer 1 Buchstabe e, soweit sie für die Zwecke der Lehrlingsrolle erforderlich sind;

2. bei den Ausbildern:
Name, Vorname, Geschlecht, Geburtsdatum, Anschrift, elektronische Kontaktdaten und Art der fachlichen Eignung;

3. bei den Auszubildenden

a) beim Lehrling:
Name, Vorname, Geschlecht, Geburtsdatum, Staatsangehörigkeit, allgemeinbildender Schulabschluss, vorausgegangene Teilnahme an berufsvorbereitender Qualifizierung oder beruflicher Grundbildung, vorherige Berufsausbildung sowie vorheriges Studium, Anschlussvertrag bei Anrechnung einer zuvor absolvierten dualen Berufsausbildung nach dem Berufsbildungsgesetz[1)] oder der Handwerksordnung einschließlich Ausbildungsberuf, Anschrift des Lehrlings und dessen elektronische Kontaktdaten;

b) bei gesetzlichen Vertretern:
Name, Vorname, Anschrift und elektronische Kontaktdaten der gesetzlichen Vertreter;

[1)] **Sartorius ErgBd. Nr. 422.**

4. beim Ausbildungsverhältnis:
Ausbildungsberuf einschließlich Fachrichtung, ausbildungsintegrierendes duales Studium, Tag, Monat und Jahr des Abschlusses des Ausbildungsvertrages, Ausbildungsdauer, Tag, Monat und Jahr des vertraglich vereinbarten Beginns und Endes der Berufsausbildung, Tag, Monat und Jahr einer vorzeitigen Auflösung des Ausbildungsverhältnisses, Dauer der Probezeit, Verkürzung der Ausbildungsdauer, Teilzeitberufsausbildung, die bei Vertragsabschluss vereinbarte Vergütung für jedes Ausbildungsjahr, Art der Förderung bei überwiegend öffentlich, insbesondere auf Grund des Dritten Buches Sozialgesetzbuch[1] geförderten Berufsausbildungsverhältnissen, Anschrift und Amtlicher Gemeindeschlüssel der Ausbildungsstätte, Wirtschaftszweig, Betriebsnummer der Ausbildungsstätte nach § 18i Absatz 1 oder § 18k Absatz 1 des Vierten Buches Sozialgesetzbuch[2], Zugehörigkeit zum öffentlichen Dienst.

IV. In das Verzeichnis der Unternehmer nach § 90 Abs. 3 und 4 der Handwerksordnung werden die Personen nach § 90 Abs. 3 und 4 der Handwerksordnung mit den nach Abschnitt I Nr. 1 Buchstabe a und c geforderten Angaben für natürliche Personen sowie der Zeitpunkt der Gewerbeanmeldung eingetragen.

V. Über Personen, die von der Handwerkskammer als Sachverständige nach § 91 Absatz 1 Nummer 8 der Handwerksordnung öffentlich bestellt und vereidigt sind, sind folgende Daten zu verarbeiten, um sie insbesondere zum Zweck der Bekanntmachung und Vermittlung an Dritte zu nutzen:

a) Name, Geburtsname, Vorname, Geschlecht, Geburtsdatum, Wohnanschrift und elektronische Kontaktdaten – beispielsweise E-Mail-Adresse, Internetpräsenz, Telefaxnummer oder Festnetz- oder Mobilfunktelefonnummer;

b) das Handwerk oder die Handwerke sowie das handwerksähnliche Gewerbe oder die handwerksähnlichen Gewerbe, für die eine öffentliche Bestellung und Vereidigung zum Sachverständigen besteht;

c) die Stelle, die den Sachverständigen hinsichtlich seiner besonderen Sachkunde überprüft hat, sowie Art, Ort und Zeitpunkt der Sachkundeprüfung;

d) der Zeitpunkt der Bestellung.

Anlage E[3]

Verhältnismäßigkeitsprüfung vor Erlass neuer Berufsreglementierungen (§ 106 Absatz 4 Satz 1)

I. Begriffsbestimmungen

Im Rahmen dieser Anlage bezeichnen die Begriffe

1. „reglementierter Beruf" eine berufliche Tätigkeit oder eine Gruppe beruflicher Tätigkeiten, bei der die Aufnahme, die Ausübung oder eine der Arten der Ausübung durch Rechts- oder Verwaltungsvorschriften direkt oder indirekt an den Besitz bestimmter Berufsqualifikationen gebunden ist; eine Art der Ausübung ist insbesondere die Führung einer geschützten Berufsbezeichnung, die durch Rechts- oder Verwaltungsvorschriften auf Personen beschränkt ist, die eine bestimmte Berufsqualifikation besitzen;
2. „Berufsqualifikation" eine Qualifikation, die durch einen Ausbildungsnachweis, durch einen Befähigungsnachweis im Sinne des Artikels 11 Buchstabe a Ziffer i der Richtlinie 2005/36/EG oder durch Berufserfahrung nachgewiesen wird;
3. „geschützte Berufsbezeichnung" eine Form der Reglementierung eines Berufs, bei der die Verwendung einer Bezeichnung bei der Ausübung einer beruflichen Tätigkeit oder einer Gruppe von beruflichen Tätigkeiten auf Grund von Rechts- oder Verwaltungsvorschriften unmittelbar oder mittelbar an den Besitz einer bestimmten Berufsqualifikation gebunden ist und bei der bei einer missbräuchlichen Verwendung der Bezeichnung Sanktionen verhängt werden;
4. „vorbehaltene Tätigkeit" eine Form der Reglementierung eines Berufs, bei der der Zugang zu einer beruflichen Tätigkeit oder einer Gruppe von beruflichen Tätigkeiten auf Grund von Rechts- oder Verwaltungsvorschriften unmittelbar oder mittelbar Angehörigen eines reglementierten Berufs vorbehalten wird, die eine bestimmte Berufsqualifikation besitzen, und zwar auch dann, wenn diese Tätigkeit mit anderen reglementierten Berufen geteilt wird.

---

[1] **Aichberger, SGB Nr. 3.**
[2] **Aichberger, SGB Nr. 4.**
[3] Anl. E angef. mWv 23.1.2024 durch G v. 17.1.2024 (BGBl. 2024 I Nr. 12).

II. Zu prüfende Kriterien

Eine Vorschrift im Sinne des § 106 Absatz 3 Satz 2

1. darf weder eine direkte noch eine indirekte Diskriminierung auf Grund der Staatsangehörigkeit oder des Wohnsitzes darstellen;
2. muss durch zwingende Ziele des Allgemeininteresses objektiv gerechtfertigt sein; während Gründe, die rein wirtschaftlicher oder verwaltungstechnischer Natur sind, hierbei ausscheiden, kommen insbesondere in Betracht
   a) die öffentliche Sicherheit und Ordnung,
   b) die öffentliche Gesundheit,
   c) die geordnete Rechtspflege,
   d) der Schutz der Verbraucher und der sonstigen Dienstleistungsempfänger,
   e) der Schutz der Arbeitnehmer,
   f) die Lauterkeit des Handelsverkehrs,
   g) die Betrugsbekämpfung,
   h) die Verhinderung von Steuerhinterziehung und Steuervermeidung einschließlich der wirksamen Steueraufsicht,
   i) der Schutz des geistigen Eigentums,
   j) der Umweltschutz,
   k) die Sozialpolitik einschließlich des finanziellen Gleichgewichts der sozialen Sicherungssysteme und
   l) die Kulturpolitik einschließlich des Schutzes des Kulturerbes;
3. muss zur Erreichung des angestrebten Ziels des Allgemeininteresses geeignet sein und darf nicht über das zur Erreichung dieses Ziels erforderliche Maß hinausgehen; hierbei sind zu berücksichtigen
   a) die Eigenarten der mit dem angestrebten Ziel verbundenen Risiken, insbesondere der Risiken für Verbraucher und sonstige Dienstleistungsempfänger, für Berufsangehörige und für Dritte;
   b) die Eignung bereits bestehender spezifischer oder allgemeiner Regelungen, etwa solcher auf dem Gebiet der Produktsicherheit oder des Verbraucherschutzes, das angestrebte Ziel zu erreichen;
   c) die Eignung der Vorschrift, das angestrebte Ziel angemessen, kohärent und systematisch zu erreichen, wobei insbesondere zu beachten ist, wie solchen Risiken entgegengewirkt werden soll, die bei vergleichbaren Tätigkeiten in ähnlicher Weise identifiziert wurden;
   d) die Auswirkungen auf den freien Personen- und Dienstleistungsverkehr innerhalb der Europäischen Union, den anderen Vertragsstaaten des Europäischen Wirtschaftsraums und der Schweiz;
   e) die Auswirkungen auf die Wahlmöglichkeiten der Verbraucher;
   f) die Auswirkungen auf die Qualität der bereitgestellten Dienstleistungen;
   g) die Möglichkeit, das angestrebte Ziel mit milderen Mitteln zu erreichen; hierbei ist in dem Fall, in dem die Vorschrift nur durch den Verbraucherschutz gerechtfertigt ist und sich die identifizierten Risiken auf das Verhältnis zwischen den Berufsangehörigen und den Verbrauchern beschränken und sich deshalb nicht negativ auf Dritte auswirken, insbesondere zu prüfen, ob mildere Mittel in Betracht kommen, als eine Tätigkeit einem reglementierten Beruf vorzubehalten;
   h) die positiven oder negativen Auswirkungen der Vorschrift, wenn sie mit anderen Vorschriften kombiniert wird, die den Zugang zu reglementierten Berufen oder deren Ausübung beschränken; hierbei ist insbesondere zu prüfen, wie die Vorschrift in der Kombination mit anderen Anforderungen zur Erreichung desselben im Allgemeininteresse liegenden Ziels beiträgt und ob sie hierfür notwendig ist; dies gilt insbesondere für folgende Anforderungen:
      aa) Tätigkeitsvorbehalte, geschützte Berufsbezeichnungen und sonstige Formen der Reglementierung im Sinne des Artikels 3 Absatz 1 Buchstabe a der Richtlinie 2005/36/EG;
      bb) Verpflichtungen zur kontinuierlichen beruflichen Weiterbildung;
      cc) Vorgaben zur Berufsorganisation, zu Standesregeln und zur Aufsicht;
      dd) Pflichtmitgliedschaften in einer Berufsorganisation sowie Registrierungs- und Genehmigungsregelungen, und zwar insbesondere dann, wenn diese den Besitz einer bestimmten Berufsqualifikation implizieren;
      ee) quantitative Beschränkungen, insbesondere Anforderungen, die die Zahl der Zulassungen zur Ausübung eines Berufs begrenzen oder eine Mindest- oder Höchstzahl derjenigen Arbeitnehmer, Geschäftsführer oder Vertreter festsetzen, die bestimmte Berufsqualifikationen besitzen müssen oder dürfen;

ff) Anforderungen an bestimmte Rechtsformen, an Beteiligungsstrukturen oder an die Geschäftsleitung eines Unternehmens, soweit diese Anforderungen unmittelbar mit der Ausübung des reglementierten Berufs zusammenhängen;

gg) geografische Beschränkungen, einschließlich solcher Bestimmungen, die den Beruf in einigen Teilen der Bundesrepublik Deutschland in anderer Weise reglementieren als in anderen Teilen;

hh) Anforderungen, die die gemeinschaftliche oder partnerschaftliche Ausübung eines reglementierten Berufs beschränken;

ii) Unvereinbarkeitsregeln;

jj) Anforderungen an den Versicherungsschutz oder andere Mittel des persönlichen oder kollektiven Schutzes in Bezug auf die Berufshaftpflicht;

kk) Anforderungen an Sprachkenntnisse, die für die Ausübung des Berufs erforderlich sind;

ll) Festlegungen zu Mindest- oder Höchstpreisen;

mm) Anforderungen an die Werbung;

i) die folgenden Kriterien, sofern sie für die Art oder den Inhalt der neuen oder geänderten Vorschrift relevant sind:

aa) der Zusammenhang zwischen dem Umfang der von einem reglementierten Beruf erfassten oder ihm vorbehaltenen Tätigkeiten und der erforderlichen Berufsqualifikation;

bb) der Zusammenhang zwischen der Komplexität der betroffenen Aufgaben und der Notwendigkeit einer bestimmten Berufsqualifikation der sie wahrnehmenden Personen, insbesondere in Bezug auf das Niveau, die Eigenart und die Dauer der erforderlichen Ausbildung oder Erfahrung;

cc) die Möglichkeit, die berufliche Qualifikation auf alternativen Wegen zu erlangen;

dd) die Eignung der einem bestimmten Beruf vorbehaltenen Tätigkeiten, mit anderen Berufen geteilt zu werden;

ee) der Grad an Autonomie bei der Ausübung eines reglementierten Berufs und die Auswirkungen von Organisations- und Überwachungsmodalitäten auf die Erreichung des angestrebten Ziels, insbesondere wenn die mit dem Beruf zusammenhängenden Tätigkeiten unter der Kontrolle und Verantwortung einer ordnungsgemäß qualifizierten Fachkraft stehen;

ff) die wissenschaftlichen und technologischen Entwicklungen, die die Informationsasymmetrie zwischen Berufsangehörigen und Verbrauchern verringern oder verstärken können;

4. muss, soweit sie spezifische Anforderungen im Zusammenhang mit der vorübergehenden oder gelegentlichen Erbringung von Dienstleistungen gemäß Titel II der Richtlinie 2005/36/EG enthält, insbesondere auch im Hinblick auf diese Anforderungen verhältnismäßig sein, es sei denn, dass es sich um Maßnahmen handelt, durch die die Einhaltung geltender Arbeits- und Beschäftigungsbedingungen gewährleistet werden soll und die im Einklang mit dem Recht der Europäischen Union angewendet werden; die Verhältnismäßigkeitsprüfung umfasst vor allem

a) automatische vorübergehende Eintragungen oder Pro-forma-Mitgliedschaften bei einer Berufsorganisation im Sinne des Artikels 6 Absatz 1 Buchstabe a der Richtlinie 2005/36/EG;

b) vorherige Meldungen im Sinne des Artikels 7 Absatz 1 der Richtlinie 2005/36/EG, erforderliche Dokumente im Sinne des Artikels 7 Absatz 2 der Richtlinie 2005/36/EG und sonstige gleichwertige Anforderungen;

c) Gebühren und Entgelte, die vom Dienstleistungserbringer für Verwaltungsverfahren im Zusammenhang mit dem Zugang zu einem reglementierten Beruf oder dessen Ausübung gefordert werden;

5. muss, soweit sie die Reglementierung eines Berufs des Gesundheitswesens betrifft und Auswirkungen auf die Patientensicherheit hat, insbesondere das Ziel der Sicherstellung eines hohen Gesundheitsschutzniveaus berücksichtigen.

[Nichtamtliche Zusammenstellung der zu den §§ 25, 45 und 51a erlassenen Ausbildungs- bzw. Meisterprüfungsverordnungen]

A. Auf Grund von § 25 erlassene Ausbildungsordnungen

(alphabetisch nach Berufen geordnet)

– Augenoptiker v. 26.4.2011 (BGBl. I S. 698)

– Bäcker v. 21.4.2004 (BGBl. I S. 632), geänd. durch VO v. 8.2.2016 (BGBl. I S. 179)

– Tiefbauberufeausbildungsverordnung v. 3.6.2024 (BGBl. 2024 I Nr. 179, S. 2), geänd. durch VO v. 17.12.2024 (BGBl. 2024 I Nr. 425)

– Hochbauberufeausbildungsverordnung v. 3.6.2024 (BGBl. 2024 I Nr. 179, S. 131), geänd. durch VO v. 17.12.2024 (BGBl. 2024 I Nr. 425)
– Ausbauberufeausbildungsverordnung v. 3.6.2024 (BGBl. 2024 I Nr. 179, S. 222), geänd. durch VO v. 17.12.2024 (BGBl. 2024 I Nr. 425)
– Behälter- und Apparatebauer v. 2.1.2018 (BGBl. I S. 73)
– Böttcher v. 5.5.2010 (BGBl. I S. 601)
– Bogenmacher v. 16.7.2015 (BGBl. I S. 1280)
– Bootsbauer v. 8.6.2011 (BGBl. I S. 1058)
– Büchsenmacher v. 26.5.2010 (BGBl. I S. 677)
– Buchbinder v. 20.5.2011 (BGBl. I S. 966)
– Bürsten- und Pinselmacher v. 8.6.2017 (BGBl. I S. 1559)
– Chirurgiemechaniker v. 23.3.1989 (BGBl. I S. 572)
– Dachdecker v. 28.4.2016 (BGBl. I S. 994)
– Drechsler (Elfenbeinschnitzer) v. 7.12.1987 (BGBl. I S. 2521)
– Drucker v. 7.4.2011 (BGBl. I S. 570)
– Edelsteinschleifer v. 17.5.2018 (BGBl. I S. 636)
– Elektroniker v. 30.3.2021 (BGBl. I S. 662, 699)
– Elektromaschinenbauer v. 30.3.2021 (BGBl. I S. 662)
– Fahrzeugbaumechaniker v. 10.6.2014 (BGBl. I S. 714)
– Feinwerkmechaniker v. 7.7.2010 (BGBl. I S. 888)
– Flechtwerkgestalter v. 31.3.2006 (BGBl. I S. 595)
– Fleischer v. 23.3.2005 (BGBl. I S. 898), geänd. durch VO v. 30.12.2016 (BGBl. 2017 I S. 37)
– Fotograf v. 31.1.2025 (BGBl. 2025 I Nr. 29)
– Friseur v. 21.5.2008 (BGBl. I S. 856), zuletzt geänd. durch VO v. 5.7.2022 (BGBl. I S. 1070)
– Gebäudereiniger v. 28.6.2019 (BGBl. I S. 892)
– Gebäudesystemintegrator v. 30.3.2021 (BGBl. I S. 662, 687)
– Geigenbauer v. 16.7.2015 (BGBl. I S. 1289)
– Gerüstbauer v. 26.5.2000 (BGBl. I S. 778)
– Glasapparatebauer v. 15.5.2023 (BGBl. 2023 I Nr. 129)
– Glaser v. 5.7.2001 (BGBl. I S. 1551)
– Glasveredler v. 27.4.2004 (BGBl. I S. 661)
– Gold- und Silberschmied v. 20.3.2025 (BGBl. 2025 I Nr. 93)
– Graveur v. 3.6.2016 (BGBl. I S. 1298)
– Handzuginstrumentenmacher v. 27.1.1997 (BGBl. I S. 100)
– Hörgeräteakustiker v. 28.4.2016 (BGBl. I S. 1012), geänd. durch VO v. 5.9.2016 (BGBl. I S. 2139)
– Holzbildhauer v. 27.1.1997 (BGBl. I S. 93)
– Holzblasinstrumentenmacher v. 27.1.1997 (BGBl. I S. 109)
– Keramiker v. 27.5.2009 (BGBl. I S. 1177), geänd. durch VO v. 15.11.2010 (BGBl. I S. 1540, ber. S. 363)
– Kerzenhersteller- und Wachsbildner v. 16.7.2015 (BGBl. I S. 1308)
– Klavier- und Cembalobauer idF der Bek. v. 29.12.2017 (BGBl. 2018 I S. 58)
– Klempner v. 21.6.2013 (BGBl. I S. 1614)
– Konditor v. 3.6.2003 (BGBl. I S. 790)
– Kürschner v. 13.2.1997 (BGBl. I S. 239)
– Land- und Baumaschinenmechatroniker v. 25.7.2008 (BGBl. I S. 1545), geänd. durch VO v. 19.6. 2014 (BGBl. I S. 811)
– Lederherstellung und Gerbereitechnik v. 2.7.2015 (BGBl. I S. 1148)
– Maler und Lackierer v. 29.6.2021 (BGBl. I S. 2300)
– Maßschneider v. 15.4.2004 (BGBl. I S. 571), geänd. durch VO v. 9.5.2005 (BGBl. I S. 1292)
– Maßschuhmacher v. 17.5.2018 (BGBl. I S. 622)
– Mechaniker für Reifen- und Vulkanisationstechnik v. 12.5.2004 (BGBl. I S. 908)

– Digital- und Print-Mediengestalter v. 15.5.2023 (BGBl. 2023 I Nr. 128)
– Metallbauer v. 25.7.2008 (BGBl. I S. 1468)
– Metallbildner v. 6.6.2016 (BGBl. I S. 1335)
– Metall- und Glockengießer v. 15.5.1998 (BGBl. I S. 996)
– Modellbauer v. 27.5.2009 (BGBl. I S. 1187, ber. S. 2888)
– Modist v. 15.4.2004 (BGBl. I S. 580)
– Ofen- und Luftheizungsbauer v. 6.4.2006 (BGBl. I S. 818)
– Orgel- und Harmoniumbauer v. 11.2.2019 (BGBl. I S. 92)
– Orthopädietechnik-Mechaniker v. 15.5.2013 (BGBl. I S. 1358)
– Orthopädieschumacher v. 16.7.2015 (BGBl. I S. 1298)
– Parkettleger v. 17.6.2002 (BGBl. I S. 1852)
– Präzisionswerkzeugmechaniker idF der Bek. v. 18.7.2018 (BGBl. I S. 1189)
– Raumausstatter v. 18.5.2004 (BGBl. I S. 980), zuletzt geänd. durch VO v. 9.5.2005 (BGBl. I S. 1285)
– Rollladen- und Sonnenschutzmechatroniker v. 3.5.2016 (BGBl. I S. 1123)
– Sanitär-, Heizungs- und Klimatechnikanlagenmechaniker v. 28.4.2016 (BGBl. I S. 1025)
– Sattler v. 23.3.2005 (BGBl. I S. 913), geänd. durch VO v. 14.2.2011 (BGBl. I S. 263)
– Schilder- und Lichtreklamehersteller v. 26.3.2012 (BGBl. I S. 494)
– Schornsteinfeger v. 18.2.2025 (BGBl. 2025 I Nr. 46)
– Segelmacher v. 5.5.2010 (BGBl. I S. 564)
– Seiler v. 22.5.2008 (BGBl. I S. 947)
– Siebdrucker v. 7.4.2011 (BGBl. I S. 590)
– Gold- und Silberschmied v. 20.3.2025 (BGBl. 2025 I Nr. 93)
– Speiseeisfachkraft v. 5.6.2014 (BGBl. I S. 702), geänd. durch VO v. 26.2.2015 (BGBl. I S. 180)
– Steinmetz- und Steinbildhauer v. 13.4.2018 (BGBl. I S. 447)
– Textilgestalter v. 17.6.2011 (BGBl. I S. 1178), geänd. durch VO v. 25.7.2011 (BGBl. I S. 1527)
– Textilreiniger v. 17.6.2002 (BGBl. I S. 1923)
– Thermometermacher v. 27.5.1986 (BGBl. I S. 834)
– Tischler v. 25.1.2006 (BGBl. I S. 245)
– Uhrmacher v. 2.7.2001 (BGBl. I S. 1476, ber. S. 3230)
– Vergolder v. 26.5.1997 (BGBl. I S. 1241)
– Weintechnologe v. 15.5.2013 (BGBl. I S. 1369), geänd. durch VO v. 27.1.2014 (BGBl. I S. 90)
– Werksteinhersteller v. 13.7.2015 (BGBl. I S. 1168), zuletzt geänd. durch VO v. 30.3.2017 (BGBl. I S. 682)
– Zahntechniker v. 23.3.2022 (BGBl. I S. 589)
– Zupfinstrumentenmacher v. 30.6.2014 (BGBl. I S. 875), geänd. durch VO v. 1.7.2015 (BGBl. I S. 1087)
– Zweiradmechatroniker v. 13.6.2014 (BGBl. I S. 731)

B. Auf Grund von § 45 erlassene Verordnungen über das Berufsbild und die Anforderungen in der Meisterprüfung
(alphabetisch nach Berufen geordnet)

– Augenoptiker v. 29.8.2005 (BGBl. I S. 2610), zuletzt geänd. durch VO v. 18.1.2022 (BGBl. I S. 39)
– Bäcker v. 28.2.1997 (BGBl. I S. 393), geänd. durch VO v. 18.1.2022 (BGBl. I S. 39)
– Betonstein- und Terrazzohersteller v. 16.2.2021 (BGBl. I S. 250), geänd. durch VO v. 18.1.2022 (BGBl. I S. 39)
– Bogenmacher v. 26.1.1998 (BGBl. I S. 221), geänd. durch VO v. 18.1.2022 (BGBl. I S. 39)
– Bootsbauer v. 26.4.2016 (BGBl. I S. 974), geänd. durch VO v. 18.1.2022 (BGBl. I S. 39)
– Brauer und Mälzer v. 15.8.1996 (BGBl. I S. 1329), geänd. durch VO v. 18.1.2022 (BGBl. I S. 39)
– Brunnenbauer v. 14.10.2005 (BGBl. I S. 3024), zuletzt geänd. durch VO v. 18.1.2022 (BGBl. I S. 39)
– Büchsenmacher v. 1.10.1981 (BGBl. I S. 1117), geänd. durch VO v. 18.1.2022 (BGBl. I S. 39)
– Bürsten- und Pinselmacher v. 17.11.2020 (BGBl. I S. 2443), geänd. durch VO v. 18.1.2022 (BGBl. I S. 39)

- Chirurgiemechaniker v. 27.7.2006 (BGBl. I S. 1731), zuletzt geänd. durch VO v. 18.1.2022 (BGBl. I S. 39)
- Dachdecker v. 23.5.2006 (BGBl. I S. 1263), zuletzt geänd. durch VO v. 18.1.2022 (BGBl. I S. 39)
- Drechsler (Elfenbeinschnitzer und Holzspielzeugmacher) v. 5.11.2001 (BGBl. I S. 2985), zuletzt geänd. durch VO v. 18.1.2022 (BGBl. I S. 39)
- Drucker (Buchdrucker) v. 16.8.1984 (BGBl. I S. 1148), geänd. durch VO v. 18.1.2022 (BGBl. I S. 39)
- Elektromaschinenbauer
- Elektrotechniker v. 21.2.2024 (BGBl. 2024 I Nr. 62, S. 16)
- Estrichleger v. 4.11.2024 (BGBl. 2024 I Nr. 344)
- Feinwerkmechaniker v. 2.12.2024 (BGBl. 2024 I Nr. 391)
- Fleischer v. 4.10.2012 (BGBl. I S. 2109), geänd. durch VO v. 18.1.2022 (BGBl. I S. 39)
- Flexograf v. 1.8.1994 (BGBl. I S. 2014), geänd. durch VO v. 18.1.2022 (BGBl. I S. 39)
- Fotograf v. 30.9.2019 (BGBl. I S. 1404), geänd. durch VO v. 18.1.2022 (BGBl. I S. 39)
- Friseur v. 19.4.2001 (BGBl. I S. 638), zuletzt geänd. durch VO v. 18.1.2022 (BGBl. I S. 39)
- Gebäudereiniger v. 17.11.2020 (BGBl. I S. 2437), geänd. durch VO v. 18.1.2022 (BGBl. I S. 39)
- Geigenbauer v. 26.1.1998 (BGBl. I S. 219), geänd. durch VO v. 18.1.2022 (BGBl. I S. 39)
- Gerüstbauer v. 12.12.2000 (BGBl. I S. 1694), zuletzt geänd. durch VO v. 18.1.2022 (BGBl. I S. 39)
- Glasapparatebauer v. 11.1.1990 (BGBl. I S. 104), geänd. durch VO v. 18.1.2022 (BGBl. I S. 39)
- Glaser v. 19.12.2014 (BGBl. I S. 2331), geänd. durch VO v. 18.1.2022 (BGBl. I S. 39)
- Glasveredler v. 2.5.1994 (BGBl. I S. 994), zuletzt geänd. durch VO v. 18.1.2022 (BGBl. I S. 39)
- Gold- und Silberschmied v. 8.5.2003 (BGBl. I S. 672), zuletzt geänd. durch VO v. 18.1.2022 (BGBl. I S. 39)
- Handzuginstrumentenmacher v. 6.3.1998 (BGBl. I S. 431), geänd. durch VO v. 18.1.2022 (BGBl. I S. 39)
- Holzbildhauer v. 10.4.1987 (BGBl. I S. 1192), geänd. durch VO v. 18.1.2022 (BGBl. I S. 39)
- Holzblasinstrumentenmacher v. 9.6.2022 (BGBl. I S. 870)
- Hörgeräteakustiker v. 17.2.2022 (BGBl. I S. 207), geänd. durch VO v. 22.6.2022 (BGBl. I S. 984)
- Informationstechniker v. 21.2.2024 (BGBl. 2024 I Nr. 62, S. 9; 2024 I Nr. 103)
- Installateur- und Heizungsbauer v. 17.7.2002 (BGBl. I S. 2693), zuletzt geänd. durch VO v. 18.1.2022 (BGBl. I S. 39)
- Kälteanlagenbauer v. 16.7.2015 (BGBl. I S. 1276), geänd. durch VO v. 18.1.2022 (BGBl. I S. 39)
- Karosserie- und Fahrzeugbauer v. 17.12.2019 (BGBl. I S. 2836), zuletzt geänd. durch VO v. 11.3.2025 (BGBl. 2025 I Nr. 79)
- Klavier- und Cembalobauer v. 17.12.2019 (BGBl. I S. 2842), geänd. durch VO v. 18.1.2022 (BGBl. I S. 39)
- Klempner v. 23.5.2006 (BGBl. I S. 1267), zuletzt geänd. durch VO v. 18.1.2022 (BGBl. I S. 39)
- Konditor v. 12.10.2006 (BGBl. I S. 2278), zuletzt geänd. durch VO v. 18.1.2022 (BGBl. I S. 39)
- Korbmacher v. 7.11.1993 (BGBl. I S. 1868), geänd. durch VO v. 18.1.2022 (BGBl. I S. 39)
- Kürschner v. 17.11.1994 (BGBl. I S. 3463), zuletzt geänd. durch VO v. 18.1.2022 (BGBl. I S. 39)
- Land- und Baumaschinenmechatroniker v. 9.9.2024 (BGBl. 2024 I Nr. 277)
- Maler und Lackierer v. 13.6.2005 (BGBl. I S. 1659), zuletzt geänd. durch VO v. 18.1.2022 (BGBl. I S. 39)
- Maurer u. Betonbauer v. 30.8.2004 (BGBl. I S. 2307), zuletzt geänd. durch VO v. 18.1.2022 (BGBl. I S. 39)
- Schneidwerkzeugmechanikermeisterverordnung v. 22.11.2011 (BGBl. I S. 2315), geänd. durch VO v. 18.1.2022 (BGBl. I S. 39)
- Metallbauer
- *Metallbildner v. 17.9.2001 (BGBl.* I S. 2432), zuletzt geänd. durch VO v. 18.1.2022 (BGBl. I S. 39)
- Modist v. 9.9.1994 (BGBl. I S. 2312), geänd. durch VO v. 18.1.2022 (BGBl. I S. 39)
- Ofen- und Luftheizungsbauer v. 5.3.2009 (BGBl. I S. 456), zuletzt geänd. durch VO v. 18.1.2022 (BGBl. I S. 39)

– Orgel- und Harmoniumbauer v. 23.7.1997 (BGBl. I S. 1915), zuletzt geänd. durch VO v. 18.1.2022 (BGBl. I S. 39)
– Orthopädiemechaniker und Bandagist v. 26.4.1994 (BGBl. I S. 904), geänd. durch VO v. 18.1.2022 (BGBl. I S. 39)
– Orthopädieschuhmacher v. 24.6.2008 (BGBl. I S. 1096), zuletzt geänd. durch VO v. 18.1.2022 (BGBl. I S. 39)
– Parkettleger v. 25.5.2020 (BGBl. I S. 1078, ber. S. 1542), zuletzt geänd. durch VO v. 18.1.2022 (BGBl. I S. 39)
– Schneidwerkzeugmechanikermeisterverordnung v. 22.11.2011 (BGBl. I S. 2315), geänd. durch VO v. 18.1.2022 (BGBl. I S. 39)
– Schornsteinfeger v. 11.11.2015 (BGBl. I S. 1987), geänd. durch VO v. 18.1.2022 (BGBl. I S. 39)
– Schriftsetzer (Buchdrucker) v. 13.6.1995 (BGBl. I S. 799), geänd. durch VO v. 18.1.2022 (BGBl. I S. 39)
– Segelmacher v. 5.7.1993 (BGBl. I S. 1138), geänd. durch VO v. 18.1.2022 (BGBl. I S. 39)
– Seiler v. 28.5.1997 (BGBl. I S. 1257), geänd. durch VO v. 18.1.2022 (BGBl. I S. 39)
– Steinmetz und Steinbildhauer v. 11.7.2008 (BGBl. I S. 1281), zuletzt geänd. durch VO v. 18.1.2022 (BGBl. I S. 39)
– Straßenbauer v. 17.2.2009 (BGBl. I S. 390), zuletzt geänd. durch VO v. 18.1.2022 (BGBl. I S. 39)
– Stuckateur v. 30.8.2004 (BGBl. I S. 2311), zuletzt geänd. durch VO v. 18.1.2022 (BGBl. I S. 39)
– Textilreiniger v. 16.9.1983 (BGBl. I S. 1179), geänd. durch VO v. 18.1.2022 (BGBl. I S. 39)
– Tischler v. 13.5.2008 (BGBl. I S. 826), zuletzt geänd. durch VO v. 18.1.2022 (BGBl. I S. 39)
– Thermometermacher v. 20.6.1989 (BGBl. I S. 1131), geänd. durch VO v. 18.1.2022 (BGBl. I S. 39)
– Vergolder v. 12.2.1990 (BGBl. I S. 283), geänd. durch VO v. 18.1.2022 (BGBl. I S. 39)
– Vulkaniseur v. 5.5.2006 (BGBl. I S. 1156), zuletzt geänd. durch VO v. 18.1.2022 (BGBl. I S. 39)
– Wachszieher v. 23.6.1987 (BGBl. I S. 1553), geänd. durch VO v. 18.1.2022 (BGBl. I S. 39)
– Wärme-, Kälte- und Schallschutzisolierer v. 3.6.1982 (BGBl. I S. 663), geänd. durch VO v. 18.1.2022 (BGBl. I S. 39)
– Weinküfer v. 16.10.1995 (BGBl. I S. 1418), geänd. durch VO v. 18.1.2022 (BGBl. I S. 39)
– Zahntechniker v. 19.2.2025 (BGBl. 2025 I Nr. 48)
– Zimmerer v. 16.4.2008 (BGBl. I S. 743), zuletzt geänd. durch VO v. 18.1.2022 (BGBl. I S. 39)
– Zinngießer v. 8.1.1969 (BGBl. I S. 37)
– Zupfinstrumentenmacher v. 7.10.1997 (BGBl. I S. 2458), geänd. durch VO v. 18.1.2022 (BGBl. I S. 39)
– Zweiradmechanikermeisterverordnung v. 29.8.2005 (BGBl. I S. 2562), zuletzt geänd. durch VO v. 18.1.2022 (BGBl. I S. 39)

C. Auf Grund von § 51a erlassene Verordnungen über das Berufsbild und die Anforderungen in der Meisterprüfung
(alphabetisch nach Berufen geordnet)

– Behälter- und Apparatebauer v. 30.4.2013 (BGBl. I S. 1203), zuletzt geänd. durch VO v. 18.1.2022 (BGBl. I S. 39)
– Buchbinder v. 5.5.2006 (BGBl. I S. 1152), zuletzt geänd. durch VO v. 18.1.2022 (BGBl. I S. 39)
– Fliesen-, Platten- u. Mosaikleger v. 10.3.2008 (BGBl. I S. 378), zuletzt geänd. durch VO v. 18.1.2022 (BGBl. I S. 39)
– *Galvaniseur v. 12.9.2014* (BGBl. I S. 1522), geänd. durch VO v. 18.1.2022 (BGBl. I S. 39)
– Graveur v. 16.11.2005 (BGBl. I S. 3182), zuletzt geänd. durch VO v. 18.1.2022 (BGBl. I S. 39)
– Keramiker v. 13.1.2006 (BGBl. I S. 148), zuletzt geänd. durch VO v. 18.1.2022 (BGBl. I S. 39)
– Kosmetiker v. 16.1.2015 (BGBl. I S. 17), geänd. durch VO v. 18.1.2022 (BGBl. I S. 39)
– Müller v. 11.10.2012 (BGBl. I S. 2138), geänd. durch VO v. 18.1.2022 (BGBl. I S. 39)
– Modellbauer v. 27.12.2012 (BGBl. 2013 I S. 27), geänd. durch VO v. 18.1.2022 (BGBl. I S. 39)
– Raumausstatter v. 4.9.2023 (BGBl. 2023 I Nr. 239)
– Rolladen- u. Sonnenschutzmeister v. 22.1.2007 (BGBl. I S. 51), zuletzt geänd. durch VO v. 18.1.2022 (BGBl. I S. 39)

– Sattler und Feintäschner v. 15.8.2008 (BGBl. I S. 1733), zuletzt geänd. durch VO v. 18.1.2022 (BGBl. I S. 39)
– Schilder- und Lichtreklamehersteller v. 22.8.2022 (BGBl. I S. 1439)
– Schneider v. 5.9.2006 (BGBl. I S. 2122), zuletzt geänd. durch VO v. 18.1.2022 (BGBl. I S. 39)
– Schuhmacher v. 3.3.2014 (BGBl. I S. 220), geänd. durch VO v. 18.1.2022 (BGBl. I S. 39)
– Siebdrucker v. 5.9.2006 (BGBl. I S. 2126), zuletzt geänd. durch VO v. 18.1.2022 (BGBl. I S. 39)
– Textilgestalter v. 26.4.2013 (BGBl. I S. 1169), geänd. durch VO v. 18.1.2022 (BGBl. I S. 39)
– Uhrmacher v. 1.11.2005 (BGBl. I S. 3122), zuletzt geänd. durch VO v. 18.1.2022 (BGBl. I S. 39)

818. Gesetz zur vorläufigen Regelung des Rechts der Industrie- und Handelskammern[1) 2)]

Vom 18. Dezember 1956

(BGBl. I S. 920)

BGBl. III/FNA 701-1

geänd. durch Art. 22 SteuerÄndG 1961 v. 13.7.1961 (BGBl. I S. 981), § 103 BerufsbildungsG v. 14.8. 1969 (BGBl. I S. 1112), Art. 9 Nr. 1 G zur Neuregelung des Volljährigkeitsalters v. 31.7.1974 (BGBl. I S. 1713), Art. 95 Nr. 5 EinführungsG zur Abgabenordnung v. 14.12.1976 (BGBl. I S. 3341), Art. 2 G zur Änd. von Gesetzen auf dem Gebiet des Rechts der Wirtschaft v. 21.12.1992 (BGBl. I S. 2133), Art. 4 G zur Änd. der GewerbeO und sonstiger gewerberechtlicher Vorschriften v. 23.11.1994 (BGBl. I S. 3475), Art. 1 ÄndG v. 23.7.1998 (BGBl. I S. 1887, ber. S. 3158), Art. 118 Siebente ZuständigkeitsanpassungsVO v. 29.10.2001 (BGBl. I S. 2785), Art. 6 Neuntes Euro-EinführungsG v. 10.11.2001 (BGBl. I S. 2992), Art. 95 Achte ZuständigkeitsanpassungsVO v. 25.11.2003 (BGBl. I S. 2304), Art. 5 Drittes G zur Änd. der HandwerksO und anderer handwerksrechtlicher Vorschriften v. 24.12.2003 (BGBl. I S. 2934), Art. 4 Nr. 5 BerufsbildungsreformG v. 23.3.2005 (BGBl. I S. 931), Art. 130 Neunte Zuständigkeitsanpassungs-VO v. 31.10.2006 (BGBl. I S. 2407), Art. 7 Zweites BürokratieabbauG v. 7.9.2007 (BGBl. I S. 2246), Art. 7 Viertes G zur Änd. verwaltungsverfahrensrechtlicher Vorschriften v. 11.12.2008 (BGBl. I S. 2418), Art. 2 G zur Änd. gewerberechtl. Vorschriften v. 11.7.2011 (BGBl. I S. 1341), Art. 2 Abs. 61 G zur Änd. von Vorschriften über Verkündung und Bekanntmachungen sowie der ZPO, des EGZPO und der AO v. 22.12.2011 (BGBl. I S. 3044), Art. 17 G zur Förderung der elektronischen Verwaltung sowie zur Änd. weiterer Vorschriften v. 25.7.2013 (BGBl. I S. 2749), Art. 254 Zehnte ZuständigkeitsanpassungsVO v. 31.8.2015 (BGBl. I S. 1474), Art. 93 G zum Abbau verzichtbarer Anordnungen der Schriftform im Verwaltungsrecht des Bundes v. 29.3.2017 (BGBl. I S. 626), Art. 82 Zweites Datenschutz-Anpassungs-

---

[1)] Die Änderungen durch G v. 28.3.2021 (BGBl. I S. 591) treten erst **mit noch unbestimmtem Datum** in Kraft und sind im Text noch nicht berücksichtigt.

[2)] Zum Industrie- und HandelskammernG haben die Länder ua folgende Vorschriften erlassen:

- **Baden-Württemberg:** Industrie- und HandelskammernG v. 27.1.1958 (GBl. S. 77), zuletzt geänd. durch VO v. 23.2.2017 (GBl. S. 99)
- **Bayern:** Industrie- und Handelskammern-AusführungsG – AGIHKG v. 25.3.1958 (BayRS 701-1-W), zuletzt geänd. durch V v. 26.3.2019 (GVBl. S. 98); VO über die Abgrenzung der Bezirke der Industrie- und Handelskammern – BezVIHK v. 15.12.1972 (BayRS 701-2-W), zuletzt geänd. durch V v. 28.11. 2012 (GVBl S. 656)
- **Berlin:** Industrie- und HandelskammernG – IHKG idF der Bek. v. 21.3.1967 (GVBl. S. 511), zuletzt geänd. durch G v. 22.6.1983 (GVBl. S. 933)
- **Brandenburg:** Industrie- und Handelskammern-AusführungsG – AGIHKG v. 13.9.1991 (GVBl. S. 440), zuletzt geänd. durch G v. 20.1.2022 (GVBl. I Nr. 3)
- **Bremen:** Industrie- und HandelskammernG v. 6.5.1958 (Brem.GBl. S. 47), zuletzt geänd. durch Bek. v. 2.9.2025 (Brem.GBl. S. 674)
- **Hessen:** Hessisches Industrie- und HandelskammernG v. 6.11.1957 (GVBl. I S. 147), zuletzt geänd. durch G v. 17.9.2024 (GVBl. Nr. 52)
- **Mecklenburg-Vorpommern:** Industrie- und HandelskammernG – IHKG v. 18.2.1992 (GVOBl. M-V S. 98), geänd. durch G v. 15.4.2025 (GVOBl. M-V S. 178)
- **Niedersachsen:** Industrie- und Handelskammern-AusführungsG v. 9.5.2012 (Nds. GVBl. S. 98)
- **Nordrhein-Westfalen:** Industrie- und HandelskammernG – IHKG v. 23.7.1957 (GV. NRW. S. 187), zuletzt geänd. durch G v. 22.3.2018 (GV. NRW. S. 172)
- **Rheinland-Pfalz:** Industrie- und Handelskammern-AusführungsG v. 24.2.1958 (GVBl. S. 43), geänd. durch v. 20.12.2024 (GVBl. S. 473)
- **Saarland:** Industrie- und HandelskammernG v. 23.3.1960 (Amtsbl. S. 261), zuletzt geänd. durch G v. 15.2.2006 (Amtsbl. S. 474)
- **Sachsen:** Industrie- und Handelskammern-AusführungsG – SächsIHKG v. 18.11.1991 (SächsGVBl. S. 380), zuletzt geänd. durch G v. 5.12.2017 (SächsGVBl. S. 658)
- **Sachsen-Anhalt:** Industrie- und HandelskammernG – AGIHKG v. 10.6.1991 (GVBl. LSA S. 103), zuletzt geänd. durch G v. 18.11.2005 (GVBl. LSA S. 698)
- **Schleswig-Holstein:** Industrie- und HandelskammernG v. 11.11.2020 (GVOBl. Schl.-H. S. 806)
- **Thüringen:** Industrie- und Handelskammern-AusführungsG – ThürAGIHKG v. 7.12.1993 (GVBl. S. 757), geänd. durch G v. 4.4.2019 (GVBl. S. 61); VO zur Einteilung der Kammerbezirke der Industrie- und Handelskammern v. 30.6.1994 (GVBl. S. 937).

und UmsetzungsG EU v. 20.11.2019 (BGBl. I S. 1626), Art. 2 G zur Abmilderung der Folgen der COVID-19-Pandemie im Wettbewerbsrecht und für den Bereich der Selbstverwaltungsorganisationen der gewerblichen Wirtschaft v. 25.5.2020 (BGBl. I S. 1067), Art. 19 Sanierungs- und InsolvenzrechtsfortentwicklungsG v. 22.12.2020 (BGBl. I S. 3256), Art. 17 RegistermodernisierungsG v. 28.3.2021 (BGBl. I S. 591) und Art. 1 Zweites G zur Änd. des G zur vorläufigen Regelung des Rechts der Industrie- und Handelskammern v. 7.8.2021 (BGBl. I S. 3306)

Der Bundestag hat mit Zustimmung des Bundesrates das folgende Gesetz beschlossen:

§ 1[1)] [Aufgaben und Befugnisse] (1) [1]Die Industrie- und Handelskammern haben, soweit nicht die Zuständigkeit der Organisationen des Handwerks nach Maßgabe der Handwerksordnung oder die Zuständigkeit der Kammern der freien Berufe in Bezug auf die Berufspflichten ihrer Mitglieder gegeben ist, die Aufgaben:

1. das Gesamtinteresse der ihnen zugehörigen Gewerbetreibenden ihres Bezirks, einschließlich der Gesamtverantwortung der gewerblichen Wirtschaft, die auch Ziele einer nachhaltigen Entwicklung umfassen kann, auf regionaler, nationaler, europäischer und internationaler Ebene wahrzunehmen,
2. für die Förderung der gewerblichen Wirtschaft ihres Bezirks zu wirken,
3. für die Wahrung von Anstand und Sitte der ehrbaren Kaufleute, einschließlich deren sozialer und gesellschaftlicher Verantwortung, zu wirken

und dabei stets die wirtschaftlichen Interessen einzelner Gewerbezweige oder Betriebe abwägend und ausgleichend zu berücksichtigen. [2]Im Rahmen ihrer Aufgaben haben die Industrie- und Handelskammern insbesondere

1. durch Vorschläge, Gutachten und Berichte die Behörden zu unterstützen und zu beraten,
2. das Recht, zu den im Gesamtinteresse der ihnen zugehörigen Gewerbetreibenden liegenden wirtschaftspolitischen Angelegenheiten ihres Bezirks in behördlichen oder gerichtlichen Verfahren sowie gegenüber der Öffentlichkeit Stellung zu nehmen.

[3]Bei der Wahrnehmung ihrer Aufgaben haben die Industrie- und Handelskammern den angemessenen Minderheitenschutz zu gewährleisten,

1. indem im Rahmen der Kommunikation auf abweichende Positionen hingewiesen wird und
2. abweichende Stellungnahmen in zumutbarer Form öffentlich zugänglich gemacht werden.

(2) Die Industrie- und Handelskammern können Anlagen und Einrichtungen, die der Förderung der gewerblichen Wirtschaft oder einzelner Gewerbezweige dienen, begründen, unterhalten und unterstützen sowie Maßnahmen zur Förderung und Durchführung der kaufmännischen und gewerblichen Berufsbildung

---

[1)] § 1 Abs. 2 neu gef. durch G v. 14.8.1969 (BGBl. I S. 1112); Abs. 4a eingef. durch G v. 23.7.1998 (BGBl. I S. 1887); Abs. 3a, 3b eingef., Abs. 4a aufgeh. mWv 18.12.2008 durch G v. 11.12.2008 (BGBl. I S. 2418); Abs. 2 Satz 2 angef. mWv 1.1.2021 durch G v. 22.12.2020 (BGBl. I S. 3256); Abs. 1 neu gef., Abs. 2 Satz 2 aufgeh., Abs. 2a eingef., Abs. 5 neu gef. mWv 12.8.2021 durch G v. 7.8.2021 (BGBl. I S. 3306).

unter Beachtung der geltenden Rechtsvorschriften, insbesondere des Berufsbildungsgesetzes[1)], treffen.

(2a) [1]Die Industrie- und Handelskammern können allein oder zusammen mit anderen Kammern für die gewerbliche Wirtschaft Maßnahmen zur Förderung der außergerichtlichen Streitbeilegung treffen, insbesondere Schiedsgerichte und andere Einrichtungen der alternativen Konfliktlösung begründen, unterhalten und unterstützen. [2]§ 111 Absatz 2 des Arbeitsgerichtsgesetzes[2)] bleibt unberührt. [3]Die Industrie- und Handelskammern können zudem die ihnen zugehörigen Gewerbetreibenden ihres Bezirks zu Fragen der Früherkennung von Unternehmenskrisen und deren Bewältigung beraten.

(3) Den Industrie- und Handelskammern obliegt die Ausstellung von Ursprungszeugnissen und anderen dem Wirtschaftsverkehr dienenden Bescheinigungen, soweit nicht Rechtsvorschriften diese Aufgaben anderen Stellen zuweisen.

(3a) [1]Die Länder können durch Gesetz den Industrie- und Handelskammern die Aufgaben einer einheitlichen Stelle im Sinne des Verwaltungsverfahrensgesetzes[3)] übertragen. [2]Das Gesetz regelt, welche Aufgabenbereiche von der Zuweisung erfasst sind. [3]Dabei kann das Gesetz vorsehen, dass die Industrie- und Handelskammern auch für nicht Kammerzugehörige tätig werden. [4]Das Gesetz regelt auch die Aufsicht.

(3b) Die Länder können den Industrie- und Handelskammern durch Gesetz ermöglichen, sich an Einrichtungen zu beteiligen, die die Aufgaben einer einheitlichen Stelle im Sinne des Verwaltungsverfahrensgesetzes erfüllen.

(4) Weitere Aufgaben können den Industrie- und Handelskammern durch Gesetz oder Rechtsverordnung übertragen werden.

(4a) *(aufgehoben)*

(5) [1]Nicht zu den Aufgaben nach Absatz 1 Satz 1 Nummer 1 gehören die grundrechtlich geschützten Aufgabenbereiche der Vereinigungen im Sinne des Artikels 9 Absatz 3 Satz 1 des Grundgesetzes[4)], insbesondere die Aufgabenbereiche der Tarifpartner sowie die arbeitsgerichtliche Vertretung von Unternehmen. [2]Zudem sind Stellungnahmen ausgeschlossen zu sozial- und arbeitsmarktpolitischen Fragen, soweit diese in der ausschließlichen Entscheidungszuständigkeit der Gremien der sozialen Selbstverwaltung liegen.

§ 2[5)] [Kammerzugehörige] (1) Zur Industrie- und Handelskammer gehören, sofern sie zur Gewerbesteuer veranlagt sind, natürliche Personen, Handelsgesellschaften, andere Personenmehrheiten und juristische Personen des privaten und des öffentlichen Rechts, welche im Bezirk der Industrie- und Handelskammer eine Betriebsstätte unterhalten (Kammerzugehörige).

(2) Absatz 1 gilt für natürliche Personen und Gesellschaften, welche ausschließlich einen freien Beruf ausüben oder welche Land- oder Forstwirtschaft oder ein

---

[1)] **Sartorius ErgBd. Nr. 422.**

[2)] **Habersack, Deutsche Gesetze Nr. 83.**

[3)] Nr. **100**.

[4)] Nr. **1**.

[5)] § 2 Abs. 6 aufgeh. durch G v. 13.7.1961 (BGBl. I S. 981); Abs. 3 neu gef. durch G v. 21.12.1992 (BGBl. I S. 2133); Abs. 4 Buchst. c geänd. mWv 7.11.2001 durch VO v. 29.10.2001 (BGBl. I S. 2785); Abs. 4 Buchst. c geänd. mWv 28.11.2003 durch VO v. 25.11.2003 (BGBl. I S. 2304); Abs. 4 Buchst. c geänd. mWv 8.11.2006 durch VO v. 31.10.2006 (BGBl. I S. 2407); Abs. 1 und 3 geänd. mWv 14.9.2007 durch G v. 7.9.2007 (BGBl. I S. 2246); Abs. 4 Buchst. c geänd. mWv 8.9.2015 durch VO v. 31.8.2015 (BGBl. I S. 1474); Abs. 5 neu gef. mWv 12.8.2021 durch G v. 7.8.2021 (BGBl. I S. 3306).

damit verbundenes Nebengewerbe betreiben, nur, soweit sie in das Handelsregister eingetragen sind.

(3) Natürliche und juristische Personen und Personengesellschaften, die in der Handwerksrolle oder in dem Verzeichnis der zulassungsfreien Handwerke oder der handwerksähnlichen Gewerbe eingetragen sind oder die nach § 90 Abs. 3 der Handwerksordnung[1)] zur Handwerkskammer gehören, gehören mit ihrem nichthandwerklichen oder nichthandwerksähnlichen Betriebsteil der Industrie- und Handelskammer an.

(4) Absatz 1 gilt nicht für landwirtschaftliche Genossenschaften; als solche gelten im Sinne dieser Bestimmung

a) ländliche Kreditgenossenschaften, deren Mitglieder überwiegend aus Landwirten bestehen;
b) Genossenschaften, die ganz oder überwiegend der Nutzung landwirtschaftlicher Betriebseinrichtungen oder der Versorgung der Landwirtschaft mit Betriebsmitteln oder dem Absatz oder der Lagerung oder der Bearbeitung oder Verarbeitung landwirtschaftlicher Erzeugnisse dienen, sofern sich die Be- oder Verarbeitung nach der Verkehrsauffassung im Bereich der Landwirtschaft hält;
c) Zusammenschlüsse der unter Buchstabe b genannten Genossenschaften bis zu einer nach der Höhe des Eigenkapitals zu bestimmenden Grenze, die von dem Bundesministerium für Wirtschaft und Energie im Einvernehmen mit dem Bundesministerium für Ernährung und Landwirtschaft durch Rechtsverordnung festgelegt wird.

(5) Absatz 1 gilt nicht für Gebietskörperschaften.

§ 3[2)] [Rechtsnatur; Kosten, Beiträge, Sonderbeiträge, Gebühren]

(1) Die Industrie- und Handelskammer ist Körperschaft des öffentlichen Rechts.

(2) [1]Die Kosten der Errichtung und Tätigkeit der Industrie- und Handelskammer werden, soweit sie nicht anderweitig gedeckt sind, nach Maßgabe des Wirtschaftsplans durch Beiträge der Kammerzugehörigen gemäß einer Beitragsordnung aufgebracht. [2]Der Wirtschaftsplan ist jährlich nach den Grundsätzen einer sparsamen und wirtschaftlichen Finanzgebarung unter pfleglicher Behandlung der Leistungsfähigkeit der Kammerzugehörigen aufzustellen und auszuführen.

(3) [1]Als Beiträge erhebt die Industrie- und Handelskammer Grundbeiträge und Umlagen. [2]Der Grundbeitrag kann gestaffelt werden; dabei sollen insbesondere Art, Umfang und Leistungskraft des Gewerbebetriebes berücksichtigt werden. [3]Natürliche Personen und Personengesellschaften, die nicht in das Handelsregister eingetragen sind, und eingetragene Vereine, wenn nach Art oder Umfang ein in kaufmännischer Weise eingerichteter Geschäftsbetrieb nicht erforderlich ist, sind

---

[1)] Nr. **815**.

[2)] § 3 Abs. 8 Satz 1 geänd. durch G v. 14.12.1976 (BGBl. I S. 3341); Abs. 3 und 4 neu gef. durch G v. 21.12.1992 (BGBl. I S. 2133); Abs. 4 Satz 2 geänd. durch G v. 23.11.1994 (BGBl. I S. 3475); Abs. 3 Satz 2 neu gef., Satz 3 und 4 eingef., bish. Satz 3 wird Satz 5 und geänd., bish. Satz 4 wird Satz 6 und neu gef., bish. Satz 5 wird Satz 7 und Satz 8 angef., Abs. 4 Satz 2 neu gef., Satz 3 eingef. durch G v. 23.7.1998 (BGBl. I S. 1887); Abs. 3 Satz 6 geänd. mWv 1.1.2002 durch G v. 10.11.2001 (BGBl. I S. 2992); Abs. 3 Sätze 3 und 4 und Abs. 4 Satz 3 neu gef., Abs. 4 Satz 1 geänd. sowie Abs. 3 Satz 5 eingef., bish. Sätze 5 bis 8 werden Sätze 6 bis 9 mWv 1.1.2004 durch G v. 24 12. 2003 (BGBl. I S. 2934); Abs. 3 Satz 3 neu gef., Abs. 6, Abs. 7 Sätze 1 und 2 und Abs. 8 Satz 1 geänd. mWv 14.9.2007, Abs. 2 Sätze 1 und 2 geänd., Abs. 3 Sätze 4 und 9 neu gef., Satz 5 geänd., Satz 10 angef., Abs,. 7a eingef. mWv 1.1.2008 durch G v. 7.9.2007 (BGBl. I S. 2246); Abs. 3 Satz 3 neu gef. mWv 1.8.2013 durch G v. 25.7.2013 (BGBl. I S. 2749).

vom Beitrag freigestellt, soweit ihr Gewerbeertrag nach dem Gewerbesteuergesetz oder soweit für das Bemessungsjahr ein Gewerbesteuermessbetrag nicht festgesetzt wird, ihr nach dem Einkommensteuergesetz ermittelter Gewinn aus Gewerbebetrieb 5 200 Euro nicht übersteigt. [4]Die in Satz 3 genannten natürlichen Personen sind, soweit sie in den letzten fünf Wirtschaftsjahren vor ihrer Betriebseröffnung weder Einkünfte aus Land- und Forstwirtschaft, Gewerbebetrieb oder selbständiger Arbeit erzielt haben, noch an einer Kapitalgesellschaft mittelbar oder unmittelbar zu mehr als einem Zehntel beteiligt waren, für das Geschäftsjahr einer Industrie- und Handelskammer, in dem die Betriebseröffnung erfolgt, und für das darauf folgende Jahr von der Umlage und vom Grundbeitrag sowie für das dritte und vierte Jahr von der Umlage befreit, wenn ihr Gewerbeertrag oder Gewinn aus Gewerbebetrieb 25 000 Euro nicht übersteigt. [5]Wenn nach dem Stand der zum Zeitpunkt der Verabschiedung der Wirtschaftssatzung vorliegenden Bemessungsgrundlagen zu besorgen ist, dass bei einer Industrie- und Handelskammer die Zahl der Beitragspflichtigen, die einen Beitrag entrichten, durch die in den Sätzen 3 und 4 genannten Freistellungsregelungen auf weniger als 55 vom Hundert aller ihr zugehörigen Gewerbetreibenden sinkt, kann die Vollversammlung für das betreffende Geschäftsjahr eine entsprechende Herabsetzung der dort genannten Grenzen für den Gewerbeertrag oder den Gewinn aus Gewerbebetrieb beschließen. [6]Wird für das Bemessungsjahr ein Gewerbesteuermeßbetrag festgesetzt, ist Bemessungsgrundlage für die Umlage der Gewerbeertrag nach dem Gewerbesteuergesetz, andernfalls der nach dem Einkommensteuer- oder Körperschaftsteuergesetz ermittelte Gewinn aus Gewerbebetrieb. [7]Bei natürlichen Personen und bei Personengesellschaften ist die Bemessungsgrundlage um einen Freibetrag in Höhe von 15 340 Euro zu kürzen. [8]Die Kammerzugehörigen sind verpflichtet, der Kammer Auskunft über die zur Festsetzung der Beiträge erforderlichen Grundlagen zu geben, soweit diese nicht bereits nach § 9 erhoben worden sind; die Kammer ist berechtigt, die sich hierauf beziehenden Geschäftsunterlagen einzusehen. [9]Kapitalgesellschaften, deren gewerbliche Tätigkeit sich in der Funktion eines persönlich haftenden Gesellschafters in nicht mehr als einer Personenhandelsgesellschaft erschöpft, kann ein ermäßigter Grundbeitrag eingeräumt werden, sofern beide Gesellschaften derselben Kammer zugehören. [10]Gleiches gilt für Gesellschaften mit Sitz im Bezirk einer Kammer, deren sämtliche Anteile von einem im Handelsregister eingetragenen Unternehmen mit Sitz in derselben Kammer gehalten werden.

(4) [1]Natürliche und juristische Personen und Personengesellschaften, die in der Handwerksrolle oder in dem Verzeichnis nach § 19 der Handwerksordnung[1)] eingetragen sind und deren Gewerbebetrieb nach Art und Umfang einen in kaufmännischer Weise eingerichteten Geschäftsbetrieb erfordert, sind beitragspflichtig, wenn der Umsatz des nichthandwerklichen oder nichthandwerksähnlichen Betriebsteils 130 000 Euro übersteigt. [2]Kammerzugehörige, die Inhaber einer Apotheke sind, werden mit einem Viertel ihres Gewerbeertrages oder, falls für das Bemessungsjahr ein Gewerbesteuermeßbetrag nicht festgesetzt wird, ihres nach dem Einkommensteuer- oder Körperschaftsteuergesetz ermittelten Gewinns aus Gewerbebetrieb zum Grundbeitrag und zur Umlage veranlagt. [3]Satz 2 findet auch Anwendung auf Kammerzugehörige, die oder deren sämtliche Gesellschafter vorwiegend einen freien Beruf ausüben oder Land- oder Forstwirtschaft auf einem im Bezirk der Industrie- und Handelskammer belegenen Grundstück oder als Betrieb der Binnenfischerei Fischfang in einem im Bezirk der Industrie- und Handels-

[1)] Nr. **815**.

kammer belegenen Gewässer betreiben und Beiträge an eine oder mehrere andere Kammern entrichten, mit der Maßgabe, dass statt eines Viertels ein Zehntel der dort genannten Bemessungsgrundlage bei der Veranlagung zu Grunde gelegt wird.

(5) [1]Die Industrie- und Handelskammer kann für die Kosten, welche mit der Begründung, Unterhaltung oder Unterstützung von Anlagen und Einrichtungen (§ 1 Abs. 2) verbunden sind, Sonderbeiträge von den Kammerzugehörigen derjenigen Gewerbezweige erheben, welchen derartige Anlagen und Einrichtungen ausschließlich oder in besonderem Maße zugute kommen. [2]Den Beteiligten ist vor Begründung solcher Anlagen und Einrichtungen Gelegenheit zur Äußerung zu geben.

(6) Die Industrie- und Handelskammer kann für die Inanspruchnahme besonderer Anlagen und Einrichtungen (§ 1 Abs. 2) oder Tätigkeiten Gebühren erheben und den Ersatz von Auslagen verlangen.

(7) [1]Sonderbeiträge gemäß Absatz 5 werden nach Maßgabe einer Sonderbeitragsordnung, Gebühren und Auslagen nach Absatz 6 nach Maßgabe einer Gebührenordnung erhoben. [2]In der Beitragsordnung, der Sonderbeitragsordnung sowie in der Gebührenordnung ist Erlaß und Niederschlagung von Beiträgen, Gebühren und Auslagen zu regeln.

(7a) [1]Für das Rechnungswesen, insbesondere Rechnungslegung und Aufstellung und Vollzug des Wirtschaftsplans und den Jahresabschluss der Industrie- und Handelskammern sind die Grundsätze kaufmännischer Rechnungslegung und Buchführung in sinngemäßer Weise nach dem Dritten Buch des Handelsgesetzbuches[1)] in der jeweils geltenden Fassung anzuwenden. [2]Das Nähere wird durch Satzung unter Beachtung der Grundsätze des staatlichen Haushaltsrechts geregelt.

(8) [1]Hinsichtlich der Beiträge, Sonderbeiträge, Gebühren und Auslagen sind für die Verjährung

die Vorschriften der Abgabenordnung über die Verjährung der Steuern vom Einkommen und Vermögen,

für die Einziehung und Beitreibung

die für Gemeindeabgaben geltenden landesrechtlichen Vorschriften

entsprechend anzuwenden. [2]Durch Landesrecht kann Verfahren und Zuständigkeit für Einziehung und Beitreibung abweichend geregelt werden.

§ 4[2)] [Beschlussfassung] (1) Die Organe der Industrie- und Handelskammer sind

1. die Vollversammlung,
2. das Präsidium,
3. der Präsident,
4. der Hauptgeschäftsführer und

[1)] **Habersack, Deutsche Gesetze Nr. 50.**

[2)] § 4 Satz 3 eingef. durch G v. 14.8.1969 (BGBl. I S. 1112); Satz 2 Nrn. 4 und 5 geänd., Nr. 6 angef. durch G v. 23.7.1998 (BGBl. I S. 1887); Satz 3 geänd. mWv 1.4.2005 durch G v. 23.3.2005 (BGBl. I S. 931); Satz 2 Nr. 5 und 6 geänd., Nr. 7 sowie Satz 4 angef. mWv 14.9.2007, Satz 2 Nr. 3 geänd., Nr. 8 angef. mWv 1.1.2008 durch G v. 7.9.2007 (BGBl. I S. 2246); Satz 2 Nr. 6 neu gef. mWv 18.12.2008 durch G v. 11.12.2008 (BGBl. I S. 2418); Satz 4 geänd. mWv 1.4.2012 durch G v. 22.12.2011 (BGBl. I S. 3044); Abs. 1 eingef., bish. Wortlaut wird Abs. 2 und Satz 2 Nr. 7 und 8 geänd., Nr. 9 angef., Satz 3 aufgeh., bish. Satz 4 wird Satz 3 mWv 12.8.2021 durch G v. 7.8.2021 (BGBl. I S. 3306).

5. der Berufsbildungsausschuss im Rahmen der in § 79 Berufsbildungsgesetz[1] genannten Aufgaben.

(2) [1] Über die Angelegenheiten der Industrie- und Handelskammer beschließt, soweit nicht die Satzung etwas anderes bestimmt, die Vollversammlung. [2] Der ausschließlichen Beschlußfassung durch die Vollversammlung unterliegen

1. die Satzung,
2. die Wahl-, Beitrags-, Sonderbeitrags- und Gebührenordnung,
3. die Feststellung des Wirtschaftsplans,
4. die Festsetzung des Maßstabes für die Beiträge und Sonderbeiträge,
5. die Erteilung der Entlastung,
6. die Übertragung von Aufgaben auf andere Industrie- und Handelskammern, die Übernahme dieser Aufgaben, die Bildung von öffentlich-rechtlichen Zusammenschlüssen und die Beteiligung hieran (§ 10) sowie die Beteiligung an Einrichtungen nach § 1 Abs. 3b,
7. die Art und Weise der öffentlichen Bekanntmachung,
8. die Satzung gemäß § 3 Abs. 7a (Finanzstatut) und
9. Fragen, die für die gewerbliche Wirtschaft ihres Bezirks oder die Arbeit der Industrie- und Handelskammer von grundsätzlicher Bedeutung sind.

[3] Soweit nach Satz 2 Nr. 7 die elektronische Verkündung von Satzungsrecht vorgesehen ist, hat diese im Bundesanzeiger zu erfolgen.

§ 5[2] [Mitglieder der Vollversammlung] (1) Die Mitglieder der Vollversammlung werden von den Kammerzugehörigen gewählt.

(2) [1] Wählbar sind natürliche Personen, die das Kammerwahlrecht auszuüben berechtigt sind, am Wahltag volljährig sind und entweder selbst Kammerzugehörige sind oder allein oder zusammen mit anderen zur gesetzlichen Vertretung einer kammerzugehörigen juristischen Person, Handelsgesellschaft oder Personenmehrheit befugt sind. [2] Wählbar sind auch besonders bestellte Bevollmächtigte und in das Handelsregister eingetragene Prokuristen von Kammerzugehörigen.

(3) [1] Soweit personenbezogene Daten in den Wählerlisten für die Wahl zur Vollversammlung verarbeitet werden, bestehen das Recht auf Auskunft der betroffenen Person nach Artikel 15 Absatz 1 Buchstabe c der Verordnung (EU) 2016/679[3] des Europäischen Parlaments und des Rates vom 27. April 2016 zum Schutz natürlicher Personen bei der Verarbeitung personenbezogener Daten, zum freien Datenverkehr und zur Aufhebung der Richtlinie 95/46/EG (Datenschutz-Grundverordnung) (ABl. L 119 vom 4.5.2016, S. 1; L 314 vom 22.11.2016, S. 72; L 127 vom 23.5.2018, S. 2) in der jeweils geltenden Fassung und die Mitteilungspflicht der verantwortlichen Stelle nach Artikel 19 Satz 2 der Verordnung (EU) 2016/679 *in der jeweils geltenden* Fassung nicht. [2] Das Recht auf Erhalt einer Kopie nach Artikel 15 Absatz 3 der Verordnung (EU) 2016/679 in der jeweils geltenden Fassung wird dadurch erfüllt, dass die betroffene Person Einsicht in die Wählerlisten nehmen kann.

---

[1] **Sartorius ErgBd. Nr. 422.**

[2] § 5 Abs. 2 Satz 1 geänd. durch G v. 31.7.1974 (BGBl. I S. 1713); Abs. 2 Satz 1, Abs. 3 Sätze 1 und 2 geänd. mWv 14.9.2007 durch G v. 7.9.2007 (BGBl. I S. 2246); Abs. 3 eingef., bish. Abs. 3 wird Abs. 4 mWv 26.11.2019 durch G v. 20.11.2019 (BGBl. I S. 1626).

[3] Nr. **246**.

(4) [1]Das Nähere über die Ausübung des aktiven und passiven Wahlrechts, über die Durchführung der Wahl sowie über Dauer und vorzeitige Beendigung der Mitgliedschaft zur Vollversammlung regelt die Wahlordnung. [2]Sie muß Bestimmungen über die Aufteilung der Kammerzugehörigen in besondere Wahlgruppen sowie die Zahl der diesen zugeordneten Sitze in der Vollversammlung enthalten und dabei die wirtschaftlichen Besonderheiten des Kammerbezirks sowie die gesamtwirtschaftliche Bedeutung der Gewerbegruppen berücksichtigen.

§ 6 [Präsident] (1) Die Vollversammlung wählt aus ihrer Mitte den Präsidenten (Präses) und die von der Satzung zu bestimmende Zahl von weiteren Mitgliedern des Präsidiums.

(2) [1]Der Präsident (Präses) ist der Vorsitzende des Präsidiums. [2]Er beruft die Vollversammlung ein und führt in ihr den Vorsitz.

§ 7 [Hauptgeschäftsführer] (1) Die Vollversammlung bestellt den Hauptgeschäftsführer.

(2) Präsident (Präses) und Hauptgeschäftsführer vertreten nach näherer Bestimmung der Satzung die Industrie- und Handelskammer rechtsgeschäftlich und gerichtlich.

§ 8[1)] [Ausschüsse] Werden bei den Industrie- und Handelskammern zur Durchführung anderer als der in § 79 des Berufsbildungsgesetzes[2)] genannten Aufgaben Ausschüsse gebildet, so kann die Satzung bestimmen, daß in diese Ausschüsse auch Personen berufen werden, die nach § 5 Abs. 2 nicht wählbar sind.

§ 9[3)] [Datenschutz] (1) [1]Die Industrie- und Handelskammern erheben die Daten nach § 14 Absatz 8 Satz 1 Nummer 1 in Verbindung mit Satz 2 der Gewerbeordnung[4)] sowie der Rechtsverordnung nach § 14 Absatz 14 der Gewerbeordnung bei den Kammerzugehörigen oder öffentlichen Stellen, soweit diese Daten ihnen nicht von der zuständigen Behörde übermittelt worden sind. [2]Bei nichtöffentlichen Stellen und aus allgemein zugänglichen Quellen dürfen Industrie- und Handelskammern die Daten nach § 14 Absatz 8 Satz 1 Nummer 1 in Verbindung mit Satz 2 der Gewerbeordnung sowie der Rechtsverordnung nach § 14 Absatz 14 der Gewerbeordnung erheben, wenn

1. die zu erfüllende Verwaltungsaufgabe ihrer Art nach oder im Einzelfall eine solche Erhebung erforderlich macht,
2. die Erhebung bei der betroffenen Person einen unverhältnismäßigen Aufwand erfordern würde oder keinen Erfolg verspricht oder
3. es sich um Daten aus allgemein zugänglichen Quellen handelt.

[1)] § 8 neu gef. durch G v. 14.8.1969 (BGBl. I S. 1112); geänd. mWv 1.4.2005 durch G v. 23.3.2005 (BGBl. I S. 931).

[2)] **Sartorius ErgBd. Nr. 422.**

[3)] § 9 neu gef. durch G v. 21.12.1992 (BGBl. I S. 2133); Abs. 1 und 3 neu gef., Abs. 4 Sätze 1 und 2 geänd. durch G v. 23.11.1994 (BGBl. I S. 3475); Abs. 1 Satz 3 neu gef., Satz 4 angef., Abs. 2–4 neu gef., Abs. 3a eingef., Abs. 5 aufgeh., Abs. 6 Satz 2 angef. mWv 14.9.2007 durch G v. 7.9.2007 (BGBl. I S. 2246); Abs. 1 Satz 1 geänd. mWv 18.12.2008 durch G v. 11.12.2008 (BGBl. I S. 2418); Abs. 1 Satz 1 geänd. mWv 15.7.2011 durch G v. 11.7.2011 (BGBl. I S. 1341); Abs. 4 Satz 3 geänd. mWv 5.4.2017 durch G v. 29.3.2017 (BGBl. I S. 626); Abs. 1 Sätze 1 und 2 neu gef., Satz 3 eingef., bish. Sätze 3 und 4 werden Sätze 4 und 5 und neuer Satz 4 geänd., Abs. 2–6 neu gef., Abs. 7 angef. mWv 26.11.2019 durch G v. 20.11.2019 (BGBl. I S. 1626).

[4)] Nr. **800**.

[3] Die Sätze 1 und 2 gelten für Daten über angebotene Waren und Dienstleistungen sowie über die Betriebsgrößen entsprechend. [4] Werden die Daten bei den Kammerzugehörigen erhoben, sind auskunftspflichtig die Inhaber oder diejenigen, die allein oder zusammen mit anderen zur gesetzlichen Vertretung einer kammerzugehörigen juristischen Person, Handelsgesellschaft oder Personenmehrheit befugt sind. [5] Auskunftspflichtig sind auch besonders bestellte Bevollmächtigte und in das Handelsregister eingetragene Prokuristen von Kammerzugehörigen.

(2) Die Industrie- und Handelskammern und ihre Gemeinschaftseinrichtungen, die öffentliche Stellen im Sinne des § 2 Absatz 2 des Bundesdatenschutzgesetzes[1)] sind, erheben zur Feststellung der Kammerzugehörigkeit und zur Festsetzung der Beiträge der Kammerzugehörigen Angaben zur Gewerbesteuerveranlagung, wie sie auch zur Feststellung der Kammerzugehörigkeit im Sinne des § 2 Absatz 1 erforderlich sind, sowie die nach § 3 Absatz 3 erforderlichen Bemessungsgrundlagen bei den Finanzbehörden.

(3) [1] Die Industrie- und Handelskammern und ihre Gemeinschaftseinrichtungen, die öffentliche Stellen im Sinne des § 2 Absatz 2 des Bundesdatenschutzgesetzes sind, verarbeiten die in den Absätzen 1 und 2 genannten Daten, soweit dies zur Erfüllung der ihnen nach diesem Gesetz übertragenen Aufgaben erforderlich ist. [2] Andere als die in Satz 1 genannten Daten verarbeiten sie nur, soweit eine andere Rechtsvorschrift dies erlaubt oder anordnet.

(4) [1] Die Industrie- und Handelskammern übermitteln die in Absatz 1 genannten Daten an andere Industrie- und Handelskammern auf Ersuchen oder durch automatisiertes Abrufverfahren, soweit dies für die Erfüllung der ihnen nach diesem Gesetz übertragenen Aufgaben erforderlich ist. [2] Die beteiligten Industrie- und Handelskammern haben zu gewährleisten, dass die Zulässigkeit des Abrufverfahrens kontrolliert werden kann. [3] Hierzu haben sie schriftlich festzulegen:

1. den Anlass und Zweck des Abrufverfahrens,
2. die Stelle, an die übermittelt wird,
3. die Art der zu übermittelnden Daten,
4. die erforderlichen technischen und organisatorischen Maßnahmen nach Maßgabe der datenschutzrechtlichen Vorschriften.

[4] Die Verantwortung für die Zulässigkeit des einzelnen Abrufs trägt die Stelle, an die übermittelt wird. [5] Die speichernde Stelle prüft die Zulässigkeit der Abrufe nur, wenn dazu Anlass besteht. [6] Sie hat zu gewährleisten, dass die Übermittlung personenbezogener und sonstiger Daten zumindest durch geeignete Stichprobenverfahren festgestellt und überprüft werden kann. [7] Wird ein Gesamtbestand dieser Daten abgerufen oder übermittelt (Stapelverarbeitung), so bezieht sich die Gewährleistung der Feststellung und Überprüfung nur auf die Zulässigkeit des Abrufes oder der Übermittlung des Gesamtbestandes.

(5) [1] Die Industrie- und Handelskammern dürfen zur Förderung von Geschäftsabschlüssen und zu anderen dem Wirtschaftsverkehr dienenden Zwecken die in Absatz 1 genannten Daten an nicht-öffentliche Stellen übermitteln, sofern der betroffene Kammerzugehörige der Übermittlung nicht widersprochen hat und der Empfänger der Daten sich gegenüber der übermittelnden öffentlichen Stelle verpflichtet hat, die Daten nur für den Zweck zu verarbeiten, zu dessen Erfüllung sie ihm übermittelt werden. [2] Auf die Möglichkeit, der Übermittlung der Daten an nicht-öffentliche Stellen zu widersprechen, sind die Kammerzugehörigen unbe-

---

[1)] Nr. **245**.

schadet der weiteren Vorgaben der Verordnung (EU) 2016/679[1)] des Europäischen Parlaments und des Rates vom 27. April 2016 zum Schutz natürlicher Personen bei der Verarbeitung personenbezogener Daten, zum freien Datenverkehr und zur Aufhebung der Richtlinie 95/46/EG (Datenschutz-Grundverordnung) (ABl. L 119 vom 4.5.2016, S. 1; L 314 vom 22.11.2016, S. 72; L 127 vom 23.5.2018, S. 2) in der jeweils geltenden Fassung vor der ersten Übermittlung schriftlich oder elektronisch hinzuweisen. [3]Daten über Zugehörige anderer Kammern hat die Industrie- und Handelskammer nach Übermittlung an die nicht-öffentliche Stelle unverzüglich zu löschen, soweit sie nicht zur Erfüllung der ihr nach diesem Gesetz übertragenen Aufgaben erforderlich sind. [4]

(6) [1]An Bewerber und Kandidaten für die Wahl zur Vollversammlung nach § 5 dürfen zum Zweck der Wahlbewerbung durch die Bewerber und der Wahlwerbung durch die Kandidaten Name, Firma, Anschrift, E-Mail-Adresse und Wirtschaftszweig über Wahlberechtigte aus ihrer jeweiligen Wahlgruppe übermittelt werden, sofern der Empfänger der Daten sich gegenüber der übermittelnden öffentlichen Stelle verpflichtet hat, die Daten nur für den Zweck zu verarbeiten, zu dessen Erfüllung sie ihm übermittelt werden. [2]Bewerber und Kandidaten haben die übermittelten Daten nach der Durchführung der Wahl unverzüglich zu löschen.

(7) Für das Verändern, Einschränken der Verarbeitung oder Löschen der nach den Absätzen 1 und 2 erhobenen Daten sowie die Übermittlung der Daten nach Absatz 1 an öffentliche Stellen gelten unbeschadet der Verordnung (EU) 2016/679 die Datenschutzgesetze der Länder[2)].

[1)] Nr. **246**.

[2)] Zum Datenschutz haben die Länder folgende Vorschriften erlassen:
- **Baden-Württemberg:** LandesdatenschutzG – LDSG v. 12.6.2018 (GBl. S. 173), geänd. durch G v. 18.12.2018 (GBl. S. 1549)
- **Bayern:** Bayerisches DatenschutzG – BayDSG v. 15.5.2018 (GVBl. S. 230), geänd. durch G v. 18.5. 2018 (GVBl. S. 301)
- **Berlin:** Berliner DatenschutzG – BlnDSG v. 13.6.2018 (GVBl. S. 418), zuletzt geänd. durch G v. 27.9. 2021 (GVBl. S. 1121)
- **Brandenburg:** Brandenburgisches DatenschutzG – BbgDSG v. 8.5.2018 (GVBl. I Nr. 7), geänd. durch G v. 19.6.2019 (GVBl. I Nr. 43)
- **Bremen:** Bremisches EU-Datenschutz-Ausführungsgesetz v. 8.5.2018 (Brem.GBl. S. 131)
- **Hamburg:** Hamburgisches DatenschutzG – HmbDSG v. 18.5.2018 (HmbGVBl. S. 145)
- **Hessen:** Hessisches Datenschutz- und Informationsfreiheitsgesetz (HDSIG) v. 3.5.2018 (GVBl. S. 82), geänd. durch G v. 12.9.2018 (GVBl. S. 570)
- **Mecklenburg-Vorpommern:** LandesdatenschutzG – DSG M-V v. 22.5.2018 (GVOBl. M-V S. 193, 194)
- **Niedersachsen:** Niedersächsisches DatenschutzG – NDSG v. 16.5.2018 (Nds. GVBl. S. 66, 67)
- **Nordrhein-Westfalen:** DatenschutzG Nordrhein-Westfalen – DSG NRW v. 17.5.2018 (GV. NRW. S. 244, ber. S. 404)
- **Rheinland-Pfalz:** LandesdatenschutzG – LDSG v. 8.5.2018 (GVBl. S. 93)
- **Saarland:** Saarländisches DatenschutzG – SDSG v. 16.5.2018 (Amtsbl. I S. 254)
- **Sachsen:** Sächsisches DatenschutzG – SächsDSG v. 25.8.2003 (SächsGVBl. S. 330), zuletzt geänd. durch G v. 22.8.2019 (SächsGVBl. S. 663)
- **Sachsen-Anhalt:** Datenschutz-Grundverordnung (Nr. **246**) in Verbindung mit der Datenschutz-Grundverordnungs-Ausfüllungsgesetz Sachsen-Anhalt - DSAG LSA v. 18.2.2020 (GVBl. LSA S. 25), geänd. durch G v. 20.3.2020 (GVBl. LSA S. 64).
- **Schleswig-Holstein:** LandesdatenschutzG – LDSG v. 2.5.2018 (GVOBl. Schl.-H. S. 162)
- **Thüringen:** Thüringer DatenschutzG – ThürDSG v. 6.6.2018 (GVBl. S. 229).

§ 10[1] Aufgabenübertragung und öffentlich-rechtlicher Zusammenschluss. (1) [1]Industrie- und Handelskammern können Aufgaben, die ihnen auf Grund von Gesetz oder Rechtsverordnung obliegen, einvernehmlich einer anderen Industrie- und Handelskammer übertragen oder zur Erfüllung dieser Aufgaben untereinander öffentlich-rechtliche Zusammenschlüsse bilden oder sich daran beteiligen. [2]§ 1 Abs. 3b bleibt unberührt.

(2) [1]Die Rechtsverhältnisse des öffentlich-rechtlichen Zusammenschlusses werden durch Satzung geregelt. [2]Diese muss bestimmen, welche Aufgaben durch den öffentlich-rechtlichen Zusammenschluss wahrgenommen werden. [3]Die Erstsatzung bedarf der Zustimmung der Vollversammlungen der beteiligten Industrie- und Handelskammern. [4]Diese haben die Erstsatzung in der für ihre Bekanntmachungen vorgeschriebenen Form zu veröffentlichen.

(3) Die Aufgabenübertragung auf Industrie- und Handelskammern oder auf öffentlich-rechtliche Zusammenschlüsse mit Sitz in einem anderen Bundesland sowie die Beteiligung an solchen Zusammenschlüssen ist zulässig, soweit nicht die für die beteiligten Kammern oder Zusammenschlüsse geltenden besonderen Rechtsvorschriften dies ausschließen oder beschränken.

(4) Die Regelungen dieses Gesetzes in § 1 Abs. 3a, § 3 Absatz 1, 2, 6, 7a und 8, § 4 Absatz 2 Satz 1 und 2 Nummer 1 bis 5 und 7 bis 9 sowie in den §§ 6 und 7 sind auf öffentlich-rechtliche Zusammenschlüsse entsprechend anzuwenden.

§ 10a[2] [Aufgabe der Deutschen Industrie- und Handelskammer]

(1) [1]Die Deutsche Industrie- und Handelskammer hat die Aufgabe,

1. das Gesamtinteresse der den Industrie- und Handelskammern zugehörigen Gewerbetreibenden in der Bundesrepublik Deutschland auf nationaler, europäischer und internationaler Ebene wahrzunehmen,
2. für die Förderung der gewerblichen Wirtschaft zu wirken

und dabei stets die wirtschaftlichen Interessen der einzelnen Regionen, Gewerbezweige oder Betriebe abwägend und ausgleichend zu berücksichtigen. [2]§ 1 Absatz 1 und 5 gilt entsprechend.

(2) [1]Die Deutsche Industrie- und Handelskammer koordiniert und fördert das Netzwerk der deutschen Auslandshandelskammern, Delegiertenbüros und Repräsentanzen der deutschen Wirtschaft als Instrument der Außenwirtschaftsförderung der Bundesrepublik Deutschland. [2]Sie kann Vertretungen in anderen Staaten gründen und unterhalten, soweit dies zur Wahrnehmung ihrer Aufgaben erforderlich ist.

(3) [1]Die Deutsche Industrie- und Handelskammer unterstützt und fördert die Zusammenarbeit und den regelmäßigen Erfahrungsaustausch der Industrie- und Handelskammern zur Wahrnehmung deren Aufgaben, insbesondere insoweit Aufgaben ganz oder teilweise einer bundeseinheitlichen Umsetzung oder zentralen Erledigung bedürfen oder der Umsetzung von Unionsrecht dienen. [2]Hoheitliche Aufgaben, die der Industrie- und Handelskammer als zuständiger Stelle nach dem Berufsbildungsgesetz zugewiesen sind, gehören nicht zu den Aufgaben der Deutschen Industrie- und Handelskammer.

---

[1] § 10 eingef. mWv 18.12.2008 durch G v. 11.12.2008 (BGBl. I S. 2418); Abs. 4 geänd. mWv 1.8.2013 durch G v. 25.7.2013 (BGBl. I S. 2749); Abs. 4 geänd. mWv 12.8.2021 durch G v. 7.8.2021 (BGBl. I S. 3306).

[2] § 10a eingef. mWv 12.8.2021 durch G v. 7.8.2021 (BGBl. I S. 3306).

(4) Zur Förderung der Aufgabenwahrnehmung der Industrie- und Handelskammern kann die Deutsche Industrie- und Handelskammer

1. auf Bundesebene die Funktion der gemeinsamen Stelle für die den Industrie- und Handelskammern auf Grund der nach Maßgabe des § 1 Absatz 3a und 4 übertragenen Aufgaben wahrnehmen,
2. eine Rechnungsprüfungsstelle für die Industrie- und Handelskammern für die Prüfung nach § 12 Absatz 1 Nummer 7 durch Satzung einrichten und unterhalten sowie
3. eine Einrichtung zur außergerichtlichen Beilegung von Streitigkeiten der gewerblichen Wirtschaft im In- oder Ausland, insbesondere einen Schiedsgerichtshof, durch Satzung errichten und unterhalten.

(5) [1] Innerhalb ihrer Verbandskompetenz kann die Deutsche Industrie- und Handelskammer zur Erfüllung ihrer Aufgaben Gesellschaften oder sonstige Vereinigungen gründen sowie sich an Gesellschaften, sonstigen Vereinigungen, Zusammenschlüssen oder Einrichtungen beteiligen oder diese unterstützen. [2] Entstehende Gewinne sind zur Aufgabenerfüllung einzusetzen. [3] Die Deutsche Industrie- und Handelskammer kann Kooperationen im Bereich der gewerblichen Wirtschaft unterstützen, koordinieren und für die Industrie- und Handelskammern Projekte von bundespolitischer Bedeutung durchführen. [4] Zur Förderung und Durchführung der kaufmännischen und gewerblichen Berufsbildung unterstützt sie die Umsetzung der Empfehlungen des Hauptausschusses beim Bundesinstitut für Berufsbildung und die Industrie- und Handelskammern beim Erfüllen der ihnen durch Gesetz übertragenen Aufgaben im Rahmen des Berufsbildungsgesetzes.

(6) Die Deutsche Industrie- und Handelskammer und das Bundesministerium für Wirtschaft und Energie berichten dem Bundestag jeweils zur Mitte einer Legislaturperiode des Bundestages über die wesentlichen Entwicklungen und Perspektiven der Deutschen Industrie- und Handelskammer, der Industrie- und Handelskammern und des Netzwerkes der deutschen Auslandshandelskammern.

(7) Der Deutschen Industrie- und Handelskammer können durch Gesetz oder auf Grund eines Gesetzes weitere Aufgaben übertragen werden.

(8) [1] Industrie- und Handelskammern können nach § 10 der Deutschen Industrie- und Handelskammer Aufgaben übertragen, soweit die Vollversammlung der Deutschen Industrie- und Handelskammer zustimmt. [2] Die Übertragung von Aufgaben als zuständige Stelle nach dem Berufsbildungsgesetz ist ausgeschlossen.

§ 10b[1)] [Körperschaftsstatus der Deutschen Industrie- und Handelskammer] (1) [1] Die Deutsche Industrie- und Handelskammer ist eine Körperschaft des öffentlichen Rechts. [2] Sie führt ein Dienstsiegel und hat Dienstherreneigenschaft. [3] Sie wird nach § 13c errichtet. [4] Die Deutsche Industrie- und Handelskammer hat ihren Sitz in Berlin.

(2) [1] Mitglieder der Deutschen Industrie- und Handelskammer sind die Industrie- und Handelskammern. [2] Die Deutsche Industrie- und Handelskammer kann durch Satzung den deutschen Auslandshandelskammern die Möglichkeit einer außerordentlichen Mitgliedschaft einräumen.

(3) [1] Die Kosten ihrer Errichtung und Tätigkeit werden nach näherer Bestimmung einer Beitragsordnung durch Beiträge, Umlagen und Sonderbeiträge von den Industrie- und Handelskammern getragen. [2] Außerordentliche Mitglieder nehmen nicht an der Kostentragung nach Satz 1 teil. [3] Die Deutsche Industrie-

[1)] §§ 10b und 10c eingef. mWv 12.8.2021 durch G v. 7.8.2021 (BGBl. I S. 3306).

und Handelskammer kann für die Inanspruchnahme besonderer Anlagen und Einrichtungen oder Tätigkeiten nach näherer Bestimmung einer Gebührenordnung Gebühren erheben und den Ersatz von Auslagen verlangen. [4] Darüber hinaus kann sie auch Entgelte verlangen. [5] Sie ist berechtigt, zur Wahrnehmung ihrer Aufgaben Zuwendungen zu erhalten und zu gewähren.

(4) [1] Die Deutsche Industrie- und Handelskammer ist zur Wirtschaftlichkeit und Sparsamkeit verpflichtet. [2] Der Bundesrechnungshof prüft ihre Haushalts- und Wirtschaftsführung. [3] Die Deutsche Industrie- und Handelskammer hat sicherzustellen, dass auch in den Fällen des § 10a Absatz 5 Prüfungs- oder Unterrichtungsrechte des Bundesrechnungshofes bestehen.

(5) [1] Die Deutsche Industrie- und Handelskammer ist berechtigt, abweichend von den Bestimmungen der Bundeshaushaltsordnung einen Wirtschaftsplan aufzustellen, die Bücher nach den Regeln der kaufmännischen Buchführung zu führen und einen Jahresabschluss sowie einen Lagebericht nach handelsrechtlichen Grundsätzen zu erstellen. [2] Das Nähere ist nach Maßgabe des § 105 Absatz 1 der Bundeshaushaltsordnung[1)] durch Satzung zu regeln.

§ 10c[2)] [Organe der Deutschen Industrie- und Handelskammer]

(1) Für die Organe der Deutschen Industrie- und Handelskammer gilt § 4 Absatz 1 Nummer 1 bis 4 entsprechend.

(2) [1] Die Industrie- und Handelskammern bilden die Vollversammlung der Deutschen Industrie- und Handelskammer. [2] Das Nähere regelt die Satzung, einschließlich der Rechte der außerordentlichen Mitglieder. [3] Die außerordentlichen Mitglieder haben kein Stimmrecht.

(3) [1] Die Vollversammlung beschließt, soweit die Satzung nicht etwas anderes bestimmt, über die Angelegenheiten der Deutschen Industrie- und Handelskammer. [2] Der ausschließlichen Beschlussfassung durch die Vollversammlung unterliegen

1. die Satzung,
2. Satzungen nach § 10a Absatz 4,
3. die Übernahme von Aufgaben nach § 10a Absatz 8,
4. die Finanzierung der Deutschen *Industrie*[3)] und Handelskammer und deren satzungsrechtliche Grundlagen nach § 10b Absatz 3,
5. die Satzung nach § 10b Absatz 5 Satz 2,
6. die Feststellung des Wirtschaftsplans und des Jahresabschlusses nach § 10b Absatz 5 sowie die Erteilung der Entlastung,
7. die Satzung nach § 11a Absatz 3 Satz 3 und
8. Fragen, die für die gewerbliche Wirtschaft oder die Arbeit der Deutschen Industrie- und Handelskammer, insbesondere bei der Ermittlung des Gesamtinteresses nach § 10a Absatz 1 unter Berücksichtigung der Beschlusslage in den *Industrie- und Handels*kammern, von grundsätzlicher Bedeutung sind.

(4) [1] Das Präsidium der Deutschen Industrie- und Handelskammer besteht aus dem Präsidenten und bis zu 32 weiteren Mitgliedern aus den Regionen. [2] Die weiteren Mitglieder des Präsidiums werden nach näherer Bestimmung der Satzung durch die Industrie- und Handelskammern bestimmt. [3] Die Satzung kann unter-

---

1) Nr. **700**.
2) §§ 10b und 10c eingef. mWv 12.8.2021 durch G v. 7.8.2021 (BGBl. I S. 3306).
3) Amtlicher Wortlaut, richtig wohl: „Industrie-".

schiedliche Stimmrechte innerhalb des Präsidiums vorsehen. [4]Dabei kann auch eine regionale Verteilung Berücksichtigung finden. [5]Das Präsidium ermittelt im Rahmen der Beschlüsse der Vollversammlung das Gesamtinteresse im Sinne des § 10a Absatz 1, soweit dies satzungsgemäß nicht durch die Vollversammlung erfolgt ist oder ein Beschluss der Vollversammlung nicht rechtzeitig zu erlangen ist. [6]Die Satzung regelt die weiteren Aufgaben des Präsidiums.

(5) [1]Die Vollversammlung wählt den Präsidenten sowie aus den Reihen des Präsidiums die Vizepräsidenten. [2]Der Präsident ist der Vorsitzende des Präsidiums und der Vollversammlung und beruft jeweils ihre Sitzungen ein. [3]Präsident und Mitglied des Präsidiums können nur nach § 5 Absatz 2 wählbare Personen sein, die auch Mitglied der Vollversammlung einer Industrie- und Handelskammer sein müssen. [4]Das Nähere regelt die Satzung nach Absatz 3 Satz 2 Nummer 1.

(6) [1]Die Satzung kann zusätzlich ein geschäftsführendes Präsidium als weiteres Organ vorsehen. [2]Dazu sind die Aufgaben und die Zusammensetzung in der Satzung zu regeln.

(7) [1]Der Hauptgeschäftsführer wird auf Vorschlag des Präsidiums durch die Vollversammlung bestellt. [2]Er führt die Geschäfte der Deutschen Industrie- und Handelskammer, ist Dienstvorgesetzter und Vorgesetzter der Mitarbeiter und vertritt die Deutsche Industrie- und Handelskammer arbeitsrechtlich. [3]Der Hauptgeschäftsführer kann durch die Vollversammlung abberufen werden; das Nähere bestimmt die Satzung.

(8) Präsident und Hauptgeschäftsführer vertreten nach näherer Bestimmung der Satzung die Deutsche Industrie- und Handelskammer rechtsgeschäftlich und gerichtlich.

(9) § 8 gilt entsprechend.

§ 11[1)] [Aufsicht] (1) [1]Die Industrie- und Handelskammern unterliegen der Aufsicht des Landes darüber, daß sie sich bei Ausübung ihrer Tätigkeit im Rahmen der für sie geltenden Rechtsvorschriften (einschließlich der Satzung, der Wahl-, Beitrags-, Sonderbeitrags- und Gebührenordnung) halten. [2]Die Aufsicht über den öffentlich-rechtlichen Zusammenschluss wird durch die Aufsichtsbehörde des Landes ausgeübt, in dem der Zusammenschluss seinen Sitz hat. [3]§ 1 Abs. 3a Satz 4 bleibt unberührt.

(2) Die Beschlüsse der Vollversammlung über

1. die Satzung nach § 3 Abs. 7a Satz 2,
2. die Satzung nach § 4 Satz 2 Nr. 1,
3. die Wahl-, Beitrags-, Sonderbeitrags- und Gebührenordnung,
4. die Übertragung von Aufgaben an eine andere Industrie- und Handelskammer und die Übernahme dieser Aufgaben,

4a. die Übertragung von Aufgaben an die Deutsche Industrie- und Handelskammer,

5. die Bildung öffentlich-rechtlicher Zusammenschlüsse oder die Beteiligung an solchen (§ 10) sowie
6. einen 0,8 vom Hundert der Bemessungsgrundlagen nach § 3 Abs. 3 Satz 6 übersteigenden Umlagesatz

---

1) § 11 Abs. 2 neu gef. durch G v. 21.12.1992 (BGBl. I S. 2133); Abs. 2 geänd. durch G v. 23.7.1998 (BGBl. I S. 1887); Abs. 2 geänd. mWv 1.1.2008 durch G v. 7.9.2007 (BGBl. I S. 2246); Abs. 1 Sätze 2 und 3 angef., Abs. 2 neu gef., Abs. 2a, 2b eingef. mWv 18.12.2008 durch G v. 11.12.2008 (BGBl. I S. 2418); Abs. 2 Nr. 4a eingef. mWv 12.8.2021 durch G v. 7.8.2021 (BGBl. I S. 3306).

bedürfen der Genehmigung durch die Aufsichtsbehörde, des Landes.

(2a) Die Satzung nach § 10 Abs. 2 sowie Änderungen der Satzung bedürfen der Genehmigung durch die Aufsichtsbehörde des Landes, in dem der Zusammenschluss seinen Sitz hat, sowie durch die Aufsichtsbehörden der beteiligten Kammern.

(2b) Die Aufgabenübertragung durch eine Industrie- und Handelskammer auf andere Industrie- und Handelskammern oder auf öffentlich-rechtliche Zusammenschlüsse mit Sitz in einem anderen Bundesland sowie die Beteiligung an solchen Zusammenschlüssen bedürfen der Genehmigung der Aufsichtsbehörden der übertragenden und der übernehmenden Kammer; im Falle der Übertragung auf einen öffentlich-rechtlichen Zusammenschluss ist zusätzlich die Genehmigung der für diesen zuständigen Aufsichtsbehörde erforderlich.

(3) Rechtsvorschriften, die diesem Gesetz widersprechen, werden aufgehoben; Abschnitt I des Gesetzes zur Erhaltung und Hebung der Kaufkraft vom 24. März 1934 (Reichsgesetzbl. I S. 235) und die Verordnung über die Rechnungslegung und Rechnungsprüfung während des Krieges vom 5. Juli 1940 (Reichsgesetzbl. II S. 139) finden auf die Industrie- und Handelskammern keine Anwendung.

§ 11a[1)] [Aufsicht über die Deutsche Industrie- und Handelskammer]

(1) [1] Die Deutsche Industrie- und Handelskammer unterliegt in entsprechender Anwendung des § 11 Absatz 1 Satz 1 der Aufsicht des Bundesministeriums für Wirtschaft und Energie. [2] Abweichende Regelungen durch oder auf Grund anderer Gesetze bleiben hiervon unberührt. [3] Der Genehmigung durch die Aufsichtsbehörde bedürfen die Beschlüsse über

1. eine Satzung nach § 10a Absatz 4 Nummer 2 und 3,
2. die Übernahme von Aufgaben nach § 10a Absatz 8,
3. die Beitragsordnung und die Gebührenordnung nach § 10b Absatz 3,
4. die Satzung nach § 10b Absatz 5 Satz 2,
5. die Satzung nach § 10c Absatz 3 Satz 2 Nummer 1 und
6. die Satzung nach Absatz 3 Satz 3.

(2) Bekanntmachungen der Deutschen Industrie- und Handelskammer sind im Bundesanzeiger zu veröffentlichen.

(3) [1] Die Industrie- und Handelskammern sowie ihre Kammerzugehörigen haben gegenüber der Deutschen Industrie- und Handelskammer einen Anspruch auf Unterlassung, soweit die Deutsche Industrie- und Handelskammer die gesetzlichen Kompetenzen nach § 10a überschreitet oder eines ihrer Organe gegen einen Beschluss der Vollversammlung verstößt. [2] Über die Klage entscheidet im ersten Rechtszug das für den Sitz der Deutschen Industrie- und Handelskammer örtlich zuständige Verwaltungsgericht. [3] Durch Satzung der Deutschen Industrie- und Handelskammer ist ein Beschwerdeverfahren mit einem Beschwerdeausschuss einzurichten.

§ 12[2)] [Landesrechtliche Ergänzungsvorschriften] (1) Durch Landesrecht können ergänzende Vorschriften erlassen werden über

---

1) § 11a eingef. mWv 12.8.2021 durch G v. 7.8.2021 (BGBl. I S. 3306).

2) § 12 Abs. 1 Nr. 7 neu gef. mWv 1.1.2008 durch G v. 7.9.2007 (BGBl. I S. 2246); Abs. 1 Nr. 1, Nr. 7 geänd. mWv 18.12.2008 durch G v. 11.12.2008 (BGBl. I S. 2418); Abs. 1 Nr. 8 geänd., Nr. 9 aufgeh. mWv 1.8.2013 durch G v. 25.7.2013 (BGBl. I S. 2749).

1. die Errichtung und Auflösung von Industrie- und Handelskammern sowie von öffentlich-rechtlichen Zusammenschlüssen,
2. die Änderung der Bezirke bestehender Industrie- und Handelskammern,
3. die für die Ausübung der Befugnisse des § 11 Abs. 1 und 2 zuständigen Behörden,
4. die Aufsichtsmittel, welche erforderlich sind, um die Ausübung der Befugnisse gemäß § 11 Abs. 1 und 2 zu ermöglichen,
5. die Verpflichtung der Steuerveranlagungsbehörden zur Mitteilung der für die Festsetzung der Beiträge erforderlichen Unterlagen an die Industrie- und Handelskammern,
6. die Verpflichtung der Behörden zur Amtshilfe bei Einziehung und Beitreibung von Abgaben (§ 3 Abs. 8),
7. die Prüfung des Jahresabschlusses der Industrie- und Handelskammern,
8. die Befugnis der Industrie- und Handelskammern zur Führung eines Dienstsiegels.

(2) Vor der Entscheidung über Maßnahmen nach Absatz 1 Nr. 1 und 2 sind die Kammerzugehörigen gemäß § 2 Abs. 1 zu hören.

§ 13 [Handelskammern Bremen und Hamburg] Die Handelskammern Bremen und Hamburg sind berechtigt, ihre bisherige Bezeichnung weiterzuführen.

§ 13a[1] [Übergangsvorschriften] (1) Kammerzugehörige, die am 31. Dezember 1993 nach § 2 Abs. 3 und § 3 Abs. 3 Satz 2 in der am 31. Dezember 1993 geltenden Fassung einer Industrie- und Handelskammer angehörten, können nach Maßgabe dieser Vorschriften weiterhin der Industrie- und Handelskammer angehören.

(2) Wenn das der Beitragserhebung zugrundeliegende Bemessungsjahr vor dem 1. Januar 1994 liegt, werden die Beiträge auf der Grundlage der am 31. Dezember 1993 geltenden Fassung dieses Gesetzes erhoben.

§ 13b[2] [Übergangsregelung; Sitzungen und Beschlüsse] (1) [1] Präsidiumsmitglieder und der Hauptgeschäftsführer einer Industrie- und Handelskammer bleiben auch nach Ablauf ihrer Amtszeit bis zur Bestellung ihrer Nachfolger im Amt. [2] Entsprechendes gilt für die Mitglieder von Ausschüssen sowie einer Vollversammlung bis zur konstituierenden Sitzung einer neuen Vollversammlung. [3] Regelungen in Gesetz oder Satzung über das Ausscheiden, insbesondere die Abwahl eines Präsidiumsmitglieds oder die Abberufung eines Hauptgeschäftsführers sowie über das Ausscheiden eines Ausschussmitglieds oder eines Vollversammlungsmitglieds, bleiben unberührt.

(2) [1] Das Präsidium einer Industrie- und Handelskammer kann auch ohne Ermächtigung in der Satzung durch Beschluss den Mitgliedern der Vollversammlung oder eines Ausschusses ermöglichen,

1. an der Vollversammlung oder Ausschusssitzung ohne Anwesenheit am Versammlungsort teilzunehmen und Mitgliederrechte im Wege der elektronischen Kommunikation auszuüben oder

---

[1] § 13a eingef. durch G v. 21.12.1992 (BGBl. I S. 2133); Abs. 3 angef. mWv 1.1.2004 durch G v. 24.12.2003 (BGBl. I S. 2934).

[2] § 13b eingef. mWv 29.5.2020 durch G v. 25.5.2020 (BGBl. I S. 1067); Abs. 6 geänd. mWv 12.8.2021 durch G v. 7.8.2021 (BGBl. I S. 3306).

2. ohne Teilnahme an der Vollversammlung oder Ausschusssitzung ihre Stimmen vor der Durchführung oder ohne Durchführung der Sitzung in Textform gegenüber dem Präsidium abzugeben.

[2] Zu einer Sitzung oder Beschlussfassung der Vollversammlung darf abweichend von anderslautenden gesetzlichen oder satzungsrechtlichen Bestimmungen in Textform eingeladen werden. [3] In der Einladung ist der Beschluss nach Satz 1 bekannt zu geben.

(3) [1] Der Präsident einer Industrie- und Handelskammer kann auch ohne Ermächtigung in der Satzung durch Beschluss den Mitgliedern des Präsidiums ermöglichen,

1. an der Präsidiumssitzung ohne Anwesenheit am Versammlungsort teilzunehmen und Mitgliederrechte im Wege der elektronischen Kommunikation auszuüben oder
2. ohne Teilnahme an der Präsidiumssitzung ihre Stimmen vor der Durchführung oder ohne Durchführung der Sitzung in Textform gegenüber dem Präsidenten abzugeben.

[2] In der Einladung zur Sitzung oder Beschlussfassung ist der Beschluss nach Satz 1 bekannt zu geben.

(4) In den Fällen des Absatzes 2 Satz 1 Nummer 2 oder des Absatzes 3 Satz 1 Nummer 2

1. ist der jeweilige Beschluss gültig, wenn
   a) alle Mitglieder beteiligt wurden,
   b) mindestens die Hälfte der Mitglieder ihre Stimmen bis zu dem gesetzten Termin in Textform oder ihre Stimme in der Sitzung abgegeben haben und
   c) der Beschluss mit der nach der jeweiligen Satzung erforderlichen Mehrheit gefasst wurde,
2. sind die Vorschriften über die Öffentlichkeit von Sitzungen nicht anzuwenden.

(5) Die Absätze 1 bis 4 gelten für öffentlich-rechtliche Zusammenschlüsse nach § 10 entsprechend.

(6) Die Absätze 1 bis 5 sind ab dem 1. Januar 2023 nicht mehr anzuwenden.

§ 13c[1)] [Umwandlung des Deutschen Industrie- und Handelskammertags e.V. zur Deutschen Industrie- und Handelskammer] (1) [1] Der Deutsche Industrie- und Handelskammertag e.V. wird zum 1. Januar 2023 zur Deutschen Industrie- und Handelskammer durch einen Formwechsel umgewandelt. [2] Die Vollversammlung des Deutschen Industrie- und Handelskammertags e.V. hat bis zum 30. September 2022 mit einer Mehrheit von drei Vierteln seiner Mitglieder die Satzung nach § 10c Absatz 3 Satz 2 Nummer 1 zu beschließen und dem Bundesministerium für Wirtschaft und Energie zur Genehmigung vorzulegen. [3] Die Satzung wird mit Beginn des Monats wirksam, der auf den Monat folgt, in dem die Satzung genehmigt wird. [4] Ab dem nach Satz 3 bestimmten Zeitpunkt kann die in der Satzung vorgesehene Vollversammlung die für die Handlungsfähigkeit der Deutschen Industrie- und Handelskammer erforderlichen Beschlüsse fassen. [5] Das Bundesministerium für Wirtschaft und Energie hat die Genehmigung und den Tag nach Satz 3 im Bundesanzeiger bekannt zu machen.

[1)] § 13c eingef. mWv 12.8.2021 durch G v. 7.8.2021 (BGBl. I S. 3306).

(2) [1] Der Deutsche Industrie- und Handelskammertag e.V. besteht ab dem nach Absatz 1 Satz 1 bestimmten Zeitpunkt in der Rechtsform einer bundesunmittelbaren Körperschaft des öffentlichen Rechts durch einen Formwechsel als Deutsche Industrie- und Handelskammer weiter. [2] Damit verbleiben mit Wirkung zum Zeitpunkt des Absatzes 1 Satz 1 alle Pflichten und Rechte einschließlich des gesamten Vermögens bei der Deutschen Industrie- und Handelskammer. [3] Eine Vermögensauseinandersetzung findet nicht statt.

(3) Der Präsident und der Hauptgeschäftsführer der Deutschen Industrie- und Handelskammer haben den Formwechsel nach Absatz 1 Satz 1 bei dem Vereinsregister, in dem der Deutsche Industrie- und Handelskammertag e.V. eingetragen ist, anzumelden und die Löschung als eingetragener Verein zu beantragen.

(4) [1] Der Deutsche Industrie- und Handelskammertag e.V. hat zum 31. Dezember 2021 für das Jahr 2021 einen Jahresabschluss und zum 30. Juni 2022 für das erste Halbjahr des Jahres 2022 einen Zwischenabschluss aufzustellen. [2] Der Jahresabschluss und der Zwischenabschluss sind jeweils durch einen Abschlussprüfer nach Maßgabe der Bestimmungen des Dritten Unterabschnitts des Zweiten Abschnitts des Dritten Buchs des Handelsgesetzbuchs zu prüfen. [3] Abschlussprüfer können nur ein unabhängiger Wirtschaftsprüfer oder eine unabhängige Wirtschaftsprüfungsgesellschaft sein. [4] Der Jahresabschluss und der Zwischenabschluss nach Satz 1 sowie jeweils der Prüfungsvermerk und der Prüfungsbericht des Abschlussprüfers sind dem Bundesministerium für Wirtschaft und Energie und dem Bundesrechnungshof bis zum 30. September 2022 vorzulegen. [5] Die Sätze 1 bis 4 sind auf den Jahresabschluss mit Bilanzstichtag 31. Dezember 2022 mit der Maßgabe entsprechend anzuwenden, dass die Vorlage nach Satz 4 bis zum 31. März 2023 zu erfolgen hat.

(5) [1] Zu dem nach Absatz 1 Satz 1 bestimmten Zeitpunkt sind

1. der amtierende Präsident des Deutschen Industrie- und Handelskammertags e.V. bis zur Wahl des Präsidenten der Deutschen Industrie- und Handelskammer deren Präsident,
2. die amtierenden Mitglieder des Vorstands des Deutschen Industrie- und Handelskammertags e.V. bis zur Benennung des Präsidiums der Deutschen Industrie- und Handelskammer die Mitglieder des Präsidiums,
3. die amtierenden Vizepräsidenten des Deutschen Industrie- und Handelskammertags e.V. bis zur Wahl der Vizepräsidenten der Deutschen Industrie- und Handelskammer deren Vizepräsidenten und
4. der amtierende Hauptgeschäftsführer des Deutschen Industrie- und Handelskammertags e.V. bis zur Bestellung eines Hauptgeschäftsführers der Deutschen Industrie- und Handelskammer deren bestellter Hauptgeschäftsführer.

[2] Die erste Wahl des Präsidenten und der Vizepräsidenten sowie die erste Bestellung des Hauptgeschäftsführers sollen in der ersten Sitzung der Vollversammlung der Deutschen Industrie- und Handelskammer stattfinden.

(6) [1] Der bei dem Deutschen Industrie- und Handelskammertag e.V. bestehende Betriebsrat nimmt ab dem nach Absatz 1 Satz 1 bestimmten Zeitpunkt übergangsweise die Aufgaben eines Personalrats nach dem Personalvertretungsrecht des Bundes wahr. [2] Im Rahmen seines Übergangsmandats hat der Betriebsrat insbesondere die Aufgabe, unverzüglich den Wahlvorstand zur Einleitung der Personalratswahl zu bestellen. [3] Das Übergangsmandat des Betriebsrates endet, sobald ein Personalrat gewählt und das Wahlergebnis bekannt gegeben worden ist, spätestens jedoch zwölf Monate nach dem in Absatz 1 Satz 1 bestimmten Zeitpunkt. [4] Die in dem nach Absatz 1 Satz 1 bestimmten Zeitpunkt bestehenden Betriebsverein-

barungen gelten längstens für die Dauer von zwölf Monaten als Dienstvereinbarungen fort, soweit sie nicht durch eine andere Regelung ersetzt werden. [5] Auf die bis zum nach Absatz 1 Satz 1 bestimmten Datum förmlich eingeleiteten Beteiligungsverfahren finden bis zu deren Abschluss die Bestimmungen des Betriebsverfassungsgesetzes sinngemäß Anwendung. [6] Gleiches gilt für Verfahren vor der Einigungsstelle und den Arbeitsgerichten. [7] Die Sätze 1 bis 3 gelten für die Jugend- und Auszubildendenvertretung entsprechend mit der Maßgabe, dass der das Übergangsmandat innehabende Betriebsrat unverzüglich nach dem in Absatz 1 Satz 1 bestimmten Zeitpunkt einen Wahlvorstand und seine vorsitzende Person zur Wahl einer Jugend- und Auszubildendenvertretung zu bestimmen hat.

(7) Bis zur Umwandlung in die Deutsche Industrie- und Handelskammer nimmt der Deutsche Industrie- und Handelskammertag e.V. die Aufgaben nach § 10a wahr.

(8) Die Industrie- und Handelskammern sind verpflichtet, bis zur Errichtung der Deutschen Industrie- und Handelskammer Mitglieder des Deutschen Industrie- und Handelskammertags e.V. zu sein.

(9) [1] Der Deutsche Industrie- und Handelskammertag e.V. unterliegt bis zur Errichtung der Deutschen Industrie- und Handelskammer der Rechtsaufsicht des Bundesministeriums für Wirtschaft und Energie. [2] Darüber hinaus ist bis zu diesem Zeitpunkt die Satzung des Deutschen Industrie- und Handelskammertags e.V. in der Fassung vom 25. März 2020 anzuwenden. [3] Sie darf nur mit Genehmigung des Bundesministeriums für Wirtschaft und Energie geändert werden. [4] Die Satzung sowie jede Änderung sind im Bundesanzeiger zu veröffentlichen. [5] Der Bundesrechnungshof prüft bis zu diesem Zeitpunkt die Haushalts- und Wirtschaftsführung des Deutschen Industrie- und Handelskammertags e.V.

(10) [1] Die Industrie- und Handelskammern sowie ihre Kammerzugehörigen haben gegenüber dem Deutschen Industrie- und Handelskammertag e.V. einen Anspruch auf Unterlassung, soweit der Deutsche Industrie- und Handelskammertag e.V. die gesetzlichen Kompetenzen nach § 10a überschreitet. [2] Über die Klage entscheidet im ersten Rechtszug das für den Sitz des Deutschen Industrie- und Handelskammertags e.V. örtlich zuständige Verwaltungsgericht. [3] § 11a Absatz 3 Satz 3 gilt entsprechend. [4] Die Satzung nach Satz 3 in Verbindung mit § 11a Absatz 3 Satz 3 bedarf der Genehmigung der Aufsichtsbehörde.

§ 13d[1)] [Erlass der Satzung der Deutschen Industrie- und Handelskammer durch das Bundesministerium für Wirtschaft und Energie]

(1) [1] Wird die Satzung nach § 10c Absatz 3 Satz 2 Nummer 1 nicht bis zu dem in § 13c Absatz 1 Satz 2 genannten Stichtag beschlossen und dem Bundesministerium für Wirtschaft und Energie zur Genehmigung vorgelegt, hat das Bundesministerium für Wirtschaft und Energie diese Satzung unverzüglich durch Rechts*verordnung, die nicht* der Zustimmung des Bundesrates bedarf, zu erlassen. [2] Satz 1 gilt entsprechend, wenn die vorgelegte Satzung nicht genehmigungsfähig ist. [3] Wurde die nicht genehmigungsfähige Satzung bis spätestens drei Monate vor dem in § 13c Absatz 1 Satz 2 genannten Stichtag vorgelegt, so hat das Bundesministerium für Wirtschaft und Energie zuvor auf die Umstände der fehlenden Genehmigungsfähigkeit hinzuweisen und Gelegenheit zur Nachbesserung bis zum Stichtag zu geben.

---

1) § 13d eingef. mWv 12.8.2021 durch G v. 7.8.2021 (BGBl. I S. 3306).

(2) [1]Absatz 1 gilt für die Satzung nach § 10b Absatz 3 Satz 1, die Satzung nach § 10b Absatz 5 Satz 2 und die Satzung nach § 11a Absatz 3 Satz 3 entsprechend, soweit die Vollversammlung der Deutschen Industrie- und Handelskammer diese nicht innerhalb von sechs Monaten ab dem in § 13c Absatz 1 Satz 3 bestimmten Zeitpunkt beschließt und dem Bundesministerium für Wirtschaft und Energie zur Genehmigung vorlegt oder diese nicht genehmigungsfähig sind. [2]Soweit die Satzung nach § 10c Absatz 3 Satz 2 Nummer 1 vom Bundesministerium für Wirtschaft und Energie durch Rechtsverordnung nach Absatz 1 erlassen wird, so ist für den Beginn der Frist der Zeitpunkt des Inkrafttretens der Satzung nach § 10c Absatz 3 Satz 2 Nummer 1 maßgeblich.

§ 14[1)] [Übergangsvorschriften für die neuen Bundesländer] [1]Bis zum 31. Dezember 1997 können die Beiträge der Kammerzugehörigen von den Industrie- und Handelskammern in dem in Artikel 3 des Einigungsvertrages[2)] genannten Gebiet im Anschluß an die in Anlage I Kapitel V Sachgebiet B Abschnitt III Nr. 4 des Einigungsvertrages vom 31. August 1990 in Verbindung mit Artikel 1 des Gesetzes vom 23. September 1990 (BGBl. 1990 II S. 885, 1000) angegebene Frist abweichend von § 3 Abs. 3 und 4 festgesetzt werden. [2]Die Beitragsordnung und der Beitragsmaßstab bedürfen der Genehmigung der Aufsichtsbehörde.

§ 15 [Inkrafttreten] Dieses Gesetz tritt am Tage nach seiner Verkündung[3)] in Kraft.

[1)] § 14 neu gef. durch G v. 21.12.1992 (BGBl. I S. 2133).

[2)] V v. 31.8.1990 (BGBl. II S. 885, 889), zuletzt geänd. durch G v. 8.7.2016 (BGBl. I S. 1594), **Sartorius III Nr. 2.**

[3)] Verkündet am 21.12.1956.

820. Waffengesetz (WaffG)[1) 2) 3) 4)]

Vom 11. Oktober 2002

(BGBl. I S. 3970, 4592; 2003 I S. 1957)

FNA 7133-4

geänd. durch Art. 3 G zur effektiveren Nutzung von Dateien im Bereich der Staatsanwaltschaften v. 10.9. 2004 (BGBl. I S. 2318), Art. 34 G zur Umbenennung des Bundesgrenzschutzes in Bundespolizei v. 21.6. 2005 (BGBl. I S. 1818), Art. 1 ÄndG v. 5.11.2007 (BGBl. I S. 2557), Art. 1 ÄndG v. 26.3.2008 (BGBl. I S. 426, geänd. durch G v. 17.7.2009, BGBl. I S. 2062), Art. 3 Abs. 5 Viertes G zur Änd. des SprengstoffG

---

1) Verkündet als Art. 1 Waffenrechts-NeuregelungsG v. 11.10.2002 (BGBl. I S. 3970); Inkrafttreten gem. Art. 19 Nr. 1 Satz 2 dieses G am 1.4.2003 mit Ausnahme der § 7 Abs. 2, § 22 Abs. 2, § 25 Abs. 1, § 27 Abs. 7 Satz 2, § 34 Abs. 6, § 36 Abs. 5, §§ 47, 48 Abs. 1, § 50 Abs. 2 und 3, § 55 Abs. 5 und 6 sowie des in Anl. 2 Abschnitt 1 Nr. 1.2.1 festgesetzten Verbots von Vorderschaftrepetierflinten, bei denen der Hinterschaft durch einen Pistolengriff ersetzt ist, die gem. Art. 19 Nr. 1 Satz 1 dieses G am 17.10.2002 in Kraft getreten sind.

2) Siehe hierzu ua die Allgemeine Waffengesetz-Verordnung (AWaffV) v. 27.10.2003 (BGBl. I S. 2123), zuletzt geänd. durch VO v. 11.7.2025 (BGBl. 2025 I Nr. 162) und die Waffengesetz-Bund-Freistellungsverordnung - WaffGBundFreistV v. 30.11.2020 (BGBl. I S. 2610).

3) Zum Waffengesetz haben die Länder ua folgende Vorschriften erlassen:
- **Baden-Württemberg:** Durchführungsverordnung zum Waffengesetz – DVOWaffG v. 8.4.2003 (GBl. S. 166), zuletzt geänd. durch VO v. 9.12.2025 (GBl. Nr. 130)
- **Bayern:** Verordnung zur Ausführung des Waffen- und Beschussrechts (AVWaffBeschR) v. 14.12.2010 (GVBl. S. 851), zuletzt geänd. durch V v. 12.11.2024 (GVBl. S. 562)
- **Berlin:** Verordnung zur Durchführung des Waffengesetzes (DVWaffG) v. 18.3.2003 (GVBl. S. 147), zuletzt geänd. durch VO v. 12.6.2007 (GVBl. S. 244)
- **Brandenburg:** Waffengesetzdurchführungsverordnung – WaffGDV v. 13.5.2019 (GVBl. II Nr. 37), geänd. durch VO v. 21.7.2023 (GVBl. II Nr. 49)
- **Bremen:** Verordnung zur Ausführung des Waffengesetzes v. 18.11.2003 (Brem.GBl. S. 387), zuletzt geänd. durch Bek. v. 2.9.2025 (Brem.GBl. S. 674)
- **Hamburg:** Verordnung über die Freistellung vom Waffengesetz v. 27.7.2004 (HmbGVBl. S. 341), zuletzt geänd. durch VO v. 24.1.2006 (HmbGVBl. S. 63)
- **Hessen:** Verordnung zur Durchführung des Waffengesetzes v. 17.12.2007 (GVBl. I S. 926), zuletzt geänd. durch VO v. 11.12.2024 (GVBl. Nr. 76)
- **Mecklenburg-Vorpommern:** Waffenrechtsausführungslandesverordnung v. 18.11.2025 (GVOBl. M-V S. 614)
- **Niedersachsen:** Verordnung zur Durchführung des Waffengesetzes (DVO-WaffG) v. 28.4.2014 (Nds. GVBl. S. 143), zuletzt geänd. durch VO v. 12.12.2024 (Nds. GVBl. Nr. 115)
- **Nordrhein-Westfalen:** Verordnung zur Durchführung des Waffengesetzes v. 8.4.2003 (GV. NRW. S. 217), zuletzt geänd. durch VO v. 11.2.2025 (GV. NRW. S. 178), Ausführungsgesetz zum Waffengesetz des Landes Nordrhein-Westfalen v. 17.12.2009 (GV. NRW. S. 863, 975), geänd. durch G v. 2.10.2014 (GV. NRW. S. 622)
- **Rheinland-Pfalz:** Landesverordnung zur Durchführung des Waffengesetzes v. 26.4.2005 (GVBl. S. 148), zuletzt geänd. durch VO v. 25.11.2025 (GVBl. S. 691)
- **Saarland:** Verordnung zur Durchführung des Waffengesetzes (DVWaffG) v. 19.11.2024 (Amtsbl. I S. 881_2), geänd. durch G v. 22.1.2025 (Amtsbl. I S. 170)
- **Sachsen:** Sächsische Waffengesetzdurchführungsverordnung – SächsWaffGDVO v. 30.8.2017 (SächsGVBl. S. 502), zuletzt geänd. durch VO v. 22.11.2024 (SächsGVBl. S. 922)
- **Sachsen-Anhalt:** Waffen- und Beschussrechts-Verordnung (WaffBeschR-VO) v. 18.6.2004 (GVBl. LSA S. 344), zuletzt geänd. durch VO v. 27.11.2025 (GVBl. LSA S. 820), Verordnung zur Übertragung von Verordnungsermächtigungen nach dem Waffengesetz v. 14.4.2020 (GVBl. LSA S. 189), geänd. durch VO v. 21.11.2024 (GVBl. LSA S. 333)
- **Schleswig-Holstein:** Landesverordnung zur Ausführung des Waffengesetzes v. 30.6.2004 (GVOBl. Schl.-H. S. 229), zuletzt geänd. durch VO v. 23.7.2025 (GVOBl. Schl.-H. Nr. 107)
- **Thüringen:** Thüringer Verordnung zur Durchführung des Waffengesetzes v. 10.12.2004 (GVBl. S. 896), zuletzt geänd. durch VO v. 25.3.2025 (GVBl. S. 51)

4) Siehe ferner ua die Allgemeine Verwaltungsvorschrift zum Waffengesetz (WaffVwV) v. 5.3.2012 (BAnz. Nr. 47a), die Allgemeine Verwaltungsvorschrift des Bundesministers der Justiz zum Waffengesetz (WaffVwV-BMJ) v. 30.12.1980 (BAnz. 1981 Nr. 34a), die Allgemeine Verwaltungsvorschrift des Bundesministeriums der Verteidigung zum Waffengesetz (WaffVwV-BMVg) v. 17.12.2004 (VMBl 2005 S. 36) →

v. 17.7.2009 (BGBl. I S. 2062), Art. 1b G zum Vorschlag für eine VO des Rates über die Erweiterung des Geltungsbereichs der VO (EU) Nr. 1214/2011 über den gewerbsmäßigen grenzüberschreitenden Straßentransport von Euro-Bargeld zwischen Mitgliedstaaten des Euroraums v. 25.11.2012 (BGBl. 2012 II S. 1381), Art. 2 G zur Einführung eines Zulassungsverfahrens für Bewachungsunternehmen auf Seeschiffen v. 4.3.2013 (BGBl. I S. 362), Art. 2 Abs. 84, Art. 3 Abs. 14 und Art. 4 Abs. 65 G zur Strukturreform des Gebührenrechts des Bundes v. 7.8.2013 (BGBl. I S. 3154, geänd. durch G v. 18.7. 2016, BGBl. I S. 1666), Art. 288 Zehnte ZuständigkeitsanpassungsVO v. 31.8.2015 (BGBl. I S. 1474), Art. 2, Art. 3 Abs. 13, Art. 4 Abs. 62, Art. 5 Abs. 4 G zur Aktualisierung der Strukturreform des Gebührenrechts des Bundes v. 18.7.2016 (BGBl. I S. 1666), Art. 107 G zum Abbau verzichtbarer Anordnungen der Schriftform im Verwaltungsrecht des Bundes v. 29.3.2017 (BGBl. I S. 626), Art. 6 Abs. 34 G zur Reform der strafrechtlichen Vermögensabschöpfung v. 13.4.2017 (BGBl. I S. 872), Art. 1 Zweites G zur Änd. des WaffenG und weiterer Vorschriften v. 30.6.2017 (BGBl. I S. 2133), Art. 7 Zweites Datenschutz-Anpassungs- und Umsetzungsgesetz EU v. 20.11.2019 (BGBl. I S. 1626), Art. 1 Drittes WaffenrechtsänderungsG v. 17.2.2020 (BGBl. I S. 166, geänd. durch G v. 22.4.2020, BGBl. I S. 840), Art. 228 Elfte ZuständigkeitsanpassungsVO v. 19.6.2020 (BGBl. I S. 1328), Art. 5 G zur Verbesserung der inneren Sicherheit und des Asylsystems v. 25.10.2024 (BGBl. 2024 I Nr. 332), Art. 2 G zur Anpassung von Regelungen über den polizeilichen Informationsverbund im BundeskriminalamtG sowie zur Einführung der Erlaubnispflicht für bestimmte Druckluftwaffen und zur Änd. weiterer waffen- und sprengstoffrechtlicher Vorschriften v. 17.7.2025 (BGBl. 2025 I Nr. 171) und Art. 2 Abs. 10 G zur Umsetzung der RL (EU) 2017/541 zur Terrorismusbekämpfung und zur Anpassung des Strafrahmens bei geheimdienstlicher Agententätigkeit v. 20.3.2026 (BGBl. 2026 I Nr. 95)

Inhaltsübersicht[2)]

Abschnitt 1. Allgemeine Bestimmungen

Abschnitt 2. Umgang mit Waffen oder Munition

Unterabschnitt 1. Allgemeine Voraussetzungen für Waffen- und Munitionserlaubnisse

Unterabschnitt 2. Erlaubnisse für einzelne Arten des Umgangs mit Waffen oder Munition, Ausnahmen

Unterabschnitt 3. Besondere Erlaubnistatbestände für bestimmte Personengruppen

---

(Fortsetzung der Anm. von voriger Seite)
und die Verwaltungsvorschrift der Deutschen Bundesbank zum Waffengesetz v. 13.12.2019 (BAnz AT 10.01.2020 B4).

1) Änderung obsolet, da § 50 seit 1.10.2019 außer Kraft.

2) Inhaltsübersicht geänd. mWv 1.4.2008 und mWv 1.1.2010 durch G v. 26.3.2008 (BGBl. I S. 426); geänd. mWv 25.7.2009 durch G v. 17.7.2009 (BGBl. I S. 2062); geänd. mWv 13.3.2013 durch G v. 4.3. 2013 (BGBl. I S. 362); geänd. mWv 15.8.2013 durch G v. 7.8.2013 (BGBl. I S. 3154); geänd. mWv 1.10. 2019 und geänd. mWv 1.10.2021 durch G v. 18.7.2016 (BGBl. I S. 1666); geänd. mWv 1.7.2017 durch G v. 13.4.2017 (BGBl. I S. 872); geänd. mWv 6.7.2017 durch G v. 30.6.2017 (BGBl. I S. 2133); geänd. mWv 20.2.2020 und mWv 1.9.2020 durch G v. 17.2.2020 (BGBl. I S. 166); geänd. mWv 31.10.2024 durch G v. 25.10.2024 (BGBl. 2024 I Nr. 332).

Abschnitt 1. Allgemeine Bestimmungen

§ 1[1)] Gegenstand und Zweck des Gesetzes, Begriffsbestimmungen.

(1) Dieses Gesetz regelt den Umgang mit Waffen oder Munition unter Berücksichtigung der Belange der öffentlichen Sicherheit und Ordnung.

(2) Waffen sind

1. Schusswaffen oder ihnen gleichgestellte Gegenstände und
2. tragbare Gegenstände,
   a) die ihrem Wesen nach dazu bestimmt sind, die Angriffs- oder Abwehrfähigkeit von Menschen zu beseitigen oder herabzusetzen, insbesondere Hieb- und Stoßwaffen;

---

1) § 1 Abs. 3 Satz 2 angef. mWv 1.9.2020 durch G v. 17.2.2020 (BGBl. I S. 166).

b) die, ohne dazu bestimmt zu sein, insbesondere wegen ihrer Beschaffenheit, Handhabung oder Wirkungsweise geeignet sind, die Angriffs- oder Abwehrfähigkeit von Menschen zu beseitigen oder herabzusetzen, und die in diesem Gesetz genannt sind.

(3) [1]Umgang mit einer Waffe oder Munition hat, wer diese erwirbt, besitzt, überlässt, führt, verbringt, mitnimmt, damit schießt, herstellt, bearbeitet, instand setzt oder damit Handel treibt. [2]Umgang mit einer Schusswaffe hat auch, wer diese unbrauchbar macht.

(4) Die Begriffe der Waffen und Munition sowie die Einstufung von Gegenständen nach Absatz 2 Nr. 2 Buchstabe b als Waffen, die Begriffe der Arten des Umgangs und sonstige waffenrechtliche Begriffe sind in der Anlage 1 (Begriffsbestimmungen) zu diesem Gesetz näher geregelt.

§ 2 Grundsätze des Umgangs mit Waffen oder Munition, Waffenliste.

(1) Der Umgang mit Waffen oder Munition ist nur Personen gestattet, die das 18. Lebensjahr vollendet haben.

(2) Der Umgang mit Waffen oder Munition, die in der Anlage 2 (Waffenliste) Abschnitt 2 zu diesem Gesetz genannt sind, bedarf der Erlaubnis.

(3) Der Umgang mit Waffen oder Munition, die in der Anlage 2 Abschnitt 1 zu diesem Gesetz genannt sind, ist verboten.

(4) [1]Waffen oder Munition, mit denen der Umgang ganz oder teilweise von der Erlaubnispflicht oder von einem Verbot ausgenommen ist, sind in der Anlage 2 Abschnitt 1 und 2 genannt. [2]Ferner sind in der Anlage 2 Abschnitt 3 die Waffen und Munition genannt, auf die dieses Gesetz ganz oder teilweise nicht anzuwenden ist.

(5) [1]Bestehen Zweifel darüber, ob ein Gegenstand von diesem Gesetz erfasst wird oder wie er nach Maßgabe der Begriffsbestimmungen in Anlage 1 Abschnitt 1 und 3 und der Anlage 2 einzustufen ist, so entscheidet auf Antrag die zuständige Behörde. [2]Antragsberechtigt sind

1. Hersteller, Importeure, Erwerber oder Besitzer des Gegenstandes, soweit sie ein berechtigtes Interesse an der Entscheidung nach Satz 1 glaubhaft machen können,
2. die zuständigen Behörden des Bundes und der Länder.

[3]Die nach Landesrecht zuständigen Behörden sind vor der Entscheidung zu hören. [4]Die Entscheidung ist für den Geltungsbereich dieses Gesetzes allgemein verbindlich. [5]Sie ist im Bundesanzeiger bekannt zu machen.

§ 3[1)] Umgang mit Waffen oder Munition durch Kinder und Jugendliche.

(1) Jugendliche dürfen im Rahmen eines Ausbildungs- oder Arbeitsverhältnisses *abweichend von* § 2 Abs. 1 unter Aufsicht eines weisungsbefugten Waffenberechtigten mit Waffen oder Munition umgehen.

(2) Jugendliche dürfen abweichend von § 2 Abs. 1 Umgang mit geprüften Reizstoffsprühgeräten haben.

(3) Die zuständige Behörde kann für Kinder und Jugendliche allgemein oder für den Einzelfall Ausnahmen von Alterserfordernissen zulassen, wenn besondere Gründe vorliegen und öffentliche Interessen nicht entgegenstehen.

[1)] § 3 Abs. 3 geänd. mWv 1.4.2008 durch G v. 26.3.2008 (BGBl. I S. 426).

Abschnitt 2. Umgang mit Waffen oder Munition

Unterabschnitt 1. Allgemeine Voraussetzungen für Waffen- und Munitionserlaubnisse

§ 4[1)] Voraussetzungen für eine Erlaubnis. (1) Eine Erlaubnis setzt voraus, dass der Antragsteller

1. das 18. Lebensjahr vollendet hat (§ 2 Abs. 1),
2. die erforderliche Zuverlässigkeit (§ 5) und persönliche Eignung (§ 6) besitzt,
3. die erforderliche Sachkunde nachgewiesen hat (§ 7),
4. ein Bedürfnis nachgewiesen hat (§ 8) und
5. bei der Beantragung eines Waffenscheins oder einer Schießerlaubnis eine Versicherung gegen Haftpflicht in Höhe von 1 Million Euro – pauschal für Personen- und Sachschäden – nachweist.

(2) Die Erlaubnis zum Erwerb, Besitz, Führen oder Schießen kann versagt werden, wenn der Antragsteller seinen gewöhnlichen Aufenthalt nicht seit mindestens fünf Jahren im Geltungsbereich dieses Gesetzes hat.

(3) Die zuständige Behörde hat die Inhaber von waffenrechtlichen Erlaubnissen in regelmäßigen Abständen, mindestens jedoch nach Ablauf von drei Jahren, erneut auf ihre Zuverlässigkeit und ihre persönliche Eignung zu prüfen sowie in den Fällen des Absatzes 1 Nr. 5 sich das Vorliegen einer Versicherung gegen Haftpflicht nachweisen zu lassen.

(4) Die zuständige Behörde hat das Fortbestehen des Bedürfnisses bei Inhabern einer waffenrechtlichen Erlaubnis alle fünf Jahre erneut zu überprüfen.

(5) [1] Zur Erforschung des Sachverhalts kann die zuständige Behörde in begründeten Einzelfällen das persönliche Erscheinen des Antragstellers oder des Erlaubnisinhabers verlangen. [2] Ein begründeter Einzelfall liegt insbesondere vor, wenn Tatsachen Zweifel an der Zuverlässigkeit oder persönlichen Eignung begründen. [3] Anhaltspunkte hierfür können sich beispielsweise aus dem Schriftverkehr oder aus Telefonaten des Antragstellers oder des Erlaubnisinhabers mit der zuständigen Behörde oder aus allgemein zugänglichen Quellen ergeben.

(6) Zur Erforschung des Sachverhalts ist die zuständige Behörde befugt, in öffentlich zugänglichen Quellen zu recherchieren und diese Erkenntnisse insbesondere in die Prüfung nach den §§ 5 und 6 einfließen zu lassen.

§ 5[2)] Zuverlässigkeit. (1) Die erforderliche Zuverlässigkeit besitzen Personen nicht,

1. die rechtskräftig verurteilt worden sind
   a) wegen eines Verbrechens,

[1)] § 4 Abs. 4 Satz 3 angef. mWv 25.7.2009 durch G v. 17.7.2009 (BGBl. I S. 2062); Abs. 4 neu gef., Abs. 5 angef. mWv 1.9.2020 durch G v. 17.2.2020 (BGBl. I S. 166); Abs. 5 neu gef., Abs. 6 angef. mWv 31.10.2024 durch G v. 25.10.2024 (BGBl. 2024 I Nr. 332).

[2)] § 5 Abs. 5 Satz 3 aufgeh. mWv 1.3.2005 durch G v. 10.9.2004 (BGBl. I S. 2318); Abs. 2 Nr. 1 Buchst. b geänd., Nr. 3 neu gef. mWv 1.4.2008 durch G v. 26.3.2008 (BGBl. I S. 426); Abs. 2 einl. Satzteil, Nr. 1–5 geänd. mWv 6.7.2017 durch G v. 30.6.2017 (BGBl. I S. 2133); Abs. 3 geänd. mWv 26.11.2019 durch G v. 20.11.2019 (BGBl. I S. 1626); Abs. 2 Nr. 3 und Abs. 5 neu gef. mWv 20.2.2020 durch G v. 17.2.2020 (BGBl. I S. 166); Abs. 1 und 5 Satz 1 Nr. 3 neu gef., Sätze 3–6 aufgeh. mWv 31.10.2024 durch G v. 25.10.2024 (BGBl. 2024 I Nr. 332); Abs. 1 Nr. 1 Buchst. c geänd. mWv 24.7.2025 durch G v. 17.7.2025 (BGBl. 2025 I Nr. 171); Abs. 1 Nr. 1 Buchst. c neu gef. mWv 2.4.2026 durch G v. 20.3.2026 (BGBl. 2026 I Nr. 95).

b) wegen sonstiger vorsätzlicher Straftaten zu einer Freiheitsstrafe von mindestens einem Jahr oder

c) zu einer Freiheitsstrafe oder Geldstrafe von mindestens 90 Tagessätzen wegen einer Straftat nach den §§ 80a, 83 Absatz 2, § 84 Absatz 1 bis 3, § 85 Absatz 1 Satz 1 und Absatz 2, § 87 Absatz 1, den §§ 87a, 88 Absatz 1, § 89 Absatz 1, § 89a Absatz 1 bis 3 und 8, § 89b Absatz 1, § 89c Absatz 1, 2 und 8, § 91 Absatz 1, § 95 Absatz 1, § 96 Absatz 2 oder § 97b des Strafgesetzbuches[1], nach § 98 des Strafgesetzbuches, soweit nicht ein Fall des § 98 Absatz 2 des Strafgesetzbuches vorliegt, nach § 99 Absatz 1 des Strafgesetzbuches, soweit nicht ein Fall des § 99 Absatz 3 des Strafgesetzbuches vorliegt, nach § 100a Absatz 1 in Verbindung mit Absatz 4 des Strafgesetzbuches oder nach den §§ 129, 129a Absatz 3 und 5 des Strafgesetzbuches, auch in Verbindung mit § 129b Absatz 1 des Strafgesetzbuches,

wenn seit dem Eintritt der Rechtskraft der letzten Verurteilung zehn Jahre noch nicht verstrichen sind,

2. bei denen Tatsachen die Annahme rechtfertigen, dass sie

a) Waffen oder Munition missbräuchlich oder leichtfertig verwenden werden,

b) mit Waffen oder Munition nicht vorsichtig oder sachgemäß umgehen oder diese Gegenstände nicht sorgfältig verwahren werden,

c) Waffen oder Munition Personen überlassen werden, die zur Ausübung der tatsächlichen Gewalt über diese Gegenstände nicht berechtigt sind.

(2) Die erforderliche Zuverlässigkeit besitzen in der Regel Personen nicht,

1. a) die wegen einer vorsätzlichen Straftat,

b) die wegen einer fahrlässigen Straftat im Zusammenhang mit dem Umgang mit Waffen, Munition oder explosionsgefährlichen Stoffen oder wegen einer fahrlässigen gemeingefährlichen Straftat,

c) die wegen einer Straftat nach dem Waffengesetz, dem Gesetz über die Kontrolle von Kriegswaffen[2], dem Sprengstoffgesetz[3] oder dem Bundesjagdgesetz[4]

zu einer Freiheitsstrafe, Jugendstrafe, Geldstrafe von mindestens 60 Tagessätzen oder mindestens zweimal zu einer geringeren Geldstrafe rechtskräftig verurteilt worden sind oder bei denen die Verhängung von Jugendstrafe ausgesetzt worden ist, wenn seit dem Eintritt der Rechtskraft der letzten Verurteilung fünf Jahre noch nicht verstrichen sind,

2. die Mitglied

a) in einem Verein, der nach dem Vereinsgesetz[5] als Organisation unanfechtbar verboten wurde oder der einem unanfechtbaren Betätigungsverbot nach dem Vereinsgesetz unterliegt, oder

b) in einer Partei, deren Verfassungswidrigkeit das Bundesverfassungsgericht *nach* § 46 des Bundesverfassungsgerichtsgesetzes[6] festgestellt hat,

waren, wenn seit der Beendigung der Mitgliedschaft zehn Jahre noch nicht verstrichen sind,

---

[1] **Habersack Nr. 85.**
[2] Nr. **823**.
[3] **Sartorius ErgBd. Nr. 822.**
[4] Nr. **890**.
[5] Nr. **425**.
[6] Nr. **40**.

3. bei denen Tatsachen die Annahme rechtfertigen, dass sie in den letzten fünf Jahren
   a) Bestrebungen einzeln verfolgt haben, die
      aa) gegen die verfassungsmäßige Ordnung gerichtet sind,
      bb) gegen den Gedanken der Völkerverständigung, insbesondere gegen das friedliche Zusammenleben der Völker, gerichtet sind oder
      cc) durch Anwendung von Gewalt oder darauf gerichtete Vorbereitungshandlungen auswärtige Belange der Bundesrepublik Deutschland gefährden,
   b) Mitglied in einer Vereinigung waren, die solche Bestrebungen verfolgt oder verfolgt hat, oder
   c) eine solche Vereinigung unterstützt haben,
4. die innerhalb der letzten fünf Jahre mehr als einmal wegen Gewalttätigkeit mit richterlicher Genehmigung in polizeilichem Präventivgewahrsam waren,
5. die wiederholt oder gröblich gegen die Vorschriften eines der in Nummer 1 Buchstabe c genannten Gesetze verstoßen haben.

(3) In die Frist nach Absatz 1 Nr. 1 oder Absatz 2 Nr. 1 nicht eingerechnet wird die Zeit, in welcher die betroffene Person auf behördliche oder richterliche Anordnung in einer Anstalt verwahrt worden ist.

(4) Ist ein Verfahren wegen Straftaten im Sinne des Absatzes 1 Nr. 1 oder des Absatzes 2 Nr. 1 noch nicht abgeschlossen, so kann die zuständige Behörde die Entscheidung über den Antrag auf Erteilung einer waffenrechtlichen Erlaubnis bis zum rechtskräftigen Abschluss des Verfahrens aussetzen.

(5) [1]Die zuständige Behörde hat im Rahmen der Zuverlässigkeitsprüfung folgende Erkundigungen einzuholen:

1. die unbeschränkte Auskunft aus dem Bundeszentralregister;
2. die Auskunft aus dem zentralen staatsanwaltschaftlichen Verfahrensregister hinsichtlich der in Absatz 2 Nummer 1 genannten Straftaten;
3. die Stellungnahmen der zuständigen Behörde der Landespolizei oder der zentralen Polizeidienststelle oder des zuständigen Landeskriminalamtes sowie der in der Rechtsverordnung nach § 58 Absatz 1 des Bundespolizeigesetzes[1)] bestimmten Bundespolizeibehörde und des Zollkriminalamtes sowie, soweit im Einzelfall erforderlich, des Bundeskriminalamtes (Bedarfsabfragebehörde), ob Tatsachen vorliegen, die Bedenken gegen die Zuverlässigkeit begründen; die zuständige Behörde der Landespolizei oder die zentrale Polizeidienststelle oder das zuständige Landeskriminalamt und die in der Rechtsverordnung nach § 58 Absatz 1 des Bundespolizeigesetzes bestimmte Bundespolizeibehörde schließen in ihre Stellungnahme das Ergebnis der von ihnen vorzunehmenden Prüfung nach Absatz 2 Nummer 4 ein;
4. die Auskunft der für den Wohnsitz der betroffenen Person zuständigen Verfassungsschutzbehörde, ob Tatsachen bekannt sind, die Bedenken gegen die Zuverlässigkeit nach Absatz 2 Nummer 2 und 3 begründen; liegt der Wohnsitz der betroffenen Person außerhalb des Geltungsbereichs dieses Gesetzes, ist das Bundesamt für Verfassungsschutz für die Erteilung der Auskunft zuständig.

[2]Die nach Satz 1 Nummer 2 erhobenen personenbezogenen Daten dürfen nur für den Zweck der waffenrechtlichen Zuverlässigkeitsprüfung verwendet werden.

---

1) Nr. **90**.

§ 6[1] **Persönliche Eignung.** (1) [1]Die erforderliche persönliche Eignung besitzen Personen nicht, wenn Tatsachen die Annahme rechtfertigen, dass sie

1. geschäftsunfähig sind,
2. abhängig von Alkohol oder anderen berauschenden Mitteln, psychisch krank oder debil sind oder
3. auf Grund in der Person liegender Umstände mit Waffen oder Munition nicht vorsichtig oder sachgemäß umgehen oder diese Gegenstände nicht sorgfältig verwahren können oder dass die konkrete Gefahr einer Fremd- oder Selbstgefährdung besteht.

[2]Die erforderliche persönliche Eignung besitzen in der Regel Personen nicht, wenn Tatsachen die Annahme rechtfertigen, dass sie in ihrer Geschäftsfähigkeit beschränkt sind. [3]Die zuständige Behörde holt die Stellungnahme der folgenden Behörden ein, ob dort Erkenntnisse nach den Sätzen 1 und 2 vorliegen:

1. der zuständigen Behörde der Landespolizei oder der zentralen Polizeidienststelle oder des zuständigen Landeskriminalamtes,
2. der Polizeidienststellen der innegehabten Wohnsitze im Inland der betroffenen Person, beschränkt auf die letzten zehn Jahre vor Durchführung der Prüfung der persönlichen Eignung,
3. der in der Rechtsverordnung nach § 58 Absatz 1 des Bundespolizeigesetzes[2] bestimmten Bundespolizeibehörde,
4. des Zollkriminalamtes.

[4]Der persönlichen Eignung können auch im Erziehungsregister eingetragene Entscheidungen oder Anordnungen nach § 60 Abs. 1 Nr. 1 bis 7 des Bundeszentralregistergesetzes[3] entgegenstehen.

(2) Sind Tatsachen bekannt, die Bedenken gegen die persönliche Eignung nach Absatz 1 begründen, oder bestehen begründete Zweifel an vom Antragsteller beigebrachten Bescheinigungen, so hat die zuständige Behörde der betroffenen Person auf Kosten der betroffenen Person die Vorlage eines amts- oder fachärztlichen oder fachpsychologischen Zeugnisses über die geistige oder körperliche Eignung aufzugeben.

(3) [1]Personen, die noch nicht das 25. Lebensjahr vollendet haben, haben für die erstmalige Erteilung einer Erlaubnis zum Erwerb und Besitz einer Schusswaffe auf eigene Kosten ein amts- oder fachärztliches oder fachpsychologisches Zeugnis über die geistige Eignung vorzulegen. [2]Satz 1 gilt nicht für den Erwerb und Besitz von Schusswaffen im Sinne von § 14 Abs. 1 Satz 2.

(4) Das Bundesministerium des Innern, für Bau und Heimat wird ermächtigt, durch Rechtsverordnung mit Zustimmung des Bundesrates Vorschriften über das Verfahren zur Erstellung, über die Vorlage und die Anerkennung der in den Absätzen 2 und 3 genannten Gutachten bei den zuständigen Behörden zu erlassen.

§ 6a[4] **Nachbericht.** (1) [1]Erlangt die für die Auskunft nach § 5 Absatz 5 Satz 1 Nummer 4 zuständige Verfassungsschutzbehörde im Nachhinein für die Beurteilung der Zuverlässigkeit nach § 5 Absatz 2 Nummer 2 und 3 bedeutsame Erkennt-

---

[1] § 6 Abs. 2 geänd. mWv 26.11.2019 durch G v. 20.11.2019 (BGBl. I S. 1626); Abs. 4 geänd. mWv 27.6.2020 durch VO v. 19.6.2020 (BGBl. I S. 1328); Abs. 1 Satz 3 neu gef. mWv 31.10.2024 durch G v. 25.10.2024 (BGBl. 2024 I Nr. 332).

[2] Nr. **90**.

[3] **Habersack Nr. 92.**

[4] § 6a eingef. mWv 31.10.2024 durch G v. 25.10.2024 (BGBl. 2024 I Nr. 332).

nisse, teilt sie dies der zuständigen Behörde unverzüglich mit (Nachbericht). [2]Zu diesem Zweck speichert sie Name, Vorname, Geburtsdatum, Geburtsname, Geschlecht, Geburtsort, Geburtsland, Wohnort und Staatsangehörigkeit der betroffenen Person, Ausstellungsdatum sowie Befristung der Erlaubnis, Art der Erlaubnis, Behördenkennziffer der anfragenden Behörde und Aktenfundstelle in den gemeinsamen Dateien nach § 6 des Bundesverfassungsschutzgesetzes[1)].

(2) [1]Erlangen die in § 5 Absatz 5 Satz 1 Nummer 3 genannten Behörden im Nachhinein Erkenntnisse über Tatsachen nach § 5 Absatz 5 Satz 1 Nummer 3 oder erlangen die in § 6 Absatz 1 Satz 3 genannten Behörden im Nachhinein Erkenntnisse über Tatsachen nach § 6 Absatz 1 Satz 1 und 2, so sind sie zum Nachbericht verpflichtet. [2]Absatz 1 Satz 2 gilt entsprechend mit der Maßgabe, dass die dort genannten Daten zu speichern sind oder dass durch andere Maßnahmen sicherzustellen ist, dass diese Daten für die Erfüllung der Nachberichtspflicht bereitstehen.

(3) [1]Lehnt die zuständige Behörde einen Antrag ab oder nimmt sie eine erteilte Erlaubnis zurück oder widerruft sie diese oder fällt die Nachberichtspflicht aus einem anderen Grund weg, so hat sie die nach den Absätzen 1 und 2 zum Nachbericht verpflichteten Behörden mit Angabe des Grundes hiervon unverzüglich in Kenntnis zu setzen. [2]In diesem Fall sind die nach Absatz 1 Satz 2 und Absatz 2 Satz 2 gespeicherten Daten unverzüglich von diesen Behörden zu löschen. [3]Im Übrigen sind die gespeicherten personenbezogenen Daten drei Monate nach Ende der regelmäßigen Gültigkeitsdauer einer Zuverlässigkeitsüberprüfung, gerechnet ab dem Zeitpunkt der Anfrage durch die zuständige Behörde, zu löschen.

§ 6b[2)] Mitteilungspflichten der Waffenbehörden an die Jagdbehörden.

Stellt die Waffenbehörde fest, dass eine Person mit besonders anzuerkennenden persönlichen oder wirtschaftlichen Interessen als Jäger (Bedürfnisgrund) die erforderliche Zuverlässigkeit nach § 5 oder die persönliche Eignung nach § 6 nicht mehr besitzt, so informiert die Waffenbehörde die zuständige Jagdbehörde hierüber unverzüglich.

§ 7[3)] Sachkunde. (1) Den Nachweis der Sachkunde hat erbracht, wer eine Prüfung vor der dafür bestimmten Stelle bestanden hat oder seine Sachkunde durch eine Tätigkeit oder Ausbildung nachweist.

(2) Das Bundesministerium des Innern, für Bau und Heimat wird ermächtigt, durch Rechtsverordnung mit Zustimmung des Bundesrates Vorschriften über die Anforderungen an die waffentechnischen und waffenrechtlichen Kenntnisse, über die Prüfung und das Prüfungsverfahren einschließlich der

(Fortsetzung nächstes Blatt)

[1)] Nr. **80**.
[2)] § 6b eingef. mWv 31.10.2024 durch G v. 25.10.2024 (BGBl. 2024 I Nr. 332).
[3)] § 7 Abs. 2 geänd. mWv 27.6.2020 durch VO v. 19.6.2020 (BGBl. I S. 1328).

Errichtung von Prüfungsausschüssen sowie über den anderweitigen Nachweis der Sachkunde zu erlassen.

§ 8[1)] Bedürfnis, allgemeine Grundsätze. Der Nachweis eines Bedürfnisses ist erbracht, wenn gegenüber den Belangen der öffentlichen Sicherheit oder Ordnung

1. besonders anzuerkennende persönliche oder wirtschaftliche Interessen, vor allem als Jäger, Sportschütze, Brauchtumsschütze, Waffen- oder Munitionssammler, Waffen- oder Munitionssachverständiger, gefährdete Person, als Waffenhersteller oder -händler oder als Bewachungsunternehmer, und
2. die Geeignetheit und Erforderlichkeit der Waffen oder Munition für den beantragten Zweck

glaubhaft gemacht sind.

§ 9 Inhaltliche Beschränkungen, Nebenbestimmungen und Anordnungen. (1) Eine Erlaubnis nach diesem Gesetz kann zur Abwehr von Gefahren für die öffentliche Sicherheit oder Ordnung inhaltlich beschränkt werden, insbesondere um Leben und Gesundheit von Menschen gegen die aus dem Umgang mit Schusswaffen oder Munition entstehenden Gefahren und erheblichen Nachteile zu schützen.

(2) [1]Zu den in Absatz 1 genannten Zwecken können Erlaubnisse befristet oder mit Auflagen verbunden werden. [2]Auflagen können nachträglich aufgenommen, geändert und ergänzt werden.

(3) Gegenüber Personen, die die Waffenherstellung oder den Waffenhandel nach Anlage 2 Abschnitt 2 Unterabschnitt 2 Nr. 4 bis 6 oder eine Schießstätte nach § 27 Abs. 2 ohne Erlaubnis betreiben dürfen, können Anordnungen zu den in Absatz 1 genannten Zwecken getroffen werden.

Unterabschnitt 2. Erlaubnisse für einzelne Arten des Umgangs mit Waffen oder Munition, Ausnahmen

§ 10[2)] Erteilung von Erlaubnissen zum Erwerb, Besitz, Führen und Schießen. (1) [1]Die Erlaubnis zum Erwerb und Besitz von Waffen wird durch eine Waffenbesitzkarte oder durch Eintragung in eine bereits vorhandene Waffenbesitzkarte erteilt. [2]Für die Erteilung einer Erlaubnis für Schusswaffen sind Art, Anzahl und Kaliber der Schusswaffen anzugeben. [3]Die Erlaubnis zum Erwerb einer Waffe gilt für die Dauer eines Jahres, die Erlaubnis zum Besitz wird in der Regel unbefristet erteilt.

(2) [1]Eine Waffenbesitzkarte über Schusswaffen, die mehrere Personen besitzen, kann auf diese Personen ausgestellt werden. [2]Eine Waffenbesitzkarte kann auch einem schießsportlichen Verein oder einer jagdlichen Vereinigung als juristischer Person erteilt werden. [3]Sie ist mit der Auflage zu verbinden, dass *der Verein der Behörde* vor Inbesitznahme von Vereinswaffen unbeschadet des Vorliegens der Voraussetzung des § 4 Abs. 1 Nr. 5 eine verantwortliche Person

---

[1)] § 8 Absatzbez. „(1)" und Abs. 2 aufgeh., geänd. mWv 25.7.2009 durch G v. 17.7.2009 (BGBl. I S. 2062).

[2)] § 10 Abs. 1 Satz 4 aufgeh., Abs. 1a eingef., Abs. 2 Sätze 2, 4 und 5 geänd. sowie Abs. 3 Sätze 3 und 4 angef. mWv 1.4.2008 durch G v. 26.3.2008 (BGBl. I S. 426); Abs. 1a geänd. mWv 5.4.2017 durch G v. 29.3.2017 (BGBl. I S. 626); Abs. 1a geänd. mWv 6.7.2017 durch G v. 30.6.2017 (BGBl. I S. 2133); Abs. 1a aufgeh. mWv 1.9.2020 durch G v. 17.2.2020 (BGBl. I S. 166).

zu benennen hat, für die die Voraussetzungen nach § 4 Abs. 1 Nr. 1 bis 3 nachgewiesen sind; diese benannte Person muss nicht vertretungsberechtigtes Organ des Vereins sein. [4]Scheidet die benannte verantwortliche Person aus dem Verein aus oder liegen in ihrer Person nicht mehr alle Voraussetzungen nach § 4 Abs. 1 Nr. 1 bis 3 vor, so ist der Verein verpflichtet, dies unverzüglich der zuständigen Behörde mitzuteilen. [5]Benennt der Verein nicht innerhalb von zwei Wochen eine neue verantwortliche Person, für die die Voraussetzungen nach § 4 Abs. 1 Nr. 1 bis 3 nachgewiesen werden, so ist die dem Verein erteilte Waffenbesitzerlaubnis zu widerrufen und die Waffenbesitzkarte zurückzugeben.

(3) [1]Die Erlaubnis zum Erwerb und Besitz von Munition wird durch Eintragung in eine Waffenbesitzkarte für die darin eingetragenen Schusswaffen erteilt. [2]In den übrigen Fällen wird die Erlaubnis durch einen Munitionserwerbsschein für eine bestimmte Munitionsart erteilt; sie ist für den Erwerb der Munition auf die Dauer von sechs Jahren zu befristen und gilt für den Besitz der Munition unbefristet. [3]Die Erlaubnis zum nicht gewerblichen Laden von Munition im Sinne des Sprengstoffgesetzes gilt auch als Erlaubnis zum Erwerb und Besitz dieser Munition. [4]Nach Ablauf der Gültigkeit des Erlaubnisdokuments gilt die Erlaubnis für den Besitz dieser Munition für die Dauer von sechs Monaten fort.

(4) [1]Die Erlaubnis zum Führen einer Waffe wird durch einen Waffenschein erteilt. [2]Eine Erlaubnis nach Satz 1 zum Führen von Schusswaffen wird für bestimmte Schusswaffen auf höchstens drei Jahre erteilt; die Geltungsdauer kann zweimal um höchstens je drei Jahre verlängert werden, sie ist kürzer zu bemessen, wenn nur ein vorübergehendes Bedürfnis nachgewiesen wird. [3]Der Geltungsbereich des Waffenscheins ist auf bestimmte Anlässe oder Gebiete zu beschränken, wenn ein darüber hinausgehendes Bedürfnis nicht nachgewiesen wird. [4]Die Voraussetzungen für die Erteilung einer Erlaubnis zum Führen von Schreckschuss-, Reizstoff- und Signalwaffen sind in der Anlage 2 Abschnitt 2 Unterabschnitt 3 Nr. 2 und 2.1 genannt (Kleiner Waffenschein).

(5) Die Erlaubnis zum Schießen mit einer Schusswaffe wird durch einen Erlaubnisschein erteilt.

§ 11[1)] Erwerb und Besitz von Schusswaffen oder Munition mit Bezug zu einem anderen Mitgliedstaat. (1) [1]Eine Erlaubnis zum Erwerb und Besitz einer Schusswaffe nach Anlage 1 Abschnitt 3 Nr. 1 bis 3 (Kategorien A bis C) oder von Munition für eine solche darf einer Person, die ihren gewöhnlichen Aufenthalt in einem anderen Mitgliedstaat hat, nur erteilt werden, wenn sie

1. die Schusswaffen oder die Munition in den Mitgliedstaat im Wege der Selbstvornahme verbringen wird oder
2. eine schriftliche oder elektronische Erklärung vorlegt, dass und aus welchen Gründen sie die Schusswaffen oder die Munition nur im Geltungsbereich dieses Gesetzes zu besitzen beabsichtigt.

[2]Die Erlaubnis zum Erwerb oder Besitz einer Schusswaffe nach Anlage 1 Abschnitt 3 Nr. 2 (Kategorie B) oder Munition für eine solche darf nur erteilt

---

[1)] § 11 Abs. 1 Satz 1 Nr. 2 geänd. mWv 5.4.2017 durch G v. 29.3.2017 (BGBl. I S. 626); Überschrift und Abs. 1 Satz 1 einl. Satzteil geänd. mWv 6.7.2017 durch G v. 30.6.2017 (BGBl. I S. 2133).

werden, wenn über die Voraussetzungen des Satzes 1 hinaus eine vorherige Zustimmung dieses Mitgliedstaates hierzu vorgelegt wird.

(2) Für eine Person mit gewöhnlichem Aufenthalt im Geltungsbereich dieses Gesetzes, die eine Schusswaffe nach Anlage 1 Abschnitt 3 Nr. 2 (Kategorie B) oder Munition für eine solche in einem anderen Mitgliedstaat mit einer Erlaubnis dieses Staates erwerben will, wird eine Erlaubnis erteilt, wenn die Voraussetzungen nach § 4 Abs. 1 Nr. 2 vorliegen.

§ 12[1] Ausnahmen von den Erlaubnispflichten. (1) Einer Erlaubnis zum Erwerb und Besitz einer Waffe bedarf nicht, wer diese

1. als Inhaber einer Waffenbesitzkarte von einem Berechtigten
   a) lediglich vorübergehend, höchstens aber für einen Monat für einen von seinem Bedürfnis umfassten Zweck oder im Zusammenhang damit, oder
   b) vorübergehend zum Zweck der sicheren Verwahrung oder der Beförderung

   erwirbt;
2. vorübergehend von einem Berechtigten zur gewerbsmäßigen Beförderung, zur gewerbsmäßigen Lagerung oder zur gewerbsmäßigen Ausführung von Verschönerungen oder ähnlicher Arbeiten an der Waffe erwirbt;
3. von einem oder für einen Berechtigten erwirbt, wenn und solange er
   a) auf Grund eines Arbeits- oder Ausbildungsverhältnisses,
   b) als Beauftragter oder Mitglied einer jagdlichen oder schießsportlichen Vereinigung, einer anderen sportlichen Vereinigung zur Abgabe von Startschüssen oder einer zur Brauchtumspflege Waffen tragenden Vereinigung,
   c) als Beauftragter einer in § 55 Abs. 1 Satz 1 bezeichneten Stelle,
   d) als Charterer von seegehenden Schiffen zur Abgabe von Seenotsignalen

   den Besitz über die Waffe nur nach den Weisungen des Berechtigten ausüben darf;
4. von einem anderen,
   a) dem er die Waffe vorübergehend überlassen hat, ohne dass es hierfür der Eintragung in die Erlaubnisurkunde bedurfte, oder
   b) nach dem Abhandenkommen

   wieder erwirbt;
5. auf einer Schießstätte (§ 27) lediglich vorübergehend zum Schießen auf dieser Schießstätte erwirbt;
6. auf einer Reise in den oder durch den Geltungsbereich des Gesetzes nach § 32 berechtigt mitnimmt.

(2) Einer Erlaubnis zum Erwerb und Besitz von Munition bedarf nicht, wer diese

1. unter den Voraussetzungen des Absatzes 1 Nr. 1 bis 4 erwirbt;
2. unter den Voraussetzungen des Absatzes 1 Nr. 5 zum sofortigen Verbrauch lediglich auf dieser Schießstätte (§ 27) erwirbt;

---

[1] § 12 Abs. 1 Nr. 3 Buchst. c eingef., bish. Buchst. c wird Buchst. d mWv 1.4.2008 durch G v. 26.3.2008 (BGBl. I S. 426); Abs. 3 Nr. 5 geänd., Nr. 6 angef. mWv 6.7.2017 durch G v. 30.6.2017 (BGBl. I S. 2133).

3. auf einer Reise in den oder durch den Geltungsbereich des Gesetzes nach § 32 berechtigt mitnimmt.

(3) Einer Erlaubnis zum Führen von Waffen bedarf nicht, wer

1. diese mit Zustimmung eines anderen in dessen Wohnung, Geschäftsräumen oder befriedetem Besitztum oder dessen Schießstätte zu einem von seinem Bedürfnis umfassten Zweck oder im Zusammenhang damit führt;
2. diese nicht schussbereit und nicht zugriffsbereit von einem Ort zu einem anderen Ort befördert, sofern der Transport der Waffe zu einem von seinem Bedürfnis umfassten Zweck oder im Zusammenhang damit erfolgt;
3. eine Langwaffe nicht schussbereit den Regeln entsprechend als Teilnehmer an genehmigten Sportwettkämpfen auf festgelegten Wegstrecken führt;
4. eine Signalwaffe beim Bergsteigen, als verantwortlicher Führer eines Wasserfahrzeugs auf diesem Fahrzeug oder bei Not- und Rettungsübungen führt;
5. eine Schreckschuss- oder eine Signalwaffe zur Abgabe von Start- oder Beendigungszeichen bei Sportveranstaltungen führt, wenn optische oder akustische Signalgebung erforderlich ist;
6. in Fällen der vorübergehenden Aufbewahrung von Waffen außerhalb der Wohnung diesen ein wesentliches Teil entnimmt und mit sich führt; mehrere mitgeführte wesentliche Teile dürfen nicht zu einer schussfähigen Waffe zusammengefügt werden können.

(4) [1] Einer Erlaubnis zum Schießen mit einer Schusswaffe bedarf nicht, wer auf einer Schießstätte (§ 27) schießt. [2] Das Schießen außerhalb von Schießstätten ist darüber hinaus ohne Schießerlaubnis nur zulässig

1. durch den Inhaber des Hausrechts oder mit dessen Zustimmung im befriedeten Besitztum
   a) mit Schusswaffen, deren Geschossen eine Bewegungsenergie von nicht mehr als 7,5 Joule (J) erteilt wird oder deren Bauart nach § 7 des Beschussgesetzes[1)] zugelassen ist, sofern die Geschosse das Besitztum nicht verlassen können,
   b) mit Schusswaffen, aus denen nur Kartuschenmunition verschossen werden kann,
2. durch Personen, die den Regeln entsprechend als Teilnehmer an genehmigten Sportwettkämpfen nach Absatz 3 Nr. 3 mit einer Langwaffe an Schießständen schießen,
3. mit Schusswaffen, aus denen nur Kartuschenmunition verschossen werden kann,
   a) durch Mitwirkende an Theateraufführungen und diesen gleich zu achtenden Vorführungen,
   b) zum Vertreiben von Vögeln in landwirtschaftlichen Betrieben,
4. mit Signalwaffen bei Not- und Rettungsübungen,
5. mit Schreckschuss- oder mit Signalwaffen zur Abgabe von Start- oder Beendigungszeichen im Auftrag der Veranstalter bei Sportveranstaltungen, wenn optische oder akustische Signalgebung erforderlich ist.

[1)] **Sartorius ErgBd. Nr. 821.**

(5) Die zuständige Behörde kann im Einzelfall weitere Ausnahmen von den Erlaubnispflichten zulassen, wenn besondere Gründe vorliegen und Belange der öffentlichen Sicherheit und Ordnung nicht entgegenstehen.

Unterabschnitt 3. Besondere Erlaubnistatbestände für bestimmte Personengruppen

§ 13[1] Erwerb und Besitz von Schusswaffen und Munition durch Jäger, Führen und Schießen zu Jagdzwecken. (1) Ein Bedürfnis für den Erwerb und Besitz von Schusswaffen und der dafür bestimmten Munition wird bei Personen anerkannt, die Inhaber eines gültigen Jagdscheines im Sinne von § 15 Abs. 1 Satz 1 des Bundesjagdgesetzes[2] sind (Jäger), wenn

1. glaubhaft gemacht wird, dass sie die Schusswaffen und die Munition zur Jagdausübung oder zum Training im jagdlichen Schießen einschließlich jagdlicher Schießwettkämpfe benötigen, und
2. die zu erwerbende Schusswaffe und Munition nach dem Bundesjagdgesetz in der zum Zeitpunkt des Erwerbs geltenden Fassung nicht verboten ist (Jagdwaffen und -munition).

(2) [1] Für Jäger gilt § 6 Abs. 3 Satz 1 nicht. [2] Bei Jägern, die Inhaber eines Jahresjagdscheines im Sinne von § 15 Abs. 2 in Verbindung mit Abs. 1 Satz 1 des Bundesjagdgesetzes sind, erfolgt keine Prüfung der Voraussetzungen des Absatzes 1 Nr. 1 sowie des § 4 Abs. 1 Nr. 4 für den Erwerb und Besitz von Langwaffen und zwei Kurzwaffen, sofern die Voraussetzungen des Absatzes 1 Nr. 2 vorliegen.

(3) [1] Inhaber eines gültigen Jahresjagdscheines im Sinne des § 15 Abs. 2 in Verbindung mit Abs. 1 Satz 1 des Bundesjagdgesetzes bedürfen zum Erwerb von Langwaffen nach Absatz 1 Nr. 2 keiner Erlaubnis. [2] Der Jagdscheininhaber nach Satz 1 hat binnen zwei Wochen nach Erwerb einer Langwaffe bei der zuständigen Behörde die Ausstellung einer Waffenbesitzkarte zu beantragen.

(4) Für den Erwerb und vorübergehenden Besitz gemäß § 12 Abs. 1 Nr. 1 von Langwaffen nach Absatz 1 Nr. 2 steht ein Jagdschein im Sinne von § 15 Abs. 1 Satz 1 des Bundesjagdgesetzes einer Waffenbesitzkarte gleich.

(5) Jäger bedürfen für den Erwerb und Besitz von Munition für Langwaffen nach Absatz 1 Nr. 2 keiner Erlaubnis, sofern sie nicht nach dem Bundesjagdgesetz in der jeweiligen Fassung verboten ist.

(6) [1] Ein Jäger darf Jagdwaffen zur befugten Jagdausübung einschließlich des Ein- und Anschießens im Revier, zur Ausbildung von Jagdhunden im Revier, zum Jagdschutz oder zum Forstschutz ohne Erlaubnis führen und mit ihnen schießen; er darf auch im Zusammenhang mit diesen Tätigkeiten die Jagdwaffen nicht schussbereit ohne Erlaubnis führen. [2] Der befugten Jagdausübung gleichgestellt ist der Abschuss von Tieren, die dem Naturschutzrecht unterliegen, wenn die naturschutzrechtliche Ausnahme oder Befreiung die Tötung durch einen Jagdscheininhaber vorsieht.

---

[1] § 13 Abs. 1 Nr. 1 geänd., Abs. 6 Satz 2 angef. mWv 1.4.2008 durch G v. 26.3.2008 (BGBl. I S. 426); Abs. 8 Satz 1 geänd. mWv 5.4.2017 durch G v. 29.3.2017 (BGBl. I S. 626); Abs. 3 Satz 2 neu gef. mWv 6.7.2017 durch G v. 30.6.2017 (BGBl. I S. 2133); Abs. 3 Satz 2 neu gef., Abs. 9 angef. mWv 20.2.2020 durch G v. 17.2.2020 (BGBl. I S. 166).

[2] Nr. **890**.

(7) [1] Inhabern eines Jugendjagdscheines im Sinne von § 16 des Bundesjagdgesetzes wird eine Erlaubnis zum Erwerb und Besitz von Schusswaffen und der dafür bestimmten Munition nicht erteilt. [2] Sie dürfen Schusswaffen und die dafür bestimmte Munition nur für die Dauer der Ausübung der Jagd oder des Trainings im jagdlichen Schießen einschließlich jagdlicher Schießwettkämpfe ohne Erlaubnis erwerben, besitzen, die Schusswaffen führen und damit schießen; sie dürfen auch im Zusammenhang mit diesen Tätigkeiten die Jagdwaffen nicht schussbereit ohne Erlaubnis führen.

(8) [1] Personen in der Ausbildung zum Jäger dürfen nicht schussbereite Jagdwaffen in der Ausbildung ohne Erlaubnis unter Aufsicht eines Ausbilders erwerben, besitzen und führen, wenn sie das 14. Lebensjahr vollendet haben und der Sorgeberechtigte und der Ausbildungsleiter ihr Einverständnis in einer schriftlichen oder elektronischen Berechtigungsbescheinigung erklärt haben. [2] Die Person hat in der Ausbildung die Berechtigungsbescheinigung mit sich zu führen.

(9) [1] Auf Schalldämpfer finden die Absätze 1 bis 4 und 6 bis 8 entsprechende Anwendung. [2] Die Schalldämpfer gemäß Satz 1 dürfen ausschließlich mit für die Jagd zugelassenen Langwaffen für Munition mit Zentralfeuerzündung im Rahmen der Jagd und des jagdlichen Übungsschießens verwendet werden.

§ 14[1)] Erwerb und Besitz von Schusswaffen und Munition durch Sportschützen. (1) [1] Die Erlaubnis zum Erwerb und Besitz von Schusswaffen und Munition zum Zweck des sportlichen Schießens wird abweichend von § 4 Abs. 1 Nr. 1 nur erteilt, wenn der Antragsteller das 21. Lebensjahr vollendet hat. [2] Satz 1 gilt nicht für den Erwerb und Besitz von Schusswaffen bis zu einem Kaliber von 5,6 mm lfB (.22 l.r.) für Munition mit Randfeuerzündung, wenn die Mündungsenergie der Geschosse höchstens 200 Joule (J) beträgt, und Einzellader-Langwaffen mit glatten Läufen mit Kaliber 12 oder kleiner, sofern das sportliche Schießen mit solchen Waffen durch die genehmigte Sportordnung eines Schießsportverbandes zugelassen ist.

(2) Ein Bedürfnis für den Erwerb und Besitz von Schusswaffen und der dafür bestimmten Munition wird bei Mitgliedern eines Schießsportvereins anerkannt, der einem nach § 15 Abs. 1 anerkannten Schießsportverband angehört.

(3) [1] Für das Bedürfnis zum Erwerb von Schusswaffen und der dafür bestimmten Munition ist durch eine Bescheinigung des Schießsportverbandes oder eines ihm angegliederten Teilverbandes glaubhaft zu machen, dass

1. das Mitglied seit mindestens zwölf Monaten den Schießsport in einem Verein mit erlaubnispflichtigen Schusswaffen betreibt,
2. das Mitglied den Schießsport in einem Verein innerhalb der vergangenen zwölf Monate mindestens
   a) einmal in jedem ganzen Monat dieses Zeitraums ausgeübt hat, oder
   b) 18 Mal insgesamt innerhalb dieses Zeitraums ausgeübt hat,

   und

[1)] § 14 Abs. 3 einl. Satzteil geänd. und Abs. 4 Satz 1 neu gef. mWv 1.4.2008 durch G v. 26.3.2008 (BGBl. I S. 426); Abs. 3 neu gef. mWv 25.7.2009 durch G v. 17.7.2009 (BGBl. I S. 2062); Abs. 2 Sätze 2 und 3 aufgeh., Abs. 3 und 4 eingef., bish. Abs. 3 wird Abs. 5, bish. Abs. 4 wird Abs. 6 und neu gef. mWv 1.9.2020 durch G v. 17.2.2020 (BGBl. I S. 166, geänd. durch G v. 22.4.2020, BGBl. I S. 840).

3. die zu erwerbende Waffe für eine Sportdisziplin nach der Sportordnung des Schießsportverbandes zugelassen und erforderlich ist.

[2] Innerhalb von sechs Monaten dürfen in der Regel nicht mehr als zwei Schusswaffen erworben werden.

(4) [1] Für das Bedürfnis zum Besitz von Schusswaffen und der dafür bestimmten Munition ist durch eine Bescheinigung des Schießsportverbandes oder eines ihm angegliederten Teilverbandes glaubhaft zu machen, dass das Mitglied in den letzten 24 Monaten vor Prüfung des Bedürfnisses den Schießsport in einem Verein mit einer eigenen erlaubnispflichtigen Waffe

1. mindestens einmal alle drei Monate in diesem Zeitraum betrieben hat oder
2. mindestens sechsmal innerhalb eines abgeschlossenen Zeitraums von jeweils zwölf Monaten betrieben hat.

[2] Besitzt das Mitglied sowohl Lang- als auch Kurzwaffen, so ist der Nachweis nach Satz 1 für Waffen beider Kategorien zu erbringen. [3] Sind seit der ersten Eintragung einer Schusswaffe in die Waffenbesitzkarte oder der erstmaligen Ausstellung einer Munitionserwerbserlaubnis zehn Jahre vergangen, genügt für das Fortbestehen des Bedürfnisses des Sportschützen die Mitgliedschaft in einem Schießsportverein nach Absatz 2; die Mitgliedschaft ist im Rahmen der Folgeprüfungen nach § 4 Absatz 4 durch eine Bescheinigung des Schießsportvereins nachzuweisen.

(5) Ein Bedürfnis von Sportschützen nach Absatz 2 für den Erwerb und Besitz von mehr als drei halbautomatischen Langwaffen und mehr als zwei mehrschüssigen Kurzwaffen für Patronenmunition sowie der hierfür erforderlichen Munition wird unter Beachtung des Absatzes 2 durch Vorlage einer Bescheinigung des Schießsportverbandes des Antragstellers glaubhaft gemacht, wonach die weitere Waffe

1. von ihm zur Ausübung weiterer Sportdisziplinen benötigt wird oder
2. zur Ausübung des Wettkampfsports erforderlich ist

und der Antragsteller regelmäßig an Schießsportwettkämpfen teilgenommen hat.

(6) Sportschützen, die dem Schießsport in einem Schießsportverband nach § 15 Absatz 1 als gemeldetes Mitglied nachgehen, wird abweichend von § 10 Absatz 1 Satz 3 unter Beachtung des Absatzes 3 Satz 1 Nummer 1 und 2 und Satz 2 eine unbefristete Erlaubnis erteilt, die zum Erwerb von insgesamt bis zu zehn Einzellader-Langwaffen mit glatten und gezogenen Läufen, Repetier-Langwaffen mit gezogenen Läufen sowie einläufigen Einzellader-Kurzwaffen für Patronenmunition und mehrschüssigen Kurz- und Langwaffen mit Zündhütchenzündung (Perkussionswaffen) berechtigt.

§ 15[1)] Schießsportverbände, schießsportliche Vereine. (1) Als Schießsportverband im Sinne dieses Gesetzes wird ein überörtlicher Zusammenschluss schießsportlicher Vereine anerkannt, der

1. wenigstens in jedem Land, in dem seine Sportschützen ansässig sind, in schießsportlichen Vereinen organisiert ist,
2. mindestens 10 000 Sportschützen, die mit Schusswaffen schießen, als Mitglieder insgesamt in seinen Vereinen hat,
3. den Schießsport als Breitensport und Leistungssport betreibt,

---

[1)] § 15 Abs. 6 und 7 aufgeh. mWv 1.4.2008 durch G v. 26.3.2008 (BGBl. I S. 426); Abs. 1 Nr. 7 Buchst. b neu gef, Abs. 4 Satz 5 geänd. mWv 1.9.2020 durch G v. 17.2.2020 (BGBl. I S. 166, geänd. durch G v. 22.4.2020, BGBl. I S. 840).

4. a) auf eine sachgerechte Ausbildung in den schießsportlichen Vereinen und
   b) zur Förderung des Nachwuchses auf die Durchführung eines altersgerechten Schießsports für Kinder oder Jugendliche in diesen Vereinen

   hinwirkt,
5. regelmäßig überregionale Wettbewerbe organisiert oder daran teilnimmt,
6. den sportlichen Betrieb in den Vereinen auf der Grundlage einer genehmigten Schießsportordnung organisiert und
7. im Rahmen eines festgelegten Verfahrens die ihm angehörenden schießsportlichen Vereine verpflichtet und regelmäßig darauf überprüft, dass diese
   a) die ihnen nach diesem Gesetz oder auf Grund dieses Gesetzes obliegenden Pflichten erfüllen,
   b) einen Nachweis über die Häufigkeit der schießsportlichen Aktivitäten jedes ihrer Mitglieder während der letzten 24 Monate vor Prüfung des Bedürfnisses nach § 4 Absatz 4 führen, sofern nicht ein Fall des § 14 Absatz 4 Satz 3 vorliegt, und
   c) über eigene Schießstätten für die nach der Schießsportordnung betriebenen Disziplinen verfügen oder geregelte Nutzungsmöglichkeiten für derartige Schießstätten nachweisen.

(2) [1] Von den Voraussetzungen des Absatzes 1 Nr. 1, 2 oder 4 Buchstabe b kann abgewichen werden, wenn die besondere Eigenart des Verbandes dies erfordert, öffentliche Interessen nicht entgegenstehen und der Verband die Gewähr dafür bietet, die sonstigen Anforderungen nach Absatz 1 an die geordnete Ausübung des Schießsports zu erfüllen. [2] Ein Abweichen von dem Erfordernis nach Absatz 1 Nr. 2 ist unter Beachtung des Satzes 1 nur bei Verbänden zulässig, die mindestens 2 000 Sportschützen, die mit Schusswaffen schießen, als Mitglieder in ihren Vereinen haben.

(3) Die Anerkennung nach Absatz 1 erfolgt durch das Bundesverwaltungsamt im Benehmen mit den nach § 48 Abs. 1 zuständigen Behörden des Landes, in dem der Schießsportverband seinen Sitz hat, und, soweit nicht der Schießsportverband nur auf dem Gebiet dieses Landes tätig ist, im Benehmen mit den nach § 48 Abs. 1 zuständigen Behörden der übrigen Länder.

(4) [1] Die zuständige Behörde hat das Recht, jederzeit den Nachweis über das Vorliegen der Voraussetzungen für die Anerkennung zu verlangen. [2] Die Anerkennung kann zurückgenommen werden, wenn die Voraussetzungen nach Absatz 1 für ihre Erteilung nicht vorgelegen haben; sie ist zurückzunehmen, wenn die Voraussetzungen weiterhin nicht vorliegen. [3] Die Anerkennung ist zu widerrufen, wenn eine der Voraussetzungen für ihre Erteilung nachträglich entfallen ist. [4] Anerkennung, Rücknahme und Widerruf sind im Bundesanzeiger zu veröffentlichen. [5] Vom Zeitpunkt der Unanfechtbarkeit der Aufhebung der Anerkennung an sind die Bescheinigungen des betreffenden Verbandes nach § 14 Absatz 3, 4 und 5 nicht mehr als geeignete Mittel zur Glaubhaftmachung anzuerkennen. [6] Sofern der Grund für die Aufhebung der Anerkennung Zweifel an der inhaltlichen Richtigkeit von Bescheinigungen aufkommen lässt, können die Behörden bereits ab der Einleitung der Anhörung von der Anerkennung der Bescheinigungen absehen. [7] Die Anerkennungsbehörde unterrichtet die nach Absatz 3 an der Anerkennung beteiligten Stellen von der

(Fortsetzung nächstes Blatt)

Einleitung und dem Abschluss des Verfahrens zur Aufhebung der Anerkennung.

(5) Der schießsportliche Verein ist verpflichtet, der zuständigen Behörde Sportschützen, die Inhaber einer Waffenbesitzkarte sind und die aus ihrem Verein ausgeschieden sind, unverzüglich zu benennen.

§ 15a[1] Sportordnungen. (1) [1]Sportliches Schießen liegt dann vor, wenn nach festen Regeln einer genehmigten Sportordnung geschossen wird. [2]Schießübungen des kampfmäßigen Schießens, insbesondere die Verwendung von Zielen oder Scheiben, die Menschen darstellen oder symbolisieren, sind im Schießsport nicht zulässig.

(2) [1]Das Bundesverwaltungsamt entscheidet über die erstmalige Genehmigung und die Änderung der Teile der Sportordnungen von Verbänden und Vereinen, die für die Ausführung dieses Gesetzes und der auf seiner Grundlage erlassenen Rechtsverordnungen erheblich sind. [2]Die erstmalige Genehmigung oder die Genehmigung von Änderungen erfolgt, wenn die zu prüfenden Teile der Sportordnungen den Anforderungen dieses Gesetzes und der auf Grundlage von Absatz 4 erlassenen Rechtsverordnung genügen. [3]Eine Änderung gilt als genehmigt, wenn das Bundesverwaltungsamt nicht binnen drei Monaten nach Zugang aller erforderlichen Prüfunterlagen Änderungen verlangt oder dem Betroffenen mitteilt, dass die Prüfung aus anderen wichtigen Gründen nicht abgeschlossen werden kann.

(3) Die Genehmigung von Sportordnungen ohne gleichzeitige Anerkennung als Verband nach § 15 Absatz 1 erfolgt, wenn die Vorgaben des § 15 Absatz 1 Nummer 4 Buchstabe a und Nummer 7 sowie die Vorgaben des Absatzes 2 Satz 2 erfüllt sind.

(4) Das Bundesministerium des Innern, für Bau und Heimat wird ermächtigt, durch Rechtsverordnung mit Zustimmung des Bundesrates zur Abwehr von Gefahren für die öffentliche Sicherheit oder Ordnung unter Berücksichtigung der berechtigten Interessen des Schießsports Vorschriften über die Anforderungen und die Inhalte der Sportordnungen zum sportlichen Schießen zu erlassen und insbesondere zu bestimmen, dass vom Schießsport bestimmte Schusswaffen wegen ihrer Konstruktion, ihrer Handhabung oder Wirkungsweise ganz oder teilweise ausgeschlossen sind.

§ 15b[2] Fachbeirat Schießsport. Das Bundesministerium des Innern, für Bau und Heimat wird ermächtigt, durch Rechtsverordnung mit Zustimmung des Bundesrates einen Ausschuss zu bilden, in den neben Vertretern der beteiligten Bundes- und Landesbehörden auch Vertreter des Sports zu berufen sind und der das Bundesverwaltungsamt in Fragen der Anerkennung eines Schießsportverbandes und der Genehmigung von Schießsportordnungen nach § 15a *Abs. 2 und 3* unter Berücksichtigung waffentechnischer Fragen berät.

---

[1] § 15a eingef. mWv 1.4.2008 durch G v. 26.3.2008 (BGBl. I S. 426); Abs. 2 und 3 neu gef. mWv 6.7.2017 durch G v. 30.6.2017 (BGBl. I S. 2133); Abs. 4 geänd. mWv 27.6.2020 durch VO v. 19.6. 2020 (BGBl. I S. 1328).

[2] § 15b eingef. mWv 1.4.2008 durch G v. 26.3.2008 (BGBl. I S. 426); geänd. mWv 27.6.2020 durch VO v. 19.6.2020 (BGBl. I S. 1328).

§ 16 Erwerb und Besitz von Schusswaffen und Munition durch Brauchtumsschützen, Führen von Waffen und Schießen zur Brauchtumspflege. (1) Ein Bedürfnis für den Erwerb und Besitz von Einzellader-Langwaffen und bis zu drei Repetier-Langwaffen sowie der dafür bestimmten Munition wird bei Mitgliedern einer zur Brauchtumspflege Waffen tragenden Vereinigung (Brauchtumsschützen) anerkannt, wenn sie durch eine Bescheinigung der Brauchtumsschützenvereinigung glaubhaft machen, dass sie diese Waffen zur Pflege des Brauchtums benötigen.

(2) Für Veranstaltungen, bei denen es Brauch ist, aus besonderem Anlass Waffen zu tragen, kann für die Dauer von fünf Jahren die Ausnahmebewilligung zum Führen von in Absatz 1 Satz 1 genannten Schusswaffen sowie von sonstigen zur Brauchtumspflege benötigten Waffen im Sinne des § 1 Abs. 2 Nr. 2 einem verantwortlichen Leiter der Brauchtumsschützenvereinigung unter den Voraussetzungen des § 42 Abs. 2 erteilt werden, wenn gewährleistet ist, dass die erforderliche Sorgfalt beachtet wird.

(3) [1] Die Erlaubnis zum Schießen mit den in Absatz 1 Satz 1 genannten Schusswaffen außerhalb von Schießstätten mit Kartuschenmunition bei Veranstaltungen nach Absatz 2 kann für die Dauer von fünf Jahren einem verantwortlichen Leiter der Brauchtumsschützenvereinigung erteilt werden. [2] Sie ist zu versagen, wenn

1. in dessen Person eine Voraussetzung nach § 4 Abs. 1 Nr. 1 bis 4 nicht vorliegt,
2. die Beachtung der erforderlichen Sorgfalt nicht gewährleistet ist,
3. Gefahren oder erhebliche Nachteile für Einzelne oder die Allgemeinheit zu befürchten sind und nicht durch Auflagen verhindert werden können oder
4. kein Haftpflichtversicherungsschutz gemäß § 4 Abs. 1 Nr. 5 nachgewiesen ist.

[3] Die Erlaubnis nach Satz 1 kann mit der Ausnahmebewilligung nach Absatz 2 verbunden werden.

(4) [1] Brauchtumsschützen dürfen in den Fällen der Absätze 2 und 3 oder bei Vorliegen einer Ausnahmebewilligung nach § 42 Abs. 2 die Schusswaffen ohne Erlaubnis führen und damit schießen. [2] Sie dürfen die zur Pflege des Brauchtums benötigten Schusswaffen auch im Zusammenhang mit Veranstaltungen, bei denen es Brauch ist, aus besonderem Anlass Waffen zu tragen, für die eine Erlaubnis nach Absatz 2 oder nach § 42 Abs. 2 erteilt wurde, ohne Erlaubnis führen.

§ 17 Erwerb und Besitz von Schusswaffen oder Munition durch Waffen- oder Munitionssammler. (1) Ein Bedürfnis zum Erwerb und Besitz von Schusswaffen oder Munition wird bei Personen anerkannt, die glaubhaft machen, dass sie Schusswaffen oder Munition für eine kulturhistorisch bedeutsame Sammlung (Waffensammler, Munitionssammler) benötigen; kulturhistorisch bedeutsam ist auch eine wissenschaftlich-technische Sammlung.

(2) [1] Die Erlaubnis zum Erwerb von Schusswaffen oder Munition wird in der Regel unbefristet erteilt. [2] Sie kann mit der Auflage verbunden werden, der Behörde in bestimmten Zeitabständen eine Aufstellung über den Bestand an Schusswaffen vorzulegen.

(3) Die Erlaubnis zum Erwerb und Besitz von Schusswaffen oder Munition wird auch einem Erben, Vermächtnisnehmer oder durch Auflage Begünstigten

(Erwerber infolge eines Erbfalls) erteilt, der eine vorhandene Sammlung des Erblassers im Sinne des Absatzes 1 fortführt.

§ 18[1] Erwerb und Besitz von Schusswaffen oder Munition durch Waffen- oder Munitionssachverständige. (1) Ein Bedürfnis zum Erwerb und Besitz von Schusswaffen oder Munition wird bei Personen anerkannt, die glaubhaft machen, dass sie Schusswaffen oder Munition für wissenschaftliche oder technische Zwecke, zur Erprobung, Begutachtung, Untersuchung oder zu einem ähnlichen Zweck (Waffen-, Munitionssachverständige) benötigen.

(2) [1] Die Erlaubnis zum Erwerb von Schusswaffen oder Munition wird in der Regel

1. für Schusswaffen oder Munition jeder Art und
2. unbefristet

erteilt. [2] Sie kann mit der Auflage verbunden werden, der Behörde in bestimmten Zeitabständen eine Aufstellung über den Bestand an Schusswaffen vorzulegen.

§ 19 Erwerb und Besitz von Schusswaffen und Munition, Führen von Schusswaffen durch gefährdete Personen. (1) Ein Bedürfnis zum Erwerb und Besitz einer Schusswaffe und der dafür bestimmten Munition wird bei einer Person anerkannt, die glaubhaft macht,

1. wesentlich mehr als die Allgemeinheit durch Angriffe auf Leib oder Leben gefährdet zu sein und
2. dass der Erwerb der Schusswaffe und der Munition geeignet und erforderlich ist, diese Gefährdung zu mindern.

(2) Ein Bedürfnis zum Führen einer Schusswaffe wird anerkannt, wenn glaubhaft gemacht ist, dass die Voraussetzungen nach Absatz 1 auch außerhalb der eigenen Wohnung, Geschäftsräume oder des eigenen befriedeten Besitztums vorliegen.

§ 20[2] Erwerb und Besitz von Schusswaffen durch Erwerber infolge eines Erbfalls. (1) Der Erbe hat binnen eines Monats nach der Annahme der Erbschaft oder dem Ablauf der für die Ausschlagung der Erbschaft vorgeschriebenen Frist die Ausstellung einer Waffenbesitzkarte für die zum Nachlass gehörenden erlaubnispflichtigen Schusswaffen oder ihre Eintragung in eine bereits ausgestellte Waffenbesitzkarte zu beantragen; für den Vermächtnisnehmer oder durch Auflage Begünstigten beginnt diese Frist mit dem Erwerb der Schusswaffen.

(2) Dem Erwerber infolge eines Erbfalls ist die gemäß Absatz 1 beantragte Erlaubnis abweichend von § 4 Abs. 1 zu erteilen, wenn der Erblasser berechtigter Besitzer war und der Antragsteller zuverlässig und persönlich geeignet ist.

---

[1] § 18 Abs. 2 Satz 3 geänd. mWv 1.4.2008 durch G v. 26.3.2008 (BGBl. I S. 426); Abs. 2 Satz 3 aufgeh. mWv 1.9.2020 durch G v. 17.2.2020 (BGBl. I S. 166).

[2] § 20 neu gef. mWv 1.4.2008 durch G v. 26.3.2008 (BGBl. I S. 426); Abs. 5 Satz 3 geänd. mWv 5.4.2017 durch G v. 29.3.2017 (BGBl. I S. 626); Überschrift, Abs. 3 Satz 3 und Abs. 5 Satz 1 geänd. mWv 6.7.2017 durch G v. 30.6.2017 (BGBl. I S. 2133); Abs. 4 Satz 1 geänd. mWv 26.11.2019 durch G v. 20.11.2019 (BGBl. I S. 1626); Abs. 5 Satz 3 aufgeh., bish. Satz 4 wird Satz 3, Abs. 6 aufgeh., bish. Abs. 7 wird Abs. 6 mWv 1.9.2020 durch G v. 17.2.2020 (BGBl. I S. 166); Abs. 4 Satz 1 geänd. mWv 27.6.2020 durch VO v. 19.6.2020 (BGBl. I S. 1328).

(3) [1] Für erlaubnispflichtige Schusswaffen und erlaubnispflichtige Munition, für die der Erwerber infolge eines Erbfalles ein Bedürfnis nach § 8 oder §§ 13 ff. geltend machen kann, sind die Vorschriften des § 4 Abs. 1 Nr. 1 bis 3 und des § 8 und der §§ 13 bis 18 anzuwenden. [2] Kann kein Bedürfnis geltend gemacht werden, sind Schusswaffen durch ein dem Stand der Technik entsprechendes Blockiersystem zu sichern und ist erlaubnispflichtige Munition binnen angemessener Frist unbrauchbar zu machen oder einem Berechtigten zu überlassen. [3] Einer Sicherung durch ein Blockiersystem bedarf es nicht, wenn der Erwerber der Erbwaffe bereits auf Grund eines Bedürfnisses nach § 8 oder §§ 13 ff. berechtigter Besitzer einer erlaubnispflichtigen Schusswaffe ist. [4] Für den Transport der Schusswaffe im Zusammenhang mit dem Einbau des Blockiersystems gilt § 12 Abs. 3 Nr. 2 entsprechend.

(4) [1] Das Bundesministerium des Innern, für Bau und Heimat erstellt nach Anhörung eines Kreises von Vertretern der Wissenschaft, der betroffenen Personen, der beteiligten Wirtschaft und der für das Waffenrecht zuständigen obersten Landesbehörden dem Stand der Sicherheitstechnik entsprechende Regeln (Technische Richtlinie – Blockiersysteme für Erbwaffen) für ein Blockiersystem nach Absatz 3 Satz 2 sowie für dessen Zulassungsverfahren und veröffentlicht diese im Bundesanzeiger. [2] Die Prüfung der Konformität und die Zulassung neu entwickelter Blockiersysteme gemäß der Technischen Richtlinie erfolgt durch die Physikalisch-Technische Bundesanstalt.

(5) [1] Der Einbau und die Entsperrung von Blockiersystemen dürfen nur durch hierin eingewiesene Inhaber einer Waffenherstellungserlaubnis oder einer Waffenhandelserlaubnis nach § 21 Abs. 1 oder durch deren hierzu bevollmächtigten Mitarbeiter erfolgen. [2] Die vorübergehende Entsperrung aus besonderem Anlass ist möglich. [3] § 39 Abs. 1 Satz 1 gilt entsprechend.

(6) [1] Die Waffenbehörde hat auf Antrag Ausnahmen von der Verpflichtung, alle Erbwaffen mit einem dem Stand der Sicherheitstechnik entsprechenden Blockiersystem zu sichern, zuzulassen, wenn oder so lange für eine oder mehrere Erbwaffen ein entsprechendes Blockiersystem noch nicht vorhanden ist. [2] Eine Ausnahme kann auch für Erbwaffen erteilt werden, die Bestandteil einer kulturhistorisch bedeutsamen Sammlung gemäß § 17 sind oder werden sollen.

Unterabschnitt 4. Besondere Erlaubnistatbestände für Waffenherstellung, Waffenhandel, Schießstätten, Bewachungsunternehmer

§ 21[1)] Gewerbsmäßige Waffenherstellung, Waffenhandel. (1) [1] Die Erlaubnis zur gewerbsmäßig oder selbstständig im Rahmen einer wirtschaftlichen Unternehmung betriebenen Herstellung, Bearbeitung oder Instandsetzung von Schusswaffen oder Munition wird durch eine Waffenherstellungserlaubnis, die Erlaubnis zum entsprechend betriebenen Handel mit Schusswaffen oder Munition durch eine Waffenhandelserlaubnis erteilt. [2] Sie kann auf bestimmte Schusswaffen- und Munitionsarten beschränkt werden.

(2) [1] Die Waffenherstellungserlaubnis nach Absatz 1 Satz 1 schließt für Schusswaffen oder Munition, auf die sich die Erlaubnis erstreckt, die Erlaubnis

[1)] § 21 Abs. 3 Nr. 1 und 3 geänd., Abs. 6 Sätze 2–4 aufgeh. mWv 1.4.2008 durch G v. 26.3.2008 (BGBl. I S. 426); Abs. 7 geänd. mWv 1.9.2020 durch G v. 17.2.2020 (BGBl. I S. 166).

zum vorläufigen oder endgültigen Überlassen an Inhaber einer Waffenherstellungs- oder Waffenhandelserlaubnis sowie zum Erwerb für Zwecke der Waffenherstellung ein. 2 Bei in die Handwerksrolle eingetragenen Büchsenmachern schließt die Waffenherstellungserlaubnis die Erlaubnis zum Waffenhandel ein.

(3) Die Erlaubnis ist zu versagen, wenn

1. der Antragsteller die erforderliche Zuverlässigkeit (§ 5) oder persönliche Eignung (§ 6) nicht besitzt,
2. der Antragsteller die für die erlaubnispflichtige Tätigkeit bei handwerksmäßiger Betriebsweise erforderlichen Voraussetzungen nach der Handwerksordnung[1)] nicht erfüllt, soweit eine Erlaubnis zu einer entsprechenden Waffenherstellung beantragt wird,
3. der Antragsteller nicht die erforderliche Fachkunde nachweist, soweit eine Erlaubnis zum Waffenhandel beantragt wird; dies gilt nicht, wenn der Antragsteller weder den Betrieb, eine Zweigniederlassung noch eine unselbstständige Zweigstelle selbst leitet.

(4) Die Erlaubnis kann versagt werden, wenn der Antragsteller

1. nicht Deutscher im Sinne des Artikels 116 des Grundgesetzes[2)] ist oder
2. weder seinen gewöhnlichen Aufenthalt noch eine gewerbliche Niederlassung im Geltungsbereich dieses Gesetzes hat.

(5) 1 Die Erlaubnis erlischt, wenn der Erlaubnisinhaber die Tätigkeit nicht innerhalb eines Jahres nach Erteilung der Erlaubnis begonnen oder ein Jahr lang nicht ausgeübt hat. 2 Die Fristen können aus besonderen Gründen verlängert werden.

(6) Der Inhaber einer Erlaubnis nach Absatz 1 hat die Aufnahme und Einstellung des Betriebs sowie die Eröffnung und Schließung einer Zweigniederlassung oder einer unselbstständigen Zweigstelle innerhalb von zwei Wochen der zuständigen Behörde anzuzeigen.

(7) Die zuständige Behörde unterrichtet das Bundesverwaltungsamt und das Bundesamt für Wirtschaft und Ausfuhrkontrolle über das Erlöschen einer Erlaubnis nach Absatz 5 Satz 1 und über die Rücknahme oder den Widerruf einer Erlaubnis nach Absatz 1.

§ 21a[3)] Stellvertretungserlaubnis. 1 Wer ein erlaubnisbedürftiges Waffengewerbe durch einen Stellvertreter betreiben will, bedarf einer Stellvertretererlaubnis; sie wird dem Erlaubnisinhaber für einen bestimmten Stellvertreter erteilt und kann befristet werden. 2 Dies gilt auch für die Beauftragung einer Person mit der Leitung einer Zweigniederlassung oder einer unselbstständigen Zweigstelle. 3 Die Vorschriften des § 21 gelten entsprechend.

§ 22[4)] Fachkunde. (1) 1 Die Fachkunde ist durch eine Prüfung vor der zuständigen Behörde nachzuweisen. 2 Die Fachkunde braucht nicht nachzuweisen, wer die Voraussetzungen für die Eintragung eines Büchsenmacherbetriebes in die Handwerksrolle erfüllt.

---

1) Nr. **815**.
2) Nr. **1**.
3) § 21a eingef. mWv 1.4.2008 durch G v. 26.3.2008 (BGBl. I S. 426).
4) § 22 Abs. 1 Satz 2 neu gef. mWv 1.4.2008 durch G v. 26.3.2008 (BGBl. I S. 426); Abs. 2 Nr. 3 geänd. mWv 25.7.2009 durch G v. 17.7.2009 (BGBl. I S. 2062); Abs. 2 einl. Satzteil geänd. mWv 27.6.2020 durch VO v. 19.6.2020 (BGBl. I S. 1328).

(2) Das Bundesministerium des Innern, für Bau und Heimat wird ermächtigt, durch Rechtsverordnung mit Zustimmung des Bundesrates Vorschriften über

1. die notwendigen Anforderungen an die waffentechnischen und waffenrechtlichen Kenntnisse, auch beschränkt auf bestimmte Waffen- und Munitionsarten (Fachkunde),
2. die Prüfung und das Prüfungsverfahren einschließlich der Errichtung von Prüfungsausschüssen,
3. die Anforderungen an Art, Umfang und Nachweis der beruflichen Tätigkeit nach Absatz 1 Satz 2

zu erlassen.

§ 23[1)] *(aufgehoben)*

§ 24[2)] **Kennzeichnungspflicht, Markenanzeigepflicht.** (1) [1]Wer Schusswaffen im Geltungsbereich dieses Gesetzes herstellt oder in diesen verbringt, hat unverzüglich auf den in einer Rechtsverordnung nach § 25 Nummer 2 festgelegten wesentlichen Teilen der Schusswaffe deutlich sichtbar und dauerhaft folgende Angaben anzubringen:

1. den Namen, die Firma oder eine eingetragene Marke des Herstellers der Schusswaffe,
2. für das Herstellungsland das zweistellige Landeskürzel nach ISO-Norm 3166-1[3)],
3. die Bezeichnung der Munition oder, wenn keine Munition verwendet wird, die Bezeichnung des Laufkalibers,
4. bei Schusswaffen, die aus einem Staat, der nicht Mitgliedstaat ist (Drittstaat) in den Geltungsbereich dieses Gesetzes verbracht werden, zusätzlich das Landeskürzel nach ISO-Norm 3166-1[3)] für den Drittstaat und das Jahr des Verbringens und
5. eine fortlaufende Nummer (Seriennummer).

[2]Die in Satz 1 Nummer 2, 4 und 5 genannten Angaben sind nicht anzubringen auf

1. Schusswaffen,
   a) deren Bauart nach den §§ 7 und 8 des Beschussgesetzes[4)] zugelassen ist oder
   b) die der Anzeigepflicht nach § 9 des Beschussgesetzes unterliegen,

   sowie
2. wesentlichen Teilen von erlaubnisfreien Schusswaffen.

[1)] § 23 aufgeh. mWv 1.9.2020 durch G v. 17.2.2020 (BGBl. I S. 166).

[2)] § 24 Abs. 1 neu gef. mWv 1.4.2008 durch G v. 26.3.2008 (BGBl. I S. 426); Abs. 5 Satz 1 geänd. mWv 5.4.2017 durch G v. 29.3.2017 (BGBl. I S. 626); Abs. 1 Satz 1 einl. Satzteil geänd., Nr. 1 neu gef. mWv 6.7.2017 durch G v. 30.6.2017 (BGBl. I S. 2133); Abs. 1 neu gef., Abs. 2 geänd., Abs. 3 eingef., bish. Abs. 3 wird Abs. 4 und Sätze 1 und 3 geänd., bish. Abs. 4 wird Abs. 5 und geänd., bish. Abs. 5 wird Abs. 6, bish. Abs. 6 wird Abs. 7 und geänd. mWv 1.9.2020 durch G v. 17.2.2020 (BGBl. I S. 166).

[3)] ***Amtl. Anm.:** Die ISO-Norm ist im* Beuth Verlag GmbH, 10772 Berlin, *erschienen. Sie ist beim* Deutschen Patent- und Markenamt *archivmäßig gesichert hinterlegt.*

[4)] **Sartorius ErgBd. Nr. 821.**

[3] Satz 1 gilt nicht

1. für Schusswaffen, die Bestandteil einer kulturhistorisch bedeutsamen Sammlung im Sinne des § 17 sind oder werden sollen;
2. beim Verbringen unbrauchbar gemachter Schusswaffen in den Geltungsbereich dieses Gesetzes.

(2) Schusswaffen, deren Geschossen eine Bewegungsenergie von nicht mehr als 7,5 Joule erteilt wird, müssen eine Typenbezeichnung sowie das Kennzeichen nach Anlage 1 Abbildung 1 zur Ersten Verordnung zum Waffengesetz vom 24. Mai 1976 (BGBl. I S. 1285) in der zum Zeitpunkt des Inkrafttretens dieses Gesetzes geltenden Fassung oder ein durch Rechtsverordnung nach § 25 Nummer 1 bestimmtes Zeichen tragen.

(3) Auf Schusswaffen, die für die in § 55 Absatz 1 Satz 1 bezeichneten Stellen in den Geltungsbereich dieses Gesetzes verbracht werden oder im Geltungsbereich dieses Gesetzes hergestellt und den in § 55 Absatz 1 Satz 1 bezeichneten Stellen überlassen werden, sind neben den in Absatz 1 genannten Angaben zusätzlich Angaben anzubringen, aus denen die verfügungsberechtigte Stelle ersichtlich ist.

(4) [1] Wer gewerbsmäßig Munition im Geltungsbereich dieses Gesetzes herstellt oder in diesen verbringt, hat unverzüglich auf der kleinsten Verpackungseinheit Zeichen anzubringen, die den Hersteller, die Fertigungsserie (Fertigungszeichen), die Zulassung und die Bezeichnung der Munition erkennen lassen; das Herstellerzeichen und die Bezeichnung der Munition sind auch auf der Hülse anzubringen. [2] Munition, die wiedergeladen wird, ist außerdem mit einem besonderen Kennzeichen zu versehen. [3] Als Hersteller gilt, sofern er Inhaber der Zulassung nach § 11 des Beschussgesetzes ist, auch derjenige, unter dessen Namen, Firma oder Marke die Munition vertrieben oder anderen überlassen wird und der die Verantwortung dafür übernimmt, dass die Munition den Vorschriften dieses Gesetzes entspricht.

(5) Wer Waffenhandel betreibt, darf Schusswaffen oder Munition anderen gewerbsmäßig nur überlassen, wenn er festgestellt hat, dass die Schusswaffen gemäß Absatz 1 gekennzeichnet sind, oder wenn er auf Grund von Stichproben überzeugt ist, dass die Munition nach Absatz 4 mit dem Herstellerzeichen gekennzeichnet ist.

(6) [1] Wer gewerbsmäßig Schusswaffen, Munition oder Geschosse für Schussapparate herstellt, Munition wiederlädt oder im Geltungsbereich dieses Gesetzes mit diesen Gegenständen Handel treibt und eine Marke für diese Gegenstände benutzen will, hat dies der Physikalisch-Technischen Bundesanstalt unter Vorlage der Marke vorher schriftlich oder elektronisch anzuzeigen. [2] Verbringer, die die Marke eines Herstellers aus einem anderen Staat benutzen wollen, haben diese Marke anzuzeigen.

(7) Die Absätze 4 und 5 gelten nicht, sofern es sich um Munition handelt, die Teil einer Sammlung (§ 17 Abs. 1) oder für eine solche bestimmt ist.

§ 25[1)] Verordnungsermächtigungen. Das Bundesministerium des Innern, für Bau und Heimat wird ermächtigt, durch Rechtsverordnung mit Zustimmung des Bundesrates zur Durchführung des § 24

[1)] § 25 neu gef. mWv 1.9.2020 durch G v. 17.2.2020 (BGBl. I S. 166).

1. Vorschriften zu erlassen über eine besondere Kennzeichnung bestimmter Waffen- und Munitionsarten sowie über die Art, Form und Aufbringung dieser Kennzeichnung,
2. zu bestimmen,
   a) auf welchen wesentlichen Teilen der Schusswaffe die Kennzeichen anzubringen sind und wie die Schusswaffen nach einem Austausch, einer Veränderung oder einer Umarbeitung wesentlicher Teile zu kennzeichnen sind,
   b) dass bestimmte Waffen- und Munitionsarten von der in § 24 vorgeschriebenen Kennzeichnung ganz oder teilweise befreit sind.

§ 25a[1] **Anordnungen zur Kennzeichnung.** Sofern eine kennzeichnungspflichtige Schusswaffe nicht mit einer fortlaufenden Nummer (§ 24 Absatz 1 Satz 1 Nummer 5) gekennzeichnet ist, kann die zuständige Behörde auch nachträglich anordnen, dass der Besitzer an ihr ein bestimmtes Kennzeichen anbringen lässt.

§ 26 Nichtgewerbsmäßige Waffenherstellung. (1) [1] Die Erlaubnis zur nichtgewerbsmäßigen Herstellung, Bearbeitung oder Instandsetzung von Schusswaffen wird durch einen Erlaubnisschein erteilt. [2] Sie schließt den Erwerb von zu diesen Tätigkeiten benötigten wesentlichen Teilen von Schusswaffen sowie den Besitz dieser Gegenstände ein.

(2) [1] Die Erlaubnis ist auf höchstens drei Jahre zu befristen und auf eine bestimmte Zahl und Art von Schusswaffen und wesentlichen Teilen zu beschränken. [2] Personen, denen Schusswaffen zur Erprobung, Begutachtung, Untersuchung oder für ähnliche Zwecke, die insbesondere eine Bearbeitung oder Instandsetzung erforderlich machen können, überlassen werden, kann die Erlaubnis nach Absatz 1 ohne Beschränkung auf eine bestimmte Zahl und Art von Schusswaffen und wesentlichen Teilen erteilt werden.

§ 27[2] **Schießstätten, Schießen durch Minderjährige auf Schießstätten.**
(1) [1] Wer
1. eine ortsfeste Anlage oder
2. eine ortsveränderliche Anlage,

die ausschließlich oder neben anderen Zwecken dem Schießsport oder sonstigen Schießsportübungen mit Schusswaffen, der Erprobung von Schusswaffen oder dem Schießen mit Schusswaffen zur Belustigung dient (Schießstätte), betreiben oder in ihrer Beschaffenheit oder in der Art ihrer Benutzung wesentlich ändern will, bedarf der Erlaubnis der zuständigen Behörde. [2] Die Erlaubnis darf nur erteilt werden, wenn der Antragsteller die erforderliche Zuverlässigkeit (§ 5) und persönliche Eignung (§ 6) besitzt und eine Versicherung gegen Haftpflicht für aus dem Betrieb der Schießstätte resultierende Schädigungen in

---

[1] § 25a eingef. mWv 1.9.2020 durch G v. 17.2.2020 (BGBl. I S. 166).

[2] § 27 Abs. 1 Satz 2 neu gef., Abs. 3 Satz 1 einl. Satzteil und Abs. 7 Satz 2 Nr. 2 Buchst. e geänd. sowie Nr. 3 angef. mWv 1.4.2008 durch G v. 26.3.2008 (BGBl. I S. 426); Abs. 3 Satz 1 Nr. 2 geänd. mWv 25.7.2009 durch G v. 17.7.2009 (BGBl. I S. 2062); Abs. 1 Satz 6, Abs. 2 Satz 2, Abs. 3 Satz 1 abschl. Satzteil und Abs. 5 Satz 1 geänd. mWv 5.4.2017 durch G v. 29.3.2017 (BGBl. I S. 626); Abs. 1 Satz 1 neu gef., Abs. 7 Satz 2 Nr. 2 Buchst. e geänd., Nr. 3 aufgeh. mWv 1.9.2020 durch G v. 17.2. 2020 (BGBl. I S. 166); Abs. 7 Satz 2 einl. Satzteil geänd. mWv 27.6.2020 durch VO v. 19.6.2020 (BGBl. I S. 1328).

Höhe von mindestens 1 Million Euro – pauschal für Personen- und Sachschäden – sowie gegen Unfall für aus dem Betrieb der Schießstätte resultierende Schädigungen von bei der Organisation des Schießbetriebs mitwirkenden Personen in Höhe von mindestens 10 000 Euro für den Todesfall und 100 000 Euro für den Invaliditätsfall bei einem im Geltungsbereich dieses Gesetzes zum Geschäftsbetrieb befugten Versicherungsunternehmen nachweist. [3]§ 10 Abs. 2 Satz 2 bis 5 gilt entsprechend. [4]Abweichend von Satz 2 richtet sich die Haftpflichtversicherung für Schießgeschäfte, die der Schaustellerhaftpflichtverordnung[1)] unterliegen, nach § 1 Abs. 2 Nr. 2 dieser Verordnung. [5]Bei ortsveränderlichen Schießstätten ist eine einmalige Erlaubnis vor der erstmaligen Aufstellung ausreichend. [6]Der Inhaber einer Erlaubnis nach Satz 5 hat Aufnahme und Beendigung des Betriebs der Schießstätte der örtlich zuständigen Behörde zwei Wochen vorher schriftlich oder elektronisch anzuzeigen.

(2) [1]Absatz 1 Satz 1 ist nicht anzuwenden auf Schießstätten, bei denen in geschlossenen Räumen ausschließlich zur Erprobung von Schusswaffen oder Munition durch Waffen- oder Munitionshersteller, durch Waffen- oder Munitionssachverständige oder durch wissenschaftliche Einrichtungen geschossen wird. [2]Der Betreiber hat die Aufnahme und Beendigung des Betriebs der Schießstätte der zuständigen Behörde zwei Wochen vorher schriftlich oder elektronisch anzuzeigen.

(3) [1]Unter Obhut des zur Aufsichtsführung berechtigten Sorgeberechtigten oder verantwortlicher und zur Kinder- und Jugendarbeit für das Schießen geeigneter Aufsichtspersonen darf

1. Kindern, die das zwölfte Lebensjahr vollendet haben und noch nicht 14 Jahre alt sind, das Schießen in Schießstätten mit Druckluft-, Federdruckwaffen und Waffen, bei denen zum Antrieb der Geschosse kalte Treibgase verwendet werden (Anlage 2 Abschnitt 2 Unterabschnitt 2 Nr. 1.1 und 1.2),
2. Jugendlichen, die das 14. Lebensjahr vollendet haben und noch nicht 18 Jahre alt sind, auch das Schießen mit sonstigen Schusswaffen bis zu einem Kaliber von 5,6 mm lfB (.22 l.r.) für Munition mit Randfeuerzündung, wenn die Mündungsenergie höchstens 200 Joule (J) beträgt und Einzellader-Langwaffen mit glatten Läufen mit Kaliber 12 oder kleiner

gestattet werden, wenn der Sorgeberechtigte schriftlich oder elektronisch sein Einverständnis erklärt hat oder beim Schießen anwesend ist. [2]Die verantwortlichen Aufsichtspersonen haben die schriftlichen Einverständniserklärungen der Sorgeberechtigten vor der Aufnahme des Schießens entgegenzunehmen und während des Schießens aufzubewahren. [3]Sie sind der zuständigen Behörde oder deren Beauftragten auf Verlangen zur Prüfung auszuhändigen. [4]Die verantwortliche Aufsichtsperson hat die Geeignetheit zur Kinder- und Jugendarbeit glaubhaft zu machen. [5]Der in Satz 1 genannten besonderen Obhut bedarf es nicht beim Schießen durch Jugendliche mit Waffen nach Anlage 2 Abschnitt 2 Unterabschnitt 2 Nr. 1.1 und 1.2 und nicht beim Schießen mit sonstigen Schusswaffen durch Jugendliche, die das 16. Lebensjahr vollendet haben.

(4) [1]Die zuständige Behörde kann einem Kind zur Förderung des Leistungssports eine Ausnahme von dem Mindestalter des Absatzes 3 Satz 1 bewilligen. [2]Diese soll bewilligt werden, wenn durch eine ärztliche Bescheinigung die

---

[1)] **Gewerberecht Nr. 55.**

geistige und körperliche Eignung und durch eine Bescheinigung des Vereins die schießsportliche Begabung glaubhaft gemacht sind.

(5) [1] Personen in der Ausbildung zum Jäger dürfen in der Ausbildung ohne Erlaubnis mit Jagdwaffen schießen, wenn sie das 14. Lebensjahr vollendet haben und der Sorgeberechtigte und der Ausbildungsleiter ihr Einverständnis in einer schriftlichen oder elektronischen Berechtigungsbescheinigung erklärt haben. [2] Die Person hat in der Ausbildung die Berechtigungsbescheinigung mit sich zu führen.

(6) [1] An ortsveränderlichen Schießstätten, die dem Schießen zur Belustigung dienen, darf von einer verantwortlichen Aufsichtsperson Minderjährigen das Schießen mit Druckluft-, Federdruckwaffen und Waffen, bei denen zum Antrieb der Geschosse kalte Treibgase verwendet werden (Anlage 2 Abschnitt 2 Unterabschnitt 2 Nr. 1.1 und 1.2), gestattet werden. [2] Bei Kindern hat der Betreiber sicherzustellen, dass die verantwortliche Aufsichtsperson in jedem Fall nur einen Schützen bedient.

(7) [1] Das kampfmäßige Schießen auf Schießstätten ist nicht zulässig. [2] Das Bundesministerium des Innern, für Bau und Heimat wird ermächtigt, durch Rechtsverordnung mit Zustimmung des Bundesrates zur Abwehr von Gefahren für die öffentliche Sicherheit oder Ordnung sowie von sonstigen Gefahren oder erheblichen Nachteilen für die Benutzer einer Schießstätte, die Bewohner des Grundstücks, die Nachbarschaft oder die Allgemeinheit

1. die Benutzung von Schießstätten einschließlich der Aufsicht über das Schießen und der Anforderungen an das Aufsichtspersonal und dessen besondere Ausbildung für die Kinder- und Jugendarbeit zu regeln,
2. Vorschriften über den Umfang der Verpflichtungen zu erlassen, die bei Lehrgängen zur Ausbildung in der Verteidigung mit Schusswaffen und bei Schießübungen dieser Art einzuhalten sind; darin kann bestimmt werden,
   a) dass die Durchführung dieser Veranstaltungen einer Anzeige bedarf,
   b) dass und in welcher Weise der Veranstalter die Einstellung und das Ausscheiden der verantwortlichen Aufsichtsperson und der Ausbilder anzuzeigen hat,
   c) dass nur Personen an den Veranstaltungen teilnehmen dürfen, die aus Gründen persönlicher Gefährdung, aus dienstlichen oder beruflichen Gründen zum Besitz oder zum Führen von Schusswaffen einer Erlaubnis bedürfen,
   d) dass und in welcher Weise der Veranstalter Aufzeichnungen zu führen, aufzubewahren und der zuständigen Behörde vorzulegen hat,
   e) dass die zuständige Behörde die Veranstaltungen untersagen darf, wenn der Veranstalter, die verantwortliche Aufsichtsperson oder ein Ausbilder die erforderliche Zuverlässigkeit, die persönliche Eignung oder Sachkunde nicht oder nicht mehr besitzt.

§ 27a[1)] Sicherheitstechnische Prüfung von Schießstätten; Verordnungsermächtigung. (1) [1] Schießstätten sind vor ihrer ersten Inbetriebnahme und bei wesentlichen Änderungen in der Beschaffenheit hinsichtlich der sicherheitstechnischen Anforderungen durch die zuständige Behörde unter Hinzuziehung eines anerkannten Schießstandsachverständigen zu überprüfen.

[1)] § 27a eingef. mWv 1.9.2020 durch G v. 17.2.2020 (BGBl. I S. 166).

[2] Schießstätten, auf denen mit erlaubnispflichtigen Schusswaffen geschossen wird, sind zusätzlich alle vier Jahre nach Satz 1 durch die zuständige Behörde zu überprüfen. [3] Ist das Schießen auf einer Schießstätte nur mit erlaubnisfreien Schusswaffen zulässig, so beträgt der Abstand zwischen den Überprüfungen nach Satz 2 höchstens sechs Jahre. [4] Falls Zweifel an dem ordnungsgemäßen Zustand oder den erforderlichen schießtechnischen Einrichtungen bestehen, kann die zuständige Behörde die Schießstätte in sicherheitstechnischer Hinsicht unter Hinzuziehung eines anerkannten Schießstandsachverständigen überprüfen oder von dem Erlaubnisinhaber die Vorlage eines Gutachtens eines anerkannten Schießstandsachverständigen verlangen. [5] Die Kosten für die Hinzuziehung eines anerkannten Schießstandsachverständigen bei den Überprüfungen nach den Sätzen 1 bis 4 hat der Betreiber der Schießstätte zu tragen.

(2) [1] Werden bei der Überprüfung Mängel festgestellt, die eine Gefährdung der Benutzer der Schießstätte oder Dritter befürchten lassen, kann die zuständige Behörde die weitere Benutzung der Schießstätte bis zur Beseitigung der Mängel untersagen. [2] Der weitere Betrieb oder die Benutzung der Schießstätte ist im Fall der Untersagung nach Satz 1 verboten.

(3) [1] Die sicherheitstechnischen Anforderungen, die an Schießstätten zu stellen sind, ergeben sich aus den „Richtlinien für die Errichtung, die Abnahme und das Betreiben von Schießständen“ (Schießstandrichtlinien). [2] Das Bundesministerium des Innern, für Bau und Heimat erstellt die Schießstandrichtlinien nach Anhörung von Vertretern der Wissenschaft, der Betroffenen und der für das Waffenrecht zuständigen obersten Landesbehörden als dem Stand der Sicherheitstechnik entsprechende Regeln. [3] Das Bundesministerium des Innern, für Bau und Heimat macht die Schießstandrichtlinien im Bundesanzeiger bekannt; anzugeben ist, ab wann die Schießstandrichtlinien zu nutzen sind. [4] Die Sätze 2 und 3 gelten entsprechend für Änderungen der Schießstandrichtlinien. [5] Die Schießstandrichtlinien sind in der jeweils aktuell geltenden Fassung anzuwenden.

(4) [1] Die Landesregierungen werden ermächtigt, durch Rechtsverordnung die Qualifikationsanforderungen für die Anerkennung als Schießstandsachverständiger nach Absatz 1 sowie das Verfahren der Anerkennung zu regeln. [2] Wird eine Rechtsverordnung nach Satz 1 erlassen, ist in ihr insbesondere vorzusehen, dass eine Anerkennung als Schießstandsachverständiger nur erfolgen darf, wenn der Betreffende durch eine Prüfung hinreichende Kenntnisse der in Absatz 3 genannten Schießstandrichtlinien nachgewiesen hat.

§ 28[1)] Erwerb, Besitz und Führen von Schusswaffen und Munition durch Bewachungsunternehmer und ihr Bewachungspersonal.

(1) [1] Ein Bedürfnis zum Erwerb, Besitz und Führen von Schusswaffen wird bei einem Bewachungsunternehmer (§ 34a der Gewerbeordnung[2)]) anerkannt, wenn er glaubhaft macht, dass Bewachungsaufträge wahrgenommen werden oder werden sollen, die aus Gründen der Sicherung einer gefährdeten Person im Sinne des § 19 oder eines gefährdeten Objektes Schusswaffen erfordern. [2] Satz 1 gilt entsprechend für Wachdienste als Teil wirtschaftlicher Unternehmungen. [3] Ein nach den Sätzen 1 und 2 glaubhaft gemachtes Bedürfnis umfasst

---

[1)] § 28 Abs. 3 Satz 1 geänd. mWv 26.11.2019 durch G v. 20.11.2019 (BGBl. I S. 1626).
[2)] Nr. **800**.

auch den Erwerb und Besitz der für die dort genannten Schusswaffen bestimmten Munition.

(2) [1]Die Schusswaffe darf nur bei der tatsächlichen Durchführung eines konkreten Auftrages nach Absatz 1 geführt werden. [2]Der Unternehmer hat dies auch bei seinem Bewachungspersonal in geeigneter Weise sicherzustellen.

(3) [1]Wachpersonen, die auf Grund eines Arbeitsverhältnisses Schusswaffen des Erlaubnisinhabers nach dessen Weisung besitzen oder führen sollen, sind der zuständigen Behörde zur Prüfung zu benennen; der Unternehmer soll die betreffende Wachperson in geeigneter Weise vorher über die Benennung unter Hinweis auf die Erforderlichkeit der Verarbeitung personenbezogener Daten bei der Behörde unterrichten. [2]Die Überlassung von Schusswaffen oder Munition darf erst erfolgen, wenn die zuständige Behörde zugestimmt hat. [3]Die Zustimmung ist zu versagen, wenn die Wachperson nicht die Voraussetzungen des § 4 Abs. 1 Nr. 1 bis 3 erfüllt oder die Haftpflichtversicherung des Bewachungsunternehmers das Risiko des Umgangs mit Schusswaffen durch die Wachpersonen nicht umfasst.

(4) In einen Waffenschein nach § 10 Abs. 4 kann auch der Zusatz aufgenommen werden, dass die in Absatz 3 bezeichneten Personen die ihnen überlassenen Waffen nach Weisung des Erlaubnisinhabers führen dürfen.

§ 28a[1)] Erwerb, Besitz und Führen von Schusswaffen und Munition durch Bewachungsunternehmen und ihr Bewachungspersonal für Bewachungsaufgaben nach § 31 Absatz 1 der Gewerbeordnung. (1) [1]Für den Erwerb, Besitz und das Führen von Schusswaffen und Munition durch Bewachungsunternehmen und ihr Bewachungspersonal für Bewachungsaufgaben nach § 31 Absatz 1 der Gewerbeordnung[2)] auf Seeschiffen, die die Bundesflagge führen, ist § 28 entsprechend anzuwenden. [2]Abweichend von § 28 Absatz 1 wird ein Bedürfnis für derartige Bewachungsaufgaben bei Bewachungsunternehmen anerkannt, die eine Zulassung nach § 31 Absatz 1 der Gewerbeordnung besitzen. [3]Abweichend von § 28 Absatz 3 wird die Erlaubnis mit Auflagen erteilt, die die Unternehmer verpflichten,

1. als Bewachungspersonal nur Personen zu beschäftigen, welche die Voraussetzungen nach § 4 Absatz 1 Nummer 1 bis 3 erfüllen,
2. der zuständigen Behörde die eingesetzten Personen in einem von der Behörde bestimmten Zeitraum zu benennen und
3. auf Verlangen der zuständigen Behörde Nachweise vorzulegen, die belegen, dass die eingesetzten Personen die Anforderungen nach § 4 Absatz 1 Nummer 1 bis 3 erfüllen.

(2) [1]Die Erlaubnis ist auf die Dauer der Zulassung nach § 31 der Gewerbeordnung zu befristen. [2]Sie kann verlängert werden. [3]Die Verlängerung der Erlaubnis ist insbesondere zu versagen, wenn die Auflagen nach Absatz 1 Satz 3 nicht eingehalten wurden. [4]Im Übrigen gelten die allgemeinen Bestimmungen dieses Gesetzes. [5]Die Erlaubnis schließt die Erlaubnis zum Verbringen in den Geltungsbereich dieses Gesetzes an Bord des Seeschiffes nach § 29 Absatz 1 ein.

[1)] § 28a eingef. mWv 13.3.2013 durch G v. 4.3.2013 (BGBl. I S. 362); Abs. 2 Satz 5 geänd. mWv 1.9.2020 durch G v. 17.2.2020 (BGBl. I S. 166).

[2)] Nr. **800**.

(3) [1] Die zuständige Behörde kann zur Prüfung der Zuverlässigkeit, Eignung und Sachkunde der im Bewachungsunternehmen verantwortlichen Geschäftsleitung sowie der mit der Leitung des Betriebes oder einer Zweigniederlassung beauftragten Personen und der im Zusammenhang mit der Bewachungsaufgabe tätigen Personen auf die Erkenntnisse und Bewertungen der für die Zulassung nach § 31 Absatz 2 Satz 1 der Gewerbeordnung zuständigen Behörde zurückgreifen. [2] Abweichend von § 7 Absatz 2 orientieren sich die Anforderungen an die Sachkunde an den auf der Grundlage von § 31 Absatz 4 Satz 1 Nummer 3 Buchstabe a der Gewerbeordnung in einer Rechtsverordnung festgelegten besonderen Anforderungen für den Einsatz auf Seeschiffen. [3] Die für das gewerberechtliche Verfahren zuständige Behörde sowie die Bundespolizei dürfen der zuständigen Behörde auch ohne Ersuchen Informationen einschließlich personenbezogener Daten übermitteln, soweit dies zur Erfüllung der waffenbehördlichen Aufgaben erforderlich ist. [4] Die Bundespolizei ist im Rahmen der Prüfung nach § 8 Nummer 2 zu beteiligen.

(4) Absatz 3 Satz 3 ist entsprechend anzuwenden auf die Übermittlung von Informationen einschließlich personenbezogener Daten durch die zuständige Behörde, soweit dies zur Erfüllung der Aufgaben nach § 31 Absatz 2 der Gewerbeordnung erforderlich ist.

(5) Hat das Bewachungsunternehmen seinen Sitz im Inland, so erfolgt die Erteilung der Erlaubnis durch die nach § 48 Absatz 1 Satz 2 bestimmte Behörde im Benehmen mit der für die gewerbliche Hauptniederlassung zuständigen Behörde.

(6) [1] Eine auf der Grundlage des § 28 erteilte Erlaubnis gilt befristet bis zum 31. Dezember 2013 für Aufträge nach § 31 der Gewerbeordnung mit der Maßgabe fort, dass der Inhaber der Erlaubnis der zuständigen Behörde unverzüglich anzuzeigen hat, dass er Aufträge im Sinne des § 31 der Gewerbeordnung wahrnimmt oder wahrnehmen möchte. [2] Die nach § 48 Absatz 1 Satz 1 zuständige Behörde übermittelt der nach § 48 Absatz 1 Satz 2 zuständigen Behörde die Anzeige einschließlich der für die Entscheidung erforderlichen Unterlagen. [3] Weist der in Satz 1 genannte Inhaber der Erlaubnis der nach § 48 Absatz 1 Satz 2 zuständigen Behörde bis zum 31. Dezember 2013 die Zulassung nach § 31 Absatz 1 der Gewerbeordnung und das Vorliegen der Voraussetzungen nach Absatz 1 nach, erteilt diese eine auf die Durchführung von Bewachungsaufgaben nach § 31 Absatz 1 der Gewerbeordnung beschränkte Erlaubnis. [4] Absatz 1 Satz 3, Absatz 2 Satz 1, 4 und 5 sowie Absatz 5 gelten für diese Erlaubnis entsprechend.

Unterabschnitt 5. Verbringen und Mitnahme von Waffen oder Munition in den, durch den oder aus dem Geltungsbereich des Gesetzes

§ 29[1)] Verbringen von Waffen oder Munition in den, durch den oder aus dem Geltungsbereich dieses Gesetzes. (1) [1] Eine Erlaubnis zum Verbringen von Waffen oder Munition in den, durch den oder aus dem Geltungsbereich dieses Gesetzes kann erteilt werden, wenn der Antragsteller den sicheren Transport durch einen zum Erwerb oder Besitz dieser Waffen oder Munition Berechtigten gewährleistet. [2] Für eine Erlaubnis zum Verbringen von Waffen oder Munition in den Geltungsbereich dieses Gesetzes ist zusätzlich erforder-

[1)] § 29 neu gef. mWv 1.9.2020 durch G v. 17.2.2020 (BGBl. I S. 166).

lich, dass der Empfänger zum Erwerb und Besitz dieser Waffen oder Munition berechtigt ist.

(2) [1] Sollen Waffen oder Munition nach Anlage 1 Abschnitt 3 (Kategorien A 1.2 bis C) aus dem Geltungsbereich dieses Gesetzes in einen anderen Mitgliedstaat verbracht werden, wird die Erlaubnis nur erteilt, wenn der andere Mitgliedstaat das Verbringen erlaubt hat oder der Antragsteller glaubhaft gemacht hat, dass nach dem Recht des anderen Mitgliedstaates keine solche Erlaubnis erforderlich ist. [2] Satz 1 gilt entsprechend für das Verbringen aus einem Drittstaat durch den Geltungsbereich dieses Gesetzes in einen anderen Mitgliedstaat.

§ 30[1)] Allgemeine Erlaubnis zum Verbringen von Waffen oder Munition aus dem Geltungsbereich dieses Gesetzes in andere Mitgliedstaaten.

[1] Gewerbsmäßigen Waffenherstellern oder Waffenhändlern nach § 21 kann abweichend von § 29 allgemein die Erlaubnis zum Verbringen von Waffen oder Munition nach Anlage 1 Abschnitt 3 (Kategorien A 1.2 bis C) aus dem Geltungsbereich dieses Gesetzes zu Waffenhändlern in anderen Mitgliedstaaten für die Dauer von bis zu drei Jahren erteilt werden. [2] Die Erlaubnis kann auf bestimmte Arten von Waffen oder Munition und auf bestimmte Mitgliedstaaten beschränkt werden. [3] Der Inhaber einer Erlaubnis nach Satz 1 hat ein Verbringen auf Grund dieser Erlaubnis dem Bundesverwaltungsamt vorher schriftlich oder elektronisch anzuzeigen.

§ 31[2)] *(aufgehoben)*

§ 32[3)] Mitnahme von Waffen oder Munition in den, durch den oder aus dem Geltungsbereich des Gesetzes, Europäischer Feuerwaffenpass.

(1) [1] Die Erlaubnis zur Mitnahme von Waffen oder Munition in den oder durch den Geltungsbereich des Gesetzes kann erteilt werden, wenn die Voraussetzungen des § 4 Abs. 1 Nr. 1 bis 4 vorliegen. [2] Die Erlaubnis kann für die Dauer von bis zu einem Jahr für einen oder für mehrere Mitnahmevorgänge erteilt werden und kann mehrfach um jeweils ein Jahr verlängert werden. [3] Für Personen aus einem Drittstaat wird die Erlaubnis zur Mitnahme von Schusswaffen oder Munition nach Anlage 1 Abschnitt 3 (Kategorien A 1.2 bis C) durch den Geltungsbereich des Gesetzes in einen anderen Mitgliedstaat nur erteilt, wenn der andere Mitgliedstaat die Mitnahme erlaubt hat.

(1a) [1] Die Erlaubnis zur Mitnahme von Waffen oder Munition in einen anderen Mitgliedstaat kann erteilt werden, wenn der Antragsteller

1. zum Erwerb und Besitz der Waffen nach Maßgabe dieses Gesetzes berechtigt ist,
2. die nach dem Recht des anderen Mitgliedstaates erforderliche vorherige Zustimmung vorliegt und
3. der sichere Transport durch den Antragsteller gewährleistet ist.

[2] Absatz 1 Satz 2 gilt entsprechend.

---

1) § 30 neu gef. mWv 1.9.2020 durch G v. 17.2.2020 (BGBl. I S. 166).

2) § 31 aufgeh. mWv 1.9.2020 durch G v. 17.2.2020 (BGBl. I S. 166).

3) § 32 Abs. 1 Sätze 1 und 3, Abs. 2, Abs. 5 Nr. 1 und 2, Abs. 6 geänd., Abs. 5 Nr. 3 angef. mWv 25.7.2009 durch G v. 17.7.2009 (BGBl. I S. 2062); Abs. 1a eingef., Abs. 3 und 6 neu gef., Abs. 5 Satz 2 angef. mWv 6.7.2017 durch G v. 30.6.2017 (BGBl. I S. 2133); Abs. 1 Sätze 1 und 3, Abs. 1a Satz 1 einl. Satzteil, Abs. 2, 3 Nr. 1–3 und Abs. 6 geänd. mWv 1.9.2020 durch G v. 17.2.2020 (BGBl. I S. 166).

(2) Eine Erlaubnis nach Absatz 1 darf Personen, die ihren gewöhnlichen Aufenthalt in einem anderen Mitgliedstaat haben und Schusswaffen nach Anlage 1 Abschnitt 3 (Kategorien A 1.2 bis C) und die dafür bestimmte Munition nach Absatz 1 mitnehmen wollen, nur erteilt werden, wenn sie Inhaber eines durch diesen Mitgliedstaat ausgestellten Europäischen Feuerwaffenpasses sind und die Waffen in den Europäischen Feuerwaffenpass eingetragen sind.

(3) Sofern sie den Grund der Mitnahme nachweisen können, Inhaber eines Europäischen Feuerwaffenpasses sind und die Waffen in den Europäischen Feuerwaffenpass eingetragen sind, bedarf es einer Erlaubnis nach Absatz 1 oder Absatz 1a nicht für

1. Jäger, die bis zu drei Langwaffen nach Anlage 1 Abschnitt 3 der Kategorie C und die dafür bestimmte Munition im Sinne des § 13 Absatz 1 Nummer 2, Absatz 5 zum Zweck der Jagd mitnehmen,
2. Sportschützen, die bis zu sechs Schusswaffen nach Anlage 1 Abschnitt 3 der Kategorien B oder C und die dafür bestimmte Munition zum Zweck des Schießsports mitnehmen,
3. Brauchtumsschützen, die bis zu drei Einzellader- oder Repetier-Langwaffen nach Anlage 1 Abschnitt 3 der Kategorie C und die dafür bestimmte Munition zur Teilnahme an einer Brauchtumsveranstaltung mitnehmen.

(4) Zu den in Absatz 3 Nr. 1 bis 3 beschriebenen Zwecken kann für die dort jeweils genannten Waffen und Munition Personen, die ihren gewöhnlichen Aufenthalt in einem Drittstaat haben, abweichend von Absatz 1 eine Erlaubnis erteilt werden, es sei denn, dass Tatsachen die Annahme rechtfertigen, dass die Voraussetzungen des § 4 Abs. 1 Nr. 2 nicht vorliegen.

(5) [1] Einer Erlaubnis zur Mitnahme von Waffen oder Munition in den oder durch den Geltungsbereich des Gesetzes bedarf es nicht

1. für Waffen oder Munition, die durch Inhaber einer Erlaubnis zum Erwerb oder Besitz für diese Waffen oder Munition mitgenommen werden,
2. für Signalwaffen und die dafür bestimmte Munition, die aus Gründen der Sicherheit an Bord von Schiffen mitgeführt werden, oder
3. für Waffen und Munition, die an Bord von Schiffen oder Luftfahrzeugen mitgeführt, während des Aufenthalts im Geltungsbereich dieses Gesetzes unter Verschluss gehalten, der zuständigen Überwachungsbehörde unter Angabe des Hersteller- oder Warenzeichens, der Modellbezeichnung und, wenn die Waffen eine Herstellungsnummer haben, auch dieser, unverzüglich gemeldet und spätestens innerhalb eines Monats wieder aus dem Geltungsbereich des Gesetzes befördert werden.

[2] Ein Jagdschein im Sinne von § 15 Absatz 1 Satz 1 des Bundesjagdgesetzes[1)] stellt keine Erlaubnis im Sinne des Satzes 1 Nummer 1 dar.

*(6) P*ersonen, die nach diesem Gesetz zum Besitz von Schusswaffen oder Munition nach Anlage 1 Abschnitt 3 (Kategorien A 1.2 bis C) berechtigt sind und diese Schusswaffen oder diese Munition in einen anderen Mitgliedstaat mitnehmen wollen, wird auf Antrag ein Europäischer Feuerwaffenpass ausgestellt.

[1)] Nr. **890**.

§ 33[1)] Anmelde- und Nachweispflichten, Befugnisse der Überwachungsbehörden beim Verbringen oder der Mitnahme von Waffen oder Munition in den, durch den oder aus dem Geltungsbereich dieses Gesetzes. (1) [1] Wer beabsichtigt, Waffen oder Munition, deren Verbringen oder Mitnahme einer Erlaubnis bedarf, aus einem Drittstaat in den oder durch den Geltungsbereich dieses Gesetzes zu verbringen oder mitzunehmen, ist verpflichtet,

1. diese Waffen oder diese Munition bei der nach Absatz 3 zuständigen Überwachungsbehörde beim Verbringen oder bei der Mitnahme anzumelden,
2. auf Verlangen der nach Absatz 3 zuständigen Überwachungsbehörde ihr diese Waffen oder diese Munition vorzuführen und
3. die Berechtigung zum Verbringen oder zur Mitnahme nachzuweisen.

[2] Auf Verlangen sind diese Nachweise den Überwachungsbehörden zur Prüfung auszuhändigen.

(2) [1] Die nach Absatz 3 zuständigen Überwachungsbehörden können Beförderungsmittel und -behälter sowie deren Lade- und Verpackungsmittel anhalten, um zu prüfen, ob die für das Verbringen oder die Mitnahme in den, durch den oder aus dem Geltungsbereich dieses Gesetzes geltenden Bestimmungen eingehalten sind. [2] Werden Verstöße gegen die in Satz 1 genannten Bestimmungen festgestellt, so können die zuständigen Überwachungsbehörden, soweit erforderlich, Vor-, Familien- und gegebenenfalls Geburtsname, Geburtsdatum und -ort, Wohnort und Staatsangehörigkeit der betroffenen Personen erheben und diese Daten sowie Feststellungen zum Sachverhalt den zuständigen Behörden zum Zweck der Ahndung übermitteln. [3] Für Postsendungen gilt dies nur, wenn zureichende tatsächliche Anhaltspunkte für eine Straftat vorliegen. [4] Das Brief- und Postgeheimnis nach Artikel 10 des Grundgesetzes[2)] wird nach Maßgabe der Sätze 2 und 3 eingeschränkt.

(3) [1] Das Bundesministerium der Finanzen bestimmt die Zolldienststellen, das Bundesministerium des Innern, für Bau und Heimat bestimmt die Behörden der Bundespolizei, die bei der Überwachung des Verbringens und der Mitnahme von Waffen oder Munition mitwirken. [2] Soweit der grenzpolizeiliche Einzeldienst von Kräften der Länder wahrgenommen wird (§ 2 Abs. 1 und 3 des Bundespolizeigesetzes[3)]), wirken diese bei der Überwachung mit.

Unterabschnitt 6. Obhutspflichten, Anzeige-, Hinweis- und Nachweispflichten

§ 34[4)] Überlassen von Waffen oder Munition, Prüfung der Erwerbsberechtigung, Anzeigepflicht. (1) [1] Waffen oder Munition dürfen nur be-

---

[1)] § 33 Abs. 3 Sätze 1 und 2 geänd. mWv 1.7.2005 durch G v. 21.6.2005 (BGBl. I S. 1818); Überschrift neu gef., Abs. 2 Satz 1 geänd., Sätze 2–4 angef. mWv 6.7.2017 durch G v. 30.6.2017 (BGBl. I S. 2133); Abs. 1 Satz 1 neu gef. mWv 1.9.2020 durch G v. 17.2.2020 (BGBl. I S. 166); Abs. 3 Satz 1 geänd. mWv 27.6.2020 durch VO v. 19.6.2020 (BGBl. I S. 1328).

[2)] Nr. **1**.

[3)] Nr. **90**.

[4)] § 34 Abs. 2 Satz 1 geänd. mWv 1.4.2008 durch G v. 26.3.2008 (BGBl. I S. 426); Abs. 2 Sätze 1 und 2 geänd. mWv 5.4.2017 durch G v. 29.3.2017 (BGBl. I S. 626); Abs. 2 Satz 2, Abs. 4 und Abs. 5 Satz 1 geänd. mWv *6.7.2017 durch* G v. 30.6.2017 (BGBl. I S. 2133); Abs. 1 Sätze 3–5, Abs. 2 neu gef., Abs. 3 Satz 2 und Abs. 5 Satz 2 Nr. 2 geänd. mWv 1.9.2020 durch G v. 17.2.2020 (BGBl. I S. 166); Abs. 6 geänd. mWv 27.6.2020 durch VO v. 19.6.2020 (BGBl. I S. 1328).

rechtigten Personen überlassen werden. [2]Die Berechtigung muss offensichtlich sein oder nachgewiesen werden. [3]Der Inhaber einer Erlaubnis nach § 21 Absatz 1 Satz 1 kann vor einer Überlassung zum Zweck der Prüfung der Erwerbsberechtigung des Erwerbers die Absicht zur Überlassung der zuständigen Behörde elektronisch anzeigen. [4]Die zuständige Behörde prüft die Gültigkeit des Erlaubnisdokuments und teilt dem Anzeigenden nach Satz 3 elektronisch mit, wenn das Erlaubnisdokument im Nationalen Waffenregister nicht oder als nicht gültig registriert ist; Satz 2 bleibt unberührt. [5]Für die Sätze 3 und 4 gilt § 9 des Waffenregistergesetzes.

(2) [1]Werden Waffen oder Munition zur gewerbsmäßigen Beförderung überlassen, so muss die ordnungsgemäße Beförderung sichergestellt sein und es müssen Vorkehrungen gegen ein Abhandenkommen getroffen sein. [2]Munition darf gewerbsmäßig nur in verschlossenen Packungen überlassen werden; dies gilt nicht beim Überlassen auf Schießstätten gemäß § 12 Absatz 2 Nummer 2 oder soweit einzelne Stücke von Munitionssammlern erworben werden. [3]Wer Waffen oder Munition einem anderen lediglich zur gewerbsmäßigen Beförderung gemäß § 12 Absatz 1 Nummer 2 oder Absatz 2 Nummer 1 an einen Dritten übergibt, überlässt sie dem Dritten.

(3) [1]Die Absätze 1 und 2 gelten nicht für denjenigen, der Schusswaffen oder Munition einem anderen, der sie außerhalb des Geltungsbereichs des Gesetzes erwirbt, insbesondere im Versandwege unter eigenem Namen überlässt. [2]Die Vorschriften der §§ 29 und 30 bleiben unberührt.

(4) Wer Personen, die ihren gewöhnlichen Aufenthalt in einem anderen Mitgliedstaat haben, eine Schusswaffe nach Anlage 1 Abschnitt 3 (Kategorien B und C) oder Munition für eine solche überlässt, hat dies unverzüglich dem Bundesverwaltungsamt schriftlich anzuzeigen; dies gilt nicht in den Fällen des § 12 Abs. 1 Nr. 1 und 5.

(5) [1]Wer erlaubnispflichtige Feuerwaffen nach Anlage 1 Abschnitt 1 Unterabschnitt 1 Nr. 2, ausgenommen Einzellader-Langwaffen mit nur glattem Lauf oder glatten Läufen, und deren wesentliche Teile, Schalldämpfer und tragbare Gegenstände nach Anlage 1 Abschnitt 1 Unterabschnitt 1 Nr. 1.2.1 einem anderen, der seinen gewöhnlichen Aufenthalt in einem Mitgliedstaat des Übereinkommens vom 28. Juni 1978 über die Kontrolle des Erwerbs und Besitzes von Schusswaffen durch Einzelpersonen (BGBl. 1980 II S. 953) hat, überlässt, dorthin versendet oder ohne Wechsel des Besitzers endgültig dorthin verbringt, hat dies unverzüglich dem Bundesverwaltungsamt schriftlich anzuzeigen. [2]Dies gilt nicht

1. für das Überlassen und Versenden der in Satz 1 bezeichneten Gegenstände an staatliche Stellen in einem dieser Staaten und in den Fällen, in denen Unternehmen Schusswaffen zur Durchführung von Kooperationsvereinbarungen zwischen Staaten oder staatlichen Stellen überlassen werden, sofern durch Vorlage einer Bescheinigung von Behörden des Empfangsstaates nachgewiesen wird, dass diesen Behörden der Erwerb bekannt ist, oder
2. soweit Anzeigepflichten nach Absatz 4 oder nach § 30 Satz 3 bestehen.

(6) Das Bundesministerium des Innern, für Bau und Heimat wird ermächtigt, durch Rechtsverordnung mit Zustimmung des Bundesrates zur Abwehr von Gefahren für Leben und Gesundheit von Menschen zu bestimmen, dass in den in den Absätzen 2, 4 und 5 bezeichneten Anzeigen weitere Angaben zu machen oder den Anzeigen weitere Unterlagen beizufügen sind.

§ 35 Werbung, Hinweispflichten, Handelsverbote. (1) [1]Wer Waffen oder Munition zum Kauf oder Tausch in Anzeigen oder Werbeschriften anbietet, hat bei den nachstehenden Waffenarten auf das Erfordernis der Erwerbsberechtigung jeweils wie folgt hinzuweisen:

1. bei erlaubnispflichtigen Schusswaffen und erlaubnispflichtiger Munition: Abgabe nur an Inhaber einer Erwerbserlaubnis,
2. bei nicht erlaubnispflichtigen Schusswaffen und nicht erlaubnispflichtiger Munition sowie sonstigen Waffen: Abgabe nur an Personen mit vollendetem 18. Lebensjahr,
3. bei verbotenen Waffen: Abgabe nur an Inhaber einer Ausnahmegenehmigung,

sowie seinen Namen, seine Anschrift und gegebenenfalls seine eingetragene Marke bekannt zu geben. [2]Anzeigen und Werbeschriften nach Satz 1 dürfen nur veröffentlicht werden, wenn sie den Namen und die Anschrift des Anbieters sowie die von ihm je nach Waffenart mitzuteilenden Hinweise enthalten. [3]Satz 2 gilt nicht für die Bekanntgabe der Personalien des nicht gewerblichen Anbieters, wenn dieser der Bekanntgabe widerspricht. [4]Derjenige, der die Anzeige oder Werbeschrift veröffentlicht, ist im Fall des Satzes 3 gegenüber der zuständigen Behörde verpflichtet, die Urkunden über den Geschäftsvorgang ein Jahr lang aufzubewahren und dieser auf Verlangen Einsicht zu gewähren.

(2) [1]Dürfen Schusswaffen nur mit Erlaubnis geführt oder darf mit ihnen nur mit Erlaubnis geschossen werden, so hat der Inhaber einer Erlaubnis nach § 21 Abs. 1 bei ihrem Überlassen im Einzelhandel den Erwerber auf das Erfordernis des Waffenscheins oder der Schießerlaubnis hinzuweisen. [2]Beim Überlassen von Schreckschuss-, Reizstoff- oder Signalwaffen im Sinne des § 10 Abs. 4 Satz 4 hat der Inhaber einer Erlaubnis nach § 21 Abs. 1 überdies auf die Strafbarkeit des Führens ohne Erlaubnis (Kleiner Waffenschein) hinzuweisen und die Erfüllung dieser sowie der Hinweispflicht nach Satz 1 zu protokollieren.

(3) [1]Der Vertrieb und das Überlassen von Schusswaffen, Munition, Hieb- oder Stoßwaffen ist verboten:

1. im Reisegewerbe, ausgenommen in den Fällen des § 55b Abs. 1 der Gewerbeordnung[1)],
2. auf festgesetzten Veranstaltungen im Sinne des Titels IV der Gewerbeordnung (Messen, Ausstellungen, Märkte), ausgenommen die Entgegennahme von Bestellungen auf Messen und Ausstellungen,
3. auf Volksfesten, Schützenfesten, Märkten, Sammlertreffen oder ähnlichen öffentlichen Veranstaltungen, ausgenommen das Überlassen der benötigten Schusswaffen oder Munition in einer Schießstätte sowie von Munition, die Teil einer Sammlung (§ 17 Abs. 1) oder für eine solche bestimmt ist.

[2]Die zuständige Behörde kann Ausnahmen von den Verboten für ihren Bezirk zulassen, wenn öffentliche Interessen nicht entgegenstehen.

[1)] Nr. **800**.

§ 36[1] Aufbewahrung von Waffen oder Munition. (1) Wer Waffen oder Munition besitzt, hat die erforderlichen Vorkehrungen zu treffen, um zu verhindern, dass diese Gegenstände abhanden kommen oder Dritte sie unbefugt an sich nehmen.

(2) *(aufgehoben)*

(3) [1] Wer erlaubnispflichtige Schusswaffen, Munition oder verbotene Waffen besitzt oder die Erteilung einer Erlaubnis zum Besitz beantragt hat, hat der zuständigen Behörde die zur sicheren Aufbewahrung getroffenen oder vorgesehenen Maßnahmen nachzuweisen. [2] Besitzer von erlaubnispflichtigen Schusswaffen, Munition oder verbotenen Waffen haben außerdem der Behörde zur Überprüfung der Pflichten aus Absatz 1 in Verbindung mit einer Rechtsverordnung nach Absatz 5 Zutritt zu den Räumen zu gestatten, in denen die Waffen und die Munition aufbewahrt werden. [3] Wohnräume dürfen gegen den Willen des Inhabers nur zur Verhütung dringender Gefahren für die öffentliche Sicherheit betreten werden; das Grundrecht der Unverletzlichkeit der Wohnung (Artikel 13 des Grundgesetzes[2]) wird insoweit eingeschränkt.

(4) [1] Die in einer Rechtsverordnung nach Absatz 5 festgelegten Anforderungen an die Aufbewahrung von Schusswaffen und Munition gelten nicht bei Aufrechterhaltung der bis zum 6. Juli 2017 erfolgten Nutzung von Sicherheitsbehältnissen, die den Anforderungen des § 36 Absatz 2 Satz 1 zweiter Halbsatz und Satz 2 in der Fassung des Gesetzes vom 11. Oktober 2002 (BGBl. I S. 3970, 4592; 2003 I S. 1957), das zuletzt durch Artikel 6 Absatz 34 des Gesetzes vom 13. April 2017 (BGBl. I S. 872) geändert worden ist, entsprechen oder die von der zuständigen Behörde als gleichwertig anerkannt wurden. [2] Diese Sicherheitsbehältnisse können nach Maßgabe des § 36 Absatz 1 und 2 in der Fassung des Gesetzes vom 11. Oktober 2002 (BGBl. I S. 3970, 4592; 2003 I S. 1957), das zuletzt durch Artikel 6 Absatz 34 des Gesetzes vom 13. April 2017 (BGBl. I S. 872) geändert worden ist, sowie des § 13 der Allgemeinen Waffengesetz-Verordnung vom 27. Oktober 2003 (BGBl. I S. 2123), die zuletzt durch Artikel 108 des Gesetzes vom 29. März 2017 (BGBl. I S. 626) geändert worden ist,

1. vom bisherigen Besitzer weitergenutzt werden sowie
2. für die Dauer der gemeinschaftlichen Aufbewahrung auch von berechtigten Personen mitgenutzt werden, die mit dem bisherigen Besitzer nach Nummer 1 in häuslicher Gemeinschaft leben.

[3] Die Berechtigung zur Nutzung nach Satz 2 Nummer 2 bleibt über den Tod des bisherigen Besitzers hinaus für eine berechtigte Person nach Satz 2 Nummer 2 bestehen, wenn sie infolge des Erbfalls Eigentümer des Sicherheitsbehältnisses wird; die berechtigte Person wird in diesem Fall nicht bisheriger Besitzer im Sinne des Satzes 2 Nummer 1. [4] In den Fällen der Sätze 1 bis 3 finden § 53 Absatz 1 Nummer 19 und § 52a in der Fassung des Gesetzes vom 11. Oktober 2002 (BGBl. I S. 3970, 4592; 2003 I S. 1957), das zuletzt durch Artikel 6 Absatz 34 des Gesetzes vom 13. April 2017 (BGBl. I S. 872) geändert worden ist, und § 34 Nummer 12 der Allgemeinen Waffengesetz-Verordnung vom

---

[1] § 36 Abs. 3 und 5 neu gef. mWv 25.7.2009 durch G v. 17.7.2009 (BGBl. I S. 2062); Abs. 1 Satz 2 und Abs. 2 aufgeh., Abs. 3 Satz 2 und Abs. 5 Satz 1 geänd., Abs. 4 neu gef. mWv 6.7.2017 durch G v. 30.6.2017 (BGBl. I S. 2133); Abs. 5 Satz 1 geänd. mWv 27.6.2020 durch VO v. 19.6.2020 (BGBl. I S. 1328).

[2] Nr. **1**.

27. Oktober 2003 (BGBl. I S. 2123), die zuletzt durch Artikel 108 des Gesetzes vom 29. März 2017 (BGBl. I S. 626) geändert worden ist, weiterhin Anwendung.

(5) [1] Das Bundesministerium des Innern, für Bau und Heimat wird ermächtigt, nach Anhörung der beteiligten Kreise durch Rechtsverordnung mit Zustimmung des Bundesrates unter Berücksichtigung des Standes der Technik, der Art und Zahl der Waffen, der Munition oder der Örtlichkeit die Anforderungen an die Aufbewahrung oder an die Sicherung der Waffe festzulegen. [2] Dabei können

1. Anforderungen an technische Sicherungssysteme zur Verhinderung einer unberechtigten Wegnahme oder Nutzung von Schusswaffen,
2. die Nachrüstung oder der Austausch vorhandener Sicherungssysteme,
3. die Ausstattung der Schusswaffe mit mechanischen, elektronischen oder biometrischen Sicherungssystemen

festgelegt werden.

(6) Ist im Einzelfall, insbesondere wegen der Art und Zahl der aufzubewahrenden Waffen oder Munition oder wegen des Ortes der Aufbewahrung, ein höherer Sicherheitsstandard erforderlich, hat die zuständige Behörde die notwendigen Ergänzungen anzuordnen und zu deren Umsetzung eine angemessene Frist zu setzen.

§ 37[1)] Anzeigepflichten der gewerblichen Waffenhersteller und Waffenhändler. (1) [1] Der Inhaber einer Waffenherstellungserlaubnis oder Waffenhandelserlaubnis nach § 21 Absatz 1 Satz 1 hat der zuständigen Behörde den folgenden Umgang mit fertiggestellten Schusswaffen, deren Erwerb oder Besitz der Erlaubnis bedarf, unverzüglich elektronisch anzuzeigen:

1. die Herstellung, jedoch erst nach Fertigstellung,
2. die Überlassung,
3. den Erwerb,
4. die Bearbeitung durch
   a) Umbau oder
   b) Austausch eines wesentlichen Teils.

[2] Die Pflicht zur Anzeige besteht auch dann, wenn ein Blockiersystem eingebaut oder entsperrt wird.

(2) Für die elektronischen Anzeigen gilt § 9 des Waffenregistergesetzes.

§ 37a[1)] Anzeigepflichten der Inhaber einer Waffenbesitzkarte oder einer gleichgestellten anderen Erlaubnis zum Erwerb und Besitz und der Inhaber einer nichtgewerbsmäßigen Waffenherstellungserlaubnis.

[1] Der Inhaber einer Erlaubnis zum Erwerb und Besitz von Waffen nach § 10 Absatz 1 Satz 1 oder einer gleichgestellten anderen Erlaubnis zum Erwerb und Besitz sowie der Inhaber einer Erlaubnis zur nichtgewerbsmäßigen Herstellung, Bearbeitung oder Instandsetzung von Schusswaffen nach § 26 Absatz 1 Satz 1 hat der zuständigen Behörde den folgenden Umgang mit fertiggestellten Schusswaffen, deren Erwerb oder Besitz der Erlaubnis bedarf, binnen zwei Wochen schriftlich oder elektronisch anzuzeigen:

[1)] § 37 neu gef., § 37a eingef. mWv 1.9.2020 durch G v. 17.2.2020 (BGBl. I S. 166).

1. die Überlassung,
2. den Erwerb,
3. die Bearbeitung durch
   a) Umbau oder
   b) Austausch eines wesentlichen Teils.

[2]Der Inhaber einer Erlaubnis zur nichtgewerbsmäßigen Herstellung, Bearbeitung oder Instandsetzung von Schusswaffen nach § 26 Absatz 1 Satz 1 hat auch die Herstellung, jedoch erst nach Fertigstellung, gemäß Satz 1 anzuzeigen. [3]Die Pflicht zur Anzeige nach Satz 1 besteht auch dann, wenn ein Blockiersystem eingebaut oder entsperrt wird.

§ 37b[1)] Anzeige der Vernichtung, der Unbrauchbarmachung und des Abhandenkommens. (1) [1]Der Besitzer einer Schusswaffe, deren Erwerb oder Besitz einer Erlaubnis bedarf, hat der zuständigen Behörde nach Satz 2 oder Satz 3 anzuzeigen, wenn die Schusswaffe vernichtet wird. [2]Inhaber einer Erlaubnis nach § 21 Absatz 1 Satz 1 haben die Anzeige unverzüglich vorzunehmen. [3]Im Übrigen hat die Anzeige innerhalb von zwei Wochen zu erfolgen. [4]Die zuständige Behörde kann einen Nachweis darüber verlangen, dass die Schusswaffe vernichtet wurde.

(2) [1]Der Besitzer einer Schusswaffe, deren Erwerb oder Besitz einer Erlaubnis bedarf, hat der zuständigen Behörde nach Satz 2 oder Satz 3 anzuzeigen, wenn die Schusswaffe unbrauchbar gemacht wird. [2]Inhaber einer Erlaubnis nach § 21 Absatz 1 Satz 1 haben die Anzeige unverzüglich vorzunehmen. [3]Im Übrigen hat die Anzeige innerhalb von zwei Wochen zu erfolgen. [4]Die zuständige Behörde kann einen Nachweis darüber verlangen, dass die Schusswaffe unbrauchbar gemacht wurde.

(3) Sind einer Person Waffen oder Munition, deren Erwerb oder Besitz der Erlaubnis bedarf, oder Erlaubnisurkunden abhandengekommen, so hat sie dies der zuständigen Behörde unverzüglich nach Feststellung des Abhandenkommens anzuzeigen.

(4) [1]Hat der Besitzer einer Schusswaffe keine Waffenherstellungserlaubnis oder Waffenhandelserlaubnis nach § 21 Absatz 1 Satz 1, so hat die Anzeige nach den Absätzen 1 und 2 schriftlich oder elektronisch zu erfolgen. [2]Hat der Besitzer eine Waffenherstellungserlaubnis oder Waffenhandelserlaubnis nach § 21 Absatz 1 Satz 1, so hat die Anzeige nach den Absätzen 1 bis 3 elektronisch zu erfolgen und es gilt hierfür § 9 des Waffenregistergesetzes.

(5) Ist bei der zuständigen Behörde eine Anzeige zum Abhandenkommen von Schusswaffen, von Munition oder Erlaubnisurkunden eingegangen, so unterrichtet sie die örtliche Polizeidienststelle über das Abhandenkommen.

§ 37c[1)] Anzeigepflichten bei Inbesitznahme. (1) Wer Waffen oder Munition, deren Erwerb der Erlaubnis bedarf, in Besitz nimmt

1. beim Tod eines Waffenbesitzers, als Finder oder in ähnlicher Weise,
2. als Insolvenzverwalter, Zwangsverwalter, Gerichtsvollzieher oder in ähnlicher Weise,

hat dies der zuständigen Behörde unverzüglich anzuzeigen.

[1)] §§ 37b und 37c eingef. mWv 1.9.2020 durch G v. 17.2.2020 (BGBl. I S. 166).

(2) Die zuständige Behörde kann
1. die Waffen oder Munition sicherstellen oder
2. anordnen, dass die Waffen oder Munition innerhalb angemessener Frist
   a) unbrauchbar gemacht werden oder
   b) einem Berechtigten überlassen werden,
   c) und dies der zuständigen Behörde nachgewiesen wird.

(3) [1] Nach fruchtlosem Ablauf der Frist kann die zuständige Behörde die Waffen oder Munition einziehen. [2] Ein Erlös aus der Verwertung steht dem nach bürgerlichem Recht bisher Berechtigten zu.

§ 37d[1)] Anzeige von unbrauchbar gemachten Schusswaffen. (1) Wer eine nach Anlage 1 Abschnitt 1 Unterabschnitt 1 Nummer 1.4 unbrauchbar gemachte Schusswaffe
1. überlässt,
2. erwirbt oder
3. vernichtet,

hat dies der zuständigen Behörde anzuzeigen.

(2) Der Besitzer einer unbrauchbar gemachten Schusswaffe hat der zuständigen Behörde unverzüglich nach Feststellung des Abhandenkommens anzuzeigen, wenn die Waffe abhandengekommen ist.

(3) [1] Hat der Besitzer der unbrauchbar gemachten Schusswaffe keine Waffenherstellungserlaubnis oder Waffenhandelserlaubnis nach § 21 Absatz 1 Satz 1, hat die Anzeige nach Absatz 1 binnen zwei Wochen schriftlich oder elektronisch zu erfolgen. [2] Hat der Besitzer eine Waffenherstellungserlaubnis oder Waffenhandelserlaubnis nach § 21 Absatz 1 Satz 1, so hat die Anzeige nach Absatz 1 unverzüglich elektronisch zu erfolgen und es gilt hierfür § 9 des Waffenregistergesetzes.

(4) Hat der Besitzer eine Waffenherstellungserlaubnis oder Waffenhandelserlaubnis nach § 21 Absatz 1 Satz 1, so hat die Anzeige nach Absatz 2 elektronisch zu erfolgen und es gilt hierfür § 9 des Waffenregistergesetzes.

(5) Ist bei der zuständigen Behörde eine Anzeige zum Abhandenkommen von unbrauchbar gemachten Schusswaffen eingegangen, so unterrichtet sie die örtliche Polizeidienststelle über das Abhandenkommen.

§ 37e[1)] Ausnahmen von der Anzeigepflicht. (1) [1] Die Pflicht zur Anzeige einer Überlassung oder eines Erwerbs nach § 37 Absatz 1 Satz 1 Nummer 2 und 3 besteht nicht bei
1. Überlassung einzelner wesentlicher Teile zum Zweck der gewerbsmäßigen Ausführung von Verschönerungen oder ähnlichen Arbeiten an der Waffe, sofern eine Rücküberlassung an den Überlassenden erfolgen soll,
2. Überlassung im Rahmen eines Arbeits- oder Ausbildungsverhältnisses nach § 12 Absatz 1 Nummer 3 Buchstabe a,
3. vorübergehendem Überlassen zum Schießen auf einer Schießstätte nach § 12 Absatz 1 Nummer 5.

---

1) §§ 37d und 37e eingef. mWv 1.9.2020 durch G v. 17.2.2020 (BGBl. I S. 166).

[2]Satz 1 gilt im Fall der Überlassung und des Erwerbs einer unbrauchbar gemachten Schusswaffe im Sinne von § 37d Absatz 1 Satz 1 Nummer 1 und 2 durch den Inhaber einer Erlaubnis nach § 21 Absatz 1 Satz 1 entsprechend.

(2) [1]Der Inhaber der Erlaubnis nach § 21 Absatz 1 Satz 1 kann von einer Anzeige des Erwerbs nach § 37 Absatz 1 Satz 1 Nummer 3 oder § 37d Absatz 1 Nummer 2 und bei der anschließenden Rücküberlassung an den Überlassenden von der Anzeige der Überlassung nach § 37 Absatz 1 Satz 1 Nummer 2 oder § 37d Absatz 1 Nummer 1 absehen, wenn der Inhaber der Erlaubnis nach § 21 Absatz 1 Satz 1 von einem Überlassenden erwirbt, der nicht Inhaber einer Erlaubnis nach § 21 Absatz 1 Satz 1 ist, und die Rücküberlassung innerhalb eines Monats nach dem Erwerb erfolgt. [2]Erfolgt die Rücküberlassung im Fall des Satzes 1 nicht innerhalb eines Monats nach dem Erwerb, hat der Inhaber der Erlaubnis nach § 21 Absatz 1 Satz 1 die Anzeige des Erwerbs gemäß § 37 Absatz 1 Satz 1 Nummer 3 oder § 37d Absatz 1 Nummer 2 unverzüglich nachzuholen sowie die Rücküberlassung gemäß § 37 Absatz 1 Satz 1 Nummer 2 oder § 37d Absatz 1 Nummer 1 unverzüglich anzuzeigen. [3]Im Fall des Satzes 1 sind Erwerb und Überlassung durch den Inhaber der Erlaubnis nach § 21 Absatz 1 Satz 1 schriftlich oder elektronisch zu dokumentieren (Ersatzdokumentation).

(2a) [1]Von der Anzeige einer Überlassung oder eines Erwerbs nach § 37 Absatz 1 Satz 1 Nummer 2 und 3 kann abgesehen werden, wenn

1. sowohl der Überlassende als auch der Erwerbende Inhaber der Erlaubnis nach § 21 Absatz 1 Satz 1 ist, und
2. die Rücküberlassung und der Rückerwerb zwischen diesen beiden innerhalb von 14 Tagen nach dem Erwerb erfolgt.

[2]Erfolgt die Rücküberlassung im Fall des Satzes 1 nicht innerhalb von 14 Tagen nach dem Erwerb, hat

1. der Erwerbende
   a) die Anzeige des Erwerbs gemäß § 37 Absatz 1 Satz 1 Nummer 3 und
   b) die Anzeige der Rücküberlassung gemäß § 37 Absatz 1 Satz 1 Nummer 2 sowie
2. der Überlassende
   a) die Anzeige der Überlassung gemäß § 37 Absatz 1 Satz 1 Nummer 2 und
   b) die Anzeige des Rückerwerbs gemäß § 37 Absatz 1 Satz 1 Nummer 3

jeweils unverzüglich nachzuholen. [3]Im Fall des Satzes 1 sind Erwerb und Überlassung durch die Inhaber der Erlaubnis nach § 21 Absatz 1 Satz 1 in der Ersatzdokumentation festzuhalten. [4]Über die Nutzung der Ersatzdokumentation muss zwischen überlassendem und erwerbendem Inhaber der Erlaubnis nach § 21 Absatz 1 Satz 1 im Vorwege Einigung erzielt werden.

(3) Die Pflicht zur Anzeige einer Überlassung gemäß § 37a Satz 1 Nummer 1 *besteht nicht in den Fällen* des § 12 Absatz 1 sowie beim Überlassen an einen Erlaubnisinhaber nach § 21 Absatz 1 Satz 1 zum Zweck

1. der Verwahrung,
2. der Instandsetzung oder Vornahme geringfügiger Änderungen oder
3. des Kommissionsverkaufs.

(4) Die Pflicht zur Anzeige eines Erwerbs gemäß § 37a Satz 1 Nummer 2 besteht nicht

1. in den Fällen des § 12 Absatz 1 Nummer 1 bis 3, 4 Buchstabe a oder Nummer 5, außer es handelt sich um den Wiedererwerb nach einer Instandsetzung, die zum Umbau oder Austausch eines wesentlichen Teils geführt hat, oder
2. für einen Waffensachverständigen, der die Waffe auf Grund eines Bedürfnisses nach § 18 Absatz 1 erwirbt und sie höchstens drei Monate lang besitzt.

(5) Die Absätze 3 und 4 gelten im Fall der Überlassung und des Erwerbs einer unbrauchbar gemachten Schusswaffe im Sinne von § 37d Absatz 1 Satz 1 Nummer 1 und 2 durch Personen, die nicht Inhaber einer Erlaubnis nach § 21 Absatz 1 Satz 1 sind, entsprechend.

§ 37f[1] Inhalt der Anzeigen. (1) Für die Anzeige nach den §§ 37 bis 37d hat der Anzeigende folgende Daten anzugeben:

1. die Art des in den §§ 37 bis 37d bezeichneten Sachverhalts, der der Anzeigepflicht zugrunde liegt;
2. das Datum, an dem der Sachverhalt eingetreten ist, bei Abhandenkommen das Datum der Feststellung des Abhandenkommens;
3. die folgenden Daten des Anzeigenden:
   a) Familienname,
   b) früherer Name,
   c) Geburtsname,
   d) Vorname,
   e) Doktorgrad,
   f) Geburtstag,
   g) Geburtsort,
   h) Geschlecht,
   i) jede Staatsangehörigkeit sowie
   j) Straße, Hausnummer, Postleitzahl und Ort, bei einer ausländischen Adresse auch den betreffenden Staat (Anschrift);
4. die folgenden Daten zu einem Kaufmann, einer juristischen Person oder einer Personenvereinigung:
   a) Namen oder Firma,
   b) frühere Namen,
   c) Anschrift und
   d) bei Handelsgesellschaften und Vereinen den Gegenstand des Unternehmens oder des Vereins;
5. die folgenden Daten der Waffe, die Gegenstand der Anzeige ist:
   a) Hersteller,
   b) Modellbezeichnung,
   c) Kaliber- oder Munitionsbezeichnung,
   d) Seriennummer,
   e) Jahr der Fertigstellung,
   f) Verbringen in den Geltungsbereich dieses Gesetzes,
   g) Kategorie nach Anlage 1 Abschnitt 3,

---

[1] § 37f eingef. mWv 1.9.2020 durch G v. 17.2.2020 (BGBl. I S. 166).

h) Art der Waffe;
6. die folgenden Daten des Magazins, das Gegenstand der Anzeige ist:
a) Kapazität des Magazins,
b) kleinste verwendbare Munition und
c) dauerhafte Beschriftung des Magazins, sofern vorhanden;
7. Art und Gültigkeit der Erlaubnis, die zur Art des anzuzeigenden Sachverhalts berechtigt oder verpflichtet;
8. die Nummer der Erlaubnisurkunde und
9. die zuständige Behörde, die die Erlaubnisurkunde ausgestellt hat.

(2) Bei Überlassung und Erwerb sind zusätzlich anzuzeigen
1. folgende Daten des Erwerbers:
a) Familienname,
b) Vorname,
c) Geburtsdatum,
d) Geburtsort,
e) Anschrift;
2. bei Nachweis der Erwerbs- und Besitzberechtigung durch eine Waffenbesitzkarte:
a) die Nummer der Waffenbesitzkarte und
b) die ausstellende Behörde;
3. folgende Daten des Überlassenden:
a) Familienname,
b) früherer Name,
c) Geburtsname,
d) Vorname,
e) Doktorgrad,
f) Geburtsdatum,
g) Geburtsort,
h) Geschlecht,
i) jede Staatsangehörigkeit sowie
j) Anschrift.

(3) Ist der Erwerber oder der Überlassende vom Anwendungsbereich dieses Gesetzes nicht erfasst, so sind ausschließlich sein Name und seine Anschrift anzuzeigen.

(4) Anzuzeigen sind Änderungen der Daten der Waffe, die sich auf Grund einer der in § 37 Absatz 1 bezeichneten Umgangshandlungen ergeben.

§ 37g[1] Eintragungen in die Waffenbesitzkarte. (1) Der Inhaber einer *Erlaubnis zum Erwerb* und Besitz von Waffen nach § 10 Absatz 1 Satz 1 oder einer gleichgestellten anderen Erlaubnis zum Erwerb und Besitz hat gleichzeitig mit der Anzeige nach § 37a oder § 37b Absatz 1 die Waffenbesitzkarte und, sofern die betreffende Waffe in den Europäischen Feuerwaffenpass des Erlaubnisinhabers eingetragen ist, auch diesen zur Eintragung oder Berichtigung bei der zuständigen Behörde vorzulegen.

---

[1] § 37g eingef. mWv 1.9.2020 durch G v. 17.2.2020 (BGBl. I S. 166).

(2) Bei Austausch eines wesentlichen Teils entfällt die Vorlagepflicht nach Absatz 1.

(3) Die zuständige Behörde trägt Anlass und Inhalt der Anzeige in die Waffenbesitzkarte oder den Europäischen Feuerwaffenpass ein.

§ 37h[1] **Ausstellung einer Anzeigebescheinigung.** (1) [1] Über die Anzeige
1. der Unbrauchbarmachung nach § 37b Absatz 2 Satz 1,
2. des Umgangs mit einer unbrauchbar gemachten Schusswaffe nach § 37d Absatz 1 Nummer 1 und 2 sowie
3. des Besitzes eines Magazins oder Magazingehäuses nach § 58 Absatz 17 Satz 1

hat die zuständige Behörde dem Anzeigenden eine Anzeigebescheinigung auszustellen. [2] Satz 1 gilt nicht, wenn der Anzeigende Inhaber einer Erlaubnis nach § 21 Absatz 1 Satz 1 ist.

(2) Die Anzeigebescheinigung enthält
1. vom Anzeigenden die Daten nach § 37f Absatz 1 Nummer 3,
2. den Anlass der Anzeige nach § 37b Absatz 2 Satz 1, § 37d Absatz 1 Nummer 1 oder 2 oder § 58 Absatz 17 Satz 1,
3. den Zeitpunkt, an dem der zuständigen Behörde die Anzeige zugegangen ist, sowie
4. die Angaben nach § 37f Absatz 1 Nummer 5 und 6.

§ 37i[1] **Mitteilungspflicht bei Umzug ins Ausland und bei Umzug im Ausland.** [1] Zieht der Inhaber einer waffenrechtlichen Erlaubnis oder Bescheinigung ins Ausland, so ist er verpflichtet, seine Anschrift im Ausland der Waffenbehörde mitzuteilen, die zuletzt für ihn zuständig gewesen ist. [2] Zieht der im Ausland lebende Inhaber einer waffenrechtlichen Erlaubnis oder Bescheinigung im Ausland um, so ist er verpflichtet, dem Bundesverwaltungsamt seine neue Anschrift im Ausland mitzuteilen.

§ 38[2] **Ausweispflichten.** (1) [1] Wer eine Waffe führt, muss folgende Dokumente mit sich führen:
1. seinen Personalausweis oder Pass und
   a) wenn es einer Erlaubnis zum Erwerb bedarf, die Waffenbesitzkarte oder, wenn es einer Erlaubnis zum Führen bedarf, den Waffenschein,
   b) im Fall des Verbringens einer Waffe oder von Munition gemäß § 29 den Erlaubnisschein,
   c) im Fall des Verbringens einer Waffe oder von Munition aus dem Geltungsbereich des Gesetzes gemäß § 30 den Erlaubnisschein oder eine Ablichtung hiervon sowie zusätzlich zum Erlaubnisschein oder der Ablichtung hiervon die Bestätigung der Anzeige durch das Bundesverwaltungsamt, bei elektronischer Anzeigebestätigung einen Ausdruck der Bestätigung des Bundesverwaltungsamts,

---

[1] §§ 37h und 37i eingef. mWv 1.9.2020 durch G v. 17.2.2020 (BGBl. I S. 166).

[2] § 38 neu gef. mWv 6.7.2017 durch G v. 30.6.2017 (BGBl. I S. 2133); Abs. 1 Satz 1 Nr. 1 Buchst. b neu gef., *Buchst. c eingef., bish. Buchst. c* wird Buchst. d und geänd., bish. Buchst. d und e aufgeh., bish. Buchst. f wird Buchst. e und geänd., bish. Buchst. g und h werden Buchst. f und g, Satz 2 geänd. mWv 1.9.2020 durch G v. 17.2.2020 (BGBl. I S. 166).

d) im Fall der Mitnahme einer Waffe oder von Munition aus einem Drittstaat gemäß § 32 Absatz 1 den Erlaubnisschein, im Fall der Mitnahme auf Grund einer Erlaubnis nach § 32 Absatz 4 auch den Beleg für den Grund der Mitnahme,

e) im Fall der Mitnahme einer Schusswaffe oder von Munition nach Anlage 1 Abschnitt 3 (Kategorien A 1.2 bis C)

aa) aus einem anderen Mitgliedstaat gemäß § 32 Absatz 1 und 2 den Erlaubnisschein und den Europäischen Feuerwaffenpass,

bb) aus dem Geltungsbereich dieses Gesetzes gemäß § 32 Absatz 1a den Erlaubnisschein,

cc) aus einem anderen Mitgliedstaat oder aus dem Geltungsbereich dieses Gesetzes gemäß § 32 Absatz 3 den Europäischen Feuerwaffenpass und einen Beleg für den Grund der Mitnahme,

f) im Fall der vorübergehenden Berechtigung zum Erwerb oder zum Führen auf Grund des § 12 Absatz 1 Nummer 1 und 2 oder § 28 Absatz 4 einen Beleg, aus dem der Name des Überlassers und des Besitzberechtigten sowie das Datum der Überlassung hervorgeht, oder

g) im Fall des Schießens mit einer Schießerlaubnis nach § 10 Absatz 5 diese und

2. in den Fällen des § 13 Absatz 6 den Jagdschein.

[2] In den Fällen des § 13 Absatz 3 sowie im Fall des Führens einer Waffe, die auf Grund einer unbefristeten Erlaubnis gemäß § 14 Absatz 6 erworben wurde, genügt an Stelle der Waffenbesitzkarte ein schriftlicher Nachweis darüber, dass die Antragsfrist noch nicht verstrichen oder ein Antrag gestellt worden ist. [3] Satz 1 gilt nicht in Fällen des § 12 Absatz 3 Nummer 1.

(2) Die nach Absatz 1 Satz 1 und 2 mitzuführenden Dokumente sind Polizeibeamten oder sonst zur Personenkontrolle Befugten auf Verlangen zur Prüfung auszuhändigen.

§ 39 Auskunfts- und Vorzeigepflicht, Nachschau. (1) [1] Wer Waffenherstellung, Waffenhandel oder eine Schießstätte betreibt, eine Schießstätte benutzt oder in ihr die Aufsicht führt, ein Bewachungsunternehmen betreibt, Veranstaltungen zur Ausbildung im Verteidigungsschießen durchführt oder sonst den Besitz über Waffen oder Munition ausübt, hat der zuständigen Behörde auf Verlangen oder, sofern dieses Gesetz einen Zeitpunkt vorschreibt, zu diesem Zeitpunkt die für die Durchführung dieses Gesetzes erforderlichen Auskünfte zu erteilen; eine entsprechende Pflicht gilt ferner für Personen, gegenüber denen ein Verbot nach § 41 Abs. 1 oder 2 ausgesprochen wurde. [2] Sie können die Auskunft auf solche Fragen verweigern, deren Beantwortung sie selbst oder einen der in § 383 Abs. 1 Nr. 1 bis 3 der Zivilprozessordnung[1)] bezeichneten Angehörigen der Gefahr strafrechtlicher Verfolgung oder eines Verfahrens nach *dem Gesetz über Ordnungswidrigkeiten*[2)] aussetzen würde. [3] Darüber hinaus hat der Inhaber der Erlaubnis die Einhaltung von Auflagen nachzuweisen.

(2) [1] Betreibt der Auskunftspflichtige Waffenherstellung, Waffenhandel, eine Schießstätte oder ein Bewachungsunternehmen, so sind die von der zuständigen Behörde mit der Überwachung des Betriebs beauftragten Personen berech-

[1)] **Schönfelder Nr. 100.**
[2)] **Schönfelder Nr. 94.**

tigt, Betriebsgrundstücke und Geschäftsräume während der Betriebs- und Arbeitszeit zu betreten, um dort Prüfungen und Besichtigungen vorzunehmen, Proben zu entnehmen und Einsicht in die geschäftlichen Unterlagen zu nehmen; zur Abwehr dringender Gefahren für die öffentliche Sicherheit oder Ordnung dürfen diese Arbeitsstätten auch außerhalb dieser Zeit sowie die Wohnräume des Auskunftspflichtigen gegen dessen Willen besichtigt werden. 2 Das Grundrecht der Unverletzlichkeit der Wohnung (Artikel 13 des Grundgesetzes[1)]) wird insoweit eingeschränkt.

(3) Aus begründetem Anlass kann die zuständige Behörde anordnen, dass der Besitzer von

1. Waffen oder Munition, deren Erwerb der Erlaubnis bedarf, oder
2. in Anlage 2 Abschnitt 1 bezeichneten verbotenen Waffen

ihr diese sowie Erlaubnisscheine oder Ausnahmebescheinigungen binnen angemessener, von ihr zu bestimmender Frist zur Prüfung vorlegt.

§ 39a[2)] Verordnungsermächtigung für die Ersatzdokumentation.

Das Bundesministerium des Innern, für Bau und Heimat wird ermächtigt, durch Rechtsverordnung mit Zustimmung des Bundesrates zur Durchführung des § 37e Absatz 2 Satz 3 und Absatz 2a Satz 3 Vorschriften über Inhalt, Führung, Aufbewahrung und Vorlage der Ersatzdokumentation zu erlassen.

Unterabschnitt 6a.[3)] Besondere Regelungen zum Umgang mit Salutwaffen und unbrauchbar gemachten Schusswaffen, zur Unbrauchbarmachung von Schusswaffen und zur Aufbewahrung von Salutwaffen

§ 39b[4)] Erwerb, Besitz und Aufbewahrung von Salutwaffen. (1) Ein Bedürfnis für den Erwerb und Besitz von Salutwaffen nach Anlage 1 Abschnitt 1 Unterabschnitt 1 Nummer 1.5 ist insbesondere anzuerkennen, wenn der Antragsteller die Salutwaffen für

1. Theateraufführungen,
2. Foto-, Film- oder Fernsehaufnahmen oder
3. für die Teilnahme an kulturellen Veranstaltungen oder Veranstaltungen der Brauchtumspflege

benötigt.

(2) Ein Nachweis der Sachkunde nach § 7 ist für die Erteilung der Erlaubnis nicht erforderlich.

(3) 1 § 36 Absatz 3, 4 und 6 ist auf Salutwaffen nicht anzuwenden. 2 Sind Regelungen einer auf Grund von § 36 Absatz 5 erlassenen Rechtsverordnung anwendbar, sind Salutwaffen wie von der Erlaubnispflicht freigestellte Waffen zu behandeln.

---

1) Nr. 1.
2) § 39a eingef. mWv 1.9.2020 durch G v. 17.2.2020 (BGBl. I S. 166).
3) Unterabschnitt 6a (§ 39a) eingef. mWv 6.7.2017 durch G v. 30.6.2017 (BGBl. I S. 2133); Überschrift Unterabschnitt 6a neu gef. mWv 1.9.2020 durch G v. 17.2.2020 (BGBl. I S. 166).
4) § 39b eingef. mWv 1.9.2020 durch G v. 17.2.2020 (BGBl. I S. 166).

§ 39c[1)] Unbrauchbarmachung von Schusswaffen und Umgang mit unbrauchbar gemachten Schusswaffen; Verordnungsermächtigung. (1) Das Bundesministerium des Innern, für Bau und Heimat wird ermächtigt, durch Rechtsverordnung, die nicht der Zustimmung des Bundesrates bedarf, nähere Regelungen zur Unbrauchbarmachung von Schusswaffen zu treffen; insbesondere kann es

1. auf die Unbrauchbarmachung bezogene Dokumentationen und Mitteilungen verlangen und
2. Regelungen in Bezug auf vor Inkrafttreten dieser Bestimmung unbrauchbar gemachte Schusswaffen treffen.

(2) [1]Das Bundesministerium des Innern, für Bau und Heimat wird ermächtigt, durch Rechtsverordnung, die nicht der Zustimmung des Bundesrates bedarf, die Anwendbarkeit von Vorschriften des Waffengesetzes auf unbrauchbar gemachte Schusswaffen zu regeln sowie den Umgang mit unbrauchbar gemachten Schusswaffen (Anlage 1 Abschnitt 1 Unterabschnitt 1 Nummer 1.4) zu verbieten oder zu beschränken oder mit bestimmten Verpflichtungen zu verbinden; insbesondere kann es

1. bestimmte Arten des Umgangs mit unbrauchbar gemachten Schusswaffen verbieten oder unter Genehmigungsvorbehalt stellen und
2. Anzeigen oder Begleitdokumente vorschreiben.

[2]Durch die Verordnung können diejenigen Teile der Anlage 2 zu diesem Gesetz, die unbrauchbar gemachte Schusswaffen betreffen, aufgehoben werden.

Unterabschnitt 7. Verbote

§ 40[2)] Verbotene Waffen. (1) Das Verbot des Umgangs umfasst auch das Verbot, zur Herstellung der in Anlage 2 Abschnitt 1 Nr. 1.3.4 bezeichneten Gegenstände anzuleiten oder aufzufordern.

(2) Das Verbot des Umgangs mit Waffen oder Munition ist nicht anzuwenden, soweit jemand auf Grund eines gerichtlichen oder behördlichen Auftrags tätig wird.

(3) [1]Inhaber einer jagdrechtlichen Erlaubnis und Angehörige von Leder oder Pelz verarbeitenden Berufen dürfen abweichend von § 2 Abs. 3 Umgang mit Faustmessern nach Anlage 2 Abschnitt 1 Nr. 1.4.2 haben, sofern sie diese Messer zur Ausübung ihrer Tätigkeit benötigen. [2]Inhaber sprengstoffrechtlicher Erlaubnisse (§§ 7 und 27 des Sprengstoffgesetzes[3)]) und Befähigungsscheine (§ 20 des Sprengstoffgesetzes) sowie Teilnehmer staatlicher oder staatlich anerkannter Lehrgänge dürfen abweichend von § 2 Absatz 3 Umgang mit explosionsgefährlichen Stoffen oder Gegenständen nach Anlage 2 Abschnitt 1 Nummer 1.3.4 haben, soweit die durch die Erlaubnis oder den Befähigungsschein gestattete Tätigkeit *oder die Ausbildung hierfür* dies erfordern. [3]Dies gilt insbesondere für Sprengarbeiten sowie Tätigkeiten im Katastrophenschutz oder im Rahmen von Theatern, vergleichbaren Einrichtungen, Film- und Fernsehproduktionsstätten sowie die Ausbildung für derartige Tätigkeiten. [4]Inhaber eines gültigen Jagdscheins im Sinne

[1)] Bish. § 39a wird § 39c und Überschrift neu gef., Abs. 1 Nr. 1 aufgeh., bish. Nr. 2 wird Nr. 1 und geänd., bish. Nr. 3 wird Nr. 2 mWv 1.9.2020 durch G v. 17.2.2020 (BGBl. I S. 166).

[2)] § 40 Abs. 3 Sätze 2 und 3 angef. mWv 25.7.2009 durch G v. 17.7.2009 (BGBl. I S. 2062); Abs. 3 Sätze 4–6 angef. mWv 20.2.2020 durch G v. 17.2.2020 (BGBl. I S. 166).

[3)] **Sartorius ErgBd. Nr. 822.**

von § 15 Absatz 2 Satz 1 des Bundesjagdgesetzes[1)] dürfen abweichend von § 2 Absatz 3 für jagdliche Zwecke Umgang mit Nachtsichtvorsätzen und Nachtsichtaufsätzen nach Anlage 2 Abschnitt 1 Nummer 1.2.4.2 haben. [5]Jagdrechtliche Verbote oder Beschränkungen der Nutzung von Nachtsichtvorsatzgeräten und Nachtsichtaufsätzen bleiben unberührt. [6]Satz 4 gilt entsprechend für Inhaber einer gültigen Erlaubnis nach § 21 Absatz 1 und 2.

(4) [1]Das Bundeskriminalamt kann auf Antrag von den Verboten der Anlage 2 Abschnitt 1 allgemein oder für den Einzelfall Ausnahmen zulassen, wenn die Interessen des Antragstellers auf Grund besonderer Umstände das öffentliche Interesse an der Durchsetzung des Verbots überwiegen. [2]Dies kann insbesondere angenommen werden, wenn die in der Anlage 2 Abschnitt 1 bezeichneten Waffen oder Munition zum Verbringen aus dem Geltungsbereich dieses Gesetzes, für wissenschaftliche oder Forschungszwecke oder zur Erweiterung einer kulturhistorisch bedeutsamen Sammlung bestimmt sind und eine erhebliche Gefahr für die öffentliche Sicherheit nicht zu befürchten ist.

(5) [1]Wer eine in Anlage 2 Abschnitt 1 bezeichnete Waffe als Erbe, Finder oder in ähnlicher Weise in Besitz nimmt, hat dies der zuständigen Behörde unverzüglich anzuzeigen. [2]Die zuständige Behörde kann die Waffen oder Munition sicherstellen oder anordnen, dass innerhalb einer angemessenen Frist die Waffen oder Munition unbrauchbar gemacht, von Verbotsmerkmalen befreit oder einem nach diesem Gesetz Berechtigten überlassen werden, oder dass der Erwerber einen Antrag nach Absatz 4 stellt. [3]Das Verbot des Umgangs mit Waffen oder Munition wird nicht wirksam, solange die Frist läuft oder eine ablehnende Entscheidung nach Absatz 4 dem Antragsteller noch nicht bekannt gegeben worden ist.

§ 41[2)] Waffenverbote für den Einzelfall. (1) [1]Die zuständige Behörde kann jemandem den Besitz von Waffen oder Munition, deren Erwerb nicht der Erlaubnis bedarf, und den Erwerb solcher Waffen oder Munition untersagen,

1. soweit es zur Verhütung von Gefahren für die Sicherheit oder zur Kontrolle des Umgangs mit diesen Gegenständen geboten ist oder
2. wenn Tatsachen vorliegen, die die Annahme rechtfertigen, dass der rechtmäßige Besitzer oder Erwerbswillige abhängig von Alkohol oder anderen berauschenden Mitteln, psychisch krank oder debil ist oder sonst die erforderliche persönliche Eignung nicht besitzt oder ihm die für den Erwerb oder Besitz solcher Waffen oder Munition erforderliche Zuverlässigkeit fehlt.

[2]Tatsachen für das Fehlen der erforderlichen Zuverlässigkeit nach Satz 1 Nummer 2 liegen außer in den Fällen des § 5 Absatz 1 Nummer 1 Buchstabe a oder c, Nummer 2 oder Absatz 2 Nummer 2 bis 4 insbesondere vor, wenn die betroffene Person

1. wegen einer vorsätzlichen Straftat gegen die körperliche Unversehrtheit oder einer vorsätzlichen Straftat, die mit Gewalt oder durch Drohung mit gegenwärtiger Gefahr für Leib oder Leben begangen wurde, zu einer Freiheitsstrafe, Jugendstrafe oder Geldstrafe von mindestens 90 Tagessätzen rechtskräftig verurteilt worden ist oder bei der die Verhängung von Jugendstrafe ausgesetzt worden ist, wenn seit dem Eintritt der Rechtskraft der letzten Verurteilung fünf Jahre noch nicht verstrichen sind, oder

---

1) Nr. **890**.

2) § 41 Abs. 1 Satz 2 geänd. mWv 26.11.2019 durch G v. 20.11.2019 (BGBl. I S. 1626); Abs. 1 neu gef. mWv 31.10.2024 durch G v. 25.10.2024 (BGBl. 2024 I Nr. 332).

2. wegen einer vorsätzlichen Straftat nach dem Waffengesetz, dem Gesetz über die Kontrolle von Kriegswaffen[1], dem Sprengstoffgesetz[2] oder dem Bundesjagdgesetz[3] zu einer Freiheitsstrafe, Jugendstrafe oder Geldstrafe von mindestens 90 Tagessätzen rechtskräftig verurteilt worden ist oder bei der die Verhängung von Jugendstrafe ausgesetzt worden ist, wenn seit dem Eintritt der Rechtskraft der letzten Verurteilung fünf Jahre noch nicht verstrichen sind.

³Im Fall des Satzes 1 Nummer 2 ist die betroffene Person darauf hinzuweisen, dass sie die Annahme mangelnder persönlicher Eignung im Wege der Beibringung eines amts- oder fachärztlichen oder fachpsychologischen Zeugnisses über die geistige oder körperliche Eignung ausräumen kann; § 6 Absatz 2 findet entsprechende Anwendung.

(2) Die zuständige Behörde kann jemandem den Besitz von Waffen oder Munition, deren Erwerb der Erlaubnis bedarf, untersagen, soweit es zur Verhütung von Gefahren für die Sicherheit oder Kontrolle des Umgangs mit diesen Gegenständen geboten ist.

(3) Die zuständige Behörde unterrichtet die örtliche Polizeidienststelle über den Erlass eines Waffenbesitzverbotes.

§ 42[4] Verbot des Führens von Waffen und Messern bei öffentlichen Veranstaltungen; Verordnungsermächtigungen für Verbotszonen. (1) ¹Wer an öffentlichen Vergnügungen, Volksfesten, Sportveranstaltungen, Messen, Ausstellungen, Märkten oder ähnlichen öffentlichen Veranstaltungen teilnimmt, darf keine Waffen im Sinne des § 1 Abs. 2 führen. ²Dies gilt auch, wenn für die Teilnahme ein Eintrittsgeld zu entrichten ist, sowie für Theater-, Kino-, und Diskothekenbesuche und für Tanzveranstaltungen.

(2) Die zuständige Behörde kann allgemein oder für den Einzelfall Ausnahmen von Absatz 1 zulassen, wenn

1. der Antragsteller die erforderliche Zuverlässigkeit (§ 5) und persönliche Eignung (§ 6) besitzt,
2. der Antragsteller nachgewiesen hat, dass er auf Waffen bei der öffentlichen Veranstaltung nicht verzichten kann, und
3. eine Gefahr für die öffentliche Sicherheit oder Ordnung nicht zu besorgen ist.

(3) Unbeschadet des § 38 muss der nach Absatz 2 Berechtigte auch den Ausnahmebescheid mit sich führen und auf Verlangen zur Prüfung aushändigen.

(4) Die Absätze 1 bis 3 sind nicht anzuwenden

1. auf die Mitwirkenden an Theateraufführungen und diesen gleich zu achtenden Vorführungen, wenn zu diesem Zweck ungeladene oder mit Kartuschenmunition geladene Schusswaffen oder Waffen im Sinne des § 1 Abs. 2 Nr. 2 geführt werden,
2. auf das Schießen in Schießstätten (§ 27),
3. soweit eine Schießerlaubnis nach § 10 Abs. 5 vorliegt,

---

[1] Nr. **823**.

[2] **Sartorius ErgBd. Nr. 822.**

[3] Nr. **890**.

[4] § 42 Abs. 5 angef. mWv 24.11.2007 durch G v. 5.11.2007 (BGBl. I S. 2557); Abs. 1 Satz 2 angef. mWv 6.7.2017 durch G v. 30.6.2017 (BGBl. I S. 2133); Überschrift neu gef., Abs. 6 angef. mWv 20.2.2020 durch G v. 17.2.2020 (BGBl. I S. 166); Überschrift neu gefasst, Abs. 4a eingef., Abs. 5 neu gef., Abs. 6 aufgeh. mWv 31.10.2024 durch G v. 25.10.2024 (BGBl. 2024 I Nr. 332); Abs. 5 Satz 1 Nr. 5, Satz 3 einl. Satzteil und Satz 4 geänd. mWv 24.7.2025 durch G v. 17.7.2025 (BGBl. 2025 I Nr. 171).

4. auf das gewerbliche Ausstellen der in Absatz 1 genannten Waffen auf Messen und Ausstellungen.

(4a) [1] Absatz 1 gilt entsprechend für das Führen von Messern. [2] Ausgenommen vom Verbot des Führens von Messern sind:

1. Anlieferverkehr,
2. Gewerbetreibende und ihre Beschäftigten und von den Gewerbetreibenden Beauftragte, die Messer im Zusammenhang mit ihrer Berufsausübung führen,
3. Personen, die ein Messer nicht zugriffsbereit von einem Ort zum anderen befördern,
4. Personen, die ein Messer in oder auf bestimmten Gebäuden oder Flächen mit öffentlichem Verkehr sowie in Verkehrsmitteln und Einrichtungen des öffentlichen Personenverkehrs, in oder auf denen Menschenansammlungen auftreten können und die einem Hausrecht unterliegen mit Zustimmung des Hausrechtsbereichsinhabers führen, wenn das Führen dem Zweck des Aufenthaltes in dem Hausrechtsbereich dient oder im Zusammenhang damit steht,
5. das gewerbliche Ausstellen von Messern auf Messen, Märkten und Ausstellungen,
6. Rettungskräfte und Einsatzkräfte im Zivil- und Katastrophenschutz im Zusammenhang mit der Tätigkeit,
7. Mitwirkende an Foto-, Film- oder Fernsehaufnahmen, Theateraufführungen oder historischen Darstellungen, wenn zu diesem Zweck Messer geführt werden,
8. Personen, die Messer im Zusammenhang mit der Brauchtumspflege, der Jagd oder der Ausübung des Sports führen,
9. Inhaber gastronomischer Betriebe, ihre Beschäftigten und Beauftragten sowie deren Kundinnen und Kunden,
10. Personen, die Messer im Zusammenhang mit einem allgemein anerkannten Zweck führen.

(5) [1] Die Landesregierungen können durch Rechtsverordnung das Führen von Waffen im Sinne des § 1 Absatz 2 und von Messern verbieten oder beschränken

1. auf bestimmten öffentlichen Straßen, Wegen oder Plätzen, soweit an dem jeweiligen Ort wiederholt begangen worden sind
   a) Straftaten unter Einsatz von Waffen oder
   b) Raubdelikte, Körperverletzungsdelikte, Bedrohungen, Nötigungen, Sexualdelikte, Freiheitsberaubungen oder Straftaten gegen das Leben,
2. auf bestimmten öffentlichen Straßen, Wegen oder Plätzen, auf denen Menschenansammlungen auftreten können,
3. in oder auf bestimmten Gebäuden oder Flächen mit öffentlichem Verkehr sowie in Verkehrsmitteln und Einrichtungen des öffentlichen Personenverkehrs, soweit diese nicht von § 42b Absatz 1 oder einer Rechtsverordnung nach § 42b Absatz 2 erfasst sind, in oder auf denen Menschenansammlungen auftreten können, und die einem Hausrecht unterliegen,
4. in bestimmten Jugend- und Bildungseinrichtungen sowie
5. auf bestimmten öffentlichen Straßen, Wegen oder Plätzen, die an die in den Nummern 3 und 4 genannten Orte oder Einrichtungen angrenzen,

wenn Tatsachen die Annahme rechtfertigen, dass im Fall der Nummer 1 auch künftig mit der Begehung solcher Straftaten zu rechnen ist oder im Fall der Nummern 2 bis 5 das Verbot oder die Beschränkung zur Abwehr von Gefahren für die öffentliche Sicherheit erforderlich ist. [2] In der Rechtsverordnung nach Satz 1 ist eine Ausnahme vom Verbot oder von der Beschränkung für Fälle vorzusehen, in denen für das Führen der Waffe oder des Messers ein berechtigtes Interesse vorliegt. [3] Ein berechtigtes Interesse liegt in der Regel vor

1. für das Führen von Waffen
   a) für Inhaber waffenrechtlicher Erlaubnisse, mit Ausnahme einer Erlaubnis nach § 10 Absatz 4 Satz 4,
   b) für Personen, die eine Waffe nicht zugriffsbereit von einem Ort zum anderen befördern,
   c) in den Fällen des Satzes 1 Nummer 3 für Personen, die eine Waffe mit Zustimmung eines anderen in dessen Hausrechtsbereich nach Satz 1 Nummer 3 führen, wenn das Führen dem Zweck des Aufenthaltes in dem Hausrechtsbereich dient oder im Zusammenhang damit steht,
   d) für Rettungskräfte und Einsatzkräfte im Zivil- und Katastrophenschutz im Zusammenhang mit der Tätigkeit;
2. für das Führen von Messern in den Fällen des Absatzes 4a Satz 2.

[4] Die Landesregierungen können die Ermächtigung nach Satz 1 in Verbindung mit Satz 2 durch Rechtsverordnung auf die zuständige oberste Landesbehörde übertragen; diese kann die Ermächtigung durch Rechtsverordnung weiter übertragen.

§ 42a[1)] Verbot des Führens von Anscheinswaffen und bestimmten tragbaren Gegenständen. (1) Es ist verboten

1. Anscheinswaffen,
2. Hieb- und Stoßwaffen nach Anlage 1 Abschnitt 1 Unterabschnitt 2 Nr. 1.1 oder
3. Messer mit einhändig feststellbarer Klinge (Einhandmesser) oder feststehende Messer mit einer Klingenlänge über 12 cm

zu führen.

(2) [1] Absatz 1 gilt nicht

1. für die Verwendung bei Foto-, Film- oder Fernsehaufnahmen oder Theateraufführungen,
2. für den Transport in einem verschlossenen Behältnis,
3. für das Führen der Gegenstände nach Absatz 1 Nr. 2 und 3, sofern ein berechtigtes Interesse vorliegt.

[2] Weitergehende Regelungen bleiben unberührt.

(3) Ein berechtigtes Interesse nach Absatz 2 Satz 1 Nr. 3 liegt insbesondere vor, wenn das Führen der Gegenstände im Zusammenhang mit der Berufsausübung erfolgt, der Brauchtumspflege, dem Sport oder einem allgemein anerkannten Zweck dient.

§ 42b[2)] *Verbot des Führens von Waffen und Messern im öffentlichen* Personenfernverkehr; Verordnungsermächtigung für Verbotszonen.

(1) [1] Es ist verboten,

1. Waffen im Sinne des § 1 Absatz 2 oder
2. Messer

[1)] § 42a eingef. mWv 1.4.2008 durch G v. 26.3.2008 (BGBl. I S. 426); Abs. 3 geänd. mWv 6.7.2017 durch G v. 30.6.2017 (BGBl. I S. 2133).

[2)] § 42b eingef. mWv 31.10.2024 durch G v. 25.10.2024 (BGBl. 2024 I Nr. 332).

in Verkehrsmitteln des öffentlichen Personenfernverkehrs und in seitlich umschlossenen Einrichtungen des öffentlichen Personenfernverkehrs, insbesondere Gebäuden und Haltepunkten, zu führen, soweit nicht eine Rechtsverordnung nach Absatz 2 besteht. [2] Satz 1 gilt nicht

1. für das Führen von Waffen in den Fällen des § 42 Absatz 5 Satz 3 Nummer 1 Buchstabe a, b und d,
2. für das Führen von Messern in den Fällen des § 42 Absatz 4a Satz 2,
3. für Personen, die eine Waffe oder ein Messer mit Zustimmung des Verkehrsunternehmens führen, wenn das Führen dem Zweck des Aufenthalts in dem Hausrechtsbereich dient oder im Zusammenhang damit steht.

(2) [1] Für das Gebiet der Bahnanlagen der Eisenbahnen des Bundes wird das Bundesministerium des Innern und für Heimat ermächtigt, durch Rechtsverordnung ohne Zustimmung des Bundesrates das Führen von Waffen im Sinne des § 1 Absatz 2 und von Messern zu verbieten oder zu beschränken, wenn das Verbot oder die Beschränkung zur Abwehr von Gefahren für die öffentliche Sicherheit erforderlich ist. [2] In der Rechtsverordnung nach Satz 1 sind Ausnahmen vom Verbot oder von der Beschränkung entsprechend Absatz 1 Satz 2 vorzusehen. [3] Die Ermächtigung nach Satz 1 kann durch Rechtsverordnung auf das Bundespolizeipräsidium übertragen werden. [4] Die Befugnis der Bundespolizeibehörden, das Mitführen von Waffen und gefährlichen Gegenständen durch Allgemeinverfügung zu regeln, bleibt unberührt.

§ 42c[1)] Kontrollbefugnis zum Verbot des Führens von Waffen und Messern bei öffentlichen Veranstaltungen, im öffentlichen Personenfernverkehr und in Verbotszonen. [1] Die zuständige Behörde kann zur Durchsetzung gesetzlicher Waffen- und Messerverbote nach § 42 Absatz 1 Satz 1, Absatz 4a Satz 1 und § 42b Absatz 1 sowie von Waffen- und Messerverbotszonen nach § 42 Absatz 5 im räumlichen Geltungsbereich dieser gesetzlichen Waffen- und Messerverbote sowie im räumlichen Geltungsbereich der Waffen- und Messerverbotszonen Personen kurzzeitig anhalten, befragen, mitgeführte Sachen in Augenschein nehmen sowie die Person durchsuchen. [2] Die Auswahl der nach Satz 1 kontrollierten Person anhand eines Merkmals im Sinne des Artikels 3 Absatz 3 des Grundgesetzes[2)] ohne sachlichen, durch den Zweck der Maßnahme gerechtfertigten Grund ist unzulässig.

Abschnitt 3. Sonstige waffenrechtliche Vorschriften

§ 43[3)] Erhebung und Übermittlung personenbezogener Daten. (1) [1] Die für die Ausführung dieses Gesetzes zuständigen Behörden dürfen personenbezogene Daten auch ohne Mitwirkung der betroffenen Person in den Fällen des § 5 Abs. 5 und des § 6 Abs. 1 Satz 3 und 4 erheben. [2] Sonstige Rechtsvorschriften des Bundes- oder Landesrechts, die eine Erhebung ohne Mitwirkung der betroffenen Person vorsehen oder zwingend voraussetzen, bleiben unberührt.

(2) [1] Öffentliche Stellen im Geltungsbereich dieses Gesetzes sind auf Ersuchen der zuständigen Behörde verpflichtet, dieser im Rahmen datenschutzrechtlicher Übermittlungsbefugnisse personenbezogene Daten zu übermitteln, soweit die

---

1) § 42c eingef. mWv 31.10.2024 durch G v. 25.10.2024 (BGBl. 2024 I Nr. 332).

2) Nr. **1**.

3) § 43 Abs. 1 Sätze 1 und 2 geänd. mWv 26.11.2019 durch G v. 20.11.2019 (BGBl. I S. 1626); Abs. 2 Satz 2 angef. mWv 31.10.2024 durch G v. 25.10.2024 (BGBl. 2024 I Nr. 332).

Daten nicht wegen überwiegender öffentlicher Interessen geheim gehalten werden müssen. [2] § 30 der Abgabenordnung steht der Übermittlung nicht entgegen.

§ 43a[1)] *(aufgehoben)*

§ 44[2)] **Übermittlung an und von Meldebehörden.** (1) Die zuständige Behörde teilt der Meldebehörde mit:

1. die erstmalige Erteilung einer waffenrechtlichen Erlaubnis,
2. den Verlust aller waffenrechtlichen Erlaubnisse einer Person,
3. den Erlass und den Wegfall eines Waffenbesitzverbotes.

(2) Die zuständige Behörde teilt der Jagdbehörde die Ergebnisse sowie tragenden Gründe der Prüfung nach den §§ 5 und 6 mit.

(3) [1] Die Meldebehörden teilen den Waffenerlaubnisbehörden Namensänderungen, Zuzug, Änderungen der derzeitigen Anschrift im Zuständigkeitsbereich der Meldebehörde, Wegzug und Tod des Einwohners mit, für den das Vorliegen einer waffenrechtlichen Erlaubnis oder eines Waffenbesitzverbotes gespeichert ist. [2] Die Waffenerlaubnisbehörden übermitteln diese Daten an die zuständigen Verfassungsschutzbehörden.

§ 44a[3)] **Behördliche Aufbewahrungspflichten.** [1] Die für die Ausführung dieses Gesetzes zuständigen Behörden haben alle Unterlagen, die für die Feststellung der gegenwärtigen und früheren Besitzverhältnisse sowie die Rückverfolgung von Verkaufswegen erforderlich sind, einschließlich der Aufzeichnungen zu Verbringungen 30 Jahre aufzubewahren. [2] Ferner haben die in Satz 1 genannten Behörden zehn Jahre alle Unterlagen aufzubewahren, aus denen sich die Versagung einer waffenrechtlichen Erlaubnis

1. wegen fehlender Zuverlässigkeit nach § 4 Absatz 1 Nummer 2 in Verbindung mit § 5 Absatz 1 Nummer 2 oder Absatz 2 Nummer 2, 3 oder Nummer 4 oder
2. wegen fehlender persönlicher Eignung nach § 4 Absatz 1 Nummer 2 in Verbindung mit § 6 Absatz 1 Satz 1 und 2,

einschließlich der Gründe hierfür, ergibt.

§ 45[4)] **Rücknahme und Widerruf.** (1) Eine Erlaubnis nach diesem Gesetz ist zurückzunehmen, wenn nachträglich bekannt wird, dass die Erlaubnis hätte versagt werden müssen.

(2) [1] Eine Erlaubnis nach diesem Gesetz ist zu widerrufen, wenn nachträglich Tatsachen eintreten, die zur Versagung hätten führen müssen. [2] Eine Erlaubnis nach diesem Gesetz kann auch widerrufen werden, wenn inhaltliche Beschränkungen nicht beachtet werden.

(3) [1] Bei einer Erlaubnis kann abweichend von Absatz 2 Satz 1 im Fall eines vorübergehenden Wegfalls des Bedürfnisses, aus besonderen Gründen auch in

---

[1)] § 43a aufgeh. mWv 1.9.2020 durch G v. 17.2.2020 (BGBl. I S. 166).

[2)] § 44 Abs. 2 geänd. mWv 25.7.2009 durch G v. 17.7.2009 (BGBl. I S. 2062); Abs. 2 neu gef. mWv 6.7.2017 durch G v. 30.6.2017 (BGBl. I S. 2133); Abs. 1 neu gef., Abs. 2 geänd. mWv 1.9.2020 durch G v. 17.2.2020 (BGBl. I S. 166); Abs. 2 eingef., bish. Abs. 2 wird Abs. 3 und Satz 2 angef. mWv 31.10.2024 durch G v. 25.10.2024 (BGBl. 2024 I Nr. 332).

[3)] § 44a eingef. mWv 1.4.2008 durch G v. 26.3.2008 (BGBl. I S. 426); Abs. 1 Satz 2 angef., Abs. 3 Satz 2 geänd., Satz 3 angef. mWv 6.7.2017 durch G v. 30.6.2017 (BGBl. I S. 2133); Abs. 1 Sätze 1 und 2 einl. Satzteil geänd., Abs. 2 und 3 aufgeh. mWv 1.9.2020 durch G v. 17.2.2020 (BGBl. I S. 166).

[4)] § 45 Abs. 5 angef. mWv 1.4.2008 durch G v. 26.3.2008 (BGBl. I S. 426); Abs. 4 Sätze 1 und 2 geänd. mWv 26.11.2019 durch G v. 20.11.2019 (BGBl. I S. 1626).

Fällen des endgültigen Wegfalls des Bedürfnisses, von einem Widerruf abgesehen werden. [2]Satz 1 gilt nicht, sofern es sich um eine Erlaubnis zum Führen einer Waffe handelt.

(4) [1]Verweigert eine betroffene Person im Fall der Überprüfung des weiteren Vorliegens von in diesem Gesetz oder in einer auf Grund dieses Gesetzes erlassenen Rechtsverordnung vorgeschriebenen Tatbestandsvoraussetzungen, bei deren Wegfall ein Grund zur Rücknahme oder zum Widerruf einer Erlaubnis oder Ausnahmebewilligung gegeben wäre, ihre Mitwirkung, so kann die Behörde deren Wegfall vermuten. [2]Die betroffene Person ist hierauf hinzuweisen.

(5) Widerspruch und Anfechtungsklage gegen Maßnahmen nach Absatz 1 und Absatz 2 Satz 1 haben keine aufschiebende Wirkung, sofern die Erlaubnis wegen des Nichtvorliegens oder Entfallens der Voraussetzungen nach § 4 Abs. 1 Nr. 2 zurückgenommen oder widerrufen wird.

§ 46[1)] Weitere Maßnahmen. (1) [1]Werden Erlaubnisse nach diesem Gesetz zurückgenommen oder widerrufen, so hat der Inhaber alle Ausfertigungen der Erlaubnisurkunde der zuständigen Behörde unverzüglich zurückzugeben. [2]Das Gleiche gilt, wenn die Erlaubnis erloschen ist.

(2) [1]Hat jemand auf Grund einer Erlaubnis, die zurückgenommen, widerrufen oder erloschen ist, Waffen oder Munition erworben oder befugt besessen und besitzt er sie noch, so ordnet die zuständige Behörde an, dass er binnen angemessener Frist die Waffen oder Munition dauerhaft unbrauchbar macht oder einem Berechtigten überlässt und den Nachweis darüber gegenüber der Behörde führt. [2]Nach fruchtlosem Ablauf der Frist stellt die zuständige Behörde die Waffen oder Munition sicher.

(3) [1]Besitzt jemand ohne die erforderliche Erlaubnis eine Waffe oder Munition, so ordnet die zuständige Behörde an, dass er binnen angemessener Frist

1. die Waffe oder Munition dauerhaft unbrauchbar macht oder einem Berechtigten überlässt oder
2. im Fall einer verbotenen Waffe oder Munition die Verbotsmerkmale beseitigt und
3. den Nachweis darüber gegenüber der Behörde führt.

[2]Nach fruchtlosem Ablauf der Frist stellt die zuständige Behörde die Waffe oder Munition sicher.

(4) [1]Die zuständige Behörde stellt Erlaubnisurkunden sowie die in den Absätzen 2 und 3 bezeichneten Waffen oder Munition sofort sicher

1. in Fällen eines vollziehbaren Verbots nach § 41 Absatz 1 oder 2,
2. soweit Tatsachen die Annahme rechtfertigen, dass die Waffen oder Munition missbräuchlich verwendet sollen oder
3. soweit Tatsachen vorliegen, die die Annahme rechtfertigen, dass die Waffen oder Munition von einem Nichtberechtigten erworben werden sollen.

[2]Die zuständige Behörde kann darüber hinaus für die Dauer der Prüfung von Rücknahme oder Widerruf Erlaubnisurkunden sowie Waffen oder Munition für einen Zeitraum von sechs Monaten sofort vorläufig sicherstellen,

---

[1)] § 46 Abs. 5 Satz 1 geänd. mWv 25.7.2009 durch G v. 17.7.2009 (BGBl. I S. 2062); Abs. 4 Satz 2 geänd. mWv 26.11.2019 durch G v. 20.11.2019 (BGBl. I S. 1626); Abs. 2–5 neu gef., Abs. 6 und 7 angef. mWv 31.10.2024 durch G v. 25.10.2024 (BGBl. 2024 I Nr. 332); Abs. 3 Satz 1 einl. Satzteil geänd., Abs. 7 Satz 1 neu gef. mWv 24.7.2025 durch G v. 17.7.2025 (BGBl. 2025 I Nr. 171).

1. sofern Tatsachen vorliegen, die die Annahme rechtfertigen, dass Personen, denen eine Erlaubnis nach diesem Gesetz erteilt worden ist, nicht die erforderliche Zuverlässigkeit oder Eignung besitzen, und
2. soweit tatsächliche Anhaltspunkte vorliegen, dass durch den weiteren Umgang mit Waffen oder Munition eine Gefährdung bedeutender Rechtsgüter droht.

(5) Zum Zweck der sofortigen Sicherstellung nach Absatz 4 sind die Beauftragten der zuständigen Behörde berechtigt, die Wohnung der betroffenen Person zu betreten und diese Wohnung nach Urkunden, Waffen oder Munition zu durchsuchen; Durchsuchungen dürfen nur durch den Richter, bei Gefahr im Verzug auch durch die zuständige Behörde angeordnet werden; das Grundrecht der Unverletzlichkeit der Wohnung (Artikel 13 des Grundgesetzes[1]) wird insoweit eingeschränkt.

(6) Widerspruch und Anfechtungsklage gegen Maßnahmen der Absätze 1 bis 5 haben keine aufschiebende Wirkung.

(7) [1] Sofern der bisherige Inhaber nicht innerhalb eines Monats nach einer Sicherstellung nach Absatz 2 Satz 2, Absatz 3 Satz 2 oder Absatz 4 Satz 1 einen empfangsbereiten Berechtigten benennt oder im Fall der Sicherstellung verbotener Waffen oder Munition nicht in dieser Frist eine Ausnahmezulassung nach § 40 Absatz 4 beantragt, kann die zuständige Behörde die sichergestellten Waffen oder die sichergestellte Munition einziehen und verwerten oder vernichten. [2] Dieselben Befugnisse besitzt die zuständige Behörde im Fall der unanfechtbaren Versagung einer für verbotene Waffen oder Munition vor oder rechtzeitig nach der Sicherstellung beantragten Ausnahmezulassung nach § 40 Absatz 4. [3] Der Erlös aus einer Verwertung der Waffen oder Munition steht nach Abzug der Kosten der Sicherstellung, Verwahrung und Verwertung dem nach bürgerlichem Recht bisher Berechtigten zu.

§ 47[2] Verordnungen zur Erfüllung internationaler Vereinbarungen oder zur Angleichung an Gemeinschaftsrecht. Das Bundesministerium des Innern, für Bau und Heimat wird ermächtigt, mit Zustimmung des Bundesrates zur Erfüllung von Verpflichtungen aus internationalen Vereinbarungen oder zur Erfüllung bindender Beschlüsse der Europäischen Union, die Sachbereiche dieses Gesetzes betreffen, Rechtsverordnungen zu erlassen, die insbesondere
1. Anforderungen an das Überlassen und Verbringen von Waffen oder Munition an Personen, die ihren gewöhnlichen Aufenthalt außerhalb des Geltungsbereichs des Gesetzes haben, festlegen und
2. das Verbringen und die vorübergehende Mitnahme von Waffen oder Munition in den Geltungsbereich des Gesetzes sowie
3. die zu den Nummern 1 und 2 erforderlichen Bescheinigungen, Mitteilungspflichten und behördlichen Maßnahmen regeln.

§ 48[3] Sachliche Zuständigkeit. (1) [1] Die Landesregierungen oder die von ihnen durch Rechtsverordnung bestimmten Stellen können durch Rechtsverordnung die für die Ausführung dieses Gesetzes zuständigen Behörden bestimmen,

---

[1] Nr. 1.
[2] § 47 einl. Satzteil geänd. mWv 27.6.2020 durch VO v. 19.6.2020 (BGBl. I S. 1328).
[3] § 48 Abs. 2 Nr. 4 geänd. mWv 1.4.2008 durch G v. 26.3.2008 (BGBl. I S. 426); Abs. 4 angef. mWv 1.1.2010 durch G v. 17.7.2009 (BGBl. I S. 2062); Abs. 1a und 3a eingef. mWv 30.11.2012 durch G v. 25.11.2012 (BGBl. 2012 II S. 1381); Abs. 1 Satz 2 angef. mWv 13.3.2013 durch G v. 4.3.2013 (BGBl. I S. 362); Abs. 2 Nr. 4 geänd., Nr. 5 angef mWv 6.7.2017 durch G v. 30.6.2017 (BGBl. I S. 2133).

soweit nicht Bundesbehörden zuständig sind. [2] Abweichend von Satz 1 ist für die Erteilung von Erlaubnissen an Bewachungsunternehmen für Bewachungsaufgaben nach § 28a Absatz 1 Satz 1 die für das Gebiet der Freien und Hansestadt Hamburg bestimmte Waffenbehörde zuständig.

(1a) Die Landesregierungen oder die von ihnen durch Rechtsverordnung bestimmten Stellen bestimmen durch Rechtsverordnung die nach Artikel 6 Absatz 5 Satz 2 der Verordnung (EU) Nr. 1214/2011 des Europäischen Parlaments und des Rates vom 16. November 2011 über den gewerbsmäßigen grenzüberschreitenden Straßentransport von Euro-Bargeld zwischen den Mitgliedstaaten des Euroraums (ABl. L 316 vom 29.11.2011, S. 1) zuständige Kontaktstelle.

(2) Das Bundesverwaltungsamt ist die zuständige Behörde für

1. ausländische Diplomaten, Konsularbeamte und gleichgestellte sonstige bevorrechtigte ausländische Personen,
2. ausländische Angehörige der in der Bundesrepublik Deutschland stationierten ausländischen Streitkräfte sowie deren Ehegatten und unterhaltsberechtigte Kinder,
3. Personen, die zum Schutze ausländischer Luftfahrzeuge und Seeschiffe eingesetzt sind,
4. Deutsche im Sinne des Artikels 116 des Grundgesetzes[1)], die ihren gewöhnlichen Aufenthalt außerhalb des Geltungsbereichs dieses Gesetzes haben; dies gilt nicht für die in den §§ 21 und 28 genannten Personen, wenn sich der Sitz des Unternehmens im Geltungsbereich dieses Gesetzes befindet,
5. natürliche und juristische Personen, die im Geltungsbereich dieses Gesetzes im Sinne des § 21 Handel treiben, hier aber keinen Unternehmenssitz haben.

(3) Zuständig für die Entscheidungen nach § 2 Abs. 5 ist das Bundeskriminalamt.

(3a) Das Bundesamt für Wirtschaft und Ausfuhrkontrolle ist die zuständige Behörde zur Erteilung von Genehmigungen nach Artikel 4 der Verordnung (EU) Nr. 258/2012 des Europäischen Parlaments und des Rates vom 14. März 2012 zur Umsetzung des Artikels 10 des Protokolls der Vereinten Nationen gegen die unerlaubte Herstellung von Schusswaffen, dazugehörigen Teilen und Komponenten und Munition und gegen den unerlaubten Handel damit, in Ergänzung des Übereinkommens der Vereinten Nationen gegen die grenzüberschreitende organisierte Kriminalität (VN-Feuerwaffenprotokoll) und zur Einführung von Ausfuhrgenehmigungen für Feuerwaffen, deren Teile, Komponenten und Munition sowie von Maßnahmen betreffend deren Einfuhr und Durchfuhr (ABl. L 94 vom 30.3. 2012, S. 1).

(4) Verwaltungsverfahren nach diesem Gesetz oder auf Grund dieses Gesetzes können über eine einheitliche Stelle nach den Vorschriften der Verwaltungsverfahrensgesetze abgewickelt werden.

§ 49[2)] Örtliche Zuständigkeit. (1) Die Vorschriften der Verwaltungsverfahrensgesetze über die örtliche Zuständigkeit gelten mit der Maßgabe, dass örtlich zuständig ist

1. für einen Antragsteller oder Erlaubnisinhaber, der keinen gewöhnlichen Aufenthalt im Geltungsbereich dieses Gesetzes hat,

---

[1)] Nr. 1.
[2)] § 49 Abs. 2 Nr. 5 neu gef. mWv 1.4.2008 durch G v. 26.3.2008 (BGBl. I S. 426).

a) die Behörde, in deren Bezirk er sich aufhält oder aufhalten will, oder,

b) soweit sich ein solcher Aufenthaltswille nicht ermitteln lässt, die Behörde, in deren Bezirk der Grenzübertritt erfolgt,

2. für Antragsteller oder Inhaber einer Erlaubnis nach § 21 Abs. 1 sowie Bewachungsunternehmer die Behörde, in deren Bezirk sich die gewerbliche Hauptniederlassung befindet oder errichtet werden soll.

(2) Abweichend von Absatz 1 ist örtlich zuständig für

1. Schießerlaubnisse nach § 10 Abs. 5 die Behörde, in deren Bezirk geschossen werden soll, soweit nicht die Länder nach § 48 Abs. 1 eine abweichende Regelung getroffen haben,
2. Erlaubnisse nach § 27 Abs. 1 sowie für Maßnahmen auf Grund einer Rechtsverordnung nach § 27 Abs. 7 bei ortsfesten Schießstätten die Behörde, in deren Bezirk die ortsfeste Schießstätte betrieben wird oder betrieben oder geändert werden soll,
3. a) Erlaubnisse nach § 27 Abs. 1 sowie für Maßnahmen auf Grund einer Rechtsverordnung nach § 27 Abs. 7 bei ortsveränderlichen Schießstätten die Behörde, in deren Bezirk der Betreiber seinen gewöhnlichen Aufenthalt hat,

   b) Auflagen bei den in Buchstabe a genannten Schießstätten die Behörde, in deren Bezirk die Schießstätte aufgestellt werden soll,
4. Ausnahmebewilligungen nach § 35 Abs. 3 Satz 2 die Behörde, in deren Bezirk die Tätigkeit ausgeübt werden soll,
5. Ausnahmebewilligungen nach § 42 Abs. 2 die Behörde, in deren Bezirk die Veranstaltung stattfinden soll oder, soweit Ausnahmebewilligungen für mehrere Veranstaltungen in verschiedenen Bezirken erteilt werden, die Behörde, in deren Bezirk die erste Veranstaltung stattfinden soll,
6. die Sicherstellung nach § 46 Abs. 2 Satz 2, Abs. 3 Satz 2 und Abs. 4 Satz 1 auch die Behörde, in deren Bezirk sich der Gegenstand befindet.

§ 50[1] *(aufgehoben)*

Abschnitt 4. Straf- und Bußgeldvorschriften

§ 51[2] **Strafvorschriften.** (1) Mit Freiheitsstrafe von einem Jahr bis zu fünf Jahren wird bestraft, wer entgegen § 2 Absatz 3 in Verbindung mit Anlage 2 Abschnitt 1 Nummer 1.2.1.1 oder 1.2.1.2 eine dort genannte Schusswaffe zum Verschießen von Patronenmunition nach Anlage 1 Abschnitt 1 Unterabschnitt 3 Nr. 1.1 erwirbt, besitzt, überlässt, führt, verbringt, mitnimmt, herstellt, bearbeitet, instand setzt oder damit Handel treibt.

(2) [1] In besonders schweren Fällen ist die Strafe Freiheitsstrafe von einem Jahr bis zu zehn Jahren. [2] Ein besonders schwerer Fall liegt in der Regel vor, wenn der Täter gewerbsmäßig oder als Mitglied einer Bande, die sich zur fortgesetzten Begehung solcher Straftaten verbunden hat, unter Mitwirkung eines anderen Bandenmitgliedes handelt.

(3) In minder schweren Fällen ist die Strafe Freiheitsstrafe bis zu drei Jahren oder Geldstrafe.

---

[1] § 50 aufgeh. mWv 1.10.2019 durch G v. 18.7.2016 (BGBl. I S. 1666).

[2] § 51 Abs. 1 geänd. mWv 1.4.2008 durch G v. 26.3.2008 (BGBl. I S. 426); Abs. 1 geänd. mWv 1.9.2020 durch G v. 17.2.2020 (BGBl. I S. 166).

(4) Handelt der Täter fahrlässig, so ist die Strafe Freiheitsstrafe bis zu zwei Jahren oder Geldstrafe.

§ 52[1] Strafvorschriften. (1) Mit Freiheitsstrafe von sechs Monaten bis zu fünf Jahren wird bestraft, wer

1. entgegen § 2 Absatz 3 in Verbindung mit Anlage 2 Abschnitt 1 Nr. 1.1 oder 1.3.4 eine dort genannte Schusswaffe oder einen dort genannten Gegenstand erwirbt, besitzt, überlässt, führt, verbringt, mitnimmt, herstellt, bearbeitet, instand setzt oder damit Handel treibt,
2. ohne Erlaubnis nach
   a) § 2 Abs. 2 in Verbindung mit Anlage 2 Abschnitt 2 Unterabschnitt 1 Satz 1, eine Schusswaffe oder Munition erwirbt, um sie entgegen § 34 Abs. 1 Satz 1 einem Nichtberechtigten zu überlassen,
   b) § 2 Abs. 2 in Verbindung mit Anlage 2 Abschnitt 2 Unterabschnitt 1 Satz 1, eine halbautomatische Kurzwaffe zum Verschießen von Patronenmunition nach Anlage 1 Abschnitt 1 Unterabschnitt 3 Nr. 1.1 erwirbt, besitzt oder führt,
   c) § 2 Abs. 2 in Verbindung mit Anlage 2 Abschnitt 2 Unterabschnitt 1 Satz 1 in Verbindung mit § 21 Abs. 1 Satz 1 oder § 21a eine Schusswaffe oder Munition herstellt, bearbeitet, instand setzt oder damit Handel treibt,
   d) § 2 Abs. 2 in Verbindung mit Anlage 2 Abschnitt 2 Unterabschnitt 1 Satz 1 in Verbindung mit § 29 Absatz 1 Satz 1 oder § 32 Absatz 1 Satz 1 eine Schusswaffe oder Munition in den oder durch den Geltungsbereich dieses Gesetzes verbringt oder mitnimmt,
3. entgegen § 35 Abs. 3 Satz 1 eine Schusswaffe, Munition oder eine Hieb- oder Stoßwaffe im Reisegewerbe oder auf einer dort genannten Veranstaltung vertreibt oder anderen überlässt oder
4. entgegen § 40 Abs. 1 zur Herstellung eines dort genannten Gegenstandes anleitet oder auffordert.

(2) Der Versuch ist strafbar.

(3) Mit Freiheitsstrafe bis zu drei Jahren oder mit Geldstrafe wird bestraft, wer

1. entgegen § 2 Absatz 3 in Verbindung mit Anlage 2 Abschnitt 1 Nummer 1.2.2 bis 1.2.4.2, 1.2.5, 1.3.1 bis 1.3.3, 1.3.5 bis 1.3.8, 1.4.1 Satz 1, Nr. 1.4.2 bis 1.4.4 oder 1.5.3 bis 1.5.7 einen dort genannten Gegenstand erwirbt, besitzt, überlässt, führt, verbringt, mitnimmt, herstellt, bearbeitet, instand setzt oder damit Handel treibt,
2. ohne Erlaubnis nach § 2 Abs. 2 in Verbindung mit Anlage 2 Abschnitt 2 Unterabschnitt 1 Satz 1
   a) eine Schusswaffe erwirbt, besitzt, führt oder
   b) Munition erwirbt oder besitzt,

   wenn die Tat nicht in Absatz 1 Nr. 2 Buchstabe a oder b mit Strafe bedroht ist,

---

[1] § 52 Abs. 1 Nr. 2 Buchst. b und c sowie Abs. 3 Nr. 1 geänd. mWv 1.4.2008 durch G v. 26.3.2008 (BGBl. I S. 426); Abs. 3 Nr. 1 geänd. mWv 25.7.2009 durch G v. 17.7.2009 (BGBl. I S. 2062); Abs. 3 Nr. 1 geänd., Nr. 4 neu gef., Nr. 7a eingef., Abs. 4 geänd. mWv 6.7.2017 durch G v. 30.6.2017 (BGBl. I S. 2133); Abs. 1 Nr. 1 und 2 Buchst. d, Abs. 3 Nr. 1 und Nr. 4 Buchst. a geänd. mWv 1.9.2020 durch G v. 17.2.2020 (BGBl. I S. 166).

3. ohne Erlaubnis nach § 2 Abs. 2 in Verbindung mit Anlage 2 Abschnitt 2 Unterabschnitt 1 Satz 1 in Verbindung mit § 26 Abs. 1 Satz 1 eine Schusswaffe herstellt, bearbeitet oder instand setzt,
4. ohne Erlaubnis nach § 2 Absatz 2 in Verbindung mit Anlage 2 Abschnitt 2 Unterabschnitt 1 Satz 1 in Verbindung mit
   a) § 29 Absatz 1 Satz 1 eine dort genannte Schusswaffe oder Munition aus dem Geltungsbereich dieses Gesetzes in einen anderen Mitgliedstaat verbringt oder
   b) § 32 Absatz 1a Satz 1 eine dort genannte Schusswaffe oder Munition in einen anderen Mitgliedstaat mitnimmt,
5. entgegen § 28 Abs. 2 Satz 1 eine Schusswaffe führt,
6. entgegen § 28 Abs. 3 Satz 2 eine Schusswaffe oder Munition überlässt,
7. entgegen § 34 Abs. 1 Satz 1 eine erlaubnispflichtige Schusswaffe oder erlaubnispflichtige Munition einem Nichtberechtigten überlässt,

7a. entgegen § 36 Absatz 1 Satz 1 in Verbindung mit einer Rechtsverordnung nach § 36 Absatz 5 Satz 1 eine dort genannte Vorkehrung für eine Schusswaffe nicht, nicht richtig oder nicht rechtzeitig trifft und dadurch die Gefahr verursacht, dass eine Schusswaffe oder Munition abhandenkommt oder darauf unbefugt zugegriffen wird,

8. einer vollziehbaren Anordnung nach § 41 Abs. 1 Satz 1 oder Abs. 2 zuwiderhandelt,
9. entgegen § 42 Abs. 1 eine Waffe führt oder
10. entgegen § 57 Abs. 5 Satz 1 den Besitz über eine Schusswaffe oder Munition ausübt.

(4) Handelt der Täter in den Fällen des Absatzes 1 Nr. 1, 2 Buchstabe b, c oder d oder Nr. 3 oder des Absatzes 3 Nummer 1 bis 7, 8, 9 oder 10 fahrlässig, so ist die Strafe bei den bezeichneten Taten nach Absatz 1 Freiheitsstrafe bis zu zwei Jahren oder Geldstrafe, bei Taten nach Absatz 3 Freiheitsstrafe bis zu einem Jahr oder Geldstrafe.

(5) [1] In besonders schweren Fällen des Absatzes 1 Nr. 1 ist die Strafe Freiheitsstrafe von einem Jahr bis zu zehn Jahren. [2] Ein besonders schwerer Fall liegt in der Regel vor, wenn der Täter gewerbsmäßig oder als Mitglied einer Bande, die sich zur fortgesetzten Begehung solcher Straftaten verbunden hat, unter Mitwirkung eines anderen Bandenmitgliedes handelt.

(6) In minder schweren Fällen des Absatzes 1 ist die Strafe Freiheitsstrafe bis zu drei Jahren oder Geldstrafe.

§ 52a[1)] *(aufgehoben)*

§ 53[2)] Bußgeldvorschriften. (1) Ordnungswidrig handelt, wer vorsätzlich oder fahrlässig

---

[1)] § 52a aufgeh. mWv 6.7.2017 durch G v. 30.6.2017 (BGBl. I S. 2133).

[2)] § 53 Abs. 1 Nr. 23 geänd. mWv 24.11.2007 durch G v. 5.11.2007 (BGBl. I S. 2557); Abs. 1 Nr. 5 und 9 geänd. sowie Nr. 21a eingef. mWv 1.4.2008 durch G v. 26.3.2008 (BGBl. I S. 426); Abs. 1 Nr. 5–7, 23 geänd. mWv 25.7.2009 durch G v. 17.7.2009 (BGBl. I S. 2062); Abs. 1a eingef. mWv 30.11.2012 durch G v. 25.11.2012 (BGBl. 2012 II S. 1381); Abs. 1 Nr. 4 geänd. mWv 13.3.2013 durch G v. 4.3.2013 (BGBl. I S. 362); Abs. 1 Nr. 2 und 19 aufgeh., Nr. 5, 7, 20 und 23 geänd., Abs. 3 neu gef. mWv 6.7.2017 durch G v. 30.6.2017 (BGBl. I S. 2133); Abs. 1 Nr. 4 geänd., Nr. 5 aufgeh., Nr. 6, 9, 10 und 20 geänd., Nr. 7, 8, 19 und 23 neu gef. mWv 1.9.2020 durch G v. 17.2.2020 (BGBl. I S. 166); Abs. 1 Nr. 21a eingef., bish. Nr. 21a wird Nr. 21b, Nr. 21c eingef., Nr. 23 geänd. mWv 31.10.2024 durch G v. 25.10.2024 →

1. entgegen § 2 Abs. 1 eine nicht erlaubnispflichtige Waffe oder nicht erlaubnispflichtige Munition erwirbt oder besitzt,
2. *(aufgehoben)*
3. ohne Erlaubnis nach § 2 Abs. 2 in Verbindung mit Abs. 4, dieser in Verbindung mit Anlage 2 Abschnitt 2 Unterabschnitt 1 Satz 1, mit einer Schusswaffe schießt,
4. einer vollziehbaren Auflage nach § 9 Abs. 2 Satz 1, § 10 Abs. 2 Satz 3, § 17 Abs. 2 Satz 2, § 18 Absatz 2 Satz 2 oder § 28a Absatz 1 Satz 3 oder einer vollziehbaren Anordnung nach § 9 Abs. 3, § 36 Abs. 3 Satz 1 oder Abs. 6, § 37c Absatz 2 Nummer 2, § 39 Abs. 3, § 40 Abs. 5 Satz 2 oder § 46 Abs. 2 Satz 1 oder Abs. 3 Satz 1 zuwiderhandelt,
5. *(aufgehoben)*
6. entgegen § 10 Absatz 2 Satz 4 oder § 37i eine Mitteilung nicht, nicht richtig, nicht vollständig oder nicht rechtzeitig macht,
7. entgegen § 13 Absatz 3 Satz 2 oder § 20 Absatz 1 die Ausstellung einer Waffenbesitzkarte oder die Eintragung in eine Waffenbesitzkarte nicht oder nicht rechtzeitig beantragt,
8. entgegen § 21 Absatz 6, § 24 Absatz 6, § 27 Absatz 1 Satz 6 oder Absatz 2 Satz 2, § 30 Satz 3, § 34 Absatz 4 oder 5 Satz 1, § 37 Absatz 1 Satz 1, auch in Verbindung mit Satz 2, entgegen § 37a Satz 1, auch in Verbindung mit Satz 3, entgegen § 37a Satz 2, § 37b Absatz 1 Satz 1, Absatz 2 Satz 1 oder Absatz 3, § 37c Absatz 1, § 37d Absatz 1 oder 2, § 40 Absatz 5 Satz 1 oder § 58 Absatz 19 Satz 1 eine Anzeige nicht, nicht richtig, nicht vollständig, nicht in der vorgeschriebenen Weise oder nicht rechtzeitig erstattet,
9. entgegen § 24 Abs. 1, auch in Verbindung mit einer Rechtsverordnung nach § 25 Nummer 1 oder Nr. 2 Buchstabe a, oder § 24 Absatz 4 Satz 1 und 2, auch in Verbindung mit einer Rechtsverordnung nach § 25 Nummer 1, eine Angabe, ein Zeichen oder die Bezeichnung der Munition auf der Schusswaffe nicht, nicht richtig, nicht vollständig, nicht in der vorgeschriebenen Weise oder nicht rechtzeitig anbringt oder Munition nicht, nicht richtig, nicht vollständig, nicht in der vorgeschriebenen Weise oder nicht rechtzeitig mit einem besonderen Kennzeichen versieht,
10. entgegen § 24 Absatz 5 eine Schusswaffe oder Munition anderen gewerbsmäßig überlässt,
11. ohne Erlaubnis nach § 27 Abs. 1 Satz 1 eine Schießstätte betreibt oder ihre Beschaffenheit oder die Art ihrer Benutzung wesentlich ändert,
12. entgegen § 27 Abs. 3 Satz 1 Nr. 1 und 2 einem Kind oder Jugendlichen das Schießen gestattet oder entgegen § 27 Abs. 6 Satz 2 nicht sicherstellt, dass die Aufsichtsperson nur einen Schützen bedient,
13. entgegen § 27 Abs. 3 Satz 2 Unterlagen nicht aufbewahrt oder entgegen § 27 Abs. 3 Satz 3 diese nicht herausgibt,
14. entgegen § 27 Abs. 5 Satz 2 eine Bescheinigung nicht mitführt,
15. entgegen § 33 Abs. 1 Satz 1 eine Schusswaffe oder Munition nicht anmeldet oder nicht oder nicht rechtzeitig vorführt,

---

(Fortsetzung der Anm. von voriger Seite)
(BGBl. 2024 I Nr. 332); Abs. 1 Nr. 21a neu gef. mWv 24.7.2025 durch G v. 17.7.2025 (BGBl. 2025 I Nr. 171).

16. entgegen § 34 Abs. 1 Satz 1 eine nicht erlaubnispflichtige Waffe oder nicht erlaubnispflichtige Munition einem Nichtberechtigten überlässt,
17. entgegen § 35 Abs. 1 Satz 4 die Urkunden nicht aufbewahrt oder nicht, nicht vollständig oder nicht rechtzeitig Einsicht gewährt,
18. entgegen § 35 Abs. 2 einen Hinweis nicht, nicht richtig, nicht vollständig oder nicht rechtzeitig gibt oder die Erfüllung einer dort genannten Pflicht nicht, nicht richtig, nicht vollständig oder nicht rechtzeitig protokolliert,
19. entgegen § 37g Absatz 1 ein dort genanntes Dokument nicht oder nicht rechtzeitig vorlegt,
20. entgegen § 38 Absatz 1 Satz 1 oder Absatz 2 ein dort genanntes Dokument nicht mit sich führt oder nicht oder nicht rechtzeitig aushändigt,
21. entgegen § 39 Abs. 1 Satz 1 eine Auskunft nicht, nicht richtig, nicht vollständig oder nicht rechtzeitig erteilt,

21a. entgegen § 42 Absatz 4a Satz 1 in Verbindung mit Absatz 1 ein Messer führt,

21b. entgegen § 42a Abs. 1 eine Anscheinswaffe, eine dort genannte Hieb- oder Stoßwaffe oder ein dort genanntes Messer führt,

21c. entgegen § 42b Absatz 1 eine Waffe oder ein Messer führt,

22. entgegen § 46 Abs. 1 Satz 1, auch in Verbindung mit Satz 2, eine Ausfertigung der Erlaubnisurkunde nicht oder nicht rechtzeitig zurückgibt oder
23. einer Rechtsverordnung nach § 15a Absatz 4, § 27 Absatz 7 Satz 2, § 36 Absatz 5, den §§ 39a, 39c Absatz 1 oder 2 Satz 1, § 42 Absatz 5 Satz 1 oder § 42b Absatz 2 Satz 1 oder § 47 oder einer vollziehbaren Anordnung auf Grund einer solchen Rechtsverordnung zuwiderhandelt, soweit die Rechtsverordnung für einen bestimmten Tatbestand auf diese Bußgeldvorschrift verweist.

(1a) Ordnungswidrig handelt, wer vorsätzlich oder fahrlässig ohne Genehmigung nach Artikel 4 Absatz 1 Satz 1 der Verordnung (EU) Nr. 258/2012 des Europäischen Parlaments und des Rates vom 14. März 2012 zur Umsetzung des Artikels 10 des Protokolls der Vereinten Nationen gegen die unerlaubte Herstellung von Schusswaffen, dazugehörigen Teilen und Komponenten und Munition und gegen den unerlaubten Handel damit, in Ergänzung des Übereinkommens der Vereinten Nationen gegen die grenzüberschreitende organisierte Kriminalität (VN-Feuerwaffenprotokoll) und zur Einführung von Ausfuhrgenehmigungen für Feuerwaffen, deren Teile, Komponenten und Munition sowie von Maßnahmen betreffend deren Einfuhr und Durchfuhr (ABl. L 94 vom 30.3.2012, S. 1) einen dort genannten Gegenstand ausführt.

(2) Die Ordnungswidrigkeit kann mit einer Geldbuße bis zu zehntausend Euro geahndet werden.

(3) Verwaltungsbehörden im Sinne des § 36 Absatz 1 Nummer 1 des Gesetzes über Ordnungswidrigkeiten[1] sind

1. in den Fällen des Absatzes 1, soweit dieses Gesetz von der Physikalisch-Technischen Bundesanstalt, dem Bundesverwaltungsamt oder dem Bundeskriminalamt ausgeführt wird, die für die Erteilung von Erlaubnissen nach § 21 Absatz 1 zuständigen Behörden,
2. in den Fällen des Absatzes 1a die Hauptzollämter.

---

[1] **Habersack Nr. 94.**

§ 54[1)] Einziehung. (1) Ist eine Straftat nach den §§ 51, 52 Abs. 1, 2 oder 3 Nr. 1, 2 oder 3 oder Abs. 5 begangen worden, so werden Gegenstände,

1. auf die sich diese Straftat bezieht oder
2. die durch sie hervorgebracht oder zu ihrer Begehung oder Vorbereitung gebraucht worden oder bestimmt gewesen sind,

eingezogen.

(2) Ist eine sonstige Straftat nach § 52 oder eine Ordnungswidrigkeit nach § 53 begangen worden, so können in Absatz 1 bezeichnete Gegenstände eingezogen werden.

(3) § 74a des Strafgesetzbuches[2)] und § 23 des Gesetzes über Ordnungswidrigkeiten[3)] sind anzuwenden.

(4) Als Maßnahme im Sinne des § 74f Absatz 1 Satz 3 des Strafgesetzbuches kommt auch die Anweisung in Betracht, binnen einer angemessenen Frist eine Entscheidung der zuständigen Behörde über die Erteilung einer Erlaubnis nach § 10 vorzulegen oder die Gegenstände einem Berechtigten zu überlassen.

Abschnitt 5. Ausnahmen von der Anwendung des Gesetzes

§ 55[4)] Ausnahmen für oberste Bundes- und Landesbehörden, Bundeswehr, Polizei und Zollverwaltung, erheblich gefährdete Hoheitsträger sowie Bedienstete anderer Staaten. (1) [1]Dieses Gesetz ist, wenn es nicht ausdrücklich etwas anderes bestimmt, nicht anzuwenden auf

1. die obersten Bundes- und Landesbehörden und die Deutsche Bundesbank,
2. die Bundeswehr und die in der Bundesrepublik Deutschland stationierten ausländischen Streitkräfte,
3. die Polizeien des Bundes und der Länder,
4. die Zollverwaltung

und deren Bedienstete, soweit sie dienstlich tätig werden. [2]Bei Polizeibediensteten und bei Bediensteten der Zollverwaltung mit Vollzugsaufgaben gilt dies, soweit sie durch Dienstvorschriften hierzu ermächtigt sind, auch für den Besitz über dienstlich zugelassene Waffen oder Munition und für das Führen dieser Waffen außerhalb des Dienstes.

(2) [1]Personen, die wegen der von ihnen wahrzunehmenden hoheitlichen Aufgaben des Bundes oder eines Landes erheblich gefährdet sind, wird an Stelle einer Waffenbesitzkarte, eines Waffenscheins oder einer Ausnahmebewilligung nach § 42 Abs. 2 eine Bescheinigung über die Berechtigung zum Erwerb und Besitz von Waffen oder Munition sowie eine Bescheinigung zum Führen dieser Waffen erteilt. [2]Die Bescheinigung ist auf die voraussichtliche Dauer der Gefährdung zu befristen. [3]Die Bescheinigung erteilt für Hoheitsträger des Bundes das Bundesministerium des Innern, für Bau und Heimat oder eine von ihm bestimmte Stelle.

(3) Dieses Gesetz ist nicht anzuwenden auf Bedienstete anderer Staaten, die dienstlich mit Waffen oder Munition ausgestattet sind, wenn die Bediensteten im

---

1) § 54 Überschrift geänd., Abs. 3 Satz 2 aufgeh., Abs. 4 geänd. mWv 1.7.2017 durch G v. 13.4.2017 (BGBl. I S. 872).

2) ***Habersack Nr. 85.***

3) **Habersack Nr. 94.**

4) § 55 Abs. 4a eingef. mWv 1.4.2008 durch G v. 26.3.2008 (BGBl. I S. 426); Abs. 4a aufgeh. mWv 1.9.2020 durch G v. 17.2.2020 (BGBl. I S. 166); Abs. 2 Satz 3 geänd. mWv 27.6.2020 durch VO v. 19.6.2020 (BGBl. I S. 1328).

Rahmen einer zwischenstaatlichen Vereinbarung oder auf Grund einer Anforderung oder einer allgemein oder für den Einzelfall erteilten Zustimmung einer zuständigen inländischen Behörde oder Dienststelle im Geltungsbereich dieses Gesetzes tätig werden und die zwischenstaatliche Vereinbarung, die Anforderung oder die Zustimmung nicht etwas anderes bestimmt.

(4) Auf Waffen oder Munition, die für die in Absatz 1 Satz 1 bezeichneten Stellen in den Geltungsbereich dieses Gesetzes verbracht oder hergestellt und ihnen überlassen werden, ist § 40 nicht anzuwenden.

(5) [1]Die Bundesregierung kann durch Rechtsverordnung, die nicht der Zustimmung des Bundesrates bedarf, eine dem Absatz 1 Satz 1 entsprechende Regelung für sonstige Behörden und Dienststellen des Bundes treffen. [2]Die Bundesregierung kann die Befugnis nach Satz 1 durch Rechtsverordnung, die nicht der Zustimmung des Bundesrates bedarf, auf eine andere Bundesbehörde übertragen.

(6) [1]Die Landesregierungen können durch Rechtsverordnung eine dem Absatz 5 Satz 1 entsprechende Regelung für sonstige Behörden und Dienststellen des Landes treffen. [2]Die Landesregierungen können die Befugnis nach Satz 1 durch Rechtsverordnung auf andere Landesbehörden übertragen.

§ 56[1)] Sondervorschriften für Staatsgäste und andere Besucher. [1]Auf
1. Staatsgäste aus anderen Staaten,
2. sonstige erheblich gefährdete Personen des öffentlichen Lebens aus anderen Staaten, die sich besuchsweise im Geltungsbereich dieses Gesetzes aufhalten, und
3. Personen aus anderen Staaten, denen der Schutz der in den Nummern 1 und 2 genannten Personen obliegt,

sind § 10 und Abschnitt 2 Unterabschnitt 5 nicht anzuwenden, wenn ihnen das Bundesverwaltungsamt oder, soweit es sich nicht um Gäste des Bundes handelt, die nach § 48 Abs. 1 zuständige Behörde hierüber eine Bescheinigung erteilt hat. [2]Die Bescheinigung, zu deren Wirksamkeit es der Bekanntgabe an die betroffene Person nicht bedarf, ist zu erteilen, wenn dies im öffentlichen Interesse, insbesondere zur Wahrung der zwischenstaatlichen Gepflogenheiten bei solchen Besuchen, geboten ist. [3]Es muss gewährleistet sein, dass in den Geltungsbereich dieses Gesetzes verbrachte oder dort erworbene Schusswaffen oder Munition nach Beendigung des Besuches aus dem Geltungsbereich dieses Gesetzes verbracht oder einem Berechtigten überlassen werden. [4]Sofern das Bundesverwaltungsamt in den Fällen des Satzes 1 nicht rechtzeitig tätig werden kann, entscheidet über die Erteilung der Bescheinigung die nach § 48 Abs. 1 zuständige Behörde. [5]Das Bundesverwaltungsamt ist über die getroffene Entscheidung zu unterrichten.

§ 57[2)] Kriegswaffen. (1) [1]Dieses Gesetz gilt nicht für Kriegswaffen im Sinne des Gesetzes über die Kontrolle von Kriegswaffen[3)]. [2]Auf tragbare Schusswaffen, für die eine Waffenbesitzkarte nach § 59 Abs. 4 Satz 2 des Waffengesetzes in der vor dem 1. Juli 1976 geltenden Fassung erteilt worden ist, sind unbeschadet der Vorschriften des Gesetzes über die Kontrolle von Kriegswaffen § 4 Abs. 3, § 45 Abs. 1 und 2 sowie § 36, die Vorschriften einer Rechtsverordnung nach § 36 Absatz 5 und § 52 Absatz 3 Nummer 7a anzuwenden. [3]Auf Verstöße gegen § 59

[1)] § 56 Satz 1 abschl. Satzteil geänd. mWv 6.7.2017 durch G v. 30.6.2017 (BGBl. I S. 2133); Satz 2 geänd. mWv 26.11.2019 durch G v. 20.11.2019 (BGBl. I S. 1626).

[2)] § 57 Abs. 1 Satz 2 geänd. mWv 6.7.2017 durch G v. 30.6.2017 (BGBl. I S. 2133).

[3)] Nr. **823**.

Abs. 2 des Waffengesetzes in der vor dem 1. Juli 1976 geltenden Fassung und gegen § 58 Abs. 1 des Waffengesetzes in der vor dem 1. April 2003 geltenden Fassung ist § 52 Abs. 3 Nr. 1 anzuwenden. [4] Zuständige Behörde für Maßnahmen nach Satz 2 ist das Bundesamt für Wirtschaft und Ausfuhrkontrolle.

(2) [1] Wird die Anlage zu dem Gesetz über die Kontrolle von Kriegswaffen (Kriegswaffenliste) geändert und verlieren deshalb tragbare Schusswaffen ihre Eigenschaft als Kriegswaffen, so hat derjenige, der seine Befugnis zum Besitz solcher Waffen durch eine Genehmigung oder Bestätigung der zuständigen Behörde nachweisen kann, diese Genehmigung oder Bestätigung der nach § 48 Abs. 1 zuständigen Behörde vorzulegen; diese stellt eine Waffenbesitzkarte aus oder ändert eine bereits erteilte Waffenbesitzkarte, wenn kein Versagungsgrund im Sinne des Absatzes 4 vorliegt. [2] Die übrigen Besitzer solcher Waffen können innerhalb einer Frist von sechs Monaten nach Inkrafttreten der Änderung der Kriegswaffenliste bei der nach § 48 Abs. 1 zuständigen Behörde die Ausstellung einer Waffenbesitzkarte beantragen, sofern nicht der Besitz der Waffen nach § 59 Abs. 2 des Waffengesetzes in der vor dem 1. Juli 1976 geltenden Fassung anzumelden oder ein Antrag nach § 58 Abs. 1 des Waffengesetzes in der vor dem 1. April 2003 geltenden Fassung zu stellen war und der Besitzer die Anmeldung oder den Antrag unterlassen hat.

(3) Wird die Anlage zu dem Gesetz über die Kontrolle von Kriegswaffen (Kriegswaffenliste) geändert und verliert deshalb Munition für tragbare Kriegswaffen ihre Eigenschaft als Kriegswaffe, so hat derjenige, der bei Inkrafttreten der Änderung der Kriegswaffenliste den Besitz über sie ausübt, innerhalb einer Frist von sechs Monaten einen Antrag auf Erteilung einer Erlaubnis nach § 10 Abs. 3 bei der nach § 48 Abs. 1 zuständigen Behörde zu stellen, es sei denn, dass er bereits eine Berechtigung zum Besitz dieser Munition besitzt.

(4) Die Waffenbesitzkarte nach Absatz 2 und die Erlaubnis zum Munitionsbesitz nach Absatz 3 dürfen nur versagt werden, wenn Tatsachen die Annahme rechtfertigen, dass der Antragsteller nicht die erforderliche Zuverlässigkeit oder persönliche Eignung besitzt.

(5) [1] Wird der Antrag nach Absatz 2 Satz 2 oder Absatz 3 nicht gestellt oder wird die Waffenbesitzkarte oder die Erlaubnis unanfechtbar versagt, so darf der Besitz über die Schusswaffen oder die Munition nach Ablauf der Antragsfrist oder nach der Versagung nicht mehr ausgeübt werden. [2] § 46 Abs. 2 findet entsprechend Anwendung.

Abschnitt 6. Übergangsvorschriften, Verwaltungsvorschriften

§ 58[1)] Altbesitz; Übergangsvorschriften. (1) [1] Soweit nicht nachfolgend Abweichendes bestimmt wird, gelten Erlaubnisse im Sinne des Waffengesetzes in der Fassung der Bekanntmachung vom 8. März 1976 (BGBl. I S. 432), zuletzt geändert durch das Gesetz vom 21. November 1996 (BGBl. I S. 1779), fort. [2] Erlaubnisse zum Erwerb von Munition berechtigen auch zu deren Besitz. [3] Hat jemand berechtigt Munition vor dem Inkrafttreten dieses Gesetzes erworben, für

[1)] § 58 Abs. 10–12 angef. mWv 1.4.2008 durch G v. 26.3.2008 (BGBl. I S. 426); Abs. 8 Satz 1, Abs. 10 geänd. mWv 25.7.2009 durch G v. 17.7.2009 (BGBl. I S. 2062); Abs. 7 Satz 1 und Abs. 8 Satz 1 neu gef. mWv 6.7.2017 durch G v. 30.6.2017 (BGBl. I S. 2133); Überschrift neu gef., Abs. 13–23 angef. mWv 1.9.2020 durch G v. 17.2.2020 (BGBl. I S. 166, geänd. durch G v. 22.4.2020, BGBl. I S. 840); Abs. 7 Satz 2, Abs. 11 Satz 2, Abs. 13 Satz 3, Abs. 14 Satz 2, Abs. 15 Satz 3, Abs. 16 Satz 2, Abs. 17 Satz 3, Abs. 18 Satz 3 und Abs. 20 Satz 3 geänd., Abs. 24 angef. mWv 31.10.2024 durch G v. 25.10.2024 (BGBl. 2024 I Nr. 332); Abs. 24 Satz 1 neu gef. mWv 24.7.2025 durch G v. 17.7.2025 (BGBl. 2025 I Nr. 171).

die auf Grund dieses Gesetzes eine Erlaubnis erforderlich ist, und übt er über diese bei Inkrafttreten dieses Gesetzes noch den Besitz aus, so hat er diese Munition bis 31. August 2003 der zuständigen Behörde schriftlich anzumelden. [4] Die Anmeldung muss die Personalien des Besitzers sowie die Munitionsarten enthalten. [5] Die nachgewiesene fristgerechte Anmeldung gilt als Erlaubnis zum Besitz.

(2) Eine auf Grund des Waffengesetzes in der Fassung der Bekanntmachung vom 8. März 1976 (BGBl. I S. 432) erteilte waffenrechtliche Erlaubnis für Kriegsschusswaffen tritt am ersten Tag des sechsten auf das Inkrafttreten dieses Gesetzes folgenden Monats außer Kraft.

(3) Ist über einen vor Inkrafttreten dieses Gesetzes gestellten Antrag auf Erteilung einer Erlaubnis nach § 7 des Waffengesetzes in der Fassung der Bekanntmachung vom 8. März 1976 (BGBl. I S. 432) noch nicht entschieden worden, findet für die Entscheidung über den Antrag § 21 dieses Gesetzes Anwendung.

(4) Bescheinigungen nach § 6 Abs. 2 des Waffengesetzes in der Fassung der Bekanntmachung vom 8. März 1976 (BGBl. I S. 432) gelten im bisherigen Umfang als Bescheinigungen nach § 55 Abs. 2 dieses Gesetzes.

(5) Ausnahmebewilligungen nach § 37 Abs. 3 und § 57 Abs. 7 des Waffengesetzes in der Fassung der Bekanntmachung vom 8. März 1976 (BGBl. I S. 432) gelten in dem bisherigen Umfang als Ausnahmebewilligungen nach § 40 Abs. 4 dieses Gesetzes.

(6) Die nach § 40 Abs. 1 des Waffengesetzes in der Fassung der Bekanntmachung vom 8. März 1976 (BGBl. I S. 432) ausgesprochenen Verbote gelten in dem bisherigen Umfang als Verbote nach § 41 dieses Gesetzes.

(7) [1] Besitzt eine Person am 6. Juli 2017 ein Geschoss, das nicht dem bis zum 5. Juli 2017 geltenden Verbot der Anlage 2 Abschnitt 1 Nummer 1.5.4 unterfiel, so wird das Verbot nach Anlage 2 Abschnitt 1 Nummer 1.5.4 gegenüber dieser Person nicht wirksam, wenn

1. sie bis zum 1. Juli 2018 einen Antrag nach § 40 Absatz 4 stellt und
2. ihr daraufhin eine Erlaubnis nach § 40 Absatz 4 erteilt wird.

[2] § 46 Abs. 3 Satz 2 und Absatz 7 findet entsprechend Anwendung.

(8) [1] Wer eine am 6. Juli 2017 unerlaubt besessene Waffe oder unerlaubt besessene Munition bis zum 1. Juli 2018 der zuständigen Behörde oder einer Polizeidienststelle übergibt, wird nicht wegen unerlaubten Erwerbs, unerlaubten Besitzes, unerlaubten Führens auf dem direkten Weg zur Übergabe an die zuständige Behörde oder Polizeidienststelle oder wegen unerlaubten Verbringens bestraft. [2] Satz 1 gilt nicht, wenn

1. vor der Unbrauchbarmachung, Überlassung oder Übergabe dem bisherigen Besitzer der Waffe die Einleitung des Straf- oder Bußgeldverfahrens wegen der Tat bekannt gegeben worden ist oder
2. der Verstoß im Zeitpunkt der Unbrauchbarmachung, Überlassung oder Übergabe ganz oder zum Teil bereits entdeckt war und der bisherige Besitzer dies wusste oder bei verständiger Würdigung der Sachlage damit rechnen musste.

(9) [1] Besitzt eine Person, die noch nicht das 25. Lebensjahr vollendet hat, am 1. April 2003 mit einer Erlaubnis auf Grund des Waffengesetzes in der Fassung der Bekanntmachung vom 8. März 1976 (BGBl. I S. 432) eine Schusswaffe, so hat sie binnen eines Jahres auf eigene Kosten der zuständigen Behörde ein amts- oder fachärztliches oder fachpsychologisches Zeugnis über die geistige Eignung nach

§ 6 Abs. 3 vorzulegen. [2] Satz 1 gilt nicht für den Erwerb und Besitz von Schusswaffen im Sinne von § 14 Abs. 1 Satz 2 und in den Fällen des § 13 Abs. 2 Satz 1.

(10) Die Erlaubnispflicht für Schusswaffen im Sinne der Anlage 2 Abschnitt 2 Unterabschnitt 1 Satz 3 gilt für Schusswaffen, die vor dem 1. April 2008 erworben wurden, erst ab dem 1. Oktober 2008.

(11) [1] Hat jemand am 1. April 2008 eine bislang nicht nach Anlage 2 Abschnitt 1 Nr. 1.2.1.2 dieses Gesetzes verbotene Waffe besessen, so wird dieses Verbot nicht wirksam, wenn er bis zum 1. Oktober 2008 diese Waffe unbrauchbar macht, einem Berechtigten überlässt oder der zuständigen Behörde oder einer Polizeidienststelle überlässt oder einen Antrag nach § 40 Abs. 4 dieses Gesetzes stellt. [2] § 46 Abs. 3 Satz 2 und Absatz 7 findet entsprechend Anwendung.

(12) Besitzt der Inhaber einer Waffenbesitzkarte am 1. April 2008 erlaubnisfrei erworbene Teile von Schusswaffen im Sinne der Anlage 2 Abschnitt 2 Unterabschnitt 2 Nr. 2, so sind diese Teile bis zum 1. Oktober 2008 in die Waffenbesitzkarte einzutragen.

(13) [1] Hat jemand am 1. September 2020 ein erlaubnispflichtiges wesentliches Teil im Sinne von Anlage 1 Abschnitt 1 Unterabschnitt 1 Nummer 1.3.1.2 oder 1.3.1.6 besessen, das er vor diesem Tag erworben hat, so hat er spätestens am 1. September 2021 eine Erlaubnis nach § 10 Absatz 1 Satz 1 oder eine gleichgestellte andere Erlaubnis zum Besitz zu beantragen oder das wesentliche Teil einem Berechtigten, der zuständigen Behörde oder einer Polizeidienststelle zu überlassen. [2] Für die Zeit bis zur Erteilung oder Versagung der Erlaubnis gilt der Besitz als erlaubt. [3] § 46 Absatz 3 Satz 2 und Absatz 7 findet entsprechend Anwendung.

(14) [1] Hat jemand am 1. September 2020 ein nach Anlage 2 Abschnitt 1 Nummer 1.1, 1.2.1.1, 1.2.1.2, 1.2.2, 1.2.3 oder 1.2.5 verbotenes wesentliches Teil im Sinne von Anlage 1 Abschnitt 1 Unterabschnitt 1 Nummer 1.3.1.2 oder 1.3.1.6 besessen, das er vor diesem Tag erworben hat, so wird das Verbot ihm gegenüber in Bezug auf dieses wesentliche Teil nicht wirksam, wenn er spätestens am 1. September 2021 das wesentliche Teil einem Berechtigten, der zuständigen Behörde oder einer Polizeidienststelle überlässt oder einen Antrag nach § 40 Absatz 4 stellt. [2] § 46 Absatz 3 Satz 2 und Absatz 7 findet entsprechend Anwendung.

(15) [1] Hat jemand am 1. September 2020 eine erlaubnispflichtige Salutwaffe im Sinne von Anlage 1 Abschnitt 1 Unterabschnitt 1 Nummer 1.5 besessen, die er vor diesem Tag erworben hat, so hat er spätestens am 1. September 2021 eine Erlaubnis nach § 10 Absatz 1 Satz 1 oder eine gleichgestellte andere Erlaubnis zum Besitz zu beantragen oder die Waffe einem Berechtigten, der zuständigen Behörde oder einer Polizeidienststelle zu überlassen. [2] Für die Zeit bis zur Erteilung oder Versagung der Erlaubnis gilt der Besitz als erlaubt. [3] § 46 Absatz 3 Satz 2 und Absatz 7 findet entsprechend Anwendung.

(16) [1] Hat jemand am 1. September 2020 eine nach Anlage 2 Abschnitt 1 Nummer 1.2.8 verbotene Salutwaffe besessen, die er vor diesem Tag erworben hat, so wird das Verbot ihm gegenüber in Bezug auf diese Waffe nicht wirksam, wenn er bis zum 1. September 2021 die Waffe einem Berechtigten, der zuständigen Behörde oder einer Polizeidienststelle überlässt oder einen Antrag nach § 40 Absatz 4 stellt. [2] § 46 Absatz 3 Satz 2 und Absatz 7 findet entsprechend Anwendung.

(17) [1] Hat jemand am 13. Juni 2017 ein nach Anlage 2 Abschnitt 1 Nummer 1.2.4.3 oder 1.2.4.4 verbotenes Magazin oder ein nach Nummer 1.2.4.5

verbotenes Magazingehäuse besessen, das er vor diesem Tag erworben hat, so wird das Verbot ihm gegenüber in Bezug auf dieses Magazin oder Magazingehäuse nicht wirksam, wenn er den Besitz spätestens am 1. September 2021 bei der zuständigen Behörde anzeigt oder das Magazin oder Magazingehäuse einem Berechtigten, der zuständigen Behörde oder einer Polizeidienststelle überlässt. [2] Hat jemand am oder nach dem 13. Juni 2017, aber vor dem 1. September 2020 ein nach Anlage 2 Abschnitt 1 Nummer 1.2.4.3 oder 1.2.4.4 verbotenes Magazin oder ein nach Nummer 1.2.4.5 verbotenes Magazingehäuse besessen, das er am oder nach dem 13. Juni 2017 erworben hat, so wird das Verbot ihm gegenüber in Bezug auf dieses Magazin oder Magazingehäuse nicht wirksam, wenn er bis zum 1. September 2021 das Magazin oder Magazingehäuse einem Berechtigten, der zuständigen Behörde oder einer Polizeidienststelle überlässt oder einen Antrag nach § 40 Absatz 4 stellt. [3] § 46 Absatz 3 Satz 2 und Absatz 7 findet in den Fällen der Sätze 1 und 2 entsprechend Anwendung.

(18) [1] Hat jemand am 13. Juni 2017 auf Grund einer Erlaubnis nach § 10 Absatz 1 Satz 1 oder einer gleichgestellten anderen Erlaubnis zum Besitz eine nach Anlage 2 Abschnitt 1 Nummer 1.2.6 oder 1.2.7 verbotene Schusswaffe besessen, die er vor diesem Tag erworben hat, so wird das Verbot ihm gegenüber in Bezug auf diese Schusswaffe nicht wirksam. [2] Hat jemand nach dem 13. Juni 2017, aber vor dem 1. September 2021 eine nach Anlage 2 Abschnitt 1 Nummer 1.2.6 oder 1.2.7 verbotene Schusswaffe besessen, die er am oder nach dem 13. Juni 2017 erworben hat, so wird das Verbot ihm gegenüber in Bezug auf diese Schusswaffe nicht wirksam, wenn er bis zum 1. September 2021 die Schusswaffe einem Berechtigten, der zuständigen Behörde oder einer Polizeidienststelle überlässt oder einen Antrag nach § 40 Absatz 4 stellt. [3] Im Fall des Satzes 2 findet § 46 Absatz 3 Satz 2 und Absatz 7 entsprechend Anwendung.

(19) [1] Der Inhaber einer Erlaubnis nach § 21 Absatz 1 Satz 1 hat in seinem Besitz befindliche fertiggestellte Schusswaffen, deren Erwerb oder Besitz der Erlaubnis bedarf und die er vor dem 1. September 2020 erworben hat, bis zum 1. März 2021 elektronisch gemäß § 37 Absatz 2 anzuzeigen. [2] Die wesentlichen Teile dieser Schusswaffen unterfallen dieser Anzeigepflicht nicht.

(20) [1] Hat jemand am 1. September 2020 ein nach Anlage 1 Abschnitt 1 Unterabschnitt 2 Nummer 1.2.3 den Schusswaffen gleichgestelltes Pfeilabschussgerät besessen, das er vor diesem Tag erworben hat, so hat er spätestens am 1. September 2021 eine Erlaubnis nach § 10 Absatz 1 Satz 1 oder eine gleichgestellte andere Erlaubnis zum Besitz zu beantragen oder das Pfeilabschussgerät einem Berechtigten, der zuständigen Behörde oder einer Polizeidienststelle zu überlassen. [2] Für die Zeit bis zur Erteilung oder Versagung der Erlaubnis gilt der Besitz als erlaubt. [3] § 46 Absatz 3 Satz 2 und Absatz 7 findet entsprechende Anwendung.

(21) Bis zum Ablauf des 31. Dezember 2025 kann das Bedürfnis nach § 14 Absatz 4 Satz 1 auch durch eine Bescheinigung des dem Schießsportverband angehörenden Vereins glaubhaft gemacht werden.

(22) Besitzt jemand am 1. September 2020 auf Grund einer Erlaubnis nach § 14 Absatz 6 mehr als zehn Waffen, gilt die Erlaubnis abweichend von § 14 Absatz 6 Satz 1 für die eingetragene Anzahl, solange der Besitz besteht.

(23) Hat eine Landesregierung eine Rechtsverordnung nach § 27a Absatz 4 nicht erlassen, so gilt für das betreffende Land § 12 Absatz 4 bis 6 der Allgemeinen Waffengesetz-Verordnung in der am 19. Februar 2020 geltenden Fassung fort.

(24) [1] Wer ein am 31. Oktober 2024 unerlaubt besessenes Springmesser bis zum 1. Oktober 2025 einem Berechtigten, der zuständigen Behörde oder einer Polizei-

dienststelle übergibt, wird nicht wegen unerlaubten Erwerbs, unerlaubten Besitzes, unerlaubten Führens auf dem direkten Weg zur Übergabe an den Berechtigten, die zuständige Behörde oder die Polizeidienststelle oder wegen unerlaubten Verbringens bestraft [2]Der vormalige unerlaubte Erwerb, der vormalige unerlaubte Besitz oder das vormalige unerlaubte Führen oder das unerlaubte Verbringen der Springmesser bleiben für die Personen, die die Gegenstände nach Satz 1 einem Berechtigten, einer zuständigen Behörde oder einer Polizeidienststelle übergeben haben, in Bezug auf ihre im Verwaltungsverfahren zu beurteilende waffenrechtliche Zuverlässigkeit sanktionslos.

§ 59[1)] Verwaltungsvorschriften. Das Bundesministerium des Innern, für Bau und Heimat erlässt allgemeine Verwaltungsvorschriften über den Erwerb und das Führen von Schusswaffen durch Behörden und Bedienstete seines Geschäftsbereichs sowie über das Führen von Schusswaffen durch erheblich gefährdete Hoheitsträger im Sinne von § 55 Abs. 2; die anderen obersten Bundesbehörden und die Deutsche Bundesbank erlassen die Verwaltungsvorschriften für ihren Geschäftsbereich im Einvernehmen mit dem Bundesministerium des Innern, für Bau und Heimat.

§ 60[2)] *(aufgehoben)*

§ 60a[3)] Übergangsvorschrift zu den Waffenbüchern. (1) [1]Die Pflicht zur Führung von Waffenbüchern nach § 23 Absatz 1 oder Absatz 2 in der bis zum 19. Februar 2020 geltenden Fassung besteht bis zum Ablauf des 31. Dezember 2021 fort. [2]Nach Durchführung der letzten Eintragung sind die Waffenbücher mit Datum und Unterschrift der Person, die das Waffenbuch führen muss, so abzuschließen, dass nachträglich keine Eintragungen mehr vorgenommen werden können.

(2) [1]Die Person, die das Waffenbuch führen muss, hat das Waffenbuch mit den Belegen im Betrieb oder in dem Betriebsteil, in dem die Schusswaffen hergestellt oder vertrieben werden, bis zum Ablauf von zehn Jahren ab dem Tage der letzten Eintragung an aufzubewahren. [2]Will sie das Waffenbuch nach Ablauf der in Satz 1 genannten Frist nicht weiter aufbewahren, so hat sie es der zuständigen Behörde zur Aufbewahrung zu übergeben. [3]Gibt die Person, die das Waffenbuch führen muss, das Gewerbe auf, so hat sie das Buch ihrem Nachfolger zu übergeben oder der zuständigen Behörde zur Aufbewahrung auszuhändigen.

(3) Soweit in den Absätzen 1 und 2 nichts anderes bestimmt ist, finden auf die Führung der Waffenbücher bis zum Ablauf des 31. Dezember 2021 die Vorschriften des Abschnitts 6 Unterabschnitt 2 und § 34 Nummer 14 bis 17 der Allgemeinen Waffengesetz-Verordnung in der bis zum 19. Februar 2020 geltenden Fassung Anwendung.

(4) [1]Die für die Ausführung dieses Gesetzes zuständigen Behörden haben die nach Absatz 2 Satz 2 oder Satz 3 übernommenen Waffenbücher bis zum Ablauf von 30 Jahren nach dem Tage der Übernahme aufzubewahren. [2]Anschließend haben sie die Waffenbücher zu vernichten.

---

1) § 59 geänd. mWv 27.6.2020 durch VO v. 19.6.2020 (BGBl. I S. 1328).
2) § 60 aufgeh. mWv 1.10.2021 durch G v. 18.7.2016 (BGBl. I S. 1666).
3) § 60a eingef. mWv 1.9.2020 durch G v. 17.2.2020 (BGBl. I S. 166).

Anlage 1[1)]
(zu § 1 Abs. 4)

Begriffsbestimmungen

Abschnitt 1: Waffen- und munitionstechnische Begriffe, Einstufung von Gegenständen

Unterabschnitt 1: Schusswaffen

1. Schusswaffen im Sinne des § 1 Abs. 2 Nr. 1

1.1. Schusswaffen

Schusswaffen sind Gegenstände, die zum Angriff oder zur Verteidigung, zur Signalgebung, zur Jagd, zur Distanzinjektion, zur Markierung, zum Sport oder zum Spiel bestimmt sind und bei denen Geschosse durch einen Lauf getrieben werden.

1.2. Gleichgestellte Gegenstände

Den Schusswaffen stehen gleich tragbare Gegenstände,

1.2.1. die zum Abschießen von Munition für die in Nummer 1.1 genannten Zwecke bestimmt sind,

1.2.2. die in Anhang IV Nummer 18 der Richtlinie 2006/42/EG des Europäischen Parlaments und des Rates vom 17. Mai 2006 über Maschinen und zur Änderung der Richtlinie 95/16/EG (Neufassung) (ABl. L 157 vom 9.6.2006, S. 24; L 76 vom 16.3.2007, S. 35), die zuletzt durch die Verordnung (EU) Nr. 167/2013 (ABl. L 60 vom 2.3.2013, S. 1) geändert worden ist, aufgeführt sind und zum Abschießen von Munition für andere als die in Nummer 1.1 genannten Zwecke (insbesondere Schlachtzwecke, technische und industrielle Zwecke) bestimmt sind (tragbare Befestigungsgeräte mit Treibladung und andere Schussgeräte), sofern

a) sie nicht die Anforderungen des § 7 des Beschussgesetzes erfüllen und zum Nachweis das Kennzeichen der in § 20 Absatz 3 Satz 1 des Beschussgesetzes bezeichneten Stelle oder ein anerkanntes Prüfzeichen eines Staates, mit dem die gegenseitige Anerkennung der Prüfzeichen vereinbart ist, tragen oder

b) bei ihnen nicht die Einhaltung der Anforderungen nach Anhang I Nummer 2.2.2.1 der Richtlinie 2006/42/EG durch Bescheinigung einer zuständigen Stelle eines Mitgliedstaates oder des Übereinkommens über den Europäischen Wirtschaftsraum nachgewiesen ist,

1.2.3 bei denen bestimmungsgemäß feste Körper gezielt verschossen werden, deren Antriebsenergie durch Muskelkraft oder eine andere Energiequelle eingebracht und durch eine Sperrvorrichtung gespeichert oder gehalten werden kann (zum Beispiel Armbrüste, Pfeilabschussgeräte). Dies gilt nicht für feste Körper, die mit elastischen Geschossspitzen (zum Beispiel Saugnapf aus Gummi) versehen sind, bei denen eine maximale Bewegungsenergie der Geschossspitzen je Flächeneinheit von 0,16 J/cm² nicht überschritten wird;

1.3 Wesentliche Teile von Schusswaffen, Schalldämpfer

Wesentliche Teile von Schusswaffen und Schalldämpfer stehen, soweit in diesem Gesetz nichts anderes bestimmt ist, den Schusswaffen gleich, für die sie bestimmt sind. Dies gilt auch dann, wenn sie mit anderen Gegenständen verbunden sind und die Gebrauchsfähigkeit als Waffenteil nicht beeinträchtigt ist oder mit allgemein gebräuchlichen Werkzeugen wiederhergestellt werden kann. Teile von Kriegswaffen im Sinne des Gesetzes über die Kontrolle von Kriegswaffen, die nicht vom Gesetz über die Kontrolle von Kriegswaffen erfasst und nachstehend als wesentliche Teile aufgeführt sind sowie Schalldämpfer zu derartigen Waffen werden von diesem Gesetz erfasst;

1.3.1 Wesentliche Teile sind

1.3.1.1 der Lauf oder Gaslauf; der Lauf ist ein aus einem ausreichend festen Werkstoff bestehender *rohrförmiger* Gegenstand, der Geschossen, die hindurchgetrieben werden, ein gewisses Maß an Führung gibt, wobei dies in der Regel als gegeben anzusehen ist, wenn die Länge des Laufteils, der die Führung des Geschosses bestimmt, mindestens das Zweifache des Kalibers beträgt; der Gaslauf ist ein Lauf, der ausschließlich der Ableitung der Verbrennungsgase dient;

(Fortsetzung nächstes Blatt)

[1)] Anl. 1 geänd. mWv 1.4.2008 durch G v. 26.3.2008 (BGBl. I S. 426); geänd. mWv 6.7.2017 durch G v. 30.6.2017 (BGBl. I S. 2133); geänd. mWv 1.9.2020 durch G v. 17.2.2020 (BGBl. I S. 166); geänd. mWv 31.10.2024 durch G v. 25.10.2024 (BGBl. 2024 I Nr. 332).

[illegible]

1.2.3 [illegible]

1.3.1.1 der Lauf oder Gaskolben [illegible]

[1] [illegible]

1.3.1.2 der Verschluss; der Verschluss ist die Baugruppe einer Schusswaffe, welche das Patronen- oder Kartuschenlager nach hinten abschließt; bei teilbaren Verschlüssen sind Verschlusskopf und Verschlussträger jeweils wesentliche Teile; der Verschlusskopf ist das unmittelbar das Patronen- oder Kartuschenlager oder den Lauf abschließende Teil; der Verschlussträger ist das Bauteil, welches das Verriegeln und Entriegeln des Verschlusskopfs steuert;

1.3.1.3 das Patronen- oder Kartuschenlager, wenn dieses nicht bereits Bestandteil des Laufes ist; das Patronen- oder Kartuschenlager ist ein Hohlkörper aus einem hinreichend festen Material, dessen Abmaße für die Aufnahme von Patronenmunition, Kartuschenmunition oder Ladungen mit oder ohne Geschoss eingerichtet sind und in dem die Munition oder Ladung gezündet wird;

1.3.1.4 bei Schusswaffen, bei denen zum Antrieb ein entzündbares flüssiges oder gasförmiges Gemisch verwendet wird, die Verbrennungskammer und die Einrichtung zur Erzeugung des Gemisches;

1.3.1.5 bei Schusswaffen mit anderem Antrieb die Antriebsvorrichtung, sofern diese fest mit der Schusswaffe verbunden ist;

1.3.1.6 das Gehäuse; das Gehäuse ist das Bauteil, welches den Lauf, die Abzugsmechanik und den Verschluss aufnimmt; setzt sich das Gehäuse aus einem Gehäuseober- und einem Gehäuseunterteil zusammen, sind beide Teile wesentliche Teile; das Gehäuseoberteil nimmt den Lauf und den Verschluss auf; das Gehäuseunterteil nimmt die Abzugsmechanik auf; bei Kurzwaffen wird das Gehäuseunterteil als Griffstück bezeichnet;

1.3.1.7 vorgearbeitete wesentliche Teile von Schusswaffen sowie Teile und Reststücke von Läufen und Laufrohlingen, wenn sie mit allgemein gebräuchlichen Werkzeugen fertiggestellt werden können.

1.3.2 Führendes wesentliches Teil ist das Gehäuse; wenn dieses aus Gehäuseober- und Gehäuseunterteil zusammengesetzt ist, das Gehäuseunterteil (Griffstück bei Kurzwaffen); wenn kein Gehäuse vorhanden ist, ist der Verschluss führendes wesentliches Teil; wenn kein Verschluss vorhanden ist, ist der Lauf führendes wesentliches Teil.

1.3.3 Schalldämpfer sind Vorrichtungen, die der wesentlichen Dämpfung des Mündungsknalls dienen und für Schusswaffen bestimmt sind.

1.4 Unbrauchbar gemachte Schusswaffen (Dekorationswaffen)

Schusswaffen sind unbrauchbar gemacht, wenn die zuständige Behörde eines Mitgliedstaates der Europäischen Union für diese Schusswaffen eine Bescheinigung nach Artikel 3 Absatz 4 der Durchführungsverordnung (EU) 2015/2403 der Kommission vom 15. Dezember 2015 zur Festlegung gemeinsamer Leitlinien über Deaktivierungsstandards und -techniken, die gewährleisten, dass Feuerwaffen bei der Deaktivierung endgültig unbrauchbar gemacht werden (ABl. L 333 vom 19.12.2015, S. 62), die zuletzt durch die Durchführungsverordnung (EU) 2018/337 (ABl. L 65 vom 8.3.2018, S. 1) geändert worden ist, ausgestellt hat und die zuständige Behörde die Schusswaffen gemäß Artikel 5 der Durchführungsverordnung (EU) 2015/2403 gekennzeichnet hat.

1.5 Salutwaffen

Salutwaffen sind

1.5.1 veränderte Langwaffen, die unter anderem für Theateraufführungen, Foto-, Film- oder Fernsehaufnahmen bestimmt sind, wenn sie die nachstehenden Anforderungen erfüllen:

a) das Patronenlager muss dauerhaft so verändert sein, dass keine Patronen- oder pyrotechnische Munition geladen werden kann,

b) der Lauf muss in dem dem Patronenlager zugekehrten Drittel mindestens sechs kalibergroße, offene Bohrungen oder andere gleichwertige Laufveränderungen aufweisen und vor *diesen in Richtung* der Laufmündung mit einem kalibergroßen gehärteten Stahlstift dauerhaft verschlossen sein,

c) der Lauf muss mit dem Gehäuse fest verbunden sein, sofern es sich um Waffen handelt, bei denen der Lauf ohne Anwendung von Werkzeugen ausgetauscht werden kann,

d) die Änderungen müssen so vorgenommen sein, dass sie nicht mit allgemein gebräuchlichen Werkzeugen rückgängig gemacht und die Gegenstände nicht so geändert werden können, dass aus ihnen Geschosse, Patronen- oder pyrotechnische Munition verschossen werden können, und

e) der Verschluss muss ein Kennzeichen nach Abbildung 11 der Anlage II zur Beschussverordnung tragen;

1.5.2 Schusswaffen, die vor dem 1. April 1976 entsprechend den Anforderungen des § 3 der Ersten Verordnung zum Waffengesetz[1] vom 19. Dezember 1972 (BGBl. I S. 2522) verändert worden sind;

1.6. Anscheinswaffen

Anscheinswaffen sind

1.6.1. Schusswaffen, die ihrer äußeren Form nach im Gesamterscheinungsbild den Anschein von Feuerwaffen (Anlage 1 Abschnitt 1 Unterabschnitt 1 Nr. 2.1) hervorrufen und bei denen zum Antrieb der Geschosse keine heißen Gase verwendet werden,

1.6.2. Nachbildungen von Schusswaffen mit dem Aussehen von Schusswaffen nach Nummer 1.6.1 oder

1.6.3. unbrauchbar gemachte Schusswaffen mit dem Aussehen von Schusswaffen nach Nummer 1.6.1.

Ausgenommen sind solche Gegenstände, die erkennbar nach ihrem Gesamterscheinungsbild zum Spiel oder für Brauchtumsveranstaltungen bestimmt sind oder die Teil einer kulturhistorisch bedeutsamen Sammlung im Sinne des § 17 sind oder werden sollen oder Schusswaffen, für die gemäß § 10 Abs. 4 eine Erlaubnis zum Führen erforderlich ist. Erkennbar nach ihrem Gesamterscheinungsbild zum Spiel bestimmt sind insbesondere Gegenstände, deren Größe die einer entsprechenden Feuerwaffe um 50 Prozent über- oder unterschreiten, neonfarbene Materialien enthalten oder keine Kennzeichnungen von Feuerwaffen aufweisen.

2. Arten von Schusswaffen

2.1. Feuerwaffen; dies sind Schusswaffen nach Nummer 1.1, bei denen ein Geschoss mittels heißer Gase durch einen oder aus einem Lauf getrieben wird.

2.2. Automatische Schusswaffen; dies sind Schusswaffen, die nach Abgabe eines Schusses selbsttätig erneut schussbereit werden und bei denen aus demselben Lauf durch einmalige Betätigung des Abzuges oder einer anderen Schussauslösevorrichtung mehrere Schüsse abgegeben werden können (Vollautomaten) oder durch einmalige Betätigung des Abzuges oder einer anderen Schussauslösevorrichtung jeweils nur ein Schuss abgegeben werden kann (Halbautomaten). Als automatische Schusswaffen gelten auch Schusswaffen, die mit allgemein gebräuchlichen Werkzeugen in automatische Schusswaffen geändert werden können. Als Vollautomaten gelten auch in Halbautomaten geänderte Vollautomaten, die mit den in Satz 2 genannten Hilfsmitteln wieder in Vollautomaten zurückgeändert werden können. Double-Action-Revolver sind keine halbautomatischen Schusswaffen. Beim Double-Action-Revolver wird bei Betätigung des Abzuges durch den Schützen die Trommel weitergedreht, so dass das nächste Lager mit einer neuen Patrone vor den Lauf und den Schlagbolzen zu liegen kommt, und gleichzeitig die Feder gespannt. Beim weiteren Durchziehen des Abzuges schnellt der Hahn nach vorn und löst den Schuss aus.

2.3 Repetierwaffen; dies sind Schusswaffen, bei denen das Zuführen der Patrone aus einem Magazin, das Abfeuern und das Entfernen der Patrone oder Patronenhülse mit Hilfe eines nur von Hand zu betätigenden Mechanismus erfolgt.

2.4. Einzelladerwaffen; dies sind Schusswaffen ohne Magazin mit einem oder mehreren Läufen, die vor jedem Schuss aus demselben Lauf von Hand geladen werden.

2.5. Langwaffen; dies sind Schusswaffen, deren Lauf und Verschluss in geschlossener Stellung insgesamt länger als 30 cm sind und deren kürzeste bestimmungsgemäß verwendbare Gesamtlänge 60 cm überschreitet; Kurzwaffen sind alle anderen Schusswaffen.

2.6. Schreckschusswaffen; dies sind Schusswaffen mit einem Kartuschenlager, die zum Abschießen von Kartuschenmunition bestimmt sind.

2.7. Reizstoffwaffen; dies sind Schusswaffen mit einem Patronen- oder Kartuschenlager, die zum Verschießen von Reiz- oder anderen Wirkstoffen bestimmt sind.

---

[1] **Gewerberecht Nr. 121.**

2.8. Signalwaffen; dies sind Schusswaffen mit einem Patronen- oder Kartuschenlager oder tragbare Gegenstände nach Nummer 1.2.1, die zum Verschießen pyrotechnischer Munition bestimmt sind.

2.9. Druckluft- und Federdruckwaffen und Waffen, bei denen zum Antrieb der Geschosse kalte Treibgase verwendet werden; Federdruckwaffen sind Schusswaffen, bei denen entweder Federkraft direkt ein Geschoss antreibt (auch als Federkraftwaffen bezeichnet) oder ein federbelasteter Kolben in einem Zylinder bewegt wird und ein vom Kolben erzeugtes Luftpolster das Geschoss antreibt. Druckluftwaffen sind Schusswaffen, bei denen Luft in einen Druckbehälter vorkomprimiert und gespeichert sowie über ein Ventilsystem zum Geschossantrieb freigegeben wird. Waffen, bei denen zum Antrieb der Geschosse kalte Treibgase Verwendung finden, sind z.B. Druckgaswaffen.

3. Weitere Begriffe zu den wesentlichen Teilen

3.1. Austauschläufe sind Läufe für ein bestimmtes Waffenmodell oder -system, die ohne Nacharbeit ausgetauscht werden können.

3.2. Wechselläufe sind Läufe, die für eine bestimmte Waffe zum Austausch des vorhandenen Laufes vorgefertigt sind und die noch eingepasst werden müssen.

3.3. Einsteckläufe sind Läufe ohne eigenen Verschluss, die in die Läufe von Waffen größeren Kalibers eingesteckt werden können.

3.4. Wechseltrommeln sind Trommeln für ein bestimmtes Revolvermodell, die ohne Nacharbeit gewechselt werden können.

3.5 Wechselsysteme sind Austauschläufe einschließlich des für sie bestimmten Verschlusses sowie der für sie bestimmten Gehäuseteile, sofern diese Gehäuseteile technisch erforderlich sind und Austauschlauf, Verschluss und Gehäuseteile in ihrer Gesamtheit keine bestimmungsgemäß verwendbare Waffe ergeben.

3.6 Einstecksysteme sind Einsteckläufe einschließlich des für sie bestimmten Verschlusses sowie der für sie bestimmten Gehäuseteile, sofern diese Gehäuseteile technisch erforderlich sind und Einstecklauf, Verschluss und Gehäuseteile in ihrer Gesamtheit keine bestimmungsgemäß verwendbare Waffe ergeben.

3.7. Einsätze sind Teile, die den Innenmaßen des Patronenlagers der Schusswaffe angepasst und zum Verschießen von Munition kleinerer Abmessungen bestimmt sind.

4. Sonstige Vorrichtungen für Schusswaffen

4.1. Zielscheinwerfer sind für Schusswaffen bestimmte Vorrichtungen, die das Ziel beleuchten. Ein Ziel wird dann beleuchtet, wenn es mittels Lichtstrahlen bei ungünstigen Lichtverhältnissen oder Dunkelheit für den Schützen erkennbar dargestellt wird. Dabei ist es unerheblich, ob das Licht sichtbar oder unsichtbar (z.B. infrarot) ist und ob der Schütze weitere Hilfsmittel für die Zielerkennung benötigt.

4.2. Laser oder Zielpunktprojektoren sind für Schusswaffen bestimmte Vorrichtungen, die das Ziel markieren. Ein Ziel wird markiert, wenn auf diesem für den Schützen erkennbar ein Zielpunkt projiziert wird.

4.3. Nachtsichtgeräte oder Nachtzielgeräte sind für Schusswaffen bestimmte Vorrichtungen, die eine elektronische Verstärkung oder einen Bildwandler und eine Montageeinrichtung für Schusswaffen besitzen. Zu Nachtzielgeräten zählen auch Nachtsichtvorsätze und Nachtsichtaufsätze für Zielhilfsmittel (Zielfernrohre).

4.4 Magazine sind für die Verwendung in Schusswaffen bestimmte Munitionsbehältnisse, die der Aufbewahrung und Zuführung von Patronen im Rahmen des Ladevorgangs dienen.

4.4.1 *Eingebaut sind Magazine*, die während ihrer Befüllung bestimmungsgemäß mit der Schusswaffe verbunden bleiben.

4.4.2 Wechselmagazine sind Magazine, die während ihrer Befüllung bestimmungsgemäß von der Schusswaffe getrennt werden.

4.4.3 Magazingehäuse sind diejenigen Bestandteile von Wechselmagazinen, die dazu bestimmt sind, die Patronen aufzunehmen.

5. Reizstoffe sind Stoffe, die bei ihrer bestimmungsgemäßen Anwendung auf den Menschen eine belästigende Wirkung durch Haut- und Schleimhautreizung, insbesondere durch einen Augenreiz ausüben und resorptiv nicht giftig wirken.

6. Nachbildungen von Schusswaffen sind Gegenstände,
– die nicht als Schusswaffen hergestellt wurden,
– die die äußere Form einer Schusswaffe haben,
– aus denen nicht geschossen werden kann und
– die nicht mit allgemein gebräuchlichen Werkzeugen so umgebaut oder verändert werden können, dass aus ihnen Munition, Ladungen oder Geschosse verschossen werden können.

Unterabschnitt 2: Tragbare Gegenstände

1. Tragbare Gegenstände nach § 1 Abs. 2 Nr. 2 Buchstabe a sind insbesondere

1.1 Hieb- und Stoßwaffen (Gegenstände, die ihrem Wesen nach dazu bestimmt sind, unter unmittelbarer Ausnutzung der Muskelkraft durch Hieb, Stoß, Stich, Schlag oder Wurf Verletzungen beizubringen),

1.2 Gegenstände,

1.2.1 die unter Ausnutzung einer anderen als mechanischen Energie Verletzungen beibringen (z.B. Elektroimpulsgeräte),

1.2.2 aus denen Reizstoffe versprüht oder ausgestoßen werden, die eine Reichweite bis zu 2 m haben (Reizstoffsprühgeräte),

1.2.3 bei denen in einer Entfernung von mehr als 2 m bei Menschen

a) eine angriffsunfähig machende Wirkung durch ein gezieltes Versprühen oder Ausstoßen von Reiz- oder anderen Wirkstoffen oder

b) eine gesundheitsschädliche Wirkung durch eine andere als kinetische Energie, insbesondere durch ein gezieltes Ausstrahlen einer elektromagnetischen Strahlung,

hervorgerufen werden kann,

1.2.4 bei denen gasförmige, flüssige oder feste Stoffe den Gegenstand gezielt und brennend mit einer Flamme von mehr als 20 cm Länge verlassen,

1.2.5 bei denen leicht entflammbare Stoffe so verteilt und entzündet werden, dass schlagartig ein Brand entstehen kann, oder in denen unter Verwendung explosionsgefährlicher oder explosionsfähiger Stoffe eine Explosion ausgelöst werden kann,

1.2.6 die nach ihrer Beschaffenheit und Handhabung dazu bestimmt sind, durch Drosseln die Gesundheit zu schädigen,

1.3 Schleudern, die zur Erreichung einer höchstmöglichen Bewegungsenergie eine Armstütze oder eine vergleichbare Vorrichtung besitzen oder für eine solche Vorrichtung eingerichtet sind (Präzisionsschleudern), sowie Armstützen und vergleichbare Vorrichtungen für die vorbezeichneten Gegenstände.

2. Tragbare Gegenstände im Sinne des § 1 Abs. 2 Nr. 2 Buchstabe b sind

2.1 Messer,

2.1.1 deren Klingen auf Knopf- oder Hebeldruck hervorschnellen und hierdurch oder beim Loslassen der Sperrvorrichtung festgestellt werden können (Springmesser),

2.1.2 deren Klingen beim Lösen einer Sperrvorrichtung durch ihre Schwerkraft oder durch eine Schleuderbewegung aus dem Griff hervorschnellen und selbsttätig oder beim Loslassen der Sperrvorrichtung festgestellt werden (Fallmesser),

2.1.3 mit einem quer zur feststehenden oder feststellbaren Klinge verlaufenden Griff, die bestimmungsgemäß in der geschlossenen Faust geführt oder eingesetzt werden (Faustmesser),

2.1.4 Faltmesser mit zweigeteilten, schwenkbaren Griffen (Butterflymesser),

2.2 Gegenstände, die bestimmungsgemäß unter Ausnutzung einer anderen als mechanischen Energie Tieren Schmerzen beibringen (z.B. Elektroimpulsgeräte), mit Ausnahme der ihrer Bestimmung entsprechend im Bereich der Tierhaltung oder bei der sachgerechten Hundeausbildung Verwendung findenden Gegenstände (z.B. Viehtreiber).

Unterabschnitt 3: Munition und Geschosse

1. Munition ist zum Verschießen aus Schusswaffen bestimmte

1.1 Patronenmunition (Hülsen mit Ladungen, die ein Geschoss enthalten, und Geschosse mit Eigenantrieb),

1.2 Kartuschenmunition (Hülsen mit Ladungen, die ein Geschoss nicht enthalten),

1.3 hülsenlose Munition (Ladung mit oder ohne Geschoss, wobei die Ladung eine den Innenabmessungen einer Schusswaffe oder eines Gegenstandes nach Unterabschnitt 1 Nr. 1.2 angepasste Form hat),

1.4 pyrotechnische Munition (dies sind Gegenstände, die Geschosse mit explosionsgefährlichen Stoffen oder Stoffgemischen [pyrotechnische Sätze] enthalten, die Licht-, Schall-, Rauch-, Nebel-, Heiz-, Druck- oder Bewegungswirkungen erzeugen und keine zweckbestimmte Durchschlagskraft im Ziel entfalten); hierzu gehört

1.4.1 pyrotechnische Patronenmunition (Patronenmunition, bei der das Geschoss einen pyrotechnischen Satz enthält),

1.4.2 unpatronierte pyrotechnische Munition (Geschosse, die einen pyrotechnischen Satz enthalten),

1.4.3 mit der Antriebsvorrichtung fest verbundene pyrotechnische Munition.

2. Ladungen sind die Hauptenergieträger, die in loser Schüttung in Munition oder als vorgefertigte Ladung oder in loser Form in Waffen nach Unterabschnitt 1 Nr. 1.1 oder Gegenstände nach Unterabschnitt 1 Nr. 1.2.1 eingegeben werden und

– zum Antrieb von Geschossen oder Wirkstoffen oder

– zur Erzeugung von Schall- oder Lichtimpulsen

bestimmt sind, sowie Anzündsätze, die direkt zum Antrieb von Geschossen dienen.

3. Geschosse im Sinne dieses Gesetzes sind als Waffen oder für Schusswaffen bestimmte

3.1 feste Körper,

3.2 gasförmige, flüssige oder feste Stoffe in Umhüllungen.

Abschnitt 2: Waffenrechtliche Begriffe

Im Sinne dieses Gesetzes

1. erwirbt eine Waffe oder Munition, wer die tatsächliche Gewalt darüber erlangt,

2. besitzt eine Waffe oder Munition, wer die tatsächliche Gewalt darüber ausübt,

3. überlässt eine Waffe oder Munition, wer die tatsächliche Gewalt darüber einem anderen einräumt,

4. führt eine Waffe, wer die tatsächliche Gewalt darüber außerhalb der eigenen Wohnung, Geschäftsräume, des eigenen befriedeten Besitztums oder einer Schießstätte ausübt,

5. verbringt eine Waffe oder Munition, wer diese Waffe oder Munition über die Grenze zum dortigen Verbleib oder mit dem Ziel des Besitzwechsels in den, durch den oder aus dem Geltungsbereich des Gesetzes zu einer anderen Person oder zu sich selbst transportieren lässt oder selbst transportiert,

6. nimmt eine Waffe oder Munition mit, wer diese Waffe oder Munition vorübergehend auf einer Reise ohne Aufgabe des Besitzes zur Verwendung über die Grenze in den, durch den oder aus dem Geltungsbereich des Gesetzes bringt,

7. *schießt*, wer mit einer Schusswaffe Geschosse durch einen Lauf verschießt, Kartuschenmunition abschießt, mit Patronen- oder Kartuschenmunition Reiz- oder andere Wirkstoffe verschießt oder pyrotechnische Munition verschießt,

8.

8.1 werden Waffen oder Munition hergestellt, wenn aus Rohteilen oder Materialien ein Endprodukt oder wesentliche Teile eines Endproduktes erzeugt werden oder bei einer Waffe das führende wesentliche Teil durch ein Teil, das noch nicht in einer Waffe verbaut war, ersetzt wird; eine Schusswaffe ist hergestellt, wenn sie weißfertig im Sinne von § 2 Absatz 5 des Beschussgesetzes[1)]

[1)] **Sartorius ErgBd. Nr. 821.**

ist oder der Austausch des führenden wesentlichen Teils abgeschlossen ist; als Herstellen von Munition gilt auch das Wiederladen von Hülsen,

8.1a ist eine Waffe fertiggestellt, sobald sie mit dem amtlichen Beschusszeichen nach § 6 des Beschussgesetzes[1] versehen wurde oder, sofern die Waffe nicht der amtlichen Beschussprüfung unterliegt, sobald sie zum Inverkehrbringen bereitgehalten wird,

8.2 wird eine Schusswaffe bearbeitet, wenn

8.2.1 sie verkürzt, in der Schussfolge verändert oder so geändert wird, dass andere Munition oder Geschosse anderer Kaliber aus ihr verschossen werden können (Umbau),

8.2.2 wesentliche Teile, zu deren Einpassung eine Nacharbeit erforderlich ist, ausgetauscht werden, sofern nicht Nummer 8.1 zutrifft,

8.2.3 Arbeiten an der Schusswaffe durchgeführt werden, die eine Beschusspflicht gemäß § 3 Absatz 2 des Beschussgesetzes[1] auslösen, wenn nicht die Nummern 8.1, 8.2.1 oder 8.2.2 zutreffen (Instandsetzung); eine Schusswaffe wird nicht bearbeitet, wenn lediglich geringfügige Änderungen, insbesondere am Schaft oder an der Zieleinrichtung, vorgenommen werden,

8.3 wird eine Schusswaffe unbrauchbar gemacht, wenn an ihr die Maßnahmen des Anhangs I Tabelle II bis III der Durchführungsverordnung (EU) 2015/2403 durchgeführt werden,

9. treibt Waffenhandel, wer gewerbsmäßig oder selbstständig im Rahmen einer wirtschaftlichen Unternehmung Schusswaffen oder Munition ankauft, feilhält, Bestellungen entgegennimmt oder aufsucht, anderen überlässt oder den Erwerb, den Vertrieb oder das Überlassen vermittelt,

10. sind Kinder Personen, die noch nicht 14 Jahre alt sind,

11. sind Jugendliche Personen, die mindestens 14, aber noch nicht 18 Jahre alt sind;

12. ist eine Waffe schussbereit, wenn sie geladen ist, das heißt, dass Munition oder Geschosse in der Trommel, im in die Waffe eingefügten Magazin oder im Patronen- oder Geschosslager sind, auch wenn sie nicht gespannt ist;

13. ist eine Schusswaffe zugriffsbereit, wenn sie unmittelbar in Anschlag gebracht werden kann; sie ist nicht zugriffsbereit, wenn sie in einem verschlossenen Behältnis mitgeführt wird, ein Messer ist nicht zugriffsbereit, wenn es nur mit mehr als drei Handgriffen erreicht werden kann;

14. sind Mitgliedstaaten die Mitgliedstaaten der Europäischen Union und gelten als Mitgliedstaaten auch die Vertragsstaaten des Schengener Übereinkommens.

Abschnitt 3: Einteilung der Schusswaffen oder Munition in die Kategorien A bis C nach der Richtlinie 91/477/EWG des Rates vom 18. Juni 1991 über die Kontrolle des Erwerbs und des Besitzes von Waffen (ABl. L 256 vom 13.9.1991, S. 51), die zuletzt durch die Richtlinie (EU) 2017/853 des Europäischen Parlaments und des Rates vom 17. Mai 2017 (ABl. L 137 vom 24.5.2017, S. 22) geändert worden ist

1. **Kategorie A**

1.1 Kriegsschusswaffen der Nummern 29 und 30 der Kriegswaffenliste (Anlage zu § 1 Abs. 1 des Gesetzes über die Kontrolle von Kriegswaffen[2]),

1.2 vollautomatische Schusswaffen,

1.3 als anderer Gegenstand getarnte Schusswaffen,

1.4 Pistolen- und Revolvermunition mit Expansivgeschossen sowie Geschosse für diese Munition mit Ausnahme solcher für Jagd- und Sportwaffen von Personen, die zur Benutzung dieser Waffen befugt sind,

1.5 panzerbrechende Munition, Munition mit Spreng- und Brandsätzen und Munition mit Leuchtspursätzen sowie Geschosse für diese Munition, soweit die Munition oder die Geschosse nicht von dem Gesetz über die Kontrolle von Kriegswaffen[2] erfasst sind,

1.6 automatische Feuerwaffen, die zu halbautomatischen Feuerwaffen umgebaut wurden, unbeschadet des Artikels 7 Absatz 4a der Richtlinie 91/477/EWG des Rates vom 18. Juni 1991 über die Kontrolle des Erwerbs und des Besitzes von Waffen (ABl. L 256 vom 13.9.1991, S. 51), die zuletzt

[1] **Sartorius ErgBd. Nr. 821.**
[2] Nr. **823.**

durch die Richtlinie (EU) 2017/853 des Europäischen Parlaments und des Rates vom 17. Mai 2017 (ABl. L 137 vom 24.5.2017, S. 22) geändert worden ist,

1.7 jede der folgenden halbautomatischen Zentralfeuerwaffen:

1.7.1 Kurz-Feuerwaffen, mit denen ohne Nachladen mehr als 21 Schüsse abgegeben werden können, sofern eine Ladevorrichtung mit einer Kapazität von mehr als 20 Patronen in diese Feuerwaffe eingebaut ist oder eine abnehmbare Ladevorrichtung mit einer Kapazität von mehr als 20 Patronen eingesetzt wird,

1.7.2 Lang-Feuerwaffen, mit denen ohne Nachladen mehr als elf Schüsse abgegeben werden können, sofern eine Ladevorrichtung mit einer Kapazität von mehr als zehn Patronen in diese Feuerwaffe eingebaut ist oder eine abnehmbare Ladevorrichtung mit einer Kapazität von mehr als zehn Patronen eingesetzt wird,

1.8 halbautomatische Lang-Feuerwaffen, die ursprünglich als Schulterwaffen vorgesehen sind und die ohne Funktionseinbuße mithilfe eines Klapp- oder Teleskopschafts oder eines ohne Verwendung eines Werkzeugs abnehmbaren Schafts auf eine Länge unter 60 cm gekürzt werden können,

1.9 sämtliche Feuerwaffen dieser Kategorie, die für das Abfeuern von Platzpatronen, Reizstoffen, sonstigen aktiven Substanzen oder pyrotechnischer Munition oder in Salutwaffen oder akustische Waffen umgebaut wurden.

2. Kategorie B

2.1 kurze Repetierfeuerwaffen,

2.2 kurze Einzellader-Feuerwaffen für Munition mit Zentralfeuerzündung,

2.3 kurze Einzellader-Feuerwaffen für Munition mit Randfeuerzündung mit einer Gesamtlänge von weniger als 28 cm,

2.4 halbautomatische Lang-Feuerwaffen, deren Ladevorrichtung und Patronenlager zusammen bei Randfeuerwaffen mehr als drei Patronen und bei Zentralfeuerwaffen mehr als drei aber weniger als zwölf Patronen aufnehmen können,

2.5 halbautomatische Kurz-Feuerwaffen, die nicht unter Nummer 1.7.1 aufgeführt sind,

2.6 halbautomatische Lang-Feuerwaffen, die unter Nummer 1.7.2 aufgeführt sind, deren Ladevorrichtung und Patronenlager zusammen nicht mehr als drei Patronen aufnehmen können, deren Ladevorrichtung auswechselbar ist oder bei denen nicht sichergestellt ist, dass sie mit allgemein gebräuchlichen Werkzeugen nicht zu Waffen, deren Ladevorrichtung und Patronenlager zusammen mehr als drei Patronen aufnehmen können, umgebaut werden können,

2.7 lange Repetier- und halbautomatische Lang-Feuerwaffen, jeweils mit glattem Lauf, deren Lauf nicht länger als 60 cm ist,

2.8 sämtliche Feuerwaffen dieser Kategorie, die für das Abfeuern von Platzpatronen, Reizstoffen, sonstigen aktiven Substanzen oder pyrotechnischer Munition oder in Salutwaffen oder akustische Waffen umgebaut wurden,

2.9 halbautomatische Feuerwaffen für den zivilen Gebrauch, die wie vollautomatische Waffen aussehen und die nicht unter den Nummern 1.6, 1.7 oder 1.8 aufgeführt sind.

3. Kategorie C

3.1 andere lange Repetier-Feuerwaffen als die, die unter Nummer 2.7 aufgeführt sind,

3.2 lange Einzellader-Feuerwaffen mit gezogenem Lauf/gezogenen Läufen,

3.3 andere halbautomatische Lang-Feuerwaffen als die, die unter Nummer 1 oder Nummer 2 aufgeführt sind,

3.4 kurze Einzellader-Feuerwaffen für Munition mit Randfeuerzündung, ab einer Gesamtlänge von 28 cm,

3.5 sämtliche Feuerwaffen dieser Kategorie, die für das Abfeuern von Platzpatronen, Reizstoffen, sonstigen aktiven Substanzen oder pyrotechnischer Munition oder in Salutwaffen oder akustische Waffen umgebaut wurden,

3.6 Feuerwaffen der Kategorien A oder B oder dieser Kategorie, die gemäß der Durchführungsverordnung (EU) 2015/2403 deaktiviert worden sind,

3.7 lange Einzellader-Feuerwaffen mit glattem Lauf oder glatten Läufen, die am oder nach dem 14. September 2018 in Verkehr gebracht wurden.

Anlage 2[1)]
(zu § 2 Abs. 2 bis 4)

Waffenliste

Abschnitt 1: Verbotene Waffen

Der Umgang, mit Ausnahme der Unbrauchbarmachung, mit folgenden Waffen und Munition ist verboten:

1.1 Waffen (§ 1 Abs. 2), mit Ausnahme halbautomatischer tragbarer Schusswaffen, die in der Anlage zum Gesetz über die Kontrolle von Kriegswaffen[2)] (Kriegswaffenliste) in der Fassung der Bekanntmachung vom 22. November 1990 (BGBl. I S. 2506) oder deren Änderungen aufgeführt sind, nach Verlust der Kriegswaffeneigenschaft;

1.2 Schusswaffen im Sinne des § 1 Absatz 2 Nummer 1 nach den Nummern 1.2.1 bis 1.2.3 sowie 1.2.5 bis 1.2.8 und Zubehör für Schusswaffen nach Nummer 1.2.4, die

1.2.1

1.2.1.1 Vollautomaten im Sinne der Anlage 1 Abschnitt 1 Unterabschnitt 1 Nr. 2.2 sind oder

1.2.1.2 Vorderschaftrepetierflinten, bei denen anstelle des Hinterschaftes ein Kurzwaffengriff vorhanden ist oder die Waffengesamtlänge in der kürzest möglichen Verwendungsform weniger als 95 cm oder die Lauflänge weniger als 45 cm beträgt, sind;

1.2.2 ihrer Form nach geeignet sind, einen anderen Gegenstand vorzutäuschen oder die mit Gegenständen des täglichen Gebrauchs verkleidet sind (z.B. Koppelschlosspistolen, Schießkugelschreiber, Stockgewehre, Taschenlampenpistolen);

1.2.3 über den für Jagd- und Sportzwecke allgemein üblichen Umfang hinaus zusammengeklappt, zusammengeschoben, verkürzt oder schnell zerlegt werden können;

1.2.4 für Schusswaffen bestimmte

1.2.4.1 Vorrichtungen sind, die das Ziel beleuchten (z.B. Zielscheinwerfer) oder markieren (z.B. Laser oder Zielpunktprojektoren);

1.2.4.2 Nachtsichtgeräte und Nachtzielgeräte mit Montagevorrichtung für Schusswaffen sowie Nachtsichtvorsätze und Nachtsichtaufsätze für Zielhilfsmittel (z.B. Zielfernrohre) sind, sofern die Gegenstände einen Bildwandler oder eine elektronische Verstärkung besitzen;

1.2.4.3 Wechselmagazine für Kurzwaffen für Zentralfeuermunition sind, die mehr als 20 Patronen des kleinsten nach Herstellerangabe bestimmungsgemäß verwendbaren Kalibers aufnehmen können;

1.2.4.4 Wechselmagazine für Langwaffen für Zentralfeuermunition sind, die mehr als zehn Patronen des kleinsten nach Herstellerangabe bestimmungsgemäß verwendbaren Kalibers aufnehmen können; ein Wechselmagazin, das sowohl in Kurz- als auch in Langwaffen verwendbar ist, gilt als Magazin für Kurzwaffen, wenn nicht der Besitzer gleichzeitig über eine Erlaubnis zum Besitz einer Langwaffe verfügt, in der das Magazin verwendet werden kann;

1.2.4.5 Magazingehäuse für Wechselmagazine nach den Nummern 1.2.4.3 und 1.2.4.4 sind;

1.2.5 mehrschüssige Kurzwaffen sind, deren Baujahr nach dem 1. Januar 1970 liegt, für Zentralfeuermunition in Kalibern unter 6,3 mm, wenn der Antrieb der Geschosse nicht ausschließlich durch den Zündsatz erfolgt;

1.2.6 halbautomatische Kurzwaffen für Zentralfeuermunition sind, die über ein eingebautes Magazin mit einer Kapazität von mehr als 20 Patronen des kleinsten nach Herstellerangabe bestimmungsgemäß verwendbaren Kalibers verfügen;

1.2.7 halbautomatische Langwaffen für Zentralfeuermunition sind, die über ein eingebautes Magazin mit einer Kapazität von mehr als zehn Patronen des kleinsten nach Herstellerangabe bestimmungsgemäß verwendbaren Kalibers verfügen;

1.2.8 nach diesem Abschnitt verbotene Schusswaffen sind, die zu Salutwaffen im Sinne von Anlage 1 Abschnitt 1 Unterabschnitt 1 Nummer 1.5 umgebaut worden sind;

[1)] Anl. 2 geänd. mWv 1.4.2008 durch G v. 26.3.2008 (BGBl. I S. 426); geänd. mWv 25.7.2009 durch G v. 17.7.2009 (BGBl. I S. 2062); geänd. mWv 6.7.2017 durch G v. 30.6.2017 (BGBl. I S. 2133); geänd. mWv 1.9.2020 durch G v. 17.2.2020 (BGBl. I S. 166, geänd. durch G v. 22.4.2020, BGBl. I S. 840); geänd. mWv 31.10.2024 durch G v. 25.10.2024 (BGBl. 2024 I Nr. 332); geänd. mWv 24.7.2025 durch G v. 17.7.2025 (BGBl. 2025 I Nr. 171).

[2)] Nr. **823**.

1.3 Tragbare Gegenstände im Sinne des § 1 Abs. 2 Nr. 2 Buchstabe a nach den Nummern 1.3.1 bis 1.3.8

1.3.1 Hieb- oder Stoßwaffen, die ihrer Form nach geeignet sind, einen anderen Gegenstand vorzutäuschen, oder die mit Gegenständen des täglichen Gebrauchs verkleidet sind;

1.3.2 Stahlruten, Totschläger oder Schlagringe;

1.3.3 sternförmige Scheiben, die nach ihrer Beschaffenheit und Handhabung zum Wurf auf ein Ziel bestimmt und geeignet sind, die Gesundheit zu beschädigen (Wurfsterne);

1.3.4 Gegenstände, bei denen leicht entflammbare Stoffe so verteilt und entzündet werden, dass schlagartig ein Brand entstehen kann oder in denen unter Verwendung explosionsgefährlicher oder explosionsfähiger Stoffe eine Explosion ausgelöst werden kann;

1.3.5 Gegenstände mit Reiz- oder anderen Wirkstoffen, es sei denn, dass die Stoffe als gesundheitlich unbedenklich amtlich zugelassen sind und die Gegenstände

– in der Reichweite und Sprühdauer begrenzt sind und

– zum Nachweis der gesundheitlichen Unbedenklichkeit, der Reichweiten- und der Sprühdauerbegrenzung ein amtliches Prüfzeichen tragen;

1.3.6 Gegenstände, die unter Ausnutzung einer anderen als mechanischen Energie Verletzungen beibringen (z.B. Elektroimpulsgeräte), sofern sie nicht als gesundheitlich unbedenklich amtlich zugelassen sind und ein amtliches Prüfzeichen tragen zum Nachweis der gesundheitlichen Unbedenklichkeit sowie Distanz-Elektroimpulsgeräte, die mit dem Abschuss- oder Auslösegerät durch einen leitungsfähigen Flüssigkeitsstrahl einen Elektroimpuls übertragen oder durch Leitung verbundene Elektroden zur Übertragung eines Elektroimpulses am Körper aufbringen;

1.3.7 Präzisionsschleudern nach Anlage 1 Abschnitt 1 Unterabschnitt 2 Nr. 1.3 sowie Armstützen und vergleichbare Vorrichtungen für die vorbezeichneten Gegenstände;

1.3.8 Gegenstände, die nach ihrer Beschaffenheit und Handhabung dazu bestimmt sind, durch Drosseln die Gesundheit zu schädigen (z.B. Nun-Chakus);

1.4 Tragbare Gegenstände im Sinne des § 1 Abs. 2 Nr. 2 Buchstabe b nach den Nummern 1.4.1 bis 1.4.4

1.4.1 Spring- und Fallmesser nach Anlage 1 Abschnitt 1 Unterabschnitt 2 Nr. 2.1.1 und 2.1.2. Hiervon ausgenommen sind Springmesser, wenn die Klinge seitlich aus dem Griff herausspringt und der aus dem Griff herausragende Teil der Klinge

– höchstens 8,5 cm lang ist und

– nicht zweiseitig geschliffen ist, soweit ein berechtigtes Interesse besteht, das eine einhändige Nutzung erforderlich macht, oder der Umgang im Zusammenhang mit der Berufsausübung erfolgt;

1.4.2 Faustmesser nach Anlage 1 Abschnitt 1 Unterabschnitt 2 Nr. 2.1.3,

1.4.3 Butterflymesser nach Anlage 1 Abschnitt 1 Unterabschnitt 2 Nr. 2.1.4,

1.4.4 Gegenstände, die unter Ausnutzung einer anderen als mechanischen Energie Tieren Verletzungen beibringen (z.B. Elektroimpulsgeräte), sofern sie nicht als gesundheitlich unbedenklich amtlich zugelassen sind und ein amtliches Prüfzeichen tragen zum Nachweis der gesundheitlichen Unbedenklichkeit oder bestimmungsgemäß in der Tierhaltung Verwendung finden;

1.5 Munition und Geschosse nach den Nummern 1.5.1 bis 1.5.7

1.5.1 Geschosse mit Betäubungsstoffen, die zu Angriffs- oder Verteidigungszwecken bestimmt sind;

1.5.2 Geschosse oder Kartuschenmunition mit Reizstoffen, die zu Angriffs- oder Verteidigungszwecken bestimmt sind ohne amtliches Prüfzeichen zum Nachweis der gesundheitlichen Unbedenklichkeit;

1.5.3 Patronenmunition für Schusswaffen mit gezogenen Läufen, deren Geschosse im Durchmesser kleiner sind als die Felddurchmesser der dazugehörigen Schusswaffen und die mit einer Treib- und Führungshülse umgeben sind, die sich nach Verlassen des Laufes vom Geschoss trennt;

1.5.4 Munition und Geschosse nach Anlage 1 Abschnitt 3 Nummer 1.5 sowie Munition mit Geschossen, die einen Hartkern (mindestens 400 HB 25 – Brinellhärte – bzw. 421 HV – Vickershärte –) enthalten, sowie entsprechende Geschosse, ausgenommen pyrotechnische Munition, die bestimmungsgemäß zur Signalgebung bei der Gefahrenabwehr dient;

1.5.5 Knallkartuschen, Reiz- und sonstige Wirkstoffmunition nach Tabelle 5 der Maßtafeln nach § 1 Abs. 3 Satz 3 der Dritten Verordnung zum Waffengesetz in der Fassung der Bekanntmachung vom 2. September 1991 (BGBl. I S. 1872), die zuletzt durch die Zweite Verordnung zur Änderung von waffenrechtlichen Verordnungen vom 24. Januar 2000 (BGBl. I S. 38) geändert wurde, in der jeweils geltenden Fassung (Maßtafeln), bei deren Verschießen in Entfernungen von mehr als 1,5 m vor der Mündung Verletzungen durch feste Bestandteile hervorgerufen werden können, ausgenommen Kartuschenmunition der Kaliber 16 und 12 mit einer Hülsenlänge von nicht mehr als 47 oder 49 mm;

1.5.6 Kleinschrotmunition, die in Lagern nach Tabelle 5 der Maßtafeln mit einem Durchmesser (P_1) bis 12,5 mm geladen werden kann;

1.5.7 Munition, die zur ausschließlichen Verwendung in Kriegswaffen oder durch die in § 55 Abs. 1 Satz 1 bezeichneten Stellen bestimmt ist, soweit die Munition nicht unter die Vorschriften des Gesetzes über die Kontrolle von Kriegswaffen[1] oder des Sprengstoffgesetzes[2] fällt.

Abschnitt 2: Erlaubnispflichtige Waffen

Unterabschnitt 1: Erlaubnispflicht

Der Umgang, ausgenommen das Überlassen, mit Waffen im Sinne des § 1 Absatz 2 Nummer 1 (Anlage 1 Abschnitt 1 Unterabschnitt 1 Nummer 1 bis 4.3) und der dafür bestimmten Munition bedarf der Erlaubnis, soweit solche Waffen oder Munition nicht nach Unterabschnitt 2 für die dort bezeichneten Arten des Umgangs von der Erlaubnispflicht freigestellt sind. In Unterabschnitt 3 sind die Schusswaffen oder Munition aufgeführt, bei denen die Erlaubnis unter erleichterten Voraussetzungen erteilt wird. Ist eine erlaubnispflichtige Feuerwaffe in eine Waffe umgearbeitet worden, deren Erwerb und Besitz unter erleichterten und wegfallenden Erlaubnisvoraussetzungen möglich wäre, so richtet sich die Erlaubnispflicht nach derjenigen für die ursprüngliche Waffe, soweit nicht etwas anderes bestimmt ist.

Unterabschnitt 2: Erlaubnisfreie Arten des Umgangs

1. Erlaubnisfreier Erwerb und Besitz

1.1 Druckluft-, Federdruckwaffen und Waffen, bei denen zum Antrieb der Geschosse kalte Treibgase Verwendung finden, wenn den Geschossen eine Bewegungsenergie von nicht mehr als 7,5 Joule erteilt wird, und die das Kennzeichen nach Anlage 1 Abbildung 1 zur Ersten Verordnung zum Waffengesetz vom 24. Mai 1976 (BGBl. I S. 1285) in der zum Zeitpunkt des Inkrafttretens dieses Gesetzes geltenden Fassung oder ein durch Rechtsverordnung nach § 25 Nummer 1 bestimmtes Zeichen tragen, sofern

a) diese nicht nach ihrer Beschaffenheit in Bezug auf Geschosse mit einer Länge von mehr als 30 mm mehrschüssig sind und

b) die Bestätigung zum Aufbringen des Kennzeichens nach § 11 Absatz 6 Satz 4 der Beschussverordnung oder das Aufbringen des Kennzeichens nach § 11 Absatz 6 Satz 5 der Beschussverordnung nicht vor dem 24. Juli 2025 erfolgt ist;

1.2 Druckluft-, Federdruckwaffen und Waffen, bei denen zum Antrieb der Geschosse kalte Treibgase Verwendung finden, die vor dem 1. Januar 1970 oder in dem in Artikel 3 des Einigungsvertrages[3] genannten Gebiet vor dem 2. April 1991 hergestellt und entsprechend den zu diesem Zeitpunkt geltenden Bestimmungen in den Handel gebracht worden sind;

1.3 Schreckschuss-, Reizstoff- und Signalwaffen,

a) die der zugelassenen Bauart nach § 8 des Beschussgesetzes[4] entsprechen und das Zulassungszeichen nach Anlage 1 Abbildung 2 zur Ersten Verordnung zum Waffengesetz vom 24. Mai 1976 (BGBl. I S. 1285) in der zum Zeitpunkt des Inkrafttretens dieses Gesetzes geltenden Fassung oder ein durch Rechtsverordnung nach § 25 Nummer 1 bestimmtes Zeichen tragen oder

b) die den Rechtsvorschriften eines anderen Mitgliedstaates entsprechen, die dieser der Europäischen Kommission nach Artikel 4 Absatz 2 der Durchführungsrichtlinie (EU) 2019/69 der Kommission vom 16. Januar 2019 zur Festlegung technischer Spezifikationen für Schreckschuss- und Signalwaffen gemäß der Richtlinie 91/477/EWG des Rates über die Kontrolle des Erwerbs und des Besitzes von Waffen als Maßnahme zur Umsetzung dieser Durchführungsrichtlinie mitgeteilt hat;

---

[1] Nr. **823**.
[2] **Sartorius ErgBd. Nr. 822.**
[3] **Sartorius III Nr. 2.**
[4] **Sartorius ErgBd. Nr. 821.**

1.4 Kartuschenmunition für die in Nummer 1.3 bezeichneten Schusswaffen;

1.5 einläufige Einzelladerwaffen mit Zündhütchenzündung (Perkussionswaffen), deren Modell vor dem 1. Januar 1871 entwickelt worden ist;

1.6 Schusswaffen mit Lunten- oder Funkenzündung, deren Modell vor dem 1. Januar 1871 entwickelt worden ist;

1.7 Schusswaffen mit Zündnadelzündung, deren Modell vor dem 1. Januar 1871 entwickelt worden ist;

1.8 Armbrüste;

1.9 Kartuschenmunition für die nach Anlage 1 Abschnitt 1 Unterabschnitt 1 Nummer 1.5 abgeänderten Schusswaffen sowie für Schussapparate nach § 7 des Beschussgesetzes[1];

1.10 pyrotechnische Munition, die das Zulassungszeichen nach Anlage II Abbildung 5 zur Dritten Verordnung zum Waffengesetz in der Fassung der Bekanntmachung vom 2. September 1991 (BGBl. I S. 1872) mit der Klassenbezeichnung PM I trägt.

2. Erlaubnisfreier Erwerb durch Inhaber einer Waffenbesitzkarte (unbeschadet der Anzeige- und Eintragungspflichten nach den §§ 37a und 37g)

2.1 Wechsel- und Austauschläufe gleichen oder geringeren Kalibers einschließlich der für diese Läufe erforderlichen auswechselbaren Verschlüsse (Wechselsysteme);

2.2 Wechseltrommeln, aus denen nur Munition verschossen werden kann, bei der gegenüber der für die Waffe bestimmten Munition Geschossdurchmesser und höchstzulässiger Gebrauchsgasdruck gleich oder geringer sind;

für Schusswaffen, die bereits in der Waffenbesitzkarte des Inhabers einer Erlaubnis eingetragen sind.

2a. Erlaubnisfreier Erwerb und Besitz durch Inhaber einer Waffenbesitzkarte

Einsteckläufe und dazugehörige Verschlüsse (Einstecksysteme) sowie Einsätze, die dazu bestimmt sind, Munition mit kleinerer Abmessung zu verschießen, und die keine Einsteckläufe sind;

für Schusswaffen, die bereits in der Waffenbesitzkarte des Inhabers einer Erlaubnis eingetragen sind.

2b. Erlaubnisfreier Erwerb und Besitz und erlaubnisfreies Überlassen unbeschadet der Anzeigepflicht nach § 37d von unbrauchbar gemachten Schusswaffen.

3. Erlaubnisfreies Führen

3.1 Schusswaffen mit Lunten- oder Funkenzündung, deren Modell vor dem 1. Januar 1871 entwickelt worden ist;

3.2 Armbrüste;

3.3 unbrauchbar gemachte Schusswaffen.

4. Erlaubnisfreier Handel und erlaubnisfreie Herstellung

4.1 Schusswaffen mit Lunten- oder Funkenzündung, deren Modell vor dem 1. Januar 1871 entwickelt worden ist;

4.2 Armbrüste.

5. Erlaubnisfreier Handel

5.1 Einläufige Einzelladerwaffen mit Zündhütchenzündung (Perkussionswaffen), deren Modell vor dem 1. Januar 1871 entwickelt worden ist;

5.2 Schusswaffen mit Zündnadelzündung, deren Modell vor dem 1. Januar 1871 entwickelt worden ist;

5.3 unbrauchbar gemachte Schusswaffen.

6. Erlaubnisfreie nichtgewerbsmäßige Herstellung

6.1 Munition.

---

[1] **Sartorius ErgBd. Nr. 821.**

7. Erlaubnisfreies Verbringen und erlaubnisfreie Mitnahme in den, durch den oder aus dem Geltungsbereich des Gesetzes

7.1 Druckluft-, Federdruckwaffen und Waffen, bei denen zum Antrieb der Geschosse kalte Treibgase Verwendung finden, sofern sie den Voraussetzungen der Nummer 1.1 oder 1.2 entsprechen;

7.2 Schreckschuss-, Reizstoff- und Signalwaffen,

a) die der zugelassenen Bauart nach § 8 des Beschussgesetzes[1] entsprechen und das Zulassungszeichen nach Anlage 1 Abbildung 2 zur Ersten Verordnung zum Waffengesetz vom 24. Mai 1976 (BGBl. I S. 1285) in der zum Zeitpunkt des Inkrafttretens dieses Gesetzes geltenden Fassung oder ein durch Rechtsverordnung nach § 25 Nummer 1 bestimmtes Zeichen tragen oder

b) die den Rechtsvorschriften eines anderen Mitgliedstaates entsprechen, die dieser der Europäischen Kommission nach Artikel 4 Absatz 2 der Durchführungsrichtlinie (EU) 2019/69 der Kommission vom 16. Januar 2019 zur Festlegung technischer Spezifikationen für Schreckschuss- und Signalwaffen gemäß der Richtlinie 91/477/EWG des Rates über die Kontrolle des Erwerbs und des Besitzes von Waffen als Maßnahme zur Umsetzung dieser Durchführungsrichtlinie mitgeteilt hat;

7.3 unbrauchbar gemachte Schusswaffen;

7.4 Munition für die in Nummer 7.2. bezeichneten Waffen;

7.5 einläufige Einzelladerwaffen mit Zündhütchenzündung (Perkussionswaffen), deren Modell vor dem 1. Januar 1871 entwickelt worden ist;

7.6 Schusswaffen mit Lunten- oder Funkenzündung oder mit Zündnadelzündung, deren Modell vor dem 1. Januar 1871 entwickelt worden ist;

7.7 Armbrüste;

7.8 pyrotechnische Munition, die das Zulassungszeichen nach Anlage II Abbildung 5 zur Dritten Verordnung zum Waffengesetz in der Fassung der Bekanntmachung vom 2. September 1991 (BGBl. I S. 1872) mit der Klassenbezeichnung PM I trägt;

(Fortsetzung nächstes Blatt)

---

[1] Sartorius ErgBd. Nr. 821.

7.9 Kartuschenmunition für Salutwaffen nach Anlage 1 Abschnitt 1 Unterabschnitt 1 Nummer 1.5.1 sowie für Schussapparate nach § 7 des Beschussgesetzes[1)].

8. Erlaubnisfreies Verbringen und erlaubnisfreie Mitnahme aus dem Geltungsbereich dieses Gesetzes in einen Staat, der nicht Mitgliedstaat ist (Drittstaat)

8.1 Sämtliche Waffen im Sinne des § 1 Absatz 2 und die hierfür bestimmte Munition. Außenwirtschaftsrechtliche Genehmigungspflichten, insbesondere nach der in § 48 Absatz 3a genannten Verordnung (EU) Nr. 258/2012, bleiben hiervon unberührt.

9. Erlaubnisfreies Verbringen aus dem Geltungsbereich des Gesetzes in andere Mitgliedstaaten

Sämtliche Waffen im Sinne des § 1 Absatz 2 Nummer 1 und der dafür bestimmten Munition mit Ausnahme von Waffen oder Munition gemäß Anlage 1 Abschnitt 3.

10. Erlaubnisfreie Unbrauchbarmachung unbeschadet der Anzeigepflicht nach § 37b Absatz 2

Sämtliche Schusswaffen im Sinne des § 1 Absatz 2 Nummer 1.

Unterabschnitt 3: Entbehrlichkeit einzelner Erlaubnisvoraussetzungen

1. Erwerb und Besitz ohne Bedürfnisnachweis (§ 4 Abs. 1 Nr. 4)

1.1 Feuerwaffen, deren Geschossen eine Bewegungsenergie von nicht mehr als 7,5 Joule erteilt wird und die das Kennzeichen nach Anlage 1 Abbildung 1 der Ersten Verordnung zum Waffengesetz vom 24. Mai 1976 (BGBl. I S. 1285) in der zum Zeitpunkt des Inkrafttretens dieses Gesetzes geltenden Fassung oder ein durch Rechtsverordnung nach § 25 Nummer 1 bestimmtes Zeichen tragen;

1.2 für Waffen nach Nummer 1.1 bestimmte Munition.

2. Führen ohne Sachkunde-, Bedürfnis- und Haftpflichtversicherungsnachweis (§ 4 Abs. 1 Nr. 3 bis 5) – Kleiner Waffenschein

2.1 Schreckschuss-, Reizstoff- und Signalwaffen nach Unterabschnitt 2 Nr. 1.3.

Abschnitt 3: Vom Gesetz ganz oder teilweise ausgenommene Waffen

Unterabschnitt 1: Vom Gesetz mit Ausnahme von § 2 Abs. 1 und § 41 ausgenommene Waffen

Unterwassersportgeräte, bei denen zum Antrieb der Geschosse keine Munition verwendet wird (Harpunengeräte).

Unterabschnitt 2: Vom Gesetz mit Ausnahme des § 42a ausgenommene Waffen

1. Schusswaffen (Anlage 1 Abschnitt 1 Unterabschnitt 1 Nummer 1.1, ausgenommen Blasrohre),

a) die zum Spiel bestimmt sind, wenn aus ihnen nur Geschosse verschossen werden können, denen eine Bewegungsenergie von nicht mehr als 0,5 Joule (J) erteilt wird, es sei denn, sie können mit allgemein gebräuchlichen Werkzeugen so geändert werden, dass die Bewegungsenergie der Geschosse über 0,5 Joule (J) steigt, oder

b) die Spielzeuge im Sinne von Artikel 2 Absatz 1 der Richtlinie 2009/48/EG des Europäischen Parlaments und des Rates vom 18. Juni 2009 über die Sicherheit von Spielzeug (ABl. L 170 vom 30.6.2009, S. 1) sind, wenn sie

aa) die Anforderungen nach Artikel 10 in Verbindung mit Anhang II Abschnitt 1 Nummer 8 der Richtlinie 2009/48/EG in der jeweils geltenden Fassung erfüllen und

bb) die nach Artikel 16 Absatz 1 der Richtlinie 2009/48/EG erforderliche Kennzeichnung aufweisen.

---

1) **Sartorius ErgBd. Nr. 821.**

2. Schusswaffen (Anlage 1 Abschnitt 1 Unterabschnitt 1 Nr. 1.1), bei denen feste Körper durch Muskelkraft ohne Möglichkeit der Speicherung der so eingebrachten Antriebsenergie durch eine Sperrvorrichtung angetrieben werden (z.B. Blasrohre).

3. Gegenstände, die zum Spiel bestimmt sind, wenn mit ihnen nur Zündblättchen, -bänder, -ringe (Amorces) oder Knallkorken abgeschossen werden können, es sei denn, sie können mit allgemein gebräuchlichen Werkzeugen in eine Schusswaffe oder einen anderen einer Schusswaffe gleichstehenden Gegenstand umgearbeitet werden.

4. Nachbildungen von Schusswaffen nach Anlage 1 Abschnitt 1 Unterabschnitt 1 Nr. 6.

823. Ausführungsgesetz zu Artikel 26 Abs. 2 des Grundgesetzes (Gesetz über die Kontrolle von Kriegswaffen)[1)]

In der Fassung der Bekanntmachung vom 22. November 1990[2)]
(BGBl. I S. 2506)

FNA 190-1

geänd. durch Art. 1 Siebte Kriegswaffenlisten-ÄndVO v. 19.4.1991 (BGBl. I S. 913), Art. 4 Nr. 1 G über die Errichtung eines Bundesausfuhramtes v. 28.2.1992 (BGBl. I S. 376), Art. 17 Verbrauchsteuer-BinnenmarktG v. 21.12.1992 (BGBl. I S. 2150), Art. 2 Achtes AußenwirtschaftsG-ÄndG v. 9.8.1994 (BGBl. I S. 2068), Art. 12 Abs. 3 PostneuordnungsG v. 14.9.1994 (BGBl. I S. 2325), Art. 3 InsolvenzO-EinführungsG v. 5.10.1994 (BGBl. I S. 2911), Art. 10 VerbrechensbekämpfungsG v. 28.10.1994 (BGBl. I S. 3186), Art. 1 Achte Kriegswaffenlisten-ÄndVO v. 14.5.1997 (BGBl. I S. 1059), Art. 1 Neunte Kriegswaffenlisten-ÄndVO v. 26.2.1998 (BGBl. I S. 385), Art. 2 AusführungsG zum Übereinkommen über das Verbot des Einsatzes, der Lagerung, der Herstellung und der Weitergabe von Antipersonenminen und über deren Vernichtung vom 3. Dezember 1997 v. 6.7.1998 (BGBl. I S. 1778), Art. 6 EingliederungsG für das Bundesamt für Wirtschaft v. 21.12.2000 (BGBl. I S. 1956), Art. 20 Siebente ZuständigkeitsanpassungsVO v. 29.10.2001 (BGBl. I S. 2785, ber. 2002 I S. 2972), Art. 1 Neuntes Euro-EinführungsG v. 10.11.2001 (BGBl. I S. 2992), Art. 3 Waffenrechts-NeuregelungsG v. 11.10.2002 (BGBl. I S. 3970), Art. 10 Achte ZuständigkeitsanpassungsVO v. 25.11.2003 (BGBl. I S. 2304), Art. 24 Neunte ZuständigkeitsanpassungsVO v. 31.10.2006 (BGBl. I S. 2407), Art. 2 G zu dem Übereinkommen vom 30. Mai 2008 über Streumunition v. 6.6.2009 (BGBl. 2009 II S. 502), Art. 4 G zur Umsetzung der Richtlinie 2009/43/EG v. 27.7.2011 (BGBl. I S. 1595), Art. 2 Abs. 2 G zur Modernisierung des Außenwirtschaftsrechts v. 6.6.2013 (BGBl. I S. 1482), Art. 30 Zehnte ZuständigkeitsanpassungsVO v. 31.8.2015 (BGBl. I S. 1474), Art. 6 Abs. 2 G zur Reform der strafrechtlichen Vermögensabschöpfung v. 13.4.2017 (BGBl. I S. 872), Art. 36 Elfte ZuständigkeitsanpassungsVO v. 19.6.2020 (BGBl. I S. 1328), Art. 2 G zur Änd. des AußenwirtschaftsG und des G über die Kontrolle von Kriegswaffen v. 2.6.2021 (BGBl. I S. 1275), Art. 25 SanktionsdurchsetzungsG II v. 19.12.2022 (BGBl. I S. 2606) und Art. 1 Zehnte ÄndVO v. 19.2.2025 (BGBl. 2025 I Nr. 47)

Inhaltsübersicht[3)]

Erster Abschnitt. Genehmigungsvorschriften

[1)] Zum G über die Kontrolle von Kriegswaffen wurden folgende Durchführungsvorschriften erlassen:
- Erste KriegswaffenkontrollVO v. 1.6.1961 (BGBl. I S. 649), zuletzt geänd. durch VO v. 19.6.2020 (BGBl. I S. 1328)
- Zweite KriegswaffenkontrollVO v. 1.6.1961 (BGBl. I S. 649), zuletzt geänd. durch VO v. 13.3.2020 (BGBl. I S. 521)
- Dritte KriegswaffenkontrollVO v. 11.7.1969 (BGBl. I S. 841), zuletzt geänd. durch VO v. 31.8.2015 (BGBl. I S. 1474)
- KriegswaffenkontrollG-GenehmigungsVO v. 30.7.1961 (BAnz. Nr. 150 S. 1), zuletzt geänd. durch G v. *6.6.2013 (BGBl. I S. 1482)*
- Zweite Kriegswaffenkontrollgesetz-GenehmigungsVO v. 29.1.1975 (BGBl. I S. 421)
- KriegswaffenmeldeVO v. 24.1.1995 (BGBl. I S. 92), zuletzt geänd. durch G v. 21.12.2000 (BGBl. I S. 1956)

[2)] Neubekanntmachung des G über die Kontrolle von Kriegswaffen v. 20.4.1961 (BGBl. I S. 444) in der ab 11.11.1990 geltenden Fassung.

[3)] Inhaltsübersicht geänd. durch G v. 6.7.1998 (BGBl. I S. 1778); geänd. mWv 11.6.2009 durch G v. 6.6.2009 (BGBl. 2009 II S. 502); geänd. mWv 1.7.2017 durch G v. 13.4.2017 (BGBl. I S. 872); geänd. mWv 28.12.2022 durch G v. 19.12.2022 (BGBl. I S. 2606); sie wurde nichtamtlich an die Änderungen durch G v. 9.8.1994 (BGBl. I S. 2068), G v. 11.10.2002 (BGBl. I S. 3970) und G v. 2.6.2021 (BGBl. I S. 1275) angepasst.

Erster Abschnitt. Genehmigungsvorschriften

§ 1[1)] Begriffsbestimmung. (1) Zur Kriegsführung bestimmte Waffen im Sinne dieses Gesetzes (Kriegswaffen) sind die in der Anlage zu diesem Gesetz (Kriegswaffenliste) aufgeführten Gegenstände, Stoffe und Organismen.

(2) Die Bundesregierung wird ermächtigt, durch Rechtsverordnung mit Zustimmung des Bundesrates die Kriegswaffenliste entsprechend dem Stand der wissenschaftlichen, technischen und militärischen Erkenntnisse derart zu

(Fortsetzung nächstes Blatt)

[1)] § 1 Abs. 3 geänd. durch G v. 6.7.1998 (BGBl. I S. 1778); Abs. 3 geänd. mWv 11.6.2009 durch G v. 6.6.2009 (BGBl. 2009 II S. 502).

ändern und zu ergänzen, daß sie alle Gegenstände, Stoffe und Organismen enthält, die geeignet sind, allein, in Verbindung miteinander oder mit anderen Gegenständen, Stoffen oder Organismen Zerstörungen oder Schäden an Personen oder Sachen zu verursachen und als Mittel der Gewaltanwendung bei bewaffneten Auseinandersetzungen zwischen Staaten zu dienen.

(3) Für Atomwaffen im Sinne des § 17 Abs. 2, für biologische und chemische Waffen im Sinne der Kriegswaffenliste sowie für Antipersonenminen und Streumunition im Sinne von § 18 a Abs. 2 gelten die besonderen Vorschriften des Dritten und Vierten Abschnitts sowie die Strafvorschriften der §§ 19 bis 21.

§ 2 Herstellung und Inverkehrbringen. (1) Wer Kriegswaffen herstellen will, bedarf der Genehmigung.

(2) Wer die tatsächliche Gewalt über Kriegswaffen von einem anderen erwerben oder einem anderen überlassen will, bedarf der Genehmigung.

§ 3[1] Beförderung innerhalb des Bundesgebietes. (1) Wer Kriegswaffen im Bundesgebiet außerhalb eines abgeschlossenen Geländes befördern lassen will, bedarf der Genehmigung.

(2) Der Genehmigung bedarf ferner, wer Kriegswaffen, die er hergestellt oder über die er die tatsächliche Gewalt erworben hat, im Bundesgebiet außerhalb eines abgeschlossenen Geländes selbst befördern will.

(3) Kriegswaffen dürfen nur eingeführt, ausgeführt oder durch das Bundesgebiet durchgeführt werden, wenn die hierzu erforderliche Beförderung im Sinne des Absatzes 1 oder 2 genehmigt ist oder hierzu eine Allgemeine Genehmigung gemäß Absatz 4 erteilt wurde.

(4) Unbeschadet der Regelung des § 27 kann eine Allgemeine Genehmigung erteilt werden

1. für die Beförderung von Kriegswaffen zum Zweck der Durchfuhr durch das Bundesgebiet,
2. für die Beförderung von Kriegswaffen zum Zweck der Einfuhr an die Bundeswehr,
3. für die Beförderung von Kriegswaffen zum Zweck der Einfuhr an im Bundesgebiet ansässige Unternehmen, die gemäß § 9 des Außenwirtschaftsgesetzes in Verbindung mit einer auf Grund dieser Vorschrift erlassenen Rechtsverordnung zertifiziert sind,
4. für die Beförderung von Kriegswaffen zwischen im Bundesgebiet ansässigen Unternehmen, die gemäß § 9 des Außenwirtschaftsgesetzes in Verbindung mit einer auf Grund dieser Vorschrift erlassenen Rechtsverordnung zertifiziert sind,
5. für die Beförderung von Kriegswaffen innerhalb des Bundesgebietes von Unternehmen, die gemäß § 9 des Außenwirtschaftsgesetzes in Verbindung mit einer auf Grund dieser Vorschrift erlassenen Rechtsverordnung zertifiziert sind, an die Bundeswehr sowie von der Bundeswehr durch diese Unternehmen an sich sowie

---

[1] § 3 Abs. 3 geänd., Abs. 4 neu gef. mWv 4. 8. 2011 durch G v. 27. 7. 2011 (BGBl. I S. 1595); Abs. 4 Nr. 3–5 geänd. mWv 1. 9. 2013 durch G v. 6. 6. 2013 (BGBl. I S. 1482).

6. für die Beförderung von Kriegswaffen zum Zweck der Verbringung an Unternehmen, die in einem anderen Mitgliedstaat der Europäischen Union ansässig sind und in diesem Mitgliedstaat gemäß Artikel 9 der Richtlinie 2009/43/EG des Europäischen Parlaments und des Rates vom 6. Mai 2009 zur Vereinfachung der Bedingungen für die innergemeinschaftliche Verbringung von Verteidigungsgütern (ABl. L 146 vom 10.6.2009, S. 1) zertifiziert sind.

§ 4 Beförderung außerhalb des Bundesgebietes. (1) Wer Kriegswaffen, die außerhalb des Bundesgebietes ein- und ausgeladen und durch das Bundesgebiet nicht durchgeführt werden, mit Seeschiffen, die die Bundesflagge führen, oder mit Luftfahrzeugen, die in die Luftfahrzeugrolle der Bundesrepublik eingetragen sind, befördern will, bedarf der Genehmigung.

(2) Für die Beförderung von Kriegswaffen im Sinne des Absatzes 1 in und nach bestimmten Gebieten kann auch eine Allgemeine Genehmigung erteilt werden.

§ 4 a[1] Auslandsgeschäfte. (1) Wer einen Vertrag über den Erwerb oder das Überlassen von Kriegswaffen, die sich außerhalb des Bundesgebietes befinden, vermitteln oder die Gelegenheit zum Abschluß eines solchen Vertrags nachweisen will, bedarf der Genehmigung.

(2) Einer Genehmigung bedarf auch, wer einen Vertrag über das Überlassen von Kriegswaffen, die sich außerhalb des Bundesgebietes befinden, abschließen will.

(3) Die Absätze 1 und 2 sind nicht anzuwenden, wenn die Kriegswaffen in Ausführung des Vertrags in das Bundesgebiet eingeführt oder durchgeführt werden sollen.

(4) Für Vermittlungs- und Überlassungsgeschäfte im Sinne der Absätze 1 und 2 von Unternehmen, die selbst Kriegswaffen innerhalb der Europäischen Union herstellen, kann eine Allgemeine Genehmigung erteilt werden.

§ 5[2] Befreiungen. (1) [1] Einer Genehmigung nach den §§ 2 bis 4 a bedarf nicht, wer unter der Aufsicht oder als Beschäftigter eines anderen tätig wird. [2] In diesen Fällen bedarf nur der andere der Genehmigung nach den §§ 2 bis 4 a.

(2) Wer Kriegswaffen auf Grund einer Genehmigung nach § 3 Abs. 1, § 3 Absatz 2 oder einer Allgemeinen Genehmigung nach § 3 Absatz 4 befördert, bedarf für den Erwerb der tatsächlichen Gewalt über diese Kriegswaffen von dem Absender und die Überlassung der tatsächlichen Gewalt an den in der Genehmigungsurkunde genannten oder von einer Allgemeinen Genehmigung umfassten Empfänger keiner Genehmigung nach § 2 Abs. 2.

(3) Einer Genehmigung nach § 2 Absatz 2 bedarf ferner nicht, wer die tatsächliche Gewalt über Kriegswaffen

1. demjenigen, der Kriegswaffen auf Grund einer Genehmigung nach § 3 Absatz 1, 2 oder einer Allgemeinen Genehmigung nach § 3 Absatz 4 beför-

---

[1] *§ 4 a Abs. 4 angef. mWv 4. 8. 2011 durch G v. 27. 7. 2011* (BGBl. I S. 1595).

[2] § 5 Abs. 3 Nr. 2 geänd. mWv 1. 4. 2003 durch G v. 11. 10. 2002 (BGBl. I S. 3970); Abs. 2 geänd., Abs. 3 neu gef. mWv 4. 8. 2011 durch G v. 27. 7. 2011 (BGBl. I S. 1595).

dert, überlassen oder von ihm erwerben will, sofern der Absender und der Empfänger in der Genehmigungsurkunde genannt oder von einer Allgemeinen Genehmigung nach § 3 Absatz 4 umfasst sind,

2. der Bundeswehr überlassen oder von ihr erwerben will oder

3. dem Beschaffungsamt des Bundesministeriums des Innern, den Polizeien des Bundes, der Zollverwaltung, einer für die Aufrecherhaltung der öffentlichen Sicherheit zuständigen Behörde oder Dienststelle, einem Beschussamt oder einer Behörde des Strafvollzugs überlassen oder von diesen zur Instandsetzung, zur Erprobung oder zur Beförderung erwerben will.

§ 6 Versagung der Genehmigung. (1) Auf die Erteilung einer Genehmigung besteht kein Anspruch.

(2) Die Genehmigung kann insbesondere versagt werden, wenn

1. Grund zu der Annahme besteht, daß ihre Erteilung dem Interesse der Bundesrepublik an der Aufrechterhaltung guter Beziehungen zu anderen Ländern zuwiderlaufen würde,

2. a) der Antragsteller, sein gesetzlicher Vertreter, bei juristischen Personen das vertretungsberechtigte Organ oder ein Mitglied eines solchen Organs, bei Personenhandelsgesellschaften ein vertretungsberechtigter Gesellschafter, sowie der Leiter eines Betriebes oder eines Betriebsteiles des Antragstellers,

   b) derjenige, der Kriegswaffen befördert,

   c) derjenige, der die tatsächliche Gewalt über Kriegswaffen dem Beförderer überläßt oder von ihm erwirbt,

   nicht Deutscher im Sinne des Artikels 116 des Grundgesetzes[1] ist oder den Wohnsitz oder gewöhnlichen Aufenthalt außerhalb des Bundesgebietes hat,

3. eine im Zusammenhang mit der genehmigungsbedürftigen Handlung nach anderen Vorschriften erforderliche Genehmigung nicht nachgewiesen wird.

(3) Die Genehmigung ist zu versagen, wenn

1. die Gefahr besteht, daß die Kriegswaffen bei einer friedensstörenden Handlung, insbesondere bei einem Angriffskrieg, verwendet werden,

2. Grund zu der Annahme besteht, daß die Erteilung der Genehmigung völkerrechtliche Verpflichtungen der Bundesrepublik verletzen oder deren Erfüllung gefährden würde,

3. Grund zu der Annahme besteht, daß eine der in Absatz 2 Nr. 2 genannten Personen die für die beabsichtigte Handlung erforderliche Zuverlässigkeit nicht besitzt.

(4) Andere Vorschriften, nach denen für die in den §§ 2 bis 4 a genannten Handlungen eine Genehmigung erforderlich ist, bleiben unberührt.

§ 7 Widerruf der Genehmigung. (1) Die Genehmigung kann jederzeit widerrufen werden.

(2) Die Genehmigung ist zu widerrufen, wenn einer der in § 6 Abs. 3 genannten Versagungsgründe nachträglich offenbar geworden oder eingetre-

[1] Nr. 1.

ten ist, es sei denn, daß der Grund innerhalb einer zu bestimmenden Frist beseitigt wird.

(3) [1] Wird die Genehmigung widerrufen, so trifft die Genehmigungsbehörde Anordnungen über den Verbleib oder die Verwertung der Kriegswaffen. [2] Sie kann insbesondere anordnen, die Kriegswaffen innerhalb angemessener Frist unbrauchbar zu machen oder einem zu ihrem Erwerb Berechtigten zu überlassen und dies der Überwachungsbehörde nachzuweisen. [3] Nach fruchtlosem Ablauf der Frist können die Kriegswaffen sichergestellt und eingezogen werden. [4] § 13 Abs. 3 gilt entsprechend.

§ 8[1)] Erteilung und Widerruf der Allgemeinen Genehmigung. (1) Die Allgemeine Genehmigung im Sinne des § 3 Absatz 4, des § 4 Absatz 2 und des § 4 a Absatz 4 wird durch Rechtsverordnung erteilt.

(2) Die Allgemeine Genehmigung kann durch Rechtsverordnung ganz oder teilweise widerrufen werden, insbesondere wenn Grund zu der Annahme besteht, daß die allgemein genehmigten Beförderungen dem Interesse der Bundesrepublik an der Aufrechterhaltung guter Beziehungen zu anderen Ländern zuwiderlaufen würden.

(3) Die Allgemeine Genehmigung ist durch Rechtsverordnung ganz oder teilweise zu widerrufen, wenn

1. die Gefahr besteht, daß die auf Grund der Allgemeinen Genehmigung beförderten Kriegswaffen bei einer friedensstörenden Handlung, insbesondere bei einem Angriffskrieg, verwendet werden,
2. Grund zu der Annahme besteht, daß durch die allgemein genehmigten Beförderungen völkerrechtliche Verpflichtungen der Bundesrepublik verletzt würden oder deren Erfüllung gefährdet würde.

(4) Rechtsverordnungen nach den Absätzen 1 bis 3 werden von der Bundesregierung erlassen; sie bedürfen nicht der Zustimmung des Bundesrates.

§ 9 Entschädigung im Falle des Widerrufs. (1) [1] Wird eine Genehmigung nach den §§ 2, 3 Abs. 1 oder 2, § 4 Abs. 1 oder § 4 a ganz oder teilweise widerrufen, so ist ihr Inhaber vom Bund angemessen in Geld zu entschädigen. [2] Die Entschädigung bemißt sich nach den vom Genehmigungsinhaber nachgewiesenen zweckentsprechenden Aufwendungen. [3] Anderweitige, den Grundsätzen einer ordnungsmäßigen Wirtschaftsführung entsprechende Verwertungsmöglichkeiten sind zu berücksichtigen. [4] Wegen der Höhe der Entschädigung steht im Streitfalle der Rechtsweg vor den ordentlichen Gerichten offen.

(2) Der Anspruch auf eine Geldentschädigung entfällt, wenn der Inhaber der Genehmigung oder die für ihn auf Grund der Genehmigung tätigen Personen durch ihr schuldhaftes Verhalten Anlaß zum Widerruf der Genehmigung gegeben haben, insbesondere wenn

1. diese Personen gegen die Vorschriften dieses Gesetzes, gegen die auf Grund dieses Gesetzes ergangenen Rechtsverordnungen oder gegen Anordnungen der Genehmigungs- oder Überwachungsbehörde erheblich oder wiederholt verstoßen haben,

---

1) § 8 Abs. 1 neu gef. mWv 4. 8. 2011 durch G v. 27. 7. 2011 (BGBl. I S. 1595).

2. die Genehmigung auf Grund des § 7 Abs. 2 in Verbindung mit § 6 Abs. 3 Nr. 3 widerrufen worden ist.

§ 10 Inhalt und Form der Genehmigung. (1) Die Genehmigung kann inhaltlich beschränkt, befristet und mit Auflagen verbunden werden.

(2) [1] Nachträgliche Befristungen und Auflagen sind jederzeit zulässig. [2] § 9 gilt entsprechend.

(3) [1] Die Genehmigung bedarf der Schriftform; sie muß Angaben über Art und Menge der Kriegswaffen enthalten. [2] Die Genehmigung zur Herstellung der in Teil B der Kriegswaffenliste genannten Kriegswaffen kann ohne Beschränkung auf eine bestimmte Menge, die Genehmigung zur Beförderung von Kriegswaffen kann ohne Beschränkung auf eine bestimmte Art und Menge erteilt werden.

§ 11[1] Genehmigungsbehörden. (1) Für die Erteilung und den Widerruf einer Genehmigung ist die Bundesregierung zuständig.

(2) Die Bundesregierung wird ermächtigt, durch Rechtsverordnung[2], die der Zustimmung des Bundesrates nicht bedarf, die Befugnis zur Erteilung und zum Widerruf der Genehmigung in den Fällen der §§ 2, 3 Abs. 1 und 2 und des § 4a

1. für den Bereich der Bundeswehr auf das Bundesministerium der Verteidigung,
2. für den Bereich der Zollverwaltung auf das Bundesministerium der Finanzen,
3. für den Bereich der für die Aufrechterhaltung der öffentlichen Sicherheit zuständigen Behörden oder Dienststellen sowie der Behörden des Strafvollzugs auf das Bundesministerium des Innern, für Bau und Heimat,
4. für alle übrigen Bereiche auf das Bundesministerium für Wirtschaft und Energie

zu übertragen.

(3) Die Befugnis zur Erteilung und zum Widerruf der Genehmigung in den Fällen des § 4 Abs. 1 kann durch Rechtsverordnung[2], die der Zustimmung des Bundesrates nicht bedarf, auf das Bundesministerium für Verkehr und digitale Infrastruktur übertragen werden, der diese Befugnis im Einvernehmen mit dem Auswärtigen Amt ausübt.

(4) Die Bundesregierung wird ferner ermächtigt, durch Rechtsverordnung[3] mit Zustimmung des Bundesrates die erforderlichen Vorschriften zur näheren Regelung des Genehmigungsverfahrens zu erlassen.

(5) Das Bundesamt für Verfassungsschutz kann bei der Prüfung der Zuverlässigkeit gemäß § 6 Abs. 3 Nr. 3 herangezogen werden.

§ 11a[4] Übermittlung von Informationen. (1) Die Genehmigungsbehörden dürfen die Informationen, einschließlich personenbezogener Daten, die ihnen bei der Erfüllung ihrer Aufgaben nach diesem Gesetz bekannt geworden sind, an andere öffentliche Stellen des Bundes oder der Länder übermitteln, soweit dies zur Verfolgung der Zwecke des § 4 Absatz 1 und 2 des Außenwirtschaftsgesetzes, zur Zollabfertigung, zur

---

[1] § 11 Abs. 2 Nr. 1–4 und Abs. 3 geänd. mWv 7.11.2001 durch VO v. 29.10.2001 (BGBl. I S. 2785); Abs. 2 Nr. 2 geänd. mWv 1.4.2003 durch G v. 11.10.2002 (BGBl. I S. 3970); Abs. 2 Nr. 4 geänd. mWv 28.11.2003 durch VO v. 25.11.2003 (BGBl. I S. 2304); Abs. 2 Nr. 4, Abs. 3 geänd. mWv 8.11.2006 durch VO v. 31.10.2006 (BGBl. I S. 2407); Abs. 2 Nr. 4 und Abs. 3 geänd. mWv 8.9.2015 durch VO v. 31.8.2015 (BGBl. I S. 1474); Abs. 2 Nr. 3 geänd. mWv 27.6.2020 durch VO v. 19.6.2020 (BGBl. I S. 1328).

[2] Siehe die Erste KriegswaffenkontrollVO v. 1.6.1961 (BGBl. I S. 649), zuletzt geänd. durch VO v. 19.6.2020 (BGBl. I S. 1328).

[3] Siehe die Zweite KriegswaffenkontrollVO v. 1.6.1961 (BGBl. I S. 649), zuletzt geänd. durch VO v. 13.3. 2020 (BGBl. I S. 521).

[4] § 11a eingef. mWv 28.12.2022 durch G v. 19.12.2022 (BGBl. I S. 2606).

Prüfung der Zuverlässigkeit nach § 6 Absatz 3 Nummer 3 oder zur Verfolgung von Straftaten oder Ordnungswidrigkeiten nach diesem Gesetz, einer auf Grund dieses Gesetzes erlassenen Rechtsverordnung, dem Außenwirtschaftsgesetz oder einer auf Grund des Außenwirtschaftsgesetzes erlassenen Rechtsverordnung erforderlich ist.

(2) Informationen über die Versagung von Genehmigungen dürfen abweichend von Absatz 1 nur übermittelt werden, soweit dies zur Verfolgung der Zwecke des § 4 Absatz 1 und 2 des Außenwirtschaftsgesetzes, zur Prüfung der Zuverlässigkeit nach § 6 Absatz 3 Nummer 3 oder zur Verfolgung von Straftaten oder Ordnungswidrigkeiten nach diesem Gesetz, einer auf Grund dieses Gesetzes erlassenen Rechtsverordnung, dem Außenwirtschaftsgesetz oder einer auf Grund des Außenwirtschaftsgesetzes erlassenen Rechtsverordnung erforderlich ist.

(3) Die Empfänger dürfen die nach den Absätzen 1 und 2 übermittelten Informationen, einschließlich personenbezogener Daten, nur für die Zwecke verwenden, für die sie übermittelt wurden oder soweit es zur Verfolgung von Straftaten oder Ordnungswidrigkeiten nach diesem Gesetz, einer auf Grund dieses Gesetzes erlassenen Rechtsverordnung, nach dem Außenwirtschaftsgesetz oder einer auf Grund des Außenwirtschaftsgesetzes erlassenen Rechtsverordnung erforderlich ist.

Zweiter Abschnitt. Überwachungs- und Ausnahmevorschriften

§ 12[1] Pflichten im Verkehr mit Kriegswaffen. (1) Wer eine nach diesem Gesetz genehmigungsbedürftige Handlung vornimmt, hat die erforderlichen Maßnahmen zu treffen,

1. um zu verhindern, daß die Kriegswaffen abhanden kommen oder unbefugt verwendet werden,
2. um zu gewährleisten, daß die gesetzlichen Vorschriften und behördlichen Anordnungen zum Schutze von geheimhaltungsbedürftigen Gegenständen, Tatsachen, Erkenntnissen oder Mitteilungen beachtet werden.

(2) [1] Wer Kriegswaffen herstellt, befördern läßt oder selbst befördert oder die tatsächliche Gewalt über Kriegswaffen von einem anderen erwirbt oder einem anderen überläßt, hat ein Kriegswaffenbuch zu führen, um den Verbleib der Kriegswaffen nachzuweisen. [2] Dies gilt nicht in den Fällen des § 5 Abs. 1 und 2 sowie für Beförderungen in den Fällen des § 5 Abs. 3 Nr. 2.

(3) Wer Kriegswaffen befördern lassen will, hat bei der Übergabe zur Beförderung eine Ausfertigung der Genehmigungsurkunde zu übergeben.

(4) Wer eine Beförderung von Kriegswaffen ausführt, hat eine Ausfertigung der Genehmigungsurkunde mitzuführen, den zuständigen Behörden oder Dienststellen, insbesondere den Eingangs- und Ausgangszollstellen, unaufgefordert vorzuzeigen und auf Verlangen zur Prüfung auszuhändigen.

(5) Wer berechtigt ist, über Kriegswaffen zu verfügen, hat der zuständigen Überwachungsbehörde den Bestand an Kriegswaffen sowie dessen Veränderungen unter Angabe der dazu erteilten Genehmigungen innerhalb der durch Rechtsvorschrift oder durch Anordnung der zuständigen Überwachungsbehörde bestimmten Fristen zu melden.

(6) [1] Wer

---

[1] § 12 Abs. 4 Satz 1 geänd. durch G v. 21.12.1992 (BGBl. I S. 2150); Abs. 3 Satz 2 und Abs. 4 Satz 2 aufgeh. durch G v. 14.9.1994 (BGBl. I S. 2325); Abs. 6 Satz 1 Nr. 2 geänd. mWv 1.1.1999 durch G v. 5.10.1994 (BGBl. I S. 2911).

1. als Erwerber von Todes wegen, Finder oder in ähnlicher Weise die tatsächliche Gewalt über Kriegswaffen erlangt,
2. als Insolvenzverwalter, Zwangsverwalter oder in ähnlicher Weise die tatsächliche Gewalt über Kriegswaffen erlangt,
3. die tatsächliche Gewalt über Kriegswaffen verliert,
4. Kenntnis vom Verbleib einer Kriegswaffe erlangt, über die niemand die tatsächliche Gewalt ausübt,

hat dies der zuständigen Überwachungsbehörde oder einer für die Aufrechterhaltung der öffentlichen Sicherheit zuständigen Behörde oder Dienststelle unverzüglich anzuzeigen. [2] Im Falle der Nummer 1 hat der Erwerber der tatsächlichen Gewalt über die Kriegswaffen innerhalb einer von der Überwachungsbehörde zu bestimmenden Frist die Kriegswaffen unbrauchbar zu machen oder einem zu ihrem Erwerb Berechtigten zu überlassen und dies der Überwachungsbehörde nachzuweisen. [3] Die Überwachungsbehörde kann auf Antrag Ausnahmen von Satz 2 zulassen, wenn ein öffentliches Interesse besteht. [4] Die Ausnahmen können befristet und mit Bedingungen und Auflagen verbunden werden. [5] Nachträgliche Befristungen und Auflagen sind jederzeit zulässig.

(7) Die Bundesregierung wird ermächtigt, durch Rechtsverordnung[1)] mit Zustimmung des Bundesrates

1. die erforderlichen Vorschriften zur Durchführung der Absätze 1 bis 6 zu erlassen,
2. geringe Mengen an Kriegswaffen und geringfügige Bestandsveränderungen von der Buchführungs-, Melde- und Anzeigepflicht (Absatz 2, 5 und 6) auszunehmen, soweit hierdurch öffentliche Interessen nicht gefährdet werden,
3. eine Kennzeichnung für Kriegswaffen vorzuschreiben, die den Hersteller oder Einführer ersichtlich macht.

§ 12a[2)] Besondere Meldepflichten. (1) [1] Die Bundesregierung wird ermächtigt, durch Rechtsverordnung[3)] mit Zustimmung des Bundesrates, anzuordnen, daß dem Bundesamt für Wirtschaft und Ausfuhrkontrolle (BAFA) die Einfuhr und Ausfuhr von Kriegswaffen des Teils B der Kriegswaffenliste zu melden ist, soweit die Bundesregierung diese Daten benötigt, um internationale Vereinbarungen über die Übermittlung von Angaben über die Einfuhr und Ausfuhr von Kriegswaffen zu erfüllen. [2] Das Bundesamt für Wirtschaft und Ausfuhrkontrolle (BAFA) darf die auf Grund einer Rechtsverordnung nach Satz 1 erhobenen Daten zu den in Satz 1 genannten Zwecken mit anderen bei ihm gespeicherten Daten abgleichen.

(2) [1] Die auf Grund einer Rechtsverordnung nach Absatz 1 erhobenen Daten können zusammengefaßt ohne Nennung von Empfängern und Lieferanten zu den in Absatz 1 genannten Zwecken an internationale Organisationen oder zur Unterrichtung des Deutschen Bundestages übermittelt oder veröffentlicht werden. [2] Das gilt auch *dann, wenn die Daten in* Einzelfällen den betroffenen Unternehmen zugeordnet werden können, sofern das Interesse an der Übermittlung oder Veröffentlichung das Interesse des betroffenen Unternehmens an der Geheimhaltung erheblich überwiegt.

[1)] Siehe die Zweite KriegswaffenkontrollVO v. 1.6.1961 (BGBl. I S. 649), zuletzt geänd. durch VO v. 13.3. 2020 (BGBl. I S. 521).

[2)] § 12a eingef. durch G v. 9.8.1994 (BGBl. I S. 2057); Abs. 1 Sätze 1 und 2 geänd. mWv 1.1.2001 durch G v. 21.12.2000 (BGBl. I S. 1956).

[3)] Siehe die KriegswaffenmeldeVO v. 24.1.1995 (BGBl. I S. 92), zuletzt geänd. durch G v. 21.12.2000 (BGBl. I S. 1956).

(3) Art und Umfang der Meldepflicht sind auf das Maß zu begrenzen, das notwendig ist, um den in Absatz 1 angegebenen Zweck zu erreichen.

§ 13 Sicherstellung und Einziehung. (1) Die Überwachungsbehörden und die für die Aufrechterhaltung der öffentlichen Sicherheit zuständigen Behörden oder Dienststellen können Kriegswaffen sicherstellen,

1. wenn Tatsachen die Annahme rechtfertigen, daß der Inhaber der tatsächlichen Gewalt nicht die erforderliche Zuverlässigkeit besitzt, insbesondere die Kriegswaffen an einen Nichtberechtigten weitergeben oder sie unbefugt verwenden wird, oder
2. wenn dies erforderlich ist, um Staatsgeheimnisse zu schützen.

(2) Die Überwachungsbehörden können die sichergestellten Kriegswaffen einziehen, wenn dies zur Abwehr einer Gefahr für die öffentliche Sicherheit oder Ordnung erforderlich ist und weniger einschneidende Maßnahmen nicht ausreichen.

(3) [1] Werden Kriegswaffen eingezogen, so geht mit der Unanfechtbarkeit der Einziehungsverfügung das Eigentum an ihnen auf den Staat über. [2] Rechte Dritter an den Kriegswaffen erlöschen. [3] Der Eigentümer oder ein dinglich Berechtigter wird vom Bund unter Berücksichtigung des Verkehrswerts angemessen in Geld entschädigt. [4] Eine Entschädigung wird nicht gewährt, wenn der Eigentümer oder dinglich Berechtigte wenigstens leichtfertig dazu beigetragen hat, daß die Gefahr für die öffentliche Sicherheit oder Ordnung entstanden ist. [5] In diesem Falle kann eine Entschädigung gewährt werden, soweit es eine unbillige Härte wäre, sie zu versagen.

(4) Bei Gefahr im Verzuge kann auch die Bundeswehr unter den in Absatz 1 genannten Voraussetzungen Kriegswaffen sicherstellen.

§ 13a[1] Umgang mit unbrauchbar gemachten Kriegswaffen. [1] Der Umgang mit unbrauchbar gemachten Kriegswaffen kann durch Rechtsverordnung des Bundesministeriums für Wirtschaft und Energie, die der Zustimmung des Bundesrates nicht bedarf, beschränkt werden; insbesondere kann der Umgang verboten oder unter Genehmigungsvorbehalt gestellt werden. [2] Unbrauchbar gemachte Kriegswaffen sind Kriegswaffen, die durch technische Veränderungen endgültig die Fähigkeit zum bestimmungsgemäßen Einsatz verloren haben und nicht mit allgemein gebräuchlichen Werkzeugen wieder funktionsfähig gemacht werden können. [3] Durch Rechtsverordnung, die der Zustimmung des Bundesrates nicht bedarf, kann bestimmt werden, auf welche Weise Kriegswaffen unbrauchbar zu machen sind und in welcher Form ihre Unbrauchbarmachung nachzuweisen ist.

§ 14[2] Überwachungsbehörden. (1) Für die Überwachung der nach diesem Gesetz genehmigungsbedürftigen Handlungen und der Einhaltung der in § 12 genannten Pflichten ist

1. in den Fällen der §§ 2 und 3 Abs. 1 und 2 sowie des § 4a das Bundesministerium für Wirtschaft und Energie und

---

[1] § 13a eingef. mWv 17.10.2002 durch G v. 11.10.2002 (BGBl. I S. 3970); Satz 1 geänd. mWv 28.11.2003 durch VO v. 25.11.2003 (BGBl. I S. 2304); Satz 1 geänd. mWv 8.11.2006 durch VO v. 31.10.2006 (BGBl. I S. 2407); Satz 3 neu gef. mWv 4.8.2011 durch G v. 27.7.2011 (BGBl. I S. 1595); Satz 1 geänd. mWv 8.9.2015 durch VO v. 31.8.2015 (BGBl. I S. 1474).

[2] § 14 Abs. 8 geänd. durch G v. 28.2.1992 (BGBl. I S. 376); Abs. 2 geänd. durch G v. 21.12.1992 (BGBl. I S. 2150); Abs. 8 geänd. mWv 1.1.2001 durch G v. 21.12.2000 (BGBl. I S. 1956); Abs. 1 Nr. 1 und 2 sowie Abs. 2 und 8 geänd. mWv *7.11.2001 durch VO v. 29.10.2001* (BGBl. I S. 2785); Abs. 1 Nr. 1 und Abs. 8 geänd. mWv 28.11.2003 durch VO v. 25.11.2003 (BGBl. I S. 2304); Abs. 1 Nr. 1 und 2 sowie Abs. 8 geänd. mWv 8.11.2006 durch VO v. 31.10.2006 (BGBl. I S. 2407); Abs. 1 Nr. 1 und 2 sowie Abs. 8 geänd. mWv 8.9.2015 durch VO v. 31.8.2015 (BGBl. I S. 1474); Abs. 6a eingef. mWv 28.12.2022 durch G v. 19.12.2022 (BGBl. I S. 2606).

2. in den Fällen des § 4 das Bundesministerium für Verkehr und digitale Infrastruktur zuständig.

(2) Für die Überwachung der Einfuhr, Ausfuhr und Durchfuhr sowie des sonstigen Verbringens von Kriegswaffen in das Bundesgebiet oder aus dem Bundesgebiet (§ 3 Abs. 3 und 4) sind das Bundesministerium der Finanzen und die von ihm bestimmten Zolldienststellen zuständig.

(3) Die Überwachungsbehörden (Absatz 1 und 2) können zur Erfüllung ihrer Aufgaben, insbesondere zur Überwachung der Bestände an Kriegswaffen und deren Veränderungen,

1. die erforderlichen Auskünfte verlangen,
2. Betriebsaufzeichnungen und sonstige Unterlagen einsehen und prüfen,
3. Besichtigungen vornehmen.

(4) [1]Die von den Überwachungsbehörden beauftragten Personen dürfen Räume und Grundstücke betreten, soweit es ihr Auftrag erfordert. [2]Das Grundrecht des Artikels 13 auf Unverletzlichkeit der Wohnung wird insoweit eingeschränkt.

(5) [1]Wer einer Genehmigung nach den §§ 2 bis 4a bedarf, ist verpflichtet, die erforderlichen Auskünfte zu erteilen, die Betriebsaufzeichnungen und sonstige Unterlagen zur Einsicht und Prüfung vorzulegen und das Betreten von Räumen und Grundstücken zu dulden. [2]Das gleiche gilt für Personen, denen die in § 12 genannten Pflichten obliegen.

(6) Der zur Erteilung einer Auskunft Verpflichtete kann die Auskunft auf solche Fragen verweigern, deren Beantwortung ihn selbst oder einen der in § 383 Abs. 1 Nr. 1 bis 3 der Zivilprozeßordnung[1)] bezeichneten Angehörigen der Gefahr strafgerichtlicher Verfolgung oder eines Verfahrens nach dem Gesetz über Ordnungswidrigkeiten[2)] aussetzen würde.

(6a) Für die Übermittlung von Informationen, einschließlich personenbezogener Daten, durch die Überwachungsbehörden gilt § 11a entsprechend.

(7) Die Bundesregierung wird ermächtigt, durch Rechtsverordnung[3)] mit Zustimmung des Bundesrates die erforderlichen Vorschriften zur Durchführung der nach Absatz 3 zulässigen Überwachungsmaßnahmen zu erlassen und das Verfahren der Überwachungsbehörden zu regeln.

(8) Das Bundesministerium für Wirtschaft und Energie wird ermächtigt, durch Rechtsverordnung[3)], die der Zustimmung des Bundesrates nicht bedarf, die ihm nach Absatz 1 zustehenden Überwachungsbefugnisse auf das Bundesamt für Wirtschaft und Ausfuhrkontrolle (BAFA) zu übertragen.

§ 15[4)] Bundeswehr und andere Organe. (1) Die §§ 2 bis 4a und 12 gelten nicht für die Bundeswehr, die Polizeien des Bundes und die Zollverwaltung.

(2) [1]Die übrigen für die Aufrechterhaltung der öffentlichen Sicherheit zuständigen Behörden oder Dienststellen, das Beschaffungsamt des Bundesministeriums des Innern, die Beschussämter sowie die Behörden des Strafvollzugs bedürfen keiner Genehmigung

1. für den Erwerb der tatsächlichen Gewalt über Kriegswaffen,

---

1) **Habersack Nr. 100.**
2) **Habersack Nr. 94.**
3) Siehe die Zweite KriegswaffenkontrollVO v. 1.6.1961 (BGBl. I S. 649), zuletzt geänd. durch VO v. 13.3. 2020 (BGBl. I S. 521).
4) § 15 Abs. 1 sowie Abs. 2 Satz 1 einl. Satzteil und Nr. 2 geänd. mWv 1.4.2003 durch G v. 11.10.2002 (BGBl. I S. 3970); Abs. 2 Nr. 2 geänd. mWv 4.8.2011 durch G v. 27.7.2011 (BGBl. I S. 1595).

2. für die Überlassung der tatsächlichen Gewalt über Kriegswaffen an einen anderen zur Instandsetzung, zur Erprobung, nach Beschuss oder zur Beförderung und
3. für die Beförderung von Kriegswaffen in den Fällen des § 3 Abs. 2.

[2] § 12 findet insoweit keine Anwendung.

(3) § 4a gilt nicht für Behörden oder Dienststellen im Rahmen ihrer amtlichen Tätigkeit.

Dritter Abschnitt. Besondere Vorschriften für Atomwaffen

§ 16 Nukleare Aufgaben im Nordatlantischen Bündnis. Die Vorschriften dieses Abschnitts und die Strafvorschriften der §§ 19 und 21 gelten, um Vorbereitung und Durchführung der nuklearen Mitwirkung im Rahmen des Nordatlantikvertrages vom 4. April 1949 oder für einen Mitgliedstaat zu gewährleisten, nur für Atomwaffen, die nicht der Verfügungsgewalt von Mitgliedstaaten dieses Vertrages unterstehen oder die nicht im Auftrag solcher Staaten entwickelt oder hergestellt werden.

§ 17 Verbot von Atomwaffen. (1) Unbeschadet des § 16 ist es verboten,

1. Atomwaffen zu entwickeln, herzustellen, mit ihnen Handel zu treiben, von einem anderen zu erwerben oder einem anderen zu überlassen, einzuführen, auszuführen, durch das Bundesgebiet durchzuführen oder sonst in das Bundesgebiet oder aus dem Bundesgebiet zu verbringen oder sonst die tatsächliche Gewalt über sie auszuüben,

1a. einen anderen zu einer in Nummer 1 bezeichneten Handlung zu verleiten oder

2. eine in Nummer 1 bezeichnete Handlung zu fördern.

(2) [1] Atomwaffen im Sinne des Absatzes 1 sind

1. Waffen aller Art, die Kernbrennstoffe oder radioaktive Isotope enthalten oder eigens dazu bestimmt sind, solche aufzunehmen oder zu verwenden, und Massenzerstörungen, Massenschäden oder Massenvergiftungen hervorrufen können,
2. Teile, Vorrichtungen, Baugruppen oder Substanzen, die eigens für eine in Nummer 1 genannte Waffe bestimmt sind.

[2] Für die Begriffsbestimmung der Atomwaffen gelten außerdem Satz 2 der Einleitung und Abschnitt I Buchstabe c der Anlage II zum Protokoll Nr. III des revidierten Brüsseler Vertrages vom 23. Oktober 1954.

Vierter Abschnitt.[1] Besondere Vorschriften für biologische und chemische Waffen sowie für Antipersonenminen und Streumunition

§ 18 Verbot von biologischen und chemischen Waffen. Es ist verboten,

1. biologische oder chemische Waffen zu entwickeln, herzustellen, mit ihnen Handel zu treiben, von einem anderen zu erwerben oder einem anderen zu überlassen, einzuführen, auszuführen, durch das Bundesgebiet durchzuführen oder sonst in das Bundesgebiet oder aus dem Bundesgebiet zu verbringen oder sonst die tatsächliche Gewalt über sie auszuüben oder

1 a. einen anderen zu einer in Nummer 1 bezeichneten Handlung zu verleiten oder

2. eine in Nummer 1 bezeichnete Handlung zu fördern.

§ 18 a[2] Verbot von Antipersonenminen und Streumunition. (1) Es ist verboten,

1. Antipersonenminen oder Streumunition einzusetzen, zu entwickeln, herzustellen, mit ihnen Handel zu treiben, von einem anderen zu erwerben oder einem anderen zu überlassen, einzuführen, auszuführen, durch das Bundesgebiet durchzuführen oder sonst in das Bundesgebiet oder aus dem Bundesgebiet zu verbringen oder sonst die tatsächliche Gewalt über sie auszuüben, insbesondere sie zu transportieren, zu lagern oder zurückzubehalten,
2. einen anderen zu einer in Nummer 1 bezeichneten Handlung zu verleiten oder
3. eine in Nummer 1 bezeichnete Handlung zu fördern.

(2) [1] Für Antipersonenminen gilt die Begriffsbestimmung des Artikels 2 des Übereinkommens über das Verbot des Einsatzes, der Lagerung, der Herstellung und der Weitergabe von Antipersonenminen und über deren Vernichtung vom 3. Dezember 1997. [2] Für Streumunition gilt die Begriffsbestimmung des Artikels 2 Absatz 2 des Übereinkommens über Streumunition vom 3. Dezember 2008.

(3) Absatz 1 gilt nicht für Handlungen, die nach den Bestimmungen der in Absatz 2 genannten Übereinkommen zulässig sind.

Fünfter Abschnitt. Straf- und Bußgeldvorschriften

§ 19 Strafvorschriften gegen Atomwaffen. (1) Mit Freiheitstrafe von einem Jahr bis zu fünf Jahren wird bestraft, wer

1. Atomwaffen im Sinne des § 17 Abs. 2 entwickelt, herstellt, mit ihnen Handel treibt, von einem anderen erwirbt oder einem anderen überläßt, einführt, ausführt, durch das Bundesgebiet durchführt oder sonst in das

---

[1] Vierter Abschn. Überschr. neu gef. durch G v. 6. 7. 1998 (BGBl. I S. 1778); neu gef. mWv 11. 6. 2009 durch G v. 6. 6. 2009 (BGBl. II S. 502).

[2] § 18 a eingef. durch G v. 6. 7. 1998 (BGBl. I S. 1778); Überschr. neu gef., Abs. 1 Nr. 1 geänd., Abs. 2 Satz 2 angef., Abs. 3 geänd. mWv 11. 6. 2009 durch G v. 6. 6. 2009 (BGBl. II S. 502).

Bundesgebiet oder aus dem Bundesgebiet verbringt oder sonst die tatsächliche Gewalt über sie ausübt,

1 a. einen anderen zu einer in Nummer 1 bezeichneten Handlung verleitet oder

2. eine in Nummer 1 bezeichnete Handlung fördert.

(2) Mit Freiheitsstrafe nicht unter zwei Jahren wird bestraft, wer

1. eine in Absatz 1 bezeichnete Handlung gewerbsmäßig oder als Mitglied einer Bande, die sich zur fortgesetzten Begehung solcher Straftaten verbunden hat, unter Mitwirkung eines anderen Bandenmitglieds begeht oder

2. durch eine in Absatz 1 bezeichnete Handlung

   a) die Sicherheit der Bundesrepublik Deutschland,

   b) das friedliche Zusammenleben der Völker oder

   c) die auswärtigen Beziehungen der Bundesrepublik Deutschland erheblich

gefährdet.

(3) In minder schweren Fällen

1. des Absatzes 1 ist die Strafe Freiheitsstrafe bis zu drei Jahren oder Geldstrafe und

2. des Absatzes 2 Freiheitsstrafe von drei Monaten bis zu fünf Jahren.

(4) Handelt der Täter in den Fällen des Absatzes 1 Nr. 1 fahrlässig oder in den Fällen des Absatzes 1 Nr. 1 a oder 2 leichtfertig, so ist die Strafe Freiheitsstrafe bis zu zwei Jahren oder Geldstrafe.

(5) Wer in den Fällen

1. des Absatzes 2 Nr. 2 die Gefahr fahrlässig verursacht oder

2. des Absatzes 2 Nr. 2 in Verbindung mit Absatz 1 Nr. 1 fahrlässig oder in Verbindung mit Absatz 1 Nr. 1 a oder 2 leichtfertig handelt und die Gefahr fahrlässig verursacht,

wird mit Freiheitsstrafe bis zu drei Jahren oder mit Geldstrafe bestraft.

(6) Die Absätze 1 bis 5 gelten nicht für eine Handlung, die

1. zur Vernichtung von Atomwaffen durch die dafür zuständigen Stellen oder

2. zum Schutz gegen Wirkungen von Atomwaffen oder zur Abwehr dieser Wirkungen

geeignet und bestimmt ist.

§ 20 Strafvorschriften gegen biologische und chemische Waffen.

(1) Mit Freiheitsstrafe nicht unter zwei Jahren wird bestraft, wer

1. biologische oder chemische Waffen entwickelt, herstellt, mit ihnen Handel treibt, von einem anderen erwirbt oder einem anderen überläßt, einführt, ausführt, durch das Bundesgebiet durchführt oder sonst in das Bundesgebiet oder aus dem Bundesgebiet verbringt oder sonst die tatsächliche Gewalt über sie ausübt,

1 a. einen anderen zu einer in Nummer 1 bezeichneten Handlung verleitet oder

2. eine in Nummer 1 bezeichnete Handlung fördert.

(2) In minder schweren Fällen ist die Strafe Freihheitsstrafe von drei Monaten bis zu fünf Jahren.

(3) Handelt der Täter in den Fällen des Absatzes 1 Nr. 1 fahrlässig oder in den Fällen des Absatzes 1 Nr. 1 a oder 2 leichtfertig, so ist die Strafe Freiheitsstrafe bis zu drei Jahren oder Geldstrafe.

(4) Die Absätze 1 bis 3 gelten nicht für eine Handlung, die

1. zur Vernichtung von chemischen Waffen durch die dafür zuständigen Stellen oder
2. zum Schutz gegen Wirkungen von biologischen oder chemischen Waffen oder zur Abwehr dieser Wirkungen

geeignet und bestimmt ist.

§ 20 a[1] Strafvorschriften gegen Antipersonenminen und Streumunition. (1) Mit Freiheitsstrafe von einem Jahr bis zu fünf Jahren wird bestraft, wer

1. entgegen § 18 a Antipersonenminen oder Streumunition einsetzt, entwickelt, herstellt, mit ihnen Handel treibt, von einem anderen erwirbt oder einem anderen überläßt, einführt, ausführt, durch das Bundesgebiet durchführt oder sonst in das Bundesgebiet oder aus dem Bundesgebiet verbringt oder sonst die tatsächliche Gewalt über sie ausübt, insbesondere sie transportiert, lagert oder zurückbehält,
2. einen anderen zu einer in Nummer 1 bezeichneten Handlung verleitet oder
3. eine in Nummer 1 bezeichnete Handlung fördert.

(2) [1] In besonders schweren Fällen ist die Strafe Freiheitsstrafe nicht unter einem Jahr. [2] Ein besonders schwerer Fall liegt in der Regel vor, wenn

1. der Täter in den Fällen des Absatzes 1 gewerbsmäßig handelt oder
2. sich die Handlung nach Absatz 1 auf eine große Zahl von Antipersonenminen oder Streumunition bezieht.

(3) In minder schweren Fällen des Absatzes 1 ist die Strafe Freiheitsstrafe von drei Monaten bis zu drei Jahen.

(4) Handelt der Täter in den Fällen des Absatzes 1 Nr. 1 fahrlässig oder in den Fällen des Absatzes 1 Nr. 2 oder 3 leichtfertig, so ist die Strafe Freiheitsstrafe bis zu drei Jahren oder Geldstrafe.

§ 21[2] Taten außerhalb des Geltungsbereichs dieses Gesetzes. § 19 Abs. 2 Nr. 2, Abs. 3 Nr. 2, Abs. 5 und 6, § 20 sowie § 20 a gelten unabhängig vom Recht des Tatorts auch für Taten, die außerhalb des Geltungsbereichs *dieser Vorschriften* begangen werden, wenn der Täter Deutscher ist.

§ 22 Ausnahmen. Die §§ 18, 20 und 21 gelten nicht für eine auf chemische Waffen bezogene dienstliche Handlung

---

[1] § 20 a eingef. durch G v. 6. 7. 1998 (BGBl. I S. 1778); Überschr. neu gef., Abs. 1 Nr. 1 und Abs. 2 Nr. 2 geänd. mWv 11. 6. 2009 durch G v. 6. 6. 2009 (BGBl. II S. 502).

[2] § 21 neu gef. durch G v. 6. 7. 1998 (BGBl. I S. 1778).

1. des Mitglieds oder der zivilen Arbeitskraft einer Truppe oder eines zivilen Gefolges im Sinne des Abkommens zwischen den Parteien des Nordatlantikvertrages über die Rechtsstellung ihrer Truppen vom 19. Juni 1951 oder
2. eines Deutschen in Stäben oder Einrichtungen, die auf Grund des Nordatlantikvertrages vom 4. April 1949 gebildet worden sind.

§ 22 a[1)] Sonstige Strafvorschriften. (1) Mit Freiheitsstrafe von einem Jahr bis zu fünf Jahren wird bestraft, wer

1. Kriegswaffen ohne Genehmigung nach § 2 Abs. 1 herstellt,
2. die tatsächliche Gewalt über Kriegswaffen ohne Genehmigung nach § 2 Abs. 2 von einem anderen erwirbt oder einem anderen überläßt,
3. im Bundesgebiet außerhalb eines abgeschlossenen Geländes Kriegswaffen ohne Genehmigung nach § 3 Abs. 1 oder 2 befördern läßt oder selbst befördert; dies gilt nicht für Selbstbeförderungen in den Fällen des § 12 Absatz 6 Nummer 1 sowie für Inhaber einer Waffenbesitzkarte für Kriegswaffen gemäß § 59 Absatz 4 des Waffengesetzes von 1972 im Rahmen von Umzugshandlungen durch den Inhaber der Erlaubnis,
4. Kriegswaffen einführt, ausführt, durch das Bundesgebiet durchführt oder aus dem Bundesgebiet verbringt, ohne daß die hierzu erforderliche Beförderung genehmigt ist,
5. mit Seeschiffen, welche die Bundesflagge führen, oder mit Luftfahrzeugen, die in die Luftfahrzeugrolle der Bundesrepublik Deutschland eingetragen sind, absichtlich oder wissentlich Kriegswaffen ohne Genehmigung nach § 4 befördert, die außerhalb des Bundesgebietes ein- und ausgeladen und durch das Bundesgebiet nicht durchgeführt werden,
6. über Kriegswaffen sonst die tatsächliche Gewalt ausübt, ohne daß
   a) der Erwerb der tatsächlichen Gewalt auf einer Genehmigung nach diesem Gesetz beruht oder
   b) eine Anzeige nach § 12 Abs. 6 Nr. 1 oder § 26 a erstattet worden ist,

   oder
7. einen Vertrag über den Erwerb oder das Überlassen ohne Genehmigung nach § 4 a Abs. 1 vermittelt oder eine Gelegenheit hierzu nachweist oder einen Vertrag ohne Genehmigung nach § 4 a Abs. 2 abschließt.

(2) [1] In besonders schweren Fällen ist die Strafe Freiheitsstrafe von einem Jahr bis zu zehn Jahren. [2] Ein besonders schwerer Fall liegt in der Regel vor, wenn der Täter in den Fällen des Absatzes 1 Nr. 1 bis 4, 6 oder 7 gewerbsmäßig oder als Mitglied einer Bande, die sich zur fortgesetzten Begehung solcher Straftaten verbunden hat, unter Mitwirkung eines anderen Bandenmitglieds handelt.

(3) In minder schweren Fällen ist die Strafe Freiheitsstrafe bis zu drei Jahren oder Geldstrafe.

---

1) *§ 22 a Abs. 1 Nr. 6 geänd.* mWv 1. 4. 2003 durch G v. 11. 10. 2002 (BGBl. I S. 3970); Abs. 1 Nr. 3, 4, Abs. 4 geänd. mWv 4. 8. 2011 durch G v. 27. 7. 2011 (BGBl. I S. 1595); Abs. 4 geänd. mWv 1. 9. 2013 durch G v. 6. 6. 2013 (BGBl. I S. 1482).

(4) Wer fahrlässig eine in Absatz 1 Nummer 1 bis 4, 6 oder Nummer 7 bezeichnete Handlung begeht, wird mit Freiheitsstrafe bis zu zwei Jahren oder mit Geldstrafe bestraft.

(5) [1] Nach Absatz 1 Nr. 3 oder 4 wird nicht bestraft, wer Kriegswaffen, die er in das Bundesgebiet eingeführt oder sonst verbracht hat, freiwillig und unverzüglich einer Überwachungsbehörde, der Bundeswehr oder einer für die Aufrechterhaltung der öffentlichen Sicherheit zuständigen Behörde oder Dienststelle abliefert. [2] Gelangen die Kriegswaffen ohne Zutun desjenigen, der sie in das Bundesgebiet eingeführt oder sonst verbracht hat, in die tatsächliche Gewalt einer der in Satz 1 genannten Behörden oder Dienststellen, so genügt sein freiwilliges und ernsthaftes Bemühen, die Kriegswaffen abzuliefern.

§ 22 b[1)] Verletzung von Ordnungsvorschriften. (1) Ordnungswidrig handelt, wer vorsätzlich oder fahrlässig

1. eine Auflage nach § 10 Abs. 1 nicht, nicht vollständig oder nicht rechtzeitig erfüllt,
2. das Kriegswaffenbuch nach § 12 Abs. 2 nicht, unrichtig oder nicht vollständig führt,
3. Meldungen nach § 12 Abs. 5 oder Anzeigen nach § 12 Abs. 6 nicht, unrichtig, nicht vollständig oder nicht rechtzeitig erstattet sowie in den Fällen des § 12 Absatz 6 Nummer 1 Kriegswaffen im Bundesgebiet ohne Genehmigung nach § 3 Absatz 2 selbst befördert oder eine Auflage nach § 12 Abs. 6 Satz 4 oder 5 nicht erfüllt,

3a. einer nach § 12a Abs. 1 oder § 13a erlassenen Rechtsverordnung zuwiderhandelt, soweit sie für einen bestimmten Tatbestand auf diese Bußgeldvorschrift verweist,

4. Auskünfte nach § 14 Abs. 5 nicht, unrichtig, nicht vollständig oder nicht rechtzeitig erteilt,
5. Betriebsaufzeichnungen und sonstige Unterlagen entgegen § 14 Abs. 5 nicht, nicht vollständig oder nicht rechtzeitig vorlegt,
6. der Pflicht nach § 14 Abs. 5 zur Duldung des Betretens von Räumen und Grundstücken zuwiderhandelt,
7. als Inhaber einer Erlaubnis gemäß § 59 Absatz 4 des Waffengesetzes von 1972 außerhalb eines befriedeten Besitztums Kriegswaffen ohne Genehmigung nach § 3 Absatz 2 selbst befördert.

(2) Die Ordnungswidrigkeit kann mit einer Geldbuße bis zu fünftausend Euro geahndet werden.

(3) [1] Ordnungswidrig handelt ferner, wer vorsätzlich oder fahrlässig entgegen § 12 Abs. 3 bei der Übergabe zur Beförderung von Kriegswaffen eine Ausfertigung der Genehmigungsurkunde nicht übergibt oder entgegen § 12 Abs. 4 bei der Beförderung eine Ausfertigung der Genehmigungsurkunde nicht mitführt. [2] Die Ordnungswidrigkeit kann mit einer Geldbuße geahndet werden.

---

1) § 22 b Abs. 1 Nr. 3 a eingef. durch G v. 9. 8. 1994 (BGBl. I S. 2057); Abs. 2 und Abs. 3 Satz 2 geänd. mWv 1. 1. 2002 durch G v. 10. 11. 2001 (BGBl. I S. 2992); Abs. 1 Nr. 3 a geänd. mWv 1. 4. 2003 durch G v. 11. 10. 2002 (BGBl. I S. 3970); Abs. 1 Nr. 3, 6 geänd., Nr. 7 angef., Abs. 2 eingef., bish. Abs. 2 und 3 werden Abs. 3 und 4 mWv 4. 8. 2011 durch G v. 27. 7. 2011 (BGBl. I S. 1595); Abs. 2 aufgeh., bish. Abs. 3 und 4 werden Abs. 2 und 3, neuer Abs. 3 Satz 2 geänd. mWv 1. 9. 2013 durch G v. 6. 6. 2013 (BGBl. I S. 1482).

§ 23[1) 2)] **Verwaltungsbehörden.** [1]Das Bundesministerium für Wirtschaft und Energie, das Bundesministerium für Verkehr und digitale Infrastruktur und das Bundesministerium der Finanzen sind, soweit sie nach § 14 Abs. 1 und 2 für die Überwachung zuständig sind, zugleich Verwaltungsbehörde im Sinne des § 36 Abs. 1 Nr. 1 des Gesetzes über Ordnungswidrigkeiten[3)]. [2]§ 36 Abs. 3 des Gesetzes über Ordnungswidrigkeiten gilt entsprechend.

§ 24[4)] **Einziehung.** (1) [1]Kriegswaffen, auf die sich eine Straftat nach §§ 19, 20, 21 oder 22 a bezieht, können zugunsten des Bundes eingezogen werden; § 74 a des Strafgesetzbuches[5)] ist anzuwenden. [2]Sie werden auch ohne die Voraussetzungen des § 74 Absatz 3 Satz 1 des Strafgesetzbuches eingezogen, wenn das Wohl der Bundesrepublik Deutschland es erfordert; dies gilt auch dann, wenn der Täter ohne Schuld gehandelt hat.

(2) Die Entschädigungspflicht nach § 74 b Absatz 2 und 3 des Strafgesetzbuches trifft den Bund.

§ 25 (weggefallen)

Sechster Abschnitt. Übergangs- und Schlußvorschriften

§ 26 Vor Inkrafttreten des Gesetzes erteilte Genehmigungen. Genehmigungen, die im vorläufigen Genehmigungsverfahren auf Grund des Artikels 26 Abs. 2 des Grundgesetzes[6)] erteilt worden sind, gelten als nach diesem Gesetz erteilt.

§ 26 a[7)] **Anzeige der Ausübung der tatsächlichen Gewalt.** [1]Wer am Tage des Wirksamwerdens des Beitritts in dem in Artikel 3 des Einigungsvertrages[8)] genannten Gebiet die tatsächliche Gewalt über Kriegswaffen ausübt, die er zuvor erlangt hat, hat dies dem Bundesamt für Wirtschaft und Ausfuhrkontrolle (BAFA) unter Angabe von Waffenart, Stückzahl, Waffennummer oder sonstiger Kennzeichnung binnen zwei Monaten nach dem Wirksamwerden des Beitritts anzuzeigen, sofern er nicht von dem Genehmigungserfordernis für den Erwerb der tatsächlichen Gewalt freigestellt oder nach § 26 b angewiesen ist. [2]Nach

---

1) § 23 Satz 1 geänd. mWv 7. 11. 2001 durch VO v. 29. 10. 2001 (BGBl. I S. 2785); Satz 1 geänd. mWv 28. 11. 2003 durch VO v. 25. 11. 2003 (BGBl. I S. 2304); Satz 1 geänd. mWv 8. 11. 2006 durch VO v. 31. 10. 2006 (BGBl. I S. 2407); Satz 1 geänd. mWv 8. 9. 2015 durch VO v. 31. 8. 2015 (BGBl. I S. 1474).

2) Siehe hierzu die Dritte KriegswaffenkontrollVO v. 11. 7. 1969 (BGBl. I S. 841), zuletzt geänd. durch VO v. 31. 8. 2015 (BGBl. I S. 1474).

3) **Schönfelder Nr. 94.**

4) § 24 Überschrift neu gef. und Abs. 3 angef. durch G v. 28. 10. 1994 (BGBl. I S. 3186); Überschrift, Abs. 1 Satz 2 und Abs. 2 geänd., Abs. 3 aufgeh. mWv 1. 7. 2017 durch G v. 13. 4. 2017 (BGBl. I S. 872).

5) **Schönfelder Nr. 85.**

6) *Nr. 1.*

7) § 26 a Satz 1 geänd. mWv 1. 1. 2001 durch G v. 21. 12. 2000 (BGBl. I S. 1956).

8) **Sartorius III Nr. 2.**

Ablauf dieser Frist darf die tatsächliche Gewalt über anmeldepflichtige, jedoch nicht angemeldete Kriegswaffen nicht mehr ausgeübt werden.

§ 26b[1)] Übergangsregelungen für das in Artikel 3 des Einigungsvertrages genannte Gebiet. (1) [1] Eine vor dem Tage des Wirksamwerdens des Beitritts in dem in Artikel 3 des Einigungsvertrages[2)] genannten Gebiet begonnene oder in Aussicht genommene und nicht aufschiebbare Handlung, die nach diesem Gesetz der Genehmigung bedarf, kann vorläufig genehmigt werden. [2] In diesen Fällen ist die erforderliche Genehmigung binnen eines Monats nach Erteilung der vorläufigen Genehmigung zu beantragen. [3] Wird die Genehmigung versagt, so kann dem Antragsteller in entsprechender Anwendung des § 9 eine angemessene Entschädigung gewährt werden, wenn es auch im Hinblick auf ein schutzwürdiges Vertrauen auf die bisherige Rechtslage eine unbillige Härte wäre, die Entschädigung zu versagen.

(2) Für völkerrechtliche Vereinbarungen der Deutschen Demokratischen Republik, soweit sie die Lieferung oder die Instandhaltung von Kriegswaffen zum Gegenstand haben, gilt abweichend von § 27 folgendes:

1. Soweit vor dem Tage des Wirksamwerdens des Beitritts staatliche Aufträge zur Herstellung oder zur Ausfuhr in oder zur Einfuhr aus Mitgliedstaaten des Warschauer Vertrages für das Jahr 1990 angewiesen sind, gelten die zur Durchführung dieser Anweisungen erforderlichen, nach § 2 oder § 3 genehmigungsbedürftigen Handlungen als genehmigt.
2. Bei Anweisungen im Sinne der Nummer 1 in bezug auf Staaten, die nicht Mitgliedstaaten des Warschauer Vertrages sind, können genehmigungsbedürftige, aber unaufschiebbare Handlungen vorläufig genehmigt werden; Absatz 1 Satz 2 und 3 gilt entsprechend.

(3) Für den Fall, daß die Deutsche Demokratische Republik ein Gesetz zur Inkraftsetzung dieses Gesetzes erläßt, wird das Bundesministerium für Wirtschaft und Energie ermächtigt, durch Rechtsverordnung ohne Zustimmung des Bundesrates die Maßgaben der Absätze 1 und 2 und des § 26a so zu ändern, daß deren Ziele unter Berücksichtigung der neuen Rechtslage erreicht werden.

§ 27 Zwischenstaatliche Verträge. [1] Verpflichtungen der Bundesrepublik auf Grund zwischenstaatlicher Verträge bleiben unberührt. [2] Insoweit gelten die nach Artikel 26 Abs. 2 des Grundgesetzes[3)] und die nach diesem Gesetz erforderlichen Genehmigungen als erteilt.

§ 28[4)] Gebühren. In einer Besonderen Gebührenverordnung des Bundesministeriums für Wirtschaft und Energie nach § 22 Absatz 4 des Bundesgebührengesetzes[5)] sind für individuell zurechenbare öffentliche Leistungen des Bundesministeriums für Wirtschaft und Energie und des Bundesamts für Wirtschaft und Ausfuhrkontrolle nach diesem Gesetz oder den auf Grund dieses Gesetzes erlassenen Rechtsverordnungen Gebühren ab dem 1. Januar 2023 zu regeln.

[1)] § 26b Abs. 3 geänd. mWv 7.11.2001 durch VO v. 29.10.2001 (BGBl. I S. 2785); Abs. 3 geänd. mWv 28.11.2003 durch VO v. 25.11.2003 (BGBl. I S. 2304); Abs. 3 geänd. mWv 8.11.2006 durch VO v. 31.10. 2006 (BGBl. I S. 2407); Abs. 3 geänd. mWv 8.9.2015 durch VO v. 31.8.2015 (BGBl. I S. 1474).

[2)] **Sartorius III Nr. 2.**

[3)] Nr. **1.**

[4)] § 28 neu gef. mWv 9.6.2021 durch G v. 2.6.2021 (BGBl. I S. 1275).

[5)] Nr. **120.**

§ 29 (Inkrafttreten)

Anlage[1)]
(zu § 1 Abs. 1)
(hier nicht abgedruckt)

[1)] Anl. geänd. durch VO v. 19.4.1991 (BGBl. I S. 913); geänd. durch VO v. 14.5.1997 (BGBl. I S. 1059); geänd. durch VO v. 26.2.1998 (BGBl. I S. 385); geänd. mWv 1.4.2003 durch G v. 11.10.2002 (BGBl. I S. 3970); geänd. mWv 25.2.2025 durch VO v. 19.2.2025 (BGBl. 2025 I Nr. 47).

845. Gesetz zur Ordnung des Wasserhaushalts (Wasserhaushaltsgesetz – WHG)[1) 2) 3) 4) 5)]

Vom 31. Juli 2009
(BGBl. I S. 2585)

FNA 753-13

geänd. durch Art. 12 G zur Umsetzung der DienstleistungsRL auf dem Gebiet des Umweltrechts sowie zur Änd. umweltrechtlicher Vorschriften v. 11.8.2010 (BGBl. I S. 1163), Art. 1 G zur Umsetzung der Meeresstrategie-RahmenRL sowie zur Änd. des WaStrG und des KrW-/AbfG v. 6.10.2011 (BGBl. I S. 1986), Art. 2 Abs. 67 G zur Änd. von Vorschriften über Verkündung und Bekanntmachungen sowie der ZPO, des EGZPO und der AO v. 22.12.2011 (BGBl. I S. 3044), Art. 5 Abs. 9 G zur Neuordnung des Kreislaufwirtschafts- und Abfallrechts v. 24.2.2012 (BGBl. I S. 212), Art. 3 G zur Anpassung des BauproduktenG und weiterer Rechtsvorschriften an die VO (EU) Nr. 305/2011 zur Festlegung harmonisierter Bedingungen für die Vermarktung von Bauprodukten v. 5.12.2012 (BGBl. I S. 2449), Art. 6 G zur Änd. des Umwelt-RechtsbehelfsG und anderer umweltrechtlicher Vorschriften v. 21.1.2013 (BGBl. I S. 95), Art. 2 G zur Umsetzung der RL über Industrieemissionen v. 8.4.2013 (BGBl. I S. 734), Art. 2 Abs. 100, Art. 4 Abs. 76 G zur Strukturreform des Gebührenrechts des Bundes v. 7.8.2013 (BGBl. I S. 3154, geänd. durch G v. 18.7.2016, BGBl. I S. 1666), Art. 2 G zur Änd. des UmweltstatistikG und des WasserhaushaltsG v. 15.11.2014 (BGBl. I S. 1724), Art. 320 Zehnte ZuständigkeitsanpassungsVO v. 31.8. 2015 (BGBl. I S. 1474), Art. 1 G zur Änd. des WasserhaushaltsG zur Einführung von Grundsätzen für die Kosten von Wasserdienstleistungen und Wassernutzungen sowie zur Änd. des AbwasserabgabenG v. 11.4. 2016 (BGBl. I S. 745), Art. 12 WSV-ZuständigkeitsanpassungsG v. 24.5.2016 (BGBl. I S. 1217), Art. 4 Abs. 73 G zur Aktualisierung der Strukturreform des Gebührenrechts des Bundes v. 18.7.2016 (BGBl. I

[1)] **Amtl. Anm.:** Dieses Gesetz dient der Umsetzung der

- Richtlinie 80/68/EWG des Rates vom 17. Dezember 1979 über den Schutz des Grundwassers gegen Verschmutzung durch bestimmte gefährliche Stoffe (ABl. L 20 vom 26.1.1980, S. 43), die durch die Richtlinie 2000/60/EG (ABl. L 327 vom 22.12.2000, S. 1) geändert worden ist,
- Richtlinie 91/271/EWG des Rates vom 21. Mai 1991 über die Behandlung von kommunalem Abwasser (ABl. L 135 vom 30.5.1991, S. 40), die zuletzt durch die Verordnung (EG) Nr. 1137/2008 (ABl. L 311 vom 21.11.2008, S. 1) geändert worden ist,
- Richtlinie 2000/60/EG des Europäischen Parlaments und des Rates vom 23. Oktober 2000 zur Schaffung eines Ordnungsrahmens für Maßnahmen der Gemeinschaft im Bereich der Wasserpolitik (ABl. L 327 vom 22.12.2000, S. 1), die zuletzt durch die Richtlinie 2008/105/EG (ABl. L 348 vom 24.12.2008, S. 84) geändert worden ist,
- Richtlinie 2004/35/EG des Europäischen Parlaments und des Rates vom 21. April 2004 über Umwelthaftung zur Vermeidung und Sanierung von Umweltschäden (ABl. L 143 vom 30.4.2004, S. 56), die durch die Richtlinie 2006/21/EG (ABl. L 102 vom 11.4.2006, S. 15) geändert worden ist,
- Richtlinie 2006/11/EG des Europäischen Parlaments und des Rates vom 15. Februar 2006 betreffend die Verschmutzung infolge der Ableitung bestimmter gefährlicher Stoffe in die Gewässer der Gemeinschaft (ABl. L 64 vom 4.3.2006, S. 52),
- Richtlinie 2006/118/EG des Europäischen Parlaments und des Rates vom 12. Dezember 2006 zum Schutz des Grundwassers vor Verschmutzung und Verschlechterung (ABl. L 372 vom 27.12.2006, S. 19, L 53 vom 22.2.2007, S. 30, L 139 vom 31.5.2007, S. 39),
- Richtlinie 2007/60/EG des Europäischen Parlaments und des Rates vom 23. Oktober 2007 über die Bewertung und das Management von Hochwasserrisiken (ABl. L 288 vom 6.11.2007, S. 27).

[2)] **Amtl. Anm.:** Die Verpflichtungen aus der Richtlinie 98/34/EG des Europäischen Parlaments und des Rates vom 22. Juni 1998 über ein Informationsverfahren auf dem Gebiet der Normen und technischen Vorschriften und der Vorschriften für die Dienste der Informationsgesellschaft (ABl. L 204 vom 21.7.1998, S. 37), die zuletzt durch die Richtlinie 2006/96/EG (ABl. L 363 vom 20.12.2006, S. 81) geändert worden ist, sind beachtet worden.

[3)] Beachte hierzu die Bek. zur Umsetzung der Richtlinie (EU) 2020/2184 des Europäischen Parlaments und des Rates vom 16. Dezember 2020 über die Qualität von Wasser für den menschlichen Gebrauch v. 18.1.2024 (BGBl. 2024 I Nr. 16).

[4)] Verkündet als Art. 1 G zur Neuregelung des Wasserrechts v. 31.7.2009 (BGBl. I S. 2585); Inkrafttreten gem. Art. 24 Abs. 2 Satz 1 dieses G am 1.3.2010 mit Ausnahme der §§ 23, 48 Abs. 1 Satz 2 und Abs. 2 Satz 2, § 57 Abs. 2, § 58 Abs. 1 Satz 2, § 61 Abs. 3, § 62 Abs. 4 und 7 Satz 2 und § 63 Abs. 2 Satz 2, die gem. Art. 24 Abs. 1 bereits am 7.8.2009 in Kraft getreten sind.

[5)] Siehe hierzu ua das PlanungssicherstellungsG **(Sartorius III Nr. 160)**.

S. 1666), Art. 3 G zur Änd. berg-, umweltschadens- und wasserrechtlicher Vorschriften zur Umsetzung der RL 2013/30/EU über die Sicherheit von Offshore-Erdöl- und -Erdgasaktivitäten v. 21.7.2016 (BGBl. I S. 1764), Art. 4 G zur Änd. des UmweltstatistikG, des HochbaustatistikG sowie bestimmter immissionsschutz- und wasserrechtlicher Vorschriften v. 26.7.2016 (BGBl. I S. 1839), Art. 1 G zur Änd. wasser- und naturschutzrechtlicher Vorschriften zur Untersagung und zur Risikominimierung bei den Verfahren der Fracking-Technologie v. 4.8.2016 (BGBl. I S. 1972), Art. 122 G zum Abbau verzichtbarer Anordnungen der Schriftform im Verwaltungsrecht des Bundes v. 29.3.2017 (BGBl. I S. 626), Art. 1 HochwasserschutzG II v. 30.6.2017 (BGBl. I S. 2193), Art. 1 G zur Einführung einer wasserrechtlichen Genehmigung für Behandlungsanlagen für Deponiesickerwasser, zur Änd. der Vorschriften zur Eignungsfeststellung für Anlagen zum Lagern, Abfüllen oder Umschlagen wassergefährdender Stoffe und zur Änd. des Bundes-ImmissionsschutzG v. 18.7.2017 (BGBl. I S. 2771), Art. 2 G zur Beschränkung des marinen Geo-Engineerings v. 4.12.2018 (BGBl. I S. 2254), Art. 253 Elfte ZuständigkeitsanpassungsVO v. 19.6. 2020 (BGBl. I S. 1328), Art. 1 Erstes G zur Änd. des WasserhaushaltsG v. 19.6.2020 (BGBl. I S. 1408), Art. 2 G über den wasserwirtschaftlichen Ausbau an Bundeswasserstraßen zur Erreichung der Bewirtschaftungsziele der WasserrahmenRL v. 2.6.2021 (BGBl. I S. 1295), Art. 3 G zur Umsetzung von Vorgaben der EinwegkunststoffRL und der AbfallrahmenRL im VerpackungsG und in anderen Gesetzen v. 9.6.2021 (BGBl. I S. 1699), Art. 2 G zur Umsetzung von Vorgaben der RL (EU) 2018/2001 für Zulassungsverfahren nach dem Bundes-ImmissionsschutzG, dem WasserhaushaltsG und dem BundeswasserstraßenG v. 18.8.2021 (BGBl. I S. 3901), Art. 12 G zu Sofortmaßnahmen für einen beschleunigten Ausbau der erneuerbaren Energien und weiteren Maßnahmen im Stromsektor v. 20.7.2022 (BGBl. I S. 1237), Art. 1 Zweites ÄndG v. 4.1.2023 (BGBl. 2023 I Nr. 5), Art. 5 G zur Stärkung der Digitalisierung im Bauleitplanverfahren und zur Änd. weiterer Vorschriften v. 3.7.2023 (BGBl. 2023 I Nr. 176), Art. 7 G zur Beschleunigung von Genehmigungsverfahren im Verkehrsbereich und zur Umsetzung der RL (EU) 2021/1187 über die Straffung von Maßnahmen zur rascheren Verwirklichung des transeuropäischen Verkehrsnetzes v. 22.12.2023 (BGBl. 2023 I Nr. 409), Art. 2 G zur Umsetzung von Vorgaben der RL (EU) 2023/2413 für Zulassungsverfahren nach dem BImSchG und dem WHG sowie für Planverfahren nach dem BauGB und dem ROG, zur Änd. des WaStrG und zur Änd. des WindBG v. 12.8.2025 (BGBl. 2025 I Nr. 189), Art. 8 G zur Beschleunigung des Ausbaus von Geothermieanlagen, Wärmepumpen und Wärmespeichern sowie zur Änd. des BauGB und des BImSchG v. 22.12.2025 (BGBl. 2025 I Nr. 348), Art. 2 G zur Anpassung des BauproduktenG und weiterer Rechtsvorschriften an die VO (EU) 2024/3110 v. 9.1.2026 (BGBl. 2026 I Nr. 4) und Art. 7 G zur Beschleunigung der Verfügbarkeit von Wasserstoff und zur Änd. weiterer rechtlicher Rahmenbedingungen für den Wasserstoffhochlauf und weiterer energierechtlicher Vorschriften v. 29.3.2026 (BGBl. 2026 I Nr. 84)

Zum WHG wurden ua folgende Vorschriften erlassen:
– Abwasserverordnung – AbwV **(Sartorius ErgBd. Nr. 845a)**
– VO über Anlagen zum Umgang mit wassergefährdenden Stoffen – AwSV v. 18.4.2017 (BGBl. I S. 905), geänd. durch VO v. 19.6.2020 (BGBl. I S. 1328)
– Grundwasserverordnung – GrwV **(Sartorius ErgBd. Nr. 845b)**
– Oberflächengewässerverordnung – OGewV v. 20.6.2016 (BGBl. I S. 1373), zuletzt geänd. durch G v. 9.12.2020 (BGBl. I S. 2873)
– Industriekläranlagen-Zulassungs- und Überwachungsverordnung – IZÜV v. 2.5.2013 (BGBl. I S. 973, 1011, 3756), zuletzt geänd. durch G v. 3.7.2024 (BGBl. 2024 I Nr. 225)
– Deponieverordnung – DepV **(Sartorius ErgBd. Nr. 298h)**
– VO über Anlagen zur biologischen Behandlung von Abfällen – 30. BImSchV **(Sartorius ErgBd. Nr. 296/30)**

Zur Ausführung und Durchführung des WHG haben die Länder ua folgende Vorschriften erlassen:
– **Baden-Württemberg:** WasserG v. 3.12.2013 (GBl. S. 389), zuletzt geänd. durch G v. 10.2.2026 (GBl. Nr. 20)
– **Bayern:** WasserG v. 25.2.2010 (GVBl. S. 66, 130), zuletzt geänd. durch G v. 23.12.2025 (GVBl. S. 667)
– **Berlin:** WasserG idF der Bek. v. 17.6.2005 (GVBl. S. 357; 2006 S. 248; 2007 S. 48), zuletzt geänd. durch G v. 11.12.2025 (GVBl. S. 590)
– **Brandenburg:** WasserG idF der Bek. v. 2.3.2012 (GVBl. I Nr. 20), zuletzt geänd. durch G v. 24.7.2025 (GVBl. I Nr. 17)
– **Bremen:** WasserG v. 12.4.2011 (Brem.GBl. S. 262), zuletzt geänd. durch G v. 16.12.2025 (Brem.GBl. S. 1421)
– **Hamburg:** WasserG idF der Bek. v. 29.3.2005 (HmbGVBl. S. 97), zuletzt geänd. durch G v. 18.11. 2025 (HmbGVBl. S. 679)
– **Hessen:** WasserG v. 14.12.2010 (GVBl. I S. 548), zuletzt geänd. durch G v. 28.6.2023 (GVBl. S. 473)
– **Mecklenburg-Vorpommern:** WasserG v. 30.11.1992 (GVOBl. M-V S. 669), aufgeh. durch G v. 24.3. 2026 (GVOBl. M-V S. 230); siehe ab dem 1.8.2026 das Landeswasser- und KüstenschutzG v. 24.3.2026 (GVOBl. M-V S. 230)

– **Niedersachsen:** WasserG v. 19.2.2010 (Nds. GVBl. S. 64), zuletzt geänd. durch G v. 25.9.2024 (Nds. GVBl. Nr. 82)
– **Nordrhein-Westfalen:** LandeswasserG idF der Bek. v. 25.6.1995 (GV. NRW. S. 926), zuletzt geänd. durch G v. 17.12.2021 (GV. NRW. S. 1470)
– **Rheinland-Pfalz:** LandeswasserG v. 14.7.2015 (GVBl. S. 127), zuletzt geänd. durch G v. 22.12.2025 (GVBl. S. 728)
– **Saarland:** WasserG idF der Bek. v. 30.7.2004 (Amtsbl. S. 1994), zuletzt geänd. durch G v. 27.8.2025 (Amtsbl. I S. 854)
– **Sachsen:** WasserG v. 12.7.2013 (SächsGVBl. S. 503), zuletzt geänd. durch G v. 27.6.2025 (SächsGVBl. S. 285)
– **Sachsen-Anhalt:** WasserG v. 16.3.2011 (GVBl. LSA S. 492), zuletzt geänd. durch G v. 1.10.2025 (GVBl. LSA S. 748)
– **Schleswig-Holstein:** LandeswasserG v. 13.11.2019 (GVOBl. Schl.-H. S. 425, 426), zuletzt geänd. durch G v. 13.12.2024 (GVOBl. Schl.-H. S. 875)
– **Thüringen:** WasserG v. 28.5.2019 (GVBl. S. 74), zuletzt geänd. durch G v. 2.7.2024 (GVBl. S. 277)

Zu abweichendem Landesrecht siehe:
– **Bayern:** Abweichungen im WasserG v. 25.2.2010 (GVBl. S. 66, 130), zuletzt geänd. durch G v. 23.12. 2025 (GVBl. S. 667) mWv 1.3.2010, vgl. Hinweis v. 17.3.2010 (BGBl. I S. 275) v. 17.3.2010 (BGBl. I S. 275); mWv 29.2.2012, vgl. Hinweis v. 24.10.2012 (BGBl. I S. 2176) v. 24.10.2012 (BGBl. I S. 2176) und Hinweis v. 19.2.2015 (BGBl. I S. 153) v. 19.2.2015 (BGBl. I S. 153); mWv 1.8.2019, vgl. Hinweis v. 5.3.2020 (BGBl. I S. 319) v. 5.3.2020 (BGBl. I S. 319, 320);
– **Bremen:** Abweichungen im WasserG v. 12.4.2011 (Brem.GBl. S. 262), zuletzt geänd. durch G v. 16.12. 2025 (Brem.GBl. S. 1421) mWv 29.4.2011, vgl. Hinweis v. 16.6.2011 (BGBl. I S. 1047) v. 16.6.2011 (BGBl. I S. 1047);
– **Hessen:** Abweichungen im WasserG v. 14.12.2010 (GVBl. I S. 548), zuletzt geänd. durch G v. 28.6. 2023 (GVBl. S. 473) mWv 24.12.2010, vgl. Hinweis v. 13.4.2011 (BGBl. I S. 607) v. 13.4.2011 (BGBl. I S. 607);
– **Niedersachsen:** Abweichungen im WasserG v. 19.2.2010 (Nds. GVBl. S. 64), zuletzt geänd. durch G v. 25.9.2024 (Nds. GVBl. Nr. 82) mWv 1.3.2010, vgl. Hinweis v. 26.7.2010 (BGBl. I S. 970) v. 26.7.2010 (BGBl. I S. 970);
– **Nordrhein-Westfalen:** Abweichungen im LandeswasserG idF der Bek. v. 25.6.1995 (GV. NRW. S. 926), zuletzt geänd. durch G v. 17.12.2021 (GV. NRW. S. 1470) mWv 18.5.2021, vgl. Hinweis v. 31.8.2023 (BGBl. 2023 I Nr. 232) v. 31.8.2023 (BGBl. 2023 I Nr. 232);
– **Rheinland-Pfalz:** Abweichungen im LandeswasserG v. 14.7.2015 (GVBl. S. 127), zuletzt geänd. durch G v. 22.12.2025 (GVBl. S. 728) mWv 30.7.2015, vgl. Hinweis v. 14.4.2016 (BGBl. I S. 715) v. 14.4. 2016 (BGBl. I S. 715);
– **Sachsen:** Abweichungen im WasserG v. 12.7.2013 (SächsGVBl. S. 503), zuletzt geänd. durch G v. 27.6. 2025 (SächsGVBl. S. 285) mWv 15.5.2010, vgl. Hinweis v. 17.5.2011 (BGBl. I S. 842) v. 17.5.2011 (BGBl. I S. 842); mWv 8.8.2013, vgl. Hinweis v. 19.2.2014 (BGBl. I S. 112) v. 19.2.2014 (BGBl. I S. 112);
– **Sachsen-Anhalt:** Abweichungen im WasserG v. 16.3.2011 (GVBl. LSA S. 492), zuletzt geänd. durch G v. 1.10.2025 (GVBl. LSA S. 748) mWv 1.4.2011, vgl. Hinweis v. 11.4.2011 (BGBl. I S. 567) 11.4.2011 (BGBl. I S. 567);
– **Schleswig-Holstein:** Abweichungen im LandeswasserG v. 13.11.2019 (GVOBl. Schl.-H. S. 425, 426), zuletzt geänd. durch G v. 13.12.2024 (GVOBl. Schl.-H. S. 875) mWv 26.3.2010, vgl. Hinweis v. 11.11. 2010 (BGBl. I S. 1501) v. 11.11.2010 (BGBl. I S. 1501); mWv 1.1.2020, vgl. Hinweis v. 18.12.2019 (BGBl. I S. 2595) v. 18.12.2019 (BGBl. I S. 2595);
– **Thüringen:** Abweichungen im Thüringer WasserG v. 28.5.2019 (GVBl. S. 74), zuletzt geänd. durch G v. 2.7.2024 (GVBl. S. 277) mWv 1.3.2020, vgl. Hinweis v. 6.3.2020 (BGBl. I S. 422) v. 6.3.2020 (BGBl. I S. 422).

Inhaltsübersicht[1]

Kapitel 1. Allgemeine Bestimmungen

---

[1] Inhaltsübersicht geänd. mWv 14.10.2011 durch G v. 6.10.2011 (BGBl. I S. 1986); geänd. mWv 1.8. 2013 durch G v. 21.1.2013 (BGBl. I S. 95); geänd. mWv 2.5.2013 durch G v. 8.4.2013 (BGBl. I S. 734); geänd. mWv 18.10.2016 durch G v. 11.4.2016 (BGBl. I S. 745); geänd. mWv 5.1.2018 durch G v. 30.6. 2017 (BGBl. I S. 2193); geänd. mWv 30.6.2020 durch G v. 19.6.2020 (BGBl. I S. 1408); geänd. mWv 31.8.2021 durch G v. 18.8.2021 (BGBl. I S. 3901); geänd. mWv 12.1.2023 durch G v. 4.1.2023 →

(Fortsetzung der Anm. von voriger Seite)
(BGBl. 2023 I Nr. 5); geänd. mWv 29.12.2023 durch G v. 22.12.2023 (BGBl. 2023 I Nr. 409); geänd. mWv 23.12.2025 durch G v. 22.12.2025 (BGBl. 2025 I Nr. 348); geänd. mWv 2.4.2026 durch G v. 29.3. 2026 (BGBl. 2026 I Nr. 84).

Kapitel 1. Allgemeine Bestimmungen

§ 1 Zweck. Zweck dieses Gesetzes ist es, durch eine nachhaltige Gewässerbewirtschaftung die Gewässer als Bestandteil des Naturhaushalts, als Lebensgrundlage des Menschen, als Lebensraum für Tiere und Pflanzen sowie als nutzbares Gut zu schützen.

§ 2[1)] Anwendungsbereich. (1) [1] Dieses Gesetz gilt für folgende Gewässer:

1. oberirdische Gewässer,
2. Küstengewässer,
3. Grundwasser.

[2] Es gilt auch für Teile dieser Gewässer.

(1a) [1] Für Meeresgewässer gelten die Vorschriften des § 23, des Kapitels 2 Abschnitt 3a und des § 90. [2] Die für die Bewirtschaftung der Küstengewässer geltenden Vorschriften bleiben unberührt.

(2) [1] Die Länder können kleine Gewässer von wasserwirtschaftlich untergeordneter Bedeutung, insbesondere Straßenseitengräben als Bestandteil von Straßen, Be- und Entwässerungsgräben, sowie Heilquellen von den Bestimmungen dieses

(Fortsetzung nächstes Blatt)

[1)] § 2 Abs. 1a eingef. mWv 14.10.2011 durch G v. 6.10.2011 (BGBl. I S. 1986); Abs. 1a Satz 1 geänd. mWv 27.7.2016 durch G v. 21.7.2016 (BGBl. I S. 1764).

Gesetzes ausnehmen. [2] Dies gilt nicht für die Haftung für Gewässerveränderungen nach den §§ 89 und 90.

§ 3[1] Begriffsbestimmungen. Für dieses Gesetz gelten folgende Begriffsbestimmungen:

1. Oberirdische Gewässer
das ständig oder zeitweilig in Betten fließende oder stehende oder aus Quellen wild abfließende Wasser;
2. Küstengewässer
das Meer zwischen der Küstenlinie bei mittlerem Hochwasser oder zwischen der seewärtigen Begrenzung der oberirdischen Gewässer und der seewärtigen Begrenzung des Küstenmeeres; die seewärtige Begrenzung von oberirdischen Gewässern, die nicht Binnenwasserstraßen des Bundes sind, richtet sich nach den landesrechtlichen Vorschriften;

2a. Meeresgewässer
die Küstengewässer sowie die Gewässer im Bereich der deutschen ausschließlichen Wirtschaftszone und des Festlandsockels, jeweils einschließlich des Meeresgrundes und des Meeresuntergrundes;

3. Grundwasser
das unterirdische Wasser in der Sättigungszone, das in unmittelbarer Berührung mit dem Boden oder dem Untergrund steht;
4. Künstliche Gewässer
von Menschen geschaffene oberirdische Gewässer oder Küstengewässer;
5. Erheblich veränderte Gewässer
durch den Menschen in ihrem Wesen physikalisch erheblich veränderte oberirdische Gewässer oder Küstengewässer;
6. Wasserkörper
einheitliche und bedeutende Abschnitte eines oberirdischen Gewässers oder Küstengewässers (Oberflächenwasserkörper) sowie abgegrenzte Grundwasservolumen innerhalb eines oder mehrerer Grundwasserleiter (Grundwasserkörper);
7. Gewässereigenschaften
die auf die Wasserbeschaffenheit, die Wassermenge, die Gewässerökologie und die Hydromorphologie bezogenen Eigenschaften von Gewässern und Gewässerteilen;
8. Gewässerzustand
die auf Wasserkörper bezogenen Gewässereigenschaften als ökologischer, chemischer oder mengenmäßiger Zustand eines Gewässers; bei als künstlich oder erheblich verändert eingestuften Gewässern tritt an die Stelle des ökologischen Zustands das ökologische Potenzial;
9. Wasserbeschaffenheit
die physikalische, chemische oder biologische Beschaffenheit des Wassers eines oberirdischen Gewässers oder Küstengewässers sowie des Grundwassers;
10. Schädliche Gewässerveränderungen

---

[1] § 3 Nr. 2a eingef. mWv 14.10.2011 durch G v. 6.10.2011 (BGBl. I S. 1986); Nr. 12 geänd. mWv 2.5.2013 durch G v. 8.4.2013 (BGBl. I S. 734); Nr. 15 geänd., Nr. 16 und 17 angef. mWv 18.10.2016 durch G v. 11.4.2016 (BGBl. I S. 745); Nr. 17 geänd., Nr. 18 angef. mWv 15.8.2025 durch G v. 12.8. 2025 (BGBl. 2025 I Nr. 189).

Veränderungen von Gewässereigenschaften, die das Wohl der Allgemeinheit, insbesondere die öffentliche Wasserversorgung, beeinträchtigen oder die nicht den Anforderungen entsprechen, die sich aus diesem Gesetz, aus auf Grund dieses Gesetzes erlassenen oder aus sonstigen wasserrechtlichen Vorschriften ergeben;

11. Stand der Technik
der Entwicklungsstand fortschrittlicher Verfahren, Einrichtungen oder Betriebsweisen, der die praktische Eignung einer Maßnahme zur Begrenzung von Emissionen in Luft, Wasser und Boden, zur Gewährleistung der Anlagensicherheit, zur Gewährleistung einer umweltverträglichen Abfallentsorgung oder sonst zur Vermeidung oder Verminderung von Auswirkungen auf die Umwelt zur Erreichung eines allgemein hohen Schutzniveaus für die Umwelt insgesamt gesichert erscheinen lässt; bei der Bestimmung des Standes der Technik sind insbesondere die in der Anlage 1 aufgeführten Kriterien zu berücksichtigen;

12. EMAS-Standort
diejenige Einheit einer Organisation, die nach § 32 Absatz 1 Satz 1 des Umweltauditgesetzes in der Fassung der Bekanntmachung vom 4. September 2002 (BGBl. I S. 3490), das zuletzt durch Artikel 1 des Gesetzes vom 6. Dezember 2011 (BGBl. I S. 2509) geändert worden ist, in der jeweils geltenden Fassung in das EMAS-Register eingetragen ist;

13. Einzugsgebiet
ein Gebiet, aus dem über oberirdische Gewässer der gesamte Oberflächenabfluss an einer einzigen Flussmündung, einem Ästuar oder einem Delta ins Meer gelangt;

14. Teileinzugsgebiet
ein Gebiet, aus dem über oberirdische Gewässer der gesamte Oberflächenabfluss an einem bestimmten Punkt in ein oberirdisches Gewässer gelangt;

15. Flussgebietseinheit
ein als Haupteinheit für die Bewirtschaftung von Einzugsgebieten festgelegtes Land- oder Meeresgebiet, das aus einem oder mehreren benachbarten Einzugsgebieten, dem ihnen zugeordneten Grundwasser und den ihnen zugeordneten Küstengewässern im Sinne des § 7 Absatz 5 Satz 2 besteht;

16. Wasserdienstleistungen sind folgende Dienstleistungen für Haushalte, öffentliche Einrichtungen oder wirtschaftliche Tätigkeiten jeder Art:
    a) Entnahme, Aufstauung, Speicherung, Behandlung und Verteilung von Wasser aus einem Gewässer;
    b) Sammlung und Behandlung von Abwasser in Abwasseranlagen, die anschließend in oberirdische Gewässer einleiten;

17. Wassernutzungen sind alle Wasserdienstleistungen sowie andere Handlungen mit Auswirkungen auf den Zustand eines Gewässers, die im Hinblick auf die Bewirtschaftungsziele nach den §§ 27 bis 31, 44 und 47 signifikant sind;

18. Erdwärme
Energie, die in Form von Wärme unter der festen Erdoberfläche gespeichert ist.

§ 4 *Gewässereigentum,* Schranken des Grundeigentums. (1) [1]Das Eigentum an den Bundeswasserstraßen steht dem Bund nach Maßgabe der wasserstraßenrechtlichen Vorschriften zu. [2]Soweit sich aus diesem Gesetz, auf Grund dieses Gesetzes erlassener oder sonstiger wasserrechtlicher Vorschriften Verpflichtungen aus dem Gewässereigentum ergeben, treffen diese auch den Bund als Eigentümer der Bundeswasserstraßen.

(2) Wasser eines fließenden oberirdischen Gewässers und Grundwasser sind nicht eigentumsfähig.

(3) Das Grundeigentum berechtigt nicht

1. zu einer Gewässerbenutzung, die einer behördlichen Zulassung bedarf,
2. zum Ausbau eines Gewässers.

(Fortsetzung nächstes Blatt)

(4) [1] Eigentümer und Nutzungsberechtigte von Gewässern haben die Benutzung durch Dritte zu dulden, soweit für die Benutzung eine behördliche Zulassung erteilt worden oder eine behördliche Zulassung nicht erforderlich ist. [2] Dies gilt nicht im Fall des § 9 Absatz 1 Nummer 3.

(5) Im Übrigen gelten für das Eigentum an Gewässern die landesrechtlichen Vorschriften.

§ 5 Allgemeine Sorgfaltspflichten. (1) Jede Person ist verpflichtet, bei Maßnahmen, mit denen Einwirkungen auf ein Gewässer verbunden sein können, die nach den Umständen erforderliche Sorgfalt anzuwenden, um

1. eine nachteilige Veränderung der Gewässereigenschaften zu vermeiden,
2. eine mit Rücksicht auf den Wasserhaushalt gebotene sparsame Verwendung des Wassers sicherzustellen,
3. die Leistungsfähigkeit des Wasserhaushalts zu erhalten und
4. eine Vergrößerung und Beschleunigung des Wasserabflusses zu vermeiden.

(2) Jede Person, die durch Hochwasser betroffen sein kann, ist im Rahmen des ihr Möglichen und Zumutbaren verpflichtet, geeignete Vorsorgemaßnahmen zum Schutz vor nachteiligen Hochwasserfolgen und zur Schadensminderung zu treffen, insbesondere die Nutzung von Grundstücken den möglichen nachteiligen Folgen für Mensch, Umwelt oder Sachwerte durch Hochwasser anzupassen.

Kapitel 2. Bewirtschaftung von Gewässern

Abschnitt 1. Gemeinsame Bestimmungen

§ 6 Allgemeine Grundsätze der Gewässerbewirtschaftung. (1) [1] Die Gewässer sind nachhaltig zu bewirtschaften, insbesondere mit dem Ziel,

1. ihre Funktions- und Leistungsfähigkeit als Bestandteil des Naturhaushalts und als Lebensraum für Tiere und Pflanzen zu erhalten und zu verbessern, insbesondere durch Schutz vor nachteiligen Veränderungen von Gewässereigenschaften,
2. Beeinträchtigungen auch im Hinblick auf den Wasserhaushalt der direkt von den Gewässern abhängenden Landökosysteme und Feuchtgebiete zu vermeiden und unvermeidbare, nicht nur geringfügige Beeinträchtigungen so weit wie möglich auszugleichen,
3. sie zum Wohl der Allgemeinheit und im Einklang mit ihm auch im Interesse Einzelner zu nutzen,
4. bestehende oder künftige Nutzungsmöglichkeiten insbesondere für die öffentliche Wasserversorgung zu erhalten oder zu schaffen,
5. möglichen Folgen des Klimawandels vorzubeugen,
6. an oberirdischen Gewässern so weit wie möglich natürliche und schadlose Abflussverhältnisse zu gewährleisten und insbesondere durch Rückhaltung des Wassers in der Fläche der Entstehung von nachteiligen Hochwasserfolgen vorzubeugen,
7. zum Schutz der Meeresumwelt beizutragen.

[2] Die nachhaltige Gewässerbewirtschaftung hat ein hohes Schutzniveau für die Umwelt insgesamt zu gewährleisten; dabei sind mögliche Verlagerungen nachteiliger Auswirkungen von einem Schutzgut auf ein anderes sowie die Erfordernisse des Klimaschutzes zu berücksichtigen.

(2) Gewässer, die sich in einem natürlichen oder naturnahen Zustand befinden, sollen in diesem Zustand erhalten bleiben und nicht naturnah ausgebaute natürliche Gewässer sollen so weit wie möglich wieder in einen naturnahen Zustand zurückgeführt werden, wenn überwiegende Gründe des Wohls der Allgemeinheit dem nicht entgegenstehen.

§ 6a[1] Grundsätze für die Kosten von Wasserdienstleistungen und Wassernutzungen. (1) [1] Bei Wasserdienstleistungen ist zur Erreichung der Bewirtschaftungsziele nach den §§ 27 bis 31, 44 und 47 der Grundsatz der Kostendeckung zu berücksichtigen. [2] Hierbei sind auch die Umwelt- und Ressourcenkosten zu berücksichtigen. [3] Es sind angemessene Anreize zu schaffen, Wasser effizient zu nutzen, um so zur Erreichung der Bewirtschaftungsziele beizutragen.

(2) Wenn bestimmte Wassernutzungen die Erreichung der in Absatz 1 genannten Bewirtschaftungsziele gefährden, haben Wassernutzungen, insbesondere in den Bereichen Industrie, Haushalte und Landwirtschaft, zur Deckung der Kosten der Wasserdienstleistungen angemessen beizutragen.

(3) Im Rahmen der Absätze 1 und 2 sind das Verursacherprinzip sowie die wirtschaftliche Analyse der Wassernutzungen nach der Oberflächengewässerverordnung und der Grundwasserverordnung[2] zugrunde zu legen.

(4) Von den Grundsätzen nach den Absätzen 1 und 2 kann im Hinblick auf soziale, ökologische und wirtschaftliche Auswirkungen der Kostendeckung sowie im Hinblick auf regionale geografische oder klimatische Besonderheiten abgewichen werden.

(5) Weitergehende Regelungen des Bundes und der Länder zur Erhebung von Kosten und Entgelten im Bereich der Bewirtschaftung von Gewässern bleiben unberührt.

§ 7[3] Bewirtschaftung nach Flussgebietseinheiten. (1) [1] Die Gewässer sind nach Flussgebietseinheiten zu bewirtschaften. [2] Die Flussgebietseinheiten sind:

1. Donau,
2. Rhein,
3. Maas,
4. Ems,
5. Weser,
6. Elbe,
7. Eider,
8. Oder,
9. Schlei/Trave,
10. Warnow/Peene.

[3] Die Flussgebietseinheiten sind in der Anlage 2 in Kartenform dargestellt.

---

[1] § 6a eingef. mWv 18.10.2016 durch G v. 11.4.2016 (BGBl. I S. 745); Abs. 5 angef. mWv 29.1.2017 durch G v. 26.7.2016 (BGBl. I S. 1839).

[2] **Sartorius ErgBd. Nr. 845b.**

[3] § 7 Abs. 4 Satz 2 geänd. mWv 8.9.2015 durch VO v. 31.8.2015 (BGBl. I S. 1474); Abs. 4 Satz 1 geänd. mWv 1.6.2016 durch G v. 24.5.2016 (BGBl. I S. 1217); Abs. 4 Satz 2 geänd. mWv 27.6.2020 durch VO v. 19.6.2020 (BGBl. I S. 1328); Abs. 4 Satz 2 geänd. mWv 29.12.2023 durch G v. 22.12.2023 (BGBl. 2023 I Nr. 409).

(2) Die zuständigen Behörden der Länder koordinieren untereinander ihre wasserwirtschaftlichen Planungen und Maßnahmen, soweit die Belange der flussgebietsbezogenen Gewässerbewirtschaftung dies erfordern.

(3) Zur Erreichung der in diesem Gesetz festgelegten Bewirtschaftungsziele

1. koordinieren die zuständigen Behörden der Länder die Maßnahmenprogramme und Bewirtschaftungspläne mit den zuständigen Behörden anderer Mitgliedstaaten der Europäischen Union, in deren Hoheitsgebiet die Flussgebietseinheiten ebenfalls liegen,
2. bemühen sich die zuständigen Behörden der Länder um eine der Nummer 1 entsprechende Koordinierung mit den zuständigen Behörden von Staaten, die nicht der Europäischen Union angehören.

(4) [1]Soweit die Verwaltung der Bundeswasserstraßen berührt ist, ist bei der Koordinierung nach den Absätzen 2 und 3 das Einvernehmen der Generaldirektion Wasserstraßen und Schifffahrt einzuholen. [2]Soweit gesamtstaatliche Belange bei der Pflege der Beziehungen zur Europäischen Union, zu auswärtigen Staaten oder zu internationalen Organisationen berührt sind, ist bei der Koordinierung nach Absatz 3 das Einvernehmen des Bundesministeriums für Umwelt, Naturschutz, nukleare Sicherheit und Verbraucherschutz einzuholen.

(5) [1]Die zuständigen Behörden der Länder ordnen innerhalb der Landesgrenzen die Einzugsgebiete oberirdischer Gewässer sowie Küstengewässer und das Grundwasser einer Flussgebietseinheit zu. [2]Bei Küstengewässern gilt dies für die Flächen auf der landwärtigen Seite einer Linie, auf der sich jeder Punkt eine Seemeile seewärts vom nächsten Punkt der Basislinie befindet, von der aus die Breite der Hoheitsgewässer gemessen wird, mindestens bis zur äußeren Grenze der Gewässer, die im Wesentlichen von Süßwasserströmungen beeinflusst sind. [3]Die Länder können die Zuordnung auch durch Gesetz regeln.

§ 8 Erlaubnis, Bewilligung. (1) Die Benutzung eines Gewässers bedarf der Erlaubnis oder der Bewilligung, soweit nicht durch dieses Gesetz oder auf Grund dieses Gesetzes erlassener Vorschriften etwas anderes bestimmt ist.

(2) [1]Keiner Erlaubnis oder Bewilligung bedürfen Gewässerbenutzungen, die der Abwehr einer gegenwärtigen Gefahr für die öffentliche Sicherheit dienen, sofern der drohende Schaden schwerer wiegt als die mit der Benutzung verbundenen nachteiligen Veränderungen von Gewässereigenschaften. [2]Die zuständige Behörde ist unverzüglich über die Benutzung zu unterrichten.

(3) [1]Keiner Erlaubnis oder Bewilligung bedürfen ferner bei Übungen und Erprobungen für Zwecke der Verteidigung oder der Abwehr von Gefahren für die öffentliche Sicherheit

1. das vorübergehende Entnehmen von Wasser aus einem Gewässer,
2. das Wiedereinleiten des Wassers in ein Gewässer mittels beweglicher Anlagen und
3. das vorübergehende Einbringen von Stoffen in ein Gewässer,

wenn durch diese Benutzungen andere nicht oder nur geringfügig beeinträchtigt werden und keine nachteilige Veränderung der Gewässereigenschaften zu erwarten ist. [2]Die Gewässerbenutzung ist der zuständigen Behörde rechtzeitig vor Beginn der Übung oder der Erprobung anzuzeigen.

(4) Ist bei der Erteilung der Erlaubnis oder der Bewilligung nichts anderes bestimmt worden, geht die Erlaubnis oder die Bewilligung mit der Wasserbenut-

zungsanlage oder, wenn sie für ein Grundstück erteilt worden ist, mit diesem auf den Rechtsnachfolger über.

§ 9[1] Benutzungen. (1) Benutzungen im Sinne dieses Gesetzes sind

1. das Entnehmen und Ableiten von Wasser aus oberirdischen Gewässern,
2. das Aufstauen und Absenken von oberirdischen Gewässern,
3. das Entnehmen fester Stoffe aus oberirdischen Gewässern, soweit sich dies auf die Gewässereigenschaften auswirkt,
4. das Einbringen und Einleiten von Stoffen in Gewässer,
5. das Entnehmen, Zutagefördern, Zutageleiten und Ableiten von Grundwasser.

(2) Soweit nicht bereits eine Benutzung nach Absatz 1 vorliegt, gelten als Benutzungen auch

1. das Aufstauen, Absenken und Umleiten von Grundwasser durch Anlagen, die hierfür bestimmt oder geeignet sind,
2. Maßnahmen, die geeignet sind, dauernd oder in einem nicht nur unerheblichen Ausmaß nachteilige Veränderungen der Wasserbeschaffenheit herbeizuführen,
3. das Aufbrechen von Gesteinen unter hydraulischem Druck zur Aufsuchung oder Gewinnung von Erdgas, Erdöl oder Erdwärme, einschließlich der zugehörigen Tiefbohrungen,
4. die untertägige Ablagerung von Lagerstättenwasser, das bei Maßnahmen nach Nummer 3 oder anderen Maßnahmen zur Aufsuchung oder Gewinnung von Erdgas oder Erdöl anfällt.

(3) [1] Keine Benutzungen sind Maßnahmen, die dem Ausbau eines Gewässers im Sinne des § 67 Absatz 2 dienen. [2] Das Gleiche gilt für Maßnahmen der Unterhaltung eines Gewässers, soweit hierbei keine chemischen Mittel verwendet werden.

§ 10 Inhalt der Erlaubnis und der Bewilligung. (1) Die Erlaubnis gewährt die Befugnis, die Bewilligung das Recht, ein Gewässer zu einem bestimmten Zweck in einer nach Art und Maß bestimmten Weise zu benutzen.

(2) Erlaubnis und Bewilligung geben keinen Anspruch auf Zufluss von Wasser in einer bestimmten Menge und Beschaffenheit.

§ 11 Erlaubnis-, Bewilligungsverfahren. (1) Erlaubnis und Bewilligung können für ein Vorhaben, das nach dem Gesetz über die Umweltverträglichkeitsprüfung[2] einer Umweltverträglichkeitsprüfung unterliegt, nur in einem

(Fortsetzung nächstes Blatt)

---

[1] § 9 Abs. 2 einl. Satzteil neu gef., Nr. 2 geänd., Nr. 3 und 4 angef. mWv 11.2.2017 durch G v. 4.8. 2016 (BGBl. I S. 1972).

[2] Nr. **295**.

Verfahren erteilt werden, das den Anforderungen des genannten Gesetzes entspricht.

(2) Die Bewilligung kann nur in einem Verfahren erteilt werden, in dem die Betroffenen und die beteiligten Behörden Einwendungen geltend machen können.

§ 11a[1] Verfahren bei Vorhaben zur Erzeugung von Energie aus erneuerbaren Quellen. (1) [1]Die Absätze 2 bis 7 gelten für die Erteilung einer Erlaubnis oder Bewilligung ergänzend bei den folgenden Vorhaben:

1. Errichtung und Betrieb sowie Modernisierung einer Anlage zur Nutzung von Wasserkraft, ausgenommen Pumpspeicherkraftwerke;
2. Errichtung und Betrieb sowie Modernisierung einer Anlage zur Gewinnung von Erdwärme einschließlich Erdwärmepumpe, wenn ein bergrechtlicher Betriebsplan nicht erforderlich ist;
3. Errichtung und Betrieb sowie Modernisierung einer Solarenergieanlage in oder über einem oberirdischen Gewässer;
4. Errichtung und Betrieb sowie Modernisierung einer Wärmepumpe, die das Wasser eines oberirdischen Gewässers oder Abwasser als Wärmequelle nutzt;
5. Errichtung sowie Modernisierung einer Windenergieanlage;
6. Nutzung des Untergrunds als Wärmespeicher sowie Errichtung und Betrieb eines Erdbeckens als Wärmespeicher, jeweils im Zusammenhang mit einer zugehörigen Anlage zur Erzeugung erneuerbarer Energie am selben Standort.

[2]Eine Modernisierung nach Satz 1 Nummer 1 bis 5 umfasst Maßnahmen zur Steigerung der Effizienz oder der Kapazität der Anlage, insbesondere den vollständigen oder teilweisen Austausch der Anlage, eines Anlagenteils oder des Betriebssystems.

(2) Auf Antrag des Trägers des Vorhabens werden das Erlaubnis- oder Bewilligungsverfahren sowie alle sonstigen Zulassungsverfahren, die für die Durchführung des Vorhabens nach Bundes- oder Landesrecht erforderlich sind, über eine einheitliche Stelle abgewickelt.

(3) [1]Die einheitliche Stelle nach Absatz 2 stellt ein Verfahrenshandbuch für Träger von Vorhaben bereit und macht die im Verfahrenshandbuch enthaltenen Informationen auch im Internet zugänglich. [2]Dabei geht sie gesondert auch auf kleinere Vorhaben, Vorhaben zur Eigenversorgung mit Elektrizität und Vorhaben von Erneuerbare-Energie-Gemeinschaften ein. [3]In den im Internet veröffentlichten Informationen weist die einheitliche Stelle auch darauf hin, für welche Vorhaben sie zuständig ist und welche weiteren einheitlichen Stellen im jeweiligen Land für Vorhaben nach Absatz 1 Satz 1 zuständig sind.

(4) [1]Ab dem 21. November 2025 sind Erlaubnis- oder Bewilligungsverfahren elektronisch durchzuführen. [2]Die Antragsteller können die Unterlagen in elektronischer Form einreichen.

(5) [1]Sind die Antragsunterlagen vollständig, so bestätigt die zuständige Behörde dies in den Fällen des Absatzes 2 gegenüber der einheitlichen Stelle, andernfalls gegenüber dem Träger des Vorhabens innerhalb von 45 Tagen nach Eingang des Antrags. [2]Bei Vorhaben nach Absatz 1 Satz 1 Nummer 5 oder Nummer 6 in einem für ein solches Vorhaben geltenden Beschleunigungsgebiet für die Wind-

---

[1] § 11a neu gef. mWv 15.8.2025 durch G v. 12.8.2025 (BGBl. 2025 I Nr. 189); Abs. 8 angef. mWv 23.12.2025 durch G v. 22.12.2025 (BGBl. 2025 I Nr. 348).

energie an Land nach § 2 Nummer 4 des Windenergieflächenbedarfsgesetzes beträgt die Frist 30 Tage nach Eingang des Antrags. [3] Die Antragsunterlagen sind vollständig, wenn sie sich zu allen relevanten Aspekten des Vorhabens verhalten und die Behörde in die Lage versetzen, den Antrag unter Berücksichtigung dieser Aspekte zu prüfen. [4] Fachliche Einwände und Nachfragen zum Antrag stehen der Vollständigkeit nicht entgegen, sofern der Antrag bereits eine vollumfängliche Prüfung durch die zuständige Behörde ermöglicht. [5] Sind die Antragsunterlagen nicht vollständig, so fordert die zuständige Behörde, in den Fällen des Absatzes 2 über die einheitliche Stelle, den Träger des Vorhabens unter Bezeichnung der fehlenden Angaben und Antragsunterlagen innerhalb der Frist nach Satz 1 auf, die Antragsunterlagen unverzüglich zu ergänzen.

(6) [1] Die Fristen nach Absatz 7 Satz 1 beginnen mit der Bestätigung der Vollständigkeit der Antragsunterlagen durch die zuständige Behörde oder, falls die Behörde nicht reagiert, mit Ablauf der jeweiligen Frist nach Absatz 5 Satz 1 oder Satz 2. [2] Wenn die Behörde den Träger des Vorhabens gemäß Absatz 5 Satz 5 zur Ergänzung der Antragsunterlagen aufgefordert hat, beginnt die jeweilige Frist nach Absatz 7 Satz 1 mit der Bestätigung des vollständigen Eingangs der von der Behörde erstmals nachgeforderten Antragsunterlagen. [3] Nach Eingang der vollständigen Antragsunterlagen erstellt die zuständige Behörde unverzüglich einen Zeitplan für das weitere Verfahren und teilt diesen Zeitplan in den Fällen des Absatzes 2 der einheitlichen Stelle, andernfalls dem Träger des Vorhabens mit.

(7) [1] Die zuständige Behörde entscheidet innerhalb der folgenden Fristen über die Erteilung der Erlaubnis oder der Bewilligung:

1. innerhalb eines Monats bei der Errichtung und dem Betrieb einer Abwasserwärmepumpe;
2. innerhalb von drei Monaten bei
   a) der Errichtung einer Erdwärmepumpe mit einer thermischen Leistung bis zu 50 Megawatt;
   b) der Errichtung und dem Betrieb einer Wärmepumpe, die das Wasser eines oberirdischen Gewässers als Wärmequelle nutzt, mit einer thermischen Leistung bis zu 100 Kilowatt, wenn an der Einleitungsstelle in das Gewässer eine rechnerische Temperaturabsenkung nach vollständiger Durchmischung von 1 Kelvin nicht überschritten wird;
3. innerhalb von sechs Monaten bei
   a) der Errichtung einer Windenergieanlage mit einer Stromerzeugungskapazität von weniger als 150 Kilowatt in einem für eine solche Anlage geltenden Beschleunigungsgebiet für die Windenergie an Land nach § 2 Nummer 4 des Windenergieflächenbedarfsgesetzes;
   b) der Modernisierung einer Windenergieanlage in einem für eine solche Anlage geltenden Beschleunigungsgebiet für die Windenergie an Land nach § 2 Nummer 4 des Windenergieflächenbedarfsgesetzes;
   c) der Modernisierung einer Wärmepumpe, die das Wasser eines oberirdischen Gewässers als Wärmequelle nutzt;
   d) der Errichtung und dem Betrieb eines Wärmespeichers ohne Bohrung ins Erdreich im Zusammenhang mit einer zugehörigen Solar- oder Windenergieanlage am selben Standort, sofern das Vorhaben in einem für eine solche Anlage geltenden Beschleunigungsgebiet für die Windenergie an Land nach § 2 Nummer 4 des Windenergieflächenbedarfsgesetzes liegt;

4. innerhalb von sieben Monaten bei der Errichtung oder Modernisierung einer Windenergieanlage, wenn Nummer 3 Buchstabe a und b keine Anwendung findet;
5. innerhalb eines Jahres bei
   a) der Errichtung und dem Betrieb einer Anlage zur Nutzung von Wasserkraft mit einer Stromerzeugungskapazität von weniger als 150 Kilowatt;
   b) der Errichtung und dem Betrieb einer Anlage zur Gewinnung von Erdwärme, wenn das Vorhaben der Erzeugung von Strom mit einer Kapazität von weniger als 150 Kilowatt dient;
   c) der Errichtung und dem Betrieb einer Solarenergieanlage in oder über einem oberirdischen Gewässer mit einer Stromerzeugungskapazität von weniger als 150 Kilowatt;
   d) der Errichtung und dem Betrieb einer Wärmepumpe, die das Wasser eines oberirdischen Gewässers als Wärmequelle nutzt,
      aa) mit einer thermischen Leistung von bis zu 100 Kilowatt, wenn an der Einleitungsstelle in das Gewässer eine rechnerische Temperaturabsenkung nach vollständiger Durchmischung von 1 Kelvin überschritten wird, oder
      bb) mit einer thermischen Leistung von mehr als 100 Kilowatt;
   e) der Modernisierung einer Anlage nach Absatz 1 Satz 1, wenn Nummer 3 Buchstabe b und c sowie Nummer 4 keine Anwendung finden;
   f) der Nutzung des Untergrunds als Wärmespeicher sowie bei der Errichtung und dem Betrieb eines Erdbeckens als Wärmespeicher, jeweils im Zusammenhang mit einer zugehörigen Anlage zur Erzeugung erneuerbarer Energie am selben Standort, sofern die Anlage außerhalb eines Beschleunigungsgebiets für die Windenergie an Land nach § 2 Nummer 4 des Windenergieflächenbedarfsgesetzes liegt;
6. innerhalb von zwei Jahren bei
   a) der Errichtung und dem Betrieb einer Anlage zur Nutzung von Wasserkraft mit einer Stromerzeugungskapazität von 150 Kilowatt oder mehr;
   b) der Errichtung und dem Betrieb einer Anlage zur Gewinnung von Erdwärme, wenn das Vorhaben der Erzeugung von Strom mit einer Kapazität von mehr als 150 Kilowatt dient;
   c) der Errichtung und dem Betrieb einer Solarenergieanlage in oder über einem oberirdischen Gewässer mit einer Stromerzeugungskapazität von 150 Kilowatt oder mehr.

[2] Die zuständige Behörde kann die jeweilige Frist nach Satz 1 Nummer 3 Buchstabe a, b, d, Nummer 4 und 5, ausgenommen Buchstabe d Doppelbuchstabe bb, in durch außergewöhnliche Umstände hinreichend begründeten Fällen einmalig um bis zu drei Monate verlängern. [3] Dies gilt insbesondere, soweit die Prüfung von Anforderungen nach umweltrechtlichen Vorschriften, die der Umsetzung entsprechender Vorgaben der Europäischen Gemeinschaften oder der Europäischen Union dienen, wie im Falle einer Prüfung der Einhaltung der Bewirtschaftungsziele, mit einem erhöhten Zeitaufwand verbunden ist. [4] Die Frist nach Satz 1 Nummer 5 Buchstabe d Doppelbuchstabe bb und die jeweilige Frist nach Satz 1 Nummer 6 kann einmalig in den Fällen des Satzes 3 um bis zu sechs Monate verlängert werden. [5] Die zuständige Behörde teilt in den Fällen des Absatzes 2 der einheitlichen Stelle, andernfalls dem Träger des Vorhabens die außergewöhnlichen Umstände mit, die die jeweilige Verlängerung der Frist nach den Sätzen 2 bis 4 rechtfertigen. [6] Weitergehende bestehende Rechtsvorschriften der Länder, die kürzere

Fristen vorsehen, bleiben unberührt. [7] Die Fristen nach Satz 1 Nummer 5 Buchstabe c und Nummer 6 Buchstabe c werden nach einem Erfahrungszeitraum von fünf Jahren im Hinblick auf die Zielerreichung der Beschleunigung der Zulassungsverfahren sowie unter Einbeziehung der wissenschaftlichen Ergebnisse laufender und neuer Forschungsvorhaben zu den gewässerökologischen und naturschutzfachlichen Auswirkungen evaluiert.

(8) Ist für die Errichtung und für den Betrieb einer Anlage zur Gewinnung oder Speicherung von Erdwärme ein bergrechtlicher Betriebsplan erforderlich, gilt für die Erteilung der Erlaubnis oder Bewilligung § 57e Absatz 2 Satz 2, Absatz 5 und 6 des Bundesberggesetzes[1)] entsprechend.

§ 11b[2)] Projektmanager. (1) [1] Bei Vorhaben nach den §§ 11a und 11c kann die zuständige Behörde auf Antrag oder mit Zustimmung des Trägers des Vorhabens und auf dessen Kosten in jeder Stufe des Verfahrens einen Dritten als Projektmanager, der als Verwaltungshelfer beschäftigt werden kann, mit der Vorbereitung und Durchführung von Verfahrensschritten beauftragen. [2] Dies kann insbesondere folgende Verfahrensschritte umfassen:

1. die Erstellung von Verfahrensleitplänen unter Bestimmung von Verfahrensabschnitten und Zwischenterminen,
2. die Fristenkontrolle,
3. die Koordinierung von erforderlichen Sachverständigengutachten,
4. das Qualitätsmanagement der Anträge und Unterlagen der Vorhabenträger,
5. bei Bewilligungsverfahren eine erste Auswertung der eingereichten Stellungnahmen,
6. den Entwurf der Niederschrift über den Erörterungstermin,
7. den Entwurf der Zulassungsentscheidung sowie
8. die Prüfung der Vollständigkeit der Unterlagen.

(2) Die Entscheidung über die Zulassung des Vorhabens trifft allein die zuständige Behörde.

(3) [1] Stimmt der Vorhabenträger zu, kann die zuständige Behörde bei der Beauftragung des Projektmanagers mit diesem vereinbaren, dass die Zahlungspflicht unmittelbar zwischen Vorhabenträger und Projektmanager entsteht und eine Abrechnung zwischen diesen erfolgt. [2] Der Projektmanager ist verpflichtet, die Abrechnungsunterlagen ebenfalls der zuständigen Behörde zu übermitteln. [3] Die zuständige Behörde prüft, ob die vom Projektmanager abgerechneten Leistungen dem jeweiligen Auftrag entsprechen, und teilt dem Vorhabenträger das Ergebnis dieser Prüfung unverzüglich mit.

§ 11c[3)] Verfahren bei Wasserstoffinfrastrukturvorhaben. (1) Für die Erteilung einer Erlaubnis oder Bewilligung im Zusammenhang mit der Errichtung, dem Betrieb und der Modernisierung einer Anlage oder Leitung nach § 2 Absatz 1 des Wasserstoffbeschleunigungsgesetzes vom 29. März 2026 (BGBl. 2026 I Nr. 84, S. 2), in der jeweils geltenden Fassung, gilt ergänzend § 11a Absatz 1 Satz 2, Absatz 2 bis 7 Satz 1 bis 6 entsprechend mit der Maßgabe, dass die Frist zur Entscheidung über die Erteilung der Erlaubnis oder Bewilligung

---

[1)] **Sartorius III Nr. 460.**

[2)] § 11b eingef. mWv 23.12.2025 durch G v. 22.12.2025 (BGBl. 2025 I Nr. 348); Abs. 1 Satz 1 geänd. mWv 2.4.2026 durch G v. 29.3.2026 (BGBl. 2026 I Nr. 84).

[3)] § 11c eingef. mWv 2.4.2026 durch G v. 29.3.2026 (BGBl. 2026 I Nr. 84).

1. bei einer Anlage oder Leitung nach § 2 Absatz 1 Nummer 1, 4 bis 7, 9 und 12 bis 14 des Wasserstoffbeschleunigungsgesetzes sieben Monate beträgt mit einer einmaligen Verlängerungsmöglichkeit von drei Monaten und
2. bei einer Anlage oder Leitung nach § 2 Absatz 1 Nummer 2, 3, 8, 10, 11, 15 bis 18 des Wasserstoffbeschleunigungsgesetzes ein Jahr beträgt mit einer einmaligen Verlängerungsmöglichkeit von sechs Monaten.

(2) [1] In einem Planfeststellungsverfahren für Wasserstoffleitungen nach § 2 Absatz 1 Nummer 11 des Wasserstoffbeschleunigungsgesetzes hat die zuständige Wasserbehörde die Entscheidung über die Erteilung des Einvernehmens nach § 19 Absatz 3 spätestens einen Monat vor Ablauf der Frist nach Absatz 1 Nummer 2 der Planfeststellungsbehörde zu übermitteln. [2] Übermittelt die Wasserbehörde innerhalb der Frist nach Satz 1 keine Entscheidung über die Erteilung des Einvernehmens, ist die Entscheidung der Planfeststellungsbehörde im Benehmen mit der zuständigen Wasserbehörde zu treffen.

§ 12 Voraussetzungen für die Erteilung der Erlaubnis und der Bewilligung, Bewirtschaftungsermessen. (1) Die Erlaubnis und die Bewilligung sind zu versagen, wenn

1. schädliche, auch durch Nebenbestimmungen nicht vermeidbare oder nicht ausgleichbare Gewässerveränderungen zu erwarten sind oder
2. andere Anforderungen nach öffentlich-rechtlichen Vorschriften nicht erfüllt werden.

(2) Im Übrigen steht die Erteilung der Erlaubnis und der Bewilligung im pflichtgemäßen Ermessen (Bewirtschaftungsermessen) der zuständigen Behörde.

§ 13 Inhalts- und Nebenbestimmungen der Erlaubnis und der Bewilligung. (1) Inhalts- und Nebenbestimmungen sind auch nachträglich sowie auch zu dem Zweck zulässig, nachteilige Wirkungen für andere zu vermeiden oder auszugleichen.

(2) Die zuständige Behörde kann durch Inhalts- und Nebenbestimmungen insbesondere

1. Anforderungen an die Beschaffenheit einzubringender oder einzuleitender Stoffe stellen,
2. Maßnahmen anordnen, die
   a) in einem Maßnahmenprogramm nach § 82 enthalten oder zu seiner Durchführung erforderlich sind,
   b) geboten sind, damit das Wasser mit Rücksicht auf den Wasserhaushalt sparsam verwendet wird,
   c) der Feststellung der Gewässereigenschaften vor der Benutzung oder der Beobachtung der Gewässerbenutzung und ihrer Auswirkungen dienen,
   d) zum Ausgleich einer auf die Benutzung zurückzuführenden nachteiligen Veränderung der Gewässereigenschaften erforderlich sind,
3. die Bestellung verantwortlicher Betriebsbeauftragter vorschreiben, soweit nicht die Bestellung eines Gewässerschutzbeauftragten nach § 64 vorgeschrieben ist oder angeordnet werden kann,
4. dem Benutzer angemessene Beiträge zu den Kosten von Maßnahmen auferlegen, die eine Körperschaft des öffentlichen Rechts getroffen hat oder treffen wird, um eine mit der Benutzung verbundene Beeinträchtigung des Wohls der Allgemeinheit zu vermeiden oder auszugleichen.

(3) Für die Bewilligung gilt Absatz 1 mit der Maßgabe, dass nachträglich nur Inhalts- und Nebenbestimmungen im Sinne von Absatz 2 Nummer 1 bis 4 zulässig sind.

§ 13a[1] Versagung und Voraussetzungen für die Erteilung der Erlaubnis für bestimmte Gewässerbenutzungen; unabhängige Expertenkommission. (1) [1]Eine Erlaubnis für eine Gewässerbenutzung nach § 9 Absatz 2 Nummer 3 und 4 ist zu versagen, wenn

1. Schiefer-, Ton- oder Mergelgestein oder Kohleflözgestein zur Aufsuchung oder Gewinnung von Erdgas oder Erdöl aufgebrochen werden soll oder
2. die Gewässerbenutzung erfolgen soll in oder unter
   a) einem festgesetzten Wasserschutzgebiet,
   b) einem festgesetzten Heilquellenschutzgebiet,
   c) einem Gebiet, aus dem über oberirdische Gewässer Oberflächenabfluss
      aa) in einen natürlichen See gelangt, aus dem unmittelbar Wasser für die öffentliche Wasserversorgung entnommen wird oder
      bb) in eine Talsperre gelangt, die der öffentlichen Wasserversorgung dient,
   d) einem Einzugsgebiet einer Wasserentnahmestelle für die öffentliche Wasserversorgung,
   e) einem Einzugsgebiet eines Brunnens nach dem Wassersicherstellungsgesetz oder
   f) einem Einzugsgebiet
      aa) eines Mineralwasservorkommens,
      bb) einer Heilquelle oder
      cc) einer Stelle zur Entnahme von Wasser zur Herstellung von Lebensmitteln.

[2]Satz 1 Nummer 2 Buchstabe b und f Doppelbuchstabe bb gilt nicht, wenn Gesteine aufgebrochen werden sollen, um eine Heilquelle zu erschließen oder zu erhalten. [3]Auf Antrag des Inhabers der Erlaubnis für die Wasserentnahme, der die erforderlichen Unterlagen enthält, weist die zuständige Behörde Gebiete nach Satz 1 Nummer 2 Buchstabe c bis f nach Maßgabe der allgemein anerkannten Regeln der Technik in Karten aus und veröffentlicht die Karten für die Gebiete nach Satz 1 Nummer 2 Buchstabe c, d und f im Internet. [4]Satz 1 Nummer 2 Buchstabe a und b und Satz 3 gelten entsprechend für Gebiete, die zur Festsetzung als Wasserschutzgebiete oder als Heilquellenschutzgebiete vorgesehen sind, für einen Zeitraum von 36 Monaten nach ihrer Ausweisung als vorgesehene Schutzgebiete entsprechend Satz 3. [5]Die zuständige Behörde kann die Frist nach Satz 4 um bis zu zwölf Monate verlängern, wenn besondere Umstände dies erfordern.

(2) [1]Abweichend von Absatz 1 Satz 1 Nummer 1 können Erlaubnisse für vier Erprobungsmaßnahmen mit dem Zweck erteilt werden, die Auswirkungen auf die Umwelt, insbesondere den Untergrund und den Wasserhaushalt, wissenschaftlich zu erforschen. [2]Die Erlaubnisse nach Satz 1 bedürfen der Zustimmung der jeweiligen Landesregierung. [3]Bei der Entscheidung nach Satz 2 sind die geologischen Besonderheiten der betroffenen Gebiete und sonstige öffentliche Interessen abzuwägen.

---

[1] § 13a eingef. mWv 11.2.2017 durch G v. 4.8.2016 (BGBl. I S. 1972).

(3) [1] Durch Landesrecht kann bestimmt werden, dass Erlaubnisse für Benutzungen nach § 9 Absatz 2 Nummer 3 und 4 auch in oder unter Gebieten, in denen untertägiger Bergbau betrieben wird oder betrieben worden ist, nur unter bestimmten Auflagen erteilt werden dürfen oder zu versagen sind. [2] Die zuständige Behörde weist Gebiete nach Satz 1 in Karten aus.

(4) Sofern die Erteilung einer Erlaubnis für eine Benutzung nach § 9 Absatz 2 Nummer 3 nicht nach Absatz 1 oder Absatz 3 ausgeschlossen ist, darf die Erlaubnis nur erteilt werden, wenn

1. die verwendeten Gemische
   a) in den Fällen des Absatzes 2 als nicht wassergefährdend eingestuft sind
   b) in den übrigen Fällen als nicht oder als schwach wassergefährdend eingestuft sind und
2. sichergestellt ist, dass der Stand der Technik eingehalten wird.

(5) Sofern die Erteilung einer Erlaubnis für eine Benutzung nach § 9 Absatz 2 Nummer 4 nicht nach Absatz 1 oder Absatz 3 ausgeschlossen ist, darf die Erlaubnis nur erteilt werden, wenn sichergestellt ist, dass der Stand der Technik eingehalten wird und insbesondere die Anforderungen nach § 22 c der Allgemeinen Bundesbergverordnung vom 23. Oktober 1995 (BGBl. I S. 1466), die zuletzt durch Artikel 2 der Verordnung vom 4. August 2016 (BGBl. I S. 1957) geändert worden ist, erfüllt werden.

(6) [1] Die Bundesregierung setzt eine unabhängige Expertenkommission ein, welche die nach Absatz 2 durchgeführten Erprobungsmaßnahmen wissenschaftlich begleitet und auswertet sowie hierzu und zum Stand der Technik Erfahrungsberichte zum 30. Juni eines Jahres, beginnend mit dem 30. Juni 2018, erstellt. [2] Die Expertenkommission übermittelt die Erfahrungsberichte zu den in Satz 1 genannten Zeitpunkten dem Deutschen Bundestag und veröffentlicht sie im Internet. [3] Die Expertenkommission unterrichtet die Öffentlichkeit in regelmäßigen Abständen über Verlauf und Ergebnisse der Erprobungsmaßnahmen nach Absatz 2; hierbei sowie zu den Entwürfen der Erfahrungsberichte nach Satz 1 ist der Öffentlichkeit Gelegenheit zur Stellungnahme zu geben. [4] Die unabhängige Expertenkommission nach Satz 1 setzt sich zusammen aus

1. einem Vertreter der Bundesanstalt für Geowissenschaften und Rohstoffe,
2. einem Vertreter des Umweltbundesamtes,
3. einem vom Bundesrat benannten Vertreter eines Landesamtes für Geologie, das nicht für die Zulassung der Erprobungsmaßnahmen zuständig ist,
4. einem Vertreter des Helmholtz-Zentrums Potsdam Deutsches GeoForschungsZentrum,
5. einem Vertreter des Helmholtz-Zentrums für Umweltforschung Leipzig sowie
6. einem vom Bundesrat benannten Vertreter einer für Wasserwirtschaft zuständigen Landesbehörde, die nicht für die Zulassung der Erprobungsmaßnahmen zuständig ist.

[5] Die Mitglieder der Expertenkommission sind an Weisungen nicht gebunden. [6] Die Expertenkommission gibt sich eine Geschäftsordnung und wählt aus ihrer Mitte einen Vorsitzenden.

(7) Im Jahr 2021 überprüft der Deutsche Bundestag auf der Grundlage des bis dahin vorliegenden Standes von Wissenschaft und Technik die Angemessenheit des Verbots nach Absatz 1 Satz 1 Nummer 1.

§ 13 b[1)] Antragsunterlagen und Überwachung bei bestimmten Gewässerbenutzungen; Stoffregister. (1) [1] Der Antrag auf Erteilung einer Erlaubnis für eine Gewässerbenutzung nach § 9 Absatz 2 Nummer 3 oder Nummer 4 muss insbesondere die Angaben nach § 2 Absatz 1 Nummer 3 der Verordnung über die Umweltverträglichkeitsprüfung bergbaulicher Vorhaben vom 13. Juli 1990 (BGBl. I S. 1420), die zuletzt durch Artikel 1 der Verordnung vom 4. August 2016 (BGBl. I S. 1957) geändert worden ist, enthalten. [2] Die zuständige Behörde hat die Angaben nach § 2 Absatz 1 Nummer 3 Buchstabe a dieser Verordnung innerhalb von zwei Wochen nach Antragstellung im Internet zu veröffentlichen.

(2) In der Erlaubnis für Gewässerbenutzungen nach § 9 Absatz 2 Nummer 3 und 4 ist insbesondere zu regeln, wie

1. die Beschaffenheit des Grundwassers und oberirdischer Gewässer im Einwirkungsbereich der Maßnahmen regelmäßig während und nach deren Durchführung zu überwachen und
2. über die Ergebnisse der Überwachung der zuständigen Behörde schriftlich oder elektronisch zu berichten ist.

(3) In der Erlaubnis für Gewässerbenutzungen nach § 9 Absatz 2 Nummer 3 ist darüber hinaus insbesondere die regelmäßige Überwachung nach § 22 b Satz 1 Nummer 2 und 3 der Allgemeinen Bundesbergverordnung sowie die Pflicht, der zuständigen Behörde über die Ergebnisse der Überwachung schriftlich oder elektronisch zu berichten, näher zu regeln.

(4) [1] Der Inhaber der Erlaubnis hat die zuständige Behörde unverzüglich zu unterrichten über nachteilige Veränderungen der Beschaffenheit des Grundwassers, eines oberirdischen Gewässers oder des Bodens infolge von

1. Benutzungen nach § 9 Absatz 2 Nummer 3 oder Nummer 4 oder
2. Benutzungen nach § 9 Absatz 1 Nummer 4 oder Nummer 5, die im Zusammenhang mit Benutzungen nach § 9 Absatz 2 Nummer 3 oder Nummer 4 stehen.

[2] Die zuständige Behörde hat Informationen nach Satz 1 innerhalb von zwei Wochen nach der Unterrichtung im Internet zu veröffentlichen.

(5) Durch Rechtsverordnung nach § 23 Absatz 1 Nummer 11 kann die Errichtung und Führung eines für jedermann frei und unentgeltlich zugänglichen internetgestützten Registers für Stoffe geregelt werden, die bei Gewässerbenutzungen nach § 9 Absatz 2 Nummer 3 und 4 verwendet oder abgelagert werden.

§ 14[2)] Besondere Vorschriften für die Erteilung der Bewilligung.

(1) Die Bewilligung darf nur erteilt werden, wenn die Gewässerbenutzung

1. dem Benutzer ohne eine gesicherte Rechtsstellung nicht zugemutet werden kann,

---

1) § 13 b eingef. mWv 11. 2. 2017 durch G v. 4. 8. 2016 (BGBl. I S. 1972).
2) § 14 Abs. 1 Nr. 3 geänd. mWv 11. 2. 2017 durch G v. 4. 8. 2016 (BGBl. I S. 1972).

2. einem bestimmten Zweck dient, der nach einem bestimmten Plan verfolgt wird, und

3. keine Benutzung im Sinne des § 9 Absatz 1 Nummer 4 und Absatz 2 Nummer 2 bis 4 ist, ausgenommen das Wiedereinleiten von nicht nachteilig verändertem Triebwasser bei Ausleitungskraftwerken.

(2) Die Bewilligung wird für eine bestimmte angemessene Frist erteilt, die in besonderen Fällen 30 Jahre überschreiten darf.

(3) [1] Ist zu erwarten, dass die Gewässerbenutzung auf das Recht eines Dritten nachteilig einwirkt und erhebt dieser Einwendungen, so darf die Bewilligung nur erteilt werden, wenn die nachteiligen Wirkungen durch Inhalts- oder Nebenbestimmungen vermieden oder ausgeglichen werden. [2] Ist dies nicht möglich, so darf die Bewilligung gleichwohl erteilt werden, wenn Gründe des Wohls der Allgemeinheit dies erfordern. [3] In den Fällen des Satzes 2 ist der Betroffene zu entschädigen.

(4) [1] Absatz 3 Satz 1 und 2 gilt entsprechend, wenn ein Dritter ohne Beeinträchtigung eines Rechts nachteilige Wirkungen dadurch zu erwarten hat, dass

1. der Wasserabfluss, der Wasserstand oder die Wasserbeschaffenheit verändert,

2. die bisherige Nutzung seines Grundstücks beeinträchtigt,

3. seiner Wassergewinnungsanlage Wasser entzogen oder

4. die ihm obliegende Gewässerunterhaltung erschwert

wird. [2] Geringfügige und solche nachteiligen Wirkungen, die vermieden worden wären, wenn der Betroffene die ihm obliegende Gewässerunterhaltung ordnungsgemäß durchgeführt hätte, bleiben außer Betracht. [3] Die Bewilligung darf auch dann erteilt werden, wenn der aus der beabsichtigten Gewässerbenutzung zu erwartende Nutzen den für den Betroffenen zu erwartenden Nachteil erheblich übersteigt.

(5) Hat der Betroffene nach Absatz 3 oder Absatz 4 gegen die Erteilung der Bewilligung Einwendungen erhoben und lässt sich zur Zeit der Entscheidung nicht feststellen, ob und in welchem Maße nachteilige Wirkungen eintreten werden, so ist die Entscheidung über die deswegen festzusetzenden Inhalts- oder Nebenbestimmungen und Entschädigungen einem späteren Verfahren vorzubehalten.

(6) [1] Konnte der Betroffene nach Absatz 3 oder Absatz 4 nachteilige Wirkungen bis zum Ablauf der Frist zur Geltendmachung von Einwendungen nicht voraussehen, so kann er verlangen, dass dem Gewässerbenutzer nachträglich Inhalts- oder Nebenbestimmungen auferlegt werden. [2] Können die nachteiligen Wirkungen durch nachträgliche Inhalts- oder Nebenbestimmungen nicht vermieden oder ausgeglichen werden, so ist der Betroffene im Sinne des Absatzes 3 zu entschädigen. [3] Der Antrag ist nur innerhalb einer Frist von drei Jahren nach dem Zeitpunkt zulässig, zu dem der Betroffene von den nachteiligen Wirkungen der Bewilligung Kenntnis erhalten hat; er ist ausgeschlossen, wenn nach der Herstellung des der Bewilligung entsprechenden Zustands 30 Jahre vergangen sind.

§ 15[1)] Gehobene Erlaubnis. (1) [1] Die Erlaubnis kann als gehobene Erlaubnis erteilt werden, wenn hierfür ein öffentliches Interesse oder ein berechtigtes Interesse des Gewässerbenutzers besteht. [2] Eine gehobene Erlaubnis darf für Gewässerbenutzungen nach § 9 Absatz 2 Nummer 3 und 4 nicht erteilt werden.

(2) Für die gehobene Erlaubnis gelten § 11 Absatz 2 und § 14 Absatz 3 bis 5 entsprechend.

§ 16 Ausschluss privatrechtlicher Abwehransprüche. (1) [1] Ist eine Gewässerbenutzung durch eine unanfechtbare gehobene Erlaubnis zugelassen, kann auf Grund privatrechtlicher Ansprüche zur Abwehr nachteiliger Wirkungen der Gewässerbenutzung nicht die Einstellung der Benutzung verlangt werden. [2] Es können nur Vorkehrungen verlangt werden, die die nachteiligen Wirkungen ausschließen. [3] Soweit solche Vorkehrungen nach dem Stand der Technik nicht durchführbar oder wirtschaftlich nicht vertretbar sind, kann lediglich Entschädigung verlangt werden.

(2) [1] Ist eine Gewässerbenutzung durch eine unanfechtbare Bewilligung zugelassen, können wegen nachteiliger Wirkungen der Gewässerbenutzung keine Ansprüche geltend gemacht werden, die auf die Beseitigung der Störung, auf die Unterlassung der Benutzung, auf die Herstellung von Vorkehrungen oder auf Schadenersatz gerichtet sind. [2] Satz 1 schließt Ansprüche auf Schadenersatz wegen nachteiliger Wirkungen nicht aus, die darauf beruhen, dass der Gewässerbenutzer angeordnete Inhalts- oder Nebenbestimmungen nicht erfüllt hat.

(3) Absatz 1 sowie Absatz 2 Satz 1 gelten nicht für privatrechtliche Ansprüche gegen den Gewässerbenutzer aus Verträgen oder letztwilligen Verfügungen und für Ansprüche aus dinglichen Rechten am Grundstück, auf dem die Gewässerbenutzung stattfindet.

§ 17 Zulassung vorzeitigen Beginns. (1) In einem Erlaubnis- oder Bewilligungsverfahren kann die zuständige Behörde auf Antrag zulassen, dass

(Fortsetzung nächstes Blatt)

---

1) § 15 Abs. 1 Satz 2 angef. mWv 11. 2. 2017 durch G v. 4. 8. 2016 (BGBl. I S. 1972).

bereits vor Erteilung der Erlaubnis oder der Bewilligung mit der Gewässerbenutzung begonnen wird, wenn

1. mit einer Entscheidung zugunsten des Benutzers gerechnet werden kann,
2. an dem vorzeitigen Beginn ein öffentliches Interesse oder ein berechtigtes Interesse des Benutzers besteht und
3. der Benutzer sich verpflichtet, alle bis zur Entscheidung durch die Benutzung verursachten Schäden zu ersetzen und, falls die Benutzung nicht erlaubt oder bewilligt wird, den früheren Zustand wiederherzustellen.

(2) [1] Die Zulassung des vorzeitigen Beginns kann jederzeit widerrufen werden. [2] § 13 gilt entsprechend.

§ 18 Widerruf der Erlaubnis und der Bewilligung. (1) Die Erlaubnis ist widerruflich.

(2) [1] Die Bewilligung darf aus den in § 49 Absatz 2 Satz 1 Nummer 2 bis 5 des Verwaltungsverfahrensgesetzes[1)] genannten Gründen widerrufen werden. [2] Die Bewilligung kann ferner ohne Entschädigung ganz oder teilweise widerrufen werden, wenn der Inhaber der Bewilligung

1. die Benutzung drei Jahre ununterbrochen nicht ausgeübt oder ihrem Umfang nach erheblich unterschritten hat,
2. den Zweck der Benutzung so geändert hat, dass er mit dem Plan (§ 14 Absatz 1 Nummer 2) nicht mehr übereinstimmt.

§ 19 Planfeststellungen und bergrechtliche Betriebspläne. (1) Wird für ein Vorhaben, mit dem die Benutzung eines Gewässers verbunden ist, ein Planfeststellungsverfahren durchgeführt, so entscheidet die Planfeststellungsbehörde über die Erteilung der Erlaubnis oder der Bewilligung.

(2) Sieht ein bergrechtlicher Betriebsplan die Benutzung von Gewässern vor, so entscheidet die Bergbehörde über die Erteilung der Erlaubnis.

(3) In den Fällen der Absätze 1 und 2 ist die Entscheidung im Einvernehmen, bei Planfeststellungen durch Bundesbehörden im Benehmen mit der zuständigen Wasserbehörde zu treffen.

(4) [1] Über den Widerruf einer nach Absatz 1 erteilten Erlaubnis oder Bewilligung oder einer nach Absatz 2 erteilten Erlaubnis sowie über den nachträglichen Erlass von Inhalts- und Nebenbestimmungen entscheidet auf Antrag der zuständigen Wasserbehörde in den Fällen des Absatzes 1 die Planfeststellungsbehörde, in den Fällen des Absatzes 2 die Bergbehörde. [2] Absatz 3 ist entsprechend anzuwenden.

§ 20 Alte Rechte und alte Befugnisse. (1) [1] Soweit die Länder nichts anderes bestimmen, ist keine Erlaubnis oder Bewilligung erforderlich für Gewässerbenutzungen auf Grund

1. von Rechten, die nach den Landeswassergesetzen erteilt oder durch sie aufrechterhalten worden sind,

---

[1)] Nr. **100**.

2. von Bewilligungen nach § 1 Absatz 1 Satz 1 der Verordnung über Vereinfachungen im Wasser- und Wasserverbandsrecht vom 10. Februar 1945 (RGBl. I S. 29),
3. einer nach der Gewerbeordnung[1] erteilten Anlagegenehmigung,
4. von Zulassungen, die in einem förmlichen Verfahren nach den Landeswassergesetzen erteilt und die den in den Nummern 1 bis 3 genannten Zulassungen gleichgestellt worden sind sowie
5. gesetzlich geregelter Planfeststellungsverfahren oder hoheitlicher Widmungsakte für Anlagen des öffentlichen Verkehrs.

[2] Satz 1 gilt nur, wenn zur Ausübung der Benutzung am 12. August 1957, in dem in Artikel 3 des Einigungsvertrages genannten Gebiet am 1. Juli 1990 oder zu einem anderen von den Ländern bestimmten Zeitpunkt rechtmäßige Anlagen vorhanden waren.

(2) [1] Die in Absatz 1 aufgeführten Rechte und Befugnisse (alte Rechte und alte Befugnisse) können gegen Entschädigung widerrufen werden, soweit von der Fortsetzung der Gewässerbenutzung eine erhebliche Beeinträchtigung des Wohls der Allgemeinheit zu erwarten ist. [2] Sie können ohne Entschädigung widerrufen werden, soweit dies nicht schon nach dem vor dem 1. März 2010 geltenden Recht zulässig war, wenn
1. die Benutzung drei Jahre ununterbrochen nicht ausgeübt worden ist;
2. die Benutzung im bisher zulässigen Umfang für den Benutzer nicht mehr erforderlich ist; dies gilt insbesondere, wenn der zulässige Umfang drei Jahre lang erheblich unterschritten wurde;
3. der Zweck der Benutzung so geändert worden ist, dass er mit der festgelegten Zweckbestimmung nicht mehr übereinstimmt;
4. der Benutzer trotz einer mit der Androhung des Widerrufs verbundenen Warnung die Benutzung über den Rahmen des alten Rechts oder der alten Befugnis hinaus erheblich ausgedehnt oder Bedingungen oder Auflagen nicht erfüllt hat.

[3] Für die Zulässigkeit nachträglicher Anforderungen und Maßnahmen ohne Entschädigung gilt § 13 Absatz 2 entsprechend.

§ 21 Anmeldung alter Rechte und alter Befugnisse. (1) [1] Alte Rechte und alte Befugnisse, die bis zum 28. Februar 2010 noch nicht im Wasserbuch eingetragen oder zur Eintragung in das Wasserbuch angemeldet worden sind, können bis zum 1. März 2013 bei der zuständigen Behörde zur Eintragung in das Wasserbuch angemeldet werden. [2] § 32 des Verwaltungsverfahrensgesetzes[2] gilt entsprechend. [3] Alte Rechte und alte Befugnisse, die nicht nach den Sätzen 1 und 2 angemeldet worden sind, erlöschen am 1. März 2020, soweit das alte Recht oder die alte Befugnis nicht bereits zuvor aus anderen Gründen erloschen ist.

(2) [1] Absatz 1 gilt nicht für alte Rechte und alte Befugnisse, die nach einer öffentlichen Aufforderung nach § 16 Absatz 2 Satz 1 des Wasserhaushaltsgesetzes[3] in der am 28. Februar 2010 geltenden Fassung innerhalb der dort

---

[1] *Nr.* ***800***.
[2] Nr. **100**.
[3] Nr. **845**.

genannten Frist nicht zur Eintragung in das Wasserbuch angemeldet worden sind. [2]Für diese alten Rechte und alten Befugnisse gilt § 16 Absatz 2 Satz 2 und 3 des Wasserhaushaltsgesetzes in der am 28. Februar 2010 geltenden Fassung.

§ 22 Ausgleich zwischen konkurrierenden Gewässerbenutzungen. [1]Art, Maß und Zeiten der Gewässerbenutzung im Rahmen von Erlaubnissen, Bewilligungen, alten Rechten und alten Befugnissen können auf Antrag eines Beteiligten oder von Amts wegen in einem Ausgleichsverfahren geregelt oder beschränkt werden, wenn das Wasser nach Menge oder Beschaffenheit nicht für alle Benutzungen ausreicht oder zumindest eine Benutzung beeinträchtigt ist und wenn das Wohl der Allgemeinheit es erfordert. [2]Der Ausgleich ist unter Abwägung der Interessen der Beteiligten und des Wohls der Allgemeinheit sowie unter Berücksichtigung des Gemeingebrauchs nach pflichtgemäßem Ermessen festzulegen.

§ 23[1) 2)] Rechtsverordnungen zur Gewässerbewirtschaftung. (1) Die Bundesregierung wird ermächtigt, nach Anhörung der beteiligten Kreise durch Rechtsverordnung[3)] mit Zustimmung des Bundesrates, auch zur Umsetzung bindender Rechtsakte der Europäischen Gemeinschaften oder der Europäischen Union und zwischenstaatlicher Vereinbarungen, Vorschriften zum Schutz und zur Bewirtschaftung der Gewässer nach den Grundsätzen des § 6 und den Bewirtschaftungszielen nach Maßgabe der §§ 27 bis 31, 44, 45a und 47 sowie zur näheren Bestimmung der sich aus diesem Gesetz ergebenden Pflichten zu erlassen, insbesondere nähere Regelungen über

1. Anforderungen an die Gewässereigenschaften,
2. die Ermittlung, Beschreibung, Festlegung und Einstufung sowie Darstellung des Zustands von Gewässern,
3. Anforderungen an die Benutzung von Gewässern, insbesondere an das Einbringen und Einleiten von Stoffen,
4. Anforderungen an die Erfüllung der Abwasserbeseitigungspflicht,
5. Anforderungen an die Errichtung, den Betrieb und die Benutzung von Abwasseranlagen und sonstigen in diesem Gesetz geregelten Anlagen sowie Anforderungen an die Fachkunde bei der Durchführung dieser Tätigkeiten,
6. den Schutz der Gewässer gegen nachteilige Veränderungen ihrer Eigenschaften durch den Umgang mit wassergefährdenden Stoffen,
7. die Festsetzung von Schutzgebieten sowie Anforderungen, Gebote und Verbote, die in den festgesetzten Gebieten zu beachten sind,

---

1) § 23 Abs. 1 geänd. mWv 18.8.2010 durch G v. 11.8.2010 (BGBl. I S. 1163); Abs. 1 einl. Satzteil, Nr. 9 geänd., Abs. 3 angef. mWv 14.10.2011 durch G v. 6.10.2011 (BGBl. I S. 1986); Abs. 1 Nr. 12 geänd., Nr. 13 angef. mWv 20.5.2015 durch G v. 15.11.2014 (BGBl. I S. 1724); Abs. 1 Nr. 5 neu gef. mWv 11.6.2019 durch G v. 4.12.2018 (BGBl. I S. 2254).

2) Abweichendes Landesrecht in Bayern siehe Hinweise in BGBl. 2010 I S. 275 und 2015 I S. 153, Sachsen-Anhalt siehe Hinweis in BGBl. I 2011 I S. 567 und Thüringen siehe Hinweis in BGBl. 2020 I S. 422.

3) Siehe die GrundwasserVO **(Sartorius ErgBd. Nr. 845b)**, die AbwasserVO **(Sartorius ErgBd. Nr. 845a)**, die OberflächengewässerVO v. 20.6.2016 (BGBl. I S. 1373), zuletzt geänd. durch G v. 9.12. 2020 (BGBl. I S. 2873), die DeponieVO **(Sartorius ErgBd. Nr. 298h)**, die ErsatzbaustoffVO v. 9.7.2021 (BGBl. I S. 2598), die VO über Anlagen zur biologischen Behandlung von Abfällen **(Sartorius ErgBd. Nr. 296/30)**, die VO über Anlagen zum Umgang mit wassergefährdenden Stoffen v. 18.4.2017 (BGBl. I S. 905), geänd. durch VO v. 19.6.2020 (BGBl. I S. 1328) und die Industriekläranlagen-Zulassungs- und ÜberwachungsVO v. 2.5.2013 (BGBl. I S. 973, 1011, ber. S. 3756), zuletzt geänd. durch G v. 9.12.2020 (BGBl I S. 2873).

8. die Überwachung der Gewässereigenschaften und die Überwachung der Einhaltung der Anforderungen, die durch dieses Gesetz oder auf Grund dieses Gesetzes erlassener Rechtsvorschriften festgelegt worden sind,
9. Messmethoden und Messverfahren einschließlich Verfahren zur Gewährleistung der Vergleichbarkeit von Bewertungen der Gewässereigenschaften im Rahmen der flussgebietsbezogenen Gewässerbewirtschaftung und der Bewirtschaftung der Meeresgewässer (Interkalibrierung) sowie die Qualitätssicherung analytischer Daten,
10. die durchzuführenden behördlichen Verfahren,
11. die Beschaffung, Bereitstellung und Übermittlung von Informationen sowie Berichtspflichten,
12. die wirtschaftliche Analyse von Wassernutzungen, die Auswirkungen auf Gewässer haben,
13. Maßnahmenprogramme und Bewirtschaftungspläne auf Grund bindender Rechtsakte der Europäischen Union.

(2) Beteiligte Kreise sind ein jeweils auszuwählender Kreis von Vertreterinnen und Vertretern der Wissenschaft, der beteiligten Wirtschaft, der kommunalen Spitzenverbände, der Umweltvereinigungen, der sonstigen Betroffenen und der für die Wasserwirtschaft zuständigen obersten Landesbehörden.

(3) [1] Solange und soweit die Bundesregierung von der Ermächtigung zum Erlass von Rechtsverordnungen nach Absatz 1, auch in Verbindung mit § 46 Absatz 2, § 48 Absatz 1 Satz 2, § 57 Absatz 2, § 58 Absatz 1 Satz 2, § 61 Absatz 3, § 62 Absatz 4 und § 63 Absatz 2 Satz 2, keinen Gebrauch gemacht hat, sind die Landesregierungen ermächtigt, durch Rechtsverordnung entsprechende Vorschriften zu erlassen. [2] Die Landesregierungen können die Ermächtigung auf eine oder mehrere oberste Landesbehörden übertragen.

§ 24[1)] Erleichterungen für EMAS-Standorte. (1) Die Bundesregierung wird ermächtigt, zur Förderung der privaten Eigenverantwortung für EMAS-Standorte durch Rechtsverordnung mit Zustimmung des Bundesrates Erleichterungen zum Inhalt der Antragsunterlagen in wasserrechtlichen Verfahren sowie überwachungsrechtliche Erleichterungen vorzusehen, soweit die entsprechenden Anforderungen der Verordnung (EG) Nr. 1221/2009 des Europäischen Parlaments und des Rates vom 25. November 2009 über die freiwillige Teilnahme von Organisationen an einem Gemeinschaftssystem für Umweltmanagement und Umweltbetriebsprüfung und zur Aufhebung der Verordnung (EG) Nr. 761/2001, sowie der Beschlüsse der Kommission 2001/681/EG und 2006/193/EG (ABl. L 342 vom 22.12.2009, S. 1) gleichwertig mit den Anforderungen sind, die zur Überwachung und zu den Antragsunterlagen nach den wasserrechtlichen Vorschriften vorgesehen sind, oder soweit die Gleichwertigkeit durch die Rechtsverordnung nach dieser Vorschrift sichergestellt wird; dabei können insbesondere Erleichterungen zu

1. Kalibrierungen, Ermittlungen, Prüfungen und Messungen,
2. Messberichten sowie sonstigen Berichten und Mitteilungen von Ermittlungsergebnissen,
3. Aufgaben von Gewässerschutzbeauftragten und
4. zur Häufigkeit der behördlichen Überwachung vorgesehen werden.

[1)] § 24 Abs. 3 angef. mWv 14.10.2011 durch G v. 6.10.2011 (BGBl. I S. 1986); Abs. 1 einl. Satzteil und Abs. 2 geänd. mWv 2.5.2013 durch G v. 8.4.2013 (BGBl. I S. 734).

(2) Ordnungsrechtliche Erleichterungen können gewährt werden, wenn ein Umweltgutachter die Einhaltung der Umweltvorschriften geprüft und keine Abweichungen festgestellt hat und dies in der Erklärung nach Anhang VII der Verordnung (EG) Nr. 1221/2009 bescheinigt.

(3) [1] Solange und soweit die Bundesregierung von der Ermächtigung zum Erlass von Rechtsverordnungen nach Absatz 1 keinen Gebrauch gemacht hat, sind die Landesregierungen ermächtigt, durch Rechtsverordnung entsprechende Vorschriften zu erlassen. [2] Die Landesregierungen können die Ermächtigung auf eine oder mehrere oberste Landesbehörden übertragen.

Abschnitt 2. Bewirtschaftung oberirdischer Gewässer

§ 25 Gemeingebrauch. [1] Jede Person darf oberirdische Gewässer in einer Weise und in einem Umfang benutzen, wie dies nach Landesrecht als Gemeingebrauch zulässig ist, soweit nicht Rechte anderer dem entgegenstehen und soweit Befugnisse oder der Eigentümer- oder Anliegergebrauch anderer nicht beeinträchtigt werden. [2] Der Gemeingebrauch umfasst nicht das Einbringen und Einleiten von Stoffen in oberirdische Gewässer. [3] Die Länder können den Gemeingebrauch erstrecken auf

1. das schadlose Einleiten von Niederschlagswasser,
2. das Einbringen von Stoffen in oberirdische Gewässer für Zwecke der Fischerei, wenn dadurch keine signifikanten nachteiligen Auswirkungen auf den Gewässerzustand zu erwarten sind.

§ 26 Eigentümer- und Anliegergebrauch. (1) [1] Eine Erlaubnis oder eine Bewilligung ist, soweit durch Landesrecht nicht etwas anderes bestimmt ist, nicht erforderlich für die Benutzung eines oberirdischen Gewässers durch den Eigentümer oder die durch ihn berechtigte Person für den eigenen Bedarf, wenn dadurch andere nicht beeinträchtigt werden und keine nachteilige Veränderung der Wasserbeschaffenheit, keine wesentliche Verminderung der Wasserführung sowie keine andere Beeinträchtigung des Wasserhaushalts zu erwarten sind. [2] Der Eigentümergebrauch umfasst nicht das Einbringen und Einleiten von Stoffen in oberirdische Gewässer. [3] § 25 Satz 3 gilt entsprechend.

(2) Die Eigentümer der an oberirdische Gewässer grenzenden Grundstücke und die zur Nutzung dieser Grundstücke Berechtigten (Anlieger) dürfen oberirdische Gewässer ohne Erlaubnis oder Bewilligung nach Maßgabe des Absatzes 1 benutzen.

(3) An Bundeswasserstraßen und an sonstigen Gewässern, die der Schifffahrt dienen oder künstlich errichtet sind, findet ein Gebrauch nach Absatz 2 nicht statt.

§ 27 Bewirtschaftungsziele für oberirdische Gewässer. (1) Oberirdische Gewässer sind, soweit sie nicht nach § 28 als künstlich oder erheblich verändert eingestuft werden, so zu bewirtschaften, dass

1. eine Verschlechterung ihres ökologischen und ihres chemischen Zustands vermieden wird und
2. ein guter ökologischer und ein guter chemischer Zustand erhalten oder erreicht werden.

(2) Oberirdische Gewässer, die nach § 28 als künstlich oder erheblich verändert eingestuft werden, sind so zu bewirtschaften, dass

1. eine Verschlechterung ihres ökologischen Potenzials und ihres chemischen Zustands vermieden wird und
2. ein gutes ökologisches Potenzial und ein guter chemischer Zustand erhalten oder erreicht werden.

§ 28 Einstufung künstlicher und erheblich veränderter Gewässer. Oberirdische Gewässer können als künstliche oder erheblich veränderte Gewässer im Sinne des § 3 Nummer 4 und 5 eingestuft werden, wenn

1. die Änderungen der hydromorphologischen Merkmale, die für einen guten ökologischen Gewässerzustand erforderlich wären, signifikante nachteilige Auswirkungen hätten auf
   a) die Umwelt insgesamt,
   b) die Schifffahrt, einschließlich Hafenanlagen,
   c) die Freizeitnutzung,
   d) Zwecke der Wasserspeicherung, insbesondere zur Trinkwasserversorgung, der Stromerzeugung oder der Bewässerung,
   e) die Wasserregulierung, den Hochwasserschutz oder die Landentwässerung oder
   f) andere, ebenso wichtige nachhaltige Entwicklungstätigkeiten des Menschen,
2. die Ziele, die mit der Schaffung oder der Veränderung des Gewässers verfolgt werden, nicht mit anderen geeigneten Maßnahmen erreicht werden können, die wesentlich geringere nachteilige Auswirkungen auf die Umwelt haben, technisch durchführbar und nicht mit unverhältnismäßig hohem Aufwand verbunden sind und
3. die Verwirklichung der in den §§ 27, 44 und 47 Absatz 1 festgelegten Bewirtschaftungsziele in anderen Gewässern derselben Flussgebietseinheit nicht dauerhaft ausgeschlossen oder gefährdet ist.

§ 29[1)] Fristen zur Erreichung der Bewirtschaftungsziele. (1) [1] Ein guter ökologischer und ein guter chemischer Zustand der oberirdischen Gewässer sowie ein gutes ökologisches Potenzial und ein guter chemischer Zustand der künstlichen und erheblich veränderten Gewässer sind bis zum 22. Dezember 2015 zu erreichen. [2] Durch Rechtsverordnung nach § 23 Absatz 1 Nummer 1 können zur Umsetzung bindender Rechtsakte der Europäischen Union abweichende Fristen bestimmt werden.

(2) [1] Die zuständige Behörde kann die Frist nach Absatz 1 verlängern, wenn sich der Gewässerzustand nicht weiter verschlechtert und

1. die notwendigen Verbesserungen des Gewässerzustands auf Grund der natürlichen Gegebenheiten nicht fristgerecht erreicht werden können,
2. die vorgesehenen Maßnahmen nur schrittweise in einem längeren Zeitraum technisch durchführbar sind oder

---

[1)] § 29 Abs. 4 geänd. mWv 18. 8. 2010 durch G v. 11. 8. 2010 (BGBl. I S. 1163); Abs. 1 Satz 2 angef. mWv 20. 5. 2015 durch G v. 15. 11. 2014 (BGBl. I S. 1724).

3. die Einhaltung der Frist mit unverhältnismäßig hohem Aufwand verbunden wäre.

[2] Fristverlängerungen nach Satz 1 dürfen die Verwirklichung der in den §§ 27, 44 und 47 Absatz 1 festgelegten Bewirtschaftungsziele in anderen Gewässern derselben Flussgebietseinheit nicht dauerhaft ausschließen oder gefährden.

(3) [1] Fristverlängerungen nach Absatz 2 Satz 1 sind höchstens zweimal für einen Zeitraum von jeweils sechs Jahren zulässig. [2] Lassen sich die Bewirtschaftungsziele auf Grund der natürlichen Gegebenheiten nicht innerhalb der Fristverlängerungen nach Satz 1 erreichen, sind weitere Verlängerungen möglich.

(4) Die Fristen nach den Absätzen 1 bis 3 gelten auch für Gewässer in Schutzgebieten im Sinne des Artikels 6 in Verbindung mit Anhang IV der Richtlinie 2000/60/EG des Europäischen Parlaments und des Rates vom 23. Oktober 2000 zur Schaffung eines Ordnungsrahmens für Maßnahmen der Gemeinschaft im Bereich der Wasserpolitik (ABl. L 327 vom 22. 12. 2000, S. 1), die zuletzt durch die Richtlinie 2008/105/EG (ABl. L 348 vom 24. 12. 2008, S. 84) geändert worden ist, in ihrer jeweils geltenden Fassung, sofern die Rechtsvorschriften der Europäischen Gemeinschaften oder der Europäischen Union, nach denen die Schutzgebiete ausgewiesen worden sind, keine anderweitigen Bestimmungen enthalten.

§ 30 Abweichende Bewirtschaftungsziele. [1] Abweichend von § 27 können die zuständigen Behörden für bestimmte oberirdische Gewässer weniger strenge Bewirtschaftungsziele festlegen, wenn

(Fortsetzung nächstes Blatt)

1. die Gewässer durch menschliche Tätigkeiten so beeinträchtigt oder ihre natürlichen Gegebenheiten so beschaffen sind, dass die Erreichung der Ziele unmöglich ist oder mit unverhältnismäßig hohem Aufwand verbunden wäre,
2. die ökologischen und sozioökonomischen Erfordernisse, denen diese menschlichen Tätigkeiten dienen, nicht durch andere Maßnahmen erreicht werden können, die wesentlich geringere nachteilige Auswirkungen auf die Umwelt hätten und nicht mit unverhältnismäßig hohem Aufwand verbunden wären,
3. weitere Verschlechterungen des Gewässerzustands vermieden werden und
4. unter Berücksichtigung der Auswirkungen auf die Gewässereigenschaften, die infolge der Art der menschlichen Tätigkeiten nicht zu vermeiden waren, der bestmögliche ökologische Zustand oder das bestmögliche ökologische Potenzial und der bestmögliche chemische Zustand erreicht werden.

[2] § 29 Absatz 2 Satz 2 gilt entsprechend.

§ 31 Ausnahmen von den Bewirtschaftungszielen. (1) Vorübergehende Verschlechterungen des Zustands eines oberirdischen Gewässers verstoßen nicht gegen die Bewirtschaftungsziele nach den §§ 27 und 30, wenn

1. sie auf Umständen beruhen, die
   a) in natürlichen Ursachen begründet oder durch höhere Gewalt bedingt sind und die außergewöhnlich sind und nicht vorhersehbar waren oder
   b) durch Unfälle entstanden sind,
2. alle praktisch geeigneten Maßnahmen ergriffen werden, um eine weitere Verschlechterung des Gewässerzustands und eine Gefährdung der zu erreichenden Bewirtschaftungsziele in anderen, von diesen Umständen nicht betroffenen Gewässern zu verhindern,
3. nur solche Maßnahmen ergriffen werden, die eine Wiederherstellung des vorherigen Gewässerzustands nach Wegfall der Umstände nicht gefährden dürfen und die im Maßnahmenprogramm nach § 82 aufgeführt werden und
4. die Auswirkungen der Umstände jährlich überprüft und praktisch geeignete Maßnahmen ergriffen werden, um den vorherigen Gewässerzustand vorbehaltlich der in § 29 Absatz 2 Satz 1 Nummer 1 bis 3 genannten Gründe so bald wie möglich wiederherzustellen.

(2) [1] Wird bei einem oberirdischen Gewässer der gute ökologische Zustand nicht erreicht oder verschlechtert sich sein Zustand, verstößt dies nicht gegen die Bewirtschaftungsziele nach den §§ 27 und 30, wenn

1. dies auf einer neuen Veränderung der physischen Gewässereigenschaften oder des Grundwasserstands beruht,
2. die Gründe für die Veränderung von übergeordnetem öffentlichen Interesse sind oder wenn der Nutzen der neuen Veränderung für die Gesundheit oder Sicherheit des Menschen oder für die nachhaltige Entwicklung größer ist als der Nutzen, den die Erreichung der Bewirtschaftungsziele für die Umwelt und die Allgemeinheit hat,
3. die Ziele, die mit der Veränderung des Gewässers verfolgt werden, nicht mit anderen geeigneten Maßnahmen erreicht werden können, die wesentlich geringere nachteilige Auswirkungen auf die Umwelt haben, technisch

durchführbar und nicht mit unverhältnismäßig hohem Aufwand verbunden sind und

4. alle praktisch geeigneten Maßnahmen ergriffen werden, um die nachteiligen Auswirkungen auf den Gewässerzustand zu verringern.

[2] Bei neuen nachhaltigen Entwicklungstätigkeiten des Menschen im Sinne des § 28 Nummer 1 ist unter den in Satz 1 Nummer 2 bis 4 genannten Voraussetzungen auch eine Verschlechterung von einem sehr guten in einen guten Gewässerzustand zulässig.

(3) Für Ausnahmen nach den Absätzen 1 und 2 gilt § 29 Absatz 2 Satz 2 entsprechend.

§ 32 Reinhaltung oberirdischer Gewässer. (1) [1] Feste Stoffe dürfen in ein oberirdisches Gewässer nicht eingebracht werden, um sich ihrer zu entledigen. [2] Satz 1 gilt nicht, wenn Sediment, das einem Gewässer entnommen wurde, in ein oberirdisches Gewässer eingebracht wird.

(2) [1] Stoffe dürfen an einem oberirdischen Gewässer nur so gelagert oder abgelagert werden, dass eine nachteilige Veränderung der Wasserbeschaffenheit oder des Wasserabflusses nicht zu besorgen ist. [2] Das Gleiche gilt für das Befördern von Flüssigkeiten und Gasen durch Rohrleitungen.

§ 33 Mindestwasserführung. Das Aufstauen eines oberirdischen Gewässers oder das Entnehmen oder Ableiten von Wasser aus einem oberirdischen Gewässer ist nur zulässig, wenn die Abflussmenge erhalten bleibt, die für das Gewässer und andere hiermit verbundene Gewässer erforderlich ist, um den Zielen des § 6 Absatz 1 und der §§ 27 bis 31 zu entsprechen (Mindestwasserführung).

§ 34[1)] Durchgängigkeit oberirdischer Gewässer. (1) Die Errichtung, die wesentliche Änderung und der Betrieb von Stauanlagen dürfen nur zugelassen werden, wenn durch geeignete Einrichtungen und Betriebsweisen die Durchgängigkeit des Gewässers erhalten oder wiederhergestellt wird, soweit dies erforderlich ist, um die Bewirtschaftungsziele nach Maßgabe der §§ 27 bis 31 zu erreichen.

(2) Entsprechen vorhandene Stauanlagen nicht den Anforderungen nach Absatz 1, so hat die zuständige Behörde die Anordnungen zur Wiederherstellung der Durchgängigkeit zu treffen, die erforderlich sind, um die Bewirtschaftungsziele nach Maßgabe der §§ 27 bis 31 zu erreichen.

(3) Die Wasserstraßen- und Schifffahrtsverwaltung des Bundes führt bei Stauanlagen an Bundeswasserstraßen, die von ihr errichtet oder betrieben werden, die nach den Absätzen 1 und 2 erforderlichen Maßnahmen im Rahmen ihrer Aufgaben nach dem Bundeswasserstraßengesetz[2)] hoheitlich durch.

[1)] § 34 Abs. 3 geänd. mWv 1. 6. 2016 durch G v. 24. 5. 2016 (BGBl. I S. 1217).

[2)] Nr. **971**.

§ 35 Wasserkraftnutzung. (1) Die Nutzung von Wasserkraft darf nur zugelassen werden, wenn auch geeignete Maßnahmen zum Schutz der Fischpopulation ergriffen werden.

(2) Entsprechen vorhandene Wasserkraftnutzungen nicht den Anforderungen nach Absatz 1, so sind die erforderlichen Maßnahmen innerhalb angemessener Fristen durchzuführen.

(3) [1] Die zuständige Behörde prüft, ob an Staustufen und sonstigen Querverbauungen, die am 1. März 2010 bestehen und deren Rückbau zur Erreichung der Bewirtschaftungsziele nach Maßgabe der §§ 27 bis 31 auch langfristig nicht vorgesehen ist, eine Wasserkraftnutzung nach den Standortgegebenheiten möglich ist. [2] Das Ergebnis der Prüfung wird der Öffentlichkeit in geeigneter Weise zugänglich gemacht.

§ 36[1)] Anlagen in, an, über und unter oberirdischen Gewässern. (1) [1] Anlagen in, an, über und unter oberirdischen Gewässern sind so zu errichten, zu betreiben, zu unterhalten und stillzulegen, dass keine schädlichen Gewässerveränderungen zu erwarten sind und die Gewässerunterhaltung nicht mehr erschwert wird, als es den Umständen nach unvermeidbar ist. [2] Anlagen im Sinne von Satz 1 sind insbesondere

1. bauliche Anlagen wie Gebäude, Brücken, Stege, Unterführungen, Hafenanlagen und Anlegestellen,
2. Leitungsanlagen,
3. Fähren.

[3] Im Übrigen gelten die landesrechtlichen Vorschriften.

(2) [1] Stauanlagen und Stauhaltungsdämme sind nach den allgemein anerkannten Regeln der Technik zu errichten, zu betreiben und zu unterhalten; die Anforderungen an den Hochwasserschutz müssen gewahrt sein. [2] Wer Stauanlagen und Stauhaltungsdämme betreibt, hat ihren ordnungsgemäßen Zustand und Betrieb auf eigene Kosten zu überwachen (Eigenüberwachung). [3] Entsprechen vorhandene Stauanlagen oder Stauhaltungsdämme nicht den vorstehenden Anforderungen, so kann die zuständige Behörde die Durchführung der erforderlichen Maßnahmen innerhalb angemessener Fristen anordnen.

(3) Eine Solaranlage darf nicht errichtet und betrieben werden

1. in und über einem oberirdischen Gewässer, das kein künstliches oder erheblich verändertes Gewässer ist, und
2. in und über einem künstlichen oder erheblich veränderten Gewässer, wenn ausgehend von der Linie des Mittelwasserstandes
   a) die Anlage mehr als 15 Prozent der Gewässerfläche bedeckt oder
   b) der Abstand zum Ufer weniger als 40 Meter beträgt.

§ 37 Wasserabfluss. (1) [1] Der natürliche Ablauf wild abfließenden Wassers auf ein tiefer liegendes Grundstück darf nicht zum Nachteil eines höher liegenden Grundstücks behindert werden. [2] Der natürliche Ablauf wild abfließenden Wassers darf nicht zum Nachteil eines tiefer liegenden Grundstücks verstärkt oder auf andere Weise verändert werden.

[1)] § 36 Abs. 2 angef. mWv 5.1.2018 durch G v. 30.6.2017 (BGBl. I S. 2193); Abs. 3 angef. mWv 1.1.2023 durch G v. 20.7.2022 (BGBl. I S. 1237).

(2) [1] Eigentümer oder Nutzungsberechtigte von Grundstücken, auf denen der natürliche Ablauf wild abfließenden Wassers zum Nachteil eines höher liegenden Grundstücks behindert oder zum Nachteil eines tiefer liegenden Grundstücks verstärkt oder auf andere Weise verändert wird, haben die Beseitigung des Hindernisses oder der eingetretenen Veränderung durch die Eigentümer oder Nutzungsberechtigten der benachteiligten Grundstücke zu dulden. [2] Satz 1 gilt nur, soweit die zur Duldung Verpflichteten die Behinderung, Verstärkung oder sonstige Veränderung des Wasserabflusses nicht zu vertreten haben und die Beseitigung vorher angekündigt wurde. [3] Der Eigentümer des Grundstücks, auf dem das Hindernis oder die Veränderung entstanden ist, kann das Hindernis oder die eingetretene Veränderung auf seine Kosten auch selbst beseitigen.

(3) [1] Aus Gründen des Wohls der Allgemeinheit, insbesondere der Wasserwirtschaft, der Landeskultur und des öffentlichen Verkehrs, kann die zuständige Behörde Abweichungen von den Absätzen 1 und 2 zulassen. [2] Soweit dadurch das Eigentum unzumutbar beschränkt wird, ist eine Entschädigung zu leisten.

(4) Die Absätze 1 bis 3 gelten auch für wild abfließendes Wasser, das nicht aus Quellen stammt.

§ 38[1)] Gewässerrandstreifen. (1) Gewässerrandstreifen dienen der Erhaltung und Verbesserung der ökologischen Funktionen oberirdischer Gewässer, der Wasserspeicherung, der Sicherung des Wasserabflusses sowie der Verminderung von Stoffeinträgen aus diffusen Quellen.

(2) [1] Der Gewässerrandstreifen umfasst das Ufer und den Bereich, der an das Gewässer landseits der Linie des Mittelwasserstandes angrenzt. [2] Der Gewässerrandstreifen bemisst sich ab der Linie des Mittelwasserstandes, bei Gewässern mit ausgeprägter Böschungsoberkante ab der Böschungsoberkante.

(3) [1] Der Gewässerrandstreifen ist im Außenbereich fünf Meter breit. [2] Die zuständige Behörde kann für Gewässer oder Gewässerabschnitte

1. Gewässerrandstreifen im Außenbereich aufheben,
2. im Außenbereich die Breite des Gewässerrandstreifens abweichend von Satz 1 festsetzen,
3. innerhalb der im Zusammenhang bebauten Ortsteile Gewässerrandstreifen mit einer angemessenen Breite festsetzen.

[3] Die Länder können von den Sätzen 1 und 2 abweichende Regelungen erlassen.

(4) [1] Eigentümer und Nutzungsberechtigte sollen Gewässerrandstreifen im Hinblick auf ihre Funktionen nach Absatz 1 erhalten. [2] Im Gewässerrandstreifen ist verboten:

1. die Umwandlung von Grünland in Ackerland,
2. das Entfernen von standortgerechten Bäumen und Sträuchern, ausgenommen die Entnahme im Rahmen einer ordnungsgemäßen Forstwirtschaft, sowie das Neuanpflanzen von nicht standortgerechten Bäumen und Sträuchern,
3. der Umgang mit wassergefährdenden Stoffen, ausgenommen die Anwendung von Pflanzenschutzmitteln und Düngemitteln, soweit durch Landesrecht nichts anderes bestimmt ist, und der Umgang mit wassergefährdenden Stoffen in und *im Zusammenhang* mit zugelassenen Anlagen,

---

[1)] § 38 Abs. 5 Satz 3 angef. mWv 31.8.2021 durch G v. 18.8.2021 (BGBl. I S. 3901); Abs. 5 Satz 3 geänd. mWv 15.8.2025 durch G v. 12.8.2025 (BGBl. 2025 I Nr. 189).

4. die nicht nur zeitweise Ablagerung von Gegenständen, die den Wasserabfluss behindern können oder die fortgeschwemmt werden können.

[3] Zulässig sind Maßnahmen, die zur Gefahrenabwehr notwendig sind. [4] Satz 2 Nummer 1 und 2 gilt nicht für Maßnahmen des Gewässerausbaus sowie der Gewässer- und Deichunterhaltung.

(5) [1] Die zuständige Behörde kann von einem Verbot nach Absatz 4 Satz 2 eine widerrufliche Befreiung erteilen, wenn überwiegende Gründe des Wohls der Allgemeinheit die Maßnahme erfordern oder das Verbot im Einzelfall zu einer unbilligen Härte führt. [2] Die Befreiung kann aus Gründen des Wohls der Allgemeinheit auch nachträglich mit Nebenbestimmungen versehen werden, insbesondere um zu gewährleisten, dass der Gewässerrandstreifen die in Absatz 1 genannten Funktionen erfüllt. [3] Für die Erteilung der Befreiung gilt § 11a Absatz 4 bis 7 entsprechend, wenn die Befreiung für ein Vorhaben zur Erzeugung von Energie aus erneuerbaren Quellen erforderlich ist.

§ 38a[1)] Landwirtschaftlich genutzte Flächen mit Hangneigung an Gewässern. (1) [1] Eigentümer und Nutzungsberechtigte haben auf landwirtschaftlich genutzten Flächen, die an Gewässer angrenzen und innerhalb eines Abstandes von 20 Metern zur Böschungsoberkante eine Hangneigung zum Gewässer von durchschnittlich mindestens 5 Prozent aufweisen, innerhalb eines Abstandes von 5 Metern landseits zur Böschungsoberkante des Gewässers eine geschlossene, ganzjährig begrünte Pflanzendecke zu erhalten oder herzustellen. [2] Bei Gewässern ohne ausgeprägte Böschungsoberkante ist die Linie des Mittelwasserstandes maßgeblich. [3] Eine Bodenbearbeitung zur Erneuerung des Pflanzenbewuchses darf einmal innerhalb von Fünfjahreszeiträumen durchgeführt werden. [4] Der erste Fünfjahreszeitraum beginnt mit Ablauf des 30. Juni 2020.

(2) [1] Weitergehende Rechtsvorschriften der Länder bleiben unberührt. [2] Abweichend von Absatz 1 Satz 1 und 2 gilt die Linie des Mittelwasserstandes, sofern das Landesrecht diesen Bezugspunkt vorsieht und schädliche Gewässerveränderungen vermieden werden.

§ 39 Gewässerunterhaltung. (1) [1] Die Unterhaltung eines oberirdischen Gewässers umfasst seine Pflege und Entwicklung als öffentlich-rechtliche Verpflichtung (Unterhaltungslast). [2] Zur Gewässerunterhaltung gehören insbesondere:

1. die Erhaltung des Gewässerbettes, auch zur Sicherung eines ordnungsgemäßen Wasserabflusses,
2. die Erhaltung der Ufer, insbesondere durch Erhaltung und Neuanpflanzung einer standortgerechten Ufervegetation, sowie die Freihaltung der Ufer für den Wasserabfluss,
3. die Erhaltung der Schiffbarkeit von schiffbaren Gewässern mit Ausnahme der besonderen Zufahrten zu Häfen und Schiffsanlegestellen,
4. die Erhaltung und Förderung der ökologischen Funktionsfähigkeit des Gewässers insbesondere als Lebensraum von wild lebenden Tieren und Pflanzen,
5. die Erhaltung des Gewässers in einem Zustand, der hinsichtlich der Abführung oder Rückhaltung von Wasser, Geschiebe, Schwebstoffen und Eis den wasserwirtschaftlichen Bedürfnissen entspricht.

(2) [1] Die Gewässerunterhaltung muss sich an den Bewirtschaftungszielen nach Maßgabe der §§ 27 bis 31 ausrichten und darf die Erreichung dieser Ziele nicht

[1)] § 38a eingef. mWv 30.6.2020 durch G v. 19.6.2020 (BGBl. I S. 1408).

gefährden. [2] Sie muss den Anforderungen entsprechen, die im Maßnahmenprogramm nach § 82 an die Gewässerunterhaltung gestellt sind. [3] Bei der Unterhaltung ist der Erhaltung der Leistungs- und Funktionsfähigkeit des Naturhaushalts Rechnung zu tragen; Bild und Erholungswert der Gewässerlandschaft sind zu berücksichtigen.

(3) Die Absätze 1 und 2 gelten auch für die Unterhaltung ausgebauter Gewässer, soweit nicht in einem Planfeststellungsbeschluss oder einer Plangenehmigung nach § 68 etwas anderes bestimmt ist.

§ 40 Träger der Unterhaltungslast. (1) [1] Die Unterhaltung oberirdischer Gewässer obliegt den Eigentümern der Gewässer, soweit sie nicht nach landesrechtlichen Vorschriften Aufgabe von Gebietskörperschaften, Wasser- und Bodenverbänden[1)], gemeindlichen Zweckverbänden oder sonstigen Körperschaften des öffentlichen Rechts ist. [2] Ist der Gewässereigentümer Träger der Unterhaltungslast, sind die Anlieger sowie diejenigen Eigentümer von Grundstücken und Anlagen, die aus der Unterhaltung Vorteile haben oder die Unterhaltung erschweren, verpflichtet, sich an den Kosten der Unterhaltung zu beteiligen. [3] Ist eine Körperschaft nach Satz 1 unterhaltungspflichtig, können die Länder bestimmen, inwieweit die Gewässereigentümer, die in Satz 2 genannten Personen, andere Personen, die aus der Unterhaltung Vorteile haben, oder sonstige Eigentümer von Grundstücken im Einzugsgebiet verpflichtet sind, sich an den Kosten der Unterhaltung zu beteiligen.

(2) Die Unterhaltungslast kann mit Zustimmung der zuständigen Behörde auf einen Dritten übertragen werden.

(3) [1] Ist ein Hindernis für den Wasserabfluss oder für die Schifffahrt oder eine andere Beeinträchtigung, die Unterhaltungsmaßnahmen nach § 39 erforderlich macht, von einer anderen als der unterhaltungspflichtigen Person verursacht worden, so soll die zuständige Behörde die andere Person zur Beseitigung verpflichten. [2] Hat die unterhaltungspflichtige Person das Hindernis oder die andere Beeinträchtigung beseitigt, so hat ihr die andere Person die Kosten zu erstatten, soweit die Arbeiten erforderlich waren und die Kosten angemessen sind.

(4) [1] Erfüllt der Träger der Unterhaltungslast seine Verpflichtungen nicht, so sind die erforderlichen Unterhaltungsarbeiten auf seine Kosten durch das Land oder, sofern das Landesrecht dies bestimmt, durch eine andere öffentlich-rechtliche Körperschaft im Sinne des Absatzes 1 Satz 1 durchzuführen. [2] Satz 1 gilt nicht, soweit eine öffentlich-rechtliche Körperschaft Träger der Unterhaltungslast ist.

§ 41 Besondere Pflichten bei der Gewässerunterhaltung. (1) [1] Soweit es zur ordnungsgemäßen Unterhaltung eines oberirdischen Gewässers erforderlich ist, haben

1. die Gewässereigentümer Unterhaltungsmaßnahmen am Gewässer zu dulden;
2. die Anlieger und Hinterlieger zu dulden, dass die zur Unterhaltung verpflichtete Person oder ihre Beauftragten die Grundstücke betreten, vorübergehend benutzen und aus ihnen Bestandteile für die Unterhaltung entnehmen, wenn diese anderweitig nur mit unverhältnismäßig hohen Kosten beschafft werden können; Hinterlieger sind die Eigentümer der an Anliegergrundstücke angrenzenden Grundstücke und die zur Nutzung dieser Grundstücke Berechtigten;

[1)] Siehe das WasserverbandsG v. 12.2.1991 (BGBl. I S. 405), geänd. durch G v. 15.5.2002 (BGBl. I S. 1578).

3. die Anlieger zu dulden, dass die zur Unterhaltung verpflichtete Person die Ufer bepflanzt;
4. die Inhaber von Rechten und Befugnissen an Gewässern zu dulden, dass die Benutzung vorübergehend behindert oder unterbrochen wird.

[2] Die zur Unterhaltung verpflichtete Person hat der duldungspflichtigen Person die beabsichtigten Maßnahmen rechtzeitig vorher anzukündigen. [3] Weitergehende Rechtsvorschriften der Länder bleiben unberührt.

(2) Die nach Absatz 1 Verpflichteten haben Handlungen zu unterlassen, die die Unterhaltung unmöglich machen oder wesentlich erschweren würden.

(3) Die Anlieger können verpflichtet werden, die Ufergrundstücke in erforderlicher Breite so zu bewirtschaften, dass die Unterhaltung nicht beeinträchtigt wird.

(4) Entstehen durch Handlungen nach Absatz 1 Satz 1 Nummer 1 bis 3 Schäden, so hat der Geschädigte gegen die zur Unterhaltung verpflichtete Person Anspruch auf Schadenersatz.

§ 42 Behördliche Entscheidungen zur Gewässerunterhaltung. (1) Die zuständige Behörde kann

1. die nach § 39 erforderlichen Unterhaltungsmaßnahmen sowie die Pflichten nach § 41 Absatz 1 bis 3 näher festlegen,
2. anordnen, dass Unterhaltungsmaßnahmen nicht durchzuführen sind, soweit dies notwendig ist, um die Bewirtschaftungsziele zu erreichen.

(2) Die zuständige Behörde hat in den Fällen des § 40 Absatz 1 Satz 2 und 3 und Absatz 3 Satz 2 den Umfang der Kostenbeteiligung oder -erstattung festzusetzen, wenn die Beteiligten sich hierüber nicht einigen können.

(Fortsetzung nächstes Blatt)

Abschnitt 3. Bewirtschaftung von Küstengewässern

§ 43 Erlaubnisfreie Benutzungen von Küstengewässern. Die Länder können bestimmen, dass eine Erlaubnis nicht erforderlich ist

1. für das Einleiten von Grund-, Quell- und Niederschlagswasser in ein Küstengewässer,
2. für das Einbringen und Einleiten von anderen Stoffen in ein Küstengewässer, wenn dadurch keine signifikanten nachteiligen Veränderungen seiner Eigenschaften zu erwarten sind.

§ 44 Bewirtschaftungsziele für Küstengewässer. [1] Für Küstengewässer nach § 7 Absatz 5 Satz 2 gelten die §§ 27 bis 31 entsprechend. [2] Seewärts der in § 7 Absatz 5 Satz 2 genannten Linie gelten die §§ 27 bis 31 in den Küstengewässern entsprechend, soweit ein guter chemischer Zustand zu erreichen ist.

§ 45[1)] Reinhaltung von Küstengewässern. (1) [1] Feste Stoffe dürfen in ein Küstengewässer nicht eingebracht werden, um sich ihrer zu entledigen. [2] Satz 1 gilt nicht, wenn Sediment, das einem Gewässer entnommen wurde, in ein Küstengewässer eingebracht wird.

(2) In Verfahren zur Erteilung von Erlaubnissen zum Einbringen oder Einleiten von Stoffen in Küstengewässer im Rahmen des marinen Geo-Engineerings gelten die Regelungen des § 3 Absatz 5, des § 5 Absatz 3 und 4 Satz 2, des § 5a und der Anlage zu § 4 Satz 2 Nummer 3 des Hohe-See-Einbringungsgesetzes vom 25. August 1998 (BGBl. I S. 2455), das zuletzt durch Artikel 1 des Gesetzes vom 4. Dezember 2018 (BGBl. I S. 2254) geändert worden ist, sowie die Regelungen der auf Grund des § 9 Satz 1 Nummer 1 und Satz 2 des Hohe-See-Einbringungsgesetzes erlassenen Rechtsverordnung entsprechend.

(3) [1] Stoffe dürfen an einem Küstengewässer nur so gelagert oder abgelagert werden, dass eine nachteilige Veränderung der Wasserbeschaffenheit nicht zu besorgen ist. [2] Das Gleiche gilt für das Befördern von Flüssigkeiten und Gasen durch Rohrleitungen.

Abschnitt 3a[2)]. Bewirtschaftung von Meeresgewässern

§ 45a[2)] Bewirtschaftungsziele für Meeresgewässer. (1) Meeresgewässer sind so zu bewirtschaften, dass

1. eine Verschlechterung ihres Zustands vermieden wird und
2. ein guter Zustand erhalten oder spätestens bis zum 31. Dezember 2020 erreicht wird.

(2) Damit die Bewirtschaftungsziele nach Absatz 1 erreicht werden, sind *insbesondere*

1. Meeresökosysteme zu schützen und zu erhalten und in Gebieten, in denen sie geschädigt wurden, wiederherzustellen,

---

[1)] § 45 Abs. 2 eingef., bish Abs. 2 wird Abs. 3 mWv 11.6.2019 durch G v. 4.12.2018 (BGBl. I S. 2254).

[2)] Kapitel 2 Abschnitt 3a (§§ 45a-45l) eingef. mWv 14.10.2011 durch G v. 6.10.2011 (BGBl. I S. 1986).

2. vom Menschen verursachte Einträge von Stoffen und Energie, einschließlich Lärm, in die Meeresgewässer schrittweise zu vermeiden und zu vermindern mit dem Ziel, signifikante nachteilige Auswirkungen auf die Meeresökosysteme, die biologische Vielfalt, die menschliche Gesundheit und die zulässige Nutzung des Meeres auszuschließen und
3. bestehende und künftige Möglichkeiten der nachhaltigen Meeresnutzung zu erhalten oder zu schaffen.

(3) Nordsee und Ostsee sind nach den Bestimmungen dieses Abschnitts jeweils gesondert zu bewirtschaften.

§ 45b[1)] Zustand der Meeresgewässer. (1) Zustand der Meeresgewässer ist der Zustand der Umwelt in Meeresgewässern unter Berücksichtigung

1. von Struktur, Funktion und Prozessen der einzelnen Meeresökosysteme,
2. der natürlichen physiografischen, geografischen, biologischen, geologischen und klimatischen Faktoren sowie
3. der physikalischen, akustischen und chemischen Bedingungen, einschließlich der Bedingungen, die als Folge menschlichen Handelns in dem betreffenden Gebiet und außerhalb davon entstehen.

(2) Guter Zustand der Meeresgewässer ist der Zustand der Umwelt in Meeresgewässern, die unter Berücksichtigung ihrer jeweiligen Besonderheiten ökologisch vielfältig, dynamisch, nicht verschmutzt, gesund und produktiv sind und die nachhaltig genutzt werden, wobei

1. die einzelnen Meeresökosysteme ohne Einschränkungen funktionieren und widerstandsfähig gegen vom Menschen verursachte Umweltveränderungen sind und sich die unterschiedlichen biologischen Komponenten der Meeresökosysteme im Gleichgewicht befinden,
2. die im Meer lebenden Arten und ihre Lebensräume geschützt sind und ein vom Menschen verursachter Rückgang der biologischen Vielfalt verhindert wird und
3. vom Menschen verursachte Einträge von Stoffen und Energie, einschließlich Lärm, in die Meeresumwelt keine nachteiligen Auswirkungen auf die Meeresökosysteme, die biologische Vielfalt, die menschliche Gesundheit und die zulässige Nutzung des Meeres haben.

§ 45c[1)] Anfangsbewertung. (1) [1]Die zuständigen Behörden bewerten die Meeresgewässer bis zum 15. Juli 2012 nach Maßgabe des Anhangs III der Richtlinie 2008/56/EG des Europäischen Parlaments und des Rates vom 17. Juni 2008 zur Schaffung eines Ordnungsrahmens für Maßnahmen der Gemeinschaft im Bereich der Meeresumwelt (Meeresstrategie-Rahmenrichtlinie) (ABl. L 164 vom 25.6.2008, S. 19) in der jeweils geltenden Fassung. [2]Die Bewertung umfasst

1. die wesentlichen Eigenschaften und Merkmale der Meeresgewässer und ihren derzeitigen Zustand,

---

1) Kapitel 2 Abschnitt 3a (§§ 45a–45l) eingef. mWv 14.10.2011 durch G v. 6.10.2011 (BGBl. I S. 1986).

2. die wichtigsten Belastungen und ihre Auswirkungen, einschließlich menschlichen Handelns, auf den Zustand der Meeresgewässer unter Berücksichtigung der qualitativen und quantitativen Aspekte der verschiedenen Belastungen, feststellbarer Trends sowie der wichtigsten kumulativen und synergetischen Wirkungen und
3. eine wirtschaftliche und soziale Analyse der Nutzung der Meeresgewässer sowie der Kosten einer Verschlechterung ihres Zustands.

(2) [1]Die zuständigen Behörden berücksichtigen bei der Bewertung nach Absatz 1 andere einschlägige Bewertungen insbesondere im Rahmen internationaler Meeresübereinkommen und auf der Grundlage des § 6 in Verbindung mit § 56 des Bundesnaturschutzgesetzes[1)]. [2]Bei der Bewertung nach Absatz 1 sind außerdem folgende Maßnahmen, die im Zusammenhang mit der Bewirtschaftung von Küstengewässern und Übergangsgewässern nach Maßgabe des § 44 oder der §§ 27 bis 31 vorgenommen worden sind, weitestgehend zu berücksichtigen:
1. Einstufungen des ökologischen und des chemischen Zustands von Küstengewässern und Übergangsgewässern sowie
2. Auflistungen der Belastungen von Küstengewässern und Übergangsgewässern und Beurteilungen ihrer Auswirkungen.

§ 45d[2)] Beschreibung des guten Zustands der Meeresgewässer.

[1]Auf der Grundlage der Anfangsbewertung nach § 45c beschreiben die zuständigen Behörden bis zum 15. Juli 2012 die Merkmale für den guten Zustand der Meeresgewässer nach Maßgabe des Anhangs I der Richtlinie 2008/56/EG in der jeweils geltenden Fassung. [2]Hierbei sind Festlegungen von typspezifischen Referenzbedingungen für Küstengewässer, die dem sehr guten ökologischen Zustand oder dem höchsten ökologischen Potenzial entsprechen und die im Zusammenhang mit der Bewirtschaftung von Küstengewässern nach Maßgabe des § 44 getroffen worden sind, weitestgehend zu berücksichtigen. [3]Festlegungen von Kriterien für einen günstigen Erhaltungszustand der natürlichen Lebensraumtypen, die in Anhang I der Richtlinie 92/43/EWG des Rates vom 21. Mai 1992 zur Erhaltung der natürlichen Lebensräume sowie der wildlebenden Tiere und Pflanzen (ABl. L 206 vom 22.7.1992, S. 7), die zuletzt durch die Richtlinie 2006/105/EG (ABl. L 363 vom 20.12.2006, S. 368) geändert worden ist, aufgeführt sind und der in Anhang II dieser Richtlinie aufgeführten Tier- und Pflanzenarten, die in den Meeresgewässern vorkommen, sind ebenfalls weitestgehend zu berücksichtigen.

§ 45e[2)] Festlegung von Zielen. [1]Auf der Grundlage der Anfangsbewertung nach § 45c legen die zuständigen Behörden nach Maßgabe des Anhangs IV der Richtlinie 2008/56/EG in der jeweils geltenden Fassung bis zum 15. Juli 2012 die Zwischenziele mit Fristen und die Einzelziele, die erforderlich sind, um einen guten Zustand der Meeresgewässer zu erreichen, sowie zugehörige Indikatoren fest. [2]Dabei sind andere einschlägige Ziele zu berücksichtigen, die für die Gewässer auf nationaler, gemeinschaftlicher oder internationaler Ebene

---

[1)] Nr. **880**.

[2)] Kapitel 2 Abschnitt 3a (§§ 45a-45l) eingef. mWv 14.10.2011 durch G v. 6.10.2011 (BGBl. I S. 1986).

festgelegt worden sind, einschließlich der Bewirtschaftungsziele nach Maßgabe des § 44 und der Erhaltungsziele im Sinne des § 7 Absatz 1 Nummer 9 des Bundesnaturschutzgesetzes[1]. [3]Die zuständigen Behörden stellen sicher, dass die Ziele miteinander vereinbar sind.

§ 45f[2] Überwachungsprogramme. (1) Bis zum 15. Juli 2014 stellen die zuständigen Behörden auf der Grundlage der Anfangsbewertung nach § 45c und unter Beachtung der Anforderungen nach Anhang V der Richtlinie 2008/56/EG in der jeweils geltenden Fassung Überwachungsprogramme zur fortlaufenden Ermittlung, Beschreibung und Bewertung des Zustands der Meeresgewässer sowie zur regelmäßigen Bewertung und Aktualisierung der nach § 45e Satz 1 festgelegten Ziele auf und führen sie durch.

(2) [1]Die Überwachungsprogramme müssen mit anderen Überwachungsanforderungen zum Schutz des Meeres, die insbesondere nach wasser- oder naturschutzrechtlichen Vorschriften sowie internationalen Meeresübereinkommen bestehen, vereinbar sein. [2]Programme zur Überwachung des ökologischen und des chemischen Zustands von Küstengewässern, die im Zusammenhang mit der Bewirtschaftung von Küstengewässern nach Maßgabe des § 44 aufgestellt worden sind, sind weitestgehend bei der Aufstellung und Durchführung der Überwachungsprogramme zu berücksichtigen.

§ 45g[2] Fristverlängerungen; Ausnahmen von den Bewirtschaftungszielen. (1) [1]Die zuständige Behörde kann die Frist nach § 45a Absatz 1 Nummer 2 sowie Fristen für nach § 45e Satz 1 festgelegte Ziele verlängern, soweit es für bestimmte Teile der Meeresgewässer wegen natürlicher Gegebenheiten unmöglich ist, die Ziele fristgerecht zu erreichen. [2]Sie berücksichtigt bei ihrer Entscheidung die Auswirkungen auf Meeresgewässer anderer Staaten sowie die Hohe See.

(2) [1]Die zuständige Behörde kann für bestimmte Teile der Meeresgewässer Ausnahmen hinsichtlich der Erreichung des guten Zustands nach § 45a Absatz 1 Nummer 2 oder hinsichtlich der nach § 45e Satz 1 festgelegten Ziele zulassen. [2]Ausnahmen sind nur zulässig, wenn die Ziele nach Satz 1 nicht erreicht werden können auf Grund von

1. Handlungen oder Unterlassungen außerhalb des Geltungsbereichs dieses Gesetzes,
2. natürlichen Ursachen,
3. höherer Gewalt oder
4. Änderungen der physikalischen Eigenschaften des Meeresgewässers durch Maßnahmen aus Gründen des Gemeinwohls, sofern der Nutzen der Maßnahmen die nachteiligen Umweltauswirkungen überwiegt.

[3]Absatz 1 Satz 2 gilt entsprechend. [4]In den Fällen des Satzes 2 Nummer 4 ist sicherzustellen, dass die Erreichung des guten Zustands der Meeresgewässer, einschließlich der Meeresgewässer anderer Mitgliedstaaten der Europäischen Union, nicht dauerhaft verhindert oder erschwert wird.

---

[1] *Nr.* ***880.***

[2] Kapitel 2 Abschnitt 3a (§§ 45a-45l) eingef. mWv 14.10.2011 durch G v. 6.10.2011 (BGBl. I S. 1986).

(3) Verlängert die zuständige Behörde nach Absatz 1 Satz 1 eine Frist oder lässt sie Ausnahmen nach Absatz 2 zu, hat sie Maßnahmen zu ergreifen, die darauf abzielen,

1. die nach § 45e Satz 1 festgelegten Ziele weiterzuverfolgen,
2. in den Fällen des Absatzes 2 Satz 1 Nummer 2 bis 4 eine weitere Verschlechterung des Zustands des Meeresgewässers zu vermeiden und
3. nachteilige Wirkungen auf den Zustand der Meeresgewässer, einschließlich der Meeresgewässer anderer Staaten sowie der Hohen See, abzuschwächen.

§ 45h[1)] Maßnahmenprogramme. (1) [1] Auf der Grundlage der Anfangsbewertung nach § 45c Absatz 1 und der nach § 45e Satz 1 festgelegten Ziele sind bis zum 31. Dezember 2015 Maßnahmenprogramme aufzustellen, die dem Prinzip einer nachhaltigen Entwicklung Rechnung tragen. [2] Die Maßnahmenprogramme umfassen die kostenwirksamen Maßnahmen, die erforderlich sind, um den guten Zustand der Meeresgewässer zu erreichen oder zu erhalten. [3] Dabei sind die in Anhang VI der Richtlinie 2008/56/EG in der jeweils geltenden Fassung aufgeführten Arten von Maßnahmen zu berücksichtigen. [4] Die Maßnahmenprogramme enthalten auch

1. räumliche Schutzmaßnahmen im Sinne des § 56 Absatz 2 des Bundesnaturschutzgesetzes[2)],
2. eine Erläuterung, inwiefern die festgelegten Maßnahmen zur Erreichung der nach § 45e Satz 1 festgelegten Ziele beitragen,
3. gegebenenfalls Fristverlängerungen nach § 45g Absatz 1 und Ausnahmen nach § 45g Absatz 2, jeweils einschließlich einer Begründung, und
4. gegebenenfalls Maßnahmen nach § 45g Absatz 3.

[5] Bis zum 31. Dezember 2013 sind Informationen zu den Gebieten zu veröffentlichen, die in Satz 4 Nummer 1 sowie in Artikel 13 Absatz 5 der Richtlinie 2008/56/EG genannt sind.

(2) Vor der Aufstellung und Aktualisierung der Maßnahmenprogramme sind zu den vorgesehenen neuen Maßnahmen Folgeabschätzungen einschließlich Kosten-Nutzen-Analysen durchzuführen.

(3) [1] Bei der Aufstellung der Maßnahmenprogramme sind Maßnahmen zum Schutz des Meeres nach anderen wasser- und naturschutzrechtlichen Vorschriften, einschließlich internationaler Meeresübereinkommen, zu berücksichtigen. [2] Bei der Aufstellung und Durchführung der Maßnahmenprogramme nach Absatz 1 sind weitestgehend Maßnahmen zu berücksichtigen, die in ein Maßnahmenprogramm nach § 82

1. für ein Küstengewässer aufgenommen worden sind oder
2. für ein oberirdisches Gewässer aufgenommen worden sind, soweit die Maßnahmen dem Schutz eines Küstengewässers dienen.

[3] Die Maßnahmen sollen dazu beitragen, dass die Meeresgewässer anderer Mitgliedstaaten der Europäischen Union einen guten Zustand erreichen; nachteilige Auswirkungen auf diese Gewässer sollen vermieden werden.

(4) [1] Die in den Maßnahmenprogrammen aufgeführten Maßnahmen dürfen keine Beschränkung für Tätigkeiten enthalten, die allein der Verteidigung dienen.

[1)] § 45h eingef. mWv 14.10.2011 durch G v. 6.10.2011 (BGBl. I S. 1986).

[2)] Nr **880**.

[2]Diese Tätigkeiten sind jedoch so durchzuführen, dass sie weitestgehend mit den nach § 45e Satz 1 festgelegten Zielen vereinbar sind.

(5) Die zuständige Behörde führt die im Maßnahmenprogramm aufgeführten Maßnahmen bis zum 31. Dezember 2016 durch.

(6) [1]Die zuständige Behörde legt abweichend von Absatz 1 Satz 1 und Absatz 5 einen früheren Zeitpunkt für die Aufstellung und Durchführung der Maßnahmenprogramme fest, wenn der Zustand des Meeresgewässers umgehend grenzüberschreitende Maßnahmen erfordert. [2]In diesem Fall können auch über die bereits in einem aufgestellten Maßnahmenprogramm enthaltenen Maßnahmen hinaus zusätzliche oder weitergehende Maßnahmen bestimmt werden. [3]Absatz 3 gilt entsprechend.

§ 45i[1] Beteiligung der Öffentlichkeit. (1) [1]Die zuständige Behörde veröffentlicht

1. Zusammenfassungen der Entwürfe
   a) der Anfangsbewertung nach § 45c Absatz 1, der Beschreibung des guten Zustands nach § 45d Satz 1 und der Ziele nach § 45e Satz 1 bis zum 15. Oktober 2011,
   b) der Überwachungsprogramme nach § 45f Absatz 1 bis zum 15. Oktober 2013 und
2. Entwürfe der Maßnahmenprogramme nach § 45h Absatz 1 bis zum 31. März 2015.

[2]Innerhalb von sechs Monaten nach der Veröffentlichung kann die Öffentlichkeit zu den in Satz 1 genannten Unterlagen bei der zuständigen Behörde schriftlich oder elektronisch Stellung nehmen; hierauf ist in der Veröffentlichung hinzuweisen. [3]Für Maßnahmenprogramme nach § 45h ist die Beteiligung der Öffentlichkeit nach den Sätzen 1 und 2 Teil der strategischen Umweltprüfung nach § 42 des Gesetzes über die Umweltverträglichkeitsprüfung[2].

(2) Bei Aktualisierungen nach § 45j und der vorzeitigen Aufstellung eines Maßnahmenprogramms nach § 45h Absatz 6 gilt Absatz 1 entsprechend.

(3) Unterlagen nach Absatz 1 Satz 1, die sich auf den Bereich der deutschen ausschließlichen Wirtschaftszone und des Festlandsockels beziehen, sind, auch in den Fällen des Absatzes 2, im Bundesanzeiger zu veröffentlichen.

(4) § 85 gilt entsprechend für die in Absatz 1 Satz 1 bezeichneten Maßnahmen.

§ 45j[3] Überprüfung und Aktualisierung. Die Anfangsbewertung nach § 45c Absatz 1, die Beschreibung des guten Zustands der Meeresgewässer nach § 45d Satz 1, die nach § 45e Satz 1 festgelegten Ziele, die Überwachungsprogramme nach § 45f Absatz 1 sowie die Maßnahmenprogramme nach § 45h Absatz 1 sind alle sechs Jahre zu überprüfen und, soweit erforderlich, zu aktualisieren.

§ 45k[3] Koordinierung. (1) [1]Um die Bewirtschaftungsziele nach § 45a zu erreichen, koordinieren die zuständigen Behörden, einschließlich der zuständigen Behörden der betroffenen Binnenländer, die Maßnahmen nach den §§ 45c bis 45h

---

[1] § 45i eingef. mWv 14.10.2011 durch G v. 6.10.2011 (BGBl. I S. 1986); Abs. 3 geänd. mWv 1.4.2012 durch G v. 22.12.2011 (BGBl. I S. 3044); Abs. 1 Satz 2 geänd. mWv 5.4.2017 durch G v. 29.3.2017 (BGBl. I S. 626); Abs. 1 Satz 3 geänd. mWv 11.6.2019 durch G v. 4.12.2018 (BGBl. I S. 2254).

[2] Nr. **295**.

[3] Kapitel 2 Abschnitt 3a (§§ 45a–45l) eingef. mWv 14.10.2011 durch G v. 6.10.2011 (BGBl. I S. 1986).

sowohl untereinander als auch mit den zuständigen Behörden im Bereich der deutschen ausschließlichen Wirtschaftszone und des Festlandsockels sowie mit den zuständigen Behörden anderer Mitgliedstaaten der Europäischen Union. [2]Die zuständigen Behörden bemühen sich um eine dem Satz 1 entsprechende Koordinierung mit den zuständigen Behörden von Staaten, die nicht der Europäischen Union angehören. [3]Die zuständigen Behörden sollen die Organisationseinheiten internationaler Meeresübereinkommen und internationaler Flussgebietsübereinkommen nutzen. [4]Für die Koordinierung nach den Sätzen 1 bis 3 gilt § 7 Absatz 4 Satz 2 entsprechend.

(2) [1]Ergreifen andere Mitgliedstaaten der Europäischen Union Maßnahmen nach der Richtlinie 2008/56/EG, wirken die zuständigen Behörden hieran auch insoweit mit, als diese Maßnahmen im Zusammenhang damit stehen, dass der Oberflächenabfluss einer Flussgebietseinheit in das Meeresgewässer gelangt, für das die Maßnahmen ergriffen werden. [2]Absatz 1 Satz 2 bis 4 gilt entsprechend.

§ 45l[1)] Zuständigkeit im Bereich der deutschen ausschließlichen Wirtschaftszone und des Festlandsockels. Das Bundesministerium für Umwelt, Naturschutz, nukleare Sicherheit und Verbraucherschutz wird ermächtigt, im Einvernehmen mit dem Bundesministerium für Ernährung und Landwirtschaft, dem Bundesministerium für Verkehr und digitale Infrastruktur und dem Bundesministerium der Finanzen durch Rechtsverordnung ohne Zustimmung des Bundesrates die Zuständigkeit von Bundesbehörden im Geschäftsbereich der genannten Bundesministerien für die Durchführung der Vorschriften dieses Abschnitts und der auf Grund des § 23 für Meeresgewässer erlassenen Vorschriften im Bereich der deutschen ausschließlichen Wirtschaftszone und des Festlandsockels sowie das Zusammenwirken von Bundesbehörden bei der Durchführung dieser Vorschriften in diesem Bereich zu regeln.

Abschnitt 4. Bewirtschaftung des Grundwassers

§ 46[2)] Erlaubnisfreie Benutzungen des Grundwassers. (1) [1]Keiner Erlaubnis oder Bewilligung bedarf das Entnehmen, Zutagefördern, Zutageleiten oder Ableiten von Grundwasser

1. für den Haushalt einschließlich der Wärmeversorgung über den Entzug von Wärme aus dem Wasser, für den landwirtschaftlichen Hofbetrieb, für das Tränken von Vieh außerhalb des Hofbetriebs oder in geringen Mengen zu einem vorübergehenden Zweck,
2. für Zwecke der gewöhnlichen Bodenentwässerung landwirtschaftlich, forstwirtschaftlich oder gärtnerisch genutzter Grundstücke,

soweit keine signifikanten nachteiligen Auswirkungen auf den Wasserhaushalt zu besorgen sind. [2]Wird in den Fällen und unter den Voraussetzungen des Satzes 1 Nummer 2 das Wasser aus der Bodenentwässerung in ein oberirdisches Gewässer eingeleitet, findet § 25 Satz 2 keine Anwendung.

(2) Keiner Erlaubnis bedarf ferner das Einleiten von Niederschlagswasser in das Grundwasser durch schadlose Versickerung, soweit dies in einer Rechtsverordnung nach § 23 Absatz 1 bestimmt ist.

[1)] § 45l eingef. mWv 14.10.2011 durch G v. 6.10.2011 (BGBl. I S. 1986); geänd. mWv 8.9.2015 durch VO v. 31.8.2015 (BGBl. I S. 1474); geänd. mWv 27.6.2020 durch VO v. 19.6.2020 (BGBl. I S. 1328); geänd. mWv 29.12.2023 durch G v. 22.12.2023 (BGBl. 2023 I Nr. 409).

[2)] § 46 Abs. 1 Satz 1 Nr. 1 geänd. mWv 23.12.2025 durch G v. 22.12.2025 (BGBl. 2025 I Nr. 348).

(3) Durch Landesrecht kann bestimmt werden, dass weitere Fälle von der Erlaubnis- oder Bewilligungspflicht ausgenommen sind oder eine Erlaubnis oder eine Bewilligung in den Fällen der Absätze 1 und 2 erforderlich ist.

§ 47 Bewirtschaftungsziele für das Grundwasser. (1) Das Grundwasser ist so zu bewirtschaften, dass

1. eine Verschlechterung seines mengenmäßigen und seines chemischen Zustands vermieden wird;
2. alle signifikanten und anhaltenden Trends ansteigender Schadstoffkonzentrationen auf Grund der Auswirkungen menschlicher Tätigkeiten umgekehrt werden;
3. ein guter mengenmäßiger und ein guter chemischer Zustand erhalten oder erreicht werden; zu einem guten mengenmäßigen Zustand gehört insbesondere ein Gleichgewicht zwischen Grundwasserentnahme und Grundwasserneubildung.

(2) [1] Die Bewirtschaftungsziele nach Absatz 1 Nummer 3 sind bis zum 22. Dezember 2015 zu erreichen. [2] Fristverlängerungen sind in entsprechender Anwendung des § 29 Absatz 2 bis 4 zulässig.

(3) [1] Für Ausnahmen von den Bewirtschaftungszielen nach Absatz 1 gilt § 31 Absatz 1, 2 Satz 1 und Absatz 3 entsprechend. [2] Für die Bewirtschaftungsziele nach Absatz 1 Nummer 3 gilt darüber hinaus § 30 entsprechend mit der Maßgabe, dass nach Satz 1 Nummer 4 der bestmögliche mengenmäßige und chemische Zustand des Grundwassers zu erreichen ist.

§ 48 Reinhaltung des Grundwassers. (1) [1] Eine Erlaubnis für das Einbringen und Einleiten von Stoffen in das Grundwasser darf nur erteilt werden, wenn eine nachteilige Veränderung der Wasserbeschaffenheit nicht zu besorgen ist. [2] Durch Rechtsverordnung nach § 23 Absatz 1 Nummer 3 kann auch festgelegt werden, unter welchen Voraussetzungen die Anforderung nach Satz 1, insbesondere im Hinblick auf die Begrenzung des Eintrags von Schadstoffen, als erfüllt gilt. [3] Die Verordnung bedarf der Zustimmung des Bundestages. [4] Die Zustimmung gilt als erteilt, wenn der Bundestag nicht innerhalb von drei Sitzungswochen nach Eingang der Vorlage der Bundesregierung die Zustimmung verweigert hat.

(2) [1] Stoffe dürfen nur so gelagert oder abgelagert werden, dass eine nachteilige Veränderung der Grundwasserbeschaffenheit nicht zu besorgen ist. [2] Das Gleiche gilt für das Befördern von Flüssigkeiten und Gasen durch Rohrleitungen. [3] Absatz 1 Satz 2 bis 4 gilt entsprechend.

§ 49[1)] Erdaufschlüsse. (1) [1] Arbeiten, die so tief in den Boden eindringen, dass sie sich unmittelbar oder mittelbar auf die Bewegung, die Höhe oder die Beschaffenheit des Grundwassers auswirken können, sind der zuständigen Behörde einen Monat vor Beginn der Arbeiten anzuzeigen. [2] Werden bei diesen Arbeiten Stoffe in das Grundwasser eingebracht, ist abweichend von § 8 Absatz 1 in Verbindung mit § 9 Absatz 1 Nummer 4 anstelle der Anzeige eine Erlaubnis nur erforderlich, wenn sich das Einbringen nachteilig auf die Grundwasserbeschaffenheit auswirken kann. [3] Bei der Errichtung, dem Betrieb und der Modernisierung von Erdwärmekollektoren bis zu einer Tiefe von 4 Metern und außerhalb von Wasserschutzgebieten ist davon auszugehen, dass die Erdwärmekollektoren keine nachteiligen *Auswirkungen auf die* Grundwasserbeschaffenheit gemäß Satz 2 haben, wenn sie

[1)] § 49 Abs. 1 Sätze 3 und 4 eingef., bish. Satz 3 wird Satz 5 mWv 23.12.2025 durch G v. 22.12.2025 (BGBl. 2025 I Nr. 348).

oder ihre Anlagenteile die Anforderungen nach § 35 Absatz 2 der Verordnung über Anlagen zum Umgang mit wassergefährdenden Stoffen vom 18. April 2017 (BGBl. I S. 905), die durch Artikel 256 der Verordnung vom 19. Juni 2020 (BGBl. I S. 1328) geändert worden ist, erfüllen. [4]Die Vermutung nach Satz 3 gilt nicht, wenn auf Grund der räumlichen Konzentration der Anlagen in einem Gebiet eine nachteilige thermische Wirkung auf das Grundwasser zu besorgen ist. [5]Die zuständige Behörde kann für bestimmte Gebiete die Tiefe nach Satz 1 näher bestimmen.

(2) Wird unbeabsichtigt Grundwasser erschlossen, ist dies der zuständigen Behörde unverzüglich anzuzeigen.

(3) [1]In den Fällen der Absätze 1 und 2 hat die zuständige Behörde die Einstellung oder die Beseitigung der Erschließung anzuordnen, wenn eine nachteilige Veränderung der Grundwasserbeschaffenheit zu besorgen oder eingetreten ist und der Schaden nicht anderweitig vermieden oder ausgeglichen werden kann; die zuständige Behörde hat die insoweit erforderlichen Maßnahmen anzuordnen. [2]Satz 1 gilt entsprechend, wenn unbefugt Grundwasser erschlossen wird.

(Fortsetzung nächstes Blatt)

(4) Durch Landesrecht können abweichende Regelungen getroffen werden.

Kapitel 3. Besondere wasserwirtschaftliche Bestimmungen

Abschnitt 1. Öffentliche Wasserversorgung, Wasserschutzgebiete, Heilquellenschutz

§ 50[1] Öffentliche Wasserversorgung; Ermächtigung zum Erlass von Rechtsverordnungen. (1) [1] Die der Allgemeinheit dienende Wasserversorgung (öffentliche Wasserversorgung) ist eine Aufgabe der Daseinsvorsorge. [2] Hierzu gehört auch, dass Trinkwasser aus dem Leitungsnetz an öffentlichen Orten durch Innen- und Außenanlagen bereitgestellt wird, soweit dies technisch durchführbar und unter Berücksichtigung des Bedarfs und der örtlichen Gegebenheiten, wie Klima und Geografie, verhältnismäßig ist.

(2) [1] Der Wasserbedarf der öffentlichen Wasserversorgung ist vorrangig aus ortsnahen Wasservorkommen zu decken, soweit überwiegende Gründe des Wohls der Allgemeinheit dem nicht entgegenstehen. [2] Der Bedarf darf insbesondere dann mit Wasser aus ortsfernen Wasservorkommen gedeckt werden, wenn eine Versorgung aus ortsnahen Wasservorkommen nicht in ausreichender Menge oder Güte oder nicht mit vertretbarem Aufwand sichergestellt werden kann.

(3) [1] Die Träger der öffentlichen Wasserversorgung wirken auf einen sorgsamen Umgang mit Wasser hin. [2] Sie halten insbesondere die Wasserverluste in ihren Einrichtungen gering und informieren die Endverbraucher über Maßnahmen zur Einsparung von Wasser unter Beachtung der hygienischen Anforderungen.

(4) Wassergewinnungsanlagen dürfen nur nach den allgemein anerkannten Regeln der Technik errichtet, unterhalten und betrieben werden.

(4a) [1] Das Bundesministerium für Umwelt, Naturschutz, nukleare Sicherheit und Verbraucherschutz erlässt durch Rechtsverordnung[2] mit Zustimmung des Bundesrates Vorschriften über

1. die Bewertung von Einzugsgebieten von Entnahmestellen für die Trinkwassergewinnung sowie über das Risikomanagement für solche Einzugsgebiete, jeweils einschließlich der Regelung von
   a) Pflichten der Betreiber von Wassergewinnungsanlagen, der Behörden, von Verursachern und möglichen Verursachern von Gewässerbelastungen sowie von Grundstückseigentümern und Inhabern der tatsächlichen Gewalt über Grundstücke,
   b) Befugnissen der zuständigen Behörde zur Anordnung bestimmter Maßnahmen gegenüber den Betreibern von Wassergewinnungsanlagen, Verursachern und möglichen Verursachern von Gewässerbelastungen sowie Grundstückseigentümern und Inhabern der tatsächlichen Gewalt über Grundstücke,
2. die Anforderungen an die Fachkunde der Personen, die die Bewertung und das Risikomanagement durchführen,
3. die behördlichen Verfahren bei der Bewertung und beim Risikomanagement, einschließlich der Behörden und Betreibern von Wassergewinnungsanlagen obliegenden Dokumentations- und Berichtspflichten sowie der Pflichten zur Beschaffung und Übermittlung von Informationen,

---

[1] § 50 Überschrift neu gef., Abs. 1 Satz 2 angef., Abs. 4a eingef., Abs. 5 Satz 1 neu gef. mWv 12.1. 2023 durch G v. 4.1.2023 (BGBl. 2023 I Nr. 5).

[2] Siehe die TrinkwassereinzugsgebieteVO v. 4.12.2023 (BGBl. 2023 I Nr. 346).

4. die Anforderungen an Untersuchungsstellen, die Rohwasser, Oberflächenwasser und Grundwasser untersuchen sowie Anforderungen an die Untersuchungsverfahren,
5. die Anforderungen an Maßnahmenprogramme und Bewirtschaftungspläne im Zusammenhang mit dem Risikomanagement nach Nummer 1.

[2] Die Bewertung nach Satz 1 Nummer 1 umfasst insbesondere
1. die Bestimmung und nähere Beschreibung von Einzugsgebieten von Entnahmestellen für die Trinkwassergewinnung, einschließlich kartenmäßiger Darstellungen und Georeferenzierung,
2. die Erfassung und Bewertung von Gefährdungen für die menschliche Gesundheit und die Trinkwassergewinnung und
3. die Überwachung und die Untersuchung des Oberflächenwassers, des Grundwassers und des Rohwassers.

[3] Das Risikomanagement nach Satz 1 Nummer 1 umfasst insbesondere Vorsorge-, Risikominderungs-, Überwachungs- und Untersuchungsmaßnahmen, sonstige Maßnahmen zur Risikobeherrschung sowie die Prüfung der Notwendigkeit, Schutzgebiete festzusetzen oder anzupassen.

(5) [1] Durch Rechtsverordnung der Landesregierung oder durch Entscheidung der zuständigen Behörde können Träger der öffentlichen Wasserversorgung verpflichtet werden, über die Verpflichtungen in einer Verordnung nach Absatz 4a hinaus auf ihre Kosten weitergehende Untersuchungen der Beschaffenheit des für Zwecke der öffentlichen Wasserversorgung gewonnenen oder gewinnbaren Wassers vorzunehmen oder durch eine von ihr bestimmte Stelle vornehmen zu lassen. [2] Insbesondere können Art, Umfang und Häufigkeit der Untersuchungen sowie die Übermittlung der Untersuchungsergebnisse näher geregelt werden. [3] Die Landesregierung kann die Ermächtigung nach Satz 1 durch Rechtsverordnung auf andere Landesbehörden übertragen.

§ 51 Festsetzung von Wasserschutzgebieten. (1) [1] Soweit es das Wohl der Allgemeinheit erfordert,
1. Gewässer im Interesse der derzeit bestehenden oder künftigen öffentlichen Wasserversorgung vor nachteiligen Einwirkungen zu schützen,
2. das Grundwasser anzureichern oder
3. das schädliche Abfließen von Niederschlagswasser sowie das Abschwemmen und den Eintrag von Bodenbestandteilen, Dünge- oder Pflanzenschutzmitteln in Gewässer zu vermeiden,

kann die Landesregierung durch Rechtsverordnung Wasserschutzgebiete festsetzen. [2] In der Rechtsverordnung ist die begünstigte Person zu benennen. [3] Die Landesregierung kann die Ermächtigung nach Satz 1 durch Rechtsverordnung auf andere Landesbehörden übertragen.

(2) Trinkwasserschutzgebiete sollen nach Maßgabe der allgemein anerkannten Regeln der Technik in Zonen mit unterschiedlichen Schutzbestimmungen unterteilt werden.

§ 52[1)] Besondere Anforderungen in Wasserschutzgebieten. (1) [1] In der Rechtsverordnung nach § 51 Absatz 1 oder durch behördliche Entscheidung können in Wasserschutzgebieten, soweit der Schutzzweck dies erfordert,

1. bestimmte Handlungen verboten oder für nur eingeschränkt zulässig erklärt werden,
2. die Eigentümer und Nutzungsberechtigten von Grundstücken verpflichtet werden,
   a) bestimmte auf das Grundstück bezogene Handlungen vorzunehmen, insbesondere die Grundstücke nur in bestimmter Weise zu nutzen,
   b) Aufzeichnungen über die Bewirtschaftung der Grundstücke anzufertigen, aufzubewahren und der zuständigen Behörde auf Verlangen vorzulegen,
   c) bestimmte Maßnahmen zu dulden, insbesondere die Beobachtung des Gewässers und des Bodens, die Überwachung von Schutzbestimmungen, die Errichtung von Zäunen sowie Kennzeichnungen, Bepflanzungen und Aufforstungen,
3. Begünstigte verpflichtet werden, die nach Nummer 2 Buchstabe c zu duldenden Maßnahmen vorzunehmen.

[2] Die zuständige Behörde kann von Verboten, Beschränkungen sowie Duldungs- und Handlungspflichten nach Satz 1 eine Befreiung erteilen, wenn der Schutzzweck nicht gefährdet wird oder überwiegende Gründe des Wohls der Allgemeinheit dies erfordern. [3] Sie hat eine Befreiung zu erteilen, soweit dies zur Vermeidung unzumutbarer Beschränkungen des Eigentums erforderlich ist und hierdurch der Schutzzweck nicht gefährdet wird. [4] Für die Erteilung der Befreiung gilt § 11a Absatz 4 bis 7 entsprechend, wenn die Befreiung für ein Vorhaben zur Erzeugung von Energie aus erneuerbaren Quellen erforderlich ist.

(2) [1] In einem als Wasserschutzgebiet vorgesehenen Gebiet können vorläufige Anordnungen nach Absatz 1 getroffen werden, wenn andernfalls der mit der Festsetzung des Wasserschutzgebiets verfolgte Zweck gefährdet wäre. [2] Die vorläufige Anordnung tritt mit dem Inkrafttreten der Rechtsverordnung nach § 51 Absatz 1 außer Kraft, spätestens nach Ablauf von drei Jahren. [3] Wenn besondere Umstände es erfordern, kann die Frist um höchstens ein weiteres Jahr verlängert werden. [4] Die vorläufige Anordnung ist vor Ablauf der Frist nach Satz 2 oder Satz 3 außer Kraft zu setzen, sobald und soweit die Voraussetzungen für ihren Erlass weggefallen sind.

(3) Behördliche Entscheidungen nach Absatz 1 können auch außerhalb eines Wasserschutzgebiets getroffen werden, wenn andernfalls der mit der Festsetzung des Wasserschutzgebiets verfolgte Zweck gefährdet wäre.

(4) Soweit eine Anordnung nach Absatz 1 Satz 1 Nummer 1 oder Nummer 2, auch in Verbindung mit Absatz 2 oder Absatz 3, das Eigentum unzumutbar beschränkt und diese Beschränkung nicht durch eine Befreiung nach Absatz 1 Satz 3 oder andere Maßnahmen vermieden oder ausgeglichen werden kann, ist eine Entschädigung zu leisten.

(5) Setzt eine Anordnung nach Absatz 1 Satz 1 Nummer 1 oder Nummer 2, auch in Verbindung mit Absatz 2 oder Absatz 3, erhöhte Anforderungen fest, die die ordnungsgemäße land- oder forstwirtschaftliche Nutzung eines Grundstücks einschränken, so ist für die dadurch verursachten wirtschaftlichen Nachteile ein

[1)] § 52 Abs. 1 Satz 4 angef. mWv 31.8.2021 durch G v. 18.8.2021 (BGBl. I S. 3901); Abs. 1 Satz 4 geänd. mWv 15.8.2025 durch G v. 12.8.2025 (BGBl. 2025 I Nr. 189).

angemessener Ausgleich zu leisten, soweit nicht eine Entschädigungspflicht nach Absatz 4 besteht.

§ 53 Heilquellenschutz. (1) Heilquellen sind natürlich zu Tage tretende oder künstlich erschlossene Wasser- oder Gasvorkommen, die auf Grund ihrer chemischen Zusammensetzung, ihrer physikalischen Eigenschaften oder der Erfahrung nach geeignet sind, Heilzwecken zu dienen.

(2) [1]Heilquellen, deren Erhaltung aus Gründen des Wohls der Allgemeinheit erforderlich ist, können auf Antrag staatlich anerkannt werden (staatlich anerkannte Heilquellen). [2]Die Anerkennung ist zu widerrufen, wenn die Voraussetzungen nach Satz 1 nicht mehr vorliegen.

(3) [1]Die zuständige Behörde kann besondere Betriebs- und Überwachungspflichten vorschreiben, soweit dies zur Erhaltung der staatlich anerkannten Heilquelle erforderlich ist. [2]Die Überwachung von Betrieben und Anlagen ist zu dulden; § 101 gilt insoweit entsprechend.

(4) [1]Zum Schutz staatlich anerkannter Heilquellen kann die Landesregierung durch Rechtsverordnung Heilquellenschutzgebiete festsetzen. [2]In der Rechtsverordnung ist die begünstigte Person zu benennen. [3]Die Landesregierung kann die Ermächtigung nach Satz 1 durch Rechtsverordnung auf andere Landesbehörden übertragen.

(5) § 51 Absatz 2 und § 52 gelten entsprechend.

Abschnitt 2. Abwasserbeseitigung

§ 54[1)] Begriffsbestimmungen für die Abwasserbeseitigung. (1) [1]Abwasser ist

1. das durch häuslichen, gewerblichen, landwirtschaftlichen oder sonstigen Gebrauch in seinen Eigenschaften veränderte Wasser und das bei Trockenwetter damit zusammen abfließende Wasser (Schmutzwasser) sowie
2. das von Niederschlägen aus dem Bereich von bebauten oder befestigten Flächen gesammelt abfließende Wasser (Niederschlagswasser).

[2]Als Schmutzwasser gelten auch die aus Anlagen zum Behandeln, Lagern und Ablagern von Abfällen austretenden und gesammelten Flüssigkeiten.

(2) [1]Abwasserbeseitigung umfasst das Sammeln, Fortleiten, Behandeln, Einleiten, Versickern, Verregnen und Verrieseln von Abwasser sowie das Entwässern von Klärschlamm in Zusammenhang mit der Abwasserbeseitigung. [2]Zur Abwasserbeseitigung gehört auch die Beseitigung des in Kleinkläranlagen anfallenden Schlamms.

(3) BVT-Merkblatt ist ein Dokument, das auf Grund des Informationsaustausches nach Artikel 13 der Richtlinie 2010/75/EU des Europäischen Parlaments und des Rates vom 24. November 2010 über Industrieemissionen (integrierte Vermeidung und Verminderung der Umweltverschmutzung) (Neufassung) (ABl. L 334 vom 17.12.2010, S. 17) für bestimmte Tätigkeiten erstellt wird und insbesondere die angewandten Techniken, die derzeitigen Emissions- und Verbrauchswerte sowie die Techniken beschreibt, die für die Festlegung der besten verfügbaren Techniken sowie der BVT-Schlussfolgerungen berücksichtigt wurden.

(4) BVT-Schlussfolgerungen sind ein nach Artikel 13 Absatz 5 der Richtlinie 2010/75/EU von der Europäischen Kommission erlassenes Dokument, das die

---

[1)] § 54 Überschrift neu gef., Abs. 3–6 angef. mWv 2.5.2013 durch G v. 8.4.2013 (BGBl. I S. 734).

Teile eines BVT-Merkblatts mit den Schlussfolgerungen in Bezug auf Folgendes enthält:

1. die besten verfügbaren Techniken, ihre Beschreibung und Informationen zur Bewertung ihrer Anwendbarkeit,
2. die mit den besten verfügbaren Techniken assoziierten Emissionswerte,
3. die zu den Nummern 1 und 2 gehörigen Überwachungsmaßnahmen,
4. die zu den Nummern 1 und 2 gehörigen Verbrauchswerte sowie
5. die gegebenenfalls einschlägigen Standortsanierungsmaßnahmen.

(5) Emissionsbandbreiten sind die mit den besten verfügbaren Techniken assoziierten Emissionswerte.

(6) Die mit den besten verfügbaren Techniken assoziierten Emissionswerte sind der Bereich von Emissionswerten, die unter normalen Betriebsbedingungen unter Verwendung einer besten verfügbaren Technik oder einer Kombination von besten verfügbaren Techniken entsprechend der Beschreibung in den BVT-Schlussfolgerungen erzielt werden, ausgedrückt als Mittelwert für einen vorgegebenen Zeitraum unter spezifischen Referenzbedingungen.

§ 55 Grundsätze der Abwasserbeseitigung. (1) [1] Abwasser ist so zu beseitigen, dass das Wohl der Allgemeinheit nicht beeinträchtigt wird. [2] Dem Wohl der Allgemeinheit kann auch die Beseitigung von häuslichem Abwasser durch dezentrale Anlagen entsprechen.

(2) Niederschlagswasser soll ortsnah versickert, verrieselt oder direkt oder über eine Kanalisation ohne Vermischung mit Schmutzwasser in ein Gewässer eingeleitet werden, soweit dem weder wasserrechtliche noch sonstige öffentlich-rechtliche Vorschriften noch wasserwirtschaftliche Belange entgegenstehen.

(3) Flüssige Stoffe, die kein Abwasser sind, können mit Abwasser beseitigt werden, wenn eine solche Entsorgung der Stoffe umweltverträglicher ist als eine Entsorgung als Abfall und wasserwirtschaftliche Belange nicht entgegenstehen.

§ 56 Pflicht zur Abwasserbeseitigung. [1] Abwasser ist von den juristischen Personen des öffentlichen Rechts zu beseitigen, die nach Landesrecht hierzu verpflichtet sind (Abwasserbeseitigungspflichtige). [2] Die Länder können bestimmen, unter welchen Voraussetzungen die Abwasserbeseitigung anderen als den in Satz 1 genannten Abwasserbeseitigungspflichtigen obliegt. [3] Die zur Abwasserbeseitigung Verpflichteten können sich zur Erfüllung ihrer Pflichten Dritter bedienen.

(Fortsetzung nächstes Blatt)

§ 57[1)] Einleiten von Abwasser in Gewässer. (1) Eine Erlaubnis für das Einleiten von Abwasser in Gewässer (Direkteinleitung) darf nur erteilt werden, wenn

1. die Menge und Schädlichkeit des Abwassers so gering gehalten wird, wie dies bei Einhaltung der jeweils in Betracht kommenden Verfahren nach dem Stand der Technik möglich ist,

2. die Einleitung mit den Anforderungen an die Gewässereigenschaften und sonstigen rechtlichen Anforderungen vereinbar ist und

3. Abwasseranlagen oder sonstige Einrichtungen errichtet und betrieben werden, die erforderlich sind, um die Einhaltung der Anforderungen nach den Nummern 1 und 2 sicherzustellen.

(2) [1] Durch Rechtsverordnung nach § 23 Absatz 1 Nummer 3 können an das Einleiten von Abwasser in Gewässer Anforderungen festgelegt werden, die nach Absatz 1 Nummer 1 dem Stand der Technik entsprechen. [2] Die Anforderungen können auch für den Ort des Anfalls des Abwassers oder vor seiner Vermischung festgelegt werden.

(3) [1] Nach Veröffentlichung einer BVT-Schlussfolgerung ist bei der Festlegung von Anforderungen nach Absatz 2 Satz 1 unverzüglich zu gewährleisten, dass für Anlagen nach § 3 der Verordnung über genehmigungsbedürftige Anlagen[2)] und nach § 60 Absatz 3 Satz 1 Nummer 2 die Einleitungen unter normalen Betriebsbedingungen die in den BVT-Schlussfolgerungen genannten Emissionsbandbreiten nicht überschreiten. [2] Wenn in besonderen Fällen wegen technischer Merkmale der betroffenen Anlagenart die Einhaltung der in Satz 1 genannten Emissionsbandbreiten unverhältnismäßig wäre, können in der Rechtsverordnung für die Anlagenart geeignete Emissionswerte festgelegt werden, die im Übrigen dem Stand der Technik entsprechen müssen. [3] Bei der Festlegung der abweichenden Anforderungen nach Satz 2 ist zu gewährleisten, dass die in den Anhängen V bis VIII der Richtlinie 2010/75/EU festgelegten Emissionsgrenzwerte nicht überschritten werden, keine erheblichen nachteiligen Auswirkungen auf den Gewässerzustand hervorgerufen werden und zu einem hohen Schutzniveau für die Umwelt insgesamt beigetragen wird. [4] Die Notwendigkeit abweichender Anforderungen ist zu begründen.

(4) [1] Für vorhandene Abwassereinleitungen aus Anlagen nach § 3 der Verordnung über genehmigungsbedürftige Anlagen oder bei Anlagen nach § 60 Absatz 3 Satz 1 Nummer 2 ist

1. innerhalb eines Jahres nach Veröffentlichung von BVT-Schlussfolgerungen zur Haupttätigkeit eine Überprüfung und gegebenenfalls Anpassung der Rechtsverordnung vorzunehmen und

2. innerhalb von vier Jahren nach Veröffentlichung von BVT-Schlussfolgerungen zur Haupttätigkeit sicherzustellen, dass die betreffenden Einleitungen oder Anlagen die Emissionsgrenzwerte der Rechtsverordnung einhalten; dabei gelten die Emissionsgrenzwerte als im Einleitungsbescheid festgesetzt,

---

1) § 57 Abs. 3 geänd. mWv 18. 8. 2010 durch G v. 11. 8. 2010 (BGBl. I S. 1163); Abs. 2 Satz 3 aufgeh., Abs. 3 neu gef., Abs. 4 und 5 angef. mWv 2. 5. 2013 durch G v. 8. 4. 2013 (BGBl. I S. 734).

2) Nr. **296 a**.

soweit der Bescheid nicht weitergehende Anforderungen im Einzelfall festlegt.

[2] Sollte die Anpassung der Abwassereinleitung an die nach Satz 1 Nummer 1 geänderten Anforderungen innerhalb der in Satz 1 bestimmten Frist wegen technischer Merkmale der betroffenen Anlage unverhältnismäßig sein, soll die zuständige Behörde einen längeren Zeitraum festlegen.

(5) [1] Entsprechen vorhandene Einleitungen, die nicht unter die Absätze 3 bis 4 fallen, nicht den Anforderungen nach Absatz 2, auch in Verbindung mit Satz 2, oder entsprechenden Anforderungen der Abwasserverordnung in ihrer am 28. Februar 2010 geltenden Fassung, so hat der Betreiber die erforderlichen Anpassungsmaßnahmen innerhalb angemessener Fristen durchzuführen; Absatz 4 Satz 1 Nummer 2 zweiter Halbsatz gilt entsprechend. [2] Für Einleitungen nach Satz 1 sind in der Rechtsverordnung nach Absatz 2 Satz 1 abweichende Anforderungen festzulegen, soweit die erforderlichen Anpassungsmaßnahmen unverhältnismäßig wären.

§ 58[1)] Einleiten von Abwasser in öffentliche Abwasseranlagen.

(1) [1] Das Einleiten von Abwasser in öffentliche Abwasseranlagen (Indirekteinleitung) bedarf der Genehmigung durch die zuständige Behörde, soweit an das Abwasser in der Abwasserverordnung[2)] in ihrer jeweils geltenden Fassung Anforderungen für den Ort des Anfalls des Abwassers oder vor seiner Vermischung festgelegt sind. [2] Durch Rechtsverordnung nach § 23 Absatz 1 Nummer 5, 8 und 10 kann bestimmt werden,

1. unter welchen Voraussetzungen die Indirekteinleitung anstelle einer Genehmigung nach Satz 1 nur einer Anzeige bedarf,
2. dass die Einhaltung der Anforderungen nach Absatz 2 auch durch Sachverständige überwacht wird.

[3] Weitergehende Rechtsvorschriften der Länder, die den Maßgaben des Satzes 2 entsprechen oder die über Satz 1 oder Satz 2 hinausgehende Genehmigungserfordernisse vorsehen, bleiben unberührt. [4] Ebenfalls unberührt bleiben Rechtsvorschriften der Länder, nach denen die Genehmigung der zuständigen Behörde durch eine Genehmigung des Betreibers einer öffentlichen Abwasseranlage ersetzt wird.

(2) Eine Genehmigung für eine Indirekteinleitung darf nur erteilt werden, wenn

1. die nach der Abwasserverordnung in ihrer jeweils geltenden Fassung für die Einleitung maßgebenden Anforderungen einschließlich der allgemeinen Anforderungen eingehalten werden,
2. die Erfüllung der Anforderungen an die Direkteinleitung nicht gefährdet wird und
3. Abwasseranlagen oder sonstige Einrichtungen errichtet und betrieben werden, die erforderlich sind, um die Einhaltung der Anforderungen nach den Nummern 1 und 2 sicherzustellen.

---

1) § 58 Abs. 1 Satz 1, Abs. 2 Nr. 1 geänd. mWv 18. 8. 2010 durch G v. 11. 8. 2010 (BGBl. I S. 1163).

2) **Sartorius ErgBd. Nr. 845 a.**

(3) Entsprechen vorhandene Indirekteinleitungen nicht den Anforderungen nach Absatz 2, so sind die erforderlichen Maßnahmen innerhalb angemessener Fristen durchzuführen.

(4) [1] § 13 Absatz 1 und § 17 gelten entsprechend. [2] Eine Genehmigung kann auch unter dem Vorbehalt des Widerrufs erteilt werden.

§ 59 Einleiten von Abwasser in private Abwasseranlagen. (1) Dem Einleiten von Abwasser in öffentliche Abwasseranlagen stehen Abwassereinleitungen Dritter in private Abwasseranlagen, die der Beseitigung von gewerblichem Abwasser dienen, gleich.

(2) Die zuständige Behörde kann Abwassereinleitungen nach Absatz 1 von der Genehmigungsbedürftigkeit nach Absatz 1 in Verbindung mit § 58 Absatz 1 freistellen, wenn durch vertragliche Regelungen zwischen dem Betreiber der privaten Abwasseranlage und dem Einleiter die Einhaltung der Anforderungen nach § 58 Absatz 2 sichergestellt ist.

§ 60[1)] Abwasseranlagen. (1) [1] Abwasseranlagen sind so zu errichten, zu betreiben und zu unterhalten, dass die Anforderungen an die Abwasserbeseitigung eingehalten werden. [2] Im Übrigen müssen Abwasserbehandlungsanlagen im Sinne von Absatz 3 Satz 1 Nummer 2 und 3 nach dem Stand der Technik, andere Abwasseranlagen nach den allgemein anerkannten Regeln der Technik errichtet, betrieben und unterhalten werden.

(2) Entsprechen vorhandene Abwasseranlagen nicht den Anforderungen nach Absatz 1, so sind die erforderlichen Maßnahmen innerhalb angemessener Fristen durchzuführen.

(3) [1] Die Errichtung, der Betrieb und die wesentliche Änderung einer Abwasserbehandlungsanlage bedürfen einer Genehmigung, wenn

1. für die Anlage nach dem Gesetz über die Umweltverträglichkeitsprüfung[2)] eine Verpflichtung zur Durchführung einer Umweltverträglichkeitsprüfung besteht oder
2. in der Anlage Abwasser behandelt wird, das
   a) aus Anlagen nach § 3 der Verordnung über genehmigungsbedürftige Anlagen[3)] stammt, deren Genehmigungserfordernis sich nicht nach § 1 Absatz 2 der Verordnung über genehmigungsbedürftige Anlagen auf die Abwasserbehandlungsanlage erstreckt, und
   b) nicht unter die Richtlinie 91/271/EWG des Rates vom 21. Mai 1991 über die Behandlung von kommunalem Abwasser (ABl. L 135 vom 30.5. 1991, S. 40), die zuletzt durch die Verordnung (EG) Nr. 1137/2008 (ABl. L 311 vom 21.11.2008, S. 1) geändert worden ist, fällt oder
3. in der Anlage Abwasser behandelt wird, das

---

1) § 60 Abs. 1 Satz 2 und Abs. 3 neu gef., Abs. 4–6 eingef., bish Abs. 4 wird Abs. 7 mWv 2.5.2013 durch G v. 8.4.2013 (BGBl. I S. 734); Abs. 4 Satz 1 geänd. mWv 5.4.2017 durch G v. 29.3.2017 (BGBl. I S. 626); Abs. 1 Satz 2, Abs. 3 Satz 1 Nr. 2 Buchst. b geänd., Nr. 3 angef., Satz 4, Abs. 4 Satz 1, Abs. 5 und 6 geänd. mWv 28.1.2018 durch G v. 18.7.2017 (BGBl. I S. 2771).

2) Nr. **295**.

3) Nr. **296a**.

a) aus einer Deponie im Sinne von § 3 Absatz 27 des Kreislaufwirtschaftsgesetzes[1] mit einer Aufnahmekapazität von mindestens 10 Tonnen pro Tag oder mit einer Gesamtkapazität von mindestens 25 000 Tonnen, ausgenommen Deponien für Inertabfälle, stammt, sofern sich die Zulassung der Deponie nicht auf die Anlage erstreckt, und

b) nicht unter die Richtlinie 91/271/EWG fällt.

[2] Die Genehmigung ist zu versagen oder mit den notwendigen Nebenbestimmungen zu versehen, wenn die Anlage den Anforderungen des Absatzes 1 nicht entspricht oder sonstige öffentlich-rechtliche Vorschriften dies erfordern. [3] § 13 Absatz 1, § 16 Absatz 1 und 3 und § 17 gelten entsprechend. [4] Für die Anlagen, die die Voraussetzungen nach Satz 1 Nummer 2 oder Nummer 3 erfüllen, gelten auch die Anforderungen nach § 5 des Bundes-Immissionsschutzgesetzes[2] entsprechend.

(4) [1] Sofern eine Genehmigung nicht beantragt wird, hat der Betreiber die Änderung der Lage, der Beschaffenheit oder des Betriebs einer Anlage, die die Voraussetzungen nach Absatz 3 Satz 1 Nummer 2 oder Nummer 3 erfüllt, der zuständigen Behörde mindestens einen Monat bevor mit der Änderung begonnen werden soll, schriftlich oder elektronisch anzuzeigen, wenn die Änderung Auswirkungen auf die Umwelt haben kann. [2] Der Anzeige sind die zur Beurteilung der Auswirkungen notwendigen Unterlagen nach § 3 Absatz 1 und 2 der Industriekläranlagen-Zulassungs- und Überwachungsverordnung beizufügen, soweit diese für die Prüfung erforderlich sein können, ob das Vorhaben genehmigungsbedürftig ist. [3] Die zuständige Behörde hat dem Betreiber unverzüglich mitzuteilen, ob ihr die für die Prüfung nach Satz 2 erforderlichen Unterlagen vorliegen. [4] Der Betreiber der Anlage darf die Änderung vornehmen, sobald die zuständige Behörde ihm mitgeteilt hat, dass die Änderung keiner Genehmigung bedarf oder wenn die zuständige Behörde sich innerhalb eines Monats nach Zugang der Mitteilung nach Satz 3, dass die erforderlichen Unterlagen vorliegen, nicht geäußert hat.

(5) Kommt der Betreiber einer Anlage, die die Voraussetzungen nach Absatz 3 Satz 1 Nummer 2 oder Nummer 3 erfüllt, einer Nebenbestimmung oder einer abschließend bestimmten Pflicht aus einer Rechtsverordnung nach § 23 Absatz 1 Nummer 3 in Verbindung mit § 57 Absatz 2, 3, 4 Satz 1 Nummer 1 oder Absatz 5 Satz 2, nach § 23 Absatz 1 Nummer 5 oder der Abwasserverordnung[3] in ihrer am 28. Februar 2010 geltenden Fassung nicht nach und wird hierdurch eine unmittelbare Gefahr für die menschliche Gesundheit oder die Umwelt herbeigeführt, so hat die zuständige Behörde den Betrieb der Anlage oder den Betrieb des betreffenden Teils der Anlage bis zur Erfüllung der Nebenbestimmung oder der abschließend bestimmten Pflicht zu untersagen.

(6) Wird eine Anlage, die die Voraussetzungen nach Absatz 3 Satz 1 Nummer 2 oder Nummer 3 erfüllt, ohne die erforderliche Genehmigung betrieben oder wesentlich geändert, so ordnet die zuständige Behörde die Stilllegung der Anlage an.

(7) [1] Die Länder können regeln, dass die Errichtung, der Betrieb und die wesentliche Änderung von Abwasseranlagen, die nicht unter Absatz 3 fallen,

---

[1] Nr. **298**.
[2] Nr. **296**.
[3] **Sartorius ErgBd. Nr. 845a.**

einer Anzeige oder Genehmigung bedürfen. [2] Genehmigungserfordernisse nach anderen öffentlich-rechtlichen Vorschriften bleiben unberührt.

§ 61 Selbstüberwachung bei Abwassereinleitungen und Abwasseranlagen.

(1) Wer Abwasser in ein Gewässer oder in eine Abwasseranlage einleitet, ist verpflichtet, das Abwasser nach Maßgabe einer Rechtsverordnung nach Absatz 3 oder der die Abwassereinleitung zulassenden behördlichen Entscheidung durch fachkundiges Personal zu untersuchen oder durch eine geeignete Stelle untersuchen zu lassen (Selbstüberwachung).

(2) [1] Wer eine Abwasseranlage betreibt, ist verpflichtet, ihren Zustand, ihre Funktionsfähigkeit, ihre Unterhaltung und ihren Betrieb sowie Art und Menge des Abwassers und der Abwasserinhaltsstoffe selbst zu überwachen. [2] Er hat nach Maßgabe einer Rechtsverordnung nach Absatz 3 hierüber Aufzeichnungen anzufertigen, aufzubewahren und auf Verlangen der zuständigen Behörde vorzulegen.

(3) Durch Rechtsverordnung nach § 23 Absatz 1 Nummer 8, 9 und 11 können insbesondere Regelungen über die Ermittlung der Abwassermenge, die Häufigkeit und die Durchführung von Probenahmen, Messungen und Analysen einschließlich der Qualitätssicherung, Aufzeichnungs- und Aufbewahrungspflichten sowie die Voraussetzungen getroffen werden, nach denen keine Pflicht zur Selbstüberwachung besteht.

Abschnitt 3. Umgang mit wassergefährdenden Stoffen

§ 62[1)] Anforderungen an den Umgang mit wassergefährdenden Stoffen.

(1) [1] Anlagen zum Lagern, Abfüllen, Herstellen und Behandeln wassergefährdender Stoffe sowie Anlagen zum Verwenden wassergefährdender Stoffe im Bereich der gewerblichen Wirtschaft und im Bereich öffentlicher Einrichtungen müssen so beschaffen sein und so errichtet, unterhalten, betrieben und stillgelegt werden, dass eine nachteilige Veränderung der Eigenschaften von Gewässern nicht zu besorgen ist. [2] Das Gleiche gilt für Rohrleitungsanlagen, die

1. den Bereich eines Werksgeländes nicht überschreiten,
2. Zubehör einer Anlage zum Umgang mit wassergefährdenden Stoffen sind oder
3. Anlagen verbinden, die in engem räumlichen und betrieblichen Zusammenhang miteinander stehen.

[3] Für Anlagen zum Umschlagen wassergefährdender Stoffe sowie zum Lagern und Abfüllen von Jauche, Gülle und Silagesickersäften sowie von vergleichbaren in der Landwirtschaft anfallenden Stoffen gilt Satz 1 entsprechend mit der Maßgabe, dass der bestmögliche Schutz der Gewässer vor nachteiligen Veränderungen ihrer Eigenschaften erreicht wird.

(2) Anlagen im Sinne des Absatzes 1 dürfen nur entsprechend den allgemein anerkannten Regeln der Technik beschaffen sein sowie errichtet, unterhalten, betrieben und stillgelegt werden.

[1)] § 62 Abs. 4 Nr. 4 neu gef. mWv 18.8.2010 durch G v. 11.8.2010 (BGBl. I S. 1163); Abs. 4 Nr. 1–3 neu gef., Nr. 4–6 eingef., bish. Nr. 4 wird Nr. 7 mWv 14.10.2011 durch G v. 6.10.2011 (BGBl. I S. 1986); Abs. 7 Sätze 1–3 geänd. mWv 15.8.2013 durch G v. 7.8.2013 (BGBl. I S. 3154); Abs. 4 Nr. 2 geänd. mWv 8.9. 2015 durch VO v. 31.8.2015 (BGBl. I S. 1474); Abs. 7 aufgeh. mWv 1.10.2021 durch G v. 18.7.2016 (BGBl. I S. 1666); Abs. 4 Nr. 2 geänd. mWv 27.6.2020 durch VO v. 19.6.2020 (BGBl. I S. 1328); Abs. 4 Nr. 2 geänd. mWv 29.12.2023 durch G v. 22.12.2023 (BGBl. 2023 I Nr. 409).

(3) Wassergefährdende Stoffe[1] im Sinne dieses Abschnitts sind feste, flüssige und gasförmige Stoffe, die geeignet sind, dauernd oder in einem nicht nur unerheblichen Ausmaß nachteilige Veränderungen der Wasserbeschaffenheit herbeizuführen.

(4) Durch Rechtsverordnung nach § 23 Absatz 1 Nummer 5 bis 11 können nähere Regelungen erlassen werden über

1. die Bestimmung der wassergefährdenden Stoffe und ihre Einstufung entsprechend ihrer Gefährlichkeit, über eine hierbei erforderliche Mitwirkung des Umweltbundesamtes und anderer Stellen sowie über Mitwirkungspflichten von Anlagenbetreibern im Zusammenhang mit der Einstufung von Stoffen,
2. die Einsetzung einer Kommission zur Beratung des Bundesministeriums für Umwelt, Naturschutz, nukleare Sicherheit und Verbraucherschutz in Fragen der Stoffeinstufung einschließlich hiermit zusammenhängender organisatorischer Fragen,
3. Anforderungen an die Beschaffenheit und Lage von Anlagen nach Absatz 1,
4. technische Regeln, die den allgemein anerkannten Regeln der Technik entsprechen,
5. Pflichten bei der Planung, der Errichtung, dem Betrieb, dem Befüllen, dem Entleeren, der Instandhaltung, der Instandsetzung, der Überwachung, der Überprüfung, der Reinigung, der Stilllegung und der Änderung von Anlagen nach Absatz 1 sowie Pflichten beim Austreten wassergefährdender Stoffe aus derartigen Anlagen; in der Rechtsverordnung kann die Durchführung bestimmter Tätigkeiten Sachverständigen oder Fachbetrieben vorbehalten werden,
6. Befugnisse der zuständigen Behörde, im Einzelfall Anforderungen an Anlagen nach Absatz 1 festzulegen und den Betreibern solcher Anlagen bestimmte Maßnahmen aufzuerlegen,
7. Anforderungen an Sachverständige und Sachverständigenorganisationen sowie an Fachbetriebe und Güte- und Überwachungsgemeinschaften.

(5) Weitergehende landesrechtliche Vorschriften für besonders schutzbedürftige Gebiete bleiben unberührt.

(6) Die §§ 62 und 63 gelten nicht für Anlagen im Sinne des Absatzes 1 zum Umgang mit

1. Abwasser,
2. Stoffen, die hinsichtlich der Radioaktivität die Freigrenzen des Strahlenschutzrechts überschreiten.

§ 62a[2] Nationales Aktionsprogramm zum Schutz von Gewässern vor Nitrateinträgen aus Anlagen. [1]Das Bundesministerium für Umwelt, Naturschutz, nukleare Sicherheit und Verbraucherschutz erarbeitet im Einvernehmen mit dem Bundesministerium für Ernährung und Landwirtschaft ein nationales Aktionsprogramm im Sinne des Artikels 5 Absatz 1 in Verbindung mit Absatz 4 Buchstabe b, Artikel 4 Absatz 1 Buchstabe a und Anhang II Buchstabe A Nummer 5 der Richtlinie 91/676/EWG des Rates vom 12. Dezember 1991 zum Schutz der Gewässer vor Verunreinigung durch Nitrat aus landwirtschaftlichen Quellen (ABl. L 375 vom 31.12.1991, S. 1), die zuletzt durch die Verordnung (EG) Nr. 1137/2008 (ABl. L

---

[1] Siehe die VO über Anlagen zum Umgang mit wassergefährdenden Stoffen v. 18.4.2017 (BGBl. I S. 905), geänd. durch VO v. 19.6.2020 (*BGBl. I S. 1328*).

[2] § 62a eingef. mWv 29.1.2013 durch G v. 21.1.2013 (BGBl. I S. 95); Satz 1 geänd. mWv 8.9.2015 durch VO v. 31.8.2015 (BGBl. I S. 1474); Satz 1 geänd. mWv 27.6.2020 durch VO v. 19.6.2020 (BGBl. I S. 1328); Satz 1 geänd. mWv 29.12.2023 durch G v. 22.12.2023 (BGBl. 2023 I Nr. 409).

311 vom 21.11.2008, S. 1) geändert worden ist. [2]Dieses enthält insbesondere Angaben zur Beschaffenheit, zur Lage, zur Errichtung und zum Betrieb von Anlagen zum Lagern und Abfüllen von Jauche, Gülle und Silagesickersäften sowie von vergleichbaren in der Landwirtschaft anfallenden Stoffen. [3]Zu dem Entwurf des Aktionsprogramms sowie zu Entwürfen zur Änderung des Aktionsprogramms wird eine Strategische Umweltprüfung nach dem Gesetz über die Umweltverträglichkeitsprüfung[1)] durchgeführt. [4]Das Aktionsprogramm und seine Änderungen sind bei Erlass der Rechtsverordnung auf Grund des § 23 Absatz 1 Nummer 5 bis 11 in Verbindung mit § 62 Absatz 4 zu berücksichtigen.

§ 63[2)] Eignungsfeststellung. (1) [1]Anlagen zum Lagern, Abfüllen oder Umschlagen wassergefährdender Stoffe dürfen nur errichtet, betrieben und wesentlich geändert werden, wenn ihre Eignung von der zuständigen Behörde festgestellt worden ist. [2]§ 13 Absatz 1 und § 17 gelten entsprechend.

(2) [1]Absatz 1 gilt nicht

1. für Anlagen zum Lagern und Abfüllen von Jauche, Gülle und Silagesickersäften sowie von vergleichbaren in der Landwirtschaft anfallenden Stoffen,
2. wenn wassergefährdende Stoffe
   a) kurzzeitig in Verbindung mit dem Transport bereitgestellt oder aufbewahrt werden und die Behälter oder Verpackungen den Vorschriften und Anforderungen für den Transport im öffentlichen Verkehr genügen,
   b) in Laboratorien in der für den Handgebrauch erforderlichen Menge bereitgehalten werden.

[2]Durch Rechtsverordnung nach § 23 Absatz 1 Nummer 5, 6 und 10 kann geregelt werden,

1. unter welchen Voraussetzungen über die Regelungen nach Satz 1 hinaus keine Eignungsfeststellung erforderlich ist,
2. dass über die Regelungen nach Absatz 4 hinaus bestimmte Anlagenteile als geeignet gelten, einschließlich hierfür zu erfüllender Voraussetzungen.

(3) Die Eignungsfeststellung entfällt, wenn

1. für die Anlage eine Baugenehmigung erteilt worden ist und
2. die Baugenehmigung die Einhaltung der wasserrechtlichen Anforderungen voraussetzt.

(4) [1]Folgende Anlagenteile gelten als geeignet:

1. Bauprodukte im Sinne des Artikels 2 Nummer 1 und 2 der Verordnung (EU) Nr. 305/2011[3)] und Bauprodukte im Sinne des Artikels 3 Nummer 1 der Verordnung (EU) 2024/3110, wenn
   a) die Bauprodukte von einer harmonisierten Norm im Sinne des Artikels 2 Nummer 11 der Verordnung (EU) Nr. 305/2011 oder einer harmonisierten *technischen Spezifikation* im Sinne des Artikels 3 Nummer 42 der Verordnung (EU) 2024/3110 erfasst sind oder einer europäischen technischen Bewertung im Sinne des Artikels 2 Nummer 13 der Verordnung (EU) Nr. 305/

[1)] Nr. **295**.

[2)] § 63 Abs. 3 Satz 1 Nr. 1 geänd. mWv 18.8.2010 durch G v. 11.8.2010 (BGBl. I S. 1163); Abs. 3 Satz 1 Nr. 1 neu gef. mWv 1.7.2013 durch G v. 5.12.2012 (BGBl. I S. 2449); Abs. 1, 2 Satz 2 und Abs. 3 neu gef., Abs. 4 und 5 angef. mWv 28.1.2018 durch G v. 18.7.2017 (BGBl. I S. 2771); Abs. 4 Satz 1 Nr. 1 neu gef. mWv 15.1.2026 durch G v. 9.1.2026 (BGBl. 2026 I Nr. 4).

[3)] **Sartorius III Nr. 129.**

2011 oder des Artikels 3 Nummer 19 der Verordnung (EU) 2024/3110 entsprechen und

b) die CE-Kennzeichnung angebracht wurde und

c) die erklärten Leistungen alle wesentlichen dem Gewässerschutz dienenden Merkmale einer harmonisierten Norm im Sinne des Artikels 2 Nummer 11 der Verordnung (EU) Nr. 305/2011, einer harmonisierten technischen Spezifikation im Sinne der Verordnung (EU) 2024/3110 oder einer europäischen technischen Bewertung im Sinne des Artikels 2 Nummer 13 der Verordnung (EU) Nr. 305/2011 oder des Artikels 3 Nummer 19 der Verordnung (EU) 2024/3110 umfassen,

2. serienmäßig hergestellte Bauprodukte, die nicht unter Nummer 1 fallen und für die nach bauordnungsrechtlichen Vorschriften ein Verwendbarkeitsnachweis erteilt wurde, der die Einhaltung der wasserrechtlichen Anforderungen gewährleistet,
3. Anlagenteile, die aus Bauprodukten zusammengefügt werden, sofern hierfür nach bauordnungsrechtlichen Vorschriften eine Bauartgenehmigung oder eine allgemeine bauaufsichtliche Zulassung erteilt wurde, die jeweils die Einhaltung der wasserrechtlichen Anforderungen gewährleistet,
4. Druckgeräte im Sinne von § 2 Satz 1 Nummer 3 der Druckgeräteverordnung vom 13. Mai 2015 (BGBl. I S. 692), die durch Artikel 2 der Verordnung vom 6. April 2016 (BGBl. I S. 597) geändert worden ist, und Baugruppen im Sinne von § 2 Satz 1 Nummer 1 dieser Verordnung, sofern die CE-Kennzeichnung angebracht wurde und die Druckgeräte und Baugruppen in Übereinstimmung mit der Betriebsanleitung und den Sicherheitsinformationen nach § 6 Absatz 3 dieser Verordnung in Betrieb genommen werden, und
5. Maschinen im Sinne von § 2 Nummer 1 bis 4 der Maschinenverordnung[1)] vom 12. Mai 1993 (BGBl. I S. 704), die zuletzt durch Artikel 19 des Gesetzes vom 8. November 2011 (BGBl. I S. 2178) geändert worden ist, sofern die CE-Kennzeichnung angebracht wurde und die Maschinen in Übereinstimmung mit der Betriebsanleitung und den Sicherheitsanforderungen nach § 3 Absatz 2 Nummer 1 dieser Verordnung in Betrieb genommen werden.

[2] Entsprechen bei Bauprodukten nach Satz 1 Nummer 1 die erklärten Leistungen nicht den wasserrechtlichen Anforderungen an die jeweilige Verwendung, muss die Anlage insgesamt so beschaffen sein, dass die wasserrechtlichen Anforderungen erfüllt werden. [3] Bei Anlagenteilen nach Satz 1 Nummer 4 und 5 bleiben die wasserrechtlichen Anforderungen an die Rückhaltung wassergefährdender Stoffe unberührt. [4] Druckgeräte und Baugruppen nach Satz 1 Nummer 4, für die eine Betreiberprüfstelle eine EU-Konformitätserklärung nach § 2 Satz 1 Nummer 10 der Druckgeräteverordnung erteilt hat, bedürfen keiner CE-Kennzeichnung.

(5) [1] Bei serienmäßig hergestellten Bauprodukten, die nicht unter Absatz 4 Satz 1 Nummer 1 fallen, sowie bei Anlagenteilen, die aus Bauprodukten zusammengefügt werden, stehen den Verwendbarkeitsnachweisen nach Absatz 4 Satz 1 Nummer 2 sowie den Bauartgenehmigungen oder allgemeinen bauaufsichtlichen Zulassungen nach Absatz 4 Satz 1 Nummer 3 Zulassungen aus einem anderen Mitgliedstaat der Europäischen Union, einem anderen Vertragsstaat des Abkommens über den Europäischen Wirtschaftsraum oder der Türkei gleich, wenn mit den Zulassungen dauerhaft das gleiche Schutzniveau erreicht wird. [2] Das Ergebnis von Prüfungen von Anlagenteilen nach Satz 1, die bereits in einem anderen Mitglied-

1) **Sartorius ErgBd. Nr. 803a.**

staat der Europäischen Union, einem anderen Vertragsstaat des Abkommens über den Europäischen Wirtschaftsraum oder der Türkei vorgenommen worden sind, ist bei der Eignungsfeststellung zu berücksichtigen

Abschnitt 4. Gewässerschutzbeauftragte

§ 64[1) 2)] **Bestellung von Gewässerschutzbeauftragten.** (1)[3)] Gewässerbenutzer, die an einem Tag mehr als 750 Kubikmeter Abwasser einleiten dürfen, haben unverzüglich einen oder mehrere Betriebsbeauftragte für Gewässerschutz (Gewässerschutzbeauftragte) zu bestellen.

(2) Die zuständige Behörde kann anordnen, dass

1. die Einleiter von Abwasser in Gewässer, für die eine Pflicht zur Bestellung von Gewässerschutzbeauftragten nach Absatz 1 nicht besteht,
2. die Einleiter von Abwasser in Abwasseranlagen,
3. die Betreiber von Anlagen nach § 62 Absatz 1,
4. die Betreiber von Rohrleitungsanlagen nach Nummer 19.3 der Anlage 1 des Gesetzes über die Umweltverträglichkeitsprüfung[4)]

einen oder mehrere Gewässerschutzbeauftragte zu bestellen haben.

(3) Ist nach § 53 des Bundes-Immissionsschutzgesetzes[5)] ein Immissionsschutzbeauftragter oder nach § 59 des Kreislaufwirtschaftsgesetzes[6)] ein Abfallbeauftragter zu bestellen, so kann dieser auch die Aufgaben und Pflichten eines Gewässerschutzbeauftragten nach diesem Gesetz wahrnehmen.

§ 65[7)] **Aufgaben von Gewässerschutzbeauftragten.** (1) [1] Gewässerschutzbeauftragte beraten den Gewässerbenutzer und die Betriebsangehörigen in Angelegenheiten, die für den Gewässerschutz bedeutsam sein können. [2] Sie sind berechtigt und verpflichtet,

1. die Einhaltung von Vorschriften, Nebenbestimmungen und Anordnungen im Interesse des Gewässerschutzes zu überwachen, insbesondere durch regelmäßige Kontrolle der Abwasseranlagen im Hinblick auf die Funktionsfähigkeit, den ordnungsgemäßen Betrieb sowie die Wartung, durch Messungen des Abwassers nach Menge und Eigenschaften, durch Aufzeichnungen der Kontroll- und Messergebnisse; sie haben dem Gewässerbenutzer festgestellte Mängel mitzuteilen und Maßnahmen zu ihrer Beseitigung vorzuschlagen;
2. auf die Anwendung geeigneter Abwasserbehandlungsverfahren einschließlich der Verfahren zur ordnungsgemäßen Verwertung oder Beseitigung der bei der Abwasserbehandlung entstehenden Reststoffe hinzuwirken;
3. auf die Entwicklung und Einführung von
   a) innerbetrieblichen Verfahren zur Vermeidung oder Verminderung des Abwasseranfalls nach Art und Menge,
   b) umweltfreundlichen Produktionen

   hinzuwirken;

---

1) § 64 Abs. 3 geänd. mWv 1.6.2012 durch G v. 24.2.2012 (BGBl. I S. 212).
2) Abweichendes Landesrecht in Bayern siehe Hinweis in BGBl. 2010 I S. 275.
3) Abweichendes Landesrecht in Bayern siehe Hinweis in BGBl. 2015 I S. 153 und in Rheinland-Pfalz siehe Hinweis in BGBl. 2016 I S. 715.
4) Nr. **295**.
5) Nr. **296**.
6) Nr. **298**.
7) § 65 Abs. 2 Satz 1 geänd. mWv 5.4.2017 durch G v. 29.3.2017 (BGBl. I S. 626).

4. die Betriebsangehörigen über die in dem Betrieb verursachten Gewässerbelastungen sowie über die Einrichtungen und Maßnahmen zu ihrer Verhinderung unter Berücksichtigung der wasserrechtlichen Vorschriften aufzuklären.

(2) [1] Gewässerschutzbeauftragte erstatten dem Gewässerbenutzer jährlich einen schriftlichen oder elektronischen Bericht über die nach Absatz 1 Satz 2 Nummer 1 bis 4 getroffenen und beabsichtigten Maßnahmen. [2] Bei EMAS-Standorten ist ein jährlicher Bericht nicht erforderlich, soweit sich gleichwertige Angaben aus dem Bericht über die Umweltbetriebsprüfung ergeben und die Gewässerschutzbeauftragten den Bericht mitgezeichnet haben und mit dem Verzicht auf die Erstellung eines gesonderten jährlichen Berichts einverstanden sind.

(3) Die zuständige Behörde kann im Einzelfall die in den Absätzen 1 und 2 aufgeführten Aufgaben der Gewässerschutzbeauftragten

1. näher regeln,
2. erweitern, soweit es die Belange des Gewässerschutzes erfordern,
3. einschränken, wenn dadurch die ordnungsgemäße Selbstüberwachung nicht beeinträchtigt wird.

§ 66 Weitere anwendbare Vorschriften. Auf das Verhältnis zwischen dem Gewässerbenutzer und den Gewässerschutzbeauftragten finden die §§ 55 bis 58 des Bundes-Immissionsschutzgesetzes[1)] entsprechende Anwendung.

Abschnitt 5. Gewässerausbau, Deich-, Damm- und Küstenschutzbauten

§ 67 Grundsatz, Begriffsbestimmung. (1) Gewässer sind so auszubauen, dass natürliche Rückhalteflächen erhalten bleiben, das natürliche Abflussverhalten nicht wesentlich verändert wird, naturraumtypische Lebensgemeinschaften bewahrt und sonstige nachteilige Veränderungen des Zustands des Gewässers vermieden oder, soweit dies nicht möglich ist, ausgeglichen werden.

(2) [1] Gewässerausbau ist die Herstellung, die Beseitigung und die wesentliche Umgestaltung eines Gewässers oder seiner Ufer. [2] Ein Gewässerausbau liegt nicht vor, wenn ein Gewässer nur für einen begrenzten Zeitraum entsteht und der Wasserhaushalt dadurch nicht erheblich beeinträchtigt wird. [3] Deich- und Dammbauten, die den Hochwasserabfluss beeinflussen, sowie Bauten des Küstenschutzes stehen dem Gewässerausbau gleich.

§ 68[2)] Planfeststellung, Plangenehmigung. (1) Der Gewässerausbau bedarf der Planfeststellung durch die zuständige Behörde.

(2) [1] Für einen Gewässerausbau, für den nach dem Gesetz über die Umweltverträglichkeitsprüfung[3)] keine Verpflichtung zur Durchführung einer Umweltverträglichkeitsprüfung besteht, kann anstelle eines Planfeststellungsbeschlusses eine Plangenehmigung erteilt werden. [2] Die Länder können bestimmen, dass Bauten des Küstenschutzes, für die nach dem Gesetz über die Umweltverträglichkeitsprüfung keine Verpflichtung zur Durchführung einer Umweltverträglichkeitsprüfung besteht, anstelle einer Zulassung nach Satz 1 einer anderen oder keiner Zulassung oder einer Anzeige bedürfen.

(3) Der Plan darf nur festgestellt oder genehmigt werden, wenn

---

[1)] Nr. **296**.
[2)] § 68 Abs. 4 angef. mWv 9.6.2021 durch G v. 2.6.2021 (BGBl. I S. 1295).
[3)] Nr. **295**.

1. eine Beeinträchtigung des Wohls der Allgemeinheit, insbesondere eine erhebliche und dauerhafte, nicht ausgleichbare Erhöhung der Hochwasserrisiken oder eine Zerstörung natürlicher Rückhalteflächen, vor allem in Auwäldern, nicht zu erwarten ist und
2. andere Anforderungen nach diesem Gesetz oder sonstigen öffentlich-rechtlichen Vorschriften erfüllt werden.

(4) Maßnahmen zur wesentlichen Umgestaltung einer Binnenwasserstraße des Bundes oder ihrer Ufer nach § 67 Absatz 2 Satz 1 und 2 führt, soweit sie erforderlich sind, um die Bewirtschaftungsziele nach Maßgabe der §§ 27 bis 31 zu erreichen, die Wasserstraßen- und Schifffahrtsverwaltung des Bundes im Rahmen ihrer Aufgaben nach dem Bundeswasserstraßengesetz[1] hoheitlich durch.

§ 69 Abschnittsweise Zulassung, vorzeitiger Beginn. (1) Gewässerausbauten einschließlich notwendiger Folgemaßnahmen, die wegen ihres räumlichen oder zeitlichen Umfangs in selbständigen Abschnitten oder Stufen durchgeführt werden, können in entsprechenden Teilen zugelassen werden, wenn dadurch die erforderliche Einbeziehung der erheblichen Auswirkungen des gesamten Vorhabens auf die Umwelt nicht ganz oder teilweise unmöglich wird.

(2) § 17 gilt entsprechend für die Zulassung des vorzeitigen Beginns in einem Planfeststellungsverfahren und einem Plangenehmigungsverfahren nach § 68.

§ 70[2] Anwendbare Vorschriften, Verfahren. (1) [1] Für die Planfeststellung und die Plangenehmigung gelten § 13 Absatz 1 und § 14 Absatz 3 bis 6 entsprechend; im Übrigen gelten die §§ 72 bis 78 des Verwaltungsverfahrensgesetzes[3]. [2] § 11a Absatz 1 Satz 2 und Absatz 2 bis 7 gilt entsprechend für die Erteilung von Planfeststellungen und Plangenehmigungen im Zusammenhang mit der Errichtung, dem Betrieb und der Modernisierung von

1. Anlagen zur Nutzung von Wasserkraft, ausgenommen Pumpspeicherkraftwerke, und
2. Wärmepumpen, die das Wasser eines oberirdischen Gewässers als Wärmequelle nutzen;

die §§ 71a bis 71e des Verwaltungsverfahrensgesetzes sind anzuwenden. [3] Für die Planfeststellung und die Plangenehmigung für einen Gewässerausbau im Zusammenhang mit der Errichtung, dem Betrieb und der Modernisierung von Anlagen oder Leitungen nach § 2 Absatz 1 des Wasserstoffbeschleunigungsgesetzes gilt § 11a Absatz 1 Satz 2, Absatz 4 bis 7 Satz 1 bis 6 entsprechend mit der Maßgabe, dass die Frist zur Erteilung der Planfeststellung oder der Plangenehmigung ein Jahr mit einer einmaligen Verlängerungsmöglichkeit von sechs Monaten beträgt.

(2) Das Planfeststellungsverfahren für einen Gewässerausbau, für den nach dem Gesetz über die Umweltverträglichkeitsprüfung[4] eine Verpflichtung zur Durchführung einer Umweltverträglichkeitsprüfung besteht, muss den Anforderungen *des Gesetzes über die* Umweltverträglichkeitsprüfung entsprechen.

(3) Erstreckt sich ein beabsichtigter Ausbau auf ein Gewässer, das der Verwaltung mehrerer Länder untersteht, und ist ein Einvernehmen über den Ausbauplan

[1] Nr. **971**.

[2] § 70 Abs. 1 Satz 2 angef. mWv 31.8.2021 durch G v. 18.8.2021 (BGBl. I S. 3901); Abs. 1 Satz 2 neu gef. mWv 15.8.2025 durch G v. 12.8.2025 (BGBl. 2025 I Nr. 189); Abs. 1 Satz 3, Abs. 4 angef. mWv 2.4. 2026 durch G v. 29.3.2026 (BGBl. 2026 I Nr. 84).

[3] Nr. **100**.

[4] Nr. **295**.

nicht zu erreichen, so soll die Bundesregierung auf Antrag eines beteiligten Landes zwischen den Ländern vermitteln.

(4) [1] Für die Erteilung von Planfeststellungen und Plangenehmigungen nach Absatz 1 Satz 3 sind abweichend von § 73 Absatz 6 Satz 1 und § 74 Absatz 4 bis 6 Satz 2 dritter Teilsatz des Verwaltungsverfahrensgesetzes in Verbindung mit § 27 Absatz 1 Satz 1 des Gesetzes über die Umweltverträglichkeitsprüfung die Sätze 2 bis 5 anzuwenden. [2] Nach Ablauf der Einwendungsfrist kann die Genehmigungsbehörde die rechtzeitig gegen das Vorhaben erhobenen Einwendungen mit dem Antragsteller und denjenigen, die Einwendungen erhoben haben, erörtern. [3] Der Planfeststellungsbeschluss oder die Plangenehmigung wird dem Träger des Vorhabens zugestellt. [4] Im Übrigen wird der Planfeststellungsbeschluss oder die Plangenehmigung öffentlich bekannt gegeben. [5] Die öffentliche Bekanntgabe wird dadurch bewirkt, dass die Entscheidung auf der Internetseite der zuständigen Behörde und durch eine Veröffentlichung in einer Tageszeitung oder auf andere Weise öffentlich bekannt gemacht wird.

§ 70a[1)] Planfeststellungsverfahren bei Häfen im transeuropäischen Verkehrsnetz. (1) [1] Wird ein Planfeststellungsverfahren oder ein Plangenehmigungsverfahren für einen Gewässerausbau nach § 68 durchgeführt, ist dieses innerhalb von vier Jahren abzuschließen, wenn

1. der Gewässerausbau der Erweiterung eines Seehafens oder Binnenhafens für den Güterverkehr nach Anlage 3 dient und
2. die geschätzten Gesamtkosten der Erweiterung zum Zeitpunkt der Einleitung des Planfeststellungsverfahrens oder des Plangenehmigungsverfahrens 300 000 000 Euro überschreiten.

[2] Die Frist beginnt mit dem Eingang des vollständigen Plans bei der einheitlichen Stelle nach Absatz 2 oder bei der Anhörungsbehörde und der Planfeststellungsbehörde. [3] Diese sowie alle am Planfeststellungsverfahren oder am Plangenehmigungsverfahren beteiligten Behörden sind bestrebt, den Planfeststellungsverfahren oder Plangenehmigungsverfahren nach Satz 1 Vorrang bei der Bearbeitung einzuräumen. [4] Dabei ist das Beschleunigungsinteresse an anderen Vorhaben, die im überragenden öffentlichen Interesse stehen oder der öffentlichen Sicherheit dienen, zu beachten.

(2) [1] Auf Antrag des Trägers eines Vorhabens nach Absatz 1 Satz 1 sind das Planfeststellungsverfahren oder Plangenehmigungsverfahren sowie alle sonstigen Zulassungsverfahren, die für die Erweiterung des Seehafens oder Binnenhafens für den Güterverkehr nach Anlage 3 nach Bundesrecht oder Landesrecht erforderlich sind, über eine einheitliche Stelle abzuwickeln. [2] Die einheitliche Stelle hat im Internet Informationen dazu zu veröffentlichen, für welche Vorhaben sie zuständig ist und welche weiteren einheitlichen Stellen im jeweiligen Land für Vorhaben nach Absatz 1 Satz 1 zuständig sind.

(3) [1] Die Planfeststellungsbehörde oder die einheitliche Stelle hat dem Vorhabenträger auf dessen Antrag Auskunft zu erteilen über

1. sämtliche für die Erteilung des Planfeststellungsbeschlusses oder der Plangenehmigung beizubringende Informationen und Unterlagen, einschließlich aller Stellungnahmen, die für den Planfeststellungsbeschluss oder die Plangenehmigung eingeholt und vorgelegt werden müssen,

---

[1)] § 70a eingef. mWv 29.12.2023 durch G v. 22.12.2023 (BGBl. 2023 I Nr. 409).

2. weitere Zulassungen, die für die Erweiterung des Seehafens oder Binnenhafens erforderlich sind, und die für die Erteilung dieser Zulassungen zuständigen Behörden.

[2] Weist das Vorhaben nicht die erforderliche Reife auf, so ist der Antrag spätestens vier Monate nach seinem Eingang bei der zuständigen Behörde abzulehnen.

(4) [1] Auf Antrag der Planfeststellungsbehörde kann die zuständige oberste Landesbehörde oder eine andere von ihr bestimmte Behörde die Frist nach Absatz 1 Satz 1 verlängern. [2] Im Antrag sind die Gründe für die Fristüberschreitung darzulegen. Eine weitere Verlängerung kann unter denselben Bedingungen einmal gewährt werden.

(5) Die Absätze 1 bis 4 finden keine Anwendung auf Vorhaben, deren Plan vor dem 10. August 2023 bei der Anhörungsbehörde und Planfeststellungsbehörde oder bei der einheitlichen Stelle eingereicht wurde.

(6) Zur Vorbereitung der Berichterstattung an die Europäische Kommission gilt für Planfeststellungsverfahren und Plangenehmigungsverfahren für Gewässerausbauten nach Absatz 1 Satz 1 § 10c des Luftverkehrsgesetzes[1)] entsprechend.

(7) Die Absätze 1 bis 6 finden keine Anwendung, wenn für die Erweiterung eines Seehafens oder Binnenhafens für den Güterverkehr nach Anlage 3 anstelle eines Planfeststellungsverfahrens oder Plangenehmigungsverfahrens nach § 68 nach landesrechtlichen Vorschriften ein anderes Zulassungsverfahren durchzuführen ist.

(Fortsetzung nächstes Blatt)

[1)] Sartorius ErgBd. Nr. 975.

§ 71[1] **Enteignungsrechtliche Regelungen.** (1) [1] Dient der Gewässerausbau dem Wohl der Allgemeinheit, so kann bei der Feststellung des Plans bestimmt werden, dass für seine Durchführung die Enteignung zulässig ist. [2] Satz 1 gilt für die Plangenehmigung entsprechend, wenn Rechte anderer nur unwesentlich beeinträchtigt werden. [3] In den Fällen der Sätze 1 und 2 ist die Feststellung der Zulässigkeit der Enteignung nicht selbständig anfechtbar.

(2) [1] Die Enteignung ist zum Wohl der Allgemeinheit zulässig, soweit sie zur Durchführung eines festgestellten oder genehmigten Plans notwendig ist, der dem Küsten- oder Hochwasserschutz dient. [2] Abweichend von Absatz 1 Satz 1, auch in Verbindung mit Satz 2, bedarf es keiner Bestimmung bei der Feststellung oder Genehmigung des Plans. [3] Weitergehende Rechtsvorschriften der Länder bleiben unberührt.

(3) Der festgestellte oder genehmigte Plan ist dem Enteignungsverfahren zugrunde zu legen und für die Enteignungsbehörde bindend.

(4) Im Übrigen gelten die Enteignungsgesetze der Länder.

§ 71a[2] **Vorzeitige Besitzeinweisung.** (1) Die zuständige Behörde hat den Träger eines Vorhabens zum Küsten- oder Hochwasserschutz auf Antrag nach der Feststellung des Plans oder nach der Erteilung der Plangenehmigung in den Besitz einzuweisen, wenn

1. der Eigentümer oder Besitzer eines Grundstücks, das für das Vorhaben benötigt wird, sich weigert, den Besitz durch Vereinbarung unter Vorbehalt aller Entschädigungsansprüche dem Träger des Vorhabens zu überlassen,
2. der sofortige Beginn von Bauarbeiten aus Gründen eines wirksamen Küsten- oder Hochwasserschutzes geboten ist und
3. der Planfeststellungsbeschluss oder die Plangenehmigung vollziehbar ist.

(2) § 20 Absatz 2 bis 7 des Bundeswasserstraßengesetzes[3] gilt entsprechend.

(3) Weitergehende Rechtsvorschriften der Länder bleiben unberührt.

Abschnitt 6. Hochwasserschutz

§ 72[4] **Hochwasser.** [1] Hochwasser ist eine zeitlich beschränkte Überschwemmung von normalerweise nicht mit Wasser bedecktem Land, insbesondere durch oberirdische Gewässer oder durch in Küstengebiete eindringendes Meerwasser. [2] Davon ausgenommen sind Überschwemmungen aus Abwasseranlagen.

§ 73 Bewertung von Hochwasserrisiken, Risikogebiete. (1) [1] Die zuständigen Behörden bewerten das Hochwasserrisiko und bestimmen danach die Gebiete mit signifikantem Hochwasserrisiko (Risikogebiete). [2] Hochwasserrisiko ist die Kombination der Wahrscheinlichkeit des Eintritts eines Hochwasserereignisses mit den möglichen nachteiligen Hochwasserfolgen für die menschliche Gesundheit, die Umwelt, das Kulturerbe, wirtschaftliche Tätigkeiten und erhebliche Sachwerte.

---

[1] § 71 neu gef. mWv 5.1.2018 durch G v. 30.6.2017 (BGBl. I S. 2193).
[2] § 71a eingef. mWv 5.1.2018 durch G v. 30.6.2017 (BGBl. I S. 2193).
[3] Nr. **971**.
[4] § 72 neu gef. mWv 1.8.2013 durch G v. 21.1.2013 (BGBl. I S. 95).

(2) Die Risikobewertung muss den Anforderungen nach Artikel 4 Absatz 2 der Richtlinie 2007/60/EG des Europäischen Parlaments und des Rates vom 23. Oktober 2007 über die Bewertung und das Management von Hochwasserrisiken (ABl. L 288 vom 6.11.2007, S. 27) entsprechen.

(3) [1] Die Bewertung der Hochwasserrisiken und die Bestimmung der Risikogebiete erfolgen für jede Flussgebietseinheit. [2] Die Länder können bestimmte Küstengebiete, einzelne Einzugsgebiete oder Teileinzugsgebiete zur Bewertung der Risiken und zur Bestimmung der Risikogebiete statt der Flussgebietseinheit einer anderen Bewirtschaftungseinheit zuordnen.

(4) [1] Die zuständigen Behörden tauschen für die Risikobewertung bedeutsame Informationen mit den zuständigen Behörden anderer Länder und Mitgliedstaaten der Europäischen Union aus, in deren Hoheitsgebiet die nach Absatz 3 maßgebenden Bewirtschaftungseinheiten auch liegen. [2] Für die Bestimmung der Risikogebiete gilt § 7 Absatz 2 und 3 entsprechend.

(5) [1] Die Hochwasserrisiken sind bis zum 22. Dezember 2011 zu bewerten. [2] Die Bewertung ist nicht erforderlich, wenn die zuständigen Behörden vor dem 22. Dezember 2010

1. nach Durchführung einer Bewertung des Hochwasserrisikos festgestellt haben, dass ein mögliches signifikantes Risiko für ein Gebiet besteht oder als wahrscheinlich gelten kann und eine entsprechende Zuordnung des Gebietes erfolgt ist oder
2. Gefahrenkarten und Risikokarten gemäß § 74 sowie Risikomanagementpläne gemäß § 75 erstellt oder ihre Erstellung beschlossen haben.

(6) [1] Die Risikobewertung und die Bestimmung der Risikogebiete nach Absatz 1 sowie die Entscheidungen und Maßnahmen nach Absatz 5 Satz 2 sind bis zum 22. Dezember 2018 und danach alle sechs Jahre zu überprüfen und erforderlichenfalls zu aktualisieren. [2] Dabei ist den voraussichtlichen Auswirkungen des Klimawandels auf das Hochwasserrisiko Rechnung zu tragen.

§ 74[1)] Gefahrenkarten und Risikokarten. (1) Die zuständigen Behörden erstellen für die Risikogebiete in den nach § 73 Absatz 3 maßgebenden Bewirtschaftungseinheiten Gefahrenkarten und Risikokarten in dem Maßstab, der hierfür am besten geeignet ist.

(2) [1] Gefahrenkarten erfassen die Gebiete, die bei folgenden Hochwasserereignissen überflutet werden:

1. Hochwasser mit niedriger Wahrscheinlichkeit (voraussichtliches Wiederkehrintervall mindestens 200 Jahre) oder bei Extremereignissen,
2. Hochwasser mit mittlerer Wahrscheinlichkeit (voraussichtliches Wiederkehrintervall mindestens 100 Jahre),
3. soweit erforderlich, Hochwasser mit hoher Wahrscheinlichkeit.

[2] Die Erstellung von Gefahrenkarten für ausreichend geschützte Küstengebiete und für Gebiete, in denen Überschwemmungen aus Grundwasser stammen, kann auf Gebiete nach Satz 1 Nummer 1 beschränkt werden.

---

1) § 74 Abs. 2 Satz 2 geänd. mWv 1.8.2013 durch G v. 21.1.2013 (BGBl. I S. 95); Abs. 2 Satz 1 Nr. 1 neu gef. mWv 5.1.2018 durch G v. 30.6.2017 (BGBl. I S. 2193).

(3) Gefahrenkarten müssen jeweils für die Gebiete nach Absatz 2 Satz 1 Angaben enthalten

1. zum Ausmaß der Überflutung,
2. zur Wassertiefe oder, soweit erforderlich, zum Wasserstand,
3. soweit erforderlich, zur Fließgeschwindigkeit oder zum für die Risikobewertung bedeutsamen Wasserabfluss.

(4) [1] Risikokarten erfassen mögliche nachteilige Folgen der in Absatz 2 Satz 1 genannten Hochwasserereignisse. [2] Sie müssen die nach Artikel 6 Absatz 5 der Richtlinie 2007/60/EG erforderlichen Angaben enthalten.

(5) [1] Die zuständigen Behörden haben vor der Erstellung von Gefahrenkarten und Risikokarten für Risikogebiete, die auch auf dem Gebiet anderer Länder oder anderer Mitgliedstaaten der Europäischen Union liegen, mit deren zuständigen Behörden Informationen auszutauschen. [2] Für den Informationsaustausch mit anderen Staaten gilt § 7 Absatz 3 Nummer 2 entsprechend.

(6) [1] Die Gefahrenkarten und Risikokarten sind bis zum 22. Dezember 2013 zu erstellen. [2] Satz 1 gilt nicht, wenn bis zum 22. Dezember 2010 vergleichbare Karten vorliegen, deren Informationsgehalt den Anforderungen der Absätze 2 bis 4 entspricht. [3] Alle Karten sind bis zum 22. Dezember 2019 und danach alle sechs Jahre zu überprüfen und erforderlichenfalls zu aktualisieren. [4] Dabei umfasst die Überprüfung der Karten nach Satz 2 zum 22. Dezember 2019 auch ihre Übereinstimmung mit den Anforderungen der Absätze 2 und 4.

§ 75 Risikomanagementpläne. (1) [1] Die zuständigen Behörden stellen für die Risikogebiete auf der Grundlage der Gefahrenkarten und Risikokarten Risikomanagementpläne nach den Vorschriften der Absätze 2 bis 6 auf. [2] § 7 Absatz 4 Satz 1 gilt entsprechend.

(2) [1] Risikomanagementpläne dienen dazu, die nachteiligen Folgen, die an oberirdischen Gewässern mindestens von einem Hochwasser mit mittlerer Wahrscheinlichkeit und beim Schutz von Küstengebieten mindestens von einem Extremereignis ausgehen, zu verringern, soweit dies möglich und verhältnismäßig ist. [2] Die Pläne legen für die Risikogebiete angemessene Ziele für das Risikomanagement fest, insbesondere zur Verringerung möglicher nachteiliger Hochwasserfolgen für die in § 73 Absatz 1 Satz 2 genannten Schutzgüter und, soweit erforderlich, für nichtbauliche Maßnahmen der Hochwasservorsorge und für die Verminderung der Hochwasserwahrscheinlichkeit.

(3) [1] In die Risikomanagementpläne sind zur Erreichung der nach Absatz 2 festgelegten Ziele Maßnahmen aufzunehmen. [2] Risikomanagementpläne müssen mindestens die im Anhang der Richtlinie 2007/60/EG genannten Angaben enthalten und die Anforderungen nach Artikel 7 Absatz 3 Satz 2 bis 4 dieser Richtlinie erfüllen.

(4) [1] Risikomanagementpläne dürfen keine Maßnahmen enthalten, die das Hochwasserrisiko für andere Länder und Staaten im selben Einzugsgebiet oder Teileinzugsgebiet erheblich erhöhen. [2] Satz 1 gilt nicht, wenn die Maßnahmen mit dem betroffenen Land oder Staat koordiniert worden sind und im Rahmen des § 80 eine einvernehmliche Lösung gefunden worden ist.

(5) [1] Liegen die nach § 73 Absatz 3 maßgebenden Bewirtschaftungseinheiten vollständig auf deutschem Hoheitsgebiet, ist ein einziger Risikomanagementplan oder sind mehrere auf der Ebene der Flussgebietseinheit koordinierte

Risikomanagementpläne zu erstellen. [2] Für die Koordinierung der Risikomanagementpläne mit anderen Staaten gilt § 7 Absatz 3 entsprechend mit dem Ziel, einen einzigen Risikomanagementplan oder mehrere auf der Ebene der Flussgebietseinheit koordinierte Pläne zu erstellen. [3] Gelingt dies nicht, so ist auf eine möglichst weitgehende Koordinierung nach Satz 2 hinzuwirken.

(6) [1] Die Risikomanagementpläne sind bis zum 22. Dezember 2015 zu erstellen. [2] Satz 1 gilt nicht, wenn bis zum 22. Dezember 2010 vergleichbare Pläne vorliegen, deren Informationsgehalt den Anforderungen der Absätze 2 bis 4 entspricht. [3] Alle Pläne sind bis zum 22. Dezember 2021 und danach alle sechs Jahre unter Berücksichtigung der voraussichtlichen Auswirkungen des Klimawandels auf das Hochwasserrisiko zu überprüfen und erforderlichenfalls zu aktualisieren. [4] Dabei umfasst die Überprüfung der vergleichbaren Pläne im Sinne von Satz 2 zum 22. Dezember 2021 auch ihre Übereinstimmung mit den Anforderungen der Absätze 2 bis 4.

§ 76[1)] Überschwemmungsgebiete an oberirdischen Gewässern.

(1) [1] Überschwemmungsgebiete sind Gebiete zwischen oberirdischen Gewässern und Deichen oder Hochufern und sonstige Gebiete, die bei Hochwasser eines oberirdischen Gewässers überschwemmt oder durchflossen oder die für Hochwasserentlastung oder Rückhaltung beansprucht werden. [2] Dies gilt nicht für Gebiete, die überwiegend von den Gezeiten beeinflusst sind, soweit durch Landesrecht nichts anderes bestimmt ist.

(2) [1] Die Landesregierung setzt durch Rechtsverordnung

1. innerhalb der Risikogebiete oder der nach § 73 Absatz 5 Satz 2 Nummer 1 zugeordneten Gebiete mindestens die Gebiete, in denen ein Hochwasserereignis statistisch einmal in 100 Jahren zu erwarten ist, und
2. die zur Hochwasserentlastung und Rückhaltung beanspruchten Gebiete

als Überschwemmungsgebiete fest. [2] Gebiete nach Satz 1 Nummer 1 sind bis zum 22. Dezember 2013 festzusetzen. [3] Die Festsetzungen sind an neue Erkenntnisse anzupassen. [4] Die Landesregierung kann die Ermächtigung nach Satz 1 durch Rechtsverordnung auf andere Landesbehörden übertragen.

(3) Noch nicht nach Absatz 2 festgesetzte Überschwemmungsgebiete sind zu ermitteln, in Kartenform darzustellen und vorläufig zu sichern.

(4) [1] Die Öffentlichkeit ist über die vorgesehene Festsetzung von Überschwemmungsgebieten zu informieren; ihr ist Gelegenheit zur Stellungnahme zu geben. [2] Sie ist über die festgesetzten und vorläufig gesicherten Gebiete einschließlich der in ihnen geltenden Schutzbestimmungen sowie über die Maßnahmen zur Vermeidung von nachteiligen Hochwasserfolgen zu informieren.

§ 77[2)] Rückhalteflächen, Bevorratung. (1) [1] Überschwemmungsgebiete im Sinne des § 76 sind in ihrer Funktion als Rückhalteflächen zu erhalten. [2] Soweit überwiegende Gründe des Wohls der Allgemeinheit dem entgegenstehen, sind rechtzeitig die notwendigen Ausgleichsmaßnahmen zu treffen.

[1)] § 76 Abs. 1 Satz 1 geänd. mWv 1.8.2013 durch G v. 21.1.2013 (BGBl. I S. 95).

[2)] § 77 Überschrift geänd., bish. Sätze 1 und 2 werden Abs. 1, bish. Satz 3 wird Abs. 2, Abs. 1 Satz 3 angef. mWv 5.1.2018 durch G v. 30.6.2017 (BGBl. I S. 2193).

[3] Ausgleichsmaßnahmen nach Satz 2 können auch Maßnahmen mit dem Ziel des Küstenschutzes oder des Schutzes vor Hochwasser sein, die

1. zum Zweck des Ausgleichs künftiger Verluste an Rückhalteflächen getroffen werden oder
2. zugleich als Ausgleichs- oder Ersatzmaßnahme nach § 15 Absatz 2 des Bundesnaturschutzgesetzes[1)] dienen oder nach § 16 Absatz 1 des Bundesnaturschutzgesetzes anzuerkennen sind.

(2) Frühere Überschwemmungsgebiete, die als Rückhalteflächen geeignet sind, sollen so weit wie möglich wiederhergestellt werden, wenn überwiegende Gründe des Wohls der Allgemeinheit dem nicht entgegenstehen.

§ 78[2)] Bauliche Schutzvorschriften für festgesetzte Überschwemmungsgebiete. (1) [1] In festgesetzten Überschwemmungsgebieten ist die Ausweisung neuer Baugebiete im Außenbereich in Bauleitplänen oder in sonstigen Satzungen nach dem Baugesetzbuch[3)] untersagt. [2] Satz 1 gilt nicht, wenn die Ausweisung ausschließlich der Verbesserung des Hochwasserschutzes dient, sowie für Bauleitpläne für Häfen und Werften.

(2) [1] Die zuständige Behörde kann abweichend von Absatz 1 Satz 1 die Ausweisung neuer Baugebiete ausnahmsweise zulassen, wenn

1. keine anderen Möglichkeiten der Siedlungsentwicklung bestehen oder geschaffen werden können,
2. das neu auszuweisende Gebiet unmittelbar an ein bestehendes Baugebiet angrenzt,
3. eine Gefährdung von Leben oder Gesundheit oder erhebliche Sachschäden nicht zu erwarten sind,
4. der Hochwasserabfluss und die Höhe des Wasserstandes nicht nachteilig beeinflusst werden,
5. die Hochwasserrückhaltung nicht beeinträchtigt und der Verlust von verloren gehendem Rückhalteraum umfang-, funktions- und zeitgleich ausgeglichen wird,
6. der bestehende Hochwasserschutz nicht beeinträchtigt wird,
7. keine nachteiligen Auswirkungen auf Oberlieger und Unterlieger zu erwarten sind,
8. die Belange der Hochwasservorsorge beachtet sind und
9. die Bauvorhaben so errichtet werden, dass bei dem Bemessungshochwasser nach § 76 Absatz 2 Satz 1, das der Festsetzung des Überschwemmungsgebietes zugrunde liegt, keine baulichen Schäden zu erwarten sind.

[2] Bei der Prüfung der Voraussetzungen des Satzes 1 Nummer 3 bis 8 sind auch die Auswirkungen auf die Nachbarschaft zu berücksichtigen.

(3) [1] In festgesetzten Überschwemmungsgebieten hat die Gemeinde bei der Aufstellung, Änderung oder Ergänzung von Bauleitplänen für die Gebiete, die nach § 30 Absatz 1 und 2 oder § 34 des Baugesetzbuches zu beurteilen sind, in der

---

[1)] Nr. **880**.

[2)] § 78 neu gef. mWv 5.1.2018 durch G v. 30.6.2017 (BGBl. I S. 2193); Abs. 5 Satz 3 angef. mWv 31.8.2021 durch G v. 18.8.2021 (BGBl. I S. 3901); Abs. 3 Satz 3 geänd. mWv 7.7.2023 durch G v. 3.7.2023 (BGBl. 2023 I Nr. 176); Abs. 5 Satz 3 geänd. mWv 15.8.2025 durch G v. 12.8.2025 (BGBl. 2025 I Nr. 189).

[3)] Nr. **300**.

Abwägung nach § 1 Absatz 7 des Baugesetzbuches insbesondere zu berücksichtigen:

1. die Vermeidung nachteiliger Auswirkungen auf Oberlieger und Unterlieger,
2. die Vermeidung einer Beeinträchtigung des bestehenden Hochwasserschutzes und
3. die hochwasserangepasste Errichtung von Bauvorhaben.

[2] Dies gilt für Satzungen nach § 34 Absatz 4 und § 35 Absatz 6 des Baugesetzbuches entsprechend. [3] Die zuständige Behörde hat der Gemeinde die hierfür erforderlichen Informationen nach § 4 Absatz 2 Satz 6 des Baugesetzbuches zur Verfügung zu stellen.

(4) [1] In festgesetzten Überschwemmungsgebieten ist die Errichtung oder Erweiterung baulicher Anlagen nach den §§ 30, 33, 34 und 35 des Baugesetzbuches untersagt. [2] Satz 1 gilt nicht für Maßnahmen des Gewässerausbaus, des Baus von Deichen und Dämmen, der Gewässer- und Deichunterhaltung und des Hochwasserschutzes sowie des Messwesens.

(5) [1] Die zuständige Behörde kann abweichend von Absatz 4 Satz 1 die Errichtung oder Erweiterung einer baulichen Anlage im Einzelfall genehmigen, wenn

1. das Vorhaben
   a) die Hochwasserrückhaltung nicht oder nur unwesentlich beeinträchtigt und der Verlust von verloren gehendem Rückhalteraum umfang-, funktions- und zeitgleich ausgeglichen wird,
   b) den Wasserstand und den Abfluss bei Hochwasser nicht nachteilig verändert,
   c) den bestehenden Hochwasserschutz nicht beeinträchtigt und
   d) hochwasserangepasst ausgeführt wird oder
2. die nachteiligen Auswirkungen durch Nebenbestimmungen ausgeglichen werden können.

[2] Bei der Prüfung der Voraussetzungen des Satzes 1 sind auch die Auswirkungen auf die Nachbarschaft zu berücksichtigen. [3] Für die Erteilung der Genehmigung gilt § 11a Absatz 4 bis 7 entsprechend, wenn es sich um eine Anlage zur Erzeugung von Energie aus erneuerbaren Quellen handelt.

(6) [1] Bei der Festsetzung nach § 76 Absatz 2 kann die Errichtung oder Erweiterung baulicher Anlagen auch allgemein zugelassen werden, wenn sie

1. in gemäß Absatz 2 neu ausgewiesenen Gebieten nach § 30 des Baugesetzbuches den Vorgaben des Bebauungsplans entsprechen oder
2. ihrer Bauart nach so beschaffen sind, dass die Einhaltung der Voraussetzungen des Absatzes 5 Satz 1 Nummer 1 gewährleistet ist.

[2] In den Fällen des Satzes 1 bedarf das Vorhaben einer Anzeige.

(7) Bauliche Anlagen der Verkehrsinfrastruktur, die nicht unter Absatz 4 fallen, dürfen nur hochwasserangepasst errichtet oder erweitert werden.

(8) Für nach § 76 Absatz 3 ermittelte, in Kartenform dargestellte und vorläufig gesicherte Gebiete gelten die Absätze 1 bis 7 entsprechend.

§ 78a[1] Sonstige Schutzvorschriften für festgesetzte Überschwemmungsgebiete. (1) [1] In festgesetzten Überschwemmungsgebieten ist Folgendes untersagt:

1. die Errichtung von Mauern, Wällen oder ähnlichen Anlagen, die den Wasserabfluss behindern können,
2. das Aufbringen und Ablagern von wassergefährdenden Stoffen auf dem Boden, es sei denn, die Stoffe dürfen im Rahmen einer ordnungsgemäßen Land- und Forstwirtschaft eingesetzt werden,
3. die Lagerung von wassergefährdenden Stoffen außerhalb von Anlagen,
4. das Ablagern und das nicht nur kurzfristige Lagern von Gegenständen, die den Wasserabfluss behindern können oder die fortgeschwemmt werden können,
5. das Erhöhen oder Vertiefen der Erdoberfläche,
6. das Anlegen von Baum- und Strauchpflanzungen, soweit diese den Zielen des vorsorgenden Hochwasserschutzes gemäß § 6 Absatz 1 Satz 1 Nummer 6 und § 75 Absatz 2 entgegenstehen,
7. die Umwandlung von Grünland in Ackerland,
8. die Umwandlung von Auwald in eine andere Nutzungsart.

[2] Satz 1 gilt nicht für Maßnahmen des Gewässerausbaus, des Baus von Deichen und Dämmen, der Gewässer- und Deichunterhaltung, des Hochwasserschutzes, einschließlich Maßnahmen zur Verbesserung oder Wiederherstellung des Wasserzuflusses oder des Wasserabflusses auf Rückhalteflächen, für Maßnahmen des Messwesens sowie für Handlungen, die für den Betrieb von zugelassenen Anlagen oder im Rahmen zugelassener Gewässerbenutzungen erforderlich sind.

(2) [1] Die zuständige Behörde kann im Einzelfall Maßnahmen nach Absatz 1 Satz 1 zulassen, wenn

1. Belange des Wohls der Allgemeinheit dem nicht entgegenstehen,
2. der Hochwasserabfluss und die Hochwasserrückhaltung nicht wesentlich beeinträchtigt werden und
3. eine Gefährdung von Leben oder Gesundheit oder erhebliche Sachschäden nicht zu befürchten sind

oder wenn die nachteiligen Auswirkungen durch Nebenbestimmungen ausgeglichen werden können. [2] Die Zulassung kann, auch nachträglich, mit Nebenbestimmungen versehen oder widerrufen werden. [3] Bei der Prüfung der Voraussetzungen des Satzes 1 Nummer 2 und 3 sind auch die Auswirkungen auf die Nachbarschaft zu berücksichtigen.

(3) Im Falle einer unmittelbar bevorstehenden Hochwassergefahr sind Gegenstände nach Absatz 1 Nummer 4 durch ihren Besitzer unverzüglich aus dem Gefahrenbereich zu entfernen.

(4) In der Rechtsverordnung nach § 76 Absatz 2 können Maßnahmen nach Absatz 1 Satz 1 Nummer 1 bis 8 auch allgemein zugelassen werden.

(5) [1] In der Rechtsverordnung nach § 76 Absatz 2 sind weitere Maßnahmen zu bestimmen oder Vorschriften zu erlassen, soweit dies erforderlich ist

---

[1] § 78a eingef. mWv 5.1.2018 durch G v. 30.6.2017 (BGBl. I S. 2193).

1. zum Erhalt oder zur Verbesserung der ökologischen Strukturen der Gewässer und ihrer Überflutungsflächen,
2. zur Vermeidung oder Verringerung von Erosion oder von erheblich nachteiligen Auswirkungen auf Gewässer, die insbesondere von landwirtschaftlich genutzten Flächen ausgehen,
3. zum Erhalt oder zur Gewinnung, insbesondere Rückgewinnung, von Rückhalteflächen,
4. zur Regelung des Hochwasserabflusses,
5. zum hochwasserangepassten Umgang mit wassergefährdenden Stoffen,
6. zur Vermeidung von Störungen der Wasserversorgung und der Abwasserbeseitigung.

[2] Festlegungen nach Satz 1 können in Fällen der Eilbedürftigkeit auch durch behördliche Entscheidungen getroffen werden. [3] Satz 2 gilt nicht für Anlagen der Verkehrsinfrastruktur. [4] Werden bei der Rückgewinnung von Rückhalteflächen Anordnungen getroffen, die erhöhte Anforderungen an die ordnungsgemäße land- oder forstwirtschaftliche Nutzung eines Grundstücks festsetzen, so gilt § 52 Absatz 5 entsprechend.

(6) Für nach § 76 Absatz 3 ermittelte, in Kartenform dargestellte und vorläufig gesicherte Gebiete gelten die Absätze 1 bis 5 entsprechend.

(7) Weitergehende Rechtsvorschriften der Länder bleiben unberührt.

§ 78b[1)] Risikogebiete außerhalb von Überschwemmungsbieten.

(1) [1] Risikogebiete außerhalb von Überschwemmungsgebieten sind Gebiete, für die nach § 74 Absatz 2 Gefahrenkarten zu erstellen sind und die nicht nach § 76 Absatz 2 oder Absatz 3 als Überschwemmungsgebiete festgesetzt sind oder vorläufig gesichert sind; dies gilt nicht für Gebiete, die überwiegend von den Gezeiten beeinflusst sind, soweit durch Landesrecht nichts anderes bestimmt ist. [2] Für Risikogebiete außerhalb von Überschwemmungsgebieten gilt Folgendes:

1. bei der Ausweisung neuer Baugebiete im Außenbereich sowie bei der Aufstellung, Änderung oder Ergänzung von Bauleitplänen für nach § 30 Absatz 1 und 2 oder nach § 34 des Baugesetzbuches[2)] zu beurteilende Gebiete sind insbesondere der Schutz von Leben und Gesundheit und die Vermeidung erheblicher Sachschäden in der Abwägung nach § 1 Absatz 7 des Baugesetzbuches zu berücksichtigen; dies gilt für Satzungen nach § 34 Absatz 4 und § 35 Absatz 6 des Baugesetzbuches entsprechend;
2. außerhalb der von Nummer 1 erfassten Gebiete sollen bauliche Anlagen nur in einer dem jeweiligen Hochwasserrisiko angepassten Bauweise nach den allgemein anerkannten Regeln der Technik errichtet oder wesentlich erweitert werden, soweit eine solche Bauweise nach Art und Funktion der Anlage technisch möglich ist; bei den Anforderungen an die Bauweise sollen auch die Lage des betroffenen Grundstücks und die Höhe des möglichen Schadens angemessen berücksichtigt werden.

(2) Weitergehende Rechtsvorschriften der Länder bleiben unberührt.

---

1) § 78b eingef. mWv 5.1.2018 durch G v. 30.6.2017 (BGBl. I S. 2193).
2) Nr. **300**.

§ 78c[1] Heizölverbraucheranlagen in Überschwemmungsgebieten und in weiteren Risikogebieten. (1) [1] Die Errichtung neuer Heizölverbraucheranlagen in festgesetzten und vorläufig gesicherten Überschwemmungsgebieten ist verboten. [2] Die zuständige Behörde kann auf Antrag Ausnahmen von dem Verbot nach Satz 1 zulassen, wenn keine anderen weniger wassergefährdenden Energieträger zu wirtschaftlich vertretbaren Kosten zur Verfügung stehen und die Heizölverbraucheranlage hochwassersicher errichtet wird.

(2) [1] Die Errichtung neuer Heizölverbraucheranlagen in Gebieten nach § 78b Absatz 1 Satz 1 ist verboten, wenn andere weniger wassergefährdende Energieträger zu wirtschaftlich vertretbaren Kosten zur Verfügung stehen oder die Anlage nicht hochwassersicher errichtet werden kann. [2] Eine Heizölverbraucheranlage nach Satz 1 kann wie geplant errichtet werden, wenn das Vorhaben der zuständigen Behörde spätestens sechs Wochen vor der Errichtung mit den vollständigen Unterlagen angezeigt wird und die Behörde innerhalb einer Frist von vier Wochen nach Eingang der Anzeige weder die Errichtung untersagt noch Anforderungen an die hochwassersichere Errichtung festgesetzt hat.

(3) [1] Heizölverbraucheranlagen, die am 5. Januar 2018 in festgesetzten oder in vorläufig gesicherten Überschwemmungsgebieten vorhanden sind, sind vom Betreiber bis zum 5. Januar 2023 nach den allgemein anerkannten Regeln der Technik hochwassersicher nachzurüsten. [2] Heizölverbraucheranlagen, die am 5. Januar 2018 in Gebieten nach § 78b Absatz 1 Satz 1 vorhanden sind, sind bis zum 5. Januar 2033 nach den allgemein anerkannten Regeln der Technik hochwassersicher nachzurüsten, soweit dies wirtschaftlich vertretbar ist. [3] Sofern Heizölverbraucheranlagen wesentlich geändert werden, sind diese abweichend von den Sätzen 1 und 2 zum Änderungszeitpunkt hochwassersicher nachzurüsten.

§ 78d[1] Hochwasserentstehungsgebiete. (1) Hochwasserentstehungsgebiete sind Gebiete, in denen bei Starkniederschlägen oder bei Schneeschmelze in kurzer Zeit starke oberirdische Abflüsse entstehen können, die zu einer Hochwassergefahr an oberirdischen Gewässern und damit zu einer erheblichen Gefahr für die öffentliche Sicherheit und Ordnung führen können.

(2) [1] Die Länder können Kriterien für das Vorliegen eines Hochwasserentstehungsgebietes festlegen. [2] Hierbei sind im Rahmen der hydrologischen und topographischen Gegebenheiten insbesondere das Verhältnis Niederschlag zu Abfluss, die Bodeneigenschaften, die Hangneigung, die Siedlungsstruktur und die Landnutzung zu berücksichtigen. [3] Auf Grund dieser Kriterien kann die Landesregierung Hochwasserentstehungsgebiete durch Rechtsverordnung festsetzen.

(3) [1] In festgesetzten Hochwasserentstehungsgebieten ist zur Vermeidung oder Verringerung von Gefahren durch Hochwasser, das natürliche Wasserversickerungs- und Wasserrückhaltevermögen des Bodens zu erhalten oder zu verbessern, insbesondere durch die Entsiegelung von Böden oder durch die nachhaltige Aufforstung geeigneter Gebiete. [2] Satz 1 gilt nicht für Anlagen der öffentlichen Verkehrsinfrastruktur.

---

[1] §§ 78c und 78d eingef. mWv 5.1.2018 durch G v. 30.6.2017 (BGBl. I S. 2193).

(4) [1] In festgesetzten Hochwasserentstehungsgebieten bedürfen folgende Vorhaben der Genehmigung durch die zuständige Behörde:

1. die Errichtung oder wesentliche Änderung baulicher Anlagen im Außenbereich, einschließlich Nebenanlagen und sonstiger Flächen ab einer zu versiegelnden Gesamtfläche von 1 500 Quadratmetern,
2. der Bau neuer Straßen,
3. die Beseitigung von Wald oder die Umwandlung von Wald in eine andere Nutzungsart oder
4. die Umwandlung von Grünland in Ackerland.

[2] Die Genehmigung nach Satz 1 gilt als erteilt, wenn die zuständige Behörde den Antrag nicht innerhalb von sechs Monaten nach Eingang der vollständigen Antragsunterlagen ablehnt. [3] Die zuständige Behörde kann die Frist aus wichtigem Grund um bis zu zwei Monate verlängern. [4] Ist für das Vorhaben nach anderen Vorschriften ein Zulassungsverfahren vorgeschrieben, so hat die hierfür zuständige Behörde abweichend von Satz 1 im Rahmen dieses Zulassungsverfahrens über die Genehmigungsvoraussetzungen nach Absatz 5 im Benehmen mit der zuständigen Wasserbehörde zu entscheiden.

(5) [1] Die Genehmigung oder sonstige Zulassung nach Absatz 4 Satz 1 oder Satz 4 darf nur erteilt werden, wenn

1. das Wasserversickerungs- oder Wasserrückhaltevermögen des Bodens durch das Vorhaben nicht beeinträchtigt wird oder
2. die Beeinträchtigung durch Maßnahmen wie das Anlegen von Wald oder die Schaffung von Rückhalteräumen im Hochwasserentstehungsgebiet angemessen ausgeglichen wird.

[2] Für den Ausgleich nach Satz 1 Nummer 2 gilt § 77 Absatz 1 Satz 3 Nummer 2 entsprechend. [3] Die Voraussetzungen nach Satz 1 gelten für die Zulassung von öffentlichen Verkehrsinfrastrukturvorhaben, für die ein Verfahren nach § 17 Absatz 1 des Bundesnaturschutzgesetzes[1)] durchgeführt wird, als erfüllt.

(6) In festgesetzten Hochwasserentstehungsgebieten sind bei der Ausweisung neuer Baugebiete im Außenbereich in der Abwägung nach § 1 Absatz 7 des Baugesetzbuches[2)] insbesondere zu berücksichtigen:

1. die Vermeidung einer Beeinträchtigung des Wasserversickerungs- oder Wasserrückhaltevermögens des Bodens und
2. der Ausgleich einer Beeinträchtigung durch Maßnahmen wie das Anlegen von Wald oder die Schaffung von Rückhalteräumen im Hochwasserentstehungsgebiet.

(7) Weitergehende Rechtsvorschriften der Länder bleiben unberührt.

§ 79 Information und aktive Beteiligung. (1) [1] Die zuständigen Behörden veröffentlichen die Bewertung nach § 73 Absatz 1, die Gefahrenkarten und Risikokarten nach § 74 Absatz 1 und die Risikomanagementpläne nach § 75 Absatz 1. [2] Sie fördern eine aktive Beteiligung der interessierten Stellen bei der Aufstellung, Überprüfung und Aktualisierung der Risikomanagementpläne

---

1) Nr. **880**.
2) Nr. **300**.

nach § 75 und koordinieren diese mit den Maßnahmen nach § 83 Absatz 4 und § 85.

(2) Wie die zuständigen staatlichen Stellen und die Öffentlichkeit in den betroffenen Gebieten im Übrigen über Hochwassergefahren, geeignete Vorsorgemaßnahmen und Verhaltensregeln informiert und vor zu erwartendem Hochwasser rechtzeitig gewarnt werden, richtet sich nach den landesrechtlichen Vorschriften.

§ 80 Koordinierung. (1) [1] Gefahrenkarten und Risikokarten sind so zu erstellen, dass die darin dargestellten Informationen vereinbar sind mit den nach der Richtlinie 2000/60/EG vorgelegten relevanten Angaben, insbesondere nach Artikel 5 Absatz 1 in Verbindung mit Anhang II dieser Richtlinie. [2] Die Informationen sollen mit den in Artikel 5 Absatz 2 der Richtlinie 2000/60/EG vorgesehenen Überprüfungen abgestimmt werden; sie können in diese einbezogen werden.

(2) [1] Die zuständigen Behörden koordinieren die Erstellung und die nach § 75 Absatz 6 Satz 3 erforderliche Aktualisierung der Risikomanagementpläne mit den Bewirtschaftungsplänen nach § 83. [2] Die Risikomanagementpläne können in die Bewirtschaftungspläne einbezogen werden.

§ 81 Vermittlung durch die Bundesregierung. Können sich die Länder bei der Zusammenarbeit im Rahmen dieses Abschnitts über eine Maßnahme des Hochwasserschutzes nicht einigen, vermittelt die Bundesregierung auf Antrag eines Landes zwischen den beteiligten Ländern.

Abschnitt 7. Wasserwirtschaftliche Planung und Dokumentation

§ 82 Maßnahmenprogramm. (1) [1] Für jede Flussgebietseinheit ist nach Maßgabe der Absätze 2 bis 6 ein Maßnahmenprogramm aufzustellen, um die Bewirtschaftungsziele nach Maßgabe der §§ 27 bis 31, 44 und 47 zu erreichen. [2] Die Ziele der Raumordnung sind zu beachten; die Grundsätze und sonstigen Erfordernisse der Raumordnung sind zu berücksichtigen.

(2) In das Maßnahmenprogramm sind grundlegende und, soweit erforderlich, ergänzende Maßnahmen aufzunehmen; dabei ist eine in Bezug auf die Wassernutzung kosteneffiziente Kombination der Maßnahmen vorzusehen.

(3) Grundlegende Maßnahmen sind alle in Artikel 11 Absatz 3 der Richtlinie 2000/60/EG bezeichneten Maßnahmen, die der Erreichung der Bewirtschaftungsziele nach Maßgabe der §§ 27 bis 31, 44 und 47 dienen oder zur Erreichung dieser Ziele beitragen.

(4) [1] Ergänzende Maßnahmen, insbesondere im Sinne von Artikel 11 Absatz 4 in Verbindung mit Anhang VI Teil B der Richtlinie 2000/60/EG, werden zusätzlich zu den grundlegenden Maßnahmen in das Maßnahmenprogramm aufgenommen, soweit dies erforderlich ist, um die Bewirtschaftungsziele nach Maßgabe der §§ 27 bis 31, 44 und 47 zu erreichen. [2] Ergänzende Maßnahmen können auch getroffen werden, um einen weitergehenden Schutz der Gewässer zu erreichen.

(5) Ergibt sich aus der Überwachung oder aus sonstigen Erkenntnissen, dass die Bewirtschaftungsziele nach Maßgabe der §§ 27 bis 31, 44 und 47 nicht erreicht werden können, so sind die Ursachen hierfür zu untersuchen, die Zulassungen für Gewässerbenutzungen und die Überwachungsprogramme zu überprüfen und gegebenenfalls anzupassen sowie nachträglich erforderliche Zusatzmaßnahmen in das Maßnahmenprogramm aufzunehmen.

(6) [1] Grundlegende Maßnahmen nach Absatz 3 dürfen nicht zu einer zusätzlichen Verschmutzung der oberirdischen Gewässer, der Küstengewässer oder des

Meeres führen, es sei denn, ihre Durchführung würde sich insgesamt günstiger auf die Umwelt auswirken. [2]Die zuständige Behörde kann im Rahmen der §§ 47 und 48 auch die in Artikel 11 Absatz 3 Buchstabe j der Richtlinie 2000/60/EG genannten Einleitungen in das Grundwasser zulassen.

§ 83[1)] Bewirtschaftungsplan. (1) Für jede Flussgebietseinheit ist nach Maßgabe der Absätze 2 bis 4 ein Bewirtschaftungsplan aufzustellen.

(2) [1]Der Bewirtschaftungsplan muss die in Artikel 13 Absatz 4 in Verbindung mit Anhang VII der Richtlinie 2000/60/EG genannten Informationen enthalten. [2]Darüber hinaus sind in den Bewirtschaftungsplan aufzunehmen:

1. die Einstufung oberirdischer Gewässer als künstlich oder erheblich verändert nach § 28 und die Gründe hierfür,
2. die nach § 29 Absatz 2 bis 4, den §§ 44 und 47 Absatz 2 Satz 2 gewährten Fristverlängerungen und die Gründe hierfür, eine Zusammenfassung der Maßnahmen, die zur Erreichung der Bewirtschaftungsziele innerhalb der verlängerten Frist erforderlich sind und der Zeitplan hierfür sowie die Gründe für jede erhebliche Verzögerung bei der Umsetzung der Maßnahmen,

(Fortsetzung nächstes Blatt)

1) § 83 Abs. 2 Satz 2 Nr. 4 geänd., Nr. 5 angef. mWv 18.10.2016 durch G v. 11.4.2016 (BGBl. I S. 745); Abs. 4 Satz 2 geänd. mWv 5.4.2017 durch G v. 29.3.2017 (BGBl. I S. 626).

3. abweichende Bewirtschaftungsziele und Ausnahmen nach den §§ 30, 31 Absatz 2, den §§ 44 und 47 Absatz 3 und die Gründe hierfür,
4. die Bedingungen und Kriterien für die Geltendmachung von Umständen für vorübergehende Verschlechterungen nach § 31 Absatz 1, den §§ 44 und 47 Absatz 3 Satz 1, die Auswirkungen der Umstände, auf denen die Verschlechterungen beruhen, sowie die Maßnahmen zur Wiederherstellung des vorherigen Zustands,
5. eine Darstellung
   a) der geplanten Schritte zur Durchführung von § 6 a, die zur Erreichung der Bewirtschaftungsziele nach den §§ 27 bis 31, 44 und 47 beitragen sollen,
   b) der Beiträge der verschiedenen Wassernutzungen zur Deckung der Kosten der Wasserdienstleistungen sowie
   c) der Gründe dafür, dass bestimmte Wassernutzungen nach § 6 a Absatz 2 nicht zur Deckung der Kosten der Wasserdienstleistungen beizutragen haben, sowie die Gründe für Ausnahmen nach § 6 a Absatz 4.

(3) [1] Der Bewirtschaftungsplan kann durch detailliertere Programme und Bewirtschaftungspläne für Teileinzugsgebiete, für bestimmte Sektoren und Aspekte der Gewässerbewirtschaftung sowie für bestimmte Gewässertypen ergänzt werden. [2] Ein Verzeichnis sowie eine Zusammenfassung dieser Programme und Pläne sind in den Bewirtschaftungsplan aufzunehmen.

(4) [1] Die zuständige Behörde veröffentlicht

1. spätestens drei Jahre vor Beginn des Zeitraums, auf den sich der Bewirtschaftungsplan bezieht, einen Zeitplan und ein Arbeitsprogramm für seine Aufstellung sowie Angaben zu den vorgesehenen Maßnahmen zur Information und Anhörung der Öffentlichkeit,
2. spätestens zwei Jahre vor Beginn des Zeitraums, auf den sich der Bewirtschaftungsplan bezieht, einen Überblick über die für das Einzugsgebiet festgestellten wichtigen Fragen der Gewässerbewirtschaftung,
3. spätestens ein Jahr vor Beginn des Zeitraums, auf den sich der Bewirtschaftungsplan bezieht, einen Entwurf des Bewirtschaftungsplans.

[2] Innerhalb von sechs Monaten nach der Veröffentlichung kann jede Person bei der zuständigen Behörde zu den in Satz 1 bezeichneten Unterlagen schriftlich oder elektronisch Stellung nehmen; hierauf ist in der Veröffentlichung hinzuweisen. [3] Auf Antrag ist Zugang zu den bei der Aufstellung des Bewirtschaftungsplans herangezogenen Hintergrunddokumenten und -informationen zu gewähren. [4] Die Sätze 1 bis 3 gelten auch für aktualisierende Bewirtschaftungspläne.

§ 84 Fristen für Maßnahmenprogramme und Bewirtschaftungspläne.

(1) Maßnahmenprogramme und Bewirtschaftungspläne, die nach Maßgabe des Landesrechts vor dem 1. März 2010 aufzustellen waren, sind erstmals bis zum 22. Dezember 2015 sowie anschließend alle sechs Jahre zu überprüfen und, soweit erforderlich, zu aktualisieren.

(2) [1] Die im Maßnahmenprogramm aufgeführten Maßnahmen sind bis zum 22. Dezember 2012 durchzuführen. [2] Neue oder im Rahmen eines aktualisier-

ten Programms geänderte Maßnahmen sind innerhalb von drei Jahren durchzuführen, nachdem sie in das Programm aufgenommen worden sind.

§ 85 Aktive Beteiligung interessierter Stellen. Die zuständigen Behörden fördern die aktive Beteiligung aller interessierten Stellen an der Aufstellung, Überprüfung und Aktualisierung der Maßnahmenprogramme und Bewirtschaftungspläne.

§ 86 Veränderungssperre zur Sicherung von Planungen. (1) [1] Zur Sicherung von Planungen für

1. dem Wohl der Allgemeinheit dienende Vorhaben der Wassergewinnung oder Wasserspeicherung, der Abwasserbeseitigung, der Wasseranreicherung, der Wasserkraftnutzung, der Bewässerung, des Hochwasserschutzes oder des Gewässerausbaus,
2. Vorhaben nach dem Maßnahmenprogramm nach § 82

kann die Landesregierung durch Rechtsverordnung Planungsgebiete festlegen, auf deren Flächen wesentlich wertsteigernde oder die Durchführung des geplanten Vorhabens erheblich erschwerende Veränderungen nicht vorgenommen werden dürfen (Veränderungssperre). [2] Sie kann die Ermächtigung nach Satz 1 durch Rechtsverordnung auf andere Landesbehörden übertragen.

(2) Veränderungen, die in rechtlich zulässiger Weise vorher begonnen worden sind, Unterhaltungsarbeiten und die Fortführung einer bisher ausgeübten Nutzung werden von der Veränderungssperre nicht berührt.

(3) [1] Die Veränderungssperre tritt drei Jahre nach ihrem Inkrafttreten außer Kraft, sofern die Rechtsverordnung nach Absatz 1 Satz 1 keinen früheren Zeitpunkt bestimmt. [2] Die Frist von drei Jahren kann, wenn besondere Umstände es erfordern, durch Rechtsverordnung um höchstens ein Jahr verlängert werden. [3] Die Veränderungssperre ist vor Ablauf der Frist nach Satz 1 oder Satz 2 außer Kraft zu setzen, sobald und soweit die Voraussetzungen für ihren Erlass weggefallen sind.

(4) Von der Veränderungssperre können Ausnahmen zugelassen werden, wenn dem keine überwiegenden öffentlichen Belange entgegenstehen.

§ 87 Wasserbuch. (1) Über die Gewässer sind Wasserbücher zu führen.

(2) [1] In das Wasserbuch sind insbesondere einzutragen:

1. nach diesem Gesetz erteilte Erlaubnisse, die nicht nur vorübergehenden Zwecken dienen, und Bewilligungen sowie alte Rechte und alte Befugnisse, Planfeststellungsbeschlüsse und Plangenehmigungen nach § 68,
2. Wasserschutzgebiete,
3. Risikogebiete und festgesetzte Überschwemmungsgebiete.

[2] Von der Eintragung von Zulassungen nach Satz 1 Nummer 1 kann in Fällen von untergeordneter wasserwirtschaftlicher Bedeutung abgesehen werden.

(3) [1] Unrichtige Eintragungen sind zu berichtigen. [2] Unzulässige Eintragungen und Eintragungen zu nicht mehr bestehenden Rechtsverhältnissen sind zu löschen.

(4) Eintragungen im Wasserbuch haben keine rechtsbegründende oder rechtsändernde Wirkung.

§ 88[1] Informationsbeschaffung und -übermittlung. (1) [1] Die zuständige Behörde darf im Rahmen der ihr durch Gesetz oder Rechtsverordnung übertragenen Aufgaben Informationen einschließlich personenbezogener Daten erheben und verwenden, soweit dies zur Durchführung von Rechtsakten der Europäischen Gemeinschaften oder der Europäischen Union, zwischenstaatlichen Vereinbarungen oder innerstaatlichen Rechtsvorschriften auf dem Gebiet des Wasserhaushalts oder im Rahmen grenzüberschreitender Zusammenarbeit, insbesondere zur Koordinierung nach § 7 Absatz 2 bis 4, erforderlich ist. [2] Zu den Aufgaben nach Satz 1 gehören insbesondere

1. die Durchführung von Verwaltungsverfahren,
2. die Gewässeraufsicht einschließlich gewässerkundlicher Messungen und Beobachtungen,
3. die Gefahrenabwehr,
4. die Festsetzung und Bestimmung von Schutzgebieten, insbesondere Wasserschutz-, Heilquellenschutz-, Risiko- und Überschwemmungsgebieten sowie Gewässerrandstreifen,
5. die Ermittlung der Art und des Ausmaßes von Gewässerbelastungen auf Grund menschlicher Tätigkeiten einschließlich der Belastungen aus diffusen Quellen,
6. die wirtschaftliche Analyse der Wassernutzung,
7. die Aufstellung von Maßnahmenprogrammen, Bewirtschaftungsplänen und Risikomanagementplänen.

(2) Wer wasserwirtschaftliche Maßnahmen durchführt, hat der zuständigen Behörde auf deren Anordnung bei ihm vorhandene Informationen zu übermitteln und Auskünfte zu erteilen.

(3) [1] Die zuständige Behörde darf nach Absatz 1 Satz 1 und Absatz 2 erhobene Informationen und erteilte Auskünfte an zur Abwasserbeseitigung, zur Wasserversorgung oder zur Gewässerunterhaltung Verpflichtete sowie an Träger von Gewässerausbau- und von Hochwasserschutzmaßnahmen weitergeben, soweit dies zur Erfüllung der Verpflichtungen oder zur Durchführung der Maßnahmen erforderlich ist. [2] Die Weitergabe von Informationen und Auskünften an Dienststellen anderer Länder, des Bundes und der Europäischen Union sowie an zwischenstaatliche Stellen ist unter den in Absatz 1 Satz 1 genannten Voraussetzungen zulässig. [3] Dienststellen des Bundes und der Länder geben Informationen und Auskünfte unter den Voraussetzungen des Absatzes 1 Satz 1 auf Ersuchen an andere Dienststellen des Bundes und der Länder weiter.

(4) Für die Weitergabe von Informationen und Auskünften nach Absatz 3 Satz 2 und 3 werden keine Gebühren erhoben und keine Auslagen erstattet.

(5) Die Bestimmungen zum Schutz personenbezogener Daten bleiben im Übrigen unberührt.

Abschnitt 8. Haftung für Gewässerveränderungen

§ 89 Haftung für Änderungen der Wasserbeschaffenheit. (1) [1] Wer in ein Gewässer Stoffe einbringt oder einleitet oder wer in anderer Weise auf ein Gewässer einwirkt und dadurch die Wasserbeschaffenheit nachteilig verändert, ist

---

[1] § 88 Abs. 1 Satz 1, Abs. 3 Satz 2 geänd. mWv 18. 8. 2010 durch G v. 11. 8. 2010 (BGBl. I S. 1163).

zum Ersatz des daraus einem anderen entstehenden Schadens verpflichtet. [2] Haben mehrere auf das Gewässer eingewirkt, so haften sie als Gesamtschuldner.

(2) [1] Gelangen aus einer Anlage, die bestimmt ist, Stoffe herzustellen, zu verarbeiten, zu lagern, abzulagern, zu befördern oder wegzuleiten, derartige Stoffe in ein Gewässer, ohne in dieses eingebracht oder eingeleitet zu sein, und wird dadurch die Wasserbeschaffenheit nachteilig verändert, so ist der Betreiber der Anlage zum Ersatz des daraus einem anderen entstehenden Schadens verpflichtet. [2] Absatz 1 Satz 2 gilt entsprechend. [3] Die Ersatzpflicht tritt nicht ein, wenn der Schaden durch höhere Gewalt verursacht wird.

§ 90[1)] Sanierung von Gewässerschäden. (1) Eine Schädigung eines Gewässers im Sinne des Umweltschadensgesetzes ist jeder Schaden mit erheblichen nachteiligen Auswirkungen auf

1. den ökologischen oder chemischen Zustand eines oberirdischen Gewässers oder Küstengewässers,
2. das ökologische Potenzial oder den chemischen Zustand eines künstlichen oder erheblich veränderten oberirdischen Gewässers oder Küstengewässers,
3. den chemischen oder mengenmäßigen Zustand des Grundwassers oder
4. den Zustand eines Meeresgewässers;

ausgenommen sind nachteilige Auswirkungen, für die § 31 Absatz 2, auch in Verbindung mit § 44 oder § 47 Absatz 3 Satz 1, gilt.

(2) Hat eine verantwortliche Person nach dem Umweltschadensgesetz eine Schädigung eines Gewässers verursacht, so trifft sie die erforderlichen Sanierungsmaßnahmen gemäß Anhang II Nummer 1 der Richtlinie 2004/35/EG des Europäischen Parlaments und des Rates vom 21. April 2004 über Umwelthaftung zur Vermeidung und Sanierung von Umweltschäden (ABl. L 143 vom 30. 4. 2004, S. 56), die durch die Richtlinie 2006/21/EG (ABl. L 102 vom 11. 4. 2006, S. 15) geändert worden ist.

(3) Zuständige Behörde für den Vollzug dieser Vorschrift und der Vorschriften des Umweltschadensgesetzes ist, sofern nichts anderes bestimmt ist, im Hinblick auf die Schädigung der Meeresgewässer außerhalb der Küstengewässer und die unmittelbare Gefahr solcher Schäden im Bereich der deutschen ausschließlichen Wirtschaftszone und des Festlandsockels,

1. soweit ein Zusammenhang mit Tätigkeiten nach dem Bundesberggesetz besteht, die nach § 136 des Bundesberggesetzes in Verbindung mit § 142 des Bundesberggesetzes bestimmte Behörde, sowie
2. im Übrigen das Bundesamt für Naturschutz; es bedient sich, soweit sachdienlich, der Hilfe des Bundesamtes für Seeschifffahrt und Hydrographie sowie des Umweltbundesamtes; es kann sich der Hilfe weiterer Stellen bedienen, soweit diese zustimmen.

(4) Weitergehende Vorschriften über Schädigungen oder sonstige Beeinträchtigungen von Gewässern und deren Sanierung bleiben unberührt.

[1)] § 90 Abs. 1 Nr. 2 und 3 geänd., Nr. 4 angef., Abs. 3 eingef., bish. Abs. 3 wird Abs. 4 mWv 27. 7. 2016 durch G v. 21. 7. 2016 (BGBl. I S. 1764).

Abschnitt 9. Duldungs- und Gestattungsverpflichtungen

§ 91 Gewässerkundliche Maßnahmen. [1] Die zuständige Behörde kann Eigentümer und Nutzungsberechtigte von Grundstücken verpflichten, die Errichtung und den Betrieb von Messanlagen sowie die Durchführung von Probebohrungen und Pumpversuchen zu dulden, soweit dies der Ermittlung gewässerkundlicher Grundlagen dient, die für die Gewässerbewirtschaftung erforderlich sind. [2] Entsteht durch eine Maßnahme nach Satz 1 ein Schaden am Grundstück, hat der Eigentümer gegen den Träger der gewässerkundlichen Maßnahme Anspruch auf Schadenersatz. [3] Satz 2 gilt entsprechend für den Nutzungsberechtigten, wenn wegen des Schadens am Grundstück die Grundstücksnutzung beeinträchtigt wird.

§ 92 Veränderung oberirdischer Gewässer. [1] Die zuständige Behörde kann Eigentümer und Nutzungsberechtigte oberirdischer Gewässer sowie der Grundstücke, deren Inanspruchnahme für die Durchführung des Vorhabens erforderlich ist, verpflichten, Gewässerveränderungen, insbesondere Vertiefungen und Verbreiterungen, zu dulden, die der Verbesserung des Wasserabflusses dienen und zur Entwässerung von Grundstücken, zur Abwasserbeseitigung oder zur besseren Ausnutzung einer Triebwerksanlage erforderlich sind. [2] Satz 1 gilt nur, wenn das Vorhaben anders nicht ebenso zweckmäßig oder nur mit erheblichem Mehraufwand durchgeführt werden kann und der von dem Vorhaben zu erwartende Nutzen erheblich größer als der Nachteil des Betroffenen ist.

§ 93 Durchleitung von Wasser und Abwasser. [1] Die zuständige Behörde kann Eigentümer und Nutzungsberechtigte von Grundstücken und oberirdischen Gewässern verpflichten, das Durchleiten von Wasser und Abwasser sowie die Errichtung und Unterhaltung der dazu dienenden Anlagen zu dulden, soweit dies zur Entwässerung oder Bewässerung von Grundstücken, zur Wasserversorgung, zur Abwasserbeseitigung, zum Betrieb einer Stauanlage oder zum Schutz vor oder zum Ausgleich von Beeinträchtigungen des Natur- oder Wasserhaushalts durch Wassermangel erforderlich ist. [2] § 92 Satz 2 gilt entsprechend.

§ 94 Mitbenutzung von Anlagen. (1) [1] Die zuständige Behörde kann Betreiber einer Grundstücksentwässerungs-, Wasserversorgungs- oder Abwasseranlage verpflichten, deren Mitbenutzung einer anderen Person zu gestatten, wenn

1. diese Person Maßnahmen der Entwässerung, Wasserversorgung oder Abwasserbeseitigung anders nicht zweckmäßig oder nur mit erheblichem Mehraufwand ausführen kann,
2. die Maßnahmen zur Gewässerbewirtschaftung oder zur Erfüllung gesetzlicher Pflichten erforderlich sind,
3. der Betrieb der Anlage nicht wesentlich beeinträchtigt wird und
4. die zur Mitbenutzung berechtigte Person einen angemessenen Teil der Kosten für die Errichtung, den Betrieb und die Unterhaltung der Anlage übernimmt.

[2] Kommt eine Einigung über die Kostenteilung nach Satz 1 Nummer 4 nicht zustande, setzt die zuständige Behörde ein angemessenes Entgelt fest.

(2) [1] Ist eine Mitbenutzung nur bei einer Änderung der Anlage zweckmäßig, kann der Betreiber verpflichtet werden, die entsprechende Änderung nach eigener Wahl entweder selbst vorzunehmen oder zu dulden. [2] Die Kosten der Änderung trägt die zur Mitbenutzung berechtigte Person.

(3) Die Absätze 1 und 2 gelten auch für die Mitbenutzung von Grundstücksbewässerungsanlagen durch Eigentümer von Grundstücken, die nach § 93 zur Errichtung oder zum Betrieb der Anlage in Anspruch genommen werden.

§ 95 Entschädigung für Duldungs- und Gestattungsverpflichtungen. Soweit Duldungs- oder Gestattungsverpflichtungen nach den §§ 92 bis 94 das Eigentum unzumutbar beschränken, ist eine Entschädigung zu leisten.

Kapitel 4.[1] Entschädigung, Ausgleich, Vorkaufsrecht

§ 96 Art und Umfang von Entschädigungspflichten. (1) [1] Eine nach diesem Gesetz zu leistende Entschädigung hat den eintretenden Vermögensschaden angemessen auszugleichen. [2] Soweit zum Zeitpunkt der behördlichen Anordnung, die die Entschädigungspflicht auslöst, Nutzungen gezogen werden, ist von dem Maß ihrer Beeinträchtigung auszugehen. [3] Hat die anspruchsberechtigte Person Maßnahmen getroffen, um die Nutzungen zu steigern, und ist nachgewiesen, dass die Maßnahmen die Nutzungen nachhaltig gesteigert hätten, so ist dies zu berücksichtigen. [4] Außerdem ist eine infolge der behördlichen Anordnung eingetretene Minderung des Verkehrswerts von Grundstücken zu berücksichtigen, soweit sie nicht nach Satz 2 oder Satz 3 bereits berücksichtigt ist.

(2) Soweit als Entschädigung durch Gesetz nicht wasserwirtschaftliche oder andere Maßnahmen zugelassen werden, ist die Entschädigung in Geld festzusetzen.

(3) [1] Kann auf Grund einer entschädigungspflichtigen Maßnahme die Wasserkraft eines Triebwerks nicht mehr im bisherigen Umfang verwertet werden, so kann die zuständige Behörde bestimmen, dass die Entschädigung ganz oder teilweise durch Lieferung elektrischen Stroms zu leisten ist, wenn die entschädigungspflichtige Person ein Energieversorgungsunternehmen ist und soweit ihr dies wirtschaftlich zumutbar ist. [2] Die für die Lieferung des elektrischen Stroms erforderlichen technischen Vorkehrungen hat die entschädigungspflichtige Person auf ihre Kosten zu schaffen.

(4) [1] Wird die Nutzung eines Grundstücks infolge der die Entschädigungspflicht auslösenden behördlichen Anordnung unmöglich oder erheblich erschwert, so kann der Grundstückseigentümer verlangen, dass die entschädigungspflichtige Person das Grundstück zum Verkehrswert erwirbt. [2] Lässt sich der nicht betroffene Teil eines Grundstücks nach seiner bisherigen Bestimmung nicht mehr zweckmäßig nutzen, so kann der Grundstückseigentümer den Erwerb auch dieses Teils verlangen. [3] Ist der Grundstückseigentümer zur Sicherung seiner Existenz auf Ersatzland angewiesen und kann Ersatzland zu angemessenen Bedingungen beschafft werden, so ist ihm auf Antrag anstelle einer Entschädigung in Geld das Eigentum an einem Ersatzgrundstück zu verschaffen.

---

[1] Kapitel 4 Überschrift geänd. mWv 5.1.2018 durch G v. 30.6.2017 (BGBl. I S. 2193).

(5) Ist nach § 97 die begünstigte Person entschädigungspflichtig, kann die anspruchsberechtigte Person Sicherheitsleistung verlangen.

§ 97 Entschädigungspflichtige Person. [1] Soweit sich aus diesem Gesetz nichts anderes ergibt, hat die Entschädigung zu leisten, wer unmittelbar durch den Vorgang begünstigt wird, der die Entschädigungspflicht auslöst. [2] Sind mehrere unmittelbar begünstigt, so haften sie als Gesamtschuldner. [3] Ist niemand unmittelbar begünstigt, so hat das Land die Entschädigung zu leisten. [4] Lässt sich zu einem späteren Zeitpunkt eine begünstigte Person bestimmen, hat sie die aufgewandten Entschädigungsbeträge dem Land zu erstatten.

§ 98 Entschädigungsverfahren. (1) [1] Über Ansprüche auf Entschädigung ist gleichzeitig mit der dem Anspruch zugrunde liegenden Anordnung zu entscheiden. [2] Die Entscheidung kann auf die Pflicht zur Entschädigung dem Grunde nach beschränkt werden.

(2) [1] Vor der Festsetzung des Umfangs einer Entschädigung nach Absatz 1 hat die zuständige Behörde auf eine gütliche Einigung der Beteiligten hinzuwirken, wenn einer der Beteiligten dies beantragt. [2] Kommt eine Einigung nicht zustande, so setzt die Behörde die Entschädigung fest.

§ 99[1] Ausgleich. [1] Ein Ausgleich nach § 52 Absatz 5 und § 78a Absatz 5 Satz 4 ist in Geld zu leisten. [2] Im Übrigen gelten für einen Ausgleich nach Satz 1 § 96 Absatz 1 und 5 und § 97 entsprechend.

§ 99a[2] Vorkaufsrecht. (1) [1] Den Ländern steht ein Vorkaufsrecht an Grundstücken zu, die für Maßnahmen des Hochwasser- oder Küstenschutzes benötigt werden. [2] Liegen die Merkmale des Satzes 1 nur bei einem Teil des Grundstücks vor, so erstreckt sich das Vorkaufsrecht nur auf diesen Grundstücksteil. [3] Der Eigentümer kann verlangen, dass sich der Vorkauf auf das gesamte Grundstück erstreckt, wenn ihm der weitere Verbleib des anderen Grundstücksteils in seinem Eigentum wirtschaftlich nicht zuzumuten ist.

(2) Das Vorkaufsrecht steht den Ländern nicht zu beim Kauf von Rechten nach dem Wohnungseigentumsgesetz[3].

(3) Das Vorkaufsrecht darf nur ausgeübt werden, wenn dies aus Gründen des Hochwasserschutzes oder des Küstenschutzes erforderlich ist.

(4) [1] Das Vorkaufsrecht bedarf nicht der Eintragung in das Grundbuch. [2] Es geht rechtsgeschäftlich und landesrechtlich begründeten Vorkaufsrechten mit Ausnahme solcher auf dem Gebiet des land- und forstwirtschaftlichen Grundstücksverkehrs und des Siedlungswesens im Rang vor. [3] Bei einem Eigentumserwerb auf Grund der Ausübung des Vorkaufsrechts erlöschen durch Rechtsgeschäft begründete Vorkaufsrechte. [4] Das Vorkaufsrecht erstreckt sich nicht auf einen Verkauf an einen Ehegatten, einen eingetragenen Lebenspartner oder einen Verwandten ersten Grades. [5] Die §§ 463 bis 469, 471, 1098 Absatz 2 und die §§ 1099 bis 1102 des Bürgerlichen Gesetzbuchs[4] sind anzuwenden.

---

[1] § 99 Satz 1 neu gef. mWv 11.6.2019 durch G v. 4.12.2018 (BGBl. I S. 2254).

[2] § 99a eingef. mWv 5.1.2018 durch G v. 30.6.2017 (BGBl. I S. 2193); Abs. 5 neu gef. mWv 11.6.2019 durch G v. 4.12.2018 (BGBl. I S. 2254).

[3] **Schönfelder Nr. 37.**

[4] **Schönfelder Nr. 20.**

(5) Die Länder können das Vorkaufsrecht auf Antrag auch zugunsten von Körperschaften und Stiftungen des öffentlichen Rechts ausüben.

(6) Abweichende Rechtsvorschriften der Länder bleiben unberührt.

Kapitel 5. Gewässeraufsicht

§ 100 Aufgaben der Gewässeraufsicht. (1) [1] Aufgabe der Gewässeraufsicht ist es, die Gewässer sowie die Erfüllung der öffentlich-rechtlichen Verpflichtungen zu überwachen, die nach oder auf Grund von Vorschriften dieses Gesetzes, nach auf dieses Gesetz gestützten Rechtsverordnungen oder nach landesrechtlichen Vorschriften bestehen. [2] Die zuständige Behörde ordnet nach pflichtgemäßem Ermessen die Maßnahmen an, die im Einzelfall notwendig sind, um Beeinträchtigungen des Wasserhaushalts zu vermeiden oder zu beseitigen oder die Erfüllung von Verpflichtungen nach Satz 1 sicherzustellen.

(2) Auf Grund dieses Gesetzes und nach landesrechtlichen Vorschriften erteilte Zulassungen sind regelmäßig sowie aus besonderem Anlass zu überprüfen und, soweit erforderlich, anzupassen.

§ 101 Befugnisse der Gewässeraufsicht. (1) [1] Bedienstete und Beauftragte der zuständigen Behörde sind im Rahmen der Gewässeraufsicht befugt,

1. Gewässer zu befahren,
2. technische Ermittlungen und Prüfungen vorzunehmen,
3. zu verlangen, dass Auskünfte erteilt, Unterlagen vorgelegt und Arbeitskräfte, Werkzeuge und sonstige technische Hilfsmittel zur Verfügung gestellt werden,
4. Betriebsgrundstücke und -räume während der Betriebszeit zu betreten,
5. Wohnräume sowie Betriebsgrundstücke und -räume außerhalb der Betriebszeit zu betreten, sofern die Prüfung zur Verhütung dringender Gefahren für die öffentliche Sicherheit und Ordnung erforderlich ist, und
6. jederzeit Grundstücke und Anlagen zu betreten, die nicht zum unmittelbar angrenzenden befriedeten Besitztum von Räumen nach den Nummern 4 und 5 gehören.

[2] Das Grundrecht der Unverletzlichkeit der Wohnung (Artikel 13 des Grundgesetzes[1)]) wird durch Satz 1 Nummer 5 eingeschränkt. [3] Sind Gewässerschutzbeauftragte bestellt, sind sie auf Verlangen der Bediensteten und Beauftragten der zuständigen Behörde zu Maßnahmen der Gewässeraufsicht nach Satz 1 hinzuzuziehen.

(2) Werden Anlagen nach § 62 Absatz 1 errichtet, unterhalten, betrieben oder stillgelegt, haben auch die Eigentümer und Besitzer der Grundstücke, auf denen diese Tätigkeiten ausgeübt werden, das Betreten der Grundstücke zu gestatten, auf Verlangen Auskünfte zu erteilen und technische Ermittlungen und Prüfungen zu ermöglichen.

(3) Für die zur Auskunft verpflichtete Person gilt § 55 der Strafprozessordnung[2)] entsprechend.

---

1) Nr. 1.

2) **Schönfelder Nr. 90.**

(4) [1] Für die zur Überwachung nach den Absätzen 1 und 2 zuständigen Behörden und ihre Bediensteten gelten die §§ 93, 97, 105 Absatz 1, § 111 Absatz 5 in Verbindung mit § 105 Absatz 1 sowie § 116 Absatz 1 der Abgabenordnung nicht. [2] Dies gilt nicht, soweit die Finanzbehörden die Kenntnisse für die Durchführung eines Verfahrens wegen einer Steuerstraftat sowie eines damit zusammenhängenden Besteuerungsverfahrens benötigen, an deren Verfolgung ein zwingendes öffentliches Interesse besteht, oder soweit es sich um vorsätzlich falsche Angaben der zur Auskunft verpflichteten Person oder der für sie tätigen Personen handelt.

§ 102 Gewässeraufsicht bei Anlagen und Einrichtungen der Verteidigung. Die Bundesregierung wird ermächtigt, durch Rechtsverordnung mit Zustimmung des Bundesrates zu bestimmen, dass die Gewässeraufsicht im Sinne dieses Kapitels bei Anlagen und Einrichtungen, die der Verteidigung dienen, zum Geschäftsbereich des Bundesministeriums der Verteidigung gehörenden Stellen übertragen wird.

Kapitel 6. Bußgeld- und Überleitungsbestimmungen

§ 103[1)] Bußgeldvorschriften. (1) Ordnungswidrig handelt, wer vorsätzlich oder fahrlässig

1. ohne Erlaubnis und ohne Bewilligung nach § 8 Absatz 1 ein Gewässer benutzt,
2. einer vollziehbaren Auflage nach § 13 Absatz 1, auch in Verbindung mit
   a) § 58 Absatz 4 Satz 1, auch in Verbindung mit § 59 Absatz 1, oder
   b) § 63 Absatz 1 Satz 2,

   zuwiderhandelt,
3. einer Rechtsverordnung nach
   a) § 23 Absatz 1 Nummer 1, 3 bis 8 oder Nummer 9 oder
   b) § 23 Absatz 1 Nummer 10 oder Nummer 11 oder § 50 Absatz 4a Satz 1 Nummer 3

   oder einer vollziehbaren Anordnung auf Grund einer solchen Rechtsverordnung zuwiderhandelt, soweit die Rechtsverordnung für einen bestimmten Tatbestand auf diese Bußgeldvorschrift verweist,
4. entgegen § 32 Absatz 1 Satz 1 oder Absatz 2, § 45 Absatz 1 Satz 1 oder Absatz 3 oder § 48 Absatz 2 Satz 1 oder Satz 2 Stoffe lagert, ablagert oder befördert oder in ein oberirdisches Gewässer oder in ein Küstengewässer einbringt,
5. entgegen § 37 Absatz 1 den natürlichen Ablauf wild abfließenden Wassers behindert, verstärkt oder sonst verändert,
6. einer Vorschrift des § 38 Absatz 4 Satz 2 über eine dort genannte verbotene Handlung im Gewässerrandstreifen zuwiderhandelt,
7. entgegen § 50 Absatz 4, § 60 Absatz 1 Satz 2 oder § 62 Absatz 2 eine dort genannte Anlage errichtet, betreibt, unterhält oder stilllegt,

---

1) § 103 Abs. 1 Nr. 7a und 8a eingef., Abs. 2 geänd. mWv 18.8.2010 durch G v. 11.8.2010 (BGBl. I S. 1163); Abs. 1 Nr. 7a und 8a geänd. mWv 11.2.2017 durch G v. 4.8.2016 (BGBl. I S. 1972); Abs. 1 Nr. 17–19 eingef., bish. Nr. 17 und 18 werden Nr. 20 und 21 mWv 5.1.2018 durch G v. 30.6.2017 (BGBl. I S. 2193); Abs. 1 Nr. 2 neu gef., Nr. 4 und 12 geänd., Nr. 16 neu gef., Nr. 16a eingef., Abs. 2 geänd. mWv 11.6.2019 durch G v. 4.12.2018 (BGBl. I S. 2254); Abs. 1 Nr. 3 Buchst. b geänd. mWv 12.1.2023 durch G v. 4.1.2023 (BGBl. I Nr. 5).

7a. einer Rechtsverordnung nach § 51 Absatz 1 Satz 1 in Verbindung mit

a) § 52 Absatz 1 Satz 1 Nummer 1, 2 Buchstabe a oder Buchstabe c oder Nummer 3 oder

b) § 52 Absatz 1 Satz 1 Nummer 2 Buchstabe b

zuwiderhandelt, soweit sie für einen bestimmten Tatbestand auf diese Bußgeldvorschrift verweist,

8. einer vollziehbaren Anordnung nach

a) § 52 Absatz 1 Satz 1 Nummer 1, 2 Buchstabe a oder Buchstabe c oder Nummer 3,

b) § 52 Absatz 1 Satz 1 Nummer 2 Buchstabe b,

jeweils auch in Verbindung mit § 52 Absatz 2 Satz 1 oder Absatz 3 oder § 53 Absatz 5, zuwiderhandelt,

8a. einer Rechtsverordnung nach § 53 Absatz 4 Satz 1 in Verbindung mit § 53 Absatz 5 in Verbindung mit

a) § 52 Absatz 1 Satz 1 Nummer 1, 2 Buchstabe a oder Buchstabe c oder Nummer 3 oder

b) § 52 Absatz 1 Satz 1 Nummer 2 Buchstabe b

zuwiderhandelt, soweit sie für einen bestimmten Tatbestand auf diese Bußgeldvorschrift verweist,

9. ohne Genehmigung nach § 58 Absatz 1 Satz 1, auch in Verbindung mit § 59 Absatz 1, Abwasser in eine Abwasseranlage einleitet,

10. ohne Genehmigung nach § 60 Absatz 3 Satz 1 eine Abwasserbehandlungsanlage errichtet, betreibt oder wesentlich ändert,

11. entgegen § 61 Absatz 2 Satz 2 in Verbindung mit einer Rechtsverordnung nach Absatz 3 eine Aufzeichnung nicht, nicht richtig oder nicht vollständig anfertigt, nicht oder nicht mindestens fünf Jahre aufbewahrt oder nicht oder nicht rechtzeitig vorlegt,

12. entgegen § 63 Absatz 1 Satz 1 eine dort genannte Anlage errichtet, betreibt oder wesentlich ändert,

13. entgegen § 64 Absatz 1 nicht mindestens einen Gewässerschutzbeauftragten bestellt,

14. einer vollziehbaren Anordnung nach § 64 Absatz 2 zuwiderhandelt,

15. ohne festgestellten und ohne genehmigten Plan nach § 68 Absatz 1 oder Absatz 2 ein Gewässer ausbaut,

16. entgegen § 78 Absatz 4 Satz 1, auch in Verbindung mit Absatz 8, eine dort genannte Anlage errichtet oder erweitert,

16a. einer Vorschrift des § 78a Absatz 1 Satz 1, auch in Verbindung mit Absatz 6, über eine untersagte Handlung in einem dort genannten Gebiet zuwiderhandelt,

17. entgegen § 78a Absatz 3 einen Gegenstand nicht oder nicht rechtzeitig entfernt,

18. entgegen § 78c Absatz 1 Satz 1 oder Absatz 2 Satz 1 eine Heizölverbraucheranlage errichtet,

19. entgegen § 78c Absatz 3 eine Heizölverbraucheranlage nicht, nicht richtig, nicht in der vorgeschriebenen Weise oder nicht rechtzeitig nachrüstet,
20. einer vollziehbaren Anordnung nach § 101 Absatz 1 Satz 1 Nummer 3 zuwiderhandelt oder
21. entgegen § 101 Absatz 2 das Betreten eines Grundstücks nicht gestattet oder eine Auskunft nicht, nicht richtig, nicht vollständig oder nicht rechtzeitig erteilt.

(2) Die Ordnungswidrigkeit kann in den Fällen des Absatzes 1 Nummer 1 bis 3 Buchstabe a, Nummer 4 bis 7, 7a Buchstabe a, Nummer 8 Buchstabe a, Nummer 8a Buchstabe a, Nummer 9, 10 und 12 bis 19 mit einer Geldbuße bis zu fünfzigtausend Euro und in den übrigen Fällen mit einer Geldbuße bis zu zehntausend Euro geahndet werden.

§ 104 Überleitung bestehender Erlaubnisse und Bewilligungen.

(1) [1]Erlaubnisse, die vor dem 1. März 2010 nach § 7 des Wasserhaushaltsgesetzes[1)] erteilt worden sind, gelten als Erlaubnisse nach diesem Gesetz fort. [2]Soweit landesrechtliche Vorschriften für bestimmte Erlaubnisse nach Satz 1 die Rechtsstellung ihrer Inhaber gegenüber Dritten regeln, gelten die Erlaubnisse nach den Vorschriften dieses Gesetzes über gehobene Erlaubnisse fort.

(2) Bewilligungen, die vor dem 1. März 2010 nach § 8 des Wasserhaushaltsgesetzes erteilt worden sind, gelten als Bewilligungen nach diesem Gesetz fort.

§ 104a[2)] Ausnahmen von der Erlaubnispflicht bei bestehenden Anlagen zur untertägigen Ablagerung von Lagerstättenwasser. (1) [1]Die Nutzung einer Anlage zur untertägigen Ablagerung von Lagerstättenwasser, das bei Maßnahmen nach § 9 Absatz 2 Nummer 3 oder bei anderen Maßnahmen zur Aufsuchung oder Gewinnung von Erdgas oder Erdöl anfällt, bedarf unbeschadet des Absatzes 2 keiner Erlaubnis nach § 8 Absatz 1, wenn die Anlage vor dem 11. Februar 2017 in Übereinstimmung mit einem bestandskräftig zugelassenen Betriebsplan nach § 52 des Bundesberggesetzes[3)] errichtet worden ist oder zu diesem Zeitpunkt ein bestandskräftig zugelassener Betriebsplan für die Anlage vorliegt. [2]In diesen Fällen sind die sich aus § 13b Absatz 2 und 3 ergebenden Verpflichtungen in den jeweiligen Zulassungen von künftig gemäß § 52 Absatz 1 Satz 1 des Bundesberggesetzes aufzustellenden Hauptbetriebsplänen spätestens bis zum 11. Februar 2019 zu regeln. [3]§ 13b Absatz 4 gilt für den Unternehmer im Sinne von § 4 Absatz 5 des Bundesberggesetzes in diesen Fällen entsprechend.

(2) [1]Die Nutzung einer Anlage nach Absatz 1 Satz 1, die nach § 22c Absatz 1 Satz 3 der Allgemeinen Bundesbergverordnung[4)] nicht mehr zulässig ist, bedarf keiner Erlaubnis nach § 8 Absatz 1, wenn der Anlagenbetreiber spätestens bis zum 11. Februar 2019 grundsätzlich zulassungsfähige Anträge für Zulassungen für eine anderweitige Entsorgung des Lagerstättenwassers (Entsorgungskonzept) vorlegt und hierfür eine behördliche Bestätigung nach Satz 4 vorliegt. [2]Aus

---

[1)] Nr. **845**.
[2)] § 104a eingef. mWv 11.2.2017 durch G v. 4.8.2016 (BGBl. I S. 1972).
[3)] **Sartorius III Nr. 460.**
[4)] **Sartorius III Nr. 471.**

dem Entsorgungskonzept muss sich ergeben, wie das Lagerstättenwasser künftig entsorgt werden soll, sodass insbesondere folgende Anforderungen erfüllt sind:

1. die Anforderungen nach § 22c Absatz 1 Satz 3 der Allgemeinen Bundesbergverordnung und
2. die Anforderungen nach § 13a Absatz 1 Satz 1 Nummer 2 Buchstabe a und b.

[3] Die Sätze 1 und 2 gelten entsprechend, wenn die Anlage nach Absatz 1 Satz 1 in einem Gebiet nach § 13a Absatz 1 Satz 1 Nummer 2 Buchstabe a oder Buchstabe b liegt. [4] Sofern die zuständige Behörde die grundsätzliche Zulassungsfähigkeit der Anträge bestätigt, ist die Nutzung der Anlage in den Fällen der Sätze 1 und 3 spätestens am 11. Februar 2022 einzustellen. [5] Andernfalls ist die Nutzung der Anlage in den Fällen der Sätze 1 und 3 spätestens am 11. Februar 2020 einzustellen. [6] Die Sätze 3 bis 5 gelten nicht, soweit die Ablagerung des Lagerstättenwassers für die Schutzzone III eines festgesetzten Wasserschutzgebietes oder eines festgesetzten Heilquellenschutzgebietes ausnahmsweise zugelassen wird

1. in einer Rechtsverordnung nach § 51 Absatz 1, auch in Verbindung mit § 53 Absatz 5 oder
2. durch behördliche Entscheidung; § 52 Absatz 1 Satz 2 und 3, auch in Verbindung mit § 53 Absatz 5, gilt entsprechend.

§ 105[1)] Überleitung bestehender sonstiger Zulassungen. (1) [1] Eine Zulassung für das Einleiten von Abwasser in öffentliche Abwasseranlagen, die vor dem 1. März 2010 erteilt worden ist, gilt als Genehmigung nach § 58 fort. [2] Eine Zulassung für das Einleiten von Abwasser in private Abwasseranlagen, die vor dem 1. März 2010 erteilt worden ist, gilt als Genehmigung nach § 59 fort. [3] Eine Genehmigung nach § 58 oder § 59 ist nicht erforderlich für Einleitungen von Abwasser in öffentliche oder private Abwasseranlagen, die vor dem 1. März 2010 begonnen haben, wenn die Einleitung nach dem am 28. Februar 2010 geltenden Landesrecht ohne Genehmigung zulässig war.

(2) Eine Zulassung, die vor dem 1. März 2010 nach § 18c des Wasserhaushaltsgesetzes in der am 28. Februar 2010 geltenden Fassung in Verbindung mit den landesrechtlichen Vorschriften erteilt worden ist, gilt als Genehmigung nach § 60 Absatz 3 fort.

(3) [1] Eine Eignungsfeststellung, die vor dem 1. März 2010 nach § 19h Absatz 1 des Wasserhaushaltsgesetzes in der am 28. Februar 2010 geltenden Fassung erteilt worden ist, gilt als Eignungsfeststellung nach § 63 Absatz 1 fort. [2] Ist eine Bauartzulassung vor dem 1. März 2010 nach § 19h Absatz 2 des Wasserhaushaltsgesetzes in der am 28. Februar 2010 geltenden Fassung erteilt worden, ist eine Eignungsfeststellung nach § 63 Absatz 1 nicht erforderlich.

(4) Ein Plan, der vor dem 1. März 2010 nach § 31 Absatz 2 oder Absatz 3 des Wasserhaushaltsgesetzes in der am 28. Februar 2010 geltenden Fassung oder nach landesrechtlichen Vorschriften festgestellt oder genehmigt worden ist, gilt jeweils als Planfeststellungsbeschluss oder als Plangenehmigung nach § 68 fort.

---

1) § 105 Abs. 3 aufgeh., bish. Abs. 4, 5 werden Abs. 3, 4 geänd. mWv 18.8.2010 durch G v. 11.8.2010 (BGBl. I S. 1163).

863. Gesetz zum Schutz der Kulturpflanzen (Pflanzenschutzgesetz – PflSchG)[1) 2) 3)]

Vom 6. Februar 2012
(BGBl. I S. 148, ber. S. 1281)

FNA 7823-7

geänd. durch Art. 2 Abs. 111, Art. 4 Abs. 87 G zur Strukturreform des Gebührenrechts des Bundes v. 7.8. 2013 (BGBl. I S. 3154, geänd. durch G v. 18.7.2016, BGBl. I S. 1666), Art. 4 G zum Erlass und zur Änd. von Vorschriften zur Durchführung unionsrechtlicher Vorschriften über Agrarzahlungen und deren Kontrollen in der Gemeinsamen Agrarpolitik v. 2.12.2014 (BGBl. I S. 1928), Art. 375 Zehnte ZuständigkeitsanpassungsVO v. 31.8.2015 (BGBl. I S. 1474), Art. 4 Abs. 84 G zur Aktualisierung der Strukturreform des Gebührenrechts des Bundes v. 18.7.2016 (BGBl. I S. 1666), Art. 278 Elfte Zuständigkeitsanpassungs-VO v. 19.6.2020 (BGBl. I S. 1328), Art. 2 G zur Pflanzengesundheit v. 5.7.2021 (BGBl. I S. 2354), Art. 19 G zur Anpassung des ProduktsicherheitsG und zur Neuordnung des Rechts der überwachungsbedürftigen Anlagen v. 27.7.2021 (BGBl. I S. 3146), Art. 101 PersonengesellschaftsrechtsmodernisierungsG (MoPeG) v. 10.8.2021 (BGBl. I S. 3436), Art. 3 G zum Schutz der Insektenvielfalt in Deutschland und zur Änd.

[1)] Verkündet als Art. 1 G zur Neuordnung des Pflanzenschutzrechtes v. 6.2.2012 (BGBl. I S. 148, ber. S. 1281); Inkrafttreten gem. Art. 9 dieses G am 14.2.2012.

[2)] **Amtl. Anm. zum MantelG:** Dieses Gesetz dient der Umsetzung folgender EG-Rechtsakte:
- Richtlinie 98/56/EG des Rates vom 20. Juli 1998 über das Inverkehrbringen von Vermehrungsmaterial von Zierpflanzen (ABl. L 226 vom 13.8.1998, S. 16),
- Richtlinie 2008/72/EG über das Inverkehrbringen von Gemüsepflanzgut und Gemüsevermehrungsmaterial mit Ausnahme von Saatgut (kodifizierte Fassung) (ABl. L 205 vom 1.8.2008, S. 28),
- Richtlinie 2008/90/EG des Rates vom 29. September 2008 über das Inverkehrbringen von Vermehrungsmaterial und Pflanzen von Obstarten zur Fruchterzeugung (Neufassung) (ABl. L 267 vom 8.10. 2008, S. 8),
- Richtlinie 2009/29/EG des Rates vom 8. Mai 2000 über Maßnahmen zum Schutz der Gemeinschaft gegen die Einschleppung und Ausbreitung von Schadorganismen der Pflanzen und Pflanzenerzeugnisse (ABl. L 169 vom 10.7.2000, S. 1),
- Richtlinie 2009/128/EG des Europäischen Parlaments und des Rates über einen Aktionsrahmen der Gemeinschaft für die nachhaltige Verwendung von Pestiziden (ABl. L 309 vom 24.11.2009, S. 71),
- Richtlinie 2009/143/EG des Rates zur Änderung der Richtlinie 2000/29/EG hinsichtlich der Übertragung von Laboruntersuchungen (ABl. L 318 vom 4.12.2009, S. 23),
- Richtlinie 92/70/EWG der Kommission vom 30. Juli 1992 mit Einzelheiten zu den für die Anerkennung von Schutzgebieten in der Gemeinschaft erforderlichen Untersuchungen (ABl. L 250 vom 29.8. 1992, S. 37),
- Richtlinie 2008/99/EG des Europäischen Parlaments und des Rates vom 19. November 2008 über den strafrechtlichen Schutz der Umwelt (ABl. L 328 vom 6.12.2008, S. 28) und

der Anpassung an folgende Rechtsakte:
- der Verordnung (EG) Nr. 1107/2009 des Europäischen Parlaments und des Rates vom 21. Oktober 2009 über das Inverkehrbringen von Pflanzenschutzmitteln und zur Aufhebung der Richtlinien 79/117/ EWG und 91/414/EWG des Rates (ABl. L 309 vom 24.11.2009, S. 1),
- der Richtlinie 2009/127/EG des Europäischen Parlaments und des Rates zur Änderung der Richtlinie 2006/42/EG betreffend Maschinen zur Ausbringung von Pestiziden (ABl. L 310 vom 25.11.2009, S. 29),
- der Verordnung (EG) Nr. 1185/2009 des Europäischen Parlaments und des Rates über Statistiken zu Pestiziden *(ABl. L 324 vom 10.12.2009, S. 1)*,
- der Verordnung (EU) Nr. 547/2011 der Kommission vom 8. Juni 2011 zur Durchführung der Verordnung (EG) Nr. 1107/2009 des Europäischen Parlaments und des Rates hinsichtlich der Kennzeichnungsanforderungen für Pflanzenschutzmittel (ABl. L 155 vom 11.6.2011, S. 176).

Die Verpflichtungen aus der Richtlinie 98/34/EG des Europäischen Parlaments und des Rates vom 22. Juni 1998 über ein Informationsverfahren auf dem Gebiet der Normen und technischen Vorschriften und der Vorschriften für die Dienste der Informationsgesellschaft (ABl. L 204 vom 21.7.1998, S. 37), die zuletzt durch die Richtlinie 2006/96/EG (ABl. L 363 vom 20.12.2006, S. 81) geändert worden ist, sind beachtet worden.

[3)] Siehe hierzu ua:
Sächsische Pflanzenschutzverordnung v. 28.7.2014 (SächsGVBl. S. 457).

weiterer Vorschriften v. 18.8.2021 (BGBl. I S. 3908), Art. 2 Abs. 15 G zur Modernisierung des Verkündungs- und Bekanntmachungswesens v. 20.12.2022 (BGBl. I S. 2752) und Art. 1 G zur Anpassung des PflanzenschutzG an unionsrechtliche Regelungen v. 22.12.2025 (BGBl. 2025 I Nr. 350)

Zum PflSchG wurden ua folgende Vorschriften erlassen:
– PflanzenbeschauVO v. 13.10.2023 (BGBl. 2023 I Nr. 277, S. 3)
– Pflanzenschutz-AnwendungsVO v. 10.11.1992 (BGBl. I S. 1887), zuletzt geänd. durch VO v. 24.6.2024 (BGBl. 2024 I Nr. 216)
– Pflanzenschutz-GeräteVO v. 27.6.2013 (BGBl. I S. 1953, 1962), geänd. durch VO v. 18.4.2019 (BGBl. I S. 507)
– PflanzenschutzmittelVO v. 15.1.2013 (BGBl. I S. 74)
– Pflanzenschutz-SachkundeVO v. 27.6.2013 (BGBl. I S. 1953), zuletzt geänd. durch VO v. 31.8.2015 (BGBl. I S. 1474)

Inhaltsübersicht[1]

(Fortsetzung nächstes Blatt)

---

[1] Inhaltsübersicht geänd. mWv 15.8.2013 durch G v. 7.8.2013 (BGBl. I S. 3154); geänd. mWv 1.10. 2021 durch G v. 18.7.2016 (BGBl. I S. 1666); geänd. mWv 13.7.2021 durch G v. 5.7.2021 (BGBl. I S. 2354); geänd. mWv 1.1.2023 durch G v. 20.12.2022 (BGBl. I S. 2752); geänd. mWv 1.1.2026 durch G v. 22.12.2025 (BGBl. 2025 I Nr. 350).

Abschnitt 1. Allgemeine Bestimmungen

§ 1 Zweck. Zweck dieses Gesetzes ist,

1. Pflanzen, insbesondere Kulturpflanzen, vor Schadorganismen und nichtparasitären Beeinträchtigungen zu schützen,
2. Pflanzenerzeugnisse vor Schadorganismen zu schützen,
3. Gefahren, die durch die Anwendung von Pflanzenschutzmitteln oder durch andere Maßnahmen des Pflanzenschutzes, insbesondere für die Gesundheit von Mensch und Tier und für den Naturhaushalt, entstehen können, abzuwenden oder ihnen vorzubeugen,
4. Rechtsakte der Europäischen Gemeinschaft oder der Europäischen Union im Anwendungsbereich dieses Gesetzes durchzuführen.

§ 2[1] Begriffsbestimmungen. Ergänzend zu den Begriffsbestimmungen der Artikel 2 und 3 der Verordnung (EG) Nr. 1107/2009 des Europäischen Parlaments und des Rates vom 21. Oktober 2009 über das Inverkehrbringen von Pflanzenschutzmitteln und zur Aufhebung der Richtlinien 79/117/EWG und 91/414/EWG des Rates (ABl. L 309 vom 24.11.2009, S. 1) in der jeweils geltenden Fassung gelten im Anwendungsbereich dieses Gesetzes folgende Begriffsbestimmungen:

1. Pflanzenschutz:
   a) der Schutz von Pflanzen vor Schadorganismen und nichtparasitären Beeinträchtigungen,
   b) der Schutz der Pflanzenerzeugnisse vor Schadorganismen (Vorratsschutz)

   einschließlich der Verwendung und des Schutzes von Tieren, Pflanzen und Mikroorganismen, durch die Schadorganismen bekämpft werden können;
2. integrierter Pflanzenschutz:
   eine Kombination von Verfahren, bei denen unter vorrangiger Berücksichtigung biologischer, biotechnischer, pflanzenzüchterischer sowie anbau- und kulturtechnischer Maßnahmen die Anwendung chemischer Pflanzenschutzmittel auf das notwendige Maß beschränkt wird;
3. Pflanzen:
   lebende Pflanzen und lebende Teile von Pflanzen einschließlich der Früchte und Samen;
4. Pflanzenerzeugnisse:
   Erzeugnisse pflanzlichen Ursprungs, die nicht oder nur durch einfache Verfahren, wie Trocknen oder Zerkleinern, be- oder verarbeitet worden sind, ausgenommen verarbeitetes Holz;
5. Pflanzenarten:
   Pflanzenarten und Pflanzensorten sowie deren Zusammenfassungen und Unterteilungen;

---

[1] § 2 erster Halbs. ber. BGBl. 2012 I S. 1281.

6. Naturhaushalt:
seine Bestandteile Boden, Wasser, Luft, Tier- und Pflanzenarten sowie das Wirkungsgefüge zwischen ihnen;
7. Befallsgegenstände:
Pflanzen, Pflanzenerzeugnisse oder sonstige Gegenstände, die Träger bestimmter Schadorganismen sind oder sein können;
8. Einschleppung:
Verbringen oder Eindringen eines Schadorganismus in ein Gebiet, in dem dieser noch nicht vorkommt oder aber vorkommt und noch nicht weit verbreitet ist und das zu seiner Ansiedlung in diesem Gebiet führt;
9. Verschleppung:
Verbringen eines Schadorganismus innerhalb eines Gebietes einschließlich seiner Ausbreitung;
10. Pflanzenstärkungsmittel:
Stoffe und Gemische einschließlich Mikroorganismen, die
a) ausschließlich dazu bestimmt sind, allgemein der Gesunderhaltung der Pflanzen zu dienen, soweit sie nicht Pflanzenschutzmittel nach Artikel 2 Absatz 1 der Verordnung (EG) Nr. 1107/2009, oder
b) dazu bestimmt sind, Pflanzen vor nichtparasitären Beeinträchtigungen zu schützen;
11. Pflanzenschutzgeräte:
Geräte und Einrichtungen, die zur Anwendung von Pflanzenschutzmitteln bestimmt sind;
12. Kultursubstrate:
Erden und andere Substrate in fester oder flüssiger Form, die Pflanzen als Wurzelraum dienen;
13. Anwendungsgebiet:
bestimmte Pflanzen, Pflanzenarten oder Pflanzenerzeugnisse, auch unter Berücksichtigung des jeweiligen Verwendungszweckes, zusammen mit denjenigen Schadorganismen, gegen die die Pflanzen und Pflanzenerzeugnisse geschützt werden sollen, oder der sonstige Zweck, zu dem das Pflanzenschutzmittel angewandt werden soll;
14. Mitgliedstaat:
Mitgliedstaat der Europäischen Union;
15. Freilandflächen:
die nicht durch Gebäude oder Überdachungen ständig abgedeckten Flächen, unabhängig von ihrer Beschaffenheit oder Nutzung; dazu gehören auch Verkehrsflächen jeglicher Art wie Gleisanlagen, Straßen-, Wege-,

(Fortsetzung nächstes Blatt)

Hof- und Betriebsflächen sowie sonstige durch Tiefbaumaßnahmen veränderte Landflächen;

16. beruflicher Anwender:
jede Person, die im Zuge ihrer beruflichen Tätigkeit Pflanzenschutzmittel anwendet;
17. Reimport:
in Deutschland zugelassenes Pflanzenschutzmittel in seiner für das Inverkehrbringen in Deutschland bestimmten Originalverpackung und Originaletikettierung, das aus einem anderen Staat wieder eingeführt oder innergemeinschaftlich verbracht wird;
18. Einfuhr:
Verbringen von Nichtgemeinschaftswaren im Sinne des Artikels 4 Nummer 8 in Verbindung mit Nummer 7 der Verordnung (EWG) Nr. 2913/92 des Rates vom 12. Oktober 1992 zur Festlegung des Zollkodex der Gemeinschaften (ABl. L 302 vom 19.10.1992, S. 1), die zuletzt durch die Verordnung (EG) Nr. 1791/2006 (ABl. L 363 vom 20.12.2006, S. 1) geändert worden ist, in den Geltungsbereich dieses Gesetzes;
19. innergemeinschaftliches Verbringen:
Verbringen von Schadorganismen, Gegenständen oder Stoffen, die sich im zollrechtlich freien Verkehr befinden, von einem anderen Mitgliedstaat in das Inland.

Abschnitt 2. Durchführung von Pflanzenschutzmaßnahmen

§ 3[1)] Gute fachliche Praxis und integrierter Pflanzenschutz. (1) [1] Pflanzenschutz darf nur nach guter fachlicher Praxis durchgeführt werden. [2] Die gute fachliche Praxis im Pflanzenschutz umfasst insbesondere

1. die Einhaltung der allgemeinen Grundsätze des integrierten Pflanzenschutzes des Anhangs III der Richtlinie 2009/128/EG des Europäischen Parlaments und des Rates vom 21. Oktober 2009 über einen Aktionsrahmen der Gemeinschaft für die nachhaltige Verwendung von Pestiziden (ABl. L 309 vom 24.11.2009, S. 71) in der jeweils geltenden Fassung,
2. die Gesunderhaltung und Qualitätssicherung von Pflanzen und Pflanzenerzeugnissen durch
   a) vorbeugende Maßnahmen,
   b) Verhütung der Einschleppung oder Verschleppung von Schadorganismen,
   c) Abwehr oder Bekämpfung von Schadorganismen,
   d) Förderung natürlicher Mechanismen zur Bekämpfung von Schadorganismen und
3. Maßnahmen zum Schutz vor sowie die Abwehr von Gefahren, die durch die Anwendung, das Lagern und den sonstigen Umgang mit Pflanzenschutzmitteln oder durch andere Maßnahmen des Pflanzenschutzes, insbesondere für die Gesundheit von Mensch und Tier und für den Naturhaushalt einschließlich des Grundwassers, entstehen können.

---

1) § 3 Abs. 2 Sätze 1 und 2, sowie Abs. 4 geänd. mWv 8.9.2015 durch VO v. 31.8.2015 (BGBl. I S. 1474); Abs. 2 Satz 2, Abs. 4 geänd. mWv 27.6.2020 durch VO v. 19.6.2020 (BGBl. I S. 1328).

[3] Die zuständige Behörde kann die Maßnahmen anordnen, die zur Erfüllung der in Satz 1 in Verbindung mit Satz 2 genannten Anforderungen erforderlich sind.

(2) [1] Das Bundesministerium für Ernährung und Landwirtschaft erstellt unter Beteiligung der Länder und unter Berücksichtigung des Anhangs III der Richtlinie 2009/128/EG, des Standes der wissenschaftlichen Erkenntnisse sowie unter Berücksichtigung der Erfahrungen der Pflanzenschutzdienste und des Personenkreises, der Pflanzenschutzmaßnahmen durchführt, sowie der in Absatz 1 Satz 2 Nummer 2 und 3 genannten Maßnahmen, Grundsätze für die Durchführung der guten fachlichen Praxis im Pflanzenschutz. [2] Das Bundesministerium für Ernährung und Landwirtschaft gibt diese Grundsätze im Einvernehmen mit den Bundesministerien für Wirtschaft und Energie, für Arbeit und Soziales, für Gesundheit und für Umwelt, Naturschutz und nukleare Sicherheit im Bundesanzeiger oder elektronischen Bundesanzeiger bekannt.

(3) Tiere und Pflanzen einer invasiven Art im Sinne des § 7 Absatz 2 Nummer 9 des Bundesnaturschutzgesetzes[1)] dürfen nicht zu Zwecken des Pflanzenschutzes verwendet werden.

(4) Das Bundesministerium für Ernährung und Landwirtschaft wird ermächtigt im Einvernehmen mit dem Bundesministerium für Umwelt, Naturschutz und nukleare Sicherheit durch Rechtsverordnung mit Zustimmung des Bundesrates Ausnahmen von dem Verbot des Absatzes 3 zu regeln, wenn dem insbesondere der Schutz natürlich vorkommender Ökosysteme, Biotope oder Arten nicht entgegensteht.

§ 4 Aktionsplan zur nachhaltigen Anwendung von Pflanzenschutzmitteln. (1) [1] Die Bundesregierung beschließt einen Aktionsplan zur nachhaltigen Anwendung von Pflanzenschutzmitteln im Sinne des Artikels 4 Absatz 1 der Richtlinie 2009/128/EG (Aktionsplan). [2] Der Aktionsplan wird unter Mitwirkung der Länder und Beteiligung von Verbänden, die sich mit Pflanzen oder Pflanzenerzeugnissen, dem Pflanzenschutz, dem Verbraucherschutz, der Wasserwirtschaft oder dem Umwelt- und Naturschutz befassen, erstellt. [3] Der Aktionsplan umfasst auch unter Berücksichtigung bereits getroffener Risikominderungsmaßnahmen quantitative Vorgaben, Ziele, Maßnahmen und Zeitpläne zur Verringerung der Risiken und Auswirkungen der Anwendung von Pflanzenschutzmitteln auf die Gesundheit von Mensch und Tier sowie auf den Naturhaushalt. [4] Die Zielvorgaben betreffen die Bereiche Pflanzenschutz, Anwenderschutz, Verbraucherschutz und Schutz des Naturhaushaltes.

(2) [1] Die Bundesregierung macht den Entwurf des Aktionsplans in geeigneter Weise bekannt und berücksichtigt für die Ausarbeitung und Änderung des Aktionsplans das Ergebnis der Öffentlichkeitsbeteiligung in angemessener Weise. [2] Die abschließende Erstellung des Aktionsplans erfolgt unter Mitwirkung der Länder.

(3) Die Bundesregierung macht den Aktionsplan im Bundesanzeiger oder elektronischen Bundesanzeiger bekannt.

(4) [1] Die Bundesregierung überprüft den Aktionsplan mindestens alle fünf Jahre. [2] Die Absätze 1 bis 3 gelten entsprechend.

[1)] **Nr. 880.**

§ 5 Mitwirkung von Bundesbehörden am Aktionsplan zur nachhaltigen Anwendung von Pflanzenschutzmitteln. [1] An der Erarbeitung des Aktionsplans im Sinne des § 4 wirken das Bundesamt für Verbraucherschutz und Lebensmittelsicherheit und das Julius Kühn-Institut im Rahmen ihrer jeweiligen Zuständigkeiten sowie das Bundesinstitut für Risikobewertung zu Fragen im Hinblick auf die Gesundheit von Mensch und Tier und das Umweltbundesamt zu Fragen im Hinblick auf den Naturhaushalt mit. [2] Die in Satz 1 genannten Bundesbehörden wirken im Rahmen ihrer nach diesem Gesetz übertragenen Verwaltungsaufgaben an der Umsetzung des Aktionsplans mit.

§ 6[1] Pflanzenschutzmaßnahmen. (1) Das Bundesministerium für Ernährung und Landwirtschaft wird ermächtigt, soweit es zur Erfüllung der in § 1 genannten Zwecke erforderlich ist, durch Rechtsverordnung mit Zustimmung des Bundesrates

1. anzuordnen, das Auftreten oder den Verdacht des Auftretens von Schadorganismen, den Anbau oder das Vorkommen bestimmter Pflanzenarten, sonstige für das Auftreten oder Bekämpfen von Schadorganismen erhebliche Tatsachen oder die Anwendung bestimmter Pflanzenschutzmittel, Pflanzenschutzgeräte oder Verfahren des Pflanzenschutzes der zuständigen Behörde anzuzeigen;
2. Verfügungsberechtigte und Besitzer zu verpflichten, Befallsgegenstände, Grundstücke, Gebäude oder Räume auf das Auftreten von Schadorganismen zu überwachen, zu untersuchen oder untersuchen zu lassen;
3. Verfügungsberechtigte und Besitzer zu verpflichten, bestimmte Schadorganismen zu bekämpfen oder bekämpfen zu lassen sowie bestimmte Pflanzenschutzmittel, Pflanzenschutzgeräte oder Verfahren hierfür vorzuschreiben oder zu verbieten;
4. anzuordnen, dass die zuständigen Behörden Pflanzen und Grundstücke auf das Auftreten bestimmter Schadorganismen überwachen und bestimmte Schadorganismen bekämpfen;
5. das Vernichten, Entseuchen oder Entwesen von Befallsgegenständen und das Entseuchen oder Entwesen des Bodens, von Kultursubstraten oder von Gebäuden oder Räumen anzuordnen sowie bestimmte Mittel, Geräte oder Verfahren hierfür vorzuschreiben oder zu verbieten;
6. die Verwendung bestimmter Kultursubstrate für die Anzucht oder den Anbau bestimmter Pflanzen vorzuschreiben oder zu verbieten;
7. die Nutzung befallener, befallsverdächtiger oder befallsgefährdeter Grundstücke zu beschränken sowie Vorschriften über die Sperre solcher Grundstücke zu erlassen;
8. die Verwendung nicht geeigneten Saat- oder Pflanzguts oder nicht geeigneter zur Veredlung bestimmter Pflanzenteile zu verbieten oder zu beschränken;
9. den Anbau bestimmter Pflanzenarten zu verbieten oder zu beschränken;
10. das Inverkehrbringen bestimmter Pflanzen, die für die Erzeugung von Pflanzen oder sonst zum Anbau bestimmt sind (Anbaumaterial),
    a) bei Befall oder Verdacht des Befalls mit bestimmten Schadorganismen zu verbieten oder zu beschränken,

[1] § 6 Abs. 1 einl. Satzteil, Abs. 2 und Abs. 3 Satz 1 Nr. 1 geänd. mWv 8.9.2015 durch VO v. 31.8.2015 (BGBl. I S. 1474); Abs. 2 geänd. mWv 27.6.2020 durch VO v. 19.6.2020 (BGBl. I S. 1328); Abs. 4 geänd. mWv 13.7.2021 durch G v. 5.7.2021 (BGBl. I S. 2354).

b) von dem Ergebnis einer Untersuchung auf Befall mit bestimmten Schadorganismen oder auf Resistenz gegen bestimmte Schadorganismen oder von einer Genehmigung abhängig zu machen;

11. anzuordnen, dass befallene, befallsverdächtige oder befallsgefährdete Grundstücke von bestimmten Pflanzen freizumachen oder freizuhalten sind;
12. das Befördern, das Inverkehrbringen und das Lagern bestimmter Schadorganismen und Befallsgegenstände zu verbieten, zu beschränken oder von einer Genehmigung oder Anzeige abhängig zu machen;
13. das Züchten und das Halten bestimmter Schadorganismen sowie das Arbeiten mit ihnen zu verbieten, zu beschränken oder von einer Genehmigung oder Anzeige abhängig zu machen;
14. anzuordnen, dass Grundstücke, Gebäude, Räume oder Behältnisse, die dem Lagern von Pflanzen oder Pflanzenerzeugnissen dienen, zu entseuchen, zu entwesen oder zu reinigen sind, und bestimmte Mittel, Geräte oder Verfahren hierfür vorzuschreiben oder zu verbieten;
15. Vorschriften zum Schutz von Tieren, Pflanzen oder Mikroorganismen
    a) vor ihrer Gefährdung durch Pflanzenschutzmittel, Pflanzenschutzgeräte oder sonstige Geräte und Einrichtungen, die im Pflanzenschutz benutzt werden, oder
    b) im Hinblick auf ihren Nutzen für die Bekämpfung von Schadorganismen

    zu erlassen;
16. Vorschriften über die Einfuhr, das innergemeinschaftliche Verbringen sowie das Verbringen im Inland oder das Verbringen in einen anderen Mitgliedstaat, das Inverkehrbringen und die Verwendung von Tieren, Pflanzen oder Mikroorganismen zur Bekämpfung bestimmter Schadorganismen zu erlassen; dabei kann es die Einfuhr, das innergemeinschaftliche Verbringen sowie das Verbringen im Inland oder in einen anderen Mitgliedstaat, das Inverkehrbringen und die Verwendung von Tieren, Pflanzen oder Mikroorganismen von einer Genehmigung abhängig machen sowie die Voraussetzungen und das Verfahren hierfür regeln.

(2) Rechtsverordnungen nach Absatz 1 Nummer 3, 5, 14, 15 und 16 bedürfen des Einvernehmens mit den Bundesministerien für Arbeit und Soziales und für Umwelt, Naturschutz und nukleare Sicherheit, soweit sie sich auf die Anwendung bestimmter Pflanzenschutzmittel oder anderer Stoffe beziehen.

(3) [1] Die Landesregierungen werden ermächtigt,

1. Rechtsverordnungen nach Absatz 1 zu erlassen, soweit das Bundesministerium für Ernährung und Landwirtschaft von seiner Befugnis keinen Gebrauch macht,
2. durch Rechtsverordnung, soweit es zur Erfüllung der in § 1 genannten Zwecke erforderlich ist,
    a) in Gebieten, die für den Anbau bestimmter Pflanzenarten besonders geeignet sind, den Anbau bestimmter Pflanzenarten zu verbieten oder die Verwendung bestimmten Saat- oder Pflanzguts sowie bestimmte Anbaumethoden vorzuschreiben,
    b) vorzuschreiben, dass Pflanzen oder Pflanzenerzeugnisse nur in bestimmter Art und Weise gelagert werden dürfen.

[2] Sie können durch Rechtsverordnung diese Befugnis auf oberste Landesbehörden übertragen und dabei bestimmen, dass diese ihre Befugnis durch Rechtsverord-

nung auf nachgeordnete oder ihrer Aufsicht unterstehende Behörden weiter übertragen können.

(4) Über die Begriffsbestimmung des Artikels 3 Nummer 7 der Verordnung (EG) Nr. 1107/2009 hinaus sind Schadorganismen im Sinne des Absatzes 1 und der §§ 8, 57, 59, 60 und 62 Tiere, Pflanzen und Mikroorganismen in allen Entwicklungsstadien, die Schäden an Pflanzen und Pflanzenerzeugnisse verursachen können; Viren und ähnliche Krankheitserreger werden den Mikroorganismen, nicht durch Schadorganismen verursachte Krankheiten werden den Schadorganismen gleichgestellt.

(5) Es ist verboten, Schadorganismen zu verbreiten und dadurch

1. Bestände von Pflanzen besonders geschützter Arten im Sinne des § 7 Absatz 2 Nummer 13 des Bundesnaturschutzgesetzes[1],
2. fremde Pflanzenbestände von bedeutendem Wert oder
3. Pflanzenbestände von bedeutendem Wert für Naturhaushalt oder Landschaftsbild

zu gefährden.

§ 7[2] *(aufgehoben)*

§ 8[3] **Anordnungen der zuständigen Behörden.** Die zuständige Behörde kann zur Bekämpfung von Schadorganismen oder zur Verhütung der Ein- oder Verschleppung sowie der Ansiedlung von Schadorganismen Maßnahmen nach § 6 Absatz 1 anordnen, soweit eine Regelung durch Rechtsverordnung nach § 6 Absatz 1 oder 3 nicht getroffen ist oder eine durch Rechtsverordnung nach § 6 Absatz 1 oder 3 getroffene Regelung nicht entgegensteht.

Abschnitt 3. Allgemeine Anforderungen für Anwender, Händler und Hersteller von Pflanzenschutzmitteln sowie Pflanzenschutzberater

§ 9[4] **Persönliche Anforderungen.** (1) Eine Person darf nur

1. Pflanzenschutzmittel anwenden,
2. über den Pflanzenschutz im Sinne des Artikels 3 Nummer 3 der Richtlinie 2009/128/EG beraten,
3. Personen, die Pflanzenschutzmittel im Rahmen eines Ausbildungsverhältnisses oder einer Hilfstätigkeit anwenden, anleiten oder beaufsichtigen,
4. Pflanzenschutzmittel gewerbsmäßig in Verkehr bringen oder
5. Pflanzenschutzmittel über das Internet auch außerhalb gewerbsmäßiger Tätigkeiten in Verkehr bringen,

wenn sie über einen von der zuständigen Behörde ausgestellten Sachkundenachweis verfügt.

(2) [1]Die zuständige Behörde stellt auf Antrag den Sachkundenachweis aus, wenn der Antragsteller die dafür erforderliche Zuverlässigkeit besitzt und nachweist, dass er über die erforderlichen fachlichen Kenntnisse und die für die jeweilige Tätigkeit erforderlichen praktischen Fertigkeiten verfügt, um Pflanzen-

[1] Nr. **880**.

[2] § 7 aufgeh. mWv 13.7.2021 durch G v. 5.7.2021 (BGBl. I S. 2354).

[3] § 8 geänd. mWv 13.7.2021 durch G v. 5.7.2021 (BGBl. I S. 2354).

[4] § 9 Abs. 6 einl. Satzteil geänd. mWv 8.9.2015 durch VO v. 31.8.2015 (BGBl. I S. 1474); Abs. 6 einl. Satzteil geänd. mWv 27.6.2020 durch VO v. 19.6.2020 (BGBl. I S. 1328).

schutzmittel bestimmungsgemäß und sachgerecht anzuwenden. [2] Wer Pflanzenschutzmittel gewerbsmäßig oder im Internet auch außerhalb gewerblicher Tätigkeiten in Verkehr bringt, muss zusätzlich nachweisen, dass er über die erforderlichen fachlichen Kenntnisse verfügt, um sowohl berufliche als auch nichtberufliche Anwender von Pflanzenschutzmitteln über die bestimmungsgemäße und sachgerechte Anwendung von Pflanzenschutzmitteln, mit der Anwendung von Pflanzenschutzmitteln verbundene Risiken, mögliche Risikominderungsmaßnahmen sowie die sachgerechte Lagerung und Entsorgung von Pflanzenschutzmitteln und ihren Resten zu informieren. [3] Der Sachkundenachweis ist der zuständigen Behörde auf Verlangen vorzulegen.

(3) Die zuständige Behörde soll den Sachkundenachweis widerrufen, wenn Tatsachen die Annahme rechtfertigen, dass der Inhaber des Nachweises die in Absatz 2 genannten Voraussetzungen nicht erfüllt oder der Inhaber des Nachweises wiederholt gegen die Bestimmungen dieses Gesetzes oder der auf diesem Gesetz beruhenden Verordnungen verstoßen hat.

(4) [1] Sachkundige Personen im Sinne des Absatzes 1 sind verpflichtet, jeweils innerhalb eines Zeitraums von drei Jahren ab der erstmaligen Ausstellung eines Sachkundenachweises eine von der zuständigen Behörde anerkannte Fort- oder Weiterbildungsmaßnahme wahrzunehmen. [2] Die Fort- oder Weiterbildung ist der zuständigen Behörde auf Verlangen nachzuweisen. [3] Kann der Sachkundige den Nachweis nach Satz 2 nicht erbringen, soll die zuständige Behörde eine Frist für die Wahrnehmung einer Fort- oder Weiterbildungsmaßnahme setzen. [4] Erfolgt auch innerhalb dieser Frist keine Fort- oder Weiterbildung, soll die zuständige Behörde den Sachkundenachweis widerrufen.

(5) Abweichend von Absatz 1 Satz 1 Nummer 1 ist kein Sachkundenachweis erforderlich für die

1. Anwendung von Pflanzenschutzmitteln, die für nichtberufliche Anwender zugelassen sind, im Haus- und Kleingartenbereich,
2. Ausübung einfacher Hilfstätigkeiten unter Verantwortung und Aufsicht durch eine Person mit Sachkundenachweis im Sinne des Absatzes 1,
3. Anwendung von Pflanzenschutzmitteln im Rahmen eines Ausbildungsverhältnisses unter Anleitung einer Person mit Sachkundenachweis im Sinne des Absatzes 1,
4. Anwendung von Pflanzenschutzmitteln zur Wildschadensverhütung durch nichtberufliche Anwender.

(6) Das Bundesministerium für Ernährung und Landwirtschaft wird ermächtigt, im Einvernehmen mit den Bundesministerien für Gesundheit, für Arbeit und Soziales und für Umwelt, Naturschutz und nukleare Sicherheit durch Rechtsverordnung[1)] mit Zustimmung des Bundesrates nähere Vorschriften über

1. Art und Umfang der erforderlichen fachlichen Kenntnisse und Fertigkeiten,
2. das Verfahren für deren Nachweis,
3. die Gestaltung des Sachkundenachweises,
4. Informationspflichten von Inhabern eines Sachkundenachweises,
5. die Wiedererlangung des Sachkundenachweises durch Personen, denen der Sachkundenachweis nach den Bestimmungen der Absätze 3 oder 4 entzogen oder widerrufen worden ist,

---

[1)] Siehe die Anm. am Titel.

6. die Anerkennungsvoraussetzungen für Fort- und Weiterbildungsmaßnahmen im Sinne des Absatzes 4 sowie
7. über Art und Umfang der Ausübung einfacher Hilfstätigkeiten nach Absatz 5 Nummer 2

zu erlassen.

(7) [1]Die Landesregierungen werden ermächtigt, Rechtsverordnungen nach Absatz 6 zu erlassen, soweit die Bundesregierung von ihrer Befugnis keinen Gebrauch macht. [2]Die Landesregierungen können diese Befugnis durch Rechtsverordnung auf oberste Landesbehörden übertragen.

§ 10 Anzeige bei Beratung und Anwendung. [1]Wer Pflanzenschutzmittel für andere – außer gelegentlicher Nachbarschaftshilfe – anwenden oder zu gewerblichen Zwecken oder im Rahmen sonstiger wirtschaftlicher Unternehmungen andere über den Pflanzenschutz beraten will, hat dies der für den Betriebssitz und der für den Ort der Tätigkeit zuständigen Behörde vor Aufnahme der Tätigkeit anzuzeigen. [2]Die Landesregierungen werden ermächtigt, durch Rechtsverordnung die näheren Vorschriften über die Anzeige und das Anzeigeverfahren zu erlassen. [3]Die Landesregierungen können diese Befugnis durch Rechtsverordnung auf oberste Landesbehörden übertragen.

§ 11[1)] Aufzeichnungspflichten. (1) Die Aufzeichnungen nach Artikel 67 Absatz 1 Satz 1 der Verordnung (EG) Nr. 1107/2009 können elektronisch oder schriftlich geführt werden.

(2) [1]Die nach Artikel 67 Absatz 1 Satz 2 der Verordnung (EG) Nr. 1107/2009 in Verbindung mit Artikel 2 der Durchführungsverordnung (EU) 2023/564 grundsätzlich elektronisch zu führenden Aufzeichnungen der beruflichen Verwender können bis zum Ablauf des 31. Dezember 2026 auch schriftlich geführt werden. [2]Der Leiter eines landwirtschaftlichen, forstwirtschaftlichen oder gärtnerischen Betriebes ist verpflichtet, die Aufzeichnungen für die bewirtschafteten Flächen seines Betriebes unter Angabe des jeweiligen Anwenders zusammen zu führen.

(3) Die Fristen des Artikels 67 Absatz 1 Satz 1 oder 2 der Verordnung (EG) Nr. 1107/2009 zur Aufbewahrung der Aufzeichnungen rechnen ab dem Beginn des Jahres, das auf das Jahr des Entstehens der jeweiligen Aufzeichnung folgt.

Abschnitt 4. Anwendung von Pflanzenschutzmitteln

§ 12[2)] Vorschriften für die Anwendung von Pflanzenschutzmitteln.

(1) Pflanzenschutzmittel dürfen einzeln oder gemischt mit anderen nur angewandt werden, wenn sie zugelassen sind, die Zulassung nicht ruht und nur

1. in den in der Zulassung festgesetzten, jeweils gültigen Anwendungsgebieten,
2. entsprechend den in der Zulassung festgesetzten, jeweils gültigen Anwendungsbestimmungen.

(2) [1]Pflanzenschutzmittel dürfen nicht auf befestigten Freilandflächen und nicht auf sonstigen Freilandflächen, die weder landwirtschaftlich noch forstwirtschaftlich oder gärtnerisch genutzt werden, angewendet werden. [2]Sie dürfen jedoch nicht in oder unmittelbar an oberirdischen Gewässern und Küstengewässern angewandt werden. [3]Die zuständige Behörde kann Ausnahmen von den Sätzen 1 und 2 für die

[1)] § 11 neu gef. mWv 1.1.2026 durch G v. 22.12.2025 (BGBl. 2025 I Nr. 350).

[2)] § 12 Abs. 4 Satz 1 Nr. 1 neu gef. mWv 13.7.2021 durch G v. 5.7.2021 (BGBl. I S. 2354).

Anwendung zugelassener Pflanzenschutzmittel genehmigen, wenn der angestrebte Zweck vordringlich ist und mit zumutbarem Aufwand auf andere Art nicht erzielt werden kann und überwiegende öffentliche Interessen, insbesondere des Schutzes der Gesundheit von Mensch und Tier oder des Naturhaushaltes, nicht entgegenstehen. [4] Die zuständige Behörde unterrichtet das Bundesamt für Verbraucherschutz und Lebensmittelsicherheit jährlich über die erteilten Genehmigungen nach Satz 3.

(3) [1] Pflanzenschutzmittel, die nur für die Anwendung durch berufliche Anwender zugelassen sind, dürfen auch im Falle von Satz 2 Nummer 2 nur durch Personen angewandt werden, die, außer in den Fällen des § 9 Absatz 5 Nummer 2 und 3, sachkundig im Sinne des § 9 Absatz 1 Satz 1 sind. [2] Im Haus- und Kleingartenbereich dürfen nur Pflanzenschutzmittel angewandt werden, die

1. für die Anwendung durch nichtberufliche Anwender zugelassen sind oder
2. für berufliche Anwender zugelassen sind und für die das Bundesamt für Verbraucherschutz und Lebensmittelsicherheit die Eignung zur Anwendung im Haus- und Kleingartenbereich nach § 36 Absatz 1 Satz 2 Nummer 3 oder Absatz 2 festgestellt hat.

(4) [1] Eine Zulassung ist nicht erforderlich für die Anwendung von

1. Pflanzenschutzmitteln, deren Anwendung nach § 6 Absatz 1 Nummer 3, 5 und 14 oder nach § 4 Absatz 1 Satz 1 in Verbindung mit Satz 2 Nummer 2 Buchstabe b des Pflanzengesundheitsgesetzes vom 5. Juli 2021 (BGBl. I S. 2354), jeweils in Verbindung mit § 8 dieses Gesetzes, angeordnet worden ist,
2. Stoffen oder Gemischen, die ausschließlich genehmigte Grundstoffe im Sinne des Artikels 23 der Verordnung (EG) Nr. 1107/2009 enthalten,
3. Pflanzenschutzmitteln, für die eine Genehmigung für Notfallsituationen nach Artikel 53 der Verordnung (EG) Nr. 1107/2009 erteilt worden ist,
4. Pflanzenschutzmitteln, für die eine Genehmigung zu Versuchszwecken nach Artikel 54 der Verordnung (EG) Nr. 1107/2009 erteilt worden ist.

[2] Pflanzenschutzmittel, für die eine Genehmigung nach Artikel 53 oder Artikel 54 der Verordnung (EG) Nr. 1107/2009 erteilt worden ist, dürfen nur nach den in der Genehmigung festgesetzten Anwendungsbestimmungen und Anwendungsgebieten angewandt werden.

(5) [1] Abweichend von Absatz 1 Satz 1 darf ein Pflanzenschutzmittel, dessen Zulassung durch Zeitablauf oder durch Widerruf auf Antrag des Zulassungsinhabers beendet ist, noch innerhalb eines Zeitraums von 18 Monaten, gerechnet ab dem Tag des Endes der Zulassung, angewandt werden. [2] Ein Pflanzenschutzmittel, das auf Grund einer Vertriebserweiterung nach § 30 in Verkehr gebracht worden ist, darf noch angewandt werden, soweit das entsprechende zugelassene Pflanzenschutzmittel noch nach Satz 1 oder 3 angewandt werden darf. [3] Für ein Pflanzenschutzmittel, für das eine Verkehrsfähigkeitsbescheinigung oder eine Genehmigung nach Artikel 52 der Verordnung (EG) Nr. 1107/2009 erteilt worden ist, gilt Satz 1 entsprechend. [4] Das Bundesamt für Verbraucherschutz und Lebensmittelsicherheit macht die Aufbrauchfrist für das Pflanzenschutzmittel im elektronischen Bundesanzeiger bekannt.

(6) Abweichend von Absatz 1 Satz 1 Nummer 1 dürfen zugelassene Pflanzenschutzmittel auch in einem anderen als mit der Zulassung festgesetzten Anwendungsgebiet angewandt werden, wenn die zuständige Behörde eine Genehmigung nach § 22 Absatz 2 erteilt hat.

(Fortsetzung nächstes Blatt)

§ 13 Vorschriften für die Einschränkung der Anwendung von Pflanzenschutzmitteln. (1) Pflanzenschutzmittel dürfen nicht angewandt werden, soweit der Anwender damit rechnen muss, dass ihre Anwendung im Einzelfall

1. schädliche Auswirkungen auf die Gesundheit von Mensch oder Tier oder auf das Grundwasser oder
2. sonstige erhebliche schädliche Auswirkungen, insbesondere auf den Naturhaushalt,

hat.

(2) [1] Bei der Anwendung von Pflanzenschutzmitteln ist es verboten,

1. wild lebenden Tieren der besonders geschützten Arten nachzustellen, sie zu fangen, zu verletzen oder zu töten oder ihre Entwicklungsformen aus der Natur zu entnehmen, zu beschädigen oder zu zerstören,
2. wild lebende Tiere der streng geschützten Arten und der europäischen Vogelarten während der Fortpflanzungs-, Aufzucht-, Mauser-, Überwinterungs- und Wanderungszeiten erheblich zu stören,
3. Fortpflanzungs- oder Ruhestätten der wild lebenden Tiere der besonders geschützten Arten aus der Natur zu entnehmen, zu beschädigen oder zu zerstören,
4. wild lebende Pflanzen der besonders geschützten Arten oder ihre Entwicklungsformen aus der Natur zu entnehmen, sie oder ihre Standorte zu beschädigen oder zu zerstören.

[2] Eine erhebliche Störung im Sinne des Satzes 1 Nummer 2 liegt vor, wenn sich durch die Störung der Erhaltungszustand der lokalen Population einer Art verschlechtert. [3] Die nach den in § 3 bezeichneten Grundsätzen durchgeführten Pflanzenschutzmaßnahmen verstoßen nicht gegen die in Satz 1 genannten Verbote. [4] Soweit in Anhang IV der Richtlinie 92/43/EWG des Rates vom 21. Mai 1992 zur Erhaltung der natürlichen Lebensräume sowie der wild lebenden Tiere und Pflanzen (ABl. L 206 vom 22.7.1992, S. 7) in der jeweils geltenden Fassung aufgeführte Arten oder europäische Vogelarten der Richtlinie 2009/147/EG des Europäischen Parlaments und des Rates vom 30. November 2009 über die Erhaltung der wild lebenden Vogelarten (ABl. L 20 vom 26.1.2010, S. 7) in der jeweils geltenden Fassung betroffen sind, gilt Satz 3 nur, soweit sich der Erhaltungszustand der lokalen Population einer Art in ihrem natürlichen Verbreitungsgebiet durch die Anwendung von Pflanzenschutzmitteln nicht verschlechtert.

(3) Die zuständige Behörde kann die Maßnahmen anordnen, die zur Erfüllung der in Absatz 1 und Absatz 2 Satz 1 genannten Anforderungen erforderlich sind.

(4) [1] Die zuständige Behörde kann im Einzelfall über Absatz 2 Satz 3 und 4 hinaus weitere Ausnahmen von den Verboten nach Absatz 2 Satz 1

1. zur Abwendung erheblicher landwirtschaftlicher, forstwirtschaftlicher oder sonstiger wirtschaftlicher Schäden,
2. zum Schutz der heimischen Tier- und Pflanzenwelt,
3. für Zwecke der Forschung, Lehre, Bildung oder Wiederansiedlung oder diesen Zwecken dienende Maßnahmen der Aufzucht oder der künstlichen Vermehrung,
4. im Interesse der Gesundheit des Menschen, der öffentlichen Sicherheit, einschließlich der Verteidigung und des Schutzes der Zivilbevölkerung, oder der maßgeblich günstigen Auswirkungen auf die Umwelt oder
5. aus anderen zwingenden Gründen des überwiegenden öffentlichen Interesses einschließlich solcher sozialer oder wirtschaftlicher Art

genehmigen. [2] Eine Ausnahme nach Satz 1 darf nur genehmigt werden, soweit zumutbare andere Möglichkeiten nicht gegeben sind und sich der Erhaltungszustand der betroffenen Populationen der nach Absatz 2 Satz 1 geschützten Tier- und Pflanzenarten nicht verschlechtert, soweit nicht Artikel 16 Absatz 1 der Richtlinie 92/43/EWG strengere Anforderungen enthält.

§ 14[1] Verbote. (1) Das Bundesministerium für Ernährung und Landwirtschaft wird ermächtigt, soweit es zum Schutz der Gesundheit von Mensch und Tier oder zum Schutz vor Gefahren, insbesondere für den Naturhaushalt, erforderlich ist, im Einvernehmen mit den Bundesministerien für Wirtschaft und Energie und für Arbeit und Soziales sowie im Falle der Nummer 1 auch mit dem Bundesministerium für Umwelt, Naturschutz und nukleare Sicherheit und dem Bundesministerium für Gesundheit durch Rechtsverordnung[2] mit Zustimmung des Bundesrates

1. die Einfuhr, das Inverkehrbringen, das innergemeinschaftliche Verbringen und die Anwendung bestimmter Pflanzenschutzmittel oder von Pflanzenschutzmitteln mit bestimmten Stoffen,
   a) zu verbieten,
   b) zu beschränken oder von einer Genehmigung abhängig zu machen,
   c) von einer Anzeige abhängig zu machen,
2. die Anwendung von Pflanzenschutzmitteln unter Verwendung bestimmter Geräte oder Verfahren zu verbieten, zu beschränken oder von einer Genehmigung oder Anzeige abhängig zu machen,
3. den Anbau bestimmter Pflanzenarten auf Grundstücken, deren Böden mit bestimmten Pflanzenschutzmitteln behandelt worden sind, zu verbieten, zu beschränken oder von einer Genehmigung oder Anzeige abhängig zu machen,
4. die Verwendung von Pflanzen oder Pflanzenerzeugnissen, die auf mit bestimmten Pflanzenschutzmitteln behandelten Böden gewonnen worden sind, zu verbieten, zu beschränken oder von einer Genehmigung oder Anzeige abhängig zu machen sofern nicht bereits nach dem Lebensmittel- und Futtermittelgesetzbuch[3] eine entsprechende Regelung getroffen wurde,
5. das Abgeben von Pflanzenschutzmitteln, die unter eine Regelung nach Nummer 1 fallen, an den Anwender zu verbieten, zu beschränken oder von einer Genehmigung oder Anzeige abhängig zu machen;

dabei kann vorgesehen werden, dass die Genehmigung von dem Bundesamt für Verbraucherschutz und Lebensmittelsicherheit zu erteilen oder die Anzeige ihm gegenüber zu erstatten ist.

(2) Soweit durch Rechtsverordnung nach Absatz 1 Nummer 1 die Anwendung von Pflanzenschutzmitteln beschränkt wird, können insbesondere Zweck, Art, Zeit, Ort und Verfahren der Anwendung des Pflanzenschutzmittels vorgeschrieben oder verboten sowie die anzuwendende Menge und die nach der Anwendung einzuhaltende Wartezeit vorgeschrieben werden.

(2a) In der Rechtsverordnung nach Absatz 1 Nummer 1 kann vorgesehen werden dass die Länder auf Grund landesspezifischer Besonderheiten von einzel-

[1] § 14 Abs. 1 einl. Satzteil und Abs. 4 Satz 1 geänd. mWv 8.9.2015 durch VO v. 31.8.2015 (BGBl. I S. 1474); Abs. 1 einl. Satzteil geänd. mWv 27.6.2020 durch VO v. 19.6.2020 (BGBl. I S. 1328); Abs. 1 Nr. 1 neu gef. mWv *13.7.2021 durch G* v. 5.7.2021 (BGBl. I S. 2354); Abs. 2a eingef., Abs. 6 angef. mWv 1.9.2021 durch G v. 18.8.2021 (BGBl. I S. 3908).

[2] Siehe die Anm. am Titel.

[3] **Sartorius ErgBd. Nr. 862.**

nen Bestimmungen der Rechtsverordnung abweichende Regelungen treffen können.

(3) [1] Ein mit der Zulassung eines Pflanzenschutzmittels festgesetztes Anwendungsgebiet darf durch Rechtsverordnung nach Absatz 1 Nummer 1 nicht ausgeschlossen werden, es sei denn, dass zuvor die Zulassung unter Anordnung der sofortigen Vollziehbarkeit zurückgenommen oder widerrufen worden ist. [2] Wird die Rücknahme oder der Widerruf der Zulassung unanfechtbar aufgehoben, so ist die Rechtsverordnung insoweit nicht mehr anzuwenden.

(4) [1] Die Landesregierungen werden ermächtigt, Rechtsverordnungen nach Absatz 1 Nummer 2 zu erlassen, soweit das Bundesministerium für Ernährung und Landwirtschaft von seiner Befugnis keinen Gebrauch macht. [2] Die Landesregierungen können diese Befugnis durch Rechtsverordnung auf oberste Landesbehörden übertragen.

(5) Es ist verboten, ein Pflanzenschutzmittel, das einen Stoff enthält oder aus einem Stoff besteht, dessen Anwendung durch eine Verordnung nach Absatz 1 Nummer 1 Buchstabe a vollständig verboten ist, innergemeinschaftlich zu verbringen oder in Verkehr zu bringen.

(6) Die Länder können vorsehen, dass Eigentümern und Nutzungsberechtigten, denen auf Grund von Vorschriften einer Rechtsverordnung nach Absatz 1 Nummer 1 die land- oder forstwirtschaftliche Nutzung von Grundstücken wesentlich erschwert wird, ohne dass eine Entschädigung nach § 54 zu leisten ist, auf Antrag ein angemessener Ausgleich nach Maßgabe des jeweiligen Haushaltsgesetzes gezahlt werden kann.

(Fortsetzung nächstes Blatt)

§ 15 Beseitigungspflicht. Pflanzenschutzmittel,

1. deren Anwendung wegen eines Bestehens aus einem bestimmten Stoff oder wegen des Enthaltens eines bestimmten Stoffes durch eine Rechtsverordnung nach § 14 Absatz 1 vollständig verboten ist, oder
2. die einen Wirkstoff enthalten, der auf Grund eines Rechtsaktes der Europäischen Gemeinschaft nicht in Anhang I der Richtlinie 91/414/EWG aufgenommen worden ist, dessen Genehmigung nicht nach Artikel 14 der Verordnung (EG) Nr. 1107/2009 erneuert worden ist oder dessen Genehmigung nach Artikel 21 Absatz 3 der Verordnung (EG) Nr. 1107/2009 aufgehoben worden ist und für die die Aufbrauchfrist nach § 12 Absatz 5 abgelaufen ist,

sind nach den Bestimmungen des Kreislaufwirtschafts- und Abfallgesetzes[1] und der auf Grund des Kreislaufwirtschafts- und Abfallgesetzes erlassenen Rechtsverordnungen unverzüglich zu beseitigen.

§ 16[2] Gebrauch von Pflanzenschutzgeräten. (1) Wird ein Pflanzenschutzmittel mit Hilfe eines Pflanzenschutzgerätes angewandt, darf dieses Gerät nur so beschaffen sein, dass bei seiner bestimmungsgemäßen und sachgerechten Verwendung die Anwendung des Pflanzenschutzmittels keine schädlichen Auswirkungen auf die Gesundheit von Mensch und Tier und auf das Grundwasser sowie keine sonstigen nicht vertretbaren Auswirkungen, insbesondere auf den Naturhaushalt, hat, die nach dem Stande der Technik vermeidbar sind.

(2) [1]Bei Geräten, die mit einer CE-Kennzeichnung nach der Richtlinie 2006/42/EG des Europäischen Parlaments und des Rates vom 17. Mai 2006 über Maschinen und zur Änderung der Richtlinie 95/16/EG (Neufassung) (ABl. L 157 vom 9.6.2006, S. 24), die zuletzt durch die Richtlinie 2009/127/EG (ABl. L 310 vom 25.11.2009, S. 29) geändert worden ist, versehen sind oder bei Geräten, die am 14. Dezember 2011 in die Pflanzenschutzgeräteliste des Julius Kühn-Institutes eingetragen sind, wird vermutet, dass die Voraussetzungen nach Absatz 1 erfüllt sind. [2]Die zuständige Behörde kann die Verwendung eines Pflanzenschutzgerätes untersagen, wenn eine Prüfung des Gerätes ergibt, dass die in Absatz 1 genannten Voraussetzungen nicht erfüllt sind.

(3) Werden mit der Zulassung eines Pflanzenschutzmittels besondere Anforderungen für die zu verwendenden Pflanzenschutzgeräte festgelegt, darf die Anwendung nur mit Pflanzenschutzgeräten erfolgen, bei denen eine Prüfung durch das Julius Kühn-Institut oder eine anerkannte Prüfstelle nach § 52 ergeben hat, dass diese Anforderungen erfüllt sind.

(4) [1]Das Bundesministerium für Ernährung und Landwirtschaft wird ermächtigt, durch Rechtsverordnung[3] mit Zustimmung des Bundesrates, soweit es zur Erfüllung des in § 1 genannten Zweckes erforderlich ist,

1. Verfügungsberechtigte und Besitzer zu verpflichten, im Gebrauch befindliche Pflanzenschutzgeräte prüfen zu lassen,
2. die Verwendung von Pflanzenschutzgeräten zu verbieten, die nicht nach Nummer 1 geprüft sind,

---

[1] **Gewerberecht Nr. 850.**

[2] § 16 Abs. 4 Satz 1 einl. Satzteil, Abs. 5 Satz 1 geänd. mWv 8.9.2015 durch VO v. 31.8.2015 (BGBl. I S. 1474).

[3] Siehe die Anm. am Titel.

3. das Verfahren der Prüfung von im Gebrauch befindlichen Pflanzenschutzgeräten zu regeln.

[2] In einer Rechtsverordnung nach Satz 1 Nummer 3 kann auch bestimmt werden, dass Teile des zu prüfenden Pflanzenschutzgerätes, die dem Anwenderschutz oder der Verkehrssicherheit dienen, in die Prüfung einzubeziehen sind.

(5) [1] Die Landesregierungen werden ermächtigt, soweit es zur Erfüllung des in § 1 genannten Zweckes erforderlich ist, Rechtsverordnungen nach Absatz 4 Satz 1 Nummer 1 und 3, auch in Verbindung mit Satz 2 zu erlassen, soweit das Bundesministerium für Ernährung und Landwirtschaft von seiner Befugnis keinen Gebrauch macht. [2] Dabei können sie auch bestimmen, dass die Prüfung durch eine amtlich anerkannte Kontrollwerkstatt oder sonstige Kontrollperson vorzunehmen ist sowie die Anforderung an die Anerkennung, den Verlust der Anerkennung und das Verfahren zur Anerkennung der Kontrollwerkstätten regeln. [3] Die Landesregierungen können durch Rechtsverordnung diese Befugnis auf oberste Landesbehörden übertragen und dabei bestimmen, dass diese ihre Befugnis durch Rechtsverordnung auf nachgeordnete oder ihrer Aufsicht unterstehende Behörden weiter übertragen können.

§ 17[1)] Anwendung von Pflanzenschutzmitteln auf Flächen, die für die Allgemeinheit bestimmt sind. (1) [1] Zusätzlich zu den Vorschriften nach § 12 darf auf Flächen, die für die Allgemeinheit bestimmt sind, nur ein zugelassenes Pflanzenschutzmittel angewandt werden,

1. das als Pflanzenschutzmittel mit geringem Risiko nach Artikel 47 der Verordnung (EG) Nr. 1107/2009 zugelassen ist,
2. für das vom Bundesamt für Verbraucherschutz und Lebensmittelsicherheit im Rahmen eines Zulassungsverfahrens die Eignung für die Anwendung auf Flächen, die für die Allgemeinheit bestimmt sind, festgestellt worden ist oder
3. das auf Grund seiner Eigenschaften vom Bundesamt für Verbraucherschutz und Lebensmittelsicherheit für die Anwendung auf Flächen, die für die Allgemeinheit bestimmt sind, nach dem Verfahren nach Absatz 2 genehmigt worden ist.

[2] Zu Flächen, die für die Allgemeinheit bestimmt sind, gehören insbesondere öffentliche Parks und Gärten, Grünanlagen in öffentlich zugänglichen Gebäuden, öffentlich zugängliche Sportplätze einschließlich Golfplätze, Schul- und Kindergartengelände, Spielplätze, Friedhöfe sowie Flächen in unmittelbarer Nähe von Einrichtungen des Gesundheitswesens.

(2) [1] Das Bundesamt für Verbraucherschutz und Lebensmittelsicherheit genehmigt auf Antrag Pflanzenschutzmittel nach Absatz 1 Nummer 3 im Benehmen mit dem Bundesinstitut für Risikobewertung, dem Julius Kühn-Institut und dem Umweltbundesamt, wenn

1. an der Anwendung ein öffentliches Interesse besteht und
2. eine Prüfung ergibt, dass das Pflanzenschutzmittel auf Grund seiner chemischen Eigenschaften bei bestimmungsgemäßer und sachgerechter Anwendung keine schädlichen Auswirkungen auf die Allgemeinheit hat.

[2] Die Genehmigung können außer dem Zulassungsinhaber beantragen:

---

1) § 17 Abs. 5 geänd. mWv 8.9.2015 durch VO v. 31.8.2015 (BGBl. I S. 1474); Abs. 5 geänd. mWv 27.6.2020 durch VO v. 19.6.2020 (BGBl. I S. 1328).

1. derjenige, der Pflanzenschutzmittel zu gewerblichen Zwecken oder im Rahmen sonstiger wirtschaftlicher Unternehmungen anwendet,
2. juristische Personen, deren Mitglieder Personen nach Nummer 1 sind,
3. amtliche und wissenschaftliche Einrichtungen, die in den Bereichen Landwirtschaft, Gartenbau oder Forstwirtschaft tätig sind oder
4. Eigentümer oder Besitzer von Flächen im Sinne des Absatzes 1.

[3] Ist der Antragsteller nicht der Zulassungsinhaber, ist vor der Entscheidung über die Genehmigung der Zulassungsinhaber zu hören.

(3) [1] Die Zulassung des Pflanzenschutzmittels oder die Genehmigung nach Absatz 2 kann für alle Flächen, die für die Allgemeinheit bestimmt sind, erteilt werden oder auch auf bestimmte Flächen beschränkt werden. [2] Ist es zur Einhaltung der Anforderungen nach Satz 1 erforderlich, legt das Bundesamt für Verbraucherschutz und Lebensmittelsicherheit von der Zulassung des Pflanzenschutzmittels abweichende Anwendungsbestimmungen und Auflagen fest. [3] Die Genehmigung ist zu widerrufen, wenn eine der Voraussetzungen für die Erteilung nachträglich entfallen ist.

(4) Das Bundesamt für Verbraucherschutz und Lebensmittelsicherheit veröffentlicht im Bundesanzeiger oder im elektronischen Bundesanzeiger eine Liste der Pflanzenschutzmittel, für die eine Genehmigung zur Anwendung auf Flächen, die für die Allgemeinheit bestimmt sind, erteilt worden ist.

(5) Das Bundesministerium für Ernährung und Landwirtschaft wird ermächtigt, durch Rechtsverordnung[1)] ohne Zustimmung des Bundesrates im Einvernehmen mit den Bundesministerien für Wirtschaft und Energie, für Umwelt, Naturschutz und nukleare Sicherheit und für Arbeit und Soziales allgemeine Anforderungen für Pflanzenschutzmittel zur Anwendung auf Flächen, die für die Allgemeinheit bestimmt sind, sowie die näheren Einzelheiten des Verfahrens nach Absatz 2 festzulegen.

(6) [1] Bei Gefahr im Verzug kann die zuständige Behörde Ausnahmen von Absatz 1 Satz 1 genehmigen, wenn Maßnahmen getroffen werden, um eine Gefährdung der Allgemeinheit auszuschließen. [2] Die zuständige Behörde unterrichtet das Bundesamt für Verbraucherschutz und Lebensmittelsicherheit über die erteilte Genehmigung nach Satz 1.

§ 18[2)] Anwendung von Pflanzenschutzmitteln mit Luftfahrzeugen.

(1) Die Anwendung von Pflanzenschutzmitteln mit Luftfahrzeugen ohne Genehmigung nach Absatz 2 ist verboten.

(2) [1] Die zuständige Behörde kann auf Antrag die Anwendung eines Pflanzenschutzmittels mit einem Luftfahrzeug nach Maßgabe des Satzes 2 und der Absätze 3 und 4 genehmigen, soweit es für eine wirksame Anwendung keine vergleichbaren anderen Möglichkeiten gibt oder durch die Anwendung mit Luftfahrzeugen gegenüber der Anwendung vom Boden aus eindeutige Vorteile im Sinne geringerer Auswirkungen auf die menschliche Gesundheit oder den Naturhaushalt bestehen. [2] Eine Genehmigung soll nur erteilt werden zur Bekämpfung von Schadorganismen

1. im Weinbau in Steillagen,

[1)] Siehe die Anm. am Titel.

[2)] § 18 Abs. 7 einl. Satzteil geänd. mWv 8.9.2015 durch VO v. 31.8.2015 (BGBl. I S. 1474); Abs. 7 einl. Satzteil geänd. mWv 27.6.2020 durch VO v. 19.6.2020 (BGBl. I S. 1328).

2. im Kronenbereich von Wäldern.

[3] Die zuständige Behörde verbindet die Genehmigung mit den Auflagen, die erforderlich sind, um eine bestimmungsgemäße und sachgerechte Anwendung einschließlich des Schutzes von Wohngebieten sicherzustellen. [4] Die Genehmigung ist zu widerrufen, wenn eine der Voraussetzungen für die Erteilung nachträglich entfallen ist; im Übrigen bleiben die §§ 48 und 49 des Verwaltungsverfahrensgesetzes[1)] unberührt.

(3) Zusätzlich zu den Vorschriften nach § 12 darf eine Genehmigung nach Absatz 2 nur für die Anwendung eines Pflanzenschutzmittels erteilt werden,

1. das vom Bundesamt für Verbraucherschutz und Lebensmittelsicherheit im Rahmen eines Zulassungsverfahrens auch für die Anwendung mit Luftfahrzeugen zugelassen worden ist oder
2. das auf Grund seiner Eigenschaften vom Bundesamt für Verbraucherschutz und Lebensmittelsicherheit für die Anwendung mit Luftfahrzeugen nach dem Verfahren nach Absatz 4 genehmigt worden ist.

(4) [1] Das Bundesamt für Verbraucherschutz und Lebensmittelsicherheit genehmigt Pflanzenschutzmittel nach Absatz 3 Nummer 2 auf Antrag im Benehmen mit dem Bundesinstitut für Risikobewertung, dem Julius Kühn-Institut und dem Umweltbundesamt, wenn eine Prüfung ergibt, dass das Pflanzenschutzmittel auf Grund seiner Eigenschaften bei bestimmungsgemäßer und sachgerechter Anwendung auch bei der Anwendung mit Luftfahrzeugen keine schädlichen Auswirkungen auf die Gesundheit von Mensch und Tier oder auf Grundwasser und keine sonstigen nicht vertretbaren Auswirkungen auf den Naturhaushalt hat. [2] Ist es zur Einhaltung der Anforderungen nach Satz 1 erforderlich, legt das Bundesamt für Verbraucherschutz und Lebensmittelsicherheit von der Zulassung des Pflanzenschutzmittels abweichende Anwendungsbestimmungen und Auflagen fest.

(5) [1] Die Genehmigung können außer dem Zulassungsinhaber beantragen:

1. derjenige, der Pflanzenschutzmittel zu gewerblichen Zwecken oder im Rahmen sonstiger wirtschaftlicher Unternehmungen in einem Betrieb der Landwirtschaft, des Gartenbaus oder der Forstwirtschaft anwendet,
2. juristische Personen, deren Mitglieder Personen nach Nummer 1 sind oder
3. amtliche und wissenschaftliche Einrichtungen, die in den Bereichen Landwirtschaft, Gartenbau oder Forstwirtschaft tätig sind.

[2] Ist der Antragsteller nicht der Zulassungsinhaber des Pflanzenschutzmittels, ist vor der Entscheidung über die Genehmigung der Zulassungsinhaber zu hören.

(6) Das Bundesamt für Verbraucherschutz und Lebensmittelsicherheit veröffentlicht im Bundesanzeiger oder im elektronischen Bundesanzeiger eine Liste der Pflanzenschutzmittel, für die eine Genehmigung zur Anwendung mit Luftfahrzeugen erteilt worden ist.

(7) Das Bundesministerium für Ernährung und Landwirtschaft wird ermächtigt, durch Rechtsverordnung[2)] mit Zustimmung des Bundesrates im Einvernehmen mit den Bundesministerien für Wirtschaft und Energie, für Umwelt, Naturschutz und nukleare Sicherheit und für Arbeit und Soziales

---

[1)] Nr. **100**.
[2)] Siehe die Anm. am Titel.

1. die Anforderungen
   a) an Pflanzenschutzmittel zur Anwendung mit Luftfahrzeugen,
   b) an die Anwendung mit Luftfahrzeugen,
   c) an die zu verwendenden Geräte sowie
2. die näheren Einzelheiten zu Voraussetzungen, Inhalt und Verfahren einer Genehmigung nach den Absätzen 2 oder 4

zu regeln.

(8) Die zuständigen Behörden unterrichten das Bundesamt für Verbraucherschutz und Lebensmittelsicherheit

1. zum Ende des Jahres über die erteilten Genehmigungen, insbesondere über den Anwendungszweck, die Häufigkeit der Anwendung, die Aufwandmenge pro Fläche, den Anwendungszeitpunkt, die Größe der Anwendungsfläche und die erteilten Auflagen sowie
2. unverzüglich über Kenntnisse, die Anhaltspunkte auf Gefahren für die Gesundheit von Mensch und Tier oder den Naturhaushalt geben.

§ 19[1)] Ausbringung oder Verwendung von mit Pflanzenschutzmitteln behandeltem Saatgut, Pflanzgut oder Kultursubstrat. (1) [1] Saatgut, Pflanzgut oder Kultursubstrat, die ein Pflanzenschutzmittel enthalten oder denen ein Pflanzenschutzmittel anhaftet, darf nur ausgebracht oder verwendet werden, wenn

1. es zum Zeitpunkt der Ausbringung oder Verwendung nach § 32 auch in Verbindung mit einer Verordnung nach § 32 Absatz 4 rechtmäßig in Verkehr gebracht werden darf oder
2. es mit einem Pflanzenschutzmittel behandelt worden ist oder ihm ein Pflanzenschutzmittel anhaftet, das noch nach § 12 Absatz 5 angewendet werden darf.

[2] Die Ausbringung oder Verwendung darf nicht erfolgen, wenn der Ausbringer oder Verwender damit rechnen muss, dass die Ausbringung oder Verwendung im Einzelfall

1. schädliche Auswirkungen auf die Gesundheit von Mensch und Tier oder auf das Grundwasser oder
2. sonstige nicht vertretbare Auswirkungen, insbesondere auf den Naturhaushalt,

hat.

(2) Das Bundesministerium für Ernährung und Landwirtschaft wird ermächtigt, soweit es zum Schutz der Gesundheit von Mensch und Tier oder zum Schutz vor erheblichen Gefahren insbesondere für den Naturhaushalt erforderlich ist, durch Rechtsverordnung[2)] mit Zustimmung des Bundesrates nähere Vorschriften über die Verwendung oder Ausbringung von Saatgut, Pflanzgut oder Kultursubstrat, das mit einem Pflanzenschutzmittel behandelt wurde oder dem ein Pflanzenschutzmittel anhaftet, zu erlassen.

[1)] § 19 Abs. 2 geänd. mWv 8.9.2015 durch VO v. 31.8.2015 (BGBl. I S. 1474).

[2)] Siehe die Anm. am Titel.

§ 20[1)] Versuchszwecke. (1) [1]Ein nicht zugelassenes Pflanzenschutzmittel darf zu Versuchszwecken nur innergemeinschaftlich verbracht, in Verkehr gebracht oder auf Freilandflächen angewandt werden, wenn das Bundesamt für Verbraucherschutz und Lebensmittelsicherheit, das innergemeinschaftliche Verbringen, das Inverkehrbringen oder die Anwendung nach Artikel 54 der Verordnung (EG) Nr. 1107/2009 genehmigt hat. [2]Die Genehmigung kann für ein Versuchsprogramm erteilt werden. [3]Satz 1 gilt auch für Versuche mit zugelassenen Pflanzenschutzmitteln bei nicht zugelassenen Anwendungsgebieten einschließlich der Anwendung mit Luftfahrzeugen oder entgegen den mit der Zulassung festgelegten Anwendungsbestimmungen, wenn eine Anwendung auf Freilandflächen erfolgen soll. [4]Das Bundesamt für Verbraucherschutz und Lebensmittelsicherheit unterrichtet die zuständigen Behörden der Länder über die erteilten Genehmigungen oder Anzeigen nach Absatz 3 Satz 3. [5]Der Beginn der Versuchsdurchführung ist der zuständigen Behörde des jeweiligen Landes anzuzeigen.

(2) [1]Das Bundesamt für Verbraucherschutz und Lebensmittelsicherheit erteilt die Genehmigung, soweit durch den Versuch oder das Versuchsprogramm keine schädlichen Auswirkungen auf die Gesundheit von Mensch und Tier oder sonstige nicht vertretbare Auswirkungen auf den Naturhaushalt zu erwarten sind. [2]Das Bundesamt für Verbraucherschutz und Lebensmittelsicherheit widerruft die Genehmigung, wenn die Voraussetzungen für die Genehmigung nachträglich entfallen sind. [3]Im Übrigen bleiben die §§ 48 und 49 des Verwaltungsverfahrensgesetzes[2)] unberührt.

(3) [1]Eine Genehmigung nach Absatz 1 ist nicht erforderlich für Versuche, die durch die zuständigen Behörden der Länder oder das Julius Kühn-Institut oder in deren Auftrag im Rahmen der ihnen durch dieses Gesetz oder der auf Grund dieses Gesetzes erlassenen Verordnungen übertragenen Aufgaben durchgeführt werden. [2]Eine Genehmigung nach Absatz 1 ist ferner nicht erforderlich, soweit der Hersteller eines nicht zugelassenen Pflanzenschutzmittels oder in dessen Auftrag ein Dritter das Pflanzenschutzmittel auf Freilandflächen zu Versuchszwecken anwendet. [3]In den Fällen des Satzes 2 ist der Hersteller verpflichtet, die Versuchsdurchführung oder das Versuchsprogramm unter Angabe des zu verwendenden Pflanzenschutzmittels und des Versuchsstandortes spätestens einen Monat vor dem Beginn dem Bundesamt für Verbraucherschutz und Lebensmittelsicherheit anzuzeigen. [4]Das Bundesamt für Verbraucherschutz und Lebensmittelsicherheit kann die Durchführung des Versuchs ganz oder teilweise untersagen, wenn Tatsachen die Annahme rechtfertigen, dass durch die Durchführung des Versuchs schädliche Auswirkungen auf die Gesundheit von Mensch und Tier oder nicht vertretbare Auswirkungen auf den Naturhaushalt entstehen.

(4) [1]Versuche mit nicht zugelassenen Pflanzenschutzmitteln, bei denen diese Pflanzenschutzmittel nicht auf Freilandflächen angewandt werden, dürfen nur so durchgeführt werden, dass die Anwendung keine schädlichen Auswirkungen auf die Gesundheit von Mensch und Tier oder auf das Grundwasser sowie keine sonstigen nicht vertretbaren Auswirkungen, insbesondere auf den Naturhaushalt, erwarten lässt. [2]Die zuständige Behörde kann die Anwendung von

---

[1)] *§ 20 Abs. 5 einl. Satzteil geänd.* mWv 8.9.2015 durch VO v. 31.8.2015 (BGBl. I S. 1474); Abs. 5 einl. Satzteil geänd. mWv 27.6.2020 durch VO v. 19.6.2020 (BGBl. I S. 1328).

[2)] Nr. **100**.

Pflanzenschutzmitteln zu Versuchszwecken ganz oder teilweise untersagen, wenn Tatsachen die Annahme rechtfertigen, dass derjenige, der Pflanzenschutzmittel zu Versuchszwecken anwendet, die erforderliche Zuverlässigkeit oder die erforderlichen fachlichen Kenntnisse oder Fertigkeiten nicht besitzt. [3] Wer Versuche mit nicht zugelassenen Pflanzenschutzmitteln durchführen will, hat dies der zuständigen Behörde des jeweiligen Landes vor Aufnahme der Tätigkeit unter Angabe des Versuchsstandortes anzuzeigen.

(5) Das Bundesministerium für Ernährung und Landwirtschaft wird ermächtigt, im Einvernehmen mit den Bundesministerien für Wirtschaft und Energie, für Arbeit und Soziales und für Umwelt, Naturschutz und nukleare Sicherheit durch Rechtsverordnung mit Zustimmung des Bundesrates

1. Näheres über das Genehmigungsverfahren nach Absatz 1 oder das Anzeigeverfahren nach Absatz 3, insbesondere über Art und Umfang der einzureichenden Angaben und Unterlagen sowie
2. die näheren Anforderungen an die Anwendung zu Versuchszwecken

zu regeln.

§ 21[1)] Erhebung von Daten über die Anwendung von Pflanzenschutzmitteln. (1) [1] Das Julius Kühn-Institut ist zuständig für die Erhebung von Daten in nicht personenbezogener Form über die Anwendung von Pflanzenschutzmitteln und erstellt Statistiken zur Erfüllung der Anforderungen des Artikel 4 Absatz 1 und 5 Buchstabe b in Verbindung mit Artikel 5 Absatz 1 Buchstabe e und Absatz 2 und mit dem Anhang Buchstabe e der Verordnung (EU) 2022/2379. [2] Die zuständigen Behörden der Länder wirken bei den Erhebungen mit. [3] Die nach Satz 1 erhobenen Daten dürfen nur zur Erfüllung der Verpflichtungen aus Artikel 4 Absatz 1 und 5 Buchstabe b in Verbindung mit Artikel 5 Absatz 1 Buchstabe e und Absatz 2 und mit dem Anhang Buchstabe e der Verordnung (EU) 2022/2379 sowie zur Überprüfung der Maßnahmen nach dem Aktionsplan im Sinne des § 4 verwendet werden. [4] § 63 ist nicht anzuwenden.

(2) Das Bundesministerium für Ernährung und Landwirtschaft wird ermächtigt, durch Rechtsverordnung mit Zustimmung des Bundesrates Inhalt und Form der Erhebungen zu regeln.

(3) [1] Das Julius Kühn-Institut macht die Auswertung der Erhebungen im Bundesanzeiger oder im elektronischen Bundesanzeiger bekannt. [2] Es übermittelt die Ergebnisse gemäß Artikel 4 Absatz 1 und 5 Buchstabe b in Verbindung mit Artikel 5 Absatz 1 Buchstabe e und Absatz 2 und mit dem Anhang Buchstabe e der Verordnung (EU) 2022/2379 an die zuständigen Dienststellen der Europäischen Kommission.

§ 22 Weitergehende Länderbefugnisse. (1) Befugnisse der Länder,

1. Vorschriften zu erlassen, über
   a) die Anwendung von Pflanzenschutzmitteln in Schutzgebieten nach wasserrechtlichen oder naturschutzrechtlichen Bestimmungen, insbesondere unter Berücksichtigung der Zielsetzung von Artikel 12 Buchstabe b der Richtlinie 2009/128/EG,
   b) Einzelheiten der Anwendung von Pflanzenschutzmitteln an oberirdischen Gewässern oder Küstengewässern oder

[1)] § 21 Abs. 2 geänd. mWv 8.9.2015 durch VO v. 31.8.2015 (BGBl. I S. 1474); Abs. 1 Sätze 1 und 3, Abs. 3 geänd. mWv 23.12.2025 durch G v. 22.12.2025 (BGBl. 2025 I Nr. 350).

2. Vorschriften zu erlassen, um
   a) die Anwendung von Pflanzenschutzmitteln unter Verwendung bestimmter Geräte oder Verfahren oder
   b) den Anbau bestimmter Pflanzenarten auf Grundstücken, deren Böden mit bestimmten Pflanzenschutzmitteln behandelt worden sind, sowie die Verwendung bestimmter dort gewonnener Pflanzen oder Pflanzenerzeugnisse

   zu verbieten, zu beschränken oder von einer Genehmigung oder Anzeige abhängig zu machen,

bleiben unberührt.

(2) [1] Die zuständige Behörde kann nach Maßgabe des Artikels 51 Absatz 1 und 2 der Verordnung (EG) Nr. 1107/2009 auf Antrag im Einzelfall die Anwendung eines zugelassenen Pflanzenschutzmittels in einem anderen als den mit der Zulassung festgesetzten Anwendungsgebieten genehmigen, wenn

1. die Anwendung vorgesehen ist
   a) an Pflanzen, die nur in geringfügigem Umfang angebaut werden, oder
   b) gegen Schadorganismen, die nur in bestimmten Gebieten erhebliche Schäden verursachen,

   und
2. die vorgesehene Anwendung derjenigen in einem mit der Zulassung festgesetzten Anwendungsgebiet entspricht.

[2] Die Genehmigung können außer dem Zulassungsinhaber beantragen:

1. derjenige, der Pflanzenschutzmittel zu gewerblichen Zwecken oder im Rahmen sonstiger wirtschaftlicher Unternehmungen in einem Betrieb der Landwirtschaft, des Gartenbaus oder der Forstwirtschaft anwendet,
2. juristische Personen, deren Mitglieder Personen nach Nummer 1 sind.

[3] Eine Genehmigung darf nicht für die Behandlung von Saatgut erteilt werden, es sei denn, das behandelte Saatgut soll ausschließlich im eigenen Betrieb verwendet werden.

(3) Eine Genehmigung nach Absatz 2 zum Zwecke der Anwendung des Pflanzenschutzmittels an Pflanzen und Pflanzenerzeugnissen, aus denen Lebensmittel gewonnen werden können, darf nur erteilt werden, wenn

1. für die bei bestimmungsgemäßer und sachgerechter Anwendung jeweils zu erwartenden Rückstände des Pflanzenschutzmittels in oder auf Lebensmitteln pflanzlicher Herkunft ein Höchstgehalt nach der Verordnung (EG) Nr. 396/2005 des Europäischen Parlaments und des Rates vom 23. Februar 2005 über Höchstgehalte an Pestizidrückständen in oder auf Lebens- und Futtermitteln pflanzlichen und tierischen Ursprungs und zur Änderung der Richtlinie 91/414/EWG des Rates (ABl. L 70 vom 16.3.2005, S. 1) in der jeweils geltenden Fassung oder nach der Rückstands-Höchstmengenverordnung festgesetzt worden ist, und
2. die aus diesen Pflanzen oder Pflanzenerzeugnissen gewonnenen Lebensmittel nur in geringfügigem Umfang zur täglichen Verzehrsmenge beitragen.

(4) Vor Erteilung der Genehmigung ist dem Bundesamt für Verbraucherschutz und Lebensmittelsicherheit Gelegenheit zur Stellungnahme zu geben.

(5) [1] Die Genehmigung ist mit

(Fortsetzung nächstes Blatt)

1. den erforderlichen Auflagen zum Schutz der Gesundheit von Mensch und Tier und zum Schutz vor sonstigen schädlichen Auswirkungen, insbesondere auf den Naturhaushalt, sowie
2. dem Vorbehalt des Widerrufes

zu verbinden. [2]Die Genehmigung ist zu befristen. [3]Dabei darf die Frist die Dauer der Zulassung des Pflanzenschutzmittels nicht überschreiten. [4]Die Genehmigung ruht, wenn das Ruhen der Zulassung des Pflanzenschutzmittels angeordnet worden ist.

(5) [1]Die zuständigen Behörden unterrichten das Bundesamt für Verbraucherschutz und Lebensmittelsicherheit zum Ende eines jeden Vierteljahres über die erteilten Genehmigungen und deren Anzahl und Inhalt durch Einstellen der Information in eine vom Bundesamt für Verbraucherschutz und Lebensmittelsicherheit für diesen Zweck zur Verfügung gestellte Datenbank. [2]In entsprechender Weise unterrichten die zuständigen Behörden über die Rücknahme oder den Widerruf erteilter Genehmigungen. [3]Die zuständigen Behörden unterrichten das Bundesamt für Verbraucherschutz und Lebensmittelsicherheit unverzüglich über Anhaltspunkte auf Gefahren für die Gesundheit von Mensch und Tier sowie für den Naturhaushalt.

Abschnitt 5. Abgabe, Rückgabe und Ausfuhr von Pflanzenschutzmitteln

§ 23 Abgabe von Pflanzenschutzmitteln. (1) [1]Pflanzenschutzmittel, die nur für die berufliche Anwendung zugelassen sind, dürfen nur abgegeben werden, wenn der Erwerber über einen Sachkundenachweis im Sinne des § 9 Absatz 1 verfügt. [2]Derjenige, der ein Pflanzenschutzmittel abgibt, das nur für die Anwendung durch berufliche Anwender zugelassen ist, hat sich in geeigneter Weise den Sachkundenachweis des Erwerbers vorlegen zu lassen.

(2) [1]Pflanzenschutzmittel dürfen nicht durch Automaten oder durch andere Formen der Selbstbedienung in den Verkehr gebracht werden. [2]Die Vorschriften über die Abgabe gefährlicher Stoffe oder Zubereitungen, die auf Grund des § 17 Absatz 1 Nummer 1 Buchstabe a und c des Chemikaliengesetzes[1)] erlassen worden sind, gelten für die Abgabe von Pflanzenschutzmitteln entsprechend.

(3) Bei der Abgabe von Pflanzenschutzmitteln hat der Abgebende über die bestimmungsgemäße und sachgerechte Anwendung des Pflanzenschutzmittels, insbesondere über Verbote und Beschränkungen, zu unterrichten.

(4) [1]Bei der Abgabe von Pflanzenschutzmitteln an nicht-berufliche Anwender stellt der Abgebende darüber hinaus allgemeine Informationen über die Risiken der Anwendung von Pflanzenschutzmitteln für Mensch, Tier und Naturhaushalt zur Verfügung. [2]Die allgemeinen Informationen berücksichtigen insbesondere den Anwenderschutz, die sachgerechte Lagerung, Handhabung und Anwendung sowie die sichere Entsorgung nach den abfallrechtlichen Vorschriften und Möglichkeiten des Pflanzenschutzes mit geringem Risiko. [3]Erfolgt die Abgabe im Wege des Versandhandels, sind die Informationen nach den Sätzen 1 und 2 und Absatz 3 bereits vor der Abgabe zu übermitteln oder zur Verfügung zu stellen.

[1)] **Gewerberecht Nr. 600.**

(5) Die zuständige Behörde soll die Abgabe von Pflanzenschutzmitteln im Handel ganz oder teilweise für eine Dauer von bis zu fünf Jahren untersagen sowie den Sachkundenachweis nach § 9 Absatz 3 entziehen, wenn der Abgebende wiederholt gegen die Vorschriften dieses Gesetzes, der auf Grund dieses Gesetzes erlassenen Rechtsverordnungen oder der im Anwendungsbereich dieses Gesetzes erlassenen unmittelbar geltenden Rechtsakte der Europäischen Gemeinschaft oder der Europäischen Union verstoßen hat.

§ 24[1)] Anzeigepflicht bei der Abgabe von Pflanzenschutzmitteln.

(1) [1] Wer Pflanzenschutzmittel zu gewerblichen Zwecken oder im Rahmen sonstiger wirtschaftlicher Unternehmungen in den Verkehr bringen oder zu gewerblichen Zwecken einführen oder innergemeinschaftlich verbringen will, hat dies der für den Betriebssitz und den Ort der Tätigkeit, im Falle der Einfuhr der für den Betriebssitz oder die Niederlassung des Verfügungsberechtigten zuständigen Behörde vor Aufnahme der Tätigkeit unter Angabe seines Namens, seiner Anschrift und seiner Telekommunikationsdaten anzuzeigen. [2] Die Landesregierungen werden ermächtigt, durch Rechtsverordnung die näheren Vorschriften über die Anzeige und das Anzeigeverfahren zu erlassen. [3] Die Landesregierungen können diese Befugnis durch Rechtsverordnung auf oberste Landesbehörden übertragen.

(2) [1] Wer zu gewerblichen Zwecken oder im Rahmen sonstiger wirtschaftlicher Unternehmungen das Inverkehrbringen, das innergemeinschaftliche Verbringen oder die Einfuhr von Pflanzenschutzmitteln im oder in das Inland vermittelt oder Hilfsleistungen für die Einfuhr oder das innergemeinschaftliche Verbringen von Pflanzenschutzmitteln anbietet, hat dies dem Bundesamt für Verbraucherschutz und Lebensmittelsicherheit vor Aufnahme der Tätigkeit unter Angabe seines Namens, seiner Anschrift und seiner Telekommunikationsdaten anzuzeigen. [2] Das Bundesministerium für Ernährung und Landwirtschaft wird ermächtigt, durch Rechtsverordnung ohne Zustimmung des Bundesrates die näheren Vorschriften über die Anzeige und das Anzeigeverfahren zu erlassen. [3] Das Bundesamt für Verbraucherschutz und Lebensmittelsicherheit stellt die Liste der eingegangenen Anzeigen den nach Landesrecht zuständigen Behörden zur Erfüllung ihrer Aufgaben nach § 59 zur Verfügung.

§ 25[2)] Ausfuhr. (1) [1] Soweit nicht Regelungen in anderen Rechtsvorschriften getroffen worden sind, dürfen Pflanzenschutzmittel zu gewerblichen Zwecken oder im Rahmen sonstiger wirtschaftlicher Unternehmungen in andere als Mitgliedstaaten nur ausgeführt werden, wenn

1. auf den Behältnissen und abgabefertigen Packungen in deutlich sichtbarer, leicht lesbarer Schrift unverwischbar die Bezeichnung des Pflanzenschutzmittels, die Wirkstoffe nach Art und Menge und das Verfallsdatum bei Pflanzenschutzmitteln mit längstens zweijähriger Haltbarkeit angegeben sind und
2. den Behältnissen und abgabefertigen Packungen eine Gebrauchsanleitung mit Angaben beigefügt ist über
   a) die bestimmungsgemäße und sachgerechte Anwendung,

[1)] *§ 24 Abs. 2 Satz 2 geänd. mWv 8.9.2015 durch VO v. 31.8.2015 (BGBl. I S. 1474).*

[2)] § 25 Abs. 3 einl. sowie abschl. Satzteil geänd. mWv 8.9.2015 durch VO v. 31.8.2015 (BGBl. I S. 1474); Abs. 3 abschl. Satzteil geänd. mWv 27.6.2020 durch VO v. 19.6.2020 (BGBl. I S. 1328).

b) mögliche schädliche Auswirkungen auf die Gesundheit von Mensch und Tier sowie auf den Naturhaushalt,
c) Vorsichtsmaßnahmen sowie Sofortmaßnahmen bei Unfällen,
d) die sachgerechte Entsorgung oder Neutralisierung.

[2] Im Übrigen sind bei der Ausfuhr internationale Vereinbarungen, insbesondere der Verhaltenskodex für das Inverkehrbringen und die Anwendung von Pflanzenschutz- und Schädlingsbekämpfungsmitteln der Ernährungs- und Landwirtschaftsorganisation der Vereinten Nationen, zu berücksichtigen.

(2) [1] Verfügungsberechtigte und Besitzer von für die Ausfuhr bestimmten Pflanzenschutzmitteln, die

1. nicht nach den Vorschriften der Verordnung (EG) Nr. 1107/2009 zugelassen sind oder
2. nicht nach § 31 Absatz 2 gekennzeichnet sind,

sind verpflichtet, diese von den für die Anwendung innerhalb des Geltungsbereiches dieses Gesetzes bestimmten Pflanzenschutzmitteln getrennt zu halten und entsprechend kenntlich zu machen. [2] Satz 1 Nummer 2 gilt entsprechend für Kultursubstrate, für die die Kennzeichnung in einer Rechtsverordnung nach § 31 Absatz 6 Nummer 5 vorgeschrieben worden ist.

(3) Das Bundesministerium für Ernährung und Landwirtschaft wird ermächtigt, soweit dies

1. zur Durchführung von Rechtsakten der Europäischen Gemeinschaft oder der Europäischen Union oder
2. zur Abwehr erheblicher, auf andere Weise nicht zu behebender Gefahren für die Gesundheit von Mensch oder Tier oder sonstiger Gefahren, insbesondere für den Naturhaushalt,

erforderlich ist, im Einvernehmen mit den Bundesministerien für Wirtschaft und Energie, für Arbeit und Soziales, für Umwelt, Naturschutz und nukleare Sicherheit und für wirtschaftliche Zusammenarbeit und Entwicklung durch Rechtsverordnung mit Zustimmung des Bundesrates die Ausfuhr bestimmter Pflanzenschutzmittel oder von Pflanzenschutzmitteln mit bestimmten Stoffen in Staaten außerhalb der Europäischen Union zu verbieten oder zu beschränken oder von einer Genehmigung oder Anzeige abhängig zu machen.

§ 26 Getrennte Lagerung. Verfügungsberechtigte und Besitzer von Lebensmitteln, Futtermitteln, Saatgut, Pflanzgut oder Kultursubstrat, die für die Ausfuhr bestimmt sind und die mit Pflanzenschutzmitteln behandelt worden sind, deren Inverkehrbringen nach § 29 Absatz 1 Satz 1 Nummer 2 genehmigt worden ist, sind verpflichtet, diese von den für das Inverkehrbringen im Inland bestimmten Lebensmitteln, Futtermitteln, Saatgut, Pflanzgut oder Kultursubstrat getrennt zu halten und entsprechend kenntlich zu machen.

§ 27[1)] Rückgabe von Pflanzenschutzmitteln. (1) [1] Nach Beendigung der Zulassung eines Pflanzenschutzmittels ist dessen Rückgabe an

1. den Zulassungsinhaber,
2. den Einführer oder dessen Vertreter oder

[1)] § 27 Abs. 4 geänd. mWv 8.9.2015 durch VO v. 31.8.2015 (BGBl. I S. 1474); Abs. 4 geänd. mWv 27.6.2020 durch VO v. 19.6.2020 (BGBl. I S. 1328).

3. an einen von Personen nach den Nummern 1 oder 2 beauftragten Dritten

zulässig. [2] Die Rückgabe gilt nicht als Inverkehrbringen.

(2) [1] Das Bundesamt für Verbraucherschutz und Lebensmittelsicherheit soll die Rückgabe eines Pflanzenschutzmittels anordnen, wenn es die Zulassung zurückgenommen, widerrufen oder nach Ablauf der Zulassung festgestellt hat, dass die Voraussetzungen für eine Rücknahme oder einen Widerruf vorgelegen hätten. [2] Der Zulassungsinhaber, der Einführer und dessen Vertreter sind im Falle des Satzes 1 zur unverzüglichen Annahme zurückgegebener Pflanzenschutzmittel verpflichtet.

(3) [1] Im Falle der Rücknahme oder eines Widerrufes nach § 49 Absatz 2 Satz 1 Nummer 3 bis 5 des Verwaltungsverfahrensgesetzes[1)] ist ferner die Rückgabe an einen Betrieb, der Pflanzenschutzmittel zu gewerblichen Zwecken in den Verkehr bringt, zulässig. [2] Ordnet das Bundesamt für Verbraucherschutz und Lebensmittelsicherheit in einem solchen Fall die Rückgabe an, so ist dieser Betrieb zur unverzüglichen Annahme zurückgegebener Pflanzenschutzmittel verpflichtet.

(4) Das Bundesministerium für Ernährung und Landwirtschaft wird ermächtigt, im Einvernehmen mit den Bundesministerien für Wirtschaft und Energie und für Umwelt, Naturschutz und nukleare Sicherheit durch Rechtsverordnung mit Zustimmung des Bundesrates nähere Einzelheiten der Rückgabe und der Rücknahme zu regeln und zu bestimmen, wer die Kosten für die Rückgabe oder die Rücknahme zu tragen hat.

(5) Das Bundesamt für Verbraucherschutz und Lebensmittelsicherheit teilt den zuständigen Behörden die Gründe für die Rücknahme, den Widerruf oder die Feststellung mit, dass die Voraussetzungen für eine Rücknahme oder einen Widerruf vorgelegen hätten.

Abschnitt 6. Inverkehrbringen von Pflanzenschutzmitteln, Zulassungsverfahren

§ 28 Inverkehrbringen von Pflanzenschutzmitteln. (1) Unbeschadet des Artikels 28 der Verordnung (EG) Nr. 1107/2009 gilt ein Pflanzenschutzmittel auch als zugelassen, für das eine Genehmigung nach Artikel 52 der Verordnung (EG) Nr. 1107/2009 erteilt worden ist.

(2) Ein Pflanzenschutzmittel, das in keinem anderen Mitgliedstaat der Europäischen Union oder keinem Vertragsstaat des Abkommens über den Europäischen Wirtschaftsraum nach den Anforderungen der Richtlinie 91/414/EWG des Rates vom 15. Juli 1991 über das Inverkehrbringen von Pflanzenschutzmitteln (ABl. L 230 vom 19.8.1991, S. 1) oder nach Artikel 29 der Verordnung (EG) Nr. 1107/2009 zugelassen worden ist, gilt auch dann nicht als zugelassen, wenn es mit einem in Deutschland zugelassenen Pflanzenschutzmittel übereinstimmt.

(3) Eine Zulassung nach der Verordnung (EG) Nr. 1107/2009 durch das Bundesamt für Verbraucherschutz und Lebensmittelsicherheit ist nicht erforderlich

[1)] **Nr. 100.**

1. für Pflanzenschutzmittel, die für die Ausfuhr in ein Drittland bestimmt sind oder sich als Nichtgemeinschaftsware unter zollamtlicher Überwachung befinden,
2. für Pflanzenschutzmittel, die für das Verbringen in einen anderen Mitgliedstaat bestimmt sind, wenn das Pflanzenschutzmittel in dem anderen Mitgliedstaat zugelassen ist oder dieser eine Genehmigung nach den Artikeln 52, 53 oder 54 der Verordnung (EG) Nr. 1107/2009 erteilt hat und der Verfügungsberechtigte oder Besitzer dies nachweist,
3. für Stoffe und Gemische, die ausschließlich aus Grundstoffen im Sinne des Artikels 23 der Verordnung (EG) Nr. 1107/2009 bestehen,
4. für Pflanzenschutzmittel, für die eine Versuchsgenehmigung nach § 20 erteilt wurde.

(4) [1] Abweichend von Absatz 1 Satz 1 darf ein Pflanzenschutzmittel, dessen Zulassung durch Zeitablauf oder Widerruf auf Antrag des Zulassungsinhabers beendet worden ist und das sich zum Zeitpunkt des Endes der Zulassung bereits im freien Verkehr befunden hat, noch innerhalb eines Zeitraums von sechs Monaten, gerechnet ab dem Tag des Endes der Zulassung, weiter in Verkehr gebracht werden. [2] Satz 1 gilt für Pflanzenschutzmittel, die auf Grund einer Genehmigung nach Artikel 52 der Verordnung (EG) Nr. 1107/2009 in Verkehr gebracht werden, entsprechend.

§ 29 Inverkehrbringen in besonderen Fällen. (1) [1] Das Bundesamt für Verbraucherschutz und Lebensmittelsicherheit kann das Inverkehrbringen, das innergemeinschaftliche Verbringen und die Anwendung nicht zugelassener Pflanzenschutzmittel genehmigen

1. unter den Voraussetzungen des Artikels 53 der Verordnung (EG) Nr. 1107/2009 oder
2. zur Anwendung an Befallsgegenständen, die für die Ausfuhr bestimmt sind, sofern für diese im Bestimmungsland abweichende Anforderungen gelten oder die Pflanzenschutzmittel im Bestimmungsland für diese Anwendung zugelassen sind,

für eine bestimmte Menge und für einen bestimmten Zeitraum, der im Falle der Nummer 1 einen Zeitraum von 120 Tagen nicht überschreiten darf. [2] Dabei hat es die Anwendungsgebiete sowie die zum Schutz der Gesundheit von Mensch und Tier und die zum Schutz vor sonstigen schädlichen Auswirkungen, insbesondere auf den Naturhaushalt, erforderlichen Anwendungsbestimmungen, einschließlich solcher über die zur Anwendung berechtigten Personen, festzusetzen und die erforderlichen Auflagen zu erteilen. [3] Die Genehmigung kann mit dem Vorbehalt des Widerrufes verbunden werden. [4] Sie kann erneut erteilt werden. [5] Im Falle des Satzes 1 Nummer 1 kann für ein zugelassenes Pflanzenschutzmittel eine Genehmigung auch für ein nicht mit der Zulassung festgesetztes Anwendungsgebiet erteilt werden.

(2) [1] Die Landesregierungen können durch Rechtsverordnung ergänzende Regelungen für die Anwendung eines Pflanzenschutzmittels, für das eine Genehmigung nach Absatz 1 Satz 1 Nummer 1 erteilt worden ist, erlassen, um eine bestimmungsgemäße und sachgerechte Anwendung sicherzustellen. [2] Die Landesregierungen können diese Befugnis durch Rechtsverordnung auf oberste Landesbehörden übertragen.

(3) Im Falle des Absatzes 1 Satz 1 Nummer 2 wird die Genehmigung im Benehmen mit dem Bundesinstitut für Risikobewertung, dem Julius Kühn-Institut und dem Umweltbundesamt erteilt.

§ 30[1)] Inverkehrbringen von Pflanzenschutzmitteln unter abweichender Bezeichnung. (1) [1] Ein Pflanzenschutzmittel, das in Deutschland zugelassen ist, darf auch von anderen als dem Zulassungsinhaber auf der Grundlage einer Vereinbarung mit diesem (Vertriebserweiterung) unter einer abweichenden Bezeichnung in den Verkehr gebracht werden. [2] Der Zulassungsinhaber hat den Abschluss und die Geltungsdauer oder das Ende der Vereinbarung unter Angabe des Namens, der Anschrift des Berechtigten und der abweichenden Bezeichnung, unter der das Pflanzenschutzmittel von dem Berechtigten in Verkehr gebracht werden soll, unverzüglich dem Bundesamt für Verbraucherschutz und Lebensmittelsicherheit mitzuteilen. [3] Das Bundesamt für Verbraucherschutz und Lebensmittelsicherheit vergibt für das auf Grund einer Vertriebserweiterung in den Verkehr gebrachte Pflanzenschutzmittel eine Vertriebsnummer.

(2) Im Falle des Absatzes 1 darf das Pflanzenschutzmittel nur in Verkehr gebracht werden, wenn es nach den Vorschriften des § 31 Absatz 1 und 2 jeweils auch in Verbindung mit einer Rechtsverordnung nach § 31 Absatz 6 gekennzeichnet ist.

(3) Das Bundesamt für Verbraucherschutz und Lebensmittelsicherheit macht die Pflanzenschutzmittel, die auf Grund einer Vertriebserweiterung in den Verkehr gebracht werden, ihre Bezeichnung, den Namen des Berechtigten und den Namen und die Nummer des zugelassenen Pflanzenschutzmittels sowie die Geltungsdauer oder das Ende der Vertriebserweiterung im Bundesanzeiger oder im elektronischen Bundesanzeiger bekannt.

(4) Ein Pflanzenschutzmittel, das auf Grund einer Vertriebserweiterung in Verkehr gebracht wird, darf noch in Verkehr gebracht werden, soweit das entsprechende zugelassene Pflanzenschutzmittel nach § 28 Absatz 4 noch in Verkehr gebracht werden darf.

§ 31[2)] Kennzeichnung. (1) Die Vorschriften der §§ 13 und 14 des Chemikaliengesetzes[3)] über die Kennzeichnung sind

1. auf das Inverkehrbringen oder innergemeinschaftliche Verbringen von Pflanzenschutzmitteln, die keine Stoffe oder Gemische im Sinne des § 3 Nummer 1 oder 4 des Chemikaliengesetzes sind,
2. auf das Inverkehrbringen oder innergemeinschaftliche Verbringen von Pflanzenschutzmitteln auch durch Vertriebsunternehmer

entsprechend anzuwenden.

(2) [1] Pflanzenschutzmittel dürfen nur in den Verkehr gebracht oder innergemeinschaftlich verbracht werden, wenn zusätzlich zu der Kennzeichnung nach den §§ 13 und 14 des Chemikaliengesetzes auf den Behältnissen und abgabefertigen Packungen in deutscher Sprache und in deutlich sichtbarer, leicht lesbarer Schrift unverwischbar die nach Anhang I der Verordnung (EU)

---

1) § 30 Abs. 4 ber. BGBl. 2012 I S. 1281.

2) § 31 *Abs. 6 einl. Satzteil geänd.* mWv 8.9.2015 durch VO v. 31.8.2015 (BGBl. I S. 1474); Abs. 6 einl. Satzteil geänd. mWv 27.6.2020 durch VO v. 19.6.2020 (BGBl. I S. 1328).

3) **Gewerberecht Nr. 600.**

Nr. 547/2011 der Kommission vom 8. Juni 2011 zur Durchführung der Verordnung (EG) Nr. 1107/2009 des Europäischen Parlaments und des Rates hinsichtlich der Kennzeichnungsanforderungen für Pflanzenschutzmittel (ABl. L 155 vom 11.6.2011, S. 176) geforderten Angaben angebracht sind. 2 Dabei sind die in Anhang I Nummer 1 Buchstabe h, i, l, m und u der Verordnung (EU) Nr. 547/2011 vorgeschriebenen Angaben unter der Überschrift „Von der Zulassungsbehörde festgesetzte Anwendungsgebiete und -bestimmungen" deutlich getrennt von den übrigen Angaben und Aufschriften aufzunehmen.

(3) Die Absätze 1 und 2 gelten nicht hinsichtlich der Einfuhr oder des innergemeinschaftlichen Verbringens eines Pflanzenschutzmittels durch den Hersteller oder Vertriebsunternehmer.

(4) Absatz 2 gilt nicht für Pflanzenschutzmittel, die für die Ausfuhr bestimmt sind oder sich im Falle der Einfuhr in einem Freihafen oder als Nichtgemeinschaftsware unter zollamtlicher Überwachung befinden.

(5) 1 Es ist verboten, Pflanzenschutzmittel herzustellen, innergemeinschaftlich zu verbringen oder in Verkehr zu bringen, die

1. hinsichtlich ihrer Identität oder Herkunft falsch gekennzeichnet sind oder
2. in anderer Weise mit irreführender Bezeichnung, Angabe oder Aufmachung versehen sind.

2 Eine Irreführung liegt insbesondere dann vor, wenn fälschlich der Eindruck erweckt wird, dass es sich um ein zugelassenes Pflanzenschutzmittel oder um ein Pflanzenschutzmittel, für das eine Genehmigung zum Parallelhandel erteilt worden ist, handelt.

(6) Das Bundesministerium für Ernährung und Landwirtschaft wird ermächtigt, im Einvernehmen mit den Bundesministerien für Arbeit und Soziales und für Umwelt, Naturschutz und nukleare Sicherheit durch Rechtsverordnung mit Zustimmung des Bundesrates, soweit es zur Erfüllung der in § 1 genannten Zwecke erforderlich ist,

1. den Inhalt der Angaben nach Absatz 2 näher zu bestimmen,
2. vorzuschreiben, dass zusätzlich zu den Angaben nach den Absätzen 1 und 2 auf Behältnissen und abgabefertigen Packungen bestimmte weitere Angaben anzubringen sind und ihren Inhalt festzulegen,
3. Art und Form der Kennzeichnung näher zu regeln,
4. die Verwendung bestimmter Behältnisse, Packungen oder Verpackungsmaterialien vorzuschreiben sowie die Schließung der Behältnisse oder Packungen einschließlich der Verschlusssicherung zu regeln oder
5. für das Inverkehrbringen von Kultursubstraten, die Pflanzenschutzmittel enthalten oder denen Pflanzenschutzmittel anhaften, eine bestimmte Kennzeichnung vorzuschreiben.

§ 32[1] Inverkehrbringen von mit Pflanzenschutzmitteln behandeltem Saatgut, Pflanzgut oder Kultursubstrat. (1) Saatgut, Pflanzgut und Kultursubstrate, die Pflanzenschutzmittel enthalten oder denen Pflanzenschutzmittel anhaften, dürfen nur innergemeinschaftlich verbracht oder in Verkehr gebracht werden, wenn die Pflanzenschutzmittel

---

[1] § 32 Abs. 4 einl. Satzteil geänd. mWv 8.9.2015 durch VO v. 31.8.2015 (BGBl. I S. 1474).

1. in Deutschland für dieses Anwendungsgebiet zugelassen sind oder nach § 12 Absatz 5 noch angewendet werden dürfen oder
2. in einem anderen Mitgliedstaat oder einem Vertragsstaat des Abkommens über den Europäischen Wirtschaftsraum nach den Bestimmungen des Artikels 4 Absatz 1 Buchstabe b bis e der Richtlinie 91/414/EWG oder nach den Bestimmungen der Verordnung (EG) Nr. 1107/2009 für dieses Anwendungsgebiet zugelassen sind.

(2) [1]Das in Absatz 1 genannte Saatgut darf nur innergemeinschaftlich verbracht oder in Verkehr gebracht werden, wenn es zusätzlich zu den saatgutrechtlichen Anforderungen nach Artikel 49 Absatz 4 der Verordnung (EG) Nr. 1107/2009 gekennzeichnet ist. [2]Bestehen für das jeweilige Saatgut besondere Anforderungen auf Grund einer nach Absatz 4 erlassenen Verordnung, darf es nur innergemeinschaftlich verbracht oder in Verkehr gebracht werden, wenn diese Anforderungen erfüllt sind.

(3) [1]Ruht die Zulassung für ein in Deutschland zugelassenes Pflanzenschutzmittel oder wird eine Zulassung widerrufen, weil die Voraussetzungen für die Zulassung nicht mehr erfüllt sind, darf auch Saatgut, Pflanzgut oder Kultursubstrat, das mit diesem Pflanzenschutzmittel oder einem Pflanzenschutzmittel, das den gleichen Wirkstoff enthält, behandelt worden ist, nicht in Verkehr gebracht werden. [2]Dies gilt nicht, wenn der Widerruf der Zulassung auf Antrag des Zulassungsinhabers erfolgt.

(4) Das Bundesministerium für Ernährung und Landwirtschaft wird ermächtigt, soweit es zum Schutz der Gesundheit von Mensch und Tier oder zum Schutz vor erheblichen Gefahren insbesondere für den Naturhaushalt erforderlich ist, durch Rechtsverordnung[1)] mit Zustimmung des Bundesrates das Inverkehrbringen oder die Einfuhr von Saatgut, Pflanzgut oder Kultursubstrat, das mit einem Pflanzenschutzmittel behandelt wurde oder dem ein Pflanzenschutzmittel anhaftet,

1. zu verbieten, zu beschränken,
2. von einer Genehmigung oder Anzeige abhängig zu machen oder
3. von einer Kennzeichnung, insbesondere von Angaben zu dem anhaftenden oder enthaltenen Pflanzenschutzmittel, dem Wirkstoff und der Aufwandmenge abhängig zu machen und dabei die Art und Weise der Kennzeichnung zu regeln,

sofern die Europäische Kommission nicht zuvor nach Artikel 49 Absatz 2 der Verordnung (EG) Nr. 1107/2009 eine Regelung getroffen hat.

§ 33 Zuständigkeit für die Zulassung von Pflanzenschutzmitteln.

(1) [1]Das Bundesamt für Verbraucherschutz und Lebensmittelsicherheit ist zuständig für

1. die Zulassung eines Pflanzenschutzmittels nach Artikel 29 der Verordnung (EG) Nr. 1107/2009,
2. die vorläufige Zulassung eines Pflanzenschutzmittels nach Artikel 30 der Verordnung (EG) Nr. 1107/2009,
3. die gegenseitige Anerkennung der Zulassung eines Pflanzenschutzmittels nach Artikel 40 der Verordnung (EG) Nr. 1107/2009,

---

1) Siehe die Anm. am Titel.

4. die Erneuerung der Zulassung eines Pflanzenschutzmittels nach Artikel 43 der Verordnung (EG) Nr. 1107/2009,
5. die Aufhebung oder Änderung der Zulassung eines Pflanzenschutzmittels nach Artikel 44 der Verordnung (EG) Nr. 1107/2009,
6. die Aufhebung oder Änderung der Zulassung eines Pflanzenschutzmittels nach Artikel 45 der Verordnung (EG) Nr. 1107/2009,
7. die Zulassung von Pflanzenschutzmitteln mit geringem Risiko nach Artikel 47 der Verordnung (EG) Nr. 1107/2009,
8. die Zulassung eines Pflanzenschutzmittels, das einen gentechnisch veränderten Organismus enthält, nach Artikel 48 der Verordnung (EG) Nr. 1107/2009 und
9. die Erweiterung einer Zulassung eines Pflanzenschutzmittels nach Artikel 51 der Verordnung (EG) Nr. 1107/2009.

[2] Gibt das Bundesamt für Verbraucherschutz und Lebensmittelsicherheit einem Antrag nach Artikel 51 der Verordnung (EG) Nr. 1107/2009 statt, wird die Zulassung des betroffenen Pflanzenschutzmittels erweitert.

(2) Das Bundesamt für Verbraucherschutz und Lebensmittelsicherheit ist zuständig für die Zusammenarbeit mit den für die Zulassung zuständigen Behörden anderer Mitgliedstaaten sowie für die Übermittlung von Informationen an diese, soweit eine entsprechende Informationspflicht in der Verordnung (EG) Nr. 1107/2009 vorgesehen ist, die Beteiligung an Prüfungen von Zulassungsanträgen durch andere Mitgliedstaaten sowie die Abgabe von Stellungnahmen nach den Artikeln 35 und 36 der Verordnung (EG) Nr. 1107/2009.

(3) Das Bundesamt für Verbraucherschutz und Lebensmittelsicherheit ist im Rahmen seiner Zuständigkeiten nach Absatz 1 ferner zuständig für

1. die Erarbeitung eines Vorschlages zur Aufnahme eines Beistoffes in den Anhang III der Verordnung (EG) Nr. 1107/2009 nach Artikel 27 der Verordnung (EG) Nr. 1107/2009,
2. die Befreiung des Zweitantragstellers zur Vorlage der Studien nach Artikel 34 der Verordnung (EG) Nr. 1107/2009,
3. eine vergleichende Bewertung nach Artikel 50 der Verordnung (EG) Nr. 1107/2009, wenn das Pflanzenschutzmittel einen Wirkstoff enthält, der als Substitutionskandidat in der Wirkstoffprüfung genehmigt wurde,
4. die Gewährung von Datenschutz nach Artikel 59 der Verordnung (EG) Nr. 1107/2009,
5. die Erstellung einer Liste nach Artikel 51 Absatz 8 und die Listen nach Artikel 60 der Verordnung (EG) Nr. 1107/2009,
6. die Prüfung, ob Angaben nach Artikel 61 der Verordnung (EG) Nr. 1107/2009 mitgeteilt werden können.

(4) [1] Das Bundesamt für Verbraucherschutz und Lebensmittelsicherheit veröffentlicht eine beschreibende Liste der zugelassenen Pflanzenschutzmittel mit Angaben über die für die Anwendung der Pflanzenschutzmittel wichtigen Merkmale und Eigenschaften, insbesondere die Eignung der Pflanzenschutzmittel für bestimmte Anwendungsgebiete, Boden- und Klimaverhältnisse und die Anwendung im Haus- und Kleingartenbereich, sowie den Zeitpunkt, an dem die Zulassung der Pflanzenschutzmittel endet. [2] Das Bundesamt für Verbraucherschutz und Lebensmittelsicherheit macht die Rücknahme, den Widerruf, die Rechtsgrundlage des jeweiligen Widerrufes oder das Ruhen der Zu-

lassung sowie eine Anordnung nach § 27 Absatz 2 im Bundesanzeiger oder im elektronischen Bundesanzeiger bekannt.

§ 34 Beteiligungen. (1) [1]Das Bundesamt für Verbraucherschutz und Lebensmittelsicherheit entscheidet über die Zulassung in den Fällen des § 33 Absatz 1 Nummer 1, 2, 3, 4, 7 und 8 sowie im Falle des § 33 Absatz 1 Nummer 6, sofern es sich um eine Ergänzung der bestehenden Zulassung handelt,

1. im Benehmen mit dem Bundesinstitut für Risikobewertung hinsichtlich der Gesundheit von Mensch und Tier, der Vermeidung gesundheitlicher Schäden durch Belastung des Bodens sowie hinsichtlich der Analysemethoden für Rückstände gemäß Artikel 29 Absatz 1 Buchstabe g der Verordnung (EG) Nr. 1107/2009,
2. im Benehmen mit dem Julius Kühn-Institut hinsichtlich der Wirksamkeit, unvertretbarer Auswirkungen auf die zu schützenden Pflanzen, Pflanzenerzeugnisse und Honigbienen sowie hinsichtlich vermeidbarer Leiden und Schmerzen bei Wirbeltieren, zu deren Bekämpfung das Pflanzenschutzmittel vorgesehen ist, und
3. im Einvernehmen mit dem Umweltbundesamt hinsichtlich der Vermeidung von Schäden durch Belastung des Naturhaushaltes sowie durch Abfälle des Pflanzenschutzmittels.

[2]Ist nach den Vorschriften der Verordnung (EG) Nr. 1107/2009 ein Zulassungsbericht zu erstellen, erstellt das Bundesamt für Verbraucherschutz und Lebensmittelsicherheit den Zulassungsbericht auf der Grundlage der Bewertungsberichte des Bundesinstitutes für Risikobewertung, des Julius Kühn-Institutes und des Umweltbundesamtes.

(2) Ist Deutschland in den Fällen des § 33 Absatz 1 Nummer 1, 2, 4, 7 und 8 sowie im Falle des § 33 Absatz 1 Nummer 6, sofern es sich um eine Ergänzung der bestehenden Zulassung handelt, nicht prüfender Mitgliedstaat und erhält die Möglichkeit zur Stellungnahme durch den prüfenden Mitgliedstaat, gibt das Bundesamt für Verbraucherschutz und Lebensmittelsicherheit dem Bundesinstitut für Risikobewertung, dem Julius Kühn-Institut und dem Umweltbundesamt im Rahmen ihrer Zuständigkeit nach Absatz 1 die Möglichkeit zur Stellungnahme und erstellt auf deren Grundlage eine Stellungnahme zu dem Entwurf des Zulassungsberichtes des prüfenden Mitgliedstaates.

(3) Im Falle des § 33 Absatz 1 Nummer 9 fordert das Bundesamt für Verbraucherschutz und Lebensmittelsicherheit folgende Bewertungen an:

1. eine Bewertung des Julius Kühn-Institutes hinsichtlich des geringfügigen Umfanges und öffentlichen Interesses,
2. eine Bewertung des Bundesinstitutes für Risikobewertung hinsichtlich der Gesundheit von Anwendern, Arbeitnehmern und anwesenden Personen, soweit durch das beantragte Anwendungsgebiet erforderlich und hinsichtlich der Rückstandhöchstgehalte, wenn diese
   a) nach der Verordnung (EG) Nr. 396/2005 oder
   b) nach der Rückstandshöchstmengenverordnung vom 1. September 1994 (BGBl. I S. 2299) in der jeweils geltenden Fassung

   angehoben werden müssen. Bei der Absenkung eines Rückstandhöchstgehaltes kann eine Stellungnahme des Bundesinstitutes für Risikobewertung eingeholt werden.

(4) [1] Im Falle des § 33 Absatz 3 Nummer 1 entscheidet das Bundesamt für Verbraucherschutz und Lebensmittelsicherheit auf der Grundlage der Bewertungsberichte des Bundesinstitutes für Risikobewertung, des Julius Kühn-Institutes und des Umweltbundesamtes. [2] Im Falle des § 33 Absatz 3 Nummer 3 kann das Bundesamt für Verbraucherschutz und Lebensmittelsicherheit im Rahmen des Bewertungsberichtes nach § 33 Absatz 1 eine Stellungnahme des Bundesinstitutes für Risikobewertung, des Julius Kühn-Institutes und des Umweltbundesamtes einholen.

(5) Das Bundesamt für Verbraucherschutz und Lebensmittelsicherheit kann für die Abgabe der Bewertungen oder Stellungnahmen eine Frist setzen, wenn dies erforderlich ist, um eine durch die Verordnung (EG) Nr. 1107/2009 vorgegebene Frist einzuhalten.

§ 35 Grundlagen für die Verfahren zur Zulassung eines Pflanzenschutzmittels. (1) Bei der Prüfung eines Antrages, auch im Verfahren der gegenseitigen Anerkennung, auf Zulassung, Erweiterung oder sonstige Änderung der Zulassung eines Pflanzenschutzmittels, dessen Wirkstoff nach Artikel 4 der Verordnung (EG) Nr. 1107/2009 genehmigt worden ist, sind die aus dem Genehmigungsverfahren abgeleiteten Erkenntnisse über die Eigenschaften des Wirkstoffes zu Grunde zu legen.

(2) Bei der Prüfung eines Antrages auf Zulassung eines Pflanzenschutzmittels nach den Artikeln 29 oder 30 der Verordnung (EG) Nr. 1107/2009 sind die von der Europäischen Kommission nach Artikel 77 der Verordnung (EG) Nr. 1107/2009 entwickelten Leitlinien zu beachten.

§ 36[1)] Ergänzende Bestimmungen für den Inhalt der Zulassung.

(1) [1] In der Zulassung kann das Bundesamt für Verbraucherschutz und Lebensmittelsicherheit ergänzend zu den in Artikel 31 Absatz 2 und 3 der Verordnung (EG) Nr. 1107/2009 vorgeschriebenen Bestimmungen insbesondere Anwendungsbestimmungen zum Schutz der Gesundheit von Mensch und Tier und zum Schutz vor sonstigen schädlichen Auswirkungen, insbesondere auf den Naturhaushalt, einschließlich solcher über

1. den bei sachgerechter und bestimmungsgemäßer Anwendung zum Schutz von Gewässern erforderlichen Abstand und Maßnahmen bei der Anwendung,
2. die zur Anwendung berechtigten Personen und
3. spezifische Risikominderungsmaßnahmen in bestimmten Gebieten

festlegen. [2] In der Zulassung kann das Bundesamt für Verbraucherschutz und Lebensmittelsicherheit außerdem

1. die Art der Verpackung,
2. die Eignung des Pflanzenschutzmittels für nichtberufliche Anwender unter Berücksichtigung insbesondere der Eigenschaften der Wirkstoffe, der Dosierfähigkeit, der Anwendungsform und der Verpackungsgröße oder
3. die Eignung des Pflanzenschutzmittels zur Anwendung auf Flächen im Sinne des § 12 Absatz 3 Satz 2 Nummer 2 und § 17 Absatz 1

---

1) § 36 Abs. 6 Satz 1 einl. Satzteil, Abs. 7 Satz 1 und Satz 2 Nr. 1 geänd. mWv 8.9.2015 durch VO v. 31.8.2015 (BGBl. I S. 1474); Abs. 6 Satz 1 einl. Satzteil, Abs. 7 Satz 1 und Satz 2 Nr. 1 geänd. mWv 27.6.2020 durch VO v. 19.6.2020 (BGBl. I S. 1328).

festlegen.

(2) Das Bundesamt für Verbraucherschutz und Lebensmittelsicherheit kann auf Antrag festlegen, dass ein für berufliche Anwender zugelassenes Pflanzenschutzmittel auf Grund seiner Eigenschaften auch im Haus- und Kleingartenbereich angewendet werden darf, soweit sich das für berufliche Anwender zugelassene Pflanzenschutzmittel nur durch Packungsgröße oder Darreichungsform von einem für nichtberufliche Anwender zugelassenen Pflanzenschutzmittel unterscheidet.

(3) [1] Das Bundesamt für Verbraucherschutz und Lebensmittelsicherheit verbindet die Zulassung mit den Nebenbestimmungen, insbesondere Auflagen, die

1. für die bestimmungsgemäße und sachgerechte Anwendung sowie
2. zum Schutz der Gesundheit von Mensch und Tier und zum Schutz vor sonstigen erheblichen schädlichen Auswirkungen, insbesondere für den Naturhaushalt,

erforderlich sind, soweit Regelungen nach Absatz 1 nicht getroffen werden. [2] Ferner verbindet das Bundesamt für Verbraucherschutz und Lebensmittelsicherheit die Zulassung mit dem Vorbehalt der nachträglichen Aufnahme, Änderung oder Ergänzung von Anwendungsbestimmungen oder Auflagen. [3] Unbeschadet des § 31 hat der Zulassungsinhaber die nachträgliche Aufnahme, Änderung oder Ergänzungen von Anwendungsbestimmungen oder Auflagen sowie sonstige Änderungen in der Gebrauchsanleitung unverzüglich in geeigneter Weise bekannt zu machen. [4] Geeignet ist auch eine Veröffentlichung auf einer Internetseite des Zulassungsinhabers.

(4) Rechtsbehelfe gegen die Anordnung von Anwendungsbestimmungen oder Auflagen haben keine aufschiebende Wirkung.

(5) [1] Das Bundesamt für Verbraucherschutz und Lebensmittelsicherheit kann, soweit dies für den in § 1 Nummer 3 aufgeführten Schutzzweck erforderlich ist, durch Auflagen anordnen, dass während der Dauer der Zulassung bestimmte Kenntnisse bei der Anwendung des Pflanzenschutzmittels gewonnen, gesammelt und ausgewertet und ihm die Ergebnisse innerhalb einer bestimmten Frist mitgeteilt werden. [2] Auf Verlangen sind ihm die entsprechenden Unterlagen und Proben vorzulegen. [3] Werden die Ergebnisse oder die entsprechenden Unterlagen und Proben nicht innerhalb der bestimmten Frist mitgeteilt, kann das Bundesamt für Verbraucherschutz und Lebensmittelsicherheit das Ruhen der Zulassung anordnen.

(6) [1] Das Bundesministerium für Ernährung und Landwirtschaft wird ermächtigt, im Einvernehmen mit dem Bundesministerium für Umwelt, Naturschutz und nukleare Sicherheit auf Vorschlag der zuständigen Behörde eines Landes ohne Zustimmung des Bundesrates durch Rechtsverordnung für

1. ein bestimmtes Gebiet dieses Landes und
2. bestimmte Pflanzenschutzmittel

von den mit der jeweiligen Zulassung festgesetzten Auflagen und Anwendungsbestimmungen abweichende Anforderungen hinsichtlich der Anwendung festzulegen, wenn durch geeignete Risikominderungsmaßnahmen und Überwachungsmaßnahmen sichergestellt wird, dass bei bestimmungsgemäßer und sachgerechter Anwendung des jeweiligen Pflanzenschutzmittels keine schädlichen Auswirkungen auf die Gesundheit von Mensch und Tier und auf das Grundwasser und keine sonstigen nicht vertretbaren Auswirkungen, insbesondere auf den Naturhaushalt, entstehen. [2]Die zuständigen Behörden unterrichten das Bundesamt für Verbraucherschutz und Lebensmittelsicherheit einmal jährlich über die in dem abgegrenzten Gebiet getroffenen Überwachungsmaßnahmen.

(7) [1]Das Bundesministerium für Ernährung und Landwirtschaft kann die Ermächtigung nach Absatz 6 Satz 1 im Einvernehmen mit dem Bundesministerium für Umwelt, Naturschutz und nukleare Sicherheit durch Rechtsverordnung ohne Zustimmung des Bundesrates auf das Bundesamt für Verbraucherschutz und Lebensmittelsicherheit übertragen. [2]Rechtsverordnungen des Bundesamtes für Verbraucherschutz und Lebensmittelsicherheit

1. bedürfen nicht der Zustimmung des Bundesrates und des Einvernehmens des Bundesministeriums für Umwelt, Naturschutz und nukleare Sicherheit und
2. ergehen im Einvernehmen mit dem Umweltbundesamt; es gilt als erteilt, wenn es nicht binnen 20 Tagen nach Eingang des Einvernehmensersuchens des Bundesamtes für Verbraucherschutz und Lebensmittelsicherheit verweigert wird.

(8) Für die Entscheidungen nach den Absätzen 1, 2 und 4 ist § 34 Absatz 1 entsprechend anzuwenden.

§ 37 Neue Erkenntnisse. (1) Das Bundesamt für Verbraucherschutz und Lebensmittelsicherheit ist zuständig für die Prüfung der Meldungen nach Artikel 56 der Verordnung (EG) Nr. 1107/2009.

(2) Der Meldung nach Artikel 56 der Verordnung (EG) Nr. 1107/2009 sind Unterlagen und Proben beizufügen, aus denen sich die neuen Erkenntnisse ergeben.

§ 38 Verlängerung der Zulassung. Ist über einen Antrag auf erneute Zulassung nach Artikel 43 der Verordnung (EG) Nr. 1107/2009 aus Gründen, die der Zulassungsinhaber nicht zu vertreten hat, nicht entschieden worden, bevor die Zulassung endet, verlängert das Bundesamt für Verbraucherschutz und Lebensmittelsicherheit die Zulassung von Amts wegen bis zu dem Zeitpunkt, an dem die Entscheidung über die erneute Zulassung getroffen wird.

§ 39 Widerruf, Rücknahme, Ruhen der Zulassung. (1) Eine Zulassung ist zu widerrufen, wenn

1. die Voraussetzungen des Artikels 44 Absatz 3 Buchstabe a, c oder e der Verordnung (EG) Nr. 1107/2009 vorliegen oder
2. der Zulassungsinhaber wiederholt gegen seine Pflichten aus Artikel 56 der Verordnung (EG) Nr. 1107/2009 verstoßen hat.

(2) Eine Zulassung kann unbeschadet des § 49 des Verwaltungsverfahrensgesetzes[1)] widerrufen werden, wenn

1. die Voraussetzungen des Artikels 44 Absatz 1 oder Absatz 3 Buchstabe d der Verordnung (EG) Nr. 1107/2009 vorliegen,
2. der Zulassungsinhaber einen Antrag nach Artikel 45 Absatz 1 gestellt hat oder

---

[1)] Nr. **100**.

3. wiederholt die Zusammensetzung des in Verkehr gebrachten Pflanzenschutzmittels wesentlich von der Zusammensetzung des zugelassenen Pflanzenschutzmittels abweicht.

(3) [1] Zulassungen sind zurückzunehmen, wenn der Antragsteller die Zulassung

1. durch arglistige Täuschung, Drohung oder Bestechung oder
2. unter den Voraussetzungen des Artikels 44 Absatz 3 Buchstabe b der Verordnung (EG) Nr. 1107/2009

erwirkt hat. [2] Im Übrigen bleibt § 48 des Verwaltungsverfahrensgesetzes unberührt.

(4) Das Bundesamt für Verbraucherschutz und Lebensmittelsicherheit kann, auch in den Fällen der Absätze 2 und 3, an Stelle der Rücknahme oder des Widerrufes bis zur Beseitigung der Rücknahme- oder Widerrufsgründe das Ruhen der Zulassung für einen bestimmten Zeitraum anordnen.

(5) In den Fällen des Absatzes 1 Nummer 1 und des Absatzes 2 Nummer 1 gilt § 49 Absatz 6 des Verwaltungsverfahrensgesetzes entsprechend.

§ 40[1)] Ergänzende Regeln zu Zulassungs- und Genehmigungsverfahren. (1) Das Bundesministerium für Ernährung und Landwirtschaft wird ermächtigt, im Einvernehmen mit den Bundesministerien für Wirtschaft und Energie, für Arbeit und Soziales und für Umwelt, Naturschutz und nukleare Sicherheit durch Rechtsverordnung mit Zustimmung des Bundesrates

1. zur Erfüllung der in § 1 genannten Zwecke nähere Einzelheiten zur Festlegung von Anwendungsbestimmungen nach § 36 sowie deren Ausgestaltung und deren Berücksichtigung bei der Zulassung von Pflanzenschutzmitteln,
2. das Verfahren der Zulassung von Pflanzenschutzmitteln einschließlich der Ausstellung von Bescheinigungen über die Zulassung für die Ausfuhr,
3. das Verfahren der Genehmigung von Zusatzstoffen und der Anmeldung von Pflanzenstärkungsmitteln sowie,
4. soweit es zur Erfüllung der in § 1 genannten Zwecke erforderlich ist, die Voraussetzungen und das Verfahren der Anerkennung von Einrichtungen, die die Wirksamkeit von Pflanzenschutzmitteln zur Erstellung der Angaben und Unterlagen für die Zulassung von Pflanzenschutzmitteln untersuchen,

zu regeln.

(2) Das Bundesministerium für Ernährung und Landwirtschaft wird ermächtigt, soweit es zur Erfüllung der in § 1 genannten Zwecke erforderlich ist, im Einvernehmen mit dem Bundesministerium der Finanzen durch Rechtsverordnung ohne Zustimmung des Bundesrates vorzuschreiben, dass Pflanzenschutzmittel aus anderen Staaten nur über bestimmte Zollstellen in Verkehr gebracht oder ausgeführt werden dürfen.

[1)] § 40 Abs. 1 einl. Satzteil, Abs. 2 geänd. mWv 8.9.2015 durch VO v. 31.8.2015 (BGBl. I S. 1474); Abs. 1 einl. Satzteil geänd. mWv 27.6.2020 durch VO v. 19.6.2020 (BGBl. I S. 1328).

Abschnitt 7. Inverkehrbringen von anderen Stoffen, Zulassungs- und Genehmigungsverfahren

§ 41 Zuständigkeit für die Prüfung von Wirkstoffen, Safenern und Synergisten. (1) Das Bundesamt für Verbraucherschutz und Lebensmittelsicherheit ist zuständig für

1. die Mitwirkung an der Genehmigung eines Wirkstoffes nach Artikel 7 der Verordnung (EG) Nr. 1107/2009,
2. die Mitwirkung an der Erneuerung der Genehmigung nach Artikel 14 der Verordnung (EG) Nr. 1107/2009,
3. die Beantragung der anlassbezogenen Überprüfung der Genehmigung nach Artikel 21 Absatz 1 Satz 2 der Verordnung (EG) Nr. 1107/2009,
4. die Mitwirkung an der Genehmigung eines Safeners oder Synergisten nach Artikel 25 der Verordnung (EG) Nr. 1107/2009 und
5. die Bewertung der Äquivalenz nach Artikel 38 der Verordnung (EG) Nr. 1107/2009 sowie die Mitwirkung an dem betreffenden Verfahren,

soweit die Bundesrepublik Deutschland als Mitgliedstaat zur Mitwirkung an den unionsrechtlichen Verfahren berufen ist.

(2) [1] Das Bundesamt für Verbraucherschutz und Lebensmittelsicherheit ist ferner zuständig für die Zusammenarbeit mit den für die Wirkstoffprüfung zuständigen Behörden anderer Mitgliedstaaten, der Europäischen Kommission und der Europäischen Behörde für Lebensmittelsicherheit sowie für die Übermittlung von Informationen, Kommentierungen und die Übermittlung der Bewertungsberichte an diese, soweit eine entsprechende Mitwirkungspflicht oder Mitwirkungsmöglichkeit in der Verordnung (EG) Nr. 1107/2009 vorgesehen ist. [2] Sofern für die Bundesrepublik Deutschland ein Antrag auf Genehmigung eines Grundstoffes nach Artikel 23 Absatz 3 der Verordnung (EG) Nr. 1107/2009 gestellt werden soll, ist hierfür das Bundesamt für Verbraucherschutz und Lebensmittelsicherheit unter vorheriger Beteiligung des Bundesinstitutes für Risikobewertung, des Julius Kühn-Institutes und des Umweltbundesamtes zuständig.

(3) [1] Ist die Bundesrepublik Deutschland bei einem in Absatz 1 Nummer 1, 2 oder 4 bezeichneten Verfahren berichterstattender Mitgliedstaat, erstellt das Bundesamt für Verbraucherschutz und Lebensmittelsicherheit den nationalen Bewertungsbericht auf der Grundlage der Bewertungen

1. des Bundesinstitutes für Risikobewertung hinsichtlich der Gesundheit von Mensch und Tier, der Vermeidung gesundheitlicher Schäden durch Belastung des Bodens sowie hinsichtlich der Analysemethoden für Rückstände gemäß Artikel 29 Absatz 1 Buchstabe g der Verordnung (EG) Nr. 1107/2009,
2. des Julius Kühn-Institutes im Hinblick auf die Wirksamkeit sowie nicht zu vertretender Auswirkungen auf Pflanzen, Pflanzenerzeugnisse und die Honigbiene und
3. des Umweltbundesamtes im Hinblick auf die Vermeidung von Schäden durch die Belastung des Naturhaushalts sowie durch Abfälle.

[2] Das Bundesamt für Verbraucherschutz und Lebensmittelsicherheit kann für die Abgabe der Bewertungen oder Stellungnahmen eine Frist setzen, wenn dies erforderlich ist, um eine durch die Verordnung (EG) Nr. 1107/2009, durch die

Europäische Kommission oder die Europäische Behörde für Lebensmittelsicherheit vorgegebene Frist einzuhalten.

(4) [1] Ist die Bundesrepublik Deutschland in einem in Absatz 1 Nummer 1, 2 oder 4 bezeichneten Verfahren nicht berichterstattender Mitgliedstaat und erhält die Möglichkeit zur Stellungnahme, gibt das Bundesamt für Verbraucherschutz und Lebensmittelsicherheit dem Bundesinstitut für Risikobewertung, dem Julius Kühn-Institut und dem Umweltbundesamt im Rahmen ihrer Zuständigkeit nach Absatz 3 die Möglichkeit zur Stellungnahme und erstellt auf der Grundlage dieser Stellungnahmen eine Stellungnahme zu dem Entwurf des Bewertungsberichtes des prüfenden Mitgliedstaates und weitergehender Unterlagen im EU-Verfahren. [2] Die Stellungnahmen nach Satz 1 sind innerhalb einer vom Bundesamt für Verbraucherschutz und Lebensmittelsicherheit gesetzten Frist abzugeben.

(5) [1] Im Falle einer Bewertung nach Absatz 1 Nummer 5 erstellt das Bundesamt für Verbraucherschutz und Lebensmittelsicherheit den Äquivalenzbericht nach Artikel 38 der Verordnung (EG) Nr. 1107/2009. [2] Das Bundesamt für Verbraucherschutz und Lebensmittelsicherheit kann eine Stellungnahme der in Absatz 2 genannten Behörden anfordern. [3] Die Stellungnahmen nach Satz 2 haben innerhalb der vom Bundesamt für Verbraucherschutz und Lebensmittelsicherheit gesetzten Frist zu erfolgen.

(6) Das Bundesamt für Verbraucherschutz und Lebensmittelsicherheit entscheidet im Rahmen seiner Zuständigkeiten nach Absatz 1 über die Gewährung von Datenschutz nach Artikel 59 der Verordnung (EG) Nr. 1107/2009.

§ 42[1)] Zusatzstoffe. (1) Zusatzstoffe im Sinne des Artikels 2 Absatz 3 Buchstabe d der Verordnung (EG) Nr. 1107/2009 dürfen in der Formulierung, in der die Abgabe an den Anwender vorgesehen ist, nur in den Verkehr gebracht werden, wenn sie auf Antrag durch das Bundesamt für Verbraucherschutz und Lebensmittelsicherheit genehmigt worden und nach § 43 gekennzeichnet sind.

(2) [1] Das Bundesamt für Verbraucherschutz und Lebensmittelsicherheit genehmigt einen Zusatzstoff, wenn der Zusatzstoff bei bestimmungsgemäßer und sachgerechter Anwendung oder als Folge einer solchen Anwendung keine schädlichen Auswirkungen, insbesondere auf die Gesundheit von Mensch und Tier, das Grundwasser und den Naturhaushalt hat. [2] Die Genehmigung erfolgt für einen Zeitraum von zehn Jahren.

(3) [1] Das Bundesamt für Verbraucherschutz und Lebensmittelsicherheit entscheidet innerhalb von vier Monaten nach Eingang des Antrages über die Genehmigung. [2] Es trifft die Entscheidung hinsichtlich

1. möglicher schädlicher Auswirkungen auf die Gesundheit von Mensch und Tier im Benehmen mit dem Bundesinstitut für Risikobewertung,
2. möglicher schädlicher Auswirkungen auf den Naturhaushalt im Einvernehmen mit dem Umweltbundesamt,
3. anderer schädlicher Auswirkungen im Sinne des Absatzes 2 im Benehmen mit dem Julius Kühn-Institut.

[3] Die in Satz 1 Nummer 1 bis 3 genannten Behörden verbinden ihre Entscheidung mit einer schriftlichen Bewertung, die dem Bundesamt für Ver-

---

[1)] § 42 Abs. 5 geänd. mWv 8.9.2015 durch VO v. 31.8.2015 (BGBl. I S. 1474); Abs. 5 geänd. mWv 27.6.2020 durch VO v. 19.6.2020 (BGBl. I S. 1328).

braucherschutz und Lebensmittelsicherheit vorzulegen ist. [4] Verlangt das Bundesamt für Verbraucherschutz und Lebensmittelsicherheit vom Antragsteller Unterlagen und Proben zur Überprüfung der Voraussetzungen im Sinne des Absatzes 2, entscheidet es innerhalb von vier Monaten nach Eingang der Unterlagen oder Proben.

(4) Das Bundesamt für Verbraucherschutz und Lebensmittelsicherheit macht die Genehmigung von Zusatzstoffen und den Widerruf von Genehmigungen im Bundesanzeiger oder im elektronischen Bundesanzeiger bekannt.

(5) Das Bundesministerium für Ernährung und Landwirtschaft wird ermächtigt im Einvernehmen mit den Bundesministerien für Wirtschaft und Energie, für Arbeit und Soziales und für Umwelt, Naturschutz und nukleare Sicherheit durch Rechtsverordnung ohne Zustimmung des Bundesrates nähere Einzelheiten des Verfahrens der Genehmigung der Zusatzstoffe, insbesondere Inhalt und Form des Antrages und die mit dem Antrag einzureichenden Unterlagen zu regeln.

§ 43 Kennzeichnung von Zusatzstoffen. Ein Zusatzstoff darf nur in Verkehr gebracht werden, wenn er auf den Behältnissen oder abgabefertigen Packungen oder Packungsbeilagen in deutscher Sprache mit der Angabe „Zusatzstoff nach § 42 des Pflanzenschutzgesetzes" gekennzeichnet und in der Gebrauchsanleitung folgende Angaben gemacht werden:

1. die Bezeichnung des Zusatzstoffes,
2. Name und Anschrift desjenigen, der den Zusatzstoff zur Abgabe an den Anwender verpackt und kennzeichnet,
3. den Zusatzstoff nach Art und Menge und
4. das Verfallsdatum.

§ 44 Überprüfung genehmigter Zusatzstoffe. (1) Das Bundesamt für Verbraucherschutz und Lebensmittelsicherheit kann genehmigte Zusatzstoffe daraufhin überprüfen, ob sie den Anforderungen nach § 42 Absatz 2 weiterhin entsprechen.

(2) [1] Ergibt eine nachträgliche Prüfung, dass ein genehmigter Zusatzstoff den Anforderungen nach § 42 Absatz 2 nicht entspricht, widerruft das Bundesamt für Verbraucherschutz und Lebensmittelsicherheit die Genehmigung. [2] In diesem Fall ist die Rückgabe des Zusatzstoffes an den Hersteller oder einen von ihm beauftragten Dritten zulässig.

§ 45[1)] Pflanzenstärkungsmittel. (1) Ein Pflanzenstärkungsmittel darf nur in Verkehr gebracht werden, wenn es bei bestimmungsgemäßer und sachgerechter Anwendung oder als Folge einer solchen Anwendung keine schädlichen Auswirkungen auf die Gesundheit von Mensch und Tier und auf das Grundwasser sowie keine sonstigen nicht vertretbaren Auswirkungen, insbesondere auf den Naturhaushalt hat.

(2) Ein Pflanzenstärkungsmittel darf nur in Verkehr gebracht werden, wenn auf den Behältnissen und abgabefertigen Packungen oder Verpackungsbeilagen in deutscher Sprache neben der Angabe „Pflanzenstärkungsmittel" angegeben sind:

[1)] § 45 Abs. 6 geänd. mWv 8.9.2015 durch VO v. 31.8.2015 (BGBl. I S. 1474).

1. die Bezeichnung des Pflanzenstärkungsmittels,
2. Name und Anschrift desjenigen, der das Pflanzenstärkungsmittel erstmalig in Verkehr bringt, und
3. die Gebrauchsanleitung.

(3) [1] Vor dem erstmaligen Inverkehrbringen eines Pflanzenstärkungsmittels hat derjenige, der das Pflanzenstärkungsmittel in Verkehr bringen will, die Formulierung sowie die beabsichtigte Kennzeichnung dem Bundesamt für Verbraucherschutz und Lebensmittelsicherheit mitzuteilen. [2] Das Bundesamt für Verbraucherschutz und Lebensmittelsicherheit veröffentlicht in geeigneter Weise eine Liste der Pflanzenstärkungsmittel, deren Formulierung mitgeteilt worden ist und deren Inverkehrbringen nicht nach Absatz 4 untersagt wurde. [3] Änderungen der Formulierung oder der Kennzeichnung hat derjenige, der das Pflanzenstärkungsmittel in Verkehr bringt, unverzüglich dem Bundesamt für Verbraucherschutz und Lebensmittelsicherheit mitzuteilen.

(4) Das Bundesamt für Verbraucherschutz und Lebensmittelsicherheit kann das Inverkehrbringen eines Pflanzenstärkungsmittels untersagen, wenn Anhaltspunkte dafür vorliegen, dass das Pflanzenstärkungsmittel schädliche Auswirkungen auf die Gesundheit von Mensch und Tier, das Grundwasser oder den Naturhaushalt hat oder die Voraussetzungen nach § 2 Nummer 10 für das Vorhandensein eines Pflanzenstärkungsmittels nicht erfüllt sind.

(5) [1] Das Bundesamt für Verbraucherschutz und Lebensmittelsicherheit kann Änderungen der nach Absatz 1 vorgelegten Kennzeichnung eines Pflanzenstärkungsmittels verlangen, wenn Angaben irreführend sind, insbesondere wenn der Eindruck erweckt wird, dass das Pflanzenstärkungsmittel die Eigenschaften eines Pflanzenschutzmittels hat. [2] Erfolgt keine Änderung der Kennzeichnung innerhalb einer Frist von drei Monaten, gerechnet ab dem Tag, an dem die Aufforderung des Bundesamtes für Verbraucherschutz und Lebensmittelsicherheit verbindlich wird, gilt Absatz 4 entsprechend.

(6) Das Bundesministerium für Ernährung und Landwirtschaft wird ermächtigt, durch Rechtsverordnung mit Zustimmung des Bundesrates die näheren Einzelheiten des Verfahrens nach Absatz 3, die Einzelheiten einer Untersagungsverfügung nach Absatz 4 sowie der erforderlichen Kontrollen zu regeln.

Abschnitt 8. Parallelhandel

§ 46[1] Genehmigung für den Parallelhandel. (1) [1] Ein Pflanzenschutzmittel, das in einem anderen Mitgliedstaat zugelassen ist und mit einem in Deutschland zugelassenen Pflanzenschutzmittel übereinstimmt, darf nur im Geltungsbereich dieses Gesetzes in Verkehr gebracht werden, wenn das Bundesamt für Verbraucherschutz und Lebensmittelsicherheit eine Genehmigung nach Artikel 52 der Verordnung (EG) Nr. 1107/2009 erteilt hat. [2] Eine Genehmigung nach Artikel 52 der Verordnung (EG) Nr. 1107/2009 ist nicht erforderlich für Reimporte.

(2) Ist es zur Feststellung der Identität erforderlich, kann das Bundesamt für Verbraucherschutz und Lebensmittelsicherheit vom Antragsteller die Vorlage einer Vergleichsuntersuchung des parallelgehandelten Pflanzenschutzmittels mit dem Referenzmittel durch ein nach Maßgabe einer Rechtsverordnung nach

[1] § 46 Abs. 4 ein. Satzteil geänd. mWv 8.9.2015 durch VO v. 31.8.2015 (BGBl. I S. 1474).

Absatz 4 geeignetes Labor oder durch eine vom Bundesamt für Verbraucherschutz und Lebensmittelsicherheit selbst durchgeführte kostenpflichtige Vergleichsuntersuchung verlangen.

(3) Das Bundesamt für Verbraucherschutz und Lebensmittelsicherheit macht die Liste der Pflanzenschutzmittel, für die eine Genehmigung für den Parallelhandel erteilt worden ist, sowie das jeweilige Referenzmittel im Bundesanzeiger oder elektronischen Bundesanzeiger bekannt.

(4) Das Bundesministerium für Ernährung und Landwirtschaft wird ermächtigt, durch Rechtsverordnung, die nicht der Zustimmung des Bundesrates bedarf,

1. die Kriterien der Gleichwertigkeit im Sinne des Artikels 52 Absatz 3 Buchstabe c der Verordnung (EG) Nr. 1107/2009 näher zu bestimmen,
2. die von den Laboren nach Absatz 2 einzuhaltenden Anforderungen festzulegen,
3. die Einzelheiten des Verfahrens auch in Bezug auf das innergemeinschaftliche Verbringen zum Eigenbedarf, insbesondere Art und Umfang der einzureichenden Unterlagen und Proben, zu regeln.

§ 47 Kennzeichnung parallelgehandelter Pflanzenschutzmittel.

(1) Ein parallelgehandeltes Pflanzenschutzmittel darf nur in Verkehr gebracht werden, wenn es nach § 31 Absatz 1 und 2, jeweils auch in Verbindung mit einer Rechtsverordnung nach § 31 Absatz 6 gekennzeichnet ist.

(2) [1] Die für das Referenzmittel festgesetzten oder nachträglich geänderten Anwendungsgebiete, Anwendungsbestimmungen und Auflagen gelten auch für das parallelgehandelte Pflanzenschutzmittel. [2] Wird für das Referenzmittel die Zulassung nach Artikel 51 der Verordnung (EG) Nr. 1107/2009 erweitert, gilt diese auch für das parallelgehandelte Pflanzenschutzmittel.

§ 48 Ruhen der Genehmigung für den Parallelhandel. Die Genehmigung für den Parallelhandel ruht, wenn das Ruhen der Zulassung des Referenzmittels angeordnet ist.

§ 49 Pflichten des Inhabers der Genehmigung für den Parallelhandel.

(1) [1] Der Inhaber einer Genehmigung nach Artikel 52 der Verordnung (EG) Nr. 1107/2009 ist verpflichtet, Rechnungen, Kaufbelege und Lieferscheine, die das parallelgehandelte Pflanzenschutzmittel betreffen, für die Dauer von fünf Jahren, gerechnet ab dem Beginn des Jahres, das auf das Jahr des Entstehens dieser Unterlagen folgt, aufzubewahren. [2] In den in Satz 1 genannten Unterlagen dürfen keine Angaben entfernt, unkenntlich gemacht, überdeckt oder unterdrückt werden.

(2) [1] Das Bundesamt für Verbraucherschutz und Lebensmittelsicherheit kann vom Inhaber der Genehmigung zum Nachweis des fortdauernden Vorliegens der Voraussetzungen der Genehmigung innerhalb bestimmter Fristen

1. Proben des parallel einzuführenden Pflanzenschutzmittels,
2. eine Vergleichsuntersuchung im Sinne des § 46 Absatz 2 sowie Unterlagen, zu denen er Zugang hat, oder deren Beschaffung ihm zugemutet werden kann,

nachfordern, soweit neue Erkenntnisse eine Überprüfung der Genehmigung erfordern. [2] Besteht der Verdacht eines Missbrauchs im Sinne des § 50 Absatz 2

Satz 1 Nummer 2, kann das Bundesamt für Verbraucherschutz und Lebensmittelsicherheit die Vorlage der in Absatz 1 Satz 1 genannten Unterlagen vom Inhaber der Genehmigung fordern.

(3) [1] Erfährt der Inhaber der Genehmigung zum Parallelhandel von neuen Erkenntnissen über das von ihm in Verkehr gebrachte Pflanzenschutzmittel hinsichtlich der Auswirkungen des Pflanzenschutzmittels auf die Gesundheit von Mensch und Tier sowie den Naturhaushalt, ist er verpflichtet, dies unverzüglich dem Bundesamt für Verbraucherschutz und Lebensmittelsicherheit anzuzeigen. [2] Der Anzeige sind die Angaben, Unterlagen und Proben beizufügen, aus denen sich die neuen Erkenntnisse ergeben.

(4) [1] Verwendet der Inhaber der Genehmigung für die Kennzeichnung nach § 47 Absatz 1 nicht die Chargennummer des Zulassungsinhabers des parallel einzuführenden Pflanzenschutzmittels, so hat er Aufzeichnungen zu führen und für die Dauer von mindestens fünf Jahren aufzubewahren, aus denen sich die Entsprechung der von ihm verwendeten Chargennummer mit denen des Zulassungsinhabers des parallel einzuführenden Pflanzenschutzmittels ergibt. [2] Er hat diese Aufzeichnung auf Verlangen dem Bundesamt für Verbraucherschutz und Lebensmittelsicherheit zugänglich zu machen, wenn der Verdacht eines Missbrauchs im Sinne des § 50 Absatz 2 Satz 1 Nummer 2 besteht.

§ 50 Rücknahme oder Widerruf der Genehmigung für den Parallelhandel. (1) [1] Die Genehmigung für den Parallelhandel ist zurückzunehmen, wenn der Inhaber der Genehmigung diese

1. durch arglistige Täuschung, Drohung oder Bestechung,
2. vorsätzlich oder grob fahrlässig durch Angaben, die in wesentlicher Beziehung unrichtig oder unvollständig waren,

erwirkt hat. [2] Im Übrigen bleibt § 48 des Verwaltungsverfahrensgesetzes[1)] unberührt

(2) [1] Die Genehmigung für den Parallelhandel ist zu widerrufen, wenn der Inhaber der Genehmigung

1. wiederholt gegen seine Pflichten nach § 49 verstoßen hat oder
2. eine erteilte Genehmigung dazu missbraucht hat, ein anderes Pflanzenschutzmittel als das, für das die Genehmigung erteilt worden ist, in Verkehr zu bringen.

[2] In den Fällen des Satzes 1 Nummer 2

1. darf dem Inhaber der Genehmigung vor Ablauf von zwei Jahren, im Wiederholungsfall vor Ablauf von fünf Jahren, nach dem Widerruf für kein Pflanzenschutzmittel eine neue Genehmigung erteilt werden, soweit nicht im Einzelfall eine unbillige Härte gegeben wäre,
2. sind im Wiederholungsfall alle Genehmigungen für den Parallelhandel, die dem Inhaber der nach Satz 1 Nummer 2 widerrufenen Genehmigung erteilt worden sind und die sich auf das gleiche Referenzmittel beziehen, zu widerrufen.

[3] Im Übrigen bleibt § 49 des Verwaltungsverfahrensgesetzes unberührt.

---

1) **Nr. 100.**

(3) Das Bundesamt für Verbraucherschutz und Lebensmittelsicherheit kann an Stelle der Rücknahme oder des Widerrufes das Ruhen der Genehmigung für den Parallelhandel für einen bestimmten Zeitraum anordnen.

§ 51 Innergemeinschaftliches Verbringen von Pflanzenschutzmitteln für den Eigenbedarf. (1) Soll das innergemeinschaftliche Verbringen eines Pflanzenschutzmittels nach § 46 nur zur Anwendung im eigenen Betrieb der Land- oder Forstwirtschaft oder des Gartenbaus erfolgen, gelten die §§ 46 bis 48 und 50 nach Maßgabe des Absatzes 2 entsprechend.

(2) [1] Soll das innergemeinschaftliche Verbringen nur zur Anwendung im eigenen Betrieb der Land- oder Forstwirtschaft oder des Gartenbaus erfolgen, ist dies bei dem Antrag auf Genehmigung mitzuteilen. [2] Stellt das Bundesamt für Verbraucherschutz und Lebensmittelsicherheit bei einem Antrag nach Satz 1 die Identität mit dem Referenzmittel fest, stellt es die Genehmigung mit dem Zusatz „nur zur Anwendung im Betrieb des Antragstellers" aus. [3] Bei der Lagerung und Anwendung des Pflanzenschutzmittels muss der Inhaber der Genehmigung über die Gebrauchsanleitung des Referenzmittels verfügen. [4] Eine Kennzeichnung des Eigenimportes nach § 47 Absatz 1 ist nicht erforderlich. [5] § 49 Absatz 2 bis 4 ist nicht anzuwenden. [6] Das Pflanzenschutzmittel darf nur in dem Betrieb angewendet werden, für den die Genehmigung nach Absatz 1 erteilt wurde.

Abschnitt 9. Pflanzenschutzgeräte

§ 52[1] Prüfung. (1) Das Julius Kühn-Institut kann auf Antrag des Herstellers oder Inverkehrbringers Pflanzenschutzgeräte daraufhin prüfen, ob sie den Anforderungen nach § 16 entsprechen oder ob sie bestimmte über die allgemeinen Anforderungen nach § 16 hinausgehende Eigenschaften haben, insbesondere hinsichtlich der Verminderung der Abdrift oder des Verbrauches an Pflanzenschutzmitteln.

(2) Das Julius Kühn-Institut führt eine beschreibende Liste[2] der geprüften Gerätetypen und der besonderen Anforderungen, die sie erfüllen, und macht die Liste im Bundesanzeiger oder im elektronischen Bundesanzeiger bekannt.

(3) Eine Prüfung auf besondere Anforderungen kann auch durch eine andere Prüfstelle durchgeführt werden, wenn die Prüfstelle über die geeigneten Einrichtungen für eine solche Prüfung und sachkundiges Personal verfügt und vom Julius Kühn-Institut anerkannt ist.

(4) Das Bundesministerium für Ernährung und Landwirtschaft wird ermächtigt, durch Rechtsverordnung[2] ohne Zustimmung des Bundesrates, das Verfahren der freiwilligen Prüfung von Pflanzenschutzgeräten nach Absatz 1 sowie die Anerkennung von Prüfstellen nach Absatz 3 zu regeln.

§ 53[3] Betriebsanleitung. Erfüllt das Pflanzenschutzgerät besondere Anforderungen im Sinne des § 52 Absatz 1, ist der Hersteller oder Inverkehrbringer verpflichtet, in der Betriebsanleitung, ergänzend zu den durch die auf § 8 des Produktsicherheitsgesetzes[4] vom 27. Juli 2021 (BGBl. I S. 3146) beruhenden Verordnung über das Inverkehrbringen von Maschinen geforderten Angaben, auf

[1] § 52 Abs. 4 geänd. mWv 8.9.2015 durch VO v. 31.8.2015 (BGBl. I S. 1474).
[2] Siehe die Anm. am Titel.
[3] § 53 geänd. mWv 16.7.2021 durch G v. 27.7.2021 (BGBl. I S. 3146).
[4] **Sartorius ErgBd. Nr. 803.**

diese Anforderungen und die jeweils einzuhaltenden Betriebsbedingungen hinzuweisen.

Abschnitt 10. Entschädigung, Forderungsübergang, Kosten

§ 54 Entschädigung. (1) [1]Soweit auf Grund dieses Gesetzes Pflanzen oder Pflanzenerzeugnisse, die weder befallen noch befallsverdächtig sind, oder sonstige Gegenstände, die weder Träger von Schadorganismen sind noch im Verdacht stehen, Träger von Schadorganismen zu sein, vernichtet werden, ist eine angemessene Entschädigung in Geld zu leisten. [2]Die Entschädigung ist unter gerechter Abwägung der Interessen der Allgemeinheit und der Beteiligten festzusetzen.

(2) Wird durch eine Maßnahme auf Grund dieses Gesetzes dem Betroffenen ein Vermögensnachteil zugefügt, der nicht nach Absatz 1 abzugelten ist, so ist eine Entschädigung in Geld zu gewähren, soweit dies zur Abwendung oder zum Ausgleich unbilliger Härten geboten erscheint.

(3) Eine Entschädigung wird nicht gewährt, wenn der vom Eingriff Betroffene oder sein Rechtsvorgänger zu der Maßnahme durch eine Zuwiderhandlung gegen dieses Gesetz oder gegen eine nach diesem Gesetz erlassene Rechtsverordnung oder Anordnung Anlass gegeben hat.

(4) Für Streitigkeiten über die Entschädigungsansprüche ist der ordentliche Rechtsweg gegeben.

§ 55[1)] Forderungsübergang. [1]Wird eine Entschädigung nach § 54 Absatz 1 oder 2 geleistet oder ein Ausgleich aus Anlass behördlich angeordneter Maßnahmen zur Bekämpfung oder Verhinderung der Verschleppung von Schadorganismen gewährt und beteiligt sich die Europäische Union an der Entschädigung oder dem Ausgleich, kann das Bundesministerium für Ernährung und Landwirtschaft, soweit es zur Durchführung von Rechtsakten der Europäischen Gemeinschaft oder der Europäischen Union erforderlich ist, durch Rechtsverordnung mit Zustimmung des Bundesrates vorschreiben, dass Forderungen auf Entschädigung oder Schadensersatz eines Entschädigungsberechtigten oder Ausgleichsberechtigten, die ihm gegen Dritte zustehen, auf die Europäische Union in Höhe der anteiligen Finanzierung der Entschädigung oder des Ausgleiches an diese übergehen. [2]Nähere Einzelheiten des Forderungsüberganges und ein Forderungsübergang im Übrigen auf die Länder, insbesondere Umfang und Verfahren, können in der Rechtsverordnung nach Satz 1 geregelt werden.

§ 56[2)] *(aufgehoben)*

Abschnitt 11. Behörden, Überwachung

§ 57[3)] Julius Kühn-Institut. (1) Das Julius Kühn-Institut ist eine selbständige Bundesoberbehörde im Geschäftsbereich des Bundesministeriums für Ernährung und Landwirtschaft.

(2) Das Julius Kühn-Institut hat zusätzlich zu den Aufgaben, die ihm durch dieses Gesetz, durch Rechtsverordnungen nach § 52 Absatz 4 und § 67 oder durch andere Rechtsvorschriften übertragen sind oder werden, folgende Aufgaben:

[1)] § 55 Satz 1 geänd. mWv 8.9.2015 durch VO v. 31.8.2015 (BGBl. I S. 1474).
[2)] § 56 aufgeh. mWv 1.10.2021 durch G v. 18.7.2016 (BGBl. I S. 1666).
[3)] § 57 Abs. 1 und Abs. 2 Nr. 3 geänd. mWv 8.9.2015 durch VO v. 31.8.2015 (BGBl. I S. 1474).

1. die Unterrichtung und Beratung der Bundesregierung auf dem Gebiet des Pflanzenschutzes,
2. Forschung im Rahmen des Zweckes dieses Gesetzes, einschließlich bibliothekarischer und dokumentarischer Erfassung, Auswertung und Bereitstellung von Informationen,
3. Forschung
   a) in den Bereichen Pflanzenbau, Grünlandwirtschaft und Pflanzenernährung und
   b) im Bereich der Pflanzengenetik sowie

   Unterrichtung und Beratung des Bundesministeriums für Ernährung und Landwirtschaft in allen Fragen, die zu den Aufgaben des Julius Kühn-Institutes nach den Buchstaben a und b gehören,
4. Risikoanalyse und -bewertung im Bereich der Ein- und Verschleppung von Schadorganismen sowie Mitwirkung bei der Erarbeitung nationaler und internationaler Normen auf dem Gebiet der Pflanzengesundheit,
5. Mitwirkung an und Begleitung von Programmen und Maßnahmen, einschließlich der Überwachung, der Länder und der Europäischen Gemeinschaft oder der Europäischen Union zur Verhinderung der Ein- und Verschleppung von Schadorganismen sowie der Mitwirkung bei der Diagnose von Schadorganismen und der Wahrnehmung von Referenzfunktionen,
6. Mitwirkung beim Schließen von Bekämpfungslücken einschließlich Mitwirkung bei der Erstellung der Liste der geringfügigen Anwendungen sowie der Beurteilung des öffentlichen Interesses nach Artikel 51 Absatz 8 der Verordnung (EG) Nr. 1107/2009,
7. Mitwirkung bei der Überwachung des Inverkehrbringens und der Verwendung von Pflanzenschutzgeräten sowie von Geräten, die im Pflanzenschutz verwendet werden, aber keine Pflanzenschutzgeräte sind,
8. Prüfung und Entwicklung von Verfahren des Pflanzenschutzes einschließlich des Resistenzmanagements für Pflanzenschutzmittel,
9. Prüfung der Auswirkungen von Pflanzenschutzmitteln auf Nutzarthropoden, Bodenmakro- und Bodenmikroorganismen zur Bewertung des Nutzens von Pflanzenschutzmitteln,
10. die Prüfung von Pflanzen auf ihre Widerstandsfähigkeit gegen Schadorganismen,
11. die Untersuchung von Bienen auf Schäden durch Pflanzenschutzmittel.

(3) Das Julius Kühn-Institut kann Geräte und Einrichtungen prüfen, die im Pflanzenschutz benutzt werden, aber keine Pflanzenschutzgeräte sind, und diese in einer Liste im Bundesanzeiger oder im elektronischen Bundesanzeiger bekannt machen.

(4) Das Julius Kühn-Institut macht die nach Artikel X des Internationalen Pflanzenschutzübereinkommens verabschiedeten Standards bekannt.

§ 58 Bundesamt für Verbraucherschutz und Lebensmittelsicherheit.

(1) Das Bundesamt für Verbraucherschutz und Lebensmittelsicherheit hat, zusätzlich zu den Aufgaben, die ihm durch dieses Gesetz, durch Rechtsverordnungen nach den §§ 11, 40, 46 und 68 oder durch andere Rechtsvorschriften übertragen sind oder werden, folgende Aufgaben:

1. Unterrichtung und Beratung der Bundesregierung auf dem Gebiet der Pflanzenschutzmittel, Pflanzenstärkungsmittel, Safener, Synergisten, Beistoffe und Zusatzstoffe,
2. Mitwirkung bei der Überwachung zugelassener Pflanzenschutzmittel sowie der Pflanzenschutzmittel, für die eine Genehmigung für den Parallelhandel erteilt wurde, einschließlich der Untersuchung ihrer inhaltlichen Zusammensetzung zur Überprüfung der Zulassungsvoraussetzungen oder der Genehmigungsvoraussetzungen nach § 46, bei der Überwachung der in die jeweilige Liste aufgenommenen Pflanzenstärkungsmittel und Zusatzstoffe und der genehmigten Zusatzstoffe,
3. Mitwirkung am Rotterdamer Übereinkommen über das Verfahren der vorherigen Zustimmung nach Inkenntnissetzung für bestimmte gefährliche Chemikalien sowie Pflanzenschutz- und Schädlingsbekämpfungsmittel im internationalen Handel für den Bereich Pflanzenschutz,
4. Ausstellung von Bescheinigungen über die Zulassung von Pflanzenschutzmitteln für die Ausfuhr.

(2) Das Bundesamt für Verbraucherschutz und Lebensmittelsicherheit kann prüfen
1. Pflanzenschutzmittel, die nicht der Zulassung bedürfen,
2. Stoffe, die zur Anwendung im Pflanzenbau bestimmt, aber keine Pflanzenschutzmittel, Pflanzenstärkungsmittel oder Zusatzstoffe sind.

§ 59[1)] Durchführung in den Ländern. (1) In den Ländern obliegt die Durchführung dieses Gesetzes einschließlich der Überwachung der Einhaltung seiner Vorschriften, der Kontrollen nach Artikel 68 der Verordnung (EG) Nr. 1107/2009, der Mitwirkung bei der Durchführung des Aktionsplanes nach § 4 sowie der nach diesem Gesetz erlassenen Rechtsverordnungen und erteilten Auflagen den nach Landesrecht zuständigen Behörden.

(2) Als Pflanzenschutzdienst haben die zuständigen Behörden insbesondere folgende Aufgaben:
1. die Überwachung der Pflanzenbestände sowie der Vorräte von Pflanzen und Pflanzenerzeugnissen auf das Auftreten von Schadorganismen,
2. die Überwachung des Beförderns, des Inverkehrbringens, des Lagerns, der Einfuhr, des innergemeinschaftlichen Verbringens und der Ausfuhr von Pflanzen, Pflanzenerzeugnissen und Kultursubstraten im Rahmen des Pflanzenschutzes sowie die Ausstellung der für diese Tätigkeiten erforderlichen Bescheinigungen,
3. die Beratung, Aufklärung und Schulung auf dem Gebiet des Pflanzenschutzes, insbesondere der guten fachlichen Praxis einschließlich des integrierten Pflanzenschutzes, auch mit Ausrichtung auf eine Verminderung der Risiken, die durch die Anwendung von Pflanzenschutzmitteln für Mensch, Tier und Naturhaushalt entstehen können, und Ausrichtung auf die Umsetzung des Aktionsplanes nach § 4 einschließlich der Durchführung des Warndienstes auch unter Verwendung eigener Untersuchungen und Versuche,
4. die Prüfung von Pflanzenschutzmitteln, Pflanzenschutzgeräten, Verfahren des Pflanzenschutzes, der Resistenz von Pflanzenarten sowie die Mitwirkung beim Schließen von Bekämpfungslücken,

---

1) § 59 Abs. 2 Nr. 1 geänd., Abs. 3 aufgeh. mWv 13.7.2021 durch G v. 5.7.2021 (BGBl. I S. 2354).

5. die Durchführung der für die Aufgaben nach den Nummern 1 bis 4 erforderlichen Untersuchungen und Versuche,
6. die Berichterstattung über das Auftreten und die Verbreitung von Schadorganismen, über die Überwachung nach Nummer 8 sowie die zur Umsetzung des Aktionsplanes nach § 4 getroffenen Maßnahmen,
7. die Genehmigung der Anwendung von Pflanzenschutzmitteln mit Luftfahrzeugen,
8. die Überwachung des Inverkehrbringens, des innergemeinschaftlichen Verbringens sowie des Verbringens im Inland und der Anwendung von Pflanzenschutzmitteln, Pflanzenstärkungsmitteln und Zusatzstoffen.

§ 60 Behördliche Anordnungen. [1]Die zuständige Behörde kann im Einzelfall die Anordnungen treffen, die zur Beseitigung festgestellter oder zur Verhütung künftiger Verstöße gegen dieses Gesetz oder gegen die auf Grund dieses Gesetzes erlassenen Rechtsverordnungen notwendig sind. [2]Sie kann insbesondere untersagen:

1. die Anwendung eines Pflanzenschutzmittels zur Verhütung von Verstößen gegen § 12 oder § 13 Absatz 1,
2. das Inverkehrbringen eines Pflanzenschutzmittels, wenn die erforderliche Zulassung oder Genehmigung nicht vorliegt, oder
3. die Einfuhr oder das innergemeinschaftliche Verbringen sowie das Verbringen im Inland oder das Verbringen in einen anderen Mitgliedstaat von Schadorganismen oder Befallsgegenständen.

§ 61[1)] Mitwirkung von Zolldienststellen. (1) [1]Das Bundesministerium der Finanzen und die von ihm bestimmten Zolldienststellen wirken bei der Überführung in den freien Verkehr von Pflanzenschutzmitteln sowie von Saatgut, Pflanzgut und Kultursubstrat, die Pflanzenschutzmittel enthalten oder denen Pflanzenschutzmittel anhaften, sowie Wirkstoffen, die zur Herstellung von Pflanzenschutzmitteln oder zur Verwendung als Pflanzenschutzmittel geeignet sind, mit. [2]Die Zusammenarbeit der Zolldienststellen mit dem in § 59 Absatz 1 genannten Behörden bei der Überwachung der in Satz 1 genannten Gegenstände, mit Ausnahme der Schadorganismen und Befallsgegenstände, erfolgt gemäß den Artikeln 27 bis 29 der Verordnung (EG) Nr. 765/2008 des Europäischen Parlaments und des Rates vom 9. Juli 2008 über die Vorschriften für die Akkreditierung und Marktüberwachung im Zusammenhang mit der Vermarktung von Produkten und zur Aufhebung der Verordnung (EWG) Nr. 339/93 des Rates (ABl. L 218 vom 13.8.2008, S. 30). [3]Die Zolldienststellen wirken auch bei der Überwachung des innergemeinschaftlichen Verbringens von Pflanzenschutzmitteln mit.

(2) Die Zolldienststellen können

1. Sendungen mit den in Satz 1 genannten Waren sowie mitgeführte Gegenstände dieser Art einschließlich deren Beförderungsmittel, Behälter, Lade- und Verpackungsmittel bei der Einfuhr, Durchfuhr und Ausfuhr zur Überwachung anhalten und im Falle von Auflagen zur Begasung oder zur sonstigen Behandlung von Befallsgegenständen diese unter zollamtlicher Überwachung an die nächste Begasungsstelle oder Behandlungsstelle weiterleiten,
2. soweit dies zur Durchführung dieses Gesetzes, der auf Grund dieses Gesetzes erlassenen Verordnungen und von Rechtsakten der Europäischen Union, die Sachbereiche dieses Gesetzes betreffen, erforderlich ist, Informationen, die sie im

[1)] § 61 Abs. 1 Satz 1 geänd. mWv 13.7.2021 durch G v. 5.7.2021 (BGBl. I S. 2354).

Rahmen ihrer zollamtlichen Tätigkeit gewonnen haben, den zuständigen Behörden mitteilen,

3. in den Fällen der Nummer 2 anordnen, dass die Sendungen der in Absatz 1 Satz 1 genannten Art auf Kosten und Gefahr des Verfügungsberechtigten einer Behörde im Sinne des § 59 Absatz 1 vorgeführt werden. Das Brief- und Postgeheimnis nach Artikel 10 des Grundgesetzes[1] wird nach Maßgabe von Satz 1 eingeschränkt.

§ 62[2] Befugte Zolldienststellen. Das Bundesministerium für Ernährung und Landwirtschaft gibt im Einvernehmen mit dem Bundesministerium der Finanzen im Bundesanzeiger die Zollstellen bekannt, bei denen Pflanzenschutzmittel zur Überführung in den zollrechtlich freien Verkehr oder zur Ausfuhr abgefertigt werden, wenn dies durch Rechtsverordnung nach § 40 Absatz 2 geregelt ist.

Abschnitt 12. Auskunfts- und Meldepflichten, Übermittlung von Daten, Geheimhaltung

§ 63[3] Auskunftspflicht. (1) [1] Natürliche und juristische Personen und sonstige Personenvereinigungen haben der zuständigen Behörde auf Verlangen die Auskünfte zu erteilen, die zur Durchführung der der jeweils zuständigen Behörde durch dieses Gesetz oder auf Grund dieses Gesetzes übertragenen Aufgaben erforderlich sind. [2] Die zuständigen Behörden der Länder sind berechtigt, Einsicht zu nehmen in die in § 2 in Verbindung mit der Anlage des InVeKoS-Daten-Gesetzes genannten Daten, soweit es zur Überwachung der Einhaltung der Vorschriften dieses Gesetzes sowie der nach diesem Gesetz erlassenen Rechtsverordnungen erforderlich ist.

(2) [1] Personen, die von der zuständigen Behörde beauftragt sind, dürfen im Rahmen des Absatzes 1 Grundstücke, Geschäftsräume, Betriebsräume und Transportmittel des Auskunftspflichtigen während der Geschäfts- und Betriebszeit betreten und dort

1. Besichtigungen sowie Untersuchungen auf Schadorganismen vornehmen und Pflanzenschutzgeräte prüfen,
2. Proben, insbesondere Pflanzen, Pflanzenerzeugnisse oder Pflanzenschutzmittel, ohne Entgelt gegen Empfangsbescheinigung entnehmen und
3. geschäftliche Unterlagen einsehen;

sie können dabei von Sachverständigen der Europäischen Kommission oder anderer Mitgliedstaaten begleitet werden. [2] Zur Verhütung dringender Gefahren für die öffentliche Sicherheit und Ordnung dürfen die Grundstücke, Geschäftsräume, Betriebsräume und Transportmittel auch betreten werden, wenn sie zugleich Wohnzwecken des Auskunftspflichtigen dienen. [3] Der Auskunftspflichtige hat die Maßnahmen zu dulden, die mit der Überwachung beauftragten Personen zu unterstützen und die geschäftlichen Unterlagen vorzulegen.

(3) [1] Die von der zuständigen Behörde mit der Durchführung von Überwachungs- und Bekämpfungsmaßnahmen nach § 6 Absatz 1 Nummer 4 beauftragten Personen dürfen im Rahmen ihres Auftrages tagsüber an Werktagen

(Fortsetzung nächstes Blatt)

---

[1] Nr. 1.

[2] § 62 neu gef. mWv 13.7.2021 durch G v. 5.7.2021 (BGBl. I S. 2354).

[3] § 63 Abs. 1 Satz 2 geänd. mWv 1.1.2015 durch G v. 2.12.2014 (BGBl. I S. 1928); Abs. 1 Satz 1 geänd. mWv 1.1.2024 durch G v. 10.8.2021 (BGBl. I S. 3436).

Grundstücke betreten und dort Überwachungs- und Bekämpfungsmaßnahmen durchführen. [2]Der Verfügungsberechtigte oder Besitzer hat diese Maßnahmen zu dulden.

(4) Das Grundrecht der Unverletzlichkeit der Wohnung (Artikel 13 des Grundgesetzes[1)]) wird im Rahmen der Absätze 2 und 3 eingeschränkt.

(5) Der Auskunftspflichtige kann die Auskunft auf solche Fragen verweigern, deren Beantwortung ihn selbst oder einen der in § 383 Absatz 1 Nummer 1 bis 3 der Zivilprozessordnung[2)] bezeichneten Angehörigen der Gefahr strafgerichtlicher Verfolgung oder eines Verfahrens nach dem Gesetz über Ordnungswidrigkeiten[3)] aussetzen würde.

§ 64[4)] **Meldepflicht.** (1) [1]Jährlich bis zum 31. März haben dem Bundesamt für Verbraucherschutz und Lebensmittelsicherheit für das vorangegangene Kalenderjahr zu melden

1. der Hersteller von Pflanzenschutzmitteln,
2. derjenige, der ein Pflanzenschutzmittel erstmals in den Verkehr gebracht hat, und
3. bei der Einfuhr oder dem innergemeinschaftlichen Verbringen von Pflanzenschutzmitteln derjenige, der die Ware in den freien Verkehr überführt oder überführen lässt,

Art und Menge der von ihm an Empfänger mit Wohnsitz oder Sitz im Inland abgegebenen oder ausgeführten Pflanzenschutzmittel und der jeweils in ihnen enthaltenen Wirkstoffe und soweit bekannt der in ihnen enthaltenen Safener und Synergisten. [2]Die Meldung hat für jedes Pflanzenschutzmittel getrennt und unter Angabe der Bezeichnung zu erfolgen. [3]Wird ein Pflanzenschutzmittel sowohl für berufliche als auch für nichtberufliche Verwender angeboten, so hat die Meldung hierzu jeweils getrennt zu erfolgen. [4]Die Sätze 1 und 2 finden keine Anwendung, soweit Pflanzenschutzmittel auf Grund einer Genehmigung nach Artikel 54 der Verordnung (EG) Nr. 1107/2009 abgegeben werden.

(2) Das Bundesministerium für Ernährung und Landwirtschaft wird ermächtigt, im Einvernehmen mit den Bundesministerien für Wirtschaft und Energie und für Umwelt, Naturschutz und nukleare Sicherheit durch Rechtsverordnung, die nicht der Zustimmung des Bundesrates bedarf, Näheres über Inhalt und Form der Meldungen zu regeln.

(3) [1]Das Bundesamt für Verbraucherschutz und Lebensmittelsicherheit unterrichtet die zuständigen Behörden der Länder über die Ergebnisse der Meldungen. [2]Es erstellt aus den ihm nach Absatz 1 vorliegenden Meldungen die Statistik über das Inverkehrbringen nach Artikel 4 Absatz 5 Buchstabe a in Verbindung mit Anhang Buchstabe e der Verordnung (EU) 2022/2379 und übermittelt die Ergebnisse gemäß Artikel 5 Absatz 3 der Verordnung (EU) 2022/2379 an die Dienststellen der Europäischen Kommission. [3]Es veröffentlicht die Ergebnisse der Erhebung nach Absatz 1 im Bundesanzeiger oder im elektronischen Bundesanzeiger.

§ 65 Geheimhaltung. (1) [1]Unbeschadet des Artikels 59 der Verordnung (EG) Nr. 1107/2009 dürfen Angaben, die das Bundesamt für Verbraucherschutz und

---

[1)] Nr. 1.

[2)] **Habersack Nr. 100.**

[3)] **Habersack Nr. 94.**

[4)] § 64 Abs. 2 geänd. mWv 8.9.2015 durch VO v. 31.8.2015 (BGBl. I S. 1474); Abs. 2 geänd. mWv 27.6.2020 durch VO v. 19.6.2020 (BGBl. I S. 1328); Abs. 3 Satz 2 geänd. mWv 23.12.2025 durch G v. 22.12.2025 (BGBl. 2025 I Nr. 350).

Lebensmittelsicherheit im Rahmen der Verfahren zur Zulassung von Pflanzenschutzmitteln oder zur Genehmigung von Wirkstoffen, Safenern oder Synergisten erhalten hat und die nach Artikel 63 der Verordnung (EG) Nr. 1107/2009 vertraulich sind oder die ein sonstiges Betriebs- oder Geschäftsgeheimnis darstellen oder enthalten, soweit der Antragsteller oder der Zulassungsinhaber die Angaben als geheimhaltungsbedürftig kenntlich gemacht hat, von dem Bundesamt für Verbraucherschutz und Lebensmittelsicherheit nicht offenbart werden. [2] Satz 1 gilt nicht, wenn das Bundesamt für Verbraucherschutz und Lebensmittelsicherheit im Einzelfall unter Berücksichtigung des Geheimhaltungsinteresses der Beteiligten ein überwiegendes öffentliches Interesse an der Offenbarung feststellt. [3] Vor der Entscheidung über die Offenbarung der durch Satz 1 geschützten Informationen sind die Betroffenen anzuhören.

(2) Nicht unter das Betriebs- und Geschäftsgeheimnis nach Absatz 1 fallen:

1. die in Artikel 57 der Verordnung (EG) Nr. 1107/2009 aufgeführten Angaben,
2. die physikalisch-chemischen Angaben zum Pflanzenschutzmittel und zum Wirkstoff,
3. die Zusammenfassung der Ergebnisse der Untersuchungen und Versuche zur Wirksamkeit und zu den Auswirkungen auf die Gesundheit von Mensch und Tier sowie den sonstigen Auswirkungen, insbesondere auf den Naturhaushalt,
4. Angaben zu Vorsichtsmaßnahmen sowie Sofortmaßnahmen bei Unfällen,
5. Analyseverfahren zur Bestimmung der Wirkstoffe, Beistoffe sowie Verunreinigungen, die als toxikologisch, ökotoxikologisch oder ökologisch relevant angesehen werden, und Rückstände im Sinne des Artikels 3 Nummer 1 der Verordnung (EG) Nr. 1107/2009,
6. Angaben über Verfahren zur sachgerechten Beseitigung oder Neutralisierung des Pflanzenschutzmittels, dessen Behältnis oder Verpackung sowie des Wirkstoffes.

(3) Antragsteller und Zulassungsinhaber haben dem Bundesamt für Verbraucherschutz und Lebensmittelsicherheit unverzüglich die von ihnen veranlasste Veröffentlichung derjenigen Angaben und Unterlagen mitzuteilen, die sie zuvor nach Absatz 1 als geheimhaltungsbedürftig kenntlich gemacht haben.

(4) [1] Angaben, die das Bundesamt für Verbraucherschutz und Lebensmittelsicherheit im Rahmen der in den §§ 42, 45 oder § 46 genannten Verfahren erhalten hat, dürfen nicht offenbart werden, wenn es sich um Betriebs- oder Geschäftsgeheimnisse handelt oder derjenige, der die Angaben übermittelt hat, diese als vertraulich gekennzeichnet hat. [2] Ausgenommen die Übermittlung von Daten nach § 21 Absatz 3 gilt Satz 1 entsprechend für Angaben, die das Julius Kühn-Institut im Rahmen seiner Aufgaben nach § 21 oder einer Prüfung nach § 52 erhalten hat. [3] Absatz 1 Satz 2 und 3 gilt entsprechend.

§ 66 Übermittlung von Daten. (1) [1] Das Julius Kühn-Institut und das Bundesamt für Verbraucherschutz und Lebensmittelsicherheit können den zuständigen Behörden anderer Mitgliedstaaten und der Europäischen Kommission Entscheidungen und Maßnahmen mitteilen, soweit dies durch Rechtsakte der Europäischen Gemeinschaft oder der Europäischen Union vorgeschrieben oder zur Durchführung des Abkommens über den Europäischen Wirtschaftsraum erforderlich ist. [2] Das Bundesamt für Verbraucherschutz und Lebensmittelsicherheit kann darüber hinaus Angaben und Unterlagen, die es bei der Wahrnehmung seiner Aufgaben nach den §§ 33 bis 39 und 42 erlangt hat, an die in Satz 1 genannten Stellen übermitteln, soweit dies durch Rechtsakte der Europäischen Gemeinschaft

(Fortsetzung nächstes Blatt)

oder der Europäischen Union vorgeschrieben oder zur Durchführung des Abkommens über den Europäischen Wirtschaftsraum erforderlich ist.

(2) Die zuständigen Behörden können, soweit dies zur Einhaltung der pflanzenschutzrechtlichen Anforderungen erforderlich ist oder durch Rechtsakte der Organe der Europäischen Gemeinschaft oder der Europäischen Union vorgeschrieben ist, Daten, die sie im Rahmen der Durchführung dieses Gesetzes gewonnen haben, den zuständigen Behörden anderer Länder, des Bundes oder anderer Mitgliedstaaten sowie der Europäischen Kommission mitteilen.

§ 67[1] **Außenverkehr.** [1]Der Verkehr mit den zuständigen Behörden anderer Mitgliedstaaten und der Europäischen Kommission obliegt dem Bundesministerium für Ernährung und Landwirtschaft. [2]Es kann diese Befugnis durch Rechtsverordnung ohne Zustimmung des Bundesrates auf das Julius Kühn-Institut oder das Bundesamt für Verbraucherschutz und Lebensmittelsicherheit übertragen. [3]Ferner kann es diese Befugnis durch Rechtsverordnung mit Zustimmung des Bundesrates auf die zuständigen obersten Landesbehörden übertragen. [4]Die obersten Landesbehörden können diese Befugnis durch Rechtsverordnung nach Satz 3 auf andere Behörden übertragen.

Abschnitt 13. Straf- und Bußgeldvorschriften

§ 68[2] [3] **Bußgeldvorschriften.** (1) Ordnungswidrig handelt, wer vorsätzlich oder fahrlässig

1. einer vollziehbaren Anordnung nach § 3 Absatz 1 Satz 3, § 8, § 13 Absatz 3, § 16 Absatz 2 Satz 2, § 20 Absatz 3 Satz 4, § 20 Absatz 4 Satz 2, § 23 Absatz 5 oder § 60 Satz 2 zuwiderhandelt,
2. entgegen § 3 Absatz 3 ein Tier oder eine Pflanze verwendet,
3. einer Rechtsverordnung nach § 6 Absatz 1 Nummer 1 bis 3, 5 bis 15 oder 16 oder Absatz 3 Satz 1, § 14 Absatz 1 Nummer 1 Buchstabe b oder c, Nummer 2, 3, 4 oder 5, Absatz 2 oder 4 Satz 1, § 16 Absatz 4 Satz 1 Nummer 1, auch in Verbindung mit § 16 Absatz 5 Satz 1 oder 2, § 16 Absatz 4 Satz 1 Nummer 2, § 25 Absatz 3, § 31 Absatz 6 Nummer 4 oder 5, § 32 Absatz 4 oder § 40 Absatz 2 oder einer vollziehbaren Anordnung auf Grund einer solchen Rechtsverordnung zuwiderhandelt, soweit die Rechtsverordnung für einen bestimmten Tatbestand auf diese Bußgeldvorschrift verweist,
4. entgegen § 9 Absatz 1 ein Pflanzenschutzmittel anwendet, über den Pflanzenschutz berät, eine Person anleitet oder beaufsichtigt oder ein Pflanzenschutzmittel gewerbsmäßig oder über das Internet in Verkehr bringt,
5. entgegen § 9 Absatz 2 Satz 3 einen Sachkundenachweis nicht oder nicht rechtzeitig vorlegt,
6. entgegen § 10 Satz 1, auch in Verbindung mit einer Rechtsverordnung nach § 10 Satz 2, entgegen § 24 Absatz 1 Satz 1, auch in Verbindung mit einer Rechtsverordnung nach § 24 Absatz 1 Satz 2, oder entgegen § 24 Absatz 2 Satz 1, auch in Verbindung mit einer Rechtsverordnung nach § 24 Absatz 2 Satz 2, eine Anzeige nicht, nicht richtig, nicht vollständig oder nicht rechtzeitig erstattet,

---

[1] § 67 Satz 1 geänd. mWv 8.9.2015 durch VO v. 31.8.2015 (BGBl. I S. 1474).
[2] § 68 Abs. 1 Nr. 3 ber. BGBl. 2012 I S. 1281.
[3] § 68 Abs. 1 Nr. 3 neu gef., Abs. 3 und 4 geänd. mWv 13.7.2021 durch G v. 5.7.2021 (BGBl. I S. 2354).

7. entgegen § 12 Absatz 1, Absatz 2 Satz 1 oder Satz 2, Absatz 3 Satz 1 oder Absatz 4 Satz 2, § 16 Absatz 3, § 17 Absatz 1 Satz 1 oder § 18 Absatz 1 ein Pflanzenschutzmittel anwendet,
8. entgegen § 12 Absatz 3 Satz 2 Nummer 1 oder 2 im Haus- und Kleingartenbereich ein Pflanzenschutzmittel anwendet,
9. entgegen § 13 Absatz 2 Nummer 1 einem wild lebenden Tier nachstellt, es fängt, verletzt oder tötet oder seine Entwicklungsformen aus der Natur entnimmt, beschädigt oder zerstört,
10. entgegen § 13 Absatz 2 Nummer 2 ein wild lebendes Tier erheblich stört,
11. entgegen § 13 Absatz 2 Nummer 3 eine Fortpflanzungs- oder Ruhestätte aus der Natur entnimmt, beschädigt oder zerstört,
12. entgegen § 13 Absatz 2 Nummer 4 eine wild lebende Pflanze oder ihre Entwicklungsformen aus der Natur entnimmt oder sie oder ihren Standort beschädigt oder zerstört,
13. entgegen § 19 Absatz 1, auch in Verbindung mit einer Rechtsverordnung nach Absatz 2, Saatgut, Pflanzgut oder ein Kultursubstrat verwendet oder ausbringt,
14. entgegen § 20 Absatz 3 Satz 3 oder Absatz 4 Satz 3 eine Anzeige nicht, nicht richtig, nicht vollständig oder nicht rechtzeitig macht,
15. entgegen § 23 Absatz 1 Satz 1 ein Pflanzenschutzmittel abgibt,
16. entgegen § 23 Absatz 2 Satz 1 ein Pflanzenschutzmittel in Verkehr bringt,
17. entgegen § 23 Absatz 3 den Erwerber nicht, nicht richtig, nicht vollständig oder nicht rechtzeitig unterrichtet,
18. entgegen § 23 Absatz 4 Satz 1 eine Information nicht, nicht richtig, nicht vollständig oder nicht rechtzeitig zur Verfügung stellt,
19. entgegen § 25 Absatz 1 Satz 1 ein Pflanzenschutzmittel ausführt,
20. entgegen § 25 Absatz 2 Satz 1 Nummer 1 oder Nummer 2, auch in Verbindung mit Satz 2, ein Pflanzenschutzmittel oder ein Kultursubstrat nicht getrennt hält,
21. entgegen § 26 ein Lebensmittel, ein Futtermittel, Saatgut, Pflanzgut oder ein Kultursubstrat, nicht getrennt hält,
22. entgegen § 27 Absatz 2 Satz 2 oder Absatz 3 Satz 2 ein Pflanzenschutzmittel nicht, nicht vollständig oder nicht rechtzeitig annimmt,
23. entgegen § 30 Absatz 2, § 31 Absatz 2, auch in Verbindung mit einer Rechtsverordnung nach § 31 Absatz 6 Nummer 1, 2 oder Nummer 3, entgegen § 45 Absatz 2 oder entgegen § 47 Absatz 1 ein Pflanzenschutzmittel ohne die vorgeschriebene Kennzeichnung in den Verkehr bringt oder innergemeinschaftlich verbringt,
24. entgegen § 32 Absatz 1 Saatgut, Pflanzgut oder ein Kultursubstrat in Verkehr bringt,
25. entgegen § 42 Absatz 1 oder § 43 einen Zusatzstoff in Verkehr bringt,
26. entgegen § 45 Absatz 1 ein Pflanzenstärkungsmittel in Verkehr bringt,
27. entgegen § 45 Absatz 2 ein Pflanzenstärkungsmittel ohne die erforderliche Kennzeichnung in Verkehr bringt,
28. entgegen § 45 Absatz 3 Satz 1 eine Mitteilung nicht, nicht richtig, nicht vollständig oder nicht rechtzeitig macht,
29. entgegen § 46 Absatz 1 Satz 1 ein Pflanzenschutzmittel in Verkehr bringt,
30. entgegen § 49 Absatz 1 Satz 1 Rechnungen, Kaufbelege und Lieferscheine nicht aufbewahrt,

31. entgegen § 49 Absatz 1 Satz 2 Angaben entfernt, unkenntlich macht, überdeckt oder unterdrückt,
32. einer vollziehbaren Anordnung nach § 49 Absatz 2 zuwiderhandelt,
33. entgegen § 49 Absatz 3 Satz 1 eine Anzeige nicht, nicht richtig, nicht vollständig oder nicht rechtzeitig macht,
34. entgegen § 49 Absatz 4 Satz 1 eine Aufzeichnung nicht, nicht richtig oder nicht vollständig führt,
35. entgegen § 49 Absatz 4 Satz 2 eine Aufzeichnung nicht oder nicht rechtzeitig zugänglich macht,
36. entgegen § 53 einen Hinweis nicht, nicht richtig oder nicht vollständig gibt,
37. entgegen § 63 Absatz 1 Satz 1 eine Auskunft nicht, nicht richtig oder nicht vollständig oder nicht rechtzeitig erteilt,
38. entgegen § 63 Absatz 2 Satz 3 oder Absatz 3 Satz 2 eine Maßnahme nicht duldet oder eine mit der Überwachung beauftragte Person nicht unterstützt oder
39. entgegen § 64 Absatz 1 Satz 1, 2 oder Satz 3, jeweils auch in Verbindung mit einer Rechtsverordnung nach § 64 Absatz 2, eine Meldung nicht, nicht richtig, nicht vollständig oder nicht rechtzeitig macht.

(2) Ordnungswidrig handelt, wer gegen die Verordnung (EG) Nr. 1107/2009 des Europäischen Parlaments und des Rates vom 21. Oktober 2009 über das Inverkehrbringen von Pflanzenschutzmitteln und zur Aufhebung der Richtlinien 79/117/EWG und 91/414/EWG des Rates (ABl. L 309 vom 24.11.2009, S. 1) verstößt, indem er vorsätzlich oder fahrlässig

1. entgegen Artikel 28 Absatz 1 ein Pflanzenschutzmittel in Verkehr bringt,
2. ohne Genehmigung nach Artikel 54 Absatz 1 Satz 1 ein Experiment oder einen Versuch durchführt,
3. entgegen Artikel 66 Absatz 1 Satz 1 für ein nicht zugelassenes Pflanzenschutzmittel wirbt oder
4. entgegen Artikel 67 Absatz 1 Satz 1 oder Satz 2 eine Aufzeichnung nicht, nicht richtig, nicht vollständig oder nicht für die vorgeschriebene Dauer führt.

(3) Die Ordnungswidrigkeit kann in den Fällen des Absatzes 1 Nummer 1, 2, 3, 4, 6, 7, 9 bis 12, 17, 23 bis 25 und 29 und des Absatzes 2 Nummer 1 bis 3 mit einer Geldbuße bis zu fünfzigtausend Euro, in den übrigen Fällen mit einer Geldbuße bis zu zehntausend Euro, geahndet werden.

(4) Pflanzen, Pflanzenerzeugnisse, Kultursubstrate, Pflanzenschutzmittel, Pflanzenstärkungsmittel und Zusatzstoffe, auf die sich eine Ordnungswidrigkeit nach Absatz 1 Nummer 3, 7, 13, 21 bis 28 oder Absatz 2 Nummer 1 bezieht, können eingezogen werden.

(5) Verwaltungsbehörde im Sinne des § 36 Absatz 1 Nummer 1 des Gesetzes über Ordnungswidrigkeiten[1)] ist in den Fällen des Absatzes 1 Nummer 31 bis 35 und 39 und des Absatzes 2 Nummer 2 das Bundesamt für Verbraucherschutz und Lebensmittelsicherheit.

§ 69[2)] Strafvorschriften. (1) Mit Freiheitsstrafe bis zu fünf Jahren oder mit Geldstrafe wird bestraft, wer

---

[1)] **Habersack, Deutsche Gesetze Nr. 94.**
[2)] § 69 Abs. 7 ber. BGBl. 2012 I S. 1281.

1. entgegen § 6 Absatz 5 einen Schadorganismus verbreitet,
2. einer Rechtsverordnung nach § 14 Absatz 1 Nummer 1 Buchstabe a oder einer vollziehbaren Anordnung auf Grund einer solchen Rechtsverordnung zuwiderhandelt, soweit sie für einen bestimmten Tatbestand auf diese Strafvorschrift verweist,
3. entgegen § 14 Absatz 5 ein Pflanzenschutzmittel innergemeinschaftlich verbringt oder in Verkehr bringt oder
4. eine in § 68 Absatz 1 Nummer 8, 9, 10 oder Nummer 11 bezeichnete vorsätzliche Handlung begeht, die sich auf ein Tier oder eine Pflanze einer streng geschützten Art bezieht.

(2) Mit Freiheitsstrafe bis zu drei Jahren oder mit Geldstrafe wird bestraft, wer

1. entgegen § 13 Absatz 2 Nummer 1 ein wild lebendes Tier einer besonders geschützten Art, die in Artikel 4 Absatz 2 oder in Anhang I der Richtlinie 2009/147/EG des Europäischen Parlaments und des Rates vom 30. November 2009 über die Erhaltung der wild lebenden Vogelarten (ABl. L 20 vom 26.1. 2010, S. 7) aufgeführt ist, tötet oder seine Entwicklungsformen aus der Natur entnimmt oder zerstört oder
2. entgegen § 31 Absatz 5 Satz 1 Nummer 1 ein Pflanzenschutzmittel herstellt, innergemeinschaftlich verbringt oder in Verkehr bringt.

(3) Mit Freiheitsstrafe bis zu einem Jahr oder mit Geldstrafe wird bestraft, wer entgegen § 31 Absatz 5 Satz 1 Nummer 2 ein Pflanzenschutzmittel herstellt, innergemeinschaftlich verbringt oder in Verkehr bringt.

(4) Erkennt der Täter in den Fällen des Absatzes 1 Nummer 4 oder des Absatzes 2 Nummer 1 leichtfertig nicht, dass sich die Handlung auf ein Tier oder eine Pflanze einer dort genannten Art bezieht, so ist die Strafe Freiheitsstrafe bis zu einem Jahr oder Geldstrafe.

(5) Die Tat ist nicht nach Absatz 1 Nummer 4, Absatz 2 Nummer 1 oder Absatz 4 strafbar, wenn die Handlung eine unerhebliche Menge der Exemplare betrifft und unerhebliche Auswirkungen auf den Erhaltungszustand der Art hat.

(6) Der Versuch ist in den Fällen des Absatzes 1 Nummer 1, 2 und 3 strafbar.

(7) Pflanzenschutzmittel, auf die sich eine Straftat nach Absatz 1 Nummer 2, Absatz 2 Nummer 2 oder Absatz 3 bezieht, können eingezogen werden.

Abschnitt 14. Schlussbestimmungen

§ 70 Unberührtheitsklausel. Unberührt bleiben

1. das Lebensmittel- und Futtermittelgesetzbuch[1],
2. das Bundes-Immissionsschutzgesetz[2],
3. das Chemikaliengesetz[3],
4. das Produktsicherheitsgesetz[4] und
5. das Gentechnikgesetz

sowie die auf diese Gesetze gestützten Rechtsverordnungen.

---

[1] **Sartorius ErgBd. Nr. 862.**
[2] Nr. 296.
[3] **Gewerberecht Nr. 600.**
[4] **Sartorius ErgBd. Nr. 803.**

§ 71[1] Besondere Vorschriften zur Bekämpfung der Reblaus. [1]Durch Rechtsverordnung des Bundesministeriums für Ernährung und Landwirtschaft mit Zustimmung des Bundesrates nach § 6 Absatz 1 wird die Bekämpfung der Reblaus (Daktulosphaira vitifoliae Fitch) geregelt. [2]Darüber hinaus können, soweit es zur Bekämpfung des Schadorganismus erforderlich ist, die Länder

1. über Rechtsverordnungen nach § 6 Absatz 1 hinaus weitergehende Regelungen zur Bekämpfung der Reblaus treffen,
2. die Entschädigung für Maßnahmen zur Bekämpfung der Reblaus abweichend von § 54 Absatz 1 bis 3 regeln.

§ 72[2] Eilverordnungen. (1) Das Bundesministerium für Ernährung und Landwirtschaft kann bei Gefahr im Verzug Rechtsverordnungen nach § 8 Absatz 1, § 14 Absatz 1, § 19 Absatz 2, § 25 Absatz 3 oder § 32 Absatz 4, in den Fällen des § 6 Absatz 1 und 2 auch wenn es zur unverzüglichen Durchführung von Rechtsakten der Europäischen Gemeinschaft oder der Europäischen Union erforderlich ist, ohne Zustimmung des Bundesrates und ohne Einvernehmen der jeweils zu beteiligenden Bundesministerien erlassen.

(2) [1]Rechtsverordnungen nach Absatz 1 treten spätestens sechs Monate nach ihrem Inkrafttreten außer Kraft. [2]Ihre Geltungsdauer kann nur mit Zustimmung des Bundesrates verlängert werden.

§ 73[3] *(aufgehoben)*

§ 74[4] Übergangsvorschriften. (1) [1]Unterlagen, die Anträgen auf Zulassung eines Pflanzenschutzmittels vor dem 14. Februar 2012 beigefügt worden sind, dürfen nur zugunsten Dritter verwertet werden, wenn

1. der Vorantragsteller deren Verwertung schriftlich zugestimmt hat oder
2. die erstmalige Zulassung des Pflanzenschutzmittels des Vorantragstellers, auf das sich die beabsichtigte Verwertung bezieht, in einem Mitgliedstaat länger als zehn Jahre zurückliegt.

[2]Ist keiner der in dem Pflanzenschutzmittel enthaltenen Wirkstoffe in Anhang I der Richtlinie 91/414/EWG aufgenommen, so beginnt die Zehnjahresfrist nach Satz 1 Nummer 2 mit der erstmaligen nach dem 1. Juli 1998 erteilten Zulassung.

(2) [1]Pflanzenschutzmittel, die vor dem 14. Februar 2012 zugelassen worden sind, dürfen noch in Verkehr gebracht werden, bis ihre Zulassung durch Zeitablauf endet, es sei denn, die Zulassung endet zu einem früheren Zeitpunkt durch Widerruf oder Rücknahme. [2]Pflanzenschutzmittel, für die eine Verkehrsfähigkeitsbescheinigung vor dem 14. Februar 2012 erteilt worden ist, dürfen noch bis zu dem in Artikel 52 Absatz 6 der Verordnung (EG) Nr. 1107/2009 bestimmten Zeitpunkt in Verkehr gebracht werden.

(3) [1]Anträge auf Zulassung eines Pflanzenschutzmittels, die vor dem 14. Juni 2011 vollständig beim Bundesamt für Verbraucherschutz und Lebensmittelsicherheit eingegangen sind, sind nach den vor dem 14. Februar 2012 geltenden Bestimmungen zu bearbeiten und zu entscheiden. [2]Gleiches gilt für am 14. Februar

---

[1] § 71 Satz 1 geänd. mWv 8.9.2015 durch VO v. 31.8.2015 (BGBl. I S. 1474).

[2] § 72 Abs. 1 geänd. mWv 8.9.2015 durch VO v. 31.8.2015 (BGBl. I S. 1474); Abs. 1 geänd. mWv 13.7.2021 durch G v. 5.7.2021 (BGBl. I S. 2354).

[3] § 73 aufgeh. mWv 1.1.2023 durch G v. 20.12.2022 (BGBl. I S. 2752).

[4] § 74 Abs. 9 Satz 2 geänd. mWv 8.9.2015 durch VO v. 31.8.2015 (BGBl. I S. 1474); Abs. 14 aufgeh. mWv 1.1.2023 durch G v. 20.12.2022 (BGBl. I S. 2752).

2012 geltende Zulassungen, die auf Grund der Entscheidung über die Aufnahme des darin enthaltenen Wirkstoffes in Anhang I der Richtlinie 91/414/EWG oder der Genehmigung des Wirkstoffes nach Artikel 4 der Verordnung (EG) Nr. 1107/2009 zu ändern oder zu widerrufen sind.

(4) Ein Antrag auf vorläufige Zulassung eines Pflanzenschutzmittels, das einen der in Artikel 80 Absatz 1 der Verordnung (EG) Nr. 1107/2009 aufgeführten Wirkstoff enthält, nach § 15c des Pflanzenschutzgesetzes in der Fassung der Bekanntmachung vom 14. Mai 1998 (BGBl. I S. 971, 1527, 3512), das zuletzt durch Artikel 13 des Gesetzes vom 29. Juli 2009 (BGBl. I S. 2542) geändert worden ist, kann noch bis zur Entscheidung über die Genehmigung des Wirkstoffes nach der Verordnung (EG) Nr. 1107/2009 gestellt werden.

(5) Pflanzenschutzmittel, die einen noch nicht nach Artikel 28 der Verordnung (EG) Nr. 1107/2009 genehmigten Safener oder Synergisten enthalten, können noch während eines Zeitraums von fünf Jahren nach Verabschiedung des Arbeitsprogrammes nach Artikel 26 der Verordnung (EG) Nr. 1107/2009 zugelassen werden.

(6) § 9 ist mit folgenden Maßgaben anzuwenden:

1. Bei Personen, die am 14. Februar 2012 sachkundig nach den Vorschriften der §§ 10, 10a und 22 des Pflanzenschutzgesetzes in der Fassung der Bekanntmachung vom 14. Mai 1998 (BGBl. I S. 971, 1527, 3512), das zuletzt durch Artikel 4 des Gesetzes vom 2. November 2011 (BGBl. I S. 2162) geändert worden, ist in Verbindung mit der Pflanzenschutz-Sachkundeverordnung vom 28. Juli 1987 (BGBl. I S. 1752), die zuletzt durch Artikel 27 des Gesetzes vom 6. Dezember 2011 (BGBl. I S. 2515) geändert worden ist, gewesen sind, gelten die Ausbildungs- und Befähigungsnachweise, aus denen sich bis 14. Februar 2012 die Sachkunde ergeben hat, bis zum 26. November 2015 als Sachkundenachweis im Sinne des § 9. Personen nach Satz 1 können bis 26. Mai 2015 auf der Grundlage der Pflanzenschutz-Sachkundeverordnung in der am 14. Februar 2012 geltenden Fassung einen Antrag auf Ausstellung eines Sachkundenachweises nach § 9 stellen. Für Personen nach Satz 1 beginnt der Dreijahreszeitraum für Fort- und Weiterbildungsmaßnahmen im Sinne des § 9 Absatz 4 am 1. Januar 2013. Die zuständige Behörde kann den in Satz 1 genannten Personen die Ausübung der in § 9 Absatz 1 genannten Tätigkeiten untersagen, wenn Tatsachen die Annahme rechtfertigen, dass derjenige, der diese Tätigkeiten ausübt, nicht die erforderlichen fachlichen Kenntnisse und Fertigkeiten hat. § 9 Absatz 2 Satz 2 und Absatz 3 finden Anwendung.
2. Bei Personen, die sich am 14. Februar 2012 in einer Aus-, Fort- oder Weiterbildung befanden, die Sachkunde im Pflanzenschutz vermitteln soll, wird der Sachkundenachweis nach § 9 auf der Grundlage der Pflanzenschutz-Sachkundeverordnung in der am 14. Februar 2012 geltenden Fassung erteilt.
3. Bei Personen, die nach dem 14. Februar 2012 eine Aus-, Fort- oder Weiterbildung beginnen, die Sachkunde im Pflanzenschutz vermitteln soll, wird der Sachkundenachweis nach § 9 auf der Grundlage der Pflanzenschutz-Sachkundeverordnung in der jeweils geltenden Fassung erteilt.

(7) § 23 Absatz 1 ist ab dem 26. November 2015 anzuwenden.

(8) Pflanzenstärkungsmittel, die vor dem 14. Februar 2012 rechtmäßig in Verkehr gebracht worden sind, dürfen noch bis 14. Februar 2013 in Verkehr gebracht werden.

(9) [1] Die §§ 42 bis 44 treten an dem Tag außer Kraft, an dem die in Artikel 58 Absatz 2 der Verordnung (EG) Nr. 1107/2009 bezeichnete Verordnung erstmals

wirksam wird. [2] Das Bundesministerium für Ernährung und Landwirtschaft gibt den Tag nach Satz 1 im Bundesgesetzblatt bekannt.

(10) Zusatzstoffe, die vor dem 14. Februar 2012 nach den bis zu diesem Zeitpunkt geltenden Vorschriften in Verkehr gebracht worden sind, dürfen noch bis zum 14. Februar 2022 in Verkehr gebracht und angewendet werden.

(11) Stoffe und Zubereitungen, die vor dem 14. Februar 2012 nach § 6a Absatz 4 Nummer 3 Buchstabe a des Pflanzenschutzgesetzes in der Fassung der Bekanntmachung vom 14. Mai 1998 (BGBl. I S. 971, 1527, 3512), das zuletzt durch Artikel 4 des Gesetzes vom 2. November 2011 (BGBl. I S. 2162) geändert worden ist, in der zu diesem Zeitpunkt geltenden Fassung gelistet sind und die nicht in Anhang I der Richtlinie 91/414/EWG aufgenommen worden sind und die ausschließlich aus einem oder mehreren Stoffen bestehen, welche ab dem 14. Februar 2012 als Grundstoff nach Artikel 23 der Verordnung (EG) Nr. 1107/2009 zu genehmigen sind und für die ein solcher Antrag bis zum 14. Februar 2013 gestellt worden ist, dürfen noch so lange zur Anwendung im eigenen Betrieb hergestellt werden, bis über diesen Antrag auf Genehmigung nach Artikel 23 der Verordnung (EG) Nr. 1107/2009 entschieden worden ist.

(12) [1] Pflanzenschutzmittel, die vor dem 14. Februar 2012 für die Anwendung im Haus- und Kleingartenbereich gekennzeichnet worden sind, gelten als zugelassen für nichtberufliche Anwender. [2] Sie dürfen mit dieser Kennzeichnung noch bis zum 14. Juni 2015 in Verkehr gebracht werden.

(13) Pflanzenschutzmittel, die nach den am 13. Februar 2012 geltenden Bestimmungen gekennzeichnet sind, dürfen noch bis zum 14. Juni 2015 in Verkehr gebracht werden.

870. Gesetz zur Vorbeugung vor und Bekämpfung von Tierseuchen (Tiergesundheitsgesetz – TierGesG)[1]

In der Fassung der Bek. vom 27. März 2026[2]

(BGBl. 2026 I Nr. 93)

FNA 7831-14

Inhaltsübersicht

---

[1] Zum TierGesG haben die Länder folgende Ausführungsvorschriften erlassen:

Baden-Württemberg: AusführungsG v. 19.6.2018 (GBl. S. 223), zuletzt geänd. durch G v. 10.2.2026 (GBl. Nr. 18),

Bayern: VollzugsG v. 8.4.1974 (BayRS 7831-1-U), zuletzt geänd. durch G v. 26.3.2026 (GVBl. S. 108),

Brandenburg: AusführungsG idF der Bek. v. 17.12.2001 (GVBl. 2002 I S. 14), zuletzt geänd. durch G v. 25.1.2016 (GVBl. I Nr. 5),

Bremen: AusführungsG v. 1.12.2015 (Brem.GBl. S. 524), zuletzt geänd. durch Bek. v. 2.9.2025 (Brem.GBl. S. 674),

Hessen: AusführungsVO v. 14.12.2010 (GVBl. I S. 621), zuletzt geänd. durch G v. 28.3.2023 (GVBl. S. 183),

Mecklenburg-Vorpommern: AusführungsG v. 4.7.2014 (GVOBl. M-V S. 306), zuletzt geänd. durch G v. 27.6.2023 (GVOBl. M-V S. 682),

Niedersachsen: AusführungsG idF der Bek. v. 23.10.2014 (Nds. GVBl. S. 276), zuletzt geänd. durch G v. 22.9.2022 (Nds. GVBl. S. 586),

Nordrhein-Westfalen: AusführungsG v. 2.9.2008 (GV. NRW. S. 612), zuletzt geänd. durch G v. 11.3.2025 (GV. NRW. S. 288),

Rheinland-Pfalz: AusführungsG v. 29.7.2024 (GVBl. S. 296),

Saarland: AusführungsG v. 23.6.1976 (Amtsbl. S. 690), zuletzt geänd. durch G v. 18.11.2010 (Amtsbl. I S. 1420),

Sachsen: AusführungsG v. 9.7.2014 (SächsGVBl. S. 386), geänd. durch G v. 17.7.2024 (SächsGVBl. S. 662),

Sachsen-Anhalt: AusführungsG idF der Bek. v. 9.2.2015 (GVBl. LSA S. 40), zuletzt geänd. durch G v. 2.7.2024 (GVBl. LSA S. 197),

Schleswig-Holstein: AusführungsG v. 16.7.2014 (GVOBl. Schl.-H. S. 141), zuletzt geänd. durch G v. 8.1.2020 (GVOBl. Schl.-H. S. 3),

Thüringen: AusführungsG idF der Bek. v. 30.3.2010 (GVBl. S. 89), zuletzt geänd. durch G v. 2.7.2024 (GVBl. S. 277).

[2] Neubekanntmachung des TierGesG idF der Bek. v. 21.11.2018 (BGBl. I S. 1938) in der ab 10.3.2026 geltenden Fassung.

Abschnitt 1. Allgemeines

§ 1 Anwendungsbereich. [1]Dieses Gesetz regelt die Vorbeugung vor Seuchen bei Tieren und deren Bekämpfung. [2]In diesem Rahmen dient es auch der Erhaltung und Förderung der Gesundheit von gehaltenen Tieren, soweit diese der landwirtschaftlichen Erzeugung dienen. [3]§ 39 bleibt unberührt.

§ 2 Begriffsbestimmungen. (1) Im Anwendungsbereich dieses Gesetzes gelten die Begriffsbestimmungen

1. der Verordnung (EU) 2016/429 in der Fassung vom 25. Juli 2018,

2. der auf Grundlage von Vorschriften der Verordnung (EU) 2016/429 erlassenen Delegierten Verordnungen, Durchführungsverordnungen und Durchführungsbeschlüsse sowie
3. der Verordnung (EU) 2017/625 in der Fassung vom 27. November 2024, soweit in Absatz 3 Nummer 1 nichts anderes geregelt ist.

(2) Für in einer Rechtsverordnung nach § 4 näher bestimmte meldepflichtige Seuchen gelten im Anwendungsbereich dieses Gesetzes die Falldefinitionen des Artikels 9 Absatz 1 und 2 der Delegierten Verordnung (EU) 2020/689 in der Fassung vom 10. Juli 2023 entsprechend, soweit es sich nicht um gelistete Seuchen oder neu auftretende Seuchen handelt und nicht durch unmittelbar geltende Rechtsakte der Europäischen Gemeinschaft oder der Europäischen Union anderes bestimmt ist.

(3) Im Sinne dieses Gesetzes ist oder sind

1. Unternehmer: ein Unternehmer im Sinne des Artikels 4 Nummer 24 der Verordnung (EU) 2016/429 in der Fassung vom 25. Juli 2018,
2. Gehegewild: wild lebende Klauentiere, die in Gehegen zum Zwecke der Gewinnung von Fleisch für den menschlichen Verzehr gehalten werden,
3. In-vitro-Diagnostikum: ein System, das unter Verwendung eines Seuchenerregers oder auf biotechnischem, biochemischem oder chemisch-synthetischem Wege hergestellt wird und das der Feststellung eines physiologischen oder pathologischen Zustandes eines Tieres mittels eines direkten oder indirekten Nachweises eines Seuchenerregers dient, ohne am oder im Tier angewendet zu werden.

Abschnitt 2. Maßnahmen zur Vorbeugung vor Seuchen und zu deren Bekämpfung

§ 3 Anzeichen schwerer Krankheit oder verminderte Produktionsleistung; Verordnungsermächtigung. (1) Stellt ein Unternehmer eine anormale Mortalität, andere Anzeichen einer schweren Krankheit oder eine ohne ersichtlichen Grund deutlich verminderte Produktionsleistung bei einem oder mehreren Tieren, für das oder die er verantwortlich ist, fest, oder erlangt er Kenntnis über eine solche Feststellung, so hat er unverzüglich einen Tierarzt zu informieren, damit eingehendere Untersuchungen angestellt werden können.

(2) Stellt ein Angehöriger der mit Tieren befassten Berufe in Ausübung seines Berufes bei einem Tier oder mehreren Tieren eine anormale Mortalität, andere Anzeichen einer schweren Krankheit oder eine ohne ersichtlichen Grund deutlich verminderte Produktionsleistung fest, so hat er unverzüglich den für das Tier oder die Tiere verantwortlichen Unternehmer darüber zu informieren.

(3) Das Bundesministerium für Landwirtschaft, Ernährung und Heimat (Bundesministerium) wird ermächtigt, durch Rechtsverordnung mit Zustimmung des Bundesrates, soweit es zur Erfüllung der Zwecke des § 1 erforderlich ist,

1. das Verfahren der Information nach den Absätzen 1 und 2, insbesondere die Form und die zu übermittelnden Angaben, zu regeln,
2. den Kreis der nach Absatz 1 verpflichteten Personen zu erweitern und
3. Kriterien für das Vorliegen einer anormalen Mortalität, anderer Anzeichen einer schweren Krankheit oder einer deutlich verminderten Produktionsleistung im Sinne der Absätze 1 und 2 festzulegen.

§ 4 Verordnungsermächtigung zur Meldung von Seuchen bei Tieren.

(1) [1] Das Bundesministerium wird ermächtigt, zur Erfüllung der Zwecke des § 1 durch Rechtsverordnung mit Zustimmung des Bundesrates Vorschriften über die Meldung von Seuchen bei Tieren und über die Mitteilung an das Bundesministerium zu erlassen. [2] In einer Rechtsverordnung nach Satz 1 kann das Bundesministerium insbesondere

1. die meldepflichtigen Seuchen bestimmen,
2. Vorschriften erlassen über
   a) das Meldeverfahren,
   b) den Inhalt einer Meldung, insbesondere über Auftreten, Verlauf und Häufigkeit einer meldepflichtigen Seuche, über den Nachweis und über das Vorliegen von Gründen für den Verdacht einer solchen Seuche,
   c) den Kreis der meldepflichtigen Personen,
   d) die Mitteilung, insbesondere deren Inhalt, Form und Frist, der zuständigen Behörde an das Bundesministerium
      aa) zu einem als bestätigter Fall eingestuften Tier oder einer Gruppe von Tieren,
      bb) zu einem als Verdachtsfall eingestuften Tier oder einer Gruppe von Tieren,
      cc) zu einer bereits erfolgten Meldung einer meldepflichtigen Seuche und
      dd) zu der Einstellung von Seuchenbekämpfungsmaßnahmen sowie
   e) die Mitteilung, insbesondere deren Inhalt, Form und Frist, von Änderungen bereits erfolgter Mitteilungen nach Buchstabe d durch die zuständige Behörde an das Bundesministerium.

(2) In einer Rechtsverordnung nach Absatz 1 Satz 1 kann das Bundesministerium ferner bestimmen, welche meldepflichtigen Seuchen von den Vorschriften dieses Gesetzes, die auf eine Rechtsverordnung nach dieser Vorschrift verweisen, jeweils erfasst sind.

§ 5 Maßnahmen zur Ermittlung einer Seuche. (1) [1] Stellt die zuständige Behörde aufgrund eines tierärztlichen Gutachtens, sonstiger Anhaltspunkte oder einer Meldung einer in einer Rechtsverordnung nach § 4 näher bestimmten meldepflichtigen Seuche den Verdacht oder den Ausbruch einer solchen Seuche unter gehaltenen Landtieren, gehaltenen Wassertieren oder sonstigen gehaltenen Tieren fest, so hat sie anzuordnen, dass die betroffenen Tiere unverzüglich von anderen Tieren abgesondert und, soweit erforderlich, eingesperrt und bewacht werden. [2] Satz 1 gilt für die Absonderung von Wassertieren nur, soweit eine Absonderung im Einzelfall durchführbar ist. [3] Die zuständige Behörde führt eine epidemiologische Untersuchung durch, um insbesondere den Zeitpunkt der Einschleppung der Seuche, deren Art, Ausbreitung und Ursachen zu ermitteln. [4] Satz 3 gilt für das Auftreten einer in einer Rechtsverordnung nach § 4 näher bestimmten meldepflichtigen Seuche bei wild lebenden Tieren entsprechend. [5] Die zuständige Behörde kann für andere als die in Satz 4 genannten meldepflichtigen Seuchen und für neu auftretende Seuchen Maßnahmen nach den Sätzen 1 bis 4 anordnen oder durchführen.

(2) Die Feststellung des Verdachtes oder des Ausbruchs einer in einer Rechtsverordnung nach § 4 näher bestimmten meldepflichtigen Seuche sowie die epidemiologischen Untersuchungen sind von einem approbierten Tierarzt der zuständigen Behörde durchzuführen.

(3) [1]Soweit über den Ausbruch einer Seuche nur mittels bestimmter an einem möglicherweise mit einem Seuchenerreger infizierten Tier durchzuführender Maßnahmen diagnostischer Art Gewissheit zu erlangen ist, können diese Maßnahmen von der zuständigen Behörde angeordnet werden. [2]Dies gilt auch, wenn die Gewissheit nur durch die Tötung und Zerlegung des möglicherweise mit einem Seuchenerreger infizierten Tieres zu erlangen ist. [3]Angeordnete Laboruntersuchungen sind in einer von der zuständigen Behörde nach Artikel 37 der Verordnung (EU) 2017/625 in der Fassung vom 27. November 2024 benannten Untersuchungseinrichtung durchzuführen. [4]Im Fall des Ausbruchs einer in einer Rechtsverordnung nach § 4 näher bestimmten meldepflichtigen Seuche sowie im Fall des Vorliegens von Gründen für den Verdacht einer solchen Seuche ist die Untersuchung von Untersuchungsmaterial tierischen Ursprungs mit einem In-vitro-Diagnostikum nach Maßgabe des § 11 Absatz 2 durchzuführen.

§ 6 Verordnungsermächtigungen zur Vorbeugung vor und Bekämpfung von Seuchen. (1) Das Bundesministerium wird ermächtigt, durch Rechtsverordnung[1)] mit Zustimmung des Bundesrates, soweit es zur Erfüllung der Zwecke des § 1 Satz 1 erforderlich ist, Vorschriften zu erlassen

1. über den Umgang mit Seuchenerregern, insbesondere deren Inverkehrbringen, Anwendung, Vermehrung, Lagerung, Beförderung, Versendung, Beseitigung, Verbrauch oder sonstige Verwendung oder Handhabung und dabei insbesondere vorzuschreiben, dass amtliche Untersuchungen in staatlichen Einrichtungen durchgeführt werden müssen,
2. über
   a) den Betrieb oder die sonstige Einrichtung, in dem oder in der mit Seuchenerregern umgegangen wird,
   b) die Nutzung oder Ausstattung von Räumlichkeiten oder sonstigen Örtlichkeiten, einschließlich fischereilich nutzbarer Gewässer, in denen mit Seuchenerregern umgegangen wird,
3. über
   a) den Umgang mit Erzeugnissen, Gegenständen oder Stoffen, die möglicherweise mit einem Seuchenerreger kontaminiert sind, insbesondere deren Inverkehrbringen, Lagerung, Behandlung, Beförderung, Verarbeitung, Verwendung, Verwertung oder Beseitigung,
   b) die Bekämpfung von Schadnagern oder sonstigen Schadorganismen, die Entwesung sowie die Reinigung oder Desinfektion von Betrieben, Einrichtungen oder Gegenständen,
   c) die Verwendung von Fahrzeugen oder Behältern, in oder an denen Seuchenerreger vorkommen oder vorkommen können, einschließlich der Beseitigung der Behälter,
4. über die Durchführung von Veranstaltungen, anlässlich derer Tiere zusammenkommen,
5. über
   a) die Lage und Abgrenzung eines Betriebes, die Beschaffenheit und Einrichtung von Umkleideräumen für Personen, der Ställe, Wege und Plätze, der

---

[1)] Siehe u.a. die Binnenmarkt-TierseuchenschutzVO idF der Bek. v. 6.4.2005 (BGBl. I S. 997), zuletzt geänd. durch G v. 8.12.2024 (BGBl. 2024 I Nr. 405), die SchweinehaltungshygieneVO idF der Bek. v. 2.4.2014 (BGBl. I S. 326), zuletzt geänd. durch G v. 29.3.2017 (BGBl. I S. 626) und die EG-Blauzungenbekämpfung-DurchführungsVO idF der Bek. v. 30.6.2015 (BGBl. I S. 1098), zuletzt geänd. durch VO v. 3.5.2016 (BGBl. I S. 1057).

Anlagen zur Lagerung oder Beseitigung von Wirtschaftsdünger tierischer Herkunft, Futterzubereitung sowie über Einrichtungen zur Aufbewahrung toter Tiere,

b) die Aufteilung eines Betriebes in Betriebsabteilungen, den Betriebsablauf, die Größe und Abgrenzung der Betriebsabteilungen sowie deren Entfernung von anderen Abteilungen,

c) Angaben und Unterlagen zur geographischen Lage eines Betriebes und von Betriebsteilen,

d) das Tragen von Schutzkleidung innerhalb des Betriebes, die Reinigung und Desinfektion von Personen, Einrichtungen nach Buchstabe a, im Betrieb benutzten Gegenständen und von Fahrzeugen,

e) das Führen von Aufzeichnungen und Kontrollbüchern, insbesondere über die Zahl der täglichen Todesfälle und über Zugang, Abgang, Impfungen und Behandlungen von Tieren, sowie über die Aufbewahrung der Aufzeichnungen und Bücher,

6. über betriebliche oder sonstige Verfahren, anlässlich derer oder bei Durchführung derer Seuchenerreger vorkommen oder vorkommen können,

7. über die Sachkunde von Personen, soweit sie mit

a) lebenden oder toten Tieren, Teilen von Tieren oder Erzeugnissen oder

b) Fahrzeugen, Behältern, sonstigen Gegenständen oder Stoffen, die Träger von Seuchenerregern sind oder sein können,

Umgang haben, auch über die Sachkunde Jagd- und Fischereiausübungsberechtigter sowie sonstiger Personen, die ohne Jagd- und Fischereiausübungsberechtigte zu sein, zur Jagd oder Fischerei befugt sind,

8. über die Pflichten von Personen, soweit sie mit Gegenständen nach Nummer 7 in Berührung kommen oder kommen können, insbesondere

a) das Führen, Aufbewahren und die Vorlage von Aufzeichnungen, Nachweisen, Registern, Kontrollbüchern oder Verbringungsdokumenten,

b) die Beibringung von Ursprungs- oder Gesundheitszeugnissen,

c) die Erteilung von Auskünften sowie die Duldung von oder die Mitwirkung bei Maßnahmen nach diesem Gesetz oder auf Grund dieses Gesetzes erlassener Rechtsverordnungen oder auf Grund unmittelbar geltender Rechtsakte der Europäischen Union im Anwendungsbereich dieses Gesetzes,

8a. über die Pflichten von Personen, insbesondere Unternehmern und Heimtierhaltern, in Bezug auf die Beantragung der Ausstellung von Identifizierungsdokumenten für gehaltene Tiere,

8b. über die Pflichten von Personen, insbesondere Unternehmern und Heimtierhaltern, in Bezug auf die Information über die Verbringungen gehaltener Tiere,

8c. über die Pflichten von Personen, insbesondere Tierärzten, über das Ausstellen von Ausweisen,

9. über die Registrierung, Kennzeichnung und Identifizierung, einschließlich der Kennzeichnungs- und Identifizierungsmittel sowie der Dokumente zur Identifizierung und der Pflichten zur Mitführung solcher Dokumente, von

a) Tieren oder Teilen von Tieren,

b) Erzeugnissen, Gegenständen oder Stoffen, die möglicherweise mit einem Seuchenerreger kontaminiert sind, oder

c) Fahrzeugen, Behältern oder sonstigen Gegenständen,

10. über
    a) Untersuchungen, diagnostische Maßnahmen, Probenahmen oder sonstige Maßnahmen der zuständigen Behörde, einschließlich der erforderlichen Hilfeleistungen, zur Feststellung des Vorhandenseins oder Nichtvorhandenseins bestimmter Seuchenerreger,
    b) die Verwendung von Tierarzneimitteln, auch zu präventiven Zwecken, über therapeutische Maßnahmen, über Heilbehandlungen gegen Seuchen und über die Verwendung von Tierarzneimitteln für wissenschaftliche Studien oder für die Entwicklung und Testung von Tierarzneimitteln unter kontrollierten Bedingungen, jeweils einschließlich der erforderlichen Hilfeleistungen,
    c) die Bestimmung der Einrichtung, die Untersuchungen oder diagnostische Maßnahmen nach Buchstabe a durchführt, und dabei insbesondere vorzuschreiben, dass amtliche Untersuchungen in staatlichen Einrichtungen durchgeführt werden müssen,
11. über
    a) die Haltung von Tieren, einschließlich bestimmter Haltungsbedingungen, der Haltung in bestimmten Räumlichkeiten oder an bestimmten Örtlichkeiten,
    b) die Verwendung oder Nutzung von Tieren zu bestimmten Zwecken,
    c) die Aufnahme oder Abgabe von Tieren, insbesondere deren Inverkehrbringen und Handel,
    d) Maßnahmen gegen das Abschwimmen oder Abtreiben lebender oder toter Wassertiere aus fischereilich genutzten Gewässern oder aus Anlagen oder Einrichtungen zur Zucht, Haltung oder Hälterung von Wassertieren oder gegen das Ablaufen von Wasser aus solchen Gewässern, Anlagen oder Einrichtungen sowie Maßnahmen im Hinblick auf das Wasser beim Transport von Wassertieren,
12. über Verbote und Beschränkungen des Verbringens von Tieren,
13. über das Verbringen, die Lagerung, Abgabe, Verwertung oder unschädliche Beseitigung von toten Tieren oder Teilen von Tieren und von Erzeugnissen, Gegenständen oder Stoffen, die möglicherweise mit einem Seuchenerreger kontaminiert sind,
14. über die Herstellung, Verarbeitung oder Bearbeitung von Erzeugnissen, Gegenständen oder Stoffen, die möglicherweise mit einem Seuchenerreger kontaminiert sind,
15. über die Absonderung, Quarantäne, Isolierung, Bewachung oder behördliche Beobachtung von Tieren in bestimmten Fällen,
16. über die Beschränkung der Nutzung und das Verbot des Haltens empfänglicher und anderer als empfänglicher Tiere im Betrieb,
17. über
    a) den Personen- oder Fahrzeugverkehr innerhalb bestimmter Räumlichkeiten, Örtlichkeiten oder Gebiete, in oder an denen sich an einer Seuche erkrankte, mit einem Seuchenerreger nachweislich oder möglicherweise infizierte oder für eine Seuche empfängliche Tiere aufhalten,
    b) die Beschäftigung bestimmter Personen in einem Tierbestand,
18. über die Sperre
    a) von Gebieten, Betrieben, Anlagen oder sonstigen Einrichtungen, Räumlichkeiten oder Örtlichkeiten, in oder an denen sich an einer Seuche

erkrankte, mit einem Seuchenerreger nachweislich oder möglicherweise infizierte oder für eine Seuche empfängliche Tiere aufhalten oder aufgehalten haben,

b) von Gebieten in einem bestimmten Umkreis um von nach Buchstabe a gesperrten Regelungsgegenständen zur Verhinderung einer möglichen Verschleppung des Seuchenerregers,

c) eines bestimmten Gebietes, in dem zur Verhinderung der Verschleppung eines bestimmten Seuchenerregers Untersuchungen angeordnet oder Verbringungen beschränkt werden können, ohne dass für dieses Gebiet die Voraussetzungen für eine Sperre nach Buchstabe a oder b vorliegen,

18a. über Maßnahmen zur Absperrung, insbesondere die Umzäunung, von Räumlichkeiten, Örtlichkeiten oder Gebieten, in oder an denen sich an einer Seuche erkrankte oder mit einem Seuchenerreger nachweislich oder möglicherweise infizierte Tiere aufhalten,

19. über das Abfischen von Wassertieren und das Einsetzen von Neubesatz in Gewässer oder in Anlagen oder Einrichtungen zur Zucht, Haltung oder Hälterung von Wassertieren,

20. über

a) das Töten

aa) an einer Seuche erkrankter oder mit einem Seuchenerreger nachweislich oder möglicherweise infizierter Tiere,

bb) empfänglicher Tiere, soweit dies erforderlich ist, um eine Verschleppung von Seuchenerregern zu verhindern, Infektionsherde zu beseitigen oder eine wegen einer Seuche verfügten Sperre nach Nummer 18 aufzuheben,

cc) nicht empfänglicher Tiere, die Seuchenerreger verbreiten können, soweit dies erforderlich ist, um eine Verschleppung von Seuchenerregern zu verhindern oder Infektionsherde zu beseitigen, oder

dd) von Tieren, die Verbringungsbeschränkungen oder Nutzungsbeschränkungen oder der Absonderung, Quarantäne oder Isolierung unterworfen sind und in verbotswidriger Nutzung oder außerhalb der ihnen angewiesenen Räumlichkeit angetroffen werden,

b) die unschädliche Beseitigung der Tierkörper, Teile von Tieren oder von möglicherweise mit einem Seuchenerreger kontaminierten Erzeugnissen, Gegenständen oder Stoffen,

21. über eine Genehmigungs- oder Anzeigepflicht für Tätigkeiten oder Maßnahmen nach den Nummern 1, 2, Nummer 3 Buchstabe a und c, den Nummern 4, 6 und den Nummern 10 bis 14, 17 und 18, jeweils einschließlich des Verfahrens der Rücknahme, des Widerrufs oder des Ruhens der Genehmigung und der Untersagung anzeigepflichtiger Tätigkeiten oder Maßnahmen, sowie über eine Informationspflicht für die Aufnahme solcher Tätigkeiten, eine Änderung der Tätigkeiten oder deren Einstellung und eine Registrierungspflicht vor Aufnahme solcher Tätigkeiten,

22. über die Zulassungs- oder Registrierungspflicht von Betrieben oder sonstigen Einrichtungen, in denen mit Seuchenerregern umgegangen wird, einschließlich des Verfahrens der Rücknahme, des Widerrufs oder des Ruhens der Zulassung oder Registrierung,

23. über das Verbot oder die Beschränkung von Tätigkeiten oder Maßnahmen nach den Nummern 1, 2, 3 Buchstabe a und c und den Nummern 4, 6, 10, 11, 13, 14, 17, 18, 28a und 28c,

24. über die Nutzung der im Rahmen der Schlachtung eines Tieres erhobenen Untersuchungsergebnisse,
25. über die Durchführung hygienischer Maßnahmen, einschließlich baulicher Maßnahmen,
26. über die Durchführung betrieblicher Eigenkontrollen,
27. über die tierärztliche Betreuung von Betrieben, die Tiere halten,
28. über die verstärkte Bejagung oder Verbote oder Beschränkungen der Jagd,
28a. über die Suche nach verendeten wild lebenden Tieren an Örtlichkeiten oder in Gebieten, an oder in denen sich an einer Seuche erkrankte, mit einem Seuchenerreger nachweislich oder möglicherweise infizierte oder für eine Seuche empfängliche Tiere aufhalten oder aufgehalten haben, einschließlich ihrer Duldung,
28b. über das Verbot oder die Beschränkung der Nutzung landwirtschaftlicher oder forstwirtschaftlicher Flächen an Örtlichkeiten oder in Gebieten, an oder in denen sich an einer Seuche erkrankte oder mit einem Seuchenerreger nachweislich oder möglicherweise infizierte Tiere aufhalten,
28c. über das Anlegen von Jagdschneisen,
29. über die öffentliche Bekanntmachung des Ausbruchs und des Erlöschens einer Seuche.

(2) Rechtsverordnungen nach Absatz 1 Nummer 2 bis 18, 20 bis 28a und 28c können auch zum Zwecke des § 1 Satz 2 erlassen werden.

(3) Die Grundrechte der Freiheit der Person nach Artikel 2 Absatz 2 Satz 2 des Grundgesetzes[1)] und der Freizügigkeit nach Artikel 11 Absatz 1 des Grundgesetzes werden nach Maßgabe des Absatzes 1 Nummer 17, 21 und 23, auch in Verbindung mit Absatz 2, eingeschränkt.

(4) [1] Unternehmer und andere betroffene natürliche oder juristische Personen, deren Tiere der Absonderung oder behördlichen Beobachtung unterworfen sind, sind verpflichtet, solche Vorkehrungen zu treffen, dass die Tiere für die Dauer der Absonderung oder Beobachtung die ihnen bestimmte Räumlichkeit nicht verlassen können und keine Berührung mit anderen für die Seuche empfänglichen Tieren haben. [2] Die Körper abgesonderter, bewachter oder beobachteter Tiere dürfen ohne Genehmigung der zuständigen Behörde nicht geöffnet, verbracht oder beseitigt werden.

(5) [1] Die zuständige Behörde kann den Betreiber einer Schlachtstätte zur Durchführung einer auf Grund einer Rechtsverordnung nach Absatz 1 Nummer 20, auch in Verbindung mit Absatz 2, angeordneten Tötung verpflichten. [2] Dieser kann für den ihm hierdurch entstehenden Aufwand Ersatz nach den jeweiligen landesrechtlichen Vorschriften über die Inanspruchnahme als Nichtstörer verlangen. [3] Die Länder bestimmen, wer die Kosten des Ersatzes nach Satz 2 trägt. [4] Die *zuständige* Behörde kann ferner ein Transportunternehmen verpflichten, zum Zwecke einer auf Grund einer Rechtsverordnung nach Absatz 1 Nummer 20, auch in Verbindung mit Absatz 2, angeordneten Tötung, Transporte zu einer Schlachtstätte durchzuführen. [5] Die Sätze 2 und 3 gelten für den einem Transportunternehmer hierdurch entstehenden Aufwand entsprechend.

(6) [1] In einer Rechtsverordnung nach Absatz 1 Nummer 28 kann der Jagdausübungsberechtigte verpflichtet werden

1) Nr. 1.

1. zur Durchführung bestimmter Maßnahmen, insbesondere hinsichtlich der Art und des Umfangs einer verstärkten Bejagung,
2. zur Darlegung oder zum Nachweis beabsichtigter und ergriffener Maßnahmen zur verstärkten Bejagung

an Örtlichkeiten oder in Gebieten, an oder in denen sich an einer Seuche erkrankte oder mit einem Seuchenerreger nachweislich oder möglicherweise infizierte Tiere aufhalten. [2] Ist eine unverzügliche und wirksame Bekämpfung der Seuche nach den der zuständigen Behörde vorliegenden Erkenntnissen nicht sichergestellt, kann sie ferner die Bejagung durch andere Personen als den Jagdausübungsberechtigten anordnen. [3] In diesem Fall ist das erlegte Wild dem Jagdausübungsberechtigten auf dessen Verlangen zu überlassen. [4] Das Bundesministerium wird ermächtigt, durch Rechtsverordnung mit Zustimmung des Bundesrates die näheren Einzelheiten einer Anordnung nach Satz 2 zu regeln.

(7) [1] Der Eigentümer oder Besitzer eines Grundstücks, das von Maßnahmen zur Absperrung auf Grund einer Rechtsverordnung nach Absatz 1 Nummer 18a betroffen ist, kann für den ihm hierdurch jeweils entstehenden Aufwand oder Schaden Ersatz nach den jeweiligen landesrechtlichen Vorschriften über die Inanspruchnahme als Nichtstörer verlangen. [2] Absatz 5 Satz 3 gilt entsprechend.

(8) [1] Der Eigentümer oder Besitzer eines landwirtschaftlichen oder forstwirtschaftlichen Grundstücks,

1. dessen Nutzung auf Grund einer Rechtsverordnung nach Absatz 1 Nummer 28b verboten oder beschränkt worden ist,
2. der auf Grund einer Rechtsverordnung nach Absatz 1 Nummer 28c, auch in Verbindung mit Absatz 2, zum Anlegen von Jagdschneisen verpflichtet worden ist,

kann für den ihm hierdurch jeweils entstehenden Aufwand oder Schaden Ersatz nach den jeweiligen landesrechtlichen Vorschriften über die Inanspruchnahme als Nichtstörer verlangen. [2] Eine aus anderen Gründen als aus Gründen der Seuchenbekämpfung bestehende Verpflichtung zum Anlegen von Jagdschneisen bleibt unberührt. [3] Absatz 5 Satz 3 gilt entsprechend.

(9) [1] Der Jagdausübungsberechtigte, dem auf Grund einer Rechtsverordnung nach Absatz 1 Nummer 28 oder 28a oder auf Grund entsprechend angeordneter Maßnahmen ein erhöhter Aufwand entsteht oder dessen Jagdausübung verboten oder beschränkt wird, kann für den ihm hierdurch entstehenden Aufwand oder Schaden angemessenen Ersatz nach den jeweiligen landesrechtlichen Vorschriften über die Inanspruchnahme als Nichtstörer verlangen. [2] Absatz 5 Satz 3 gilt entsprechend.

§ 7 Verordnungsermächtigung für Mittel und Verfahren zur Desinfektion. Das Bundesministerium wird ermächtigt, soweit es zur Erfüllung der Zwecke des § 1 erforderlich ist, durch Rechtsverordnung, die nicht der Zustimmung des Bundesrates bedarf, Mittel und Verfahren zu bestimmen, die bei einer tierseuchenrechtlich vorgeschriebenen Desinfektion, Bekämpfung von Schadnagern oder sonstigen Schadorganismen oder sonstigen Entwesung verwendet werden dürfen, um sicherzustellen, dass Seuchenerreger unwirksam gemacht werden.

Abschnitt 3. Besondere Schutzmaßnahmen

§ 8 Schutzgebiete, Tiergesundheitsstatus. (1) Die zuständige Behörde kann, soweit es zur Erfüllung der Zwecke des § 1 erforderlich ist,

1. ein Gebiet, in dem mindestens zwei Drittel der Landtiere haltenden Betriebe auf Grund amtlicher Feststellung als frei von einer Seuche befunden worden sind, zum Schutzgebiet erklären,
2. ein Gebiet mit einem gemeinsamen Wassereinzugsgebiet zum Schutzgebiet erklären, soweit
   a) alle in diesem Gebiet liegenden und von ihm mit Wasser versorgten Anlagen oder Einrichtungen zur Zucht, Haltung oder Hälterung von Wassertieren als frei von einer Seuche befunden worden sind,
   b) der Besatz in diesem Gebiet nur mit Wassertieren aus von der jeweiligen Seuche freien Anlagen oder Einrichtungen vorgenommen wird,
   c) außerhalb des Schutzgebietes liegende Anlagen oder Einrichtungen zur Zucht, Haltung oder Hälterung von Wassertieren mindestens einen Kilometer von den Grenzen des Schutzgebietes entfernt sind oder eine Seuchenverschleppung durch Aufstiegshindernisse oder Einrichtungen mit gleicher Wirkung verhindert werden kann.

(2) [1] Unbeschadet der nach den sonstigen Vorschriften dieses Gesetzes zulässigen Maßnahmen kann die zuständige Behörde in einem Schutzgebiet die Nutzung, die Verwertung und das Verbringen verbieten oder beschränken von:

1. Tieren, die
   a) für die Seuche empfänglich sind oder die Seuche übertragen können und
   b) aus Landtiere haltenden Betrieben oder Anlagen oder Einrichtungen zur Zucht, Haltung oder Hälterung von Wassertieren stammen, die nicht als frei von der Seuche befunden worden sind,
2. Erzeugnissen, die von Tieren nach Nummer 1 stammen und möglicherweise mit einem Seuchenerreger kontaminiert sind, und
3. Teilen von Tieren nach Nummer 1.

[2] Ferner kann die zuständige Behörde das Verbringen von Tieren, Erzeugnissen oder Teilen nach Satz 1 Nummer 1 bis 3 in Schutzgebiete verbieten oder beschränken.

(3) Zum Schutz von Wassertieren vor Seuchen kann die zuständige Behörde unter Berücksichtigung epidemiologischer Gegebenheiten

1. einen Betrieb hinsichtlich seines Gesundheitsstatus einer nach dem Recht der Europäischen Gemeinschaft oder der Europäischen Union festgelegten Kategorie zuordnen,
2. ein Gebiet mit einem gemeinsamen Wassereinzugsgebiet, in dem die Wassertiere haltenden Betriebe die Kontrolle der Gesundheit der Wassertiere sowie die Seuchenvorbeugung und Seuchenbekämpfung einheitlich durchführen, hinsichtlich seines Gesundheitsstatus einer nach dem Recht der Europäischen Gemeinschaft oder der Europäischen Union festgelegten Kategorie zuordnen sowie
3. Maßnahmen zur Haltung einschließlich Hälterung, zum Inverkehrbringen und zum Transport von Wassertieren innerhalb eines Betriebes oder zwischen den Betrieben nach Nummer 1 oder innerhalb eines Gebietes oder zwischen Gebieten nach Nummer 2 mit gleichem Gesundheitsstatus festlegen.

§ 9 Seuchenfreiheit; Verordnungsermächtigungen. Das Bundesministerium wird ermächtigt, soweit es zur Erfüllung der Zwecke des § 1 Satz 1 erforderlich ist, durch Rechtsverordnung[1)] mit Zustimmung des Bundesrates

1. die Voraussetzungen zu bestimmen, unter denen ein Tier oder ein Tierbestand als frei von einer Seuche anzusehen ist,
2. die amtliche Anerkennung eines Tierbestandes als frei von einer Seuche, das Verfahren der amtlichen Anerkennung, die mit der Anerkennung zu verbindenden Auflagen und die Überwachung sowie die Voraussetzungen des Ruhens, der Rücknahme oder des Widerrufs der amtlichen Anerkennung zu regeln,
3. die Voraussetzungen zu bestimmen, unter denen ein Gebiet als seuchenfrei anzusehen ist,
4. die Voraussetzungen für die Festlegung bestimmter Gebiete oder bestimmter Betriebe sowie die Voraussetzungen einer Kategorisierung dieser Gebiete und Betriebe in Abhängigkeit von dem Gesundheitsstatus der dort gehaltenen Tiere zu regeln sowie die Zuordnung von Betrieben oder Gebieten zu bestimmten Kategorien vorzunehmen.

§ 10 Monitoring; Verordnungsermächtigungen. (1) [1]Monitoring ist ein System wiederholter Beobachtung, Untersuchung und Bewertung von Seuchenerregern in oder auf lebenden oder toten Tieren oder an Orten, an denen üblicherweise Tiere gehalten werden oder sich wild lebende Tiere aufhalten, das dem frühzeitigen Erkennen von Gefahren, die von Seuchenerregern ausgehen können, durch die Untersuchung repräsentativer Proben dient. [2]In das Monitoring können auch die Überträger von Seuchenerregern einbezogen werden.

(2) Das Bundesministerium wird ermächtigt, durch Rechtsverordnung[2)] mit Zustimmung des Bundesrates

1. die Durchführung des Monitorings,
2. die Verarbeitung der im Rahmen des Monitorings erhobenen Daten, auch im automatisierten Verfahren,
3. die Sachkunde der das Monitoring durchführenden Personen und
4. die Mitwirkungs- und Duldungspflichten Dritter

zu regeln.

Abschnitt 4. Immunologische Tierarzneimittel, In-vitro-Diagnostika

§ 11 Inverkehrbringen und Anwendung; Verordnungsermächtigungen.

(1) (weggefallen)

(2) [1]In-vitro-Diagnostika zur Untersuchung des Vorliegens einer aufgrund einer Rechtsverordnung nach diesem Gesetz meldepflichtigen oder mitteilungspflichtigen Seuche dürfen, wenn sie für das Inland bestimmt sind, nur in den Verkehr gebracht oder angewendet werden, wenn sie vom Friedrich-Loeffler-Institut im Einklang mit den Anforderungen nach Artikel 6 Absatz 1 der Delegierten Verordnung (EU) 2020/689 in der Fassung vom 10. Juli 2023 zugelassen worden sind. [2]Steht ein zugelassenes In-vitro-Diagnostikum zum Nachweis eines Seuchenerregers nicht oder nicht in dem benötigten Maß zur Verfügung, so gilt Satz 1 nicht

---

[1)] Siehe u.a. die VO zum Schutz der Rinder vor einer Infektion mit dem Bovinen Herpesvirus Typ 1 idF der Bek. v. 19.5.2015 (BGBl. I S. 767), zuletzt geänd. durch VO v. 3.5.2016 (BGBl. I S. 1057).

[2)] Siehe hierzu u.a. die Schweinepest-Monitoring-Verordnung (SchwPestMonV) v. 9.11.2016 (BGBl. I S. 2518).

für die Anwendung von Nachweismethoden, die mit den Anforderungen des Artikels 6 Absatz 1 der Delegierten Verordnung (EU) 2020/689 in der Fassung vom 10. Juli 2023 im Einklang stehen und

1. einer Nachweismethode der amtlichen Methodensammlung nach § 27 Absatz 5 Satz 1 Nummer 1 entsprechen,
2. in einer Untersuchungseinrichtung erprobt und an einer in der amtlichen Methodensammlung nach § 27 Absatz 5 Satz 1 Nummer 1 aufgeführten Methode validiert worden sind oder,
3. soweit eine Nachweismethode in der amtlichen Methodensammlung nach § 27 Absatz 5 Satz 1 Nummer 1 nicht aufgeführt ist,
   a) in einer Untersuchungseinrichtung im Inland oder in einem anderen Mitgliedstaat wissenschaftlich erprobt sind oder
   b) einer vom Friedrich-Loeffler-Institut erarbeiteten und zur Anwendung freigegebenen Nachweismethode entsprechen.

[3] Ist ein In-vitro-Diagnostikum zum Nachweis eines Seuchenerregers zugelassen worden, dürfen die in Satz 2 genannten Methoden zum Nachweis dieses Seuchenerregers noch für einen Zeitraum von einem Jahr angewendet werden. [4] Die Jahresfrist beginnt mit Ablauf des Tages, an dem die Zulassung des In-vitro-Diagnostikums bekannt gemacht worden ist.

(3) Das Bundesministerium wird ermächtigt, durch Rechtsverordnung mit Zustimmung des Bundesrates

1. für In-vitro-Diagnostika das Nähere über die Zulassung, einschließlich einer Änderung der Zulassung oder einer Verlängerung der Zulassungsdauer, die staatliche Chargenprüfung, sowie das Verfahren der Zulassung, deren Rücknahme, deren Widerruf und deren Ruhen zu regeln,
2. vorzuschreiben,
   a) dass die bei der Anwendung eines inaktivierten immunologischen Tierarzneimittels im Sinne des Artikels 2 Absatz 3 der Verordnung (EU) 2019/6 in der Fassung vom 23. November 2022 auftretenden Risiken, insbesondere Nebenwirkungen, Wechselwirkungen mit anderen immunologischen Tierarzneimitteln oder sonstigen Tierarzneimitteln, Gegenanzeigen und Verfälschungen und die bei der Anwendung von zugelassenen In-vitro-Diagnostika auftretenden Verfälschungen mitgeteilt, erfasst und ausgewertet werden sowie die hierfür zuständigen Bundesoberbehörden zu bestimmen,
   b) dass die in Buchstabe a genannten Bundesoberbehörden mit den zuständigen Behörden, den Tierärztekammern sowie mit sonstigen für die Durchführung anderer Rechtsvorschriften zuständigen Behörden zusammenwirken, die bei der Durchführung ihrer Aufgaben durch inaktivierte immunologische Tierarzneimittel im Sinne des Artikels 2 Absatz 3 der Verordnung (EU) 2019/6 in der Fassung vom 23. November 2022 auftretende Risiken erfassen,
3. die Verpflichtung Dritter zur Anzeige von Risiken im Sinne der Nummer 2 Buchstabe a vorzuschreiben und die näheren Einzelheiten dieser Verpflichtung zu regeln,
4. die näheren Voraussetzungen zu regeln, unter denen eine vorläufige Zulassung für In-vitro-Diagnostika erteilt werden kann.

(4) [1] Bei Gefahr im Verzug kann das Bundesministerium durch Rechtsverordnung ohne Zustimmung des Bundesrates

1. nach Maßgabe des Artikels 110 Absatz 2 der Verordnung (EU) 2019/6 in der Fassung vom 23. November 2022 die Anwendung bestimmter nicht zugelassener immunologischer Tierarzneimittel gestatten,
2. nach Maßgabe des Artikels 116 der Verordnung (EU) 2019/6 in der Fassung vom 23. November 2022 die Anwendung eines in einem anderen Mitgliedstaat zugelassenen immunologischen Tierarzneimittels genehmigen.

²In einer Rechtsverordnung nach Satz 1 kann das Bundesministerium ferner zulassen, dass für das immunologische Tierarzneimittel eine andere als die deutsche Sprache als Sprache der Fachinformation sowie der Angaben auf der Kennzeichnung und der Packungsbeilage verwendet werden darf. ³Rechtsverordnungen nach Satz 1, auch in Verbindung mit Satz 2, treten spätestens sechs Monate nach ihrem Inkrafttreten außer Kraft. ⁴Ihre Geltungsdauer kann nur mit Zustimmung des Bundesrates verlängert werden. ⁵Für die Auswahl der in Satz 1 genannten immunologischen Tierarzneimittel und die Entscheidung nach Satz 2 über die Zulassung einer anderen als der deutschen Sprache hat sich das Bundesministerium mit dem Paul-Ehrlich-Institut ins Benehmen zu setzen.

(5) ¹Die zuständige Bundesoberbehörde kann Ausnahmen von Absatz 2 Satz 1 zulassen

1. für die Durchführung wissenschaftlicher Versuche außerhalb wissenschaftlicher Institute, soweit dies zur Erprobung von In-vitro-Diagnostika zum Zwecke der Vorbereitung eines Antrags zur Zulassung eines In-vitro-Diagnostikums erforderlich ist und Belange der Seuchenbekämpfung nicht entgegenstehen,
2. im Anschluss an Versuche nach Nummer 1 während des Verfahrens der Zulassung des jeweiligen In-vitro-Diagnostikums, soweit Belange der Seuchenbekämpfung nicht entgegenstehen.

²Die Ausnahmen sind zu befristen und mit den zum Schutz vor Seuchen erforderlichen sonstigen Nebenbestimmungen zu verbinden. ³Die zuständige Bundesoberbehörde unterrichtet die zuständige oberste Landesbehörde über die erteilten Ausnahmen.

(6) ¹Die zuständige Behörde kann im Benehmen mit dem Paul-Ehrlich-Institut die Anwendung von immunologischen Tierarzneimitteln nach Maßgabe des Artikels 110 Absatz 3 oder 5 der Verordnung (EU) 2019/6 in der Fassung vom 23. November 2022 gestatten. ²In einer Gestattung nach Satz 1 kann die zuständige Behörde im Benehmen mit dem Paul-Ehrlich-Institut ferner zulassen, dass für das immunologische Tierarzneimittel eine andere als die deutsche Sprache als Sprache der Fachinformation sowie der Angaben auf der Kennzeichnung und der Packungsbeilage verwendet werden darf. ³Die Gestattungen sind zu befristen und mit den zum Schutz vor Seuchen erforderlichen Nebenbestimmungen zu versehen.

(7) Das Friedrich-Loeffler-Institut macht die Zulassung der In-vitro-Diagnostika im Bundesanzeiger bekannt.

(8) Das Friedrich-Loeffler-Institut kann, soweit dies im Hinblick auf die Anwendung eines In-vitro-Diagnostikums, insbesondere in Bezug auf auftretende Verfälschungen, erforderlich oder durch Rechtsakte der Europäischen Gemeinschaft oder der Europäischen Union vorgeschrieben ist, Daten, die es im Rahmen seiner Tätigkeit gewonnen hat, den zuständigen Behörden, anderen Mitgliedstaaten, dem Bundesministerium und der Europäischen Kommission mitteilen.

§ 12 Herstellung von In-vitro-Diagnostika; Verordnungsermächtigungen. (1) ¹Wer In-vitro-Diagnostika im Sinne des § 11 Absatz 2 Satz 1 zum

Zwecke des Inverkehrbringens oder der Anwendung in eigenen Tierbeständen gewerbs- oder berufsmäßig herstellen will, bedarf für das jeweilige In-vitro-Diagnostikum einer Erlaubnis der zuständigen Behörde. [2]Das Gleiche gilt für juristische Personen, nicht rechtsfähige Vereine und Gesellschaften des bürgerlichen Rechts, die diese In-vitro-Diagnostika zum Zwecke der Abgabe an ihre Mitglieder oder Gesellschafter herstellen wollen. [3]Herstellen im Sinne dieser Vorschrift ist das Gewinnen, Anfertigen, Zubereiten, Be- und Verarbeiten, Umfüllen einschließlich Abfüllen, Abpacken und Kennzeichnen.

(2) [1]Wer In-vitro-Diagnostika im Sinne des § 11 Absatz 5 Satz 1 Nummer 1 zum Zwecke des Inverkehrbringens herstellen will, bedarf einer allgemeinen, nicht auf ein bestimmtes In-vitro-Diagnostikum bezogene Erlaubnis der zuständigen Behörde. [2]Hersteller, denen eine Erlaubnis nach Satz 1 erteilt wird, haben die Herstellung von In-vitro-Diagnostika im Sinne des § 11 Absatz 5 Satz 1 Nummer 1 unter Angabe des Seuchenerregers und der hergestellten Menge, der Anzahl der hergestellten Chargen sowie die Größe der Chargen der zuständigen Behörde mitzuteilen.

(3) Die Erlaubnis nach den Absätzen 1 und 2 wird von der zuständigen Behörde des Landes, in dem die Betriebsstätte liegt, im Benehmen mit der nach § 11 Absatz 2 Satz 1 zuständigen Bundesoberbehörde erteilt.

(4) [1]Die Erlaubnis darf nur versagt werden, soweit

1. die Person, unter deren Leitung In-vitro-Diagnostika im Sinne des § 11 Absatz 2 Satz 1 hergestellt, geprüft oder freigegeben werden sollen, die erforderliche Zuverlässigkeit und Sachkunde nicht besitzt,
2. die Person, unter deren Leitung In-vitro-Diagnostika vertrieben werden sollen, nicht benannt ist,
3. die in der Nummer 1 oder 2 bezeichneten Personen die ihnen obliegenden Verpflichtungen nicht ständig erfüllen können oder
4. geeignete Räume und Einrichtungen für die beabsichtigte Herstellung, Prüfung, Lagerung und für den beabsichtigten Vertrieb von In-vitro-Diagnostika nicht vorhanden sind.

[2]Die Prüfung von In-vitro-Diagnostika kann abweichend von Satz 1 Nummer 4 auch außerhalb der Betriebsstätte des Herstellers von In-vitro-Diagnostika durchgeführt werden, soweit dies der zuständigen Behörde angezeigt worden ist und Räumlichkeiten und Einrichtungen vorhanden sind, die gewährleisten, dass die Prüfung nach dem Stand der Wissenschaft und Technik vorgenommen werden und die sachkundige Person nach Satz 1 Nummer 1 ihre Verantwortung wahrnehmen kann.

(5) [1]Die Erlaubnis ist zurückzunehmen, wenn nachträglich bekannt wird, dass einer der Versagungsgründe nach Absatz 4 bei der Erteilung vorgelegen hat; sie ist zu widerrufen, wenn einer der Versagungsgründe nachträglich eingetreten ist. [2]Absatz 3 gilt entsprechend.

(6) Das Bundesministerium wird ermächtigt, zur Vorbeugung vor Seuchen sowie zur Sicherung eines ordnungsgemäßen Umgangs, einer sachgerechten Anwendung und der erforderlichen Qualität von In-vitro-Diagnostika, durch Rechtsverordnung mit Zustimmung des Bundesrates

1. das Nähere über
   a) die Versagungsgründe nach Absatz 4 Satz 1 Nummer 1 oder 4, im Falle des Satzes 1 Nummer 4 auch in Verbindung mit Satz 2,

b) die Erlaubnis einschließlich des Verfahrens, der Rücknahme, des Widerrufs und des Ruhens sowie einer über die Erlaubnis zu erteilenden Bescheinigung

zu bestimmen,

2. Vorschriften zu erlassen über
   a) die Anzeige beim Wechsel einer in Absatz 4 Satz 1 Nummer 1 oder 2 bezeichneten Person sowie bei wesentlicher Änderung der Räume oder Einrichtungen nach Absatz 4 Satz 1 Nummer 4 oder Absatz 4 Satz 2,
   b) die Herstellung, die Lagerung, den Vertrieb und die Verpackung sowie das Inverkehrbringen und die Anwendung von In-vitro-Diagnostika einschließlich der Anzeige der Aufnahme einer entsprechenden Tätigkeit,
   c) die Kennzeichnung von In-vitro-Diagnostika und die Packungsbeilage sowie über die Verwendung, Beschaffenheit und Kennzeichnung bestimmter Behältnisse,
   d) die Anlage und Ausstattung der Betriebe und Einrichtungen, in denen In-vitro-Diagnostika hergestellt, geprüft, verpackt oder gelagert werden,
   e) die Haltung und Kontrolle der zur Herstellung und Prüfung von In-vitro-Diagnostika verwendeten Tiere,
   f) das Führen und Aufbewahren von Nachweisen über die in den Buchstaben b, d, e und g genannten Betriebsvorgänge, die in Buchstabe e genannten Tiere, die Herkunft und das Inverkehrbringen von In-vitro-Diagnostika sowie über Namen und Anschrift des Empfängers,
   g) die Untersuchung und Zurückhaltung von Chargenproben sowie deren Umfang und Lagerungsdauer,
   h) die Kennzeichnung, Absonderung und Vernichtung nicht verkehrsfähiger In-vitro-Diagnostika,
   i) Grundsätze und Leitlinien der guten Herstellungspraxis für In-vitro-Diagnostika,
3. Anforderungen an das Personal in Betrieben oder Einrichtungen, in denen In-vitro-Diagnostika hergestellt, geprüft, gelagert, verpackt oder in den Verkehr gebracht werden, zu stellen,
4. die Verwendung bestimmter Stoffe, Zubereitungen aus Stoffen oder Gegenstände bei der Herstellung von Invitro-Diagnostika vorzuschreiben, zu verbieten oder zu beschränken und das Inverkehrbringen von In-vitro-Diagnostika für bestimmte Anwendungsbereiche zu untersagen,
5. die Zuständigkeit für die Überprüfung der Einhaltung der Grundsätze der guten Herstellungspraxis und die Ausstellung einer entsprechenden Bescheinigung auf das Friedrich-Loeffler-Institut zu übertragen,
6. das Nähere über die Bescheinigung nach Nummer 5 einschließlich des Verfahrens der Ausstellung zu bestimmen.

Abschnitt 5. Verbringung aus einem anderen Mitgliedstaat in das Inland und aus dem Inland in einen anderen Mitgliedstaat, Eingang in die Union, Ausfuhr, Durchfuhr

§ 13 Verbringungs-, Eingangs-, Ausfuhr- und Durchfuhrverbote.

(1) [1] Verboten sind die Verbringung aus einem anderen Mitgliedstaat in das Inland, die Verbringung aus dem Inland in einen anderen Mitgliedstaat, der Eingang in die Union (§ 2 Absatz 1 Nummer 3 in Verbindung mit Artikel 3

Nummer 40 der Verordnung (EU) 2017/625 in der Fassung vom 27. November 2024), die Ausfuhr und die Durchfuhr

1. von an einer Seuche erkrankten oder mit einem Seuchenerreger nachweislich oder möglicherweise infizierten Tieren sowie von Erzeugnissen solcher Tiere, die möglicherweise mit einem Seuchenerreger kontaminiert sind,
2. von toten Tieren oder deren Teilen oder von Erzeugnissen solcher Tiere, die möglicherweise mit einem Seuchenerreger kontaminiert sind, soweit die Tiere zum Zeitpunkt ihres Todes an einer Seuche erkrankt oder mit einem Seuchenerreger nachweislich oder möglicherweise infiziert gewesen oder an einer Seuche verendet sind, oder
3. von Gegenständen oder Stoffen, die möglicherweise mit einem Seuchenerreger kontaminiert sind.

[2] Das Verbot nach Satz 1 gilt

1. für Wassertiere nur insoweit, als die Verbringung aus einem anderen Mitgliedstaat in das Inland, die Verbringung aus dem Inland in einen anderen Mitgliedstaat, der Eingang in die Union oder die Ausfuhr durch Rechtsverordnung nach § 14 Absatz 1 oder durch unmittelbar geltende Rechtsakte der Europäischen Gemeinschaft oder der Europäischen Union im Anwendungsbereich dieses Gesetzes geregelt worden ist, und
2. für Landtiere, Wassertiere und sonstige Tiere, für tote Tiere und Teile von Tieren sowie für Erzeugnisse, Gegenstände und Stoffe nur, soweit nicht durch unmittelbar geltende Rechtsakte der Europäischen Gemeinschaft oder der Europäischen Union anderes bestimmt ist.

(2) Das Verbot nach Absatz 1 Satz 1 gilt nicht für Erzeugnisse nach Absatz 1 Satz 1 Nummer 1 oder Nummer 2 oder Gegenstände und Stoffe nach Absatz 1 Satz 1 Nummer 3, die so behandelt worden sind, dass Seuchenerreger abgetötet worden sind.

(3) Die zuständige Behörde kann Ausnahmen von Absatz 1 Satz 1 genehmigen für die Verbringung aus dem Inland in einen anderen Mitgliedstaat von auf behördliche Anordnung getöteten Tieren oder deren Teilen oder von Erzeugnissen nach Absatz 1 Satz 1 Nummer 2, soweit diese in angemessener Frist im Inland nicht beseitigt werden können.

§ 14 Verordnungsermächtigungen zur Regelung der Verbringung aus einem anderen Mitgliedstaat in das Inland, der Verbringung aus dem Inland in einen anderen Mitgliedstaat, des Eingangs in die Union, der Ausfuhr, der Durchfuhr. (1) [1] Das Bundesministerium wird ermächtigt, soweit es zur Erfüllung der Zwecke des § 1 Satz 1 erforderlich ist, durch Rechtsverordnung[1)] mit Zustimmung des Bundesrates die Verbringung aus einem anderen Mitgliedstaat in das Inland, die Verbringung aus dem Inland in einen anderen Mitgliedstaat, den Eingang in die Union, die Ausfuhr und die Durchfuhr lebender oder toter Tiere, von Teilen von Tieren oder von Erzeugnissen, Gegenständen oder Stoffen, die möglicherweise mit einem Seuchenerreger kontaminiert sind,

---

[1)] Siehe u.a. die Nord-Ostsee-Kanal-TierseuchenschutzVO idF der Bek. v. 19.7.1983 (BGBl. I S. 1015), zuletzt geänd. durch VO v. 17.4.2014 (BGBl. I S. 388), die Tierseuchenerreger-EinfuhrVO idF der Bek. v. 13.12.1982 (BGBl. I S. 1728), zuletzt geänd. durch VO v. 31.8.2015 (BGBl. I S. 1474), die Binnenmarkt-TierseuchenschutzVO idF der Bek. v. 6.4.2005 (BGBl. I S. 997), zuletzt geänd. durch G v. 8.12. 2024 (BGBl. 2024 I Nr. 405), die TSE-ÜberwachungsVO v. 13.12.2001 (BGBl. I S. 3631), zuletzt geänd. durch VO v. 10.3.2026 (BGBl. 2026 I Nr. 61) und die Tierimpfstoff-VO v. 24.10.2006 (BGBl. I S. 2355), zuletzt geänd. durch G v. 4.3.2026 (BGBl. 2026 I Nr. 60).

1. zu verbieten oder
2. zu beschränken.

[2] In einer Rechtsverordnung nach Satz 1 Nummer 2 können insbesondere

1. die Verbringung aus einem anderen Mitgliedstaat in das Inland, die Verbringung aus dem Inland in einen anderen Mitgliedstaat, der Eingang in die Union, die Ausfuhr und die Durchfuhr abhängig gemacht werden
   a) von einer Anmeldung, von einer Genehmigung, von der Erfüllung von Informationspflichten, vom Vorstellen bei der zuständigen Behörde oder von einer Untersuchung,
   b) von der Einhaltung von Anforderungen, unter denen
      aa) lebende Tiere gehalten, behandelt oder verbracht werden,
      bb) tote Tiere oder Teile von Tieren behandelt oder verbracht werden,
      cc) Erzeugnisse, Gegenstände oder Stoffe, die möglicherweise mit einem Seuchenerreger kontaminiert sind, gewonnen, behandelt oder verbracht werden,
   c) von der Einhaltung von Anforderungen an Transportmittel, mit denen die Tiere oder deren Teile befördert werden oder mit denen die Erzeugnisse, Gegenstände oder Stoffe, die möglicherweise mit einem Seuchenerreger kontaminiert sind, befördert werden,
   d) von der Vorlage oder der Mitführung bestimmter Bescheinigungen, Attestierungen oder Erklärungen,
   e) von einer bestimmten Kennzeichnung oder Identifizierung,
   f) von einer Zulassung oder Registrierung der Betriebe, aus denen lebende oder tote Tiere, Teile von toten Tieren oder möglicherweise mit einem Seuchenerreger kontaminierte Erzeugnisse, Gegenstände oder Stoffe stammen oder in die sie verbracht werden,
2. die Ausstellung der Bescheinigungen, Attestierungen oder Erklärungen nach Nummer 1 Buchstabe d geregelt werden,
3. Vorschriften erlassen werden über
   a) die Voraussetzung und das Verfahren der Zulassung oder Registrierung der Betriebe nach Nummer 1 Buchstabe f oder
   b) die Rücknahme, den Widerruf oder das Ruhen der Zulassung oder Registrierung,
4. vorgeschrieben werden, dass Tiere, Teile von Tieren oder die Erzeugnisse, Gegenstände oder Stoffe, die möglicherweise mit einem Seuchenerreger kontaminiert sind,
   a) einer Quarantäne, Isolierung oder Absonderung und behördlichen Beobachtung unterliegen,
   b) nur zu bestimmten Zwecken verwendet werden dürfen oder
   c) in bestimmter Weise behandelt werden müssen,
5. das Verfahren im Übrigen, insbesondere der Untersuchung, Quarantäne, Isolierung, Absonderung und Beobachtung, geregelt und die hierfür notwendigen Einrichtungen und ihr Betrieb vorgeschrieben werden,
6. Ausnahmen von § 13 Absatz 1 Satz 1 geregelt werden,
   a) soweit dies zur Durchführung von Rechtsakten der Europäischen Gemeinschaft oder der Europäischen Union erforderlich ist oder
   b) die die Verbringung aus einem anderen Mitgliedstaat in das Inland oder die Verbringung aus dem Inland in einen anderen Mitgliedstaat betreffen, soweit

die Ausnahme zum Zweck der Entsorgung in benachbarten Mitgliedstaaten erforderlich ist und durch besondere Maßnahmen sichergestellt wird, dass Seuchen nicht verschleppt werden,

7. Fristen vorgeschrieben werden, nach denen Tiere geschlachtet werden müssen.

(2) Das Bundesministerium wird ferner ermächtigt, soweit es zur Erfüllung der Zwecke des § 1 Satz 1 erforderlich ist, durch Rechtsverordnung mit Zustimmung des Bundesrates

1. die Verbringung vermehrungsfähiger Seuchenerreger, immunologischer Tierarzneimittel, ausgenommen inaktivierte immunologische Tierarzneimittel nach Artikel 2 Absatz 3 der Verordnung (EU) 2019/6 in der Fassung vom 23. November 2022, oder In-vitro-Diagnostika aus einem anderen Mitgliedstaat in das Inland, aus dem Inland in einen anderen Mitgliedstaat oder deren Eingang in die Union
   a) zu verbieten,
   b) von der Erteilung einer Genehmigung abhängig zu machen,
   c) von einer Anzeige abhängig zu machen und
   d) von dem Führen, Aufbewahren und der Vorlage von Aufzeichnungen, Nachweisen, Kontrollbüchern und Verbringungsdokumenten abhängig zu machen,
2. die Voraussetzungen und das Verfahren der Genehmigung nach Nummer 1 Buchstabe b zu regeln, sowie
3. das Verfahren der Anzeige nach Nummer 1 Buchstabe c zu regeln.

(3) [1]Die Landesregierungen werden ermächtigt, soweit es zur Erfüllung der Zwecke des § 1 Satz 1 erforderlich ist, durch Rechtsverordnung zur Erleichterung des kleinen Grenzverkehrs einschließlich des Grenzweideverkehrs von den Vorschriften der nach Absatz 1 erlassenen Rechtsverordnungen abweichende Regelungen zu treffen, soweit dies durch die Rechtsverordnungen nach Absatz 1 nicht ausdrücklich ausgeschlossen und eine Einschleppung von Seuchen nicht zu befürchten ist. [2]Die Landesregierungen können diese Ermächtigung durch Rechtsverordnung auf andere Behörden übertragen.

Abschnitt 6. Entschädigung für Tierverluste

§ 15 Grundsatz der Entschädigung. Vorbehaltlich der in diesem Gesetz bezeichneten Ausnahmen wird auf Antrag eine Entschädigung in Geld geleistet für

1. Tiere, die auf behördliche Anordnung getötet worden oder nach Anordnung der Tötung verendet sind,
2. Tiere, bei denen nach dem Tode eine in einer Rechtsverordnung nach § 4 näher bestimmte meldepflichtige Seuche festgestellt worden ist, soweit die Voraussetzungen gegeben waren, unter denen die Tiere auf behördliche Anordnung *hätten getötet werden müssen*,
3. Tiere, bei denen nach dem Tode Milzbrand oder Tollwut festgestellt worden ist,
4. Rinder, bei denen nach dem Tode Aujeszkysche Krankheit festgestellt worden ist,
5. Tiere, von denen mit hinreichender Wahrscheinlichkeit anzunehmen ist, dass sie auf Grund einer tierseuchenrechtlich vorgeschriebenen oder behördlich angeordneten Impfung, Behandlung oder Maßnahme diagnostischer Art oder im Zusammenhang mit der jeweiligen Durchführung getötet werden mussten oder verendet sind und der Tod der Tiere innerhalb von 30 Tagen nach Durch-

führung einer oder, im Falle der Durchführung mehrerer der vorgenannten Maßnahmen, nach Durchführung der letzten Maßnahme eingetreten ist,

6. Rinder, Schweine, Schafe, Enten, Fasane, Gänse, Hühner, Laufvögel, Perlhühner, Rebhühner, Tauben, Truthühner und Wachteln, die Schlachtstätten zugeführt und bei der Schlachttieruntersuchung nicht als Verdachtsfall oder als bestätigter Fall eingestuft worden sind, soweit deren Fleisch nach der Schlachtung im Rahmen der Fleischuntersuchung aufgrund einer tierseuchenrechtlichen Vorschrift oder einer auf eine solche Vorschrift gestützten behördlichen Anordnung gemaßregelt worden ist.

§ 16 Höhe der Entschädigung; Verordnungsermächtigung. (1) [1]Der Entschädigung wird der gemeine Wert des Tieres zu Grunde gelegt. [2]Der gemeine Wert wird ohne Rücksicht auf die Wertminderung, die das Tier infolge der Seuche oder einer tierseuchenrechtlich vorgeschriebenen oder behördlich angeordneten Maßnahme erlitten hat, ermittelt.

(2) [1]Die Entschädigung darf folgende Höchstsätze je Tier nicht überschreiten:

1.	Pferde, Esel, Maulesel, Maultiere	6000 Euro,
2.	Rinder einschließlich Bisons, Wisente und Wasserbüffel	4000 Euro,
3.	Schweine	1500 Euro,
4.	Gehegewild	1000 Euro,
5.	Schafe	800 Euro,
6.	Ziegen	800 Euro,
7.	Enten, Fasane, Gänse, Hühner, Laufvögel, Perlhühner, Rebhühner, Tauben, Truthühner und Wachteln	110 Euro.

[2]Im Falle von Bienen und Hummeln beträgt der Höchstsatz der Entschädigung 200 Euro je Volk und im Falle von Wassertieren 20 Euro je Kilogramm Lebendgewicht. [3]Das Bundesministerium wird ermächtigt, durch Rechtsverordnung mit Zustimmung des Bundesrates in Abhängigkeit von der Steigerung des gemeinen Wertes der Tiere die in den Sätzen 1 und 2 festgesetzten Höchstsätze um bis zu 50 vom Hundert zu erhöhen, um ihr Verhältnis zum gemeinen Wert der Tiere bei der jeweiligen Tierart zu wahren.

(3) Die Entschädigung nach Absatz 1 in Verbindung mit Absatz 2 mindert sich

1. um 50 vom Hundert für Tiere, die, außer in den Fällen des § 15 Nummer 3 und 4, vor einer in einer Rechtsverordnung nach § 4 vorgeschriebenen Meldung einer dort näher bestimmten meldepflichtigen Seuche nachweislich an der Seuche verendet oder wegen der Seuche getötet worden sind,
2. um 20 vom Hundert im Falle des § 15 Nummer 6.

(4) [1]Auf die Entschädigung wird der Wert der nach Maßgabe einer tierseuchenrechtlichen Vorschrift oder behördlichen Anordnung verwertbaren Teile des Tieres angerechnet. [2]Die bei der Verwertung oder Tötung des Tieres unmittelbar entstehenden Kosten zählen nicht zur Entschädigung, sie sind zusätzlich zu erstatten. [3]Bei der Festsetzung der Entschädigung werden Steuern nicht berücksichtigt. [4]Dies gilt nicht für Kosten nach Satz 2.

§ 17 Ausschluss der Entschädigung. [1]Keine Entschädigung wird gewährt für

1. Tiere, die dem Bund oder einem Land gehören,
2. Tiere, die entgegen § 13 oder einem der Bekämpfung von oder der Vorbeugung vor Seuchen dienenden unmittelbar geltenden Rechtsakt der Europä-

ischen Gemeinschaft oder der Europäischen Union im Anwendungsbereich dieses Gesetzes in die Union verbracht, durchgeführt oder aus einem anderen Mitgliedstaat in das Inland verbracht worden sind,

3. Tiere, die entgegen einer Vorschrift einer nach § 14 Absatz 1 erlassenen Rechtsverordnung in die Union verbracht, durchgeführt oder aus einem anderen Mitgliedstaat in das Inland verbracht worden sind,
4. Tiere, die nach dem Eingang in die Union oder der Verbringung aus einem anderen Mitgliedstaat in das Inland aufgrund einer im Zusammenhang mit diesem Eingang oder dieser Verbringung tierseuchenrechtlich vorgeschriebenen oder behördlich angeordneten Maßnahme oder im Zusammenhang mit einer solchen Maßnahme getötet werden mussten oder verendet sind,
5. zur Schlachtung bestimmte gehaltene Landtiere, die Schlachtstätten zugeführt worden sind,
6. wild lebende Tiere,
7. Tiere, die zu Tierversuchen verwendet werden,
8. andere gehaltene Landtiere als
   a) Pferde, Esel, Maulesel und Maultiere,
   b) Rinder einschließlich Bisons, Wisente und Wasserbüffel,
   c) Schafe und Ziegen,
   d) Schweine,
   e) Hasen und Kaninchen,
   f) Enten, Fasane, Gänse, Hühner, Laufvögel, Perlhühner, Rebhühner, Tauben, Truthühner und Wachteln,
   g) Gehegewild,
   h) Bienen und
   i) Hummeln,
9. Zebras, Zebroide und Kameliden sowie
10. Wassertiere, die zu Zierzwecken gezüchtet, gehalten oder gehältert werden.

[2] Satz 1 Nummer 5 gilt nicht in den Fällen des § 15 Nummer 1 und 3 bis 6.

§ 18 Entfallen der Entschädigung. (1) [1] Der Anspruch auf Entschädigung entfällt, wenn der Unternehmer oder sein Vertreter im Zusammenhang mit dem die Entschädigung auslösenden Fall

1. schuldhaft eine der folgenden Vorschriften oder Maßnahmen nicht, nicht ordnungsgemäß oder nicht vollständig befolgt oder nicht befolgt hat:
   a) eine Vorschrift dieses Gesetzes oder eine Vorschrift eines unmittelbar geltenden Rechtsaktes der Europäischen Gemeinschaft oder der Europäischen Union im Anwendungsbereich dieses Gesetzes,
   b) eine Vorschrift des Tierische Nebenprodukte-Beseitigungsgesetzes oder eines *unmittelbar geltenden* Rechtsaktes der Europäischen Gemeinschaft oder der Europäischen Union auf dem Gebiet der tierischen Nebenprodukte,
   c) eine Vorschrift einer nach einer der in den Buchstaben a oder b bezeichneten Bestimmungen erlassenen Rechtsverordnung oder
   d) eine Maßnahme, die nach einer der in den Buchstaben a oder b bezeichneten Bestimmungen oder einer nach Buchstabe c genannten Rechtsverordnung angeordnet worden ist,
2. die in einer Rechtsverordnung nach § 4 vorgeschriebene Meldung einer dort näher bestimmten meldepflichtigen Seuche schuldhaft nicht oder nicht unver-

züglich vorgenommen hat, es sei denn, dass die Meldung von einem anderen zur Meldung einer solchen Seuche Verpflichteten unverzüglich vorgenommen worden ist,

3. an der Seuche erkrankte oder mit einem Seuchenerreger infizierte gehaltene Landtiere oder Wassertiere erworben hat und beim Erwerb Kenntnis von der Seuche hatte oder den Umständen nach hätte haben müssen.

[2] § 32 des Verwaltungsverfahrensgesetzes[1)] gilt entsprechend.

(2) Der Anspruch entfällt ferner für Tiere, die vom Unternehmer auf eigenen Wunsch mit Genehmigung der zuständigen Behörde in einen auf Grund einer tierseuchenrechtlichen Vorschrift gesperrten Bestand verbracht werden, wenn diese Tiere aus Gründen der Seuchenbekämpfung während der Sperre und wegen der Seuche, die zur Sperre geführt hat, getötet werden oder nachweislich an der Seuche verendet sind.

(3) Soweit nach Maßgabe des § 20 Absatz 1 in Verbindung mit Absatz 2 Satz 1 auf Grund landesrechtlicher Vorschriften vom Unternehmer Beiträge zur Gewährung von Entschädigungen erhoben werden, entfällt der Anspruch außerdem, wenn der Unternehmer schuldhaft

1. bei den hierzu vorgeschriebenen Erhebungen einen Tierbestand nicht angibt oder eine zu geringe Tierzahl angibt oder
2. seine Beitragspflicht nicht erfüllt.

(4) Die Absätze 1 bis 3 gelten in den Fällen des § 16 Absatz 4 Satz 2 entsprechend.

§ 19 Teilweise Entschädigung. Die Entschädigung kann in den Fällen des § 18 Absatz 1 Satz 1 und Absatz 3 teilweise gewährt werden, wenn die Schuld gering ist oder die Versagung der Entschädigung für den Unternehmer eine unbillige Härte bedeuten würde.

§ 20 Entschädigungspflichtiger. (1) [1] Die Länder regeln, wer die Entschädigung gewährt und wie sie aufzubringen ist. [2] Das Land hat die Entschädigung zu leisten; soweit von Unternehmern für bestimmte Tierarten zur Gewährung von Entschädigungen Beiträge nach Absatz 2 Satz 1 erhoben werden, hat es die Entschädigung jedoch nur zur Hälfte zu leisten.

(2) [1] Beiträge sind für Pferde, Esel, Maultiere und Maulesel, Rinder einschließlich Bisons, Wisente und Wasserbüffel, Schweine, Schafe und Ziegen, Gehegewild, Enten, Fasane, Gänse, Hühner, Laufvögel, Perlhühner, Rebhühner, Tauben, Truthühner und Wachteln, Bienen, Hummeln und Wassertiere zu erheben. [2] Von der Erhebung von Beiträgen für Pferde, Esel, Maultiere, Maulesel, Ziegen, Gehegewild, Enten, Fasane, Gänse, Hühner, Laufvögel, Perlhühner, Rebhühner, Tauben, Truthühner, Wachteln, Bienen, Hummeln und Wassertiere kann abgesehen werden, wenn sie zu einer unzumutbaren Belastung der Beitragspflichtigen, insbesondere aufgrund geringer Anzahl der betroffenen Unternehmer, führen würde oder hierfür aufgrund der Seuchensituation kein Bedarf besteht. [3] Die Beiträge sind nach Tierarten gesondert zu erheben; bestimmte Tierarten können im Rahmen der Beitragserhebung zusammengefasst werden. [4] Die Beiträge können nach der Größe der Bestände, dem Alter, dem Gewicht oder der Nutzungsart der Tiere oder den seuchenhygienischen Risiken, insbesondere aufgrund der Betriebsorga-

[1)] Nr. 100.

nisation, gestaffelt werden. [5]Ferner können die Länder die Durchführung von Tierzählungen zum Zwecke der Beitragserhebung regeln.

(3) Werden von Unternehmern zur Gewährung von Entschädigungen Beiträge erhoben, dürfen für Tiere, die dem Bund oder einem Land gehören, oder für zur Schlachtung bestimmte gehaltene Landtiere, die Schlachtstätten zugeführt worden sind, keine Beiträge erhoben werden.

§ 21 Entschädigungsberechtigter, Forderungsübergang. (1) Die Entschädigung wird, soweit ein anderer Berechtigter nicht bekannt ist, demjenigen gezahlt, in dessen Gewahrsam sich das Tier zum Zeitpunkt des Todes befand.

(2) Mit der Zahlung ist jeder Entschädigungsanspruch Dritter vorbehaltlich des Absatzes 3 erloschen.

(3) [1]Steht dem Entschädigungsberechtigten ein Anspruch auf Ersatz des Schadens gegen einen Dritten zu, so geht der Anspruch auf den zur Entschädigung Verpflichteten über, soweit dieser die Entschädigung nach diesem Gesetz gewährt. [2]Der Übergang kann nicht zum Nachteil des Entschädigungsberechtigten geltend gemacht werden. [3]Gibt der Entschädigungsberechtigte seinen Anspruch gegen den Dritten oder ein zur Sicherung des Anspruches dienendes Recht auf, so wird der zur Entschädigung Verpflichtete insoweit frei, als er aus dem Anspruch oder dem Recht hätte Ersatz erlangen können.

(4) Richtet sich der Ersatzanspruch des Entschädigungsberechtigten gegen einen mit ihm in häuslicher Gemeinschaft lebenden Familienangehörigen, so ist der Übergang ausgeschlossen; der Anspruch geht jedoch über, wenn der Angehörige den Schaden vorsätzlich verursacht hat.

§ 22 Ergänzende Bestimmungen. (1) Soweit ein unmittelbar geltender Rechtsakt der Europäischen Gemeinschaft oder der Europäischen Union im Anwendungsbereich dieses Gesetzes nicht entgegensteht oder seine Durchführung es erfordert, gelten die Absätze 3 bis 5 und die §§ 15 bis 21 hinsichtlich der Entschädigungen für Tierverluste auf Grund einer Vorschrift eines solchen Rechtsaktes entsprechend.

(2) In den Fällen des § 16 Absatz 4 Satz 2 gelten Absatz 1 und die §§ 19 bis 21 entsprechend.

(3) Weitergehende Regelungen der Länder bleiben unberührt.

(4) Für Streitigkeiten über Ansprüche nach diesem Abschnitt ist der Rechtsweg vor den Verwaltungsgerichten gegeben.

(5) [1]Ansprüche nach den §§ 15 und 16 Absatz 4 Satz 2 verjähren nach einem Jahr. [2]Die Verjährungsfrist beginnt mit dem Ende des Jahres, in dem der Anspruch entstanden ist.

Abschnitt 7. Datenverarbeitung

§ 23 Datenverarbeitung. (1) [1]Einrichtungen, die tierseuchenrechtlich vorgeschriebene Untersuchungen durchführen, übermitteln im Falle einer Untersuchung der zuständigen Behörde zu den in Absatz 3 bezeichneten Zwecken die Angaben über

1. die untersuchten Tiere, getrennt nach Tierarten, insbesondere Rinder, Schweine, Schafe, Ziegen und Einhufer, sowie die jeweilige Kennzeichnung der untersuchten Tiere, soweit diese Angaben bekannt sind,
2. die Seuche, die Anlass für die Untersuchung war,

3. das Datum der Untersuchung,
4. das Ergebnis der Untersuchung einschließlich der Untersuchungsmethode.

[2] Die in Satz 1 genannten Einrichtungen übermitteln ferner zu den in Absatz 3 Nummer 1 und 2 bezeichneten Zwecken Name und Anschrift des Unternehmers sowie die Registriernummer des Betriebes oder der Tierhaltung, in dem oder in der die untersuchten Tiere gehalten werden, soweit diese Angaben bekannt sind. [3] Im Falle der Übermittlung nach Satz 1 teilt die Untersuchungseinrichtung dem jeweiligen Unternehmer oder, soweit dieser nicht bekannt ist, dem Auftraggeber der Untersuchung die übermittelten Angaben spätestens am Tage der Übermittlung mit. [4] Soweit tierseuchenrechtlich vorgeschriebene Untersuchungen nicht in einer im Inland gelegenen Einrichtung durchgeführt werden, hat der Unternehmer die in Satz 1 genannten Angaben sowie die Registriernummer des Betriebes oder der Tierhaltung, in dem oder in der die untersuchten Tiere gehalten werden, der zuständigen Behörde zu übermitteln. [5] Die Übermittlung der Angaben nach Satz 1, 2 oder 4 oder die Mitteilung nach Satz 3 kann im automatisierten Verfahren erfolgen, im Falle der Mitteilung nach Satz 3, soweit der Unternehmer oder der Auftraggeber diesem Verfahren zugestimmt hat.

(2) [1] Der Unternehmer übermittelt der zuständigen Behörde zu den in Absatz 3 genannten Zwecken Name und Anschrift sowie die geographischen Koordinaten des Standortes seiner Tierhaltung, soweit diese Angaben nicht bereits nach anderen Vorschriften zum Schutz vor Seuchen angezeigt worden sind. [2] Die Übermittlung der Angaben nach Satz 1 kann im automatisierten Verfahren erfolgen.

(3) Die nach den Absätzen 1 und 2 zu übermittelnden Angaben dienen

1. dem Nachweis, dass gehaltene Tiere in einem bestimmten Gebiet frei von bestimmten Seuchen sind,
2. als Grundlage
   a) der Feststellung des Gesundheitsstatus oder
   b) für die Aufrechterhaltung eines bestehenden Gesundheitsstatus,

   der untersuchten gehaltenen Tiere,
3. als Grundlage für die Berichterstattung über den Gesundheitsstatus von gehaltenen Tieren gegenüber den Organen oder Einrichtungen der Europäischen Union.

(4) [1] Die zuständige Behörde kann die nach den Absätzen 1 und 2 übermittelten Angaben im Rahmen ihrer Aufgabenwahrnehmung zu den in Absatz 3 genannten Zwecken verwenden. [2] Die zuständige Behörde übermittelt auf Ersuchen die Angaben nach den Absätzen 1 und 2 an andere zuständige Behörden, soweit diese die Daten im Rahmen ihrer Aufgabenerfüllung zu den in Absatz 3 genannten Zwecken benötigen. [3] Satz 1 gilt für diese Behörden entsprechend. [4] Die Übermittlung der Angaben nach Satz 1 kann durch Abruf im automatisierten Verfahren erfolgen.

(5) [1] Die zuständige Behörde

1. übermittelt dem Friedrich-Loeffler-Institut auf Ersuchen die Angaben nach Absatz 1 sowie die vom Unternehmer nach Absatz 2 übermittelten geographischen Koordinaten des Standortes seiner Tierhaltung, soweit dies
   a) zur Erstellung von Risikobewertungen nach § 27 Absatz 2 Satz 1 Nummer 2 erforderlich ist oder
   b) zur Mitwirkung nach § 27 Absatz 3 Satz 1 Nummer 3 erforderlich ist,

2. soll dem Friedrich-Loeffler-Institut auf Ersuchen die in Nummer 1 genannten Angaben übermitteln, soweit dies zur Durchführung wissenschaftlicher Forschung auf dem Gebiet der Tiergesundheit erforderlich ist, das wissenschaftliche Interesse an der Durchführung von Forschungsvorhaben das Interesse des Betroffenen an dem Ausschluss der Zweckänderung erheblich überwiegt und der Zweck der Forschung auf andere Weise nicht oder nur mit unverhältnismäßigem Aufwand erreicht werden kann.

[2] Zusätzlich zu den Angaben nach Satz 1 übermittelt die zuständige Behörde dem Friedrich-Loeffler-Institut auf Ersuchen Angaben über das Verbringen von Tieren, und, soweit vorhanden, über das Verbringen von Erzeugnissen, Gegenständen oder Stoffen, die möglicherweise mit einem Seuchenerreger kontaminiert sind, sowie über Betriebe, die nach den Vorschriften des Tierische Nebenprodukte-Beseitigungsrechtes, des Futtermittelrechtes oder des Lebensmittelhygienerechtes zugelassen sind, soweit dies

1. zur Erstellung von Risikobewertungen nach § 27 Absatz 2 Satz 1 Nummer 2 erforderlich ist oder
2. zur Mitwirkung nach § 27 Absatz 3 Satz 1 Nummer 3 erforderlich ist.

[3] Die Übermittlung der Angaben nach Satz 1 oder 2 kann auch im automatisierten Verfahren erfolgen. [4] Für die Zulässigkeit der Verwendung der Daten durch das Friedrich-Loeffler-Institut gelten die Sätze 1 und 2 entsprechend. [5] Im Falle des Satzes 1 Nummer 2 dürfen die Daten nur in anonymisierter Form übermittelt werden.

(6) [1] Ein Unternehmer kann schriftliche Auskunft über die nach den Absätzen 1 und 2 übermittelten Angaben verlangen. [2] Er kann die Angaben nach Satz 1 im automatisierten Verfahren abrufen, soweit ein solches eingerichtet worden ist. [3] Die schriftlich erteilte unentgeltliche Auskunft nach Satz 1 oder der schriftliche unentgeltliche Auszug der Angabe nach Satz 2 aus einem solchen Auskunftsverlangen steht einer tierärztlichen Bescheinigung in den Fällen gleich, in denen diese

1. durch dieses Gesetz oder auf Grund dieses Gesetzes erlassener Rechtsverordnungen vorgeschrieben ist und
2. nicht auf Gemeinschaftsrecht oder Unionsrecht beruht oder Gemeinschaftsrecht oder Unionsrecht nicht entgegensteht.

[4] Der schriftliche Auszug nach Satz 2 hat Name und Anschrift des Unternehmers sowie das Datum desjenigen Tages zu enthalten, an dem der schriftliche Auszug gefertigt wurde. [5] Diese Angaben können auch handschriftlich hinzugefügt werden. [6] Der schriftliche Auszug ist vom Unternehmer zu unterschreiben.

(7) [1] Die in Absatz 1 bezeichneten oder nach Absatz 4 Satz 2 oder Absatz 5 Satz 1 Nummer 1 übermittelten Angaben sind von den dort jeweils genannten Behörden für die Dauer von fünf Jahren aufzubewahren. [2] Die Frist beginnt mit Ablauf des *31. Dezember* desjenigen Jahres, in dem die Daten erhoben worden sind. [3] Nach Ablauf der Aufbewahrungsfrist sind die Daten unverzüglich zu löschen, soweit sie zur Erfüllung der Aufgaben nach Absatz 3 nicht mehr benötigt werden, spätestens aber unverzüglich nach Erfüllung der Aufgaben. [4] Andere Vorschriften, nach denen eine längere Aufbewahrungsfrist besteht, bleiben unberührt. [5] Satz 3 gilt für nach Absatz 5 Satz 1 übermittelte Angaben für das Friedrich-Loeffler-Institut mit der Maßgabe entsprechend, dass diese Angaben zur Erfüllung der dort genannten Aufgaben nicht mehr benötigt werden.

Abschnitt 8. Überwachung, zuständige Behörden

§ 24 Überwachung. (1) [1]Die Durchführung der Vorschriften dieses Gesetzes und der auf Grund dieses Gesetzes erlassenen Rechtsvorschriften sowie der unmittelbar geltenden Rechtsakte der Europäischen Gemeinschaft oder der Europäischen Union im Anwendungsbereich dieses Gesetzes obliegt den nach Landesrecht zuständigen Behörden, soweit gesetzlich nichts anderes bestimmt ist. [2]In diesem Rahmen überwachen sie die Einhaltung der vorstehend genannten Vorschriften sowie der auf Grund dieser Vorschriften ergangenen vollziehbaren Anordnungen. [3]Die Überwachung ist jeweils von approbierten Tierärzten oder unter deren fachlicher Aufsicht stehenden anderen Personen durchzuführen. [4]Die §§ 27 und 28 bleiben unberührt.

(2) [1]Die zuständigen Behörden können, soweit es zur Durchführung ihrer Aufgaben nach Absatz 1 erforderlich ist, außerhalb der zuständigen Behörde tätigen Tierärzten Aufgaben übertragen oder diese zur Mitwirkung heranziehen. [2]Die Länder regeln die näheren Einzelheiten der Heranziehung.

(3) [1]Die zuständige Behörde trifft die notwendigen Anordnungen und Maßnahmen, die zur Feststellung oder zur Ausräumung eines hinreichenden Verdachtes, eines Verstoßes oder zur Beseitigung festgestellter Verstöße oder zur Verhütung künftiger Verstöße erforderlich sind. [2]Sie kann insbesondere

1. das Inverkehrbringen und die Anwendung eines In-vitro-Diagnostikums untersagen, seinen Rückruf anordnen und es sicherstellen, soweit
   a) dem In-vitro-Diagnostikum die Wirksamkeit fehlt,
   b) das In-vitro-Diagnostikum nicht die nach den Erkenntnissen der veterinärmedizinischen Wissenschaft erforderliche Qualität aufweist,
   c) die vorgeschriebenen Qualitätskontrollen nicht durchgeführt worden sind oder
   d) die erforderliche Erlaubnis für das Herstellen, die Verbringung aus einem anderen Mitgliedstaat in das Inland, die Verbringung aus dem Inland in einen anderen Mitgliedstaat, den Eingang in die Union oder die Durchfuhr des In-vitro-Diagnostikums nicht vorliegt oder ein Grund zur Rücknahme oder zum Widerruf der Erlaubnis gegeben ist,
2. anordnen, dass derjenige, der ein Tier hält, verbracht oder in den Verkehr gebracht hat oder ein Erzeugnis, einen Gegenstand oder Stoff, das oder der möglicherweise mit einem Seuchenerreger kontaminiert ist, hergestellt, behandelt, verbracht oder in den Verkehr gebracht hat oder eine der vorstehend bezeichneten Handlungen beabsichtigt,
   a) eine Untersuchung durchführt oder durchführen lässt und ihr das Ergebnis mitteilt,
   b) ihr den Eingang eines Erzeugnisses, Gegenstandes oder Stoffes, das oder der möglicherweise mit einem Seuchenerreger kontaminiert ist, anzeigt,
3. vorübergehend verbieten, dass ein Tier oder ein Erzeugnis, ein Gegenstand oder Stoff, das oder der möglicherweise mit einem Seuchenerreger kontaminiert ist, verbracht oder in den Verkehr gebracht wird, bis das Ergebnis der Untersuchung einer entnommenen Probe oder einer nach Nummer 2 Buchstabe a angeordneten Untersuchung vorliegt,
4. das Verbringen oder das Inverkehrbringen eines Tieres oder das Herstellen, das Behandeln, das Verbringen oder das Inverkehrbringen eines Erzeugnisses, eines

Gegenstandes oder Stoffes, das oder der möglicherweise mit einem Seuchenerreger kontaminiert ist, verbieten oder beschränken,

5. ein lebendes oder totes Tier, ein Teil eines Tieres oder ein Erzeugnis, einen Gegenstand oder Stoff, das oder der möglicherweise mit einem Seuchenerreger kontaminiert ist, sicherstellen oder vorläufig sicherstellen sowie die Tötung eines Tieres oder die unschädliche Beseitigung eines toten Tieres, eines Teils eines Tieres oder eines Erzeugnisses, eines Gegenstandes oder Stoffes, das oder der möglicherweise mit einem Seuchenerreger kontaminiert ist, anordnen,
6. das Verbringen eines Tieres oder eines Erzeugnisses, eines Gegenstandes oder Stoffes, das oder der möglicherweise mit einem Seuchenerreger kontaminiert ist, in das Inland im Einzelfall vorübergehend verbieten oder beschränken, wenn
   a) die Bundesrepublik Deutschland durch einen Rechtsakt der Europäischen Gemeinschaft oder der Europäischen Union im Anwendungsbereich dieses Gesetzes hierzu ermächtigt worden ist und das Bundesministerium dies im Bundesanzeiger bekannt gemacht hat oder
   b) Tatsachen vorliegen, die darauf schließen lassen, dass die Tiere oder die möglicherweise mit einem Seuchenerreger kontaminierten Erzeugnisse, Gegenstände oder Stoffe ein Risiko für die Gesundheit von Mensch oder Tier mit sich bringen,
7. die Absonderung von Tieren anordnen,
8. eine Maßnahme überwachen oder, soweit erforderlich, anordnen,
   a) mit der verhindert werden soll, dass ein Tier oder ein Erzeugnis, Gegenstand oder Stoff, das oder der möglicherweise mit einem Seuchenerreger kontaminiert ist, das oder der den Verbraucher noch nicht erreicht hat, auch durch andere Wirtschaftsbeteiligte weiter in den Verkehr gebracht wird (Rücknahme), oder
   b) die auf die Rückgabe eines in den Verkehr gebrachten Tieres oder eines Erzeugnisses, Gegenstandes oder Stoffes abzielt, das oder der möglicherweise mit einem Seuchenerreger kontaminiert ist, das oder der das den Verbraucher oder den Verwender bereits erreicht hat oder erreicht haben könnte (Rückruf),
9. anordnen, dass diejenigen, die einer von einem lebenden oder toten Tier, einem Teil eines Tieres oder einem Erzeugnis, Gegenstand oder Stoff, das oder der möglicherweise mit einem Seuchenerreger kontaminiert ist, ausgehenden Gefahr ausgesetzt sein können, rechtzeitig in geeigneter Form auf diese Gefahr hingewiesen werden,
10. eine Untersuchung, therapeutische Maßnahme, Heilbehandlung oder die Verwendung von immunologischen Tierarzneimitteln anordnen und
11. Sendungen von lebenden oder toten Tieren, von Teilen von Tieren oder von *möglicherweise mit einem* Seuchenerreger kontaminierten Erzeugnissen, Gegenständen oder Stoffen, sowie deren Beförderungsmittel, Behälter, Lademittel und Verpackungsmittel beim Eingang in die Union, der Durchfuhr und Ausfuhr anhalten.

[3] Eine Anordnung nach Satz 2 Nummer 2 setzt voraus, dass Grund zu der Annahme besteht, dass das Tier oder das Erzeugnis, der Gegenstand oder Stoff, das oder der möglicherweise mit einem Seuchenerreger kontaminiert ist, den Vorschriften dieses Gesetzes, der aufgrund dieses Gesetzes erlassenen Rechtsverordnungen oder eines unmittelbar geltenden Rechtsaktes der Europäischen Gemein-

schaft oder der Europäischen Union im Anwendungsbereich dieses Gesetzes nicht entspricht. [4] Die zuständige Behörde kann ferner das Halten von Tieren zeitweilig untersagen, soweit der Unternehmer oder Heimtierhalter wiederholt

1. rechtskräftig nach § 31 verurteilt worden ist oder
2. aufgrund rechtskräftig festgestellter Ordnungswidrigkeiten nach § 32 Absatz 1 und 2 die erforderliche Zuverlässigkeit nicht besitzt.

(4) [1] Natürliche und juristische Personen und sonstige Personenvereinigungen haben den zuständigen Behörden auf Verlangen die Auskünfte zu erteilen, die zur Durchführung der den Behörden nach Absatz 1 übertragenen Aufgaben erforderlich sind. [2] Die Auskunftspflichtigen können die Auskunft auf solche Fragen verweigern, deren Beantwortung sie selbst oder einen der in § 383 Absatz 1 Nummer 1 bis 3 der Zivilprozessordnung[1)] bezeichneten Angehörigen der Gefahr strafgerichtlicher Verfolgung oder eines Verfahrens nach dem Gesetz über Ordnungswidrigkeiten[2)] aussetzen würde.

(5) [1] Personen,

1. die von der zuständigen Behörde beauftragt sind, sowie in ihrer Begleitung befindliche Sachverständige des Bundes, der Mitgliedstaaten oder der Europäischen Kommission oder
2. des Friedrich-Loeffler-Instituts, die an epidemiologischen Untersuchungen nach § 27 Absatz 3 Satz 1 Nummer 3 mitwirken,

dürfen im Rahmen der Absätze 1 bis 4 Grundstücke, Wirtschaftsgebäude, Geschäfts-, Betriebs- und Lagerräume sowie Transportmittel während der Geschäfts- und Betriebszeiten betreten, dort Besichtigungen vornehmen und geschäftliche Unterlagen einsehen, prüfen und, soweit dies zur Aufgabenerfüllung nach den Absätzen 1 und 2 erforderlich ist, Vervielfältigungen erstellen. [2] In den Fällen des Satzes 1 Nummer 2 bedarf es des Benehmens mit der zuständigen obersten Landesbehörde.

(6) [1] Die von der zuständigen Behörde mit der Durchführung von Bekämpfungsmaßnahmen beauftragten Personen dürfen im Rahmen ihres Auftrages während der Geschäfts- und Betriebszeiten Grundstücke, Wirtschaftsgebäude, Geschäfts-, Betriebs- und Lagerräume sowie Transportmittel betreten und dort Untersuchungen von Tieren und Bekämpfungsmaßnahmen durchführen. [2] Auf Anforderung sind den beauftragten Personen lebende oder tote Tiere, Teile von Tieren oder möglicherweise mit einem Seuchenerreger kontaminierte Erzeugnisse, Gegenstände oder Stoffe zur Untersuchung zu überlassen, soweit dies zur Feststellung einer Seuche erforderlich ist.

(7) [1] Zur Verhütung dringender Gefahren für die öffentliche Sicherheit und Ordnung dürfen die in den Absätzen 5 und 6 genannten Personen

1. die Grundstücke, Wirtschaftsgebäude, Geschäfts-, Betriebs- und Lagerräume sowie Transportmittel auch außerhalb der Geschäfts- und Betriebszeiten und auch dann betreten, wenn diese zugleich Wohnzwecken des Unternehmers, Heimtierhalters oder sonst Verfügungsberechtigten dienen,
2. Wohnräume, in denen Tiere gehalten werden, betreten.

[2] Das Grundrecht der Unverletzlichkeit der Wohnung nach Artikel 13 des Grundgesetzes[3)] wird insoweit eingeschränkt.

[1)] **Habersack Nr. 100.**
[2)] **Habersack Nr. 94.**
[3)] Nr. 1.

(8) [1] Die von der zuständigen Behörde beauftragten Personen oder Personen nach Absatz 5 Satz 1 Nummer 2 sind ferner befugt, gegen Empfangsbescheinigung Proben immunologischer Tierarzneimittel sowie Proben von Futtermitteln, die Träger von Seuchenerregern sein können, nach ihrer Auswahl zum Zwecke der Untersuchung zu fordern oder zu entnehmen. [2] Soweit der Betroffene nicht ausdrücklich darauf verzichtet, ist ein Teil der Probe oder, soweit die Probe nicht oder ohne Gefährdung des Untersuchungszweckes nicht in Teile gleicher Beschaffenheit teilbar ist, ein zweites Stück der gleichen Art, wie das als Probe entnommene, zurückzulassen. [3] Zurückzulassende Proben sind amtlich zu verschließen oder zu versiegeln. [4] Sie sind mit dem Datum der Probenahme und dem Datum des Tages zu versehen, nach dessen Ablauf der Verschluss oder die Versiegelung als aufgehoben gelten. [5] Für Proben, die bei einem anderen als demjenigen entnommen werden, der immunologische Tierarzneimittel oder Futtermittel, die Träger von Seuchenerregern sein können, unter seinem Namen abgibt, ist eine angemessene Entschädigung in Geld zu leisten, soweit nicht ausdrücklich darauf verzichtet wird.

(9) Der Unternehmer, Heimtierhalter oder der sonst Verfügungsberechtigte hat die Maßnahmen nach den Absätzen 3, 5 bis 8 Satz 1 zu dulden, die mit diesen Maßnahmen beauftragten Personen zu unterstützen und die für die Durchführung dieser Maßnahmen erforderlichen geschäftlichen Unterlagen vorzulegen.

(10) Die Absätze 4 bis 6, 8 und 9 gelten für die Durchführung eines Monitorings nach § 10 entsprechend.

(11) Die nach Landesrecht für die Lebensmittelüberwachung, die Tierarzneimittelüberwachung, die Futtermittelüberwachung, die Tierschutzüberwachung und die Überwachung der tierischen Nebenprodukte zuständigen Behörden übermitteln der für die Überwachung nach Absatz 1 zuständigen Behörde auf Ersuchen die zu deren Aufgabenerfüllung erforderlichen Angaben.

(12) Das Brief- und Postgeheimnis nach Artikel 10 des Grundgesetzes wird nach Maßgabe des Absatzes 3 Satz 1 und 2 Nummer 11 eingeschränkt.

§ 25 Überwachung bestimmter Veranstaltungen und Einrichtungen.

(1) [1] Auftriebe von gehaltenen Huftieren, von in Gefangenschaft gehaltenen Vögeln, von Geflügel und von gehaltenen Hasen oder gehaltenen Kaninchen sowie Transportunternehmen und Schlachtstätten werden durch die zuständige Behörde überwacht. [2] Die zuständige Behörde kann die Anordnungen treffen, die erforderlich sind, um an den der Überwachung unterliegenden Orten oder in den der Überwachung unterliegenden Betrieben und sonstigen Einrichtungen sicherzustellen, dass die zur Erfüllung der Zwecke des § 1 Satz 1 notwendigen Anforderungen eingehalten werden.

(2) Jahr- und Wochenmärkte, auf denen gehaltene Huftiere, in Gefangenschaft gehaltene Vögel, Geflügel, gehaltene Hasen oder gehaltene Kaninchen nur in geringem Umfang gehandelt werden, können von der zuständigen Behörde von der Überwachung befreit werden, soweit Belange der Seuchenbekämpfung nicht entgegenstehen.

(3) Die Überwachung kann ausgedehnt werden auf

1. gehaltene Huftiere, in Gefangenschaft gehaltene Vögel, Geflügel, gehaltene Hasen und gehaltene Kaninchen sowie gehaltene Hunde, gehaltene Katzen und gehaltene Wassertiere, soweit sie zum Zwecke des Inverkehrbringens zusammengebracht werden,
2. Tierschauen, Wettbewerbe oder Veranstaltungen ähnlicher Art,

3. gehaltene Huftiere, in Gefangenschaft gehaltene Vögel, Geflügel, gehaltene Hasen, gehaltene Kaninchen und gehaltene Wassertiere, soweit sie auf behördliche Anordnung zusammengezogen worden sind,
4. Tierhaltungen,
5. Tierkliniken oder Tierarztpraxen oder
6. sonstige Betriebe oder Einrichtungen,

von denen die Gefahr einer Seuche ausgehen kann.

§ 26 Verordnungsermächtigungen zur Überwachung. (1) [1]Das Bundesministerium wird ermächtigt, durch Rechtsverordnung[1)] mit Zustimmung des Bundesrates, soweit es zur Erfüllung der Zwecke des § 1 notwendig ist, die Überwachung näher zu regeln. [2]Es kann dabei insbesondere Vorschriften über

1. Untersuchungen einschließlich der Probenahme,
2. Maßnahmen, die zu ergreifen sind, wenn lebende oder tote Tiere, Teile von Tieren oder möglicherweise mit einem Seuchenerreger kontaminierte Erzeugnisse, Gegenstände oder Stoffe diesem Gesetz, den auf Grund dieses Gesetzes erlassenen Rechtsverordnungen oder unmittelbar geltenden Rechtsakten der Europäischen Gemeinschaft oder der Europäischen Union im Anwendungsbereich dieses Gesetzes nicht entsprechen,
3. die Absonderung, bei lebenden Tieren auch in der Form der Quarantäne, und die behördliche Beobachtung,
4. Einzelheiten der Mitwirkungspflichten, insbesondere Duldungs-, Unterstützungs- und Vorlagepflichten,
5. Pflichten zur
   a) Durchführung bestimmter betriebseigener Kontrollen,
   b) Aufzeichnung, zur Mitführung und zur Aufbewahrung von Unterlagen und
   c) Entnahme von Proben und deren Aufbewahrung und
6. den Personenkreis, der nach den Nummern 1, 2, 4 und 5 verpflichtet ist,

erlassen.

(2) Das Bundesministerium wird ermächtigt, durch Rechtsverordnung mit Zustimmung des Bundesrates zur wirksamen Ausführung der nach diesem Gesetz oder auf Grund dieses Gesetzes vorgesehenen Maßnahmen

1. eine Anzeige über
   a) das Vorhandensein, die Anzahl, die Nutzungsart, den Abgang oder den Zugang oder über Ortsveränderungen von gehaltenen Landtieren und Wassertieren,
   b) den Abgang oder den Zugang von toten Tieren oder Teilen von Tieren oder
   c) die in den § 6 Absatz 1 Nummer 2, 5, 6 und 11 und in § 25 aufgeführten Betriebe, Unternehmen oder Veranstaltungen sowie
2. eine behördliche Registrierung oder Zulassung, einschließlich der Vergabe von Registriernummern oder Zulassungsnummern, von gehaltenen Landtieren und der in Nummer 1 Buchstabe c genannten Betriebe, Unternehmen oder Veranstaltungen

vorzuschreiben.

---

1) Siehe u.a. die SchweinehaltungshygieneVO idF der Bek. v. 2.4.2014 (BGBl. I S. 326), zuletzt geänd. durch G v. 29.3.2017 (BGBl. I S. 626).

(3) Das Bundesministerium wird ermächtigt, zur Erfüllung der Berichtspflichten, die sich aus Rechtsvorschriften nach diesem Gesetz oder auf Grund dieses Gesetzes erlassener Rechtsverordnungen[1)] oder aus Rechtsakten der Europäischen Gemeinschaft oder der Europäischen Union im Anwendungsbereich dieses Gesetzes ergeben und gegenüber der Europäischen Union bestehen, durch Rechtsverordnung mit Zustimmung des Bundesrates die Übermittlung der erforderlichen Angaben an das Bundesministerium oder das Friedrich-Loeffler-Institut durch die zuständigen Behörden zu regeln.

§ 27 Friedrich-Loeffler-Institut; Verordnungsermächtigungen. (1) [1]Das Friedrich-Loeffler-Institut ist eine selbständige Bundesoberbehörde im Geschäftsbereich des Bundesministeriums. [2]Es forscht auf dem Gebiet der Seuchen bei Tieren, des Tierschutzes, der Tierhaltung, der Tierernährung und der Nutztiergenetik und unterrichtet und berät die Bundesregierung auf diesen Gebieten.

(2) [1]Das Friedrich-Loeffler-Institut ist zuständig für

1. die Zulassung von In-vitro-Diagnostika,
2. die Erstellung von Risikobewertungen auf dem Gebiet der Seuchenbekämpfung und
3. die Beobachtung der weltweiten Tiergesundheitssituation im Hinblick auf die Gefahr der Einschleppung von Seuchenerregern durch lebende Tiere oder durch Erzeugnisse, Gegenstände oder Stoffe, die möglicherweise mit einem Seuchenerreger kontaminiert sind, in das Inland.

[2]Die für die Zulassung nach Satz 1 Nummer 1 zuständige Organisationseinheit ist personell und organisatorisch von den übrigen Organisationseinheiten des Friedrich-Loeffler-Institutes zu trennen.

(3) [1]Das Friedrich-Loeffler-Institut wirkt mit bei der

1. Erstellung von Plänen zur Durchführung eines Monitorings und der Bewertung seiner Ergebnisse,
2. Untersuchung von Tieren und möglicherweise mit einem Seuchenerreger kontaminierten Erzeugnissen, Gegenständen oder Stoffen, die zum Eingang in die Union oder zur Ausfuhr bestimmt sind,
3. epidemiologischen Untersuchung im Falle des Verdachtes oder des Ausbruchs einer Seuche.

[2]Es nimmt die Aufgabe eines

1. nationalen Referenzlabors für Seuchen,
2. Referenzlabors der Europäischen Union für Seuchen,
3. Referenzlabors eines anderen Mitgliedstaates, eines Drittlandes oder einer internationalen Organisation

wahr, soweit es als solches benannt ist.

(4) [1]Stellt das Friedrich-Loeffler-Institut im Rahmen der Wahrnehmung seiner Aufgaben als Referenzlabor nach Absatz 3 Satz 2 Nummer 2 oder 3 das Vorliegen einer Gefahr oder eines Risikos für die Tiergesundheit fest, kann es die im Rahmen seiner Tätigkeit gewonnenen Erkenntnisse einschließlich damit im Zusammenhang stehender produktbezogener Angaben veröffentlichen, soweit dies erforderlich ist, um die Gefahr abzuwehren oder dem Risiko vorzubeugen. [2]Bei der Entscheidung über die Veröffentlichung ist den Belangen der Betroffenen

---

1) Siehe u.a. die Tierseuchenmeldeverordnung v. 10.3.2026 (BGBl. 2026 I Nr. 61).

angemessen Rechnung zu tragen. [3]Personenbezogene Daten dürfen nicht veröffentlicht werden.

(5) [1]Das Friedrich-Loeffler-Institut veröffentlicht

1. unter Mitwirkung wissenschaftlicher Sachverständiger eine amtliche Sammlung von Verfahren zur Probenahme und Untersuchung von Untersuchungsmaterial tierischen Ursprungs im Hinblick auf in einer Rechtsverordnung nach § 4 näher bestimmte meldepflichtige Seuchen (amtliche Methodensammlung),
2. unter Mitwirkung der Länder jährlich einen Bericht über die Entwicklung der Tiergesundheit (Tiergesundheitsjahresbericht),
3. die Empfehlungen der Ständigen Impfkommission Veterinärmedizin nach Absatz 7 Satz 2.

[2]Die amtliche Methodensammlung nach Satz 1 Nummer 1 ist auf dem neuesten Stand zu halten.

(6) Auf Ersuchen einer obersten Landesbehörde kann das Friedrich-Loeffler-Institut die zuständigen Behörden im Hinblick auf

1. Maßnahmen
   a) zur Erkennung von Seuchen und deren Bekämpfung,
   b) zur Vorbeugung vor und der Verhinderung der Verschleppung von Seuchen,
2. die Beurteilung der Gefahren im Falle des Verdachtes oder des Ausbruches einer Seuche

beraten.

(7) [1]Beim Friedrich-Loeffler-Institut wird eine Ständige Impfkommission Veterinärmedizin eingerichtet. [2]Die Ständige Impfkommission Veterinärmedizin ist weisungsunabhängig und gibt Empfehlungen zur Durchführung von Impfungen. [3]Die Mitglieder der Ständigen Impfkommission Veterinärmedizin werden vom Friedrich-Loeffler-Institut im Einvernehmen mit dem Bundesministerium für die Dauer von drei Jahren berufen. [4]Eine Wiederberufung ist zulässig. [5]Die Ständige Impfkommission Veterinärmedizin gibt sich eine Geschäftsordnung, die der Zustimmung des Bundesministeriums bedarf. [6]Ihre Sitzungen sind vertraulich und die Mitglieder der Ständigen Impfkommission Veterinärmedizin sind zur Verschwiegenheit verpflichtet. [7]Vertreter des Bundesministeriums und des Paul-Ehrlich-Institutes nehmen mit beratender Stimme an den Sitzungen der Ständigen Impfkommission Veterinärmedizin teil. [8]Das Bundesministerium wird ermächtigt, durch Rechtsverordnung ohne Zustimmung des Bundesrates

1. die Zusammensetzung und das Verfahren der Ständigen Impfkommission Veterinärmedizin, einschließlich der Geschäftsführung, sowie die Heranziehung externer Sachverständiger zu regeln und
2. die Aufgaben der Ständigen Impfkommission Veterinärmedizin näher zu bestimmen.

(8) [1]Das Friedrich-Loeffler-Institut arbeitet zu den in § 1 genannten Zwecken mit ausländischen Stellen und supranationalen Organisationen sowie mit der Weltorganisation für Tiergesundheit und anderen internationalen Organisationen zusammen, um einer möglichen grenzüberschreitenden Ausbreitung von Seuchen vorzubeugen oder diese Ausbreitung zu verhindern. [2]Die Zusammenarbeit kann *eine dauerhafte wissenschaftliche* Zusammenarbeit mit Einrichtungen in anderen Mitgliedstaaten der Europäischen Union und in Drittstaaten, insbesondere die Ausbildung von Personal der Drittstaaten, Unterstützungsleistungen im Bereich der Labordiagnostik sowie die Beteiligung an epidemiologischen Untersuchungen

und epidemiologischen Lage- und Risikobewertungen, umfassen, auch verbunden mit dem Einsatz von Personal des Friedrich-Loeffler-Institutes im Ausland.

(9) Das Friedrich-Loeffler-Institut stellt den zuständigen Behörden die IT-Anwendung „Tierseuchennachrichten (TSN)" zur Verfügung.

§ 28 Durchführung bei Bundeswehr, Kliniken und Instituten. (1) [1] Im Geschäftsbereich des Bundesministeriums der Verteidigung obliegt die Durchführung der Vorschriften dieses Gesetzes, der auf Grund dieses Gesetzes erlassenen Rechtsvorschriften und der unmittelbar geltenden Rechtsakte der Europäischen Gemeinschaft oder der Europäischen Union im Anwendungsbereich dieses Gesetzes, mit Ausnahme der Vorschriften für die Verbringung aus einem anderen Mitgliedstaat in das Inland, die Verbringung aus dem Inland in einen anderen Mitgliedstaat, den Eingang in die Union, die Durchfuhr und die Ausfuhr, den zuständigen Dienststellen der Bundeswehr. [2] Diese Dienststellen haben der für den Standort zuständigen Behörde einen Nachweis oder Gründe für den Verdacht einer Seuche, den Verlauf und das Erlöschen einer Seuche in ihrem Zuständigkeitsbereich mitzuteilen; bei Seuchen, die bekämpft werden müssen, haben sie auch die getroffenen tierseuchenrechtlichen Maßnahmen unverzüglich mitzuteilen.

(2) Dem Friedrich-Loeffler-Institut, dem Bundesinstitut für Risikobewertung, dem Bundesamt für Verbraucherschutz und Lebensmittelsicherheit (Bundesamt) sowie dem Paul-Ehrlich-Institut obliegt die Bekämpfung von Seuchen bei den von ihnen gehaltenen Tieren, soweit die Seuchen Gegenstand bestimmter wissenschaftlicher Versuche sind.

(3) Die zuständigen obersten Landesbehörden können

1. den Vorständen der Kliniken und Institute der tierärztlichen Bildungsstätten sowie
2. im Benehmen mit dem Bundesministerium anderen an der wissenschaftlichen Erforschung von Seuchen arbeitenden Einrichtungen, bei denen ein Tierarzt angestellt ist,

die Bekämpfung von Seuchen in entsprechender Anwendung des Absatzes 2 übertragen.

(4) [1] In den Fällen der Absätze 2 und 3 finden die Vorschriften zur Bekämpfung von Seuchen mit den Einschränkungen Anwendung, die sich aus dem Zweck der wissenschaftlichen Versuche ergeben. [2] Soweit die Seuchen nicht Gegenstand bestimmter wissenschaftlicher Versuche sind, kann mit Genehmigung der zuständigen obersten Landesbehörden von einer vorgeschriebenen unverzüglichen Tötung der Versuchstiere abgesehen werden, soweit der Zweck der wissenschaftlichen Versuche dies erfordert und Belange der Seuchenbekämpfung nicht entgegenstehen.

(5) Die in den Absätzen 2 und 3 genannten Anstalten und Einrichtungen haben einen Nachweis oder Gründe für den Verdacht einer Seuche, die nicht Gegenstand ihrer wissenschaftlichen Versuche ist, unverzüglich der zuständigen Behörde mitzuteilen.

§ 29 Mitwirkung der Zollbehörden; Verordnungsermächtigung. (1) [1] Die Zollbehörden wirken bei der Überwachung der Verbringung von lebenden und toten Tieren, Teilen von Tieren und von möglicherweise mit einem Seuchenerreger kontaminierten Erzeugnissen, Gegenständen und Stoffen in die Union sowie bei deren Durchfuhr und Ausfuhr mit. [2] Die Zollbehörden können

1. Sendungen der in Satz 1 genannten Art sowie deren Beförderungsmittel, Behälter, Lademittel und Verpackungsmittel bei der Verbringung in die Union, der Durchfuhr und Ausfuhr zur Überwachung anhalten,
2. den Verdacht von Verstößen gegen Verbote und Beschränkungen nach diesem Gesetz, den auf Grund dieses Gesetzes erlassenen Rechtsverordnungen oder den unmittelbar geltenden Rechtsakten der Europäischen Gemeinschaft oder der Europäischen Union im Anwendungsbereich dieses Gesetzes, der sich bei der Abfertigung ergibt, den nach § 24 Absatz 1 zuständigen Behörden mitteilen,
3. in den Fällen der Nummer 2 anordnen, dass die Sendungen der in Satz 1 genannten Art auf Kosten und Gefahr des Verfügungsberechtigten der für die Überwachung zuständigen Behörde vorgeführt werden.

[3]Das Brief- und Postgeheimnis nach Artikel 10 des Grundgesetzes[1)] wird nach Maßgabe der Sätze 1 und 2 eingeschränkt.

(2) [1]Zum Zwecke der Überwachung aus einem Drittland in das Inland verbrachter Tiere oder möglicherweise mit einem Seuchenerreger kontaminierter Erzeugnisse, Gegenstände oder Stoffe haben die Zollbehörden den nach § 24 Absatz 1 zuständigen Behörden nach Maßgabe der Sätze 4 bis 6 die für die Überwachung erforderlichen Angaben über das Eintreffen oder den voraussichtlichen Zeitpunkt des Eintreffens von Sendungen der vorstehend genannten Art zu übermitteln. [2]Zu übermittelnde Angaben nach Satz 1 sind die Angaben über die Menge, das Herkunftsland, die für die Verbringung verantwortliche Person, den Hersteller oder einen anderen auf Grund dieses Gesetzes, der auf Grund dieses Gesetzes erlassenen Rechtsvorschriften oder der unmittelbar geltenden Rechtsakte der Europäischen Gemeinschaft oder der Europäischen Union im Anwendungsbereich dieses Gesetzes Verantwortlichen (sonstiger Verantwortlicher). [3]Die Angaben zu den für die Verbringung verantwortlichen Personen, Herstellern und sonstigen Verantwortlichen umfassen deren Name, Anschrift und Telekommunikationsdaten, soweit den Zollbehörden die Angaben im Rahmen ihrer Mitwirkung bei der Überwachung vorliegen. [4]Die Übermittlung der Angaben nach den Sätzen 1 bis 3 erfolgt ausschließlich im Rahmen eines automatisierten elektronischen Informationsaustausches zwischen den Zollbehörden und dem Bundesamt. [5]Das Bundesamt leitet die übermittelten Angaben an die zuständigen Behörden weiter. [6]Sofern die Länder für die Zwecke des Satzes 1 eine gemeinsame Stelle einrichten, sind die in den Sätzen 1 bis 3 bezeichneten Angaben dieser Stelle zu übermitteln; diese Stelle leitet die übermittelten Angaben den zuständigen Behörden weiter. [7]Die Einzelheiten des Verfahrens zur Durchführung der Sätze 1 bis 6 werden durch das Bundesministerium im Einvernehmen mit dem Bundesministerium der Finanzen durch Rechtsverordnung mit Zustimmung des Bundesrates geregelt.

(3) [1]Das Bundesamt gibt im Einvernehmen mit dem Bundesministerium der Finanzen im Bundesanzeiger die Zollbehörden bekannt, bei denen lebende oder tote Tiere, Teile von Tieren und möglicherweise mit einem Seuchenerreger kontaminierte Erzeugnisse, Gegenstände oder Stoffe die erste zulässige zollrechtliche Bestimmung erhalten können, sowie die diesen Zollbehörden zugeordneten zuständigen Behörden, soweit die Verbringung in die Union durch Rechtsverordnung nach § 14 Absatz 1 oder 2, auch in Verbindung mit § 38 Absatz 2, geregelt ist. [2]Das Bundesministerium der Finanzen kann die Erteilung des Einvernehmens nach Satz 1 auf die Generalzolldirektion übertragen.

[1)] Nr. 1

§ 30 Bereitstellung von immunologischen Tierarzneimitteln, Seuchenbekämpfungszentren. (1) Sehen Rechtsakte der Europäischen Gemeinschaft oder der Europäischen Union im Anwendungsbereich dieses Gesetzes vor, dass eine Seuche nicht durch eine allgemeine, insbesondere vorbeugende Impfung empfänglicher Tiere, sondern nur im Falle eines Ausbruchs einer Seuche zur Verhinderung einer Verschleppung der Seuche durch eine räumlich begrenzte Impfung der betroffenen Bestände bekämpft werden darf, so treffen die Länder die erforderlichen Maßnahmen, um sicherzustellen, dass das für eine notwendige Impfung erforderliche immunologische Tierarzneimittel in ausreichender Menge zur Verfügung steht.

(2) Sehen Rechtsakte der Europäischen Gemeinschaft oder der Europäischen Union im Anwendungsbereich dieses Gesetzes vor, dass im Falle des Ausbruchs einer Seuche Seuchenbekämpfungszentren eingerichtet werden müssen, so treffen der Bund und die Länder im Rahmen ihrer jeweiligen Zuständigkeit die erforderlichen Maßnahmen, damit die Seuchenbekämpfungszentren bei Ausbruch der Seuche unverzüglich einsatzbereit sind.

Abschnitt 9. Straf- und Bußgeldvorschriften

§ 31 Strafvorschriften. (1) Mit Freiheitsstrafe von bis zu zwei Jahren oder mit Geldstrafe wird bestraft, wer

1. entgegen § 13 Absatz 1 Satz 1 ein dort genanntes Tier, ein dort genanntes Erzeugnis, ein dort genanntes Teil, einen dort genannten Gegenstand oder einen dort genannten Stoff verbringt oder durchführt oder
2. entgegen einer Rechtsverordnung nach § 14 Absatz 2 Nummer 1 Buchstabe a oder b oder einer vollziehbaren Anordnung aufgrund einer solchen Rechtsverordnung zuwiderhandelt, soweit die Rechtsverordnung für einen bestimmten Tatbestand auf diese Strafvorschrift verweist.

(2) Mit Freiheitsstrafe bis zu einem Jahr oder mit Geldstrafe wird bestraft, wer

1. entgegen § 11 Absatz 2 Satz 1 ein In-vitro-Diagnostikum in den Verkehr bringt oder anwendet oder
2. ohne Erlaubnis nach § 12 Absatz 1 Satz 1 ein In-vitro-Diagnostikum herstellt.

(3) In den Fällen des Absatzes 1 ist der Versuch strafbar.

(4) Wer in den Fällen des Absatzes 1, auch in Verbindung mit Absatz 3, absichtlich eine Gefährdung von Tierbeständen herbeiführt, wird mit Freiheitsstrafe von sechs Monaten bis zu fünf Jahren bestraft.

(5) Wer eine in Absatz 1 bezeichnete Handlung fahrlässig begeht, wird mit Freiheitsstrafe bis zu einem Jahr oder mit Geldstrafe bestraft.

§ 32 Bußgeldvorschriften. (1) Ordnungswidrig handelt, wer eine in § 31 Absatz 2 bezeichnete Handlung fahrlässig begeht.

(2) Ordnungswidrig handelt, wer vorsätzlich oder fahrlässig

1. entgegen § 3 Absatz 1, auch in Verbindung mit einer Rechtsverordnung nach Absatz 3, einen Tierarzt nicht, nicht richtig, nicht vollständig, nicht in der vorgeschriebenen Weise oder nicht rechtzeitig informiert,
2. (weggefallen)
3. (weggefallen)
4. einer Rechtsverordnung

a) nach § 4 Absatz 1 Satz 2 Nummer 1 oder 2 Buchstabe a bis c, § 6 Absatz 1, auch in Verbindung mit § 38 Absatz 9 erster Halbsatz oder § 39 Absatz 2 erster Halbsatz Nummer 1, nach § 6 Absatz 1, auch in Verbindung mit § 38 Absatz 10 Satz 1 erster Halbsatz, auch in Verbindung mit § 39 Absatz 2 zweiter Halbsatz, nach § 26 Absatz 1 oder 2, jeweils auch in Verbindung mit § 38 Absatz 9 erster Halbsatz oder § 39 Absatz 2 erster Halbsatz Nummer 5, oder nach § 26 Absatz 1, 2 oder 3, jeweils auch in Verbindung mit § 38 Absatz 10 Satz 1 erster Halbsatz, auch in Verbindung mit § 39 Absatz 2 zweiter Halbsatz,

b) nach § 6 Absatz 2, auch in Verbindung mit § 38 Absatz 9 erster Halbsatz oder § 39 Absatz 2 erster Halbsatz Nummer 1, oder nach § 10 Absatz 2, auch in Verbindung mit § 38 Absatz 9 erster Halbsatz,

c) nach § 7, auch in Verbindung mit § 39 Absatz 2 erster Halbsatz Nummer 2, nach § 11 Absatz 3 Nummer 3 oder § 12 Absatz 6 Nummer 2, 3 oder Nummer 4 oder

d) nach § 14 Absatz 1 Satz 1 Nummer 1, nach § 14 Absatz 1 Satz 2 Nummer 1, Nummer 4 oder 7, jeweils auch in Verbindung mit § 39 Absatz 1 Satz 2, oder nach § 39 Absatz 1 Satz 1

oder einer vollziehbaren Anordnung auf Grund einer solchen Rechtsverordnung zuwiderhandelt, soweit die Rechtsverordnung für einen bestimmten Tatbestand auf diese Bußgeldvorschrift verweist,

5. einer vollziehbaren Anordnung nach § 5 Absatz 1 Satz 1, auch in Verbindung mit Satz 5, nach § 5 Absatz 3 Satz 1, § 8 Absatz 2, § 24 Absatz 3 Satz 2 oder 3 oder § 38 Absatz 11 zuwiderhandelt,
6. entgegen § 24 Absatz 4 Satz 1 eine Auskunft nicht, nicht richtig, nicht vollständig oder nicht rechtzeitig erteilt,
7. entgegen § 24 Absatz 9 eine Maßnahme nicht duldet oder eine Person nicht unterstützt oder
8. einer unmittelbar geltenden Vorschrift in Rechtsakten der Europäischen Gemeinschaft oder der Europäischen Union zuwiderhandelt, die inhaltlich einer Regelung entspricht, zu der die in Nummer 4

a) Buchstabe a,

b) Buchstabe b,

c) Buchstabe c oder

d) Buchstabe d

genannten Vorschriften ermächtigen, soweit eine Rechtsverordnung nach Absatz 4 für einen bestimmten Tatbestand auf diese Bußgeldvorschrift verweist.

(3) Die Ordnungswidrigkeit kann mit einer Geldbuße bis zu fünfzigtausend Euro geahndet werden.

(4) Das Bundesministerium wird ermächtigt, soweit dies zur Durchsetzung der Rechtsakte der Europäischen Gemeinschaft oder der Europäischen Union erforderlich ist, durch Rechtsverordnung[1] ohne Zustimmung des Bundesrates die Tatbestände zu bezeichnen, die als Ordnungswidrigkeit nach Absatz 2 Nummer 8 geahndet werden können.

---

[1] Siehe u.a. die EG-TSE-BußgeldVO v. 27.7.2001 (BGBl. I S. 2022), zuletzt geänd. durch VO v. 17.4. 2014 (BGBl. I S. 388).

§ 33 Einziehung. Gegenstände, auf die sich eine Straftat nach § 31 oder eine Ordnungswidrigkeit nach § 32 Absatz 2 Nummer 4 Buchstabe d bezieht, können eingezogen werden.

Abschnitt 10. Weitere Befugnisse, Schlussvorschriften

§ 34 Verordnungsermächtigung zur Aufgabenübertragung. Das Bundesministerium wird ermächtigt, durch Rechtsverordnung ohne Zustimmung des Bundesrates, Aufgaben, für die dem Bund eine Verwaltungszuständigkeit zusteht und die sich aus Rechtsakten der Europäischen Gemeinschaft oder der Europäischen Union im Anwendungsbereich dieses Gesetzes ergeben, insbesondere die Bekanntmachung der Zulassung oder Registrierung von Betrieben, auf das Bundesamt oder die Bundesanstalt für Landwirtschaft und Ernährung zu übertragen.

§ 35 Amtshilfe, gegenseitige Unterrichtung; Verordnungsermächtigung.

(1) Die zuständigen Behörden

1. erteilen der zuständigen Behörde eines anderen Mitgliedstaates auf begründetes Ersuchen die zur Überwachung der Einhaltung tierseuchenrechtlicher Vorschriften in diesem Mitgliedstaat erforderlichen Auskünfte und übermitteln die dafür notwendigen Schriftstücke,
2. überprüfen die von der ersuchenden Behörde mitgeteilten Sachverhalte und teilen ihr das Ergebnis der Prüfung mit.

(2) Die zuständigen Behörden erteilen der zuständigen Behörde eines anderen Mitgliedstaates unter Beifügung der erforderlichen Schriftstücke Auskünfte, die für die Überwachung der Einhaltung tierseuchenrechtlicher Vorschriften in diesem Mitgliedstaat erforderlich sind, insbesondere bei Verstößen oder Verdacht auf Verstöße gegen tierseuchenrechtliche Vorschriften.

(3) Die zuständigen Behörden können, sofern es zur Seuchenbekämpfung erforderlich ist oder durch Rechtsakte der Europäischen Gemeinschaft oder der Europäischen Union im Anwendungsbereich dieses Gesetzes vorgeschrieben ist, Daten, die sie im Rahmen der Seuchenbekämpfung gewonnen haben, den anderen zuständigen Behörden, den anderen Mitgliedstaaten, dem Bundesministerium, dem Friedrich-Loeffler-Institut und der Europäischen Kommission mitteilen.

(3a) [1]Die zuständigen Behörden unterrichten die für die Ermittlungen nach § 25 Absatz 1 des Infektionsschutzgesetzes[1)] zuständigen Behörden über den Verdacht, den Nachweis oder den Ausbruch einer Seuche, die auf den Menschen übertragen werden kann, unter Angabe der Gemeinde, in der der Verdacht, der Nachweis oder der Ausbruch festgestellt worden ist. [2]Personenbezogene Daten dürfen nicht übermittelt werden.

(3b) Hat die nach § 25 Absatz 1 des Infektionsschutzgesetzes zuständige Behörde Ermittlungen nach dieser Vorschrift eingeleitet, übermittelt die zuständige *Behörde auf Ersuchen* der nach § 25 Absatz 1 des Infektionsschutzgesetzes zuständigen Behörde zum Zwecke der Durchführung der Ermittlungen Name und Anschrift des Unternehmers oder Heimtierhalters, in dessen Bestand der Verdacht, der Nachweis oder der Ausbruch der Seuche festgestellt worden ist, und den Standort der Tiere.

(4) [1]Der Verkehr mit den zuständigen Behörden anderer Mitgliedstaaten und der Europäischen Kommission obliegt dem Bundesministerium, soweit in diesem

---

[1)] **Sartorius ErgBd. Nr. 285.**

Gesetz nichts anderes bestimmt ist. [2] Es kann diese Befugnis durch Rechtsverordnung ohne Zustimmung des Bundesrates auf das Friedrich-Loeffler-Institut, das Bundesamt oder die Bundesanstalt für Landwirtschaft und Ernährung übertragen. [3] Es kann diese Befugnis durch Rechtsverordnung mit Zustimmung des Bundesrates auf die zuständigen obersten Landesbehörden übertragen. [4] Ferner kann es im Einzelfall im Benehmen mit der zuständigen obersten Landesbehörde dieser die Befugnis übertragen. [5] Die obersten Landesbehörden können die Befugnisse nach den Sätzen 3 und 4 auf andere Behörden übertragen.

(5) Die Absätze 1 bis 4 gelten entsprechend für Drittländer, die Vertragspartei des Abkommens über den Europäischen Wirtschaftsraum sind.

§ 36 Schiedsverfahren. (1) [1] Ist eine von der zuständigen Behörde getroffene Maßnahme, die sich auf lebende oder tote Tiere, auf Teile von Tieren und auf Erzeugnisse, Gegenstände oder Stoffe, die möglicherweise mit einem Seuchenerreger kontaminiert sind, aus anderen Mitgliedstaaten bezieht, zwischen ihr und dem Verfügungsberechtigten streitig, so können beide Parteien einvernehmlich den Streit durch den Schiedsspruch eines Sachverständigen schlichten lassen. [2] Die Streitigkeit ist binnen eines Monats nach Bekanntgabe der Maßnahme einem Sachverständigen zu unterbreiten, der in einem von der Europäischen Kommission aufgestellten Verzeichnis aufgeführt ist. [3] Der Sachverständige hat das Gutachten binnen 72 Stunden zu erstatten.

(2) [1] Auf den Schiedsvertrag und das schiedsrichterliche Verfahren finden die Vorschriften der §§ 1025 bis 1065 der Zivilprozessordnung[1)] entsprechende Anwendung. [2] Gericht im Sinne des § 1062 der Zivilprozessordnung ist das zuständige Verwaltungsgericht; auf Rechtsmittel, die gegen Entscheidungen der zuständigen Verwaltungsgerichte erhoben werden, findet § 1065 der Zivilprozessordnung mit der Maßgabe Anwendung, dass das zuständige Oberverwaltungsgericht über das Rechtsmittel entscheidet. [3] Abweichend von § 1059 Absatz 3 Satz 1 der Zivilprozessordnung muss der Aufhebungsantrag innerhalb eines Monats bei Gericht eingereicht werden.

§ 37 Anfechtung von Anordnungen. [1] Die Anfechtung einer Anordnung

1. der Absonderung, Einsperrung oder Bewachung an einer Seuche erkrankter oder mit einem Seuchenerreger nachweislich oder möglicherweise infizierter Tiere,
2. von Maßnahmen diagnostischer Art, einer Impfung, einer Verwendung von Tierarzneimitteln, auch zu präventiven Zwecken, oder Heilbehandlung bei Tieren,
3. eines Verbringungsverbotes für Tiere eines Bestandes oder eines Gebietes,
4. über die Untersagung der Anwendung oder der Abgabe, den Rückruf oder die Sicherstellung eines immunologischen Tierarzneimittels oder die Untersagung der Anwendung eines In-vitro-Diagnostikums,
5. der Tötung von Tieren,
6. der unschädlichen Beseitigung toter Tiere, von Teilen von Tieren oder von Erzeugnissen, Gegenständen oder Stoffen, die möglicherweise mit einem Seuchenerreger kontaminiert sind,
7. der Reinigung, Desinfektion oder Entwesung,
8. eines Verbotes oder einer Beschränkung des Personen- oder Fahrzeugverkehrs,

---

1) Habersack Nr. 100.

9. über die Verpflichtung zur verstärkten Bejagung oder eines Verbotes oder einer Beschränkung der Jagd,
10. der Suche nach verendeten wild lebenden Tieren,
11. eines Verbotes oder einer Beschränkung der Nutzung landwirtschaftlicher oder forstwirtschaftlicher Flächen,
12. über die Duldung von Maßnahmen zur Absperrung von Räumlichkeiten, Örtlichkeiten oder Gebieten,

die auf eine Rechtsverordnung nach § 6 Absatz 1 oder 2, § 26 Absatz 1 oder 2 Nummer 1 oder auf § 39 Absatz 2 gestützt ist, hat keine aufschiebende Wirkung. [2]Ferner hat die Anfechtung einer Anordnung keine aufschiebende Wirkung, soweit

1. eine Anordnung im Sinne des Satzes 1 Nummer 1 bis 12 getroffen worden ist, die gestützt ist
   a) auf § 5 Absatz 1, § 24 Absatz 3 oder § 38 Absatz 11 oder
   b) auf die Verordnung (EU) 2016/429, auf eine auf Grundlage der Verordnung (EU) 2016/429 erlassenen Delegierten Verordnung oder Durchführungsverordnung oder auf die Verordnung (EU) 2019/6 oder
2. die Bejagung oder die Suche nach verendeten wild lebenden Tieren durch andere Personen als den Jagdausübungsberechtigten angeordnet worden ist.

§ 38[1)] Rechtsverordnungen und Anordnungsbefugnisse in bestimmten Fällen; Verordnungsermächtigungen. (1) Rechtsverordnungen nach diesem

---

[1)] Zum bish. TierseuchenG wurden u.a. folgende Vorschriften erlassen, die gem. § 43 Abs. 4 an das TierGesG angepasst wurden:
Verordnung zum Schutz gegen:
- Aujeszkysche Krankheit idF der Bek. v. 20.12.2005 (BGBl. I S. 3609), zuletzt geänd. durch VO v. 31.8. 2015 (BGBl. I S. 1474),
- Bienenseuchen idF der Bek. v. 3.11.2004 (BGBl. I S. 2738), zuletzt geänd. durch VO v. 17.4.2014 (BGBl. I S. 388),
- Blauzungenkrankheit idF der Bek. v. 30.6.2015 (BGBl. I S. 1095),
- Boviner Herpesvirus Typ 1 idF der Bek. v. 19.5.2015 (BGBl. I S. 767), zuletzt geänd. durch VO v. 3.5. 2016 (BGBl. I S. 1057),
- Boviner Virusdiarrhoe-Virus idF der Bek. v. 27.6.2016 (BGBl. I S. 1483),
- Brucellose idF der Bek. v. 17.5.2017 (BGBl. I S. 1267, 3060),
- Einhufer-Blutarmut v. 4.10.2010 (BGBl. I S. 1326), zuletzt geänd. durch VO v. 31.3.2020 (BGBl. I S. 752),
- Fischseuchen v. 24.11.2008 (BGBl. I S. 2315), zuletzt geänd. durch VO v. 19.11.2019 (BGBl. I S. 1862),
- Geflügelpest idF der Bek. v. 15.10.2018 (BGBl. I S. 1665, 2664),
- Geflügel-Salmonellen idF der Bek. v. 18.12.2023 (BGBl. 2023 I Nr. 381),
- Maul- und Klauenseuche idF der Bek. v. 18.7.2017 (BGBl. I S. 2666, 3245, 3526),
- Milzbrand und Rauschbrand v. 23.5.1991 (BGBl. I S. 1172), zuletzt geänd. durch VO v. 31.3.2020 (BGBl. I S. 752),
- Rinder-Deckinfektionen idF der Bek. v. 20.12.2005 (BGBl. I S. 3512), zuletzt geänd. durch VO v. 17.4. 2014 (BGBl. I S. 388),
- Rinder-Leukose idF der Bek. v. 17.5.2017 (BGBl. I S. 1262),
- Schweinepest idF der Bek. v. 8.7.2020 (BGBl. I S. 1605), zuletzt geänd. durch VO v. 6.11.2020 (BAnz AT 09.11.2020 V1),
- Schweine-Salmonellen v. 13.3.2007 (BGBl. I S. 322), zuletzt geänd. durch G v. 29.3.2017 (BGBl. I S. 626),
- Tollwut idF der Bek. v. 4.10.2010 (BGBl. I S. 1313), zuletzt geänd. durch VO v. 29.12.2014 (BGBl. I S. 2481),
- Tuberkulose idF der Bek. v. 12.7.2013 (BGBl. I S. 2445; 2014 I S. 47), zuletzt geänd. durch VO v. 17.5. 2017 (BGBl. I S. 1253),
- Vesikuläre Schweinekrankheit idF der Bek. v. 11.4.2001 (BGBl. I S. 604), zuletzt geänd. durch G v. 29.3.2017 (BGBl. I S. 626), →

Gesetz kann das Bundesministerium auch zur Durchführung von Rechtsakten der Europäischen Gemeinschaft oder der Europäischen Union im Anwendungsbereich dieses Gesetzes erlassen.

(2) Rechtsverordnungen nach diesem Gesetz, die der Zustimmung des Bundesrates bedürfen, können bei Gefahr im Verzuge oder, wenn ihr unverzügliches Inkrafttreten zur Durchführung von Rechtsakten der Europäischen Gemeinschaft oder der Europäischen Union erforderlich ist, ohne Zustimmung des Bundesrates erlassen werden.

(3) Bei Gefahr im Verzuge und soweit dies nach gemeinschaftsrechtlichen Vorschriften zulässig ist, kann das Bundesministerium durch Rechtsverordnung ohne Zustimmung des Bundesrates zu den in § 1 Satz 1 genannten Zwecken die Anwendung eines unmittelbar geltenden Rechtsaktes der Europäischen Gemeinschaft oder der Europäischen Union aussetzen oder beschränken.

(4) [1] Rechtsverordnungen nach Absatz 2 oder 3 treten spätestens sechs Monate nach ihrem Inkrafttreten außer Kraft. [2] Ihre Geltungsdauer kann nur mit Zustimmung des Bundesrates verlängert werden.

(5) Rechtsverordnungen nach diesem Gesetz, die ausschließlich der Umsetzung verbindlicher technischer Vorschriften aus Richtlinien oder Entscheidungen der Organe der Europäischen Union dienen, können ohne Zustimmung des Bundesrates erlassen werden.

(6) Das Bundesministerium wird ermächtigt, durch Rechtsverordnung ohne Zustimmung des Bundesrates Verweisungen auf Vorschriften in Rechtsakten der Europäischen Gemeinschaft oder der Europäischen Union in diesem Gesetz oder in auf Grund dieses Gesetzes erlassenen Rechtsverordnungen zu ändern, soweit es zur Anpassung an Änderungen dieser Vorschriften erforderlich ist.

(7) Das Bundesministerium wird ermächtigt, durch Rechtsverordnung ohne Zustimmung des Bundesrates Vorschriften dieses Gesetzes oder der auf Grund dieses Gesetzes erlassenen Rechtsverordnungen zu streichen oder in ihrem Wortlaut einem verbleibenden Anwendungsbereich anzupassen, soweit sie durch den Erlass entsprechender Vorschriften in unmittelbar geltenden Rechtsakten der Europäischen Gemeinschaft oder der Europäischen Union im Anwendungsbereich dieses Gesetzes unanwendbar geworden sind.

(8) [1] In den Rechtsverordnungen auf Grund dieses Gesetzes kann die jeweilige Ermächtigung ganz oder teilweise auf die Landesregierungen übertragen werden. [2] Soweit eine nach Satz 1 erlassene Rechtsverordnung die Landesregierungen zum Erlass von Rechtsverordnungen ermächtigt, sind diese befugt, die Ermächtigung durch Rechtsverordnung ganz oder teilweise auf andere Behörden zu übertragen.

(9) Die Landesregierungen können Rechtsverordnungen nach § 6 Absatz 1 und 2, den §§ 9, 10 Absatz 2 und § 26 Absatz 1 bis 3 erlassen, soweit das Bundesministerium von seiner Befugnis keinen Gebrauch macht; sie können ihre Befugnis durch Rechtsverordnung auf andere Behörden übertragen.

(10) [1] Bei Gefahr im Verzuge können die Landesregierungen durch Rechtsverordnung im Rahmen der Ermächtigungen des § 6 Absatz 1, der §§ 9 und 26 Absatz 1 bis 3 Vorschriften erlassen, die über die nach diesen Bestimmungen vom

---

(Fortsetzung der Anm. von voriger Seite)

außerdem die Tierseuchenerreger-VO v. 25.11.1985 (BGBl. I S. 2123), zuletzt geänd. durch VO v. 31.3. 2020 (BGBl. I S. 752), die TSE-ResistenzzuchtVO v. 17.10.2005 (BGBl. I S. 3028), zuletzt geänd. durch G v. 29.3.2017 (BGBl. I S. 626), die ViehverkehrsVO idF der Bek. v. 26.5.2020 (BGBl. I S. 1170) und die TierseuchenmeldeVO v. 10.3.2026 (BGBl. 2026 I Nr. 61).

Bundesministerium erlassenen Vorschriften hinausgehen, soweit ein sofortiges Eingreifen zum Schutz der Tierbestände vor Seuchen erforderlich ist; die Rechtsverordnung ist nach Beendigung der Gefahr aufzuheben. [2]Die Landesregierungen können durch Rechtsverordnung diese Befugnis auf oberste Landesbehörden übertragen.

(11) Die zuständige Behörde kann zur Vorbeugung vor Seuchen und deren Bekämpfung eine Verfügung nach Maßgabe der §§ 6, 9, 10 und 26 Absatz 1 bis 3 erlassen, soweit durch Rechtsverordnung eine Regelung nicht getroffen worden ist oder eine durch Rechtsverordnung getroffene Regelung nicht entgegensteht.

(12) Das Bundesministerium wird ermächtigt, durch Rechtsverordnung ohne Zustimmung des Bundesrates folgende Vorschriften aufzuheben:

1. Vorschriften, die auf eine Ermächtigung dieses Gesetzes zum Erlass von Rechtsverordnungen des Bundes gestützt sind, soweit diese Ermächtigung durch eine Änderung dieses Gesetzes weggefallen ist,
2. Vorschriften, die auf eine Ermächtigung des Tierseuchengesetzes oder des Viehseuchengesetzes zum Erlass von Rechtsverordnungen des Bundes gestützt sind.

(13) Die Landesregierungen werden ermächtigt, durch Rechtsverordnung folgende Vorschriften aufzuheben:

1. Vorschriften, zu deren Erlass die Landesregierungen durch dieses Gesetz oder aufgrund dieses Gesetzes ermächtigt sind, soweit die betreffende Ermächtigung durch eine Änderung dieses Gesetzes oder einer aufgrund dieses Gesetzes erlassenen Rechtsverordnung weggefallen ist,
2. Vorschriften, die auf eine Ermächtigung des Tierseuchengesetzes oder des Viehseuchengesetzes zum Erlass von Rechtsverordnungen der Landesregierungen gestützt sind.

§ 39 Weitergehende Maßnahmen; Verordnungsermächtigungen.

(1) [1]Das Bundesministerium wird ermächtigt, durch Rechtsverordnung[1)] mit Zustimmung des Bundesrates die Verbringung aus einem anderen Mitgliedstaat in das Inland, die Verbringung aus dem Inland in einen anderen Mitgliedstaat, den Eingang in die Union, die Ausfuhr und die Durchfuhr von lebenden oder toten Tieren, Teilen von Tieren oder von Erzeugnissen, Gegenständen oder Stoffen, die möglicherweise mit einem Seuchenerreger kontaminiert sind, zu verbieten oder zu beschränken, soweit dies zur Vorsorge für die Gesundheit von Mensch oder Tier oder zu deren Schutz erforderlich ist und Regelungen aufgrund anderer Vorschriften dieses Gesetzes oder aufgrund des Lebensmittel- und Futtermittelgesetzbuches[2)] nicht getroffen werden können. [2]§ 14 Absatz 1 Satz 2 und § 38 Absatz 2 und 4 gelten entsprechend.

(2) Das Bundesministerium wird ferner ermächtigt, durch Rechtsverordnung *mit Zustimmung des Bundesrates* unter den Voraussetzungen des Absatzes 1 im Hinblick auf lebende und tote Tiere, Teile von Tieren oder im Hinblick auf Erzeugnisse, Gegenstände oder Stoffe, die möglicherweise mit einem Seuchenerreger kontaminiert sind, Vorschriften in entsprechender Anwendung

1. des § 6,
2. des § 7,

[1)] Siehe u.a. die TSE-Vorsorgeverordnung v. 20.12.2005 (BGBl. I S. 3618).
[2)] **Sartorius ErgBd. Nr. 862.**

3. des § 8,
4. des § 9 oder
5. des § 26

zu erlassen und hierbei insbesondere im Falle nicht im Inland vorkommender Seuchen die Tötung von Tieren vorzuschreiben; die §§ 37 und 38 Absatz 1, 2, 4, 10 und 11 gelten entsprechend.

§ 39a Beschränkungen des Eigentums, Entschädigung und Ausgleich.

(1) Führen Beschränkungen des Eigentums in Folge von Maßnahmen nach § 6 Absatz 1 Nummer 18a, 28, auch in Verbindung mit § 6 Absatz 6, Nummer 28b oder 28c oder von Rechtsvorschriften, die auf Grund dieser Vorschrift erlassen worden sind, im Einzelfall zu einer unzumutbaren Belastung, der nicht durch andere Maßnahmen, insbesondere durch die Gewährung einer Ausnahme, abgeholfen werden kann, ist eine angemessene Entschädigung zu leisten, soweit der Berechtigte nicht Ersatz nach § 6 Absatz 7, 8 oder 9 zu erlangen vermag.

(2) [1]Die Entschädigung ist in Geld zu leisten. [2]Sie kann in wiederkehrenden Leistungen bestehen. [3]Das Nähere richtet sich nach Landesrecht.

(3) Die Länder können vorsehen, dass Eigentümern und Nutzungsberechtigten, denen auf Grund von Vorschriften dieses Gesetzes oder Rechtsvorschriften, die auf Grund dieses Gesetzes erlassen worden sind, insbesondere die Nutzung von Grundstücken wesentlich erschwert wird, ohne dass eine Entschädigung nach den Absätzen 1 oder 2 zu leisten ist, auf Antrag ein angemessener Ausgleich nach Maßgabe des jeweiligen Haushaltsgesetzes gezahlt werden kann.

§ 40 (weggefallen)

§ 41 Verhältnis zu anderen Vorschriften. [1]Soweit in oder auf Futtermitteln Seuchenerreger einer in einer Rechtsverordnung nach § 4 näher bestimmten meldepflichtigen Seuche oder einer mitteilungspflichtigen Seuche vorhanden sind oder sein können, gelten, vorbehaltlich des Satzes 2, hinsichtlich der Verbote und Beschränkungen für die Teilnahme am Warenverkehr und die Verwendung innerhalb eines Betriebes, ausschließlich dieses Gesetz und die auf Grund dieses Gesetzes erlassenen Rechtsverordnungen. [2]§ 17 Absatz 1 Satz 1 des Lebensmittel- und Futtermittelgesetzbuches[1)] bleibt unberührt.

§ 42 (weggefallen)

§ 43 Übergangsvorschriften; Verordnungsermächtigung. (1) Ausnahmegenehmigungen nach § 17c Absatz 4 des Tierseuchengesetzes in der Fassung der Bekanntmachung vom 22. Juni 2004 (BGBl. I S. 1260, 3588), das zuletzt durch Artikel 2 Absatz 87 des Gesetzes vom 22. Dezember 2011 (BGBl. I S. 3044) geändert worden ist, gelten bis zum Ablauf der jeweiligen Genehmigung fort.

(2) Eine Erlaubnis für die Herstellung von Sera, Impfstoffen und Antigenen nach § 17d Absatz 1 Satz 1 des Tierseuchengesetzes in der Fassung der Bekanntmachung vom 22. Juni 2004 (BGBl. I S. 1260, 3588), das zuletzt durch Artikel 2 Absatz 87 des Gesetzes vom 22. Dezember 2011 (BGBl. I S. 3044) geändert worden ist, die bis zum 30. April 2014 erteilt worden ist, gilt im bisherigen Umfang als Erlaubnis im Sinne des § 12 Absatz 1 fort.

(2a) Bis zum Inkrafttreten einer Rechtsverordnung nach § 4

[1)] **Sartorius ErgBd. Nr. 862.**

1. findet § 4 in seiner bis zum Ablauf des 9. März 2026 geltenden Fassung weiter Anwendung mit der Maßgabe, dass an die Stelle des Tierhalters der Unternehmer und der Heimtierhalter treten,
2. gilt § 5 Absatz 1 Satz 1 mit der Maßgabe, dass an die Stelle der Meldung einer in einer Rechtsverordnung nach § 4 näher bestimmten meldepflichtigen Seuche die Anzeige einer Seuche tritt, die in der Verordnung über anzeigepflichtige Tierseuchen gelistet ist,
3. gelten § 5 Absatz 1 Satz 4, Absatz 2 und 3 Satz 4, § 15 Nummer 2 und § 27 Absatz 5 Satz 1 Nummer 1 jeweils mit der Maßgabe, dass an die Stelle einer in einer Rechtsverordnung nach § 4 näher bestimmten meldepflichtigen Seuche eine Seuche tritt, die in der Verordnung über anzeigepflichtige Tierseuchen gelistet ist,
4. gilt § 5 Absatz 1 Satz 5 mit der Maßgabe, dass an die Stelle der in § 5 Absatz 1 Satz 4 genannten meldepflichtigen Seuchen andere Seuchen treten, als die in der Verordnung über anzeigepflichtige Tierseuchen gelisteten,
5. gilt § 11 Absatz 2 Satz 1 mit der Maßgabe, dass an die Stelle der meldepflichtigen Seuchen jene Seuchen treten, die in der Verordnung über anzeigepflichtige Tierseuchen und der Verordnung über meldepflichtige Tierkrankheiten gelistet sind,
6. gelten § 16 Absatz 3 Nummer 1 und § 18 Absatz 1 Satz 1 Nummer 2 mit der Maßgabe, dass an die Stelle der in einer Rechtsverordnung nach § 4 vorgeschriebenen Meldung einer dort näher bestimmten meldepflichtigen Seuche die Anzeige nach § 4 in seiner bis zum Ablauf des 9. März 2026 geltenden Fassung in Verbindung mit Nummer 1 einer solchen Seuche tritt, die in der Verordnung über anzeigepflichtige Tierseuchen gelistet ist,
7. gilt § 41 Satz 1 mit der Maßgabe, dass an die Stelle der Seuchenerreger einer in einer Rechtsverordnung nach § 4 näher bestimmten meldepflichtigen Seuche der Seuchenerreger einer in der Verordnung über anzeigepflichtigen Tierseuchen gelisteten Tierseuche tritt.

(3) [1] § 11 Absatz 2 ist ab dem 1. Januar 2015 anzuwenden. [2] Bis zu diesem Zeitpunkt sind die Vorschriften des § 17c des Tierseuchengesetzes in der bis zum Ablauf des 27. Mai 2013 geltenden Fassung über die Zulassung und Verwendung von Nachweismethoden anzuwenden.

(3a) Der Entschädigungshöchstsatz nach § 16 Absatz 2 Satz 1 Nummer 7 ist zu Grunde zu legen, wenn der die Entschädigungspflicht begründende Umstand nach Ablauf des 30. September 2025 eingetreten ist.

(4) Das Bundesministerium wird ermächtigt, durch Rechtsverordnung ohne Zustimmung des Bundesrates in Rechtsverordnungen, die auf Grund des Tierseuchengesetzes erlassen worden sind, die Anpassungen vorzunehmen, die erforderlich sind, um die jeweilige Rechtsverordnung an die Ablösung des ermächtigenden Gesetzes durch dieses Gesetzes anzupassen.

1. mit § 4 in seiner bis zum Ablauf des 3. März 2026 geltenden Fassung weiter Anwendung mit der Maßgabe, dass an die Stelle des Tierhalters der Unternehmer und der [illegible] tritt,
2. gilt § 5 Absatz 1 Satz 1 mit der Maßgabe, dass an die Stelle der Meldung einer in einer Rechtsverordnung nach § 4 näher bestimmten meldepflichtigen Tierseuche die Anzeige einer Seuche tritt, die in der Verordnung über anzeigepflichtige Tierseuchen gelistet ist,
3. gelten § 6 Absatz 1 Satz 4, Absatz 2 und 3 Satz 4, § 15 Nummer 2 und § 27 Absatz 6 Satz 1 Nummer 1 jeweils mit der Maßgabe, dass an die Stelle einer in einer Rechtsverordnung nach § 4 näher bestimmten meldepflichtigen Seuche eine Seuche tritt, die in der Verordnung über anzeigepflichtige Tierseuchen gelistet ist,
4. gilt § 6 Absatz 1 Satz 5 mit der Maßgabe, dass an die Stelle der in § 5 Absatz 1 Satz 1 genannten meldepflichtigen Seuchen andere Seuchen treten, als die in der Verordnung über anzeigepflichtige Tierseuchen gelisteten,
5. gilt § 11 Absatz 2 Satz 1 mit der Maßgabe, dass an die Stelle der meldepflichtigen Seuchen die Seuchen treten, die in der Verordnung über anzeigepflichtige Tierseuchen und der Verordnung über meldepflichtige Tierkrankheiten gelistet sind,
6. gelten § 26 Absatz 3 Nummer 1 und § 38 Absatz 1 Satz 1 Nummer 2 mit der Maßgabe, dass an die Stelle der in einer Rechtsverordnung nach § 4 vorgeschriebenen Meldung einer dort näher bestimmten meldepflichtigen Seuche die Anzeige nach § 4 in seiner bis zum Ablauf des 3. März 2026 geltenden Fassung in Verbindung mit Nummer 1 einer solchen Seuche tritt, die in der Verordnung über anzeigepflichtige Tierseuchen gelistet ist,
7. gilt § 41 Satz 1 mit der Maßgabe, dass an die Stelle der Seuchenerreger einer in einer Rechtsverordnung nach § 4 näher bestimmten meldepflichtigen Seuche der Seuchenerreger einer in der Verordnung über anzeigepflichtige Tierseuchen gelisteten Tierseuche tritt.

(9) § 14 Absatz 2 ist ab dem 1. Januar 2025 anzuwenden. Bis zu diesem Zeitpunkt sind die Vorschriften des § 14 des Tiergesundheitsgesetzes in der bis zum Ablauf des 27. Mai 2018 geltenden Fassung über die Zulassung und Verwendung von Nachweismethoden anzuwenden.

(10) Dem Entschädigungsanspruch nach § 16 Absatz 2 Satz 1 Nummer 1 ist zu Grunde zu legen, wenn der die Entschädigungspflicht begründende Umstand nach Ablauf des 16. September 2025 eingetreten ist.

(11) Das Bundesministerium wird ermächtigt, durch Rechtsverordnung ohne Zustimmung des Bundesrates in Rechtsverordnungen, die auf Grund des Tiergesundheitsgesetzes erlassen worden sind, die Anpassungen vorzunehmen, die erforderlich sind, um die jeweilige Rechtsverordnung an die Ablösung des ermächtigenden Gesetzes durch dieses Gesetz anzupassen.

873. Tierschutzgesetz

In der Fassung der Bekanntmachung vom 18. Mai 2006[1)]

(BGBl. I S. 1206, ber. S. 1313)

FNA 7833-3

geänd. durch Art. 4 Tierzuchtrecht-NeuordnungsG v. 21.12.2006 (BGBl. I S. 3294), Art. 2 G zur Änd. der gesetzlichen Berichtspflichten im Zuständigkeitsbereich des BMELV v. 13.12.2007 (BGBl. I S. 2936), Art. 1 Erstes ÄndG v. 18.12.2007 (BGBl. I S. 3001, ber. 2008 I S. 47), Art. 1 Zweites ÄndG v. 15.7.2009 (BGBl. I S. 1950), Art. 20 Bundesrecht-AnpassungsG im Zuständigkeitsbereich des BMELV v. 9.12.2010 (BGBl. I S. 1934), Art. 1 Drittes G zur Änd. des TierschutzG v. 4.7.2013 (BGBl. I S. 2182, ber. S. 3911), Art. 2 Abs. 114, Art. 4 Abs. 90 G zur Strukturreform des Gebührenrechts des Bundes v. 7.8.2013 (BGBl. I S. 3154, geänd. durch G v. 18.7.2016, BGBl. I S. 1666), Art. 3 G zur Änd. des RindfleischetikettierungsG, des LegehennenbetriebsregisterG und des TierschutzG v. 28.7.2014 (BGBl. I S. 1308), Art. 8 Abs. 13 G zur Neuorganisation der Zollverwaltung v. 3.12.2015 (BGBl. I S. 2178), Art. 2 G zur Aktualisierung der Strukturreform des Gebührenrechts des Bundes v. 18.7.2016 (BGBl. I S. 1666)(BGBl. I S. 3154), Art. 141 G zum Abbau verzichtbarer Anordnungen der Schriftform im Verwaltungsrecht des Bundes v. 29.3.2017 (BGBl. I S. 626), Art. 1 Viertes ÄndG v. 17.12.2018 (BGBl. I S. 2586), Art. 101 Zweites Datenschutz-Anpassungs- und UmsetzungsG EU v. 20.11.2019 (BGBl. I S. 1626), Art. 280 Elfte ZuständigkeitsanpassungsVO v. 19.6.2020 (BGBl. I S. 1328), Art. 1, Art 2 G zur Änd. des TierschutzG – Verbot des Kükentötens v. 18.6.2021 (BGBl. I S. 1826, geänd. durch G v. 17.8.2023, BGBl. 2023 I Nr. 219), Art. 1 G zur Änd. des TierschutzG – Schutz von Versuchstieren v. 18.6.2021 (BGBl. I S. 1828), Art. 105 PersonengesellschaftsrechtsmodernisierungsG (MoPeG) v. 10.8.2021 (BGBl. I S. 3436) und Art. 2 Abs. 20 G zur Modernisierung des Verkündungs- und Bekanntmachungswesens v. 20.12.2022 (BGBl. I S. 2752)

Zum TierSchG wurden ua folgende Durchführungsvorschriften erlassen:
- Tierschutz-SchlachtVO v. 20.12.2012 (BGBl. I S. 2982)
- Tierschutz-HundeVO v. 2.5.2001 (BGBl. I S. 838), zuletzt geänd. durch VO v. 25.11.2021 (BGBl. I S. 4970)
- Tierschutzkommissions-VO v. 23.6.1987 (BGBl. I S. 1557), zuletzt geänd. durch VO v. 31.8.2015 (BGBl. I S. 1474)
- Tierschutz-NutztierhaltungsVO idF der Bek. v. 22.8.2006 (BGBl. I S. 2043), zuletzt geänd. durch VO v. 29.1.2021 (BGBl. I S. 146)
- TierschutztransportVO v. 11.2.2009 (BGBl. I S. 375), zuletzt geänd. durch VO v. 25.11.2021 (BGBl. I S. 4970)
- ZirkusregisterVO v. 6.3.2008 (BGBl. I S. 376), geänd. durch VO v. 12.12.2013 (BGBl. I S. 4145)
- Tierschutz-VersuchstierVO v. 1.8.2013 (BGBl. I S. 3125, 3126), zuletzt geänd. durch VO v. 11.8.2021 (BGBl. I S. 3570)
- VersuchstiermeldeVO v. 12.12.2013 (BGBl. I S. 4145), zuletzt geänd. durch VO v. 11.8.2021 (BGBl. I S. 3570)
- ReferenzlaboratoriumzuweisungsVO v. 7.8.2007 (BGBl. I S. 1939), zuletzt geänd. durch VO v. 29.7. 2021 (BGBl. I S. 3294)
- LegehennenbetriebsregisterG v. 12.9.2003 (BGBl. I S. 1894), zuletzt geänd. durch G v. 28.7.2014 (BGBl. I S. 1308)
- LegehennenbetriebsregisterVO v. 6.10.2003 (BGBl. I S. 1969)
- FerkelbetäubungssachkundeVO v. 8.1.2020 (BGBl. I S. 96)

Erster Abschnitt. Grundsatz

§ 1 [Zweck und Grundsatz des Gesetzes] [1] Zweck dieses Gesetzes ist es, aus der Verantwortung des Menschen für das Tier als Mitgeschöpf dessen Leben und Wohlbefinden zu schützen. [2] Niemand darf einem Tier ohne vernünftigen Grund Schmerzen, Leiden oder Schäden zufügen.

[1)] Neubekanntmachung des TierschutzG idF der Bek. v. 25.5.1998 (BGBl. I S. 1105, ber. S. 1818) in der ab 25.4.2006 geltenden Fassung.

Zweiter Abschnitt. Tierhaltung

§ 2 [Allgemeine Bestimmungen] Wer ein Tier hält, betreut oder zu betreuen hat,

1. muss das Tier seiner Art und seinen Bedürfnissen entsprechend angemessen ernähren, pflegen und verhaltensgerecht unterbringen,
2. darf die Möglichkeit des Tieres zu artgemäßer Bewegung nicht so einschränken, dass ihm Schmerzen oder vermeidbare Leiden oder Schäden zugefügt werden,
3. muss über die für eine angemessene Ernährung, Pflege und verhaltensgerechte Unterbringung des Tieres erforderlichen Kenntnisse und Fähigkeiten verfügen.

§ 2a[1)] [Ermächtigungen] (1) Das Bundesministerium für Ernährung und Landwirtschaft (Bundesministerium) wird ermächtigt, durch Rechtsverordnung[2)] mit Zustimmung des Bundesrates, soweit es zum Schutz der Tiere erforderlich ist, die Anforderungen an die Haltung von Tieren nach § 2 näher zu bestimmen und dabei insbesondere Vorschriften zu erlassen über Anforderungen

1. hinsichtlich der Bewegungsmöglichkeit oder der Gemeinschaftsbedürfnisse der Tiere
2. an Räume, Käfige, andere Behältnisse und sonstige Einrichtungen zur Unterbringung von Tieren sowie an die Beschaffenheit von Anbinde-, Fütterungs- und Tränkvorrichtungen,
3. hinsichtlich der Lichtverhältnisse und des Raumklimas bei der Unterbringung der Tiere,
4. an die Pflege einschließlich der Überwachung der Tiere; hierbei kann das Bundesministerium auch vorschreiben, dass Aufzeichnungen über die Ergebnisse der Überwachung zu machen, aufzubewahren und der zuständigen Behörde auf Verlangen vorzulegen sind,
5. an Kenntnisse und Fähigkeiten von Personen, die Tiere halten, betreuen oder zu betreuen haben und an den Nachweis dieser Kenntnisse und Fähigkeiten,
6. an Sicherheitsvorkehrungen im Falle technischer Störungen oder im Brandfall.

(1a) Das Bundesministerium wird ermächtigt, durch Rechtsverordnung mit Zustimmung des Bundesrates, soweit es zum Schutz der Tiere erforderlich ist, Anforderungen an Ziele, Mittel und Methoden bei der Ausbildung, bei der Erziehung oder beim Training von Tieren festzulegen.

(1b) Das Bundesministerium wird ermächtigt, durch Rechtsverordnung mit Zustimmung des Bundesrates, soweit es zum Schutz der Tiere erforderlich ist und sich eine Pflicht zur Kennzeichnung nicht aus § 11a Absatz 3 ergibt, Vorschriften zur Kennzeichnung von Tieren, insbesondere von Hunden und Katzen, sowie zur Art und Durchführung der Kennzeichnung zu erlassen.

(2) [1] Das Bundesministerium wird ermächtigt, im Einvernehmen mit dem Bundesministerium für Verkehr und digitale Infrastruktur durch Rechtsverordnung[2)] mit Zustimmung des Bundesrates, soweit es zum Schutz der Tiere erforderlich ist, ihre Beförderung zu regeln. [2] Es kann hierbei insbesondere

---

[1)] § 2a Abs. 2 Satz 2 Nr. 7 geänd. mWv 15.12.2010 durch G v. 9.12.2010 (BGBl. I S. 1934); Abs. 1 Nr. 5 geänd., Nr. 6 angef., Abs. 1b geänd., Abs. 3 angef. mWv 13.7.2013 durch G v. 4.7.2013 (BGBl. I S. 2182); Abs. 1 einl. Satzteil und Abs. 2 Satz 1 geänd. mWv 5.8.2014 durch G v. 28.7.2014 (BGBl. I S. 1308).

[2)] Siehe die Anm. am Titel.

1. Anforderungen
   a) hinsichtlich der Transportfähigkeit von Tieren,
   b) an Transportmittel für Tiere
   festlegen,

1a. bestimmte Transportmittel und Versendungsarten für die Beförderung bestimmter Tiere, insbesondere die Versendung als Nachnahme, verbieten oder beschränken,

2. bestimmte Transportmittel und Versendungsarten für die Beförderung bestimmter Tiere vorschreiben,

3. vorschreiben, dass bestimmte Tiere bei der Beförderung von einem Betreuer begleitet werden müssen,

3a. vorschreiben, dass Personen, die Tiertransporte durchführen oder hierbei mitwirken, bestimmte Kenntnisse und Fähigkeiten haben und diese nachweisen müssen,

4. Vorschriften über das Verladen, Entladen, Unterbringen, Ernähren und Pflegen der Tiere erlassen,

5. als Voraussetzung für die Durchführung von Tiertransporten bestimmte Bescheinigungen, Erklärungen oder Meldungen vorschreiben sowie deren Ausstellung und Aufbewahrung regeln,

6. vorschreiben, dass, wer gewerbsmäßig Tiertransporte durchführt, einer Erlaubnis der zuständigen Behörde bedarf oder bei der zuständigen Behörde registriert sein muss, sowie die Voraussetzungen und das Verfahren bei der Erteilung der Erlaubnis und bei der Registrierung regeln,

7. vorschreiben, dass, wer Tiere während des Transports in einer Einrichtung oder einem Betrieb ernähren, pflegen oder unterbringen will, einer Erlaubnis der zuständigen Behörde bedarf, und die Voraussetzungen und das Verfahren der Erteilung der Erlaubnis regeln, soweit dies zur Durchführung von Rechtsakten der Europäischen Gemeinschaft oder der Europäischen Union erforderlich ist.

(3) Des Einvernehmens des Bundesministeriums für Bildung und Forschung bedürfen Rechtsverordnungen

1. nach Absatz 1, soweit sie Anforderungen an die Haltung von Tieren festlegen, die zur Verwendung in Tierversuchen bestimmt sind oder deren Gewebe oder Organe dazu bestimmt sind, zu wissenschaftlichen Zwecken verwendet zu werden,

2. nach Absatz 2 Satz 1, soweit sie die Beförderung von Tieren regeln, die zur Verwendung in Tierversuchen bestimmt sind oder deren Gewebe oder Organe dazu bestimmt sind, zu wissenschaftlichen Zwecken verwendet zu werden.

§ 3[1)] **[Besondere Bestimmungen]** [1] Es ist verboten,

1. einem Tier außer in Notfällen Leistungen abzuverlangen, denen es wegen seines Zustandes offensichtlich nicht gewachsen ist oder die offensichtlich seine Kräfte übersteigen,

1a. einem Tier, an dem Eingriffe und Behandlungen vorgenommen worden sind, die einen leistungsmindernden körperlichen Zustand verdecken, Leistungen abzuverlangen, denen es wegen seines körperlichen Zustandes nicht gewachsen ist,

---

[1)] § 3 Satz 1 Nr. 2, 11 geänd., Nr. 12, 13 und Satz 2 angef. mWv 13.7.2013 durch G v. 4.7.2013 (BGBl. I S. 2182).

1b. an einem Tier im Training oder bei sportlichen Wettkämpfen oder ähnlichen Veranstaltungen Maßnahmen, die mit erheblichen Schmerzen, Leiden oder Schäden verbunden sind und die die Leistungsfähigkeit von Tieren beeinflussen können, sowie an einem Tier bei sportlichen Wettkämpfen oder ähnlichen Veranstaltungen Dopingmittel anzuwenden,

2. ein gebrechliches, krankes, abgetriebenes oder altes, im Haus, Betrieb oder sonst in Obhut des Menschen gehaltenes Tier, für das ein Weiterleben mit nicht behebbaren Schmerzen oder Leiden verbunden ist, zu einem anderen Zweck als zur unverzüglichen schmerzlosen Tötung zu veräußern oder zu erwerben; dies gilt nicht für die unmittelbare Abgabe eines kranken Tieres an eine Person oder Einrichtung, der eine Genehmigung nach § 8 Absatz 1 Satz 1 und, wenn es sich um ein Wirbeltier handelt, erforderlichenfalls eine Genehmigung nach Vorschriften, die auf Grund des § 9 Absatz 3 Nummer 1 und 2 erlassen worden sind, für Versuche an solchen Tieren erteilt worden ist,

3. ein im Haus, Betrieb oder sonst in Obhut des Menschen gehaltenes Tier auszusetzen oder es zurückzulassen, um sich seiner zu entledigen oder sich der Halter- oder Betreuerpflicht zu entziehen,

4. ein gezüchtetes oder aufgezogenes Tier einer wildlebenden Art in der freien Natur auszusetzen oder anzusiedeln, das nicht auf die zum Überleben in dem vorgesehenen Lebensraum erforderliche artgemäße Nahrungsaufnahme vorbereitet und an das Klima angepasst ist; die Vorschriften des Jagdrechts und des Naturschutzrechts bleiben unberührt,

5. ein Tier auszubilden oder zu trainieren, sofern damit erhebliche Schmerzen, Leiden oder Schäden für das Tier verbunden sind,

6. ein Tier zu einer Filmaufnahme, Schaustellung, Werbung oder ähnlichen Veranstaltung heranzuziehen, sofern damit Schmerzen, Leiden oder Schäden für das Tier verbunden sind,

7. ein Tier an einem anderen lebenden Tier auf Schärfe abzurichten oder zu prüfen,

8. ein Tier auf ein anderes Tier zu hetzen, soweit dies nicht die Grundsätze weidgerechter Jagdausübung erfordern,

8a. ein Tier zu einem derartig aggressiven Verhalten auszubilden oder abzurichten, dass dieses Verhalten

   a) bei ihm selbst zu Schmerzen, Leiden oder Schäden führt oder

   b) im Rahmen jeglichen artgemäßen Kontaktes mit Artgenossen bei ihm selbst oder einem Artgenossen zu Schmerzen oder vermeidbaren Leiden oder Schäden führt oder

   c) seine Haltung nur unter Bedingungen zulässt, die bei ihm zu Schmerzen oder vermeidbaren Leiden oder Schäden führen,

9. einem Tier durch Anwendung von Zwang Futter einzuverleiben, sofern dies nicht aus gesundheitlichen Gründen erforderlich ist,

10. einem Tier Futter darzureichen, das dem Tier erhebliche Schmerzen, Leiden oder Schäden bereitet,

11. ein Gerät zu verwenden, das durch direkte Stromeinwirkung das artgemäße Verhalten eines Tieres, insbesondere seine Bewegung, erheblich einschränkt oder es zur Bewegung zwingt und dem Tier dadurch nicht unerhebliche Schmerzen, Leiden oder Schäden zufügt, soweit dies nicht nach bundes- oder landesrechtlichen Vorschriften zulässig ist,

12. ein Tier als Preis oder Belohnung bei einem Wettbewerb, einer Verlosung, einem Preisausschreiben oder einer ähnlichen Veranstaltung auszuloben,
13. ein Tier für eigene sexuelle Handlungen zu nutzen oder für sexuelle Handlungen Dritter abzurichten oder zur Verfügung zu stellen und dadurch zu artwidrigem Verhalten zu zwingen.

[2] Satz 1 Nummer 12 gilt nicht, wenn das Tier auf einer in Satz 1 Nummer 12 bezeichneten Veranstaltung ausgelobt wird, bei der erwartet werden kann, dass die Teilnehmer der Veranstaltung im Falle des Gewinns als künftige Tierhalter die Einhaltung der Anforderungen des § 2 sicherstellen können.

Dritter Abschnitt. Töten von Tieren

§ 4[1)] [Tötung] (1) [1] Ein Wirbeltier darf nur unter wirksamer Schmerzausschaltung (Betäubung) in einem Zustand der Wahrnehmungs- und Empfindungslosigkeit oder sonst, soweit nach den gegebenen Umständen zumutbar, nur unter Vermeidung von Schmerzen getötet werden. [2] Ist die Tötung eines Wirbeltieres ohne Betäubung im Rahmen weidgerechter Ausübung der Jagd oder auf Grund anderer Rechtsvorschriften zulässig oder erfolgt sie im Rahmen zulässiger Schädlingsbekämpfungsmaßnahmen, so darf die Tötung nur vorgenommen werden, wenn hierbei nicht mehr als unvermeidbare Schmerzen entstehen. [3] Ein Wirbeltier töten darf nur, wer die dazu notwendigen Kenntnisse und Fähigkeiten hat.

(1a) [1] Personen, die berufs- oder gewerbsmäßig regelmäßig Wirbeltiere zum Zweck des Tötens betäuben oder töten, haben gegenüber der zuständigen Behörde einen Sachkundenachweis zu erbringen. [2] Wird im Rahmen einer Tätigkeit nach Satz 1 Geflügel in Anwesenheit einer Aufsichtsperson zum Zweck des Tötens betäubt oder getötet, so hat außer der Person, die die Tiere zum Zweck des Tötens betäubt oder tötet, auch die Aufsichtsperson den Sachkundenachweis zu erbringen. [3] Werden im Rahmen einer Tätigkeit nach Satz 1 Fische in Anwesenheit einer Aufsichtsperson zum Zweck des Tötens betäubt oder getötet, so genügt es, wenn diese den Sachkundenachweis erbringt. [4] Die Sätze 1 bis 3 gelten nicht für das Betäuben zum Zweck des Tötens und das Töten von Wirbeltieren, die zur Verwendung in Tierversuchen bestimmt sind oder deren Organe oder Gewebe dazu bestimmt sind, zu wissenschaftlichen Zwecken verwendet zu werden.

(2) Für das Schlachten eines warmblütigen Tieres gilt § 4a.

(3) [1] Für das Töten von Wirbeltieren, ausschließlich um ihre Organe oder Gewebe zu wissenschaftlichen Zwecken zu verwenden, gilt § 7a Absatz 2 Nummer 1 entsprechend. [2] Hunde, Katzen und Primaten dürfen zu wissenschaftlichen Zwecken nur getötet werden, soweit sie entweder für einen solchen Zweck oder für eine Verwendung in Tierversuchen gezüchtet worden sind. [3] Abweichend von Satz 2 kann die zuständige Behörde, soweit es mit dem Schutz der Tiere vereinbar ist, das Töten von Tieren, die nicht nach Satz 2 gezüchtet worden sind, genehmigen, soweit

1. nach Satz 2 gezüchtete Tiere mit den Eigenschaften, die für den jeweiligen Zweck erforderlich sind, nicht zur Verfügung stehen oder
2. die jeweiligen wissenschaftlichen Zwecke die Verwendung von Tieren erforderlich machen, die nicht nach Satz 2 gezüchtet worden sind.

[1)] § 4 Abs. 1 Satz 1, Abs. 1a Sätze 1–3 geänd., Satz 4 angef., Abs. 3 neu gef. mWv 13.7.2013 durch G v. 4.7.2013 (BGBl. I S. 2182).

§ 4a[1] [Schlachten] (1) Ein warmblütiges Tier darf nur geschlachtet werden, wenn es vor Beginn des Blutentzugs zum Zweck des Schlachtens betäubt worden ist.

(2) Abweichend von Absatz 1 bedarf es keiner Betäubung, wenn

1. sie bei Notschlachtungen nach den gegebenen Umständen nicht möglich ist,
2. die zuständige Behörde eine Ausnahmegenehmigung für ein Schlachten ohne Betäubung (Schächten) erteilt hat; sie darf die Ausnahmegenehmigung nur insoweit erteilen, als es erforderlich ist, den Bedürfnissen von Angehörigen bestimmter Religionsgemeinschaften im Geltungsbereich dieses Gesetzes zu entsprechen, denen zwingende Vorschriften ihrer Religionsgemeinschaft das Schächten vorschreiben oder den Genuss von Fleisch nicht geschächteter Tiere untersagen oder
3. dies als Ausnahme durch Rechtsverordnung nach § 4b Nr. 3 bestimmt ist.

§ 4b[2] [Ermächtigungen] [1] Das Bundesministerium wird ermächtigt, für die Zwecke der §§ 4 und 4a durch Rechtsverordnung[3] mit Zustimmung des Bundesrates

1. a) das Schlachten von Fischen und anderen kaltblütigen Tieren zu regeln,
   b) bestimmte Tötungsarten und Betäubungsverfahren näher zu regeln, vorzuschreiben, zuzulassen oder zu verbieten,
   c) die Voraussetzungen näher zu regeln, unter denen Schlachtungen im Sinne des § 4a Abs. 2 Nr. 2 vorgenommen werden dürfen,
   d) nähere Vorschriften über Art und Umfang der zum Betäuben oder Töten von Wirbeltieren erforderlichen Kenntnisse und Fähigkeiten sowie über das Verfahren zu deren Nachweis zu erlassen,
   e) nicht gewerbliche Tätigkeiten zu bestimmen, die den Erwerb des Sachkundenachweises zum Töten von Wirbeltieren erfordern,

   um sicherzustellen, dass den Tieren nicht mehr als unvermeidbare Schmerzen zugefügt werden,
2. das Schlachten von Tieren im Rahmen der Bestimmungen des Europäischen Übereinkommens vom 10. Mai 1979 über den Schutz von Schlachttieren (BGBl. 1983 II S. 770) näher zu regeln,
3. für das Schlachten von Geflügel Ausnahmen von der Betäubungspflicht zu bestimmen.

[2] Rechtsverordnungen nach Satz 1 Nummer 1 Buchstabe b und d bedürfen,

1. soweit sie das Betäuben oder Töten mittels gefährlicher Stoffe oder Gemische im Sinne des Chemikaliengesetzes oder darauf bezogene Voraussetzungen für den Erwerb eines Sachkundenachweises betreffen, des Einvernehmens der Bundesministerien für Wirtschaft und Energie sowie für Umwelt, Naturschutz und nukleare Sicherheit,
2. soweit sie das Betäuben oder Töten von Tieren, die zur Verwendung in Tierversuchen bestimmt sind oder deren Gewebe oder Organe dazu bestimmt sind,

---

[1] § 4a Abs. 1 geänd. mWv 13.7.2013 durch G v. 4.7.2013 (BGBl. I S. 2182).

[2] § 4b Satz 1 einl. Satzteil geänd., Satz 2 neu gef. mWv 13.7.2013 durch G v. 4.7.2013 (BGBl. I S. 2182); Satz 2 Nr. 1 geänd. mWv 5.8.2014 durch G v. 28.7.2014 (BGBl. I S. 1308); Satz 2 Nr. 1 geänd. mWv 27.6.2020 durch VO v. 19.6.2020 (BGBl. I S. 1328).

[3] Siehe die Tierschutz-SchlachtVO v. 20.12.2012 (BGBl. I S. 2982) und die Tierschutz-VersuchstierVO v. 1.8.2013 (BGBl. I S. 3125, 3126), zuletzt geänd. durch VO v. 11.8.2021 (BGBl. I S. 3570).

zu wissenschaftlichen Zwecken verwendet zu werden, oder darauf bezogene Voraussetzungen für den Erwerb eines Sachkundenachweises betreffen, des Einvernehmens des Bundesministeriums für Bildung und Forschung.

§ 4c[1)] **[Verbot der Kükentötung]** (1) Es ist verboten, Küken von Haushühnern der Art Gallus gallus zu töten.

(2) Das Verbot gilt nicht

1. für den Fall, dass eine Tötung der Küken
   a) nach tierseuchenrechtlichen Bestimmungen vorgeschrieben oder angeordnet worden ist oder
   b) im Einzelfall aus Gründen des Tierschutzes erforderlich ist,
2. für nicht schlupffähige Küken,
3. für Stubenküken nach Artikel 1 Nummer 1 Buchstabe a der Verordnung (EG) Nr. 543/2008 der Kommission vom 16. Juni 2008 mit Durchführungsvorschriften zur Verordnung (EG) Nr. 1234/2007 des Rates hinsichtlich der Vermarktungsnormen für Geflügelfleisch (ABl. L 157 vom 17.6.2008, S. 46; L 8 vom 13.1.2009, S. 33), die zuletzt durch die Verordnung (EU) Nr. 519/2013 (ABl. L 158 vom 10.6.2013, S. 74) geändert worden ist, und
4. für Küken,
   a) die zur Verwendung in Tierversuchen bestimmt sind oder
   b) deren Gewebe oder Organe dazu bestimmt sind, zu wissenschaftlichen Zwecken verwendet zu werden.

(3) Ab dem 13. Bebrütungstag ist es verboten, bei oder nach der Anwendung eines Verfahrens zur Geschlechtsbestimmung im Hühnerei

1. einen Eingriff an einem Hühnerei vorzunehmen, der den Tod des Hühnerembryos verursacht, oder
2. einen Abbruch des Brutvorgangs vorzunehmen, der den Tod des Hühnerembryos verursacht.

Vierter Abschnitt. Eingriffe an Tieren

§ 5[2)] **[Betäubung]** (1) [1]An einem Wirbeltier darf ohne Betäubung ein mit Schmerzen verbundener Eingriff nicht vorgenommen werden. [2]Die Betäubung warmblütiger Wirbeltiere sowie von Amphibien und Reptilien ist von einem Tierarzt vorzunehmen. [3]Dies gilt nicht, soweit die Betäubung ausschließlich durch äußerliche Anwendung eines Tierarzneimittels erfolgt, das nach arzneimittelrechtlichen Vorschriften zugelassen ist, um eine örtliche Schmerzausschaltung zu erreichen, und nach dem Stand von Wissenschaft und Technik zum Zweck der Durchführung des jeweiligen Eingriffs geeignet ist. [4]Dies gilt ferner nicht für einen *Eingriff im Sinne* des § 6 Absatz 1 Satz 2 Nummer 2a, soweit die Betäubung ohne Beeinträchtigung des Zustandes der Wahrnehmungs- und Empfindungsfähigkeit, ausgenommen die Schmerzempfindung, durch ein Tierarzneimittel erfolgt, das nach arzneimittelrechtlichen Vorschriften für die Schmerzausschaltung bei diesem

---

[1)] § 4c eingef. mWv 1.1.2022, Abs. 3 angef. mWv 1.1.2024 durch G v. 18.6.2021 (BGBl. I S. 1826, geänd. durch G v. 17.8.2023, BGBl. 2023 I Nr. 219).

[2)] § 5 Abs. 1 Sätze 3 und 4 eingef., bish. Sätze 3 und 4 werden Sätze 5 und 6, Abs. 3 Nr. 1a aufgeh., Nr. 7 neu gef. mWv 13.7.2013 durch G v. 4.7.2013 (BGBl. I S. 2182); Abs. 3 Nr. 7 Buchst. d und e geänd., Buchst. f angef. mWv 26.6.2021 durch G v. 18.6.2021 (BGBl. I S. 1828).

Eingriff zugelassen ist. [5] Für die Betäubung mit Betäubungspatronen kann die zuständige Behörde Ausnahmen von Satz 2 zulassen, sofern ein berechtigter Grund nachgewiesen wird. [6] Ist nach den Absätzen 2, 3 und 4 Nr. 1 eine Betäubung nicht erforderlich, sind alle Möglichkeiten auszuschöpfen, um die Schmerzen oder Leiden der Tiere zu vermindern.

(2) Eine Betäubung ist nicht erforderlich,

1. wenn bei vergleichbaren Eingriffen am Menschen eine Betäubung in der Regel unterbleibt oder der mit dem Eingriff verbundene Schmerz geringfügiger ist als die mit einer Betäubung verbundene Beeinträchtigung des Befindens des Tieres,
2. wenn die Betäubung im Einzelfall nach tierärztlichem Urteil nicht durchführbar erscheint.

(3) Eine Betäubung ist ferner nicht erforderlich

1. für das Kastrieren von unter vier Wochen alten männlichen Rindern, Schafen und Ziegen, sofern kein von der normalen anatomischen Beschaffenheit abweichender Befund vorliegt,
2. für das Enthornen oder das Verhindern des Hornwachstums bei unter sechs Wochen alten Rindern,
3. für das Kürzen des Schwanzes von unter vier Tage alten Ferkeln sowie von unter acht Tage alten Lämmern,
4. für das Kürzen des Schwanzes von unter acht Tage alten Lämmern mittels elastischer Ringe,
5. für das Abschleifen der Eckzähne von unter acht Tage alten Ferkeln, sofern dies zum Schutz des Muttertieres oder der Wurfgeschwister unerlässlich ist,
6. für das Absetzen des krallentragenden letzten Zehengliedes bei Masthahnenküken, die als Zuchthähne Verwendung finden sollen, während des ersten Lebenstages,
7. für die Kennzeichnung
   a) durch implantierten elektronischen Transponder,
   b) von Säugetieren außer Schweinen, Schafen, Ziegen und Kaninchen durch Ohr- oder Schenkeltätowierung innerhalb der ersten zwei Lebenswochen,
   c) von Schweinen, Schafen, Ziegen und Kaninchen durch Ohrtätowierung,
   d) von Schweinen durch Schlagstempel,
   e) von landwirtschaftlichen Nutztieren durch Ohrmarke oder Flügelmarke und
   f) von Nagetieren, die zur Verwendung in Tierversuchen bestimmt sind, durch Ohrtätowierung, Ohrmarke, Ohrlochung oder Ohrkerbung.

(4) Das Bundesministerium wird ermächtigt, durch Rechtsverordnung mit Zustimmung des Bundesrates

1. über Absatz 3 hinaus weitere Maßnahmen von der Betäubungspflicht auszunehmen, soweit dies mit § 1 vereinbar ist,
2. Verfahren und Methoden zur Durchführung von Maßnahmen nach Absatz 3 sowie auf Grund einer Rechtsverordnung nach Nummer 1 bestimmter Maßnahmen vorzuschreiben, zuzulassen oder zu verbieten, soweit dies zum Schutz der Tiere erforderlich ist.

§ 6[1)] **[Amputation]** (1) [1] Verboten ist das vollständige oder teilweise Amputieren von Körperteilen oder das vollständige oder teilweise Entnehmen oder Zerstören von Organen oder Geweben eines Wirbeltieres. [2] Das Verbot gilt nicht, wenn

1. der Eingriff im Einzelfall
   a) nach tierärztlicher Indikation geboten ist oder
   b) bei jagdlich zu führenden Hunden für die vorgesehene Nutzung des Tieres unerlässlich ist und tierärztliche Bedenken nicht entgegenstehen,

1a. eine nach artenschutzrechtlichen Vorschriften vorgeschriebene Kennzeichnung vorgenommen wird,

1b. eine Kennzeichnung von Pferden durch Schenkelbrand vorgenommen wird,

2. ein Fall des § 5 Abs. 3 Nr. 1 oder 7 vorliegt,

2a. unter acht Tage alte männliche Schweine kastriert werden,

3. ein Fall des § 5 Abs. 3 Nr. 2 bis 6 vorliegt und der Eingriff im Einzelfall für die vorgesehene Nutzung des Tieres zu dessen Schutz oder zum Schutz anderer Tiere unerlässlich ist,

4. das vollständige oder teilweise Entnehmen von Organen oder Geweben erforderlich ist, um zu anderen als zu wissenschaftlichen Zwecken die Organe oder Gewebe zu transplantieren, Kulturen anzulegen oder isolierte Organe, Gewebe oder Zellen zu untersuchen,

5. zur Verhinderung der unkontrollierten Fortpflanzung oder – soweit tierärztliche Bedenken nicht entgegenstehen – zur weiteren Nutzung oder Haltung des Tieres eine Unfruchtbarmachung vorgenommen wird.

[3] Eingriffe nach Satz 2 Nummer 1 und 5 sind durch einen Tierarzt vorzunehmen; im Falle eines Eingriffs nach Satz 2 Nummer 2a gilt dies auch, sofern ein von der

(Fortsetzung nächstes Blatt)

[1)] § 6 Abs. 2 geänd. mWv 28.12.2006 durch G v. 21.12.2006 (BGBl. I S. 3294); Abs. 1 Satz 2 Nr. 1a, 1b, 2a eingef., Nr. 2 geänd., Nr. 4 und Satz 3 neu gef., Satz 4 eingef., bish. Satz 4 wird Satz 5, bish. Sätze 5–9 werden Abs. 1a Sätze 1–5 und Satz 1 neu gef., Satz 4 geänd., Abs. 6 angef. mWv 13.7.2013 durch G v. 4.7.2013 (BGBl. I S. 2182); Abs. 1a Satz 2 neu gef. mWv 5.8.2014 durch G v. 28.7.2014 (BGBl. I S. 1308); Abs. 1a Satz 1 Nr. 1 geänd. mWv 26.6.2021 durch G v. 18.6.2021 (BGBl. I S. 1828).

normalen anatomischen Beschaffenheit abweichender Befund vorliegt. [4]Eingriffe nach

1. Satz 2 Nummer 1a, 1b, 2 und 3,
2. Nummer 2a, die nicht durch einen Tierarzt vorzunehmen sind, sowie
3. Absatz 3

dürfen auch durch eine andere Person vorgenommen werden, die die dazu notwendigen Kenntnisse und Fähigkeiten hat. [5]Im Anschluss an die Kastration eines über sieben Tage alten Schweines sind schmerzstillende Arzneimittel einschließlich Betäubungsmittel bei dem Tier anzuwenden.

(1a) [1]Für die Eingriffe nach Absatz 1 Satz 2 Nummer 4 gelten

1. § 7 Absatz 1 Satz 2 Nummer 1, Satz 3 und 4, § 7a Absatz 2 Nummer 1, 4 und 5 und § 9 Absatz 5 Satz 1, jeweils auch in Verbindung mit § 9 Absatz 6 Satz 1, sowie
2. Vorschriften in Rechtsverordnungen, die auf Grund des
   a) § 7 Absatz 3 oder
   b) § 9 Absatz 1, 2 und 3 Nummer 2, Absatz 4 Satz 1 Nummer 3 und Satz 2 und Absatz 5 Satz 2, jeweils auch in Verbindung mit Absatz 6 Satz 2,

   erlassen worden sind, soweit dies in einer Rechtsverordnung, die das Bundesministerium mit Zustimmung des Bundesrates erlassen hat, vorgesehen ist,

entsprechend. [2]Derjenige, der einen Eingriff nach Absatz 1 Satz 2 Nummer 4 durchführen will, hat den Eingriff spätestens zwei Wochen vor Beginn der zuständigen Behörde anzuzeigen. [3]Die Frist braucht nicht eingehalten zu werden, wenn in Notfällen eine sofortige Durchführung des Eingriffes erforderlich ist; die Anzeige ist unverzüglich nachzuholen. [4]Die in Satz 2 genannte Frist kann von der zuständigen Behörde bei Bedarf auf bis zu vier Wochen verlängert werden. [5]In der Anzeige sind anzugeben:

1. der Zweck des Eingriffs,
2. die Art und die Zahl der für den Eingriff vorgesehenen Tiere,
3. die Art und die Durchführung des Eingriffs einschließlich der Betäubung,
4. Ort, Beginn und voraussichtliche Dauer des Vorhabens,
5. Name, Anschrift und Fachkenntnisse des verantwortlichen Leiters des Vorhabens und seines Stellvertreters sowie der durchführenden Person und die für die Nachbehandlung in Frage kommenden Personen,
6. die Begründung für den Eingriff.

(2) Verboten ist, beim Amputieren oder Kastrieren elastische Ringe zu verwenden; dies gilt nicht im Falle des Absatzes 3 Nr. 3 oder des § 5 Abs. 3 Nr. 4.

(3) [1]Abweichend von Absatz 1 Satz 1 kann die zuständige Behörde

1. das Kürzen der Schnabelspitzen von Legehennen bei unter zehn Tage alten Küken,
2. das Kürzen der Schnabelspitzen bei Nutzgeflügel, das nicht unter Nummer 1 fällt,
3. das Kürzen des bindegewebigen Endstückes des Schwanzes von unter drei Monate alten männlichen Kälbern mittels elastischer Ringe

erlauben. [2]Die Erlaubnis darf nur erteilt werden, wenn glaubhaft dargelegt wird, dass der Eingriff im Hinblick auf die vorgesehene Nutzung zum Schutz der Tiere unerlässlich ist. [3]Die Erlaubnis ist zu befristen und hat im Falle der Nummer 1

Bestimmungen über Art, Umfang und Zeitpunkt des Eingriffs und die durchführende Person zu enthalten.

(4) Das Bundesministerium wird ermächtigt, durch Rechtsverordnung mit Zustimmung des Bundesrates die dauerhafte Kennzeichnung von Tieren, an denen nicht offensichtlich erkennbare Eingriffe vorgenommen worden sind, vorzuschreiben, wenn dies zum Schutz der Tiere erforderlich ist.

(5) Der zuständigen Behörde ist im Falle des Absatzes 1 Satz 2 Nr. 3 auf Verlangen glaubhaft darzulegen, dass der Eingriff für die vorgesehene Nutzung unerlässlich ist.

(6) [1] Das Bundesministerium wird ermächtigt, durch Rechtsverordnung[1)] mit Zustimmung des Bundesrates für Eingriffe im Sinne des Absatzes 1 Satz 2 Nummer 2a abweichend von § 5 Absatz 1 Satz 2 zuzulassen, dass die Betäubung von bestimmten anderen Personen vorgenommen werden darf, soweit es mit dem Schutz der Tiere vereinbar ist. [2] In der Rechtsverordnung nach Satz 1 sind die Anforderungen zu regeln, unter denen diese Personen die Betäubung vornehmen dürfen; dabei können insbesondere

1. Verfahren und Methoden einschließlich der Arzneimittel und der Geräte zur Durchführung der Betäubung sowie des Eingriffes nach Satz 1 vorgeschrieben oder verboten werden,
2. vorgesehen werden, dass die Person, die die Betäubung durchführt, die für diese Tätigkeit erforderliche Zuverlässigkeit und die erforderlichen Kenntnisse und Fähigkeiten zu besitzen und diese nachzuweisen hat, und
3. nähere Vorschriften über die Art und den Umfang der nach Nummer 2 erforderlichen Kenntnisse und Fähigkeiten erlassen sowie Anforderungen an den Nachweis und die Aufrechterhaltung der erforderlichen Kenntnisse und Fähigkeiten festgelegt und das Verfahren des Nachweises geregelt werden.

§ 6a[2)] [Geltungsbereich] Die Vorschriften dieses Abschnittes gelten nicht für Tierversuche, nach § 7 Absatz 2 Satz 1, auch in Verbindung mit Satz 2.

Fünfter Abschnitt. Tierversuche

§ 7[3)] [Schutz von Versuchstieren; Begriffsbestimmung Tierversuch]

(1) [1] Die Vorschriften dieses Abschnitts dienen dem Schutz von Tieren, die zur Verwendung in Tierversuchen bestimmt sind oder deren Gewebe oder Organe dazu bestimmt sind, zu wissenschaftlichen Zwecken verwendet zu werden. [2] Dazu sind

1. Tierversuche im Hinblick auf
   a) die den Tieren zuzufügenden Schmerzen, Leiden und Schäden,
   b) die Zahl der verwendeten Tiere,
   c) die artspezifische Fähigkeit der verwendeten Tiere, unter den Versuchseinwirkungen zu leiden,

   auf das unerlässliche Maß zu beschränken und

---

1) Siehe die Anm. am Titel.

2) *§ 6a geänd. mWv 13.7.2013 durch G v. 4.7.2013* (BGBl. I S. 2182).

3) § 7 eingef. mWv 13.7.2013 durch G v. 4.7.2013 (BGBl. I S. 2182); Abs. 1 Satz 2 Nr. 2 geänd., Satz 3 eingef., bish. Sätze 3 und 4 werden Sätze 4 und 5. Abs. 2 Satz 3 neu gef., Abs. 2a eingef. mWv 26.6.2021 durch G v. 18.6.2021 (BGBl. I S. 1828).

2. die Haltung, die Zucht und die Pflege derjenigen Tiere zu verbessern, die zur Verwendung in Tierversuchen bestimmt sind oder deren Gewebe oder Organe dazu bestimmt sind, zu wissenschaftlichen Zwecken verwendet zu werden, damit diese Tiere nur in dem Umfang belastet werden, der für die Verwendung zu wissenschaftlichen Zwecken unerlässlich ist.

[3] Die Pflicht zur Beschränkung von Tierversuchen auf das unerlässliche Maß nach Satz 2 Nummer 1 Buchstabe a und c beinhaltet auch die Pflicht zur Verbesserung der Methoden, die in Tierversuchen angewendet werden. [4] Tierversuche dürfen nur von Personen geplant und durchgeführt werden, die die dafür erforderlichen Kenntnisse und Fähigkeiten haben. [5] § 1 bleibt unberührt.

(2) [1] Tierversuche im Sinne dieses Gesetzes sind Eingriffe oder Behandlungen zu Versuchszwecken

1. an Tieren, wenn sie mit Schmerzen, Leiden oder Schäden für diese Tiere verbunden sein können,
2. an Tieren, die dazu führen können, dass Tiere geboren werden oder schlüpfen, die Schmerzen, Leiden oder Schäden erleiden, oder
3. am Erbgut von Tieren, wenn sie mit Schmerzen, Leiden oder Schäden für die erbgutveränderten Tiere oder deren Trägertiere verbunden sein können.

[2] Als Tierversuche gelten auch Eingriffe oder Behandlungen, die nicht Versuchszwecken dienen, und

1. die zur Herstellung, Gewinnung, Aufbewahrung oder Vermehrung von Stoffen, Produkten oder Organismen vorgenommen werden,
2. durch die Organe oder Gewebe ganz oder teilweise entnommen werden, um zu wissenschaftlichen Zwecken
   a) die Organe oder Gewebe zu transplantieren,
   b) Kulturen anzulegen oder
   c) isolierte Organe, Gewebe oder Zellen zu untersuchen,

   oder
3. die zu Aus-, Fort- oder Weiterbildungszwecken vorgenommen werden,

soweit eine der in Satz 1 Nummer 1 bis 3 genannten Voraussetzungen vorliegt. [3] Nicht als Tierversuch gilt

1. das Töten eines Tieres, soweit das Töten ausschließlich dazu erfolgt, die Organe oder Gewebe des Tieres zu wissenschaftlichen Zwecken zu verwenden,
2. ein Eingriff oder eine Behandlung an einem Nutztier, der oder die
   a) in einem Haltungsbetrieb im Rahmen der landwirtschaftlichen Tätigkeit vorgenommen wird und
   b) nicht zu wissenschaftlichen Zwecken erfolgt, oder
3. eine veterinärmedizinische klinische Prüfung, die für die Zulassung eines Tierarzneimittels verlangt wird.

(2a) [1] Zur Vermeidung von Doppel- oder Wiederholungsversuchen sind Daten aus Tierversuchen, die in nach Unionsrecht anerkannten Verfahren in anderen Mitgliedstaaten der Europäischen Union (Mitgliedstaaten) gewonnen wurden, anzuerkennen. [2] Dies gilt nicht, wenn zum Schutz der öffentlichen Gesundheit, Sicherheit oder der Umwelt in Bezug auf die in Satz 1 genannten Daten weitere Tierversuche durchgeführt werden müssen.

(3) Das Bundesministerium wird ermächtigt, im Einvernehmen mit dem Bundesministerium für Bildung und Forschung durch Rechtsverordnung[1)] mit Zustimmung des Bundesrates die näheren Einzelheiten zu den Anforderungen nach Absatz 1 Satz 2 Nummer 2 zu regeln.

§ 7a[2)] [Voraussetzungen] (1) [1] Tierversuche dürfen nur durchgeführt werden, soweit sie zu einem der folgenden Zwecke unerlässlich sind:
1. Grundlagenforschung,
2. sonstige Forschung mit einem der folgenden Ziele:
   a) Vorbeugung, Erkennung oder Behandlung von Krankheiten, Leiden, Körperschäden oder körperlichen Beschwerden bei Menschen oder Tieren,
   b) Erkennung oder Beeinflussung physiologischer Zustände oder Funktionen bei Menschen oder Tieren,
   c) Förderung des Wohlergehens von Tieren oder Verbesserung der Haltungsbedingungen von landwirtschaftlichen Nutztieren,
3. Schutz der Umwelt im Interesse der Gesundheit oder des Wohlbefindens von Menschen oder Tieren,
4. Entwicklung und Herstellung sowie Prüfung der Qualität, Wirksamkeit oder Unbedenklichkeit von Arzneimitteln, Lebensmitteln, Futtermitteln oder anderen Stoffen oder Produkten mit einem der in Nummer 2 Buchstabe a bis c oder Nummer 3 genannten Ziele,
5. Prüfung von Stoffen oder Produkten auf ihre Wirksamkeit gegen tierische Schädlinge,
6. Forschung im Hinblick auf die Erhaltung der Arten,
7. Aus-, Fort- oder Weiterbildung,
8. gerichtsmedizinische Untersuchungen.

[2] Tierversuche zur Aus-, Fort- oder Weiterbildung nach Satz 1 Nummer 7 dürfen nur durchgeführt werden
1. an einer Hochschule, einer anderen wissenschaftlichen Einrichtung oder einem Krankenhaus oder
2. im Rahmen einer Aus-, Fort- oder Weiterbildung für Heil- oder Heilhilfsberufe oder naturwissenschaftliche Hilfsberufe.

(2) Bei der Entscheidung, ob ein Tierversuch unerlässlich ist, sowie bei der Durchführung von Tierversuchen sind folgende Grundsätze zu beachten:
1. Der jeweilige Stand der wissenschaftlichen Erkenntnisse ist zugrunde zu legen.
2. [1]Es ist zu prüfen, ob der verfolgte Zweck nicht durch andere Methoden oder Verfahren erreicht werden kann. [2]Dabei ist insbesondere zu prüfen, ob zur Erreichung des mit dem Tierversuch angestrebten Ergebnisses eine andere Methode oder Versuchsstrategie, die ohne Verwendung eines lebenden Tieres auskommt und die nach dem Unionsrecht anerkannt ist, zur Verfügung steht.
3. Versuche an Wirbeltieren oder Kopffüßern dürfen nur durchgeführt werden, wenn die zu erwartenden Schmerzen, Leiden oder Schäden der Tiere im Hinblick auf den Versuchszweck ethisch vertretbar sind.

[1)] Siehe die Anm. am Titel.

[2)] *Früherer § 7 Abs. 5 Satz 2 Nr. 2 geänd.* mWv 15.12.2010 durch G v. 9.12.2010 (BGBl. I S. 1934); bish. § 7 wird § 7a und Abs. 1, 2 neu gef., Abs. 3 aufgeh., bish. Abs. 4 und 5 werden Abs. 3 und 4, Abs. 5 und 6 angef. mWv 13.7.2013 durch G v. 4.7.2013 (BGBl. I S. 2182); Abs. 2 Nr. 2 Satz 2 angef. mWv 26.6.2021 durch G v. 18.6.2021 (BGBl. I S. 1828).

4. Schmerzen, Leiden oder Schäden dürfen den Tieren nur in dem Maße zugefügt werden, als es für den verfolgten Zweck unerlässlich ist; insbesondere dürfen sie nicht aus Gründen der Arbeits-, Zeit- oder Kostenersparnis zugefügt werden.
5. Versuche an Tieren, deren artspezifische Fähigkeit, unter den Versuchseinwirkungen zu leiden, stärker entwickelt ist, dürfen nur durchgeführt werden, soweit Tiere, deren derartige Fähigkeit weniger stark entwickelt ist, für den verfolgten Zweck nicht ausreichen.

(3) Tierversuche zur Entwicklung oder Erprobung von Waffen, Munition und dazugehörigem Gerät sind verboten.

(4) [1] Tierversuche zur Entwicklung von Tabakerzeugnissen, Waschmitteln und Kosmetika sind grundsätzlich verboten. [2] Das Bundesministerium wird ermächtigt, durch Rechtsverordnung mit Zustimmung des Bundesrates Ausnahmen zu bestimmen, soweit es erforderlich ist, um

1. konkrete Gesundheitsgefährdungen abzuwehren, und die notwendigen neuen Erkenntnisse nicht auf andere Weise erlangt werden können, oder
2. Rechtsakte der Europäischen Gemeinschaft oder der Europäischen Union durchzuführen.

(5) Ein Tierversuch gilt als abgeschlossen, wenn

1. keine weiteren Beobachtungen mehr für den Tierversuch anzustellen sind oder,
2. soweit genetisch veränderte, neue Tierlinien verwendet werden,
   a) an der Nachkommenschaft keine weiteren Beobachtungen mehr anzustellen sind und
   b) nicht mehr erwartet wird, dass die Nachkommenschaft auf Grund der biotechnischen oder gentechnischen Veränderungen Schmerzen oder Leiden empfindet oder dauerhaft Schäden erleidet.

(6) Das Bundesministerium wird ermächtigt, im Einvernehmen mit dem Bundesministerium für Bildung und Forschung durch Rechtsverordnung[1)] mit Zustimmung des Bundesrates

1. Vorschriften dieses Gesetzes oder
2. auf Grund dieses Gesetzes erlassene Rechtsverordnungen zur Durchführung, Genehmigung und Anzeige von Tierversuchen

auf Versuche an Tieren in einem Entwicklungsstadium vor der Geburt oder dem Schlupf zu erstrecken, soweit dies zum Schutz dieser Tiere auf Grund ihrer Fähigkeit, Schmerzen oder Leiden zu empfinden oder Schäden zu erleiden, und zur Durchführung von Rechtsakten der Europäischen Union erforderlich ist.

§ 8[2)] [Genehmigung] (1) [1] Wer Versuche an Wirbeltieren oder Kopffüßern durchführen will, bedarf der Genehmigung des Versuchsvorhabens durch die *zuständige Behörde.* [2] Die Genehmigung eines Versuchsvorhabens ist nach Prüfung durch die zuständige Behörde zu erteilen, wenn

1. aus wissenschaftlicher oder pädagogischer Sicht gerechtfertigt ist, dass
   a) die Voraussetzungen des § 7a Absatz 1 und 2 Nummer 1 bis 3 vorliegen,

---

[1)] Siehe die Anm. am Titel.

[2)] § 8 neu gef. mWv 13.7.2013 durch G v. 4.7.2013 (BGBl. I S. 2182); Abs. 1 Satz 2 einl. Satzteil, Nr. 1, 6 und 7 geänd., Nr. 7a eingef., Satz 3 angef., Abs. 6 Satz 1 Nr. 3 geänd., Satz 2 neu gef. mWv 26.6. 2021 durch G v. 18.6.2021 (BGBl. I S. 1828).

b) das angestrebte Ergebnis trotz Ausschöpfens der zugänglichen Informationsmöglichkeiten nicht hinreichend bekannt ist oder die Überprüfung eines hinreichend bekannten Ergebnisses durch einen Doppel- oder Wiederholungsversuch unerlässlich ist,

2. der verantwortliche Leiter des Versuchsvorhabens und sein Stellvertreter die erforderliche fachliche Eignung insbesondere hinsichtlich der Überwachung der Tierversuche haben und keine Tatsachen vorliegen, aus denen sich Bedenken gegen ihre Zuverlässigkeit ergeben,

3. die erforderlichen Räumlichkeiten, Anlagen und anderen sachlichen Mittel den Anforderungen entsprechen, die in einer auf Grund des § 9 Absatz 4 Satz 1 Nummer 1 erlassenen Rechtsverordnung festgelegt sind,

4. die personellen und organisatorischen Voraussetzungen für die Durchführung der Tierversuche einschließlich der Tätigkeit des Tierschutzbeauftragten gegeben sind,

5. die Haltung der Tiere den Anforderungen des § 2 und den in einer auf Grund des § 2a Absatz 1 Nummer 1 bis 4, auch in Verbindung mit § 11 Absatz 3, oder des § 2a Absatz 2 Satz 1 erlassenen Rechtsverordnung festgelegten Anforderungen entspricht und ihre medizinische Versorgung sichergestellt ist,

6. die Einhaltung der Vorschriften des § 7 Absatz 1 Satz 2 Nummer 1 und Satz 3 und des § 7a Absatz 2 Nummer 4 und 5 erwartet werden kann,

7. die Einhaltung von

a) Sachkundeanforderungen,

b) Vorschriften zur Schmerzlinderung und Betäubung von Tieren,

c) Vorschriften zur erneuten Verwendung von Tieren,

d) Verwendungsverboten und -beschränkungen,

e) Vorschriften zur Vermeidung von Schmerzen, Leiden und Schäden nach Erreichen des Zwecks des Tierversuches,

f) Vorschriften zur Verhinderung des Todes eines Tieres unter der Versuchseinwirkung oder zur Vermeidung von Schmerzen und Leiden beim Tod eines Tieres und

g) Vorschriften zu der Vorgehensweise nach Abschluss des Tierversuchs,

die in einer auf Grund des § 2a Absatz 1 Nummer 5 oder des § 4b Satz 1 Nummer 1 Buchstabe b, jeweils auch in Verbindung mit § 11 Absatz 3, oder des § 9 Absatz 1 bis 3 und 4 Satz 1 Nummer 2 oder 3 oder Satz 2 erlassenen Rechtsverordnung festgelegt sind, erwartet werden kann,

7a. eine möglichst umweltverträgliche Durchführung des Tierversuches erwartet werden kann und

8. das Führen von Aufzeichnungen nach § 9 Absatz 5 Satz 1 in Verbindung mit den in einer auf Grund des § 9 Absatz 5 Satz 2 erlassenen Rechtsverordnung festgelegten Anforderungen erwartet werden kann.

3 Die Prüfung durch die zuständige Behörde erfolgt mit der Detailliertheit, die der Art des Versuchsvorhabens angemessen ist.

(2) Wird die Genehmigung einer Hochschule oder anderen Einrichtung erteilt, so müssen die Personen, die die Tierversuche durchführen, bei der Einrichtung beschäftigt oder mit Zustimmung des verantwortlichen Leiters zur Benutzung der Einrichtung befugt sein.

(3) Das Bundesministerium wird ermächtigt, im Einvernehmen mit dem Bundesministerium für Bildung und Forschung durch Rechtsverordnung[1] mit Zustimmung des Bundesrates Vorschriften zu erlassen über

1. die Form und den Inhalt des Antrags auf Erteilung einer Genehmigung nach Absatz 1 Satz 1 sowie die antragsberechtigten Personen,
2. das Genehmigungsverfahren einschließlich dessen Dauer,
3. den Inhalt des Genehmigungsbescheids,
4. das Verfahren im Falle nachträglicher Änderungen der der Genehmigung zugrunde liegenden wesentlichen Sachverhalte, einschließlich der Pflicht zur Anzeige oder Genehmigung solcher Änderungen,
5. die Befristung von Genehmigungen oder die Verlängerung der Geltungsdauer von Genehmigungen und
6. den Vorbehalt des Widerrufs von Genehmigungen.

(4) Das Bundesministerium wird ermächtigt, im Einvernehmen mit dem Bundesministerium für Bildung und Forschung durch Rechtsverordnung[1] mit Zustimmung des Bundesrates vorzusehen, dass Tierversuche einer Einstufung hinsichtlich ihres Schweregrads nach Artikel 15 Absatz 1 der Richtlinie 2010/63/EU des Europäischen Parlaments und des Rates vom 22. September 2010 zum Schutz der für wissenschaftliche Zwecke verwendeten Tiere (ABl. L 276 vom 20.10.2010, S. 33) unterzogen werden, und dabei das Verfahren und den Inhalt der Einstufung sowie die diesbezüglichen Mitwirkungspflichten des Antragstellers zu regeln, soweit dies zur Durchführung von Rechtsakten der Europäischen Union erforderlich ist.

(5) Das Bundesministerium wird ermächtigt, im Einvernehmen mit dem Bundesministerium für Bildung und Forschung durch Rechtsverordnung[1] mit Zustimmung des Bundesrates vorzusehen, dass Versuchsvorhaben einer rückblickenden Bewertung durch die zuständige Behörde unterzogen werden, und dabei das Verfahren und den Inhalt der Bewertung sowie die diesbezüglichen Mitwirkungspflichten des Antragstellers zu regeln, soweit dies zur Verbesserung des Schutzes der Tiere in Tierversuchen und zur Durchführung von Rechtsakten der Europäischen Union erforderlich ist.

(6) [1] Das Bundesministerium wird ermächtigt, im Einvernehmen mit dem Bundesministerium für Bildung und Forschung durch Rechtsverordnung[1] mit Zustimmung des Bundesrates vorzusehen, dass die zuständigen Behörden Zusammenfassungen zu genehmigten Versuchsvorhaben zum Zwecke der Veröffentlichung übermitteln, die Angaben über

1. die Ziele des Versuchsvorhabens einschließlich des zu erwartenden Nutzens,
2. die Anzahl, die Art und die zu erwartenden Schmerzen, Leiden und Schäden der zu verwendenden Tiere und
3. die Erfüllung der Anforderungen des § 7 Absatz 1 Satz 2 Nummer 1 und Satz 3 und des § 7a Absatz 2 Nummer 2, 4 und 5

enthalten, und die Form der Zusammenfassungen sowie das Verfahren ihrer Veröffentlichung zu regeln, soweit dies zur Verbesserung des Schutzes der Tiere in Tierversuchen und zur Durchführung von Rechtsakten der Europäischen Union erforderlich ist. [2] In der Rechtsverordnung kann auch vorgesehen werden, dass

[1] Siehe die Anm. am Titel.

1. die Veröffentlichung der Zusammenfassungen durch das Bundesinstitut für Risikobewertung erfolgt und
2. das Bundesinstitut für Risikobewertung die Zusammenfassungen an die Europäische Kommission zum Zweck der Veröffentlichung weiterleitet.

§ 8a[1)] **[Anzeige]** (1) [1]Die Erteilung der Genehmigung erfolgt in einem vereinfachten Genehmigungsverfahren, wenn es sich bei dem Versuchsvorhaben nach § 8 Absatz 1 Satz 1 um ein Vorhaben handelt,

1. das ausschließlich Tierversuche zum Gegenstand hat, deren Durchführung ausdrücklich
   a) durch Gesetz oder Rechtsverordnung, durch das Arzneibuch oder durch unmittelbar geltenden Rechtsakt der Europäischen Gemeinschaft oder der Europäischen Union vorgeschrieben ist,
   b) in einer von der Bundesregierung oder einem Bundesministerium erlassenen allgemeinen Verwaltungsvorschrift vorgesehen ist oder
   c) auf Grund eines Gesetzes oder einer Rechtsverordnung oder eines unmittelbar anwendbaren Rechtsaktes der Europäischen Gemeinschaft oder der Europäischen Union behördlich oder gerichtlich angeordnet oder im Einzelfall als Voraussetzung für eine behördliche Entscheidung gefordert wird,
2. das ausschließlich Tierversuche zum Gegenstand hat, die als Impfungen, Blutentnahmen oder sonstige diagnostische Maßnahmen nach bereits erprobten Verfahren an Tieren vorgenommen werden und
   a) der Erkennung von Krankheiten, Leiden, Körperschäden oder körperlichen Beschwerden bei Menschen oder Tieren oder
   b) der Prüfung von Seren, Blutzubereitungen, Impfstoffen, Antigenen oder Testallergenen im Rahmen von Zulassungsverfahren oder Chargenprüfungen

   dienen, oder
3. das ausschließlich Tierversuche nach § 7 Absatz 2 Satz 2 Nummer 1 oder 2 zum Gegenstand hat, die nach bereits erprobten Verfahren
   a) zur Herstellung, Gewinnung, Aufbewahrung oder Vermehrung von Stoffen, Produkten oder Organismen oder
   b) zu diagnostischen Zwecken

   vorgenommen werden.

[2]Die Genehmigung in den Fällen des Satzes 1 gilt als erteilt, wenn

1. die durch die zuständige Behörde durchgeführte Prüfung ergeben hat, dass die Voraussetzungen des § 8 Absatz 1 Satz 2 Nummer 1, 3, 5, 6 und 7 Buchstabe b bis g sowie Nummer 7a vorliegen,
2. die zuständige Behörde eine Festlegung über die Durchführung der rückblickenden Bewertung nach einer auf Grund des § 8 Absatz 5 erlassenen Rechtsverordnung getroffen hat,
3. die zuständige Behörde nicht innerhalb der in einer auf Grund des § 8 Absatz 3 erlassenen Rechtsverordnung festgelegten Frist abschließend über den Genehmigungsantrag entschieden hat und
4. die zuständige Behörde dem Antragsteller das Vorliegen der Voraussetzungen nach Nummer 1 und die Festlegung nach Nummer 2 mitgeteilt hat.

---

1) § 8a neu gef. mWv 13.7.2013 durch G v. 4.7.2013 (BGBl. I S. 2182); Abs. 1 einl. Satzteil neu gef., Nr. 2 und 3 geänd., Nr. 4 und abschl. Satzteil aufgeh., Sätze 2 und 3 angef., Abs. 5 Nr. 1–4 geänd. mWv 26.6.2021 durch G v. 18.6.2021 (BGBl. I S. 1828).

[3] Führt der Antragsteller auf der Grundlage der Genehmigung nach Satz 2 ein Versuchsvorhaben durch, hat er hinsichtlich der weiteren über Satz 2 Nummer 1 hinausgehenden Anforderungen des § 8 Absatz 1 Satz 2 die Einhaltung dieser Anforderungen sicherzustellen.

(2) Absatz 1 gilt nicht für Versuchsvorhaben,

1. in denen Primaten verwendet werden oder
2. die Tierversuche zum Gegenstand haben, die nach Maßgabe des Artikels 15 Absatz 1 in Verbindung mit Anhang VIII der Richtlinie 2010/63/EU als „schwer" einzustufen sind.

(3) Wer ein Versuchsvorhaben, in dem Zehnfußkrebse verwendet werden, durchführen will, hat das Versuchsvorhaben der zuständigen Behörde anzuzeigen.

(4) Das Bundesministerium wird ermächtigt, im Einvernehmen mit dem Bundesministerium für Bildung und Forschung durch Rechtsverordnung[1] mit Zustimmung des Bundesrates vorzusehen, dass Versuche an anderen wirbellosen Tieren als Kopffüßern und Zehnfußkrebsen der zuständigen Behörde anzuzeigen sind, soweit diese Tiere über eine den Wirbeltieren entsprechende artspezifische Fähigkeit verfügen, unter den Versuchseinwirkungen zu leiden, und es zu ihrem Schutz erforderlich ist.

(5) Das Bundesministerium wird ermächtigt, im Einvernehmen mit dem Bundesministerium für Bildung und Forschung durch Rechtsverordnung[1] mit Zustimmung des Bundesrates Vorschriften zu erlassen über

1. die Form und den Inhalt der Anzeige nach Absatz 3,
2. das Verfahren der Anzeige nach Absatz 3 einschließlich der für die Anzeige geltenden Fristen,
3. den Zeitpunkt, ab dem oder bis zu dem die Durchführung angezeigter Versuchsvorhaben nach Absatz 3 zulässig ist, und
4. das Verfahren im Falle nachträglicher Änderungen der im Rahmen der Anzeige nach Absatz 3 mitgeteilten Sachverhalte.

§ 8b[2] *(aufgehoben)*

§ 9[3] **[Durchführung]** (1) Das Bundesministerium wird ermächtigt, im Einvernehmen mit dem Bundesministerium für Bildung und Forschung durch Rechtsverordnung[1] mit Zustimmung des Bundesrates nähere Vorschriften über die Art und den Umfang der nach § 7 Absatz 1 Satz 4 erforderlichen Kenntnisse und Fähigkeiten der Personen, die Tierversuche planen oder durchführen, insbesondere der biologischen, tiermedizinischen, rechtlichen und ethischen Kenntnisse und der Fähigkeiten im Hinblick auf die Durchführung von Tierversuchen, zu erlassen sowie Anforderungen an den Nachweis und die Aufrechterhaltung der erforderlichen Kenntnisse und Fähigkeiten festzulegen; in der Rechtsverordnung kann auch vorgeschrieben werden, dass Aufzeichnungen über die Maßnahmen, die zum Zwecke der Aufrechterhaltung der Kenntnisse und Fähigkeiten ergriffen werden,

---

[1] Siehe die Anm. am Titel.

[2] § 8b aufgeh. mWv 13.7.2013 durch G v. 4.7.2013 (BGBl. I S. 2182).

[3] § 9 neu gef. mWv 13.7.2013 durch G v. 4.7.2013 (BGBl. I S. 2182); Abs. 3 einl. Satzteil und Abs. 4 Satz 1 einl. Satzteil und 2 einl. Satzteil geänd. mWv 5.8.2014 durch G v. 28.7.2014 (BGBl. I S. 1308); Abs. 3 einl. Satzteil, Abs. 4 Satz 1 einl. Satzteil und Satz 2 einl. Satzteil geänd. mWv 27.6.2020 durch VO v. 19.6.2020 (BGBl. I S. 1328); Abs. 1, Abs. 6 Satz 1 Nr. 1 Buchst. a und b geänd. mWv 26.6.2021 durch G v. 18.6.2021 (BGBl. I S. 1828).

zu machen, aufzubewahren und der zuständigen Behörde auf Verlangen vorzulegen sind.

(2) Das Bundesministerium wird ermächtigt, im Einvernehmen mit dem Bundesministerium für Bildung und Forschung durch Rechtsverordnung[1)] mit Zustimmung des Bundesrates

1. das Betäuben von Tieren, die in Tierversuchen verwendet werden, einschließlich der hierfür erforderlichen Kenntnisse und Fähigkeiten, oder die Anwendung schmerzlindernder Mittel oder Verfahren bei diesen Tieren vorzuschreiben und
2. die Gabe von Mitteln, die das Äußern von Schmerzen verhindern oder beeinträchtigen, zu verbieten oder zu beschränken.

(3) Das Bundesministerium wird ermächtigt, im Einvernehmen mit dem Bundesministerium für Bildung und Forschung und, soweit artenschutzrechtliche Belange berührt sind, dem Bundesministerium für Umwelt, Naturschutz und nukleare Sicherheit durch Rechtsverordnung[1)] mit Zustimmung des Bundesrates zur Durchführung von Rechtsakten der Europäischen Union Versuche

1. an Primaten,
2. an Tieren bestimmter Herkunft,
3. die besonders belastend sind,

zu verbieten oder zu beschränken, insbesondere von einer Genehmigung oder der Erfüllung weiterer, über § 8 Absatz 1 Satz 2 Nummer 2 bis 8 hinausgehender Anforderungen abhängig zu machen.

(4) [1] Das Bundesministerium wird ermächtigt, im Einvernehmen mit dem Bundesministerium für Bildung und Forschung und, soweit artenschutzrechtliche Belange berührt sind, dem Bundesministerium für Umwelt, Naturschutz und nukleare Sicherheit durch Rechtsverordnung[1)] mit Zustimmung des Bundesrates Anforderungen an

1. für die Durchführung von Tierversuchen bestimmte Räumlichkeiten, Anlagen und Gegenstände,
2. den Fang wildlebender Tiere zum Zwecke ihrer Verwendung in Tierversuchen einschließlich der anschließenden Behandlung der Tiere und der hierfür erforderlichen Kenntnisse und Fähigkeiten und
3. die erneute Verwendung von Tieren in Tierversuchen

festzulegen. [2] Das Bundesministerium wird ferner ermächtigt, im Einvernehmen mit dem Bundesministerium für Bildung und Forschung und, soweit artenschutzrechtliche Belange berührt sind, dem Bundesministerium für Umwelt, Naturschutz und nukleare Sicherheit durch Rechtsverordnung mit Zustimmung des Bundesrates die Behandlung eines in einem Tierversuch verwendeten Tieres nach Abschluss des Tierversuchs zu regeln und dabei

1. vorzusehen, dass das Tier einem Tierarzt vorzustellen ist,
2. vorzusehen, dass das Tier unter bestimmten Voraussetzungen zu töten ist, und
3. Anforderungen an die weitere Haltung und medizinische Versorgung des Tieres festzulegen.

(5) [1] Über die Tierversuche sind Aufzeichnungen zu machen. [2] Das Bundesministerium wird ermächtigt, im Einvernehmen mit dem Bundesministerium für Bildung und Forschung durch Rechtsverordnung[1)] mit Zustimmung des Bundes-

[1)] Siehe die Anm. am Titel.

rates das Nähere über die Art und den Umfang der Aufzeichnungen nach Satz 1 zu regeln; es kann dabei vorschreiben, dass die Aufzeichnungen aufzubewahren und der zuständigen Behörde auf Verlangen vorzulegen sind.

(6) [1] Der Leiter des Versuchsvorhabens oder im Falle seiner Verhinderung sein Stellvertreter haben die Einhaltung

1. der Vorschriften
   a) des § 7 Absatz 1 Satz 2 Nummer 1 und Satz 3, des § 7a Absatz 2 Nummer 1, 4 und 5 und des § 9 Absatz 5 Satz 1 sowie
   b) des § 7 Absatz 1 Satz 4 und
2. der Vorschriften der auf Grund der Absätze 1 bis 5 erlassenen Rechtsverordnungen

sicherzustellen. [2] Das Bundesministerium wird ermächtigt, im Einvernehmen mit dem Bundesministerium für Bildung und Forschung durch Rechtsverordnung[1)] mit Zustimmung des Bundesrates das Nähere zu der Verpflichtung nach Satz 1 zu regeln.

§ 9a[2)] *(aufgehoben)*

Sechster Abschnitt.[3)] Tierschutzbeauftragte

§ 10[4)] **[Tierschutzbeauftragte]** (1) [1] Einrichtungen und Betriebe, in denen Wirbeltiere oder Kopffüßer,

1. die dazu bestimmt sind, in Tierversuchen verwendet zu werden, oder
2. deren Organe oder Gewebe dazu bestimmt sind, zu wissenschaftlichen Zwecken verwendet zu werden,

gehalten oder verwendet werden, müssen über Tierschutzbeauftragte sowie, soweit dies in einer Rechtsverordnung, die das Bundesministerium im Einvernehmen mit dem Bundesministerium für Bildung und Forschung mit Zustimmung des Bundesrates erlassen hat, bestimmt ist, weitere Personen verfügen, die verpflichtet sind, in besonderem Maße auf den Schutz der Tiere zu achten. [2] Satz 1 gilt auch für Einrichtungen und Betriebe, in denen die dort genannten Tiere gezüchtet oder zum Zwecke der Abgabe an Dritte gehalten werden. [3] Einrichtungen und Betriebe,

1. in denen Wirbeltiere nach § 4 Absatz 3 zu wissenschaftlichen Zwecken getötet werden oder
2. in denen Eingriffe nach § 6 Absatz 1 Satz 2 Nummer 4 vorgenommen werden,

müssen ebenfalls über Tierschutzbeauftragte nach Satz 1 verfügen.

(2) [1] Die Tierschutzbeauftragten und die weiteren Personen nehmen ihre Aufgaben insbesondere durch Beratung der Einrichtung oder des Betriebes, für die oder für den sie tätig sind, und der dort beschäftigten Personen sowie durch die *Abgabe von Stellungnahmen* wahr. [2] Das Bundesministerium wird ermächtigt, im Einvernehmen mit dem Bundesministerium für Bildung und Forschung durch Rechtsverordnung[1)] mit Zustimmung des Bundesrates das Nähere über die Tierschutzbeauftragten und weiteren Personen zu regeln und dabei Vorschriften über

---

[1)] Siehe die Anm. am Titel.

[2)] § 9a aufgeh. mWv 13.7.2013 durch G v. 4.7.2013 (BGBl. I S. 2182).

[3)] 6. Abschnitt Überschrift neu gef. mWv 13.7.2013 durch G v. 4.7.2013 (BGBl. I S. 2182).

[4)] § 10 neu gef. mWv 13.7.2013 durch G v. 4.7.2013 (BGBl. I S. 2182); Abs. 2 Satz 3 Nr. 1–3 geänd. mWv 26.6.2021 durch G v. 18.6.2021 (BGBl. I S. 1828).

1. das Verfahren ihrer Bestellung,
2. ihre Sachkunde,
3. ihre Aufgaben und Verpflichtungen, insbesondere im Hinblick auf die Sicherstellung einer sachkundigen und tiergerechten Haltung, Tötung und Verwendung der Tiere, und
4. innerbetriebliche Maßnahmen und Vorkehrungen zur Sicherstellung einer wirksamen Wahrnehmung der in Nummer 3 genannten Aufgaben und Verpflichtungen

zu erlassen. [3] Dabei kann das Bundesministerium

1. bestimmen, dass die Tierschutzbeauftragten und weiteren Personen im Rahmen von Ausschüssen zusammenwirken,
2. das Nähere über die Aufgaben und die Zusammensetzung, einschließlich der Leitung, der Ausschüsse nach Nummer 1 regeln und
3. vorschreiben, dass über die Tätigkeit der Ausschüsse nach Nummer 1 Aufzeichnungen zu machen, aufzubewahren und der zuständigen Behörde auf Verlangen vorzulegen sind.

Siebenter Abschnitt.[1] Zucht, Halten von Tieren, Handel mit Tieren

§ 11[2] **[Erlaubnis]** (1) [1] Wer

1. Wirbeltiere oder Kopffüßer,
   a) die dazu bestimmt sind, in Tierversuchen verwendet zu werden, oder
   b) deren Organe oder Gewebe dazu bestimmt sind, zu wissenschaftlichen Zwecken verwendet zu werden,

   züchten oder halten, jeweils auch zum Zwecke der Abgabe dieser Tiere an Dritte, oder verwenden,
2. Wirbeltiere zu den in § 6 Absatz 1 Satz 2 Nummer 4 genannten Zwecken züchten oder halten,
3. Tiere in einem Tierheim oder in einer ähnlichen Einrichtung halten,
4. Tiere in einem Zoologischen Garten oder einer anderen Einrichtung, in der Tiere gehalten und zur Schau gestellt werden, halten,
5. Wirbeltiere, die nicht Nutztiere sind, zum Zwecke der Abgabe gegen Entgelt oder eine sonstige Gegenleistung in das Inland verbringen oder einführen oder die Abgabe solcher Tiere, die in das Inland verbracht oder eingeführt werden sollen oder worden sind, gegen Entgelt oder eine sonstige Gegenleistung vermitteln,
6. für Dritte Hunde zu Schutzzwecken ausbilden oder hierfür Einrichtungen unterhalten,
7. Tierbörsen zum Zwecke des Tausches oder Verkaufes von Tieren durch Dritte durchführen oder
8. gewerbsmäßig, außer in den Fällen der Nummer 1,
   a) Wirbeltiere, außer landwirtschaftliche Nutztiere und Gehegewild, züchten oder halten,

---

[1] Bish. 7. Abschnitt (§ 10a) aufgeh., bish. 8. Abschnitt (§§ 11–11c) wird 7. Abschnitt (§§ 11–11c) mWv 13.7.2013 durch G v. 4.7.2013 (BGBl. I S. 2182).

[2] § 11 neu gef. mWv 13.7.2013 durch G v. 4.7.2013 (BGBl. I S. 2182); Abs. 5 Sätze 2 und 5 geänd. mWv 5.4.2017 durch G v. 29.3.2017 (BGBl. I S. 626); Abs. 1 Satz 1 Nr. 1 neu gef. mWv 26.6.2021 durch G v. 18.6.2021 (BGBl. I S. 1828).

b) mit Wirbeltieren handeln,

c) einen Reit- oder Fahrbetrieb unterhalten,

d) Tiere zur Schau stellen oder für solche Zwecke zur Verfügung stellen,

e) Wirbeltiere als Schädlinge bekämpfen oder

f) für Dritte Hunde ausbilden oder die Ausbildung der Hunde durch den Tierhalter anleiten

will, bedarf der Erlaubnis der zuständigen Behörde. [2] Für das Zurschaustellen von Tieren an wechselnden Orten darf die Erlaubnis nach Satz 1 Nummer 4 oder nach Satz 1 Nummer 8 Buchstabe d nur insoweit erteilt werden, als die Tiere nicht einer Art angehören, deren Zurschaustellen an wechselnden Orten auf Grund einer Rechtsverordnung nach Absatz 4 verboten ist.

(2) [1] Das Bundesministerium wird ermächtigt, durch Rechtsverordnung[1)] mit Zustimmung des Bundesrates in den Fällen des Absatzes 1 Satz 1

1. das Nähere zu der Form und dem Inhalt des Antrags auf Erteilung einer Erlaubnis nach Absatz 1 Satz 1,
2. die Voraussetzungen und das Verfahren für die Erteilung der Erlaubnis,
3. den Inhalt der Erlaubnis, im Falle des Absatzes 1 Satz 1 Nummer 1 nur, soweit dies zur Durchführung von Rechtsakten der Europäischen Union erforderlich ist, sowie
4. das Verfahren im Falle nachträglicher Änderungen der für die Erlaubniserteilung wesentlichen Sachverhalte, einschließlich der Pflicht zur Anzeige solcher Änderungen,

(Fortsetzung nächstes Blatt)

1) Siehe die Anm. am Titel.

zu regeln. [2]Rechtsverordnungen nach Satz 1 bedürfen, soweit sie das Züchten oder Halten von Tieren nach Absatz 1 Satz 1 Nummer 1 oder 2 betreffen, des Einvernehmens des Bundesministeriums für Bildung und Forschung.

(3) In Rechtsverordnungen nach § 2a Absatz 1 oder § 4b können, soweit dies zur Durchführung von Rechtsakten der Europäischen Union erforderlich ist, über die dort genannten Anforderungen hinaus Anforderungen an die Haltung von Tieren nach Absatz 1 Satz 1 Nummer 1 oder an das Töten von Tieren nach Absatz 1 Satz 1 Nummer 1 vorgeschrieben werden, insbesondere

1. Anforderungen an innerbetriebliche Abläufe zum Zwecke der Vermeidung, Feststellung und Beseitigung von Mängeln,
2. Maßnahmen zum Zwecke der Gewöhnung und des Trainings solcher Tiere im Hinblick auf ihre Haltung und Verwendung und
3. Anforderungen an den Erwerb und die Aufrechterhaltung der für die Betreuung und Pflege und das Töten erforderlichen Kenntnisse und Fähigkeiten; hierbei kann auch vorgeschrieben werden, dass Aufzeichnungen über die Maßnahmen, die zum Zwecke des Erwerbs und der Aufrechterhaltung der Kenntnisse und Fähigkeiten ergriffen werden, zu machen, aufzubewahren und der zuständigen Behörde auf Verlangen vorzulegen sind.

(4) [1]Das Bundesministerium wird ermächtigt, durch Rechtsverordnung mit Zustimmung des Bundesrates das Zurschaustellen von Tieren wildlebender Arten an wechselnden Orten zu beschränken oder zu verbieten, soweit die Tiere der jeweiligen Art an wechselnden Orten nur unter erheblichen Schmerzen, Leiden oder Schäden gehalten oder zu den wechselnden Orten nur unter erheblichen Schmerzen, Leiden oder Schäden befördert werden können. [2]Eine Rechtsverordnung nach Satz 1

1. darf nur erlassen werden, soweit den in Satz 1 bezeichneten erheblichen Schmerzen, Leiden oder Schäden durch andere Regelungen, insbesondere solche mit Anforderungen an die Haltung oder Beförderung der Tiere, nicht wirksam begegnet werden kann,
2. muss vorsehen, dass Tiere, die zum Zeitpunkt des Erlasses der Verordnung gehalten werden, von dem Verbot nur dann erfasst werden, wenn keine Möglichkeiten bestehen, die erheblichen Schmerzen, Leiden oder Schäden bei diesen Tieren auf ein vertretbares Maß zu vermindern.

(5) [1]Mit der Ausübung der Tätigkeit nach Absatz 1 Satz 1 darf erst nach Erteilung der Erlaubnis begonnen werden. [2]Die zuständige Behörde entscheidet schriftlich oder elektronisch über den Antrag auf Erteilung einer Erlaubnis innerhalb einer Frist von vier Monaten ab Eingang des Antrags. [3]Die in Satz 2 genannte Frist kann von der zuständigen Behörde um bis zu zwei Monate verlängert werden, soweit der Umfang und die Schwierigkeit der Prüfung des Vorliegens der Voraussetzungen der Erlaubnis dies rechtfertigen. [4]Der Antragsteller ist über die Fristverlängerung vor Ablauf der in Satz 2 genannten Frist *unter Angabe von* Gründen zu unterrichten. [5]Bei der Berechnung der Frist bleiben die Zeiten unberücksichtigt, während derer der Antragsteller trotz schriftlicher oder elektronischer Aufforderung der Behörde den Anforderungen in einer auf Grund des Absatzes 2 Satz 1 Nummer 1 erlassenen Rechtsverordnung nicht nachgekommen ist. [6]Die zuständige Behörde soll demjenigen die Ausübung der Tätigkeit untersagen, der die Erlaubnis nicht hat.

(6) [1]Wer gewerbsmäßig Gehegewild halten will, hat dies vier Wochen vor Aufnahme der Tätigkeit der zuständigen Behörde anzuzeigen. [2]Das Bundes-

ministerium wird ermächtigt, durch Rechtsverordnung mit Zustimmung des Bundesrates

1. die Form und den Inhalt der Anzeige,
2. die Voraussetzungen, unter denen die Tätigkeit nach Satz 1 untersagt werden kann, und
3. das Verfahren im Falle nachträglicher Änderungen der angezeigten Sachverhalte

zu regeln.

(7) Die Ausübung der nach Absatz 5 Satz 6 oder auf Grund einer Rechtsverordnung nach Absatz 6 Satz 2 Nummer 2 untersagten Tätigkeit kann von der zuständigen Behörde auch durch Schließung der Betriebs- oder Geschäftsräume verhindert werden.

(8) [1] Wer Nutztiere zu Erwerbszwecken hält, hat durch betriebliche Eigenkontrollen sicherzustellen, dass die Anforderungen des § 2 eingehalten werden. [2] Insbesondere hat er zum Zwecke seiner Beurteilung, dass die Anforderungen des § 2 erfüllt sind, geeignete tierbezogene Merkmale (Tierschutzindikatoren) zu erheben und zu bewerten.

§ 11a[1)] [Aufzeichnungen; Kennzeichnung] (1) [1] Wer

1. eine nach § 11 Absatz 1 Satz 1 Nummer 1 erlaubnispflichtige Tätigkeit ausübt oder
2. Wirbeltiere zu den in § 6 Absatz 1 Satz 2 Nummer 4 genannten Zwecken züchtet oder hält oder mit solchen Wirbeltieren handelt,

hat über die Herkunft und den Verbleib sowie im Falle von Hunden, Katzen und Primaten über die Haltung und Verwendung der Tiere Aufzeichnungen zu machen. [2] Dies gilt nicht, soweit entsprechende Aufzeichnungspflichten auf Grund jagdrechtlicher oder naturschutzrechtlicher Vorschriften bestehen.

(2) [1] Das Bundesministerium wird ermächtigt, im Einvernehmen mit dem Bundesministerium für Bildung und Forschung durch Rechtsverordnung[2)] mit Zustimmung des Bundesrates Vorschriften über die Art, die Form und den Umfang der Aufzeichnungen nach Absatz 1 zu erlassen. [2] Es kann dabei bestimmen, dass

1. die Aufzeichnungen zu einem bestimmten Zeitpunkt vorzunehmen sind,
2. die Aufzeichnungen aufzubewahren und der zuständigen Behörde auf Verlangen vorzulegen sind,
3. die Aufzeichnungen oder deren Inhalt an Dritte weiterzugeben sind und
4. Aufzeichnungen auf Grund anderer Rechtsvorschriften als Aufzeichnungen nach Satz 1 gelten.

(3) Wer Hunde, Katzen oder Primaten,

1. die zur Verwendung in Tierversuchen bestimmt sind oder deren Gewebe oder Organe dazu bestimmt sind, zu wissenschaftlichen Zwecken verwendet zu werden, oder

---

[1)] § 11a neu gef. mWv 13.7.2013 durch G v. 4.7.2013 (BGBl. I S. 2182); Abs. 5 geänd. mWv 5.8. 2014 durch G v. 28.7.2014 (BGBl. I S. 1308); Abs. 5 geänd. mWv 27.6.2020 durch VO v. 19.6.2020 (BGBl. I S. 1328).

[2)] Siehe die Anm. am Titel.

2. die zur Verwendung zu einem der in § 6 Absatz 1 Satz 2 Nummer 4 genannten Zwecke bestimmt sind,

züchtet, hat diese zum Zwecke der Feststellung der Identität des jeweiligen Tieres zu kennzeichnen. [2] Sonstige Kennzeichnungspflichten bleiben unberührt. [3] Das Bundesministerium wird ermächtigt, im Einvernehmen mit dem Bundesministerium für Bildung und Forschung durch Rechtsverordnung[1)] mit Zustimmung des Bundesrates

1. Vorschriften über die Art und Weise und den Zeitpunkt der Kennzeichnung nach Satz 1 zu erlassen und dabei vorzusehen, dass diese unter behördlicher Aufsicht vorzunehmen ist, und
2. vorzuschreiben, dass im Falle des Erwerbs von Hunden, Katzen oder Primaten zu den in Satz 1 Nummer 1 oder 2 genannten Zwecken der Erwerber zur Kennzeichnung nach Satz 1 verpflichtet ist und den Nachweis zu erbringen hat, dass es sich um für die genannten Zwecke gezüchtete Tiere handelt.

(4) [1] Andere Wirbeltiere als Pferde, Rinder, Schweine, Schafe, Ziegen, Hühner, Tauben, Puten, Enten, Gänse und Fische, ausgenommen Zebrabärblinge, dürfen

1. zur Verwendung in Tierversuchen,
2. zu dem in § 4 Absatz 3 genannten Zweck oder
3. zu den in § 6 Absatz 1 Satz 2 Nummer 4 genannten Zwecken

aus Drittländern nur mit Genehmigung der zuständigen Behörde eingeführt werden. [2] Die Genehmigung ist zu erteilen, soweit nachgewiesen wird, dass es sich um Tiere handelt, die zu einem der in Satz 1 Nummer 1 bis 3 genannten Zwecke gezüchtet worden sind. [3] Andernfalls kann die Genehmigung nur erteilt werden, soweit

1. nach Satz 2 gezüchtete Tiere mit den Eigenschaften, die für den jeweiligen Zweck erforderlich sind, nicht zur Verfügung stehen oder
2. der jeweilige Zweck die Verwendung von Tieren erforderlich macht, die nicht nach Satz 2 gezüchtet worden sind.

[4] Sonstige Einfuhrvorschriften bleiben unberührt.

(5) Das Bundesministerium wird ermächtigt, im Einvernehmen mit dem Bundesministerium für Bildung und Forschung und, soweit artenschutzrechtliche Belange berührt sind, dem Bundesministerium für Umwelt, Naturschutz und nukleare Sicherheit durch Rechtsverordnung[1)] mit Zustimmung des Bundesrates bei Tieren, die zur Verwendung in Tierversuchen bestimmt waren oder deren Organe oder Gewebe dazu bestimmt waren, zu wissenschaftlichen Zwecken verwendet zu werden, bei denen diese Bestimmung jedoch entfallen ist, die dauerhafte Unterbringung außerhalb eines Betriebes oder einer Einrichtung nach § 10 Absatz 1 Satz 1 oder 2 oder die Freilassung solcher Tiere zu verbieten oder zu beschränken.

§ 11b[2)] [Qualzüchtung] (1) Es ist verboten, Wirbeltiere zu züchten oder durch biotechnische Maßnahmen zu verändern, soweit im Falle der Züchtung züchterische Erkenntnisse oder im Falle der Veränderung Erkenntnisse, die Ver-

---

[1)] Siehe die Anm. am Titel.

[2)] § 11b Abs. 1 neu gef., Abs. 2 aufgeh., bish. Abs. 3–5 werden Abs. 2–4, neue Abs. 2, 3 und 4 Nr. 1 und 2 geänd. mWv 13.7.2013 durch G v. 4.7.2013 (BGBl. I S. 2182).

änderungen durch biotechnische Maßnahmen betreffen, erwarten lassen, dass als Folge der Zucht oder Veränderung

1. bei der Nachzucht, den biotechnisch veränderten Tieren selbst oder deren Nachkommen erblich bedingt Körperteile oder Organe für den artgemäßen Gebrauch fehlen oder untauglich oder umgestaltet sind und hierdurch Schmerzen, Leiden oder Schäden auftreten oder
2. bei den Nachkommen
   a) mit Leiden verbundene erblich bedingte Verhaltensstörungen auftreten,
   b) jeder artgemäße Kontakt mit Artgenossen bei ihnen selbst oder einem Artgenossen zu Schmerzen oder vermeidbaren Leiden oder Schäden führt oder
   c) die Haltung nur unter Schmerzen oder vermeidbaren Leiden möglich ist oder zu Schäden führt.

(2) Die zuständige Behörde kann das Unfruchtbarmachen von Wirbeltieren anordnen, soweit züchterische Erkenntnisse oder Erkenntnisse, die Veränderungen durch biotechnische Maßnahmen betreffen, erwarten lassen, dass deren Nachkommen Störungen oder Veränderungen im Sinne des Absatzes 1 zeigen werden.

(3) Die Absätze 1 und 2 gelten nicht für durch Züchtung oder biotechnische Maßnahmen veränderte Wirbeltiere, die für wissenschaftliche Zwecke notwendig sind.

(4) Das Bundesministerium wird ermächtigt, durch Rechtsverordnung mit Zustimmung des Bundesrates

1. die erblich bedingten Veränderungen und Verhaltensstörungen nach Absatz 1 näher zu bestimmen,
2. das Züchten mit Wirbeltieren bestimmter Arten, Rassen und Linien zu verbieten oder zu beschränken, wenn dieses Züchten zu Verstößen gegen Absatz 1 führen kann.

§ 11c [Abgabe an Kinder und Jugendliche] Ohne Einwilligung der Erziehungsberechtigten dürfen Wirbeltiere an Kinder oder Jugendliche bis zum vollendeten 16. Lebensjahr nicht abgegeben werden.

Achter Abschnitt.[1] Verbringungs-, Verkehrs- und Haltungsverbot

§ 12[2] [Verbringungs-, Verkehrs- und Haltungsverbot] (1) Wirbeltiere, an denen Schäden feststellbar sind, von denen anzunehmen ist, dass sie durch tierschutzwidrige Handlungen verursacht worden sind, dürfen nicht gehalten oder ausgestellt werden, soweit dies durch Rechtsverordnungen nach Absatz 2 Nr. 4 oder 5 bestimmt ist.

(2) [1] Das Bundesministerium wird ermächtigt, durch Rechtsverordnung[3] mit Zustimmung des Bundesrates, soweit es zum Schutz der Tiere erforderlich ist,

---

[1] Bish. 9. Abschnitt (§ 12) wird 8. Abschnitt (§ 12) mWv 13.7.2013 durch G v. 4.7.2013 (BGBl. I S. 2182).

[2] § 12 Abs. 2 Satz 1 Nr. 1, Satz 2 geänd. mWv 15.12.2010 durch G v. 9.12.2010 (BGBl. I S. 1934); *Abs. 2 Satz 1 Nr. 4 geänd. mWv 13.7.2013 durch G v. 4.7.2013* (BGBl. I S. 2182); Abs. 2 Nr. 6 geänd. mWv 1.1.2016 durch G v. 3.12.2015 (BGBl. I S. 2178).

[3] Siehe die Anm. am Titel.

1. das Verbringen von Tieren oder Erzeugnissen tierischer Herkunft aus einem Staat, der nicht der Europäischen Union angehört, in das Inland (Einfuhr) von der Einhaltung von Mindestanforderungen hinsichtlich der Tierhaltung oder des Tötens von Tieren und von einer entsprechenden Bescheinigung abhängig zu machen sowie deren Inhalt, Form, Ausstellung und Aufbewahrung zu regeln,
2. die Einfuhr bestimmter Tiere von einer Genehmigung abhängig zu machen,
3. das Verbringen bestimmter Tiere aus dem Inland in einen anderen Staat zu verbieten,
4. das Verbringen von Wirbeltieren in das Inland oder das Halten, insbesondere das Ausstellen von Wirbeltieren im Inland zu verbieten, wenn an den Tieren tierschutzwidrige Amputationen vorgenommen worden sind oder die Tiere erblich bedingte körperliche Defekte, Verhaltensstörungen oder Aggressionssteigerungen im Sinne des § 11b Absatz 1 Nummer 1 oder 2 Buchstabe a aufweisen oder soweit ein Tatbestand nach § 11b Absatz 1 Nummer 2 Buchstabe b oder c erfüllt ist,
5. das Halten von Wirbeltieren, an denen Schäden feststellbar sind, von denen anzunehmen ist, dass sie den Tieren durch tierschutzwidrige Handlungen zugefügt worden sind, zu verbieten, wenn das Weiterleben der Tiere nur unter Leiden möglich ist,
6. vorzuschreiben, dass Tiere oder Erzeugnisse tierischer Herkunft nur über bestimmte Zollstellen mit zugeordneten Überwachungsstellen eingeführt oder ausgeführt werden dürfen, die das Bundesamt für Verbraucherschutz und Lebensmittelsicherheit im Einvernehmen mit dem Bundesministerium der Finanzen im Bundesanzeiger bekannt gemacht hat; das Bundesministerium der Finanzen kann die Erteilung des Einvernehmens auf die Generalzolldirektion übertragen.

[2] Eine Rechtsverordnung nach Satz 1 Nr. 1 bis 5 kann nicht erlassen werden, soweit Unionsrecht oder völkerrechtliche Verpflichtungen entgegenstehen.

Neunter Abschnitt.[1] Sonstige Bestimmungen zum Schutz der Tiere

§ 13[2] [Sonstige Bestimmungen zum Schutz der Tiere] (1) [1] Es ist verboten, zum Fangen, Fernhalten oder Verscheuchen von Wirbeltieren Vorrichtungen oder Stoffe anzuwenden, wenn damit die Gefahr vermeidbarer Schmerzen, Leiden oder Schäden für Wirbeltiere verbunden ist; dies gilt nicht für die Anwendung von Vorrichtungen oder Stoffen, die auf Grund anderer Rechtsvorschriften zugelassen sind. [2] Vorschriften des Jagdrechts, des Naturschutzrechts, des Pflanzenschutzrechts und des Seuchenrechts bleiben unberührt.

(2) Das Bundesministerium wird ermächtigt, durch Rechtsverordnung mit *Zustimmung* des Bundesrates zum Schutz des Wildes Maßnahmen anzuordnen, die das Wild vor vermeidbaren Schmerzen oder Schäden durch land- oder forstwirtschaftliche Arbeiten schützen.

---

[1] Bish. 10. Abschnitt (§§ 13, 13a) wird 9. Abschnitt (§§ 13–13b) mWv 13.7.2013 durch G v. 4.7. 2013 (BGBl. I S. 2182).

[2] § 13 Abs. 3 Satz 1 geänd. mWv 15.12.2010 durch G v. 9.12.2010 (BGBl. I S. 1934); Abs. 3 Satz 1 geänd. mWv 5.8.2014 durch G v. 28.7.2014 (BGBl. I S. 1308); Abs. 3 Satz 1 geänd. mWv 27.6.2020 durch VO v. 19.6.2020 (BGBl. I S. 1328).

(3) [1]Das Bundesministerium wird ermächtigt, im Einvernehmen mit dem Bundesministerium für Wirtschaft und Energie und dem Bundesministerium für Umwelt, Naturschutz und nukleare Sicherheit durch Rechtsverordnung[1)] mit Zustimmung des Bundesrates, soweit es zum Schutz der Tiere erforderlich ist, das Halten von Tieren wildlebender Arten, den Handel mit solchen Tieren sowie ihre Einfuhr oder ihre Ausfuhr aus dem Inland in einen Staat, der der Europäischen Union nicht angehört (Ausfuhr), zu verbieten, zu beschränken oder von einer Genehmigung abhängig zu machen. [2]Als Genehmigungsvoraussetzung kann insbesondere gefordert werden, dass der Antragsteller die für die jeweilige Tätigkeit erforderliche Zuverlässigkeit und die erforderlichen fachlichen Kenntnisse und Fähigkeiten besitzt und nachweist sowie dass eine den Anforderungen des § 2 entsprechende Ernährung, Pflege und Unterbringung der Tiere sichergestellt ist. [3]In der Rechtsverordnung können ferner Anforderungen an den Nachweis der erforderlichen Zuverlässigkeit und der erforderlichen fachlichen Kenntnisse und Fähigkeiten nach Satz 2 festgelegt sowie das Verfahren des Nachweises geregelt werden.

§ 13a[2)] [Ermächtigung Bundesministerium] (1) [1]Das Bundesministerium wird ermächtigt, zur Verbesserung des Tierschutzes durch Rechtsverordnung mit Zustimmung des Bundesrates Anforderungen an freiwillige Prüfverfahren zu bestimmen, mit denen nachgewiesen wird, dass serienmäßig hergestellte Aufstallungssysteme und Stalleinrichtungen zum Halten von Nutztieren und beim Schlachten verwendete Betäubungsgeräte und -anlagen über die Anforderungen dieses Gesetzes und die Mindestanforderungen der auf Grund dieses Gesetzes erlassenen Rechtsverordnungen hinausgehen. [2]Es hat hierbei insbesondere Kriterien, Verfahren und Umfang der freiwilligen Prüfverfahren sowie Anforderungen an die Sachkunde der im Rahmen derartiger Prüfverfahren tätigen Gutachter festzulegen.

(2) [1]Das Bundesministerium wird ermächtigt, durch Rechtsverordnung mit Zustimmung des Bundesrates zur Förderung der tierschutzgerechten Haltung das Inverkehrbringen und das Verwenden serienmäßig hergestellter Stalleinrichtungen zum Halten von Nutztieren von einer Zulassung oder Bauartzulassung abhängig zu machen. [2]In der Rechtsverordnung nach Satz 1 können

1. die näheren Voraussetzungen für die Zulassung oder Bauartzulassung und deren Rücknahme, Widerruf oder Ruhen, ihre Bekanntmachung sowie das Zulassungsverfahren, insbesondere Art, Inhalt und Umfang der vorzulegenden Unterlagen oder beizubringenden Nachweise,
2. die Befristung der Zulassung oder Bauartzulassung,
3. die Folgen einer Aufhebung oder Befristung einer Zulassung oder einer Bauartzulassung im Hinblick auf das weitere Inverkehrbringen oder die weitere Verwendung in Verkehr gebrachter Stalleinrichtungen,
4. die Kennzeichnung der Stalleinrichtungen und das Beifügen von Gebrauchsanleitungen und deren Mindestinhalt zum Zwecke der bestimmungsgemäßen und sachgerechten Verwendung der Stalleinrichtungen,

[1)] *Siehe die Anm. am Titel.*

[2)] § 13a Abs. 1 Satz 1 geänd., Abs. 2 neu gef., Abs. 3–6 angef. mWv 22.7.2009 durch G v. 15.7.2009 (BGBl. I S. 1950); Abs. 4 Satz 4 geänd. mWv 13.7.2013 durch G v. 4.7.2013 (BGBl. I S. 2182).

5. Anforderungen an die bestimmungsgemäße und sachgerechte Verwendung der Stalleinrichtungen,
6. die Anerkennung und die Mitwirkung öffentlich-rechtlicher oder privatrechtlicher Einrichtungen bei der Erteilung der Zulassung oder der Bauartzulassung einschließlich des Verfahrens geregelt werden,
7. die Anerkennung serienmäßig hergestellter Stalleinrichtungen, die ein der Zulassung oder der Bauartzulassung entsprechendes Verfahren in einem anderen Mitgliedstaat, der Türkei oder einem EFTA-Staat, der das EWR-Übereinkommen unterzeichnet hat, durchlaufen haben,

geregelt werden. [3] Im Fall einer Regelung nach Satz 2 Nr. 7 kann die Anerkennung insbesondere davon abhängig gemacht werden, dass die Eigenschaften der serienmäßig hergestellten Stalleinrichtung den Anforderungen einer Rechtsverordnung nach Satz 2 Nr. 1 bis 4 gleichwertig sind.

(3) [1] Zuständig für die Erteilung der Zulassungen oder Bauartzulassungen ist die Bundesanstalt für Landwirtschaft und Ernährung. [2] In der Rechtsverordnung nach Absatz 2 Satz 1 ist das Verfahren der Zusammenarbeit der nach Satz 1 zuständigen Behörde mit den für die Überwachung zuständigen Behörden der Länder zu regeln.

(4) [1] Das Bundesministerium wird ermächtigt, durch Rechtsverordnung, die nicht der Zustimmung des Bundesrates bedarf, Aufgaben und Befugnisse der nach Absatz 3 zuständigen Behörde auf eine juristische Person des privaten Rechts ganz oder teilweise zu übertragen. [2] Die Aufgabenübertragung ist nur zulässig, soweit die juristische Person die notwendige Gewähr für die Erfüllung der Aufgaben nach diesem Gesetz bietet. [3] Eine juristische Person bietet die notwendige Gewähr, wenn

1. die Personen, die nach Gesetz, Satzung oder Gesellschaftsvertrag die Geschäftsführung und Vertretung der juristischen Person ausüben, zuverlässig und fachlich geeignet sind,
2. sie die zur Erfüllung ihrer Aufgaben notwendige Ausstattung und Organisation hat.

[4] Die fachliche Eignung im Sinne des Satzes 3 Nummer 1 ist insbesondere gegeben, wenn die Personen über eine erfolgreich abgeschlossene Berufsausbildung im Bereich der Agrarwissenschaft – Fachrichtung Tierproduktion, der Veterinärmedizin oder der Biologie – Fachrichtung Zoologie – verfügen. [5] Durch Rechtsverordnung nach Satz 1 kann sich das Bundesministerium die Genehmigung der Satzung oder des Gesellschaftsvertrages und deren Änderungen vorbehalten.

(5) [1] Das Bundesministerium wird ermächtigt, durch Rechtsverordnung mit Zustimmung des Bundesrates, soweit es zum Schutz der Tiere erforderlich ist, das Inverkehrbringen und das Verwenden serienmäßig hergestellter beim Schlachten verwendeter Betäubungsgeräte oder Betäubungsanlagen davon abhängig zu machen, dass die Geräte oder Anlagen zugelassen sind oder einer Bauartzulassung entsprechen, sowie die näheren Voraussetzungen für die Erteilung der Zulassung oder Bauartzulassung und das Zulassungsverfahren zu regeln. [2] In der Rechtsverordnung nach Satz 1 können insbesondere Art, Inhalt und Umfang der vorzulegenden Unterlagen oder beizubringenden Nachweise näher bestimmt werden.

(6) Die Absätze 1 und 5 gelten nicht für das Inverkehrbringen zum Zwecke des Verbringens in einen anderen Mitgliedstaat oder der Ausfuhr in ein Drittland.

§ 13 b[1)] **[Ermächtigung Landesregierungen]** [1] Die Landesregierungen werden ermächtigt, durch Rechtsverordnung zum Schutz freilebender Katzen bestimmte Gebiete festzulegen, in denen

1. an diesen Katzen festgestellte erhebliche Schmerzen, Leiden oder Schäden auf die hohe Anzahl dieser Tiere in dem jeweiligen Gebiet zurückzuführen sind und
2. durch eine Verminderung der Anzahl dieser Katzen innerhalb des jeweiligen Gebietes deren Schmerzen, Leiden oder Schäden verringert werden können.

[2] In der Rechtsverordnung sind die Gebiete abzugrenzen und die für die Verminderung der Anzahl der freilebenden Katzen erforderlichen Maßnahmen zu treffen. [3] Insbesondere können in der Rechtsverordnung

1. der unkontrollierte freie Auslauf fortpflanzungsfähiger Katzen in dem jeweiligen Gebiet verboten oder beschränkt sowie
2. eine Kennzeichnung und Registrierung der dort gehaltenen Katzen, die unkontrollierten freien Auslauf haben können, vorgeschrieben

werden. [4] Eine Regelung nach Satz 3 Nummer 1 ist nur zulässig, soweit andere Maßnahmen, insbesondere solche mit unmittelbarem Bezug auf die freilebenden Katzen, nicht ausreichen. [5] Die Landesregierungen können ihre Ermächtigung durch Rechtsverordnung auf andere Behörden übertragen.

Zehnter Abschnitt.[2)] Durchführung des Gesetzes

§ 14 [Überwachung der Einfuhr und Ausfuhr] (1) [1] Das Bundesministerium der Finanzen und die von ihm bestimmten Zollstellen wirken bei der Überwachung der Einfuhr und Ausfuhr von Tieren mit. [2] Die genannten Behörden können

1. Tiere sowie deren Beförderungsmittel, Behälter, Lade- und Verpackungsmittel bei der Einfuhr zur Überwachung anhalten,
2. den Verdacht von Verstößen gegen Verbote und Beschränkungen dieses Gesetzes oder der nach diesem Gesetz erlassenen Rechtsverordnungen, der sich bei der Abfertigung ergibt, den zuständigen Behörden mitteilen,
3. in den Fällen der Nummer 2 anordnen, dass die Tiere auf Kosten und Gefahr des Verfügungsberechtigten der zuständigen Behörde vorgeführt werden.

(2) [1] Das Bundesministerium der Finanzen regelt im Einvernehmen mit dem Bundesministerium durch Rechtsverordnung[3)] ohne Zustimmung des Bundesrates die Einzelheiten des Verfahrens nach Absatz 1. [2] Es kann dabei

---

1) § 13 b eingef. mWv 13. 7. 2013 durch G v. 4. 7. 2013 (BGBl. I S. 2182).

2) Bish. 11. Abschn. (§§ 14–16 i) wird 10. Abschn. (§§ 14–16 j) mWv 13. 7. 2013 durch G v. 4. 7. 2013 (BGBl. I S. 2182).

3) Siehe die Tit. Anm.

insbesondere Pflichten zu Anzeigen, Anmeldungen, Auskünften und zur Leistung von Hilfsdiensten sowie zur Duldung der Einsichtnahme in Geschäftspapiere und sonstige Unterlagen und zur Duldung von Besichtigungen vorsehen.

§ 15[1)] [Zuständige Behörden; Kommissionen] (1) [1] Die Durchführung dieses Gesetzes, der auf Grund dieses Gesetzes erlassenen Rechtsverordnungen und der unmittelbar geltenden Rechtsakte der Europäischen Gemeinschaft oder der Europäischen Union im Anwendungsbereich dieses Gesetzes obliegt, vorbehaltlich des § 13a Abs. 3, auch in Verbindung mit einer Rechtsverordnung nach dessen Absatz 4, den nach Landesrecht zuständigen Behörden. [2] Die nach Landesrecht zuständigen Behörden berufen jeweils eine oder mehrere Kommissionen zur Unterstützung der zuständigen Behörden bei

1. der Entscheidung über die Genehmigung von Versuchsvorhaben und
2. der Bewertung angezeigter Änderungen genehmigter Versuchsvorhaben, soweit dies in einer Rechtsverordnung nach Absatz 4 vorgesehen ist.

[3] Die nach Satz 2 berufenen Kommissionen unterstützen die zuständigen Behörden in den in Artikel 38 Absatz 3 der Richtlinie 2010/63/EU genannten Bereichen.

(2) Die zuständigen Behörden sollen im Rahmen der Durchführung dieses Gesetzes oder der auf Grund dieses Gesetzes erlassenen Rechtsverordnungen den beamteten Tierarzt als Sachverständigen beteiligen.

(3) [1] Im Geschäftsbereich des Bundesministeriums der Verteidigung obliegt die Durchführung dieses Gesetzes, der auf Grund dieses Gesetzes erlassenen Rechtsvorschriften und der unmittelbar geltenden Rechtsakte der Europäischen Gemeinschaft oder der Europäischen Union im Anwendungsbereich dieses Gesetzes den zuständigen Dienststellen der Bundeswehr. [2] Das Bundesministerium der Verteidigung beruft eine Kommission zur Unterstützung der zuständigen Dienststellen bei

1. der Entscheidung über die Genehmigung von Versuchsvorhaben und
2. der Bewertung angezeigter Änderungen genehmigter Versuchsvorhaben, soweit dies in einer Rechtsverordnung nach Absatz 4 vorgesehen ist.

[3] Die nach Satz 2 berufene Kommission unterstützt die zuständigen Dienststellen in den in Artikel 38 Absatz 3 der Richtlinie 2010/63/EU genannten Bereichen.

(4) [1] Das Bundesministerium wird ermächtigt, im Einvernehmen mit dem Bundesministerium für Bildung und Forschung durch Rechtsverordnung[2)] mit Zustimmung des Bundesrates das Nähere zu den Kommissionen nach Absatz 1 Satz 2 und Absatz 3 Satz 2 im Hinblick auf

1. deren Zusammensetzung, einschließlich der Sachkunde der Mitglieder,
2. das Verfahren der Berufung der Mitglieder und
3. die Abgabe von Stellungnahmen durch die Kommissionen zu Anträgen auf Genehmigung von Versuchsvorhaben und angezeigten Änderungen genehmigter Versuchsvorhaben sowie das diesbezügliche Verfahren

---

[1)] § 15 Abs. 1 Satz 1 geänd. mWv 22.7.2009 durch G v. 15.7.2009 (BGBl. I S. 1950); Abs. 1 Satz 1 geänd., Satz 2 neu gef., Sätze 3–5 aufgeh., Abs. 3 Satz 2 neu gef., Sätze 3–9 aufgeh., Abs. 4 und 5 angef. mWv 13.7.2013 durch G v. 4.7.2013 (BGBl. I S. 2182); Abs. 1 Satz 1 geänd., Satz 3 angef., Abs. 3 Satz 1 geänd., Satz 3 angef. mWv 26.6.2021 durch G v. 18.6.2021 (BGBl. I S. 1828).

[2)] Siehe die Tierschutz-VersuchstierVO v. 1.8.2013 (BGBl. I S. 3125, 3126), zuletzt geänd. durch VO v. 11.8.2021 (BGBl. I S. 3570).

zu regeln. [2] Rechtsverordnungen, die das Nähere zu der Kommission nach Absatz 3 Satz 2 regeln, bedürfen ferner des Einvernehmens des Bundesministeriums der Verteidigung.

(5) [1] Das Bundesministerium wird ermächtigt, im Einvernehmen mit dem Bundesministerium für Bildung und Forschung durch Rechtsverordnung[1)] mit Zustimmung des Bundesrates vorzusehen, dass die zuständigen Behörden dem Bundesministerium, dem Bundesamt für Verbraucherschutz und Lebensmittelsicherheit oder dem Bundesinstitut für Risikobewertung

1. in Fällen von grundsätzlicher Bedeutung oder
2. in Fällen, in denen dies zur Durchführung des Artikels 43 oder 55 der Richtlinie 2010/63/EU erforderlich ist,

Angaben zu Entscheidungen der zuständigen Behörden über die Genehmigung von Versuchsvorhaben oder zu von den zuständigen Behörden genehmigten Versuchsvorhaben übermitteln, und dabei das Nähere über die Form und den Inhalt sowie das Verfahren der Übermittlung zu regeln. [2] Personenbezogene Daten dürfen nicht übermittelt werden. [3] Die Vorschriften zum Schutz des geistigen Eigentums und zum Schutz von Betriebs- und Geschäftsgeheimnissen bleiben unberührt.

§ 15a[2)] [Aufgaben nach Artikel 49 der Richtlinie 2010/63/EU] [1] Das Bundesinstitut für Risikobewertung nimmt die Aufgaben nach Artikel 49 der Richtlinie 2010/63/EU wahr. [2] Das Bundesministerium wird ermächtigt, im Einvernehmen mit dem Bundesministerium für Bildung und Forschung durch Rechtsverordnung[1)] mit Zustimmung des Bundesrates das Nähere über die Aufgaben nach Artikel 49 der Richtlinie 2010/63/EU, einschließlich der Befugnisse des Bundesinstitutes für Risikobewertung zum Verkehr mit den zuständigen Behörden anderer Mitgliedstaaten und der Europäischen Kommission, soweit dies zur Durchführung von Rechtsakten der Europäischen Union erforderlich ist, zu regeln.

§ 16[3)] [Überwachung] (1) [1] Der Aufsicht durch die zuständige Behörde unterliegen

1. Nutztierhaltungen einschließlich Pferdehaltungen,
2. Einrichtungen, in denen Tiere geschlachtet werden,
3. Einrichtungen, in denen

[1)] Siehe die Tierschutz-VersuchstierVO v. 1.8.2013 (BGBl. I S. 3125, 3126), zuletzt geänd. durch VO v. 11.8.2021 (BGBl. I S. 3570).

[2)] § 15a neu gef. mWv 13.7.2013 durch G v. 4.7.2013 (BGBl. I S. 2182).

[3)] § 16 Abs. 5 Satz 2 Nr. 3 und 4 geänd., Nr. 5 aufgeh. und Abs. 6 neu gef. mWv 22.12.2007 durch G v. 18.12.2007 (BGBl. I S. 3001, ber. 2008 I S. 47); Abs. 1 Nr. 7 geänd., Nr. 8 angef., Abs. 7 Satz 2 neu gef. mWv 22.7.2009 durch G v. 15.7.2009 (BGBl. I S. 1950); Abs. 3 Satz 1 geänd. mWv 15.12.2010 durch G v. 9.12.2010 (BGBl. I S. 1934); Abs. 1 Nr. 3 Buchst. b und c aufgeh., bish. Buchst. d und e werden Buchst. b und c, neuer Buchst. c und Nr. 4 geänd., Sätze 2–5 angef., Abs. 1a neu gef., Abs. 3 Satz 1 einl. Satzteil, Nr. 1 und 2 Buchst. b geänd., Satz 3 eingef., bish. Satz 3 wird Satz 4, Abs. 5 Satz 3 angef., Abs. 6 Sätze 3 und 4 Nr. 1, 2, 3 und 6 geänd., Abs. 6a eingef. mWv 13.7.2013 durch G v. 4.7.2013 (BGBl. I S. 2182, ber. S. 3911); Abs. 1a Satz 1 und Abs. 6 Satz 4 Nr. 2 geänd. mWv 5.8.2014 durch G v. 28.7.2014 (BGBl. I S. 1308); Abs. 6 Satz 5 neu gef. mWv 26.11.2019 durch G v. 20.11.2019 (BGBl. I S. 1626); Abs. 1 Satz 1 Nr. 3 Buchst. a aufgeh., bish. Buchst. b und c werden Buchst. a und b, Sätze 2–4 neu gef., Sätze 5–7 eingef., bish. Satz 5 wird Satz 8 und geänd., Abs. 3 Satz 1 einl. Satzteil geänd. mWv 26.6.2021 durch G v. 18.6.2021 (BGBl. I S. 1828); Abs. 2 geänd. mWv 1.1.2024 durch G v. 10.8.2021 (BGBl. I S. 3436).

a) Wirbeltiere zu den in § 6 Abs. 1 Satz 2 Nr. 4 genannten Zwecken verwendet werden oder
b) Wirbeltiere zu wissenschaftlichen Zwecken getötet werden,

4. Einrichtungen und Betriebe nach § 11 Abs. 1 Satz 1,
5. Einrichtungen und Betriebe,
   a) die gewerbsmäßig Tiere transportieren,
   b) in denen Tiere während des Transports ernährt, gepflegt oder untergebracht werden,
6. Zirkusbetriebe, die nicht gewerbsmäßig betrieben werden,
7. Tierhaltungen, die auf Grund einer nach § 13 Abs. 3 erlassenen Rechtsverordnung einer Genehmigung bedürfen,
8. Hersteller, Einführer und Inverkehrbringer von Stalleinrichtungen oder beim Schlachten verwendeter Betäubungsgeräte oder Betäubungsanlagen, soweit diese Personen eine Zulassung oder Bauartzulassung beantragt haben.

[2] Die Einrichtungen nach Satz 1 Nummer 3 und die Einrichtungen und Betriebe nach § 11 Absatz 1 Satz 1 Nummer 1 und 2 werden regelmäßig und in angemessenem Umfang kontrolliert. [3] Die Häufigkeit der Kontrollen wird auf der Grundlage einer Risikoanalyse bestimmt. [4] Bei der Risikoanalyse sind die in Artikel 34 Absatz 2 der Richtlinie 2010/63/EU genannten Aspekte zu beachten. [5] Bei Einrichtungen nach § 11 Absatz 1 Satz 1 Nummer 1, in denen Tiere in Tierversuchen verwendet werden, müssen jährlich mindestens bei einem Drittel dieser Einrichtungen Kontrollen durchgeführt werden. [6] Werden in den Einrichtungen nach Satz 1 Nummer 3 und in den Einrichtungen und Betrieben nach § 11 Absatz 1 Satz 1 Nummer 1 und 2 Primaten gezüchtet, gehalten oder verwendet, so muss die Kontrolle mindestens jährlich erfolgen. [7] Ein angemessener Teil der Kontrollen erfolgt unangekündigt. [8] Die Aufzeichnungen über die Kontrollen und deren Ergebnisse sind ab dem Zeitpunkt der jeweiligen Aufzeichnung mindestens fünf Jahre aufzubewahren.

(1a) [1] Wer nach § 11 Absatz 1 Satz 1 Nummer 4 und 8 Buchstabe d und nach Absatz 1 Nummer 6 Tiere an wechselnden Orten zur Schau stellt, hat jeden Ortswechsel spätestens beim Verlassen des bisherigen Aufenthaltsortes der zuständigen Behörde des beabsichtigten Aufenthaltsortes nach Maßgabe des Satzes 2 anzuzeigen. [2] In der Anzeige sind anzugeben:

1. die Art der betroffenen Tiere,
2. der Name der für die Tätigkeit verantwortlichen Person,
3. die Räume und Einrichtungen, die für die Tätigkeit bestimmt sind.

(2) Natürliche und juristische Personen und sonstigen Personenvereinigungen haben der zuständigen Behörde auf Verlangen die Auskünfte zu erteilen, die zur Durchführung der der Behörde durch dieses Gesetz übertragenen Aufgaben erforderlich sind.

(3) [1] Personen, die von der zuständigen Behörde beauftragt sind, sowie in ihrer Begleitung befindliche Sachverständige der Europäischen Kommission und anderer Mitgliedstaaten dürfen zum Zwecke der Aufsicht über die in Absatz 1 bezeichneten Personen und Einrichtungen und im Rahmen des Absatzes 2

1. Grundstücke, Geschäftsräume, Wirtschaftsgebäude und Transportmittel des Auskunftspflichtigen während der Geschäfts- oder Betriebszeit betreten, besichtigen und dort zur Dokumentation Bildaufzeichnungen, mit Ausnahme von Bildaufzeichnungen von Personen, anfertigen,

2. zur Verhütung dringender Gefahren für die öffentliche Sicherheit und Ordnung
   a) die in Nummer 1 bezeichneten Grundstücke, Räume, Gebäude und Transportmittel außerhalb der dort genannten Zeiten,
   b) Wohnräume des Auskunftspflichtigen betreten,[1] besichtigen sowie zur Dokumentation Bildaufzeichnungen, mit Ausnahme von Bildaufzeichnungen von Personen, anfertigen; das Grundrecht der Unverletzlichkeit der Wohnung (Artikel 13 des Grundgesetzes[2]) wird insoweit eingeschränkt,
3. geschäftliche Unterlagen einsehen,
4. Tiere untersuchen und Proben, insbesondere Blut-, Harn-, Kot- und Futterproben, entnehmen,
5. Verhaltensbeobachtungen an Tieren auch mittels Bild- oder Tonaufzeichnungen durchführen.

[2] Der Auskunftspflichtige hat die mit der Überwachung beauftragten Personen zu unterstützen, ihnen auf Verlangen insbesondere die Grundstücke, Räume, Einrichtungen und Transportmittel zu bezeichnen, Räume, Behältnisse und Transportmittel zu öffnen, bei der Besichtigung und Untersuchung der einzelnen Tiere Hilfestellung zu leisten, die Tiere aus den Transportmitteln zu entladen und die geschäftlichen Unterlagen vorzulegen. [3] Die mit der Überwachung beauftragten Personen sind befugt, Abschriften oder Ablichtungen von Unterlagen nach Satz 1 Nummer 3 oder Ausdrucke oder Kopien von Datenträgern, auf denen Unterlagen nach Satz 1 Nummer 3 gespeichert sind, anzufertigen oder zu verlangen. [4] Der Auskunftspflichtige hat auf Verlangen der zuständigen Behörde in Wohnräumen gehaltene Tiere vorzuführen, wenn der dringende Verdacht besteht, dass die Tiere nicht artgemäß oder verhaltensgerecht gehalten werden und ihnen dadurch erhebliche Schmerzen, Leiden oder Schäden zugefügt werden und eine Besichtigung der Tierhaltung in Wohnräumen nicht gestattet wird.

(4) Der zur Auskunft Verpflichtete kann die Auskunft auf solche Fragen verweigern, deren Beantwortung ihn selbst oder einen der in § 383 Abs. 1 Nr. 1 bis 3 der Zivilprozessordnung[3] bezeichneten Angehörigen der Gefahr strafgerichtlicher Verfolgung oder eines Verfahrens nach dem Gesetz über Ordnungswidrigkeiten aussetzen würde.

(4a) [1] Wer

1. als Betreiber einer Schlachteinrichtung oder als Gewerbetreibender im Durchschnitt wöchentlich mindestens 50 Großvieheinheiten schlachtet oder
2. Arbeitskräfte bereitstellt, die Schlachttiere zuführen, betäuben oder entbluten,

hat der zuständigen Behörde einen weisungsbefugten Verantwortlichen für die Einhaltung der Anforderungen dieses Gesetzes und der auf Grund dieses Gesetzes erlassenen Rechtsverordnungen zu benennen. [2] Wer eine Tierhaltung, eine Einrichtung oder einen Betrieb nach Absatz 1 Nr. 1, 3, 5 oder 6 betreibt oder führt, kann durch die zuständige Behörde im Einzelfall verpflichtet werden, einen weisungsbefugten sachkundigen Verantwortlichen für die Einhaltung der Anforderungen dieses Gesetzes und der darauf beruhenden Verordnungen zu benennen. [3] Dies gilt nicht für Betriebe, die der Erlaubnispflicht nach § 11 Abs. 1 unterliegen.

---

[1] Komma fehlt im BGBl. I.
[2] Nr. 1.
[3] **Habersack Nr. 100.**

(5) [1] Das Bundesministerium wird ermächtigt, durch Rechtsverordnung[1)] mit Zustimmung des Bundesrates, soweit es zum Schutz der Tiere erforderlich ist, die Überwachung näher zu regeln. [2] Es kann dabei insbesondere

1. die Durchführung von Untersuchungen einschließlich der Probenahme,
2. die Maßnahmen, die zu ergreifen sind, wenn Tiertransporte diesem Gesetz oder den auf Grund dieses Gesetzes erlassenen Rechtsverordnungen nicht entsprechen,

(Fortsetzung nächstes Blatt)

[1)] Siehe die Tierschutz-SchlachtVO v. 20.12.2012 (BGBl. I S. 2982), die TierschutztransportVO v. 11.2.2009 (BGBl. I S. 375), zuletzt geänd. durch VO v. 25.11.2021 (BGBl. I S. 4970), die Tierschutz-NutztierhaltungsVO idF der Bek. v. 22.8.2006 (BGBl. I S. 2043), zuletzt geänd. durch VO v. 29.1.2021 (BGBl. I S. 146), und die Tierschutz-VersuchstierVO v. 1.8.2013 (BGBl. I S. 3125, 3126), zuletzt geänd. durch VO v. 11.8.2021 (BGBl. I S. 3570).

3. Einzelheiten der Duldungs-, Unterstützungs- und Vorlagepflichten und
4. Pflichten zur Aufzeichnung und zur Aufbewahrung von Unterlagen

regeln. [3] Rechtsverordnungen nach Satz 2 Nummer 4 bedürfen, soweit sich die Regelungen auf Tiere beziehen, die zur Verwendung in Tierversuchen bestimmt sind oder deren Gewebe oder Organe dazu bestimmt sind, zu wissenschaftlichen Zwecken verwendet zu werden, des Einvernehmens des Bundesministeriums für Bildung und Forschung.

(6) [1] Personenbezogene Daten dürfen nur erhoben oder verwendet werden, soweit die Erhebung oder Verwendung zur Erfüllung von Aufgaben erforderlich ist, die der verantwortlichen Stelle nach diesem Gesetz oder nach einer auf Grund dieses Gesetzes erlassenen Rechtsverordnung obliegen. [2] Das Bundesministerium wird ermächtigt, durch Rechtsverordnung[1)] mit Zustimmung des Bundesrates die Einzelheiten der Datenerhebung und -verwendung zu regeln. [3] Das Bundesministerium wird ferner ermächtigt, durch Rechtsverordnung mit Zustimmung des Bundesrates die Einrichtung und Führung von Registern zu regeln, aus denen die zuständigen Behörden die für die Überwachung von Betrieben nach § 11 Absatz 1 Satz 1 Nummer 8 Buchstabe d mit wechselnden Standorten erforderlichen personenbezogenen Daten automatisiert abrufen können. [4] In den Registern dürfen nur folgende personenbezogene Daten gespeichert werden:

1. Daten zur Identifizierung und Erreichbarkeit des Inhabers der Erlaubnis nach § 11 Absatz 1 Satz 1 Nummer 8 Buchstabe d und der für die Tätigkeit verantwortlichen Person nach Absatz 1a Satz 2 Nummer 2,
2. Daten zur Identifizierung und Erreichbarkeit des Betriebes nach Absatz 1 Satz 1 Nummer 4 in Verbindung mit § 11 Absatz 1 Satz 1 Nummer 8 Buchstabe d und des Inhabers des Betriebes,
3. der Inhalt der Erlaubnis nach § 11 Absatz 1 Satz 1 Nummer 8 Buchstabe d und etwaiger Nebenbestimmungen sowie die Anschrift der erteilenden Behörde,
4. Ergebnisse durchgeführter Kontrollen und Namen der kontrollierenden Personen,
5. auf Grund der Kontrolle erlassene vollziehbare Anordnungen und Maßnahmen des Verwaltungszwangs sowie die Angabe, inwieweit diesen nachgekommen worden ist und
6. die unanfechtbare Ablehnung eines Antrags auf Erteilung, die Rücknahme und der Widerruf einer Erlaubnis nach § 11 Absatz 1 Satz 1 Nummer 8 Buchstabe d.

[5] Im Übrigen bleiben die Verordnung (EU) 2016/679[2)] des Europäischen Parlaments und des Rates vom 27. April 2016 zum Schutz natürlicher Personen bei der Verarbeitung personenbezogener Daten, zum freien Datenverkehr und zur Aufhebung der Richtlinie 95/46/EG (Datenschutz-Grundverordnung) (ABl. L 119 vom 4.5.2016, S. 1; L 314 vom 22.11.2016, S. 72; L 127 vom 23.5.2018, S. 2), das Bundesdatenschutzgesetz[3)] und die Datenschutzgesetze der Länder in der jeweils geltenden Fassung unberührt.

(6a) [1] Die nach Landesrecht für die Lebensmittelüberwachung, die Tierarzneimittelüberwachung und die für die Erhebung der Daten nach tierseuchenrechtlichen Vorschriften über den Verkehr mit Vieh für die Anzeige und die Regis-

---

[1)] Siehe die Anm. am Titel.
[2)] Nr. **246**.
[3)] Nr. **245**.

trierung Vieh haltender Betriebe zuständigen Behörden übermitteln der für die Überwachung nach § 15 Absatz 1 Satz 1 zuständigen Behörde auf Ersuchen die zu deren Aufgabenerfüllung erforderlichen Daten. [2]Die Daten dürfen für die Dauer von drei Jahren aufbewahrt werden. [3]Die Frist beginnt mit Ablauf desjenigen Jahres, in dem die Daten übermittelt worden sind. [4]Nach Ablauf der Frist sind die Daten zu löschen. [5]Fristen zur Aufbewahrung, die sich aus anderen Rechtsvorschriften ergeben, bleiben unberührt.

(7) [1]Bestehen bei der zuständigen Behörde erhebliche Zweifel, ob bei bestimmungsgemäßem Gebrauch serienmäßig hergestellte Aufstallungssysteme und Stalleinrichtungen zum Halten landwirtschaftlicher Nutztiere und beim Schlachten verwendete Betäubungsgeräte und -anlagen den Anforderungen dieses Gesetzes sowie der auf Grund dieses Gesetzes erlassenen Rechtsverordnungen entsprechen, kann dem Hersteller oder Anbieter aufgegeben werden, auf seine Kosten eine gutachterliche Stellungnahme einer einvernehmlich zu benennenden unabhängigen Sachverständigenstelle oder Person beizubringen, soweit er nicht auf den erfolgreichen Abschluss einer freiwilligen Prüfung nach Maßgabe einer nach § 13a Abs. 1 erlassenen Rechtsverordnung verweisen kann. [2]Satz 1 gilt nicht, soweit Stalleinrichtungen auf Grund einer Rechtsverordnung nach § 13a Abs. 2 oder Betäubungsgeräte oder Betäubungsanlagen auf Grund einer Rechtsverordnung nach § 13a Abs. 5 zugelassen oder bauartzugelassen sind.

§ 16a[1] [Behördliche Anordnungen] (1) [1]Die zuständige Behörde trifft die zur Beseitigung festgestellter Verstöße und die zur Verhütung künftiger Verstöße notwendigen Anordnungen. [2]Sie kann insbesondere

1. im Einzelfall die zur Erfüllung der Anforderungen des § 2 erforderlichen Maßnahmen anordnen,
2. ein Tier, das nach dem Gutachten des beamteten Tierarztes mangels Erfüllung der Anforderungen des § 2 erheblich vernachlässigt ist oder schwerwiegende Verhaltensstörungen aufzeigt, dem Halter fortnehmen und so lange auf dessen Kosten anderweitig pfleglich unterbringen, bis eine den Anforderungen des § 2 entsprechende Haltung des Tieres durch den Halter sichergestellt ist; ist eine anderweitige Unterbringung des Tieres nicht möglich oder ist nach Fristsetzung durch die zuständige Behörde eine den Anforderungen des § 2 entsprechende Haltung durch den Halter nicht sicherzustellen, kann die Behörde das Tier veräußern; die Behörde kann das Tier auf Kosten des Halters unter Vermeidung von Schmerzen töten lassen, wenn die Veräußerung des Tieres aus rechtlichen oder tatsächlichen Gründen nicht möglich ist oder das Tier nach dem Urteil des beamteten Tierarztes nur unter nicht behebbaren erheblichen Schmerzen, Leiden oder Schäden weiterleben kann,
3. demjenigen, der den Vorschriften des § 2, einer Anordnung nach Nummer 1 oder einer Rechtsverordnung nach § 2a wiederholt oder grob zuwidergehandelt und dadurch den von ihm gehaltenen oder betreuten Tieren erhebliche oder länger anhaltende Schmerzen oder Leiden oder erhebliche Schäden zugefügt hat, das Halten oder Betreuen von Tieren einer bestimmten oder jeder Art untersagen oder es von der Erlangung eines entsprechenden Sachkundenachweises abhängig machen, wenn Tatsachen die Annahme rechtfertigen, dass er *weiterhin derartige Zuwiderhandlungen* begehen wird; auf Antrag ist ihm das

[1] § 16a Abs. 2 und 3 angef. mWv 13.7.2013 durch G v. 4.7.2013 (BGBl. I S. 2182); Abs. 2 geänd. mWv 26.6.2021 durch G v. 18.6.2021 (BGBl. I S. 1828).

Halten oder Betreuen von Tieren wieder zu gestatten, wenn der Grund für die Annahme weiterer Zuwiderhandlungen entfallen ist,

4. die Einstellung von Tierversuchen anordnen, die ohne die erforderliche Genehmigung oder entgegen einem tierschutzrechtlichen Verbot durchgeführt werden.

(2) Die zuständige Behörde untersagt die Durchführung eines nach § 8a Absatz 3 oder eines auf Grund einer Rechtsverordnung nach § 8a Absatz 4 anzuzeigenden Versuchsvorhabens oder die Vornahme einer auf Grund einer Rechtsverordnung nach § 8 Absatz 3 Nummer 4 oder § 8a Absatz 5 Nummer 4 anzuzeigenden Änderung eines Versuchsvorhabens, soweit die Einhaltung der für die Durchführung von Tierversuchen geltenden Vorschriften dieses Gesetzes und der auf Grund dieses Gesetzes erlassenen Rechtsverordnungen nicht sichergestellt ist und diesem Mangel nicht innerhalb einer von der zuständigen Behörde gesetzten Frist abgeholfen worden ist.

(3) Die zuständige Behörde trifft die erforderlichen Anordnungen um sicherzustellen, dass

1. die Anordnung der Einstellung von Tierversuchen, die Untersagung der Durchführung von Versuchsvorhaben oder der Widerruf oder die Rücknahme der Genehmigung eines Versuchsvorhabens keine nachteiligen Auswirkungen auf das Wohlergehen der Tiere hat, die in den Tierversuchen oder Versuchsvorhaben verwendet werden oder verwendet werden sollen, und
2. die Untersagung der Ausübung einer Tätigkeit nach § 11 Absatz 1 Satz 1 Nummer 1 oder die Rücknahme oder der Widerruf einer Erlaubnis nach § 11 Absatz 1 Satz 1 Nummer 1 keine negativen Auswirkungen auf das Wohlergehen der Tiere hat, die in den der jeweiligen Tätigkeit dienenden Betrieben oder Einrichtungen gehalten werden.

§ 16b [Tierschutzkommission] (1) [1] Das Bundeministerium beruft eine Tierschutzkommission zu seiner Unterstützung in Fragen des Tierschutzes. [2] Vor dem Erlass von Rechtsverordnungen und allgemeinen Verwaltungsvorschriften nach diesem Gesetz hat das Bundesministerium die Tierschutzkommission anzuhören.

(2) Das Bundesministerium wird ermächtigt, durch Rechtsverordnung[1)] ohne Zustimmung des Bundesrates das Nähere über Zusammensetzung, Berufung der Mitglieder, Aufgaben und Geschäftsführung der Tierschutzkommission zu regeln.

§ 16c[2)] Das Bundesministerium wird ermächtigt, durch Rechtsverordnung mit Zustimmung des Bundesrates.

1. Personen, Einrichtungen und Betriebe, die Tierversuche an Wirbeltieren oder Kopffüßern durchführen oder die Wirbeltiere zu den in § 4 Absatz 3 genannten Zwecken töten, sowie Einrichtungen und Betriebe, in denen Wirbeltiere oder Kopffüßer für die genannten Zwecke gezüchtet oder zur Abgabe an Dritte gehalten werden, zu verpflichten, der zuständigen Behörde in bestimmten, regelmäßigen Zeitabständen zu melden:
   a) die Art, Herkunft und Zahl der in den Tierversuchen verwendeten Tiere,
   b) den Zweck und die Art der Tierversuche oder der sonstigen Verwendungen einschließlich des Schweregrades nach Artikel 15 Absatz 1 der Richtlinie 2010/63/EU und

---

[1)] Siehe die Anm. am Titel.
[2)] § 16c neu gef. mWv 26.6.2021 durch G v. 18.6.2021 (BGBl. I S. 1828).

c) die Art, Herkunft und Zahl der Tiere, einschließlich genetisch veränderter Tiere, die

aa) zur Verwendung in Tierversuchen nach § 7 Absatz 2 oder für wissenschaftliche Untersuchungen nach § 4 Absatz 3 gezüchtet und getötet worden sind und

bb) nicht in solchen Tierversuchen oder für solche wissenschaftlichen Untersuchungen verwendet worden sind, und

2. das Verfahren für die Meldungen nach Nummer 1 sowie deren Übermittlung von den zuständigen Behörden an das Bundesministerium oder das Bundesinstitut für Risikobewertung zu regeln.

§ 16d [Verwaltungsvorschriften] Das Bundesministerium erlässt mit Zustimmung des Bundesrates die allgemeinen Verwaltungsvorschriften, die zur Durchführung dieses Gesetzes und der auf Grund dieses Gesetzes erlassenen Rechtsverordnungen erforderlich sind.

§ 16e[1] [Bericht der Bundesregierung] Die Bundesregierung erstattet dem Deutschen Bundestag alle vier Jahre einen Bericht über den Stand der Entwicklung des Tierschutzes.

§ 16f[2] [Informationsaustausch innerhalb der EU] (1) Die zuständigen Behörden

1. erteilen der zuständigen Behörde eines anderen Mitgliedstaates auf begründetes Ersuchen Auskünfte und übermitteln die erforderlichen Schriftstücke, um ihr die Überwachung der Einhaltung tierschutzrechtlicher Vorschriften zu ermöglichen,
2. überprüfen die von der ersuchenden Behörde mitgeteilten Sachverhalte und teilen ihr das Ergebnis der Prüfung mit.

(2) Die zuständigen Behörden erteilen der zuständigen Behörde eines anderen Mitgliedstaates unter Beifügung der erforderlichen Schriftstücke Auskünfte, die für die Überwachung in diesem Mitgliedstaat erforderlich sind, insbesondere bei Verstößen oder Verdacht auf Verstöße gegen tierschutzrechtliche Vorschriften.

(3) Die zuständigen Behörden können, soweit dies zum Schutz der Tiere erforderlich oder durch Rechtsakte der Europäischen Gemeinschaft oder der Europäischen Union vorgeschrieben ist, Daten, die sie im Rahmen der Überwachung gewonnen haben, den zuständigen Behörden anderer Länder und anderer Mitgliedstaaten, dem Bundesministerium, dem Bundesamt für Verbraucherschutz und Lebensmittelsicherheit und der Kommission der Europäischen Gemeinschaft mitteilen.

§ 16g[3] [Übertragung von Zuständigkeiten] (1) [1]Der Verkehr mit den zuständigen Behörden anderer Mitgliedstaaten und der Europäischen Kommission obliegt dem Bundesministerium. [2]Es kann diese Befugnis durch Rechtsverordnung[4] ohne Zustimmung des Bundesrates auf das Bundesamt für Verbraucherschutz und Lebensmittelsicherheit und durch Rechtsverordnung mit Zustimmung

---

[1] § 16e geänd. mWv 21.12.2007 durch G v. 13.12.2007 (BGBl. I S. 2936).

[2] § 16f Abs. 3 geänd. mWv 15.12.2010 durch G v. 9.12.2010 (BGBl. I S. 1934).

[3] § 16g Satz 1 geänd. mWv 15.12.2010 durch G v. 9.12.2010 (BGBl. I S. 1934); Abs. 2 angef. mWv 13.7.2013 durch G v. 4.7.2013 (BGBl. I S. 2182).

[4] Siehe die Anm. am Titel.

des Bundesrates auf die zuständigen obersten Landesbehörden übertragen. [3] Ferner kann es im Einzelfall im Benehmen mit der zuständigen obersten Landesbehörde dieser die Befugnis übertragen. [4] Die obersten Landesbehörden können die Befugnis nach den Sätzen 2 und 3 auf andere Behörden übertragen.

(2) Abweichend von Absatz 1 Satz 1 obliegt im Falle des Artikels 47 Absatz 5 der Richtlinie 2010/63/EU der Verkehr mit den zuständigen Behörden anderer Mitgliedstaaten und der Europäischen Kommission dem Bundesinstitut für Risikobewertung, soweit sich das Bundesministerium im Einzelfall nicht etwas anderes vorbehält.

§ 16h [Geltung für EWR-Staaten] Die §§ 16f und 16g gelten entsprechend für Staaten, die – ohne Mitgliedstaaten zu sein – Vertragsstaaten des Abkommens über den Europäischen Wirtschaftsraum sind.

§ 16i[1)] [Schiedsverfahren] (1) [1] Ist eine von der zuständigen Behörde getroffene Maßnahme, die sich auf die Durchführung von Tiertransporten aus anderen Mitgliedstaaten bezieht, zwischen ihr und dem Verfügungsberechtigten streitig, so können beide Parteien einvernehmlich den Streit durch den Schiedsspruch eines Sachverständigen schlichten lassen. [2] Die Streitigkeit ist binnen eines Monats nach Bekanntgabe der Maßnahme einem Sachverständigen zu unterbreiten, der in einem von der Europäischen Kommission aufgestellten Verzeichnis aufgeführt ist. [3] Der Sachverständige hat das Gutachten binnen 72 Stunden zu erstatten.

(2) [1] Auf den Schiedsvertrag und das schiedsgerichtliche Verfahren finden die Vorschriften der §§ 1025 bis 1065 der Zivilprozessordnung[2)] entsprechende Anwendung. [2] Gericht im Sinne des § 1062 der Zivilprozessordnung ist das zuständige Verwaltungsgericht, Gericht im Sinne des § 1065 der Zivilprozessordnung das zuständige Oberverwaltungsgericht. [3] Abweichend von § 1059 Abs. 3 Satz 1 der Zivilprozessordnung muss der Aufhebungsantrag innerhalb eines Monats bei Gericht eingereicht werden.

§ 16j[3)] [Einheitliche Abwicklungsstelle] Verwaltungsverfahren nach diesem Gesetz können in den Ländern über eine einheitliche Stelle abgewickelt werden.

Elfter Abschnitt.[4)] Straf- und Bußgeldvorschriften

§ 17 [Straftaten] Mit Freiheitsstrafe bis zu drei Jahren oder mit Geldstrafe wird bestraft, wer

1. ein Wirbeltier ohne vernünftigen Grund tötet oder
2. einem Wirbeltier
   a) aus Rohheit erhebliche Schmerzen oder Leiden oder
   b) länger anhaltende oder sich wiederholende erhebliche Schmerzen oder Leiden zufügt.

§ 18[5) 6)] [Ordnungswidrigkeiten] (1) Ordnungswidrig handelt, wer vorsätzlich oder fahrlässig

---

[1)] § 16i Abs. 1 Satz 2 geänd. mWv 15.12.2010 durch G v. 9.12.2010 (BGBl. I S. 1934).

[2)] **Habersack Nr. 100.**

[3)] § 16j angef. mWv 13.7.2013 durch G v. 4.7.2013 (BGBl. I S. 2182).

[4)] Bish. 12. Abschnitt (§§ 17–20a) wird 11. Abschnitt (§§ 17–20a) mWv 13.7.2013 durch G v. 4.7.2013 (BGBl. I S. 2182).

[5)] § 18 Abs. 3 Nr. 1 und 2 geänd. mWv 15.12.2010 durch G v. 9.12.2010 (BGBl. I S. 1934); Abs. 1 Nr. 2 aufgeh., Nr. 3 Buchst. a neu gef., Buchst. b und Nr. 4 geänd., Nr. 5a eingef., Nr. 11 und 12 geänd., Nr. 13–16 →

1. einem Wirbeltier, das er hält, betreut oder zu betreuen hat, ohne vernünftigen Grund erhebliche Schmerzen, Leiden oder Schäden zufügt,
2. *(aufgehoben)*
3. einer
   a) nach § 2a oder § 9 Absatz 2, 3, 4 oder 6 Satz 2, jeweils auch in Verbindung mit § 6 Absatz 1a Satz 1 Nummer 2, oder
   b) nach den §§ 4b, 5 Abs. 4, § 6 Abs. 4, § 8a Absatz 4 oder 5 Nummer 1, 2, 3 oder Nummer 4, § 9 Absatz 1 und 5 Satz 2, auch in Verbindung mit § 6 Absatz 1a Satz 1 Nummer 2 oder § 9 Absatz 6 Satz 2, § 10 Absatz 2 Satz 2, § 11 Absatz 3, § 11a Absatz 2, 3 Satz 3 oder Absatz 5, § 11b Absatz 4 Nummer 2, § 12 Abs. 2, § 13 Abs. 2 oder 3, §§ 13a, 14 Abs. 2, § 16 Abs. 5 Satz 1 oder § 16c

   erlassenen Rechtsverordnung zuwiderhandelt, soweit sie für einen bestimmten Tatbestand auf diese Bußgeldvorschrift verweist,
4. einem Verbot nach § 3 Satz 1 zuwiderhandelt,
5. entgegen § 4 Abs. 1 ein Wirbeltier tötet,
5a. entgegen § 4 Absatz 3 Satz 2 einen Hund, eine Katze oder einen Primaten tötet,
6. entgegen § 4a Abs. 1 ein warmblütiges Tier schlachtet,
6a. entgegen § 4c Absatz 3 einen dort genannten Eingriff oder Abbruch vornimmt,
7. entgegen § 5 Abs. 1 Satz 1 einen Eingriff ohne Betäubung vornimmt oder, ohne Tierarzt zu sein, entgegen § 5 Abs. 1 Satz 2 eine Betäubung vornimmt,
8. einem Verbot nach § 6 Abs. 1 Satz 1 zuwiderhandelt oder entgegen § 6 Abs. 1 Satz 3 einen Eingriff vornimmt,
9. *(aufgehoben)*
9a. entgegen § 6 Absatz 1a Satz 2 oder Satz 3 zweiter Halbsatz eine Anzeige nicht, nicht richtig, nicht vollständig oder nicht rechtzeitig erstattet,
10. entgegen § 6 Abs. 2 elastische Ringe verwendet,
11. entgegen § 7a Absatz 3 oder 4 Satz 1 Tierversuche durchführt,
12. Versuche an Wirbeltieren ohne die nach § 8 Absatz 1 Satz 1 erforderliche Genehmigung durchführt,
13.–16. *(aufgehoben)*
17. entgegen § 9 Absatz 6 Satz 1 Nummer 1 Buchstabe b, auch in Verbindung mit § 6 Absatz 1a Satz 1 Nummer 1, nicht sicherstellt, dass die Vorschrift des § 7 Absatz 1 Satz 4 eingehalten wird,
18., 19. *(aufgehoben)*

(Fortsetzung der Anm. von voriger Seite)
aufgeh., Nr. 17 neu gef., Nr. 18 und 19 aufgeh., Nr. 20a und 20b neu gef., Nr. 21 aufgeh., Nr. 21a neu gef., Nr. 22 und Abs. 3 Nr. 1 Buchst. b geänd. mWv 13.7.2013 durch G v. 4.7.2013 (BGBl. I S. 2182, ber. S. 3911); Abs. 1 Nr. 3 Buchst. b, Nr. 17 und 22 geänd., Nr. 9 aufgeh., Nr. 9a neu gef., Abs. 3 Nr. 1 Buchst. a und b geänd. und Abs. 4 neu gef. mWv 5.8.2014 durch G v. 28.7.2014 (BGBl. I S. 1308); Abs. 1 Nr. 6a eingef. mWv 1.1.2024 durch G v. 18.6.2021 (BGBl. I S. 1826); Abs. 1 Nr. 17 geänd. mWv 26.6.2021 durch G v. 18.6.2021 (BGBl. I S. 1828).

[6] Zuständige Verwaltungsbehörde für die Verfolgung und Ahndung von Ordnungswidrigkeiten nach § 18 TierSchG ist, soweit nach § 15 Abs. 3 Satz 1 TierSchG die Durchführung des TierSchG den zuständigen Dienststellen der Bundeswehr obliegt, gem. VO v. 24.6.2013 (BGBl. I S. 1685), zuletzt geänd. durch VO v. 20.6.2023 (BGBl. 2023 I Nr. 159), ab 1.7.2013 das Bundesamt für Infrastruktur, Umweltschutz und Dienstleistungen der Bundeswehr.

20. eine Tätigkeit ohne die nach § 11 Abs. 1 Satz 1 erforderliche Erlaubnis ausübt oder einer mit einer solchen Erlaubnis verbundenen vollziehbaren Auflage zuwiderhandelt,
20a. einer vollziehbaren Anordnung nach § 11 Absatz 5 Satz 6 oder § 16a Absatz 1 Satz 2 Nummer 1, 3 oder Nummer 4 oder Absatz 2 oder 3 zuwiderhandelt,
20b. entgegen § 11 Absatz 6 Satz 1 in Verbindung mit einer Rechtsverordnung nach § 11 Absatz 6 Satz 2 Nummer 1 eine Anzeige nicht, nicht richtig, nicht vollständig oder nicht rechtzeitig erstattet,
21. *(aufgehoben)*
21a. entgegen § 11a Absatz 4 Satz 1 ein Wirbeltier einführt,
22. Wirbeltiere entgegen § 11b Abs. 1 züchtet oder durch biotechnische Maßnahmen verändert,
23. entgegen § 11c ein Wirbeltier an Kinder oder Jugendliche bis zum vollendeten 16. Lebensjahr abgibt,
24. (weggefallen),
25. entgegen § 13 Abs. 1 Satz 1 eine Vorrichtung oder einen Stoff anwendet,
25a. entgegen § 16 Abs. 1a Satz 1 eine Anzeige nicht, nicht richtig, nicht vollständig oder nicht rechtzeitig erstattet,
26. entgegen § 16 Abs. 2 eine Auskunft nicht, nicht richtig oder nicht vollständig erteilt oder einer Duldungs- oder Mitwirkungspflicht nach § 16 Abs. 3 Satz 2, auch in Verbindung mit einer Rechtsverordnung nach § 16 Abs. 5 Satz 2 Nr. 3, zuwiderhandelt oder
27. (weggefallen).

(2) Ordnungswidrig handelt auch, wer, abgesehen von den Fällen des Absatzes 1 Nr. 1, einem Tier ohne vernünftigen Grund erhebliche Schmerzen, Leiden oder Schäden zufügt.

(3) Ordnungswidrig handelt auch, wer vorsätzlich oder fahrlässig

1. einer unmittelbar geltenden Vorschrift in Rechtsakten der Europäischen Gemeinschaft oder der Europäischen Union zuwiderhandelt, die inhaltlich einem in
   a) Absatz 1 Nummer 4 bis 8, 11, 12, 17, 22 und 25 bezeichneten Gebot oder Verbot entspricht, soweit eine Rechtsverordnung nach § 18a Nr. 1 für einen bestimmten Tatbestand auf diese Bußgeldvorschrift verweist,
   b) Absatz 1 Nummer 9a, 10, 21a, 23 und 25a bezeichneten Gebot oder Verbot entspricht, soweit eine Rechtsverordnung nach § 18a Nr. 2 für einen bestimmten Tatbestand auf diese Bußgeldvorschrift verweist, oder
2. einer unmittelbar geltenden Vorschrift in Rechtsakten der Europäischen Gemeinschaft oder der Europäischen Union zuwiderhandelt, die inhaltlich einer Regelung entspricht, zu der die in Absatz 1
   a) Nr. 3 Buchstabe a genannte Vorschrift ermächtigt, soweit eine Rechtsverordnung nach § 18a Nr. 1 für einen bestimmten Tatbestand auf diese Bußgeldvorschrift verweist,
   b) Nr. 3 Buchstabe b genannten Vorschriften ermächtigen, soweit eine Rechtsverordnung nach § 18a Nr. 2 für einen bestimmten Tatbestand auf diese Bußgeldvorschrift verweist.

(4) Die Ordnungswidrigkeit kann in den Fällen des Absatzes 1 Nummer 1 und 3 Buchstabe a, Nummer 4 bis 8, 11, 12, 17, 20, 20a, 22 und 25, des Absatzes 2 sowie

des Absatzes 3 Nummer 1 Buchstabe a und Nummer 2 Buchstabe a mit einer Geldbuße bis zu fünfundzwanzigtausend Euro, in den übrigen Fällen mit einer Geldbuße bis zu fünftausend Euro geahndet werden.

§ 18a[1] **[Ermächtigung]** Das Bundesministerium wird ermächtigt, soweit dies zur Durchsetzung der Rechtsakte der Europäischen Gemeinschaft oder der Europäischen Union erforderlich ist, durch Rechtsverordnung[2] ohne Zustimmung des Bundesrates die Tatbestände zu bezeichnen, die als Ordnungswidrigkeit nach

1. § 18 Abs. 3 Nr. 1 Buchstabe a oder Nr. 2 Buchstabe a oder
2. § 18 Abs. 3 Nr. 1 Buchstabe b oder Nr. 2 Buchstabe b

geahndet werden können.

§ 19[3] **[Einziehung]** (1) Tiere, auf die sich

1. eine Straftat nach den §§ 17, 20 Absatz 3 oder § 20a Absatz 3 oder
2. eine Ordnungswidrigkeit nach § 18 Absatz 1 Nummer 1 oder 3, soweit die Ordnungswidrigkeit eine Rechtsverordnung nach den §§ 2a, 5 Absatz 4, § 9 Absatz 1 bis 3, 4 Satz 2 oder Absatz 6 Satz 2, § 11b Absatz 4 Nummer 2 oder § 12 Absatz 2 Nummer 4 oder 5 betrifft, Nummer 4, 8, 12, 17, 20a, 21a, 22 oder Nummer 23

bezieht, können eingezogen werden.

(2) Ferner können Tiere eingezogen werden, auf die sich eine Ordnungswidrigkeit

1. nach § 18 Abs. 3 Nr. 1 bezieht, soweit die Ordnungswidrigkeit eine unmittelbar geltende Vorschrift in Rechtsakten der Europäischen Gemeinschaft oder der Europäischen Union betrifft, die inhaltlich einem in § 18 Absatz 1 Nummer 4, 8, 12, 17, 21a, 22 oder Nummer 23 bezeichneten Gebot oder Verbot entspricht,
2. nach § 18 Abs. 3 Nr. 2 bezieht, soweit die Ordnungswidrigkeit eine unmittelbar geltende Vorschrift in Rechtsakten der Europäischen Gemeinschaft oder der Europäischen Union betrifft, die inhaltlich einer Rechtsverordnung nach den §§ 2a, 5 Abs. 4, § 9 Absatz 1 bis 4 oder Absatz 6 Satz 2, § 11b Absatz 4 Nummer 2 oder § 12 Abs. 2 Nr. 4 oder 5 entspricht.

§ 20[4] **[Verbot der Tierhaltung]** (1) Wird jemand wegen einer nach § 17 rechtswidrigen Tat verurteilt oder nur deshalb nicht verurteilt, weil seine Schuldunfähigkeit erwiesen oder nicht auszuschließen ist, so kann ihm das Gericht das Halten oder Betreuen von sowie den Handel oder den sonstigen berufsmäßigen Umgang mit Tieren jeder oder einer bestimmten Art für die Dauer von einem Jahr bis zu fünf Jahren oder für immer verbieten, wenn die Gefahr besteht, dass er weiterhin eine nach § 17 rechtswidrige Tat begehen wird.

(2) [1] Das Verbot wird mit Rechtskraft des Urteils oder des Strafbefehls wirksam. [2] In die Verbotsfrist wird die Zeit, in welcher der Täter in einer Anstalt verwahrt wird, nicht eingerechnet. [3] Ergibt sich nach der Anordnung des Verbots Grund zu der Annahme, dass die Gefahr, der Täter werde nach § 17 rechtswidrige Taten

---

[1] § 18a geänd. mWv 15.12.2010 durch G v. 9.12.2010 (BGBl. I S. 1934).

[2] Siehe die Anm. am Titel.

[3] § 19 Abs. 2 Nr. 1 und 2 geänd. mWv 15.12.2010 durch G v. 9.12.2010 (BGBl. I S. 1934); Abs. 1 neu gef., Abs. 2 Nr. 1 und 2 geänd. mWv 13.7.2013 durch G v. 4.7.2013 (BGBl. I S. 2182, ber. S. 3911); Abs. 1 Nr. 2 und Abs. 2 Nr. 1 geänd. mWv 5.8.2014 durch G v. 28.7.2014 (BGBl. I S. 1308).

[4] § 20 Abs. 1 und Abs. 2 Satz 1 geänd. mWv 13.7.2013 durch G v. 4.7.2013 (BGBl. I S. 2182).

begehen, nicht mehr besteht, so kann das Gericht das Verbot aufheben, wenn es mindestens sechs Monate gedauert hat.

(3) Wer einem Verbot nach Absatz 1 zuwiderhandelt, wird mit Freiheitsstrafe bis zu einem Jahr oder mit Geldstrafe bestraft.

§ 20a[1] **[Vorläufiges Verbot der Tierhaltung]** (1) Sind dringende Gründe für die Annahme vorhanden, dass ein Verbot nach § 20 angeordnet werden wird, so kann der Richter dem Beschuldigten durch Beschluss das Halten oder Betreuen von sowie den Handel oder den sonstigen berufsmäßigen Umgang mit Tieren jeder oder einer bestimmten Art vorläufig verbieten.

(2) Das vorläufige Verbot nach Absatz 1 ist aufzuheben, wenn sein Grund weggefallen ist oder wenn das Gericht im Urteil oder im Strafbefehl ein Verbot nach § 20 nicht anordnet.

(3) Wer einem Verbot nach Absatz 1 zuwiderhandelt, wird mit Freiheitsstrafe bis zu einem Jahr oder mit Geldstrafe bestraft.

Zwölfter Abschnitt.[2] Übergangs- und Schlussvorschriften

§ 21[3] **[Übergangsvorschriften]** (1) [1] Längstens bis zum Ablauf des 31. Dezember 2020 ist abweichend von § 5 Absatz 1 Satz 1 eine Betäubung nicht erforderlich für das Kastrieren von unter acht Tage alten männlichen Schweinen, sofern kein von der normalen anatomischen Beschaffenheit abweichender Befund vorliegt. [2] Ist eine Betäubung nach Satz 1 nicht erforderlich, gilt § 5 Absatz 1 Satz 6 mit der Maßgabe entsprechend, dass insbesondere schmerzstillende Tierarzneimittel anzuwenden sind.

(1a) [1] Bis zum 31. Mai 2019 wird dem Deutschen Bundestag eine Rechtsverordnung des Bundesministeriums nach § 6 Absatz 6 zugeleitet. [2] Die Zuleitung an den Deutschen Bundestag erfolgt vor der Zuleitung an den Bundesrat. [3] Die Rechtsverordnung kann durch Beschluss des Deutschen Bundestages geändert oder abgelehnt werden. [4] Der Beschluss des Deutschen Bundestages wird dem Bundesministerium zugeleitet. [5] Hat sich der Deutsche Bundestag nach Ablauf von drei Sitzungswochen seit Eingang der Rechtsverordnung nicht mit ihr befasst, so wird die unveränderte Rechtsverordnung dem Bundesrat zugeleitet. [6] Soweit die Rechtsverordnung auf Grund des Beschlusses des Bundesrates geändert wird, bedarf es keiner erneuten Zuleitung an den Bundestag.

(1b) [1] Das Bundesministerium berichtet bis zum 30. Juni 2019 und dann mindestens alle sechs Monate dem zuständigen Fachausschuss des Deutschen Bundestages über die Umsetzungsfortschritte bei der Einführung alternativer Verfahren und Methoden zur betäubungslosen Ferkelkastration. [2] Dabei soll das Bundesministerium unter anderem den Stand der arzneimittelrechtlichen Zulassung von Tierarzneimitteln für die Durchführung einer Betäubung bei der Ferkelkastration, den Stand der Technik bei Narkosegeräten, das entwickelte Schulungsmaterial und den Schulungserfolg darstellen.

---

[1] § 20a Abs. 1 und 2 geänd. mWv 13.7.2013 durch G v. 4.7.2013 (BGBl. I S. 2182).

[2] Bish. 13. Abschnitt (§§ 21–22) wird 12. Abschnitt (§§ 21–22) mWv 13.7.2013 durch G v. 4.7.2013 (BGBl. I S. 2182).

[3] § 21 neu gef. mWv 13.7.2013 durch G v. 4.7.2013 (BGBl. I S. 2182); Abs. 2 aufgeh. mWv 5.8.2014 durch G v. 28.7.2014 (BGBl. I S. 1308); Abs. 1 neu gef., Abs. 1a und 1b eingef., bish. Abs. 1a wird Abs. 2 mWv 1.1.2019 durch G v. 17.12.2018 (BGBl. I S. 2586); Abs. 6a eingef. mWv 1.1.2022 durch G v. 18.6.2021 (BGBl. I S. 1826); Abs. 3 aufgeh, Abs. 7 und 8 angef. mWv 26.6.2021 durch G v. 18.6.2021 (BGBl. I S. 1828).

(2) Bis zum Ablauf des 31. Dezember 2018 ist abweichend von § 5 Absatz 1 Satz 1 eine Betäubung nicht erforderlich für die Kennzeichnung von Pferden durch Schenkelbrand.

(3) *(aufgehoben)*

(4) [1] Die Erlaubnis nach § 11 Absatz 1 Satz 1 Nummer 1 und 2 gilt demjenigen,

1. der am 12. Juli 2013 eine im Sinne der vorgenannten Vorschriften erlaubnispflichtige Tätigkeit ausübt und
2. dem, soweit es sich dabei um eine nach diesem Gesetz in der bis zum 13. Juli 2013 geltenden Fassung erlaubnispflichtige Tätigkeit handelt, vor dem 13. Juli 2013 eine entsprechende Erlaubnis erteilt worden ist,

als vorläufig erteilt. [2] Die vorläufige Erlaubnis erlischt,

1. wenn nicht bis zum 1. Januar 2014 die Erteilung einer endgültigen Erlaubnis beantragt wird oder
2. im Falle rechtzeitiger Antragstellung mit Eintritt der Unanfechtbarkeit der Entscheidung über den Antrag.

(4a) § 11 Absatz 1 Satz 1 Nummer 5 ist ab dem 1. August 2014 anzuwenden.

(4b) § 11 Absatz 1 Nummer 8 Buchstabe f ist ab dem 1. August 2014 anzuwenden.

(5) [1] Bis zum Erlass einer Rechtsverordnung nach § 11 Absatz 2 oder 6 Satz 2 ist § 11 Absatz 1 Satz 2 und 3, Absatz 2, 2a, 5 und 6 in der bis zum 13. Juli 2013 geltenden Fassung weiter anzuwenden mit der Maßgabe, dass

1. auch derjenige, der Tierbörsen durchführt, ab dem 1. August 2014 die Anforderungen des § 11 Absatz 2 Nummer 1 in der vorstehend bezeichneten Fassung erfüllen muss und
2. derjenige, der gewerbsmäßig mit Wirbeltieren, außer landwirtschaftlichen Nutztieren, handelt, ab dem 1. August 2014 sicherzustellen hat, dass bei der erstmaligen Abgabe eines Wirbeltieres einer bestimmten Art an den jeweiligen künftigen Tierhalter mit dem Tier schriftliche Informationen über die wesentlichen Bedürfnisse des Tieres, insbesondere im Hinblick auf seine angemessene Ernährung und Pflege sowie verhaltensgerechte Unterbringung und artgemäße Bewegung, übergeben werden; dies gilt nicht bei der Abgabe an den Inhaber einer Erlaubnis nach § 11 Absatz 1 Satz 1 Nummer 3 Buchstabe b in der vorstehend bezeichneten Fassung.

[2] Bis zum Erlass einer Rechtsverordnung nach § 11 Absatz 2 Satz 1 Nummer 1 ist im Rahmen des § 11 Absatz 5 Satz 5 darauf abzustellen, ob der Antragsteller den Anforderungen des § 11 Absatz 1 Satz 2 und 3 in der bis zum 13. Juli 2013 geltenden Fassung nachgekommen ist.

(6) § 11 Absatz 8 ist ab dem 1. Februar 2014 anzuwenden.

(6a) Das Bundesministerium berichtet bis zum 31. März 2023 dem zuständigen Fachausschuss des Deutschen Bundestages über den Stand der Entwicklung von Verfahren und Methoden zur Geschlechtsbestimmung im Hühnerei vor dem siebten Bebrütungstag.

(7) [1] Vorbehaltlich des Satzes 3 und des Absatzes 8 sind die §§ 5, 6, 7, 7a, 8, 8a, 9, 10, 11, 15, 16, 16a und 18 in der sich jeweils aus Artikel 1 des Gesetzes zur *Änderung des Tierschutzgesetzes – Schutz* von Versuchstieren – vom 18. Juni 2021 (BGBl. I S. 1828) ergebenden Fassung erst ab dem 1. Dezember 2021 anzuwenden. [2] Bis zu dem in Satz 1 genannten Zeitpunkt sind die dort genannten am 25. Juni 2021 geltenden Vorschriften weiter anzuwenden. [3] Soweit Vorschriften

dieses Gesetzes zum Erlass von Rechtsverordnungen ermächtigen, sind abweichend von Satz 1 die dort genannten Vorschriften in der dort genannten Fassung zum Zweck des Erlasses von Rechtsverordnungen ab dem 26. Juni 2021 anzuwenden.

(8) Im Falle von Tierversuchen nach § 7 Absatz 2 Satz 1, auch in Verbindung mit Satz 2,

1. deren Genehmigung vor dem 1. Dezember 2021 erteilt worden ist oder
2. deren Durchführung vor dem 1. Dezember 2021 nach den bis zu diesem Tag anzuwendenden Vorschriften dieses Gesetzes angezeigt und von der zuständigen Behörde nicht beanstandet worden ist,

sind abweichend von den §§ 7 bis 10 bis zum 1. Dezember 2023 die bis zum 1. Dezember 2021 anzuwendenden Vorschriften dieses Gesetzes weiter anzuwenden.

§ 21a[1)] [Rechtsverordnungen zur Durchführung von Rechtsakten der EG] Rechtsverordnungen nach diesem Gesetz können auch zur Durchführung von Rechtsakten der Europäischen Gemeinschaft oder der Europäischen Union auf dem Gebiet des Tierschutzes erlassen werden.

§ 21b[2)] [Rechtsverordnungen mit Zustimmung des Bundesrates] Das Bundesministerium wird ermächtigt, durch Rechtsverordnung mit Zustimmung des Bundesrates Verweisungen auf Vorschriften in Rechtsakten der Europäischen Gemeinschaft oder der Europäischen Union in diesem Gesetz oder in auf Grund dieses Gesetzes erlassenen Rechtsverordnungen zu ändern, soweit es zur Anpassung an Änderungen dieser Vorschriften erforderlich ist.

§§ 21c, 21d[3)] *(aufgehoben)*

§ 22 (Inkrafttreten)

[1)] § 21a geänd. mWv 15.12.2010 durch G v. 9.12.2010 (BGBl. I S. 1934).

[2)] § 21b neu gef. mWv 13.7.2013 durch G v. 4.7.2013 (BGBl. I S. 2182).

[3)] § 21c aufgeh. mWv 1.10.2021 durch G v. 18.7.2016 (BGBl. I S. 1666); § 21d aufgeh. mWv 1.1.2023 durch G v. 20.12.2022 (BGBl. I S. 2752).

875. Gesetz zur Erhaltung des Waldes und zur Förderung der Forstwirtschaft (Bundeswaldgesetz)[1)]

Vom 2. Mai 1975

(BGBl. I S. 1037)

FNA 790-18

geänd. durch Art. 1 Erstes ÄndG v. 27.7.1984 (BGBl. I S. 1034), Art. 2 Sechstes G zur Änd. des G gegen Wettbewerbsbeschränkungen v. 26.8.1998 (BGBl. I S. 2521), Art. 40 Fünftes Euro-EinführungsG v. 25.6. 2001 (BGBl. I S. 1215), Art. 204 Siebente ZuständigkeitsanpassungsVO v. 29.10.2001 (BGBl. I S. 2785), Art. 2a G zur Einführung einer Strategischen Umweltprüfung und zur Umsetzung der RL 2001/42/EG v. 25.6.2005 (BGBl. I S. 1746), Art. 39 G zur Umbenennung des Bundesgrenzschutzes in Bundespolizei v. 21.6.2005 (BGBl. I S. 1818), Art. 2 Abs. 5 Siebtes ÄndG v. 7.7.2005 (BGBl. I S. 1954), Art. 213 Neunte ZuständigkeitsanpassungsVO v. 31.10.2006 (BGBl. I S. 2407), Art. 10 G zur Neuregelung des Wasserrechts v. 31.7.2009 (BGBl. I S. 2585), Art. 1 Zweites ÄndG v. 31.7.2010 (BGBl. I S. 1050), Art. 413 Zehnte ZuständigkeitsanpassungsVO v. 31.8.2015 (BGBl. I S. 1474), Art. 1 Drittes ÄndG v. 17.1.2017 (BGBl. I S. 75), Art. 4 G zur Änd. von Vorschriften im Eisenbahnbereich v. 9.6.2021 (BGBl. I S. 1730) und Art. 112 PersonengesellschaftsrechtsmodernisierungsG (MoPeG) v. 10.8.2021 (BGBl. I S. 3436)

Erstes Kapitel. Allgemeine Vorschriften

§ 1 Gesetzeszweck. Zweck dieses Gesetzes ist insbesondere,

[1)] Zum BundeswaldG haben die Länder folgende Vorschriften erlassen:
- **Baden-Württemberg:** LandeswaldG idF der Bek. v. 31.8.1995 (GBl. S. 685), zuletzt geänd. durch G v. 7.2.2023 (GBl. S. 26)
- **Bayern:** WaldG für Bayern idF der Bek. v. 22.7.2005 (GVBl. S. 313), zuletzt geänd. durch G v. 23.11. 2020 (GVBl. S. 598)
- **Berlin:** LandeswaldG v. 16.9.2004 (GVBl. S. 391), zuletzt geänd. durch G v. 4.2.2016 (GVBl. S. 26)
- **Brandenburg:** WaldG des Landes Brandenburg v. 20.4.2004 (GVBl. I S. 137), zuletzt geänd. durch G v. 30.4.2019 (GVBl. I Nr. 15)
- **Bremen:** Bremisches Waldgesetz v. 31.5.2005 (Brem.GBl. S. 207, ber. S. 314, 399), zuletzt geänd. durch G v. 18.10.2022 (Brem.GBl. S. 702)
- **Hamburg:** LandeswaldG v. 13.3.1978 (HmbGVBl. S. 74), zuletzt geänd. durch G v. 2.12.2013 (HmbGVBl. S. 484)
- **Hessen:** Hessisches WaldG v. 27.6.2013 (GVBl. S. 458), zuletzt geänd. durch G v. 22.2.2022 (GVBl. S. 126)
- **Mecklenburg-Vorpommern:** LandeswaldG idF der Bek. v. 27.7.2011 (GVOBl. M-V S. 870), zuletzt geänd. durch G v. 22.5.2021 (GVOBl. M-V S. 790)
- **Niedersachsen:** Niedersächsisches G über den Wald und die Landschaftsordnung v. 21.3.2002 (Nds. GVBl. S. 112), zuletzt geänd. durch G v. 17.5.2022 (Nds. GVBl. S. 315)
- **Nordrhein-Westfalen:** LandesforstG idF der Bek. v. 24.4.1980 (GV. NRW. S. 546), zuletzt geänd. durch G v. 25.3.2022 (GV. NRW. S. 360)
- **Rheinland-Pfalz:** LandeswaldG v. 30.11.2000 (GVBl. S. 504), zuletzt geänd. durch G v. 27.3.2020 (GVBl. S. 98)
- **Saarland:** LandeswaldG v. 26.10.1977 (Amtsbl. S. 1009), zuletzt geänd. durch G v. 8.12.2021 (Amtsbl. I S. 2629)
- **Sachsen:** WaldG für den Freistaat Sachsen v. 10.4.1992 (SächsGVBl. S. 137), zuletzt geänd. durch G v. 19.8.202 (SächsGVBl. 2022 S. 486)
- **Sachsen-Anhalt:** Landeswaldgesetz Sachsen-Anhalt v. 25.2.2016 (GVBl. LSA S. 77), geänd. durch G v. 5.12.2019 (GVBl. LSA S. 946)
- **Schleswig-Holstein:** LandeswaldG v. 5.12.2004 (GVOBl. Schl.-H. S. 461), zuletzt geänd. durch VO v. 27.10.2023 (GVOBl. Schl.-H. S. 514)
- **Thüringen:** Thüringer WaldG idF der Bek. v. 18.9.2008 (GVBl. S. 327), zuletzt geänd. durch G v. 6.2. 2024 (GVBl. S. 13).

1. den Wald wegen seines wirtschaftlichen Nutzens (Nutzfunktion) und wegen seiner Bedeutung für die Umwelt, insbesondere für die dauernde Leistungsfähigkeit des Naturhaushaltes, das Klima, den Wasserhaushalt, die Reinhaltung der Luft, die Bodenfruchtbarkeit, das Landschaftsbild, die Agrar- und Infrastruktur und die Erholung der Bevölkerung (Schutz- und Erholungsfunktion) zu erhalten, erforderlichenfalls zu mehren und seine ordnungsgemäße Bewirtschaftung nachhaltig zu sichern,
2. die Forstwirtschaft zu fördern und
3. einen Ausgleich zwischen dem Interesse der Allgemeinheit und den Belangen der Waldbesitzer herbeizuführen.

§ 2[1] Wald. (1) [1] Wald im Sinne dieses Gesetzes ist jede mit Forstpflanzen bestockte Grundfläche. [2] Als Wald gelten auch kahlgeschlagene oder verlichtete Grundflächen, Waldwege, Waldeinteilungs- und Sicherungsstreifen, Waldblößen und Lichtungen, Waldwiesen, Wildäsungsplätze, Holzlagerplätze sowie weitere mit dem Wald verbundene und ihm dienende Flächen.

(2) Kein Wald im Sinne dieses Gesetzes sind

1. Grundflächen auf denen Baumarten mit dem Ziel baldiger Holzentnahme angepflanzt werden und deren Bestände eine Umtriebszeit von nicht länger als 20 Jahren haben (Kurzumtriebsplantagen),
2. Flächen mit Baumbestand, die gleichzeitig dem Anbau landwirtschaftlicher Produkte dienen (agroforstliche Nutzung),
3. mit Forstpflanzen bestockte Flächen, die am 6. August 2010 in dem in § 3 Satz 1 der InVeKoS-Verordnung vom 3. Dezember 2004 (BGBl. I S. 3194), die zuletzt durch Artikel 2 der Verordnung vom 7. Mai 2010 (eBAnz AT51 2010 V1) geändert worden ist, bezeichneten Flächenidentifizierungssystem als landwirtschaftliche Flächen erfasst sind, solange deren landwirtschaftliche Nutzung andauert,
4. in der Flur oder im bebauten Gebiet gelegene kleinere Flächen, die mit einzelnen Baumgruppen, Baumreihen oder mit Hecken bestockt sind oder als Baumschulen verwendet werden, und
5. mit Forstpflanzen bestockte Grundflächen
   a) auf Schienenwegen, auch auf solchen in Serviceeinrichtungen, sowie
   b) beidseits der Schienenwege in einer Breite von 6,80 Meter, gemessen von der Gleismitte des außen liegenden Gleises, oder, wenn die Schienenwege im Bereich von Böschungen oder Einschnitten liegen, bei denen die Böschungsschulter oder der Böschungsfuß weiter als 6,80 Meter von der Gleismitte aus liegt, in einer Breite von der Gleismitte bis zum Böschungsfuß oder zur Böschungsschulter.

(Fortsetzung nächstes Blatt)

[1] § 2 Abs. 2 neu gef. mWv 6.8.2010 durch G v. 31.7.2010 (BGBl. I S. 1050); Abs. 2 Nr. 3 und Nr. 4 geänd., Nr. 5 angef. mWv 1.7.2021 durch G v. 9.6.2021 (BGBl. I S. 1730).

(3) Die Länder können andere Grundflächen dem Wald zurechnen und Weihnachtsbaum- und Schmuckreisigkulturen sowie zum Wohnbereich gehörende Parkanlagen vom Waldbegriff ausnehmen.

§ 3[1] Waldeigentumsarten. (1) Staatswald im Sinne dieses Gesetzes ist Wald, der im Alleineigentum des Bundes, eines Landes oder einer Anstalt oder Stiftung des öffentlichen Rechts steht, sowie Wald im Miteigentum eines Landes, soweit er nach landesrechtlichen Vorschriften als Staatswald angesehen wird.

(2) Körperschaftswald im Sinne dieses Gesetzes ist Wald, der im Alleineigentum der Gemeinden, der Gemeindeverbände, der Zweckverbände sowie sonstiger Körperschaften des öffentlichen Rechts steht; ausgenommen ist der Wald von Religionsgemeinschaften und deren Einrichtungen, sowie von Realverbänden, Hauberggenossenschaften, Markgenossenschaften, Gehöferschaften und ähnlichen Gemeinschaften (Gemeinschaftsforsten), soweit er

(Fortsetzung nächstes Blatt)

[1] § 3 Abs. 1 neu gef., Abs. 2 geänd. mWv 6.8.2010 durch G v. 31.7.2010 (BGBl. I S. 1050).

nicht nach landesrechtlichen Vorschriften als Körperschaftswald angesehen wird.

(3) Privatwald im Sinne dieses Gesetzes ist Wald, der weder Staatswald noch Körperschaftswald ist.

§ 4 Waldbesitzer. Waldbesitzer im Sinne dieses Gesetzes sind der Waldeigentümer und der Nutzungsberechtigte, sofern dieser unmittelbarer Besitzer des Waldes ist.

Zweites Kapitel. Erhaltung des Waldes

§ 5 Vorschriften für die Landesgesetzgebung. [1] Die Vorschriften dieses Kapitels sind Rahmenvorschriften für die Landesgesetzgebung. [2] Die Länder sollen innerhalb von zwei Jahren nach dem Inkrafttreten dieses Gesetzes den Bestimmungen dieses Kapitels entsprechende Vorschriften einschließlich geeigneter Entschädigungsregelungen erlassen oder bestehende Vorschriften anpassen.

Abschnitt I. Forstliche Rahmenplanung und Sicherung der Funktionen des Waldes bei Planungen und Maßnahmen von Trägern öffentlicher Vorhaben

§§ 6 und 7[1] *(aufgehoben)*

§ 8 Sicherung der Funktionen des Waldes bei Planungen und Maßnahmen von Trägern öffentlicher Vorhaben. Die Träger öffentlicher Vorhaben haben bei Planungen und Maßnahmen, die eine Inanspruchnahme von Waldflächen vorsehen oder die in ihren Auswirkungen Waldflächen betreffen können,

1. die Funktionen des Waldes nach § 1 Nr. 1 angemessen zu berücksichtigen;
2. die für die Forstwirtschaft zuständigen Behörden bereits bei der Vorbereitung der Planungen und Maßnahmen zu unterrichten und anzuhören, soweit nicht nach diesem Gesetz und sonstigen Vorschriften eine andere Form der Beteiligung vorgeschrieben ist.

Abschnitt II. Erhaltung und Bewirtschaftung des Waldes, Erstaufforstung

§ 9 Erhaltung des Waldes. (1) [1] Wald darf nur mit Genehmigung der nach Landesrecht zuständigen Behörde gerodet und in eine andere Nutzungsart umgewandelt werden (Umwandlung). [2] Bei der Entscheidung über einen Umwandlungsantrag sind die Rechte, Pflichten und wirtschaftlichen Interessen des Waldbesitzers sowie die Belange der Allgemeinheit gegeneinander und untereinander abzuwägen. [3] Die Genehmigung soll versagt werden, wenn die Erhaltung des Waldes überwiegend im öffentlichen Interesse liegt, insbesondere wenn der Wald für die Leistungsfähigkeit des Naturhaushalts, die forst-

---

[1] §§ 6 und 7 aufgeh. mWv 29. 6. 2005 durch G v. 25. 6. 2005 (BGBl. I S. 1746).

wirtschaftliche Erzeugung oder die Erholung der Bevölkerung von wesentlicher Bedeutung ist.

(2) Eine Umwandlung von Wald kann auch für einen bestimmten Zeitraum genehmigt werden; durch Auflagen ist dabei sicherzustellen, daß das Grundstück innerhalb einer angemessenen Frist ordnungsgemäß wieder aufgeforstet wird.

(3) Die Länder können bestimmen, daß die Umwandlung

1. keiner Genehmigung nach Absatz 1 bedarf, wenn für die Waldfläche auf Grund anderer öffentlich-rechtlicher Vorschriften rechtsverbindlich eine andere Nutzungsart festgestellt worden ist;
2. weiteren Einschränkungen unterworfen oder, insbesondere bei Schutz- und Erholungswald, untersagt wird.

§ 10 Erstaufforstung. (1) [1] Die Erstaufforstung von Flächen bedarf der Genehmigung der nach Landesrecht zuständigen Behörde. [2] Die Genehmigung darf nur versagt werden, wenn Erfordernisse der Raumordnung und Landesplanung der Aufforstung entgegenstehen und ihnen nicht durch Auflagen entsprochen werden kann. [3] § 9 Abs. 1 Satz 2 gilt entsprechend.

(2) Die Länder können bestimmen, daß die Erstaufforstung

1. keiner Genehmigung bedarf, wenn für eine Fläche auf Grund anderer öffentlich-rechtlicher Vorschriften die Aufforstung rechtsverbindlich festgesetzt worden ist oder Erfordernisse der Raumordnung und Landesplanung nicht berührt werden;
2. weiteren Einschränkungen unterworfen oder auch untersagt wird.

§ 11[1)] Bewirtschaftung des Waldes. (1) [1] Der Wald soll im Rahmen seiner Zweckbestimmung ordnungsgemäß und nachhaltig bewirtschaftet werden. [2] Durch Landesgesetze ist mindestens die Verpflichtung für alle Waldbesitzer zu regeln, kahlgeschlagene Waldflächen oder verlichtete Waldbestände in angemessener Frist

1. wieder aufzuforsten oder
2. zu ergänzen, soweit die natürliche Wiederbestockung unvollständig bleibt,

falls nicht die Umwandlung in eine andere Nutzungsart genehmigt worden oder sonst zulässig ist.

(2) Bei der Bewirtschaftung sollen

1. die Funktion des Waldes als Archiv der Natur- und Kulturgeschichte sowie
2. im Falle von Parkanlagen, Gartenanlagen und Friedhofsanlagen die denkmalpflegerischen Belange

angemessen berücksichtigt werden.

§ 12[2)] Schutzwald. (1) [1] Wald kann zu Schutzwald erklärt werden, wenn es zur Abwehr oder Verhütung von Gefahren, erheblichen Nachteilen oder erheblichen Belästigungen für die Allgemeinheit notwendig ist, bestimmte forstliche Maßnahmen durchzuführen oder zu unterlassen. [2] Die Erklärung zu

[1)] § 11 Abs. 2 angef. mWv 6. 8. 2010 durch G v. 31. 7. 2010 (BGBl. I S. 1050).

[2)] § 12 Abs. 1 Satz 3 geänd. mWv 1. 3. 2010 durch G v. 31. 7. 2009 (BGBl. I S. 2585).

Schutzwald kommt insbesondere in Betracht zum Schutz gegen schädliche Umwelteinwirkungen im Sinne des Bundes-Immissionsschutzgesetzes[1] vom 15. März 1974 (Bundesgesetzbl. I S. 721), Erosion durch Wasser und Wind, Austrocknung, schädliches Abfließen von Niederschlagswasser und Lawinen. [3] § 10 des Bundesfernstraßengesetzes[2] und § 51 Absatz 1 Satz 1 Nummer 3 des Wasserhaushaltsgesetzes[3] bleiben unberührt.

(2) Einer Erklärung zu Schutzwald nach Absatz 1 bedarf es nicht, wenn die Schutzwaldeigenschaft unmittelbar auf Grund landesrechtlicher Vorschriften gegeben ist.

(3) [1] Ein Kahlhieb oder eine diesem in der Wirkung gleichkommende Lichthauung bedarf im Schutzwald der Genehmigung der nach Landesrecht zuständigen Behörde. [2] Die Genehmigung kann mit Auflagen verbunden werden, soweit dies zur Erhaltung der Funktionen des Waldes erforderlich ist.

(4) [1] Das Nähere regeln die Länder. [2] Sie können durch weitergehende Vorschriften den Waldbesitzer verpflichten, bestimmte Maßnahmen im Schutzwald zu unterlassen oder durchzuführen.

§ 13 Erholungswald. (1) Wald kann zu Erholungswald erklärt werden, wenn es das Wohl der Allgemeinheit erfordert, Waldflächen für Zwecke der Erholung zu schützen, zu pflegen oder zu gestalten.

(2) [1] Das Nähere regeln die Länder. [2] Sie können insbesondere Vorschriften erlassen über

1. die Bewirtschaftung des Waldes nach Art und Umfang;
2. die Beschränkung der Jagdausübung zum Schutze der Waldbesucher;
3. die Verpflichtung der Waldbesitzer, den Bau, die Errichtung und die Unterhaltung von Wegen, Bänken, Schutzhütten und ähnlichen Anlagen oder Einrichtungen und die Beseitigung von störenden Anlagen oder Einrichtungen zu dulden;
4. das Verhalten der Waldbesucher.

§ 14[4] Betreten des Waldes. (1) [1] Das Betreten des Waldes zum Zwecke der Erholung ist gestattet. [2] Das Radfahren, das Fahren mit Krankenfahrstühlen und das Reiten im Walde ist nur auf Straßen und Wegen gestattet. [3] Die Benutzung geschieht auf eigene Gefahr. [4] Dies gilt insbesondere für waldtypische Gefahren.

(2) [1] Die Länder regeln die Einzelheiten. [2] Sie können das Betreten des Waldes aus wichtigem Grund, insbesondere des Forstschutzes, der Wald- oder Wildbewirtschaftung, zum Schutze der Waldbesucher oder zur Vermeidung erheblicher Schäden oder zur Wahrung anderer schutzwürdiger Interessen des Waldbesitzers, einschränken und andere Benutzungsarten ganz oder teilweise dem Betreten gleichstellen.

---

[1] Nr. **296**.
[2] Nr. **932**.
[3] Nr. **845**.
[4] § 14 Abs. 1 Satz 4 angef. mWv 6. 8. 2010 durch G v. 31. 7. 2010 (BGBl. I S. 1050).

Drittes Kapitel. Forstwirtschaftliche Zusammenschlüsse

Abschnitt I. Allgemeine Vorschrift

§ 15 Arten der forstwirtschaftlichen Zusammenschlüsse. Forstwirtschaftliche Zusammenschlüsse im Sinne dieses Gesetzes sind anerkannte Forstbetriebsgemeinschaften (Abschnitt II), Forstbetriebsverbände (Abschnitt III) und anerkannte Forstwirtschaftliche Vereinigungen (Abschnitt IV).

Abschnitt II. Forstbetriebsgemeinschaften

§ 16 Begriff. Forstbetriebsgemeinschaften sind privatrechtliche Zusammenschlüsse von Grundbesitzern, die den Zweck verfolgen, die Bewirtschaftung der angeschlossenen Waldflächen und der zur Aufforstung bestimmten Grundstücke (Grundstücke) zu verbessern, insbesondere die Nachteile geringer Flächengröße, ungünstiger Flächengestalt, der Besitzzersplitterung, der Gemengelage, des unzureichenden Waldaufschlusses oder anderer Strukturmängel zu überwinden.

§ 17 Aufgaben der Forstbetriebsgemeinschaft. Die Forstbetriebsgemeinschaft muß mindestens eine der folgenden Maßnahmen zur Aufgabe haben:

1. Abstimmung der Betriebspläne oder Betriebsgutachten und der Wirtschaftspläne sowie der einzelnen forstlichen Vorhaben;
2. Abstimmung der für die forstwirtschaftliche Erzeugung wesentlichen Vorhaben und Absatz des Holzes oder sonstiger Forstprodukte;
3. Ausführung der Forstkulturen, Bodenverbesserungen und Bestandspflegearbeiten einschließlich des Forstschutzes;

(Fortsetzung nächste Seite)

4. Bau und Unterhaltung von Wegen;
5. Durchführung des Holzeinschlages, der Holzaufarbeitung und der Holzbringung;
6. Beschaffung und Einsatz von Maschinen und Geräten für mehrere der unter den Nummern 2 bis 5 zusammengefaßten Maßnahmen.

§ 18 Anerkennung. (1) Eine Forstbetriebsgemeinschaft wird von der nach Landesrecht zuständigen Behörde auf Antrag anerkannt, wenn sie folgende Voraussetzungen erfüllt:

1. Sie muß eine juristische Person des Privatrechts sein;
2. sie muß nach Größe, Lage und Zusammenhang aller angeschlossenen Grundstücke eine wesentliche Verbesserung der Bewirtschaftung ermöglichen;
3. die Satzung oder der Gesellschaftsvertrag muß Bestimmungen enthalten über
   a) die Aufgabe;
   b) die Finanzierung der Aufgabe;
   c) das Recht und die Pflicht der Forstbetriebsgemeinschaft, über die Erfüllung der Aufgabe zu wachen;
   d) Ordnungsmittel oder Vertragsstrafen bei schuldhaftem Verstoß gegen wesentliche Mitgliedschaftspflichten;
   e) die Verpflichtung der Mitglieder, das zur Veräußerung bestimmte Holz ganz oder teilweise durch die Forstbetriebsgemeinschaft zum Verkauf anbieten zu lassen, sofern sie den Absatz des Holzes zur Aufgabe hat.
4. Wird die Rechtsform der Genossenschaft oder des rechtsfähigen Vereins mit wirtschaftlichem Geschäftsbetrieb gewählt, so muß die Satzung ferner bestimmen:
   a) die Voraussetzungen für Erwerb und Verlust der Mitgliedschaft, wobei die Mitgliedschaft frühestens zum Schluß des dritten vollen Geschäftsjahres gekündigt werden kann und die Kündigungsfrist mindestens ein Jahr betragen muß;
   b) die Organe, ihre Aufgaben und die Art der Beschlußfassung. Dabei muß bestimmt sein, daß Beschlüsse über Art und Umfang der durchzuführenden forstlichen Maßnahmen sowie über gemeinsame Verkaufsregeln, soweit nicht die Beschlußfassung darüber nach der Satzung dem Vorstand zusteht, durch die General- oder Mitgliederversammlung zu fassen sind und einer Mehrheit von zwei Dritteln der Stimmen bedürfen;
5. wird die Rechtsform einer Kapitalgesellschaft gewählt, so muß gewährleistet sein, daß die Gesellschafter die Aufgaben mindestens drei volle Geschäftsjahre lang gemeinsam verfolgen;
6. sie muß mindestens sieben Mitglieder umfassen;
7. sie muß einen wesentlichen Wettbewerb auf dem Holzmarkt bestehen lassen.

(2) Die Verpflichtung nach Absatz 1 Nr. 3 Buchstabe e gilt nicht für die Holzmenge, für die Mitglieder vor ihrem Beitritt Kaufverträge abgeschlossen haben; sie haben die Forstbetriebsgemeinschaft über Umfang und Dauer dieser Verträge vor dem Beitritt zu unterrichten.

(3) Gehören einer Forstbetriebsgemeinschaft Gemeinschaftsforsten an, so kann sie anerkannt werden, wenn sie weniger als sieben Mitglieder umfaßt.

§ 19 Verleihung der Rechtsfähigkeit an Vereine. Hat der forstwirtschaftliche Zusammenschluß die Rechtsform des rechtsfähigen Vereins mit wirtschaftlichem Geschäftsbetrieb gewählt, so kann ihm durch die für die Anerkennung zuständige Behörde gleichzeitig mit der Anerkennung die Rechtsfähigkeit nach § 22 des Bürgerlichen Gesetzbuches verliehen werden.

§ 20 Widerruf der Anerkennung. Die nach Landesrecht zuständige Behörde kann die Anerkennung widerufen, wenn eine Anerkennungsvoraussetzung nicht mehr vorliegt oder wenn die Forstbetriebsgemeinschaft ihre Aufgabe während eines längeren Zeitraumes nicht oder unzulänglich erfüllt hat.

Abschnitt III. Forstbetriebsverbände

§ 21 Begriff und Aufgabe. (1) Forstbetriebsverbände sind Zusammenschlüsse von Grundstückseigentümern in der Form von Körperschaften des öffentlichen Rechts, die den in § 16 bezeichneten Zweck verfolgen.

(2) Für die Aufgabe gilt § 17 entsprechend. Sie kann nicht auf die gemeinschaftliche Durchführung einheitlicher Betriebspläne erstreckt werden.

§ 22 Voraussetzungen für die Bildung eines Forstbetriebsverbandes. (1) Ein Forstbetriebsverband kann nur für forstwirtschaftlich besonders ungünstig strukturierte Gebiete gebildet werden.

(2) Weitere Voraussetzungen sind, daß

1. der Zusammenschluß nach Größe, Lage und Zusammenhang der in Betracht kommenden Grundstücke eine wesentliche Verbesserung der Bewirtschaftung ermöglicht;
2. der Zusammenschluß einen wesentlichen Wettbewerb auf dem Holzmarkt bestehen läßt;
3. mindestens zwei Drittel der Grundstückseigentümer, die zugleich mindestens zwei Drittel der Fläche vertreten, der Bildung zustimmen;
4. eine an alle betroffenen Grundstückseigentümer gerichtete Aufforderung der nach Landesrecht zuständigen Behörde, eine Forstbetriebsgemeinschaft (Abschnitt II) zu gründen, ohne Erfolg geblieben ist.

(3) Bei der Aufforderung nach Absatz 2 Nr. 4 hat die Behörde eine Frist zu setzen. Die Frist soll in der Regel ein Jahr betragen und darf zwei Jahre nicht überschreiten.

(4) Grundstücke, die besonderen öffentlichen Zwecken dienen oder zu dienen bestimmt sind, können nur mit Einwilligung der Nutzungsberechtigten in einen Forstbetriebsverband einbezogen werden.

§ 23 Bildung eines Forstbetriebsverbandes. (1) Zur Bildung eines Forstbetriebsverbandes hält die nach Landesrecht zuständige Behörde eine einleitende Versammlung ab, stellt einen Satzungsentwurf und ein vorläufiges Verzeichnis der beteiligten Grundstücke und ihrer Eigentümer auf und beruft die Gründungsversammlung ein.

(2) Die Satzung bedarf der Genehmigung der nach Landesrecht zuständigen Behörde.

(3) Der Forstbetriebsverband entsteht mit der öffentlichen Bekanntmachung der Satzung.

(4) Die Landesregierungen werden ermächtigt, Einzelheiten des Gründungsverfahrens, der Genehmigung und Bekanntmachung der Satzung durch Rechtsverordnung zu regeln. Die Landesregierungen können diese Ermächtigung auf oberste Landesbehörden übertragen.

§ 24 Mitgliedschaft. (1) Mitglieder eines Forstbetriebsverbandes sind die Eigentümer der beteiligten Grundstücke. Ist ein anderer als der Eigentümer Nutzungsberechtigter, so kann er für die Dauer seines Nutzungsrechtes mit Einverständnis des Eigentümers dessen Rechte und Pflichten übernehmen. Die Übernahme der Rechte und Pflichten ist ebenso wie das Einverständnis des Eigentümers schriftlich gegenüber dem Forstbetriebsverband zu erklären.

(2) Die Satzung kann den Beitritt weiterer Mitglieder zulassen.

§ 25 Satzung. (1) Die Satzung wird von den Mitgliedern mit der in § 22 Abs. 2 Nr. 3 bezeichneten Mehrheit beschlossen.

(2) Die Satzung des Forstbetriebsverbandes muß Vorschriften enthalten über:

1. seinen Namen und seinen Sitz;
2. seine Aufgabe;
3. die Rechte und Pflichten der Mitglieder;
4. das Stimmrecht der Mitglieder;
5. seine Verfassung, seine Verwaltung und seine Vertretung;
6. den Maßstab für die Umlagen und die Bemessungsgrundlage für Beiträge;
7. das Haushaltswesen, die Wirtschafts- und Kassenführung sowie die Rechnungsführung;
8. die Verwendung des Vermögens bei Auflösung des Forstbetriebsverbandes.

(3) Die Vorschriften des § 18 Abs. 1 Nr. 3 Buchstabe e und Absatz 2 gelten entsprechend.

§ 26 Organe des Forstbetriebsverbandes. Organe des Forstbetriebsverbandes sind die Verbandsversammlung, der Vorstand und, sofern es die Satzung vorsieht, der Verbandsausschuß.

§ 27 Aufgaben der Verbandsversammlung. Die Verbandsversammlung wählt den Vorstand und dessen Vorsitzenden. Sie beschließt über

1. die Höhe der Umlagen und Beiträge;
2. den Haushaltsplan, die Jahresrechnung und die Verwendung von Erträgen;
3. die Entlastung des Vorstandes;
4. die Änderung der Satzung;
5. den Erwerb, die Veräußerung und die Belastung von Grundstücken durch den Forstbetriebsverband;
6. die Auflösung des Forstbetriebsverbandes;
7. die ihr in der Satzung zugewiesenen Angelegenheiten.

§ 28 Vorsitz in der Verbandsversammlung, Einberufung und Stimmenverhältnis. (1) Den Vorsitz in der Verbandsversammlung führt der Vorsitzende des Vorstandes.

(2) Der Vorsitzende hat die Verbandsversammlung jährlich mindestens einmal einzuberufen. Er muß sie einberufen, wenn dies von mindestens zwei Zehnteln der Mitglieder oder von der Aufsichtsbehörde schriftlich unter Angabe der Tagesordnung verlangt wird.

(3) Das Stimmrecht der Mitglieder ist nach der Größe ihrer Grundstücke in der Satzung festzulegen. Jedes Mitglied hat mindestens eine Stimme. Kein Mitglied darf mehr als zwei Fünftel der Gesamtstimmen haben. Die Verbandsversammlung beschließt mit Mehrheit der abgegebenen Stimmen, soweit in diesem Gesetz oder in der Satzung nichts anderes bestimmt ist.

§ 29 Vorstand. (1) Der Vorstand des Forstbetriebsverbandes besteht aus dem Vorsitzenden und mindestens zwei weiteren Mitgliedern.

(2) Der Vorstand führt die Geschäfte des Verbandes. Er vertritt ihn gerichtlich und außergerichtlich.

§ 30 Verbandsausschuß. In der Satzung kann bestimmt werden, daß ein Verbandsausschuß gebildet wird. Diesem können in der Satzung unbeschadet des § 27 Angelegenheiten von geringerer Bedeutung zur Beschlußfassung zugewiesen werden. Ferner kann bestimmt werden, daß der Verbandsausschuß bei bestimmten Verwaltungsaufgaben des Vorstandes mitwirkt.

§ 31 Änderung der Satzung. (1) Über eine Änderung der Satzung beschließt die Verbandsversammlung mit einer Mehrheit von mindestens zwei Dritteln der Stimmen aller Mitglieder.

(2) Die Satzungsänderung bedarf der Genehmigung der nach Landesrecht zuständigen Behörde. Die Änderung wird mit ihrer öffentlichen Bekanntmachung wirksam.

§ 32 Ausscheiden von Grundstücken. (1) Grundstücke, deren forstwirtschaftliche Nutzung oder Bestimmung sich auf Grund einer Rechtsvorschrift oder einer behördlichen Anordnung oder Erlaubnis endgültig ändert, scheiden aus dem Verbandswald mit der Beendigung der Umwandlung aus.

(2) [1] Im übrigen bedarf das Ausscheiden eines Grundstücks aus dem Verbandswald der Genehmigung der nach Landesrecht zuständigen Behörde. [2] Die Genehmigung darf nur erteilt werden, wenn ein wichtiger Grund vorliegt. [3] Sie ist zu versagen, wenn das Ausscheiden die Durchführung der Aufgabe des Forstbetriebsverbandes gefährden würde. [4] Für die in § 22 Abs. 4 bezeichneten Grundstücke ist die Genehmigung zu erteilen, wenn die Nutzungsberechtigten es verlangen.

§ 33 Umlage, Beiträge. (1) Der Forstbetriebsverband erhebt von den Mitgliedern eine Umlage, soweit seine sonstigen Einnahmen nicht ausreichen, um seinen Finanzbedarf zu decken. [2] Die Umlage soll regelmäßig nach der Größe der zum Forstbetriebsverband gehörenden Grundstücke bemessen werden. [3] Ein anderer Maßstab kann zugrunde gelegt werden, wenn dies angemessen ist.

(2) Der Forstbetriebsverband kann von den Mitgliedern für bestimmte Zwecke oder Leistungen Beiträge erheben.

§ 34 Aufsicht. (1) [1] Der Forstbetriebsverband unterliegt der Aufsicht der nach Landesrecht zuständigen Behörde. [2] Er bedarf der Genehmigung der Aufsichtsbehörde

1. zur Veräußerung und Belastung von Grundstücken und grundstücksgleichen Rechten;

2. zur Aufnahme von Darlehen und zur Übernahme von Bürgschaften.

(2) [1] Im übrigen bestimmt sich die Aufsicht über den Forstbetriebsverband nach Landesrecht. [2] Die Landesregierungen werden ermächtigt, durch Rechtsverordnung die Befugnisse der Aufsichtsbehörde im einzelnen zu regeln; sie können diese Ermächtigungen auf oberste Landesbehörden übertragen.

§ 35 Verbandsverzeichnis. [1] Der Forstbetriebsverband führt ein Verzeichnis der beteiligten Grundstücke, der Eigentümer und ihrer Stimmrechte. [2] Die Landesregierungen werden ermächtigt, durch Rechtsverordnung Näheres über die Anlegung und Führung des Verbandsverzeichnisses zu bestimmen. [3] Die Landesregierungen können diese Ermächtigung auf oberste Landesbehörden übertragen.

§ 36 Auflösung des Forstbetriebsverbandes. (1) Die Verbandsversammlung kann mit einer Mehrheit von mindestens drei Vierteln der Stimmen aller Mitglieder die Auflösung des Forstbetriebsverbandes beschließen.

(2) Der Beschluß bedarf der Genehmigung der nach Landesrecht zuständigen Behörde.

Abschnitt IV. Forstwirtschaftliche Vereinigungen

§ 37[1)] Begriff und Aufgabe. (1) Forstwirtschaftliche Vereinigungen sind privatrechtliche Zusammenschlüsse von

anerkannten Forstbetriebsgemeinschaften,

Forstbetriebsverbänden oder

nach Landesrecht gebildeten Waldwirtschaftsgenossenschaften oder ähnlichen Zusammenschlüssen einschließlich der Gemeinschaftsforsten

zu dem ausschließlichen Zweck, auf die Anpassung der forstwirtschaftlichen Erzeugung und des Absatzes von Forsterzeugnissen an die Erfordernisse des Marktes hinzuwirken.

(2) Forstwirtschaftliche Vereinigungen dürfen nur folgende Maßnahmen zur Aufgabe haben:

1. Unterrichtung und Beratung der Mitglieder sowie Beteiligung an der forstlichen Rahmenplanung;
2. Koordinierung des Absatzes;
3. marktgerechte Aufbereitung und Lagerung der Erzeugnisse;
4. Vermarktung der Erzeugnisse der Mitglieder;
5. Beschaffung und Einsatz von Maschinen und Geräten.

§ 38 Anerkennung. (1) Eine Forstwirtschaftliche Vereinigung wird durch die nach Landesrecht zuständige Behörde auf Antrag anerkannt, wenn sie folgende Voraussetzungen erfüllt:

1. Sie muß eine juristische Person des Privatrechts sein;
2. sie muß geeignet sein, auf die Anpassung der forstwirtschaftlichen Erzeugung und des Absatzes von Forsterzeugnissen nachhaltig hinzuwirken;
3. ihre Satzung oder ihr Gesellschaftsvertrag muß Bestimmungen enthalten über
   a) ihre Aufgabe;
   b) die Finanzierung der Aufgabe;
4. sie muß einen wesentlichen Wettbewerb auf dem Holzmarkt bestehen lassen.

(2) Die nach Landesrecht zuständige Behörde kann den Beitritt einzelner Grundbesitzer, die nicht Mitglied einer Forstbetriebsgemeinschaft oder eines Forstbetriebsverbandes sein können, zu der Forstwirtschaftlichen Vereinigung zulassen.

(3) Die §§ 19 und 20 gelten entsprechend.

Abschnitt V. Ergänzende Vorschriften

§ 39 Sonstige Zusammenschlüsse in der Forstwirtschaft. (1) Die nach der Verordnung über die Bildung wirtschaftlicher Zusammenschlüsse in der Forstwirtschaft vom 7. Mai 1943 (Reichsgesetzbl. I S. 298) gebildeten Forst-

---

[1)] § 37 Abs. 2 Nr. 4 eingef., bish. Nr. 4 wird Nr. 5 mWv 6. 8. 2010 durch G v. 31. 7. 2010 (BGBl. I S. 1050).

verbände stehen den Forstbetriebsverbänden gleich, soweit deren Zweck sich nicht ganz oder überwiegend auf die Einstellung von Personal beschränkt.

(2) Sofern die in Absatz 1 genannten Forstbetriebsverbände ihre Satzung nicht den Vorschriften des Gesetzes über forstwirtschaftliche Zusammenschlüsse vom 1. September 1969 (Bundesgesetzbl. I S. 2543), zuletzt geändert durch das Einführungsgesetz zum Strafgesetzbuch vom 2. März 1974 (Bundesgesetzbl. I S. 469), fristgerecht angepaßt haben, kann die nach Landesrecht zuständige Behörde eine mit § 25 in Einklang stehende Satzung erlassen.

(3) [1] Die nach Landesrecht bisher anerkannten forstwirtschaftlichen Zusammenschlüsse des privaten Rechts stehen den anerkannten Forstbetriebsgemeinschaften gleich, bis sie nach § 18 ausdrücklich anerkannt sind, längstens jedoch vier Jahre nach Inkrafttreten dieses Gesetzes. [2] Das gleiche gilt für nicht förmlich anerkannte Zusammenschlüsse des privaten Rechts und für Grundbesitzer, die mit einer Forstbehörde Verträge über gemeinschaftliche Betreuung abgeschlossen haben, wenn die nach Landesrecht zuständige Behörde feststellt, daß diese bisher mindestens die Voraussetzungen des § 17 und des § 18 Abs. 1 Nr. 2, 6 und 7 erfüllt haben und förderungswürdig sind.

(4) Im übrigen bleiben die landesrechtlichen Vorschriften über Zusammenschlüsse in der Forstwirtschaft unberührt.

§ 40[1)] Befreiung von Vorschriften des Gesetzes gegen Wettbewerbsbeschränkungen. (1) [1] § 1 des Gesetzes gegen Wettbewerbsbeschränkungen[2)] findet keine Anwendung auf Beschlüsse von Vereinigungen forstwirtschaftlicher Erzeugerbetriebe, von anerkannten Forstbetriebsgemeinschaften, von Forstbetriebsverbänden und von forstwirtschaftlichen Vereinigungen, soweit sie die forstwirtschaftliche Erzeugung und den Absatz von Forsterzeugnissen betreffen. [2] Das gleiche gilt für die nach Landesrecht gebildeten öffentlich-rechtlichen Waldwirtschaftsgenossenschaften und ähnliche Zusammenschlüsse in der Forstwirtschaft, sofern sie einen wesentlichen Wettbewerb auf dem Holzmarkt bestehen lassen.

(2) Eine anerkannte Forstwirtschaftliche Vereinigung im Sinne dieses Gesetzes darf ihre Mitglieder bei der Preisbildung beraten und zu diesem Zweck gegenüber ihren Mitgliedern Preisempfehlungen aussprechen.

(3) Vorbehaltlich der Absätze 1 und 2 und des § 46 bleiben die Vorschriften des Gesetzes gegen Wettbewerbsbeschränkungen im Übrigen unberührt.

(4) Als Vereinigungen forstwirtschaftlicher Erzeugerbetriebe sind Waldwirtschaftsgemeinschaften, Waldwirtschaftsgenossenschaften, Forstverbände, Eigentumsgenossenschaften und ähnliche Vereinigungen anzusehen, deren Wirkungskreis nicht wesentlich über das Gebiet einer Gemarkung oder einer Gemeinde hinausgeht und die zur gemeinschaftlichen Durchführung forstbetrieblicher Maßnahmen gebildet werden oder gebildet worden sind.

[1)] § 40 Abs. 1 Satz 1 und Abs. 3 Satz 2 geänd. sowie Abs. 4 angef. durch G v. 26. 8. 1998 (BGBl. I S. 2521); Abs. 3 Satz 2 aufgeh., bish. Satz 1 wird einziger Wortlaut mWv 1. 7. 2005 durch G v. 7. 7. 2005 (BGBl. I S. 1954); Abs. 1 Satz 1 geänd. mWv 6. 8. 2010 durch G v. 31. 7. 2010 (BGBl. I S. 1050); Abs. 3 neu gef. mWv 27. 1. 2017 durch G v. 17. 1. 2017 (BGBl. I S. 75).

[2)] **Schönfelder Nr. 74.**

Viertes Kapitel. Förderung der Forstwirtschaft, Auskunftspflicht

§ 41 Förderung. (1) Die Forstwirtschaft soll wegen der Nutz-, Schutz- und Erholungsfunktionen des Waldes nach § 1 öffentlich gefördert werden.

(2) [1] Die Förderung soll insbesondere auf die Sicherung der allgemeinen Bedingungen für die Wirtschaftlichkeit von Investitionen zur Erhaltung und nachhaltigen Bewirtschaftung des Waldes gerichtet sein. [2] Zu diesem Zweck ist die Forstwirtschaft unter Berücksichtigung ihrer naturbedingten und wirtschaftlichen Besonderheiten vor allem mit den Mitteln der Wirtschafts-, Verkehrs-, Agrar-, Sozial- und Steuerpolitik in den Stand zu setzen, den Wald unter wirtschaftlich angemessenen Bedingungen zu nutzen und zu erhalten.

(3) [1] Die Bundesregierung berichtet dem Deutschen Bundestag in dem Bericht nach § 4 des Landwirtschaftsgesetzes vom 5. September 1955 (Bundesgesetzbl. I S. 565) auf Grund der Wirtschaftsergebnisse der Staatsforstverwaltungen und der Forstbetriebsstatistik über die Lage und Entwicklung der Forstwirtschaft und der Struktur der Holzwirtschaft des Bundesgebietes sowie über die zur Förderung der Forstwirtschaft erforderlichen Maßnahmen. [2] Dieser Bericht erstreckt sich auch auf die Belastungen aus der Schutz- und Erholungsfunktion.

(4) Der Bund beteiligt sich an der finanziellen Förderung der Forstwirtschaft nach dem Gesetz über die Gemeinschaftsaufgabe „Verbesserung der Agrarstruktur und des Küstenschutzes" vom 3. September 1969 (Bundesgesetzbl. I S. 1573), geändert durch das Gesetz zur Änderung der Gesetze über die Gemeinschaftsaufgaben vom 23. Dezember 1971 (Bundesgesetzbl. I S. 2140).

(5) Staatliche Zuwendungen auf Grund des in Absatz 4 genannten Gesetzes können erhalten:

1. forstwirtschaftliche Zusammenschlüsse im Sinne dieses Gesetzes und nach § 39 gleichgestellte sonstige Zusammenschlüsse in der Forstwirtschaft sowie die nach Landesrecht gebildeten öffentlich-rechtlichen Waldwirtschaftsgenossenschaften und ähnliche Zusammenschlüsse einschließlich der Gemeinschaftsforsten, sofern ihre Aufgabe sich auf die Verbesserung der forstwirtschaftlichen Erzeugung oder die Förderung des Absatzes von Forsterzeugnissen erstreckt und sie einen wesentlichen Wettbewerb auf dem Holzmarkt bestehen lassen;
2. Inhaber land- oder forstwirtschaftlicher Betriebe oder Grundbesitzer, soweit ihre forstlichen Vorhaben nicht über forstwirtschaftliche Zusammenschlüsse gefördert werden.

§ 41 a[1)] Walderhebungen. (1) [1] Zur Erfüllung der Aufgaben dieses Gesetzes sowie zur Durchführung von Rechtsakten der Europäischen Union oder völkerrechtlich verbindlicher Vereinbarungen im Anwendungsbereich dieses Gesetzes ist vorbehaltlich des Absatzes 3 alle zehn Jahre eine auf das gesamte Bundesgebiet bezogene forstliche Großrauminventur auf Stichprobenbasis (Bundeswaldinventur) durchzuführen. [2] Sie soll einen Gesamtüberblick über

[1)] § 41 a neu gef. mWv 6. 8. 2010 durch G v. 31. 7. 2010 (BGBl. I S. 1050); Abs. 2, 3, 5 und 6 Satz 1 einl. Satzteil geänd. mWv 8. 9. 2015 durch VO v. 31. 8. 2015 (BGBl. I S. 1474).

die großräumigen Waldverhältnisse und forstlichen Produktionsmöglichkeiten liefern. [3] Die hierzu erforderlichen Messungen und Beschreibungen des Waldzustandes (Grunddaten) sind nach einem einheitlichen Verfahren vorzunehmen. [4] Dabei ist auf die Verwertbarkeit der Grunddaten auch im Rahmen der Beobachtung nach § 6 Bundesnaturschutzgesetz[1)] zu achten.

(2) Die Länder erheben die in Absatz 1 genannten Grunddaten; das Bundesministerium für Ernährung und Landwirtschaft stellt sie zusammen und wertet sie aus.

(3) Zur Erfüllung von Berichtspflichten, die auf Grund verbindlicher völkerrechtlicher Vereinbarungen zum Schutz des Klimas bestehen, erhebt das Bundesministerium für Ernährung und Landwirtschaft soweit erforderlich in den Jahren zwischen zwei Bundeswaldinventuren Daten zum Kohlenstoffvorrat im Wald.

(4) Die mit der Vorbereitung und Durchführung der in den Absätzen 1, 3 und in Rechtsverordnungen nach Absatz 6 genannten forstlichen Erhebungen beauftragten Personen sind berechtigt, zur Erfüllung ihres Auftrages Grundstücke zu betreten sowie die erforderlichen Datenerhebungen und Probenahmen auf diesen Grundstücken durchzuführen.

(5) Das Bundesministerium für Ernährung und Landwirtschaft wird ermächtigt, durch Rechtsverordnung[2)] mit Zustimmung des Bundesrates nähere Vorschriften über das für die Bundeswaldinventur anzuwendende Stichprobenverfahren und die zu ermittelnden Grunddaten zu erlassen.

(6) [1] Das Bundesministerium für Ernährung und Landwirtschaft kann durch Rechtsverordnung[3)] mit Zustimmung des Bundesrates vorsehen, dass Daten

1. zur Nährstoffversorgung und Schadstoffbelastung der Waldböden (Bodenzustandserhebung),
2. zur Vitalität der Wälder,
3. zu Wirkungszusammenhängen in Waldökosystemen

erhoben werden können und dabei nähere Vorschriften über den Zeitpunkt, die anzuwendenden Verfahren und die zu ermittelnden Grunddaten erlassen. [2] Im Falle einer Rechtsverordnung nach Satz 1 gilt Absatz 2 entsprechend.

§ 42[4)] Auskunftspflicht. (1) Natürliche und juristische Personen und sonstige Personenvereinigungen haben den zuständigen Behörden auf Verlangen die Auskünfte zu erteilen, die zur Durchführung der den Behörden durch dieses Gesetz oder auf Grund dieses Gesetzes übertragenen Aufgaben erforderlich sind.

(2) Der Auskunftspflichtige kann die Auskunft auf solche Fragen verweigern, deren Beantwortung ihn selbst oder einen der in § 383 Abs. 1 bis 3 der Zivilprozeßordnung[5)] bezeichneten Angehörigen der Gefahr strafgerichtlicher Verfolgung oder eines Verfahrens nach dem Gesetz über Ordnungswidrigkeiten[6)] aussetzen würde.

[1)] Nr. **880**.

[2)] Siehe die Vierte BundeswaldinventurVO v. 16.6.2019 (BGBl. I S. 890), geänd. durch VO v. 9.3.2023 (BGBl. I Nr. 61).

[3)] Siehe die VO über Erhebungen zum forstlichen Umweltmonitoring v. 20.12.2013 (BGBl. I S. 4384) und die VO über Erhebungen zum Zustand des Waldbodens (BZEV) v. 29.6.2020 (BGBl. I S. 1600).

[4)] § 42 Abs. 1 geänd. mWv 1.1.2024 durch G v. 10.8.2021 (BGBl. I S. 3436).

[5)] **Habersack Nr. 100.**

[6)] **Habersack Nr. 94.**

§ 43[1] Verletzung der Auskunftspflicht. (1) Ordnungswidrig handelt, wer vorsätzlich oder fahrlässig entgegen § 42 Abs. 1 eine Auskunft nicht, nicht richtig, nicht vollständig oder nicht rechtzeitig erteilt.

(2) Die Ordnungswidrigkeit kann mit einer Geldbuße bis zu zehntausend Euro geahndet werden.

Fünftes Kapitel. Schlußvorschriften

§ 44[2] Allgemeine Verwaltungsvorschriften. Das Bundesministerium für Ernährung und Landwirtschaft erläßt mit Zustimmung des Bundesrates die zur Durchführung der §§ 15 bis 40 und 41a erforderlichen allgemeinen Verwaltungsvorschriften.

§ 45[3] Anwendung des Gesetzes in besonderen Fällen. (1) Auf Flächen, die Zwecken

1. der Verteidigung einschließlich des Schutzes der Zivilbevölkerung,
2. der Bundespolizei oder
3. des zivilen Luftverkehrs

dienen, sind die nach den §§ 6, 7 und 9 bis 13 dieses Gesetzes erlassenen Landesvorschriften nur anzuwenden, soweit dadurch die bestimmungsgemäße Nutzung nicht beeinträchtigt wird.

(2) [1] Soll bei Vorhaben, die den in Absatz 1 Nr. 1 und 2 genannten Zwecken dienen, Wald in eine andere Nutzungsart umgewandelt werden (§ 9), eine Fläche erstmals aufgeforstet (§ 10), Schutzwald (§ 12) oder Erholungswald (§ 13) für die in Absatz 1 Nr. 1 und 2 genannten Zwecke verwendet werden, so ist die höhere Forstbehörde zu hören. [2] Ist es erforderlich, von der Stellungnahme dieser Behörde abzuweichen, so entscheidet hierüber das zuständige Bundesministerium im Einvernehmen mit den beteiligten Bundesministerien und im Benehmen mit der nach Landesrecht zuständigen obersten Landesbehörde. [3] Findet ein Anhörungsverfahren nach § 1 Landbeschaffungsgesetz, § 1 Schutzbereichsgesetz oder § 30 Abs. 3 Luftverkehrsgesetz[4] statt, so sind die forstlichen Erfordernisse in diesem Verfahren abschließend zu erörtern.

(3) Behörden des Bundes und der bundesunmittelbaren Körperschaften, Anstalten und Stiftungen des öffentlichen Rechts haben bei Planungen und Maßnahmen, die eine Inanspruchnahme von Waldflächen vorsehen oder die in ihren Auswirkungen Waldflächen betreffen können, die Vorschriften des § 8 zu beachten.

(4) Die Absätze 1 und 2 gelten nicht im Land Berlin.

§ 46[5] Weitere Vorschriften in besonderen Fällen. (1) [1] Für Beschlüsse und Vereinbarungen über die der Holzvermarktung nicht zuzurechnenden forstwirtschaftlichen Maßnahmen von nichtstaatlichen oder staatlichen Trägern oder von

---

[1] § 43 Abs. 2 geänd. mWv 1.1.2002 durch G v. 25.6.2001 (BGBl. I S. 1215).

[2] § 44 geänd. durch G v. 27.7.1984 (BGBl. I S. 1034); geänd. mWv 7.11.2001 durch VO v. 29.10.2001 (BGBl. I S. 2785); geänd. mWv 8.11.2006 durch VO v. 31.10.2006 (BGBl. I S. 2407); geänd. mWv 8.9.2015 durch VO v. 31.8.2015 (BGBl. I S. 1474).

[3] § 45 Abs. 2 Satz 2 geänd. mWv 7.11.2001 durch VO v. 29.10.2001 (BGBl. I S. 2785); Abs. 1 Nr. 2 geänd. mWv 1.7.2005 durch G v. 21.6.2005 (BGBl. I S. 1818).

[4] **Sartorius ErgBd. Nr. 975.**

[5] § 46 neu gef. mWv 27.1.2017 durch G v. 17.1.2017 (BGBl. I S. 75).

deren Kooperationen, soweit auf diese Beschlüsse und Vereinbarungen die Regelungen des Gesetzes gegen Wettbewerbsbeschränkungen anzuwenden sind, gelten die Voraussetzungen für eine Freistellung im Sinne des § 2 des Gesetzes gegen Wettbewerbsbeschränkungen[1)] als erfüllt. [2]Maßnahmen im Sinne des Satzes 1 umfassen die Bereiche der Planung und Ausführung waldbaulicher Maßnahmen, der Markierung, der Ernte und der Bereitstellung des Rohholzes bis einschließlich seiner Registrierung.

(2) Soweit auf Beschlüsse und Vereinbarungen im Sinne des Absatzes 1 die Regelungen des Artikels 101 des Vertrages über die Arbeitsweise der Europäischen Union[2)] anzuwenden sind, wird vermutet, dass die Voraussetzungen für eine Freistellung im Sinne des Artikels 101 Absatz 3 des Vertrages über die Arbeitsweise der Europäischen Union erfüllt sind.

(3) [1]Das Bundesministerium für Ernährung und Landwirtschaft hat dem Deutschen Bundestag im Einvernehmen mit dem Bundesministerium für Wirtschaft und Energie bis spätestens 31. Dezember 2022 und danach jeweils im Abstand von drei Jahren zu berichten, ob und inwieweit die Regelungen in den Absätzen 1 und 2 weiterhin erforderlich sind, um ein flächendeckendes Angebot forstlicher Dienstleistungen zu angemessenen Bedingungen und den diskriminierungsfreien Zugang zu diesen Dienstleistungen für alle Waldbesitzer sicherzustellen. [2]Die Berichte sollen, unter besonderer Berücksichtigung der zu fördernden Entwicklung der Forstbetriebsgemeinschaften, Vorschläge für gegebenenfalls notwendige Anpassungen der Regelungen enthalten.

§ 47[3)] *(aufgehoben)*

§ 48 Inkrafttreten, Aufhebung von Vorschriften. (1) Dieses Gesetz tritt am Tage nach der Verkündung[4)] in Kraft.

(2) Gleichzeitig treten folgende Vorschriften außer Kraft:

1. das Gesetz über forstwirtschaftliche Zusammenschlüsse vom 1. September 1969 (Bundesgesetzblatt I S. 1543), zuletzt geändert durch das Einführungsgesetz zum Strafgesetzbuch vom 2. März 1974 (Bundesgesetzbl. I S. 469);
2. die Verordnung zur Förderung der Forst- und der Weidewirtschaft vom 7. Februar 1924 (Reichsgesetzbl. I S. 50);
3. das Gesetz gegen Waldverwüstung vom 18. Januar 1934 (Reichsgesetzbl. I S. 37), geändert durch das Einführungsgesetz zum Gesetz über Ordnungswidrigkeiten vom 24. Mai 1968 (Bundesgesetzbl. I S. 503);
4. die Verordnung zur Verhütung und Bekämpfung von Waldbränden in den nicht im Eigentum des Reichs oder der Länder stehenden Waldungen vom 18. Juni 1937 (Reichsgesetzbl. I S. 721);
5. die Verordnung zur Förderung der Nutzholzgewinnung vom 30. Juli 1937 (Reichsgesetzbl. I S. 876).

[1)] **Habersack Nr. 74.**
[2)] Nr. **1001**.
[3)] § 47 aufgeh. mWv 1.1.2002 durch G v. 25.6.2001 (BGBl. I S. 1215).
[4)] Verkündet am 7.5.1975.

880. Gesetz über Naturschutz und Landschaftspflege (Bundesnaturschutzgesetz – BNatSchG)[1) 2) 3) 4)]

Vom 29. Juli 2009

(BGBl. I S. 2542)

FNA 791-9

geänd. durch Art. 3 G über Maßnahmen zur Beschleunigung des Netzausbaus Elektrizitätsnetze v. 28.7. 2011 (BGBl. I S. 1690), Art. 2 G zur Umsetzung der Meeresstrategie-RahmenRL sowie zur Änd. des WaStrG und des KrW-/AbfG v. 6.10.2011 (BGBl. I S. 1986), Art. 2 45. StrafrechtsänderungsG zur Umsetzung der RL des Europäischen Parlaments und des Rates über den strafrechtlichen Schutz der Umwelt v. 6.12.2011 (BGBl. I S. 2557), Art. 5 Pflanzenschutz-NeuordnungsG v. 6.2.2012 (BGBl. I S. 148), Art. 7 G zur Änd. des Umwelt-RechtsbehelfsG und anderer umweltrechtlicher Vorschriften v. 21.1.2013 (BGBl. I S. 95), Art. 2 Abs. 24 G zur Modernisierung des Außenwirtschaftsrechts v. 6.6.2013 (BGBl. I S. 1482), Art. 2 Abs. 124, Art. 4 Abs. 100 G zur Strukturreform des Gebührenrechts des Bundes v. 7.8.2013 (BGBl. I S. 3154, geänd. durch G v. 18.7.2016, BGBl. I S. 1666), Art. 421 Zehnte ZuständigkeitsanpassungsVO v. 31.8.2015 (BGBl. I S. 1474), Art. 4 Abs. 96 G zur Aktualisierung der Strukturreform des Gebührenrechts des Bundes v. 18.7.2016 (BGBl. I S. 1666), Art. 2 G zur Änd. wasser- und naturschutzrechtlicher Vorschriften zur Untersagung und zur Risikominimierung bei den Verfahren der Fracking-Technologie v. 4.8.2016 (BGBl. I S. 1972), Art. 19 G zur Einführung von Ausschreibungen für Strom aus erneuerbaren Energien und zu weiteren Änd. des Rechts der erneuerbaren Energien v. 13.10. 2016 (BGBl. I S. 2258), Art. 4 G zur Anpassung des Umwelt-RechtsbehelfsG und anderer Vorschriften an europa- und völkerrechtliche Vorgaben v. 29.5.2017 (BGBl. I S. 1298), Art. 3 HochwasserschutzG II v. 30.6.2017 (BGBl. I S. 2193), Art. 7 G zur effektiveren und praxistauglicheren Ausgestaltung des Strafverfahrens v. 17.8.2017 (BGBl. I S. 3202), Art. 1 G zur Durchführung der VO (EU) Nr. 1143/2014 über invasive gebietsfremde Arten v. 8.9.2017 (BGBl. I S. 3370), Art. 1 ÄndG v. 15.9.2017 (BGBl. I S. 3434), Art. 8 G zur Beschleunigung des Energieleitungsausbaus v. 13.5.2019 (BGBl. I S. 706), Art. 1 Zweites ÄndG v. 4.3.2020 (BGBl. I S. 440), Art. 290 Elfte ZuständigkeitsanpassungsVO v. 19.6.2020 (BGBl. I S. 1328), Art. 5 G zur Änd. des UmweltschadensG, des UmweltinformationsG und weiterer umweltrechtlicher Vorschriften v. 25.2.2021 (BGBl. I S. 306), Art. 10 KitafinanzhilfenänderungsG v. 25.6.2021 (BGBl. I S. 2020), Art. 114 PersonengesellschaftsrechtsmodernisierungsG (MoPeG) v. 10.8. 2021 (BGBl. I S. 3436), Art. 1 G zum Schutz der Insektenvielfalt in Deutschland und zur Änd. weiterer Vorschriften v. 18.8.2021 (BGBl. I S. 3908), Art. 1 Viertes ÄndG v. 20.7.2022 (BGBl. I S. 1362, 1436), Art. 3 Erstes G zur Änd. des Elektro- und ElektronikgeräteG, der EntsorgungsfachbetriebeVO und des BundesnaturschutzG v. 8.12.2022 (BGBl. I S. 2240), Art. 5 Zweites G zur Änd. des UmweltstatistikG, zur Anpassung bestimmter Vorschriften über den Schutz geografischer Herkunftsangaben im Landwirtschaftsbereich und zur Änd. des BundesnaturschutzG v. 8.5.2024 (BGBl. 2024 I Nr. 153), Art. 5 G zur Verbesserung des Klimaschutzes beim Immissionsschutz, zur Beschleunigung immissionsschutzrechtlicher Genehmigungsverfahren und zur Umsetzung von EU-Recht v. 3.7.2024 (BGBl. 2024 I Nr. 225), Art. 48

---

1) Verkündet als Art. 1 G zur Neuregelung des Rechts des Naturschutzes und der Landschaftspflege v. 29.7.2009 (BGBl. I S. 2542); Inkrafttreten gem. Art. 27 dieses G am 1.3.2010.

2) **Amtl. Anm. zum MantelG:** Dieses Gesetz dient der Umsetzung der
- Richtlinie 79/409/EWG des Rates vom 2. April 1979 über die Erhaltung der wildlebenden Vogelarten (ABl. L 103 vom 25.4.1979, S. 1), die zuletzt durch die Richtlinie 2008/102/EG (ABl. L 323 vom 3.12. 2008, S. 31) geändert worden ist,
- Richtlinie 83/129/EWG des Rates vom 28. März 1983 betreffend die Einfuhr in die Mitgliedstaaten von Fellen bestimmter Jungrobben und Waren daraus (ABl. L 91 vom 9. 4.1983, S. 30), die zuletzt durch die Richtlinie 89/370/EWG (ABl. L 163 vom 14.6.1989, S. 37) geändert worden ist,
- Richtlinie 92/43/EWG des Rates vom 21. Mai 1992 zur Erhaltung der natürlichen Lebensräume sowie der wildlebenden Tiere und Pflanzen (ABl. L 206 vom 22.7.1992, S. 7), die zuletzt durch die Richtlinie 2006/105/EG (ABl. L 363 vom 20.12.2006, S. 368) geändert worden ist,
- Richtlinie 1999/22/EG des Rates vom 29. März 1999 über die Haltung von Wildtieren in Zoos (ABl. L 94 vom 9.4.1999, S. 24).

3) Siehe hierzu ua das PlanungssicherstellungsG **(Sartorius III Nr. 160)**.

4) Die Änderungen durch G v. 18.8.2021 (BGBl. I S. 3908) treten gem. Art. 4 Abs. 3 dieses G teilweise erst an dem Tag in Kraft, an dem die Rechtsverordnung nach Art. 1 Nr. 14 Buchst. a in Kraft tritt; sie sind insoweit im Text noch nicht berücksichtigt.

Viertes BürokratieentlastungsG v. 23.10.2024 (BGBl. 2024 I Nr. 323) und Art. 2 G zur Änd. des BundesjagdG und zur Änd. des BundesnaturschutzG v. 29.3.2026 (BGBl. 2026 I Nr. 87)

Zur Ausführung und Durchführung des BNatSchG haben die Länder ua folgende Vorschriften erlassen:

– **Baden-Württemberg:** NaturschutzG v. 23.6.2015 (GBl. S. 585), zuletzt geänd. durch G v. 18.11.2025 (GBl. Nr. 124)
– **Bayern:** Bayerisches NaturschutzG v. 23.2.2011 (GVBl. S. 82), zuletzt geänd. durch G v. 26.3.2026 (GVBl. S. 75)
– **Berlin:** Berliner NaturschutzG v. 29.5.2013 (GVBl. S. 140), zuletzt geänd. durch G v. 11.12.2024 (GVBl. S. 614)
– **Brandenburg:** ; Brandenburgisches NaturschutzausführungsG v. 21.1.2013 (GVBl. I Nr. 3, 21), zuletzt geänd. durch G v. 24.7.2025 (GVBl. I Nr. 17)
– **Bremen:** Bremisches G über Naturschutz und Landschaftspflege v. 27.4.2010 (Brem.GBl. S. 315), zuletzt geänd. durch Bek. v. 2.9.2025 (Brem.GBl. S. 674)
– **Hamburg:** Hamburgisches AusführungsG des BundesnaturschutzG v. 11.5.2010 (HmbGVBl. S. 350, 402), zuletzt geänd. durch G v. 24.1.2020 (HmbGVBl. S. 92)
– **Hessen:** Hessisches NaturschutzG v. 25.5.2023 (GVBl. S. 379), zuletzt geänd. durch G v. 16.12.2025 (GVBl. Nr. 110)
– **Mecklenburg-Vorpommern:** NaturschutzausführungsG v. 23.2.2010 (GVOBl. M-V S. 66), zuletzt geänd. durch G v. 24.3.2023 (GVOBl. M-V S. 546)
– **Niedersachsen:** Nds. AusführungsG zum BundesnaturschutzG v. 19.2.2010 (Nds. GVBl. S. 104), zuletzt geänd. durch G v. 29.1.2025 (Nds. GVBl. Nr. 5)
– **Nordrhein-Westfalen:** LandschaftsG idF der Bek. v. 21.7.2000 (GV. NRW. S. 568), zuletzt geänd. durch G v. 11.3.2025 (GV. NRW. S. 288)
– **Rheinland-Pfalz:** LandesnaturschutzG v. 6.10.2015 (GVBl. S. 283), zuletzt geänd. durch G v. 22.12.2025 (GVBl. S. 707)
– **Saarland:** Saarländisches NaturschutzG v. 5.4.2006 (Amtsbl. S. 726), zuletzt geänd. durch G v. 27.8.2025 (Amtsbl. I S. 854)
– **Sachsen:** Sächsisches NaturschutzG v. 6.6.2013 (SächsGVBl. S. 451), zuletzt geänd. durch G v. 22.7.2024 (SächsGVBl. S. 672)
– **Sachsen-Anhalt:** NaturschutzG des Landes Sachsen-Anhalt v. 10.12.2010 (GVBl. LSA S. 569), zuletzt geänd. durch G v. 1.10.2025 (GVBl. LSA S. 748)
– **Schleswig-Holstein:** LandesnaturschutzG v. 24.2.2010 (GVOBl. Schl.-H. S. 301, 486), zuletzt geänd. durch G v. 30.9.2024 (GVOBl. Schl.-H. S. 734)
– **Thüringen:** Thüringer NaturschutzG v. 30.7.2019 (GVBl. S. 323), geänd. durch G v. 30.7.2019 (GVBl. S. 323).

Inhaltsübersicht[1)]

[1)] Inhaltsübersicht geänd. mWv 5.2.2012 durch G v. 28.7.2011 (BGBl. I S. 1690); geänd. mWv 13.6.2012 durch G v. 6.12.2011 (BGBl. I S. 2557); geänd. mWv 1.10.2021 durch G v. 18.7.2016 (BGBl. I S. 1666); geänd. mWv 16.9.2017 durch G v. 8.9.2017 (BGBl. I S. 3370); geänd. mWv 29.9.2017 durch G v. 15.9.2017 (BGBl. I S. 3434); geänd. mWv 13.3.2020 durch G v. 4.3.2020 (BGBl. I S. 440); geänd. mWv 1.3.2022 durch G v. 18.8.2021 (BGBl. I S. 3908); geänd. mWv 29.7.2022 durch G v. 20.7.2022 (BGBl. I S. 1362); geänd. mWv 1.1.2025 durch G v. 23.10.2024 (BGBl. 2024 I Nr. 323); geänd. mWv 2.4.2026 durch G v. 29.3.2026 (BGBl. 2026 I Nr. 87).

Kapitel 1. Allgemeine Vorschriften

§ 1[1)] Ziele des Naturschutzes und der Landschaftspflege. (1) Natur und Landschaft sind auf Grund ihres eigenen Wertes und als Grundlage für Leben und Gesundheit des Menschen auch in Verantwortung für die künftigen Generationen im besiedelten und unbesiedelten Bereich nach Maßgabe der nachfolgenden Absätze so zu schützen, dass

1. die biologische Vielfalt,
2. die Leistungs- und Funktionsfähigkeit des Naturhaushalts einschließlich der Regenerationsfähigkeit und nachhaltigen Nutzungsfähigkeit der Naturgüter sowie
3. die Vielfalt, Eigenart und Schönheit sowie der Erholungswert von Natur und Landschaft

auf Dauer gesichert sind; der Schutz umfasst auch die Pflege, die Entwicklung und, soweit erforderlich, die Wiederherstellung von Natur und Landschaft (allgemeiner Grundsatz).

(Fortsetzung nächstes Blatt)

[1)] § 1 Abs. 3 Nr. 4 und 5 geänd., Abs. 4 Nr. 2 eingef., bish. Nr. 2 wird Nr. 3, neue Nr. 3 und Abs. 5 Satz 2 geänd., Abs. 6 neu gef., Abs. 7 angef. mWv 1.3.2022 durch G v. 18.8.2021 (BGBl. I S. 3908).

(2) Zur dauerhaften Sicherung der biologischen Vielfalt sind entsprechend dem jeweiligen Gefährdungsgrad insbesondere

1. lebensfähige Populationen wild lebender Tiere und Pflanzen einschließlich ihrer Lebensstätten zu erhalten und der Austausch zwischen den Populationen sowie Wanderungen und Wiederbesiedelungen zu ermöglichen,
2. Gefährdungen von natürlich vorkommenden Ökosystemen, Biotopen und Arten entgegenzuwirken,
3. Lebensgemeinschaften und Biotope mit ihren strukturellen und geografischen Eigenheiten in einer repräsentativen Verteilung zu erhalten; bestimmte Landschaftsteile sollen der natürlichen Dynamik überlassen bleiben.

(3) Zur dauerhaften Sicherung der Leistungs- und Funktionsfähigkeit des Naturhaushalts sind insbesondere

1. die räumlich abgrenzbaren Teile seines Wirkungsgefüges im Hinblick auf die prägenden biologischen Funktionen, Stoff- und Energieflüsse sowie landschaftlichen Strukturen zu schützen; Naturgüter, die sich nicht erneuern, sind sparsam und schonend zu nutzen; sich erneuernde Naturgüter dürfen nur so genutzt werden, dass sie auf Dauer zur Verfügung stehen,
2. Böden so zu erhalten, dass sie ihre Funktion im Naturhaushalt erfüllen können; nicht mehr genutzte versiegelte Flächen sind zu renaturieren, oder, soweit eine Entsiegelung nicht möglich oder nicht zumutbar ist, der natürlichen Entwicklung zu überlassen,
3. Meeres- und Binnengewässer vor Beeinträchtigungen zu bewahren und ihre natürliche Selbstreinigungsfähigkeit und Dynamik zu erhalten; dies gilt insbesondere für natürliche und naturnahe Gewässer einschließlich ihrer Ufer, Auen und sonstigen Rückhalteflächen; Hochwasserschutz hat auch durch natürliche oder naturnahe Maßnahmen zu erfolgen; für den vorsorgenden Grundwasserschutz sowie für einen ausgeglichenen Niederschlags-Abflusshaushalt ist auch durch Maßnahmen des Naturschutzes und der Landschaftspflege Sorge zu tragen,
4. Luft und Klima auch durch Maßnahmen des Naturschutzes und der Landschaftspflege zu schützen; dies gilt insbesondere für Flächen mit günstiger lufthygienischer oder klimatischer Wirkung wie Frisch- und Kaltluftentstehungsgebiete, Luftaustauschbahnen oder Freiräume im besiedelten Bereich; dem Aufbau einer nachhaltigen Energieversorgung insbesondere durch zunehmende Nutzung erneuerbarer Energien kommt eine besondere Bedeutung zu,
5. wild lebende Tiere und Pflanzen, ihre Lebensgemeinschaften sowie ihre Biotope und Lebensstätten auch im Hinblick auf ihre jeweiligen Funktionen im Naturhaushalt, einschließlich ihrer Stoffumwandlungs- und Bestäubungsleistungen, zu erhalten,
6. der Entwicklung sich selbst regulierender Ökosysteme auf hierfür geeigneten Flächen Raum und Zeit zu geben.

(4) Zur dauerhaften Sicherung der Vielfalt, Eigenart und Schönheit sowie des Erholungswertes von Natur und Landschaft sind insbesondere

1. Naturlandschaften und historisch gewachsene Kulturlandschaften, auch mit ihren Kultur-, Bau- und Bodendenkmälern, vor Verunstaltung, Zersiedelung und sonstigen Beeinträchtigungen zu bewahren,
2. Vorkommen von Tieren und Pflanzen sowie Ausprägungen von Biotopen und Gewässern auch im Hinblick auf ihre Bedeutung für das Natur- und Landschaftserlebnis zu bewahren und zu entwickeln,

3. zum Zweck der Erholung in der freien Landschaft nach ihrer Beschaffenheit und Lage geeignete Flächen vor allem im besiedelten und siedlungsnahen Bereich sowie großflächige Erholungsräume zu schützen und zugänglich zu machen.

(5) [1] Großflächige, weitgehend unzerschnittene Landschaftsräume sind vor weiterer Zerschneidung zu bewahren. [2] Die erneute Inanspruchnahme bereits bebauter Flächen sowie die Bebauung unbebauter Flächen im beplanten und unbeplanten Innenbereich, soweit sie nicht als Grünfläche oder als anderer Freiraum für die Verwirklichung der Ziele des Naturschutzes und der Landschaftspflege vorgesehen oder erforderlich sind, hat Vorrang vor der Inanspruchnahme von Freiflächen im Außenbereich. [3] Verkehrswege, Energieleitungen und ähnliche Vorhaben sollen landschaftsgerecht geführt, gestaltet und so gebündelt werden, dass die Zerschneidung und die Inanspruchnahme der Landschaft sowie Beeinträchtigungen des Naturhaushalts vermieden oder so gering wie möglich gehalten werden. [4] Beim Aufsuchen und bei der Gewinnung von Bodenschätzen, bei Abgrabungen und Aufschüttungen sind dauernde Schäden des Naturhaushalts und Zerstörungen wertvoller Landschaftsteile zu vermeiden; unvermeidbare Beeinträchtigungen von Natur und Landschaft sind insbesondere durch Förderung natürlicher Sukzession, Renaturierung, naturnahe Gestaltung, Wiedernutzbarmachung oder Rekultivierung auszugleichen oder zu mindern.

(6) Freiräume im besiedelten und siedlungsnahen Bereich einschließlich ihrer Bestandteile, wie Grünzüge, Parkanlagen, Kleingartenanlagen und sonstige Grünflächen, Wälder, Waldränder und andere Gehölzstrukturen einschließlich Einzelbäume, Fluss- und Bachläufe mit ihren Uferzonen und Auenbereichen, stehende Gewässer und ihre Uferzonen, gartenbau- und landwirtschaftlich genutzte Flächen, Flächen für natürliche Entwicklungsprozesse, Naturerfahrungsräume sowie naturnahe Bereiche im Umfeld von Verkehrsflächen und anderen Nutzungen einschließlich wegebegleitender Säume, sind zu erhalten und dort, wo sie nicht in ausreichendem Maße und hinreichender Qualität vorhanden sind, neu zu schaffen oder zu entwickeln.

(7) Den Zielen des Naturschutzes und der Landschaftspflege können auch Maßnahmen dienen, die den Zustand von Biotopen und Arten durch Nutzung, Pflege oder das Ermöglichen ungelenkter Sukzession auf einer Fläche nur für einen begrenzten Zeitraum verbessern.

§ 2[1] Verwirklichung der Ziele. (1) Jeder soll nach seinen Möglichkeiten zur Verwirklichung der Ziele des Naturschutzes und der Landschaftspflege beitragen und sich so verhalten, dass Natur und Landschaft nicht mehr als nach den Umständen unvermeidbar beeinträchtigt werden.

(2) Die Behörden des Bundes und der Länder haben im Rahmen ihrer Zuständigkeit die Verwirklichung der Ziele des Naturschutzes und der Landschaftspflege zu unterstützen.

(3) Die Ziele des Naturschutzes und der Landschaftspflege sind zu verwirklichen, soweit es im Einzelfall möglich, erforderlich und unter Abwägung aller sich aus § 1 Absatz 1 ergebenden Anforderungen untereinander und gegen die sonstigen Anforderungen der Allgemeinheit an Natur und Landschaft angemessen ist.

[1] § 2 Abs. 7 und 8 angef. mWv 1.3.2022 durch G v. 18.8.2021 (BGBl. I S. 3908).

(4) Bei der Bewirtschaftung von Grundflächen im Eigentum oder Besitz der öffentlichen Hand sollen die Ziele des Naturschutzes und der Landschaftspflege in besonderer Weise berücksichtigt werden.

(5) [1] Die europäischen Bemühungen auf dem Gebiet des Naturschutzes und der Landschaftspflege werden insbesondere durch Aufbau und Schutz des Netzes „Natura 2000" unterstützt. [2] Die internationalen Bemühungen auf dem Gebiet des Naturschutzes und der Landschaftspflege werden insbesondere durch den Schutz des Kultur- und Naturerbes im Sinne des Übereinkommens vom 16. November 1972 zum Schutz des Kultur- und Naturerbes der Welt (BGBl. 1977 II S. 213, 215) unterstützt.

(6) [1] Das allgemeine Verständnis für die Ziele des Naturschutzes und der Landschaftspflege ist mit geeigneten Mitteln zu fördern. [2] Erziehungs-, Bildungs- und Informationsträger klären auf allen Ebenen über die Bedeutung von Natur und Landschaft, über deren Bewirtschaftung und Nutzung sowie über die Aufgaben des Naturschutzes und der Landschaftspflege auf und wecken das Bewusstsein für einen verantwortungsvollen Umgang mit Natur und Landschaft.

(7) [1] Der Bereitschaft privater Personen, Unternehmen und Einrichtungen der öffentlichen Hand zur Mitwirkung und Zusammenarbeit kommt bei der Verwirklichung der Ziele des Naturschutzes und der Landschaftspflege eine besondere Bedeutung zu. [2] Soweit sich der Zustand von Biotopen und Arten aufgrund freiwilliger Maßnahmen wie vertraglicher Vereinbarungen oder der Teilnahme an öffentlichen Programmen zur Bewirtschaftungsbeschränkung auf einer Fläche verbessert, ist dieser Beitrag bei behördlichen Entscheidungen nach diesem Gesetz oder nach dem Naturschutzrecht der Länder im Zusammenhang mit der Wiederaufnahme einer Nutzung oder einer sonstigen Änderung des Zustandes dieser Fläche, auch zur Förderung der allgemeinen Kooperationsbereitschaft, begünstigend zu berücksichtigen.

(8) [1] Für Naturschutzgebiete, Nationalparke, Nationale Naturmonumente, Naturdenkmäler, Gebiete von gemeinschaftlicher Bedeutung im Sinne des § 7 Absatz 1 Nummer 6 und gesetzlich geschützte Biotope im Sinne des § 30 können die Länder freiwillige Vereinbarungen zur Förderung der Biodiversität und zu einer nachhaltigen Bewirtschaftungsweise anbieten. [2] Als freiwillige Vereinbarung nach Satz 1 gelten insbesondere von den Landesregierungen mit den Verbänden der Landwirtschaft und des Naturschutzes geschlossene Grundsatzvereinbarungen und Maßnahmenpakete für den Naturschutz. [3] Bestandteil freiwilliger Vereinbarungen nach Satz 1 können auch finanzielle Anreize durch Förderung oder Ausgleich sein.

§ 3 Zuständigkeiten, Aufgaben und Befugnisse, vertragliche Vereinbarungen, Zusammenarbeit der Behörden. (1) Die für Naturschutz und Landschaftspflege zuständigen Behörden im Sinne dieses Gesetzes sind

1. die nach Landesrecht für Naturschutz und Landschaftspflege zuständigen Behörden oder
2. das Bundesamt für Naturschutz, soweit ihm nach diesem Gesetz Zuständigkeiten zugewiesen werden.

(2) Die für Naturschutz und Landschaftspflege zuständigen Behörden überwachen die Einhaltung der Vorschriften dieses Gesetzes und der auf Grund dieses Gesetzes erlassenen Vorschriften und treffen nach pflichtgemäßem Ermessen die im Einzelfall erforderlichen Maßnahmen, um deren Einhaltung sicherzustellen, soweit nichts anderes bestimmt ist.

(3) Bei Maßnahmen des Naturschutzes und der Landschaftspflege soll vorrangig geprüft werden, ob der Zweck mit angemessenem Aufwand auch durch vertragliche Vereinbarungen erreicht werden kann.

(4) [1] Mit der Ausführung landschaftspflegerischer und -gestalterischer Maßnahmen sollen die zuständigen Behörden nach Möglichkeit land- und forstwirtschaftliche Betriebe, Vereinigungen, in denen Gemeinden oder Gemeindeverbände, Landwirte und Vereinigungen, die im Schwerpunkt die Ziele des Naturschutzes und der Landschaftspflege fördern, gleichberechtigt vertreten sind (Landschaftspflegeverbände), anerkannte Naturschutzvereinigungen oder Träger von Naturparken beauftragen. [2] Hoheitliche Befugnisse können nicht übertragen werden.

(5) [1] Die Behörden des Bundes und der Länder haben die für Naturschutz und Landschaftspflege zuständigen Behörden bereits bei der Vorbereitung aller öffentlichen Planungen und Maßnahmen, die die Belange des Naturschutzes und der Landschaftspflege berühren können, hierüber zu unterrichten und ihnen Gelegenheit zur Stellungnahme zu geben, soweit nicht eine weiter gehende Form der Beteiligung vorgesehen ist. [2] Die Beteiligungspflicht nach Satz 1 gilt für die für Naturschutz und Landschaftspflege zuständigen Behörden entsprechend, soweit Planungen und Maßnahmen des Naturschutzes und der Landschaftspflege den Aufgabenbereich anderer Behörden berühren können.

(6) Die für Naturschutz und Landschaftspflege zuständigen Behörden gewährleisten einen frühzeitigen Austausch mit Betroffenen und der interessierten Öffentlichkeit über ihre Planungen und Maßnahmen.

(7) Aufgaben nach diesem Gesetz obliegen einer Gemeinde oder einem Gemeindeverband nur, wenn der Gemeinde oder dem Gemeindeverband die Aufgaben durch Landesrecht übertragen worden sind.

§ 4 Funktionssicherung bei Flächen für öffentliche Zwecke. [1] Bei Maßnahmen des Naturschutzes und der Landschaftspflege ist auf Flächen, die ausschließlich oder überwiegend Zwecken

1. der Verteidigung, einschließlich der Erfüllung internationaler Verpflichtungen und des Schutzes der Zivilbevölkerung,
2. der Bundespolizei,
3. des öffentlichen Verkehrs als öffentliche Verkehrswege,
4. der See- oder Binnenschifffahrt,
5. der Versorgung, einschließlich der hierfür als schutzbedürftig erklärten Gebiete, und der Entsorgung,
6. des Schutzes vor Überflutung durch Hochwasser oder
7. der Telekommunikation

dienen oder in einem verbindlichen Plan für die genannten Zwecke ausgewiesen sind, die bestimmungsgemäße Nutzung zu gewährleisten. [2] Die Ziele des Naturschutzes und der Landschaftspflege sind zu berücksichtigen.

§ 5[1)] Land-, Forst- und Fischereiwirtschaft. (1) Bei Maßnahmen des Naturschutzes und der Landschaftspflege ist die besondere Bedeutung einer natur- und landschaftsverträglichen Land-, Forst- und Fischereiwirtschaft für die Erhaltung der Kultur- und Erholungslandschaft zu berücksichtigen.

---

1) § 5 Abs. 2 Nr. 6 neu gef. mWv 14.2.2012 durch G v. 6.2.2012 (BGBl. I S. 148); Abs. 2 Nr. 6 neu gef. mWv 1.4.2018 durch G v. 15.9.2017 (BGBl. I S. 3434).

(2) Bei der landwirtschaftlichen Nutzung sind neben den Anforderungen, die sich aus den für die Landwirtschaft geltenden Vorschriften und aus § 17 Absatz 2 des Bundes-Bodenschutzgesetzes[1] ergeben, insbesondere die folgenden Grundsätze der guten fachlichen Praxis zu beachten:

1. die Bewirtschaftung muss standortangepasst erfolgen und die nachhaltige Bodenfruchtbarkeit und langfristige Nutzbarkeit der Flächen muss gewährleistet werden;
2. die natürliche Ausstattung der Nutzfläche (Boden, Wasser, Flora, Fauna) darf nicht über das zur Erzielung eines nachhaltigen Ertrages erforderliche Maß hinaus beeinträchtigt werden;
3. die zur Vernetzung von Biotopen erforderlichen Landschaftselemente sind zu erhalten und nach Möglichkeit zu vermehren;
4. die Tierhaltung hat in einem ausgewogenen Verhältnis zum Pflanzenbau zu stehen und schädliche Umweltauswirkungen sind zu vermeiden;
5. auf erosionsgefährdeten Hängen, in Überschwemmungsgebieten, auf Standorten mit hohem Grundwasserstand sowie auf Moorstandorten ist ein Grünlandumbruch zu unterlassen;
6. die Anwendung von Düngemitteln und Pflanzenschutzmitteln hat nach Maßgabe des landwirtschaftlichen Fachrechtes zu erfolgen; es sind eine Dokumentation über die Anwendung von Düngemitteln nach Maßgabe des § 10 der Düngeverordnung vom 26. Mai 2017 (BGBl. I S. 1305) in der jeweils geltenden Fassung sowie eine Dokumentation über die Anwendung von Pflanzenschutzmitteln nach Maßgabe des Artikels 67 Absatz 1 Satz 2 der Verordnung (EG) Nr. 1107/2009 des Europäischen Parlaments und des Rates vom 21. Oktober 2009 über das Inverkehrbringen von Pflanzenschutzmitteln und zur Aufhebung der Richtlinien 79/117/EWG und 91/414/EWG des Rates (ABl. L 309 vom 24.11.2009, S. 1) zu führen.

(3) [1] Bei der forstlichen Nutzung des Waldes ist das Ziel zu verfolgen, naturnahe Wälder aufzubauen und diese ohne Kahlschläge nachhaltig zu bewirtschaften. [2] Ein hinreichender Anteil standortheimischer Forstpflanzen ist einzuhalten.

(4) [1] Bei der fischereiwirtschaftlichen Nutzung der oberirdischen Gewässer sind diese einschließlich ihrer Uferzonen als Lebensstätten und Lebensräume für heimische Tier- und Pflanzenarten zu erhalten und zu fördern. [2] Der Besatz dieser Gewässer mit nichtheimischen Tierarten ist grundsätzlich zu unterlassen. [3] Bei Fischzuchten und Teichwirtschaften der Binnenfischerei sind Beeinträchtigungen der heimischen Tier- und Pflanzenarten auf das zur Erzielung eines nachhaltigen Ertrages erforderliche Maß zu beschränken.

§ 6[2] Beobachtung von Natur und Landschaft. (1) Der Bund und die Länder beobachten im Rahmen ihrer Zuständigkeiten Natur und Landschaft (allgemeiner *Grundsatz*).

(2) Die Beobachtung dient der gezielten und fortlaufenden Ermittlung, Beschreibung und Bewertung des Zustands von Natur und Landschaft und ihrer Veränderungen einschließlich der Ursachen und Folgen dieser Veränderungen.

(3) Die Beobachtung umfasst insbesondere

---

[1] Nr. **299**.

[2] § 6 Abs. 3 Nr. 2 geänd., Nr. 3 angef. mWv 14.10.2011 durch G v. 6.10.2011 (BGBl. I S. 1986); Abs. 3 Nr. 3 geänd., Nr. 4 angef. mWv 16.9.2017 durch G v. 8.9.2017 (BGBl. I S. 3370).

1. den Zustand von Landschaften, Biotopen und Arten zur Erfüllung völkerrechtlicher Verpflichtungen,
2. den Erhaltungszustand der natürlichen Lebensraumtypen und Arten von gemeinschaftlichem Interesse einschließlich des unbeabsichtigten Fangs oder Tötens der Tierarten, die in Anhang IV Buchstabe a der Richtlinie 92/43/EWG des Rates vom 21. Mai 1992 zur Erhaltung der natürlichen Lebensräume sowie der wildlebenden Tiere und Pflanzen (ABl. L 206 vom 22.7.1992, S. 7), die zuletzt durch die Richtlinie 2006/105/EG (ABl. L 363 vom 20.12.2006, S. 368) geändert worden ist, aufgeführt sind, sowie der europäischen Vogelarten und ihrer Lebensräume; dabei sind die prioritären natürlichen Lebensraumtypen und prioritären Arten besonders zu berücksichtigen,
3. den Zustand weiterer in Anhang III Tabelle 1 der Richtlinie 2008/56/EG des Europäischen Parlaments und des Rates vom 17. Juni 2008 zur Schaffung eines Ordnungsrahmens für Maßnahmen der Gemeinschaft im Bereich der Meeresumwelt (Meeresstrategie-Rahmenrichtlinie) (ABl. L 164 vom 25.6.2008, S. 19) aufgeführter Biotoptypen und sonstiger biologischer Merkmale,
4. das Vorkommen invasiver Arten gemäß § 7 Absatz 2 Nummer 9 Buchstabe a nach Maßgabe des Artikels 14 der Verordnung (EU) Nr. 1143/2014 des Europäischen Parlaments und des Rates vom 22. Oktober 2014 über die Prävention und das Management der Einbringung und Ausbreitung invasiver gebietsfremder Arten (ABl. L 317 vom 4.11.2014, S. 35).

(4) [1] Die zuständigen Behörden des Bundes und der Länder unterstützen sich bei der Beobachtung. [2] Sie sollen ihre Beobachtungsmaßnahmen aufeinander abstimmen.

(5) Das Bundesamt für Naturschutz nimmt die Aufgaben des Bundes auf dem Gebiet der Beobachtung von Natur und Landschaft wahr, soweit in Rechtsvorschriften nichts anderes bestimmt ist.

(6) Rechtsvorschriften über die Geheimhaltung, über den Schutz personenbezogener Daten sowie über den Schutz von Betriebs- und Geschäftsgeheimnissen bleiben unberührt.

§ 7[1)] Begriffsbestimmungen. (1) Für dieses Gesetz gelten folgende Begriffsbestimmungen:

1. biologische Vielfalt
   die Vielfalt der Tier- und Pflanzenarten einschließlich der innerartlichen Vielfalt sowie die Vielfalt an Formen von Lebensgemeinschaften und Biotopen;
2. Naturhaushalt
   die Naturgüter Boden, Wasser, Luft, Klima, Tiere und Pflanzen sowie das Wirkungsgefüge zwischen ihnen;
3. Erholung
   natur- und landschaftsverträglich ausgestaltetes Natur- und Freizeiterleben einschließlich natur- und landschaftsverträglicher sportlicher Betätigung in der

[1)] § 7 Abs. 1 Nr. 7, 9, Abs. 2 Nr. 12, 13 Buchst. a, Abs. 3 Nr. 3 geänd. mWv 13.6.2012 durch G v. 6.12.2011 (BGBl. I S. 2557); Abs. 1 Nr. 9 geänd., Nr. 10 angef. mWv 1.8.2013 durch G v. 21.1.2013 (BGBl. I S. 95); Abs. 4 geänd. mWv 8.9.2015 durch VO v. 31.8.2015 (BGBl. I S. 1474); Abs. 2 Nr. 7 und 8 aufgeh., Nr. 9 neu gef. mWv 16.9.2017 durch G v. 8.9.2017 (BGBl. I S. 3370); Abs. 4 geänd. mWv 27.6.2020 durch VO v. 19.6.2020 (BGBl. I S. 1328).

freien Landschaft, soweit dadurch die sonstigen Ziele des Naturschutzes und der Landschaftspflege nicht beeinträchtigt werden;

4. natürliche Lebensraumtypen von gemeinschaftlichem Interesse
   die in Anhang I der Richtlinie 92/43/EWG aufgeführten Lebensraumtypen;
5. prioritäre natürliche Lebensraumtypen
   die in Anhang I der Richtlinie 92/43/EWG mit dem Zeichen (*) gekennzeichneten Lebensraumtypen;
6. Gebiete von gemeinschaftlicher Bedeutung
   die in die Liste nach Artikel 4 Absatz 2 Unterabsatz 3 der Richtlinie 92/43/EWG aufgenommenen Gebiete, auch wenn ein Schutz im Sinne des § 32 Absatz 2 bis 4 noch nicht gewährleistet ist;
7. Europäische Vogelschutzgebiete
   Gebiete im Sinne des Artikels 4 Absatz 1 und 2 der Richtlinie 2009/147/EG des Europäischen Parlaments und des Rates vom 30. November 2009 über die Erhaltung der wildlebenden Vogelarten (ABl. L 20 vom 26.1.2010, S. 7), wenn ein Schutz im Sinne des § 32 Absatz 2 bis 4 bereits gewährleistet ist;
8. Natura 2000-Gebiete
   Gebiete von gemeinschaftlicher Bedeutung und Europäische Vogelschutzgebiete;
9. Erhaltungsziele
   Ziele, die im Hinblick auf die Erhaltung oder Wiederherstellung eines günstigen Erhaltungszustands eines natürlichen Lebensraumtyps von gemeinschaftlichem Interesse, einer in Anhang II der Richtlinie 92/43/EWG oder in Artikel 4 Absatz 2 oder Anhang I der Richtlinie 2009/147/EG aufgeführten Art für ein Natura 2000-Gebiet festgelegt sind;
10. günstiger Erhaltungszustand
   Zustand im Sinne von Artikel 1 Buchstabe e und i der Richtlinie 92/43/EWG und von Artikel 2 Nummer 4 der Richtlinie 2004/35/EG des Europäischen Parlaments und des Rates vom 21. April 2004 über Umwelthaftung zur Vermeidung und Sanierung von Umweltschäden (ABl. L 143 vom 30.4.2004, S. 56), die zuletzt durch die Richtlinie 2009/31/EG (ABl. L 140 vom 5.6.2009, S. 114) geändert worden ist.

(2) [1] Für dieses Gesetz gelten folgende weitere Begriffsbestimmungen:

1. Tiere
   a) wild lebende, gefangene oder gezüchtete und nicht herrenlos gewordene sowie tote Tiere wild lebender Arten,
   b) Eier, auch im leeren Zustand, sowie Larven, Puppen und sonstige Entwicklungsformen von Tieren wild lebender Arten,
   c) ohne Weiteres erkennbare Teile von Tieren wild lebender Arten und
   d) ohne Weiteres erkennbar aus Tieren wild lebender Arten gewonnene Erzeugnisse;
2. Pflanzen
   a) wild lebende, durch künstliche Vermehrung gewonnene sowie tote Pflanzen wild lebender Arten,
   b) Samen, Früchte oder sonstige Entwicklungsformen von Pflanzen wild lebender Arten,
   c) ohne Weiteres erkennbare Teile von Pflanzen wild lebender Arten und
   d) ohne Weiteres erkennbar aus Pflanzen wild lebender Arten gewonnene Erzeugnisse;

als Pflanzen im Sinne dieses Gesetzes gelten auch Flechten und Pilze;

3. Art
jede Art, Unterart oder Teilpopulation einer Art oder Unterart; für die Bestimmung einer Art ist ihre wissenschaftliche Bezeichnung maßgebend;

4. Biotop
Lebensraum einer Lebensgemeinschaft wild lebender Tiere und Pflanzen;

5. Lebensstätte
regelmäßiger Aufenthaltsort der wild lebenden Individuen einer Art;

6. Population
eine biologisch oder geografisch abgegrenzte Zahl von Individuen einer Art;

7., 8. *(aufgehoben)*

9. invasive Art
eine invasive gebietsfremde Art im Sinne des Artikels 3 Nummer 2 der Verordnung (EU) Nr. 1143/2014
   a) die in der Unionsliste nach Artikel 4 Absatz 1 der Verordnung (EU) Nr. 1143/2014 aufgeführt ist,
   b) für die Dringlichkeitsmaßnahmen nach Artikel 10 Absatz 4 oder für die Durchführungsrechtsakte nach Artikel 11 Absatz 2 Satz 2 der Verordnung (EU) Nr. 1143/2014 in Kraft sind, soweit die Verordnung (EU) Nr. 1143/2014 nach den genannten Rechtsvorschriften anwendbar ist oder
   c) die in einer Rechtsverordnung nach § 54 Absatz 4 Satz 1 Nummer 1 oder Nummer 3 aufgeführt ist;

10. Arten von gemeinschaftlichem Interesse
die in Anhang II, IV oder V der Richtlinie 92/43/EWG aufgeführten Tier- und Pflanzenarten;

11. prioritäre Arten
die in Anhang II der Richtlinie 92/43/EWG mit dem Zeichen (*) gekennzeichneten Tier- und Pflanzenarten;

12. europäische Vogelarten
in Europa natürlich vorkommende Vogelarten im Sinne des Artikels 1 der Richtlinie 2009/147/EG;

13. besonders geschützte Arten
   a) Tier- und Pflanzenarten, die in Anhang A oder Anhang B der Verordnung (EG) Nr. 338/97 des Rates vom 9. Dezember 1996 über den Schutz von Exemplaren wildlebender Tier- und Pflanzenarten durch Überwachung des Handels (ABl. L 61 vom 3.3.1997, S. 1, L 100 vom 17.4.1997, S. 72, L 298 vom 1.11.1997, S. 70, L 113 vom 27.4.2006, S. 26), die zuletzt durch die Verordnung (EG) Nr. 709/2010 (ABl. L 212 vom 12.8.2010, S. 1) geändert worden ist, aufgeführt sind,
   b) nicht unter Buchstabe a fallende
      aa) Tier- und Pflanzenarten, die in Anhang IV der Richtlinie 92/43/EWG aufgeführt sind,
      bb) europäische Vogelarten,
   c) Tier- und Pflanzenarten, die in einer Rechtsverordnung nach § 54 Absatz 1 aufgeführt sind;

14. streng geschützte Arten
besonders geschützte Arten, die
   a) in Anhang A der Verordnung (EG) Nr. 338/97,
   b) in Anhang IV der Richtlinie 92/43/EWG,

c) in einer Rechtsverordnung nach § 54 Absatz 2
aufgeführt sind;

15. gezüchtete Tiere
Tiere, die in kontrollierter Umgebung geboren oder auf andere Weise erzeugt und deren Elterntiere rechtmäßig erworben worden sind;

16. künstlich vermehrte Pflanzen
Pflanzen, die aus Samen, Gewebekulturen, Stecklingen oder Teilungen unter kontrollierten Bedingungen herangezogen worden sind;

17. Anbieten
Erklärung der Bereitschaft zu verkaufen oder zu kaufen und ähnliche Handlungen, einschließlich der Werbung, der Veranlassung zur Werbung oder der Aufforderung zu Verkaufs- oder Kaufverhandlungen;

18. Inverkehrbringen
das Anbieten, Vorrätighalten zur Abgabe, Feilhalten und jedes Abgeben an andere;

19. rechtmäßig
in Übereinstimmung mit den jeweils geltenden Rechtsvorschriften zum Schutz der betreffenden Art im jeweiligen Staat sowie mit Rechtsakten der Europäischen Gemeinschaft auf dem Gebiet des Artenschutzes und dem Übereinkommen vom 3. März 1973 über den internationalen Handel mit gefährdeten Arten freilebender Tiere und Pflanzen (BGBl. 1975 II S. 773, 777) – Washingtoner Artenschutzübereinkommen – im Rahmen ihrer jeweiligen räumlichen und zeitlichen Geltung oder Anwendbarkeit;

20. Mitgliedstaat
ein Staat, der Mitglied der Europäischen Union ist;

21. Drittstaat
ein Staat, der nicht Mitglied der Europäischen Union ist.

(3) Soweit in diesem Gesetz auf Anhänge der

1. Verordnung (EG) Nr. 338/97,
2. Verordnung (EWG) Nr. 3254/91 des Rates vom 4. November 1991 zum Verbot von Tellereisen in der Gemeinschaft und der Einfuhr von Pelzen und Waren von bestimmten Wildtierarten aus Ländern, die Tellereisen oder den internationalen humanen Fangnormen nicht entsprechende Fangmethoden anwenden (ABl. L 308 vom 9.11.1991, S. 1),
3. Richtlinien 92/43/EWG und 2009/147/EG,
4. Richtlinie 83/129/EWG des Rates vom 28. März 1983 betreffend die Einfuhr in die Mitgliedstaaten von Fellen bestimmter Jungrobben und Waren daraus (ABl. L 91 vom 9.4.1983, S. 30), die zuletzt durch die Richtlinie 89/370/EWG (ABl. L 163 vom 14.6.1989, S. 37) geändert worden ist,

oder auf Vorschriften der genannten Rechtsakte verwiesen wird, in denen auf Anhänge Bezug genommen wird, sind die Anhänge jeweils in der sich aus den Veröffentlichungen im Amtsblatt Teil L der Europäischen Union ergebenden geltenden Fassung maßgeblich.

(4) Das Bundesministerium für Umwelt, Naturschutz und nukleare Sicherheit gibt die besonders geschützten und die streng geschützten Arten sowie den Zeitpunkt ihrer jeweiligen Unterschutzstellung bekannt.

(5) [1] Wenn besonders geschützte Arten bereits auf Grund der bis zum 8. Mai 1998 geltenden Vorschriften unter besonderem Schutz standen, gilt als Zeitpunkt der Unterschutzstellung derjenige, der sich aus diesen Vorschriften ergibt. [2] Ent-

sprechendes gilt für die streng geschützten Arten, soweit sie nach den bis zum 8. Mai 1998 geltenden Vorschriften als vom Aussterben bedroht bezeichnet waren.

Kapitel 2. Landschaftsplanung

§ 8 Allgemeiner Grundsatz. Die Ziele des Naturschutzes und der Landschaftspflege werden als Grundlage vorsorgenden Handelns im Rahmen der Landschaftsplanung überörtlich und örtlich konkretisiert und die Erfordernisse und Maßnahmen zur Verwirklichung dieser Ziele dargestellt und begründet.

§ 9[1] Aufgaben und Inhalte der Landschaftsplanung; Ermächtigung zum Erlass von Rechtsverordnungen. (1) Die Landschaftsplanung hat die Aufgabe, die Ziele des Naturschutzes und der Landschaftspflege für den jeweiligen Planungsraum zu konkretisieren und die Erfordernisse und Maßnahmen zur Verwirklichung dieser Ziele auch für die Planungen und Verwaltungsverfahren aufzuzeigen, deren Entscheidungen sich auf Natur und Landschaft im Planungsraum auswirken können.

(2) [1] Inhalte der Landschaftsplanung sind die Darstellung und Begründung der konkretisierten Ziele des Naturschutzes und der Landschaftspflege und der ihrer Verwirklichung dienenden Erfordernisse und Maßnahmen. [2] Darstellung und Begründung erfolgen nach Maßgabe der §§ 10 und 11 in Landschaftsprogrammen, Landschaftsrahmenplänen, Landschaftsplänen sowie Grünordnungsplänen.

(3) [1] Die Pläne sollen Angaben enthalten über

1. den vorhandenen und den zu erwartenden Zustand von Natur und Landschaft,
2. die konkretisierten Ziele des Naturschutzes und der Landschaftspflege,
3. die Beurteilung des vorhandenen und zu erwartenden Zustands von Natur und Landschaft nach Maßgabe dieser Ziele einschließlich der sich daraus ergebenden Konflikte,
4. die Erfordernisse und Maßnahmen zur Umsetzung der konkretisierten Ziele des Naturschutzes und der Landschaftspflege, insbesondere
   a) zur Vermeidung, Minderung oder Beseitigung von Beeinträchtigungen von Natur und Landschaft,
   b) zum Schutz bestimmter Teile von Natur und Landschaft im Sinne des Kapitels 4 sowie der Biotope, Lebensgemeinschaften und Lebensstätten der Tiere und Pflanzen wild lebender Arten,
   c) auf Flächen, die wegen ihres Zustands, ihrer Lage oder ihrer natürlichen Entwicklungsmöglichkeit für künftige Maßnahmen des Naturschutzes und der Landschaftspflege, insbesondere zur Kompensation von Eingriffen in Natur und Landschaft sowie zum Einsatz natur- und landschaftsbezogener Fördermittel besonders geeignet sind,
   d) zum Aufbau und Schutz eines Biotopverbunds, der Biotopvernetzung und des Netzes „Natura 2000",
   e) zum Schutz, zur Qualitätsverbesserung und zur Regeneration von Böden, Gewässern, Luft und Klima,

---

[1] § 9 Abs. 5 Satz 2 geänd. mWv 14.10.2011 durch G v. 6.10.2011 (BGBl. I S. 1986); Abs. 3 Satz 3 geänd. mWv 8.9.2015 durch VO v. 31.8.2015 (BGBl. I S. 1474); Abs. 3 Satz 3 geänd. mWv 27.6.2020 durch VO v. 19.6.2020 (BGBl. I S. 1328); Abs. 3 Satz 1 Nr. 4 Buchst. g geänd., Buchst. h angef. mWv 1.3.2022 durch G v. 18.8.2021 (BGBl. I S. 3908).

f) zur Erhaltung und Entwicklung von Vielfalt, Eigenart und Schönheit sowie des Erholungswertes von Natur und Landschaft,

g) zur Erhaltung und Entwicklung von Freiräumen im besiedelten und unbesiedelten Bereich,

h) zur Sicherung und Förderung der biologischen Vielfalt im Planungsraum einschließlich ihrer Bedeutung für das Naturerlebnis.

[2] Auf die Verwertbarkeit der Darstellungen der Landschaftsplanung für die Raumordnungspläne und Bauleitpläne ist Rücksicht zu nehmen. [3] Das Bundesministerium für Umwelt, Naturschutz und nukleare Sicherheit wird ermächtigt, durch Rechtsverordnung mit Zustimmung des Bundesrates die für die Darstellung der Inhalte zu verwendenden Planzeichen zu regeln.

(4) [1] Die Landschaftsplanung ist fortzuschreiben, sobald und soweit dies im Hinblick auf Erfordernisse und Maßnahmen im Sinne des Absatzes 3 Satz 1 Nummer 4 erforderlich ist, insbesondere weil wesentliche Veränderungen von Natur und Landschaft im Planungsraum eingetreten, vorgesehen oder zu erwarten sind. [2] Die Fortschreibung kann als sachlicher oder räumlicher Teilplan erfolgen, sofern die Umstände, die die Fortschreibung begründen, sachlich oder räumlich begrenzt sind.

(5) [1] In Planungen und Verwaltungsverfahren sind die Inhalte der Landschaftsplanung zu berücksichtigen. [2] Insbesondere sind die Inhalte der Landschaftsplanung für die Beurteilung der Umweltverträglichkeit und der Verträglichkeit im Sinne des § 34 Absatz 1 dieses Gesetzes sowie bei der Aufstellung der Maßnahmenprogramme im Sinne der §§ 45h und 82 des Wasserhaushaltsgesetzes[1)] heranzuziehen. [3] Soweit den Inhalten der Landschaftsplanung in den Entscheidungen nicht Rechnung getragen werden kann, ist dies zu begründen.

§ 10[2)] Landschaftsprogramme und Landschaftsrahmenpläne. (1) [1] Die überörtlichen konkretisierten Ziele, Erfordernisse und Maßnahmen des Naturschutzes und der Landschaftspflege werden für den Bereich eines Landes im Landschaftsprogramm oder für Teile des Landes in Landschaftsrahmenplänen dargestellt. [2] Die Ziele der Raumordnung sind zu beachten; die Grundsätze und sonstigen Erfordernisse der Raumordnung sind zu berücksichtigen.

(2) [1] Landschaftsprogramme können aufgestellt werden. [2] Landschaftsrahmenpläne sind für alle Teile des Landes aufzustellen, soweit nicht ein Landschaftsprogramm seinen Inhalten und seinem Konkretisierungsgrad nach einem Landschaftsrahmenplan entspricht.

(3) Die konkretisierten Ziele, Erfordernisse und Maßnahmen des Naturschutzes und der Landschaftspflege sind, soweit sie raumbedeutsam sind, in der Abwägung nach § 7 Absatz 2 des Raumordnungsgesetzes[3)] zu berücksichtigen.

(4) [1] Landschaftsrahmenpläne und Landschaftsprogramme im Sinne des Absatzes 2 Satz 2 sind mindestens alle zehn Jahre fortzuschreiben. [2] Mindestens alle zehn Jahre ist zu prüfen, ob und in welchem Umfang eine Aufstellung oder Fortschreibung sonstiger Landschaftsprogramme erforderlich ist.

(5) [1] Die landschaftsplanerischen Inhalte werden eigenständig erarbeitet und dargestellt. [2] Im Übrigen richten sich die Zuständigkeit, das Verfahren der Aufstellung

---

[1)] Nr. **845**.

[2)] § 10 Abs. 4 neu gef., Abs. 5 angef. mWv 1.3.2022 durch G v. 18.8.2021 (BGBl. I S. 3908).

[3)] Nr. **340**.

und das Verhältnis von Landschaftsprogrammen und Landschaftsrahmenplänen zu Raumordnungsplänen nach § 13 des Raumordnungsgesetzes nach Landesrecht.

§ 11[1] Landschaftspläne und Grünordnungspläne. (1) [1]Die für die örtliche Ebene konkretisierten Ziele, Erfordernisse und Maßnahmen des Naturschutzes und der Landschaftspflege werden auf der Grundlage der Landschaftsrahmenpläne für die Gebiete der Gemeinden in Landschaftsplänen, für Teile eines Gemeindegebiets in Grünordnungsplänen dargestellt. [2]Die Ziele der Raumordnung sind zu beachten; die Grundsätze und sonstigen Erfordernisse der Raumordnung sind zu berücksichtigen. [3]Die Pläne sollen die in § 9 Absatz 3 genannten Angaben enthalten, soweit dies für die Darstellung der für die örtliche Ebene konkretisierten Ziele, Erfordernisse und Maßnahmen erforderlich ist. [4]Abweichende Vorschriften der Länder zum Inhalt von Landschafts- und Grünordnungsplänen sowie Vorschriften zu deren Rechtsverbindlichkeit bleiben unberührt.

(2) Landschaftspläne sind aufzustellen, sobald und soweit dies im Hinblick auf Erfordernisse und Maßnahmen im Sinne des § 9 Absatz 3 Satz 1 Nummer 4 erforderlich ist, insbesondere weil wesentliche Veränderungen von Natur und Landschaft im Planungsraum eingetreten, vorgesehen oder zu erwarten sind.

(3) Die in den Landschaftsplänen für die örtliche Ebene konkretisierten Ziele, Erfordernisse und Maßnahmen des Naturschutzes und der Landschaftspflege sind in der Abwägung nach § 1 Absatz 7 des Baugesetzbuches[2] zu berücksichtigen und können als Darstellungen oder Festsetzungen nach den §§ 5 und 9 des Baugesetzbuches in die Bauleitpläne aufgenommen werden.

(4) Landschaftspläne sind mindestens alle zehn Jahre daraufhin zu prüfen, ob und in welchem Umfang mit Blick auf die in Absatz 2 Satz 1 genannten Kriterien eine Fortschreibung erforderlich ist.

(5) Werden in den Ländern Berlin, Bremen und Hamburg die örtlichen Erfordernisse und Maßnahmen des Naturschutzes und der Landschaftspflege in Landschaftsrahmenplänen oder Landschaftsprogrammen dargestellt, so ersetzen diese die Landschaftspläne.

(6) [1]Grünordnungspläne können aufgestellt werden. [2]Insbesondere können sie aufgestellt werden zur

1. Freiraumsicherung und -pflege einschließlich der Gestaltung des Ortsbildes sowie Entwicklung der grünen Infrastruktur in Wohn-, Gewerbe- und sonstigen baulich genutzten Gebieten,
2. Gestaltung, Pflege und Entwicklung von Parks und anderen Grünanlagen, Gewässern mit ihren Uferbereichen, urbanen Wäldern oder anderen größeren Freiräumen mit besonderer Bedeutung für die siedlungsbezogene Erholung sowie des unmittelbaren Stadt- bzw. Ortsrandes,
3. Gestaltung, Pflege und Entwicklung von Teilräumen bestimmter Kulturlandschaften mit ihren jeweiligen Kulturlandschaftselementen sowie von Bereichen mit einer besonderen Bedeutung für die Erholung in der freien Landschaft.

[3]Besteht ein Landschaftsplan, so sind Grünordnungspläne aus diesem zu entwickeln.

---

[1] § 11 Abs. 2 Satz 2 aufgeh., Abs. 4 eingef., bish. Abs. 4 wird Abs. 5, Abs. 6 eingef., bish. Abs. 5 wird Abs. 7 und neu gef. mWv 1.3.2022 durch G v. 18.8.2021 (BGBl. I S. 3908).

[2] Nr. **300**.

(7) [1]Die Inhalte der Landschaftspläne und Grünordnungspläne werden eigenständig erarbeitet und dargestellt. [2]Im Übrigen richten sich die Zuständigkeit und das Verfahren zur Aufstellung und Durchführung nach Landesrecht.

§ 12 Zusammenwirken der Länder bei der Planung. [1]Bei der Aufstellung und Fortschreibung von Programmen und Plänen nach den §§ 10 und 11 für Gebiete, die an andere Länder angrenzen, sind deren entsprechende Programme und Pläne zu berücksichtigen. [2]Soweit dies erforderlich ist, stimmen sich die Länder untereinander ab.

Kapitel 3. Allgemeiner Schutz von Natur und Landschaft

§ 13 Allgemeiner Grundsatz. [1]Erhebliche Beeinträchtigungen von Natur und Landschaft sind vom Verursacher vorrangig zu vermeiden. [2]Nicht vermeidbare erhebliche Beeinträchtigungen sind durch Ausgleichs- oder Ersatzmaßnahmen oder, soweit dies nicht möglich ist, durch einen Ersatz in Geld zu kompensieren.

§ 14 Eingriffe in Natur und Landschaft. (1) Eingriffe in Natur und Landschaft im Sinne dieses Gesetzes sind Veränderungen der Gestalt oder Nutzung von Grundflächen oder Veränderungen des mit der belebten Bodenschicht in Verbindung stehenden Grundwasserspiegels, die die Leistungs- und Funktionsfähigkeit des Naturhaushalts oder das Landschaftsbild erheblich beeinträchtigen können.

(2) [1]Die land-, forst- und fischereiwirtschaftliche Bodennutzung ist nicht als Eingriff anzusehen, soweit dabei die Ziele des Naturschutzes und der Landschaftspflege berücksichtigt werden. [2]Entspricht die land-, forst- und fischereiwirtschaftliche Bodennutzung den in § 5 Absatz 2 bis 4 dieses Gesetzes genannten Anforderungen sowie den sich aus § 17 Absatz 2 des Bundes-Bodenschutzgesetzes[1)] und dem Recht der Land-, Forst- und Fischereiwirtschaft ergebenden Anforderungen an die gute fachliche Praxis, widerspricht sie in der Regel nicht den Zielen des Naturschutzes und der Landschaftspflege.

(3) Nicht als Eingriff gilt die Wiederaufnahme einer land-, forst- und fischereiwirtschaftlichen Bodennutzung, wenn sie zeitweise eingeschränkt oder unterbrochen war

1. auf Grund vertraglicher Vereinbarungen oder auf Grund der Teilnahme an öffentlichen Programmen zur Bewirtschaftungsbeschränkung und wenn die Wiederaufnahme innerhalb von zehn Jahren nach Auslaufen der Einschränkung oder Unterbrechung erfolgt,
2. auf Grund der Durchführung von vorgezogenen Kompensationsmaßnahmen, die vorgezogene Maßnahme aber nicht für eine Kompensation in Anspruch genommen wird.

§ 15[2)] Verursacherpflichten, Unzulässigkeit von Eingriffen; Ermächtigung zum Erlass von Rechtsverordnungen. (1) [1]Der Verursacher eines Eingriffs ist verpflichtet, vermeidbare Beeinträchtigungen von Natur und Landschaft

---

[1)] Nr. **299**.

[2)] § 15 Abs. 7 Satz 1 einl. Satzteil und Satz 2 geänd. mWv 8.9.2015 durch VO v. 31.8.2015 (BGBl. I S. 1474); Abs. 7 Satz 1 neu gef. (Änd. von Satz 2 bereits durch VO v. 31.8.2015, BGBl. I S. 1474 ausgeführt) mWv 11.2.2017 durch G v. 4.8.2016 (BGBl. I S. 1972); Abs. 8 angef. mWv 1.12.2019 durch G v. 13.5.2019 (BGBl. I S. 706); Abs. 7 Satz 1 einl. Satzteil und Satz 2 geänd. mWv 27.6.2020 durch VO v. 19.6.2020 (BGBl. I S. 1328).

zu unterlassen. [2]Beeinträchtigungen sind vermeidbar, wenn zumutbare Alternativen, den mit dem Eingriff verfolgten Zweck am gleichen Ort ohne oder mit geringeren Beeinträchtigungen von Natur und Landschaft zu erreichen, gegeben sind. [3]Soweit Beeinträchtigungen nicht vermieden werden können, ist dies zu begründen.

(2) [1]Der Verursacher ist verpflichtet, unvermeidbare Beeinträchtigungen durch Maßnahmen des Naturschutzes und der Landschaftspflege auszugleichen (Ausgleichsmaßnahmen) oder zu ersetzen (Ersatzmaßnahmen). [2]Ausgeglichen ist eine Beeinträchtigung, wenn und sobald die beeinträchtigten Funktionen des Naturhaushalts in gleichartiger Weise wiederhergestellt sind und das Landschaftsbild landschaftsgerecht wiederhergestellt oder neu gestaltet ist. [3]Ersetzt ist eine Beeinträchtigung, wenn und sobald die beeinträchtigten Funktionen des Naturhaushalts in dem betroffenen Naturraum in gleichwertiger Weise hergestellt sind und das Landschaftsbild landschaftsgerecht neu gestaltet ist. [4]Festlegungen von Entwicklungs- und Wiederherstellungsmaßnahmen für Gebiete im Sinne des § 20 Absatz 2 Nummer 1 bis 4 und in Bewirtschaftungsplänen nach § 32 Absatz 5, von Maßnahmen nach § 34 Absatz 5 und § 44 Absatz 5 Satz 3 dieses Gesetzes sowie von Maßnahmen in Maßnahmenprogrammen im Sinne des § 82 des Wasserhaushaltsgesetzes[1)] stehen der Anerkennung solcher Maßnahmen als Ausgleichs- und Ersatzmaßnahmen nicht entgegen. [5]Bei der Festsetzung von Art und Umfang der Ausgleichs- und Ersatzmaßnahmen sind die Programme und Pläne nach den §§ 10 und 11 zu berücksichtigen.

(3) [1]Bei der Inanspruchnahme von land- oder forstwirtschaftlich genutzten Flächen für Ausgleichs- und Ersatzmaßnahmen ist auf agrarstrukturelle Belange Rücksicht zu nehmen, insbesondere sind für die landwirtschaftliche Nutzung besonders geeignete Böden nur im notwendigen Umfang in Anspruch zu nehmen. [2]Es ist vorrangig zu prüfen, ob der Ausgleich oder Ersatz auch durch Maßnahmen zur Entsiegelung, durch Maßnahmen zur Wiedervernetzung von Lebensräumen oder durch Bewirtschaftungs- oder Pflegemaßnahmen, die der dauerhaften Aufwertung des Naturhaushalts oder des Landschaftsbildes dienen, erbracht werden kann, um möglichst zu vermeiden, dass Flächen aus der Nutzung genommen werden.

(4) [1]Ausgleichs- und Ersatzmaßnahmen sind in dem jeweils erforderlichen Zeitraum zu unterhalten und rechtlich zu sichern. [2]Der Unterhaltungszeitraum ist durch die zuständige Behörde im Zulassungsbescheid festzusetzen. [3]Verantwortlich für Ausführung, Unterhaltung und Sicherung der Ausgleichs- und Ersatzmaßnahmen ist der Verursacher oder dessen Rechtsnachfolger.

(5) Ein Eingriff darf nicht zugelassen oder durchgeführt werden, wenn die Beeinträchtigungen nicht zu vermeiden oder nicht in angemessener Frist auszugleichen oder zu ersetzen sind und die Belange des Naturschutzes und der Landschaftspflege bei der Abwägung aller Anforderungen an Natur und Landschaft anderen Belangen im Range vorgehen.

(6) [1]Wird ein Eingriff nach Absatz 5 zugelassen oder durchgeführt, obwohl die Beeinträchtigungen nicht zu vermeiden oder nicht in angemessener Frist auszugleichen oder zu ersetzen sind, hat der Verursacher Ersatz in Geld zu leisten. [2]Die Ersatzzahlung bemisst sich nach den durchschnittlichen Kosten der nicht durchführbaren Ausgleichs- und Ersatzmaßnahmen einschließlich der erforderlichen durchschnittlichen Kosten für deren Planung und Unterhaltung sowie die

[1)] Nr. **845**.

Flächenbereitstellung unter Einbeziehung der Personal- und sonstigen Verwaltungskosten. [3] Sind diese nicht feststellbar, bemisst sich die Ersatzzahlung nach Dauer und Schwere des Eingriffs unter Berücksichtigung der dem Verursacher daraus erwachsenden Vorteile. [4] Die Ersatzzahlung ist von der zuständigen Behörde im Zulassungsbescheid oder, wenn der Eingriff von einer Behörde durchgeführt wird, vor der Durchführung des Eingriffs festzusetzen. [5] Die Zahlung ist vor der Durchführung des Eingriffs zu leisten. [6] Es kann ein anderer Zeitpunkt für die Zahlung festgelegt werden; in diesem Fall soll eine Sicherheitsleistung verlangt werden. [7] Die Ersatzzahlung ist zweckgebunden für Maßnahmen des Naturschutzes und der Landschaftspflege möglichst in dem betroffenen Naturraum zu verwenden, für die nicht bereits nach anderen Vorschriften eine rechtliche Verpflichtung besteht.

(7) [1] Das Bundesministerium für Umwelt, Naturschutz und nukleare Sicherheit wird ermächtigt, im Einvernehmen mit dem Bundesministerium für Ernährung und Landwirtschaft, dem Bundesministerium für Verkehr und digitale Infrastruktur und dem Bundesministerium für Wirtschaft und Energie durch Rechtsverordnung mit Zustimmung des Bundesrates das Nähere zur Kompensation von Eingriffen zu regeln, insbesondere

1. zu Inhalt, Art und Umfang von Ausgleichs- und Ersatzmaßnahmen einschließlich Maßnahmen zur Entsiegelung, zur Wiedervernetzung von Lebensräumen und zur Bewirtschaftung und Pflege sowie zur Festlegung diesbezüglicher Standards, insbesondere für vergleichbare Eingriffsarten,
2. die Höhe der Ersatzzahlung und das Verfahren zu ihrer Erhebung.

[2] Solange und soweit das Bundesministerium für Umwelt, Naturschutz und nukleare Sicherheit von seiner Ermächtigung keinen Gebrauch macht, richtet sich das Nähere zur Kompensation von Eingriffen nach Landesrecht, soweit dieses den vorstehenden Absätzen nicht widerspricht.

(8) [1] Das Bundesministerium für Umwelt, Naturschutz und nukleare Sicherheit wird ermächtigt, im Einvernehmen mit dem Bundesministerium für Ernährung und Landwirtschaft, dem Bundesministerium für Verkehr und digitale Infrastruktur und dem Bundesministerium für Wirtschaft und Energie durch Rechtsverordnung[1)] ohne Zustimmung des Bundesrates das Nähere zur Vermeidung von Beeinträchtigungen im Sinne von Absatz 1 Satz 1 sowie zur Kompensation von Eingriffen im Sinne von Absatz 7 Satz 1 zu regeln, soweit die Verordnung und Vorschriften dieses Kapitels ausschließlich durch die Bundesverwaltung, insbesondere bundeseigene Verwaltung oder bundesunmittelbare Körperschaften oder Anstalten des öffentlichen Rechts, ausgeführt werden. [2] Die Rechtsverordnung ist bis zum 1. März 2020 dem Bundestag zuzuleiten. [3] Sie kann durch Beschluss des Bundestages geändert oder abgelehnt werden. [4] Der Beschluss des Bundestages wird dem Bundesministerium für Umwelt, Naturschutz und nukleare Sicherheit zugeleitet. [5] Das Bundesministerium für Umwelt, Naturschutz und nukleare Sicherheit ist bei der Verkündung der Rechtsverordnung an den Beschluss gebunden. [6] Hat sich der Bundestag nach Ablauf von drei Sitzungswochen seit Eingang einer Rechtsverordnung nicht mit ihr befasst, so wird die unveränderte Rechtsverordnung dem Bundesministerium für Umwelt, Naturschutz und nukleare Sicherheit zur Verkündung zugeleitet. [7] Absatz 7 Satz 2 ist entsprechend anzuwenden.

[1)] Siehe die BundeskompensationsVO v. 14.5.2020 (BGBl. I S. 1088).

§ 16[1] Bevorratung von Kompensationsmaßnahmen. (1) [1]Maßnahmen des Naturschutzes und der Landschaftspflege, die im Hinblick auf zu erwartende Eingriffe durchgeführt worden sind, sind als Ausgleichs- oder Ersatzmaßnahmen anzuerkennen, soweit

1. die Voraussetzungen des § 15 Absatz 2 erfüllt sind,
2. sie ohne rechtliche Verpflichtung durchgeführt wurden,
3. dafür keine öffentlichen Fördermittel in Anspruch genommen wurden,
4. sie Programmen und Plänen nach den §§ 10 und 11 nicht widersprechen und
5. eine Dokumentation des Ausgangszustands der Flächen vorliegt; Vorschriften der Länder zu den Anforderungen an die Dokumentation bleiben unberührt.

[2]Absatz 1 Satz 1 Nummer 3 ist nicht auf durchgeführte oder zugelassene Maßnahmen des Naturschutzes und der Landschaftspflege anzuwenden, die der Kompensation von zu erwartenden Eingriffen durch Maßnahmen des Küsten- oder Hochwasserschutzes dienen und durch Träger von Küsten- oder Hochwasserschutzvorhaben durchgeführt werden oder durchgeführt worden sind.

(2) [1]Die Bevorratung von vorgezogenen Ausgleichs- und Ersatzmaßnahmen mittels Ökokonten, Flächenpools oder anderer Maßnahmen, insbesondere die Erfassung, Bewertung oder Buchung vorgezogener Ausgleichs- und Ersatzmaßnahmen in Ökokonten, deren Genehmigungsbedürftigkeit und Handelbarkeit sowie der Übergang der Verantwortung nach § 15 Absatz 4 auf Dritte, die vorgezogene Ausgleichs- und Ersatzmaßnahmen durchführen, richtet sich nach Landesrecht. [2]Im Bereich der deutschen ausschließlichen Wirtschaftszone und des Festlandsockels richtet sich die Bevorratung nach § 56a.

§ 17 Verfahren; Ermächtigung zum Erlass von Rechtsverordnungen.

(1)[2] Bedarf ein Eingriff nach anderen Rechtsvorschriften einer behördlichen Zulassung oder einer Anzeige an eine Behörde oder wird er von einer Behörde durchgeführt, so hat diese Behörde zugleich die zur Durchführung des § 15 erforderlichen Entscheidungen und Maßnahmen im Benehmen mit der für Naturschutz und Landschaftspflege zuständigen Behörde zu treffen, soweit nicht nach Bundes- oder Landesrecht eine weiter gehende Form der Beteiligung vorgeschrieben ist oder die für Naturschutz und Landschaftspflege zuständige Behörde selbst entscheidet.

(2) Soll bei Eingriffen, die von Behörden des Bundes zugelassen oder durchgeführt werden, von der Stellungnahme der für Naturschutz und Landschaftspflege zuständigen Behörde abgewichen werden, entscheidet hierüber die fachlich zuständige Behörde des Bundes im Benehmen mit der obersten Landesbehörde für Naturschutz und Landschaftspflege, soweit nicht eine weiter gehende Form der Beteiligung vorgesehen ist.

(3) [1]Für einen Eingriff, der nicht von einer Behörde durchgeführt wird und der keiner behördlichen Zulassung oder Anzeige nach anderen Rechtsvorschriften bedarf, ist eine Genehmigung der für Naturschutz und Landschaftspflege zuständigen Behörde erforderlich. [2]Die Genehmigung ist schriftlich zu beantragen. [3]Die Genehmigung ist zu erteilen, wenn die Anforderungen des § 15 erfüllt

---

[1] § 16 Abs. 1 Satz 2 angef. mWv 5.1.2018 durch G v. 30.6.2017 (BGBl. I S. 2193); Abs. 2 Satz 2 angef. mWv 29.9.2017 durch G v. 15.9.2017 (BGBl. I S. 3434).

[2] Beachte zur Anwendung von § 17 Abs. 1 hinsichtlich der Zulassung einer Anlage nach § 2 Abs. 1 Nr. 1, 3, 4 und 5 LNGG v. 24.5.2022 (BGBl. I S. 802) die Maßgabe gem. § 6 LNGG v. 24.5.2022 (BGBl. I S. 802) iVm § 13 LNGG v. 24.5.2022 (BGBl. I S. 802).

sind. [4] Die für Naturschutz und Landschaftspflege zuständige Behörde trifft die zur Durchführung des § 15 erforderlichen Entscheidungen und Maßnahmen.

(Fortsetzung nächstes Blatt)

(4) [1] Vom Verursacher eines Eingriffs sind zur Vorbereitung der Entscheidungen und Maßnahmen zur Durchführung des § 15 in einem nach Art und Umfang des Eingriffs angemessenen Umfang die für die Beurteilung des Eingriffs erforderlichen Angaben zu machen, insbesondere über

1. Ort, Art, Umfang und zeitlichen Ablauf des Eingriffs sowie
2. die vorgesehenen Maßnahmen zur Vermeidung, zum Ausgleich und zum Ersatz der Beeinträchtigungen von Natur und Landschaft einschließlich Angaben zur tatsächlichen und rechtlichen Verfügbarkeit der für Ausgleich und Ersatz benötigten Flächen.

[2] Die zuständige Behörde kann die Vorlage von Gutachten verlangen, soweit dies zur Beurteilung der Auswirkungen des Eingriffs und der Ausgleichs- und Ersatzmaßnahmen erforderlich ist. [3] Bei einem Eingriff, der auf Grund eines nach öffentlichem Recht vorgesehenen Fachplans vorgenommen werden soll, hat der Planungsträger die erforderlichen Angaben nach Satz 1 im Fachplan oder in einem landschaftspflegerischen Begleitplan in Text und Karte darzustellen. [4] Dieser soll auch Angaben zu den zur Sicherung des Zusammenhangs des Netzes „Natura 2000" notwendigen Maßnahmen nach § 34 Absatz 5 und zu vorgezogenen Ausgleichsmaßnahmen nach § 44 Absatz 5 enthalten, sofern diese Vorschriften für das Vorhaben von Belang sind. [5] Der Begleitplan ist Bestandteil des Fachplans.

(5) [1] Die zuständige Behörde kann die Leistung einer Sicherheit bis zur Höhe der voraussichtlichen Kosten für die Ausgleichs- oder Ersatzmaßnahmen verlangen, soweit dies erforderlich ist, um die Erfüllung der Verpflichtungen nach § 15 zu gewährleisten. [2] Auf Sicherheitsleistungen sind die §§ 232 bis 240 des Bürgerlichen Gesetzbuches[1)] anzuwenden.

(6) [1] Die Ausgleichs- und Ersatzmaßnahmen und die dafür in Anspruch genommenen Flächen werden in einem Kompensationsverzeichnis erfasst. [2] Hierzu übermitteln die nach den Absätzen 1 und 3 zuständigen Behörden der für die Führung des Kompensationsverzeichnisses zuständigen Stelle die erforderlichen Angaben.

(7) [1] Die nach Absatz 1 oder Absatz 3 zuständige Behörde prüft die frist- und sachgerechte Durchführung der Vermeidungs- sowie der festgesetzten Ausgleichs- und Ersatzmaßnahmen einschließlich der erforderlichen Unterhaltungsmaßnahmen. [2] Hierzu kann sie vom Verursacher des Eingriffs die Vorlage eines Berichts verlangen.

(8) [1] Wird ein Eingriff ohne die erforderliche Zulassung oder Anzeige vorgenommen, soll die zuständige Behörde die weitere Durchführung des Eingriffs untersagen. [2] Soweit nicht auf andere Weise ein rechtmäßiger Zustand hergestellt werden kann, soll sie entweder Maßnahmen nach § 15 oder die Wiederherstellung des früheren Zustands anordnen. [3] § 19 Absatz 4 ist zu beachten.

(9) [1] Die Beendigung oder eine länger als ein Jahr dauernde Unterbrechung eines Eingriffs ist der zuständigen Behörde anzuzeigen. [2] Eine nur unwesentliche Weiterführung des Eingriffs steht einer Unterbrechung gleich. [3] Wird der Eingriff länger als ein Jahr unterbrochen, kann die Behörde den Verursacher verpflichten, vorläufige Maßnahmen zur Sicherung der Ausgleichs- und Ersatzmaßnahmen durchzuführen oder, wenn der Abschluss des Eingriffs in angemessener Frist nicht zu erwarten ist, den Eingriff in dem bis dahin vorgenommenen Umfang zu kompensieren.

[1)] **Habersack, Deutsche Gesetze Nr. 20.**

(10) Handelt es sich bei einem Eingriff um ein Vorhaben, das nach dem Gesetz über die Umweltverträglichkeitsprüfung[1)] einer Umweltverträglichkeitsprüfung unterliegt, so muss das Verfahren, in dem Entscheidungen nach § 15 Absatz 1 bis 5 getroffen werden, den Anforderungen des genannten Gesetzes entsprechen.

(11) [1] Die Landesregierungen werden ermächtigt, durch Rechtsverordnung das Nähere zu dem in den Absätzen 1 bis 10 geregelten Verfahren einschließlich des Kompensationsverzeichnisses zu bestimmen. [2] Sie können die Ermächtigung nach Satz 1 durch Rechtsverordnung auf andere Landesbehörden übertragen.

§ 18 Verhältnis zum Baurecht. (1) Sind auf Grund der Aufstellung, Änderung, Ergänzung oder Aufhebung von Bauleitplänen oder von Satzungen nach § 34 Absatz 4 Satz 1 Nummer 3 des Baugesetzbuches[2)] Eingriffe in Natur und Landschaft zu erwarten, ist über die Vermeidung, den Ausgleich und den Ersatz nach den Vorschriften des Baugesetzbuches zu entscheiden.

(2) [1] Auf Vorhaben in Gebieten mit Bebauungsplänen nach § 30 des Baugesetzbuches, während der Planaufstellung nach § 33 des Baugesetzbuches und im Innenbereich nach § 34 des Baugesetzbuches sind die §§ 14 bis 17 nicht anzuwenden. [2] Für Vorhaben im Außenbereich nach § 35 des Baugesetzbuches sowie für Bebauungspläne, soweit sie eine Planfeststellung ersetzen, bleibt die Geltung der §§ 14 bis 17 unberührt.

(3) [1] Entscheidungen über Vorhaben nach § 35 Absatz 1 und 4 des Baugesetzbuches und über die Errichtung von baulichen Anlagen nach § 34 des Baugesetzbuches ergehen im Benehmen mit den für Naturschutz und Landschaftspflege zuständigen Behörden. [2] Äußert sich in den Fällen des § 34 des Baugesetzbuches die für Naturschutz und Landschaftspflege zuständige Behörde nicht binnen eines Monats, kann die für die Entscheidung zuständige Behörde davon ausgehen, dass Belange des Naturschutzes und der Landschaftspflege von dem Vorhaben nicht berührt werden. [3] Das Benehmen ist nicht erforderlich bei Vorhaben in Gebieten mit Bebauungsplänen und während der Planaufstellung nach den §§ 30 und 33 des Baugesetzbuches sowie in Gebieten mit Satzungen nach § 34 Absatz 4 Satz 1 Nummer 3 des Baugesetzbuches.

(4) [1] Ergeben sich bei Vorhaben nach § 34 des Baugesetzbuches im Rahmen der Herstellung des Benehmens nach Absatz 3 Anhaltspunkte dafür, dass das Vorhaben eine Schädigung im Sinne des § 19 Absatz 1 Satz 1 verursachen kann, ist dies auch dem Vorhabenträger mitzuteilen. [2] Auf Antrag des Vorhabenträgers hat die für die Erteilung der Zulassung zuständige Behörde im Benehmen mit der für Naturschutz und Landschaftspflege zuständigen Behörde die Entscheidungen nach § 15 zu treffen, soweit sie der Vermeidung, dem Ausgleich oder dem Ersatz von Schädigungen nach § 19 Absatz 1 Satz 1 dienen; in diesen Fällen gilt § 19 Absatz 1 Satz 2. [3] Im Übrigen bleibt Absatz 2 Satz 1 unberührt.

§ 19[3)] Schäden an bestimmten Arten und natürlichen Lebensräumen.

(1) [1] Eine Schädigung von Arten und natürlichen Lebensräumen im Sinne des Umweltschadensgesetzes[4)] ist jeder Schaden, der erhebliche nachteilige Auswirkungen auf die Erreichung oder Beibehaltung des günstigen Erhaltungszustands dieser Lebensräume oder Arten hat. [2] Abweichend von Satz 1 liegt keine Schädi-

---

[1)] Nr. 295.

[2)] Nr. 300.

[3)] § 19 Abs. 2 Nr. 1, Abs. 3 Nr. 1 und Abs. 4 geänd. mWv 1.8.2013 durch G v. 21.1.2013 (BGBl. I S. 95); Abs. 5 Satz 2 Nr. 2 geänd. mWv 1.9.2021 durch G v. 25.2.2021 (BGBl. I S. 306).

[4)] G idF der Bek. v. 5.3.2021 (BGBl. I S. 346), **Sartorius III Nr. 310.**

gung vor bei zuvor ermittelten nachteiligen Auswirkungen von Tätigkeiten einer verantwortlichen Person, die von der zuständigen Behörde nach den §§ 34, 35, 45 Absatz 7 oder § 67 Absatz 2 oder, wenn eine solche Prüfung nicht erforderlich ist, nach § 15 oder auf Grund der Aufstellung eines Bebauungsplans nach § 30 oder § 33 des Baugesetzbuches[1)] genehmigt wurden oder zulässig sind.

(2) Arten im Sinne des Absatzes 1 sind die Arten, die in

1. Artikel 4 Absatz 2 oder Anhang I der Richtlinie 2009/147/EG oder
2. den Anhängen II und IV der Richtlinie 92/43/EWG

aufgeführt sind.

(3) Natürliche Lebensräume im Sinne des Absatzes 1 sind die

1. Lebensräume der Arten, die in Artikel 4 Absatz 2 oder Anhang I der Richtlinie 2009/147/EG oder in Anhang II der Richtlinie 92/43/EWG aufgeführt sind,
2. natürlichen Lebensraumtypen von gemeinschaftlichem Interesse sowie
3. Fortpflanzungs- und Ruhestätten der in Anhang IV der Richtlinie 92/43/EWG aufgeführten Arten.

(4) Hat eine verantwortliche Person nach dem Umweltschadensgesetz eine Schädigung geschützter Arten oder natürlicher Lebensräume verursacht, so trifft sie die erforderlichen Sanierungsmaßnahmen gemäß Anhang II Nummer 1 der Richtlinie 2004/35/EG.

(5) [1] Ob Auswirkungen nach Absatz 1 erheblich sind, ist mit Bezug auf den Ausgangszustand unter Berücksichtigung der Kriterien des Anhangs I der Richtlinie 2004/35/EG zu ermitteln. [2] Eine erhebliche Schädigung liegt dabei in der Regel nicht vor bei

1. nachteiligen Abweichungen, die geringer sind als die natürlichen Fluktuationen, die für den betreffenden Lebensraum oder die betreffende Art als normal gelten,
2. nachteiligen Abweichungen, die auf natürliche Ursachen zurückzuführen sind oder aber auf eine äußere Einwirkung im Zusammenhang mit der normalen Bewirtschaftung der betreffenden Gebiete, die den Aufzeichnungen über den Lebensraum oder den Dokumenten über die Erhaltungsziele oder der früheren Bewirtschaftungsweise der jeweiligen Eigentümer oder Betreiber entspricht,
3. einer Schädigung von Arten oder Lebensräumen, die sich nachweislich ohne äußere Einwirkung in kurzer Zeit so weit regenerieren werden, dass entweder der Ausgangszustand erreicht wird oder aber allein auf Grund der Dynamik der betreffenden Art oder des Lebensraums ein Zustand erreicht wird, der im Vergleich zum Ausgangszustand als gleichwertig oder besser zu bewerten ist.

Kapitel 4. Schutz bestimmter Teile von Natur und Landschaft

Abschnitt 1. Biotopverbund und Biotopvernetzung; geschützte Teile von Natur und Landschaft

§ 20 Allgemeine Grundsätze. (1) Es wird ein Netz verbundener Biotope (Biotopverbund) geschaffen, das mindestens 10 Prozent der Fläche eines jeden Landes umfassen soll.

(2) Teile von Natur und Landschaft können geschützt werden

1. nach Maßgabe des § 23 als Naturschutzgebiet,

[1)] Nr. **300**.

2. nach Maßgabe des § 24 als Nationalpark oder als Nationales Naturmonument,
3. als Biosphärenreservat,
4. nach Maßgabe des § 26 als Landschaftsschutzgebiet,
5. als Naturpark,
6. als Naturdenkmal oder
7. als geschützter Landschaftsbestandteil.

(3) Die in Absatz 2 genannten Teile von Natur und Landschaft sind, soweit sie geeignet sind, Bestandteile des Biotopverbunds.

§ 21 Biotopverbund, Biotopvernetzung. (1) [1]Der Biotopverbund dient der dauerhaften Sicherung der Populationen wild lebender Tiere und Pflanzen einschließlich ihrer Lebensstätten, Biotope und Lebensgemeinschaften sowie der Bewahrung, Wiederherstellung und Entwicklung funktionsfähiger ökologischer Wechselbeziehungen. [2]Er soll auch zur Verbesserung des Zusammenhangs des Netzes „Natura 2000" beitragen.

(2) [1]Der Biotopverbund soll länderübergreifend erfolgen. [2]Die Länder stimmen sich hierzu untereinander ab.

(3) [1]Der Biotopverbund besteht aus Kernflächen, Verbindungsflächen und Verbindungselementen. [2]Bestandteile des Biotopverbunds sind
1. Nationalparke und Nationale Naturmonumente,
2. Naturschutzgebiete, Natura 2000-Gebiete und Biosphärenreservate oder Teile dieser Gebiete,
3. gesetzlich geschützte Biotope im Sinne des § 30,
4. weitere Flächen und Elemente, einschließlich solcher des Nationalen Naturerbes, des Grünen Bandes sowie Teilen von Landschaftsschutzgebieten und Naturparken,

wenn sie zur Erreichung des in Absatz 1 genannten Zieles geeignet sind.

(4) Die erforderlichen Kernflächen, Verbindungsflächen und Verbindungselemente sind durch Erklärung zu geschützten Teilen von Natur und Landschaft im Sinne des § 20 Absatz 2, durch planungsrechtliche Festlegungen, durch langfristige vertragliche Vereinbarungen oder andere geeignete Maßnahmen rechtlich zu sichern, um den Biotopverbund dauerhaft zu gewährleisten.

(5) [1]Unbeschadet des § 30 sind die oberirdischen Gewässer einschließlich ihrer Randstreifen, Uferzonen und Auen als Lebensstätten und Biotope für natürlich vorkommende Tier- und Pflanzenarten zu erhalten. [2]Sie sind so weiterzuentwickeln, dass sie ihre großräumige Vernetzungsfunktion auf Dauer erfüllen können.

(6) Auf regionaler Ebene sind insbesondere in von der Landwirtschaft geprägten Landschaften zur Vernetzung von Biotopen erforderliche lineare und punktförmige Elemente, insbesondere Hecken und Feldraine sowie Trittsteinbiotope, zu erhalten und dort, wo sie nicht in ausreichendem Maße vorhanden sind, zu schaffen (Biotopvernetzung).

§ 22[1)2)] Erklärung zum geschützten Teil von Natur und Landschaft. (1) [1]Die Unterschutzstellung von Teilen von Natur und Landschaft erfolgt *durch Erklärung.* [2]*Die Erklärung* bestimmt den Schutzgegenstand, den Schutz-

[1)] § 22 Abs. 3 Satz 4 geänd. mWv 14.10.2011 durch G v. 6.10.2011 (BGBl. I S. 1986); Abs. 5 geänd. mWv 8.9.2015 durch VO v. 31.8.2015 (BGBl. I S. 1474); Abs. 5 geänd. mWv 27.6.2020 durch VO v. →

zweck, die zur Erreichung des Schutzzwecks notwendigen Gebote und Verbote, und, soweit erforderlich, die Pflege-, Entwicklungs- und Wiederherstellungsmaßnahmen oder enthält die erforderlichen Ermächtigungen hierzu. [3] Schutzgebiete können in Zonen mit einem entsprechend dem jeweiligen Schutzzweck abgestuften Schutz gegliedert werden; hierbei kann auch die für den Schutz notwendige Umgebung einbezogen werden.

(2) [1] Soweit *in den Absätzen 2a und 2b*[1)] nichts Näheres bestimmt ist, richten sich Form und Verfahren der Unterschutzstellung, die Beachtlichkeit von Form- und Verfahrensfehlern und die Möglichkeit ihrer Behebung sowie die Fortgeltung bestehender Erklärungen zum geschützten Teil von Natur und Landschaft nach Landesrecht. [2] Die Unterschutzstellung kann auch länderübergreifend erfolgen.

(2a) [1] Erklärungen zur Unterschutzstellung nach Absatz 1, die

1. durch Gesetz, Rechtsverordnung oder Satzung erfolgt sind und
2. mit Vorgaben der Richtlinie 2001/42/EG des Europäischen Parlaments und des Rates vom 27. Juni 2001 über die Prüfung der Umweltauswirkungen bestimmter Pläne und Programme (ABl. L 197 vom 21.7.2001, S. 30) ganz oder teilweise unvereinbar sind, weil eine danach erforderliche Strategische Umweltprüfung nicht durchgeführt wurde,

gelten fort, wenn sich die Unvereinbarkeit mit diesen Vorgaben aus einer Entscheidung des Gerichtshofes der Europäischen Union ergibt und soweit und solange nach der Entscheidung eine Fortgeltung zulässig ist. [2] Die zur Beseitigung der Unvereinbarkeit mit den Vorgaben der Richtlinie 2001/42/EG erforderlichen Handlungen müssen im Rahmen eines ergänzenden Verfahrens unverzüglich nachgeholt werden. [3] Die Erklärung zur Unterschutzstellung muss, sofern sich infolge der nachgeholten Handlungen eine Erforderlichkeit dafür ergibt, angepasst werden. [4] Für die Nachholung der erforderlichen Handlungen nach Satz 2 und Anpassungen nach Satz 3 gelten die Bestimmungen dieses Gesetzes sowie des Gesetzes über die Umweltverträglichkeitsprüfung[2)] oder entsprechender landesrechtlicher Vorschriften entsprechend. [5] Der Zeitraum, innerhalb dessen die erforderlichen Handlungen nach Satz 2 und Anpassungen nach Satz 3 nachgeholt werden müssen, richtet sich nach der Entscheidung des Gerichtshofes der Europäischen Union und hat nur den Zeitraum zu umfassen, der zwingend notwendig ist, um Maßnahmen zu treffen, die die Beseitigung der Unvereinbarkeit mit den Vorgaben der Richtlinie 2001/42/EG ermöglichen. [6] Sind die erforderlichen Handlungen nach Satz 2 und Anpassungen nach Satz 3 innerhalb der Frist nach Satz 5 nachgeholt, ist die Unvereinbarkeit mit den Vorgaben der Richtlinie 2001/42/EG geheilt. [7] Sind die erforderlichen Handlungen nach Satz 2 und Anpassun-

---

(Fortsetzung der Anm. von voriger Seite)
19.6.2020 (BGBl. I S. 1328); Abs. 2 Satz 1 geänd., Abs. 2a und 2b eingef. mWv 30.6.2021 durch G v. 25.6.2021 (BGBl. I S. 2020); Abs. 2 Satz 1 (mangels Textübereinstimmung nicht ausführbar), Abs. 2a Satz Nr. 2 geänd., Abs. 2c eingef. mWv 15.11.2024 durch G v. 8.5.2024 (BGBl. 2024 I Nr. 153).

[2)] Zu den durch Art. 10 KitafinanzhilfenÄndG v. 25.6.2021 (BGBl. I S. 2020) eingef. § 22 Abs. 2a und 2b, § 32 Abs. 7 und § 57 Abs. 2 Satz 2 siehe Art. 11 Abs. 4 dieses G: „Artikel 10 tritt am 31. Dezember 2026 außer Kraft. Eine bis zu diesem Zeitpunkt erfolgte Heilung nach oder entsprechend § 22 Absatz 2a Satz 6 bleibt wirksam." Das Außerkrafttreten der *Änderungsvorschrift* des Art. 10 KitafinanzhilfenÄndG führt allerdings nicht zum Außerkrafttreten der am 30.6.2021 im BNatSchG als *Stammvorschrift* wirksam gewordenen Teile der §§ 22, 32 und 57, diese gelten vielmehr unbefristet (vgl. Rdnr. 680 des Handbuchs der Rechtsförmlichkeit des BMJ).

[1)] Nach den Änd. durch G v. 8.5.2024 (BGBl. 2024 I Nr. 153) jetzt wohl richtig: „in den Absätzen 2a bis 2c".

[2)] Nr. **295**.

gen nach Satz 3 bei Ablauf der Frist nach Satz 5 nicht nachgeholt worden, tritt die Erklärung zur Unterschutzstellung außer Kraft.

(2b) [1] Absatz 2a findet auch Anwendung auf Erklärungen zur Unterschutzstellung nach der rahmenrechtlichen Vorschrift des § 22 Absatz 1 und 2 des Bundesnaturschutzgesetzes in der bis zum 28. Februar 2010 geltenden Fassung sowie nach ausfüllendem Landesrecht. [2] Pläne zur Durchführung von Pflege-, Entwicklungs- und Wiederherstellungsmaßnahmen im Sinne des Absatzes 1 Satz 2 bleiben gültig.

(2c) [1] Die Absätze 2a und 2b gelten entsprechend für Erklärungen zur Unterschutzstellung, die mit den Vorgaben der Richtlinie 92/43/EWG unvereinbar sind, weil eine danach erforderliche Prüfung, Feststellung oder Maßnahme nicht durchgeführt wurde. [2] Ist in den Fällen des Satzes 1 eine Fortgeltung des mit den Vorgaben des Rechts der Europäischen Union unvereinbaren Teiles der Erklärung zur Unterschutzstellung ausgeschlossen, finden insoweit die §§ 33 bis 36 Anwendung. [3] Satz 2 gilt entsprechend, wenn die Erklärung zur Unterschutzstellung insgesamt unwirksam ist.

(3) [1] Teile von Natur und Landschaft, deren Schutz beabsichtigt ist, können für einen Zeitraum von bis zu zwei Jahren einstweilig sichergestellt werden, wenn zu befürchten ist, dass durch Veränderungen oder Störungen der beabsichtigte Schutzzweck gefährdet wird. [2] Die einstweilige Sicherstellung kann unter den Voraussetzungen des Satzes 1 einmalig bis zu weiteren zwei Jahren verlängert werden. [3] In dem einstweilig sichergestellten Teil von Natur und Landschaft sind Handlungen und Maßnahmen nach Maßgabe der Sicherstellungserklärung verboten, die geeignet sind, den Schutzgegenstand nachteilig zu verändern. [4] Die einstweilige Sicherstellung ist ganz oder teilweise aufzuheben, wenn ihre Voraussetzungen nicht mehr oder nicht mehr in vollem Umfang gegeben sind. [5] Absatz 2 gilt entsprechend.

(4) [1] Geschützte Teile von Natur und Landschaft sind zu registrieren und zu kennzeichnen. [2] Das Nähere richtet sich nach Landesrecht.

(5) Die Erklärung zum Nationalpark oder Nationalen Naturmonument einschließlich ihrer Änderung ergeht im Benehmen mit dem Bundesministerium für Umwelt, Naturschutz und nukleare Sicherheit und dem Bundesministerium für Verkehr und digitale Infrastruktur.

§ 23[1)] Naturschutzgebiete. (1) Naturschutzgebiete sind rechtsverbindlich festgesetzte Gebiete, in denen ein besonderer Schutz von Natur und Landschaft in ihrer Ganzheit oder in einzelnen Teilen erforderlich ist

1. zur Erhaltung, Entwicklung oder Wiederherstellung von Lebensstätten, Biotopen oder Lebensgemeinschaften bestimmter wild lebender Tier- und Pflanzenarten,
2. aus wissenschaftlichen, naturgeschichtlichen oder landeskundlichen Gründen oder
3. wegen ihrer Seltenheit, besonderen Eigenart oder hervorragenden Schönheit.

(2) [1] Alle Handlungen, die zu einer Zerstörung, Beschädigung oder Veränderung des Naturschutzgebiets oder seiner Bestandteile oder zu einer nachhaltigen Störung führen können, sind nach Maßgabe näherer Bestimmungen verboten. [2] Soweit es der Schutzzweck erlaubt, können Naturschutzgebiete der Allgemeinheit zugänglich gemacht werden.

[1)] § 23 Abs. 3 angef. mWv 11.2.2017 durch G v. 4.8.2016 (BGBl. I S. 1972); Abs. 4 angef. mWv 1.3.2022 durch G v. 18.8.2021 (BGBl. I S. 3908).

(3) In Naturschutzgebieten ist die Errichtung von Anlagen zur Durchführung von Gewässerbenutzungen im Sinne des § 9 Absatz 2 Nummer 3 und 4 des Wasserhaushaltsgesetzes[1)] verboten.

(4) [1] In Naturschutzgebieten ist im Außenbereich nach § 35 des Baugesetzbuches[2)] die Neuerrichtung von Beleuchtungen an Straßen und Wegen sowie von beleuchteten oder lichtemittierenden Werbeanlagen verboten. [2] Von dem Verbot des Satzes 1 kann auf Antrag eine Ausnahme zugelassen werden, soweit

1. die Schutzzwecke des Gebietes nicht beeinträchtigt werden können oder

(Fortsetzung nächstes Blatt)

[1)] Nr. **845**.
[2)] Nr. **300**.

2. dies aus Gründen der Verkehrssicherheit oder anderer Interessen der öffentlichen Sicherheit erforderlich ist.

[3] Weitergehende Schutzvorschriften, insbesondere solche des § 41a und einer auf Grund von § 54 Absatz 4d erlassenen Rechtsverordnung sowie solche des Landesrechts, bleiben unberührt.

§ 24[1)] Nationalparke, Nationale Naturmonumente. (1) Nationalparke sind rechtsverbindlich festgesetzte einheitlich zu schützende Gebiete, die

1. großräumig, weitgehend unzerschnitten und von besonderer Eigenart sind,
2. in einem überwiegenden Teil ihres Gebiets die Voraussetzungen eines Naturschutzgebiets erfüllen und
3. sich in einem überwiegenden Teil ihres Gebiets in einem vom Menschen nicht oder wenig beeinflussten Zustand befinden oder geeignet sind, sich in einen Zustand zu entwickeln oder in einen Zustand entwickelt zu werden, der einen möglichst ungestörten Ablauf der Naturvorgänge in ihrer natürlichen Dynamik gewährleistet.

(2) [1] Nationalparke haben zum Ziel, in einem überwiegenden Teil ihres Gebiets den möglichst ungestörten Ablauf der Naturvorgänge in ihrer natürlichen Dynamik zu gewährleisten. [2] Soweit es der Schutzzweck erlaubt, sollen Nationalparke auch der wissenschaftlichen Umweltbeobachtung, der naturkundlichen Bildung und dem Naturerlebnis der Bevölkerung dienen.

(3) [1] Nationalparke sind unter Berücksichtigung ihres besonderen Schutzzwecks sowie der durch die Großräumigkeit und Besiedlung gebotenen Ausnahmen wie Naturschutzgebiete zu schützen. [2] § 23 Absatz 3 und 4 gilt in Nationalparken entsprechend.

(4) [1] Nationale Naturmonumente sind rechtsverbindlich festgesetzte Gebiete, die

1. aus wissenschaftlichen, naturgeschichtlichen, kulturhistorischen oder landeskundlichen Gründen und
2. wegen ihrer Seltenheit, Eigenart oder Schönheit

von herausragender Bedeutung sind. [2] Nationale Naturmonumente sind wie Naturschutzgebiete zu schützen.

§ 25[2)] Biosphärenreservate. (1) Biosphärenreservate sind einheitlich zu schützende und zu entwickelnde Gebiete, die

1. großräumig und für bestimmte Landschaftstypen charakteristisch sind,
2. in wesentlichen Teilen ihres Gebiets die Voraussetzungen eines Naturschutzgebiets, im Übrigen überwiegend eines Landschaftsschutzgebiets erfüllen,
3. vornehmlich der Erhaltung, Entwicklung oder Wiederherstellung einer durch hergebrachte vielfältige Nutzung geprägten Landschaft und der darin historisch gewachsenen Arten- und Biotopvielfalt, einschließlich Wild- und früherer Kulturformen wirtschaftlich genutzter oder nutzbarer Tier- und Pflanzenarten, dienen und
4. beispielhaft der Entwicklung und Erprobung von die Naturgüter besonders schonenden Wirtschaftsweisen dienen.

[1)] § 24 Abs. 3 Satz 2 angef. mWv 11.2.2017 durch G v. 4.8.2016 (BGBl. I S. 1972); Abs. 3 Satz 2 neu gef. mWv 1.3.2022 durch G v. 18.8.2021 (BGBl. I S. 3908).

[2)] § 25 Abs. 3 Satz 2 angef. mWv 1.3.2022 durch G v. 18.8.2021 (BGBl. I S. 3908).

(2) Biosphärenreservate dienen, soweit es der Schutzzweck erlaubt, auch der Forschung und der Beobachtung von Natur und Landschaft sowie der Bildung für nachhaltige Entwicklung.

(3) [1] Biosphärenreservate sind unter Berücksichtigung der durch die Großräumigkeit und Besiedlung gebotenen Ausnahmen über Kernzonen, Pflegezonen und Entwicklungszonen zu entwickeln und wie Naturschutzgebiete oder Landschaftsschutzgebiete zu schützen. [2] § 23 Absatz 4 gilt in Kern- und Pflegezonen von Biosphärenreservaten entsprechend.

(4) Biosphärenreservate können auch als Biosphärengebiete oder Biosphärenregionen bezeichnet werden.

§ 26[1)] Landschaftsschutzgebiete. (1) Landschaftsschutzgebiete sind rechtsverbindlich festgesetzte Gebiete, in denen ein besonderer Schutz von Natur und Landschaft erforderlich ist

1. zur Erhaltung, Entwicklung oder Wiederherstellung der Leistungs- und Funktionsfähigkeit des Naturhaushalts oder der Regenerationsfähigkeit und nachhaltigen Nutzungsfähigkeit der Naturgüter, einschließlich des Schutzes von Lebensstätten und Lebensräumen bestimmter wild lebender Tier- und Pflanzenarten,
2. wegen der Vielfalt, Eigenart und Schönheit oder der besonderen kulturhistorischen Bedeutung der Landschaft oder
3. wegen ihrer besonderen Bedeutung für die Erholung.

(2) In einem Landschaftsschutzgebiet sind unter besonderer Beachtung des § 5 Absatz 1 und nach Maßgabe näherer Bestimmungen alle Handlungen verboten, die den Charakter des Gebiets verändern oder dem besonderen Schutzzweck zuwiderlaufen.

(3) [1] In einem Landschaftsschutzgebiet sind die Errichtung und der Betrieb von Windenergieanlagen sowie der zugehörigen Nebenanlagen nicht verboten, wenn sich der Standort der Windenergieanlagen in einem Windenergiegebiet nach § 2 Nummer 1 des Windenergieflächenbedarfsgesetzes vom 20. Juli 2022 (BGBl. I S. 1353) befindet. [2] Satz 1 gilt auch, wenn die Erklärung zur Unterschutzstellung nach § 22 Absatz 1 entgegenstehende Bestimmungen enthält. [3] Für die Durchführung eines im Übrigen zulässigen Vorhabens bedarf es insoweit keiner Ausnahme oder Befreiung. [4] Bis gemäß § 5 des Windenergieflächenbedarfsgesetzes festgestellt wurde, dass das jeweilige Land den Flächenbeitragswert nach Anlage 1 Spalte 2 des Windenergieflächenbedarfsgesetzes oder der jeweilige regionale oder kommunale Planungsträger ein daraus abgeleitetes Teilflächenziel erreicht hat, gelten die Sätze 1 bis 3 auch außerhalb von für die Windenergienutzung ausgewiesenen Gebieten im gesamten Landschaftsschutzgebiet entsprechend. [5] Die Sätze 1 bis 4 gelten nicht, wenn der Standort in einem Natura 2000-Gebiet oder einer Stätte, die nach Artikel 11 des Übereinkommens vom 16. November 1972 zum Schutz des Kultur- und Naturerbes der Welt (BGBl. 1977 II S. 213, 215) in die Liste des Erbes der Welt aufgenommen wurde, liegt.

§ 27[2)] Naturparke. (1) Naturparke sind einheitlich zu entwickelnde und zu pflegende Gebiete, die

1. großräumig sind,

[1)] § 26 Abs. 3 angef. mWv 1.2.2023 durch G v. 20.7.2022 (BGBl. I S. 1362).

[2)] § 27 Abs. 2 eingef., bish. Abs. 2 wird Abs. 3 mWv 1.4.2018 durch G v. 15.9.2017 (BGBl. I S. 3434).

2. überwiegend Landschaftsschutzgebiete oder Naturschutzgebiete sind,
3. sich wegen ihrer landschaftlichen Voraussetzungen für die Erholung besonders eignen und in denen ein nachhaltiger Tourismus angestrebt wird,
4. nach den Erfordernissen der Raumordnung für Erholung vorgesehen sind,
5. der Erhaltung, Entwicklung oder Wiederherstellung einer durch vielfältige Nutzung geprägten Landschaft und ihrer Arten- und Biotopvielfalt dienen und in denen zu diesem Zweck eine dauerhaft umweltgerechte Landnutzung angestrebt wird und
6. besonders dazu geeignet sind, eine nachhaltige Regionalentwicklung zu fördern.

(2) Naturparke sollen auch der Bildung für nachhaltige Entwicklung dienen.

(3) Naturparke sollen entsprechend ihren in Absatz 1 beschriebenen Zwecken unter Beachtung der Ziele des Naturschutzes und der Landschaftspflege geplant, gegliedert, erschlossen und weiterentwickelt werden.

(Fortsetzung nächstes Blatt)

§ 28 Naturdenkmäler. (1) Naturdenkmäler sind rechtsverbindlich festgesetzte Einzelschöpfungen der Natur oder entsprechende Flächen bis zu fünf Hektar, deren besonderer Schutz erforderlich ist

1. aus wissenschaftlichen, naturgeschichtlichen oder landeskundlichen Gründen oder
2. wegen ihrer Seltenheit, Eigenart oder Schönheit.

(2) Die Beseitigung des Naturdenkmals sowie alle Handlungen, die zu einer Zerstörung, Beschädigung oder Veränderung des Naturdenkmals führen können, sind nach Maßgabe näherer Bestimmungen verboten.

§ 29 Geschützte Landschaftsbestandteile. (1) [1] Geschützte Landschaftsbestandteile sind rechtsverbindlich festgesetzte Teile von Natur und Landschaft, deren besonderer Schutz erforderlich ist

1. zur Erhaltung, Entwicklung oder Wiederherstellung der Leistungs- und Funktionsfähigkeit des Naturhaushalts,
2. zur Belebung, Gliederung oder Pflege des Orts- oder Landschaftsbildes,
3. zur Abwehr schädlicher Einwirkungen oder
4. wegen ihrer Bedeutung als Lebensstätten bestimmter wild lebender Tier- und Pflanzenarten.

[2] Der Schutz kann sich für den Bereich eines Landes oder für Teile des Landes auf den gesamten Bestand an Alleen, einseitigen Baumreihen, Bäumen, Hecken oder anderen Landschaftsbestandteilen erstrecken.

(2) [1] Die Beseitigung des geschützten Landschaftsbestandteils sowie alle Handlungen, die zu einer Zerstörung, Beschädigung oder Veränderung des geschützten Landschaftsbestandteils führen können, sind nach Maßgabe näherer Bestimmungen verboten. [2] Für den Fall der Bestandsminderung kann die Verpflichtung zu einer angemessenen und zumutbaren Ersatzpflanzung oder zur Leistung von Ersatz in Geld vorgesehen werden.

(3) Vorschriften des Landesrechts über den gesetzlichen Schutz von Alleen bleiben unberührt.

§ 30[1)] Gesetzlich geschützte Biotope. (1) Bestimmte Teile von Natur und Landschaft, die eine besondere Bedeutung als Biotope haben, werden gesetzlich geschützt (allgemeiner Grundsatz).

(2) [1] Handlungen, die zu einer Zerstörung oder einer sonstigen erheblichen Beeinträchtigung folgender Biotope führen können, sind verboten:

1. natürliche oder naturnahe Bereiche fließender und stehender Binnengewässer einschließlich ihrer Ufer und der dazugehörigen uferbegleitenden natürlichen oder naturnahen Vegetation sowie ihrer natürlichen oder naturnahen Verlandungsbereiche, Altarme und regelmäßig überschwemmten Bereiche,
2. Moore, Sümpfe, Röhrichte, Großseggenrieder, seggen- und binsenreiche Nasswiesen, Quellbereiche, Binnenlandsalzstellen,
3. offene Binnendünen, offene natürliche Block-, Schutt- und Geröllhalden, Lehm- und Lösswände, Zwergstrauch-, Ginster- und Wacholderheiden, Borst-

---

1) § 30 Abs. 2 Satz 1 Nr. 5 geänd., Satz 3 angef. mWv 1.4.2018 durch G v. 15.9.2017 (BGBl. I S. 3434); Abs. 2 Satz 1 Nr. 6 geänd., Nr. 7 und Satz 4 angef., Abs. 8 geänd. mWv 1.3.2022 durch G v. 18.8.2021 (BGBl. I S. 3908).

grasrasen, Trockenrasen, Schwermetallrasen, Wälder und Gebüsche trockenwarmer Standorte,
4. Bruch-, Sumpf- und Auenwälder, Schlucht-, Blockhalden- und Hangschuttwälder, subalpine Lärchen- und Lärchen-Arvenwälder,
5. offene Felsbildungen, Höhlen sowie naturnahe Stollen, alpine Rasen sowie Schneetälchen und Krummholzgebüsche,
6. Fels- und Steilküsten, Küstendünen und Strandwälle, Strandseen, Boddengewässer mit Verlandungsbereichen, Salzwiesen und Wattflächen im Küstenbereich, Seegraswiesen und sonstige marine Makrophytenbestände, Riffe, sublitorale Sandbänke, Schlickgründe mit bohrender Bodenmegafauna sowie artenreiche Kies-, Grobsand- und Schillgründe im Meeres- und Küstenbereich,
7. magere Flachland-Mähwiesen und Berg-Mähwiesen nach Anhang I der Richtlinie 92/43/EWG, Streuobstwiesen, Steinriegel und Trockenmauern.

[2] Die Verbote des Satzes 1 gelten auch für weitere von den Ländern gesetzlich geschützte Biotope. [3] Satz 1 Nummer 5 gilt nicht für genutzte Höhlen- und Stollenbereiche sowie für Maßnahmen zur Verkehrssicherung von Höhlen und naturnahen Stollen. [4] Satz 1 Nummer 7 gilt nicht für die Unterhaltung von Funktionsgrünland auf Flugbetriebsflächen.

(3) Von den Verboten des Absatzes 2 kann auf Antrag eine Ausnahme zugelassen werden, wenn die Beeinträchtigungen ausgeglichen werden können.

(4) [1] Sind auf Grund der Aufstellung, Änderung oder Ergänzung von Bebauungsplänen Handlungen im Sinne des Absatzes 2 zu erwarten, kann auf Antrag der Gemeinde über eine erforderliche Ausnahme oder Befreiung von den Verboten des Absatzes 2 vor der Aufstellung des Bebauungsplans entschieden werden. [2] Ist eine Ausnahme zugelassen oder eine Befreiung gewährt worden, bedarf es für die Durchführung eines im Übrigen zulässigen Vorhabens keiner weiteren Ausnahme oder Befreiung, wenn mit der Durchführung des Vorhabens innerhalb von sieben Jahren nach Inkrafttreten des Bebauungsplans begonnen wird.

(5) Bei gesetzlich geschützten Biotopen, die während der Laufzeit einer vertraglichen Vereinbarung oder der Teilnahme an öffentlichen Programmen zur Bewirtschaftungsbeschränkung entstanden sind, gilt Absatz 2 nicht für die Wiederaufnahme einer zulässigen land-, forst-, oder fischereiwirtschaftlichen Nutzung innerhalb von zehn Jahren nach Beendigung der betreffenden vertraglichen Vereinbarung oder der Teilnahme an den betreffenden öffentlichen Programmen.

(6) Bei gesetzlich geschützten Biotopen, die auf Flächen entstanden sind, bei denen eine zulässige Gewinnung von Bodenschätzen eingeschränkt oder unterbrochen wurde, gilt Absatz 2 nicht für die Wiederaufnahme der Gewinnung innerhalb von fünf Jahren nach der Einschränkung oder Unterbrechung.

(7) [1] Die gesetzlich geschützten Biotope werden registriert und die Registrierung wird in geeigneter Weise öffentlich zugänglich gemacht. [2] Die Registrierung und deren Zugänglichkeit richten sich nach Landesrecht.

(8) Weiter gehende Schutzvorschriften einschließlich der Bestimmungen über Ausnahmen und Befreiungen sowie bestehende landesrechtliche Regelungen, die die in Absatz 2 Satz 1 Nummer 7 genannten Biotope betreffen, bleiben unberührt.

§ 30a[1] Ausbringung von Biozidprodukten. [1] Außerhalb geschlossener Räume ist in Naturschutzgebieten, Nationalparken, Nationalen Naturmonumenten,

[1] § 30a eingef. mWv 1.3.2022 durch G v. 18.8.2021 (BGBl. I S. 3908).

Kern- und Pflegezonen von Biosphärenreservaten, Naturdenkmälern sowie in gesetzlich geschützten Biotopen verboten:

1. der flächige Einsatz von Biozidprodukten der Produktart 18 (Insektizide, Akarizide und Produkte gegen andere Arthropoden) des Anhangs V der Verordnung (EU) Nr. 528/2012 des Europäischen Parlaments und des Rates vom 22. Mai 2012 über die Bereitstellung auf dem Markt und die Verwendung von Biozidprodukten (ABl. L 167 vom 27.6.2012, S. 1; L 303 vom 20.11.2015, S. 109; L 280 vom 28.10.2017, S. 57), die zuletzt durch die Delegierte Verordnung (EU) 2019/1825 (ABl. L 279 vom 31.10.2019, S. 19) geändert worden ist,
2. das Auftragen von Biozidprodukten der Produktart 8 (Holzschutzmittel) des Anhangs V der Verordnung (EU) Nr. 528/2012 durch Spritzen oder Sprühen.

[2] Die für Naturschutz und Landschaftspflege zuständige Behörde kann im Einzelfall auf Antrag Ausnahmen von dem Verbot des Satzes 1 Nummer 1 zulassen, soweit dies zum Schutz der Gesundheit von Mensch und Tier erforderlich ist. [3] Die Länder können unter den Voraussetzungen nach Satz 2 Ausnahmen für bestimmte Fallgruppen auch in der Erklärung im Sinne von § 22 Absatz 1 zulassen. [4] § 34 und weitergehende Schutzvorschriften des Landesrechts sowie Maßnahmen zur Bekämpfung von Gesundheitsschädlingen nach den Vorschriften des Infektionsschutzgesetzes vom 20. Juli 2000 (BGBl. I S. 1045), das zuletzt durch Artikel 1 des Gesetzes vom 28. Mai 2021 (BGBl. I S. 1174) geändert worden ist, in der jeweils geltenden Fassung oder nach den auf der Grundlage des Infektionsschutzgesetzes erlassenen Verordnungen der Länder bleiben unberührt.

Abschnitt 2. Netz „Natura 2000“

§ 31[1)] Aufbau und Schutz des Netzes „Natura 2000“. Der Bund und die Länder erfüllen die sich aus den Richtlinien 92/43/EWG und 2009/147/EG ergebenden Verpflichtungen zum Aufbau und Schutz des zusammenhängenden europäischen ökologischen Netzes „Natura 2000“ im Sinne des Artikels 3 der Richtlinie 92/43/EWG.

§ 32[2)] [3)] Schutzgebiete. (1) [1] Die Länder wählen die Gebiete, die der Kommission nach Artikel 4 Absatz 1 der Richtlinie 92/43/EWG und Artikel 4 Absatz 1 und 2 der Richtlinie 2009/147/EG zu benennen sind, nach den in diesen Vorschriften genannten Maßgaben aus. [2] Sie stellen das Benehmen mit dem Bundesministerium für Umwelt, Naturschutz und nukleare Sicherheit her. [3] Dieses beteiligt die anderen fachlich betroffenen Bundesministerien und benennt die ausgewählten Gebiete der Kommission. [4] Es übermittelt der Kommission gleichzeitig Schätzungen über eine finanzielle Beteiligung der Gemeinschaft, die zur Erfüllung der Verpflichtungen nach Artikel 6 Absatz 1 der Richtlinie 92/43/EWG einschließlich der Zahlung eines finanziellen Ausgleichs insbesondere für die Land- und Forstwirtschaft erforderlich ist.

(2) Die in die Liste nach Artikel 4 Absatz 2 Unterabsatz 3 der Richtlinie 92/43/EWG aufgenommenen Gebiete sind nach Maßgabe des Artikels 4 Absatz 4 dieser

---

[1)] § 31 geänd. mWv 1.8.2013 durch G v. 21.1.2013 (BGBl. I S. 95).

[2)] § 32 Abs. 1 Satz 1, Abs. 2 geänd. mWv 1.8.2013 durch G v. 21.1.2013 (BGBl. I S. 95); Abs. 1 Satz 2 geänd. mWv 8.9.2015 durch VO v. 31.8.2015 (BGBl. I S. 1474); Abs. 1 Satz 2 geänd. mWv 27.6.2020 durch VO v. 19.6.2020 (BGBl. I S. 1328); Abs. 7 angef. mWv 30.6.2021 durch G v. 25.6.2021 (BGBl. I S. 2020); Abs. 7 Satz 1 geänd. mWv 15.11.2024 durch G v. 8.5.2024 (BGBl. 2024 I Nr. 153).

[3)] Zum durch Art. 10 KitafinanzhilfenÄndG v. 25.6.2021 (BGBl. I S. 2020) angef. Abs. 7 siehe die Anm. zu § 22.

Richtlinie und die nach Artikel 4 Absatz 1 und 2 der Richtlinie 2009/147/EG benannten Gebiete entsprechend den jeweiligen Erhaltungszielen zu geschützten Teilen von Natur und Landschaft im Sinne des § 20 Absatz 2 zu erklären.

(3) [1]Die Schutzerklärung bestimmt den Schutzzweck entsprechend den jeweiligen Erhaltungszielen und die erforderlichen Gebietsbegrenzungen. [2]Es soll dargestellt werden, ob prioritäre natürliche Lebensraumtypen oder prioritäre Arten zu schützen sind. [3]Durch geeignete Gebote und Verbote sowie Pflege- und Entwicklungsmaßnahmen ist sicherzustellen, dass den Anforderungen des Artikels 6 der Richtlinie 92/43/EWG entsprochen wird. [4]Weiter gehende Schutzvorschriften bleiben unberührt.

(4) Die Unterschutzstellung nach den Absätzen 2 und 3 kann unterbleiben, soweit nach anderen Rechtsvorschriften einschließlich dieses Gesetzes und gebietsbezogener Bestimmungen des Landesrechts, nach Verwaltungsvorschriften, durch die Verfügungsbefugnis eines öffentlichen oder gemeinnützigen Trägers oder durch vertragliche Vereinbarungen ein gleichwertiger Schutz gewährleistet ist.

(5) Für Natura 2000-Gebiete können Bewirtschaftungspläne selbständig oder als Bestandteil anderer Pläne aufgestellt werden.

(6) Die Auswahl und die Erklärung von Gebieten im Sinne des Absatzes 1 Satz 1 und des Absatzes 2 im Bereich der deutschen ausschließlichen Wirtschaftszone und des Festlandsockels zu geschützten Teilen von Natur und Landschaft im Sinne des § 20 Absatz 2 richten sich nach § 57.

(7) [1]Für Schutzerklärungen im Sinne der Absätze 2 und 3, für den Schutz nach anderen Rechtsvorschriften im Sinne von Absatz 4 sowie für Pläne im Sinne von Absatz 5 gilt § 22 Absatz 2a bis 2c entsprechend. [2]Dies gilt auch für Schutzerklärungen nach § 33 Absatz 2 bis 4 des Bundesnaturschutzgesetzes in der bis zum 28. Februar 2010 geltenden Fassung.

§ 33[1)] Allgemeine Schutzvorschriften. (1) [1]Alle Veränderungen und Störungen, die zu einer erheblichen Beeinträchtigung eines Natura 2000-Gebiets in seinen für die Erhaltungsziele oder den Schutzzweck maßgeblichen Bestandteilen führen können, sind unzulässig. [2]Die für Naturschutz und Landschaftspflege zuständige Behörde kann unter den Voraussetzungen des § 34 Absatz 3 bis 5 Ausnahmen von dem Verbot des Satzes 1 sowie von Verboten im Sinne des § 32 Absatz 3 zulassen.

(1a) [1]In Natura 2000-Gebieten ist die Errichtung von Anlagen zu folgenden Zwecken verboten:

1. zum Aufbrechen von Schiefer-, Ton- oder Mergelgestein oder von Kohleflözgestein unter hydraulischem Druck zur Aufsuchung oder Gewinnung von Erdgas,
2. zur untertägigen Ablagerung von Lagerstättenwasser, das bei Maßnahmen nach Nummer 1 anfällt.

[2]§ 34 findet insoweit keine Anwendung.

(2) [1]Bei einem Gebiet im Sinne des Artikels 5 Absatz 1 der Richtlinie 92/43/EWG gilt während der Konzertierungsphase bis zur Beschlussfassung des Rates Absatz 1 Satz 1 im Hinblick auf die in ihm vorkommenden prioritären natürlichen Lebensraumtypen und prioritären Arten entsprechend. [2]Die §§ 34 und 36 finden keine Anwendung.

[1)] § 33 Abs. 1a eingef. mWv 11.2.2017 durch G v. 4.8.2016 (BGBl. I S. 1972).

§ 34[1)] Verträglichkeit und Unzulässigkeit von Projekten; Ausnahmen.

(1) [1] Projekte sind vor ihrer Zulassung oder Durchführung auf ihre Verträglichkeit mit den Erhaltungszielen eines Natura 2000-Gebiets zu überprüfen, wenn sie einzeln oder im Zusammenwirken mit anderen Projekten oder Plänen geeignet sind, das Gebiet erheblich zu beeinträchtigen, und nicht unmittelbar der Verwaltung des Gebiets dienen. [2] Soweit ein Natura 2000-Gebiet ein geschützter Teil von Natur und Landschaft im Sinne des § 20 Absatz 2 ist, ergeben sich die Maßstäbe für die Verträglichkeit aus dem Schutzzweck und den dazu erlassenen Vorschriften, wenn hierbei die jeweiligen Erhaltungsziele bereits berücksichtigt wurden. [3] Der Projektträger hat die zur Prüfung der Verträglichkeit sowie der Voraussetzungen nach den Absätzen 3 bis 5 erforderlichen Unterlagen vorzulegen.

(2) Ergibt die Prüfung der Verträglichkeit, dass das Projekt zu erheblichen Beeinträchtigungen des Gebiets in seinen für die Erhaltungsziele oder den Schutzzweck maßgeblichen Bestandteilen führen kann, ist es unzulässig.

(3) Abweichend von Absatz 2 darf ein Projekt nur zugelassen oder durchgeführt werden, soweit es

1. aus zwingenden Gründen des überwiegenden öffentlichen Interesses, einschließlich solcher sozialer oder wirtschaftlicher Art, notwendig ist und
2. zumutbare Alternativen, den mit dem Projekt verfolgten Zweck an anderer Stelle ohne oder mit geringeren Beeinträchtigungen zu erreichen, nicht gegeben sind.

(4) [1] Können von dem Projekt im Gebiet vorkommende prioritäre natürliche Lebensraumtypen oder prioritäre Arten betroffen werden, können als zwingende Gründe des überwiegenden öffentlichen Interesses nur solche im Zusammenhang mit der Gesundheit des Menschen, der öffentlichen Sicherheit, einschließlich der Verteidigung und des Schutzes der Zivilbevölkerung, oder den maßgeblich günstigen Auswirkungen des Projekts auf die Umwelt geltend gemacht werden. [2] Sonstige Gründe im Sinne des Absatzes 3 Nummer 1 können nur berücksichtigt werden, wenn die zuständige Behörde zuvor über das Bundesministerium für Umwelt, Naturschutz und nukleare Sicherheit eine Stellungnahme der Kommission eingeholt hat.

(5) [1] Soll ein Projekt nach Absatz 3, auch in Verbindung mit Absatz 4, zugelassen oder durchgeführt werden, sind die zur Sicherung des Zusammenhangs des Netzes „Natura 2000" notwendigen Maßnahmen vorzusehen. [2] Die zuständige Behörde unterrichtet die Kommission über das Bundesministerium für Umwelt, Naturschutz und nukleare Sicherheit über die getroffenen Maßnahmen.

(6) [1] Bedarf ein Projekt im Sinne des Absatzes 1 Satz 1, das nicht von einer Behörde durchgeführt wird, nach anderen Rechtsvorschriften keiner behördlichen Entscheidung oder Anzeige an eine Behörde, so ist es der für Naturschutz und Landschaftspflege zuständigen Behörde anzuzeigen. [2] Diese kann die Durchführung des Projekts zeitlich befristen oder anderweitig beschränken, um die Einhaltung der Voraussetzungen der Absätze 1 bis 5 sicherzustellen. [3] Trifft die Behörde innerhalb eines Monats nach Eingang der Anzeige keine Entscheidung, kann mit der Durchführung des Projekts begonnen werden. [4] Wird mit der Durchführung eines Projekts ohne die erforderliche Anzeige begonnen, kann die Behörde die vorläufige Einstellung anordnen. [5] Liegen im Fall des Absatzes 2 die Voraussetzungen der Absätze 3 bis 5 nicht vor, hat die Behörde die Durchführung des

---

[1)] § 34 Abs. 4 Satz 2 und Abs. 5 Satz 2 geänd. mWv 8.9.2015 durch VO v. 31.8.2015 (BGBl. I S. 1474); Abs. 4 Satz 2 und Abs. 5 Satz 2 geänd. mWv 27.6.2020 durch VO v. 19.6.2020 (BGBl. I S. 1328).

Projekts zu untersagen. [6]Die Sätze 1 bis 5 sind nur insoweit anzuwenden, als Schutzvorschriften der Länder, einschließlich der Vorschriften über Ausnahmen und Befreiungen, keine strengeren Regelungen für die Zulässigkeit von Projekten enthalten.

(7) [1]Für geschützte Teile von Natur und Landschaft im Sinne des § 20 Absatz 2 und gesetzlich geschützte Biotope im Sinne des § 30 sind die Absätze 1 bis 6 nur insoweit anzuwenden, als die Schutzvorschriften, einschließlich der Vorschriften über Ausnahmen und Befreiungen, keine strengeren Regelungen für die Zulässigkeit von Projekten enthalten. [2]Die Verpflichtungen nach Absatz 4 Satz 2 zur Beteiligung der Kommission und nach Absatz 5 Satz 2 zur Unterrichtung der Kommission bleiben unberührt.

(8) Die Absätze 1 bis 7 gelten mit Ausnahme von Bebauungsplänen, die eine Planfeststellung ersetzen, nicht für Vorhaben im Sinne des § 29 des Baugesetzbuches[1)] in Gebieten mit Bebauungsplänen nach § 30 des Baugesetzbuches und während der Planaufstellung nach § 33 des Baugesetzbuches.

§ 35 Gentechnisch veränderte Organismen. Auf

1. Freisetzungen gentechnisch veränderter Organismen im Sinne des § 3 Nummer 5 des Gentechnikgesetzes und
2. die land-, forst- und fischereiwirtschaftliche Nutzung von rechtmäßig in Verkehr gebrachten Produkten, die gentechnisch veränderte Organismen enthalten oder aus solchen bestehen, sowie den sonstigen, insbesondere auch nicht erwerbswirtschaftlichen, Umgang mit solchen Produkten, der in seinen Auswirkungen den vorgenannten Handlungen vergleichbar ist, innerhalb eines Natura 2000-Gebiets

ist § 34 Absatz 1 und 2 entsprechend anzuwenden.

§ 36 Pläne. [1]Auf

1. Linienbestimmungen nach § 16 des Bundesfernstraßengesetzes[2)] und § 13 des Bundeswasserstraßengesetzes[3)] sowie
2. Pläne, die bei behördlichen Entscheidungen zu beachten oder zu berücksichtigen sind

ist § 34 Absatz 1 bis 5 entsprechend anzuwenden. [2]Bei Raumordnungsplänen im Sinne des § 3 Absatz 1 Nummer 7 des Raumordnungsgesetzes[4)] und bei Bauleitplänen und Satzungen nach § 34 Absatz 4 Satz 1 Nummer 3 des Baugesetzbuches[1)] findet § 34 Absatz 1 Satz 1 keine Anwendung.

Kapitel 5. Schutz der wild lebenden Tier- und Pflanzenarten, ihrer Lebensstätten und Biotope

Abschnitt 1. Allgemeine Vorschriften

§ 37 Aufgaben des Artenschutzes. (1) [1]Die Vorschriften dieses Kapitels sowie § 6 Absatz 3 dienen dem Schutz der wild lebenden Tier- und Pflanzenarten. [2]Der Artenschutz umfasst

---

[1)] Nr. 300.
[2)] Nr. 932.
[3)] Nr. 971.
[4)] Nr. 340.

1. den Schutz der Tiere und Pflanzen wild lebender Arten und ihrer Lebensgemeinschaften vor Beeinträchtigungen durch den Menschen und die Gewährleistung ihrer sonstigen Lebensbedingungen,
2. den Schutz der Lebensstätten und Biotope der wild lebenden Tier- und Pflanzenarten sowie
3. die Wiederansiedlung von Tieren und Pflanzen verdrängter wild lebender Arten in geeigneten Biotopen innerhalb ihres natürlichen Verbreitungsgebiets.

(2) [1] Die Vorschriften des Pflanzenschutzrechts, des Tierschutzrechts, des Seuchenrechts sowie des Forst-, Jagd- und Fischereirechts bleiben von den Vorschriften dieses Kapitels und den auf Grund dieses Kapitels erlassenen Rechtsvorschriften unberührt. [2] Soweit in jagd- oder fischereirechtlichen Vorschriften keine besonderen Bestimmungen zum Schutz und zur Pflege der betreffenden Arten bestehen oder erlassen werden, sind vorbehaltlich der Rechte der Jagdausübungs- oder Fischereiberechtigten die Vorschriften dieses Kapitels und die auf Grund dieses Kapitels erlassenen Rechtsvorschriften anzuwenden.

§ 38[1)] Allgemeine Vorschriften für den Arten-, Lebensstätten- und Biotopschutz. (1) Zur Vorbereitung und Durchführung der Aufgaben nach § 37 Absatz 1 erstellen die für Naturschutz und Landschaftspflege zuständigen Behörden des Bundes und der Länder auf der Grundlage der Beobachtung nach § 6 Schutz-, Pflege- und Entwicklungsziele und verwirklichen sie.

(2) [1] Soweit dies zur Umsetzung völker- und gemeinschaftsrechtlicher Vorgaben oder zum Schutz von Arten, die in einer Rechtsverordnung nach § 54 Absatz 1 Nummer 2 aufgeführt sind, einschließlich deren Lebensstätten, erforderlich ist, ergreifen die für Naturschutz und Landschaftspflege zuständigen Behörden des Bundes und der Länder wirksame und aufeinander abgestimmte vorbeugende Schutzmaßnahmen oder stellen Artenhilfsprogramme auf. [2] Sie treffen die erforderlichen Maßnahmen, um sicherzustellen, dass der unbeabsichtigte Fang oder das unbeabsichtigte Töten keine erheblichen nachteiligen Auswirkungen auf die streng geschützten Arten haben.

(3) Die erforderliche Forschung und die notwendigen wissenschaftlichen Arbeiten im Sinne des Artikels 18 der Richtlinie 92/43/EWG und des Artikels 10 der Richtlinie 2009/147/EG werden gefördert.

Abschnitt 2. Allgemeiner Artenschutz

§ 39[2)] Allgemeiner Schutz wild lebender Tiere und Pflanzen; Ermächtigung zum Erlass von Rechtsverordnungen. (1) Es ist verboten,

1. wild lebende Tiere mutwillig zu beunruhigen oder ohne vernünftigen Grund zu fangen, zu verletzen oder zu töten,
2. wild lebende Pflanzen ohne vernünftigen Grund von ihrem Standort zu entnehmen oder zu nutzen oder ihre Bestände niederzuschlagen oder auf sonstige Weise zu verwüsten,
3. Lebensstätten wild lebender Tiere und Pflanzen ohne vernünftigen Grund zu beeinträchtigen oder zu zerstören.

[1)] § 38 Abs. 3 geänd. mWv 1.8.2013 durch G v. 21.1.2013 (BGBl. I S. 95).

[2)] § 39 Abs. 5 Satz 3 geänd. mWv 14.10.2011 durch G v. 6.10.2011 (BGBl. I S. 1986); Abs. 5 Satz 1 Nr. 2, Satz 3 geänd. mWv 29.9.2017 durch G v. 15.9.2017 (BGBl. I S. 3434); Abs. 4a eingef. mWv 1.3.2022 durch G v. 18.8.2021 (BGBl. I S. 3908).

(2) [1] Vorbehaltlich jagd- oder fischereirechtlicher Bestimmungen ist es verboten, wild lebende Tiere und Pflanzen der in Anhang V der Richtlinie 92/43/EWG aufgeführten Arten aus der Natur zu entnehmen. [2] Die Länder können Ausnahmen von Satz 1 unter den Voraussetzungen des § 45 Absatz 7 oder des Artikels 14 der Richtlinie 92/43/EWG zulassen.

(3) Jeder darf abweichend von Absatz 1 Nummer 2 wild lebende Blumen, Gräser, Farne, Moose, Flechten, Früchte, Pilze, Tee- und Heilkräuter sowie Zweige wild lebender Pflanzen aus der Natur an Stellen, die keinem Betretungsverbot unterliegen, in geringen Mengen für den persönlichen Bedarf pfleglich entnehmen und sich aneignen.

(4) [1] Das gewerbsmäßige Entnehmen, Be- oder Verarbeiten wild lebender Pflanzen bedarf unbeschadet der Rechte der Eigentümer und sonstiger Nutzungsberechtigter der Genehmigung der für Naturschutz und Landschaftspflege zuständigen Behörde. [2] Die Genehmigung ist zu erteilen, wenn der Bestand der betreffenden Art am Ort der Entnahme nicht gefährdet und der Naturhaushalt nicht erheblich beeinträchtigt werden. [3] Die Entnahme hat pfleglich zu erfolgen. [4] Bei der Entscheidung über Entnahmen zu Zwecken der Produktion regionalen Saatguts sind die günstigen Auswirkungen auf die Ziele des Naturschutzes und der Landschaftspflege zu berücksichtigen.

(4a) [1] Ein vernünftiger Grund nach Absatz 1 liegt insbesondere vor, wenn wissenschaftliche oder naturkundliche Untersuchungen an Tieren oder Pflanzen sowie diesbezügliche Maßnahmen der Umweltbildung im zur Erreichung des Untersuchungsziels oder Bildungszwecks notwendigen Umfang vorgenommen werden. [2] Vorschriften des Tierschutzrechts bleiben unberührt.

(5) [1] Es ist verboten,

1. die Bodendecke auf Wiesen, Feldrainen, Hochrainen und ungenutzten Grundflächen sowie an Hecken und Hängen abzubrennen oder nicht land-, forst- oder fischereiwirtschaftlich genutzte Flächen so zu behandeln, dass die Tier- oder Pflanzenwelt erheblich beeinträchtigt wird,
2. Bäume, die außerhalb des Waldes, von Kurzumtriebsplantagen oder gärtnerisch genutzten Grundflächen stehen, Hecken, lebende Zäune, Gebüsche und andere Gehölze in der Zeit vom 1. März bis zum 30. September abzuschneiden, auf den Stock zu setzen oder zu beseitigen; zulässig sind schonende Form- und Pflegeschnitte zur Beseitigung des Zuwachses der Pflanzen oder zur Gesunderhaltung von Bäumen,
3. Röhrichte in der Zeit vom 1. März bis zum 30. September zurückzuschneiden; außerhalb dieser Zeiten dürfen Röhrichte nur in Abschnitten zurückgeschnitten werden,
4. ständig wasserführende Gräben unter Einsatz von Grabenfräsen zu räumen, wenn dadurch der Naturhaushalt, insbesondere die Tierwelt erheblich beeinträchtigt wird.

[2] Die Verbote des Satzes 1 Nummer 1 bis 3 gelten nicht für

1. behördlich angeordnete Maßnahmen,
2. Maßnahmen, die im öffentlichen Interesse nicht auf andere Weise oder zu anderer Zeit durchgeführt werden können, wenn sie
   a) behördlich durchgeführt werden,
   b) behördlich zugelassen sind oder
   c) der Gewährleistung der Verkehrssicherheit dienen,
3. nach § 15 zulässige Eingriffe in Natur und Landschaft,

4. zulässige Bauvorhaben, wenn nur geringfügiger Gehölzbewuchs zur Verwirklichung der Baumaßnahmen beseitigt werden muss.

[3] Die Landesregierungen werden ermächtigt, durch Rechtsverordnung bei den Verboten des Satzes 1 Nummer 2 und 3 für den Bereich eines Landes oder für Teile des Landes erweiterte Verbotszeiträume vorzusehen und den Verbotszeitraum aus klimatischen Gründen um bis zu zwei Wochen zu verschieben. [4] Sie können die Ermächtigung nach Satz 3 durch Rechtsverordnung auf andere Landesbehörden übertragen.

(6) Es ist verboten, Höhlen, Stollen, Erdkeller oder ähnliche Räume, die als Winterquartier von Fledermäusen dienen, in der Zeit vom 1. Oktober bis zum 31. März aufzusuchen; dies gilt nicht zur Durchführung unaufschiebbarer und nur geringfügig störender Handlungen sowie für touristisch erschlossene oder stark genutzte Bereiche.

(7) Weiter gehende Schutzvorschriften insbesondere des Kapitels 4 und des Abschnitts 3 des Kapitels 5 einschließlich der Bestimmungen über Ausnahmen und Befreiungen bleiben unberührt.

§ 40[1)] **Ausbringen von Pflanzen und Tieren.** (1) [1] Das Ausbringen von Pflanzen in der freien Natur, deren Art in dem betreffenden Gebiet in freier Natur nicht oder seit mehr als 100 Jahren nicht mehr vorkommt, sowie von Tieren bedarf der Genehmigung der zuständigen Behörde. [2] Dies gilt nicht für künstlich vermehrte Pflanzen, wenn sie ihren genetischen Ursprung in dem betreffenden Gebiet haben. [3] Die Genehmigung ist zu versagen, wenn eine Gefährdung von Ökosystemen, Biotopen oder Arten der Mitgliedstaaten nicht auszuschließen ist. [4] Von dem Erfordernis einer Genehmigung sind ausgenommen

1. der Anbau von Pflanzen in der Land- und Forstwirtschaft,
2. der Einsatz von Tieren zum Zweck des biologischen Pflanzenschutzes
   a) der Arten, die in dem betreffenden Gebiet in freier Natur in den letzten 100 Jahren vorkommen oder vorkamen,
   b) anderer Arten, sofern der Einsatz einer pflanzenschutzrechtlichen Genehmigung bedarf, bei der die Belange des Artenschutzes berücksichtigt sind,
3. das Ansiedeln von Tieren, die dem Jagd- oder Fischereirecht unterliegen, sofern die Art in dem betreffenden Gebiet in freier Natur in den letzten 100 Jahren vorkommt oder vorkam,
4. das Ausbringen von Gehölzen und Saatgut außerhalb ihrer Vorkommensgebiete bis einschließlich 1. März 2020; bis zu diesem Zeitpunkt sollen in der freien Natur Gehölze und Saatgut vorzugsweise nur innerhalb ihrer Vorkommensgebiete ausgebracht werden.

[5] Artikel 22 der Richtlinie 92/43/EWG sowie die Vorschriften der Verordnung *(EU) Nr. 1143/2014 sind* zu beachten.

(2) Genehmigungen nach Absatz 1 werden bei im Inland noch nicht vorkommenden Arten vom Bundesamt für Naturschutz erteilt.

(3) Die zuständige Behörde kann anordnen, dass ungenehmigt ausgebrachte Tiere und Pflanzen oder sich unbeabsichtigt in der freien Natur ausbreitende

---

[1)] § 40 Überschrift neu gef., Abs. 1–3 aufgeh., bish. Abs. 4–6 werden Abs. 1–3, neuer Abs. 1 Sätze 1 und 2 geänd., Satz 4 Nr. 2 und 3, Satz 5 neu gef., neuer Abs. 2 geänd. mWv 16.9.2017 durch G v. 8.9. 2017 (BGBl. I S. 3370).

Pflanzen sowie dorthin entkommene Tiere beseitigt werden, soweit es zur Abwehr einer Gefährdung von Ökosystemen, Biotopen oder Arten erforderlich ist.

§ 40a[1] Maßnahmen gegen invasive Arten. (1) [1] Die zuständigen Behörden treffen nach pflichtgemäßem Ermessen die im Einzelfall erforderlichen und verhältnismäßigen Maßnahmen, um

1. sicherzustellen, dass die Vorschriften der Verordnung (EU) Nr. 1143/2014, dieses Kapitels und der auf ihrer Grundlage erlassenen Rechtsvorschriften in Bezug auf invasive Arten eingehalten werden und um
2. die Einbringung oder Ausbreitung von invasiven Arten zu verhindern oder zu minimieren.

[2] Soweit Maßnahmen nach Satz 1 Nummer 2 in der freien Natur invasive und entweder dem Jagdrecht unterliegende oder andere Arten betreffen, bei denen die Maßnahmen im Rahmen des Jagdschutzes durchgeführt werden können, werden sie im Einvernehmen mit den nach Landesrecht für Jagd zuständigen Behörden unbeschadet des fortbestehenden Jagdrechts nach den §§ 1, 2 und 23 des Bundesjagdgesetzes[2] festgelegt. [3] Maßnahmen mit jagdlichen Mitteln sind im Einvernehmen mit den Jagdausübungsberechtigten, Maßnahmen ohne Einsatz jagdlicher Mittel mit Rücksicht auf deren berechtigte Interessen durchzuführen. [4] Soweit Maßnahmen nach Satz 1 Nummer 2 in der freien Natur dem Fischereirecht unterliegende invasive Arten betreffen, werden sie im Einvernehmen mit den nach Landesrecht für Fischerei zuständigen Behörden festgelegt. [5] Maßnahmen mit fischereilichen Mitteln sind im Einvernehmen mit dem Fischereiausübungsberechtigten, Maßnahmen ohne Einsatz fischereilicher Mittel mit Rücksicht auf deren berechtigte Interessen durchzuführen. [6] Bei Gefahr im Verzug bedarf es des Einvernehmens nach den Sätzen 2 bis 5 nicht.

(2) Liegen Anhaltspunkte für das Vorhandensein einer invasiven Art vor, sind Eigentümer und Inhaber der tatsächlichen Gewalt verpflichtet, eine Untersuchung von Gegenständen, Substraten, Transportmitteln, Anlagen, Grundstücken, Gebäuden oder Räumen im Hinblick auf das Vorhandensein invasiver Arten zu dulden.

(3) [1] Die zuständige Behörde kann gegenüber demjenigen, der die Ausbringung, die Ausbreitung oder das Entkommen von invasiven Arten verursacht hat, deren Beseitigung und dafür bestimmte Verfahren anordnen, soweit dies zur Abwehr einer Gefährdung von Ökosystemen, Biotopen oder Arten erforderlich ist. [2] Eigentümer von Grundstücken und anderen in Absatz 2 genannten Sachen sowie der Inhaber der tatsächlichen Gewalt sind verpflichtet, Maßnahmen der zuständigen Behörde zur Beseitigung oder Verhinderung einer Ausbreitung invasiver Arten zu dulden.

(4) [1] Die zuständige Behörde kann Exemplare invasiver Arten beseitigen oder durch Beauftragte beseitigen lassen, wenn eine Beseitigung durch die in Absatz 3 Satz 1 genannten Personen nicht oder nicht rechtzeitig erreicht werden kann. [2] Die durch die Maßnahme entstehenden Kosten können den in Absatz 3 Satz 1 genannten Personen auferlegt werden.

(5) [1] Steht ein Grundstück im Eigentum der öffentlichen Hand, soll der Eigentümer die von der zuständigen Behörde festgelegten Beseitigungsmaßnahmen nach Artikel 17 oder Managementmaßnahmen nach Artikel 19 der Verordnung (EU) Nr. 1143/2014 bei der Bewirtschaftung des Grundstücks in besonderer Weise

---

[1] § 40a eingef. mWv 16.9.2017 durch G v. 8.9.2017 (BGBl. I S. 3370).

[2] Nr. **890.**

berücksichtigen. [2]Satz 1 gilt auch, wenn das Grundstück im Eigentum eines privatrechtlich organisierten Unternehmens steht, an dem mehrheitlich eine Gebietskörperschaft Anteile hält.

(6) Die im Einzelfall erforderlichen Maßnahmen zur Verhütung einer Verbreitung invasiver Arten durch Seeschiffe richten sich nach dem Gesetz über die Aufgaben des Bundes auf dem Gebiet der Seeschifffahrt sowie den auf dieser Grundlage erlassenen Rechtsvorschriften.

§ 40b[1)] Nachweispflicht und Einziehung bei invasiven Arten. [1]Wer Exemplare einer invasiven Art besitzt oder die tatsächliche Gewalt darüber ausübt, kann sich gegenüber den zuständigen Behörden auf eine Berechtigung hierzu nur berufen, wenn er diese Berechtigung auf Verlangen nachweist. [2]Beruft sich die Person auf die Übergangsbestimmungen nach Artikel 31 der Verordnung (EU) Nr. 1143/2014 genügt es, wenn sie diese Berechtigung glaubhaft macht. [3]§ 47 gilt entsprechend.

§ 40c[2)] Genehmigungen. (1) [1]Abweichend von den Verboten des Artikels 7 Absatz 1 Buchstabe a, b, c, d, f und g der Verordnung (EU) Nr. 1143/2014 bedürfen die Forschung an und Ex-situ-Erhaltung von invasiven Arten einer Genehmigung durch die zuständige Behörde. [2]Die Genehmigung ist zu erteilen, wenn die Voraussetzungen des Artikels 8 Absatz 2 bis 4 der Verordnung (EU) Nr. 1143/2014 vorliegen. [3]Eine Genehmigung ist für Bestände invasiver Tierarten nicht erforderlich, die vor dem 3. August 2016 gehalten wurden, sich unter Verschluss befinden und in denen keine Vermehrung stattfindet.

(2) Absatz 1 gilt entsprechend für die wissenschaftliche Herstellung und die anschließende medizinische Verwendung von Produkten, die aus invasiven Arten hervorgegangen sind, wenn die Verwendung der Produkte unvermeidbar ist, um Fortschritte für die menschliche Gesundheit zu erzielen.

(3) [1]Für andere Tätigkeiten kann in Ausnahmefällen auf Antrag eine Genehmigung nach Maßgabe von Artikel 9 der Verordnung (EU) Nr. 1143/2014 erteilt werden. [2]Die zuständige Behörde reicht den Zulassungsantrag über das elektronische Zulassungssystem nach Artikel 9 Absatz 2 der Verordnung (EU) Nr. 1143/2014 bei der Kommission ein. [3]Eine Zulassung durch die Kommission ist nicht erforderlich, wenn Beschränkungen einer Rechtsverordnung nach § 54 Absatz 4 Satz 1 betroffen sind.

(4) [1]Der Antrag ist schriftlich oder elektronisch unter Vorlage der zur Prüfung erforderlichen Unterlagen bei der zuständigen Behörde einzureichen. [2]Im Falle des Absatzes 3 sind die in Satz 1 genannten Unterlagen der zuständigen Behörde auch als elektronisches Dokument zu übermitteln.

(5) [1]Die Genehmigung kann widerrufen werden, wenn unvorhergesehene Ereignisse mit einer nachteiligen Auswirkung auf die biologische Vielfalt oder damit verbundene Ökosystemdienstleistungen eintreten. [2]Der Widerruf ist wissenschaftlich zu begründen; sind die wissenschaftlichen Angaben nicht ausreichend, erfolgt der Widerruf unter Anwendung des Vorsorgeprinzips.

§ 40d[3)] Aktionsplan zu Pfaden invasiver Arten. (1) [1]Das Bundesministerium für Umwelt, Naturschutz und nukleare Sicherheit beschließt nach Anhörung der

---

[1)] § 40b eingef. mWv 16.9.2017 durch G v. 8.9.2017 (BGBl. I S. 3370).

[2)] § 40c eingef. mWv 16.9.2017 durch G v. 8.9.2017 (BGBl. I S. 3370).

[3)] § 40d eingef. mWv 16.9.2017 durch G v. 8.9.2017 (BGBl. I S. 3370); Abs. 1 Satz 1 geänd. mWv 27.6.2020 durch VO v. 19.6.2020 (BGBl. I S. 1328).

Länder im Einvernehmen mit dem Bundesministerium für Verkehr und digitale Infrastruktur sowie dem Bundesministerium für Ernährung und Landwirtschaft einen Aktionsplan nach Artikel 13 der Verordnung (EU) Nr. 1143/2014 zu den Einbringungs- und Ausbreitungspfaden invasiver Arten nach § 7 Absatz 2 Nummer 9 Buchstabe a. [2]Satz 1 gilt auch für invasive Arten nach § 7 Absatz 2 Nummer 9 Buchstabe b, soweit die Kommission insoweit in einem Durchführungsrechtsakt nach Artikel 11 Absatz 2 Satz 2 eine Anwendung des Artikels 13 vorsieht, sowie für invasive Arten, die in einer Rechtsverordnung nach § 54 Absatz 4 Satz 1 Nummer 3 aufgeführt sind.

(2) Der Aktionsplan ist mindestens alle sechs Jahre zu überarbeiten.

(3) [1]Anstatt eines Aktionsplans können auch mehrere Aktionspläne für verschiedene Einbringungs- und Ausbreitungspfade invasiver Arten beschlossen werden. [2]Für diese Aktionspläne gelten die Absätze 1 und 2 entsprechend.

§ 40e[1] Managementmaßnahmen. (1) [1]Die für Naturschutz und Landschaftspflege zuständigen Behörden legen nach Maßgabe des Artikels 19 der Verordnung (EU) Nr. 1143/2014 Managementmaßnahmen fest. [2]Sie stimmen die Maßnahmen nach Satz 1 sowohl untereinander als auch, soweit erforderlich, mit den zuständigen Behörden anderer Mitgliedstaaten der Europäischen Union ab. [3]Die Abstimmung mit Behörden anderer Mitgliedstaaten erfolgt im Benehmen mit dem Bundesministerium für Umwelt, Naturschutz und nukleare Sicherheit.

(2) Soweit die Managementmaßnahmen invasive und entweder dem Jagdrecht unterliegende oder andere Arten betreffen, bei denen die Maßnahmen im Rahmen des Jagdschutzes durchgeführt werden können, werden sie im Einvernehmen mit den nach Landesrecht für Jagd zuständigen Behörden unbeschadet des fortbestehenden Jagdrechts nach den §§ 1, 2 und 23 des Bundesjagdgesetzes[2] festgelegt; soweit dem Fischereirecht unterliegende invasive Arten betroffen sind, im Einvernehmen mit den nach Landesrecht für Fischerei zuständigen Behörden.

§ 40f[3] Beteiligung der Öffentlichkeit. (1) Bei der Aufstellung von Aktionsplänen gemäß § 40d und der Festlegung von Managementmaßnahmen gemäß § 40e ist eine Öffentlichkeitsbeteiligung entsprechend § 42 des Gesetzes über die Umweltverträglichkeitsprüfung[4] durchzuführen.

(2) Das Ergebnis der Öffentlichkeitsbeteiligung ist bei der Aufstellung des Aktionsplans nach § 40d Absatz 1 und der Festlegung von Managementmaßnahmen nach § 40e angemessen zu berücksichtigen.

(3) [1]Das Bundesministerium für Umwelt, Naturschutz und nukleare Sicherheit macht den Aktionsplan nach § 40d Absatz 1 mit Begründung im Bundesanzeiger bekannt. [2]In der Begründung sind das Verfahren zur Aufstellung des Aktionsplans und die Gründe und Erwägungen, auf denen der Aktionsplan beruht, angemessen darzustellen. [3]Die Bekanntmachung von nach § 40e festgelegten Managementmaßnahmen richtet sich nach Landesrecht.

(4) Bei Überarbeitungen nach § 40d Absatz 2 und der Änderung von Managementmaßnahmen gelten die Absätze 1 bis 3 entsprechend.

---

[1] § 40e eingef. mWv 16.9.2017 durch G v. 8.9.2017 (BGBl. I S. 3370); Abs. 1 Satz 3 geänd. mWv 27.6.2020 durch VO v. 19.6.2020 (BGBl. I S. 1328).

[2] Nr. 890.

[3] § 40f eingef. mWv 16.9.2017 durch G v. 8.9.2017 (BGBl. I S. 3370); Abs. 3 Satz 1 geänd. mWv 27.6.2020 durch VO v. 19.6.2020 (BGBl. I S. 1328).

[4] Nr. 295.

(5) Soweit Aktionspläne nach dem Gesetz über die Umweltverträglichkeitsprüfung einer strategischen Umweltprüfung bedürfen, ist die Beteiligung der Öffentlichkeit nach den Absätzen 1 und 2 Teil der strategischen Umweltprüfung nach § 42 des Gesetzes über die Umweltverträglichkeitsprüfung.

§ 41 Vogelschutz an Energiefreileitungen. [1] Zum Schutz von Vogelarten sind neu zu errichtende Masten und technische Bauteile von Mittelspannungsleitungen konstruktiv so auszuführen, dass Vögel gegen Stromschlag geschützt sind. [2] An bestehenden Masten und technischen Bauteilen von Mittelspannungsleitungen mit hoher Gefährdung von Vögeln sind bis zum 31. Dezember 2012 die notwendigen Maßnahmen zur Sicherung gegen Stromschlag durchzuführen. [3] Satz 2 gilt nicht für die Oberleitungsanlagen von Eisenbahnen.

§ 42 Zoos. (1) [1] Zoos sind dauerhafte Einrichtungen, in denen lebende Tiere wild lebender Arten zwecks Zurschaustellung während eines Zeitraumes von mindestens sieben Tagen im Jahr gehalten werden. [2] Nicht als Zoo gelten

1. Zirkusse,
2. Tierhandlungen und
3. Gehege zur Haltung von nicht mehr als fünf Arten von Schalenwild, das im Bundesjagdgesetz aufgeführt ist, oder Einrichtungen, in denen nicht mehr als 20 Tiere anderer wild lebender Arten gehalten werden.

(2) [1] Die Errichtung, Erweiterung, wesentliche Änderung und der Betrieb eines Zoos bedürfen der Genehmigung. [2] Die Genehmigung bezieht sich auf eine bestimmte Anlage, bestimmte Betreiber, auf eine bestimmte Anzahl an Individuen einer jeden Tierart sowie auf eine bestimmte Betriebsart.

(3) Zoos sind so zu errichten und zu betreiben, dass

1. bei der Haltung der Tiere den biologischen und den Erhaltungsbedürfnissen der jeweiligen Art Rechnung getragen wird, insbesondere die jeweiligen Gehege nach Lage, Größe und Gestaltung und innerer Einrichtung art- und tiergerecht ausgestaltet sind,
2. die Pflege der Tiere auf der Grundlage eines dem Stand der guten veterinärmedizinischen Praxis entsprechenden schriftlichen Programms zur tiermedizinischen Vorbeugung und Behandlung sowie zur Ernährung erfolgt,
3. dem Eindringen von Schadorganismen sowie dem Entweichen der Tiere vorgebeugt wird,
4. die Vorschriften des Tier- und Artenschutzes beachtet werden,
5. ein Register über den Tierbestand des Zoos in einer den verzeichneten Arten jeweils angemessenen Form geführt und stets auf dem neuesten Stand gehalten wird,
6. die Aufklärung und das Bewusstsein der Öffentlichkeit in Bezug auf den Erhalt der biologischen Vielfalt gefördert wird, insbesondere durch Informationen über die zur Schau gestellten Arten und ihre natürlichen Biotope,
7. sich der Zoo beteiligt an
   a) Forschungen, die zur Erhaltung der Arten beitragen, einschließlich des Austausches von Informationen über die Arterhaltung, oder
   b) der Aufzucht in Gefangenschaft, der Bestandserneuerung und der Wiederansiedlung von Arten in ihren Biotopen oder
   c) der Ausbildung in erhaltungsspezifischen Kenntnissen und Fähigkeiten.

(4) [1] Die Genehmigung nach Absatz 2 ist zu erteilen, wenn

1. sichergestellt ist, dass die Pflichten nach Absatz 3 erfüllt werden,
2. die nach diesem Kapitel erforderlichen Nachweise vorliegen,
3. keine Tatsachen vorliegen, aus denen sich Bedenken gegen die Zuverlässigkeit des Betreibers sowie der für die Leitung des Zoos verantwortlichen Personen ergeben sowie
4. andere öffentlich-rechtliche Vorschriften der Errichtung und dem Betrieb des Zoos nicht entgegenstehen.

2 Die Genehmigung kann mit Nebenbestimmungen versehen werden; insbesondere kann eine Sicherheitsleistung für die ordnungsgemäße Auflösung des Zoos und die Wiederherstellung des früheren Zustands verlangt werden.

(5) Die Länder können vorsehen, dass die in Absatz 2 Satz 1 vorgesehene Genehmigung die Erlaubnis nach § 11 Absatz 1 Satz 1 Nummer 2a und 3 Buchstabe d des Tierschutzgesetzes[1)] einschließt.

(6) 1 Die zuständige Behörde hat die Einhaltung der sich aus den Absätzen 3 und 4 ergebenden Anforderungen unter anderem durch regelmäßige Prüfungen und Besichtigungen zu überwachen. 2 § 52 gilt entsprechend.

(7) 1 Wird ein Zoo ohne die erforderliche Genehmigung oder im Widerspruch zu den sich aus den Absätzen 3 und 4 ergebenden Anforderungen errichtet, erweitert, wesentlich geändert oder betrieben, so kann die zuständige Behörde die erforderlichen Anordnungen treffen, um die Einhaltung der Anforderungen innerhalb einer angemessenen Frist sicherzustellen. 2 Sie kann dabei auch bestimmen, den Zoo ganz oder teilweise für die Öffentlichkeit zu schließen. 3 Ändern sich die Anforderungen an die Haltung von Tieren in Zoos entsprechend dem Stand der Wissenschaft, soll die zuständige Behörde nachträgliche Anordnungen erlassen, wenn den geänderten Anforderungen nicht auf andere Weise nachgekommen wird.

(8) 1 Soweit der Betreiber Anordnungen nach Absatz 7 nicht nachkommt, ist der Zoo innerhalb eines Zeitraums von höchstens zwei Jahren nach deren Erlass ganz oder teilweise zu schließen und die Genehmigung ganz oder teilweise zu widerrufen. 2 Durch Anordnung ist sicherzustellen, dass die von der Schließung betroffenen Tiere angemessen und im Einklang mit dem Zweck und den Bestimmungen der Richtlinie 1999/22/EG des Rates vom 29. März 1999 über die Haltung von Wildtieren in Zoos (ABl. L 94 vom 9.4.1999, S. 24) auf Kosten des Betreibers art- und tiergerecht behandelt und untergebracht werden. 3 Eine Beseitigung der Tiere ist nur in Übereinstimmung mit den arten- und tierschutzrechtlichen Bestimmungen zulässig, wenn keine andere zumutbare Alternative für die Unterbringung der Tiere besteht.

§ 43[2)] Tiergehege. (1) Tiergehege sind dauerhafte Einrichtungen, in denen Tiere wild lebender Arten außerhalb von Wohn- und Geschäftsgebäuden während eines Zeitraums von mindestens sieben Tagen im Jahr gehalten werden und die kein Zoo im Sinne des § 42 Absatz 1 sind.

(2) Tiergehege sind so zu errichten und zu betreiben, dass

1. die sich aus § 42 Absatz 3 Nummer 1 bis 4 ergebenden Anforderungen eingehalten werden,
2. weder der Naturhaushalt noch das Landschaftsbild beeinträchtigt werden und

---

[1)] Nr. **873**.

[2)] § 43 Abs. 4 einl. Satzteil geänd. mWv 14.10.2011 durch G v. 6.10.2011 (BGBl. I S. 1986).

3. das Betreten von Wald und Flur sowie der Zugang zu Gewässern nicht in unangemessener Weise eingeschränkt wird.

(3) [1] Die Errichtung, Erweiterung, wesentliche Änderung und der Betrieb eines Tiergeheges sind der zuständigen Behörde mindestens einen Monat im Voraus anzuzeigen. [2] Diese kann die erforderlichen Anordnungen treffen, um die Einhaltung der sich aus Absatz 2 ergebenden Anforderungen sicherzustellen. [3] Sie kann die Beseitigung eines Tiergeheges anordnen, wenn nicht auf andere Weise rechtmäßige Zustände hergestellt werden können. [4] In diesem Fall gilt § 42 Absatz 8 Satz 2 und 3 entsprechend.

(4) Die Länder können bestimmen, dass die Anforderungen nach Absatz 3 nicht gelten für Gehege,

1. die unter staatlicher Aufsicht stehen,
2. die nur für kurze Zeit aufgestellt werden oder eine geringe Fläche beanspruchen oder
3. in denen nur eine geringe Anzahl an Tieren oder Tiere mit geringen Anforderungen an ihre Haltung gehalten werden.

(5) Weiter gehende Vorschriften der Länder bleiben unberührt.

Abschnitt 3. Besonderer Artenschutz

§ 44[1)] Vorschriften für besonders geschützte und bestimmte andere Tier- und Pflanzenarten. (1) Es ist verboten,

1. wild lebenden Tieren der besonders geschützten Arten nachzustellen, sie zu fangen, zu verletzen oder zu töten oder ihre Entwicklungsformen aus der Natur zu entnehmen, zu beschädigen oder zu zerstören,
2. wild lebende Tiere der streng geschützten Arten und der europäischen Vogelarten während der Fortpflanzungs-, Aufzucht-, Mauser-, Überwinterungs- und Wanderungszeiten erheblich zu stören; eine erhebliche Störung liegt vor, wenn sich durch die Störung der Erhaltungszustand der lokalen Population einer Art verschlechtert,
3. Fortpflanzungs- oder Ruhestätten der wild lebenden Tiere der besonders geschützten Arten aus der Natur zu entnehmen, zu beschädigen oder zu zerstören,
4. wild lebende Pflanzen der besonders geschützten Arten oder ihre Entwicklungsformen aus der Natur zu entnehmen, sie oder ihre Standorte zu beschädigen oder zu zerstören

(Zugriffsverbote).

(2) [1] Es ist ferner verboten,

1. Tiere und Pflanzen der besonders geschützten Arten in Besitz oder Gewahrsam zu nehmen, in Besitz oder Gewahrsam zu haben oder zu be- oder verarbeiten (Besitzverbote),
2. Tiere und Pflanzen der besonders geschützten Arten im Sinne des § 7 Absatz 2 Nummer 13 Buchstabe b und c
   a) zu verkaufen, zu kaufen, zum Verkauf oder Kauf anzubieten, zum Verkauf vorrätig zu halten oder zu befördern, zu tauschen oder entgeltlich zum Gebrauch oder zur Nutzung zu überlassen,

---

1) § 44 Abs. 3 neu gef. mWv 16.9.2017 durch G v. 8.9.2017 (BGBl. I S. 3370); Abs. 5 Sätze 1 und 2 neu gef., Satz 3 geänd. mWv 29.9.2017 durch G v. 15.9.2017 (BGBl. I S. 3434).

b) zu kommerziellen Zwecken zu erwerben, zur Schau zu stellen oder auf andere Weise zu verwenden

(Vermarktungsverbote).

2 Artikel 9 der Verordnung (EG) Nr. 338/97 bleibt unberührt.

(3) Die Besitz- und Vermarktungsverbote gelten auch für Waren im Sinne des Anhangs der Richtlinie 83/129/EWG, die entgegen den Artikeln 1 und 3 dieser Richtlinie nach dem 30. September 1983 in die Gemeinschaft gelangt sind.

(4) 1 Entspricht die land-, forst- und fischereiwirtschaftliche Bodennutzung und die Verwertung der dabei gewonnenen Erzeugnisse den in § 5 Absatz 2 bis 4 dieses Gesetzes genannten Anforderungen sowie den sich aus § 17 Absatz 2 des Bundes-Bodenschutzgesetzes[1)] und dem Recht der Land-, Forst- und Fischereiwirtschaft ergebenden Anforderungen an die gute fachliche Praxis, verstößt sie nicht gegen die Zugriffs-, Besitz- und Vermarktungsverbote. 2 Sind in Anhang IV der Richtlinie 92/43/EWG aufgeführte Arten, europäische Vogelarten oder solche Arten, die in einer Rechtsverordnung nach § 54 Absatz 1 Nummer 2 aufgeführt sind, betroffen, gilt dies nur, soweit sich der Erhaltungszustand der lokalen Population einer Art durch die Bewirtschaftung nicht verschlechtert. 3 Soweit dies nicht durch anderweitige Schutzmaßnahmen, insbesondere durch Maßnahmen des Gebietsschutzes, Artenschutzprogramme, vertragliche Vereinbarungen oder gezielte Aufklärung sichergestellt ist, ordnet die zuständige Behörde gegenüber den verursachenden Land-, Forst- oder Fischwirten die erforderlichen Bewirtschaftungsvorgaben an. 4 Befugnisse nach Landesrecht zur Anordnung oder zum Erlass entsprechender Vorgaben durch Allgemeinverfügung oder Rechtsverordnung bleiben unberührt.

(5) 1 Für nach § 15 Absatz 1 unvermeidbare Beeinträchtigungen durch Eingriffe in Natur und Landschaft, die nach § 17 Absatz 1 oder Absatz 3 zugelassen oder von einer Behörde durchgeführt werden, sowie für Vorhaben im Sinne des § 18 Absatz 2 Satz 1 gelten die Zugriffs-, Besitz- und Vermarktungsverbote nach Maßgabe der Sätze 2 bis 5. 2 Sind in Anhang IV Buchstabe a der Richtlinie 92/43/EWG aufgeführte Tierarten, europäische Vogelarten oder solche Arten betroffen, die in einer Rechtsverordnung nach § 54 Absatz 1 Nummer 2 aufgeführt sind, liegt ein Verstoß gegen

1. das Tötungs- und Verletzungsverbot nach Absatz 1 Nummer 1 nicht vor, wenn die Beeinträchtigung durch den Eingriff oder das Vorhaben das Tötungs- und Verletzungsrisiko für Exemplare der betroffenen Arten nicht signifikant erhöht und diese Beeinträchtigung bei Anwendung der gebotenen, fachlich anerkannten Schutzmaßnahmen nicht vermieden werden kann,
2. das Verbot des Nachstellens und Fangens wild lebender Tiere und der Entnahme, Beschädigung oder Zerstörung ihrer Entwicklungsformen nach Absatz 1 Nummer 1 nicht vor, wenn die Tiere oder ihre Entwicklungsformen im Rahmen einer erforderlichen Maßnahme, die auf den Schutz der Tiere vor Tötung oder Verletzung oder ihrer Entwicklungsformen vor Entnahme, Beschädigung oder Zerstörung und die Erhaltung der ökologischen Funktion der Fortpflanzungs- oder Ruhestätten im räumlichen Zusammenhang gerichtet ist, beeinträchtigt werden und diese Beeinträchtigungen unvermeidbar sind,
3. das Verbot nach Absatz 1 Nummer 3 nicht vor, wenn die ökologische Funktion der von dem Eingriff oder Vorhaben betroffenen Fortpflanzungs- und Ruhestätten im räumlichen Zusammenhang weiterhin erfüllt wird.

---

1) Nr. **299**.

[3] Soweit erforderlich, können auch vorgezogene Ausgleichsmaßnahmen festgelegt werden. [4] Für Standorte wild lebender Pflanzen der in Anhang IV Buchstabe b der Richtlinie 92/43/EWG aufgeführten Arten gelten die Sätze 2 und 3 entsprechend. [5] Sind andere besonders geschützte Arten betroffen, liegt bei Handlungen zur Durchführung eines Eingriffs oder Vorhabens kein Verstoß gegen die Zugriffs-, Besitz- und Vermarktungsverbote vor.

(6) [1] Die Zugriffs- und Besitzverbote gelten nicht für Handlungen zur Vorbereitung gesetzlich vorgeschriebener Prüfungen, die von fachkundigen Personen unter größtmöglicher Schonung der untersuchten Exemplare und der übrigen Tier- und Pflanzenwelt im notwendigen Umfang vorgenommen werden. [2] Die Anzahl der verletzten oder getöteten Exemplare von europäischen Vogelarten und Arten der in Anhang IV Buchstabe a der Richtlinie 92/43/EWG aufgeführten Tierarten ist von der fachkundigen Person der für Naturschutz und Landschaftspflege zuständigen Behörde jährlich mitzuteilen.

§ 45[1)] Ausnahmen; Ermächtigung zum Erlass von Rechtsverordnungen.

(1) [1] Von den Besitzverboten sind, soweit sich aus einer Rechtsverordnung nach § 54 Absatz 5 nichts anderes ergibt, ausgenommen

1. Tiere und Pflanzen der besonders geschützten Arten, die rechtmäßig
   a) in der Gemeinschaft gezüchtet und nicht herrenlos geworden sind, durch künstliche Vermehrung gewonnen oder aus der Natur entnommen worden sind,
   b) aus Drittstaaten in die Gemeinschaft gelangt sind,
2. Tiere und Pflanzen der Arten, die in einer Rechtsverordnung nach § 54 Absatz 4 aufgeführt und vor ihrer Aufnahme in die Rechtsverordnung rechtmäßig in der Gemeinschaft erworben worden sind.

[2] Satz 1 Nummer 1 Buchstabe b gilt nicht für Tiere und Pflanzen der Arten im Sinne des § 7 Absatz 2 Nummer 13 Buchstabe b, die nach dem 3. April 2002 ohne eine Ausnahme oder Befreiung nach § 43 Absatz 8 Satz 2 oder § 62 des Bundesnaturschutzgesetzes in der bis zum 1. März 2010 geltenden Fassung oder nach dem 1. März 2010 ohne eine Ausnahme nach Absatz 8 aus einem Drittstaat unmittelbar in das Inland gelangt sind. [3] Abweichend von Satz 2 dürfen tote Vögel von europäischen Vogelarten im Sinne des § 7 Absatz 2 Nummer 13 Buchstabe b Doppelbuchstabe bb, soweit diese nach § 2 Absatz 1 des Bundesjagdgesetzes[2)] dem Jagdrecht unterliegen, zum persönlichen Gebrauch oder als Hausrat ohne eine Ausnahme oder Befreiung aus einem Drittstaat unmittelbar in das Inland verbracht werden.

(2) [1] Soweit nach Absatz 1 Tiere und Pflanzen der besonders geschützten Arten keinen Besitzverboten unterliegen, sind sie auch von den Vermarktungsverboten ausgenommen. [2] Dies gilt vorbehaltlich einer Rechtsverordnung nach § 54 Absatz 5 nicht für aus der Natur entnommene

1. Tiere und Pflanzen der streng geschützten Arten und
2. Tiere europäischer Vogelarten.

(3) Von den Vermarktungsverboten sind auch ausgenommen

[1)] § 45 Abs. 6 bish. Wortlaut wird Satz 1 und geänd., Satz 2 angef. mWv 14.10.2011 durch G v. 6.10. 2011 (BGBl. I S. 1986); Abs. 3 Nr. 2, 3, Abs. 7 Satz 3 geänd. mWv 1.8.2013 durch G v. 21.1.2013 (BGBl. I S. 95); Abs. 7 Satz 1 einl. Satzteil geänd. mWv 29.9.2017 durch G v. 15.9.2017 (BGBl. I S. 3434); Abs. 7 Satz 1 Nr. 1 neu gef. mWv 13.3.2020 durch G v. 4.3.2020 (BGBl. I S. 440).

[2)] Nr. **890**.

1. Tiere und Pflanzen der streng geschützten Arten, die vor ihrer Unterschutzstellung als vom Aussterben bedrohte oder streng geschützte Arten rechtmäßig erworben worden sind,
2. Tiere europäischer Vogelarten, die vor dem 6. April 1981 rechtmäßig erworben worden oder in Anhang III Teil A der Richtlinie 2009/147/EG aufgeführt sind,
3. Tiere und Pflanzen der Arten, die den Richtlinien 92/43/EWG und 2009/147/EG unterliegen und die in einem Mitgliedstaat in Übereinstimmung mit den Richtlinien zu den in § 44 Absatz 2 Satz 1 Nummer 2 genannten Handlungen freigegeben worden sind.

(4) Abweichend von den Besitz- und Vermarktungsverboten ist es vorbehaltlich jagd- und fischereirechtlicher Vorschriften zulässig, tot aufgefundene Tiere und Pflanzen aus der Natur zu entnehmen und an die von der für Naturschutz und Landschaftspflege zuständigen Behörde bestimmte Stelle abzugeben oder, soweit sie nicht zu den streng geschützten Arten gehören, für Zwecke der Forschung oder Lehre oder zur Präparation für diese Zwecke zu verwenden.

(5) [1] Abweichend von den Verboten des § 44 Absatz 1 Nummer 1 sowie den Besitzverboten ist es vorbehaltlich jagdrechtlicher Vorschriften ferner zulässig, verletzte, hilflose oder kranke Tiere aufzunehmen, um sie gesund zu pflegen. [2] Die Tiere sind unverzüglich freizulassen, sobald sie sich selbständig erhalten können. [3] Im Übrigen sind sie an die von der für Naturschutz und Landschaftspflege zuständigen Behörde bestimmte Stelle abzugeben. [4] Handelt es sich um Tiere der streng geschützten Arten, so hat der Besitzer die Aufnahme des Tieres der für Naturschutz und Landschaftspflege zuständigen Behörde zu melden. [5] Diese kann die Herausgabe des aufgenommenen Tieres verlangen.

(6) [1] Die nach Landesrecht zuständigen Behörden können Ausnahmen von den Besitz- und Vermarktungsverboten zulassen, soweit dies für die Verwertung beschlagnahmter oder eingezogener Tiere und Pflanzen erforderlich ist und Rechtsakte der Europäischen Gemeinschaft dem nicht entgegenstehen. [2] Ist für die Beschlagnahme oder Einziehung eine Bundesbehörde zuständig, kann diese Behörde Ausnahmen von den Besitz- und Vermarktungsverboten im Sinne von Satz 1 zulassen.

(7) [1] Die für Naturschutz und Landschaftspflege zuständigen Behörden sowie im Fall des Verbringens aus dem Ausland das Bundesamt für Naturschutz können von den Verboten des § 44 im Einzelfall weitere Ausnahmen zulassen

1. zur Abwendung ernster land-, forst-, fischerei- oder wasserwirtschaftlicher oder sonstiger ernster wirtschaftlicher Schäden,
2. zum Schutz der natürlich vorkommenden Tier- und Pflanzenwelt,
3. für Zwecke der Forschung, Lehre, Bildung oder Wiederansiedlung oder diesen Zwecken dienende Maßnahmen der Aufzucht oder künstlichen Vermehrung,
4. im Interesse der Gesundheit des Menschen, der öffentlichen Sicherheit, einschließlich der Verteidigung und des Schutzes der Zivilbevölkerung, oder der maßgeblich günstigen Auswirkungen auf die Umwelt oder
5. aus anderen zwingenden Gründen des überwiegenden öffentlichen Interesses einschließlich solcher sozialer oder wirtschaftlicher Art.

[2] Eine Ausnahme darf nur zugelassen werden, wenn zumutbare Alternativen nicht gegeben sind und sich der Erhaltungszustand der Populationen einer Art nicht verschlechtert, soweit nicht Artikel 16 Absatz 1 der Richtlinie 92/43/EWG weiter gehende Anforderungen enthält. [3] Artikel 16 Absatz 3 der Richtlinie 92/43/EWG

und Artikel 9 Absatz 2 der Richtlinie 2009/147/EG sind zu beachten. [4]Die Landesregierungen können Ausnahmen auch allgemein durch Rechtsverordnung zulassen. [5]Sie können die Ermächtigung nach Satz 4 durch Rechtsverordnung auf andere Landesbehörden übertragen.

(8) Das Bundesamt für Naturschutz kann im Fall des Verbringens aus dem Ausland von den Verboten des § 44 unter den Voraussetzungen des Absatzes 7 Satz 2 und 3 im Einzelfall weitere Ausnahmen zulassen, um unter kontrollierten Bedingungen und in beschränktem Ausmaß eine vernünftige Nutzung von Tieren und Pflanzen bestimmter Arten im Sinne des § 7 Absatz 2 Nummer 13 Buchstabe b sowie für gezüchtete und künstlich vermehrte Tiere oder Pflanzen dieser Arten zu ermöglichen.

§ 45a[1] *(aufgehoben)*

§ 45b[2] **Betrieb von Windenergieanlagen an Land.** (1) Für die fachliche Beurteilung, ob nach § 44 Absatz 5 Satz 2 Nummer 1 das Tötungs- und Verletzungsrisiko für Exemplare kollisionsgefährdeter Brutvogelarten im Umfeld ihrer Brutplätze durch den Betrieb von Windenergieanlagen signifikant erhöht ist, gelten die Maßgaben der Absätze 2 bis 5.

(2) Liegt zwischen dem Brutplatz einer Brutvogelart und der Windenergieanlage ein Abstand, der geringer ist als der in Anlage 1 Abschnitt 1 für diese Brutvogelart festgelegte Nahbereich, so ist das Tötungs- und Verletzungsrisiko der den Brutplatz nutzenden Exemplare signifikant erhöht.

(3) Liegt zwischen dem Brutplatz einer Brutvogelart und der Windenergieanlage ein Abstand, der größer als der Nahbereich und geringer als der zentrale Prüfbereich ist, die in Anlage 1 Abschnitt 1 für diese Brutvogelart festgelegt sind, so bestehen in der Regel Anhaltspunkte dafür, dass das Tötungs- und Verletzungsrisiko der den Brutplatz nutzenden Exemplare signifikant erhöht ist, soweit

1. eine signifikante Risikoerhöhung nicht auf der Grundlage einer Habitatpotentialanalyse oder einer auf Verlangen des Trägers des Vorhabens durchgeführten Raumnutzungsanalyse widerlegt werden kann oder
2. die signifikante Risikoerhöhung nicht durch fachlich anerkannte Schutzmaßnahmen hinreichend gemindert werden kann; werden entweder Antikollisionssysteme genutzt, Abschaltungen bei landwirtschaftlichen Ereignissen angeordnet, attraktive Ausweichnahrungshabitate angelegt oder phänologiebedingte Abschaltungen angeordnet, so ist für die betreffende Art in der Regel davon auszugehen, dass die Risikoerhöhung hinreichend gemindert wird.

(4) [1]Liegt zwischen dem Brutplatz einer Brutvogelart und der Windenergieanlage ein Abstand, der größer als der zentrale Prüfbereich und höchstens so groß ist wie der erweiterte Prüfbereich, die in Anlage 1 Abschnitt 1 für diese Brutvogelart festgelegt sind, so ist das Tötungs- und Verletzungsrisiko der den Brutplatz nutzenden Exemplare nicht signifikant erhöht, es sei denn,

1. die Aufenthaltswahrscheinlichkeit dieser Exemplare in dem vom Rotor überstrichenen Bereich der Windenergieanlage ist aufgrund artspezifischer Habitatnutzung oder funktionaler Beziehungen deutlich erhöht und

---

[1] § 45a aufgeh. mWv 2.4.2026 durch G v. 29.3.2026 (BGBl. 2026 I Nr. 87).
[2] § 45b eingef. mWv 29.7.2022 durch G v. 20.7.2022 (BGBl. I S. 1362).

2. die signifikante Risikoerhöhung, die aus der erhöhten Aufenthaltswahrscheinlichkeit folgt, kann nicht durch fachlich anerkannte Schutzmaßnahmen hinreichend verringert werden.

[2] Zur Feststellung des Vorliegens eines Brutplatzes nach Satz 1 sind behördliche Kataster und behördliche Datenbanken heranzuziehen; Kartierungen durch den Vorhabenträger sind nicht erforderlich.

(5) Liegt zwischen dem Brutplatz einer Brutvogelart und der Windenergieanlage ein Abstand, der größer als der in Anlage 1 Abschnitt 1 für diese Brutvogelart festgelegte erweiterte Prüfbereich ist, so ist das Tötungs- und Verletzungsrisiko der den Brutplatz nutzenden Exemplare nicht signifikant erhöht; Schutzmaßnahmen sind insoweit nicht erforderlich.

(6) [1] Fachlich anerkannte Schutzmaßnahmen für die in Anlage 1 Abschnitt 1 genannten Brutvogelarten sind insbesondere die in Anlage 1 Abschnitt 2 genannten Schutzmaßnahmen. [2] Die Anordnung von Schutzmaßnahmen, die die Abschaltung von Windenergieanlagen betreffen, gilt unter Berücksichtigung weiterer Schutzmaßnahmen auch für andere besonders geschützte Arten als unzumutbar, soweit sie den Jahresenergieertrag verringern

1. um mehr als 8 Prozent bei Standorten mit einem Gütefaktor im Sinne des § 36h Absatz 1 Satz 5 des Erneuerbare-Energien-Gesetzes[1] vom 21. Juli 2014, das zuletzt durch Artikel 4 des Gesetzes vom 20. Juli 2022 (BGBl. I S. 1353) geändert worden ist, von 90 Prozent oder mehr oder
2. im Übrigen um mehr als 6 Prozent.

[3] Die Berechnung nach Satz 2 erfolgt nach Anlage 2. [4] Dabei werden Investitionskosten für Schutzmaßnahmen ab 17 000 Euro je Megawatt angerechnet. [5] Schutzmaßnahmen, die im Sinne des Satzes 2 als unzumutbar gelten, können auf Verlangen des Trägers des Vorhabens angeordnet werden.

(7) Nisthilfen für kollisionsgefährdete Vogel- und Fledermausarten dürfen in einem Umkreis von 1 500 Metern um errichtete Windenergieanlagen sowie innerhalb von Gebieten, die in einem Raumordnungsplan oder in einem Flächennutzungsplan für die Windenergienutzung ausgewiesen sind, nicht angebracht werden.

(8) § 45 Absatz 7 gilt im Hinblick auf den Betrieb von Windenergieanlagen mit der Maßgabe, dass

1. der Betrieb von Windenergieanlagen im überragenden öffentlichen Interesse liegt und der öffentlichen Sicherheit dient,
2. bei einem Gebiet, das für die Windenergie ausgewiesen ist
   a) in einem Raumordnungsplan oder
   b) unter Berücksichtigung artenschutzrechtlicher Belange in einem Flächennutzungsplan,

   Standortalternativen außerhalb dieses Gebietes in der Regel nicht im Sinne des § 45 Absatz 7 Satz 2 zumutbar sind, bis gemäß § 5 des Windenergieflächenbedarfsgesetzes festgestellt wurde, dass das jeweilige Land den Flächenbeitragswert nach Anlage 1 Spalte 2 des Windenergieflächenbedarfsgesetzes oder der jeweilige regionale oder kommunale Planungsträger ein daraus abgeleitetes Teilflächenziel erreicht hat,

[1] Sartorius ErgBd. Nr. 833.

3. bei einem Standort, der nicht in einem Gebiet im Sinne der Nummer 2 Buchstabe a oder b liegt, Standortalternativen außerhalb eines Radius von 20 Kilometern nicht nach § 45 Absatz 7 Satz 2 zumutbar sind, es sei denn, der vorgesehene Standort liegt in einem Natura 2000-Gebiet mit kollisionsgefährdeten oder störungsempfindlichen Vogel- oder Fledermausarten,
4. die Voraussetzungen des § 45 Absatz 7 Satz 2 hinsichtlich des Erhaltungszustands vorliegen, wenn sich der Zustand der durch das Vorhaben jeweils betroffenen lokalen Population unter Berücksichtigung von Maßnahmen zu dessen Sicherung nicht verschlechtert,
5. die Voraussetzungen des § 45 Absatz 7 Satz 2 hinsichtlich des Erhaltungszustands auch dann vorliegen, wenn auf Grundlage einer Beobachtung im Sinne des § 6 Absatz 2 zu erwarten ist, dass sich der Zustand der Populationen der betreffenden Art in dem betroffenen Land oder auf Bundesebene unter Berücksichtigung von Maßnahmen zu dessen Sicherung nicht verschlechtert,
6. eine Ausnahme von den Verboten des § 44 Absatz 1 zu erteilen ist, wenn die Voraussetzungen des § 45 Absatz 7 Satz 1 bis 3 vorliegen.

(9) [1] Wird eine Ausnahme nach § 45 Absatz 7 Satz 1 bis 3 erteilt, dürfen daneben fachlich anerkannte Schutzmaßnahmen für die in Anlage 1 Abschnitt 1 genannten Brutvogelarten, die die Abschaltung von Windenergieanlagen betreffen, unter Berücksichtigung weiterer Schutzmaßnahmen auch für andere besonders geschützte Arten, nur angeordnet werden, soweit sie den Jahresenergieertrag verringern

1. um höchstens 6 Prozent bei Standorten mit einem Gütefaktor im Sinne des § 36h Absatz 1 Satz 5 des Erneuerbare-Energien-Gesetzes von 90 Prozent oder mehr oder
2. im Übrigen um höchstens 4 Prozent.

[2] Die Berechnung nach Satz 1 erfolgt nach Anlage 2. [3] Dabei werden Investitionskosten für Schutzmaßnahmen ab 17 000 Euro je Megawatt angerechnet.

§ 45c[1)] Repowering von Windenergieanlagen an Land. (1) Die nachfolgenden Absätze gelten für Vorhaben zur Modernisierung von Windenergieanlagen an Land nach § 16b Absatz 1 und 2 des Bundes-Immissionsschutzgesetzes[2)].

(2) [1] Der Umfang der artenschutzrechtlichen Prüfung wird durch das Änderungsgenehmigungsverfahren nach § 16b Absatz 1 des Bundes-Immissionsschutzgesetzes nicht berührt. [2] Die Auswirkungen der zu ersetzenden Bestandsanlagen müssen bei der artenschutzrechtlichen Prüfung als Vorbelastung berücksichtigt werden. [3] Dabei sind insbesondere folgende Umstände einzubeziehen:

1. die Anzahl, die Höhe, die Rotorfläche, der Rotordurchgang und die planungsrechtliche Zuordnung der Bestandsanlagen,
2. die Lage der Brutplätze kollisionsgefährdeter Arten,
3. *die Berücksichtigung* der Belange des Artenschutzes zum Zeitpunkt der Genehmigung und
4. die durchgeführten Schutzmaßnahmen.

[4] Soweit die Auswirkungen der Neuanlagen unter Berücksichtigung der gebotenen, fachlich anerkannten Schutzmaßnahmen geringer als oder gleich sind wie die

---

[1)] § 45c eingef. mWv 29.7.2022 durch G v. 20.7.2022 (BGBl. I S. 1362); Abs. 1 Satz 2 aufgeh. mWv 9.7.2024 durch G v. 3.7.2024 (BGBl. 2024 I Nr. 225).

[2)] Nr. **296**.

der Bestandsanlagen, ist davon auszugehen, dass die Signifikanzschwelle in der Regel nicht überschritten ist, es sei denn, der Standort liegt in einem Natura 2000-Gebiet mit kollisionsgefährdeten oder störungsempfindlichen Vogel- oder Fledermausarten.

(3) Bei der Festsetzung einer Kompensation aufgrund einer Beeinträchtigung des Landschaftsbildes ist die Kompensation abzuziehen, die für die zu ersetzende Bestandsanlage bereits geleistet worden ist.

(4) Abweichend von § 45b Absatz 8 Nummer 2 und 3 gilt § 45 Absatz 7 Satz 2 für Repowering von Windenergieanlagen an Land nach § 16b Absatz 1 und 2 des Bundes-Immissionsschutzgesetzes mit der Maßgabe, dass Standortalternativen in der Regel nicht zumutbar sind, es sei denn, der Standort liegt in einem Natura 2000-Gebiet mit kollisionsgefährdeten oder störungsempfindlichen Vogel- oder Fledermausarten.

§ 45d[1] Nationale Artenhilfsprogramme. (1) [1]Das Bundesamt für Naturschutz stellt nationale Artenhilfsprogramme auf zum dauerhaften Schutz insbesondere der durch den Ausbau der erneuerbaren Energien betroffenen Arten, einschließlich deren Lebensstätten, und ergreift die zu deren Umsetzung erforderlichen Maßnahmen. [2]Im Rahmen der Umsetzung ist der Erwerb von landwirtschaftlich genutzten Flächen nur in begründeten Ausnahmefällen zulässig, die die Bundesregierung durch Rechtsverordnung näher bestimmt.

(2) [1]Wird eine Ausnahme nach § 45 Absatz 7 nach Maßgabe des § 45b Absatz 8 Nummer 5 zugelassen, ohne dass Maßnahmen zur Sicherung des Erhaltungszustands der betreffenden Art durchgeführt werden, hat der Träger des Vorhabens eine Zahlung in Geld zu leisten. [2]Die Zahlung ist von der zuständigen Behörde zusammen mit der Ausnahmeentscheidung für die Dauer des Betriebs als jährlich zu leistender Betrag im Zulassungsbescheid festzusetzen. [3]Sie ist als zweckgebundene Abgabe an den Bund zu leisten. [4]Die Höhe des jährlich zu leistenden Betrages errechnet sich nach Anlage 2 Nummer 4. [5]Dabei ist der nach § 45b Absatz 6 verringerte Energieertrag abzuziehen. [6]Die Mittel werden vom Bundesministerium für Umwelt, Naturschutz, nukleare Sicherheit und Verbraucherschutz bewirtschaftet. [7]Sie sind für Maßnahmen nach Absatz 1 zur Sicherung oder Verbesserung des Erhaltungszustands der durch den Betrieb von Windenergieanlagen betroffenen Arten zu verwenden, für die nicht bereits nach anderen Vorschriften eine rechtliche Verpflichtung besteht. [8]Die Verpflichtungen nach § 15 bleiben unberührt.

§ 46[2] Nachweispflicht. (1) Diejenige Person, die

1. lebende Tiere oder Pflanzen der besonders geschützten Arten, ihre lebenden oder toten Entwicklungsformen oder im Wesentlichen vollständig erhaltene tote Tiere oder Pflanzen der besonders geschützten Arten[3]
2. ohne Weiteres erkennbare Teile von Tieren oder Pflanzen der streng geschützten Arten oder ohne Weiteres erkennbar aus ihnen gewonnene Erzeugnisse

besitzt oder die tatsächliche Gewalt darüber ausübt, kann sich gegenüber den für Naturschutz und Landschaftspflege zuständigen Behörden auf eine Berechtigung hierzu nur berufen, wenn sie auf Verlangen diese Berechtigung nachweist oder

[1] *§ 45d eingef. mWv 29.7.2022 durch G v. 20.7.2022* (BGBl. I S. 1362).

[2] § 46 Abs. 1 Nr. 1 und 2 geänd., Nr. 3 aufgeh., abschl. Satzteil, Abs. 2 Satz 2 geänd. mWv 16.9.2017 durch G v. 8.9.2017 (BGBl. I S. 3370).

[3] Fehlende Interpunktion bzw. fehlender Wortlaut amtlich.

nachweist, dass sie oder ein Dritter die Tiere oder Pflanzen vor ihrer Unterschutzstellung als besonders geschützte Art in Besitz hatte.

(2) [1] Auf Erzeugnisse im Sinne des Absatzes 1 Nummer 2, die dem persönlichen Gebrauch oder als Hausrat dienen, ist Absatz 1 nicht anzuwenden. [2] Für Tiere oder Pflanzen, die vor ihrer Unterschutzstellung als besonders geschützte Art erworben wurden und die dem persönlichen Gebrauch oder als Hausrat dienen, genügt anstelle des Nachweises nach Absatz 1 die Glaubhaftmachung. [3] Die Glaubhaftmachung darf nur verlangt werden, wenn Tatsachen die Annahme rechtfertigen, dass keine Berechtigung vorliegt.

(3) Soweit nach Artikel 8 oder Artikel 9 der Verordnung (EG) Nr. 338/97 die Berechtigung zu den dort genannten Handlungen nachzuweisen ist oder für den Nachweis bestimmte Dokumente vorgeschrieben sind, ist der Nachweis in der in der genannten Verordnung vorgeschriebenen Weise zu führen.

§ 47[1)] Einziehung und Beschlagnahme. [1] Kann für Tiere oder Pflanzen eine Berechtigung nach § 46 nicht nachgewiesen oder glaubhaft gemacht werden, können diese von den für Naturschutz und Landschaftspflege zuständigen Behörden beschlagnahmt oder eingezogen werden. [2] § 51 gilt entsprechend; § 51 Absatz 1 Satz 2 gilt mit der Maßgabe, dass auch die Vorlage einer Bescheinigung einer sonstigen unabhängigen sachverständigen Stelle oder Person verlangt werden kann.

Abschnitt 4. Zuständige Behörden, Verbringen von Tieren und Pflanzen

§ 48[2)] Zuständige Behörden für den Schutz von Exemplaren wild lebender Tier- und Pflanzenarten durch Überwachung des Handels. (1) Vollzugsbehörden im Sinne des Artikels 13 Absatz 1 der Verordnung (EG) Nr. 338/97 und des Artikels IX des Washingtoner Artenschutzübereinkommens sind

1. das Bundesministerium für Umwelt, Naturschutz und nukleare Sicherheit für den Verkehr mit anderen Vertragsparteien und mit dem Sekretariat (Artikel IX Absatz 2 des Washingtoner Artenschutzübereinkommens), mit Ausnahme der in Nummer 2 Buchstabe a und c sowie Nummer 4 genannten Aufgaben, und für die in Artikel 12 Absatz 1, 3 und 5, den Artikeln 13 und 15 Absatz 1 und 5 und Artikel 20 der Verordnung (EG) Nr. 338/97 genannten Aufgaben,
2. das Bundesamt für Naturschutz
   a) für die Erteilung von Ein- und Ausfuhrgenehmigungen und Wiederausfuhrbescheinigungen im Sinne des Artikels 4 Absatz 1 und 2 und des Artikels 5 Absatz 1 und 4 der Verordnung (EG) Nr. 338/97 sowie von sonstigen

(Fortsetzung nächstes Blatt)

[1)] § 47 neu gef. mWv 16.9.2017 durch G v. 8.9.2017 (BGBl. I S. 3370).

[2)] § 48 Abs. 1 Nr. 1 geänd. mWv 8.9.2015 durch VO v. 31.8.2015 (BGBl. I S. 1474); Überschrift geänd. mWv 16.9.2017 durch G v. 8.9.2017 (BGBl. I S. 3370); Abs. 1 Nr. 1 geänd. mWv 27.6.2020 durch VO v. 19.6.2020 (BGBl. I S. 1328).

Dokumenten im Sinne des Artikels IX Absatz 1 Buchstabe a des Washingtoner Artenschutzübereinkommens sowie für den Verkehr mit dem Sekretariat, der Kommission der Europäischen Gemeinschaften und mit Behörden anderer Vertragsstaaten und Nichtvertragsstaaten im Zusammenhang mit der Bearbeitung von Genehmigungsanträgen oder bei der Verfolgung von Ein- und Ausfuhrverstößen sowie für die in Artikel 15 Absatz 4 Buchstabe a und c der Verordnung (EG) Nr. 338/97 genannten Aufgaben,

b) für die Zulassung von Ausnahmen nach Artikel 8 Absatz 3 der Verordnung (EG) Nr. 338/97 im Fall der Einfuhr,

c) für die Anerkennung von Betrieben, in denen im Sinne des Artikels VII Absatz 4 des Washingtoner Artenschutzübereinkommens Exemplare für Handelszwecke gezüchtet oder künstlich vermehrt werden sowie für die Meldung des in Artikel 7 Absatz 1 Nummer 4 der Verordnung (EG) Nr. 338/97 genannten Registrierungsverfahrens gegenüber dem Sekretariat (Artikel IX Absatz 2 des Washingtoner Artenschutzübereinkommens),

d) die Erteilung von Bescheinigungen nach den Artikeln 30, 37 und 44a der Verordnung (EG) Nr. 865/2006 der Kommission vom 4. Mai 2006 mit Durchführungsbestimmungen zur Verordnung (EG) Nr. 338/97 des Rates über den Schutz von Exemplaren wild lebender Tier- und Pflanzenarten durch Überwachung des Handels (ABl. L 166 vom 19.6.2006, S. 1), die durch die Verordnung (EG) Nr. 100/2008 (ABl. L 31 vom 5.2.2008, S. 3) geändert worden ist, im Fall der Ein- und Ausfuhr,

e) die Registrierung von Kaviarverpackungsbetrieben nach Artikel 66 der Verordnung (EG) Nr. 865/2006,

f) für die Verwertung der von den Zollstellen nach § 51 eingezogenen lebenden Tieren und Pflanzen sowie für die Verwertung der von Zollbehörden nach § 51 eingezogenen toten Tiere und Pflanzen sowie Teilen davon und Erzeugnisse daraus, soweit diese von streng geschützten Arten stammen,

3. die Bundeszollverwaltung für den Informationsaustausch mit dem Sekretariat in Angelegenheiten der Bekämpfung der Artenschutzkriminalität,
4. die nach Landesrecht für Naturschutz und Landschaftspflege zuständigen Behörden für alle übrigen Aufgaben im Sinne der Verordnung (EG) Nr. 338/97.

(2) Wissenschaftliche Behörde im Sinne des Artikels 13 Absatz 2 der Verordnung (EG) Nr. 338/97 ist das Bundesamt für Naturschutz.

§ 48a[1] Zuständige Behörden in Bezug auf invasive Arten. [1] Zuständig für den Vollzug der Verordnung (EU) Nr. 1143/2014, der Vorschriften dieses Gesetzes und der auf ihrer Grundlage erlassenen Rechtsvorschriften in Bezug auf invasive Arten sind

1. das Bundesministerium für Umwelt, Naturschutz und nukleare Sicherheit für *die Erfüllung* von Verpflichtungen zur Notifizierung und Unterrichtung der Europäischen Kommission und anderer Mitgliedstaaten gemäß Artikel 10 Absatz 2, Artikel 12 Absatz 1 und 2, Artikel 16 Absatz 2, Artikel 17 Absatz 1 und 4, Artikel 18 Absatz 1, Artikel 19 Absatz 5, Artikel 23 und 24 Absatz 2 der Verordnung;
2. das Bundesamt für Naturschutz

---

[1] § 48a eingef. mWv 16.9.2017 durch G v. 8.9.2017 (BGBl. I S. 3370); Satz 1 Nr. 1 geänd. mWv 27.6.2020 durch VO v. 19.6.2020 (BGBl. I S. 1328).

a) für den Vollzug im Bereich der deutschen ausschließlichen Wirtschaftszone und des Festlandsockels und

b) für die Erteilung von Genehmigungen gemäß § 40c bei Verbringung aus dem Ausland;

3. die zuständigen Dienststellen der Bundeswehr

a) im Hinblick auf militärisches Gerät der Bundeswehr,

b) für die Durchführung der Überwachung nach Artikel 14, der Früherkennung nach Artikel 16 Absatz 1, von Maßnahmen zur sofortigen Beseitigung nach den Artikeln 17 und 18 der Verordnung sowie der nach § 40e festgelegten Managementmaßnahmen auf den durch die Bundeswehr militärisch genutzten Flächen;

4. die Bundesanstalt für Immobilienaufgaben für die Durchführung der in Nummer 3 Buchstabe b genannten Maßnahmen auf den durch die Gaststreitkräfte militärisch genutzten Flächen;

5. für alle übrigen Aufgaben die nach Landesrecht zuständigen Behörden.

[2]Die in Satz 1 Nummer 3 und 4 genannten Behörden führen die in Nummer 3 Buchstabe b und Nummer 4 genannten Maßnahmen im Benehmen mit den für Naturschutz und Landschaftspflege zuständigen Behörden und unter Berücksichtigung der durch diese festgelegten Zielvorgaben durch.

§ 49[1)] Mitwirkung der Zollbehörden. (1) [1]Die Zollbehörden wirken mit bei der Überwachung des Verbringens von Tieren und Pflanzen, die einer Ein- oder Ausfuhrregelung nach Rechtsakten der Europäischen Gemeinschaft unterliegen, sowie bei der Überwachung von Besitz- und Vermarktungsverboten nach diesem Kapitel im Warenverkehr mit Drittstaaten. [2]Die Zollbehörden dürfen im Rahmen der Überwachung vorgelegte Dokumente an die nach § 48 zuständigen Behörden weiterleiten, soweit zureichende tatsächliche Anhaltspunkte dafür bestehen, dass Tiere oder Pflanzen unter Verstoß gegen Regelungen oder Verbote im Sinne des Satzes 1 verbracht werden.

(2) [1]Die Zollstellen, bei denen Tiere und Pflanzen zur Ein-, Durch- und Ausfuhr nach diesem Kapitel anzumelden sind, werden vom Bundesministerium für Umwelt, Naturschutz und nukleare Sicherheit im Einvernehmen mit der Generalzolldirektion im Bundesanzeiger bekannt gegeben. [2]Auf Zollstellen, bei denen lebende Tiere und Pflanzen anzumelden sind, ist besonders hinzuweisen.

§ 50[2)] Anmeldepflicht bei der Ein-, Durch- und Ausfuhr oder dem Verbringen aus Drittstaaten. (1) [1]Wer Tiere oder Pflanzen, die einer von der Europäischen Gemeinschaft erlassenen Ein- oder Ausfuhrregelung unterliegen oder deren Verbringen aus einem Drittstaat einer Ausnahme des Bundesamtes für Naturschutz bedarf, unmittelbar aus einem Drittstaat in den oder durch den Geltungsbereich dieses Gesetzes verbringt (Ein- oder Durchfuhr) oder aus dem Geltungsbereich dieses Gesetzes in einen Drittstaat verbringt (Ausfuhr), hat diese Tiere oder Pflanzen zur Ein-, Durch- oder Ausfuhr unter Vorlage der für die Ein-, Durch- oder Ausfuhr vorgeschriebenen Genehmigungen oder sonstigen Dokumente bei einer nach § 49 Absatz 2 bekannt gegebenen Zollstelle anzumelden und

---

1) § 49 Abs. 2 und 3 Satz 1 geänd. mWv 8.9.2015 durch VO v. 31.8.2015 (BGBl. I S. 1474); Überschrift, Abs. 1 Satz 1 geänd., Abs. 2 aufgeh., bish. Abs. 3 wird Abs. 2 und Satz 1 geänd. mWv 16.9.2017 durch G v. 8.9.2017 (BGBl. I S. 3370); Abs. 2 Satz 1 geänd. mWv 27.6.2020 durch VO v. 19.6.2020 (BGBl. I S. 1328).

2) § 50 Abs. 1 Satz 1 geänd. mWv 16.9.2017 durch G v. 8.9.2017 (BGBl. I S. 3370).

auf Verlangen vorzuführen. [2]Das Bundesamt für Naturschutz kann auf Antrag aus vernünftigem Grund eine andere als die in Satz 1 bezeichnete Zollstelle zur Abfertigung bestimmen, wenn diese ihr Einverständnis erteilt hat und Rechtsvorschriften dem nicht entgegenstehen.

(2) Die ein-, durch- oder ausführende Person hat die voraussichtliche Ankunftszeit lebender Tiere der abfertigenden Zollstelle unter Angabe der Art und Zahl der Tiere mindestens 18 Stunden vor der Ankunft mitzuteilen.

§ 51[1)] Inverwahrungnahme, Beschlagnahme und Einziehung durch die Zollbehörden. (1) [1]Ergeben sich im Rahmen der zollamtlichen Überwachung Zweifel, ob das Verbringen von Tieren oder Pflanzen Regelungen oder Verboten im Sinne des § 49 Absatz 1 unterliegt, kann die Zollbehörde die Tiere oder Pflanzen auf Kosten der verfügungsberechtigten Person bis zur Klärung der Zweifel in Verwahrung nehmen oder einen Dritten mit der Verwahrung beauftragen; sie kann die Tiere oder Pflanzen auch der verfügungsberechtigten Person unter Auferlegung eines Verfügungsverbotes überlassen. [2]Zur Klärung der Zweifel kann die Zollbehörde von der verfügungsberechtigten Person die Vorlage einer Bescheinigung einer vom Bundesministerium für Umwelt, Naturschutz und nukleare Sicherheit anerkannten unabhängigen sachverständigen Stelle oder Person darüber verlangen, dass es sich nicht um Tiere oder Pflanzen handelt, die zu den Arten oder Populationen gehören, die einer von der Europäischen Gemeinschaft erlassenen Ein- oder Ausfuhrregelung oder Besitz- und Vermarktungsverboten nach diesem Kapitel unterliegen. [3]Erweisen sich die Zweifel als unbegründet, hat der Bund der verfügungsberechtigten Person die Kosten für die Beschaffung der Bescheinigung und die zusätzlichen Kosten der Verwahrung zu erstatten.

(2) [1]Wird bei der zollamtlichen Überwachung festgestellt, dass Tiere oder Pflanzen ohne die vorgeschriebenen Genehmigungen oder sonstigen Dokumente ein-, durch- oder ausgeführt werden, werden sie durch die Zollbehörde beschlagnahmt. [2]Beschlagnahmte Tiere oder Pflanzen können der verfügungsberechtigten Person unter Auferlegung eines Verfügungsverbotes überlassen werden. [3]Werden die vorgeschriebenen Genehmigungen oder sonstigen Dokumente nicht innerhalb eines Monats nach der Beschlagnahme vorgelegt, so ordnet die Zollbehörde die Einziehung an; die Frist kann angemessen verlängert werden, längstens bis zu insgesamt sechs Monaten. [4]Wird festgestellt, dass es sich um Tiere oder Pflanzen handelt, für die eine Ein- oder Ausfuhrgenehmigung nicht erteilt werden darf, werden sie sofort eingezogen.

(2a) [1]Die Zollbehörden können bei Verdacht eines Verstoßes gegen Regelungen im Sinne des § 49 Absatz 1, der sich bei der Wahrnehmung ihrer Aufgaben ergibt, Adressdaten der ein-, durch- oder ausführenden Person den gemäß § 70 zuständigen Behörden mitteilen. [2]Der Betroffene ist hierüber in Kenntnis zu setzen. [3]Das Brief- und Postgeheimnis (Artikel 10 des Grundgesetzes[2)]) wird insoweit eingeschränkt.

(3) Die Absätze 2 und 2a gelten entsprechend, wenn bei der zollamtlichen Überwachung nach § 50 Absatz 1 festgestellt wird, dass dem Verbringen Besitz- und Vermarktungsverbote entgegenstehen.

[1)] § 51 Abs. 1 Satz 2 geänd. mWv 8.9.2015 durch VO v. 31.8.2015 (BGBl. I S. 1474); Abs. 2a eingef., Abs. 3 geänd. mWv 16.9.2017 durch G v. 8.9.2017 (BGBl. I S. 3370); Abs. 1 Satz 2 geänd. mWv 27.6. 2020 durch VO v. 19.6.2020 (BGBl. I S. 1328).

[2)] Nr. **1**.

(4) [1]Werden beschlagnahmte oder eingezogene Tiere oder Pflanzen veräußert, wird der Erlös an den Eigentümer ausgezahlt, wenn er nachweist, dass ihm die Umstände, die die Beschlagnahme oder Einziehung veranlasst haben, ohne sein Verschulden nicht bekannt waren. [2]Dritte, deren Rechte durch die Einziehung oder Veräußerung erlöschen, werden unter den Voraussetzungen des Satzes 1 aus dem Erlös entschädigt.

(5) Werden Tiere oder Pflanzen beschlagnahmt oder eingezogen, so werden die hierdurch entstandenen Kosten, insbesondere für Pflege, Unterbringung, Beförderung, Rücksendung oder Verwertung, der verbringenden Person auferlegt; kann sie nicht ermittelt werden, werden sie dem Absender, Beförderer oder Besteller auferlegt, wenn diesem die Umstände, die die Beschlagnahme oder Einziehung veranlasst haben, bekannt waren oder hätten bekannt sein müssen.

§ 51a[1] Überwachung des Verbringens invasiver Arten in die Union.

(1) [1]Zuständig für amtliche Kontrollen nach Artikel 15 Absatz 2 der Verordnung (EU) Nr. 1143/2014 zur Verhütung der vorsätzlichen Einbringung von invasiven Arten sind

1. in Bezug auf pflanzliche Warenkategorien, die in der Unionsliste nach Artikel 4 Absatz 5 der Verordnung (EU) Nr. 1143/2014 aufgeführt sind und die aufgrund der pflanzenbeschaurechtlichen Einfuhrvorschriften der Europäischen Union bei der Verbringung in die Union amtlichen Kontrollen unterliegen, die nach Landesrecht zuständigen Behörden;
2. in Bezug auf tierische Warenkategorien, die in der Unionsliste nach Artikel 4 Absatz 5 der Verordnung (EU) Nr. 1143/2014 aufgeführt sind und die aufgrund der tiergesundheitsrechtlichen Einfuhrvorschriften der Europäischen Union bei der Verbringung in die Union amtlichen Kontrollen unterliegen, die nach Landesrecht zuständigen Behörden.

[2]Satz 1 gilt entsprechend für in einer Rechtsverordnung nach § 54 Absatz 4 festgelegte Arten und diesen zugehörige Warenkategorien.

(2) [1]Die Zollbehörden wirken bei der Überwachung des Verbringens von invasiven Arten nach Artikel 15 der Verordnung (EU) Nr. 1143/2014 aus Drittstaaten mit. [2]Die Zollbehörden können

1. Sendungen einschließlich der Beförderungsmittel, Behälter, Lade- und Verpackungsmittel bei der Einfuhr zur Überwachung anhalten,
2. den Verdacht eines Verstoßes gegen Vorschriften der Verordnung (EU) Nr. 1143/2014, dieses Gesetzes oder der auf ihrer Grundlage erlassenen Rechtsvorschriften, der sich bei der Wahrnehmung ihrer Aufgaben ergibt, den nach Landesrecht zuständigen Behörden und dem Bundesamt für Naturschutz mitteilen und die im Rahmen der Überwachung vorgelegten Dokumente an diese weiterleiten und
3. im Fall der Nummer 2 anordnen, dass Sendungen auf Kosten und Gefahr des Verfügungsberechtigten den nach Landesrecht zuständigen Behörden vorgeführt werden.

[3]Das Brief- und Postgeheimnis nach Artikel 10 des Grundgesetzes[2] wird insoweit eingeschränkt. [4]Unterliegen Warenkategorien keiner amtlichen Kontrolle durch die in Absatz 1 genannten Behörden, findet § 51 Anwendung.

---

[1] § 51a eingef. mWv 16.9.2017 durch G v. 8.9.2017 (BGBl. I S. 3370).
[2] Nr. 1.

(3) [1] Wird im Rahmen der amtlichen Kontrollen für die in Absatz 1 Nummer 1 und 2 genannten Warenkategorien festgestellt, dass Tiere oder Pflanzen einer invasiven Art aus Drittstaaten verbracht werden sollen, ohne dass eine erforderliche Genehmigung nach § 40c vorgelegt oder eine Berechtigung nach Artikel 31 der Verordnung (EU) Nr. 1143/2014 glaubhaft gemacht wird, werden sie durch die nach Landesrecht zuständigen Behörden beschlagnahmt. [2] Beschlagnahmte Tiere oder Pflanzen können der verfügungsberechtigten Person unter Auferlegung eines Verfügungsverbots überlassen werden.

(4) [1] Wird die erforderliche Genehmigung nicht innerhalb eines Monats nach der Beschlagnahme vorgelegt, so können die nach Landesrecht zuständigen Behörden die Zurückweisung einer Sendung von der Einfuhr anordnen. [2] Ist die Erteilung einer Genehmigung offensichtlich ausgeschlossen, so kann eine sofortige Zurückweisung erfolgen. [3] Sofern eine Zurückweisung der Sendung nicht möglich ist, kann diese eingezogen werden; eingezogene Pflanzen können vernichtet werden. [4] § 51 Absatz 5 gilt entsprechend. [5] Die Frist nach Satz 1 kann angemessen verlängert werden, längstens bis zu insgesamt sechs Monaten. [6] Die Sätze 1 bis 5 gelten entsprechend für die Glaubhaftmachung des Vorliegens der Voraussetzungen des Artikels 31 der Verordnung (EU) Nr. 1143/2014.

Abschnitt 5. Auskunfts- und Zutrittsrecht; Gebühren und Auslagen

§ 52[1] Auskunfts- und Zutrittsrecht. (1) Natürliche und juristische Personen sowie sonstige Personenvereinigungen haben den für Naturschutz und Landschaftspflege zuständigen oder den gemäß § 48a zuständigen Behörden oder nach § 49 oder § 51a mitwirkenden Behörden auf Verlangen die Auskünfte zu erteilen, die zur Durchführung der Rechtsakte der Europäischen Gemeinschaft, dieses Kapitels oder der zu ihrer Durchführung erlassenen Rechtsvorschriften erforderlich sind.

(2) [1] Personen, die von den in Absatz 1 genannten Behörden beauftragt sind, dürfen, soweit dies erforderlich ist, im Rahmen des Absatzes 1 betrieblich oder geschäftlich genutzte Grundstücke, Gebäude, Räume, Seeanlagen, Schiffe und Transportmittel der zur Auskunft verpflichteten Person während der Geschäfts- und Betriebszeiten betreten und die Behältnisse sowie die geschäftlichen Unterlagen einsehen. [2] Die zur Auskunft verpflichtete Person hat, soweit erforderlich, die beauftragten Personen dabei zu unterstützen sowie die geschäftlichen Unterlagen auf Verlangen vorzulegen.

(3) Für die zur Auskunft verpflichtete Person gilt § 55 der Strafprozessordnung[2] entsprechend.

(4) [1] Die zuständigen Behörden und ihre Beauftragten dürfen, soweit dies für den Vollzug der Verordnung (EU) Nr. 1143/2014, dieses Gesetzes und der auf ihrer Grundlage erlassenen Rechtsvorschriften in Bezug auf invasive Arten erforderlich ist, privat, betrieblich oder geschäftlich genutzte Grundstücke, Gebäude, Räume, Seeanlagen und Transportmittel ohne Einwilligung des Inhabers betreten. [2] Gebäude und Räume dürfen nach dieser Vorschrift nur betreten werden, wenn sie nicht zu Wohnzwecken *genutzt* werden. [3] Im Fall betrieblicher Nutzung soll die Maßnahme während der Geschäfts- und Betriebszeiten durchgeführt werden. [4] Im Fall privater Nutzung sollen dem Eigentümer und dem unmittelbaren Besitzer die Möglichkeit gegeben werden, bei der Maßnahme anwesend zu sein. [5] Das Grundrecht der Unverletzlichkeit der Wohnung (Artikel 13 des Grundgesetzes[3]) wird insoweit eingeschränkt.

---

[1] § 52 Abs. 1 geänd., Abs. 4 angef. mWv 16.9.2017 durch G v. 8.9.2017 (BGBl. I S. 3370); Abs. 1 geänd. mWv 1.1.2024 durch G v. 10.8.2021 (BGBl. I S. 3436).

[2] **Habersack Nr. 90.**

[3] Nr. **1**.

§ 53[1] *(aufgehoben)*

Abschnitt 6. Ermächtigungen

§ 54[2] **Ermächtigung zum Erlass von Rechtsverordnungen; Erlass von Verwaltungsvorschriften.** (1) Das Bundesministerium für Umwelt, Naturschutz und nukleare Sicherheit wird ermächtigt, durch Rechtsverordnung mit Zustimmung des Bundesrates bestimmte, nicht unter § 7 Absatz 2 Nummer 13 Buchstabe a oder Buchstabe b fallende Tier- und Pflanzenarten oder Populationen solcher Arten unter besonderen Schutz zu stellen, soweit es sich um natürlich vorkommende Arten handelt, die

1. im Inland durch den menschlichen Zugriff in ihrem Bestand gefährdet sind, oder soweit es sich um Arten handelt, die mit solchen gefährdeten Arten oder mit Arten im Sinne des § 7 Absatz 2 Nummer 13 Buchstabe b verwechselt werden können, oder
2. in ihrem Bestand gefährdet sind und für die die Bundesrepublik Deutschland in hohem Maße verantwortlich ist.

(2) Das Bundesministerium für Umwelt, Naturschutz und nukleare Sicherheit wird ermächtigt, durch Rechtsverordnung mit Zustimmung des Bundesrates

1. bestimmte, nach § 7 Absatz 2 Nummer 13 Buchstabe a oder Buchstabe b besonders geschützte
   a) Tier- und Pflanzenarten, die in Anhang B der Verordnung (EG) Nr. 338/97 aufgeführt sind,
   b) europäische Vogelarten,
2. bestimmte sonstige Tier- und Pflanzenarten im Sinne des Absatzes 1

unter strengen Schutz zu stellen, soweit es sich um natürlich vorkommende Arten handelt, die im Inland vom Aussterben bedroht sind oder für die die Bundesrepublik Deutschland in besonders hohem Maße verantwortlich ist.

(3) Das Bundesministerium für Umwelt, Naturschutz und nukleare Sicherheit wird ermächtigt, durch Rechtsverordnung[3] mit Zustimmung des Bundesrates

1. näher zu bestimmen, welche Teile von Tieren oder Pflanzen besonders geschützter Arten oder aus solchen Tieren oder Pflanzen gewonnene Erzeugnisse

(Fortsetzung nächstes Blatt)

[1] § 53 aufgeh. mWv 1.10.2021 durch G v. 18.7.2016 (BGBl. I S. 1666).

[2] § 54 Überschrift geänd., Abs. 11 angef. mWv 5.2.2012 durch G v. 28.7.2011 (BGBl. I S. 1690); Abs. 3 Nr. 2 und Abs. 6 Satz 1 einl. Satzteil geänd. mWv 1.8.2013 durch G v. 21.1.2013 (BGBl. I S. 95); Abs. 1 einl. Satzteil, Abs. 2 einl. Satzteil, Abs. 3 einl. Satzteil, Abs. 4 und 5 einl. Satzteil, Abs. 6 Satz 1 einl. Satzteil, Abs. 7 Satz 1, Abs. 8 einl. Satzteil und Abs. 9 Sätze 1–3 einl. Satzteil geänd. mWv 8.9.2015 durch VO v. 31.8.2015 (BGBl. I S. 1474); Abs. 4 neu gef., Abs. 4a–4c eingef., Abs. 5 abschl. Satzteil, Abs. 8 Nr. 2 geänd., Abs. 9 Sätze 2 und 3 eingef., bish. Sätze 2 und 3 werden Sätze 4 und 5, neuer Satz 5 einl. Satzteil geänd. mWv 16.9.2017 durch G v. 8.9.2017 (BGBl. I S. 3370); Abs. 1 einl. Satzteil, Abs. 2 einl. Satzteil, Abs. 3 einl. Satzteil, Abs. 4 Satz 1 einl. Satzteil, Abs. 4a und 4b einl. Satzteil, Abs. 4c und 5 einl. Satzteil, Abs. 6 Satz 1 einl. Satzteil, Abs. 7 Satz 1 und Abs. 8 einl. Satzteil geänd. mWv 27.6.2020 durch VO v. 19.6.2020 (BGBl. I S. 1328); Abs. 4d eingef., Abs. 9 Satz 2 geänd. mWv 31.8.2021, Abs. 6a und 6b eingef., Abs. 9 Sätze 5 und 6 eingef., bish. Satz 5 wird Satz 7, Abs. 10a und 10b eingef. mWv 1.3.2022 durch G v. 18.8.2021 (BGBl. I S. 3908); Abs. 10c eingef. mWv 29.7.2022 durch G v. 20.7.2022 (BGBl. I S. 1362); Überschrift neu gef., Abs. 12 angef. mWv 1.1.2025 durch G v. 23.10.2024 (BGBl. 2024 I Nr. 323).

[3] Siehe die BundesartenschutzVO v. 16.2.2005 (BGBl. I S. 258, 896), zuletzt geänd. durch G v. 21.1.2013 (BGBl. I S. 95).

als ohne Weiteres erkennbar im Sinne des § 7 Absatz 2 Nummer 1 Buchstabe c und d oder Nummer 2 Buchstabe c und d anzusehen sind,

2. bestimmte besonders geschützte Arten oder Herkünfte von Tieren oder Pflanzen besonders geschützter Arten sowie gezüchtete oder künstlich vermehrte Tiere oder Pflanzen besonders geschützter Arten von Verboten des § 44 ganz, teilweise oder unter bestimmten Voraussetzungen auszunehmen, soweit der Schutzzweck dadurch nicht gefährdet wird und die Artikel 12, 13 und 16 der Richtlinie 92/43/EWG, die Artikel 5 bis 7 und 9 der Richtlinie 2009/147/EG, sonstige Rechtsakte der Europäischen Gemeinschaft oder Verpflichtungen aus internationalen Artenschutzübereinkommen dem nicht entgegenstehen.

(4) [1] Das Bundesministerium für Umwelt, Naturschutz und nukleare Sicherheit wird ermächtigt, durch Rechtsverordnung mit Zustimmung des Bundesrates die Beschränkungen des Artikels 7 Absatz 1, die Überwachungspflicht gemäß Artikel 14, die amtlichen Kontrollen gemäß Artikel 15, die Pflicht zur sofortigen Beseitigung gemäß Artikel 17, die Managementpflicht gemäß Artikel 19 und die Wiederherstellungspflicht gemäß Artikel 20 der Verordnung (EU) Nr. 1143/2014 ganz oder teilweise zu erstrecken

1. auf solche Arten, für die die Voraussetzungen des Artikels 10 Absatz 1 der Verordnung (EU) Nr. 1143/2014 vorliegen,
2. auf Arten, für die Durchführungsrechtsakte nach Artikel 11 Absatz 2 Satz 2 der Verordnung (EU) Nr. 1143/2014 erlassen wurden, oder
3. auf weitere Arten, deren Vorkommen außerhalb ihres natürlichen Verbreitungsgebiets die biologische Vielfalt und die damit verbundenen Ökosystemdienstleistungen im Inland gefährden oder nachteilig beeinflussen.

[2] Für die betroffenen Arten gelten die Artikel 31 und 32 der Verordnung (EU) Nr. 1143/2014 entsprechend. [3] Satz 1 Nummer 3 gilt nicht für in der Land- und Forstwirtschaft angebaute Pflanzen.

(4a) Das Bundesministerium für Umwelt, Naturschutz und nukleare Sicherheit wird ermächtigt, durch Rechtsverordnung mit Zustimmung des Bundesrates zur Erleichterung von Maßnahmen gegen invasive Arten bestimmte Verfahren, Mittel oder Geräte für Maßnahmen gegen invasive Arten, die durch Behörden oder Private durchgeführt werden, vorzuschreiben.

(4b) Das Bundesministerium für Umwelt, Naturschutz und nukleare Sicherheit wird ermächtigt, durch Rechtsverordnung mit Zustimmung des Bundesrates zur Erleichterung der Überwachung des Genehmigungserfordernisses nach § 40 Absatz 1

1. die Vorkommensgebiete von Gehölzen und Saatgut zu bestimmen,
2. einen Nachweis, dass Gehölze und Saatgut aus bestimmten Vorkommensgebieten stammen, vorzuschreiben und Anforderungen für einen solchen Nachweis festzulegen,
3. Regelungen zu Mindeststandards für die Erfassung und Anerkennung von Erntebeständen gebietseigener Herkünfte zu treffen.

(4c) Das Bundesministerium für Umwelt, Naturschutz und nukleare Sicherheit wird ermächtigt, durch Rechtsverordnung mit Zustimmung des Bundesrates die Durchführung der amtlichen Kontrollen gemäß Artikel 15 der Verordnung (EU) Nr. 1143/2014 zu regeln.

(4d) Das Bundesministerium für Umwelt, Naturschutz und nukleare Sicherheit hat durch Rechtsverordnung mit Zustimmung des Bundesrates zum Schutz von

Tieren und Pflanzen wild lebender Arten vor nachteiligen Auswirkungen von Lichtimmissionen

1. Grenzwerte für Lichtemissionen, die von Beleuchtungen im Sinne von § 41a Absatz 1 Satz 1 und 2 nicht überschritten werden dürfen, festzulegen,
2. die durch Beleuchtungen im Sinne von § 41a Absatz 1 Satz 1 und 2 zu erfüllenden technischen Anforderungen sowie konstruktiven Anforderungen und Schutzmaßnahmen näher zu bestimmen,
3. nähere Vorgaben zur Art und Weise der Erfüllung der Um- und Nachrüstungspflicht für Beleuchtungen an öffentlichen Straßen und Wegen nach § 41a Absatz 1 Satz 3 zu erlassen und den Zeitpunkt zu bestimmen, ab dem diese Pflicht zu erfüllen ist,
4. zur Konkretisierung der Anzeigepflicht nach § 41a Absatz 3 Satz 1 insbesondere zu bestimmen,
   a) welche Beleuchtungen der Anzeigepflicht unterliegen,
   b) welche Informationen in der Anzeige gegenüber der zuständigen Behörde anzugeben sind.

(5) Das Bundesministerium für Umwelt, Naturschutz und nukleare Sicherheit wird ermächtigt, soweit dies aus Gründen des Artenschutzes erforderlich ist und Rechtsakte der Europäischen Gemeinschaft dem nicht entgegenstehen, durch Rechtsverordnung mit Zustimmung des Bundesrates

1. die Haltung oder die Zucht von Tieren,
2. das Inverkehrbringen von Tieren und Pflanzen

bestimmter besonders geschützter Arten zu verbieten oder zu beschränken.

(6) [1]Das Bundesministerium für Umwelt, Naturschutz und nukleare Sicherheit wird ermächtigt, soweit dies aus Gründen des Artenschutzes, insbesondere zur Erfüllung der sich aus Artikel 15 der Richtlinie 92/43/EWG, Artikel 8 der Richtlinie 2009/147/EG oder aus internationalen Artenschutzübereinkommen ergebenden Verpflichtungen, erforderlich ist, durch Rechtsverordnung[1)] mit Zustimmung des Bundesrates

1. die Herstellung, den Besitz, das Inverkehrbringen oder die Verwendung bestimmter Geräte, Mittel oder Vorrichtungen, mit denen in Mengen oder wahllos wild lebende Tiere getötet, bekämpft oder gefangen oder Pflanzen bekämpft oder vernichtet werden können, oder durch die das örtliche Verschwinden oder sonstige erhebliche Beeinträchtigungen von Populationen der betreffenden Tier- oder Pflanzenarten hervorgerufen werden könnten,
2. Handlungen oder Verfahren, die zum örtlichen Verschwinden oder zu sonstigen erheblichen Beeinträchtigungen von Populationen wild lebender Tier- oder Pflanzenarten führen können,

zu beschränken oder zu verbieten. [2]Satz 1 Nummer 1 gilt nicht für Geräte, Mittel oder Vorrichtungen, die auf Grund anderer Rechtsvorschriften einer Zulassung bedürfen, sofern bei der Zulassung die Belange des Artenschutzes zu berücksichtigen sind.

(6a) [1]Das Bundesministerium für Umwelt, Naturschutz und nukleare Sicherheit wird ermächtigt, durch Rechtsverordnung mit Zustimmung des Bundesrates zum *Schutz von Tieren und Pflanzen* wild lebender Arten die Verwendung von

---

[1)] Siehe die BundesartenschutzVO v. 16.2.2005 (BGBl. I S. 258, ber. S. 896), zuletzt geänd. durch G v. 21.1.2013 (BGBl. I S. 95).

Insektenfallen außerhalb geschlossener Räume zu beschränken oder zu verbieten. [2] In der Rechtsverordnung kann insbesondere Folgendes geregelt werden:

1. allgemeine Ausnahmen von Verboten oder Beschränkungen im Sinne von Satz 1,
2. die Voraussetzungen, unter denen behördliche Einzelfallausnahmen von Verboten oder Beschränkungen im Sinne von Satz 1 erteilt werden können,
3. Hinweispflichten betreffend Verbote oder Beschränkungen im Sinne von Satz 1 für diejenigen, die Insektenfallen zum Verkauf anbieten.

(6b) [1] Das Bundesministerium für Umwelt, Naturschutz und nukleare Sicherheit wird ermächtigt, durch Rechtsverordnung mit Zustimmung des Bundesrates zum Schutz von Tieren wild lebender Arten

1. den Betrieb von Himmelsstrahlern unter freiem Himmel ganzjährig oder innerhalb bestimmter Zeiträume zu beschränken oder zu verbieten,
2. näher zu bestimmen, welche Arten von starken Projektionsscheinwerfern mit über die Horizontale nach oben gerichteten Lichtstrahlen oder Lichtkegeln, die geeignet sind, Tiere wild lebender Arten erheblich zu beeinträchtigen, dem Verbot und der Beschränkung nach Nummer 1 unterfallen.

[2] In der Rechtsverordnung kann insbesondere Folgendes geregelt werden:

1. allgemeine Ausnahmen von Verboten oder Beschränkungen im Sinne von Satz 1 Nummer 1,
2. die Voraussetzungen, unter denen behördliche Einzelfallausnahmen von Verboten oder Beschränkungen im Sinne von Satz 1 Nummer 1 erteilt werden können.

(7) [1] Das Bundesministerium für Umwelt, Naturschutz und nukleare Sicherheit wird ermächtigt, durch Rechtsverordnung mit Zustimmung des Bundesrates Vorschriften zum Schutz von Horststandorten von Vogelarten zu erlassen, die in ihrem Bestand gefährdet und in besonderem Maße störungsempfindlich sind und insbesondere während bestimmter Zeiträume und innerhalb bestimmter Abstände Handlungen zu verbieten, die die Fortpflanzung oder Aufzucht beeinträchtigen können. [2] Weiter gehende Schutzvorschriften einschließlich der Bestimmungen über Ausnahmen und Befreiungen bleiben unberührt.

(8) Zur Erleichterung der Überwachung der Besitz- und Vermarktungsverbote wird das Bundesministerium für Umwelt, Naturschutz und nukleare Sicherheit ermächtigt, durch Rechtsverordnung[1)] mit Zustimmung des Bundesrates Vorschriften zu erlassen über

1. Aufzeichnungspflichten derjenigen, die gewerbsmäßig Tiere oder Pflanzen der besonders geschützten Arten be- oder verarbeiten, verkaufen, kaufen oder von anderen erwerben, insbesondere über den Kreis der Aufzeichnungspflichtigen, den Gegenstand und Umfang der Aufzeichnungspflicht, die Dauer der Aufbewahrungsfrist für die Aufzeichnungen und ihre Überprüfung durch die für Naturschutz und Landschaftspflege zuständigen Behörden,
2. die Kennzeichnung von Tieren und Pflanzen der besonders geschützten Arten für den Nachweis nach § 46 sowie von invasiven Arten für den Nachweis nach § 40b Satz 1,

---

[1)] Siehe die BundesartenschutzVO v. 16.2.2005 (BGBl. I S. 258, ber. S. 896), zuletzt geänd. durch G v. 21.1.2013 (BGBl. I S. 95).

3. die Erteilung von Bescheinigungen über den rechtmäßigen Erwerb von Tieren und Pflanzen für den Nachweis nach § 46,
4. Pflichten zur Anzeige des Besitzes von
   a) Tieren und Pflanzen der besonders geschützten Arten,
   b) Tieren und Pflanzen der durch Rechtsverordnung nach § 54 Absatz 4 bestimmten Arten.

(9) [1] Rechtsverordnungen nach Absatz 1 Nummer 2 bedürfen des Einvernehmens mit dem Bundesministerium für Ernährung und Landwirtschaft, mit dem Bundesministerium für Verkehr und digitale Infrastruktur sowie mit dem Bundesministerium für Wirtschaft und Energie. [2] Rechtsverordnungen nach den Absätzen 4, 4b und 4d bedürfen des Einvernehmens mit dem Bundesministerium für Verkehr und digitale Infrastruktur. [3] Rechtsverordnungen nach Absatz 4c bedürfen des Einvernehmens mit dem Bundesministerium der Finanzen sowie dem Bundesministerium für Ernährung und Landwirtschaft. [4] Rechtsverordnungen nach Absatz 6 Satz 1 Nummer 1 und Absatz 8 Nummer 1, 2 und 4 bedürfen des Einvernehmens mit dem Bundesministerium für Wirtschaft und Energie. [5] Rechtsverordnungen nach Absatz 6a bedürfen des Einvernehmens mit dem Bundesministerium für Ernährung und Landwirtschaft sowie dem Bundesministerium für Bildung und Forschung. [6] Rechtsverordnungen nach Absatz 6b bedürfen des Einvernehmens mit dem Bundesministerium für Bildung und Forschung. [7] Im Übrigen bedürfen die Rechtsverordnungen nach den Absätzen 1 bis 8 des Einvernehmens mit dem Bundesministerium für Ernährung und Landwirtschaft, in den Fällen der Absätze 1 bis 3, 5, 6 und 8 jedoch nur, soweit sie sich beziehen auf

1. Tierarten, die dem Jagd- oder Fischereirecht unterliegen,
2. Tierarten, die zum Zweck des biologischen Pflanzenschutzes eingesetzt werden, oder
3. Pflanzen, die durch künstliche Vermehrung gewonnen oder forstlich nutzbar sind.

(10) [1] Die Landesregierungen werden ermächtigt, durch Rechtsverordnung allgemeine Anforderungen an Bewirtschaftungsvorgaben für die land-, forst- und fischereiwirtschaftliche Bodennutzung im Sinne des § 44 Absatz 4 festzulegen. [2] Sie können die Ermächtigung nach Satz 1 durch Rechtsverordnung auf andere Landesbehörden übertragen.

(10a) [1] Das Bundesministerium für Umwelt, Naturschutz und nukleare Sicherheit wird ermächtigt, im Einvernehmen mit dem Bundesministerium für Wirtschaft und Energie durch Rechtsverordnung mit Zustimmung des Bundesrates nähere Anforderungen für die Durchführung von Maßnahmen, die darauf abzielen, durch Nutzung, Pflege oder das Ermöglichen ungelenkter Sukzession für einen Zeitraum von mindestens einem Jahr bis zu in der Regel zehn Jahren auf Flächen mit einer zugelassenen Gewinnung mineralischer Rohstoffe den Zustand von Biotopen und Arten zu verbessern, zu regeln, bei deren Beachtung im Rahmen der Inanspruchnahme der Fläche oder eines Teils derselben

1. nicht gegen die Zugriffs- und Besitzverbote nach § 44 Absatz 1 und 2 verstoßen wird oder
2. im Interesse der maßgeblich günstigen Auswirkungen auf die Umwelt oder zum Schutz der natürlich vorkommenden Tier- und Pflanzenwelt eine Ausnahme von den Zugriffs- und Besitzverboten nach § 44 Absatz 1 und 2 allgemein zugelassen wird.

[2] In der Rechtsverordnung ist insbesondere zu regeln,

1. dass und zu welchem Zeitpunkt Maßnahmen im Sinne von Satz 1 der für Naturschutz und Landschaftspflege zuständigen Behörde anzuzeigen sind,
2. welche Unterlagen bei dieser Anzeige vorzulegen sind,
3. dass die Behörde die Durchführung der Maßnahme zeitlich befristen, anderweitig beschränken oder auf Antrag den Zeitraum für die Durchführung der Maßnahme auf insgesamt bis zu 15 Jahre verlängern kann.

(10c) [1] Die Bundesregierung wird ermächtigt durch Rechtsverordnung mit Zustimmung des Bundesrates

1. die Anlage 1 zu ändern, insbesondere sie um Anforderungen an die Habitatpotentialanalyse und um weitere artspezifische Schutzmaßnahmen zu ergänzen sowie sie an den Stand von Wissenschaft und Technik anzupassen,
2. die Anlage 2 zu ändern, insbesondere weitere Festlegungen zur Höhe der in § 45d Absatz 2 genannten Zahlung und zum Verfahren ihrer Erhebung zu treffen.

[2] Die Rechtsverordnungen sind dem Bundestag zuzuleiten. [3] Die Zuleitung erfolgt vor der Zuleitung an den Bundesrat. [4] Die Rechtsverordnungen können durch Beschluss des Bundestages geändert oder abgelehnt werden. [5] Der Beschluss des Bundestages wird der Bundesregierung zugeleitet. [6] Hat sich der Bundestag nach Ablauf von fünf Sitzungswochen seit Eingang der Rechtsverordnung nicht mit ihr befasst, so wird die unveränderte Rechtsverordnung dem Bundesrat zugeleitet. [7] Eine Rechtsverordnung zur Konkretisierung der Anforderungen an die Habitatpotentialanalyse nach Satz 1 Nummer 1 ist dem Bundestag bis zum 31. Dezember 2022 zuzuleiten.

(11) Die Bundesregierung erlässt mit Zustimmung des Bundesrates zur Durchführung dieses Gesetzes allgemeine Verwaltungsvorschriften, insbesondere über

1. die Voraussetzungen und Bedingungen, unter denen von einer Verträglichkeit von Plänen und Projekten im Sinne von § 34 Absatz 1 auszugehen ist,
2. die Voraussetzungen und Bedingungen für Abweichungsentscheidungen im Sinne von § 34 Absatz 3 und
3. die zur Sicherung des Zusammenhangs des Netzes „Natura 2000" notwendigen Maßnahmen im Sinne des § 34 Absatz 5.

(12) Die Bundesregierung erlässt mit Zustimmung des Bundesrates allgemeine Verwaltungsvorschriften über die Anforderungen hinsichtlich

1. der Bestandserfassung wild lebender Tiere der besonders geschützten Arten im Hinblick auf die Zugriffsverbote nach § 44 Absatz 1 bei Vorhaben an Eisenbahnbetriebsanlagen,
2. wirksamer und fachlich anerkannter Schutzmaßnahmen in Bezug auf wild lebende Tiere der besonders geschützten Arten bei Vorhaben an Eisenbahnbetriebsanlagen, bei deren Beachtung in der Regel kein Verstoß gegen die *Zugriffsverbote nach* § 44 Absatz 1 vorliegt, sowie hinsichtlich der Maßnahmen zur Sicherung des Erhaltungszustands dieser Arten im Sinne des § 45 Absatz 7 Satz 2,
3. der Durchführung von Unterhaltungs- und Erneuerungsmaßnahmen an Eisenbahnbetriebsanlagen, bei deren Beachtung in der Regel kein Verstoß gegen die Zugriffsverbote nach § 44 Absatz 1 vorliegt,
4. der Ausstattung von Bahnstrecken mit einer Oberleitung (Elektrifizierung), einschließlich deren Erneuerung, bei deren Beachtung in Bezug auf Stromschlag und Leitungsanflug von Vögeln in der Regel kein Verstoß gegen die Zugriffs-

verbote nach § 44 Absatz 1 vorliegt und den Vorgaben des § 41 Satz 1 entsprochen wird.

§ 55[1] Durchführung gemeinschaftsrechtlicher oder internationaler Vorschriften; Ermächtigung zum Erlass von Rechtsverordnungen. (1) Rechtsverordnungen nach § 54 können auch zur Durchführung von Rechtsakten des Rates oder der Kommission der Europäischen Gemeinschaften auf dem Gebiet des Artenschutzes oder zur Erfüllung von internationalen Artenschutzübereinkommen erlassen werden.

(2) Das Bundesministerium für Umwelt, Naturschutz und nukleare Sicherheit wird ermächtigt, durch Rechtsverordnung mit Zustimmung des Bundesrates Verweisungen auf Vorschriften in Rechtsakten der Europäischen Gemeinschaft in diesem Gesetz oder in Rechtsverordnungen auf Grund des § 54 zu ändern, soweit Änderungen dieser Rechtsakte es erfordern.

Kapitel 6. Meeresnaturschutz

§ 56[2] Geltungs- und Anwendungsbereich. (1) Die Vorschriften dieses Gesetzes gelten auch im Bereich der Küstengewässer sowie mit Ausnahme des Kapitels 2 nach Maßgabe des Seerechtsübereinkommens der Vereinten Nationen vom 10. Dezember 1982 (BGBl. 1994 II S. 1798, 1799; 1995 II S. 602) und der nachfolgenden Bestimmungen ferner im Bereich der deutschen ausschließlichen Wirtschaftszone und des Festlandsockels.

(2) In den in Absatz 1 genannten Meeresbereichen kann die Erklärung von Gebieten zu geschützten Teilen von Natur und Landschaft im Sinne des § 20 Absatz 2 auch dazu dienen, zusammenhängende und repräsentative Netze geschützter Meeresgebiete im Sinne des Artikels 13 Absatz 4 der Richtlinie 2008/56/EG aufzubauen.

(3) Auf die Errichtung und den Betrieb von Windenergieanlagen in der deutschen ausschließlichen Wirtschaftszone, die vor dem 1. Januar 2017 genehmigt worden sind, oder die auf Grundlage eines Zuschlags nach § 34 des Windenergie-auf-See-Gesetzes zugelassen werden, ist § 15 nicht anzuwenden.

(4) [1]Die Ersatzzahlung für Eingriffe im Bereich der ausschließlichen Wirtschaftszone und des Festlandsockels ist als zweckgebundene Abgabe an den Bund zu leisten. [2]Die Mittel werden vom Bundesministerium für Umwelt, Naturschutz und nukleare Sicherheit bewirtschaftet. [3]Das Bundesministerium für Umwelt, Naturschutz und nukleare Sicherheit kann Einnahmen aus Ersatzzahlungen zur Verwendung nach seinen Vorgaben an eine der Aufsicht des Bundes unterstehende Einrichtung oder eine vom Bund beherrschte Gesellschaft oder Stiftung weiterleiten.

§ 56a[3] Bevorratung von Kompensationsmaßnahmen. (1) [1]Die Bevorratung vorgezogener Ausgleichs- und Ersatzmaßnahmen im Sinne von § 16 bedarf im Bereich der deutschen ausschließlichen Wirtschaftszone und des Festlandsockels der schriftlichen Zustimmung durch das Bundesamt für Naturschutz. [2]Die Zu-

---

[1] § 55 Abs. 2 geänd. mWv 8.9.2015 durch VO v. 31.8.2015 (BGBl. I S. 1474); Abs. 2 geänd. mWv 27.6.2020 durch VO v. 19.6.2020 (BGBl. I S. 1328).

[2] § 56 Abs. 2 eingef., bish. Abs. 2 wird Abs. 3 mWv 14.10.2011 durch G v. 6.10.2011 (BGBl. I S. 1986); Abs. 3 neu gef., Abs. 4 angef. mWv 1.1.2017 durch G v. 13.10.2016 (BGBl. I S. 2258); Abs. 4 Sätze 2 und 3 geänd. mWv 27.6.2020 durch VO v. 19.6.2020 (BGBl. I S. 1328).

[3] § 56a eingef. mWv 29.9.2017 durch G v. 15.9.2017 (BGBl. I S. 3434).

stimmung ist vor Durchführung der zu bevorratenden Ausgleichs- und Ersatzmaßnahme auf Antrag zu erteilen, soweit die Maßnahme

1. geeignet ist, die Anerkennungsvoraussetzungen des § 16 Absatz 1 Nummer 1 bis 3 und 5 zu erfüllen und
2. im jeweiligen Raum den Zielen des Naturschutzes und der Landschaftspflege sowie den Erfordernissen und Maßnahmen zur Umsetzung dieser Ziele nicht widerspricht.

[3] Die Verortung von vorgezogenen Ausgleichs- und Ersatzmaßnahmen erfolgt im Benehmen mit den Behörden, deren Aufgabenbereich berührt ist. [4] Das Bundesamt für Naturschutz kann die Vorlage von Gutachten verlangen, soweit dies zur Beurteilung der Maßnahme erforderlich ist.

(2) [1] Art, Ort, Umfang und Kompensationswert der Maßnahmen werden verbindlich in einem Ökokonto festgestellt, wenn die Maßnahmen gemäß der Zustimmung nach Absatz 1 durchgeführt worden sind. [2] Der Anspruch auf Anerkennung der bevorrateten Maßnahmen nach § 16 Absatz 1 ist auf Dritte übertragbar.

(3) [1] Die Verantwortung für die Ausführung, Unterhaltung und Sicherung der Ausgleichs- und Ersatzmaßnahmen nach § 15 Absatz 4 kann von Dritten mit befreiender Wirkung übernommen werden, soweit diese nach Satz 2 anerkannt sind. [2] Das Bundesamt für Naturschutz hat die Berechtigung juristischer Personen zur Übernahme von Kompensationspflichten im Bereich der deutschen ausschließlichen Wirtschaftszone und des Festlandsockels anzuerkennen, wenn

1. sie die Gewähr dafür bieten, dass die Verpflichtungen ordnungsgemäß erfüllt werden, insbesondere durch Einsatz von Beschäftigten mit geeigneter Ausbildung sowie durch wirtschaftliche Leistungsfähigkeit, und
2. keine Tatsachen vorliegen, die die Annahme der Unzuverlässigkeit der vertretungsberechtigten Personen rechtfertigen.

[3] Die Übernahme der Verantwortung erfolgt durch unbedingte schriftliche Vereinbarung, die nicht widerrufen werden kann. [4] Der Verursacher oder sein Rechtsnachfolger übermittelt die Vereinbarung der für die Zulassungsentscheidung zuständigen Behörde.

§ 57[1) 2)] Geschützte Meeresgebiete im Bereich der deutschen ausschließlichen Wirtschaftszone und des Festlandsockels; Ermächtigung zum Erlass von Rechtsverordnungen. (1) [1] Die Auswahl von geschützten Meeresgebieten im Bereich der deutschen ausschließlichen Wirtschaftszone und des Festlandsockels erfolgt durch das Bundesamt für Naturschutz unter Beteiligung der Behörden, deren Aufgabenbereich berührt ist, und unter Einbeziehung der Öffentlichkeit und mit Zustimmung des Bundesministeriums für Umwelt, Naturschutz und nukleare Sicherheit. [2] Das Bundesministerium für Umwelt, Naturschutz und nukleare Sicherheit beteiligt die fachlich betroffenen Bundesministerien und stellt das Benehmen mit den angrenzenden Ländern her.

---

1) § 57 Abs. 1 Sätze 1 und 2, Abs. 2 geänd. mWv 8.9.2015 durch VO v. 31.8.2015 (BGBl. I S. 1474); Abs. 1 Satz 1 geänd., Abs. 3 einl. Satzteil, Nr. 4 und 5 neu gef. mWv 29.9.2017 durch G v. 15.9.2017 (BGBl. I S. 3434); Abs. 1 Sätze 1 und 2, Abs. 2 geänd. mWv 27.6.2020 durch VO v. 19.6.2020 (BGBl. I S. 1328); Abs. 2 Satz 2 angef. mWv 30.6.2021 durch G v. 25.6.2021 (BGBl. I S. 2020); Abs. 2 Satz 2 geänd. mWv 15.11.2024 durch G v. 8.5.2024 (BGBl. 2024 I Nr. 153).

2) Zum durch Art. 10 KitafinanzhilfenÄndG v. 25.6.2021 (BGBl. I S. 2020) angef. Abs. 2 Satz 2 siehe die Anm. zu § 22.

(2) [1] Die Erklärung der Meeresgebiete zu geschützten Teilen von Natur und Landschaft im Sinne des § 20 Absatz 2 erfolgt durch das Bundesministerium für Umwelt, Naturschutz und nukleare Sicherheit unter Beteiligung der fachlich betroffenen Bundesministerien durch Rechtsverordnung[1)], die nicht der Zustimmung des Bundesrates bedarf. [2] Für die Herstellung der Vereinbarkeit mit Vorgaben aus der Richtlinie 2001/42/EG und der Richtlinie 92/43/EWG sowie für die Fortgeltung bestehender Schutzerklärungen gilt § 22 Absatz 2a und 2b Satz 2 sowie Absatz 2c.

(3) Für die Erklärung der Meeresgebiete zu geschützten Teilen von Natur und Landschaft im Sinne des § 20 Absatz 2, einschließlich ihrer Auswahl, sind die folgenden Maßgaben zu beachten:

1. Beschränkungen des Flugverkehrs, der Schifffahrt, der nach internationalem Recht erlaubten militärischen Nutzung sowie von Vorhaben der wissenschaftlichen Meeresforschung im Sinne des Artikels 246 Absatz 3 des Seerechtsübereinkommens der Vereinten Nationen sind nicht zulässig; Artikel 211 Absatz 6 des Seerechtsübereinkommens der Vereinten Nationen sowie die weiteren die Schifffahrt betreffenden völkerrechtlichen Regelungen bleiben unberührt.
2. Die Versagungsgründe für Vorhaben der wissenschaftlichen Meeresforschung im Sinne des Artikels 246 Absatz 5 des Seerechtsübereinkommens der Vereinten Nationen bleiben unter Beachtung des Gesetzes über die Durchführung wissenschaftlicher Meeresforschung vom 6. Juni 1995 (BGBl. I S. 778, 785), das zuletzt durch Artikel 321 der Verordnung vom 31. Oktober 2006 (BGBl. I S. 2407) geändert worden ist, unberührt.
3. Beschränkungen der Fischerei sind nur in Übereinstimmung mit dem Recht der Europäischen Gemeinschaft und nach Maßgabe des Seefischereigesetzes in der Fassung der Bekanntmachung vom 6. Juli 1998 (BGBl. I S. 1791), das zuletzt durch Artikel 217 der Verordnung vom 31. Oktober 2006 (BGBl. I S. 2407) geändert worden ist, zulässig.
4. Beschränkungen der Verlegung von unterseeischen Kabeln und Rohrleitungen sind nur in Übereinstimmung mit Artikel 56 Absatz 3 in Verbindung mit Artikel 79 des Seerechtsübereinkommens der Vereinten Nationen zulässig und
   a) im Hinblick auf Erhaltungsziele nach § 7 Absatz 1 Nummer 9 nur nach § 34 sowie
   b) im Hinblick auf weitere der Erfüllung bestehender völkerrechtlicher Verpflichtungen oder der Umsetzung der Richtlinie 2008/56/EG dienenden Schutzzwecke nur, wenn die Verlegung diese erheblich beeinträchtigen kann.
5. Beschränkungen der Energieerzeugung aus Wasser, Strömung und Wind sowie der Aufsuchung und Gewinnung von Bodenschätzen sind zulässig
   a) im Hinblick auf Erhaltungsziele nach § 7 Absatz 1 Nummer 9 nur nach § 34 sowie
   b) im Hinblick auf weitere der Erfüllung bestehender völkerrechtlicher Verpflichtungen oder der Umsetzung der Richtlinie 2008/56/EG dienenden Schutzzwecke nur, wenn das Vorhaben diese erheblich beeinträchtigen kann.

[1)] Siehe die Verordnungen über die Festsetzung der Naturschutzgebiete „Borkum Riffgrund" v. 22.9. 2017 (BGBl. I S. 3395), „Doggerbank" v. 22.9.2017 (BGBl. I S. 3400), „Fehmarnbelt" v. 22.9.2017 (BGBl. I S. 3405), „Kadetrinne" v. 22.9.2017 (BGBl. I S. 3410), „Pommersche Bucht – Rönnebank" v. 22.9.2017 (BGBl. I S. 3415) und „Sylter Außenriff – Östliche Deutsche Bucht" v. 22.9.2017 (BGBl. I S. 3423).

§ 58[1] **Zuständige Behörden; Gebühren und Auslagen; Ermächtigung zum Erlass von Rechtsverordnungen.** (1) [1]Die Durchführung der Vorschriften dieses Gesetzes, der auf Grund dieses Gesetzes erlassenen Vorschriften sowie der Vorschriften des Umweltschadensgesetzes im Hinblick auf die Schädigung von Arten und natürlichen Lebensräumen und die unmittelbare Gefahr solcher Schäden obliegt im Bereich der deutschen ausschließlichen Wirtschaftszone und des Festlandsockels dem Bundesamt für Naturschutz, soweit nichts anderes bestimmt ist. [2]Bedarf ein Eingriff in Natur und Landschaft, der im Bereich der deutschen ausschließlichen Wirtschaftszone oder im Bereich des Festlandsockels durchgeführt

(Fortsetzung nächstes Blatt)

[1] § 58 Abs. 3 Sätze 1 und 3 geänd. mWv 15.8.2013 durch G v. 7.8.2013 (BGBl. I S. 3154); Abs. 2 und 3 Satz 2 geänd. mWv 8.9.2015 durch VO v. 31.8.2015 (BGBl. I S. 1474); Abs. 3 aufgeh. mWv 1.10.2021 durch G v. 18.7.2016 (BGBl. I S. 1666); Abs. 2 und 3 Satz 2 geänd. mWv 27.6.2020 durch VO v. 19.6. 2020 (BGBl. I S. 1328).

werden soll, einer behördlichen Zulassung oder einer Anzeige an eine Behörde oder wird er von einer Behörde durchgeführt, ergeht die Entscheidung der Behörde im Benehmen mit dem Bundesamt für Naturschutz.

(2) Das Bundesministerium für Umwelt, Naturschutz und nukleare Sicherheit kann durch Rechtsverordnung, die nicht der Zustimmung des Bundesrates bedarf, Aufgaben, die dem Bundesamt für Naturschutz nach Absatz 1 obliegen, im Einvernehmen mit dem Bundesministerium des Innern, für Bau und Heimat auf das Bundespolizeipräsidium und im Einvernehmen mit dem Bundesministerium für Ernährung und Landwirtschaft auf die Bundesanstalt für Landwirtschaft und Ernährung zur Ausübung übertragen.

Kapitel 7. Erholung in Natur und Landschaft

§ 59 Betreten der freien Landschaft. (1) Das Betreten der freien Landschaft auf Straßen und Wegen sowie auf ungenutzten Grundflächen zum Zweck der Erholung ist allen gestattet (allgemeiner Grundsatz).

(2) [1] Das Betreten des Waldes richtet sich nach dem Bundeswaldgesetz[1)] und den Waldgesetzen der Länder sowie im Übrigen nach dem sonstigen Landesrecht. [2] Es kann insbesondere andere Benutzungsarten ganz oder teilweise dem Betreten gleichstellen sowie das Betreten aus wichtigen Gründen, insbesondere aus solchen des Naturschutzes und der Landschaftspflege, des Feldschutzes und der land- und forstwirtschaftlichen Bewirtschaftung, zum Schutz der Erholungsuchenden, zur Vermeidung erheblicher Schäden oder zur Wahrung anderer schutzwürdiger Interessen des Grundstücksbesitzers einschränken.

§ 60 Haftung. [1] Das Betreten der freien Landschaft erfolgt auf eigene Gefahr. [2] Durch die Betretungsbefugnis werden keine zusätzlichen Sorgfalts- oder Verkehrssicherungspflichten begründet. [3] Es besteht insbesondere keine Haftung für typische, sich aus der Natur ergebende Gefahren.

§ 61 Freihaltung von Gewässern und Uferzonen. (1) [1] Im Außenbereich dürfen an Bundeswasserstraßen und Gewässern erster Ordnung sowie an stehenden Gewässern mit einer Größe von mehr als 1 Hektar im Abstand bis 50 Meter von der Uferlinie keine baulichen Anlagen errichtet oder wesentlich geändert werden. [2] An den Küstengewässern ist abweichend von Satz 1 ein Abstand von mindestens 150 Metern von der mittleren Hochwasserlinie an der Nordsee und von der Mittelwasserlinie an der Ostsee einzuhalten. [3] Weiter gehende Vorschriften der Länder bleiben unberührt.

(2) [1] Absatz 1 gilt nicht für

1. bauliche Anlagen, die bei Inkrafttreten dieses Gesetzes rechtmäßig errichtet oder zugelassen waren,
2. bauliche Anlagen, die in Ausübung wasserrechtlicher Erlaubnisse oder Bewilligungen oder zum Zwecke der Überwachung, der Bewirtschaftung, der Unterhaltung oder des Ausbaus eines oberirdischen Gewässers errichtet oder geändert werden,
3. Anlagen des öffentlichen Verkehrs einschließlich Nebenanlagen und Zubehör, des Rettungswesens, des Küsten- und Hochwasserschutzes sowie der Verteidigung.

[1)] Nr. **875**.

[2] Weiter gehende Vorschriften der Länder über Ausnahmen bleiben unberührt.

(3) Von dem Verbot des Absatzes 1 kann auf Antrag eine Ausnahme zugelassen werden, wenn

1. die durch die bauliche Anlage entstehenden Beeinträchtigungen des Naturhaushalts oder des Landschaftsbildes, insbesondere im Hinblick auf die Funktion der Gewässer und ihrer Uferzonen, geringfügig sind oder dies durch entsprechende Maßnahmen sichergestellt werden kann oder
2. dies aus Gründen des überwiegenden öffentlichen Interesses, einschließlich solcher sozialer oder wirtschaftlicher Art, notwendig ist; in diesem Fall gilt § 15 entsprechend.

§ 62 Bereitstellen von Grundstücken. Der Bund, die Länder und sonstige juristische Personen des öffentlichen Rechts stellen in ihrem Eigentum oder Besitz stehende Grundstücke, die sich nach ihrer natürlichen Beschaffenheit für die Erholung der Bevölkerung eignen oder den Zugang der Allgemeinheit zu solchen Grundstücken ermöglichen oder erleichtern, in angemessenem Umfang für die Erholung bereit, soweit dies mit einer nachhaltigen Nutzung und den sonstigen Zielen von Naturschutz und Landschaftspflege vereinbar ist und eine öffentliche Zweckbindung dem nicht entgegensteht.

Kapitel 8. Mitwirkung von anerkannten Naturschutzvereinigungen

§ 63[1)] Mitwirkungsrechte. (1) Einer nach § 3 des Umwelt-Rechtsbehelfsgesetzes[2)] vom Bund anerkannten Vereinigung, die nach ihrem satzungsgemäßen Aufgabenbereich im Schwerpunkt die Ziele des Naturschutzes und der Landschaftspflege fördert (anerkannte Naturschutzvereinigung), ist Gelegenheit zur Stellungnahme und zur Einsicht in die einschlägigen Sachverständigengutachten zu geben

1. bei der Vorbereitung von Verordnungen und anderen im Rang unter dem Gesetz stehenden Rechtsvorschriften auf dem Gebiet des Naturschutzes und der Landschaftspflege durch die Bundesregierung oder das Bundesministerium für Umwelt, Naturschutz und nukleare Sicherheit,
2. vor der Erteilung von Befreiungen von Geboten und Verboten zum Schutz von geschützten Meeresgebieten im Sinne des § 57 Absatz 2 sowie vor dem Erlass von Abweichungsentscheidungen nach § 34 Absatz 3 bis 5 auch in Verbindung mit § 36 Satz 1 Nummer 2, auch wenn diese durch eine andere Entscheidung eingeschlossen oder ersetzt werden,
3. in Planfeststellungsverfahren, die von Behörden des Bundes oder im Bereich der deutschen ausschließlichen Wirtschaftszone und des Festlandsockels von Behörden der Länder durchgeführt werden, wenn es sich um Vorhaben handelt, die mit Eingriffen in Natur und Landschaft verbunden sind,
4. bei Plangenehmigungen, die von Behörden des Bundes erlassen werden und an die Stelle einer Planfeststellung im Sinne der Nummer 3 treten, wenn eine Öffentlichkeitsbeteiligung vorgesehen ist,

soweit sie durch das Vorhaben in ihrem satzungsgemäßen Aufgabenbereich berührt wird.

---

1) § 63 Abs. 1 Nr. 1 geänd. mWv 8.9.2015 durch VO v. 31.8.2015 (BGBl. I S. 1474); Abs. 1 Nr. 2 neu gef., Abs. 2 Nr. 4a und 4b eingef., Nr. 5 geänd. mWv 2.6.2017 durch G v. 29.5.2017 (BGBl. I S. 1298); Abs. 1 Nr. 1 geänd. mWv 27.6.2020 durch VO v. 19.6.2020 (BGBl. I S. 1328).

2) Nr. **293**.

(2) Einer nach § 3 des Umwelt-Rechtsbehelfsgesetzes von einem Land anerkannten Naturschutzvereinigung, die nach ihrer Satzung landesweit tätig ist, ist Gelegenheit zur Stellungnahme und zur Einsicht in die einschlägigen Sachverständigengutachten zu geben

1. bei der Vorbereitung von Verordnungen und anderen im Rang unter dem Gesetz stehenden Rechtsvorschriften der für Naturschutz und Landschaftspflege zuständigen Behörden der Länder,
2. bei der Vorbereitung von Programmen und Plänen im Sinne der §§ 10 und 11,
3. bei der Vorbereitung von Plänen im Sinne des § 36 Satz 1 Nummer 2,
4. bei der Vorbereitung von Programmen staatlicher und sonstiger öffentlicher Stellen zur Wiederansiedlung von Tieren und Pflanzen verdrängter wild lebender Arten in der freien Natur,

4a. vor der Erteilung einer Genehmigung für die Errichtung, die Erweiterung, eine wesentliche Änderung oder den Betrieb eines Zoos nach § 42 Absatz 2 Satz 1,

4b. vor der Zulassung einer Ausnahme nach § 45 Absatz 7 Satz 1 durch Rechtsverordnung oder durch Allgemeinverfügung,

5. vor der Erteilung von Befreiungen von Geboten und Verboten zum Schutz von Gebieten im Sinne des § 32 Absatz 2, Natura 2000-Gebieten, Naturschutzgebieten, Nationalparken, Nationalen Naturmonumenten und Biosphärenreservaten sowie von Abweichungsentscheidungen nach § 34 Absatz 3 bis 5, auch in Verbindung mit § 36 Satz 1 Nummer 2, auch wenn diese durch eine andere Entscheidung eingeschlossen oder ersetzt werden,
6. in Planfeststellungsverfahren, wenn es sich um Vorhaben im Gebiet des anerkennenden Landes handelt, die mit Eingriffen in Natur und Landschaft verbunden sind,
7. bei Plangenehmigungen, die an die Stelle einer Planfeststellung im Sinne der Nummer 6 treten, wenn eine Öffentlichkeitsbeteiligung vorgesehen ist,
8. in weiteren Verfahren zur Ausführung von landesrechtlichen Vorschriften, wenn das Landesrecht dies vorsieht,

soweit sie durch das Vorhaben in ihrem satzungsgemäßen Aufgabenbereich berührt wird.

(3) [1] § 28 Absatz 2 Nummer 1 und 2, Absatz 3 und § 29 Absatz 2 des Verwaltungsverfahrensgesetzes[1)] gelten entsprechend. [2] Eine in anderen Rechtsvorschriften des Bundes oder der Länder vorgeschriebene inhaltsgleiche oder weiter gehende Form der Mitwirkung bleibt unberührt.

(4) Die Länder können bestimmen, dass in Fällen, in denen Auswirkungen auf Natur und Landschaft nicht oder nur im geringfügigen Umfang zu erwarten sind, von einer Mitwirkung abgesehen werden kann.

§ 64[2)] Rechtsbehelfe. (1) Eine anerkannte Naturschutzvereinigung kann, soweit § 1 Absatz 3 des Umwelt-Rechtsbehelfsgesetzes[3)] nicht entgegensteht, ohne in eigenen Rechten verletzt zu sein, Rechtsbehelfe nach Maßgabe der Verwal-

---

1) Nr. **100**.

2) § 64 Abs. 1 einl. Satzteil geänd. mWv 29.1.2013 durch G v. 21.1.2013 (BGBl. I S. 95); Abs. 1 einl. Satzteil geänd., Nr. 3 neu gef., Abs. 2 geänd. mWv 2.6.2017 durch G v. 29.5.2017 (BGBl. I S. 1298).

3) Nr. **293**.

tungsgerichtsordnung[1)] einlegen gegen Entscheidungen nach § 63 Absatz 1 Nummer 2 bis 4 und Absatz 2 Nummer 4a bis 7, wenn die Vereinigung

1. geltend macht, dass die Entscheidung Vorschriften dieses Gesetzes, Rechtsvorschriften, die auf Grund dieses Gesetzes erlassen worden sind oder fortgelten, Naturschutzrecht der Länder oder anderen Rechtsvorschriften, die bei der Entscheidung zu beachten und zumindest auch den Belangen des Naturschutzes und der Landschaftspflege zu dienen bestimmt sind, widerspricht,
2. in ihrem satzungsgemäßen Aufgaben- und Tätigkeitsbereich, soweit sich die Anerkennung darauf bezieht, berührt wird und
3. zur Mitwirkung nach § 63 Absatz 1 Nummer 2 oder Absatz 2 Nummer 4a bis 5 berechtigt war und sie sich hierbei in der Sache geäußert hat oder ihr keine Gelegenheit zur Äußerung gegeben worden ist; dies gilt auch für die Mitwirkung nach § 63 Absatz 1 Nummer 3 und Absatz 2 Nummer 6, sofern für ein solches Planfeststellungsverfahren eine Anwendung des Bundesnaturschutzgesetzes nicht nach § 1 Absatz 3 des Umwelt-Rechtsbehelfsgesetzes ausgeschlossen ist.

(2) § 1 Absatz 1 Satz 3 und 4, § 2 Absatz 3 Satz 1 und § 5 des Umwelt-Rechtsbehelfsgesetzes gelten entsprechend.

(3) Die Länder können Rechtsbehelfe von anerkannten Naturschutzvereinigungen auch in anderen Fällen zulassen, in denen nach § 63 Absatz 2 Nummer 8 eine Mitwirkung vorgesehen ist.

Kapitel 9. Eigentumsbindung, Befreiungen

§ 65 Duldungspflicht. (1) [1] Eigentümer und sonstige Nutzungsberechtigte von Grundstücken haben Maßnahmen des Naturschutzes und der Landschaftspflege auf Grund von Vorschriften dieses Gesetzes, Rechtsvorschriften, die auf Grund dieses Gesetzes erlassen worden sind oder fortgelten, oder Naturschutzrecht der Länder zu dulden, soweit dadurch die Nutzung des Grundstücks nicht unzumutbar beeinträchtigt wird. [2] Weiter gehende Regelungen der Länder bleiben unberührt.

(2) Vor der Durchführung der Maßnahmen sind die Berechtigten in geeigneter Weise zu benachrichtigen.

(3) Die Befugnis der Bediensteten und Beauftragten der Naturschutzbehörden, zur Erfüllung ihrer Aufgaben Grundstücke zu betreten, richtet sich nach Landesrecht.

§ 66 Vorkaufsrecht. (1) [1] Den Ländern steht ein Vorkaufsrecht zu an Grundstücken,

1. die in Nationalparken, Nationalen Naturmonumenten, Naturschutzgebieten oder als solchen einstweilig sichergestellten Gebieten liegen,
2. auf denen sich Naturdenkmäler oder als solche einstweilig sichergestellte Gegenstände befinden,
3. auf denen sich oberirdische Gewässer befinden.

[2] Liegen die Merkmale des Satzes 1 Nummer 1 bis 3 nur bei einem Teil des Grundstücks vor, so erstreckt sich das Vorkaufsrecht nur auf diesen Teil. [3] Der Eigentümer kann verlangen, dass sich der Vorkauf auf das gesamte Grundstück

---

[1)] Nr. 600.

erstreckt, wenn ihm der weitere Verbleib in seinem Eigentum wirtschaftlich nicht zuzumuten ist.

(2) Das Vorkaufsrecht darf nur ausgeübt werden, wenn dies aus Gründen des Naturschutzes und der Landschaftspflege einschließlich der Erholungsvorsorge erforderlich ist.

(3) [1] Das Vorkaufsrecht bedarf nicht der Eintragung in das Grundbuch. [2] Es geht rechtsgeschäftlich und landesrechtlich begründeten Vorkaufsrechten mit Ausnahme solcher auf den Gebieten des Grundstücksverkehrs und des Siedlungswesens im Rang vor. [3] Bei einem Eigentumserwerb auf Grund der Ausübung des Vorkaufsrechts erlöschen durch Rechtsgeschäft begründete Vorkaufsrechte. [4] Die §§ 463 bis 469, 471, 1098 Absatz 2 und die §§ 1099 bis 1102 des Bürgerlichen Gesetzbuches[1)] finden Anwendung. [5] Das Vorkaufsrecht erstreckt sich nicht auf einen Verkauf, der an einen Ehegatten, eingetragenen Lebenspartner oder einen Verwandten ersten Grades erfolgt.

(4) Das Vorkaufsrecht kann von den Ländern auf Antrag auch zugunsten von Körperschaften und Stiftungen des öffentlichen Rechts und anerkannten Naturschutzvereinigungen ausgeübt werden.

(5) Abweichende Vorschriften der Länder bleiben unberührt.

§ 67 Befreiungen. (1) [1] Von den Geboten und Verboten dieses Gesetzes, in einer Rechtsverordnung auf Grund des § 57 sowie nach dem Naturschutzrecht der Länder kann auf Antrag Befreiung gewährt werden, wenn

1. dies aus Gründen des überwiegenden öffentlichen Interesses, einschließlich solcher sozialer und wirtschaftlicher Art, notwendig ist oder
2. die Durchführung der Vorschriften im Einzelfall zu einer unzumutbaren Belastung führen würde und die Abweichung mit den Belangen von Naturschutz und Landschaftspflege vereinbar ist.

[2] Im Rahmen des Kapitels 5 gilt Satz 1 nur für die §§ 39 und 40, 42 und 43.

(2) [1] Von den Verboten des § 33 Absatz 1 Satz 1 und des § 44 sowie von Geboten und Verboten im Sinne des § 32 Absatz 3 kann auf Antrag Befreiung gewährt werden, wenn die Durchführung der Vorschriften im Einzelfall zu einer unzumutbaren Belastung führen würde. [2] Im Fall des Verbringens von Tieren oder Pflanzen aus dem Ausland wird die Befreiung vom Bundesamt für Naturschutz gewährt.

(3) [1] Die Befreiung kann mit Nebenbestimmungen versehen werden. [2] § 15 Absatz 1 bis 4 und Absatz 6 sowie § 17 Absatz 5 und 7 finden auch dann Anwendung, wenn kein Eingriff in Natur und Landschaft im Sinne des § 14 vorliegt.

§ 68 ***Beschränkungen*** **des Eigentums; Entschädigung und Ausgleich.**

(1) Führen Beschränkungen des Eigentums, die sich auf Grund von Vorschriften dieses Gesetzes, Rechtsvorschriften, die auf Grund dieses Gesetzes erlassen worden sind oder fortgelten, oder Naturschutzrecht der Länder ergeben, im Einzelfall zu einer unzumutbaren Belastung, der nicht durch andere Maßnahmen, insbesondere durch die Gewährung einer Ausnahme oder Befreiung, abgeholfen werden kann, ist eine angemessene Entschädigung zu leisten.

[1)] **Habersack Nr. 20.**

(2) [1]Die Entschädigung ist in Geld zu leisten. [2]Sie kann in wiederkehrenden Leistungen bestehen. [3]Der Eigentümer kann die Übernahme eines Grundstücks verlangen, wenn ihm der weitere Verbleib in seinem Eigentum wirtschaftlich nicht zuzumuten ist. [4]Das Nähere richtet sich nach Landesrecht.

(3) Die Enteignung von Grundstücken zum Wohl der Allgemeinheit aus Gründen des Naturschutzes und der Landschaftspflege richtet sich nach Landesrecht.

(4) Die Länder können vorsehen, dass Eigentümern und Nutzungsberechtigten, denen auf Grund von Vorschriften dieses Gesetzes, Rechtsvorschriften, die auf Grund dieses Gesetzes erlassen worden sind oder fortgelten, oder Naturschutzrecht der Länder insbesondere die land-, forst- und fischereiwirtschaftliche Nutzung von Grundstücken wesentlich erschwert wird, ohne dass eine Entschädigung nach den Absätzen 1 bis 3 zu leisten ist, auf Antrag ein angemessener Ausgleich nach Maßgabe des jeweiligen Haushaltsgesetzes gezahlt werden kann.

Kapitel 10. Bußgeld- und Strafvorschriften

§ 69[1)] Bußgeldvorschriften. (1) Ordnungswidrig handelt, wer wissentlich entgegen § 39 Absatz 1 Nummer 1 ein wild lebendes Tier beunruhigt.

(2) Ordnungswidrig handelt, wer

1. entgegen § 44 Absatz 1 Nummer 1
   a) einem wild lebenden Tier nachstellt, es fängt oder verletzt oder seine Entwicklungsformen aus der Natur entnimmt oder beschädigt oder
   b) ein wild lebendes Tier tötet oder seine Entwicklungsformen zerstört,
2. entgegen § 44 Absatz 1 Nummer 2 ein wild lebendes Tier erheblich stört,
3. entgegen § 44 Absatz 1 Nummer 3 eine Fortpflanzungs- oder Ruhestätte aus der Natur entnimmt, beschädigt oder zerstört,
4. entgegen § 44 Absatz 1 Nummer 4
   a) eine wild lebende Pflanze oder ihre Entwicklungsformen aus der Natur entnimmt oder sie oder ihren Standort beschädigt oder
   b) eine wild lebende Pflanze oder ihre Entwicklungsformen zerstört,
5. entgegen § 44 Absatz 2 Satz 1 Nummer 1, auch in Verbindung mit § 44 Absatz 3,
   a) ein Tier oder eine Pflanze einer anderen als in § 71a Absatz 1 Nummer 2 genannten besonders geschützten Art oder
   b) eine Ware im Sinne des Anhangs der Richtlinie 83/129/EWG

   in Besitz oder Gewahrsam nimmt, in Besitz oder Gewahrsam hat oder be- oder verarbeitet und erkennt oder fahrlässig nicht erkennt, dass sich die Handlung auf ein Tier oder eine Pflanze einer in Buchstabe a genannten Art oder auf eine in Buchstabe b genannte Ware bezieht, oder

---

1) § 69 Abs. 3 Nr. 4a eingef. mWv 11.2.2017 durch G v. 4.8.2016 (BGBl. I S. 1972); Abs. 2 Nr. 1 neu gef., Nr. 3 geänd., Nr. 4 neu gef., Nr. 5 angef., Abs. 3 Nr. 20 aufgeh., Abs. 6 geänd. mWv 24.8.2017 durch G v. 17.8.2017 (BGBl. I S. 3202); Abs. 2 Nr. 4 Buchst. b geänd., Nr. 5 neu gef., Nr. 6 angef., Abs. 3 Nr. 17 neu gef., Nr. 17a eingef., Nr. 21 geänd., Nr. 27 Buchst. a aufgeh., Abs. 6 eingef., bish. Abs. 6 wird Abs. 7 und geänd., bish. Abs. 7 wird Abs. 8 mWv 16.9.2017 durch G v. 8.9.2017 (BGBl. I S. 3370); Abs. 3 Nr. 13 geänd. mWv *29.9.2017 durch G v. 15.9.2017* (BGBl. I S. 3434); Abs. 2 Nr. 5 geänd., Nr. 5a eingef. mWv 13.3.2020 durch G v. 4.3.2020 (BGBl. I S. 440); Abs. 2 Nr. 6, Abs. 3 Nr. 4a geänd., Nr. 4b und 5a eingef. mWv 1.3.2022 durch G v. 18.8.2021 (BGBl. I S. 3908); Abs. 2 Nr. 5 geänd., Nr. 5a aufgeh. mWv 2.4.2026 durch G v. 29.3.2026 (BGBl. 2026 I Nr. 87).

6. einer Rechtsverordnung nach § 54 Absatz 4 Satz 1, Absatz 4a oder Absatz 4d Satz 1 Nummer 2 oder einer vollziehbaren Anordnung auf Grund einer solchen Rechtsverordnung zuwiderhandelt, soweit die Rechtsverordnung für einen bestimmten Tatbestand auf diese Bußgeldvorschrift verweist.

(3) Ordnungswidrig handelt, wer vorsätzlich oder fahrlässig

1. ohne Genehmigung nach § 17 Absatz 3 Satz 1 einen Eingriff in Natur und Landschaft vornimmt,
2. einer vollziehbaren Anordnung nach § 17 Absatz 8 Satz 1 oder Satz 2, § 34 Absatz 6 Satz 4 oder Satz 5, § 42 Absatz 7 oder Absatz 8 Satz 1 oder Satz 2, auch in Verbindung mit § 43 Absatz 3 Satz 4, oder § 43 Absatz 3 Satz 2 oder Satz 3 zuwiderhandelt,
3. entgegen § 22 Absatz 3 Satz 3 eine dort genannte Handlung oder Maßnahme vornimmt,
4. entgegen § 23 Absatz 2 Satz 1 in Verbindung mit einer Rechtsverordnung nach § 57 Absatz 2 eine dort genannte Handlung oder Maßnahme in einem Meeresgebiet vornimmt, das als Naturschutzgebiet geschützt wird,

4a. entgegen § 23 Absatz 3, auch in Verbindung mit § 24 Absatz 3 Satz 2, oder entgegen § 33 Absatz 1a Satz 1 eine dort genannte Anlage errichtet,

4b. entgegen § 23 Absatz 4 Satz 1, auch in Verbindung mit § 24 Absatz 3 Satz 2, eine dort genannte Beleuchtung oder Werbeanlage errichtet,

5. entgegen § 30 Absatz 2 Satz 1 ein dort genanntes Biotop zerstört oder sonst erheblich beeinträchtigt,

5a. entgegen § 30a Satz 1 ein dort genanntes Biozidprodukt flächig einsetzt oder aufträgt,

6. entgegen § 33 Absatz 1 Satz 1, auch in Verbindung mit Absatz 2 Satz 1, eine Veränderung oder Störung vornimmt,
7. entgegen § 39 Absatz 1 Nummer 1 ein wild lebendes Tier ohne vernünftigen Grund fängt, verletzt oder tötet,
8. entgegen § 39 Absatz 1 Nummer 2 eine wild lebende Pflanze ohne vernünftigen Grund entnimmt, nutzt oder ihre Bestände niederschlägt oder auf sonstige Weise verwüstet,
9. entgegen § 39 Absatz 1 Nummer 3 eine Lebensstätte wild lebender Tiere oder Pflanzen ohne vernünftigen Grund erheblich beeinträchtigt oder zerstört,
10. entgegen § 39 Absatz 2 Satz 1 ein wild lebendes Tier oder eine wild lebende Pflanze aus der Natur entnimmt,
11. ohne Genehmigung nach § 39 Absatz 4 Satz 1 eine wild lebende Pflanze gewerbsmäßig entnimmt oder be- oder verarbeitet,
12. entgegen § 39 Absatz 5 Satz 1 Nummer 1 die Bodendecke abbrennt oder eine dort genannte Fläche behandelt,
13. entgegen § 39 Absatz 5 Satz 1 Nummer 2 einen Baum, eine Hecke, einen lebenden Zaun, ein Gebüsch oder ein anderes Gehölz abschneidet, auf den Stock setzt oder beseitigt,
14. entgegen § 39 Absatz 5 Satz 1 Nummer 3 ein Röhricht zurückschneidet,
15. entgegen § 39 Absatz 5 Satz 1 Nummer 4 einen dort genannten Graben räumt,
16. entgegen § 39 Absatz 6 eine Höhle, einen Stollen, einen Erdkeller oder einen ähnlichen Raum aufsucht,

17. ohne Genehmigung nach § 40 Absatz 1 Satz 1 eine dort genannte Pflanze oder ein Tier ausbringt,
17a. einer mit einer Genehmigung nach § 40c Absatz 1 Satz 1, auch in Verbindung mit § 40c Absatz 2, oder nach § 40c Absatz 3 Satz 1 verbundenen vollziehbaren Auflage zuwiderhandelt,
18. ohne Genehmigung nach § 42 Absatz 2 Satz 1 einen Zoo errichtet, erweitert, wesentlich ändert oder betreibt,
19. entgegen § 43 Absatz 3 Satz 1 eine Anzeige nicht, nicht richtig, nicht vollständig oder nicht rechtzeitig erstattet,
20. *(aufgehoben)*
21. entgegen § 44 Absatz 2 Satz 1 Nummer 2, auch in Verbindung mit § 44 Absatz 3, ein Tier, eine Pflanze oder eine Ware verkauft, kauft, zum Verkauf oder Kauf anbietet, zum Verkauf vorrätig hält oder befördert, tauscht oder entgeltlich zum Gebrauch oder zur Nutzung überlässt, zu kommerziellen Zwecken erwirbt, zur Schau stellt oder auf andere Weise verwendet,
22. entgegen § 50 Absatz 1 Satz 1 ein Tier oder eine Pflanze nicht, nicht richtig oder nicht rechtzeitig zur Ein- oder Ausfuhr anmeldet oder nicht oder nicht rechtzeitig vorführt,
23. entgegen § 50 Absatz 2 eine Mitteilung nicht, nicht richtig, nicht vollständig oder nicht rechtzeitig macht,
24. entgegen § 52 Absatz 1 eine Auskunft nicht, nicht richtig, nicht vollständig oder nicht rechtzeitig erteilt,
25. entgegen § 52 Absatz 2 Satz 2 eine beauftragte Person nicht unterstützt oder eine geschäftliche Unterlage nicht, nicht richtig, nicht vollständig oder nicht rechtzeitig vorlegt,
26. entgegen § 61 Absatz 1 Satz 1 oder Satz 2 an einem Gewässer eine bauliche Anlage errichtet oder wesentlich ändert oder
27. einer Rechtsverordnung nach
    a) *(aufgehoben)*
    b) § 54 Absatz 5,
    c) § 54 Absatz 6 Satz 1, Absatz 7 oder Absatz 8

    oder einer vollziehbaren Anordnung auf Grund einer solchen Rechtsverordnung zuwiderhandelt, soweit die Rechtsverordnung für einen bestimmten Tatbestand auf diese Bußgeldvorschrift verweist.

(4) Ordnungswidrig handelt, wer gegen die Verordnung (EG) Nr. 338/97 des Rates vom 9. Dezember 1996 über den Schutz von Exemplaren wildlebender Tier- und Pflanzenarten durch Überwachung des Handels (ABl. L 61 vom 3.3. 1997, S. 1, L 100 vom 17.4.1997, S. 72, L 298 vom 1.11.1997, S. 70, L 113 vom 27.4.2006, S. 26), die zuletzt durch die Verordnung (EG) Nr. 318/2008 (ABl. L 95 vom 8.4.2008, S. 3) geändert worden ist, verstößt, indem er vorsätzlich oder fahrlässig

1. entgegen Artikel 4 Absatz 1 Satz 1 oder Absatz 2 Satz 1 oder Artikel 5 Absatz 1 oder Absatz 4 Satz 1 eine Einfuhrgenehmigung, eine Ausfuhrgenehmigung oder eine Wiederausfuhrbescheinigung nicht, nicht richtig, nicht vollständig oder nicht rechtzeitig vorlegt,
2. entgegen Artikel 4 Absatz 3 Halbsatz 1 oder Absatz 4 eine Einfuhrmeldung nicht, nicht richtig, nicht vollständig oder nicht rechtzeitig vorlegt,

3. entgegen Artikel 8 Absatz 1, auch in Verbindung mit Absatz 5, ein Exemplar einer dort genannten Art kauft, zum Kauf anbietet, zu kommerziellen Zwecken erwirbt, zur Schau stellt oder verwendet oder ein Exemplar verkauft oder zu Verkaufszwecken vorrätig hält, anbietet oder befördert oder
4. einer vollziehbaren Auflage nach Artikel 11 Absatz 3 Satz 1 zuwiderhandelt.

(5) Ordnungswidrig handelt, wer gegen die Verordnung (EWG) Nr. 3254/91 des Rates vom 4. November 1991 zum Verbot von Tellereisen in der Gemeinschaft und der Einfuhr von Pelzen und Waren von bestimmten Wildtierarten aus Ländern, die Tellereisen oder den internationalen humanen Fangnormen nicht entsprechende Fangmethoden anwenden (ABl. L 308 vom 9.11.1991, S. 1), verstößt, indem er vorsätzlich oder fahrlässig

1. entgegen Artikel 2 ein Tellereisen verwendet oder
2. entgegen Artikel 3 Absatz 1 Satz 1 einen Pelz einer dort genannten Tierart oder eine dort genannte Ware in die Gemeinschaft verbringt.

(6) Ordnungswidrig handelt, wer ein Exemplar einer invasiven Art nach einem Durchführungsrechtsakt nach Artikel 4 Absatz 1 Satz 1 oder Artikel 10 Absatz 4 Satz 1 der Verordnung (EU) Nr. 1143/2014 des Europäischen Parlaments und des Rates vom 22. Oktober 2014 über die Prävention und das Management der Einbringung und Ausbreitung invasiver gebietsfremder Arten (ABl. L 317 vom 4.11.2014, S. 35) verbringt, hält, züchtet, befördert, in Verkehr bringt, verwendet, tauscht, zur Fortpflanzung, Aufzucht oder Veredelung bringt oder in die Umwelt freisetzt.

(7) Die Ordnungswidrigkeit kann in den Fällen der Absätze 1 und 2, des Absatzes 3 Nummer 1 bis 6, 17a, 18, 21, 26 und 27 Buchstabe b, des Absatzes 4 Nummer 1 und 3 und der Absätze 5 und 6 mit einer Geldbuße bis zu fünfzigtausend Euro, in den übrigen Fällen mit einer Geldbuße bis zu zehntausend Euro geahndet werden.

(8) Die Länder können gesetzlich bestimmen, dass weitere rechtswidrige und vorwerfbare Handlungen, die gegen Vorschriften dieses Gesetzes oder Rechtsvorschriften verstoßen, die auf Grund dieses Gesetzes erlassen worden sind oder fortgelten, als Ordnungswidrigkeiten geahndet werden können.

§ 70[1] Verwaltungsbehörde. Verwaltungsbehörde im Sinne des § 36 Absatz 1 Nummer 1 des Gesetzes über Ordnungswidrigkeiten[2] ist

1. das Bundesamt für Naturschutz in den Fällen
   a) des § 69 Absatz 2 Nummer 5 und 6, Absatz 3 Nummer 21, Absatz 4 Nummer 3 und Absatz 6 bei Handlungen im Zusammenhang mit der Einfuhr in die oder der Ausfuhr aus der Gemeinschaft oder dem Verbringen in die oder aus der Bundesrepublik Deutschland,
   b) des § 69 Absatz 3 Nummer 24 bei Verletzungen der Auskunftspflicht gegenüber dem Bundesamt,
   c) des § 69 Absatz 3 Nummer 25 und Absatz 4 Nummer 4 bei Maßnahmen des Bundesamtes,
   d) des § 69 Absatz 4 Nummer 1 und Absatz 5 Nummer 2,

---

[1] § 70 Nr. 1 Buchst. a geänd. mWv 24.8.2017 durch G v. 17.8.2017 (BGBl. I S. 3202); Nr. 1 Buchst. a und e, Nr. 2 geänd. mWv 16.9.2017 durch G v. 8.9.2017 (BGBl. I S. 3370).

[2] **Habersack, Deutsche Gesetze Nr. 94.**

e) von sonstigen Ordnungswidrigkeiten nach § 69 Absatz 1 bis 6, die im Bereich der deutschen ausschließlichen Wirtschaftszone oder des Festlandsockels begangen worden sind,

2. das zuständige Hauptzollamt in den Fällen des § 69 Absatz 3 Nummer 22 und 23 und Absatz 4 Nummer 2,

3. in allen übrigen Fällen die nach Landesrecht zuständige Behörde.

§ 71[1)] Strafvorschriften. (1) Mit Freiheitsstrafe bis zu fünf Jahren oder mit Geldstrafe wird bestraft, wer eine in

1. § 69 Absatz 2 Nummer 1 Buchstabe a, Nummer 2, 3 oder Nummer 4 Buchstabe a,
2. § 69 Absatz 2 Nummer 1 Buchstabe b oder Nummer 4 Buchstabe b oder
3. § 69 Absatz 3 Nummer 21, Absatz 4 Nummer 1 oder Absatz 5

bezeichnete vorsätzliche Handlung begeht, die sich auf ein Tier oder eine Pflanze einer streng geschützten Art bezieht.

(2) Ebenso wird bestraft, wer entgegen Artikel 8 Absatz 1 der Verordnung (EG) Nr. 338/97 des Rates vom 9. Dezember 1996 über den Schutz von Exemplaren wildlebender Tier- und Pflanzenarten durch Überwachung des Handels (ABl. L 61 vom 3.3.1997, S. 1), die zuletzt durch die Verordnung (EG) Nr. 398/2009 (ABl. L 126 vom 21.5.2009, S. 5) geändert worden ist, ein Exemplar einer in Anhang A genannten Art

1. verkauft, kauft, zum Verkauf oder Kauf anbietet oder zu Verkaufszwecken vorrätig hält oder befördert oder
2. zu kommerziellen Zwecken erwirbt, zur Schau stellt oder verwendet.

(3) Wer in den Fällen der Absätze 1 oder 2 die Tat gewerbs- oder gewohnheitsmäßig begeht, wird mit Freiheitsstrafe von drei Monaten bis zu fünf Jahren bestraft.

(4) Erkennt der Täter in den Fällen der Absätze 1 oder 2 fahrlässig nicht, dass sich die Handlung auf ein Tier oder eine Pflanze einer dort genannten Art bezieht, so ist die Strafe Freiheitsstrafe bis zu drei Jahren oder Geldstrafe.

(5) Handelt der Täter in den Fällen des Absatzes 1 Nummer 2 leichtfertig, so ist die Strafe Freiheitsstrafe bis zu zwei Jahren oder Geldstrafe.

(6) Die Tat ist nicht nach Absatz 5 strafbar, wenn die Handlung eine unerhebliche Menge der Exemplare betrifft und unerhebliche Auswirkungen auf den Erhaltungszustand der Art hat.

§ 71a[2)] Strafvorschriften. (1) Mit Freiheitsstrafe bis zu drei Jahren oder mit Geldstrafe wird bestraft, wer

1. entgegen § 44 Absatz 1 Nummer 1 ein wildlebendes Tier einer besonders geschützten Art, die in Artikel 4 Absatz 2 oder Anhang I der Richtlinie 2009/147/EG des Europäischen Parlaments und des Rates vom 30. November 2009

[1)] § 71 neu gef. mWv 13.6.2012 durch G v. 6.12.2011 (BGBl. I S. 2557); Abs. 1 Nr. 1 geänd., Nr. 2 eingef., bish. Nr. 2 wird Nr. 3, Abs. 4 geänd., Abs. 5 und 6 angef. mWv 24.8.2017 durch G v. 17.8.2017 (BGBl. I S. 3202).

[2)] § 71a eingef. mWv 13.6.2012 durch G v. 6.12.2011 (BGBl. I S. 2557); Abs. 1 Nr. 3 geänd. mWv 29.1.2013 durch G v. 21.1.2013 (BGBl. I S. 95); Abs. 1 Nr. 1 geänd., Nr. 1a eingef., Nr. 3 und Abs. 3 geänd., Abs. 4 eingef., bish. Abs. 4 wird Abs. 5 und geänd. mWv 24.8.2017 durch G v. 17.8.2017 (BGBl. I S. 3202).

über die Erhaltung der wildlebenden Vogelarten (ABl. L 20 vom 26.1.2010, S. 7) aufgeführt ist, tötet oder seine Entwicklungsformen zerstört,

1a. entgegen § 44 Absatz 1 Nummer 1 Entwicklungsformen eines wild lebenden Tieres, das in Artikel 4 Absatz 2 oder Anhang I der Richtlinie 2009/147/EG aufgeführt ist, aus der Natur entnimmt,

2. entgegen § 44 Absatz 2 Satz 1 Nummer 1 ein Tier oder eine Pflanze in Besitz oder Gewahrsam nimmt, in Besitz oder Gewahrsam hat oder be- oder verarbeitet, das oder die
   a) einer streng geschützten Art angehört, die in Anhang IV der Richtlinie 92/43/EWG des Rates vom 21. Mai 1992 zur Erhaltung der natürlichen Lebensräume sowie der wildlebenden Tiere und Pflanzen (ABl. L 206 vom 22.7.1992, S. 7), die zuletzt durch die Richtlinie 2006/105/EG (ABl. L 363 vom 20.12.2006, S. 368) geändert worden ist, aufgeführt ist oder
   b) einer besonders geschützten Art angehört, die in Artikel 4 Absatz 2 oder Anhang I der Richtlinie 2009/147/EG aufgeführt ist, oder

3. eine in § 69 Absatz 2 Nummer 1 bis 4, Absatz 3 Nummer 21, Absatz 4 Nummer 1 oder Absatz 5 bezeichnete vorsätzliche Handlung gewerbs- oder gewohnheitsmäßig begeht.

(2) Ebenso wird bestraft, wer entgegen Artikel 8 Absatz 5 in Verbindung mit Absatz 1 der Verordnung (EG) Nr. 338/97 ein Exemplar einer in Anhang B genannten Art

1. verkauft, kauft, zum Verkauf oder Kauf anbietet oder zu Verkaufszwecken vorrätig hält oder befördert oder
2. zu kommerziellen Zwecken erwirbt, zur Schau stellt oder verwendet.

(3) Erkennt der Täter in den Fällen des Absatzes 1 Nummer 1, 1a oder Nummer 2 oder des Absatzes 2 leichtfertig nicht, dass sich die Handlung auf ein Tier oder eine Pflanze einer dort genannten Art bezieht, so ist die Strafe Freiheitsstrafe bis zu zwei Jahren oder Geldstrafe.

(4) Handelt der Täter in den Fällen des Absatzes 1 Nummer 1 leichtfertig, so ist die Strafe Freiheitsstrafe bis zu einem Jahr oder Geldstrafe.

(5) Die Tat ist nicht nach Absatz 1 Nummer 1, 1a oder Nummer 2, Absatz 2, 3 oder Absatz 4 strafbar, wenn die Handlung eine unerhebliche Menge der Exemplare betrifft und unerhebliche Auswirkungen auf den Erhaltungszustand der Art hat.

§ 72[1)] Einziehung. [1] Ist eine Ordnungswidrigkeit nach § 69 Absatz 1 bis 6 oder eine Straftat nach § 71 oder § 71a begangen worden, so können

1. Gegenstände, auf die sich die Straftat oder die Ordnungswidrigkeit bezieht, und
2. Gegenstände, die zu ihrer Begehung oder Vorbereitung gebraucht worden oder bestimmt gewesen sind,

eingezogen werden. [2] § 23 des Gesetzes über Ordnungswidrigkeiten[2)] und § 74a des Strafgesetzbuches[3)] sind anzuwenden.

[1)] § 72 Satz 1 einl. Satzteil geänd. mWv 13.6.2012 durch G v. 6.12.2011 (BGBl. I S. 2557); Satz 1 einl. Satzteil geänd. mWv 16.9.2017 durch G v. 8.9.2017 (BGBl. I S. 3370).

[2)] **Habersack Nr. 94.**

[3)] **Habersack Nr. 85.**

§ 73[1] Befugnisse der Zollbehörden. [1] Die zuständigen Verwaltungsbehörden und die Staatsanwaltschaft können im Rahmen ihrer Zuständigkeit zur Aufklärung von Straftaten oder Ordnungswidrigkeiten nach diesem Gesetz Ermittlungen auch durch die Hauptzollämter oder die Behörden des Zollfahndungsdienstes und deren Beamte vornehmen lassen. [2] § 21 Absatz 2 bis 4 des Außenwirtschaftsgesetzes gilt entsprechend.

Kapitel 11. Übergangs- und Überleitungsvorschrift

§ 74[2] Übergangs- und Überleitungsregelungen; Evaluierung. (1) Vor dem 1. März 2010 begonnene Verfahren zur Anerkennung von Vereinen sind zu Ende zu führen

1. durch das Bundesministerium für Umwelt, Naturschutz und nukleare Sicherheit nach § 59 des Bundesnaturschutzgesetzes in der bis zum 28. Februar 2010 geltenden Fassung,
2. durch die zuständigen Behörden der Länder nach den im Rahmen von § 60 Absatz 1 und 3 des Bundesnaturschutzgesetzes in der bis zum 28. Februar 2010 geltenden Fassung erlassenen Vorschriften des Landesrechts.

(2) [1] Vor dem 3. April 2002 begonnene Verwaltungsverfahren sind nach § 29 des Bundesnaturschutzgesetzes in der bis zu diesem Tag geltenden Fassung zu Ende zu führen. [2] Vor dem 1. März 2010 begonnene Verwaltungsverfahren sind nach § 58 des Bundesnaturschutzgesetzes in der bis zu diesem Tag geltenden Fassung zu Ende zu führen.

(3) Die §§ 63 und 64 gelten auch für Vereine, die nach § 29 des Bundesnaturschutzgesetzes in der bis zum 3. April 2002 geltenden Fassung oder nach § 59 oder im Rahmen von § 60 Absatz 1 und 3 des Bundesnaturschutzgesetzes in der bis zum 1. März 2010 geltenden Fassung vom Bund oder den Ländern anerkannt worden sind.

(4) § 45b Absatz 1 bis 6 sind nicht anzuwenden auf bereits genehmigte Vorhaben zur Errichtung und zum Betrieb von Windenergieanlagen an Land sowie auf solche Vorhaben,

1. die vor dem 1. Februar 2024 bei der zuständigen Behörde beantragt wurden oder
2. bei denen vor dem 1. Februar 2024 die Unterrichtung über die voraussichtlich beizubringenden Unterlagen nach § 2a der Verordnung über das Genehmigungsverfahren[3] in der Fassung der Bekanntmachung vom 29. Mai 1992 (BGBl. I S. 1001), die zuletzt durch Artikel 2 der Verordnung vom 11. November 2020 (BGBl. I S. 2428) geändert worden ist, erfolgt ist.

(5) Abweichend von Absatz 4 ist § 45b Absatz 1 bis 6 bereits vor dem in Absatz 4 genannten Tag anzuwenden, wenn der Träger eines Vorhabens dies verlangt.

(6) [1] Das Bundesministerium für Umwelt, Naturschutz, nukleare Sicherheit und Verbraucherschutz prüft gemeinsam mit dem Bundesministerium für Wirtschaft und Klimaschutz unter Einbeziehung der maßgeblich betroffenen Verbände die

---

[1] § 73 Satz 2 geänd. mWv 1.9.2013 durch G v. 6.6.2013 (BGBl. I S. 1482).

[2] § 74 Abs. 1 Nr. 1 geänd. mWv 8.9.2015 durch VO v. 31.8.2015 (BGBl. I S. 1474); Abs. 1 Nr. 1 geänd. mWv 27.6.2020 durch VO v. 19.6.2020 (BGBl. I S. 1328); Überschrift geänd., Abs. 4–6 angef. mWv 29.7.2022 durch G v. 20.7.2022 (BGBl. I S. 1362, ber. S. 1436); Abs. 6 Satz 1 geänd. mWv 14.12.2022 durch G v. 8.12.2022 (BGBl. I S. 2240).

[3] Nr. **296b**.

Einführung einer probabilistischen Methode zur Berechnung der Kollisionswahrscheinlichkeit und legt dem Bundeskabinett hierzu bis zum 30. Juni 2023 einen Bericht zur Einführung der Methode oder einen Vorschlag zur Anpassung dieses Gesetzes oder eine Rechtsverordnung zur Einführung der Methode nach Maßgabe von § 54 Absatz 10c Satz 1 Nummer 1 vor. [2] Das Bundesministerium für Umwelt, Naturschutz, nukleare Sicherheit und Verbraucherschutz evaluiert gemeinsam mit dem Bundesministerium für Wirtschaft und Klimaschutz die in den §§ 45b bis 45d enthaltenen Bestimmungen über einen Zeitraum von zwei Jahren ab dem 29. Juli 2022 und danach alle drei Jahre.

Anlagen 1, 2

(Anl. hier nicht abgedruckt)

890. Bundesjagdgesetz

In der Fassung der Bekanntmachung vom 29. September 1976[1)]
(BGBl. I S. 2849)

FNA 792–1

geänd. durch Art. 2 Abs. 18 Vierzehntes G zur Änd. des VersicherungsaufsichtsG v. 29.3.1983 (BGBl. IS. 377), Art. 20 Dritte ZuständigkeitsanpassungsVO v. 26.11.1986 (BGBl. IS. 2089), Art. 17 Drittes RechtsbereinigungsG v. 28.6.1990 (BGBl. IS. 1221), Art. 6 Zweites DurchführungsG/EWG zum VAG v. 28.6.1990 (BGBl. IS. 1249), Anl. I Kap. VI Sachgebiet F Abschnitt II Nr. 1 Einigungsvertrag v. 31.8. 1990 (BGBl. 1990 IIS. 885), Art. 1 G zur Änd. des BundesjagdG und des WaffenG v. 21.11.1996 (BGBl. IS. 1779), Art. 4 Sechstes StrafrechtsreformG v. 26.1.1998 (BGBl. IS. 164), Art. 7 Abs. 39 MietrechtsreformG v. 19.6.2001 (BGBl. IS. 1149), Art. 41 Fünftes Euro-EinführungsG v. 25.6.2001 (BGBl. I S. 1215), Art. 207 Siebente ZuständigkeitsanpassungsVO v. 29.10.2001 (BGBl. I S. 2785), Art. 10 FinanzverwaltungsänderungsG v. 14.12.2001 (BGBl. I S. 3714), Art. 15 Waffenrechts-NeuregelungsG v. 11.10. 2002 (BGBl. I S. 3970), Art. 168 Achte ZuständigkeitsanpassungsVO v. 25.11.2003 (BGBl. I S. 2304), Art. 12g Abs. 16 Erstes JustizmodernisierungsG v. 24.8.2004 (BGBl. I S. 2198), Art. 215 Neunte ZuständigkeitsanpassungsVO v. 31.10.2006 (BGBl. I S. 2407), Art. 5 G zur Änd. des WaffenG und weiterer Vorschriften v. 26.3.2008 (BGBl. I S. 426), Art. 87 Bundesrecht-BereinigungsG v. 8.12.2010 (BGBl. I S. 1864), Art. 38 Bundesrecht-AnpassungsG im Zuständigkeitsbereich des BMELV v. 9.12.2010 (BGBl. I S. 1934), Art. 3 45. StrafrechtsänderungsG zur Umsetzung der RL des Europäischen Parlaments und des Rates über den strafrechtlichen Schutz der Umwelt[2)] v. 6.12.2011 (BGBl. I S. 2557), Art. 1 G zur Änd. jagdrechtlicher Vorschriften v. 29.5.2013 (BGBl. I S. 1386), Art. 422 Zehnte ZuständigkeitsanpassungsVO v. 31.8.2015 (BGBl. I S. 1474), Art. 1 Erstes ÄndG v. 1.11.2016 (BGBl. I S. 2451), Art. 2 Abs. 4 52. G zur Änd. des StGB – Stärkung des Schutzes von Vollstreckungsbeamten und Rettungskräften v. 23.5.2017 (BGBl. I S. 1226), Art. 3 G zur Durchführung der VO (EU) Nr. 1143/2014 über invasive gebietsfremde Arten v. 8.9.2017 (BGBl. I S. 3370), Art. 2 G zur Änd. des TiergesundheitsG, des BundesjagdG und des Erneuerbare-Energien-G v. 14.11.2018 (BGBl. I S. 1850), Art. 291 Elfte ZuständigkeitsanpassungsVO v. 19.6.2020 (BGBl. I S. 1328), Art. 7 G zur Verbesserung der inneren Sicherheit und des Asylsystems v. 25.10.2024 (BGBl. 2024 I Nr. 332) und Art. 1 G zur Änd. des BundesjagdG und zur Änd. des BundesnaturschutzG v. 29.3.2026 (BGBl. 2026 I Nr. 87)

I. Abschnitt. Das Jagdrecht

§ 1 Inhalt des Jagdrechts. (1) [1]Das Jagdrecht ist die ausschließliche Befugnis, auf einem bestimmten Gebiet wildlebende Tiere, die dem Jagdrecht unterliegen, (Wild) zu hegen, auf sie die Jagd auszuüben und sie sich anzueignen. [2]Mit dem Jagdrecht ist die Pflicht zur Hege verbunden.

(2) [1]Die Hege hat zum Ziel die Erhaltung eines den landschaftlichen und landeskulturellen Verhältnissen angepaßten artenreichen und gesunden Wildbestandes sowie die Pflege und Sicherung seiner Lebensgrundlagen; auf Grund anderer Vorschriften bestehende gleichartige Verpflichtungen bleiben unberührt. [2]Die Hege muß so durchgeführt werden, daß Beeinträchtigungen einer ordnungsgemäßen land-, forst- und fischereiwirtschaftlichen Nutzung, insbesondere Wildschäden, möglichst vermieden werden.

(3) Bei der Ausübung der Jagd sind die allgemein anerkannten Grundsätze deutscher Weidgerechtigkeit zu beachten.

(4) Die Jagdausübung erstreckt sich auf das Aufsuchen, Nachstellen, Erlegen und Fangen von Wild.

[1)] Neubekanntmachung des BundesjagdG idF der Bek. v. 29.11.1952 (BGBl. I S. 780) in der ab 1.4. 1977 geltenden Fassung.

[2)] Dieses Gesetz dient der Umsetzung der Richtlinie 2008/99/EG des Europäischen Parlaments und des Rates vom 19. November 2008 über den strafrechtlichen Schutz der Umwelt (ABl. L 328 vom 6.12.2008, S. 28).

(5) Das Recht zur Aneignung von Wild umfaßt auch die ausschließliche Befugnis, krankes oder verendetes Wild, Fallwild und Abwurfstangen sowie die Eier von Federwild sich anzueignen.

(6) Das Jagdrecht unterliegt den Beschränkungen dieses Gesetzes und der in seinem Rahmen ergangenen landesrechtlichen Vorschriften.

§ 2[1)] Tierarten. (1) Tierarten, die dem Jagdrecht unterliegen, sind:

1. Haarwild:
   Wisent (Bison bonasus L.),
   Elchwild (Alces alces L.),
   Rotwild (Cervus elaphus L.),
   Damwild (Dama dama L.),
   Sikawild (Cervus nippon TEMMINCK),
   Rehwild (Capreolus capreolus L.),
   Gamswild (Rupicapra rupicapra L.),
   Steinwild (Capra ibex L.),
   Muffelwild (Ovis ammon musimon PALLAS),
   Schwarzwild (Sus scrofa L.),
   Feldhase (Lepus europaeus PALLAS),
   Schneehase (Lepus timidus L.),
   Wildkaninchen (Oryctolagus cuniculus L.),
   Murmeltier (Marmota marmota L.),
   Wolf (Canis lupus L.),
   Wildkatze (Felis silvestris SCHREBER),
   Luchs (Lynx lynx L.),
   Fuchs (Vulpes vulpes L.),
   Steinmarder (Martes foina ERXLEBEN),
   Baummarder (Martes martes L.),
   Iltis (Mustela putorius L.),
   Hermelin (Mustela erminea L.),
   Mauswiesel (Mustela nivalis L.),
   Dachs (Meles meles L.),
   Fischotter (Lutra lutra L.),
   Seehund (Phoca vitulina L.);
2. Federwild:
   Rebhuhn (Perdix perdix L.),
   Fasan (Phasianus colchicus L.),
   Wachtel (Coturnix coturnix L.),
   Auerwild (Tetrao urogallus L.),
   Birkwild (Lyrurus tetrix L.),
   Rackelwild (Lyrus tetrix x Tetrao urogallus),
   Haselwild (Tetrastes bonasia L.),
   Alpenschneehuhn (Lagopus mutus MONTIN),
   Wildtruthuhn (Meleagris gallopavo L.),
   Wildtauben (Columbidae),
   Höckerschwan (Cygnus olor GMEL.),
   Wildgänse (Gattungen Anser BRISSON und Branta SCOPOLI),
   Wildenten (Anatinae),
   Säger (Gattung Mergus L.),

1) § 2 Abs. 1 Nr. 1 geänd. mWv 2.4.2026 durch G v. 29.3.2026 (BGBl. 2026 I Nr. 87).

Waldschnepfe (Scolopax rusticola L.),
Bläßhuhn (Fulica atra L.),
Möwen (Laridae),
Haubentaucher (Podiceps cristatus L.),
Großtrappe (Otis tarda L.),
Graureiher (Ardea cinerea L.),
Greife (Accipitridae),
Falken (Falconidae),
Kolkrabe (Corvus corax L.).

(2) Die Länder können weitere Tierarten bestimmen, die dem Jagdrecht unterliegen.

(3) Zum Schalenwild gehören Wisente, Elch-, Rot-, Dam-, Sika-, Reh-, Gams-, Stein-, Muffel- und Schwarzwild.

(4) [1] Zum Hochwild gehören Schalenwild außer Rehwild, ferner Auerwild, Steinadler und Seeadler. [2] Alles übrige Wild gehört zum Niederwild.

§ 3 Inhaber des Jagdrechts; Ausübung des Jagdrechts. (1) [1] Das Jagdrecht steht dem Eigentümer auf seinem Grund und Boden zu. [2] Es ist untrennbar mit dem Eigentum am Grund und Boden verbunden. [3] Als selbständiges dingliches Recht kann es nicht begründet werden.

(2) Auf Flächen, an denen kein Eigentum begründet ist, steht das Jagdrecht den Ländern zu.

(3) Das Jagdrecht darf nur in Jagdbezirken nach Maßgabe der §§ 4 ff. ausgeübt werden.

II. Abschnitt. Jagdbezirke und Hegegemeinschaften

1. Allgemeines

§ 4 Jagdbezirke. Jagdbezirke, in denen die Jagd ausgeübt werden darf, sind entweder Eigenjagdbezirke (§ 7) oder gemeinschaftliche Jagdbezirke (§ 8).

§ 5 Gestaltung der Jagdbezirke. (1) Jagdbezirke können durch Abtrennung, Angliederung oder Austausch von Grundflächen abgerundet werden, wenn dies aus Erfordernissen der Jagdpflege und Jagdausübung notwendig ist.

(2) Natürliche und künstliche Wasserläufe, Wege, Triften und Eisenbahnkörper sowie ähnliche Flächen bilden, wenn sie nach Umfang und Gestalt für sich allein eine ordnungsmäßige Jagdausübung nicht gestatten, keinen Jagdbezirk für sich, unterbrechen nicht den Zusammenhang eines Jagdbezirkes und stellen auch den Zusammenhang zur Bildung eines Jagdbezirkes zwischen getrennt liegenden Flächen nicht her.

§ 6 Befriedete Bezirke; Ruhen der Jagd. [1] Auf Grundflächen, die zu keinem Jagdbezirk gehören, und in befriedeten Bezirken ruht die Jagd. [2] Eine beschränkte Ausübung der Jagd kann gestattet werden. [3] Tiergärten fallen nicht unter die Vorschriften dieses Gesetzes.

§ 6a[1] Befriedung von Grundflächen aus ethischen Gründen. (1) [1] Grundflächen, die zu einem gemeinschaftlichen Jagdbezirk gehören und im Eigentum

---

[1] § 6a eingef. mWv 6.12.2013 durch G v. 29.5.2013 (BGBl. I S. 1386); Abs. 5 Satz 1 neu gef. mWv 2.4.2026 durch G v. 29.3.2026 (BGBl. 2026 I Nr. 87).

einer natürlichen Person stehen, sind auf Antrag des Grundeigentümers zu befriedeten Bezirken zu erklären (Befriedung), wenn der Grundeigentümer glaubhaft macht, dass er die Jagdausübung aus ethischen Gründen ablehnt. [2] Eine Befriedung ist zu versagen, soweit Tatsachen die Annahme rechtfertigen, dass ein Ruhen der Jagd auf der vom Antrag umfassten Fläche bezogen auf den gesamten jeweiligen Jagdbezirk die Belange

1. der Erhaltung eines artenreichen und gesunden Wildbestandes sowie der Pflege und Sicherung seiner Lebensgrundlagen,
2. des Schutzes der Land-, Forst- und Fischereiwirtschaft vor übermäßigen Wildschäden,
3. des Naturschutzes und der Landschaftspflege,
4. des Schutzes vor Tierseuchen oder
5. der Abwendung sonstiger Gefahren für die öffentliche Sicherheit und Ordnung

gefährdet. [3] Ethische Gründe nach Satz 1 liegen insbesondere nicht vor, wenn der Antragsteller

1. selbst die Jagd ausübt oder die Ausübung der Jagd durch Dritte auf einem ihm gehörenden Grundstück duldet oder
2. zum Zeitpunkt der behördlichen Entscheidung einen Jagdschein gelöst oder beantragt hat.

[4] Der Antrag ist schriftlich oder zur Niederschrift bei der zuständigen Behörde zu stellen. [5] Der Entscheidung über den Antrag hat neben der Anhörung des Antragstellers eine Anhörung der Jagdgenossenschaft, des Jagdpächters, angrenzender Grundeigentümer, des Jagdbeirats sowie der Träger öffentlicher Belange vorauszugehen.

(2) [1] Die Befriedung soll mit Wirkung zum Ende des Jagdpachtvertrages erfolgen. [2] Sofern dies dem Antragsteller unter Abwägung mit den schutzwürdigen Belangen der Jagdgenossenschaft nicht zuzumuten ist, kann die Behörde einen früheren Zeitpunkt, der jedoch nicht vor Ende des Jagdjahres liegt, bestimmen. [3] In den Fällen des Satzes 2 kann die Jagdgenossenschaft vom Grundeigentümer den Ersatz des Schadens verlangen, der ihr durch die vorzeitige Befriedung entsteht.

(3) Die Befriedung kann räumlich auf einen Teil der Antragsfläche sowie zeitlich beschränkt werden, soweit dies zur Wahrung der Belange nach Absatz 1 Satz 2 erforderlich ist.

(4) [1] Die Befriedung erlischt vorbehaltlich der Sätze 2 und 3 drei Monate nach Übergang des Eigentums an der befriedeten Grundfläche auf einen Dritten. [2] Stellt der Dritte während des Laufs der Frist nach Satz 1 einen Antrag auf erneute Befriedung, so erlischt die bestehende Befriedung mit dem Wirksamwerden der behördlichen Entscheidung über den Antrag. [3] Verzichtet der Dritte vor Ablauf der Frist nach Satz 1 auf einen Antrag auf erneute Befriedung, so erlischt die bestehende Befriedung mit dem Zugang der Verzichtserklärung bei der zuständigen Behörde. [4] Der Grundeigentümer hat den Eigentumswechsel der zuständigen Behörde anzuzeigen. [5] Die Befriedung ist zu widerrufen, wenn

1. der Grundeigentümer schriftlich gegenüber der zuständigen Behörde den Verzicht auf die Befriedung erklärt oder
2. der Grundeigentümer die Jagd ausübt, einen Jagdschein löst oder die Ausübung der Jagd durch Dritte auf einem ihm gehörenden Grundstück duldet.

[6] Die Befriedung ist in der Regel zu widerrufen, wenn Tatsachen bekannt werden, die den Anspruch auf Erklärung zum befriedeten Bezirk entfallen lassen. [7] Die Befriedung ist unter den Vorbehalt des Widerrufs zu stellen für den Fall, dass ein oder mehrere weitere begründete Anträge auf Befriedung in demselben Jagdbezirk gestellt werden und nicht allen Anträgen insgesamt ohne Gefährdung der Belange nach Absatz 1 Satz 2 stattgegeben werden kann. [8] Im Übrigen gelten die verwaltungsverfahrensrechtlichen Vorschriften über Rücknahme und Widerruf von Verwaltungsakten.

(5) [1] Die zuständige Behörde kann eine beschränkte Jagdausübung auf den für befriedet erklärten Grundflächen anordnen, soweit dies erforderlich ist

1. zur Vermeidung übermäßiger Wildschäden,
2. zur Vermeidung der Gefahr von Tierseuchen,
3. aus Gründen des Naturschutzes oder des Tierschutzes, der Seuchenhygiene, zur Gewährleistung der Sicherheit des Verkehrs auf öffentlichen Verkehrswegen oder zur Abwendung sonstiger Gefahren für die öffentliche Sicherheit und Ordnung,
4. zur Abwendung ernster land-, forst-, fischerei- oder wasserwirtschaftlicher oder sonstiger ernster wirtschaftlicher Schäden oder
5. im Interesse der Gesundheit des Menschen.

[2] Widerspruch und Klage gegen die Anordnung haben keine aufschiebende Wirkung. [3] Kommt der Grundeigentümer der Anordnung nicht nach, so kann die zuständige Behörde für dessen Rechnung die Jagd ausüben lassen.

(6) [1] Wildschäden an Grundstücken, die zum gemeinschaftlichen Jagdbezirk gehören, hat der Grundeigentümer der befriedeten Grundfläche nach dem Verhältnis des Flächenanteils seiner Grundfläche an der Gesamtfläche des gemeinschaftlichen Jagdbezirks anteilig zu ersetzen. [2] Dies gilt nicht, sofern das schädigende Wild auf der befriedeten Grundfläche nicht vorkommt oder der Schaden auch ohne die Befriedung der Grundfläche eingetreten wäre.

(7) Der Grundeigentümer der befriedeten Fläche hat keinen Anspruch auf Ersatz von Wildschäden.

(8) [1] Die Grundsätze der Wildfolge sind im Verhältnis des gemeinschaftlichen Jagdbezirks zu der nach Absatz 1 für befriedet erklärten Grundfläche entsprechend anzuwenden. [2] Einer Vereinbarung nach § 22a Absatz 2 bedarf es nicht. [3] Der Grundeigentümer des für befriedet erklärten Grundstücks ist über die Notwendigkeit der Wildfolge, soweit Belange des Tierschutzes nicht entgegenstehen bereits vor Beginn der Wildfolge, unverzüglich in Kenntnis zu setzen.

(9) Das Recht zur Aneignung von Wild nach § 1 Absatz 1 Satz 1 steht in den Fällen der nach Absatz 5 behördlich angeordneten Jagd und der Wildfolge nach Absatz 8 dem Jagdausübungsberechtigten des Jagdbezirks oder dem beauftragten Jäger zu.

(10) Die Absätze 1 bis 9 sind auf Grundflächen, die einem Eigenjagdbezirk kraft Gesetzes oder auf Grund behördlicher Entscheidung angegliedert sind, entsprechend anzuwenden.

2. Eigenjagdbezirke

§ 7[1] [Eigenjagdbezirke] (1) [1] Zusammenhängende Grundflächen mit einer land-, forst- oder fischereiwirtschaftlich nutzbaren Fläche von 75 Hektar an, die im Eigentum ein und derselben Person oder einer Personengemeinschaft stehen, bilden einen Eigenjagdbezirk. [2] Die Länder können abweichend von Satz 1 die Mindestgröße allgemein oder für bestimmte Gebiete höher festsetzen. [3] Soweit am Tag des Inkrafttretens des Einigungsvertrages in den Ländern eine andere als die in Satz 1 bestimmte Größe festgesetzt ist, behält es dabei sein Bewenden, falls sie nicht unter 70 Hektar beträgt. [4] Die Länder können, soweit bei Inkrafttreten dieses Gesetzes eine solche Regelung besteht, abweichend von Satz 1 bestimmen, daß auch eine sonstige zusammenhängende Fläche von 75 Hektar einen Eigenjagdbezirk bildet, wenn dies von Grundeigentümern oder Nutznießern zusammenhängender Grundflächen von mindestens je 15 Hektar beantragt wird.

(2) [1] Ländergrenzen unterbrechen nicht den Zusammenhang von Grundflächen, die gemäß Absatz 1 Satz 1 einen Eigenjagdbezirk bilden. [2] In den Fällen des Absatzes 1 Satz 3 besteht ein Eigenjagdbezirk, wenn nach den Vorschriften des Landes, in dem der überwiegende Teil der auf mehrere Länder sich erstreckenden Grundflächen liegt, für die Grundflächen insgesamt die Voraussetzungen für einen Eigenjagdbezirk vorliegen würden. [3] Im übrigen gelten für jeden Teil eines über mehrere Länder sich erstreckenden Eigenjagdbezirkes die Vorschriften des Landes, in dem er liegt.

(3) Vollständig eingefriedete Flächen sowie an der Bundesgrenze liegende zusammenhängende Grundflächen von geringerem als 75 Hektar land-, forst- oder fischereiwirtschaftlich nutzbaren Raum können allgemein oder unter besonderen Voraussetzungen zu Eigenjagdbezirken erklärt werden; dabei kann bestimmt werden, daß die Jagd in diesen Bezirken nur unter Beschränkungen ausgeübt werden darf.

(4) [1] In einem Eigenjagdbezirk ist jagdausübungsberechtigt der Eigentümer. [2] An Stelle des Eigentümers tritt der Nutznießer, wenn ihm die Nutzung des ganzen Eigenjagdbezirkes zusteht.

3. Gemeinschaftliche Jagdbezirke

§ 8 Zusammensetzung. (1) Alle Grundflächen einer Gemeinde oder abgesonderten Gemarkung, die nicht zu einem Eigenjagdbezirk gehören, bilden einen gemeinschaftlichen Jagdbezirk, wenn sie im Zusammenhang mindestens 150 Hektar umfassen.

(2) Zusammenhängende Grundflächen verschiedener Gemeinden, die im übrigen zusammen den Erfordernissen eines gemeinschaftlichen Jagdbezirkes entsprechen, können auf Antrag zu gemeinschaftlichen Jagdbezirken zusammengelegt werden.

(3) Die Teilung gemeinschaftlicher Jagdbezirke in mehrere selbständige Jagdbezirke kann zugelassen werden, sofern jeder Teil die Mindestgröße von 250 Hektar hat.

---

[1] § 7 Abs. 1 Sätze 2 und 3 neu gef. durch EVertr. v. 31.8.1990 (BGBl. 1990 II S. 889, 1017).

(4) Die Länder können die Mindestgrößen allgemein oder für bestimmte Gebiete höher festsetzen.

(5) In gemeinschaftlichen Jagdbezirken steht die Ausübung des Jagdrechts der Jagdgenossenschaft zu.

§ 9 Jagdgenossenschaft. (1) [1] Die Eigentümer der Grundflächen, die zu einem gemeinschaftlichen Jagdbezirk gehören, bilden eine Jagdgenossenschaft. [2] Eigentümer von Grundflächen, auf denen die Jagd nicht ausgeübt werden darf, gehören der Jagdgenossenschaft nicht an.

(2) [1] Die Jagdgenossenschaft wird durch den Jagdvorstand gerichtlich und außergerichtlich vertreten. [2] Der Jagdvorstand ist von der Jagdgenossenschaft zu wählen. [3] Solange die Jagdgenossenschaft keinen Jagdvorstand gewählt hat, werden die Geschäfte des Jagdvorstandes vom Gemeindevorstand wahrgenommen.

(3) Beschlüsse der Jagdgenossenschaft bedürfen sowohl der Mehrheit der anwesenden und vertretenen Jagdgenossen, als auch der Mehrheit der bei der Beschlußfassung vertretenen Grundfläche.

§ 10 Jagdnutzung. (1) [1] Die Jagdgenossenschaft nutzt die Jagd in der Regel durch Verpachtung. [2] Sie kann die Verpachtung auf den Kreis der Jagdgenossen beschränken.

(2) [1] Die Jagdgenossenschaft kann die Jagd für eigene Rechnung durch angestellte Jäger ausüben lassen. [2] Mit Zustimmung der zuständigen Behörde kann sie die Jagd ruhen lassen.

(3) [1] Die Jagdgenossenschaft beschließt über die Verwendung des Reinertrages der Jagdnutzung. [2] Beschließt die Jagdgenossenschaft, den Ertrag nicht an die Jagdgenossen nach dem Verhältnis des Flächeninhaltes ihrer beteiligten Grundstücke zu verteilen, so kann jeder Jagdgenosse, der dem Beschluß nicht zugestimmt hat, die Auszahlung seines Anteils verlangen. [3] Der Anspruch erlischt, wenn er nicht binnen einem Monat nach der Bekanntmachung der Beschlußfassung schriftlich oder mündlich zu Protokoll des Jagdvorstandes geltend gemacht wird.

4. Hegegemeinschaften

§ 10a Bildung von Hegegemeinschaften. (1) Für mehrere zusammenhängende Jagdbezirke können die Jagdausübungsberechtigten zum Zwecke der Hege des Wildes eine Hegegemeinschaft als privatrechtlichen Zusammenschluß bilden.

(2) Abweichend von Absatz 1 können die Länder bestimmen, daß für mehrere zusammenhängende Jagdbezirke die Jagdausübungsberechtigten zum Zwecke der Hege des Wildes eine Hegegemeinschaft bilden, falls diese aus Gründen der Hege im Sinne des § 1 Abs. 2 erforderlich ist und eine an alle betroffenen Jagdausübungsberechtigten gerichtete Aufforderung der zuständigen Behörde, innerhalb einer bestimmten Frist eine Hegegemeinschaft zu gründen, ohne Erfolg geblieben ist.

(3) Das Nähere regeln die Länder.

III. Abschnitt. Beteiligung Dritter an der Ausübung des Jagdrechts

§ 11[1] **Jagdpacht.** (1) [1]Die Ausübung des Jagdrechts in seiner Gesamtheit kann an Dritte verpachtet werden. [2]Ein Teil des Jagdausübungsrechts kann nicht Gegenstand eines Jagdpachtvertrages sein; jedoch kann sich der Verpächter einen Teil der Jagdnutzung, der sich auf bestimmtes Wild bezieht, vorbehalten. [3]Die Erteilung von Jagderlaubnisscheinen regeln, unbeschadet des Absatzes 6 Satz 2, die Länder.

(2) [1]Die Verpachtung eines Teils eines Jagdbezirkes ist nur zulässig, wenn sowohl der verpachtete als auch der verbleibende Teil bei Eigenjagdbezirken die gesetzliche Mindestgröße, bei gemeinschaftlichen Jagdbezirken die Mindestgröße von 250 Hektar haben. [2]Die Länder können die Verpachtung eines Teiles von geringerer Größe an den Jagdausübungsberechtigten eines angrenzenden Jagdbezirkes zulassen, soweit dies einer besseren Reviergestaltung dient.

(3) [1]Die Gesamtfläche, auf der einem Jagdpächter die Ausübung des Jagdrechts zusteht, darf nicht mehr als 1 000 Hektar umfassen; hierauf sind Flächen anzurechnen, für die dem Pächter auf Grund einer entgeltlichen Jagderlaubnis die Jagdausübung zusteht. [2]Der Inhaber eines oder mehrerer Eigenjagdbezirke mit einer Gesamtfläche von mehr als 1 000 Hektar darf nur zupachten, wenn er Flächen mindestens gleicher Größenordnung verpachtet; der Inhaber eines oder mehrerer Eigenjagdbezirke mit einer Gesamtfläche von weniger als 1 000 Hektar darf nur zupachten, wenn die Gesamtfläche, auf der ihm das Jagdausübungsrecht zusteht, 1 000 Hektar nicht übersteigt. [3]Für Mitpächter, Unterpächter oder Inhaber einer entgeltlichen Jagderlaubnis gilt Satz 1 und 2 entsprechend mit der Maßgabe, daß auf die Gesamtfläche nur die Fläche angerechnet wird, die auf den einzelnen Mitpächter, Unterpächter oder auf den Inhaber einer entgeltlichen Jagderlaubnis, ausgenommen die Erlaubnis zu Einzelabschüssen, nach dem Jagdpachtvertrag oder der Jagderlaubnis anteilig entfällt. [4]Für bestimmte Gebiete, insbesondere im Hochgebirge, können die Länder eine höhere Grenze als 1 000 Hektar festsetzen.

(4) [1]Der Jagdpachtvertrag ist schriftlich abzuschließen. [2]Die Pachtdauer soll mindestens neun Jahre betragen. [3]Die Länder können die Mindestpachtzeit höher festsetzen. [4]Ein laufender Jagdpachtvertrag kann auch auf kürzere Zeit verlängert werden. [5]Beginn und Ende der Pachtzeit soll mit Beginn und Ende des Jagdjahres (1. April bis 31. März) zusammenfallen.

(5) [1]Pächter darf nur sein, wer einen Jahresjagdschein besitzt und schon vorher einen solchen während dreier Jahre in Deutschland besessen hat. [2]Für besondere Einzelfälle können Ausnahmen zugelassen werden. [3]Auf den in Satz 1 genannten Zeitraum sind die Zeiten anzurechnen, während derer jemand vor dem Tag des Wirksamwerdens des Beitritts eine Jagderlaubnis in der Deutschen Demokratischen Republik besessen hat.

(6) [1]Ein Jagdpachtvertrag, der bei seinem Abschluß den Vorschriften des Absatzes 1 Satz 2 Halbsatz 1, des Absatzes 2, des Absatzes 3, des Absatzes 4 Satz 1 oder des Absatzes 5 nicht entspricht, ist nichtig. [2]Das gleiche gilt für

---

[1] § 11 Abs. 5 Satz 3 angef. durch EVertr. v. 31.8.1990 (BGBl. II S. 889, 1017).

eine entgeltliche Jagderlaubnis, die bei ihrer Erteilung den Vorschriften des Absatzes 3 nicht entspricht.

(7) Die Fläche, auf der einem Jagdausübungsberechtigten oder Inhaber einer entgeltlichen Jagderlaubnis nach Absatz 3 die Ausübung des Jagdrechts zusteht, ist von der zuständigen Behörde in den Jagdschein einzutragen; das Nähere regeln die Länder.

§ 12 Anzeige von Jagdpachtverträgen. (1) [1] Der Jagdpachtvertrag ist der zuständigen Behörde anzuzeigen. [2] Die Behörde kann den Vertrag binnen drei Wochen nach Eingang der Anzeige beanstanden, wenn die Vorschriften über die Pachtdauer nicht beachtet sind oder wenn zu erwarten ist, daß durch eine vertragsmäßige Jagdausübung die Vorschriften des § 1 Abs. 2 verletzt werden.

(2) In dem Beanstandungsbescheid sind die Vertragsteile aufzufordern, den Vertrag bis zu einem bestimmten Zeitpunkt, der mindestens drei Wochen nach Zustellung des Bescheides liegen soll, aufzuheben oder in bestimmter Weise zu ändern.

(3) [1] Kommen die Vertragsteile der Aufforderung nicht nach, so gilt der Vertrag mit Ablauf der Frist als aufgehoben, sofern nicht einer der Vertragsteile binnen der Frist einen Antrag auf Entscheidung durch das Amtsgericht stellt. [2] Das Gericht kann entweder den Vertrag aufheben oder feststellen, daß er nicht zu beanstanden ist. [3] Die Bestimmungen für die gerichtliche Entscheidung über die Beanstandung eines Landpachtvertrages gelten sinngemäß; jedoch entscheidet das Gericht ohne Zuziehung ehrenamtlicher Richter.

(4) [1] Vor Ablauf von drei Wochen nach Anzeige des Vertrages durch einen Beteiligten darf der Pächter die Jagd nicht ausüben, sofern nicht die Behörde die Jagdausübung zu einem früheren Zeitpunkt gestattet. [2] Wird der Vertrag binnen der in Absatz 1 Satz 2 bezeichneten Frist beanstandet, so darf der Pächter die Jagd erst ausüben, wenn die Beanstandungen behoben sind oder wenn durch rechtskräftige gerichtliche Entscheidung festgestellt ist, daß der Vertrag nicht zu beanstanden ist.

§ 13 Erlöschen des Jagdpachtvertrages. [1] Der Jagdpachtvertrag erlischt, wenn dem Pächter der Jagdschein unanfechtbar entzogen worden ist. [2] Er erlischt auch dann, wenn die Gültigkeitsdauer des Jagdscheines abgelaufen ist und entweder die zuständige Behörde die Erteilung eines neuen Jagdscheines unanfechtbar abgelehnt hat oder der Pächter die Voraussetzungen für die Erteilung eines neuen Jagdscheines nicht fristgemäß erfüllt. [3] Der Pächter hat dem Verpächter den aus der Beendigung des Pachtvertrages entstehenden Schaden zu ersetzen, wenn ihn ein Verschulden trifft.

§ 13a Rechtsstellung der Mitpächter. [1] Sind mehrere Pächter an einem Jagdpachtvertrag beteiligt (Mitpächter), so bleibt der Vertrag, wenn er im Verhältnis zu einem Mitpächter gekündigt wird oder erlischt, mit den übrigen bestehen; dies gilt nicht, soweit der Jagdpachtvertrag infolge des Ausscheidens eines Pächters den Vorschriften des § 11 Abs. 3 nicht mehr entspricht und dieser Mangel bis zum Beginn des nächsten Jagdjahres nicht behoben wird. [2] Ist einem der Beteiligten die Aufrechterhaltung des Vertrages infolge des Ausscheidens eines Pächters nicht zuzumuten, so kann er den Vertrag mit sofortiger Wirkung kündigen. [3] Die Kündigung muß unverzüglich nach Erlangung der Kenntnis von dem Kündigungsgrund erfolgen.

§ 14[1)] Wechsel des Grundeigentümers. (1) [1] Wird ein Eigenjagdbezirk ganz oder teilweise veräußert, so finden die Vorschriften der §§ 566 bis 567b des Bürgerlichen Gesetzbuchs[2)] entsprechende Anwendung. [2] Das gleiche gilt im Falle der Zwangsversteigerung von der Vorschrift des § 57 des Zwangsversteigerungsgesetzes[3)]; das Kündigungsrecht des Erstehers ist jedoch ausgeschlossen, wenn nur ein Teil eines Jagdbezirkes versteigert ist und dieser Teil nicht allein schon die Erfordernisse eines Eigenjagdbezirkes erfüllt.

(2) [1] Wird ein zu einem gemeinschaftlichen Jagdbezirk gehöriges Grundstück veräußert, so hat dies auf den Pachtvertrag keinen Einfluß; der Erwerber wird vom Zeitpunkt des Erwerbes an auch dann für die Dauer des Pachtvertrages Mitglied der Jagdgenossenschaft, wenn das veräußerte Grundstück an sich mit anderen Grundstücken des Erwerbers zusammen einen Eigenjagdbezirk bilden könnte. [2] Das gleiche gilt für den Fall der Zwangsversteigerung eines Grundstücks.

IV. Abschnitt. Jagdschein

§ 15[4)] Allgemeines. (1) [1] Wer die Jagd ausübt, muß einen auf seinen Namen lautenden Jagdschein mit sich führen und diesen auf Verlangen den Polizeibeamten sowie den Jagdschutzberechtigten (§ 25) vorzeigen. [2] Zum Sammeln von Abwurfstangen bedarf es nur der schriftlichen Erlaubnis des Jagdausübungsberechtigten. [3] Wer die Jagd mit Greifen oder Falken (Beizjagd) ausüben will, muß einen auf seinen Namen lautenden Falknerjagdschein mit sich führen.

(2) Der Jagdschein wird von der für den Wohnsitz des Bewerbers zuständigen Behörde als Jahresjagdschein für höchstens drei Jagdjahre (§ 11 Abs. 4) oder als Tagesjagdschein für vierzehn aufeinanderfolgende Tage nach einheitlichen, vom Bundesministerium für Ernährung und Landwirtschaft (Bundesministerium) bestimmten Mustern erteilt.

(3) Der Jagdschein gilt im gesamten Bundesgebiet.

(4) Für Tagesjagdscheine für Ausländer dürfen nur die Gebühren für Inländer erhoben werden, wenn das Heimatland des Ausländers die Gegenseitigkeit gewährleistet.

(5) [1] Die erste Erteilung eines Jagdscheines ist davon abhängig, daß der Bewerber im Geltungsbereich dieses Gesetzes eine Jägerprüfung bestanden hat, die aus einem schriftlichen und einem mündlich-praktischen Teil und einer Schießprüfung bestehen soll; er muß in der Jägerprüfung ausreichende Kenntnisse der Tierarten, der Wildbiologie, der Wildhege, des Jagdbetriebes, der Wildschadensverhütung, des Land- und Waldbaues, des Waffenrechts, der Waffentechnik, der Führung von Jagdwaffen (einschließlich Faustfeuerwaf-

---

1) § 14 Abs. 1 Satz 1 geänd. mWv 1.9.2001 durch G v. 19.6.2001 (BGBl. I S. 1149).

2) **Schönfelder Nr. 20.**

3) **Schönfelder Nr. 108.**

4) § 15 Abs. 1 und Abs. 5 geänd. durch G v. 28.6.1990 (BGBl. I S. 1221); Abs. 5 Satz 4 angef., Abs. 6 geänd., Abs. 7 Satz 4 angef. durch EVertr. v. 31.8.1990 (BGBl. II S. 889, 1017); Abs. 2 geänd. mWv 7.11.2001 durch VO v. 29.10.2001 (BGBl. I S. 2785); Abs. 2 geänd. mWv 8.11.2006 durch VO v. 31.10.2006 (BGBl. I S. 2407); Abs. 2 geänd. mWv 8.9.2015 durch VO v. 31.8.2015 (BGBl. I S. 1474).

fen), der Führung von Jagdhunden, in der Behandlung des erlegten Wildes unter besonderer Berücksichtigung der hygienisch erforderlichen Maßnahmen, in der Beurteilung der gesundheitlich unbedenklichen Beschaffenheit des Wildbrets, insbesondere auch hinsichtlich seiner Verwendung als Lebensmittel, und im Jagd-, Tierschutz- sowie Naturschutz- und Landschaftspflegerecht nachweisen; mangelhafte Leistungen in der Schießprüfung sind durch Leistungen in anderen Prüfungsteilen nicht ausgleichbar. [2]Die Länder können die Zulassung zur Jägerprüfung insbesondere vom Nachweis einer theoretischen und praktischen Ausbildung abhängig machen. [3]Für Bewerber, die vor dem 1. April 1953 einen Jahresjagdschein besessen haben, entfällt die Jägerprüfung. [4]Eine vor dem Tag des Wirksamwerdens des Beitritts in der Deutschen Demokratischen Republik abgelegte Jagdprüfung für Jäger, die mit der Jagdwaffe die Jagd ausüben wollen, steht der Jägerprüfung im Sinne des Satzes 1 gleich.

(6) Bei der Erteilung von Ausländerjagdscheinen können Ausnahmen von Absatz 5 Satz 1 und 2 gemacht werden.

(7) [1]Die erste Erteilung eines Falknerjagdscheines ist davon abhängig, daß der Bewerber im Geltungsbereich dieses Gesetzes zusätzlich zur Jägerprüfung eine Falknerprüfung bestanden hat; er muß darin ausreichende Kenntnisse des Haltens, der Pflege und des Abtragens von Beizvögeln, des Greifvogelschutzes sowie der Beizjagd nachweisen.[1)] [2]Für Bewerber, die vor dem 1. April 1977 mindestens fünf Falknerjagdscheine besessen haben, entfällt die Jägerprüfung; gleiches gilt für Bewerber, die vor diesem Zeitpunkt mindestens fünf Jahresjagdscheine besessen und während deren Geltungsdauer die Beizjagd ausgeübt haben. [3]Das Nähere hinsichtlich der Erteilung des Falknerjagdscheines regeln die Länder. [4]Eine vor dem Tag des Wirksamwerdens des Beitritts in der Deutschen Demokratischen Republik abgelegte Jagdprüfung für Falkner steht der Falknerprüfung im Sinne des Satzes 1 gleich.

§ 16 Jugendjagdschein. (1) Personen, die das sechzehnte Lebensjahr vollendet haben, aber noch nicht achtzehn Jahre alt sind, darf nur ein Jugendjagdschein erteilt werden.

(2) Der Jugendjagdschein berechtigt nur zur Ausübung der Jagd in Begleitung des Erziehungsberechtigten oder einer von dem Erziehungsberechtigten schriftlich beauftragten Aufsichtsperson; die Begleitperson muß jagdlich erfahren sein.

(3) Der Jugendjagdschein berechtigt nicht zur Teilnahme an Gesellschaftsjagden.

(4) Im übrigen gilt § 15 entsprechend.

§ 17[2)] Versagung des Jagdscheines. (1) [1]Der Jagdschein ist zu versagen

---

[1)] Entscheidung des BVerfG v. 2.1.1981 (BGBl. I S. 41): „§ 15 Absatz 7 Satz 1 in Verbindung mit Absatz 5 Satz 1 des Bundesjagdgesetzes in der Fassung des Artikels 1 Nummer 8 Buchstaben c und d des Zweiten Gesetzes zur Änderung des Bundesjagdgesetzes vom 28. September 1976 (Bundesgesetzbl. I *S. 2841) ist mit Artikel 2 Absatz 1* des Grundgesetzes in Verbindung mit dem Rechtsstaatsprinzip unvereinbar und nichtig, soweit die erste Erteilung eines Falknerjagdscheins davon abhängig ist, daß der Bewerber im Rahmen der Jägerprüfung eine Schießprüfung ablegen und ausreichende Kenntnisse des Waffenrechts, der Waffentechnik und der Führung von Jagdwaffen (einschließlich Faustfeuerwaffen) nachweisen muß.

Die vorstehende Entscheidungsformel hat gemäß § 31 Abs 2 des Gesetzes über das Bundesverfassungsgericht Gesetzeskraft."

[2)] § 17 Abs. 1 Nr. 4 zweiter Halbs. neu gef. durch G v. 29.3.1983 (BGBl. I S. 377); Abs. 1 Nr. 4, Abs. 2 Nr. 3 geänd., Abs. 4 Nr. 1 neu gef., Nr. 2 geänd., Abs. 5 Satz 2 angef., Abs. 6 neu gef. durch G v. 28.6.1990 (BGBl. I S. 1221); Abs. 1 Nr. 4 neu gef. durch G v. 28.6.1990 (BGBl. I S. 1249); Abs. 4 Nr. 1 Buchst. d geänd durch G v. 21.11.1996 (BGBl. I S. 1779); Abs. 1 Nr. 4 geänd. mWv 1.1.2002 durch G →

1. Personen, die noch nicht sechzehn Jahre alt sind;
2. Personen, bei denen Tatsachen die Annahme rechtfertigen, daß sie die erforderliche Zuverlässigkeit oder körperliche Eignung nicht besitzen;
3. Personen, denen der Jagdschein entzogen ist, während der Dauer der Entziehung oder einer Sperre (§§ 18, 41 Abs. 2);
4. Personen, die keine ausreichende Jagdhaftpflichtversicherung (fünfhunderttausend Euro für Personenschäden und fünfzigtausend Euro für Sachschäden) nachweisen; die Versicherung kann nur bei einem Versicherungsunternehmen mit Sitz in der Europäischen Union oder mit Niederlassung im Geltungsbereich des Versicherungsaufsichtsgesetzes genommen werden; die Länder können den Abschluß einer Gemeinschaftsversicherung ohne Beteiligungszwang zulassen.

[2]Die zuständige Behörde hat bei der nach § 48 Absatz 1 Satz 1 und Absatz 2 des Waffengesetzes[1)] für die Ausführung des Waffengesetzes zuständigen Behörde (Waffenbehörde) eine Auskunft einzuholen, ob die Zuverlässigkeit und die persönliche Eignung im Sinne der §§ 5 und 6 des Waffengesetzes gegeben sind. [3]Die Waffenbehörde teilt der Jagdbehörde das Ergebnis der Prüfung der Zuverlässigkeit und der persönlichen Eignung sowie tragende Gründe mit. [4]Fehlen die Zuverlässigkeit oder die persönliche Eignung im Sinne der §§ 5 und 6 des Waffengesetzes, darf nur ein Jagdschein nach § 15 Abs. 7 erteilt werden.

(2) Der Jagdschein kann versagt werden

1. Personen, die noch nicht achtzehn Jahre alt sind;
2. Personen, die nicht Deutsche im Sinne des Artikels 116 des Grundgesetzes[2)] sind;
3. Personen, die nicht mindestens drei Jahre ihren Wohnsitz oder ihren gewöhnlichen Aufenthalt ununterbrochen im Geltungsbereich dieses Gesetzes haben;
4. Personen, die gegen die Grundsätze des § 1 Abs. 3 schwer oder wiederholt verstoßen haben.

(3) Die erforderliche Zuverlässigkeit besitzen Personen nicht, wenn Tatsachen die Annahme rechtfertigen, daß sie

1. Waffen oder Munition mißbräuchlich oder leichtfertig verwenden werden;
2. mit Waffen oder Munition nicht vorsichtig und sachgemäß umgehen und diese Gegenstände nicht sorgfältig verwahren werden;
3. Waffen oder Munition an Personen überlassen werden, die zur Ausübung der tatsächlichen Gewalt über diese Gegenstände nicht berechtigt sind.

(4) Die erforderliche Zuverlässigkeit besitzen in der Regel Personen nicht, die

1. a) wegen eines Verbrechens,
   b) wegen eines vorsätzlichen Vergehens, das eine der Annahmen im Sinne des Absatzes 3 Nr. 1 bis 3 rechtfertigt,
   c) wegen einer fahrlässigen Straftat im Zusammenhang mit dem Umgang mit Waffen, Munition oder Sprengstoff,

---

(Fortsetzung der Anm. von voriger Seite)
v. 25.6.2001 (BGBl. I S. 1215); Abs. 1 Satz 2 angef., bish. Wortlaut wird Satz 1, Abs. 4 Nr. 1 zweiter Halbs. geänd. mWv 1.4.2003 durch G v. 11.10.2002 (BGBl. I S. 3970); Abs. 1 Satz 1 Nr. 4 geänd. mWv 15.12.2010 durch G v. 9.12.2010 (BGBl. I S. 1934); Abs. 1 Sätze 2 und 3 eingef., bish. Satz 2 wird Satz 4 mWv 31.10.2024 durch G v. 25.10.2024 (BGBl. 2024 I Nr. 332).

1) Nr. **820**.

2) Nr. 1.

d) wegen einer Straftat gegen jagdrechtliche, tierschutzrechtliche oder naturschutzrechtliche Vorschriften, das Waffengesetz, das Gesetz über die Kontrolle von Kriegswaffen[1] oder das Sprengstoffgesetz[2]

zu einer Freiheitsstrafe, Jugendstrafe, Geldstrafe von mindestens 60 Tagessätzen oder mindestens zweimal zu einer geringeren Geldstrafe rechtskräftig verurteilt worden sind, wenn seit dem Eintritt der Rechtskraft der letzten Verurteilung fünf Jahre nicht verstrichen sind; in die Frist wird die Zeit eingerechnet, die seit der Vollziehbarkeit des Widerrufs oder der Rücknahme eines Jagdscheines oder eines Waffenbesitzverbotes nach § 41 des Waffengesetzes wegen der Tat, die der letzten Verurteilung zugrunde liegt, verstrichen ist; in die Frist nicht eingerechnet wird die Zeit, in welcher der Beteiligte auf behördliche oder richterliche Anordnung in einer Anstalt verwahrt worden ist;

2. wiederholt oder gröblich gegen eine in Nummer 1 Buchstabe d genannte Vorschrift verstoßen haben;
3. geschäftsunfähig oder in der Geschäftsfähigkeit beschränkt sind;
4. trunksüchtig, rauschmittelsüchtig, geisteskrank oder geistesschwach sind.

(5) [1] Ist ein Verfahren nach Absatz 4 Nr. 1 noch nicht abgeschlossen, so kann die zuständige Behörde die Entscheidung über den Antrag auf Erteilung des Jagdscheines bis zum rechtskräftigen Abschluß des Verfahrens aussetzen. [2] Die Zeit der Aussetzung des Verfahrens ist in die Frist nach Absatz 4 Nr. 1 erster Halbsatz einzurechnen.

(6) Sind Tatsachen bekannt, die Bedenken gegen die Zuverlässigkeit nach Absatz 4 Nr. 4 oder die körperliche Eignung nach Absatz 1 Nr. 2 begründen, so kann die zuständige Behörde dem Beteiligten die Vorlage eines amts- oder fachärztlichen Zeugnisses über die geistige und körperliche Eignung aufgeben.

§ 18 Einziehung des Jagdscheines. [1] Wenn Tatsachen, welche die Versagung des Jagdscheines begründen, erst nach Erteilung des Jagdscheines eintreten oder der Behörde, die den Jagdschein erteilt hat, bekanntwerden, so ist die Behörde in den Fällen des § 17 Abs. 1 und in den Fällen, in denen nur ein Jugendjagdschein hätte erteilt werden dürfen (§ 16), sowie im Falle der Entziehung gemäß § 41 verpflichtet, in den Fällen des § 17 Abs. 2 berechtigt, den Jagdschein für ungültig zu erklären und einzuziehen. [2] Ein Anspruch auf Rückerstattung der Jagdscheingebühren besteht nicht. [3] Die Behörde kann eine Sperrfrist für die Wiedererteilung des Jagdscheines festsetzen.

§ 18a[3] Mitteilungspflichten. Die erstmalige Erteilung oder Verlängerung einer Erlaubnis nach den §§ 15 und 16, das Ergebnis von Überprüfungen nach § 17 sowie Maßnahmen nach den §§ 18, 40, 41 und 41a sind der für den Vollzug des Waffengesetzes[4] nach dessen § 48 Abs. 1 und 2 zuständigen Behörde mitzuteilen.

---

[1] Nr. **823**.

[2] **Sartorius ErgBd. Nr. 822.**

[3] § 18a eingef. mWv 1.4.2003 durch G v. 11.10.2002 (BGBl. I S. 3970) und geänd. mWv 1.4.2008 durch G v. 26.3.2008 (BGBl. I S. 426); geänd. mWv 31.10.2024 durch G v. 25.10.2024 (BGBl. 2024 I Nr. 332).

[4] Nr. **820**.

V. Abschnitt. Jagdbeschränkungen, Pflichten bei der Jagdausübung und Beunruhigen von Wild

1.[1] Regelungen für alle Tierarten

§ 19[2] Sachliche Verbote. (1) Verboten ist

1. mit Schrot, Posten, gehacktem Blei, Bolzen oder Pfeilen, auch als Fangschuss, auf Schalenwild, Wölfe und Seehunde zu schießen; das Verbot umfasst nicht das Töten von in Fallen gefangenen Wölfen mit Schrot und den Fangschuss auf Wölfe mit Schrot;
2. a) auf Rehwild und Seehunde mit Büchsenpatronen zu schießen, deren Auftreffenergie auf 100 m (E 100) weniger als 1 000 Joule beträgt;
   b) auf alles übrige Schalenwild und auf Wölfe mit Büchsenpatronen unter einem Kaliber von 6,5 mm zu schießen; im Kaliber 6,5 mm und darüber müssen die Büchsenpatronen eine Auftreffenergie auf 100 m (E 100) von mindestens 2 000 Joule haben;
   c) mit halbautomatischen Langwaffen, die mit insgesamt mehr als drei Patronen geladen sind, sowie mit automatischen Waffen auf Wild zu schießen;
   d) auf Wild mit Pistolen oder Revolvern zu schießen, ausgenommen im Falle der Bau- und Fallenjagd sowie zur Abgabe von Fangschüssen, wenn die Mündungsenergie der Geschosse mindestens 200 Joule beträgt;
3. die Lappjagd innerhalb einer Zone von 300 Metern von der Bezirksgrenze, die Jagd durch Abklingeln der Felder und die Treibjagd bei Mondschein auszuüben;
4. Schalenwild, ausgenommen Schwarzwild, sowie Federwild zur Nachtzeit zu erlegen; als Nachtzeit gilt die Zeit von eineinhalb Stunden nach Sonnenuntergang bis eineinhalb Stunden vor Sonnenaufgang; das Verbot umfaßt nicht die Jagd auf Möwen, Waldschnepfen, Auer-, Birk- und Rackelwild;
5. a) künstliche Lichtquellen, Spiegel, Vorrichtungen zum Anstrahlen oder Beleuchten des Zieles, Nachtzielgeräte, die einen Bildwandler oder eine elektronische Verstärkung besitzen und für Schußwaffen bestimmt sind, Tonbandgeräte oder elektrische Schläge erteilende Geräte beim Fang oder Erlegen von Wild aller Art zu verwenden oder zu nutzen sowie zur Nachtzeit an Leuchttürmen oder Leuchtfeuern Federwild zu fangen;
   b) Vogelleim, Fallen, Angelhaken, Netze, Reusen oder ähnliche Einrichtungen sowie geblendete oder verstümmelte Vögel beim Fang oder Erlegen von Federwild zu verwenden;
6. Belohnungen für den Abschuß oder den Fang von Federwild auszusetzen, zu geben oder zu empfangen;
7. Saufänge, Fang- oder Fallgruben ohne Genehmigung der zuständigen Behörde anzulegen;
8. Schlingen jeder Art, in denen sich Wild fangen kann, herzustellen, feilzubieten, zu erwerben oder aufzustellen;

---

[1] 1. UAbschnitt Überschrift eingef. mWv 2.4.2026 durch G v. 29.3.2026 (BGBl. 2026 I Nr. 87).

[2] § 19 Abs. 1 Nr. 5 Buchst. a und b, Nr. 17, Abs. 2 neu gef. durch G v. 28.6.1990 (BGBl. I S. 1221), Abs. 1 Nr. 5 Buchst. a geänd. durch G v. 21.11.1996 (BGBl. I S. 1779); Abs. 2 geänd. mWv 13.6.2012 durch G v. 6.12.2011 (BGBl. I S. 2557); Abs. 1 Nr. 2 Buchst. c neu gef. mWv 10.11.2016 durch G v. 1.11.2016 (BGBl. I S. 2451); Abs. 1 Nr. 1 neu gef., Nr. 2 Buchst. b geänd. mWv 2.4.2026 durch G v. 29.3.2026 (BGBl. 2026 I Nr. 87).

9. Fanggeräte, die nicht unversehrt fangen oder nicht sofort töten, sowie Selbstschußgeräte zu verwenden;
10. in Notzeiten Schalenwild in einem Umkreis von 200 Metern von Fütterungen zu erlegen;
11. Wild aus Luftfahrzeugen, Kraftfahrzeugen oder maschinengetriebenen Wasserfahrzeugen zu erlegen; das Verbot umfaßt nicht das Erlegen von Wild aus Kraftfahrzeugen durch Körperbehinderte mit Erlaubnis der zuständigen Behörde;
12. die Netzjagd auf Seehunde auszuüben;
13. die Hetzjagd auf Wild auszuüben;
14. die Such- und Treibjagd auf Waldschnepfen im Frühjahr auszuüben;
15. Wild zu vergiften oder vergiftete oder betäubende Köder zu verwenden;
16. die Brackenjagd auf einer Fläche von weniger als 1 000 Hektar auszuüben;
17. Abwurfstangen ohne schriftliche Erlaubnis des Jagdausübungsberechtigten zu sammeln;
18. eingefangenes oder aufgezogenes Wild später als vier Wochen vor Beginn der Jagdausübung auf dieses Wild auszusetzen.

(2) Die Länder können die Vorschriften des Absatzes 1 mit Ausnahme der Nummer 16 erweitern oder aus besonderen Gründen einschränken; soweit Federwild betroffen ist, ist die Einschränkung nur aus den in Artikel 9 Absatz 1 der Richtlinie 2009/147/EG des Europäischen Parlaments und des Rates vom 30. November 2009 über die Erhaltung der wildlebenden Vogelarten (ABl. L 20 vom 26.1.2010, S. 7) in der jeweils geltenden Fassung genannten Gründen und nach den in Artikel 9 Absatz 2 der Richtlinie 2009/147/EG genannten Maßgaben zulässig.

(3) [1] Die in Absatz 1 Nr. 2 Buchstaben a und b vorgeschriebenen Energiewerte können unterschritten werden, wenn von einem staatlichen oder staatlich anerkannten Fachinstitut die Verwendbarkeit der Munition für bestimmte jagdliche Zwecke bestätigt wird. [2] Auf der kleinsten Verpackungseinheit der Munition ist das Fachinstitut, das die Prüfung vorgenommen hat, sowie der Verwendungszweck anzugeben.

§ 19a Beunruhigen von Wild. [1] Verboten ist, Wild, insbesondere soweit es in seinem Bestand gefährdet oder bedroht ist, unbefugt an seinen Zuflucht-, Nist-, Brut- oder Wohnstätten durch Aufsuchen, Fotografieren, Filmen oder ähnliche Handlungen zu stören. [2] Die Länder können für bestimmtes Wild Ausnahmen zulassen.

§ 20 Örtliche Verbote. (1) An Orten, an denen die Jagd nach den Umständen des einzelnen Falles die öffentliche Ruhe, Ordnung oder Sicherheit stören oder *das Leben* von Menschen gefährden würde, darf nicht gejagt werden.

(2) Die Ausübung der Jagd in Naturschutz- und Wildschutzgebieten sowie in National- und Wildparken wird durch die Länder geregelt.

§ 21 Abschußregelung. (1) [1] Der Abschuß des Wildes ist so zu regeln, daß die berechtigten Ansprüche der Land-, Forst- und Fischereiwirtschaft auf Schutz gegen Wildschäden voll gewahrt bleiben sowie die Belange von Naturschutz und Landschaftspflege berücksichtigt werden. [2] Innerhalb der hierdurch gebotenen Grenzen soll die Abschußregelung dazu beitragen, daß ein gesunder Wildbestand aller heimischen Tierarten in angemessener Zahl erhalten bleibt und insbesondere der Schutz von Tierarten gesichert ist, deren Bestand bedroht erscheint.

(2) [1] Schalenwild (mit Ausnahme von Schwarzwild) sowie Auer-, Birk- und Rackelwild dürfen nur auf Grund und im Rahmen eines Abschußplanes erlegt werden, der von der zuständigen Behörde im Einvernehmen mit dem Jagdbeirat (§ 37) zu bestätigen oder festzusetzen ist. [2] Seehunde dürfen nur auf Grund und im Rahmen eines Abschußplanes bejagt werden, der jährlich nach näherer Bestimmung der Länder für das Küstenmeer oder Teile davon auf Grund von Bestandsermittlungen aufzustellen ist. [3] In gemeinschaftlichen Jagdbezirken ist der Abschußplan vom Jagdausübungsberechtigten im Einvernehmen mit dem Jagdvorstand aufzustellen. [4] Innerhalb von Hegegemeinschaften sind die Abschußpläne im Einvernehmen mit den Jagdvorständen der Jagdgenossenschaften und den Inhabern der Eigenjagdbezirke aufzustellen, die der Hegegemeinschaft angehören. [5] Das Nähere bestimmt die Landesgesetzgebung. [6] Der Abschußplan für Schalenwild muß erfüllt werden. [7] Die Länder treffen Bestimmungen, nach denen die Erfüllung des Abschußplanes durch ein Abschußmeldeverfahren überwacht und erzwungen werden kann; sie können den körperlichen Nachweis der Erfüllung des Abschußplanes verlangen.

(3) Der Abschuß von Wild, dessen Bestand bedroht erscheint, kann in bestimmten Bezirken oder in bestimmten Revieren dauernd oder zeitweise gänzlich verboten werden.

(4) Den Abschuß in den Staatsforsten regeln die Länder.

§ 22[1)] Jagd- und Schonzeiten. (1) [1] Nach den in § 1 Abs. 2 bestimmten Grundsätzen der Hege bestimmt das Bundesministerium durch Rechtsverordnung mit Zustimmung des Bundesrates die Zeiten, in denen die Jagd auf Wild ausgeübt werden darf (Jagdzeiten). [2] Außerhalb der Jagdzeiten ist Wild mit der Jagd zu verschonen (Schonzeiten). [3] Die Länder können die Jagdzeiten abkürzen oder aufheben; sie können die Schonzeiten für bestimmte Gebiete oder für einzelne Jagdbezirke aus besonderen Gründen, insbesondere aus Gründen der Wildseuchenbekämpfung und Landeskultur, zur Beseitigung kranken oder kümmernden Wildes, zur Vermeidung von übermäßigen Wildschäden, zu wissenschaftlichen, Lehr- und Forschungszwecken, bei Störung des biologischen Gleichgewichts oder der Wildhege aufheben. [4] Für den Lebendfang von Wild können die Länder in Einzelfällen Ausnahmen von Satz 2 zulassen.

(2) [1] Wild, für das eine Jagdzeit nicht festgesetzt ist, ist während des ganzen Jahres mit der Jagd zu verschonen. [2] Die Länder können bei Störung des biologischen Gleichgewichts oder bei schwerer Schädigung der Landeskultur Jagdzeiten festsetzen oder in Einzelfällen zu wissenschaftlichen, Lehr- und Forschungszwecken Ausnahmen zulassen.

(3) Aus Gründen der Landeskultur können Schonzeiten für Wild gänzlich versagt werden (Wild ohne Schonzeit).

(4) [1] In den Setz- und Brutzeiten dürfen bis zum Selbständigwerden der Jungtiere die für die Aufzucht notwendigen Elterntiere, auch die von Wild ohne Schonzeit, nicht bejagt werden. [2] Die Länder können für Schwarzwild, Wildkaninchen, Fuchs, Ringel- und Türkentaube, Silber- und Lachmöwe sowie für nach

---

[1)] § 22 Abs. 4 Sätze 3 und 6 neu gef. durch G v. 28.6.1990 (BGBl. I S. 1221); Abs. 1 Satz 1 geänd. mWv 7.11.2001 durch VO v. 29.10.2001 (BGBl. I S. 2785); Abs. 4 Sätze 3 und 6 geänd. mWv 13.6.2012 durch G v. 6.12.2011 (BGBl. I S. 2557); Abs. 4 Satz 2 geänd. mWv 21.11.2018 durch G v. 14.11.2018 (BGBl. I S. 1850).

Landesrecht dem Jagdrecht unterliegende Tierarten aus den in Absatz 2 Satz 2 und Absatz 3 genannten Gründen sowie zur Bekämpfung von Tierseuchen Ausnahmen bestimmen. [3] Die nach Landesrecht zuständige Behörde kann im Einzelfall das Aushorsten von Nestlingen und Ästlingen der Habichte für Beizzwecke aus den in Artikel 9 Absatz 1 Buchstabe c der Richtlinie 2009/147/EG genannten Gründen und nach den in Artikel 9 Absatz 2 der Richtlinie 2009/147/EG genannten Maßgaben genehmigen. [4] Das Ausnehmen der Gelege von Federwild ist verboten. [5] Die Länder können zulassen, daß Gelege in Einzelfällen zu wissenschaftlichen, Lehr- und Forschungszwecken oder für Zwecke der Aufzucht ausgenommen werden. [6] Die Länder können ferner das Sammeln der Eier von Ringel- und Türkentauben sowie von Silber- und Lachmöwen aus den in Artikel 9 Absatz 1 der Richtlinie 2009/147/EG genannten Gründen und nach den in Artikel 9 Absatz 2 der Richtlinie 2009/147/EG genannten Maßgaben erlauben.

§ 22a Verhinderung von vermeidbaren Schmerzen oder Leiden des Wildes. (1) Um krankgeschossenes Wild vor vermeidbaren Schmerzen oder Leiden zu bewahren, ist dieses unverzüglich zu erlegen; das gleiche gilt für schwerkrankes Wild, es sei denn, daß es genügt und möglich ist, es zu fangen und zu versorgen.

(2) [1] Krankgeschossenes oder schwerkrankes Wild, das in einen fremden Jagdbezirk wechselt, darf nur verfolgt werden (Wildfolge), wenn mit dem Jagdausübungsberechtigten dieses Jagdbezirkes eine schriftliche Vereinbarung über die Wildfolge abgeschlossen worden ist. [2] Die Länder erlassen nähere Bestimmungen, insbesondere über die Verpflichtung der Jagdausübungsberechtigten benachbarter Jagdbezirke, Vereinbarungen über die Wildfolge zu treffen; sie können darüber hinaus die Vorschriften über die Wildfolge ergänzen oder erweitern.

2.[1)] Zusätzliche Regelungen für die Tierart Wolf

§ 22b[1)] Maßnahmen nach Artikel 14 der Richtlinie 92/43/EWG in Bezug auf die Tierart Wolf; Verordnungsermächtigung. (1) [1] Wenn sich die Tierart Wolf nicht in einem günstigen Erhaltungszustand im Sinne von Artikel 1 Buchstabe i der Richtlinie 92/43/EWG in der Fassung vom 17. Juni 2025 befindet (ungünstiger Erhaltungszustand), ergreift die zuständige Behörde die notwendigen Maßnahmen, um den Erhaltungszustand der Tierart Wolf so weit zu verbessern, dass deren Population künftig dauerhaft einen günstigen Erhaltungszustand erreichen kann. [2] Als Maßnahmen nach Satz 1 können insbesondere ergriffen werden:

1. eine zeitliche oder räumliche Beschränkung der Jagd auf den Wolf,
2. eine Beschränkung der Anzahl der erlegbaren Wölfe,
3. ein Verbot der Jagd auf den Wolf,
4. die Einführung eines Genehmigungssystems für die Jagd auf den Wolf.

(2) Das Bundesministerium für Landwirtschaft, Ernährung und Heimat wird ermächtigt, durch Rechtsverordnung mit Zustimmung des Bundesrates Näheres *zur Durchführung* des Absatzes 1 zu bestimmen, insbesondere hinsichtlich der Anforderungen an die zu ergreifenden Maßnahmen.

§ 22c[1)] Zusätzliche Verbote in Bezug auf die Tierart Wolf. (1) [1] Es ist verboten,

1. wildlebende Wölfe zu füttern oder
2. kranke oder verletzte Wölfe aufzunehmen, um sie gesundzupflegen.

[1)] 2. UAbschnitt (§§ 22b–22f) eingef. mWv 2.4.2026 durch G v. 29.3.2026 (BGBl. 2026 I Nr. 87).

[2] Ausgenommen von Satz 1 sind Maßnahmen der zuständigen Behörde.

(2) Über § 19 Absatz 1 hinaus ist es verboten, bei der Jagd auf Wölfe Folgendes zu verwenden:

1. elektronische Vorrichtungen, die töten oder betäuben können,
2. Sprengstoff oder
3. Fallen, die nach ihrer Bauart oder nach ihren Anwendungsbedingungen nicht selektiv sind.

§ 22d[1] Zusätzliche Regelungen in Bezug auf die Tierart Wolf bei Jagdzeiten, Abschussregelungen und Anzeigepflichten; Verordnungsermächtigung. (1) [1] Wer einen Wolf erlegt hat oder als Jagdausübungsberechtigter einen toten Wolf aufgefunden hat, hat dies der zuständigen Behörde unverzüglich anzuzeigen. [2] Der Jagdausübungsberechtigte hat der zuständigen Behörde eine Untersuchung eines erlegten Wolfs oder eines tot aufgefundenen Wolfs sowie eine Probennahme des Wolfs zu ermöglichen.

(2) [1] Soweit sich die Tierart Wolf in einem günstigen Erhaltungszustand befindet, hat die zuständige Behörde einen revierübergreifenden Managementplan aufzustellen, der darauf auszurichten ist, die Vereinbarkeit der Jagd mit der Aufrechterhaltung eines günstigen Erhaltungszustands zu gewährleisten. [2] Soweit ein revierübergreifender Managementplan nach Satz 1 eine militärisch genutzte Fläche des Bundes oder eine Fläche des Nationalen Naturerbes im Eigentum des Bundes betrifft, ist er im Einvernehmen mit den zuständigen Dienststellen der Bundeswehr und der Bundesanstalt für Immobilienaufgaben aufzustellen. [3] Der Managementplan ist bei Bedarf von der zuständigen Behörde zu überprüfen und zu aktualisieren, wobei Satz 2 entsprechend gilt. [4] Ist ein Managementplan nach Satz 1 erstellt worden, darf die Jagd auf den Wolf jeweils vom 1. Juli bis zum 31. Oktober ausgeübt werden; die Jagd ist nach Maßgabe des Managementplans auszuüben. [5] In der Schonzeit und im Fall, dass ein revierübergreifender Managementplan noch nicht aufgestellt worden ist, ist Absatz 3 entsprechend anzuwenden. [6] Widerspruch und Anfechtungsklage gegen einen revierübergreifenden Managementplan haben keine aufschiebende Wirkung.

(3) [1] Befindet sich die Tierart Wolf in einem ungünstigen Erhaltungszustand, ist die Jagd auf den Wolf unabhängig von einer Schonzeit mit Genehmigung der zuständigen Behörde zulässig

1. zur Abwendung land-, forst-, fischerei- oder wasserwirtschaftlicher oder sonstiger wirtschaftlicher Schäden,
2. im Interesse der Gesundheit des Menschen oder der öffentlichen Sicherheit oder
3. aus anderen zwingenden Gründen des überwiegenden öffentlichen Interesses.

[2] Ist ein Schaden an einem nicht wildlebenden Tier eingetreten, so ist zur Abwendung der in Satz 1 Nummer 1 genannten Schäden die Jagd auf den Wolf ohne Genehmigung der zuständigen Behörde zulässig, wenn ein von der zuständigen Behörde oder dem Land bestellter Sachverständiger für Wolfsrisse festgestellt hat, dass der Schaden

1. von einem Wolf verursacht worden ist und
2. trotz zumutbar ergriffener Herdenschutzmaßnahmen, die geeignet sind, Tiere vor Angriffen durch den Wolf zu schützen, eingetreten ist.

---

[1] 2. Unterabschnitt (§§ 22b–22f) eingef. mWv 2.4.2026 durch G v. 29.3.2026 (BGBl. 2026 I Nr. 87).

[3] Die Jagd darf in den Fällen des Satzes 2 nur in einem Radius von nicht mehr als 20 Kilometern um den festgestellten Schadensort und nicht länger als sechs Wochen nach dem festgestellten Schaden erfolgen. [4] Die Jagd endet, sobald im Radius von 20 Kilometern um den festgestellten Schadensort ein Wolf erlegt worden ist. [5] Die zuständige Behörde kann abweichend von Satz 3 nach pflichtgemäßem Ermessen den Radius verkleinern oder erweitern oder die zulässige Dauer der Jagd verlängern oder verkürzen.

(4) [1] Die zuständige Behörde kann

1. anordnen, dass der Jagdausübungsberechtigte, sofern die Jagd auf den Wolf zulässig und im Rahmen der Jagdausübung mit zulässigen jagdlichen Methoden und Mitteln möglich und zumutbar ist, die Jagd auf den Wolf auszuüben hat,
2. anordnen, dass ein Einzeltier, einzelne Individuen eines Rudels oder ein gesamtes Wolfsrudel auch ohne Zuordnung eines Schadens zu einem bestimmten Einzeltier unabhängig von einer Schonzeit zu erlegen ist, sofern dies erforderlich ist,
   a) zur Abwendung land-, forst-, fischerei- oder wasserwirtschaftlicher oder sonstiger wirtschaftlicher Schäden,
   b) im Interesse der Gesundheit des Menschen oder der öffentlichen Sicherheit oder
   c) aus anderen zwingenden Gründen des überwiegenden öffentlichen Interesses,
3. Weidegebiete bestimmen, in denen eine Bejagung des Wolfs auch bei einem ungünstigen Erhaltungszustand der Tierart Wolf zulässig ist, wenn
   a) eine solche Bestimmung erforderlich ist zur Abwendung ernster land-, forst-, fischerei- oder wasserwirtschaftlicher oder sonstiger ernster wirtschaftlicher Schäden und
   b) die Weidegebiete auf Grund der Geländebedingungen nicht schützbar sind oder sie auf Grund der naturräumlichen Gegebenheiten nicht zumutbar wolfsabweisend zäunbar sind,
4. im Einzelfall für die Jagd auf den Wolf Nachtsichtvorsätze und Nachtsichtaufsätze nach Anlage 2 Abschnitt 1 Nummer 1.2.4.2 des Waffengesetzes[1)] zulassen.

[2] Im Fall des Satzes 1 Nummer 1 kann der Jagdausübungsberechtigte einen Dritten mit der Ausübung der Jagd beauftragen. [3] Kommt der Jagdausübungsberechtigte einer Anordnung nach Satz 1 Nummer 1 nicht binnen einer von der zuständigen Behörde im pflichtgemäßen Ermessen zu setzenden Frist nach, so kann die zuständige Behörde die Jagd selbst übernehmen oder einen Dritten mit der Durchführung der Jagd beauftragen.

(5) [1] Soweit eine Anordnung nach Absatz 4 Satz 1 Nummer 1 oder 2

1. eine militärisch genutzte Fläche des Bundes betrifft, bedarf die Anordnung des Einvernehmens mit den zuständigen Dienststellen der Bundeswehr und dem für die Jagdausübung auf der betreffenden Fläche zuständigen Bundesforstbetrieb der Bundesanstalt für Immobilienaufgaben,
2. eine Fläche des Nationalen Naturerbes im Eigentum des Bundes betrifft, bedarf die Anordnung des Einvernehmens mit dem für die Jagdausübung auf der betreffenden Fläche zuständigen Bundesforstbetrieb der Bundesanstalt für Immobilienaufgaben.

---

1) Nr. **820**.

[2] Absatz 4 Satz 1 Nummer 3 gilt nicht für militärisch genutzte Flächen des Bundes und für Flächen des nationalen Naturerbes im Eigentum des Bundes.

(6) Das Bundesministerium für Landwirtschaft, Ernährung und Heimat wird ermächtigt, durch Rechtsverordnung mit Zustimmung des Bundesrates, Näheres zur Durchführung der Absätze 2 bis 4 zu bestimmen, insbesondere hinsichtlich der Anforderungen an den revierübergreifenden Managementplan nach Absatz 2 sowie der Einzelheiten der Voraussetzungen für die Zulässigkeit der Jagd nach Absatz 3 Satz 1 Nummer 1.

§ 22e[1] Zusammenarbeit von Bund und Ländern. Bund und Länder wirken im Rahmen ihrer Zuständigkeiten und Befugnisse zur Gewährleistung der Vereinbarkeit der Jagd mit der Aufrechterhaltung eines günstigen Erhaltungszustands bei der Tierart Wolf zusammen.

§ 22f[1] Sonderregelung für Wolfshybriden im Jagdrecht. [1] Vorkommen von Hybriden zwischen Wolf und Hund (Wolfshybriden) in der freien Natur sind auf Anordnung der zuständigen Behörde durch den Jagdausübungsberechtigten zu erlegen. [2] Wolfshybriden unterliegen nur insoweit dem Jagdrecht. [3] § 22c Absatz 1 Satz 1 Nummer 2 und § 22d Absatz 4 Satz 1 Nummer 4, Satz 2 und 3 sind entsprechend anzuwenden.

VI. Abschnitt. Jagdschutz

§ 23 Inhalt des Jagdschutzes. Der Jagdschutz umfaßt nach näherer Bestimmung durch die Länder den Schutz des Wildes insbesondere vor Wilderern, Futternot, Wildseuchen, vor wildernden Hunden und Katzen sowie die Sorge für die Einhaltung der zum Schutz des Wildes und der Jagd erlassenen Vorschriften.

§ 24 Wildseuchen. Tritt eine Wildseuche auf, so hat der Jagdausübungsberechtigte dies unverzüglich der zuständigen Behörde anzuzeigen; sie erläßt im Einvernehmen mit dem beamteten Tierarzt die zur Bekämpfung der Seuche erforderlichen Anweisungen.

§ 25[2] Jagdschutzberechtigte. (1) [1] Der Jagdschutz in einem Jagdbezirk liegt neben den zuständigen öffentlichen Stellen dem Jagdausübungsberechtigten ob, sofern er Inhaber eines Jagdscheines ist, und den von der zuständigen Behörde bestätigten Jagdaufsehern. [2] Hauptberuflich angestellte Jagdaufseher sollen Berufsjäger oder forstlich ausgebildet sein.

(2) [1] Die bestätigten Jagdaufseher haben innerhalb ihres Dienstbezirkes in Angelegenheiten des Jagdschutzes die Rechte und Pflichten der Polizeibeamten und sind Ermittlungspersonen der Staatsanwaltschaft, sofern sie Berufsjäger oder forstlich ausgebildet sind. [2] Sie haben bei der Anwendung unmittelbaren Zwanges die ihnen durch Landesrecht eingeräumten Befugnisse.

(3) (weggefallen)

---

[1] 2. UAbschnitt (§§ 22b–22f) eingef. mWv 2.4.2026 durch G v. 29.3.2026 (BGBl. 2026 I Nr. 87).

[2] § 25 Abs. 2 Satz 2 angef. durch G v. 28.6.1990 (BGBl. I S. 1221); Abs. 2 Satz 1 geänd. mWv 1.9.2004 durch G v. 24.8.2004 (BGBl. I S. 2198).

VII. Abschnitt. Wild- und Jagdschaden

1. Wildschadensverhütung

§ 26 Fernhalten des Wildes. [1]Der Jagdausübungsberechtigte sowie der Eigentümer oder Nutzungsberechtigte eines Grundstückes sind berechtigt, zur Verhütung von Wildschäden das Wild von den Grundstücken abzuhalten oder zu verscheuchen. [2]Der Jagdausübungsberechtigte darf dabei das Grundstück nicht beschädigen, der Eigentümer oder Nutzungsberechtigte darf das Wild weder gefährden noch verletzen.

§ 27 Verhinderung übermäßigen Wildschadens. (1) Die zuständige Behörde kann anordnen, daß der Jagdausübungsberechtigte unabhängig von den Schonzeiten innerhalb einer bestimmten Frist in bestimmtem Umfange den Wildbestand zu verringern hat, wenn dies mit Rücksicht auf das allgemeine Wohl, insbesondere auf die Interessen der Land-, Forst- und Fischereiwirtschaft und die Belange des Naturschutzes und der Landschaftspflege, notwendig ist.

(2) [1]Kommt der Jagdausübungsberechtigte der Anordnung nicht nach, so kann die zuständige Behörde für dessen Rechnung den Wildbestand vermindern lassen. [2]Das erlegte Wild ist gegen angemessenes Schußgeld dem Jagdausübungsberechtigten zu überlassen.

§ 28 Sonstige Beschränkungen in der Hege. (1) Schwarzwild darf nur in solchen Einfriedungen gehegt werden, die ein Ausbrechen des Schwarzwildes verhüten.

(2) Das Aussetzen von Schwarzwild und Wildkaninchen ist verboten.

(3) Das Aussetzen oder das Ansiedeln fremder Tiere in der freien Natur ist nur mit schriftlicher Genehmigung der zuständigen obersten Landesbehörde oder der von ihr bestimmten Stelle zulässig.

(4) Das Hegen oder Aussetzen weiterer Tierarten kann durch die Länder beschränkt oder verboten werden.

(5) Die Länder können die Fütterung von Wild untersagen oder von einer Genehmigung abhängig machen.

§ 28a[1)] Invasive Arten. (1) [1]Dem Jagdausübungsberechtigten ist mit dessen Zustimmung für den Jagdbezirk, in dem er die Jagd ausüben darf, die Durchführung von Management- oder Beseitigungsmaßnahmen, die nach § 40e Absatz 2 Halbsatz 1 Bundesnaturschutzgesetz[2)] festgelegt worden sind, von der nach Landesrecht für Jagd zuständigen Behörde ganz oder teilweise zu übertragen oder die Mitwirkung an der Durchführung der Maßnahmen aufzuerlegen, soweit die Durchführung der Maßnahmen im Rahmen der Jagdausübung mit zulässigen jagdlichen Methoden und Mitteln möglich, zumutbar und wirksam ist. [2]Im Übrigen ist der Jagdausübungsberechtigte zur Durchführung von Managementmaßnahmen nach § 40e Bundesnaturschutzgesetz nicht verpflichtet. [3]Die Sätze 1 und 2 gelten entsprechend für Maßnahmen nach Artikel 17 der Verordnung (EU) Nr. 1143/2014 des Europäischen Parlaments und des Rates vom 22. Oktober 2014 über die Prävention und das Management der Einbringung und Ausbreitung

[1)] § 28a eingef. mWv 15.3.2018 durch G v. 8.9.2017 (BGBl. I S. 3370).
[2)] Nr. **880**.

invasiver gebietsfremder Arten (ABl. L 317 vom 4.11.2014, S. 35) für die in § 40e Absatz 2 Halbsatz 1 genannten Arten.

(2) [1]Soweit die Durchführung von Managementmaßnahmen nach Absatz 1 nicht vom Jagdausübungsberechtigten übernommen wird, oder soweit dieser die ihm übertragenen Maßnahmen oder die Mitwirkung daran nicht ordnungsgemäß ausführt, trifft die nach Landesrecht für Jagd zuständige Behörde nach Anhörung des Jagdausübungsberechtigten die notwendigen Anordnungen; sie kann insbesondere die Durchführung der Maßnahmen übernehmen oder einen Dritten mit deren Durchführung beauftragen. [2]Maßnahmen unter Einsatz jagdlicher Mittel haben im Einvernehmen mit dem Jagdausübungsberechtigten zu erfolgen; sein Jagdrecht bleibt unberührt.

(3) § 1 Absatz 1 Satz 2 ist auf Arten, für die Managementmaßnahmen nach § 40e oder Beseitigungsmaßnahmen nach § 40a des Bundesnaturschutzgesetzes festgelegt worden sind, nicht anzuwenden; § 22 Absatz 4 Satz 1 und 2 gilt entsprechend.

2. Wildschadensersatz

§ 29 Schadensersatzpflicht. (1) [1]Wird ein Grundstück, das zu einem gemeinschaftlichen Jagdbezirk gehört oder einem gemeinschaftlichen Jagdbezirk angegliedert ist (§ 5 Abs. 1), durch Schalenwild, Wildkaninchen oder Fasanen beschädigt, so hat die Jagdgenossenschaft dem Geschädigten den Wildschaden zu ersetzen. [2]Der aus der Genossenschaftskasse geleistete Ersatz ist von den einzelnen Jagdgenossen nach dem Verhältnis des Flächeninhalts ihrer beteiligten Grundstücke zu tragen. [3]Hat der Jagdpächter den Ersatz des Wildschadens ganz oder teilweise übernommen, so trifft die Ersatzpflicht den Jagdpächter. [4]Die Ersatzpflicht der Jagdgenossenschaft bleibt bestehen, soweit der Geschädigte Ersatz von dem Pächter nicht erlangen kann.

(2) [1]Wildschaden an Grundstücken, die einem Eigenjagdbezirk angegliedert sind (§ 5 Abs. 1), hat der Eigentümer oder der Nutznießer des Eigenjagdbezirks zu ersetzen. [2]Im Falle der Verpachtung haftet der Jagdpächter, wenn er sich im Pachtvertrag zum Ersatz des Wildschadens verpflichtet hat. [3]In diesem Falle haftet der Eigentümer oder der Nutznießer nur, soweit der Geschädigte Ersatz von dem Pächter nicht erlangen kann.

(3) [1]Bei Grundstücken, die zu einem Eigenjagdbezirk gehören, richtet sich, abgesehen von den Fällen des Absatzes 2, die Verpflichtung zum Ersatz von Wildschaden (Absatz 1) nach dem zwischen dem Geschädigten und dem Jagdausübungsberechtigten bestehenden Rechtsverhältnis. [2]Sofern nichts anderes bestimmt ist, ist der Jagdausübungsberechtigte ersatzpflichtig, wenn er durch unzulänglichen Abschuß den Schaden verschuldet hat.

(4) Die Länder können bestimmen, daß die Wildschadensersatzpflicht auch auf anderes Wild ausgedehnt wird und daß der Wildschadensbetrag für bestimmtes Wild durch Schaffung eines Wildschadensausgleichs auf eine Mehrheit von Beteiligten zu verteilen ist (Wildschadensausgleichskasse).

§ 30 Wildschaden durch Wild aus Gehege. Wird durch ein aus einem Gehege ausgetretenes und dort gehegtes Stück Schalenwild Wildschaden angerichtet, so ist ausschließlich derjenige zum Ersatz verpflichtet, dem als Jagdausübungsberechtigten, Eigentümer oder Nutznießer die Aufsicht über das Gehege obliegt.

§ 31 Umfang der Ersatzpflicht. (1) Nach den §§ 29 und 30 ist auch der Wildschaden zu ersetzen, der an den getrennten, aber noch nicht eingeernteten Erzeugnissen eines Grundstücks eintritt.

(2) [1] Werden Bodenerzeugnisse, deren voller Wert sich erst zur Zeit der Ernte bemessen läßt, vor diesem Zeitpunkt durch Wild beschädigt, so ist der Wildschaden in dem Umfange zu ersetzen, wie er sich zur Zeit der Ernte darstellt. [2] Bei der Feststellung der Schadenshöhe ist jedoch zu berücksichtigen, ob der Schaden nach den Grundsätzen einer ordentlichen Wirtschaft durch Wiederanbau im gleichen Wirtschaftsjahr ausgeglichen werden kann.

§ 32 Schutzvorrichtungen. (1) Ein Anspruch auf Ersatz von Wildschaden ist nicht gegeben, wenn der Geschädigte die von dem Jagdausübungsberechtigten zur Abwehr von Wildschaden getroffenen Maßnahmen unwirksam macht.

(2) [1] Der Wildschaden, der an Weinbergen, Gärten, Obstgärten, Baumschulen, Alleen, einzelstehenden Bäumen, Forstkulturen, die durch Einbringen anderer als der im Jagdbezirk vorkommenden Hauptholzarten einer erhöhten Gefährdung ausgesetzt sind, oder Freilandpflanzungen von Garten- oder hochwertigen Handelsgewächsen entsteht, wird, soweit die Länder nicht anders bestimmen, nicht ersetzt, wenn die Herstellung von üblichen Schutzvorrichtungen unterblieben ist, die unter gewöhnlichen Umständen zur Abwendung des Schadens ausreichen. [2] Die Länder können bestimmen, welche Schutzvorrichtungen als üblich anzusehen sind.

3. Jagdschaden

§ 33 Schadensersatzpflicht. (1) [1] Wer die Jagd ausübt, hat dabei die berechtigten Interessen der Grundstückseigentümer oder Nutzungsberechtigten zu beachten, insbesondere besäte Felder und nicht abgemähte Wiesen tunlichst zu schonen. [2] Die Ausübung der Treibjagd auf Feldern, die mit reifender Halm- oder Samenfrucht oder mit Tabak bestanden sind, ist verboten; die Suchjagd ist nur insoweit zulässig, als sie ohne Schaden für die reifenden Früchte durchgeführt werden kann.

(2) Der Jagdausübungsberechtigte haftet dem Grundstückseigentümer oder Nutzungsberechtigten für jeden aus mißbräuchlicher Jagdausübung entstehenden Schaden; er haftet auch für den Jagdschaden, der durch einen von ihm bestellten Jagdaufseher oder durch einen Jagdgast angerichtet wird.

4. Gemeinsame Vorschriften

§ 34 Geltendmachung des Schadens. [1] Der Anspruch auf Ersatz von Wild- oder Jagdschaden erlischt, wenn der Berechtigte den Schadensfall nicht binnen einer Woche, nachdem er von dem Schaden Kenntnis erhalten hat oder bei Beobachtung gehöriger Sorgfalt erhalten hätte, bei der für das beschädigte Grundstück zuständigen Behörde anmeldet. [2] Bei Schaden an forstwirtschaftlich genutzten Grundstücken genügt es, wenn er zweimal im Jahre, jeweils bis zum 1. Mai oder 1. Oktober, bei der zuständigen Behörde angemeldet wird. [3] Die Anmeldung soll die als ersatzpflichtig in Anspruch genommene Person bezeichnen.

§ 35 Verfahren in Wild- und Jagdschadenssachen. [1] Die Länder können in Wild- und Jagdschadenssachen das Beschreiten des ordentlichen Rechtsweges davon abhängig machen, daß zuvor ein Feststellungsverfahren vor einer Verwaltungsbehörde (Vorverfahren) stattfindet, in dem über den Anspruch eine vollstreckbare Verpflichtungserklärung (Anerkenntnis, Vergleich) aufzunehmen oder eine nach Eintritt der Rechtskraft vollstreckbare Entscheidung (Vorbescheid) zu erlassen ist. [2]Die Länder treffen die näheren Bestimmungen hierüber.

VIII. Abschnitt. Inverkehrbringen und Schutz von Wild

§ 36[1)] Ermächtigungen. (1) Das Bundesministerium wird ermächtigt, durch Rechtsverordnung mit Zustimmung des Bundesrates, soweit dies aus Gründen der Hege, zur Bekämpfung von Wilderei und Wildhehlerei, aus wissenschaftlichen Gründen oder zur Verhütung von Gesundheitsschäden durch Fallwild erforderlich ist, Vorschriften zu erlassen über

1. die Anwendung von Ursprungszeichen bei der Verbringung von erlegtem Schalenwild aus dem Erlegungsbezirk und der Verbringung von erlegtem Schalenwild in den Geltungsbereich dieses Gesetzes,
2. den Besitz von
   a) Wild, das nach Rechtsakten der Europäischen Gemeinschaft oder der Europäischen Union aus Gründen des Erhalts der Arten streng oder besonders geschützt oder von den Mitgliedstaaten der Europäischen Union zu schützen ist, oder
   b) sonstigem Wild,

2a. den gewerbsmäßigen Ankauf, Verkauf oder Tausch von
   a) Wild, das nach Rechtsakten der Europäischen Gemeinschaft oder der Europäischen Union aus Gründen des Erhalts der Arten streng oder besonders geschützt oder von den Mitgliedstaaten der Europäischen Union zu schützen ist, oder
   b) sonstigem Wild,

2b. den sonstigen Erwerb, die Ausübung der tatsächlichen Gewalt oder das sonstige Verwenden, die Abgabe, das Anbieten zum Verkauf oder den Tausch, die Zucht, die Beförderung, das Veräußern oder das sonstige Inverkehrbringen von Wild,

3. die Ein-, Durch- und Ausfuhr sowie das sonstige Verbringen von Wild in den, durch den und aus dem Geltungsbereich dieses Gesetzes,
4. die Verpflichtung zur Führung von Wildhandelsbüchern,
5. das Kennzeichnen von Wild.

(2) Die Länder erlassen insbesondere Vorschriften über

1. die behördliche Überwachung des gewerbsmäßigen Ankaufs, Verkaufs und Tausches sowie der gewerbsmäßigen Verarbeitung von Wildbret und die behördliche Überwachung der Wildhandelsbücher,
2. das Aufnehmen, die Pflege und die Aufzucht verletzten oder kranken Wildes und dessen Verbleib.

---

1) § 36 Abs. 4 Satz 2 angef. durch G v. 26.11.1986 (BGBl. I S. 2089); Abs. 5 Sätze 1, 3 und 5 geänd. durch G v. 28.6.1990 (BGBl. I S. 1221); Abs. 1, 4 Sätze 1 und 2, Abs. 5 Sätze 1, 2, 4 und 5 geänd. mWv 7.11.2001 durch VO v. 29.10.2001 (BGBl. I S. 2785); Abs. 5 Sätze 2 und 3 aufgeh., bish. Sätze 4 und 5 werden Sätze 2 und 3 mWv 21.12.2001 durch G v. 14.12.2001 (BGBl. I S. 3714); Abs. 4 Satz 1 erster Halbs. geänd. mWv 28.11.2003 durch VO v. 25.11.2003 (BGBl. I S. 2304); Abs. 4 Satz 1 geänd. mWv 8.11.2006 durch VO v. 31.10.2006 (BGBl. I S. 2407); Abs. 4 Satz 2 geänd. mWv 15.12.2010 durch G v. 9.12.2010 (BGBl. I S. 1934); Abs. 1 Nr. 2 neu gef., Nr. 2a und 2b eingef. mWv 13.6.2012 durch G v. 6.12.2011 (BGBl. I S. 2557); Abs. 4 Sätze 1 und 2 geänd. mWv 8.9.2015 durch VO v. 31.8.2015 (BGBl. I S. 1474); Abs. 3 geänd. mWv 10.11.2016 durch G v. 1.11.2016 (BGBl. I S. 2451); Abs. 4 Satz 2 geänd. mWv 27.6.2020 durch VO v. 19.6.2020 (BGBl. I S. 1328).

(3) Die Vorschriften nach Absatz 1 Nummer 2, 2a, 2b und 3 und Absatz 2 Nr. 2 können sich auch auf Eier oder sonstige Entwicklungsformen des Wildes, auf totes Wild, auf Teile des Wildes sowie auf die Nester und die aus Wild gewonnenen Erzeugnisse erstrecken.

(4) [1] Rechtsverordnungen nach Absatz 1 Nr. 1 bedürfen des Einvernehmens mit dem Bundesministerium für Wirtschaft und Energie; Rechtsverordnungen nach Absatz 1 Nr. 3 bedürfen des Einvernehmens mit dem Bundesministerium der Finanzen. [2] Rechtsverordnungen nach Absatz 1 Nr. 2 bis 5 bedürfen, soweit sie Rechtsakte der Europäischen Gemeinschaft oder der Europäischen Union auf dem Gebiet des Artenschutzes oder Verpflichtungen aus internationalen Artenschutzübereinkommen zu beachten haben, des Einvernehmens mit dem Bundesministerium für Umwelt, Naturschutz und nukleare Sicherheit.

(5) [1] Das Bundesministerium der Finanzen und die von ihm bestimmten Zollstellen wirken bei der Ein-, Durch- und Ausfuhr sowie bei dem sonstigen Verbringen von Wild mit. [2] Das Bundesministerium der Finanzen regelt im Einvernehmen mit dem Bundesministerium durch Rechtsverordnung ohne Zustimmung des Bundesrates die Einzelheiten des Verfahrens nach Satz 1; er kann dabei insbesondere Pflichten zu Anzeigen, Anmeldungen, Auskünften und zur Leistung von Hilfsdiensten sowie zur Duldung von Besichtigungen und von Entnahmen unentgeltlicher Muster und Proben vorsehen. [3] Das Bundesministerium gibt im Einvernehmen mit dem Bundesministerium der Finanzen im Bundesanzeiger die Zollstellen bekannt, bei denen Wild zur Ein-, Durch- und Ausfuhr sowie zum sonstigen Verbringen abgefertigt wird, wenn die Ein-, Durch- und Ausfuhr sowie das sonstige Verbringen durch Rechtsverordnung nach Absatz 1 Nr. 3 geregelt ist.

§ 36a[1] *(aufgehoben)*

IX. Abschnitt. Jagdbeirat und Vereinigungen der Jäger

§ 37 [Jagdbeirat und Vereinigungen] (1) In den Ländern sind Jagdbeiräte zu bilden, denen Vertreter der Landwirtschaft, der Forstwirtschaft, der Jagdgenossenschaften, der Jäger und des Naturschutzes angehören müssen.

(2) Die Länder können die Mitwirkung von Vereinigungen der Jäger für die Fälle vorsehen, in denen Jagdscheininhaber gegen die Grundsätze der Weidgerechtigkeit verstoßen (§ 1 Abs. 3).

X. Abschnitt. Straf- und Bußgeldvorschriften

§ 38[2] **Strafvorschriften.** (1) Mit Freiheitsstrafe bis zu fünf Jahren oder mit Geldstrafe wird bestraft, wer

1. einer vollziehbaren Anordnung nach § 21 Abs. 3 zuwiderhandelt,
2. entgegen § 22 Abs. 2 Satz 1 Wild nicht mit der Jagd verschont oder
3. entgegen § 22 Abs. 4 Satz 1 ein Elterntier bejagt.

(2) Handelt der Täter fahrlässig, so ist die Strafe Freiheitsstrafe bis zu einem Jahr oder Geldstrafe.

---

[1] § 36a aufgeh. durch G v. 28.6.1990 (BGBl. I S. 1221).

[2] § 38 Abs. 1 neu gef. durch G v. 21.11.1996 (BGBl. I S. 1779); Überschrift neu gef., Abs. 2 geänd. mWv 13.6.2012 durch G v. 6.12.2011 (BGBl. I S. 2557).

§ 38a[1] Strafvorschriften. (1) Mit Freiheitsstrafe bis zu fünf Jahren oder mit Geldstrafe wird bestraft, wer einer Rechtsverordnung nach § 36 Absatz 1 Nummer 2a Buchstabe a, auch in Verbindung mit Absatz 3, oder einer vollziehbaren Anordnung auf Grund einer solchen Rechtsverordnung zuwiderhandelt, soweit die Rechtsverordnung für einen bestimmten Tatbestand auf diese Strafvorschrift verweist.

(2) Mit Freiheitsstrafe bis zu drei Jahren oder mit Geldstrafe wird bestraft, wer einer Rechtsverordnung nach § 36 Absatz 1 Nummer 2 Buchstabe a, auch in Verbindung mit Absatz 3, oder einer vollziehbaren Anordnung auf Grund einer solchen Rechtsverordnung zuwiderhandelt, soweit die Rechtsverordnung für einen bestimmten Tatbestand auf diese Strafvorschrift verweist.

(3) Erkennt der Täter in den Fällen des Absatzes 1 leichtfertig nicht, dass sich die Handlung auf Wild einer Art bezieht, die in § 36 Absatz 1 Nummer 2a Buchstabe a genannt ist, so ist die Strafe Freiheitsstrafe bis zu zwei Jahren oder Geldstrafe.

(4) Erkennt der Täter in den Fällen des Absatzes 2 leichtfertig nicht, dass sich die Handlung auf Wild einer Art bezieht, die in § 36 Absatz 1 Nummer 2 Buchstabe a genannt ist, so ist die Strafe Freiheitsstrafe bis zu einem Jahr oder Geldstrafe.

(5) Die Tat ist nicht strafbar, wenn die Handlung eine unerhebliche Menge der Exemplare betrifft und unerhebliche Auswirkungen auf den Erhaltungszustand der Art hat.

§ 39[2] Ordnungswidrigkeiten. (1) Ordnungswidrig handelt, wer

1. in befriedeten Bezirken die Jagd ausübt oder einer Beschränkung der Jagderlaubnis (§ 6) zuwiderhandelt;
2. auf vollständig eingefriedeten Grundflächen die Jagd entgegen einer nach § 7 Abs. 3 vorgeschriebenen Beschränkung ausübt;
3. auf Grund eines nach § 11 Abs. 6 Satz 1 nichtigen Jagdpachtvertrages, einer nach § 11 Abs. 6 Satz 2 nichtigen entgeltlichen Jagderlaubnis oder entgegen § 12 Abs. 4 die Jagd ausübt;
4. als Inhaber eines Jugendjagdscheines ohne Begleitperson die Jagd ausübt (§ 16);
5. den Vorschriften des § 19 Abs. 1 Nr. 3 bis 9, 11 bis 14, 16 bis 18, § 19a oder § 20 Abs. 1 zuwiderhandelt;
6. zum Verscheuchen des Wildes Mittel anwendet, durch die Wild verletzt oder gefährdet wird (§ 26);
7. einer Vorschrift des § 28 Abs. 1 bis 3 über das Hegen, Aussetzen und Ansiedeln zuwiderhandelt;
8. den Vorschriften des § 33 Abs. 1 zuwiderhandelt und dadurch Jagdschaden anrichtet;
9. den Jagdschein auf Verlangen nicht vorzeigt (§ 15 Abs. 1).

(2) Ordnungswidrig handelt, wer vorsätzlich oder fahrlässig

1. die Jagd ausübt, obwohl er keinen gültigen Jagdschein mit sich führt oder obwohl ihm die Jagdausübung verboten ist (§ 41a);

---

[1] § 38a eingef. mWv 13.6.2012 durch G v. 6.12.2011 (BGBl. I S. 2557); Abs. 1 und 2 geänd. mWv 10.11.2016 durch G v. 1.11.2016 (BGBl. I S. 2451).

[2] § 39 Abs. 2 Nr. 3a eingef. durch G v. 21.11.1996 (BGBl. I S. 1779); Abs. 3 geänd. mWv 1.1.2002 durch G v. 25.6.2001 (BGBl. I S. 1215); Abs. 2 Nr. 5 neu gef. mWv 13.6.2012 durch G v. 6.12.2011 (BGBl. I S. 2557); Abs. 2 Nr. 5 geänd. mWv 10.11.2016 durch G v. 1.11.2016 (BGBl. I S. 2451); Abs. 2 Nr. 3a neu gef., Nr. 3b und 3c eingef. mWv 2.4.2026 durch G v. 29.3.2026 (BGBl. 2026 I Nr. 87).

2. den Vorschriften des § 19 Abs. 1 Nr. 1, 2, 10 und 15 zuwiderhandelt;
3. Schalenwild oder anderes Wild, das nur im Rahmen eines Abschußplanes bejagt werden darf, erlegt, bevor der Abschußplan bestätigt oder festgesetzt ist (§ 21 Abs. 2 Satz 1), oder wer den Abschußplan überschreitet;

3a. entgegen § 22 Absatz 1 Satz 2 Wild nicht mit der Jagd verschont;

3b. entgegen § 22c Absatz 2 Sprengstoff oder eine dort genannte Vorrichtung oder Falle verwendet;

3c. entgegen § 22d Absatz 1 Satz 1 eine Anzeige nicht, nicht richtig, nicht vollständig oder nicht rechtzeitig erstattet;

4. als Jagdausübungsberechtigter das Auftreten einer Wildseuche nicht unverzüglich der zuständigen Behörde anzeigt oder den Weisungen der zuständigen Behörde zur Bekämpfung der Wildseuche nicht Folge leistet (§ 24);
5. einer Rechtsverordnung nach § 36 Absatz 1 Nummer 1, 2 Buchstabe b, auch in Verbindung mit Absatz 3, Nummer 2a Buchstabe b, auch in Verbindung mit Absatz 3, Nummer 2b, auch in Verbindung mit Absatz 3, Nummer 3, auch in Verbindung mit Absatz 3, Nummer 4 oder Nummer 5, Absatz 2 oder Absatz 5 oder einer vollziehbaren Anordnung auf Grund einer solchen Rechtsverordnung zuwiderhandelt, soweit die Rechtsverordnung für einen bestimmten Tatbestand auf diese Bußgeldvorschrift verweist, oder
6. zur Jagd ausgerüstet unbefugt einen fremden Jagdbezirk außerhalb der zum allgemeinen Gebrauch bestimmten Wege betritt.

(3) Die Ordnungswidrigkeit kann mit einer Geldbuße bis zu fünftausend Euro geahndet werden.

§ 40[1)] Einziehung. (1) Ist eine Straftat nach § 38 oder eine Ordnungswidrigkeit nach § 39 Absatz 1 Nummer 5 oder Absatz 2 Nummer 2 bis 3b oder 5 begangen worden, so können

1. Gegenstände, auf die sich die Straftat oder Ordnungswidrigkeit bezieht, und
2. Gegenstände, die zu ihrer Begehung oder Vorbereitung gebraucht worden oder bestimmt gewesen sind,

eingezogen werden.

(2) § 74a des Strafgesetzbuches[2)] und § 23 des Gesetzes über Ordnungswidrigkeiten[3)] sind anzuwenden.

§ 41[4)] Anordnung der Entziehung des Jagdscheines. (1) Wird jemand wegen einer rechtswidrigen Tat

1. nach § 38 dieses Gesetzes,
2. nach den §§ 113 bis 115, 223 bis 227, 231, 239, 240 des Strafgesetzbuches[2)], sofern derjenige, gegen den sich die Tat richtete, sich in Ausübung des Forst-, Feld-, Jagd- oder Fischereischutzes befand, oder
3. *nach den* §§ 292 bis 294 des Strafgesetzbuches

verurteilt oder nur deshalb nicht verurteilt, weil seine Schuldunfähigkeit erwiesen oder nicht auszuschließen ist, so ordnet das Gericht die Entziehung des Jagd-

---

[1)] § 40 Abs. 1 einl. Satzteil geänd. durch G v. 21.11.1996 (BGBl. I S. 1779); Abs. 1 einl. Satzteil geänd. mWv 2.4.2026 durch G v. 29.3.2026 (BGBl. 2026 I Nr. 87).

[2)] **Habersack Nr. 85.**

[3)] **Habersack Nr. 94.**

[4)] § 41 Abs. 1 Nr. 2 geänd. durch G v. 26.1.1998 (BGBl. I S. 164); Abs. 1 Nr. 2 geänd. mWv 30.5.2017 durch G v. 23.5.2017 (BGBl. I S. 1226).

scheines an, wenn sich aus der Tat ergibt, daß die Gefahr besteht, er werde bei weiterem Besitz des Jagdscheines erhebliche rechtswidrige Taten der bezeichneten Art begehen.

(2) [1] Ordnet das Gericht die Entziehung des Jagdscheines an, so bestimmt es zugleich, daß für die Dauer von einem Jahr bis zu fünf Jahren kein neuer Jagdschein erteilt werden darf (Sperre). [2] Die Sperre kann für immer angeordnet werden, wenn zu erwarten ist, daß die gesetzliche Höchstfrist zur Abwehr der von dem Täter drohenden Gefahr nicht ausreicht. [3] Hat der Täter keinen Jagdschein, so wird nur die Sperre angeordnet. [4] Die Sperre beginnt mit der Rechtskraft des Urteils.

(3) Ergibt sich nach der Anordnung Grund zu der Annahme, daß die Gefahr, der Täter werde erhebliche rechtswidrige Taten der in Absatz 1 bezeichneten Art begehen, nicht mehr besteht, so kann das Gericht die Sperre vorzeitig aufheben.

§ 41a Verbot der Jagdausübung. (1) Wird gegen jemanden

1. wegen einer Straftat, die er bei oder im Zusammenhang mit der Jagdausübung begangen hat, eine Strafe verhängt oder
2. wegen einer Ordnungswidrigkeit nach § 39, die er unter grober oder beharrlicher Verletzung der Pflichten bei der Jagdausübung begangen hat, eine Geldbuße festgesetzt,

so kann ihm in der Entscheidung für die Dauer von einem Monat bis zu sechs Monaten verboten werden, die Jagd auszuüben.

(2) [1] Das Verbot der Jagdausübung wird mit der Rechtskraft der Entscheidung wirksam. [2] Für seine Dauer wird ein erteilter Jagdschein, solange er nicht abgelaufen ist, amtlich verwahrt; das gleiche gilt für einen nach Ablauf des Jagdjahres neu erteilten Jagdschein. [3] Wird er nicht freiwillig herausgegeben, so ist er zu beschlagnahmen.

(3) [1] Ist ein Jagdschein amtlich zu verwahren, so wird die Verbotsfrist erst von dem Tage an gerechnet, an dem dies geschieht. [2] In die Verbotsfrist wird die Zeit nicht eingerechnet, in welcher der Täter auf behördliche Anordnung in einer Anstalt verwahrt wird.

(4) Über den Beginn der Verbotsfrist nach Absatz 3 Satz 1 ist der Täter im Anschluß an die Verkündung der Entscheidung oder bei deren Zustellung zu belehren.

§ 42 Landesrechtliche Straf- und Bußgeldbestimmungen. Die Länder können Straf- und Bußgeldbestimmungen für Verstöße gegen die von ihnen erlassenen Vorschriften treffen, soweit solche nicht schon in diesem Gesetz enthalten sind.

XI. Abschnitt. Schlußvorschriften

§ 43[1] Berichtspflicht zur Anwendung der §§ 22b bis 22d. [1] Das Bundesministerium für Landwirtschaft, Ernährung und Heimat hat dem Deutschen Bundestag im Einvernehmen mit dem Bundesministerium für Umwelt, Klimaschutz, Naturschutz und nukleare Sicherheit bis spätestens 31. Dezember 2030 und danach jeweils im Abstand von fünf Jahren über die Erfahrungen mit der Anwendung der §§ 22b bis 22d zu berichten. [2] Der Bericht soll Angaben darüber enthalten, ob diese Regelungen sich bewährt haben und weiterhin erforderlich

[1] § 43 neu gef. mWv 2.4.2026 durch G v. 29.3.2026 (BGBl. 2026 I Nr. 87).

sind. [3] Der Bericht soll ferner Vorschläge für gegebenenfalls notwendige Anpassungen der Regelungen enthalten.

§ 44[1)] Sonderregelungen. Die zuständigen Landesregierungen werden ermächtigt, durch Rechtsverordnung im Benehmen mit dem Bundesministerium die Ausübung des Jagdrechts auf der Insel Helgoland und die Jagd auf Wasservögel auf dem Untersee und dem Rhein bei Konstanz abweichend von den Vorschriften dieses Gesetzes zu regeln.

§ 44a[2)] Unberührtheitsklausel. Vorschriften des Lebensmittelrechts, Seuchenrechts, Fleischhygienerechts und Tierschutzrechts bleiben unberührt.

§ 45[3)] *(aufgehoben)*

§ 46[4)] Inkrafttreten des Gesetzes. (1) (Inkrafttreten der ursprünglichen Fassung des Gesetzes)

(2) (Aufhebung von Vorschriften)

(3) Verweisungen auf Vorschriften, die nach Absatz 2 außer Kraft getreten sind, gelten als Verweisungen auf die entsprechenden Vorschriften dieses Gesetzes oder die entsprechenden landesrechtlichen Vorschriften.

---

1) § 44 geänd. mWv 7.11.2001 durch VO v. 29.10.2001 (BGBl. I S. 2785).
2) § 44a eingef. durch G v. 28.6.1990 (BGBl. I S. 1221).
3) § 45 aufgeh. durch G v. 21.11.1996 (BGBl. I S. 1779).
4) Das G ist in seiner ursprünglichen Fassung am 1.4.1953 in Kraft getreten.

930. Gesetz über die vermögensrechtlichen Verhältnisse der Bundesautobahnen und sonstigen Bundesstraßen des Fernverkehrs

Vom 2. März 1951

(BGBl. I S. 157)

BGBl. III/FNA 911-1-5

geänd. durch Gesetz zur Änderung des BundesfernstraßenG v. 10.7.1961 (BGBl. I S. 877), Art. 3 FinanzanpassungsG v. 30.8.1971 (BGBl. I S. 1426), Art. 18 G zur Neuregelung des bundesstaatlichen Finanzausgleichssystems ab dem Jahr 2020 und zur Änd. haushaltsrechtlicher Vorschriften v. 14.8.2017 (BGBl. I S. 3122, aufgeh. durch G v. 29.11.2018, BGBl. I S. 2237) und Art. 7 G zur Beschleunigung von Planungs- und Genehmigungsverfahren im Verkehrsbereich v. 29.11.2018 (BGBl. I S. 2237)

Der Bundestag hat mit Zustimmung des Bundesrates das folgende Gesetz beschlossen:

§ 1 [Überführung von Reichsautobahnen in Bundesvermögen]

[1] Die bisherigen Reichsautobahnen sind mit Wirkung vom 24. Mai 1949 als Bundesautobahnen Eigentum des Bundes. [2] Vom gleichen Zeitpunkt ist der Bund Inhaber aller sonstigen Vermögensrechte, die dem Unternehmen "Reichsautobahnen" gehörten oder die ausschließlich für Zwecke der Reichsautobahnen begründet oder bestimmt worden sind. [3] Dies gilt auch für Rechte, die durch Gesetz für unübertragbar oder nur auf Grund besonderer Vereinbarung für übertragbar erklärt sind.

§ 2 [Treuhandschaften der Länder] Treuhandschaften der Länder an diesem Eigentum und diesen Vermögensrechten erlöschen mit dem Inkrafttreten dieses Gesetzes.

§ 3 [Überführung von Reichsstrassen in Bundesvermögen] [1] Die bisherigen Reichsstraßen sind mit Wirkung vom 24. Mai 1949 als Bundesstraßen Eigentum des Bundes. [2] Vom gleichen Zeitpunkt ist der Bund Inhaber aller sonstigen Rechte an einem Grundstück, die den Reichsstraßen zu dienen bestimmt waren, und der Forderungen des Reiches auf Übertragung oder Beschränkung des Eigentums an einem Grundstück zugunsten von Reichsstraßen. [3] § 1 Satz 3 ist anzuwenden.

§ 4 [Rechtsgeschäftlichen Verfügungen] Die Wirksamkeit von rechtsgeschäftlichen Verfügungen, die über Eigentum und Vermögensrechte der in *§ 1 und § 3 bezeichneten* Art vor dem Inkrafttreten dieses Gesetzes getroffen worden sind, bleibt unberührt.

§ 5 [Sonderregelungen] § 1 und § 3 gelten nicht für Eigentum und Vermögensrechte, die nach dem 30. Januar 1933 einer Gewerkschaft, Genossenschaft, politischen Partei oder sonstigen demokratischen Organisation weggenommen worden sind.

§ 6[1] **[Strassenbaulast; Einnahmen; Zweckausgaben]** (1) Mit Wirkung vom 1. April 1950 ist der Bund Träger der Straßenbaulast für die Bundesautobahnen und die Bundesstraßen.

(2) Der Bund erhält die Einnahmen, die sich im Zusammenhang mit der Straßenbaulast, der Benutzung der Bundesfernstraßen und der Bewirtschaftung des bundeseigenen Vermögens ergeben.

(3) [1] Der Bund trägt die Zweckausgaben aus der Wahrnehmung der Straßenbaulast für die Bundesstraßen, soweit die Verwaltung nicht dem Bund zusteht, und die Zweckausgaben im Zusammenhang mit der Erhaltung und Bewirtschaftung des bundeseigenen Vermögens für die Bundesstraßen in seiner Baulast, soweit die Verwaltung nicht dem Bund zusteht. [2] Er gilt den Ländern Zweckausgaben, die bei der Entwurfsbearbeitung und Bauaufsicht entstehen, durch die Zahlung einer Pauschale ab, die 5 vom Hundert der Baukosten beträgt.

§ 7[2] **[Ausnahmeregelung]** (1) Die Bestimmungen des § 3 und des § 6 Abs. 1 gelten nicht für diejenigen im Zuge von Reichsstraßen liegenden Ortsdurchfahrten, für die die Straßenbaulast nach dem Gesetz über die einstweilige Neuregelung des Straßenwesens und der Straßenverwaltung vom 26. März 1934 (Reichsgesetzbl. I S. 243) nicht vom Deutschen Reich zu tragen war.

(2) (aufgehoben)

§ 8 [Dingliche Grundstücksrechte] (1) Dingliche Rechte an Grundstücken und sonstigen Sachen und Rechten, die unter § 1 oder § 3 fallen, bleiben bestehen.

(2) Die Regelung der schuldrechtlichen Verbindlichkeiten des Unternehmens "Reichsautobahnen" bleibt vorbehalten.

§ 9 [Grundbuchberichtigung] (1) [1] Steht das Eigentum an einem Grundstück nach § 1 oder § 3 dem Bund zu, so ist der Antrag auf Berichtigung des Grundbuchs von der vom Land bestimmten Behörde zu stellen, in deren Bezirk das Grundstück liegt. [2] Der Antrag muß von dem Leiter der Behörde oder seinem Vertreter unterschrieben und mit dem Amtssiegel oder Amtsstempel versehen sein. [3] Zum Nachweis des Eigentums gegenüber dem Grundbuchamt genügt die in den Antrag aufzunehmende Erklärung, daß das Grundstück dem Bund zusteht. [4] Das Eigentum ist einzutragen für die "Bundesrepublik Deutschland (Bundesstraßenverwaltung)".

(2) Dies gilt für sonstige im Grundbuch eingetragene Rechte entsprechend.

(Fortsetzung nächstes Blatt)

[1] *§ 6 Abs. 2 und 3 neu gef., Abs. 4–6 aufgeh.* durch G v. 30.8.1971 (BGBl. I S. 1426); Abs. 3 neu gef., Abs. 4 aufgeh. mWv 1.1.2018 durch G v. 29.11.2018 (BGBl. I S. 2237).

[2] § 7 Abs. 2 aufgeh. durch G v. 10.7.1961 (BGBl. I S. 877).

§ 10 [Gerichtsgebühren; Abgaben] [1] Gerichtsgebühren und andere Abgaben, die aus Anlaß und in Durchführung dieses Gesetzes entstehen, werden nicht erhoben. [2] Bare Auslagen bleiben außer Ansatz.

§ 10a[1)] Übergangsbestimmungen. (1) [1] Der Bund trägt bis zum 31. Dezember 2020 die Zweckausgaben aus der Wahrnehmung der Straßenbaulast für die Bundesautobahnen und die Zweckausgaben im Zusammenhang mit der Erhaltung und Bewirtschaftung des bundeseigenen Vermögens für die Bundesautobahnen. [2] Er gilt den Ländern Zweckausgaben, die bei der Entwurfsbearbeitung und Bauaufsicht für Bundesautobahnen entstehen, durch die Zahlung einer Pauschale ab, die 6 vom Hundert der Baukosten für Bundesautobahnen bis zum 31. Dezember 2020 beträgt.

(2) [1] Der Bund gilt den Ländern Zweckausgaben, die bei der Entwurfsbearbeitung für Bundesautobahnen bis zum 31. Dezember 2020 entstehen, durch Zahlung von Pauschalen in den Jahren 2021 bis 2023 ab. [2] Die Höhe dieser Pauschalen beträgt im Jahr 2021 5 vom Hundert, im Jahr 2022 3 vom Hundert und im Jahr 2023 1 vom Hundert der Baukosten für Bundesautobahnen im Jahr 2020.

§ 11 [Inkrafttreten] Das Gesetz tritt am Tage nach seiner Verkündung[2)] in Kraft.

---

1) § 10a eingef. mWv 1.1.2018 durch G v. 29.11.2018 (BGBl. I S. 2237).
2) Das Gesetz wurde am 6.3.1951 verkündet.

932. Bundesfernstraßengesetz (FStrG)

In der Fassung der Bekanntmachung vom 28. Juni 2007[1]

(BGBl. I S. 1206)

FNA 911-1

geänd. durch Art. 6 G zur Neuregelung des Rechts des Naturschutzes und der Landschaftspflege v. 29.7.2009 (BGBl. I S. 2542), Art. 6 G zur Neuregelung des Wasserrechts v. 31.7.2009 (BGBl. I S. 2585), Art. 7 Planfeststellungsverfahren-VereinheitlichungsG v. 31.5.2013 (BGBl. I S. 1388, geänd. durch Art. 1b G v. 24.5.2014, BGBl. I S. 538), Art. 1 Sechstes ÄndG v. 24.8.2015 (BGBl. I S. 1442), Art. 466 Zehnte ZuständigkeitsanpassungsVO v. 31.8.2015 (BGBl. I S. 1474), Art. 9 G zur Anpassung des Umwelt-RechtsbehelfsG und anderer Vorschriften an europa- und völkerrechtliche Vorgaben v. 29.5.2017 (BGBl. I S. 1298), Art. 1 Siebtes ÄndG v. 27.6.2017 (BGBl. I S. 2082), Art. 2 Abs. 7 G zur Modernisierung des Rechts der Umweltverträglichkeitsprüfung v. 20.7.2017 (BGBl. I S. 2808, ber. 2018 S. 472), Art. 17 G zur Neuregelung des bundesstaatlichen Finanzausgleichssystems ab dem Jahr 2020 und zur Änd. haushaltsrechtlicher Vorschriften v. 14.8.2017 (BGBl. I S. 3122), Art. 1 G zur Beschleunigung von Planungs- und Genehmigungsverfahren im Verkehrsbereich v. 29.11.2018 (BGBl. I S. 2237), Art. 2 G zur weiteren Beschleunigung von Planungs- und Genehmigungsverfahren im Verkehrsbereich v. 3.3.2020 (BGBl. I S. 433), Art. 1 Achtes G zur Änd. des BundesfernstraßenG und zur Änd. weiterer Vorschriften v. 29.6.2020 (BGBl. I S. 1528), Art. 2 Strukturstärkungsgesetz Kohleregionen v. 8.8.2020 (BGBl. I S. 1795), Art. 2a Investitionen-Beschleunigungsgesetz v. 3.12.2020 (BGBl. I S. 2694), Art. 1 Neuntes G zur Änd. des BundesfernstraßenG und zur Änd. weiterer Vorschriften v. 31.5.2021 (BGBl. I S. 1221), Art. 11 Aufbauhilfegesetz 2021 v. 10.9.2021 (BGBl. I S. 4147), Art. 1 Zehntes G zur Änd. des BundesfernstraßenG v. 19.6.2022 (BGBl. I S. 922), Art. 14 G zur Anpassung von Gesetzen und Verordnungen an die neue Behördenbezeichnung des Bundesamtes für Güterverkehr v. 2.3.2023 (BGBl. 2023 I Nr. 56), Art. 6 G zur Änd. des RaumordnungsG und anderer Vorschriften v. 22.3.2023 (BGBl. 2023 I Nr. 88), Art. 1 G zur Beschleunigung von Genehmigungsverfahren im Verkehrsbereich und zur Umsetzung der RL (EU) 2021/1187 über die Straffung von Maßnahmen zur rascheren Verwirklichung des transeuropäischen Verkehrsnetzes v. 22.12.2023 (BGBl. 2023 I Nr. 409) und Art. 8 G zur Beschleunigung der Verfügbarkeit von Wasserstoff und zur Änd. weiterer rechtlicher Rahmenbedingungen für den Wasserstoffhochlauf und weiterer energierechtlicher Vorschriften v. 29.3.2026 (BGBl. 2026 I Nr. 84)

§ 1[2] Einteilung der Bundesstraßen des Fernverkehrs. (1) [1]Bundesstraßen des Fernverkehrs (Bundesfernstraßen) sind öffentliche Straßen, die ein zusammenhängendes Verkehrsnetz bilden und einem weiträumigen Verkehr dienen oder zu dienen bestimmt sind. [2]In der geschlossenen Ortslage (§ 5 Abs. 4) gehören zum zusammenhängenden Verkehrsnetz die zur Aufnahme des weiträumigen Verkehrs notwendigen Straßen.

(2) Sie gliedern sich in

1. Bundesautobahnen,
2. Bundesstraßen mit den Ortsdurchfahrten (§ 5 Abs. 4).

(3) [1]Bundesautobahnen sind Bundesfernstraßen, die nur für den Schnellverkehr mit Kraftfahrzeugen bestimmt und so angelegt sind, dass sie frei von höhengleichen Kreuzungen und für Zu- und Abfahrt mit besonderen Anschlussstellen ausgestattet sind. [2]Sie sollen getrennte Fahrbahnen für den Richtungsverkehr haben.

(4) Zu den Bundesfernstraßen gehören

1. der Straßenkörper; das sind besonders der Straßengrund, der Straßenunterbau, die Straßendecke, die Brücken, Tunnel, Durchlässe, Dämme, Gräben, Entwässerungsanlagen, Böschungen, Stützmauern, Lärmschutzanlagen, Trenn-, Seiten-, Rand- und Sicherheitsstreifen;

[1] Neubekanntmachung des FStrG idF der Bek. v. 20.2.2003 (BGBl. I S. 286) in der ab 17.12.2006 geltenden Fassung.

[2] § 1 Abs. 5 Satz 2 geänd. mWv 8.9.2015 durch VO v. 31.8.2015 (BGBl. I S. 1474); Abs. 5 Satz 2 geänd. mWv 1.1.2021 durch G v. 14.8.2017 (BGBl. I S. 3122).

2. der Luftraum über dem Straßenkörper;
3. das Zubehör; das sind die Verkehrszeichen, die Verkehrseinrichtungen und -anlagen aller Art, die der Sicherheit oder Leichtigkeit des Straßenverkehrs oder dem Schutz der Anlieger dienen, und die Bepflanzung;
3a. Einrichtungen zur Erhebung von Maut und zur Kontrolle der Einhaltung der Mautpflicht;
4. die Nebenanlagen; das sind solche Anlagen, die überwiegend den Aufgaben der Straßenbauverwaltung der Bundesfernstraßen dienen, z.B. Straßenmeistereien, Gerätehöfe, Lager, Lagerplätze, Entnahmestellen, Hilfsbetriebe und -einrichtungen;
5. die Nebenbetriebe an den Bundesautobahnen (§ 15 Abs. 1).

(5) [1] Für die Bundesfernstraßen werden Straßenverzeichnisse geführt. [2] Das Fernstraßen-Bundesamt bestimmt die Nummerung und Bezeichnung der Bundesfernstraßen.

§ 2[1)] Widmung, Umstufung, Einziehung. (1) Eine Straße erhält die Eigenschaft einer Bundesfernstraße durch Widmung.

(2) Voraussetzung für die Widmung ist, dass der Träger der Straßenbaulast Eigentümer des der Straße dienenden Grundstücks ist, oder der Eigentümer und ein sonst zur Nutzung dinglich Berechtigter der Widmung zugestimmt hat, oder der Träger der Straßenbaulast den Besitz durch Vertrag, durch Einweisung nach § 18f Abs. 1 oder in einem sonstigen gesetzlichen Verfahren erlangt hat.

(3) Durch privatrechtliche Verfügungen oder durch Verfügungen im Wege der Zwangsvollstreckung über die der Straße dienenden Grundstücke oder Rechte an ihnen wird die Widmung nicht berührt.

(3a) Eine öffentliche Straße, die die Voraussetzungen des § 1 Abs. 1 oder 3 erfüllt, ist zur Bundesautobahn oder Bundesstraße, eine Bundesstraße, die die Voraussetzungen des § 1 Abs. 3 erfüllt, zur Bundesautobahn aufzustufen.

(4) Eine Bundesfernstraße, bei der sich die Verkehrsbedeutung geändert hat und bei der die Voraussetzungen des § 1 Abs. 1 weggefallen sind, ist entweder unverzüglich einzuziehen, wenn sie jede Verkehrsbedeutung verloren hat oder überwiegende Gründe des öffentlichen Wohls vorliegen (Einziehung), oder unverzüglich dem Träger der Straßenbaulast zu überlassen, der sich nach Landesrecht bestimmt (Abstufung).

(5) [1] Die Absicht der Einziehung ist drei Monate vorher in den Gemeinden, die die Straße berührt, öffentlich bekannt zu machen, um Gelegenheit zu Einwendungen zu geben. [2] Von der Bekanntmachung kann abgesehen werden, wenn die zur Einziehung vorgesehenen Teilstrecken in den in einem Planfeststellungsverfahren im Internet veröffentlichten oder ausgelegten Plänen als solche kenntlich gemacht worden sind oder Teilstrecken im Zusammenhang mit Änderungen von unwesentlicher Bedeutung (§ 74 Abs. 7 des Verwaltungsverfahrensgesetzes[2)]) eingezogen werden sollen. [3] Die Abstufung soll nur zum Ende eines Rechnungsjahres ausgesprochen und drei Monate vorher angekündigt werden.

(6) [1] Über Widmung, Umstufung und Einziehung einer Bundesfernstraße entscheidet das Fernstraßen-Bundesamt, soweit dem Bund die Verwaltung einer

---

[1)] § 2 Abs. 5 Satz 2 geänd. mWv 1.6.2015 durch G v. 31.5.2013 (BGBl. I S. 1388, geänd. durch G v. 24.5. 2014, BGBl. I S. 538); Abs. 6 Satz 3 geänd. mWv 8.9.2015 durch VO v. 31.8.2015 (BGBl. I S. 1474); Abs. 6 neu gef. mWv 1.1.2021 durch G v. 14.8.2017 (BGBl. I S. 3122); Abs. 5 Satz 2 und Abs. 6 Satz 7 geänd. mWv 29.12. 2023 durch G v. 22.12.2023 (BGBl. 2023 I Nr. 409).

[2)] Nr. **100**.

Bundesfernstraße zusteht. [2] Im Übrigen entscheidet die oberste Landesstraßenbaubehörde. [3] Abstufungen in eine Straße nach Landesrecht können nur nach vorheriger Zustimmung der betroffenen obersten Landesstraßenbaubehörde erfolgen. [4] Die Entscheidung kann auch in einem Planfeststellungsbeschluss nach § 17 mit der Maßgabe erfolgen, dass die Widmung mit der Verkehrsübergabe, die Umstufung mit der Ingebrauchnahme für den neuen Verkehrszweck und die Einziehung mit der Sperrung wirksam wird. [5] Die oberste Landesstraßenbaubehörde hat vor einer Widmung oder Aufstufung das Einverständnis des Fernstraßen-Bundesamtes einzuholen. [6] Die Entscheidung ist in einem vom Land zu bestimmenden Amtsblatt bekannt zu geben. [7] Die Bekanntmachung nach Satz 6 ist entbehrlich, wenn die zur Widmung, Umstufung oder Einziehung vorgesehenen Straßen in den im Planfeststellungsverfahren im Internet veröffentlichten oder ausgelegten Plänen als solche kenntlich und die Entscheidung mit dem Planfeststellungsbeschluss bekannt gemacht worden ist.

(6a) [1] Wird eine Bundesfernstraße verbreitert, begradigt, unerheblich verlegt oder ergänzt, so gilt der neue Straßenteil durch die Verkehrsübergabe als gewidmet, sofern die Voraussetzungen des Absatzes 2 vorliegen. [2] Wird im Zusammenhang mit einer Maßnahme nach Satz 1 der Teil einer Bundesfernstraße dem Verkehr auf Dauer entzogen, so gilt dieser Straßenteil durch die Sperrung als eingezogen. [3] In diesen Fällen bedarf es keiner Ankündigung (Absatz 5) und keiner öffentlichen Bekanntmachung (Absatz 6).

(7) [1] Mit der Einziehung entfallen Gemeingebrauch (§ 7) und widerrufliche Sondernutzungen (§ 8). [2] Bei Umstufung gilt § 6 Abs. 1.

§ 3[1)] Straßenbaulast. (1) [1] Die Straßenbaulast umfasst alle mit dem Bau und der Unterhaltung der Bundesfernstraßen zusammenhängenden Aufgaben. [2] Die Träger der Straßenbaulast haben nach ihrer Leistungsfähigkeit die Bundesfernstraßen in einem dem regelmäßigen Verkehrsbedürfnis genügenden Zustand zu bauen, zu unterhalten, zu erweitern oder sonst zu verbessern; dabei sind die sonstigen öffentlichen Belange einschließlich des Umweltschutzes sowie *sowie*[2)] die Belange der Menschen mit Behinderungen und der Menschen mit Mobilitätsbeeinträchtigungen mit dem Ziel, möglichst weitreichende Barrierefreiheit zu erreichen, zu berücksichtigen. [3] Betriebswege auf Brücken im Zuge von Bundesautobahnen und Betriebswege auf Brücken im Zuge von Bundesstraßen, die als Kraftfahrstraßen ausgewiesen sind, sind bedarfsabhängig durch den Träger der Straßenbaulast so zu bauen und zu unterhalten, dass auf ihnen auch öffentlicher Radverkehr abgewickelt werden kann.

(1a) [1] Bei dem Bau oder der Änderung von Bundesautobahnen sind die Möglichkeiten der Erzeugung erneuerbarer Energien auf nutzbaren Flächen oder auf nutzbaren Anlagen auszuschöpfen; ausgenommen ist der Straßengrund. [2] Dabei sind die Grundsätze der Wirtschaftlichkeit ebenso wie die technische Umsetzbarkeit zu beachten.

(1b) Nutzbare Flächen und nutzbare Anlagen sind vom Träger der Straßenbaulast innerhalb von fünf Jahren in einem Kataster festzuhalten.

(2) [1] Soweit die Träger der Straßenbaulast unter Berücksichtigung ihrer Leistungsfähigkeit zur Durchführung von Maßnahmen nach Absatz 1 Satz 2 außer-

---

[1)] § 3 Abs. 1 Satz 3 angef. mWv 1.10.2020 durch G v. 29.6.2020 (BGBl. I S. 1528); Abs. 2 Satz 2 geänd. mWv 1.1.2021 durch G v. 14.8.2017 (BGBl. I S. 3122); Abs. 1 Satz 2 geänd., Abs. 1a und 1b eingef. mWv 29.12.2023 durch G v. 22.12.2023 (BGBl. 2023 I Nr. 409).

[2)] Doppelung amtlich.

stande sind, haben sie auf einen nicht verkehrssicheren Zustand durch Verkehrszeichen hinzuweisen. 2 Diese hat die Straßenbaubehörde oder auf Bundesautobahnen die Gesellschaft privaten Rechts im Sinne des Infrastrukturgesellschaftserrichtungsgesetzes[1)] vorbehaltlich anderweitiger Maßnahmen der Straßenverkehrsbehörde aufzustellen.

(3) 1 Die Träger der Straßenbaulast sollen nach besten Kräften über die ihnen nach Absatz 1 obliegenden Aufgaben hinaus die Bundesfernstraßen bei Schnee- und Eisglätte räumen und streuen. 2 Landesrechtliche Vorschriften über die Pflichten Dritter zum Schneeräumen und Streuen sowie zur polizeimäßigen Reinigung bleiben unberührt.

§ 3a[2)] Duldungspflichten im Interesse der Unterhaltung. (1) 1 Soweit es zur Unterhaltung einer Bundesfernstraße erforderlich ist, haben Dritte, insbesondere die Anlieger und die Hinterlieger, zu dulden, dass die Straßenbaubehörde oder von ihr Beauftragte die Grundstücke betreten oder vorübergehend benutzen. 2 Die Arbeiten zur Unterhaltung müssen dem Dritten angekündigt werden.

(2) Entstehen durch Handlungen nach Absatz 1 Schäden, hat der Geschädigte Anspruch auf Schadensersatz.

(3) 1 Der Inhaber einer Sondernutzungserlaubnis hat, ohne Anspruch auf Entschädigung, zu dulden, dass die Ausübung seines Rechts durch Arbeiten zur Unterhaltung vorübergehend behindert oder unterbrochen wird. 2 Auf die Interessen des Inhabers einer Sondernutzungserlaubnis ist Rücksicht zu nehmen.

§ 4[3)] Sicherheitsvorschriften. 1 Die Träger der Straßenbaulast haben dafür einzustehen, dass ihre Bauten allen Anforderungen der Sicherheit und Ordnung genügen. 2 Behördlicher Genehmigungen, Erlaubnisse und Abnahmen durch andere als die Straßenbaubehörden bedarf es nicht. 3 Straßenbaubehörde im Sinne dieses Gesetzes ist auch das Fernstraßen-Bundesamt, soweit dem Bund die Verwaltung einer Bundesfernstraße zusteht. 4 Für Baudenkmäler gilt Satz 2 nur, soweit ein Planfeststellungsverfahren durchgeführt worden ist.

§ 5[4)] Träger der Straßenbaulast. (1) 1 Der Bund ist Träger der Straßenbaulast für die Bundesfernstraßen, soweit nicht die Baulast anderen nach gesetzlichen Vorschriften oder öffentlich-rechtlichen Verpflichtungen obliegt. 2 Bürgerlich-rechtliche Verpflichtungen Dritter bleiben unberührt.

(2) 1 Die Gemeinden mit mehr als 80 000 Einwohnern sind Träger der Straßenbaulast für die Ortsdurchfahrten im Zuge von Bundesstraßen. 2 Maßgebend ist die bei der Volkszählung festgestellte Einwohnerzahl. 3 Das Ergebnis einer Volkszählung wird mit Beginn des dritten Haushaltsjahres nach dem Jahr verbindlich, in dem die Volkszählung stattgefunden hat. 4 Werden Gemeindegrenzen geändert oder neue Gemeinden gebildet, so ist die bei der Volkszählung festgestellte Einwohnerzahl des neuen Gemeindegebietes maßgebend. 5 In diesen Fällen wechselt die Straßenbaulast für die Ortsdurchfahrten, wenn sie bisher dem Bund oblag, mit Beginn des dritten Haushaltsjahres nach dem Jahr der Gebietsänderung, sonst mit der Gebietsänderung.

---

1) **Sartorius III Nr. 152.**

2) § 3a eingef. mWv 13.3.2020 durch G v. 3.3.2020 (BGBl. I S. 433).

3) § 4 Satz 3 eingef., bish. Satz 3 wird Satz 4 mWv 1.1.2021 durch G v. 14.8.2017 (BGBl. I S. 3122).

4) § 5 Abs. 4 Satz 4 geänd. mWv 8.9.2015 durch VO v. 31.8.2015 (BGBl. I S. 1474); Abs. 2a Satz 4 angef. mWv 1.1.2021 durch G v. 14.8.2017 (BGBl. I S. 3122); Abs. 4 Satz 3 geänd. mWv 29.12.2023 durch G v. 22.12.2023 (BGBl. 2023 I Nr. 409).

(2a) [1] Die Gemeinde bleibt abweichend von Absatz 2 Träger der Straßenbaulast für die Ortsdurchfahrten im Zuge der Bundesstraßen, wenn sie es mit Zustimmung der obersten Kommunalaufsichtsbehörde gegenüber der obersten Landesstraßenbaubehörde erklärt. [2] Eine Gemeinde mit mehr als 50 000, aber weniger als 80 000 Einwohnern wird Träger der Straßenbaulast für die Ortsdurchfahrten im Zuge der Bundesstraßen, wenn sie es mit Zustimmung der obersten Kommunalaufsichtsbehörde gegenüber der obersten Landesstraßenbaubehörde verlangt. [3] Absatz 2 Satz 2 und 4 gilt entsprechend. [4] Die oberste Landesstraßenbaubehörde unterrichtet das Fernstraßen-Bundesamt über die Erklärung der Gemeinde nach Satz 1 oder das Verlangen der Gemeinde nach Satz 2.

(3) In den Ortsdurchfahrten der übrigen Gemeinden ist die Gemeinde Träger der Straßenbaulast für Gehwege und Parkplätze.

(3a) [1] Führt die Ortsdurchfahrt über Straßen und Plätze, die erheblich breiter angelegt sind als die Bundesstraße, so ist von der Straßenbaubehörde im Einvernehmen mit der Gemeinde die seitliche Begrenzung der Ortsdurchfahrten besonders festzulegen. [2] Kommt ein Einvernehmen nicht zustande, so entscheidet die oberste Landesstraßenbaubehörde.

(4) [1] Eine Ortsdurchfahrt ist der Teil einer Bundestraße, der innerhalb der geschlossenen Ortslage liegt und auch der Erschließung der anliegenden Grundstücke oder der mehrfachen Verknüpfung des Ortsstraßennetzes dient. [2] Geschlossene Ortslage ist der Teil des Gemeindebezirkes, der in geschlossener oder offener Bauweise zusammenhängend bebaut ist. [3] Einzelne unbebaute Grundstücke, zur Bebauung ungeeignetes oder ihr entzogenes Gelände oder einseitige Bebauung unterbrechen den Zusammenhang nicht. [4] Die oberste Landesstraßenbaubehörde setzt im Benehmen mit der höheren Verwaltungsbehörde nach Anhörung der Gemeinde die Ortsdurchfahrt fest und kann dabei mit Zustimmung des Bundesministeriums für Digitales und Verkehr und der Kommunalaufsichtsbehörde von der Regel der Sätze 1 und 2 abweichen. [5] Die Landesregierungen werden ermächtigt, durch Rechtsverordnung zu bestimmen, dass abweichend von Satz 4 an Stelle der höheren Verwaltungsbehörde eine andere Behörde zuständig ist. [6] Sie können diese Ermächtigung auf oberste Landesbehörden übertragen.

§ 5a Zuwendungen für fremde Träger der Straßenbaulast. [1] Zum Bau oder Ausbau von Ortsdurchfahrten im Zuge von Bundesstraßen und zum Bau oder Ausbau von Gemeinde- und Kreisstraßen, die Zubringer zu Bundesfernstraßen in der Baulast des Bundes sind, kann der Bund Zuwendungen gewähren. [2] Im Saarland werden die Straßen, für die das Land auf Grund des § 46 des Saarländischen Straßengesetzes an Stelle von Landkreisen Träger der Baulast ist, den Kreisstraßen gleichgestellt.

§ 5b[1] Finanzhilfen für Radschnellwege in Straßenbaulast der Länder, Gemeinden und Gemeindeverbände. (1) [1] Zum Bau von Radschnellwegen in der Straßenbaulast der Länder, Gemeinden und Gemeindeverbände kann der Bund den Ländern insbesondere zur Förderung des wirtschaftlichen Wachstums bis zum Ablauf des Jahres 2030 Finanzhilfen gewähren. [2] Die Finanzhilfen verringern sich beginnend mit dem Haushaltsjahr 2022 um 3 vom Hundert. [3] Das Bundesministerium für Digitales und Verkehr überprüft jährlich die Verwendung der Mittel nach Satz 1.

[1] § 5b eingef. mWv 5.7.2017 durch G v. 27.6.2017 (BGBl. I S. 2082); Abs. 1 Satz 3 und Abs. 3 geänd. mWv 29.12.2023 durch G v. 22.12.2023 (BGBl. 2023 I Nr. 409).

(2) [1] Die Länder zahlen die Finanzhilfen zurück, wenn geförderte Maßnahmen nicht die Voraussetzungen des Absatzes 1 sowie der Verwaltungsvereinbarung im Sinne von Absatz 4 erfüllen. [2] Nach Satz 1 zurückzuzahlende Mittel sind zu verzinsen. [3] Werden Mittel zu früh angewiesen, so sind für die Zeit der Auszahlung bis zur zweckentsprechenden Verwendung Zinsen zu zahlen.

(3) Bestehen tatsächliche Anhaltspunkte, die eine Rückforderung von Bundesmitteln möglich erscheinen lassen, haben das Bundesministerium für Digitales und Verkehr sowie der Bundesrechnungshof ein Recht auf einzelfallbezogene Informationsbeschaffung einschließlich örtlicher Erhebungsbefugnisse.

(4) [1] Die Einzelheiten insbesondere der Verteilung der Mittel auf die Länder, des Eigenanteils der Länder, der Förderbereiche, der Förderquote des Bundes, der Bewirtschaftung der Mittel, der Prüfung der Mittelverwendung sowie des Verfahrens zur Durchführung dieser Vorschrift werden durch Verwaltungsvereinbarung geregelt. [2] Die Inanspruchnahme der Finanzhilfen ist an das Inkrafttreten der Verwaltungsvereinbarung gebunden.

§ 6[1)] Eigentum und andere Rechte. (1) [1] Wechselt der Träger der Straßenbaulast, so gehen mit der Straßenbaulast das Eigentum des bisherigen Trägers der Straßenbaulast an der Straße und an den zu ihr gehörigen Anlagen (§ 1 Abs. 4) und alle Rechte und Pflichten, die mit der Straße in Zusammenhang stehen, ohne Entschädigung auf den neuen Träger der Straßenbaulast über. [2] Verbindlichkeiten, die zur Durchführung früherer Bau- und Unterhaltungsmaßnahmen eingegangen sind, sind vom Übergang ausgeschlossen.

(1a) Der bisherige Träger der Straßenbaulast hat dem neuen Träger der Straßenbaulast dafür einzustehen, dass er die Straße in dem durch die Verkehrsbedeutung gebotenen Umfang ordnungsgemäß unterhalten und den notwendigen Grunderwerb durchgeführt hat.

(1b) [1] Hat der bisherige Träger der Straßenbaulast für den Bau oder die Änderung der Straße das Eigentum an einem Grundstück erworben, so hat der neue Träger der Straßenbaulast einen Anspruch auf Übertragung des Eigentums. [2] Steht dem bisherigen Träger der Straßenbaulast ein für Zwecke des Satzes 1 erworbener Anspruch auf Übertragung des Eigentums an einem Grundstück zu, so ist er verpflichtet, das Eigentum an dem Grundstück zu erwerben und nach Erwerb auf den neuen Träger der Straßenbaulast zu übertragen. [3] Die Verpflichtungen nach den Sätzen 1 und 2 bestehen nur insoweit, als das Grundstück dauernd für die Straße benötigt wird. [4] Dem bisherigen Träger der Straßenbaulast steht für Verbindlichkeiten, die nach dem Wechsel der Straßenbaulast fällig werden, gegen den neuen Träger der Straßenbaulast ein Anspruch auf Erstattung der Aufwendungen zu. [5] Im Übrigen wird das Eigentum ohne Entschädigung übertragen.

(2) Bei der Einziehung einer Straße kann der frühere Träger der Straßenbaulast innerhalb eines Jahres verlangen, dass ihm das Eigentum an Grundstücken mit den in Absatz 1 genannten Rechten und Pflichten ohne Entschädigung übertragen wird, wenn es vorher nach Absatz 1 übergegangen war.

(3) [1] Beim Übergang des Eigentums an öffentlichen Straßen nach Absatz 1 ist der Antrag auf Berichtigung des Grundbuches von der vom Land bestimmten Behörde zu stellen, in deren Bezirk das Grundstück liegt. [2] Betrifft der Übergang des Eigentums eine Bundesfernstraße in Bundesverwaltung, stellt die Gesellschaft

---

[1)] § 6 Abs. 3 Satz 2 eingef., bish. Sätze 2 und 3 werden Sätze 3 und 4, neuer Satz 3 geänd. mWv 1.1. 2021 durch G v. 14.8.2017 (BGBl. I S. 3122); Abs. 3 Satz 2 geänd., Satz 4 eingef., bish. Satz 4 wird Satz 5, Abs. 4 neu gef. mWv 29.12.2023 durch G v. 22.12.2023 (BGBl. 2023 I Nr. 409).

privaten Rechts im Sinne des Infrastrukturgesellschaftserrichtungsgesetzes[1] den Antrag auf Berichtigung des Grundbuches. [3] Der Antrag der vom Land bestimmten Behörde muss vom Leiter der Behörde oder seinem Vertreter unterschrieben und mit dem Amtssiegel oder Amtsstempel versehen sein. [4] Der Antrag der Gesellschaft privaten Rechts im Sinne des Infrastrukturgesellschaftserrichtungsgesetzes muss von der Geschäftsführung nach Maßgabe der im Handelsregister eingetragenen Vertretungsbefugnisse oder von einer von der Geschäftsführung bevollmächtigten Person unterschrieben und mit dem in § 5 Absatz 5 Satz 1 des Infrastrukturgesellschaftserrichtungsgesetzes bezeichneten Siegel versehen werden. [5] Zum Nachweis des Eigentums gegenüber dem Grundbuchamt genügt die in den Antrag aufzunehmende Erklärung, dass das Grundstück dem neuen Träger der Straßenbaulast zusteht.

(4) [1] Das Eigentum des Bundes an Bundesstraßen ist einzutragen für die „Bundesrepublik Deutschland (Bundesstraßenverwaltung)". [2] Das Eigentum des Bundes an Bundesautobahnen und Bundesstraßen in Bundesverwaltung ist einzutragen für die „Bundesrepublik Deutschland (Bundesautobahnverwaltung)".

§ 7[2] Gemeingebrauch. (1) [1] Der Gebrauch der Bundesfernstraßen ist jedermann im Rahmen der Widmung und der verkehrsbehördlichen Vorschriften zum Verkehr gestattet (Gemeingebrauch). [2] Hierbei hat der fließende Verkehr den Vorrang vor dem ruhenden Verkehr. [3] Kein Gemeingebrauch liegt vor, wenn jemand die Straße nicht vorwiegend zum Verkehr, sondern zu anderen Zwecken benutzt. [4] Die Erhebung von Gebühren für den Gemeingebrauch bedarf einer besonderen gesetzlichen Regelung.

(2) [1] Der Gemeingebrauch kann beschränkt werden, wenn dies wegen des baulichen Zustandes zur Vermeidung außerordentlicher Schäden an der Straße oder für die Sicherheit oder Leichtigkeit des Verkehrs notwendig ist. [2] Die Beschränkungen sind durch Verkehrszeichen kenntlich zu machen.

(2a) Macht die dauernde Beschränkung des Gemeingebrauchs durch die Straßenbaubehörde oder auf Bundesautobahnen durch die Gesellschaft privaten Rechts im Sinne des Infrastrukturgesellschaftserrichtungsgesetzes[1] die Herstellung von Ersatzstraßen oder -wegen notwendig, so ist der Träger der Straßenbaulast der Bundesfernstraße zur Erstattung der Herstellungskosten verpflichtet, es sei denn, dass er die Herstellung auf Antrag des zuständigen Trägers der Straßenbaulast selbst übernimmt.

(3) Wer eine Bundesfernstraße aus Anlass des Gemeingebrauchs über das übliche Maß hinaus verunreinigt, hat die Verunreinigung ohne Aufforderungen unverzüglich zu beseitigen; andernfalls kann die Straßenbaubehörde oder auf Bundesautobahnen *durch*[3] die Gesellschaft privaten Rechts im Sinne des Infrastrukturgesellschaftserrichtungsgesetzes die Verunreinigung auf seine Kosten beseitigen.

§ 7a Vergütung von Mehrkosten. [1] Wenn eine Bundesfernstraße wegen der Art des Gebrauchs durch einen anderen aufwendiger hergestellt oder ausgebaut werden muss, als es dem regelmäßigen Verkehrsbedürfnis entspricht, hat der andere dem Träger der Straßenbaulast die Mehrkosten für den Bau und die Unterhaltung zu vergüten. [2] Das gilt nicht für Haltestellenbuchten für den Linienverkehr. [3] Der

[1] **Sartorius III Nr. 152.**
[2] § 7 Abs. 2a und 3 geänd. mWv 1.1.2021 durch G v. 14.8.2017 (BGBl. I S. 3122).
[3] Wortlaut amtlich.

Träger der Straßenbaulast kann angemessene Vorschüsse oder Sicherheiten verlangen.

§ 8[1] Sondernutzungen; Verordnungsermächtigung. (1) [1]Die Benutzung der Bundesfernstraßen über den Gemeingebrauch hinaus ist Sondernutzung. [2]Sie bedarf der Erlaubnis der Straßenbaubehörde, auf Bundesautobahnen der Erlaubnis der Gesellschaft privaten Rechts im Sinne des Infrastrukturgesellschaftserrichtungsgesetzes[2], in Ortsdurchfahrten der Erlaubnis der Gemeinde. [3]Soweit die Gemeinde nicht Träger der Straßenbaulast ist, darf sie die Erlaubnis nur mit Zustimmung der Straßenbaubehörde erteilen. [4]Die Gemeinde kann durch Satzung bestimmte Sondernutzungen in den Ortsdurchfahrten von der Erlaubnis befreien und die Ausübung regeln. [5]Soweit die Gemeinde nicht Träger der Straßenbaulast ist, bedarf die Satzung der Zustimmung der obersten Landesstraßenbaubehörde. [6]Eine Erlaubnis soll nicht erteilt werden, wenn behinderte Menschen durch die Sondernutzung in der Ausübung des Gemeingebrauchs erheblich beeinträchtigt würden.

(2) [1]Die Erlaubnis darf nur auf Zeit oder Widerruf erteilt werden. [2]Sie kann mit Bedingungen und Auflagen verbunden werden. [3]Soweit die Gemeinde nicht Träger der Straßenbaulast ist, hat sie eine widerruflich erteilte Erlaubnis zu widerrufen, wenn die Straßenbaubehörde dies aus Gründen des Straßenbaus oder der Sicherheit oder Leichtigkeit des Verkehrs verlangt.

(2a) [1]Der Erlaubnisnehmer hat Anlagen so zu errichten und zu unterhalten, dass sie den Anforderungen der Sicherheit und Ordnung sowie den anerkannten Regeln der Technik genügen. [2]Arbeiten an der Straße bedürfen der Zustimmung der Straßenbaubehörde oder auf Bundesautobahnen der Zustimmung der Gesellschaft privaten Rechts im Sinne des Infrastrukturgesellschaftserrichtungsgesetzes. [3]Der Erlaubnisnehmer hat auf Verlangen der für die Erlaubnis zuständigen Behörde oder auf Bundesautobahnen der Gesellschaft privaten Rechts im Sinne des Infrastrukturgesellschaftserrichtungsgesetzes die Anlagen auf seine Kosten zu ändern und alle Kosten zu ersetzen, die dem Träger der Straßenbaulast durch die Sondernutzung entstehen. [4]Hierfür kann der Träger der Straßenbaulast angemessene Vorschüsse und Sicherheiten verlangen.

(3) [1]Für Sondernutzungen können Sondernutzungsgebühren erhoben werden. [2]Sie stehen in Ortsdurchfahrten den Gemeinden, im Übrigen dem Träger der Straßenbaulast zu. [3]*Das Bundesministerium für Verkehr und digitale Infrastruktur*[3] wird ermächtigt, durch Rechtsverordnung ohne Zustimmung des Bundesrates für Sondernutzungen der Bundesfernstraßen eine Gebührenordnung zu erlassen, soweit dem Bund die Verwaltung einer Bundesfernstraße zusteht. [4]Im Übrigen werden die Landesregierungen ermächtigt, durch Rechtsverordnung Gebührenordnungen für die Sondernutzungen zu erlassen. [5]Die Ermächtigung des Satzes 3 kann durch Rechtsverordnung des Bundesministeriums für Digitales und Verkehr ohne Zustimmung des Bundesrates auf das Fernstraßen-Bundesamt übertragen werden. [6]Die Ermächtigung des Satzes 4 kann durch Rechtsverordnung der zuständigen

---

[1] § 8 Abs. 3 Sätze 3 und 4 neu gef., Sätze 5 und 6 eingef., bish. Sätze 5 und 6 werden Sätze 7 und 8 mWv 1.1.2020, Überschrift neu gef., Abs. 1 Satz 2, Abs. 2a Sätze 2, 3 und Abs. 7a Satz 1 geänd., Abs. 6 Satz 2 neu gef., Abs. 11 angef. mWv 1.1.2021 durch G v. 14.8.2017 (BGBl. I S. 3122); Abs. 3 Satz 2 (mangels Textübereinstimmung nicht ausführbar) und Satz 5 geänd. mWv 29.12.2023 durch G v. 22.12. 2023 (BGBl. 2023 I Nr. 409).

[2] **Sartorius III Nr. 152.**

[3] Nach den Änd. durch das G v. 22.12.2023 (BGBl. 2023 I Nr. 409) jetzt wohl richtig: „Das Bundesministerium für Digitales und Verkehr".

Landesregierung auf die oberste Landesstraßenbaubehörde übertragen werden. [7]Die Gemeinden können die Gebühren durch Satzung regeln, soweit ihnen die Sondernutzungsgebühren zustehen. [8]Bei Bemessung der Gebühren sind Art und Ausmaß der Einwirkung auf die Straße und den Gemeingebrauch sowie das wirtschaftliche Interesse des Gebührenschuldners zu berücksichtigen.

(4) (weggefallen)

(4a) (weggefallen)

(5) (weggefallen)

(6) [1]Ist nach den Vorschriften des Straßenverkehrsrechts eine Erlaubnis für eine übermäßige Straßenbenutzung oder eine Ausnahmegenehmigung erforderlich, so bedarf es keiner Erlaubnis nach Absatz 1. [2]Vor ihrer Entscheidung hat die hierfür zuständige Behörde die sonst für die Sondernutzungserlaubnis zuständige Behörde oder auf Bundesfernstraßen, soweit dem Bund die Verwaltung einer Bundesfernstraße zusteht, die Gesellschaft privaten Rechts im Sinne des Infrastrukturgesellschaftserrichtungsgesetzes zu hören. [3]Die von dieser geforderten Bedingungen, Auflagen und Sondernutzungsgebühren sind dem Antragsteller in der Erlaubnis oder Ausnahmegenehmigung aufzuerlegen.

(7) (weggefallen)

(7a) [1]Wird eine Bundesfernstraße ohne die erforderliche Erlaubnis benutzt oder kommt der Erlaubnisnehmer seinen Verpflichtungen nicht nach, so kann die für die Erteilung der Erlaubnis zuständige Behörde oder auf Bundesfernstraßen, soweit dem Bund die Verwaltung einer Bundesfernstraße zusteht, die Gesellschaft privaten Rechts im Sinne des Infrastrukturgesellschaftserrichtungsgesetzes die erforderlichen Maßnahmen zur Beendigung der Benutzung oder zur Erfüllung der Auflagen anordnen. [2]Sind solche Anordnungen nicht oder nur unter unverhältnismäßigem Aufwand möglich oder nicht erfolgversprechend, so kann sie den rechtswidrigen Zustand auf Kosten des Pflichtigen beseitigen oder beseitigen lassen.

(8) Der Erlaubnisnehmer hat gegen den Träger der Straßenbaulast keinen Ersatzanspruch bei Widerruf oder bei Sperrung, Änderung oder Einziehung der Straße.

(9) [1]Unwiderrufliche Nutzungsrechte, die von früher her bestehen, können zur Sicherheit oder Leichtigkeit des Verkehrs durch Enteignung aufgehoben werden. [2]§ 19 gilt entsprechend.

(10) Die Einräumung von Rechten zur Benutzung des Eigentums der Bundesfernstraßen richtet sich nach bürgerlichem Recht, wenn sie den Gemeingebrauch nicht beeinträchtigt, wobei eine Beeinträchtigung von nur kurzer Dauer für Zwecke der öffentlichen Versorgung außer Betracht bleibt.

(11) Das Carsharing-Gesetz[1)] bleibt unberührt.

§ 8a[2)] Straßenanlieger. (1) [1]Zufahrten und Zugänge zu Bundesstraßen außerhalb der zur Erschließung der anliegenden Grundstücke bestimmten Teile der Ortsdurchfahrten gelten als Sondernutzung im Sinne des § 8, wenn sie neu angelegt oder geändert werden. [2]Eine Änderung liegt auch vor, wenn eine Zufahrt oder ein Zugang gegenüber dem bisherigen Zustand einem erheblich größeren oder einem andersartigen Verkehr als bisher dienen soll. [3]Den Zufahrten oder Zugängen stehen die Anschlüsse nicht öffentlicher Wege gleich.

[1)] **Sartorius III Nr. 285.**

[2)] § 8a Abs. 2 Nr. 1 neu gef. mWv 1.1.2021 durch G v. 14.8.2017 (BGBl. I S. 3122).

(2) Einer Erlaubnis nach § 8 Abs. 1 Satz 2 bedarf es nicht für die Anlage neuer oder die Änderung bestehender Zufahrten oder Zugänge

1. im Zusammenhang mit der Errichtung oder erheblichen Änderung baulicher Anlagen, wenn die oberste Landesstraßenbaubehörde oder, soweit dem Bund die Verwaltung einer Bundesfernstraße zusteht, das Fernstraßen-Bundesamt nach § 9 Absatz 2 zugestimmt oder nach § 9 Absatz 8 eine Ausnahme zugelassen haben,
2. in einem Flurbereinigungsverfahren auf Grund des Wege- und Gewässerplans.

(3) Für die Unterhaltung der Zufahrten und Zugänge, die nicht auf einer Erlaubnis nach § 8 Abs. 1 beruhen, gilt § 8 Abs. 2a Satz 1 und 2 und Abs. 7a entsprechend.

(4) [1] Werden auf Dauer Zufahrten oder Zugänge durch die Änderung oder die Einziehung von Bundesstraßen unterbrochen oder wird ihre Benutzung erheblich erschwert, so hat der Träger der Straßenbaulast einen angemessenen Ersatz zu schaffen oder, soweit dies nicht zumutbar ist, eine angemessene Entschädigung in Geld zu leisten. [2] Mehrere Anliegergrundstücke können durch eine gemeinsame Zufahrt angeschlossen werden, deren Unterhaltung nach Absatz 3 den Anliegern gemeinsam obliegt. [3] Die Verpflichtung nach Satz 1 entsteht nicht, wenn die Grundstücke eine anderweitige ausreichende Verbindung zu dem öffentlichen Wegenetz besitzen oder wenn die Zufahrten oder Zugänge auf einer widerruflichen Erlaubnis beruhen.

(5) [1] Werden für längere Zeit Zufahrten oder Zugänge durch Straßenarbeiten unterbrochen oder wird ihre Benutzung erheblich erschwert, ohne dass von Behelfsmaßnahmen eine wesentliche Entlastung ausgeht, und wird dadurch die wirtschaftliche Existenz eines anliegenden Betriebs gefährdet, so kann dessen Inhaber eine Entschädigung in der Höhe des Betrages beanspruchen, der erforderlich ist, um das Fortbestehen des Betriebs bei Anspannung der eigenen Kräfte und unter Berücksichtigung der gegebenen Anpassungsmöglichkeiten zu sichern. [2] Der Anspruch richtet sich gegen den, zu dessen Gunsten die Arbeiten im Straßenbereich erfolgen. [3] Absatz 4 Satz 3 gilt entsprechend.

(6) [1] Soweit es die Sicherheit oder Leichtigkeit des Verkehrs erfordert, kann die Straßenbaubehörde nach Anhörung der Betroffenen anordnen, dass Zufahrten oder Zugänge geändert oder verlegt oder, wenn das Grundstück eine anderweitige ausreichende Verbindung zu dem öffentlichen Wegenetz besitzt, geschlossen werden. [2] Absatz 4 gilt entsprechend. [3] Die Befugnis zum Widerruf einer Erlaubnis nach § 8 Abs. 2 bleibt unberührt.

(7) Wird durch den Bau oder die Änderung einer Bundesfernstraße der Zutritt von Licht oder Luft zu einem Grundstück auf Dauer entzogen oder erheblich beeinträchtigt, so hat der Träger der Straßenbaulast für dadurch entstehende Vermögensnachteile eine angemessene Entschädigung in Geld zu gewähren.

(8) Hat der Entschädigungsberechtigte die Entstehung eines Vermögensnachteils mitverursacht, so gilt § 254 des Bürgerlichen Gesetzbuchs[1] entsprechend.

§ 9[2] Bauliche Anlagen an Bundesfernstraßen. (1) [1] Längs der Bundesfernstraßen dürfen nicht errichtet werden

---

[1] **Habersack Nr. 20.**

[2] § 9 Abs. 1 Satz 3 eingef., bish. Satz 3 wird Satz 4 mWv 1.10.2020 durch G v. 29.6.2020 (BGBl. I S. 1528); Abs. 2 Satz 1 einl. Satzteil, Abs. 5 und Abs. 8 Satz 1 geänd. mWv 1.1.2021 durch G v. 14.8.2017 (BGBl. I S. 3122); Abs. 2a–2c eingef., Abs. 4 neu gef. mWv 29.12.2023 durch G v. 22.12.2023 →

1. Hochbauten jeder Art in einer Entfernung bis zu 40 Meter bei Bundesautobahnen und bis zu 20 Meter bei Bundesstraßen außerhalb der zur Erschließung der anliegenden Grundstücke bestimmten Teile der Ortsdurchfahrten, jeweils gemessen vom äußeren Rand der befestigten Fahrbahn,
2. bauliche Anlagen, die außerhalb der zur Erschließung der anliegenden Grundstücke bestimmten Teile der Ortsdurchfahrten über Zufahrten oder Zugänge an Bundesstraßen unmittelbar oder mittelbar angeschlossen werden sollen.

[2] Satz 1 Nr. 1 gilt entsprechend für Aufschüttungen oder Abgrabungen größeren Umfangs. [3] Satz 1 Nummer 1 gilt nicht für technische Einrichtungen, die für das Erbringen von öffentlich zugänglichen Telekommunikationsdiensten erforderlich sind. [4] Weitergehende bundes- oder landesrechtliche Vorschriften bleiben unberührt.

(2) [1] Im Übrigen bedürfen Baugenehmigungen oder nach anderen Vorschriften notwendige Genehmigungen der Zustimmung der obersten Landesstraßenbaubehörde an Bundesfernstraßen, soweit dem Bund die Verwaltung einer Bundesfernstraße zusteht, der Zustimmung des Fernstraßen-Bundesamtes, wenn

1. bauliche Anlagen längs der Bundesautobahnen in einer Entfernung bis zu 100 Meter und längs der Bundesstraßen außerhalb der zur Erschließung der anliegenden Grundstücke bestimmten Teile der Ortsdurchfahrten bis zu 40 Meter, gemessen vom äußeren Rand der befestigten Fahrbahn, errichtet, erheblich geändert oder anders genutzt werden sollen,
2. bauliche Anlagen auf Grundstücken, die außerhalb der zur Erschließung der anliegenden Grundstücke bestimmten Teile der Ortsdurchfahrten über Zufahrten oder Zugänge an Bundesstraßen unmittelbar oder mittelbar angeschlossen sind, erheblich geändert oder anders genutzt werden sollen.

[2] Die Zustimmungsbedürftigkeit nach Satz 1 gilt entsprechend für bauliche Anlagen, die nach Landesrecht anzeigepflichtig sind. [3] Weitergehende bundes- oder landesrechtliche Vorschriften bleiben unberührt.

(2a) [1] Die im Fall des Absatzes 2 erforderliche Zustimmung gilt nach Ablauf einer Frist von zwei Monaten nach Eingang aller für die straßenrechtliche Prüfung erforderlichen Unterlagen bei der zuständigen Straßenbaubehörde als erteilt. [2] Diese Frist beginnt nicht, wenn der Antrag unvollständig ist und die für die Zustimmung zuständige Straßenbaubehörde dies innerhalb von zehn Arbeitstagen nach Eingang des Antrags der zuständigen Genehmigungsbehörde schriftlich oder elektronisch mitteilt. [3] Im Fall der Ergänzung oder Änderung des Antrags beginnen die Fristen nach den Sätzen 1 und 2 neu zu laufen, sofern durch die Ergänzung oder Änderung des Antrags die Belange nach Absatz 3 betroffen sind. [4] Die Zustimmungsfrist kann von der für die Zustimmung zuständigen Straßenbaubehörde um einen Monat verlängert werden, wenn dies wegen der Schwierigkeit der Angelegenheit erforderlich ist. [5] Die Fristverlängerung ist zu begründen und der Genehmigungsbehörde rechtzeitig vor Fristablauf mitzuteilen.

(2b) [1] Die Absätze 2 und 2a gelten nicht für Windenergieanlagen, wenn nur deren Rotor in die Anbaubeschränkungszone hineinragt. [2] In diesem Fall ist die oberste Landesstraßenbaubehörde an Bundesfernstraßen und, soweit dem Bund die Verwaltung der Bundesfernstraßen zusteht, das Fernstraßen-Bundesamt in den

(Fortsetzung der Anm. von voriger Seite)
(BGBl. 2023 I Nr. 409); Abs. 2b Satz 3 geänd., Abs. 2d eingef. mWv 2.4.2026 durch G v. 29.3.2026 (BGBl. 2026 I Nr. 84).

Genehmigungs- oder Anzeigeverfahren für die Anlage zu beteiligen. [3]Die für die Erteilung der Genehmigung oder für die Entgegennahme der Anzeige zuständige Behörde hat im Rahmen der Beteiligung die Stellungnahme der jeweiligen Behörde nach Satz 2 einzuholen. [4]Bedarf es keiner Genehmigung oder Anzeige der Anlage, hat der Vorhabenträger die in Satz 2 genannten Behörden um eine Stellungnahme zu dem Vorhaben zu ersuchen. [5]Bei der Errichtung und dem Betrieb einer in Satz 1 bezeichneten Anlage sind die in Absatz 3 und in § 2 des Erneuerbare-Energien-Gesetzes[1)] genannten Belange zu beachten.

(2c) Absatz 1 Satz 1 Nummer 1 und Absatz 2 gelten nicht für Anlagen zur Erzeugung von Strom aus solarer Strahlungsenergie. [2]Die oberste Landesstraßenbaubehörde oder, soweit dem Bund die Verwaltung einer Bundesfernstraße zusteht, das Fernstraßen-Bundesamt ist im Genehmigungsverfahren für eine Anlage nach Satz 1 zu beteiligen, wenn eine solche Anlage längs einer Bundesautobahn in Entfernung bis zu 100 Meter oder längs einer Bundesstraße außerhalb der zur Erschließung der anliegenden Grundstücke bestimmten Teile der Ortsdurchfahrten bis zu 40 Meter, jeweils gemessen vom äußeren Rand der befestigten Fahrbahn, errichtet oder erheblich geändert werden soll. [3]Bedarf eine Anlage nach Satz 1 keiner Genehmigung, hat der Vorhabenträger das Vorhaben vor Baubeginn bei der jeweils zuständigen Behörde nach Satz 2 anzuzeigen. [4]Bei der Genehmigung, der Errichtung und dem Betrieb einer Anlage nach Satz 1 sind die in Absatz 3 und in § 2 des Erneuerbare-Energien-Gesetzes genannten Belange zu beachten.

(2d) Die Absätze 2 und 2a gelten nicht für Anlagen zur Erzeugung, zur Speicherung oder zum Import von Wasserstoff. [2]Absatz 2c Satz 2 ist für die in Satz 1 genannten Anlagen entsprechend anzuwenden, auch bei der Durchführung von Anzeigeverfahren. [3]Bedarf eine Anlage nach Satz 1 weder einer Genehmigung noch einer Anzeige, hat der Vorhabenträger die jeweils zuständige Behörde nach Satz 2 um eine Stellungnahme zu dem Vorhaben zu ersuchen. [4]Bei der Errichtung und dem Betrieb einer Anlage nach Satz 1 sind die in Absatz 3 genannten Belange sowie die in § 4 des Wasserstoffbeschleunigungsgesetzes vom 29. März 2026 (BGBl. 2026 I Nr. 84, S. 2), in der jeweils geltenden Fassung, genannten Belange und Maßgaben zu beachten.

(3) Die Zustimmung nach Absatz 2 darf nur versagt oder mit Bedingungen und Auflagen erteilt werden, soweit dies wegen der Sicherheit oder Leichtigkeit des Verkehrs, der Ausbauabsichten oder der Straßenbaugestaltung nötig ist.

(3a) Die Belange nach Absatz 3 sind auch bei Erteilung von Baugenehmigungen innerhalb der zur Erschließung der anliegenden Grundstücke bestimmten Teile der Ortsdurchfahrten von Bundesstraßen zu beachten.

(4) Bei geplanten Bundesfernstraßen gelten die Beschränkungen der Absätze 1 und 2 vom Beginn der Veröffentlichung der Pläne im Internet oder ihrer Auslegung im Rahmen des Planfeststellungsverfahrens oder von dem Zeitpunkt an, zu dem den Betroffenen Gelegenheit gegeben wird, den Plan einzusehen oder er ihnen zugänglich gemacht wird.

(5) Bedürfen die baulichen Anlagen im Sinne des Absatzes 2 außerhalb der zur Erschließung der anliegenden Grundstücke bestimmten Teile der Ortsdurchfahrten keiner Baugenehmigung oder keiner Genehmigung nach anderen Vorschriften, so tritt an die Stelle der Zustimmung die Genehmigung der obersten Landes-

[1)] **Sartorius ErgBd. Nr. 833.**

straßenbaubehörde, an Bundesfernstraßen, soweit dem Bund die Verwaltung einer Bundesfernstraße zusteht, die Genehmigung des Fernstraßen-Bundesamtes.

(5a) Als bauliche Anlagen im Sinne dieses Gesetzes gelten auch die im Landesbaurecht den baulichen Anlagen gleichgestellten Anlagen.

(6) [1] Anlagen der Außenwerbung stehen außerhalb der zur Erschließung der anliegenden Grundstücke bestimmten Teile der Ortsdurchfahrten den Hochbauten des Absatzes 1 und den baulichen Anlagen des Absatzes 2 gleich. [2] An Brücken über Bundesfernstraßen außerhalb dieser Teile der Ortsdurchfahrten dürfen Anlagen der Außenwerbung nicht angebracht werden. [3] Weitergehende bundes- oder landesrechtliche Vorschriften bleiben unberührt.

(Fortsetzung nächstes Blatt)

(7) Die Absätze 1 bis 5 gelten nicht, soweit das Bauvorhaben den Festsetzungen eines Bebauungsplans entspricht (§ 9 des Baugesetzbuchs[1)]), der mindestens die Begrenzung der Verkehrsflächen sowie an diesen gelegene überbaubare Grundstücksflächen enthält und unter Mitwirkung des Trägers der Straßenbaulast zustande gekommen ist.

(8) [1] Die oberste Landesstraßenbaubehörde oder das Fernstraßen-Bundesamt an den Bundesfernstraßen, soweit dem Bund die Verwaltung einer Bundesfernstraße zusteht, kann im Einzelfall Ausnahmen von den Verboten der Absätze 1, 4 und 6 zulassen, wenn die Durchführung der Vorschriften im Einzelfall zu einer offenbar nicht beabsichtigten Härte führen würde und die Abweichung mit den öffentlichen Belangen vereinbar ist oder wenn Gründe des Wohls der Allgemeinheit die Abweichungen erfordern. [2] Ausnahmen können mit Bedingungen und Auflagen versehen werden.

(9) [1] Wird infolge der Anwendung der Absätze 1, 2, 4 und 5 die bauliche Nutzung eines Grundstücks, auf deren Zulassung bisher ein Rechtsanspruch bestand, ganz oder teilweise aufgehoben, so kann der Eigentümer insoweit eine angemessene Entschädigung in Geld verlangen, als seine Vorbereitungen zur baulichen Nutzung des Grundstücks in dem bisher zulässigen Umfang für ihn an Wert verlieren oder eine wesentliche Wertminderung des Grundstücks eintritt. [2] Zur Entschädigung ist der Träger der Straßenbaulast verpflichtet.

(10) Im Fall des Absatzes 4 entsteht der Anspruch nach Absatz 9 erst, wenn der Plan rechtskräftig festgestellt oder genehmigt oder mit der Ausführung begonnen worden ist, spätestens jedoch nach Ablauf von vier Jahren, nachdem die Beschränkungen der Absätze 1 und 2 in Kraft getreten sind.

§ 9a[2)] Veränderungssperre, Vorkaufsrecht. (1) [1] Vom Beginn der Veröffentlichung der Pläne im Internet oder ihrer Auslegung im Rahmen des Planfeststellungsverfahrens oder von dem Zeitpunkt an, zu dem den Betroffenen Gelegenheit gegeben wird, den Plan einzusehen oder er ihnen zugänglich gemacht wird, dürfen auf den vom Plan betroffenen Flächen bis zu ihrer Übernahme durch den Träger der Straßenbaulast wesentlich wertsteigernde oder den geplanten Straßenbau erheblich erschwerende Veränderungen nicht vorgenommen werden. [2] Veränderungen, die in rechtlich zulässiger Weise vorher begonnen worden sind, Unterhaltungsarbeiten und die Fortführung einer bisher ausgeübten Nutzung werden hiervon nicht berührt.

(2) [1] Dauert die Veränderungssperre länger als vier Jahre, so können die Eigentümer für die dadurch entstandenen Vermögensnachteile vom Träger der Straßenbaulast eine angemessene Entschädigung in Geld verlangen. [2] Sie können ferner die Übernahme der vom Plan betroffenen Flächen verlangen, wenn es ihnen mit Rücksicht auf die Veränderungssperre wirtschaftlich nicht zuzumuten ist, die Grundstücke in der bisherigen oder einer anderen zulässigen Art zu benutzen. [3] Kommt keine Einigung über die Übernahme zustande, so können die Eigentümer die Entziehung des Eigentums an den Flächen verlangen. [4] Im Übrigen gilt § 19 (Enteignung).

[1)] Nr. **300**.

[2)] § 9a Abs. 3 Satz 1 neu gef., Sätze 4 und 5 eingef., bish. Sätze 4–7 werden Sätze 6–9, Abs. 5 geänd. mWv 1.1.2021 durch G v. 14.8.2017 (BGBl. I S. 3122); Abs. 3 Satz 1 geänd. mWv 23.6.2022 durch G v. 19.6.2022 (BGBl. I S. 922); Abs. 1 Satz 1 neu gef., Abs. 3 Sätze 1, 4 und 5 geänd., Satz 8 neu gef. mWv 29.12.2023 durch G v. 22.12.2023 (BGBl. 2023 I Nr. 409).

(3) [1] Um die Planung der Bundesfernstraßen zu sichern, können die Landesregierungen und kann an Stelle der Landesregierungen zur Sicherung der Planung von Bundesfernstraßen in Bundesverwaltung das Bundesministerium für Digitales und Verkehr, sofern das Fernstraßen-Bundesamt nach § 2 Absatz 1 Satz 1 Nummer 4 und Absatz 2 des Fernstraßen-Bundesamt-Errichtungsgesetzes[1)] zuständige Planfeststellungsbehörde ist, durch Rechtsverordnung für die Dauer von höchstens zwei Jahren Planungsgebiete festlegen. [2] Die Gemeinden und Kreise, deren Bereich durch die festzulegenden Planungsgebiete betroffen wird, sind vorher zu hören. [3] Die Ermächtigung kann durch Rechtsverordnung weiter übertragen werden. [4] Die Rechtsverordnung des Bundesministeriums für Digitales und Verkehr auf Grund von Satz 1 bedarf nicht der Zustimmung des Bundesrates. [5] Das Bundesministerium für Digitales und Verkehr kann die Ermächtigung nach Satz 1 durch Rechtsverordnung auf das Fernstraßen-Bundesamt übertragen. [6] Auf die Planungsgebiete ist Absatz 1 sinngemäß anzuwenden. [7] Die Frist kann, wenn besondere Umstände es erfordern, durch Rechtsverordnung auf höchstens vier Jahre verlängert werden. [8] Die Festlegung tritt mit Beginn der Veröffentlichung der Pläne im Internet oder ihrer Auslegung im Rahmen des Planfeststellungsverfahrens außer Kraft. [9] Ihre Dauer ist auf die Vierjahresfrist nach Absatz 2 anzurechnen.

(4) [1] Auf die Festlegung eines Planungsgebietes ist in Gemeinden, deren Bereich betroffen wird, hinzuweisen. [2] Planungsgebiete sind außerdem in Karten kenntlich zu machen, die in den Gemeinden während der Geltungsdauer der Festlegung zur Einsicht auszulegen sind.

(5) Die oberste Landesstraßenbaubehörde oder bei der Planfeststellung für den Bau oder die Änderung von Bundesfernstraßen, soweit dem Bund die Verwaltung einer Bundesfernstraße zusteht, das Fernstraßen-Bundesamt im Rahmen seiner Zuständigkeit gemäß § 2 Absatz 1 Satz 1 Nummer 4 und Absatz 2 und 3 und § 3 Absatz 2 Sätze 7 bis 11 des Fernstraßen-Bundesamt-Errichtungsgesetzes kann Ausnahmen von der Veränderungssperre zulassen, wenn überwiegende öffentliche Belange nicht entgegenstehen.

(6) In den Fällen des Absatzes 1 Satz 1 steht dem Träger der Straßenbaulast an den betroffenen Flächen ein Vorkaufsrecht zu.

§ 10[2)] Schutzwaldungen. (1) [1] Waldungen und Gehölze längs der Bundesstraße können von der nach Landesrecht zuständigen Straßenbaubehörde im Einvernehmen mit der nach Landesrecht für Schutzwaldungen zuständigen Behörde in einer Breite von 40 Metern, gemessen vom äußeren Rand der befestigten Fahrbahn, zu Schutzwaldungen erklärt werden. [2] Im Fall einer Bundesautobahn oder einer Bundesfernstraße, soweit dem Bund die Verwaltung der Bundesfernstraße zusteht, kann die Gesellschaft privaten Rechts im Sinne des Infrastrukturgesellschaftserrichtungsgesetzes[3)] Waldungen und Gehölze längs solcher Straßen im Benehmen mit der nach Landesrecht für Schutzwaldungen zuständigen Behörde in einer Breite von 40 Metern, gemessen vom äußeren Rand der befestigten Fahrbahn, zu Schutzwaldungen erklären.

(2) [1] Die Schutzwaldungen sind vom Eigentümer oder Nutznießer zu erhalten und ordnungsgemäß zu unterhalten. [2] Die Aufsicht hierüber obliegt der nach Landesrecht für Schutzwaldungen zuständigen Behörde.

[1)] **Sartorius III Nr. 155.**

[2)] § 10 neu gef. mWv 1.1.2021 durch G v. 14.8.2017 (BGBl. I S. 3122); Abs. 2 Satz 2 neu gef. mWv 1.1.2021 durch G v. 29.11.2018 (BGBl. I S. 2237).

[3)] **Sartorius III Nr. 152.**

§ 11[1)] Schutzmaßnahmen. (1) Zum Schutze der Bundesfernstraßen vor nachteiligen Einwirkungen der Natur (z.B. Schneeverwehungen, Steinschlag, Vermurungen) haben die Eigentümer von Grundstücken an den Bundesfernstraßen die Anlage vorübergehender Einrichtungen zu dulden.

(2) [1] Anpflanzungen, Zäune, Stapel, Haufen und andere mit dem Grundstück nicht fest verbundene Einrichtungen dürfen nicht angelegt werden, wenn sie die Verkehrssicherheit beeinträchtigen. [2] Soweit sie bereits vorhanden sind, haben die Eigentümer ihre Beseitigung zu dulden.

(3) [1] Die Straßenbaubehörde oder an den Bundesfernstraßen, soweit dem Bund die Verwaltung einer Bundesfernstraße zusteht, die Gesellschaft privaten Rechts im Sinne des Infrastrukturgesellschaftserrichtungsgesetzes[2)] hat den Eigentümern die Durchführung dieser Maßnahme 14 Tage vorher schriftlich anzuzeigen, es sei denn, dass Gefahr im Verzuge ist. [2] Die Eigentümer können die Maßnahmen im Benehmen mit der Straßenbaubehörde oder an den Bundesfernstraßen, soweit dem Bund die Verwaltung einer Bundesfernstraße zusteht, im Benehmen mit der Gesellschaft privaten Rechts im Sinne des Infrastrukturgesellschaftserrichtungsgesetzes selbst durchführen.

(4) Diese Verpflichtungen liegen auch den Besitzern ob.

(5) Der Träger der Straßenbaulast hat den Eigentümern oder Besitzern die hierdurch verursachten Aufwendungen und Schäden in Geld zu ersetzen.

§ 12[3)] Kreuzungen und Einmündungen öffentlicher Straßen. (1) [1] Beim Bau einer neuen Kreuzung mehrerer öffentlicher Straßen hat der Träger der Straßenbaulast der neu hinzugekommenen Straße die Kosten der Kreuzung zu tragen. [2] Zu ihnen gehören auch die Kosten der Änderungen, die durch die neue Kreuzung an den anderen öffentlichen Straßen unter Berücksichtigung der übersehbaren Verkehrsentwicklung notwendig sind. [3] Die Änderung einer bestehenden Kreuzung ist als neue Kreuzung zu behandeln, wenn ein öffentlicher Weg, der nach der Beschaffenheit seiner Fahrbahn nicht geeignet und nicht dazu bestimmt war, einen allgemeinen Kraftfahrzeugverkehr aufzunehmen, zu einer diesem Verkehr dienenden Straße ausgebaut wird.

(2) [1] Werden mehrere Straßen gleichzeitig neu angelegt oder an bestehenden Kreuzungen Anschlussstellen neu geschaffen, so haben die Träger der Straßenbaulast die Kosten der Kreuzungsanlage im Verhältnis der Fahrbahnbreiten der an der Kreuzung beteiligten Straßenäste zu tragen. [2] Bei der Bemessung der Fahrbahnbreiten sind die Rad- und Gehwege, die Trennstreifen und befestigten Seitenstreifen einzubeziehen.

(3) [1] Wird eine höhenungleiche Kreuzung geändert, so fallen die dadurch entstehenden Kosten

1. demjenigen Träger der Straßenbaulast zur Last, der die Änderung verlangt oder hätte verlangen müssen,
2. den beteiligten Trägern der Straßenbaulast zur Last, die die Änderung verlangen oder hätten verlangen müssen, und zwar im Verhältnis der Fahrbahnbreiten der an der Kreuzung beteiligten Straßenäste nach der Änderung.

[1)] § 11 Abs. 3 Sätze 1 und 2 geänd. mWv 1.1.2021 durch G v. 14.8.2017 (BGBl. I S. 3122).
[2)] **Sartorius III Nr. 152.**
[3)] § 12 Abs. 3 Satz 2 angef. mWv 1.7.2021 durch G v. 31.5.2021 (BGBl. I S. 1221).

[2]Bei Kreuzungen mit einer kommunalen Straße sind die Vorteile, die dem Träger der Straßenbaulast der Bundesfernstraße durch die Änderung nach Satz 1 entstehen, auszugleichen.

(3a) [1]Wird eine höhengleiche Kreuzung geändert, so gilt für die dadurch entstehenden Kosten der Änderung Absatz 2. [2]Beträgt der durchschnittliche tägliche Verkehr mit Kraftfahrzeugen auf einem der an der Kreuzung beteiligten Straßenäste nicht mehr als 20 vom Hundert des Verkehrs auf anderen beteiligten Straßenästen, so haben die Träger der Straßenbaulast der verkehrsstärkeren Straßenäste im Verhältnis der Fahrbahnbreiten den Anteil der Änderungskosten mitzutragen, der auf den Träger der Straßenbaulast des verkehrsschwächeren Straßenastes entfallen würde.

(4) [1]Über die Errichtung neuer sowie die wesentliche Änderung bestehender Kreuzungen zwischen Bundesfernstraßen und anderen öffentlichen Straßen wird durch die Planfeststellung entschieden. [2]Diese soll zugleich die Aufteilung der Kosten regeln.

(5) Ergänzungen an Kreuzungsanlagen sind wie Änderungen zu behandeln.

(6) [1]Diese Vorschriften gelten auch für Einmündungen. [2]Münden mehrere Straßen an einer Stelle in eine andere Straße ein, so gelten diese Einmündungen als Kreuzung aller beteiligten Straßen.

§ 12a[1)] Kreuzungen mit Gewässern. (1) [1]Werden Bundesfernstraßen neu angelegt oder ausgebaut und müssen dazu Kreuzungen mit Gewässern (Brücken oder Unterführungen) hergestellt oder bestehende Kreuzungen geändert werden, so hat der Träger der Straßenbaulast die dadurch entstehenden Kosten zu tragen. [2]Die Kreuzungsanlagen sind so auszuführen, dass unter Berücksichtigung der übersehbaren Entwicklung der wasserwirtschaftlichen Verhältnisse der Wasserabfluss nicht nachteilig beeinflusst wird.

(2) [1]Werden Gewässer ausgebaut (§ 67 Absatz 2 des Wasserhaushaltsgesetzes[2)]) und werden dazu Kreuzungen mit Bundesfernstraßen hergestellt oder bestehende Kreuzungen geändert, so hat der Träger des Ausbauvorhabens die dadurch entstehenden Kosten zu tragen. [2]Wird eine neue Kreuzung erforderlich, weil ein Gewässer hergestellt wird, so ist die übersehbare Verkehrsentwicklung auf der Bundesfernstraße zu berücksichtigen. [3]Wird die Herstellung oder Änderung einer Kreuzung erforderlich, weil das Gewässer wesentlich umgestaltet wird, so sind die gegenwärtigen Verkehrsbedürfnisse zu berücksichtigen. [4]Verlangt der Träger der Straßenbaulast weitergehende Änderungen, so hat er die Mehrkosten hierfür zu tragen.

(3) Wird eine Bundesfernstraße neu angelegt und wird gleichzeitig ein Gewässer hergestellt oder aus anderen als straßenbaulichen Gründen wesentlich umgestaltet, so dass eine neue Kreuzung entsteht, so haben der Träger der Straßenbaulast und der Unternehmer des Gewässerausbaus die Kosten der Kreuzung je zur Hälfte zu tragen.

(4) Kommt über die Kreuzungsmaßnahme oder ihre Kosten keine Einigung zustande, so ist darüber durch Planfeststellung zu entscheiden.

(5) § 41 des Bundeswasserstraßengesetzes[3)] bleibt unberührt.

[1)] § 12a Abs. 2 Satz 1 geänd. mWv 1.3.2010 durch G v. 31.7.2009 (BGBl. I S. 2585).
[2)] Nr. **845**.
[3)] Nr. **971**.

§ 13 Unterhaltung der Straßenkreuzungen. (1) Bei höhengleichen Kreuzungen hat der Träger der Straßenbaulast der Bundesfernstraße die Kreuzungsanlage zu unterhalten.

(2) Bei Über- oder Unterführungen hat das Kreuzungsbauwerk der Träger der Straßenbaulast der Bundesfernstraße, die übrigen Teile der Kreuzungsanlage der Träger der Straßenbaulast der Straße, zu der sie gehören, zu unterhalten.

(3) [1] In den Fällen des § 12 Abs. 1 hat der Träger der Straßenbaulast der neu hinzugekommenen Straße dem Träger der Straßenbaulast der vorhandenen Straße die Mehrkosten für die Unterhaltung zu erstatten, die ihm durch die Regelung nach den Absätzen 1 und 2 entstehen. [2] Die Mehrkosten sind auf Verlangen eines Beteiligten abzulösen.

(4) Nach einer wesentlichen Änderung einer bestehenden Kreuzung haben die Träger der Straßenbaulast ihre veränderten Kosten für Unterhaltung und Erneuerung sowie für Wiederherstellung im Fall der Zerstörung durch höhere Gewalt ohne Ausgleich zu tragen.

(5) Abweichende Regelungen werden in dem Zeitpunkt hinfällig, in dem nach Inkrafttreten dieses Gesetzes eine wesentliche Änderung an der Kreuzung durchgeführt ist.

(6) Die Vorschriften der Absätze 1 bis 4 gelten nicht, soweit etwas anderes vereinbart wird.

(7) Wesentliche Ergänzungen an Kreuzungsanlagen sind wie wesentliche Änderungen zu behandeln.

(8) § 12 Abs. 6 gilt entsprechend.

§ 13a Unterhaltung der Kreuzungen mit Gewässern. (1) [1] Der Träger der Straßenbaulast hat die Kreuzungsanlagen von Bundesfernstraßen und Gewässern auf seine Kosten zu unterhalten, soweit nichts anderes vereinbart oder durch Planfeststellung bestimmt wird. [2] Die Unterhaltungspflicht des Trägers der Straßenbaulast erstreckt sich nicht auf Leitwerke, Leitpfähle, Dalben, Absetzpfähle oder ähnliche Einrichtungen zur Sicherung der Durchfahrt unter Brücken im Zuge von Bundesfernstraßen für die Schifffahrt sowie auf Schifffahrtszeichen. [3] Soweit diese Einrichtungen auf Kosten des Trägers der Straßenbaulast herzustellen waren, hat dieser dem Unterhaltungspflichtigen die Unterhaltungskosten und die Kosten des Betriebs dieser Einrichtungen zu ersetzen oder abzulösen.

(2) [1] Wird im Fall des § 12a Abs. 2 eine neue Kreuzung hergestellt, hat der Träger des Ausbauvorhabens die Mehrkosten für die Unterhaltung und den Betrieb der Kreuzungsanlage zu erstatten oder abzulösen. [2] Ersparte Unterhaltungskosten für den Fortfall vorhandener Kreuzungsanlagen sind anzurechnen.

(3) Die Absätze 1 und 2 gelten nicht, wenn bei dem Inkrafttreten dieses Gesetzes die Tragung der Kosten auf Grund eines bestehenden Rechts anders geregelt ist.

(4) Die §§ 42 und 43 des Bundeswasserstraßengesetzes[1)] bleiben unberührt.

§ 13b[2)] Ermächtigung zu Rechtsverordnungen. Das Bundesministerium für Digitales und Verkehr kann mit Zustimmung des Bundesrates Rechtsverordnungen erlassen, durch die

---

[1)] Nr. **971**.

[2)] § 13b einl. Satzteil geänd. mWv 8.9.2015 durch VO v. 31.8.2015 (BGBl. I S. 1474); einl. Satzteil geänd. mWv 29.12.2023 durch G v. 22.12.2023 (BGBl. 2023 I Nr. 409).

1. der Umfang der Kosten nach den §§ 12 und 12a näher bestimmt wird;
2. näher bestimmt wird, welche Teile der Kreuzungsanlage nach § 13 Abs. 1 und 2 zu der einen oder anderen Straße gehören;
3. die Berechnung und die Zahlung von Ablösungsbeträgen nach § 13 Abs. 3 und nach § 13a Abs. 2 näher bestimmt sowie dazu ein Verfahren zur gütlichen Beilegung von Streitigkeiten festgelegt werden.

§ 14[1)] Umleitungen. (1) Bei Sperrung von Bundesfernstraßen wegen vorübergehender Behinderung sind die Träger der Straßenbaulast anderer öffentlicher Straßen verpflichtet, die Umleitung des Verkehrs auf ihren Straßen zu dulden.

(2) Der Träger der Straßenbaulast der Umleitungsstrecke und die Straßenverkehrsbehörden sind vor der Sperrung zu unterrichten.

(3) [1] Im Benehmen mit dem Träger der Straßenbaulast der Umleitungsstrecke ist festzustellen, was notwendig ist, um die Umleitungsstrecke für die Aufnahme des zusätzlichen Verkehrs verkehrssicher zu machen. [2] Die hierfür nötigen Mehraufwendungen sind dem Träger der Straßenbaulast der Umleitungsstrecke zu erstatten. [3] Das gilt auch für Aufwendungen, die der Träger der Straßenbaulast der Umleitungsstrecke zur Beseitigung wesentlicher durch die Umleitung verursachter Schäden machen muss.

(4) [1] Muss die Umleitung ganz oder zum Teil über private Wege geleitet werden, die dem öffentlichen Verkehr dienen, so ist der Eigentümer zur Duldung der Umleitung auf schriftliche Anforderung durch die Straßenbaubehörde oder bei Umleitung von einer Bundesfernstraße, soweit dem Bund die Verwaltung einer Bundesfernstraße zusteht, durch die Gesellschaft privaten Rechts im Sinne des Infrastrukturgesellschaftserrichtungsgesetzes[2)] verpflichtet. [2] Absatz 3 Satz 1 und 2 gilt entsprechend. [3] Der Träger der Straßenbaulast ist verpflichtet, nach Aufhebung der Umleitung auf Antrag des Eigentümers den früheren Zustand des Weges wiederherzustellen.

(5) Die Abätze 1 bis 4 gelten entsprechend, wenn neue Bundesfernstraßen vorübergehend über andere öffentliche Straßen an das Bundesfernstraßennetz angeschlossen werden müssen.

(6) [1] Der Eigentümer einer baulichen Anlage, die an einer ausgewiesenen Umleitungsstrecke gelegen ist, kann vom Träger der Straßenbaulast für die gesperrte Bundesfernstraße in der Baulast des Bundes Ersatz der erbrachten notwendigen Aufwendungen für Schallschutzmaßnahmen an der baulichen Anlage auf Antrag verlangen, wenn durch die Sperrung der Hauptfahrbahn der Bundesfernstraße in der Baulast des Bundes

1. der vom Straßenverkehr auf der Umleitungsstrecke ausgehende Lärm um mindestens 3 Dezibel (A) erhöht wird,
2. der Beurteilungspegel 64 Dezibel (A) am Tage (6.00 Uhr bis 22.00 Uhr) oder 54 Dezibel (A) in der Nacht (22.00 Uhr bis 6.00 Uhr) überschreitet und
3. eine Verkehrszunahme verursacht wird, die ab Sperrung der Bundesfernstraße voraussichtlich länger als zwei Jahre andauern wird.

[2] Ein Anspruch besteht nicht, wenn die Lärmerhöhung insbesondere wegen der besonderen Art der Nutzung der baulichen Anlage zumutbar ist oder zugunsten

---

[1)] § 14 Abs. 4 Satz 1 geänd. mWv 1.1.2021 durch G v. 14.8.2017 (BGBl. I S. 3122); Abs. 6 angef. mWv 23.6.2022 durch G v. 19.6.2022 (BGBl. I S. 922).

[2)] **Sartorius III Nr. 152.**

des Betroffenen innerhalb eines angemessenen Zeitraums nach der Sperrung sonstige Lärmschutzmaßnahmen an der Umleitungsstrecke umgesetzt werden. [3] Wird die zu schützende Nutzung nur am Tage oder nur in der Nacht ausgeübt, so ist nur der Immissionsgrenzwert für den jeweiligen Zeitraum anzuwenden. [4] Sofern nicht abweichend geregelt, muss der Beurteilungspegel nach Satz 1 Nummer 2 durch den Träger der Straßenbaulast für die Bundesfernstraße in der Baulast des Bundes nach den Vorgaben der nach § 43 Absatz 1 Satz 1 Nummer 1 des Bundes-Immissionsschutzgesetzes[1)] erlassenen Verordnung berechnet werden. [5] Die Berechnung kann auf repräsentative Immissionsorte entlang der betroffenen Umleitungsstrecke begrenzt werden. [6] Notwendig sind erbrachte Aufwendungen, soweit durch sie die Vorgaben zum Umfang von Schallschutzmaßnahmen in der nach § 43 Absatz 1 Satz 1 Nummer 3 des Bundes-Immissionsschutzgesetzes erlassenen Verordnung eingehalten werden; nicht notwendige Aufwendungen sind bauliche Verbesserungen an Wänden und Dächern sowie an Decken unter nicht ausgebauten Dachräumen. [7] Im Einzelfall kann das erforderliche Schalldämmmaß ohne Berechnung der einzelnen Umfassungsbauteile anhand eines repräsentativen Gebäudes an der Umleitungsstrecke festgelegt werden.

§ 15[2)] Nebenbetriebe an den Bundesautobahnen. (1) Betriebe an den Bundesautobahnen, die den Belangen der Verkehrsteilnehmer der Bundesautobahnen dienen (z.B. Tankstellen, bewachte Parkplätze, Werkstätten, Verlade- und Umschlagsanlagen, Raststätten) und eine unmittelbare Zufahrt zu den Bundesautobahnen haben, sind Nebenbetriebe.

(2) [1] Der Bau von Nebenbetrieben kann auf Dritte übertragen werden. [2] Der Betrieb von Nebenbetrieben ist auf Dritte zu übertragen, soweit nicht öffentliche Interessen oder besondere betriebliche Gründe entgegenstehen. [3] Die Übertragung von Bau und Betrieb kann unter Auflagen und Bedingungen sowie befristet erfolgen; der Vorbehalt der nachträglichen Aufnahme, Änderung oder Ergänzung einer Auflage (§ 36 des Verwaltungsverfahrensgesetzes[3)]) ist ausgeschlossen. [4] Die Übertragung erfolgt unter Voraussetzungen, die für jeden Dritten gleichwertig sind. [5] Dies gilt besonders für Betriebszeiten, das Vorhalten von betrieblichen Einrichtungen sowie Auflagen für die Betriebsführung. [6] Hoheitliche Befugnisse gehen nicht über; die §§ 4, 17 und 18f bis 19a finden Anwendung.

(3) [1] Für das Recht, einen Nebenbetrieb an der Bundesautobahn zu betreiben, hat der Konzessionsinhaber eine umsatz- oder absatzabhängige Konzessionsabgabe an den Bund zu entrichten. [2] Das Bundesministerium für Digitales und Verkehr wird ermächtigt, durch Rechtsverordnung[4)] im Einvernehmen mit dem Bundesministerium der Finanzen ohne Zustimmung des Bundesrates die Höhe der Konzessionsabgabe festzusetzen und die Voraussetzungen sowie das Verfahren zur Erhebung der Konzessionsabgabe zu regeln. [3] Die Höhe der Konzessionsabgabe hat sich an dem Wert des wirtschaftlichen Vorteils auszurichten, der dem Konzessionsinhaber durch das Recht zuwächst, einen Nebenbetrieb an der Bundesautobahn zu betreiben; sie darf höchstens 1,53 Euro pro einhundert Liter abgegebenen Kraftstoffs und höchstens 3 vom Hundert von anderen Umsätzen betra-

---

[1)] Nr. **296**.

[2)] § 15 Abs. 3 Satz 2 geänd. mWv 8.9.2015 durch VO v. 31.8.2015 (BGBl. I S. 1474); Abs. 3 Satz 4 geänd. mWv 9.3.2023 durch G v. 2.3.2023 (BGBl. 2023 I Nr. 56); Abs. 3 Satz 2 geänd. mWv 29.12.2023 durch G v. 22.12.2023 (BGBl. 2023 I Nr. 409).

[3)] Nr. **100**.

[4)] Siehe die BAB-KonzessionsabgabenVO v. 24.6.1997 (BGBl. I S. 1513), zuletzt geänd. durch G v. 2.3. 2023 (BGBl. I Nr. 56).

gen. [4] Die Konzessionsabgabe ist an das Bundesamt für Logistik und Mobilität zu entrichten.

(4) [1] Vorschriften über Sperrzeiten gelten nicht für Nebenbetriebe. [2] Alkoholhaltige Getränke dürfen in der Zeit von 0.00 Uhr bis 7.00 Uhr weder ausgeschenkt noch verkauft werden.

§ 16[1)] Planungen. (1) [1] Das Fernstraßen-Bundesamt bestimmt im Benehmen mit den Landesplanungsbehörden der beteiligten Länder die Planung und Linienführung der Bundesfernstraßen. [2] Dies gilt nicht für den Neubau von Ortsumgehungen. [3] Eine Ortsumgehung ist der Teil einer Bundesstraße, der der Beseitigung einer Ortsdurchfahrt dient.

(2) [1] Bei der Bestimmung der Linienführung sind die von dem Vorhaben berührten öffentlichen Belange einschließlich der Umweltverträglichkeit und des Ergebnisses der Raumverträglichkeitsprüfung im Rahmen der Abwägung zu berücksichtigen. [2] Die Bestimmung der Linienführung ist innerhalb einer Frist von drei Monaten abzuschließen.

(3) [1] Wenn Ortsplanungen oder Landesplanungen die Änderung bestehender oder die Schaffung neuer Bundesfernstraßen zur Folge haben können, ist die zuständige Straßenbaubehörde des Landes oder das Fernstraßen-Bundesamt, soweit dem Bund die Verwaltung einer Bundesfernstraße zusteht, zu beteiligen. [2] Sie haben die Belange der Bundesfernstraßen in dem Verfahren zu vertreten. [3] Bundesplanungen haben grundsätzlich Vorrang vor Orts- und Landesplanungen.

§ 16a[2)] Vorarbeiten. (1) [1] Eigentümer und sonstige Nutzungsberechtigte haben zur Vorbereitung der Planung und der Baudurchführung notwendige Kampfmittelräumungen, archäologische Untersuchungen und Bergungen sowie Vermessungen, Boden- und Grundwasseruntersuchungen einschließlich der vorübergehenden Anbringung von Markierungszeichen und sonstigen Vorarbeiten durch die Straßenbaubehörde oder die Gesellschaft privaten Rechts im Sinne des Infrastrukturgesellschaftserrichtungsgesetzes[3)] im Rahmen ihrer jeweiligen Zuständigkeiten oder von den zuständigen Behörden Beauftragte zu dulden. [2] Wohnungen dürfen nur mit Zustimmung des Wohnungsinhabers betreten werden. [3] Satz 2 gilt nicht für Arbeits-, Betriebs- oder Geschäftsräume während der jeweiligen Arbeits-, Geschäfts- oder Aufenthaltszeiten.

(2) Die Absicht, solche Arbeiten auszuführen, ist dem Eigentümer oder sonstigen Nutzungsberechtigten mindestens zwei Wochen vorher unmittelbar oder durch ortsübliche Bekanntmachung in den Gemeinden, in deren Bereich die Vorarbeiten durchzuführen sind, bekannt zu geben.

(3) [1] Entstehen durch eine Maßnahme nach Absatz 1 einem Eigentümer oder sonstigen Nutzungsberechtigten unmittelbare Vermögensnachteile, so hat der Träger der Straßenbaulast eine angemessene Entschädigung in Geld zu leisten. [2] Kommt eine Einigung über die Geldentschädigung nicht zustande, so setzt die nach Landesrecht zuständige Behörde auf Antrag der Straßenbaubehörde, der Gesellschaft privaten Rechts im Sinne des Infrastrukturgesellschaftserrichtungs-

---

[1)] § 16 Abs. 1 Satz 1 geänd. mWv 8.9.2015 durch VO v. 31.8.2015 (BGBl. I S. 1474); Abs. 1 Satz 1 und Abs. 3 Satz 2 geänd., Abs. 3 Satz 1 neu gef. mWv 1.1.2021 durch G v. 14.8.2017 (BGBl. I S. 3122); Abs. 2 Satz 1 geänd. mWv 28.9.2023 durch G v. 22.3.2023 (BGBl. 2023 I Nr. 88).

[2)] § 16a Abs. 1 Satz 1 neu gef., Abs. 3 Satz 2 geänd. mWv 1.1.2021 durch G v. 14.8.2017 (BGBl. I S. 3122); Abs. 1 Satz 1 geänd. mWv 29.12.2023 durch G v. 22.12.2023 (BGBl. 2023 I Nr. 409).

[3)] **Sartorius III Nr. 152.**

gesetzes oder des Berechtigten die Entschädigung fest. [3] Vor der Entscheidung sind die Beteiligten zu hören.

§ 17[1)] Erfordernis der Planfeststellung und vorläufige Anordnung.

(1) [1] Bundesfernstraßen dürfen nur gebaut oder geändert werden, wenn der Plan vorher festgestellt ist. [2] Eine Änderung liegt vor, wenn eine Bundesfernstraße

1. um einen oder mehrere durchgehende Fahrstreifen für den Kraftfahrzeugverkehr baulich erweitert wird oder
2. in sonstiger Weise erheblich baulich umgestaltet wird.

[3] Eine Änderung im Sinne des Satzes 2 liegt insbesondere nicht vor, wenn die Änderung der Bundesfernstraße

1. im Zuge des Wiederaufbaus nach einer Naturkatastrophe erforderlich ist, um die Bundesfernstraße vor Naturereignissen zu schützen, und in einem räumlich begrenzten Korridor entlang des Trassenverlaufs erfolgt oder
2. unselbständiger Teil einer Ausbaumaßnahme ist, eine durchgehende Länge von höchstens 1 500 Metern hat und deren vorgezogene Durchführung zur unterhaltungsbedingten Erneuerung eines Brückenbauwerks erforderlich ist.

[4] Als unselbständiger Teil einer Ausbaumaßnahme im Sinne des Satzes 3 Nummer 2 gilt eine Änderung der Bundesfernstraße, die im Vorgriff auf den Ausbau einer Strecke durchgeführt werden soll, und keine unmittelbare verkehrliche Kapazitätserweiterung bewirkt. [5] Der Träger des Vorhabens kann die Feststellung des Plans nach Absatz 1 Satz 1 beantragen. [6] Bei der Planfeststellung sind die von dem Vorhaben berührten öffentlichen und privaten Belange einschließlich der Umweltverträglichkeit im Rahmen der Abwägung zu berücksichtigen. [7] Für das Planfeststellungsverfahren gelten die §§ 72 bis 78 des Verwaltungsverfahrensgesetzes[2)] nach Maßgabe dieses Gesetzes. [8] Die Maßgaben gelten entsprechend, soweit das Verfahren landesrechtlich durch ein Verwaltungsverfahrensgesetz geregelt ist.

(2) [1] Ist das Planfeststellungsverfahren eingeleitet, kann die Planfeststellungsbehörde nach Anhörung der betroffenen Gemeinde eine vorläufige Anordnung erlassen, in der vorbereitende Maßnahmen oder Teilmaßnahmen zum Bau oder zur Änderung festgesetzt werden,

1. soweit es sich um reversible Maßnahmen handelt,
2. wenn an dem vorzeitigen Beginn ein öffentliches Interesse besteht,
3. wenn mit einer Entscheidung zugunsten des Trägers des Vorhabens gerechnet werden kann und
4. wenn die nach § 74 Absatz 2 des Verwaltungsverfahrensgesetzes zu berücksichtigenden Interessen gewahrt werden.

[2] In der vorläufigen Anordnung sind die Auflagen zur Sicherung dieser Interessen und der Umfang der vorläufig zulässigen Maßnahmen festzulegen. [3] Sie ist den anliegenden Gemeinden sowie den Beteiligten zuzustellen oder ortsüblich bekannt zu machen. [4] Sie ersetzt nicht die Planfeststellung. [5] § 16a bleibt unberührt. [6] So-

---

[1)] § 17 Überschrift neu gef., bish. Wortlaut wird Abs. 1, Abs. 2 angef. mWv 7.12.2018 durch G v. 29.11.2018 (BGBl. I S. 2237); Abs. 1 Satz 2 eingef., bish. Sätze 2–4 werden Sätze 3–5 mWv 13.3.2020 durch G v. 3.3.2020 (BGBl. I S. 433); Abs. 1 Satz 3 eingef., bish. Sätze 3–5 werden Sätze 4–6 mWv 15.9. 2021 durch G v. 10.9.2021 (BGBl. I S. 4147); Abs. 1 Satz 3 neu gef., Sätze 4 und 5 eingef., bish. Sätze 4–6 werden Sätze 6–8, Abs. 2 Satz 10 neu gef. mWv 29.12.2023 durch G v. 22.12.2023 (BGBl. 2023 I Nr. 409).

[2)] Nr. **100**.

weit die vorbereitenden Maßnahmen oder Teilmaßnahmen zum Bau oder zur Änderung durch die Planfeststellung für unzulässig erklärt sind, ordnet die Planfeststellungsbehörde gegenüber dem Träger des Vorhabens an, den früheren Zustand wiederherzustellen. [7]Dies gilt auch, wenn der Antrag auf Planfeststellung zurückgenommen wurde. [8]Der Betroffene ist durch den Träger der Straßenbaulast zu entschädigen, soweit die Wiederherstellung des früheren Zustands nicht möglich oder mit unverhältnismäßig hohem Aufwand verbunden oder ein Schaden eingetreten ist, der durch die Wiederherstellung des früheren Zustandes nicht ausgeglichen wird. [9]Rechtsbehelfe gegen die vorläufige Anordnung haben keine aufschiebende Wirkung; ein Vorverfahren findet nicht statt. [10]§ 17e gilt entsprechend.

§ 17a[1] Anhörungsverfahren. (1) Für das Anhörungsverfahren und das Beteiligungsverfahren gelten § 73 des Verwaltungsverfahrensgesetzes[2] und die §§ 17 bis 19 sowie 21 des Gesetzes über die Umweltverträglichkeitsprüfung[3] nach Maßgabe der folgenden Absätze.

(2) Die Anhörungsbehörde soll

1. von dem Träger des Vorhabens verlangen, den Plan ausschließlich oder ergänzend in einem verkehrsüblichen und von der Anhörungsbehörde vorgegebenen elektronischen Format einzureichen;
2. den Behörden, deren Aufgabenbereich durch das Vorhaben berührt wird, den Plan auch ausschließlich elektronisch zugänglich machen;
3. von den Behörden, deren Aufgabenbereich durch das Vorhaben berührt wird, verlangen, ihre Stellungnahmen nach § 73 Absatz 2 und 3a des Verwaltungsverfahrensgesetzes sowie nach § 17 Absatz 2 des Gesetzes über die Umweltverträglichkeitsprüfung elektronisch zu übermitteln.

(3) [1]Die Anhörungsbehörde soll die Auslegung des Plans und der Unterlagen nach § 19 Absatz 2 des Gesetzes über die Umweltverträglichkeitsprüfung durch die Veröffentlichung der Unterlagen auf ihrer Internetseite bewirken. [2]Auf Verlangen eines Beteiligten, das während der Dauer der Beteiligung an die Anhörungsbehörde zu richten ist, wird ihm eine leicht zu erreichende Zugangsmöglichkeit zur Verfügung gestellt. [3]Abweichend von § 73 Absatz 5 Satz 1 des Verwaltungsverfahrensgesetzes erfolgt die Bekanntmachung durch die Anhörungsbehörde; Satz 1 gilt entsprechend. [4]Die Bekanntmachung erfolgt zusätzlich in örtlichen Tageszeitungen, in deren Verbreitungsgebiet sich das Vorhaben voraussichtlich auswirken wird. [5]Die Anhörungsbehörde hat in der Bekanntmachung darauf hinzuweisen, dass und wo der Plan elektronisch veröffentlicht wird und dass eine leicht zu erreichende Zugangsmöglichkeit zur Verfügung gestellt werden kann.

(4) [1]Einwendungen und Stellungnahmen sind gegenüber der Anhörungsbehörde abzugeben. [2]Sie sollen elektronisch übermittelt werden. [3]Eine schriftliche Übermittlung ist ebenfalls möglich. [4]Die Anhörungsbehörde hat in der Bekanntmachung darauf hinzuweisen.

(5) [1]Die Anhörungsbehörde kann auf eine Erörterung nach § 73 Absatz 6 des Verwaltungsverfahrensgesetzes und § 18 Absatz 1 Satz 4 des Gesetzes über die Umweltverträglichkeitsprüfung verzichten. [2]Soll ein im Internet veröffentlichter

[1] § 17a neu gef. mWv 29.12.2023 durch G v. 22.12.2023 (BGBl. 2023 I Nr. 409).
[2] Nr. 100.
[3] Nr. 295.

oder ausgelegter Plan geändert werden, so soll von der Erörterung im Sinne des § 73 Absatz 6 des Verwaltungsverfahrensgesetzes und des § 18 Absatz 1 Satz 4 des Gesetzes über die Umweltverträglichkeitsprüfung abgesehen werden. [3] Findet keine Erörterung statt, so hat die Anhörungsbehörde ihre Stellungnahme innerhalb von sechs Wochen nach Ablauf der Einwendungsfrist abzugeben und zusammen mit den sonstigen in § 73 Absatz 9 des Verwaltungsverfahrensgesetzes aufgeführten Unterlagen der Planfeststellungsbehörde zuzuleiten.

(6) [1] Die Anhörungsbehörde kann eine Erörterung nach § 73 Absatz 6 des Verwaltungsverfahrensgesetzes und § 18 Absatz 1 Satz 4 des Gesetzes über die Umweltverträglichkeitsprüfung ganz oder teilweise in digitalen Formaten durchführen. [2] In diesem Fall hat sie in der Bekanntmachung darauf hinzuweisen, dass und wie die Erörterung in einem digitalen Format durchgeführt wird.

(7) Soweit Stellungnahmen, Einwendungen oder sonstige Erklärungen elektronisch übermittelt werden können oder der Plan oder sonstige Unterlagen in einem elektronischen Format veröffentlicht oder zugänglich gemacht werden, haben die Anhörungsbehörde und die Planfeststellungsbehörde die technische Ausgestaltung zu bestimmen.

(8) [1] Die Durchführung informeller Beteiligungsformate ist möglich. [2] Diese Beteiligungsformate sind von dem Planfeststellungsverfahren unabhängig und dürfen sein Ergebnis nicht vorwegnehmen.

§ 17b[1)] Planfeststellungsbeschluss, Plangenehmigung. (1) Für den Planfeststellungsbeschluss und die Plangenehmigung gelten § 74 des Verwaltungsverfahrensgesetzes[2)] und § 27 des Gesetzes über die Umweltverträglichkeitsprüfung[3)] nach Maßgabe der folgenden Absätze.

(2) [1] Abweichend von § 74 Absatz 6 Satz 1 Nummer 3 des Verwaltungsverfahrensgesetzes kann für ein Vorhaben, für das nach dem Gesetz über die Umweltverträglichkeitsprüfung eine Umweltverträglichkeitsprüfung durchzuführen ist, an Stelle eines Planfeststellungsbeschlusses eine Plangenehmigung erteilt werden. [2] § 17a gilt entsprechend. [3] Im Übrigen findet das Gesetz über die Umweltverträglichkeitsprüfung mit Ausnahme des § 21 Absatz 3 Anwendung.

(3) [1] Abweichend von § 74 Absatz 4, 5 und 6 Satz 2 dritter Halbsatz des Verwaltungsverfahrensgesetzes und § 27 Absatz 1 Satz 1 des Gesetzes über die Umweltverträglichkeitsprüfung können die Zustellung, Auslegung und Bekanntmachung der Auslegung des Planfeststellungsbeschlusses oder der Plangenehmigung dadurch erfolgen, dass die Entscheidung mit einer Rechtsbehelfsbelehrung und dem festgestellten Plan für zwei Wochen auf der Internetseite der Planfeststellungsbehörde veröffentlicht wird. [2] Zusätzlich ist der verfügende Teil des Planfeststellungsbeschlusses, die Rechtsbehelfsbelehrung und ein Hinweis auf die Veröffentlichung auf der Internetseite der Planfeststellungsbehörde verbunden mit dem Hinweis auf leicht zu erreichende Zugangsmöglichkeiten in den örtlichen Tageszeitungen bekanntzumachen, in deren Verbreitungsgebiet sich das Vorhaben voraussichtlich auswirken wird; auf Auflagen ist hinzuweisen. [3] Auf Verlangen eines Beteiligten, das bis zum Ablauf der Rechtsbehelfsfrist an die Planfeststellungsbehörde zu richten ist, ist ihm eine leicht zu erreichende Zugangsmöglichkeit zur Verfügung zu stellen. [4] Im Fall des elektronischen Zugänglichmachens gilt mit dem Ende der Veröffentlichungsfrist die Entscheidung dem Träger des Vorhabens, den

---

1) § 17b neu gef. mWv 29.12.2023 durch G v. 22.12.2023 (BGBl. 2023 I Nr. 409).
2) Nr. **100**.
3) Nr. **295**.

Betroffenen und denjenigen gegenüber, die Einwendungen erhoben haben, als zugestellt; hierauf ist in der Bekanntmachung hinzuweisen. [5] Die Unterlagen nach Satz 1 sollen nach Ende der Veröffentlichungsfrist bis zum Ende der Rechtsbehelfsfrist zur Information im Internet veröffentlicht werden.

(4) [1] Die oberste Landesstraßenbaubehörde stellt den Plan fest, erteilt die Plangenehmigung und trifft die Entscheidung nach § 74 Absatz 7 des Verwaltungsverfahrensgesetzes, soweit sich aus den Absätzen 5 bis 7 sowie aus § 2 Absatz 1 Satz 1 Nummer 4, Absatz 2 und 3 und § 3 Absatz 4 des Fernstraßen-Bundesamt-Errichtungsgesetzes keine Zuständigkeit des Fernstraßen-Bundesamtes als Planfeststellungsbehörde und Plangenehmigungsbehörde ergibt. [2] Bestehen zwischen der obersten Landesstraßenbaubehörde oder dem Fernstraßen-Bundesamt, die den Plan im Rahmen ihrer jeweiligen Zuständigkeiten feststellen, und einer Bundesbehörde Meinungsverschiedenheiten, so ist vor der Planfeststellung die Weisung des Bundesministeriums für Digitales und Verkehr einzuholen.

(5) [1] Für ein Vorhaben, das teilweise von einer obersten Landesstraßenbaubehörde und teilweise vom Fernstraßen-Bundesamt durch Planfeststellungsbeschluss oder Plangenehmigung zugelassen werden muss, ist nur ein Verfahren durchzuführen, wenn für dieses Vorhaben oder für Teile davon nur eine einheitliche Entscheidung möglich ist. [2] Zuständig ist die Behörde, in deren Zuständigkeitsbereich das Vorhaben den größeren Kreis öffentlich-rechtlicher Beziehungen berührt. [3] Sie hat das Verfahren nach den für sie geltenden Rechtsvorschriften durchzuführen.

(6) Bestehen Zweifel, welche Behörde nach Absatz 5 zuständig ist, führen das Bundesministerium für Digitales und Verkehr und die oberste Landesstraßenbaubehörde das Benehmen darüber herbei, welche Behörde für das Vorhaben zuständig ist.

(7) Die Absätze 5 und 6 gelten entsprechend für die Entscheidung nach § 74 Absatz 7 des Verwaltungsverfahrensgesetzes.

(8) [1] Bebauungspläne nach § 9 des Baugesetzbuchs[1)] ersetzen die Planfeststellung nach § 17. [2] Wird eine Ergänzung notwendig oder soll von Festsetzungen des Bebauungsplans abgewichen werden, so ist die Planfeststellung insoweit zusätzlich durchzuführen. [3] In diesen Fällen gelten die §§ 40, 43 Absatz 1, 2, 4 und 5 sowie § 44 Absatz 1 bis 4 des Baugesetzbuchs.

§ 17c[2)] Rechtswirkungen der Planfeststellung und der Plangenehmigung. Für die Rechtswirkungen der Planfeststellung und Plangenehmigung gilt § 75 des Verwaltungsverfahrensgesetzes[3)] mit folgenden Maßgaben:

1. Wird mit der Durchführung des Plans nicht innerhalb von zehn Jahren nach Eintritt der Unanfechtbarkeit begonnen, so tritt er außer Kraft, es sei denn, er wird vorher auf Antrag des Trägers des Vorhabens von der Planfeststellungsbehörde um höchstens fünf Jahre verlängert.
2. Vor der Entscheidung nach Nummer 1 ist eine auf den Antrag begrenzte Anhörung nach dem für die Planfeststellung oder für die Plangenehmigung vorgeschriebenen Verfahren durchzuführen.

[1)] Nr. 300.

[2)] § 17c Nr. 4 aufgeh. mWv 1.6.2015 durch G v. 31.5.2013 (BGBl. I S. 1388, geänd. durch G v. 24.5. 2014, BGBl. I S. 538); Nr. 4 angef. mWv 10.12.2020 durch G v. 3.12.2020 (BGBl. I S. 2694); Nr. 3 geänd. mWv 29.12.2023 durch G v. 22.12.2023 (BGBl. 2023 I Nr. 409).

[3)] Nr. 100.

3. Für die Zustellung und Veröffentlichung im Internet oder Auslegung sowie die Anfechtung der Entscheidung über die Verlängerung sind die Bestimmungen über den Planfeststellungsbeschluss entsprechend anzuwenden.
4. Wird eine Planergänzung oder ein ergänzendes Verfahren nach § 75 Absatz 1a Satz 2 des Verwaltungsverfahrensgesetzes erforderlich und wird diese Planergänzung oder dieses ergänzende Verfahren unverzüglich betrieben, so bleibt die Durchführung des Vorhabens zulässig, soweit es von der Planergänzung oder dem Ergebnis des ergänzenden Verfahrens offensichtlich nicht berührt ist.

§ 17d[1] Planänderung vor Fertigstellung des Vorhabens. [1] Für die Planergänzung und das ergänzende Verfahren im Sinne des § 75 Abs. 1a Satz 2 des Verwaltungsverfahrensgesetzes[2] und für die Planänderung vor Fertigstellung des Vorhabens gilt § 76 des Verwaltungsverfahrensgesetzes mit der Maßgabe, dass im Fall des § 76 Abs. 1 des Verwaltungsverfahrensgesetzes von einer Erörterung im Sinne des § 73 Abs. 6 des Verwaltungsverfahrensgesetzes und des § 18 Absatz 1 Satz 4 des Gesetzes über die Umweltverträglichkeitsprüfung[3] abgesehen werden kann. [2] Im Übrigen gelten für das neue Verfahren die Vorschriften dieses Gesetzes.

§ 17e[4] Rechtsbehelfe. (1) [1] § 50 Absatz 1 Nummer 6 der Verwaltungsgerichtsordnung[5] gilt für Planfeststellungsverfahren, Plangenehmigungsverfahren und Verfahren zu Entfallensentscheidungen nach § 17b Absatz 1 in Verbindung mit Absatz 4 und § 74 Absatz 7 des Verwaltungsverfahrensgesetzes[2] für Vorhaben im Sinne des § 17 Absatz 1, soweit diese Bundesfernstraßen betreffen, die wegen
1. der Herstellung der Deutschen Einheit,
2. der Einbindung der neuen Mitgliedstaaten in die Europäische Union,
3. der Verbesserung der Hinterlandanbindung der deutschen Seehäfen,
4. ihres sonstigen internationalen Bezuges,
5. der besonderen Funktion zur Beseitigung schwerwiegender Verkehrsengpässe oder
6. ihrer Bedeutung bei der Verbesserung der Infrastruktur in den Revieren nach § 2 des Investitionsgesetzes Kohleregionen[6] vom 8. August 2020 (BGBl. I S. 1795)

in der Anlage 1 aufgeführt sind. [2] Satz 1 gilt auch für nach § 17 Absatz 1 von der Planfeststellungspflicht freigestellte Vorhaben, auch dann, wenn auf Antrag des Vorhabenträgers ein Planfeststellungsverfahren oder Plangenehmigungsverfahren durchgeführt wird.

(2) [1] Der Antrag auf Anordnung der aufschiebenden Wirkung der Anfechtungsklage gegen einen Planfeststellungsbeschluss oder eine Plangenehmigung nach § 80 Absatz 5 Satz 1 der Verwaltungsgerichtsordnung kann nur innerhalb eines Monats nach der Zustellung des Planfeststellungsbeschlusses oder der Plangeneh-

---

[1] § 17d Satz 1 geänd. mWv 2.6.2017 durch G v. 29.5.2017 (BGBl. I S. 1298); Satz 1 geänd. mWv 29.7.2017 durch G v. 20.7.2017 (BGBl. I S. 2808, ber. 2018 S. 472).

[2] Nr. **100**.

[3] Nr. **295**.

[4] § 17e Abs. 6 aufgeh. mWv 1.6.2015 durch G v. 31.5.2013 (BGBl. I S. 1388, geänd. durch G v. 24.5.2014, BGBl. I S. 538); Abs. 1 einl. Satzteil geänd., Abs. 5 neu gef. mWv 7.12.2018 durch G v. 29.11.2018 (BGBl. I S. 2237); Abs. 1 Nr. 4 und 5 geänd., Nr. 6 angef. mWv 14.8.2020 durch G v. 8.8.2020 (BGBl. I S. 1795); Abs. 1, 2 neu gef., Abs. 3, 4 aufgeh., bish. Abs. 5 wird Abs. 3 mWv 29.12.2023 durch G v. 22.12.2023 (BGBl. 2023 I Nr. 409).

[5] Nr. **600**.

[6] **Sartorius III Nr. 116.**

migung gestellt und begründet werden. [2]Darauf ist in der Rechtsbehelfsbelehrung hinzuweisen. [3]§ 58 der Verwaltungsgerichtsordnung gilt entsprechend. [4]Treten später Tatsachen ein, die die Anordnung der aufschiebenden Wirkung rechtfertigen, so kann der durch den Planfeststellungsbeschluss oder die Plangenehmigung Beschwerte einen hierauf gestützten Antrag nach § 80 Absatz 5 Satz 1 der Verwaltungsgerichtsordnung innerhalb einer Frist von einem Monat stellen und begründen. [5]Die Frist beginnt mit dem Zeitpunkt, in dem der Beschwerte von den Tatsachen Kenntnis erlangt.

(3) [1]Der Kläger hat innerhalb einer Frist von zehn Wochen ab Klageerhebung die zur Begründung seiner Klage dienenden Tatsachen und Beweismittel anzugeben. [2]Erklärungen und Beweismittel, die erst nach Ablauf dieser Frist vorgebracht werden, sind nur zuzulassen, wenn der Kläger die Verspätung genügend entschuldigt. [3]Der Entschuldigungsgrund ist auf Verlangen des Gerichts glaubhaft zu machen. [4]Satz 2 gilt nicht, wenn es mit geringem Aufwand möglich ist, den Sachverhalt auch ohne Mitwirkung des Klägers zu ermitteln. [5]Die Frist nach Satz 1 kann durch den Vorsitzenden oder den Berichterstatter auf Antrag verlängert werden, wenn der Kläger in dem Verfahren, in dem die angefochtene Entscheidung ergangen ist, keine Möglichkeit der Beteiligung hatte. [6]§ 6 des Umwelt-Rechtsbehelfsgesetzes[1)] ist nicht anzuwenden.

§ 17f Anlagen der Verkehrsüberwachung, der Unfallhilfe und des Zolls.

[1]Die der Sicherheit und Ordnung dienenden Anlagen an Bundesfernstraßen, wie Polizeistationen, Einrichtungen der Unfallhilfe, Hubschrauberlandeplätze, können, wenn sie eine unmittelbare Zufahrt zu den Bundesfernstraßen haben, zur Festsetzung der Flächen in die Planfeststellung einbezogen werden. [2]Das Gleiche gilt für Zollanlagen an Bundesfernstraßen.

§ 17g[2)] Veröffentlichung im Internet. [1]Wird der Plan nicht nach § 17a Absatz 3 Satz 1, § 27a Absatz 1 des Verwaltungsverfahrensgesetzes[3)] oder § 20 des Gesetzes über die Umweltverträglichkeitsprüfung[4)] im Internet veröffentlicht, ist dieser vom Träger des Vorhabens auf seiner Internetseite zu veröffentlichen. [2]§ 23 des Gesetzes über die Umweltverträglichkeitsprüfung gilt entsprechend. [3]Maßgeblich ist der Inhalt des im Rahmen des Genehmigungsverfahrens zur Einsicht ausgelegten Plans. [4]Hierauf ist bei der Veröffentlichung hinzuweisen.

§ 17h[5)] Projektmanager. [1]Die Anhörungsbehörde kann einen Dritten mit der Vorbereitung und Durchführung von Verfahrensschritten, insbesondere

1. der Erstellung von Verfahrensleitplänen unter Bestimmung von Verfahrensabschnitten und Zwischenterminen,
2. der Fristenkontrolle,
3. der Koordinierung von erforderlichen Sachverständigengutachten,
4. dem Entwurf eines Anhörungsberichts,
5. der ersten Auswertung der eingereichten Stellungnahmen,
6. der organisatorischen Vorbereitung eines Erörterungstermins und

[1)] Nr. **293**.

[2)] § 17g eingef. mWv 7.12.2018 durch G v. 29.11.2018 (BGBl. I S. 2237); Satz 1 neu gef., Satz 4 geänd. mWv 29.12.2023 durch G v. 22.12.2023 (BGBl. 2023 I Nr. 409).

[3)] Nr. **100**.

[4)] Nr. **295**.

[5)] § 17h eingef. mWv 7.12.2018 durch G v. 29.11.2018 (BGBl. I S. 2237).

7. der Leitung eines Erörterungstermins

auf Vorschlag oder mit Zustimmung des Vorhabenträgers beauftragen. [2] § 73 Absatz 9 des Verwaltungsverfahrensgesetzes[1)] bleibt unberührt. [3] Die Entscheidung über den Planfeststellungsantrag verbleibt bei der zuständigen Behörde.

§ 17i[2)] Planfeststellungsverfahren bei Vorhaben im transeuropäischen Verkehrsnetz. (1) [1] Wird ein Planfeststellungsverfahren oder ein Plangenehmigungsverfahren für ein Vorhaben durchgeführt, das

1. im Abschnitt der Festen Fehmarnbeltquerung zwischen Puttgarden und Rodby gelegen ist oder
2. auf einem Kernnetzkorridor nach Anlage 2 gelegen ist und dessen geschätzte Gesamtkosten zum Zeitpunkt der Einleitung des Planfeststellungsverfahrens oder des Plangenehmigungsverfahrens 300 000 000 Euro überschreiten,

ist dieses innerhalb von vier Jahren abzuschließen. [2] Die Frist beginnt mit dem Eingang des Plans nach § 73 Absatz 1 des Verwaltungsverfahrensgesetzes[1)] bei der Anhörungsbehörde und Planfeststellungsbehörde. [3] Diese sowie alle am Planfeststellungsverfahren oder am Plangenehmigungsverfahren beteiligten Behörden des Bundes und der Länder sind bestrebt, den Planfeststellungsverfahren oder Plangenehmigungsverfahren nach Satz 1 Vorrang bei der Bearbeitung einzuräumen. [4] Dabei ist das Beschleunigungsinteresse an anderen Vorhaben, die im überragenden öffentlichen Interesse stehen oder der öffentlichen Sicherheit dienen, zu beachten.

(2) [1] Die Planfeststellungsbehörde hat dem Vorhabenträger auf dessen Antrag Auskunft über die bei Vorlage des Plans nach § 73 Absatz 1 des Verwaltungsverfahrensgesetzes beizubringenden Informationen und Unterlagen zu erteilen. [2] Weist das Vorhaben bei Eingang des Plans nach § 73 Absatz 1 des Verwaltungsverfahrensgesetzes nicht die erforderliche Reife auf, so ist der Antrag auf Einleitung des Verfahrens zur Planfeststellung oder Plangenehmigung spätestens vier Monate nach seinem Eingang bei der zuständigen Behörde abzulehnen.

(3) [1] Auf Antrag der Planfeststellungsbehörde kann das Bundesministerium für Digitales und Verkehr die Frist nach Absatz 1 Satz 1 verlängern. [2] Im Antrag sind die Gründe für die Fristüberschreitung darzulegen. [3] Eine weitere Verlängerung kann unter denselben Bedingungen einmal gewährt werden.

(4) Die Absätze 1 bis 3 sind nicht anzuwenden auf Vorhaben, deren Plan vor dem 10. August 2023 bei der Anhörungsbehörde und Planfeststellungsbehörde eingereicht wurde.

§ 17j[2)] Grenzüberschreitende Vorhaben im transeuropäischen Verkehrsnetz. (1) Bei grenzüberschreitenden Vorhaben nach § 17i Absatz 1 Satz 1 sollen die zuständigen Behörden zusammenarbeiten, erforderliche Informationen, Unterlagen und Dokumente austauschen und die nationalen Zeitpläne ihrer Genehmigungsverfahren abstimmen.

(2) Das Bundesministerium für Digitales und Verkehr hat die nach Artikel 45 der Verordnung (EU) Nr. 1315/2013 des Europäischen Parlaments und des Rates vom 11. Dezember 2013 über Leitlinien der Union für den Aufbau eines transeuropäischen Verkehrsnetzes und zur Aufhebung des Beschlusses Nr. 661/2010/EU (ABl. L 348 vom 20.12.2013, S. 1) benannten Europäischen Koordinatoren

---

1) Nr. **100**.
2) §§ 17i, 17j eingef. mWv 29.12.2023 durch G v. 22.12.2023 (BGBl. 2023 I Nr. 409).

auf deren Ersuchen über den Sachstand des grenzüberscheitenden Vorhabens zu unterrichten.

(3) Wird die Frist nach § 17i Absatz 1 Satz 1 nicht eingehalten, hat das Bundesministerium für Digitales und Verkehr bei grenzüberschreitenden Vorhaben nach Absatz 1 die Europäischen Koordinatoren auf deren Ersuchen über Maßnahmen zum zügigen Abschluss des *Planfeststellungsverfahren*[1] oder Plangenehmigungsverfahrens zu unterrichten.

§ 17k[2] Berichterstattung an die Europäische Kommission. Zur Vorbereitung der Berichterstattung an die Europäische Kommission haben die obersten Landesstraßenbaubehörden und das Fernstraßen-Bundesamt dem Bundesministerium für Digitales und Verkehr erstmals zum 30. April 2026 und sodann alle zwei Jahre für ihren Zuständigkeitsbereich folgende Angaben aus dem Berichtszeitraum mitzuteilen:

1. Die Anzahl der laufenden sowie abgeschlossenen Planfeststellungsverfahren oder Plangenehmigungsverfahren nach § 17i Absatz 1 und § 17j Absatz 1,
2. die durchschnittliche Verfahrensdauer der abgeschlossenen Planfeststellungsverfahren oder Plangenehmigungsverfahren,
3. die Anzahl der Planfeststellungsverfahren oder Plangenehmigungsverfahren, die über einen Zeitraum von mehr als vier Jahren seit Fristbeginn andauern,
4. die Anzahl der Planfeststellungsverfahren oder Plangenehmigungsverfahren mit Fristüberschreitung sowie
5. die Einrichtung gemeinsamer Behörden für grenzüberschreitende Vorhaben.

§§ 18 bis 18e (weggefallen)

§ 18f[3] Vorzeitige Besitzeinweisung. (1) [1]Ist der sofortige Beginn von Bauarbeiten geboten und weigert sich der Eigentümer oder Besitzer, den Besitz eines für die Straßenbaumaßnahme benötigten Grundstücks durch Vereinbarung unter Vorbehalt aller Entschädigungsansprüche zu überlassen, so hat die Enteignungsbehörde den Träger der Straßenbaulast auf Antrag nach Feststellung des Plans oder Erteilung der Plangenehmigung in den Besitz einzuweisen. [2]Der Planfeststellungsbeschluss oder die Plangenehmigung müssen vollziehbar sein. [3]Weiterer Voraussetzungen bedarf es nicht.

(1a) [1]Der Träger des Vorhabens kann verlangen, dass bereits nach Ablauf der Einwendungsfrist nach § 73 Absatz 4 des Verwaltungsverfahrensgesetzes[4] das Verfahren zur vorzeitigen Besitzeinweisung in das Grundstück eines Dritten durchgeführt wird. [2]In diesem Fall ist der nach dem Verfahrensstand zu erwartende Planfeststellungsbeschluss oder die zu erwartende Plangenehmigung dem Verfahren zur vorzeitigen Besitzeinweisung zugrunde zu legen. [3]Der Besitzeinweisungsbeschluss ist mit der aufschiebenden Bedingung zu verbinden, dass sein Ergebnis durch den Planfeststellungsbeschluss oder die Plangenehmigung bestätigt wird. [4]Wird das Ergebnis des Besitzeinweisungsbeschlusses durch den Planfeststellungsbeschluss oder die Plangenehmigung nicht bestätigt, ist ein neuer Besitzeinwei-

[1] Richtig wohl: „Planfeststellungsverfahrens".

[2] § 17k eingef. mWv 29.12.2023 durch G v. 22.12.2023 (BGBl. 2023 I Nr. 409).

[3] § 18f Abs. 7 Satz 1 geänd., Satz 2 angef. mWv 13.3.2020 durch G v. 3.3.2020 (BGBl. I S. 433); Abs. 2 Satz 2 geänd. mWv 1.1.2021 durch G v. 14.8.2017 (BGBl. I S. 3122); Abs. 8 angef. mWv 1.7.2021 durch G v. 31.5.2021 (BGBl. I S. 1221); Abs. 1a eingef. mWv 29.12.2023 durch G v. 22.12.2023 (BGBl. 2023 I Nr. 409).

[4] Nr. 100.

sungsbeschluss auf der Grundlage des ergangenen Planfeststellungsbeschlusses oder der ergangenen Plangenehmigung herbeizuführen.

(2) [1] Die Enteignungsbehörde hat spätestens sechs Wochen nach Eingang des Antrages auf Besitzeinweisung mit den Beteiligten mündlich zu verhandeln. [2] Hierzu sind die Straßenbaubehörde, sofern eine Bundesfernstraße, soweit dem Bund die Verwaltung einer Bundesfernstraße zusteht, betroffen ist, die Gesellschaft privaten Rechts im Sinne des Infrastrukturgesellschaftserrichtungsgesetzes[1)] und die Betroffenen zu laden. [3] Dabei ist den Betroffenen der Antrag auf Besitzeinweisung mitzuteilen. [4] Die Ladungsfrist beträgt drei Wochen. [5] Mit der Ladung sind die Betroffenen aufzufordern, etwaige Einwendungen gegen den Antrag möglichst vor der mündlichen Verhandlung bei der Enteignungsbehörde einzureichen. [6] Sie sind außerdem darauf hinzuweisen, dass auch bei Nichterscheinen über den Antrag auf Besitzeinweisung und andere im Verfahren zu erledigende Anträge entschieden werden kann.

(3) [1] Soweit der Zustand des Grundstücks von Bedeutung ist, hat ihn die Enteignungsbehörde vor der Besitzeinweisung in einer Niederschrift festzustellen oder durch einen Sachverständigen ermitteln zu lassen. [2] Den Beteiligten ist eine Abschrift der Niederschrift oder des Ermittlungsergebnisses zu übersenden.

(4) [1] Der Beschluss über die Besitzeinweisung ist dem Antragsteller und den Betroffenen spätestens zwei Wochen nach der mündlichen Verhandlung zuzustellen. [2] Die Besitzeinweisung wird in dem von der Enteignungsbehörde bezeichneten Zeitpunkt wirksam. [3] Dieser Zeitpunkt soll auf höchstens zwei Wochen nach Zustellung der Anordnung über die vorzeitige Besitzeinweisung an den unmittelbaren Besitzer festgesetzt werden. [4] Durch die Besitzeinweisung wird dem Besitzer der Besitz entzogen und der Träger der Straßenbaulast Besitzer. [5] Der Träger der Straßenbaulast darf auf dem Grundstück das im Antrag auf Besitzeinweisung bezeichnete Bauvorhaben ausführen und die dafür erforderlichen Maßnahmen treffen.

(5) [1] Der Träger der Straßenbaulast hat für die durch die vorzeitige Besitzeinweisung entstehenden Vermögensnachteile Entschädigung zu leisten, soweit die Nachteile nicht durch die Verzinsung der Geldentschädigung für die Entziehung oder Beschränkung des Eigentums oder eines anderen Rechts ausgeglichen werden. [2] Art und Höhe der Entschädigung sind von der Enteignungsbehörde in einem Beschluss festzusetzen.

(6) [1] Wird der festgestellte Plan oder die Plangenehmigung aufgehoben, so ist auch die vorzeitige Besitzeinweisung aufzuheben und der vorherige Besitzer wieder in den Besitz einzuweisen. [2] Der Träger der Straßenbaulast hat für alle durch die vorzeitige Besitzeinweisung entstandenen besonderen Nachteile Entschädigung zu leisten.

(6a) [1] Ein Rechtsbehelf gegen eine vorzeitige Besitzeinweisung hat keine aufschiebende Wirkung. [2] Der Antrag auf Anordnung der aufschiebenden Wirkung nach § 80 Abs. 5 Satz 1 der Verwaltungsgerichtsordnung[2)] kann nur innerhalb eines Monats nach der Zustellung des Besitzeinweisungsbeschlusses gestellt und begründet werden.

(7) [1] Die Absätze 1 bis 6a gelten entsprechend für Grundstücke, die für die in § 17f genannten Anlagen oder für Unterhaltungsmaßnahmen benötigt werden.

[1)] **Sartorius III Nr. 152.**
[2)] Nr. **600**.

[2]Bei Unterhaltungsmaßnahmen bedarf es nicht der vorherigen Planfeststellung oder Plangenehmigung.

(8) Im Übrigen gelten die Enteignungsgesetze der Länder.

§ 19[1)] Enteignung. (1) [1]Die Träger der Straßenbaulast der Bundesfernstraßen haben zur Erfüllung ihrer Aufgaben das Enteignungsrecht. [2]Die Enteignung ist zulässig, soweit sie zur Unterhaltung oder Ausführung eines nach § 17 Absatz 1 festgestellten oder genehmigten Bauvorhabens notwendig ist. [3]Einer weiteren Feststellung der Zulässigkeit der Enteignung bedarf es nicht.

(2) Der festgestellte oder genehmigte Plan ist dem Enteignungsverfahren zugrunde zu legen und für die Enteignungsbehörde bindend.

(2a) Hat sich ein Beteiligter mit der Übertragung oder Beschränkung des Eigentums oder eines anderen Rechts schriftlich einverstanden erklärt, kann das Entschädigungsverfahren unmittelbar durchgeführt werden.

(2b) Die Absätze 1, 2 und 2a gelten für die in § 17f genannten Anlagen entsprechend.

(3) (weggefallen)

(4) (weggefallen)

(5) Im Übrigen gelten die für öffentliche Straßen geltenden Enteignungsgesetze der Länder.

§ 19a[2)] Entschädigungsverfahren. Soweit der Träger der Straßenbaulast nach §§ 8a, 9, 17 Absatz 2 oder auf Grund eines Planfeststellungsbeschlusses oder einer Plangenehmigung verpflichtet ist, eine Entschädigung in Geld zu leisten, und über die Höhe der Entschädigung keine Einigung zwischen dem Betroffenen und dem Träger der Straßenbaulast zustande kommt, entscheidet auf Antrag eines der Beteiligten die nach Landesrecht zuständige Behörde; für das Verfahren und den Rechtsweg gelten die Enteignungsgesetze der Länder entsprechend.

§ 20[3)] Straßenaufsicht. (1) [1]Die Erfüllung der Aufgaben, die den Trägern der Straßenbaulast für die Bundesfernstraßen obliegen, wird durch die Straßenaufsicht sichergestellt. [2]Die Länder üben die Straßenaufsicht für die Bundesstraßen im Auftrag des Bundes aus, im Bereich der Bundesfernstraßen, soweit dem Bund die Verwaltung einer Bundesfernstraße zusteht, übt sie das Fernstraßen-Bundesamt aus.

(2) [1]Die Straßenaufsichtsbehörde kann die Durchführung der notwendigen Maßnahmen unter Setzung einer angemessenen Frist anordnen. [2]Sie soll Maßnahmen, die mehrere Träger der Straßenbaulast durchzuführen haben, diesen rechtzeitig bekannt geben, damit sie möglichst zusammenhängend ausgeführt werden. [3]Kommt ein Träger der Straßenbaulast der Anordnung nicht nach, kann die Straßenaufsichtsbehörde die notwendigen Maßnahmen an seiner Stelle und auf seine Kosten verfügen und vollziehen.

§ 21 Verwaltung der Bundesstraßen in den Ortsdurchfahrten. [1]Soweit die Gemeinden nach § 5 Abs. 2 und 3 Träger der Straßenbaulast sind, richtet sich die Zuständigkeit zur Verwaltung der Ortsdurchfahrten nach Landesrecht. [2]Dieses

---

[1)] § 19 Abs. 1 Satz 2 geänd. mWv 7.12.2018 durch G v. 29.11.2018 (BGBl. I S. 2237); Abs. 1 Satz 2 geänd. mWv *13.3.2020 durch G v. 3.3.2020* (BGBl. I S. 433).

[2)] § 19a geänd. mWv 1.6.2015 durch G v. 31.5.2013 (BGBl. I S. 1388, geänd. durch G v. 24.5.2014, BGBl. I S. 538); geänd. mWv 7.12.2018 durch G v. 29.11.2018 (BGBl. I S. 2237).

[3)] § 20 Abs. 1 Satz 2 neu gef. mWv 1.1.2021 durch G v. 14.8.2017 (BGBl. I S. 3122).

regelt auch, wer insoweit zuständige Straßenbaubehörde im Sinne dieses Gesetzes ist.

§ 22[1)] Zuständigkeit; Verordnungsermächtigung. (1) Das Bundesministerium für Digitales und Verkehr wird ermächtigt, durch Rechtsverordnung ohne Zustimmung des Bundesrates die dem Fernstraßen-Bundesamt und der Gesellschaft privaten Rechts im Sinne des Infrastrukturgesellschaftserrichtungsgesetzes[2)] nach dem Bundesfernstraßengesetz zugewiesenen Befugnisse und Aufgaben auf andere Bundesbehörden oder andere vom Bund gegründete Gesellschaften, die im ausschließlichen Eigentum des Bundes stehen müssen, zu übertragen.

(2) [1] Im Fall des Artikels 90 Absatz 4 oder des Artikels 143e Absatz 2 des Grundgesetzes[3)] treten an die Stelle der im Gesetz genannten Straßenbaubehörden der Länder die vom Bundesministerium für Digitales und Verkehr bestimmten Bundesbehörden oder die Gesellschaft privaten Rechts im Sinne des Infrastrukturgesellschaftserrichtungsgesetzes. [2] Dies gilt auch für die nach § 36 des Gesetzes über Ordnungswidrigkeiten[4)] zu bestimmende Behörde.

(3) [1] Im Rahmen der Auftragsverwaltung richtet sich das Verfahren für die Beitreibung von Ersatzleistungen (§ 7), Sondernutzungsgebühren sowie Vorschüssen und Sicherheiten (§ 8) und das Verfahren in den Fällen, in denen die Behörde Maßnahmen nach § 8 Abs. 7a trifft oder in denen jemand zur Duldung oder Unterlassung verpflichtet ist (§§ 11 und 14), nach Landesrecht. [2] Im Übrigen gilt Bundesrecht.

(4) [1] Soweit nach diesem Gesetz die Zuständigkeit von Landesbehörden begründet ist, bestimmen die Länder die zuständigen Behörden. [2] Sie sind ermächtigt, die Zuständigkeit der obersten Straßenbaubehörden der Länder, soweit sie nach diesem Gesetz begründet ist, auf nachgeordnete Behörden zu übertragen. [3] Das Bundesministerium für Digitales und Verkehr ist hiervon zu unterrichten.

(5) Soweit Selbstverwaltungskörperschaften in der Auftragsverwaltung tätig werden (Artikel 90 Absatz 3 des Grundgesetzes), sind ihre Behörden nach Maßgabe des Landesrechts an Stelle der Behörden des Landes zuständig.

§ 23[5)] Ordnungswidrigkeiten. (1) Ordnungswidrig handelt, wer vorsätzlich oder fahrlässig

1. entgegen § 8 Abs. 1 eine Bundesfernstraße über den Gemeingebrauch hinaus ohne Erlaubnis benutzt,
2. nach § 8 Abs. 2 erteilten vollziehbaren Auflagen nicht nachkommt,
3. entgegen § 8 Abs. 2a
   a) Anlagen nicht vorschriftsmäßig errichtet oder unterhält oder
   b) auf vollziehbares Verlangen der zuständigen Behörde Anlagen auf seine Kosten nicht ändert,

---

1) § 22 Abs. 1 und 2 Satz 1, Abs. 4 Satz 3 geänd. mWv 8.9.2015 durch VO v. 31.8.2015 (BGBl. I S. 1474); Abs. 1 neu gef. mWv 1.1.2020, Überschrift neu gef., Abs. 2 Satz 1 geänd., Abs. 3 Satz 2 angef. mWv 1.1.2021 durch G v. 14.8.2017 (BGBl. I S. 3122); Abs. 2 Satz 1 neu gef., Abs. 5 geänd. mWv 7.12.2018 durch G v. 29.11.2018 (BGBl. I S. 2237); Abs. 1, Abs. 2 Satz 1 und Abs. 4 Satz 3 geänd. mWv 29.12.2023 durch G v. 22.12.2023 (BGBl. 2023 I Nr. 409).

2) **Sartorius III Nr. 152.**

3) Nr. **1**.

4) **Habersack Nr. 94.**

5) § 23 Abs. 3 angef. mWv 1.1.2021 durch G v. 14.8.2017 (BGBl. I S. 3122).

4. entgegen § 8a Abs. 1 in Verbindung mit § 8 Abs. 1 Zufahrten oder Zugänge ohne Erlaubnis anlegt oder ändert,
5. entgegen § 8a Abs 3 in Verbindung mit § 8 Abs. 2a Zufahrten oder Zugänge nicht vorschriftsmäßig unterhält,
6. einer nach § 8a Abs. 6 ergangenen vollziehbaren Anordnung nicht nachkommt,
7. entgegen § 9 Abs. 1 oder 4 Hochbauten oder bauliche Anlagen errichtet oder Aufschüttungen oder Abgrabungen größeren Umfangs vornimmt,
8. Anlagen der Außenwerbung entgegen § 9 Abs. 6 Satz 1 in Verbindung mit den Absätzen 1 und 2 errichtet oder entgegen § 9 Abs. 6 Satz 2 an Brücken über Bundesfernstraßen anbringt,
9. vollziehbaren Auflagen nicht nachkommt, unter denen eine Ausnahme nach § 9 Abs. 8 von den Verboten des § 9 Abs. 1, 4 und 6 zugelassen wurde,
10. entgegen § 9a Abs. 1 Satz 1 auf der vom Plan betroffenen Fläche oder in dem Planungsgebiet nach Absatz 3 Veränderungen vornimmt,
11. entgegen § 10 Abs 2 Satz 1 Schutzwaldungen nicht erhält oder nicht ordnungsgemäß unterhält,
12. entgegen § 11 Abs. 1 die Anlage vorübergehender Einrichtungen nicht duldet oder entgegen § 11 Abs. 2 Satz 1 Einrichtungen, die die Verkehrssicherheit beeinträchtigen, anlegt oder entgegen § 11 Abs. 2 Satz 2 ihre Beseitigung nicht duldet,
13. entgegen § 16a Abs. 1 Satz 1 notwendige Vorarbeiten oder die vorübergehende Anbringung von Markierungszeichen nicht duldet.

(2) Ordnungswidrigkeiten nach Absatz 1 Nr. 1 bis 6 und 11 bis 13 können mit einer Geldbuße bis zu fünfhundert Euro, Ordnungswidrigkeiten nach Absatz 1 Nr. 7 bis 10 können mit einer Geldbuße bis zu fünftausend Euro geahndet werden

(3) Verwaltungsbehörde im Sinne des § 36 Absatz 1 Nummer 1 des Gesetzes über Ordnungswidrigkeiten[1] ist das Fernstraßen-Bundesamt für Ordnungswidrigkeiten nach Absatz 1 auf oder an Bundesfernstraßen, soweit dem Bund die Verwaltung einer Bundesfernstraße zusteht.

§ 23a[2] Gebühren, Verordnungsermächtigung. (1) [1]Für individuell zurechenbare öffentliche Leistungen des Bundes in den Fällen nach § 8 Absatz 1, 2, 2a, 6 und 7a, § 9 Absatz 2 bis 2c, 5 und 8 ist das Bundesgebührengesetz[3] anzuwenden. [2]Das Bundesministerium für Digitales und Verkehr wird ermächtigt, durch Rechtsverordnung ohne Zustimmung des Bundesrates seine Befugnisse nach § 22 Absatz 4 des Bundesgebührengesetzes auf das Fernstraßen-Bundesamt zu übertragen, soweit dem Bund die Verwaltung einer Bundesfernstraße zusteht.

(2) [1]Für individuell zurechenbare öffentliche Leistungen der Länder in den Fällen nach § 8 Absatz 1, 2, 2a, 6 und 7a, § 9 Absatz 2 bis 2c, 5 und 8 ist das Bundesgebührengesetz mit der Maßgabe anzuwenden, dass die Rechtsverordnungen nach § 22 des Bundesgebührengesetzes von den Landesregierungen erlassen werden. [2]Die zuständige Landesregierung wird ermächtigt, durch Rechtsverordnung ihre Befugnisse nach Satz 3 auf eine oberste Landesbehörde zu übertragen.

---

[1] **Habersack Nr. 94.**
[2] § 23a eingef. mWv 29.12.2023 durch G v. 22.12.2023 (BGBl. 2023 I Nr. 409).
[3] Nr. **120.**

§ 24[1] Übergangs- und Schlussbestimmungen. (1) [1]Vor dem 17. Dezember 2006 beantragte Planfeststellungsverfahren oder Plangenehmigungsverfahren werden nach den Vorschriften dieses Gesetzes in der ab dem 17. Dezember 2006 geltenden Fassung weitergeführt. [2]§ 11 Abs. 2 des Verkehrswegeplanungsbeschleunigungsgesetzes bleibt unberührt.

(2) § 17c gilt auch für Planfeststellungsbeschlüsse und Plangenehmigungen, die vor dem 17. Dezember 2006 erlassen worden sind, soweit der Plan noch nicht außer Kraft getreten ist.

(3) (weggefallen)

(4) Die bisherigen Reichsautobahnen und Reichsstraßen, die nach dem Gesetz über die vermögensrechtlichen Verhältnisse der Bundesautobahnen und sonstigen Bundesstraßen des Fernverkehrs[2] vom 2. März 1951 (BGBl. I S. 157) Bundesautobahnen und Bundesstraßen sind, sind Bundesautobahnen und Bundesstraßen im Sinne dieses Gesetzes.

(5) (weggefallen)

(6) Beginn und Ende der Ortsdurchfahrten bemessen sich nach ihrer Festsetzung nach §§ 13 ff. der Verordnung zur Durchführung des Gesetzes über die einstweilige Neuregelung des Straßenwesens und der Straßenverwaltung vom 7. Dezember 1934 (RGBl. I S. 1237), bis sie nach § 5 Abs. 4 neu festgesetzt werden.

(7) Waldungen, die Schutzwaldungen nach § 9 des Reichsautobahngesetzes vom 29. Mai 1941 (RGBl. I S. 313) sind, gelten als Schutzwaldungen nach § 10.

(8) (weggefallen)

(9) Sind in Rechtsvorschriften aus der Zeit vor dem 23. Mai 1949 die Worte „Reichsautobahnen" oder „Reichsstraßen" gebraucht, so treten an ihre Stelle die Worte „Bundesautobahnen" oder „Bundesstraßen".

(10) Wo in anderen Gesetzen für das Unternehmen „Reichsautobahnen" besondere Rechte und Pflichten begründet sind, tritt an seine Stelle der Bund.

(11) [1]Das Bundesministerium für Digitales und Verkehr ist ermächtigt, im Einvernehmen mit dem Bundesministerium der Finanzen durch Rechtsverordnung, die der Zustimmung des Bundesrates bedarf, Brücken im Zuge von Bundesfernstraßen, die in der Baulast der Länder oder öffentlich-rechtlicher Selbstverwaltungskörperschaften stehen, in die Baulast des Bundes zu übernehmen und die zur Überleitung notwendigen Maßnahmen zu treffen. [2]In der Rechtsverordnung können auch die nach den üblichen Berechnungsarten zu ermittelnden Ablösungsbeträge festgesetzt werden.

(12) Für Sondernutzungen, die bei Inkrafttreten dieses Gesetzes durch bürgerlich-rechtliche Verträge vereinbart sind, gelten die Vorschriften über Sondernutzungen (§ 8) von dem Zeitpunkt an, zu dem die Verträge erstmals nach Inkrafttreten dieses Gesetzes kündbar sind.

(13) Vor dem 13. März 2020 beantragte Planfeststellungsverfahren oder Plangenehmigungsverfahren werden nach den Vorschriften dieses Gesetzes in der vor dem 13. März 2020 geltenden Fassung weitergeführt.

---

[1] § 24 Abs. 11 Satz 1 geänd. mWv 8.9.2015 durch VO v. 31.8.2015 (BGBl. I S. 1474); Abs. 13 angef. mWv 13.3.2020 durch G v. 3.3.2020 (BGBl. I S. 433); Abs. 11 Satz 1 geänd., Abs. 14–16 angef. mWv 29.12.2023 durch G v. 22.12.2023 (BGBl. 2023 I Nr. 409).

[2] Nr. **930**.

(14) Abweichend von § 23a Absatz 2 gelten für Bundesstraßen, die in Auftragsverwaltung verwaltet werden, für die Erhebung von Gebühren und Auslagen für die Entscheidungen nach § 8 Absatz 1, 2, 2a, 6 und 7a, § 9 Absatz 2 bis 2c, 5 und 8 die landesrechtlichen Regelungen längstens bis zum 31. Dezember 2026 fort.

(15) § 3 Absatz 1 Satz 4 ist nicht für den Bau oder die Änderung von Bundesautobahnen anzuwenden, wenn das Planfeststellungsverfahren oder Plangenehmigungsverfahren vor dem 1. Januar 2024 eingeleitet worden ist.

(16) [1] Für das Planfeststellungsverfahren gilt das Verwaltungsverfahrensgesetz[1)] in der Fassung der Bekanntmachung vom 23. Januar 2003 (BGBl. I S. 102), das zuletzt durch Artikel 24 Absatz 3 des Gesetzes vom 25. Juni 2021 (BGBl. I S. 2154) geändert worden ist, das nach Maßgabe dieses Gesetzes anzuwenden ist. [2] Satz 1 gilt entsprechend, soweit das Verfahren landesrechtlich durch ein Verwaltungsverfahrensgesetz geregelt ist. [3] Die Sätze 1 und 2 gelten entsprechend, wenn das Gesetz über die Umweltverträglichkeitsprüfung[2)] anzuwenden ist und dieses auf das Verwaltungsverfahrensgesetz verweist.

§ 25 (Aufhebung von Vorschriften)

§ 26 (weggefallen)

§ 27 (Inkrafttreten)

Anlage 1[3)]
(zu § 1 Absatz 1 Nummer 1 und Absatz 7 und § 2 Absatz 2)

[Bundesfernstraßen mit erst- und letztinstanzlicher Zuständigkeit des Bundesverwaltungsgerichts]

(hier nicht abgedruckt)

Anlage 2[3)]
(zu § 17i Absatz 1 Satz 1 Nummer 2)

[Auf einem Kernnetzkorridor gelegene Vorhaben]

(hier nicht abgedruckt)

[1)] Nr. 100.
[2)] Nr. 295.
[3)] Anl. 1 neu gef., Anl. 2 angef. mWv 29.12.2023 durch G v. 22.12.2023 (BGBl. 2023 I Nr. 409).

935. Verordnung über Kreuzungsanlagen im Zuge von Bundesfernstraßen (Bundesfernstraßenkreuzungsverordnung – FStrKrV)

In der Fassung vom 2. Dezember 1975[1)]

(BGBl. I S. 2985)

BGBl. III 911-2

§ 1 Höhengleiche Kreuzungen. (1) Zur Kreuzungsanlage im Sinne des § 13 Abs. 1 FStrG, die der Baulastträger der Bundesfernstraße zu unterhalten hat, gehören

1. von der die Bundesfernstraße kreuzenden Straße vom Anfang ihrer Eckausrundungen an
   – die befestigten Fahrstreifen einschließlich Trenn-, Seiten- und Randstreifen,
   – die Verkehrszeichen und -einrichtungen sowie Verkehrsanlagen aller Art, insbesondere Verkehrsinseln,
   – die Gehwege außerhalb der Ortsdurchfahrten und die Radwege, soweit diese Wege mit der kreuzenden Straße in Zusammenhang stehen und mit dieser gleichlaufen,
   – die Durchlässe, Dämme, Gräben, Böschungen und Stützmauern,
2. die durch die Kreuzung bedingten Lichtzeichenanlagen.

(2) Eine Eckausrundung beginnt an der Stelle, an der der erste Radius die Ecken der Straßenränder von der Bundesfernstraße und der kreuzenden Straße abzurunden beginnt.

(3) Sichtfelder gehören zur kreuzenden Straße.

§ 2 Über- und Unterführungen. (1) Zum Kreuzungsbauwerk im Sinne des § 13 Abs. 2 des Bundesfernstraßengesetzes gehören

1. die Widerlager mit Flügelmauern,
2. die Pfeiler,
3. der Überbau mit Geländern, Brüstungen und Auffangvorrichtungen, jedoch mit Ausnahme der Straßendecke, der Entwässerungsrinnen und Einläufe und, soweit sie nicht durch die Konstruktion der Brükke bedingt sind, der Verkehrszeichen und -einrichtungen sowie Verkehrsanlagen aller Art.

(2) Die nicht zum Kreuzungsbauwerk rechnenden Teile des Überbaues (Abs. 1 Nr. 3) gehören zu der Straße, in deren Verlauf sie liegen.

---

1) Neubekanntmachung der VO über Kreuzungsanlagen im Zuge von Bundesfernstraßen v. 26. 5. 1957 (BGBl. I S. 659) in der ab 1. 1. 1976 geltenden Fassung, veröffentlicht als Anl. zur ÄndVO v. 2. 12. 1975 (BGBl. I S. 2984).

(3) [1]Verbindungsarme zwischen der Bundesfernstraße und der kreuzenden Straße gehören zur Bundesfernstraße. [2]Die Verbindungsarme enden am äußeren Fahrbahnrand der kreuzenden Straße. [3]Sind Abbiege- oder Einfädelstreifen auf der kreuzenden Straße vorhanden, so enden die Verbindungsarme am Anfang der Eckausrundungen der kreuzenden Straße. [4]Bei höhenungleichen Einmündungen beginnen die Verbindungsarme an der ersten Aufweitung der einmündenden Straße. [5]Lichtzeichenanlagen und Verkehrsinseln an der Einmündung des Verbindungsarmes gehören zur Bundesfernstraße.

§ 3 Sonstige Teile der Kreuzungsanlage. Die in den §§ 1 und 2 nicht erfaßten Teile der Bundesfernstraße und der kreuzenden Straße gehören zu der Straße, der sie unmittelbar dienen.

§ 4 Kreuzungen zwischen Bundesfernstraßen. Auf Kreuzungen zwischen Bundesfernstraßen, von denen die eine vom Bund, die andere von einem Dritten unterhalten wird, ist diese Verordnung mit der Maßgabe anzuwenden, daß die vom Dritten unterhaltene Bundesfernstraße als kreuzende Straße gilt.

§ 5 Einmündungen. Die vorstehenden Vorschriften gelten auch für Einmündungen öffentlicher Straßen in Bundesfernstraßen.

§ 6 Berlin-Klausel. *(gegenstandslos)*

936. Gesetz über Kreuzungen von Eisenbahnen und Straßen (Eisenbahnkreuzungsgesetz)

In der Fassung der Bekanntmachung vom 21. März 1971[1)]
(BGBl. I S. 337)

FNA 910-1

geänd. durch Art. 6 PlanungsvereinfachungsG v. 17.12.1993 (BGBl. I S. 2123), Art. 6 Abs. 106 EisenbahnneuordnungsG v. 27.12.1993 (BGBl. I S. 2378), Art. 1 ÄndG v. 9.9.1998 (BGBl. I S. 2858), Art. 236 Siebente Zuständigkeitsanpassungs-VO v. 29.10.2001 (BGBl. I S. 2785), Art. 2 G zur Änd. von wegerechtlichen Vorschriften v. 22.4.2005 (BGBl. I S. 1128), Art. 281 Neunte ZuständigkeitsanpassungsVO v. 31.10.2006 (BGBl. I S. 2407), Art. 462 Zehnte ZuständigkeitsanpassungsVO v. 31.8.2015 (BGBl. I S. 1474), Art. 3 G zur weiteren Beschleunigung von Planungs- und Genehmigungsverfahren im Verkehrsbereich v. 3.3.2020 (BGBl. I S. 433) und Art. 2 Neuntes G zur Änd. des BundesfernstraßenG und zur Änd. weiterer Vorschriften v. 31.5.2021 (BGBl. I S. 1221)

§ 1 [Geltungsbereich] (1) Dieses Gesetz gilt für Kreuzungen von Eisenbahnen und Straßen.

(2) Kreuzungen sind entweder höhengleich (Bahnübergänge) oder nicht höhengleich (Überführungen).

(3) Eisenbahnen im Sinne dieses Gesetzes sind die Eisenbahnen, die dem öffentlichen Verkehr dienen, sowie die Eisenbahnen, die nicht dem öffentlichen Verkehr dienen, wenn die Betriebsmittel auf Eisenbahnen des öffentlichen Verkehrs übergehen können (Anschlußbahnen), und ferner die den Anschlußbahnen gleichgestellten Eisenbahnen.

(4) Straßen im Sinne dieses Gesetzes sind die öffentlichen Straßen, Wege und Plätze.

(5) Straßenbahnen, die nicht im Verkehrsraum einer öffentlichen Straße liegen, werden, wenn sie Eisenbahnen kreuzen, wie Straßen, wenn sie Straßen kreuzen, wie Eisenbahnen behandelt.

(6) Beteiligte an einer Kreuzung sind das Unternehmen, das die Baulast des Schienenweges der kreuzenden Eisenbahn trägt, und der Träger der Baulast der kreuzenden Straße.

§ 2 [Neue Kreuzungen] (1) Neue Kreuzungen von Eisenbahnen und Straßen, die nach der Beschaffenheit ihrer Fahrbahn geeignet und dazu bestimmt sind, einen allgemeinen Kraftfahrzeugverkehr aufzunehmen, sind als Überführungen herzustellen.

(2) [1]In Einzelfällen, insbesondere bei schwachem Verkehr, kann die Anordnungsbehörde Ausnahmen zulassen. [2]Dabei kann angeordnet werden, welche *Sicherungsmaßnahmen* an der Kreuzung mindestens zu treffen sind.

(3) Eine Kreuzung im Sinne des Absatzes 1 ist neu, wenn einer der beiden Verkehrswege oder beide Verkehrswege neu angelegt werden.

§ 3 [Kreuzungsänderungen] Wenn und soweit es die Sicherheit oder die Abwicklung des Verkehrs unter Berücksichtigung der übersehbaren Verkehrsent-

[1)] Neubekanntmachung des EisenbahnkreuzungsG v. 14.8.1963 (BGBl. I S. 681) in der ab 13.3.1971 geltenden Fassung.

wicklung erfordert, sind nach Maßgabe der Vereinbarung der Beteiligten (§ 5) oder der Anordnung im Kreuzungsrechtsverfahren (§§ 6 und 7) Kreuzungen

1. zu beseitigen oder
2. durch Baumaßnahmen, die den Verkehr an der Kreuzung vermindern, zu entlasten oder
3. durch den Bau von Überführungen, durch die Einrichtung technischer Sicherungen, insbesondere von Schranken oder Lichtsignalen, durch die Herstellung von Sichtflächen an Bahnübergängen, die nicht technisch gesichert sind, oder in sonstiger Weise zu ändern.

§ 4 [Duldung] (1) [1]Erfordert die Linienführung einer neu zu bauenden Straße oder Eisenbahn eine Kreuzung, so hat der andere Beteiligte die neue Kreuzungsanlage zu dulden. [2]Seine verkehrlichen und betrieblichen Belange sind angemessen zu berücksichtigen.

(2) [1]Ist eine Kreuzungsanlage durch eine Maßnahme nach § 3 zu ändern, so haben die Beteiligten die Änderung zu dulden. [2]Ihre verkehrlichen und betrieblichen Belange sind angemessen zu berücksichtigen.

§ 5[1)] [Vereinbarung] (1) [1]Über Art, Umfang und Durchführung einer nach § 2 oder § 3 durchzuführenden Maßnahme sowie über die Verteilung der Kosten sollen die Beteiligten eine Vereinbarung treffen. [2]Sehen die Beteiligten vor, daß Bund oder Land nach Maßgabe des § 13 Absatz 1 Satz 2 oder Absatz 2 zu den Kosten beitragen, ohne an der Kreuzung als Straßenbaulastträger beteiligt zu sein, so bedarf die Vereinbarung insoweit der Genehmigung. [3]Die Genehmigung erteilt für den Bund das Bundesministerium für Verkehr und digitale Infrastruktur, für das Land die nach Landesrecht zuständige Behörde. [4]In Fällen geringer finanzieller Bedeutung kann auf die Genehmigung verzichtet werden.

(2) Einer Vereinbarung nach Absatz 1 bedarf es nicht, wenn sich ein Beteiligter oder ein Dritter bereit erklärt, die Kosten für die Änderung oder Beseitigung eines Bahnübergangs nach § 3 abweichend von den Vorschriften dieses Gesetzes allein zu tragen, und für die Maßnahme ein Planfeststellungsverfahren durchgeführt wird.

§ 6 [Kreuzungsrechtsverfahren] Kommt eine Vereinbarung nicht zustande, so kann jeder Beteiligte eine Anordnung im Kreuzungsrechtsverfahren beantragen.

§ 7 [Verfahrenseinleitung] [1]Die Anordnungsbehörde kann das Kreuzungsrechtsverfahren auch ohne Antrag einleiten, wenn die Sicherheit oder die Abwicklung des Verkehrs eine Maßnahme erfordert. [2]Sie kann verlangen, daß die Beteiligten Pläne für Maßnahmen nach § 3 vorlegen.

§ 8[2)] [Zuständigkeiten] (1) Wenn an der Kreuzung ein Schienenweg einer Eisenbahn des Bundes beteiligt ist, entscheidet als Anordnungsbehörde das Bun-

[1)] § 5 Abs. 1 Satz 3 geänd. mWv 7.11.2001 durch VO v. 29.10.2001 (BGBl. I S. 2785); Abs. 1 Satz 3 geänd. mWv 8.11.2006 durch VO v. 31.10.2006 (BGBl. I S. 2407); Abs. 1 Satz 3 geänd. mWv 8.9.2015 durch VO v. 31.8.2015 (BGBl. I S. 1474); Abs. 1 Satz 2 geänd. mWv 13.3.2020 durch G v. 3.3.2020 (BGBl. I S. 433); Abs. 1 Sätze 2 und 3 geänd. mWv 1.7.2021 durch G v. 31.5.2021 (BGBl. I S. 1221).

[2)] § 8 Abs. 1 geänd. durch G v. 27.12.1993 (BGBl. I S. 2378); Abs. 1 geänd. mWv 7.11.2001 durch VO v. 29.10.2001 (BGBl. I S. 2785); Abs. 1 geänd. mWv 8.11.2006 durch VO v. 31.10.2006 (BGBl. I S. 2407); Abs. 1 geänd. mWv 8.9.2015 durch VO v. 31.8.2015 (BGBl. I S. 1474); Abs. 1 und 2 geänd. mWv 1.7.2021 durch G v. 31.5.2021 (BGBl. I S. 1221).

desministerium für Verkehr und digitale Infrastruktur im Benehmen mit der nach Landesrecht zuständigen Behörde.

(2) In sonstigen Fällen entscheidet als Anordnungsbehörde die nach Landesrecht zuständige Behörde.

§ 9[1] *(aufgehoben)*

§ 10 [Beteiligte] (1) Wird eine Maßnahme nach § 2 oder § 3 angeordnet, so ist über Art und Umfang der Maßgabe, über die Duldungspflicht sowie über die Rechtsbeziehungen der Beteiligten und die Kostentragung zu entscheiden.

(2) Die Beteiligten sind verpflichtet, der Anordnungsbehörde jede für die Entscheidung erforderliche Auskunft zu erteilen.

(3) Ist eine Maßnahme, die die Sicherheit des Verkehrs erfordert, unaufschiebbar, so kann über Art, Umfang und Durchführung sowie über die Duldungspflicht vorab entschieden werden.

(4) Sind sich die Beteiligten über die durchzuführende Maßnahme einig oder ist die Maßnahme bereits durchgeführt, so kann auf Antrag über die Kostentragung entschieden werden.

(5) Bestehen zwischen den Beteiligten Meinungsverschiedenheiten darüber, ob eine öffentliche Straße nach der Beschaffenheit ihrer Fahrbahn geeignet und dazu bestimmt ist, einen allgemeinen Kraftfahrzeugverkehr aufzunehmen, so kann die Anordnungsbehörde zur Vorbereitung einer Vereinbarung oder einer Anordnung auf Antrag eines Beteiligten darüber entscheiden.

(6) Die Entscheidung ist mit Gründen zu versehen und den Beteiligten zuzustellen.

§ 11 [Kostentragung] (1) [1] Wird eine neue Kreuzung hergestellt, so hat der Beteiligte, dessen Verkehrsweg neu hinzukommt, die Kosten der Kreuzungsanlage zu tragen. [2] Zu ihnen gehören auch die Kosten der durch die neue Kreuzung notwendigen Änderungen des anderen Verkehrsweges.

(2) Werden eine Eisenbahn und eine Straße gleichzeitig neu angelegt, so haben die Beteiligten die Kosten der Kreuzungsanlage je zur Hälfte zu tragen.

§ 12[2] **[Vorteilsausgleich]** (1) Wird an einer Überführung eine Maßnahme nach § 3 durchgeführt, so fallen die dadurch entstehenden Kosten

1. demjenigen Beteiligten zur Last, der die Änderung verlangt oder sie im Falle einer Anordnung hätte verlangen müssen; Vorteile, die dem anderen Beteiligten durch die Änderung entstehen, sind auszugleichen (Vorteilsausgleich);
2. beiden Beteiligten zur Last, wenn beide die Änderung verlangen oder sie im Falle einer Anordnung hätten verlangen müssen, und zwar in dem Verhältnis, in dem die Kosten bei getrennter Durchführung der Änderung zueinander stehen *würden. Nummer* 1 Satz 2 ist entsprechend anzuwenden.

(2) Im Fall des Absatzes 1 Nummer 2 werden die Kosten ohne Vorteilsausgleich hälftig geteilt, wenn die Überführung der Kreuzung einer Eisenbahn des Bundes mit einer Bundesfernstraße in der Baulast des Bundes dient und beide Beteiligten eine Änderung verlangen, die die Erneuerung der Überführung zur Folge hat, oder sie im Fall einer Anordnung eine solche Änderung hätten verlangen müssen.

---

[1] § 9 aufgeh. durch G v. 27.12.1993 (BGBl. I S. 2378).

[2] § 12 Abs. 1 Nr. 1 geänd, Abs. 2 angef. mWv 1.7.2021 durch G v. 31.5.2021 (BGBl. I S. 1221).

§ 13[1)] [Weitere Kosten] (1) [1] Wird an einem Bahnübergang eine Maßnahme nach § 3 durchgeführt, so tragen die Beteiligten je ein Drittel der Kosten. [2] Das letzte Drittel der Kosten trägt bei Kreuzungen mit einem Schienenweg einer Eisenbahn des Bundes der Bund, bei Kreuzungen mit einem Schienenweg einer nichtbundeseigenen Eisenbahn das Land.

(2) [1] Bei Kreuzungen einer Eisenbahn des Bundes mit einer Straße in kommunaler Baulast trägt der Bund die Hälfte, die Eisenbahn des Bundes ein Drittel und das Land, in dem die Kreuzung liegt, ein Sechstel der Kosten. [2] Bei Kreuzungen einer nichtbundeseigenen Eisenbahn mit einer Straße in kommunaler Baulast trägt das Land, in dem die Kreuzung liegt, zwei Drittel und die nichtbundeseigene Eisenbahn ein Drittel der Kosten. [3] In Berlin und in der Freien und Hansestadt Hamburg gelten alle öffentlichen Straßen, die nicht in der Baulast des Bundes stehen, als Straßen in kommunaler Baulast.

(3) [1] Wird zur verkehrlichen Entlastung eines Bahnübergangs ohne dessen Änderung eine Baumaßnahme nach § 3 Nr. 2 durchgeführt, durch die sich eine sonst notwendige Änderung des Bahnübergangs erübrigt, so gehören zu den Kosten nach Absatz 1 nur die Kosten, die sich bei Vornahme der ersparten Änderung ergeben würden. [2] Die übrigen Kosten trägt derjenige Beteiligte allein, an dessen Verkehrsweg die Baumaßnahme durchgeführt wird.

§ 14[2)] [Betriebskosten] (1) [1] Die Anlagen an Kreuzungen, soweit sie Eisenbahnanlagen sind, hat der Eisenbahnunternehmer, soweit sie Straßenanlagen sind, der Träger der Straßenbaulast auf seine Kosten zu erhalten und bei Bahnübergängen auch in Betrieb zu halten. [2] Die Erhaltung umfaßt die laufende Unterhaltung und die Erneuerung. [3] Betriebskosten sind die örtlich entstehenden persönlichen und sächlichen Aufwendungen.

(2) An Bahnübergängen gehören

1. zu den Eisenbahnanlagen das sowohl dem Eisenbahnverkehr als auch dem Straßenverkehr dienende Kreuzungsstück, begrenzt durch einen Abstand von 2,25 m, bei Straßenbahnen von 1,00 m jeweils von der äußeren Schiene und parallel zu ihr verlaufend, ferner die Schranken, Warnkreuze (Andreaskreuze) und Blinklichter sowie andere der Sicherung des sich kreuzenden Verkehrs dienende Eisenbahnzeichen und -einrichtungen,
2. zu den Straßenanlagen die Sichtflächen, die Warnzeichen und Merktafeln (Baken) sowie andere der Sicherung des sich kreuzenden Verkehrs dienende Straßenverkehrszeichen und -einrichtungen.

(3) Eisenbahnüberführungen und Schutzerdungsanlagen gehören zu den Eisenbahnanlagen, Straßenüberführungen zu den Straßenanlagen.

(4) Die Beteiligten haben Maßnahmen nach Absatz 1 zu dulden.

§ 14a[3)] [Erhaltung] (1) [1] Wird die Straße eingezogen oder der Betrieb der Eisenbahn dauernd eingestellt, so bleiben die Beteiligten verpflichtet, die Kreu-

---

[1)] § 13 Abs. 1 Satz 2 geänd. durch G v. 27.12.1993 (BGBl. I S. 2378); Abs. 1 Satz 2 geänd., Abs. 2 eingef., bish. Abs. 2 wird Abs. 3 mWv 13.3.2020 durch G v. 3.3.2020 (BGBl. I S. 433); Abs. 2 Satz 1 geänd., Satz 2 eingef., bish. Satz 2 wird Satz 3 und geänd. mWv 1.7.2021 durch G v. 31.5.2021 (BGBl. I S. 1221).

[2)] § 14 Abs. 4 angef. mWv 1.7.2021 durch G v. 31.5.2021 (BGBl. I S. 1221).

[3)] § 14a Abs. 1 Satz 4 aufgeh. mWv 30.4.2005 durch G v. 22.4.2005 (BGBl. I S. 1128); Abs. 1 Satz 1, Abs. 2 Satz 1 geänd., Sätze 2–4 aufgeh., Abs. 3 neu gef., Abs. 4 und 5 eingef., bish. Abs. 4 wird Abs. 6 mWv 1.7.2021 durch G v. 31.5.2021 (BGBl. I S. 1221).

zungsanlagen in dem Umfang zu erhalten und in Betrieb zu halten, wie es die Sicherheit oder Abwicklung des Verkehrs auf dem bleibenden Verkehrsweg erfordert. 2 Eine nach den Vorschriften des Eisenbahnrechts genehmigte Betriebseinstellung gilt nicht als dauernd im Sinne dieser Vorschrift, wenn sie mit der Verpflichtung zur weiteren Vorhaltung der Anlagen verbunden ist. 3 Die Einziehung der Straße oder die dauernde Einstellung des Betriebes der Eisenbahn ist dem anderen Beteiligten unverzüglich mitzuteilen.

(2) Der im Zeitpunkt der Einziehung oder dauernden Betriebseinstellung erhaltungspflichtige Beteiligte oder sein Rechtsnachfolger hat Kreuzungsanlagen auf seine Kosten zu beseitigen, soweit und sobald es die Sicherheit oder Abwicklung des Verkehrs auf dem bleibenden Verkehrsweg erfordert.

(3) Die Verpflichtungen gemäß den Absätzen 1 und 2 kann der weichende Beteiligte vertraglich auf den bleibenden Beteiligten gegen Erstattung der Rückbaukosten übertragen.

(4) Die Beteiligten haben Maßnahmen nach den Absätzen 1 und 2 zu dulden.

(5) Die Verpflichtungen des weichenden Beteiligten aus den Absätzen 1 und 2 erlöschen, wenn die Kreuzungsanlage beseitigt worden ist oder der weichende Beteiligte die Verpflichtungen in einer Vereinbarung gemäß Absatz 3 auf den bleibenden Beteiligten übertragen hat.

(6) 1 Der weichende Beteiligte hat dem bleibenden Beteiligten auf dessen Antrag sein Eigentum an solchen Grundstücken, die schon bisher von dem bleibenden Beteiligten benutzt worden sind oder die für die Verbesserung des bleibenden Verkehrsweges benötigt werden, mit allen Rechten und Pflichten zu übertragen. 2 Für die Übertragung des Eigentums ist eine angemessene Entschädigung in Geld zu gewähren, wobei der Verkehrswert des Grundstücks zugrunde zu legen ist.

§ 15[1)] [Erhaltungs- und Betriebskosten] (1) 1 Wird eine neue Kreuzung hergestellt, so hat im Falle des § 11 Abs. 1 der Beteiligte, dessen Verkehrsweg neu hinzukommt, die hierdurch verursachten Erhaltungs- und Betriebskosten dem anderen Beteiligten zu erstatten. 2 Im Falle des § 11 Abs. 2 hat jeder Beteiligte seine Erhaltungs- und Betriebskosten ohne Ausgleich zu tragen.

(2) 1 Wird an einer Überführung eine Maßnahme nach § 3 durchgeführt, so hat der Beteiligte, der nach § 12 Absatz 1 Nr. 1 oder 2 die Maßnahme verlangt oder sie im Falle einer Anordnung hätte verlangen müssen, dem anderen Beteiligten die hierdurch verursachten Erhaltungskosten zu erstatten. 2 Im Fall des § 12 Absatz 2 hat jeder Beteiligte seine Erhaltungs- und Betriebskosten ohne Ausgleich zu tragen.

(3) Wird an einem Bahnübergang eine Maßnahme nach § 3 durchgeführt, so hat jeder Beteiligte seine veränderten Erhaltungs- und Betriebskosten ohne Ausgleich zu tragen.

(4) In den Fällen des Absatzes 1 Satz 1 sowie des Absatzes 2 Satz 1 ist auf Verlangen eines Beteiligten die Erhaltungs- und Betriebslast abzulösen.

§ 16[2)] [Ermächtigung] (1) Das Bundesministerium für Verkehr und digitale Infrastruktur kann mit Zustimmung des Bundesrates Rechtsverordnungen erlassen, durch die

---

1) § 15 Abs. 2 Satz 2 angef., Satz 1 und Abs. 4 geänd. mWv 1.7.2021 durch G v. 31.5.2021 (BGBl. I S. 1221).

2) § 16 Abs. 1 u. 2 geänd. mWv 7.11.2001 durch VO v. 29.10.2001 (BGBl. I S. 2785); Abs. 1 Nr. 3 neu gef. mWv 30.4.2005 durch G v. 22.4.2005 (BGBl. I S. 1128); Abs. 1 u. 2 geänd. mWv 8.11.2006 durch →

1. [1]der Umfang der Kosten nach den §§ 11, 12 und 13 näher bestimmt wird und für die Verwaltungskosten Pauschalbeträge festgesetzt werden;
2. bestimmt wird, wie die bei getrennter Durchführung der Maßnahmen nach § 12 Nr. 2 entstehenden Kosten unter Anwendung von Erfahrungswerten für die Baukosten in vereinfachter Form ermittelt werden;
3. die Berechnung und die Zahlung von Ablösungsbeträgen nach § 15 Abs. 4 näher bestimmt sowie dazu ein Verfahren zur gütlichen Beilegung von Streitigkeiten festgelegt werden,
4. bei neuartigen Anlagen, die nicht von § 14 Abs. 2 erfaßt werden, bestimmt wird, ob sie zu den Eisenbahn- oder zu den Straßenanlagen gehören.

(2) Allgemeine Verwaltungsvorschriften erläßt das Bundesministerium für Verkehr und digitale Infrastruktur mit Zustimmung des Bundesrates.

§ 17[2)] [Zuschüsse] Zur Förderung des Baus und des Ausbaus kommunaler Radwege sowie von Maßnahmen nach den §§ 2 und 3 soll die Anordnungsbehörde den Beteiligten Zuschüsse gewähren.

§ 18 [Aufsichtsbehörden] Die Aufsichtsbehörden haben die Durchführung der Anordnung nach diesem Gesetz sicherzustellen.

§ 19[3)] [Bisherige Vereinbarungen] (1) Bisherige Vereinbarungen, die sich auf Kreuzungen zwischen Straßen und Straßenbahnen, Anschlußbahnen sowie den Anschlußbahnen gleichgestellte Eisenbahnen beziehen, gelten fort.

(2) Die bisherige Kostenregelung für Erhaltungsmaßnahmen, die bei Inkrafttreten des Eisenbahnneuordnungsgesetzes[4)] vom 27. Dezember 1993 (BGBl. I S. 2378) bereits in der Ausführung begriffen sind, bleibt bestehen.

(3) [1] Soweit aufgrund von Artikel 6 Abs. 106 Nr. 4 des Eisenbahnneuordnungsgesetzes die Erhaltungslast für eine Straßenüberführung auf den Straßenbaulastträger übergegangen ist, hat der Eisenbahnunternehmer dafür einzustehen, daß er die Straßenüberführung in dem durch die Verkehrsbedeutung gebotenen Umfang ordnungsgemäß erhalten und den erforderlichen Grunderwerb durchgeführt hat. [2] Als ordnungsgemäßer Erhaltungszustand gilt eine entsprechend seinen Vorschriften durchgeführte Unterhaltung der Straßenüberführung bis zum Zeitpunkt des gesetzlichen Übergangs der Baulast.

§ 20[5)] [Anwendbarkeit] § 13 Absatz 2 Satz 2 kommt nicht zur Anwendung für Maßnahmen, über die die Beteiligten nach § 1 Absatz 6 des Eisenbahnkreuzungsgesetzes vor dem 1. Januar 2022 eine Vereinbarung getroffen haben.

§ 21 [Inkrafttreten] Dieses Gesetz tritt am 1. Januar 1964 in Kraft[6)].

(Fortsetzung der Anm. von voriger Seite)
VO v. 31.10.2006 (BGBl. I S. 2407); Abs. 1 einl. Satzteil und Abs. 2 geänd. mWv 8.9.2015 durch VO v. 31.8.2015 (BGBl. I S. 1474).

[1)] Siehe hierzu die 1. EisenbahnkreuzungsVO v. 2.9.1964 (BGBl. I S. 711), zuletzt geänd. durch VO v. 18.5.202[illegible] (BGBl. I S. 1181).

[2)] § 17 geänd. mWv 1.7.2021 durch G v. 31.5.2021 (BGBl. I S. 1221).

[3)] § 19 neu gef. durch G v. 27.12.1993 (BGBl. I S. 2378), Abs. 3 angef. durch G v. 9.9.1998 (BGBl. I S. 2858).

[4)] **Nipperdey I, Arbeitsrecht Nr. 635c.**

[5)] § 20 neu gef. mWv 1.7.2021 durch G v. 31.5.2021 (BGBl. I S. 1221).

[6)] **Amtl. Anm.:** Die Vorschrift betrifft das Inkrafttreten des Gesetzes in der ursprünglichen Fassung v. 14.8.1963 (Bundesgesetzbl. I S. 681).

950. Personenbeförderungsgesetz (PBefG)[1)]

In der Fassung der Bekanntmachung vom 8. August 1990[2)]

(BGBl. I S. 1690)

FNA 9240-1

geänd. durch Art. 4 HaushaltsbegleitG 1991 v. 24.6.1991 (BGBl. I S. 1314), Art. 1 G zur Festlegung des Anwendungsbereiches und zur Durchführung der VO (EWG) Nr. 1191/69 idF der VO (EWG) Nr. 1893/91 v. 23.7.1992 (BGBl. I S. 1379), Art. 5 PlanungsvereinfachungsG v. 17.12.1993 (BGBl. I S. 2123), Art. 6 Abs. 116 EisenbahnneuordnungsG v. 27.12.1993 (BGBl. I S. 2378), Art. 7 G zur Änd. des StraßenverkehrsG und anderer Gesetze v. 24.4.1998 (BGBl. I S. 747), Art. 8 GüterkraftverkehrsreformG v. 22.6.1998 (BGBl. I S. 1485), Art. 2 Abs. 4 Sechstes G zur Änd. des G gegen Wettbewerbsbeschränkungen v. 26.8.1998 (BGBl. I S. 2521), Art. 1 ÄndG v. 16.1.2001 (BGBl. I S. 122), Art. 4 ÄndG v. 19.3.2001 (BGBl. I S. 386), Art. 15 G UVP-ÄnderungsrichtlinienumsetzungsG v. 27.7.2001 (BGBl. I S. 1950), Art. 248 Siebente ZuständigkeitsanpassungsVO v. 29.10.2001 (BGBl. I S. 2785), Art. 14 Zehntes Euro-EinführungsG v. 15.12.2001 (BGBl. I S. 3762), Art. 51 Behindertengleichstellungs-EinführungsG v. 27.4. 2002 (BGBl. I S. 1467), Art. 1 ÄndG v. 19.7.2002 (BGBl. I S. 2691), Art. 49 Drittes Verwaltungsverfahrensrechts-ÄndG v. 21.8.2002 (BGBl. I S. 3322), Art. 24 HaushaltsbegleitG 2004 v. 29.12.2003 (BGBl. I S. 3076), Art. 7 Bürokratieabbau- und DeregulierungsG v. 21.6.2005 (BGBl. I S. 1666), Art. 2 Abs. 7 Siebtes G zur Änd. des G gegen Wettbewerbsbeschränkungen v. 7.7.2005 (BGBl. I S. 1954), Art. 1 und 2 G zur Änd. personenbeförderungsrechtlicher Vorschriften v. 14.8.2006 (BGBl. I S. 1962), Art. 14 Erstes G zum Abbau bürokratischer Hemmnisse insbesondere in der mittelständischen Wirtschaft v. 22.8. 2006 (BGBl. I S. 1970), Art. 292 Neunte ZuständigkeitsanpassungsVO v. 31.10.2006 (BGBl. I S. 2407), Art. 27 Zweites G zum Abbau bürokratischer Hemmnisse insbesondere in der mittelständischen Wirtschaft v. 7.9.2007 (BGBl. I S. 2246), Art. 4 Abs. 21 G zur Reform der Sachaufklärung in der Zwangsvollstreckung v. 29.7.2009 (BGBl. I S. 2258), Art. 100 Bundesrecht-BereinigungsG v. 8.12.2010 (BGBl. I S. 1864), Art. 4 G zur bestätigenden Regelung verschiedener steuerlicher und verkehrsrechtlicher Vorschriften des HaushaltsbegleitG 2004 v. 5.4.2011 (BGBl. I S. 554), Art. 2 G zur Änd. des GüterkraftverkehrsG und des PersonenbeförderungsG v. 22.11.2011 (BGBl. I S. 2272), Art. 1 G zur Änd. personenbeförderungsrechtlicher Vorschriften v. 14.12.2012 (BGBl. I S. 2598), Art. 5 Abs. 5 Achtes G zur Änd. des GWB v. 26.6.2013 (BGBl. I S. 1738), Art. 2 Abs. 147 G zur Strukturreform des Gebührenrechts des Bundes v. 7.8.2013 (BGBl. I S. 3154), Art. 482 Zehnte ZuständigkeitsanpassungsVO v. 31.8.2015 (BGBl. I S. 1474), Art. 2 Abs. 14 VergaberechtsmodernisierungsG v. 17.2.2016 (BGBl. I S. 203), Art. 5 G zur Stärkung des Wettbewerbs im Eisenbahnbereich v. 29.8.2016 (BGBl. I S. 2082), Art. 2 Abs. 14 G zur Modernisierung des Rechts der Umweltverträglichkeitsprüfung v. 20.7.2017 (BGBl. I S. 2808), Art. 5 G zur Umsetzung des Klimaschutzprogramms 2030 im Steuerrecht v. 21.12.2019 (BGBl. I S. 2886), Art. 4 G zur weiteren Beschleunigung von Planungs- und Genehmigungsverfahren im Verkehrsbereich v. 3.3. 2020 (BGBl. I S. 433), Art. 329 Elfte ZuständigkeitsanpassungsVO v. 19.6.2020 (BGBl. I S. 1328), Art. 10 Investitionen-Beschleunigungsgesetz v. 3.12.2020 (BGBl. I S. 2694), Art. 1 G zur Modernisierung des Personenbeförderungsrechts v. 16.4.2021 (BGBl. I S. 822), Art. 23 G zur Anpassung von Gesetzen und Verordnungen an die neue Behördenbezeichnung des Bundesamtes für Güterverkehr v. 2.3.2023 (BGBl. 2023 I Nr. 56), Art. 7 Abs. 4 G zur Ums. der RL (EU) 2021/2118 im Hinblick auf die Kraftfahrzeug-Haftpflichtversicherung und die Kontrolle der entsprechenden Versicherungspflicht und zur Änd. anderer versicherungsrechtlicher Vorschriften v. 11.4.2024 (BGBl. 2024 I Nr. 119), Art. 2 Zweites G zur Änd. des GüterkraftverkehrsG und des PersonenbeförderungsG v. 23.2.2026 (BGBl. 2026 I Nr. 47), Art. 6 G zur Beschleunigung der Vergabe öffentlicher Aufträge v. 12.5.2026 (BGBl. 2026 I Nr. 137) und Art. 3 Abs. 2 G zur Neuregelung des Rechtsrahmens für intelligente Verkehrssysteme im Straßenverkehr und deren Schnittstellen zu anderen Verkehrsträgern und die Datenbereitstellung über den Nationalen Zugangspunkt v. 15.5.2026 (BGBl. 2026 I Nr. 148)

[1)] Die Änderung durch G v. 15.5.2026 (BGBl. 2026 I Nr. 148) tritt erst **mWv 1.12.2028** in Kraft und ist im Text noch nicht berücksichtigt.

[2)] Neubekanntmachung des PBefG v. 21.3.1961 (BGBl. I S. 241) in der ab 1.7.1990 geltenden Fassung.

I. Allgemeine Vorschriften

§ 1[1)] Sachlicher Geltungsbereich. (1) [1]Den Vorschriften dieses Gesetzes unterliegt die entgeltliche oder geschäftsmäßige Beförderung von Personen mit Straßenbahnen, mit Oberleitungsomnibussen (Obussen) und mit Kraftfahrzeugen. [2]Als Entgelt sind auch wirtschaftliche Vorteile anzusehen, die mittelbar für die Wirtschaftlichkeit einer auf diese Weise geförderten Erwerbstätigkeit erstrebt werden.

(1a) Eine Beförderung von Personen im Sinne von Absatz 1 Satz 1 liegt auch vor, wenn die Vermittlung und Durchführung der Beförderung organisatorisch und vertraglich verantwortlich kontrolliert wird.

(2) [1]Diesem Gesetz unterliegen nicht Beförderungen

1. mit Personenkraftwagen, wenn
   a) die Beförderung unentgeltlich erfolgt oder
   b) das Gesamtentgelt je Kilometer zurückgelegter Strecke den in § 5 Absatz 2 Satz 1 des Bundesreisekostengesetzes[2)] genannten Betrag nicht übersteigt;
2. mit Krankenkraftwagen, wenn damit kranke, verletzte oder sonstige hilfsbedürftige Personen befördert werden, die während der Fahrt einer medizinisch fachlichen Betreuung oder der besonderen Einrichtung des Krankenkraftwagens bedürfen oder bei denen solches auf Grund ihres Zustandes zu erwarten ist.

[2]Satz 1 Nummer 1 gilt auch, wenn die Beförderungen geschäftsmäßig sind.

(3) [1]Den Vorschriften dieses Gesetzes unterliegt außerdem die Vermittlung von Beförderungen gemäß Absatz 1. [2]Vermittlung im Sinne von Satz 1 ist die Tätigkeit von Betreibern von Mobilitätsplattformen, deren Hauptgeschäftszweck auf den Abschluss eines Vertrages über eine gemäß § 2 genehmigungspflichtige Beförderung ausgerichtet ist, und die nicht selbst Beförderer nach Absatz 1 Satz 1 sind.

§ 1a[3)] Klimaschutz und Nachhaltigkeit. Bei Anwendung dieses Gesetzes sind die Ziele des Klimaschutzes und der Nachhaltigkeit zu berücksichtigen.

§ 2[4)] Genehmigungspflicht. (1) [1]Wer im Sinne des § 1 Abs. 1

1. mit Straßenbahnen,
2. mit Obussen,
3. mit Kraftfahrzeugen im Linienverkehr (§§ 42, 42a, 43 und 44) oder
4. mit Kraftfahrzeugen im Gelegenheitsverkehr (§ 46)

Personen befördert, muß im Besitz einer Genehmigung sein. [2]Er ist Unternehmer im Sinne dieses Gesetzes.

(1a) [1]Wer als Nachunternehmer im Auftrag des Unternehmers eine entgeltliche Beförderung von Personen mit Kraftomnibussen durchführt, muss eine Genehmigung nach diesem Gesetz besitzen, die die eingesetzten Fahrzeuge umfasst. [2]Dies gilt nicht, wenn die Voraussetzungen nach Artikel 1 Absatz 4 Buchstabe b oder c

---

[1)] § 1 Abs. 2 neu gef. mWv 1.1.2013 durch G v. 14.12.2012 (BGBl. I S. 2598); Abs. 1a eingef., Abs. 2 Satz 1 Nr. 1 neu gef., Abs. 3 angef. mWv 1.8.2021 durch G v. 16.4.2021 (BGBl. I S. 822).

[2)] Nr. 235.

[3)] § 1a eingef. mWv 1.8.2021 durch G v. 16.4.2021 (BGBl. I S. 822).

[4)] § 2 Abs. 3 geänd. und Abs. 5a eingef. mWv 26.7.2002 durch G v. 19.7.2002 (BGBl. I S. 2691); Abs. 6 neu gef. mWv 1.1.2013 durch G v. 14.12.2012 (BGBl. I S. 2598); Abs. 1 Satz 1 Nr. 3 und Abs. 7 geänd., Abs. 1a und 1b eingef., mWv 1.8.2021 durch G v. 16.4.2021 (BGBl. I S. 822).

der Verordnung (EG) Nr. 1071/2009 des Europäischen Parlaments und des Rates vom 21. Oktober 2009 zur Festlegung gemeinsamer Regeln für die Zulassung zum Beruf des Kraftverkehrsunternehmers und zur Aufhebung der Richtlinie 96/26/EG des Rates (ABl. L 300 vom 14.11.2009, S. 51), die zuletzt durch die Verordnung (EU) Nr. 517/2013 (ABl. L 158 vom 10.6.2013, S. 1) geändert worden ist, erfüllt sind oder der Nachunternehmer ausschließlich innerstaatliche Beförderungen im Sinne des Artikels 1 Absatz 5 der Verordnung (EG) Nr. 1071/2009 durchführt.

(1b) [1] Wer im Sinne des § 1 Absatz 3 eine Beförderung vermittelt, muss nicht im Besitz einer Genehmigung sein. [2] Er ist Vermittler im Sinne dieses Gesetzes.

(2) Der Genehmigung bedarf auch

1. jede Erweiterung oder wesentliche Änderung des Unternehmens,
2. die Übertragung der aus der Genehmigung erwachsenden Rechte und Pflichten (Genehmigungsübertragung) sowie
3. die Übertragung der Betriebsführung auf einen anderen.

(3) Abweichend von Absatz 2 Nr. 2 dürfen im Verkehr mit Taxen die aus der Genehmigung erwachsenden Rechte und Pflichten nur übertragen werden, wenn gleichzeitig das ganze Unternehmen oder wesentliche selbständige und abgrenzbare Teile des Unternehmens übertragen werden.

(4) Die Genehmigungsbehörde kann bei einem Linienverkehr nach § 43 dieses Gesetzes und bei Beförderungen nach § 1 Nr. 4 Buchstaben d und i der Freistellungs-Verordnung[1)] Befreiung vom Verbot der Mitnahme anderer Fahrgäste erteilen, wenn dies im öffentlichen Verkehrsinteresse geboten und mit Rücksicht auf bestehende öffentliche Verkehrseinrichtungen wirtschaftlich vertretbar ist.

(5) [1] Einer Genehmigung bedarf es nicht zum vorübergehenden Einsatz von Kraftfahrzeugen bei Notständen und Betriebsstörungen im Verkehr, insbesondere im Schienen-, Bergbahn- oder Obusverkehr. [2] Wenn die Störungen länger als 72 Stunden dauern, haben die Unternehmer der von der Störung betroffenen Betriebe der Genehmigungsbehörde (§ 11) Art, Umfang und voraussichtliche Dauer eines solchen vorübergehenden Einsatzes von Kraftfahrzeugen unverzüglich mitzuteilen.

(5a) Wer Gelegenheitsverkehre in der Form der Ausflugsfahrt (§ 48 Abs. 1) oder der Ferienziel-Reise (§ 48 Abs. 2) plant, organisiert und anbietet, dabei gegenüber den Teilnehmern jedoch eindeutig zum Ausdruck bringt, dass die Beförderungen nicht von ihm selbst, sondern von einem bestimmten Unternehmer, der Inhaber einer Genehmigung nach diesem Gesetz ist, durchgeführt werden, muss selbst nicht im Besitz einer Genehmigung sein.

(6) Anstelle der Ablehnung einer Genehmigung kann im Fall einer Beförderung, die nicht alle Merkmale einer Verkehrsart oder Verkehrsform erfüllt, eine Genehmigung nach denjenigen Vorschriften dieses Gesetzes erteilt werden, denen *diese Beförderung am meisten* entspricht, soweit öffentliche Verkehrsinteressen nicht entgegenstehen.

(7) Zur praktischen Erprobung neuer Verkehrsarten oder Verkehrsmittel kann die Genehmigungsbehörde auf Antrag im Einzelfall Abweichungen von Vorschriften dieses Gesetzes oder von auf Grund dieses Gesetzes erlassenen Vorschriften für die Dauer von höchstens fünf Jahren genehmigen, soweit öffentliche Verkehrsinteressen nicht entgegenstehen.

[1)] Nr. **951**.

§ 3 Unternehmer. (1) Die Genehmigung wird dem Unternehmer für einen bestimmten Verkehr (§ 9) und für seine Person (natürliche oder juristische Person) erteilt.

(2) [1]Der Unternehmer oder derjenige, auf den die Betriebsführung übertragen worden ist, muß den Verkehr im eigenen Namen, unter eigener Verantwortung und für eigene Rechnung betreiben. [2]Die von der Landesregierung bestimmte Behörde kann in Einzelfällen Ausnahmen zulassen.

(3) Sollen Straßenbahnbetriebsanlagen von einem anderen als dem Unternehmer gebaut werden, kann die Genehmigung für ihren Bau und für die Linienführung (§ 9 Abs. 1 Nr. 1) dem andern erteilt werden; die für den Unternehmer geltenden Vorschriften des Gesetzes und der auf Grund des Gesetzes erlassenen Rechtsverordnungen sind entsprechend anzuwenden.

§ 3a[1) 2)] **Bereitstellung von Mobilitätsdaten.** (1) Der Unternehmer und der Vermittler sind verpflichtet, die folgenden statischen und dynamischen Daten sowie die entsprechenden Metadaten, die im Zusammenhang mit der Beförderung von Personen im Linienverkehr nach den §§ 42, 42a und 44 sowie im Gelegenheitsverkehr nach den §§ 47, 49 und 50 entstehen, nach Maßgabe der nach § 57 Absatz 1 Nummer 12 zu erlassenden Rechtsverordnung über den Nationalen Zugangspunkt nach § 2 Nummer 11 des Intelligente Verkehrssysteme Gesetzes vom 11. Juni 2013 (BGBl. I S. 1553), das zuletzt durch Artikel 1 des Gesetzes vom 17. Juni 2017 (BGBl. I S. 2690) geändert worden ist, bereitzustellen:

1. Daten im Zusammenhang mit der Beförderung von Personen im Linienverkehr:
   a) Name und Kontaktdaten des Anbieters, Fahrpläne, Routen, Preise oder Tarifstruktur, Buchungs- und Bezahlmöglichkeiten sowie Daten zur Barrierefreiheit und zum Umweltstandard der eingesetzten Fahrzeuge;
   b) Ausfälle, Störungen sowie Verspätungen und die voraussichtliche Abfahrts- und Ankunftszeit sowie die tatsächliche oder prognostizierte Auslastung des Verkehrsmittels;
   c) Bahnhöfe, Haltestellen und andere Zugangsknoten sowie Daten zu deren Barrierefreiheit; hierunter fallen auch Daten zur vorhandenen Infrastruktur an den Zugangsknoten wie Plattformen, Verkaufsstellen, Treppenhäuser, Rolltreppen und Aufzügen sowie
   d) aktueller Betriebsstatus der unter Buchstabe c genannten Zugangsknoten und der dort vorhandenen Infrastruktur;
2. Daten im Zusammenhang mit der Beförderung von Personen im Gelegenheitsverkehr:
   a) Name und Kontaktdaten des Anbieters, Bediengebiet und -zeiten, Standorte und Stationen einschließlich ihrer Anzahl, Preise, Buchungs- und Bezahlmöglichkeiten, Daten zur Barrierefreiheit sowie zum Umweltstandard der eingesetzten Fahrzeuge;
   b) Daten zur Verfügbarkeit von Fahrzeugen an Stationen und im Verkehr inklusive deren Auslastung in Echtzeit sowie Daten zu den tatsächlich abgerechneten Kosten.

[1)] § 3a eingef. mWv 1.8.2021 durch G v. 16.4.2021 (BGBl. I S. 822).

[2)] § 3a Absatz 1 Nummer 1 Buchstabe a tritt am 1.9.2021, Nummer 1 Buchstabe c und Nummer 2 Buchstabe a tritt am 1.1.2022; Nummer 1 Buchstabe b und Buchstabe d sowie Nummer 2 Buchstabe b tritt am 1.7.2022 in Kraft; siehe hierzu Art. 7 Abs. 2 G v. 16.4.2021 (BGBl. I S. 822).

(2) [1] Die Bereitstellung der in Absatz 1 Nummer 1 Buchstabe a und c sowie in Nummer 2 Buchstabe a genannten Daten hat einmalig, die Bereitstellung der in Absatz 1 Nummer 1 Buchstabe b und d und Nummer 2 Buchstabe b genannten Daten hat fortlaufend in Echtzeit zu erfolgen. [2] Die Daten sind in einem maschinenlesbaren Format bereitzustellen. [3] Näheres bestimmt die nach § 57 Absatz 1 Nummer 12 zu erlassende Rechtsverordnung. [4] Unternehmer und Vermittler müssen die in Absatz 1 Nummer 1 Buchstabe a und c und Nummer 2 Buchstabe a genannten Daten aktualisieren, soweit sich in ihrem Geschäftsbetrieb Änderungen ergeben.

(3) [1] Natürliche oder juristische Personen, die als Einzelunternehmer firmieren, sind von der Bereitstellungspflicht nach Absatz 1 ausgenommen. [2] Die freiwillige Bereitstellung von Daten nach Absatz 1 bleibt hiervon unberührt.

(4) Unternehmer und Vermittler können sich bei der Erfüllung ihrer Bereitstellungspflicht eines Erfüllungsgehilfen bedienen.

(5) [1] Stehen für die nach Absatz 1 Nummer 1 bereitzustellenden Daten auf Länderebene Systeme zur Verfügung, die dem Zweck der landeseinheitlichen Zusammenführung von Daten dienen, so sind die Daten vorrangig an diese Systeme zu liefern. [2] Die Landessysteme garantieren, dass die bereitgestellten Daten und Metadaten umgehend an den Nationalen Zugangspunkt weitergeleitet werden. [3] Dynamische Daten sind in Echtzeit weiterzuleiten. [4] Hierzu müssen die Landessysteme mit dem Nationalen Zugangspunkt über eine funktionsfähige Schnittstelle verbunden sein. [5] Die technischen Vorgaben des Nationalen Zugangspunktes sind einzuhalten.

§ 3b[1)] Datenverarbeitung. (1) Der Nationale Zugangspunkt ist befugt, die Daten nach § 3a Absatz 1 zu erheben, zu speichern, zu verwenden und auf Anfrage nach Maßgabe der nach § 57 Absatz 1 Nummer 12 zu erlassenden Rechtsverordnung an die folgenden Empfänger zu übermitteln:

1. Daten im Sinne von § 3a Absatz 1 Nummer 1 Buchstabe a und c und Nummer 2 Buchstabe a an Behörden nach dem § 8 Absatz 3 sowie den §§ 11 und 29 zur Überprüfung von Maßgaben nach den §§ 40, 41, 49 Absatz 4, § 50 Absatz 3 und 4 sowie den §§ 51 und 51a und Daten nach § 3a Absatz 1 Nummer 2 Buchstabe b an Behörden nach § 8 Absatz 3 und § 11 zur Überwachung von Maßgaben nach § 49 Absatz 4, § 50 Absatz 3 und 4 sowie zur Überwachung von Maßgaben nach § 51a Absatz 1, 2 und 4;
2. Daten im Sinne von § 3a Absatz 1 Nummer 1 Buchstabe a und c und Nummer 2 Buchstabe a sowie Daten im Sinne von § 3a Absatz 1 Nummer 2 Buchstabe b in anonymisierter Form an Länder, Behörden nach § 8 Absatz 3 und Kommunen zur Durchführung von Verkehrsuntersuchungen, zur Ausgestaltung von Maßnahmen zur effizienten Verkehrsplanung und Verkehrslenkung oder zur Durchführung von Maßnahmen im Bereich des Klimaschutzes oder zur Fortentwicklung der Barrierefreiheit nach § 50 Absatz 3 und §§ 64b und 64c;
3. Daten im Sinne von § 3a Absatz 1 Nummer 1 und 2 an Dritte zur Erbringung bedarfsgesteuerter Mobilitätsdienstleistungen oder multimodaler Reiseinformationsdienste für Endnutzer nach Artikel 2 Nummer 12 der Delegierten Verordnung (EU) 2017/1926 der Kommission vom 31. Mai 2017 zur Ergänzung der Richtlinie 2010/40/EU des Europäischen Parlaments und des Rates hinsichtlich der Bereitstellung EU-weiter multimodaler Reiseinformationsdienste

---

1) § 3b eingef. mWv 1.8.2021 durch G v. 16.4.2021 (BGBl. I S. 822); Abs. 1 Nr. 4 und Abs. 5 einl. Satzteil geänd. mWv 27.2.2026 durch G v. 23.2.2026 (BGBl. 2026 I Nr. 47).

(ABl. L 272 vom 21.10.2017, S. 1; L 125 vom 14.5.2019, S. 24); Daten nach § 3a Absatz 1 Nummer 2 Buchstabe b dürfen vom Nationalen Zugangspunkt nicht übermittelt werden, wenn er Kenntnis davon erlangt, dass auf Grund der besonderen Umstände des Einzelfalls die Gefahr besteht, dass mit diesen Daten Bewegungen oder Standorte individualisierbarer Personen nachvollzogen werden können und diese Personen nicht in die Übermittlung eingewilligt haben;

4. Daten im Sinne von § 3a Absatz 1 Nummer 1 und 2 Buchstabe a an das Bundesministerium für Verkehr zur Erfüllung seiner Aufgaben, insbesondere seiner Berichtspflichten nach § 66, sowie zur Fortentwicklung von Maßnahmen im Zusammenhang mit der Entwicklung intelligenter Verkehrssysteme nach § 4 des Intelligente Verkehrssysteme Gesetzes sowie zur Erfüllung der Berichtspflicht aus Artikel 10 Absatz 2 der Delegierten Verordnung (EU) 2017/1926;
5. Daten im Sinne von § 3a Absatz 1 Nummer 1 Buchstabe a, b und c an das Statistische Bundesamt und die jeweiligen Landesämter für Statistik zur Erfüllung von Aufgaben nach § 1 Nummer 7 des Verkehrsstatistikgesetzes.

(2) [1]Der Nationale Zugangspunkt darf Daten nach § 3a Absatz 1 in anonymisierter Form ferner zur Verfügung stellen

1. den Bundesministerien für eigene oder in deren Auftrag durchzuführende wissenschaftliche Studien sowie
2. den Ländern und Kommunen für hoheitliche Zwecke, wie etwa die Verkehrslenkung oder den Klimaschutz,

wenn die Daten zur Erreichung dieser Zwecke erforderlich sind. [2]Die Bundesministerien dürfen die nach Satz 1 erhaltenen Daten auch Dritten zur Durchführung wissenschaftlicher Studien zur Verfügung stellen, wenn die Dritten ihnen gegenüber die Fachkunde nachgewiesen und die vertrauliche Behandlung der Daten zugesichert haben.

(3) Behörden nach § 8 Absatz 3 sowie §§ 11 und 29 sind befugt,

1. Daten nach § 3a Absatz 1 Nummer 1 Buchstabe a und c sowie Nummer 2 Buchstabe a zu erheben, zu speichern und zu verwenden, soweit dies zur Überprüfung von Maßgaben nach den §§ 40, 41, 49 Absatz 4, § 50 Absatz 3 und 4 sowie §§ 51 und 51a erforderlich ist, und
2. Daten nach § 3a Absatz 1 Nummer 2 Buchstabe b zu erheben, zu speichern und zu verwenden, soweit dies zur Überwachung von Maßgaben nach § 49 Absatz 4, § 50 Absatz 3 und 4 sowie § 51a Absatz 4 erforderlich ist.

(4) Erbringer bedarfsgesteuerter Mobilitätsdienstleistungen oder multimodaler Reiseinformationsdienste für Endnutzer nach Artikel 2 Nummer 12 der Delegierten Verordnung (EU) 2017/1926 sind befugt, Daten nach § 3a Absatz 1 zu erheben, zu speichern und zu verwenden, soweit dies zur Erbringung ihrer Dienste gegenüber Endnutzern erforderlich ist.

(5) Das Bundesministerium für Verkehr ist befugt, Daten nach § 3a Absatz 1 Nummer 1 und 2 Buchstabe a zu erheben, zu speichern und zu verwenden, soweit dies jeweils erforderlich ist

1. zur Erfüllung der Berichtspflichten nach § 66,
2. zur Fortentwicklung von Maßnahmen im Zusammenhang mit der Entwicklung intelligenter Verkehrssysteme nach § 4 des Intelligente Verkehrssysteme Gesetzes oder
3. zur Erfüllung der Berichtspflicht aus Artikel 10 Absatz 2 der Delegierten Verordnung (EU) 2017/1926.

(6) Das Statistische Bundesamt und die Landesämter für Statistik sind befugt, Daten nach § 3a Absatz 1 Nummer 1 Buchstabe a, b und c zu erheben, zu speichern und zu verwenden, soweit dies zur Erstellung der Personenverkehrsstatistik nach § 1 Nummer 7 des Verkehrsstatistikgesetzes erforderlich ist.

§ 3c[1] Datenlöschung. (1) [1] Der Nationale Zugangspunkt und Behörden nach § 8 Absatz 3 sowie §§ 11 und 29 haben personenbezogene Daten unverzüglich zu löschen, wenn sie für die in § 3b Absatz 1 oder 3 genannten Zwecke nicht mehr erforderlich sind, spätestens jedoch

1. sobald der jeweilige Empfänger
   a) im Fall von Adressdaten des Unternehmers Kenntnis über den Widerruf, die Rücknahme oder das Erlöschen der Genehmigung oder über den Ablauf der Geltungsdauer erlangt hat,
   b) im Fall von Adressdaten des Vermittlers Kenntnis über die Geschäftsaufgabe erlangt hat und
2. im Fall von Daten nach § 3a Absatz 1 Nummer 2 Buchstabe b, soweit die Daten nicht durch Überschreiben gelöscht wurden, drei Monate nach deren Übermittlung.

[2] Der Nationale Zugangspunkt hat dynamische Daten nach § 3a Absatz 1 Nummer 2 Buchstabe b, bei denen er davon Kenntnis erlangt, dass auf Grund der besonderen Umstände des Einzelfalls die Gefahr besteht, dass mit diesen Daten Bewegungen und Standorte individualisierbarer Personen nachvollzogen werden können und diese Personen nicht in die Übermittlung eingewilligt haben, unverzüglich zu löschen.

(2) Erbringer bedarfsgesteuerter Mobilitätsdienstleistungen oder multimodaler Reiseinformationsdienste für Endnutzer nach Artikel 2 Nummer 12 der Delegierten Verordnung (EU) 2017/1926 haben personenbezogene Daten unverzüglich zu löschen, wenn sie für die in § 3b Absatz 4 genannten Zwecke nicht mehr erforderlich sind, spätestens jedoch wenn

1. im Fall von Adressdaten des Unternehmers Kenntnis über den Widerruf, die Rücknahme oder das Erlöschen der Genehmigung oder über den Ablauf der Geltungsdauer erlangt wurde,
2. im Fall von Adressdaten des Vermittlers Kenntnis über die Geschäftsaufgabe erlangt wurde,
3. im Fall von Daten nach § 3a Absatz 1 Nummer 2 Buchstabe b eine Reiseinformation an Endnutzer übermittelt wurde oder
4. ihnen durch den Nationalen Zugangspunkt die Zulassung zur Datenverarbeitung entzogen wurde.

(3) Das Bundesministerium für Verkehr hat personenbezogene Daten zu löschen, wenn diese nicht mehr für die in § 3b Absatz 5 genannten Zwecke erforderlich sind, spätestens jedoch

1. ein Jahr nach Erfüllung der jeweiligen Berichtspflicht oder
2. ein Jahr nach Inkrafttreten einer Maßnahme nach § 4 des Intelligente Verkehrssysteme Gesetzes.

---

[1] § 3c eingef. mWv 1.8.2021 durch G v. 16.4.2021 (BGBl. I S. 822); Abs. 3 einl. Satzteil geänd. mWv 27.2.2026 durch G v. 23.2.2026 (BGBl. 2026 I Nr. 47).

(4) Das Statistische Bundesamt und die Landesämter für Statistik haben personenbezogene Daten zu löschen, wenn diese nicht mehr für die in § 3b Absatz 6 genannten Zwecke erforderlich sind, spätestens jedoch ein Jahr nach Erstellung der jeweiligen Statistik.

§ 4 Straßenbahnen, Obusse, Kraftfahrzeuge. (1) Straßenbahnen sind Schienenbahnen, die

1. den Verkehrsraum öffentlicher Straßen benutzen und sich mit ihren baulichen und betrieblichen Einrichtungen sowie in ihrer Betriebsweise der Eigenart des Straßenverkehrs anpassen oder
2. einen besonderen Bahnkörper haben und in der Betriebsweise den unter Nummer 1 bezeichneten Bahnen gleichen oder ähneln

und ausschließlich oder überwiegend der Beförderung von Personen im Orts- oder Nachbarschaftsbereich dienen.

(2) Als Straßenbahnen gelten auch Bahnen, die als Hoch- und Untergrundbahnen, Schwebebahnen oder ähnliche Bahnen besonderer Bauart angelegt sind oder angelegt werden, ausschließlich oder überwiegend der Beförderung von Personen im Orts- oder Nachbarschaftsbereich dienen und nicht Bergbahnen oder Seilbahnen sind.

(3) Obusse im Sinne dieses Gesetzes sind elektrisch angetriebene, nicht an Schienen gebundene Straßenfahrzeuge, die ihre Antriebsenergie einer Fahrleitung entnehmen.

(4) Kraftfahrzeuge im Sinne dieses Gesetzes sind Straßenfahrzeuge, die durch eigene Maschinenkraft bewegt werden, ohne an Schienen oder eine Fahrleitung gebunden zu sein, und zwar sind

1. Personenkraftwagen: Kraftfahrzeuge, die nach ihrer Bauart und Ausstattung zur Beförderung von nicht mehr als neun Personen (einschließlich Führer) geeignet und bestimmt sind,
2. Kraftomnibusse: Kraftfahrzeuge, die nach ihrer Bauart und Ausstattung zur Beförderung von mehr als neun Personen (einschließlich Führer) geeignet und bestimmt sind,
3. Lastkraftwagen: Kraftfahrzeuge, die nach ihrer Bauart und Einrichtung zur Beförderung von Gütern bestimmt sind.

(5) Anhänger, die von den in Absatz 1 bis 4 genannten Fahrzeugen zur Personenbeförderung mitgeführt werden, sind den sie bewegenden Fahrzeugen gleichgestellt.

(6) Krankenkraftwagen im Sinne dieses Gesetzes sind Fahrzeuge, die für Krankentransport oder Notfallrettung besonders eingerichtet und nach dem Fahrzeugschein als Krankenkraftwagen anerkannt sind.

§ 5[1] Dokumente. Genehmigungen, einstweilige Erlaubnisse und Bescheinigungen oder deren Widerruf nach diesem Gesetz oder nach einer auf Grund dieses Gesetzes erlassenen Rechtsverordnung oder Allgemeinen Verwaltungsvorschrift sind schriftlich oder in elektronischer Form mit einer dauerhaft überprüfbaren *Signatur nach* § 37 Absatz 4 des Verwaltungsverfahrensgesetzes[2] zu erteilen.

---

[1] § 5 neu gef. mWv 1.8.2021 durch G v. 16.4.2021 (BGBl. I S. 822).
[2] Nr. 100.

§ 6 Umgehungsverbot. Die Verpflichtungen des Unternehmers nach diesem Gesetz werden durch rechtsgeschäftliche oder firmenrechtliche Gestaltungen oder Scheintatbestände, die zur Umgehung der Bestimmungen des Gesetzes geeignet sind, nicht berührt.

§ 7 Beförderung von Personen auf Lastkraftwagen und auf Anhängern hinter Lastkraftwagen und Zugmaschinen. (1) Zu einer Personenbeförderung, die nach diesem Gesetz genehmigungspflichtig ist, dürfen Lastkraftwagen sowie Anhänger jeder Art hinter Lastkraftwagen oder hinter Zugmaschinen nicht verwendet werden.

(2) Die Genehmigungsbehörde kann in Einzelfällen Ausnahmen zulassen.

(Fortsetzung nächstes Blatt)

§ 8[1)] Förderung der Verkehrsbedienung und Ausgleich der Verkehrsinteressen im öffentlichen Personennahverkehr. (1) [1] Öffentlicher Personennahverkehr im Sinne dieses Gesetzes ist die allgemein zugängliche Beförderung von Personen mit Straßenbahnen, Obussen und Kraftfahrzeugen im Linienverkehr, die überwiegend dazu bestimmt sind, die Verkehrsnachfrage im Stadt-, Vorort- oder Regionalverkehr zu befriedigen. [2] Das ist im Zweifel der Fall, wenn in der Mehrzahl der Beförderungsfälle eines Verkehrsmittels die gesamte Reiseweite 50 Kilometer oder die gesamte Reisezeit eine Stunde nicht übersteigt.

(2) Öffentlicher Personennahverkehr ist auch der Verkehr mit Taxen oder Mietwagen, der eine der in Absatz 1 genannten Verkehrsarten ersetzt, ergänzt oder verdichtet.

(3) [1] Für die Sicherstellung einer ausreichenden den Grundsätzen des Klimaschutzes und der Nachhaltigkeit entsprechenden Bedienung der Bevölkerung mit Verkehrsleistungen im öffentlichen Personennahverkehr sind die von den Ländern benannten Behörden (Aufgabenträger) zuständig. [2] Der Aufgabenträger definiert dazu die Anforderungen an Umfang und Qualität des Verkehrsangebotes, dessen Umweltqualität sowie die Vorgaben für die verkehrsmittelübergreifende Integration der Verkehrsleistungen in der Regel in einem Nahverkehrsplan. [3] Der Nahverkehrsplan hat die Belange der in ihrer Mobilität oder sensorisch eingeschränkten Menschen mit dem Ziel zu berücksichtigen, für die Nutzung des öffentlichen Personennahverkehrs bis zum 1. Januar 2022 eine vollständige Barrierefreiheit zu erreichen. [4] Die in Satz 3 genannte Frist gilt nicht, sofern in dem Nahverkehrsplan Ausnahmen konkret benannt und begründet werden. [5] Im Nahverkehrsplan werden Aussagen über zeitliche Vorgaben und erforderliche Maßnahmen getroffen. [6] Bei der Aufstellung des Nahverkehrsplans sind die vorhandenen Unternehmer frühzeitig zu beteiligen; soweit vorhanden sind Behindertenbeauftragte oder Behindertenbeiräte, Verbände der in ihrer Mobilität oder sensorisch eingeschränkten Fahrgäste und Fahrgastverbände anzuhören. [7] Ihre Interessen sind angemessen und diskriminierungsfrei zu berücksichtigen. [8] Der Nahverkehrsplan bildet den Rahmen für die Entwicklung des öffentlichen Personennahverkehrs. [9] Die Länder können weitere Einzelheiten über die Aufstellung und den Inhalt der Nahverkehrspläne regeln.

(3a) [1] Die Genehmigungsbehörde wirkt im Rahmen ihrer Befugnisse nach diesem Gesetz und unter Beachtung des Interesses an einer wirtschaftlichen, den Klimaschutz und die Nachhaltigkeit sowie die Gleichwertigkeit der Lebensverhältnisse berücksichtigenden Verkehrsgestaltung an der Erfüllung der dem Aufgabenträger nach Absatz 3 Satz 1 obliegenden Aufgabe mit. [2] Sie hat hierbei einen Nahverkehrsplan zu berücksichtigen, der unter den Voraussetzungen des Absatzes 3 Satz 6 zustande gekommen ist und vorhandene Verkehrsstrukturen beachtet.

(3b) [1] Für Vereinbarungen von Verkehrsunternehmen und für Beschlüsse und Empfehlungen von Vereinigungen dieser Unternehmen gilt § 1 des Gesetzes gegen Wettbewerbsbeschränkungen[2)] nicht, soweit sie dem Ziel dienen, für eine Integration der Nahverkehrsbedienung, insbesondere für Verkehrskooperationen, für die

---

[1)] § 8 neu gef. mWv 1.1.1996 durch G v. 27.12.1993 (BGBl. I S. 2378); Abs. 3 Sätze 5–8 angef. durch G v. 26.8.1998 (BGBl. I S. 2521); Abs. 3 Sätze 3 und 4 eingef., bish. Sätze 3–8 werden Sätze 5–10 mWv 1.5.2002 durch G v. 27.4.2002 (BGBl. I S. 1467); Abs. 3 Satz 7 geänd. und Sätze 8–10 neu gef. mWv 1.7. 2005 durch G v. 7.7.2005 (BGBl. I S. 1954); Abs. 3 und 4 neu gef., Abs. 3a und 3b eingef. mWv 1.1.2013 durch G v. 14.12.2012 (BGBl. I S. 2598); Abs. 3b Satz 3 geänd. mWv 30.6.2013 durch G v. 26.6.2013 (BGBl. I S. 1738); Abs. 3 Satz 1 und Abs. 3a Satz 1 geänd. mWv 1.8.2021 durch G v. 16.4.2021 (BGBl. I S. 822).

[2)] **Schönfelder Nr. 74.**

Abstimmung oder den Verbund der Beförderungsentgelte und für die Abstimmung der Fahrpläne, zu sorgen. [2] Sie bedürfen zu ihrer Wirksamkeit der Anmeldung bei der Genehmigungsbehörde. [3] Für Vereinigungen von Unternehmen, die Vereinbarungen, Beschlüsse und Empfehlungen im Sinne von Satz 1 treffen, gilt § 19 Absatz 1 in Verbindung mit Absatz 2 Nummer 1 des Gesetzes gegen Wettbewerbsbeschränkungen entsprechend. [4] Verfügungen der Kartellbehörde, die solche Vereinbarungen, Beschlüsse oder Empfehlungen betreffen, ergehen im Benehmen mit der zuständigen Genehmigungsbehörde.

(4) [1] Verkehrsleistungen im öffentlichen Personennahverkehr sind eigenwirtschaftlich zu erbringen. [2] Eigenwirtschaftlich sind Verkehrsleistungen, deren Aufwand gedeckt wird durch Beförderungserlöse, Ausgleichsleistungen auf der Grundlage von allgemeinen Vorschriften nach Artikel 3 Absatz 2 und 3 der Verordnung (EG) Nr. 1370/2007[1)] des Europäischen Parlaments und des Rates vom 23. Oktober 2007 über öffentliche Personenverkehrsdienste auf Schiene und Straße und zur Aufhebung der Verordnungen (EWG) Nr. 1191/69 und (EWG) Nr. 1107/70 des Rates (ABl. L 315 vom 3.12.2007, S. 1) und sonstige Unternehmenserträge im handelsrechtlichen Sinne, soweit diese keine Ausgleichsleistungen für die Erfüllung gemeinwirtschaftlicher Verpflichtungen nach Artikel 3 Absatz 1 der Verordnung (EG) Nr. 1370/2007 darstellen und keine ausschließlichen Rechte gewährt werden. [3] Ausgleichszahlungen für die Beförderung von Personen mit Zeitfahrausweisen des Ausbildungsverkehrs nach § 45a sind aus dem Anwendungsbereich der Verordnung (EG) Nr. 1370/2007 ausgenommen.

§ 8a[2)] Vergabe öffentlicher Dienstleistungsaufträge. (1) [1] Soweit eine ausreichende Verkehrsbedienung für eine Gesamtleistung nach § 8a Absatz 2 Satz 4 oder für eine Teilleistung nicht entsprechend § 8 Absatz 4 Satz 1 möglich ist, ist die Verordnung (EG) Nr. 1370/2007[1)] maßgebend. [2] Die zuständige Behörde im Sinne der Verordnung (EG) Nr. 1370/2007 (zuständige Behörde) kann zur Sicherstellung einer ausreichenden Verkehrsbedienung allgemeine Vorschriften im Sinne des Artikels 3 Absatz 2 und 3 der Verordnung (EG) Nr. 1370/2007 erlassen oder öffentliche Dienstleistungsaufträge nach Maßgabe des Artikels 3 Absatz 1 der Verordnung (EG) Nr. 1370/2007 erteilen. [3] Wer zuständige Behörde ist, richtet sich nach dem Landesrecht; sie soll grundsätzlich mit dem Aufgabenträger nach § 8 Absatz 3 identisch sein.

(2) [1] Sind öffentliche Dienstleistungsaufträge im Sinne der Verordnung (EG) Nr. 1370/2007 für den Verkehr mit Straßenbahnen, Obussen oder mit Kraftfahrzeugen zugleich öffentliche Aufträge im Sinne des § 103 des Gesetzes gegen Wettbewerbsbeschränkungen[3)], gilt Teil 4 des Gesetzes gegen Wettbewerbsbeschränkungen. [2] Die zuständige Behörde ist auch in diesem Fall zur Veröffentlichung nach Artikel 7 Absatz 2 der Verordnung (EG) Nr. 1370/2007 (Vorabbekanntmachung) verpflichtet; die Veröffentlichung soll nicht früher als 27 Monate vor Betriebsbeginn erfolgen und hat den Hinweis auf die Antragsfrist in § 12 Absatz 6 zu enthalten. [3] In der Vorabbekanntmachung sollen die mit dem beabsichtigten Dienstleistungsauftrag verbundenen Anforderungen für Fahrplan, Beförderungsentgelt und Standards angegeben werden. [4] Es kann angegeben werden, inwieweit eine Vergabe als Gesamtleistung beabsichtigt ist (Netz, Teilnetz, Linienbündel, Linie). [5] Die Angaben können auch durch Verweis auf bestimmte Inhalte

---

[1)] **Nipperdey I, Arbeitsrecht Nr. 883.**

[2)] § 8a eingef. mWv 1.1.2013 durch G v. 14.12.2012 (BGBl. I S. 2598); Abs. 2 Satz 1 und Abs. 7 Satz 1 geänd. mWv 18.4.2016 durch G v. 17.2.2016 (BGBl. I S. 203).

[3)] **Schönfelder Nr. 74.**

des Nahverkehrsplans im Sinne des § 8 Absatz 3 oder durch Verweis auf andere öffentlich zugängliche Dokumente geleistet werden.

(3) Die zuständige Behörde ist unter den in der Verordnung (EG) Nr. 1370/2007 genannten Voraussetzungen befugt, Verkehrsleistungen im Nahverkehr nach Artikel 5 Absatz 2 der Verordnung (EG) Nr. 1370/2007 selbst zu erbringen oder nach Artikel 5 Absatz 2 und 4 der Verordnung (EG) Nr. 1370/2007 direkt zu vergeben.

(4) [1]Bei der Vergabe eines öffentlichen Dienstleistungsauftrages nach Artikel 5 Absatz 3 und 4 der Verordnung (EG) Nr. 1370/2007 für den Verkehr mit Straßenbahnen, Obussen oder mit Kraftfahrzeugen sind die Interessen des Mittelstandes angemessen zu berücksichtigen. [2]Bei der Vergabe eines öffentlichen Dienstleistungsauftrages nach Artikel 5 Absatz 3 der Verordnung (EG) Nr. 1370/2007 sind Leistungen in Lose aufgeteilt zu vergeben.

(5) [1]Beabsichtigt die zuständige Behörde, Verkehrsleistungen im Nahverkehr selbst zu erbringen oder nach Artikel 5 Absatz 2 oder 4 der Verordnung (EG) Nr. 1370/2007 direkt zu vergeben, so hat sie interessierte Unternehmer auf Antrag über die Gründe für die beabsichtigte Entscheidung zu informieren. [2]Der Antrag ist innerhalb einer Frist von sechs Monaten nach der Vorabbekanntmachung zu stellen.

(6) Die Unternehmen können verlangen, dass die zuständige Behörde die Bestimmungen über die Vergabe öffentlicher Dienstleistungsaufträge einhält.

(7) [1]Die Vergabe eines öffentlichen Dienstleistungsauftrages nach Artikel 5 Absatz 2 bis 5 der Verordnung (EG) Nr. 1370/2007 für den Verkehr mit Straßenbahnen, Obussen oder Kraftfahrzeugen unterliegt der Nachprüfung nach Teil 4 Kapitel 2 des Gesetzes gegen Wettbewerbsbeschränkungen. [2]Die Prüfungsmöglichkeiten der Aufsichtsbehörde der zuständigen Behörde bleiben unberührt.

(8) [1]Die zuständige Behörde im Sinne der Verordnung (EG) Nr. 1370/2007 kann in dem öffentlichen Dienstleistungsauftrag ein ausschließliches Recht im Sinne von Artikel 2 Buchstabe f der Verordnung (EG) Nr. 1370/2007 gewähren. [2]Das ausschließliche Recht darf sich nur auf den Schutz der Verkehrsleistungen beziehen, die Gegenstand des öffentlichen Dienstleistungsauftrages sind. [3]Die zuständige Behörde bestimmt hierbei den räumlichen und zeitlichen Geltungsbereich sowie die Art der Personenverkehrsdienstleistungen, die unter Ausschluss anderer Betreiber zu erbringen sind. [4]Dabei dürfen solche Verkehre, die das Fahrgastpotenzial der geschützten Verkehre nur unerheblich beeinträchtigen, nicht ausgeschlossen werden.

§ 8b[1)] Wettbewerbliches Vergabeverfahren. (1) Ein wettbewerbliches Vergabeverfahren nach Artikel 5 Absatz 3 der Verordnung (EG) Nr. 1370/2007[2)] muss die Anforderungen nach den Absätzen 2 bis 7 erfüllen.

(2) [1]Die Bekanntmachung über das vorgesehene wettbewerbliche Vergabeverfahren muss allen in Betracht kommenden Bietern zugänglich sein. [2]Sie kann auf der Internetseite www.bund.de veröffentlicht werden. [3]Die Bekanntmachung muss alle für die Teilnahme an dem Vergabeverfahren erforderlichen Informationen enthalten, insbesondere Informationen über

---

[1)] § 8b eingef. mWv 1.1.2013 durch G v. 14.12.2012 (BGBl. I S. 2598); Abs. 7 Satz 2 geänd. mWv 18.4.2016 durch G v. 17.2.2016 (BGBl. I S. 203); Abs. 6 Satz 1 geänd. mWv 1.8.2021 durch G v. 16.4.2021 (BGBl. I S. 822).

[2)] **Nipperdey I, Arbeitsrecht Nr. 883.**

1. den vorgesehenen Ablauf des wettbewerblichen Vergabeverfahrens,
2. vorzulegende Nachweise der Fachkunde, Zuverlässigkeit und Leistungsfähigkeit (Eignungsnachweis),
3. Anforderungen an die Übermittlung von Unterlagen sowie
4. Zuschlagskriterien einschließlich deren vorgesehener Gewichtung.

(3) 1 Die Dienstleistungen sind eindeutig und umfassend zu beschreiben, sodass alle in Betracht kommenden Bieter die Beschreibung im gleichen Sinne verstehen müssen und miteinander vergleichbare Angebote zu erwarten sind. 2 Fristen sind unter Berücksichtigung der Komplexität der Dienstleistungen angemessen zu setzen.

(4) 1 Die Teilnehmer an dem wettbewerblichen Vergabeverfahren sind gleich zu behandeln. 2 Der Zuschlag ist auf das unter Berücksichtigung aller Umstände wirtschaftlichste Angebot zu erteilen.

(5) Werden Unteraufträge zugelassen, kann vorgegeben werden, dass die Übertragung von Unteraufträgen nach wettbewerblichen Grundsätzen vorzunehmen ist.

(6) 1 Das Vergabeverfahren ist von Beginn an fortlaufend zu dokumentieren. 2 Alle wesentlichen Entscheidungen sind zu begründen.

(7) 1 Der Aufgabenträger hat die nicht berücksichtigten Bieter über den Namen des ausgewählten Unternehmens, über die Gründe für ihre Nichtberücksichtigung und über den frühesten Zeitpunkt der Beauftragung unverzüglich zu informieren. 2 Die §§ 134 und 135 des Gesetzes gegen Wettbewerbsbeschränkungen[1)] gelten entsprechend.

II. Genehmigung

§ 9[2)] Umfang der Genehmigung. (1) Die Genehmigung wird erteilt

1. bei einem Verkehr mit Straßenbahnen für den Bau, den Betrieb und die Linienführung,
2. bei einem Verkehr mit Obussen für den Bau, den Betrieb und die Linienführung,
3. bei einem Linienverkehr mit Kraftfahrzeugen für die Einrichtung, die Linienführung und den Betrieb,

3a. bei einem Linienbedarfsverkehr mit Kraftfahrzeugen abweichend von Nummer 3 für die Einrichtung, das Gebiet, in dem der Verkehr durchgeführt wird, und den Betrieb,

4. bei einem Gelegenheitsverkehr mit Kraftomnibussen für den Betrieb,
5. bei einem Gelegenheitsverkehr mit Personenkraftwagen für die Form des Gelegenheitsverkehrs und den Betrieb mit bestimmten Kraftfahrzeugen unter Angabe ihrer amtlichen Kennzeichen und ergänzend bei einem gebündelten Bedarfsverkehr für das Gebiet, in dem der Verkehr durchgeführt wird.

(2) Soweit es die Zielsetzung des § 8 erfordert, kann in den Fällen des Absatzes 1 Nr. 1 bis 3 die Genehmigung für eine Linie oder für mehrere Linien gebündelt erteilt werden.

---

1) **Schönfelder Nr. 74.**

2) § 9 Abs. 2 eingef. mWv 1.1.1996 durch G v. 27.12.1993 (BGBl. I S. 2378); Abs. 1 Nr. 4 neu gef., Nr. 5 angef. und Abs. 4 aufgeh. mWv 1.9.2007 durch G v. 14.8.2006 (BGBl. I S. 1962); Abs. 1 Nr. 3a eingef., Nr. 5 geänd. mWv 1.8.2021 durch G v. 16.4.2021 (BGBl. I S. 822).

(3) (weggefallen)

§ 10 Entscheidung in Zweifelsfällen. Entstehen Zweifel darüber, ob eine Personenbeförderung den Vorschriften dieses Gesetzes unterliegt oder welcher Verkehrsart oder Verkehrsform ein Verkehr zugehört oder wer Unternehmer im Sinne des § 3 Abs. 1 und 2 ist, so entscheidet die für den Sitz des Unternehmers zuständige, von der Landesregierung bestimmte Behörde.

§ 11[1)] Genehmigungsbehörden. (1) Die Genehmigung erteilt die von der Landesregierung bestimmte Behörde.

(2) Zuständig ist

1. bei einem Straßenbahn-, Obusverkehr oder einem Linienverkehr mit Kraftfahrzeugen die Genehmigungsbehörde, in deren Bezirk der Verkehr ausschließlich betrieben werden soll,
2. bei einem Gelegenheitsverkehr mit Kraftfahrzeugen die Genehmigungsbehörde, in deren Bezirk der Unternehmer seinen Sitz oder seine Niederlassung im Sinne des Handelsrechts hat.

(3) [1] Soll ein Straßenbahn-, Obusverkehr oder ein Linienverkehr mit Kraftfahrzeugen in den Bezirken mehrerer Genehmigungsbehörden desselben Landes betrieben werden, so ist die Genehmigungsbehörde zuständig, in deren Bezirk die Linie ihren Ausgangspunkt hat. [2] Wird eine Genehmigung gemäß § 9 Absatz 2 für mehrere Linien gebündelt erteilt, ist die Genehmigungsbehörde zuständig, in deren Bezirk die Mehrzahl der Linien betrieben werden soll. [3] Bestehen Zweifel über die Zuständigkeit, so wird die zuständige Genehmigungsbehörde von der von der Landesregierung bestimmten Behörde benannt. [4] Die zuständige Genehmigungsbehörde trifft ihre Entscheidung im Einvernehmen mit den an der Linienführung beteiligten Genehmigungsbehörden; Genehmigungsbehörden, deren Bezirke im Transit durchfahren werden, sind nicht zu beteiligen. [5] Kommt ein Einvernehmen nicht zustande, so entscheidet die von der Landesregierung bestimmte Behörde.

(4) [1] Soll ein Straßenbahn-, Obus- oder Linienverkehr mit Kraftfahrzeugen in mehreren Ländern betrieben werden, so ist Absatz 3 Satz 1, 2 und 4 entsprechend anzuwenden. [2] Bestehen zwischen den beteiligten Ländern Zweifel über die Zuständigkeit und kommt eine Einigung der obersten Landesverkehrsbehörden darüber nicht zustande, so entscheidet auf Antrag einer beteiligten obersten Landesverkehrsbehörde das Bundesministerium für Verkehr. [3] Das gleiche gilt, wenn über die Entscheidung eines Genehmigungsantrages zwischen den Genehmigungsbehörden der beteiligten Länder ein Einvernehmen nicht hergestellt und auch ein Einvernehmen zwischen den obersten Landesverkehrsbehörden darüber nicht erzielt werden kann.

§ 12[2)] Antragstellung. (1) [1] Der Antrag auf Erteilung der Genehmigung soll enthalten

---

[1)] § 11 Abs. 3 Satz 3 geänd. durch G v. 27.12.1993 (BGBl. I S. 2378); Abs. 4 Satz 2 geänd. mWv 7.11. 2001 durch VO v. 29.10.2001 (BGBl. I S. 2785); Abs. 4 Satz 2 geänd. mWv 8.11.2006 durch VO v. 31.10.2006 (BGBl. I S. 2407); Abs. 4 Satz 2 geänd. mWv 8.9.2015 durch VO v. 31.8.2015 (BGBl. I S. 1474); Abs. 3 Satz 2 eingef., bish. Sätze 2–4 werden Sätze 3–5, Abs. 4 Satz 1 neu gef. mWv 1.8.2021 durch G v. 16.4.2021 (BGBl. I S. 822); Abs. 4 Satz 2 geänd. mWv 27.2.2026 durch G v. 23.2.2026 (BGBl. 2026 I Nr. 47).

[2)] § 12 Abs. 1 Nr. 1 Buchst. b geänd. und Buchst. c angef. mWv 1.5.2002 durch G v. 27.4.2002 (BGBl. I S. 1467); Abs. 1 Nr. 1 Buchst. c geänd. Nr. 1 Buchst. d und 1 Buchst. e und Satz 2 und Abs. 5–8 angef., →

1. in allen Fällen
   a) Namen sowie Wohn- und Betriebssitz des Antragstellers, bei natürlichen Personen außerdem Geburtstag und Geburtsort,
   b) Angaben darüber, ob der Antragsteller bereits eine Genehmigung für eine Verkehrsart besitzt oder besessen hat,
   c) eine Darstellung der Maßnahmen zur Erreichung des Ziels der vollständigen Barrierefreiheit des beantragten Verkehrs entsprechend den Aussagen im Nahverkehrsplan (§ 8 Absatz 3 Satz 3),
   d) Beginn und Ende der beantragten Geltungsdauer,
   e) gegebenenfalls den Nachweis über einen öffentlichen Dienstleistungsauftrag im Sinne von Artikel 3 Absatz 1 der Verordnung (EG) Nr. 1370/2007[1)];
2. bei einem Straßenbahn- oder Obusverkehr
   a) eine Übersichtskarte, in der die beantragte Strecke mit Haltestellen und alle in dem Verkehrsgebiet bereits vorhandenen Schienenbahnen, Obuslinien, Kraftfahrzeuglinien und Schiffahrtslinien, letztere soweit sie dem Berufsverkehr dienen, eingezeichnet sind,
   b) Beförderungsentgelte und Fahrplan,
   c) auf Verlangen der Genehmigungsbehörde einen Bauplan mit Kostenanschlag sowie Beschreibung der Anlage, Angaben über die höchste und tiefste Lage des Fahrdrahts, Längs- und Querschnitte sowie Pläne für notwendige Änderungen an öffentlichen Straßen, Beschreibung der Fahrzeuge einschließlich der Schaltpläne und der Betriebsweise;
3. bei einem Linienverkehr mit Kraftfahrzeugen
   a) eine Übersichtskarte in der unter Nummer 2 Buchstabe a beschriebenen Form,
   b) die Länge der Linie, bei Unterwegsbedienung auch der Teilstrecken, in Kilometern,
   c) Angaben über die Zahl, die Art und das Fassungsvermögen (Sitz- und Stehplätze) der zu verwendenden Fahrzeuge,
   d) Beförderungsentgelte und Fahrplan;

3a. bei einem Linienbedarfsverkehr mit Kraftfahrzeugen abweichend von Nummer 3
   a) eine Übersichtskarte, in der das beantragte Gebiet und alle in dem Gebiet bereits vorhandenen Verkehre entsprechend den Vorgaben in Nummer 2 Buchstabe a eingezeichnet sind,
   b) Angaben über die Anzahl, die Art und das Fassungsvermögen der zu verwendenden Fahrzeuge und
   c) Beförderungsentgelte und Bedienzeiten;

4. bei einem Gelegenheitsverkehr mit Kraftfahrzeugen
   a) Verkehrsform des Gelegenheitsverkehrs (§ 46),
   b) Angaben über die Zahl, die Art und das Fassungsvermögen (Sitzplätze) der zu verwendenden Fahrzeuge,

---

(Fortsetzung der Anm. von voriger Seite)
Abs. 1a eingef. mWv 1.1.2013 durch G v. 14.12.2012 (BGBl. I S. 2598); Abs. 1 Satz 1 Nr. 1 Buchst. c neu gef., Nr. 3a eingef., Nr. 4 Buchst. b geänd., Buchst. c sowie Satz 3 und Abs. 3 Satz 3 angef. mWv 1.8. 2021 durch G v. 16.4.2021 (BGBl. I S. 822).

1) **Loseblatt-Textsammlung Arbeitsrecht Nr. 883.**

c) und ergänzend bei einem gebündelten Bedarfsverkehr eine Übersichtskarte, in der das Gebiet, in dem der Verkehr durchgeführt werden soll, eingezeichnet ist.

[2] Bei einem Personenfernverkehr (§ 42a Satz 1) genügt abweichend von Satz 1 Nummer 3 Buchstabe a eine Übersichtskarte, in der die beantragte Strecke mit Haltestellen eingezeichnet ist und abweichend von Satz 1 Nummer 3 Buchstabe d der Fahrplan. [3] Der Antrag auf Erteilung der Genehmigung sowie die dafür notwendigen Dokumente können in elektronischer Form eingereicht werden.

(1a) Um bestimmte Standards des beantragten Verkehrs verbindlich zuzusichern, kann der Antragsteller dem Genehmigungsantrag weitere Bestandteile hinzufügen, die als verbindliche Zusicherungen zu bezeichnen sind.

(2) Dem Antrag sind Unterlagen beizufügen, die ein Urteil über die Zuverlässigkeit des Antragstellers und die Sicherheit und Leistungsfähigkeit des Betriebs ermöglichen.

(3) [1] Die Genehmigungsbehörde kann weitere Angaben und Unterlagen, insbesondere Vorlage eines polizeilichen Führungszeugnisses, verlangen. [2] Sie hat bei einem Antrag auf Erteilung der Genehmigung von Linien- oder Gelegenheitsverkehr mit Kraftfahrzeugen das Kraftfahrt-Bundesamt um Auskunft über den Antragsteller zu ersuchen. [3] Bei einem Personenfernverkehr kann sie geeignete Unterlagen verlangen, aus denen sich ergibt, dass die zuständigen Stellen vor Ort den beantragten Haltestellen zugestimmt haben.

(4) [1] Das Genehmigungsverfahren soll im Falle des § 3 Abs. 3 erst dann eingeleitet werden, wenn auch der Antrag auf Erteilung der Genehmigung für den Betrieb vorliegt. [2] Die Verfahren sind nach Möglichkeit miteinander zu verbinden.

(5) [1] Der Antrag auf Erteilung einer Genehmigung für einen eigenwirtschaftlichen Verkehr mit Straßenbahnen, Obussen oder Kraftfahrzeugen im Linienverkehr ist spätestens zwölf Monate vor dem Beginn des beantragten Geltungszeitraums zu stellen. [2] Die Genehmigungsbehörde kann verspätete Anträge zulassen, wenn kein genehmigungsfähiger Antrag gestellt worden ist. [3] Die Genehmigungsbehörde kann andere Termine setzen. [4] Sie muss hierauf in der Bekanntmachung nach § 18 hinweisen. [5] Danach sind Ergänzungen und Änderungen von Anträgen nur dann zulässig, wenn sie von der Genehmigungsbehörde im öffentlichen Verkehrsinteresse angeregt worden sind.

(6) [1] Beabsichtigt die zuständige Behörde die Vergabe eines öffentlichen Dienstleistungsauftrages nach Artikel 5 Absatz 2 bis 4 der Verordnung (EG) Nr. 1370/2007 oder nach dem Vierten Teil des Gesetzes gegen Wettbewerbsbeschränkungen, ist der Antrag auf Erteilung einer Genehmigung für einen eigenwirtschaftlichen Verkehr mit Straßenbahnen, Obussen oder Kraftfahrzeugen im Linienverkehr spätestens drei Monate nach der Vorabbekanntmachung zu stellen. [2] Die Genehmigungsbehörde kann im Einvernehmen mit dem Aufgabenträger verspätete Anträge zulassen. [3] Das Einvernehmen des Aufgabenträgers nach Satz 2 gilt als erteilt, wenn der von dem Aufgabenträger beauftragte Verkehr den im Rahmen der Vorabbekanntmachung gesetzten Anforderungen nach § 8a Absatz 2 Satz 3 bis 5 nicht entspricht.

(7) [1] Der Antrag auf Erteilung einer Genehmigung für Verkehr mit Straßenbahnen, Obussen oder Kraftfahrzeugen im Linienverkehr im Sinne von § 8a Absatz 1 Satz 1 in Verbindung mit Artikel 3 Absatz 1 der Verordnung (EG) Nr. 1370/2007 soll spätestens sechs Monate vor dem Beginn der beantragten Geltungsdauer gestellt werden. [2] Die Genehmigungsbehörde kann auf Antrag die Frist verkürzen.

(8) Die Absätze 5 und 6 gelten nicht für den Personenfernverkehr (§ 42a Satz 1).

§ 13[1] Voraussetzung der Genehmigung. (1) [1]Die Genehmigung darf nur erteilt werden, wenn

1. die Sicherheit und die Leistungsfähigkeit des Betriebs gewährleistet sind,
2. keine Tatsachen vorliegen, die die Unzuverlässigkeit des Antragstellers als Unternehmer oder der für die Führung der Geschäfte bestellten Personen dartun,
3. der Antragsteller als Unternehmer oder die für die Führung der Geschäfte bestellte Person fachlich geeignet ist und
4. der Antragsteller und die von ihm mit der Durchführung von Verkehrsleistungen beauftragten Unternehmer ihren Betriebssitz oder ihre Niederlassung im Sinne des Handelsrechts im Inland haben.

[2]Die fachliche Eignung nach Satz 1 Nr. 3 wird durch eine angemessene Tätigkeit in einem Unternehmen des Straßenpersonenverkehrs oder durch Ablegung einer Prüfung nachgewiesen.

(1a) Abweichend von Absatz 1 darf beim Verkehr mit Kraftomnibussen die Genehmigung nur erteilt werden, wenn die Anforderungen nach Artikel 3 Absatz 1 der Verordnung (EG) Nr. 1071/2009 des Europäischen Parlaments und des Rates vom 21. Oktober 2009 zur Festlegung gemeinsamer Regeln für die Zulassung zum Beruf des Kraftverkehrsunternehmers und zur Aufhebung der Richtlinie 96/26/EG des Rates (ABl. L 300 vom 14.11.2009, S. 51) erfüllt sind.

(2) [1]Beim Straßenbahn-, Obusverkehr und Linienverkehr mit Kraftfahrzeugen ist die Genehmigung zu versagen, wenn

1. der Verkehr auf Straßen durchgeführt werden soll, die sich aus Gründen der Verkehrssicherheit oder wegen ihres Bauzustandes hierfür nicht eignen,
2. der beantragte Verkehr ein ausschließliches Recht im Sinne von Artikel 2 Buchstabe f der Verordnung (EG) Nr. 1370/2007[2] verletzt, das von der zuständigen Behörde nach § 8a Absatz 1 in einem öffentlichen Dienstleistungsauftrag nach Artikel 3 Absatz 1 der Verordnung (EG) Nr. 1370/2007 unter Beachtung der in § 8a Absatz 8 genannten Voraussetzungen gewährt wurde,
3. durch den beantragten Verkehr die öffentlichen Verkehrsinteressen beeinträchtigt werden, insbesondere
   a) der Verkehr mit den vorhandenen Verkehrsmitteln befriedigend bedient werden kann,
   b) der beantragte Verkehr ohne eine wesentliche Verbesserung der Verkehrsbedienung Verkehrsaufgaben wahrnehmen soll, die vorhandene Unternehmen oder Eisenbahnen bereits wahrnehmen,
   c) die für die Bedienung dieses Verkehrs vorhandenen Unternehmen oder Eisenbahnen bereit sind, die notwendige Ausgestaltung des Verkehrs innerhalb einer von der Genehmigungsbehörde festzusetzenden Frist und, soweit

---

[1] § 13 Abs. 2 Nr. 2 Buchst. c und Abs. 3 geänd., Abs. 2a eingef. mWv 1.1.1996 durch G v. 27.12.1993 (BGBl. I S. 2378); Abs. 2a geänd. mWv 1.5.2002 durch G v. 27.4.2002 (BGBl. I S. 1467); Abs. 1 neu gef. mWv 18.8.2006 durch G v. 14.8.2006 (BGBl. I S. 1962); Abs. 1a eingef. mWv 26.11.2011 durch G v. 22.11.2011 (BGBl. I S. 2272); Abs. 2 neu gef., Abs. 2a Satz 1 und Abs. 3 2. Halbs.geänd., Abs. 2a Sätze 2–6 angef. Abs. 2b und 2c eingef.,mWv 1.1.2013 durch G v. 14.12.2012 (BGBl. I S. 2598); Abs. 5a und 5b eingef. mWv 1.8.2021 durch G v. 16.4.2021 (BGBl. I S. 822).

[2] **Nipperdey I, Arbeitsrecht Nr. 883.**

es sich um öffentlichen Personennahverkehr handelt, unter den Voraussetzungen des § 8 Absatz 3 selbst durchzuführen oder

d) der beantragte Verkehr einzelne ertragreiche Linien oder ein Teilnetz aus einem vorhandenen Verkehrsnetz oder aus einem im Nahverkehrsplan im Sinne des § 8 Absatz 3 festgelegten Linienbündel herauslösen würde.

[2] Satz 1 Nummer 2 und 3 gilt nicht für den Personenfernverkehr (§ 42a Satz 1).

(2a) [1] Im öffentlichen Personennahverkehr kann die Genehmigung versagt werden, wenn der beantragte Verkehr mit einem Nahverkehrsplan im Sinne des § 8 Abs. 3 nicht in Einklang steht. [2] Die Genehmigung ist zu versagen, wenn ein in der Frist nach § 12 Absatz 6 gestellter Antrag die in der Vorabbekanntmachung beschriebenen Anforderungen nicht erfüllt oder sich nur auf Teilleistungen bezieht, es sei denn, die zuständige Behörde erteilt gegenüber der Genehmigungsbehörde ihr Einvernehmen zu den beantragten Abweichungen. [3] Die Genehmigung ist zu erteilen, wenn der beantragte und in seinen Bestandteilen verbindlich zugesicherte Verkehr mindestens dem bisherigen Verkehrsangebot entspricht und darüber hinaus von den in der Vorabbekanntmachung beschriebenen weitergehenden Anforderungen zur Sicherstellung der ausreichenden Verkehrsbedienung nur unwesentlich abweicht. [4] Als wesentlich gelten grundsätzlich Abweichungen von Anforderungen zu Linienweg und Haltestellen, zu Bedienungshäufigkeit und Bedienungszeitraum, zur Abstimmung der Fahrpläne und zur Barrierefreiheit. [5] Das Gleiche gilt für Anforderungen zur Anwendung verbundener Beförderungstarife und Beförderungsbedingungen, für die ein Ausgleich nach der Verordnung (EG) Nr. 1370/2007 gezahlt werden soll. [6] Sofern diese Abweichungen Anforderungen betreffen, die über das bisherige Verkehrsangebot hinausgehen, sind sie nur dann wesentlich, wenn der Unternehmer, der diesen Verkehr bisher betrieben hat, hierzu angehört wurde und diese Anforderungen für die ausreichende Verkehrsbedienung erforderlich sind.

(2b) [1] Werden im öffentlichen Personennahverkehr mehrere Anträge gestellt, die sich ganz oder zum Teil auf die gleiche oder im Wesentlichen gleiche Verkehrsleistung beziehen, so ist die Auswahl des Unternehmers danach vorzunehmen, wer die beste Verkehrsbedienung anbietet. [2] Hierbei sind insbesondere die Festlegungen eines Nahverkehrsplans im Sinne des § 8 Absatz 3 zu berücksichtigen.

(2c) Auf Antrag des Aufgabenträgers ist die Genehmigungsbehörde verpflichtet, die Erfüllung der in den Absätzen 1, 1a und 2 Satz 1 Nummer 1 genannten Voraussetzungen bereits im Verfahren der Vergabe eines öffentlichen Dienstleistungsauftrages zu prüfen.

(3) Ist ein Verkehr von einem Unternehmer jahrelang in einer dem öffentlichen Verkehrsinteresse entsprechenden Weise betrieben worden, so ist dieser Umstand, im öffentlichen Personennahverkehr unter den Voraussetzungen des § 8 Abs. 3, angemessen zu berücksichtigen; das gilt auch im Falle des Absatzes 2 Nummer 3.

(4) [1] Beim Verkehr mit Taxen ist die Genehmigung zu versagen, wenn die öffentlichen Verkehrsinteressen dadurch beeinträchtigt werden, daß durch die Ausübung des beantragten Verkehrs das örtliche Taxengewerbe in seiner Funktionsfähigkeit bedroht wird. [2] Hierbei sind für den Bezirk der Genehmigungsbehörde insbesondere zu berücksichtigen

1. die Nachfrage nach Beförderungsaufträgen im Taxenverkehr,
2. die Taxendichte,
3. die Entwicklung der Ertrags- und Kostenlage unter Einbeziehung der Einsatzzeit,

4. die Anzahl und Ursachen der Geschäftsaufgaben.

[3] Zur Feststellung der Auswirkungen früher erteilter Genehmigungen auf die öffentlichen Verkehrsinteressen soll die Genehmigungsbehörde vor der Entscheidung über neue Anträge einen Beobachtungszeitraum einschalten. [4] Der Beobachtungszeitraum soll höchstens ein Jahr seit der letzten Erteilung einer Genehmigung betragen.

(5) [1] Bei der Erteilung der Genehmigung für den Taxenverkehr sind Neubewerber und vorhandene Unternehmer angemessen zu berücksichtigen. [2] Innerhalb der Gruppen sollen die Antragsteller nach der zeitlichen Reihenfolge des Eingangs der Anträge berücksichtigt werden. [3] Ein Antragsteller wird unabhängig vom Zeitpunkt der Antragstellung nachrangig behandelt, wenn er

1. das Taxengewerbe nicht als Hauptbeschäftigung zu betreiben beabsichtigt,
2. sein Unternehmen nicht als Hauptbeschäftigung betrieben hat oder innerhalb der letzten acht Jahre ganz oder teilweise veräußert oder verpachtet hat oder
3. seiner Betriebspflicht nicht ordnungsgemäß nachgekommen ist.

[4] Einem Antragsteller darf jeweils nur eine Genehmigung erteilt werden, sofern nicht mehr Genehmigungen erteilt werden können, als Antragsteller vorhanden sind. [5] Die Genehmigung ist Neubewerbern für die Dauer von zwei Jahren zu erteilen; die aus der Genehmigung erwachsenden Rechte und Pflichten dürfen während dieses Zeitraumes nicht übertragen werden.

(5a) [1] Bei einem gebündelten Bedarfsverkehr kann die Genehmigung versagt werden, wenn die öffentlichen Verkehrsinteressen dadurch beeinträchtigt werden, dass durch die Ausübung des beantragten Verkehrs die Verkehrseffizienz im beantragten Bediengebiet nicht mehr sichergestellt ist. [2] Hierbei sind für den Bezirk der Genehmigungsbehörde von dieser zu berücksichtigen:

1. die Festsetzung der zulässigen Höchstzahl der genehmigungsfähigen Fahrzeuge der zuständigen Behörde und
2. die Anzahl der bereits genehmigten Fahrzeuge im gebündelten Bedarfsverkehr.

(5b) Beim Verkehr mit Taxen, Mietwagen sowie beim gebündelten Bedarfsverkehr kann die Genehmigung versagt werden, wenn die mit dem Verkehr beantragten Fahrzeuge nicht die Anforderungen der Emissionsvorgaben im Sinne von § 64b erfüllen. [2] Beim Verkehr mit Taxen und im gebündelten Bedarfsverkehr kann die Genehmigung darüber hinaus versagt werden, wenn die mit dem Verkehr beantragten Fahrzeuge nicht die Vorgaben zur Barrierefreiheit im Sinne von § 64c erfüllen.

(6) Bei juristischen Personen des öffentlichen Rechts gelten die Genehmigungsvoraussetzungen nach Absatz 1 als gegeben.

(7) Bei der Genehmigung in den Fällen des § 2 Abs. 2 Nr. 2 und 3 sind die Absätze 2, 4 und 5 Satz 1, 2, 4 und 5 nicht anzuwenden.

§ 13a[1)] *(aufgehoben)*

§ 14[2)] **Anhörungsverfahren.** (1) [1] Vor der Entscheidung über den Antrag auf Erteilung der Genehmigung für die Beförderung von Personen mit Straßenbah-

---

[1)] § 13a aufgeh. mWv 1.1.2013 durch G v. 14.12.2012 (BGBl. I S. 2598).

[2)] § 14 Abs. 1 Nr. 2, Abs. 2 Satz 1 und Abs. 5 geänd., Abs. 4 neu gef. durch G v. 27.12.1993 (BGBl. I S. 2378); Abs. 3 Satz 1 neu gef. mWv 26.8.2006 durch G v. 22.8.2006 (BGBl. I S. 1970); Überschr. neu gef., Abs. 1 Nr. 2 neu gef., Abs. 1 Satz 2 und Abs. 5 Satz 2 angef., Abs. 3 Satz 1 geänd. mWv 1.1.2013 →

nen, Obussen oder mit Kraftfahrzeugen im Linienverkehr hat die Genehmigungsbehörde

1. die Unternehmer, die im Einzugsbereich des beantragten Verkehrs Eisenbahn-, Straßenbahn-, Obusverkehr oder Linienverkehr mit Kraftfahrzeugen betreiben, zu hören;
2. die Stellungnahmen der im Einzugsbereich des beantragten Verkehrs liegenden Gemeinden, bei kreisangehörigen Gemeinden auch der Landkreise, der Aufgabenträger und der Verbundorganisationen, soweit diese Aufgaben für die Aufgabenträger oder Unternehmer wahrnehmen, der örtlich zuständigen Träger der Straßenbaulast, der nach Landesrecht zuständigen Planungsbehörden und der für Gewerbeaufsicht zuständigen Behörden sowie anderer Behörden, deren Aufgaben durch den Antrag berührt werden, einzuholen;
3. die Industrie- und Handelskammern, die betroffenen Fachgewerkschaften und die Fachverbände der Verkehrtreibenden gutachtlich zu hören; sie kann auch weitere Stellen hören.

[2] Bei einem Antrag auf Erteilung einer Genehmigung für einen eigenwirtschaftlichen Verkehr mit Straßenbahnen, Obussen oder Kraftfahrzeugen im Linienverkehr ist das Anhörungsverfahren erst nach dem Ablauf der Antragsfrist in § 12 Absatz 5 oder 6 durchzuführen.

(2) [1] Vor der Entscheidung über den Antrag auf Erteilung einer Genehmigung für die Beförderung von Personen mit Kraftfahrzeugen im Gelegenheitsverkehr hat die Genehmigungsbehörde die Gemeinde, in deren Gebiet der Betriebssitz des Unternehmers liegt, die nach Landesrecht für die Gewerbeaufsicht zuständige Behörde, die Industrie- und Handelskammer, die Fachgewerkschaften und Verkehrsverbände gutachtlich zu hören. [2] Sie kann auch weitere Stellen hören.

(3) [1] Die Genehmigungsbehörde kann von der Durchführung des Anhörungsverfahrens absehen, wenn sie aus eigener Kenntnis der Sachlage dem Antrag nicht entsprechen will oder in den Fällen des § 2 Abs. 2 die Durchführung des Anhörungsverfahrens nicht zur Sachverhaltsaufklärung erforderlich ist. [2] Wird bei einem Gelegenheitsverkehr mit Kraftfahrzeugen ein Kraftfahrzeugaustausch beantragt, ist davon abzusehen.

(4) [1] Die in den Absätzen 1 und 2 genannten Personen und Stellen können sich zu dem Antrag schriftlich gegenüber der Genehmigungsbehörde äußern. [2] Stellungnahmen sind zu berücksichtigen, wenn diese binnen zwei Wochen, nachdem die Behörde die Vorgenannten über den Antrag in Kenntnis gesetzt hat, bei der Behörde eingehen.

(5) [1] Bei Anträgen auf Erteilung einer Genehmigung für grenzüberschreitende Gelegenheitsverkehre oder für Transitverkehre sind die Absätze 1 bis 4 nicht anzuwenden. [2] Bei Anträgen auf Erteilung einer Genehmigung für einen Personenfernverkehr (§ 42a Satz 1) sind nach Absatz 1 Satz 1 Nummer 1 nur die Unternehmer zu hören, deren Rechte nach § 42a Satz 3 berührt sein können; Absatz 1 Satz 1 Nummer 3 ist nicht anzuwenden.

§ 15[1)] Erteilung und Versagung der Genehmigung. (1) [1] Die Entscheidung über den Antrag erfolgt schriftlich oder in elektronischer Form mit einer dauerhaft überprüfbaren Signatur nach § 37 Absatz 4 des Verwaltungsverfahrensgesetzes[2)]; sie

---

[1)] § 15 Abs. 1 Sätze 2–5 angef. durch G v. 27.12.1993 (BGBl. I S. 2378). Nach Art. 11 Abs. 1 Satz 2 dieses G sind die Vorschriften auf Genehmigungsverfahren, die bis zum 31.12.1993 eingeleitet worden sind, ab 1.1.1995 anzuwenden; Abs. 5 Satz 2 aufgeh. mWv 15.12.2010 durch G v. 8.12.2010 (BGBl. I S. 1864); →

ist den Antragstellern und, soweit diese Einwendungen erhoben haben, auch den in § 14 Abs. 1 Nr. 1 und 2 genannten Personen und Stellen zuzustellen. [2] Über den Antrag ist innerhalb von 3 Monaten nach Eingang bei der Genehmigungsbehörde zu entscheiden. [3] Kann die Prüfung des Antrags in dieser Zeit nicht abgeschlossen werden, ist die Frist vor ihrem Ablauf in einem den Antragstellern mitzuteilenden Zwischenbescheid um den Zeitraum zu verlängern, der notwendig ist, um die Prüfung abschließen zu können. [4] Die Verlängerung der in Satz 2 bezeichneten Frist darf höchstens 3 Monate betragen. [5] Die Genehmigung gilt als erteilt, wenn sie nicht innerhalb der Frist versagt wird. [6] Die Frist für eine Entscheidung über einen Antrag auf Erteilung einer Genehmigung für einen Verkehr mit Straßenbahnen, Obussen oder Kraftfahrzeugen im Linienverkehr beginnt frühestens mit dem ersten Kalendertag nach dem Ablauf der Antragsfrist in § 12 Absatz 5 oder 6.

(2) [1] Ist die Entscheidung über den Antrag unanfechtbar geworden, wird dem Antragsteller eine Genehmigungsurkunde erteilt. [2] Einer juristischen Person darf die Genehmigungsurkunde erst ausgehändigt werden, wenn die Eintragung in das Register nachgewiesen ist.

(3) [1] Die Genehmigung kann unter Bedingungen und Auflagen erteilt werden, sofern sich diese Nebenbestimmungen im Rahmen des Gesetzes und der auf Grund dieses Gesetzes erlassenen Rechtsverordnungen halten. [2] Wurden dem Genehmigungsantrag weitere Bestandteile im Sinne des § 12 Absatz 1a hinzugefügt, so ist deren Einhaltung durch eine Auflage zur Genehmigung abzusichern, in deren Kontrolle die zuständige Behörde auf ihren Wunsch eingebunden werden kann.

(4) Die Genehmigung darf nicht vorläufig oder mit einem Vorbehalt des Widerrufs erteilt werden.

(5) Die Genehmigungsbehörde hat die zuständige Berufsgenossenschaft von der Erteilung der Genehmigung zu unterrichten.

§ 16[1)] Geltungsdauer der Genehmigung. (1) [1] Die Geltungsdauer der Genehmigung für Straßenbahn- und Obusverkehr beträgt höchstens 15 Jahre. [2] Sie kann unter den Voraussetzungen des Artikels 4 Absatz 4 der Verordnung (EG) Nr. 1370/2007[2)] für einen längeren Zeitraum festgelegt werden. [3] Bei Wiedererteilung der Genehmigung ist die Geltungsdauer so zu bemessen, dass die Genehmigung mit Vereinbarungen und Entscheidungen über die Benutzung öffentlicher Straßen nach § 31 Absatz 2 und 5 in Einklang steht. [4] Ist die beantragte Verkehrsleistung Gegenstand eines öffentlichen Dienstleistungsauftrages im Sinne von Artikel 3 Absatz 1 der Verordnung (EG) Nr. 1370/2007, darf die Geltungsdauer der Genehmigung die Laufzeit des öffentlichen Dienstleistungsauftrages nicht überschreiten.

(2) [1] Die Geltungsdauer der Genehmigung für Linienverkehr mit Kraftfahrzeugen ist unter Berücksichtigung der öffentlichen Verkehrsinteressen zu bemessen. [2] Sie beträgt höchstens zehn Jahre. [3] Die Genehmigung kann unter den Voraussetzungen des Artikels 4 Absatz 3 Satz 2 oder Absatz 4 der Verordnung (EG) Nr. 1370/2007 für

---

(Fortsetzung der Anm. von voriger Seite)
Abs. 1 Satz 6 und Abs. 3 Satz 2 angef. mWv 1.1.2013 durch G v. 14.12.2012 (BGBl. I S. 2598); Abs. 1 Satz 1 geänd. mWv 27.2.2026 durch G v. 23.2.2026 (BGBl. 2026 I Nr. 47).

2) Nr. **100**.

1) § 16 Abs. 2 Satz 3 angef. mWv 1.1.1996 durch G v. 27.12.1993 (BGBl. I S. 2378); Abs. 3 geänd. mWv 18.8.2006 durch G v. 14.8.2006 (BGBl. I S. 1962); Abs. 3 neu gef. mWv 26.11.2011 durch G v. 22.11.2011 (BGBl. I S. 2272); Abs. 1 und 2 neu gef., neuer Abs. 3 eingef., bish. Abs. 3 wird Abs. 4 mWv 1.1.2013 durch G v. 14.12.2012 (BGBl. I S. 2598); Abs. 1 Satz 2 und Abs. 2 Satz 3 geänd. mWv 27.2.2026 durch G v. 23.2.2026 (BGBl. 2026 I Nr. 47).

2) **Loseblatt-Textsammlung Arbeitsrecht Nr. 883.**

einen längeren Zeitraum festgelegt werden. [4] Ist die beantragte Verkehrsleistung Gegenstand eines öffentlichen Dienstleistungsauftrages im Sinne von Artikel 3 Absatz 1 der Verordnung (EG) Nr. 1370/2007, darf die Geltungsdauer der Genehmigung die Laufzeit des öffentlichen Dienstleistungsauftrages nicht überschreiten. [5] Im öffentlichen Personennahverkehr ist § 8 Absatz 3 zu beachten.

(3) [1] Weicht im öffentlichen Personennahverkehr ein Genehmigungsantrag für einen eigenwirtschaftlichen Verkehr wesentlich vom bisherigen Verkehrsangebot ab und sichert die zuständige Behörde der Genehmigungsbehörde die Vergabe eines dem bisherigen Verkehrsangebot entsprechenden öffentlichen Dienstleistungsauftrages zu, so ist die Geltungsdauer der Genehmigung so zu bemessen, dass sie zu dem Zeitpunkt endet, den die zuständige Behörde als Zeitpunkt der geplanten Betriebsaufnahme des zugesicherten Verkehrs angibt. [2] Setzt die zuständige Behörde ihre Zusicherung nicht um, so ist die Geltungsdauer der Genehmigung unter Beachtung der Absätze 1 und 2 neu festzusetzen.

(4) Die Geltungsdauer der Genehmigungen für Gelegenheitsverkehr mit Kraftomnibussen beträgt höchstens zehn Jahre und für sonstigen Gelegenheitsverkehr mit Kraftfahrzeugen höchstens fünf Jahre.

§ 17[1)] **Genehmigungsurkunde.** (1) Die Genehmigungsurkunde muß enthalten:

1. Name, Wohn- und Betriebssitz des Unternehmers,
2. Bezeichnung der Verkehrsart, für die die Genehmigung erteilt wird, im Gelegenheitsverkehr mit Personenkraftwagen auch der Verkehrsform,
3. Geltungsdauer der Genehmigung,
4. etwaige Bedingungen und Auflagen,
5. Bezeichnung der Aufsichtsbehörde,
6. bei Straßenbahn- oder Obusverkehr die Linienführung und im Falle des § 28 Abs. 4 einen Hinweis auf den Vorbehalt,
7. bei Linienverkehr mit Kraftfahrzeugen die Linienführung oder bei Linienbedarfsverkehr das Gebiet, in dem der Verkehr betrieben wird,
8. bei Gelegenheitsverkehr mit Personenkraftwagen die amtlichen Kennzeichen der einzusetzenden Kraftfahrzeuge und ergänzend bei einem gebündelten Bedarfsverkehr das Gebiet, in dem der Verkehr durchgeführt wird.

(2) [1] Im Falle eines Austausches von Kraftfahrzeugen im Gelegenheitsverkehr mit Personenkraftwagen hat der Unternehmer die Genehmigungsurkunde der Genehmigungsbehörde zur Ergänzung vorzulegen. [2] Das gleiche gilt, wenn der Unternehmer ein Kraftfahrzeug nicht mehr im Gelegenheitsverkehr mit Personenkraftwagen einsetzt.

(3) Die Erteilung der Genehmigung kann nur durch die Genehmigungsurkunde oder eine amtliche Ausfertigung oder im Falle des Gelegenheitsverkehrs mit Kraftomnibussen durch eine beglaubigte Kopie der Gemeinschaftslizenz nach Artikel 4 *der Verordnung (EG)* Nr. 1073/2009 des Europäischen Parlaments und des Rates vom 21. Oktober 2009 über gemeinsame Regeln für den Zugang zum grenzüberschreitenden Personenkraftverkehrsmarkt und zur Änderung der Verordnung (EG) Nr. 561/2006 (ABl. L 300 vom 14.11.2009, S. 88) und die den Zusatz „Gilt auch als

[1)] § 17 Abs. 3 neu gef. und Abs. 4 Satz 1 geänd. mWv 18.8.2006 durch G v. 14.8.2006 (BGBl. I S. 1962); Abs. 1 Nr. 2 und 8, Abs. 2 Sätze 1 und 2 geänd. mWv 1.9.2007 durch G v. 14.8.2006 (BGBl. I S. 1962); Abs. 3 neu gef. mWv 14.9.2007 durch G v. 7.9.2007 (BGBl. I S. 2246); Abs. 3 geänd. mWv 26.11.2011 durch G v. 22.11.2011 (BGBl. I S. 2272); Abs. 1 Nr. 7 und 8 sowie Abs. 4 Satz 1 geänd. mWv 1.8.2021 durch G v. 16.4.2021 (BGBl. I S. 822).

Genehmigung für die Beförderung im innerdeutschen Gelegenheitsverkehr" enthält, nachgewiesen werden.

(4) [1] Im Gelegenheitsverkehr mit Kraftfahrzeugen ist die Genehmigungsurkunde oder eine gekürzte amtliche Ausfertigung oder eine beglaubigte Kopie der Gemeinschaftslizenz schriftlich oder in elektronischer Form während der Fahrt mitzuführen und auf Verlangen den zuständigen Personen zur Prüfung auszuhändigen. [2] Im Linienverkehr mit Kraftfahrzeugen gilt Satz 1 nur, wenn die Genehmigungsurkunde eine entsprechende Auflage enthält.

(5) [1] Ist eine Genehmigung anders als durch Fristablauf ungültig geworden, ist die Genehmigungsurkunde unverzüglich einzuziehen. [2] Ist dies nicht möglich, ist sie auf Kosten des Unternehmers für kraftlos zu erklären.

§ 18[1)] Informationspflicht der Genehmigungsbehörde. (1) [1] Die Genehmigungsbehörde hat ein Verzeichnis aller Genehmigungen, die im öffentlichen Personennahverkehr für den Verkehr mit Straßenbahnen, Obussen oder Kraftfahrzeugen im Linienverkehr bestehen, am Ende jedes Kalenderjahres auf der Internetseite der zuständigen Genehmigungsbehörde bekannt zu machen. [2] Die Bekanntmachung muss folgende Angaben enthalten:
1. die Linienführung,
2. die Geltungsdauer,
3. einen Hinweis darauf, dass der Antrag auf Genehmigung für den weiteren Betrieb des Verkehrs in den Fristen des § 12 Absatz 5 Satz 1 oder Absatz 6 Satz 1 gestellt werden kann.

(2) [1] In die Bekanntmachung nach Absatz 1 können die nach Artikel 7 Absatz 2 der Verordnung (EG) Nr. 1370/2007[2)] und die nach § 8a Absatz 2 Satz 2 dieses Gesetzes vorgeschriebenen Informationen der zuständigen Behörde aufgenommen werden. [2] In diesem Fall ist die dreimonatige Frist für den Antrag auf Genehmigung eines Verkehrs abweichend von § 12 Absatz 6 Satz 1 besonders festzulegen.

§ 19 Tod des Unternehmers. (1) Nach dem Tode des Unternehmers kann der Erbe den Betrieb vorläufig weiterführen oder diese Befugnis auf einen Dritten übertragen; das gleiche gilt für den Testamentsvollstrecker, Nachlaßpfleger oder Nachlaßverwalter während einer Testamentsvollstreckung, Nachlaßpflegschaft oder Nachlaßverwaltung.

(2) [1] Die Befugnis erlischt, wenn nicht der Erbe oder der Dritte binnen drei Monaten nach Ablauf der für die Ausschlagung der Erbschaft vorgesehenen Frist oder die in Absatz 1 zweiter Halbsatz genannten Personen binnen drei Monaten nach der Annahme ihres Amtes oder ihrer Bestellung die Genehmigung beantragt haben; ein in der Person des Erben wirksam gewordener Fristablauf wirkt auch gegen den Nachlaßverwalter. [2] Bei der Prüfung des Genehmigungsantrages ist § 13 Abs. 2 und 4 nicht anzuwenden. [3] Wird dem Antrag stattgegeben, so ist als Zeitpunkt des Ablaufs der Genehmigung der Tag zu bestimmen, an dem die Genehmigung des Rechtsvorgängers abgelaufen sein würde.

(3) [1] Bei Unternehmern mit Betriebspflicht nach § 21 hat die Genehmigungsbehörde dafür zu sorgen, daß der Betrieb keine Unterbrechung erfährt. [2] Wird der Betrieb von den in Absatz 1 genannten Personen nicht vorläufig weitergeführt, so

---

1) § 18 neu gef. mWv 1.1.2013 durch G v. 14.12.2012 (BGBl. I S. 2598); Abs. 1 Satz 1 geänd. mWv 1.8. 2021 durch G v. 16.4.2021 (BGBl. I S. 822).

2) **Loseblatt-Textsammlung Arbeitsrecht Nr. 883.**

kann die Genehmigungsbehörde für die Übergangszeit zur Aufrechterhaltung des Betriebs eine einstweilige Erlaubnis nach § 20 an einen anderen erteilen.

(4) [1] Im Falle der Erwerbs- oder Geschäftsunfähigkeit des Unternehmers oder der für die Führung der Geschäfte bestellten Person darf ein Dritter das Unternehmen bis zu einem Jahr weiterführen. [2] In ausreichend begründeten Sonderfällen kann diese Frist um sechs Monate verlängert werden.

§ 20[1)] Einstweilige Erlaubnis. (1) [1] Wenn eine sofortige Einrichtung, Erweiterung oder wesentliche Änderung eines Straßenbahn-, Obusverkehrs oder Linienverkehrs mit Kraftfahrzeugen im öffentlichen Verkehrsinteresse liegt, kann die Genehmigungsbehörde, in deren Bezirk der Verkehr betrieben werden soll, dem Antragsteller eine widerrufliche einstweilige Erlaubnis erteilen; die Voraussetzungen des § 13 Abs. 1 oder Absatz 1a müssen vorliegen. [2] Die Erteilung ist auch den in § 14 Abs. 1 Nr. 1 genannten Unternehmern bekanntzugeben.

(2) Die einstweilige Erlaubnis muss enthalten

1. den Hinweis auf diese Vorschrift mit einem Zusatz, dass die einstweilige Erlaubnis einen Anspruch auf Erteilung einer Genehmigung nicht begründet,
2. Name, Wohn- und Betriebssitz des Unternehmers,
3. Geltungsdauer,
4. etwaige Bedingungen und Auflagen,
5. Linienführung oder beim Linienbedarfsverkehr das Gebiet, in dem der Verkehr betrieben wird.

(3) [1] Die einstweilige Erlaubnis erlischt nach sechs Monaten, soweit sie nicht vorher widerrufen wird. [2] In den Fällen des Artikels 5 Absatz 5 der Verordnung (EG) Nr. 1370/2007[2)] kann die einstweilige Erlaubnis auf bis zu zwei Jahre befristet werden. [3] Sie begründet keinen Anspruch auf Erteilung einer Genehmigung. [4] § 15 Abs. 3 und 5 gilt entsprechend.

(4) § 17 Abs. 3, 4 und 5 gilt entsprechend.

§ 20a (weggefallen)

§ 21[3)] Betriebspflicht. (1) [1] Der Unternehmer ist verpflichtet, den ihm genehmigten Betrieb aufzunehmen und während der Geltungsdauer der Genehmigung den öffentlichen Verkehrsinteressen und dem Stand der Technik entsprechend aufrechtzuerhalten. [2] Gegenstand der Betriebspflicht sind alle Bestandteile der Genehmigung und die nach § 12 Absatz 1a zugesicherten Bestandteile des Genehmigungsantrages.

(2) Die Genehmigungsbehörde kann dem Unternehmer für die Aufnahme des Betriebs eine Frist setzen.

(3) [1] Im öffentlichen Personennahverkehr kann die Genehmigungsbehörde dem Unternehmer auferlegen, den von ihm betriebenen Verkehr zu erweitern oder zu ändern, wenn die öffentlichen Verkehrsinteressen es erfordern und es dem Unter-

---

[1)] § 20 Abs. 1 Satz 1 2. Halbs. geänd., Abs. 3 Satz 2 eingef., bish. Sätze 2 und 3 werden Sätze 3 und 4 mWv 1.1.2013 durch G v. 14.12.2012 (BGBl. I S. 2598); Abs. 1 Satz 1 und Abs. 2 Satz 2 Nr. 5 geänd. mWv 1.8.2021 durch G v. 16.4.2021 (BGBl. I S. 822); Abs. 2 neu gef. mWv 27.2.2026 durch G v. 23.2.2026 (BGBl. 2026 I Nr. 47).

[2)] **Loseblatt-Textsammlung Arbeitsrecht Nr. 883.**

[3)] § 21 Abs. 4 Satz 1 geänd. und Satz 2 eingef., bish. Satz 2 wird Satz 3 mWv 1.1.1996 durch G v. 27.12. 1993 (BGBl. I S. 2378); Abs. 1 Satz 2 und Abs. 5 angef., Abs. 3 Satz 1 und Abs. 4 neu gef. mWv 1.1.2013 durch G v. 14.12.2012 (BGBl. I S. 2598).

nehmer unter Berücksichtigung seiner wirtschaftlichen Lage, einer ausreichenden Verzinsung und Tilgung des Anlagekapitals und der notwendigen technischen Entwicklung zugemutet werden kann. [2] Für das Verfahren gelten die §§ 14, 15 und 17 entsprechend.

(4) [1] Die Genehmigungsbehörde kann den Unternehmer auf seinen Antrag von der Verpflichtung nach Absatz 1 für den gesamten oder einen Teil des von ihm betriebenen Verkehrs vorübergehend oder auf Dauer entbinden, wenn ihm die Erfüllung der Betriebspflicht nicht mehr möglich ist oder ihm dies unter Berücksichtigung seiner wirtschaftlichen Lage, einer ausreichenden Verzinsung und Tilgung des Anlagekapitals und der notwendigen technischen Entwicklung nicht mehr zugemutet werden kann. [2] Eine Entbindung von der Verpflichtung nach Absatz 1 für einen Teil des vom Unternehmer betriebenen Verkehrs darf darüber hinaus in der Regel nur vorgenommen werden, wenn das öffentliche Verkehrsinteresse nicht entgegensteht. [3] Für Bestandteile des Genehmigungsantrages, die vom Unternehmer nach § 12 Absatz 1a verbindlich zugesichert wurden, bleibt die Erfüllung der Betriebspflicht in der Regel zumutbar. [4] Bis zur Entscheidung über den Antrag hat der Unternehmer den Verkehr aufrechtzuerhalten. [5] Die Genehmigungsbehörde informiert die zuständige Behörde über eine beabsichtigte Entbindung so rechtzeitig, dass diese eine Notmaßnahme nach Artikel 5 Absatz 5 der Verordnung (EG) Nr. 1370/2007[1)] ergreifen kann.

(5) [1] Im Personenfernverkehr (§ 42a Satz 1) kann der Unternehmer unbeschadet des Absatzes 4 der Genehmigungsbehörde anzeigen, dass er den Verkehr einstellen will. [2] In diesem Fall endet die Betriebspflicht drei Monate nach Eingang der Anzeige bei der Genehmigungsbehörde.

§ 22 Beförderungspflicht. Der Unternehmer ist zur Beförderung verpflichtet, wenn

1. die Beförderungsbedingungen eingehalten werden,
2. die Beförderung mit den regelmäßig eingesetzten Beförderungsmitteln möglich ist und
3. die Beförderung nicht durch Umstände verhindert wird, die der Unternehmer nicht abwenden und denen er auch nicht abhelfen kann.

§ 23[2)] Haftung für Sachschäden. (1) Der Unternehmer kann die Haftung für Sachschäden gegenüber jeder beförderten Person nur insoweit ausschließen, als der Schaden 1 000 Euro übersteigt und nicht auf Vorsatz oder grober Fahrlässigkeit beruht.

(2) Abweichend von Absatz 1 kann der Unternehmer im Falle eines Unfalls mit einem Kraftomnibus, den er im Linienverkehr mit einer Wegstrecke von mindestens 250 Kilometern oder im Gelegenheitsverkehr einsetzt, die Haftung auf höchstens 1 200 Euro je Gepäckstück beschränken, soweit der Schaden nicht auf Vorsatz oder grober Fahrlässigkeit beruht.

(3) Im Linien- und Gelegenheitsverkehr mit Kraftomnibussen ist ein Haftungsausschluss für beschädigte oder abhandengekommene Mobilitätshilfen nicht zulässig.

§ 24 (weggefallen)

[1)] **Loseblatt-Textsammlung Arbeitsrecht Nr. 883.**

[2)] § 23 geänd. mWv 1.1.2002 durch G v. 15.12.2001 (BGBl. I S. 3762); Abs. 2 und 3 angef. mWv 1.8. 2021 durch G v. 16.4.2021 (BGBl. I S. 822).

§ 25[1)] Widerruf der Genehmigung. (1) [1]Die Genehmigungsbehörde hat die Genehmigung zu widerrufen, wenn

1. nicht mehr alle Voraussetzungen des § 13 Absatz 1 Satz 1 Nummer 1 bis 3 vorliegen,
2. bei eigenwirtschaftlichen Verkehren die Betriebspflichten nachhaltig nicht erfüllt werden oder
3. bei Verkehren nach § 8a Absatz 1 Satz 2 in Verbindung mit Artikel 3 Absatz 1 der Verordnung (EG) Nr. 1370/2007[2)] nach Feststellung der zuständigen Behörde kein wirksamer öffentlicher Dienstleistungsauftrag mehr besteht.

[2]Die erforderliche Zuverlässigkeit des Unternehmers ist insbesondere nicht mehr gegeben, wenn in seinem Verkehrsunternehmen trotz schriftlicher Mahnung die der Verkehrssicherheit dienenden Vorschriften nicht befolgt werden oder den Verpflichtungen zuwidergehandelt wird, die dem Unternehmer nach diesem Gesetz oder nach den auf Grund dieses Gesetzes erlassenen Rechtsvorschriften obliegen.

(2) Die Genehmigungsbehörde kann die Genehmigung widerrufen, wenn die Voraussetzungen des § 13 Absatz 1 Satz 1 Nummer 4 nicht mehr vorliegen oder der Unternehmer die ihm gesetzlich obliegenden arbeitsrechtlichen, sozialrechtlichen oder die sich aus seinem Unternehmen ergebenden steuerrechtlichen Verpflichtungen wiederholt nicht erfüllt oder in schwerwiegender Weise dagegen verstoßen hat.

(3) [1]Auf Verlangen der Genehmigungsbehörde hat der Unternehmer den Nachweis zu führen, dass die Voraussetzungen des § 13 Absatz 1 Satz 1 Nummer 4 vorliegen und die sonst in Absatz 2 bezeichneten Verpflichtungen erfüllt werden. [2]Die Finanzbehörden dürfen den Genehmigungsbehörden Mitteilung über die wiederholte Nichterfüllung der sich aus dem Unternehmen ergebenden steuerrechtlichen Verpflichtungen oder die Abgabe der Vermögensauskunft nach § 284 der Abgabenordnung machen.

(3a) [1]Soweit beim Verkehr mit Kraftomnibussen eine Genehmigung nicht nach Artikel 13 Absatz 3 der Verordnung (EG) Nr. 1071/2009 zu entziehen ist, hat die zuständige Behörde die Genehmigung zu widerrufen, wenn nachträglich Tatsachen eintreten, die zur Versagung der Berufszulassung hätten führen müssen. [2]Artikel 13 Absatz 1 der Verordnung (EG) Nr. 1071/2009 ist entsprechend anzuwenden. [3]Absatz 3 Satz 2 gilt entsprechend.

(4) Die Absätze 1 bis 3a sind auf den Widerruf der Genehmigung für die Übertragung der Betriebsführung entsprechend anzuwenden.

§ 25a[3)] Untersagung von Personenkraftverkehrsgeschäften. [1]Rechtfertigen Tatsachen die Annahme, dass beim Verkehr mit Kraftomnibussen der Unternehmer oder der Verkehrsleiter die Voraussetzungen hinsichtlich der Zuverlässigkeit nach Artikel 6 der Verordnung (EG) Nr. 1071/2009 nicht erfüllt, kann dem Unternehmer oder dem Verkehrsleiter die Führung von Personenkraftverkehrsgeschäften untersagt werden. [2]Das Untersagungsverfahren kann unabhängig von einem Verfahren auf Widerruf der Genehmigung durchgeführt werden. [3]Auf Antrag ist dem Unternehmer oder dem Verkehrsleiter die Führung von Personenkraftverkehrs-

---

[1)] § 25 Abs. 1 Satz 1 und Abs. 2 geänd., Abs. 3 neu gef. mWv 18.8.2006 durch G v. 14.8.2006 (BGBl. I S. 1962); Abs. 3 Satz 2 geänd. mWv 1.1.2013 durch G v. 29.7.2009 (BGBl. I S. 2258); Abs. 3a eingef., Abs. 4 geänd. mWv 26.11.2011 durch G v. 22.11.2011 (BGBl. I S. 2272); Abs. 1 Satz 1 neu gef., Abs. 2 und 3 Satz 1 geänd. mWv 1.1.2013 durch G v. 14.12.2012 (BGBl. I S. 2598).

[2)] **Loseblatt-Textsammlung Arbeitsrecht Nr. 883.**

[3)] § 25a eingef. mWv 26.11.2011 durch G v. 22.11.2011 (BGBl. I S. 2272); Sätze 3 und 4 neu gef. mWv 27.2.2026 durch G v. 23.2.2026 (BGBl. 2026 I Nr. 47).

geschäften von der Behörde, die die Führung von Personenkraftverkehrsgeschäften untersagt hat, wieder zu gestatten, wenn

1. Tatsachen die Annahme rechtfertigen, dass eine Unzuverlässigkeit im Sinne des Satzes 1 nicht mehr vorliegt, und
2. der Betroffene eine Prüfung nach Artikel 14 Absatz 1 Unterabsatz 2 der Verordnung (EG) Nr. 1071/2009 in der Fassung vom 15. Juli 2020 bestanden hat.

[4]Die Wiederaufnahme der Führung von Personenkraftverkehrsgeschäften kann nicht vor Ablauf eines Jahres nach Bestandskraft der Untersagungsverfügung gestattet werden.

§ 26 Erlöschen der Genehmigung. Die Genehmigung erlischt

1. bei einem Straßenbahn-, Obusverkehr oder Linienverkehr mit Kraftfahrzeugen sowie einem Taxenverkehr, wenn der Unternehmer
   a) den Betrieb nicht innerhalb der ihm von der Genehmigungsbehörde gesetzten Frist aufgenommen hat oder
   b) von der Verpflichtung zur Aufrechterhaltung des gesamten ihm genehmigten Verkehrs dauernd entbunden wird,
2. beim Taxenverkehr, wenn der Unternehmer seinen Betriebssitz in eine andere Gemeinde verlegt.

§ 27 Zwangsmaßnahmen. Das Verwaltungszwangsverfahren richtet sich, soweit dieses Gesetz von Behörden der Länder ausgeführt wird, nach den landesrechtlichen Vorschriften.

III. Sonderbestimmungen für die einzelnen Verkehrsarten

A. Straßenbahnen

§ 28[1)] Planfeststellung und vorläufige Anordnung. (1) [1]Betriebsanlagen für Straßenbahnen dürfen nur gebaut oder geändert werden, wenn der Plan vorher festgestellt ist. [2]Bei der Planfeststellung sind die von dem Vorhaben berührten öffentlichen und privaten Belange einschließlich der Umweltverträglichkeit im Rahmen der Abwägung zu berücksichtigen. [3]Für das Planfeststellungsverfahren gelten die §§ 72 bis 78 des Verwaltungsverfahrensgesetzes[2)] nach Maßgabe dieses Gesetzes. [4]Die Maßgaben gelten entsprechend, soweit das Planfeststellungsverfahren landesrechtlich durch ein Verwaltungsverfahrensgesetz geregelt ist. [5]Wird eine bestehende Betriebsanlage einer Straßenbahn erneuert, liegt nur dann eine Änderung im Sinne von Satz 1 vor, wenn der Grundriss oder der Aufriss der Betriebsanlage oder beides wesentlich geändert wird.

(1a) [1]Für folgende Einzelmaßnahmen, die den Bau oder die Änderung von Betriebsanlagen für Straßenbahnen vorsehen, bedarf es keiner vorherigen Planfeststellung oder Plangenehmigung, sofern keine Pflicht zur Durchführung einer Umweltverträglichkeitsprüfung besteht:

[1)] § 28 Abs. 1 Satz 2 neu gef., Abs. 1a eingef., Abs. 3 Satz 1 und Abs. 4 Satz 1 geänd. durch G v. 17.12. 1993 (BGBl. I S. 2123); Abs. 1a Satz 1 und Abs. 2 neu gef. mWv 3.8.2001 durch G v. 27.7.2001 (BGBl. I S. 1950); Überschrift neu gef., Abs. 1 Satz 1 geänd., Sätze 3 und 4 angef., Abs. 1a aufgeh., Abs. 2 neu gef., Abs. 3 Satz 1 geänd., Abs. 3a eingef., Abs. 4 Satz 1 geänd. mWv 13.3.2020 durch G v. 3.3.2020 (BGBl. I S. 433); Abs. 1 Satz 5 und Abs. 5 angef., Abs. 1a eingef., Abs. 3a Satz 1 Nr. 3 sowie Sätze 6 und 8 geänd. mWv 10.12.2020 durch G v. 3.12.2020 (BGBl. I S. 2694); Abs. 1a Satz 4 geänd. mWv 1.8.2021 durch G v. 16.4.2021 (BGBl. I S. 822).

[2)] Nr. **100**.

1. Ausstattung einer Bahnstrecke mit einer Oberleitung,
2. die im Rahmen der Digitalisierung einer Straßenbahnstrecke erforderlichen Baumaßnahmen,
3. der barrierefreie Umbau, die Erhöhung oder Verlängerung von Bahnsteigen und
4. die Errichtung von Schallschutzwänden zur Lärmsanierung.

[2] Für die in Satz 1 genannten Einzelmaßnahmen ist keine weitere baurechtliche Zulassung erforderlich; landesrechtliche Regelungen bleiben unberührt. [3] Werden durch das Vorhaben private oder öffentliche Belange einschließlich der Belange der Umwelt berührt, kann der Unternehmer die Feststellung des Planes nach Absatz 1 Satz 1 beantragen. [4] Ungeachtet dessen hat sich der Unternehmer vor Durchführung einer Einzelmaßnahme im Sinne des Satzes 1 Nummer 1 und 2 durch das Bundesamt für Infrastruktur, Umweltschutz und Dienstleistungen der Bundeswehr vor der Durchführung bestätigen zu lassen, dass keine militärischen Belange entgegenstehen. [5] Kann für das Vorhaben die Pflicht zur Durchführung einer Umweltverträglichkeitsprüfung bestehen, hat der Unternehmer bei der Planfeststellungsbehörde den Antrag nach § 5 Absatz 1 Satz 2 Nummer 1 des Gesetzes über die Umweltverträglichkeitsprüfung[1)] zu stellen. [6] Satz 1 Nummer 1 und 2 ist nur anzuwenden, wenn die zuständige Behörde feststellt, dass Vorgaben über die Errichtung und über wesentliche Änderungen von Anlagen eingehalten sind, die in einer elektrische, magnetische oder elektromagnetische Felder betreffenden und aufgrund von § 23 Absatz 1 Satz 1 Nummer 1, 2 und 4 in Verbindung mit § 48b des Bundes-Immissionsschutzgesetzes[2)] in der Fassung der Bekanntmachung vom 26. September 2002 erlassenen Rechtsverordnung enthalten sind.

(2) [1] Abweichend von § 74 Absatz 6 Satz 1 Nummer 3 des Verwaltungsverfahrensgesetzes kann für ein Vorhaben, für das nach dem Gesetz über die Umweltverträglichkeitsprüfung eine Umweltverträglichkeitsprüfung durchzuführen ist, an Stelle eines Planfeststellungsbeschlusses eine Plangenehmigung erteilt werden. [2] § 29 Absatz 1a Satz 1 gilt entsprechend. [3] Im Übrigen findet das Gesetz über die Umweltverträglichkeitsprüfung mit Ausnahme des § 21 Absatz 3 Anwendung.

(3) [1] Bebauungspläne nach § 9 des Baugesetzbuches[3)] ersetzen die Planfeststellung nach Absatz 1 und die Plangenehmigung nach § 74 Absatz 6 des Verwaltungsverfahrensgesetzes, sofern darin Betriebsanlagen für Straßenbahnen ausgewiesen sind. [2] Ist eine Ergänzung der Betriebsanlagen notwendig, ein Bebauungsplan unvollständig oder soll von Festsetzungen des Bebauungsplanes abgewichen werden, ist insoweit die Planfeststellung durchzuführen. [3] Es gelten die §§ 40 und 43 Abs. 1, 2, 4 und 5 sowie § 44 Abs. 1 bis 4 des Baugesetzbuches. [4] § 29 Abs. 3 ist nicht anzuwenden.

(3a) [1] Ist das Planfeststellungsverfahren eingeleitet, kann die Planfeststellungsbehörde nach Anhörung der betroffenen Gemeinde eine vorläufige Anordnung erlassen, in der vorbereitende Maßnahmen oder Teilmaßnahmen zum Bau oder zur *Änderung festgesetzt* werden,

1. soweit es sich um reversible Maßnahmen handelt,
2. wenn an dem vorzeitigen Beginn ein öffentliches Interesse besteht,
3. wenn mit einer Entscheidung zugunsten des Unternehmers gerechnet werden kann und

---

1) Nr. **295**.
2) Nr. **296**.
3) Nr. **300**.

4. wenn die nach § 74 Absatz 2 des Verwaltungsverfahrensgesetzes zu berücksichtigenden Interessen gewahrt werden.

[2] In der vorläufigen Anordnung sind die Auflagen zur Sicherung der nach Satz 1 Nummer 4 zu wahrenden Interessen und der Umfang der vorläufig zulässigen Maßnahmen festzulegen. [3] Sie ist den anliegenden Gemeinden sowie den Beteiligten zuzustellen oder öffentlich bekannt zu machen. [4] Sie ersetzt nicht die Planfeststellung. [5] § 32 bleibt unberührt. [6] Soweit die vorbereitenden Maßnahmen oder Teilmaßnahmen zum Bau oder zur Änderung durch die Planfeststellung für unzulässig erklärt sind, ordnet die Planfeststellungsbehörde gegenüber dem Unternehmer an, den früheren Zustand wiederherzustellen. [7] Dies gilt auch, wenn der Antrag auf Planfeststellung zurückgenommen wurde. [8] Der Betroffene ist durch den Unternehmer zu entschädigen, soweit die Wiederherstellung des früheren Zustandes nicht möglich oder mit unverhältnismäßig hohem Aufwand verbunden oder ein Schaden eingetreten ist, der durch die Wiederherstellung des früheren Zustandes nicht ausgeglichen wird. [9] Rechtsbehelfe gegen die vorläufige Anordnung haben keine aufschiebende Wirkung; ein Vorverfahren findet nicht statt.

(4) [1] Eine Genehmigung nach § 9 Abs. 1 Nr. 1 darf nur erteilt werden vorbehaltlich einer nach den Absätzen 1 bis 3 erforderlichen Planfeststellung oder einer Plangenehmigung oder vorbehaltlich einer nach § 74 Absatz 7 Nummer 2 des Verwaltungsverfahrensgesetzes getroffenen Vereinbarung. [2] Das Planfeststellungsverfahren kann gleichzeitig mit dem Genehmigungsverfahren durchgeführt werden.

(5) [1] Unterhaltungsmaßnahmen bedürfen keiner vorherigen Planfeststellung oder Plangenehmigung. [2] Unterhaltungsmaßnahmen sind Arbeiten zur Erhaltung oder Wiederherstellung der Funktionstätigkeit einer bestehenden Betriebsanlage einschließlich der Anpassung an geltendes Recht oder die anerkannten Regeln der Technik.

§ 28a[1)] Veränderungssperre; Vorkaufsrecht. (1) [1] Sobald der Plan ausgelegt oder andere Gelegenheit gegeben ist, den Plan einzusehen, dürfen auf den vom Plan betroffenen Flächen bis zu ihrer Inanspruchnahme wesentlich wertsteigernde oder die geplanten Baumaßnahmen erheblich erschwerende Veränderungen nicht vorgenommen werden (Veränderungssperre). [2] Veränderungen, die in rechtlich zulässiger Weise vorher begonnen worden sind, Unterhaltungsarbeiten und die Fortführung einer bisher ausgeübten Nutzung werden davon nicht berührt. [3] Unzulässige Veränderungen bleiben bei der Anordnung von Vorkehrungen und Anlagen und im Entschädigungsverfahren unberücksichtigt.

(2) Dauert die Veränderungssperre über vier Jahre, können die Eigentümer für die dadurch entstandenen Vermögensnachteile Entschädigung verlangen.

(3) In den Fällen des Absatzes 1 Satz 1 steht dem Unternehmer an den betroffenen Flächen ein Vorkaufsrecht zu.

§ 28b[2)] Projektmanager. [1] Die Anhörungsbehörde kann einen Dritten mit der Vorbereitung und Durchführung von Verfahrensschritten, insbesondere

1. der Erstellung von Verfahrensleitplänen unter Bestimmung von Verfahrensabschnitten und Zwischenterminen,
2. der Fristenkontrolle,

[1)] § 28a eingef. durch G v. 17.12.1993 (BGBl. I S. 2123).

[2)] § 28b eingef. mWv 13.3.2020 durch G v. 3.3.2020 (BGBl. I S. 433); Satz 1 abschl. Satzteil geänd. mWv 10.12.2020 durch G v. 3.12.2020 (BGBl. I S. 2694).

3. der Koordinierung von erforderlichen Sachverständigengutachten,
4. dem Entwurf eines Anhörungsberichts,
5. der ersten Auswertung der eingereichten Stellungnahmen,
6. der organisatorischen Vorbereitung eines Erörterungstermins und
7. der Leitung eines Erörterungstermins

auf Vorschlag oder mit Zustimmung des Unternehmers und auf dessen Kosten beauftragen. [2] § 73 Absatz 9 des Verwaltungsverfahrensgesetzes[1)] bleibt unberührt. [3] Die Entscheidung über den Planfeststellungsantrag verbleibt bei der zuständigen Behörde.

§ 28c[2)] Veröffentlichung im Internet. [1] Wird der Plan nicht nach § 27a Absatz 1 des Verwaltungsverfahrensgesetzes[1)] oder § 20 des Gesetzes über die Umweltverträglichkeitsprüfung[3)] zugänglich gemacht, ist dieser vom Unternehmer zur Bürgerinformation über das Internet zugänglich zu machen. [2] § 23 des Gesetzes über die Umweltverträglichkeitsprüfung gilt entsprechend. [3] Maßgeblich ist der Inhalt des im Rahmen des Genehmigungsverfahrens zur Einsicht ausgelegten Plans. [4] Hierauf ist bei der Zugänglichmachung hinzuweisen.

§ 29[4)] Planfeststellungsbehörde. (1) [1] Planfeststellungsbehörde ist die Genehmigungsbehörde nach § 11. [2] Diese stellt den Plan nach § 28 Absatz 1 fest, erteilt die Plangenehmigung nach § 28 Absatz 2 und § 74 Absatz 6 des Verwaltungsverfahrensgesetzes[1)] oder trifft die Entscheidung nach § 74 Absatz 7 des Verwaltungsverfahrensgesetzes.

(1a) Für das Anhörungsverfahren gilt § 73 des Verwaltungsverfahrensgesetzes mit folgenden Maßgaben:

1. Die Anhörungsbehörde kann von einer Erörterung im Sinne des § 73 Absatz 6 des Verwaltungsverfahrensgesetzes und des § 18 Absatz 1 Satz 4 des Gesetzes über die Umweltverträglichkeitsprüfung[3)] absehen. Findet keine Erörterung statt, so hat die Anhörungsbehörde ihre Stellungnahme innerhalb von sechs Wochen nach Ablauf der Einwendungsfrist abzugeben und zusammen mit den sonstigen in § 73 Absatz 9 des Verwaltungsverfahrensgesetzes aufgeführten Unterlagen der Planfeststellungsbehörde zuzuleiten.
2. Soll ein ausgelegter Plan geändert werden, so kann im Regelfall von der Erörterung im Sinne des § 73 Absatz 6 des Verwaltungsverfahrensgesetzes und des § 18 Absatz 1 Satz 4 des Gesetzes über die Umweltverträglichkeitsprüfung abgesehen werden.

(2) Werden Einwendungen gegen den Plan mit der Begründung erhoben, daß öffentliche Interessen im Bereich von Bundesbehörden oder von Behörden, die im Auftrag des Bundes tätig werden, beeinträchtigt werden und kommt eine Einigung zwischen der Planfeststellungsbehörde und den genannten Behörden nicht zustande,

---

[1)] Nr. **100**.

[2)] § 28c eingef. mWv 13.3.2020 durch G v. 3.3.2020 (BGBl. I S. 433); Satz 1 geänd. mWv 10.12.2020 durch G v. 3.12.2020 (BGBl. I S. 2694).

[3)] Nr. **295**.

[4)] § 29 Abs. 1 Satz 2 und Abs. 4–8 angef., Abs. 1a eingef. durch G v. 17.12.1993 (BGBl. I S. 2123); Abs. 2 geänd. mWv 7.11.2001 durch VO v. 29.10.2001 (BGBl. I S. 2785); Abs. 2 geänd. mWv 8.11.2006 durch VO v. 31.10.2006 (BGBl. I S. 2407); Abs. 2 geänd. mWv 8.9.2015 durch VO v. 31.8.2015 (BGBl. I S. 1474); Abs. 1a Satz 1 Nr. 5 geänd. mWv 29.7.2017 durch G v. 20.7.2017 (BGBl. I S. 2808); Abs. 1 Satz 2 und Abs. 1a, 4, 5 und 7 neu gef., Abs. 8 aufgeh. mWv 13.3.2020 durch G v. 3.3.2020 (BGBl. I S. 433); Abs. 4 Nr. 1 geänd., Nr. 4 angef. mWv 10.12.2020 durch G v. 3.12.2020 (BGBl. I S. 2694); Abs. 2 geänd. mWv 27.2.2026 durch G v. 23.2.2026 (BGBl. 2026 I Nr. 47).

entscheidet die Planfeststellungsbehörde im Benehmen mit dem Bundesministerium für Verkehr.

(3) Kommt eine Einigung über Einwendungen nichtbundeseigener Eisenbahnen oder von Bergbahnunternehmen nicht zustande, hat die Planfeststellungsbehörde die Entscheidung der von der Landesregierung bestimmten Behörde einzuholen und der Planfeststellung zugrunde zu legen.

(4) Für die Rechtswirkungen der Planfeststellung und Plangenehmigung gilt § 75 des Verwaltungsverfahrensgesetzes mit folgenden Maßgaben:

1. Wird mit der Durchführung des Plans nicht innerhalb von fünf Jahren nach Eintritt der Unanfechtbarkeit begonnen, so tritt er außer Kraft, es sei denn, er wird vorher auf Antrag des Unternehmer von der Planfeststellungsbehörde um höchstens fünf Jahre verlängert.
2. Vor der Entscheidung nach Nummer 1 ist eine auf den Antrag begrenzte Anhörung nach dem für die Planfeststellung oder für die Plangenehmigung vorgeschriebenen Verfahren durchzuführen.
3. Für die Zustellung und Auslegung sowie die Anfechtung der Entscheidung über die Verlängerung sind die Bestimmungen über den Planfeststellungsbeschluss entsprechend anzuwenden.
4. Wird eine Planergänzung oder ein ergänzendes Verfahren nach § 75 Absatz 1a Satz 2 des Verwaltungsverfahrensgesetzes erforderlich und unverzüglich betrieben, bleibt die Durchführung des Vorhabens insoweit zulässig, als es von der Planergänzung oder dem Ergebnis des ergänzenden Verfahrens offensichtlich nicht berührt ist.

(5) [1] Für die Planergänzung und das ergänzende Verfahren im Sinne des § 75 Absatz 1a Satz 2 des Verwaltungsverfahrensgesetzes und für die Planänderung vor Fertigstellung des Vorhabens gilt § 76 des Verwaltungsverfahrensgesetzes mit der Maßgabe, dass im Falle des § 76 Absatz 1 des Verwaltungsverfahrensgesetzes von einer Erörterung im Sinne des § 73 Absatz 6 des Verwaltungsverfahrensgesetzes und des § 18 Absatz 1 Satz 4 des Gesetzes über die Umweltverträglichkeitsprüfung abgesehen werden kann. [2] Im Übrigen gelten für das neue Verfahren die Vorschriften dieses Gesetzes.

(6) [1] Vor Erhebung einer verwaltungsgerichtlichen Klage gegen einen Planfeststellungsbeschluß oder gegen eine Plangenehmigung für den Bau oder die Änderung von Betriebsanlagen für Straßenbahnen bedarf es keiner Nachprüfung in einem Vorverfahren. [2] Die Anfechtungsklage gegen einen Planfeststellungsbeschluß oder eine Plangenehmigung für den Bau oder die Änderung von Betriebsanlagen für Straßenbahnen hat keine aufschiebende Wirkung. [3] Der Antrag auf Anordnung der aufschiebenden Wirkung der Anfechtungsklage gegen einen Planfeststellungsbeschluß oder eine Plangenehmigung nach § 80 Abs. 5 Satz 1 der Verwaltungsgerichtsordnung[1)] kann nur innerhalb eines Monats nach Zustellung des Planfeststellungsbeschlusses oder der Plangenehmigung gestellt und begründet werden.

(Fortsetzung nächstes Blatt)

[1)] Nr. **600**.

[4] Treten später Tatsachen ein, die die Anordnung der aufschiebenden Wirkung rechtfertigen, so kann der durch den Planfeststellungsbeschluß oder die Plangenehmigung Beschwerte einen hierauf gestützten Antrag nach § 80 Abs. 5 Satz 1 der Verwaltungsgerichtsordnung innerhalb einer Frist von einem Monat stellen. [5] Die Frist beginnt in dem Zeitpunkt, in dem der Beschwerte von den Tatsachen Kenntnis erlangt.

(7) [1] Der Kläger hat innerhalb einer Frist von zehn Wochen ab Klageerhebung die zur Begründung seiner Klage dienenden Tatsachen und Beweismittel anzugeben. [2] Erklärungen und Beweismittel, die erst nach Ablauf dieser Frist vorgebracht werden, sind nur zuzulassen, wenn der Kläger die Verspätung genügend entschuldigt. [3] Der Entschuldigungsgrund ist auf Verlangen des Gerichts glaubhaft zu machen. [4] Satz 2 gilt nicht, wenn es mit geringem Aufwand möglich ist, den Sachverhalt auch ohne Mitwirkung des Klägers zu ermitteln. [5] Die Frist nach Satz 1 kann durch den Vorsitzenden oder den Berichterstatter auf Antrag verlängert werden, wenn der Kläger in dem Verfahren, in dem die angefochtene Entscheidung ergangen ist, keine Möglichkeit der Beteiligung hatte. [6] § 6 des Umwelt-Rechtsbehelfsgesetzes[1)] ist nicht anzuwenden.

§ 29a[2)] Vorzeitige Besitzeinweisung. (1) [1] Ist der sofortige Beginn von Bauarbeiten geboten und weigert sich der Eigentümer oder Besitzer, den Besitz eines für den Bau oder die Änderung einer Betriebsanlage für Straßenbahnen benötigten Grundstücks durch Vereinbarung unter Vorbehalt aller Entschädigungsansprüche zu überlassen, so hat die Enteignungsbehörde den Unternehmer auf Antrag nach Feststellung des Planes oder Erteilung der Plangenehmigung in den Besitz einzuweisen. [2] Der Planfeststellungsbeschluß oder die Plangenehmigung müssen vollziehbar sein. [3] Weiterer Voraussetzungen bedarf es nicht.

(2) [1] Die Enteignungsbehörde hat spätestens sechs Wochen nach Eingang des Antrags auf Besitzeinweisung mit den Beteiligten mündlich zu verhandeln. [2] Hierzu sind der Unternehmer und die Betroffenen zu laden. [3] Dabei ist den Betroffenen der Antrag auf Besitzeinweisung mitzuteilen. [4] Die Ladungsfrist beträgt drei Wochen. [5] Mit der Ladung sind die Betroffenen aufzufordern, etwaige Einwendungen gegen den Antrag vor der mündlichen Verhandlung bei der Enteignungsbehörde einzureichen. [6] Sie sind außerdem darauf hinzuweisen, daß auch bei Nichterscheinen über den Antrag auf Besitzeinweisung und andere im Verfahren zu erledigende Anträge entschieden werden kann.

(3) [1] Soweit der Zustand des Grundstücks von Bedeutung ist, hat die Enteignungsbehörde diesen bis zum Beginn der mündlichen Verhandlung in einer Niederschrift festzustellen oder durch einen Sachverständigen ermitteln zu lassen. [2] Den Beteiligten ist eine Abschrift der Niederschrift oder des Ermittlungsergebnisses zu übersenden.

(4) [1] Der Beschluß über die Besitzeinweisung ist dem Unternehmer und den Betroffenen spätestens zwei Wochen nach der mündlichen Verhandlung zuzustellen. [2] Die Besitzeinweisung wird in dem von der Enteignungsbehörde bezeichneten Zeitpunkt wirksam. [3] Dieser Zeitpunkt soll auf höchstens zwei Wochen nach Zustellung der Anordnung über die vorzeitige Besitzeinweisung an den unmittelbaren Besitzer festgesetzt werden. [4] Durch die Besitzeinweisung wird dem Besitzer der Besitz entzogen und der Unternehmer Besitzer. [5] Der Unternehmer darf auf

---

[1)] Nr. **293**.

[2)] § 29a eingef. durch G v. 17.12.1993 (BGBl. I S. 2123); Abs. 8 und 9 angef. mWv 10.12.2020 durch G v. 3.12.2020 (BGBl. I S. 2694).

dem Grundstück das im Antrag auf Besitzeinweisung bezeichnete Bauvorhaben durchführen und die dafür erforderlichen Maßnahmen treffen.

(5) [1]Der Unternehmer hat für die durch die vorzeitige Besitzeinweisung entstehenden Vermögensnachteile Entschädigung zu leisten, soweit die Nachteile nicht durch die Verzinsung der Geldentschädigung für die Entziehung oder Beschränkung des Eigentums oder eines anderen Rechts ausgeglichen werden. [2]Art und Höhe der Entschädigung sind von der Enteignungsbehörde in einem Beschluß festzusetzen.

(6) [1]Wird der festgestellte Plan oder die Plangenehmigung aufgehoben, so ist auch die vorzeitige Besitzeinweisung aufzuheben und der vorherige Besitzer wieder in den Besitz einzuweisen. [2]Der Unternehmer hat für alle durch die Besitzeinweisung entstandenen besonderen Nachteile Entschädigung zu leisten.

(7) [1]Ein Rechtsbehelf gegen eine vorzeitige Besitzeinweisung hat keine aufschiebende Wirkung. [2]Der Antrag auf Anordnung der aufschiebenden Wirkung nach § 80 Abs. 5 Satz 1 der Verwaltungsgerichtsordnung[1)] kann nur innerhalb eines Monats nach der Zustellung des Besitzeinweisungsbeschlusses gestellt und begründet werden.

(8) [1]Die Absätze 1 bis 7 gelten entsprechend für Grundstücke, die für Unterhaltungsmaßnahmen benötigt werden. [2]Bei Unterhaltungsmaßnahmen bedarf es nicht der vorherigen Planfeststellung oder Plangenehmigung. [3]Über die vorzeitige Besitzeinweisung nach Absatz 1 entscheidet bei Unterhaltungsmaßnahmen die Enteignungsbehörde.

(9) Im Übrigen gelten die Enteignungsgesetze der Länder.

§ 30[2)] Enteignung. (1) [1]Die Enteignung ist zulässig, soweit sie zur Ausführung eines nach den §§ 28, 29 festgestellten oder genehmigten Bauvorhabens oder für Unterhaltungsmaßnahmen notwendig ist. [2]Der festgestellte Plan oder die Plangenehmigung ist dem Enteignungsverfahren zugrunde zu legen und für die Enteignungsbehörde bindend. [3]Die nach Landesrecht zuständige Behörde stellt die Zulässigkeit der Enteignung fest, soweit im Falle einer Unterhaltungsmaßnahme keine Feststellung in einem genehmigten oder festgestellten Plan getroffen ist.

(2) Im Übrigen gelten die Enteignungsgesetze der Länder.

§ 30a[3)] Entschädigungsverfahren. Soweit der Unternehmer nach § 28 Absatz 3a oder auf Grund eines Planfeststellungsbeschlusses oder einer Plangenehmigung verpflichtet ist, eine Entschädigung in Geld zu leisten, und über die Höhe der Entschädigung keine Einigung zwischen dem Betroffenen und dem Unternehmer zustande kommt, entscheidet auf Antrag eines der Beteiligten die nach Landesrecht zuständige Behörde; für das Verfahren und den Rechtsweg gelten die Enteignungsgesetze der Länder entsprechend.

§ 31[4)] Benutzung öffentlicher Straßen. (1) Der Unternehmer hat die Zustimmung des Trägers Straßenbaulast beizubringen, wenn

1. eine öffentliche Straße von der Straßenbahn benutzt werden soll,

---

[1)] Nr. 600.

[2)] § 30 neu gef. mWv 10.12.2020 durch G v. 3.12.2020 (BGBl. I S. 2694).

[3)] § 30a eingef. mWv 1.1.2013 durch G v. 14.12.2012 (BGBl. I S. 2598); geänd. mWv 13.3.2020 durch G v. 3.3.2020 (BGBl. I S. 433).

[4)] § 31 Abs. 6 geänd. durch G v. 17.12.1993 (BGBl. I S. 2123); Abs. 1 einl. Satzteil geänd. mWv 1.8. 2021 durch G v. 16.4.2021 (BGBl. I S. 822).

2. Betriebsanlagen von Straßenbahnen eine öffentliche Straße höhengleich kreuzen.

(2) [1] Vereinbarungen über die Höhe eines Entgelts für die Benutzung einer öffentlichen Straße bedürfen der Zustimmung der Genehmigungsbehörde. [2] Bestehende Verträge zwischen dem Unternehmer und dem Träger der Straßenbaulast bleiben unberührt.

(3) [1] Wird eine öffentliche Straße, die von einer Straßenbahn benutzt wird, erweitert oder verlegt, kann der Träger der Straßenbaulast von dem Unternehmer einen Beitrag zu den Kosten der Erweiterung oder Verlegung der Straße verlangen. [2] Dabei ist zu berücksichtigen, ob und inwieweit die Erweiterung oder Verlegung der Straße durch die Straßenbahn, den sonstigen Straßenverkehr oder andere Gründe veranlaßt ist. [3] Absatz 2 Satz 2 gilt entsprechend.

(4) Auf Verlangen des Trägers der Straßenbaulast hat der Unternehmer bei Ablauf der Genehmigung die Betriebsanlagen der Straßenbahn zu beseitigen und die Straße wiederherzustellen.

(5) Kommt in den Fällen der Absätze 1 und 3 eine Einigung nicht zustande, entscheiden die von der Landesregierung bestimmten Behörden.

(6) Auf Vereinbarungen des Unternehmers mit dem Träger der Straßenbaulast über die Benutzung öffentlicher Straßen ist im Planfeststellungsbeschluß oder in der Plangenehmigung hinzuweisen.

§ 32 Duldungspflichten Dritter. (1) Eigentümer oder sonstige Nutzungsberechtigte haben

1. Vermessungen, Boden- und Grundwasseruntersuchungen einschließlich der vorübergehenden Anbringung von Markierungszeichen und sonstigen Vorarbeiten, die zur Planung von Betriebsanlagen und Straßenbahnen notwendig sind, zu dulden, wenn die Genehmigungsbehörde diesen Arbeiten zustimmt,
2. das Anbringen oder Errichten von Haltevorrichtungen für elektrische Leitungen, von Signalen und Haltestellenzeichen durch den Unternehmer oder von ihm Beauftragte zu dulden. Arbeits-, Betriebs- oder Geschäftsräume dürfen vom Unternehmer oder von ihm Beauftragte nur während der jeweiligen Arbeits- oder Geschäftsstunden, Wohnungen nur mit Zustimmung des Wohnungsinhabers betreten werden. Die Absicht, Vorarbeiten durchzuführen, ist dem Eigentümer oder sonstigen Nutzungsberechtigten mindestens 2 Wochen vorher unmittelbar und in den Gemeinden, in deren Gebiet Vorarbeiten durchgeführt werden sollen, ortsüblich bekanntzugeben.

(2) Die Zustimmung der Genehmigungsbehörde zu den Vorarbeiten begründet keinen Anspruch auf Erteilung der Genehmigung nach § 9 Abs. 1 Nr. 1.

(3) [1] Über eine Verpflichtung zur Duldung der in Absatz 1 Nr. 2 bezeichneten *technischen Einrichtungen ist* beim Bau neuer Betriebsanlagen für Straßenbahnen im Planfeststellungsverfahren zu entscheiden. [2] Im übrigen entscheidet die Genehmigungsbehörde.

(4) [1] Für Schäden, die durch Vorarbeiten, das Anbringen, Errichten oder Entfernen technischer Einrichtungen verursacht worden sind, hat der Unternehmer Entschädigung zu leisten. [2] § 31 Abs. 5 gilt entsprechend. [3] Für die Geltendmachung von Entschädigungsansprüchen ist der ordentliche Rechtsweg gegeben.

§§ 33–35 (weggefallen)

§ 36 Bau- und Unterhaltungspflicht. (1) Der Unternehmer ist verpflichtet, die ihm genehmigten Betriebsanlagen für Straßenbahnen zu bauen und während der Geltungsdauer der Genehmigung den öffentlichen Verkehrsinteressen und dem Stand der Technik entsprechend zu unterhalten.

(2) Die Genehmigungsbehörde kann dem Unternehmer eine Frist setzen, innerhalb derer die Betriebsanlagen zu bauen sind.

§ 36a[1] Besondere Pflichten im Interesse der Unterhaltung. (1) [1] Soweit es zur Unterhaltung einer Betriebsanlage für Straßenbahnen erforderlich ist, haben Eigentümer und sonstige Nutzungsberechtigte zu dulden, dass Beauftragte des Unternehmers die Grundstücke betreten oder vorübergehend benutzen. [2] Das Grundrecht auf Unverletzlichkeit der Wohnung (Artikel 13 Absatz 1 des Grundgesetzes[2]) wird insoweit eingeschränkt. [3] Die Arbeiten müssen dem Eigentümer und sonstigen Nutzungsberechtigten angekündigt werden.

(2) Entstehen durch Handlungen nach Absatz 1 Schäden, hat der Geschädigte Anspruch auf Schadensersatz.

(3) [1] Der Inhaber einer Sondernutzungserlaubnis hat, ohne Anspruch auf Entschädigung, zu dulden, dass die Ausübung seines Rechts durch Arbeiten zur Unterhaltung vorübergehend behindert oder unterbrochen wird. [2] Auf die Interessen des Inhabers einer Sondernutzungserlaubnis ist Rücksicht zu nehmen.

§ 37 Aufnahme des Betriebs. Die Genehmigung zur Aufnahme des Betriebs der Straßenbahnen erteilt die Genehmigungsbehörde im Einvernehmen mit der für die technische Aufsicht zuständigen Behörde.

§ 38 (weggefallen)

§ 39[3] Beförderungsentgelte und -bedingungen. (1) [1] Beförderungsentgelte und deren Änderung bedürfen der Zustimmung der Genehmigungsbehörde. [2] Mit der Zustimmung sind die Beförderungsentgelte allgemein verbindlich. [3] Soweit die Beförderungsentgelte Gegenstand eines öffentlichen Dienstleistungsauftrages sind, hat die zuständige Behörde der Genehmigungsbehörde dies anzuzeigen; in diesem Fall gilt die Zustimmung als erteilt.

(2) [1] Die Genehmigungsbehörde hat die Beförderungsentgelte insbesondere daraufhin zu prüfen, ob sie unter Berücksichtigung der wirtschaftlichen Lage des Unternehmers, einer ausreichenden Verzinsung und Tilgung des Anlagekapitals und der notwendigen technischen Entwicklung angemessen sind. [2] Die Zustimmung zu einer Änderung der Beförderungsentgelte wird in der Regel nicht erteilt, wenn diese einer verbindlichen Zusicherung nach § 12 Absatz 1a widerspricht.

(3) [1] Die nach Absatz 1 festgestellten Beförderungsentgelte dürfen nicht über- oder unterschritten werden; sie sind gleichmäßig anzuwenden. [2] Ermäßigungen, die nicht unter gleichen Bedingungen jedermann zugute kommen, sind verboten und nichtig.

---

[1] § 36a eingef. mWv 13.3.2020 durch G v. 3.3.2020 (BGBl. I S. 433); Abs. 1 neu gef. mWv 10.12.2020 durch G v. 3.12.2020 (BGBl. I S. 2694).

[2] Nr. 1.

[3] § 39 Abs. 2 Satz 1 geänd., Satz 2 angef. mWv 1.1.1996 durch G v. 27.12.1993 (BGBl. I S. 2378); Abs. 1 Satz 3 angef., Abs. 2 Satz 2 neu gef., Abs. 6 Satz 3 eingef., bish. Satz 3 wird Satz 4 mWv 1.1.2013 durch G v. 14.12.2012 (BGBl. I S. 2598); Abs. 6 Satz 5 angef. mWv 1.8.2021 durch G v. 16.4.2021 (BGBl. I S. 822).

(4) Die Zustimmung zu den Beförderungsentgelten kann von der Genehmigungsbehörde nach Anhörung des Unternehmers widerrufen werden, wenn die für die Bildung der Beförderungsentgelte maßgebenden Umstände sich wesentlich geändert haben; in diesem Falle kann die Genehmigungsbehörde nach Anhörung des Unternehmers die Beförderungsentgelte anderweitig festsetzen.

(5) Eine Erhöhung der Beförderungsentgelte tritt frühestens am siebenten Tage nach der Veröffentlichung in Kraft.

(6) [1] Die Beförderungsbedingungen sind vor ihrer Einführung der Genehmigungsbehörde zur Zustimmung vorzulegen, soweit die von den Allgemeinen Beförderungsbedingungen (§ 57 Abs. 1 Nr. 5) für das Unternehmen im Einzelfalle abweichen (Besondere Beförderungsbedingungen). [2] Das gleiche gilt für Änderungen der Besonderen Beförderungsbedingungen. [3] Absatz 1 Satz 3 und Absatz 2 Satz 2 gelten entsprechend. [4] Die Genehmigungsbehörde kann eine Änderung der Beförderungsbedingungen verlangen, wenn die für ihre Festsetzung maßgebenden Umstände sich wesentlich geändert haben oder sich für die bessere Ausgestaltung des Verkehrs in einem Gebiet neue Gesichtspunkte ergeben, denen durch eine Änderung der Besonderen Beförderungsbedingungen Rechnung getragen werden kann. [5] Zuständig ist die Genehmigungsbehörde, in deren Bezirk der Unternehmer seinen Betriebssitz hat.

(7) Die Beförderungsentgelte und die Besonderen Beförderungsbedingungen sind vom Unternehmer vor ihrer Einführung ortsüblich bekanntzumachen; die Bekanntmachung ist in den zum Aufenthalt der Fahrgäste bestimmten Räumen auszuhängen.

§ 40[1)] Fahrpläne. (1) Der Fahrplan muß die Führung der Linie, ihren Ausgangs- und Endpunkt sowie die Haltestellen und Fahrzeiten enthalten.

(2) [1] Fahrpläne und deren Änderungen bedürfen der Zustimmung der Genehmigungsbehörde. [2] Ausgenommen sind Fahrplanänderungen, die wegen vorübergehender Störungen des Betriebs oder aus besonderen Anlässen vorgenommen werden und für einen Zeitraum von nicht länger als einen Monat gelten, sowie andere geringfügige Fahrplanänderungen. [3] Als geringfügig sind auch Fahrplanänderungen anzusehen, die durch Baustellen verursacht werden und nicht länger als sechs Monate gelten. [4] Werden durch Fahrplanänderungen die Interessen anderer Verkehrsunternehmen berührt, so sind diese vor der Zustimmung zu hören. [5] Die in Satz 2 genannten Fahrplanänderungen sind der Genehmigungsbehörde anzuzeigen. [6] Die Genehmigungsbehörde kann den angezeigten Fahrplanänderungen innerhalb einer Frist von zwei Wochen widersprechen, wenn die Voraussetzungen des Satzes 2 nicht vorliegen; die Fahrplanänderungen dürfen dann nicht in Kraft treten. [7] Soweit die Fahrpläne Gegenstand eines öffentlichen Dienstleistungsauftrages sind, hat die zuständige Behörde diese der Genehmigungsbehörde anzuzeigen. [8] In diesem Fall gilt die Zustimmung als erteilt.

(2a) Die Zustimmung zu einer Fahrplanänderung wird in der Regel nicht erteilt, wenn diese einer verbindlichen Zusicherung nach § 12 Absatz 1a widerspricht.

[1)] § 40 Abs. 3 Satz 2 angef. mWv 1.1.1996 durch G v. 27.12.1993 (BGBl. I S. 2378); Abs. 2 neu gef. mWv 14.9.2007 durch G v. 7.9.2007 (BGBl. I S. 2246); Abs. 2 Sätze 6 und 7 und Abs. 4 Satz 4 angef., Abs. 2a eingef., Abs. 3 neu gef. mWv 1.1.2013 durch G v. 14.12.2012 (BGBl. I S. 2598); Abs. 2 Satz 3 eingef., bish. Sätze 3–7 werden Sätze 4–8, Abs. 4 Satz 4 aufgeh. mWv 1.8.2021 durch G v. 16.4.2021 (BGBl. I S. 822).

(3) [1]Die Genehmigungsbehörde kann für einen eigenwirtschaftlichen Verkehr Änderungen des Fahrplans verlangen, wenn die maßgebenden Umstände sich wesentlich geändert haben oder sich für die bessere Ausgestaltung des Verkehrs in einem Gebiet neue Gesichtspunkte ergeben, denen durch eine Änderung des Fahrplans Rechnung getragen werden kann. [2]Die Genehmigungsbehörde hat hiervon abzusehen, wenn die Änderungen dem Unternehmer unter Berücksichtigung seiner wirtschaftlichen Lage, einer ausreichenden Verzinsung und Tilgung des Anlagekapitals und der notwendigen technischen Entwicklung nicht zugemutet werden können.

(4) [1]Fahrpläne und Fahrplanänderungen sind vom Unternehmer ortsüblich bekanntzumachen. [2]Ferner sind die gültigen Fahrpläne in den zum Aufenthalt der Fahrgäste bestimmten Räumen anzubringen. [3]An den Haltestellen sind mindestens die Abfahrtszeiten anzuzeigen.

B. Verkehr mit Obussen

§ 41[1)] Entsprechend anwendbare Vorschriften. (1) Die Vorschriften der §§ 28 bis 30a und der §§ 32 bis 37 sind auf die Errichtung von Bau- und Betriebsanlagen für den Obusverkehr entsprechend anzuwenden.

(2) Zur Errichtung von Bau- und Betriebsanlagen auf öffentlichen Straßen bedarf der Unternehmer der Zustimmung des Trägers der Straßenbaulast; § 31 Abs. 1, 2, 4 bis 6 ist entsprechend anzuwenden.

(3) Im übrigen sind auf den Obusverkehr die Vorschriften der §§ 39 und 40 entsprechend anzuwenden.

C. Linienverkehr mit Kraftfahrzeugen

§ 42 Begriffsbestimmung Linienverkehr. [1]Linienverkehr ist eine zwischen bestimmten Ausgangs- und Endpunkten eingerichtete regelmäßige Verkehrsverbindung, auf der Fahrgäste an bestimmten Haltestellen ein- und aussteigen können. [2]Er setzt nicht voraus, daß ein Fahrplan mit bestimmten Abfahrts- und Ankunftszeiten besteht oder Zwischenhaltestellen eingerichtet sind.

§ 42a[2)] Personenfernverkehr. [1]Personenfernverkehr ist der Linienverkehr mit Kraftfahrzeugen, der nicht zum öffentlichen Personennahverkehr im Sinne des § 8 Absatz 1 und nicht zu den Sonderformen des Linienverkehrs nach § 43 oder zum Linienbedarfsverkehr nach § 44 gehört. [2]Die Beförderung von Personen zwischen zwei Haltestellen ist unzulässig, wenn

1. der Abstand zwischen diesen Haltestellen nicht mehr als 50 km beträgt oder
2. zwischen diesen Haltestellen Schienenpersonennahverkehr mit einer Reisezeit bis zu einer Stunde betrieben wird.

[3]In der Genehmigung sind auf Antrag für einzelne Teilstrecken Ausnahmen zu gewähren, wenn

1. kein ausreichendes Nahverkehrsangebot besteht oder
2. das Fahrgastpotenzial der vorhandenen Verkehrsangebote nur unerheblich beeinträchtigt wird.

[1)] § 41 Abs. 1 geänd. mWv 13.3.2020 durch G v. 3.3.2020 (BGBl. I S. 433); Abs. 1 geänd. mWv 1.8.2021 durch G v. 16.4.2021 (BGBl. I S. 822).

[2)] § 42a eingef. mWv 1.1.2013 durch G v. 14.12.2012 (BGBl. I S. 2598); Satz 1 geänd. mWv 1.8.2021 durch G v. 16.4.2021 (BGBl. I S. 822).

§ 42b[1)] Technische Anforderungen. Im innerdeutschen Personenfernverkehr dürfen nur Kraftomnibusse eingesetzt werden, die

1. einer der folgenden Vorschriften entsprechen:
   a) Anhang VII zu der Richtlinie 2001/85/EG des Europäischen Parlaments und des Rates vom 20. November 2001 über besondere Vorschriften für Fahrzeuge zur Personenbeförderung mit mehr als acht Sitzplätzen außer dem Fahrersitz und zur Änderung der Richtlinien 70/156/EWG und 97/27/EG (ABl. L 42 vom 13.2.2002, S. 1; L 125 vom 21.5.2003, S. 14) in der jeweils zum Zeitpunkt der Erstzulassung des jeweiligen Kraftomnibusses geltenden Fassung oder
   b) Anhang 8 der Regelung Nr. 107 der Wirtschaftskommission für Europa der Vereinten Nationen (UN/ECE) – Einheitliche Bedingungen für die Genehmigung von Fahrzeugen der Klassen M2 oder M3 hinsichtlich ihrer allgemeinen Konstruktionsmerkmale (ABl. L 255 vom 29.9.2010, S. 1) in der jeweils zum Zeitpunkt der Erstzulassung des jeweiligen Kraftomnibusses geltenden Fassung

   und
2. mit mindestens zwei Stellplätzen für Rollstuhlnutzer ausgerüstet sind.

§ 43 Sonderformen des Linienverkehrs. [1] Als Linienverkehr gilt, unabhängig davon, wer den Ablauf der Fahrten bestimmt, auch der Verkehr, der unter Ausschluß anderer Fahrgäste der regelmäßigen Beförderung von

1. Berufstätigen zwischen Wohnung und Arbeitsstelle (Berufsverkehr),
2. Schülern zwischen Wohnung und Lehranstalt (Schülerfahrten),
3. Personen zum Besuch von Märkten (Marktfahrten),
4. Theaterbesuchern

dient. [2] Die Regelmäßigkeit wird nicht dadurch ausgeschlossen, daß der Ablauf der Fahrten wechselnden Bedürfnissen der Beteiligten angepaßt wird.

§ 44[2)] Linienbedarfsverkehr. [1] Als Linienverkehr gemäß § 42, der öffentlicher Personennahverkehr gemäß § 8 Absatz 1 ist, gilt auch der Verkehr, der der Beförderung von Fahrgästen auf vorherige Bestellung ohne festen Linienweg zwischen bestimmten Einstiegs- und Ausstiegspunkten innerhalb eines festgelegten Gebietes und festgelegter Bedienzeiten dient (Linienbedarfsverkehr). [2] Es kommen ausschließlich Beförderungsentgelte und -bedingungen im Rahmen der Vorgaben des Aufgabenträgers im Nahverkehrsplan, im öffentlichen Dienstleistungsauftrag oder der Vorabbekanntmachung zur Anwendung. [3] Für Beförderungen im Linienbedarfsverkehr können Zuschläge nur nach Maßgabe von Satz 2 erhoben werden.

§ 45[3)] Sonstige Vorschriften. (1) Auf den Linienverkehr mit Kraftfahrzeugen ist § 32, soweit diese Vorschrift sich auf das Anbringen oder Errichten von Haltestellenzeichen bezieht, entsprechend anzuwenden; über die Verpflichtung zur Duldung entscheidet die Genehmigungsbehörde ohne Planfeststellungsverfahren.

(2) Auf den Linienverkehr mit Kraftfahrzeugen sind die §§ 39 und 40 mit folgenden Maßgaben anzuwenden:

[1)] § 42b neu gef mWv 1.8.2021 durch G v. 16.4.2021 (BGBl. I S. 822).
[2)] § 44 neu gef. mWv 1.8.2021 durch G v. 16.4.2021 (BGBl. I S. 822).
[3)] § 45 Abs. 2 neu gef., Abs. 3 Satz 2 geänd. mWv 1.1.2013 durch G v. 14.12.2012 (BGBl. I S. 2598); Abs. 2 Nr. 2 geänd., Nr. 3 angef. mWv 1.8.2021 durch G v. 16.4.2021 (BGBl. I S. 822).

1. § 39 Absatz 1 bis 5 und 7 gilt nicht für den Personenfernverkehr,
2. § 40 Absatz 3 gilt nicht für den Personenfernverkehr; abweichend von § 40 Absatz 2 Satz 1 genügt bei Fahrplanänderungen im Personenfernverkehr eine Anzeige bei der Genehmigungsbehörde; sofern die Genehmigungsbehörde den angezeigten Fahrplanänderungen innerhalb von einem Monat widerspricht, dürfen diese nicht in Kraft treten,
3. § 40 gilt nicht für den Linienbedarfsverkehr.

(3) [1]Die Genehmigungsbehörde kann bei den Verkehrsformen nach § 43 auf die Einhaltung der Vorschriften über die Betriebspflicht (§ 21), die Beförderungspflicht (§ 22), die Beförderungsentgelte und -bedingungen (§ 39) sowie über die Fahrpläne (§ 40) ganz oder teilweise verzichten. [2]Bei den Sonderformen des Linienverkehrs (§ 43) ist § 13 Absatz 2 Satz 1 Nummer 2 und 3 so anzuwenden, daß insbesondere den Belangen von Berufstätigen und Arbeitgebern sowie den Schülern und Lehranstalten Rechnung getragen wird.

D. Ausgleichszahlungen

§ 45a[1] Ausgleichspflicht. (1) Im Verkehr mit Straßenbahnen und Obussen sowie im Linienverkehr mit Kraftfahrzeugen nach den §§ 42 und 43 Nr. 2 ist dem Unternehmer für die Beförderung von Personen mit Zeitfahrausweisen des Ausbildungsverkehrs auf Antrag ein Ausgleich nach Maßgabe des Absatzes 2 zu gewähren, wenn und soweit

1. der Ertrag aus den für diese Beförderungen genehmigten Beförderungsentgelten zur Deckung der nach Absatz 2 Satz 2 zu errechnenden Kosten nicht ausreicht, und
2. der Unternehmer innerhalb eines angemessenen Zeitraums die Zustimmung zu einer Anpassung der in den genannten Verkehrsformen erhobenen Beförderungsentgelte an die Ertrags- und Kostenlage beantragt hat.

(2) [1]Als Ausgleich werden gewährt 50 vom Hundert des Unterschiedsbetrages zwischen dem Ertrag, der in den in Absatz 1 genannten Verkehrsformen für die Beförderung von Personen mit Zeitfahrausweisen des Ausbildungsverkehrs erzielt worden ist, und dem Produkt aus den in diesem Verkehr geleisteten Personen-Kilometern und den durchschnittlichen verkehrsspezifischen Kosten. [2]Als durchschnittliche verkehrsspezifische Kosten im Sinne dieser Vorschrift gelten die Kostensätze je Personen-Kilometer, die von den Landesregierungen oder den von ihnen durch Rechtsverordnung ermächtigten Behörden durch Rechtsverordnung nach Durchschnittswerten einzelner repräsentativer Unternehmen, die sparsam wirtschaften und leistungsfähig sind, pauschal festgelegt werden; dabei können entsprechend betrieblichen und verkehrlichen Besonderheiten unterschiedliche Kostensätze für den schienengebundenen und den nichtschienengebundenen Verkehr sowie für verschiedene Verkehrsregionen festgelegt werden. [3]Der sich in Anwendung des Satzes 1 ergebende Ausgleichsbetrag wird für das Jahr 2004 um 4 Prozent, für das Jahr 2005 um 8 Prozent und vom Jahr 2006 an jeweils um 12 Prozent verringert.

(3) [1]Den Ausgleich nach den Absätzen 1 und 2 gewährt das Land, in dessen Gebiet der Verkehr betrieben wird. [2]Erstreckt sich der Verkehr auch auf das Gebiet

---

[1] § 45a Abs. 5 aufgeh. durch G v. 24.6.1991 (BGBl. I S. 1314); Abs. 4 Satz 1 geänd. durch G v. 27.12. 1993 (BGBl. I S. 2378); Abs. 2 Satz 3 angef. mWv 1.1.2004 durch G v. 29.12.2003 (BGBl. I S. 3076); Abs. 2 Satz 3 neu gef. mWv 12.4.2011 durch G v. 5.4.2011 (BGBl. I S. 554).

eines anderen Landes, so wird dem Ausgleich der Teil der Leistungen zugrunde gelegt, der in dem jeweiligen Land erbracht wird.

(4) [1]Über den Ausgleich entscheidet die Genehmigungsbehörde oder die von der Landesregierung bestimmte Behörde. [2]Die Entscheidung kann mit Auflagen verbunden werden, die dazu bestimmt sind, die wirtschaftlichen Ergebnisse der in den in Absatz 1 genannten Verkehrsformen erbrachten Leistungen zu verbessern. [3]Kommt der Unternehmer solchen Auflagen nicht oder nicht in vollem Umfange nach, so ist ein Ausgleich nur insoweit zu gewähren, wie er sich im Falle der Befolgung der Auflagen errechnet hätte.

E.[1] Gelegenheitsverkehr mit Kraftfahrzeugen

§ 46[2] Formen des Gelegenheitsverkehrs. (1) Gelegenheitsverkehr ist die Beförderung von Personen mit Kraftfahrzeugen, die nicht Linienverkehr nach den §§ 42, 42a, 43 und 44 ist.

(2) Als Formen des Gelegenheitsverkehrs sind nur zulässig
1. Verkehr mit Taxen (§ 47),
2. Ausflugfahrten und Ferienziel-Reisen (§ 48),
3. Verkehr mit Mietomnibussen und mit Mietwagen (§ 49),
4. gebündelter Bedarfsverkehr (§ 50).

(3) In Orten mit mehr als 50 000 Einwohnern oder in den von der höheren Verwaltungsbehörde bestimmten Orten unter 50 000 Einwohnern darf eine Genehmigung für den Taxenverkehr, den Mietwagenverkehr oder den gebündelten Bedarfsverkehr nicht für denselben Personenkraftwagen erteilt werden.

§ 47[3] Verkehr mit Taxen. (1) [1]Verkehr mit Taxen ist die Beförderung von Personen mit Personenkraftwagen, die der Unternehmer an behördlich zugelassenen Stellen bereithält und mit denen er Fahrten zu einem vom Fahrgast bestimmten Ziel ausführt. [2]Der Unternehmer kann Beförderungsaufträge auch während einer Fahrt oder am Betriebssitz entgegennehmen.

(2) [1]Taxen dürfen nur an behördlich zugelassenen Stellen und in der Gemeinde bereitgehalten werden, in der der Unternehmer seinen Betriebssitz hat. [2]Fahrten auf vorherige Bestellung dürfen auch von anderen Gemeinden aus durchgeführt werden. [3]Die Genehmigungsbehörde kann im Einvernehmen mit anderen Genehmigungsbehörden das Bereithalten an behördlich zugelassenen Stellen außerhalb der Betriebssitzgemeinde gestatten und einen größeren Bezirk festsetzen.

(3) [1]Die Landesregierung wird ermächtigt, durch Rechtsverordnung den Umfang der Betriebspflicht, die Ordnung auf Taxenständen sowie Einzelheiten des Dienstbetriebs zu regeln. [2]Sie kann die Ermächtigung durch Rechtsverordnung übertragen. [3]In der Rechtsverordnung können insbesondere Regelungen getroffen werden über
1. das Bereithalten von Taxen in Sonderfällen einschließlich eines Bereitschaftsdienstes,
2. die Annahme und Ausführung von fernmündlichen Fahraufträgen,

---

[1] Überschr. Absch. III Unterabsch. E geänd. mWv 26.11.2011 durch G v. 22.11.2011 (BGBl. I S. 2272).

[2] § 46 Abs. 1 geänd. mWv 1.1.2013 durch G v. 14.12.2012 (BGBl. I S. 2598); Abs. 1 und Abs. 2 Nr. 3 geänd., Nr. 4 angef., Abs. 3 geänd. mWv 1.8.2021 durch G v. 16.4.2021 (BGBl. I S. 822).

[3] § 47 Abs. 2 Satz 1 mWv 1.8.2021 durch G v. 16.4.2021 (BGBl. I S. 822).

3. den Fahr- und Funkbetrieb,
4. die Behindertenbeförderung und
5. die Krankenbeförderung, soweit es sich nicht um Beförderungen nach § 1 Abs. 2 Nr. 2 handelt.

(4) Die Beförderungspflicht besteht nur für Fahrten innerhalb des Geltungsbereichs der nach § 51 Abs. 1 Satz 1 und 2 und Abs. 2 Satz 1 festgesetzten Beförderungsentgelte (Pflichtfahrbereich).

(5) Die Vermietung von Taxen an Selbstfahrer ist verboten.

§ 48[1)] Ausflugsfahrten und Ferienziel-Reisen. (1) [1] Ausflugsfahrten sind Fahrten, die der Unternehmer mit Kraftomnibussen oder Personenkraftwagen nach einem bestimmten, von ihm aufgestellten Plan und zu einem für alle Teilnehmer gleichen und gemeinsam verfolgten Ausflugszweck anbietet und ausführt. [2] Die Fahrt muß wieder an den Ausgangsort zurückführen. [3] Die Fahrgäste müssen im Besitz eines für die gesamte Fahrt gültigen Fahrscheins sein, der die Beförderungsstrecke und das Beförderungsentgelt ausweist. [4] Bei Ausflugsfahrten, die als Pauschalfahrten ausgeführt werden, genügt im Fahrschein die Angabe des Gesamtentgelts an Stelle des Beförderungsentgelts.

(2) [1] Ferienziel-Reisen sind Reisen zu Erholungsaufenthalten, die der Unternehmer mit Kraftomnibussen oder Personenkraftwagen nach einem bestimmten, von ihm aufgestellten Plan zu einem Gesamtentgelt für Beförderung und Unterkunft mit oder ohne Verpflegung anbietet und ausführt. [2] Es dürfen nur Rückfahrscheine und diese nur auf den Namen des Reisenden ausgegeben werden. [3] Die Fahrgäste sind zu einem für alle Teilnehmer gleichen Reiseziel zu bringen und an den Ausgangspunkt der Reise zurückzubefördern. [4] Auf der Rückfahrt dürfen nur Reisende befördert werden, die der Unternehmer zum Reiseziel gebracht hat.

(3) *(aufgehoben)*

(4) Die Vorschriften der §§ 21 und 22 sind nicht anzuwenden.

§ 49[2)] Verkehr mit Mietomnibussen und mit Mietwagen. (1) [1] Verkehr mit Mietomnibussen ist die Beförderung von Personen mit Kraftomnibussen, die nur im ganzen zur Beförderung angemietet werden und mit denen der Unternehmer Fahrten ausführt, deren Zweck, Ziel und Ablauf der Mieter bestimmt. [2] Die Teilnehmer müssen ein zusammengehöriger Personenkreis und über Ziel und Ablauf der Fahrt einig sein.

(2) Die Voraussetzungen des Absatzes 1 Satz 1 sind nicht gegeben, wenn Fahrten unter Angabe des Fahrtziels vermittelt werden. [2] Mietomnibusse dürfen nicht durch Bereitstellen auf öffentlichen Straßen oder Plätzen angeboten werden.

(3) Die Vorschriften der §§ 21 und 22 sind nicht anzuwenden.

(4) [1] Verkehr mit Mietwagen ist die Beförderung von Personen mit Personenkraftwagen, die nur im ganzen zur Beförderung gemietet werden und mit denen der Unternehmer Fahrten ausführt, deren Zweck, Ziel und Ablauf der Mieter bestimmt und die nicht Verkehr mit Taxen nach § 47 und nicht gebündelter Bedarfsverkehr nach § 50 sind. [2] Mit Mietwagen dürfen nur Beförderungsaufträge

---

[1)] § 48 Abs. 2 Satz 5 aufgeh. mWv 18.8.2006 durch G v. 14.8.2006 (BGBl. I S. 1962); Abs. 3 aufgeh. mWv 1.1.2013 durch G v. 14.12.2012 (BGBl. I S. 2598).

[2)] § 49 Abs. 4 Satz 3 geänd. mWv 1.7.2005 durch G v. 21.6.2005 (BGBl. I S. 1666); Abs. 4 Sätze 1, 3, 4, 5 und 6 geänd., Satz 7 eingef., bish. Satz 7 wird Satz 8, Abs. 5 angef. mWv 1.8.2021 durch G v. 16.4.2021 (BGBl. I S. 822).

ausgeführt werden, die am Betriebssitz oder in der Wohnung des Unternehmers eingegangen sind. [3]Nach Ausführung des *Beförderungsauftrag*[1)] hat der Mietwagen unverzüglich zum Betriebssitz zurückzukehren, es sei denn, er hat vor der Fahrt von seinem Betriebssitz oder der Wohnung oder während der Fahrt einen neuen Beförderungsauftrag erhalten. [4]Den Eingang des Beförderungsauftrages am Betriebssitz oder in der Wohnung hat der Mietwagenunternehmer buchmäßig oder elektronisch (auch mittels appbasierten Systems) zu erfassen und die Aufzeichnung ein Jahr aufzubewahren. [5]Annahme, Vermittlung und Ausführung von Beförderungsaufträgen, das Bereithalten des Mietwagens sowie Werbung für Mietwagenverkehr dürfen weder allein noch in ihrer Verbindung geeignet sein, zur Verwechslung mit dem Taxenverkehr oder dem gebündelten Bedarfsverkehr zu führen. [6]Den Taxen und dem gebündelten Bedarfsverkehr vorbehaltene Zeichen und Merkmale dürfen für Mietwagen nicht verwendet werden. [7]In Städten mit mehr als 100 000 Einwohnern kann die Genehmigungsbehörde zum Schutz der öffentlichen Verkehrsinteressen die in ihrem Bezirk geltenden Regelungen für den gebündelten Bedarfsverkehr auch auf den in ihrem Bezirk betriebenen Verkehr mit Mietwagen anwenden, wenn per App vermittelter Verkehr mit Mietwagen einen Marktanteil von 25 Prozent am Fahrtaufkommen im Gelegenheitsverkehr mit Taxen, Mietwagen und gebündelten Bedarfsverkehr überschreitet. [8]Die §§ 21 und 22 sind nicht anzuwenden.

(5) [1]Die Genehmigungsbehörde kann für Gemeinden mit großer Flächenausdehnung Einzelheiten für die Genehmigung von Ausnahmen von der Pflicht zur Rückkehr an den Betriebssitz ohne neuen Beförderungsauftrag an einen anderen Abstellort als den Betriebssitz festlegen. [2]Hierbei ist eine Mindestwegstrecke von 15 Kilometern zwischen Hauptsitz und Abstellort oder bei mehreren Abstellorten zwischen diesen zu Grunde zu legen. [3]Die Genehmigungsbehörde kann insbesondere Regelungen treffen über

1. die Anforderungen an den Abstellort und
2. die zulässige Anzahl von Abstellorten.

§ 50[2)] Gebündelter Bedarfsverkehr. (1) [1]Gebündelter Bedarfsverkehr ist die Beförderung von Personen mit Personenkraftwagen, bei der mehrere Beförderungsaufträge entlang ähnlicher Wegstrecken gebündelt ausgeführt werden. [2]Der Unternehmer darf die Aufträge ausschließlich auf vorherige Bestellung ausführen. [3]Die Genehmigungsbehörde kann, soweit öffentliche Verkehrsinteressen dies erfordern, bestimmen, dass Fahrzeuge des gebündelten Bedarfsverkehrs nach Ausführung der Beförderungsaufträge unverzüglich zum Betriebssitz oder zu einem anderen geeigneten Abstellort zurückkehren müssen, es sei denn, die Fahrer haben vor oder während der Fahrt neue Beförderungsaufträge erhalten. [4]Die Annahme, die Vermittlung und die Ausführung von Beförderungsaufträgen, das Bereithalten gebündelter Bedarfsverkehre sowie Werbung für gebündelte Bedarfsverkehre dürfen weder allein noch in ihrer Verbindung geeignet sein, zur Verwechslung mit dem Taxen- oder dem Mietwagenverkehr zu führen. [5]Den Taxen und Mietwagen vorbehaltene Zeichen und Merkmale dürfen für den gebündelten Bedarfsverkehr nicht verwendet werden. [6]Die §§ 21 und 22 sind nicht anzuwenden.

(2) [1]Im gebündelten Bedarfsverkehr dürfen Personen nur innerhalb der Gemeinde befördert werden, in der der Unternehmer seinen Betriebssitz hat. [2]Die

---

[1)] Richtig wohl: „Beförderungsauftrages".

[2)] § 50 neu gef. mWv 1.8.2021 durch G v. 16.4.2021 (BGBl. I S. 822).

Genehmigungsbehörde kann die Beförderung von Personen im gebündelten Bedarfsverkehr zeitlich oder räumlich beschränken, soweit öffentliche Verkehrsinteressen dies erfordern. [3]Sie kann im Einvernehmen mit anderen Genehmigungsbehörden und dem Aufgabenträger die Beförderung außerhalb der Betriebssitzgemeinde gestatten und einen größeren Bezirk festsetzen.

(3) [1]Im Stadt- und im Vorortverkehr ist von der Genehmigungsbehörde im Einvernehmen mit dem Aufgabenträger eine Quote für den Anteil an gebündelten Beförderungsaufträgen festzulegen, der in einem bestimmten Zeitraum innerhalb des Gebietes zu erreichen ist, in dem der Verkehr durchgeführt wird (Bündelungsquote). [2]Grundlage für die Berechnung der Bündelungsquote ist die Beförderungsleistung im Verhältnis der zurückgelegten Personenkilometer zu den zurückgelegten Fahrzeugkilometern. [3]Der Aufgabenträger führt gemeinsam mit der Genehmigungsbehörde zur Feststellung der Auswirkungen der Bündelungsquote auf die öffentlichen Verkehrsinteressen und auf Klimaschutz und Nachhaltigkeit ein Monitoring durch. [4]Der Beobachtungszeitraum beträgt höchstens fünf Jahre nach erteilter Genehmigung.

(4) [1]Die Genehmigungsbehörde kann zum Schutz der öffentlichen Verkehrsinteressen Einzelheiten zur Rückkehrpflicht und weitere Anforderungen an den gebündelten Bedarfsverkehr in Bezug auf die Festsetzung von Bündelungsquoten, Barrierefreiheit und Emissionsvorgaben regeln. [2]Es können Regelungen getroffen werden über

1. die Pflicht zur unverzüglichen Rückkehr zum Betriebssitz oder zu einem anderen Abstellort,
2. die Anforderungen an den Abstellort,
3. eine zu erreichende Bündelungsquote außerhalb des Stadt- und Vorortverkehrs,
4. Vorgaben zur Barrierefreiheit sowie
5. Emissionsstandards von Fahrzeugen und den Einsatz lokal emissionsfreier Fahrzeuge.

[3]Die Genehmigungsbehörde kann unter den Voraussetzungen des Satzes 1 darüber hinaus Vorgaben zu Sozialstandards, wie zum Beispiel Regelungen zu Arbeitszeiten, Entlohnung und Pausen, im gebündelten Bedarfsverkehr festlegen.

§ 51[1)] Beförderungsentgelte und -bedingungen im Taxenverkehr.

(1) [1]Die Landesregierung wird ermächtigt, durch Rechtsverordnung Beförderungsentgelte und -bedingungen für den Taxenverkehr festzusetzen. [2]Die Rechtsverordnung kann insbesondere Regelungen vorsehen über

1. Grundpreise, Kilometerpreise und Zeitpreise sowie Festpreise für bestimmte Wegstrecken,
2. Zuschläge,
3. Vorauszahlungen,
4. die Abrechnung,
5. die Zahlungsweise und
6. die Zulässigkeit von Sondervereinbarungen für den Pflichtfahrbereich.

[3]Die Landesregierung kann die Ermächtigung durch Rechtsverordnung übertragen. [4]Für Fahrten auf vorherige Bestellung können Festpreise bestimmt oder

[1)] § 51 Abs. 1 Satz 2 Nr. 1 geänd., Satz 4 angef. mWv 1.8.2021 durch G v. 16.4.2021 (BGBl. I S. 822).

Regelungen über Mindest- und Höchstpreise getroffen werden, innerhalb derer das Beförderungsentgelt vor Fahrtantritt frei zu vereinbaren ist.

(2) Sondervereinbarungen für den Pflichtfahrbereich sind nur zulässig, wenn

1. ein bestimmter Zeitraum, eine Mindestfahrtenzahl oder ein Mindestumsatz im Monat festgelegt wird,
2. eine Ordnung des Verkehrsmarktes nicht gestört wird,
3. die Beförderungsentgelte und -bedingungen schriftlich vereinbart sind und
4. in der Rechtsverordnung eine Pflicht zur Genehmigung oder Anzeige vorgesehen ist.

(3) Bei der Festsetzung der Beförderungsentgelte und -bedingungen sind § 14 Abs. 2 und 3 sowie § 39 Abs. 2 entsprechend anzuwenden.

(4) Die ermächtigten Stellen können für einen Bereich, der über den Zuständigkeitsbereich einer die Beförderungsentgelte und -bedingungen festsetzenden Stelle hinausgeht, in gegenseitigem Einvernehmen einheitliche Beförderungsentgelte und -bedingungen vereinbaren.

(5) Für die Anwendung der Beförderungsentgelte und -bedingungen gilt § 39 Abs. 3 entsprechend.

§ 51a[1)] Beförderungsentgelte im Verkehr mit Mietwagen und im gebündelten Bedarfsverkehr. (1) Die Genehmigungsbehörde kann zum Schutz der öffentlichen Verkehrsinteressen für den Verkehr mit Mietwagen, der in ihrem Bezirk betrieben wird, tarifbezogene Regelungen, insbesondere Mindestbeförderungsentgelte festlegen.

(2) [1] Die Genehmigungsbehörde muss für den gebündelten Bedarfsverkehr Regelungen über Mindestbeförderungsentgelte vorsehen, die einen hinreichenden Abstand zu den Beförderungsentgelten des jeweiligen öffentlichen Personennahverkehrs sicherstellen. [2] Sie kann darüber hinaus Folgendes festlegen:

1. Höchstbeförderungsentgelte sowie
2. den Zeitpunkt, zu dem die behördlich festgelegten Entgelte zur Anwendung kommen sollen.

(3) [1] Die Genehmigungsbehörde hat vor der Festsetzung von Mindestbeförderungsentgelten nach Absatz 2 Satz 1 die jeweiligen Aufgabenträger, die im Bezirk der Genehmigungsbehörde tätig werdenden Unternehmen des gebündelten Bedarfsverkehrs und die Industrie- und Handelskammern anzuhören. [2] Bei der Festsetzung von Höchstbeförderungsentgelten nach Absatz 2 Satz 2 Nummer 1 ist § 39 Absatz 2 entsprechend anzuwenden.

(4) Für die Anwendung der Beförderungsentgelte durch den Unternehmer gilt § 39 Absatz 3 entsprechend mit der Maßgabe, dass Mindestbeförderungsentgelte nicht unterschritten und Höchstbeförderungsentgelte nicht überschritten werden dürfen.

IV. Auslandsverkehr

§ 52[2)] Grenzüberschreitender Verkehr. (1) [1] Für die Beförderung von Personen im grenzüberschreitenden Verkehr mit Kraftfahrzeugen durch Unterneh-

---

[1)] § 51a neu gef. mWv 1.8.2021 durch G v. 16.4.2021 (BGBl. I S. 822).

[2)] § 52 Abs. 3 Satz 2 neu gef. durch G v. 24.4.1998 (BGBl. I S. 747); Abs. 2 Satz 1, Abs. 3 Satz 2 und Abs. 4 Satz 2 geänd. mWv 7.11.2001 durch VO v. 29.10.2001 (BGBl. I S. 2785); Abs. 1 Satz 2 angef. →

mer, die ihren Betriebssitz im Inland oder Ausland haben, gelten, soweit nichts anderes bestimmt ist, die Vorschriften dieses Gesetzes und die hierzu erlassenen Rechtsverordnungen. [2] Auf Unternehmen, die ihren Betriebssitz im Ausland haben, sind nicht anzuwenden

1. § 13 Absatz 1 Satz 1 Nummer 4 und
2. § 13 Absatz 1a, soweit Artikel 3 Absatz 1 Buchstabe a der Verordnung (EG) Nr. 1071/2009 einzuhalten ist.

(2) [1] Die nach diesem Gesetz erforderliche Genehmigung eines grenzüberschreitenden Linienverkehrs erteilt für die deutsche Teilstrecke die von der Landesregierung bestimmte Behörde im Benehmen mit dem Bundesministerium für Verkehr. [2] § 11 Abs. 2 bis 4 ist entsprechend anzuwenden. [3] Während der Herstellung des Benehmens ruht die Frist für die Entscheidung über den Antrag nach § 15 Absatz 1 Satz 2 bis 5.

(3) [1] Einer Genehmigung für den grenzüberschreitenden Gelegenheitsverkehr von Unternehmern, die ihren Betriebssitz im Ausland haben, bedarf es nicht, soweit entsprechende Übereinkommen mit dem Ausland bestehen. [2] Besteht ein solches Übereinkommen nicht oder soll abweichend von den Bedingungen des Übereinkommens grenzüberschreitender Gelegenheitsverkehr ausgeführt werden, so kann das Bundesministerium für Verkehr oder eine von ihm beauftragte Behörde entsprechenden Anträgen stattgeben. [3] Die Genehmigung für grenzüberschreitende Ferienziel-Reisen erteilt für die deutsche Teilstrecke die von der Landesregierung bestimmte Behörde, in deren Gebiet die Ferienziel-Reise endet. [4] Abweichend von § 9 Abs. 1 Nr. 4 wird die Genehmigung für den grenzüberschreitenden Gelegenheitsverkehr mit Kraftomnibussen auch für die Form des Gelegenheitsverkehrs erteilt.

(4) [1] Die Grenzpolizei und die Zollstellen an den Grenzen sind berechtigt, Kraftfahrzeuge zurückzuweisen, wenn nicht die erforderliche Genehmigung vorgelegt wird, deren Mitführung vorgeschrieben ist. [2] Das Bundesministerium für Verkehr kann Unternehmen mit Betriebssitz außerhalb des Geltungsbereichs dieses Gesetzes bei wiederholten oder schweren Verstößen gegen Vorschriften dieses Gesetzes und der auf diesem Gesetz beruhenden Verordnungen sowie gegen Vorschriften der Verordnungen der Europäischen Gemeinschaften und internationalen Übereinkommen über den grenzüberschreitenden Verkehr dauernd oder vorübergehend vom Verkehr in oder durch die Bundesrepublik Deutschland ausschließen.

§ 53[1)] Transit-(Durchgangs-)Verkehr. (1) [1] Für die Beförderung von Personen im Transit-(Durchgangs-)Verkehr mit Kraftfahrzeugen, der das Gebiet des Geltungsbereichs dieses Gesetzes unter Ausschluß innerdeutschen Zwischenver-

---

(Fortsetzung der Anm. von voriger Seite)
mWv 18.8.2006 durch G v. 14.8.2006 (BGBl. I S. 1962); Abs. 3 Satz 3 geänd. und Satz 4 angef. mWv 1.9.2007 durch G v. 14.8.2006 (BGBl. I S. 1962); Abs. 2 Satz 1, Abs. 3 Satz 2 und Abs. 4 Satz 2 geänd. mWv 8.11.2006 durch VO v. 31.10.2006 (BGBl. I S. 2407); Abs. 1 Satz 2 neu gef. mWv 26.11.2011 durch G v. 22.11.2011 (BGBl. I S. 2272); Abs. 1 Satz 2 Nr. 1 geänd., Abs. 2 Satz 3 angef. mWv 1.1.2013 durch G v. 14.12.2012 (BGBl. I S. 2598); Abs. 2 Satz 1, Abs. 3 Satz 2 und Abs. 4 Satz 2 geänd. mWv 8.9.2015 durch VO v. 31.8.2015 (BGBl. I S. 1474); Abs. 2 Satz 1, Abs. 3 Satz 2 und Abs. 4 Satz 2 geänd. mWv 27.2.2026 durch G v. 23.2.2026 (BGBl. 2026 I Nr. 47).

[1)] § 53 Abs. 2 Satz 1 geänd. mWv 7.11.2001 durch VO v. 29.10.2001 (BGBl. I S. 2785); Abs. 1 Satz 2 angef. mWv 18.8.2006 durch G v. 14.8.2006 (BGBl. I S. 1962); Abs. 2 Satz 1 geänd. mWv 8.11.2006 durch VO v. 31.10.2006 (BGBl. I S. 2407); Abs. 1 Satz 2 neu gef. mWv 26.11.2011 durch G v. 22.11.2011 (BGBl. I S. 2272); Abs. 1 Satz 2 Nr. 1 geänd. mWv 1.1.2013 durch G v. 14.12.2012 (BGBl. I S. 2598); Abs. 2 Satz 1 geänd. mWv 8.9.2015 durch VO v. 31.8.2015 (BGBl. I S. 1474); Abs. 1 Satz 2 →

kehrs berührt, gelten, soweit nichts anderes bestimmt ist, die Vorschriften dieses Gesetzes und die hierzu erlassenen Rechtsverordnungen. [2] Nicht anzuwenden sind

1. § 13 Absatz 1 Satz 1 Nummer 4,
2. § 13 Absatz 1a, soweit Artikel 3 Absatz 1 Buchstabe a der Verordnung (EG) Nr. 1071/2009 einzuhalten ist und
3. § 42b.

(2) [1] Die Genehmigung eines Transitlinienverkehrs erteilt die von der Landesregierung bestimmte Behörde, in deren Gebiet der erste Grenzübergang bei der Einfahrt stattfindet, im Benehmen mit dem Bundesministerium für Verkehr. [2] § 11 Abs. 3 und 4 ist entsprechend anzuwenden.

(3) [1] § 52 Abs. 3 ist auf den Gelegenheitsverkehr vom Ausland durch das Gebiet des Geltungsbereichs dieses Gesetzes entsprechend anzuwenden, jedoch ist bei Ferienziel-Reisen die von der Landesregierung bestimmte Behörde zuständig, in deren Gebiet der erste Grenzübergang bei der Einfahrt stattfindet. [2] § 52 Abs. 4 gilt entsprechend.

V. Aufsicht, Prüfungsbefugnisse

§ 54[1)] Aufsicht. (1) [1] Der Unternehmer unterliegt hinsichtlich der Erfüllung der Vorschriften dieses Gesetzes sowie der hierzu erlassenen Rechtsverordnungen und der Einhaltung der durch die Genehmigung auferlegten Verpflichtungen (Bedingungen, Auflagen) der Aufsicht der Genehmigungsbehörde. [2] Die von der Landesregierung bestimmte Behörde kann die Genehmigungsbehörde ermächtigen, die Aufsicht über den Linien- und Gelegenheitsverkehr mit Kraftfahrzeugen auf nachgeordnete Behörden zu übertragen. [3] Die technische Aufsicht über Straßenbahnen und Obusunternehmen wird von der von der Landesregierung bestimmten Behörde ausgeübt. [4] Die technische Aufsicht kann von der Landesregierung anderen Stellen durch Rechtsverordnung übertragen werden. [5] Ausgenommen hiervon sind die Aufgaben nach § 9 Abs. 1 der Straßenbahn-Bau- und -Betriebsordnung vom 11. Dezember 1987 (BGBl. I S. 2648) sowie nach § 8 Abs. 1 und § 9 Abs. 1 der Straßenbahn-Betriebsleiter-Prüfungsverordnung vom 29. Juli 1988 (BGBl. I S. 1554). [6] Soweit die technische Aufsicht auf eine andere Stelle übertragen wird, darf diese nicht sich selbst nach § 5 Abs. 2 der Straßenbahn-Bau- und -Betriebsordnung beauftragen.

(2) [1] Die Aufsichtsbehörde kann sich über alle ihrer Zuständigkeit unterliegenden Einrichtungen und Maßnahmen des Unternehmers unterrichten. [2] Der Unternehmer hat der Aufsichtsbehörde alle wesentlichen Veränderungen ohne Aufforderung unverzüglich anzuzeigen. [3] Beim Verkehr mit Kraftomnibussen hat der Unternehmer abweichend von Satz 2 Änderungen der in Artikel 16 Absatz 2 Unterabsatz 1 Buchstabe a bis d der Verordnung (EG) Nr. 1071/2009 genannten Daten der Aufsichtsbehörde innerhalb von 28 Tagen mitzuteilen.

(3) Die Aufsichtsbehörde kann Unternehmen, die einen Omnibusbahnhof betreiben, anhalten, die Benutzung durch den Linien- und Gelegenheitsverkehr mit Kraftfahrzeugen und den Betrieb so zu regeln, daß der Verkehr ordnungsgemäß

(Fortsetzung der Anm. von voriger Seite)
Nr. 1 und 2 geänd., Nr. 3 angef. mWv 1.8.2021 durch G v. 16.4.2021 (BGBl. I S. 822); Abs. 2 Satz 1 geänd. mWv 27.2.2026 durch G v. 23.2.2026 (BGBl. 2026 I Nr. 47).

1) § 54 Abs. 1 Sätze 4–6 angef. mWv 25.1.2001 durch G v. 16.1.2001 (BGBl. I S. 122); Abs. 2 Satz 3 angef. mWv 26.11.2011 durch G v. 22.11.2011 (BGBl. I S. 2272).

abgewickelt und den Pflichten nach § 39 Abs. 7 und § 40 Abs. 4 genügt werden kann.

§ 54a Prüfungsbefugnisse der Genehmigungsbehörde. (1) [1]Die Genehmigungbehörde kann zur Durchführung der Aufsicht und zur Vorbereitung ihrer Entscheidungen durch Beauftragte die erforderlichen Ermittlungen anstellen, insbesondere

1. Einsicht in die Bücher und Geschäftspapiere nehmen,
2. von dem Unternehmer und den im Geschäftsbetrieb tätigen Personen Auskunft verlangen. Der zur Erteilung der Auskunft Verpflichtete kann die Auskunft auf solche Fragen verweigern, deren Beantwortung ihn selbst oder einer der in § 383 Abs. 1 Nr. 1 bis 3 der Zivilprozeßordnung[1)] bezeichneten Angehörigen der Gefahr strafgerichtlicher Verfolgung oder eines Verfahrens nach dem Gesetz über Ordnungswidrigkeiten[2)] aussetzen würde.

[2]Zu den in Satz 1 genannten Zwecken dürfen die dem Geschäftsbereich dienenden Grundstücke und Räume innerhalb der üblichen Geschäfts- und Arbeitsstunden betreten werden. [3]Der Unternehmer und die im Geschäftsbetrieb tätigen Personen haben den Beauftragten der Genehmigungsbehörde bei den Ermittlungen die erforderlichen Hilfsmittel zu stellen und die nötigen Hilfsdienste zu leisten.

(2) Die Regelungen des Absatzes 1 gelten entsprechend auch für die nach § 45a Abs. 2 zur Festlegung der Kostensätze befugte Behörde.

§ 54b[3)] Risikoeinstufung. [1]Die Aufsichtsbehörden führen ein Risikoeinstufungssystem im Sinne des Artikels 12 Absatz 1 Satz 3 der Verordnung (EG) Nr. 1071/2009 ein. [2]Dabei sind die Häufigkeit und die Intensität der Kontrollen abhängig von der Anzahl und dem Ausmaß der Rechtsverstöße, wie dies in den Durchführungsbestimmungen zu Artikel 6 Absatz 2a der Verordnung (EG) Nr. 1071/2009 konkretisiert wird.

§ 54c[4)] Verkehrsunternehmensdatei. In der Verkehrsunternehmensdatei nach § 15 des Güterkraftverkehrsgesetzes[5)] werden alle im Inland niedergelassenen Unternehmen des gewerblichen Güterverkehrs und des gewerblichen Personenverkehrs mit Kraftomnibussen geführt.

VI. Rechtsbehelfsverfahren und Gebühren

§ 55[6)] Vorverfahren bei der Anfechtung von Verwaltungsakten. [1]Eines Vorverfahrens bedarf es auch, wenn ein Verwaltungsakt angefochten wird, den eine oberste Landesverkehrsbehörde oder das Bundesministerium für Verkehr erlassen hat. [2]§ 28 Absatz 3a Satz 9 und § 29 Absatz 6 Satz 1 bleiben unberührt.

---

1) **Habersack Nr. 100.**

2) **Habersack Nr. 94.**

3) § 54b eingef. mWv 26.11.2011 durch G v. 22.11.2011 (BGBl. I S. 2272); Satz 2 geänd. mWv 27.2.2026 durch G v. 23.2.2026 (BGBl. 2026 I Nr. 47).

4) § 54c eingef. mWv 26.11.2011 durch G v. 22.11.2011 (BGBl. I S. 2272).

5) Nr. **952.**

6) § 55 Satz 2 angef. durch G v. 17.12.1993 (BGBl. I S. 2123); Satz 1 geänd. mWv 7.11.2001 durch VO v. 29.10.2001 (BGBl. I S. 2785); Satz 1 geänd. mWv 8.11.2006 durch VO v. 31.10.2006 (BGBl. I S. 2407); Satz 1 geänd. mWv 8.9.2015 durch VO v. 31.8.2015 (BGBl. I S. 1474); Satz 2 neu gef. mWv 13.3.2020 durch G v. 3.3.2020 (BGBl. I S. 433); Satz 1 geänd. mWv 27.2.2026 durch G v. 23.2.2026 (BGBl. 2026 I Nr. 47).

§ 56[1] **Gebühren.** [1] Für die Amtshandlungen nach diesem Gesetz und den auf diesem Gesetz beruhenden Rechtsvorschriften sowie nach Verordnungen oder Rechtsvorschriften in Umsetzung von Richtlinien des Rates oder der Kommission der Europäischen Gemeinschaften werden von demjenigen, der die Amtshandlung veranlasst oder zu dessen Gunsten sie vorgenommen wird, Kosten (Gebühren und Auslagen) erhoben. [2] Kostengläubiger ist der Rechtsträger, dessen Behörde die Amtshandlung vornimmt, bei Auslagen auch der Rechtsträger, bei dessen Behörde die Auslagen entstanden sind. [4] Im Übrigen findet das Verwaltungskostengesetz in der bis zum 14. August 2013 geltenden Fassung Anwendung.

VII. Erlaß von Rechtsverordnungen und Allgemeinen Verwaltungsvorschriften

§ 57[2] **Rechtsverordnungen.** (1) Das Bundesministerium für Verkehr erläßt mit Zustimmung des Bundesrates durch Rechtsverordnung[3] die zur Durchführung dieses Gesetzes, internationaler Abkommen sowie der Verordnungen des Rates oder der Kommission der Europäischen Gemeinschaften erforderlichen Vorschriften

1. über Straßenbahnen und Obusse; diese regeln
   a) Anforderungen an den Bau und die Einrichtungen der Betriebsanlagen und Fahrzeuge sowie deren Betriebsweise,
   b) die Sicherheit und Ordnung des Betriebs sowie den Schutz der Betriebsanlagen und Fahrzeuge gegen Schäden und Störungen;
2. über den Betrieb von Kraftfahrunternehmen im Personenverkehr; diese regeln
   a) Anforderungen an den Bau und die Einrichtungen der in diesen Unternehmen verwendeten Fahrzeuge,
   b) die Sicherheit und Ordnung des Betriebs;

[1] § 56 Satz 1 neu gef. mWv 27.3.2001 durch G v. 19.3.2001 (BGBl. I S. 386); Satz 4 angef. mWv 15.8. 2013 durch G v. 7.8.2013 (BGBl. I S. 3154).

[2] § 57 Abs. 1 Nr. 7 eingef., bish. Nr. 7–9 werden Nr. 8–10 und Abs. 5 angef. durch G v. 23.7.1992 (BGBl. I S. 1379); Abs. 1 einl. Satzteil, Abs. 2 Satz 2 und Abs. 5 geänd. mWv 7.11.2001 durch VO v. 29.10.2001 (BGBl. I S. 2785); Abs. 1 Nr. 10 geänd. mWv 1.1.2002 durch G v. 15.12.2001 (BGBl. I S. 3762); Abs. 1 Nr. 10 geänd. und Nr. 11 angef. mWv 26.7.2002 durch G v. 19.7.2002 (BGBl. I S. 2691); Abs. 1 einl. Satzteil, Abs. 2 Satz 2 und Abs. 5 geänd. mWv 8.11.2006 durch VO v. 31.10.2006 (BGBl. I S. 2407); Abs. 1 Nr. 4 und 6 geänd., Nr. 7 und Abs. 5 aufgeh. mWv 1.1.2013 durch G v. 14.12.2012 (BGBl. I S. 2598); Abs. 6 angef. mWv 15.8.2013 durch G v. 7.8.2013 (BGBl. I S. 3154); Abs. 1 einl. Satzteil, Abs. 2 Satz 2, Abs. 6 Sätze 1 und 3 geänd. mWv 8.9.2015 durch VO v. 31.8.2015 (BGBl. I S. 1474); Abs. 2 Satz 2 geänd. mWv 27.6.2020 durch VO v. 19.6.2020 (BGBl. I S. 1328); Abs. 1 Nr. 11 geänd., Nr. 12 angef. mWv 1.8.2021 durch G v. 16.4.2021 (BGBl. I S. 822); Abs. 1 einl. Satzteil geänd., Abs. 2 Satz 2 neu gef., Abs. 6 Sätze 1 und 3 geänd. mWv 27.2.2026 durch G v. 23.2.2026 (BGBl. 2026 I Nr. 47).

[3] *Siehe die* Straßenbahn-Bau- und BetriebsO v. 11.12.1987 (BGBl. I S. 2648), zuletzt geänd. durch VO v. 1.10.2019 (BGBl. I S. 1410), die DurchführungsVO zum Personenbeförderungsübereinkommen idF der Bek. v. 13.12.1984 (BGBl. I S. 1545), die VO über die Erhebung von Gebühren bei Amtshandlungen auf dem Gebiet des grenzüberschreitenden Personenverkehrs mit Kraftfahrzeugen v. 25.7.1963 (BGBl. I S. 540), die Freistellungs-VO (Nr. **951**), die VO über die Allgemeinen Beförderungsbedingungen für den Straßenbahn- und Obusverkehr sowie den Linienverkehr mit Kraftfahrzeugen v. 27.2.1970 (BGBl. I S. 230), zuletzt geänd. durch G v. 16.4.2021 (BGBl. I S. 822), die VO über den Ausgleich gemeinwirtschaftl. Leistungen im Straßenpersonenverkehr v. 2.8.1977 (BGBl. I S. 1460), zuletzt geänd. durch G v. 10.8.2021 (BGBl. I S. 3436), die BerufszugangsVO für den Straßenpersonenverkehr v. 15.6. 2000 (BGBl. I S. 851), zuletzt geänd. durch G v. 11.4.2024 (BGBl. 2024 I Nr. 119) und die EG-Bus-DurchführungsVO v. 4.5.2012 (BGBl. I S. 1038), zuletzt geänd. durch G v. 2.3.2023 (BGBl. I Nr. 56).

3. über Anforderungen an die Befähigung, Eignung und das Verhalten der Betriebsbediensteten und über die Bestellung, Bestätigung und Prüfung von Betriebsleitern sowie deren Aufgaben und Befugnisse;
4. über den Nachweis der Genehmigungsvoraussetzungen nach § 13 Absatz 1 oder 1a; darin können insbesondere Vorschriften enthalten sein über die Voraussetzungen, unter denen ein Betrieb als leistungsfähig anzusehen ist, über die Zuverlässigkeit des Unternehmers oder der für die Führung der Geschäfte bestellten Personen sowie über die Voraussetzungen, unter denen eine Tätigkeit angemessen ist, über den Prüfungsstoff, den Prüfungsausschuß und das Prüfungsverfahren; außerdem kann bestimmt werden, in welchen Fällen Unternehmer, Inhaber von Abschlußzeugnissen für staatlich anerkannte Ausbildungsberufe und Absolventen von Hoch- und Fachschulen vom Nachweis der angemessenen Tätigkeit oder der Ablegung einer Prüfung befreit werden;
5. über einheitliche Allgemeine Beförderungsbedingungen für den Straßenbahn- und Obusverkehr sowie für den Linienverkehr mit Kraftfahrzeugen und, vorbehaltlich des § 51 Abs. 1 Satz 1, für den Gelegenheitsverkehr mit Kraftfahrzeugen;
6. über die Ordnung des grenzüberschreitenden Verkehrs und des Transitverkehrs, die Organisation einschließlich der Klärung konkurrierender Zuständigkeiten, das Verfahren und die Mittel der Kontrolle sowie die Befreiung von Unternehmen mit Betriebssitz im Ausland von der Genehmigungspflicht für den Gelegenheitsverkehr oder von der Einhaltung anderer Ordnungsvorschriften dieses Gesetzes, soweit Gegenseitigkeit verbürgt ist;
7. *(aufgehoben)*
8. durch die für bestimmte im Rahmen des Gesamtverkehrs nicht besonders ins Gewicht fallende Beförderungsfälle allgemein Befreiung von den Vorschriften dieses Gesetzes erteilt wird;
9. die bestimmen, wer Auszubildender im Sinne des § 45a Abs. 1 ist, welche Kostenbestandteile bei der Berechnung des Ausgleichs zu berücksichtigen sind, welches Verfahren für die Gewährung des Ausgleichs anzuwenden ist, welche Angaben der Antrag auf Gewährung des Ausgleichs enthalten muß und wie die Erträge und die Personen-Kilometer zu ermitteln sind;
10. die die gebührenpflichtigen Tatbestände im Linienverkehr und im Gelegenheitsverkehr näher bestimmen und feste Gebührensätze oder Rahmensätze festlegen. Die Gebühren dürfen im Linienverkehr 2 500 Euro, im Gelegenheitsverkehr 1 500 Euro nicht überschreiten;
11. zur Bezeichnung der Tatbestände, die als Ordnungswidrigkeit nach § 61 Abs. 1 Nr. 5 geahndet werden können;
12. über die in § 3a genannte Verpflichtung zur Bereitstellung dort genannter Daten durch den Unternehmer und den Vermittler sowie zu deren Verwendung hinsichtlich
    a) Art und Inhalt der bereitzustellenden Daten und Datenformate,
    b) Art und Weise der Erfüllung,
    c) technischen Anforderungen und Interoperabilität,
    d) Zulassung von Dritten zur Bereitstellung und Nutzung des Nationalen Zugangspunktes,
    e) Nutzungsbedingungen und
    f) Regelungen zur Weiterverwendung der Daten durch Dritte zur Bereitstellung multimodaler Mobilitäts- und Reiseinformationsdienste

näher auszugestalten. Hierbei ist das Bundesamt für Sicherheit in der Informationstechnik anzuhören, soweit die Sicherheit informationstechnischer Systeme betroffen ist.

(2) [1] Rechtsverordnungen nach Absatz 1 Nr. 1 können auch Vorschriften zum Schutz vor schädlichen Umwelteinwirkungen im Sinne des Bundes-Immissionsschutzgesetzes[1)] enthalten; dabei können Immissionsgrenzwerte unter Berücksichtigung der technischen Entwicklung auch für einen Zeitpunkt nach Inkrafttreten der Rechtsverordnung festgesetzt werden. [2] Vorschriften nach Satz 1 werden vom Bundesministerium für Verkehr und vom Bundesministerium für Umwelt, Klimaschutz, Naturschutz und nukleare Sicherheit erlassen. [3] Die Ermächtigung nach Satz 1 gilt nicht, soweit § 43 des Bundes-Immissionsschutzgesetzes Anwendung findet.

(3) Rechtsverordnungen nach Absatz 1 Nr. 1 können auch festlegen, wie der Nachweis für die Erfüllung dieser Vorschriften zu erbringen ist, insbesondere welche Prüfungen, Abnahmen, Erlaubnisse, Zustimmungen oder Bescheinigungen erforderlich sind.

(4) Soweit es die öffentliche Sicherheit erfordert, können einzelne Vorschriften der nach Absatz 1 Nr. 2 erlassenen Rechtsverordnung auf Beförderungen ausgedehnt werden, die nach § 2 von der Genehmigungspflicht befreit sind oder für die durch die nach Absatz 1 Nr. 8 erlassene Rechtsverordnung Befreiung erteilt wird.

(5) *(aufgehoben)*

(6) [1] Im Bereich der Gebühren der Landesbehörden übt das Bundesministerium für Verkehr die Ermächtigung nach Absatz 1 Nummer 10 auf der Grundlage eines Antrags oder einer Stellungnahme von mindestens fünf Ländern beim Bundesministerium für Verkehr aus. [2] Der Antrag oder die Stellungnahme sind mit einer Schätzung des Personal- und Sachaufwands zu begründen. [3] Das Bundesministerium für Verkehr kann die übrigen Länder ebenfalls zur Beibringung einer Schätzung des Personal- und Sachaufwands auffordern.

§ 58[2)] Allgemeine Verwaltungsvorschriften. Die zur Durchführung dieses Gesetzes erforderlichen Allgemeinen Verwaltungsvorschriften erläßt die Bundesregierung mit Zustimmung des Bundesrates.

§§ 59, 59a (weggefallen)

VIII. Bußgeldvorschriften

§§ 60, 60a (weggefallen)

§ 61[3)] Ordnungswidrigkeiten. (1) Ordnungswidrig handelt, wer vorsätzlich oder fahrlässig

---

[1)] Nr. **296**.

[2)] § 58 geänd. mWv 7.11.2001 durch VO v. 29.10.2001 (BGBl. I S. 2785); geänd. mWv 8.11.2006 durch VO v. 31.10.2006 (BGBl. I S. 2407); geänd. mWv 26.11.2011 durch G v. 22.11.2011 (BGBl. I S. 2272).

[3)] § 61 Abs. 4 angef. durch G v. 22.6.1998 (BGBl. I S. 1485); Abs. 3 Satz 3 angef. mWv 27.3.2001 durch G v. 19.3.2001 (BGBl. I S. 386); Abs. 1 Nr. 4 geänd. und Nr. 5 angef. mWv 26.7.2002 durch G v. 19.7.2002 (BGBl. I S. 2691); Abs. 1 Nr. 3 Buchst. e und Nr. 5, Abs. 2 neu gef. mWv 18.8.2006 durch G v. 14.8.2006 (BGBl. I S. 1962); Abs. 1 Nr. 3a eingef., bish. Nr. 3a wird Nr. 3b, Nr. 5 geänd. mWv 26.11. 2011 durch G v. 22.11.2011 (BGBl. I S. 2272); Abs. 1 Nr. 3 Buchst. e eingef., bish. Buchst. e–g werden →

1. Personen mit Straßenbahnen, Obussen oder Kraftfahrzeugen ohne die nach diesem Gesetz erforderliche Genehmigung oder einstweilige Erlaubnis befördert oder den Auflagen der Genehmigung oder einstweiligen Erlaubnis oder Auflagen in einer Entscheidung nach § 45a Abs. 4 Satz 2 zuwiderhandelt;
2. einen Verkehr mit Straßenbahnen, Obussen oder einen Linienverkehr mit Kraftfahrzeugen betreibt, ohne daß die nach diesem Gesetz vorgeschriebene Zustimmung zu den Beförderungsentgelten oder Fahrplänen durch die Genehmigungsbehörde erteilt ist;
3. den Vorschriften dieses Gesetzes über
   a) die Mitteilungspflicht bei Betriebsstörungen im Verkehr, die den vorübergehenden Einsatz von Kraftfahrzeugen zur Folge haben (§ 2 Abs. 5 Satz 2),
   b) das Mitführen und Aushändigen von Urkunden (§ 17 Abs. 4, § 20 Abs. 4),
   c) die Einhaltung der Beförderungspflicht (§ 22) oder der Beförderungsentgelte (§ 39 Abs. 3, § 41 Abs. 3, § 45 Abs. 2, § 51),
   d) die Bekanntmachung der Beförderungsentgelte, der Besonderen Beförderungsbedingungen und der gültigen Fahrpläne (§ 39 Abs. 7, § 40 Abs. 4, § 41 Abs. 3, § 45 Abs. 3),
   e) die technischen Anforderungen für Kraftomnibusse, die im innerdeutschen Personenfernverkehr eingesetzt werden (§ 42b),
   f) den Verkehr mit Taxen (§ 47 Abs. 2 Satz 1 oder Abs. 5),
   g) Ausflugsfahrten und Ferienziel-Reisen (§ 48 Abs. 1 bis 3) oder
   h) den Verkehr mit Mietomnibussen und Mietwagen (§ 49 Abs. 2 Satz 2 und Abs. 4)

   zuwiderhandelt;

3a. entgegen § 54 Absatz 2 Satz 3 eine Mitteilung nicht, nicht richtig, nicht vollständig oder nicht rechtzeitig macht,

3b. entgegen § 54a Abs. 1 die Auskunft nicht, unrichtig, nicht vollständig oder nicht fristgerecht erteilt, die Bücher oder Geschäftspapiere nicht, nicht vollständig oder nicht fristgemäß vorlegt oder die Duldung von Prüfungen verweigert;

4. einer Rechtsvorschrift oder vollziehbaren schriftlichen Verfügung zuwiderhandelt, die auf Grund dieses Gesetzes oder auf Grund von Rechtsvorschriften, die auf diesem Gesetz beruhen, erlassen worden ist, soweit die Rechtsvorschrift und die vollziehbare schriftliche Verfügung ausdrücklich auf diese Vorschrift verweisen oder
5. einer unmittelbar geltenden Vorschrift in Rechtsakten der Europäischen Gemeinschaft zuwiderhandelt, die inhaltlich einem in
   a) Nummer 1 oder
   b) Nummer 2, 3 oder 3b

   bezeichneten Gebot oder Verbot entspricht, soweit eine Rechtsverordnung nach § 57 Abs. 1 Nr. 11 für einen bestimmten Tatbestand auf diese Bußgeldvorschrift verweist.

(Fortsetzung der Anm. von voriger Seite)
Buchst. f–h mWv 1.8.2021 durch G v. 16.4.2021 (BGBl. I S. 822); Abs. 3 Satz 3 geänd. mWv 9.3.2023 durch G v. 2.3.2023 (BGBl. 2023 I Nr. 56).

(2) Die Ordnungswidrigkeit kann in den Fällen des Absatzes 1 Nr. 1 und 5 Buchstabe a mit einer Geldbuße bis zu zwanzigtausend Euro, in den übrigen Fällen mit einer Geldbuße bis zu zehntausend Euro geahndet werden.

(3) [1]Verwaltungsbehörde im Sinne des § 36 Abs. 1 Nr. 1 des Gesetzes über Ordnungswidrigkeiten[1)] ist die Genehmigungsbehörde oder die von der Landesregierung bestimmte Behörde. [2]Die Landesregierung kann die Ermächtigung auf die zuständige oberste Landesbehörde übertragen. [3]In den Fällen des § 52 Abs. 3 Satz 2 ist Verwaltungsbehörde im Sinne des § 36 Abs. 1 Nr. 1 des Gesetzes über Ordnungswidrigkeiten das Bundesamt für Logistik und Mobilität.

(4) In den Fällen des Absatzes 1 kann die Ordnungswidrigkeit auf der Grundlage und nach Maßgabe internationaler Übereinkünfte auch dann geahndet werden, wenn sie im Bereich gemeinsamer Grenzabfertigungsanlagen außerhalb des räumlichen Geltungsbereiches dieses Gesetzes begangen wird.

IX. Übergangs- und Schlußbestimmungen

§ 62[2)] Übergangsbestimmungen. (1) [1]Öffentliche Dienstleistungsaufträge im Sinne von Artikel 3 Absatz 1 der Verordnung (EG) Nr. 1370/2007[3)] dürfen bis zum 31. Dezember 2013 abweichend von Artikel 5 Absatz 2 bis 4 der Verordnung (EG) Nr. 1370/2007 vergeben werden. [2]Genehmigungen, die vor dem 1. Januar 2013 erteilt wurden, bleiben bis zum Ablauf der in der Genehmigungsurkunde enthaltenen Geltungsdauer wirksam. [3]Die Geltung und Wirksamkeit von sonstigen Rechtsverhältnissen, insbesondere öffentlichen Dienstleistungsaufträgen im Sinne der Verordnung (EG) Nr. 1370/2007, die vor dem 1. Januar 2013 zustande gekommen sind, werden durch die Änderung des Gesetzes nicht berührt.

(2) Soweit dies nachweislich aus technischen oder wirtschaftlichen Gründen unumgänglich ist, können die Länder den in § 8 Absatz 3 Satz 3 genannten Zeitpunkt abweichend festlegen sowie Ausnahmetatbestände bestimmen, die eine Einschränkung der Barrierefreiheit rechtfertigen.

(3) § 42b gilt ab dem 1. Januar 2016 für Kraftomnibusse, die erstmals zum Verkehr zugelassen werden und nach Ablauf des 31. Dezember 2019 für alle Kraftomnibusse.

§ 63[4)] Ausschluss abweichenden Landesrechts. Von folgenden Regelungen des Verwaltungsverfahrens kann durch Landesrecht nicht abgewichen werden:

1. §§ 5, 8a Absatz 2 Satz 2, §§ 9, 12, 15, 16, 17 Absatz 1 und 2, §§ 20, 25 und 29 Absatz 1a;
2. § 52 Absatz 1 Satz 1 und § 53 Absatz 1 Satz 1, jeweils in Verbindung mit den Regelungen in Nummer 1;
3. § 29 Absatz 2, § 52 Absatz 2 Satz 1 und § 53 Absatz 2 Satz 1;
4. § 11 Absatz 4, § 52 Absatz 2 Satz 2 und § 53 Absatz 2 Satz 2, jeweils in Verbindung mit § 11 Absatz 4, § 52 Absatz 3 Satz 3 und § 53 Absatz 3 Satz 1.

§ 64[5)] Andere Gesetze. (1) Durch dieses Gesetz werden die Vorschriften

---

1) **Habersack Nr. 94.**

2) § 62 neu gef. mWv 1.1.2013 durch G v. 14.12.2012 (BGBl. I S. 2598).

3) **Loseblatt-Textsammlung Arbeitsrecht Nr. 883.**

4) § 63 neu gef. mWv 1.1.2013 durch G v. 14.12.2012 (BGBl. I S. 2598).

5) § 64 Abs. 1 Nr. 4 und 5 neu gef. mWv 17.4.2024 durch G v. 11.4.2024 (BGBl. 2024 I Nr. 119).

1. des Straßenverkehrsgesetzes[1)] vom 19. Dezember 1952 (BGBl. I S. 837) sowie die auf Grund dieses Gesetzes erlassenen Vorschriften,
2. des Haftpflichtgesetzes[2)] in der Fassung der Bekanntmachung vom 4. Januar 1978 (BGBl. I S. 145),
3. (weggefallen)
4. des Pflichtversicherungsgesetzes und
5. des Auslandsfahrzeug-Pflichtversicherungsgesetzes

nicht berührt, soweit sich nicht aus § 23 etwas anderes ergibt.

(2) Die Vorschriften des Gesetzes über Maßnahmen zur Aufrechterhaltung des Betriebs von Bahnunternehmen des öffentlichen Verkehrs vom 7. März 1934 (RGBl. II S. 91) in der Fassung des § 9 Abs. 4 des Allgemeinen Eisenbahngesetzes vom 29. März 1951 (BGBl. I S. 225) sind auf Straßenbahnen und auf Obusunternehmen mit der Maßgabe entsprechend anzuwenden, daß zuständige Aufsichtsbehörde im Sinne des vorgenannten Gesetzes die von der Landesregierung bestimmte Genehmigungsbehörde ist, und daß, wenn eine Straßenbahn oder ein Obusunternehmen das Gebiet mehrerer Länder berührt, die von der Landesregierung bestimmte Genehmigungsbehörde ihre Entscheidung im Einvernehmen mit der von der Landesregierung des mitbeteiligten Landes bestimmten Genehmigungsbehörde trifft.

§ 64a[3)] Ersetzung bundesrechtlicher Vorschriften durch Landesrecht.

Die Länder können mit Wirkung ab dem 1. Januar 2007 § 45a und § 57 Abs. 1 Nr. 9 sowie die Vorschriften, zu deren Erlass § 57 Abs. 1 Nr. 9 ermächtigt, durch Landesrecht ersetzen.

§ 64b[4)] Landesrecht im Bereich des Gelegenheitsverkehrs. Dieses Gesetz oder auf Grundlage dieses Gesetzes erlassene Rechtsverordnungen steht oder stehen Vorschriften der Länder nicht entgegen, die den Betrieb des Verkehrs mit Taxen oder mit Mietwagen oder den Betrieb gebündelten Bedarfsverkehrs in Bezug auf Fahrzeugemissionen regeln.

§ 64c[5)] Barrierefreiheit. (1) [1]Beim Verkehr mit Taxen und beim gebündelten Bedarfsverkehr sollen die Aufgabenträger die Belange der in ihrer Mobilität oder sensorisch eingeschränkten Menschen mit dem Ziel berücksichtigen, eine möglichst weitgehende Barrierefreiheit zu erreichen. [2]Hierfür ist ab einer Anzahl von 20 Fahrzeugen eine Mindestverfügbarkeit von barrierefreien Fahrzeugen je Unternehmer vorzusehen, für die ein bundesweiter Richtwert von 5 Prozent bezogen auf die Anzahl der von dem Unternehmer betriebenen Fahrzeuge gilt. [3]Die Maßgaben des § 35a Absatz 4a der Straßenverkehrs-Zulassungs-Ordnung vom 26. April 2012 (BGBl. I S. 679), die zuletzt durch Artikel 1 der Verordnung vom 26. November 2019 (BGBl. I S. 2015) geändert worden ist, an barrierefreie Fahrzeuge finden Anwendung.

(2) [1]Die Genehmigungsbehörde kann Einzelheiten zur Herstellung einer weitgehenden Barrierefreiheit im Hinblick auf die Mindestanzahl vorzuhaltender barrierefreier Fahrzeuge beim Verkehr mit Taxen und beim gebündelten Bedarfsver-

---

1) **Habersack Nr. 35.**
2) **Habersack Nr. 33.**
3) § 64a neu gef. mWv 18.8.2006 durch G v. 14.8.2006 (BGBl. I S. 1962).
4) § 64b eingef. mWv 1.1.2020 durch G v. 21.12.2019 (BGBl. I S. 2886); geänd. mWv 1.8.2021 durch G v. 16.4.2021 (BGBl. I S. 822).
5) § 64c eingef. mWv 1.8.2021 durch G v. 16.4.2021 (BGBl. I S. 822).

kehr festlegen, soweit dies keine unzumutbare wirtschaftliche Härte gegenüber dem Unternehmer darstellt. [2] Sie kann darüber hinaus Ausnahmen im Hinblick auf die Mindestanzahl vorzuhaltender barrierefreier Fahrzeuge bestimmen, die eine Einschränkung der Barrierefreiheit rechtfertigen, soweit dies nachweislich aus technischen oder wirtschaftlichen Gründen unumgänglich ist.

§ 65[1)] Ausnahmen für Straßenbahnen. Vorschriften, mit denen nachfolgende Richtlinien umgesetzt werden, gelten nicht für Straßenbahnen im Sinne von § 4 Absatz 1 und 2:

1. Richtlinie 2012/34/EU des Europäischen Parlaments und des Rates vom 21. November 2012 zur Schaffung eines einheitlichen europäischen Eisenbahnraums (ABl. L 343 vom 14.12.2012, S. 32; L 67 vom 12.3.2015, S. 32), die zuletzt durch den Delegierten Beschluss (EU) 2017/2075 (ABl. L 295 vom 14.11.2017, S. 69) geändert worden ist;
2. Richtlinie (EU) 2016/798 des Europäischen Parlaments und des Rates vom 11. Mai 2016 über Eisenbahnsicherheit (ABl. L 138 vom 26.5.2016, S. 102; L 59 vom 7.3.2017, S. 41; L 110 vom 30.4.2018, S. 141; L 317 vom 9.12.2019, S. 114), die zuletzt durch die Verordnung (EU) 2020/1530 (ABl. L 352 vom 22.10.2020, S. 1) geändert worden ist;
3. Richtlinie 2007/59/EG des Europäischen Parlaments und des Rates vom 23. Oktober 2007 über die Zertifizierung von Triebfahrzeugführern, die Lokomotiven und Züge im Eisenbahnsystem in der Gemeinschaft führen (ABl. L 315 vom 3.12.2007, S. 51), die zuletzt durch die Verordnung (EU) 2019/554 (ABl. L 97 vom 8.4.2019, S. 1) geändert worden ist;
4. Richtlinie (EU) 2016/797 des Europäischen Parlaments und des Rates vom 11. Mai 2016 über die Interoperabilität des Eisenbahnsystems in der Europäischen Union (ABl. L 138 vom 26.5.2016, S. 44), die zuletzt durch die Richtlinie (EU) 2020/700 (ABl. L 165 vom 27.5.2020, S. 27) geändert worden ist

§ 66[2)] Berichtspflichten. (1) [1] Das Bundesministerium für Verkehr legt mit Ablauf von fünf Jahren nach Inkrafttreten des Gesetzes zur Modernisierung des Personenbeförderungsrechts vom 16. April 2021 (BGBl. I S. 822) dem Deutschen Bundestag einen Bericht in nichtpersonenbezogener Form vor:

1. zur Umsetzung der nach § 57 Absatz 1 Nummer 12 erlassenen Verordnung, insbesondere
   a) zur Vollständigkeit und Zugänglichkeit der nach § 3a bereitzustellenden Daten, auch im Hinblick auf die regelmäßige Öffnung von Schnittstellen zur Verknüpfung von Informationssystemen;
   b) zur Anzahl der Dienstleistungsangebote, die sich nach der umfassenden Bereitstellung von Mobilitätsdaten entwickelt haben oder sich in der Entwicklung befinden;
   c) zu Marktbarrieren im Hinblick auf die Weiterverwendungsmöglichkeit von Daten nach § 3b und
   d) zu Vorschlägen hinsichtlich der Verbesserung der Nutzung von Daten;
2. zur Umsetzung der in § 64c Absatz 1 und 2 niedergelegten Vorgaben und deren Wirksamkeit.

[1)] § 65 neu gef. mWv 1.8.2021 durch G v. 16.4.2021 (BGBl. I S. 822).

[2)] § 66 neu gef. mWv 1.8.2021 durch G v. 16.4.2021 (BGBl. I S. 822); Abs. 1 Satz 1 einl. Satzteil und Satz 2 geänd. mWv 27.2.2026 durch G v. 23.2.2026 (BGBl. 2026 I Nr. 47).

[2]Das Bundesministerium für Verkehr kann insbesondere Vorschläge zur Verbesserung der Nutzung der Daten unterbreiten. [3]Den Ländern, Kommunen, den Verbraucherschutzverbänden, Verbänden für Menschen mit Behinderungen, dem oder der Beauftragten der Bundesregierung für Menschen mit Behinderungen, dem oder der Bundesbeauftragten für den Datenschutz und die Informationsfreiheit sowie den betroffenen Wirtschaftskreisen wird Gelegenheit zur Stellungnahme gegeben.

(2) [1]Die Bundesregierung legt mit Ablauf von fünf Jahren nach Inkrafttreten des Gesetzes zur Modernisierung des Personenbeförderungsrechts vom 16. April 2021 (BGBl. I S. 822) dem Deutschen Bundestag einen Bericht in nichtpersonenbezogener Form zu den mit der Einführung der neuen Verkehrsformen verfolgten Zielen und deren Auswirkungen auf Klimaschutz und Nachhaltigkeit vor. [2]Absatz 1 Satz 2 gilt entsprechend.

951. Verordnung über die Befreiung bestimmter Beförderungsfälle von den Vorschriften des Personenbeförderungsgesetzes (Freistellungs-Verordnung)

Vom 30. August 1962
(BGBl. I S. 601)

BGBl. III/FNA 9240-1-1

geänd. durch Verordnung zur Änderung der Freistellungs-Verordnung v. 16. 6. 1967 (BGBl. I S. 602), Art. 1 Zweite Verordnung zur Änderung personenbeförderungsrechtlicher Vorschriften v. 30. 6. 1989 (BGBl. I S. 1273), Art. 1 Zweite ÄndVO v. 4. 5. 2012 (BGBl. I S. 1037)

Auf Grund des § 58 Abs. 1 Nr. 1 des Personenbeförderungsgesetzes vom 21. März 1961 (Bundesgesetzbl. I S. 241) wird mit Zustimmung des Bundesrates verordnet:

§ 1[1] **[Freistellung von Vorschriften des Personenbeförderungsgesetzes]** [1] Von den Vorschriften des Personenbeförderungsgesetzes werden freigestellt

1. Beförderungen mit Kraftfahrzeugen außerhalb öffentlicher Straßen und Plätze im Sinne des Straßenverkehrsgesetzes;
2. Beförderungen mit Kraftfahrzeugen in Ausübung hoheitlicher Tätigkeit;
3. Beförderungen mit Personenkraftwagen, die nach ihrer Bauart und Ausstattung zur Beförderung von nicht mehr als sechs Personen (einschließlich Führer) geeignet und bestimmt sind, es sei denn, daß für die Beförderungen ein Entgelt zu entrichten ist;
4. Beförderungen
   a) von Berufstätigen mit Kraftfahrzeugen zu und von ihrer Eigenart nach wechselnden Arbeitsstellen, insbesondere Baustellen, sofern nicht ein solcher Verkehr zwischen gleichbleibenden Ausgangs- und Endpunkten länger als ein Jahr betrieben wird,
   b) von Berufstätigen mit Kraftfahrzeugen zu und von Arbeitsstellen in der Land- und Forstwirtschaft,
   c) mit Kraftfahrzeugen durch oder für Kirchen oder sonstige Religionsgesellschaften zu und von Gottesdiensten,
   d) mit Kraftfahrzeugen durch oder für Schulträger zum und vom Unterricht,
   e) von Kranken aus Gründen der Beschäftigungstherapie oder zu sonstigen Behandlungszwecken durch Krankenhäuser oder Heilanstalten mit eigenen Kraftfahrzeugen,

---

[1] § 1 Nr. 4 Buchst. g angef. durch VO v. 16. 6. 1967 (BGBl. I S. 602), Nr. 2 geänd., Nr. 4 Buchst. h u. i angef., bisher. Nrn. 5 a u. 6 werden Nrn. 6 u. 7 durch VO v. 30. 6. 1989 (BGBl. I S. 1273); bish. Wortlaut wird Satz 1, Satz 2 angef. mWv 12. 5. 2012 durch VO v. 4. 5. 2012 (BGBl. I S. 1037)

f) von Berufstätigen mit Personenkraftwagen von und zu ihren Arbeitsstellen,

g) von körperlich, geistig oder seelisch behinderten Personen mit Kraftfahrzeugen zu und von Einrichtungen, die der Betreuung dieser Personenkreise dienen,

h) von Arbeitnehmern durch den Arbeitgeber zu betrieblichen Zwecken zwischen Arbeitsstätten desselben Betriebes,

i) mit Kraftfahrzeugen durch oder für Kindergartenträger zwischen Wohnung und Kindergarten,

es sei denn, daß von den Beförderten ein Entgelt zu entrichten ist;

5. Beförderungen durch die Streitkräfte mit eigenen Kraftfahrzeugen;
6. Beförderungen durch die Polizei mit eigenen Kraftfahrzeugen;
7. die Mitnahme von

a) umziehenden Personen in besonders für die Möbelbeförderung eingerichteten Fahrzeugen,

b) Personen in Kraftfahrzeugen, die zur Leichenbeförderung bestimmt sind.

[2] Satz 1 Nummer 4 gilt für entgeltliche Beförderungen mit einem Kraftomnibus nur dann, wenn

1. die Voraussetzungen nach Artikel 1 Absatz 4 Buchstabe b oder c der Verordnung (EG) Nr. 1071/2009 des Europäischen Parlaments und des Rates vom 21. Oktober 2009 zur Festlegung gemeinsamer Regeln für die Zulassung zum Beruf des Kraftverkehrsunternehmers und zur Aufhebung der Richtlinie 96/26/EG des Rates (ABl. L 300 vom 14.11.2009, S. 51) erfüllt sind,
2. der Unternehmer ausschließlich innerstaatliche Beförderungen im Sinne des Artikels 1 Absatz 5 der Verordnung (EG) Nr. 1071/2009 durchführt oder
3. das Fahrzeug durch den Unternehmer auch bei Beförderungen eingesetzt wird, für die er eine Genehmigung nach dem Personenbeförderungsgesetz besitzt.

§ 2 [gegenstandslos]

§ 3 [Inkrafttreten] Diese Verordnung tritt am Tage nach ihrer Verkündung[1] in Kraft.

[1] Die VO wurde am 5. September 1962 verkündet.

952. Güterkraftverkehrsgesetz (GüKG)[1)]

Vom 22. Juni 1998

(BGBl. I S. 1485)

FNA 9241-34

geänd. durch Art. 1 und 2 G zur Bekämpfung der illegalen Beschäftigung im gewerblichen Güterkraftverkehr v. 2.9.2001 (BGBl. I S. 2272), Art. 251 Siebente Zuständigkeitsanpassungs-VO v. 29.10.2001 (BGBl. I S. 2785), Art. 16 Zehntes Euro-EinführungsG v. 15.12.2001 (BGBl. I S. 3762), Art. 233 Achte ZuständigkeitsanpassungsVO v. 25.11.2003 (BGBl. I S. 2304), Art. 121 Drittes G für moderne Dienstleistungen am Arbeitsmarkt v. 23.12.2003 (BGBl. I S. 2848), Art. 1 Erstes ÄndG v. 2.9.2004 (BGBl. I S. 2302), Art. 6 Nr. 5 AufenthaltsändG v. 14.3.2005 (BGBl. I S. 721), Art. 7a Bürokratieabbau- und DeregulierungsG v. 21.6.2005 (BGBl. I S. 1666), Art. 295 Neunte ZuständigkeitsanpassungsVO v. 31.10.2006 (BGBl. I S. 2407), Art. 4 Fahranfänger-AlkoholverbotsVO v. 19.7.2007 (BGBl. I S. 1460), Art. 1 Zweites G zur Änd. des GüterkraftverkehrsG und and. G v. 6.11.2008 (BGBl. I S. 2162, ber. S. 2983), Art. 2 Zweites G zur Änd. des AutobahnmautG für schwere Nutzfahrzeuge v. 22.12.2008 (BGBl. I S. 2967), Art. 3 Abs. 9 Viertes G zur Änd. des SprengstoffG v. 17.7.2009 (BGBl. I S. 2062), Art. 4 Abs. 18 G zur Reform der Sachaufklärung in der Zwangsvollstreckung v. 29.7.2009 (BGBl. I S. 2258), Art. 1 G zur Änd. des GüterkraftverkehrsG und des FahrpersonalG v. 31.7.2010 (BGBl. I S. 1057), Art. 10 G zur Umsetzung aufenthaltsrechtl. RL der EU und zur Anp. nationaler Rechtsvorschr. an den EU-Visakodex v. 22.11.2011 (BGBl. I S. 2258), Art. 1 G zur Änd. des GüterkraftverkehrsG und des PersonenbeförderungsG v. 22.11.2011 (BGBl. I S. 2272), Art. 5 Abs. 43 G zur Neuordnung des Kreislaufwirtschafts- und Abfallrechts v. 24.2.2012 (BGBl. I S. 212), Art. 1a G zum Vorschlag für eine VO des Rates über die Erweiterung des Geltungsbereichs der VO (EU) Nr. 1214/2011 über den gewerbsmäßigen grenzüberschreitenden Straßentransport von Euro-Bargeld zwischen Mitgliedstaaten des Euroraums v. 25.11.2012 (BGBl. 2012 II S. 1381), Art. 1 G zur Änd. des GüterkraftverkehrsG und anderer Gesetze v. 17.6.2013 (BGBl. I S. 1558), Art. 2 Abs. 150 G zur Strukturreform des Gebührenrechts des Bundes v. 7.8.2013 (BGBl. I S. 3154), Art. 8a Fünftes G zur Änd. des StraßenverkehrsG und anderer Gesetze v. 28.8.2013 (BGBl. I S. 3313), Art. 492 Zehnte ZuständigkeitsanpassungsVO v. 31.8.2015 (BGBl. I S. 1474), Art. 1 G zur Änd. des GüterkraftverkehrsG, des FahrpersonalG, des G zur Regelung der Arbeitszeit von selbständigen Kraftfahrern, des StraßenverkehrsG und des G über die Errichtung eines Kraftfahrt-Bundesamtes v. 16.5.2017 (BGBl. I S. 1214), Art. 2 ÄndG des BundesfernstraßenmautG und zur Änd. weiterer straßenverkehrsrechtl. Vorschriften v. 4.12.2018 (BGBl. I S. 2251), Art. 141 Zweites Datenschutz-Anpassungs- und Umsetzungsgesetz EU v. 20.11.2019 (BGBl. I S. 1626), Art. 3a G über Änderungen im Berufskraftfahrerqualifikationsrecht v. 26.11.2020 (BGBl. I S. 2575), Art. 7 Viertes G zur Änd. des StraßenverkehrsG und anderer straßenverkehrsrechtlicher Vorschriften v. 12.7.2021 (BGBl. I S. 3091), Art. 1 G zur Anpassung von Gesetzen und Verordnungen an die neue Behördenbezeichnung des Bundesamtes für Güterverkehr v. 2.3.2023 (BGBl. 2023 I Nr. 56), Art. 39 Postrechtsmodernisierungsgesetz v. 15.7.2024 (BGBl. 2024 I Nr. 236) und Art. 1 Zweites G zur Änd. des GüterkraftverkehrsG und des PersonenbeförderungsG v. 23.2.2026 (BGBl. 2026 I Nr. 47)

Inhaltsübersicht[2)]

[1)] Verkündet als Art. 1 G zur Reform des Güterkraftverkehrsrechts v. 22.6.1998 (BGBl. I S. 1485); Inkrafttreten gem. Art. 9 Nr. 1 und 3 dieses G am 27.6.1998 bzw. 1.7.1998.

[2)] Inhaltsübersicht geänd. mWv 9.9.2004 durch G v. 2.9.2004 (BGBl. I S. 2302); sie wurde nichtamtlich an die Änderungen durch G v. 22.12.2008 (BGBl. I S. 2967) angepasst; geänd. mWv 26.11.2011 durch G v. 22.11.2011 (BGBl. I S. 2272), nichtamtl. angepasst an die Änd. durch G v. 25.11.2012 (BGBl. 2012 II S. 1381) mWv 30.11.2012; geänd. mWv 1.7.2013 durch G v. 17.6.2013 (BGBl. I S. 1558); geänd. mWv 9.3.2023 durch G v. 2.3.2023 (BGBl. 2023 I Nr. 56); geänd. mWv 27.2.2026 durch G v. 23.2.2026 (BGBl. 2026 I Nr. 47).

1. Abschnitt. Allgemeine Vorschriften

§ 1[1] **Begriffsbestimmungen.** (1) [1] Güterkraftverkehr ist die geschäftsmäßige oder entgeltliche Beförderung von Gütern mit Kraftfahrzeugen. [2] Eine in Verbindung mit grenzüberschreitendem gewerblichen Güterkraftverkehr durchgeführte Leerfahrt, die nach einem Rechtsakt der Europäischen Union oder nach einem internationalen Abkommen genehmigungspflichtig ist, gilt als Güterkraftverkehr im Sinne des Satzes 1.

(2) Werkverkehr ist Güterkraftverkehr für eigene Zwecke eines Unternehmens, wenn folgende Voraussetzungen erfüllt sind:

1. Die beförderten Güter müssen Eigentum des Unternehmens oder von ihm verkauft, gekauft, vermietet, gemietet, hergestellt, erzeugt, gewonnen, bearbeitet oder instand gesetzt worden sein.

[1] § 1 Abs. 2 Nr. 3 neu gef. mWv 26.11.2011 durch G v. 22.11.2011 (BGBl. I S. 2272); Abs. 1 neu gef., Abs. 5 angef. mWv 27.2.2026 durch G v. 23.2.2026 (BGBl. 2026 I Nr. 47).

2. Die Beförderung muß der Anlieferung der Güter zum Unternehmen, ihrem Versand vom Unternehmen, ihrer Verbringung innerhalb oder – zum Eigengebrauch – außerhalb des Unternehmens dienen.
3. Die für die Beförderung verwendeten Kraftfahrzeuge müssen vom eigenen Personal des Unternehmens geführt werden oder von Personal, das dem Unternehmen im Rahmen einer vertraglichen Verpflichtung zur Verfügung gestellt worden ist.
4. Die Beförderung darf nur eine Hilfstätigkeit im Rahmen der gesamten Tätigkeit des Unternehmens darstellen.

(3) Den Bestimmungen über den Werkverkehr unterliegt auch die Beförderung von Gütern durch Handelsvertreter, Handelsmakler und Kommissionäre, soweit
1. deren geschäftliche Tätigkeit sich auf diese Güter bezieht,
2. die Voraussetzungen nach Absatz 2 Nr. 2 bis 4 vorliegen und
3. ein Kraftfahrzeug verwendet wird, dessen Nutzlast einschließlich der Nutzlast eines Anhängers 4 Tonnen nicht überschreiten darf.

(4) Güterkraftverkehr, der nicht Werkverkehr im Sinne der Absätze 2 und 3 darstellt, ist gewerblicher Güterkraftverkehr.

(5) Eine güterkraftverkehrsrechtliche Berechtigung ist
1. eine Gemeinschaftslizenz nach Artikel 4 Absatz 1 der Verordnung (EG) Nr. 1072/2009 in der Fassung vom 15. Juli 2020 (Gemeinschaftslizenz),
2. eine Genehmigung auf Grundlage des Artikels 4 der Resolution des Ministerrates der Europäischen Konferenz der Verkehrsminister (CEMT) über die Einführung eines multilateralen Kontingents für den internationalen Straßengüterverkehr vom 14. Juni 1973 (BGBl. 1974 II S. 298) (CEMT-Genehmigung),
3. eine Genehmigung auf Grundlage des Kapitels III Abschnitt 3.4 der Gesamtresolution des Ministerrates der Europäischen Konferenz der Verkehrsminister (CEMT) zum Straßengüterverkehr vom 27. Mai 1994 (BGBl. 1998 II S. 32) (CEMT-Umzugsgenehmigung),
4. eine Schweizerische Lizenz für den gewerblichen Güterkraftverkehr auf Grundlage des Artikels 9 des Abkommens zwischen der Europäischen Gemeinschaft und der Schweizerischen Eidgenossenschaft über den Güter- und Personenverkehr auf Schiene und Straße vom 21. Juni 1999 (ABl. L 114 vom 30.4.2002, S. 91) (Schweizerische Lizenz),
5. eine Genehmigung, die einem Unternehmer mit Sitz in einem Drittstaat auf Grundlage eines zwischen der Bundesrepublik Deutschland und diesem Drittstaat abgeschlossenen Abkommens über den grenzüberschreitenden Güterkraftverkehr auf der Straße oder auf Grundlage einer Einzelfallentscheidung durch das Bundesministerium für Verkehr, soweit ein entsprechendes Abkommen mit diesem Drittstaat nicht besteht, erteilt wurde (Drittstaatengenehmigung),
6. eine Genehmigung, die einem Unternehmen mit Sitz im Inland auf Grundlage eines zwischen der Bundesrepublik Deutschland und einem Drittstaat abgeschlossenen Abkommens über den grenzüberschreitenden Güterkraftverkehr auf der Straße erteilt wurde (bilaterale Genehmigung),
7. eine Lizenz des Vereinigten Königreichs für die Gemeinschaft auf Grund des Artikels 463 Absatz 1 und 2 des Abkommens vom 30. Dezember 2020 über Handel und Zusammenarbeit zwischen der Europäischen Union und der Europäischen Atomgemeinschaft einerseits und dem Vereinigten Königreich Großbritannien und Nordirland andererseits (ABl. L 149 vom 30.4.2021, S. 10) (Lizenz des Vereinigten Königreichs),

8. eine Erlaubnis nach § 3 in der am 26. Februar 2026 geltenden Fassung.

§ 2[1] Ausnahmen. (1) Die Vorschriften des 2. und 3. Abschnitts sind nicht anzuwenden auf

1. die gelegentliche, nichtgewerbsmäßige Beförderung von Gütern durch Vereine für ihre Mitglieder oder für gemeinnützige Zwecke,
2. die Beförderung von Gütern durch Körperschaften, Anstalten und Stiftungen des öffentlichen Rechts im Rahmen ihrer öffentlichen Aufgaben,
3. die Beförderung von beschädigten oder reparaturbedürftigen Fahrzeugen aus Gründen der Verkehrssicherheit oder zum Zwecke der Rückführung,
4. die Beförderung von Gütern bei der Durchführung von Verkehrsdiensten, die nach dem Personenbeförderungsgesetz[2] in der Fassung der Bekanntmachung vom 8. August 1990 (BGBl. I S. 1690) in der jeweils geltenden Fassung genehmigt wurden,
5. die Beförderung von Medikamenten, medizinischen Geräten und Ausrüstungen sowie anderen zur Hilfeleistung in dringenden Notfällen bestimmten Gütern,
6. die Beförderung von Milch und Milcherzeugnissen für andere zwischen landwirtschaftlichen Betrieben, Milchsammelstellen und Molkereien durch landwirtschaftliche Unternehmer im Sinne des Gesetzes über die Alterssicherung der Landwirte[3] vom 29. Juli 1994 (BGBl. I S. 1890) in der jeweils geltenden Fassung,
7. die in land- und forstwirtschaftlichen Betrieben übliche Beförderung von land- und forstwirtschaftlichen Bedarfsgütern oder Erzeugnissen
   a) für eigene Zwecke,
   b) für andere Betriebe dieser Art
      aa) im Rahmen der Nachbarschaftshilfe oder
      bb) im Rahmen eines Maschinenringes oder eines vergleichbaren wirtschaftlichen Zusammenschlusses, sofern die Beförderung innerhalb eines Umkreises von 75 Kilometern in der Luftlinie um den regelmäßigen Standort des Kraftfahrzeugs, den Wohnsitz oder den Sitz des Halters mit Zugmaschinen oder Sonderfahrzeugen durchgeführt wird, die nach § 3 Nummer 7 des Kraftfahrzeugsteuergesetzes 2002 von der Kraftfahrzeugsteuer befreit sind,
   c) mit land- und forstwirtschaftlichen Fahrzeugen mit einer bauartbedingten Höchstgeschwindigkeit von bis zu 40 km/h,
8. die im Rahmen der Gewerbeausübung erfolgende Beförderung von Betriebseinrichtungen für eigene Zwecke,
9. die Beförderung von Postsendungen im Rahmen von Universaldienstleistungen durch Postdienstleister gemäß § 16 Absatz 1 des Postgesetzes[4] sowie

---

[1] § 2 Abs. 1 Nr. 7 Buchst. b) geänd., Abs. 1a eingef. mWv 9.9.2004 durch G v. 2.9.2004 (BGBl. I S. 2302); Abs. 1 Nr. 7 Buchst. b Buchst. bb und Nr. 8 geänd., Nr. 9 angef. mWv 26.11.2011 durch G v. 22.11.2011 (BGBl. I S. 2272); Abs. 1 Nr. 7 Buchst. c angef. mWv 1.1.2019 durch G v. 4.12.2018 (BGBl. I S. 2251); Abs. 1 Nr. 9 geänd. mWv 19.7.2024 durch G v. 15.7.2024 (BGBl. 2024 I Nr. 236); Abs. 1 einl. Satzteil geänd., Nr. 7 Buchst. b Doppelbuchst. bb neu gef., Nr. 8 und 9 geänd., Nr. 10 angef. mWv 27.2.2026 durch G v. 23.2.2026 (BGBl. 2026 I Nr. 47).

[2] Nr. **950.**

[3] **Aichberger, SGB Nr. 30/10.**

[4] **Sartorius ErgBd. Nr. 910.**

10. die Beförderung von Gütern mit Kraftfahrzeugen, die einschließlich Anhänger ein zulässiges Gesamtgewicht von nicht mehr als 3,5 Tonnen haben, soweit sich aus den nachfolgenden Vorschriften, aus Rechtsakten der Europäischen Union oder aus einem internationalen Abkommen nicht etwas anderes ergibt.

(1a) [1] Werden bei Beförderungen nach Absatz 1 Nr. 7 nicht von der Kraftfahrzeugsteuer befreite Fahrzeuge eingesetzt, hat der Beförderer dafür zu sorgen, dass während der Beförderung ein Begleitpapier oder ein sonstiger Nachweis mitgeführt wird, in dem das beförderte Gut, Be- und Entladeort sowie der land- und forstwirtschaftliche Betrieb, für den die Beförderung erfolgt, angegeben werden. [2] Das Fahrpersonal muss das Begleitpapier oder den sonstigen Nachweis nach Satz 1 während der Beförderung mitführen und Kontrollberechtigten auf Verlangen zur Prüfung aushändigen oder in anderer Weise zugänglich machen.

(2) § 14 bleibt unberührt.

2. Abschnitt. Gewerblicher Güterkraftverkehr

§ 3[1)] Gewerblicher Güterkraftverkehr durch Unternehmer mit Sitz im Inland; Verordnungsermächtigung. (1) Wer als Unternehmer mit Sitz im Inland gewerblichen Güterkraftverkehr durchführt, bedarf hierfür einer von einer inländischen Behörde erteilten Gemeinschaftslizenz.

(2) Eine Gemeinschaftslizenz wird einem Unternehmer, dessen Unternehmen seinen Sitz im Inland hat, für die Dauer von bis zu zehn Jahren erteilt, wenn er die in Artikel 3 Absatz 1 der Verordnung (EG) Nr. 1071/2009 in der Fassung vom 15. Juli 2020 genannten Voraussetzungen für die Ausübung des Berufs eines Kraftverkehrsunternehmers erfüllt.

(3) [1] Auf Antrag sind dem Unternehmer so viele beglaubigte Kopien der Gemeinschaftslizenz auszustellen, wie ihm Fahrzeuge zur Verfügung stehen und die für diese erforderliche finanzielle Leistungsfähigkeit nach Artikel 3 Absatz 1 Buchstabe c in Verbindung mit Artikel 7 der Verordnung (EG) Nr. 1071/2009 in der Fassung vom 15. Juli 2020 gegeben ist. [2] Stehen dem Unternehmer nach der Ausstellung der beglaubigten Kopien der Gemeinschaftslizenz über einen Zeitraum von mehr als drei Monaten weniger Fahrzeuge zur Verfügung als ihm beglaubigte Kopien der Gemeinschaftslizenz ausgestellt worden sind, so hat der Unternehmer die überzähligen beglaubigten Kopien unverzüglich der zuständigen Behörde zurückzugeben. [3] Stellt der Unternehmer den Betrieb endgültig ein, so hat er die Gemeinschaftslizenz und alle beglaubigten Kopien unverzüglich der zuständigen Behörde zurückzugeben.

(4) [1] Eine Gemeinschaftslizenz ist zurückzunehmen, wenn nachträglich bekannt wird, dass ihre Erteilung hätte versagt werden müssen. [2] Eine Gemeinschaftslizenz ist zu widerrufen, wenn nachträglich Tatsachen eintreten, die zur Versagung hätten führen müssen. [3] Die Finanzbehörden dürfen die nach Landesrecht zuständigen Behörden davon in Kenntnis setzen, dass der Unternehmer die ihm obliegenden steuerrechtlichen Verpflichtungen wiederholt nicht erfüllt hat oder eine eidesstattliche Versicherung nach § 284 der Abgabenordnung abgegeben hat.

(5) [1] Rechtzeitig vor der Entscheidung über die Erteilung, die Rücknahme oder den Widerruf der Gemeinschaftslizenz und von beglaubigten Kopien der Gemeinschaftslizenz gibt die nach Landesrecht zuständige Behörde den beteiligten Verbänden des Verkehrsgewerbes und der zuständigen Industrie- und Handelskammer

[1)] § 3 neu gef. mWv 27.2.2026 durch G v. 23.2.2026 (BGBl. 2026 I Nr. 47).

Gelegenheit zur Stellungnahme. [2] Vor der Entscheidung über die Erteilung, die Rücknahme oder den Widerruf von beglaubigten Kopien der Gemeinschaftslizenz kann die nach Landesrecht zuständige Behörde hiervon absehen.

(6) [1] Rechtfertigen Tatsachen die Annahme, dass der Unternehmer, der Verkehrsleiter oder der geschäftsführende Direktor die Voraussetzungen hinsichtlich der Zuverlässigkeit nach Artikel 6 der Verordnung (EG) Nr. 1071/2009 in der Fassung vom 15. Juli 2020 nicht erfüllt, kann dem Unternehmer oder dem Verkehrsleiter die Führung von Güterkraftverkehrsgeschäften untersagt werden. [2] Das Untersagungsverfahren gegen diese Personen kann unabhängig vom Verlauf eines Verfahrens zum Widerruf der Gemeinschaftslizenz fortgesetzt werden. [3] Auf Antrag ist dem Unternehmer oder dem Verkehrsleiter die Führung von Güterkraftverkehrsgeschäften wieder zu gestatten, wenn Tatsachen die Annahme rechtfertigen, dass eine Unzuverlässigkeit im Sinne des Satzes 1 nicht mehr vorliegt und der Betroffene eine Prüfung nach Artikel 14 Absatz 1 Unterabsatz 2 der Verordnung (EG) Nr. 1071/2009 in der Fassung vom 15. Juli 2020 bestanden hat. [4] Die Wiederaufnahme kann nicht vor Ablauf eines Jahres nach Bestandskraft der Untersagungsverfügung gestattet werden.

(7) Das Bundesministerium für Verkehr wird ermächtigt, durch Rechtsverordnung mit Zustimmung des Bundesrates Folgendes zu regeln:

1. die nähere Bestimmung der Anforderungen an die Berufszugangsvoraussetzungen zur Gewährleistung eines hohen Niveaus,
2. die Einzelheiten der Prüfung nach Absatz 6 Satz 3,
3. das Verfahren zur Erteilung, zur Rücknahme und zum Widerruf der Gemeinschaftslizenz sowie zur Erteilung und Einziehung von beglaubigten Kopien der Gemeinschaftslizenz einschließlich der Durchführung von Anhörungen,
4. das Verfahren bei Eintritt wesentlicher Änderungen nach Erteilung der Gemeinschaftslizenz und von beglaubigten Kopien der Gemeinschaftslizenz,
5. das Verfahren bei Eintritt wesentlicher Änderungen nach Erteilung der Erlaubnis nach § 3 Absatz 2 und von Erlaubnisausfertigungen nach § 3 Absatz 3 Satz 1 jeweils in der am 26. Februar 2026 geltenden Fassung,
6. die Voraussetzungen für die Erteilung zusätzlicher beglaubigter Kopien nach Maßgabe der Verordnung (EG) Nr. 1071/2009 und
7. die Voraussetzungen zur Rücknahme und zum Widerruf der Entscheidung über die Erteilung der beglaubigten Kopien entsprechend Artikel 12 Absatz 1 der Verordnung (EG) Nr. 1072/2009.

(8) [1] Die nach Landesrecht zuständigen Behörden führen dieses Gesetz, die Verordnung (EG) Nr. 1071/2009 in der Fassung vom 15. Juli 2020 und die Verordnung (EG) Nr. 1072/2009 in der Fassung vom 15. Juli 2020 und die auf diesem Gesetz beruhenden Verordnungen aus, soweit nicht etwas anderes bestimmt ist. [2] Örtlich zuständig ist die Behörde, in deren Zuständigkeitsbereich das Unternehmen seine Niederlassung im Sinne von Artikel 5 der Verordnung (EG) Nr. 1071/2009 in der Fassung vom 15. Juli 2020 hat. [3] Soweit keine Niederlassung besteht, richtet sich die Zuständigkeit nach dem Wohnsitz des Betroffenen.

§ 4[1] Unterrichtung der Berufsgenossenschaft. [1] Die nach Landesrecht zuständige Behörde hat der zuständigen Berufsgenossenschaft unverzüglich die Ertei-

[1] § 4 neu gef. mWv 27.2.2026 durch G v. 23.2.2026 (BGBl. 2026 I Nr. 47).

lung der Gemeinschaftslizenz mitzuteilen. [2]Die Mitteilungspflichten des Unternehmers nach § 192 des Siebten Buches Sozialgesetzbuch[1)] bleiben unberührt.

§ 5[2)] Gewerblicher Güterkraftverkehr durch Unternehmer ohne Sitz im Inland. (1) Wer als Unternehmer ohne Sitz im Inland grenzüberschreitenden gewerblichen Güterkraftverkehr durchführt, bedarf für den inländischen Teil der Beförderung

1. einer Gemeinschaftslizenz,
2. einer CEMT-Genehmigung,
3. einer CEMT-Umzugsgenehmigung,
4. einer Schweizerischen Lizenz oder
5. einer Drittstaatengenehmigung.

(2) [1]Soweit sich aus Rechtsakten der Europäischen Union, internationalen Abkommen oder einer Rechtsverordnung nach § 23 Absatz 3 nichts anderes ergibt, ist Unternehmern ohne Sitz im Inland die Beförderung von Gütern, deren Be- und Entladeort im Inland liegt (Kabotagebeförderung), nicht gestattet. [2]Eine einzelne Kabotagebeförderung liegt vor, wenn Güter unabhängig von der Anzahl der Be- und Entladeorte im Inland auftragsgemäß für einen einzigen Absender an einen einzigen Empfänger befördert werden.

(3) Absatz 1 Nummer 1 sowie Absatz 2 gelten auch für Beförderungen mit Kraftfahrzeugen, die einschließlich Anhänger ein höheres zulässiges Gesamtgewicht als 2,5 Tonnen haben.

§ 6[2)] Gewerblicher Güterkraftverkehr durch Unternehmer mit Sitz im Vereinigten Königreich. (1) [1]Wer als Unternehmer mit Sitz im Vereinigten Königreich grenzüberschreitenden gewerblichen Güterkraftverkehr im Inland durchführt, bedarf für den inländischen Teil der Beförderung einer Lizenz des Vereinigten Königreichs. [2]Dies gilt auch für Beförderungen mit Kraftfahrzeugen, die einschließlich Anhänger ein höheres zulässiges Gesamtgewicht als 2,5 Tonnen haben.

(2) [1]Der Unternehmer mit Sitz im Vereinigten Königreich darf gemäß Artikel 462 Absatz 3 und 6 des Abkommens vom 30. Dezember 2020 über Handel und Zusammenarbeit zwischen der Europäischen Union und der Europäischen Atomgemeinschaft einerseits und dem Vereinigten Königreich Großbritannien und Nordirland andererseits (ABl. L 149 vom 30.4.2021, S. 10) vor Rückkehr ins Gebiet des Vereinigten Königreichs nicht mehr als zwei zusätzliche grenzüberschreitende Beförderungen innerhalb des Gebiets der Europäischen Union durchführen. [2]Die erste zusätzliche grenzüberschreitende Beförderung muss auf eine Fahrt aus dem Gebiet des Vereinigten Königreichs in das Gebiet der Europäischen Union folgen.

(3) [1]Abweichend von Absatz 2 darf der Unternehmer anstelle einer der beiden grenzüberschreitenden Beförderungen eine Kabotagebeförderung im Inland nach Artikel 462 Absatz 4 des Abkommens vom 30. Dezember 2020 über Handel und Zusammenarbeit zwischen der Europäischen Union und der Europäischen Atomgemeinschaft einerseits und dem Vereinigten Königreich Großbritannien und Nordirland andererseits durchführen. [2]Diese Kabotagebeförderung muss

---

[1)] **Aichberger, SGB Nr. 7.**
[2)] §§ 5 und 6 neu gef. mWv 27.2.2026 durch G v. 23.2.2026 (BGBl. 2026 I Nr. 47).

1. auf eine Beförderung aus dem Gebiet des Vereinigten Königreichs ins Inland folgen und
2. innerhalb von sieben Tagen nach der Entladung der Güter aus der Beförderung nach Nummer 1 durchgeführt werden.

(4) Bei Beförderungen nach Absatz 2 oder 3 gilt § 7 Absatz 2 entsprechend.

§ 7[1)] Mitführungs- und Aushändigungspflichten im gewerblichen Güterkraftverkehr. (1) [1]Der Unternehmer hat dafür zu sorgen, dass bei einer Güterbeförderung im Inland, für die eine güterkraftverkehrsrechtliche Berechtigung erforderlich ist, während der gesamten Fahrt folgende Dokumente und Nachweise mitgeführt werden:

1. die Erlaubnis nach § 3 Absatz 2 oder eine Erlaubnisausfertigung nach § 3 Absatz 3 Satz 1 jeweils in der am 26. Februar 2026 geltenden Fassung oder eine beglaubigte Kopie der Gemeinschaftslizenz, der Schweizerischen Lizenz oder der Lizenz des Vereinigten Königreichs oder eine CEMT-Genehmigung, eine CEMT-Umzugsgenehmigung oder eine Drittstaatengenehmigung oder bilaterale Genehmigung,
2. der für das eingesetzte Fahrzeug nach Maßgabe der verwendeten Genehmigung vorgeschriebene Nachweis über die Erfüllung bestimmter Technik-, Sicherheits- und Umweltanforderungen und
3. ein Begleitpapier oder ein sonstiger Nachweis, in dem die beförderten Güter, der Be- und Entladeort und der Auftraggeber angegeben sind.

[2]Die Dokumente nach Satz 1 Nummer 1 und die Nachweise nach Satz 1 Nummer 2 dürfen nicht in Folie eingeschweißt oder in ähnlicher Weise mit einer Schutzschicht überzogen werden.

(2) Der Unternehmer, der keinen Sitz im Inland hat, hat dafür zu sorgen, dass bei Kabotagebeförderungen nach Artikel 8 Absatz 1 der Verordnung (EG) Nr. 1072/2009 in der Fassung vom 15. Juli 2020 Nachweise mit den in Artikel 8 Absatz 3 Unterabsatz 2 der Verordnung (EG) Nr. 1072/2009 in der Fassung vom 15. Juli 2020 genannten Angaben für die grenzüberschreitende Beförderung, jede einzelne durchgeführte Kabotagebeförderung und für innerhalb des Zeitraumes nach Artikel 8 Absatz 2a der Verordnung (EG) Nr. 1072/2009 in der Fassung vom 15. Juli 2020 durchgeführte Beförderungen mitgeführt werden.

(3) [1]Der Auftraggeber händigt dem Unternehmer, der für ihn die Beförderung eines Containers oder eines Wechselaufbaus durchführt, vor der Fahrt eine Erklärung aus, in der das Gewicht dieses Containers oder Wechselaufbaus angegeben ist. [2]Der Unternehmer hat dafür zu sorgen, dass diese Erklärung während der Beförderung mitgeführt wird.

(4) [1]Das Fahrpersonal muss die erforderlichen Dokumente und Nachweise nach Absatz 1 Satz 1 und Absatz 2 und die Erklärung nach Absatz 3 Satz 1 während der Fahrt mitführen und Kontrollberechtigten auf Verlangen zur Prüfung aushändigen. [2]Das Begleitpapier oder der sonstige Nachweis nach Absatz 1 Satz 1 Nummer 3, die Nachweise nach Absatz 2 und die Erklärung nach Absatz 3 Satz 1 können statt durch Aushändigen des Dokumentes auch auf andere geeignete Weise zugänglich gemacht werden.

(5) [1]Ausländisches Fahrpersonal muss einen anerkannten und gültigen Pass, Passersatz oder Ausweisersatz mitführen, sofern es nicht von der Passpflicht durch

---

[1)] § 7 neu gef. mWv 27.2.2026 durch G v. 23.2.2026 (BGBl. 2026 I Nr. 47).

Rechtsverordnung befreit ist, und den Kontrollberechtigten auf Verlangen zur Prüfung aushändigen. [2] Ausländisches Fahrpersonal, das in einem anderen Mitgliedstaat der Europäischen Union die Rechtsstellung eines langfristig Aufenthaltsberechtigten nach Artikel 4 Absatz 1 der Richtlinie 2003/109/EG in der Fassung vom 11. Mai 2011 inne hat, hat außerdem den entsprechenden Nachweis mitzuführen und diesen den Kontrollberechtigten auf Verlangen auszuhändigen.

(6) [1] Wird von der durch eine güterkraftverkehrsrechtliche oder fahrzeugtechnische Rechtsvorschrift eingeräumten Möglichkeit Gebrauch gemacht, die Dokumente oder Nachweise nach Absatz 1 Satz 1 oder Absatz 2 oder die Erklärung nach Absatz 3 Satz 1 anstelle der Mitführung als Schriftstück in einem elektronischen oder digitalisierten Format vorzuhalten, hat das Fahrpersonal diese bei einer Kontrolle anstelle der Aushändigung als Schriftstück elektronisch zugänglich oder auf Verlangen der Kontrollberechtigten lesbar zu machen. [2] Für die elektronische Zugänglichmachung sind dem jeweiligen Stand der Technik entsprechende Verfahren zu verwenden, die die Authentizität, Vertraulichkeit und Integrität der Daten gewährleisten. [3] Personenbezogene Daten, die bei einer Kontrolle nach Satz 1 verarbeitet worden sind, haben die nach Bundes- oder Landesrecht für Verkehrs- oder Grenzkontrollen zuständigen Behörden unverzüglich zu löschen, wenn sich keine Beanstandungen ergeben oder die Daten zum Zweck der Verfolgung von festgestellten Zuwiderhandlungen an die hierfür zuständige Verwaltungsbehörde übermittelt worden sind.

§ 7a[1)] Haftpflichtversicherung. (1) Der Unternehmer ist verpflichtet, eine Haftpflichtversicherung abzuschließen und aufrechtzuerhalten, die die gesetzliche Haftung wegen Güter- und Verspätungsschäden nach dem Vierten Abschnitt des Vierten Buches des Handelsgesetzbuches[2)] während Beförderungen, bei denen der Be- und Entladeort im Inland liegt, versichert.

(2) [1] Die Mindestversicherungssumme beträgt 600 000 Euro je Schadensereignis. [2] Die Vereinbarung einer Jahreshöchstersatzleistung, die nicht weniger als das Zweifache der Mindestversicherungssumme betragen darf, und eines Selbstbehalts sind zulässig.

(3) Von der Versicherung können folgende Ansprüche ausgenommen werden:

1. Ansprüche wegen Schäden, die vom Unternehmer oder seinem Repräsentanten vorsätzlich begangen wurden,
2. Ansprüche wegen Schäden, die durch Naturkatastrophen, Kernenergie, Krieg, kriegähnliche Ereignisse, Bürgerkrieg, innere Unruhen, Streik, Aussperrung, terroristische Gewaltakte, Verfügungen von hoher Hand, Wegnahme oder Beschlagnahme seitens einer staatlich anerkannten Macht verursacht werden,
3. Ansprüche aus Frachtverträgen, die die Beförderung von Edelmetallen, Juwelen, Edelsteinen, Zahlungsmitteln, Valoren, Wertpapieren, Briefmarken, Dokumenten und Urkunden zum Gegenstand haben.

(4) [1] Der Unternehmer hat dafür zu sorgen, dass während der Beförderung ein Nachweis über eine gültige Haftpflichtversicherung, die den Ansprüchen des Absatzes 1 entspricht, mitgeführt wird. [2] Das Fahrpersonal muss diesen Versicherungsnachweis während der Beförderung mitführen und Kontrollberechtigten auf Verlangen zur Prüfung aushändigen. [3] Der Versicherungsnachweis kann statt durch

---

[1)] § 7a neu gef. mWv 9.9.2004 durch G v. 2.9.2004 (BGBl. I S. 2302); Abs. 5 aufgeh. mWv 26.11.2011 durch G v. 22.11.2011 (BGBl. I S. 2272); Abs. 4 Satz 3 angef. mWv 27.2.2026 durch G v. 23.2.2026 (BGBl. 2026 I Nr. 47).

[2)] **Habersack Nr. 50.**

Aushändigen des Dokumentes auch auf andere geeignete Weise zugänglich gemacht werden.

§ 7b[1] Einsatz von ordnungsgemäß beschäftigtem Fahrpersonal. (1) [1]Ein Unternehmer mit Sitz im Inland darf bei Fahrten im Inland im gewerblichen Güterkraftverkehr eine Person, die Staatsangehörige weder eines Mitgliedstaates der Europäischen Union noch eines anderen Vertragsstaates des Abkommens über den Europäischen Wirtschaftsraum, noch Staatsangehörige der Schweiz oder des Vereinigten Königreichs ist, nur als Fahrpersonal einsetzen, wenn diese Folgendes besitzt:

1. einen Aufenthaltstitel nach dem Aufenthaltsgesetz[2], der ihr die Ausübung der Beschäftigung erlaubt, es sei denn, es bedarf eines solchen nicht,
2. eine Aufenthaltsgestattung oder eine Duldung, die ihr die Ausübung der Beschäftigung erlaubt, oder
3. eine von einer inländischen Behörde ausgestellte gültige Fahrerbescheinigung nach Artikel 5 der Verordnung (EG) Nr. 1072/2009 in der Fassung vom 15. Juli 2020.

[2]Der Unternehmer hat dafür zu sorgen, dass das ausländische Fahrpersonal Folgendes mitführt:

1. einen anerkannten und gültigen Pass, Passersatz oder Ausweisersatz und
2. einen nach dem Aufenthaltsgesetz erforderlichen Aufenthaltstitel, eine Aufenthaltsgestattung oder eine Duldung, der oder die die Ausübung der Beschäftigung erlaubt.

[3]Der Aufenthaltstitel kann für Zwecke dieses Gesetzes durch eine von einer inländischen Behörde ausgestellte gültige Fahrerbescheinigung nach Artikel 5 der Verordnung (EG) Nr. 1072/2009 in der Fassung vom 15. Juli 2020 ersetzt werden.

(2) Das Fahrpersonal muss die Unterlagen nach Absatz 1 Satz 2 während der gesamten Fahrt mitführen und Kontrollberechtigten auf Verlangen zur Prüfung aushändigen.

(3) Die Fahrerbescheinigung nach Artikel 5 der Verordnung (EG) Nr. 1072/2009 in der Fassung vom 15. Juli 2020 wird von der nach Landesrecht zuständigen Behörde erteilt.

§ 7c[3] Verantwortung des Auftraggebers. [1]Wer zu einem Zwecke, der seiner gewerblichen oder selbständigen beruflichen Tätigkeit zuzurechnen ist, einen Frachtvertrag oder einen Speditionsvertrag mit einem Unternehmen abgeschlossen hat, darf Leistungen aus diesem Vertrag nicht ausführen lassen, wenn er weiß oder fahrlässig nicht weiß, dass der Unternehmer

1. nicht Inhaber einer güterkraftverkehrsrechtlichen Berechtigung ist oder diese unzulässig verwendet,
2. bei der Beförderung Fahrpersonal einsetzt, das die Voraussetzungen des § 7b Absatz 1 Satz 1 nicht erfüllt oder für das er nicht über eine Fahrerbescheinigung

[1] § 7b neu gef. mWv 9.9.2004 durch G v. 2.9.2004 (BGBl. I S. 2302); Abs. 1 Satz 1 geänd., Satz 2 neu gef., Satz 3 angef. mWv 1.1.2009 durch G v. 6.11.2008 (BGBl. I S. 2162); Abs. 1 Satz 1 und 3 geänd., Abs. 3 neu gef. mWv 26.11.2011 durch G v. 22.11.2011 (BGBl. I S. 2272); Abs. 1 neu gef., Abs. 3 geänd. mWv 27.2.2026 durch G v. 23.2.2026 (BGBl. 2026 I Nr. 47).

[2] Nr. 565.

[3] § 7c eingef. mWv 27.2.2026 durch G v. 23.2.2026 (BGBl. 2026 I Nr. 47).

nach den Artikeln 3 und 5 der Verordnung (EG) Nr. 1072/2009 in der Fassung vom 15. Juli 2020 verfügt,

3. einen Frachtführer oder Spediteur einsetzt oder zulässt, dass ein solcher tätig wird, der die Beförderungen durchführt unter der Voraussetzung von
   a) Nummer 1 oder
   b) Nummer 2.

2 Die Wirksamkeit eines zu diesem Zwecke geschlossenen Vertrages wird durch einen Verstoß gegen Satz 1 nicht berührt.

§ 7d[1)] *(aufgehoben)*

§ 8[2)] **Vorläufige Weiterführung der Güterkraftverkehrsgeschäfte.** (1) 1 Nach dem Tode des Unternehmers darf der Erbe die Güterkraftverkehrsgeschäfte vorläufig weiterführen. 2 Das gleiche gilt für den Testamentsvollstrecker, Nachlaßpfleger oder Nachlaßverwalter während einer Testamentsvollstreckung, Nachlaßpflegschaft oder Nachlaßverwaltung.

(2) 1 Die Befugnis nach Absatz 1 erlischt, wenn nicht der Erbe binnen drei Monaten nach Ablauf der für die Ausschlagung der Erbschaft vorgesehenen Frist oder eine der in Absatz 1 Satz 2 genannten Personen binnen drei Monaten nach der Annahme ihres Amtes oder ihrer Bestellung die Gemeinschaftslizenz beantragt hat. 2 Ein in der Person des Erben wirksam gewordener Fristablauf wirkt auch gegen den Nachlaßverwalter. 3 Die Frist kann auf Antrag einmal um drei Monate verlängert werden.

(3) Im Falle der Erwerbs- oder Geschäftsunfähigkeit des Unternehmers oder des Verkehrsleiters darf ein Dritter, bei dem die Voraussetzungen nach den Artikeln 6 und 8 der Verordnung (EG) Nr. 1071/2009 in der Fassung vom 15. Juli 2020 noch nicht festgestellt worden sind, die Güterkraftverkehrsgeschäfte bis zu sechs Monate nach Feststellung der Erwerbs- oder Geschäftsunfähigkeit weiterführen.

§ 8a[3)] **Einsatz von Mietfahrzeugen aus einem anderen Mitgliedstaat der Europäischen Union oder einem anderen Vertragsstaat des Abkommens über den Europäischen Wirtschaftsraum.** (1) 1 Ein Unternehmer mit Sitz im Inland, der unter den Anwendungsbereich der Verordnung (EG) Nr. 1071/2009 in der Fassung vom 15. Juli 2020 fällt, darf in einem anderen Mitgliedstaat der Europäischen Union oder in einem anderen Vertragsstaat des Abkommens über den Europäischen Wirtschaftsraum ohne Fahrer gemietete und dort zugelassene Fahrzeuge im Sinne der Richtlinie 2006/1/EG (Mietfahrzeuge), im gewerblichen Güterkraftverkehr nur einsetzen, soweit deren Anzahl eine Quote von 25 Prozent der Fahrzeugflotte des Unternehmers nicht übersteigt. 2 Umfasst die Fahrzeugflotte des Unternehmers zwei bis vier Fahrzeuge, darf der Unternehmer ein einzelnes Mietfahrzeug im Sinne des Satzes 1 einsetzen.

(2) Bemessungsgrundlage für die Fahrzeugflotte nach Absatz 1 ist die Anzahl der Fahrzeuge,

1. über die das Unternehmen gemäß Artikel 5 Absatz 1 Buchstabe g der Verordnung (EG) Nr. 1071/2009 in der Fassung vom 15. Juli 2020 verfügt und

---

[1)] § 7d aufgeh. mWv 9.9.2004 durch G v. 2.9.2004 (BGBl. I S. 2302).

[2)] § 8 Abs. 3 Satz 1 neu gef. mWv 26.11.2011 durch G v. 22.11.2011 (BGBl. I S. 2272); Abs. 2 Satz 1 geänd., Abs. 3 neu gef. mWv 27.2.2026 durch G v. 23.2.2026 (BGBl. 2026 I Nr. 47).

[3)] § 8a eingef. mWv 27.2.2026 durch G v. 23.2.2026 (BGBl. 2026 I Nr. 47).

2. die am Tag des Beginns des Einsatzes des Mietfahrzeugs nach Absatz 1 Satz 1 gemäß der Fahrzeug-Zulassungsverordnung im Inland zugelassen sind.

(3) Ohne Fahrer gemietete Fahrzeuge, die im Inland zugelassen sind, unterliegen nicht der Quotierung nach Absatz 1 Satz 1.

3. Abschnitt. Werkverkehr

§ 9[1)] Berechtigungs- und Versicherungsfreiheit. [1]Der Werkverkehr bedarf keiner güterkraftverkehrsrechtlichen Berechtigung. [2]Es besteht keine Versicherungspflicht nach § 7a.

4. Abschnitt.[2)] Bundesamt für Logistik und Mobilität

§ 10[3)] Organisation. (1) [1]Das Bundesamt für Logistik und Mobilität (Bundesamt) ist eine selbständige Bundesoberbehörde im Geschäftsbereich des Bundesministeriums für Verkehr. [2]Es wird von dem Präsidenten geleitet.

(2) Der Aufbau des Bundesamtes wird durch das Bundesministerium für Verkehr geregelt.

§ 11[4)] Aufgaben. (1) Das Bundesamt erledigt Verwaltungsaufgaben des Bundes auf dem Gebiet des Verkehrs, die ihm durch dieses Gesetz, durch andere Bundesgesetze oder auf Grund dieser Gesetze zugewiesen sind.

(2) Das Bundesamt hat darüber zu wachen, daß

1. in- und ausländische Unternehmer des gewerblichen Güterkraftverkehrs und alle anderen am Beförderungsvertrag Beteiligten die Rechtsvorschriften über die Beförderung von Gütern auf der Straße beachten,
2. die Bestimmungen über den Werkverkehr eingehalten werden,
3. die Rechtsvorschriften über
   a) die Beschäftigung und die Tätigkeiten des Fahrpersonals auf Kraftfahrzeugen einschließlich der aufenthalts-, arbeitsgenehmigungs- und sozialversicherungsrechtlichen Vorschriften,
   b) die zulässigen Abmessungen sowie die zulässigen Achslasten und Gesamtgewichte von Kraftfahrzeugen und Anhängern,
   c) die im internationalen Güterkraftverkehr verwendeten Container gemäß Artikel VI Abs. 1 des Internationalen Übereinkommens über sichere Contai-

---

1) § 9 neu gef. mWv 27.2.2026 durch G v. 23.2.2026 (BGBl. 2026 I Nr. 47).

2) 4. Abschnitt Überschrift geänd. mWv 9.3.2023 durch G v. 2.3.2023 (BGBl. 2023 I Nr. 56).

3) § 10 Abs. 1 Satz 1, Abs. 2 geänd. mWv 7.11.2001 durch VO v. 29.10.2001 (BGBl. I S. 2785); Abs. 1 Satz 1 und Abs. 2 geänd. mWv 8.11.2006 durch VO v. 31.10.2006 (BGBl. I S. 2407); Abs. 1 Satz 1 und Abs. 2 geänd. mWv 8.9.2015 durch VO v. 31.8.2015 (BGBl. I S. 1474); Abs. 1 Satz 1 neu gef. mWv 9.3.2023 durch G v. 2.3.2023 (BGBl. 2023 I Nr. 56); Abs. 1 und 2 geänd. mWv 27.2.2026 durch G v. 23.2.2026 (BGBl. 2026 I Nr. 47).

4) § 11 Abs. 2 Nr. 3 Buchst. a neu gef. mWv 7.9.2001 durch G v. 2.9.2001 (BGBl. I S. 2272); Abs. 4 geänd. mWv 7.11.2001 durch VO v. 29.10.2001 (BGBl. I S. 2785); Abs. 2 Nr. 3 Buchst. j u. k geänd., Buchst. l und m eingef. mWv 9.9.2004 durch G v. 2.9.2004 (BGBl. I S. 2302); Abs. 4 geänd. mWv 8.11.2006 durch VO v. 31.10.2006 (BGBl. I S. 2407); Abs. 2 Nr. 3 Buchst. l und m geänd., Buchst. n und o angef. mWv 1.1.2009 durch G v. 6.11.2008 (BGBl. I S. 2162, ber. S. 2983); Abs. 2 Nr. 3 Buchst. n und o geänd., Buchst. p angef. mWv 1.10.2009 durch G v. 17.7.2009 (BGBl. I S. 2062); Abs. 4 geänd. mWv 26.11.2011 durch G v. 22.11.2011 (BGBl. I S. 2272); Abs. 2 Nr. 3 Buchst. e aufgeh., Abs. 3 geänd. mWv 1.7.2013 durch G v. 17.6.2013 (BGBl. I S. 1558); Abs. 2 Nr. 3 Buchst. m neu gef. mWv 25.5.2017 durch G v. 16.5.2017 (BGBl. I S. 1214); Abs. 2 Nr. 1 neu gef., Nr. 3 Buchst. m geänd. mWv 27.2.2026 durch G v. 23.2.2026 (BGBl. 2026 I Nr. 47).

ner (CSC) in der Fassung der Bekanntmachung vom 2. August 1985 (BGBl. II S. 1009) in der jeweils durch Rechtsverordnung nach Artikel 2 des Zustimmungsgesetzes umgesetzten Fassung,

d) die Abgaben, die für das Halten oder Verwenden von Fahrzeugen zur Straßengüterbeförderung sowie für die Benutzung von Straßen anfallen,

e) *(aufgehoben)*

f) die Beförderung gefährlicher Güter auf der Straße,

g) die Beförderungsmittel nach den Vorgaben des Übereinkommens über internationale Beförderungen leicht verderblicher Lebensmittel und über die besonderen Beförderungsmittel, die für diese Beförderungen zu verwenden sind (ATP), vom 1. September 1970 (BGBl. 1974 II S. 566) in der jeweils durch Rechtsverordnung nach Artikel 2 des Zustimmungsgesetzes umgesetzten Fassung,

h) die Beschaffenheit, Kennzeichnung und Benutzung von Beförderungsmitteln und Transportbehältnissen zur Beförderung von Lebensmitteln und Erzeugnissen des Weinrechts,

i) das Mitführen einer Ausfertigung der Genehmigung für die Beförderung von Kriegswaffen nach dem Gesetz über die Kontrolle von Kriegswaffen[1] in der Fassung der Bekanntmachung vom 22. November 1990 (BGBl. I S. 2506) in der jeweils geltenden Fassung,

j) die Beförderung von Abfall mit Fahrzeugen zur Straßengüterbeförderung,

k) die zulässigen Werte für Geräusche und für verunreinigende Stoffe im Abgas von Kraftfahrzeugen zur Güterbeförderung,

l) die Ladung,

m) die nach den Rechtsvorschriften der Europäischen Union über die technische Unterwegskontrolle von Nutzfahrzeugen, die am Straßenverkehr teilnehmen, zu prüfenden technischen Anforderungen an Kraftfahrzeuge,

n) die Erlaubnis- und Ausweispflicht beim Führen von Kraftfahrzeugen zur Straßengüterbeförderung,

o) das Sonn- und Feiertagsfahrverbot sowie die Ferienreiseverordnung und

p) das Mitführen einer Erlaubnis, eines Befähigungsscheines oder einer Verbringensgenehmigung nach dem Sprengstoffgesetz[2]

eingehalten werden, soweit diese Überwachung im Rahmen der Maßnahmen nach § 12 Abs. 1 und 2 durchgeführt werden kann.

(3) In den Fällen des Absatzes 2 Nr. 3 Buchstabe d hat das Bundesamt ohne Ersuchen den zuständigen Finanzbehörden die zur Sicherung der Besteuerung notwendigen Daten zu übermitteln.

(4) Allgemeine Verwaltungsvorschriften zu den Aufgaben nach Absatz 2 Nr. 3 Buchstabe j und k werden von der Bundesregierung mit Zustimmung des Bundesrates erlassen.

§ 12[3] Befugnisse. (1) [1] Soweit dies zur Durchführung der Aufgaben nach § 11 Abs. 2 erforderlich ist, kann das Bundesamt insbesondere auf Straßen, auf Auto-

---

[1] Nr. **823**.

[2] **Sartorius ErgBd. Nr. 822.**

[3] § 12 Abs. 6 Satz 1 Nr. 2a und Satz 2 eingef., bish. Satz 2 wird Satz 3 mWv 7.9.2001 durch G v. 2.9. 2001 (BGBl. I S. 2272); Abs. 6 Nr. 3 geänd. mWv 1.1.2002 durch G v. 15.12.2001 (BGBl. I S. 3762); Abs. 1 Satz 2 geänd., Abs. 6 neu gef. mWv 9.9.2004 durch G v. 2.9.2004 (BGBl. I S. 2302); Abs. 6 Nr. 2a geänd. mWv 18.3.2005 durch G v. 14.3.2005 (BGBl. I S. 721); Abs. 6 Satz 1 Nr. 4 geänd. mWv 1.8.2007 →

höfen und an Tankstellen Überwachungsmaßnahmen im Wege von Stichproben durchführen. [2]Zu diesem Zweck dürfen seine Vollzugskräfte Kraftfahrzeuge zur Güterbeförderung anhalten, die Identität des Fahrpersonals durch Überprüfung der mitgeführten Ausweispapiere feststellen sowie verlangen, dass die Zulassungsdokumente des Fahrzeugs, der Führerschein des Fahrpersonals und die nach diesem Gesetz oder sonstigen Rechtsvorschriften bei Fahrten im Güterkraftverkehr mitzuführenden Nachweise, Berechtigungen oder Bescheinigungen zur Prüfung ausgehändigt werden. [3]Das Fahrpersonal hat, soweit erforderlich, den Vollzugskräften des Bundesamtes unverzüglich die zur Erfüllung der Überwachungsaufgabe erforderlichen Auskünfte wahrheitsgemäß nach bestem Wissen und Gewissen zu erteilen, vorhandene Hilfsmittel zur Verfügung zu stellen, Zutritt zum Fahrzeug zu gestatten sowie Hilfsdienste zu leisten. [4]Die Verpflichtung nach Satz 3 besteht nicht, soweit ihre Erfüllung für das Fahrpersonal oder einen der in § 383 Abs. 1 Nr. 1 bis 3 der Zivilprozessordnung[1)] bezeichneten Angehörigen die Gefahr einer Verfolgung wegen einer Straftat oder Ordnungswidrigkeit begründet.

(1a) Das Bundesamt kann zur Überprüfung der Echtheit eines EU- oder EWR-Führerscheins und des Bestehens einer EU- oder EWR-Fahrerlaubnis des Fahrpersonals die Daten auf dem Führerschein an die zuständigen Behörden in den Mitgliedstaaten der Europäischen Union und an die zuständigen Behörden in den Vertragsstaaten des Abkommens über den Europäischen Wirtschaftsraum übermitteln und die dort zu den Fahrerlaubnissen gespeicherten Daten abrufen, soweit dies zur Durchführung der Aufgaben nach § 11 Absatz 2 erforderlich ist.

(2) Zur Überwachung von Rechtsvorschriften über die Beschäftigung und die Tätigkeiten des Fahrpersonals auf Kraftfahrzeugen und von Rechtsvorschriften der Europäischen Union über die technische Unterwegskontrolle von Nutzfahrzeugen, die am Straßenverkehr teilnehmen, können Vollzugskräfte des Bundesamtes auch Kraftomnibusse anhalten.

(2a) [1]In Ausübung der in Absatz 1 Satz 1 und Absatz 2 genannten Befugnisse darf das Bundesamt durch den Einsatz technischer Mittel automatisiert Bilder von Kraftfahrzeugen zur Güterbeförderung und Kraftomnibussen und deren Kennzeichen sowie Ort, Datum, Uhrzeit und Fahrtrichtung erheben, speichern und verwenden ohne Erfassung der Fahrzeuginsassen. [2]Die nach Satz 1 erhobenen Daten sind sofort zu löschen,

1. sobald das betreffende Fahrzeug nicht nach Absatz 1 Satz 2 unmittelbar angehalten wird oder
2. sobald nach Abschluss der Kontrolle des betreffenden Fahrzeugs keine hinreichenden tatsächlichen Anhaltspunkte dafür vorliegen, dass eine Zuwiderhand-

(Fortsetzung der Anm. von voriger Seite)
durch G v. 19.7.2007 (BGBl. I S. 1460); Abs. 1 Satz 3 und 4, Abs. 4 Satz 1 Nr. 2, Abs. 6 Satz 1 Nr. 5 neu gef., Abs. 7 angef. mWv 1.1.2009 durch G v. 6.11.2008 (BGBl. I S. 2162); Abs. 6 Satz 1 Nr. 2a geänd. mWv 26.11.2011 durch G v. 22.11.2011 (BGBl. I S. 2258); Abs. 1 Satz 2, Abs. 6 Satz 1 Nr. 1 und 3 geänd., Nr. 2 neu gef., Nr. 2c aufgeh. mWv 26.11.2011 durch G v. 22.11.2011 (BGBl. I S. 2272); Abs. 6 Satz 1 Nr. 6 neu gef. mWv 1.6.2012 durch G v. 24.2.2012 (BGBl. I S. 212); Abs. 1 Satz 3 geänd. mWv 1.7.2013 durch G v. 17.6.2013 (BGBl. I S. 1558); Abs. 6 Satz 1 Nr. 3 geänd. mWv 1.5.2014 durch G v. 28.8.2013 (BGBl. I S. 3313); Abs. 1a eingef. mWv 2.12.2020 durch G v. 26.11.2020 (BGBl. I S. 2575); Abs. 6 Satz 1 Nr. 3 geänd. mWv 28.7.2021 durch G v. 12.7.2021 (BGBl. I S. 3091); Abs. 1 Sätze 2 und 3 geänd., Abs. 2 neu gef., Abs. 2a eingef., Abs. 3, Abs. 4 Satz 1, Abs. 5 Satz 1, Abs. 6 Satz 1 Nr. 1, 3, 5 und 6 geänd., Nr. 7 angef., Abs. 7 geänd., Abs. 8 und 9 angef. mWv 27.2.2026 durch G v. 23.2.2026 (BGBl. 2026 I Nr. 47).

[1)] **Habersack Nr. 100.**

lung gegen die in Absatz 6 oder § 11 Absatz 2 Nummer 1 oder 3 genannten Rechtsvorschriften begangen worden ist.

[3] Die nach Satz 1 erhobenen Daten dürfen in anonymisierter Form für statistische Zwecke verwendet werden. [4] Die Vorschriften des § 7 Absatz 2 bis 3a und des § 9 Absatz 3 bis 5a des Bundesfernstraßenmautgesetzes[1)] bleiben unberührt.

(3) Das Fahrpersonal hat die Zeichen und Weisungen der Vollzugskräfte des Bundesamtes zu befolgen, ohne dadurch von seiner Sorgfaltspflicht entbunden zu sein.

(4) [1] Soweit dies zur Durchführung der Aufgaben nach § 11 Abs. 2 Nr. 1 und 2 sowie Nr. 3 Buchstabe d (Rechtsvorschriften über die Abgaben für die Benutzung von Straßen) erforderlich ist, können Vollzugskräfte des Bundesamtes bei Eigentümern und Besitzern von Kraftfahrzeugen zur Güterbeförderung und allen an der Beförderung oder an den Handelsgeschäften über die beförderten Güter Beteiligten

1. Grundstücke und Geschäftsräume innerhalb der üblichen Geschäfts- und Arbeitsstunden betreten sowie
2. alle geschäftlichen Schriftstücke und Datenträger, insbesondere Aufzeichnungen, Frachtbriefe und Unterlagen über den Fahrzeugeinsatz einsehen und hieraus Abschriften, Auszüge, Ausdrucke und Kopien anfertigen oder elektronisch gespeicherte Daten auf eigene Datenträger übertragen.

[2] Die in Satz 1 genannten Personen haben diese Maßnahmen zu gestatten.

(5) [1] Die in Absatz 4 genannten und für sie tätigen Personen haben den Vollzugskräften des Bundesamtes auf Verlangen alle für die Durchführung der Überwachung nach § 11 Abs. 2 Nr. 1 und 2 sowie Nr. 3 Buchstabe d (Rechtsvorschriften über die Abgaben für die Benutzung von Straßen) erforderlichen

1. Auskünfte zu erteilen,
2. Nachweise zu erbringen sowie
3. Hilfsmittel zu stellen und Hilfsdienste zu leisten.

[2] Absatz 1 Satz 3 und 4 gilt entsprechend.

(6) [1] Stellt das Bundesamt in Ausübung der in den Absätzen 1 und 2 genannten Befugnisse Tatsachen fest, die die Annahme rechtfertigen, dass Zuwiderhandlungen gegen

1. §§ 142, 263, 266a, 267, 268, 269, 273, 276a, 281, 315c oder § 316 des Strafgesetzbuches[2)],
2. §§ 21, 22 oder 22b des Straßenverkehrsgesetzes[3)],

2a. §§ 10, 10a oder § 11 des Schwarzarbeitsbekämpfungsgesetzes[4)],

2b. § 404 Abs. 2 Nr. 3 und 4 des Dritten Buches Sozialgesetzbuch[5)],

3. § 24 des Straßenverkehrsgesetzes, die nach dem auf Grund des § 26a des Straßenverkehrsgesetzes erlassenen Bußgeldkatalog in der Regel mit Geldbußen von mindestens sechzig Euro geahndet werden,
4. § 24a oder § 24c des Straßenverkehrsgesetzes,

[1)] **Sartorius III Nr. 270.**
[2)] **Habersack Nr. 85.**
[3)] **Habersack Nr. 35.**
[4)] **Habersack ErgBd. Nr. 94b.**
[5)] **Aichberger, SGB Nr. 3.**

5. § 18 Abs. 1 Nr. 3 Buchstabe a oder Abs. 3 Nr. 2 Buchstabe a des Tierschutzgesetzes[1],
6. § 69 Absatz 1 Nummer 8 und Absatz 2 Nummer 14 des Kreislaufwirtschaftsgesetzes[2] oder
7. §§ 17 bis 19 des Außenwirtschaftsgesetzes,

bei denen das Bundesamt nicht Verwaltungsbehörde im Sinne des § 36 Abs. 1 Nr. 1 des Gesetzes über Ordnungswidrigkeiten[3] ist, begangen wurden, übermittelt es derartige Feststellungen den zuständigen Behörden. [2] Bei Durchführung der Überwachung nach den Absätzen 4 und 5 gilt Gleiches für schwerwiegende Zuwiderhandlungen gegen die in § 11 Abs. 2 Nr. 3 genannten Rechtsvorschriften. [3] Das Recht, Straftaten oder Ordnungswidrigkeiten anzuzeigen, bleibt unberührt.

(7) Erfolgen Werbemaßnahmen, veröffentlichte Anzeigen oder Angebote ohne Angabe von Namen und Anschrift und bestehen in vorgenannten Fällen Anhaltspunkte für ungenehmigten Güterkraftverkehr oder die Aufforderung hierzu, kann das Bundesamt von demjenigen, der die Werbemaßnahmen, die Anzeigen oder das Angebot veröffentlicht hat, Auskunft über Namen und Anschrift des Auftraggebers verlangen.

(8) [1] Das Bundesamt kann Auskunft verlangen von demjenigen, der geschäftsmäßig eigene oder fremde digitale Dienste nach § 1 Absatz 4 Nummer 1 des Digitale-Dienste-Gesetzes[4] zur Nutzung bereithält oder den Zugang zur Nutzung vermittelt, über Bestandsdaten nach § 2 Absatz 2 Nummer 2 des Telekommunikation-Digitale-Dienste-Datenschutz-Gesetzes. [2] Die Auskunft nach Satz 1 darf nur verlangt werden, sofern im Einzelfall bei der Veröffentlichung von Angeboten oder Werbemaßnahmen ohne Angabe von Name und Anschrift tatsächliche Anhaltspunkte für ungenehmigten Güterkraftverkehr vorliegen und die zu erhebenden Daten zur Identifizierung des Auftraggebers erforderlich sind, um ungenehmigten Güterkraftverkehr aufzudecken. [3] Die rechtlichen und tatsächlichen Grundlagen des Auskunftsverlangens nach Satz 1 sind aktenkundig zu machen. [4] Der auf Grund eines Auskunftsverlangens nach Satz 1 Verpflichtete hat die zur Auskunftserteilung erforderlichen Daten unverzüglich und vollständig auf Anordnung des Bundesamtes zu übermitteln. [5] Das Bundesamt darf die in Satz 1 genannten Daten zu den in Satz 2 genannten Zwecken erheben, speichern und verwenden. [6] Die Löschfristen des § 19 des Schwarzarbeitsbekämpfungsgesetzes gelten entsprechend. [7] Das Bundesamt hat den Verpflichteten für ihm erteilte Auskünfte eine Entschädigung zu gewähren. [8] Der Umfang der Entschädigung bemisst sich nach § 23 und Anlage 3 des Justizvergütungs- und -entschädigungsgesetzes[5]; die Vorschriften über die Verjährung in § 2 Absatz 1 und 4 des Justizvergütungs- und -entschädigungsgesetzes sind entsprechend anzuwenden.

(9) Der nach den Absätzen 7 und 8 zur Auskunft Verpflichtete kann die Auskunft auf solche Fragen verweigern, deren Beantwortung ihn selbst oder einen der in § 383 Absatz 1 Nummer 1 bis 3 der Zivilprozessordnung bezeichneten Angehörigen der Gefahr strafgerichtlicher Verfolgung oder eines Verfahrens nach dem Gesetz über Ordnungswidrigkeiten aussetzen würde.

---

[1] Nr. 873.
[2] Nr. 298.
[3] **Habersack Nr. 94.**
[4] **Sartorius ErgBd. Nr. 922.**
[5] **Habersack Nr. 116.**

§ 13[1] Untersagung der Weiterfahrt. (1) Das Bundesamt kann die Fortsetzung einer Fahrt untersagen, um eine im Einzelfall bestehende Gefahr für die öffentliche Sicherheit im Rahmen seiner Aufgaben nach § 11 Absatz 2 Nummer 1 und 3 sowie § 12 Absatz 6 abzuwehren.

(2) [1] Werden die in § 7b Absatz 1 Satz 2 genannten Unterlagen oder die nach den Artikeln 3 und 5 der Verordnung (EG) Nr. 1072/2009 in der Fassung vom 15. Juli 2020 vorgeschriebene Fahrerbescheinigung nicht im Original mitgeführt oder auf Verlangen nicht zur Prüfung ausgehändigt, so können das Bundesamt sowie sonstige Kontrollberechtigte dem betroffenen Fahrpersonal die Fortsetzung der Fahrt so lange untersagen, bis diese Unterlagen vorgelegt werden. [2] Das Bundesamt sowie sonstige Kontrollberechtigte können die Fortsetzung der Fahrt ferner untersagen, wenn

1. ein Dokument oder ein Nachweis im Sinne des § 7 Absatz 1 Satz 1 oder Absatz 2 oder eine Erklärung nach § 7 Absatz 3
   a) weder nach § 7 Absatz 4 Satz 1 mitgeführt noch, sofern diese Möglichkeit durch Rechtsvorschrift eingeräumt worden ist, nach § 7 Absatz 6 Satz 1 in einem elektronischen oder digitalisierten Format vorgehalten wird oder
   b) weder nach § 7 Absatz 4 Satz 1 zur Prüfung ausgehändigt noch bei Vorhalten in einem elektronischen oder digitalisierten Format, sofern diese Möglichkeit durch Rechtsvorschrift eingeräumt worden ist, nach § 7 Absatz 6 Satz 1 elektronisch zugänglich oder lesbar gemacht wird

   oder
2. eine nach § 46 Absatz 1 des Gesetzes über Ordnungswidrigkeiten[2] in Verbindung mit § 132 Absatz 1 Nummer 1 der Strafprozessordnung[3] angeordnete Sicherheitsleistung nicht oder nicht vollständig erbracht wird.

(3) Widerspruch und Anfechtungsklage gegen die Untersagung der Weiterfahrt nach den Absätzen 1 und 2 haben keine aufschiebende Wirkung.

§ 14[4] Marktbeobachtung. (1) [1] Das Bundesamt hat die Entwicklung des Marktgeschehens im Verkehr zu beobachten und zu begutachten (Marktbeobachtung). [2] Die Marktbeobachtung umfasst den Eisenbahn- und Straßengüterverkehr, die Frachtschifffahrt, den Luftverkehr, den gewerblichen Personenverkehr mit Kraftomnibussen sowie die Logistik. [3] Mit der Marktbeobachtung sollen Entwicklungen auf dem Verkehrs- und Logistikmarkt frühzeitig erkannt und die Rahmenbedingungen des Marktgeschehens analysiert werden. [4] Es besteht keine Auskunftspflicht.

(2) [1] Das Bundesamt hat dem Bundesministerium für Verkehr über den jeweiligen Stand der Entwicklung des Marktgeschehens, dessen Rahmenbedingungen und die absehbare künftige Entwicklung zu berichten. [2] Es hat Daten aus dem

---

[1] § 13 neu gef. mWv 9.9.2004 durch G v. 2.9.2004 (BGBl. I S. 2302); Abs. 2 Satz 1 geänd., Abs. 3 angef. mWv 26.11.2011 durch G v. 22.11.2011 (BGBl. I S. 2272); Abs. 1 und 2 neu gef. mWv 27.2.2026 durch G v. 23.2.2026 (BGBl. 2026 I Nr. 47).

[2] **Habersack Nr. 94.**

[3] **Habersack Nr. 90.**

[4] § 14 Abs. 2 geänd. mWv 7.11.2001 durch VO v. 29.10.2001 (BGBl. I S. 2785); Abs. 2 geänd. mWv 8.11.2006 durch VO v. 31.10.2006 (BGBl. I S. 2407); Abs. 1 Satz 1 und 3 geänd., Satz 2 neu gef., Abs. 2 bish. Wortlaut wird Satz 1, Satz 2 angef., Abs. 3 geänd. mWv 1.1.2009 durch G v. 6.11.2008 (BGBl. I S. 2162); Abs. 1 Sätze 2 und 3 neu gef. mWv 26.11.2011 durch G v. 22.11.2011 (BGBl. I S. 2272); Abs. 2 Satz 1 geänd. mWv 8.9.2015 durch VO v. 31.8.2015 (BGBl. I S. 1474); Abs. 4 Satz 1 geänd., Satz 2 aufgeh. mWv 26.11.2019 durch G v. 20.11.2019 (BGBl. I S. 1626); Abs. 1 und 2 neu gef. mWv 27.2.2026 durch G v. 23.2.2026 (BGBl. 2026 I Nr. 47).

Verwaltungsvollzug sowie nach dem Bundesfernstraßenmautgesetz[1)] gespeicherte Daten nach Maßgabe des § 9 Absatz 6 des Bundesfernstraßenmautgesetzes aufzubereiten und Studien und Marktanalysen zu erstellen oder zu betreuen, insbesondere kurz- und mittelfristige Prognosen zum Güter- und Personenverkehr.

(3) Zur Erfüllung der Aufgaben nach den Absätzen 1 und 2 dürfen dem Bundesamt vom Statistischen Bundesamt, dem Kraftfahrt-Bundesamt und den Statistischen Ämtern der Länder aus den von diesen geführten Wirtschaftsstatistiken, insbesondere der Verkehrsstatistik, zusammengefaßte Einzelangaben übermittelt werden, sofern diese keine Rückschlüsse auf eine bestimmte oder bestimmbare Person zulassen.

(4) Die vom Bundesamt im Rahmen der Marktbeobachtung gewonnenen personenbezogenen Daten dürfen nur für Zwecke der Marktbeobachtung gespeichert und verwendet werden.

§ 14a[2)] Durchführung von Beihilfeverfahren. [1]Das Bundesamt ist zuständig für die Durchführung von Beihilfeprogrammen des Bundes nach

1. der Verordnung (EU) 2023/2831 in der Fassung vom 13. Dezember 2023 und
2. der Verordnung (EU) Nr. 651/2014 in der Fassung vom 23. Juni 2023.

[2]Die Zuständigkeit des Bundesamtes nach Satz 1 umfasst sämtliche Aufgaben im Zusammenhang mit der Beihilfegewährung.

§ 14b[3)] Durchführung von Verfahren nach der Verordnung (EU) Nr. 1214/2011. (1) Das Bundesamt ist zuständig für die Aufgaben nach den Artikeln 4, 11, 12, 21 und 22 der Verordnung (EU) Nr. 1214/2011 in der Fassung vom 16. November 2011.

(2) Bei der Kontrolle der Einhaltung der Bestimmungen nach Artikel 21 gilt § 12 Absatz 4, 5 und 6 Satz 1 Nummer 1 bis 4 und Satz 2 und 3 entsprechend; bei der Verfolgung von Zuwiderhandlungen gilt § 20 entsprechend.

§ 15[4)] Datei über Unternehmen des gewerblichen Güterkraftverkehrs und des gewerblichen Personenverkehrs mit Kraftomnibussen (Verkehrsunternehmensdatei); Verordnungsermächtigung. (1) [1]Das Bundesamt führt die Verkehrsunternehmensdatei über alle im Inland niedergelassenen Unternehmen des gewerblichen Güterkraftverkehrs und des gewerblichen Personenverkehrs mit Kraftomnibussen, um unmittelbar feststellen zu können, über welche güterkraftverkehrsrechtlichen Berechtigungen, Gemeinschaftslizenzen nach Artikel 4 der Verordnung (EG) Nr. 1073/2009 in der Fassung vom 13. Mai 2013, sowie

---

[1)] **Sartorius III Nr. 270.**

[2)] § 14a eingef. mWv 1.1.2009 durch G v. 22.12.2008 (BGBl. I S. 2967); Nr. 1 und 2 geänd. mWv 25.5.2017 durch G v. 16.5.2017 (BGBl. I S. 1214); Satz 1 neu gef. mWv 27.2.2026 durch G v. 23.2.2026 (BGBl. 2026 I Nr. 47).

[3)] § 14b eingef. mWv 30.11.2012 durch G v. 25.11.2012 (BGBl. 2012 II S. 1381); Abs. 1 geänd. mWv 9.3.2023 durch G v. 2.3.2023 (BGBl. 2023 I Nr. 56); Abs. 1 neu gef. mWv 27.2.2026 durch G v. 23.2.2026 (BGBl. 2026 I Nr. 47).

[4)] § 15 Abs. 4 Nr. 3 geänd. mWv 1.1.2009 durch G v. 6.11.2008 (BGBl. I S. 2162); Abs. 4 Nr. 3 und 4 geänd., Nr. 5 angef. mWv 6.8.2010 durch G v. 31.7.2010 (BGBl. I S. 1057); Überschr., Abs. 1, 2 und 4 neu gef., Abs. 3 Satz 1, Abs. 5 und 6 geänd., Abs. 7 angef. mWv 26.11.2011 durch G v. 22.11.2011 (BGBl. I S. 2272); Abs. 7 einl. Satzteil geänd. mWv 8.9.2015 durch VO v. 31.8.2015 (BGBl. I S. 1474); Abs. 4 Nr. 6 geänd. mWv 25.5.2017 durch G v. 16.5.2017 (BGBl. I S. 1214); Abs. 4 abschl. Satzteil geänd. mWv 26.11.2019 durch G v. 20.11.2019 (BGBl. I S. 1626); Überschrift sowie Abs. 1 Satz 1 neu gef., Abs. 2 geänd., Abs. 4 Nr. 2a eingef., Nr. 5 geänd., Nr. 6 neu gef., Nr. 7–9 angef., Abs. 7 neu gef. mWv 27.2.2026 durch G v. 23.2.2026 (BGBl. 2026 I Nr. 47).

Genehmigungen nach dem Personenbeförderungsgesetz[1)] zur Beförderung von Personen mit Kraftomnibussen im Linienverkehr oder im Gelegenheitsverkehr die jeweiligen Unternehmer verfügen. [2]Die Verkehrsunternehmensdatei muss nach näherer Bestimmung durch Rechtsverordnung gemäß Absatz 7 einen allgemein zugänglichen Teil enthalten.

(2) Die nach Landesrecht zuständigen Behörden und die jeweiligen Unternehmer übermitteln dem Bundesamt unverzüglich die nach näherer Bestimmung durch Rechtsverordnung gemäß Absatz 7 zu speichernden oder zu einer Änderung einer Eintragung führenden Daten im Wege der Datenfernübertragung.

(3) [1]Ergeben sich beim Bundesamt Anhaltspunkte dafür, daß ihm übermittelte Daten nicht mehr richtig sind, teilt es dies der zuständigen Landesbehörde mit. [2]Diese kann vom Unternehmer Auskunft verlangen und unterrichtet das Bundesamt. [3]Der Unternehmer ist zur Auskunft nach Satz 2 verpflichtet.

(4) Das Bundesamt darf die in der Verkehrsunternehmensdatei gespeicherten Daten für die

1. Erteilung von CEMT-Genehmigungen und bilateralen Genehmigungen für den grenzüberschreitenden gewerblichen Güterkraftverkehr,
2. Beantwortung von Anfragen der für die Erteilung der Genehmigung zur Beförderung von Kriegswaffen zuständigen Behörden nach der Zuverlässigkeit des Antragstellers gemäß dem Gesetz über die Kontrolle von Kriegswaffen[2)] in der Fassung der Bekanntmachung vom 22. November 1990 (BGBl. I S. 2506) in der jeweils geltenden Fassung,

2a. Beantwortung von Anfragen der für die Erteilung von Genehmigungen von Rechtsgeschäften oder Handlungen nach § 8 des Außenwirtschaftsgesetzes zuständigen Behörden zum Zweck der Überprüfung
   a) der Zuverlässigkeit des Antragstellers oder
   b) der Anzahl der einem Antragsteller erteilten güterkraftverkehrsrechtlichen Berechtigungen, Gemeinschaftslizenzen nach Artikel 4 der Verordnung (EG) Nr. 1073/2009 in der Fassung vom 13. Mai 2013 sowie Genehmigungen nach dem Personenbeförderungsgesetz zur Beförderung von Personen mit Kraftomnibussen im Linienverkehr oder im Gelegenheitsverkehr,

3. Erledigung der Aufgaben, die ihm nach dem Gesetz zur Sicherstellung des Verkehrs in der Fassung der Bekanntmachung vom 8. Oktober 1968 (BGBl. I S. 1082) in der jeweils geltenden Fassung sowie durch das Gesetz zur Sicherung von Verkehrsleistungen vom 23. Juli 2004 (BGBl. I S. 1865) in der jeweils geltenden Fassung übertragen sind,
4. Überwachung der Einhaltung der für Verkehrsunternehmer geltenden Pflichten einschließlich der Verfolgung und Ahndung von Zuwiderhandlungen,
5. Durchführung von Beihilfeverfahren im Sinne des § 14a,
6. *Beantwortung* von Anfragen von Erteilungsbehörden und zuständigen öffentlichen Stellen in einem Mitgliedstaat der Europäischen Union oder einem anderen Mitgliedstaat des Europäischen Wirtschaftsraumes, des Vereinigten Königreichs oder der Schweiz zum Zweck der Überprüfung der Einhaltung der Zugangsvoraussetzungen zum Beruf des Güter- und Personenkraftverkehrsunternehmers,

---

[1)] Nr. **950**.
[2)] Nr. **823**.

7. Beantwortung von Anfragen zum Zweck der Vorbereitung und Durchführung von Verkehrs-, Grenz- und Betriebskontrollen von hierfür zuständigen Behörden und Stellen,
8. Beantwortung von Anfragen zum Zweck der Vorbereitung und Durchführung von Verkehrskontrollen von hierfür zuständigen Behörden und Stellen eines anderen Mitgliedstaates der Europäischen Union oder eines anderen Vertragsstaates des Abkommens über den Europäischen Wirtschaftsraum oder der Schweiz sowie
9. Beantwortung von Anfragen der Zollverwaltung und für Mitteilungen an die Zollverwaltung zu Zwecken der ordnungsgemäßen Erhebung der Kraftfahrzeugsteuer

verarbeiten, soweit dies zur Erfüllung der genannten Aufgaben erforderlich ist.

(5) Das Bundesamt ist berechtigt, die Verkehrsunternehmensdatei als Auswahlgrundlage für die Durchführung der Unternehmensstatistik im gewerblichen Güterkraftverkehr und der Marktbeobachtung nach § 14 zu verwenden.

(6) Die in der Verkehrsunternehmensdatei gespeicherten Daten sind zu löschen, wenn sie für die Aufgaben nach Absatz 1, 4 und 5 nicht mehr benötigt werden, spätestens aber zwei Jahre, nachdem das Unternehmen seinen Betrieb eingestellt hat.

(7) Das Bundesministerium für Verkehr wird ermächtigt, durch Rechtsverordnung mit Zustimmung des Bundesrates die Einzelheiten der Führung der Verkehrsunternehmensdatei zu regeln, insbesondere

1. das Nähere zu den in der Verkehrsunternehmensdatei zu speichernden Daten einschließlich der Angaben zur Identifizierung der Unternehmen, der Inhaber, der geschäftsführungs- und vertretungsberechtigten Gesellschafter, der gesetzlichen Vertreter sowie Verkehrsleiter,
2. im Einzelfall von § 15 Absatz 6 abweichende Fristen für die Löschung von in der Verkehrsunternehmensdatei gespeicherten Daten zu bestimmen,
3. das Nähere zur Veröffentlichung des allgemein zugänglichen Teils der Datei,
4. das Nähere zum Verfahren der Übermittlung von Daten an und durch das Bundesamt,
5. das Nähere über Zugriffsrechte und das Verfahren der Erteilung von Auskünften,
6. das Nähere zur Verantwortung für den Inhalt der Verkehrsunternehmensdatei und die Datenpflege,
7. zu den erforderlichen technischen und organisatorischen Maßnahmen des Bundesamtes nach den Artikeln 24, 25 und 32 der Verordnung (EU) 2016/679[1] sowie
8. zu den Protokollierungspflichten des Bundesamtes.

§ 15a[2] Werkverkehrsdatei. (1) Das Bundesamt führt eine Datei über alle im Inland niedergelassenen Unternehmen, die Werkverkehr mit Lastkraftwagen, Zügen (Lastkraftwagen und Anhänger) und Sattelkraftfahrzeugen durchführen, deren zulässiges Gesamtgewicht 3,5 Tonnen übersteigt, um unmittelbar feststellen zu

[1] Nr. *246*.

[2] § 15a Abs. 4 Nr. 3 geänd., Nr. 4 angef. mWv 6.8.2010 durch G v. 31.7.2010 (BGBl. I S. 1057); Abs. 4 Nr. 3 und 4 geänd., Nr. 5 angef. mWv 1.7.2013 durch G v. 17.6.2013 (BGBl. I S. 1558); Abs. 4 abschl. Satzteil geänd. mWv 26.11.2019 durch G v. 20.11.2019 (BGBl. I S. 1626).

können, welche Unternehmen Werkverkehr mit größeren Kraftfahrzeugen betreiben.

(2) Jeder Unternehmer, der Werkverkehr im Sinne des Absatzes 1 betreibt, ist verpflichtet, sein Unternehmen vor Beginn der ersten Beförderung beim Bundesamt anzumelden.

(3) Zur Speicherung in der Werkverkehrsdatei hat der Unternehmer bei der Anmeldung folgende Angaben zu machen und auf Verlangen nachzuweisen:

1. Name, Rechtsform und Gegenstand des Unternehmens,
2. Anschrift sowie Telefon- und Telefaxnummern des Sitzes,
3. Vor- und Familiennamen der Inhaber, der geschäftsführungs- und vertretungsberechtigten Gesellschafter und der gesetzlichen Vertreter,
4. Anzahl der Lastkraftwagen, Züge (Lastkraftwagen und Anhänger) und Sattelkraftfahrzeuge, deren zulässiges Gesamtgewicht 3,5 Tonnen übersteigt, sowie
5. Anschriften der Niederlassungen.

(4) Das Bundesamt darf die in Absatz 3 genannten Angaben

1. zur Vorbereitung verkehrspolitischer Entscheidungen durch die zuständigen Stellen,
2. zur Überwachung der Einhaltung der für Werkverkehrsunternehmer geltenden Pflichten einschließlich der Verfolgung und Ahndung von Zuwiderhandlungen,
3. als Auswahlgrundlage für Unternehmensbefragungen im Rahmen der Marktbeobachtung nach § 14 sowie für die Durchführung der Unternehmensstatistik im Werkverkehr,
4. zur Durchführung von Beihilfeverfahren im Sinne des § 14a und
5. für die Erledigung der Aufgaben, die ihm nach dem Gesetz zur Sicherstellung des Verkehrs sowie durch das Gesetz zur Sicherstellung von Verkehrsleistungen übertragen sind,

verarbeiten, soweit dies zur Erfüllung der genannten Aufgaben erforderlich ist.

(5) Ändern sich die in Absatz 3 genannten Angaben, so hat der Unternehmer dies dem Bundesamt unverzüglich mitzuteilen und auf Verlangen nachzuweisen.

(6) Führt der Unternehmer keinen Werkverkehr im Sinne des Absatzes 1 mehr durch, hat er sich unverzüglich beim Bundesamt abzumelden.

(7) Die nach Absatz 3 gespeicherten Daten sind zu löschen, wenn sie für die in Absatz 4 genannten Aufgaben nicht mehr benötigt werden, spätestens aber ein Jahr, nachdem sich der Unternehmer beim Bundesamt abgemeldet hat.

§ 16[1)] Datei über abgeschlossene Bußgeldverfahren; Verordnungsermächtigung. (1) [1]Das Bundesamt darf zum Zweck der Verfolgung und Ahndung weiterer Ordnungswidrigkeiten derselben betroffenen Person sowie zum Zweck der Beurteilung der Zuverlässigkeit des Unternehmers und der Verkehrsleiter folgende personenbezogenen Daten über abgeschlossene Bußgeldverfahren,

[1)] § 16 Abs. 4 Nr. 1a eingef. mWv 7.9.2001 durch G v. 2.9.2001 (BGBl. I S. 2272); Abs. 4 Nr. 1a geänd. mWv 1.1.2004 durch G v. 23.12.2003 (BGBl. I S. 2848); Abs. 1 Satz 1 einl. Satzteil, Nr. 3, Abs. 2 Satz 1 und Abs. 3 Satz 1 geänd., Abs. 1 Satz 1 Nr. 1 und 4 neu gef. mWv 26.11.2011 durch G v. 22.11. 2011 (BGBl. I S. 2272); Abs. 2a eingef. mWv 25.5.2017 durch G v. 16.5.2017 (BGBl. I S. 1214); Abs. 1 Satz 1 einl. Satzteil, Nr. 1 und Satz 2, Abs. 2 Satz 2, Abs. 2a Satz 2, Abs. 3 Satz 1, Abs. 5 Satz 2, Abs. 6 Sätze 1 und 2 und Abs. 7 geänd. mWv 26.11.2019 durch G v. 20.11.2019 (BGBl. I S. 1626); Überschrift sowie Abs. 2a Satz 1 neu gef., Satz 3 aufgeh., Abs. 3 neu gef., Abs. 4 Nr. 1 und Abs. 6 Satz 1 geänd., Abs. 9 angef. mWv 27.2.2026 durch G v. 23.2.2026 (BGBl. 2026 I Nr. 47).

bei denen es Verwaltungsbehörde im Sinne des § 36 Abs. 1 Nr. 1 des Gesetzes über Ordnungswidrigkeiten[1)] ist, speichern und verändern:

1. Geburtsname, Familienname, Vorname, Geschlecht, Geburtsdatum, Geburtsort, Geburtsstaat und Staatsangehörigkeit der betroffenen Person, ihre Stellung im Unternehmen sowie Name und Anschrift des Unternehmens,
2. Zeit und Ort der Begehung der Ordnungswidrigkeit,
3. die gesetzlichen Merkmale der Ordnungswidrigkeit und die angewendeten Bußgeldvorschriften,
4. Bußgeldbescheide mit dem Datum ihres Erlasses und dem Datum des Eintritts der Rechtskraft, gerichtliche Entscheidungen in Bußgeldsachen mit dem Datum der Entscheidung und dem Datum des Eintritts ihrer Rechtskraft sowie jeweils die entscheidende Stelle samt Geschäftsnummer oder Aktenzeichen und
5. die Höhe der Geldbuße.

[2] Das Bundesamt darf diese Daten verwenden, soweit es für die in Satz 1 genannten Zwecke erforderlich ist.

(2) [1] Zum Zweck der Vorbereitung und Durchführung der Überwachung nach § 12 Abs. 4 und 5 sowie der Beurteilung der Zuverlässigkeit des Unternehmers und der Verkehrsleiter gilt Absatz 1 entsprechend für abgeschlossene Bußgeldverfahren wegen Zuwiderhandlungen nach § 19, die in einem Unternehmen mit Sitz im Inland begangen wurden. [2] Über diese Verfahren übermitteln die zuständigen Verwaltungsbehörden im Sinne des § 36 Abs. 1 Nr. 1 des Gesetzes über Ordnungswidrigkeiten dem Bundesamt die Daten nach Absatz 1 Satz 1.

(2a) [1] Unter der Voraussetzung, dass die Ordnungswidrigkeit in einem Unternehmen mit Sitz im Inland begangen wurde und die Geldbuße bis zu zweihundert Euro beträgt, gilt zum Zweck der Beurteilung der Zuverlässigkeit des Unternehmers und der Verkehrsleiter Absatz 1 entsprechend für abgeschlossene Bußgeldverfahren wegen Zuwiderhandlungen, die aufgeführt sind in Anhang I der Verordnung (EU) 2016/403 in der Fassung vom 2. Mai 2022. [2] Über diese Verfahren übermitteln die zuständigen Verwaltungsbehörden nach § 36 Absatz 1 Nummer 1 des Gesetzes über Ordnungswidrigkeiten dem Bundesamt die Daten nach Absatz 1 Satz 1.

(3) Zur Überprüfung der Zuverlässigkeit des Unternehmers oder der Verkehrsleiter erhalten die nach Landesrecht zuständigen Behörden Auskunft aus der Datei über abgeschlossene Bußgeldverfahren, soweit dies zur Erfüllung dieser Aufgabe erforderlich ist.

(4) Das Bundesamt übermittelt die Daten nach Absatz 1 Satz 1

1. an ausländische öffentliche Stellen, soweit dies für die Entscheidung über den Zugang zum Beruf des Güter- und Personenkraftverkehrsunternehmers erforderlich ist,

1a. bei Verstößen gegen Vorschriften zur Verhinderung illegaler Beschäftigung und Vorschriften für die Sozialversicherung an die Bundesagentur für Arbeit, die Hauptzollämter, die Einzugsstellen und die Träger der Rentenversicherung sowie die Ausländerbehörden, soweit dies zur Vorbereitung und Durchführung weiterer Ermittlungen, insbesondere von Betriebskontrollen, erforderlich ist,

2. auf Ersuchen an Gerichte und die Behörden, die hinsichtlich der in § 11 genannten Aufgaben Verwaltungsbehörde nach § 36 Abs. 1 Nr. 1 des Gesetzes

[1)] **Habersack Nr. 94.**

über Ordnungswidrigkeiten sind, soweit dies zur Verfolgung und Ahndung von Ordnungswidrigkeiten erforderlich ist.

(5) [1] Die Übermittlung an ausländische öffentliche Stellen nach Absatz 4 Nr. 1 unterbleibt, soweit Grund zu der Annahme besteht, daß durch sie gegen den Zweck eines deutschen Gesetzes verstoßen würde. [2] Sie unterbleibt außerdem, wenn durch sie schutzwürdige Interessen der betroffenen Person beeinträchtigt würden, insbesondere wenn im Empfängerland ein angemessener Datenschutzstandard nicht gewährleistet ist. [3] Die ausländische öffentliche Stelle ist darauf hinzuweisen, daß sie die nach Absatz 4 Nr. 1 übermittelten Daten nur zu dem Zweck nutzen darf, zu dem sie übermittelt wurden.

(6) [1] Eine Übermittlung nach Absatz 4 Nummer 1a und 2 an inländische öffentliche Stellen unterbleibt, soweit das schutzwürdige Interesse der betroffenen Person am Ausschluß der Übermittlung das öffentliche Interesse an der Übermittlung überwiegt. [2] Die inländische öffentliche Stelle darf die nach Absatz 4 übermittelten Daten nur für den Zweck verarbeiten, zu dessen Erfüllung sie übermittelt wurden.

(7) Erweisen sich übermittelte Daten als unrichtig, so ist der Empfänger unverzüglich zu unterrichten, wenn dies zur Wahrung schutzwürdiger Interessen der betroffenen Person erforderlich ist.

(8) [1] Das Bundesamt hat die nach Absatz 1 Satz 1 gespeicherten Daten zwei Jahre nach dem Eintritt der Rechtskraft des Bußgeldbescheides oder der gerichtlichen Entscheidung zu löschen, wenn in dieser Zeit keine weiteren Eintragungen im Sinne des Absatzes 1 Satz 1 Nr. 4 hinzugekommen sind. [2] Sie sind spätestens fünf Jahre nach ihrer Speicherung zu löschen.

(9) Das Bundesministerium für Verkehr wird ermächtigt, durch Rechtsverordnung mit Zustimmung des Bundesrates die Einzelheiten zur Führung der Datei über abgeschlossene Bußgeldverfahren zu regeln, insbesondere

1. zum Verfahren der Übermittlung von Daten an und durch das Bundesamt nach den Absätzen 2 und 2a,
2. über Zugriffsrechte und das Verfahren der Erteilung von Auskünften,
3. zu den erforderlichen technischen und organisatorischen Maßnahmen des Bundesamtes nach den Artikeln 24, 25 und 32 der Verordnung (EU) 2016/679[1)] sowie
4. zu den Protokollierungspflichten des Bundesamtes.

§ 16a[2)] Risikoeinstufungssystem; Verordnungsermächtigung. (1) [1] Jedes Unternehmen mit Sitz im Inland wird nach der relativen Anzahl und Schwere der ihm zuzurechnenden Verstöße nach Anhang I der Verordnung (EU) 2016/403 in der Fassung vom 2. Mai 2022, Anhang III der Richtlinie 2006/22/EG in der Fassung vom 14. März 2024 und Anhang IV der Verordnung (EG) Nr. 1071/2009 in der Fassung vom 15. Juli 2020 eingestuft (allgemeine Risikoeinstufung). [2] Das *Risikoeinstufungssystem* wird vom Bundesamt betrieben.

(2) [1] Die allgemeine Risikoeinstufung eines Unternehmens erfolgt nach Maßgabe der Bestimmungen der Durchführungsverordnung (EU) 2022/695 in der Fassung vom 2. Mai 2022. [2] Häufigkeit und Intensität von Verkehrs-, Grenz- und Betriebskontrollen sind abhängig von der allgemeinen Risikoeinstufung eines Unternehmens.

---

1) Nr. **246**.
2) § 16a eingef. mWv 27.2.2026 durch G v. 23.2.2026 (BGBl. 2026 I Nr. 47).

(3) [1]Zum Zweck der allgemeinen Risikoeinstufung eines Unternehmens übermitteln dem Bundesamt

1. die nach Landesrecht zuständigen Behörden unverzüglich nach Eintritt der Rechtskraft einer Bußgeldentscheidung oder einer strafrechtlichen Verurteilung, die auf Grund eines oder mehrerer in diesem Unternehmen begangener Verstöße ergangen ist, die in Anhang I der Verordnung (EU) 2016/403 in der Fassung vom 2. Mai 2022, Anhang III der Richtlinie 2006/22/EG in der Fassung vom 14. März 2024 oder Anhang IV der Verordnung (EG) Nr. 1071/2009 in der Fassung vom 15. Juli 2020 aufgeführt sind, die Anzahl der bei einer Einzelkontrolle kontrollierten Fahrzeuge, Anzahl und Schwere der Verstöße, das Datum der Entscheidung und des Eintritts ihrer Rechtskraft sowie die entscheidende Stelle samt Geschäftsnummer oder Aktenzeichen,
2. die nach Bundes- oder Landesrecht für Kontrollen zuständigen Behörden unverzüglich, sobald sie darüber verfügen, Informationen über Fahrzeugkontrollen, bei denen keine in Anhang I der Verordnung (EU) 2016/403 in der Fassung vom 2. Mai 2022, Anhang III der Richtlinie 2006/22/EG in der Fassung vom 14. März 2024 und Anhang IV der Verordnung (EG) Nr. 1071/2009 in der Fassung vom 15. Juli 2020 aufgeführten Verstöße festgestellt worden sind, und über die Anzahl der bei der Kontrolle kontrollierten Fahrzeuge sowie
3. die Aufsichtsbehörden nach § 4 des Fahrpersonalgesetzes[1)] unverzüglich, sobald sie darüber verfügen, die Feststellung, dass die gesamte Fahrzeugflotte eines Unternehmens mit dem intelligenten Fahrtenschreiber im Sinne des Artikels 2 Satz 2 Nummer 7 der Durchführungsverordnung (EU) 2016/799 in der Fassung vom 16. Mai 2023 ausgerüstet ist.

[2]Das Bundesamt darf die in Satz 1 genannten Daten zu dem in Satz 1 genannten Zweck erheben, speichern und verwenden. [3]Die Daten sind mit Ablauf von zwei Jahren ab dem Tag der Speicherung automatisiert zu löschen.

(4) Das Bundesministerium für Verkehr wird ermächtigt, durch Rechtsverordnung mit Zustimmung des Bundesrates die Einzelheiten zur Führung des Risikoeinstufungssystems zu regeln, insbesondere

1. zu den erforderlichen technischen und organisatorischen Maßnahmen des Bundesamtes nach den Artikeln 24, 25 und 32 der Verordnung (EU) 2016/679[2)] sowie
2. zu den Protokollierungspflichten des Bundesamtes.

§ 17[3)] Nationale Kontaktstelle und europäischer Informationsaustausch.

(1) Das Bundesamt ist nationale Kontaktstelle nach Artikel 18 Absatz 1 der Verordnung (EG) Nr. 1071/2009 in der Fassung vom 15. Juli 2020 sowie nach Artikel 3a Absatz 2 der Richtlinie 2006/1/EG in der Fassung vom 6. April 2022.

(2) [1]Das Bundesamt übermittelt als nationale Kontaktstelle Daten über Verstöße nach den Anhang I der Verordnung (EU) 2016/403, Anhang III der Richtlinie

---

[1)] **Loseblatt-Textsammlung Arbeitsrecht Nr. 356.**
[2)] Nr. 246.
[3)] § 17 eingef. mWv 26.11.2011 durch G v. 22.11.2011 (BGBl. I S. 2272); Abs. 5 Satz 1 geänd. mWv 1.7.2013 durch G v. 17.6.2013 (BGBl. I S. 1558); Abs. 7 geänd. mWv 8.9.2015 durch VO v. 31.8.2015 (BGBl. I S. 1474); Abs. 2 Satz 1, Abs. 3 Sätze 1 und 2, Abs. 4 Sätze 1 und 2 und Abs. 5 Satz 1 geänd. mWv 25.5.2017 durch G v. 16.5.2017 (BGBl. I S. 1214); Abs. 2 Sätze 1 und 3, Abs. 3 Sätze 1 und 2 sowie Abs. 4 Sätze 1 und 2 und Abs. 5 Satz 2 geänd. mWv 26.11.2019 durch G v. 20.11.2019 (BGBl. I S. 1626); Abs. 1–4 neu gef., Abs. 5 Satz 1 sowie Abs. 7 geänd. mWv 27.2.2026 durch G v. 23.2.2026 (BGBl. 2026 I Nr. 47).

2006/22/EG und Anhang IV der Verordnung (EG) Nr. 1071/2009, die in einem Güter- oder Personenkraftverkehrsunternehmen mit Sitz in einem anderen Mitgliedstaat der Europäischen Union oder in einem anderen Vertragsstaat des Abkommens über den Europäischen Wirtschaftsraum oder des Vereinigten Königreichs oder der Schweiz begangen wurden, von Amts wegen an die nationale Kontaktstelle des Niederlassungsstaates. [2]Hierzu übermitteln Staatsanwaltschaften und Verwaltungsbehörden im Sinne des § 36 Absatz 1 Nummer 1 des Gesetzes über Ordnungswidrigkeiten[1)] dem Bundesamt nach Eintritt der Rechtskraft der gerichtlichen Entscheidung oder des Bußgeldbescheides die erforderlichen Informationen einschließlich personenbezogener Daten. [3]Das Bundesamt übermittelt Mitteilungen aus dem Niederlassungsmitgliedstaat über anlässlich des übermittelten Verstoßes veranlasste Maßnahmen im Sinne des Artikels 12 Absatz 1 der Verordnung (EG) Nr. 1072/2009 in der Fassung vom 15. Juli 2020 und des Artikels 22 Absatz 1 der Verordnung (EG) Nr. 1073/2009 in der Fassung vom 13. Mai 2013 an die übermittelnde deutsche Stelle. [4]Das Bundesamt darf die in Satz 1 genannten Daten zum Zweck der Risikoeinstufung nach Artikel 9 der Richtlinie 2006/22/EG in der Fassung vom 14. März 2024 und der Überprüfung der Zuverlässigkeit nach Artikel 6 Absatz 2 der Verordnung (EG) Nr. 1071/2009 in der Fassung vom 15. Juli 2020 erheben, speichern und verwenden und hat die Daten unverzüglich nach ihrer Übermittlung zu löschen. [5]Die in Satz 3 genannten Daten darf das Bundesamt zum Zweck der Überprüfung der Zuverlässigkeit nach Artikel 6 Absatz 2 der Verordnung (EG) Nr. 1071/2009 in der Fassung vom 15. Juli 2020 erheben, speichern und verwenden und hat sie unverzüglich nach ihrer Übermittlung zu löschen.

(2a) [1]Das Bundesamt hat als nationale Kontaktstelle Informationen über Kontrollen von Nutzfahrzeugen, die von einem Güter- oder Personenkraftverkehrsunternehmen mit Sitz in einem anderen Mitgliedstaat der Europäischen Union oder in einem anderen Vertragsstaat des Abkommens über den Europäischen Wirtschaftsraum oder der Schweiz eingesetzt worden sind, bei denen keine in Anhang I der Verordnung (EU) 2016/403, Anhang III der Richtlinie 2006/22/EG oder Anhang IV der Verordnung (EG) Nr. 1071/2009 genannten Verstöße festgestellt worden sind, von Amts wegen an die nationale Kontaktstelle des Niederlassungsstaates zu übermitteln. [2]Hierzu haben die nach Bundes- oder Landesrecht für Kontrollen zuständigen Behörden dem Bundesamt die erforderlichen Informationen zu übermitteln. [3]Das Bundesamt darf die in Satz 1 genannten Daten zum Zweck der Risikoeinstufung erheben, speichern und verwenden und hat die Daten unverzüglich nach ihrer Übermittlung an die nationale Kontaktstelle des Niederlassungsmitgliedstaates zu löschen.

(3) [1]Das Bundesamt übermittelt als nationale Kontaktstelle Mitteilungen aus anderen Mitgliedstaaten der Europäischen Union oder aus anderen Vertragsstaaten des Abkommens über den Europäischen Wirtschaftsraum oder dem Vereinigten Königreich oder der Schweiz über Verstöße nach den Anhang I der Verordnung *(EU) 2016/403, Anhang III* der Richtlinie 2006/22/EG und Anhang IV der Verordnung (EG) Nr. 1071/2009, die in einem Güter- oder Personenkraftverkehrsunternehmen mit Sitz im Inland begangen wurden, von Amts wegen an die jeweils zuständige Erteilungsbehörde und speichert sie im Risikoeinstufungssystem nach § 16a. [2]Das Bundesamt übermittelt Mitteilungen der zuständigen Landesbehörde über anlässlich des übermittelten Verstoßes veranlasste Maßnahmen im Sinne des Artikels 12 Absatz 1 der Verordnung (EG) Nr. 1072/2009 in der Fassung

[1)] **Habersack Nr. 94.**

vom 15. Juli 2020 und des Artikels 22 Absatz 1 der Verordnung (EG) Nr. 1073/2009 in der Fassung vom 13. Mai 2013 an die nationale Kontaktstelle des mitteilenden Mitgliedstaates der Europäischen Union oder des mitteilenden anderen Vertragsstaates des Abkommens über den Europäischen Wirtschaftsraum oder der Schweiz. [3]Das Bundesamt darf die in Satz 1 genannten Daten zum Zweck der Risikoeinstufung nach Artikel 9 der Richtlinie 2006/22/EG in der Fassung vom 14. März 2024 und der Überprüfung der Zuverlässigkeit nach Artikel 6 Absatz 2 der Verordnung (EG) Nr. 1071/2009 in der Fassung vom 15. Juli 2020 und die in Satz 2 genannten Daten zum Zweck der Mitteilung über ergriffene Verwaltungsmaßnahmen nach Artikel 12 Absatz 1 der Verordnung (EG) Nr. 1072/2009 in der Fassung vom 15. Juli 2020 und nach Artikel 22 Absatz 1 der Verordnung (EG) Nr. 1073/2009 in der Fassung vom 13. Mai 2013 erheben, speichern und verwenden. [4]Das Bundesamt hat die in Satz 1 genannten Daten, die zum Zweck der Überprüfung der Zuverlässigkeit nach Artikel 6 Absatz 2 der Verordnung (EG) Nr. 1071/2009 in der Fassung vom 15. Juli 2020 gespeichert worden sind sowie die in Satz 2 genannten Daten unverzüglich nach ihrer jeweiligen Übermittlung zu löschen. [5]Für die Löschung der nach Satz 1 zum Zweck der Risikoeinstufung gespeicherten Daten nach Artikel 9 der Richtlinie 2006/22/EG in der Fassung vom 14. März 2024 gilt § 16a Absatz 3 Satz 3.

(3a) Mitteilungen, die das Bundesamt als nationale Kontaktstelle aus anderen Mitgliedstaaten der Europäischen Union oder aus anderen Vertragsstaaten des Abkommens über den Europäischen Wirtschaftsraum oder der Schweiz erhält über Kontrollen von Nutzfahrzeugen, die von einem Güter- oder Personenkraftverkehrsunternehmen mit Sitz im Inland eingesetzt worden sind, bei denen keine in Anhang I der Verordnung (EU) 2016/403, Anhang III der Richtlinie 2006/22/EG oder Anhang IV der Verordnung (EG) Nr. 1071/2009 genannten Verstöße festgestellt worden sind, speichert das Bundesamt im Risikoeinstufungssystem nach § 16a.

(4) [1]Das Bundesamt übermittelt als nationale Kontaktstelle von Amts wegen Anfragen von zuständigen Landesbehörden zu bestandskräftigen Entscheidungen von Behörden anderer Mitgliedstaaten der Europäischen Union oder anderer Vertragsstaaten des Abkommens über den Europäischen Wirtschaftsraum oder des Vereinigten Königreichs oder der Schweiz, durch die einer bestimmten Person nach Maßgabe des Artikels 6 Absatz 2 und des Artikels 14 der Verordnung (EG) Nr. 1071/2009 in der Fassung vom 15. Juli 2020 die Führung von Kraftverkehrsgeschäften wegen Unzuverlässigkeit untersagt wird, an nationale Kontaktstellen anderer Mitgliedstaaten der Europäischen Union oder anderer Vertragsstaaten des Abkommens über den Europäischen Wirtschaftsraum oder des Vereinigten Königreichs oder der Schweiz. [2]Das Bundesamt übermittelt an die anfragende Landesbehörde in diesem Zusammenhang eingegangene Antworten aus anderen Mitgliedstaaten der Europäischen Union oder aus anderen Vertragsstaaten des Abkommens über den Europäischen Wirtschaftsraum oder des Vereinigten Königreichs oder der Schweiz. [3]Das Bundesamt darf die in den Sätzen 1 und 2 genannten Daten zum Zweck der Überprüfung der Zuverlässigkeit nach Maßgabe des Artikels 6 Absatz 2 und des Artikels 14 der Verordnung (EG) Nr. 1071/2009 in der Fassung vom 15. Juli 2020 erheben, speichern und verwenden und hat die Daten unverzüglich nach ihrer jeweiligen Übermittlung zu löschen.

(5) [1]Das Bundesamt erteilt als nationale Kontaktstelle den nationalen Kontaktstellen anderer Mitgliedstaaten der Europäischen Union oder anderer Vertragsstaaten des Abkommens über den Europäischen Wirtschaftsraum oder des Vereinigten Königreichs oder der Schweiz auf Anfrage Auskunft über Personen,

denen eine deutsche Behörde nach § 3 Absatz 5b oder § 25a des Personenbeförderungsgesetzes[1] die Führung von Kraftverkehrsgeschäften wegen Unzuverlässigkeit bestandskräftig untersagt hat, soweit dies für die Entscheidung über den Zugang zum Beruf des Güter- und Personenkraftverkehrsunternehmers erforderlich ist. [2] Die für eine Untersagung nach Satz 1 zuständige Landesbehörde teilt dem Bundesamt unverzüglich eine Untersagung und die Identifizierungsdaten der betroffenen Person mit; das Bundesamt darf die Identifizierungsdaten für den in Satz 1 genannten Zweck speichern. [3] Wird die persönliche Ausübung von Verkehrsgeschäften wieder gestattet oder wird die Untersagung aus anderen Gründen gegenstandslos, teilt die zuständige Behörde dies dem Bundesamt unverzüglich mit, das die Identifizierungsdaten unverzüglich löscht.

(6) [1] Die Datenübermittlung zwischen den beteiligten inländischen Stellen und dem Bundesamt erfolgt im Wege der Datenfernübertragung. [2] Dabei sind dem jeweiligen Stand der Technik entsprechende Maßnahmen zur Sicherstellung von Datenschutz und Datensicherheit zu treffen, die insbesondere die Vertraulichkeit und Unversehrtheit der Daten gewährleisten; im Falle der Nutzung allgemein zugänglicher Netze sind dem jeweiligen Stand der Technik entsprechende Verschlüsselungsverfahren anzuwenden.

(7) Den Inhalt der für die Zwecke der Absätze 2 bis 5 erforderlichen Informationen sowie die Einzelheiten der Kommunikation zwischen den beteiligten inländischen Stellen und dem Bundesamt einschließlich der Vorgaben über den Aufbau der Datensätze und der Datenstruktur regeln Durchführungsbestimmungen, die vom Bundesamt mit Zustimmung des Bundesministeriums für Verkehr erlassen und geändert werden.

§ 17a[2] Zuständigkeit für die Durchführung internationalen Verkehrsrechts. Das Bundesministerium für Verkehr wird ermächtigt, durch Rechtsverordnung mit Zustimmung des Bundesrates das Bundesamt als die für die Bundesrepublik Deutschland zuständige Stelle zu bestimmen, soweit eine solche Bestimmung auf dem Gebiet des Verkehrs zur Durchführung von Rechtsakten der Europäischen Union oder eines internationalen Abkommens erforderlich ist.

5. Abschnitt. Überwachung, Bußgeldvorschriften

§ 18 Grenzkontrollen. Die für die Kontrolle an der Grenze zuständigen Stellen sind berechtigt, Kraftfahrzeuge zurückzuweisen, wenn die nach diesem Gesetz erforderlichen Unterlagen, deren Mitführung vorgeschrieben ist, trotz Aufforderung nicht vorgelegt werden.

§ 19[3] Bußgeldvorschriften. (1) Ordnungswidrig handelt, wer vorsätzlich oder fahrlässig

---

[1] Nr. ***950***.

[2] Früherer § 17 geänd. mWv 7.11.2001 durch VO v. 29.10.2001 (BGBl. I S. 2785); geänd. mWv 8.11.2006 durch VO v. 31.10.2006 (BGBl. I S. 2); § 17 wird § 17a und geänd. mWv 26.11.2011 durch G v. 22.11.2011 (BGBl. I S. 2272); geänd. mWv 8.9.2015 durch VO v. 31.8.2015 (BGBl. I S. 1474); geänd. mWv 27.2.2026 durch G v. 23.2.2026 (BGBl. 2026 I Nr. 47).

[3] § 19 Abs. 1 Nr. 4 und Abs. 2 Satz 1 neu gef., Abs. 1 Nrn. 6d, 6e und 6f sowie Abs. 1a eingef. mWv 7.9.2001, Abs. 2 geänd. mWv 1.1.2002 durch G v. 2.9.2001 (BGBl. I S. 2272); Abs. 1 Nr. 1 und 1a eingef., bish. Nr. 1 und 1a werden Nr. 1b und 1c, Nr. 3, 4, 6a bis 6e neu gef., Nr. 6f, 13 aufgeh., Nr. 12d, 12e geänd., Abs. 1a neu gef., neue Abs. 2 bis 4 eingef., bish. Abs. 2 wird Abs. 5, neuer Abs. 5 Satz 1 neu gef. mWv 9.9.2004 durch G v. 2.9.2004 (BGBl. I S. 2302); Abs. 2a eingef., Abs. 3 neu gef., Abs. 4 Nr. 2 und 3 geänd. mWv 6.8.2010 durch G v. 31.7.2010 (BGBl. I S. 1057); Abs. 1 Nr. 1c und 4, Abs. 2, Abs. 2a →

1. entgegen § 2 Abs. 1a Satz 1 nicht dafür sorgt, dass ein Begleitpapier oder ein sonstiger Nachweis mitgeführt wird,
1a. entgegen § 2 Abs. 1a Satz 2 das Begleitpapier oder den sonstigen Nachweis nicht mitführt, nicht oder nicht rechtzeitig aushändigt oder nicht oder nicht rechtzeitig zugänglich macht,
1b. ohne Gemeinschaftslizenz nach § 3 Absatz 1 gewerblichen Güterkraftverkehr durchführt,
2. einer Rechtsverordnung nach
   a) § 3 Absatz 7 Nummer 3 bis 5 oder § 23 Absatz 3 Satz 1 Nummer 1, 1a, 2 oder 4 oder Absatz 5 Nummer 1 oder 1a oder
   b) § 15 Absatz 7 Nummer 4 oder

   einer vollziehbaren Anordnung auf Grund einer solchen Rechtsverordnung zuwiderhandelt, soweit die Rechtsverordnung für einen bestimmten Tatbestand auf diese Bußgeldvorschrift verweist,
2a. ohne Gemeinschaftslizenz nach § 5 Absatz 1 Nummer 1, auch in Verbindung mit Absatz 3, oder ohne Genehmigung oder Lizenz nach § 5 Absatz 1 Nummer 2 bis 5 gewerblichen Güterkraftverkehr durchführt,
2b. ohne Lizenz nach § 6 Absatz 1 Satz 1, auch in Verbindung mit Satz 2, gewerblichen Güterkraftverkehr durchführt,
2c. entgegen § 6 Absatz 2 Satz 1 eine Beförderung durchführt,
3. entgegen § 7 Absatz 1 Satz 1 oder Absatz 2, auch in Verbindung mit § 6 Absatz 4, nicht dafür sorgt, dass ein dort genanntes Dokument oder ein dort genannter Nachweis mitgeführt wird,
4. entgegen § 7 Absatz 1 Satz 2 ein dort genanntes Dokument oder einen dort genannten Nachweis einschweißt oder mit einer Schutzschicht überzieht,
4a. entgegen § 7 Absatz 3 Satz 1 eine Erklärung nicht, nicht richtig, nicht vollständig oder nicht rechtzeitig aushändigt,
4b. entgegen § 7 Absatz 3 Satz 2 nicht dafür sorgt, dass die Erklärung während der Beförderung mitgeführt wird,
5. entgegen
   a) § 7 Absatz 4 Satz 1 oder
   b) § 7 Absatz 5

   ein dort genanntes Dokument, einen dort genannten Nachweis, eine dort genannte Erklärung, einen Pass, Passersatz oder Ausweisersatz nicht mitführt oder nicht oder nicht rechtzeitig aushändigt,
6. *(aufgehoben)*
6a. entgegen § 7a Abs. 4 Satz 1 nicht dafür sorgt, dass ein dort genannter Nachweis mitgeführt wird,

---

(Fortsetzung der Anm. von voriger Seite)
Nr. 6 und Abs. 4 neu gef., Abs. 1 Nr. 12, Abs. 2a einl. Satzteil und Nr. 2, 5 und 7 geänd. mWv 26.11.2011 durch G v. 22.11.2011 (BGBl. I S. 2272), Abs. 5 und 6 eingef., bish. Abs. 5 wird Abs. 7 und Satz 1 geänd. mWv 30.11.2012 durch G v. 25.11.2012 (BGBl. 2012 II S. 1381); Abs. 1 Nr. 3–5 neu gef., Nr. 6 aufgeh., Nr. 9 und Abs. 2a Nr. 6 geänd., Nr. 7 neu gef., Nr. 8 angef. mWv 1.7.2013 durch G v. 17.6.2013 (BGBl. I S. 1558); Abs. 1 Nr. 4a und 4b eingef. mWv 2.12.2020 durch G v. 26.11.2020 (BGBl. I S. 2575); Abs. 1 Nr. 1b neu gef., Nr. 1c aufgeh., Nr. 2 neu gef., Nr. 2a–2c eingef., Nr. 3, Nr. 4a und 4b geänd., Nr. 5 neu gef., Nr. 6f eingef., Abs. 2 einl. Satzteil, Nr. 2 und 3 geänd., Nr. 4 angef., Abs. 2a einl. Satzteil, Abs. 4 Nr. 1–3, Abs. 5 einl. Satzteil, Abs. 6 Nr. 1–3 sowie Abs. 7 Sätze 1 und 2 geänd. mWv 27.2.2026 durch G v. 23.2.2026 (BGBl. 2026 I Nr. 47).

6b. entgegen § 7a Abs. 4 Satz 2 ein Versicherungsnachweis nicht mitführt oder nicht oder nicht rechtzeitig aushändigt,
6c. entgegen § 7b Abs. 1 Satz 1 einen Angehörigen eines dort genannten Staates als Fahrpersonal einsetzt,
6d. entgegen § 7b Abs. 1 Satz 2 nicht dafür sorgt, dass das ausländische Fahrpersonal eine dort genannte Unterlage mitführt,
6e. entgegen § 7b Abs. 2 eine dort genannte Unterlage nicht mitführt oder nicht oder nicht rechtzeitig aushändigt,
6f. entgegen § 8a Absatz 1 Satz 1 ein Fahrzeug einsetzt,
7. entgegen § 12 Abs. 1 Satz 3 oder Abs. 5 Satz 1 Nr. 1, § 15 Abs. 3 Satz 3 oder § 21a Abs. 3 Satz 1 eine Auskunft nicht, nicht richtig, nicht vollständig oder nicht rechtzeitig erteilt,
8. entgegen § 12 Abs. 3 ein Zeichen oder eine Weisung nicht befolgt,
9. entgegen § 12 Abs. 4 Satz 2 oder § 21a Absatz 2 Satz 2 eine Maßnahme nicht gestattet,
10. entgegen § 12 Abs. 5 Satz 1 Nr. 2 oder § 21a Abs. 3 Satz 1 einen Nachweis nicht, nicht richtig, nicht vollständig oder nicht rechtzeitig erbringt,
11. entgegen § 12 Abs. 5 Satz 1 Nr. 3 oder § 21a Abs. 3 Satz 1 ein Hilfsmittel nicht oder nicht rechtzeitig stellt oder Hilfsdienste nicht oder nicht rechtzeitig leistet,
12. einer vollziehbaren Untersagung nach § 13Absatz 1 oder Absatz 2 zuwiderhandelt,
12a. entgegen § 15a Abs. 2 und 3 sein Unternehmen nicht, nicht richtig, nicht vollständig oder nicht rechtzeitig anmeldet,
12b. entgegen § 15a Abs. 3 die Angaben auf Verlangen nicht, nicht richtig, nicht vollständig oder nicht rechtzeitig nachweist,
12c. entgegen § 15a Abs. 5 Änderungen nicht, nicht richtig, nicht vollständig oder nicht rechtzeitig mitteilt,
12d. entgegen § 15a Abs. 5 Änderungen nicht, nicht richtig, nicht vollständig oder nicht rechtzeitig nachweist oder
12e. entgegen § 15a Abs. 6 sein Unternehmen nicht rechtzeitig abmeldet.

(1a) Ordnungswidrig handelt, wer
1. entgegen § 7c Satz 1 Nr. 1 oder 3 Buchstabe a oder
2. entgegen § 7c Satz 1 Nr. 2 oder 3 Buchstabe b
eine Leistung ausführen lässt.

(2) Ordnungswidrig handelt, wer gegen die Verordnung (EG) Nr. 1072/2009 in der Fassung vom 15. Juli 2020 verstößt, indem er vorsätzlich oder fahrlässig
1. ohne Gemeinschaftslizenz nach Artikel 3 grenzüberschreitenden Güterkraftverkehr betreibt,
2. entgegen Artikel 5 Absatz 6 Satz 1 dem Fahrer die Fahrerbescheinigung nicht oder nicht rechtzeitig zur Verfügung stellt,
3. entgegen Artikel 5 Absatz 6 Satz 3 die Fahrerbescheinigung nicht oder nicht rechtzeitig vorzeigt oder
4. entgegen Artikel 8 Absatz 2a eine Kabotagebeförderung durchführt.

(2a) Ordnungswidrig handelt, wer vorsätzlich oder fahrlässig im Kabotageverkehr nach Artikel 8 der Verordnung (EG) Nr. 1072/2009 in der Fassung vom 15. Juli 2020

1. vor der ersten Kabotagebeförderung eine grenzüberschreitende Beförderung aus einem Mitgliedstaat der Europäischen Union oder einem Drittland nicht durchführt,
2. vor der letzten Entladung der nach Deutschland eingeführten Lieferung eine Kabotagebeförderung durchführt,
3. mehr als drei Kabotagebeförderungen im Anschluss an die grenzüberschreitende Beförderung durchführt,
4. nicht dasselbe Fahrzeug für alle Kabotagebeförderungen verwendet oder im Fall von Fahrzeugkombinationen nicht das Kraftfahrzeug desselben Fahrzeugs für alle Kabotagebeförderungen verwendet,
5. später als sieben Tage nach der letzten Entladung der eingeführten Lieferung eine Kabotagebeförderung durchführt,
6. nach Durchführung von mehr als zwei Kabotagebeförderungen in einem oder mehreren anderen Mitgliedstaaten nach unbeladener Einfahrt eine Kabotagebeförderung in Deutschland durchführt,
7. nach Durchführung einer grenzüberschreitenden Beförderung in einen Mitgliedstaat und unbeladener Einfahrt nach Deutschland mehr als eine Kabotagebeförderung durchführt oder
8. eine Kabotagebeförderung nicht innerhalb von drei Tagen im Anschluss an eine unbeladene Einfahrt nach Deutschland beendet.

(3) Ordnungswidrig handelt, wer als Fahrer, der Staatsangehöriger eines Drittstaates ist, vorsätzlich oder fahrlässig eine Kabotagebeförderung nach Artikel 8 der Verordnung (EG) Nr. 1072/2009 durchführt, ohne die Fahrerbescheinigung mitzuführen.

(4) Ordnungswidrig handelt, wer vorsätzlich oder fahrlässig

1. im grenzüberschreitenden Güterkraftverkehr einen Fahrer einsetzt, für den eine Fahrerbescheinigung nach Artikel 5 Absatz 2 der Verordnung (EG) Nr. 1072/2009 in der Fassung vom 15. Juli 2020 nicht ausgestellt worden ist,
2. Kabotage nach Artikel 8 Absatz 1 der Verordnung (EG) Nr. 1072/2009 in der Fassung vom 15. Juli 2020 betreibt, ohne Inhaber einer Gemeinschaftslizenz nach Artikel 4 der Verordnung (EG) Nr. 1072/2009 in der Fassung vom 15. Juli 2020 zu sein, oder
3. im Kabotageverkehr nach Artikel 8 Absatz 1 der Verordnung (EG) Nr. 1072/2009 in der Fassung vom 15. Juli 2020 einen Fahrer einsetzt, für den eine Fahrerbescheinigung nach Artikel 5 Absatz 2 der Verordnung (EG) Nr. 1072/2009 in der Fassung vom 15. Juli 2020 nicht ausgestellt worden ist.

(5) Ordnungswidrig handelt, wer gegen die Verordnung (EU) Nr. 1214/2011 in der Fassung vom 16. November 2011 verstößt, indem er vorsätzlich oder fahrlässig

1. ohne Lizenz nach Artikel 4 Absatz 1 einen grenzüberschreitenden Geldtransport betreibt,
2. entgegen Artikel 4 Absatz 3 Satz 2 ein Original oder eine beglaubigte Kopie einer gültigen Lizenz nicht oder nicht rechtzeitig vorweist,
3. entgegen Artikel 6 Absatz 4 Satz 1 eine erforderliche Waffengenehmigung nicht besitzt oder
4. entgegen Artikel 10 dort genannte Banknoten nicht oder nicht unverzüglich nach Entdecken aus dem Verkehr zieht.

(6) Ordnungswidrig handelt, wer vorsätzlich oder fahrlässig

1. als Verantwortlicher eines lizenzierten Unternehmens Sicherheitspersonal einsetzt, das einer in Artikel 5 Absatz 1 Unterabsatz 1 oder Absatz 2 Satz 1 der Verordnung (EU) Nr. 1214/2011 in der Fassung vom 16. November 2011 genannten Anforderung nicht genügt,
2. als Verantwortlicher eines lizenzierten Unternehmens ein Fahrzeug einsetzt, das einer Anforderung des Artikels 7 Absatz 1, 2, 3 oder Absatz 4 Satz 1 der Verordnung (EU) Nr. 1214/2011 in der Fassung vom 16. November 2011 nicht genügt, oder
3. einen Transport in einer nicht nach Artikel 13 Absatz 1 Satz 1 der Verordnung (EU) Nr. 1214/2011 in der Fassung vom 16. November 2011 genannten Option durchführt.

(7) [1]Die Ordnungswidrigkeit kann in den Fällen des Absatzes 1 Nr. 6c, Absatzes 1a Nr. 2 und des Absatzes 4 Nr. 1 und 3 mit einer Geldbuße bis zu zweihunderttausend Euro, in den Fällen der Absätze 5 und 6 mit einer Geldbuße bis zu hunderttausend Euro, in den Fällen des Absatzes 1 Nummer 1b, 6f, 12, des Absatzes 1a Nr. 1, des Absatzes 2 Nr. 1 und des Absatzes 4 Nr. 2 mit einer Geldbuße bis zu zwanzigtausend Euro, in den übrigen Fällen mit einer Geldbuße bis zu zehntausend Euro geahndet werden. [2]Sie können auf der Grundlage und nach Maßgabe internationaler Übereinkünfte auch dann geahndet werden, wenn sie im Bereich gemeinsamer Grenzabfertigungsanlagen im Ausland begangen werden.

§ 19a[1)] Bußgeldkatalog; Verordnungsermächtigung. (1) Das Bundesministerium für Verkehr wird ermächtigt, durch Rechtsverordnung mit Zustimmung des Bundesrates Vorschriften zu erlassen über

1. die Erteilung einer Verwarnung nach § 56 des Gesetzes über Ordnungswidrigkeiten[2)] wegen einer Ordnungswidrigkeit nach § 19 Absatz 1 bis 6,
2. Regelsätze für Geldbußen wegen einer Ordnungswidrigkeit nach § 19 Absatz 1 bis 6,
3. die Bewertung von vorsätzlich oder fahrlässig begangenen Ordnungswidrigkeiten nach § 19 Absatz 1 bis 6 im Hinblick auf deren Schweregrad zur Erfassung bei der Risikoeinstufung nach § 16a.

(2) In der Rechtsverordnung nach Absatz 1 ist unter Berücksichtigung der Bedeutung der Ordnungswidrigkeit zu bestimmen, in welchen Fällen, unter welchen Voraussetzungen und in welcher Höhe das Verwarnungsgeld zu erheben oder die Geldbuße festzusetzen ist, und wie sich die Ordnungswidrigkeit auf die Risikoeinstufung eines Kraftverkehrsunternehmers auswirkt.

§ 20[3)] Befugnisse des Bundesamtes bei der Verfolgung von Zuwiderhandlungen. (1) [1]Bei der Durchführung der Überwachungsaufgaben nach § 11 *haben das* Bundesamt und seine Vollzugskräfte Zuwiderhandlungen gegen die gesetzlichen Vorschriften zu erforschen und zu verfolgen. [2]Die Vollzugskräfte des Bundesamtes haben insoweit die Rechte und Pflichten der Beamten des Polizeivollzugsdienstes nach den Vorschriften der Strafprozeßordnung[4)] und nach dem

---

[1)] § 19a eingef. mWv 27.2.2026 durch G v. 23.2.2026 (BGBl. 2026 I Nr. 47).

[2)] **Habersack Nr. 94.**

[3)] § 20 Abs. 1a eingef. mWv 1.1.2009 durch G v. 6.11.2008 (BGBl. I S. 2162); Abs. 1 Sätze 1 und 2, Abs. 1a sowie Abs. 2 Satz 1 geänd. mWv 27.2.2026 durch G v. 23.2.2026 (BGBl. 2026 I Nr. 47).

[4)] **Habersack Nr. 90.**

Gesetz über Ordnungswidrigkeiten[1]. [3] § 163 der Strafprozeßordnung und § 53 des Gesetzes über Ordnungswidrigkeiten bleiben unberührt.

(1a) In den Fällen des Absatzes 1 Satz 1 haben die Vollzugskräfte des Bundesamtes bei Gefahr im Verzuge das Recht zur Anordnung von Sicherheitsleistungen nach § 46 Abs. 1 des Gesetzes über Ordnungswidrigkeiten in Verbindung mit § 132 Abs. 1 Satz 1 Nr. 1, Satz 2, Abs. 2 der Strafprozessordnung.

(2) [1] In den Fällen des Absatzes 1 Satz 1 können auch das Bundesamt und seine Vollzugskräfte die Verwarnung nach § 56 des Gesetzes über Ordnungswidrigkeiten erteilen. [2] § 57 Abs. 1 des Gesetzes über Ordnungswidrigkeiten gilt entsprechend.

§ 21[2] Zuständigkeiten für die Ahndung von Zuwiderhandlungen.

(1) [1] Wird eine Zuwiderhandlung in einem Unternehmen begangen, das seinen Sitz im Inland hat, ist Verwaltungsbehörde im Sinne des § 36 Abs. 1 Nr. 1 des Gesetzes über Ordnungswidrigkeiten[1] die von der Landesregierung bestimmte Behörde. [2] Die Landesregierung kann die Ermächtigung auf die zuständige oberste Landesbehörde übertragen.

(2) Wird eine Zuwiderhandlung in einem Unternehmen begangen, das seinen Sitz im Ausland hat, ist Verwaltungsbehörde im Sinne des § 36 Abs. 1 Nr. 1 des Gesetzes über Ordnungswidrigkeiten das Bundesamt.

(3) Abweichend von Absatz 1 ist das Bundesamt Verwaltungsbehörde im Sinne des § 36 Absatz 1 Nummer 1 des Gesetzes über Ordnungswidrigkeiten für Zuwiderhandlungen nach § 19 Absatz 1 Nummer 2 Buchstabe b, Nummer 5 Buchstabe b, Nummer 6c, 6d, 6e, Absatz 1a, 2 Nummer 2, 3 und Absatz 4 Nummer 1, die in einem Unternehmen, das seinen Sitz im Inland hat, begangen wurden.

(4) § 405 des Dritten Buches Sozialgesetzbuch[3] bleibt unberührt.

§ 21a[4] Aufsicht. (1) Der Unternehmer des gewerblichen Güterkraftverkehrs und alle am Beförderungsvertrag Beteiligten unterliegen wegen der Erfüllung der gesetzlichen Vorschriften der Aufsicht der nach Landesrecht zuständigen Behörde.

(2) [1] Soweit dies zur Durchführung der Aufgaben nach Absatz 1 erforderlich ist, können die Beauftragten der Aufsichtsbehörden gegenüber Eigentümern und Besitzern von Fahrzeugen zur Güterbeförderung und allen an der Beförderung oder an den Handelsgeschäften über die beförderten Güter Beteiligten folgende Maßnahmen ergreifen:

1. Grundstücke und Geschäftsräume innerhalb der üblichen Betriebs- und Geschäftszeiten betreten sowie
2. die erforderlichen Schriftstücke und Datenträger, insbesondere Aufzeichnungen, Frachtbriefe und Unterlagen über den Fahrzeugeinsatz einsehen und hieraus Abschriften, Auszüge, Ausdrucke und Kopien anfertigen oder elektronisch gespeicherte Daten auf eigene Datenträger übertragen.

[2] Die in Satz 1 genannten Personen haben diese Maßnahmen zu gestatten.

---

[1] **Habersack Nr. 94.**

[2] § 21 Abs. 3 und 4 angef. mWv 7.9.2001 durch G v. 2.9.2001 (BGBl. I S. 2272); Abs. 3 geänd. mWv 9.9.2004 durch G v. 2.9.2004 (BGBl. I S. 2302); Abs. 3 neu gef. mWv 26.11.2011 durch G v. 22.11.2011 (BGBl. I S. 2272); Abs. 3 geänd. mWv 1.7.2013 durch G v. 17.6.2013 (BGBl. I S. 1558); Abs. 3 geänd. mWv 27.2.2026 durch G v. 23.2.2026 (BGBl. 2026 I Nr. 47).

[3] **Aichberger, SGB Nr. 3.**

[4] § 21a Abs. 1 geänd. mWv 26.11.2011 durch G v. 22.11.2011 (BGBl. I S. 2272); Abs. 2 neu gef. mWv 1.7.2013 durch G v. 17.6.2013 (BGBl. I S. 1558); Abs. 4 angef. mWv 27.2.2026 durch G v. 23.2.2026 (BGBl. 2026 I Nr. 47).

(3) [1]Die in Absatz 2 genannten Personen haben den Beauftragten der Aufsichtsbehörden auf Verlangen alle für die Durchführung der Aufsicht erforderlichen Auskünfte zu erteilen, Nachweise zu erbringen, Hilfsmittel zu stellen und Hilfsdienste zu leisten. [2]§ 12 Abs. 1 Satz 3 und 4 gilt entsprechend.

(4) Für die nach Absatz 1 zuständigen Behörden gilt § 12 Absatz 7 und 8 entsprechend.

6. Abschnitt.[1)] Gebühren und Auslagen, Ermächtigungen

§ 22[2)] Gebühren und Auslagen. (1) Für Amtshandlungen nach diesem Gesetz, nach den auf diesem Gesetz beruhenden Rechtsvorschriften, nach Rechtsakten der Europäischen Gemeinschaften sowie auf Grund internationaler Abkommen und diese ergänzender nationaler Rechtsvorschriften sind Gebühren und Auslagen nach den Bestimmungen des Verwaltungskostengesetzes in der bis zum 14. August 2013 geltenden Fassung und der Rechtsverordnung nach Absatz 2 zu erheben.

(2) [1]Das Bundesministerium für Verkehr wird ermächtigt, im Einvernehmen mit dem Bundesministerium der Finanzen und dem Bundesministerium für Wirtschaft und Energie durch Rechtsverordnung mit Zustimmung des Bundesrates die gebührenpflichtigen Tatbestände und die Gebühren nach festen Sätzen oder als Rahmengebühren näher zu bestimmen. [2]Im Bereich der Gebühren der Landesbehörden übt das Bundesministerium für Verkehr die Ermächtigung nach Satz 1 auf der Grundlage eines Antrags oder einer Stellungnahme von mindestens fünf Ländern beim Bundesministerium für Verkehr aus. [3]Der Antrag oder die Stellungnahme sind mit einer Schätzung des Personal- und Sachaufwands zu begründen. [4]Das Bundesministerium für Verkehr kann die übrigen Länder ebenfalls zur Beibringung einer Schätzung des Personal- und Sachaufwands auffordern.

(3) Auskünfte nach § 19 des Bundesdatenschutzgesetzes[3)] werden unentgeltlich erteilt.

§ 23[4)] Ermächtigungen zum Erlaß von Durchführungsbestimmungen.

(1) Die Bundesregierung erläßt mit Zustimmung des Bundesrates die allgemeinen Verwaltungsvorschriften, die zur Durchführung von Rechtsakten der Europäischen Union, dieses Gesetzes und der auf diesem Gesetz beruhenden Rechtsverordnungen erforderlich sind.

(2) Das Bundesministerium für Verkehr wird ermächtigt, mit Zustimmung des Bundesrates durch Rechtsverordnung andere als in § 2 Abs. 1 genannte Beförderungsfälle ganz oder teilweise von den Bestimmungen dieses Gesetzes auszuneh-

---

[1)] Überschr. 6. Abschnitt geänd. mWv 26.11.2011 durch G v. 22.11.2011 (BGBl. I S. 2272).

[2)] § 22 Abs. 2 geänd. mWv 7.11.2001 durch VO v. 29.10.2001 (BGBl. I S. 2785); Abs. 2 geänd. mWv 28.11.2003 durch VO v. 25.11.2003 (BGBl. I S. 2304); Abs. 2 geänd. mWv 8.11.2006 durch VO v. 31.10. 2006 (BGBl. I S. 2407); Abs. 1 geänd., Abs. 2 Sätze 2–4 angef. mWv 15.8.2013 durch G v. 7.8.2013 *(BGBl. I S. 3154); Abs. 2 Sätze 1, 2 und 4* geänd. mWv 8.9.2015 durch VO v. 31.8.2015 (BGBl. I S. 1474); Abs. 2 Sätze 1, 2 und 4 geänd. mWv 27.2.2026 durch G v. 23.2.2026 (BGBl. 2026 I Nr. 47).

[3)] Nr. **245**.

[4)] § 23 Abs. 1 und 2, Abs. 3 Satz 1, Abs. 4 Sätze 1 und 2, Abs. 5 geänd. mWv 7.11.2001 durch VO v. 29.10.2001 (BGBl. I S. 2785); Abs. 1 geänd., Abs. 3 Satz 1 Nr. 1a eingef., Nr. 3 neu gef. mWv 9.9.2004 durch G v. 2.9.2004 (BGBl. I S. 2302); Abs. 2 und 3 Satz 1, Abs. 4 Sätze 1 und 2, Abs. 5 geänd. mWv 8.11.2006 durch VO v. 31.10.2006 (BGBl. I S. 2407); Abs. 1 und Abs. 3 Satz 1 einl. Satzteil geänd. mWv 26.11.2011 durch G v. 22.11.2011 (BGBl. I S. 2272); Abs. 2, Abs. 3 Satz 1 einl. Satzteil, Abs. 4 Sätze 1 und 2, Abs. 5 einl. Satzteil geänd. mWv 8.9.2015 durch VO v. 31.8.2015 (BGBl. I S. 1474); Abs. 2 und Abs. 3 Satz 1 einl. Satzteil geänd., Nr. 1b und 3a eingef., Nr. 3, Satz 2 sowie Abs. 4 Sätze 1 und 2 und Abs. 5 geänd. mWv 27.2.2026 durch G v. 23.2.2026 (BGBl. 2026 I Nr. 47).

men, soweit sich deren Unterstellung unter dieses Gesetz als unverhältnismäßig erweist.

(3) [1]Das Bundesministerium für Verkehr wird ermächtigt, im Bereich des grenzüberschreitenden Güterkraftverkehrs, des Durchgangsverkehrs und des Kabotageverkehrs (innerstaatlicher Güterkraftverkehr durch Unternehmer, die in einem anderen Staat niedergelassen sind) einschließlich des Werkverkehrs zur Ordnung dieser Verkehre und zur Durchführung internationaler Abkommen sowie von Rechtsakten der Europäischen Union, die den Güterkraftverkehr betreffen, Rechtsverordnungen zu erlassen, durch die

1. der Zugang zum Beruf des Güterkraftverkehrsunternehmers und zum Markt des Güterkraftverkehrs, insbesondere die Voraussetzungen für die Erteilung, die Rücknahme und den Widerruf von Genehmigungen, den Erlaß von Nebenbestimmungen, das zugehörige Verfahren einschließlich der Durchführung von Anhörungen und der Behandlung wesentlicher Änderungen nach Erteilung der Genehmigungen sowie die Bedingungen für den Fahrzeugeinsatz geregelt werden,

1a. die Voraussetzungen für die Erteilung, die Rücknahme und den Widerruf von Fahrerbescheinigungen, den Erlass von Nebenbestimmungen, das zugehörige Verfahren einschließlich der Durchführung von Anhörungen und der Behandlung wesentlicher Änderungen nach Erteilung der Fahrerbescheinigungen, die Bedingungen für den Einsatz des Fahrpersonals sowie die Überwachung der Erteilungsvoraussetzungen geregelt werden,

1b. für die Durchführung internationaler Abkommen das nationale Verfahren für die Erteilung und Verwendung elektronisch erteilter Genehmigungen und die Verwaltung des deutschen CEMT-Genehmigungskontingents im Rahmen eines von der Organisation für wirtschaftliche Zusammenarbeit und Entwicklung betriebenen IT-Systems geregelt wird, insbesondere

   a) die Festlegung einer nationalen Kontaktstelle und deren administrativer Aufgaben im Rahmen der Teilnahme am multilateralen Genehmigungssystem,

   b) die an das System zu übermittelnden und aus dem System abzurufenden Daten,

   c) die Festlegung und Verwaltung von Zugriffsrechten für Unternehmer und staatliche Stellen,

   d) die Regelungen zu den erforderlichen technischen und organisatorischen Maßnahmen des Bundesamtes nach den Artikeln 24, 25 und 32 der Verordnung (EU) 2016/679[1)],

   e) die Regelungen zu den Protokollierungspflichten des Bundesamtes,

2. für Unternehmer, deren Unternehmen ihren Sitz in einem Staat haben, der weder Mitglied der Europäischen Union noch anderer Vertragsstaat des Abkommens über den Europäischen Wirtschaftsraum ist, der Zugang zum Markt des Güterkraftverkehrs und die Bedingungen bei der Durchführung des Güterkraftverkehrs abweichend von den Bestimmungen dieses Gesetzes geregelt sowie der vorübergehende oder dauernde Ausschluß vom Güterkraftverkehr vorgesehen wird, wenn wiederholt oder schwerwiegend gegen im Inland geltende Vorschriften verstoßen wird,

3. Bestimmungen zur Gewährleistung zwischenstaatlicher Gegenseitigkeit oder gleicher Wettbewerbsbedingungen, insbesondere über die Erteilung von Ge-

[1)] Nr. 246.

nehmigungen, die Voraussetzungen für die Erteilung und die Aufhebung einer Genehmigung, die Überwachung sowie das Verfahren, eingeführt,

3a. Marktstörungen im Bereich des innerstaatlichen Straßengüterverkehrs eingedämmt oder beseitigt werden, sofern die Mitgliedstaaten der Europäischen Union nach Artikel 10 der Verordnung (EG) Nr. 1072/2009 in der Fassung vom 15. Juli 2020 zur Ergreifung der dort genannten Maßnahmen befugt sind, unter Beachtung der dort näher bezeichneten Voraussetzungen und

4. die Pflicht zur Vorlage von Unterlagen zur Beobachtung des Marktgeschehens geregelt werden.

[2]Rechtsverordnungen nach den Nummern 1 bis 3a bedürfen der Zustimmung des Bundesrates.

(4) [1]Das Bundesministerium für Verkehr kann abweichend von den auf Grund des Absatzes 3 erlassenen Rechtsverordnungen im Rahmen internationaler Regierungs- und Verwaltungsabkommen Beförderungsfälle ganz oder teilweise von der Genehmigungspflicht für den grenzüberschreitenden gewerblichen Güterkraftverkehr mit Staaten außerhalb der Europäischen Union und des Europäischen Wirtschaftsraums freistellen, soweit diese sich als unverhältnismäßig erweist. [2]Ebenso kann das Bundesministerium für Verkehr mit einem Nachbarstaat Vereinbarungen treffen, durch die Verkehre durch das Inland mit Be- und Entladeort in dem Nachbarstaat von der Erlaubnispflicht nach § 3 Abs. 1 ausgenommen werden.

(5) Das Bundesministerium für Verkehr wird ermächtigt, durch Rechtsverordnung mit Zustimmung des Bundesrates auf dem Gebiet des grenzüberschreitenden kombinierten Verkehrs zur Ordnung dieses Verkehrs und zur Durchführung internationaler Abkommen sowie von Verordnungen, Entscheidungen und Richtlinien des Rates der Europäischen Union und der Kommission der Europäischen Gemeinschaften Vorschriften zu erlassen, durch die

1. das Vorliegen von grenzüberschreitendem kombiniertem Verkehr einschließlich der Bestimmung des nächstgelegenen geeigneten Bahnhofs sowie die Pflicht zur Mitführung und Aushändigung von Papieren geregelt werden, die dem Nachweis der Erfüllung der Berufszugangsvoraussetzungen und der Durchführung von kombiniertem Verkehr dienen,

1a. Besonderheiten, insbesondere genehmigungsrechtliche Erleichterungen, vorgesehen werden sowie

2. Bestimmungen zur Gewährleistung zwischenstaatlicher Gegenseitigkeit oder gleicher Wettbewerbsbedingungen eingeführt werden.

§ 24[1)] Erlaubnis nach § 3 in der am 26. Februar 2026 geltenden Fassung.

[1]Eine Erlaubnis, die nach § 3 in der am 26. Februar 2026 geltenden Fassung zur Durchführung gewerblichen Güterkraftverkehrs im Inland berechtigt, bleibt bis zum Ablauf ihrer Befristung gültig. [2]§ 3 Absatz 3 und 5 in der am 26. Februar 2026 geltenden Fassung ist anzuwenden. [3]Eine unbefristete Erlaubnis bleibt bis zum Ablauf des 27. Februar 2036 gültig.

§ 25[2)] *(aufgehoben)*

[1)] § 24 eingef. mWv 27.2.2026 durch G v. 23.2.2026 (BGBl. 2026 I Nr. 47).
[2)] § 25 aufgeh. mWv 26.11.2011 durch G v. 22.11.2011 (BGBl. I S. 2272).

970. Gesetz über die vermögensrechtlichen Verhältnisse der Bundeswasserstraßen

Vom 21. Mai 1951
(BGBl. I S. 352)

FNA 940-4

geänd. durch Art. 266 Siebente ZuständigkeitsanpassungsVO v. 29. 10. 2001 (BGBl. I S. 2785), Art. 311 Neunte ZuständigkeitsanpassungsVO v. 31. 10. 2006 (BGBl. I S. 2407), Art. 102 Bundesrecht-BereinigungsG v. 8. 12. 2010 (BGBl. I S. 1864) und Art. 521 Zehnte ZuständigkeitsanpassungsVO v. 31. 8. 2015 (BGBl. I S. 1474)

Der Bundestag hat mit Zustimmung des Bundesrates das folgende Gesetz beschlossen:

§ 1[1] [Bund als Eigentümer der früheren Reichswasserstraßen] [1] Die bisherigen Reichswasserstraßen (Binnen- und Seewasserstraßen) sind mit Wirkung vom 24. Mai 1949 als Bundeswasserstraßen Eigentum des Bundes. [2] Vom gleichen Zeitpunkt ist der Bund Inhaber aller sonstigen Vermögensrechte, die dem Deutschen Reich gehörten und Zwecken der Verwaltung der Reichswasserstraßen und des Leuchtfeuerwesens sowie anderen navigatorischen Aufgaben dienten oder die ausschließlich für diese Zwecke begründet oder bestimmt worden sind. [3] Dies gilt auch für Rechte, die durch Gesetz für unübertragbar oder nur auf Grund besonderer Vereinbarung für übertragbar erklärt sind. [4] Die in dem Gesetz über den Staatsvertrag, betreffend den Übergang der Wasserstraßen von den Ländern auf das Deutsche Reich vom 29. Juli 1921 (Reichsgesetzbl. S. 961) und den Nachträgen hierzu vom 18. Februar 1922 (Reichsgesetzbl. S. 222) und vom 22. Dezember 1928 (Reichsgesetzbl. 1929 II S. 1) getroffene Regelung gilt sinngemäß weiter.

§ 2 [Erlöschen von Treuhandschaften der Länder] Treuhandschaften der Länder an dem Eigentum und den Vermögensrechten, die unter § 1 fallen, erlöschen mit dem Inkrafttreten dieses Gesetzes.

§ 3 [Frühere rechtsgeschäftliche Verfügungen] Die Wirksamkeit von rechtsgeschäftlichen Verfügungen, die über Eigentum und Vermögensrechte der in § 1 bezeichneten Art vor dem Inkrafttreten dieses Gesetzes getroffen worden sind, bleibt unberührt.

§ 4 [Ausnahmen zu § 1] § 1 gilt nicht für Eigentum und Vermögensrechte, die nach dem 30. Januar 1933 einer Gewerkschaft, Genossenschaft, politischen Partei oder sonstigen demokratischen Organisation weggenommen worden sind.

§ 5[2] *(aufgehoben)*

---

[1] § 1 Abs. 2 und 3 aufgeh. mWv 15. 12. 2010 durch G v. 8. 12. 2010 (BGBl. I S. 1864).
[2] § 5 aufgeh. mWv 15. 12. 2010 durch G v. 8. 12. 2010 (BGBl. I S. 1864).

§ 6 [Ausschluss von Aufwendungs- und Verwendungsersatz] [1] Ein Ersatz für Aufwendungen und Verwendungen, die bis zum 20. September 1949 von den Ländern in Bezug auf Eigentum und Vermögensrechte der in § 1 bezeichneten Art gemacht worden sind, wird nicht geleistet. [2] Den Ländern verbleiben bis zu diesem Zeitpunkt von ihnen erzielte Erträge.

§ 7 [Fortbestand von Rechten] Dingliche Rechte an Grundstücken und sonstigen Sachen und Rechten, die unter § 1 fallen, bleiben bestehen.

§ 8[1)] [Grundbuchberichtigung] (1) [1] Steht das Eigentum an einem Grundstück nach § 1 dem Bund zu, so ist der Antrag auf Berichtigung des Grundbuchs von der höheren Behörde der Bundeswasserstraßenverwaltung zu stellen, in deren Bezirk das Grundstück liegt; bei Zweifeln wird die zuständige Behörde von dem Bundesministerium für Verkehr und digitale Infrastruktur bestimmt. [2] War als Eigentümer eines solchen Grundstücks nicht das Deutsche Reich im Grundbuch eingetragen, so ist die Berichtigung des Grundbuchs gemeinsam von der höheren Behörde der Bundeswasserstraßenverwaltung und von der durch die Landesregierung bestimmten Landesbehörde zu beantragen, in deren Bezirk das Grundstück liegt. [3] Der Antrag muß von dem Leiter der Behörde oder seinem Vertreter unterschrieben und mit dem Amtssiegel oder Amtsstempel versehen sein. [4] Zum Nachweis des Eigentums gegenüber dem Grundbuchamt genügt die in den Antrag aufzunehmende Erklärung, daß das Grundstück dem Bund zusteht. [5] Das Eigentum ist einzutragen für die „Bundesrepublik Deutschland (Bundeswasserstraßenverwaltung)".

(2) Dies gilt für sonstige im Grundbuch eingetragene Rechte entsprechend.

§ 9 [Gerichtsgebühren und Abgaben] [1] Gerichtsgebühren und andere Abgaben, die aus Anlaß und in Durchführung dieses Gesetzes entstehen, werden nicht erhoben. [2] Bare Auslagen bleiben außer Ansatz.

§ 10 [Aufhebung von Vorschriften] Die Verordnung über die Reichswasserstraßen vom 15. April 1943 (Reichsgesetzbl. II S. 131) und die Erste Durchführungsverordnung zur Verordnung über die Reichswasserstraßen vom 6. Mai 1943 (Reichsgesetzbl. II S. 149) sind aufgehoben.

§ 11 [Inkrafttreten] Das Gesetz tritt am Tage nach seiner Verkündung[2)] in Kraft.

[1)] § 8 Abs. 1 Satz 1 geänd. mWv 7. 11. 2001 durch VO v. 29. 10. 2001 (BGBl. I S. 2785); Abs. 1 Satz 1 zweiter Halbsatz geänd. mWv 8. 11. 2006 durch VO v. 31. 10. 2006 (BGBl. I S. 2407); Abs. 1 Satz 1 geänd. mWv 8. 9. 2015 durch VO v. 31. 8. 2015 (BGBl. I S. 1474).

[2)] Verkündet am 23. 5. 1951.

971. Bundeswasserstraßengesetz (WaStrG)[1)]

In der Fassung der Bekanntmachung vom 23. Mai 2007[2)]

(BGBl. I S. 962, ber. BGBl. I 2008, S. 1980)

FNA 940-9

geänd. durch § 2 Bundeswasserstraßen-ÜbergangsVO Trave Lübeck v. 29.6.2007 (BGBl. I S. 1241), § 5 Abs. 2 G zur Umbenennung von Behörden und Übernahme von Beschäftigten im Geschäftsbereich des BMELV v. 13.12.2007 (BGBl. I S. 2930), § 2 Nebenstrecke Obereidersee-ÜbergangsVO v. 18.3.2008 (BGBl. I S. 449), Art. 5 G zur Neuregelung des Rechts des Naturschutzes und der Landschaftspflege v. 29.7.2009 (BGBl. I S. 2542), Art. 5 G zur Neuregelung des Wasserrechts v. 31.7.2009 (BGBl. I S. 2585), § 2 VO zum Übergang einer Teilstrecke der Bundeswasserstraße Oste auf das Land Niedersachsen v. 27.4. 2010 (BGBl. I S. 540), Art. 4 G zur Umsetzung der Meeresstrategie-RahmenRL sowie zur Änd. des WaStrG und des KrW-/AbfG v. 6.10.2011 (BGBl. I S. 1986), Art. 13 G zur Reform des Seehandelsrechts v. 20.4.2013 (BGBl. I S. 831), Art. 11 G zur Verbesserung der Öffentlichkeitsbeteiligung und Vereinheitlichung von Planfeststellungsverfahren v. 31.5.2013 (BGBl. I S. 1388), Art. 26 G zur Förderung der elektronischen Verwaltung sowie zur Änd. weiterer Vorschriften v. 25.7.2013 (BGBl. I S. 2749), Art. 2 Abs. 158 und Art. 4 Abs. 125 G zur Strukturreform des Gebührenrechts des Bundes v. 7.8.2013 (BGBl. I S. 3154, geänd. durch G v. 18.7.2016, BGBl. I S. 1666), Art. 522 Zehnte ZuständigkeitsanpassungsVO v. 31.8.2015 (BGBl. I S. 1474), § 2 VO über den Übergang einer Teilstrecke der Bundeswasserstraße Lühe auf den Unterhaltungsverband Nummer 15 Aue, den Deichverband der I. Meile Altenlandes, den Deichverband der II. Meile Alten Landes und den Flecken Horneburg v. 15.1.2016 (BGBl. I S. 156), Art. 17 WSV-ZuständigkeitsanpassungsG v. 24.5.2016 (BGBl. I S. 1217), Art. 6 Zweites G zur Änd. der Haftungsbeschränkung in der Binnenschifffahrt v. 5.7.2016 (BGBl. I S. 1578 iVm Bek. v. 20.2.2019, BGBl. I S. 196), Art. 4 Abs. 118 G zur Aktualisierung der Strukturreform des Gebührenrechts des Bundes v. 18.7.2016 (BGBl. I S. 1666), Art. 2 G über den Ausbau der Bundeswasserstraßen und zur Änd. des BundeswasserstraßenG v. 23.12.2016 (BGBl. I S. 3224), Art. 6 Abs. 42 G zur Reform der strafrechtlichen Vermögensabschöpfung v. 13.4.2017 (BGBl. I S. 872), Art. 10 G zur Anpassung des Umwelt-RechtsbehelfsG und anderer Vorschriften an europa- und völkerrechtliche Vorgaben v. 29.5.2017 (BGBl. I S. 1298), Art. 1 Erste ÄndVO v. 27.6.2017 (BGBl. I S. 2089), Art. 2 Abs. 8 G zur Modernisierung des Rechts der Umweltverträglichkeitsprüfung v. 20.7.2017 (BGBl. I S. 2808, ber. 2018 S. 472), Art. 4 G zur Beschleunigung von Planungs- und Genehmigungsverfahren im Verkehrsbereich v. 29.11.2018 (BGBl. I S. 2237), Art. 335 Elfte ZuständigkeitsanpassungsVO v. 19.6.2020 (BGBl. I S. 1328), Art. 2b Investitionen-BeschleunigungsG v. 3.12.2020 (BGBl. I S. 2694), Art. 1 G über den wasserwirtschaftlichen Ausbau an Bundeswasserstraßen zur Erreichung der Bewirtschaftungsziele der WasserrahmenRL v. 2.6.2021 (BGBl. I S. 1295), Art. 2 G zur Änd. gebührenrechtlicher und weiterer Vorschriften über das Befahren der Bundeswasserstraßen durch die Schifffahrt v. 3.6.2021 (BGBl. I S. 1465), Art. 57 TelekommunikationsmodernisierungsG v. 23.6.2021 (BGBl. I S. 1858), Art. 3 G zur Umsetzung von Vorgaben der RL (EU) 2018/2001 für Zulassungsverfahren nach dem Bundes-ImmissionsschutzG, dem WasserhaushaltsG und dem BundeswasserstraßenG v. 18.8.2021 (BGBl. I S. 3901), Art. 5 G zur Beschleunigung von Genehmigungsverfahren im Verkehrsbereich und zur Umsetzung der RL (EU) 2021/1187 über die Straffung von Maßnahmen zur rascheren Verwirklichung des transeuropäischen Verkehrsnetzes v. 22.12.2023 (BGBl. 2023 I Nr. 409) und Art. 3 G zur Umsetzung von Vorgaben der RL (EU) 2023/2413 für Zulassungsverfahren nach dem BImSchG und dem WHG sowie für Planverfahren nach dem BauGB und dem ROG, zur Änd. des WaStrG und zur Änd. des WindBG v. 12.8.2025 (BGBl. 2025 I Nr. 189)

[1)] Zur Anwendung im Zeitraum vom 29.5.2020 bis 30.9.2029 vgl. das Planungssicherstellungsgesetz **(Sartorius III Nr. 160).**

[2)] Neubekanntmachung des WaStrG idF der Bek. v. 4.11.1998 (BGBl. I S. 3294) in der ab 17.12.2006 geltenden Fassung.

Abschnitt 1. Bundeswasserstraßen

§ 1[1)] Binnenwasserstraßen, Seewasserstraßen. (1) Bundeswasserstraßen nach diesem Gesetz sind

1. die Binnenwasserstraßen des Bundes, die dem Verkehr mit Güter- und Fahrgastschiffen oder der Sport- und Freizeitschifffahrt mit Wasserfahrzeugen dienen; als solche gelten die in der Anlage 1 aufgeführten Wasserstraßen, dazu gehören auch alle Gewässerteile,
   a) die mit der Bundeswasserstraße in ihrem Erscheinungsbild als natürliche Einheit anzusehen sind,
   b) die mit der Bundeswasserstraße durch einen Wasserzufluss oder Wasserabfluss in Verbindung stehen und
   c) die im Eigentum des Bundes stehen,
2. die Seewasserstraßen.

(2) [1]Unbeschadet der Regelung in Absatz 6 wird die seitliche Abgrenzung der Binnenwasserstraßen des Bundes durch die Uferlinie gebildet. [2]Die Uferlinie ist die Linie des Mittelwasserstandes, bei staugeregelten Bundeswasserstraßen die Linie des Stauziels oder bei tidebeeinflussten Binnenwasserstraßen die Linie des mittleren Tidehochwasserstandes.

(3) [1]Ufer einer Binnenwasserstraße des Bundes ist der Bereich zwischen der Uferlinie gemäß Absatz 2 und der Linie des mittleren Hochwasserstandes. [2]Davon ausgenommen sind die tidebeeinflussten Binnenwasserstraßen, in denen das Ufer zwischen der Linie des mittleren Tideniedrigwasserstandes und der Linie des mittleren Tidehochwasserstandes verläuft. [3]Befindet sich unterhalb der Linie des mittleren Hochwasserstandes oder des Tidehochwasserstandes eine Böschungskante als natürliche landseitige Abgrenzung, tritt diese an die Stelle der Linie des mittleren Hochwasserstandes.

(4) [1]Seewasserstraßen sind die Flächen zwischen der Küstenlinie bei mittlerem Hochwasser oder der seewärtigen Begrenzung der Binnenwasserstraßen und der seewärtigen Begrenzung des Küstenmeeres. [2]Zu den Seewasserstraßen gehören nicht die Hafeneinfahrten, die von Leitdämmen oder Molen ein- oder beidseitig begrenzt sind, die Außentiefs, die Küstenschutz-, Entwässerungs-, Landgewinnungsbauwerke, Badeanlagen und der trockenfallende Badestrand.

(5) [1]Soweit die Erfüllung der Verwaltungsaufgaben des Bundes nicht beeinträchtigt wird, kann das jeweilige Land das Eigentum des Bundes an den Seewasserstraßen und an den angrenzenden Mündungstrichtern der Binnenwasserstraßen unentgeltlich nutzen,

1. wenn die Nutzung öffentlichen Interessen dient, insbesondere zur Landgewinnung, Boden- und Wasserentnahme, Errichtung von Hafenanlagen, zu Maßnahmen für den Küstenschutz und für den Wasserabfluss sowie für die Durchführung des Badebetriebes,

---

[1)] § 1 Abs. 4 Nr. 2 geänd., Nr. 3 angef. mWv 14.10.2011 durch G v. 6.10.2011 (BGBl. I S. 1986); Abs. 5 geänd. mWv 8.9.2015 durch VO v. 31.8.2015 (BGBl. I S. 1474); Abs. 4 Nr. 3 geänd. mWv 1.6.2016 durch G v. 24.5.2016 (BGBl. I S. 1217); Abs. 1 Nr. 1 neu gef., Abs. 2 und 3 eingef., bish. Abs. 2–5 werden Abs. 4–7 mWv 9.6.2021 durch G v. 2.6.2021 (BGBl. I S. 1295); Abs. 7 geänd. mWv 29.12.2023 durch G v. 22.12.2023 (BGBl. 2023 I Nr. 409).

2. zur Ausübung des Jagdrechts, der Muschelfischerei, der Schillgewinnung, der Landwirtschaft sowie der aus dem Eigentum sich ergebenden Befugnisse zur Nutzung von Bodenschätzen.

[2] Das Land wird Eigentümer der nach Nummer 1 gewonnenen Land- und Hafenflächen und errichteten Bauwerke. [3] Es kann die Nutzungsbefugnisse nach Nummer 1 und 2 im Einzelfall auf einen Dritten übertragen. [4] Rechte Dritter bleiben unberührt.

(6) Zu den Bundeswasserstraßen gehören auch

1. die bundeseigenen Schifffahrtsanlagen, besonders Schleusen, Schiffshebewerke, Wehre, Schutz-, Liege- und Bauhäfen sowie bundeseigene Talsperren, Speicherbecken und andere Speisungs- und Entlastungsanlagen,
2. die ihrer Unterhaltung dienenden bundeseigenen Ufergrundstücke, Bauhöfe und Werkstätten,

(Fortsetzung nächstes Blatt)

3. bundeseigene Einrichtungen oder Gewässerteile, die der Erhaltung oder Wiederherstellung der Durchgängigkeit bei Stauanlagen, die von der Wasserstraßen- und Schifffahrtsverwaltung des Bundes errichtet oder betrieben werden, dienen.

(7) Das Bundesministerium für Digitales und Verkehr wird vorbehaltlich des § 2 ermächtigt, die Anlage 1 durch Rechtsverordnung mit Zustimmung des Bundesrates so zu ändern, dass dort aufgeführte Bundeswasserstraßen ganz oder teilweise zusammengefasst oder getrennt, Bezeichnungen für sie festgesetzt oder geändert werden.

§ 2[1)] Bestandsänderung. (1) [1]Soll ein Gewässer Bundeswasserstraße werden oder soll ein Gewässer die Eigenschaft als Bundeswasserstraße verlieren, bedarf es einer Vereinbarung zwischen dem Bund, dem Land und dem bisherigen oder dem künftigen Eigentümer. [2]Den Übergang bewirkt ein Bundesgesetz; das Bundesministerium für Digitales und Verkehr wird ermächtigt, im Einvernehmen mit dem Bundesministerium der Finanzen den Übergang von Gewässern oder Gewässerstrecken mit nur örtlicher Bedeutung durch Rechtsverordnung zu bewirken.

(2) In Rechtsvorschriften nach Absatz 1 ist die Anlage 1 zu ändern.

§ 3[2)] Erweiterung und Durchstiche. (1) Werden Landflächen an einer Bundeswasserstraße zum Gewässer und wird dadurch das Gewässerbett der Bundeswasserstraße für dauernd erweitert, so ist das Gewässer ein Teil der Bundeswasserstraße.

(2) [1]Das Eigentum an der Erweiterung wächst dem Bund lastenfrei zu. [2]Ist die Erweiterung künstlich herbeigeführt, hat derjenige, der sie veranlasst hat, den bisherigen Eigentümer zu entschädigen.

(3) Die Absätze 1 und 2 gelten auch für Durchstiche an Bundeswasserstraßen.

Abschnitt 2. Wahrung der Bedürfnisse der Landeskultur und der Wasserwirtschaft

§ 4 Einvernehmen mit den Ländern. Bei der Verwaltung, dem Ausbau und dem Neubau von Bundeswasserstraßen sind die Bedürfnisse der Landeskultur und der Wasserwirtschaft im Einvernehmen mit den Ländern zu wahren.

Abschnitt 3. Befahren mit Wasserfahrzeugen und Gemeingebrauch

§ 5[3)] Befahren mit Wasserfahrzeugen. [1]Jedermann darf im Rahmen der Vorschriften des Schifffahrtsrechts sowie der Vorschriften dieses Gesetzes die Bundeswasserstraßen mit Wasserfahrzeugen befahren. [2]Das Befahren der bundeseigenen Talsperren und Speicherbecken ist nur zulässig, soweit es durch Rechtsverordnung nach § 46 Nr. 2 gestattet wird. [3]Das Befahren der Bundeswasserstraßen in Naturschutzgebieten und Nationalparken nach den §§ 23 und 24 des Bundesnaturschutzgesetzes[4)] kann durch Rechtsverordnung, die das Bundesministerium für Digitales und Verkehr im Einvernehmen mit dem Bundesministerium für Um-

[1)] § 2 Abs. 1 Satz 2 geänd. mWv 8.9.2015 durch VO v. 31.8.2015 (BGBl. I S. 1474); Abs. 1 Satz 2 geänd. mWv 29.12.2023 durch G v. 22.12.2023 (BGBl. 2023 I Nr. 409).

[2)] § 3 Abs. 2 Satz 1 geänd. mWv 7.12.2018 durch G v. 29.11.2018 (BGBl. I S. 2237).

[3)] § 5 Satz 3 geänd. mWv 8.9.2015 durch VO v. 31.8.2015 (BGBl. I S. 1474); Satz 3 geänd. mWv 27.6.2020 durch VO v. 19.6.2020 (BGBl. I S. 1328); Satz 1 geänd. mWv 1.7.2021 durch G v. 3.6.2021 (BGBl. I S. 1465); Satz 3 geänd. mWv 29.12.2023 durch G v. 22.12.2023 (BGBl. 2023 I Nr. 409).

[4)] Nr. **880**.

welt, Naturschutz, nukleare Sicherheit und Verbraucherschutz erlässt, geregelt, eingeschränkt oder untersagt werden, soweit dies zur Erreichung des Schutzzweckes erforderlich ist.

§ 6[1)] Gemeingebrauch. [1]Durch Rechtsverordnung nach § 46 Nr. 3 kann der Gemeingebrauch geregelt, beschränkt oder untersagt werden, soweit es zur Erhaltung der Bundeswasserstraßen in einem für die Schifffahrt erforderlichen Zustand notwendig ist. [2]Unter der gleichen Voraussetzung können die Behörden der Wasserstraßen- und Schifffahrtsverwaltung des Bundes durch Verfügung den Gemeingebrauch regeln, beschränken oder untersagen.

Abschnitt 4. Unterhaltung der Bundeswasserstraßen und Betrieb der bundeseigenen Schifffahrtsanlagen

§ 7[2)] Allgemeine Vorschriften über Unterhaltung und Betrieb. (1) Die Unterhaltung der Bundeswasserstraßen und der Betrieb der bundeseigenen Schifffahrtsanlagen sind Hoheitsaufgaben des Bundes.

(2) Die Unterhaltung der Bundeswasserstraßen und der Betrieb der bundeseigenen Schifffahrtsanlagen kann im Einzelfall Dritten zur Ausführung übertragen werden; dabei gehen hoheitliche Befugnisse des Bundes nicht über.

(3) [1]Maßnahmen innerhalb der Bundeswasserstraßen, die der Unterhaltung der Bundeswasserstraßen oder der Errichtung oder dem Betrieb der bundeseigenen Schifffahrtsanlagen dienen, bedürfen keiner Erlaubnis, Bewilligung oder Genehmigung. [2]Die in diesem Gesetz und anderen bundesrechtlichen Vorschriften geregelten Beteiligungspflichten bleiben hiervon unberührt.

(4) Bei der Unterhaltung der Bundeswasserstraßen sowie der Errichtung und dem Betrieb der bundeseigenen Schifffahrtsanlagen sind die Erfordernisse des Denkmalschutzes zu berücksichtigen.

§ 8[3)] Umfang der Unterhaltung. (1) [1]Die Unterhaltung der Binnenwasserstraßen (§ 1 Abs. 1 Nr. 1) umfasst die Erhaltung eines ordnungsgemäßen Zustands für den Wasserabfluss und die Erhaltung der Schiffbarkeit. [2]Zur Unterhaltung gehört auch die Erhaltung von Einrichtungen und Gewässerteilen im Sinne des § 1 Absatz 6 Nummer 3. [3]Bei der Unterhaltung ist den Belangen des Naturhaushalts Rechnung zu tragen; Bild und Erholungswert der Gewässerlandschaft sind zu berücksichtigen. [4]Die natürlichen Lebensgrundlagen sind zu bewahren. [5]Unterhaltungsmaßnahmen müssen die nach §§ 27 bis 31 des Wasserhaushaltsgesetzes[4)] maßgebenden Bewirtschaftungsziele beachten und werden so durchgeführt, dass mehr als nur geringfügige Auswirkungen auf den Hochwasserschutz vermieden werden.

(2) [1]Wenn es die Erhaltung des ordnungsgemäßen Zustands nach Absatz 1 erfordert, gehören zur Unterhaltung besonders die Räumung, die Freihaltung, der

[1)] § 6 Satz 2 geänd. mWv 1.6.2016 durch G v. 24.5.2016 (BGBl. I S. 1217).

[2)] § 7 Abs. 3 Satz 1 geänd., Satz 2 angef. mWv 14.10.2011 durch G v. 6.10.2011 (BGBl. I S. 1986).

[3)] § 8 Abs. 1 Satz 4 geänd. mWv 1.3.2010 durch G v. 31.7.2009 (BGBl. I S. 2585); Abs. 1 Satz 2 eingef., bish. Sätze 2–4 werden Sätze 3–5 mWv 14.10.2011 durch G v. 6.10.2011 (BGBl. I S. 1986); Abs. 5 Satz 3 geänd. mWv 7.6.2013 durch G v. 31.5.2013 (BGBl. I S. 1388); Abs. 5 Satz 1 geänd. mWv 1.6.2016 durch G v. 24.5.2016 (BGBl. I S. 1217); Abs. 1 Sätze 2 und 5 geänd. mWv 9.6.2021 durch G v. 2.6.2021 (BGBl. I S. 1295).

[4)] Nr. **845**.

Schutz und die Pflege des Gewässerbettes mit seinen Ufern. [2]Dabei ist auf die Belange der Fischerei Rücksicht zu nehmen.

(3) Die Erhaltung der Schiffbarkeit umfasst nicht die Zufahrten zu den Lösch-, Lade- und Anlegestellen sowie zu den Häfen außer den bundeseigenen Schutz-, Liege- und Bauhäfen.

(4) Zur Unterhaltung gehören auch Arbeiten zur Beseitigung oder Verhütung von Schäden an Ufergrundstücken, die durch die Schifffahrt entstanden sind oder entstehen können, soweit die Schäden den Bestand der Ufergrundstücke gefährden.

(5) [1]Die Unterhaltung der Seewasserstraßen (§ 1 Abs. 1 Nr. 2) umfasst nur die Erhaltung der Schiffbarkeit der von der Wasserstraßen- und Schifffahrtsverwaltung des Bundes gekennzeichneten Schifffahrtswege, soweit es wirtschaftlich zu vertreten ist. [2]Hierzu gehören auch Arbeiten und Maßnahmen zur Sicherung des Bestandes der Inseln Helgoland (ohne Düne), Wangerooge und Borkum. [3]Absatz 1 Satz 3 und 4 ist anzuwenden.

(6) Weitergehende Verpflichtungen zur Unterhaltung nach dem Nachtrag zu dem Gesetz über den Staatsvertrag betreffend den Übergang der Wasserstraßen von den Ländern auf das Reich vom 18. Februar 1922 (RGBl. I S. 222) bleiben unberührt.

§ 9 Maßnahmen in Landflächen an Bundeswasserstraßen. (1) [1]Maßnahmen in Landflächen an Bundeswasserstraßen, die notwendig sind, um für die Schifffahrt nachteilige Veränderungen des Gewässerbettes zu verhindern oder zu beseitigen, bedürfen der vorherigen Planfeststellung. [2]Die §§ 14 bis 21 sind anzuwenden.

(2) (aufgehoben)

§ 10 Anlagen und Einrichtungen Dritter. Anlagen und Einrichtungen in, über oder unter einer Bundeswasserstraße oder an ihrem Ufer sind von ihren Eigentümern und Besitzern so zu unterhalten und zu betreiben, dass die Unterhaltung der Bundeswasserstraße, der Betrieb der bundeseigenen Schifffahrtsanlagen oder der Schifffahrtszeichen sowie die Schifffahrt nicht beeinträchtigt werden.

§ 11[1)] Besondere Pflichten im Interesse der Unterhaltung. (1) Soweit es zur Unterhaltung einer Bundeswasserstraße erforderlich ist, haben die Anlieger und die Hinterlieger nach vorheriger Ankündigung zu dulden, dass Beauftragte des Bundes die Grundstücke betreten, vorübergehend benutzen und aus ihnen Bestandteile entnehmen, wenn diese sonst nur mit unverhältnismäßig hohen Kosten beschafft werden können.

(2) [1]Die Anlieger haben das Bepflanzen der Ufer zu dulden, soweit es für die Unterhaltung der Bundeswasserstraße erforderlich ist. [2]Die Anlieger können durch Verfügung der Behörden der Wasserstraßen- und Schifffahrtsverwaltung des Bundes verpflichtet werden, die Ufergrundstücke in erforderlicher Breite so zu bewirtschaften, dass die Unterhaltung nicht beeinträchtigt wird; sie haben bei der Nutzung die Erfordernisse des Uferschutzes zu beachten.

(3) Entstehen durch Handlungen nach Absatz 1 oder 2 Schäden, hat der Geschädigte Anspruch auf Schadenersatz.

(4) [1]Der Inhaber einer strom- und schifffahrtspolizeilichen Genehmigung (§ 31) hat ohne Anspruch auf Entschädigung zu dulden, dass die Ausübung der Geneh-

[1)] § 11 Abs. 2 Satz 2 geänd. mWv 1.6.2016 durch G v. 24.5.2016 (BGBl. I S. 1217).

migung durch Arbeiten zur Unterhaltung vorübergehend behindert oder unterbrochen wird. [2]Auf die Interessen des zur Duldung Verpflichteten ist Rücksicht zu nehmen.

Abschnitt 5. Ausbau und Neubau der Bundeswasserstraßen

§ 12[1] Allgemeine Vorschriften über Ausbau und Neubau. (1) Der Ausbau und der Neubau der Bundeswasserstraßen sind Hoheitsaufgaben des Bundes.

(2) Ausbau sind die über die Unterhaltung hinausgehenden Maßnahmen

1. zur wesentlichen Umgestaltung einer Bundeswasserstraße, einer Kreuzung mit einer Bundeswasserstraße, eines oder beider Ufer, die die Bundeswasserstraße als Verkehrsweg betreffen,
2. zur Herstellung oder zur wesentlichen Umgestaltung von Einrichtungen oder von Gewässerteilen im Sinne des § 1 Absatz 6 Nummer 3,
3. zur wesentlichen Umgestaltung einer Binnenwasserstraße des Bundes (§ 1 Absatz 1 Nummer 1) oder ihrer Ufer (§ 1 Absatz 3) im Sinne des § 67 Absatz 2 Satz 1 und 2 des Wasserhaushaltsgesetzes[2)], soweit die Maßnahmen erforderlich sind, um die Bewirtschaftungsziele nach Maßgabe der §§ 27 bis 31 des Wasserhaushaltsgesetzes zu erreichen; hierzu gehören nicht Maßnahmen, die überwiegend zum Zwecke des Hochwasserschutzes oder der Verbesserung der physikalischen oder chemischen Beschaffenheit des Wassers durchgeführt werden.

[2]Zu den Maßnahmen nach Satz 1 Nummer 3 gehören auch solche Maßnahmen, bei denen Gewässerteile nach § 1 Absatz 1 Nummer 1 letzter Halbsatz entstehen, die einen räumlichen Zusammenhang mit der Binnenwasserstraße aufweisen, auch wenn sie sich vor der Ausbaumaßnahme außerhalb des Ufers der Binnenwasserstraße befanden. [3]Ausbaumaßnahmen nach Satz 1 Nummer 3 sind durchzuführen, soweit es die dort genannten Bewirtschaftungsziele nach Maßgabe der §§ 27 bis 31 des Wasserhaushaltsgesetzes erfordern. [4]Für die Beseitigung einer Bundeswasserstraße gelten die Vorschriften über den Ausbau entsprechend.

(3) Gesetzliche oder vertragliche Bestimmungen, die zum Ausbau oder Neubau Beitragsleistungen Dritter vorsehen oder nach denen die Leistungen Dritten auferlegt werden können, bleiben unberührt.

(4) Ausbauverpflichtungen des Bundes nach dem Nachtrag zu dem Gesetz über den Staatsvertrag betreffend den Übergang der Wasserstraßen von den Ländern auf das Reich vom 18. Februar 1922 (RGBl. I S. 222) bleiben unberührt.

(5) Der Ausbau oder der Neubau kann im Einzelfall Dritten zur Ausführung übertragen werden; dabei gehen hoheitliche Befugnisse des Bundes nicht über.

(6) [1]Maßnahmen, die dem Ausbau oder dem Neubau einer Bundeswasserstraße dienen, bedürfen keiner Erlaubnis, Bewilligung oder Genehmigung. [2]Die in diesem Gesetz und anderen bundesrechtlichen Vorschriften geregelten Beteiligungspflichten bleiben hiervon unberührt.

(7) [1]Beim Ausbau einer Bundeswasserstraße nach Absatz 2 Satz 1 Nummer 1 und 2 oder beim Neubau einer Bundeswasserstraße sind die Bewirtschaftungsziele nach Maßgabe der §§ 27 bis 31 des Wasserhaushaltsgesetzes und in Linienführung

---

[1)] § 12 Abs. 7 Satz 3 geänd. mWv 1.3.2010 durch G v. 31.7.2009 (BGBl. I S. 2585); Abs. 2 Satz 2 eingef., bish. Satz 2 wird Satz 3, Abs. 6 Satz 1 geänd., Satz 2 angef. mWv 14.10.2011 durch G v. 6.10.2011 (BGBl. I S. 1986); Abs. 1 geänd., Abs. 2 und Abs. 7 neu gef. mWv 9.6.2021 durch G v. 2.6.2021 (BGBl. I S. 1295).

[2)] Nr. **845**.

und Bauweise Bild und Erholungseignung der Gewässerlandschaft sowie die Erhaltung und Verbesserung des Selbstreinigungsvermögens des Gewässers zu beachten. [2]Die natürlichen Lebensgrundlagen sind zu bewahren. [3]Bei Ausbaumaßnahmen nach Absatz 2 Satz 1 Nummer 3 sind die Anforderungen nach § 67 Absatz 1 des Wasserhaushaltsgesetzes zu beachten. [4]Ausbau- oder Neubaumaßnahmen werden so durchgeführt, dass mehr als nur geringfügige Auswirkungen auf den Hochwasserschutz vermieden werden.

§ 13[1)] Planungen. (1) [1]Das Bundesministerium für Digitales und Verkehr bestimmt im Einvernehmen mit der zuständigen Landesbehörde die Planung und Linienführung der Bundeswasserstraßen. [2]Bei der Bestimmung der Linienführung sind die von dem Vorhaben berührten öffentlichen Belange einschließlich der Umweltverträglichkeit im Rahmen der Abwägung zu berücksichtigen.

(2) (weggefallen)

(3) [1]Diese Bundesplanung hat Vorrang vor der Ortsplanung. [2]Entstehen der Gemeinde infolge der Durchführung von Maßnahmen nach Absatz 1 Aufwendungen für Entschädigungen, so sind sie ihr vom Träger der Maßnahmen zu ersetzen. [3]Muss infolge dieser Maßnahmen ein Bebauungsplan aufgestellt, geändert, ergänzt oder aufgehoben werden, so sind ihr auch die dadurch entstandenen Kosten zu ersetzen.

§ 14[2)] Planfeststellung, vorläufige Anordnung. (1) [1]Der Ausbau, der Neubau oder die Beseitigung von Bundeswasserstraßen bedarf der vorherigen Planfeststellung. [2]Bei der Planfeststellung sind die von dem Vorhaben berührten öffentlichen und privaten Belange einschließlich der Umweltverträglichkeit im Rahmen der Abwägung zu berücksichtigen. [3]Anhörungs- und Planfeststellungsbehörde ist die Generaldirektion Wasserstraßen und Schifffahrt; sie ist auch Genehmigungsbehörde. [4]Für das Planfeststellungsverfahren gelten die §§ 72 bis 78 des Verwaltungsverfahrensgesetzes[3)] nach Maßgabe dieses Gesetzes.

(1a) (weggefallen)

(1b) (weggefallen)

(2) [1]Ist das Planfeststellungsverfahren eingeleitet, kann die Generaldirektion Wasserstraßen und Schifffahrt nach Anhörung der zuständigen Landesbehörde und der anliegenden Gemeinden und Gemeindeverbände eine vorläufige Anordnung erlassen, in der vorbereitende Maßnahmen oder Teilmaßnahmen zum Ausbau oder Neubau festgesetzt werden,

1. soweit es sich um reversible Maßnahmen handelt,
2. wenn Gründe des Wohls der Allgemeinheit den alsbaldigen Beginn der Arbeiten erfordern,
3. wenn mit einer Entscheidung zugunsten des Trägers des Vorhabens gerechnet werden kann und

---

[1)] § 13 Abs. 1 Satz 1 geänd. mWv 8.9.2015 durch VO v. 31.8.2015 (BGBl. I S. 1474); Abs. 1 Satz 1 geänd. mWv 29.12.2023 durch G v. 22.12.2023 (BGBl. 2023 I Nr. 409).

[2)] § 14 Abs. 2 Satz 1 geänd. mWv 7.6.2013 durch G v. 31.5.2013 (BGBl. I S. 1388); Abs. 1 Satz 4 und Abs. 2 Satz 1 geänd. mWv 8.9.2015 durch VO v. 31.8.2015 (BGBl. I S. 1474); Abs. 1 Satz 3 geänd., Satz 4 aufgeh., bish. Satz 5 wird Satz 4, Abs. 2 Satz 1 geänd. mWv 1.6.2016 durch G v. 24.5.2016 (BGBl. I S. 1217); Abs. 2 Satz 1 neu gef., Satz 2 geänd., Satz 5 aufgeh., bish. Satz 6 wird Satz 5, bish. Satz 7 wird Satz 6 und geänd., Satz 7 eingef., Sätze 9 und 10 angef. mWv 7.12.2018 durch G v. 29.11.2018 (BGBl. I S. 2237); Abs. 2 Satz 10 neu gef. mWv 29.12.2023 durch G v. 22.12.2023 (BGBl. 2023 I Nr. 409).

[3)] Nr. **100**.

4. wenn die nach § 74 Absatz 2 des Verwaltungsverfahrensgesetzes und nach § 14b Nummer 1 zu berücksichtigenden Interessen gewahrt werden.

[2] In der vorläufigen Anordnung sind die Auflagen zur Sicherung dieser Interessen und der Umfang der vorläufig zulässigen Maßnahmen festzulegen. [3] Die vorläufige Anordnung berechtigt nicht zu einer wesentlichen Veränderung des Wasserstandes oder der Strömungsverhältnisse. [4] Sie ist den anliegenden Gemeinden und Gemeindeverbänden sowie den Beteiligten zuzustellen und ortsüblich öffentlich bekannt zu machen. [5] Sie ersetzt nicht die Planfeststellung. [6] Soweit die Maßnahmen durch die Planfeststellung für unzulässig erklärt sind, ist der frühere Zustand wiederherzustellen. [7] Dies gilt auch, wenn der Antrag auf Planfeststellung zurückgenommen wurde. [8] Der Betroffene ist zu entschädigen, soweit ein Schaden eingetreten ist, der durch die Wiederherstellung des früheren Zustandes nicht ausgeglichen wird. [9] Rechtsbehelfe gegen die vorläufige Anordnung haben keine aufschiebende Wirkung; ein Vorverfahren findet nicht statt. [10] § 14e gilt entsprechend.

(3) [1] Soweit das Vorhaben Belange der Landeskultur oder der Wasserwirtschaft berührt, bedürfen die Feststellung des Planes, die Genehmigung und die vorläufige Anordnung des Einvernehmens mit der zuständigen Landesbehörde. [2] Über die Erteilung des Einvernehmens ist innerhalb von drei Monaten nach Übermittlung des Entscheidungsentwurfs zu entscheiden.

§ 14a[1] Anhörungsverfahren. (1) [1] Für das Anhörungsverfahren und das Beteiligungsverfahren gelten § 73 des Verwaltungsverfahrensgesetzes[2] und die §§ 17 bis 19 sowie 21 des Gesetzes über die Umweltverträglichkeitsprüfung[3] nach Maßgabe der folgenden Absätze. [2] Das Gleiche gilt für die Behörden- und Öffentlichkeitsbeteiligung nach den §§ 58 und 59 sowie den §§ 62 und 63 des Gesetzes über die Umweltverträglichkeitsprüfung.

(2) Die Anhörungsbehörde soll

1. von dem Träger des Vorhabens verlangen, den Plan ausschließlich oder ergänzend in einem verkehrsüblichen und von der Anhörungsbehörde vorgegebenen elektronischen Format einzureichen;
2. den Behörden, deren Aufgabenbereich durch das Vorhaben berührt wird, den Plan auch ausschließlich elektronisch zugänglich machen;
3. von den Behörden, deren Aufgabenbereich durch das Vorhaben berührt wird, verlangen, ihre Stellungnahmen nach § 73 Absatz 2 und 3a des Verwaltungsverfahrensgesetzes sowie nach § 17 Absatz 2 des Gesetzes über die Umweltverträglichkeitsprüfung elektronisch zu übermitteln.

(3) [1] Die Anhörungsbehörde soll die Auslegung des Plans und der Unterlagen nach § 19 Absatz 2 des Gesetzes über die Umweltverträglichkeitsprüfung durch die Veröffentlichung der Unterlagen auf ihrer Internetseite bewirken. [2] Auf Verlangen eines Beteiligten, das während der Dauer der Beteiligung an die Anhörungsbehörde zu richten ist, ist ihm eine leicht zu erreichende Zugangsmöglichkeit zur Verfügung zu stellen. [3] Abweichend von § 73 Absatz 5 Satz 1 des Verwaltungsverfahrensgesetzes erfolgt die Bekanntmachung durch die Anhörungsbehörde; Satz 1 gilt entsprechend. [4] Die Bekanntmachung erfolgt zusätzlich in örtlichen Tageszeitungen, in deren Verbreitungsgebiet sich das Vorhaben voraus-

[1] § 14a neu gef. mWv 29.12.2023 durch G v. 22.12.2023 (BGBl. 2023 I Nr. 409).
[2] Nr. 100.
[3] Nr. 295.

sichtlich auswirken wird. [5]Die Anhörungsbehörde hat in der Bekanntmachung darauf hinzuweisen, dass und wo der Plan elektronisch veröffentlicht wird und dass eine leicht zu erreichende Zugangsmöglichkeit zur Verfügung gestellt werden kann.

(4) [1]Einwendungen und Stellungnahmen sind gegenüber der Anhörungsbehörde abzugeben. [2]Sie sollen elektronisch übermittelt werden. [3]Eine schriftliche Übermittlung ist ebenfalls möglich. [4]Die Anhörungsbehörde hat in der Bekanntmachung darauf hinzuweisen.

(5) [1]Die Anhörungsbehörde kann auf eine Erörterung nach § 73 Absatz 6 des Verwaltungsverfahrensgesetzes und § 18 Absatz 1 Satz 4 des Gesetzes über die Umweltverträglichkeitsprüfung verzichten. [2]Soll ein im Internet veröffentlichter oder ausgelegter Plan geändert werden, so soll von der Erörterung im Sinne des § 73 Absatz 6 des Verwaltungsverfahrensgesetzes und des § 18 Absatz 1 Satz 4 des Gesetzes über die Umweltverträglichkeitsprüfung abgesehen werden.

(6) [1]Die Anhörungsbehörde kann eine Erörterung nach § 73 Absatz 6 des Verwaltungsverfahrensgesetzes und § 18 Absatz 1 Satz 4 des Gesetzes über die Umweltverträglichkeitsprüfung ganz oder teilweise in digitalen Formaten durchführen. [2]In diesem Fall hat sie in der Bekanntmachung darauf hinzuweisen, dass und wie die Erörterung in einem digitalen Format durchgeführt wird.

(7) Soweit Stellungnahmen, Einwendungen oder sonstige Erklärungen elektronisch übermittelt werden können oder der Plan oder sonstige Unterlagen in einem elektronischen Format veröffentlicht oder zugänglich gemacht werden, haben die Anhörungsbehörde und die Planfeststellungsbehörde die technische Ausgestaltung zu bestimmen.

(8) [1]Die Durchführung informeller Beteiligungsformate ist möglich. [2]Diese Beteiligungsformate sind von dem Planfeststellungsverfahren unabhängig und dürfen sein Ergebnis nicht vorwegnehmen.

§ 14b[1)] Planfeststellungsbeschluss, Plangenehmigung. (1) [1]Für Planfeststellungsbeschluss und Plangenehmigung gilt § 74 des Verwaltungsverfahrensgesetzes[2)] mit folgenden Maßgaben:

1. Die Planfeststellungsbehörde hat dem Träger des Vorhabens Vorkehrungen oder die Errichtung und Unterhaltung von Anlagen auch dann aufzuerlegen, wenn erhebliche Nachteile dadurch zu erwarten sind, dass
   a) der Wasserstand verändert wird oder
   b) eine Gewässerbenutzung, die auf einer Erlaubnis oder anderen Befugnis beruht, beeinträchtigt wird.
2. Die Regelung einer Entschädigung bleibt dem Entschädigungsverfahren vorbehalten.
3. Müssen vorhandene Anlagen infolge des Planfeststellungsbeschlusses oder der Plangenehmigung ersetzt oder geändert werden, hat der Träger des Vorhabens die Mehrkosten der Unterhaltung zu tragen.

[1)] § 14b Nr. 1–5 aufgeh., bish. Nr. 6–11 werden Nr. 1–6 mWv 7.6.2013 durch G v. 31.5.2013 (BGBl. I S. 1388); Nr. 6 Buchst. b geänd. mWv 29.12.2016 durch G v. 23.12.2016 (BGBl. I S. 3224); Abs. 2 angef. mWv 7.12.2018 durch G v. 29.11.2018 (BGBl. I S. 2237); Abs. 1 Satz 2 angef. mWv 9.6.2021 durch G v. 2.6.2021 (BGBl. I S. 1295); Abs. 2 Satz 2 geänd., Abs. 3 angef. mWv 29.12.2023 durch G v. 22.12.2023 (BGBl. 2023 I Nr. 409).

[2)] Nr. **100**.

4. Zur Sicherung des Beweises von Tatsachen, die für den Planfeststellungsbeschluss oder eine Plangenehmigung von Bedeutung sein können, besonders zur Feststellung des Zustandes einer Sache, kann die Planfeststellungsbehörde – auch vor Erlass des Planfeststellungsbeschlusses oder der Plangenehmigung – durch eine selbständige Beweissicherungsanordnung die erforderlichen Maßnahmen anordnen, wenn sonst die Feststellung unmöglich oder wesentlich erschwert werden würde.
5. Für Anträge auf Fortsetzung des Verfahrens bei vorbehaltenen Entscheidungen ist § 75 Abs. 3 des Verwaltungsverfahrensgesetzes anzuwenden.
6. Die Planfeststellung ist zu versagen, wenn von dem Ausbau oder Neubau
   a) eine Beeinträchtigung des Wohls der Allgemeinheit zu erwarten ist, die nicht durch Auflagen verhütet oder ausgeglichen werden kann, oder
   b) nachteilige Wirkungen auf das Recht eines anderen oder der in Nummer 1 bezeichneten Art zu erwarten sind, die nicht durch Auflagen verhütet oder ausgeglichen werden können, der Berechtigte fristgemäß Einwendungen erhoben hat und der Ausbau oder Neubau nicht dem Wohl der Allgemeinheit dient.

[2] Die Planfeststellung für einen Ausbau nach § 12 Absatz 2 Satz 1 Nummer 3 darf im Übrigen nur erfolgen, wenn die Voraussetzungen des § 68 Absatz 3 des Wasserhaushaltsgesetzes[1)] vorliegen.

(2) [1] Abweichend von § 74 Absatz 6 Satz 1 Nummer 3 des Verwaltungsverfahrensgesetzes kann für ein Vorhaben, für das nach dem Gesetz über die Umweltverträglichkeitsprüfung[2)] eine Umweltverträglichkeitsprüfung durchzuführen ist, an Stelle eines Planfeststellungsbeschlusses eine Plangenehmigung erteilt werden. [2] § 14a gilt entsprechend. [3] Im Übrigen findet das Gesetz über die Umweltverträglichkeitsprüfung mit Ausnahme des § 21 Absatz 3 Anwendung.

(3) [1] Abweichend von § 74 Absatz 4, 5 und 6 Satz 2 dritter Halbsatz des Verwaltungsverfahrensgesetzes und § 27 Absatz 1 Satz 1 des Gesetzes über die Umweltverträglichkeitsprüfung können die Zustellung, Auslegung und Bekanntmachung der Auslegung des Planfeststellungsbeschlusses oder der Plangenehmigung dadurch erfolgen, dass die Entscheidung mit einer Rechtsbehelfsbelehrung und dem festgestellten Plan für zwei Wochen auf der Internetseite der Planfeststellungsbehörde veröffentlicht wird. [2] Zusätzlich ist der verfügende Teil des Planfeststellungsbeschlusses, die Rechtsbehelfsbelehrung und ein Hinweis auf die Veröffentlichung auf der Internetseite der Planfeststellungsbehörde verbunden mit dem Hinweis auf leicht zu erreichende Zugangsmöglichkeiten in den örtlichen Tageszeitungen bekanntzumachen, in deren Verbreitungsgebiet sich das Vorhaben voraussichtlich auswirken wird; auf Auflagen ist hinzuweisen. [3] Auf Verlangen eines Beteiligten, das bis zum Ablauf der Rechtsbehelfsfrist an die Planfeststellungsbehörde zu richten ist, ist ihm eine leicht zu erreichende Zugangsmöglichkeit zur Verfügung zu stellen. [4] Im Fall des elektronischen Zugänglichmachens gilt mit dem Ende der Veröffentlichungsfrist die Entscheidung dem Träger des Vorhabens, den Betroffenen und denjenigen gegenüber, die Einwendungen erhoben haben, als zugestellt; hierauf ist in der Bekanntmachung hinzuweisen. [5] Die Unterlagen nach Satz 1 sollen nach Ablauf der Veröffentlichungsfrist bis zum Ende der Rechtsbehelfsfrist zur Information im Internet veröffentlicht werden.

---

1) Nr. **845**.
2) Nr. **295**.

§ 14c[1] Rechtswirkungen der Planfeststellung und der Plangenehmigung. Für die Rechtswirkungen der Planfeststellung und Plangenehmigung gilt § 75 des Verwaltungsverfahrensgesetzes[2] mit folgenden Maßgaben:

1. Wird mit der Durchführung des Plans nicht innerhalb von zehn Jahren nach Eintritt der Unanfechtbarkeit begonnen, so tritt er außer Kraft, es sei denn, er wird vorher auf Antrag des Trägers des Vorhabens von der Planfeststellungsbehörde um höchstens fünf Jahre verlängert.
2. Vor der Entscheidung nach Nummer 1 ist eine auf den Antrag begrenzte Anhörung nach dem für die Planfeststellung oder für die Plangenehmigung vorgeschriebenen Verfahren durchzuführen.
3. Für die Zustellung, Veröffentlichung im Internet oder Auslegung sowie die Anfechtung der Entscheidung über die Verlängerung sind die Bestimmungen über den Planfeststellungsbeschluss entsprechend anzuwenden.
4. Wird eine Planergänzung oder ein ergänzendes Verfahren nach § 75 Absatz 1a Satz 2 des Verwaltungsverfahrensgesetzes erforderlich und wird diese Planergänzung oder dieses ergänzende Verfahren unverzüglich betrieben, so bleibt die Durchführung des Vorhabens zulässig, soweit es von der Planergänzung oder dem Ergebnis des ergänzenden Verfahrens offensichtlich nicht berührt ist.

§ 14d[3] Planänderung vor Fertigstellung des Vorhabens. [1]Für die Planergänzung und das ergänzende Verfahren im Sinne des § 75 Abs. 1a Satz 2 des Verwaltungsverfahrensgesetzes[2] und für die Planänderung vor Fertigstellung des Vorhabens gilt § 76 des Verwaltungsverfahrensgesetzes mit der Maßgabe, dass im Falle des § 76 Abs. 1 des Verwaltungsverfahrensgesetzes von einer Erörterung im Sinne des § 73 Abs. 6 des Verwaltungsverfahrensgesetzes und des § 18 Absatz 1 Satz 4 des Gesetzes über die Umweltverträglichkeitsprüfung[4] abgesehen werden kann. [2]Im Übrigen gelten für das neue Verfahren die Vorschriften dieses Gesetzes.

§ 14e[5] Rechtsbehelfe. (1) § 50 Abs. 1 Nr. 6 der Verwaltungsgerichtsordnung[6] gilt für Vorhaben im Sinne des § 14 Abs. 1 Satz 1, soweit die Vorhaben Bundeswasserstraßen betreffen, die wegen

1. der Herstellung der Deutschen Einheit,
2. der Einbindung der neuen Mitgliedstaaten in die Europäische Union,
3. der Verbesserung der seewärtigen Zufahrten zu den deutschen Seehäfen und deren Hinterlandanbindung,
4. ihres sonstigen internationalen Bezuges oder
5. der besonderen Funktion zur Beseitigung schwerwiegender Verkehrsengpässe

in der Anlage 2 aufgeführt sind.

---

[1] § 14c Nr. 4 aufgeh. mWv 7.6.2013 durch G v. 31.5.2013 (BGBl. I S. 1388); Nr. 4 neu gef. mWv 10.12.2020 durch G v. 3.12.2020 (BGBl. I S. 2694); Nr. 3 geänd. mWv 29.12.2023 durch G v. 22.12.2023 (BGBl. 2023 I Nr. 409).

[2] Nr. **100**.

[3] § 14d Satz 1 geänd. mWv 2.6.2017 durch G v. 29.5.2017 (BGBl. I S. 1298); Satz 1 geänd. mWv 29.7.2017 durch G v. 20.7.2017 (BGBl. I S. 2808, ber. 2018 S. 472).

[4] Nr. **295**.

[5] § 14e Abs. 6 aufgeh. mWv 7.6.2013 durch G v. 31.5.2013 (BGBl. I S. 1388); Abs. 5 neu gef. mWv 7.12.2018 durch G v. 29.11.2018 (BGBl. I S. 2237); Abs. 2 neu gef., Abs. 3 und 4 aufgeh., bish. Abs. 5 wird Abs. 3 mWv 29.12.2023 durch G v. 22.12.2023 (BGBl. 2023 I Nr. 409).

[6] Nr. **600**.

(2) [1]Der Antrag auf Anordnung der aufschiebenden Wirkung der Anfechtungsklage gegen einen Planfeststellungsbeschluss oder eine Plangenehmigung nach § 80 Absatz 5 Satz 1 der Verwaltungsgerichtsordnung kann nur innerhalb eines Monats nach der Zustellung des Planfeststellungsbeschlusses oder der Plangenehmigung gestellt und begründet werden. [2]Darauf ist in der Rechtsbehelfsbelehrung hinzuweisen. [3]§ 58 der Verwaltungsgerichtsordnung gilt entsprechend. [4]Treten später Tatsachen ein, die die Anordnung der aufschiebenden Wirkung rechtfertigen, so kann der durch den Planfeststellungsbeschluss oder die Plangenehmigung Beschwerte einen hierauf gestützten Antrag nach § 80 Absatz 5 Satz 1 der Verwaltungsgerichtsordnung innerhalb einer Frist von einem Monat stellen und begründen. [5]Die Frist beginnt mit dem Zeitpunkt, in dem der Beschwerte von den Tatsachen Kenntnis erlangt.

(3) [1]Der Kläger hat innerhalb einer Frist von zehn Wochen ab Klageerhebung die zur Begründung seiner Klage dienenden Tatsachen und Beweismittel anzugeben. [2]Erklärungen und Beweismittel, die erst nach Ablauf dieser Frist vorgebracht werden, sind nur zuzulassen, wenn der Kläger die Verspätung genügend entschuldigt. [3]Der Entschuldigungsgrund ist auf Verlangen des Gerichts glaubhaft zu machen. [4]Satz 2 gilt nicht, wenn es mit geringem Aufwand möglich ist, den Sachverhalt auch ohne Mitwirkung des Klägers zu ermitteln. [5]Die Frist nach Satz 1 kann durch den Vorsitzenden oder den Berichterstatter auf Antrag verlängert werden, wenn der Kläger in dem Verfahren, in dem die angefochtene Entscheidung ergangen ist, keine Möglichkeit der Beteiligung hatte. [6]§ 6 des Umwelt-Rechtsbehelfsgesetzes[1)] ist nicht anzuwenden.

§ 14f[2)] Projektmanager. [1]Die Generaldirektion Wasserstraßen und Schifffahrt kann einen Dritten mit der Vorbereitung und Durchführung von Verfahrensschritten, insbesondere

1. der Erstellung von Verfahrensleitplänen unter Bestimmung von Verfahrensabschnitten und Zwischenterminen,
2. der Fristenkontrolle,
3. der Koordinierung von erforderlichen Sachverständigengutachten,
4. der ersten Auswertung der eingereichten Stellungnahmen,
5. der organisatorischen Vorbereitung eines Erörterungstermins und
6. der Leitung eines Erörterungstermins,

auf Vorschlag oder mit Zustimmung des Vorhabenträgers und auf dessen Kosten beauftragen. [2]Die Entscheidung über den Planfeststellungsantrag verbleibt bei der zuständigen Behörde.

§ 15[3)] Veränderungssperre, Vorkaufsrecht. (1) [1]Sobald der Plan auf der Internetseite der Planfeststellungsbehörde veröffentlicht, ausgelegt oder andere Gelegenheit gegeben ist, den Plan einzusehen (§ 73 Absatz 3 des Verwaltungsverfahrensgesetzes[4)]), dürfen auf den vom Plan betroffenen Flächen bis zu ihrer Inanspruchnahme wesentlich wertsteigernde oder die geplanten Baumaßnahmen erheblich erschwerende Veränderungen nicht vorgenommen werden (Veränderungssperre). [2]Veränderungen, die in rechtlich zulässiger Weise vorher begonnen

---

[1)] Nr. 293.

[2)] § 14f eingef. mWv 7.12.2018 durch G v. 29.11.2018 (BGBl. I S. 2237).

[3)] § 15 Abs. 1 Satz 3 geänd. mWv 7.6.2013 durch G v. 31.5.2013 (BGBl. I S. 1388); Abs. 1 neu gef. mWv 29.12.2023 durch G v. 22.12.2023 (BGBl. 2023 I Nr. 409).

[4)] Nr. 100.

worden sind, Unterhaltungsarbeiten und die Fortführung einer bisher ausgeübten Nutzung werden davon nicht berührt. [3] Unzulässige Veränderungen bleiben bei der Anordnung von Vorkehrungen und Anlagen (§ 74 Absatz 2 des Verwaltungsverfahrensgesetzes) und im Entschädigungsverfahren unberücksichtigt.

(2) Dauert die Veränderungssperre über vier Jahre, können die Eigentümer für die dadurch entstandenen Vermögensnachteile Entschädigung verlangen.

(3) In den Fällen des Absatzes 1 Satz 1 steht dem Bund an den betroffenen Flächen ein Vorkaufsrecht zu.

§ 16[1)] Besondere Pflichten im Interesse des Vorhabens. (1) [1] Eigentümer und sonstige Nutzungsberechtigte haben zur Vorbereitung der Planung und der Baudurchführung notwendige Kampfmittelräumungen, archäologische Untersuchungen und Bergungen sowie Vermessungen, Boden- und Grundwasseruntersuchungen einschließlich der vorübergehenden Anbringung von Markierungszeichen und sonstige Vorarbeiten durch den Träger des Vorhabens oder von ihm Beauftragte zu dulden. [2] Wohnungen dürfen nur mit Zustimmung des Wohnungsinhabers betreten werden. [3] Satz 2 gilt nicht für Arbeits-, Betriebs- oder Geschäftsräume während der jeweiligen Arbeits-, Geschäfts- oder Aufenthaltszeiten.

(2) Die Absicht, Vorarbeiten im Sinne des Absatzes 1 Satz 1 auszuführen, ist dem Eigentümer oder sonstigen Nutzungsberechtigten mindestens zwei Wochen vorher unmittelbar oder durch ortsübliche Bekanntmachung in den Gemeinden, in deren Bereich die Vorarbeiten durchzuführen sind, bekannt zu geben.

(3) Ein Eigentümer oder sonstiger Nutzungsberechtigter kann eine Entschädigung verlangen, wenn ihm durch eine Maßnahme nach Absatz 1 unmittelbare Vermögensnachteile entstehen.

(4) § 11 Abs. 4 gilt entsprechend.

§ 17[2)] Veröffentlichung im Internet. [1] Wird der Plan nicht nach § 14a Absatz 3 Satz 1 dieses Gesetzes, § 27a Absatz 1 des Verwaltungsverfahrensgesetzes[3)] oder § 20 des Gesetzes über die Umweltverträglichkeitsprüfung[4)] im Internet veröffentlicht, ist dieser vom Träger des Vorhabens auf seiner Internetseite zu veröffentlichen. [2] § 23 des Gesetzes über die Umweltverträglichkeitsprüfung gilt entsprechend. [3] Maßgeblich ist der Inhalt des im Rahmen des Genehmigungsverfahrens zur Einsicht ausgelegten Plans. [4] Hierauf ist bei der Veröffentlichung hinzuweisen.

§ 18[5)] Planfeststellungsverfahren bei Vorhaben im transeuropäischen Verkehrsnetz. (1) [1] Wird ein Planfeststellungsverfahren oder ein Plangenehmigungsverfahren für ein Vorhaben durchgeführt, das

1. im Kernnetzkorridor nach Anlage 3 gelegen ist, oder
2. im Kernnetzkorridor nach Anlage 4 gelegen ist und dessen geschätzte Gesamtkosten zum Zeitpunkt der Einleitung des Planfeststellungsverfahrens oder des *Plangenehmigungs*verfahrens 300 000 000 Euro überschreiten,

ist dieses innerhalb von vier Jahren abzuschließen. [2] Die Frist beginnt mit dem Eingang des Plans nach § 73 Absatz 1 des Verwaltungsverfahrensgesetzes[3)] bei der

---

[1)] § 16 Abs. 1 Satz 1 geänd. mWv 29.12.2023 durch G v. 22.12.2023 (BGBl. 2023 I Nr. 409).

[2)] § 17 eingef. mWv 7.12.2018 durch G v. 29.11.2018 (BGBl. I S. 2237); Satz 1 neu gef., Satz 4 geänd. mWv 29.12.2023 durch G v. 22.12.2023 (BGBl. 2023 I Nr. 409).

[3)] Nr. **100**.

[4)] Nr. **295**.

[5)] § 18 eingef. mWv 29.12.2023 durch G v. 22.12.2023 (BGBl. 2023 I Nr. 409).

Anhörungsbehörde und Planfeststellungsbehörde. [3]Diese sowie alle am Planfeststellungsverfahren oder am Plangenehmigungsverfahren beteiligten Behörden des Bundes und der Länder sind bestrebt, den Planfeststellungsverfahren oder Plangenehmigungsverfahren nach Satz 1 Vorrang bei der Bearbeitung einzuräumen. [4]Dabei ist das Beschleunigungsinteresse an anderen Vorhaben, die im überragenden öffentlichen Interesse stehen oder der öffentlichen Sicherheit dienen, zu beachten.

(2) [1]Die Planfeststellungsbehörde hat dem Vorhabenträger auf dessen Antrag Auskunft über die bei Vorlage des Plans nach § 73 Absatz 1 des Verwaltungsverfahrensgesetzes beizubringenden Informationen und Unterlagen zu erteilen. [2]Weist das Vorhaben bei Eingang des Plans nach § 73 Absatz 1 des Verwaltungsverfahrensgesetzes nicht die erforderliche Reife auf, so ist der Antrag auf Einleitung des Verfahrens zur Planfeststellung oder Plangenehmigung spätestens vier Monate nach seinem Eingang bei der zuständigen Behörde abzulehnen.

(3) [1]Auf Antrag der Planfeststellungsbehörde kann das Bundesministerium für Digitales und Verkehr die Frist nach Absatz 1 Satz 1 verlängern. [2]Im Antrag sind die Gründe für die Fristüberschreitung darzulegen. [3]Eine weitere Verlängerung kann unter denselben Bedingungen einmal gewährt werden.

(4) Die Absätze 1 bis 3 finden keine Anwendung auf Vorhaben, deren Plan vor dem 10. August 2023 bei der Anhörungsbehörde und Planfeststellungsbehörde eingereicht wurde.

§ 18a[1] **Grenzüberschreitende Vorhaben im transeuropäischen Verkehrsnetz.** (1) Bei grenzüberschreitenden Vorhaben nach § 18 Absatz 1 Satz 1 sollen die zuständigen Behörden zusammenarbeiten, erforderliche Informationen, Unterlagen und Dokumente austauschen und die nationalen Zeitpläne ihrer Genehmigungsverfahren abstimmen.

(2) Das Bundesministerium für Digitales und Verkehr hat die nach Artikel 45 der Verordnung (EU) Nr. 1315/2013 des Europäischen Parlaments und des Rates vom 11. Dezember 2013 über Leitlinien der Union für den Aufbau eines transeuropäischen Verkehrsnetzes und zur Aufhebung des Beschlusses Nr. 661/2010/EU (ABl. L 348 vom 20.12.2013, S. 1) benannten Europäischen Koordinatoren auf deren Ersuchen über den Sachstand des grenzüberscheitenden Vorhabens zu unterrichten.

(3) Wird die Frist nach § 18 Absatz 1 Satz 1 und 2 nicht eingehalten, hat das Bundesministerium für Digitales und Verkehr bei grenzüberschreitenden Vorhaben nach Absatz 1 die Europäischen Koordinatoren auf deren Ersuchen über Maßnahmen zum zügigen Abschluss des *Planfeststellungsverfahren*[2] oder Plangenehmigungsverfahrens zu unterrichten.

§ 18b[3] **Berichterstattung an die Europäische Kommission.** Zur Vorbereitung der Berichterstattung an die Europäische Kommission hat die Planfeststellungsbehörde dem Bundesministerium für Digitales und Verkehr erstmals zum 30. April 2026 und sodann alle zwei Jahre für ihren Zuständigkeitsbereich folgende Angaben aus dem Berichtszeitraum mitzuteilen:

1. Die Anzahl der laufenden sowie abgeschlossenen Planfeststellungsverfahren oder Plangenehmigungsverfahren nach § 18 Absatz 1 und § 18a Absatz 1,

---

[1] §§ 18a, 18b eingef. mWv 29.12.2023 durch G v. 22.12.2023 (BGBl. 2023 I Nr. 409).
[2] Richtig wohl: „Planfeststellungsverfahrens".
[3] § 18b eingef. mWv 29.12.2023 durch G v. 22.12.2023 (BGBl. 2023 I Nr. 409).

2. die durchschnittliche Verfahrensdauer der abgeschlossenen Planfeststellungsverfahren oder Plangenehmigungsverfahren,
3. die Anzahl der Planfeststellungsverfahren oder Plangenehmigungsverfahren, die über einen Zeitraum von mehr als vier Jahren seit Fristbeginn andauern,
4. die Anzahl der Planfeststellungsverfahren oder Plangenehmigungsverfahren mit Fristüberschreitung sowie
5. die Einrichtung gemeinsamer Behörden.

§ 19 (weggefallen)

§ 20[1] Vorzeitige Besitzeinweisung. (1) [1] Ist der sofortige Beginn von Bauarbeiten geboten und weigert sich der Eigentümer oder Besitzer, den Besitz eines für den Neubau oder den Ausbau einer Bundeswasserstraße benötigten Grundstücks durch Vereinbarung unter Vorbehalt aller Entschädigungsansprüche zu überlassen, so hat die Enteignungsbehörde den Träger des Vorhabens auf Antrag nach Feststellung des Planes oder Erteilung der Plangenehmigung in den Besitz einzuweisen. [2] Der Planfeststellungsbeschluss oder die Plangenehmigung müssen vollziehbar sein. [3] Weiterer Voraussetzungen bedarf es nicht.

(1a) [1] Der Träger des Vorhabens kann verlangen, dass bereits nach Ablauf der Einwendungsfrist nach § 73 Absatz 4 des Verwaltungsverfahrensgesetzes[2] das Verfahren zur vorzeitigen Besitzeinweisung in das Grundstück eines Dritten durchgeführt wird. [2] In diesem Fall ist die nach dem Verfahrensstand zu erwartende Feststellung des Plans oder die zu erwartende Plangenehmigung dem Verfahren zur vorzeitigen Besitzeinweisung zugrunde zu legen. [3] Der Besitzeinweisungsbeschluss ist mit der aufschiebenden Bedingung zu verbinden, dass sein Ergebnis durch den Planfeststellungsbeschluss oder die Plangenehmigung bestätigt wird. [4] Wird das Ergebnis des Besitzeinweisungsbeschlusses durch den Planfeststellungsbeschluss oder die Plangenehmigung nicht bestätigt, ist die vorzeitige Besitzeinweisung auf der Grundlage des ergangenen Planfeststellungsbeschlusses oder der ergangenen Plangenehmigung herbeizuführen.

(2) [1] Die Enteignungsbehörde hat spätestens sechs Wochen nach Eingang des Antrags auf Besitzeinweisung mit den Beteiligten mündlich zu verhandeln. [2] Hierzu sind der Träger des Vorhabens und die Betroffenen zu laden. [3] Dabei ist den Betroffenen der Antrag auf Besitzeinweisung mitzuteilen. [4] Die Ladungsfrist beträgt drei Wochen. [5] Mit der Ladung sind die Betroffenen aufzufordern, etwaige Einwendungen gegen den Antrag vor der mündlichen Verhandlung bei der Enteignungsbehörde einzureichen. [6] Sie sind außerdem darauf hinzuweisen, dass auch bei Nichterscheinen über den Antrag auf Besitzeinweisung und andere im Verfahren zu erledigende Anträge entschieden werden kann.

(3) [1] Soweit der Zustand des Grundstücks von Bedeutung ist, hat die Enteignungsbehörde diesen bis zum Beginn der mündlichen Verhandlung in einer Niederschrift festzustellen oder durch einen Sachverständigen ermitteln zu lassen. [2] *Den Beteiligten ist eine* Abschrift der Niederschrift oder des Ermittlungsergebnisses zu übersenden.

(4) [1] Der Beschluss über die Besitzeinweisung ist dem Träger des Vorhabens und den Betroffenen spätestens zwei Wochen nach der mündlichen Verhandlung zuzustellen. [2] Die Besitzeinweisung wird in dem von der Enteignungsbehörde bezeichneten Zeitpunkt wirksam. [3] Dieser Zeitpunkt soll auf höchstens zwei Wochen

---

[1] § 20 Abs. 1a eingef. mWv 29.12.2023 durch G v. 22.12.2023 (BGBl. 2023 I Nr. 409).

[2] Nr. **100**.

nach Zustellung der Anordnung über die vorzeitige Besitzeinweisung an den unmittelbaren Besitzer festgesetzt werden. [4]Durch die Besitzeinweisung wird dem Besitzer der Besitz entzogen und der Träger des Vorhabens Besitzer. [5]Der Träger des Vorhabens darf auf dem Grundstück das im Antrag auf Besitzeinweisung bezeichnete Bauvorhaben durchführen und die dafür erforderlichen Maßnahmen treffen.

(5) [1]Der Träger des Vorhabens hat für die durch die vorzeitige Besitzeinweisung entstehenden Vermögensnachteile Entschädigung zu leisten, soweit die Nachteile nicht durch die Verzinsung der Geldentschädigung für die Entziehung oder Beschränkung des Eigentums oder eines anderen Rechts ausgeglichen werden. [2]Art und Höhe der Entschädigung sind von der Enteignungsbehörde in einem Beschluss festzusetzen.

(6) [1]Wird der festgestellte Plan oder die Plangenehmigung aufgehoben, so ist auch die vorzeitige Besitzeinweisung aufzuheben und der vorherige Besitzer wieder in den Besitz einzuweisen. [2]Der Träger des Vorhabens hat für alle durch die Besitzeinweisung entstandenen besonderen Nachteile Entschädigung zu leisten.

(7) [1]Ein Rechtsbehelf gegen eine vorzeitige Besitzeinweisung hat keine aufschiebende Wirkung. [2]Der Antrag auf Anordnung der aufschiebenden Wirkung nach § 80 Abs. 5 Satz 1 der Verwaltungsgerichtsordnung[1)] kann nur innerhalb eines Monats nach der Zustellung des Besitzeinweisungsbeschlusses gestellt und begründet werden.

§ 21[2)] Ausschluss von Ansprüchen. (1) [1]Dient der Ausbau oder der Neubau dem Wohl der Allgemeinheit und ist der festgestellte Plan unanfechtbar, sind Ansprüche wegen nachteiliger Wirkungen gegen den Inhaber des festgestellten Plans, die auf die Unterlassung oder Beseitigung der Aus- oder Neubaumaßnahme, auf die Herstellung von Schutzeinrichtungen oder auf Schadenersatz gerichtet sind, ausgeschlossen. [2]Hierdurch werden Schadenersatzansprüche wegen nachteiliger Wirkungen nicht ausgeschlossen, die darauf beruhen, dass der Inhaber des festgestellten Plans angeordnete Auflagen nicht erfüllt hat.

(2) Absatz 1 Satz 1 gilt nicht für vertragliche Ansprüche.

§ 22 (weggefallen)

§ 23 (weggefallen)

Abschnitt 6. Ordnungsvorschriften

§ 24[3)] Strompolizei. (1) Die Behörden der Wasserstraßen- und Schifffahrtsverwaltung des Bundes haben die Aufgabe, zur Gefahrenabwehr Maßnahmen zu treffen, die nötig sind, um die Bundeswasserstraßen in einem für die Schifffahrt erforderlichen Zustand zu erhalten (Strompolizei).

(2) [1]Zur strompolizeilichen Überwachung der Bundeswasserstraßen dürfen Beauftragte der Wasserstraßen- und Schifffahrtsverwaltung Grundstücke, Anlagen und Einrichtungen sowie Wasserfahrzeuge betreten. [2]Das Grundrecht auf Unver-

---

[1)] Nr. 600.
[2)] § 21 neu gef. mWv 1.3.2010 durch G v. 31.7.2009 (BGBl. I S. 2585).
[3)] § 24 Abs. 1 und Abs. 2 Satz 1 geänd. mWv 1.6.2016 durch G v. 24.5.2016 (BGBl. I S. 1217).

letzlichkeit der Wohnung (Artikel 13 Abs. 1 des Grundgesetzes[1)]) wird insoweit eingeschränkt.

(3) Die Hafenaufsicht (Hafenpolizei) bleibt unberührt.

§ 25[2)] Verantwortliche Personen. (1) [1] Strompolizeiliche Maßnahmen, die durch das Verhalten von Personen erforderlich werden, sind gegen die Personen zu richten, die die Gefahr oder die Störung verursacht haben. [2] Sie können auch gegen diejenigen gerichtet werden, die für die Personen aufsichtspflichtig sind.

(2) Wer einen anderen zu einer Verrichtung bestellt, ist neben diesem dafür verantwortlich, dass sich der andere bei der Ausführung der Verrichtung ordnungsgemäß verhält.

(3) [1] Strompolizeiliche Maßnahmen, die durch das Verhalten oder den Zustand eines Tieres oder durch den Zustand einer Sache erforderlich werden, sind gegen den Eigentümer zu richten. [2] Strompolizeiliche Maßnahmen können auch gegen den gerichtet werden, der die tatsächliche Gewalt ausübt; die Maßnahmen sind nur gegen diesen zu richten, wenn er die tatsächliche Gewalt gegen den Willen des Eigentümers oder eines anderen Verfügungsberechtigten ausübt, oder wenn er auf einen im Einverständnis mit dem Eigentümer schriftlich oder elektronisch gestellten Antrag als allein verantwortlich anerkannt worden ist.

§ 26[3)] Inanspruchnahme nicht verantwortlicher Personen. (1) [1] Zur Abwehr einer unmittelbar bevorstehenden Gefahr oder zur Beseitigung einer bereits eingetretenen Störung können die Behörden der Wasserstraßen- und Schifffahrtsverwaltung des Bundes strompolizeiliche Maßnahmen auch gegen andere als die in § 25 bezeichneten Personen treffen und sie besonders zur Hilfeleistung anhalten, wenn

a) nach § 25 verantwortliche Personen nicht in Anspruch genommen werden können,
b) Maßnahmen durch die Behörden der Wasserstraßen- und Schifffahrtsverwaltung des Bundes selbst oder durch beauftragte Dritte nicht möglich oder ausreichend sind und
c) die heranzuziehenden Personen ohne erhebliche eigene Gefahr oder Verletzung überwiegender anderweitiger Verpflichtungen in Anspruch genommen werden können.

[2] Der Betroffene kann für den ihm durch die Maßnahme entstandenen Schaden eine angemessene Entschädigung in Geld verlangen.

(2) Maßnahmen nach Absatz 1 dürfen nur solange und soweit getroffen und aufrechterhalten werden, als nicht andere Maßnahmen zur Beseitigung der Gefahr oder der Störung getroffen werden können.

§ 27[4)] Strompolizeiverordnungen. (1) Das Bundesministerium für Digitales und Verkehr wird ermächtigt, Rechtsverordnungen zur Gefahrenabwehr nach § 24 Abs. 1 (Strompolizeiverordnungen) zu erlassen.

---

1) Nr. 1.

2) § 25 Abs. 3 Satz 2 geänd. mWv 1.7.2021 durch G v. 3.6.2021 (BGBl. I S. 1465).

3) § 26 Abs. 1 Satz 1 einl. Satzteil und Buchst. b geänd. mWv 1.6.2016 durch G v. 24.5.2016 (BGBl. I S. 1217).

4) § 27 Abs. 1 und 2 geänd. mWv 8.9.2015 durch VO v. 31.8.2015 (BGBl. I S. 1474); Abs. 2 geänd. mWv 1.6.2016 durch G v. 24.5.2016 (BGBl. I S. 1217); Abs. 1 und 2 geänd. mWv 29.12.2023 durch G v. 22.12.2023 (BGBl. 2023 I Nr. 409).

(2) Das Bundesministerium für Digitales und Verkehr kann durch Rechtsverordnung die Ermächtigung nach Absatz 1 auf die Generaldirektion Wasserstraßen und Schifffahrt übertragen.

(3) Strompolizeiverordnungen müssen in ihrem Inhalt bestimmt sein.

(4) Zuständig für die Änderung oder Aufhebung einer Strompolizeiverordnung ist die im Zeitpunkt der Änderung oder Aufhebung für ihren Erlass zuständige Behörde.

§ 28[1)] Strompolizeiliche Verfügungen. (1) Die Wasserstraßen- und Schifffahrtsämter können zur Erfüllung der Aufgaben nach § 24 Abs. 1 Anordnungen erlassen, die an bestimmte Personen oder an einen bestimmten Personenkreis gerichtet sind und ein Gebot oder Verbot enthalten (Strompolizeiliche Verfügungen).

(2) [1] Strompolizeiliche Verfügungen können mündlich, schriftlich, elektronisch oder durch Zeichen erlassen werden. [2] Sie müssen inhaltlich hinreichend bestimmt sein.

(3) [1] Ist der nach § 25 Verantwortliche nicht oder nicht rechtzeitig zu erreichen, kann das Wasserstraßen- und Schifffahrtsamt die notwendige Maßnahme ausführen. [2] Der Verantwortliche ist von der Maßnahme unverzüglich zu unterrichten. [3] Entstehen durch die Maßnahme Kosten, können sie ihm auferlegt werden.

(4) Die Vorschriften der §§ 611 bis 617 des Handelsgesetzbuchs[2)] sowie der §§ 4 bis 5n des Binnenschifffahrtsgesetzes bleiben unberührt.

§ 29[3)] Verhältnismäßigkeit, Wahl der Mittel. (1) [1] Eine strompolizeiliche Verfügung darf nicht zu einem Schaden führen, der zu dem beabsichtigten Erfolg erkennbar außer Verhältnis steht. [2] Die Wasserstraßen- und Schifffahrtsämter sollen das Mittel zur Abwehr der Gefahr oder zur Beseitigung der Störung bestimmen, wenn dieses für den Betroffenen nach den Umständen nicht ohne weiteres erkennbar ist. [3] Kommen für die Erfüllung einer Aufgabe mehrere Maßnahmen in Betracht, haben die Wasserstraßen- und Schifffahrtsämter nach pflichtgemäßem Ermessen die Maßnahmen zu wählen, die den Einzelnen und die Allgemeinheit am wenigsten beeinträchtigen.

(2) [1] Dem Betroffenen ist auf Antrag zu gestatten, an Stelle eines durch strompolizeiliche Verfügung angedrohten oder festgesetzten Mittels ein von ihm angebotenes anderes Mittel anzuwenden, das die Gefahr ohne Beeinträchtigung der Allgemeinheit ebenso wirksam abwehren kann. [2] Der Antrag kann nur bis zum Ablauf einer Frist gestellt werden, die dem Betroffenen zur Ausführung der Verfügung gesetzt wird, spätestens bis zum Ablauf der Frist für die Erhebung der verwaltungsgerichtlichen Anfechtungsklage.

§ 30[4)] Besondere Befugnisse zur Beseitigung von Schifffahrtshindernissen. (1) Wird der für die Schifffahrt erforderliche Zustand einer Bundeswasser-

---

[1)] § 28 Abs. 4 geänd. mWv 25.4.2013 durch G v. 20.4.2013 (BGBl. I S. 831); Abs. 2 Satz 1 geänd., Satz 3 aufgeh. mWv 1.8.2013 durch G v. 25.7.2013 (BGBl. I S. 2749); Abs. 1 und Abs. 3 Satz 1 geänd. mWv 1.6.2016 durch G v. 24.5.2016 (BGBl. I S. 1217); Abs. 4 geänd. mWv 1.7.2019 durch G v. 5.7.2016 (BGBl. I S. 1578).

[2)] **Habersack Nr. 50.**

[3)] *§ 29 Abs. 1 Sätze 2 und 3 geänd. mWv 1.6.2016 durch G v. 24.5.2016 (BGBl. I S. 1217).*

[4)] § 30 Abs. 12 Satz 3 geänd. mWv 25.4.2013 durch G v. 20.4.2013 (BGBl. I S. 831); Abs. 1, Abs. 2 Satz 1, Abs. 3, Abs. 5 Satz 2, Abs. 7 Satz 1 und Abs. 10 geänd. mWv 1.6.2016 durch G v. 24.5.2016 (BGBl. I S. 1217); Abs. 12 Satz 3 geänd. mWv 1.7.2019 durch G v. 5.7.2016 (BGBl. I S. 1578).

straße oder die Sicherheit oder Leichtigkeit des Verkehrs auf einer Bundeswasserstraße durch in der Bundeswasserstraße hilflos treibende, festgekommene, gestrandete oder gesunkene Fahrzeuge oder schwimmende Anlagen oder durch andere treibende oder auf Grund geratene Gegenstände beeinträchtigt, können die Behörden der Wasserstraßen- und Schifffahrtsverwaltung des Bundes das Hindernis beseitigen, wenn ein sofortiges Einschreiten erforderlich ist und wenn ein nach § 25 Verantwortlicher nicht oder nicht rechtzeitig herangezogen werden kann oder wenn zu besorgen ist, dass dieser Verantwortliche das Hindernis nicht oder nicht wirksam beseitigen wird.

(2) [1] Hat das Wasserstraßen- und Schifffahrtsamt erkennbar mit der Beseitigung begonnen, so dürfen ohne seine Zustimmung das Hindernis nicht mehr beseitigt und Gegenstände nicht mehr von diesem fortgeschafft werden. [2] Soweit möglich, sind die nach § 25 Verantwortlichen und die Eigentümer der beseitigten Gegenstände darüber unverzüglich zu unterrichten.

(3) Ist das Hindernis beseitigt, ist den nach § 25 Verantwortlichen, den Eigentümern der beseitigten Gegenstände und den Inhabern von Rechten an den Gegenständen, soweit sie bekannt und alsbald zu erreichen sind, von der Generaldirektion Wasserstraßen und Schifffahrt anheimzugeben, binnen einer von ihr zu bestimmenden Frist zur Vermeidung der Zwangsvollstreckung die Kosten der Beseitigung zu erstatten oder für sie Sicherheit zu leisten.

(4) [1] Soweit die Kosten der Beseitigung nicht erstattet werden oder nicht Sicherheit für sie geleistet wird, sind sie aus den beseitigten Gegenständen zu zahlen. [2] Absatz 12 bleibt unberührt.

(5) [1] Die Vollstreckung in die Gegenstände erfolgt im Wege des Verwaltungszwangsverfahrens. [2] Vollstreckungsbehörde ist die Generaldirektion Wasserstraßen und Schifffahrt. [3] Vollstreckungsschuldner sind die Eigentümer der beseitigten Gegenstände, die als solche jedoch nur zur Duldung der Zwangsvollstreckung in die Gegenstände verpflichtet sind. [4] Der Anspruch des Bundes wegen der Kosten der Beseitigung und der Verwertung geht allen anderen Rechten an dem Erlös vor.

(6) Die Vollstreckung darf, wenn eine Aufforderung nach Absatz 3 ergangen ist, nicht vor dem Ablauf der Frist angeordnet werden, die den in Absatz 3 genannten Personen zur Abwendung der Zwangsvollstreckung gesetzt ist.

(7) [1] Beseitigte Gegenstände, die nicht der Zwangsvollstreckung in das unbewegliche Vermögen unterliegen, kann die Generaldirektion Wasserstraßen und Schifffahrt auch öffentlich versteigern lassen. [2] Die §§ 979 und 980 des Bürgerlichen Gesetzbuches[1)] gelten entsprechend. [3] Aus dem Erlös sind die Kosten der Beseitigung und der Verwertung vorweg zu entnehmen.

(8) Ein Überschuss bei der Verwertung der beseitigten Gegenstände ist unter Verzicht auf das Recht der Rücknahme zu hinterlegen.

(9) Die Absätze 2 bis 7 gelten nicht für die Habe der Besatzung, für das Reisegut der Reisenden und die Post.

(10) Verfahren die Behörden der Wasserstraßen- und Schifffahrtsverwaltung des Bundes nach den Vorschriften der Absätze 2 bis 8, ist § 28 Abs. 3 Sätze 2 und 3 nicht anzuwenden.

(11) (weggefallen)

(12) [1] Für die Kosten der Beseitigung haften persönlich

[1)] **Habersack Nr. 20.**

1. der nach § 25 Abs. 1 Verantwortliche, sofern er Schiffseigentümer, Schiffseigner, Charterer, Reeder oder Ausrüster eines Schiffes ist und das Hindernis in unmittelbarem Zusammenhang mit dem Betrieb eines Schiffes verursacht worden ist,
2. der nach § 25 Abs. 3 Verantwortliche, sofern es sich bei dem beseitigten Gegenstand um ein Schiff handelt und der Verantwortliche Schiffseigentümer, Schiffseigner, Charterer, Reeder oder Ausrüster des Schiffes ist.

[2] Mehrere Verpflichtete haften als Gesamtschuldner. [3] Die Vorschriften der §§ 611 bis 617 des Handelsgesetzbuchs[1)] sowie der §§ 4 bis 5n des Binnenschifffahrtsgesetzes bleiben unberührt.

§ 31[2)] Strom- und schifffahrtspolizeiliche Genehmigung. (1) Einer strom- und schifffahrtspolizeilichen Genehmigung des Wasserstraßen- und Schifffahrtsamtes bedürfen

1. Benutzungen (§ 9 des Wasserhaushaltsgesetzes[3)]) einer Bundeswasserstraße,
2. die Errichtung, die Veränderung und der Betrieb von Anlagen einschließlich des Verlegens, der Veränderung und des Betriebs von Seekabeln in, über oder unter einer Bundeswasserstraße oder an ihrem Ufer,

wenn durch die beabsichtigte Maßnahme eine Beeinträchtigung des für die Schifffahrt erforderlichen Zustandes der Bundeswasserstraße oder der Sicherheit und Leichtigkeit des Verkehrs zu erwarten ist.

(2) [1] Wer eine Bundeswasserstraße benutzen oder Anlagen in, über oder unter einer solchen Wasserstraße oder an ihrem Ufer errichten, verändern oder betreiben will, hat dies dem Wasserstraßen- und Schifffahrtsamt anzuzeigen. [2] Die Maßnahme bedarf keiner strom- und schifffahrtspolizeilichen Genehmigung, wenn das Wasserstraßen- und Schifffahrtsamt binnen eines Monats nach Eingang der Anzeige nichts anderes mitteilt. [3] Telekommunikationslinien im Sinne des § 3 Nummer 64 sind anzeigepflichtig, aber genehmigungsfrei. [4] Ist eine strom- und schifffahrtspolizeiliche Genehmigung erforderlich, ersetzt die Anzeige den Antrag auf Erteilung dieser Genehmigung. [5] Für die Erteilung der Genehmigung gelten § 11a Absatz 4 bis 7 Satz 1 bis 5 sowie § 108 des Wasserhaushaltsgesetzes entsprechend, wenn es sich um eine Anlage zur Erzeugung von Energie aus erneuerbaren Quellen handelt.

(3) [1] Eine Anzeige oder eine strom- und schifffahrtspolizeiliche Genehmigung ist nicht erforderlich

1. für das Einbringen von Stoffen zu Zwecken der Fischerei,
2. für Benutzungen, die beim Inkrafttreten dieses Gesetzes in zulässiger Weise ausgeübt werden,
3. für Anlagen, die beim Inkrafttreten dieses Gesetzes rechtmäßig vorhanden sind,
4. für Maßnahmen im Rahmen des Gemeingebrauchs.

[2] Eine Anzeige oder eine strom- und schifffahrtspolizeiliche Genehmigung ist ebenfalls nicht erforderlich für Benutzungen und für Anlagen an den Bundes-

(Fortsetzung nächstes Blatt)

[1)] **Habersack Nr. 50.**

[2)] § 31 Abs. 1 Nr. 1 geänd. mWv 1.3.2010 durch G v. 31.7.2009 (BGBl. I S. 2585); Abs. 4 geänd. mWv 14.10.2011 durch G v. 6.10.2011 (BGBl. I S. 1986); Abs. 1 geänd., Abs. 1a aufgeh., Abs. 2 Sätze 1 und 2 geänd. mWv 1.6.2016 durch G v. 24.5.2016 (BGBl. I S. 1217); Abs. 3 Satz 2 angef. mWv 9.6.2021 durch G v. 2.6.2021 (BGBl. I S. 1295); Abs. 2 Satz 3 geänd. mWv 1.12.2021 durch G v. 23.6.2021 (BGBl. I S. 1858); Abs. 2 Satz 5 angef. mWv 31.8.2021 durch G v. 18.8.2021 (BGBl. I S. 3901); Abs. 2 Satz 5 geänd. mWv 15.8.2025 durch G v. 12.8.2025 (BGBl. 2025 I Nr. 189).

[3)] Nr. **845**.

wasserstraßen, welche am 9. Juni 2021 erstmals in Anlage 1 aufgenommen wurden, soweit die Benutzung oder Anlage vor dem 9. Juni 2021 in zulässiger Weise ausgeübt wurde oder rechtmäßig vorhanden war.

(4) Die Genehmigung kann unter Bedingungen und Auflagen erteilt werden, die eine Beeinträchtigung des für die Schifffahrt erforderlichen Zustandes der Bundeswasserstraße oder der Sicherheit und Leichtigkeit des Verkehrs verhüten oder ausgleichen.

(5) [1] Die Genehmigung darf nur versagt werden, wenn durch die beabsichtigte Maßnahme eine Beeinträchtigung des für die Schifffahrt erforderlichen Zustandes der Bundeswasserstraße oder der Sicherheit und Leichtigkeit des Verkehrs zu erwarten ist, die durch Bedingungen und Auflagen weder verhütet noch ausgeglichen werden kann. [2] Sind diese Bedingungen und Auflagen nicht möglich, darf die Genehmigung gleichwohl aus Gründen des Wohls der Allgemeinheit erteilt werden.

(6) Die Genehmigung ersetzt nicht die nach anderen Rechtsvorschriften erforderlichen Verwaltungsakte.

§ 32[1)] Rücknahme und Widerruf der strom- und schifffahrtspolizeilichen Genehmigung. (1) [1] Das Wasserstraßen- und Schifffahrtsamt kann die strom- und schifffahrtspolizeiliche Genehmigung ganz oder teilweise widerrufen, wenn es zur Erhaltung der Bundeswasserstraße in einem für die Schifffahrt erforderlichen Zustand oder zur Abwehr von Gefahren für die Sicherheit und Leichtigkeit des Verkehrs notwendig ist. [2] Wenn ein Verwaltungsakt, der nach anderen Rechtsvorschriften für die Maßnahme erlassen ist (§ 31 Abs. 6), nur gegen Entschädigung ganz oder teilweise widerrufen werden kann, ist auch bei gänzlichem oder teilweisem Widerruf der strom- und schifffahrtspolizeilichen Genehmigung Entschädigung zu leisten.

(2) Das Wasserstraßen- und Schifffahrtsamt kann die Genehmigung ferner ohne Entschädigung ganz oder teilweise zurücknehmen, wenn der Unternehmer den Zweck der Maßnahme so geändert hat, dass er mit den Antragsunterlagen nicht mehr übereinstimmt.

(3) Das Wasserstraßen- und Schifffahrtsamt kann die Genehmigung ferner ohne Entschädigung widerrufen, wenn der Unternehmer

1. die Benutzung über den Rahmen der Genehmigung erheblich ausgedehnt hat,
2. ihre Ausübung binnen einer ihm gesetzten angemessenen Frist nicht begonnen oder die Genehmigung drei Jahre ununterbrochen nicht ausgeübt hat.

§ 33[2)] Besondere Pflichten im Interesse der Überwachung. (1) Überprüft das Wasserstraßen- und Schifffahrtsamt, ob die Bedingungen und Auflagen der strom- und schifffahrtspolizeilichen Genehmigung erfüllt werden, hat der Inhaber *der Genehmigung* das Betreten von Grundstücken zu gestatten, die Anlagen und Einrichtungen zugänglich zu machen, Auskünfte zu erteilen, die erforderlichen Arbeitskräfte, Unterlagen und Werkzeuge zur Verfügung zu stellen und technische Ermittlungen und Prüfungen zu dulden.

(2) Werden besondere Überwachungsmaßnahmen, vor allem fachtechnische Untersuchungen, erforderlich, können dem Inhaber der strom- und schifffahrts-

---

[1)] § 32 Abs. 1 Satz 1, Abs. 2 und 3 geänd. mWv 1.6.2016 durch G v. 24.5.2016 (BGBl. I S. 1217).
[2)] § 33 Abs. 1 geänd. mWv 1.6.2016 durch G v. 24.5.2016 (BGBl. I S. 1217).

polizeilichen Genehmigung die Kosten dieser Maßnahmen auferlegt oder die Untersuchungen auf seine Kosten aufgegeben werden.

(3) Der zur Erteilung einer Auskunft Verpflichtete kann die Auskunft auf solche Fragen verweigern, deren Beantwortung ihm selbst oder einen der in § 383 Abs. 1 Nr. 1 bis 3 der Zivilprozessordnung[1)] bezeichneten Angehörigen der Gefahr strafgerichtlicher Verfolgung oder eines Verfahrens nach dem Gesetz über Ordnungswidrigkeiten aussetzen würde.

(4) [1] Auf die nach Absatz 1 erlangten Kenntnisse und Unterlagen sind die §§ 93, 97, 105 Abs. 1, § 111 Abs. 5 in Verbindung mit § 105 Abs. 1 sowie § 116 Abs. 1 der Abgabenordnung nicht anzuwenden. [2] Dies gilt nicht, soweit die Finanzbehörden die Kenntnisse für die Durchführung eines Verfahrens wegen einer Steuerstraftat sowie eines damit zusammenhängenden Besteuerungsverfahrens benötigen, an deren Verfolgung ein zwingendes öffentliches Interesse besteht, oder soweit es sich um vorsätzlich falsche Angaben des Auskunftspflichtigen oder der für ihn tätigen Personen handelt.

Abschnitt 7. Besondere Aufgaben

§ 34[2)] Schifffahrtszeichen. (1) Das Setzen und Betreiben von Schifffahrtszeichen, die für die Schifffahrt auf Bundeswasserstraßen gelten, sind Hoheitsaufgaben des Bundes.

(2) [1] Rechtliche Verpflichtungen Dritter, bestimmte Schifffahrtszeichen zu setzen oder zu betreiben, bleiben unberührt. [2] Wer ein Schifffahrtszeichen setzen oder betreiben will, ohne dazu rechtlich verpflichtet zu sein, bedarf einer Genehmigung der Generaldirektion Wasserstraßen und Schifffahrt. [3] Die Generaldirektion Wasserstraßen und Schifffahrt kann die Zuständigkeit zur Erteilung der Genehmigung auf das Wasserstraßen- und Schifffahrtsamt übertragen. [4] Die Genehmigung kann unter Bedingungen und Auflagen erteilt werden, die eine Beeinträchtigung der Sicherheit und Leichtigkeit des Verkehrs oder des für die Schifffahrt erforderlichen Zustandes der Bundeswasserstraße verhüten oder ausgleichen. [5] Die Genehmigung kann befristet werden. [6] Für die Überwachung gilt § 33 entsprechend.

(3) Wer auf Grund einer rechtlichen Verpflichtung oder einer Genehmigung ein Schifffahrtszeichen setzt oder betreibt, nimmt damit keine hoheitliche Befugnis des Bundes wahr.

(4) [1] Anlagen und ortsfeste Einrichtungen aller Art dürfen weder durch ihre Ausgestaltung noch durch ihren Betrieb zu Verwechslungen mit Schifffahrtszeichen Anlass geben, deren Wirkung beeinträchtigen, deren Betrieb behindern oder die Schiffsführer durch Blendwirkungen, Spiegelungen oder anders irreführen oder behindern. [2] Wirtschaftswerbung in Verbindung mit Schifffahrtszeichen ist unzulässig.

(5) Für Maßnahmen zum Setzen, zur Unterhaltung oder zum Betrieb von Schifffahrtszeichen gelten § 7 Abs. 3 und § 16 entsprechend.

(6) Für die Ablieferung besitzlos gewordener bundeseigener Schifffahrtszeichen einschließlich Zubehör und Anlageteile sowie bundeseigener meereskundlicher Messgeräte setzt das zuständige Wasserstraßen- und Schifffahrtsamt auf Antrag des

---

[1)] ***Habersack Nr. 100.***

[2)] § 34 Abs. 6 geänd. mWv 8.9.2015 durch VO v. 31.8.2015 (BGBl. I S. 1474); Abs. 2 Sätze 2 und 3, Abs. 6 geänd. mWv 1.6.2016 durch G v. 24.5.2016 (BGBl. I S. 1217); Abs. 6 geänd. mWv 29.12.2023 durch G v. 22.12.2023 (BGBl. 2023 I Nr. 409).

Bergers dieser Gegenstände einen von dem Amt zu erstattenden Bergelohn nach Maßgabe der das Bundesministerium für Digitales und Verkehr im Einvernehmen mit dem Bundesministerium der Finanzen und dem Bundesministerium für Wirtschaft und Klimaschutz festgelegten Vergütungssätze fest.

§ 35[1)] Wasserstands- und Hochwassermeldedienst, Eisbekämpfung und Feuerschutz. (1) [1]Die Wasserstraßen- und Schifffahrtsverwaltung des Bundes unterhält neben der ihr nach § 8 obliegenden Unterhaltung, soweit möglich und zumutbar, einen Wasserstands- und Hochwassermeldedienst im Benehmen mit den Ländern, auch um zu einer rechtzeitigen und zuverlässigen Hochwasserwarnung und -vorhersage beizutragen. [2]Sie soll, unbeschadet anderer besonderer Verpflichtungen, für die Eisbekämpfung auf den Bundeswasserstraßen sorgen, soweit sie wirtschaftlich zu vertreten ist.

(2) Soweit Brände auf den Seewasserstraßen und den angrenzenden Mündungstrichtern der Binnenwasserstraßen den Verkehr behindern können, ist der Bund zur Unterhaltung des Feuerschutzes nach Maßgabe einer mit den Ländern zu schließenden Vereinbarung zuständig.

Abschnitt 8. Entschädigung

§ 36 Allgemeine Vorschriften über Entschädigung. (1) [1]Eine Entschädigung nach diesem Gesetz bemisst sich nach dem Entgelt, das für eine vergleichbare Leistung im Wirtschaftsverkehr üblich ist. [2]Fehlt es an einer vergleichbaren Leistung oder ist ein übliches Entgelt nicht zu ermitteln, ist die Entschädigung unter gerechter Abwägung der Interessen der Allgemeinheit und der Beteiligten zu bemessen. [3]Wenn zur Zeit des Vorgangs, der die Entschädigungspflicht auslöst, Nutzungen gezogen werden, ist die Entschädigung nach deren Beeinträchtigung zu bemessen; der Entschädigungsberechtigte kann ferner eine angemessene Entschädigung verlangen, soweit durch den die Entschädigungspflicht auslösenden Vorgang Aufwendungen an Wert verlieren, mit denen er die Nutzung seines Grundstücks vorbereitet und die er im Vertrauen auf den Fortbestand des bisherigen Zustandes gemacht hat. [4]Auch ist eine durch den entschädigungspflichtigen Vorgang eingetretene Minderung des Verkehrswertes des Grundstücks zu berücksichtigen, soweit sie nicht nach Satz 3 bereits berücksichtigt ist.

(2) [1]Die Entschädigung ist in Geld festzusetzen. [2]Als Entschädigung können auch andere Maßnahmen festgesetzt werden, wenn sie mit wirtschaftlich zumutbaren Mitteln durchgeführt werden können und der Entschädigungsberechtigte zustimmt. [3]Ist die Entschädigung in wiederkehrenden Leistungen festgesetzt und haben sich die tatsächlichen Verhältnisse, die der Festsetzung der Entschädigung zugrunde lagen, wesentlich geändert, kann die Höhe der wiederkehrenden Leistungen neu festgesetzt werden, wenn es notwendig ist, um eine offenbare Unbilligkeit zu vermeiden.

(3) Wird die Nutzung eines Grundstückes durch den entschädigungspflichtigen Vorgang unmöglich gemacht oder erheblich erschwert oder kann das Grundstück nach seiner bisherigen Bestimmung nicht mehr zweckmäßig genutzt werden, kann der Grundstückseigentümer statt einer Entschädigung verlangen, dass der Entschädigungspflichtige das Grundstück zum Verkehrswert erwirbt.

[1)] § 35 Abs. 1 Satz 1 geänd. mWv 1.6.2016 durch G v. 24.5.2016 (BGBl. I S. 1217); Abs. 1 Satz 1 neu gef. mWv 29.12.2016 durch G v. 23.12.2016 (BGBl. I S. 3224).

§ 37[1)] Einigung, Festsetzungsbescheid. (1) [1] Zuständig für die Festsetzung der Entschädigung ist die Generaldirektion Wasserstraßen und Schifffahrt. [2] Sie hat auf eine gütliche Einigung hinzuwirken. [3] Kommt vor Festsetzung der Entschädigung eine Einigung zustande, ist eine Niederschrift aufzunehmen. [4] Die Niederschrift enthält:

1. Ort und Zeit der Verhandlung;
2. die Bezeichnung der Beteiligten (Entschädigungsberechtigter und Entschädigungspflichtiger), ihrer gesetzlichen Vertreter und ihrer Bevollmächtigten;
3. die Erklärungen der Beteiligten.

[5] Die Niederschrift ist den Beteiligten vorzulesen oder zur Durchsicht vorzulegen. [6] In der Niederschrift ist zu vermerken, dass es geschehen und die Genehmigung erteilt ist.

(2) [1] Kommt keine Einigung zustande, setzt die Generaldirektion Wasserstraßen und Schifffahrt die Entschädigung fest. [2] In den Festsetzungsbescheid sind die Angaben nach Absatz 1 Satz 4 Nr. 2 aufzunehmen. [3] Er ist zu begründen und den Beteiligten mit einer Belehrung über den Rechtsweg (§ 39) zuzustellen; § 58 der Verwaltungsgerichtsordnung[2)] gilt entsprechend.

§ 38[3)] Vollstreckung. (1) Die Zwangsvollstreckung nach der Zivilprozessordnung findet statt

1. aus der Niederschrift über die Einigung, wenn die vollstreckbare Ausfertigung mindestens eine Woche vorher zugestellt ist;
2. aus dem Festsetzungbescheid, wenn die vollstreckbare Ausfertigung bereits zugestellt ist oder gleichzeitig zugestellt wird.

(2) [1] Die vollstreckbare Ausfertigung wird von dem Urkundsbeamten der Geschäftsstelle des Amtsgerichts erteilt, in dessen Bezirk die Generaldirektion Wasserstraßen und Schifffahrt ihren Sitz hat. [2] In den Fällen der §§ 731, 767 bis 770, 785, 786 und 791 der Zivilprozessordnung[4)] entscheidet das in Satz 1 bezeichnete Gericht

(3) Die vollstreckbare Ausfertigung des Festsetzungsbescheides wird nur erteilt, wenn und soweit er für die Beteiligten unanfechtbar ist.

§ 39[5)] Rechtsweg. (1) [1] Wegen der Festsetzung der Entschädigung können die Beteiligten binnen einer Frist von drei Monaten nach Zustellung des Bescheides Klage vor den ordentlichen Gerichten erheben. [2] Diese Frist ist eine Notfrist im Sinne der Zivilprozeßordnung. [3] Die Klage kann auch erhoben werden, wenn die Generaldirektion Wasserstraßen und Schifffahrt binnen sechs Monaten nach Erlass des Verwaltungsaktes oder nach dem Vorgang, der die Beeinträchtigung herbeigeführt hat, eine Entschädigung nicht festgesetzt hat; ist eine Entschädigung nach § 75 Absatz 2 Satz 4 des Verwaltungsverfahrensgesetzes[6)] festzusetzen, beginnt die Frist von sechs Monaten mit der Antragstellung.

---

1) § 37 Abs. 1 Satz 1 und Abs. 2 Satz 1 geänd. mWv 1.6.2016 durch G v. 24.5.2016 (BGBl. I S. 1217).
2) Nr. 600.
3) § 38 Abs. 2 Satz 1 geänd. mWv 1.6.2016 durch G v. 24.5.2016 (BGBl. I S. 1217).
4) **Habersack Nr. 100.**
5) § 39 Abs. 1 Satz 3 geänd. mWv 1.6.2016 durch G v. 24.5.2016 (BGBl. I S. 1217); Abs. 1 Satz 3 und Abs. 2 Satz 2 geänd. mWv 29.12.2016 durch G v. 23.12.2016 (BGBl. I S. 3224).
6) Nr. 100.

(2) [1] Für die Klage ist das Landgericht ohne Rücksicht auf den Wert des Streitgegenstandes ausschließlich zuständig. [2] Örtlich zuständig ist ausschließlich das Landgericht, in dessen Bezirk die Beeinträchtigung eintritt; § 36 Absatz 1 Nummer 4 der Zivilprozessordnung[1)] gilt entsprechend.

(3) [1] Die Klage gegen den Entschädigungspflichtigen wegen der Entschädigung in Geld ist auf Zahlung des verlangten Betrages oder Mehrbetrages zu richten. [2] Die Klage gegen den Entschädigungsberechtigten ist darauf zu richten, dass die Entschädigung unter Aufhebung oder Abänderung des Bescheides anders festgesetzt wird.

(4) Das Gericht kann im Falle des Absatzes 3 Satz 2 auf Antrag des Berechtigten den Bescheid für vorläufig vollstreckbar erklären.

Abschnitt 9. Kreuzungen mit öffentlichen Verkehrswegen

§ 40 Duldungspflicht. (1) [1] Erfordert die Linienführung einer neu zu bauenden Bundeswasserstraße oder eines anderen neuen öffentlichen Verkehrsweges eine Kreuzung, hat der andere Beteiligte die Kreuzungsanlage zu dulden. [2] Seine verkehrlichen und betrieblichen Belange sind angemessen zu berücksichtigen. [3] Dies gilt auch für die Änderung bestehender Kreuzungsanlagen.

(2) Öffentliche Verkehrswege sind

1. die Eisenbahnen, die dem öffentlichen Verkehr dienen, sowie die Eisenbahnen, die nicht dem öffentlichen Verkehr dienen, wenn die Betriebsmittel auf Eisenbahnen des öffentlichen Verkehrs übergehen können (Anschlussbahnen), und ferner die den Anschlußbahnen gleichgestellten Eisenbahnen,
2. die öffentlichen Straßen, Wege und Plätze,
3. die sonstigen öffentlichen Bahnen auf besonderen Bahnkörpern.

§ 41[2)] Kosten der Herstellung von Kreuzungsanlagen. (1) Werden Bundeswasserstraßen ausgebaut oder neu gebaut und müssen neue Kreuzungen mit öffentlichen Verkehrswegen hergestellt oder bestehende geändert werden, hat die Wasserstraßen- und Schifffahrtsverwaltung des Bundes die Kosten der Kreuzungsanlagen oder ihrer Änderung zu tragen, soweit nicht ein anderer auf Grund eines bestehenden Rechtsverhältnisses dazu verpflichtet ist.

(2) Werden öffentliche Verkehrswege verändert oder neu angelegt und müssen neue Kreuzungen mit Bundeswasserstraßen hergestellt oder bestehende geändert werden, hat der Baulastträger des öffentlichen Verkehrsweges die Kosten der Kreuzungsanlagen oder ihrer Änderungen zu tragen, soweit nicht ein anderer auf Grund eines bestehenden Rechtsverhältnisses dazu verpflichtet ist.

(3) Zu den Kosten neuer Kreuzungen gehören auch die Kosten der Änderungen, die durch die neue Kreuzung an dem Verkehrsweg des anderen Beteiligten unter Berücksichtigung der übersehbaren Verkehrsentwicklung notwendig sind.

(4) Werden eine Bundeswasserstraße und ein öffentlicher Verkehrsweg gleichzeitig neu angelegt, haben die Beteiligten die Kosten der Kreuzungsanlage je zur Hälfte zu tragen.

[1)] **Habersack Nr. 100.**

[2)] § 41 Abs. 7 einl. Satzteil geänd. mWv 8.9.2015 durch VO v. 31.8.2015 (BGBl. I S. 1474); Abs. 1 geänd. mWv 1.6.2016 durch G v. 24.5.2016 (BGBl. I S. 1217); Abs. 7 einl. Satzteil geänd. mWv 29.12.2023 durch G v. 22.12.2023 (BGBl. 2023 I Nr. 409).

(5) [1] Wird eine Bundeswasserstraße ausgebaut und wird gleichzeitig ein öffentlicher Verkehrsweg geändert, haben die beiden Beteiligten die dadurch entstehenden Kosten in dem Verhältnis zu tragen, in dem die Kosten bei getrennter Durchführung der Maßnahmen zueinander stehen würden. [2] Als gleichzeitig gelten die Maßnahmen, wenn beide Beteiligte sie verlangen oder hätten verlangen müssen.

(5a) Vorteile, die dem anderen Beteiligten durch Änderungen im Sinne der Absätze 1, 2 oder 5 erwachsen, sind auszugleichen (Vorteilsausgleich).

(6) [1] Zu den Kosten der Kreuzungsanlage gehören die Kosten, die mit der Herstellung oder Änderung des Kreuzungsbauwerks, sowie die Kosten, die mit der durch die Kreuzung notwendig gewordenen Änderung oder Beseitigung öffentlicher Verkehrswege verbunden sind. [2] Kommt über die Aufteilung der Kosten keine Einigung zustande, so ist hierüber im Planfeststellungsbeschluss (§ 14b) zu entscheiden.

(7) Das Bundesministerium für Digitales und Verkehr kann mit Zustimmung des Bundesrates Rechtsverordnungen erlassen, durch die

1. der Umfang der Kosten näher bestimmt wird und für die Verwaltungskosten Pauschalbeträge festgesetzt werden;
2. bestimmt wird, wie die bei getrennter Durchführung der Maßnahmen nach Absatz 5 entstehenden Kosten unter Anwendung von Erfahrungswerten für die Baukosten in vereinfachter Form ermittelt werden.

§ 42[1)] Unterhaltung der Kreuzungsanlagen. (1) [1] Die Kreuzungsanlagen im Zuge öffentlicher Verkehrswege hat der Beteiligte zu unterhalten, der die Kosten der Herstellung der Kreuzungsanlage ganz oder überwiegend getragen hat. [2] Die Unterhaltung umfasst auch spätere Erneuerungen und den Betrieb der beweglichen Bestandteile der Kreuzungsanlagen.

(2) [1] Hat ein Beteiligter nach § 41 Abs. 4 Herstellungskosten anteilig getragen, ist er verpflichtet, im Verhältnis seines Anteils zu den Unterhaltungskosten beizutragen. [2] Hat ein Beteiligter nach § 41 Abs. 1 oder 2 Änderungskosten getragen, ist er verpflichtet, dem anderen Beteiligten die Mehrkosten für die Unterhaltung zu erstatten, die diesem durch die Änderung entstehen. [3] Hat ein Beteiligter nach § 41 Abs. 5 Änderungskosten anteilig getragen, ist er verpflichtet, dem anderen Beteiligten im Verhältnis seines Anteils die Mehrkosten für die Unterhaltung zu erstatten, die diesem durch die Änderung entstehen.

(3) Der nach Absatz 1 Satz 1 zur Unterhaltung Verpflichtete hat die Mehrkosten zu erstatten, die anderen bei der Erfüllung ihrer Unterhaltungsaufgaben durch die Kreuzungsanlagen erwachsen.

(4) [1] Ist die Wasserstraßen- und Schifffahrtsverwaltung des Bundes zur Unterhaltung nach Absatz 1 verpflichtet, erstreckt sich ihre Verpflichtung nur auf das Kreuzungsbauwerk. [2] Die übrigen Teile der Kreuzungsanlagen haben die Beteiligten zu unterhalten, zu deren öffentlichen Verkehrswegen sie gehören. [3] Die Wasserstraßen- und Schifffahrtsverwaltung des Bundes hat den Beteiligten die Mehrkosten der Unterhaltung an den Kreuzungsanlagen außerhalb des Kreuzungsbauwerks zu erstatten.

(4a) [1] In den Fällen der Absätze 2, 3 und 4 Satz 3 sind die Mehrkosten und die anteiligen Unterhaltungskosten auf Verlangen eines Beteiligten abzulösen. [2] Das

---

[1)] § 42 Abs. 4a Satz 2 geänd. mWv 8.9.2015 durch VO v. 31.8.2015 (BGBl. I S. 1474); Abs. 4 Sätze 1 und 3 geänd. mWv 1.6.2016 durch G v. 24.5.2016 (BGBl. I S. 1217); Abs. 4a Satz 2 geänd. mWv 29.12.2023 durch G v. 22.12.2023 (BGBl. 2023 I Nr. 409).

Bundesministerium für Digitales und Verkehr wird ermächtigt, mit Zustimmung des Bundesrates durch Rechtsverordnung die Berechnung und die Zahlung von Ablösungsbeträgen näher zu bestimmen sowie dazu ein Verfahren zur gütlichen Beilegung von Streitigkeiten festzulegen.

(5) Die Absätze 1 bis 4 gelten nicht, wenn bei dem Inkrafttreten dieses Gesetzes die Tragung der Kosten nach bestehenden Rechtsverhältnissen anders geregelt ist oder wenn etwas anderes vereinbart wird.

§ 43[1] Durchfahrten unter Brücken im Zuge öffentlicher Verkehrswege.

(1) Ist die Durchfahrt unter Brücken im Zuge öffentlicher Verkehrswege durch Leitwerke, Leitpfähle, Dalben, Absetzpfähle oder ähnliche Einrichtungen zu sichern oder durch Schifffahrtszeichen zu bezeichnen, hat der Rechtsträger, auf dessen Kosten die Brücke errichtet oder geändert wird, auch die Kosten der Herstellung dieser Einrichtungen zu tragen.

(2) [1]Die Unterhaltung der Einrichtungen obliegt der Wasserstraßen- und Schifffahrtsverwaltung des Bundes. [2]Die Unterhaltung umfasst auch spätere Erneuerungen und den Betrieb der Einrichtungen. [3]Der Rechtsträger, auf dessen Kosten die Einrichtungen hergestellt sind, hat der Wasserstraßen- und Schifffahrtsverwaltung des Bundes. die Unterhaltungskosten zu erstatten.

(3) [1]Sind die Einrichtungen wegen der Entwicklung der Schifffahrt oder bei einer Änderung von Rechtsvorschriften durch andere Einrichtungen zu ersetzen, hat die Wasserstraßen- und Schifffahrtsverwaltung des Bundes. die neuen Einrichtungen auf ihre Kosten herzustellen und zu unterhalten. [2]Der nach Absatz 2 Satz 3 Verpflichtete hat zu den weiteren Unterhaltungskosten bis zur Höhe seiner bisherigen Verpflichtungen beizutragen.

(4) Werden die Einrichtungen erst nach der Errichtung der Brücke notwendig, hat sie die Wasserstraßen- und Schifffahrtsverwaltung des Bundes. auf ihre Kosten herzustellen und zu unterhalten.

(5) Die Absätze 1 bis 4 gelten nicht, wenn bei dem Inkrafttreten dieses Gesetzes die Tragung der Kosten nach bestehenden Rechtsverhältnissen anders geregelt ist.

(6) [1]Wenn es die besonderen Verhältnisse einer Brücke erfordern, kann die Wasserstraßen- und Schifffahrtsverwaltung des Bundes mit dem für die Brücke zuständigen Rechtsträger vereinbaren, dass dieser Einrichtungen ganz oder teilweise herstellt, betreibt oder andere Aufgaben der Wasserstraßen- und Schifffahrtsverwaltung des Bundes zu ihrer Unterhaltung wahrnimmt. [2]Durch die Vereinbarung werden die Obliegenheiten der Wasserstraßen- und Schifffahrtsverwaltung des Bundes. nach den Absätzen 2 bis 4 nicht berührt.

Abschnitt 10. Durchführung des Gesetzes

§ 44 Enteignung für Zwecke der Bundeswasserstraßen. (1) [1]Für Zwecke der Unterhaltung, des Ausbaus und des Neubaus von Bundeswasserstraßen durch den Bund, für die Errichtung von bundeseigenen Schifffahrtsanlagen und bundeseigenen Schifffahrtszeichen sowie für Maßnahmen in Landflächen an Bundeswasserstraßen nach § 9 ist die Enteignung zulässig, soweit sie zur Ausführung des Vorhabens notwendig ist. [2]Einer weiteren Feststellung der Zulässigkeit bedarf es nicht.

---

[1] § 43 Abs. 2 Sätze 1 und 3, Abs. 3 Satz 1, Abs. 4, Abs. 6 Sätze 1 und 2 geänd. mWv 1.6.2016 durch G v. 24.5.2016 (BGBl. I S. 1217).

(2) Ist nach diesem Gesetz für das Vorhaben eine Planfeststellung durchzuführen, ist dem Enteignungsverfahren der festgestellte Plan zugrunde zu legen; er ist für die Enteignungsbehörde bindend.

(3) Die Enteignung wird von den zuständigen Landesbehörden nach Landesrecht durchgeführt.

§ 45[1] Zuständigkeiten. (1) Die Behörden der Wasserstraßen- und Schifffahrtsverwaltung des Bundes führen dieses Gesetz durch, wenn es nichts anderes bestimmt.

(2) (weggefallen)

(3) Als fachtechnische Behörden stehen der Wasserstraßen- und Schifffahrtsverwaltung des Bundes die Bundesanstalt für Wasserbau, die Bundesanstalt für Gewässerkunde und, soweit Fragen der Fischerei berührt werden, auch die Bundesforschungsanstalt für Fischerei zur Verfügung.

(4) [1]Die nach diesem Gesetz begründeten Zuständigkeiten bestehen auch in den Teilen einer Bundeswasserstraße, die in einen Hafen einbezogen sind, der nicht vom Bund betrieben wird. [2]Die Zuständigkeiten für die Hafenaufsicht (Hafenpolizei) bleiben unberührt.

(5) Die Aufgaben und Zuständigkeiten der Freien und Hansestadt Hamburg nach den mit Hamburg und Preußen abgeschlossenen Zusatzverträgen zum Staatsvertrag betreffend den Übergang der Wasserstraßen von den Ländern auf das Reich und ihre Ergänzungen – Nachtrag zu dem Gesetz über den Staatsvertrag betreffend den Übergang der Wasserstraßen von den Ländern auf das Reich vom 18. Februar 1922 (RGBl. I S. 222) – Zusatzvertrag mit Hamburg – und Zweiter Nachtrag zu dem Gesetz über den Staatsvertrag betreffend den Übergang der Wasserstraßen von den Ländern auf das Reich vom 22. Dezember 1928 (RGBl. 1929 II S. 1) – Nachtrag zum Zusatzvertrag mit Hamburg – in Verbindung mit § 1 Abs. 1 Satz 4 des Gesetzes über die vermögensrechtlichen Verhältnisse der Bundeswasserstraßen[2] vom 21. Mai 1951 (BGBl. I S. 352), § 1 der Verordnung über die Verwaltung der Elbe im Gebiete Groß-Hamburg von 30. Juni 1937 (RGBl. I S. 727) und § 1 der Verordnung über die Verwaltung der Elbe und anderer Reichswasserstraßen durch die Hansestadt Hamburg vom 31. Dezember 1938 (RGBl. 1939 I S. 3) – bleiben unberührt.

§ 46[3] Rechtsverordnungen. [1]Das Bundesministerium für Digitales und Verkehr wird ermächtigt, Rechtsverordnungen zu erlassen über

1. die Regelung des Betriebs von Anlagen nach § 1 Absatz 6 Nummer 1,
2. die Zulassung des Befahrens von Talsperren und Speicherbecken mit Wasserfahrzeugen (§ 5),
3. die Regelung, Beschränkung oder Untersagung des Gemeingebrauchs im Rahmen des § 6,
4. die Zuständigkeiten der Behörden der Wasserstraßen- und Schifffahrtsverwaltung des Bundes, wenn ihre Zuständigkeiten nicht bereits im Gesetz festgelegt sind.

---

[1] § 45 Abs. 1 und Abs. 3 geänd. mWv 1.6.2016 durch G v. 24.5.2016 (BGBl. I S. 1217).

[2] Nr. 970.

[3] § 46 Satz 1 einl. Satzteil und Satz 2 geänd. mWv 8.9.2015 durch VO v. 31.8.2015 (BGBl. I S. 1474); Satz 1 Nr. 4 und Satz 2 geänd. mWv 1.6.2016 durch G v. 24.5.2016 (BGBl. I S. 1217); Satz 1 Nr. 1 geänd. mWv 9.6.2021 durch G v. 2.6.2021 (BGBl. I S. 1295); Satz 1 einl. Satzteil und Satz 2 geänd. mWv 29.12.2023 durch G v. 22.12.2023 (BGBl. 2023 I Nr. 409).

²Das Bundesministerium für Digitales und Verkehr kann durch Rechtsverordnung diese Ermächtigung auf die Generaldirektion Wasserstraßen und Schifffahrt übertragen.

§ 47[1)] *(aufgehoben)*

§ 48[2)] **Anforderungen der Sicherheit und Ordnung.** ¹Die Wasserstraßen- und Schifffahrtsverwaltung des Bundes ist dafür verantwortlich, dass die bundeseigenen Schifffahrtsanlagen und Schifffahrtszeichen sowie die bundeseigenen wasserbaulichen Anlagen allen Anforderungen der Sicherheit und Ordnung genügen. ²Behördlicher Genehmigungen, Erlaubnisse und Abnahmen bedarf es nicht.

Abschnitt 11. Bußgeldvorschriften, Schlussvorschriften

§ 49 (weggefallen)

§ 50[3)] **Ordnungswidrigkeiten.** (1) Ordnungswidrig handelt, wer vorsätzlich oder fahrlässig

1. entgegen § 5 eine Talsperre oder ein Speicherbecken mit Wasserfahrzeugen befährt,
2. einer Vorschrift einer nach § 5 Satz 3, § 27 oder § 46 Nr. 1 bis 3 ergangenen Rechtsverordnung, einer auf Grund einer solchen Rechtsverordnung ergangenen vollziehbaren Anordnung oder einer vollziehbaren Auflage einer auf Grund einer solchen Rechtsverordnung ergangenen Genehmigung zuwiderhandelt, soweit die Rechtsverordnung für einen bestimmten Tatbestand auf diese Bußgeldvorschrift verweist,
3. entgegen der Vorschrift des § 30 Abs. 2 ein Hindernis beseitigt oder Gegenstände von diesem fortschafft,
4. entgegen § 31 Abs. 1 ohne strom- und schifffahrtspolizeiliche Genehmigung eine Bundeswasserstraße benutzt oder Anlagen errichtet, verändert oder betreibt oder einer nach § 31 Abs. 4 erteilten Auflage nicht nachkommt,
5. entgegen der Vorschrift des § 33 Abs. 1
   a) das Betreten von Grundstücken nicht gestattet, Anlagen oder Einrichtungen nicht zugänglich macht oder technische Ermittlungen oder Prüfungen nicht duldet,
   b) die erforderlichen Arbeitskräfte, Unterlagen oder Werkzeuge nicht zur Verfügung stellt oder
   c) die Auskunft nicht, unrichtig, unvollständig oder nicht rechtzeitig erteilt,
6. ohne die nach § 34 Abs. 2 erforderliche Genehmigung ein Schifffahrtszeichen setzt oder betreibt oder
7. der Vorschrift des § 34 Abs. 4 über die Ausgestaltung oder den Betrieb von Anlagen, ortsfesten Einrichtungen oder Schifffahrtszeichen zuwiderhandelt.

(2) Die Ordnungswidrigkeit kann mit einer Geldbuße bis zu fünftausend Euro geahndet werden.

---

1) § 47 aufgeh. mWv 1.10.2021 durch G v. 18.7.2016 (BGBl. I S. 1666).

2) § 48 Satz 1 geänd. mWv 1.6.2016 durch G v. 24.5.2016 (BGBl. I S. 1217).

3) § 50 Abs. 3 geänd. mWv 1.6.2016 durch G v. 24.5.2016 (BGBl. I S. 1217); Abs. 1 Nr. 2 geänd. mWv 7.12.2018 durch G v. 29.11.2018 (BGBl. I S. 2237).

(3) Verwaltungsbehörde im Sinne des § 36 Abs. 1 Nr. 1 des Gesetzes über Ordnungswidrigkeiten[1)] ist die Generaldirektion Wasserstraßen und Schifffahrt.

§ 51[2)] Ordnungswidrigkeitendatei. (1) Die Generaldirektion Wasserstraßen und Schifffahrt führt eine Datei über die von ihr verfolgten Ordnungswidrigkeiten gemäß § 50 zum Zweck der Bearbeitung von Ordnungswidrigkeitenverfahren und der Vorgangsverwaltung.

(2) Zu den in Absatz 1 genannten Zwecken können folgende Daten gespeichert werden:

1. zum Betroffenen:
   a) Familienname, Geburtsname und Vornamen,
   b) Tag und Ort der Geburt,
   c) Anschrift,
   d) gegebenenfalls Name und Anschrift des gesetzlichen Vertreters,
   e) gegebenenfalls Name und Anschrift des Unternehmens sowie
   f) gegebenenfalls Name und Anschrift des Zustellungsbevollmächtigten,
2. die zuständige Bußgeldstelle und das Aktenzeichen,
3. die Tatzeiten und Tatorte sowie Merkmale von Tatwerkzeugen,
4. die Tatvorwürfe durch Angabe der gesetzlichen Vorschriften und die nähere Bezeichnung der Ordnungswidrigkeiten,
5. das Datum der Einleitung des Verfahrens sowie das Datum der Verfahrenserledigung durch die Bußgeldstelle, die Staatsanwaltschaft und das Gericht unter Angabe der gesetzlichen Vorschriften,
6. die für die ordnungsgemäße Vorgangsverwaltung erforderlichen Daten, insbesondere die Höhe der Geldbuße.

(3) Das Bundesministerium für Digitales und Verkehr wird ermächtigt, durch Rechtsverordnung Folgendes zu bestimmen:

1. das Nähere über Art und Umfang der zu speichernden Daten nach Absatz 2 Nummer 3 bis 6,
2. Verfahren von besonderer Bedeutung nach Absatz 5 und die dabei einzuhaltenden Löschungsfristen.

(4) Die nach Absatz 2 gespeicherten personenbezogenen Daten dürfen, soweit dies erforderlich ist, zu folgenden Zwecken folgenden Stellen auch in elektronischer Form übermittelt werden:

1. zur Durchführung von Verwaltungsaufgaben
   a) nach diesem Gesetz oder
   b) nach Rechtsvorschriften, die auf Grund dieses Gesetzes erlassen wurden,

   den Dienststellen der Wasserstraßen- und Schifffahrtsverwaltung des Bundes und der Wasserschutzpolizeien der Länder sowie der Bundeskasse,
2. zur Verfolgung von Straftaten oder Ordnungswidrigkeiten, die im Zusammenhang mit der als Ordnungswidrigkeit verfolgten Tat stehen, den Gerichten,

---

[1)] **Habersack Nr. 94.**

[2)] § 51 neu eingef. mWv 7.6.2013 durch G v. 31.5.2013 (BGBl. I S. 1388); Abs. 3 einl. Satzteil geänd. mWv 8.9 2015 durch VO v. 31.8.2015 (BGBl. I S. 1474); Abs. 1 und Abs. 4 Nr. 1 und Nr. 2 geänd. mWv 1.6.2016 durch G v. 24.5.2016 (BGBl. I S. 1217); Abs. 4 Nr. 3 geänd. mWv 1.7.2017 durch G v. 13.4. 2017 (BGBl. I S. 872); Abs. 3 einl. Satzteil geänd. mWv 29.12.2023 durch G v. 22.12.2023 (BGBl. 2023 I Nr. 409).

Staatsanwaltschaften sowie den Dienststellen der Wasserstraßen- und Schifffahrtsverwaltung des Bundes und der Wasserschutzpolizeien der Länder oder

3. zur Vollstreckung von Bußgeldbescheiden oder von Anordnungen der Einziehung des Wertes von Taterträgen im Sinne des § 29a des Gesetzes über Ordnungswidrigkeiten[1] den Gerichten, Staatsanwaltschaften und Hauptzollämtern.

(5) [1]Die nach Absatz 2 gespeicherten personenbezogenen Daten sind zu löschen, soweit sie für die Aufgaben nach Absatz 1 nicht mehr erforderlich sind, spätestens jedoch nach dem Ende der Vollstreckungsverjährung. [2]Dies gilt nicht, soweit bei Verfahren von besonderer Bedeutung eine längere Frist erforderlich ist.

§ 56[2] Überleitungs- und Schlussbestimmungen. (1) Wenn bei dem Inkrafttreten dieses Gesetzes Talsperren und Speicherbecken mit Wasserfahrzeugen befahren werden dürfen, ist eine neue Zulassung nach der auf Grund des § 46 Nr. 2 erlassenen Rechtsverordnung nicht nötig.

(2) Für die Fortführung der beim Inkrafttreten dieses Gesetzes anhängigen Verfahren zum Ausbau oder Neubau einer Bundeswasserstraße gelten die Bestimmungen dieses Gesetzes, wenn eine Sachentscheidung bis zum Inkrafttreten dieses Gesetzes noch nicht ergangen ist.

(3) Soweit bei dem Inkrafttreten dieses Gesetzes die Rhein-Main-Donau Aktiengesellschaft, die Neckar Aktiengesellschaft, die Donaukraftwerk Jochenstein Aktiengesellschaft und die Mittelweser-Aktiengesellschaft vertraglich verpflichtet sind, Bundeswasserstraßen auszubauen oder neu zu bauen, ist eine neue Übertragung nach § 12 Abs. 5 nicht nötig.

(4) Die der Rhein-Main-Donau Aktiengesellschaft in Durchführung des Main-Donau-Staatsvertrages vom 13. Juni 1921 übertragene Aufgabe wird durch die Aufhebung des Rhein-Main-Donau-Gesetzes vom 11. Mai 1938 (§ 57 Abs. 1 Nr. 5) nicht berührt.

(5) [1]Vor dem 17. Dezember 2006 beantragte Planfeststellungsverfahren und Plangenehmigungsverfahren werden nach den Vorschriften dieses Gesetzes in der ab dem 17. Dezember 2006 geltenden Fassung weitergeführt. [2]§ 11 Abs. 2 des Verkehrswegeplanungsbeschleunigungsgesetzes bleibt unberührt.

(6) § 14c gilt auch für Planfeststellungsbeschlüsse und Plangenehmigungen, die vor dem 17. Dezember 2006 erlassen worden sind, soweit der Plan noch nicht außer Kraft getreten ist.

(7) Wurde für eine Maßnahme nach § 12 Absatz 2 Satz 1 Nummer 3 vor dem 9. Juni 2021 ein Verfahren zur Unterrichtung über den Untersuchungsrahmen nach § 15 des Gesetzes über die Umweltverträglichkeitsprüfung[3] oder ein Planfeststellungs- oder Plangenehmigungsverfahren nach § 68 des Wasserhaushaltsgesetzes[4] eingeleitet, so führt die zuständige Landesbehörde dieses Verfahren nach dem bis zum 9. Juni 2021 geltenden Recht fort.

(8) Sind dem bisherigen Träger einer Maßnahme nach § 12 Absatz 2 Satz 1 Nummer 3, für die vor dem 9. Juni 2021 noch kein Verfahren zur Unterrichtung über den Untersuchungsrahmen nach § 15 des Gesetzes über die Umweltverträglichkeitsprüfung oder kein Planfeststellungs- oder Plangenehmigungsverfahren

---

[1] **Habersack Nr. 94.**

[2] § 56 Abs. 7 und 8 angef. mWv 9.6.2021 durch G v. 2.6.2021 (BGBl. I S. 1295); Überschrift geänd., Abs. 9 angef. mWv 29.12.2023 durch G v. 22.12.2023 (BGBl. 2023 I Nr. 409).

[3] Nr. **295**.

[4] Nr. **845**.

nach § 68 des Wasserhaushaltsgesetzes eingeleitet worden ist, Kosten entstanden, so kann er hierfür keine Erstattung vom Bund verlangen.

(9) [1] Für das Planfeststellungsverfahren gilt das Verwaltungsverfahrensgesetz[1)] in der Fassung der Bekanntmachung vom 23. Januar 2003 (BGBl. I S. 102), das zuletzt durch Artikel 24 Absatz 3 des Gesetzes vom 25. Juni 2021 (BGBl. I S. 2154) geändert worden ist, das nach Maßgabe dieses Gesetzes anzuwenden ist. [2] Satz 1 gilt entsprechend, wenn das Gesetz über die Umweltverträglichkeitsprüfung anzuwenden ist und dieses auf das Verwaltungsverfahrensgesetz verweist.

§ 57[2)] *(aufgehoben)*

§ 58 (weggefallen)

§ 59 (Inkrafttreten)

Anlage 1[3)]
(zu § 1 Absatz 1 Nummer 1 und Absatz 7 und § 2 Absatz 2)

Verzeichnis der dem allgemeinen Verkehr dienenden Binnenwasserstraßen des Bundes

(hier nicht abgedruckt)

Anlage 2[4)]
(zu § 14e Abs. 1)

Bundeswasserstraßen mit erstinstanzlicher Zuständigkeit des Bundesverwaltungsgerichts

(hier nicht abgedruckt)

Anlage 3, 4[5)]
(zu § 18 Absatz 1 Satz 1 und § 18 Absatz 1 Satz 2)

[Planfeststellungsverfahren bei Vorhaben im transeuropäischen Verkehrsnetz im Kernnetzkorridor]

(hier nicht abgedruckt)

---

1) Nr. **100**.
2) § 57 aufgeh. mWv 1.2.2008 durch G v. 13.12.2007 (BGBl. I S. 2930).
3) Anl. 1 neu gef. mWv 9.6.2021 durch G v. 2.6.2021 (BGBl. I S. 1295).
4) Anl. 2 geänd. mWv 7.12.2018 durch G v. 29.11.2018 (BGBl. I S. 2237); geänd. mWv 29.12.2023 durch G v. 22.12.2023 (BGBl. 2023 I Nr. 409).
5) Anl. 3 und 4 angef. mWv 29.12.2023 durch G v. 22.12.2023 (BGBl. 2023 I Nr. 409).

1000. Vertrag über die Europäische Union idF des Vertrags von Lissabon

13. Dezember 2007[1) 2) 3)]

(ABl. Nr. C 306 S. 1, ber. ABl. 2008 Nr. C 111 S. 56, ABl. 2009 Nr. C 290 S. 1, ABl. 2011 Nr. C 378 S. 3)

Celex-Nr. 1 1992 M

geänd. durch Art. 1 Amsterdamer Vertrag v. 2. 10. 1997 (ABl. Nr. C 340 S. 1), Art. 1 Vertrag von Nizza v. 26. 2. 2001 (ABl. Nr. C 80 S. 1, ber. ABl. Nr. C 96 S. 27), Art. 12 EU-Beitrittsakte 2003 v. 16. 4. 2003 (ABl. Nr. L 236 S. 33), Art. 10 Abs. 2, 3, Art. 18 Abs. 3 EU-Beitrittsakte 2005 v. 25. 4. 2005 (ABl. Nr. L 157 S. 203), Art. 1 Vertrag von Lissabon v. 13. 12. 2007 (ABl. Nr. C 306 S. 1, ber. ABl. 2008 Nr. C 111 S. 56 u. ABl. 2009 Nr. C 290 S. 1) und Art. 13, 14 Abs. 1 EU-Beitrittsakte 2013 v. 9. 12. 2011 (ABl. 2012 Nr. L 112 S. 21)

Nichtamtliche Inhaltsübersicht

---

1) Konsolidierte Fassung des Vertrags über die Europäische Union v. 7. 2. 1992 (ABl. Nr. C 191 S. 1). Die Bundesrepublik Deutschland hat mWv 15. 10. 2008 durch G v. 8. 1. 2008 (BGBl. II S. 1038) dem Vertrag von Lissabon zugestimmt; Inkrafttreten am 1. 12. 2009, siehe die Bek. v. 13. 11. 2009 (BGBl. II S. 1223).

2) Die Artikelfolge und Verweise/Bezugnahmen auf Vorschriften des AEUV sind gemäß Art. 5 des Vertrags von Lissabon iVm den Übereinstimmungstabellen an die neue Nummerierung angepasst worden.

3) Siehe die unter **Nr. 1000 a** abgedruckte Übereinstimmungstabelle.

SEINE MAJESTÄT DER KÖNIG DER BELGIER,
IHRE MAJESTÄT DIE KÖNIGIN VON DÄNEMARK,
DER PRÄSIDENT DER BUNDESREPUBLIK DEUTSCHLAND,
DER PRÄSIDENT DER GRIECHISCHEN REPUBLIK,
SEINE MAJESTÄT DER KÖNIG VON SPANIEN,
DER PRÄSIDENT DER FRANZÖSISCHEN REPUBLIK,
DER PRÄSIDENT IRLANDS,
DER PRÄSIDENT DER ITALIENISCHEN REPUBLIK,
SEINE KÖNIGLICHE HOHEIT DER GROSSHERZOG VON LUXEMBURG,

IHRE MAJESTÄT DIE KÖNIGIN DER NIEDERLANDE,
DER PRÄSIDENT DER PORTUGIESISCHEN REPUBLIK,
IHRE MAJESTÄT DIE KÖNIGIN DES VEREINIGTEN KÖNIGREICHS GROSSBRITANNIEN UND NORDIRLAND,[1)]

ENTSCHLOSSEN, den mit der Gründung der Europäischen Gemeinschaften eingeleiteten Prozeß der europäischen Integration auf eine neue Stufe zu heben,

SCHÖPFEND aus dem kulturellen, religiösen und humanistischen Erbe Europas, aus dem sich die unverletzlichen und unveräußerlichen Rechte des Menschen sowie Freiheit, Demokratie, Gleichheit und Rechtsstaatlichkeit als universelle Werte entwickelt haben,

EINGEDENK der historischen Bedeutung der Überwindung der Teilung des europäischen Kontinents und der Notwendigkeit, feste Grundlagen für die Gestalt des zukünftigen Europas zu schaffen,

IN BESTÄTIGUNG ihres Bekenntnisses zu den Grundsätzen der Freiheit, der Demokratie und der Achtung der Menschenrechte und Grundfreiheiten und der Rechtsstaatlichkeit,

IN BESTÄTIGUNG der Bedeutung, die sie den sozialen Grundrechten beimessen, wie sie in der am 18. Oktober 1961 in Turin unterzeichneten Europäischen Sozialcharta[2)] und in der Gemeinschaftscharta der sozialen Grundrechte der Arbeitnehmer von 1989[3)] festgelegt sind,

IN DEM WUNSCH, die Solidarität zwischen ihren Völkern unter Achtung ihrer Geschichte, ihrer Kultur und ihrer Traditionen zu stärken,

IN DEM WUNSCH, Demokratie und Effizienz in der Arbeit der Organe weiter zu stärken, damit diese in die Lage versetzt werden, die ihnen übertragenen Aufgaben in einem einheitlichen institutionellen Rahmen besser wahrzunehmen,

ENTSCHLOSSEN, die Stärkung und die Konvergenz ihrer Volkswirtschaften herbeizuführen und eine Wirtschafts- und Währungsunion zu errichten, die im Einklang mit diesem Vertrag und dem Vertrag über die Arbeitsweise der Europäischen Union[4)] eine einheitliche, stabile Währung einschließt,

IN DEM FESTEN WILLEN, im Rahmen der Verwirklichung des Binnenmarkts sowie der Stärkung des Zusammenhalts und des Umweltschutzes den wirtschaftlichen und sozialen Fortschritt ihrer Völker unter Berücksichtigung des Grundsatzes der nachhaltigen Entwicklung zu fördern und Politiken zu verfolgen, die gewährleisten, dass Fortschritte bei der wirtschaftlichen Integration mit parallelen Fortschritten auf anderen Gebieten einhergehen,

ENTSCHLOSSEN, eine gemeinsame Unionsbürgerschaft für die Staatsangehörigen ihrer Länder einzuführen,

ENTSCHLOSSEN, eine Gemeinsame Außen- und Sicherheitspolitik zu verfolgen, wozu nach Maßgabe des Artikels 42 auch die schrittweise Festlegung einer

---

[1)] **Amtl. Anm.:** Seit dem ursprünglichen Vertragsschluss sind Mitgliedstaaten der Europäischen Union geworden: ***[Red. Anm.:** die Republik Kroatien mWv 1.7.2013,]* die Republik Bulgarien, die Tschechische Republik, die Republik Estland, die Republik Zypern, die Republik Lettland, die Republik Litauen, die Republik Ungarn, die Republik Malta, die Republik Österreich, die Republik Polen, Rumänien, die Republik Slowenien, die Slowakische Republik, die Republik Finnland und das Königreich Schweden ***[Red. Anm.:** Seit dem 1.2.2020 ist das Vereinigte Königreich aus der Europäischen Union ausgetreten und ist seitdem ein Drittland (Nicht-EU-Land).].*

[2)] **Loseblatt-Textsammlung Arbeitsrecht Nr. 1152.**

[3)] **Loseblatt-Textsammlung Arbeitsrecht Nr. 860.**

[4)] Nr. **1001**.

gemeinsamen Verteidigungspolitik gehört, die zu einer gemeinsamen Verteidigung führen könnte, und so die Identität und Unabhängigkeit Europas zu stärken, um Frieden, Sicherheit und Fortschritt in Europa und in der Welt zu fördern,

ENTSCHLOSSEN, die Freizügigkeit unter gleichzeitiger Gewährleistung der Sicherheit ihrer Bürger durch den Aufbau eines Raums der Freiheit, der Sicherheit und des Rechts nach Maßgabe der Bestimmungen dieses Vertrags und des Vertrags über die Arbeitsweise der Europäischen Union[1)] zu fördern,

ENTSCHLOSSEN, den Prozeß der Schaffung einer immer engeren Union der Völker Europas, in der die Entscheidungen entsprechend dem Subsidiaritätsprinzip möglichst bürgernah getroffen werden, weiterzuführen,

IM HINBLICK auf weitere Schritte, die getan werden müssen, um die europäische Integration voranzutreiben,

HABEN BESCHLOSSEN, eine Europäische Union zu gründen; sie haben zu diesem Zweck zu ihren Bevollmächtigten ernannt:

SEINE MAJESTÄT DER KÖNIG DER BELGIER:

Mark EYSKENS,

Minister für auswärtige Angelegenheiten;

Philippe MAYSTADT,

Minister der Finanzen;

IHRE MAJESTÄT DIE KÖNIGIN VON DÄNEMARK:

Uffe ELLEMANN-JENSEN,

Minister für auswärtige Angelegenheiten;

Anders FOGH RASMUSSEN,

Minister für Wirtschaft;

DER PRÄSIDENT DER BUNDESREPUBLIK DEUTSCHLAND:

Hans-Dietrich GENSCHER,

Bundesminister des Auswärtigen;

Theodor WAIGEL,

Bundesminister der Finanzen;

DER PRÄSIDENT DER GRIECHISCHEN REPUBLIK:

Antonios SAMARAS,

Minister für auswärtige Angelegenheiten;

Efthymios CHRISTODOULOU,

Minister für Wirtschaft;

SEINE MAJESTÄT DER KÖNIG VON SPANIEN:

Francisco FERNÁNDEZ ORDÓÑEZ,

Minister für auswärtige Angelegenheiten;

Carlos SOLCHAGA CATALÁN,

Minister für Wirtschaft und Finanzen;

DER PRÄSIDENT DER FRANZÖSISCHEN REPUBLIK:

Roland DUMAS,

Minister für auswärtige Angelegenheiten;

[1)] Nr. 1001.

Pierre BEREGOVOY,
Minister für Wirtschaft, Finanzen und Haushalt;
DER PRÄSIDENT IRLANDS:
Gerard COLLINS,
Minister für auswärtige Angelegenheiten;
Bertie AHERN,
Minister der Finanzen;
DER PRÄSIDENT DER ITALIENISCHEN REPUBLIK:
Giannni DE MICHELIS,
Minister für auswärtige Angelegenheiten;
Guido CARLI,
Schatzminister;
SEINE KÖNIGLICHE HOHEIT DER GROSSHERZOG
VON LUXEMBURG:
Jacques F. POOS,
Vizepremierminister,

(Fortsetzung nächstes Blatt)

Minister für auswärtige Angelegenheiten;
Jean-Claude JUNCKER,
Minister der Finanzen;
IHRE MAJESTÄT DIE KÖNIGIN DER NIEDERLANDE:
Hans VAN DEN BRÖK,
Minister für auswärtige Angelegenheiten;
Willem KOK,
Minister der Finanzen;
DER PRÄSIDENT DER PORTUGIESISCHEN REPUBLIK:
Joao de Deus PINHEIRO,
Minister für auswärtige Angelegenheiten;
Jorge BRAGA de MACEDO,
Minister der Finanzen;
IHRE MAJESTÄT DIE KÖNIGIN DES VEREINIGTEN KÖNIGREICHS GROSSBRITANNIEN UND NORDIRLAND:
Rt. Hon. Douglas HURD,
Minister für auswärtige Angelegenheiten und Commonwealth-Fragen;
Hon. Francis MAUDE,
Financial Secretary im Schatzamt;
DIESE SIND nach Austausch ihrer als gut und gehörig befundenen Vollmachten wie folgt ÜBEREINGEKOMMEN:

Titel I. Gemeinsame Bestimmungen

Art. 1 [Gründung der Europäischen Union; Grundlagen] Durch diesen Vertrag gründen die Hohen Vertragsparteien untereinander eine EUROPÄISCHE UNION (im Folgenden „Union"), der die Mitgliedstaaten Zuständigkeiten zur Verwirklichung ihrer gemeinsamen Ziele übertragen.

Dieser Vertrag stellt eine neue Stufe bei der Verwirklichung einer immer engeren Union der Völker Europas dar, in der die Entscheidungen möglichst offen und möglichst bürgernah getroffen werden.

[1] Grundlage der Union sind dieser Vertrag und der Vertrag über die Arbeitsweise der Europäischen Union[1)] (im Folgenden „Verträge"). [2] Beide Verträge sind rechtlich gleichrangig. [3] Die Union tritt an die Stelle der Europäischen Gemeinschaft, deren Rechtsnachfolgerin sie ist.

Art. 2 [Grundlegende Werte] [1] Die Werte, auf die sich die Union gründet, sind die Achtung der Menschenwürde, Freiheit, Demokratie, Gleichheit, Rechtsstaatlichkeit und die Wahrung der Menschenrechte einschließlich der Rechte der Personen, die Minderheiten angehören. [2] Diese Werte sind allen Mitgliedstaaten in einer Gesellschaft gemeinsam, die sich durch Pluralismus, Nichtdiskriminierung, Toleranz, Gerechtigkeit, Solidarität und die Gleichheit von Frauen und Männern auszeichnet.

Art. 3 [Ziel der Union] (1) Ziel der Union ist es, den Frieden, ihre Werte und das Wohlergehen ihrer Völker zu fördern.

---

1) Nr. **1001**.

(2) Die Union bietet ihren Bürgerinnen und Bürgern einen Raum der Freiheit, der Sicherheit und des Rechts ohne Binnengrenzen, in dem – in Verbindung mit geeigneten Maßnahmen in Bezug auf die Kontrollen an den Außengrenzen, das Asyl, die Einwanderung sowie die Verhütung und Bekämpfung der Kriminalität – der freie Personenverkehr gewährleistet ist.

(3) [1] Die Union errichtet einen Binnenmarkt. [2] Sie wirkt auf die nachhaltige Entwicklung Europas auf der Grundlage eines ausgewogenen Wirtschaftswachstums und von Preisstabilität, eine in hohem Maße wettbewerbsfähige soziale Marktwirtschaft, die auf Vollbeschäftigung und sozialen Fortschritt abzielt, sowie ein hohes Maß an Umweltschutz und Verbesserung der Umweltqualität hin. [3] Sie fördert den wissenschaftlichen und technischen Fortschritt.

Sie bekämpft soziale Ausgrenzung und Diskriminierungen und fördert soziale Gerechtigkeit und sozialen Schutz, die Gleichstellung von Frauen und Männern, die Solidarität zwischen den Generationen und den Schutz der Rechte des Kindes.

Sie fördert den wirtschaftlichen, sozialen und territorialen Zusammenhalt und die Solidarität zwischen den Mitgliedstaaten.

Sie wahrt den Reichtum ihrer kulturellen und sprachlichen Vielfalt und sorgt für den Schutz und die Entwicklung des kulturellen Erbes Europas.

(4) Die Union errichtet eine Wirtschafts- und Währungsunion, deren Währung der Euro ist.

(5) [1] In ihren Beziehungen zur übrigen Welt schützt und fördert die Union ihre Werte und Interessen und trägt zum Schutz ihrer Bürgerinnen und Bürger bei. [2] Sie leistet einen Beitrag zu Frieden, Sicherheit, globaler nachhaltiger Entwicklung, Solidarität und gegenseitiger Achtung unter den Völkern, zu freiem und gerechtem Handel, zur Beseitigung der Armut und zum Schutz der Menschenrechte, insbesondere der Rechte des Kindes, sowie zur strikten Einhaltung und Weiterentwicklung des Völkerrechts, insbesondere zur Wahrung der Grundsätze der Charta der Vereinten Nationen.

(6) Die Union verfolgt ihre Ziele mit geeigneten Mitteln entsprechend den Zuständigkeiten, die ihr in den Verträgen übertragen sind.

Art. 4 [Zuständigkeiten der Union] (1) Alle der Union nicht in den Verträgen übertragenen Zuständigkeiten verbleiben gemäß Artikel 5 bei den Mitgliedstaaten.

(2) [1] Die Union achtet die Gleichheit der Mitgliedstaaten vor den Verträgen und ihre jeweilige nationale Identität, die in ihren grundlegenden politischen und verfassungsmäßigen Strukturen einschließlich der regionalen und lokalen Selbstverwaltung zum Ausdruck kommt. [2] Sie achtet die grundlegenden Funktionen des Staates, insbesondere die Wahrung der territorialen Unversehrtheit, die Aufrechterhaltung der öffentlichen Ordnung und den Schutz der nationalen Sicherheit. [3] Insbesondere die nationale Sicherheit fällt weiterhin in die alleinige Verantwortung der einzelnen Mitgliedstaaten.

(3) Nach dem Grundsatz der loyalen Zusammenarbeit achten und unterstützen sich die Union und die Mitgliedstaaten gegenseitig bei der Erfüllung der Aufgaben, die sich aus den Verträgen ergeben.

Die Mitgliedstaaten ergreifen alle geeigneten Maßnahmen allgemeiner oder besonderer Art zur Erfüllung der Verpflichtungen, die sich aus den Verträgen oder den Handlungen der Organe der Union ergeben.

Die Mitgliedstaaten unterstützen die Union bei der Erfüllung ihrer Aufgabe und unterlassen alle Maßnahmen, die die Verwirklichung der Ziele der Union gefährden könnten.

Art. 5 [Subsidiaritäts- und Verhältnismäßigkeitsgrundsatz] (1) [1] Für die Abgrenzung der Zuständigkeiten der Union gilt der Grundsatz der begrenzten Einzelermächtigung. [2] Für die Ausübung der Zuständigkeiten der Union gelten die Grundsätze der Subsidiarität und der Verhältnismäßigkeit.

(2) [1] Nach dem Grundsatz der begrenzten Einzelermächtigung wird die Union nur innerhalb der Grenzen der Zuständigkeiten tätig, die die Mitgliedstaaten ihr in den Verträgen zur Verwirklichung der darin niedergelegten Ziele übertragen haben. [2] Alle der Union nicht in den Verträgen übertragenen Zuständigkeiten verbleiben bei den Mitgliedstaaten.

(3) Nach dem Subsidiaritätsprinzip wird die Union in den Bereichen, die nicht in ihre ausschließliche Zuständigkeit fallen, nur tätig, sofern und soweit die Ziele der in Betracht gezogenen Maßnahmen von den Mitgliedstaaten weder auf zentraler noch auf regionaler oder lokaler Ebene ausreichend verwirklicht werden können, sondern vielmehr wegen ihres Umfangs oder ihrer Wirkungen auf Unionsebene besser zu verwirklichen sind.

[1] Die Organe der Union wenden das Subsidiaritätsprinzip nach dem Protokoll über die Anwendung der Grundsätze der Subsidiarität und der Verhältnismäßigkeit an. [2] Die nationalen Parlamente achten auf die Einhaltung des Subsidiaritätsprinzips nach dem in jenem Protokoll vorgesehenen Verfahren.

(4) Nach dem Grundsatz der Verhältnismäßigkeit gehen die Maßnahmen der Union inhaltlich wie formal nicht über das zur Erreichung der Ziele der Verträge erforderliche Maß hinaus.

Die Organe der Union wenden den Grundsatz der Verhältnismäßigkeit nach dem Protokoll über die Anwendung der Grundsätze der Subsidiarität und der Verhältnismäßigkeit an.

Art. 6 [Grundrechte-Charta und EMRK] (1) Die Union erkennt die Rechte, Freiheiten und Grundsätze an, die in der Charta der Grundrechte der Europäischen Union vom 7. Dezember 2000 in der am 12. Dezember 2007 in Straßburg angepassten Fassung niedergelegt sind; die Charta der Grundrechte und die Verträge sind rechtlich gleichrangig.

Durch die Bestimmungen der Charta werden die in den Verträgen festgelegten Zuständigkeiten der Union in keiner Weise erweitert.

Die in der Charta niedergelegten Rechte, Freiheiten und Grundsätze werden gemäß den allgemeinen Bestimmungen des Titels VII der Charta, der ihre Auslegung und Anwendung regelt, und unter gebührender Berücksichtigung der in der Charta angeführten Erläuterungen, in denen die Quellen dieser Bestimmungen angegeben sind, ausgelegt.

(2) [1] Die Union tritt der Europäischen Konvention zum Schutz der Menschenrechte und Grundfreiheiten[1)] bei. [2] Dieser Beitritt ändert nicht die in den Verträgen festgelegten Zuständigkeiten der Union.

(3) Die Grundrechte, wie sie in der Europäischen Konvention zum Schutz der Menschenrechte und Grundfreiheiten gewährleistet sind und wie sie sich aus den gemeinsamen Verfassungsüberlieferungen der Mitgliedstaaten ergeben, sind als allgemeine Grundsätze Teil des Unionsrechts.

Art. 7 [Verletzung fundamentaler Grundsätze durch einen Mitgliedstaat] (1) [1] Auf begründeten Vorschlag eines Drittels der Mitgliedstaaten, des Europäischen Parlaments oder der Europäischen Kommission kann der Rat mit der Mehrheit von vier Fünfteln seiner Mitglieder nach Zustimmung des Europäischen Parlaments feststellen, dass die eindeutige Gefahr einer schwerwiegenden Verletzung der in Artikel 2 genannten Werte durch einen Mitgliedstaat besteht. [2] Der Rat hört, bevor er eine solche Feststellung trifft, den betroffenen Mitgliedstaat und kann Empfehlungen an ihn richten, die er nach demselben Verfahren beschließt.

Der Rat überprüft regelmäßig, ob die Gründe, die zu dieser Feststellung geführt haben, noch zutreffen.

(2) Auf Vorschlag eines Drittels der Mitgliedstaaten oder der Europäischen Kommission und nach Zustimmung des Europäischen Parlaments kann der Europäische Rat einstimmig feststellen, dass eine schwerwiegende und anhaltende Verletzung der in Artikel 2 genannten Werte durch einen Mitgliedstaat vorliegt, nachdem er den betroffenen Mitgliedstaat zu einer Stellungnahme aufgefordert hat.

(3) [1] Wurde die Feststellung nach Absatz 2 getroffen, so kann der Rat mit qualifizierter Mehrheit beschließen, bestimmte Rechte auszusetzen, die sich aus der Anwendung der Verträge auf den betroffenen Mitgliedstaat herleiten, einschließlich der Stimmrechte des Vertreters der Regierung dieses Mitgliedstaats im Rat. [2] Dabei berücksichtigt er die möglichen Auswirkungen einer solchen Aussetzung auf die Rechte und Pflichten natürlicher und juristischer Personen.

Die sich aus den Verträgen ergebenden Verpflichtungen des betroffenen Mitgliedstaats sind für diesen auf jeden Fall weiterhin verbindlich.

(4) Der Rat kann zu einem späteren Zeitpunkt mit qualifizierter Mehrheit beschließen, nach Absatz 3 getroffene Maßnahmen abzuändern oder aufzuheben, wenn in der Lage, die zur Verhängung dieser Maßnahmen geführt hat, Änderungen eingetreten sind.

(5) Die Abstimmungsmodalitäten, die für die Zwecke dieses Artikels für das Europäische Parlament, den Europäischen Rat und den Rat gelten, sind in Artikel 354 des Vertrags über die Arbeitsweise der Europäischen Union[2)] festgelegt.

Art. 8 [Nachbarschaftspolitik] (1) Die Union entwickelt besondere Beziehungen zu den Ländern in ihrer Nachbarschaft, um einen Raum des Wohlstands und der guten Nachbarschaft zu schaffen, der auf den Werten der

---

[1)] Nr. **1003**.
[2)] Nr. **1001**.

Union aufbaut und sich durch enge, friedliche Beziehungen auf der Grundlage der Zusammenarbeit auszeichnet.

(2) [1] Für die Zwecke des Absatzes 1 kann die Union spezielle Übereinkünfte mit den betreffenden Ländern schließen. [2] Diese Übereinkünfte können gegenseitige Rechte und Pflichten umfassen und die Möglichkeit zu gemeinsamem Vorgehen eröffnen. [3] Zur Durchführung der Übereinkünfte finden regelmäßige Konsultationen statt.

Titel II. Bestimmungen über die demokratischen Grundsätze

Art. 9 [Gleichheitsgrundsatz; Unionsbürgerschaft] [1] Die Union achtet in ihrem gesamten Handeln den Grundsatz der Gleichheit ihrer Bürgerinnen und Bürger, denen ein gleiches Maß an Aufmerksamkeit seitens der Organe, Einrichtungen und sonstigen Stellen der Union zuteil wird. [2] Unionsbürger ist, wer die Staatsangehörigkeit eines Mitgliedstaats besitzt. [3] Die Unionsbürgerschaft tritt zur nationalen Staatsbürgerschaft hinzu, ersetzt sie aber nicht.

Art. 10 [Demokratische Grundsätze] (1) Die Arbeitsweise der Union beruht auf der repräsentativen Demokratie.

(2) Die Bürgerinnen und Bürger sind auf Unionsebene unmittelbar im Europäischen Parlament vertreten.

Die Mitgliedstaaten werden im Europäischen Rat von ihrem jeweiligen Staats- oder Regierungschef und im Rat von ihrer jeweiligen Regierung vertreten, die ihrerseits in demokratischer Weise gegenüber ihrem nationalen Parlament oder gegenüber ihren Bürgerinnen und Bürgern Rechenschaft ablegen müssen.

(3) [1] Alle Bürgerinnen und Bürger haben das Recht, am demokratischen Leben der Union teilzunehmen. [2] Die Entscheidungen werden so offen und bürgernah wie möglich getroffen.

(4) Politische Parteien auf europäischer Ebene tragen zur Herausbildung eines europäischen politischen Bewusstseins und zum Ausdruck des Willens der Bürgerinnen und Bürger der Union bei.

Art. 11 [Bürgerbeteiligung] (1) Die Organe geben den Bürgerinnen und Bürgern und den repräsentativen Verbänden in geeigneter Weise die Möglichkeit, ihre Ansichten in allen Bereichen des Handelns der Union öffentlich bekannt zu geben und auszutauschen.

(2) Die Organe pflegen einen offenen, transparenten und regelmäßigen Dialog mit den repräsentativen Verbänden und der Zivilgesellschaft.

(3) Um die Kohärenz und die Transparenz des Handelns der Union zu gewährleisten, führt die Europäische Kommission umfangreiche Anhörungen der Betroffenen durch.

(4) Unionsbürgerinnen und Unionsbürger, deren Anzahl mindestens eine Million betragen und bei denen es sich um Staatsangehörige einer erheblichen Anzahl von Mitgliedstaaten handeln muss, können die Initiative ergreifen und die Europäische Kommission auffordern, im Rahmen ihrer Befugnisse geeignete Vorschläge zu Themen zu unterbreiten, zu denen es nach Ansicht jener

Bürgerinnen und Bürger eines Rechtsakts der Union bedarf, um die Verträge umzusetzen.

Die Verfahren und Bedingungen, die für eine solche Bürgerinitiative gelten, werden nach Artikel 24 Absatz 1 des Vertrags über die Arbeitsweise der Europäischen Union[1)] festgelegt.

Art. 12 [Beteiligung der nationalen Parlamente] Die nationalen Parlamente tragen aktiv zur guten Arbeitsweise der Union bei, indem sie

a) von den Organen der Union unterrichtet werden und ihnen die Entwürfe von Gesetzgebungsakten der Union gemäß dem Protokoll über die Rolle der nationalen Parlamente in der Europäischen Union zugeleitet werden;

b) dafür sorgen, dass der Grundsatz der Subsidiarität gemäß den in dem Protokoll über die Anwendung der Grundsätze der Subsidiarität und der Verhältnismäßigkeit vorgesehenen Verfahren beachtet wird;

c) sich im Rahmen des Raums der Freiheit, der Sicherheit und des Rechts an den Mechanismen zur Bewertung der Durchführung der Unionspolitiken in diesem Bereich nach Artikel 70 des Vertrags über die Arbeitsweise der Europäischen Union[1)] beteiligen und in die politische Kontrolle von Europol und die Bewertung der Tätigkeit von Eurojust nach den Artikeln 88 und 85 des genannten Vertrags einbezogen werden;

d) sich an den Verfahren zur Änderung der Verträge nach Artikel 48 dieses Vertrags beteiligen;

e) über Anträge auf Beitritt zur Union nach Artikel 49 dieses Vertrags unterrichtet werden;

f) sich an der interparlamentarischen Zusammenarbeit zwischen den nationalen Parlamenten und mit dem Europäischen Parlament gemäß dem Protokoll über die Rolle der nationalen Parlamente in der Europäischen Union beteiligen.

Titel III. Bestimmungen über die Organe

Art. 13 [Organe der Union] (1) Die Union verfügt über einen institutionellen Rahmen, der zum Zweck hat, ihren Werten Geltung zu verschaffen, ihre Ziele zu verfolgen, ihren Interessen, denen ihrer Bürgerinnen und Bürger und denen der Mitgliedstaaten zu dienen sowie die Kohärenz, Effizienz und Kontinuität ihrer Politik und ihrer Maßnahmen sicherzustellen.

Die Organe der Union sind

- das Europäische Parlament,
- der Europäische Rat,
- der Rat,
- die Europäische Kommission (im Folgenden „Kommission"),
- der Gerichtshof der Europäischen Union,
- die Europäische Zentralbank,
- der Rechnungshof.

---

1) Nr. **1001**.

(2) [1] Jedes Organ handelt nach Maßgabe der ihm in den Verträgen zugewiesenen Befugnisse nach den Verfahren, Bedingungen und Zielen, die in den Verträgen festgelegt sind. [2] Die Organe arbeiten loyal zusammen.

(3) Die Bestimmungen über die Europäische Zentralbank und den Rechnungshof sowie die detaillierten Bestimmungen über die übrigen Organe sind im Vertrag über die Arbeitsweise der Europäischen Union enthalten.

(4) Das Europäische Parlament, der Rat und die Kommission werden von einem Wirtschafts- und Sozialausschuss sowie einem Ausschuss der Regionen unterstützt, die beratende Aufgaben wahrnehmen.

Art. 14 [Europäisches Parlament] (1) [1] Das Europäische Parlament wird gemeinsam mit dem Rat als Gesetzgeber tätig und übt gemeinsam mit ihm die Haushaltsbefugnisse aus. [2] Es erfüllt Aufgaben der politischen Kontrolle und Beratungsfunktionen nach Maßgabe der Verträge. [3] Es wählt den Präsidenten der Kommission.

(2) [1] Das Europäische Parlament setzt sich aus Vertretern der Unionsbürgerinnen und Unionsbürger zusammen. [2] Ihre Anzahl darf 750[1)] nicht überschreiten, zuzüglich des Präsidenten. [3] Die Bürgerinnen und Bürger sind im Europäischen Parlament degressiv proportional, mindestens jedoch mit sechs Mitgliedern je Mitgliedstaat vertreten. [4] Kein Mitgliedstaat erhält mehr als 96 Sitze.

Der Europäische Rat erlässt einstimmig auf Initiative des Europäischen Parlaments und mit dessen Zustimmung einen Beschluss über die Zusammensetzung des Europäischen Parlaments, in dem die in Unterabsatz 1 genannten Grundsätze gewahrt sind.

(3) Die Mitglieder des Europäischen Parlaments werden in allgemeiner, unmittelbarer, freier und geheimer Wahl für eine Amtszeit von fünf Jahren gewählt.

(4) Das Europäische Parlament wählt aus seiner Mitte seinen Präsidenten und sein Präsidium.

Art. 15 [Europäischer Rat] (1) [1] Der Europäische Rat gibt der Union die für ihre Entwicklung erforderlichen Impulse und legt die allgemeinen politischen Zielvorstellungen und Prioritäten hierfür fest. [2] Er wird nicht gesetzgeberisch tätig.

(2) [1] Der Europäische Rat setzt sich zusammen aus den Staats- und Regierungschefs der Mitgliedstaaten sowie dem Präsidenten des Europäischen Rates und dem Präsidenten der Kommission. [2] Der Hohe Vertreter der Union für Außen- und Sicherheitspolitik nimmt an seinen Arbeiten teil.

(3) [1] Der Europäische Rat tritt zweimal pro Halbjahr zusammen; er wird von seinem Präsidenten einberufen. [2] Wenn es die Tagesordnung erfordert,

---

[1)] Beachte hierzu Art. 2 des Protokolls über die Übergangsbestimmungen v. 13. 12. 2007 (ABl. Nr. C 306 S. 159), geänd. durch Protokoll v. 23. 6. 2010 (ABl. Nr. C 263 S. 1):

„Für den ab Inkrafttreten [1. 12. 2010] dieses Artikels verbleibenden Zeitraum der Legislaturperiode 2009–2014 werden in Abweichung von … sowie in Abweichung von der in Artikel 14 Absatz 2 Unterabsatz 1 des Vertrags über die Europäische Union vorgesehenen Anzahl der Sitze den bestehenden 736 Sitzen die folgenden 18 Sitze hinzugefügt, wodurch sich die Gesamtzahl der Mitglieder des Europäischen Parlaments bis zum Ende der Legislaturperiode 2009–2014 vorübergehend auf 754 erhöht: …"

können die Mitglieder des Europäischen Rates beschließen, sich jeweils von einem Minister oder – im Fall des Präsidenten der Kommission – von einem Mitglied der Kommission unterstützen zu lassen. [3] Wenn es die Lage erfordert, beruft der Präsident eine außerordentliche Tagung des Europäischen Rates ein.

(4) Soweit in den Verträgen nichts anderes festgelegt ist, entscheidet der Europäische Rat im Konsens.

(5) [1] Der Europäische Rat wählt seinen Präsidenten mit qualifizierter Mehrheit für eine Amtszeit von zweieinhalb Jahren; der Präsident kann einmal wiedergewählt werden. [2] Im Falle einer Verhinderung oder einer schweren Verfehlung kann der Europäische Rat ihn im Wege des gleichen Verfahrens von seinem Amt entbinden.

(6) Der Präsident des Europäischen Rates

a) führt den Vorsitz bei den Arbeiten des Europäischen Rates und gibt ihnen Impulse,

b) sorgt in Zusammenarbeit mit dem Präsidenten der Kommission auf der Grundlage der Arbeiten des Rates „Allgemeine Angelegenheiten" für die Vorbereitung und Kontinuität der Arbeiten des Europäischen Rates,

c) wirkt darauf hin, dass Zusammenhalt und Konsens im Europäischen Rat gefördert werden,

d) legt dem Europäischen Parlament im Anschluss an jede Tagung des Europäischen Rates einen Bericht vor.

Der Präsident des Europäischen Rates nimmt auf seiner Ebene und in seiner Eigenschaft, unbeschadet der Befugnisse des Hohen Vertreters der Union für Außen- und Sicherheitspolitik, die Außenvertretung der Union in Angelegenheiten der Gemeinsamen Außen- und Sicherheitspolitik wahr.

Der Präsident des Europäischen Rates darf kein einzelstaatliches Amt ausüben.

Art. 16 [Rat] (1) [1] Der Rat wird gemeinsam mit dem Europäischen Parlament als Gesetzgeber tätig und übt gemeinsam mit ihm die Haushaltsbefugnisse aus. [2] Zu seinen Aufgaben gehört die Festlegung der Politik und die Koordinierung nach Maßgabe der Verträge.

(2) Der Rat besteht aus je einem Vertreter jedes Mitgliedstaats auf Ministerebene, der befugt ist, für die Regierung des von ihm vertretenen Mitgliedstaats verbindlich zu handeln und das Stimmrecht auszuüben.

(3) Soweit in den Verträgen nichts anderes festgelegt ist, beschließt der Rat mit qualifizierter Mehrheit.

(4) Ab dem 1. November 2014 gilt als qualifizierte Mehrheit eine Mehrheit von mindestens 55 % der Mitglieder des Rates, gebildet aus mindestens 15 Mitgliedern, sofern die von diesen vertretenen Mitgliedstaaten zusammen mindestens 65 % der Bevölkerung der Union ausmachen.[1)]

Für eine Sperrminorität sind mindestens vier Mitglieder des Rates erforderlich, andernfalls gilt die qualifizierte Mehrheit als erreicht.

---

1) Näheres siehe hierzu im Beschluss 2009/857/EG v. 13. 12. 2007 (ABl. 2009 Nr. L 314 S. 73).

Die übrigen Modalitäten für die Abstimmung mit qualifizierter Mehrheit sind in Artikel 238 Absatz 2 des Vertrags über die Arbeitsweise der Europäischen Union[1] festgelegt.

(5) Die Übergangsbestimmungen für die Definition der qualifizierten Mehrheit, die bis zum 31. Oktober 2014 gelten, sowie die Übergangsbestimmungen, die zwischen dem 1. November 2014 und dem 31. März 2017 gelten, sind im Protokoll über die Übergangsbestimmungen festgelegt.

(Fortsetzung nächstes Blatt)

[1] Nr. **1001**.

(6) Der Rat tagt in verschiedenen Zusammensetzungen; die Liste dieser Zusammensetzungen wird nach Artikel 236 des Vertrags über die Arbeitsweise der Europäischen Union angenommen.

[1] Als Rat „Allgemeine Angelegenheiten" sorgt er für die Kohärenz der Arbeiten des Rates in seinen verschiedenen Zusammensetzungen. [2] In Verbindung mit dem Präsidenten des Europäischen Rates und mit der Kommission bereitet er die Tagungen des Europäischen Rates vor und sorgt für das weitere Vorgehen.

Als Rat „Auswärtige Angelegenheiten" gestaltet er das auswärtige Handeln der Union entsprechend den strategischen Vorgaben des Europäischen Rates und sorgt für die Kohärenz des Handelns der Union.

(7) Ein Ausschuss der Ständigen Vertreter der Regierungen der Mitgliedstaaten ist für die Vorbereitung der Arbeiten des Rates verantwortlich.

(8) [1] Der Rat tagt öffentlich, wenn er über Entwürfe zu Gesetzgebungsakten berät und abstimmt. [2] Zu diesem Zweck wird jede Ratstagung in zwei Teile unterteilt, von denen der eine den Beratungen über die Gesetzgebungsakte der Union und der andere den nicht die Gesetzgebung betreffenden Tätigkeiten gewidmet ist.

(9) Der Vorsitz im Rat in allen seinen Zusammensetzungen mit Ausnahme des Rates „Auswärtige Angelegenheiten" wird von den Vertretern der Mitgliedstaaten im Rat unter Bedingungen, die gemäß Artikel 236 des Vertrags über die Arbeitsweise der Europäischen Union festgelegt werden, nach einem System der gleichberechtigten Rotation wahrgenommen.

Art. 17 [Kommission] (1) [1] Die Kommission fördert die allgemeinen Interessen der Union und ergreift geeignete Initiativen zu diesem Zweck. [2] Sie sorgt für die Anwendung der Verträge sowie der von den Organen kraft der Verträge erlassenen Maßnahmen. [3] Sie überwacht die Anwendung des Unionsrechts unter der Kontrolle des Gerichtshofs der Europäischen Union. [4] Sie führt den Haushaltsplan aus und verwaltet die Programme. [5] Sie übt nach Maßgabe der Verträge Koordinierungs-, Exekutiv- und Verwaltungsfunktionen aus. [6] Außer in der Gemeinsamen Außen- und Sicherheitspolitik und den übrigen in den Verträgen vorgesehenen Fällen nimmt sie die Vertretung der Union nach außen wahr. [7] Sie leitet die jährliche und die mehrjährige Programmplanung der Union mit dem Ziel ein, interinstitutionelle Vereinbarungen zu erreichen.

(2) [1] Soweit in den Verträgen nichts anderes festgelegt ist, darf ein Gesetzgebungsakt der Union nur auf Vorschlag der Kommission erlassen werden. [2] Andere Rechtsakte werden auf der Grundlage eines Kommissionsvorschlags erlassen, wenn dies in den Verträgen vorgesehen ist.

(3) Die Amtszeit der Kommission beträgt fünf Jahre.

Die Mitglieder der Kommission werden aufgrund ihrer allgemeinen Befähigung und ihres Einsatzes für Europa unter Persönlichkeiten ausgewählt, die volle Gewähr für ihre Unabhängigkeit bieten.

[1] Die Kommission übt ihre Tätigkeit in voller Unabhängigkeit aus. [2] Die Mitglieder der Kommission dürfen unbeschadet des Artikels 18 Absatz 2 Weisungen von einer Regierung, einem Organ, einer Einrichtung oder jeder anderen Stelle weder einholen noch entgegennehmen. [3] Sie enthalten sich

jeder Handlung, die mit ihrem Amt oder der Erfüllung ihrer Aufgaben unvereinbar ist.

(4) Die Kommission, die zwischen dem Zeitpunkt des Inkrafttretens des Vertrags von Lissabon und dem 31. Oktober 2014 ernannt wird, besteht einschließlich ihres Präsidenten und des Hohen Vertreters der Union für Außen- und Sicherheitspolitik, der einer der Vizepräsidenten der Kommission ist, aus je einem Staatsangehörigen jedes Mitgliedstaats.

(5) Ab dem 1. November 2014 besteht die Kommission, einschließlich ihres Präsidenten und des Hohen Vertreters der Union für Außen- und Sicherheitspolitik, aus einer Anzahl von Mitgliedern, die zwei Dritteln der Zahl der Mitgliedstaaten entspricht, sofern der Europäische Rat nicht einstimmig eine Änderung dieser Anzahl beschließt.

[1] Die Mitglieder der Kommission werden unter den Staatsangehörigen der Mitgliedstaaten in einem System der strikt gleichberechtigten Rotation zwischen den Mitgliedstaaten so ausgewählt, dass das demografische und geografische Spektrum der Gesamtheit der Mitgliedstaaten zum Ausdruck kommt. [2] Dieses System wird vom Europäischen Rat nach Artikel 244 des Vertrags über die Arbeitsweise der Europäischen Union[1)] einstimmig festgelegt.

(6) Der Präsident der Kommission

a) legt die Leitlinien fest, nach denen die Kommission ihre Aufgaben ausübt,

b) beschließt über die interne Organisation der Kommission, um die Kohärenz, die Effizienz und das Kollegialitätsprinzip im Rahmen ihrer Tätigkeit sicherzustellen,

c) ernennt, mit Ausnahme des Hohen Vertreters der Union für Außen- und Sicherheitspolitik, die Vizepräsidenten aus dem Kreis der Mitglieder der Kommission.

[1] Ein Mitglied der Kommission legt sein Amt nieder, wenn es vom Präsidenten dazu aufgefordert wird. [2] Der Hohe Vertreter der Union für Außen- und Sicherheitspolitik legt sein Amt nach dem Verfahren des Artikels 18 Absatz 1 nieder, wenn er vom Präsidenten dazu aufgefordert wird.

(7) [1] Der Europäische Rat schlägt dem Europäischen Parlament nach entsprechenden Konsultationen mit qualifizierter Mehrheit einen Kandidaten für das Amt des Präsidenten der Kommission vor; dabei berücksichtigt er das Ergebnis der Wahlen zum Europäischen Parlament. [2] Das Europäische Parlament wählt diesen Kandidaten mit der Mehrheit seiner Mitglieder. [3] Erhält dieser Kandidat nicht die Mehrheit, so schlägt der Europäische Rat dem Europäischen Parlament innerhalb eines Monats mit qualifizierter Mehrheit einen neuen Kandidaten vor, für dessen Wahl das Europäische Parlament dasselbe Verfahren anwendet.

[1] Der Rat nimmt, im Einvernehmen mit dem gewählten Präsidenten, die Liste der anderen Persönlichkeiten an, die er als Mitglieder der Kommission vorschlägt. [2] Diese werden auf der Grundlage der Vorschläge der Mitgliedstaaten entsprechend den Kriterien nach Absatz 3 Unterabsatz 2 und Absatz 5 Unterabsatz 2 ausgewählt.

[1] Der Präsident, der Hohe Vertreter der Union für Außen- und Sicherheitspolitik und die übrigen Mitglieder der Kommission stellen sich als Kollegium

---

1) Nr. **1001**.

einem Zustimmungsvotum des Europäischen Parlaments. [2] Auf der Grundlage dieser Zustimmung wird die Kommission vom Europäischen Rat mit qualifizierter Mehrheit ernannt.

(8) [1] Die Kommission ist als Kollegium dem Europäischen Parlament verantwortlich. [2] Das Europäische Parlament kann nach Artikel 234 des Vertrags über die Arbeitsweise der Europäischen Union einen Misstrauensantrag gegen die Kommission annehmen. [3] Wird ein solcher Antrag angenommen, so müssen die Mitglieder der Kommission geschlossen ihr Amt niederlegen, und der Hohe Vertreter der Union für Außen- und Sicherheitspolitik muss sein im Rahmen der Kommission ausgeübtes Amt niederlegen.

Art. 18 [Hohe Vertreter für Außen- und Sicherheitspolitik] (1) [1] Der Europäische Rat ernennt mit qualifizierter Mehrheit und mit Zustimmung des Präsidenten der Kommission den Hohen Vertreter der Union für Außen- und Sicherheitspolitik. [2] Der Europäische Rat kann die Amtszeit des Hohen Vertreters nach dem gleichen Verfahren beenden.

(2) [1] Der Hohe Vertreter leitet die Gemeinsame Außen- und Sicherheitspolitik der Union. [2] Er trägt durch seine Vorschläge zur Festlegung dieser Politik bei und führt sie im Auftrag des Rates durch. [3] Er handelt ebenso im Bereich der Gemeinsamen Sicherheits- und Verteidigungspolitik.

(3) Der Hohe Vertreter führt den Vorsitz im Rat „Auswärtige Angelegenheiten".

(4) [1] Der Hohe Vertreter ist einer der Vizepräsidenten der Kommission. [2] Er sorgt für die Kohärenz des auswärtigen Handelns der Union. [3] Er ist innerhalb der Kommission mit deren Zuständigkeiten im Bereich der Außenbeziehungen und mit der Koordinierung der übrigen Aspekte des auswärtigen Handelns der Union betraut. [4] Bei der Wahrnehmung dieser Zuständigkeiten in der Kommission und ausschließlich im Hinblick auf diese Zuständigkeiten unterliegt der Hohe Vertreter den Verfahren, die für die Arbeitsweise der Kommission gelten, soweit dies mit den Absätzen 2 und 3 vereinbar ist.

Art. 19 [Europäischer Gerichtshof] (1) [1] Der Gerichtshof der Europäischen Union umfasst den Gerichtshof, das Gericht und Fachgerichte. [2] Er sichert die Wahrung des Rechts bei der Auslegung und Anwendung der Verträge.

Die Mitgliedstaaten schaffen die erforderlichen Rechtsbehelfe, damit ein wirksamer Rechtsschutz in den vom Unionsrecht erfassten Bereichen gewährleistet ist.

(2) [1] Der Gerichtshof besteht aus einem Richter je Mitgliedstaat. [2] Er wird von Generalanwälten unterstützt.

Das Gericht besteht aus mindestens einem Richter je Mitgliedstaat.

[1] Als Richter und Generalanwälte des Gerichtshofs und als Richter des Gerichts sind Persönlichkeiten auszuwählen, die jede Gewähr für Unabhängigkeit bieten und die Voraussetzungen der Artikel 253 und 254 des Vertrags über die Arbeitsweise der Europäischen Union[1)] erfüllen. [2] Sie werden von den Regierungen der Mitgliedstaaten im gegenseitigen Einvernehmen für

---

[1)] Nr. **1001**.

eine Amtszeit von sechs Jahren ernannt. [3] Die Wiederernennung ausscheidender Richter und Generalanwälte ist zulässig.

(3) Der Gerichtshof der Europäischen Union entscheidet nach Maßgabe der Verträge

a) über Klagen eines Mitgliedstaats, eines Organs oder natürlicher oder juristischer Personen;

b) im Wege der Vorabentscheidung auf Antrag der einzelstaatlichen Gerichte über die Auslegung des Unionsrechts oder über die Gültigkeit der Handlungen der Organe;

c) in allen anderen in den Verträgen vorgesehenen Fällen.

Titel IV. Bestimmungen über eine Verstärkte Zusammenarbeit

Art. 20 [Verstärkte Zusammenarbeit] (1) Die Mitgliedstaaten, die untereinander eine Verstärkte Zusammenarbeit im Rahmen der nicht ausschließlichen Zuständigkeiten der Union begründen wollen, können, in den Grenzen und nach Maßgabe dieses Artikels und der Artikel 326 bis 334 des Vertrags über die Arbeitsweise der Europäischen Union[1)], die Organe der Union in Anspruch nehmen und diese Zuständigkeiten unter Anwendung der einschlägigen Bestimmungen der Verträge ausüben.

[1] Eine Verstärkte Zusammenarbeit ist darauf ausgerichtet, die Verwirklichung der Ziele der Union zu fördern, ihre Interessen zu schützen und ihren Integrationsprozess zu stärken. [2] Sie steht allen Mitgliedstaaten nach Artikel 328 des Vertrags über die Arbeitsweise der Europäischen Union jederzeit offen.

(2) [1] Der Beschluss über die Ermächtigung zu einer Verstärkten Zusammenarbeit wird vom Rat als letztes Mittel erlassen, wenn dieser feststellt, dass die mit dieser Zusammenarbeit angestrebten Ziele von der Union in ihrer Gesamtheit nicht innerhalb eines vertretbaren Zeitraums verwirklicht werden können, und sofern an der Zusammenarbeit mindestens neun Mitgliedstaaten beteiligt sind. [2] Der Rat beschließt nach dem in Artikel 329 des Vertrags über die Arbeitsweise der Europäischen Union vorgesehenen Verfahren.

(3) [1] Alle Mitglieder des Rates können an dessen Beratungen teilnehmen, aber nur die Mitglieder des Rates, die die an der Verstärkten Zusammenarbeit beteiligten Mitgliedstaaten vertreten, nehmen an der Abstimmung teil. [2] Die Abstimmungsmodalitäten sind in Artikel 330 des Vertrags über die Arbeitsweise der Europäischen Union vorgesehen.

(4) [1] An die im Rahmen einer Verstärkten Zusammenarbeit erlassenen Rechtsakte sind nur die an dieser Zusammenarbeit beteiligten Mitgliedstaaten gebunden. [2] Sie gelten nicht als Besitzstand, der von beitrittswilligen Staaten angenommen werden muss.

---

1) Nr. **1001**.

Titel V. Allgemeine Bestimmungen über das auswärtige Handeln der Union und besondere Bestimmungen über die gemeinsame Außen- und Sicherheitspolitik

Kapitel 1. Allgemeine Bestimmungen über das auswärtige Handeln der Union

Art. 21 [Grundsätze europäischer Außenpolitik] (1) Die Union lässt sich bei ihrem Handeln auf internationaler Ebene von den Grundsätzen leiten, die für ihre eigene Entstehung, Entwicklung und Erweiterung maßgebend waren und denen sie auch weltweit zu stärkerer Geltung verhelfen will: Demokratie, Rechtsstaatlichkeit, die universelle Gültigkeit und Unteilbarkeit der Menschenrechte und Grundfreiheiten, die Achtung der Menschenwürde, der Grundsatz der Gleichheit und der Grundsatz der Solidarität sowie die Achtung der Grundsätze der Charta der Vereinten Nationen und des Völkerrechts.

[1] Die Union strebt an, die Beziehungen zu Drittländern und zu regionalen oder weltweiten internationalen Organisationen, die die in Unterabsatz 1 aufgeführten Grundsätze teilen, auszubauen und Partnerschaften mit ihnen aufzubauen. [2] Sie setzt sich insbesondere im Rahmen der Vereinten Nationen für multilaterale Lösungen bei gemeinsamen Problemen ein.

(2) Die Union legt die gemeinsame Politik sowie Maßnahmen fest, führt diese durch und setzt sich für ein hohes Maß an Zusammenarbeit auf allen Gebieten der internationalen Beziehungen ein, um

a) ihre Werte, ihre grundlegenden Interessen, ihre Sicherheit, ihre Unabhängigkeit und ihre Unversehrtheit zu wahren;

b) Demokratie, Rechtsstaatlichkeit, die Menschenrechte und die Grundsätze des Völkerrechts zu festigen und zu fördern;

c) nach Maßgabe der Ziele und Grundsätze der Charta der Vereinten Nationen sowie der Prinzipien der Schlussakte von Helsinki und der Ziele der Charta von Paris, einschließlich derjenigen, die die Außengrenzen betreffen, den Frieden zu erhalten, Konflikte zu verhüten und die internationale Sicherheit zu stärken;

d) die nachhaltige Entwicklung in Bezug auf Wirtschaft, Gesellschaft und Umwelt in den Entwicklungsländern zu fördern mit dem vorrangigen Ziel, die Armut zu beseitigen;

e) die Integration aller Länder in die Weltwirtschaft zu fördern, unter anderem auch durch den schrittweisen Abbau internationaler Handelshemmnisse;

f) zur Entwicklung von internationalen Maßnahmen zur Erhaltung und Verbesserung der Qualität der Umwelt und der nachhaltigen Bewirtschaftung der weltweiten natürlichen Ressourcen beizutragen, um eine nachhaltige Entwicklung sicherzustellen;

g) den Völkern, Ländern und Regionen, die von Naturkatastrophen oder von vom Menschen verursachten Katastrophen betroffen sind, zu helfen; und

h) eine Weltordnung zu fördern, die auf einer verstärkten multilateralen Zusammenarbeit und einer verantwortungsvollen Weltordnungspolitik beruht.

(3) Die Union wahrt bei der Ausarbeitung und Umsetzung ihres auswärtigen Handelns in den verschiedenen unter diesen Titel und den Fünften Teil des Vertrags über die Arbeitsweise der Europäischen Union[1)] fallenden Bereichen sowie der externen Aspekte der übrigen Politikbereiche die in den Absätzen 1 und 2 genannten Grundsätze und Ziele.

[1] Die Union achtet auf die Kohärenz zwischen den einzelnen Bereichen ihres auswärtigen Handelns sowie zwischen diesen und ihren übrigen Politikbereichen. [2] Der Rat und die Kommission, die vom Hohen Vertreter der Union für Außen- und Sicherheitspolitik unterstützt werden, stellen diese Kohärenz sicher und arbeiten zu diesem Zweck zusammen.

Art. 22 [Strategische Interessen und Ziele] (1) Auf der Grundlage der in Artikel 21 aufgeführten Grundsätze und Ziele legt der Europäische Rat die strategischen Interessen und Ziele der Union fest.

[1] Die Beschlüsse des Europäischen Rates über die strategischen Interessen und Ziele der Union erstrecken sich auf die Gemeinsame Außen- und Sicherheitspolitik sowie auf andere Bereiche des auswärtigen Handelns der Union. [2] Sie können die Beziehungen der Union zu einem Land oder einer Region betreffen oder aber ein bestimmtes Thema zum Gegenstand haben. [3] Sie enthalten Bestimmungen zu ihrer Geltungsdauer und zu den von der Union und den Mitgliedstaaten bereitzustellenden Mitteln.

[1] Der Europäische Rat beschließt einstimmig auf Empfehlung des Rates, die dieser nach den für den jeweiligen Bereich vorgesehenen Regelungen abgibt. [2] Die Beschlüsse des Europäischen Rates werden nach Maßgabe der in den Verträgen vorgesehenen Verfahren durchgeführt.

(2) Der Hohe Vertreter der Union für Außen- und Sicherheitspolitik und die Kommission können dem Rat gemeinsame Vorschläge vorlegen, wobei der Hohe Vertreter für den Bereich der Gemeinsamen Außen- und Sicherheitspolitik und die Kommission für die anderen Bereiche des auswärtigen Handelns zuständig ist.

Kapitel 2. Besondere Bestimmungen über die Gemeinsame Außen- und Sicherheitspolitik

Abschnitt 1. Gemeinsame Bestimmungen

Art. 23 [Grundsätze europäischer Außenpolitik; Verweis] Das Handeln der Union auf internationaler Ebene im Rahmen dieses Kapitels beruht auf den Grundsätzen des Kapitel 1, verfolgt die darin genannten Ziele und steht mit den allgemeinen Bestimmungen jenes Kapitels im Einklang.

Art. 24 [Zuständigkeit; Verfahren; Pflichten der Mitgliedstaaten]

(1) Die Zuständigkeit der Union in der Gemeinsamen Außen- und Sicherheitspolitik erstreckt sich auf alle Bereiche der Außenpolitik sowie auf sämtliche Fragen im Zusammenhang mit der Sicherheit der Union, einschließlich der schrittweisen Festlegung einer gemeinsamen Verteidigungspolitik, die zu einer gemeinsamen Verteidigung führen kann.

[1)] Nr. **1001**.

[1] Für die Gemeinsame Außen- und Sicherheitspolitik gelten besondere Bestimmungen und Verfahren. [2] Sie wird vom Europäischen Rat und vom Rat einstimmig festgelegt und durchgeführt, soweit in den Verträgen nichts anderes vorgesehen ist. [3] Der Erlass von Gesetzgebungsakten ist ausgeschlossen. [4] Die Gemeinsame Außen- und Sicherheitspolitik wird vom Hohen Vertreter der Union für Außen- und Sicherheitspolitik und von den Mitgliedstaaten gemäß den Verträgen durchgeführt. [5] Die spezifische Rolle des Europäischen Parlaments und der Kommission in diesem Bereich ist in den Verträgen festgelegt. [6] Der Gerichtshof der Europäischen Union ist in Bezug auf diese Bestimmungen nicht zuständig; hiervon ausgenommen ist die Kontrolle der Einhaltung des Artikels 40 dieses Vertrags und die Überwachung der Rechtmäßigkeit bestimmter Beschlüsse nach Artikel 275 Absatz 2 des Vertrags über die Arbeitsweise der Europäischen Union[1)].

(2) Die Union verfolgt, bestimmt und verwirklicht im Rahmen der Grundsätze und Ziele ihres auswärtigen Handelns eine Gemeinsame Außen- und Sicherheitspolitik, die auf einer Entwicklung der gegenseitigen politischen Solidarität der Mitgliedstaaten, der Ermittlung der Fragen von allgemeiner Bedeutung und der Erreichung einer immer stärkeren Konvergenz des Handelns der Mitgliedstaaten beruht.

(3) Die Mitgliedstaaten unterstützen die Außen- und Sicherheitspolitik der Union aktiv und vorbehaltlos im Geiste der Loyalität und der gegenseitigen Solidarität und achten das Handeln der Union in diesem Bereich.

[1] Die Mitgliedstaaten arbeiten zusammen, um ihre gegenseitige politische Solidarität zu stärken und weiterzuentwickeln. [2] Sie enthalten sich jeder Handlung, die den Interessen der Union zuwiderläuft oder ihrer Wirksamkeit als kohärente Kraft in den internationalen Beziehungen schaden könnte.

Der Rat und der Hohe Vertreter tragen für die Einhaltung dieser Grundsätze Sorge.

Art. 25 [Handlungsformen] Die Union verfolgt ihre Gemeinsame Außen- und Sicherheitspolitik, indem sie

a) die allgemeinen Leitlinien bestimmt,

b) Beschlüsse erlässt zur Festlegung

   i) der von der Union durchzuführenden Aktionen,

   ii) der von der Union einzunehmenden Standpunkte,

   iii) der Einzelheiten der Durchführung der unter den Ziffern i und ii genannten Beschlüsse,

   und

c) die systematische Zusammenarbeit der Mitgliedstaaten bei der Führung ihrer Politik ausbaut.

Art. 26 [Ziele und allgemeine Leitlinien] (1) [1] Der Europäische Rat bestimmt die strategischen Interessen der Union und legt die Ziele und die allgemeinen Leitlinien der Gemeinsamen Außen- und Sicherheitspolitik fest, und zwar auch bei Fragen mit verteidigungspolitischen Bezügen. [2] Er erlässt die erforderlichen Beschlüsse.

---

1) Nr. **1001**.

Wenn eine internationale Entwicklung es erfordert, beruft der Präsident des Europäischen Rates eine außerordentliche Tagung des Europäischen Rates ein, um die strategischen Vorgaben für die Politik der Union angesichts dieser Entwicklung festzulegen.

(2) Der Rat gestaltet die Gemeinsame Außen- und Sicherheitspolitik und fasst die für die Festlegung und Durchführung dieser Politik erforderlichen Beschlüsse auf der Grundlage der vom Europäischen Rat festgelegten allgemeinen Leitlinien und strategischen Vorgaben.

Der Rat und der Hohe Vertreter der Union für Außen- und Sicherheitspolitik tragen für ein einheitliches, kohärentes und wirksames Vorgehen der Union Sorge.

(3) Die Gemeinsame Außen- und Sicherheitspolitik wird vom Hohen Vertreter und von den Mitgliedstaaten mit einzelstaatlichen Mitteln und den Mitteln der Union durchgeführt.

Art. 27 [Kompetenzen des Hohen Vertreters] (1) Der Hohe Vertreter der Union für Außen- und Sicherheitspolitik, der im Rat „Auswärtige Angelegenheiten" den Vorsitz führt, trägt durch seine Vorschläge zur Festlegung der Gemeinsamen Außen- und Sicherheitspolitik bei und stellt sicher, dass die vom Europäischen Rat und vom Rat erlassenen Beschlüsse durchgeführt werden.

(2) [1] Der Hohe Vertreter vertritt die Union in den Bereichen der Gemeinsamen Außen- und Sicherheitspolitik. [2] Er führt im Namen der Union den politischen Dialog mit Dritten und vertritt den Standpunkt der Union in internationalen Organisationen und auf internationalen Konferenzen.

(3) [1] Bei der Erfüllung seines Auftrags stützt sich der Hohe Vertreter auf einen Europäischen Auswärtigen Dienst. [2] Dieser Dienst arbeitet mit den diplomatischen Diensten der Mitgliedstaaten zusammen und umfasst Beamte aus den einschlägigen Abteilungen des Generalsekretariats des Rates und der Kommission sowie abgeordnetes Personal der nationalen diplomatischen Dienste. [3] Die Organisation und die Arbeitsweise des Europäischen Auswärtigen Dienstes werden durch einen Beschluss des Rates festgelegt. [4] Der Rat beschließt auf Vorschlag des Hohen Vertreters nach Anhörung des Europäischen Parlaments und nach Zustimmung der Kommission.

Art. 28 [Beschlüsse] (1) [1] Verlangt eine internationale Situation ein operatives Vorgehen der Union, so erlässt der Rat die erforderlichen Beschlüsse. [2] In den Beschlüssen sind ihre Ziele, ihr Umfang, die der Union zur Verfügung zu stellenden Mittel sowie die Bedingungen und erforderlichenfalls der Zeitraum für ihre Durchführung festgelegt.

Tritt eine Änderung der Umstände mit erheblichen Auswirkungen auf eine Angelegenheit ein, die Gegenstand eines solchen Beschlusses ist, so überprüft der Rat die Grundsätze und Ziele dieses Beschlusses und erläßt die erforderlichen Beschlüsse.

(2) Die Beschlüsse nach Absatz 1 sind für die Mitgliedstaaten bei ihren Stellungnahmen und ihrem Vorgehen bindend.

(3) [1] Jede einzelstaatliche Stellungnahme oder Maßnahme, die im Rahmen eines Beschlusses nach Absatz 1 geplant ist, wird von dem betreffenden Mitgliedstaat so rechtzeitig mitgeteilt, daß erforderlichenfalls eine vorherige Ab-

stimmung im Rat stattfinden kann. [2] Die Pflicht zur vorherigen Unterrichtung gilt nicht für Maßnahmen, die eine bloße praktische Umsetzung der Beschlüsse des Rates auf einzelstaatlicher Ebene darstellen.

(4) [1] Bei zwingender Notwendigkeit aufgrund der Entwicklung der Lage, und falls eine Überprüfung des Beschlusses des Rates nach Absatz 1 nicht stattfindet, können die Mitgliedstaaten unter Berücksichtigung der allgemeinen Ziele des genannten Beschlusses die erforderlichen Sofortmaßnahmen ergreifen. [2] Der betreffende Mitgliedstaat unterrichtet den Rat sofort über derartige Maßnahmen.

(5) [1] Ein Mitgliedstaat befaßt den Rat, wenn sich bei der Durchführung eines Beschlusses nach diesem Artikel größere Schwierigkeiten ergeben; der Rat berät darüber und sucht nach angemessenen Lösungen. [2] Diese dürfen nicht im Widerspruch zu den Zielen des Beschlusses nach Absatz 1 stehen oder seiner Wirksamkeit schaden.

Art. 29 [Gemeinsame Standpunkte] [1] Der Rat erlässt Beschlüsse, in denen der Standpunkt der Union zu einer bestimmten Frage geographischer oder thematischer Art bestimmt wird. [2] Die Mitgliedstaaten tragen dafür Sorge, daß ihre einzelstaatliche Politik mit den Standpunkten der Union in Einklang steht.

Art. 30 [Initiativ- und Vorschlagsrecht; Eilentscheidungen] (1) Jeder Mitgliedstaat, der Hohe Vertreter der Union für Außen- und Sicherheitspolitik oder der Hohe Vertreter mit Unterstützung der Kommission kann den Rat mit einer Frage der Gemeinsamen Außen- und Sicherheitspolitik befassen und ihm Initiativen beziehungsweise Vorschläge unterbreiten.

(2) In den Fällen, in denen eine rasche Entscheidung notwendig ist, beruft der Hohe Vertreter von sich aus oder auf Antrag eines Mitgliedstaats innerhalb von 48 Stunden, bei absoluter Notwendigkeit in kürzerer Zeit, eine außerordentliche Tagung des Rates ein.

Art. 31 [Verfahren der Beschlussfassung] (1) [1] Beschlüsse nach diesem Kapitel werden vom Europäischen Rat und vom Rat einstimmig gefasst, soweit in diesem Kapitel nichts anderes festgelegt ist. [2] Der Erlass von Gesetzgebungsakten ist ausgeschlossen.

[1] Bei einer Stimmenthaltung kann jedes Ratsmitglied zu seiner Enthaltung eine förmliche Erklärung im Sinne dieses Unterabsatzes abgeben. [2] In diesem Fall ist es nicht verpflichtet, den Beschluß durchzuführen, akzeptiert jedoch, daß der Beschluß für die Union bindend ist. [3] Im Geiste gegenseitiger Solidarität unterläßt der betreffende Mitgliedstaat alles, was dem auf diesem Beschluß beruhenden Vorgehen der Union zuwiderlaufen oder es behindern könnte, und die anderen Mitgliedstaaten respektieren seinen Standpunkt. [4] Vertreten die Mitglieder des Rates, die bei ihrer Stimmenthaltung eine solche Erklärung abgeben, mindestens ein Drittel der Mitgliedstaaten, die mindestens ein Drittel der Unionsbevölkerung ausmachen, so wird der Beschluss nicht erlassen.

(2) Abweichend von Absatz 1 beschließt der Rat mit qualifizierter Mehrheit, wenn er

– auf der Grundlage eines Beschlusses des Europäischen Rates über die strategischen Interessen und Ziele der Union nach Artikel 22 Absatz 1 einen Beschluss erlässt, mit dem eine Aktion oder ein Standpunkt der Union festgelegt wird;
– auf einen Vorschlag hin, den ihm der Hohe Vertreter der Union für Außen- und Sicherheitspolitik auf spezielles Ersuchen des Europäischen Rates unterbreitet hat, das auf dessen eigene Initiative oder auf eine Initiative des Hohen Vertreters zurückgeht, einen Beschluss erlässt, mit dem eine Aktion oder ein Standpunkt der Union festgelegt wird;
– einen Beschluss zur Durchführung eines Beschlusses, mit dem eine Aktion oder ein Standpunkt der Union festgelegt wird, erlässt,
– nach Artikel 33 einen Sonderbeauftragten ernennt.

[1] Erklärt ein Mitglied des Rates, daß es aus wesentlichen Gründen der nationalen Politik, die es auch nennen muß, die Absicht hat, einen mit qualifizierter Mehrheit zu fassenden Beschluß abzulehnen, so erfolgt keine Abstimmung. [2] Der Hohe Vertreter bemüht sich in engem Benehmen mit dem betroffenen Mitgliedstaat um eine für diesen Mitgliedstaat annehmbare Lösung. [3] Gelingt dies nicht, so kann der Rat mit qualifizierter Mehrheit veranlassen, dass die Frage im Hinblick auf einen einstimmigen Beschluss an den Europäischen Rat verwiesen wird.

(3) Der Europäische Rat kann einstimmig einen Beschluss erlassen, in dem vorgesehen ist, dass der Rat in anderen als den in Absatz 2 genannten Fällen mit qualifizierter Mehrheit beschließt.

(4) Die Absätze 2 und 3 gelten nicht für Beschlüsse mit militärischen oder verteidigungspolitischen Bezügen.

(5) In Verfahrensfragen beschließt der Rat mit der Mehrheit seiner Mitglieder.

Art. 32 [Zusammenarbeit der Mitgliedstaaten im Rat] [1] Die Mitgliedstaaten stimmen sich im Europäischen Rat und im Rat zu jeder außen- und sicherheitspolitischen Frage von allgemeiner Bedeutung ab, um ein gemeinsames Vorgehen festzulegen. [2] Bevor ein Mitgliedstaat in einer Weise, die die Interessen der Union berühren könnte, auf internationaler Ebene tätig wird oder eine Verpflichtung eingeht, konsultiert er die anderen Mitgliedstaaten im Europäischen Rat oder im Rat. [3] Die Mitgliedstaaten gewährleisten durch konvergentes Handeln, dass die Union ihre Interessen und ihre Werte auf internationaler Ebene geltend machen kann. [4] Die Mitgliedstaaten sind untereinander solidarisch.

Hat der Europäische Rat oder der Rat ein gemeinsames Vorgehen der Union im Sinne des Absatzes 1 festgelegt, so koordinieren der Hohe Vertreter der Union für Außen- und Sicherheitspolitik und die Minister für auswärtige Angelegenheiten der Mitgliedstaaten ihre Tätigkeiten im Rat.

Die diplomatischen Vertretungen der Mitgliedstaaten und die Delegationen der Union in Drittländern und bei internationalen Organisationen arbeiten zusammen und tragen zur Festlegung und Durchführung des gemeinsamen Vorgehens bei.

Art. 33 [Sonderbeauftragter] [1] Der Rat kann auf Vorschlag des Hohen Vertreters der Union für Außen- und Sicherheitspolitik einen Sonderbeauftragten für besondere politische Fragen ernennen. [2] Der Sonderbeauftragte übt sein Mandat unter der Verantwortung des Hohen Vertreters aus.

Art. 34 [Koordiniertes Auftreten auf internationaler Ebene; Unterrichtungspflicht der Sicherheitsratsmitglieder] (1) [1] Die Mitgliedstaaten koordinieren ihr Handeln in internationalen Organisationen und auf internationalen Konferenzen. [2] Sie treten dort für die Standpunkte der Union ein. [3] Der Hohe Vertreter der Union für Außen- und Sicherheitspolitik trägt für die Organisation dieser Koordinierung Sorge.

In den internationalen Organisationen und auf internationalen Konferenzen, bei denen nicht alle Mitgliedstaaten vertreten sind, setzen sich die dort vertretenen Mitgliedstaaten für die Standpunkte der Union ein.

(2) Nach Artikel 24 Absatz 3 unterrichten die Mitgliedstaaten, die in internationalen Organisationen oder auf internationalen Konferenzen vertreten sind, die dort nicht vertretenen Mitgliedstaaten und den Hohen Vertreter laufend über alle Fragen von gemeinsamem Interesse.

[1] Die Mitgliedstaaten, die auch Mitglieder des Sicherheitsrats der Vereinten Nationen sind, stimmen sich ab und unterrichten die übrigen Mitgliedstaaten sowie den Hohen Vertreter in vollem Umfang. [2] Die Mitgliedstaaten, die Mitglieder des Sicherheitsrats sind, setzen sich bei der Wahrnehmung ihrer Aufgaben unbeschadet ihrer Verantwortlichkeiten aufgrund der Charta der Vereinten Nationen für die Standpunkte und Interessen der Union ein.

Wenn die Union einen Standpunkt zu einem Thema festgelegt hat, das auf der Tagesordnung des Sicherheitsrats der Vereinten Nationen steht, beantragen die dort vertretenen Mitgliedstaaten, dass der Hohe Vertreter gebeten wird, den Standpunkt der Union vorzutragen.

Art. 35 [Abgestimmtes Verhalten auf diplomatischer und konsularischer Ebene] Die diplomatischen und konsularischen Vertretungen der Mitgliedstaaten und die Delegationen der Union in dritten Ländern und auf internationalen Konferenzen sowie ihre Vertretungen bei internationalen Organisationen stimmen sich ab, um die Einhaltung und Durchführung der nach diesem Kapitel erlassenen Beschlüsse, mit denen Standpunkte und Aktionen der Union festgelegt werden, zu gewährleisten.

Sie intensivieren ihre Zusammenarbeit durch Informationsaustausch und gemeinsame Bewertungen.

Sie tragen zur Verwirklichung des in Artikel 20 Absatz 2 Buchstabe c des Vertrags über die Arbeitsweise der Europäischen Union[1)] genannten Rechts der Unionsbürgerinnen und Unionsbürger auf Schutz im Hoheitsgebiet von Drittländern und zur Durchführung der nach Artikel 23 des genannten Vertrags erlassenen Maßnahmen bei.

Art. 36 [Beteiligung des Europäischen Parlaments] [1] Der Hohe Vertreter der Union für Außen- und Sicherheitspolitik hört das Europäische Parlament regelmäßig zu den wichtigsten Aspekten und den grundlegenden

---

[1)] Nr. **1001**.

Weichenstellungen der Gemeinsamen Außen- und Sicherheitspolitik und der Gemeinsamen Sicherheits- und Verteidigungspolitik und unterrichtet es über die Entwicklung der Politik in diesen Bereichen. [2] Er achtet darauf, dass die Auffassungen des Europäischen Parlaments gebührend berücksichtigt werden. [3] Die Sonderbeauftragten können zur Unterrichtung des Europäischen Parlaments mit herangezogen werden.

[1] Das Europäische Parlament kann Anfragen oder Empfehlungen an den Rat und den Hohen Vertreter richten. [2] Zweimal jährlich führt es eine Aussprache über die Fortschritte bei der Durchführung der Gemeinsamen Außen- und Sicherheitspolitik, einschließlich der Gemeinsamen Sicherheits- und Verteidigungspolitik.

Art. 37 [Übereinkünfte mit dritten Staaten und internationalen Organisationen] Die Union kann in den unter dieses Kapitel fallenden Bereichen Übereinkünfte mit einem oder mehreren Staaten oder internationalen Organisationen schließen.

Art. 38 [Politisches und sicherheitspoltisches Komitee] [1] Unbeschadet des Artikels 240 des Vertrags über die Arbeitsweise der Europäischen Union[1)] verfolgt ein Politisches und Sicherheitspolitisches Komitee die internationale Lage in den Bereichen der Gemeinsamen Außen- und Sicherheitspolitik und trägt auf Ersuchen des Rates, des Hohen Vertreters der Union für Außen- und Sicherheitspolitik oder von sich aus durch an den Rat gerichtete Stellungnahmen zur Festlegung der Politiken bei. [2] Ferner überwacht es die Durchführung vereinbarter Politiken; dies gilt unbeschadet der Zuständigkeiten des Hohen Vertreters.

Im Rahmen dieses Kapitels nimmt das Politische und Sicherheitspolitische Komitee unter der Verantwortung des Rates und des Hohen Vertreters die politische Kontrolle und strategische Leitung von Krisenbewältigungsoperationen im Sinne des Artikels 43 wahr.

Der Rat kann das Komitee für den Zweck und die Dauer einer Operation zur Krisenbewältigung, die vom Rat festgelegt werden, ermächtigen, geeignete Beschlüsse hinsichtlich der politischen Kontrolle und strategischen Leitung der Operation zu fassen.

Art. 39 [Datenschutz] [1] Gemäß Artikel 16 des Vertrags über die Arbeitsweise der Europäischen Union[1)] und abweichend von Absatz 2 des genannten Artikels erlässt der Rat einen Beschluss zur Festlegung von Vorschriften über den Schutz natürlicher Personen bei der Verarbeitung personenbezogener Daten durch die Mitgliedstaaten im Rahmen der Ausübung von Tätigkeiten, die in den Anwendungsbereich dieses Kapitels fallen, und über den freien Datenverkehr. [2] Die Einhaltung dieser Vorschriften wird von unabhängigen Behörden überwacht.

Art. 40 [Kompetenzabgrenzung] Die Durchführung der Gemeinsamen Außen- und Sicherheitspolitik lässt die Anwendung der Verfahren und den jeweiligen Umfang der Befugnisse der Organe, die in den Verträgen für die Ausübung der in den Artikeln 3 bis 6 des Vertrags über die Arbeitsweise der

---

[1)] Nr. **1001**.

Europäischen Union[1)] aufgeführten Zuständigkeiten der Union vorgesehen sind, unberührt.

Ebenso lässt die Durchführung der Politik nach den genannten Artikeln die Anwendung der Verfahren und den jeweiligen Umfang der Befugnisse der Organe, die in den Verträgen für die Ausübung der Zuständigkeiten der Union nach diesem Kapitel vorgesehen sind, unberührt.

Art. 41 [Finanzierung] (1) Die Verwaltungsausgaben, die den Organen aus der Durchführung dieses Kapitels entstehen, gehen zu Lasten des Haushalts der Union.

(2) Die operativen Ausgaben im Zusammenhang mit der Durchführung dieses Kapitels gehen ebenfalls zu Lasten des Haushalts der Union, mit Ausnahme der Ausgaben aufgrund von Maßnahmen mit militärischen oder verteidigungspolitischen Bezügen und von Fällen, in denen der Rat einstimmig etwas anderes beschließt.

[1] In Fällen, in denen die Ausgaben nicht zu Lasten des Haushalts der Union gehen, gehen sie nach dem Bruttosozialprodukt-Schlüssel zu Lasten der Mitgliedstaaten, sofern der Rat nicht einstimmig etwas anderes beschließt. [2] Die Mitgliedstaaten, deren Vertreter im Rat eine förmliche Erklärung nach Artikel 31 Absatz 1 Unterabsatz 2 abgegeben haben, sind nicht verpflichtet, zur Finanzierung von Ausgaben für Maßnahmen mit militärischen oder verteidigungspolitischen Bezügen beizutragen.

(3) [1] Der Rat erlässt einen Beschluss zur Festlegung besonderer Verfahren, um den schnellen Zugriff auf die Haushaltsmittel der Union zu gewährleisten, die für die Sofortfinanzierung von Initiativen im Rahmen der Gemeinsamen Außen- und Sicherheitspolitik, insbesondere von Tätigkeiten zur Vorbereitung einer Mission nach Artikel 42 Absatz 1 und Artikel 43 bestimmt sind. [2] Er beschließt nach Anhörung des Europäischen Parlaments.

Die Tätigkeiten zur Vorbereitung der in Artikel 42 Absatz 1 und in Artikel 43 genannten Missionen, die nicht zulasten des Haushalts der Union gehen, werden aus einem aus Beiträgen der Mitgliedstaaten gebildeten Anschubfonds finanziert.

Der Rat erlässt mit qualifizierter Mehrheit auf Vorschlag des Hohen Vertreters der Union für Außen- und Sicherheitspolitik die Beschlüsse über

a) die Einzelheiten für die Bildung und die Finanzierung des Anschubfonds, insbesondere die Höhe der Mittelzuweisungen für den Fonds;

b) die Einzelheiten für die Verwaltung des Anschubfonds;

c) die Einzelheiten für die Finanzkontrolle.

[1] Kann die geplante Mission nach Artikel 42 Absatz 1 und Artikel 43 nicht aus dem Haushalt der Union finanziert werden, so ermächtigt der Rat den Hohen Vertreter zur Inanspruchnahme dieses Fonds. [2] Der Hohe Vertreter erstattet dem Rat Bericht über die Erfüllung dieses Mandats.

---

1) Nr. **1001**.

Abschnitt 2. Bestimmungen über die Gemeinsame Sicherheits- und Verteidigungspolitik

Art. 42 [Gemeinsame Verteidigungspolitik; Europäische Verteidigungsagentur; Beistandsklausel] (1) [1]Die Gemeinsame Sicherheits- und Verteidigungspolitik ist integraler Bestandteil der Gemeinsamen Außen- und Sicherheitspolitik. [2]Sie sichert der Union eine auf zivile und militärische Mittel gestützte Operationsfähigkeit. [3]Auf diese kann die Union bei Missionen außerhalb der Union zur Friedenssicherung, Konfliktverhütung und Stärkung der internationalen Sicherheit in Übereinstimmung mit den Grundsätzen der Charta der Vereinten Nationen zurückgreifen. [4]Sie erfüllt diese Aufgaben mit Hilfe der Fähigkeiten, die von den Mitgliedstaaten bereitgestellt werden.

(2) [1]Die Gemeinsame Sicherheits- und Verteidigungspolitik umfasst die schrittweise Festlegung einer gemeinsamen Verteidigungspolitik der Union. [2]Diese führt zu einer gemeinsamen Verteidigung, sobald der Europäische Rat dies einstimmig beschlossen hat. [3]Er empfiehlt in diesem Fall den Mitgliedstaaten, einen Beschluss in diesem Sinne im Einklang mit ihren verfassungsrechtlichen Vorschriften zu erlassen.

Die Politik der Union nach diesem Abschnitt berührt nicht den besonderen Charakter der Sicherheits- und Verteidigungspolitik bestimmter Mitgliedstaaten; sie achtet die Verpflichtungen einiger Mitgliedstaaten, die ihre gemeinsame Verteidigung in der Nordatlantikvertrags-Organisation (NATO) verwirklicht sehen, aus dem Nordatlantikvertrag und ist vereinbar mit der in jenem Rahmen festgelegten gemeinsamen Sicherheits- und Verteidigungspolitik.

(3) [1]Die Mitgliedstaaten stellen der Union für die Umsetzung der Gemeinsamen Sicherheits- und Verteidigungspolitik zivile und militärische Fähigkeiten als Beitrag zur Verwirklichung der vom Rat festgelegten Ziele zur Verfügung. [2]Die Mitgliedstaaten, die zusammen multinationale Streitkräfte aufstellen, können diese auch für die Gemeinsame Sicherheits- und Verteidigungspolitik zur Verfügung stellen.

[1]Die Mitgliedstaaten verpflichten sich, ihre militärischen Fähigkeiten schrittweise zu verbessern. [2]Die Agentur für die Bereiche Entwicklung der Verteidigungsfähigkeiten, Forschung, Beschaffung und Rüstung (im Folgenden „Europäische Verteidigungsagentur“) ermittelt den operativen Bedarf und fördert Maßnahmen zur Bedarfsdeckung, trägt zur Ermittlung von Maßnahmen zur Stärkung der industriellen und technologischen Basis des Verteidigungssektors bei und führt diese Maßnahmen gegebenenfalls durch, beteiligt sich an der Festlegung einer europäischen Politik im Bereich der Fähigkeiten und der Rüstung und unterstützt den Rat bei der Beurteilung der Verbesserung der militärischen Fähigkeiten.

(4) [1]Beschlüsse zur Gemeinsamen Sicherheits- und Verteidigungspolitik, einschließlich der Beschlüsse über die Einleitung einer Mission nach diesem Artikel, werden vom Rat einstimmig auf Vorschlag des Hohen Vertreters der Union für Außen- und Sicherheitspolitik oder auf Initiative eines Mitgliedstaats erlassen. [2]Der Hohe Vertreter kann gegebenenfalls gemeinsam mit der Kommission den Rückgriff auf einzelstaatliche Mittel sowie auf Instrumente der Union vorschlagen.

(5) [1] Der Rat kann zur Wahrung der Werte der Union und im Dienste ihrer Interessen eine Gruppe von Mitgliedstaaten mit der Durchführung einer Mission im Rahmen der Union beauftragen. [2] Die Durchführung einer solchen Mission fällt unter Artikel 44.

(6) [1] Die Mitgliedstaaten, die anspruchsvollere Kriterien in Bezug auf die militärischen Fähigkeiten erfüllen und die im Hinblick auf Missionen mit höchsten Anforderungen untereinander weiter gehende Verpflichtungen eingegangen sind, begründen eine Ständige Strukturierte Zusammenarbeit im Rahmen der Union. [2] Diese Zusammenarbeit erfolgt nach Maßgabe von Artikel 46. [3] Sie berührt nicht die Bestimmungen des Artikels 43.

(7) [1] Im Falle eines bewaffneten Angriffs auf das Hoheitsgebiet eines Mitgliedstaats schulden die anderen Mitgliedstaaten ihm alle in ihrer Macht stehende Hilfe und Unterstützung, im Einklang mit Artikel 51 der Charta der Vereinten Nationen. [2] Dies lässt den besonderen Charakter der Sicherheits- und Verteidigungspolitik bestimmter Mitgliedstaaten unberührt.

Die Verpflichtungen und die Zusammenarbeit in diesem Bereich bleiben im Einklang mit den im Rahmen der Nordatlantikvertrags-Organisation eingegangenen Verpflichtungen, die für die ihr angehörenden Staaten weiterhin das Fundament ihrer kollektiven Verteidigung und das Instrument für deren Verwirklichung ist.

Art. 43 [Missionen der ESVP] (1) [1] Die in Artikel 42 Absatz 1 vorgesehenen Missionen, bei deren Durchführung die Union auf zivile und militärische Mittel zurückgreifen kann, umfassen gemeinsame Abrüstungsmaßnahmen, humanitäre Aufgaben und Rettungseinsätze, Aufgaben der militärischen Beratung und Unterstützung, Aufgaben der Konfliktverhütung und der Erhaltung des Friedens sowie Kampfeinsätze im Rahmen der Krisenbewältigung einschließlich Frieden schaffender Maßnahmen und Operationen zur Stabilisierung der Lage nach Konflikten. [2] Mit allen diesen Missionen kann zur Bekämpfung des Terrorismus beigetragen werden, unter anderem auch durch die Unterstützung für Drittländer bei der Bekämpfung des Terrorismus in ihrem Hoheitsgebiet.

(2) [1] Der Rat erlässt die Beschlüsse über Missionen nach Absatz 1; in den Beschlüssen sind Ziel und Umfang der Missionen sowie die für sie geltenden allgemeinen Durchführungsbestimmungen festgelegt. [2] Der Hohe Vertreter der Union für Außen- und Sicherheitspolitik sorgt unter Aufsicht des Rates und in engem und ständigem Benehmen mit dem Politischen und Sicherheitspolitischen Komitee für die Koordinierung der zivilen und militärischen Aspekte dieser Missionen.

Art. 44 [Missionsübertragung] (1) [1] Im Rahmen der nach Artikel 43 erlassenen Beschlüsse kann der Rat die Durchführung einer Mission einer Gruppe von Mitgliedstaaten übertragen, die dies wünschen und über die für eine derartige Mission erforderlichen Fähigkeiten verfügen. [2] Die betreffenden Mitgliedstaaten vereinbaren in Absprache mit dem Hohen Vertreter der Union für Außen- und Sicherheitspolitik untereinander die Ausführung der Mission.

(2) [1] Die an der Durchführung der Mission teilnehmenden Mitgliedstaaten unterrichten den Rat von sich aus oder auf Antrag eines anderen Mitgliedstaats regelmäßig über den Stand der Mission. [2] Die teilnehmenden Mitglied-

staaten befassen den Rat sofort, wenn sich aus der Durchführung der Mission schwerwiegende Konsequenzen ergeben oder das Ziel der Mission, ihr Umfang oder die für sie geltenden Regelungen, wie sie in den in Absatz 1 genannten Beschlüssen festgelegt sind, geändert werden müssen. [3] Der Rat erlässt in diesen Fällen die erforderlichen Beschlüsse.

Art. 45 [Aufgabe der Europäischen Verteidigungsagentur] (1) Aufgabe der in Artikel 42 Absatz 3 genannten, dem Rat unterstellten Europäischen Verteidigungsagentur ist es,

a) bei der Ermittlung der Ziele im Bereich der militärischen Fähigkeiten der Mitgliedstaaten und der Beurteilung, ob die von den Mitgliedstaaten in Bezug auf diese Fähigkeiten eingegangenen Verpflichtungen erfüllt wurden, mitzuwirken;

b) auf eine Harmonisierung des operativen Bedarfs sowie die Festlegung effizienter und kompatibler Beschaffungsverfahren hinzuwirken;

c) multilaterale Projekte zur Erfüllung der Ziele im Bereich der militärischen Fähigkeiten vorzuschlagen und für die Koordinierung der von den Mitgliedstaaten durchgeführten Programme sowie die Verwaltung spezifischer Kooperationsprogramme zu sorgen;

d) die Forschung auf dem Gebiet der Verteidigungstechnologie zu unterstützen, gemeinsame Forschungsaktivitäten sowie Studien zu technischen Lösungen, die dem künftigen operativen Bedarf gerecht werden, zu koordinieren und zu planen;

e) dazu beizutragen, dass zweckdienliche Maßnahmen zur Stärkung der industriellen und technologischen Basis des Verteidigungssektors und für einen wirkungsvolleren Einsatz der Verteidigungsausgaben ermittelt werden, und diese Maßnahmen gegebenenfalls durchzuführen.

(2) [1] Alle Mitgliedstaaten können auf Wunsch an der Arbeit der Europäischen Verteidigungsagentur teilnehmen. [2] Der Rat erlässt mit qualifizierter Mehrheit einen Beschluss, in dem die Rechtsstellung, der Sitz und die Funktionsweise der Agentur festgelegt werden. [3] Dieser Beschluss trägt dem Umfang der effektiven Beteiligung an den Tätigkeiten der Agentur Rechnung. [4] Innerhalb der Agentur werden spezielle Gruppen gebildet, in denen Mitgliedstaaten zusammenkommen, die gemeinsame Projekte durchführen. [5] Die Agentur versieht ihre Aufgaben erforderlichenfalls in Verbindung mit der Kommission.

Art. 46 [Ständige Strukturierte Zusammenarbeit] (1) Die Mitgliedstaaten, die sich an der Ständigen Strukturierten Zusammenarbeit im Sinne des Artikels 42 Absatz 6 beteiligen möchten und hinsichtlich der militärischen Fähigkeiten die Kriterien erfüllen und die Verpflichtungen eingehen, die in dem Protokoll über die Ständige Strukturierte Zusammenarbeit enthalten sind, teilen dem Rat und dem Hohen Vertreter der Union für Außen- und Sicherheitspolitik ihre Absicht mit.

(2) [1] Der Rat erlässt binnen drei Monaten nach der in Absatz 1 genannten Mitteilung einen Beschluss über die Begründung der Ständigen Strukturierten Zusammenarbeit und über die Liste der daran teilnehmenden Mitgliedstaaten. [2] Der Rat beschließt nach Anhörung des Hohen Vertreters mit qualifizierter Mehrheit.

(3) Jeder Mitgliedstaat, der sich zu einem späteren Zeitpunkt an der Ständigen Strukturierten Zusammenarbeit beteiligen möchte, teilt dem Rat und dem Hohen Vertreter seine Absicht mit.

[1] Der Rat erlässt einen Beschluss, in dem die Teilnahme des betreffenden Mitgliedstaats, der die Kriterien und Verpflichtungen nach den Artikeln 1 und 2 des Protokolls über die Ständige Strukturierte Zusammenarbeit erfüllt beziehungsweise eingeht, bestätigt wird. [2] Der Rat beschließt mit qualifizierter Mehrheit nach Anhörung des Hohen Vertreters. [3] Nur die Mitglieder des Rates, die die teilnehmenden Mitgliedstaaten vertreten, sind stimmberechtigt.

Die qualifizierte Mehrheit bestimmt sich nach Artikel 238 Absatz 3 Buchstabe a des Vertrags über die Arbeitsweise der Europäischen Union[1)].

(4) Erfüllt ein teilnehmender Mitgliedstaat die Kriterien nach den Artikeln 1 und 2 des Protokolls über die Ständige Strukturierte Zusammenarbeit nicht mehr oder kann er den darin genannten Verpflichtungen nicht mehr nachkommen, so kann der Rat einen Beschluss erlassen, durch den die Teilnahme dieses Staates ausgesetzt wird.

[1] Der Rat beschließt mit qualifizierter Mehrheit. [2] Nur die Mitglieder des Rates, die die teilnehmenden Mitgliedstaaten mit Ausnahme des betroffenen Mitgliedstaats vertreten, sind stimmberechtigt.

Die qualifizierte Mehrheit bestimmt sich nach Artikel 238 Absatz 3 Buchstabe a des Vertrags über die Arbeitsweise der Europäischen Union.

(5) Wünscht ein teilnehmender Mitgliedstaat, von der Ständigen Strukturierten Zusammenarbeit Abstand zu nehmen, so teilt er seine Entscheidung dem Rat mit, der zur Kenntnis nimmt, dass die Teilnahme des betreffenden Mitgliedstaats beendet ist.

(6) [1] Mit Ausnahme der Beschlüsse nach den Absätzen 2 bis 5 erlässt der Rat die Beschlüsse und Empfehlungen im Rahmen der Ständigen Strukturierten Zusammenarbeit einstimmig. [2] Für die Zwecke dieses Absatzes bezieht sich die Einstimmigkeit allein auf die Stimmen der Vertreter der an der Zusammenarbeit teilnehmenden Mitgliedstaaten.

Titel VI. Schlußbestimmungen

Art. 47 [Rechtspersönlichkeit der Union] Die Union besitzt Rechtspersönlichkeit.

Art. 48 [Vertragsänderung] (1) [1] Die Verträge können gemäß dem ordentlichen Änderungsverfahren geändert werden. [2] Sie können ebenfalls nach vereinfachten Änderungsverfahren geändert werden.

Ordentliches Änderungsverfahren

(2) [1] Die Regierung jedes Mitgliedstaats, das Europäische Parlament oder die Kommission kann dem Rat Entwürfe zur Änderung der Verträge vorlegen. [2] Diese Entwürfe können unter anderem eine Ausdehnung oder Verringerung der der Union in den Verträgen übertragenen Zuständigkeiten zum

---

1) Nr. **1001**.

Ziel haben. [3] Diese Entwürfe werden vom Rat dem Europäischen Rat übermittelt und den nationalen Parlamenten zur Kenntnis gebracht.

(3) [1] Beschließt der Europäische Rat nach Anhörung des Europäischen Parlaments und der Kommission mit einfacher Mehrheit die Prüfung der vorgeschlagenen Änderungen, so beruft der Präsident des Europäischen Rates einen Konvent von Vertretern der nationalen Parlamente, der Staats- und Regierungschefs der Mitgliedstaaten, des Europäischen Parlaments und der Kommission ein. [2] Bei institutionellen Änderungen im Währungsbereich wird auch die Europäische Zentralbank gehört. [3] Der Konvent prüft die Änderungsentwürfe und nimmt im Konsensverfahren eine Empfehlung an, die an eine Konferenz der Vertreter der Regierungen der Mitgliedstaaten nach Absatz 4 gerichtet ist.

[1] Der Europäische Rat kann mit einfacher Mehrheit nach Zustimmung des Europäischen Parlaments beschließen, keinen Konvent einzuberufen, wenn seine Einberufung aufgrund des Umfangs der geplanten Änderungen nicht gerechtfertigt ist. [2] In diesem Fall legt der Europäische Rat das Mandat für eine Konferenz der Vertreter der Regierungen der Mitgliedstaaten fest.

(4) Eine Konferenz der Vertreter der Regierungen der Mitgliedstaaten wird vom Präsidenten des Rates einberufen, um die an den Verträgen vorzunehmenden Änderungen zu vereinbaren.

Die Änderungen treten in Kraft, nachdem sie von allen Mitgliedstaaten nach Maßgabe ihrer verfassungsrechtlichen Vorschriften ratifiziert worden sind.

(5) Haben nach Ablauf von zwei Jahren nach der Unterzeichnung eines Vertrags zur Änderung der Verträge vier Fünftel der Mitgliedstaaten den genannten Vertrag ratifiziert und sind in einem Mitgliedstaat oder mehreren Mitgliedstaaten Schwierigkeiten bei der Ratifikation aufgetreten, so befasst sich der Europäische Rat mit der Frage.

Vereinfachte Änderungsverfahren

(6) Die Regierung jedes Mitgliedstaats, das Europäische Parlament oder die Kommission kann dem Europäischen Rat Entwürfe zur Änderung aller oder eines Teils der Bestimmungen des Dritten Teils des Vertrags über die Arbeitsweise der Europäischen Union über die internen Politikbereiche der Union vorlegen.

[1] Der Europäische Rat kann einen Beschluss zur Änderung aller oder eines Teils der Bestimmungen des Dritten Teils des Vertrags über die Arbeitsweise der Europäischen Union erlassen. [2] Der Europäische Rat beschließt einstimmig nach Anhörung des Europäischen Parlaments und der Kommission sowie, bei institutionellen Änderungen im Währungsbereich, der Europäischen Zentralbank. [3] Dieser Beschluss tritt erst nach Zustimmung der Mitgliedstaaten im Einklang mit ihren jeweiligen verfassungsrechtlichen Vorschriften in Kraft.

Der Beschluss nach Unterabsatz 2 darf nicht zu einer Ausdehnung der der Union im Rahmen der Verträge übertragenen Zuständigkeiten führen.

(7) [1] In Fällen, in denen der Rat nach Maßgabe des Vertrags über die Arbeitsweise der Europäischen Union[1)] oder des Titels V dieses Vertrags in einem Bereich oder in einem bestimmten Fall einstimmig beschließt, kann

[1)] Nr. **1001**.

der Europäische Rat einen Beschluss erlassen, wonach der Rat in diesem Bereich oder in diesem Fall mit qualifizierter Mehrheit beschließen kann. [2] Dieser Unterabsatz gilt nicht für Beschlüsse mit militärischen oder verteidigungspolitischen Bezügen.

In Fällen, in denen nach Maßgabe des Vertrags über die Arbeitsweise der Europäischen Union Gesetzgebungsakte vom Rat gemäß einem besonderen Gesetzgebungsverfahren erlassen werden müssen, kann der Europäische Rat einen Beschluss erlassen, wonach die Gesetzgebungsakte gemäß dem ordentlichen Gesetzgebungsverfahren erlassen werden können.

[1] Jede vom Europäischen Rat auf der Grundlage von Unterabsatz 1 oder Unterabsatz 2 ergriffene Initiative wird den nationalen Parlamenten übermittelt. [2] Wird dieser Vorschlag innerhalb von sechs Monaten nach der Übermittlung von einem nationalen Parlament abgelehnt, so wird der Beschluss nach Unterabsatz 1 oder Unterabsatz 2 nicht erlassen. [3] Wird die Initiative nicht abgelehnt, so kann der Europäische Rat den Beschluss erlassen.

Der Europäische Rat erlässt die Beschlüsse nach den Unterabsätzen 1 oder 2 einstimmig nach Zustimmung des Europäischen Parlaments, das mit der Mehrheit seiner Mitglieder beschließt.

Art. 49 [Beitritt zur Union] [1] Jeder Europäische Staat, der die in Artikel 2 genannten Werte achtet und sich für ihre Förderung einsetzt, kann beantragen, Mitglied der Union zu werden. [2] Das Europäische Parlament und die nationalen Parlamente werden über diesen Antrag unterrichtet. [3] Der antragstellende Staat richtet seinen Antrag an den Rat; dieser beschließt einstimmig nach Anhörung der Kommission und nach Zustimmung des Europäischen Parlaments, das mit der Mehrheit seiner Mitglieder beschließt. [4] Die vom Europäischen Rat vereinbarten Kriterien werden berücksichtigt.

[1] Die Aufnahmebedingungen und die durch eine Aufnahme erforderlich werdenden Anpassungen der Verträge, auf denen die Union beruht, werden durch ein Abkommen zwischen den Mitgliedstaaten und dem antragstellenden Staat geregelt. [2] Das Abkommen bedarf der Ratifikation durch alle Vertragsstaaten gemäß ihren verfassungsrechtlichen Vorschriften.

Art. 50 [Austritt aus der Union] (1) Jeder Mitgliedstaat kann im Einklang mit seinen verfassungsrechtlichen Vorschriften beschließen, aus der Union auszutreten.

(2) [1] Ein Mitgliedstaat, der auszutreten beschließt, teilt dem Europäischen Rat seine Absicht mit. [2] Auf der Grundlage der Leitlinien des Europäischen Rates handelt die Union mit diesem Staat ein Abkommen über die Einzelheiten des Austritts aus und schließt das Abkommen, wobei der Rahmen für die künftigen Beziehungen dieses Staates zur Union berücksichtigt wird. [3] Das *Abkommen wird nach* Artikel 218 Absatz 3 des Vertrags über die Arbeitsweise der Europäischen Union[1)] ausgehandelt. [4] Es wird vom Rat im Namen der Union geschlossen; der Rat beschließt mit qualifizierter Mehrheit nach Zustimmung des Europäischen Parlaments.

(3) Die Verträge finden auf den betroffenen Staat ab dem Tag des Inkrafttretens des Austrittsabkommens oder andernfalls zwei Jahre nach der in Ab-

---

[1)] Nr. **1001**.

satz 2 genannten Mitteilung keine Anwendung mehr, es sei denn, der Europäische Rat beschließt im Einvernehmen mit dem betroffenen Mitgliedstaat einstimmig, diese Frist zu verlängern.

(4) Für die Zwecke der Absätze 2 und 3 nimmt das Mitglied des Europäischen Rates und des Rates, das den austretenden Mitgliedstaat vertritt, weder an den diesen Mitgliedstaat betreffenden Beratungen noch an der entsprechenden Beschlussfassung des Europäischen Rates oder des Rates teil.

Die qualifizierte Mehrheit bestimmt sich nach Artikel 238 Absatz 3 Buchstabe b des Vertrags über die Arbeitsweise der Europäischen Union.

(5) Ein Staat, der aus der Union ausgetreten ist und erneut Mitglied werden möchte, muss dies nach dem Verfahren des Artikels 49 beantragen.

Art. 51 [Protokolle, Anhänge] Die Protokolle und Anhänge der Verträge sind Bestandteil der Verträge.

Art. 52[1)] [Geltungsbereich] (1) Die Verträge gelten für das Königreich Belgien, die Republik Bulgarien, die Tschechische Republik, das Königreich Dänemark, die Bundesrepublik Deutschland, die Republik Estland, Irland, die Hellenische Republik, das Königreich Spanien, die Französische Republik, die Republik Kroatien, die Italienische Republik, die Republik Zypern, die Republik Lettland, die Republik Litauen, das Großherzogtum Luxemburg, die Republik Ungarn, die Republik Malta, das Königreich der Niederlande, die Republik Österreich, die Republik Polen, die Portugiesische Republik, Rumänien, die Republik Slowenien, die Slowakische Republik, die Republik Finnland, das Königreich Schweden und das Vereinigte Königreich Großbritannien und Nordirland.

(2) Der räumliche Geltungsbereich der Verträge wird in Artikel 355 des Vertrags über die Arbeitsweise der Europäischen Union[2)] im Einzelnen angegeben.

Art. 53 [Unbefristete Geltung] Dieser Vertrag gilt auf unbegrenzte Zeit.

Art. 54 [Ratifikation] (1) [1] Dieser Vertrag bedarf der Ratifikation durch die Hohen Vertragsparteien gemäß ihren verfassungsrechtlichen Vorschriften. [2] Die Ratifikationsurkunden werden bei der Regierung der Italienischen Republik hinterlegt.

(2) Dieser Vertrag tritt am 1. Januar 1993 in Kraft, sofern alle Ratifikationsurkunden hinterlegt worden sind, oder andernfalls am ersten Tag des auf die Hinterlegung der letzten Ratifikationsurkunde folgenden Monats.

Art. 55[3)] [Verbindlicher Wortlaut; Hinterlegung] (1) Dieser Vertrag ist in einer Urschrift in bulgarischer, dänischer, deutscher, englischer, estnischer, finnischer, französischer, griechischer, irischer, italienischer, kroatischer, lettischer, litauischer, maltesischer, niederländischer, polnischer, portugiesischer, rumänischer, schwedischer, slowakischer, slowenischer, spanischer, tsche-

---

1) *Art. 52 Abs. 1 neu gef. mWv 1. 7. 2013 durch Akte v. 9. 12. 2011* (ABl. 2012 Nr. L 112 S. 21).

2) Nr. **1001**.

3) *Art.* 55 Abs. 1 neu gef. mWv 1. 7. 2013 durch Akte v. 9. 12. 2011 (ABl. 2012 Nr. L 112 S. 21).

chischer und ungarischer Sprache abgefasst, wobei jeder Wortlaut gleichermaßen verbindlich ist; er wird im Archiv der Regierung der Italienischen Republik hinterlegt; diese übermittelt der Regierung jedes anderen Unterzeichnerstaats eine beglaubigte Abschrift.

(2) [1] Dieser Vertrag kann ferner in jede andere von den Mitgliedstaaten bestimmte Sprache übersetzt werden, sofern diese Sprache nach der Verfassungsordnung des jeweiligen Mitgliedstaats in dessen gesamtem Hoheitsgebiet oder in Teilen davon Amtssprache ist. [2] Die betreffenden Mitgliedstaaten stellen eine beglaubigte Abschrift dieser Übersetzungen zur Verfügung, die in den Archiven des Rates hinterlegt wird.

ZU URKUND DESSEN haben die unterzeichneten Bevollmächtigten ihre Unterschriften unter diesen Vertrag gesetzt.
GESCHEHEN zu Maastricht am siebten Februar neunzehnhundertzweiundneunzig.

Mark EYSKENS,	Philippe MAYSTADT
Uffe ELLEMANN-JENSEN	Anders FOGH RASMUSSEN
Hans-Dietrich GENSCHER	Theodor WAIGEL
Antonios SAMARAS	Efthymios CHRISTODOULOU
Francisco FERNÁNDEZ ORDÓÑEZ	Carlos SOLCHAGA CATALÁN
Roland DUMAS	Pierre BEREGOVOY
Gerard COLLINS	Bertie AHERN
Giannni DE MICHELIS	Guido CARLI
Jacques F. POOS	Jean-Claude JUNCKER
Hans VAN DEN BROEK	Willem KOK
João de Deus PINHEIRO	Jorge BRAGA de MACEDO
Douglas HURD	Francis MAUDE

1001. Vertrag über die Arbeitsweise der Europäischen Union[1) 2) 3)]

In der Fassung der Bekanntmachung vom 9. Mai 2008[4)]
(ABl. C 115 S. 47)
(ABl. 2010 C 83 S. 47)[5)]
(ABl. 2012 C 326 S. 47)[5)]
(ABl. 2016 C 202 S. 47, ber. ABl. C 400 S. 1)[6)]

Celex-Nr. 1 1957 E

zuletzt geänd. durch Art. 2 und 6 Amsterdamer Vertrag v. 2.10.1997 (ABl. C 340 S. 1), Art. 2 Nizza-Vertrag[7)] v. 26.2.2001 (ABl. C 80 S. 1, ber. ABl. C 96 S. 27), Art. 4 Nr. 1 EU-Erweiterungs-Protokoll v. 26.2.2001 (ABl. C 80 S. 49, geänd. ABl. 2003 L 236 S. 33), EU-Beitrittsakte 2003 v. 16.4.2003 (ABl. L 236 S. 33), Art. 1 Protokoll Nr. 3 zur EU-Beitrittsakte 2003 v. 16.4.2003 (ABl. L 236 S. 940), Art. 9, 10, 12, 13, 16, 17 und 18 Abs. 1 EU-Beitrittsakte 2005 v. 25.4.2005 (ABl. L 157 S. 203), Art. 2 Vertrag von Lissabon v. 13.12.2007 (ABl. C 306 S. 1, ber. ABl. 2008 C 111 S. 56, ABl. 2009 C 290 S. 1, ABl. 2016 L 150 S. 1), Art. 2 ÄndBeschl. 2010/718/EU v. 29.10.2010 (ABl. L 325 S. 4), Art. 1 ÄndBeschl. 2011/199/EU[8)] v. 25.3.2011 (ABl. L 91 S. 1), Art. 12 EU-Beitrittsakte 2013[9)] v. 9.12.2011 (ABl. 2012 L 112 S. 21) und Art. 2 ÄndBeschl. 2012/419/EU v. 11.7.2012 (ABl. L 204 S. 131)

Nichtamtliche Inhaltsübersicht

---

1) Vertragsparteien sind Belgien, Bulgarien, Dänemark, Deutschland, Estland, Finnland, Frankreich, Griechenland, Irland, Italien, Kroatien, Lettland, Litauen, Luxemburg, Malta, die Niederlande, Österreich, Polen, Portugal, Rumänien, Schweden, Slowakei, Slowenien, Spanien, Tschechien, Ungarn und Zypern; die EU-Mitgliedschaft des Vereinigten Königreichs Großbritannien und Nordirland endete mit Ablauf des 31.1.2020 (siehe ABl. L 29 vom 31.1.2020, S. 189).

2) Die Artikelfolge und Verweise/Bezugnahmen auf Vorschriften des EUV sind gemäß Art. 5 des Vertrags von Lissabon iVm den Übereinstimmungstabellen zum EUV bzw. AEUV an die neue Nummerierung angepasst worden.

3) Zu den Assoziationsregelungen und sonstigen Vereinbarungen und Vorschriften, die sich auf den EU-Arbeitsweisevertrag beziehen, vgl. den jährlich zum 31.12. abgeschlossenen Fundstellennachweis B der geltenden völkerrechtlichen Vereinbarungen der Bundesrepublik Deutschland unter dem Datum 25.3. 1957.

4) Konsolidierte Fassung des Vertrags zur Gründung der Europäischen Gemeinschaft v. 25.3.1957 (BGBl. II S. 766). Die Bundesrepublik Deutschland hat dem Vertrag von Lissabon mit G. v. 8.10.2008 (BGBl. II S. 1038) zugestimmt; Inkrafttreten am 1.12.2009, siehe Bek. v. 13.11.2009 (BGBl. II S. 1223).

5) Der Wortlaut dieser konsolidierten Fassung entspricht dem hier wiedergegebenen.

6) Der Wortlaut dieser konsolidierten Fassung (inkl. Berichtigung) entspricht dem hier wiedergegebenen.

7) Ratifiziert für die Bundesrepublik Deutschland durch Gesetz zum Vertrag von Nizza. In Kraft getreten mWv 1.2.2003 nach dem Verfahren des Art. 12 Abs. 2 des Vertrags von Nizza. Siehe Bek. v. 20.8.2003 (BGBl. II S. 1477).

8) Ratifiziert für die Bundesrepublik Deutschland durch G v. 13.9.2012 (BGBl. II S. 978). Inkrafttreten am **1.5.2013** gemäß Bek. v. 12.6.2013 (BGBl. II S. 1047).

9) Ratifiziert für die Bundesrepublik Deutschland durch G v. 14.6.2013 (BGBl. II S. 586).

Präambel

SEINE MAJESTÄT DER KÖNIG DER BELGIER, DER PRÄSIDENT DER BUNDESREPUBLIK DEUTSCHLAND, DER PRÄSIDENT DER FRANZÖSISCHEN REPUBLIK, DER PRÄSIDENT DER ITALIENISCHEN REPUBLIK, IHRE KÖNIGLICHE HOHEIT DIE GROSSHERZOGIN VON LUXEMBURG, IHRE MAJESTÄT DIE KÖNIGIN DER NIEDERLANDE[1]),

IN DEM FESTEN WILLEN, die Grundlagen für einen immer engeren Zusammenschluss der europäischen Völker zu schaffen,

ENTSCHLOSSEN, durch gemeinsames Handeln den wirtschaftlichen und sozialen Fortschritt ihrer Staaten zu sichern, indem sie die Europa trennenden Schranken beseitigen,

IN DEM VORSATZ, die stetige Besserung der Lebens- und Beschäftigungsbedingungen ihrer Völker als wesentliches Ziel anzustreben,

IN DER ERKENNTNIS, dass zur Beseitigung der bestehenden Hindernisse ein einverständliches Vorgehen erforderlich ist, um eine beständige Wirtschaftsausweitung, einen ausgewogenen Handelsverkehr und einen redlichen Wettbewerb zu gewährleisten,

IN DEM BESTREBEN, ihre Volkswirtschaften zu einigen und deren harmonische Entwicklung zu fördern, indem sie den Abstand zwischen einzelnen Gebieten und den Rückstand weniger begünstigter Gebiete verringern,

IN DEM WUNSCH, durch eine gemeinsame Handelspolitik zur fortschreitenden Beseitigung der Beschränkungen im zwischenstaatlichen Wirtschaftsverkehr beizutragen,

IN DER ABSICHT, die Verbundenheit Europas mit den überseeischen Ländern zu bekräftigen, und in dem Wunsch, entsprechend den Grundsätzen der Satzung der Vereinten Nationen den Wohlstand der überseeischen Länder zu fördern,

ENTSCHLOSSEN, durch diesen Zusammenschluss ihrer Wirtschaftskräfte Frieden und Freiheit zu wahren und zu festigen, und mit der Aufforderung an die anderen Völker Europas, die sich zu dem gleichen hohen Ziel bekennen, sich diesen Bestrebungen anzuschließen,

ENTSCHLOSSEN, durch umfassenden Zugang zur Bildung und durch ständige Weiterbildung auf einen möglichst hohen Wissensstand ihrer Völker hinzuwirken,

HABEN zu diesem Zweck zu ihren Bevollmächtigten ERNANNT:

(Aufzählung der Bevollmächtigten nicht wiedergegeben)

DIESE SIND nach Austausch ihrer als gut und gehörig befundenen Vollmachten wie folgt übereingekommen:

---

[1]) **Amtl. Anm.:** Seit dem ursprünglichen Vertragsschluss sind Mitgliedstaaten der Europäischen Union geworden: ***[Red. Anm.:** die Republik Kroatien mWv 1.7.2013,]* die Republik Bulgarien, die Tschechische Republik, das Königreich Dänemark, die Republik Estland, die Hellenische Republik, das Königreich Spanien, Irland, die Republik Zypern, die Republik Lettland, die Republik Litauen, die Republik Ungarn, die Republik Malta, die Republik Österreich, die Republik Polen, die Portugiesische Republik, Rumänien, die Republik Slowenien, die Slowakische Republik, die Republik Finnland, das Königreich Schweden *und das Vereinigte Königreich Großbritannien und Nordirland* ***[Red. Anm.:** Die EU-Mitgliedschaft des Vereinigten Königreichs Großbritannien und Nordirland endete mit Ablauf des 31.1.2020 (siehe ABl. L 29 vom 31.1.2020, S. 189).]*.

Erster Teil. Grundsätze

Art. 1 [Regelungsbereich] (1) Dieser Vertrag regelt die Arbeitsweise der Union und legt die Bereiche, die Abgrenzung und die Einzelheiten der Ausübung ihrer Zuständigkeiten fest.

(2) [1] Dieser Vertrag und der Vertrag über die Europäische Union[1)] bilden die Verträge, auf die sich die Union gründet. [2] Diese beiden Verträge, die rechtlich gleichrangig sind, werden als „die Verträge" bezeichnet.

Titel I. Arten und Bereiche der Zuständigkeit der Union

Art. 2 [Arten von Zuständigkeiten] (1) Übertragen die Verträge der Union für einen bestimmten Bereich eine ausschließliche Zuständigkeit, so kann nur die Union gesetzgeberisch tätig werden und verbindliche Rechtsakte erlassen; die Mitgliedstaaten dürfen in einem solchen Fall nur tätig werden, wenn sie von der Union hierzu ermächtigt werden, oder um Rechtsakte der Union durchzuführen.

(2) [1] Übertragen die Verträge der Union für einen bestimmten Bereich eine mit den Mitgliedstaaten geteilte Zuständigkeit, so können die Union und die Mitgliedstaaten in diesem Bereich gesetzgeberisch tätig werden und verbindliche Rechtsakte erlassen. [2] Die Mitgliedstaaten nehmen ihre Zuständigkeit wahr, sofern und soweit die Union ihre Zuständigkeit nicht ausgeübt hat. [3] Die Mitgliedstaaten nehmen ihre Zuständigkeit erneut wahr, sofern und soweit die Union entschieden hat, ihre Zuständigkeit nicht mehr auszuüben.

(3) Die Mitgliedstaaten koordinieren ihre Wirtschafts- und Beschäftigungspolitik im Rahmen von Regelungen nach Maßgabe dieses Vertrags, für deren Festlegung die Union zuständig ist.

(4) Die Union ist nach Maßgabe des Vertrags über die Europäische Union[1)] dafür zuständig, eine gemeinsame Außen- und Sicherheitspolitik einschließlich der schrittweisen Festlegung einer gemeinsamen Verteidigungspolitik zu erarbeiten und zu verwirklichen.

(5) *[1]* In bestimmten Bereichen ist die Union nach Maßgabe der Verträge dafür zuständig, Maßnahmen zur Unterstützung, Koordinierung oder Ergänzung der Maßnahmen der Mitgliedstaaten durchzuführen, ohne dass dadurch die Zuständigkeit der Union für diese Bereiche an die Stelle der Zuständigkeit der Mitgliedstaaten tritt.

[2] Die verbindlichen Rechtsakte der Union, die aufgrund der diese Bereiche betreffenden Bestimmungen der Verträge erlassen werden, dürfen keine Harmonisierung der Rechtsvorschriften der Mitgliedstaaten beinhalten.

(6) Der Umfang der Zuständigkeiten der Union und die Einzelheiten ihrer Ausübung ergeben sich aus den Bestimmungen der Verträge zu den einzelnen Bereichen.

Art. 3 [Ausschließliche Zuständigkeiten] (1) Die Union hat ausschließliche Zuständigkeit in folgenden Bereichen:

a) Zollunion,
b) Festlegung der für das Funktionieren des Binnenmarkts erforderlichen Wettbewerbsregeln,
c) Währungspolitik für die Mitgliedstaaten, deren Währung der Euro ist,

---
[1)] Nr. **1000**.

d) Erhaltung der biologischen Meeresschätze im Rahmen der gemeinsamen Fischereipolitik,

e) gemeinsame Handelspolitik.

(2) Die Union hat ferner die ausschließliche Zuständigkeit für den Abschluss internationaler Übereinkünfte, wenn der Abschluss einer solchen Übereinkunft in einem Gesetzgebungsakt der Union vorgesehen ist, wenn er notwendig ist, damit sie ihre interne Zuständigkeit ausüben kann, oder soweit er gemeinsame Regeln beeinträchtigen oder deren Tragweite verändern könnte.

Art. 4 [Geteilte Zuständigkeiten] (1) Die Union teilt ihre Zuständigkeit mit den Mitgliedstaaten, wenn ihr die Verträge außerhalb der in den Artikeln 3 und 6 genannten Bereiche eine Zuständigkeit übertragen.

(2) Die von der Union mit den Mitgliedstaaten geteilte Zuständigkeit erstreckt sich auf die folgenden Hauptbereiche:

a) Binnenmarkt,

b) Sozialpolitik hinsichtlich der in diesem Vertrag genannten Aspekte,

c) wirtschaftlicher, sozialer und territorialer Zusammenhalt,

d) Landwirtschaft und Fischerei, ausgenommen die Erhaltung der biologischen Meeresschätze,

e) Umwelt,

f) Verbraucherschutz,

g) Verkehr,

h) transeuropäische Netze,

i) Energie,

j) Raum der Freiheit, der Sicherheit und des Rechts,

k) gemeinsame Sicherheitsanliegen im Bereich der öffentlichen Gesundheit hinsichtlich der in diesem Vertrag genannten Aspekte.

(3) In den Bereichen Forschung, technologische Entwicklung und Raumfahrt erstreckt sich die Zuständigkeit der Union darauf, Maßnahmen zu treffen, insbesondere Programme zu erstellen und durchzuführen, ohne dass die Ausübung dieser Zuständigkeit die Mitgliedstaaten hindert, ihre Zuständigkeit auszuüben.

(4) In den Bereichen Entwicklungszusammenarbeit und humanitäre Hilfe erstreckt sich die Zuständigkeit der Union darauf, Maßnahmen zu treffen und eine gemeinsame Politik zu verfolgen, ohne dass die Ausübung dieser Zuständigkeit die Mitgliedstaaten hindert, ihre Zuständigkeit auszuüben.

Art. 5 [Koordinierung der Wirtschafts-, Beschäftigungs- und Sozialpolitik] (1) *[1]* [1] Die Mitgliedstaaten koordinieren ihre Wirtschaftspolitik innerhalb der Union. [2] Zu diesem Zweck erlässt der Rat Maßnahmen; insbesondere beschließt er die Grundzüge dieser Politik.

[2] Für die Mitgliedstaaten, deren Währung der Euro ist, gelten besondere Regelungen.

(2) Die Union trifft Maßnahmen zur Koordinierung der Beschäftigungspolitik der Mitgliedstaaten, insbesondere durch die Festlegung von Leitlinien für diese Politik.

(3) Die Union kann Initiativen zur Koordinierung der Sozialpolitik der Mitgliedstaaten ergreifen.

Art. 6 [Unterstützungs-, Koordinierungs- und Ergänzungsmaßnahmen]

[1] Die Union ist für die Durchführung von Maßnahmen zur Unterstützung, Koordinierung oder Ergänzung der Maßnahmen der Mitgliedstaaten zuständig. [2] Diese Maßnahmen mit europäischer Zielsetzung können in folgenden Bereichen getroffen werden:

a) Schutz und Verbesserung der menschlichen Gesundheit,
b) Industrie,
c) Kultur,
d) Tourismus,
e) allgemeine und berufliche Bildung, Jugend und Sport,
f) Katastrophenschutz,
g) Verwaltungszusammenarbeit.

Titel II. Allgemein geltende Bestimmungen

Art. 7 [Kohärenzprinzip] Die Union achtet auf die Kohärenz zwischen ihrer Politik und ihren Maßnahmen in den verschiedenen Bereichen und trägt dabei unter Einhaltung des Grundsatzes der begrenzten Einzelermächtigung ihren Zielen in ihrer Gesamtheit Rechnung.

Art. 8 [Gleichstellung; Querschnittsklausel] Bei allen ihren Tätigkeiten wirkt die Union darauf hin, Ungleichheiten zu beseitigen und die Gleichstellung von Männern und Frauen zu fördern.

Art. 9 [Sozialer Schutz; Querschnittsklausel] Bei der Festlegung und Durchführung ihrer Politik und ihrer Maßnahmen trägt die Union den Erfordernissen im Zusammenhang mit der Förderung eines hohen Beschäftigungsniveaus, mit der Gewährleistung eines angemessenen sozialen Schutzes, mit der Bekämpfung der sozialen Ausgrenzung sowie mit einem hohen Niveau der allgemeinen und beruflichen Bildung und des Gesundheitsschutzes Rechnung.

Art. 10 [Bekämpfung von Diskriminierungen; Querschnittsklausel] Bei der Festlegung und Durchführung ihrer Politik und ihrer Maßnahmen zielt die Union darauf ab, Diskriminierungen aus Gründen des Geschlechts, der Rasse, der ethnischen Herkunft, der Religion oder der Weltanschauung, einer Behinderung, des Alters oder der sexuellen Ausrichtung zu bekämpfen.

Art. 11 [Umweltschutz; Querschnittsklausel] Die Erfordernisse des Umweltschutzes müssen bei der Festlegung und Durchführung der Unionspolitiken und -maßnahmen insbesondere zur Förderung einer nachhaltigen Entwicklung einbezogen werden.

Art. 12 [Verbraucherschutz; Querschnittsklausel] Den Erfordernissen des Verbraucherschutzes wird bei der Festlegung und Durchführung der anderen Unionspolitiken und -maßnahmen Rechnung getragen.

Art. 13 [Tierschutz; Querschnittsklausel] Bei der Festlegung und Durchführung der Politik der Union in den Bereichen Landwirtschaft, Fischerei, Verkehr, Binnenmarkt, Forschung, technologische Entwicklung und Raumfahrt tragen die Union und die Mitgliedstaaten den Erfordernissen des Wohlergehens der Tiere als fühlende Wesen in vollem Umfang Rechnung; sie berücksichtigen hierbei die Rechts- und Verwaltungsvorschriften und die Gepflogenheiten der Mitgliedstaaten insbesondere in Bezug auf religiöse Riten, kulturelle Traditionen und das regionale Erbe.

Art. 14 [Dienste von allgemeinem wirtschaftlichem Interesse] [1] Unbeschadet des Artikels 4 des Vertrags über die Europäische Union[1)] und der Artikel 93, 106 und 107 dieses Vertrags und in Anbetracht des Stellenwerts, den Dienste von allgemeinem wirtschaftlichen Interesse innerhalb der gemeinsamen Werte der Union einnehmen, sowie ihrer Bedeutung bei der Förderung des sozialen und territorialen Zusammenhalts tragen die Union und die Mitgliedstaaten im Rahmen ihrer jeweiligen Befugnisse im Anwendungsbereich der Verträge dafür Sorge, dass die Grundsätze und Bedingungen, insbesondere jene wirtschaftlicher und finanzieller Art, für das Funktionieren dieser Dienste so gestaltet sind, dass diese ihren Aufgaben nachkommen können. [2] Diese Grundsätze und Bedingungen werden vom Europäischen Parlament und vom Rat durch Verordnungen gemäß dem ordentlichen Gesetzgebungsverfahren festgelegt, unbeschadet der Zuständigkeit der Mitgliedstaaten, diese Dienste im Einklang mit den Verträgen zur Verfügung zu stellen, in Auftrag zu geben und zu finanzieren.

Art. 15 [Grundsatz der Offenheit] (1) Um eine verantwortungsvolle Verwaltung zu fördern und die Beteiligung der Zivilgesellschaft sicherzustellen, handeln die Organe, Einrichtungen und sonstigen Stellen der Union unter weitestgehender Beachtung des Grundsatzes der Offenheit.

(2) Das Europäische Parlament tagt öffentlich; dies gilt auch für den Rat, wenn er über Entwürfe zu Gesetzgebungsakten berät oder abstimmt.

(3) *[1]* Jeder Unionsbürger sowie jede natürliche oder juristische Person mit Wohnsitz oder satzungsgemäßem Sitz in einem Mitgliedstaat hat das Recht auf Zugang zu Dokumenten der Organe, Einrichtungen und sonstigen Stellen der Union, unabhängig von der Form der für diese Dokumente verwendeten Träger, vorbehaltlich der Grundsätze und Bedingungen, die nach diesem Absatz festzulegen sind.

[2] Die allgemeinen Grundsätze und die aufgrund öffentlicher oder privater Interessen geltenden Einschränkungen für die Ausübung dieses Rechts auf Zugang zu Dokumenten werden vom Europäischen Parlament und vom Rat durch Verordnungen gemäß dem ordentlichen Gesetzgebungsverfahren festgelegt.

[3] Die Organe, Einrichtungen und sonstigen Stellen gewährleisten die Transparenz ihrer Tätigkeit und legen im Einklang mit gemäß den in Unterabsatz 2 genannten Verordnungen in ihrer Geschäftsordnung Sonderbestimmungen hinsichtlich des Zugangs zu ihren Dokumenten fest.

[4] Dieser Absatz gilt für den Gerichtshof der Europäischen Union, die Europäische Zentralbank und die Europäische Investitionsbank nur dann, wenn sie Verwaltungsaufgaben wahrnehmen.

[5] Das Europäische Parlament und der Rat sorgen dafür, dass die Dokumente, die die Gesetzgebungsverfahren betreffen, nach Maßgabe der in Unterabsatz 2 genannten Verordnungen öffentlich zugänglich gemacht werden.

Art. 16 [Datenschutz] (1) Jede Person hat das Recht auf Schutz der sie betreffenden personenbezogenen Daten.

(2) *[1]* [1] Das Europäische Parlament und der Rat erlassen gemäß dem ordentlichen Gesetzgebungsverfahren Vorschriften über den Schutz natürlicher Personen

---

[1)] Nr. 1000.

bei der Verarbeitung personenbezogener Daten durch die Organe, Einrichtungen und sonstigen Stellen der Union sowie durch die Mitgliedstaaten im Rahmen der Ausübung von Tätigkeiten, die in den Anwendungsbereich des Unionsrechts fallen, und über den freien Datenverkehr. [2]Die Einhaltung dieser Vorschriften wird von unabhängigen Behörden überwacht.

[2] Die auf der Grundlage dieses Artikels erlassenen Vorschriften lassen die spezifischen Bestimmungen des Artikels 39 des Vertrags über die Europäische Union[1)] unberührt.

Art. 17 [Religiöse und weltanschauliche Gemeinschaften] (1) Die Union achtet den Status, den Kirchen und religiöse Vereinigungen oder Gemeinschaften in den Mitgliedstaaten nach deren Rechtsvorschriften genießen, und beeinträchtigt ihn nicht.

(2) Die Union achtet in gleicher Weise den Status, den weltanschauliche Gemeinschaften nach den einzelstaatlichen Rechtsvorschriften genießen.

(3) Die Union pflegt mit diesen Kirchen und Gemeinschaften in Anerkennung ihrer Identität und ihres besonderen Beitrags einen offenen, transparenten und regelmäßigen Dialog.

Zweiter Teil. Nichtdiskriminierung und Unionsbürgerschaft

Art. 18 [Diskriminierungsverbot] *[1]* Unbeschadet besonderer Bestimmungen der Verträge ist in ihrem Anwendungsbereich jede Diskriminierung aus Gründen der Staatsangehörigkeit verboten.

[2] Das Europäische Parlament und der Rat können gemäß dem ordentlichen Gesetzgebungsverfahren Regelungen für das Verbot solcher Diskriminierungen treffen.

Art. 19 [Antidiskriminierungsmaßnahmen] (1) Unbeschadet der sonstigen Bestimmungen der Verträge kann der Rat im Rahmen der durch die Verträge auf die Union übertragenen Zuständigkeiten gemäß einem besonderen Gesetzgebungsverfahren und nach Zustimmung des Europäischen Parlaments einstimmig geeignete Vorkehrungen treffen, um Diskriminierungen aus Gründen des Geschlechts, der Rasse, der ethnischen Herkunft, der Religion oder der Weltanschauung, einer Behinderung, des Alters oder der sexuellen Ausrichtung zu bekämpfen.

(2) Abweichend von Absatz 1 können das Europäische Parlament und der Rat gemäß dem ordentlichen Gesetzgebungsverfahren die Grundprinzipien für Fördermaßnahmen der Union unter Ausschluss jeglicher Harmonisierung der Rechts- und Verwaltungsvorschriften der Mitgliedstaaten zur Unterstützung der Maßnahmen festlegen, die die Mitgliedstaaten treffen, um zur Verwirklichung der in Absatz 1 genannten Ziele beizutragen.

Art. 20 [Unionsbürgerschaft] (1) [1]Es wird eine Unionsbürgerschaft eingeführt. [2]Unionsbürger ist, wer die Staatsangehörigkeit eines Mitgliedstaats besitzt. [3]Die Unionsbürgerschaft tritt zur nationalen Staatsbürgerschaft hinzu, ersetzt sie aber nicht.

(2) [1]Die Unionsbürgerinnen und Unionsbürger haben die in den Verträgen vorgesehenen Rechte und Pflichten. [2]Sie haben unter anderem

---

[1)] Nr. **1000**.

a) das Recht, sich im Hoheitsgebiet der Mitgliedstaaten frei zu bewegen und aufzuhalten;

b) in dem Mitgliedstaat, in dem sie ihren Wohnsitz haben, das aktive und passive Wahlrecht bei den Wahlen zum Europäischen Parlament und bei den Kommunalwahlen, wobei für sie dieselben Bedingungen gelten wie für die Angehörigen des betreffenden Mitgliedstaats;

c) im Hoheitsgebiet eines Drittlands, in dem der Mitgliedstaat, dessen Staatsangehörigkeit sie besitzen, nicht vertreten ist, Recht auf Schutz durch die diplomatischen und konsularischen Behörden eines jeden Mitgliedstaats unter denselben Bedingungen wie Staatsangehörige dieses Staates;

d) das Recht, Petitionen an das Europäische Parlament zu richten und sich an den Europäischen Bürgerbeauftragten zu wenden, sowie das Recht, sich in einer der Sprachen der Verträge an die Organe und die beratenden Einrichtungen der Union zu wenden und eine Antwort in derselben Sprache zu erhalten.

[3] Diese Rechte werden unter den Bedingungen und innerhalb der Grenzen ausgeübt, die in den Verträgen und durch die in Anwendung der Verträge erlassenen Maßnahmen festgelegt sind.

Art. 21 [Freizügigkeit] (1) Jeder Unionsbürger hat das Recht, sich im Hoheitsgebiet der Mitgliedstaaten vorbehaltlich der in den Verträgen und in den Durchführungsvorschriften vorgesehenen Beschränkungen und Bedingungen frei zu bewegen und aufzuhalten.

(2) Erscheint zur Erreichung dieses Ziels ein Tätigwerden der Union erforderlich und sehen die Verträge hierfür keine Befugnisse vor, so können das Europäische Parlament und der Rat gemäß dem ordentlichen Gesetzgebungsverfahren Vorschriften erlassen, mit denen die Ausübung der Rechte nach Absatz 1 erleichtert wird.

(3) [1] Zu den gleichen wie den in Absatz 1 genannten Zwecken kann der Rat, sofern die Verträge hierfür keine Befugnisse vorsehen, gemäß einem besonderen Gesetzgebungsverfahren Maßnahmen erlassen, die die soziale Sicherheit oder den sozialen Schutz betreffen. [2] Der Rat beschließt einstimmig nach Anhörung des Europäischen Parlaments.

Art. 22 [Wahlrecht] (1) [1] Jeder Unionsbürger mit Wohnsitz in einem Mitgliedstaat, dessen Staatsangehörigkeit er nicht besitzt, hat in dem Mitgliedstaat, in dem er seinen Wohnsitz hat, das aktive und passive Wahlrecht bei Kommunalwahlen, wobei für ihn dieselben Bedingungen gelten wie für die Angehörigen des betreffenden Mitgliedstaats. [2] Dieses Recht wird vorbehaltlich der Einzelheiten ausgeübt, die vom Rat einstimmig gemäß einem besonderen Gesetzgebungsverfahren und nach Anhörung des Europäischen Parlaments festgelegt werden; in diesen können Ausnahmeregelungen vorgesehen werden, wenn dies aufgrund besonderer Probleme eines Mitgliedstaats gerechtfertigt ist.

(2) [1] Unbeschadet des Artikels 223 Absatz 1 und der Bestimmungen zu dessen Durchführung besitzt jeder Unionsbürger mit Wohnsitz in einem Mitgliedstaat, dessen Staatsangehörigkeit er nicht besitzt, in dem Mitgliedstaat, in dem er seinen Wohnsitz hat, das aktive und passive Wahlrecht bei den Wahlen zum Europäischen Parlament, wobei für ihn dieselben Bedingungen gelten wie für die Angehörigen des betreffenden Mitgliedstaats. [2] Dieses Recht wird vorbehaltlich der Einzelheiten ausgeübt, die vom Rat einstimmig gemäß einem besonderen Gesetzgebungsverfahren und nach Anhörung des Europäischen Parlaments festgelegt werden; in

diesen können Ausnahmeregelungen vorgesehen werden, wenn dies aufgrund besonderer Probleme eines Mitgliedstaats gerechtfertigt ist.

Art. 23 [Diplomatischer und konsularischer Schutz] *[1]* [1] Jeder Unionsbürger genießt im Hoheitsgebiet eines dritten Landes, in dem der Mitgliedstaat, dessen Staatsangehörigkeit er besitzt, nicht vertreten ist, den diplomatischen und konsularischen Schutz eines jeden Mitgliedstaats unter denselben Bedingungen wie Staatsangehörige dieses Staates. [2] Die Mitgliedstaaten treffen die notwendigen Vorkehrungen und leiten die für diesen Schutz erforderlichen internationalen Verhandlungen ein.

[2] Der Rat kann gemäß einem besonderen Gesetzgebungsverfahren und nach Anhörung des Europäischen Parlaments Richtlinien zur Festlegung der notwendigen Koordinierungs- und Kooperationsmaßnahmen zur Erleichterung dieses Schutzes erlassen.

Art. 24 [Petitionsrecht] *[1]* Die Bestimmungen über die Verfahren und Bedingungen, die für eine Bürgerinitiative im Sinne des Artikels 11 des Vertrags über die Europäische Union[1)] gelten, einschließlich der Mindestzahl der Mitgliedstaaten, aus denen die Bürgerinnen und Bürger, die diese Initiative ergreifen, kommen müssen, werden vom Europäischen Parlament und vom Rat gemäß dem ordentlichen Gesetzgebungsverfahren durch Verordnungen festgelegt.

[2] Jeder Unionsbürger besitzt das Petitionsrecht beim Europäischen Parlament nach Artikel 227.

[3] Jeder Unionsbürger kann sich an den nach Artikel 228 eingesetzten Bürgerbeauftragten wenden.

[4] Jeder Unionsbürger kann sich schriftlich in einer der in Artikel 55 Absatz 1 des Vertrags über die Europäische Union genannten Sprachen an jedes Organ oder an jede Einrichtung wenden, die in dem vorliegenden Artikel oder in Artikel 13 des genannten Vertrags genannt sind, und eine Antwort in derselben Sprache erhalten.[2)]

Art. 25 [Fortentwicklung der Unionsbürgerschaft] *[1]* [1] Die Kommission erstattet dem Europäischen Parlament, dem Rat und dem Wirtschafts- und Sozialausschuss alle drei Jahre über die Anwendung dieses Teils Bericht. [2] In dem Bericht wird der Fortentwicklung der Union Rechnung getragen.

[2] [1] Auf dieser Grundlage kann der Rat unbeschadet der anderen Bestimmungen der Verträge zur Ergänzung der in Artikel 20 Absatz 2 aufgeführten Rechte einstimmig gemäß einem besonderen Gesetzgebungsverfahren nach Zustimmung des Europäischen Parlaments Bestimmungen erlassen. [2] Diese Bestimmungen treten nach Zustimmung der Mitgliedstaaten im Einklang mit ihren jeweiligen verfassungsrechtlichen Vorschriften in Kraft.

Dritter Teil. Die internen Politiken und Maßnahmen der Union

Titel I. Der Binnenmarkt

Art. 26 [Verwirklichung des Binnenmarkts] (1) Die Union erlässt die erforderlichen Maßnahmen, um nach Maßgabe der einschlägigen Bestimmungen der

---

[1)] Nr. **1000**.

[2)] Vgl. zu dieser Vorschrift auch die Erklärung Nr. 4 zur Schlussakte v. 16.2.2001 (ABl. C 80 S. 70) der Konferenz von Nizza.

Verträge den Binnenmarkt zu verwirklichen beziehungsweise dessen Funktionieren zu gewährleisten.

(2) Der Binnenmarkt umfasst einen Raum ohne Binnengrenzen, in dem der freie Verkehr von Waren, Personen, Dienstleistungen und Kapital gemäß den Bestimmungen der Verträge gewährleistet ist.

(3) Der Rat legt auf Vorschlag der Kommission die Leitlinien und Bedingungen fest, die erforderlich sind, um in allen betroffenen Sektoren einen ausgewogenen Fortschritt zu gewährleisten.

Art. 27 [Ausnahmeregelungen] *[1]* Bei der Formulierung ihrer Vorschläge zur Verwirklichung der Ziele des Artikels 26 berücksichtigt die Kommission den Umfang der Anstrengungen, die einigen Volkswirtschaften mit unterschiedlichem Entwicklungsstand für die Errichtung des Binnenmarkts abverlangt werden, und kann geeignete Bestimmungen vorschlagen.

[2] Erhalten diese Bestimmungen die Form von Ausnahmeregelungen, so müssen sie vorübergehender Art sein und dürfen das Funktionieren des Binnenmarkts so wenig wie möglich stören.

Titel II. Der freie Warenverkehr

Art. 28 [Zollunion] (1) Die Union umfasst eine Zollunion, die sich auf den gesamten Warenaustausch erstreckt; sie umfasst das Verbot, zwischen den Mitgliedstaaten Ein- und Ausfuhrzölle und Abgaben gleicher Wirkung zu erheben, sowie die Einführung eines Gemeinsamen Zolltarifs gegenüber dritten Ländern.

(2) Artikel 30 und Kapitel 3 dieses Titels gelten für die aus den Mitgliedstaaten stammenden Waren sowie für diejenigen Waren aus dritten Ländern, die sich in den Mitgliedstaaten im freien Verkehr befinden.

Art. 29 [Freier Verkehr von Waren aus dritten Ländern] Als im freien Verkehr eines Mitgliedstaats befindlich gelten diejenigen Waren aus dritten Ländern, für die in dem betreffenden Mitgliedstaat die Einfuhrförmlichkeiten erfüllt sowie die vorgeschriebenen Zölle und Abgaben gleicher Wirkung erhoben und nicht ganz oder teilweise rückvergütet worden sind.

Kapitel 1. Die Zollunion

Art. 30 [Verbot von Zöllen] [1] Ein- und Ausfuhrzölle oder Abgaben gleicher Wirkung sind zwischen den Mitgliedstaaten verboten. [2] Dieses Verbot gilt auch für Finanzzölle.

Art. 31 [Gemeinsame Zolltarif] Der Rat legt die Sätze des Gemeinsamen Zolltarifs auf Vorschlag der Kommission fest.

Art. 32 [Zielsetzung der Kommissionsaufgaben] Bei der Ausübung der ihr aufgrund dieses Kapitels übertragenen Aufgaben geht die Kommission von folgenden Gesichtspunkten aus:

a) der Notwendigkeit, den Handelsverkehr zwischen den Mitgliedstaaten und dritten Ländern zu fördern;

b) der Entwicklung der Wettbewerbsbedingungen innerhalb der Union, soweit diese Entwicklung zu einer Zunahme der Wettbewerbsfähigkeit der Unternehmen führt;

c) dem Versorgungsbedarf der Union an Rohstoffen und Halbfertigwaren; hierbei achtet die Kommission darauf, zwischen den Mitgliedstaaten die Wettbewerbsbedingungen für Fertigwaren nicht zu verfälschen;

d) der Notwendigkeit, ernsthafte Störungen im Wirtschaftsleben der Mitgliedstaaten zu vermeiden und eine rationelle Entwicklung der Erzeugung sowie eine Ausweitung des Verbrauchs innerhalb der Union zu gewährleisten.

Kapitel 2. Die Zusammenarbeit im Zollwesen

Art. 33 [Ausbau der Zusammenarbeit] Das Europäische Parlament und der Rat treffen im Rahmen des Geltungsbereichs der Verträge gemäß dem ordentlichen Gesetzgebungsverfahren Maßnahmen zum Ausbau der Zusammenarbeit im Zollwesen zwischen den Mitgliedstaaten sowie zwischen den Mitgliedstaaten und der Kommission.

Kapitel 3.[1] Verbot von mengenmäßigen Beschränkungen zwischen den Mitgliedstaaten

Art. 34 [Verbot von Einfuhrbeschränkungen] Mengenmäßige Einfuhrbeschränkungen sowie alle Maßnahmen gleicher Wirkung sind zwischen den Mitgliedstaaten verboten.

Art. 35 [Verbot von Ausfuhrbeschränkungen] Mengenmäßige Ausfuhrbeschränkungen sowie alle Maßnahmen gleicher Wirkung sind zwischen den Mitgliedstaaten verboten.

Art. 36 [Ausnahmen] [1] Die Bestimmungen der Artikel 34 und 35 stehen Einfuhr-, Ausfuhr- und Durchfuhrverboten oder -beschränkungen nicht entgegen, die aus Gründen der öffentlichen Sittlichkeit, Ordnung und Sicherheit, zum Schutze der Gesundheit und des Lebens von Menschen, Tieren oder Pflanzen, des nationalen Kulturguts von künstlerischem, geschichtlichem oder archäologischem Wert oder des gewerblichen und kommerziellen Eigentums gerechtfertigt sind. [2] Diese Verbote oder Beschränkungen dürfen jedoch weder ein Mittel zur willkürlichen Diskriminierung noch eine verschleierte Beschränkung des Handels zwischen den Mitgliedstaaten darstellen.

Art. 37 [Staatliche Handelsmonopole] (1) *[1]* Die Mitgliedstaaten formen ihre staatlichen Handelsmonopole derart um, dass jede Diskriminierung in den Versorgungs- und Absatzbedingungen zwischen den Angehörigen der Mitgliedstaaten ausgeschlossen ist.

[2] [1] Dieser Artikel gilt für alle Einrichtungen, durch die ein Mitgliedstaat unmittelbar oder mittelbar die Einfuhr oder die Ausfuhr zwischen den Mitgliedstaaten rechtlich oder tatsächlich kontrolliert, lenkt oder merklich beeinflusst. [2] Er gilt auch für die von einem Staat auf andere Rechtsträger übertragenen Monopole.

(2) Die Mitgliedstaaten unterlassen jede neue Maßnahme, die den in Absatz 1 genannten Grundsätzen widerspricht oder die Tragweite der Artikel über das Verbot von Zöllen und mengenmäßigen Beschränkungen zwischen den Mitgliedstaaten einengt.

---

[1] Siehe hierzu ua:
Leitfaden zu den Art. 34–36 AEUV (Verbot von mengenmäßigen Beschränkungen zwischen den Mitgliedstaaten) in ABl. 2021 C 100 S. 38.

(3) Ist mit einem staatlichen Handelsmonopol eine Regelung zur Erleichterung des Absatzes oder der Verwertung landwirtschaftlicher Erzeugnisse verbunden, so sollen bei der Anwendung dieses Artikels gleichwertige Sicherheiten für die Beschäftigung und Lebenshaltung der betreffenden Erzeuger gewährleistet werden.

Titel III. Die Landwirtschaft und die Fischerei

Art. 38 [Binnenmarkt und Landwirtschaft] (1) *[1]* Die Union legt eine gemeinsame Agrar- und Fischereipolitik fest und führt sie durch.

[2] [1] Der Binnenmarkt umfasst auch die Landwirtschaft, die Fischerei und den Handel mit landwirtschaftlichen Erzeugnissen. [2] Unter landwirtschaftlichen Erzeugnissen sind die Erzeugnisse des Bodens, der Viehzucht und der Fischerei sowie die mit diesen in unmittelbarem Zusammenhang stehenden Erzeugnisse der ersten Verarbeitungsstufe zu verstehen. [3] Die Bezugnahmen auf die gemeinsame Agrarpolitik oder auf die Landwirtschaft und die Verwendung des Wortes „landwirtschaftlich" sind in dem Sinne zu verstehen, dass damit unter Berücksichtigung der besonderen Merkmale des Fischereisektors auch die Fischerei gemeint ist.

(2) Die Vorschriften für die Errichtung oder das Funktionieren des Binnenmarkts finden auf die landwirtschaftlichen Erzeugnisse Anwendung, soweit in den Artikeln 39 bis 44 nicht etwas anderes bestimmt ist.

(3) Die Erzeugnisse, für welche die Artikel 39 bis 44 gelten, sind in Anhang I aufgeführt.

(4) Mit dem Funktionieren und der Entwicklung des Binnenmarkts für landwirtschaftliche Erzeugnisse muss die Gestaltung einer gemeinsamen Agrarpolitik Hand in Hand gehen.

Art. 39 [Ziel gemeinsamer Agrarpolitik] (1) Ziel der gemeinsamen Agrarpolitik ist es,

a) die Produktivität der Landwirtschaft durch Förderung des technischen Fortschritts, Rationalisierung der landwirtschaftlichen Erzeugung und den bestmöglichen Einsatz der Produktionsfaktoren, insbesondere der Arbeitskräfte, zu steigern,

b) auf diese Weise der landwirtschaftlichen Bevölkerung, insbesondere durch Erhöhung des Pro-Kopf-Einkommens der in der Landwirtschaft tätigen Personen, eine angemessene Lebenshaltung zu gewährleisten;

c) die Märkte zu stabilisieren;

d) die Versorgung sicherzustellen;

e) für die Belieferung der Verbraucher zu angemessenen Preisen Sorge zu tragen.

(2) Bei der Gestaltung der gemeinsamen Agrarpolitik und der hierfür anzuwendenden besonderen Methoden ist Folgendes zu berücksichtigen:

a) die besondere Eigenart der landwirtschaftlichen Tätigkeit, die sich aus dem sozialen Aufbau der Landwirtschaft und den strukturellen und naturbedingten Unterschieden der verschiedenen landwirtschaftlichen Gebiete ergibt;

b) die Notwendigkeit, die geeigneten Anpassungen stufenweise durchzuführen;

c) die Tatsache, dass die Landwirtschaft in den Mitgliedstaaten einen mit der gesamten Volkswirtschaft eng verflochtenen Wirtschaftsbereich darstellt.

Art. 40 [Gemeinsame Marktorganisation] (1) *[1]* Um die Ziele des Artikels 39 zu erreichen, wird eine gemeinsame Organisation der Agrarmärkte geschaffen.

[2] Diese besteht je nach Erzeugnis aus einer der folgenden Organisationsformen:

a) gemeinsame Wettbewerbsregeln,

b) bindende Koordinierung der verschiedenen einzelstaatlichen Marktordnungen,

c) eine europäische Marktordnung.

(2) *[1]* Die nach Absatz 1 gestaltete gemeinsame Organisation kann alle zur Durchführung des Artikels 39 erforderlichen Maßnahmen einschließen, insbesondere Preisregelungen, Beihilfen für die Erzeugung und die Verteilung der verschiedenen Erzeugnisse, Einlagerungs- und Ausgleichsmaßnahmen, gemeinsame Einrichtungen zur Stabilisierung der Ein- oder Ausfuhr.

[2] Die gemeinsame Organisation hat sich auf die Verfolgung der Ziele des Artikels 39 zu beschränken und jede Diskriminierung zwischen Erzeugern oder Verbrauchern innerhalb der Union auszuschließen.

[3] Eine etwaige gemeinsame Preispolitik muss auf gemeinsamen Grundsätzen und einheitlichen Berechnungsmethoden beruhen.

(3) Um der in Absatz 1 genannten gemeinsamen Organisation die Erreichung ihrer Ziele zu ermöglichen, können ein oder mehrere Ausrichtungs- oder Garantiefonds für die Landwirtschaft geschaffen werden.

Art. 41 [Maßnahmen im Rahmen einer gemeinsamen Agrarpolitik] Um die Ziele des Artikels 39 zu erreichen, können im Rahmen der gemeinsamen Agrarpolitik folgende Maßnahmen vorgesehen werden:

a) eine wirksame Koordinierung der Bestrebungen auf dem Gebiet der Berufsausbildung, der Forschung und der Verbreitung landwirtschaftlicher Fachkenntnisse; hierbei können Vorhaben oder Einrichtungen gemeinsam finanziert werden;

b) gemeinsame Maßnahmen zur Förderung des Verbrauchs bestimmter Erzeugnisse.

Art. 42 [Anwendung der Wettbewerbs- und Beihilferegeln] *[1]* Das Kapitel über die Wettbewerbsregeln findet auf die Produktion landwirtschaftlicher Erzeugnisse und den Handel mit diesen nur insoweit Anwendung, als das Europäische Parlament und der Rat dies unter Berücksichtigung der Ziele des Artikels 39 im Rahmen des Artikels 43 Absatz 2 und gemäß dem dort vorgesehenen Verfahren bestimmt.

[2] Der Rat kann auf Vorschlag der Kommission genehmigen, dass Beihilfen gewährt werden

a) zum Schutz von Betrieben, die durch strukturelle oder naturgegebene Bedingungen benachteiligt sind, oder

b) im Rahmen wirtschaftlicher Entwicklungsprogramme.

Art. 43 [Rechtsetzung, Kompetenzen und Verfahren] (1) *[1]* Die Kommission legt zur Gestaltung und Durchführung der gemeinsamen Agrarpolitik Vorschläge vor, welche unter anderem die Ablösung der einzelstaatlichen Marktordnungen durch eine der in Artikel 40 Absatz 1 vorgesehenen gemeinsamen Organisationsformen sowie die Durchführung der in diesem Titel bezeichneten Maßnahmen vorsehen.

[2] Diese Vorschläge müssen dem inneren Zusammenhang der in diesem Titel aufgeführten landwirtschaftlichen Fragen Rechnung tragen.

(2) Das Europäische Parlament und der Rat legen gemäß dem ordentlichen Gesetzgebungsverfahren und nach Anhörung des Wirtschafts- und Sozialausschusses die gemeinsame Organisation der Agrarmärkte nach Artikel 40 Absatz 1 sowie die anderen Bestimmungen fest, die für die Verwirklichung der Ziele der gemeinsamen Agrar- und Fischereipolitik notwendig sind.

(3) Der Rat erlässt auf Vorschlag der Kommission die Maßnahmen zur Festsetzung der Preise, der Abschöpfungen, der Beihilfen und der mengenmäßigen Beschränkungen sowie zur Festsetzung und Aufteilung der Fangmöglichkeiten in der Fischerei.

(4) Die einzelstaatlichen Marktordnungen können nach Maßgabe des Absatzes 2 durch die in Artikel 40 Absatz 1 vorgesehene gemeinsame Organisation ersetzt werden

a) wenn sie den Mitgliedstaaten, die sich gegen diese Maßnahme ausgesprochen haben und eine eigene Marktordnung für die in Betracht kommende Erzeugung besitzen, gleichwertige Sicherheiten für die Beschäftigung und Lebenshaltung der betreffenden Erzeuger bietet; hierbei sind die im Zeitablauf möglichen Anpassungen und erforderlichen Spezialisierungen zu berücksichtigen, und

b) wenn die gemeinsame Organisation für den Handelsverkehr innerhalb der Union Bedingungen sicherstellt, die denen eines Binnenmarkts entsprechen.

(5) Wird eine gemeinsame Organisation für bestimmte Rohstoffe geschaffen, bevor eine gemeinsame Organisation für die entsprechenden weiterverarbeiteten Erzeugnisse besteht, so können die betreffenden Rohstoffe aus Ländern außerhalb der Union eingeführt werden, wenn sie für weiterverarbeitete Erzeugnisse verwendet werden, die zur Ausfuhr nach dritten Ländern bestimmt sind.

Art. 44 [Ausgleichsabgaben] *[1]* Besteht in einem Mitgliedstaat für ein Erzeugnis eine innerstaatliche Marktordnung oder Regelung gleicher Wirkung und wird dadurch eine gleichartige Erzeugung in einem anderen Mitgliedstaat in ihrer Wettbewerbslage beeinträchtigt, so erheben die Mitgliedstaaten bei der Einfuhr des betreffenden Erzeugnisses aus dem Mitgliedstaat, in dem die genannte Marktordnung oder Regelung besteht, eine Ausgleichsabgabe, es sei denn, dass dieser Mitgliedstaat eine Ausgleichsabgabe bei der Ausfuhr erhebt.

[2] Die Kommission setzt diese Abgaben in der zur Wiederherstellung des Gleichgewichts erforderlichen Höhe fest; sie kann auch andere Maßnahmen genehmigen, deren Bedingungen und Einzelheiten sie festlegt.

Titel IV. Die Freizügigkeit, der freie Dienstleistungs- und Kapitalverkehr

Kapitel 1. Die Arbeitskräfte

Art. 45 [Freizügigkeit der Arbeitnehmer] (1) Innerhalb der Union ist die Freizügigkeit der Arbeitnehmer gewährleistet.

(2) Sie umfasst die Abschaffung jeder auf der Staatsangehörigkeit beruhenden unterschiedlichen Behandlung der Arbeitnehmer der Mitgliedstaaten in Bezug auf Beschäftigung, Entlohnung und sonstige Arbeitsbedingungen.

(3) Sie gibt – vorbehaltlich der aus Gründen der öffentlichen Ordnung, Sicherheit und Gesundheit gerechtfertigten Beschränkungen – den Arbeitnehmern das Recht,

a) sich um tatsächlich angebotene Stellen zu bewerben;
b) sich zu diesem Zweck im Hoheitsgebiet der Mitgliedstaaten frei zu bewegen;
c) sich in einem Mitgliedstaat aufzuhalten, um dort nach den für die Arbeitnehmer dieses Staates geltenden Rechts- und Verwaltungsvorschriften eine Beschäftigung auszuüben;
d) nach Beendigung einer Beschäftigung im Hoheitsgebiet eines Mitgliedstaats unter Bedingungen zu verbleiben, welche die Kommission durch Verordnungen festlegt.

(4) Dieser Artikel findet keine Anwendung auf die Beschäftigung in der öffentlichen Verwaltung.

Art. 46 [Maßnahmen zur Herstellung der Freizügigkeit] Das Europäische Parlament und der Rat treffen gemäß dem ordentlichen Gesetzgebungsverfahren und nach Anhörung des Wirtschafts- und Sozialausschusses durch Richtlinien oder Verordnungen alle erforderlichen Maßnahmen, um die Freizügigkeit der Arbeitnehmer im Sinne des Artikels 45 herzustellen, insbesondere

a) durch Sicherstellung einer engen Zusammenarbeit zwischen den einzelstaatlichen Arbeitsverwaltungen;
b) durch die Beseitigung der Verwaltungsverfahren und -praktiken sowie der für den Zugang zu verfügbaren Arbeitsplätzen vorgeschriebenen Fristen, die sich aus innerstaatlichen Rechtsvorschriften oder vorher zwischen den Mitgliedstaaten geschlossenen Übereinkünften ergeben und deren Beibehaltung die Herstellung der Freizügigkeit der Arbeitnehmer hindert;
c) durch die Beseitigung aller Fristen und sonstigen Beschränkungen, die in innerstaatlichen Rechtsvorschriften oder vorher zwischen den Mitgliedstaaten geschlossenen Übereinkünften vorgesehen sind und die den Arbeitnehmern der anderen Mitgliedstaaten für die freie Wahl des Arbeitsplatzes andere Bedingungen als den inländischen Arbeitnehmern auferlegen;
d) durch die Schaffung geeigneter Verfahren für die Zusammenführung und den Ausgleich von Angebot und Nachfrage auf dem Arbeitsmarkt zu Bedingungen, die eine ernstliche Gefährdung der Lebenshaltung und des Beschäftigungsstands in einzelnen Gebieten und Industrien ausschließen.

Art. 47 [Austausch junger Arbeitskräfte] Die Mitgliedstaaten fördern den Austausch junger Arbeitskräfte im Rahmen eines gemeinsamen Programms.

Art. 48 [Sicherstellung der Ansprüche und Leistungen auf dem Gebiet *der sozialen Sicherheit*] *[1]* Das Europäische Parlament und der Rat beschließen gemäß dem ordentlichen Gesetzgebungsverfahren die auf dem Gebiet der sozialen Sicherheit für die Herstellung der Freizügigkeit der Arbeitnehmer notwendigen Maßnahmen; zu diesem Zweck führen sie insbesondere ein System ein, das zu- und abwandernden Arbeitnehmern und Selbstständigen sowie deren anspruchsberechtigten Angehörigen Folgendes sichert:

a) die Zusammenrechnung aller nach den verschiedenen innerstaatlichen Rechtsvorschriften berücksichtigten Zeiten für den Erwerb und die Aufrechterhaltung des Leistungsanspruchs sowie für die Berechnung der Leistungen;

b) die Zahlung der Leistungen an Personen, die in den Hoheitsgebieten der Mitgliedstaaten wohnen.

[2] [1] Erklärt ein Mitglied des Rates, dass ein Entwurf eines Gesetzgebungsakts nach Absatz 1 wichtige Aspekte seines Systems der sozialen Sicherheit, insbesondere dessen Geltungsbereich, Kosten oder Finanzstruktur, verletzen oder dessen finanzielles Gleichgewicht beeinträchtigen würde, so kann es beantragen, dass der Europäische Rat befasst wird. [2] In diesem Fall wird das ordentliche Gesetzgebungsverfahren ausgesetzt. [3] Nach einer Aussprache geht der Europäische Rat binnen vier Monaten nach Aussetzung des Verfahrens wie folgt vor:

a) er verweist den Entwurf an den Rat zurück, wodurch die Aussetzung des ordentlichen Gesetzgebungsverfahrens beendet wird, oder

b) er sieht von einem Tätigwerden ab, oder aber er ersucht die Kommission um Vorlage eines neuen Vorschlags; in diesem Fall gilt der ursprünglich vorgeschlagene Rechtsakt als nicht erlassen.

Kapitel 2. Das Niederlassungsrecht

Art. 49 [Niederlassungsfreiheit] *[1]* [1] Die Beschränkungen der freien Niederlassung von Staatsangehörigen eines Mitgliedstaats im Hoheitsgebiet eines anderen Mitgliedstaats sind nach Maßgabe der folgenden Bestimmungen verboten. [2] Das Gleiche gilt für Beschränkungen der Gründung von Agenturen, Zweigniederlassungen oder Tochtergesellschaften durch Angehörige eines Mitgliedstaats, die im Hoheitsgebiet eines Mitgliedstaats ansässig sind.

[2] Vorbehaltlich des Kapitels über den Kapitalverkehr umfasst die Niederlassungsfreiheit die Aufnahme und Ausübung selbstständiger Erwerbstätigkeiten sowie die Gründung und Leitung von Unternehmen, insbesondere von Gesellschaften im Sinne des Artikels 54 Absatz 2, nach den Bestimmungen des Aufnahmestaats für seine eigenen Angehörigen.

Art. 50 [Maßnahmen zur Verwirklichung der Niederlassungsfreiheit]

(1) Das Europäische Parlament und der Rat erlassen gemäß dem ordentlichen Gesetzgebungsverfahren und nach Anhörung des Wirtschafts- und Sozialausschusses Richtlinien zur Verwirklichung der Niederlassungsfreiheit für eine bestimmte Tätigkeit.

(2) Das Europäische Parlament, der Rat und die Kommission erfüllen die Aufgaben, die ihnen aufgrund der obigen Bestimmungen übertragen sind, indem sie insbesondere

a) im Allgemeinen diejenigen Tätigkeiten mit Vorrang behandeln, bei denen die Niederlassungsfreiheit die Entwicklung der Produktion und des Handels in besonderer Weise fördert;

b) eine enge Zusammenarbeit zwischen den zuständigen Verwaltungen der Mitgliedstaaten sicherstellen, um sich über die besondere Lage auf den verschiedenen Tätigkeitsgebieten innerhalb der Union zu unterrichten;

c) die aus innerstaatlichen Rechtsvorschriften oder vorher zwischen den Mitgliedstaaten geschlossenen Übereinkünften abgeleiteten Verwaltungsverfahren und -praktiken ausschalten, deren Beibehaltung der Niederlassungsfreiheit entgegensteht;

d) dafür Sorge tragen, dass Arbeitnehmer eines Mitgliedstaats, die im Hoheitsgebiet eines anderen Mitgliedstaats beschäftigt sind, dort verbleiben und eine selbstständige Tätigkeit unter denselben Voraussetzungen ausüben können, die sie erfüllen müssten, wenn sie in diesen Staat erst zu dem Zeitpunkt einreisen würden, in dem sie diese Tätigkeit aufzunehmen beabsichtigen;

e) den Erwerb und die Nutzung von Grundbesitz im Hoheitsgebiet eines Mitgliedstaats durch Angehörige eines anderen Mitgliedstaats ermöglichen, soweit hierdurch die Grundsätze des Artikels 39 Absatz 2 nicht beeinträchtigt werden;

f) veranlassen, dass bei jedem in Betracht kommenden Wirtschaftszweig die Beschränkungen der Niederlassungsfreiheit in Bezug auf die Voraussetzungen für die Errichtung von Agenturen, Zweigniederlassungen und Tochtergesellschaften im Hoheitsgebiet eines Mitgliedstaats sowie für den Eintritt des Personals der Hauptniederlassung in ihre Leitungs- oder Überwachungsorgane schrittweise aufgehoben werden;

g) soweit erforderlich, die Schutzbestimmungen koordinieren, die in den Mitgliedstaaten den Gesellschaften im Sinne des Artikels 54 Absatz 2 im Interesse der Gesellschafter sowie Dritter vorgeschrieben sind, um diese Bestimmungen gleichwertig zu gestalten;

h) sicherstellen, dass die Bedingungen für die Niederlassung nicht durch Beihilfen der Mitgliedstaaten verfälscht werden.

Art. 51 [Ausübung öffentlicher Gewalt] *[1]* Auf Tätigkeiten, die in einem Mitgliedstaat dauernd oder zeitweise mit der Ausübung öffentlicher Gewalt verbunden sind, findet dieses Kapitel in dem betreffenden Mitgliedstaat keine Anwendung.

[2] Das Europäische Parlament und der Rat können gemäß dem ordentlichen Gesetzgebungsverfahren beschließen, dass dieses Kapitel auf bestimmte Tätigkeiten keine Anwendung findet.

Art. 52 [Öffentliche Ordnung; Sicherheit; Gesundheit] (1) Dieses Kapitel und die aufgrund desselben getroffenen Maßnahmen beeinträchtigen nicht die Anwendbarkeit der Rechts- und Verwaltungsvorschriften, die eine Sonderregelung für Ausländer vorsehen und aus Gründen der öffentlichen Ordnung, Sicherheit oder Gesundheit gerechtfertigt sind.

(2) Das Europäische Parlament und der Rat erlassen gemäß dem ordentlichen Gesetzgebungsverfahren Richtlinien für die Koordinierung der genannten Vorschriften.

Art. 53 [Gegenseitige Anerkennung von Diplomen; Koordinierungsrechtsetzung] (1) Um die Aufnahme und Ausübung selbstständiger Tätigkeiten zu erleichtern, erlassen das Europäische Parlament und der Rat gemäß dem ordentlichen Gesetzgebungsverfahren Richtlinien für die gegenseitige Anerkennung der Diplome, Prüfungszeugnisse und sonstigen Befähigungsnachweise sowie für die Koordinierung der Rechts- und Verwaltungsvorschriften der Mitgliedstaaten über die Aufnahme und Ausübung selbstständiger Tätigkeiten.

(2) Die schrittweise Aufhebung der Beschränkungen für die ärztlichen, arztähnlichen und pharmazeutischen Berufe setzt die Koordinierung der Bedingungen für die Ausübung dieser Berufe in den einzelnen Mitgliedstaaten voraus.

Art. 54 [Gleichstellung der Gesellschaften] *[1]* Für die Anwendung dieses Kapitels stehen die nach den Rechtsvorschriften eines Mitgliedstaats gegründeten Gesellschaften, die ihren satzungsmäßigen Sitz, ihre Hauptverwaltung oder ihre Hauptniederlassung innerhalb der Union haben, den natürlichen Personen gleich, die Angehörige der Mitgliedstaaten sind.

[2] Als Gesellschaften gelten die Gesellschaften des bürgerlichen Rechts und des Handelsrechts einschließlich der Genossenschaften und die sonstigen juristischen Personen des öffentlichen und privaten Rechts mit Ausnahme derjenigen, die keinen Erwerbszweck verfolgen.

Art. 55 [Diskriminierungsverbot bei Kapitalbeteiligungen] Unbeschadet der sonstigen Bestimmungen der Verträge stellen die Mitgliedstaaten die Staatsangehörigen der anderen Mitgliedstaaten hinsichtlich ihrer Beteiligung am Kapital von Gesellschaften im Sinne des Artikels 54 den eigenen Staatsangehörigen gleich.

Kapitel 3. Dienstleistungen

Art. 56 [Dienstleistungsfreiheit] *[1]* Die Beschränkungen des freien Dienstleistungsverkehrs innerhalb der Union für Angehörige der Mitgliedstaaten, die in einem anderen Mitgliedstaat als demjenigen des Leistungsempfängers ansässig sind, sind nach Maßgabe der folgenden Bestimmungen verboten.

[2] Das Europäische Parlament und der Rat können gemäß dem ordentlichen Gesetzgebungsverfahren beschließen, dass dieses Kapitel auch auf Erbringer von Dienstleistungen Anwendung findet, welche die Staatsangehörigkeit eines dritten Landes besitzen und innerhalb der Union ansässig sind.

Art. 57 [Dienstleistungen] *[1]* Dienstleistungen im Sinne der Verträge sind Leistungen, die in der Regel gegen Entgelt erbracht werden, soweit sie nicht den Vorschriften über den freien Waren- und Kapitalverkehr und über die Freizügigkeit der Personen unterliegen.

[2] Als Dienstleistungen gelten insbesondere:

a) gewerbliche Tätigkeiten,
b) kaufmännische Tätigkeiten,
c) handwerkliche Tätigkeiten,
d) freiberufliche Tätigkeiten.

[3] Unbeschadet des Kapitels über die Niederlassungsfreiheit kann der Leistende zwecks Erbringung seiner Leistungen seine Tätigkeit vorübergehend in dem Mitgliedstaat ausüben, in dem die Leistung erbracht wird, und zwar unter den Voraussetzungen, welche dieser Mitgliedstaat für seine eigenen Angehörigen vorschreibt.

Art. 58 [Verkehrsdienstleistungen; Kapitalverkehr] (1) Für den freien Dienstleistungsverkehr auf dem Gebiet des Verkehrs gelten die Bestimmungen des Titels über den Verkehr.

(2) Die Liberalisierung der mit dem Kapitalverkehr verbundenen Dienstleistungen der Banken und Versicherungen wird im Einklang mit der Liberalisierung des Kapitalverkehrs durchgeführt.

Art. 59 [Liberalisierungsmaßnahmen] (1) Das Europäische Parlament und der Rat erlassen gemäß dem ordentlichen Gesetzgebungsverfahren und nach Anhörung des Wirtschafts- und Sozialausschusses Richtlinien zur Liberalisierung einer bestimmten Dienstleistung.

(2) *Bei den in Absatz 1* genannten Richtlinien sind im Allgemeinen mit Vorrang diejenigen Dienstleistungen zu berücksichtigen, welche die Produktionskosten unmittelbar beeinflussen oder deren Liberalisierung zur Förderung des Warenverkehrs beiträgt.

Art. 60 [Weitergehende Liberalisierung] *[1]* Die Mitgliedstaaten bemühen sich, über das Ausmaß der Liberalisierung der Dienstleistungen, zu dem sie aufgrund der Richtlinien gemäß Artikel 59 Absatz 1 verpflichtet sind, hinauszugehen, falls ihre wirtschaftliche Gesamtlage und die Lage des betreffenden Wirtschaftszweigs dies zulassen.

[2] Die Kommission richtet entsprechende Empfehlungen an die betreffenden Staaten.

Art. 61 [Übergangsregelung] Solange die Beschränkungen des freien Dienstleistungsverkehrs nicht aufgehoben sind, wendet sie jeder Mitgliedstaat ohne Unterscheidung nach Staatsangehörigkeit oder Aufenthaltsort auf alle in Artikel 56 Absatz 1 bezeichneten Erbringer von Dienstleistungen an.

Art. 62 [Entsprechende Anwendung von Vorschriften des Niederlassungsrechts] Die Bestimmungen der Artikel 51 bis 54 finden auf das in diesem Kapitel geregelte Sachgebiet Anwendung.

Kapitel 4. Der Kapital- und Zahlungsverkehr

Art. 63 [Freier Kapital- und Zahlungsverkehr] (1) Im Rahmen der Bestimmungen dieses Kapitels sind alle Beschränkungen des Kapitalverkehrs zwischen den Mitgliedstaaten sowie zwischen den Mitgliedstaaten und dritten Ländern verboten.

(2) Im Rahmen der Bestimmungen dieses Kapitels sind alle Beschränkungen des Zahlungsverkehrs zwischen den Mitgliedstaaten sowie zwischen den Mitgliedstaaten und dritten Ländern verboten.

Art. 64[1)] [Ausnahmen im Kapitalverkehr mit Drittstaaten] (1) [1] Artikel 63 berührt nicht die Anwendung derjenigen Beschränkungen auf dritte Länder, die am 31. Dezember 1993 aufgrund einzelstaatlicher Rechtsvorschriften oder aufgrund von Rechtsvorschriften der Union für den Kapitalverkehr mit dritten Ländern im Zusammenhang mit Direktinvestitionen einschließlich Anlagen in Immobilien, mit der Niederlassung, der Erbringung von Finanzdienstleistungen oder der Zulassung von Wertpapieren zu den Kapitalmärkten bestehen. [2] Für in Bulgarien, Estland und Ungarn bestehende Beschränkungen nach innerstaatlichem Recht ist der maßgebliche Zeitpunkt der 31. Dezember 1999. [3] Für in Kroatien nach innerstaatlichem Recht bestehende Beschränkungen ist der maßgebliche Zeitpunkt der 31. Dezember 2002.

(2) Unbeschadet der anderen Kapitel der Verträge sowie ihrer Bemühungen um eine möglichst weit gehende Verwirklichung des Zieles eines freien Kapitalverkehrs zwischen den Mitgliedstaaten und dritten Ländern beschließen das Europäische Parlament und der Rat gemäß dem ordentlichen Gesetzgebungsverfahren Maßnahmen für den Kapitalverkehr mit dritten Ländern im Zusammenhang mit *Direktin*vesti*t*ionen einschließlich Anlagen in Immobilien, mit der Niederlassung, der Erbringung von Finanzdienstleistungen oder der Zulassung von Wertpapieren zu den Kapitalmärkten.

(3) Abweichend von Absatz 2 kann nur der Rat gemäß einem besonderen Gesetzgebungsverfahren und nach Anhörung des Europäischen Parlaments Maßnahmen einstimmig beschließen, die im Rahmen des Unionsrechts für die Liberalisierung des Kapitalverkehrs mit Drittländern einen Rückschritt darstellen.

---

1) Art. 64 Abs. 1 Satz 3 angef. mWv 1.7.2013 durch Akte v. 9.12.2011 (ABl. 2012 L 112 S. 21).

Art. 65 [Nationale Beschränkungen] (1) Artikel 63 berührt nicht das Recht der Mitgliedstaaten,

a) die einschlägigen Vorschriften ihres Steuerrechts anzuwenden, die Steuerpflichtige mit unterschiedlichem Wohnort oder Kapitalanlageort unterschiedlich behandeln,

b) die unerlässlichen Maßnahmen zu treffen, um Zuwiderhandlungen gegen innerstaatliche Rechts- und Verwaltungsvorschriften, insbesondere auf dem Gebiet des Steuerrechts und der Aufsicht über Finanzinstitute, zu verhindern, sowie Meldeverfahren für den Kapitalverkehr zwecks administrativer oder statistischer Information vorzusehen oder Maßnahmen zu ergreifen, die aus Gründen der öffentlichen Ordnung oder Sicherheit gerechtfertigt sind.

(2) Dieses Kapitel berührt nicht die Anwendbarkeit von Beschränkungen des Niederlassungsrechts, die mit den Verträgen vereinbar sind.

(3) Die in den Absätzen 1 und 2 genannten Maßnahmen und Verfahren dürfen weder ein Mittel zur willkürlichen Diskriminierung noch eine verschleierte Beschränkung des freien Kapital- und Zahlungsverkehrs im Sinne des Artikels 63 darstellen.

(4) [1] Sind keine Maßnahmen nach Artikel 64 Absatz 3 erlassen worden, so kann die Kommission oder, wenn diese binnen drei Monaten nach der Vorlage eines entsprechenden Antrags des betreffenden Mitgliedstaats keinen Beschluss erlassen hat, der Rat einen Beschluss erlassen, mit dem festgelegt wird, dass die von einem Mitgliedstaat in Bezug auf ein oder mehrere Drittländer getroffenen restriktiven steuerlichen Maßnahmen insofern als mit den Verträgen vereinbar anzusehen sind, als sie durch eines der Ziele der Union gerechtfertigt und mit dem ordnungsgemäßen Funktionieren des Binnenmarkts vereinbar sind. [2] Der Rat beschließt einstimmig auf Antrag eines Mitgliedstaats.

Art. 66 [Kurzfristige Schutzmaßnahmen] Falls Kapitalbewegungen nach oder aus dritten Ländern unter außergewöhnlichen Umständen das Funktionieren der Wirtschafts- und Währungsunion schwerwiegend stören oder zu stören drohen, kann der Rat auf Vorschlag der Kommission und nach Anhörung der Europäischen Zentralbank gegenüber dritten Ländern Schutzmaßnahmen mit einer Geltungsdauer von höchstens sechs Monaten treffen, wenn diese unbedingt erforderlich sind.

Titel V. Der Raum der Freiheit, der Sicherheit und des Rechts

Kapitel 1. Allgemeine Bestimmungen

Art. 67 [Grundsätze] (1) Die Union bildet einen Raum der Freiheit, der Sicherheit und des Rechts, in dem die Grundrechte und die verschiedenen Rechtsordnungen und -traditionen der Mitgliedstaaten geachtet werden.

(2) [1] Sie stellt sicher, dass Personen an den Binnengrenzen nicht kontrolliert werden, und entwickelt eine gemeinsame Politik in den Bereichen Asyl, Einwanderung und Kontrollen an den Außengrenzen, die sich auf die Solidarität der Mitgliedstaaten gründet und gegenüber Drittstaatsangehörigen angemessen ist. [2] Für die Zwecke dieses Titels werden Staatenlose den Drittstaatsangehörigen gleichgestellt.

(3) Die Union wirkt darauf hin, durch Maßnahmen zur Verhütung und Bekämpfung von Kriminalität sowie von Rassismus und Fremdenfeindlichkeit, zur Koordinierung und Zusammenarbeit von Polizeibehörden und Organen der Straf-

rechtspflege und den anderen zuständigen Behörden sowie durch die gegenseitige Anerkennung strafrechtlicher Entscheidungen und erforderlichenfalls durch die Angleichung der strafrechtlichen Rechtsvorschriften ein hohes Maß an Sicherheit zu gewährleisten.

(4) Die Union erleichtert den Zugang zum Recht, insbesondere durch den Grundsatz der gegenseitigen Anerkennung gerichtlicher und außergerichtlicher Entscheidungen in Zivilsachen.

Art. 68 [Strategische Leitlinien] Der Europäische Rat legt die strategischen Leitlinien für die gesetzgeberische und operative Programmplanung im Raum der Freiheit, der Sicherheit und des Rechts fest.

Art. 69 [Achtung des Subsidiaritätsprinzips] Die nationalen Parlamente tragen bei Gesetzgebungsvorschlägen und -initiativen, die im Rahmen der Kapitel 4 und 5 vorgelegt werden, Sorge für die Achtung des Subsidiaritätsprinzips nach Maßgabe des Protokolls über die Anwendung der Grundsätze der Subsidiarität und der Verhältnismäßigkeit.

Art. 70 [Kontrollsystem für nationale Durchführungsmaßnahmen] [1] Unbeschadet der Artikel 258, 259 und 260 kann der Rat auf Vorschlag der Kommission Maßnahmen erlassen, mit denen Einzelheiten festgelegt werden, nach denen die Mitgliedstaaten in Zusammenarbeit mit der Kommission eine objektive und unparteiische Bewertung der Durchführung der unter diesen Titel fallenden Unionspolitik durch die Behörden der Mitgliedstaaten vornehmen, insbesondere um die umfassende Anwendung des Grundsatzes der gegenseitigen Anerkennung zu fördern. [2] Das Europäische Parlament und die nationalen Parlamente werden vom Inhalt und den Ergebnissen dieser Bewertung unterrichtet.

Art. 71 [Ständiger Ausschuss „Innere Sicherheit"] [1] Im Rat wird ein ständiger Ausschuss eingesetzt, um sicherzustellen, dass innerhalb der Union die operative Zusammenarbeit im Bereich der inneren Sicherheit gefördert und verstärkt wird. [2] Er fördert unbeschadet des Artikels 240 die Koordinierung der Maßnahmen der zuständigen Behörden der Mitgliedstaaten. [3] Die Vertreter der betroffenen Einrichtungen und sonstigen Stellen der Union können an den Arbeiten des Ausschusses beteiligt werden. [4] Das Europäische Parlament und die nationalen Parlamente werden über die Arbeiten des Ausschusses auf dem Laufenden gehalten.

Art. 72 [Nationale Zuständigkeiten] Dieser Titel berührt nicht die Wahrnehmung der Zuständigkeiten der Mitgliedstaaten für die Aufrechterhaltung der öffentlichen Ordnung und den Schutz der inneren Sicherheit.

Art. 73 [Zusammenarbeit der Mitgliedstaaten] Es steht den Mitgliedstaaten frei, untereinander und in eigener Verantwortung Formen der Zusammenarbeit und Koordinierung zwischen den zuständigen Dienststellen ihrer für den Schutz der nationalen Sicherheit verantwortlichen Verwaltungen einzurichten, die sie für geeignet halten.

Art. 74 [Maßnahmen zur Verwaltungszusammenarbeit] [1] Der Rat erlässt Maßnahmen, um die Verwaltungszusammenarbeit zwischen den zuständigen Dienststellen der Mitgliedstaaten in den Bereichen dieses Titels sowie die Zusammenarbeit zwischen diesen Dienststellen und der Kommission zu gewährleisten.

[2] Dabei beschließt er auf Vorschlag der Kommission vorbehaltlich des Artikels 76 und nach Anhörung des Europäischen Parlaments.

Art. 75 [Maßnahmen gegen Terrorismusfinanzierung] *[1]* Sofern dies notwendig ist, um die Ziele des Artikels 67 in Bezug auf die Verhütung und Bekämpfung von Terrorismus und damit verbundener Aktivitäten zu verwirklichen, schaffen das Europäische Parlament und der Rat gemäß dem ordentlichen Gesetzgebungsverfahren durch Verordnungen einen Rahmen für Verwaltungsmaßnahmen in Bezug auf Kapitalbewegungen und Zahlungen, wozu das Einfrieren von Geldern, finanziellen Vermögenswerten oder wirtschaftlichen Erträgen gehören kann, deren Eigentümer oder Besitzer natürliche oder juristische Personen, Gruppierungen oder nichtstaatliche Einheiten sind.

[2] Der Rat erlässt auf Vorschlag der Kommission Maßnahmen zur Umsetzung des in Absatz 1 genannten Rahmens.

[3] In den Rechtsakten nach diesem Artikel müssen die erforderlichen Bestimmungen über den Rechtsschutz vorgesehen sein.

Art. 76 [Initiativrecht] Die in den Kapiteln 4 und 5 genannten Rechtsakte sowie die in Artikel 74 genannten Maßnahmen, mit denen die Verwaltungszusammenarbeit in den Bereichen der genannten Kapitel gewährleistet wird, werden wie folgt erlassen:

a) auf Vorschlag der Kommission oder
b) auf Initiative eines Viertels der Mitgliedstaaten.

Kapitel 2. Politik im Bereich Grenzkontrollen, Asyl und Einwanderung

Art. 77 [Grenzschutzpolitik] (1) Die Union entwickelt eine Politik, mit der

a) sichergestellt werden soll, dass Personen unabhängig von ihrer Staatsangehörigkeit beim Überschreiten der Binnengrenzen nicht kontrolliert werden;
b) die Personenkontrolle und die wirksame Überwachung des Grenzübertritts an den Außengrenzen sichergestellt werden soll;
c) schrittweise ein integriertes Grenzschutzsystem an den Außengrenzen eingeführt werden soll.

(2) Für die Zwecke des Absatzes 1 erlassen das Europäische Parlament und der Rat gemäß dem ordentlichen Gesetzgebungsverfahren Maßnahmen, die folgende Bereiche betreffen:

a) die gemeinsame Politik in Bezug auf Visa und andere kurzfristige Aufenthaltstitel;
b) die Kontrollen, denen Personen beim Überschreiten der Außengrenzen unterzogen werden;
c) die Voraussetzungen, unter denen sich Drittstaatsangehörige innerhalb der Union während eines kurzen Zeitraums frei bewegen können;
d) alle Maßnahmen, die für die schrittweise Einführung eines integrierten Grenzschutzsystems an den Außengrenzen erforderlich sind;
e) die Abschaffung der Kontrolle von Personen gleich welcher Staatsangehörigkeit beim Überschreiten der Binnengrenzen.

(3) [1] *Erscheint zur Erleichterung der Ausübung des in Artikel 20 Absatz 2 Buch-*stabe a genannten Rechts ein Tätigwerden der Union erforderlich, so kann der Rat gemäß einem besonderen Gesetzgebungsverfahren Bestimmungen betreffend Pässe, Personalausweise, Aufenthaltstitel oder diesen gleichgestellte Dokumente

erlassen, sofern die Verträge hierfür anderweitig keine Befugnisse vorsehen. [2]Der Rat beschließt einstimmig nach Anhörung des Europäischen Parlaments.

(4) Dieser Artikel berührt nicht die Zuständigkeit der Mitgliedstaaten für die geografische Festlegung ihrer Grenzen nach dem Völkerrecht.

Art. 78 [Asylpolitik] (1) [1]Die Union entwickelt eine gemeinsame Politik im Bereich Asyl, subsidiärer Schutz und vorübergehender Schutz, mit der jedem Drittstaatsangehörigen, der internationalen Schutz benötigt, ein angemessener Status angeboten und die Einhaltung des Grundsatzes der Nicht-Zurückweisung gewährleistet werden soll. [2]Diese Politik muss mit dem Genfer Abkommen[1)] vom 28. Juli 1951 und dem Protokoll vom 31. Januar 1967 über die Rechtsstellung der Flüchtlinge sowie den anderen einschlägigen Verträgen im Einklang stehen.

(2) Für die Zwecke des Absatzes 1 erlassen das Europäische Parlament und der Rat gemäß dem ordentlichen Gesetzgebungsverfahren Maßnahmen in Bezug auf ein gemeinsames europäisches Asylsystem, das Folgendes umfasst:

a) einen in der ganzen Union gültigen einheitlichen Asylstatus für Drittstaatsangehörige;
b) einen einheitlichen subsidiären Schutzstatus für Drittstaatsangehörige, die keinen europäischen Asylstatus erhalten, aber internationalen Schutz benötigen;
c) eine gemeinsame Regelung für den vorübergehenden Schutz von Vertriebenen im Falle eines Massenzustroms;
d) gemeinsame Verfahren für die Gewährung und den Entzug des einheitlichen Asylstatus beziehungsweise des subsidiären Schutzstatus;
e) Kriterien und Verfahren zur Bestimmung des Mitgliedstaats, der für die Prüfung eines Antrags auf Asyl oder subsidiären Schutz zuständig ist;
f) Normen über die Aufnahmebedingungen von Personen, die Asyl oder subsidiären Schutz beantragen;
g) Partnerschaft und Zusammenarbeit mit Drittländern zur Steuerung des Zustroms von Personen, die Asyl oder subsidiären beziehungsweise vorübergehenden Schutz beantragen.

(3) [1]Befinden sich ein oder mehrere Mitgliedstaaten aufgrund eines plötzlichen Zustroms von Drittstaatsangehörigen in einer Notlage, so kann der Rat auf Vorschlag der Kommission vorläufige Maßnahmen zugunsten der betreffenden Mitgliedstaaten erlassen. [2]Er beschließt nach Anhörung des Europäischen Parlaments.

Art. 79 [Einwanderungspolitik] (1) Die Union entwickelt eine gemeinsame Einwanderungspolitik, die in allen Phasen eine wirksame Steuerung der Migrationsströme, eine angemessene Behandlung von Drittstaatsangehörigen, die sich rechtmäßig in einem Mitgliedstaat aufhalten, sowie die Verhütung und verstärkte Bekämpfung von illegaler Einwanderung und Menschenhandel gewährleisten soll.

(2) Für die Zwecke des Absatzes 1 erlassen das Europäische Parlament und der Rat gemäß dem ordentlichen Gesetzgebungsverfahren Maßnahmen in folgenden Bereichen:

a) Einreise- und Aufenthaltsvoraussetzungen sowie Normen für die Erteilung von Visa und Aufenthaltstiteln für einen langfristigen Aufenthalt, einschließlich solcher zur Familienzusammenführung, durch die Mitgliedstaaten;

[1)] Nr. **568**.

b) Festlegung der Rechte von Drittstaatsangehörigen, die sich rechtmäßig in einem Mitgliedstaat aufhalten, einschließlich der Bedingungen, unter denen sie sich in den anderen Mitgliedstaaten frei bewegen und aufhalten dürfen;

c) illegale Einwanderung und illegaler Aufenthalt, einschließlich Abschiebung und Rückführung solcher Personen, die sich illegal in einem Mitgliedstaat aufhalten;

d) Bekämpfung des Menschenhandels, insbesondere des Handels mit Frauen und Kindern.

(3) Die Union kann mit Drittländern Übereinkünfte über eine Rückübernahme von Drittstaatsangehörigen in ihr Ursprungs- oder Herkunftsland schließen, die die Voraussetzungen für die Einreise in das Hoheitsgebiet eines der Mitgliedstaaten oder die Anwesenheit oder den Aufenthalt in diesem Gebiet nicht oder nicht mehr erfüllen.

(4) Das Europäische Parlament und der Rat können gemäß dem ordentlichen Gesetzgebungsverfahren unter Ausschluss jeglicher Harmonisierung der Rechtsvorschriften der Mitgliedstaaten Maßnahmen festlegen, mit denen die Bemühungen der Mitgliedstaaten um die Integration der sich rechtmäßig in ihrem Hoheitsgebiet aufhaltenden Drittstaatsangehörigen gefördert und unterstützt werden.

(5) Dieser Artikel berührt nicht das Recht der Mitgliedstaaten, festzulegen, wie viele Drittstaatsangehörige aus Drittländern in ihr Hoheitsgebiet einreisen dürfen, um dort als Arbeitnehmer oder Selbstständige Arbeit zu suchen.

Art. 80 [Grundsatz der Solidarität] [1] Für die unter dieses Kapitel fallende Politik der Union und ihre Umsetzung gilt der Grundsatz der Solidarität und der gerechten Aufteilung der Verantwortlichkeiten unter den Mitgliedstaaten, einschließlich in finanzieller Hinsicht. [2] Die aufgrund dieses Kapitels erlassenen Rechtsakte der Union enthalten, immer wenn dies erforderlich ist, entsprechende Maßnahmen für die Anwendung dieses Grundsatzes.

Kapitel 3. Justizielle Zusammenarbeit in Zivilsachen

Art. 81 [Justizielle Zusammenarbeit in Zivilsachen] (1) [1] Die Union entwickelt eine justizielle Zusammenarbeit in Zivilsachen mit grenzüberschreitendem Bezug, die auf dem Grundsatz der gegenseitigen Anerkennung gerichtlicher und außergerichtlicher Entscheidungen beruht. [2] Diese Zusammenarbeit kann den Erlass von Maßnahmen zur Angleichung der Rechtsvorschriften der Mitgliedstaaten umfassen.

(2) Für die Zwecke des Absatzes 1 erlassen das Europäische Parlament und der Rat, insbesondere wenn dies für das reibungslose Funktionieren des Binnenmarkts erforderlich ist, gemäß dem ordentlichen Gesetzgebungsverfahren Maßnahmen, die Folgendes sicherstellen sollen:

a) die gegenseitige Anerkennung und die Vollstreckung gerichtlicher und außergerichtlicher Entscheidungen zwischen den Mitgliedstaaten;

b) die grenzüberschreitende Zustellung gerichtlicher und außergerichtlicher Schriftstücke;

c) die Vereinbarkeit der in den Mitgliedstaaten geltenden Kollisionsnormen und Vorschriften zur Vermeidung von Kompetenzkonflikten;

d) die Zusammenarbeit bei der Erhebung von Beweismitteln;

e) einen effektiven Zugang zum Recht;

f) die Beseitigung von Hindernissen für die reibungslose Abwicklung von Zivilverfahren, erforderlichenfalls durch Förderung der Vereinbarkeit der in den Mitgliedstaaten geltenden zivilrechtlichen Verfahrensvorschriften;

g) die Entwicklung von alternativen Methoden für die Beilegung von Streitigkeiten;

h) die Förderung der Weiterbildung von Richtern und Justizbediensteten.

(3) *[1]* [1]Abweichend von Absatz 2 werden Maßnahmen zum Familienrecht mit grenzüberschreitendem Bezug vom Rat gemäß einem besonderen Gesetzgebungsverfahren festgelegt. [2]Dieser beschließt einstimmig nach Anhörung des Europäischen Parlaments.

[2] [1]Der Rat kann auf Vorschlag der Kommission einen Beschluss erlassen, durch den die Aspekte des Familienrechts mit grenzüberschreitendem Bezug bestimmt werden, die Gegenstand von Rechtsakten sein können, die gemäß dem ordentlichen Gesetzgebungsverfahren erlassen werden. [2]Der Rat beschließt einstimmig nach Anhörung des Europäischen Parlaments.

[3] [1]Der in Unterabsatz 2 genannte Vorschlag wird den nationalen Parlamenten übermittelt. [2]Wird dieser Vorschlag innerhalb von sechs Monaten nach der Übermittlung von einem nationalen Parlament abgelehnt, so wird der Beschluss nicht erlassen. [3]Wird der Vorschlag nicht abgelehnt, so kann der Rat den Beschluss erlassen.

Kapitel 4. Justizielle Zusammenarbeit in Strafsachen

Art. 82 [Grundsatz der gegenseitigen Anerkennung; Mindestvorschriften] (1) *[1]* Die justizielle Zusammenarbeit in Strafsachen in der Union beruht auf dem Grundsatz der gegenseitigen Anerkennung gerichtlicher Urteile und Entscheidungen und umfasst die Angleichung der Rechtsvorschriften der Mitgliedstaaten in den in Absatz 2 und in Artikel 83 genannten Bereichen.

[2] Das Europäische Parlament und der Rat erlassen gemäß dem ordentlichen Gesetzgebungsverfahren Maßnahmen, um

a) Regeln und Verfahren festzulegen, mit denen die Anerkennung aller Arten von Urteilen und gerichtlichen Entscheidungen in der gesamten Union sichergestellt wird;

b) Kompetenzkonflikte zwischen den Mitgliedstaaten zu verhindern und beizulegen;

c) die Weiterbildung von Richtern und Staatsanwälten sowie Justizbediensteten zu fördern;

d) die Zusammenarbeit zwischen den Justizbehörden oder entsprechenden Behörden der Mitgliedstaaten im Rahmen der Strafverfolgung sowie des Vollzugs und der Vollstreckung von Entscheidungen zu erleichtern.

(2) *[1]* [1]Soweit dies zur Erleichterung der gegenseitigen Anerkennung gerichtlicher Urteile und Entscheidungen und der polizeilichen und justiziellen Zusammenarbeit in Strafsachen mit grenzüberschreitender Dimension erforderlich ist, können das Europäische Parlament und der Rat gemäß dem ordentlichen Gesetzgebungsverfahren durch Richtlinien Mindestvorschriften festlegen. [2]Bei diesen Mindestvorschriften werden die Unterschiede zwischen den Rechtsordnungen und -traditionen der Mitgliedstaaten berücksichtigt.

[2] Die Vorschriften betreffen Folgendes:

a) die Zulässigkeit von Beweismitteln auf gegenseitiger Basis zwischen den Mitgliedstaaten;

b) die Rechte des Einzelnen im Strafverfahren;

c) die Rechte der Opfer von Straftaten;

d) sonstige spezifische Aspekte des Strafverfahrens, die zuvor vom Rat durch Beschluss bestimmt worden sind; dieser Beschluss wird vom Rat einstimmig nach Zustimmung des Europäischen Parlaments erlassen.

[3] Der Erlass von Mindestvorschriften nach diesem Absatz hindert die Mitgliedstaaten nicht daran, ein höheres Schutzniveau für den Einzelnen beizubehalten oder einzuführen.

(3) *[1]* [1] Ist ein Mitglied des Rates der Auffassung, dass ein Entwurf einer Richtlinie nach Absatz 2 grundlegende Aspekte seiner Strafrechtsordnung berühren würde, so kann es beantragen, dass der Europäische Rat befasst wird. [2] In diesem Fall wird das ordentliche Gesetzgebungsverfahren ausgesetzt. [3] Nach einer Aussprache verweist der Europäische Rat im Falle eines Einvernehmens den Entwurf binnen vier Monaten nach Aussetzung des Verfahrens an den Rat zurück, wodurch die Aussetzung des ordentlichen Gesetzgebungsverfahrens beendet wird.

[2] [1] Sofern kein Einvernehmen erzielt wird, mindestens neun Mitgliedstaaten aber eine Verstärkte Zusammenarbeit auf der Grundlage des betreffenden Entwurfs einer Richtlinie begründen möchten, teilen diese Mitgliedstaaten dies binnen derselben Frist dem Europäischen Parlament, dem Rat und der Kommission mit. [2] In diesem Fall gilt die Ermächtigung zu einer Verstärkten Zusammenarbeit nach Artikel 20 Absatz 2 des Vertrags über die Europäische Union[1)] und Artikel 329 Absatz 1 dieses Vertrags als erteilt, und die Bestimmungen über die Verstärkte Zusammenarbeit finden Anwendung.

Art. 83 [Straftaten mit grenzüberschreitender Dimension] (1) *[1]* Das Europäische Parlament und der Rat können gemäß dem ordentlichen Gesetzgebungsverfahren durch Richtlinien Mindestvorschriften zur Festlegung von Straftaten und Strafen in Bereichen besonders schwerer Kriminalität festlegen, die aufgrund der Art oder der Auswirkungen der Straftaten oder aufgrund einer besonderen Notwendigkeit, sie auf einer gemeinsamen Grundlage zu bekämpfen, eine grenzüberschreitende Dimension haben.

[2] Derartige Kriminalitätsbereiche sind: Terrorismus, Menschenhandel und sexuelle Ausbeutung von Frauen und Kindern, illegaler Drogenhandel, illegaler Waffenhandel, Geldwäsche, Korruption, Fälschung von Zahlungsmitteln, Computerkriminalität und organisierte Kriminalität.

[3] [1] Je nach Entwicklung der Kriminalität kann der Rat einen Beschluss erlassen, in dem andere Kriminalitätsbereiche bestimmt werden, die die Kriterien dieses Absatzes erfüllen. [2] Er beschließt einstimmig nach Zustimmung des Europäischen Parlaments.

(2) [1] Erweist sich die Angleichung der strafrechtlichen Rechtsvorschriften der Mitgliedstaaten als unerlässlich für die wirksame Durchführung der Politik der Union auf einem Gebiet, auf dem Harmonisierungsmaßnahmen erfolgt sind, so können durch Richtlinien Mindestvorschriften für die Festlegung von Straftaten *und Strafen* auf dem betreffenden Gebiet festgelegt werden. [2] Diese Richtlinien werden unbeschadet des Artikels 76 gemäß dem gleichen ordentlichen oder be-

---

[1)] Nr. **1000**.

sonderen Gesetzgebungsverfahren wie die betreffenden Harmonisierungsmaßnahmen erlassen.

(3) *[1]* [1] Ist ein Mitglied des Rates der Auffassung, dass der Entwurf einer Richtlinie nach den Absätzen 1 oder 2 grundlegende Aspekte seiner Strafrechtsordnung berühren würde, so kann es beantragen, dass der Europäische Rat befasst wird. [2] In diesem Fall wird das ordentliche Gesetzgebungsverfahren ausgesetzt. [3] Nach einer Aussprache verweist der Europäische Rat im Falle eines Einvernehmens den Entwurf binnen vier Monaten nach Aussetzung des Verfahrens an den Rat zurück, wodurch die Aussetzung des ordentlichen Gesetzgebungsverfahrens beendet wird.

[2] [1] Sofern kein Einvernehmen erzielt wird, mindestens neun Mitgliedstaaten aber eine Verstärkte Zusammenarbeit auf der Grundlage des betreffenden Entwurfs einer Richtlinie begründen möchten, teilen diese Mitgliedstaaten dies binnen derselben Frist dem Europäischen Parlament, dem Rat und der Kommission mit. [2] In diesem Fall gilt die Ermächtigung zu einer Verstärkten Zusammenarbeit nach Artikel 20 Absatz 2 des Vertrags über die Europäische Union[1)] und Artikel 329 Absatz 1 dieses Vertrags als erteilt, und die Bestimmungen über die Verstärkte Zusammenarbeit finden Anwendung.

Art. 84 [Kriminalprävention] Das Europäische Parlament und der Rat können gemäß dem ordentlichen Gesetzgebungsverfahren unter Ausschluss jeglicher Harmonisierung der Rechtsvorschriften der Mitgliedstaaten Maßnahmen festlegen, um das Vorgehen der Mitgliedstaaten im Bereich der Kriminalprävention zu fördern und zu unterstützen.

Art. 85 [Eurojust] (1) *[1]* Eurojust hat den Auftrag, die Koordinierung und Zusammenarbeit zwischen den nationalen Behörden zu unterstützen und zu verstärken, die für die Ermittlung und Verfolgung von schwerer Kriminalität zuständig sind, wenn zwei oder mehr Mitgliedstaaten betroffen sind oder eine Verfolgung auf gemeinsamer Grundlage erforderlich ist; Eurojust stützt sich dabei auf die von den Behörden der Mitgliedstaaten und von Europol durchgeführten Operationen und gelieferten Informationen.

[2] [1] Zu diesem Zweck legen das Europäische Parlament und der Rat gemäß dem ordentlichen Gesetzgebungsverfahren durch Verordnungen den Aufbau, die Arbeitsweise, den Tätigkeitsbereich und die Aufgaben von Eurojust fest. [2] Zu diesen Aufgaben kann Folgendes gehören:

a) Einleitung von strafrechtlichen Ermittlungsmaßnahmen sowie Vorschläge zur Einleitung von strafrechtlichen Verfolgungsmaßnahmen, die von den zuständigen nationalen Behörden durchgeführt werden, insbesondere bei Straftaten zum Nachteil der finanziellen Interessen der Union;
b) Koordinierung der unter Buchstabe a genannten Ermittlungs- und Verfolgungsmaßnahmen;
c) Verstärkung der justiziellen Zusammenarbeit, unter anderem auch durch die Beilegung von Kompetenzkonflikten und eine enge Zusammenarbeit mit dem Europäischen Justiziellen Netz.

[3] Durch diese Verordnungen werden ferner die Einzelheiten für die Beteiligung des Europäischen Parlaments und der nationalen Parlamente an der Bewertung der Tätigkeit von Eurojust festgelegt.

---

1) Nr. **1000**.

(2) Im Rahmen der Strafverfolgungsmaßnahmen nach Absatz 1 werden die förmlichen Prozesshandlungen unbeschadet des Artikels 86 durch die zuständigen einzelstaatlichen Bediensteten vorgenommen.

Art. 86 [Europäische Staatsanwaltschaft] (1) *[1]* [1] Zur Bekämpfung von Straftaten zum Nachteil der finanziellen Interessen der Union kann der Rat gemäß einem besonderen Gesetzgebungsverfahren durch Verordnungen ausgehend von Eurojust eine Europäische Staatsanwaltschaft einsetzen. [2] Der Rat beschließt einstimmig nach Zustimmung des Europäischen Parlaments.

[2] [1] Sofern keine Einstimmigkeit besteht, kann eine Gruppe von mindestens neun Mitgliedstaaten beantragen, dass der Europäische Rat mit dem Entwurf einer Verordnung befasst wird. [2] In diesem Fall wird das Verfahren im Rat ausgesetzt. [3] Nach einer Aussprache verweist der Europäische Rat im Falle eines Einvernehmens den Entwurf binnen vier Monaten nach Aussetzung des Verfahrens an den Rat zur Annahme zurück.

[3] [1] Sofern kein Einvernehmen erzielt wird, mindestens neun Mitgliedstaaten aber eine Verstärkte Zusammenarbeit auf der Grundlage des betreffenden Entwurfs einer Verordnung begründen möchten, teilen diese Mitgliedstaaten dies binnen derselben Frist dem Europäischen Parlament, dem Rat und der Kommission mit. [2] In diesem Fall gilt die Ermächtigung zu einer Verstärkten Zusammenarbeit nach Artikel 20 Absatz 2 des Vertrags über die Europäische Union[1)] und Artikel 329 Absatz 1 dieses Vertrags als erteilt, und die Bestimmungen über die Verstärkte Zusammenarbeit finden Anwendung.

(2) [1] Die Europäische Staatsanwaltschaft ist, gegebenenfalls in Verbindung mit Europol, zuständig für die strafrechtliche Untersuchung und Verfolgung sowie die Anklageerhebung in Bezug auf Personen, die als Täter oder Teilnehmer Straftaten zum Nachteil der finanziellen Interessen der Union begangen haben, die in der Verordnung nach Absatz 1 festgelegt sind. [2] Die Europäische Staatsanwaltschaft nimmt bei diesen Straftaten vor den zuständigen Gerichten der Mitgliedstaaten die Aufgaben der Staatsanwaltschaft wahr.

(3) Die in Absatz 1 genannte Verordnung legt die Satzung der Europäischen Staatsanwaltschaft, die Einzelheiten für die Erfüllung ihrer Aufgaben, die für ihre Tätigkeit geltenden Verfahrensvorschriften sowie die Regeln für die Zulässigkeit von Beweismitteln und für die gerichtliche Kontrolle der von der Europäischen Staatsanwaltschaft bei der Erfüllung ihrer Aufgaben vorgenommenen Prozesshandlungen fest.

(4) [1] Der Europäische Rat kann gleichzeitig mit der Annahme der Verordnung oder im Anschluss daran einen Beschluss zur Änderung des Absatzes 1 mit dem Ziel einer Ausdehnung der Befugnisse der Europäischen Staatsanwaltschaft auf die Bekämpfung der schweren Kriminalität mit grenzüberschreitender Dimension und zur entsprechenden Änderung des Absatzes 2 hinsichtlich Personen, die als Täter oder Teilnehmer schwere, mehr als einen Mitgliedstaat betreffende Straftaten begangen haben, erlassen. [2] Der Europäische Rat beschließt einstimmig nach Zustimmung des Europäischen Parlaments und nach Anhörung der Kommission.

Kapitel 5. Polizeiliche Zusammenarbeit

Art. 87 *[Polizeiliche Zusammenarbeit]* (1) Die Union entwickelt eine polizeiliche Zusammenarbeit zwischen allen zuständigen Behörden der Mitgliedstaa-

---

1) Nr. **1000**.

ten, einschließlich der Polizei, des Zolls und anderer auf die Verhütung oder die Aufdeckung von Straftaten sowie entsprechende Ermittlungen spezialisierter Strafverfolgungsbehörden.

(2) Für die Zwecke des Absatzes 1 können das Europäische Parlament und der Rat gemäß dem ordentlichen Gesetzgebungsverfahren Maßnahmen erlassen, die Folgendes betreffen:

a) Einholen, Speichern, Verarbeiten, Analysieren und Austauschen sachdienlicher Informationen;

b) Unterstützung bei der Aus- und Weiterbildung von Personal sowie Zusammenarbeit in Bezug auf den Austausch von Personal, die Ausrüstungsgegenstände und die kriminaltechnische Forschung;

c) gemeinsame Ermittlungstechniken zur Aufdeckung schwerwiegender Formen der organisierten Kriminalität.

(3) *[1]* 1 Der Rat kann gemäß einem besonderen Gesetzgebungsverfahren Maßnahmen erlassen, die die operative Zusammenarbeit zwischen den in diesem Artikel genannten Behörden betreffen. 2 Der Rat beschließt einstimmig nach Anhörung des Europäischen Parlaments.

[2] 1 Sofern keine Einstimmigkeit besteht, kann eine Gruppe von mindestens neun Mitgliedstaaten beantragen, dass der Europäische Rat mit dem Entwurf von Maßnahmen befasst wird. 2 In diesem Fall wird das Verfahren im Rat ausgesetzt. 3 Nach einer Aussprache verweist der Europäische Rat im Falle eines Einvernehmens den Entwurf binnen vier Monaten nach Aussetzung des Verfahrens an den Rat zur Annahme zurück.

[3] 1 Sofern kein Einvernehmen erzielt wird, mindestens neun Mitgliedstaaten aber eine Verstärkte Zusammenarbeit auf der Grundlage des betreffenden Entwurfs von Maßnahmen begründen möchten, teilen diese Mitgliedstaaten dies binnen derselben Frist dem Europäischen Parlament, dem Rat und der Kommission mit. 2 In diesem Fall gilt die Ermächtigung zu einer Verstärkten Zusammenarbeit nach Artikel 20 Absatz 2 des Vertrags über die Europäische Union[1)] und Artikel 329 Absatz 1 dieses Vertrags als erteilt, und die Bestimmungen über die Verstärkte Zusammenarbeit finden Anwendung.

[4] Das besondere Verfahren nach den Unterabsätzen 2 und 3 gilt nicht für Rechtsakte, die eine Weiterentwicklung des Schengen-Besitzstands darstellen.

Art. 88 [Europol] (1) Europol hat den Auftrag, die Tätigkeit der Polizeibehörden und der anderen Strafverfolgungsbehörden der Mitgliedstaaten sowie deren gegenseitige Zusammenarbeit bei der Verhütung und Bekämpfung der zwei oder mehr Mitgliedstaaten betreffenden schweren Kriminalität, des Terrorismus und der Kriminalitätsformen, die ein gemeinsames Interesse verletzen, das Gegenstand einer Politik der Union ist, zu unterstützen und zu verstärken.

(2) *[1]* 1 Das Europäische Parlament und der Rat legen gemäß dem ordentlichen Gesetzgebungsverfahren durch Verordnungen den Aufbau, die Arbeitsweise, den Tätigkeitsbereich und die Aufgaben von Europol fest. 2 Zu diesen Aufgaben kann Folgendes gehören:

a) Einholen, Speichern, Verarbeiten, Analysieren und Austauschen von Informationen, die insbesondere von den Behörden der Mitgliedstaaten oder Drittländern beziehungsweise Stellen außerhalb der Union übermittelt werden;

[1)] Nr. **1000**.

b) Koordinierung, Organisation und Durchführung von Ermittlungen und von operativen Maßnahmen, die gemeinsam mit den zuständigen Behörden der Mitgliedstaaten oder im Rahmen gemeinsamer Ermittlungsgruppen durchgeführt werden, gegebenenfalls in Verbindung mit Eurojust.

[2] Durch diese Verordnungen werden ferner die Einzelheiten für die Kontrolle der Tätigkeiten von Europol durch das Europäische Parlament festgelegt; an dieser Kontrolle werden die nationalen Parlamente beteiligt.

(3) [1] Europol darf operative Maßnahmen nur in Verbindung und in Absprache mit den Behörden des Mitgliedstaats oder der Mitgliedstaaten ergreifen, deren Hoheitsgebiet betroffen ist. [2] Die Anwendung von Zwangsmaßnahmen bleibt ausschließlich den zuständigen einzelstaatlichen Behörden vorbehalten.

Art. 89 [Grenzüberschreitende Behördentätigkeit] [1] Der Rat legt gemäß einem besonderen Gesetzgebungsverfahren fest, unter welchen Bedingungen und innerhalb welcher Grenzen die in den Artikeln 82 und 87 genannten zuständigen Behörden der Mitgliedstaaten im Hoheitsgebiet eines anderen Mitgliedstaats in Verbindung und in Absprache mit dessen Behörden tätig werden dürfen. [2] Der Rat beschließt einstimmig nach Anhörung des Europäischen Parlaments.

Titel VI. Der Verkehr

Art. 90 [Gemeinsame Verkehrspolitik] Auf dem in diesem Titel geregelten Sachgebiet werden die Ziele der Verträge im Rahmen einer gemeinsamen Verkehrspolitik verfolgt.

Art. 91 [Erlass von zweckdienlichen Maßnahmen] (1) Zur Durchführung des Artikels 90 werden das Europäische Parlament und der Rat unter Berücksichtigung der Besonderheiten des Verkehrs gemäß dem ordentlichen Gesetzgebungsverfahren und nach Anhörung des Wirtschafts- und Sozialausschusses sowie des Ausschusses der Regionen

a) für den internationalen Verkehr aus oder nach dem Hoheitsgebiet eines Mitgliedstaats oder für den Durchgangsverkehr durch das Hoheitsgebiet eines oder mehrerer Mitgliedstaaten gemeinsame Regeln aufstellen;
b) für die Zulassung von Verkehrsunternehmern zum Verkehr innerhalb eines Mitgliedstaats, in dem sie nicht ansässig sind, die Bedingungen festlegen;
c) Maßnahmen zur Verbesserung der Verkehrssicherheit erlassen;
d) alle sonstigen zweckdienlichen Vorschriften erlassen.

(2) Beim Erlass von Maßnahmen nach Absatz 1 wird den Fällen Rechnung getragen, in denen die Anwendung den Lebensstandard und die Beschäftigungslage in bestimmten Regionen sowie den Betrieb der Verkehrseinrichtungen ernstlich beeinträchtigen könnte.

Art. 92 [Stillhalteverpflichtung] Bis zum Erlass der in Artikel 91 Absatz 1 genannten Vorschriften darf ein Mitgliedstaat die verschiedenen, am 1. Januar 1958 oder, im Falle später beigetretener Staaten, zum Zeitpunkt ihres Beitritts auf diesem Gebiet geltenden Vorschriften in ihren unmittelbaren oder mittelbaren Auswirkungen auf die Verkehrsunternehmer anderer Mitgliedstaaten im Vergleich zu den inländischen Verkehrsunternehmern nicht ungünstiger gestalten, es sei denn, dass der Rat einstimmig eine Maßnahme billigt, die eine Ausnahmeregelung gewährt.

Art. 93 [Ausnahmen vom Beihilfeverbot] Mit den Verträgen vereinbar sind Beihilfen, die den Erfordernissen der Koordinierung des Verkehrs oder der Abgeltung bestimmter, mit dem Begriff des öffentlichen Dienstes zusammenhängender Leistungen entsprechen.

Art. 94 [Berücksichtigung der wirtschaftlichen Lage der Verkehrsunternehmer] Jede Maßnahme auf dem Gebiet der Beförderungsentgelte und -bedingungen, die im Rahmen der Verträge getroffen wird, hat der wirtschaftlichen Lage der Verkehrsunternehmer Rechnung zu tragen.

Art. 95 [Beseitigung von Diskriminierungen] (1) Im Verkehr innerhalb der Union sind Diskriminierungen verboten, die darin bestehen, dass ein Verkehrsunternehmer in denselben Verkehrsverbindungen für die gleichen Güter je nach ihrem Herkunfts- oder Bestimmungsland unterschiedliche Frachten und Beförderungsbedingungen anwendet.

(2) Absatz 1 schließt sonstige Maßnahmen nicht aus, die das Europäische Parlament und der Rat gemäß Artikel 91 Absatz 1 treffen können.

(3) *[1]* Der Rat trifft auf Vorschlag der Kommission und nach Anhörung des Europäischen Parlaments und des Wirtschafts- und Sozialausschusses eine Regelung zur Durchführung des Absatzes 1.

[2] Er kann insbesondere die erforderlichen Vorschriften erlassen, um es den Organen der Union zu ermöglichen, für die Beachtung des Absatzes 1 Sorge zu tragen, und um den Verkehrsnutzern die Vorteile dieser Bestimmung voll zukommen zu lassen.

(4) Die Kommission prüft von sich aus oder auf Antrag eines Mitgliedstaats die Diskriminierungsfälle des Absatzes 1 und erlässt nach Beratung mit jedem in Betracht kommenden Mitgliedstaat die erforderlichen Beschlüsse im Rahmen der gemäß Absatz 3 getroffenen Regelung.

Art. 96 [Verbot von Unterstützungsmaßnahmen, Ausnahmen] (1) Im Verkehr innerhalb der Union sind die von einem Mitgliedstaat auferlegten Frachten und Beförderungsbedingungen verboten, die in irgendeiner Weise der Unterstützung oder dem Schutz eines oder mehrerer bestimmter Unternehmen oder Industrien dienen, es sei denn, dass die Kommission die Genehmigung hierzu erteilt.

(2) *[1]* Die Kommission prüft von sich aus oder auf Antrag eines Mitgliedstaats die in Absatz 1 bezeichneten Frachten und Beförderungsbedingungen; hierbei berücksichtigt sie insbesondere sowohl die Erfordernisse einer angemessenen Standortpolitik, die Bedürfnisse der unterentwickelten Gebiete und die Probleme der durch politische Umstände schwer betroffenen Gebiete als auch die Auswirkungen dieser Frachten und Beförderungsbedingungen auf den Wettbewerb zwischen den Verkehrsarten.

[2] Die Kommission erlässt die erforderlichen Beschlüsse nach Beratung mit jedem in Betracht kommenden Mitgliedstaat.

(3) Das in Absatz 1 genannte Verbot trifft nicht die Wettbewerbstarife.

Art. 97 [Abgaben und Gebühren bei Grenzübergang] *[1]* Die Abgaben oder Gebühren, die ein Verkehrsunternehmer neben den Frachten beim Grenzübergang in Rechnung stellt, dürfen unter Berücksichtigung der hierdurch tatsächlich verursachten Kosten eine angemessene Höhe nicht übersteigen.

[2] Die Mitgliedstaaten werden bemüht sein, diese Kosten schrittweise zu verringern.

[3] Die Kommission kann zur Durchführung dieses Artikels Empfehlungen an die Mitgliedstaaten richten.

Art. 98 [Teilungsbedingte Ausnahmen für gewisse deutsche Gebiete]

[1] Die Bestimmungen dieses Titels stehen Maßnahmen in der Bundesrepublik Deutschland nicht entgegen, soweit sie erforderlich sind, um die wirtschaftlichen Nachteile auszugleichen, die der Wirtschaft bestimmter, von der Teilung Deutschlands betroffener Gebiete der Bundesrepublik aus dieser Teilung entstehen. [2] Der Rat kann fünf Jahre nach dem Inkrafttreten des Vertrags von Lissabon auf Vorschlag der Kommission einen Beschluss erlassen, mit dem dieser Artikel aufgehoben wird.

Art. 99 [Beratender Ausschuss] [1] Bei der Kommission wird ein beratender Ausschuss gebildet; er besteht aus Sachverständigen, die von den Regierungen der Mitgliedstaaten ernannt werden. [2] Die Kommission hört den Ausschuss je nach Bedarf in Verkehrsfragen an.

Art. 100 [Betroffene Verkehrsmittel] (1) Dieser Titel gilt für die Beförderungen im Eisenbahn-, Straßen- und Binnenschiffsverkehr.

(2) [1] Das Europäische Parlament und der Rat können gemäß dem ordentlichen Gesetzgebungsverfahren geeignete Vorschriften für die Seeschifffahrt und die Luftfahrt erlassen. [2] Sie beschließen nach Anhörung des Wirtschafts- und Sozialausschusses und des Ausschusses der Regionen.

Titel VII. Gemeinsame Regeln betreffend Wettbewerb, Steuerfragen und Angleichung der Rechtsvorschriften

Kapitel 1. Wettbewerbsregeln

Abschnitt 1. Vorschriften für Unternehmen

Art. 101 [Kartellverbot[1)]] (1) Mit dem Binnenmarkt unvereinbar und verboten sind alle Vereinbarungen zwischen Unternehmen, Beschlüsse von Unternehmensvereinigungen und aufeinander abgestimmte Verhaltensweisen, welche den Handel zwischen Mitgliedstaaten zu beeinträchtigen geeignet sind und eine Verhinderung, Einschränkung oder Verfälschung des Wettbewerbs innerhalb des Binnenmarkts bezwecken oder bewirken, insbesondere

a) die unmittelbare oder mittelbare Festsetzung der An- oder Verkaufspreise oder sonstiger Geschäftsbedingungen;
b) die Einschränkung oder Kontrolle der Erzeugung, des Absatzes, der technischen Entwicklung oder der Investitionen;
c) die Aufteilung der Märkte oder Versorgungsquellen;
d) die Anwendung unterschiedlicher Bedingungen bei gleichwertigen Leistungen gegenüber Handelspartnern, wodurch diese im Wettbewerb benachteiligt werden;
e) die an den Abschluss von Verträgen geknüpfte Bedingung, dass die Vertragspartner zusätzliche Leistungen annehmen, die weder sachlich noch nach Handelsbrauch in Beziehung zum Vertragsgegenstand stehen.

[1)] Siehe ua die Leitlinien zur Anwendung von Artikel 101 des Vertrags über die Arbeitsweise der Europäischen Union auf Technologietransfer-Vereinbarungen v. 28.3.2014 (ABl. C 89 S. 3).

(2) Die nach diesem Artikel verbotenen Vereinbarungen oder Beschlüsse sind nichtig.

(3) Die Bestimmungen des Absatzes 1 können für nicht anwendbar erklärt werden auf

– Vereinbarungen oder Gruppen von Vereinbarungen zwischen Unternehmen,
– Beschlüsse oder Gruppen von Beschlüssen von Unternehmensvereinigungen,
– aufeinander abgestimmte Verhaltensweisen oder Gruppen von solchen,

die unter angemessener Beteiligung der Verbraucher an dem entstehenden Gewinn zur Verbesserung der Warenerzeugung oder -verteilung oder zur Förderung des technischen oder wirtschaftlichen Fortschritts beitragen, ohne dass den beteiligten Unternehmen

a) Beschränkungen auferlegt werden, die für die Verwirklichung dieser Ziele nicht unerlässlich sind, oder
b) Möglichkeiten eröffnet werden, für einen wesentlichen Teil der betreffenden Waren den Wettbewerb auszuschalten.

Art. 102 [Missbrauch einer marktbeherrschenden Stellung] *[1]* Mit dem Binnenmarkt unvereinbar und verboten ist die missbräuchliche Ausnutzung einer beherrschenden Stellung auf dem Binnenmarkt oder auf einem wesentlichen Teil desselben durch ein oder mehrere Unternehmen, soweit dies dazu führen kann, den Handel zwischen Mitgliedstaaten zu beeinträchtigen.

[2] Dieser Missbrauch kann insbesondere in Folgendem bestehen:

a) der unmittelbaren oder mittelbaren Erzwingung von unangemessenen Einkaufs- oder Verkaufspreisen oder sonstigen Geschäftsbedingungen;
b) der Einschränkung der Erzeugung, des Absatzes oder der technischen Entwicklung zum Schaden der Verbraucher;
c) der Anwendung unterschiedlicher Bedingungen bei gleichwertigen Leistungen gegenüber Handelspartnern, wodurch diese im Wettbewerb benachteiligt werden;
d) der an den Abschluss von Verträgen geknüpften Bedingung, dass die Vertragspartner zusätzliche Leistungen annehmen, die weder sachlich noch nach Handelsbrauch in Beziehung zum Vertragsgegenstand stehen.

Art. 103 [Erlass von Verordnungen und Richtlinien] (1) Die zweckdienlichen Verordnungen oder Richtlinien zur Verwirklichung der in den Artikeln 101 und 102 niedergelegten Grundsätze werden vom Rat auf Vorschlag der Kommission und nach Anhörung des Europäischen Parlaments beschlossen.

(2) Die in Absatz 1 vorgesehenen Vorschriften bezwecken insbesondere,

a) die Beachtung der in Artikel 101 Absatz 1 und Artikel 102 genannten Verbote *durch die Einführung* von Geldbußen und Zwangsgeldern zu gewährleisten;
b) die Einzelheiten der Anwendung des Artikels 101 Absatz 3 festzulegen; dabei ist dem Erfordernis einer wirksamen Überwachung bei möglichst einfacher Verwaltungskontrolle Rechnung zu tragen;
c) gegebenenfalls den Anwendungsbereich der Artikel 101 und 102 für die einzelnen Wirtschaftszweige näher zu bestimmen;
d) die Aufgaben der Kommission und des Gerichtshofs der Europäischen Union bei der Anwendung der in diesem Absatz vorgesehenen Vorschriften gegeneinander abzugrenzen;

e) das Verhältnis zwischen den innerstaatlichen Rechtsvorschriften einerseits und den in diesem Abschnitt enthaltenen oder aufgrund dieses Artikels getroffenen Bestimmungen andererseits festzulegen.

Art. 104 [Übergangsbestimmung] Bis zum Inkrafttreten der gemäß Artikel 103 erlassenen Vorschriften entscheiden die Behörden der Mitgliedstaaten im Einklang mit ihren eigenen Rechtsvorschriften und den Bestimmungen der Artikel 101, insbesondere Absatz 3, und 102 über die Zulässigkeit von Vereinbarungen, Beschlüssen und aufeinander abgestimmten Verhaltensweisen sowie über die missbräuchliche Ausnutzung einer beherrschenden Stellung auf dem Binnenmarkt.

Art. 105 [Wettbewerbsaufsicht] (1) [1] Unbeschadet des Artikels 104 achtet die Kommission auf die Verwirklichung der in den Artikeln 101 und 102 niedergelegten Grundsätze. [2] Sie untersucht auf Antrag eines Mitgliedstaats oder von Amts wegen in Verbindung mit den zuständigen Behörden der Mitgliedstaaten, die ihr Amtshilfe zu leisten haben, die Fälle, in denen Zuwiderhandlungen gegen diese Grundsätze vermutet werden. [3] Stellt sie eine Zuwiderhandlung fest, so schlägt sie geeignete Mittel vor, um diese abzustellen.

(2) [1] Wird die Zuwiderhandlung nicht abgestellt, so trifft die Kommission in einem mit Gründen versehenen Beschluss die Feststellung, dass eine derartige Zuwiderhandlung vorliegt. [2] Sie kann den Beschluss veröffentlichen und die Mitgliedstaaten ermächtigen, die erforderlichen Abhilfemaßnahmen zu treffen, deren Bedingungen und Einzelheiten sie festlegt.

(3) Die Kommission kann Verordnungen zu den Gruppen von Vereinbarungen erlassen, zu denen der Rat nach Artikel 103 Absatz 2 Buchstabe b eine Verordnung oder Richtlinie erlassen hat.

Art. 106 [Öffentliche Unternehmen; Dienstleistungen von allgemeinem wirtschaftlichem Interesse] (1) Die Mitgliedstaaten werden in Bezug auf öffentliche Unternehmen und auf Unternehmen, denen sie besondere oder ausschließliche Rechte gewähren, keine den Verträgen und insbesondere den Artikeln 18 und 101 bis 109 widersprechende Maßnahmen treffen oder beibehalten.

(2) [1] Für Unternehmen, die mit Dienstleistungen von allgemeinem wirtschaftlichem Interesse betraut sind oder den Charakter eines Finanzmonopols haben, gelten die Vorschriften der Verträge, insbesondere die Wettbewerbsregeln, soweit die Anwendung dieser Vorschriften nicht die Erfüllung der ihnen übertragenen besonderen Aufgabe rechtlich oder tatsächlich verhindert. [2] Die Entwicklung des Handelsverkehrs darf nicht in einem Ausmaß beeinträchtigt werden, das dem Interesse der Union zuwiderläuft.

(3) Die Kommission achtet auf die Anwendung dieses Artikels und richtet erforderlichenfalls geeignete Richtlinien oder Beschlüsse an die Mitgliedstaaten.

Abschnitt 2. Staatliche Beihilfen

Art. 107 [Beihilfeverbot; Ausnahmen] (1) Soweit in den Verträgen nicht etwas anderes bestimmt ist, sind staatliche oder aus staatlichen Mitteln gewährte Beihilfen gleich welcher Art, die durch die Begünstigung bestimmter Unternehmen oder Produktionszweige den Wettbewerb verfälschen oder zu verfälschen drohen, mit dem Binnenmarkt unvereinbar, soweit sie den Handel zwischen Mitgliedstaaten beeinträchtigen.

(2) Mit dem Binnenmarkt vereinbar sind:

a) Beihilfen sozialer Art an einzelne Verbraucher, wenn sie ohne Diskriminierung nach der Herkunft der Waren gewährt werden;

b) Beihilfen zur Beseitigung von Schäden, die durch Naturkatastrophen oder sonstige außergewöhnliche Ereignisse entstanden sind;

c) Beihilfen für die Wirtschaft bestimmter, durch die Teilung Deutschlands betroffener Gebiete der Bundesrepublik Deutschland, soweit sie zum Ausgleich der durch die Teilung verursachten wirtschaftlichen Nachteile erforderlich sind. Der Rat kann fünf Jahre nach dem Inkrafttreten des Vertrags von Lissabon auf Vorschlag der Kommission einen Beschluss erlassen, mit dem dieser Buchstabe aufgehoben wird.

(3) Als mit dem Binnenmarkt vereinbar können angesehen werden:

a) Beihilfen zur Förderung der wirtschaftlichen Entwicklung von Gebieten, in denen die Lebenshaltung außergewöhnlich niedrig ist oder eine erhebliche Unterbeschäftigung herrscht, sowie der in Artikel 349 genannten Gebiete unter Berücksichtigung ihrer strukturellen, wirtschaftlichen und sozialen Lage;

b) Beihilfen zur Förderung wichtiger Vorhaben von gemeinsamem europäischem Interesse oder zur Behebung einer beträchtlichen Störung im Wirtschaftsleben eines Mitgliedstaats;

c) Beihilfen zur Förderung der Entwicklung gewisser Wirtschaftszweige oder Wirtschaftsgebiete, soweit sie die Handelsbedingungen nicht in einer Weise verändern, die dem gemeinsamen Interesse zuwiderläuft;

d) Beihilfen zur Förderung der Kultur und der Erhaltung des kulturellen Erbes, soweit sie die Handels- und Wettbewerbsbedingungen in der Union nicht in einem Maß beeinträchtigen, das dem gemeinsamen Interesse zuwiderläuft;

e) sonstige Arten von Beihilfen, die der Rat durch einen Beschluss auf Vorschlag der Kommission bestimmt.

Art. 108 [Beihilfeaufsicht] (1) [1] Die Kommission überprüft fortlaufend in Zusammenarbeit mit den Mitgliedstaaten die in diesen bestehenden Beihilferegelungen. [2] Sie schlägt ihnen die zweckdienlichen Maßnahmen vor, welche die fortschreitende Entwicklung und das Funktionieren des Binnenmarkts erfordern.

(2) *[1]* Stellt die Kommission fest, nachdem sie den Beteiligten eine Frist zur Äußerung gesetzt hat, dass eine von einem Staat oder aus staatlichen Mitteln gewährte Beihilfe mit dem Binnenmarkt nach Artikel 107 unvereinbar ist oder dass sie missbräuchlich angewandt wird, so beschließt sie, dass der betreffende Staat sie binnen einer von ihr bestimmten Frist aufzuheben oder umzugestalten hat.

[2] Kommt der betreffende Staat diesem Beschluss innerhalb der festgesetzten Frist nicht nach, so kann die Kommission oder jeder betroffene Staat in Abweichung von den Artikeln 258 und 259 den Gerichtshof der Europäischen Union *unmittelbar* anrufen.

[3] [1] Der Rat kann einstimmig auf Antrag eines Mitgliedstaats beschließen, dass eine von diesem Staat gewährte oder geplante Beihilfe in Abweichung von Artikel 107 oder von den nach Artikel 109 erlassenen Verordnungen als mit dem Binnenmarkt vereinbar gilt, wenn außergewöhnliche Umstände einen solchen Beschluss rechtfertigen. [2] Hat die Kommission bezüglich dieser Beihilfe das in Unterabsatz 1 dieses Absatzes vorgesehene Verfahren bereits eingeleitet, so bewirkt der Antrag des betreffenden Staates an den Rat die Aussetzung dieses Verfahrens, bis der Rat sich geäußert hat.

[4] Äußert sich der Rat nicht binnen drei Monaten nach Antragstellung, so beschließt die Kommission.

(3) [1] Die Kommission wird von jeder beabsichtigten Einführung oder Umgestaltung von Beihilfen so rechtzeitig unterrichtet, dass sie sich dazu äußern kann. [2] Ist sie der Auffassung, dass ein derartiges Vorhaben nach Artikel 107 mit dem Binnenmarkt unvereinbar ist, so leitet sie unverzüglich das in Absatz 2 vorgesehene Verfahren ein. [3] Der betreffende Mitgliedstaat darf die beabsichtigte Maßnahme nicht durchführen, bevor die Kommission einen abschließenden Beschluss erlassen hat.

(4) Die Kommission kann Verordnungen zu den Arten von staatlichen Beihilfen erlassen, für die der Rat nach Artikel 109 festgelegt hat, dass sie von dem Verfahren nach Absatz 3 ausgenommen werden können.

Art. 109 [Erlass von Durchführungsverordnungen] Der Rat kann auf Vorschlag der Kommission und nach Anhörung des Europäischen Parlaments alle zweckdienlichen Durchführungsverordnungen zu den Artikeln 107 und 108 erlassen und insbesondere die Bedingungen für die Anwendung des Artikels 108 Absatz 3 sowie diejenigen Arten von Beihilfen festlegen, die von diesem Verfahren ausgenommen sind.

Kapitel 2. Steuerliche Vorschriften

Art. 110 [Diskriminierungs- und Protektionsverbot] *[1]* Die Mitgliedstaaten erheben auf Waren aus anderen Mitgliedstaaten weder unmittelbar noch mittelbar höhere inländische Abgaben gleich welcher Art, als gleichartige inländische Waren unmittelbar oder mittelbar zu tragen haben.

[2] Die Mitgliedstaaten erheben auf Waren aus anderen Mitgliedstaaten keine inländischen Abgaben, die geeignet sind, andere Produktionen mittelbar zu schützen.

Art. 111 [Privilegierungsverbot für Rückvergütungen] Werden Waren in das Hoheitsgebiet eines Mitgliedstaats ausgeführt, so darf die Rückvergütung für inländische Abgaben nicht höher sein als die auf die ausgeführten Waren mittelbar oder unmittelbar erhobenen inländischen Abgaben.

Art. 112 [Kompensationsverbot unter Genehmigungsvorbehalt] Für Abgaben außer Umsatzsteuern, Verbrauchsabgaben und sonstigen indirekten Steuern sind Entlastungen und Rückvergütungen bei der Ausfuhr nach anderen Mitgliedstaaten sowie Ausgleichsabgaben bei der Einfuhr aus den Mitgliedstaaten nur zulässig, soweit der Rat sie vorher auf Vorschlag der Kommission für eine begrenzte Frist genehmigt hat.

Art. 113 [Harmonisierung der indirekten Steuern] Der Rat erlässt gemäß einem besonderen Gesetzgebungsverfahren und nach Anhörung des Europäischen Parlaments und des Wirtschafts- und Sozialausschusses einstimmig die Bestimmungen zur *Harmonisierung* der Rechtsvorschriften über die Umsatzsteuern, die Verbrauchsabgaben und sonstige indirekte Steuern, soweit diese Harmonisierung für die Errichtung und das Funktionieren des Binnenmarkts und die Vermeidung von Wettbewerbsverzerrungen notwendig ist.

Kapitel 3. Angleichung der Rechtsvorschriften

Art. 114 [Rechtsangleichung im Binnenmarkt] (1) [1]Soweit in den Verträgen nichts anderes bestimmt ist, gilt für die Verwirklichung der Ziele des Artikels 26 die nachstehende Regelung. [2]Das Europäische Parlament und der Rat erlassen gemäß dem ordentlichen Gesetzgebungsverfahren und nach Anhörung des Wirtschafts- und Sozialausschusses die Maßnahmen zur Angleichung der Rechts- und Verwaltungsvorschriften der Mitgliedstaaten, welche die Errichtung und das Funktionieren des Binnenmarkts zum Gegenstand haben.

(2) Absatz 1 gilt nicht für die Bestimmungen über die Steuern, die Bestimmungen über die Freizügigkeit und die Bestimmungen über die Rechte und Interessen der Arbeitnehmer.

(3) [1]Die Kommission geht in ihren Vorschlägen nach Absatz 1 in den Bereichen Gesundheit, Sicherheit, Umweltschutz und Verbraucherschutz von einem hohen Schutzniveau aus und berücksichtigt dabei insbesondere alle auf wissenschaftliche Ergebnisse gestützten neuen Entwicklungen. [2]Im Rahmen ihrer jeweiligen Befugnisse streben das Europäische Parlament und der Rat dieses Ziel ebenfalls an.

(4) Hält es ein Mitgliedstaat nach dem Erlass einer Harmonisierungsmaßnahme durch das Europäische Parlament und den Rat beziehungsweise durch den Rat oder die Kommission für erforderlich, einzelstaatliche Bestimmungen beizubehalten, die durch wichtige Erfordernisse im Sinne des Artikels 36 oder in Bezug auf den Schutz der Arbeitsumwelt oder den Umweltschutz gerechtfertigt sind, so teilt er diese Bestimmungen sowie die Gründe für ihre Beibehaltung der Kommission mit.

(5) Unbeschadet des Absatzes 4 teilt ferner ein Mitgliedstaat, der es nach dem Erlass einer Harmonisierungsmaßnahme durch das Europäische Parlament und den Rat beziehungsweise durch den Rat oder die Kommission für erforderlich hält, auf neue wissenschaftliche Erkenntnisse gestützte einzelstaatliche Bestimmungen zum Schutz der Umwelt oder der Arbeitsumwelt aufgrund eines spezifischen Problems für diesen Mitgliedstaat, das sich nach dem Erlass der Harmonisierungsmaßnahme ergibt, einzuführen, die in Aussicht genommenen Bestimmungen sowie die Gründe für ihre Einführung der Kommission mit.

(6) *[1]* Die Kommission beschließt binnen sechs Monaten nach den Mitteilungen nach den Absätzen 4 und 5, die betreffenden einzelstaatlichen Bestimmungen zu billigen oder abzulehnen, nachdem sie geprüft hat, ob sie ein Mittel zur willkürlichen Diskriminierung und eine verschleierte Beschränkung des Handels zwischen den Mitgliedstaaten darstellen und ob sie das Funktionieren des Binnenmarkts behindern.

[2] Erlässt die Kommission innerhalb dieses Zeitraums keinen Beschluss, so gelten die in den Absätzen 4 und 5 genannten einzelstaatlichen Bestimmungen als gebilligt.

[3] Die Kommission kann, sofern dies aufgrund des schwierigen Sachverhalts gerechtfertigt ist und keine Gefahr für die menschliche Gesundheit besteht, dem betreffenden Mitgliedstaat mitteilen, dass der in diesem Absatz genannte Zeitraum gegebenenfalls um einen weiteren Zeitraum von bis zu sechs Monaten verlängert wird.

(7) Wird es einem Mitgliedstaat nach Absatz 6 gestattet, von der Harmonisierungsmaßnahme abweichende einzelstaatliche Bestimmungen beizubehalten oder einzuführen, so prüft die Kommission unverzüglich, ob sie eine Anpassung dieser Maßnahme vorschlägt.

(8) Wirft ein Mitgliedstaat in einem Bereich, der zuvor bereits Gegenstand von Harmonisierungsmaßnahmen war, ein spezielles Gesundheitsproblem auf, so teilt er dies der Kommission mit, die dann umgehend prüft, ob sie dem Rat entsprechende Maßnahmen vorschlägt.

(9) In Abweichung von dem Verfahren der Artikel 258 und 259 kann die Kommission oder ein Mitgliedstaat den Gerichtshof der Europäischen Union unmittelbar anrufen, wenn die Kommission oder der Staat der Auffassung ist, dass ein anderer Mitgliedstaat die in diesem Artikel vorgesehenen Befugnisse missbraucht.

(10) Die vorgenannten Harmonisierungsmaßnahmen sind in geeigneten Fällen mit einer Schutzklausel verbunden, welche die Mitgliedstaaten ermächtigt, aus einem oder mehreren der in Artikel 36 genannten nichtwirtschaftlichen Gründe vorläufige Maßnahmen zu treffen, die einem Kontrollverfahren der Union unterliegen.

Art. 115 [Nationales Recht mit unmittelbarer Auswirkung auf den Binnenmarkt; Rechtsangleichung] Unbeschadet des Artikels 114 erlässt der Rat gemäß einem besonderen Gesetzgebungsverfahren einstimmig und nach Anhörung des Europäischen Parlaments und des Wirtschafts- und Sozialausschusses Richtlinien für die Angleichung derjenigen Rechts- und Verwaltungsvorschriften der Mitgliedstaaten, die sich unmittelbar auf die Errichtung oder das Funktionieren des Binnenmarkts auswirken.

Art. 116 [Behandlung bestehender wettbewerbsverzerrender Vorschriften] *[1]* Stellt die Kommission fest, dass vorhandene Unterschiede in den Rechts- und Verwaltungsvorschriften der Mitgliedstaaten die Wettbewerbsbedingungen auf dem Binnenmarkt verfälschen und dadurch eine Verzerrung hervorrufen, die zu beseitigen ist, so tritt sie mit den betreffenden Mitgliedstaaten in Beratungen ein.

[2] [1] Führen diese Beratungen nicht zur Beseitigung dieser Verzerrung, so erlassen das Europäische Parlament und der Rat gemäß dem ordentlichen Gesetzgebungsverfahren die erforderlichen Richtlinien. [2] Es können alle sonstigen in den Verträgen vorgesehenen zweckdienlichen Maßnahmen erlassen werden.

Art. 117 [Behandlung geplanter wettbewerbsverzerrender Vorschriften]

(1) [1] Ist zu befürchten, dass der Erlass oder die Änderung einer Rechts- oder Verwaltungsvorschrift eine Verzerrung im Sinne des Artikels 116 verursacht, so setzt sich der Mitgliedstaat, der diese Maßnahmen beabsichtigt, mit der Kommission ins Benehmen. [2] Diese empfiehlt nach Beratung mit den Mitgliedstaaten den beteiligten Staaten die zur Vermeidung dieser Verzerrung geeigneten Maßnahmen.

(2) [1] Kommt der Staat, der innerstaatliche Vorschriften erlassen oder ändern will, der an ihn gerichteten Empfehlung der Kommission nicht nach, so kann nicht gemäß Artikel 116 verlangt werden, dass die anderen Mitgliedstaaten ihre innerstaatlichen Vorschriften ändern, um die Verzerrung zu beseitigen. [2] Verursacht ein Mitgliedstaat, der die Empfehlung der Kommission außer Acht lässt, eine Verzerrung lediglich zu seinem eigenen Nachteil, so findet Artikel 116 keine Anwendung.

Art. 118 [Schutz des geistigen Eigentums] *[1]* Im Rahmen der Verwirklichung oder des Funktionierens des Binnenmarkts erlassen das Europäische Parlament und der Rat gemäß dem ordentlichen Gesetzgebungsverfahren Maßnahmen zur Schaffung europäischer Rechtstitel über einen einheitlichen Schutz der

Rechte des geistigen Eigentums in der Union sowie zur Einführung von zentralisierten Zulassungs-, Koordinierungs- und Kontrollregelungen auf Unionsebene.

[2] [1] Der Rat legt gemäß einem besonderen Gesetzgebungsverfahren durch Verordnungen die Sprachenregelungen für die europäischen Rechtstitel fest. [2] Der Rat beschließt einstimmig nach Anhörung des Europäischen Parlaments.

Titel VIII. Die Wirtschafts- und Währungspolitik

Art. 119 [Europäische Wirtschaftsverfassung; Grundsätze] (1) Die Tätigkeit der Mitgliedstaaten und der Union im Sinne des Artikels 3 des Vertrags über die Europäische Union[1)] umfasst nach Maßgabe der Verträge die Einführung einer Wirtschaftspolitik, die auf einer engen Koordinierung der Wirtschaftspolitik der Mitgliedstaaten, dem Binnenmarkt und der Festlegung gemeinsamer Ziele beruht und dem Grundsatz einer offenen Marktwirtschaft mit freiem Wettbewerb verpflichtet ist.

(2) Parallel dazu umfasst diese Tätigkeit nach Maßgabe der Verträge und der darin vorgesehenen Verfahren eine einheitliche Währung, den Euro, sowie die Festlegung und Durchführung einer einheitlichen Geld- sowie Wechselkurspolitik, die beide vorrangig das Ziel der Preisstabilität verfolgen und unbeschadet dieses Zieles die allgemeine Wirtschaftspolitik in der Union unter Beachtung des Grundsatzes einer offenen Marktwirtschaft mit freiem Wettbewerb unterstützen sollen.

(3) Diese Tätigkeit der Mitgliedstaaten und der Union setzt die Einhaltung der folgenden richtungsweisenden Grundsätze voraus: stabile Preise, gesunde öffentliche Finanzen und monetäre Rahmenbedingungen sowie eine tragfähige[2) 3)] Zahlungsbilanz.

Kapitel 1. Die Wirtschaftspolitik

Art. 120 [Marktwirtschaftliche Ausrichtung] [1] Die Mitgliedstaaten richten ihre Wirtschaftspolitik so aus, dass sie im Rahmen der in Artikel 121 Absatz 2 genannten Grundzüge zur Verwirklichung der Ziele der Union im Sinne des Artikels 3 des Vertrags über die Europäische Union[1)] beitragen. [2] Die Mitgliedstaaten und die Union handeln im Einklang mit dem Grundsatz einer offenen Marktwirtschaft mit freiem Wettbewerb, wodurch ein effizienter Einsatz der Ressourcen gefördert wird, und halten sich dabei an die in Artikel 119 genannten Grundsätze.

Art. 121 [Koordinierung der Wirtschaftspolitik] (1) Die Mitgliedstaaten betrachten ihre Wirtschaftspolitik als eine Angelegenheit von gemeinsamem Interesse und koordinieren sie im Rat nach Maßgabe des Artikels 120.

(2) *[1]* Der Rat erstellt auf Empfehlung der Kommission einen Entwurf für die Grundzüge der Wirtschaftspolitik der Mitgliedstaaten und der Union und erstattet dem Europäischen Rat hierüber Bericht.

[2] Der Europäische Rat erörtert auf der Grundlage dieses Berichtes des Rates eine Schlussfolgerung zu den Grundzügen der Wirtschaftspolitik der Mitgliedstaaten und der Union.

---

1) Nr. **1000**.

2) Ber. durch Prot. v. 2.12.2011 (ABl. C 378 S. 3).

3) Authentische deutsche Fassung des in Maastricht am 7. Februar 1992 unterzeichneten Vertrags über die Europäische Union (BGBl. 1992 II S. 1251, 1253) berichtigt durch Bek. v. 16.10.2014 (BGBl. II S. 864).

[3] [1]Auf der Grundlage dieser Schlussfolgerung verabschiedet der Rat eine Empfehlung, in der diese Grundzüge dargelegt werden. [2]Der Rat unterrichtet das Europäische Parlament über seine Empfehlung.

(3) [1] Um eine engere Koordinierung der Wirtschaftspolitik und eine dauerhafte Konvergenz der Wirtschaftsleistungen der Mitgliedstaaten zu gewährleisten, überwacht der Rat anhand von Berichten der Kommission die wirtschaftliche Entwicklung in jedem Mitgliedstaat und in der Union sowie die Vereinbarkeit der Wirtschaftspolitik mit den in Absatz 2 genannten Grundzügen und nimmt in regelmäßigen Abständen eine Gesamtbewertung vor.

[2] Zum Zwecke dieser multilateralen Überwachung übermitteln die Mitgliedstaaten der Kommission Angaben zu wichtigen einzelstaatlichen Maßnahmen auf dem Gebiet ihrer Wirtschaftspolitik sowie weitere von ihnen für erforderlich erachtete Angaben.

(4) [1] [1]Wird im Rahmen des Verfahrens nach Absatz 3 festgestellt, dass die Wirtschaftspolitik eines Mitgliedstaats nicht mit den in Absatz 2 genannten Grundzügen vereinbar ist oder das ordnungsgemäße Funktionieren der Wirtschafts- und Währungsunion zu gefährden droht, so kann die Kommission eine Verwarnung an den betreffenden Mitgliedstaat richten. [2]Der Rat kann auf Empfehlung der Kommission die erforderlichen Empfehlungen an den betreffenden Mitgliedstaat richten. [3]Der Rat kann auf Vorschlag der Kommission beschließen, seine Empfehlungen zu veröffentlichen.

[2] Der Rat beschließt im Rahmen dieses Absatzes ohne Berücksichtigung der Stimme des den betreffenden Mitgliedstaat vertretenden Mitglieds des Rates.

[3] Die qualifizierte Mehrheit der übrigen Mitglieder des Rates bestimmt sich nach Artikel 238 Absatz 3 Buchstabe a.

(5) [1]Der Präsident des Rates und die Kommission erstatten dem Europäischen Parlament über die Ergebnisse der multilateralen Überwachung Bericht. [2]Der Präsident des Rates kann ersucht werden, vor dem zuständigen Ausschuss des Europäischen Parlaments zu erscheinen, wenn der Rat seine Empfehlungen veröffentlicht hat.

(6) Das Europäische Parlament und der Rat können gemäß dem ordentlichen Gesetzgebungsverfahren durch Verordnungen die Einzelheiten des Verfahrens der multilateralen Überwachung im Sinne der Absätze 3 und 4 festlegen.

Art. 122[1)] **[Gravierende Schwierigkeiten]** (1) Der Rat kann auf Vorschlag der Kommission unbeschadet der sonstigen in den Verträgen vorgesehenen Verfahren im Geiste der Solidarität zwischen den Mitgliedstaaten über die der Wirtschaftslage angemessenen Maßnahmen beschließen, insbesondere falls gravierende Schwierigkeiten in der Versorgung mit bestimmten Waren, vor allem im Energiebereich, auftreten.

(2) [1]Ist ein Mitgliedstaat aufgrund von Naturkatastrophen oder außergewöhnlichen Ereignissen, die sich seiner Kontrolle entziehen, von Schwierigkeiten betroffen oder von gravierenden Schwierigkeiten ernstlich bedroht, so kann der Rat auf Vorschlag der Kommission beschließen, dem betreffenden Mitgliedstaat unter bestimmten Bedingungen einen finanziellen Beistand der Union zu gewähren. [2]Der Präsident des Rates unterrichtet das Europäische Parlament über den Beschluss.

[1)] Vgl. zu dieser Vorschrift auch die Erklärung Nr. 6 zur Schlussakte v. 16.2.2001 (ABl. C 80 S. 70) der Konferenz von Nizza.

Art. 123 [Verbot von Kreditfazilitäten für öffentliche Einrichtungen]

(1) Überziehungs- oder andere Kreditfazilitäten bei der Europäischen Zentralbank oder den Zentralbanken der Mitgliedstaaten (im Folgenden als „nationale Zentralbanken“ bezeichnet) für Organe, Einrichtungen oder sonstige Stellen der Union, Zentralregierungen, regionale oder lokale Gebietskörperschaften oder andere öffentlich-rechtliche Körperschaften, sonstige Einrichtungen des öffentlichen Rechts oder öffentliche Unternehmen der Mitgliedstaaten sind ebenso verboten wie der unmittelbare Erwerb von Schuldtiteln von diesen durch die Europäische Zentralbank oder die nationalen Zentralbanken.

(2) Die Bestimmungen des Absatzes 1 gelten nicht für Kreditinstitute in öffentlichem Eigentum; diese werden von der jeweiligen nationalen Zentralbank und der Europäischen Zentralbank, was die Bereitstellung von Zentralbankgeld betrifft, wie private Kreditinstitute behandelt.

Art. 124 [Verbot bevorrechtigten Zugangs zu Finanzinstituten für öffentliche Einrichtungen] Maßnahmen, die nicht aus aufsichtsrechtlichen Gründen getroffen werden und einen bevorrechtigten Zugang der Organe, Einrichtungen oder sonstigen Stellen der Union, der Zentralregierungen, der regionalen oder lokalen Gebietskörperschaften oder anderen öffentlich-rechtlichen Körperschaften, sonstiger Einrichtungen des öffentlichen Rechts oder öffentlicher Unternehmen der Mitgliedstaaten zu den Finanzinstituten schaffen, sind verboten.

Art. 125 [Haftungsausschlüsse] (1) [1]Die Union haftet nicht für die Verbindlichkeiten der Zentralregierungen, der regionalen oder lokalen Gebietskörperschaften oder anderen öffentlich-rechtlichen Körperschaften, sonstiger Einrichtungen des öffentlichen Rechts oder öffentlicher Unternehmen von Mitgliedstaaten und tritt nicht für derartige Verbindlichkeiten ein; dies gilt unbeschadet der gegenseitigen finanziellen Garantien für die gemeinsame Durchführung eines bestimmten Vorhabens. [2]Ein Mitgliedstaat haftet nicht für die Verbindlichkeiten der Zentralregierungen, der regionalen oder lokalen Gebietskörperschaften oder anderen öffentlich-rechtlichen Körperschaften, sonstiger Einrichtungen des öffentlichen Rechts oder öffentlicher Unternehmen eines anderen Mitgliedstaats und tritt nicht für derartige Verbindlichkeiten ein; dies gilt unbeschadet der gegenseitigen finanziellen Garantien für die gemeinsame Durchführung eines bestimmten Vorhabens.

(2) Der Rat kann erforderlichenfalls auf Vorschlag der Kommission und nach Anhörung des Europäischen Parlaments die Definitionen für die Anwendung der in den Artikeln 123 und 124 sowie in diesem Artikel vorgesehenen Verbote näher bestimmen.

Art. 126 [Vermeidung übermäßiger Defizite; Haushaltsdisziplin]

(1) Die Mitgliedstaaten vermeiden übermäßige öffentliche Defizite.

(2) [1]*Die Kommission* überwacht die Entwicklung der Haushaltslage und der Höhe des öffentlichen Schuldenstands in den Mitgliedstaaten im Hinblick auf die Feststellung schwerwiegender Fehler. [2]Insbesondere prüft sie die Einhaltung der Haushaltsdisziplin anhand von zwei Kriterien, nämlich daran,

a) ob das Verhältnis des geplanten oder tatsächlichen öffentlichen Defizits zum Bruttoinlandsprodukt einen bestimmten Referenzwert überschreitet, es sei denn, dass
   – entweder das Verhältnis erheblich und laufend zurückgegangen ist und einen Wert in der Nähe des Referenzwerts erreicht hat

– oder der Referenzwert nur ausnahmsweise und vorübergehend überschritten wird und das Verhältnis in der Nähe des Referenzwerts bleibt,

b) ob das Verhältnis des öffentlichen Schuldenstands zum Bruttoinlandsprodukt einen bestimmten Referenzwert überschreitet, es sei denn, dass das Verhältnis hinreichend rückläufig ist und sich rasch genug dem Referenzwert nähert.

[3] Die Referenzwerte werden in einem den Verträgen beigefügten Protokoll über das Verfahren bei einem übermäßigen Defizit im Einzelnen festgelegt.

(3) *[1]* [1] Erfüllt ein Mitgliedstaat keines oder nur eines dieser Kriterien, so erstellt die Kommission einen Bericht. [2] In diesem Bericht wird berücksichtigt, ob das öffentliche Defizit die öffentlichen Ausgaben für Investitionen übertrifft; berücksichtigt werden ferner alle sonstigen einschlägigen Faktoren, einschließlich der mittelfristigen Wirtschafts- und Haushaltslage des Mitgliedstaats.

[2] Die Kommission kann ferner einen Bericht erstellen, wenn sie ungeachtet der Erfüllung der Kriterien der Auffassung ist, dass in einem Mitgliedstaat die Gefahr eines übermäßigen Defizits besteht.

(4) Der Wirtschafts- und Finanzausschuss gibt eine Stellungnahme zu dem Bericht der Kommission ab.

(5) Ist die Kommission der Auffassung, dass in einem Mitgliedstaat ein übermäßiges Defizit besteht oder sich ergeben könnte, so legt sie dem betreffenden Mitgliedstaat eine Stellungnahme vor und unterrichtet den Rat.

(6) Der Rat beschließt auf Vorschlag der Kommission und unter Berücksichtigung der Bemerkungen, die der betreffende Mitgliedstaat gegebenenfalls abzugeben wünscht, nach Prüfung der Gesamtlage, ob ein übermäßiges Defizit besteht.

(7) [1] Stellt der Rat nach Absatz 6 ein übermäßiges Defizit fest, so richtet er auf Empfehlung der Kommission unverzüglich Empfehlungen an den betreffenden Mitgliedstaat mit dem Ziel, dieser Lage innerhalb einer bestimmten Frist abzuhelfen. [2] Vorbehaltlich des Absatzes 8 werden diese Empfehlungen nicht veröffentlicht.

(8) Stellt der Rat fest, dass seine Empfehlungen innerhalb der gesetzten Frist keine wirksamen Maßnahmen ausgelöst haben, so kann er seine Empfehlungen veröffentlichen.

(9) *[1]* Falls ein Mitgliedstaat den Empfehlungen des Rates weiterhin nicht Folge leistet, kann der Rat beschließen, den Mitgliedstaat mit der Maßgabe in Verzug zu setzen, innerhalb einer bestimmten Frist Maßnahmen für den nach Auffassung des Rates zur Sanierung erforderlichen Defizitabbau zu treffen.

[2] Der Rat kann in diesem Fall den betreffenden Mitgliedstaat ersuchen, nach einem konkreten Zeitplan Berichte vorzulegen, um die Anpassungsbemühungen des Mitgliedstaats überprüfen zu können.

(10) Das Recht auf Klageerhebung nach den Artikeln 258 und 259 kann im Rahmen der Absätze 1 bis 9 dieses Artikels nicht ausgeübt werden.

(11) *[1]* Solange ein Mitgliedstaat einen Beschluss nach Absatz 9 nicht befolgt, kann der Rat beschließen, eine oder mehrere der nachstehenden Maßnahmen anzuwenden oder gegebenenfalls zu verschärfen, nämlich

– von dem betreffenden Mitgliedstaat verlangen, vor der Emission von Schuldverschreibungen und sonstigen Wertpapieren vom Rat näher zu bezeichnende zusätzliche Angaben zu veröffentlichen,
– die Europäische Investitionsbank ersuchen, ihre Darlehenspolitik gegenüber dem Mitgliedstaat zu überprüfen,

– von dem Mitgliedstaat verlangen, eine unverzinsliche Einlage in angemessener Höhe bei der Union zu hinterlegen, bis das übermäßige Defizit nach Ansicht des Rates korrigiert worden ist,
– Geldbußen in angemessener Höhe verhängen.

[2] Der Präsident des Rates unterrichtet das Europäische Parlament von den Beschlüssen.

(12) [1] Der Rat hebt einige oder sämtliche Beschlüsse oder Empfehlungen nach den Absätzen 6 bis 9 und 11 so weit auf, wie das übermäßige Defizit in dem betreffenden Mitgliedstaat nach Ansicht des Rates korrigiert worden ist. [2] Hat der Rat zuvor Empfehlungen veröffentlicht, so stellt er, sobald der Beschluss nach Absatz 8 aufgehoben worden ist, in einer öffentlichen Erklärung fest, dass in dem betreffenden Mitgliedstaat kein übermäßiges Defizit mehr besteht.

(13) *[1]* Die Beschlussfassung und die Empfehlungen des Rates nach den Absätzen 8, 9, 11 und 12 erfolgen auf Empfehlung der Kommission.

[2] Erlässt der Rat Maßnahmen nach den Absätzen 6 bis 9 sowie den Absätzen 11 und 12, so beschließt er ohne Berücksichtigung der Stimme des den betreffenden Mitgliedstaat vertretenden Mitglieds des Rates.

[3] Die qualifizierte Mehrheit der übrigen Mitglieder des Rates bestimmt sich nach Artikel 238 Absatz 3 Buchstabe a.

(14) *[1]* Weitere Bestimmungen über die Durchführung des in diesem Artikel beschriebenen Verfahrens sind in dem den Verträgen beigefügten Protokoll über das Verfahren bei einem übermäßigen Defizit enthalten.

[2] Der Rat verabschiedet gemäß einem besonderen Gesetzgebungsverfahren einstimmig und nach Anhörung des Europäischen Parlaments sowie der Europäischen Zentralbank die geeigneten Bestimmungen, die sodann das genannte Protokoll ablösen.

[3] Der Rat beschließt vorbehaltlich der sonstigen Bestimmungen dieses Absatzes auf Vorschlag der Kommission und nach Anhörung des Europäischen Parlaments nähere Einzelheiten und Begriffsbestimmungen für die Durchführung des genannten Protokolls.

Kapitel 2. Die Währungspolitik

Art. 127 [Ziele und Aufgaben des ESZB] (1) [1] Das vorrangige Ziel des Europäischen Systems der Zentralbanken (im Folgenden „ESZB") ist es, die Preisstabilität zu gewährleisten. [2] Soweit dies ohne Beeinträchtigung des Zieles der Preisstabilität möglich ist, unterstützt das ESZB die allgemeine Wirtschaftspolitik in der Union, um zur Verwirklichung der in Artikel 3 des Vertrags über die Europäische Union[1)] festgelegten Ziele der Union beizutragen. [3] Das ESZB handelt im Einklang mit dem Grundsatz einer offenen Marktwirtschaft mit freiem Wettbewerb, wodurch ein effizienter Einsatz der Ressourcen gefördert wird, und *hält sich dabei an die* in Artikel 119 genannten Grundsätze.

(2) Die grundlegenden Aufgaben des ESZB bestehen darin,
– die Geldpolitik der Union festzulegen und auszuführen,
– Devisengeschäfte im Einklang mit Artikel 219 durchzuführen,
– die offiziellen Währungsreserven der Mitgliedstaaten zu halten und zu verwalten,
– das reibungslose Funktionieren der Zahlungssysteme zu fördern.

---

1) Nr. **1000**.

(3) Absatz 2 dritter Gedankenstrich berührt nicht die Haltung und Verwaltung von Arbeitsguthaben in Fremdwährungen durch die Regierungen der Mitgliedstaaten.

(4) *[1]* Die Europäische Zentralbank wird gehört

– zu allen Vorschlägen für Rechtsakte der Union im Zuständigkeitsbereich der Europäischen Zentralbank,
– von den nationalen Behörden zu allen Entwürfen für Rechtsvorschriften im Zuständigkeitsbereich der Europäischen Zentralbank, und zwar innerhalb der Grenzen und unter den Bedingungen, die der Rat nach dem Verfahren des Artikels 129 Absatz 4 festlegt.

[2] Die Europäische Zentralbank kann gegenüber den zuständigen Organen, Einrichtungen oder sonstigen Stellen der Union und gegenüber den nationalen Behörden Stellungnahmen zu in ihren Zuständigkeitsbereich fallenden Fragen abgeben.

(5) Das ESZB trägt zur reibungslosen Durchführung der von den zuständigen Behörden auf dem Gebiet der Aufsicht über die Kreditinstitute und der Stabilität des Finanzsystems ergriffenen Maßnahmen bei.

(6) Der Rat kann einstimmig durch Verordnungen gemäß einem besonderen Gesetzgebungsverfahren und nach Anhörung des Europäischen Parlaments und der Europäischen Zentralbank besondere Aufgaben im Zusammenhang mit der Aufsicht über Kreditinstitute und sonstige Finanzinstitute mit Ausnahme von Versicherungsunternehmen der Europäischen Zentralbank übertragen.

Art. 128 [Ausgabe von Banknoten und Münzen] (1) [1] Die Europäische Zentralbank hat das ausschließliche Recht, die Ausgabe von Euro-Banknoten innerhalb der Union zu genehmigen. [2] Die Europäische Zentralbank und die nationalen Zentralbanken sind zur Ausgabe dieser Banknoten berechtigt. [3] Die von der Europäischen Zentralbank und den nationalen Zentralbanken ausgegebenen Banknoten sind die einzigen Banknoten, die in der Union als gesetzliches Zahlungsmittel gelten.

(2) [1] Die Mitgliedstaaten haben das Recht zur Ausgabe von Euro-Münzen, wobei der Umfang dieser Ausgabe der Genehmigung durch die Europäische Zentralbank bedarf. [2] Der Rat kann auf Vorschlag der Kommission und nach Anhörung des Europäischen Parlaments und der Europäischen Zentralbank Maßnahmen erlassen, um die Stückelung und die technischen Merkmale aller für den Umlauf bestimmten Münzen so weit zu harmonisieren, wie dies für deren reibungslosen Umlauf innerhalb der Union erforderlich ist.

Art. 129 [Struktur des ESZB; Satzung] (1) Das ESZB wird von den Beschlussorganen der Europäischen Zentralbank, nämlich dem Rat der Europäischen Zentralbank und dem Direktorium, geleitet.

(2) Die Satzung des Europäischen Systems der Zentralbanken und der Europäischen Zentralbank (im Folgenden „Satzung des ESZB und der EZB") ist in einem den Verträgen beigefügten Protokoll festgelegt.

(3) [1] Das Europäische Parlament und der Rat können die Artikel 5.1, 5.2, 5.3, 17, 18, 19.1, 22, 23, 24, 26, 32.2, 32.3, 32.4, 32.6, 33.1 Buchstabe a und 36 der Satzung des ESZB und der EZB gemäß dem ordentlichen Gesetzgebungsverfahren ändern. [2] Sie beschließen entweder auf Empfehlung der Europäischen Zentralbank nach Anhörung der Kommission oder auf Empfehlung der Kommission nach Anhörung der Europäischen Zentralbank.

(4) Der Rat erlässt entweder auf Vorschlag der Kommission und nach Anhörung des Europäischen Parlaments und der Europäischen Zentralbank oder auf Empfehlung der Europäischen Zentralbank und nach Anhörung des Europäischen Parlaments und der Kommission die in den Artikeln 4, 5.4, 19.2, 20, 28.1, 29.2, 30.4 und 34.3 der Satzung des ESZB und der EZB genannten Bestimmungen.

Art. 130 [Unabhängigkeit von EZB und nationalen Zentralbanken]

[1]Bei der Wahrnehmung der ihnen durch die Verträge und die Satzung des ESZB und der EZB übertragenen Befugnisse, Aufgaben und Pflichten darf weder die Europäische Zentralbank noch eine nationale Zentralbank noch ein Mitglied ihrer Beschlussorgane Weisungen von Organen, Einrichtungen oder sonstigen Stellen der Union, Regierungen der Mitgliedstaaten oder anderen Stellen einholen oder entgegennehmen. [2]Die Organe, Einrichtungen oder sonstigen Stellen der Union sowie die Regierungen der Mitgliedstaaten verpflichten sich, diesen Grundsatz zu beachten und nicht zu versuchen, die Mitglieder der Beschlussorgane der Europäischen Zentralbank oder der nationalen Zentralbanken bei der Wahrnehmung ihrer Aufgaben zu beeinflussen.

Art. 131 [Anpassungspflicht der Mitgliedstaaten] Jeder Mitgliedstaat stellt sicher, dass seine innerstaatlichen Rechtsvorschriften einschließlich der Satzung seiner nationalen Zentralbank mit den Verträgen sowie mit der Satzung des ESZB und der EZB im Einklang stehen.

Art. 132 [Rechtsakte] (1) Zur Erfüllung der dem ESZB übertragenen Aufgaben werden von der Europäischen Zentralbank gemäß den Verträgen und unter den in der Satzung des ESZB und der EZB vorgesehenen Bedingungen

- Verordnungen erlassen, insoweit dies für die Erfüllung der in Artikel 3.1 erster Gedankenstrich, Artikel 19.1, Artikel 22 oder Artikel 25.2 der Satzung des ESZB und der EZB festgelegten Aufgaben erforderlich ist; sie erlässt Verordnungen ferner in den Fällen, die in den Rechtsakten des Rates nach Artikel 129 Absatz 4 vorgesehen werden,
- Beschlüsse erlassen, die zur Erfüllung der dem ESZB nach den Verträgen und der Satzung des ESZB und der EZB übertragenen Aufgaben erforderlich sind,
- Empfehlungen und Stellungnahmen abgegeben.

(2) Die Europäische Zentralbank kann die Veröffentlichung ihrer Beschlüsse, Empfehlungen und Stellungnahmen beschließen.

(3) Innerhalb der Grenzen und unter den Bedingungen, die der Rat nach dem Verfahren des Artikels 129 Absatz 4 festlegt, ist die Europäische Zentralbank befugt, Unternehmen bei Nichteinhaltung der Verpflichtungen, die sich aus ihren Verordnungen und Beschlüssen ergeben, mit Geldbußen oder in regelmäßigen Abständen zu zahlenden Zwangsgeldern zu belegen.

Art. 133 [Rechtsakte betreffend den Euro] [1]Unbeschadet der Befugnisse der Europäischen Zentralbank erlassen das Europäische Parlament und der Rat gemäß dem ordentlichen Gesetzgebungsverfahren die Maßnahmen, die für die Verwendung des Euro als einheitliche Währung erforderlich sind. [2]Diese Maßnahmen werden nach Anhörung der Europäischen Zentralbank erlassen.

Kapitel 3. Institutionelle Bestimmungen

Art. 134 [Wirtschafts- und Finanzausschuss] (1) Um die Koordinierung der Politiken der Mitgliedstaaten in dem für das Funktionieren des Binnenmarkts erforderlichen Umfang zu fördern, wird ein Wirtschafts- und Finanzausschuss eingesetzt.

(2) *[1]* Der Wirtschafts- und Finanzausschuss hat die Aufgabe,

– auf Ersuchen des Rates oder der Kommission oder von sich aus Stellungnahmen an diese Organe abzugeben;

– die Wirtschafts- und Finanzlage der Mitgliedstaaten und der Union zu beobachten und dem Rat und der Kommission regelmäßig darüber Bericht zu erstatten, insbesondere über die finanziellen Beziehungen zu dritten Ländern und internationalen Einrichtungen;

– unbeschadet des Artikels 240 an der Vorbereitung der in Artikel 66, Artikel 75, Artikel 121 Absätze 2, 3, 4 und 6, Artikel 122, Artikel 124, Artikel 125, Artikel 126, Artikel 127 Absatz 6, Artikel 128 Absatz 2, Artikel 129 Absätze 3 und 4, Artikel 138, Artikel 140 Absätze 2 und 3, Artikel 143, Artikel 144 Absätze 2 und 3 und Artikel 219 genannten Arbeiten des Rates mitzuwirken und die sonstigen ihm vom Rat übertragenen Beratungsaufgaben und vorbereitenden Arbeiten auszuführen;

– mindestens einmal jährlich die Lage hinsichtlich des Kapitalverkehrs und der Freiheit des Zahlungsverkehrs, wie sie sich aus der Anwendung der Verträge und der Maßnahmen des Rates ergeben, zu prüfen; die Prüfung erstreckt sich auf alle Maßnahmen im Zusammenhang mit dem Kapital- und Zahlungsverkehr; der Ausschuss erstattet der Kommission und dem Rat Bericht über das Ergebnis dieser Prüfung.

[2] Jeder Mitgliedstaat sowie die Kommission und die Europäische Zentralbank ernennen jeweils höchstens zwei Mitglieder des Ausschusses.

(3) [1] Der Rat legt auf Vorschlag der Kommission und nach Anhörung der Europäischen Zentralbank und des in diesem Artikel genannten Ausschusses im Einzelnen fest, wie sich der Wirtschafts- und Finanzausschuss zusammensetzt. [2] Der Präsident des Rates unterrichtet das Europäische Parlament über diesen Beschluss.

(4) Sofern und solange es Mitgliedstaaten gibt, für die eine Ausnahmeregelung nach Artikel 139 gilt, hat der Ausschuss zusätzlich zu den in Absatz 2 beschriebenen Aufgaben die Währungs- und Finanzlage sowie den allgemeinen Zahlungsverkehr der betreffenden Mitgliedstaaten zu beobachten und dem Rat und der Kommission regelmäßig darüber Bericht zu erstatten.

Art. 135 [Empfehlungen und Vorschläge der Kommission] [1] Bei Fragen, die in den Geltungsbereich von Artikel 121 Absatz 4, Artikel 126 mit Ausnahme von Absatz 14, Artikel 138, Artikel 140 Absatz 1, Artikel 140 Absatz 2 Unterabsatz 1, Artikel 140 Absatz 3 und Artikel 219 fallen, kann der Rat oder ein Mitgliedstaat die Kommission ersuchen, je nach Zweckmäßigkeit eine Empfehlung oder einen Vorschlag zu unterbreiten. [2] Die Kommission prüft dieses Ersuchen und unterbreitet dem Rat umgehend ihre Schlussfolgerungen.

Kapitel 4. Besondere Bestimmungen für die Mitgliedstaaten, deren Währung der Euro ist

Art. 136[1)] [Haushaltsdisziplin; Grundzüge der Wirtschaftspolitik]

(1) Im Hinblick auf das reibungslose Funktionieren der Wirtschafts- und Währungsunion erlässt der Rat für die Mitgliedstaaten, deren Währung der Euro ist, Maßnahmen nach den einschlägigen Bestimmungen der Verträge und dem entsprechenden Verfahren unter den in den Artikeln 121 und 126 genannten Verfahren, mit Ausnahme des in Artikel 126 Absatz 14 genannten Verfahrens, um

a) die Koordinierung und Überwachung ihrer Haushaltsdisziplin zu verstärken,

b) für diese Staaten Grundzüge der Wirtschaftspolitik auszuarbeiten, wobei darauf zu achten ist, dass diese mit den für die gesamte Union angenommenen Grundzügen der Wirtschaftspolitik vereinbar sind, und ihre Einhaltung zu überwachen.

(2) *[1]* Bei den in Absatz 1 genannten Maßnahmen sind nur die Mitglieder des Rates stimmberechtigt, die die Mitgliedstaaten vertreten, deren Währung der Euro ist.

[2] Die qualifizierte Mehrheit dieser Mitglieder bestimmt sich nach Artikel 238 Absatz 3 Buchstabe a.

(3) [1] Die Mitgliedstaaten, deren Währung der Euro ist, können einen Stabilitätsmechanismus einrichten, der aktiviert wird, wenn dies unabdingbar ist, um die Stabilität des Euro-Währungsgebiets insgesamt zu wahren. [2] Die Gewährung aller erforderlichen Finanzhilfen im Rahmen des Mechanismus wird strengen Auflagen unterliegen.

Art. 137 [Tagungen der Euro-Gruppe] Die Einzelheiten für die Tagungen der Minister der Mitgliedstaaten, deren Währung der Euro ist, sind in dem Protokoll betreffend die Euro-Gruppe festgelegt.

Art. 138 [Euro im internationalen Währungssystem] (1) [1] Zur Gewährleistung der Stellung des Euro im internationalen Währungssystem erlässt der Rat auf Vorschlag der Kommission einen Beschluss zur Festlegung der innerhalb der zuständigen internationalen Einrichtungen und Konferenzen im Finanzbereich einzunehmenden gemeinsamen Standpunkte zu den Fragen, die von besonderer Bedeutung für die Wirtschafts- und Währungsunion sind. [2] Der Rat beschließt nach Anhörung der Europäischen Zentralbank.

(2) [1] Der Rat kann auf Vorschlag der Kommission geeignete Maßnahmen mit dem Ziel erlassen, eine einheitliche Vertretung bei den internationalen Einrichtungen und Konferenzen im Finanzbereich sicherzustellen. [2] Der Rat beschließt nach Anhörung der Europäischen Zentralbank.

(3) [1] Bei den in den Absätzen 1 und 2 genannten Maßnahmen sind nur die Mitglieder des Rates stimmberechtigt, die die Mitgliedstaaten vertreten, deren Währung der Euro ist.

[1)] Art. 136 Abs. 3 angef. mWv 1.5.2013 durch Beschl. v. 25.3.2011 (ABl. L 91 S. 1).
Siehe hierzu auch:
– die **Bekanntmachung über den Geltungsbereich des Beschlusses des Europäischen Rates vom 25. März 2011 zur Änderung des Artikels 136 des Vertrags über die Arbeitsweise der Europäischen Union hinsichtlich eines Stabilitätsmechanismus für die Mitgliedstaaten, deren Währung der Euro ist** v. 5.12.2013 (BGBl. II S. 1647).

[2] Die qualifizierte Mehrheit dieser Mitglieder bestimmt sich nach Artikel 238 Absatz 3 Buchstabe a.

Kapitel 5. Übergangsbestimmungen

Art. 139 [Mitgliedstaaten mit Ausnahmeregelung] (1) Die Mitgliedstaaten, für die der Rat nicht beschlossen hat, dass sie die erforderlichen Voraussetzungen für die Einführung des Euro erfüllen, werden im Folgenden als „Mitgliedstaaten, für die eine Ausnahmeregelung gilt" oder „Mitgliedstaaten mit Ausnahmeregelung" bezeichnet.

(2) *[1]* Auf die Mitgliedstaaten, für die eine Ausnahmeregelung gilt, finden die im Folgenden aufgeführten Bestimmungen der Verträge keine Anwendung:

a) Annahme der das Euro-Währungsgebiet generell betreffenden Teile der Grundzüge der Wirtschaftspolitik (Artikel 121 Absatz 2);
b) Zwangsmittel zum Abbau eines übermäßigen Defizits (Artikel 126 Absätze 9 und 11);
c) Ziele und Aufgaben des ESZB (Artikel 127 Absätze 1, 2, 3 und 5);
d) Ausgabe des Euro (Artikel 128);
e) Rechtsakte der Europäischen Zentralbank (Artikel 132);
f) Maßnahmen bezüglich der Verwendung des Euro (Artikel 133);
g) Währungsvereinbarungen und andere Maßnahmen bezüglich der Wechselkurspolitik (Artikel 219);
h) Ernennung der Mitglieder des Direktoriums der Europäischen Zentralbank (Artikel 283 Absatz 2);
i) Beschlüsse zur Festlegung der innerhalb der zuständigen internationalen Einrichtungen und Konferenzen im Finanzbereich einzunehmenden gemeinsamen Standpunkte zu den Fragen, die von besonderer Bedeutung für die Wirtschafts- und Währungsunion sind (Artikel 138 Absatz 1);
j) Maßnahmen zur Sicherstellung einer einheitlichen Vertretung bei den internationalen Einrichtungen und Konferenzen im Finanzbereich (Artikel 138 Absatz 2).

[2] Somit sind „Mitgliedstaaten" im Sinne der in den Buchstaben a bis j genannten Artikel die Mitgliedstaaten, deren Währung der Euro ist.

(3) Die Mitgliedstaaten, für die eine Ausnahmeregelung gilt, und deren nationale Zentralbanken sind nach Kapitel IX der Satzung des ESZB und der EZB von den Rechten und Pflichten im Rahmen des ESZB ausgeschlossen.

(4) *[1]* Das Stimmrecht der Mitglieder des Rates, die Mitgliedstaaten mit Ausnahmeregelung vertreten, ruht beim Erlass von Maßnahmen nach den in Absatz 2 genannten Artikeln durch den Rat sowie bei

a) Empfehlungen an die Mitgliedstaaten, deren Währung der Euro ist, im Rahmen der multilateralen Überwachung, einschließlich Empfehlungen zu den Stabilitätsprogrammen und Verwarnungen (Artikel 121 Absatz 4);
b) Maßnahmen bei übermäßigem Defizit von Mitgliedstaaten, deren Währung der Euro ist (Artikel 126 Absätze 6, 7, 8, 12 und 13).

[2] Die qualifizierte Mehrheit der übrigen Mitglieder des Rates bestimmt sich *nach* Artikel 238 Absatz 3 Buchstabe a.

Art. 140 [Konvergenzbericht] (1) *[1]* [1] Mindestens einmal alle zwei Jahre oder auf Antrag eines Mitgliedstaats, für den eine Ausnahmeregelung gilt, berichten die

Kommission und die Europäische Zentralbank dem Rat, inwieweit die Mitgliedstaaten, für die eine Ausnahmeregelung gilt, bei der Verwirklichung der Wirtschafts- und Währungsunion ihren Verpflichtungen bereits nachgekommen sind. [2] In ihren Berichten wird auch die Frage geprüft, inwieweit die innerstaatlichen Rechtsvorschriften jedes einzelnen dieser Mitgliedstaaten einschließlich der Satzung der jeweiligen nationalen Zentralbank mit Artikel 130 und Artikel 131 sowie der Satzung des ESZB und der EZB vereinbar sind. [3] Ferner wird darin geprüft, ob ein hoher Grad an dauerhafter Konvergenz erreicht ist; Maßstab hierfür ist, ob die einzelnen Mitgliedstaaten folgende Kriterien erfüllen:

- Erreichung eines hohen Grades an Preisstabilität, ersichtlich aus einer Inflationsrate, die der Inflationsrate jener – höchstens drei – Mitgliedstaaten nahe kommt, die auf dem Gebiet der Preisstabilität das beste Ergebnis erzielt haben;
- eine auf Dauer tragbare Finanzlage der öffentlichen Hand, ersichtlich aus einer öffentlichen Haushaltslage ohne übermäßiges Defizit im Sinne des Artikels 126 Absatz 6;
- Einhaltung der normalen Bandbreiten des Wechselkursmechanismus des Europäischen Währungssystems seit mindestens zwei Jahren ohne Abwertung gegenüber dem Euro;
- Dauerhaftigkeit der von dem Mitgliedstaat mit Ausnahmeregelung erreichten Konvergenz und seiner Teilnahme am Wechselkursmechanismus, die im Niveau der langfristigen Zinssätze zum Ausdruck kommt.

[2] [1] Die vier Kriterien in diesem Absatz sowie die jeweils erforderliche Dauer ihrer Einhaltung sind in einem den Verträgen beigefügten Protokoll näher festgelegt. [2] Die Berichte der Kommission und der Europäischen Zentralbank berücksichtigen auch die Ergebnisse bei der Integration der Märkte, den Stand und die Entwicklung der Leistungsbilanzen, die Entwicklung bei den Lohnstückkosten und andere Preisindizes.

(2) *[1]* Der Rat beschließt nach Anhörung des Europäischen Parlaments und nach Aussprache im Europäischen Rat auf Vorschlag der Kommission, welche der Mitgliedstaaten, für die eine Ausnahmeregelung gilt, die auf den Kriterien des Absatzes 1 beruhenden Voraussetzungen erfüllen, und hebt die Ausnahmeregelungen der betreffenden Mitgliedstaaten auf.

[2] Der Rat beschließt auf Empfehlung einer qualifizierten Mehrheit derjenigen seiner Mitglieder, die Mitgliedstaaten vertreten, deren Währung der Euro ist. Diese Mitglieder beschließen innerhalb von sechs Monaten nach Eingang des Vorschlags der Kommission beim Rat.

[3] Die in Unterabsatz 2 genannte qualifizierte Mehrheit dieser Mitglieder bestimmt sich nach Artikel 238 Absatz 3 Buchstabe a.

(3) Wird nach dem Verfahren des Absatzes 2 beschlossen, eine Ausnahmeregelung aufzuheben, so legt der Rat aufgrund eines einstimmigen Beschlusses der *Mitgliedstaaten, deren* Währung der Euro ist, und des betreffenden Mitgliedstaats auf Vorschlag der Kommission und nach Anhörung der Europäischen Zentralbank den Kurs, zu dem dessen Währung durch den Euro ersetzt wird, unwiderruflich fest und ergreift die sonstigen erforderlichen Maßnahmen zur Einführung des Euro als einheitliche Währung in dem betreffenden Mitgliedstaat.

Art. 141 [Erweiterter Rat der EZB] (1) Sofern und solange es Mitgliedstaaten gibt, für die eine Ausnahmeregelung gilt, wird unbeschadet des Artikels 129 Absatz 1 der in Artikel 44 der Satzung des ESZB und der EZB bezeichnete

Erweiterte Rat der Europäischen Zentralbank als drittes Beschlussorgan der Europäischen Zentralbank errichtet.

(2) Sofern und solange es Mitgliedstaaten gibt, für die eine Ausnahmeregelung gilt, ist es die Aufgabe der Europäischen Zentralbank, in Bezug auf diese Mitgliedstaaten

- die Zusammenarbeit zwischen den nationalen Zentralbanken zu verstärken;
- die Koordinierung der Geldpolitiken der Mitgliedstaaten mit dem Ziel zu verstärken, die Preisstabilität aufrechtzuerhalten;
- das Funktionieren des Wechselkursmechanismus zu überwachen;
- Konsultationen zu Fragen durchzuführen, die in die Zuständigkeit der nationalen Zentralbanken fallen und die Stabilität der Finanzinstitute und -märkte berühren;
- die seinerzeitigen Aufgaben des Europäischen Fonds für währungspolitische Zusammenarbeit, die zuvor vom Europäischen Währungsinstitut übernommen worden waren, wahrzunehmen.

Art. 142 [Wechselkurspolitik] [1]Jeder Mitgliedstaat, für den eine Ausnahmeregelung gilt, behandelt seine Wechselkurspolitik als eine Angelegenheit von gemeinsamem Interesse. [2]Er berücksichtigt dabei die Erfahrungen, die bei der Zusammenarbeit im Rahmen des Wechselkursmechanismus gesammelt worden sind.

Art. 143 [Zahlungsbilanzschwierigkeiten] (1) *[1]* [1]Ist ein Mitgliedstaat, für den eine Ausnahmeregelung gilt, hinsichtlich seiner Zahlungsbilanz von Schwierigkeiten betroffen oder ernstlich bedroht, die sich entweder aus einem Ungleichgewicht seiner Gesamtzahlungsbilanz oder aus der Art der ihm zur Verfügung stehenden Devisen ergeben, und sind diese Schwierigkeiten geeignet, insbesondere das Funktionieren des Binnenmarkts oder die Verwirklichung der gemeinsamen Handelspolitik zu gefährden, so prüft die Kommission unverzüglich die Lage dieses Staates sowie die Maßnahmen, die er getroffen hat oder unter Einsatz aller ihm zur Verfügung stehenden Mittel nach den Verträgen treffen kann. [2]Die Kommission gibt die Maßnahmen an, die sie dem betreffenden Mitgliedstaat empfiehlt.

[2] Erweisen sich die von einem Mitgliedstaat mit Ausnahmeregelung ergriffenen und die von der Kommission angeregten Maßnahmen als unzureichend, die aufgetretenen oder drohenden Schwierigkeiten zu beheben, so empfiehlt die Kommission dem Rat nach Anhörung des Wirtschafts- und Finanzausschusses einen gegenseitigen Beistand und die dafür geeigneten Methoden.

[3] Die Kommission unterrichtet den Rat regelmäßig über die Lage und ihre Entwicklung.

(2) [1]Der Rat gewährt den gegenseitigen Beistand; er erlässt Richtlinien oder Beschlüsse, welche die Bedingungen und Einzelheiten hierfür festlegen. [2]Der gegenseitige Beistand kann insbesondere erfolgen

a) durch ein abgestimmtes Vorgehen bei anderen internationalen Organisationen, an die sich die Mitgliedstaaten, für die eine Ausnahmeregelung gilt, wenden können;
b) durch Maßnahmen, die notwendig sind, um Verlagerungen von Handelsströmen zu vermeiden, falls der in Schwierigkeiten befindliche Mitgliedstaat mit Ausnahmeregelung mengenmäßige Beschränkungen gegenüber dritten Ländern beibehält oder wieder einführt;
c) durch Bereitstellung von Krediten in begrenzter Höhe seitens anderer Mitgliedstaaten; hierzu ist ihr Einverständnis erforderlich.

(3) *[1]* Stimmt der Rat dem von der Kommission empfohlenen gegenseitigen Beistand nicht zu oder sind der gewährte Beistand und die getroffenen Maßnahmen unzureichend, so ermächtigt die Kommission den in Schwierigkeiten befindlichen Mitgliedstaat mit Ausnahmeregelung, Schutzmaßnahmen zu treffen, deren Bedingungen und Einzelheiten sie festlegt.

[2] Der Rat kann diese Ermächtigung aufheben und die Bedingungen und Einzelheiten ändern.

Art. 144 [Plötzliche Zahlungsbilanzkrise; Schutzmaßnahmen] (1) [1] Gerät ein Mitgliedstaat, für den eine Ausnahmeregelung gilt, in eine plötzliche Zahlungsbilanzkrise und wird ein Beschluss im Sinne des Artikels 143 Absatz 2 nicht unverzüglich getroffen, so kann der betreffende Staat vorsorglich die erforderlichen Schutzmaßnahmen ergreifen. [2] Sie dürfen nur ein Mindestmaß an Störungen im Funktionieren des Binnenmarkts hervorrufen und nicht über das zur Behebung der plötzlich aufgetretenen Schwierigkeiten unbedingt erforderliche Ausmaß hinausgehen.

(2) [1] Die Kommission und die anderen Mitgliedstaaten werden über die Schutzmaßnahmen spätestens bei deren Inkrafttreten unterrichtet. [2] Die Kommission kann dem Rat den gegenseitigen Beistand nach Artikel 143 empfehlen.

(3) Auf Empfehlung der Kommission und nach Anhörung des Wirtschafts- und Finanzausschusses kann der Rat beschließen, dass der betreffende Mitgliedstaat diese Schutzmaßnahmen zu ändern, auszusetzen oder aufzuheben hat.

Titel IX. Beschäftigung

Art. 145 [Koordinierte Beschäftigungsstrategie] Die Mitgliedstaaten und die Union arbeiten nach diesem Titel auf die Entwicklung einer koordinierten Beschäftigungsstrategie und insbesondere auf die Förderung der Qualifizierung, Ausbildung und Anpassungsfähigkeit der Arbeitnehmer sowie der Fähigkeit der Arbeitsmärkte hin, auf die Erfordernisse des wirtschaftlichen Wandels zu reagieren, um die Ziele des Artikels 3 des Vertrags über die Europäische Union[1)] zu erreichen.

Art. 146 [Abgestimmte Beschäftigungspolitik der Mitgliedstaaten]

(1) Die Mitgliedstaaten tragen durch ihre Beschäftigungspolitik im Einklang mit den nach Artikel 121 Absatz 2 verabschiedeten Grundzügen der Wirtschaftspolitik der Mitgliedstaaten und der Union zur Erreichung der in Artikel 145 genannten Ziele bei.

(2) Die Mitgliedstaaten betrachten die Förderung der Beschäftigung als Angelegenheit von gemeinsamem Interesse und stimmen ihre diesbezüglichen Tätigkeiten nach Maßgabe des Artikels 148 im Rat aufeinander ab, wobei die einzelstaatlichen Gepflogenheiten in Bezug auf die Verantwortung der Sozialpartner berücksichtigt werden.

Art. 147 [Hohes Beschäftigungsniveau] (1) [1] Die Union trägt zu einem hohen Beschäftigungsniveau bei, indem sie die Zusammenarbeit zwischen den Mitgliedstaaten fördert und deren Maßnahmen in diesem Bereich unterstützt und erforderlichenfalls ergänzt. [2] Hierbei wird die Zuständigkeit der Mitgliedstaaten beachtet.

[1)] Nr. **1000**.

(2) Das Ziel eines hohen Beschäftigungsniveaus wird bei der Festlegung und Durchführung der Unionspolitiken und -maßnahmen berücksichtigt.

Art. 148 [Beschäftigungspolitische Leitlinien] (1) Anhand eines gemeinsamen Jahresberichts des Rates und der Kommission prüft der Europäische Rat jährlich die Beschäftigungslage in der Union und nimmt hierzu Schlussfolgerungen an.

(2) [1] Anhand der Schlussfolgerungen des Europäischen Rates legt der Rat auf Vorschlag der Kommission und nach Anhörung des Europäischen Parlaments, des Wirtschafts- und Sozialausschusses, des Ausschusses der Regionen und des in Artikel 150 genannten Beschäftigungsausschusses jährlich Leitlinien fest, welche die Mitgliedstaaten in ihrer Beschäftigungspolitik berücksichtigen. [2] Diese Leitlinien müssen mit den nach Artikel 121 Absatz 2 verabschiedeten Grundzügen in Einklang stehen.

(3) Jeder Mitgliedstaat übermittelt dem Rat und der Kommission jährlich einen Bericht über die wichtigsten Maßnahmen, die er zur Durchführung seiner Beschäftigungspolitik im Lichte der beschäftigungspolitischen Leitlinien nach Absatz 2 getroffen hat.

(4) [1] Anhand der in Absatz 3 genannten Berichte und nach Stellungnahme des Beschäftigungsausschusses unterzieht der Rat die Durchführung der Beschäftigungspolitik der Mitgliedstaaten im Lichte der beschäftigungspolitischen Leitlinien jährlich einer Prüfung. [2] Der Rat kann dabei auf Empfehlung der Kommission Empfehlungen an die Mitgliedstaaten richten, wenn er dies aufgrund der Ergebnisse dieser Prüfung für angebracht hält.

(5) Auf der Grundlage der Ergebnisse der genannten Prüfung erstellen der Rat und die Kommission einen gemeinsamen Jahresbericht für den Europäischen Rat über die Beschäftigungslage in der Union und über die Umsetzung der beschäftigungspolitischen Leitlinien.

Art. 149 [Anreizmaßnahmen zur Förderung der Zusammenarbeit]

[1] Das Europäische Parlament und der Rat können gemäß dem ordentlichen Gesetzgebungsverfahren und nach Anhörung des Wirtschafts- und Sozialausschusses sowie des Ausschusses der Regionen Anreizmaßnahmen zur Förderung der Zusammenarbeit zwischen den Mitgliedstaaten und zur Unterstützung ihrer Beschäftigungsmaßnahmen durch Initiativen beschließen, die darauf abzielen, den Austausch von Informationen und bewährten Verfahren zu entwickeln, vergleichende Analysen und Gutachten bereitzustellen sowie innovative Ansätze zu fördern und Erfahrungen zu bewerten, und zwar insbesondere durch den Rückgriff auf Pilotvorhaben.

[2] Diese Maßnahmen schließen keinerlei Harmonisierung der Rechts- und Verwaltungsvorschriften der Mitgliedstaaten ein.

Art. 150 [Beschäftigungsausschuss] *[1]* [1] Der Rat, der mit einfacher Mehrheit beschließt, setzt nach Anhörung des Europäischen Parlaments einen Beschäftigungsausschuss mit beratender Funktion zur Förderung der Koordinierung der Beschäftigungs- und Arbeitsmarktpolitik der Mitgliedstaaten ein. [2] Der Ausschuss hat folgende Aufgaben:

– Er verfolgt die Beschäftigungslage und die Beschäftigungspolitik in den Mitgliedstaaten und der Union;

– er gibt unbeschadet des Artikels 240 auf Ersuchen des Rates oder der Kommission oder von sich aus Stellungnahmen ab und trägt zur Vorbereitung der in Artikel 148 genannten Beratungen des Rates bei.

[2] Bei der Erfüllung seines Auftrags hört der Ausschuss die Sozialpartner.

[3] Jeder Mitgliedstaat und die Kommission entsenden zwei Mitglieder in den Ausschuss.

Titel X. Sozialpolitik

Art. 151 [Ziele und Mittel abgestimmter und gemeinsamer Sozialpolitik] *[1]* Die Union und die Mitgliedstaaten verfolgen eingedenk der sozialen Grundrechte, wie sie in der am 18. Oktober 1961 in Turin unterzeichneten Europäischen Sozialcharta[1] und in der Gemeinschaftscharta der sozialen Grundrechte der Arbeitnehmer von 1989[2] festgelegt sind, folgende Ziele: die Förderung der Beschäftigung, die Verbesserung der Lebens- und Arbeitsbedingungen, um dadurch auf dem Wege des Fortschritts ihre Angleichung zu ermöglichen, einen angemessenen sozialen Schutz, den sozialen Dialog, die Entwicklung des Arbeitskräftepotenzials im Hinblick auf ein dauerhaft hohes Beschäftigungsniveau und die Bekämpfung von Ausgrenzungen.

[2] Zu diesem Zweck führen die Union und die Mitgliedstaaten Maßnahmen durch, die der Vielfalt der einzelstaatlichen Gepflogenheiten, insbesondere in den vertraglichen Beziehungen, sowie der Notwendigkeit, die Wettbewerbsfähigkeit der Wirtschaft der Union zu erhalten, Rechnung tragen.

[3] Sie sind der Auffassung, dass sich eine solche Entwicklung sowohl aus dem eine Abstimmung der Sozialordnungen begünstigenden Wirken des Binnenmarkts als auch aus den in den Verträgen vorgesehenen Verfahren sowie aus der Angleichung ihrer Rechts- und Verwaltungsvorschriften ergeben wird.

Art. 152 [Rolle der Sozialpartner; Sozialer Dialog; Sozialgipfel] *[1]* [1]Die Union anerkennt und fördert die Rolle der Sozialpartner auf Ebene der Union unter Berücksichtigung der Unterschiedlichkeit der nationalen Systeme. [2]Sie fördert den sozialen Dialog und achtet dabei die Autonomie der Sozialpartner.

[2] Der Dreigliedrige Sozialgipfel für Wachstum und Beschäftigung trägt zum sozialen Dialog bei.

Art. 153 [Unionskompetenzen] (1) Zur Verwirklichung der Ziele des Artikels 151 unterstützt und ergänzt die Union die Tätigkeit der Mitgliedstaaten auf folgenden Gebieten:

a) Verbesserung insbesondere der Arbeitsumwelt zum Schutz der Gesundheit und der Sicherheit der Arbeitnehmer,
b) Arbeitsbedingungen,
c) soziale Sicherheit und sozialer Schutz der Arbeitnehmer,
d) Schutz der Arbeitnehmer bei Beendigung des Arbeitsvertrags,
e) Unterrichtung und Anhörung der Arbeitnehmer,
f) Vertretung und kollektive Wahrnehmung der Arbeitnehmer- und Arbeitgeberinteressen, einschließlich der Mitbestimmung, vorbehaltlich des Absatzes 5,

---

[1] **Loseblatt-Textsammlung Arbeitsrecht Nr. 1152.**
[2] **Loseblatt-Textsammlung Arbeitsrecht Nr. 860.**

g) Beschäftigungsbedingungen der Staatsangehörigen dritter Länder, die sich rechtmäßig im Gebiet der Union aufhalten,

h) berufliche Eingliederung der aus dem Arbeitsmarkt ausgegrenzten Personen, unbeschadet des Artikels 166,

i) Chancengleichheit von Männern und Frauen auf dem Arbeitsmarkt und Gleichbehandlung am Arbeitsplatz,

j) Bekämpfung der sozialen Ausgrenzung,

k) Modernisierung der Systeme des sozialen Schutzes, unbeschadet des Buchstabens c.

(2) *[1]* Zu diesem Zweck können das Europäische Parlament und der Rat

a) unter Ausschluss jeglicher Harmonisierung der Rechts- und Verwaltungsvorschriften der Mitgliedstaaten Maßnahmen annehmen, die dazu bestimmt sind, die Zusammenarbeit zwischen den Mitgliedstaaten durch Initiativen zu fördern, die die Verbesserung des Wissensstands, die Entwicklung des Austauschs von Informationen und bewährten Verfahren, die Förderung innovativer Ansätze und die Bewertung von Erfahrungen zum Ziel haben;

b) in den in Absatz 1 Buchstaben a bis i genannten Bereichen unter Berücksichtigung der in den einzelnen Mitgliedstaaten bestehenden Bedingungen und technischen Regelungen durch Richtlinien Mindestvorschriften erlassen, die schrittweise anzuwenden sind. Diese Richtlinien sollen keine verwaltungsmäßigen, finanziellen oder rechtlichen Auflagen vorschreiben, die der Gründung und Entwicklung von kleinen und mittleren Unternehmen entgegenstehen.

[2] Das Europäische Parlament und der Rat beschließen gemäß dem ordentlichen Gesetzgebungsverfahren nach Anhörung des Wirtschafts- und Sozialausschusses und des Ausschusses der Regionen.

[3] In den in Absatz 1 Buchstaben c, d, f und g genannten Bereichen beschließt der Rat einstimmig gemäß einem besonderen Gesetzgebungsverfahren nach Anhörung des Europäischen Parlaments und der genannten Ausschüsse.

[4] Der Rat kann einstimmig auf Vorschlag der Kommission nach Anhörung des Europäischen Parlaments beschließen, dass das ordentliche Gesetzgebungsverfahren auf Absatz 1 Buchstaben d, f und g angewandt wird.

(3) *[1]* Ein Mitgliedstaat kann den Sozialpartnern auf deren gemeinsamen Antrag die Durchführung von aufgrund des Absatzes 2 angenommenen Richtlinien oder gegebenenfalls die Durchführung eines nach Artikel 155 erlassenen Beschlusses des Rates übertragen.

[2] In diesem Fall vergewissert sich der Mitgliedstaat, dass die Sozialpartner spätestens zu dem Zeitpunkt, zu dem eine Richtlinie umgesetzt oder ein Beschluss durchgeführt sein muss, im Wege einer Vereinbarung die erforderlichen Vorkehrungen getroffen haben; dabei hat der Mitgliedstaat alle erforderlichen Maßnahmen zu treffen, um jederzeit gewährleisten zu können, dass die durch diese Richtlinie oder diesen Beschluss vorgeschriebenen Ergebnisse erzielt werden.

(4) Die aufgrund dieses Artikels erlassenen Bestimmungen

– berühren nicht die anerkannte Befugnis der Mitgliedstaaten, die Grundprinzipien ihres Systems der sozialen Sicherheit festzulegen, und dürfen das finanzielle Gleichgewicht dieser Systeme nicht erheblich beeinträchtigen;

– hindern die Mitgliedstaaten nicht daran, strengere Schutzmaßnahmen beizubehalten oder zu treffen, die mit den Verträgen vereinbar sind.

(5) Dieser Artikel gilt nicht für das Arbeitsentgelt, das Koalitionsrecht, das Streikrecht sowie das Aussperrungsrecht.

Art. 154 [Anhörung der Sozialpartner] (1) Die Kommission hat die Aufgabe, die Anhörung der Sozialpartner auf Unionsebene zu fördern, und erlässt alle zweckdienlichen Maßnahmen, um den Dialog zwischen den Sozialpartnern zu erleichtern, wobei sie für Ausgewogenheit bei der Unterstützung der Parteien sorgt.

(2) Zu diesem Zweck hört die Kommission vor Unterbreitung von Vorschlägen im Bereich der Sozialpolitik die Sozialpartner zu der Frage, wie eine Unionsaktion gegebenenfalls ausgerichtet werden sollte.

(3) [1] Hält die Kommission nach dieser Anhörung eine Unionsmaßnahme für zweckmäßig, so hört sie die Sozialpartner zum Inhalt des in Aussicht genommenen Vorschlags. [2] Die Sozialpartner übermitteln der Kommission eine Stellungnahme oder gegebenenfalls eine Empfehlung.

(4) [1] Bei den Anhörungen nach den Absätzen 2 und 3 können die Sozialpartner der Kommission mitteilen, dass sie den Prozess nach Artikel 155 in Gang setzen wollen. [2] Die Dauer dieses Prozesses darf höchstens neun Monate betragen, sofern die betroffenen Sozialpartner und die Kommission nicht gemeinsam eine Verlängerung beschließen.

Art. 155 [Dialog zwischen den Sozialpartnern] (1) Der Dialog zwischen den Sozialpartnern auf Unionsebene kann, falls sie es wünschen, zur Herstellung vertraglicher Beziehungen einschließlich des Abschlusses von Vereinbarungen führen.

(2) *[1]* [1] Die Durchführung der auf Unionsebene geschlossenen Vereinbarungen erfolgt entweder nach den jeweiligen Verfahren und Gepflogenheiten der Sozialpartner und der Mitgliedstaaten oder – in den durch Artikel 153 erfassten Bereichen – auf gemeinsamen Antrag der Unterzeichnerparteien durch einen Beschluss des Rates auf Vorschlag der Kommission. [2] Das Europäische Parlament wird unterrichtet.

[2] Der Rat beschließt einstimmig, sofern die betreffende Vereinbarung eine oder mehrere Bestimmungen betreffend einen der Bereiche enthält, für die nach Artikel 153 Absatz 2 Einstimmigkeit erforderlich ist.

Art. 156 [Fördermaßnahmen der Kommission] *[1]* Unbeschadet der sonstigen Bestimmungen der Verträge fördert die Kommission im Hinblick auf die Erreichung der Ziele des Artikels 151 die Zusammenarbeit zwischen den Mitgliedstaaten und erleichtert die Abstimmung ihres Vorgehens in allen unter dieses Kapitel fallenden Bereichen der Sozialpolitik, insbesondere auf dem Gebiet

- der Beschäftigung,
- des Arbeitsrechts und der Arbeitsbedingungen,
- der beruflichen Ausbildung und Fortbildung,
- der sozialen Sicherheit,
- der Verhütung von Berufsunfällen und Berufskrankheiten,
- des Gesundheitsschutzes bei der Arbeit,
- des Koalitionsrechts und der Kollektivverhandlungen zwischen Arbeitgebern und Arbeitnehmern.

[2] [1] Zu diesem Zweck wird die Kommission in enger Verbindung mit den Mitgliedstaaten durch Untersuchungen, Stellungnahmen und die Durchführung

von Konsultationen in Bezug auf innerstaatlich oder in den internationalen Organisationen zu behandelnde Fragen tätig, und zwar insbesondere im Wege von Initiativen, die darauf abzielen, Leitlinien und Indikatoren festzulegen, den Austausch bewährter Verfahren durchzuführen und die erforderlichen Elemente für eine regelmäßige Überwachung und Bewertung auszuarbeiten. [2]Das Europäische Parlament wird in vollem Umfang unterrichtet.

[3] Vor Abgabe der in diesem Artikel vorgesehenen Stellungnahmen hört die Kommission den Wirtschafts- und Sozialausschuss.

Art. 157 [Gleichstellung von Mann und Frau im Erwerbsleben] (1) Jeder Mitgliedstaat stellt die Anwendung des Grundsatzes des gleichen Entgelts für Männer und Frauen bei gleicher oder gleichwertiger Arbeit sicher.

(2) *[1]* Unter „Entgelt" im Sinne dieses Artikels sind die üblichen Grund- oder Mindestlöhne und -gehälter sowie alle sonstigen Vergütungen zu verstehen, die der Arbeitgeber aufgrund des Dienstverhältnisses dem Arbeitnehmer unmittelbar oder mittelbar in bar oder in Sachleistungen zahlt.

[2] Gleichheit des Arbeitsentgelts ohne Diskriminierung aufgrund des Geschlechts bedeutet,

a) dass das Entgelt für eine gleiche nach Akkord bezahlte Arbeit aufgrund der gleichen Maßeinheit festgesetzt wird,
b) dass für eine nach Zeit bezahlte Arbeit das Entgelt bei gleichem Arbeitsplatz gleich ist.

(3) Das Europäische Parlament und der Rat beschließen gemäß dem ordentlichen Gesetzgebungsverfahren und nach Anhörung des Wirtschafts- und Sozialausschusses Maßnahmen zur Gewährleistung der Anwendung des Grundsatzes der Chancengleichheit und der Gleichbehandlung von Männern und Frauen in Arbeits- und Beschäftigungsfragen, einschließlich des Grundsatzes des gleichen Entgelts bei gleicher oder gleichwertiger Arbeit.

(4) Im Hinblick auf die effektive Gewährleistung der vollen Gleichstellung von Männern und Frauen im Arbeitsleben hindert der Grundsatz der Gleichbehandlung die Mitgliedstaaten nicht daran, zur Erleichterung der Berufstätigkeit des unterrepräsentierten Geschlechts oder zur Verhinderung bzw. zum Ausgleich von Benachteiligungen in der beruflichen Laufbahn spezifische Vergünstigungen beizubehalten oder zu beschließen.

Art. 158 [Bezahlte Freizeit] Die Mitgliedstaaten sind bestrebt, die bestehende Gleichwertigkeit der Ordnungen über die bezahlte Freizeit beizubehalten.

Art. 159 [Bericht zur sozialen und demografischen Lage] [1]Die Kommission erstellt jährlich einen Bericht über den Stand der Verwirklichung der in Artikel 151 genannten Ziele sowie über die demografische Lage in der Union. [2]Sie übermittelt diesen Bericht dem Europäischen Parlament, dem Rat und dem Wirtschafts- und Sozialausschuss.

Art. 160 [Ausschuss für Sozialschutz] *[1]* [1]Der Rat, der mit einfacher Mehrheit beschließt, setzt nach Anhörung des Europäischen Parlaments einen Ausschuss für Sozialschutz mit beratender Aufgabe ein, um die Zusammenarbeit im Bereich des sozialen Schutzes zwischen den Mitgliedstaaten und mit der Kommission zu fördern. [2]Der Ausschuss hat folgende Aufgaben:

– Er verfolgt die soziale Lage und die Entwicklung der Politiken im Bereich des sozialen Schutzes in den Mitgliedstaaten und der Union;

– er fördert den Austausch von Informationen, Erfahrungen und bewährten Verfahren zwischen den Mitgliedstaaten und mit der Kommission;
– unbeschadet des Artikels 240 arbeitet er auf Ersuchen des Rates oder der Kommission oder von sich aus in seinem Zuständigkeitsbereich Berichte aus, gibt Stellungnahmen ab oder wird auf andere Weise tätig.

[2] Bei der Erfüllung seines Auftrags stellt der Ausschuss geeignete Kontakte zu den Sozialpartnern her.

[3] Jeder Mitgliedstaat und die Kommission ernennen zwei Mitglieder des Ausschusses.

Art. 161 [Jahresbericht der Kommission] *[1]* Der Jahresbericht der Kommission an das Europäische Parlament hat stets ein besonderes Kapitel über die Entwicklung der sozialen Lage in der Union zu enthalten.

[2] Das Europäische Parlament kann die Kommission auffordern, Berichte über besondere, die soziale Lage betreffende Fragen auszuarbeiten.

Titel XI. Der Europäische Sozialfonds

Art. 162 [Errichtung und Ziel des Europäischen Sozialfonds] Um die Beschäftigungsmöglichkeiten der Arbeitskräfte im Binnenmarkt zu verbessern und damit zur Hebung der Lebenshaltung beizutragen, wird nach Maßgabe der folgenden Bestimmungen ein Europäischer Sozialfonds errichtet, dessen Ziel es ist, innerhalb der Union die berufliche Verwendbarkeit und die örtliche und berufliche Mobilität der Arbeitskräfte zu fördern sowie die Anpassung an die industriellen Wandlungsprozesse und an Veränderungen der Produktionssysteme insbesondere durch berufliche Bildung und Umschulung zu erleichtern.

Art. 163 [Verwaltung des Fonds] *[1]* Die Verwaltung des Fonds obliegt der Kommission.

[2] Die Kommission wird hierbei von einem Ausschuss unterstützt, der aus Vertretern der Regierungen sowie der Arbeitgeber- und der Arbeitnehmerverbände besteht; den Vorsitz führt ein Mitglied der Kommission.

Art. 164 [Durchführungsverordnungen] Das Europäische Parlament und der Rat erlassen gemäß dem ordentlichen Gesetzgebungsverfahren und nach Anhörung des Wirtschafts- und Sozialausschusses sowie des Ausschusses der Regionen die den Europäischen Sozialfonds betreffenden Durchführungsverordnungen.

Titel XII. Allgemeine und berufliche Bildung, Jugend und Sport

Art. 165 [Beitrag der Union; Ziele] (1) *[1]* Die Union trägt zur Entwicklung einer qualitativ hoch stehenden Bildung dadurch bei, dass sie die Zusammenarbeit zwischen den Mitgliedstaaten fördert und die Tätigkeit der Mitgliedstaaten unter strikter Beachtung der Verantwortung der Mitgliedstaaten für die Lehrinhalte und die Gestaltung des Bildungssystems sowie der Vielfalt ihrer Kulturen und Sprachen erforderlichenfalls unterstützt und ergänzt.

[2] Die Union trägt zur Förderung der europäischen Dimension des Sports bei und berücksichtigt dabei dessen besondere Merkmale, dessen auf freiwilligem Engagement basierende Strukturen sowie dessen soziale und pädagogische Funktion.

(2) Die Tätigkeit der Union hat folgende Ziele:

- Entwicklung der europäischen Dimension im Bildungswesen, insbesondere durch Erlernen und Verbreitung der Sprachen der Mitgliedstaaten;
- Förderung der Mobilität von Lernenden und Lehrenden, auch durch die Förderung der akademischen Anerkennung der Diplome und Studienzeiten;
- Förderung der Zusammenarbeit zwischen den Bildungseinrichtungen;
- Ausbau des Informations- und Erfahrungsaustauschs über gemeinsame Probleme im Rahmen der Bildungssysteme der Mitgliedstaaten;
- Förderung des Ausbaus des Jugendaustauschs und des Austauschs sozialpädagogischer Betreuer und verstärkte Beteiligung der Jugendlichen am demokratischen Leben in Europa;
- Förderung der Entwicklung der Fernlehre;
- Entwicklung der europäischen Dimension des Sports durch Förderung der Fairness und der Offenheit von Sportwettkämpfen und der Zusammenarbeit zwischen den für den Sport verantwortlichen Organisationen sowie durch den Schutz der körperlichen und seelischen Unversehrtheit der Sportler, insbesondere der jüngeren Sportler.

(3) Die Union und die Mitgliedstaaten fördern die Zusammenarbeit mit dritten Ländern und den für den Bildungsbereich und den Sport zuständigen internationalen Organisationen, insbesondere dem Europarat.

(4) Als Beitrag zur Verwirklichung der Ziele dieses Artikels

- erlassen das Europäische Parlament und der Rat gemäß dem ordentlichen Gesetzgebungsverfahren und nach Anhörung des Wirtschafts- und Sozialausschusses und des Ausschusses der Regionen Fördermaßnahmen unter Ausschluss jeglicher Harmonisierung der Rechts- und Verwaltungsvorschriften der Mitgliedstaaten;
- erlässt der Rat auf Vorschlag der Kommission Empfehlungen.

Art. 166 [Berufliche Bildung; Ziele] (1) Die Union führt eine Politik der beruflichen Bildung, welche die Maßnahmen der Mitgliedstaaten unter strikter Beachtung der Verantwortung der Mitgliedstaaten für Inhalt und Gestaltung der beruflichen Bildung unterstützt und ergänzt.

(2) Die Tätigkeit der Union hat folgende Ziele:

- Erleichterung der Anpassung an die industriellen Wandlungsprozesse, insbesondere durch berufliche Bildung und Umschulung;
- Verbesserung der beruflichen Erstausbildung und Weiterbildung zur Erleichterung der beruflichen Eingliederung und Wiedereingliederung in den Arbeitsmarkt;
- Erleichterung der Aufnahme einer beruflichen Bildung sowie Förderung der Mobilität der Ausbilder und der in beruflicher Bildung befindlichen Personen, insbesondere der Jugendlichen;
- Förderung der Zusammenarbeit in Fragen der beruflichen Bildung zwischen Unterrichtsanstalten und Unternehmen;
- Ausbau des Informations- und Erfahrungsaustauschs über gemeinsame Probleme im Rahmen der Berufsbildungssysteme der Mitgliedstaaten.

(3) Die Union und die Mitgliedstaaten fördern die Zusammenarbeit mit dritten Ländern und den für die berufliche Bildung zuständigen internationalen Organisationen.

(4) Das Europäische Parlament und der Rat erlassen gemäß dem ordentlichen Gesetzgebungsverfahren und nach Anhörung des Wirtschafts- und Sozialausschusses sowie des Ausschusses der Regionen Maßnahmen, die zur Verwirklichung der Ziele dieses Artikels beitragen, unter Ausschluss jeglicher Harmonisierung der Rechts- und Verwaltungsvorschriften der Mitgliedstaaten, und der Rat erlässt auf Vorschlag der Kommission Empfehlungen.

Titel XIII. Kultur

Art. 167 [Beitrag der Union unter Wahrung und Förderung der Kulturvielfalt] (1) Die Union leistet einen Beitrag zur Entfaltung der Kulturen der Mitgliedstaaten unter Wahrung ihrer nationalen und regionalen Vielfalt sowie gleichzeitiger Hervorhebung des gemeinsamen kulturellen Erbes.

(2) Die Union fördert durch ihre Tätigkeit die Zusammenarbeit zwischen den Mitgliedstaaten und unterstützt und ergänzt erforderlichenfalls deren Tätigkeit in folgenden Bereichen:

– Verbesserung der Kenntnis und Verbreitung der Kultur und Geschichte der europäischen Völker,
– Erhaltung und Schutz des kulturellen Erbes von europäischer Bedeutung,
– nichtkommerzieller Kulturaustausch,
– künstlerisches und literarisches Schaffen, einschließlich im audiovisuellen Bereich.

(3) Die Union und die Mitgliedstaaten fördern die Zusammenarbeit mit dritten Ländern und den für den Kulturbereich zuständigen internationalen Organisationen, insbesondere mit dem Europarat.

(4) Die Union trägt bei ihrer Tätigkeit aufgrund anderer Bestimmungen der Verträge den kulturellen Aspekten Rechnung, insbesondere zur Wahrung und Förderung der Vielfalt ihrer Kulturen.

(5) Als Beitrag zur Verwirklichung der Ziele dieses Artikels

– erlassen das Europäische Parlament und der Rat gemäß dem ordentlichen Gesetzgebungsverfahren und nach Anhörung des Ausschusses der Regionen Fördermaßnahmen unter Ausschluss jeglicher Harmonisierung der Rechts- und Verwaltungsvorschriften der Mitgliedstaaten.
– erlässt der Rat auf Vorschlag der Kommission Empfehlungen.

Titel XIV. Gesundheitswesen

Art. 168 [Beitrag der Union zur Sicherstellung eines hohen Gesundheitsschutzniveaus] (1) *[1]* Bei der Festlegung und Durchführung aller Unionspolitiken und -maßnahmen wird ein hohes Gesundheitsschutzniveau sichergestellt.

[2] [1] Die Tätigkeit der Union ergänzt die Politik der Mitgliedstaaten und ist auf die Verbesserung der Gesundheit der Bevölkerung, die Verhütung von Humankrankheiten und die Beseitigung von Ursachen für die Gefährdung der körperlichen und geistigen Gesundheit gerichtet. [2] Sie umfasst die Bekämpfung der weit verbreiteten schweren Krankheiten, wobei die Erforschung der Ursachen, der Übertragung und der Verhütung dieser Krankheiten sowie Gesundheitsinformation und -erziehung gefördert werden; außerdem umfasst sie die Beobachtung, frühzeitige Meldung und Bekämpfung schwerwiegender grenzüberschreitender Gesundheitsgefahren.

[3] Die Union ergänzt die Maßnahmen der Mitgliedstaaten zur Verringerung drogenkonsumbedingter Gesundheitsschäden einschließlich der Informations- und Vorbeugungsmaßnahmen.

(2) *[1]* [1] Die Union fördert die Zusammenarbeit zwischen den Mitgliedstaaten in den in diesem Artikel genannten Bereichen und unterstützt erforderlichenfalls deren Tätigkeit. [2] Sie fördert insbesondere die Zusammenarbeit zwischen den Mitgliedstaaten, die darauf abzielt, die Komplementarität ihrer Gesundheitsdienste in den Grenzgebieten zu verbessern.

[2] [1] Die Mitgliedstaaten koordinieren untereinander im Benehmen mit der Kommission ihre Politiken und Programme in den in Absatz 1 genannten Bereichen. [2] Die Kommission kann in enger Verbindung mit den Mitgliedstaaten alle Initiativen ergreifen, die dieser Koordinierung förderlich sind, insbesondere Initiativen, die darauf abzielen, Leitlinien und Indikatoren festzulegen, den Austausch bewährter Verfahren durchzuführen und die erforderlichen Elemente für eine regelmäßige Überwachung und Bewertung auszuarbeiten. [3] Das Europäische Parlament wird in vollem Umfang unterrichtet.

(3) Die Union und die Mitgliedstaaten fördern die Zusammenarbeit mit dritten Ländern und den für das Gesundheitswesen zuständigen internationalen Organisationen.

(4) Abweichend von Artikel 2 Absatz 5 und Artikel 6 Buchstabe a tragen das Europäische Parlament und der Rat nach Artikel 4 Absatz 2 Buchstabe k gemäß dem ordentlichen Gesetzgebungsverfahren und nach Anhörung des Wirtschafts- und Sozialausschusses sowie des Ausschusses der Regionen mit folgenden Maßnahmen zur Verwirklichung der Ziele dieses Artikels bei, um den gemeinsamen Sicherheitsanliegen Rechnung zu tragen:

a) Maßnahmen zur Festlegung hoher Qualitäts- und Sicherheitsstandards für Organe und Substanzen menschlichen Ursprungs sowie für Blut und Blutderivate; diese Maßnahmen hindern die Mitgliedstaaten nicht daran, strengere Schutzmaßnahmen beizubehalten oder einzuführen;
b) Maßnahmen in den Bereichen Veterinärwesen und Pflanzenschutz, die unmittelbar den Schutz der Gesundheit der Bevölkerung zum Ziel haben;
c) Maßnahmen zur Festlegung hoher Qualitäts- und Sicherheitsstandards für Arzneimittel und Medizinprodukte.

(5) Das Europäische Parlament und der Rat können unter Ausschluss jeglicher Harmonisierung der Rechtsvorschriften der Mitgliedstaaten gemäß dem ordentlichen Gesetzgebungsverfahren und nach Anhörung des Wirtschafts- und Sozialausschusses und des Ausschusses der Regionen auch Fördermaßnahmen zum Schutz und zur Verbesserung der menschlichen Gesundheit sowie insbesondere zur Bekämpfung der weit verbreiteten schweren grenzüberschreitenden Krankheiten, Maßnahmen zur Beobachtung, frühzeitigen Meldung und Bekämpfung schwerwiegender grenzüberschreitender Gesundheitsgefahren sowie Maßnahmen, die unmittelbar den Schutz der Gesundheit der Bevölkerung vor Tabakkonsum und Alkoholmissbrauch zum Ziel haben, erlassen.

(6) Der Rat kann ferner auf Vorschlag der Kommission für die in diesem Artikel genannten Zwecke Empfehlungen erlassen.

(7) [1] Bei der Tätigkeit der Union wird die Verantwortung der Mitgliedstaaten für die Festlegung ihrer Gesundheitspolitik sowie für die Organisation des Gesundheitswesens und die medizinische Versorgung gewahrt. [2] Die Verantwortung der Mitgliedstaaten umfasst die Verwaltung des Gesundheitswesens und der medizi-

nischen Versorgung sowie die Zuweisung der dafür bereitgestellten Mittel. [3] Die Maßnahmen nach Absatz 4 Buchstabe a lassen die einzelstaatlichen Regelungen über die Spende oder die medizinische Verwendung von Organen und Blut unberührt.

Titel XV. Verbraucherschutz

Art. 169 [Beitrag der Union; Mindeststandards] (1) Zur Förderung der Interessen der Verbraucher und zur Gewährleistung eines hohen Verbraucherschutzniveaus leistet die Union einen Beitrag zum Schutz der Gesundheit, der Sicherheit und der wirtschaftlichen Interessen der Verbraucher sowie zur Förderung ihres Rechtes auf Information, Erziehung und Bildung von Vereinigungen zur Wahrung ihrer Interessen.

(2) Die Union leistet einen Beitrag zur Erreichung der in Absatz 1 genannten Ziele durch

a) Maßnahmen, die sie im Rahmen der Verwirklichung des Binnenmarkts nach Artikel 114 erlässt;

b) Maßnahmen zur Unterstützung, Ergänzung und Überwachung der Politik der Mitgliedstaaten.

(3) Das Europäische Parlament und der Rat beschließen gemäß dem ordentlichen Gesetzgebungsverfahren und nach Anhörung des Wirtschafts- und Sozialausschusses die Maßnahmen nach Absatz 2 Buchstabe b.

(4) [1] Die nach Absatz 3 beschlossenen Maßnahmen hindern die einzelnen Mitgliedstaaten nicht daran, strengere Schutzmaßnahmen beizubehalten oder zu ergreifen. [2] Diese Maßnahmen müssen mit den Verträgen vereinbar sein. [3] Sie werden der Kommission mitgeteilt.

Titel XVI. Transeuropäische Netze

Art. 170 [Beitrag zum Auf- und Ausbau] (1) Um einen Beitrag zur Verwirklichung der Ziele der Artikel 26 und 174 zu leisten und den Bürgern der Union, den Wirtschaftsbeteiligten sowie den regionalen und lokalen Gebietskörperschaften in vollem Umfang die Vorteile zugute kommen zu lassen, die sich aus der Schaffung eines Raumes ohne Binnengrenzen ergeben, trägt die Union zum Auf- und Ausbau transeuropäischer Netze in den Bereichen der Verkehrs-, Telekommunikations- und Energieinfrastruktur bei.

(2) [1] Die Tätigkeit der Union zielt im Rahmen eines Systems offener und wettbewerbsorientierter Märkte auf die Förderung des Verbunds und der Interoperabilität der einzelstaatlichen Netze sowie des Zugangs zu diesen Netzen ab. [2] Sie trägt insbesondere der Notwendigkeit Rechnung, insulare, eingeschlossene und am Rande gelegene Gebiete mit den zentralen Gebieten der Union zu verbinden.

Art. 171 [Handlungsinstrumente der Union] (1) *[1]* Zur Erreichung der Ziele des Artikels 170 geht die Union wie folgt vor:

– Sie stellt eine Reihe von Leitlinien auf, in denen die Ziele, die Prioritäten und die Grundzüge der im Bereich der transeuropäischen Netze in Betracht gezogenen Aktionen erfasst werden; in diesen Leitlinien werden Vorhaben von gemeinsamem Interesse ausgewiesen;

– sie führt jede Aktion durch, die sich gegebenenfalls als notwendig erweist, um die Interoperabilität der Netze zu gewährleisten, insbesondere im Bereich der Harmonisierung der technischen Normen;

– sie kann von den Mitgliedstaaten unterstützte Vorhaben von gemeinsamem Interesse, die im Rahmen der Leitlinien gemäß dem ersten Gedankenstrich ausgewiesen sind, insbesondere in Form von Durchführbarkeitsstudien, Anleihebürgschaften oder Zinszuschüssen unterstützen; die Union kann auch über den nach Artikel 177 errichteten Kohäsionsfonds zu spezifischen Verkehrsinfrastrukturvorhaben in den Mitgliedstaaten finanziell beitragen.

[2] Die Union berücksichtigt bei ihren Maßnahmen die potenzielle wirtschaftliche Lebensfähigkeit der Vorhaben.

(2) [1] Die Mitgliedstaaten koordinieren untereinander in Verbindung mit der Kommission die einzelstaatlichen Politiken, die sich erheblich auf die Verwirklichung der Ziele des Artikels 170 auswirken können. [2] Die Kommission kann in enger Zusammenarbeit mit den Mitgliedstaaten alle Initiativen ergreifen, die dieser Koordinierung förderlich sind.

(3) Die Union kann beschließen, mit dritten Ländern zur Förderung von Vorhaben von gemeinsamem Interesse sowie zur Sicherstellung der Interoperabilität der Netze zusammenzuarbeiten.

Art. 172 [Beschlussfassung] *[1]* Die Leitlinien und die übrigen Maßnahmen nach Artikel 171 Absatz 1 werden vom Europäischen Parlament und vom Rat gemäß dem ordentlichen Gesetzgebungsverfahren und nach Anhörung des Wirtschafts- und Sozialausschusses und des Ausschusses der Regionen festgelegt.

[2] Leitlinien und Vorhaben von gemeinsamem Interesse, die das Hoheitsgebiet eines Mitgliedstaats betreffen, bedürfen der Billigung des betroffenen Mitgliedstaats.

Titel XVII. Industrie

Art. 173 [Förderung der Wettbewerbsfähigkeit; Subventionsverbot]

(1) *[1]* Die Union und die Mitgliedstaaten sorgen dafür, dass die notwendigen Voraussetzungen für die Wettbewerbsfähigkeit der Industrie der Union gewährleistet sind.

[2] Zu diesem Zweck zielt ihre Tätigkeit entsprechend einem System offener und wettbewerbsorientierter Märkte auf Folgendes ab:

– Erleichterung der Anpassung der Industrie an die strukturellen Veränderungen;
– Förderung eines für die Initiative und Weiterentwicklung der Unternehmen in der gesamten Union, insbesondere der kleinen und mittleren Unternehmen, günstigen Umfelds;
– Förderung eines für die Zusammenarbeit zwischen Unternehmen günstigen Umfelds;
– Förderung einer besseren Nutzung des industriellen Potenzials der Politik in den Bereichen Innovation, Forschung und technologische Entwicklung.

(2) [1] Die Mitgliedstaaten konsultieren einander in Verbindung mit der Kommission und koordinieren, soweit erforderlich, ihre Maßnahmen. [2] Die Kommission kann alle Initiativen ergreifen, die dieser Koordinierung förderlich sind, insbesondere Initiativen, die darauf abzielen, Leitlinien und Indikatoren festzulegen, den Austausch bewährter Verfahren durchzuführen und die erforderlichen Elemente für eine regelmäßige Überwachung und Bewertung auszuarbeiten. [3] Das Europäische Parlament wird in vollem Umfang unterrichtet.

(3) *[1]* [1] Die Union trägt durch die Politik und die Maßnahmen, die sie aufgrund anderer Bestimmungen der Verträge durchführt, zur Erreichung der Ziele des

Absatzes 1 bei. [2] Das Europäische Parlament und der Rat können unter Ausschluss jeglicher Harmonisierung der Rechtsvorschriften der Mitgliedstaaten gemäß dem ordentlichen Gesetzgebungsverfahren und nach Anhörung des Wirtschafts- und Sozialausschusses spezifische Maßnahmen zur Unterstützung der in den Mitgliedstaaten durchgeführten Maßnahmen im Hinblick auf die Verwirklichung der Ziele des Absatzes 1 beschließen.

[2] Dieser Titel bietet keine Grundlage dafür, dass die Union irgendeine Maßnahme einführt, die zu Wettbewerbsverzerrungen führen könnte oder steuerliche Vorschriften oder Bestimmungen betreffend die Rechte und Interessen der Arbeitnehmer enthält.

Titel XVIII. Wirtschaftlicher, sozialer und territorialer Zusammenhalt

Art. 174 [Ziele der Strukturpolitik] *[1]* Die Union entwickelt und verfolgt weiterhin ihre Politik zur Stärkung ihres wirtschaftlichen, sozialen und territorialen Zusammenhalts, um eine harmonische Entwicklung der Union als Ganzes zu fördern.

[2] Die Union setzt sich insbesondere zum Ziel, die Unterschiede im Entwicklungsstand der verschiedenen Regionen und den Rückstand der am stärksten benachteiligten Gebiete zu verringern.

[3] Unter den betreffenden Gebieten gilt besondere Aufmerksamkeit den ländlichen Gebieten, den vom industriellen Wandel betroffenen Gebieten und den Gebieten mit schweren und dauerhaften natürlichen oder demografischen Nachteilen, wie den nördlichsten Regionen mit sehr geringer Bevölkerungsdichte sowie den Insel-, Grenz- und Bergregionen.

Art. 175 [Rolle der Strukturfonds; Aktionen außerhalb der Fonds]

[1] [1] Die Mitgliedstaaten führen und koordinieren ihre Wirtschaftspolitik in der Weise, dass auch die in Artikel 174 genannten Ziele erreicht werden. [2] Die Festlegung und Durchführung der Politiken und Aktionen der Union sowie die Errichtung des Binnenmarkts berücksichtigen die Ziele des Artikels 174 und tragen zu deren Verwirklichung bei. [3] Die Union unterstützt auch diese Bemühungen durch die Politik, die sie mit Hilfe der Strukturfonds (Europäischer Ausrichtungs- und Garantiefonds für die Landwirtschaft – Abteilung Ausrichtung, Europäischer Sozialfonds, Europäischer Fonds für regionale Entwicklung), der Europäischen Investitionsbank und der sonstigen vorhandenen Finanzierungsinstrumente führt.

[2] [1] Die Kommission erstattet dem Europäischen Parlament, dem Rat, dem Wirtschafts- und Sozialausschuss und dem Ausschuss der Regionen alle drei Jahre Bericht über die Fortschritte bei der Verwirklichung des wirtschaftlichen, sozialen und territorialen Zusammenhalts und über die Art und Weise, in der die in diesem Artikel vorgesehenen Mittel hierzu beigetragen haben. [2] Diesem Bericht werden erforderlichenfalls entsprechende Vorschläge beigefügt.

[3] Falls sich spezifische Aktionen außerhalb der Fonds und unbeschadet der im Rahmen der anderen Politiken der Union beschlossenen Maßnahmen als erforderlich erweisen, so können sie vom Europäischen Parlament und vom Rat gemäß dem ordentlichen Gesetzgebungsverfahren nach Anhörung des Wirtschafts- und Sozialausschusses und des Ausschusses der Regionen beschlossen werden.

Art. 176 [Europäischer Regionalfonds] Aufgabe des Europäischen Fonds für regionale Entwicklung ist es, durch Beteiligung an der Entwicklung und an der strukturellen Anpassung der rückständigen Gebiete und an der Umstellung der Industriegebiete mit rückläufiger Entwicklung zum Ausgleich der wichtigsten regionalen Ungleichgewichte in der Union beizutragen.

Art. 177 [Strukturfonds; Kohäsionsfonds[1]] *[1]* [1] Unbeschadet des Artikels 178 legen das Europäische Parlament und der Rat durch Verordnungen gemäß dem ordentlichen Gesetzgebungsverfahren und nach Anhörung des Wirtschafts- und Sozialausschusses und des Ausschusses der Regionen die Aufgaben, die vorrangigen Ziele und die Organisation der Strukturfonds fest, was ihre Neuordnung einschließen kann. [2] Nach demselben Verfahren werden ferner die für die Fonds geltenden allgemeinen Regeln sowie die Bestimmungen festgelegt, die zur Gewährleistung einer wirksamen Arbeitsweise und zur Koordinierung der Fonds sowohl untereinander als auch mit den anderen vorhandenen Finanzierungsinstrumenten erforderlich sind.

[2] Ein nach demselben Verfahren errichteter Kohäsionsfonds trägt zu Vorhaben in den Bereichen Umwelt und transeuropäische Netze auf dem Gebiet der Verkehrsinfrastruktur finanziell bei.

Art. 178 [Durchführungsverordnungen] *[1]* Die den Europäischen Fonds für regionale Entwicklung betreffenden Durchführungsverordnungen werden vom Europäischen Parlament und vom Rat gemäß dem ordentlichen Gesetzgebungsverfahren und nach Anhörung des Wirtschafts- und Sozialausschusses sowie des Ausschusses der Regionen gefasst.

[2] Für den Europäischen Ausrichtungs- und Garantiefonds für die Landwirtschaft, Abteilung Ausrichtung, und den Europäischen Sozialfonds sind die Artikel 43 bzw. 164 weiterhin anwendbar.

Titel XIX. Forschung, technologische Entwicklung und Raumfahrt

Art. 179 [Europäischer Raum der Forschung] (1) Die Union hat zum Ziel, ihre wissenschaftlichen und technologischen Grundlagen dadurch zu stärken, dass ein europäischer Raum der Forschung geschaffen wird, in dem Freizügigkeit für Forscher herrscht und wissenschaftliche Erkenntnisse und Technologien frei ausgetauscht werden, die Entwicklung ihrer Wettbewerbsfähigkeit einschließlich der ihrer Industrie zu fördern sowie alle Forschungsmaßnahmen zu unterstützen, die aufgrund anderer Kapitel der Verträge für erforderlich gehalten werden.

(2) In diesem Sinne unterstützt sie in der gesamten Union die Unternehmen – einschließlich der kleinen und mittleren Unternehmen –, die Forschungszentren und die Hochschulen bei ihren Bemühungen auf dem Gebiet der Forschung und technologischen Entwicklung von hoher Qualität; sie fördert ihre Zusammenarbeitsbestrebungen, damit vor allem die Forscher ungehindert über die Grenzen hinweg zusammenarbeiten und die Unternehmen die Möglichkeiten des Binnenmarkts in vollem Umfang nutzen können, und zwar insbesondere durch Öffnen des einzelstaatlichen öffentlichen Auftragswesens, Festlegung gemeinsamer Normen und Beseitigung der dieser Zusammenarbeit entgegenstehenden rechtlichen und steuerlichen Hindernisse.

(3) Alle Maßnahmen der Union aufgrund der Verträge auf dem Gebiet der Forschung und der technologischen Entwicklung, einschließlich der Demonstrationsvorhaben, werden nach Maßgabe dieses Titels beschlossen und durchgeführt.

---

[1] Vgl. zu dieser Vorschrift auch die von der Konferenz von Nizza zur Kenntnis genommenen Erklärungen Nr. 2 und Nr. 3 der Schlussakte v. 16.2.2001 (ABl. C 80 S. 70) verschiedener Mitgliedstaaten.

Art. 180 [Ergänzende Unionsmaßnahmen] Zur Erreichung dieser Ziele trifft die Union folgende Maßnahmen, welche die in den Mitgliedstaaten durchgeführten Aktionen ergänzen:

a) Durchführung von Programmen für Forschung, technologische Entwicklung und Demonstration unter Förderung der Zusammenarbeit mit und zwischen Unternehmen, Forschungszentren und Hochschulen;

b) Förderung der Zusammenarbeit mit dritten Ländern und internationalen Organisationen auf dem Gebiet der Forschung der Union, technologischen Entwicklung und Demonstration;

c) Verbreitung und Auswertung der Ergebnisse der Tätigkeiten auf dem Gebiet der Forschung der Union, technologischen Entwicklung und Demonstration;

d) Förderung der Ausbildung und der Mobilität der Forscher aus der Union.

Art. 181 [Koordinierung; Rolle der Kommission] (1) Die Union und die Mitgliedstaaten koordinieren ihre Tätigkeiten auf dem Gebiet der Forschung und der technologischen Entwicklung, um die Kohärenz der einzelstaatlichen Politiken und der Politik der Union sicherzustellen.

(2) [1] Die Kommission kann in enger Zusammenarbeit mit den Mitgliedstaaten alle Initiativen ergreifen, die der Koordinierung nach Absatz 1 förderlich sind, insbesondere Initiativen, die darauf abzielen, Leitlinien und Indikatoren festzulegen, den Austausch bewährter Verfahren durchzuführen und die erforderlichen Elemente für eine regelmäßige Überwachung und Bewertung auszuarbeiten. [2] Das Europäische Parlament wird in vollem Umfang unterrichtet.

Art. 182 [Mehrjähriges Rahmenprogramm; spezifische Programme]

(1) *[1]* Das Europäische Parlament und der Rat stellen gemäß dem ordentlichen Gesetzgebungsverfahren und nach Anhörung des Wirtschafts- und Sozialausschusses ein mehrjähriges Rahmenprogramm auf, in dem alle Aktionen der Union zusammengefasst werden.

[2] In dem Rahmenprogramm werden

– die wissenschaftlichen und technologischen Ziele, die mit den Maßnahmen nach Artikel 180 erreicht werden sollen, sowie die jeweiligen Prioritäten festgelegt;

– die Grundzüge dieser Maßnahmen angegeben;

– der Gesamthöchstbetrag und die Einzelheiten der finanziellen Beteiligung der Union am Rahmenprogramm sowie die jeweiligen Anteile der vorgesehenen Maßnahmen festgelegt.

(2) Das Rahmenprogramm wird je nach Entwicklung der Lage angepasst oder ergänzt.

(3) [1] Die Durchführung des Rahmenprogramms erfolgt durch spezifische Programme, *die innerhalb* einer jeden Aktion entwickelt werden. [2] In jedem spezifischen Programm werden die Einzelheiten seiner Durchführung, seine Laufzeit und die für notwendig erachteten Mittel festgelegt. [3] Die Summe der in den spezifischen Programmen für notwendig erachteten Beträge darf den für das Rahmenprogramm und für jede Aktion festgesetzten Gesamthöchstbetrag nicht überschreiten.

(4) Die spezifischen Programme werden vom Rat gemäß einem besonderen Gesetzgebungsverfahren nach Anhörung des Europäischen Parlaments und des Wirtschafts- und Sozialausschusses beschlossen.

(5) Ergänzend zu den in dem mehrjährigen Rahmenprogramm vorgesehenen Aktionen erlassen das Europäische Parlament und der Rat gemäß dem ordentlichen Gesetzgebungsverfahren und nach Anhörung des Wirtschafts- und Sozialausschusses die Maßnahmen, die für die Verwirklichung des Europäischen Raums der Forschung notwendig sind.

Art. 183 [Durchführung des Rahmenprogramms] Zur Durchführung des mehrjährigen Rahmenprogramms legt die Union Folgendes fest:
– die Regeln für die Beteiligung der Unternehmen, der Forschungszentren und der Hochschulen;
– die Regeln für die Verbreitung der Forschungsergebnisse.

Art. 184 [Zusatzprogramme] *[1]* Bei der Durchführung des mehrjährigen Rahmenprogramms können Zusatzprogramme beschlossen werden, an denen nur bestimmte Mitgliedstaaten teilnehmen, die sie vorbehaltlich einer etwaigen Beteiligung der Union auch finanzieren.

[2] Die Union legt die Regeln für die Zusatzprogramme fest, insbesondere hinsichtlich der Verbreitung der Kenntnisse und des Zugangs anderer Mitgliedstaaten.

Art. 185 [Beteiligung der Union] Die Union kann im Einvernehmen mit den betreffenden Mitgliedstaaten bei der Durchführung des mehrjährigen Rahmenprogramms eine Beteiligung an Forschungs- und Entwicklungsprogrammen mehrerer Mitgliedstaaten, einschließlich der Beteiligung an den zu ihrer Durchführung geschaffenen Strukturen, vorsehen.

Art. 186 [Zusammenarbeit mit Drittländern; Abkommen] *[1]* Die Union kann bei der Durchführung des mehrjährigen Rahmenprogramms eine Zusammenarbeit auf dem Gebiet der Forschung, technologischen Entwicklung und Demonstration der Union mit dritten Ländern oder internationalen Organisationen vorsehen.

[2] Die Einzelheiten dieser Zusammenarbeit können Gegenstand von Abkommen zwischen der Union und den betreffenden dritten Parteien sein.

Art. 187 [Gründung gemeinsamer Unternehmen] Die Union kann gemeinsame Unternehmen gründen oder andere Strukturen schaffen, die für die ordnungsgemäße Durchführung der Programme für Forschung, technologische Entwicklung und Demonstration der Union erforderlich sind.

Art. 188 [Beschlussfassung] *[1]* Der Rat legt auf Vorschlag der Kommission und nach Anhörung des Europäischen Parlaments und des Wirtschafts- und Sozialausschusses die in Artikel 187 vorgesehenen Bestimmungen fest.

[2] [1] Das Europäische Parlament und der Rat legen gemäß dem ordentlichen Gesetzgebungsverfahren und nach Anhörung des Wirtschafts- und Sozialausschusses die in den Artikeln 183, 184 und 185 vorgesehenen Bestimmungen fest. [2] Für die Verabschiedung der Zusatzprogramme ist die Zustimmung der daran beteiligten Mitgliedstaaten erforderlich.

Art. 189 *[Europäische Raumfahrtpolitik]* (1) [1] Zur Förderung des wissenschaftlichen und technischen Fortschritts, der Wettbewerbsfähigkeit der Industrie und der Durchführung ihrer Politik arbeitet die Union eine europäische Raumfahrtpolitik aus. [2] Sie kann zu diesem Zweck gemeinsame Initiativen fördern, die

Forschung und technologische Entwicklung unterstützen und die Anstrengungen zur Erforschung und Nutzung des Weltraums koordinieren.

(2) Als Beitrag zur Erreichung der Ziele des Absatzes 1 werden vom Europäischen Parlament und vom Rat unter Ausschluss jeglicher Harmonisierung der Rechtsvorschriften der Mitgliedstaaten gemäß dem ordentlichen Gesetzgebungsverfahren die notwendigen Maßnahmen erlassen, was in Form eines europäischen Raumfahrtprogramms geschehen kann.

(3) Die Union stellt die zweckdienlichen Verbindungen zur Europäischen Weltraumorganisation her.

(4) Dieser Artikel gilt unbeschadet der sonstigen Bestimmungen dieses Titels.

Art. 190 [Jährlicher Forschungsbericht] [1] Zu Beginn jedes Jahres unterbreitet die Kommission dem Europäischen Parlament und dem Rat einen Bericht. [2] Dieser Bericht erstreckt sich insbesondere auf die Tätigkeiten auf dem Gebiet der Forschung und technologischen Entwicklung und der Verbreitung der Ergebnisse dieser Tätigkeiten während des Vorjahres sowie auf das Arbeitsprogramm des laufenden Jahres.

Titel XX. Umwelt

Art. 191 [Umweltpolitische Ziele; Schutzmaßnahmen; Internationale Zusammenarbeit] (1) Die Umweltpolitik der Union trägt zur Verfolgung der nachstehenden Ziele bei:

– Erhaltung und Schutz der Umwelt sowie Verbesserung ihrer Qualität;
– Schutz der menschlichen Gesundheit;
– umsichtige und rationelle Verwendung der natürlichen Ressourcen;
– Förderung von Maßnahmen auf internationaler Ebene zur Bewältigung regionaler oder globaler Umweltprobleme und insbesondere zur Bekämpfung des Klimawandels.

(2) *[1]* [1] Die Umweltpolitik der Union zielt unter Berücksichtigung der unterschiedlichen Gegebenheiten in den einzelnen Regionen der Union auf ein hohes Schutzniveau ab. [2] Sie beruht auf den Grundsätzen der Vorsorge und Vorbeugung, auf dem Grundsatz, Umweltbeeinträchtigungen mit Vorrang an ihrem Ursprung zu bekämpfen, sowie auf dem Verursacherprinzip.

[2] Im Hinblick hierauf umfassen die den Erfordernissen des Umweltschutzes entsprechenden Harmonisierungsmaßnahmen gegebenenfalls eine Schutzklausel, mit der die Mitgliedstaaten ermächtigt werden, aus nicht wirtschaftlich bedingten umweltpolitischen Gründen vorläufige Maßnahmen zu treffen, die einem Kontrollverfahren der Union unterliegen.

(3) Bei der Erarbeitung ihrer Umweltpolitik berücksichtigt die Union

– die verfügbaren wissenschaftlichen und technischen Daten;
– die Umweltbedingungen in den einzelnen Regionen der Union;
– die Vorteile und die Belastung aufgrund des Tätigwerdens bzw. eines Nichttätigwerdens;
– die wirtschaftliche und soziale Entwicklung der Union insgesamt sowie die ausgewogene Entwicklung ihrer Regionen.

(4) *[1]* [1] Die Union und die Mitgliedstaaten arbeiten im Rahmen ihrer jeweiligen Befugnisse mit dritten Ländern und den zuständigen internationalen Organisationen zusammen. [2] Die Einzelheiten der Zusammenarbeit der Union können

Gegenstand von Abkommen zwischen dieser und den betreffenden dritten Parteien sein.

[2] Unterabsatz 1 berührt nicht die Zuständigkeit der Mitgliedstaaten, in internationalen Gremien zu verhandeln und internationale Abkommen zu schließen.

Art. 192[1)] [Beschlussfassung; Finanzierung; Verursacherprinzip] (1) Das Europäische Parlament und der Rat beschließen gemäß dem ordentlichen Gesetzgebungsverfahren und nach Anhörung des Wirtschafts- und Sozialausschusses sowie des Ausschusses der Regionen über das Tätigwerden der Union zur Erreichung der in Artikel 191 genannten Ziele.

(2) *[1]* Abweichend von dem Beschlussverfahren des Absatzes 1 und unbeschadet des Artikels 114 erlässt der Rat gemäß einem besonderen Gesetzgebungsverfahren nach Anhörung des Europäischen Parlaments, des Wirtschafts- und Sozialausschusses sowie des Ausschusses der Regionen einstimmig

a) Vorschriften überwiegend steuerlicher Art;

b) Maßnahmen, die

- die Raumordnung berühren,
- die mengenmäßige Bewirtschaftung der Wasserressourcen berühren oder die Verfügbarkeit dieser Ressourcen mittelbar oder unmittelbar betreffen,
- die Bodennutzung mit Ausnahme der Abfallbewirtschaftung berühren;

c) Maßnahmen, welche die Wahl eines Mitgliedstaats zwischen verschiedenen Energiequellen und die allgemeine Struktur seiner Energieversorgung erheblich berühren.

[2] Der Rat kann auf Vorschlag der Kommission und nach Anhörung des Europäischen Parlaments, des Wirtschafts- und Sozialausschusses und des Ausschusses der Regionen einstimmig festlegen, dass für die in Unterabsatz 1 genannten Bereiche das ordentliche Gesetzgebungsverfahren gilt.

(3) *[1]* Das Europäische Parlament und der Rat beschließen gemäß dem ordentlichen Gesetzgebungsverfahren und nach Anhörung des Wirtschafts- und Sozialausschusses sowie des Ausschusses der Regionen allgemeine Aktionsprogramme, in denen die vorrangigen Ziele festgelegt werden.

[2] Die zur Durchführung dieser Programme erforderlichen Maßnahmen werden, je nach Fall, nach dem in Absatz 1 beziehungsweise Absatz 2 vorgesehenen Verfahren erlassen.

(4) Unbeschadet bestimmter Maßnahmen der Union tragen die Mitgliedstaaten für die Finanzierung und Durchführung der Umweltpolitik Sorge.

(5) Sofern eine Maßnahme nach Absatz 1 mit unverhältnismäßig hohen Kosten für die Behörden eines Mitgliedstaats verbunden ist, werden darin unbeschadet des Verursacherprinzips geeignete Bestimmungen in folgender Form vorgesehen:

- vorübergehende Ausnahmeregelungen und/oder
- eine finanzielle Unterstützung aus dem nach Artikel 177 errichteten Kohäsionsfonds.

Art. 193 [Schutzmaßnahmen der Mitgliedstaaten] [1]Die Schutzmaßnahmen, die aufgrund des Artikels 192 getroffen werden, hindern die einzelnen Mitgliedstaaten nicht daran, verstärkte Schutzmaßnahmen beizubehalten oder zu

---

1) Vgl. zu dieser Vorschrift auch die Erklärung Nr. 9 zur Schlussakte v. 16.2.2001 (ABl. C 80 S. 70) der Konferenz von Nizza.

ergreifen. [2] Die betreffenden Maßnahmen müssen mit den Verträgen vereinbar sein. [3] Sie werden der Kommission notifiziert.

Titel XXI. Energie

Art. 194 [Europäische Energiepolitik; Ziele und Maßnahmen] (1) Die Energiepolitik der Union verfolgt im Geiste der Solidarität zwischen den Mitgliedstaaten im Rahmen der Verwirklichung oder des Funktionierens des Binnenmarkts und unter Berücksichtigung der Notwendigkeit der Erhaltung und Verbesserung der Umwelt folgende Ziele:

a) Sicherstellung des Funktionierens des Energiemarkts;

b) Gewährleistung der Energieversorgungssicherheit in der Union;

c) Förderung der Energieeffizienz und von Energieeinsparungen sowie Entwicklung neuer und erneuerbarer Energiequellen und

d) Förderung der Interkonnektion der Energienetze.

(2) *[1]* [1] Unbeschadet der Anwendung anderer Bestimmungen der Verträge erlassen das Europäische Parlament und der Rat gemäß dem ordentlichen Gesetzgebungsverfahren die Maßnahmen, die erforderlich sind, um die Ziele nach Absatz 1 zu verwirklichen. [2] Der Erlass dieser Maßnahmen erfolgt nach Anhörung des Wirtschafts- und Sozialausschusses und des Ausschusses der Regionen.

[2] Diese Maßnahmen berühren unbeschadet des Artikels 192 Absatz 2 Buchstabe c nicht das Recht eines Mitgliedstaats, die Bedingungen für die Nutzung seiner Energieressourcen, seine Wahl zwischen verschiedenen Energiequellen und die allgemeine Struktur seiner Energieversorgung zu bestimmen.

(3) Abweichend von Absatz 2 erlässt der Rat die darin genannten Maßnahmen gemäß einem besonderen Gesetzgebungsverfahren einstimmig nach Anhörung des Europäischen Parlaments, wenn sie überwiegend steuerlicher Art sind.

Titel XXII. Tourismus

Art. 195 [Maßnahmen im Tourismussektor] (1) *[1]* Die Union ergänzt die Maßnahmen der Mitgliedstaaten im Tourismussektor, insbesondere durch die Förderung der Wettbewerbsfähigkeit der Unternehmen der Union in diesem Sektor.

[2] Die Union verfolgt zu diesem Zweck mit ihrer Tätigkeit das Ziel,

a) die Schaffung eines günstigen Umfelds für die Entwicklung der Unternehmen in diesem Sektor anzuregen;

b) die Zusammenarbeit zwischen den Mitgliedstaaten insbesondere durch den Austausch bewährter Praktiken zu unterstützen.

(2) Das Europäische Parlament und der Rat erlassen unter Ausschluss jeglicher Harmonisierung der Rechtsvorschriften der Mitgliedstaaten gemäß dem ordentlichen Gesetzgebungsverfahren die spezifischen Maßnahmen zur Ergänzung der Maßnahmen, die die Mitgliedstaaten zur Verwirklichung der in diesem Artikel genannten Ziele durchführen.

Titel XXIII. Katastrophenschutz

Art. 196 [Förderung der Zusammenarbeit in Mitgliedstaaten]

(1) *[1]* Die Union fördert die Zusammenarbeit zwischen den Mitgliedstaaten, um die Systeme zur Verhütung von Naturkatastrophen oder von vom Menschen

verursachten Katastrophen und zum Schutz vor solchen Katastrophen wirksamer zu gestalten.

[2] Die Tätigkeit der Union hat folgende Ziele:

a) Unterstützung und Ergänzung der Tätigkeit der Mitgliedstaaten auf nationaler, regionaler und kommunaler Ebene im Hinblick auf die Risikoprävention, auf die Ausbildung der in den Mitgliedstaaten am Katastrophenschutz Beteiligten und auf Einsätze im Falle von Naturkatastrophen oder von vom Menschen verursachten Katastrophen in der Union;
b) Förderung einer schnellen und effizienten Zusammenarbeit in der Union zwischen den einzelstaatlichen Katastrophenschutzstellen;
c) Verbesserung der Kohärenz der Katastrophenschutzmaßnahmen auf internationaler Ebene.

(2) Das Europäische Parlament und der Rat erlassen unter Ausschluss jeglicher Harmonisierung der Rechtsvorschriften der Mitgliedstaaten gemäß dem ordentlichen Gesetzgebungsverfahren die erforderlichen Maßnahmen zur Verfolgung der Ziele des Absatzes 1.

Titel XXIV. Verwaltungszusammenarbeit

Art. 197 [Effektive Durchführung des Unionsrechts] (1) Die für das ordnungsgemäße Funktionieren der Union entscheidende effektive Durchführung des Unionsrechts durch die Mitgliedstaaten ist als Frage von gemeinsamem Interesse anzusehen.

(2) [1]Die Union kann die Mitgliedstaaten in ihren Bemühungen um eine Verbesserung der Fähigkeit ihrer Verwaltung zur Durchführung des Unionsrechts unterstützen. [2]Dies kann insbesondere die Erleichterung des Austauschs von Informationen und von Beamten sowie die Unterstützung von Aus- und Weiterbildungsprogrammen beinhalten. [3]Die Mitgliedstaaten müssen diese Unterstützung nicht in Anspruch nehmen. [4]Das Europäische Parlament und der Rat erlassen die erforderlichen Maßnahmen unter Ausschluss jeglicher Harmonisierung der Rechtsvorschriften der Mitgliedstaaten durch Verordnungen gemäß dem ordentlichen Gesetzgebungsverfahren.

(3) [1]Dieser Artikel berührt weder die Verpflichtung der Mitgliedstaaten, das Unionsrecht durchzuführen, noch die Befugnisse und Pflichten der Kommission. [2]Er berührt auch nicht die übrigen Bestimmungen der Verträge, in denen eine Verwaltungszusammenarbeit unter den Mitgliedstaaten sowie zwischen diesen und der Union vorgesehen ist.

Vierter Teil. Die Assoziierung der überseeischen Länder und Hoheitsgebiete

Art. 198 [Ziele der Assoziierung] *[1]* [1]Die Mitgliedstaaten kommen überein, die außereuropäischen Länder und Hoheitsgebiete, die mit Dänemark, Frankreich, den Niederlanden und dem Vereinigten Königreich[1)] besondere Beziehungen unterhalten, der Union zu assoziieren. [2]Diese Länder und Hoheitsgebiete, im Folgenden als „Länder und Hoheitsgebiete" bezeichnet, sind in Anhang II aufgeführt.

[1)] Seit dem 1.2.2020 ist das Vereinigte Königreich aus der Europäischen Union ausgetreten und ist seitdem ein Drittland (Nicht-EU-Land).

[2] Ziel der Assoziierung ist die Förderung der wirtschaftlichen und sozialen Entwicklung der Länder und Hoheitsgebiete und die Herstellung enger Wirtschaftsbeziehungen zwischen ihnen und der gesamten Union.

[3] Entsprechend den in der Präambel dieses Vertrags aufgestellten Grundsätzen soll die Assoziierung in erster Linie den Interessen der Einwohner dieser Länder und Hoheitsgebiete dienen und ihren Wohlstand fördern, um sie der von ihnen erstrebten wirtschaftlichen, sozialen und kulturellen Entwicklung entgegenzuführen.

Art. 199 [Zwecke der Assoziierung] Mit der Assoziierung werden folgende Zwecke verfolgt:

1. Die Mitgliedstaaten wenden auf ihren Handelsverkehr mit den Ländern und Hoheitsgebieten das System an, das sie aufgrund der Verträge untereinander anwenden.
2. Jedes Land oder Hoheitsgebiet wendet auf seinen Handelsverkehr mit den Mitgliedstaaten und den anderen Ländern und Hoheitsgebieten das System an, das es auf den europäischen Staat anwendet, mit dem es besondere Beziehungen unterhält.
3. Die Mitgliedstaaten beteiligen sich an den Investitionen, welche die fortschreitende Entwicklung dieser Länder und Hoheitsgebiete erfordert.
4. Bei Ausschreibungen und Lieferungen für Investitionen, die von der Union finanziert werden, steht die Beteiligung zu gleichen Bedingungen allen natürlichen und juristischen Personen offen, welche die Staatsangehörigkeit der Mitgliedstaaten oder der Länder oder Hoheitsgebiete besitzen.
5. Soweit aufgrund des Artikels 203 nicht Sonderregelungen getroffen werden, gelten zwischen den Mitgliedstaaten und den Ländern und Hoheitsgebieten für das Niederlassungsrecht ihrer Staatsangehörigen und Gesellschaften die Bestimmungen und Verfahrensregeln des Kapitels Niederlassungsfreiheit, und zwar unter Ausschluss jeder Diskriminierung.

Art. 200 [Verbot von Zöllen; Ausnahmen] (1) Zölle bei der Einfuhr von Waren aus den Ländern und Hoheitsgebieten in die Mitgliedstaaten sind verboten; dies geschieht nach Maßgabe des in den Verträgen vorgesehenen Verbots von Zöllen zwischen den Mitgliedstaaten.

(2) In jedem Land und Hoheitsgebiet sind Zölle bei der Einfuhr von Waren aus den Mitgliedstaaten und den anderen Ländern und Hoheitsgebieten nach Maßgabe des Artikels 30 verboten.

(3) *[1]* Die Länder und Hoheitsgebiete können jedoch Zölle erheben, die den Erfordernissen ihrer Entwicklung und Industrialisierung entsprechen oder als Finanzzölle der Finanzierung ihres Haushalts dienen.

[2] Die in Unterabsatz 1 genannten Zölle dürfen nicht höher sein als diejenigen, *die für die Einfuhr* von Waren aus dem Mitgliedstaat gelten, mit dem das entsprechende Land oder Hoheitsgebiet besondere Beziehungen unterhält.

(4) Absatz 2 gilt nicht für die Länder und Hoheitsgebiete, die aufgrund besonderer internationaler Verpflichtungen bereits einen nichtdiskriminierenden Zolltarif anwenden.

(5) Die Festlegung oder Änderung der Zollsätze für Waren, die in die Länder und Hoheitsgebiete eingeführt werden, darf weder rechtlich noch tatsächlich zu einer mittelbaren oder unmittelbaren Diskriminierung zwischen den Einfuhren aus den einzelnen Mitgliedstaaten führen.

Art. 201 [Abhilfe bei nachteiliger Verkehrsverlagerung] Ist die Höhe der Zollsätze, die bei der Einfuhr in ein Land oder Hoheitsgebiet für Waren aus einem dritten Land gelten, bei Anwendung des Artikels 200 Absatz 1 geeignet, Verkehrsverlagerungen zum Nachteil eines Mitgliedstaats hervorzurufen, so kann dieser die Kommission ersuchen, den anderen Mitgliedstaaten die erforderlichen Abhilfemaßnahmen vorzuschlagen.

Art. 202 [Regelung der Freizügigkeit der Arbeitskräfte] Vorbehaltlich der Bestimmungen über die Volksgesundheit und die öffentliche Sicherheit und Ordnung werden für die Freizügigkeit der Arbeitskräfte aus den Ländern und Hoheitsgebieten in den Mitgliedstaaten und der Arbeitskräfte aus den Mitgliedstaaten in den Ländern und Hoheitsgebieten Rechtsakte nach Artikel 203 erlassen.

Art. 203 [Durchführungsgesetzgebung] [1]Der Rat erlässt einstimmig auf Vorschlag der Kommission und aufgrund der im Rahmen der Assoziierung der Länder und Hoheitsgebiete an die Union erzielten Ergebnisse und der Grundsätze der Verträge die Bestimmungen über die Einzelheiten und das Verfahren für die Assoziierung der Länder und Hoheitsgebiete an die Union. [2]Werden diese Bestimmungen vom Rat gemäß einem besonderen Gesetzgebungsverfahren angenommen, so beschließt er einstimmig auf Vorschlag der Kommission nach Anhörung des Europäischen Parlaments.

Art. 204 [Anwendung auf Grönland] Die Artikel 198 bis 203 sind auf Grönland anwendbar, vorbehaltlich der spezifischen Bestimmungen für Grönland in dem Protokoll über die Sonderregelung für Grönland im Anhang zu den Verträgen.

Fünfter Teil. Das auswärtige Handeln der Union

Titel I. Allgemeine Bestimmungen über das auswärtige Handeln der Union

Art. 205 [Handlungsgrundsätze auf internationaler Ebene] Das Handeln der Union auf internationaler Ebene im Rahmen dieses Teils wird von den Grundsätzen bestimmt, von den Zielen geleitet und an den allgemeinen Bestimmungen ausgerichtet, die in Titel V Kapitel 1 des Vertrags über die Europäische Union[1)] niedergelegt sind.

Titel II. Gemeinsame Handelspolitik

Art. 206 [Ziele der Handelspolitik] Durch die Schaffung einer Zollunion nach den Artikeln 28 bis 32 trägt die Union im gemeinsamen Interesse zur harmonischen Entwicklung des Welthandels, zur schrittweisen Beseitigung der Beschränkungen im internationalen Handelsverkehr und bei den ausländischen Direktinvestitionen sowie zum Abbau der Zollschranken und anderer Schranken bei.

Art. 207 [Grundsätze der gemeinsamen Handelspolitik] (1) [1]Die gemeinsame Handelspolitik wird nach einheitlichen Grundsätzen gestaltet; dies gilt insbesondere für die Änderung von Zollsätzen, für den Abschluss von Zoll- und Handelsabkommen, die den Handel mit Waren und Dienstleistungen betreffen, und für die Handelsaspekte des geistigen Eigentums, die ausländischen Direkt-

[1)] Nr. **1000**.

investitionen, die Vereinheitlichung der Liberalisierungsmaßnahmen, die Ausfuhrpolitik sowie die handelspolitischen Schutzmaßnahmen, zum Beispiel im Fall von Dumping und Subventionen. [2]Die gemeinsame Handelspolitik wird im Rahmen der Grundsätze und Ziele des auswärtigen Handelns der Union gestaltet.

(2) Das Europäische Parlament und der Rat erlassen durch Verordnungen gemäß dem ordentlichen Gesetzgebungsverfahren die Maßnahmen, mit denen der Rahmen für die Umsetzung der gemeinsamen Handelspolitik bestimmt wird.

(3) *[1]* Sind mit einem oder mehreren Drittländern oder internationalen Organisationen Abkommen auszuhandeln und zu schließen, so findet Artikel 218 vorbehaltlich der besonderen Bestimmungen dieses Artikels Anwendung.

[2] [1]Die Kommission legt dem Rat Empfehlungen vor; dieser ermächtigt die Kommission zur Aufnahme der erforderlichen Verhandlungen. [2]Der Rat und die Kommission haben dafür Sorge zu tragen, dass die ausgehandelten Abkommen mit der internen Politik und den internen Vorschriften der Union vereinbar sind.

[3] [1]Die Kommission führt diese Verhandlungen im Benehmen mit einem zu ihrer Unterstützung vom Rat bestellten Sonderausschuss und nach Maßgabe der Richtlinien, die ihr der Rat erteilen kann. [2]Die Kommission erstattet dem Sonderausschuss sowie dem Europäischen Parlament regelmäßig Bericht über den Stand der Verhandlungen.

(4) *[1]* Über die Aushandlung und den Abschluss der in Absatz 3 genannten Abkommen beschließt der Rat mit qualifizierter Mehrheit.

[2] Über die Aushandlung und den Abschluss eines Abkommens über den Dienstleistungsverkehr, über Handelsaspekte des geistigen Eigentums oder über ausländische Direktinvestitionen beschließt der Rat einstimmig, wenn das betreffende Abkommen Bestimmungen enthält, bei denen für die Annahme interner Vorschriften Einstimmigkeit erforderlich ist.

[3] Der Rat beschließt ebenfalls einstimmig über die Aushandlung und den Abschluss von Abkommen in den folgenden Bereichen:

a) Handel mit kulturellen und audiovisuellen Dienstleistungen, wenn diese Abkommen die kulturelle und sprachliche Vielfalt in der Union beeinträchtigen könnten;
b) Handel mit Dienstleistungen des Sozial-, des Bildungs- und des Gesundheitssektors, wenn diese Abkommen die einzelstaatliche Organisation dieser Dienstleistungen ernsthaft stören und die Verantwortlichkeit der Mitgliedstaaten für ihre Erbringung beinträchtigen könnten.

(5) Für die Aushandlung und den Abschluss von internationalen Abkommen im Bereich des Verkehrs gelten der Dritte Teil Titel VI sowie Artikel 218.

(6) Die Ausübung der durch diesen Artikel übertragenen Zuständigkeiten im Bereich der gemeinsamen Handelspolitik hat keine Auswirkungen auf die Abgrenzung der Zuständigkeiten zwischen der Union und den Mitgliedstaaten und führt *nicht* zu einer Harmonisierung der Rechtsvorschriften der Mitgliedstaaten, soweit eine solche Harmonisierung in den Verträgen ausgeschlossen wird.

Titel III. Zusammenarbeit mit Drittländern und humanitäre Hilfe

Kapitel 1. Entwicklungszusammenarbeit

Art. 208 [Beitrag der Union; Ziel] (1) *[1]* [1]Die Politik der Union auf dem Gebiet der Entwicklungszusammenarbeit wird im Rahmen der Grundsätze und Ziele des auswärtigen Handelns der Union durchgeführt. [2]Die Politik der Union und die Politik der Mitgliedstaaten auf dem Gebiet der Entwicklungszusammenarbeit ergänzen und verstärken sich gegenseitig.

[2] [1] Hauptziel der Unionspolitik in diesem Bereich ist die Bekämpfung und auf längere Sicht die Beseitigung der Armut. [2] Bei der Durchführung politischer Maßnahmen, die sich auf die Entwicklungsländer auswirken können, trägt die Union den Zielen der Entwicklungszusammenarbeit Rechnung.

(2) Die Union und die Mitgliedstaaten kommen den im Rahmen der Vereinten Nationen und anderer zuständiger internationaler Organisationen gegebenen Zusagen nach und berücksichtigen die in diesem Rahmen gebilligten Zielsetzungen.

Art. 209 [Mehrjahres- und thematische Programme; Vertragsschlusskompetenz; Rolle der EIB] (1) Das Europäische Parlament und der Rat erlassen gemäß dem ordentlichen Gesetzgebungsverfahren die zur Durchführung der Politik im Bereich der Entwicklungszusammenarbeit erforderlichen Maßnahmen; diese Maßnahmen können Mehrjahresprogramme für die Zusammenarbeit mit Entwicklungsländern oder thematische Programme betreffen.

(2) *[1]* Die Union kann mit Drittländern und den zuständigen internationalen Organisationen alle Übereinkünfte schließen, die zur Verwirklichung der Ziele des Artikels 21 des Vertrags über die Europäische Union[1)] und des Artikels 208 dieses Vertrags beitragen.

[2] Unterabsatz 1 berührt nicht die Zuständigkeit der Mitgliedstaaten, in internationalen Gremien zu verhandeln und Übereinkünfte zu schließen.

(3) Die Europäische Investitionsbank trägt nach Maßgabe ihrer Satzung zur Durchführung der Maßnahmen im Sinne des Absatzes 1 bei.

Art. 210 [Koordinierung] (1) [1] Die Union und die Mitgliedstaaten koordinieren ihre Politik auf dem Gebiet der Entwicklungszusammenarbeit und stimmen ihre Hilfsprogramme aufeinander ab, auch in internationalen Organisationen und auf internationalen Konferenzen, damit ihre Maßnahmen einander besser ergänzen und wirksamer sind. [2] Sie können gemeinsame Maßnahmen ergreifen. [3] Die Mitgliedstaaten tragen erforderlichenfalls zur Durchführung der Hilfsprogramme der Union bei.

(2) Die Kommission kann alle Initiativen ergreifen, die der in Absatz 1 genannten Koordinierung förderlich sind.

Art. 211 [Internationale Zusammenarbeit] Die Union und die Mitgliedstaaten arbeiten im Rahmen ihrer jeweiligen Befugnisse mit dritten Ländern und den zuständigen internationalen Organisationen zusammen.

Kapitel 2. Wirtschaftliche, finanzielle und technische Zusammenarbeit mit Drittländern

Art. 212[2)] [Grundsätze der Zusammenarbeit mit Nicht-Entwicklungsländern] (1) [1] Unbeschadet der übrigen Bestimmungen der Verträge, insbesondere der Artikel 208 bis 211, führt die Union mit Drittländern, die keine Entwicklungsländer sind, Maßnahmen der wirtschaftlichen, finanziellen und technischen Zusammenarbeit durch, die auch Unterstützung, insbesondere im finanziellen Bereich, einschließen. [2] Diese Maßnahmen stehen mit der Entwicklungspolitik der

---

1) Nr. **1000**.

2) Vgl. zu dieser Vorschrift auch die Erklärung Nr. 10 zur Schlussakte v. 16.2.2001 (ABl. C 80 S. 70) der Konferenz von Nizza.

Union im Einklang und werden im Rahmen der Grundsätze und Ziele ihres auswärtigen Handelns durchgeführt. [3]Die Maßnahmen der Union und die Maßnahmen der Mitgliedstaaten ergänzen und verstärken sich gegenseitig.

(2) Das Europäische Parlament und der Rat erlassen gemäß dem ordentlichen Gesetzgebungsverfahren die zur Durchführung des Absatzes 1 erforderlichen Maßnahmen.

(3) *[1]* [1]Die Union und die Mitgliedstaaten arbeiten im Rahmen ihrer jeweiligen Zuständigkeiten mit Drittländern und den zuständigen internationalen Organisationen zusammen. [2]Die Einzelheiten der Zusammenarbeit der Union können in Abkommen zwischen dieser und den betreffenden dritten Parteien geregelt werden.

[2] Unterabsatz 1 berührt nicht die Zuständigkeit der Mitgliedstaaten, in internationalen Gremien zu verhandeln und internationale Abkommen zu schließen.

Art. 213 [Finanzielle Hilfe für Drittländer] Ist es aufgrund der Lage in einem Drittland notwendig, dass die Union umgehend finanzielle Hilfe leistet, so erlässt der Rat auf Vorschlag der Kommission die erforderlichen Beschlüsse.

Kapitel 3. Humanitäre Hilfe

Art. 214 [Maßnahmen; Europäisches Freiwilligenkorps] (1) [1]Den Rahmen für die Maßnahmen der Union im Bereich der humanitären Hilfe bilden die Grundsätze und Ziele des auswärtigen Handelns der Union. [2]Die Maßnahmen dienen dazu, Einwohnern von Drittländern, die von Naturkatastrophen oder von vom Menschen verursachten Katastrophen betroffen sind, gezielt Hilfe, Rettung und Schutz zu bringen, damit die aus diesen Notständen resultierenden humanitären Bedürfnisse gedeckt werden können. [3]Die Maßnahmen der Union und die Maßnahmen der Mitgliedstaaten ergänzen und verstärken sich gegenseitig.

(2) Die Maßnahmen der humanitären Hilfe werden im Einklang mit den Grundsätzen des Völkerrechts sowie den Grundsätzen der Unparteilichkeit, der Neutralität und der Nichtdiskriminierung durchgeführt.

(3) Das Europäische Parlament und der Rat legen gemäß dem ordentlichen Gesetzgebungsverfahren die Maßnahmen zur Festlegung des Rahmens fest, innerhalb dessen die Maßnahmen der humanitären Hilfe der Union durchgeführt werden.

(4) *[1]* Die Union kann mit Drittländern und den zuständigen internationalen Organisationen alle Übereinkünfte schließen, die zur Verwirklichung der Ziele des Absatzes 1 und des Artikels 21 des Vertrags über die Europäische Union[1)] beitragen.

[2] Unterabsatz 1 berührt nicht die Zuständigkeit der Mitgliedstaaten, in internationalen Gremien zu verhandeln und Übereinkünfte zu schließen.

(5) [1]Als *Rahmen* für gemeinsame Beiträge der jungen Europäer zu den Maßnahmen der humanitären Hilfe der Union wird ein Europäisches Freiwilligenkorps für humanitäre Hilfe geschaffen. [2]Das Europäische Parlament und der Rat legen gemäß dem ordentlichen Gesetzgebungsverfahren durch Verordnungen die Rechtsstellung und die Einzelheiten der Arbeitsweise des Korps fest.

(6) Die Kommission kann alle Initiativen ergreifen, die der Koordinierung zwischen den Maßnahmen der Union und denen der Mitgliedstaaten förderlich

---

[1)] Nr. **1000**.

sind, damit die Programme der Union und der Mitgliedstaaten im Bereich der humanitären Hilfe wirksamer sind und einander besser ergänzen.

(7) Die Union trägt dafür Sorge, dass ihre Maßnahmen der humanitären Hilfe mit den Maßnahmen der internationalen Organisationen und Einrichtungen, insbesondere derer, die zum System der Vereinten Nationen gehören, abgestimmt werden und im Einklang mit ihnen stehen.

Titel IV. Restriktive Maßnahmen

Art. 215 [Wirtschaftsembargo; Beschlussfassung; Rechtsschutz] (1) [1] Sieht ein nach Titel V Kapitel 2 des Vertrags über die Europäische Union[1)] erlassener Beschluss die Aussetzung, Einschränkung oder vollständige Einstellung der Wirtschafts- und Finanzbeziehungen zu einem oder mehreren Drittländern vor, so erlässt der Rat die erforderlichen Maßnahmen mit qualifizierter Mehrheit auf gemeinsamen Vorschlag des Hohen Vertreters der Union für Außen- und Sicherheitspolitik und der Kommission. [2] Er unterrichtet hierüber das Europäische Parlament.

(2) Sieht ein nach Titel V Kapitel 2 des Vertrags über die Europäische Union erlassener Beschluss dies vor, so kann der Rat nach dem Verfahren des Absatzes 1 restriktive Maßnahmen gegen natürliche oder juristische Personen sowie Gruppierungen oder nichtstaatliche Einheiten erlassen.

(3) In den Rechtsakten nach diesem Artikel müssen die erforderlichen Bestimmungen über den Rechtsschutz vorgesehen sein.

Titel V. Internationale Übereinkünfte

Art. 216 [Vertragsschlusskompetenz] (1) Die Union kann mit einem oder mehreren Drittländern oder einer oder mehreren internationalen Organisationen eine Übereinkunft schließen, wenn dies in den Verträgen vorgesehen ist oder wenn der Abschluss einer Übereinkunft im Rahmen der Politik der Union entweder zur Verwirklichung eines der in den Verträgen festgesetzten Ziele erforderlich oder in einem verbindlichen Rechtsakt der Union vorgesehen ist oder aber gemeinsame Vorschriften beeinträchtigen oder deren Anwendungsbereich ändern könnte.

(2) Die von der Union geschlossenen Übereinkünfte binden die Organe der Union und die Mitgliedstaaten.

Art. 217 [Assoziierungsabkommen] Die Union kann mit einem oder mehreren Drittländern oder einer oder mehrerer internationaler Organisationen Abkommen schließen, die eine Assoziierung mit gegenseitigen Rechten und Pflichten, gemeinsamem Vorgehen und besonderen Verfahren herstellen.

Art. 218 [Vertragsschlussverfahren; Gutachten des EuGH] (1) Unbeschadet der besonderen Bestimmungen des Artikels 207 werden Übereinkünfte zwischen der Union und Drittländern oder internationalen Organisationen nach dem im Folgenden beschriebenen Verfahren ausgehandelt und geschlossen.

(2) Der Rat erteilt eine Ermächtigung zur Aufnahme von Verhandlungen, legt Verhandlungsrichtlinien fest, genehmigt die Unterzeichnung und schließt die Übereinkünfte.

[1)] Nr. **1000**.

(3) Die Kommission oder, wenn sich die geplante Übereinkunft ausschließlich oder hauptsächlich auf die Gemeinsame Außen- und Sicherheitspolitik bezieht, der Hohe Vertreter der Union für Außen- und Sicherheitspolitik legt dem Rat Empfehlungen vor; dieser erlässt einen Beschluss über die Ermächtigung zur Aufnahme von Verhandlungen und über die Benennung, je nach dem Gegenstand der geplanten Übereinkunft, des Verhandlungsführers oder des Leiters des Verhandlungsteams der Union.

(4) Der Rat kann dem Verhandlungsführer Richtlinien erteilen und einen Sonderausschuss bestellen; die Verhandlungen sind im Benehmen mit diesem Ausschuss zu führen.

(5) Der Rat erlässt auf Vorschlag des Verhandlungsführers einen Beschluss, mit dem die Unterzeichnung der Übereinkunft und gegebenenfalls deren vorläufige Anwendung vor dem Inkrafttreten genehmigt werden.

(6) *[1]* Der Rat erlässt auf Vorschlag des Verhandlungsführers einen Beschluss über den Abschluss der Übereinkunft.

[2] Mit Ausnahme der Übereinkünfte, die ausschließlich die Gemeinsame Außen- und Sicherheitspolitik betreffen, erlässt der Rat den Beschluss über den Abschluss der Übereinkunft

a) nach Zustimmung des Europäischen Parlaments in folgenden Fällen:
   i) Assoziierungsabkommen;
   ii) Übereinkunft über den Beitritt der Union zur Europäischen Konvention zum Schutz der Menschenrechte und Grundfreiheiten[1)];
   iii) Übereinkünfte, die durch die Einführung von Zusammenarbeitsverfahren einen besonderen institutionellen Rahmen schaffen;
   iv) Übereinkünfte mit erheblichen finanziellen Folgen für die Union;
   v) Übereinkünfte in Bereichen, für die entweder das ordentliche Gesetzgebungsverfahren oder, wenn die Zustimmung des Europäischen Parlaments erforderlich ist, das besondere Gesetzgebungsverfahren gilt.

   Das Europäische Parlament und der Rat können in dringenden Fällen eine Frist für die Zustimmung vereinbaren.
b) nach Anhörung des Europäischen Parlaments in den übrigen Fällen. Das Europäische Parlament gibt seine Stellungnahme innerhalb einer Frist ab, die der Rat entsprechend der Dringlichkeit festlegen kann. Ergeht innerhalb dieser Frist keine Stellungnahme, so kann der Rat einen Beschluss fassen.

(7) [1] Abweichend von den Absätzen 5, 6 und 9 kann der Rat den Verhandlungsführer bei Abschluss einer Übereinkunft ermächtigen, im Namen der Union Änderungen der Übereinkunft zu billigen, wenn die Übereinkunft vorsieht, dass diese Änderungen im Wege eines vereinfachten Verfahrens oder durch ein durch die Übereinkunft eingesetztes Gremium anzunehmen sind. [2] Der Rat kann diese Ermächtigung gegebenenfalls mit besonderen Bedingungen verbinden.

(8) *[1]* Der Rat beschließt während des gesamten Verfahrens mit qualifizierter Mehrheit.

[2] [1] Er beschließt jedoch einstimmig, wenn die Übereinkunft einen Bereich betrifft, in dem für den Erlass eines Rechtsakts der Union Einstimmigkeit erforderlich ist, sowie bei Assoziierungsabkommen und Übereinkünften nach Artikel 212 mit beitrittswilligen Staaten. [2] Auch über die Übereinkunft über den

---

1) Nr. **1003**.

Beitritt der Union zur Europäischen Konvention zum Schutz der Menschenrechte und Grundfreiheiten beschließt der Rat einstimmig; der Beschluss zum Abschluss dieser Übereinkunft tritt in Kraft, nachdem die Mitgliedstaaten im Einklang mit ihren jeweiligen verfassungsrechtlichen Vorschriften zugestimmt haben.

(9) Der Rat erlässt auf Vorschlag der Kommission oder des Hohen Vertreters der Union für Außen- und Sicherheitspolitik einen Beschluss über die Aussetzung der Anwendung einer Übereinkunft und zur Festlegung der Standpunkte, die im Namen der Union in einem durch eine Übereinkunft eingesetzten Gremium zu vertreten sind, sofern dieses Gremium rechtswirksame Akte, mit Ausnahme von Rechtsakten zur Ergänzung oder Änderung des institutionellen Rahmens der betreffenden Übereinkunft, zu erlassen hat.

(10) Das Europäische Parlament wird in allen Phasen des Verfahrens unverzüglich und umfassend unterrichtet.

(11) [1] Ein Mitgliedstaat, das Europäische Parlament, der Rat oder die Kommission können ein Gutachten des Gerichtshofs über die Vereinbarkeit einer geplanten Übereinkunft mit den Verträgen einholen. [2] Ist das Gutachten des Gerichtshofs ablehnend, so kann die geplante Übereinkunft nur in Kraft treten, wenn sie oder die Verträge geändert werden.

Art. 219[1)] [Wechselkursfestlegung nach außen; Internationale Vereinbarungen] (1) *[1]* [1] Abweichend von Artikel 218 kann der Rat entweder auf Empfehlung der Europäischen Zentralbank oder auf Empfehlung der Kommission und nach Anhörung der Europäischen Zentralbank in dem Bemühen, zu einem mit dem Ziel der Preisstabilität im Einklang stehenden Konsens zu gelangen, förmliche Vereinbarungen über ein Wechselkurssystem für den Euro gegenüber den Währungen von Drittstaaten treffen. [2] Der Rat beschließt nach dem Verfahren des Absatzes 3 einstimmig nach Anhörung des Europäischen Parlaments.

[2] [1] Der Rat kann entweder auf Empfehlung der Europäischen Zentralbank oder auf Empfehlung der Kommission und nach Anhörung der Europäischen Zentralbank in dem Bemühen, zu einem mit dem Ziel der Preisstabilität im Einklang stehenden Konsens zu gelangen, die Euro-Leitkurse innerhalb des Wechselkurssystems festlegen, ändern oder aufgeben. [2] Der Präsident des Rates unterrichtet das Europäische Parlament von der Festlegung, Änderung oder Aufgabe der Euro-Leitkurse.

(2) [1] Besteht gegenüber einer oder mehreren Währungen von Drittstaaten kein Wechselkurssystem nach Absatz 1, so kann der Rat entweder auf Empfehlung der Kommission und nach Anhörung der Europäischen Zentralbank oder auf Empfehlung der Europäischen Zentralbank allgemeine Orientierungen für die Wechselkurspolitik gegenüber diesen Währungen aufstellen. [2] Diese allgemeinen Orientierungen dürfen das vorrangige Ziel des ESZB, die Preisstabilität zu gewährleisten, nicht beeinträchtigen.

(3) [1] Wenn von der Union mit einem oder mehreren Drittstaaten oder internationalen Organisationen Vereinbarungen im Zusammenhang mit Währungsfragen oder Devisenregelungen auszuhandeln sind, beschließt der Rat abweichend von Artikel 218 auf Empfehlung der Kommission und nach Anhörung der Europäischen Zentralbank die Modalitäten für die Aushandlung und den Abschluss solcher Vereinbarungen. [2] Mit diesen Modalitäten wird gewährleistet, dass die Union einen

---

1) Vgl. zu dieser Vorschrift auch die Erklärung Nr. 7 zur Schlussakte v. 16.2.2001 (ABl. C 80 S. 70) der Konferenz von Nizza.

einheitlichen Standpunkt vertritt. [3]Die Kommission wird an den Verhandlungen in vollem Umfang beteiligt.

(4) Die Mitgliedstaaten haben das Recht, unbeschadet der Unionszuständigkeit und der Unionsvereinbarungen über die Wirtschafts- und Währungsunion in internationalen Gremien Verhandlungen zu führen und internationale Vereinbarungen zu treffen.

Titel VI. Beziehungen der Union zu internationalen Organisationen und Drittländern sowie Delegationen der Union

Art. 220 [Beziehungen zu internationalen Organisationen] (1) *[1]* Die Union betreibt jede zweckdienliche Zusammenarbeit mit den Organen der Vereinten Nationen und ihrer Sonderorganisationen, dem Europarat, der Organisation für Sicherheit und Zusammenarbeit in Europa und der Organisation für wirtschaftliche Zusammenarbeit und Entwicklung.

[2] Die Union unterhält ferner, soweit zweckdienlich, Beziehungen zu anderen internationalen Organisationen.

(2) Die Durchführung dieses Artikels obliegt dem Hohen Vertreter der Union für Außen- und Sicherheitspolitik und der Kommission.

Art. 221 [Vertretung der Union in Drittländern] (1) Die Delegationen der Union in Drittländern und bei internationalen Organisationen sorgen für die Vertretung der Union.

(2) [1]Die Delegationen der Union unterstehen der Leitung des Hohen Vertreters der Union für Außen- und Sicherheitspolitik. [2]Sie werden in enger Zusammenarbeit mit den diplomatischen und konsularischen Vertretungen der Mitgliedstaaten tätig.

Titel VII. Solidaritätsklausel

Art. 222 [Gegenseitige Unterstützung bei Terroranschlägen und Katastrophen] (1) [1]Die Union und ihre Mitgliedstaaten handeln gemeinsam im Geiste der Solidarität, wenn ein Mitgliedstaat von einem Terroranschlag, einer Naturkatastrophe oder einer vom Menschen verursachten Katastrophe betroffen ist. [2]Die Union mobilisiert alle ihr zur Verfügung stehenden Mittel, einschließlich der ihr von den Mitgliedstaaten bereitgestellten militärischen Mittel, um

a) – terroristische Bedrohungen im Hoheitsgebiet von Mitgliedstaaten abzuwenden;
   – die demokratischen Institutionen und die Zivilbevölkerung vor etwaigen Terroranschlägen zu schützen;
   – im Falle eines Terroranschlags einen Mitgliedstaat auf Ersuchen seiner politischen Organe innerhalb seines Hoheitsgebiets zu unterstützen;

b) im Falle einer Naturkatastrophe oder einer vom Menschen verursachten Katastrophe einen Mitgliedstaat auf Ersuchen seiner politischen Organe innerhalb seines Hoheitsgebiets zu unterstützen.

(2) [1]Ist ein Mitgliedstaat von einem Terroranschlag, einer Naturkatastrophe oder einer vom Menschen verursachten Katastrophe betroffen, so leisten die anderen Mitgliedstaaten ihm auf Ersuchen seiner politischen Organe Unterstützung. [2]Zu diesem Zweck sprechen die Mitgliedstaaten sich im Rat ab.

(3) *[1]* [1]Die Einzelheiten für die Anwendung dieser Solidaritätsklausel durch die Union werden durch einen Beschluss festgelegt, den der Rat aufgrund eines

gemeinsamen Vorschlags der Kommission und des Hohen Vertreters der Union für Außen- und Sicherheitspolitik erlässt. [2]Hat dieser Beschluss Auswirkungen im Bereich der Verteidigung, so beschließt der Rat nach Artikel 31 Absatz 1 des Vertrags über die Europäische Union[1)]. [3]Das Europäische Parlament wird darüber unterrichtet.

[2] Für die Zwecke dieses Absatzes unterstützen den Rat unbeschadet des Artikels 240 das Politische und Sicherheitspolitische Komitee, das sich hierbei auf die im Rahmen der Gemeinsamen Sicherheits- und Verteidigungspolitik entwickelten Strukturen stützt, sowie der Ausschuss nach Artikel 71, die dem Rat gegebenenfalls gemeinsame Stellungnahmen vorlegen.

(4) Damit die Union und ihre Mitgliedstaaten auf effiziente Weise tätig werden können, nimmt der Europäische Rat regelmäßig eine Einschätzung der Bedrohungen vor, denen die Union ausgesetzt ist.

Sechster Teil. Institutionelle Bestimmungen und Finanzvorschriften

Titel I. Vorschriften über die Organe

Kapitel 1.[2)] Die Organe

Abschnitt 1. Das Europäische Parlament

Art. 223 [Einheitliches Wahlverfahren; Abgeordneten-Statut] (1) *[1]* Das Europäische Parlament erstellt einen Entwurf der erforderlichen Bestimmungen für die allgemeine unmittelbare Wahl seiner Mitglieder nach einem einheitlichen Verfahren in allen Mitgliedstaaten oder im Einklang mit den allen Mitgliedstaaten gemeinsamen Grundsätzen.

[2] [1]Der Rat erlässt die erforderlichen Bestimmungen einstimmig gemäß einem besonderen Gesetzgebungsverfahren und nach Zustimmung des Europäischen Parlaments, die mit der Mehrheit seiner Mitglieder erteilt wird. [2]Diese Bestimmungen treten nach Zustimmung der Mitgliedstaaten im Einklang mit ihren jeweiligen verfassungsrechtlichen Vorschriften in Kraft.

(2) [1]Das Europäische Parlament legt aus eigener Initiative gemäß einem besonderen Gesetzgebungsverfahren durch Verordnungen nach Anhörung der Kommission und mit Zustimmung des Rates die Regelungen und allgemeinen Bedingungen für die Wahrnehmung der Aufgaben seiner Mitglieder fest. [2]Alle Vorschriften und Bedingungen, die die Steuerregelung für die Mitglieder oder ehemaligen Mitglieder betreffen, sind vom Rat einstimmig festzulegen.

Art. 224[3)] [Politische Parteien] Das Europäische Parlament und der Rat legen gemäß dem ordentlichen Gesetzgebungsverfahren durch Verordnungen die Regelungen für die politischen Parteien auf europäischer Ebene nach Artikel 10 Absatz 4 des Vertrags über die Europäische Union[1)] und insbesondere die Vorschriften über ihre Finanzierung fest.

Art. 225 [Indirektes Initiativrecht] [1]Das Europäische Parlament kann mit der Mehrheit seiner Mitglieder die Kommission auffordern, geeignete Vorschläge zu Fragen zu unterbreiten, die nach seiner Auffassung die Ausarbeitung eines Unions-

---

[1)] Nr. **1000**.

[2)] *Vgl. zu diesem Kapitel auch die „Erklärung zur Erweiterung der Europäischen Union"* (Erklärung Nr. 20) zur Schlussakte v. 16.2.2001 (ABl. C 80 S. 70) der Konferenz von Nizza.

[3)] Vgl. zu dieser Vorschrift auch die Erklärung Nr. 11 zur Schlussakte v. 16.2.2001 (ABl. C 80 S. 70) der Konferenz von Nizza.

akts zur Durchführung der Verträge erfordern. [2] Legt die Kommission keinen Vorschlag vor, so teilt sie dem Europäischen Parlament die Gründe dafür mit.

Art. 226 [Untersuchungsausschuss] *[1]* Das Europäische Parlament kann bei der Erfüllung seiner Aufgaben auf Antrag eines Viertels seiner Mitglieder die Einsetzung eines nichtständigen Untersuchungsausschusses beschließen, der unbeschadet der Befugnisse, die anderen Organen oder Einrichtungen durch die Verträge übertragen sind, behauptete Verstöße gegen das Unionsrecht oder Missstände bei der Anwendung desselben prüft; dies gilt nicht, wenn ein Gericht mit den behaupteten Sachverhalten befasst ist, solange das Gerichtsverfahren nicht abgeschlossen ist.

[2] Mit der Vorlage seines Berichtes hört der nichtständige Untersuchungsausschuss auf zu bestehen.

[3] Die Einzelheiten der Ausübung des Untersuchungsrechts werden vom Europäischen Parlament festgelegt, das aus eigener Initiative gemäß einem besonderen Gesetzgebungsverfahren durch Verordnungen nach Zustimmung des Rates und der Kommission beschließt.

Art. 227 [Petitionsrecht] Jeder Bürger der Union sowie jede natürliche oder juristische Person mit Wohnort oder satzungsmäßigem Sitz in einem Mitgliedstaat kann allein oder zusammen mit anderen Bürgern oder Personen in Angelegenheiten, die in die Tätigkeitsbereiche der Union fallen und die ihn oder sie unmittelbar betreffen, eine Petition an das Europäische Parlament richten.

Art. 228 [Bürgerbeauftragter] (1) *[1]* [1] Ein vom Europäischen Parlament gewählter Europäischer Bürgerbeauftragter ist befugt, Beschwerden von jedem Bürger der Union oder von jeder natürlichen oder juristischen Person mit Wohnort oder satzungsmäßigem Sitz in einem Mitgliedstaat über Missstände bei der Tätigkeit der Organe, Einrichtungen oder sonstigen Stellen der Union, mit Ausnahme des Gerichtshofs der Europäischen Union in Ausübung seiner Rechtsprechungsbefugnisse, entgegenzunehmen. [2] Er untersucht diese Beschwerden und erstattet darüber Bericht.

[2] [1] Der Bürgerbeauftragte führt im Rahmen seines Auftrags von sich aus oder aufgrund von Beschwerden, die ihm unmittelbar oder über ein Mitglied des Europäischen Parlaments zugehen, Untersuchungen durch, die er für gerechtfertigt hält; dies gilt nicht, wenn die behaupteten Sachverhalte Gegenstand eines Gerichtsverfahrens sind oder waren. [2] Hat der Bürgerbeauftragte einen Missstand festgestellt, so befasst er das betreffende Organ, die betreffende Einrichtung oder sonstige Stelle, das bzw. die über eine Frist von drei Monaten verfügt, um ihm seine bzw. ihre Stellungnahme zu übermitteln. [3] Der Bürgerbeauftragte legt anschließend dem Europäischen Parlament und dem betreffenden Organ, der betreffenden Einrichtung oder sonstigen Stelle einen Bericht vor. [4] Der Beschwerdeführer wird über das Ergebnis dieser Untersuchungen unterrichtet.

[3] Der Bürgerbeauftragte legt dem Europäischen Parlament jährlich einen Bericht über die Ergebnisse seiner Untersuchungen vor.

(2) *[1]* [1] Der Bürgerbeauftragte wird nach jeder Wahl des Europäischen Parlaments für die Dauer der Wahlperiode gewählt. [2] Wiederwahl ist zulässig.

[2] Der Bürgerbeauftragte kann auf Antrag des Europäischen Parlaments vom Gerichtshof seines Amtes enthoben werden, wenn er die Voraussetzungen für die Ausübung seines Amtes nicht mehr erfüllt oder eine schwere Verfehlung begangen hat.

(3) [1] Der Bürgerbeauftragte übt sein Amt in völliger Unabhängigkeit aus. [2] Er darf bei der Erfüllung seiner Pflichten von keiner Regierung, keinem Organ, keiner Einrichtung oder sonstigen Stelle Weisungen einholen oder entgegennehmen. [3] Der Bürgerbeauftragte darf während seiner Amtszeit keine andere entgeltliche oder unentgeltliche Berufstätigkeit ausüben.

(4) Das Europäische Parlament legt aus eigener Initiative gemäß einem besonderen Gesetzgebungsverfahren durch Verordnungen nach Stellungnahme der Kommission und nach Zustimmung des Rates die Regelungen und allgemeinen Bedingungen für die Ausübung der Aufgaben des Bürgerbeauftragten fest.

Art. 229 [Ordentliche und außerordentliche Sitzungsperiode] *[1]* [1] Das Europäische Parlament hält jährlich eine Sitzungsperiode ab. [2] Es tritt, ohne dass es einer Einberufung bedarf, am zweiten Dienstag des Monats März zusammen.

[2] Das Europäische Parlament kann auf Antrag der Mehrheit seiner Mitglieder sowie auf Antrag des Rates oder der Kommission zu einer außerordentlichen Sitzungsperiode zusammentreten.

Art. 230 [Anhörungsrecht von Kommission; Rat und Europäischem Rat] *[1]* Die Kommission kann an allen Sitzungen des Europäischen Parlaments teilnehmen und wird auf ihren Antrag gehört.

[2] Die Kommission antwortet mündlich oder schriftlich auf die ihr vom Europäischen Parlament oder von dessen Mitgliedern gestellten Fragen.

[3] Der Europäische Rat und der Rat werden vom Europäischen Parlament nach Maßgabe der Geschäftsordnung des Europäischen Rates und der Geschäftsordnung des Rates gehört.

Art. 231 [Abstimmung; Beschlussfähigkeit] *[1]* Soweit die Verträge nicht etwas anderes bestimmen, beschließt das Europäische Parlament mit der Mehrheit der abgegebenen Stimmen.

[2] Die Geschäftsordnung legt die Beschlussfähigkeit fest.

Art. 232 [Geschäftsordnung; Verhandlungsniederschriften] *[1]* Das Europäische Parlament gibt sich seine Geschäftsordnung; hierzu sind die Stimmen der Mehrheit seiner Mitglieder erforderlich.

[2] Die Verhandlungsniederschriften des Europäischen Parlaments werden nach Maßgabe der Verträge und seiner Geschäftsordnung veröffentlicht.

Art. 233 [Jährlicher Gesamtbericht] Das Europäische Parlament erörtert in öffentlicher Sitzung den jährlichen Gesamtbericht, der ihm von der Kommission vorgelegt wird.

Art. 234 [Misstrauensantrag gegen die Kommission] *[1]* Wird wegen der Tätigkeit der Kommission ein Misstrauensantrag eingebracht, so darf das Europäische Parlament nicht vor Ablauf von drei Tagen nach seiner Einbringung und nur in offener Abstimmung darüber entscheiden.

[2] [1] Wird der Misstrauensantrag mit der Mehrheit von zwei Dritteln der abgegebenen Stimmen und mit der Mehrheit der Mitglieder des Europäischen Parlaments angenommen, so legen die Mitglieder der Kommission geschlossen ihr Amt nieder, und der Hohe Vertreter der Union für Außen- und Sicherheitspolitik legt sein im Rahmen der Kommission ausgeübtes Amt nieder. [2] Sie bleiben im

Amt und führen die laufenden Geschäfte bis zu ihrer Ersetzung nach Artikel 17 des Vertrags über die Europäische Union[1)] weiter. [3] In diesem Fall endet die Amtszeit der zu ihrer Ersetzung ernannten Mitglieder der Kommission zu dem Zeitpunkt, zu dem die Amtszeit der Mitglieder der Kommission, die ihr Amt geschlossen niederlegen mussten, geendet hätte.

Abschnitt 2. Der Europäische Rat

Art. 235 [Verfahrensfragen; Geschäftsordnung] (1) *[1]* Jedes Mitglied des Europäischen Rates kann sich das Stimmrecht höchstens eines anderen Mitglieds übertragen lassen.

[2] [1] Beschließt der Europäische Rat mit qualifizierter Mehrheit, so gelten für ihn Artikel 16 Absatz 4 des Vertrags über die Europäische Union[1)] und Artikel 238 Absatz 2 dieses Vertrags. [2] An Abstimmungen im Europäischen Rat nehmen dessen Präsident und der Präsident der Kommission nicht teil.

[3] Die Stimmenthaltung von anwesenden oder vertretenen Mitgliedern steht dem Zustandekommen von Beschlüssen des Europäischen Rates, zu denen Einstimmigkeit erforderlich ist, nicht entgegen.

(2) Der Präsident des Europäischen Parlaments kann vom Europäischen Rat gehört werden.

(3) Der Europäische Rat beschließt mit einfacher Mehrheit über Verfahrensfragen sowie über den Erlass seiner Geschäftsordnung.

(4) Der Europäische Rat wird vom Generalsekretariat des Rates unterstützt.

Art. 236 [Beschlüsse zur Zusammensetzung und Vorsitz des Rates] Der Europäische Rat erlässt mit qualifizierter Mehrheit

a) einen Beschluss zur Festlegung der Zusammensetzungen des Rates, mit Ausnahme des Rates „Allgemeine Angelegenheiten“ und des Rates „Auswärtige Angelegenheiten“ nach Artikel 16 Absatz 6 des Vertrags über die Europäische Union[1)];

b) einen Beschluss nach Artikel 16 Absatz 9 des Vertrags über die Europäische Union zur Festlegung des Vorsitzes im Rat in allen seinen Zusammensetzungen mit Ausnahme des Rates „Auswärtige Angelegenheiten“.

Abschnitt 3.[2)] Der Rat

Art. 237 [Einberufung] Der Rat wird von seinem Präsidenten aus eigenem Entschluss oder auf Antrag eines seiner Mitglieder oder der Kommission einberufen.

Art. 238 [Beschlussfassung; Mehrheiten] (1) Ist zu einem Beschluss des Rates die einfache Mehrheit erforderlich, so beschließt der Rat mit der Mehrheit seiner Mitglieder.

[1)] Nr. **1000**.

[2)] Siehe auch Art. 5 EUV (Nr. **1000**). Beachte ferner den Beschluss (93/591/EU, Euratom, EGKS, EG) des Rates über seine Bezeichnung im Anschluss an das Inkrafttreten des Vertrags über die Europäische Union v. 8.11.1993 (ABl. L 281 S. 18, ber. ABl. L 285 S. 41): „Der Rat wird nunmehr ‚Rat der Europäischen Union‘ genannt und als solcher insbesondere in den von ihm erlassenen Rechtsakten, einschließlich derjenigen im Rahmen der Titel V und VI des Vertrags über die Europäische Union, bezeichnet; desgleichen werden die politischen Erklärungen, die der Rat im Rahmen der gemeinsamen Außen- und Sicherheitspolitik annimmt, im Namen der ‚Europäischen Union‘ abgegeben.“

(2) Beschließt der Rat nicht auf Vorschlag der Kommission oder des Hohen Vertreters der Union für Außen- und Sicherheitspolitik, so gilt ab dem 1. November 2014 abweichend von Artikel 16 Absatz 4 des Vertrags über die Europäische Union[1] und vorbehaltlich der Vorschriften des Protokolls über die Übergangsbestimmungen als qualifizierte Mehrheit eine Mehrheit von mindestens 72 % der Mitglieder des Rates, sofern die von ihnen vertretenen Mitgliedstaaten zusammen mindestens 65 % der Bevölkerung der Union ausmachen.[2]

(3) In den Fällen, in denen in Anwendung der Verträge nicht alle Mitglieder des Rates stimmberechtigt sind, gilt ab dem 1. November 2014 vorbehaltlich der Vorschriften des Protokolls über die Übergangsbestimmungen für die qualifizierte Mehrheit Folgendes:

a) Als qualifizierte Mehrheit gilt eine Mehrheit von mindestens 55 % derjenigen Mitglieder des Rates, die die beteiligten Mitgliedstaaten vertreten, sofern die von ihnen vertretenen Mitgliedstaaten zusammen mindestens 65 % der Bevölkerung der beteiligten Mitgliedstaaten ausmachen.
   Für eine Sperrminorität bedarf es mindestens der Mindestzahl von Mitgliedern des Rates, die zusammen mehr als 35 % der Bevölkerung der beteiligten Mitgliedstaaten vertreten, zuzüglich eines Mitglieds; andernfalls gilt die qualifizierte Mehrheit als erreicht.

b) Beschließt der Rat nicht auf Vorschlag der Kommission oder des Hohen Vertreters der Union für Außen- und Sicherheitspolitik, so gilt abweichend von Buchstabe a als qualifizierte Mehrheit eine Mehrheit von mindestens 72 % derjenigen Mitglieder des Rates, die die beteiligten Mitgliedstaaten vertreten, sofern die von ihnen vertretenen Mitgliedstaaten zusammen mindestens 65 % der Bevölkerung der beteiligten Mitgliedstaaten ausmachen.

(4) Die Stimmenthaltung von anwesenden oder vertretenen Mitgliedern steht dem Zustandekommen von Beschlüssen des Rates, zu denen Einstimmigkeit erforderlich ist, nicht entgegen.

Art. 239 [Stimmrechtsübertragung] Jedes Mitglied kann sich das Stimmrecht höchstens eines anderen Mitglieds übertragen lassen.

Art. 240 [Ausschuss der Ständigen Vertreter; Generalsekretariat; Geschäftsordnung] (1) [1]Ein Ausschuss, der sich aus den Ständigen Vertretern der Regierungen der Mitgliedstaaten zusammensetzt, trägt die Verantwortung, die Arbeiten des Rates vorzubereiten und die ihm vom Rat übertragenen Aufträge auszuführen. [2]Der Ausschuss kann in Fällen, die in der Geschäftsordnung des Rates vorgesehen sind, Verfahrensbeschlüsse fassen.

(2) *[1]* Der Rat wird von einem Generalsekretariat unterstützt, das einem vom Rat ernannten Generalsekretär untersteht.

[2] Der Rat beschließt mit einfacher Mehrheit über die Organisation des Generalsekretariats.

(3) Der Rat beschließt mit einfacher Mehrheit über Verfahrensfragen sowie über den Erlass seiner Geschäftsordnung.

Art. 241 [Indirektes Initiativrecht] [1]Der Rat, der mit einfacher Mehrheit beschließt, kann die Kommission auffordern, die nach seiner Ansicht zur Verwirklichung der gemeinsamen Ziele geeigneten Untersuchungen vorzunehmen und

[1] Nr. **1000**.
[2] Näheres siehe hierzu im Beschluss 2009/857/EG v. 13.12.2007 (ABl. 2009 L 314 S. 73).

ihm entsprechende Vorschläge zu unterbreiten. [2]Legt die Kommission keinen Vorschlag vor, so teilt sie dem Rat die Gründe dafür mit.

Art. 242 [Regelung der Rechtsstellung der Ausschüsse] Der Rat, der mit einfacher Mehrheit beschließt, regelt nach Anhörung der Kommission die rechtliche Stellung der in den Verträgen vorgesehenen Ausschüsse.

Art. 243 [Festsetzung von Gehältern und Vergütungen] [1]Der Rat setzt die Gehälter, Vergütungen und Ruhegehälter für den Präsidenten des Europäischen Rates, den Präsidenten der Kommission, den Hohen Vertreter der Union für Außen- und Sicherheitspolitik, die Mitglieder der Kommission, die Präsidenten, die Mitglieder und die Kanzler des Gerichtshofs der Europäischen Union sowie den Generalsekretär des Rates fest. [2]Er setzt ebenfalls alle als Entgelt gezahlten Vergütungen fest.

Abschnitt 4. Die Kommission

Art. 244 [Rotationsprinzip] Gemäß Artikel 17 Absatz 5 des Vertrags über die Europäische Union[1)] werden die Kommissionsmitglieder in einem vom Europäischen Rat einstimmig festgelegten System der Rotation ausgewählt, das auf folgenden Grundsätzen beruht:

a) Die Mitgliedstaaten werden bei der Festlegung der Reihenfolge und der Dauer der Amtszeiten ihrer Staatsangehörigen in der Kommission vollkommen gleich behandelt; demzufolge kann die Gesamtzahl der Mandate, welche Staatsangehörige zweier beliebiger Mitgliedstaaten innehaben, niemals um mehr als eines voneinander abweichen.

b) Vorbehaltlich des Buchstabens a ist jede der aufeinander folgenden Kommissionen so zusammengesetzt, dass das demografische und geografische Spektrum der Gesamtheit der Mitgliedstaaten auf zufrieden stellende Weise zum Ausdruck kommt.

Art. 245 [Amtspflichten der Kommissare; Amtsenthebung] *[1]* [1]Die Mitglieder der Kommission haben jede Handlung zu unterlassen, die mit ihren Aufgaben unvereinbar ist. [2]Die Mitgliedstaaten achten ihre Unabhängigkeit und versuchen nicht, sie bei der Erfüllung ihrer Aufgaben zu beeinflussen.

[2] [1]Die Mitglieder der Kommission dürfen während ihrer Amtszeit keine andere entgeltliche oder unentgeltliche Berufstätigkeit ausüben. [2]Bei der Aufnahme ihrer Tätigkeit übernehmen sie die feierliche Verpflichtung, während der Ausübung und nach Ablauf ihrer Amtstätigkeit die sich aus ihrem Amt ergebenden Pflichten zu erfüllen, insbesondere die Pflicht, bei der Annahme gewisser Tätigkeiten oder Vorteile nach Ablauf dieser Tätigkeit ehrenhaft und zurückhaltend zu sein. [3]Werden diese Pflichten verletzt, so kann der Gerichtshof auf Antrag des Rates, der mit einfacher Mehrheit beschließt, oder der Kommission das Mitglied je nach Lage des Falles gemäß Artikel 247 seines Amtes entheben oder ihm seine Ruhegehaltsansprüche oder andere an ihrer Stelle gewährte Vergünstigungen aberkennen.

Art. 246 [Neubesetzung während der Amtszeit] *[1]* Abgesehen von den regelmäßigen Neubesetzungen und von Todesfällen endet das Amt eines Mitglieds der Kommission durch Rücktritt oder Amtsenthebung.

[1)] Nr. **1000**.

[2] Für ein zurückgetretenes, seines Amtes enthobenes oder verstorbenes Mitglied wird für die verbleibende Amtszeit vom Rat mit Zustimmung des Präsidenten der Kommission nach Anhörung des Europäischen Parlaments und nach den Anforderungen des Artikels 17 Absatz 3 Unterabsatz 2 des Vertrags über die Europäische Union[1)] ein neues Mitglied derselben Staatsangehörigkeit ernannt.

[3] Der Rat kann auf Vorschlag des Präsidenten der Kommission einstimmig beschließen, dass ein ausscheidendes Mitglied der Kommission für die verbleibende Amtszeit nicht ersetzt werden muss, insbesondere wenn es sich um eine kurze Zeitspanne handelt.

[4] [1] Bei Rücktritt, Amtsenthebung oder Tod des Präsidenten wird für die verbleibende Amtszeit ein Nachfolger ernannt. [2] Für die Ersetzung findet das Verfahren des Artikels 17 Absatz 7 Unterabsatz 1 des Vertrags über die Europäische Union Anwendung.

[5] Bei Rücktritt, Amtsenthebung oder Tod des Hohen Vertreters der Union für die Außen- und Sicherheitspolitik wird für die verbleibende Amtszeit nach Artikel 18 Absatz 1 des Vertrags über die Europäische Union ein Nachfolger ernannt.

[6] Bei Rücktritt aller Mitglieder der Kommission bleiben diese bis zur Neubesetzung ihres Sitzes nach Artikel 17 des Vertrags über die Europäische Union für die verbleibende Amtszeit im Amt und führen die laufenden Geschäfte weiter.

Art. 247 [Amtsenthebung] Jedes Mitglied der Kommission, das die Voraussetzungen für die Ausübung seines Amtes nicht mehr erfüllt oder eine schwere Verfehlung begangen hat, kann auf Antrag des Rates, der mit einfacher Mehrheit beschließt, oder der Kommission durch den Gerichtshof seines Amtes enthoben werden.

Art. 248 [Zuständigkeitsaufteilung durch den Präsidenten] [1] Die Zuständigkeiten der Kommission werden unbeschadet des Artikels 18 Absatz 4 des Vertrags über die Europäische Union[1)] von ihrem Präsidenten nach Artikel 17 Absatz 6 des genannten Vertrags gegliedert und zwischen ihren Mitgliedern aufgeteilt. [2] Der Präsident kann diese Zuständigkeitsverteilung im Laufe der Amtszeit ändern. [3] Die Mitglieder der Kommission üben die ihnen vom Präsidenten übertragenen Aufgaben unter dessen Leitung aus.

Art. 249 [Geschäftsordnung; Jährlicher Gesamtbericht] (1) [1] Die Kommission gibt sich eine Geschäftsordnung, um ihr ordnungsgemäßes Arbeiten und das ihrer Dienststellen zu gewährleisten. [2] Sie sorgt für die Veröffentlichung dieser Geschäftsordnung.

(2) Die Kommission veröffentlicht jährlich, und zwar spätestens einen Monat vor Beginn der Sitzungsperiode des Europäischen Parlaments, einen Gesamtbericht über die Tätigkeit der Union.

Art. 250 [Beschlussfassung] *[1]* Die Beschlüsse der Kommission werden mit der Mehrheit ihrer Mitglieder gefasst.

[2] Die Beschlussfähigkeit wird in ihrer Geschäftsordnung festgelegt.

[1)] Nr. **1000**.

Abschnitt 5. Der Gerichtshof der Europäischen Union

Art. 251 [Spruchkörper des Gerichtshofs] *[1]* Der Gerichtshof tagt in Kammern oder als Große Kammer entsprechend den hierfür in der Satzung des Gerichtshofs der Europäischen Union vorgesehenen Regeln.

[2] Wenn die Satzung es vorsieht, kann der Gerichtshof auch als Plenum tagen.

Art. 252 [Generalanwälte] *[1]* [1] Der Gerichtshof wird von acht Generalanwälten unterstützt. [2] Auf Antrag des Gerichtshofs kann der Rat einstimmig die Zahl der Generalanwälte erhöhen.

[2] Der Generalanwalt hat öffentlich in völliger Unparteilichkeit und Unabhängigkeit begründete Schlussanträge zu den Rechtssachen zu stellen, in denen nach der Satzung des Gerichtshofs der Europäischen Union seine Mitwirkung erforderlich ist.

Art. 253 [Ernennung der Richter, Generalanwälte und des Kanzlers; Amtsdauer; Verfahrensordnung] *[1]* Zu Richtern und Generalanwälten des Gerichtshofs sind Persönlichkeiten auszuwählen, die jede Gewähr für Unabhängigkeit bieten und in ihrem Staat die für die höchsten richterlichen Ämter erforderlichen Voraussetzungen erfüllen oder Juristen von anerkannt hervorragender Befähigung sind; sie werden von den Regierungen der Mitgliedstaaten im gegenseitigen Einvernehmen nach Anhörung des in Artikel 255 vorgesehenen Ausschusses auf sechs Jahre ernannt.

[2] Alle drei Jahre findet nach Maßgabe der Satzung des Gerichtshofs der Europäischen Union eine teilweise Neubesetzung der Stellen der Richter und Generalanwälte statt.

[3] [1] Die Richter wählen aus ihrer Mitte den Präsidenten des Gerichtshofs für die Dauer von drei Jahren. [2] Wiederwahl ist zulässig.

[4] Die Wiederernennung ausscheidender Richter und Generalanwälte ist zulässig.

[5] Der Gerichtshof ernennt seinen Kanzler und bestimmt dessen Stellung.

[6] [1] Der Gerichtshof erlässt seine Verfahrensordnung[1)]. [2] Sie bedarf der Genehmigung des Rates.

Art. 254 [Zusammensetzung des Gerichts; Verfahrensordnung] *[1]* [1] Die Zahl der Richter des Gerichts wird in der Satzung des Gerichtshofs der Europäischen Union festgelegt. [2] In der Satzung kann vorgesehen werden, dass das Gericht von Generalanwälten unterstützt wird.

[2] [1] Zu Mitgliedern des Gerichts sind Personen auszuwählen, die jede Gewähr für Unabhängigkeit bieten und über die Befähigung zur Ausübung hoher richterlicher Tätigkeiten verfügen. [2] Sie werden von den Regierungen der Mitgliedstaaten im gegenseitigen Einvernehmen nach Anhörung des in Artikel 255 vorgesehenen Ausschusses für sechs Jahre ernannt. [3] Alle drei Jahre wird das Gericht teilweise neu besetzt. [4] Die Wiederernennung ausscheidender Mitglieder ist zulässig.

[3] [1] Die Richter wählen aus ihrer Mitte den Präsidenten des Gerichts für die Dauer von drei Jahren. [2] Wiederwahl ist zulässig.

[4] Das Gericht ernennt seinen Kanzler und bestimmt dessen Stellung.

[1)] **Sartorius ErgBd. Nr. 1006.**

[5] [1]Das Gericht erlässt seine Verfahrensordnung im Einvernehmen mit dem Gerichtshof. [2]Sie bedarf der Genehmigung des Rates.

[6] Soweit die Satzung des Gerichtshofs der Europäischen Union nichts anderes vorsieht, finden die den Gerichtshof betreffenden Bestimmungen der Verträge auf das Gericht Anwendung.

Art. 255 [Ausschuss „Bewerberprüfung"] *[1]* Es wird ein Ausschuss eingerichtet, der die Aufgabe hat, vor einer Ernennung durch die Regierungen der Mitgliedstaaten nach den Artikeln 253 und 254 eine Stellungnahme zur Eignung der Bewerber für die Ausübung des Amts eines Richters oder Generalanwalts beim Gerichtshof oder beim Gericht abzugeben.

[2] [1]Der Ausschuss setzt sich aus sieben Persönlichkeiten zusammen, die aus dem Kreis ehemaliger Mitglieder des Gerichtshofs und des Gerichts, der Mitglieder der höchsten einzelstaatlichen Gerichte und der Juristen von anerkannt hervorragender Befähigung ausgewählt werden, von denen einer vom Europäischen Parlament vorgeschlagen wird. [2]Der Rat erlässt einen Beschluss zur Festlegung der Vorschriften für die Arbeitsweise und einen Beschluss zur Ernennung der Mitglieder dieses Ausschusses. [3]Er beschließt auf Initiative des Präsidenten des Gerichtshofs.

Art. 256[1)] [Gericht, Zuständigkeiten; Rechtszug; Verweisung in Grundsatzfragen] (1) *[1]* [1]Das Gericht ist für Entscheidungen im ersten Rechtszug über die in den Artikeln 263, 265, 268, 270 und 272 genannten Klagen zuständig, mit Ausnahme derjenigen Klagen, die einem nach Artikel 257 gebildeten Fachgericht übertragen werden, und der Klagen, die gemäß der Satzung dem Gerichtshof vorbehalten sind. [2]In der Satzung kann vorgesehen werden, dass das Gericht für andere Kategorien von Klagen zuständig ist.

[2] Gegen die Entscheidungen des Gerichts aufgrund dieses Absatzes kann nach Maßgabe der Bedingungen und innerhalb der Grenzen, die in der Satzung vorgesehen sind, beim Gerichtshof ein auf Rechtsfragen beschränktes Rechtsmittel eingelegt werden.

(2) *[1]* Das Gericht ist für Entscheidungen über Rechtsmittel gegen die Entscheidungen der Fachgerichte zuständig.

[2] Die Entscheidungen des Gerichts aufgrund dieses Absatzes können nach Maßgabe der Bedingungen und innerhalb der Grenzen, die in der Satzung vorgesehen sind, in Ausnahmefällen vom Gerichtshof überprüft werden, wenn die ernste Gefahr besteht, dass die Einheit oder Kohärenz des Unionsrechts berührt wird.

(3) *[1]* Das Gericht ist in besonderen in der Satzung festgelegten Sachgebieten für Vorabentscheidungen nach Artikel 267 zuständig.

[2] Wenn das Gericht der Auffassung ist, dass eine Rechtssache eine Grundsatzentscheidung erfordert, die die Einheit oder die Kohärenz des Unionsrechts berühren könnte, kann es die Rechtssache zur Entscheidung an den Gerichtshof verweisen.

[3] Die Entscheidungen des Gerichts über Anträge auf Vorabentscheidung können nach Maßgabe der Bedingungen und innerhalb der Grenzen, die in der Satzung vorgesehen sind, in Ausnahmefällen vom Gerichtshof überprüft werden,

---

1) Vgl. zu dieser Vorschrift auch die Erklärungen Nr. 12, 13, 14 und 15 zur Schlussakte v. 16.2.2001 (ABl. C 80 S. 70) der Konferenz von Nizza.

wenn die ernste Gefahr besteht, dass die Einheit oder die Kohärenz des Unionsrechts berührt wird.

Art. 257 [Fachgerichte] *[1]* [1] Das Europäische Parlament und der Rat können gemäß dem ordentlichen Gesetzgebungsverfahren dem Gericht beigeordnete Fachgerichte bilden, die für Entscheidungen im ersten Rechtszug über bestimmte Kategorien von Klagen zuständig sind, die auf besonderen Sachgebieten erhoben werden. [2] Das Europäische Parlament und der Rat beschließen durch Verordnungen entweder auf Vorschlag der Kommission nach Anhörung des Gerichtshofs oder auf Antrag des Gerichtshofs nach Anhörung der Kommission.

[2] In der Verordnung über die Bildung eines Fachgerichts werden die Regeln für die Zusammensetzung dieses Gerichts und der ihm übertragene Zuständigkeitsbereich festgelegt.

[3] Gegen die Entscheidungen der Fachgerichte kann vor dem Gericht ein auf Rechtsfragen beschränktes Rechtsmittel oder, wenn die Verordnung über die Bildung des Fachgerichts dies vorsieht, ein auch Sachfragen betreffendes Rechtsmittel eingelegt werden.

[4] [1] Zu Mitgliedern der Fachgerichte sind Personen auszuwählen, die jede Gewähr für Unabhängigkeit bieten und über die Befähigung zur Ausübung richterlicher Tätigkeiten verfügen. [2] Sie werden einstimmig vom Rat ernannt.

[5] [1] Die Fachgerichte erlassen ihre Verfahrensordnung im Einvernehmen mit dem Gerichtshof. [2] Diese Verfahrensordnung bedarf der Genehmigung des Rates.

[6] [1] Soweit die Verordnung über die Bildung der Fachgerichte nichts anderes vorsieht, finden die den Gerichtshof der Europäischen Union betreffenden Bestimmungen der Verträge und die Satzung des Gerichtshofs der Europäischen Union auf die Fachgerichte Anwendung. [2] Titel I und Artikel 64 der Satzung gelten auf jeden Fall für die Fachgerichte.

Art. 258 [Vertragsverletzungsverfahren] *[1]* Hat nach Auffassung der Kommission ein Mitgliedstaat gegen eine Verpflichtung aus den Verträgen verstoßen, so gibt sie eine mit Gründen versehene Stellungnahme hierzu ab; sie hat dem Staat zuvor Gelegenheit zur Äußerung zu geben.

[2] Kommt der Staat dieser Stellungnahme innerhalb der von der Kommission gesetzten Frist nicht nach, so kann die Kommission den Gerichtshof der Europäischen Union anrufen.

Art. 259 [Vertragsverletzungsverfahren; Anrufung durch einen Mitgliedstaat] *[1]* Jeder Mitgliedstaat kann den Gerichtshof der Europäischen Union anrufen, wenn er der Auffassung ist, dass ein anderer Mitgliedstaat gegen eine Verpflichtung aus den Verträgen verstoßen hat.

[2] Bevor ein Mitgliedstaat wegen einer angeblichen Verletzung der Verpflichtungen aus den Verträgen gegen einen anderen Staat Klage erhebt, muss er die Kommission damit befassen.

[3] Die Kommission erlässt eine mit Gründen versehene Stellungnahme; sie gibt den beteiligten Staaten zuvor Gelegenheit zu schriftlicher und mündlicher Äußerung in einem kontradiktorischen Verfahren.

[4] Gibt die Kommission binnen drei Monaten nach dem Zeitpunkt, in dem ein entsprechender Antrag gestellt wurde, keine Stellungnahme ab, so kann ungeachtet des Fehlens der Stellungnahme vor dem Gerichtshof geklagt werden.

Art. 260 [Wirkung und Durchsetzung von Urteilen; Zwangsgeld]

(1) Stellt der Gerichtshof der Europäischen Union fest, dass ein Mitgliedstaat gegen eine Verpflichtung aus den Verträgen verstoßen hat, so hat dieser Staat die Maßnahmen zu ergreifen, die sich aus dem Urteil des Gerichtshofs ergeben.

(2) *[1]* [1] Hat der betreffende Mitgliedstaat die Maßnahmen, die sich aus dem Urteil des Gerichtshofs ergeben, nach Auffassung der Kommission nicht getroffen, so kann die Kommission den Gerichtshof anrufen, nachdem sie diesem Staat zuvor Gelegenheit zur Äußerung gegeben hat. [2] Hierbei benennt sie die Höhe des von dem betreffenden Mitgliedstaat zu zahlenden Pauschalbetrags oder Zwangsgelds, die sie den Umständen nach für angemessen hält.

[2] Stellt der Gerichtshof fest, dass der betreffende Mitgliedstaat seinem Urteil nicht nachgekommen ist, so kann er die Zahlung eines Pauschalbetrags oder Zwangsgelds verhängen.

[3] Dieses Verfahren lässt den Artikel 259 unberührt.

(3) *[1]* Erhebt die Kommission beim Gerichtshof Klage nach Artikel 258, weil sie der Auffassung ist, dass der betreffende Mitgliedstaat gegen seine Verpflichtung verstoßen hat, Maßnahmen zur Umsetzung einer gemäß einem Gesetzgebungsverfahren erlassenen Richtlinie mitzuteilen, so kann sie, wenn sie dies für zweckmäßig hält, die Höhe des von dem betreffenden Mitgliedstaat zu zahlenden Pauschalbetrags oder Zwangsgelds benennen, die sie den Umständen nach für angemessen hält.

[2] [1] Stellt der Gerichtshof einen Verstoß fest, so kann er gegen den betreffenden Mitgliedstaat die Zahlung eines Pauschalbetrags oder eines Zwangsgelds bis zur Höhe des von der Kommission genannten Betrags verhängen. [2] Die Zahlungsverpflichtung gilt ab dem vom Gerichtshof in seinem Urteil festgelegten Zeitpunkt.

Art. 261 [Ermessensnachprüfung; Zwangsmaßnahmen] Aufgrund der Verträge vom Europäischen Parlament und vom Rat gemeinsam sowie vom Rat erlassene Verordnungen können hinsichtlich der darin vorgesehenen Zwangsmaßnahmen dem Gerichtshof der Europäischen Union eine Zuständigkeit übertragen, welche die Befugnis zu unbeschränkter Ermessensnachprüfung und zur Änderung oder Verhängung solcher Maßnahmen umfasst.

Art. 262[1)] [Rechtsstreitigkeiten im Bereich des geistigen Eigentums]

[1] Unbeschadet der sonstigen Bestimmungen der Verträge kann der Rat gemäß einem besonderen Gesetzgebungsverfahren nach Anhörung des Europäischen Parlaments einstimmig Bestimmungen erlassen, mit denen dem Gerichtshof der Europäischen Union in dem vom Rat festgelegten Umfang die Zuständigkeit übertragen wird, über Rechtsstreitigkeiten im Zusammenhang mit der Anwendung von aufgrund der Verträge erlassenen Rechtsakten, mit denen europäische Rechtstitel für das geistige Eigentum geschaffen werden, zu entscheiden. [2] Diese Bestimmungen treten nach Zustimmung der Mitgliedstaaten im Einklang mit ihren jeweiligen verfassungsrechtlichen Vorschriften in Kraft.

Art. 263 [Nichtigkeitsklage] *[1]* [1] Der Gerichtshof der Europäischen Union überwacht die Rechtmäßigkeit der Gesetzgebungsakte sowie der Handlungen des Rates, der Kommission und der Europäischen Zentralbank, soweit es sich nicht *um Empfehlungen oder Stellungnahmen* handelt, und der Handlungen des Euro-

---

1) Vgl. zu dieser Vorschrift auch die Erklärung Nr. 17 zur Schlussakte v. 16.2.2001 (ABl. C 80 S. 70) der Konferenz von Nizza.

päischen Parlaments und des Europäischen Rates mit Rechtswirkung gegenüber Dritten. [2] Er überwacht ebenfalls die Rechtmäßigkeit der Handlungen der Einrichtungen oder sonstigen Stellen der Union mit Rechtswirkung gegenüber Dritten.

[2] Zu diesem Zweck ist der Gerichtshof der Europäischen Union für Klagen zuständig, die ein Mitgliedstaat, das Europäische Parlament, der Rat oder die Kommission wegen Unzuständigkeit, Verletzung wesentlicher Formvorschriften, Verletzung der Verträge oder einer bei ihrer Durchführung anzuwendenden Rechtsnorm oder wegen Ermessensmissbrauchs erhebt.

[3] Der Gerichtshof der Europäischen Union ist unter den gleichen Voraussetzungen zuständig für Klagen des Rechnungshofs, der Europäischen Zentralbank und des Ausschusses der Regionen, die auf die Wahrung ihrer Rechte abzielen.

[4] Jede natürliche oder juristische Person kann unter den Bedingungen nach den Absätzen 1 und 2 gegen die an sie gerichteten oder sie unmittelbar und individuell betreffenden Handlungen sowie gegen Rechtsakte mit Verordnungscharakter, die sie unmittelbar betreffen und keine Durchführungsmaßnahmen nach sich ziehen, Klage erheben.

[5] In den Rechtsakten zur Gründung von Einrichtungen und sonstigen Stellen der Union können besondere Bedingungen und Einzelheiten für die Erhebung von Klagen von natürlichen oder juristischen Personen gegen Handlungen dieser Einrichtungen und sonstigen Stellen vorgesehen werden, die eine Rechtswirkung gegenüber diesen Personen haben.

[6] Die in diesem Artikel vorgesehenen Klagen sind binnen zwei Monaten zu erheben; diese Frist läuft je nach Lage des Falles von der Bekanntgabe der betreffenden Handlung, ihrer Mitteilung an den Kläger oder in Ermangelung dessen von dem Zeitpunkt an, zu dem der Kläger von dieser Handlung Kenntnis erlangt hat.

Art. 264 [Nichtigkeitsklage; Urteilswirkung] *[1]* Ist die Klage begründet, so erklärt der Gerichtshof der Europäischen Union die angefochtene Handlung für nichtig.

[2] Erklärt der Gerichtshof eine Handlung für nichtig, so bezeichnet er, falls er dies für notwendig hält, diejenigen ihrer Wirkungen, die als fortgeltend zu betrachten sind.

Art. 265 [Untätigkeitsklage] *[1]* [1] Unterlässt es das Europäische Parlament, der Europäische Rat, der Rat, die Kommission oder die Europäische Zentralbank unter Verletzung der Verträge, einen Beschluss zu fassen, so können die Mitgliedstaaten und die anderen Organe der Union beim Gerichtshof der Europäischen Union Klage auf Feststellung dieser Vertragsverletzung erheben. [2] Dieser Artikel *gilt entsprechend für* die Einrichtungen und sonstigen Stellen der Union, die es unterlassen, tätig zu werden.

[2] [1] Diese Klage ist nur zulässig, wenn das in Frage stehende Organ, die in Frage stehende Einrichtung oder sonstige Stelle zuvor aufgefordert worden ist, tätig zu werden. [2] Hat es bzw. sie binnen zwei Monaten nach dieser Aufforderung nicht Stellung genommen, so kann die Klage innerhalb einer weiteren Frist von zwei Monaten erhoben werden.

[3] Jede natürliche oder juristische Person kann nach Maßgabe der Absätze 1 und 2 vor dem Gerichtshof Beschwerde darüber führen, dass ein Organ oder eine

Einrichtung oder sonstige Stelle der Union es unterlassen hat, einen anderen Akt als eine Empfehlung oder eine Stellungnahme an sie zu richten.

Art. 266 [Verpflichtung aus dem Urteil] *[1]* Die Organe, Einrichtungen oder sonstigen Stellen, denen das für nichtig erklärte Handeln zur Last fällt oder deren Untätigkeit als vertragswidrig erklärt worden ist, haben die sich aus dem Urteil des Gerichtshofs der Europäischen Union ergebenden Maßnahmen zu ergreifen.

[2] Diese Verpflichtung besteht unbeschadet der Verpflichtungen, die sich aus der Anwendung des Artikels 340 Absatz 2 ergeben.

Art. 267 [Vorabentscheidungsverfahren] *[1]* Der Gerichtshof der Europäischen Union entscheidet im Wege der Vorabentscheidung

a) über die Auslegung der Verträge,

b) über die Gültigkeit und die Auslegung der Handlungen der Organe, Einrichtungen oder sonstigen Stellen der Union.

[2] Wird eine derartige Frage einem Gericht eines Mitgliedstaats gestellt und hält dieses Gericht eine Entscheidung darüber zum Erlass seines Urteils für erforderlich, so kann es diese Frage dem Gerichtshof zur Entscheidung vorlegen.

[3] Wird eine derartige Frage in einem schwebenden Verfahren bei einem einzelstaatlichen Gericht gestellt, dessen Entscheidungen selbst nicht mehr mit Rechtsmitteln des innerstaatlichen Rechts angefochten werden können, so ist dieses Gericht zur Anrufung des Gerichtshofs verpflichtet.

[4] Wird eine derartige Frage in einem schwebenden Verfahren, das eine inhaftierte Person betrifft, bei einem einzelstaatlichen Gericht gestellt, so entscheidet der Gerichtshof innerhalb kürzester Zeit.

Art. 268 [Schadenersatzklage] Der Gerichtshof der Europäischen Union ist für Streitsachen über den in Artikel 340 Absätze 2 und 3 vorgesehenen Schadensersatz zuständig.

Art. 269 [Eingeschränkte Zuständigkeit bei Suspendierung von Mitgliedschaftsrechten] *[1]* Der Gerichtshof ist für Entscheidungen über die Rechtmäßigkeit eines nach Artikel 7 des Vertrags über die Europäische Union[1)] erlassenen Rechtsakts des Europäischen Rates oder des Rates nur auf Antrag des von einer Feststellung des Europäischen Rates oder des Rates betroffenen Mitgliedstaats und lediglich im Hinblick auf die Einhaltung der in dem genannten Artikel vorgesehenen Verfahrensbestimmungen zuständig.

[2] [1]Der Antrag muss binnen eines Monats nach der jeweiligen Feststellung gestellt werden. [2]Der Gerichtshof entscheidet binnen eines Monats nach Antragstellung.

Art. 270 [Dienstrechtliche Streitigkeiten] Der Gerichtshof der Europäischen Union ist für alle Streitsachen zwischen der Union und deren Bediensteten innerhalb der Grenzen und nach Maßgabe der Bedingungen zuständig, die im Statut der Beamten der Union und in den Beschäftigungsbedingungen für die sonstigen Bediensteten der Union festgelegt sind.

[1)] Nr. **1000**.

Art. 271 [Zuständigkeit für gewisse Streitigkeiten betreffend EIB und EZB] Der Gerichtshof der Europäischen Union ist nach Maßgabe der folgenden Bestimmungen zuständig in Streitsachen über

a) die Erfüllung der Verpflichtungen der Mitgliedstaaten aus der Satzung der Europäischen Investitionsbank. Der Verwaltungsrat der Bank besitzt hierbei die der Kommission in Artikel 258 übertragenen Befugnisse;

b) die Beschlüsse des Rates der Gouverneure der Europäischen Investitionsbank. Jeder Mitgliedstaat, die Kommission und der Verwaltungsrat der Bank können hierzu nach Maßgabe des Artikels 263 Klage erheben;

c) die Beschlüsse des Verwaltungsrats der Europäischen Investitionsbank. Diese können nach Maßgabe des Artikels 263 nur von Mitgliedstaaten oder der Kommission und lediglich wegen Verletzung der Formvorschriften des Artikels 19 Absatz 2 und Absätze 5 bis 7 der Satzung der Investitionsbank angefochten werden;

d) die Erfüllung der sich aus den Verträgen und der Satzung des ESZB und der EZB ergebenden Verpflichtungen durch die nationalen Zentralbanken. Der Rat der Gouverneure der Europäischen Zentralbank besitzt hierbei gegenüber den nationalen Zentralbanken die Befugnisse, die der Kommission in Artikel 258 gegenüber den Mitgliedstaaten eingeräumt werden. Stellt der Gerichtshof der Europäischen Union fest, dass eine nationale Zentralbank gegen eine Verpflichtung aus den Verträgen verstoßen hat, so hat diese Bank die Maßnahmen zu ergreifen, die sich aus dem Urteil des Gerichtshofs ergeben.

Art. 272 [Zuständigkeit aufgrund einer Schiedsklausel] Der Gerichtshof der Europäischen Union ist für Entscheidungen aufgrund einer Schiedsklausel zuständig, die in einem von der Union oder für ihre Rechnung abgeschlossenen öffentlich-rechtlichen oder privatrechtlichen Vertrag enthalten ist.

Art. 273 [Zuständigkeit aufgrund eines Schiedsvertrags] Der Gerichtshof ist für jede mit dem Gegenstand der Verträge in Zusammenhang stehende Streitigkeit zwischen Mitgliedstaaten zuständig, wenn diese bei ihm aufgrund eines Schiedsvertrags anhängig gemacht wird.

Art. 274 [Zuständigkeit einzelstaatlicher Gerichte] Soweit keine Zuständigkeit des Gerichtshofs der Europäischen Union aufgrund der Verträge besteht, sind Streitsachen, bei denen die Union Partei ist, der Zuständigkeit der einzelstaatlichen Gerichte nicht entzogen.

Art. 275 [Unzuständigkeit in der Außen- und Sicherheitspolitik; Ausnahmen] *[1]* Der Gerichtshof der Europäischen Union ist nicht zuständig für die Bestimmungen hinsichtlich der Gemeinsamen Außen- und Sicherheitspolitik und für die auf der Grundlage dieser Bestimmungen erlassenen Rechtsakte.

[2] Der Gerichtshof ist jedoch zuständig für die Kontrolle der Einhaltung von Artikel 40 des Vertrags über die Europäische Union[1)] und für die unter den Voraussetzungen des Artikels 263 Absatz 4 dieses Vertrags erhobenen Klagen im Zusammenhang mit der Überwachung der Rechtmäßigkeit von Beschlüssen über restriktive Maßnahmen gegenüber natürlichen oder juristischen Personen, die der Rat auf der Grundlage von Titel V Kapitel 2 des Vertrags über die Europäische Union erlassen hat.

[1)] Nr. **1000**.

Art. 276 [Unzuständigkeit für mitgliedstaatliche Polizeimaßnahmen]
Bei der Ausübung seiner Befugnisse im Rahmen der Bestimmungen des Dritten Teils Titel V Kapitel 4 und 5 über den Raum der Freiheit, der Sicherheit und des Rechts ist der Gerichtshof der Europäischen Union nicht zuständig für die Überprüfung der Gültigkeit oder Verhältnismäßigkeit von Maßnahmen der Polizei oder anderer Strafverfolgungsbehörden eines Mitgliedstaats oder der Wahrnehmung der Zuständigkeiten der Mitgliedstaaten für die Aufrechterhaltung der öffentlichen Ordnung und den Schutz der inneren Sicherheit.

Art. 277 [Inzidente Normenkontrolle] Ungeachtet des Ablaufs der in Artikel 263 Absatz 6 genannten Frist kann jede Partei in einem Rechtsstreit, bei dem die Rechtmäßigkeit eines von einem Organ, einer Einrichtung oder einer sonstigen Stelle der Union erlassenen Rechtsakts mit allgemeiner Geltung angefochten wird, vor dem Gerichtshof der Europäischen Union die Unanwendbarkeit dieses Rechtsakts aus den in Artikel 263 Absatz 2 genannten Gründen geltend machen.

Art. 278 [Keine aufschiebende Wirkung; Aussetzung] [1]Klagen bei dem Gerichtshof der Europäischen Union haben keine aufschiebende Wirkung. [2]Der Gerichtshof kann jedoch, wenn er dies den Umständen nach für nötig hält, die Durchführung der angefochtenen Handlung aussetzen.

Art. 279 [Einstweilige Anordnungen] Der Gerichtshof der Europäischen Union kann in den bei ihm anhängigen Sachen die erforderlichen einstweiligen Anordnungen treffen.

Art. 280 [Vollstreckbarkeit der Urteile] Die Urteile des Gerichtshofs der Europäischen Union sind gemäß Artikel 299 vollstreckbar.

Art. 281 [Satzung] *[1]* Die Satzung des Gerichtshofs der Europäischen Union wird in einem besonderen Protokoll festgelegt.

[2] [1]Das Europäische Parlament und der Rat können gemäß dem ordentlichen Gesetzgebungsverfahren die Satzung mit Ausnahme ihres Titels I und ihres Artikels 64 ändern. [2]Das Europäische Parlament und der Rat beschließen entweder auf Antrag des Gerichtshofs nach Anhörung der Kommission oder auf Vorschlag der Kommission nach Anhörung des Gerichtshofs.

Abschnitt 6. Die Europäische Zentralbank

Art. 282 [Aufgaben und Maßnahmen; Rechtspersönlichkeit; Unabhängigkeit; Anhörungsrecht] (1) [1]Die Europäische Zentralbank und die nationalen Zentralbanken bilden das Europäische System der Zentralbanken (ESZB). [2]Die Europäische Zentralbank und die nationalen Zentralbanken der Mitgliedstaaten, deren Währung der Euro ist, bilden das Eurosystem und betreiben die Währungspolitik der Union.

(2) [1]Das ESZB wird von den Beschlussorganen der Europäischen Zentralbank geleitet. [2]Sein vorrangiges Ziel ist es, die Preisstabilität zu gewährleisten. [3]Unbeschadet dieses Zieles unterstützt es die allgemeine Wirtschaftspolitik in der Union, um zur Verwirklichung ihrer Ziele beizutragen.

(3) [1]Die Europäische Zentralbank besitzt Rechtspersönlichkeit. [2]Sie allein ist *befugt, die Ausgabe des Euro* zu genehmigen. [3]Sie ist in der Ausübung ihrer Befugnisse und der Verwaltung ihrer Mittel unabhängig. [4]Die Organe, Einrichtungen und sonstigen Stellen der Union sowie die Regierungen der Mitgliedstaaten achten diese Unabhängigkeit.

(4) [1] Die Europäische Zentralbank erlässt die für die Erfüllung ihrer Aufgaben erforderlichen Maßnahmen nach den Artikeln 127 bis 133 und Artikel 138 und nach Maßgabe der Satzung des ESZB und der EZB. [2] Nach diesen Artikeln behalten die Mitgliedstaaten, deren Währung nicht der Euro ist, sowie deren Zentralbanken ihre Zuständigkeiten im Währungsbereich.

(5) Die Europäische Zentralbank wird in den Bereichen, auf die sich ihre Befugnisse erstrecken, zu allen Entwürfen für Rechtsakte der Union sowie zu allen Entwürfen für Rechtsvorschriften auf einzelstaatlicher Ebene gehört und kann Stellungnahmen abgeben.

Art. 283 [Organstruktur] (1) Der Rat der Europäischen Zentralbank besteht aus den Mitgliedern des Direktoriums der Europäischen Zentralbank und den Präsidenten der nationalen Zentralbanken der Mitgliedstaaten, deren Währung der Euro ist.

(2) *[1]* Das Direktorium besteht aus dem Präsidenten, dem Vizepräsidenten und vier weiteren Mitgliedern.

[2] Der Präsident, der Vizepräsident und die weiteren Mitglieder des Direktoriums werden vom Europäischen Rat auf Empfehlung des Rates, der hierzu das Europäische Parlament und den Rat der Europäischen Zentralbank anhört, aus dem Kreis der in Währungs- oder Bankfragen anerkannten und erfahrenen Persönlichkeiten mit qualifizierter Mehrheit ausgewählt und ernannt.

[3] Ihre Amtszeit beträgt acht Jahre; Wiederernennung ist nicht zulässig.

[4] Nur Staatsangehörige der Mitgliedstaaten können Mitglieder des Direktoriums werden.

Art. 284 [Teilnahmerechte; Jahresbericht] (1) [1] Der Präsident des Rates und ein Mitglied der Kommission können ohne Stimmrecht an den Sitzungen des Rates der Europäischen Zentralbank teilnehmen. [2] Der Präsident des Rates kann dem Rat der Europäischen Zentralbank einen Antrag zur Beratung vorlegen.

(2) Der Präsident der Europäischen Zentralbank wird zur Teilnahme an den Tagungen des Rates eingeladen, wenn dieser Fragen im Zusammenhang mit den Zielen und Aufgaben des ESZB erörtert.

(3) *[1]* [1] Die Europäische Zentralbank unterbreitet dem Europäischen Parlament, dem Rat und der Kommission sowie auch dem Europäischen Rat einen Jahresbericht über die Tätigkeit des ESZB und die Geld- und Währungspolitik im vergangenen und im laufenden Jahr. [2] Der Präsident der Europäischen Zentralbank legt den Bericht dem Rat und dem Europäischen Parlament vor, das auf dieser Grundlage eine allgemeine Aussprache durchführen kann.

[2] Der Präsident der Europäischen Zentralbank und die anderen Mitglieder des Direktoriums können auf Ersuchen des Europäischen Parlaments oder auf ihre Initiative hin von den zuständigen Ausschüssen des Europäischen Parlaments gehört werden.

Abschnitt 7.[1)] Der Rechnungshof

Art. 285 [Aufgabe; Zusammensetzung] *[1]* Der Rechnungshof nimmt die Rechnungsprüfung der Union wahr.

[1)] Vgl. zu diesem Abschnitt auch die Erklärung Nr. 18 der Schlussakte v. 16.2.2001 (ABl. C 80 S. 70) der Konferenz von Nizza.

[2] [1]Der Rechnungshof besteht aus einem Staatsangehörigen je Mitgliedstaat. [2]Seine Mitglieder üben ihre Aufgaben in voller Unabhängigkeit zum allgemeinen Wohl der Union aus.

Art. 286 [Anforderungen an die Mitglieder; Ernennung und Ausscheiden aus dem Amt] (1) [1]Zu Mitgliedern des Rechnungshofs sind Persönlichkeiten auszuwählen, die in ihren Staaten Rechnungsprüfungsorganen angehören oder angehört haben oder die für dieses Amt besonders geeignet sind. [2]Sie müssen jede Gewähr für Unabhängigkeit bieten.

(2) *[1]* [1]Die Mitglieder des Rechnungshofs werden auf sechs Jahre ernannt. [2]Der Rat nimmt die gemäß den Vorschlägen der einzelnen Mitgliedstaaten erstellte Liste der Mitglieder nach Anhörung des Europäischen Parlaments an. [3]Die Wiederernennung der Mitglieder des Rechnungshofs ist zulässig.

[2] [1]Sie wählen aus ihrer Mitte den Präsidenten des Rechnungshofs für drei Jahre. [2]Wiederwahl ist zulässig.

(3) [1]Die Mitglieder des Rechnungshofs dürfen bei der Erfüllung ihrer Pflichten Anweisungen von einer Regierung oder einer anderen Stelle weder anfordern noch entgegennehmen. [2]Sie haben jede Handlung zu unterlassen, die mit ihren Aufgaben unvereinbar ist.

(4) [1]Die Mitglieder des Rechnungshofs dürfen während ihrer Amtszeit keine andere entgeltliche oder unentgeltliche Berufstätigkeit ausüben. [2]Bei der Aufnahme ihrer Tätigkeit übernehmen sie die feierliche Verpflichtung, während der Ausübung und nach Ablauf ihrer Amtstätigkeit die sich aus ihrem Amt ergebenden Pflichten zu erfüllen, insbesondere die Pflicht, bei der Annahme gewisser Tätigkeiten oder Vorteile nach Ablauf dieser Tätigkeit ehrenhaft und zurückhaltend zu sein.

(5) *[1]* Abgesehen von regelmäßigen Neubesetzungen und von Todesfällen endet das Amt eines Mitglieds des Rechnungshofs durch Rücktritt oder durch Amtsenthebung durch den Gerichtshof gemäß Absatz 6.

[2] Für das ausscheidende Mitglied wird für die verbleibende Amtszeit ein Nachfolger ernannt.

[3] Außer im Fall der Amtsenthebung bleiben die Mitglieder des Rechnungshofs bis zu Neubesetzung ihres Sitzes im Amt.

(6) Ein Mitglied des Rechnungshofs kann nur dann seines Amtes enthoben oder seiner Ruhegehaltsansprüche oder anderer an ihrer Stelle gewährter Vergünstigungen für verlustig erklärt werden, wenn der Gerichtshof auf Antrag des Rechnungshofs feststellt, dass es nicht mehr die erforderlichen Voraussetzungen erfüllt oder den sich aus seinem Amt ergebenden Verpflichtungen nicht mehr nachkommt.

(7) [1]Der Rat setzt die Beschäftigungsbedingungen für den Präsidenten und die Mitglieder des Rechnungshofs fest, insbesondere die Gehälter, Vergütungen und Ruhegehälter. [2]Er setzt alle sonstigen als Entgelt gezahlten Vergütungen fest.

(8) Die für die Richter des Gerichtshofs der Europäischen Union geltenden Bestimmungen des Protokolls über die Vorrechte und Befreiungen der Europäischen Union gelten auch für die Mitglieder des Rechnungshofs.

Art. 287 [Rechnungsprüfung] (1) *[1]* [1]Der Rechnungshof prüft die Rechnung über alle Einnahmen und Ausgaben der Union. [2]Er prüft ebenfalls die Rechnung über alle Einnahmen und Ausgaben jeder von der Union geschaffenen Einrichtung oder sonstigen Stelle, soweit der Gründungsakt dies nicht ausschließt.

[2] [1]Der Rechnungshof legt dem Europäischen Parlament und dem Rat eine Erklärung über die Zuverlässigkeit der Rechnungsführung sowie die Rechtmäßigkeit und Ordnungsmäßigkeit der zugrunde liegenden Vorgänge vor, die im *Amtsblatt der Europäischen Union* veröffentlicht wird. [2]Diese Erklärung kann durch spezifische Beurteilungen zu allen größeren Tätigkeitsbereichen der Union ergänzt werden.

(2) *[1]* [1]Der Rechnungshof prüft die Rechtmäßigkeit und Ordnungsmäßigkeit der Einnahmen und Ausgaben und überzeugt sich von der Wirtschaftlichkeit der Haushaltsführung. [2]Dabei berichtet er insbesondere über alle Fälle von Unregelmäßigkeiten.

[2] Die Prüfung der Einnahmen erfolgt anhand der Feststellungen und der Zahlungen der Einnahmen an die Union.

[3] Die Prüfung der Ausgaben erfolgt anhand der Mittelbindungen und der Zahlungen.

[4] Diese Prüfungen können vor Abschluss der Rechnung des betreffenden Haushaltsjahrs durchgeführt werden.

(3) *[1]* [1]Die Prüfung wird anhand der Rechnungsunterlagen und erforderlichenfalls an Ort und Stelle bei den anderen Organen der Union, in den Räumlichkeiten der Einrichtungen oder sonstigen Stellen, die Einnahmen oder Ausgaben für Rechnung der Union verwalten, sowie der natürlichen und juristischen Personen, die Zahlungen aus dem Haushalt erhalten, und in den Mitgliedstaaten durchgeführt. [2]Die Prüfung in den Mitgliedstaaten erfolgt in Verbindung mit den einzelstaatlichen Rechnungsprüfungsorganen oder, wenn diese nicht über die erforderliche Zuständigkeit verfügen, mit den zuständigen einzelstaatlichen Dienststellen. [3]Der Rechnungshof und die einzelstaatlichen Rechnungsprüfungsorgane arbeiten unter Wahrung ihrer Unabhängigkeit vertrauensvoll zusammen. [4]Diese Organe oder Dienststellen teilen dem Rechnungshof mit, ob sie an der Prüfung teilzunehmen beabsichtigen.

[2] Die anderen Organe der Union, die Einrichtungen oder sonstigen Stellen, die Einnahmen oder Ausgaben für Rechnung der Union verwalten, die natürlichen oder juristischen Personen, die Zahlungen aus dem Haushalt erhalten, und die einzelstaatlichen Rechnungsprüfungsorgane oder, wenn diese nicht über die erforderliche Zuständigkeit verfügen, die zuständigen einzelstaatlichen Dienststellen übermitteln dem Rechnungshof auf dessen Antrag die für die Erfüllung seiner Aufgabe erforderlichen Unterlagen oder Informationen.

[3] [1]Die Rechte des Rechnungshofs auf Zugang zu Informationen der Europäischen Investitionsbank im Zusammenhang mit deren Tätigkeit bei der Verwaltung von Einnahmen und Ausgaben der Union werden in einer Vereinbarung zwischen dem Rechnungshof, der Bank und der Kommission geregelt. [2]Der Rechnungshof hat auch dann Recht auf Zugang zu den Informationen, die für die Prüfung der von der Bank verwalteten Einnahmen und Ausgaben der Union erforderlich sind, wenn eine entsprechende Vereinbarung nicht besteht.

(4) *[1]* [1]Der Rechnungshof erstattet nach Abschluss eines jeden Haushaltsjahrs einen Jahresbericht. [2]Dieser Bericht wird den anderen Organen der Union vorgelegt und im *Amtsblatt der Europäischen Union* zusammen mit den Antworten dieser Organe auf die Bemerkungen des Rechnungshofs veröffentlicht.

[2] Der Rechnungshof kann ferner jederzeit seine Bemerkungen zu besonderen Fragen vorlegen, insbesondere in Form von Sonderberichten, und auf Antrag eines der anderen Organe der Union Stellungnahmen abgeben.

[3] [1]Er nimmt seine jährlichen Berichte, Sonderberichte oder Stellungnahmen mit der Mehrheit seiner Mitglieder an. [2]Er kann jedoch für die Annahme bestimmter Arten von Berichten oder Stellungnahmen nach Maßgabe seiner Geschäftsordnung Kammern bilden.

[4] Er unterstützt das Europäische Parlament und den Rat bei der Kontrolle der Ausführung des Haushaltsplans.

[5] [1]Der Rechnungshof gibt sich eine Geschäftsordnung. [2]Diese bedarf der Genehmigung des Rates.

Kapitel 2. Rechtsakte der Union, Annahmeverfahren und sonstige Vorschriften

Abschnitt 1. Die Rechtsakte der Union

Art. 288 [Rechtsakte; Katalog] *[1]* Für die Ausübung der Zuständigkeiten der Union nehmen die Organe Verordnungen, Richtlinien, Beschlüsse, Empfehlungen und Stellungnahmen an.

[2] [1]Die Verordnung hat allgemeine Geltung. [2]Sie ist in allen ihren Teilen verbindlich und gilt unmittelbar in jedem Mitgliedstaat.

[3] Die Richtlinie ist für jeden Mitgliedstaat, an den sie gerichtet wird, hinsichtlich des zu erreichenden Ziels verbindlich, überlässt jedoch den innerstaatlichen Stellen die Wahl der Form und der Mittel.

[4] [1]Beschlüsse sind in allen ihren Teilen verbindlich. [2]Sind sie an bestimmte Adressaten gerichtet, so sind sie nur für diese verbindlich.

[5] Die Empfehlungen und Stellungnahmen sind nicht verbindlich.

Art. 289 [Ordentliches und besonderes Gesetzgebungsverfahren; Initiativrecht in besonderen Fällen] (1) [1]Das ordentliche Gesetzgebungsverfahren besteht in der gemeinsamen Annahme einer Verordnung, einer Richtlinie oder eines Beschlusses durch das Europäische Parlament und den Rat auf Vorschlag der Kommission. [2]Dieses Verfahren ist in Artikel 294 festgelegt.

(2) In bestimmten, in den Verträgen vorgesehenen Fällen erfolgt als besonderes Gesetzgebungsverfahren die Annahme einer Verordnung, einer Richtlinie oder eines Beschlusses durch das Europäische Parlament mit Beteiligung des Rates oder durch den Rat mit Beteiligung des Europäischen Parlaments.

(3) Rechtsakte, die gemäß einem Gesetzgebungsverfahren angenommen werden, sind Gesetzgebungsakte.

(4) In bestimmten, in den Verträgen vorgesehenen Fällen können Gesetzgebungsakte auf Initiative einer Gruppe von Mitgliedstaaten oder des Europäischen Parlaments, auf Empfehlung der Europäischen Zentralbank oder auf Antrag des Gerichtshofs oder der Europäischen Investitionsbank erlassen werden.

Art. 290 [Delegation von Rechtsetzungsbefugnissen auf die Kommission] (1) *[1]* In Gesetzgebungsakten kann der Kommission die Befugnis übertragen werden, Rechtsakte ohne Gesetzescharakter mit allgemeiner Geltung zur Ergänzung oder Änderung bestimmter nicht wesentlicher Vorschriften des betreffenden Gesetzgebungsaktes zu erlassen.

[2] [1]*In den betreffenden* Gesetzgebungsakten werden Ziele, Inhalt, Geltungsbereich und Dauer der Befugnisübertragung ausdrücklich festgelegt. [2]Die wesentlichen Aspekte eines Bereichs sind dem Gesetzgebungsakt vorbehalten und eine Befugnisübertragung ist für sie deshalb ausgeschlossen.

(2) *[1]* Die Bedingungen, unter denen die Übertragung erfolgt, werden in Gesetzgebungsakten ausdrücklich festgelegt, wobei folgende Möglichkeiten bestehen:

a) Das Europäische Parlament oder der Rat kann beschließen, die Übertragung zu widerrufen.

b) Der delegierte Rechtsakt kann nur in Kraft treten, wenn das Europäische Parlament oder der Rat innerhalb der im Gesetzgebungsakt festgelegten Frist keine Einwände erhebt.

[2] Für die Zwecke der Buchstaben a und b beschließt das Europäische Parlament mit der Mehrheit seiner Mitglieder und der Rat mit qualifizierter Mehrheit.

(3) In den Titel der delegierten Rechtsakte wird das Wort „delegiert" eingefügt.

Art. 291 [Durchführungsrechtsakte] (1) Die Mitgliedstaaten ergreifen alle zur Durchführung der verbindlichen Rechtsakte der Union erforderlichen Maßnahmen nach innerstaatlichem Recht.

(2) Bedarf es einheitlicher Bedingungen für die Durchführung der verbindlichen Rechtsakte der Union, so werden mit diesen Rechtsakten der Kommission oder, in entsprechend begründeten Sonderfällen und in den in den Artikeln 24 und 26 des Vertrags über die Europäische Union[1)] vorgesehenen Fällen, dem Rat Durchführungsbefugnisse übertragen.

(3) Für die Zwecke des Absatzes 2 legen das Europäische Parlament und der Rat gemäß dem ordentlichen Gesetzgebungsverfahren durch Verordnungen im Voraus allgemeine Regeln und Grundsätze fest, nach denen die Mitgliedstaaten die Wahrnehmung der Durchführungsbefugnisse durch die Kommission kontrollieren.

(4) In den Titel der Durchführungsrechtsakte wird der Wortteil „Durchführungs-" eingefügt.

Art. 292 [Rechtsgrundlage für Empfehlungen] [1] Der Rat gibt Empfehlungen ab. [2] Er beschließt auf Vorschlag der Kommission in allen Fällen, in denen er nach Maßgabe der Verträge Rechtsakte auf Vorschlag der Kommission erlässt. [3] In den Bereichen, in denen für den Erlass eines Rechtsakts der Union Einstimmigkeit vorgesehen ist, beschließt er einstimmig. [4] Die Kommission und, in bestimmten in den Verträgen vorgesehenen Fällen, die Europäische Zentralbank geben Empfehlungen ab.

Abschnitt 2. Annahmeverfahren und sonstige Vorschriften

Art. 293 [Kommissionsvorschlag; Änderungsrecht] (1) Wird der Rat auf*grund der* Verträge *auf* Vorschlag der Kommission tätig, so kann er diesen Vorschlag nur einstimmig abändern; dies gilt nicht in den Fällen nach Artikel 294 Absätze 10 und 13, nach Artikel 310, Artikel 312, Artikel 314 und nach Artikel 315 Absatz 2.

(2) Solange ein Beschluss des Rates nicht ergangen ist, kann die Kommission ihren Vorschlag jederzeit im Verlauf der Verfahren zur Annahme eines Rechtsakts der Union ändern.

[1)] Nr. **1000**.

Art. 294 [Ordentliches Gesetzgebungsverfahren] (1) Wird in den Verträgen hinsichtlich der Annahme eines Rechtsakts auf das ordentliche Gesetzgebungsverfahren Bezug genommen, so gilt das nachstehende Verfahren.

(2) Die Kommission unterbreitet dem Europäischen Parlament und dem Rat einen Vorschlag.

Erste Lesung

(3) Das Europäische Parlament legt seinen Standpunkt in erster Lesung fest und übermittelt ihn dem Rat.

(4) Billigt der Rat den Standpunkt des Europäischen Parlaments, so ist der betreffende Rechtsakt in der Fassung des Standpunkts des Europäischen Parlaments erlassen.

(5) Billigt der Rat den Standpunkt des Europäischen Parlaments nicht, so legt er seinen Standpunkt in erster Lesung fest und übermittelt ihn dem Europäischen Parlament.

(6) [1] Der Rat unterrichtet das Europäische Parlament in allen Einzelheiten über die Gründe, aus denen er seinen Standpunkt in erster Lesung festgelegt hat. [2] Die Kommission unterrichtet das Europäische Parlament in vollem Umfang über ihren Standpunkt.

Zweite Lesung

(7) Hat das Europäische Parlament binnen drei Monaten nach der Übermittlung

a) den Standpunkt des Rates in erster Lesung gebilligt oder sich nicht geäußert, so gilt der betreffende Rechtsakt als in der Fassung des Standpunkts des Rates erlassen;
b) den Standpunkt des Rates in erster Lesung mit der Mehrheit seiner Mitglieder abgelehnt, so gilt der vorgeschlagene Rechtsakt als nicht erlassen;
c) mit der Mehrheit seiner Mitglieder Abänderungen an dem Standpunkt des Rates in erster Lesung vorgeschlagen, so wird die abgeänderte Fassung dem Rat und der Kommission zugeleitet; die Kommission gibt eine Stellungnahme zu diesen Abänderungen ab.

(8) Hat der Rat binnen drei Monaten nach Eingang der Abänderungen des Europäischen Parlaments mit qualifizierter Mehrheit

a) alle diese Abänderungen gebilligt, so gilt der betreffende Rechtsakt als erlassen;
b) nicht alle Abänderungen gebilligt, so beruft der Präsident des Rates im Einvernehmen mit dem Präsidenten des Europäischen Parlaments binnen sechs Wochen den Vermittlungsausschuss ein.

(9) Über Abänderungen, zu denen die Kommission eine ablehnende Stellungnahme abgegeben hat, beschließt der Rat einstimmig.

Vermittlung

(10) Der Vermittlungsausschuss, der aus den Mitgliedern des Rates oder deren Vertretern und ebenso vielen das Europäische Parlament vertretenden Mitgliedern besteht, hat die Aufgabe, mit der qualifizierten Mehrheit der Mitglieder des Rates oder deren Vertretern und der Mehrheit der das Europäische Parlament vertretenden Mitglieder binnen sechs Wochen nach seiner Einberufung eine Einigung auf der Grundlage der Standpunkte des Europäischen Parlaments und des Rates in zweiter Lesung zu erzielen.

(11) Die Kommission nimmt an den Arbeiten des Vermittlungsausschusses teil und ergreift alle erforderlichen Initiativen, um auf eine Annäherung der Standpunkte des Europäischen Parlaments und des Rates hinzuwirken.

(12) Billigt der Vermittlungsausschuss binnen sechs Wochen nach seiner Einberufung keinen gemeinsamen Entwurf, so gilt der vorgeschlagene Rechtsakt als nicht erlassen.

Dritte Lesung

(13) [1] Billigt der Vermittlungsausschuss innerhalb dieser Frist einen gemeinsamen Entwurf, so verfügen das Europäische Parlament und der Rat ab dieser Billigung über eine Frist von sechs Wochen, um den betreffenden Rechtsakt entsprechend diesem Entwurf zu erlassen, wobei im Europäischen Parlament die Mehrheit der abgegebenen Stimmen und im Rat die qualifizierte Mehrheit erforderlich ist. [2] Andernfalls gilt der vorgeschlagene Rechtsakt als nicht erlassen.

(14) Die in diesem Artikel genannten Fristen von drei Monaten beziehungsweise sechs Wochen werden auf Initiative des Europäischen Parlaments oder des Rates um höchstens einen Monat beziehungsweise zwei Wochen verlängert.

Besondere Bestimmungen

(15) *[1]* Wird in den in den Verträgen vorgesehenen Fällen ein Gesetzgebungsakt auf Initiative einer Gruppe von Mitgliedstaaten, auf Empfehlung der Europäischen Zentralbank oder auf Antrag des Gerichtshofs im ordentlichen Gesetzgebungsverfahren erlassen, so finden Absatz 2, Absatz 6 Satz 2 und Absatz 9 keine Anwendung.

[2] [1] In diesen Fällen übermitteln das Europäische Parlament und der Rat der Kommission den Entwurf des Rechtsakts sowie ihre jeweiligen Standpunkte in erster und zweiter Lesung. [2] Das Europäische Parlament oder der Rat kann die Kommission während des gesamten Verfahrens um eine Stellungnahme bitten, die die Kommission auch von sich aus abgeben kann. [3] Sie kann auch nach Maßgabe des Absatzes 11 an dem Vermittlungsausschuss teilnehmen, sofern sie dies für erforderlich hält.

Art. 295 [Interinstitutionelle Vereinbarungen] [1] Das Europäische Parlament, der Rat und die Kommission beraten sich und regeln einvernehmlich die Einzelheiten ihrer Zusammenarbeit. [2] Dazu können sie unter Wahrung der Verträge interinstitutionelle Vereinbarungen schließen, die auch bindenden Charakter haben können.

Art. 296 [Wahl der Handlungsform; Begründung] *[1]* Wird die Art des zu erlassenden Rechtsakts von den Verträgen nicht vorgegeben, so entscheiden die Organe darüber von Fall zu Fall unter Einhaltung der geltenden Verfahren und des Grundsatzes der Verhältnismäßigkeit.

[2] Die Rechtsakte sind mit einer Begründung zu versehen und nehmen auf die in den Verträgen vorgesehenen Vorschläge, Initiativen, Empfehlungen, Anträge oder Stellungnahmen Bezug.

[3] Werden das Europäische Parlament und der Rat mit dem Entwurf eines Gesetzgebungsakts befasst, so nehmen sie keine Rechtsakte an, die gemäß dem für den betreffenden Bereich geltenden Gesetzgebungsverfahren nicht vorgesehen sind.

Art. 297 [Unterzeichnung; Veröffentlichung; Inkrafttreten] (1) *[1]* Gesetzgebungsakte, die gemäß dem ordentlichen Gesetzgebungsverfahren erlassen wurden, werden vom Präsidenten des Europäischen Parlaments und vom Präsidenten des Rates unterzeichnet.

[2] Gesetzgebungsakte, die gemäß einem besonderen Gesetzgebungsverfahren erlassen wurden, werden vom Präsidenten des Organs unterzeichnet, das sie erlassen hat.

[3] [1] Die Gesetzgebungsakte werden im *Amtsblatt der Europäischen Union* veröffentlicht. [2] Sie treten zu dem durch sie festgelegten Zeitpunkt oder anderenfalls am zwanzigsten Tag nach ihrer Veröffentlichung in Kraft.

(2) *[1]* Rechtsakte ohne Gesetzescharakter, die als Verordnung, Richtlinie oder Beschluss, der an keinen bestimmten Adressaten gerichtet ist, erlassen wurden, werden vom Präsidenten des Organs unterzeichnet, das sie erlassen hat.

[2] [1] Verordnungen, Richtlinien, die an alle Mitgliedstaaten gerichtet sind, sowie Beschlüsse, die an keinen bestimmten Adressaten gerichtet sind, werden im *Amtsblatt der Europäischen Union* veröffentlicht. [2] Sie treten zu dem durch sie festgelegten Zeitpunkt oder anderenfalls am zwanzigsten Tag nach ihrer Veröffentlichung in Kraft.

[3] Die anderen Richtlinien sowie die Beschlüsse, die an einen bestimmten Adressaten gerichtet sind, werden denjenigen, für die sie bestimmt sind, bekannt gegeben und durch diese Bekanntgabe wirksam.

Art. 298 [Europäische Verwaltung] (1) Zur Ausübung ihrer Aufgaben stützen sich die Organe, Einrichtungen und sonstigen Stellen der Union auf eine offene, effiziente und unabhängige europäische Verwaltung.

(2) Die Bestimmungen zu diesem Zweck werden unter Beachtung des Statuts und der Beschäftigungsbedingungen nach Artikel 336 vom Europäischen Parlament und vom Rat gemäß dem ordentlichen Gesetzgebungsverfahren durch Verordnungen erlassen.

Art. 299 [Entscheidungen als vollstreckbare Titel; Zwangsvollstreckung]

[1] Die Rechtsakte des Rates, der Kommission oder der Europäischen Zentralbank, die eine Zahlung auferlegen, sind vollstreckbare Titel; dies gilt nicht gegenüber Staaten.

[2] [1] Die Zwangsvollstreckung erfolgt nach den Vorschriften des Zivilprozessrechts des Staates, in dessen Hoheitsgebiet sie stattfindet. [2] Die Vollstreckungsklausel wird nach einer Prüfung, die sich lediglich auf die Echtheit des Titels erstrecken darf, von der staatlichen Behörde erteilt, welche die Regierung jedes Mitgliedstaats zu diesem Zweck bestimmt und der Kommission und dem Gerichtshof der Europäischen Union benennt.

[3] Sind diese Formvorschriften auf Antrag der die Vollstreckung betreibenden Partei erfüllt, so kann diese die Zwangsvollstreckung nach innerstaatlichem Recht betreiben, indem sie die zuständige Stelle unmittelbar anruft.

[4] [1] Die Zwangsvollstreckung kann nur durch eine Entscheidung des Gerichtshofs der Europäischen Union ausgesetzt werden. [2] Für die Prüfung der Ordnungsmäßigkeit der Vollstreckungsmaßnahmen sind jedoch die einzelstaatlichen Rechtsprechungsorgane zuständig.

Kapitel 3. Die beratenden Einrichtungen der Union

Art. 300 [Wirtschafts- und Sozialausschuss; Ausschuss der Regionen]

(1) Das Europäische Parlament, der Rat und die Kommission werden von einem Wirtschafts- und Sozialausschuss sowie einem Ausschuss der Regionen unterstützt, die beratende Aufgaben wahrnehmen.

(2) Der Wirtschafts- und Sozialausschuss setzt sich zusammen aus Vertretern der Organisationen der Arbeitgeber und der Arbeitnehmer sowie anderen Vertretern der Zivilgesellschaft, insbesondere aus dem sozialen und wirtschaftlichen, dem staatsbürgerlichen, dem beruflichen und dem kulturellen Bereich.

(3) Der Ausschuss der Regionen setzt sich zusammen aus Vertretern der regionalen und lokalen Gebietskörperschaften, die entweder ein auf Wahlen beruhendes Mandat in einer regionalen oder lokalen Gebietskörperschaft innehaben oder gegenüber einer gewählten Versammlung politisch verantwortlich sind.

(4) [1] Die Mitglieder des Wirtschafts- und Sozialausschusses und des Ausschusses der Regionen sind an keine Weisungen gebunden. [2] Sie üben ihre Tätigkeit in voller Unabhängigkeit zum allgemeinen Wohl der Union aus.

(5) [1] Die Vorschriften der Absätze 2 und 3 über die Art der Zusammensetzung dieser Ausschüsse werden in regelmäßigen Abständen vom Rat überprüft, um der wirtschaftlichen, sozialen und demografischen Entwicklung in der Union Rechnung zu tragen. [2] Der Rat erlässt auf Vorschlag der Kommission Beschlüsse zu diesem Zweck.

Abschnitt 1. Der Wirtschafts- und Sozialausschuss

Art. 301 [Zusammensetzung] *[1]* Der Wirtschafts- und Sozialausschuss hat höchstens dreihundertfünfzig Mitglieder.

[2] Der Rat erlässt einstimmig auf Vorschlag der Kommission einen Beschluss über die Zusammensetzung des Ausschusses.

[3] Der Rat setzt die Vergütungen für die Mitglieder des Ausschusses fest.

Art. 302 [Ernennung der Mitglieder] (1) [1] Die Mitglieder des Ausschusses werden für fünf Jahre ernannt. [2] Der Rat nimmt die gemäß den Vorschlägen der einzelnen Mitgliedstaaten erstellte Liste der Mitglieder an. [3] Die Wiederernennung der Mitglieder des Ausschusses ist zulässig.

(2) [1] Der Rat beschließt nach Anhörung der Kommission. [2] Er kann die Meinung der maßgeblichen europäischen Organisationen der verschiedenen Zweige des Wirtschafts- und Soziallebens und der Zivilgesellschaft einholen, die von der Tätigkeit der Union betroffen sind.

Art. 303 [Präsident; Präsidium; Geschäftsordnung; Einberufung]

[1] Der Ausschuss wählt aus seiner Mitte seinen Präsidenten und sein Präsidium *auf zweieinhalb Jahre.*

[2] Er gibt sich eine Geschäftsordnung.

[3] [1] Der Ausschuss wird von seinem Präsidenten auf Antrag des Europäischen Parlaments, des Rates oder der Kommission einberufen. [2] Er kann auch von sich aus zusammentreten.

Art. 304 [Anhörungsrechte] *[1]* [1] Der Ausschuss wird vom Europäischen Parlament, vom Rat oder der Kommission in den in den Verträgen vorgesehenen Fällen gehört. [2] Er kann von diesen Organen in allen Fällen gehört werden, in denen diese es für zweckmäßig erachten. [3] Er kann von sich aus eine Stellungnahme in den Fällen abgeben, in denen er dies für zweckmäßig erachtet.

[2] [1] Wenn das Europäische Parlament, der Rat oder die Kommission es für notwendig erachten, setzen sie dem Ausschuss für die Vorlage seiner Stellungnahme eine Frist; diese beträgt mindestens einen Monat, vom Eingang der Mitteilung beim Präsidenten des Ausschusses an gerechnet. [2] Nach Ablauf der Frist kann das Fehlen einer Stellungnahme unberücksichtigt bleiben.

[3] Die Stellungnahmen des Ausschusses sowie ein Bericht über die Beratungen werden dem Europäischen Parlament, dem Rat und der Kommission übermittelt.

Abschnitt 2. Der Ausschuss der Regionen

Art. 305 [Zusammensetzung; Auswahl und Ernennung der Mitglieder]

[1] Der Ausschuss der Regionen hat höchstens dreihundertfünfzig Mitglieder.

[2] Der Rat erlässt einstimmig auf Vorschlag der Kommission einen Beschluss über die Zusammensetzung des Ausschusses.

[3] [1] Die Mitglieder des Ausschusses sowie eine gleiche Anzahl von Stellvertretern werden auf fünf Jahre ernannt. [2] Wiederernennung ist zulässig. [3] Der Rat nimmt die gemäß den Vorschlägen der einzelnen Mitgliedstaaten erstellte Liste der Mitglieder und Stellvertreter an. [4] Die Amtszeit der Mitglieder des Ausschusses endet automatisch bei Ablauf des in Artikel 300 Absatz 3 genannten Mandats, aufgrund dessen sie vorgeschlagen wurden; für die verbleibende Amtszeit wird nach demselben Verfahren ein Nachfolger ernannt. [5] Ein Mitglied des Ausschusses darf nicht gleichzeitig Mitglied des Europäischen Parlaments sein.

Art. 306 [Präsidium; Geschäftsordnung; Einberufung] *[1]* Der Ausschuss der Regionen wählt aus seiner Mitte seinen Präsidenten und sein Präsidium auf zweieinhalb Jahre.

[2] Er gibt sich eine Geschäftsordnung.

[3] [1] Der Ausschuss wird von seinem Präsidenten auf Antrag des Europäischen Parlaments, des Rates oder der Kommission einberufen. [2] Er kann auch von sich aus zusammentreten.

Art. 307 [Anhörungsrechte] *[1]* Der Ausschuss der Regionen wird vom Europäischen Parlament, vom Rat oder von der Kommission in den in den Verträgen vorgesehenen Fällen und in allen anderen Fällen gehört, in denen eines dieser Organe dies für zweckmäßig erachtet, insbesondere in Fällen, welche die grenzüberschreitende Zusammenarbeit betreffen.

[2] [1] Wenn das Europäische Parlament, der Rat oder die Kommission es für notwendig erachten, setzen sie dem Ausschuss für die Vorlage seiner Stellungnahme eine Frist; diese beträgt mindestens einen Monat, vom Eingang der diesbezüglichen Mitteilung beim Präsidenten des Ausschusses an gerechnet. [2] Nach Ablauf der Frist kann das Fehlen einer Stellungnahme unberücksichtigt bleiben.

[3] [1] Wird der Wirtschafts- und Sozialausschuss nach Artikel 304 gehört, so wird der Ausschuss der Regionen vom Europäischen Parlament, vom Rat oder von der Kommission über dieses Ersuchen um Stellungnahme unterrichtet. [2] Der Ausschuss der Regionen kann, wenn er der Auffassung ist, dass spezifische regionale Interessen berührt werden, eine entsprechende Stellungnahme abgeben.

[4] Er kann, wenn er dies für zweckdienlich erachtet, von sich aus eine Stellungnahme abgeben.

[5] Die Stellungnahme des Ausschusses sowie ein Bericht über die Beratungen werden dem Europäischen Parlament, dem Rat und der Kommission übermittelt.

Kapitel 4. Die Europäische Investitionsbank

Art. 308 [Rechtspersönlichkeit; Mitglieder; Satzung] *[1]* Die Europäische Investitionsbank besitzt Rechtspersönlichkeit.

[2] Mitglieder der Europäischen Investitionsbank sind die Mitgliedstaaten.

[3] [1] Die Satzung der Europäischen Investitionsbank ist den Verträgen als Protokoll beigefügt. [2] Der Rat kann auf Antrag der Europäischen Investitionsbank und nach Anhörung des Europäischen Parlaments und der Kommission oder auf Vorschlag der Kommission und nach Anhörung des Europäischen Parlaments und der Europäischen Investitionsbank die Satzung der Bank einstimmig gemäß einem besonderen Gesetzgebungsverfahren ändern.

Art. 309 [Aufgabe der EIB] *[1]* [1] Aufgabe der Europäischen Investitionsbank ist es, zu einer ausgewogenen und reibungslosen Entwicklung des Binnenmarkts im Interesse der Union beizutragen; hierbei bedient sie sich des Kapitalmarkts, sowie ihrer eigenen Mittel. [2] In diesem Sinne erleichtert sie ohne Verfolgung eines Erwerbszwecks durch Gewährung von Darlehen und Bürgschaften die Finanzierung der nachstehend bezeichneten Vorhaben in allen Wirtschaftszweigen:

a) Vorhaben zur Erschließung der weniger entwickelten Gebiete;
b) Vorhaben zur Modernisierung oder Umstellung von Unternehmen oder zur Schaffung neuer Arbeitsmöglichkeiten, die sich aus der Errichtung oder dem Funktionieren des Binnenmarkts ergeben und wegen ihres Umfangs oder ihrer Art mit den in den einzelnen Mitgliedstaaten vorhandenen Mitteln nicht vollständig finanziert werden können;
c) Vorhaben von gemeinsamem Interesse für mehrere Mitgliedstaaten, die wegen ihres Umfangs oder ihrer Art mit den in den einzelnen Mitgliedstaaten vorhandenen Mitteln nicht vollständig finanziert werden können.

[2] In Erfüllung ihrer Aufgabe erleichtert die Bank die Finanzierung von Investitionsprogrammen in Verbindung mit der Unterstützung aus den Strukturfonds und anderen Finanzierungsinstrumenten der Union.

Titel II. Finanzvorschriften

Art. 310 [Haushaltsplan; Grundsätze; Haushaltsdisziplin; Betrugsbekämpfung] (1) *[1]* Alle Einnahmen und Ausgaben der Union werden für jedes Haushaltsjahr veranschlagt und in den Haushaltsplan eingesetzt.

[2] Der jährliche Haushaltsplan der Union wird vom Europäischen Parlament und vom Rat nach Maßgabe des Artikels 314 aufgestellt.

[3] Der Haushaltsplan ist in Einnahmen und Ausgaben auszugleichen.

(2) Die in den Haushaltsplan eingesetzten Ausgaben werden für ein Haushaltsjahr entsprechend der Verordnung nach Artikel 322 bewilligt.

(3) Die Ausführung der in den Haushaltsplan eingesetzten Ausgaben setzt den Erlass eines verbindlichen Rechtsakts der Union voraus, mit dem die Maßnahme der Union und die Ausführung der entsprechenden Ausgabe entsprechend der Verordnung nach Artikel 322 eine Rechtsgrundlage erhalten, soweit nicht diese Verordnung Ausnahmen vorsieht.

(4) Um die Haushaltsdisziplin sicherzustellen, erlässt die Union keine Rechtsakte, die erhebliche Auswirkungen auf den Haushaltsplan haben könnten, ohne

die Gewähr zu bieten, dass die mit diesen Rechtsakten verbundenen Ausgaben im Rahmen der Eigenmittel der Union und unter Einhaltung des mehrjährigen Finanzrahmens nach Artikel 312 finanziert werden können.

(5) [1] Der Haushaltsplan wird entsprechend dem Grundsatz der Wirtschaftlichkeit der Haushaltsführung ausgeführt. [2] Die Mitgliedstaaten arbeiten mit der Union zusammen, um sicherzustellen, dass die in den Haushaltsplan eingesetzten Mittel nach diesem Grundsatz verwendet werden.

(6) Die Union und die Mitgliedstaaten bekämpfen nach Artikel 325 Betrügereien und sonstige gegen die finanziellen Interessen der Union gerichtete rechtswidrige Handlungen.

Kapitel 1. Die Eigenmittel der Union

Art. 311 [Finanzierung aus Eigenmitteln; Eigenmittelbeschluss] *[1]* Die Union stattet sich mit den erforderlichen Mitteln aus, um ihre Ziele erreichen und ihre Politik durchführen zu können.

[2] Der Haushalt wird unbeschadet der sonstigen Einnahmen vollständig aus Eigenmitteln finanziert.

[3] [1] Der Rat erlässt gemäß einem besonderen Gesetzgebungsverfahren einstimmig und nach Anhörung des Europäischen Parlaments einen Beschluss, mit dem die Bestimmungen über das System der Eigenmittel der Union festgelegt werden. [2] Darin können neue Kategorien von Eigenmitteln eingeführt oder bestehende Kategorien abgeschafft werden. [3] Dieser Beschluss tritt erst nach Zustimmung der Mitgliedstaaten im Einklang mit ihren jeweiligen verfassungsrechtlichen Vorschriften in Kraft.

[4] [1] Der Rat legt gemäß einem besonderen Gesetzgebungsverfahren durch Verordnungen Durchführungsmaßnahmen zu dem System der Eigenmittel der Union fest, sofern dies in dem nach Absatz 3 erlassenen Beschluss vorgesehen ist. [2] Der Rat beschließt nach Zustimmung des Europäischen Parlaments.

Kapitel 2. Der mehrjährige Finanzrahmen

Art. 312 [Mehrjähriger Finanzrahmen] (1) *[1]* Mit dem mehrjährigen Finanzrahmen soll sichergestellt werden, dass die Ausgaben der Union innerhalb der Grenzen ihrer Eigenmittel eine geordnete Entwicklung nehmen.

[2] Er wird für einen Zeitraum von mindestens fünf Jahren aufgestellt.

[3] Bei der Aufstellung des jährlichen Haushaltsplans der Union ist der mehrjährige Finanzrahmen einzuhalten.

(2) *[1]* [1] Der Rat erlässt gemäß einem besonderen Gesetzgebungsverfahren eine Verordnung zur Festlegung des mehrjährigen Finanzrahmens. [2] Er beschließt einstimmig nach Zustimmung des Europäischen Parlaments, die mit der Mehrheit seiner Mitglieder erteilt wird.

[2] Der Europäische Rat kann einstimmig einen Beschluss fassen, wonach der Rat mit qualifizierter Mehrheit beschließen kann, wenn er die in Unterabsatz 1 genannte Verordnung erlässt.

(3) *[1]* [1] In dem Finanzrahmen werden die jährlichen Obergrenzen der Mittel für Verpflichtungen je Ausgabenkategorie und die jährliche Obergrenze der Mittel für Zahlungen festgelegt. [2] Die Ausgabenkategorien, von denen es nur wenige geben darf, entsprechen den Haupttätigkeitsbereichen der Union.

[2] Der Finanzrahmen enthält auch alle sonstigen für den reibungslosen Ablauf des jährlichen Haushaltsverfahrens sachdienlichen Bestimmungen.

(4) Hat der Rat bis zum Ablauf des vorangegangenen Finanzrahmens keine Verordnung zur Aufstellung eines neuen Finanzrahmens erlassen, so werden die Obergrenzen und sonstigen Bestimmungen des letzten Jahres des vorangegangenen Finanzrahmens bis zum Erlass dieses Rechtsakts fortgeschrieben.

(5) Das Europäische Parlament, der Rat und die Kommission treffen während des gesamten Verfahrens zur Annahme des Finanzrahmens alle erforderlichen Maßnahmen, um den Erlass des Rechtsakts zu erleichtern.

Kapitel 3. Der Jahreshaushaltsplan der Union

Art. 313 [Haushaltsjahr] Das Haushaltsjahr beginnt am 1. Januar und endet am 31. Dezember.

Art. 314 [Jahreshaushaltsplan; Verfahren zur Annahme] Das Europäische Parlament und der Rat legen den Jahreshaushaltsplan der Union im Rahmen eines besonderen Gesetzgebungsverfahrens nach den folgenden Bestimmungen fest:

(1) *[1]* [1]Jedes Organ, mit Ausnahme der Europäischen Zentralbank, stellt vor dem 1. Juli einen Haushaltsvoranschlag für seine Ausgaben für das folgende Haushaltsjahr auf. [2]Die Kommission fasst diese Voranschläge in einem Entwurf für den Haushaltsplan zusammen, der abweichende Voranschläge enthalten kann.

[2] Dieser Entwurf umfasst den Ansatz der Einnahmen und den Ansatz der Ausgaben.

(2) *[1]* Die Kommission legt dem Europäischen Parlament und dem Rat spätestens am 1. September des Jahres, das dem entsprechenden Haushaltsjahr vorausgeht, einen Vorschlag mit dem Entwurf des Haushaltsplans vor.

[2] Die Kommission kann den Entwurf des Haushaltsplans während des laufenden Verfahrens bis zur Einberufung des in Absatz 5 genannten Vermittlungsausschusses ändern.

(3) [1]Der Rat legt seinen Standpunkt zu dem Entwurf des Haushaltsplans fest und leitet ihn spätestens am 1. Oktober des Jahres, das dem entsprechenden Haushaltsjahr vorausgeht, dem Europäischen Parlament zu. [2]Er unterrichtet das Europäische Parlament in vollem Umfang über die Gründe, aus denen er seinen Standpunkt festgelegt hat.

(4) Hat das Europäische Parlament binnen 42 Tagen nach der Übermittlung

a) den Standpunkt des Rates gebilligt, so ist der Haushaltsplan erlassen;

b) keinen Beschluss gefasst, so gilt der Haushaltsplan als erlassen;

c) mit der Mehrheit seiner Mitglieder Abänderungen angenommen, so wird die abgeänderte Fassung des Entwurfs dem Rat und der Kommission zugeleitet. Der Präsident des Europäischen Parlaments beruft im Einvernehmen mit dem Präsidenten des Rates umgehend den Vermittlungsausschuss ein. Der Vermittlungsausschuss tritt jedoch nicht zusammen, wenn der Rat dem Europäischen Parlament binnen zehn Tagen nach der Übermittlung des geänderten Entwurfs mitteilt, dass er alle seine Abänderungen billigt.

(5) *[1]* Der Vermittlungsausschuss, der aus den Mitgliedern des Rates oder deren Vertretern und ebenso vielen das Europäische Parlament vertretenden Mitgliedern besteht, hat die Aufgabe, binnen 21 Tagen nach seiner Einberufung auf der Grundlage der Standpunkte des Europäischen Parlaments und des Rates mit der qualifizierten Mehrheit der Mitglieder des Rates oder deren Vertretern und der Mehrheit der das Europäische Parlament vertretenden Mitglieder eine Einigung über einen gemeinsamen Entwurf zu erzielen.

[2] Die Kommission nimmt an den Arbeiten des Vermittlungsausschusses teil und ergreift alle erforderlichen Initiativen, um eine Annäherung der Standpunkte des Europäischen Parlaments und des Rates zu bewirken.

(6) Einigt sich der Vermittlungsausschuss innerhalb der in Absatz 5 genannten Frist von 21 Tagen auf einen gemeinsamen Entwurf, so verfügen das Europäische Parlament und der Rat ab dieser Einigung über eine Frist von 14 Tagen, um den gemeinsamen Entwurf zu billigen.

(7) Wenn innerhalb der in Absatz 6 genannten Frist von 14 Tagen

a) der gemeinsame Entwurf sowohl vom Europäischen Parlament als auch vom Rat gebilligt wird oder beide keinen Beschluss fassen oder eines dieser Organe den gemeinsamen Entwurf billigt, während das andere Organ keinen Beschluss fasst, so gilt der Haushaltsplan als entsprechend dem gemeinsamen Entwurf endgültig erlassen, oder

b) der gemeinsame Entwurf sowohl vom Europäischen Parlament mit der Mehrheit seiner Mitglieder als auch vom Rat abgelehnt wird oder eines dieser Organe den gemeinsamen Entwurf ablehnt, während das andere Organ keinen Beschluss fasst, so legt die Kommission einen neuen Entwurf für den Haushaltsplan vor, oder

c) der gemeinsame Entwurf vom Europäischen Parlament mit der Mehrheit seiner Mitglieder abgelehnt wird, während er vom Rat gebilligt wird, so legt die Kommission einen neuen Entwurf für den Haushaltsplan vor, oder

d) der gemeinsame Entwurf vom Europäischen Parlament gebilligt wird, während er vom Rat abgelehnt wird, so kann das Europäische Parlament binnen 14 Tagen ab dem Tag der Ablehnung durch den Rat mit der Mehrheit seiner Mitglieder und drei Fünfteln der abgegebenen Stimmen beschließen, alle oder einige der in Absatz 4 Buchstabe c genannten Abänderungen zu bestätigen. Wird eine Abänderung des Europäischen Parlaments nicht bestätigt, so wird der im Vermittlungsausschuss vereinbarte Standpunkt zu dem Haushaltsposten, der Gegenstand der Abänderung ist, übernommen. Der Haushaltsplan gilt als auf dieser Grundlage endgültig erlassen.

(8) Einigt sich der Vermittlungsausschuss nicht binnen der in Absatz 5 genannten Frist von 21 Tagen auf einen gemeinsamen Entwurf, so legt die Kommission einen neuen Entwurf für den Haushaltsplan vor.

(9) Nach Abschluss des Verfahrens dieses Artikels stellt der Präsident des Europäischen Parlaments fest, dass der Haushaltsplan endgültig erlassen ist.

(10) Jedes Organ übt die ihm aufgrund dieses Artikels zufallenden Befugnisse unter Wahrung der Verträge und der Rechtsakte aus, die auf der Grundlage der Verträge insbesondere im Bereich der Eigenmittel der Union und des Gleichgewichts von Einnahmen und Ausgaben erlassen wurden.

Art. 315 [Nothaushalt] *[1]* Ist zu Beginn eines Haushaltsjahres der Haushaltsplan noch nicht endgültig erlassen, so können nach der gemäß Artikel 322 festgelegten Haushaltsordnung für jedes Kapitel monatliche Ausgaben bis zur Höhe eines Zwölftels der im betreffenden Kapitel des Haushaltsplans des vorangegangenen Haushaltsjahres eingesetzten Mittel vorgenommen werden, die jedoch ein Zwölftel der Mittelansätze des gleichen Kapitels des Haushaltsplanentwurfs nicht überschreiten dürfen.

[2] [1] Der Rat kann auf Vorschlag der Kommission unter Beachtung der sonstigen Bestimmungen des Absatzes 1 entsprechend der nach Artikel 322 erlassenen

Verordnung Ausgaben genehmigen, die über dieses Zwölftel hinausgehen. [2] Er leitet seinen Beschluss unverzüglich dem Europäischen Parlament zu.

[3] In dem Beschluss nach Absatz 2 werden unter Beachtung der in Artikel 311 genannten Rechtsakte die zur Durchführung dieses Artikels erforderlichen Maßnahmen betreffend die Mittel vorgesehen.

[4] Der Beschluss tritt 30 Tage nach seinem Erlass in Kraft, sofern das Europäische Parlament nicht innerhalb dieser Frist mit der Mehrheit seiner Mitglieder beschließt, diese Ausgaben zu kürzen.

Art. 316 [Übertragbarkeit; Spezialität] *[1]* Nach Maßgabe der aufgrund des Artikels 322 erlassenen Vorschriften dürfen die nicht für Personalausgaben vorgesehenen Mittel, die bis zum Ende der Durchführungszeit eines Haushaltsplans nicht verbraucht worden sind, lediglich auf das nächste Haushaltsjahr übertragen werden.

[2] Die vorgesehenen Mittel werden nach Kapiteln gegliedert, in denen die Ausgaben nach Art oder Bestimmung zusammengefasst sind; die Kapitel werden nach der gemäß Artikel 322 festgelegten Haushaltsordnung unterteilt.

[3] Die Ausgaben des Europäischen Parlaments, des Europäischen Rates und des Rates, der Kommission sowie des Gerichtshofs der Europäischen Union werden unbeschadet einer besonderen Regelung für bestimmte gemeinsame Ausgaben in gesonderten Teilen des Haushaltsplans aufgeführt.

Kapitel 4. Ausführung des Hauhaltsplans und Entlastung

Art. 317 [Vollzug des Haushaltsplans] *[1]* [1] Die Kommission führt den Haushaltsplan zusammen mit den Mitgliedstaaten gemäß der nach Artikel 322 festgelegten Haushaltsordnung in eigener Verantwortung und im Rahmen der zugewiesenen Mittel entsprechend dem Grundsatz der Wirtschaftlichkeit der Haushaltsführung aus. [2] Die Mitgliedstaaten arbeiten mit der Kommission zusammen, um sicherzustellen, dass die Mittel nach dem Grundsatz der Wirtschaftlichkeit der Haushaltsführung verwendet werden.

[2] [1] In der Haushaltsordnung sind die Kontroll- und Wirtschaftsprüfungspflichten der Mitgliedstaaten bei der Ausführung des Haushaltsplans sowie die damit verbundenen Verantwortlichkeiten geregelt. [2] Darin sind ferner die Verantwortlichkeiten und die besonderen Einzelheiten geregelt, nach denen jedes Organ an der Vornahme seiner Ausgaben beteiligt ist.

[3] Die Kommission kann nach der gemäß Artikel 322 festgelegten Haushaltsordnung Mittel von Kapitel zu Kapitel oder von Untergliederung zu Untergliederung übertragen.

Art. 318 [Rechnungslegung] *[1]* [1] Die Kommission legt dem Europäischen Parlament und dem Rat jährlich die Rechnung des abgelaufenen Haushaltsjahres für die Rechnungsvorgänge des Haushaltsplans vor. [2] Sie übermittelt ihnen ferner eine Übersicht über das Vermögen und die Schulden der Union.

[2] Die Kommission legt dem Europäischen Parlament und dem Rat ferner einen Evaluierungsbericht zu den Finanzen der Union vor, der sich auf die Ergebnisse stützt, die insbesondere in Bezug auf die Vorgaben erzielt wurden, die vom Europäischen Parlament und vom Rat nach Artikel 319 erteilt wurden.

Art. 319 [Entlastung der Kommission] (1) [1] Auf Empfehlung des Rates erteilt das Europäische Parlament der Kommission Entlastung zur Ausführung des Haushaltsplans. [2] Zu diesem Zweck prüft es nach dem Rat die Rechnung, die

Übersicht und den Evaluierungsbericht nach Artikel 318 sowie den Jahresbericht des Rechnungshofs zusammen mit den Antworten der kontrollierten Organe auf dessen Bemerkungen, die in Artikel 287 Absatz 1 Unterabsatz 2 genannte Zuverlässigkeitserklärung und die einschlägigen Sonderberichte des Rechnungshofs.

(2) [1] Das Europäische Parlament kann vor der Entlastung der Kommission sowie auch zu anderen Zwecken im Zusammenhang mit der Ausübung ihrer Haushaltsbefugnisse die Kommission auffordern, Auskunft über die Vornahme der Ausgaben oder die Arbeitsweise der Finanzkontrollsysteme zu erteilen. [2] Die Kommission legt dem Europäischen Parlament auf dessen Ersuchen alle notwendigen Informationen vor.

(3) *[1]* Die Kommission trifft alle zweckdienlichen Maßnahmen, um den Bemerkungen in den Entlastungsbeschlüssen und anderen Bemerkungen des Europäischen Parlaments zur Vornahme der Ausgaben sowie den Erläuterungen, die den Entlastungsempfehlungen des Rates beigefügt sind, nachzukommen.

[2] [1] Auf Ersuchen des Europäischen Parlaments oder des Rates erstattet die Kommission Bericht über die Maßnahmen, die aufgrund dieser Bemerkungen und Erläuterungen getroffen wurden, insbesondere über die Weisungen, die den für die Ausführung des Haushaltsplans zuständigen Dienststellen erteilt worden sind. [2] Diese Berichte sind auch dem Rechnungshof zuzuleiten.

Kapitel 5. Gemeinsame Bestimmungen

Art. 320 [Rechnungseinheit Euro] Der mehrjährige Finanzrahmen und der Jahreshaushaltsplan werden in Euro aufgestellt.

Art. 321 [Transferleistungen; Kommunikation auf dem Finanzsektor]

[1] [1] Die Kommission kann vorbehaltlich der Unterrichtung der zuständigen Behörden der betreffenden Mitgliedstaaten ihre Guthaben in der Währung eines dieser Staaten in die Währung eines anderen Mitgliedstaats transferieren, soweit dies erforderlich ist, um diese Guthaben für die in den Verträgen vorgesehenen Zwecke zu verwenden. [2] Besitzt die Kommission verfügbare oder flüssige Guthaben in der benötigten Währung, so vermeidet sie soweit möglich derartige Transferierungen.

[2] [1] Die Kommission verkehrt mit jedem Mitgliedstaat über die von diesem bezeichnete Behörde. [2] Bei der Durchführung ihrer Finanzgeschäfte nimmt sie die Notenbank des betreffenden Mitgliedstaats oder ein anderes von diesem genehmigtes Finanzinstitut in Anspruch.

Art. 322 [Haushaltsvorschriften] (1) Das Europäische Parlament und der Rat erlassen gemäß dem ordentlichen Gesetzgebungsverfahren durch Verordnungen nach Anhörung des Rechnungshofs

a) die Haushaltsvorschriften, in denen insbesondere die Aufstellung und Ausführung des Haushaltsplans sowie die Rechnungslegung und Rechnungsprüfung im Einzelnen geregelt werden;

b) die Vorschriften, die die Kontrolle der Verantwortung der Finanzakteure und insbesondere der Anweisungsbefugten und der Rechnungsführer regeln.

(2) Der Rat legt auf Vorschlag der Kommission und nach Anhörung des Europäischen Parlaments und des Rechnungshofs die Einzelheiten und das Verfahren fest, nach denen die Haushaltseinnahmen, die in der Regelung über die Eigenmittel der Union vorgesehen sind, der Kommission zur Verfügung gestellt

werden, sowie die Maßnahmen, die zu treffen sind, um gegebenenfalls die erforderlichen Kassenmittel bereitzustellen.

Art. 323 [Sicherung der Finanzmittel] Das Europäische Parlament, der Rat und die Kommission stellen sicher, dass der Union die Finanzmittel zur Verfügung stehen, die es ihr ermöglichen, ihren rechtlichen Verpflichtungen gegenüber Dritten nachzukommen.

Art. 324 [Konsultationen der am Haushaltsverfahren beteiligten Organe] [1] Auf Initiative der Kommission werden im Rahmen der nach diesem Titel vorgesehenen Haushaltsverfahren regelmäßige Treffen der Präsidenten des Europäischen Parlaments, des Rates und der Kommission einberufen. [2] Diese treffen alle erforderlichen Maßnahmen, um die Abstimmung und Annäherung der Standpunkte der Organe, denen sie vorstehen, zu fördern und so die Durchführung dieses Titels zu erleichtern.

Kapitel 6. Betrugsbekämpfung

Art. 325 [Schutz der finanziellen Interessen der Union] (1) Die Union und die Mitgliedstaaten bekämpfen Betrügereien und sonstige gegen die finanziellen Interessen der Union gerichtete rechtswidrige Handlungen mit Maßnahmen nach diesem Artikel, die abschreckend sind und in den Mitgliedstaaten sowie in den Organen, Einrichtungen und sonstigen Stellen der Union einen effektiven Schutz bewirken.

(2) Zur Bekämpfung von Betrügereien, die sich gegen die finanziellen Interessen der Union richten, ergreifen die Mitgliedstaaten die gleichen Maßnahmen, die sie auch zur Bekämpfung von Betrügereien ergreifen, die sich gegen ihre eigenen finanziellen Interessen richten.

(3) [1] Die Mitgliedstaaten koordinieren unbeschadet der sonstigen Bestimmungen der Verträge ihre Tätigkeit zum Schutz der finanziellen Interessen der Union vor Betrügereien. [2] Sie sorgen zu diesem Zweck zusammen mit der Kommission für eine enge, regelmäßige Zusammenarbeit zwischen den zuständigen Behörden.

(4) Zur Gewährleistung eines effektiven und gleichwertigen Schutzes in den Mitgliedstaaten sowie in den Organen, Einrichtungen und sonstigen Stellen der Union beschließen das Europäische Parlament und der Rat gemäß dem ordentlichen Gesetzgebungsverfahren nach Anhörung des Rechnungshofs die erforderlichen Maßnahmen zur Verhütung und Bekämpfung von Betrügereien, die sich gegen die finanziellen Interessen der Union richten.

(5) Die Kommission legt in Zusammenarbeit mit den Mitgliedstaaten dem Europäischen Parlament und dem Rat jährlich einen Bericht über die Maßnahmen vor, die zur Durchführung dieses Artikels getroffen wurden.

Titel III. Verstärkte Zusammenarbeit

Art. 326 [Grundsätze] *[1]* Eine Verstärkte Zusammenarbeit achtet die Verträge und das Recht der Union.

[2] [1] Sie darf weder den Binnenmarkt noch den wirtschaftlichen, sozialen und territorialen Zusammenhalt beeinträchtigen. [2] Sie darf für den Handel zwischen den Mitgliedstaaten weder ein Hindernis noch eine Diskriminierung darstellen noch darf sie zu Verzerrungen des Wettbewerbs zwischen den Mitgliedstaaten führen.

Art. 327 [Nichtbeteiligte Mitgliedstaaten] [1] Eine Verstärkte Zusammenarbeit achtet die Zuständigkeiten, Rechte und Pflichten der nicht an der Zusammenarbeit beteiligten Mitgliedstaaten. [2] Diese stehen der Durchführung der Verstärkten Zusammenarbeit durch die daran beteiligten Mitgliedstaaten nicht im Wege.

Art. 328 [Offenheit für weitere Mitgliedstaaten] (1) *[1]* [1] Bei ihrer Begründung steht eine Verstärkte Zusammenarbeit allen Mitgliedstaaten offen, sofern sie die in dem hierzu ermächtigenden Beschluss gegebenenfalls festgelegten Teilnahmevoraussetzungen erfüllen. [2] Dies gilt auch zu jedem anderen Zeitpunkt, sofern sie neben den genannten Voraussetzungen auch die in diesem Rahmen bereits erlassenen Rechtsakte beachten.

[2] Die Kommission und die an einer Verstärkten Zusammenarbeit teilnehmenden Mitgliedstaaten tragen dafür Sorge, dass die Teilnahme möglichst vieler Mitgliedstaaten gefördert wird.

(2) Die Kommission und gegebenenfalls der Hohe Vertreter der Union für die Außen- und Sicherheitspolitik unterrichten das Europäische Parlament und den Rat regelmäßig über die Entwicklung einer Verstärkten Zusammenarbeit.

Art. 329 [Ermächtigungsverfahren] (1) *[1]* [1] Die Mitgliedstaaten, die in einem der Bereiche der Verträge – mit Ausnahme der Bereiche, für die die Union die ausschließliche Zuständigkeit besitzt, und der Gemeinsamen Außen- und Sicherheitspolitik – untereinander eine Verstärkte Zusammenarbeit begründen möchten, richten einen Antrag an die Kommission, in dem der Anwendungsbereich und die Ziele aufgeführt werden, die mit der beabsichtigten Verstärkten Zusammenarbeit angestrebt werden. [2] Die Kommission kann dem Rat einen entsprechenden Vorschlag vorlegen. [3] Legt die Kommission keinen Vorschlag vor, so teilt sie den betroffenen Mitgliedstaaten ihre Gründe dafür mit.

[2] Die Ermächtigung zur Einleitung einer Verstärkten Zusammenarbeit nach Unterabsatz 1 wird vom Rat auf Vorschlag der Kommission und nach Zustimmung des Europäischen Parlaments erteilt.

(2) *[1]* [1] Der Antrag der Mitgliedstaaten, die untereinander im Rahmen der Gemeinsamen Außen- und Sicherheitspolitik eine Verstärkte Zusammenarbeit begründen möchten, wird an den Rat gerichtet. [2] Er wird dem Hohen Vertreter der Union für die Außen- und Sicherheitspolitik, der zur Kohärenz der beabsichtigten Verstärkten Zusammenarbeit mit der Gemeinsamen Außen- und Sicherheitspolitik der Union Stellung nimmt, sowie der Kommission übermittelt, die insbesondere zur Kohärenz der beabsichtigten Verstärkten Zusammenarbeit mit der Politik der Union in anderen Bereichen Stellung nimmt. [3] Der Antrag wird ferner dem Europäischen Parlament zur Unterrichtung übermittelt.

[2] Die Ermächtigung zur Einleitung einer Verstärkten Zusammenarbeit wird mit einem Beschluss des Rates erteilt, der einstimmig beschließt.

Art. 330 [Beratungen; Stimmberechtigung] *[1]* Alle Mitglieder des Rates können an dessen Beratungen teilnehmen, aber nur die Mitglieder des Rates, die die an der Verstärkten Zusammenarbeit beteiligten Mitgliedstaaten vertreten, sind stimmberechtigt.

[2] Die Einstimmigkeit bezieht sich allein auf die Stimmen der Vertreter der an der Verstärkten Zusammenarbeit beteiligten Mitgliedstaaten.

[3] Die qualifizierte Mehrheit bestimmt sich nach Artikel 238 Absatz 3.

Art. 331 [Beitritt weiterer Staaten] (1) *[1]* Jeder Mitgliedstaat, der sich einer bestehenden Verstärkten Zusammenarbeit in einem der in Artikel 329 Absatz 1 genannten Bereiche anschließen will, teilt dem Rat und der Kommission seine Absicht mit.

[2] [1] Die Kommission bestätigt binnen vier Monaten nach Eingang der Mitteilung die Beteiligung des betreffenden Mitgliedstaats. [2] Dabei stellt sie gegebenenfalls fest, dass die Beteiligungsvoraussetzungen erfüllt sind, und erlässt die notwendigen Übergangsmaßnahmen zur Anwendung der im Rahmen der Verstärkten Zusammenarbeit bereits erlassenen Rechtsakte.

[3] [1] Ist die Kommission jedoch der Auffassung, dass die Beteiligungsvoraussetzungen nicht erfüllt sind, so gibt sie an, welche Bestimmungen zur Erfüllung dieser Voraussetzungen erlassen werden müssen, und legt eine Frist für die erneute Prüfung des Antrags fest. [2] Nach Ablauf dieser Frist prüft sie den Antrag erneut nach dem in Unterabsatz 2 vorgesehenen Verfahren. [3] Ist die Kommission der Auffassung, dass die Beteiligungsvoraussetzungen weiterhin nicht erfüllt sind, so kann der betreffende Mitgliedstaat mit dieser Frage den Rat befassen, der über den Antrag befindet. [4] Der Rat beschließt nach Artikel 330. [5] Er kann außerdem auf Vorschlag der Kommission die in Unterabsatz 2 genannten Übergangsmaßnahmen erlassen.

(2) *[1]* Jeder Mitgliedstaat, der an einer bestehenden Verstärkten Zusammenarbeit im Rahmen der Gemeinsamen Außen- und Sicherheitspolitik teilnehmen möchte, teilt dem Rat, dem Hohen Vertreter der Union für die Außen- und Sicherheitspolitik und der Kommission seine Absicht mit.

[2] [1] Der Rat bestätigt die Teilnahme des betreffenden Mitgliedstaats nach Anhörung des Hohen Vertreters der Union für die Außen- und Sicherheitspolitik und gegebenenfalls nach der Feststellung, dass die Teilnahmevoraussetzungen erfüllt sind. [2] Der Rat kann auf Vorschlag des Hohen Vertreters ferner die notwendigen Übergangsmaßnahmen zur Anwendung der im Rahmen der Verstärkten Zusammenarbeit bereits erlassenen Rechtsakte treffen. [3] Ist der Rat jedoch der Auffassung, dass die Teilnahmevoraussetzungen nicht erfüllt sind, so gibt er an, welche Schritte zur Erfüllung dieser Voraussetzungen notwendig sind, und legt eine Frist für die erneute Prüfung des Antrags auf Teilnahme fest.

[3] Für die Zwecke dieses Absatzes beschließt der Rat einstimmig nach Artikel 330.

Art. 332 [Budgetlast] Die sich aus der Durchführung einer Verstärkten Zusammenarbeit ergebenden Ausgaben, mit Ausnahme der Verwaltungskosten der Organe, werden von den beteiligten Mitgliedstaaten getragen, sofern der Rat nicht nach Anhörung des Europäischen Parlaments durch einstimmigen Beschluss sämtlicher Mitglieder des Rates etwas anderes beschließt.

Art. 333 [Abstimmungsregeln] (1) Wenn nach einer Bestimmung der Verträge, die im Rahmen einer Verstärkten Zusammenarbeit angewendet werden könnte, der Rat einstimmig beschließen muss, kann der Rat nach Artikel 330 einstimmig einen Beschluss dahin gehend erlassen, dass er mit qualifizierter Mehrheit beschließt.

(2) [1] Wenn nach einer Bestimmung der Verträge, die im Rahmen einer Verstärkten Zusammenarbeit angewendet werden könnte, Rechtsakte vom Rat gemäß einem besonderen Gesetzgebungsverfahren erlassen werden müssen, kann der Rat nach Artikel 330 einstimmig einen Beschluss dahin gehend erlassen, dass er

gemäß dem ordentlichen Gesetzgebungsverfahren beschließt. [2] Der Rat beschließt nach Anhörung des Europäischen Parlaments.

(3) Die Absätze 1 und 2 gelten nicht für Beschlüsse mit militärischen oder verteidigungspolitischen Bezügen.

Art. 334 [Wahrung der Kohärenz] Der Rat und die Kommission stellen sicher, dass die im Rahmen einer Verstärkten Zusammenarbeit durchgeführten Maßnahmen untereinander und mit der Politik der Union im Einklang stehen, und arbeiten entsprechend zusammen.

Siebter Teil. Allgemeine und Schlussbestimmungen

Art. 335 [Rechts- und Geschäftsfähigkeit der Union] [1] Die Union besitzt in jedem Mitgliedstaat die weitestgehende Rechts- und Geschäftsfähigkeit, die juristischen Personen nach dessen Rechtsvorschriften zuerkannt ist; sie kann insbesondere bewegliches und unbewegliches Vermögen erwerben und veräußern sowie vor Gericht stehen. [2] Zu diesem Zweck wird sie von der Kommission vertreten. [3] In Fragen, die das Funktionieren der einzelnen Organe betreffen, wird die Union hingegen aufgrund von deren Verwaltungsautonomie von dem betreffenden Organ vertreten.

Art. 336 [Beamtenstatut; Beschäftigungsbedingungen] Das Europäische Parlament und der Rat erlassen gemäß dem ordentlichen Gesetzgebungsverfahren durch Verordnungen nach Anhörung der anderen betroffenen Organe das Statut der Beamten der Europäischen Union und die Beschäftigungsbedingungen für die sonstigen Bediensteten der Union.

Art. 337 [Auskunfts- und Nachprüfungsrecht der Kommission] Zur Erfüllung der ihr übertragenen Aufgaben kann die Kommission alle erforderlichen Auskünfte einholen und alle erforderlichen Nachprüfungen vornehmen; der Rahmen und die nähere Maßgabe hierfür werden vom Rat, der mit einfacher Mehrheit beschließt, gemäß den Bestimmungen der Verträge festgelegt.

Art. 338 [Unionsstatistiken] (1) Unbeschadet des Artikels 5 des Protokolls über die Satzung des Europäischen Systems der Zentralbanken und der Europäischen Zentralbank beschließen das Europäische Parlament und der Rat gemäß dem ordentlichen Gesetzgebungsverfahren Maßnahmen für die Erstellung von Statistiken, wenn dies für die Durchführung der Tätigkeiten der Union erforderlich ist.

(2) Die Erstellung der Unionsstatistiken erfolgt unter Wahrung der Unparteilichkeit, der Zuverlässigkeit, der Objektivität, der wissenschaftlichen Unabhängigkeit, der Kostenwirksamkeit und der statistischen Geheimhaltung; der Wirtschaft dürfen dadurch keine übermäßigen Belastungen entstehen.

Art. 339 [Geheimhaltungspflicht] Die Mitglieder der Organe der Union, die Mitglieder der Ausschüsse sowie die Beamten und sonstigen Bediensteten der Union sind verpflichtet, auch nach Beendigung ihrer Amtstätigkeit Auskünfte, die ihrem Wesen nach unter das Berufsgeheimnis fallen, nicht preiszugeben; dies gilt insbesondere für Auskünfte über Unternehmen sowie deren Geschäftsbeziehungen *oder Kostenelemente.*

Art. 340 [Amtshaftung der Union] *[1]* Die vertragliche Haftung der Union bestimmt sich nach dem Recht, das auf den betreffenden Vertrag anzuwenden ist.

[2] Im Bereich der außervertraglichen Haftung ersetzt die Union den durch ihre Organe oder Bediensteten in Ausübung ihrer Amtstätigkeit verursachten Schaden nach den allgemeinen Rechtsgrundsätzen, die den Rechtsordnungen der Mitgliedstaaten gemeinsam sind.

[3] Abweichend von Absatz 2 ersetzt die Europäische Zentralbank den durch sie oder ihre Bediensteten in Ausübung ihrer Amtstätigkeit verursachten Schaden nach den allgemeinen Rechtsgrundsätzen, die den Rechtsordnungen der Mitgliedstaaten gemeinsam sind.

[4] Die persönliche Haftung der Bediensteten gegenüber der Union bestimmt sich nach den Vorschriften ihres Statuts oder der für sie geltenden Beschäftigungsbedingungen.

Art. 341[1)] **[Sitz der Organe der Union]** Der Sitz der Organe der Union wird im Einvernehmen zwischen den Regierungen der Mitgliedstaaten bestimmt.

Art. 342 [Sprachenfrage] Die Regelung der Sprachenfrage für die Organe der Union wird unbeschadet der Satzung des Gerichtshofs der Europäischen Union vom Rat einstimmig durch Verordnungen getroffen.

Art. 343 [Vorrechte und Befreiungen der Union] [1]Die Union genießt im Hoheitsgebiet der Mitgliedstaaten die zur Erfüllung ihrer Aufgabe erforderlichen Vorrechte und Befreiungen nach Maßgabe des Protokolls vom 8. April 1965 über die Vorrechte und Befreiungen der Europäischen Union. [2]Dasselbe gilt für die Europäische Zentralbank und die Europäische Investitionsbank.

Art. 344 [Exklusivität der unionsrechtlichen Streitbeilegungsmechanismen] Die Mitgliedstaaten verpflichten sich, Streitigkeiten über die Auslegung oder Anwendung der Verträge nicht anders als hierin vorgesehen zu regeln.

Art. 345 [Eigentumsordnung] Die Verträge lassen die Eigentumsordnung in den verschiedenen Mitgliedstaaten unberührt.

Art. 346 [Ausnahme bei wesentlichen Sicherheitsinteressen; Rüstungsgüter] (1) Die Vorschriften der Verträge stehen folgenden Bestimmungen nicht entgegen:

a) Ein Mitgliedstaat ist nicht verpflichtet, Auskünfte zu erteilen, deren Preisgabe seines Erachtens seinen wesentlichen Sicherheitsinteressen widerspricht;

b) jeder Mitgliedstaat kann die Maßnahmen ergreifen, die seines Erachtens für die Wahrung seiner wesentlichen Sicherheitsinteressen erforderlich sind, soweit sie die Erzeugung von Waffen, Munition und Kriegsmaterial oder den Handel damit betreffen; diese Maßnahmen dürfen auf dem Binnenmarkt die Wettbewerbsbedingungen hinsichtlich der nicht eigens für militärische Zwecke bestimmten Waren nicht beeinträchtigen.

(2) Der Rat kann die von ihm am 15. April 1958 festgelegte Liste der Waren, auf die Absatz 1 Buchstabe b Anwendung findet, einstimmig auf Vorschlag der Kommission ändern.

Art. 347 [Notstandsvorbehalt] Die Mitgliedstaaten setzen sich miteinander ins Benehmen, um durch gemeinsames Vorgehen zu verhindern, dass das Funk-

---

[1)] Siehe hierzu das Europolsitz-Protokoll v. 2.10.1997 (ABl. C 340 S. 112), geänd. durch Protokoll v. 13.12.2007 (ABl. C 306 S. 165).

tionieren des Binnenmarkts durch Maßnahmen beeinträchtigt wird, die ein Mitgliedstaat bei einer schwerwiegenden innerstaatlichen Störung der öffentlichen Ordnung, im Kriegsfall, bei einer ernsten, eine Kriegsgefahr darstellenden internationalen Spannung oder in Erfüllung der Verpflichtungen trifft, die er im Hinblick auf die Aufrechterhaltung des Friedens und der internationalen Sicherheit übernommen hat.

Art. 348 [Anpassungsmaßnahmen; besonderes Vertragsverletzungsverfahren] *[1]* Werden auf dem Binnenmarkt die Wettbewerbsbedingungen durch Maßnahmen aufgrund der Artikel 346 und 347 verfälscht, so prüft die Kommission gemeinsam mit dem beteiligten Staat, wie diese Maßnahmen den Vorschriften der Verträge angepasst werden können.

[2] [1] In Abweichung von dem in den Artikeln 258 und 259 vorgesehenen Verfahren kann die Kommission oder ein Mitgliedstaat den Gerichtshof unmittelbar anrufen, wenn die Kommission oder der Staat der Auffassung ist, dass ein anderer Mitgliedstaat die in den Artikeln 346 und 347 vorgesehenen Befugnisse missbraucht. [2] Der Gerichtshof entscheidet unter Ausschluss der Öffentlichkeit.

Art. 349[1)] [Sonderregelungen für bestimmte außereuropäische Territorien der Mitgliedstaaten] *[1]* [1] Unter Berücksichtigung der strukturbedingten sozialen und wirtschaftlichen Lage von Guadeloupe, Französisch-Guayana, Martinique, Mayotte, Réunion und Saint-Martin, der Azoren, Madeiras und der Kanarischen Inseln, die durch die Faktoren Abgelegenheit, Insellage, geringe Größe, schwierige Relief- und Klimabedingungen und wirtschaftliche Abhängigkeit von einigen wenigen Erzeugnissen erschwert wird, die als ständige Gegebenheiten und durch ihr Zusammenwirken die Entwicklung schwer beeinträchtigen, beschließt der Rat auf Vorschlag der Kommission nach Anhörung des Europäischen Parlaments spezifische Maßnahmen, die insbesondere darauf abzielen, die Bedingungen für die Anwendung der Verträge auf die genannten Gebiete, einschließlich gemeinsamer Politiken, festzulegen. [2] Werden die betreffenden spezifischen Maßnahmen vom Rat gemäß einem besonderen Gesetzgebungsverfahren erlassen, so beschließt er ebenfalls auf Vorschlag der Kommission und nach Anhörung des Europäischen Parlaments.

[2] Die Maßnahmen nach Absatz 1 betreffen insbesondere die Zoll- und Handelspolitik, Steuerpolitik, Freizonen, Agrar- und Fischereipolitik, die Bedingungen für die Versorgung mit Rohstoffen und grundlegenden Verbrauchsgütern, staatliche Beihilfen sowie die Bedingungen für den Zugang zu den Strukturfonds und zu den horizontalen Unionsprogrammen.

[3] Der Rat beschließt die in Absatz 1 genannten Maßnahmen unter Berücksichtigung der besonderen Merkmale und Zwänge der Gebiete in äußerster Randlage, ohne dabei die Integrität und Kohärenz der Rechtsordnung der Union, die auch den Binnenmarkt und die gemeinsamen Politiken umfasst, auszuhöhlen.

Art. 350 [Benelux-Union] Die Verträge stehen dem Bestehen und der Durchführung der regionalen Zusammenschlüsse zwischen Belgien und Luxemburg sowie zwischen Belgien, Luxemburg und den Niederlanden nicht entgegen, soweit die Ziele dieser Zusammenschlüsse durch Anwendung der Verträge nicht erreicht sind.

[1)] Art. 349 Abs. 1 Satz 1 geänd. mWv 1.1.2012 durch Beschl. v. 29.10.2010 (ABl. L 325 S. 4); Abs. 1 Satz 1 geänd. mWv 1.1.2014 durch Beschl. v. 11.7.2012 (ABl. L 204 S. 131).

Art. 351 [Frühere Abkommen der Mitgliedstaaten] *[1]* Die Rechte und Pflichten aus Übereinkünften, die vor dem 1. Januar 1958 oder, im Falle später beigetretener Staaten, vor dem Zeitpunkt ihres Beitritts zwischen einem oder mehreren Mitgliedstaaten einerseits und einem oder mehreren dritten Ländern andererseits geschlossen wurden, werden durch die Verträge nicht berührt.

[2] [1] Soweit diese Übereinkünfte mit den Verträgen nicht vereinbar sind, wenden der oder die betreffenden Mitgliedstaaten alle geeigneten Mittel an, um die festgestellten Unvereinbarkeiten zu beheben. [2] Erforderlichenfalls leisten die Mitgliedstaaten zu diesem Zweck einander Hilfe; sie nehmen gegebenenfalls eine gemeinsame Haltung ein.

[3] Bei Anwendung der in Absatz 1 bezeichneten Übereinkünfte tragen die Mitgliedstaaten dem Umstand Rechnung, dass die in den Verträgen von jedem Mitgliedstaat gewährten Vorteile Bestandteil der Errichtung der Union sind und daher in untrennbarem Zusammenhang stehen mit der Schaffung gemeinsamer Organe, der Übertragung von Zuständigkeiten auf diese und der Gewährung der gleichen Vorteile durch alle anderen Mitgliedstaaten.

Art. 352 [Kompetenzergänzungsklausel] (1) [1] Erscheint ein Tätigwerden der Union im Rahmen der in den Verträgen festgelegten Politikbereiche erforderlich, um eines der Ziele der Verträge zu verwirklichen, und sind in den Verträgen die hierfür erforderlichen Befugnisse nicht vorgesehen, so erlässt der Rat einstimmig auf Vorschlag der Kommission und nach Zustimmung des Europäischen Parlaments die geeigneten Vorschriften. [2] Werden diese Vorschriften vom Rat gemäß einem besonderen Gesetzgebungsverfahren erlassen, so beschließt er ebenfalls einstimmig auf Vorschlag der Kommission und nach Zustimmung des Europäischen Parlaments.

(2) Die Kommission macht die nationalen Parlamente im Rahmen des Verfahrens zur Kontrolle der Einhaltung des Subsidiaritätsprinzips nach Artikel 5 Absatz 3 des Vertrags über die Europäische Union[1)] auf die Vorschläge aufmerksam, die sich auf diesen Artikel stützen.

(3) Die auf diesem Artikel beruhenden Maßnahmen dürfen keine Harmonisierung der Rechtsvorschriften der Mitgliedstaaten in den Fällen beinhalten, in denen die Verträge eine solche Harmonisierung ausschließen.

(4) Dieser Artikel kann nicht als Grundlage für die Verwirklichung von Zielen der Gemeinsamen Außen- und Sicherheitspolitik dienen, und Rechtsakte, die nach diesem Artikel erlassen werden, müssen innerhalb der in Artikel 40 Absatz 2 des Vertrags über die Europäische Union festgelegten Grenzen bleiben.

Art. 353 [Änderung der Einstimmigkeit] Artikel 48 Absatz 7 des Vertrags über die Europäische Union[1)] findet keine Anwendung auf die folgenden Artikel:
– Artikel 311 Absätze 3 und 4,
– Artikel 312 Absatz 2 Unterabsatz 1,
– Artikel 352 und
– Artikel 354.

Art. 354 [Stimmrechtsaussetzung] *[1]* [1] Für die Zwecke des Artikels 7 des Vertrags über die Europäische Union[1)] über die Aussetzung bestimmter mit der Zugehörigkeit zur Union verbundener Rechte ist das Mitglied des Europäischen

---
[1)] Nr. **1000**.

Rates oder des Rates, das den betroffenen Mitgliedstaat vertritt, nicht stimmberechtigt und der betreffende Mitgliedstaat wird bei der Berechnung des Drittels oder der vier Fünftel der Mitgliedstaaten nach den Absätzen 1 und 2 des genannten Artikels nicht berücksichtigt. [2] Die Stimmenthaltung von anwesenden oder vertretenen Mitgliedern steht dem Erlass von Beschlüssen nach Absatz 2 des genannten Artikels nicht entgegen.

[2] Für den Erlass von Beschlüssen nach Artikel 7 Absätze 3 und 4 des Vertrags über die Europäische Union bestimmt sich die qualifizierte Mehrheit nach Artikel 238 Absatz 3 Buchstabe b dieses Vertrags.

[3] Beschließt der Rat nach dem Erlass eines Beschlusses über die Aussetzung der Stimmrechte nach Artikel 7 Absatz 3 des Vertrags über die Europäische Union auf der Grundlage einer Bestimmung der Verträge mit qualifizierter Mehrheit, so bestimmt sich die qualifizierte Mehrheit hierfür nach Artikel 238 Absatz 3 Buchstabe b dieses Vertrags oder, wenn der Rat auf Vorschlag der Kommission oder des Hohen Vertreters der Union für die Außen- und Sicherheitspolitik handelt, nach Artikel 238 Absatz 3 Buchstabe a.

[4] Für die Zwecke des Artikels 7 des Vertrags über die Europäische Union beschließt das Europäische Parlament mit der Mehrheit von zwei Dritteln der abgegebenen Stimmen und mit der Mehrheit seiner Mitglieder.

Art. 355[1)] [Geltungsbereich der Verträge; Sonderfälle] Zusätzlich zu den Bestimmungen des Artikels 52 des Vertrags über die Europäische Union[2)] über den räumlichen Geltungsbereich der Verträge gelten folgende Bestimmungen:

(1) Die Verträge gelten nach Artikel 349 für Guadeloupe, Französisch-Guayana, Martinique, Mayotte, Réunion, Saint-Martin, die Azoren, Madeira und die Kanarischen Inseln.

(2) *[1]* Für die in Anhang II aufgeführten überseeischen Länder und Hoheitsgebiete gilt das besondere Assoziierungssystem, das im Vierten Teil festgelegt ist.

[2] Die Verträge finden keine Anwendung auf die überseeischen Länder und Hoheitsgebiete, die besondere Beziehungen zum Vereinigten Königreich Großbritannien und Nordirland[3)] unterhalten und die in dem genannten Anhang nicht aufgeführt sind.

(3) Die Verträge finden auf die europäischen Hoheitsgebiete Anwendung, deren auswärtige Beziehungen ein Mitgliedstaat wahrnimmt.

(4) Die Verträge finden entsprechend den Bestimmungen des Protokolls Nr. 2 zur Akte über die Bedingungen des Beitritts der Republik Österreich, der Republik Finnland und des Königsreichs Schweden auf die Ålandinseln Anwendung.

(5) Abweichend von Artikel 52 des Vertrags über die Europäische Union und von den Absätzen 1 bis 4 dieses Artikels gilt:

a) Die Verträge finden auf die Färöer keine Anwendung.
b) Die Verträge finden auf die Hoheitszonen des Vereinigten Königreichs[3)] auf Zypern, Akrotiri und Dhekelia, nur insoweit Anwendung, als dies erforderlich ist, um die Anwendung der Regelungen des Protokolls über die Hoheitszonen des Vereinigten Königreichs Großbritannien und Nordirland in Zypern, das der

---

[1)] Art. 355 Abs. 1 geänd. mWv 1.1.2012 durch Beschl. v. 29.10.2010 (ABl. L 325 S. 4); Abs. 1 geänd. mWv 1.1.2014 durch Beschl. v. 11.7.2012 (ABl. L 204 S. 131).

[2)] Nr. **1000**.

[3)] Seit dem 1.2.2020 ist das Vereinigte Königreich aus der Europäischen Union ausgetreten und ist seitdem ein Drittland (Nicht-EU-Land).

Akte über die Bedingungen des Beitritts der Tschechischen Republik, der Republik Estland, der Republik Zypern, der Republik Lettland, der Republik Litauen, der Republik Ungarn, der Republik Malta, der Republik Polen, der Republik Slowenien und der Slowakischen Republik zur Europäischen Union beigefügt ist, nach Maßgabe jenes Protokolls sicherzustellen.

c) Die Verträge finden auf die Kanalinseln und die Insel Man nur insoweit Anwendung, als dies erforderlich ist, um die Anwendung der Regelung sicherzustellen, die in dem am 22. Januar 1972 unterzeichneten Vertrag über den Beitritt neuer Mitgliedstaaten zur Europäischen Wirtschaftsgemeinschaft und zur Europäischen Atomgemeinschaft für diese Inseln vorgesehen ist.[1)]

(6) [1] Der Europäische Rat kann auf Initiative des betroffenen Mitgliedstaats einen Beschluss zur Änderung des Status eines in den Absätzen 1 und 2 genannten dänischen, französischen oder niederländischen Landes oder Hoheitsgebiets gegenüber der Union erlassen. [2] Der Europäische Rat beschließt einstimmig nach Anhörung der Kommission.

Art. 356 [Geltungsdauer] Dieser Vertrag gilt auf unbegrenzte Zeit.

Art. 357 [Ratifizierung und Inkrafttreten] *[1]* [1] Dieser Vertrag bedarf der Ratifizierung durch die Hohen Vertragsparteien gemäß ihren verfassungsrechtlichen Vorschriften. [2] Die Ratifikationsurkunden werden bei der Regierung der Italienischen Republik hinterlegt.

[2] [1] Dieser Vertrag tritt am ersten Tag des auf die Hinterlegung der letzten Ratifikationsurkunde folgenden Monats in Kraft. [2] Findet diese Hinterlegung weniger als fünfzehn Tage vor Beginn des folgenden Monats statt, so tritt der Vertrag am ersten Tag des zweiten Monats nach dieser Hinterlegung in Kraft.

Art. 358 [Verbindlicher Wortlaut; Hinterlegung] Die Bestimmungen des Artikels 55 des Vertrags über die Europäische Union[2)] sind auf diesen Vertrag anwendbar.

ZU URKUND DESSEN haben die unterzeichnenden Bevollmächtigten ihre Unterschriften unter diesen Vertrag gesetzt.

Geschehen zu Rom am fünfundzwanzigsten März neunzehnhundertsiebenundfünfzig.

(Aufzählung der Unterzeichner nicht wiedergegeben)

[1)] Mit dem Austritt des Vereinigten Königreichs aus der Europäischen Union zum 1.2.2020 finden die Verträge auf die Kanalinseln und die Insel Man keine Anwendung mehr.

[2)] Nr. **1000**.

Anhänge

Anhang I. Listen zu Artikel 38 des Vertrags

–1– Nummer des Brüsseler Zolltarifschemas		–2– Warenbezeichnung
Kapitel 1		Lebende Tiere
Kapitel 2		Fleisch und genießbarer Schlachtabfall
Kapitel 3		Fische, Krebstiere und Weichtiere
Kapitel 4		Milch und Milcherzeugnisse, Vogeleier; natürlicher Honig
Kapitel 5		
	05.04	Därme, Blasen und Mägen von anderen Tieren als Fischen, ganz oder geteilt
	05.15	Waren tierischen Ursprungs, anderweit weder genannt noch inbegriffen; nicht lebende Tiere des Kapitels 1 oder 3, ungenießbar
Kapitel 6		Lebende Pflanzen und Waren des Blumenhandels
Kapitel 7		Gemüse, Pflanzen, Wurzeln und Knollen, die zu Ernährungszwecken verwendet werden
Kapitel 8		Genießbare Früchte, Schalen von Zitrusfrüchten oder von Melonen
Kapitel 9		Kaffee, Tee und Gewürze, ausgenommen Mate (Position 09.03)
Kapitel 10		Getreide
Kapitel 11		Müllereierzeugnisse, Malz; Stärke; Kleber, Inullin
Kapitel 12		Ölsaaten und ölhaltige Früchte; verschiedene Samen und Früchte; Pflanzen zum Gewerbe- oder Heilgebrauch, Stroh und Futter
Kapitel 13		
	ex 13.03	Pektin
Kapitel 15		
	15.01	Schweineschmalz; Geflügelfett, ausgepreßt oder ausgeschmolzen
	15.02	Talg von Rindern, Schafen oder Ziegen, roh oder ausgeschmolzen, einschließlich Premier Jus
	15.03	Schmalzstearin; Oleostearin; Schmalzöl, Oleomargarine und Talgöl, weder emulgiert, vermischt noch anders verarbeitet
	15.04	Fette und Öle von Fischen oder Meeressäugetieren, auch raffiniert
	15.07	Fette pflanzliche Öle, flüssig oder fest, roh, gereinigt oder raffiniert
	15.12	Tierische und pflanzliche Fette und Öle, gehärtete, auch raffiniert, jedoch nicht weiter verarbeitet
	15.13	Margarine, Kunstspeisefett und andere genießbare verarbeitete Fette
	15.17	Rückstände aus der Verarbeitung von Fettstoffen oder von tierischen oder pflanzlichen Wachsen
Kapitel 16		Zubereitungen von Fleisch, Fischen, Krebstieren und Weichtieren
Kapitel 17		
	17.01	Rüben- und Rohrzucker
	17.02	Andere Zucker; Sirupe; Kunsthonig, auch mit natürlichem Honig vermischt; Zucker und Melassen, karamellisiert
	17.03	Melassen, auch entfärbt

–1– Nummer des Brüsseler Zolltarifschemas		–2– Warenbezeichnung
	17.05(*)	Zucker, Sirupe und Melassen, aromatisiert und gefärbt (einschließlich Vanille- und Vanillinzucker), ausgenommen Fruchtsäfte mit beliebigem Zusatz von Zucker
Kapitel 18		
	18.01	Kakaobohnen, auch Bruch, roh oder geröstet
	18.02	Kakaoschalen, Kakaohäutchen und anderer Kakaoabfall
Kapitel 20		Zubereitungen von Gemüse, Küchenkräutern, Früchten und anderen Pflanzen oder Pflanzenteilen
Kapitel 22		
	22.04	Traubenmost, teilweise vergoren, auch ohne Alkohol stummgemacht
	22.05	Wein aus frischen Weintrauben; mit Alkohol stummgemachter Most aus frischen Weintrauben
	22.07	Apfelwein, Birnenwein, Met und andere gegorene Getränke
	ex 22.08(*) ex 22.09(*)	Ätylalkohol und Sprit, vergällt und unvergällt mit einem beliebigen Ätylalkoholgehalt, hergestellt aus landwirtschaftlichen Erzeugnissen, die in Anhang I aufgeführt sind (ausgenommen Brandwein, Likör und andere alkoholische Getränke, zusammengesetzte alkoholische Zubereitungen – Essenzen – zur Herstellung von Getränken)
	ex 22.10(*)	Speiseessig
Kapitel 23		Rückstände und Abfälle der Lebensmittelindustrie; zubereitetes Futter
Kapitel 24		
	24.01	Tabak, unverarbeitet; Tabakabfälle
Kapitel 45		
	45.01	Naturkork, unbearbeitet, und Korkabfälle; Korkschrot, Korkmehl
Kapitel 54		
	54.01	Flachs, roh, geröstet, geschwungen, gehechelt oder anders bearbeitet, jedoch nicht versponnen; Werg und Abfälle (einschließlich Reißspinnstoff)
Kapitel 57		
	57.01	Hanf (Cannabis sativa), roh, geröstet, geschwungen, gehechelt oder anders bearbeitet, jedoch nicht versponnen; Werg und Abfälle (einschließlich Reißspinnstoff)

(*) **Amtl. Anm.:** Position eingefügt gemäß Artikel 1 der Verordnung Nr. 7a des Rates der Europäischen Wirtschaftsgemeinschaft vom 18.12.1959 (ABl. 7 vom 30.1.1961, S. 71/61).

Anhang II.[1] Überseeische Länder und Hoheitsgebiete, auf welche der vierte Teil des Vertrags Anwendung findet

– Grönland,
– Neukaledonien und Nebengebiete,
– Französisch–Polynesien,
– Französische Süd- und Antarktisgebiete,
– Wallis und Futuna,
– St. Pierre und Miquelon,
– Saint-Barthélemy,
– Aruba,
– Niederländische Antillen:
  – Bonaire,
  – Curaçao,
  – Saba,
  – Sint Eustatius,
  – Sint Maarten,
– Anguilla,
– Kaimaninseln,
– Falklandinseln,
– Südgeorgien und südliche Sandwichinseln,
– Montserrat,
– Pitcairn,
– St. Helena und Nebengebiete,
– Britisches Antarktis-Territorium,
– Britisches Territorium im Indischen Ozean,
– Turks- und Caicosinseln,
– Britische Jungferninseln,
– Bermuda.

(*) **Amtl. Anm.:** Position eingefügt gemäß Artikel 1 der Verordnung Nr. 7a des Rates der Europäischen Wirtschaftsgemeinschaft vom 18.12.1959 (ABl. 7 vom 30.1.1961, S. 71/61).

---

[1] Anh. II geänd. mWv 1.1.2012 durch Beschl. v. 29.10.2010 (ABl. L 325 S. 4); geänd. mWv 1.1.2014 durch Beschl. v. 11.7.2012 (ABl. L 204 S. 131).

1002. Charta der Grundrechte der Europäischen Union[1)]

Vom 12. Dezember 2007[2)]

(ABl. Nr. C 303 S. 1)

EU-Dok.-Nr. 3 2007 X 1214 (01)

Nichtamtliche Inhaltsübersicht

---

1) Verweise/Bezugnahmen auf Vorschriften des AEUV bzw. EUV sind gemäß Art. 5 des Vertrags von Lissabon iVm den Übereinstimmungstabellen an die neue Nummerierung angepasst worden.

2) Der hier wiedergegebene Wortlaut übernimmt mit Anpassungen die am 7. 12. 2000 proklamierte Charta. Inkrafttreten am **1. 12. 2009**, siehe die Bek. v. 13. 11. 2009 (BGBl. II S. 1223).

Präambel

Die Völker Europas sind entschlossen, auf der Grundlage gemeinsamer Werte eine friedliche Zukunft zu teilen, indem sie sich zu einer immer engeren Union verbinden.

[1] In dem Bewusstsein ihres geistig-religiösen und sittlichen Erbes gründet sich die Union auf die unteilbaren und universellen Werte der Würde des Menschen, der Freiheit, der Gleichheit und der Solidarität. [2] Sie beruht auf den Grundsätzen der Demokratie und der Rechtsstaatlichkeit. [3] Sie stellt den Menschen in den Mittelpunkt ihres Handelns, indem sie die Unionsbürgerschaft und einen Raum der Freiheit, der Sicherheit und des Rechts begründet.

[1] Die Union trägt zur Erhaltung und zur Entwicklung dieser gemeinsamen Werte unter Achtung der Vielfalt der Kulturen und Traditionen der Völker Europas sowie der nationalen Identität der Mitgliedstaaten und der Organisation ihrer staatlichen Gewalt auf nationaler, regionaler und lokaler Ebene bei. [2] Sie ist bestrebt, eine ausgewogene und nachhaltige Entwicklung zu fördern und stellt den freien Personen-, Dienstleistungs-, Waren- und Kapitalverkehr sowie die Niederlassungsfreiheit sicher.

Zu diesem Zweck ist es notwendig, angesichts der Weiterentwicklung der Gesellschaft, des sozialen Fortschritts und der wissenschaftlichen und technologischen Entwicklungen den Schutz der Grundrechte zu stärken, indem sie in einer Charta sichtbarer gemacht werden.

[1] Diese Charta bekräftigt unter Achtung der Zuständigkeiten und Aufgaben der Union und des Subsidiaritätsprinzips die Rechte, die sich vor allem aus den gemeinsamen Verfassungstraditionen und den gemeinsamen interna-

tionalen Verpflichtungen der Mitgliedstaaten, aus der Europäischen Konvention zum Schutz der Menschenrechte und Grundfreiheiten[1)], aus den von der Union und dem Europarat beschlossenen Sozialchartas sowie aus der Rechtsprechung des Gerichtshofs der Europäischen Union und des Europäischen Gerichtshofs für Menschenrechte ergeben. [2] In diesem Zusammenhang erfolgt die Auslegung der Charta durch die Gerichte der Union und der Mitgliedstaaten unter gebührender Berücksichtigung der Erläuterungen, die unter der Leitung des Präsidiums des Konvents zur Ausarbeitung der Charta formuliert und unter der Verantwortung des Präsidiums des Europäischen Konvents aktualisiert wurden.

Die Ausübung dieser Rechte ist mit Verantwortung und mit Pflichten sowohl gegenüber den Mitmenschen als auch gegenüber der menschlichen Gemeinschaft und den künftigen Generationen verbunden.

Daher erkennt die Union die nachstehend aufgeführten Rechte, Freiheiten und Grundsätze an.

Titel I. Würde des Menschen

Art. 1 Würde des Menschen. [1] Die Würde des Menschen ist unantastbar. [2] Sie ist zu achten und zu schützen.

Art. 2 Recht auf Leben. (1) Jeder Mensch hat das Recht auf Leben.

(2) Niemand darf zur Todesstrafe verurteilt oder hingerichtet werden.

Art. 3 Recht auf Unversehrtheit. (1) Jeder Mensch hat das Recht auf körperliche und geistige Unversehrtheit.

(2) Im Rahmen der Medizin und der Biologie muss insbesondere Folgendes beachtet werden:

a) die freie Einwilligung des Betroffenen nach vorheriger Aufklärung entsprechend den gesetzlich festgelegten Einzelheiten,

b) das Verbot eugenischer Praktiken, insbesondere derjenigen, welche die Selektion von Menschen zum Ziel haben,

c) das Verbot, den menschlichen Körper und Teile davon als solche zur Erzielung von Gewinnen zu nutzen,

d) das Verbot des reproduktiven Klonens von Menschen.

Art. 4 Verbot der Folter und unmenschlicher oder erniedrigender Strafe oder Behandlung. Niemand darf der Folter oder unmenschlicher oder erniedrigender Strafe oder Behandlung unterworfen werden.

Art. 5 Verbot der Sklaverei und der Zwangsarbeit. (1) Niemand darf in Sklaverei oder Leibeigenschaft gehalten werden.

(2) Niemand darf gezwungen werden, Zwangs- oder Pflichtarbeit zu verrichten.

(3) Menschenhandel ist verboten.

---

1) Nr. **1003**.

Titel II. Freiheiten

Art. 6 Recht auf Freiheit und Sicherheit. Jeder Mensch hat das Recht auf Freiheit und Sicherheit.

Art. 7 Achtung des Privat- und Familienlebens. Jede Person hat das Recht auf Achtung ihres Privat- und Familienlebens, ihrer Wohnung sowie ihrer Kommunikation.

Art. 8 Schutz personenbezogener Daten. (1) Jede Person hat das Recht auf Schutz der sie betreffenden personenbezogenen Daten.

(2) [1] Diese Daten dürfen nur nach Treu und Glauben für festgelegte Zwecke und mit Einwilligung der betroffenen Person oder auf einer sonstigen gesetzlich geregelten legitimen Grundlage verarbeitet werden. [2] Jede Person hat das Recht, Auskunft über die sie betreffenden erhobenen Daten zu erhalten und die Berichtigung der Daten zu erwirken.

(3) Die Einhaltung dieser Vorschriften wird von einer unabhängigen Stelle überwacht.

Art. 9 Recht, eine Ehe einzugehen und eine Familie zu gründen. Das Recht, eine Ehe einzugehen, und das Recht, eine Familie zu gründen, werden nach den einzelstaatlichen Gesetzen gewährleistet, welche die Ausübung dieser Rechte regeln.

Art. 10 Gedanken-, Gewissens- und Religionsfreiheit. (1) [1] Jede Person hat das Recht auf Gedanken-, Gewissens- und Religionsfreiheit. [2] Dieses Recht umfasst die Freiheit, die Religion oder Weltanschauung zu wechseln, und die Freiheit, seine Religion oder Weltanschauung einzeln oder gemeinsam mit anderen öffentlich oder privat durch Gottesdienst, Unterricht, Bräuche und Riten zu bekennen.

(2) Das Recht auf Wehrdienstverweigerung aus Gewissensgründen wird nach den einzelstaatlichen Gesetzen anerkannt, welche die Ausübung dieses Rechts regeln.

Art. 11 Freiheit der Meinungsäußerung und Informationsfreiheit.

(1) [1] Jede Person hat das Recht auf freie Meinungsäußerung. [2] Dieses Recht schließt die Meinungsfreiheit und die Freiheit ein, Informationen und Ideen ohne behördliche Eingriffe und ohne Rücksicht auf Staatsgrenzen zu empfangen und weiterzugeben.

(2) Die Freiheit der Medien und ihre Pluralität werden geachtet.

Art. 12 Versammlungs- und Vereinigungsfreiheit. (1) Jede Person hat das Recht, sich insbesondere im politischen, gewerkschaftlichen und zivilgesellschaftlichen Bereich auf allen Ebenen frei und friedlich mit anderen zu versammeln und frei mit anderen zusammenzuschließen, was das Recht jeder Person umfasst, zum Schutz ihrer Interessen Gewerkschaften zu gründen und Gewerkschaften beizutreten.

(2) Politische Parteien auf der Ebene der Union tragen dazu bei, den politischen Willen der Unionsbürgerinnen und Unionsbürger zum Ausdruck zu bringen.

Art. 13 Freiheit der Kunst und der Wissenschaft. [1] Kunst und Forschung sind frei. [2] Die akademische Freiheit wird geachtet.

Art. 14 Recht auf Bildung. (1) Jede Person hat das Recht auf Bildung sowie auf Zugang zur beruflichen Ausbildung und Weiterbildung.

(2) Dieses Recht umfasst die Möglichkeit, unentgeltlich am Pflichtschulunterricht teilzunehmen.

(3) Die Freiheit zur Gründung von Lehranstalten unter Achtung der demokratischen Grundsätze sowie das Recht der Eltern, die Erziehung und den Unterricht ihrer Kinder entsprechend ihren eigenen religiösen, weltanschaulichen und erzieherischen Überzeugungen sicherzustellen, werden nach den einzelstaatlichen Gesetzen geachtet, welche ihre Ausübung regeln.

Art. 15 Berufsfreiheit und Recht zu arbeiten. (1) Jede Person hat das Recht, zu arbeiten und einen frei gewählten oder angenommenen Beruf auszuüben.

(2) Alle Unionsbürgerinnen und Unionsbürger haben die Freiheit, in jedem Mitgliedstaat Arbeit zu suchen, zu arbeiten, sich niederzulassen oder Dienstleistungen zu erbringen.

(3) Die Staatsangehörigen dritter Länder, die im Hoheitsgebiet der Mitgliedstaaten arbeiten dürfen, haben Anspruch auf Arbeitsbedingungen, die denen der Unionsbürgerinnen und Unionsbürger entsprechen.

Art. 16 Unternehmerische Freiheit. Die unternehmerische Freiheit wird nach dem Unionsrecht und den einzelstaatlichen Rechtsvorschriften und Gepflogenheiten anerkannt.

Art. 17 Eigentumsrecht. (1) [1] Jede Person hat das Recht, ihr rechtmäßig erworbenes Eigentum zu besitzen, zu nutzen, darüber zu verfügen und es zu vererben. [2] Niemandem darf sein Eigentum entzogen werden, es sei denn aus Gründen des öffentlichen Interesses in den Fällen und unter den Bedingungen, die in einem Gesetz vorgesehen sind, sowie gegen eine rechtzeitige angemessene Entschädigung für den Verlust des Eigentums. [3] Die Nutzung des Eigentums kann gesetzlich geregelt werden, soweit dies für das Wohl der Allgemeinheit erforderlich ist.

(2) Geistiges Eigentum wird geschützt.

Art. 18 Asylrecht. Das Recht auf Asyl wird nach Maßgabe des Genfer Abkommens vom 28. Juli 1951 und des Protokolls vom 31. Januar 1967 über die Rechtsstellung der Flüchtlinge sowie nach Maßgabe des Vertrags über die Europäische Union[1)] und des Vertrags über die Arbeitsweise der Europäischen Union[2)] (im Folgenden „die Verträge“) gewährleistet.

[1)] Nr. **1000**.
[2)] Nr. **1001**.

Art. 19 Schutz bei Abschiebung, Ausweisung und Auslieferung.

(1) Kollektivausweisungen sind nicht zulässig.

(2) Niemand darf in einen Staat abgeschoben oder ausgewiesen oder an einen Staat ausgeliefert werden, in dem für sie oder ihn das ernsthafte Risiko der Todesstrafe, der Folter oder einer anderen unmenschlichen oder erniedrigenden Strafe oder Behandlung besteht.

Titel III. Gleichheit

Art. 20 Gleichheit vor dem Gesetz. Alle Personen sind vor dem Gesetz gleich.

Art. 21 Nichtdiskriminierung. (1) Diskriminierungen insbesondere wegen des Geschlechts, der Rasse, der Hautfarbe, der ethnischen oder sozialen Herkunft, der genetischen Merkmale, der Sprache, der Religion oder der Weltanschauung, der politischen oder sonstigen Anschauung, der Zugehörigkeit zu einer nationalen Minderheit, des Vermögens, der Geburt, einer Behinderung, des Alters oder der sexuellen Ausrichtung sind verboten.

(2) Unbeschadet besonderer Bestimmungen der Verträge ist in ihrem Anwendungsbereich jede Diskriminierung aus Gründen der Staatsangehörigkeit verboten.

Art. 22 Vielfalt der Kulturen, Religionen und Sprachen. Die Union achtet die Vielfalt der Kulturen, Religionen und Sprachen.

Art. 23 Gleichheit von Frauen und Männern. Die Gleichheit von Frauen und Männern ist in allen Bereichen, einschließlich der Beschäftigung, der Arbeit und des Arbeitsentgelts, sicherzustellen.

Der Grundsatz der Gleichheit steht der Beibehaltung oder der Einführung spezifischer Vergünstigungen für das unterrepräsentierte Geschlecht nicht entgegen.

Art. 24 Rechte des Kindes. (1) [1] Kinder haben Anspruch auf den Schutz und die Fürsorge, die für ihr Wohlergehen notwendig sind. [2] Sie können ihre Meinung frei äußern. [3] Ihre Meinung wird in den Angelegenheiten, die sie betreffen, in einer ihrem Alter und ihrem Reifegrad entsprechenden Weise berücksichtigt.

(2) Bei allen Kinder betreffenden Maßnahmen öffentlicher Stellen oder privater Einrichtungen muss das Wohl des Kindes eine vorrangige Erwägung sein.

(3) Jedes Kind hat Anspruch auf regelmäßige persönliche Beziehungen und direkte Kontakte zu beiden Elternteilen, es sei denn, dies steht seinem Wohl entgegen.

Art. 25 Rechte älterer Menschen. Die Union anerkennt und achtet das Recht älterer Menschen auf ein würdiges und unabhängiges Leben und auf Teilnahme am sozialen und kulturellen Leben.

Art. 26 Integration von Menschen mit Behinderung. Die Union anerkennt und achtet den Anspruch von Menschen mit Behinderung auf Maßnahmen zur Gewährleistung ihrer Eigenständigkeit, ihrer sozialen und beruflichen Eingliederung und ihrer Teilnahme am Leben der Gemeinschaft.

Titel IV. Solidarität

Art. 27 Recht auf Unterrichtung und Anhörung der Arbeitnehmerinnen und Arbeitnehmer im Unternehmen. Für die Arbeitnehmerinnen und Arbeitnehmer oder ihre Vertreter muss auf den geeigneten Ebenen eine rechtzeitige Unterrichtung und Anhörung in den Fällen und unter den Voraussetzungen gewährleistet sein, die nach dem Unionsrecht und den einzelstaatlichen Rechtsvorschriften und Gepflogenheiten vorgesehen sind.

Art. 28 Recht auf Kollektivverhandlungen und Kollektivmaßnahmen. Die Arbeitnehmerinnen und Arbeitnehmer sowie die Arbeitgeberinnen und Arbeitgeber oder ihre jeweiligen Organisationen haben nach dem Unionsrecht und den einzelstaatlichen Rechtsvorschriften und Gepflogenheiten das Recht, Tarifverträge auf den geeigneten Ebenen auszuhandeln und zu schließen sowie bei Interessenkonflikten kollektive Maßnahmen zur Verteidigung ihrer Interessen, einschließlich Streiks, zu ergreifen.

Art. 29 Recht auf Zugang zu einem Arbeitsvermittlungsdienst. Jeder Mensch hat das Recht auf Zugang zu einem unentgeltlichen Arbeitsvermittlungsdienst.

Art. 30 Schutz bei ungerechtfertigter Entlassung. Jede Arbeitnehmerin und jeder Arbeitnehmer hat nach dem Unionsrecht und den einzelstaatlichen Rechtsvorschriften und Gepflogenheiten Anspruch auf Schutz vor ungerechtfertigter Entlassung.

Art. 31 Gerechte und angemessene Arbeitsbedingungen. (1) Jede Arbeitnehmerin und jeder Arbeitnehmer hat das Recht auf gesunde, sichere und würdige Arbeitsbedingungen.

(2) Jede Arbeitnehmerin und jeder Arbeitnehmer hat das Recht auf eine Begrenzung der Höchstarbeitszeit, auf tägliche und wöchentliche Ruhezeiten sowie auf bezahlten Jahresurlaub.

Art. 32 Verbot der Kinderarbeit und Schutz der Jugendlichen am Arbeitsplatz. [1] Kinderarbeit ist verboten. [2] Unbeschadet günstigerer Vorschriften für Jugendliche und abgesehen von begrenzten Ausnahmen darf das Mindestalter für den Eintritt in das Arbeitsleben das Alter, in dem die Schulpflicht endet, nicht unterschreiten.

Zur Arbeit zugelassene Jugendliche müssen ihrem Alter angepasste Arbeitsbedingungen erhalten und vor wirtschaftlicher Ausbeutung und vor jeder Arbeit geschützt werden, die ihre Sicherheit, ihre Gesundheit, ihre körperliche, geistige, sittliche oder soziale Entwicklung beeinträchtigen oder ihre Erziehung gefährden könnte.

Art. 33 Familien- und Berufsleben. (1) Der rechtliche, wirtschaftliche und soziale Schutz der Familie wird gewährleistet.

(2) Um Familien- und Berufsleben miteinander in Einklang bringen zu können, hat jeder Mensch das Recht auf Schutz vor Entlassung aus einem mit der Mutterschaft zusammenhängenden Grund sowie den Anspruch auf einen bezahlten Mutterschaftsurlaub und auf einen Elternurlaub nach der Geburt oder Adoption eines Kindes.

Art. 34 Soziale Sicherheit und soziale Unterstützung. (1) Die Union anerkennt und achtet das Recht auf Zugang zu den Leistungen der sozialen Sicherheit und zu den sozialen Diensten, die in Fällen wie Mutterschaft, Krankheit, Arbeitsunfall, Pflegebedürftigkeit oder im Alter sowie bei Verlust des Arbeitsplatzes Schutz gewährleisten, nach Maßgabe des Unionsrechts und der einzelstaatlichen Rechtsvorschriften und Gepflogenheiten.

(2) Jeder Mensch, der in der Union seinen rechtmäßigen Wohnsitz hat und seinen Aufenthalt rechtmäßig wechselt, hat Anspruch auf die Leistungen der sozialen Sicherheit und die sozialen Vergünstigungen nach dem Unionsrecht und den einzelstaatlichen Rechtsvorschriften und Gepflogenheiten.

(3) Um die soziale Ausgrenzung und die Armut zu bekämpfen, anerkennt und achtet die Union das Recht auf eine soziale Unterstützung und eine Unterstützung für die Wohnung, die allen, die nicht über ausreichende Mittel verfügen, ein menschenwürdiges Dasein sicherstellen sollen, nach Maßgabe des Unionsrechts und der einzelstaatlichen Rechtsvorschriften und Gepflogenheiten.

Art. 35 Gesundheitsschutz. [1] Jeder Mensch hat das Recht auf Zugang zur Gesundheitsvorsorge und auf ärztliche Versorgung nach Maßgabe der einzelstaatlichen Rechtsvorschriften und Gepflogenheiten. [2] Bei der Festlegung und Durchführung der Politik und Maßnahmen der Union in allen Bereichen wird ein hohes Gesundheitsschutzniveau sichergestellt.

Art. 36 Zugang zu Dienstleistungen von allgemeinem wirtschaftlichen Interesse. Die Union anerkennt und achtet den Zugang zu Dienstleistungen von allgemeinem wirtschaftlichen Interesse, wie er durch die einzelstaatlichen Rechtsvorschriften und Gepflogenheiten im Einklang mit den Verträgen geregelt ist, um den sozialen und territorialen Zusammenhalt der Union zu fördern.

Art. 37 Umweltschutz. Ein hohes Umweltschutzniveau und die Verbesserung der Umweltqualität müssen in die Politik der Union einbezogen und nach dem Grundsatz der nachhaltigen Entwicklung sichergestellt werden.

Art. 38 Verbraucherschutz. Die Politik der Union stellt ein hohes Verbraucherschutzniveau sicher.

Titel V. Bürgerrechte

Art. 39 *Aktives und passives Wahlrecht bei den Wahlen zum Europäischen Parlament.* (1) Die Unionsbürgerinnen und Unionsbürger besitzen in dem Mitgliedstaat, in dem sie ihren Wohnsitz haben, das aktive und passive Wahlrecht bei den Wahlen zum Europäischen Parlament unter denselben Bedingungen wie die Angehörigen des betreffenden Mitgliedstaats.

(2) Die Mitglieder des Europäischen Parlaments werden in allgemeiner, unmittelbarer, freier und geheimer Wahl gewählt.

Art. 40 Aktives und passives Wahlrecht bei den Kommunalwahlen. Die Unionsbürgerinnen und Unionsbürger besitzen in dem Mitgliedstaat, in dem sie ihren Wohnsitz haben, das aktive und passive Wahlrecht bei Kommunalwahlen unter denselben Bedingungen wie die Angehörigen des betreffenden Mitgliedstaats.

Art. 41 Recht auf eine gute Verwaltung. (1) Jede Person hat ein Recht darauf, dass ihre Angelegenheiten von den Organen, Einrichtungen und sonstigen Stellen der Union unparteiisch, gerecht und innerhalb einer angemessenen Frist behandelt werden.

(2) Dieses Recht umfasst insbesondere

a) das Recht jeder Person, gehört zu werden, bevor ihr gegenüber eine für sie nachteilige individuelle Maßnahme getroffen wird,

b) das Recht jeder Person auf Zugang zu den sie betreffenden Akten unter Wahrung des berechtigten Interesses der Vertraulichkeit sowie des Berufs- und Geschäftsgeheimnisses,

c) die Verpflichtung der Verwaltung, ihre Entscheidungen zu begründen.

(3) Jede Person hat Anspruch darauf, dass die Union den durch ihre Organe oder Bediensteten in Ausübung ihrer Amtstätigkeit verursachten Schaden nach den allgemeinen Rechtsgrundsätzen ersetzt, die den Rechtsordnungen der Mitgliedstaaten gemeinsam sind.

(4) Jede Person kann sich in einer der Sprachen der Verträge an die Organe der Union wenden und muss eine Antwort in derselben Sprache erhalten.

Art. 42 Recht auf Zugang zu Dokumenten. Die Unionsbürgerinnen und Unionsbürger sowie jede natürliche oder juristische Person mit Wohnsitz oder satzungsmäßigem Sitz in einem Mitgliedstaat haben das Recht auf Zugang zu den Dokumenten der Organe, Einrichtungen und sonstigen Stellen der Union, unabhängig von der Form der für diese Dokumente verwendeten Träger.

Art. 43 Der Europäische Bürgerbeauftragte. Die Unionsbürgerinnen und Unionsbürger sowie jede natürliche oder juristische Person mit Wohnsitz oder satzungsmäßigem Sitz in einem Mitgliedstaat haben das Recht, den Europäischen Bürgerbeauftragten im Falle von Missständen bei der Tätigkeit der Organe, Einrichtungen und sonstigen Stellen der Union, mit Ausnahme des Gerichtshofs der Europäischen Union in Ausübung seiner Rechtsprechungsbefugnisse, zu befassen.

Art. 44 Petitionsrecht. Die Unionsbürgerinnen und Unionsbürger sowie jede natürliche oder juristische Person mit Wohnsitz oder satzungsmäßigem Sitz in einem Mitgliedstaat haben das Recht, eine Petition an das Europäische Parlament zu richten.

Art. 45 Freizügigkeit und Aufenthaltsfreiheit. (1) Die Unionsbürgerinnen und Unionsbürger haben das Recht, sich im Hoheitsgebiet der Mitgliedstaaten frei zu bewegen und aufzuhalten.

(2) Staatsangehörigen von Drittländern, die sich rechtmäßig im Hoheitsgebiet eines Mitgliedstaats aufhalten, kann nach Maßgabe der Verträge Freizügigkeit und Aufenthaltsfreiheit gewährt werden.

Art. 46 Diplomatischer und konsularischer Schutz. Die Unionsbürgerinnen und Unionsbürger genießen im Hoheitsgebiet eines Drittlands, in dem der Mitgliedstaat, dessen Staatsangehörigkeit sie besitzen, nicht vertreten ist, den Schutz durch die diplomatischen und konsularischen Behörden eines jeden Mitgliedstaats unter denselben Bedingungen wie Staatsangehörige dieses Staates.

Titel VI. Justizielle Rechte

Art. 47 Recht auf einen wirksamen Rechtsbehelf und ein unparteiisches Gericht. Jede Person, deren durch das Recht der Union garantierte Rechte oder Freiheiten verletzt worden sind, hat das Recht, nach Maßgabe der in diesem Artikel vorgesehenen Bedingungen bei einem Gericht einen wirksamen Rechtsbehelf einzulegen.

[1] Jede Person hat ein Recht darauf, dass ihre Sache von einem unabhängigen, unparteiischen und zuvor durch Gesetz errichteten Gericht in einem fairen Verfahren, öffentlich und innerhalb angemessener Frist verhandelt wird. [2] Jede Person kann sich beraten, verteidigen und vertreten lassen.

Personen, die nicht über ausreichende Mittel verfügen, wird Prozesskostenhilfe bewilligt, soweit diese Hilfe erforderlich ist, um den Zugang zu den Gerichten wirksam zu gewährleisten.

Art. 48 Unschuldsvermutung und Verteidigungsrechte. (1) Jeder Angeklagte gilt bis zum rechtsförmlich erbrachten Beweis seiner Schuld als unschuldig.

(2) Jedem Angeklagten wird die Achtung der Verteidigungsrechte gewährleistet.

Art. 49 Grundsätze der Gesetzmäßigkeit und der Verhältnismäßigkeit im Zusammenhang mit Straftaten und Strafen. (1) [1] Niemand darf wegen einer Handlung oder Unterlassung verurteilt werden, die zur Zeit ihrer Begehung nach innerstaatlichem oder internationalem Recht nicht strafbar war. [2] Es darf auch keine schwerere Strafe als die zur Zeit der Begehung angedrohte Strafe verhängt werden. [3] Wird nach Begehung einer Straftat durch Gesetz eine mildere Strafe eingeführt, so ist diese zu verhängen.

(2) Dieser Artikel schließt nicht aus, dass eine Person wegen einer Handlung oder Unterlassung verurteilt oder bestraft wird, die zur Zeit ihrer Begehung nach den allgemeinen, von der Gesamtheit der Nationen anerkannten Grundsätzen strafbar war.

(3) Das Strafmaß darf zur Straftat nicht unverhältnismäßig sein.

in Bekräftigung dessen, dass es nach dem Grundsatz der Subsidiarität in erster Linie Aufgabe der Hohen Vertragsparteien ist, die Achtung der in dieser Konvention und den Protokollen dazu bestimmten Rechte und Freiheiten zu gewährleisten, und dass sie dabei über einen Ermessensspielraum verfügen, welcher der Kontrolle des durch diese Konvention errichteten Europäischen Gerichtshofs für Menschenrechte untersteht –

haben Folgendes vereinbart:

Art. 1 Verpflichtung zur Achtung der Menschenrechte. Die Hohen Vertragsparteien sichern allen ihrer Hoheitsgewalt unterstehenden Personen die in Abschnitt I bestimmten Rechte und Freiheiten zu.

(Fortsetzung nächstes Blatt)

Abschnitt I. Rechte und Freiheiten

Art. 2 Recht auf Leben. (1) [1]Das Recht jedes Menschen auf Leben wird gesetzlich geschützt. [2]Niemand darf absichtlich getötet werden, außer durch Vollstreckung eines Todesurteils, das ein Gericht wegen eines Verbrechens verhängt hat, für das die Todesstrafe gesetzlich vorgesehen ist.

(2) Eine Tötung wird nicht als Verletzung dieses Artikels betrachtet, wenn sie durch eine Gewaltanwendung verursacht wird, die unbedingt erforderlich ist, um

a) jemanden gegen rechtswidrige Gewalt zu verteidigen;

b) jemanden rechtmäßig festzunehmen oder jemanden, dem die Freiheit rechtmäßig entzogen ist, an der Flucht zu hindern;

c) einen Aufruhr oder Aufstand rechtmäßig niederzuschlagen.

Art. 3 Verbot der Folter. Niemand darf der Folter oder unmenschlicher oder erniedrigender Behandlung oder Strafe unterworfen werden.

Art. 4 Verbot der Sklaverei und der Zwangsarbeit. (1) Niemand darf in Sklaverei oder Leibeigenschaft gehalten werden.

(2) Niemand darf gezwungen werden, Zwangs- oder Pflichtarbeit zu verrichten.

(3) Nicht als Zwangs- oder Pflichtarbeit im Sinne dieses Artikels gilt:

a) eine Arbeit, die üblicherweise von einer Person verlangt wird, der unter den Voraussetzungen des Artikels 5 die Freiheit entzogen oder die bedingt entlassen worden ist;

b) eine Dienstleistung militärischer Art oder eine Dienstleistung, die an die Stelle des im Rahmen der Wehrpflicht zu leistenden Dienstes tritt, in Ländern, wo die Dienstverweigerung aus Gewissensgründen anerkannt ist;

c) eine Dienstleistung, die verlangt wird, wenn Notstände oder Katastrophen das Leben oder das Wohl der Gemeinschaft bedrohen;

d) eine Arbeit oder Dienstleistung, die zu den üblichen Bürgerpflichten gehört.

Art. 5 Recht auf Freiheit und Sicherheit. (1) [1]Jede Person hat das Recht auf Freiheit und Sicherheit. [2]Die Freiheit darf nur in den folgenden Fällen und nur auf die gesetzlich vorgeschriebene Weise entzogen werden:

a) rechtmäßige Freiheitsentziehung[1)] nach Verurteilung durch ein zuständiges Gericht;

b) rechtmäßige Festnahme oder Freiheitsentziehung[1)] wegen Nichtbefolgung einer rechtmäßigen gerichtlichen Anordnung oder zur Erzwingung der Erfüllung einer gesetzlichen Verpflichtung;

c) rechtmäßige Festnahme oder Freiheitsentziehung[1)] zur Vorführung vor die zuständige Gerichtsbehörde, wenn hinreichender Verdacht besteht, dass die betreffende Person eine Straftat begangen hat, oder wenn begründeter

---

1) Österreich und Schweiz: rechtmäßiger Freiheitsentzug.

Anlass zu der Annahme besteht, dass es notwendig ist, sie an der Begehung einer Straftat oder an der Flucht nach Begehung einer solchen zu hindern;

d) rechtmäßige Freiheitsentziehung[1] bei Minderjährigen zum Zweck überwachter Erziehung oder zur Vorführung vor die zuständige Behörde;

e) rechtmäßige Freiheitsentziehung[1] mit dem Ziel, eine Verbreitung ansteckender Krankheiten zu verhindern, sowie bei psychisch Kranken, Alkohol- oder Rauschgiftsüchtigen und Landstreichern;

f) rechtmäßige Festnahme oder Freiheitsentziehung[1] zur Verhinderung der unerlaubten Einreise sowie bei Personen, gegen die ein Ausweisungs- oder Auslieferungsverfahren im Gange ist.

(2) Jeder festgenommenen Person muss innerhalb möglichst kurzer Frist in einer ihr verständlichen Sprache mitgeteilt werden, welches die Gründe für ihre Festnahme sind und welche Beschuldigungen gegen sie erhoben werden.

(3) [1] Jede Person, die nach Absatz 1 Buchstabe c von Festnahme oder Freiheitsentziehung[2] betroffen ist, muss unverzüglich einem Richter oder einer anderen gesetzlich zur Wahrnehmung richterlicher Aufgaben ermächtigten Person vorgeführt werden; sie hat Anspruch auf ein Urteil innerhalb angemessener Frist oder auf Entlassung während des Verfahrens. [2] Die Entlassung kann von der Leistung einer Sicherheit für das Erscheinen vor Gericht abhängig gemacht werden.

(4) Jede Person, die festgenommen oder der die Freiheit entzogen ist, hat das Recht zu beantragen, dass ein Gericht innerhalb kurzer Frist über die Rechtmäßigkeit der Freiheitsentziehung[3] entscheidet und ihre Entlassung anordnet, wenn die Freiheitsentziehung[4] nicht rechtmäßig ist.

(5) Jede Person, die unter Verletzung dieses Artikels von Festnahme oder Freiheitsentziehung[2] betroffen ist, hat Anspruch auf Schadensersatz.

Art. 6 Recht auf ein faires Verfahren. (1) [1] Jede Person hat ein Recht darauf, dass über Streitigkeiten in Bezug auf ihre zivilrechtlichen Ansprüche und Verpflichtungen oder über eine gegen sie erhobene strafrechtliche Anklage von einem unabhängigen und unparteiischen, auf Gesetz beruhenden Gericht in einem fairen Verfahren, öffentlich und innerhalb angemessener Frist verhandelt wird. [2] Das Urteil muss öffentlich verkündet werden; Presse und Öffentlichkeit können jedoch während des ganzen oder eines Teiles des Verfahrens ausgeschlossen werden, wenn dies im Interesse der Moral, der öffentlichen Ordnung oder der nationalen Sicherheit in einer demokratischen Gesellschaft liegt, wenn die Interessen von Jugendlichen oder der Schutz des Privatlebens der Prozessparteien es verlangen oder – soweit das Gericht es für unbedingt erforderlich hält – wenn unter besonderen Umständen eine öffentliche Verhandlung die Interessen der Rechtspflege beeinträchtigen würde.

(2) Jede Person, die einer Straftat angeklagt ist, gilt bis zum gesetzlichen Beweis ihrer Schuld als unschuldig.

---

1) Österreich und Schweiz: rechtmäßiger Freiheitsentzug.
2) Österreich und Schweiz: Freiheitsentzug.
3) Österreich und Schweiz: des Freiheitsentzuges.
4) Österreich und Schweiz: der Freiheitsentzug.

(3) Jede angeklagte Person hat mindestens[1] folgende Rechte:

a) innerhalb möglichst kurzer Frist in einer ihr verständlichen Sprache in allen Einzelheiten über Art und Grund der gegen sie erhobenen Beschuldigung unterrichtet zu werden;

b) ausreichende Zeit und Gelegenheit zur Vorbereitung ihrer Verteidigung zu haben;

c) sich selbst zu verteidigen, sich durch einen Verteidiger ihrer Wahl verteidigen zu lassen oder, falls ihr die Mittel zur Bezahlung fehlen, unentgeltlich den Beistand eines Verteidigers zu erhalten, wenn dies im Interesse der Rechtspflege erforderlich ist;

d) Fragen an Belastungszeugen zu stellen oder stellen zu lassen und die Ladung und Vernehmung von Entlastungszeugen unter denselben Bedingungen zu erwirken, wie sie für Belastungszeugen gelten;

e) unentgeltliche Unterstützung durch einen Dolmetscher zu erhalten, wenn sie die Verhandlungssprache des Gerichts nicht versteht oder spricht.

Art. 7 Keine Strafe ohne Gesetz. (1) [1] Niemand darf wegen einer Handlung oder Unterlassung verurteilt werden, die zur Zeit ihrer Begehung nach innerstaatlichem oder internationalem Recht nicht strafbar war. [2] Es darf auch keine schwerere als die zur Zeit der Begehung angedrohte Strafe verhängt werden.

(2)[2] Dieser Artikel schließt nicht aus, dass jemand wegen einer Handlung oder Unterlassung verurteilt oder bestraft wird, die zur Zeit ihrer Begehung nach den von den zivilisierten Völkern anerkannten allgemeinen Rechtsgrundsätzen strafbar war.

Art. 8 Recht auf Achtung des Privat- und Familienlebens. (1) Jede Person hat das Recht auf Achtung ihres Privat- und Familienlebens, ihrer Wohnung und ihrer Korrespondenz.

(2) Eine Behörde darf in die Ausübung dieses Rechts nur eingreifen, soweit der Eingriff gesetzlich vorgesehen und in einer demokratischen Gesellschaft notwendig ist für die nationale oder öffentliche Sicherheit, für das wirtschaftliche Wohl des Landes, zur Aufrechterhaltung der Ordnung, zur Verhütung von Straftaten, zum Schutz der Gesundheit oder der Moral oder zum Schutz der Rechte und Freiheiten anderer.

Art. 9 Gedanken-, Gewissens- und Religionsfreiheit. (1) Jede Person hat das Recht auf Gedanken-, Gewissens- und Religionsfreiheit; dieses Recht umfasst die Freiheit, seine Religion oder Weltanschauung zu wechseln, und die Freiheit, seine Religion oder Weltanschauung einzeln oder gemeinsam mit anderen öffentlich oder privat durch Gottesdienst, Unterricht oder Praktizieren von Bräuchen und Riten zu bekennen.

---

[1] Der Wortlaut der englischen Fassung ist: „minimum rights"; in der franz. Sprachfassung heißt es: „notamment".

[2] Bezüglich Art. 7 Abs. 2 hat die Bundesregierung mit Zustimmung des Bundestages und des Bundesrates den nach Art. 57 der Konvention zulässigen Vorbehalt gemacht, dass auf jeden Fall die Grenzen von Art. 103 Abs. 2 GG gewahrt werden, siehe hierzu die Bek. v. 15. 12. 1953 (BGBl. 1954 II S. 14).

(2) Die Freiheit, seine Religion oder Weltanschauung zu bekennen, darf nur Einschränkungen unterworfen werden, die gesetzlich vorgesehen und in einer demokratischen Gesellschaft notwendig sind für die öffentliche Sicherheit, zum Schutz der öffentlichen Ordnung, Gesundheit oder Moral oder zum Schutz der Rechte und Freiheiten anderer.

Art. 10 Freiheit der Meinungsäußerung. (1) [1] Jede Person hat das Recht auf freie Meinungsäußerung. [2] Dieses Recht schließt die Meinungsfreiheit und die Freiheit ein, Informationen und Ideen ohne behördliche Eingriffe und ohne Rücksicht auf Staatsgrenzen zu empfangen und weiterzugeben. [3] Dieser Artikel hindert die Staaten nicht, für Hörfunk-[1)], Fernseh- oder Kinounternehmen eine Genehmigung vorzuschreiben.

(2) Die Ausübung dieser Freiheiten ist mit Pflichten und Verantwortung verbunden; sie kann daher Formvorschriften, Bedingungen, Einschränkungen oder Strafdrohungen unterworfen werden, die gesetzlich vorgesehen und in einer demokratischen Gesellschaft notwendig sind für die nationale Sicherheit, die territoriale Unversehrtheit oder die öffentliche Sicherheit, zur Aufrechterhaltung der Ordnung oder zur Verhütung von Straftaten, zum Schutz der Gesundheit oder der Moral, zum Schutz des guten Rufes oder der Rechte anderer, zur Verhinderung der Verbreitung vertraulicher Informationen oder zur Wahrung der Autorität und der Unparteilichkeit der Rechtsprechung.

Art. 11 Versammlungs- und Vereinigungsfreiheit. (1) Jede Person hat das Recht, sich frei und friedlich mit anderen zu versammeln und sich frei mit anderen zusammenzuschließen; dazu gehört auch das Recht, zum Schutz seiner Interessen Gewerkschaften zu gründen und Gewerkschaften beizutreten.

(2) [1] Die Ausübung dieser Rechte darf nur Einschränkungen unterworfen werden, die gesetzlich vorgesehen und in einer demokratischen Gesellschaft notwendig sind für die nationale oder öffentliche Sicherheit, zur Aufrechterhaltung der Ordnung oder zur Verhütung von Straftaten, zum Schutz der Gesundheit oder der Moral oder zum Schutz der Rechte und Freiheiten anderer. [2] Dieser Artikel steht rechtmäßigen Einschränkungen der Ausübung dieser Rechte für Angehörige der Streitkräfte, der Polizei oder der Staatsverwaltung nicht entgegen.

Art. 12 Recht auf Eheschließung. Männer und Frauen im heiratsfähigen Alter haben das Recht, nach den innerstaatlichen Gesetzen, welche die Ausübung dieses Rechts regeln, eine Ehe einzugehen und eine Familie zu gründen.

Art. 13 Recht auf wirksame Beschwerde. Jede Person, die in ihren in dieser Konvention anerkannten Rechten oder Freiheiten verletzt worden ist, hat das Recht, bei einer innerstaatlichen Instanz eine wirksame Beschwerde zu erheben, auch wenn die Verletzung von Personen begangen worden ist, die in amtlicher Eigenschaft gehandelt haben.

---

1) Schweiz und Liechtenstein: Radio.

Art. 14 Diskriminierungsverbot. Der Genuss der in dieser Konvention anerkannten Rechte und Freiheiten ist ohne Diskriminierung insbesondere wegen des Geschlechts, der Rasse, der Hautfarbe, der Sprache, der Religion, der politischen oder sonstigen Anschauung, der nationalen oder sozialen Herkunft, der Zugehörigkeit zu einer nationalen Minderheit, des Vermögens, der Geburt oder eines sonstigen Status zu gewährleisten.

Art. 15 Abweichen im Notstandsfall. (1) Wird das Leben der Nation durch Krieg oder einen anderen öffentlichen Notstand bedroht, so kann jede Hohe Vertragspartei Maßnahmen treffen, die von den in dieser Konvention vorgesehenen Verpflichtungen abweichen, jedoch nur, soweit es die Lage unbedingt erfordert und wenn die Maßnahmen nicht in Widerspruch zu den sonstigen völkerrechtlichen Verpflichtungen der Vertragspartei stehen.

(2) Aufgrund des Absatzes 1 darf von Artikel 2 nur bei Todesfällen infolge rechtmäßiger Kriegshandlungen und von Artikel 3, Artikel 4 Absatz 1 und Artikel 7 in keinem Fall abgewichen werden.

(3) [1]Jede Hohe Vertragspartei, die dieses Recht auf Abweichung ausübt, unterrichtet den Generalsekretär des Europarats umfassend über die getroffenen Maßnahmen und deren Gründe. [2]Sie unterrichtet den Generalsekretär des Europarats auch über den Zeitpunkt, zu dem diese Maßnahmen außer Kraft getreten sind und die Konvention wieder volle Anwendung findet.

Art. 16 Beschränkungen der politischen Tätigkeit ausländischer Personen. Die Artikel 10, 11 und 14 sind nicht so auszulegen, als untersagten sie den Hohen Vertragsparteien, die politische Tätigkeit ausländischer Personen zu beschränken.

Art. 17 Verbot des Missbrauchs der Rechte. Diese Konvention ist nicht so auszulegen, als begründe sie für einen Staat, eine Gruppe oder eine Person das Recht, eine Tätigkeit auszuüben oder eine Handlung vorzunehmen, die darauf abzielt, die in der Konvention festgelegten Rechte und Freiheiten abzuschaffen oder sie stärker einzuschränken, als es in der Konvention vorgesehen ist.

Art. 18 Begrenzung der Rechtseinschränkungen. Die nach dieser Konvention zulässigen Einschränkungen der genannten Rechte und Freiheiten dürfen nur zu den vorgesehenen Zwecken erfolgen.

Abschnitt II. Europäischer Gerichtshof für Menschenrechte

Art. 19 Errichtung des Gerichtshofs. [1]Um die Einhaltung der Verpflichtungen sicherzustellen, welche die Hohen Vertragsparteien in dieser Konvention und den Protokollen dazu übernommen haben, wird ein Europäischer Gerichtshof für Menschenrechte, im Folgenden als „Gerichtshof" bezeichnet, errichtet. [2]Er nimmt seine Aufgaben als ständiger Gerichtshof wahr.

Art. 20 Zahl der Richter. Die Zahl der Richter des Gerichtshofs entspricht derjenigen der Hohen Vertragsparteien.

Art. 21[1)] Voraussetzungen für das Amt. (1) Die Richter müssen hohes sittliches Ansehen genießen und entweder die für die Ausübung hoher richterlicher

[1)] Art. 21 Abs. 2 eingef., bish. Abs. 2 und 3 werden Abs. 3 und 4 mWv 1.8.2021 durch Prot. v. 24.6. 2013 (BGBl. 2014 II S. 1034, 1035).

Ämter erforderlichen Voraussetzungen erfüllen oder Rechtsgelehrte von anerkanntem Ruf sein.

(2)[1] Die Kandidaten dürfen zu dem Zeitpunkt, zu dem die Liste von drei Kandidaten nach Artikel 22 bei der Parlamentarischen Versammlung eingehen soll, das 65. Lebensjahr nicht vollendet haben.

(3) Die Richter gehören dem Gerichtshof in ihrer persönlichen Eigenschaft an.

(4) Während ihrer Amtszeit dürfen die Richter keine Tätigkeit ausüben, die mit ihrer Unabhängigkeit, ihrer Unparteilichkeit oder mit den Erfordernissen der Vollzeitbeschäftigung in diesem Amt unvereinbar ist; alle Fragen, die sich aus der Anwendung dieses Absatzes ergeben, werden vom Gerichtshof entschieden.

Art. 22 Wahl der Richter. Die Richter werden von der Parlamentarischen Versammlung für jede Hohe Vertragspartei mit der Mehrheit der abgegebenen Stimmen aus einer Liste von drei Kandidaten gewählt, die von der Hohen Vertragspartei vorgeschlagen werden.

Art. 23[2] Amtszeit und Entlassung. (1) [1]Die Richter werden für neun Jahre gewählt. [2]Ihre Wiederwahl ist nicht zulässig.

(2)[3] [1]Die Richter bleiben bis zum Amtsantritt ihrer Nachfolger im Amt. [2]Sie bleiben jedoch in den Rechtssachen tätig, mit denen sie bereits befasst sind.

(3)[3] Ein Richter kann nur entlassen werden, wenn die anderen Richter mit Zweidrittelmehrheit entscheiden, dass er die erforderlichen Voraussetzungen nicht mehr erfüllt.

Art. 24 Kanzlei und Berichterstatter. (1) Der Gerichtshof hat eine Kanzlei, deren Aufgaben und Organisation in der Verfahrensordnung des Gerichtshofs festgelegt werden.

(2) [1]Wenn der Gerichtshof in Einzelrichterbesetzung tagt, wird er von Berichterstattern unterstützt, die ihre Aufgaben unter der Aufsicht des Präsidenten des Gerichtshofs ausüben. [2]Sie gehören der Kanzlei des Gerichtshofs an.

Art. 25 Plenum des Gerichtshofs. Das Plenum des Gerichtshofs

a) wählt seinen Präsidenten und einen oder zwei Vizepräsidenten für drei Jahre; ihre Wiederwahl ist zulässig;
b) bildet Kammern für einen bestimmten Zeitraum;
c) wählt die Präsidenten der Kammern des Gerichtshofs; ihre Wiederwahl ist zulässig;
d) beschließt die Verfahrensordnung des Gerichtshofs;
e) wählt den Kanzler und einen oder mehrere stellvertretende Kanzler;
f) stellt Anträge nach Artikel 26 Absatz 2.

---

[1] Gem. Art. 8 Abs. 1 des 15. EMRK-Protokolls v. 24.6.2013 (BGBl. 2014 II S. 1034, 1035) gelten die Änderungen in Art. 21 nur für Kandidaten auf Listen, die nach dem Inkrafttreten dieses Protokolls der Parlamentarischen Versammlung gemäß Art. 22 der Konvention vorgelegt werden.

[2] Art. 23 Abs. 2 *aufgeh.*, bish. Abs. 3 und 4 werden Abs. 2 und 3 mWv 1.8.2021 durch Prot. v. 24.6.2013 (BGBl. 2014 II S. 1034, 1035).

[3] Gem. Art. 8 Abs. 1 des 15. EMRK-Protokolls v. 24.6.2013 (BGBl. 2014 II S. 1034, 1035) gelten die Änderungen in Art. 23 nur für Kandidaten auf Listen, die nach dem Inkrafttreten dieses Protokolls der Parlamentarischen Versammlung gemäß Art. 22 der Konvention vorgelegt werden.

Art. 26 Einzelrichterbesetzung, Ausschüsse, Kammern und Große Kammer. (1) [1]Zur Prüfung der Rechtssachen, die bei ihm anhängig gemacht werden, tagt der Gerichtshof in Einzelrichterbesetzung, in Ausschüssen mit drei Richtern, in Kammern mit sieben Richtern und in einer Großen Kammer mit siebzehn Richtern. [2]Die Kammern des Gerichtshofs bilden die Ausschüsse für einen bestimmten Zeitraum.

(2) Auf Antrag des Plenums des Gerichtshofs kann die Anzahl der Richter je Kammer für einen bestimmten Zeitraum durch einstimmigen Beschluss des Ministerkomitees auf fünf herabgesetzt werden.

(3) Ein Richter, der als Einzelrichter tagt, prüft keine Beschwerde gegen die Hohe Vertragspartei, für die er gewählt worden ist.

(4) [1]Der Kammer und der Großen Kammer gehört von Amts wegen der für eine als Partei beteiligte Hohe Vertragspartei gewählte Richter an. [2]Wenn ein solcher nicht vorhanden ist oder er an den Sitzungen nicht teilnehmen kann, nimmt eine Person in der Eigenschaft eines Richters an den Sitzungen teil, die der Präsident des Gerichtshofs aus einer Liste auswählt, welche ihm die betreffende Vertragspartei vorab unterbreitet hat.

(5) [1]Der Großen Kammer gehören ferner der Präsident des Gerichtshofs, die Vizepräsidenten, die Präsidenten der Kammern und andere nach der Verfahrensordnung des Gerichtshofs ausgewählte Richter an. [2]Wird eine Rechtssache nach Artikel 43 an die Große Kammer verwiesen, so dürfen Richter der Kammer, die das Urteil gefällt hat, der Großen Kammer nicht angehören; das gilt nicht für den Präsidenten der Kammer und den Richter, welcher in der Kammer für die als Partei beteiligte Hohe Vertragspartei mitgewirkt hat.

Art. 27 Befugnisse des Einzelrichters. (1) Ein Einzelrichter kann eine nach Artikel 34 erhobene Beschwerde für unzulässig erklären oder im Register streichen, wenn eine solche Entscheidung ohne weitere Prüfung getroffen werden kann.

(2) Die Entscheidung ist endgültig.

(3) Erklärt der Einzelrichter eine Beschwerde nicht für unzulässig und streicht er sie auch nicht im Register des Gerichtshofs, so übermittelt er sie zur weiteren Prüfung an einen Ausschuss oder eine Kammer.

Art. 28 Befugnisse der Ausschüsse. (1) Ein Ausschuss, der mit einer nach Artikel 34 erhobenen Beschwerde befasst wird, kann diese durch einstimmigen Beschluss

a) für unzulässig erklären oder im Register streichen, wenn eine solche Entscheidung ohne weitere Prüfung getroffen werden kann; oder
b) für zulässig erklären und zugleich ein Urteil über die Begründetheit fällen, sofern die der Rechtssache zugrunde liegende Frage der Auslegung oder Anwendung dieser Konvention oder der Protokolle dazu Gegenstand einer gefestigten Rechtsprechung des Gerichtshofs ist.

(2) Die Entscheidungen und Urteile nach Absatz 1 sind endgültig.

(3) Ist der für die als Partei beteiligte Hohe Vertragspartei gewählte Richter nicht Mitglied des Ausschusses, so kann er von Letzterem jederzeit während des Verfahrens eingeladen werden, den Sitz eines Mitglieds im Ausschuss einzunehmen; der Ausschuss hat dabei alle erheblichen Umstände einschließlich der Frage, ob diese Vertragspartei der Anwendung des Verfahrens nach Absatz 1 Buchstabe b entgegengetreten ist, zu berücksichtigen.

Art. 29 Entscheidungen der Kammern über die Zulässigkeit und Begründetheit. (1) [1]Ergeht weder eine Entscheidung nach Artikel 27 oder 28 noch ein Urteil nach Artikel 28, so entscheidet eine Kammer über die Zulässigkeit und Begründetheit der nach Artikel 34 erhobenen Beschwerden. [2]Die Entscheidung über die Zulässigkeit kann gesondert ergehen.

(2) [1]Eine Kammer entscheidet über die Zulässigkeit und Begründetheit der nach Artikel 33 erhobenen Staatenbeschwerden. [2]Die Entscheidung über die Zulässigkeit ergeht gesondert, sofern der Gerichtshof in Ausnahmefällen nicht anders entscheidet.

Art. 30[1) 2)] Abgabe der Rechtssache an die Große Kammer. Wirft eine bei einer Kammer anhängige Rechtssache eine schwerwiegende Frage der Auslegung dieser Konvention oder der Protokolle dazu auf oder kann die Entscheidung einer ihr vorliegenden Frage zu einer Abweichung von einem früheren Urteil des Gerichtshofs führen, so kann die Kammer diese Sache jederzeit, bevor sie ihr Urteil gefällt hat, an die Große Kammer abgeben.

Art. 31 Befugnisse der Großen Kammer. Die Große Kammer

a) entscheidet über nach Artikel 33 oder Artikel 34 erhobene Beschwerden, wenn eine Kammer die Rechtssache nach Artikel 30 an sie abgegeben hat oder wenn die Sache nach Artikel 43 an sie verwiesen worden ist,
b) entscheidet über Fragen, mit denen der Gerichtshof durch das Ministerkomitee nach Artikel 46 Absatz 4 befasst wird, und
c) behandelt Anträge nach Artikel 47 auf Erstattung von Gutachten.

Art. 32 Zuständigkeit des Gerichtshofs. (1) Die Zuständigkeit des Gerichtshofs umfasst alle die Auslegung und Anwendung dieser Konvention und der Protokolle dazu betreffenden Angelegenheiten, mit denen er nach den Artikeln 33, 34, 46 und 47 befasst wird.

(2) Besteht Streit über die Zuständigkeit des Gerichtshofs, so entscheidet der Gerichtshof.

Art. 33 Staatenbeschwerden. Jede Hohe Vertragspartei kann den Gerichtshof wegen jeder behaupteten Verletzung dieser Konvention und der Protokolle dazu durch eine andere Hohe Vertragspartei anrufen.

Art. 34 Individualbeschwerden. [1]Der Gerichtshof kann von jeder natürlichen Person, nichtstaatlichen Organisation oder Personengruppe, die behauptet, durch eine der Hohen Vertragsparteien in einem der in dieser Konvention oder den Protokollen dazu anerkannten Rechte verletzt zu sein, mit einer Beschwerde befasst werden. [2]Die Hohen Vertragsparteien verpflichten sich, die wirksame Ausübung dieses Rechts nicht zu behindern.

---

1) Art. 30 geänd. mWv 1.8.2021 durch Prot. v. 24.6.2013 (BGBl. 2014 II S. 1034, 1035).

2) Gem. Art. 8 Abs. 2 des 15. EMRK-Protokolls v. 24.6.2013 (BGBl. 2014 II S. 1034, 1035) gilt die Änderung nicht für anhängige Rechtssachen, bei denen eine der Parteien vor dem Inkrafttreten dieses Protokolls dem Vorschlag einer Kammer des Gerichtshofs widersprochen hat, die Rechtssache an die Große Kammer abzugeben.

Art. 35[1] **Zulässigkeitsvoraussetzungen.** (1)[2] Der Gerichtshof kann sich mit einer Angelegenheit erst nach Erschöpfung aller innerstaatlichen Rechtsbehelfe[3] in Übereinstimmung mit den allgemein anerkannten Grundsätzen des Völkerrechts und nur innerhalb einer Frist von vier Monaten nach der endgültigen innerstaatlichen Entscheidung befassen.

(2) Der Gerichtshof befasst sich nicht mit einer nach Artikel 34 erhobenen Individualbeschwerde, die

a) anonym ist oder

b) im Wesentlichen mit einer schon vorher vom Gerichtshof geprüften Beschwerde übereinstimmt oder schon einer anderen internationalen Untersuchungs- oder Vergleichsinstanz unterbreitet worden ist und keine neuen Tatsachen enthält.

(3) Der Gerichtshof erklärt eine nach Artikel 34 erhobene Individualbeschwerde für unzulässig,

a) wenn er sie für unvereinbar mit dieser Konvention oder den Protokollen dazu, für offensichtlich unbegründet oder für missbräuchlich hält oder

b)[2] wenn er der Ansicht ist, dass dem Beschwerdeführer kein erheblicher Nachteil entstanden ist, es sei denn, die Achtung der Menschenrechte, wie sie in dieser Konvention und den Protokollen dazu anerkannt sind, erfordert eine Prüfung der Begründetheit der Beschwerde.

(4) [1] Der Gerichtshof weist eine Beschwerde zurück, die er nach diesem Artikel für unzulässig hält. [2] Er kann dies in jedem Stadium des Verfahrens tun.

Art. 36 Beteiligung Dritter. (1) In allen bei einer Kammer oder der Großen Kammer anhängigen Rechtssachen ist die Hohe Vertragspartei, deren Staatsangehörigkeit der Beschwerdeführer besitzt, berechtigt, schriftliche Stellungnahmen abzugeben und an den mündlichen Verhandlungen teilzunehmen.

(2) Im Interesse der Rechtspflege kann der Präsident des Gerichtshofs jeder Hohen Vertragspartei, die in dem Verfahren nicht Partei ist, oder jeder betroffenen Person, die nicht Beschwerdeführer ist, Gelegenheit geben, schriftlich Stellung zu nehmen oder an den mündlichen Verhandlungen teilzunehmen.

(3) In allen bei einer Kammer oder der Großen Kammer anhängigen Rechtssachen kann der Kommissar für Menschenrechte des Europarats schriftliche Stellungnahmen abgeben und an den mündlichen Verhandlungen teilnehmen.

Art. 37 Streichung von Beschwerden. (1) [1] Der Gerichtshof kann jederzeit während des Verfahrens entscheiden, eine Beschwerde in seinem Register zu streichen, wenn die Umstände Grund zur Annahme geben, dass

a) der Beschwerdeführer seine Beschwerde nicht weiterzuverfolgen beabsichtigt;

b) die Streitigkeit einer Lösung zugeführt worden ist oder

c) eine weitere Prüfung der Beschwerde aus anderen vom Gerichtshof festgestellten Gründen nicht gerechtfertigt ist.

---

[1] Art. 35 Abs. 1 und Abs. 3 Buchst. b geänd. mWv 1.8.2021 durch Prot. v. 24.6.2013 (BGBl. 2014 II S. 1034, 1035).

[2] Gem. Art. 8 Abs. 3 des 15. EMRK-Protokolls v. 24.6.2013 (BGBl. 2014 II S. 1034, 1035) tritt diese Änderung nach Ablauf eines Zeitabschnitts von sechs Monaten nach dem Inkrafttreten dieses Protokolls in Kraft. Die Änderung gilt nicht für Beschwerden, bei denen die endgültige Entscheidung im Sinne des Art. 35 Abs. 1 der Konvention vor dem Inkrafttreten des Art. 4 dieses Protokolls ergangen ist.

[3] Vorbehalt Österreichs, „Rechtsmittel" zu setzen.

[2] Der Gerichtshof setzt jedoch die Prüfung der Beschwerde fort, wenn die Achtung der Menschenrechte, wie sie in dieser Konvention und den Protokollen dazu anerkannt sind, dies erfordert.

(2) Der Gerichtshof kann die Wiedereintragung einer Beschwerde in sein Register anordnen, wenn er dies den Umständen nach für gerechtfertigt hält.

Art. 38 Prüfung der Rechtssache. Der Gerichtshof prüft die Rechtssache mit den Vertretern der Parteien und nimmt, falls erforderlich, Ermittlungen vor; die betreffenden Hohen Vertragsparteien haben alle zur wirksamen Durchführung der Ermittlungen erforderlichen Erleichterungen zu gewähren.

Art. 39 Gütliche Einigung. (1) Der Gerichtshof kann sich jederzeit während des Verfahrens zur Verfügung der Parteien halten mit dem Ziel, eine gütliche Einigung auf der Grundlage der Achtung der Menschenrechte, wie sie in dieser Konvention und den Protokollen dazu anerkannt sind, zu erreichen.

(2) Das Verfahren nach Absatz 1 ist vertraulich.

(3) Im Fall einer gütlichen Einigung streicht der Gerichtshof durch eine Entscheidung, die sich auf eine kurze Angabe des Sachverhalts und der erzielten Lösung beschränkt, die Rechtssache in seinem Register.

(4) Diese Entscheidung ist dem Ministerkomitee zuzuleiten; dieses überwacht die Durchführung der gütlichen Einigung, wie sie in der Entscheidung festgehalten wird.

Art. 40 Öffentliche Verhandlung und Akteneinsicht. (1) Die Verhandlung ist öffentlich, soweit nicht der Gerichtshof auf Grund besonderer Umstände anders entscheidet.

(2) Die beim Kanzler verwahrten Schriftstücke sind der Öffentlichkeit zugänglich, soweit nicht der Präsident des Gerichtshofs anders entscheidet.

Art. 41 Gerechte Entschädigung. Stellt der Gerichtshof fest, dass diese Konvention oder die Protokolle dazu verletzt worden sind, und gestattet das innerstaatliche Recht der Hohen Vertragspartei nur eine unvollkommene Wiedergutmachung für die Folgen dieser Verletzung, so spricht der Gerichtshof der verletzten Partei eine gerechte Entschädigung zu, wenn dies notwendig ist.

Art. 42 Urteile der Kammern. Urteile der Kammern werden nach Maßgabe des Artikels 44 Absatz 2 endgültig.

Art. 43 Verweisung an die Große Kammer. (1) Innerhalb von drei Monaten nach dem Datum des Urteils der Kammer kann jede Partei in Ausnahmefällen die Verweisung der Rechtssache an die Große Kammer beantragen.

(2) Ein Ausschuss von fünf Richtern der Großen Kammer nimmt den Antrag an, wenn die Rechtssache eine schwerwiegende Frage der Auslegung oder Anwendung dieser Konvention oder der Protokolle dazu oder eine schwerwiegende Frage von allgemeiner Bedeutung aufwirft.

(3) Nimmt der Ausschuss den Antrag an, so entscheidet die Große Kammer die Sache durch Urteil.

Art. 44 Endgültige Urteile. (1) Das Urteil der Großen Kammer ist endgültig.

(2) Das Urteil einer Kammer wird endgültig,

a) wenn die Parteien erklären, dass sie die Verweisung der Rechtssache an die Große Kammer nicht beantragen werden;

b) drei Monate nach dem Datum des Urteils, wenn nicht die Verweisung der Rechtssache an die Große Kammer beantragt worden ist; oder

c) wenn der Ausschuss der Großen Kammer den Antrag auf Verweisung nach Artikel 43 abgelehnt hat.

(3) Das endgültige Urteil wird veröffentlicht

Art. 45 Begründung der Urteile und Entscheidungen. (1) Urteile sowie Entscheidungen, mit denen Beschwerden für zulässig oder für unzulässig erklärt werden, werden begründet.

(2) Bringt ein Urteil ganz oder teilweise nicht die übereinstimmende Meinung der Richter zum Ausdruck, so ist jeder Richter berechtigt, seine abweichende Meinung darzulegen.

Art. 46 Verbindlichkeit und Durchführung[1] der Urteile. (1) Die Hohen Vertragsparteien verpflichten sich, in allen Rechtssachen, in denen sie Partei sind, das endgültige Urteil des Gerichtshofs zu befolgen.

(2) Das endgültige Urteil des Gerichtshofs ist dem Ministerkomitee zuzuleiten; dieses überwacht seine Durchführung.

(3) [1] Wird die Überwachung der Durchführung eines endgültigen Urteils nach Auffassung des Ministerkomitees durch eine Frage betreffend die Auslegung dieses Urteils behindert, so kann das Ministerkomitee den Gerichtshof anrufen, damit er über diese Auslegungsfrage entscheidet. [2] Der Beschluss des Ministerkomitees, den Gerichtshof anzurufen, bedarf der Zweidrittelmehrheit der Stimmen der zur Teilnahme an den Sitzungen des Komitees berechtigten Mitglieder.

(4) Weigert sich eine Hohe Vertragspartei nach Auffassung des Ministerkomitees, in einer Rechtssache, in der sie Partei ist, ein endgültiges Urteil des Gerichtshofs zu befolgen, so kann das Ministerkomitee, nachdem es die betreffende Partei gemahnt hat, durch einen mit Zweidrittelmehrheit der Stimmen der zur Teilnahme an den Sitzungen des Komitees berechtigten Mitglieder gefassten Beschluss den Gerichtshof mit der Frage befassen, ob diese Partei ihrer Verpflichtung nach Absatz 1 nachgekommen ist.

(5) [1] Stellt der Gerichtshof eine Verletzung des Absatzes 1 fest, so weist er die Rechtssache zur Prüfung der zu treffenden Maßnahmen an das Ministerkomitee zurück. [2] Stellt der Gerichtshof fest, dass keine Verletzung des Absatzes 1 vorliegt, so weist er die Rechtssache an das Ministerkomitee zurück; dieses beschließt die Einstellung seiner Prüfung.

Art. 47 Gutachten. (1) Der Gerichtshof kann auf Antrag des Ministerkomitees Gutachten über Rechtsfragen erstatten, welche die Auslegung dieser Konvention und der Protokolle dazu betreffen.

---

[1] Schweiz: Vollzug.

(2) Diese Gutachten dürfen keine Fragen zum Gegenstand haben, die sich auf den Inhalt oder das Ausmaß der in Abschnitt I dieser Konvention und in den Protokollen dazu anerkannten Rechte und Freiheiten beziehen, noch andere Fragen, über die der Gerichtshof oder das Ministerkomitee auf Grund eines nach dieser Konvention eingeleiteten Verfahrens zu entscheiden haben könnte.

(3) Der Beschluss des Ministerkomitees, ein Gutachten beim Gerichtshof zu beantragen, bedarf der Mehrheit der Stimmen der zur Teilnahme an den Sitzungen des Komitees berechtigten Mitglieder.

Art. 48 Gutachterliche Zuständigkeit des Gerichtshofs. Der Gerichtshof entscheidet, ob ein vom Ministerkomitee gestellter Antrag auf Erstattung eines Gutachtens in seine Zuständigkeit nach Artikel 47 fällt.

Art. 49 Begründung der Gutachten. (1) Die Gutachten des Gerichtshofs werden begründet.

(2) Bringt das Gutachten ganz oder teilweise nicht die übereinstimmende Meinung der Richter zum Ausdruck, so ist jeder Richter berechtigt, seine abweichende Meinung darzulegen.

(3) Die Gutachten des Gerichtshofs werden dem Ministerkomitee übermittelt.

Art. 50 Kosten des Gerichtshofs. Die Kosten des Gerichtshofs werden vom Europarat getragen.

Art. 51 Vorrechte[1] und Immunitäten der Richter. Die Richter genießen bei der Ausübung ihres Amtes die Vorrechte und Immunitäten, die in Artikel 40 der Satzung des Europarats und den auf Grund jenes Artikels geschlossenen Übereinkünften vorgesehen sind.

Abschnitt III. Verschiedene Bestimmungen

Art. 52 Anfragen des Generalsekretärs. Auf Anfrage des Generalsekretärs des Europarats erläutert jede Hohe Vertragspartei, auf welche Weise die wirksame Anwendung aller Bestimmungen dieser Konvention in ihrem innerstaatlichen Recht gewährleistet wird.

Art. 53 Wahrung anerkannter Menschenrechte. Diese Konvention ist nicht so auszulegen, als beschränke oder beeinträchtige sie Menschenrechte und Grundfreiheiten, die in den Gesetzen einer Hohen Vertragspartei oder in einer anderen Übereinkunft, deren Vertragspartei sie ist, anerkannt werden.

Art. 54 Befugnisse des Ministerkomitees. Diese Konvention berührt nicht die dem Ministerkomitee durch die Satzung des Europarats übertragenen Befugnisse.

[1] Österreich und Schweiz: Privilegien.

Art. 55 Ausschluss anderer Verfahren zur Streitbeilegung. Die Hohen Vertragsparteien kommen überein, dass sie sich vorbehaltlich besonderer Vereinbarungen nicht auf die zwischen ihnen geltenden Verträge, sonstigen Übereinkünfte oder Erklärungen berufen werden, um eine Streitigkeit über die Auslegung oder Anwendung dieser Konvention einem anderen als dem in der Konvention vorgesehenen Beschwerdeverfahren zur Beilegung zu unterstellen.

Art. 56 Räumlicher Geltungsbereich. (1) Jeder Staat kann bei der Ratifikation oder jederzeit danach durch eine an den Generalsekretär des Europarats gerichtete Notifikation erklären, dass diese Konvention vorbehaltlich des Absatzes 4 auf alle oder einzelne Hoheitsgebiete Anwendung findet, für deren internationale Beziehungen er verantwortlich ist.[1)]

(2) Die Konvention findet auf jedes in der Erklärung bezeichnete Hoheitsgebiet ab dem dreißigsten Tag nach Eingang der Notifikation beim Generalsekretär des Europarats Anwendung.

(3) In den genannten Hoheitsgebieten wird diese Konvention unter Berücksichtigung der örtlichen Notwendigkeiten angewendet.

(4) Jeder Staat, der eine Erklärung nach Absatz 1 abgegeben hat, kann jederzeit danach für eines oder mehrere der in der Erklärung bezeichneten Hoheitsgebiete erklären, dass er die Zuständigkeit des Gerichtshofs für die Entgegennahme von Beschwerden von natürlichen Personen, nichtstaatlichen Organisationen oder Personengruppen nach Artikel 34 anerkennt.

Art. 57 Vorbehalte. (1) [1]Jeder Staat kann bei der Unterzeichnung dieser Konvention oder bei der Hinterlegung seiner Ratifikationsurkunde einen Vorbehalt zu einzelnen Bestimmungen der Konvention anbringen, soweit ein zu dieser Zeit in seinem Hoheitsgebiet geltendes Gesetz mit der betreffenden Bestimmung nicht übereinstimmt.[2)] [2]Vorbehalte allgemeiner Art sind nach diesem Artikel nicht zulässig.

(2) Jeder nach diesem Artikel angebrachte Vorbehalt muss mit einer kurzen Darstellung des betreffenden Gesetzes verbunden sein.

Art. 58 Kündigung. (1) Eine Hohe Vertragspartei kann diese Konvention frühestens fünf Jahre nach dem Tag, an dem sie Vertragspartei geworden ist, unter Einhaltung einer Kündigungsfrist von sechs Monaten durch eine an den Generalsekretär des Europarats gerichtete Notifikation kündigen[3)]; dieser unterrichtet die anderen Hohen Vertragsparteien.

[1)] Die Konvention findet Anwendung auf folgende Gebiete, für deren internationale Beziehungen Vertragsstaaten *verantwortlich sind* (vgl. BGBl. 1966 II S. 772; 1970 II S. 1016): Surinam und Niederländische Antillen auf Grund einer Erklärung der niederländischen Regierung mWv 31. 12. 1955 (unter Ausschluss des Art. 6 Abs. 3 Buchst. c); Grönland auf Grund einer Erklärung der dänischen Regierung mWv 3. 9. 1953; die sog. abhängigen Gebiete Großbritanniens auf Grund einer Erklärung der britischen Regierung v. 3. 4. 1984 (BGBl. II S. 564).

[2)] Zum Vorbehalt der Bundesrepublik Deutschland v. 5. 12. 1952 siehe Fußnote zu Artikel 7 Abs. 2.

[3)] Griechenland hatte Konvention und Zusatzprotokoll mWv 3. 6. 1970 am 12. 12. 1969 gekündigt (BGBl. 1971 II S. 5). Gem. Bek. 23. 1. 1975 (BGBl. II S. 163) ist Griechenland mWv 28. 11. 1974 der Konvention erneut beigetreten. Siehe auch die Bek. v. 17. 7. 1975 (BGBl. II S. 1144).

(2) Die Kündigung befreit die Hohe Vertragspartei nicht von ihren Verpflichtungen aus dieser Konvention in Bezug auf Handlungen, die sie vor dem Wirksamwerden der Kündigung vorgenommen hat und die möglicherweise eine Verletzung dieser Verpflichtungen darstellen.

(3) Mit derselben Maßgabe scheidet eine Hohe Vertragspartei, deren Mitgliedschaft im Europarat endet, als Vertragspartei dieser Konvention aus.

(4) Die Konvention kann in Bezug auf jedes Hoheitsgebiet, auf das sie durch eine Erklärung nach Artikel 56 anwendbar geworden ist, nach den Absätzen 1 bis 3 gekündigt werden.

Art. 59 Unterzeichnung und Ratifikation. (1) [1] Diese Konvention liegt für die Mitglieder des Europarats zur Unterzeichnung auf. [2] Sie bedarf der Ratifikation. [3] Die Ratifikationsurkunden werden beim Generalsekretär des Europarats hinterlegt.

(2) Die Europäische Union kann dieser Konvention beitreten.

(3) Diese Konvention tritt nach Hinterlegung von zehn Ratifikationsurkunden in Kraft.

(4) Für jeden Unterzeichner, der die Konvention später ratifiziert, tritt sie mit der Hinterlegung seiner Ratifikationsurkunde in Kraft.[1)]

(5) [1] Der Generalsekretär des Europarats notifiziert allen Mitgliedern des Europarats das Inkrafttreten der Konvention, die Namen der Hohen Vertragsparteien, die sie ratifiziert haben, und jede spätere Hinterlegung einer Ratifikationsurkunde.

Geschehen zu Rom am 4. November 1950 in englischer und französischer Sprache, wobei jeder Wortlaut gleichermaßen verbindlich[2)] ist, in einer Urschrift, die im Archiv des Europarats hinterlegt wird. Der Generalsekretär übermittelt allen Unterzeichnern beglaubigte Abschriften.[3)]

---

1) Inkrafttreten für die Bundesrepublik Deutschland am 3. 9. 1953 gem. Bek. v. 15. 12. 1953 (BGBl. 1954 II S. 14).

2) Österreich: authentisch.

3) Die Verkündungsformel ist in der Neubekanntmachung amtlich nicht mehr enthalten. Von der Wiedergabe des in der Neubekanntmachung im Anschluss abgedruckten Zusatzprotokolls v. 20. 3. 1952 (BGBl. 1956 II S. 1879), geänd. durch G v. 24. 7. 1995 (BGBl. II S. 578) sowie der Protokolle Nr. 4 idF der Bek. v. 17. 5. 2002 (BGBl. II S. 1054) und Nr. 6 idF der Bek. v. 17. 5. 2002 (BGBl. II S. 1054) wird an dieser Stelle abgesehen.

Nichtamtliche Anlage. Geltungsbereich[1)]

Vertragsparteien	in Kraft am	BGBl. Jg.		S.
Albanien	2. 10. 1996	97	II	1738
Andorra	22. 1. 1996	97	II	733
Armenien	26. 4. 2002	03	II	1575
Aserbaidschan	15. 4. 2002	03	II	1575
Belgien	14. 6. 1955	55	II	832
Bosnien und Herzegowina	12. 7. 2002	03	II	1575
Bulgarien	7. 9. 1992	93	II	808
Dänemark	3. 9. 1953	54	II	14
Deutschland	3. 9. 1953	54	II	14
Estland	16. 4. 1996	97	II	733
Finnland	10. 5. 1990	90	II	806
Frankreich	3. 5. 1974	75	II	1346
Georgien	20. 5. 1999	03	II	1575
Griechenland	28. 11. 1974	75	II	1144
Irland	3. 9. 1953	54	II	14
Island	3. 9. 1953	54	II	14
Italien	26. 10. 1955	55	II	942
Kroatien	5. 11. 1997	98	II	898
Lettland	27. 6. 1997	98	II	898
Liechtenstein	8. 9. 1982	83	II	628
Litauen	20. 6. 1995	97	II	733
Luxemburg	3. 9. 1953	54	II	14
Malta	23. 1. 1967	67	II	2051
Mazedonien, ehem. jugoslawische Republik	10. 4. 1997	97	II	1738
Moldau, Republik	12. 9. 1997	98	II	898
Monaco	30. 11. 2005	09	II	358
Montenegro	6. 6. 2006	09	II	358
Niederlande	31. 8. 1954	54	II	1044
Norwegen	3. 9. 1953	54	II	14
Österreich	3. 9. 1958	59	II	107
Polen	19. 1. 1993	93	II	808
Portugal	9. 11. 1978	79	II	1040
Rumänien	20. 6. 1994	94	II	3623
Russische Föderation	5. 5. 1998	98	II	2932
San Marino	22. 3. 1989	89	II	619
Schweden	3. 9. 1953	54	II	14
Schweiz	28. 11. 1974	75	II	910
Serbien	3. 3. 2004	05	II	87
Slowakei	1. 1. 1993	94	II	352
Slowenien	28. 6. 1994	94	II	3623

[1)] Stand: 31. 12. 2012.

Vertragsparteien	in Kraft am	BGBl. Jg.		S.
Spanien	4. 10. 1979	86	II	78
Tschechische Republik	1. 1. 1993	94	II	352
Türkei	18. 5. 1954	54	II	719
Ukraine	11. 9. 1997	98	II	898
Ungarn	5. 11. 1992	93	II	808
Vereinigtes Königreich	3. 9. 1953	54	II	14
Zypern	6. 10. 1962	68	II	847

Sachverzeichnis

Stand Februar 2026

Die **fett** gedruckten Ziffern bezeichnen die **Nummern** der Gesetze,
die mageren deren Artikel oder Paragraphen.

Für handschriftliche Notizen

Für handschriftliche Notizen

Für handschriftliche Notizen

Für handschriftliche Notizen

Für handschriftliche Notizen

Für handschriftliche Notizen

Für handschriftliche Notizen

Für handschriftliche Notizen

Für handschriftliche Notizen

Für handschriftliche Notizen

Für handschriftliche Notizen

Für handschriftliche Notizen

Für handschriftliche Notizen

Für handschriftliche Notizen

Für handschriftliche Notizen

Für handschriftliche Notizen

Für handschriftliche Notizen

Für handschriftliche Notizen

Für handschriftliche Notizen

Für handschriftliche Notizen